Langenscheidt

Abitur-Wörterbuch Englisch Online

So funktioniert die Anmeldung:

Einfach unter

www.woerterbuch.langenscheidt.de/print

mit Ihrem persönlichen Code registrieren:

13090-ZXY-1Y84FJ-23A2C2

Die Registrierung ist möglich bis einschließlich 31.05.2016.
Ab Registrierung erhalten Sie drei Jahre **kostenlos** Zugriff auf die Online-Version des Abitur-Wörterbuchs / Schulwörterbuchs Pro Englisch.

Langenscheidt
Abitur-Wörterbuch
Englisch

Englisch – Deutsch
Deutsch – Englisch

Neubearbeitung

Herausgegeben von der
Langenscheidt-Redaktion

Langenscheidt
München · Wien

Projektleitung: Dr. Heike Pleisteiner

Lexikografische Arbeiten: Dr. Vincent J. Docherty, Horst Kopleck, Dr. Helen Galloway,
Dr. Heike Pleisteiner, Jany Milena Schneider, Veronika Schnorr

Neue deutsche Rechtschreibung nach den gültigen amtlichen Regeln und DUDEN-Empfehlungen

Langenscheidt belegt lt. Marktforschungsinstitut media control GfK
den ersten Platz bei Fremdsprachen-Wörterbüchern.
Weitere Informationen dazu unter **www.langenscheidt.de**

Als Marken geschützte Wörter werden in diesem Wörterbuch in der Regel durch das Zeichen ®
kenntlich gemacht. Das Fehlen eines solchen Hinweises begründet jedoch nicht die Annahme,
eine nicht gekennzeichnete Ware oder eine Dienstleistung sei frei.

Ergänzende Hinweise, für die wir jederzeit dankbar sind, bitten wir zu richten an:
Langenscheidt Verlag, Postfach 40 11 20, 80711 München
redaktion.wb@langenscheidt.de

© 2014 Langenscheidt GmbH & Co. KG, München
Typografisches Konzept: Kochan & Partner GmbH, München,
und uteweber-grafikdesign, Geretsried
Abbildung Vorsatz: © Norman Radtke-fotolia.com
Satz: uteweber-grafikdesign, Geretsried, und preXtension Gbr, Grafrath
Druck und Bindung: Druckerei C.H.Beck, Nördlingen
Printed in Germany
ISBN 978-3-468-13090-8

Inhalt

Vorwort ... 5

Tipps für die Benutzung
Was steht wo im Wörterbuch? ... 6
Die Aussprache des britischen Englisch ... 13
Die Aussprache des amerikanischen Englisch ... 15

Englisch – Deutsch ... 17

Deutsch – Englisch ... 781

Extras
Unregelmäßige englische Verben ... 1476
Abkürzungen und Symbole ... 1483

Vorwort

Mit dem völlig neu bearbeiteten **Abitur-Wörterbuch Englisch** legt der **Langenscheidt Verlag** ein umfangreiches, hochaktuelles Schulwörterbuch vor, das ein besonders leichtes und schnelles Nachschlagen ermöglicht. Es ist damit für den Unterricht, aber auch für die Verwendung in Klausuren bis zum Abitur hervorragend geeignet.

Die **rund 140.000 Stichwörter und Wendungen** stellen einen umfassenden und sehr modernen Querschnitt des englischen Wortschatzes dar, der die Schüler im Unterricht und in Prüfungen erfolgreich begleiten kann. Die Berücksichtigung von geläufigem Fachwortschatz macht das Wörterbuch ideal auch für berufsbildende Schulen. Wichtige US-amerikanische Varianten sind neben den britischen Varianten selbstverständlich ebenfalls im Abitur-Wörterbuch berücksichtigt.

Die gedruckte Ausgabe ist mit einer kostenlosen Online-Version kombiniert. So kann z. B. in der Schule mit dem Buch und nachmittags zu Hause am PC oder mit einem Tablet gearbeitet werden.

Im **gedruckten Wörterbuch** haben wir das Layout speziell auf die Bedürfnisse der Schüler ausgerichtet. Jedes Stichwort beginnt auf einer neuen Zeile, so dass man das gesuchte Wort schnell findet. Übersichtstabellen zu den Abkürzungen sowie zu den unregelmäßigen englischen Verben im Anhang runden das **Abitur-Wörterbuch Englisch** ab.

Im **Online-Wörterbuch** lag der Schwerpunkt auf einer intuitiv bedienbaren Suchmaske, die ohne Umwege zum richtigen Stichwort und zur gesuchten Übersetzung führt. Alle englischen Stichwörter wurden von Muttersprachlern in Studioqualität neu vertont und können durch Klicken auf das Lautsprechersymbol 🔊)) angehört werden.

Ihr Langenscheidt Wörterbuchteam

Tipps für die Benutzung

Was steht wo im Wörterbuch?

1 Alphabetische Reihenfolge

Die Stichwörter sind alphabetisch geordnet. Die deutschen Umlaute **ä**, **ö** und **ü** werden wie die Buchstaben **a**, **o** bzw. **u** eingeordnet. Das **ß** ist dem (in der Schweiz ausschließlich verwendeten) **ss** gleichgestellt:

> **offline** *adv* IT offline, off-line
> **Offlinebetrieb** *m* IT off-line mode
> **öffnen** A *v/t & v/i* to open B *v/r* to open; (≈ weiter werden) to open out; **sich j-m ~** to confide in sb
> **Öffner** *m* opener
> **Öffnung** *f* opening
> **Öffnungszeiten** *pl* hours *pl* of business, opening times *pl*
> **Offsetdruck** *m* offset (printing)
>
> **Fußbodenheizung** *f* (under)floor heating
> **Fußbremse** *f* foot brake
> **Fussel** *f* fluff *kein pl*; **ein(e) ~** a bit of fluff
> **fusselig** *adj* covered in fluff, linty US; **sich** (*dat*) **den Mund ~ reden** to talk till one is blue in the face
> **fusseln** *v/i* to give off fluff
> **fußen** *v/i* to rest (**auf** +*dat* on)

Einige weibliche Formen sind mit der männlichen zusammengefasst:

> **Athlet(in)** *m(f)* athlete
> **Athletik** *f* athletics *sg*
> **athletisch** *adj* athletic

Einige britische Varianten sind mit der US-amerikanischen Variante zusammengefasst:

> **colour** ['kʌləʳ], **color** US A *s* 1 Farbe *f*; **what ~ is it?** welche Farbe hat es?; **red in ~** rot; **the film was in ~** der Film war in Farbe; **~ illustration** farbige Illustration; **to add ~ to a story**

Zudem durchbrechen die englischen **phrasal verbs** die strikte alphabetische Anordnung. Sie sind immer ihrem jeweiligen Grundverb zugeordnet und werden mithilfe eines grauen Kastens „phrasal verbs mit …" eingeleitet:

Was steht wo im Wörterbuch? **Tipps für die Benutzung** • 7

> **attend** [ə'tend] **A** v/t besuchen, teilnehmen an (+dat); *Hochzeit* anwesend sein bei; **well ~ed** gut besucht **B** v/i anwesend sein; **are you going to ~?** gehen Sie hin?
> phrasal verbs mit attend:
> **attend to** v/i ⟨+obj⟩ sich kümmern um; *Arbeit etc* Aufmerksamkeit widmen (+dat); *Lehrer etc* zuhören (+dat); *Kunden etc* bedienen; **are you being attended to?** werden Sie schon bedient?; **that's being attended to** das wird (bereits) erledigt
> **attendance** [ə'tendəns] s **1** Anwesenheit f (**at** bei), Teilnahme f (**at** an +dat); **to be in ~ at sth** bei etw anwesend sein **2** Teilnehmerzahl

2 Rechtschreibung

Für die Schreibung der deutschen Wörter gelten die aktuellsten DUDEN-Empfehlungen.

Der Bindestrich wird am Zeilenanfang wiederholt, wenn das getrennte Wort ursprünglich bereits einen Bindestrich enthält:

world- Aha-
-famous -Erlebnis

3 Aussprache

Die Aussprache der englischen Stichwörter steht in eckigen Klammern jeweils direkt nach dem blau gedruckten Stichwort und wird durch die Zeichen der *International Phonetic Association* wiedergegeben (vgl. auch die beiden Kapitel **Die Aussprache des britischen Englisch** und **Die Aussprache des amerikanischen Englisch**):

> **penguin** ['peŋgwɪn] s Pinguin m

Wenn sich die Aussprache leicht aus den Wortelementen oder der Grundform herleiten lässt, steht keine Lautschrift: **pen friend**, **good-natured**, **hopefully** usw.

> ❶ Im Online-Wörterbuch kann man sich jedes englische Stichwort durch Klicken auf das Lautsprecher-Symbol 🔊 vorsprechen lassen.

4 Grammatische Hinweise

Verben

v/aux	Hilfsverb (Verb, mit dem zusammengesetzte Formen eines Verbs gebildet werden)	**can**¹ [kæn] *v/aux* ⟨*prät* could⟩ können; (≈ *Erlaubnis haben a.*) dürfen; **can you come tomorrow?** kannst du morgen kommen?; **I can't** *od* **cannot go to the theatre** ich kann nicht ins Theater (gehen); **he'll help you all he can** er wird
		wollen² **A** *v/aux* to want; **ich will gehen** I want to go; **etw haben ~** to want (to have) sth; **etw gerade tun ~** to be going to do sth; **keiner wollte etwas gehört haben** nobody would admit to hearing anything; **~ wir uns nicht set-**
v/i	intransitiver Gebrauch (ohne direktes Objekt)	**losmüssen** *v/i umg* **jetzt müssen wir aber los** we have to be off, we must be going
		skyrocket *v/i umg Preis* in die Höhe schießen
v/r	reflexiver (rückbezüglicher) Gebrauch des englischen bzw. deutschen Verbs	**surpass** [sɜːˈpɑːs] **A** *v/t* übertreffen **B** *v/r* sich selbst übertreffen
		abspielen **A** *v/t* to play; SPORT *Ball* to pass **B** *v/r* (≈ *sich ereignen*) to happen; (≈ *stattfinden*) to take place
v/t	transitiver Gebrauch (mit direktem Objekt)	**crush on** *US umg v/t* **to crush on sb** für j-n schwärmen, in j-n verliebt/verknallt sein; **she's crushing on Steve** sie schwärmt total für Steve, sie ist in Steve verliebt/verknallt
		abchecken *v/t sl* to check out
⟨*unpers*⟩	unpersönliches Verb (Verb, das nur mit „es" benutzt wird)	**rain** [reɪn] **A** *s* **1** Regen *m* **2** *fig von Schlägen etc* Hagel *m* **B** *v/i* ⟨*unpers*⟩ regnen; **it is ~ing** es regnet; **it never ~s but it pours** *Br sprichw*, **when it ~s, it pours** *US sprichw* ein Unglück kommt selten allein *sprichw* **C** *v/t* ⟨*unpers*⟩ **it's ~ing cats and dogs** *umg* es gießt wie aus Kü-
		regnen *v/t & v/i* to rain; **es regnet Proteste** pro-

Was steht wo im Wörterbuch? Tipps für die Benutzung

⟨prät swam; pperf swum⟩	Besonderheiten bei der Konjugation: unregelmäßige Formen	**swim** [swɪm] ⟨v: prät swam; pperf swum⟩ **A** v/t schwimmen; Fluss durchschwimmen **B** v/i schwimmen; **my head is ~ming** mir dreht sich alles **C** s **that was a nice ~** das Schwimmen hat Spaß gemacht!; **to have a ~** schwimmen

Weitere Informationen im Kapitel **Unregelmäßige englische Verben** im Anhang.

Substantive und Adjektive

m(f)	Genus der Substantive	**talent scout** s Talentsucher(in) m(f)

= der Talentsucher, die Talentsucherin

m/f(m)	Genus der Substantive	**Alleinstehende(r)** m/f(m) single person

= der Alleinerziehende, die Alleinerziehende, ein Alleinerziehender

Hinweise zur Formenbildung in spitzen Klammern:

⟨pl children⟩	Angaben zu unregelmäßiger Pluralform:	**child** [tʃaɪld] s ⟨pl children⟩ Kind n; **when I was a ~ in** od **zu meiner Kindheit**

⟨kein pl⟩	Das Substantiv bildet keinen Plural:	**information** [ˌɪnfəˈmeɪʃən] s ⟨kein pl⟩ Informationen pl; **a piece of ~** eine Auskunft od Information; **for your ~** zu Ihrer Information; ungehalten damit Sie es wissen; **to give ~** Information(en) angeben; **to give sb ~ about** od **on sb**

⟨komp tackier⟩	Angaben zu orthografisch schwierigen Steigerungsformen:	**tacky**[1] [ˈtækɪ] adj ⟨komp tackier⟩ klebrig **tacky**[2] umg adj ⟨komp tackier⟩ billig; Viertel heruntergekommen; Kleidung geschmacklos

= Komparativ (1. Steigerungsstufe): tackier

⟨komp better; sup best⟩	Angaben zu unregelmäßigen Steigerungsformen:	**good** [gʊd] **A** adj ⟨komp better; sup best⟩ **1** gut; **that's a ~ one!** das ist ein guter Witz, der ist gut umg; mst iron bei Ausrede wers glaubt, wird selig! umg; **you've done a ~ day's work** du

= Komparativ (1. Steigerungsstufe): better
und Superlativ (2. Steigerungsstufe): best

> ❶ Im Online-Wörterbuch kann man sich jede Abkürzung ausgeschrieben anzeigen lassen, indem man mit der Maus darüberfährt.

5 Erläuternde Hinweise, Sachgebiete, Präpositionen

Zahlreiche zusätzliche Hinweise erleichtern die Wahl der richtigen Übersetzung:

Kollokatoren	Wörter, die üblicherweise mit dem Stichwort in einem Satz oder einer Wendung kombiniert werden:	**break into** v/i ⟨+obj⟩ **1** *Haus* einbrechen in (+*akk*); *Safe, Auto* aufbrechen **2** *Ersparnisse* anbrechen **3 to break into song** zu singen an-
		verhandlungssicher *adj Sprachkenntnisse* business fluent; **sein Englisch ist ~** his English is business fluent
Oberbegriffe	Oberbegriffe oder allgemeine Erläuterungen:	**ash cloud** *s nach Vulkanausbruch* Aschewolke *f*
		Samstagsziehung *f beim Lotto* Saturday draw
Synonyme	Wörter oder Wendungen mit nahezu gleicher Bedeutung stehen mit doppelter Tilde in Klammern:	**cute** [kju:t] *adj* ⟨*komp* cuter⟩ **1** *umg* süß, niedlich **2** *bes US umg* (≈ *schlau*) prima *umg*; (≈ *raffiniert*) schlau, clever *umg*
		sein lassen *v/t* **etw ~** (≈ *aufhören*) to stop sth/doing sth; (≈ *nicht tun*) to leave sth; **lass das sein!** stop that!
SACH-GEBIETE	Sachgebiete werden meistens abgekürzt und stehen in verkleinerten Großbuchstaben:	**credit crisis** *s* WIRTSCH, FIN Kreditkrise *f*
		Update *n* IT update **updaten** *v/t & v/i* IT to update **Upgrade** *n* IT, FLUG upgrade **upgraden** *v/t* IT, FLUG to upgrade
Präpositionen	Zum Verb gehörende Präpositionen werden angeführt. Im Deutschen ist bei Präpositionen mit wechselndem Kasus dieser mit angegeben:	**cross-refer** *v/t* verweisen (**to** auf +*akk*)
		entwischen *umg v/i* to get away (+*dat od* **aus** from)

Was steht wo im Wörterbuch? Tipps für die Benutzung ▪ 11

6 Lexikografische Zeichen

~ Die Tilde **~** (das Wiederholungszeichen) steht für das Stichwort innerhalb des Artikels:

text [tekst] **A** s **1** Text m **2** Textnachricht f, SMS f; **to send sb a ~** j-m eine Textnachricht od eine SMS schicken **B** v/t **to ~ sb** j-m eine Textnachricht od eine SMS schicken

= to send somebody a text
= to text somebody

≈ Die doppelte Tilde **≈** bedeutet „entspricht in etwa, ist vergleichbar mit":

AA[1] *abk* (= Automobile Association) *britischer Automobilklub* ≈ ADAC

[1], [2] Hochzahlen unterscheiden Wörter gleicher Schreibung, aber völlig unterschiedlicher Bedeutung, sogenannte Homonyme:

seal[1] [si:l] s ZOOL Seehund m, Robbe f
seal[2] **A** s **1** Siegel n; **~ of approval** offizielle Zustimmung **2** Verschluss m **B** v/t versiegeln; *mit Wachs* siegeln; *Bereich* abriegeln, abdichten; *fig* besiegeln; **~ed envelope** verschlossener Briefumschlag; **my lips are ~ed** meine Lippen sind versiegelt; **this ~ed his fate** dadurch war sein Schicksal besiegelt

A, **B**, **C** Grammatische Unterscheidungen werden mit Großbuchstaben gegliedert:

seaside **A** s (Meeres)küste f; **at the ~** am Meer; **to go to the ~** ans Meer fahren **B** adj ⟨attr⟩ See-; *Stadt* am Meer

buchstäblich **A** adj literal **B** adv literally

1, **2**, **3** Arabische Ziffern gliedern Übersetzungen mit unterschiedlicher Bedeutung:

Bio- zssgn **1** (≈ das Leben betreffend) bio-, biological **2** Bauer, Kost organic

snugly ['snʌglɪ] adv **1** gemütlich, behaglich **2** schließen fest; passen gut

phrasal verbs mit Kennzeichnung der englischen phrasal verbs, die direkt beim Grundverb stehen:

snow [snəʊ] **A** s Schnee m; **as white as ~** schneeweiß **B** v/i schneien
phrasal verbs mit snow:
snow in v/t ⟨trennb; mst passiv⟩ **to be** od **get snowed in** einschneien
snow under v/t ⟨trennb; mst passiv⟩ umg **to be snowed under** mit Arbeit reichlich eingedeckt sein

→ Der Pfeil bedeutet „siehe":

Caesarian, **Cesarian** [siːˈzɛərɪən] *US s* → Caesarean

= komplette Info unter dem Stichwort Caesarean:

Caesarean [siːˈzɛərɪən] *s*, **Cesarean** *US s*, **Caesarean section** *s* MED Kaiserschnitt *m*; **she had a (baby by)** ~ sie hatte einen Kaiserschnitt

August *m* August; → März

= mehr Info unter verwandtem Stichwort März:

März *m* March; **im** ~ in March; **im Monat** ~ in the month of March; **heute ist der zweite** ~ today is March the second *od* March second *US*; *geschrieben* today is 2nd March *od* March 2nd; **Berlin, den 4.** ~ **2015** *in Brief* Berlin, March 4th, 2015, Berlin, 4th March 2015; **am Mittwoch, dem** *od* **den 4.** ~ on Wednesday the 4th of March; **im Laufe des** ~ during March; **Anfang/Ende** ~ at the beginning/end of March

ⓘ Im Online-Wörterbuch sind alle Stichwörter und Wendungen sowie alle Wortformen ausgeschrieben.

Die Aussprache des britischen Englisch

Phonetische Zeichen

einfache Vokale

[ʌ]	kurzes a wie in *Matsch*, *Kamm*, aber dunkler	much [mʌtʃ], come [kʌm]
[ɑː]	langes a, etwa wie in *Bahn*	after [ˈɑːftəʳ], park [pɑːk]
[ã]	etwa wie En in *Ensemble*	fiancé [fɪˈãːŋseɪ]
[æ]	mehr zum a hin als ä in *Wäsche*	flat [flæt], madam [ˈmædəm]
[ə]	wie das End-e in *Berge*, *mache*, *bitte*	after [ˈɑːftəʳ], arrival [əˈraɪvəl]
[e]	e wie in *Brett*	let [let], men [men]
[ɜː]	etwa wie ir in *flirten*, aber offener	first [fɜːst], learn [lɜːn]
[ɪ]	kurzes i wie in *Mitte*, *billig*	in [ɪn], city [ˈsɪti]
[iː]	langes i wie in *nie*, *lieben*	see [siː], evening [ˈiːvnɪŋ]
[ɒ]	wie o in *Gott*, aber offener	shop [ʃɒp], job [dʒɒb]
[ɔː]	wie o in *Lord*	morning [ˈmɔːnɪŋ], course [kɔːs]
[ʊ]	kurzes u wie in *Mutter*	good [gʊd], look [lʊk]
[uː]	langes u wie in *Schuh*, aber offener	too [tuː], shoot [ʃuːt]

Diphthonge

[aɪ]	etwa wie in *Mai*, *weit*	my [maɪ], night [naɪt]
[aʊ]	etwa wie in *blau*, *Couch*	now [naʊ], about [əˈbaʊt]
[əʊ]	von [ə] zu [ʊ] gleiten	home [həʊm], know [nəʊ]
[ɛə]	wie är in *Bär*, aber kein r sprechen	air [ɛəʳ], square [skwɛəʳ]
[eɪ]	klingt wie äi	eight [eɪt], stay [steɪ]
[ɪə]	von [ɪ] zu [ə] gleiten, etwa wie in *Bier*	near [nɪəʳ], here [hɪəʳ]
[ɔɪ]	etwa wie eu in *neu*	join [dʒɔɪn], choice [tʃɔɪs]
[ʊə]	wie ur in *nur*, aber kein richtiges r sprechen	you're [jʊəʳ], tour [tʊəʳ]

Halbvokale

[j]	wie j in *jetzt*	yes [jes], tube [tjuːb]
[w]	mit gerundeten Lippen ähnlich wie [uː] gebildet – kein deutsches w!	way [weɪ], one [wʌn], quick [kwɪk]

Konsonanten

[b]	wie B in *Ball*	back [bæk]

[d]	wie d in *dann*	do [duː]
[f]	wie F in *Farbe*	father [ˈfɑːðər]
[g]	wie G in *Geld*	go [gəʊ]
[h]	wie h in *haben*	house [haʊs]
[k]	wie k in *kalt*	keep [kiːp]
[l]	wie l in *leise*	low [ləʊ]
[m]	wie M in *Mann*	man [mæn]
[n]	wie N in *Nase*	nose [nəʊz]
[ŋ]	wie ng in *Ding*	thing [θɪŋ], English [ˈɪŋglɪʃ]
[p]	wie P in *Park*	happy [ˈhæpɪ]
[r]	Zunge liegt zurückgebogen am Gaumen auf. Nicht gerollt und nicht im Rachen gebildet!	room [ruːm], hurry [ˈhʌrɪ]
[r]	Bindungs-R – r, das vor einem Vokal gesprochen wird	near [nɪərʳ], air [ɛərʳ]
[s]	stimmloses s wie in *lassen*, *Liste*	see [siː], famous [ˈfeɪməs]
[t]	wie T in *Tisch*	tall [tɔːl]
[z]	stimmhaftes s wie in *lesen*, *Hase*	zero [ˈzɪərəʊ], is [ɪz], runs [rʌnz]
[ʃ]	wie sch in *Schuh*, *Fisch*	shop [ʃɒp], fish [fɪʃ]
[tʃ]	wie tsch in *tschüs*, *Matsch*	cheap [tʃiːp], much [mʌtʃ]
[ʒ]	stimmhaftes sch wie in *Genie*, *Garage*	television [ˈtelɪˌvɪʒən]
[dʒ]	wie in *Job*, *Gin*	just [dʒʌst], bridge [brɪdʒ]
[θ]	wie ss in *Fluss*, aber mit der Zungenspitze hinten an den Schneidezähnen	thanks [θæŋks], both [bəʊθ]
[ð]	wie s in *Sonne*, aber mit der Zungenspitze hinten an den Schneidezähnen	that [ðæt], with [wɪð]
[v]	etwa wie deutsches w in *wer*, mit den Schneidezähnen auf der Oberkante der Unterlippe	very [ˈverɪ], over [ˈəʊvər]
[x]	wie ch in *ach*	loch [lɒx]

Sonstiges

[ː]	bedeutet, dass der vorhergehende Vokal lang zu sprechen ist
[ˈ]	Hauptton
[ˌ]	Nebenton
	Vokale und Konsonaten, die häufig nicht ausgesprochen werden, sind kursiv dargestellt, z.B. **convention** [kənˈvenʃ*ə*n], **attempt** [əˈtem*p*t].

Die Aussprache des amerikanischen Englisch

Der größte Unterschied zwischen der britischen und der amerikanischen Aussprache ist die Aussprache der Vokale. Im amerikanischen Englisch werden viele von ihnen länger als im britischen Englisch gesprochen, sodass den Briten die amerikanische Sprechweise gedehnter erscheint. Für Amerikaner klingt hingegen die britische Aussprache eher kurz und zackig. Unten ist eine Übersicht über die Lautschrift derjenigen Laute, die man im amerikanischen Englisch anders als im britischen Englisch ausspricht.

Einfache Vokale			
Lautschrift-zeichen	Erklärung	Amerikanische Aussprache	Britische Aussprache
[æ]	dasselbe Lautschriftzeichen wie im britischen Englisch, aber viel länger gesprochen, etwa wie *mähen*	man [mæn]	man [mæn]
[æ]	das lange *ah* im britischen *laugh* wird kürzer gesprochen	laugh [læf]	laugh [lɑ:f]
[ɒ:]	der britische *or*-Laut wird im amerikanischen Englisch kürzer und ähnelt der deutschen Aussprache von *hat*, nur etwas länger	call [kɒ:l]	call [kɔ:l]
[ɑ:]	das kurze *o* im britischen *shop* wird zu einem langen *a* wie in *Bahn*	shop [ʃɑ:p]	shop [ʃɒp]

Zudem werden alle einfachen Vokale im amerikanischen Englisch fast diphthongiert ausgesprochen: So wird man fast wie *mähen* ausgesprochen und good wie das bayrische *guot*.

Diphthonge			
Lautschrift-zeichen	Erklärung	Amerikanische Aussprache	Britische Aussprache
[oʊ]	von [o] zu [ʊ] gleiten, nicht wie im britischen Englisch von [ə] zu [ʊ], so wie in *Ton*	home [hoʊm]	home [həʊm]

Der einzige weitere Unterschied zwischen Diphthongen im britischen und im amerikanischen Englisch ist, dass einige Diphthonge im amerikanischen Englisch wie einfache Vokale ausgesprochen werden.

Beispiele:

	Amerikanische Aussprache	Britische Aussprache
air	[er]	[ɛəʳ]
near	[nɪr]	[nɪəʳ]
sure	[ʃʊr]	[ʃʊəʳ]

Konsonanten

Im britischen Englisch ist ein r am Ende einer Silbe fast stumm, während die Amerikaner jedes r realisieren. Hingegen wird ein t in der Mitte eines Wortes in der amerikanischen Aussprache deutlich weicher als im Britischen gesprochen, nämlich fast wie ein d.

Beispiele:

	Amerikanische Aussprache	Britische Aussprache
air	[er]	[ɛəʳ]
further	[ˈfɜːrðər]	[ˈfɜːðəʳ]
matter	[ˈmædər]	[ˈmætəʳ]

Halbvokale

Im britischen Englisch wird ein u hinter d, n oder t immer *ju* ausgesprochen, im amerikanischen Englisch fehlt dieser *j*-Laut.

Beispiele:

	Amerikanische Aussprache	Britische Aussprache
dew	[duː]	[djuː]
new	[nuː]	[njuː]
Tuesday	[ˈtuːzdeɪ]	[ˈtjuːzdeɪ]

Englisch – Deutsch

A¹, a [eɪ] s A n, a n; SCHULE (≈ Note) Eins f; **A sharp** MUS Ais n, ais n; **A flat** MUS As n, as n

A² abk (= answer) Antwort f

a [eɪ, ə] unbest art ⟨vor Vokallaut an⟩ ◨ ein(e); **such a large school** so eine große od eine so große Schule; **a young man** ein junger Mann ◨ in negativen Verbindungen not a kein(e); **he didn't want a present** er wollte kein Geschenk ◨ **he's a doctor/Frenchman** er ist Arzt/Franzose; **he's a famous doctor/Frenchman** er ist ein berühmter Arzt/Franzose; **as a young girl** als junges Mädchen; **to be of an age** gleich alt sein ◨ pro; **50p a kilo** 50 Pence das od pro Kilo; **once/twice a week** einmal/zweimal in der od pro Woche; **50 km an hour** 50 Kilometer pro Stunde

AA¹ abk (= Automobile Association) britischer Automobilklub ≈ ADAC

AA² abk (= Alcoholics Anonymous) AA, Anonyme Alkoholiker

A & E abk (= accident and emergency) Notaufnahme f

AB US abk UNIV → BA

aback [əˈbæk] adv **to be taken ~** erstaunt sein

abandon [əˈbændən] v/t ◨ verlassen, im Stich lassen; Auto (einfach) stehen lassen; **to ~ ship** das Schiff verlassen ◨ Projekt, Hoffnung aufgeben

abandoned [əˈbændənd] adj Haus, Ehefrau, Auto verlassen; **the car was later found ~** das Auto wurde später verlassen vorgefunden

abandonment [əˈbændənmənt] s ◨ Verlassen n ◨ von Projekt, Hoffnung Aufgabe f

abase [əˈbeɪs] v/t **to ~ oneself** sich (selbst) erniedrigen

abashed [əˈbæʃt] adj beschämt; **to feel ~** sich schämen

abate [əˈbeɪt] v/i nachlassen; Hochwasser zurückgehen

abattoir [ˈæbətwɑːʳ] s Schlachthof m

abbey [ˈæbɪ] s Abtei f

abbot [ˈæbət] s Abt m

abbr., abbrev. abk (= abbreviation) Abk.

abbreviate [əˈbriːvɪeɪt] v/t abkürzen (**to** mit)

abbreviation [əˌbriːvɪˈeɪʃən] s Abkürzung f

ABC¹ s Abc n; **it's as easy as ABC** das ist doch kinderleicht

ABC² abk (= American Broadcasting Company) amerikanische Rundfunkgesellschaft

abdicate [ˈæbdɪkeɪt] ◨ v/t verzichten auf (+akk); **to ~ the throne** auf den Thron verzichten ◨ v/i abdanken

abdication [ˌæbdɪˈkeɪʃən] s Abdankung f

abdomen [ˈæbdəmən] s Unterleib m; von Insekten Hinterleib m

abdominal [æbˈdɒmɪnl] adj **~ pain** Unterleibsschmerzen pl

abduct [æbˈdʌkt] v/t entführen

abduction [æbˈdʌkʃən] s Entführung f

abductor [æbˈdʌktəʳ] s Entführer(in) m(f)

aberration [ˌæbəˈreɪʃən] s Anomalie f; von Kurs Abweichung f

abet [əˈbet] v/t → aid

abeyance [əˈbeɪəns] s ⟨kein pl⟩ **to be in ~** Gesetz ruhen; Amt, Brauch nicht mehr ausgeübt werden

abhor [əbˈhɔːʳ] v/t verabscheuen

abhorrence [əbˈhɒrəns] s Abscheu f (**of** vor +dat)

abhorrent [əbˈhɒrənt] adj abscheulich; **the very idea is ~ to me** schon der Gedanke daran ist mir zuwider

abide [əˈbaɪd] v/t (≈ tolerieren) ausstehen; **I cannot ~ living here** ich kann es nicht aushalten, hier zu leben

phrasal verbs mit abide:

abide by v/i ⟨+obj⟩ sich halten an (+akk); **I abide by what I said** ich bleibe bei dem, was ich gesagt habe

abiding [əˈbaɪdɪŋ] liter adj unvergänglich, bleibend

ability [əˈbɪlɪtɪ] s Fähigkeit f; Talent n, Begabung f; **~ to pay/hear** Zahlungs-/Hörfähigkeit f; **to the best of my ~** nach (besten) Kräften

abject [ˈæbdʒekt] adj Zustand erbärmlich; Armut bitter

ablaze [əˈbleɪz] adv & adj ⟨präd⟩ ◨ wörtl in Flammen; **to be ~** in Flammen stehen; **to set sth ~** etw in Brand stecken ◨ fig **to be ~ with light** hell erleuchtet sein

able [ˈeɪbl] adj fähig; Student gut, begabt; **to be ~ to do sth** etw tun können; etw tun dürfen; **if you're not ~ to understand that** wenn Sie nicht fähig sind, das zu verstehen; **I'm afraid**

I am not ~ to give you that information ich bin leider nicht in der Lage, Ihnen diese Informationen zu geben

able-bodied [ˌeɪbl'bɒdɪd] *adj* (gesund und) kräftig; nicht behindert; MIL tauglich

able(-bodied) seaman *s* Vollmatrose *m*

ablution [ə'bluːʃən] *s* **to perform one's ~s** *bes hum* seine Waschungen vornehmen

ably ['eɪblɪ] *adv* gekonnt, fähig

ABM *abk* (= antiballistic missile) Antiraketenrakete *f*

abnormal [æb'nɔːməl] *adj* anormal; MED abnorm

abnormality [ˌæbnɔː'mælɪtɪ] *s* Anormale(s) *n*; MED Abnormität *f*

abnormally [æb'nɔːməlɪ] *adv* abnormal

aboard [ə'bɔːd] **A** *adv* an Bord, im Zug, im Bus; **all ~!** alle an Bord!; *im Zug, Bus* alle einsteigen!; **to go ~** an Bord gehen **B** *präp* **~ the ship/plane** an Bord des Schiffes/Flugzeugs; **~ the train/bus** im Zug/Bus

abode [ə'bəʊd] *s* JUR *a*. **place of ~** Wohnsitz *m*; **of no fixed ~** ohne festen Wohnsitz

abolish [ə'bɒlɪʃ] *v/t* abschaffen

abolition [ˌæbəʊ'lɪʃn] *s* Abschaffung *f*

abominable [ə'bɒmɪnəbl] *adj* grässlich; **~ snowman** Schneemensch *m*

abominably [ə'bɒmɪnəblɪ] *adv* grässlich; **~ rude** furchtbar unhöflich

abomination [əˌbɒmɪ'neɪʃən] *s* Scheußlichkeit *f*

Aboriginal [ˌæbə'rɪdʒənl] **A** *adj* der (australischen) Ureinwohner; **the ~ people** die Ureinwohner/innen Australiens **B** *s* → Aborigine

Aborigine [ˌæbə'rɪdʒɪnɪ] *s* Ureinwohner(in) *m(f)* (Australiens), Aborigine *m*

abort [ə'bɔːt] **A** *v/i von Tier* einen Abgang *od* eine Fehlgeburt haben; IT abbrechen **B** *v/t* MED abtreiben; RAUMF, IT abbrechen; **an ~ed attempt** ein abgebrochener Versuch

abortion [ə'bɔːʃən] *s* Abtreibung *f*; **to get** *od* **have an ~** eine Abtreibung vornehmen lassen

abortion pill *s* Abtreibungspille *f*

abortive [ə'bɔːtɪv] *adj Plan* gescheitert

abound [ə'baʊnd] *v/i* im Überfluss vorhanden sein, reich sein (**in an** +*dat*)

about [ə'baʊt] **A** *adv* **1** *bes Br* herum, umher, in der Nähe; **to run ~** umherrennen; **I looked (all) ~** ich sah ringsumher; **to leave things (lying) ~** Sachen herumliegen lassen; **to be up and ~** again wieder auf den Beinen sein; **there's a thief ~** ein Dieb geht um; **there was nobody ~ who could help** es war niemand in der Nähe, der helfen können **2 to be ~ to** im Begriff sein zu; (≈ *Absicht haben*) vorhaben, zu ...; **I was ~ to go out** ich wollte gerade ausgehen; **it's ~ to rain** es regnet gleich; **he's ~ to start school** er kommt demnächst in die Schule **3** ungefähr; **he's ~ 40** er ist ungefähr 40; **he is ~ the same, doctor** sein Zustand hat sich kaum geändert, Herr Doktor; **that's ~ it** das ist so ziemlich alles; **that's ~ right** das stimmt (so) ungefähr; **I've had ~ enough of this** jetzt reicht es mir aber allmählich *umg* **B** *präp* **1** *bes Br* in (+*dat*) (... herum); **scattered ~ the room** im ganzen Zimmer verstreut; **there's something ~ him** er hat so etwas an sich; **while you're ~ it** wenn du gerade *od* schon dabei bist; **and be quick ~ it!** und beeil dich damit! **2** (≈ *betreffend*) über (+*akk*); **tell me all ~ it** erzähl doch mal; **he knows ~ it** er weiß davon; **what's it all ~?** worum geht es (eigentlich)?; **the book is ~ slavery** das Buch handelt von der Sklaverei; **they fell out ~ money** sie haben sich wegen Geld zerstritten; **this is ~ Mr Green** es geht um Mr Green; **he's promised to do something ~ it** er hat versprochen, (in der Sache) etwas zu unternehmen; **what ~ ...?** was ist mit ...?; **wie wärs mit ...?**; **how** *od* **what ~ me?** und ich, was ist mit mir? *umg*; **how** *od* **what ~ it/going to the cinema?** wie wärs damit/mit (dem) Kino?; **what ~ you?** und du?

about-face [əˌbaʊt'feɪs], **about-turn** [əˌbaʊt'tɜːn] **A** *s* MIL, *a. fig* Kehrtwendung *f*; **to do an ~** *fig* sich um hundertachtzig Grad drehen **B** *int* **about face** *od* **turn!** (und) kehrt!

above [ə'bʌv] **A** *adv* oben; (≈ *höher*) darüber; **from ~** von oben; **the apartment ~** die Wohnung oben *od* darüber **B** *präp* über (+*dat*); *mit Richtungsangabe* über (+*akk*); **~ all** vor allem; **~ 1,000 metres** *Br*, **~ 1,000 meters** *US* oberhalb 1000 Meter; **I couldn't hear ~ the din** ich konnte bei dem Lärm nichts hören; **he valued money ~ his family** er schätzte Geld mehr als seine Familie; **to be a notch ~** eine Klasse besser sein als; **he's ~ that sort of thing** er ist über so etwas erhaben; **it's ~ my head** *od* **me** das ist mir zu hoch; **children aged five and ~** Kinder im Alter von fünf und darüber; **to get ~ oneself** *umg* größenwahnsinnig werden *umg* **C** *adj* ⟨*attr*⟩ **the ~ persons** die oben genannten Personen; **the ~ paragraph** der vorangehende Abschnitt **D** *s* **the ~** (≈ *Gesagtes, Geschriebenes*) Obiges *n form*; (≈ *Person*) der/die Obengenannte

above-average *adj* überdurchschnittlich

above board *adj* ⟨*präd*⟩, **aboveboard** *adj* ⟨*attr*⟩ korrekt; **open and ~** offen und ehrlich

above-mentioned *adj* oben erwähnt

above-named *adj* oben genannt

abracadabra [ˌæbrəkə'dæbrə] *int* Abrakadabra

abrasion [əˈbreɪʒən] s Abrieb m; MED (Haut)abschürfung f

abrasive [əˈbreɪsɪv] adj Reinigungsmittel scharf; Oberfläche rau; fig Mensch aggressiv

abrasively [əˈbreɪsɪvlɪ] adv etw sagen scharf; kritisieren harsch

abreast [əˈbrest] adv Seite an Seite; **to march four ~** zu viert nebeneinander marschieren; **~ of sb/sth** neben j-m/etw; **to keep ~ of the news** mit den Nachrichten auf dem Laufenden bleiben

abridge [əˈbrɪdʒ] v/t Buch kürzen; **~d version** gekürzte Fassung

abridgement [əˈbrɪdʒmənt] s Vorgang Kürzen n; (≈ Buch) gekürzte Ausgabe

abroad [əˈbrɔːd] adv ◻ im Ausland; **to go ~** ins Ausland gehen/fahren; **from ~** aus dem Ausland ◻ **there is a rumour ~ that ...** Br, **there is a rumor ~ that ...** US ein Gerücht geht um, dass ...

abrupt [əˈbrʌpt] adj ◻ abrupt; **to come to an ~ end** ein abruptes Ende nehmen; **to bring sth to an ~ halt** wörtl etw abrupt zum Stehen bringen; fig etw plötzlich stoppen ◻ (≈ brüsk) schroff

abruptly [əˈbrʌptlɪ] adv abrupt; antworten schroff

abs [æbz] umg pl Bauchmuskeln pl

ABS abk (= anti-lock braking system) ABS n; **ABS brakes** ABS-Bremsen pl

abscess [ˈæbsɪs] s Abszess m

abscond [əbˈskɒnd] v/i sich (heimlich) davonmachen

abseil [ˈæbseɪl] v/i sich abseilen

absence [ˈæbsəns] s ◻ Abwesenheit f; bes von Schule Fehlen n, Absenz f österr, schweiz; **in the ~ of the chairman** in Abwesenheit des Vorsitzenden; **~ makes the heart grow fonder** sprichw die Liebe wächst mit der Entfernung sprichw ◻ Fehlen n; **in the ~ of further evidence** in Ermangelung weiterer Beweise

absent [ˈæbsənt] A adj ◻ abwesend; **to be ~ from school/work** in der Schule/am Arbeitsplatz fehlen; **~!** SCHULE fehlt!; **to go ~ without leave** MIL sich unerlaubt von der Truppe entfernen; **~ parent** nicht betreuender Elternteil; **to ~ friends!** auf unsere abwesenden Freunde! ◻ geistig (geistes)abwesend ◻ (≈ nicht vorhanden) **to be ~** fehlen B [æbˈsent] v/r **to ~ oneself (from)** fernbleiben (+dat of von); (≈ zeitweise) sich zurückziehen (von)

absentee [ˌæbsənˈtiː] s Abwesende(r) m/f(m); **there were a lot of ~s** es fehlten viele

absentee ballot bes US s ≈ Briefwahl f

absenteeism [ˌæbsənˈtiːɪzəm] s häufige Abwesenheit; pej Krankfeiern n; SCHULE Schwänzen n; **the rate of ~ among workers** die Abwesenheitsquote bei Arbeitern

absently [ˈæbsəntlɪ] adv (geistes)abwesend

absent-minded [ˌæbsəntˈmaɪndɪd] adj geistesabwesend, zerstreut

absent-mindedly [ˌæbsəntˈmaɪndlɪ] adv sich verhalten zerstreut; blicken (geistes)abwesend

absent-mindedness [ˌæbsəntˈmaɪndɪdnɪs] s Geistesabwesenheit f, Zerstreutheit f

absolute [ˈæbsəluːt] adj absolut; Lüge, Idiot ausgemacht; **you're an ~ genius!** du bist ein absolutes Genie!; **the divorce was made ~** die Scheidung wurde ausgesprochen

absolutely [ˌæbsəˈluːtlɪ] adv absolut; wahr völlig; fantastisch wirklich; ablehnen strikt; verboten streng; notwendig unbedingt; beweisen eindeutig; **~!** durchaus; (≈ einverstanden) genau!; **do you agree? — ~** sind Sie einverstanden? — vollkommen; **you're ~ right** Sie haben völlig recht

absolute majority s absolute Mehrheit

absolute zero s ⟨kein pl⟩ absoluter Nullpunkt

absolution [ˌæbsəˈluːʃən] s KIRCHE Absolution f

absolve [əbˈzɒlv] v/t von Schuld, Sünde etc freisprechen (**from/of** von); aus Verantwortung entlassen (**from** aus)

absorb [əbˈsɔːb] v/t absorbieren; Wucht, Stoß dämpfen; Wissen, Neuigkeit (in sich) aufnehmen; Kosten tragen; Zeit in Anspruch nehmen; **to be ~ed in a book** etc in ein Buch etc vertieft sein; **she was completely ~ed in her family** sie ging völlig in ihrer Familie auf

absorbent adj absorbierend, saugfähig

absorbent cotton US s Watte f

absorbing adj fesselnd

absorption [əbˈsɔːpʃən] s Absorption f; von Wucht, Stoß Dämpfung f; von Wissen Aufnahme f; von Kosten Tragen n; von Zeit Inanspruchnahme f; **her total ~ in her studies** ihr vollkommenes Aufgehen in ihrem Studium

abstain [əbˈsteɪn] v/i ◻ sich enthalten (**from** +gen); **to ~ from alcohol** sich des Alkohols enthalten ◻ bei Wahl sich der Stimme enthalten

abstention [əbˈstenʃən] s bei Wahl (Stimm)enthaltung f; **were you one of the ~s?** waren Sie einer von denen, die sich der Stimme enthalten haben?

abstinence [ˈæbstɪnəns] s Abstinenz f, Enthaltung f (**from** von)

abstract[1] [ˈæbstrækt] A adj abstrakt; **~ noun** Abstraktum n B s (kurze) Zusammenfassung f; **in the ~** abstrakt

abstract[2] [æbˈstrækt] v/t abstrahieren; Informationen entnehmen (**from** aus)

abstraction [æbˈstrækʃən] s Abstraktion f;

(≈ *Ausdruck a.*) **Abstraktum** *n*
abstruse [æbˈstruːs] *adj* abstrus; schwer verständlich
absurd [əbˈsɜːd] *adj* absurd; **don't be ~!** sei nicht albern!; **what an ~ waste of time!** so eine blödsinnige Zeitverschwendung!
absurdity [əbˈsɜːdɪtɪ] *s* Absurdität *f*
absurdly [əbˈsɜːdlɪ] *adv sich verhalten* absurd; *teuer* unsinnig
abundance [əˈbʌndəns] *s* (großer) Reichtum, Überfluss *m* (**of** an +*dat*); **in ~** in Hülle und Fülle; **a country with an ~ of oil** ein Land mit reichen Ölvorkommen
abundant [əˈbʌndənt] *adj* reich, üppig; *Zeit* reichlich; *Energie* ungeheuer; **apples are in ~ supply** es gibt Äpfel in Hülle und Fülle
abundantly [əˈbʌndəntlɪ] *adv* reichlich; **to make it ~ clear that …** mehr als deutlich zu verstehen geben, dass …
abuse **A** [əˈbjuːs] *s* **1** ⟨*kein pl*⟩ Beschimpfungen *pl*; **a term of ~** ein Schimpfwort *n*; **to shout ~ at sb** j-m Beschimpfungen an den Kopf werfen **2** ⟨*kein pl*⟩ Missbrauch *m*; **~ of authority** Amtsmissbrauch *m*; **the system is open to ~** das System lässt sich leicht missbrauchen **3** *von Gefangenen etc* Misshandlung *f* **B** [əˈbjuːz] *v/t* **1** beschimpfen **2** missbrauchen **3** *Gefangene etc* misshandeln
abuser [əˈbjuːzəʳ] *s* Missbraucher(in) *m(f)*
abusive [əˈbjuːsɪv] *adj* beleidigend; *Beziehung* abusiv; *Ehemann* prügelnd; **~ language** Beleidigungen *pl*
abusively [əˈbjuːsɪvlɪ] *adv* beleidigend
abysmal [əˈbɪzməl] *fig adj* entsetzlich; *Leistung etc* miserabel
abysmally [əˈbɪzməlɪ] *adv* entsetzlich; *abschneiden* miserabel
abyss [əˈbɪs] *s wörtl, fig* Abgrund *m*
AC[1] *abk* (= alternating current) Wechselstrom *m*
AC[2] *abk* (= air conditioning) Klimaanlage *f*
A/C *abk* (= account) FIN Kto.
acacia [əˈkeɪʃə] *s* Akazie *f*
academic [ˌækəˈdemɪk] **A** *adj* akademisch; *Vorgehensweise, Interesse* wissenschaftlich; *Diskussion, Fußballspiel etc* bedeutungslos, irrelevant; **~ advisor** *US* Studienberater(in) *m(f)*; **~ year** akademisches Jahr; SCHULE Schuljahr *n* **B** *s* Akademiker(in) *m(f)*
academically [ˌækəˈdemɪkəlɪ] *adv* **1** wissenschaftlich; **to be ~ inclined** geistige Interessen haben; **~ gifted** intellektuell begabt **2** **she is not doing well ~** SCHULE sie sitzt in der Schule nicht gut; UNIV sie ist mit ihrem Studium nicht sehr erfolgreich
academy [əˈkædəmɪ] *s* Akademie *f*
acc. *abk* (= account) FIN Kto.

accede [ækˈsiːd] *v/i* **1** **to ~ to the throne** den Thron besteigen **2** zustimmen (**to** +*dat*)
accelerate [ækˈseləreɪt] **A** *v/t* beschleunigen **B** *v/i* beschleunigen; *Wandel* sich beschleunigen; *Wachstum etc* zunehmen; **he ~d away** er gab Gas und fuhr davon
acceleration [ækˌseləˈreɪʃən] *s* Beschleunigung *f*
accelerator [ækˈseləreɪtəʳ] *s* **1** (a. **~ pedal**) Gaspedal *n*; **to step on the ~** aufs Gas treten **2** PHYS Beschleuniger *m*
accent [ˈæksənt] *s* Akzent *m*; **to speak without/ with an ~** akzentfrei/mit Akzent sprechen; **to put the ~ on sth** *fig* den Akzent auf etw (*akk*) legen; **the ~ is on the first syllable** die Betonung liegt auf der ersten Silbe
accentuate [ækˈsentjʊeɪt] *v/t* betonen; *beim Sprechen, a.* MUS akzentuieren
accept [əkˈsept] **A** *v/t* **1** akzeptieren; *Entschuldigung, Geschenk, Einladung* annehmen; *Verantwortung* übernehmen; *Darstellung* glauben **2** *Notwendigkeit* einsehen; *Mensch, Pflicht* akzeptieren; **it is generally** *od* **widely ~ed that …** es ist allgemein anerkannt, dass …; **we must ~ the fact that …** wir müssen uns damit abfinden, dass …; **I ~ that it might take a little longer** ich sehe ein, dass es etwas länger dauern könnte; **to ~ that sth is one's responsibility/ duty** etw als seine Verantwortung/Pflicht akzeptieren **3** *Schicksal, Konditionen* hinnehmen **4** HANDEL *Scheck* annehmen **B** *v/i* annehmen
acceptability [əkˌseptəˈbɪlɪtɪ] *s* Annehmbarkeit *f*
acceptable [əkˈseptəbl] *adj* akzeptabel (**to** für); *Verhalten* zulässig; *Geschenk* passend; **any job would be ~ to him** ihm wäre jede Stelle recht
acceptably [əkˈseptəblɪ] *adv* **1** *behandeln, sich verhalten* anständig, korrekt **2** **~ safe** ausreichend sicher
acceptance [əkˈseptəns] *s* **1** Annahme *f*; *von Verantwortung* Übernahme *f*; *von Darstellung* Glauben *n*; **to find** *od* **win** *od* **gain ~** anerkannt werden **2** *von Fakten* Anerkennung *f* **3** (≈ *Tolerieren*) Hinnahme *f* **4** HANDEL *von Scheck* Annahme *f*
accepted *adj Tatsache* (allgemein) anerkannt
access [ˈækses] **A** *s* **1** Zugang *m* (**to** zu); *bes zu Zimmer etc* Zutritt *m* (**to** zu); **to give sb ~** j-m Zugang gewähren (**to** zu); **to refuse sb ~** j-m den Zugang verwehren (**to** zu); **to have ~ to sb/sth** Zugang zu j-m/etw haben; **to gain ~ to sb/sth** sich (*dat*) Zugang zu j-m/etw verschaffen; **"access only"** „nur für Anlieger"; *österr* „nur für Anrainer"; **the father has ~ to the children** der Vater hat das Recht auf Umgang mit den Kindern **2** IT Zugriff *m* **B**

v/t IT zugreifen auf (+akk)
access code s Zugangscode m
access course s Brückenkurs m
accessibility [ək,sesɪ'bɪlɪtɪ] s Zugänglichkeit f
accessible [æk'sesəbl] adj zugänglich (**to** +dat)
accession [æk'seʃən] s **1** (a. ~ **to the throne**) Thronbesteigung f **2** Antritt m, Beitritt m; **the ~ of a country to the EU** der Beitritt eines Landes zur EU **3** in Bücherei (Neu)anschaffung f
accessory [æk'sesərɪ] s **1** Extra n; modisch Accessoire n **2** **accessories** pl Zubehör n; **toilet accessories** Toilettenartikel pl **3** JUR Helfershelfer(in) m(f)
access road s Zufahrt(sstraße) f
access time s Zugriffszeit f
accident ['æksɪdənt] s Unfall m, Havarie f österr; BAHN, FLUG Unglück n; (≈ Peinlichkeit) Missgeschick n; (≈ Fügung) Zufall m; **~ and emergency (department/unit)** Notaufnahme f; **she has had an ~** sie hat einen Unfall gehabt; beim Kochen etc ihr ist ein Missgeschick passiert; **by ~** zufällig; (≈ unbeabsichtigt) aus Versehen; **~s will happen** sprichw so was kann vorkommen; **it was an ~** es war ein Versehen
accidental [,æksɪ'dentl] adj **1** Zusammentreffen etc zufällig; Schlag versehentlich **2** Verletzung, Tod durch Unfall
accidentally [,æksɪ'dentəlɪ] adv zufällig; (≈ unbeabsichtigt) versehentlich
accident insurance s Unfallversicherung f
accident prevention s Unfallverhütung f
accident-prone adj vom Pech verfolgt
acclaim [ə'kleɪm] **A** v/t feiern (**as** als) **B** s Beifall m; von Kritikern Anerkennung f
acclaimed [ə'kleɪmd] adj bejubelt, gefeiert
acclimate ['ækləmeɪt] US v/t → acclimatize
acclimatization [ə,klaɪmətaɪ'zeɪʃən] s, **acclimation** [,æklaɪ'meɪʃən] US s Akklimatisierung f (**to an** +akk); an neue Umgebung etc Gewöhnung f (**to an** +akk)
acclimatize [ə'klaɪmətaɪz] **A** v/t **to become ~d** sich akklimatisieren, sich eingewöhnen **B** v/i a. **~ oneself** sich akklimatisieren (**to an** +akk)
accolade ['ækəʊleɪd] s Auszeichnung f, Lob n kein pl
accommodate [ə'kɒmədeɪt] v/t **1** unterbringen **2** Platz haben für **3** form dienen (+dat); **I think we might be able to ~ you** ich glaube, wir können Ihnen entgegenkommen
accommodating [ə'kɒmədeɪtɪŋ] adj entgegenkommend
accommodation [ə,kɒmə'deɪʃən] s **1** US a. **~s** Unterkunft f, Zimmer n, Wohnung f **2** US a. **~s** Platz m; **seating ~** Sitzplätze pl; **sleeping ~ for six** Schlafgelegenheit f für sechs Personen
accompaniment [ə'kʌmpənɪmənt] s a. MUS Begleitung f; **with piano ~** mit Klavierbegleitung
accompanist [ə'kʌmpənɪst] s MUS Begleiter(in) m(f)
accompany [ə'kʌmpənɪ] v/t a. MUS begleiten; **~ing letter** Begleitschreiben n
accomplice [ə'kʌmplɪs] s Komplize m, Komplizin f; **to be an ~ to a crime** Komplize bei einem Verbrechen sein
accomplish [ə'kʌmplɪʃ] v/t schaffen; **that didn't ~ anything** damit war nichts erreicht
accomplished adj Sportler fähig; Leistung vollendet; Lügner versiert
accomplishment s **1** ⟨kein pl⟩ von Aufgabe Bewältigung f **2** Fertigkeit f, Leistung f
accord [ə'kɔːd] **A** s Übereinstimmung f; POL Abkommen n; **of one's/its own ~** von selbst; **with one ~** geschlossen; singen, rufen etc wie aus einem Mund(e) **B** v/t gewähren; Titel verleihen (**sb sth** j-m etw)
accordance [ə'kɔːdəns] s **in ~ with** entsprechend (+dat)
accordingly [ə'kɔːdɪŋlɪ] adv (dem)entsprechend
according to [ə'kɔːdɪŋ'tuː] präp zufolge (+dat), nach, entsprechend (+dat); **~ the map** der Karte nach; **~ Peter** laut Peter, Peter zufolge; **to go ~ plan** nach Plan verlaufen; **we did it ~ the rules** wir haben uns an die Regeln gehalten
accordion [ə'kɔːdɪən] s Akkordeon n
accost [ə'kɒst] v/t ansprechen, anpöbeln pej
account [ə'kaʊnt] s **1** Darstellung f, Bericht m; **to keep an ~ of one's expenses** über seine Ausgaben Buch führen; **by** od **from all ~s** nach allem, was man hört; **to give an ~ of sth** über etw (akk) Bericht erstatten; **to give an ~ of oneself** Rede und Antwort stehen; **to give a good ~ of oneself** sich gut schlagen; **to be called** od **held to ~ for sth** über etw (akk) Rechenschaft ablegen müssen **2** **to take ~ of sb/sth, to take sb/sth into ~** j-n/etw in Betracht ziehen, j-n/etw berücksichtigen; **to take no ~ of sb/sth** j-n/etw außer Betracht lassen; **on no ~** auf (gar) keinen Fall; **on this/that ~** deshalb; **on ~ of the weather** wegen od aufgrund des Wetters; **on my ~** meinetwegen; **of no ~** ohne Bedeutung **3** FIN, HANDEL Konto n (**with** bei); **to buy sth on ~** etw auf (Kunden)kredit kaufen; **please charge it to my ~** stellen Sie es mir bitte in Rechnung; **to settle** od **square ~s** od **one's ~ with sb** fig mit j-m abrechnen **4** **~s** pl von Firma, Verein (Geschäfts)bücher pl; Abteilung Buchhaltung f; **to keep the ~s** die Bücher führen

phrasal verbs mit account:
account for v/i (+obj) **1** erklären; Verhalten, Ausgaben Rechenschaft ablegen über (+akk),

verantwortlich sein für; **all the children were accounted for** der Verbleib aller Kinder war bekannt; **there's no accounting for taste** über Geschmack lässt sich (nicht) streiten ☷ der Grund sein für; **this area accounts for most of the country's mineral wealth** aus dieser Gegend stammen die meisten Bodenschätze des Landes

accountability [əˌkaʊntəˈbɪlɪtɪ] s Verantwortlichkeit f (**to sb** j-m gegenüber)

accountable [əˈkaʊntəbl] adj verantwortlich (**to sb** j-m); **to hold sb ~ (for sth)** j-n (für etw) verantwortlich machen

accountancy [əˈkaʊntənsɪ] s Buchführung f

accountant [əˈkaʊntənt] s Buchhalter(in) m(f), Steuerberater(in) m(f)

account book s Geschäftsbuch n

account holder s Kontoinhaber(in) m(f)

accounting [əˈkaʊntɪŋ] s Buchhaltung f

accounting department US s Buchhaltung f

accounting period s Abrechnungszeitraum m

account number s Kontonummer f

accounts department Br s Buchhaltung f

accoutrements [əˈkuːtrəmənts] pl, **accouterments** [əˈkuːtərmənts] US pl Ausrüstung f

accreditation [əkrediˈteɪʃən] s Beglaubigung f; (≈ *Genehmigung*) Zulassung f; POL Akkreditierung f

accreditation board s Zulassungsausschuss m; Zulassungsbehörde f

accrue [əˈkruː] v/i sich ansammeln

acct abk ⟨nur geschrieben⟩ (= *account*) Konto n

accumulate [əˈkjuːmjʊleɪt] Ⓐ v/t ansammeln Ⓑ v/i sich ansammeln

accumulation [əˌkjuːmjʊˈleɪʃən] s Ansammlung f

accumulative [əˈkjuːmjʊlətɪv] adj sich anhäufend, zunehmend

accuracy [ˈækjʊrəsɪ] s Genauigkeit f; *von Rakete* Zielgenauigkeit f

accurate [ˈækjʊrɪt] adj genau; exakt, korrekt; *Rakete* zielgenau; **the clock is ~** die Uhr geht genau; **the test is 90 per cent ~** der Test ist 90%ig sicher

accurately [ˈækjʊrɪtlɪ] adv genau

accusation [ˌækjʊˈzeɪʃən] s Beschuldigung f; JUR Anklage f; (≈ *Tadel*) Vorwurf m

accusative [əˈkjuːzətɪv] Ⓐ s Akkusativ m; **in the ~** im Akkusativ Ⓑ adj Akkusativ-; **~ case** Akkusativ m

accusatory [əˈkjuːzətərɪ] adj anklagend

accuse [əˈkjuːz] v/t ☶ JUR anklagen (**of** wegen od +gen); **he is ~d of murder** er ist des Mordes angeklagt ☷ beschuldigen; **to ~ sb of doing** od **having done sth** j-n beschuldigen, etw getan zu haben; **are you accusing me of lying?** willst du (damit) vielleicht sagen, dass ich lüge?

accused s **the ~** der/die Angeklagte

accusing [əˈkjuːzɪŋ] adj anklagend; **he had an ~ look on his face** sein Blick klagte an

accusingly [əˈkjuːzɪŋlɪ] adv anklagend

accustom [əˈkʌstəm] v/t **to be ~ed to sth** an etw (*akk*) gewöhnt sein; **to be ~ed to doing sth** gewohnt sein, etw zu tun; **to become** od **get ~ed to sth** sich an etw (*akk*) gewöhnen; **to become** od **get ~ed to doing sth** sich daran gewöhnen, etw zu tun

AC/DC [ˌeɪsiːˈdiːsiː] abk (= alternating current/direct current) WS/GS, Allstrom

ace [eɪs] Ⓐ s Ass n; **the ace of clubs** das Kreuzass; **to have an ace up one's sleeve** noch einen Trumpf in der Hand haben; **to hold all the aces** *fig* alle Trümpfe in der Hand halten; **to be an ace at sth** in etw (*dat*) sein; **to serve an ace** *Tennis* ein Ass servieren Ⓑ adj ⟨*attr*⟩ (≈ *ausgezeichnet*) Star- Ⓒ US *umg* v/t **to ace a test** in einer Prüfung hervorragend abschneiden

acerbic [əˈsɜːbɪk] adj *Bemerkung, Stil* bissig

acerola (cherry) [ˌæsəˈrəʊlə (tʃerɪ)] s Acerolakirsche f

acetate [ˈæsɪteɪt] s Azetat n

acetic acid [əˌsiːtɪkˈæsɪd] s Essigsäure f

ache [eɪk] Ⓐ s (dumpfer) Schmerz m Ⓑ v/i ☶ wehtun, schmerzen; **my head ~s** mir tut der Kopf weh; **it makes my head/arms ~** davon tut mir der Kopf/tun mir die Arme weh; **I'm aching all over** mir tut alles weh; **it makes my heart ~ to see him** *fig* es tut mir in der Seele weh, wenn ich ihn sehe ☷ *fig* **to ~ to do sth** sich danach sehnen, etw zu tun

achieve [əˈtʃiːv] v/t erreichen; *Erfolg* erzielen; **she ~d a great deal** sie hat eine Menge geleistet; (≈ *erfolgreich*) sie hat viel erreicht; **he will never ~ anything** er wird es nie zu etwas bringen; **to ~ an end** ein Ziel erreichen

achievement [əˈtʃiːvmənt] s Leistung f; *von Gesellschaft, Technik* Errungenschaft f

achiever [əˈtʃiːvə(r)] s Leistungstyp m *umg*; **to be an ~** leistungsorientiert sein; **high ~** SCHULE leistungsstarkes Kind

Achilles [əˈkɪliːz] s **~ heel** *fig* Achillesferse f

aching [ˈeɪkɪŋ] adj ⟨*attr*⟩ schmerzend

achy [ˈeɪkɪ] *umg* adj schmerzend; **I feel ~ all over** mir tut alles weh

acid [ˈæsɪd] Ⓐ adj ☶ sauer ☷ *fig* ätzend; *Bemerkung* bissig, beißend Ⓑ s ☶ CHEM Säure f ☷ *umg* (≈ *LSD*) Acid n *sl*

acidic [əˈsɪdɪk] adj sauer

acidity [əˈsɪdɪtɪ] s ☶ Säure f ☷ Magensäure f

acid rain s saurer Regen

acid test s Feuerprobe f
acknowledge [əkˈnɒlɪdʒ] v/t anerkennen; *Wahrheit, Niederlage* zugeben; *Brief* den Empfang bestätigen von; *Gruß* erwidern; *Hilfe* sich bedanken für; **to ~ sb's presence** j-s Anwesenheit zur Kenntnis nehmen
acknowledgement s Anerkennung f; *von Wahrheit, Niederlage* Eingeständnis n; *von Brief* Empfangsbestätigung f; **he waved in ~** er winkte zurück; **in ~ of** in Anerkennung (+gen); **~s** *in Buch* Danksagung f; **~s are due to ...** ichhabe/wir haben ... zu danken; *in Buch* mein/unser Dank gilt ...
acne [ˈæknɪ] s Akne f
acorn [ˈeɪkɔːn] s BOT Eichel f
acoustic [əˈkuːstɪk] adj akustisch
acoustic guitar s Akustikgitarre f
acoustics s 1 (+sg v) *Fach* Akustik f 2 (pl) *von Zimmer* Akustik f
ACP [ˌeɪsiːˈpiː] abk (= *Africa, Caribbean and Pacific*) AKP
ACP country s AKP-Staat m
acquaint [əˈkweɪnt] v/t 1 bekannt machen; **to be ~ed with sth** mit etw bekannt sein; **to become ~ed with sth** etw kennenlernen; *Tatsachen, Wahrheit* etw erfahren; **to ~ oneself** *od* **to make oneself ~ed with sth** sich mit etw vertraut machen 2 **to be ~ed with sb** mit j-m bekannt sein; **we're not ~ed** wir kennen uns nicht; **to become** *od* **get ~ed** sich (näher) kennenlernen
acquaintance s 1 Bekannte(r) m/f(m); **we're just ~s** wir kennen uns bloß flüchtig; **a wide circle of ~s** ein großer Bekanntenkreis 2 *von Mensch* Bekanntschaft f; *von Thema, Sachgebiet* Kenntnis f (with +gen); **to make sb's ~** j-s Bekanntschaft machen
acquiesce [ˌækwɪˈes] v/i einwilligen (**in** in +akk); **to ~ in sth** ohne es zu wollen etw hinnehmen
acquiescence [ˌækwɪˈesns] s Einwilligung f (**in** in +akk)
acquire [əˈkwaɪə(r)] v/t erwerben, sich (dat) aneignen, annehmen; **where did you ~ that?** woher hast du das?; **to ~ a taste/liking for sth** Geschmack/Gefallen an etw (dat) finden; **caviar is an ~d taste** Kaviar ist (nur) für Kenner
acquisition [ˌækwɪˈzɪʃən] s 1 Erwerb m, Aneignung f 2 (= *Gegenstand*) Anschaffung f
acquisitive [əˈkwɪzɪtɪv] adj habgierig
acquit [əˈkwɪt] A v/t freisprechen; **to be ~ted of a crime** von einem Verbrechen freigesprochen werden B v/r **he ~ted himself well** er hat seine Sache gut gemacht
acquittal [əˈkwɪtl] s Freispruch m (**on** von)
acre [ˈeɪkə(r)] s Flächenmaß ≈ Morgen m
acrid [ˈækrɪd] adj *Geschmack* bitter; *Geruch* säuerlich; *Rauch* beißend
acrimonious [ˌækrɪˈməʊnɪəs] adj erbittert; *Scheidung* verbittert ausgefochten
acrimony [ˈækrɪmənɪ] s Schärfe f, Verbitterung f, Erbitterung f
acrobat [ˈækrəbæt] s Akrobat(in) m(f)
acrobatic [ˌækrəʊˈbætɪk] adj akrobatisch
acrobatics pl Akrobatik f
acronym [ˈækrənɪm] s Akronym n
across [əˈkrɒs] A adv 1 hinüber, herüber, (quer)durch, darüber; **shall I go ~ first?** soll ich zuerst hinüber(gehen)?; **~ from your house** von einem Haus gegenüber 2 *Maß* breit; *von Kreis etc* im Durchmesser 3 *Kreuzworträtsel* waagerecht B präp 1 *Richtung* über (+akk); (= *diagonal*) quer durch (+akk); **to run ~ the road** über die Straße laufen; **to wade ~ a river** durch einen Fluss waten; **a tree fell ~ the path** ein Baum fiel quer über den Weg; **~ country** querfeldein 2 *Position* über (+dat); **a tree lay ~ the path** ein Baum lag quer über dem Weg; **he was sprawled ~ the bed** er lag quer auf dem Bett; **from ~ the sea** von der anderen Seite des Meeres; **he lives ~ the street from us** er wohnt uns gegenüber; **you could hear him (from) ~ the hall** man konnte ihn von der anderen Seite der Halle hören
across-the-board [əˈkrɒsðəˈbɔːd] adj ⟨attr⟩ allgemein; → board
acrostic [əˈkrɒstɪk] s Akrostichon n
acrylic [əˈkrɪlɪk] A s Acryl n B adj Acryl-; *Kleid* aus Acryl
act [ækt] A s 1 Tat f; (= *offizielle Handlung*) Akt m; **an act of mercy** ein Gnadenakt m; **an act of God** höhere Gewalt *kein pl*; **an act of war** eine kriegerische Handlung; **an act of madness** ein Akt m des Wahnsinns; **to catch sb in the act of doing sth** j-n dabei ertappen, wie er etw tut 2 PARL Gesetz n 3 THEAT Akt m; (≈ *Auftritt*) Nummer f; **a one-act play** ein Einakter m; **to get in on the act** *fig umg* mit von der Partie sein; **he's really got his act together** *umg bei Vorhaben etc* er hat die Sache wirklich im Griff; *in seinem Dasein* er hat im Leben erreicht, was er wollte; **she'll be a hard** *od* **tough act to follow** man wird es ihr nur schwer gleichmachen 4 *fig* Theater n; **to put on an act** Theater spielen B v/t spielen; **to act the innocent** die gekränkte Unschuld spielen C v/i 1 THEAT spielen; THEAT schauspielern; *fig* Theater spielen; **he's only acting** er tut (doch) nur so; **to act innocent** *etc* sich unschuldig *etc* stellen 2 *Droge* wirken; **to act as ...** wirken als ..., fungieren als ...; **to act on behalf of sb** j-n vertreten 3 sich verhalten, sich benehmen; **she acted as if** *od* **as though she was surprised** sie tat so, als ob

sie überrascht wäre ❹ handeln; **the police couldn't act** die Polizei konnte nichts unternehmen

phrasal verbs mit act:

act on v/i ⟨+obj⟩ ❶ wirken auf (+akk) ❷ *Warnung* handeln auf (+akk) ... hin; *Rat* folgen (+dat); **acting on an impulse** einer plötzlichen Eingebung folgend

act out v/t ⟨trennb⟩ durchspielen; nachspielen

act up *umg* v/i j-m Ärger machen; *Mensch* Theater machen *umg*, sich aufspielen; *Maschine* verrückt spielen *umg*; **my back is acting up** mein Rücken macht mir Ärger

act upon v/i ⟨+obj⟩ → act on

acting ['æktɪŋ] Ⓐ *adj* ❶ stellvertretend *attr* ❷ ⟨*attr*⟩ THEAT schauspielerisch Ⓑ *s* THEAT Darstellung *f*; (≈ *Aktivität*) Spielen *n*; (≈ *als Beruf*) Schauspielerei *f*; **he's done some ~** er hat schon Theater gespielt

acting time *s* LIT Handlungszeit *f* (*Zeitraum, der in einem fiktionalen Text dargestellt wird. Die Handlungszeit ist i. d. R. länger als die Erzählzeit; z. B. Beschreibung mehrerer Jahre auf wenigen Seiten*)

action ['ækʃən] *s* ❶ ⟨*kein pl*⟩ Handeln *n*; *von Roman etc* Handlung *f*; **a man of ~** ein Mann der Tat; **to take ~** etwas unternehmen, handeln; **course of ~** Vorgehen *n*; **no further ~** keine weiteren Maßnahmen ❷ Tat *f* ❸ **in/out of ~** in/nicht in Aktion; *Maschine* in/außer Betrieb; **to go into ~** in Aktion treten; **to put a plan into ~** einen Plan in die Tat umsetzen; **he's been out of ~ since he broke his leg** er war nicht mehr einsatzfähig, seit er sich das Bein gebrochen hat ❹ Action *f*; **there's no ~ in this film** in dem Film passiert nichts; **~!** *Kommando* Action! ❺ MIL Aktionen *pl*; **enemy ~** feindliche Handlungen *pl*; **killed in ~** gefallen; **the first time they went into ~** bei ihrem ersten Einsatz ❻ *von Maschine* Arbeitsweise *f*; *von Uhr, Gewehr* Mechanismus *m*; *von Sportler etc* Bewegung *f* ❼ Wirkung *f* (**on** auf +akk) ❽ JUR Klage *f*; **to bring an ~ (against sb)** eine Klage (gegen j-n) anstrengen

action film *s* Actionfilm *m*
action group *s* Aktionsgruppe *f*
action movie *bes US s* Actionfilm *m*
action-packed *adj* aktionsgeladen
action replay *s bes in Zeitlupe* Wiederholung *f*
action shot *s* FOTO Actionfoto *n*; FILM Actionszene *f*
action stations *pl* Stellung *f*; **~!** Stellung!; *fig* an die Plätze!

activate ['æktɪveɪt] *v/t Mechanismus* betätigen; *Schalter* in Gang setzen; *Alarm* auslösen; *Bombe* zünden; CHEM, PHYS aktivieren

active ['æktɪv] *adj* aktiv; *Verstand, Leben* rege; *Bürger* engagiert; **to be politically/sexually ~** politisch/sexuell aktiv sein; **on ~ service** MIL im Einsatz; **to be on ~ duty** *bes US* MIL aktiven Wehrdienst leisten; **he played an ~ part in it** er war aktiv daran beteiligt; **~ ingredient** CHEM aktiver Bestandteil; **~ (voice)** LING Aktiv *n*

actively ['æktɪvlɪ] *adv* aktiv; *Abneigung zeigen* offen

activism ['æktɪvɪzm] *s* Aktivismus *m*
activist ['æktɪvɪst] *s* Aktivist(in) *m(f)*
activity [æk'tɪvɪtɪ] *s* ❶ ⟨*kein pl*⟩ Aktivität *f*; *in Stadt, Büro* geschäftiges Treiben ❷ (≈ *Zeitvertreib*) Betätigung *f*; **the church organizes many activities** die Kirche organisiert viele Veranstaltungen; **criminal activities** kriminelle Aktivitäten *pl*

activity centre *s*, **activity center** *US s* Jugendzentrum *n*
activity holiday *Br s* Aktivurlaub *m*
actor ['æktə^r] *s* Schauspieler(in) *m(f)*
actress ['æktrɪs] *s* Schauspielerin *f*
actual ['æktjʊəl] *adj* eigentlich; *Resultat* tatsächlich; *Fall, Beispiel* konkret; **in ~ fact** eigentlich; **what were his ~ words?** was genau hat er gesagt?; **this is the ~ house** das ist hier das Haus; **~ size** Originalgröße *f*

actually ['æktjʊəlɪ] *adv* ❶ *als Füllwort: meist nicht übersetzt* **~ I haven't started yet** ich habe noch (gar) nicht angefangen ❷ eigentlich, übrigens; **as you said before, and ~ you were quite right** wie Sie schon sagten, und eigentlich hatten Sie völlig recht; **~ you were quite right, it was a bad idea** Sie hatten übrigens völlig recht, es war eine schlechte Idee; **I'm going soon, tomorrow ~** ich gehe bald, nämlich morgen ❸ tatsächlich, wirklich; **if you ~ own an apartment** wenn Sie tatsächlich eine Wohnung besitzen; **oh, you're ~ in/ready!** oh, du bist sogar da/fertig!; **I haven't ~ started yet** ich habe noch nicht angefangen; **as for ~ doing it** wenn es dann daran geht, es auch zu tun

actuary ['æktjʊərɪ] *s Versicherungswesen* Aktuar(in) *m(f)*

acumen ['ækjʊmen] *s* **business ~** Geschäftssinn *m*

acupuncture ['ækjʊˌpʌŋktʃə^r] *s* Akupunktur *f*
acute [ə'kju:t] *adj* ❶ akut; *Peinlichkeit* riesig; *Gefühl, Schmerz* heftig; *Angst, Verlegenheit* stark, groß ❷ *Sehvermögen* scharf; *Gehör* fein ❸ MATH *Winkel* spitz ❹ LING **~ accent** Akut *m*

acute-angled *adj Dreieck* spitzwinklig
acutely [ə'kju:tlɪ] *adv* akut; *spüren* intensiv; *verlegen, sensibel* äußerst; **to be ~ aware of sth** sich (*dat*) einer Sache (*gen*) genau bewusst sein

AD *abk* (= Anno Domini) n. Chr., A.D.

ad [æd] *s abk* (= advertisement) *von* Anzeige *f*, Inserat *n*; Werbespot *m*

adage ['ædɪdʒ] *s* Sprichwort *n*

Adam ['ædəm] *s* **~'s apple** Adamsapfel *m*; **I don't know him from ~** *umg* ich habe keine Ahnung, wer er ist *umg*

adamant ['ædəmənt] *adj* hart; *Weigerung* hartnäckig; **to be ~** unnachgiebig sein; **he was ~ about going** er bestand hartnäckig darauf zu gehen

adamantly ['ædəməntlɪ] *adv* hartnäckig; **to be ~ opposed to sth** etw scharf ablehnen

adapt [ə'dæpt] **A** *v/t* anpassen (**to** +*dat*); *Maschine* umstellen (**to, for** auf +*akk*); *Fahrzeug, Gebäude* umbauen (**to, for** für); *Text* bearbeiten (**for** für); **~ed from the Spanish** aus dem Spanischen übertragen und bearbeitet **B** *v/i* sich anpassen (**to** +*dat*)

adaptability [ə,dæptə'bɪlɪtɪ] *s* Anpassungsfähigkeit *f*

adaptable [ə'dæptəbl] *adj* anpassungsfähig

adaptation [,ædæp'teɪʃən] *s von Buch etc* Bearbeitung *f*

adapter [ə'dæptə^r] *s* ELEK Adapter *m*

adaptor [ə'dæptə^r] *s* → adapter

ADD *abk* (= Attention Deficit Disorder) ADS, Aufmerksamkeitsdefizit-Syndrom *n*

add [æd] **A** *v/t* **1** MATH addieren, dazuzählen (**to** zu); **to add 8 to 5** 8 zu 5 hinzuzählen **2** *Zutaten, Bemerkung etc* hinzufügen (**to** zu); *Hoch- und Tiefbau* anbauen (**to** zu); **added to which ...** hinzu kommt, dass ...; **transport adds 10% to the cost** es kommen 10% Transportkosten hinzu; **they add 10% for service** sie rechnen 10% für Bedienung dazu; **to add value to sth** den Wert einer Sache (*gen*) erhöhen **B** *v/i* **1** MATH addieren; **she just can't add** sie kann einfach nicht rechnen **2 to add to sth** zu etw beitragen; **it will add to the time the job takes** es wird die Arbeitszeit verlängern

phrasal verbs mit add:

add on *v/t* ⟨*trennb*⟩ *Betrag* dazurechnen; *Zimmer* anbauen; *Bemerkungen* anfügen

add up **A** *v/t* ⟨*trennb*⟩ zusammenzählen **B** *v/i* *Zahlen* stimmen; *fig* reim en; **it all adds up** *wörtl* es summiert sich; *fig* es passt alles zusammen; **to add up to** *Zahlen* ergeben; *Fakten* führen zu

added ['ædɪd] *adj* ⟨*attr*⟩ zusätzlich; **~ value** Mehrwert *m*

adder ['ædə^r] *s* Viper *f*, Natter *f*

ADHD *abk* (= Attention Deficit Hyperactivity Disorder) ADHS *n*

addict ['ædɪkt] *s* Süchtige(r) *m/f(m)*; **he's a television/heroin ~** er ist fernseh-/heroinsüchtig

addicted [ə'dɪktɪd] *adj* süchtig (**to** nach); **to be ~ to sth** von etw abhängig sein, nach etw süchtig sein; **to be/become ~ to heroin/drugs** heroin-/rauschgiftsüchtig sein/werden; **he is ~ to sport** Sport ist bei ihm zur Sucht geworden

addiction [ə'dɪkʃən] *s* Sucht *f* (**to** nach); **~ to drugs/alcohol** Rauschgift-/Trunksucht *f*

addictive [ə'dɪktɪv] *adj* **to be ~** süchtig machen; **these drugs/watching TV can become ~** diese Drogen können/Fernsehen kann zur Sucht werden; **~ drug** Suchtdroge *f*

addition [ə'dɪʃən] *s* **1** MATH Addition *f* **2** Zusatz *m* (**to** zu); *schriftlich* Nachtrag *m* (**to** zu); *zu Liste* Ergänzung *f* (**to** zu); **in ~** außerdem; **in ~ (to this)** he said ... und außerdem sagte er ...; **in ~ to** zusätzlich zu; **in ~ to her other hobbies** zusätzlich zu ihren anderen Hobbys

additional *adj* zusätzlich; **~ charge** Aufpreis *m*

additionally *adv* zusätzlich

additive ['ædɪtɪv] *s* Zusatz *m*, Zusatzstoff *m*

add-on ['ædɒn] *s* Zusatz *m*

address [ə'dres] **A** *s* **1** Adresse *f*; **home ~** Privatadresse *f*; *von Reisenden* Heimatanschrift *f*; **what's your ~?** wo wohnen Sie?; **I've come to the wrong ~** ich bin hier falsch *od* an der falschen Adresse; **at this ~** unter dieser Adresse; **"not known at this ~"** „Empfänger unbekannt" **2** Ansprache *f*; **form of ~** (Form *f* der) Anrede *f* **3** IT Adresse *f* **B** *v/t* **1** *Brief* adressieren (**to an** +*akk*) **2** *Beschwerde* richten (**to an** +*akk*) **3** *Versammlung* sprechen zu; *Mensch* anreden; **don't ~ me as "Colonel"** nennen Sie mich nicht „Colonel" **4** *Problem* angehen **C** *v/r* **to ~ oneself to sb** jn ansprechen

address book *s* Adressbuch *n*

addressee [,ædre'si:] *s* Empfänger(in) *m(f)*

address label *s* Adressenaufkleber *m*

adenoids ['ædɪnɔɪdz] *pl* Rachenmandeln *pl*

adept ['ædept] *adj* geschickt (**in, at** +*dat*)

adequacy ['ædɪkwəsɪ] *s* Adäquatheit *f*

adequate ['ædɪkwɪt] *adj* adäquat; *Zeit* genügend *inv*; *Bezahlung* angemessen; **to be ~** (aus)reichen; (= *gut genug*) zulänglich *od* adäquat sein; **this is just not ~** das ist einfach unzureichend; **more than ~** mehr als genug; *Beheizung etc* mehr als ausreichend

adequately ['ædɪkwɪtlɪ] *adv* **1** ausreichend **2** angemessen

phrasal verbs mit adequately:

adhere to *v/i* ⟨+*obj*⟩ *Plan, Prinzip* festhalten an (+*dat*); *Regel* sich halten an (+*akk*)

adherence [əd'hɪərəns] *s* Festhalten *n* (**to an** +*dat*); *von Regel* Befolgung *f* (**to** +*gen*)

adherent [əd'hɪərənt] *s* Anhänger(in) *m(f)*

adhesion [əd'hi:ʒən] *s von Partikeln etc* Adhäsion *f*, Haftfähigkeit *f*; *von Leim* Klebefestigkeit *f*

adhesive [əd'hi:zɪv] **A** s Klebstoff m, Pick m österr **B** adj haftend; *Oberfläche* klebend
adhesive tape s Klebstreifen m
ad hoc [ˌæd'hɒk] adj & adv ad hoc inv
ad infinitum [ˌædɪnfɪ'naɪtəm] adv für immer
adjacent [ə'dʒeɪsənt] adj angrenzend; **to be ~ to sth** an etw (akk) angrenzen; **the ~ room** das Nebenzimmer
adjectival adj, **adjectivally** [ˌædʒek'taɪvəl, -ɪ] adv adjektivisch
adjective ['ædʒɪktɪv] s Adjektiv n
adjoin [ə'dʒɔɪn] **A** v/t grenzen an (+akk) **B** v/i aneinandergrenzen
adjoining [ə'dʒɔɪnɪŋ] adj benachbart; *bes* ARCH anstoßend; *Feld* angrenzend; **the ~ room** das Nebenzimmer; **in the ~ office** im Büro nebenan
adjourn [ə'dʒɜːn] **A** v/t **1** vertagen (**until** auf +akk); **he ~ed the meeting for three hours** er unterbrach die Konferenz für drei Stunden **2** US beenden **B** v/i **1** sich vertagen (**until** auf +akk); **to ~ for lunch/one hour** zur Mittagspause/für eine Stunde unterbrechen **2** **to ~ to the living room** sich ins Wohnzimmer begeben
adjournment s Vertagung f (**until** auf +akk); *kurzzeitig* Unterbrechung f
adjudicate [ə'dʒuːdɪkeɪt] **A** v/t *Wettbewerb* Preisrichter(in) sein bei **B** v/i bei *Wettbewerb etc* als Preisrichter(in) fungieren; *bei Streitigkeiten* die Entscheidung treffen
adjudication [əˌdʒuːdɪ'keɪʃən] s Entscheidung f; (≈ *Resultat a.*) Urteil n
adjudicator [ə'dʒuːdɪkeɪtəʳ] s *bei Wettbewerb etc* Preisrichter(in) m(f)
adjust [ə'dʒʌst] **A** v/t **1** einstellen; *Hebel* (richtig) stellen; (≈ *korrigieren*) nachstellen; *Höhe, Geschwindigkeit* regulieren; *Zahlen* korrigieren; *Bedingungen* ändern; *Hut, Krawatte* zurechtrücken; **do not ~ your set** ändern Sie nichts an der Einstellung Ihres Geräts **2 to ~ oneself to sth** sich einer Sache (dat) anpassen; **to ~ sth to sth** etw auf etw (akk) einstellen **3** *Versicherungswesen: Schaden* regulieren **B** v/i sich anpassen (**to** +dat), sich einstellen (**to** auf +akk)
adjustable [ə'dʒʌstəbl] adj verstellbar; *Geschwindigkeit, Temperatur* regulierbar
adjustment [ə'dʒʌstmənt] s **1** Einstellung f; *von Hebel* (richtige) Stellung f; (≈ *Korrektur*) Nachstellung f; *von Höhe, Geschwindigkeit* Regulierung f; *von Bedingungen* Änderung f; **to make ~s** Änderungen vornehmen; **to make ~s to one's plans** seine Pläne ändern **2** *gesellschaftlich etc* Anpassung f **3** *Versicherungswesen* Regulierung f
adjutant ['ædʒətənt] s MIL Adjutant(in) m(f)

ad lib [æd'lɪb] adv aus dem Stegreif
ad-lib v/t & v/i improvisieren
admin ['ædmɪn] s abk (= administration) Verwaltung f
administer [əd'mɪnɪstəʳ] v/t **1** *Institution, Fonds* verwalten; *Geschäfte* führen **2** *Strafe* verhängen (**to** über +akk); **to ~ justice** Recht sprechen **3** *Medikament* verabreichen (**to sb** j-m)
administrate [æd'mɪnɪstreɪt] v/t → administer
administration [ədˌmɪnɪ'streɪʃən] s **1** ⟨kein pl⟩ Verwaltung f; *von Projekt etc* Organisation f; **to spend a lot of time on ~** viel Zeit auf Verwaltungsangelegenheiten verwenden **2** Regierung f; **the Merkel ~** die Regierung Merkel **3** ⟨kein pl⟩ **the ~ of justice** die Rechtsprechung **4** WIRTSCH (gerichtlich angeordnete) Konkursverwaltung; (gerichtlich angeordnete) Insolvenzverwaltung; **to go into ~** unter (gerichtlich angeordnete) Insolvenzverwaltung gestellt werden, unter (gerichtlich angeordnete) Konkursverwaltung gestellt werden
administrative [əd'mɪnɪstrətɪv] adj administrativ
administrative body s Verwaltungsbehörde f
administrative costs pl Verwaltungskosten pl
administrator [əd'mɪnɪstreɪtəʳ] s **1** Verwalter(in) m(f); JUR Verwaltungsbeamte(r) m/-beamtin f **2** WIRTSCH Konkursverwalter(in) m(f); Insolvenzverwalter(in) m(f); **the company is in the hands of the ~s** die Firma steht unter Aufsicht der Konkursverwaltung
admirable adj, **admirably** ['ædmərəbl, -ɪ] adv bewundernswert, ausgezeichnet
admiral ['ædmərəl] s Admiral(in) m(f)
Admiralty ['ædmərəltɪ] Br s Admiralität f; (≈ *Abteilung*) britisches Marineministerium
admiration [ˌædmə'reɪʃən] s Bewunderung f; **to win the ~ of all/of the world** von allen/von aller Welt bewundert werden
admire [əd'maɪəʳ] v/t bewundern
admirer [əd'maɪərəʳ] s Verehrer(in) m(f)
admiring adj, **admiringly** [əd'maɪərɪŋ, -lɪ] adv bewundernd
admissible [əd'mɪsɪbl] adj zulässig
admission [əd'mɪʃən] s **1** Zutritt m; *zu Universität* Zulassung f; *in Krankenhaus* Einlieferung f (**to** in +akk); (≈ *Preis*) Eintritt m; **to gain ~ to a building** Zutritt zu einem Gebäude erhalten; **~ fee** Eintrittspreis m **2** JUR *von Beweismaterial* Zulassung f **3** Eingeständnis n; **on** od **by his own ~** nach eigenem Eingeständnis; **that would be an ~ of failure** das hieße, sein Versagen eingestehen
admission charge s Eintrittspreis m
admit [əd'mɪt] v/t **1** hereinlassen; *als Mitglied* aufnehmen (**to** in +akk); **children not ~ted** kein

Zutritt für Kinder; **to be ~ted to hospital** ins Krankenhaus eingeliefert werden; **this ticket ~s two** die Karte ist für zwei (Personen) **2** zugeben; **do you ~ (to) stealing his hat?** geben Sie zu, seinen Hut gestohlen zu haben?

phrasal verbs mit admit:

admit to v/i ‹+obj› eingestehen; **I have to admit to a certain feeling of admiration** ich muss gestehen, dass mir das Bewunderung abnötigt

admittance [əd'mɪtəns] s *zu Gebäude* Zutritt m (**to** zu); *in Klub* Aufnahme f (**to** in +akk); **I gained ~ to the hall** mir wurde der Zutritt zum Saal gestattet; **no ~ except on business** Zutritt für Unbefugte verboten

admittedly [əd'mɪtɪdlɪ] adv zugegebenermaßen; **~ this is true** zugegeben, das stimmt

admonish [əd'mɒnɪʃ] v/t **1** tadeln **2** ermahnen (**for** wegen)

admonishment [əd'mɒnɪʃmənt] s, **admonition** [ˌædməʊ'nɪʃən] form s **1** Tadel m **2** Ermahnung f

ad nauseam [ˌæd'nɔːzɪæm] adv bis zum Überdruss

ado [ə'duː] s **much ado about nothing** viel Lärm um nichts; **without more** od **further ado** ohne Weiteres

adolescence [ˌædəʊ'lesns] s **1** Jugend f **2** Pubertät f

adolescent [ˌædəʊ'lesnt] **A** s Jugendliche(r) m/f(m); **B** adj **1** Jugend- **2** pubertär

adopt [ə'dɒpt] v/t **1** Kind adoptieren; **your cat has ~ed me** umg deine Katze hat sich mir angeschlossen **2** Idee, Methode übernehmen; Angewohnheiten annehmen; Politik sich entscheiden für

adopted adj Adoptiv-, adoptiert; **~ child** Adoptivkind n; **her ~ country** ihre Wahlheimat

adoption [ə'dɒpʃən] s **1** von Kind Adoption f; **to give up for ~** zur Adoption freigeben **2** von Idee, Methode Übernahme f; von Angewohnheiten Annahme f

adoption agency s Adoptionsagentur f

adoptive [ə'dɒptɪv] adj Adoptiv-; **~ parents** Adoptiveltern pl; **~ home/country** Wahlheimat f

adorable [ə'dɔːrəbl] adj bezaubernd; **she is ~** sie ist ein Schatz

adoration [ˌædə'reɪʃən] s **1** von Gott Anbetung f **2** von Familie, Ehefrau grenzenlose Liebe (**of** für)

adore [ə'dɔː'] v/t **1** Gott anbeten, verehren **2** Familie, Ehefrau über alles lieben **3** umg Whisky etc (über alles) lieben

adoring adj, **adoringly** [ə'dɔːrɪŋ, -lɪ] adv bewundernd

adorn [ə'dɔːn] v/t schmücken

adrenalin(e) [ə'drenəlɪn] s MED Adrenalin n; **working under pressure gets the ~ going** Arbeiten unter Druck weckt ungeahnte Kräfte

Adriatic (Sea) [ˌeɪdrɪ'ætɪk('siː)] s Adria f

adrift [ə'drɪft] adv & adj ‹präd› **1** SCHIFF treibend; **to be ~** treiben **2** fig **to come ~** Draht etc sich lösen

adroit [ə'drɔɪt] adj geschickt

adroitly [ə'drɔɪtlɪ] adv geschickt

ADSL abk (= asymmetric digital subscriber line) TEL ADSL n, asymmetrischer digitaler Teilnehmeranschluss

adulation [ˌædjʊ'leɪʃən] s Verherrlichung f, Vergötterung f; Schmeichelei f

adult ['ædʌlt US ə'dʌlt] **A** s Erwachsene(r) m/f(m); **~s only** nur für Erwachsene **B** adj **1** erwachsen; *Tier* ausgewachsen; **his ~ life** sein Leben als Erwachsener **2** Film, Kurs für Erwachsene; **~ education** Erwachsenenbildung f

adulterate [ə'dʌltəreɪt] v/t Wein etc panschen; Lebensmittel abwandeln

adulteration [əˌdʌltə'reɪʃən] s von Wein Panschen n; von Lebensmitteln Abwandlung f

adulterer [ə'dʌltərə'] s Ehebrecher m

adulteress [ə'dʌltərɪs] s Ehebrecherin f

adulterous [ə'dʌltərəs] adj ehebrecherisch

adultery [ə'dʌltərɪ] s Ehebruch m; **to commit ~** Ehebruch begehen

adulthood ['ædʌlthʊd US ə'dʌlthʊd] s Erwachsenenalter n; **to reach ~** erwachsen werden

advance [əd'vɑːns] **A** s **1** Fortschritt m **2** MIL Vormarsch m **3** (= Zahlung) Vorschuss m (**on** auf +akk) **4** **~s** pl fig Annäherungsversuche pl **5** **in ~** im Voraus; **to send sb on in ~** j-n vorausschicken; **£100 in ~** £ 100 als Vorschuss; **to arrive in ~ of the others** vor den anderen ankommen; **to be (well) in ~ of sb** j-m (weit) voraus sein **B** v/t **1** Termin, Zeit vorverlegen **2** MIL Truppe vorrücken lassen **3** weiterbringen; Sache, Karriere fördern; Wissen vergrößern **4** Zahlung (als) Vorschuss geben **C** v/i **1** MIL vorrücken **2** vorankommen; **to ~ toward(s) sb/ sth** auf j-n/etw zugehen **3** fig Fortschritte pl machen

advance booking s Reservierung f; THEAT Vorverkauf m

advance booking office s THEAT Vorverkaufsstelle f

advance copy s Vorausexemplar n

advanced adj **1** Student, Stufe, Alter, Technologie fortgeschritten; Studium höher; Modell weiterentwickelt; Gesellschaft hoch entwickelt; **~ English** Englisch für Fortgeschrittene; **Advanced Vocational Certificate in Education** fachgebundenes Abitur, Fachabitur n; **he is very ~ for his age** er ist fit für sein Alter sehr weit **2** Plan ausgefeilt; **in the ~ stages of the disease** im

fortgeschrittenen Stadium der Krankheit
advancement s **1** Förderung f **2** *stellungsmäßig* Aufstieg m
advance notice s frühzeitiger Bescheid, Vorwarnung f; **to be given ~** frühzeitig Bescheid/eine Vorwarnung erhalten
advance payment s Vorauszahlung f
advance warning s → advance notice
advantage [əd'vɑːntɪdʒ] s Vorteil m; **to have an ~ (over sb)** (j-m gegenüber) im Vorteil sein; **that gives you an ~ over me** damit sind Sie mir gegenüber im Vorteil; **to have the ~ of sb** j-m überlegen sein; **to take ~ of sb** j-n (aus)nutzen; *euph sexuell* j-n missbrauchen; **to take ~ of sth** etw ausnutzen; **he turned it to his own ~** er machte es sich (*dat*) zunutze; **to use sth to one's ~** etw für sich nutzen
advantageous [ˌædvənˈteɪdʒəs] adj vorteilhaft; **to be ~ to sb** für j-n von Vorteil sein
advent [ˈædvənt] s **1** *von Ära etc* Beginn m; *von Düsenflugzeugen etc* Aufkommen n **2** KIRCHE Advent m
Advent calendar s Adventskalender m
adventure [ədˈventʃə^r] **A** s **1** Abenteuer n; **to have an ~** ein Abenteuer erleben **2** ⟨*kein pl*⟩ **love/spirit of ~** Abenteuerlust f; **to look for ~** (das) Abenteuer suchen **B** *attr* Abenteuer-
adventure playground s Abenteuerspielplatz m
adventurer [ədˈventʃərə^r] s Abenteurer(in) m(f)
adventurous [ədˈventʃərəs] adj Mensch abenteuerlustig; *Reise* abenteuerlich
adverb [ˈædvɜːb] s Adverb n; **~ of manner** Adverb n der Art und Weise
adverbial adj, **adverbially** [ədˈvɜːbɪəl, -ɪ] adv adverbial
adversary [ˈædvəsərɪ] s Widersacher(in) m(f); *bei Wettbewerb* Gegner(in) m(f)
adverse [ˈædvɜːs] adj ungünstig; *Umstände* widrig; *Reaktion* negativ
adversely [ədˈvɜːslɪ] adv negativ
adversity [ədˈvɜːsɪtɪ] s ⟨*kein pl*⟩ Not f; **in ~** im Unglück
advert [ˈædvɜːt] *umg* s *abk* (= *advertisement*) Anzeige f, Inserat n; TV, RADIO Werbespot m
advertise [ˈædvətaɪz] **A** v/t **1** werben für; **I've seen that soap ~d on television** ich habe die Werbung für diese Seife im Fernsehen gesehen **2** *in Zeitung*: Wohnung *etc* inserieren; *Stelle* ausschreiben; **to ~ sth in a shop window/on local radio** etw durch eine Schaufensteranzeige/im Regionalsender anbieten **3** bekannt geben **B** v/i **1** HANDEL werben, Werbung machen **2** *in Zeitung* inserieren; **to ~ for sb/sth** j-n/etw (per Anzeige) suchen; **to ~ for sth on local radio/in a shop window** etw per Regionalsender/durch Anzeige im Schaufenster suchen
advertisement [ədˈvɜːtɪsmənt *US* ˌædvəˈtaɪzmənt] s **1** HANDEL Werbung f; *bes in Zeitung* Anzeige f; TV Werbespot m **2** (≈ *Bekanntgabe*) Anzeige f; **to put** *od* **place an ~ in the paper** eine Anzeige in die Zeitung setzen
advertiser [ˈædvətaɪzə(r)] s *in Zeitung* Inserent(in) m(f)
advertising [ˈædvətaɪzɪŋ] s Werbung f, Reklame f; **he works in ~** er ist in der Werbung (tätig)
advertising agency s Werbeagentur f
advertising agent s Anzeigenvertreter(in) m(f)
advertising budget s Werbeetat m
advertising campaign s Werbekampagne f
advertising revenue s Werbeeinnahmen pl
advertising slogan s Werbeslogan m
advice [ədˈvaɪs] s ⟨*kein pl*⟩ Rat m *kein pl*; **a piece of ~** ein Rat(schlag) m; **let me give you a piece of ~** *od* **some ~** ich will Ihnen einen guten Rat geben; **to take sb's ~** j-s Rat (be)folgen; **take my ~** höre auf mich; **to seek (sb's) ~** (j-n) um Rat fragen; **to take legal ~** einen Rechtsanwalt zurate ziehen
advisability [ədˌvaɪzəˈbɪlɪtɪ] s Ratsamkeit f
advisable [ədˈvaɪzəbl] adj ratsam
advise [ədˈvaɪz] **A** v/t j-m raten (+*dat*); *professionell* beraten; **to ~ sb to do sth** j-m raten, etw zu tun; **I would ~ you to do it/not to do it** ich würde dir zuraten/abraten; **to ~ sb against doing sth** j-m abraten, etw zu tun; **what would you ~ me to do?** wozu würden Sie mir raten? **B** v/i **1** raten; **I shall do as you ~** ich werde tun, was Sie mir raten **2** *US* **to ~ with sb** sich mit j-m beraten
advisedly [ədˈvaɪzɪdlɪ] adv richtig; **and I use the word ~** ich verwende bewusst dieses Wort
adviser [ədˈvaɪzə^r] s Ratgeber(in) m(f); *professionell* Berater(in) m(f); **legal ~** Rechtsberater(in) m(f)
advisory [ədˈvaɪzərɪ] adj beratend; **to act in a purely ~ capacity** rein beratende Funktion haben
advocacy [ˈædvəkəsɪ] s Eintreten n (**of** für); *von Plan* Befürwortung f
advocate A [ˈædvəkɪt] s **1** *von Sache* Befürworter(in) m(f) **2** *bes schott* JUR (Rechts)anwalt m/-anwältin f **B** [ˈædvəkeɪt] v/t eintreten für; *Plan etc* befürworten
Aegean [iːˈdʒiːən] adj **the ~ (Sea)** die Ägäis
aegis [ˈiːdʒɪs] s **under the ~ of** unter der Schirmherrschaft von
aeon [ˈiːən] s Ewigkeit f
aerate [ˈɛəreɪt] v/t mit Kohlensäure anreichern; *Erde* auflockern

aerial ['ɛərɪəl] **A** s bes Br Antenne f **B** adj Luft-; **~ photograph** Luftbild n
aerobatics [ˌɛərəʊ'bætɪks] pl Kunstfliegen n
aerobic [ɛər'əʊbɪk] adj **1** BIOL aerob; **~ exercise** atmungsintensive Bewegung **2** Aerobic-
aerobics [ɛər'əʊbɪks] s ⟨+sg v⟩ Aerobic n
aerodrome ['ɛərədrəʊm] Br s Flugplatz m
aerodynamic adj, **aerodynamically** [ˌɛərəʊdaɪ'næmɪk, -lɪ] adj aerodynamisch
aerodynamics s ⟨+sg v⟩ Aerodynamik f
aeronautic(al) [ˌɛərə'nɔːtɪk(əl)] adj aeronautisch
aeronautical engineering s Flugzeugbau m
aeronautics s ⟨+sg v⟩ Luftfahrt f
aeroplane ['ɛərəpleɪn] Br s Flugzeug n
aerosol ['ɛərəsɒl] s Spraydose f; **~ paint** Sprayfarbe f; **~ spray** Aerosolspray n
aerospace ['ɛərəʊspeɪs] zssgn Luft- und Raumfahrt-
Aesop ['iːsɒp] s **~'s fables** die äsopischen Fabeln
aesthete ['iːsθiːt] s, **esthete** US s Ästhet(in) m(f)
aesthetic(al) [iːs'θetɪk(əl)] adj, **esthetic(al)** US adj ästhetisch
aesthetically [iːs'θetɪkəlɪ] adv, **esthetically** US adv in ästhetischer Hinsicht; **~ pleasing** ästhetisch schön
aesthetics [iːs'θetɪks] s, **esthetics** US s ⟨+sg v⟩ Ästhetik f
afar [ə'fɑː] liter adv **from ~** aus der Ferne
affable adj, **affably** ['æfəbl, -ɪ] adv umgänglich
affair [ə'fɛə] s **1** Sache f; **the Watergate ~** die Watergate-Affäre; **this is a sorry state of ~s!** das sind ja schöne Zustände!; **your private ~s don't concern me** deine Privatangelegenheiten sind mir egal; **financial ~s have never interested me** Finanzfragen haben mich nie interessiert; **that's my ~!** das ist meine Sache! **2** Verhältnis n; **to have an ~ with sb** ein Verhältnis mit j-m haben
affect [ə'fekt] v/t **1** sich auswirken auf (+akk), beeinflussen; negativ angreifen; Gesundheit schaden (+dat) **2** betreffen **3** berühren **4** Krankheiten befallen, infizieren
affectation [ˌæfek'teɪʃən] s Affektiertheit f kein pl; **an ~** eine affektierte Angewohnheit
affected adj, **affectedly** [ə'fektɪd, -lɪ] adv affektiert
affecting [ə'fektɪŋ] adj rührend
affection [ə'fekʃən] s Zuneigung f kein pl (**for, towards** zu); **I have** od **feel a great ~ for her** ich mag sie sehr gerne; **you could show a little more ~ toward(s) me** du könntest mir gegenüber etwas mehr Gefühl zeigen; **he has a special place in her ~s** er nimmt einen besonderen Platz in ihrem Herzen ein

affectionate [ə'fekʃənɪt] adj liebevoll
affectionately adv liebevoll; **yours ~, Wendy** am Briefende in Liebe, Deine Wendy
affidavit [ˌæfɪ'deɪvɪt] s JUR eidesstattliche Erklärung
affiliate [ə'fɪlɪeɪt] **A** v/t angliedern (**to** +dat); **the two banks are ~d** die zwei Banken sind aneinander angeschlossen; **~d company** Schwestergesellschaft f **B** v/i sich angliedern, sich anschließen (**with** an +akk)
affiliation [əˌfɪlɪ'eɪʃən] s Angliederung f (**to, with** an +akk); **what are his political ~s?** was ist seine politische Zugehörigkeit?
affinity [ə'fɪnɪtɪ] s **1** Neigung f (**for, to** zu) **2** (≈ Ähnlichkeit) Verwandtschaft f
affirm [ə'fɜːm] v/t versichern, beteuern
affirmation [ˌæfə'meɪʃən] s Versicherung f, Beteuerung f
affirmative [ə'fɜːmətɪv] **A** s **to answer in the ~** mit Ja antworten **B** adj bejahend; **the answer is ~** die Antwort ist bejahend od ja; **~ action** US ≈ positive Diskriminierung (bei der Vergabe von Arbeits- und Studienplätzen etc) **C** int richtig
affirmatively [ə'fɜːmətɪvlɪ] adv bejahend
affix [ə'fɪks] v/t anbringen (**to** auf +dat)
afflict [ə'flɪkt] v/t plagen; Unruhen, Verletzungen heimsuchen; **to be ~ed by a disease** an einer Krankheit leiden
affliction [ə'flɪkʃən] s Gebrechen n, Beschwerde f
affluence ['æfluəns] s Wohlstand m
affluent adj reich, wohlhabend
afford [ə'fɔːd] v/t **1** sich (dat) leisten; **to be able to ~ sth** sich (dat) etw leisten können; **I can't ~ to buy both of them/to make a mistake** ich kann es mir nicht leisten, beide zu kaufen/einen Fehler zu machen; **I can't ~ the time** ich habe einfach nicht die Zeit **2** liter gewähren (**sb sth** j-m etw); Vergnügen bereiten
affordable [ə'fɔːdəbl] adj, **affordably** adv erschwinglich, finanziell möglich od tragbar
afforestation [æˌfɒrɪs'teɪʃən] s Aufforstung f
affray [ə'freɪ] s bes JUR Schlägerei f
affront [ə'frʌnt] s Affront m (**to** gegen)
Afghan ['æfgæn] **A** s **1** Afghane m, Afghanin f **2** (≈ Sprache) Afghanisch n **3** (a. ~ **hound**) Afghane m **B** adj afghanisch
Afghanistan [æf'gænɪstæn] s Afghanistan n
aficionado [əˌfɪsjə'nɑːdəʊ] s ⟨pl -s⟩ Liebhaber(in) m(f)
afield [ə'fiːld] adv **countries further ~** weiter entfernte Länder; **to venture further ~** wörtl, fig sich etwas weiter (vor)wagen
aflame [ə'fleɪm] adv & adj ⟨präd⟩ in Flammen
afloat [ə'fləʊt] adv & adj ⟨präd⟩ **1** SCHIFF **to be ~**

schwimmen; **to stay ~** sich über Wasser halten; *Gegenstand* schwimmen; **at last we were ~ again** endlich waren wir wieder flott **2** *fig* **to get/keep a business ~** ein Geschäft auf die Beine stellen/über Wasser halten

afoot [əˈfʊt] *adv* **there is something ~** da ist etwas im Gange

aforementioned [əˌfɔːˈmenʃənd], **aforesaid** [əˈfɔːsed] *form adj* ⟨*attr*⟩ oben genannt

afraid [əˈfreɪd] *adj* ⟨*präd*⟩ **1 to be ~ (of sb/sth)** (vor j-m/etw) Angst haben, sich (vor j-m/etw) fürchten; **don't be ~!** keine Angst!; **there's nothing to be ~ of** Sie brauchen keine Angst zu haben; **I am ~ of hurting him** ich fürchte, ich könnte ihm wehtun; **to make sb ~** j-m Angst machen; **I am ~ to leave her alone** ich habe Angst davor, sie allein zu lassen; **I was ~ of waking the children** ich wollte die Kinder nicht wecken; **he's not ~ to say what he thinks** er scheut sich nicht zu sagen, was er denkt; **that's what I was ~ of, I was ~ that would happen** das habe ich befürchtet; **to be ~ for sb/sth** Angst um j-n/etw haben **2** **I'm ~ I can't do it** leider kann ich es nicht machen; **are you going? — I'm ~ not/I'm ~ so** gehst du? — leider nicht/ja, leider; **can I go now? — I'm ~ not** kann ich jetzt gehen? — nein, tut mir leid, noch nicht

afresh [əˈfreʃ] *adv* noch einmal von Neuem

Africa [ˈæfrɪkə] *s* Afrika *n*

African [ˈæfrɪkən] **A** *s* Afrikaner(in) *m(f)* **B** *adj* afrikanisch

African-American [ˌæfrɪkənəˈmerɪkən] **A** *adj* afroamerikanisch **B** *s* Afroamerikaner(in) *m(f)*

Afrikaans [ˌæfrɪˈkɑːns] *s* Afrikaans *n*

Afrikaner [ˌæfrɪˈkɑːnər] *s* Afrika(a)nder(in) *m(f)*

Afro [ˈæfrəʊ] *s* Afrolook *m*

Afro-American **A** *adj* afroamerikanisch **B** *s* Afroamerikaner(in) *m(f)*

Afro-Caribbean **A** *adj* afrokaribisch **B** *s* Afrokaribe *m*, Afrokaribin *f*

aft [ɑːft] *adv* SCHIFF *sitzen* achtern; *gehen* nach achtern

after [ˈɑːftər] **A** *präp* nach (+*dat*); **~ dinner** nach dem Essen; **~ that** danach; **the day ~ tomorrow** übermorgen; **the week ~ next** übernächste Woche; **ten ~ eight** *US* zehn nach acht; **~ you** nach Ihnen; **I was ~ him** *in Schlange etc* ich war nach ihm dran; **he shut the door ~ him** er machte die Tür hinter ihm zu; **about a mile ~ the village** etwa eine Meile nach dem Dorf; **to shout ~ sb** hinter j-m herrufen; **~ what has happened** nach allem, was geschehen ist; **~ all** schließlich; immerhin; **~ all I've done for you!** und das nach allem, was ich für dich getan habe!; **~ all my trouble** trotz all meiner Mühe; **you tell me lie ~ lie** du erzählst mir eine Lüge nach der anderen; **it's just one thing ~ another** *od* **the other** es kommt eins zum anderen; **one ~ the other** eine(r, s) nach der/dem anderen; **day ~ day** Tag für Tag; **before us lay mile ~ mile of barren desert** vor uns erstreckte sich meilenweit trostlose Wüste; **~ El Greco** in der Art von El Greco; **she takes ~ her mother** sie kommt ganz nach ihrer Mutter; **to be ~ sb/sth** hinter j-m/etw her sein; **she asked ~ you** sie hat sich nach dir erkundigt; **what are you ~?** was willst du?; **he's just ~ a free meal** er ist nur auf ein kostenloses Essen aus **B** *adv* danach, nachher; hinterher; **the week ~** die Woche darauf; **soon ~** kurz danach **C** *konj* nachdem; **~ he had closed the door he began to speak** nachdem er die Tür geschlossen hatte, begann er zu sprechen; **what will you do ~ he's gone?** was machst du, wenn er weg ist?; **~ finishing it I will …** wenn ich das fertig habe, werde ich …

afterbirth *s* Nachgeburt *f*

aftercare *s für Genesene* Nachbehandlung *f*

after-dinner *adj* nach dem Essen; **~ nap** Verdauungsschlaf *m*; **~ speech** Tischrede *f*

aftereffect *s* Nachwirkung *f*

afterglow *fig s* angenehme Erinnerung

after-hours *adj* nach Geschäftsschluss

afterlife *s* Leben *n* nach dem Tode

aftermath *s* Nachwirkungen *pl*; **in the ~ of sth** nach etw

afternoon [ˌɑːftəˈnuːn] **A** *s* Nachmittag *m*; **in the ~, ~s** *US* nachmittags; **at three o'clock in the ~** (um) drei Uhr nachmittags; **on Sunday ~** (am) Sonntagnachmittag; **on Sunday ~s** am Sonntagnachmittag, sonntagnachmittags; **on the ~ of December 2nd** am Nachmittag des 2. Dezember; **this/tomorrow/yesterday ~** heute/morgen/gestern Nachmittag; **good ~!** guten Tag!; **~!** Tag! *umg*, servus! *österr*, grüezi! *schweiz* **B** *adj* ⟨*attr*⟩ Nachmittags-; **~ performance** Nachmittagsvorstellung *f*

afternoon tea *Br s* (Nachmittags)tee *m*

afters [ˈɑːftəz] *Br s pl* Nachtisch *m*; **what's for ~?** was gibts zum Nachtisch?

after-sales service *s* Kundendienst *m*

after-school *adj* nach dem Unterricht stattfindend

aftershave (lotion) *s* Aftershave *n*

aftershock *s* Nachbeben *n*

after-sun *adj* **~ lotion** After-Sun-Lotion *f*

aftertaste *s* Nachgeschmack *m*; **to leave an unpleasant ~** einen unangenehmen Nachgeschmack hinterlassen

afterthought s nachträgliche Idee; **the window was added as an ~** das Fenster kam erst später dazu

afterward ['ɑːftəwəd] US adv → afterwards

afterwards ['ɑːftəwədz] adv nachher, danach, später; **this was added ~** das kam nachträglich dazu

again [ə'gen] adv **1** wieder; **~ and ~, time and ~** immer wieder; **to do sth ~** etw noch (ein)mal tun; **never** od **not ever ~** nie wieder; **if that happens ~** wenn das noch einmal passiert; **all over ~** noch (ein)mal von vorn; **what's his name ~?** wie heißt er noch gleich?; **to begin ~** von Neuem anfangen; **not ~!** (nicht) schon wieder!; **it's me ~** da bin ich wieder; am Telefon ich bins noch (ein)mal **2** bei Mengenangaben **as much ~** noch (ein)mal so viel; **he's as old ~ as Mary** er ist doppelt so alt wie Mary **3** (≈ andererseits) wiederum; (≈ überdies) außerdem; **but then** od **there ~, it may not be true** vielleicht ist es auch gar nicht wahr

against [ə'genst] präp **1** gegen (+akk); **he's ~ her going** er ist dagegen, dass sie geht; **to have something/nothing ~ sb/sth** etwas/nichts gegen j-n/etw haben; **~ their wishes** entgegen ihrem Wunsch; **push all the chairs right back ~ the wall** stellen Sie alle Stühle direkt an die Wand; **to draw money ~ security** gegen Sicherheit Geld abheben **2** (≈ in Erwartung von Alter) für (+akk); Unheil im Hinblick auf (+akk) **3** (≈ verglichen mit) **(as) ~** gegenüber (+dat); **she had three prizes (as) ~ his six** sie hatte drei Preise, er hingegen sechs; **the advantages of flying (as) ~ going by boat** die Vorteile von Flugreisen gegenüber Schiffsreisen

age [eɪdʒ] **A** s **1** Alter n; **what is her age?, what age is she?** wie alt ist sie?; **he is ten years of age** er ist zehn Jahre alt; **at the age of 15, at age 15** mit 15 Jahren, im Alter von 15 Jahren; **she's the same age as me** sie ist so alt wie ich; **she's my age** sie ist in meinem Alter; **we're the same age** wir sind gleichaltrig; **at your age** in deinem Alter; **but he's twice your age** aber er ist ja doppelt so alt wie du; **she doesn't look her age** man sieht ihr ihr Alter nicht an; **be** od **act your age!** sei nicht kindisch! **2** JUR **to come of age** volljährig werden; fig den Kinderschuhen entwachsen; **under age** minderjährig; **age of consent** Ehemündigkeitsalter n; **intercourse with girls under the age of consent** Unzucht f mit Minderjährigen **3** Zeit f, Zeitalter n; **the age of technology** das technologische Zeitalter; **the Stone age** die Steinzeit; **the Edwardian age** die Zeit od Ära Edwards VII; **down the ages** durch alle Zeiten **4** umg **ages, an age** eine Ewigkeit umg; **for ages** ewig lange umg; **to take ages** eine Ewigkeit dauern umg; Mensch ewig brauchen umg **B** v/i altern; Wein reifen; **you have aged** du bist alt geworden

age bracket s Altersklasse f

aged[1] [eɪdʒd] adj im Alter von; **a boy ~ ten** ein zehnjähriger Junge; **to be ~ 17** 17 Jahre alt sein

aged[2] ['eɪdʒɪd] **A** pl **the ~** die Alten **B** adj Mensch betagt

age difference, age gap s Altersunterschied m

age group s Altersgruppe f

ag(e)ing ['eɪdʒɪŋ] adj Mensch alternd attr; Bevölkerung älter werdend attr; **the ~ process** das Altern

ageism ['eɪdʒɪzəm] s Altersdiskriminierung f

ageless adj zeitlos

age limit s Altersgrenze f

agency ['eɪdʒənsi] s **1** HANDEL Agentur f; **translation ~** Übersetzungsbüro n **2** (≈ ausführendes Organ) Behörde f, Amt n

agenda [ə'dʒendə] s Tagesordnung f; **they have their own ~** sie haben ihre eigenen Vorstellungen; **on the ~** auf dem Programm

agent ['eɪdʒənt] s **1** HANDEL Vertreter(in) m(f); (≈ Organisation) Vertretung f **2** Agent(in) m(f); **business ~** Agent(in) m(f) **3** CHEM **cleansing ~** Reinigungsmittel n

age-old adj uralt

age range s Altersgruppe f

age-related adj altersbedingt; **~ allowance** FIN Altersfreibetrag m

aggravate ['ægrəveɪt] v/t **1** verschlimmern **2** aufregen, reizen

aggravating ['ægrəveɪtɪŋ] adj ärgerlich; Kind lästig

aggravation [ˌægrə'veɪʃən] s **1** Verschlimmerung f **2** Ärger m; **she was a constant ~ to him** sie reizte ihn ständig

aggregate ['ægrɪgɪt] **A** s Gesamtmenge f; **on ~** SPORT in der Gesamtwertung **B** adj gesamt, Gesamt-

aggression [ə'greʃən] s ⟨kein pl⟩ Aggression f, Aggressivität f; **an act of ~** ein Angriff m

aggressive [ə'gresɪv] adj aggressiv; Vertreter aufdringlich pej

aggressively adv aggressiv, energisch

aggressiveness [ə'gresɪvnɪs] s Aggressivität f; von Vertreter Aufdringlichkeit f pej

aggressor [ə'gresə] s Aggressor(in) m(f)

aggrieved [ə'griːvd] adj betrübt (**at, by** über +akk), verletzt (**at, by** durch)

aggro ['ægrəʊ] Br umg ⟨kein pl⟩ **1 don't give me any ~** mach keinen Ärger umg; **all the ~**

of moving das ganze Theater mit dem Umziehen *umg* **2** Schlägerei *f*

aghast [əˈgɑːst] *adj* ⟨präd⟩ entgeistert (**at** über +*akk*)

agile [ˈædʒaɪl] *adj* wendig; *Bewegungen* gelenkig; *Tier* flink; **he has an ~ mind** er ist geistig sehr wendig

agility [əˈdʒɪlɪtɪ] *s* Wendigkeit *f*; *von Tier* Flinkheit *f*

aging *adj & s* → ageing

agitate [ˈædʒɪteɪt] *v/t* **1** *Flüssigkeit* aufrühren; *Wasseroberfläche* aufwühlen **2** *fig* aufregen

agitated *adj*, **agitatedly** [ˈædʒɪteɪtɪd, -lɪ] *adv* aufgeregt

agitation [ˌædʒɪˈteɪʃən] *s* **1** *fig* Erregung *f* **2** POL Agitation *f*

agitator [ˈædʒɪteɪtə^r] *s* Agitator(in) *m(f)*

aglow [əˈgləʊ] *adj* ⟨präd⟩ **to be ~** glühen

AGM *abk* (= annual general meeting) JHV *f*

agnostic [ægˈnɒstɪk] **A** *adj* agnostisch **B** *s* Agnostiker(in) *m(f)*

agnosticism [ægˈnɒstɪsɪzəm] *s* Agnostizismus *m*

ago [əˈgəʊ] *adv* vor; **years/a week ago** vor Jahren/einer Woche; **a little while ago** vor Kurzem; **that was years ago** das ist schon Jahre her; **how long ago is it since you last saw him?** wie lange haben Sie ihn schon nicht mehr gesehen?; **that was a long time** *od* **long ago** das ist schon lange her; **as long ago as 1950** schon 1950

agog [əˈgɒg] *adj* ⟨präd⟩ gespannt; **the whole village was ~ (with curiosity)** das ganze Dorf platzte fast vor Neugierde

agonize [ˈægənaɪz] *v/i* sich (*dat*) den Kopf zermartern (**over** über +*akk*)

agonized *adj* gequält

agonizing [ˈægənaɪzɪŋ] *adj* qualvoll

agonizingly [ˈægənaɪzɪŋlɪ] *adv* qualvoll; **~ slow** aufreizend langsam

agony [ˈægənɪ] *s* Qual *f*; **that's ~** das ist eine Qual; **to be in ~** Qualen leiden

agony aunt *Br umg s* Briefkastentante *f umg*

agony column *Br umg s* Kummerkasten *m umg*

agoraphobia [ˌægərəˈfəʊbɪə] *s* MED Platzangst *f*

agoraphobic [ˌægərəˈfəʊbɪk] **A** *adj* MED agoraphobisch *fachspr* **B** *s* MED an Platzangst Leidende(r) *m/f(m)*

agrarian [əˈgreərɪən] *adj* Agrar-

agree [əˈgriː] (*prät, pperf* **agreed**) **A** *v/t* **1** *Preis etc* vereinbaren **2** **to ~ to do sth** sich bereit erklären, etw zu tun **3** zugeben **4** zustimmen (+*dat*); **we all ~ that ...** wir sind alle der Meinung, dass ...; **it was ~d that ...** man einigte sich darauf, dass ...; **we ~d to do it** wir haben beschlossen, das zu tun; **we ~ to differ** wir sind uns einig, dass wir uns uneinig sind **B** *v/i* **1** einer Meinung sein; (≈ Vereinbarung erzielen) sich einigen (**about** über +*akk*); **to ~ with sb** j-m zustimmen, mit j-m einer Meinung sein; **I ~** der Meinung bin ich auch; **I couldn't ~ more/less** ich bin völlig/überhaupt nicht dieser Meinung; **it's too late now, don't you wouldn't you ~?** meinen Sie nicht auch, dass es jetzt zu spät ist?; **to ~ with sth** mit etw einverstanden sein; **to ~ with a theory** *etc* eine Theorie *etc* akzeptieren **2** *Behauptungen, Zahlen, a.* GRAM übereinstimmen **3** **whisky doesn't ~ with me** ich vertrage Whisky nicht

phrasal verbs mit agree:

agree on *v/i* (+*obj*) sich einigen auf (+*akk*); einer Meinung sein über (+*akk*)

agree to *v/i* (+*obj*) zustimmen (+*dat*)

agreeable [əˈgriːəbl] *adj* **1** angenehm **2** ⟨präd⟩ **is that ~ to you?** sind Sie damit einverstanden?

agreeably [əˈgriːəblɪ] *adv* angenehm

agreed *adj* **1** ⟨präd⟩ einig; **to be ~ on sth** sich über etw (*akk*) einig sein; **to be ~ on doing sth** sich darüber einig sein, etw zu tun; **are we all ~?** sind wir uns da einig?, sind alle einverstanden? **2** vereinbart; **it's all ~** es ist alles abgesprochen; **~?** einverstanden?; **~!** abgemacht, stimmt

agreement [əˈgriːmənt] *s* **1** Übereinkunft *f*, Abkommen *n*; **to enter into an ~** einen Vertrag (ab)schließen; **to reach (an) ~** zu einer Einigung kommen, sich einigen **2** Einigkeit *f*; **by mutual ~** in gegenseitigem Einvernehmen; **to be in ~ with sb** mit j-m einer Meinung sein; **to be in ~ with sth** mit etw übereinstimmen; **to be in ~ about sth** über etw (*akk*) einig sein **3** Einwilligung *f* (**to** zu)

agribusiness [ˈægrɪbɪznɪs] *s* Agroindustrie *f*

agricultural [ˌægrɪˈkʌltʃərəl] *adj* landwirtschaftlich; *Land, Reform* Agrar-

agricultural college *s* Landwirtschaftsschule *f*

agriculture [ˈægrɪkʌltʃə^r] *s* Landwirtschaft *f*; **Minister of Agriculture** *Br* Landwirtschaftsminister(in) *m(f)*

aground [əˈgraʊnd] *adv* **to go** *od* **run ~** auf Grund laufen

ah [ɑː] *int* ah; *Schmerz* au; *Mitleid* o, ach

ahead [əˈhed] *adv* **1** **the mountains lay ~** vor uns *etc* lagen die Berge; **the German runner was/drew ~** der deutsche Läufer lag vorn/ zog nach vorne; **he is ~ by about two minutes** er hat etwa zwei Minuten Vorsprung; **to stare straight ~** geradeaus starren; **keep straight ~** immer geradeaus; **full speed ~** SCHIFF, *a. fig* volle Kraft voraus; **we sent him on ~** wir schickten ihn voraus; **the road ~** die Straße vor uns; **in the months ~** in den bevorstehenden Monaten; **we've a busy time ~** vor uns liegt eine Menge Arbeit; **to plan ~** vorausplanen **2** *of sb/sth* vor j-m/etw, j-m/etw voraus; **walk ~ of me** geh voran; **we arrived ten minutes ~ of time** wir kamen zehn Minuten vorher an; **to be/get ~ of schedule** schneller als geplant vorankommen; **to be ~ of one's time** *fig* seiner Zeit voraus sein

ahold [ə'həʊld] *bes US s* **to get ~ of sb** j-n erreichen; **to get ~ of sth** sich (*dat*) etw besorgen; **to get ~ of oneself** sich zusammenreißen

ahoy [ə'hɔɪ] *int* **ship ~!** Schiff ahoi!

AI *abk* (= artificial intelligence) KI *f*

aid [eɪd] **A** *s* **1** ⟨*kein pl*⟩ Hilfe *f*; **(foreign) aid** Entwicklungshilfe *f*; **with the aid of a screwdriver** mithilfe eines Schraubenziehers; **to come** *od* **go to sb's aid** j-m zu Hilfe kommen; **in aid of the blind** zugunsten der Blinden; **what's all this in aid of?** *umg* wozu soll das gut sein? **2** Hilfsmittel *n* **B** *v/t* unterstützen, helfen; **to aid sb's recovery** j-s Heilung fördern; **to aid and abet sb** JUR j-m Beihilfe leisten; *nach Verbrechen* j-n begünstigen

aid agency *s* Hilfsorganisation *f*

aide [eɪd] *s* Helfer(in) *m(f)*, (persönlicher) Berater

aide-de-camp ['eɪddə'kɒŋ] *s* ⟨*pl* aides-de--camp⟩ **1** MIL Adjutant(in) *m(f)* → **aid** **2** *s* Gedächtnisstütze *f*, Aide-Memoire *n*

aide-memoire ['eɪdmem'wɑː]

aiding and abetting ['eɪdɪŋəndə'betɪŋ] *s* JUR Beihilfe *f*; *nach Verbrechen* Begünstigung *f*

AIDS, Aids [eɪdz] *s abk* (= acquired immune deficiency syndrome) Aids *n*

AIDS-infected *adj* Aids-infiziert

AIDS-related *adj* aidsbedingt

AIDS sufferer Aids-Kranke(r) *m/f(m)*

AIDS test *s* Aidstest *m*

Aids victim *s* Aidskranke(r) *m/f(m)*

aikido [aɪ'kiːdəʊ] *s* SPORT Aikido *n*

ailing ['eɪlɪŋ] *adj wörtl* kränklich; *fig Wirtschaft etc* schwächelnd, krankend

ailment ['eɪlmənt] *s* Leiden *n*; **minor ~s** leichte Beschwerden *pl*

aim [eɪm] **A** *s* **1** Zielen *n*; **to take aim** zielen (**at** auf +*akk*); **his aim was bad/good** er zielte schlecht/gut **2** Ziel *n*; **with the aim of doing sth** mit dem Ziel, etw zu tun; **what is your aim in life?** was ist Ihr Lebensziel?; **to achieve one's aim** sein Ziel erreichen **B** *v/t Rakete, Kamera* richten (**at** auf +*akk*); *Stein, Pistole etc* zielen mit (**at** auf +*akk*); **he aimed a punch at my stomach** sein Schlag zielte auf meinen Bauch **2** *fig Bemerkung* richten (**at** gegen); **this book is aimed at the general public** dieses Buch wendet sich an die Öffentlichkeit; **to be aimed at sth** *neue Gesetze etc* auf etw (*akk*) abgezielt sein **C** *v/i* **1** **to aim at sth** *mit Waffe etc* auf etw (*akk*) zielen **2** **isn't that aiming a bit high?** wollen Sie nicht etwas hoch hinaus?; **to aim at** *od* **for sth** *fig* auf etw (*akk*) abzielen; **with this TV programme we're aiming at a much wider audience** mit diesem Fernsehprogramm wollen wir eine breitere Zielgruppe ansprechen; **we aim to please** bei uns ist der Kunde König **3** *umg* **to aim to do sth** vorhaben, etw zu tun

aimless *adj*, **aimlessly** ['eɪmlɪs, -lɪ] *adv* ziellos; *handeln* planlos

aimlessness ['eɪmlɪsnɪs] *s* Ziellosigkeit *f*; *von Handlung* Planlosigkeit *f*

ain't [eɪnt] *abk* (= am not, is not, are not, has not, have not) → **are** → **have**

air [eə] **A** *s* **1** Luft *f*; **a change of air** eine Luftveränderung *f*; **to go out for a breath of (fresh) air** frische Luft schnappen (gehen); **to go by air** fliegen; *Güter* per Flugzeug transportiert werden **2** *fig* **there's something in the air** es liegt etwas in der Luft; **it's still all up in the air** *umg* es ist noch alles offen; **to clear the air** die Atmosphäre reinigen; **to be walking** *od* **floating on air** wie auf Wolken gehen; **to pull** *od* **pluck sth out of the air** *fig* etw auf gut Glück nennen; → **thin** **3** RADIO, TV **to be on the air** *Programm* gesendet werden; *Sender* senden; **to go off the air** *Moderator* die Sendung beenden; *Sender* das Programm beenden **4** Auftreten *n*; (= *Gesichtsausdruck*) Miene *f*; **with an air of bewilderment** mit bestürzter Miene; **she had an air of mystery about her** sie hatte etwas Geheimnisvolles an sich **B** *v/t* **1** lüften **2** *Unmut* Luft machen (+*dat*); *Meinung* darlegen **3** RADIO, TV senden **C** *v/i* **1** *Kleider* nachtrocknen, lüften **2** RADIO, TV gesendet werden, laufen *umg*

air ambulance *s* Rettungsflugzeug *n*, Rettungshubschrauber *m*

air bag *s* Airbag *m*

air base *s* Luftwaffenstützpunkt *m*

air bed *Br s* Luftmatratze *f*

airborne *adj* **1** **to be ~** sich in der Luft befinden **2** MIL **~ troops** Luftlandetruppen *pl* **3** MED *Krankheit* durch die Luft übertragen

air brake *s* Druckluftbremse *f*

airbrush *v/t* KUNST mit der Airbrush *od* dem Luftpinsel bearbeiten

air cargo *s* Luftfracht *f*

air-conditioned *adj* klimatisiert

air conditioning *s* ⟨*kein pl*⟩ Klimatisierung *f*; (≈ *System*) Klimaanlage *f*

aircraft *s* ⟨*pl* aircraft⟩ Flugzeug *n*

aircraft carrier *s* Flugzeugträger *m*

air crash s Flugzeugabsturz m
aircrew s Flugpersonal n
airer ['ɛərə(r)] s Trockenständer m
airfare s Flugpreis m
airfield s Flugplatz m
air force s Luftwaffe f
air freight s Luftfracht f
air freshener s Lufterfrischer m
air frost s METEO Luftfrost m
air guitar s Luftgitarre f
air gun s Luftgewehr n
airhead pej umg s Hohlkopf m umg
air hole s Luftloch n
air hostess s Stewardess f
airily ['ɛərɪlɪ] adv etw sagen etc leichthin
airing ['ɛərɪŋ] s **1** von Bettwäsche etc Lüften n; **to give sth a good ~** etw gut durchlüften lassen; **to give an idea an ~** fig umg eine Idee darlegen **2** von Fernsehsendung Ausstrahlung f
airing cupboard Br s Trockenschrank m
air kiss s angedeuteter Wangenkuss
airless adj Zimmer stickig
air letter s Luftpostbrief m
airlift **A** s Luftbrücke f **B** v/t **to ~ sth in** etw über eine Luftbrücke hineinbringen
airline s Fluggesellschaft f
airliner s Verkehrsflugzeug n
airlock s **1** in Raumschiff Luftschleuse f **2** in Rohr Luftsack m
airmail ['ɛəmeɪl] **A** s Luftpost f; **to send sth (by) ~** etw per Luftpost schicken **B** v/t per Luftpost schicken
airmail letter s Luftpostbrief m
airman s ⟨pl -men⟩ Flieger m; US in Luftwaffe Gefreite(r) m
air mattress s Luftmatratze f
Air Miles® pl Flugmeilen pl
airplane US s Flugzeug n
air pocket s Luftloch n
air pollution s Luftverunreinigung f, Luftverschmutzung f
airport ['ɛəpɔːt] s Flughafen m
airport bus s Flughafenbus m
airport tax s Flughafengebühr f
air pressure s Luftdruck m
air pump s Luftpumpe f
air rage s aggressives Verhalten von Flugpassagieren
air raid s Luftangriff m
air-raid shelter s Luftschutzkeller m
air-raid warning s Fliegeralarm m
air rifle s Luftgewehr n
air-sea rescue s Rettung f durch Seenotflugzeuge
airship s Luftschiff n
airshow s Luftfahrtausstellung f; in der Luft Flugschau f
airsick adj luftkrank
airside **A** s Teil des Flughafens nach der Sicherheitskontrolle **B** adv **to be located ~** Restaurant etc sich nach od hinter der Sicherheitskontrolle befinden
airspace s Luftraum m
airspeed s Fluggeschwindigkeit f
airstrike s Luftangriff m
airstrip s Start-und-Lande-Bahn f
air terminal s Terminal m/n
airtight wörtl adj luftdicht; fig Argument hieb- und stichfest
airtime s **1** RADIO, TV Sendezeit f **2** TEL Sprechzeit f
air-to-air adj MIL Luft-Luft-
air traffic s Flugverkehr m, Luftverkehr m
air-traffic control s Flugleitung f
air-traffic controller s Fluglotse m, Fluglotsin f
air vent s **1** Ventilator m **2** Belüftungsschacht m
airwaves pl Radiowellen pl
airway s MED Atemwege pl
airworthy adj flugtüchtig
airy ['ɛərɪ] adj ⟨komp airier⟩ Zimmer luftig
airy-fairy ['ɛərɪ'fɛərɪ] Br umg adj versponnen; Ausrede windig
aisle [aɪl] s Gang m; in Kirche Seitenschiff n; im Zentrum Mittelgang m; **~ seat** Sitz m am Gang; **to walk down the ~ with sb** j-n zum Altar führen; **he had them rolling in the ~s** umg er brachte sie so weit, dass sie sich vor Lachen kugelten umg
aisle seat s FLUG Gangplatz m
ajar [ə'dʒɑː(r)] adj & adv angelehnt
aka abk (= also known as) alias
akimbo [ə'kɪmbəʊ] adj **with arms ~** die Arme in die Hüften gestemmt
akin [ə'kɪn] adj ⟨präd⟩ ähnlich (**to** +dat)
à la ['ɑːlɑː] präp à la
à la carte [ɑːlɑː'kɑːt] adj & adv à la carte
alacrity [ə'lækrɪtɪ] s Eifer m; **to accept with ~** ohne zu zögern annehmen
à la mode [ɑːlɑː'məʊd] US adj mit Eis
alarm [ə'lɑːm] **A** s **1** ⟨kein pl⟩ Sorge f; **to be in a state of ~** besorgt sein, erschreckt sein; **to cause sb ~** j-n beunruhigen **2** Alarm m; **to raise** od **give** od **sound the ~** Alarm geben; fig Alarm schlagen **3** Alarmanlage f; **~ (clock)** Wecker m; **car ~** Autoalarmanlage f **B** v/t beunruhigen, erschrecken; **don't be ~ed** erschrecken Sie nicht
alarm bell s Alarmglocke f; **to set ~s ringing** fig die Alarmglocken klingeln lassen
alarm clock s Wecker m
alarming [ə'lɑːmɪŋ] adj beunruhigend, erschre-

ckend; *Nachricht* alarmierend
alarmingly [əˈlɑːmɪŋlɪ] *adv* erschreckend
alarmist [əˈlɑːmɪst] **A** *s* Panikmacher(in) *m(f)* **B** *adj Rede* Unheil prophezeiend *attr*; *Politiker* Panik machend *attr*
alas [əˈlæs] *obs int* leider
Alaska [əˈlæskə] *s* Alaska *n*
Albania [ælˈbeɪnɪə] *s* Albanien *n*
Albanian [ælˈbeɪnɪən] **A** *adj* albanisch **B** *s* **1** Albaner(in) *m(f)* **2** (≈ *Sprache*) Albanisch *n*
albatross [ˈælbətrɒs] *s* Albatros *m*
albeit [ɔːlˈbiːɪt] *bes liter konj* obgleich
albino [ælˈbiːnəʊ] **A** *s* ⟨*pl* -s⟩ Albino *m* **B** *adj* Albino-
album [ˈælbəm] *s* Album *n*
alcohol [ˈælkəhɒl] *s* Alkohol *m*
alcohol-free [ˌælkəhɒlˈfriː] *adj* alkoholfrei
alcoholic [ˌælkəˈhɒlɪk] **A** *adj Getränk* alkoholisch; *Mensch* alkoholsüchtig **B** *s* Alkoholiker(in) *m(f)*; **to be an ~** Alkoholiker(in) sein; **Alcoholics Anonymous** Anonyme Alkoholiker *pl*
alcoholism [ˈælkəhɒlɪzəm] *s* Alkoholismus *m*
alcopop [ˈælkəpɒp] *s* Alcopop *m*
alcove [ˈælkəʊv] *s* Nische *f*
alder [ˈɔːldəʳ] *s* Erle *f*
ale [eɪl] *obs s* Ale *n*
alert [əˈlɜːt] **A** *adj* aufmerksam; **to be ~ to sth** vor etw (*dat*) auf der Hut sein **B** *v/t* warnen (**to** vor +*dat*); *Truppen in Gefechtsbereitschaft versetzen*; *Feuerwehr etc* alarmieren **C** *s* Alarm *m*; **to be on (the) ~** einsatzbereit sein; (≈ *wachsam*) auf der Hut sein (**for** vor +*dat*)
alertness *s* Aufmerksamkeit *f*
A level [ˈeɪˌlevl] *Br s* Abschluss *m* der Sekundarstufe II; **to take** *or* **do one's ~s** ≈ das Abitur machen, ≈ maturieren *österr*; **3 ~s** ≈ das Abitur in 3 Fächern, die Matura in 3 Fächern *österr, schweiz*
alfresco [ælˈfreskəʊ] *adv & adj* ⟨*präd*⟩ im Freien
algae [ˈælgiː] *pl* Algen *pl*
algebra [ˈældʒɪbrə] *s* Algebra *f*
Algeria [ælˈdʒɪərɪə] *s* Algerien *n*
Algerian **A** *s* Algerier(in) *m(f)* **B** *adj* algerisch
algorithm [ˈælgə‚rɪðəm] *s* Algorithmus *m*
alias [ˈeɪlɪæs] **A** *adv* alias **B** *s* Deckname *m*
alibi [ˈælɪbaɪ] *s* Alibi *n*
alien [ˈeɪlɪən] **A** *s* ADMIN Ausländer(in) *m(f)*; *Science-Fiction* außerirdisches Wesen **B** *adj* **1** ausländisch; *Science-Fiction* außerirdisch **2** fremd; **to be ~ to sb/sth** j-m/einer Sache fremd sein
alienate [ˈeɪlɪəneɪt] *v/t Menschen* befremden; *öffentliche Meinung* gegen sich aufbringen; **to ~ oneself from sb/sth** sich j-m/einer Sache entfremden
alienated [ˈeɪlɪəneɪtɪd] *adj* **to feel ~** sich ausgeschlossen fühlen
alienation [ˌeɪlɪəˈneɪʃən] *s* Entfremdung *f* (**from** von)
alight[1] [əˈlaɪt] *form v/i Mensch* aussteigen (**from** aus); *Vogel* sich niederlassen (**on** auf +*dat*); **his eyes ~ed on the ring** sein Blick fiel auf den Ring
alight[2] *adj* ⟨*präd*⟩ **to be ~** brennen; **to keep the fire ~** das Feuer in Gang halten; **to set sth ~** etw in Brand setzen
align [əˈlaɪn] *v/t* **to ~ sth with sth** etw auf etw (*akk*) ausrichten; **they have ~ed themselves against him** sie haben sich gegen ihn zusammengeschlossen
alignment *s* Ausrichtung *f*; **to be out of ~** nicht richtig ausgerichtet sein (**with** nach)
alike [əˈlaɪk] *adv & adj* ⟨*präd*⟩ gleich; **they're/they look very ~** sie sind/sehen sich (*dat*) sehr ähnlich; **they always think ~** sie sind immer einer Meinung; **winter and summer ~** Sommer wie Winter
alimentary [ˌælɪˈmentərɪ] *adj* ANAT **~ canal** Verdauungskanal *m*
alimony [ˈælɪmənɪ] *s* Unterhaltszahlung *f*; **to pay ~** Unterhalt zahlen
alive [əˈlaɪv] *adj* ⟨*präd*⟩ **1** lebendig; **to be ~** leben, am Leben sein; **the greatest musician ~** der größte lebende Musiker; **to stay ~** am Leben bleiben; **to keep sb/sth ~** *wörtl, fig* j-n/etw am Leben erhalten; **to be ~ and kicking** *hum umg* gesund und munter sein; **~ and well** gesund und munter; **to come ~** lebendig werden; **to bring sth ~** *Geschichte* etw lebendig werden lassen **2** **~ with** erfüllt von; **to be ~ with tourists/insects** *etc* von Touristen/Insekten *etc* wimmeln
alkali [ˈælkəlaɪ] *s* ⟨*pl* -(e)s⟩ Base *f*; *Metall, a.* AGR Alkali *n*
alkaline [ˈælkəlaɪn] *adj* alkalisch
all [ɔːl] **A** *adj pl* alle; *sg* ganze(r, s), alle(r, s); **all the children** alle Kinder; **all kinds** *od* **sorts of people** alle möglichen Leute; **all the tobacco** der ganze Tabak; **all you boys can come with me** ihr Jungen könnt alle mit mir kommen; **all the time** die ganze Zeit; **all day (long)** den ganzen Tag (lang); **to dislike all sport** jeglichen Sport ablehnen; **in all respects** in jeder Hinsicht; **all my books** alle meine Bücher; **all my life** mein ganzes Leben (lang); **they all came** sie sind alle gekommen; **he took it all** er hat alles genommen; **he's seen/done it all** für ihn gibt es nichts Neues mehr; **I don't understand all that** ich verstehe das alles nicht; **what's all this/that?** was ist denn das?; *verärgert* was soll denn das!; **what's all this I hear about you leaving?** was höre ich da! Sie wollen gehen?; **with all possible speed**

so schnell wie möglich; **with all due care** mit angemessener Sorgfalt **B** *pron* **1** alles; **I'm just curious, that's all** ich bin nur neugierig, das ist alles; **that's all that matters** darauf allein kommt es an; **that is all (that) I can tell you** mehr kann ich Ihnen nicht sagen; **it was all I could do not to laugh** ich musste an mich halten, um nicht zu lachen; **all of London/of the house** ganz London/das ganze Haus; **all of it** alles; **all of £5** ganze £ 5; **in all** insgesamt, im Ganzen; **all or nothing** alles oder nichts; **the whole family came, children and all** die Familie kam mit Kind und Kegel **2** all überhaupt; **nothing at all** gar nichts; **no ... at all** überhaupt kein(e) ...; **not ... at all** überhaupt nicht ...; **I'm not angry at all** ich bin überhaupt nicht wütend; **it's not bad at all** das ist gar nicht schlecht; **if at all possible** wenn irgend möglich; **why me of all people?** warum ausgerechnet ich? **3 happiest** *etc* **of all** am glücklichsten *etc*; **I like him best of all** von allen mag ich ihn am liebsten; **most of all** am meisten; **all in all** alles in allem; **it's all one to me** das ist mir (ganz) egal; **for all I know she could be ill** was weiß ich, vielleicht ist sie krank **4** alle *pl*; **all of them** (sie) alle; **the score was two all** es stand zwei zu zwei **C** *adv* **1** ganz; **all excited** *etc* ganz aufgeregt *etc*; **all by myself** ganz allein; **that's all very fine** *od* **well** das ist alles ganz schön und gut; **all over** überall; **it was red all over** es war ganz rot; **all over London** überall in London; **to start all over again** ganz von vorne anfangen; **he was all over her at the party** er hat sie bei der Party voll begrapscht; **all down the front of her dress** überall vorn auf ihrem Kleid; **all along the road** die ganze Straße entlang; **to know the answer all along** die Antwort die ganze Zeit wissen; **all around** überall; ringsumher; rundherum; **I'm all for it!** ich bin ganz dafür **2 all the happier** *etc* noch glücklicher *etc*; **all the funnier because ...** umso lustiger, weil ...; **all the same** trotzdem; **all the same, it's a pity** trotzdem ist es schade; **it's all the same to me** das ist mir (ganz) egal; **he's all there/not all there** er ist voll da/nicht ganz da *umg*; **it's not all that bad** so schlimm ist es nun auch wieder nicht; **the party won all but six of the seats** die Partei hat alle bis auf sechs Sitze gewonnen **D** *s* **one's all** alles; **the horses were giving their all** die Pferde gaben ihr Letztes

Allah ['ælə] *s* Allah *m*
all-American *adj* uramerikanisch; *Mannschaft, Sportler* Auswahl- (*der landesweiten Bestenauswahl*); **an ~ boy** ein durch und durch amerikanischer Junge
all-around *US adj* → all-round
allay [ə'leɪ] *v/t* verringern; *Zweifel, Angst* zerstreuen
all clear *s* Entwarnung *f*; **to give/sound the ~** Entwarnung geben; **the new project has been given the ~** für das neue Projekt gab es grünes Licht
all-consuming *adj Leidenschaft* überwältigend
all-day *adj* ganztägig; **it was an ~ meeting** die Sitzung dauerte den ganzen Tag
allegation [ˌælɪ'geɪʃən] *s* Behauptung *f*
allege [ə'ledʒ] *v/t* behaupten; **he is ~d to have said that ...** er soll angeblich gesagt haben, dass ...
alleged [ə'ledʒd] *adj*, **allegedly** [ə'ledʒɪdlɪ] *adv* angeblich
allegiance [ə'liːdʒəns] *s* Treue *f* (**to** +dat); **oath of ~** Treueeid *m*
allegoric(al) [ˌælɪ'gɒrɪk(əl)] *adj*, **allegorically** [ˌælɪ'gɒrɪkəlɪ] *adv* allegorisch
allegory ['ælɪgərɪ] *s* Allegorie *f* (*Bildliche Darstellung eines Gedankens oder eines abstrakten Begriffs (systematisierte Metapher); z. B. die Justitia als Frauengestalt mit verbundenen Augen und einer Waage in der Hand als Personifikation der Gerechtigkeit.*)
alleluia [ˌælɪ'luːjə] **A** *int* (h)alleluja **B** *s* (H)alleluja *n*
all-embracing [ˌɔːlɪm'breɪsɪŋ] *adj* (all)umfassend
allergic [ə'lɜːdʒɪk] *wörtl, fig adj* allergisch (**to** gegen)
allergy ['ælədʒɪ] *s* Allergie *f* (**to** gegen)
allergy ID *s* Allergiepass *m*
alleviate [ə'liːvɪeɪt] *v/t* lindern
alleviation [əˌliːvɪ'eɪʃən] *s* Linderung *f*
alley ['ælɪ] *s* **1** (enge) Gasse **2** *zum Kegeln etc* Bahn *f*
alleyway ['ælɪweɪ] *s* Durchgang *m*
alliance [ə'laɪəns] *s* Verbindung *f*; *von Staaten* Bündnis *n*; *historisch* Allianz *f*
allied ['ælaɪd] *adj* verbunden; *bei Angriff etc* verbündet; **the Allied forces** die Alliierten
Allies ['ælaɪz] *pl* HIST **the ~** die Alliierten *pl*
alligator ['ælɪgeɪtə'] *s* Alligator *m*
all-important *adj* außerordentlich wichtig; **the ~ question** die Frage, auf die es ankommt
all-in *adj* ⟨*attr*⟩, **all in** *adj* ⟨*präd*⟩ Inklusiv-; **~ price** Inklusivpreis *m*
all-inclusive *adj* Pauschal-; **~ holiday** Pauschalurlaub *m*, All-inclusive-Urlaub *m*; **the hotel was ~** es handelte sich um ein All-inclusive-Hotel
all-inclusive offer *s* Pauschalangebot *n*
all-inclusive price *s* Inklusivpreis *m*, Pauschal-

preis m
all-in-one adj Taucheranzug etc einteilig
all-in wrestling s SPORT Freistilringen n
alliteration [əˌlɪtəˈreɪʃən] s Alliteration f (zwei benachbarte Wörter beginnen mit demselben Laut; z. B. long life)
all-night [ˌɔːlˈnaɪt] adj ⟨attr⟩ Café (die ganze Nacht) durchgehend geöffnet; Wache die ganze Nacht andauernd attr; **we had an ~ party** wir haben die ganze Nacht durchgemacht; **there is an ~ bus service** die Busse verkehren die ganze Nacht über
all-nighter [ˌɔːlˈnaɪtəʳ] umg s **to pull an ~** eine Nachtschicht einlegen
allocate [ˈæləʊkeɪt] v/t zuteilen (**to sb** j-m), verteilen (**to** auf +akk); Aufgaben vergeben (**to** an +akk); **to ~ money to** od **for a project** Geld für ein Projekt bestimmen
allocation [ˌæləʊˈkeɪʃən] s Zuteilung f, Verteilung f; (≈ Summe) Zuwendung f
allot [əˈlɒt] v/t zuteilen (**to sb/sth** j-m/etw); Zeit vorsehen (**to** für); Geldmittel bestimmen (**to** für)
allotment [əˈlɒtmənt] Br s Schrebergarten m
all out adv **to go ~ to do sth** alles daransetzen, etw zu tun
all-out adj Krieg total; Angriff massiv; Anstrengung äußerste(r, s)
allow [əˈlaʊ] ◼ v/t ◼ erlauben; Verhalten etc zulassen; **to ~ sb sth** j-m etw erlauben; **to ~ sb to do sth** j-m erlauben, etw zu tun; **to be ~ed to do sth** etw tun dürfen; **smoking is not ~ed** Rauchen ist nicht gestattet; **"no dogs ~ed"** „Hunde müssen draußen bleiben"; **to ~ oneself sth** sich (dat) etw erlauben, sich (dat) etw gönnen; **to ~ oneself to be waited on/persuaded** etc sich bedienen/überreden etc lassen; **~ me!** gestatten Sie form; **to ~ sth to happen** zulassen, dass etw geschieht; **to be ~ed in/out** hinein-/hinausdürfen ◼ Anspruch, Tor anerkennen ◼ Rabatt, Summe geben; Raum lassen; Zeit einplanen; **~ (yourself) an hour to cross the city** rechnen Sie mit einer Stunde, um durch die Stadt zu kommen; **~ing** od **if we ~ that …** angenommen, (dass) … ◼ v/i **if time ~s** falls es zeitlich möglich ist

phrasal verbs mit allow:

allow for v/i ⟨+obj⟩ berücksichtigen; Kosten einplanen; **allowing for the fact that …** unter Berücksichtigung der Tatsache, dass …; **after allowing for** nach Berücksichtigung (+gen)

allowable [əˈlaʊəbl] adj zulässig; FIN steuerlich absetzbar
allowance [əˈlaʊəns] s ◼ finanzielle Unterstützung, Zuwendung f; staatlich Beihilfe f; für Überstunden etc Zulage f; US für Kinder Taschengeld n; **clothing ~** Kleidungsgeld n; **he gave her an ~ of £500 a month** er stellte ihr monatlich £ 500 zur Verfügung ◼ FIN Freibetrag m ◼ (≈ Ration) Zuteilung f ◼ **to make ~(s) for sth** etw berücksichtigen; **to make ~s for sb** bei j-m Zugeständnisse machen
alloy [ˈælɔɪ] s Legierung f
all-party adj POL Allparteien-
all-powerful adj allmächtig
all-purpose adj Allzweck-
all right [ˈɔːlˈraɪt] ◼ adj ⟨präd⟩ in Ordnung, okay umg; **it's ~** es geht; (≈ funktioniert) es ist in Ordnung; **that's** od **it's ~** als Antwort auf Dank, Entschuldigung schon gut; **to taste ~** ganz gut schmecken; **is it ~ for me to leave early?** kann ich früher gehen?; **it's ~ by me** ich habe nichts dagegen; **it's ~ for you (to talk)** du hast gut reden; **he's ~** umg der ist in Ordnung umg; **are you ~?** ist alles in Ordnung?; (≈ gesund) geht es Ihnen gut?; (≈ unverletzt) ist Ihnen etwas passiert?; **are you feeling ~?** fehlt Ihnen was? ◼ adv ◼ gut; **did I do it ~?** habe ich es recht gemacht?; **did you get home ~?** bist du gut nach Hause gekommen?; **did you find it ~?** haben Sie es denn gefunden? ◼ (≈ sicherlich) schon; **that's the boy ~** das ist der Junge; **oh yes, we heard you ~** o ja, und ob wir dich gehört haben ◼ int gut, okay umg, in Ordnung; **may I leave early? — ~** kann ich früher gehen? — ja; **~ that's enough!** komm, jetzt reichts (aber)!; **~, ~! I'm coming** schon gut, ich komme ja!
all-round bes Br adj Allround-; **a good ~ performance** eine rundum gute Leistung
all-rounder Br s Allroundmann m/-frau f; SPORT Allroundsportler(in) m(f)
All Saints' Day s Allerheiligen n
all-seater adj Br SPORT Stadion ohne Stehplätze
All Souls' Day s Allerseelen n
allspice s Piment m/n
all-star adj Br; **~ cast** Starbesetzung f
all-terrain bike s Mountainbike n
all-terrain vehicle s Geländefahrzeug n
all-time ◼ adj aller Zeiten; **the ~ record** der Rekord aller Zeiten; **an ~ high/low** der höchste/niedrigste Stand aller Zeiten; **my ~ favourite** Br, **my ~ favorite** US mein Liebling aller Zeiten ◼ adv **~ best** beste(r, s) aller Zeiten
allude [əˈluːd] v/i ⟨+obj⟩ **to ~ to** anspielen auf (+akk)
allure [əˈljʊəʳ] s Reiz m
alluring adj, **alluringly** adv verführerisch
allusion [əˈluːʒən] s ◼ Anspielung f (**to** auf +akk) ◼ LIT Bezug auf etwas Bekanntes, z. B. auf ein geschichtliches Ereignis oder auf eine berühmte Person
all-weather [ˌɔːlˈweðəʳ] adj Allwetter-; **~ pitch**

Allwetterplatz *m*

all-wheel drive *s* Allradantrieb *m*

ally ['ælaɪ] **A** *s* Verbündete(r) *m/f(m)*; HIST Alliierte(r) *m* **B** [ə'laɪ] *v/t* verbinden (**with, to** mit); *zum Angriff etc* verbünden (**with, to** mit); **to ~ oneself with** *od* **to sb** sich mit j-m verbünden

almighty [ɔːl'maɪtɪ] **A** *adj* **1** allmächtig; **Almighty God, God Almighty** KIRCHE der Allmächtige; *in Gebet* allmächtiger Gott; **God** *od* **Christ Almighty!** umg Allmächtiger! umg **2** umg Streit mordsmäßig umg; **there was an ~ bang and ...** es gab einen Mordsknall und ... umg **B** *s* **the Almighty** der Allmächtige

almond ['ɑːmənd] *s* Mandel *f*

almost ['ɔːlməʊst] *adv* fast, beinahe; **he ~ fell** er wäre fast gefallen; **she'll ~ certainly come** es ist ziemlich sicher, dass sie kommt

alms [ɑːmz] *pl* Almosen *pl*

aloe vera ['æləʊ'vɪərə] *s* Aloe Vera *f*

aloft [ə'lɒft] *adv* empor, hoch droben

alone [ə'ləʊn] **A** *adj* ⟨präd⟩ allein(e) **B** *adv* allein(e); **Simon ~ knew the truth** nur Simon kannte die Wahrheit; **to stand ~** *fig* einzig dastehen; **to go it ~** (≈ *unabhängig sein*) auf eigenen Beinen stehen, es allein schaffen

along [ə'lɒŋ] **A** *präp* Richtung entlang (+*akk*); Position entlang (+*dat*); **~ the road** die Straße entlang; **he walked ~ the river** er ging den Fluss entlang; **somewhere ~ the way** irgendwo auf dem Weg **B** *adv* **1** weiter-; **to move ~** weitergehen; **run ~** nun geh halt!, nun geh endlich!; jetzt kannst du gehen; **he'll be ~ soon** er muss gleich da sein; **I'll be ~ in a minute** ich komme gleich **2** **~ with** zusammen mit; **to come ~ with sb** mit j-m mitkommen; **take an umbrella ~** nimm einen Schirm mit

alongside [ə'lɒŋ'saɪd] **A** *präp* neben (+*dat*); **he works ~ me** er ist ein Kollege von mir, er arbeitet neben mir **B** *adv* daneben; **a police car drew up ~** ein Polizeiauto fuhr neben mich/ihn *etc* heran

aloof [ə'luːf] **A** *adv* abseits; **to remain ~** sich abseitshalten **B** *adj* unnahbar

aloud [ə'laʊd] *adv* laut

alphabet ['ælfəbet] *s* Alphabet *n*; **does he know the** *od* **his ~?** kann er schon das Abc?

alphabetic(al) [ˌælfə'betɪk(əl)] *adj* alphabetisch; **in ~al order** in alphabetischer Reihenfolge

alphabetically [ˌælfə'betɪkəlɪ] *adv* alphabetisch

alphabetize ['ælfəbətaɪz] *v/t* alphabetisieren, alphabetisch ordnen

alpine ['ælpaɪn] *adj* alpin; **~ flower** Alpenblume *f*; **~ scenery** Berglandschaft *f*

Alps [ælps] *pl* Alpen *pl*

already [ɔːl'redɪ] *adv* schon, bereits; **I've ~ seen it, I've seen it ~** ich habe es schon gesehen

alright [ˌɔːl'raɪt] *adj & adv* → **all right**

Alsace ['ælsæs] *s* das Elsass

Alsace-Lorraine ['ælsæsləˈreɪn] *s* Elsass-Lothringen *n*

alsatian [æl'seɪʃən] *s a.* **alsation dog** *Br* (Deutscher) Schäferhund

also ['ɔːlsəʊ] *adv* auch, außerdem; **her cousin ~ came** *od* **came ~** ihre Cousine kam auch; **not only ... but ~** nicht nur ... sondern auch; **~, I must explain that ...** außerdem muss ich erklären, dass ...

altar ['ɒltəʳ] *s* Altar *m*

altar boy *s* Ministrant *m*

altar piece *s* Altarbild *n*

alter ['ɒltəʳ] **A** *v/t* ändern; **to ~ sth completely** etw vollkommen verändern; **it does not ~ the fact that ...** das ändert nichts an der Tatsache, dass ... **B** *v/i* sich ändern

alteration [ˌɒltə'reɪʃən] *s* Änderung *f*; äußerlich Veränderung *f*; **to make ~s to sth** Änderungen an etw (*dat*) vornehmen; **(this timetable is) subject to ~** Änderungen (im Fahrplan sind) vorbehalten; **closed for ~s** wegen Umbau geschlossen

altercation [ˌɒltə'keɪʃən] *s* Auseinandersetzung *f*

alter ego ['æltər'iːgəʊ] *s* Alter ego *n*

alternate A [ɒl'tɜːnɪt] *adj* **1** **on ~ days** jeden zweiten Tag; **they put down ~ layers of brick and mortar** sie schichteten (immer) abwechselnd Ziegel und Mörtel aufeinander **2** alternativ; **~ route** Ausweichstrecke *f* **B** ['ɔːltəneɪt] *v/t* abwechseln lassen; **to ~ one thing with another** zwischen einer Sache und einer anderen (ab)wechseln **C** ['ɒltəneɪt] *v/i* (sich) abwechseln; ELEK alternieren

alternately [ɒl'tɜːnɪtlɪ] *adv* **1** wechselweise **2** → **alternatively**

alternating ['ɒltəneɪtɪŋ] *adj* wechselnd; **~ current** Wechselstrom *m*

alternation [ˌɒltɜː'neɪʃən] *s* Wechsel *m*

alternative [ɒl'tɜːnətɪv] **A** *adj* Alternativ-; **~ energy** Alternativenergie *f*; **~ route** Ausweichstrecke *f* **B** *s a.* MUS Alternative *f*; **I had no ~ (but ...)** ich hatte keine andere Wahl (als ...)

alternatively [ɒl'tɜːnətɪvlɪ] *adv* als Alternative; **or ~, he could come with us** oder aber, er kommt mit uns mit; **a prison sentence of three months or ~ a fine of £5000** eine Gefängnisstrafe von drei Monaten oder wahlweise eine Geldstrafe von £ 5000

alternative medicine *s* Alternativmedizin *f*

alternator ['ɒltəneɪtəʳ] *s* ELEK Wechselstromgenerator *m*; AUTO Lichtmaschine *f*

although [ɔːlˈðəʊ] *konj* obwohl; **the house, ~ small ...** obwohl das Haus klein ist ...

altimeter [ˈæltɪmiːtə^r] *s* Höhenmesser *m*

altitude [ˈæltɪtjuːd] *s* Höhe *f*; **what is our ~?** in welcher Höhe befinden wir uns?; **we are flying at an ~ of ...** wir fliegen in einer Höhe von ...

alt key [ˈɒltkiː] *s* COMPUT Alt-Taste *f*

alto [ˈæltəʊ] **A** *s* ⟨*pl* -s⟩ Alt *m* **B** *adj* Alt- **C** *adv* **to sing ~** Alt singen

altogether [ˌɔːltəˈɡeðə^r] *adv* **1** insgesamt; **~ it was very pleasant** alles in allem war es sehr nett **2** vollkommen, ganz und gar; **he wasn't ~ surprised** er war nicht übermäßig überrascht; **it was ~ a waste of time** es war vollkommene Zeitverschwendung; **that is another matter ~** das ist etwas ganz anderes

altruism [ˈæltrʊɪzəm] *s* Altruismus *m*

altruistic *adj*, **altruistically** [ˌæltrʊˈɪstɪk, -əlɪ] *adv* altruistisch

aluminium [ˌæljʊˈmɪnɪəm] *s*, **aluminum** [əˈluːmɪnəm] *US s* Aluminium *n*; **~ foil** Alufolie *f*

alumna [əˈlʌmnə] *s* ⟨*US pl* -e [əˈlʌmniː]⟩ ehemalige Schülerin/Studentin

alumnus [əˈlʌmnəs] *s* ⟨*US pl* alumni [əˈlʌmnaɪ]⟩ ehemaliger Schüler/Student

always [ˈɔːlweɪz] *adv* immer; **we could ~ go by train** wir könnten doch auch den Zug nehmen

always-on *adj* IT ständig online

Alzheimer's (disease) [ˈælts,haɪməz(dɪˌziːz)] *s* Alzheimerkrankheit *f*

AM¹ *abk* (= amplitude modulation) RADIO AM

AM² *abk* (= Assembly Member *Br*) POL Mitglied *n* der walisischen Versammlung

am¹ [æm] ⟨1. Person sg präs⟩ → be

am², a. m. *abk* (= ante meridiem) **2 am** 2 Uhr morgens *od* vormittags; **12 am** 0 Uhr

amalgam [əˈmælɡəm] *s* Amalgam *n*; *fig* Mischung *f*

amalgamate [əˈmælɡəmeɪt] **A** *v/t* fusionieren **B** *v/i* fusionieren

amalgamation [əˌmælɡəˈmeɪʃən] *s* Fusion *f*

amass [əˈmæs] *v/t* anhäufen

amateur [ˈæmətə^r] **A** *s* **1** Amateur(in) *m(f)* **2** *pej* Dilettant(in) *m(f)* **B** *adj* **1** ⟨*attr*⟩ Amateur-; **~ painter** Hobbymaler(in) *m(f) pej* → amateurish

amateur dramatics [ˌæmətədrəˈmætɪks] *pl* Laiendrama *n*

amateurish *adj*, **amateurishly** *pej adv* dilettantisch

amaze [əˈmeɪz] *v/t* erstaunen; **I was ~d to learn that ...** ich war erstaunt zu hören, dass ...; **to be ~d at sth** über etw (*akk*) erstaunt sein; **it ~s me that ...** ich finde es erstaunlich, dass ...

amazement *s* Erstaunen *n*; **much to my ~** zu meinem großen Erstaunen

amazing [əˈmeɪzɪŋ] *adj* erstaunlich; **that's ~!** das ist fantastisch!

amazingly [əˈmeɪzɪŋlɪ] *adv* erstaunlich; **~ (enough), he got it right first time** erstaunlicherweise hat er es gleich beim ersten Mal richtig gemacht

Amazon [ˈæməzən] *s* Amazonas *m*; *Mythologie, a. fig* Amazone *f*

ambassador [æmˈbæsədə^r] *s* Botschafter(in) *m(f)*

amber [ˈæmbə^r] **A** *s* Bernstein *m*; *Farbe* Bernsteingelb *n*; *Br von Ampel* Gelb *n* **B** *adj* aus Bernstein, bernsteinfarben; *Br Ampel* gelb

ambidextrous [ˌæmbɪˈdekstrəs] *adj* beidhändig

ambience [ˈæmbɪəns] *s* Atmosphäre *f*

ambient [ˈæmbɪənt] *adj* **~ temperature** Umgebungstemperatur *f*; **~ music** Hintergrundmusik *f*

ambiguity [ˌæmbɪˈɡjuːɪtɪ] *s* **1** Zweideutigkeit *f*, Mehrdeutigkeit *f* **2** LIT Formulierung, die verschiedene Interpretationen zulässt

ambiguous *adj*, **ambiguously** [æmˈbɪɡjʊəs, -lɪ] *adv* zweideutig, mehrdeutig

ambition [æmˈbɪʃən] *s* **1** Ambition *f*; **she has ~s in that direction/for her son** sie hat Ambitionen in dieser Richtung/ehrgeizige Pläne für ihren Sohn; **my ~ is to become prime minister** es ist mein Ehrgeiz, Premierminister zu werden **2** Ehrgeiz *m*

ambitious [æmˈbɪʃəs] *adj* ehrgeizig; *Unterfangen* kühn

ambitiously [æmˈbɪʃəslɪ] *adv* **rather ~, we set out to prove the following** wir hatten uns das ehrgeizige Ziel gesteckt, das Folgende zu beweisen

ambivalence [æmˈbɪvələns] *s* Ambivalenz *f*

ambivalent [æmˈbɪvələnt] *adj* ambivalent

amble [ˈæmbl] *v/i* schlendern

ambulance [ˈæmbjʊləns] *s* Krankenwagen *m*, Rettung *f schweiz*

ambulance driver *s* Krankenwagenfahrer(in) *m(f)*, Rettungsfahrer(in) *m(f) schweiz*

ambulanceman *s* ⟨*pl* -men⟩ Sanitäter *m*

ambulance service *s* Rettungsdienst *m*, Rettung *f schweiz*; *System* Rettungswesen *n*

ambush [ˈæmbʊʃ] **A** *s* Überfall *m* (aus dem Hinterhalt); **to lie in ~ for sb** MIL, *a. fig* j-m im Hinterhalt auflauern **B** *v/t* (aus dem Hinterhalt) überfallen

ameba *US s* → amoeba

amen [ˌɑːˈmen] *int* amen; **~ to that!** *fig umg* ja, wahrlich *od* fürwahr! *hum*

amenable [əˈmiːnəbl] *adj* zugänglich (**to** +*dat*)

amend [ə'mend] v/t Gesetz, Text ändern, ergänzen; Gewohnheiten, Verhalten verbessern

amendment s von Gesetz, in Text Änderung f (**to** +gen); (≈ Ergänzung) Zusatz m (**to** zu); **the First/Second** etc **Amendment** US POL Zusatz m 1/2 etc

amends [ə'mendz] pl **to make ~ for sth** etw wiedergutmachen; **to make ~ to sb for sth** j-n für etw entschädigen

amenity [ə'miːnɪtɪ] s (**public**) **~** öffentliche Einrichtung; **close to all amenities** in günstiger Einkaufs- und Verkehrslage

Amerasian [æme'reɪʃn] s Mensch amerikanisch-asiatischer Herkunft

America [ə'merɪkə] s Amerika n

American [ə'merɪkən] **A** adj amerikanisch; **~ English** amerikanisches Englisch; **the ~ Dream** der amerikanische Traum **B** s **1** Amerikaner(in) m(f) **2** LING Amerikanisch n

American football s Football m

American Indian neg! s Indianer(in) m(f) neg!

Americanism [ə'merɪkənɪzəm] s LING Amerikanismus m

Americanization [əˌmerɪkənaɪ'zeɪʃən] s Amerikanisierung f

Americanize [ə'merɪkənaɪz] v/t amerikanisieren

Americano [əmerɪ'kɑːnəʊ] s ⟨pl -s⟩ GASTR Espresso mit heißem Wasser verlängert

American plan s Vollpension f

Amerindian [æmə'rɪndɪən] **A** s Indianer(in) m(f) **B** adj indianisch

amethyst ['æmɪθɪst] s Amethyst m

Amex ['æmeks] US s abk (= American Stock Exchange) Amex f

amiable adj, **amiably** ['eɪmɪəbl, -ɪ] adv liebenswürdig

amicable ['æmɪkəbl] adj Mensch freundlich; Beziehungen freundschaftlich; Diskussion friedlich; JUR Übereinkunft gütlich; **to be on ~ terms** freundschaftlich miteinander verkehren

amicably ['æmɪkəblɪ] adv freundlich; diskutieren friedlich; JUR sich einigen gütlich

amid(st) [ə'mɪd(st)] präp inmitten (+gen)

amino acid [ə'miːnəʊ'æsɪd] s Aminosäure f

Amish ['ɑːmɪʃ] s Vollpension f

amiss [ə'mɪs] **A** adj ⟨präd⟩ **there's something ~** da stimmt irgendetwas nicht **B** adv **to take sth ~** Br (j-m) etw übel nehmen; **a drink would not go ~** etwas zu trinken wäre gar nicht verkehrt

ammo ['æməʊ] umg s ⟨kein pl⟩ Munition f

ammonia [ə'məʊnɪə] s Ammoniak n

ammunition [ˌæmjʊ'nɪʃən] s Munition f

ammunition belt s Patronengurt m

ammunition dump s Munitionslager n

amnesia [æm'niːzɪə] s Amnesie f

amnesty ['æmnɪstɪ] s Amnestie f

amniocentesis [ˌæmnɪəʊsen'tiːsɪs] s MED Fruchtwasseruntersuchung f

amoeba [ə'miːbə] s, **ameba** US s Amöbe f

amok [ə'mɒk] adv → amuck

among(st) [ə'mʌŋ(st)] präp unter (+akk od dat); (≈ in der Mitte von) inmitten von; **~ other things** unter anderem; **she had sung with Madonna ~ others** sie hatte unter anderem mit Madonna gesungen; **to stand ~ the crowd** (mitten) in der Menge stehen; **they shared it out ~ themselves** sie teilten es untereinander auf; **talk ~ yourselves** unterhaltet euch; **he's ~ our best players** er gehört zu unseren besten Spielern; **to count sb ~ one's friends** j-n zu seinen Freunden zählen; **this habit is widespread ~ the French** diese Sitte ist bei den Franzosen weitverbreitet

amoral [eɪ'mɒrəl] adj amoralisch

amorous ['æmərəs] adj amourös; Blick verliebt

amorphous [ə'mɔːfəs] adj amorph; Stil, Ideen, Roman strukturlos

amount [ə'maʊnt] **A** s **1** Betrag m; **total ~** Gesamtsumme f; **debts to the ~ of £2000** Br, **debts in the ~ of £2000** US Schulden in Höhe von £ 2000; **in 12 equal ~s** in 12 gleichen Beträgen; **a small ~ of money** eine geringe Summe; **large ~s of money** Unsummen pl **2** Menge f; an Geschicklichkeit etc Maß n (**of** an +dat); **an enormous ~ of work** sehr viel Arbeit; **any ~ of time/food** beliebig viel Zeit/Essen; **no ~ of talking would persuade him** kein Reden würde ihn überzeugen **B** v/i **1** sich belaufen (**to** auf +akk) **2** gleichkommen (**to** +dat); **it ~s to the same thing** das kommt (doch) aufs Gleiche hinaus; **he will never ~ to much** aus ihm wird nie etwas werden

amp(ère) ['æmp(eəʳ)] s Ampere n

ampersand ['æmpəsænd] s Et-Zeichen f, Und-Zeichen n

amphetamine [æm'fetəmiːn] s Amphetamin n

amphibian [æm'fɪbɪən] s Amphibie f

amphibious [æm'fɪbɪəs] adj amphibisch; **~ vehicle/aircraft** Amphibienfahrzeug n/-flugzeug n

amphitheatre ['æmfɪˌθɪətəʳ] s, **amphitheater** US s Amphitheater n

ample ['æmpl] adj ⟨komp ampler⟩ **1** reichlich **2** Figur, Proportionen üppig

amplification [ˌæmplɪfɪ'keɪʃən] s RADIO Verstärkung f

amplifier ['æmplɪfaɪəʳ] s RADIO Verstärker m

amplify ['æmplɪfaɪ] v/t RADIO verstärken

amply ['æmplɪ] adv reichlich

amputate ['æmpjʊteɪt] v/t & v/i amputieren

amputation [ˌæmpjʊ'teɪʃən] s Amputation f

amputee [ˌæmpjʊ'tiː] s Amputierte(r) m/f(m)

amuck [əˈmʌk] *adv* **to run ~** *wörtl, fig* Amok laufen

amuse [əˈmjuːz] **A** *v/t* amüsieren, unterhalten; **let the children do it if it ~s them** lass die Kinder doch, wenn es ihnen Spaß macht **B** *v/r* **the children can ~ themselves for a while** die Kinder können sich eine Zeit lang selbst beschäftigen; **to ~ oneself (by) doing sth** etw zu seinem Vergnügen tun; **how do you ~ yourself now you're retired?** wie vertreiben Sie sich (*dat*) die Zeit, wo Sie jetzt im Ruhestand sind?

amused *adj* amüsiert; **she seemed ~ at my suggestion** sie schien über meinen Vorschlag amüsiert (zu sein); **to keep sb/oneself ~** j-m/sich (*dat*) die Zeit vertreiben; **give him his toys, that'll keep him ~** gib ihm sein Spielzeug, dann ist er friedlich

amusement [əˈmjuːzmənt] *s* **1** Vergnügen *n*; **to do sth for one's own ~** etw zu seinem Vergnügen tun **2** **~s** *pl Br* auf Jahrmarkt Attraktionen *pl*; *in Seebad* Spielautomaten *pl*

amusement arcade *Br s* Spielhalle *f*
amusement park *s* Vergnügungspark *m*
amusing [əˈmjuːzɪŋ] *adj* amüsant; **how ~** das ist aber lustig!; **I don't find that very ~** das finde ich gar nicht lustig

amusingly [əˈmjuːzɪŋlɪ] *adv* amüsant
an [æn, ən, n] *unbest art* → a
anabolic steroid [ˌænəˈbɒlɪkˈstɪərɔɪd] *s* Anabolikum *n*

anachronism [əˈnækrənɪzəm] *s* Anachronismus *m*
anachronistic [əˌnækrəˈnɪstɪk] *adj* anachronistisch
anaemia [əˈniːmɪə] *s*, **anemia** *US s* Anämie *f*, Blutarmut *f*
anaemic [əˈniːmɪk] *adj*, **anemic** *US adj* anämisch
anaesthesia [ˌænɪsˈθiːzɪə] *s*, **anesthesia** *US s* Anästhesie *f*
anaesthetic [ˌænɪsˈθetɪk] *s*, **anesthetic** *US s* Narkose *f*, Narkosemittel *n*; **general ~** Vollnarkose *f*; **local ~** örtliche Betäubung; **the nurse gave him a local ~** die Schwester gab ihm eine Spritze zur örtlichen Betäubung
anaesthetist [æˈniːsθətɪst] *s*, **anesthetist** *US s* Anästhesist(in) *m(f)*
anaesthetize [æˈniːsθətaɪz] *v/t*, **anesthetize** *US v/t* betäuben

anagram [ˈænəgræm] *s* Anagramm *n*
anal [ˈeɪnəl] *adj* **1** anal, Anal-; **~ intercourse** Analverkehr *m* **2** *a.* **~ retentive** *pej* pingelig; **don't be so ~!** sei nicht so ein Korinthenkacker! *umg*
analgesic [ˌænælˈdʒiːsɪk] *s* Schmerzmittel *n*

analog(ue) [ˈænəlɒg] *adj* TECH analog
analogy [əˈnælədʒɪ] *s* **1** Analogie *f* **2** LIT Darstellung einer Idee durch eine andere mit ähnlichen oder parallelen Merkmalen
analyse [ˈænəlaɪz] *v/t*, **analyze** *bes US v/t* analysieren
analysis [əˈnæləsɪs] *s* ‹*pl* **analyses** [əˈnæləsiːz]› Analyse *f*; **what's your ~ of the situation?** wie beurteilen Sie die Situation?; **on (closer) ~** bei genauerer Untersuchung
analyst [ˈænəlɪst] *s* Analytiker(in) *m(f)*
analytical *adj*, **analytically** [ˌænəˈlɪtɪkəl, -lɪ] *adv* analytisch
analyze [ˈænəlaɪz] *US v/t* → analyse
anaphora [əˈnæfərə] *s* Anapher *f* (*Wiederholung eines Wortes oder einer Phrase am Anfang aufeinanderfolgender Zeilen, Sätze oder Teilsätze*)
anarchic(al) [æˈnɑːkɪk(əl)] *adj* anarchisch
anarchism [ˈænəkɪzəm] *s* Anarchismus *m*
anarchist [ˈænəkɪst] *s* Anarchist(in) *m(f)*
anarchy [ˈænəkɪ] *s* Anarchie *f*
anathema [əˈnæθɪmə] *s* ein Gräuel *m*; **voting Labour was ~ to them** der Gedanke, Labour zu wählen, war ihnen ein Gräuel *od* widerstrebte ihnen zutiefst
anatomical *adj*, **anatomically** [ˌænəˈtɒmɪkəl, -lɪ] *adv* anatomisch
anatomy [əˈnætəmɪ] *s* Anatomie *f*
ANC *abk* (= *African National Congress*) ANC *m*, Afrikanischer Nationalkongress
ancestor [ˈænsɪstə] *s* Vorfahr *m*, Vorfahrin *f*
ancestral [ænˈsestrəl] *adj* seiner/ihrer Vorfahren; **~ home** Stammsitz *m*
ancestry [ˈænsɪstrɪ] *s* Abstammung *f*; (≈ *die Vorfahren*) Ahnenreihe *f*; **to trace one's ~** seine Abstammung zurückverfolgen
anchor [ˈæŋkə] **A** *s* **1** SCHIFF Anker *m*; **to drop ~** vor Anker gehen; **to weigh ~** den Anker lichten **2** TV Anchorman *m*, Anchorwoman *f*, Nachrichtenmoderator(in) *m(f)* **B** *v/t* SCHIFF, *a. fig* verankern **C** *v/i* SCHIFF vor Anker gehen
anchorage [ˈæŋkərɪdʒ] *s* SCHIFF Ankerplatz *m*
anchorman [ˈæŋkəmæn] *s* ‹*pl* **-men** [-mən]› *bes US* TV Anchorman *m*, Nachrichtenmoderator *m*
anchorwoman [ˈæŋkəwʊmən] *s* ‹*pl* **-women** [-wɪmɪn]› *bes US* TV Anchorwoman *f*, Nachrichtenmoderatorin *f*
anchovy [ˈæntʃəvɪ] *s* Sardelle *f*
ancient [ˈeɪnʃənt] **A** *adj* **1** alt; **in ~ times** im Altertum; **in ~ Rome** im alten Rom; **the ~ Romans** die alten Römer; **~ cities** antike Städte; **~ monument** *Br* historisches Denkmal; **the ~ world** die Antike **2** *umg Mensch etc* uralt **B** *s*

the ~s die Völker *od* Menschen des Altertums
ancient history *wörtl* Alte Geschichte; **that's ~** *fig* das ist schon längst Geschichte
ancillary [æn'sɪləri] *adj* Neben-, Hilfs-; **~ course** UNIV Begleitkurs *m*; **~ staff/workers** Hilfskräfte *pl*
and [ænd, ənd, nd, ən] *konj* **1** und; **nice and early** schön früh; **and now for …** und jetzt; **try and come** versuch zu kommen; **wait and see!** abwarten!; **don't go and spoil it!** nun verdirb nicht alles!; **one more and I'm finished** noch eins, dann bin ich fertig; **and so on and so forth** und so weiter und so fort **2** *bei Aufzählung* und; **better and better** immer besser; **for days and days** tagelang; **for miles and miles** meilenweit **3** **three hundred and ten** dreihundert(und)zehn; **one and a half** anderthalb
Andes ['ændi:z] *pl* Anden *pl*
androgynous [æn'drɒdʒɪnəs] *adj* androgyn
android ['ændrɔɪd] *s* Androide *m*
anecdotal [ˌænɪk'dəʊtəl] *adj* anekdotisch
anecdote ['ænɪkdəʊt] *s* **1** Anekdote *f* **2** LIT *kurze, meist unterhaltsame Geschichte über einen Vorfall oder eine Person*
anemia [ə'ni:mɪə] *US s* → anaemia
anemic [ə'ni:mɪk] *US adj* → anaemic
anemone [ə'nemənɪ] *s* BOT Anemone *f*
anew [ə'nju:] *adv* **1** aufs Neue; **let's start ~** fangen wir wieder von Neuem an **2** auf eine neue Art und Weise
angel ['eɪndʒəl] *s* Engel *m*
angelic [æn'dʒelɪk] *adj* engelhaft
anger ['æŋgə'] **A** *s* Ärger *m*; Wut *f*; Zorn *m*; **a fit of ~** ein Wutanfall *m*; **public ~** öffentliche Entrüstung; **to speak in ~** im Zorn sprechen; **to be filled with ~** wütend sein **B** *v/t* ärgern
angina (pectoris) [æn'dʒaɪnə('pektərɪs)] *s* Angina Pectoris *f*
angle[1] ['æŋgl] **A** *s* **1** Winkel *m*; **at an ~ of 40°** in einem Winkel von 40°; **at an ~** schräg; **he was wearing his hat at an ~** er hatte seinen Hut schief aufgesetzt **2** Ecke *f* **3** (≈ *Aspekt*) Seite *f* **4** (≈ *Meinung*) Standpunkt *m* **B** *v/t* Lampe etc ausrichten; *Schuss* ins Winkel schießen/schlagen
angle[2] *bes Br v/i* angeln
phrasal verbs mit angle:
angle for *fig v/i* (+*obj*) fischen nach; **to angle for sth** auf etw (*akk*) aus sein
Anglepoise (lamp)® ['æŋglpɔɪz('læmp)] *s* Gelenkleuchte *f*
angler ['æŋglə'] *s* Angler(in) *m(f)*
Anglican ['æŋglɪkən] **A** *s* Anglikaner(in) *m(f)* **B** *adj* anglikanisch
Anglicanism ['æŋglɪkənɪzəm] *s* Anglikanismus *m*
anglicism ['æŋglɪsɪzəm] *s* Anglizismus *m*
anglicize ['æŋglɪsaɪz] *v/t* anglisieren
angling ['æŋglɪŋ] *bes Br s* Angeln *n*
Anglo-American **A** *s* Angloamerikaner(in) *m(f)* **B** *adj* angloamerikanisch
Anglo-Indian **A** *s* in Indien lebender Engländer *m*/lebende Engländerin *f*; (≈ *Eurasier*) Angloinder(in) *m(f)* **B** *adj* angloindisch
Anglo-Irish **A** *pl* **the ~** die Angloiren *pl* **B** *adj* angloirisch
Anglophile ['æŋgləʊfaɪl] *s* Anglophile(r) *m/f(m)*
Anglo-Saxon ['æŋgləʊ'sæksən] **A** *s* **1** (≈ *Mensch*) Angelsachse *m*, Angelsächsin *f* **2** LING Angelsächsisch *n* **B** *adj* angelsächsisch
angora [æŋ'gɔ:rə] **A** *adj* Angora-; **~ wool** Angorawolle *f* **B** *s* Angorawolle *f*
angrily ['æŋgrɪlɪ] *adv* wütend
angry ['æŋgrɪ] *adj* ⟨*komp* angrier⟩ zornig; *Brief, Blick* wütend; **to be ~** wütend sein; **to be ~ with** *od* **at sb** über j-n verärgert sein; **to be ~ at** *od* **about sth** sich über etw (*akk*) ärgern; **to get ~ (with** *od* **at sb/about sth)** (mit j-m/über etw *akk*) böse werden; **you're not ~ (with me), are you?** du bist (mir) doch nicht böse, oder)?; **to be ~ with oneself** sich über (*akk*) selbst ärgern; **to make sb ~** j-n ärgern
anguish ['æŋgwɪʃ] *s* Qual *f*; **to be in ~** Qualen leiden; **he wrung his hands in ~** er rang die Hände in Verzweiflung; **the news caused her great ~** die Nachricht bereitete ihr großen Schmerz; **the decision caused her great ~** die Entscheidung bereitete ihr große Qual(en)
anguished *adj* qualvoll
angular ['æŋgjʊlə'] *adj* Form eckig; *Gesichtszüge, Stil* kantig
animal ['ænɪməl] **A** *s* Tier *n*; (≈ *brutaler Mensch*) Bestie *f*; **man is a social ~** der Mensch ist ein soziales Wesen **B** *adj* ⟨*attr*⟩ Tier-; *Produkte* tierisch; *Bedürfnisse, Instinkte* animalisch; **~ experiments** Tierversuche *pl*; **~ magnetism** rein körperliche Anziehungskraft
animal health insurance *s* Tierversicherung *f*
Animal Liberation Front *Br s* militante Tierschützerorganisation
animal lover *s* Tierfreund(in) *m(f)*
animal rights *pl* Tierrechte *pl*; **~ activist** Tierschützer(in) *m(f)*
animal welfare *s* Tierschutz *m*
animate ['ænɪmɪt] *adj* belebt, lebend
animated *adj* lebhaft; **~ cartoon/film** Zeichentrickfilm *m*
animatedly *adv* rege; *reden* lebhaft
animation [ˌænɪ'meɪʃən] *s* Lebhaftigkeit *f*; FILM Animation *f*
animé [ˌænɪ'meɪ] *s* animierter Manga

animosity [ˌænɪˈmɒsɪtɪ] s Feindseligkeit f (**towards** gegenüber)
aniseed [ˈænɪsiːd] s Anis m
ankle [ˈæŋkl] s (Fuß)knöchel m
anklebone s Sprungbein n
ankle bracelet s Fußkettchen n
ankle-deep A adj knöcheltief B adv **he was ~ in water** er stand bis an die Knöchel im Wasser
ankle sock s Söckchen n
anklet [ˈæŋklət] s Fußkettchen n
ankle weights pl SPORT Gewichte für die Fußgelenke(, um den Trainingseffekt zu maximieren)
annals [ˈænəlz] pl Annalen pl; von Verein etc Bericht m
annex A [əˈneks] v/t annektieren B [ˈæneks] s **1** von Dokument Anhang m **2** Nebengebäude n, Anbau m
annexation [ˌænekˈseɪʃən] s Annexion f
annexe [ˈæneks] Br s → annex B 2
annihilate [əˈnaɪəleɪt] v/t vernichten
annihilation [əˌnaɪəˈleɪʃən] s Vernichtung f
anniversary [ˌænɪˈvɜːsərɪ] s Jahrestag m; von Hochzeit Hochzeitstag m; **~ gift** Geschenk n zum Jahrestag/Hochzeitstag; **the ~ of his death** sein Todestag
annotate [ˈænəʊteɪt] v/t mit Anmerkungen versehen
announce [əˈnaʊns] v/t bekannt geben, ankündigen, verkünden; Radiosendung ansagen; über Lautsprecher durchsagen; Heirat etc anzeigen; **to ~ sb** j-n melden; **the arrival of flight BA 742 has just been ~d** soeben ist die Ankunft des Fluges BA 742 gemeldet worden
announcement s Bekanntmachung f; von Sprecher Ankündigung f; über Lautsprecher etc Durchsage f; im Radio etc Ansage f; von Heirat etc Anzeige f
announcer [əˈnaʊnsəʳ] s RADIO, TV Ansager(in) m(f)
annoy [əˈnɔɪ] v/t ärgern, aufregen, belästigen; **to ~ sb** j-n (ver)ärgern, j-m auf die Nerven gehen; **to be ~ed that ...** verärgert sein, weil ...; **to be ~ed with sb/about sth** sich über j-n/etw ärgern; **to get ~ed** sich aufregen
annoyance [əˈnɔɪəns] s ⟨kein pl⟩ Ärger m; **to his ~** zu seinem Ärger
annoying [əˈnɔɪɪŋ] adj ärgerlich; Gewohnheit lästig; **the ~ thing (about it) is that ...** das Ärgerliche (daran) ist, dass ...
annoyingly [əˈnɔɪɪŋlɪ] adv aufreizend; **~, the bus didn't turn up** ärgerlicherweise kam der Bus nicht
annual [ˈænjʊəl] A s **1** BOT einjährige Pflanze **2** (≈ Buch) Jahresalbum n B adj jährlich, Jahres-; **~ accounts** Jahresbilanz f

annual general meeting s Jahreshauptversammlung f
annually [ˈænjʊəlɪ] adv jährlich
annual report s Geschäftsbericht m
annuity [əˈnjuːɪtɪ] s (Leib)rente f
annul [əˈnʌl] v/t annullieren; Vertrag auflösen
annulment [əˈnʌlmənt] s Annullierung f; von Vertrag Auflösung f
Annunciation [əˌnʌnsɪˈeɪʃən] s BIBEL Mariä Verkündigung f
anoint [əˈnɔɪnt] v/t salben; **to ~ sb king** j-n zum König salben
anomaly [əˈnɒməlɪ] s Anomalie f
anon[1] [əˈnɒn] adv **see you ~** hum bis demnächst
anon[2] adj abk (= anonymous) anonym
anonymity [ˌænəˈnɪmɪtɪ] s Anonymität f
anonymous adj, **anonymously** [əˈnɒnɪməs, -lɪ] adv anonym
anorak [ˈænəræk] Br s Anorak m; umg (≈ langweiliger Mensch) Langweiler m, uncooler Typ
anorexia (nervosa) [ˌænəˈreksɪə(nɜːˈvəʊsə)] s Magersucht f, Anorexie f
anorexic [ænəˈreksɪk] adj magersüchtig
another [əˈnʌðəʳ] A adj **1** noch eine(r, s); **~ one** noch eine(r, s); **take ~ ten** nehmen Sie noch (weitere) zehn; **~ 70 metres** Br, **~ 70 meters** US noch 70 Meter; **I don't want ~ drink!** ich möchte nichts mehr trinken; **without ~ word** ohne ein weiteres Wort **2** fig ein zweiter, eine zweite, ein zweites; **there is not ~ man like him** so einen Mann gibt es nur einmal **3** ein anderer, eine andere, ein anderes; **that's quite ~ matter** das ist etwas ganz anderes; **~ time** ein andermal B pron ein anderer, eine andere, ein anderes; **have ~!** nehmen Sie (doch) noch einen!; **they help one ~** sie helfen einander; **at one time or ~** irgendwann; **what with one thing and ~** bei all dem Trubel
Ansaphone® [ˈɑːnsəfəʊn] s Anrufbeantworter m
ANSI abk (= American National Standards Institute) amerikanischer Normenausschuss
answer [ˈɑːnsəʳ] A s **1** Antwort f (**to** auf +akk); **to get an/no ~** Antwort/keine Antwort bekommen; **there was no ~** am Telefon, auf Klingelzeichen es hat sich niemand gemeldet; **in ~ to my question** auf meine Frage hin **2** Lösung f (**to** +gen); **there's no easy ~** es gibt dafür keine Patentlösung B v/t **1** antworten auf (+akk), antworten (+dat); Prüfungsfragen, Kritik beantworten; **to ~ the telephone** das Telefon abnehmen, ans Telefon gehen; **to ~ the bell** od **door** die Tür öffnen; **shall I ~ it?** Telefon soll ich rangehen?; Tür soll ich hingehen?; **to ~ the call of nature** hum dem Ruf der Natur folgen

2 *Hoffnung, Erwartung* erfüllen; *Bedürfnis* befriedigen; **people who ~ that description** Leute, auf die diese Beschreibung zutrifft **C** *v/i* antworten; **if the phone rings, don't ~** wenn das Telefon läutet, geh nicht ran

phrasal verbs mit answer:

answer back **A** *v/i* widersprechen; **don't answer back!** keine Widerrede! **B** *v/t* ⟨*trennb*⟩ **to answer sb back** j-m widersprechen

answer for *v/i* ⟨+*obj*⟩ verantwortlich sein für; **he has a lot to answer for** er hat eine Menge auf dem Gewissen

answer to *v/i* ⟨+*obj*⟩ **1 to answer to sb for sth** j-m für etw Rechenschaft schuldig sein **2 to answer to a description** einer Beschreibung entsprechen **3 to answer to the name of** ... auf den Namen ... hören

answerable [ˈɑːnsərəbl] *adj* verantwortlich; **to be ~ to sb (for sth)** j-m gegenüber (für etw) verantwortlich sein

answering machine [ˈɑːnsərɪŋməˈʃiːn] *s* Anrufbeantworter *m*

answerphone [ˈɑːnsəfəʊn] *Br s* Anrufbeantworter *m*; **~ message** Ansage *f* auf dem Anrufbeantworter

ant [ænt] *s* Ameise *f*

antacid [æntˈæsɪd] *s* Mittel *n* gegen Sodbrennen

antagonism [ænˈtæɡənɪzəm] *s* Antagonismus *m*, Feindseligkeit *f* (**towards** gegenüber)

antagonist [ænˈtæɡənɪst] *s* Gegner(in) *m(f)*

antagonistic [ænˌtæɡəˈnɪstɪk] *adj* feindselig; **to be ~ to** *od* **toward(s) sb/sth** j-m/gegen etw feindselig gesinnt sein; **~ to new ideas** gegen neue Ideen eingestellt, ablehnend gegenüber neuen Ideen

antagonize [ænˈtæɡənaɪz] *v/t* gegen sich aufbringen

Antarctic [æntˈɑːktɪk] **A** *adj* antarktisch **B** *s* **the ~** die Antarktis

Antarctica [æntˈɑːktɪkə] *s* die Antarktis

Antarctic Circle *s* südlicher Polarkreis

Antarctic Ocean *s* Südpolarmeer *n*

ante [ˈæntɪ] *s* **to up the ~** *fig* seinen Einsatz erhöhen

anteater [ˈæntˌiːtər] *s* Ameisenbär *m*

antecedents [ˌæntɪˈsiːdənts] *pl von Ereignis* Vorgeschichte *f*

antelope [ˈæntɪləʊp] *s* Antilope *f*

antenatal [ˈæntɪˈneɪtl] *adj* vor der Geburt; **~ care** Schwangerschaftsfürsorge *f*; **~ clinic** Sprechstunde *f* für Schwangere

antenna [ænˈtenə] *s* **1** ⟨*pl* -e [ænˈteniː]⟩ ZOOL Fühler *m* **2** ⟨*pl* -e *od* -s⟩ RADIO, TV Antenne *f*

anteroom [ˈæntɪruːm] *s* Vorzimmer *n*

anthem [ˈænθəm] *s* Hymne *f*

ant hill *s* Ameisenhaufen *m*

anthology [ænˈθɒlədʒɪ] *s* Anthologie *f*

anthrax [ˈænθræks] *s* Milzbrand *m*, Anthrax *m fachspr*

anthropological [ˌænθrəpəˈlɒdʒɪkəl] *adj* anthropologisch

anthropologist [ˌænθrəˈpɒlədʒɪst] *s* Anthropologe *m*, Anthropologin *f*

anthropology [ˌænθrəˈpɒlədʒɪ] *s* Anthropologie *f*

anti [ˈæntɪ] *umg* **A** *adj* ⟨*präd*⟩ in Opposition *umg* **B** *präp* gegen (+*akk*)

anti- [ˈæntɪ] *präf* anti-, Anti-

anti-abortionist *s* Abtreibungsgegner(in) *m(f)*

anti-aircraft *adj* Flugabwehr-

anti-American *adj* antiamerikanisch

antibacterial *adj* antibakteriell

antiballistic missile [ˌæntɪbəˈlɪstɪk-] *s* Antiraketenrakete *f*

antibiotic [ˌæntɪbaɪˈɒtɪk] *s* Antibiotikum *n*

antibody *s* Antikörper *m*

anticipate [ænˈtɪsɪpeɪt] *v/t* erwarten, vorhersehen; **as ~d** wie erwartet

anticipation [ænˌtɪsɪˈpeɪʃən] *s* Erwartung *f*; **to wait in ~** gespannt warten

anticlimax *s* Enttäuschung *f*; LIT Antiklimax *f* (*Gegenteil von Klimax; „abfallende Steigerung": Wörter oder Phrasen sind so angeordnet, dass sie sich vom stärksten zum schwächsten Ausdruck „steigern"*)

anticlockwise *bes Br adv* gegen den Uhrzeigersinn

antics [ˈæntɪks] *pl* Eskapaden *pl*, Streiche *pl*; **he's up to his old ~ again** er macht wieder seine Mätzchen *umg*

anticyclone *s* Hoch(druck)gebiet *n*

anti-dandruff *adj* gegen Schuppen

antidepressant *s* Antidepressivum *n*

antidote [ˈæntɪdəʊt] *s* Gegenmittel *n* (**against, to, for** gegen); *gegen Gift* Gegengift *n*

antifreeze *s* Frostschutz *m*, Frostschutzmittel *n*

antiglare *US adj* blendfrei

anti-globalist [ˌæntɪˈɡləʊbəlɪst], **anti-globalization protester** [ˌæntɪɡləʊbəlaɪˈzeɪʃənprəˈtestə(r)] *s* POL Globalisierungsgegner(in) *m(f)*

anti-globalization *adj* **~ protester** Globalisierungsgegner(in) *m(f)*

anti-government protester *s* Regierungsgegner(in) *m(f)*

antihero *s* Antiheld *m*

antihistamine *s* Antihistamin(ikum) *n*

anti-lock *adj* **~ braking system** ABS-Bremsen *pl*

antimatter *s* Antimaterie *f*

antinuclear *adj* **~ protesters** Atomwaffengegner *pl*

antipathy [ænˈtɪpəθɪ] *s* Antipathie *f* (**towards**

gegen)
antipersonnel *adj* ~ **mine** Antipersonenmine *f*
antiperspirant *s* Antitranspirant *n*
antipodean [ˌæntɪpəˈdiːən] *Br adj* australisch und neuseeländisch
Antipodes [ænˈtɪpədiːz] *Br pl* Australien und Neuseeland
antiquarian [ˌæntɪˈkwɛərɪən] *adj Bücher* antiquarisch; ~ **bookshop** Antiquariat *n*
antiquated [ˈæntɪkweɪtɪd] *adj* antiquiert
antique [ænˈtiːk] **A** *adj* antik; ~ **pine** Kiefer *f* antik **B** *s* Antiquität *f*
antique dealer *s* Antiquitätenhändler(in) *m(f)*
antique shop *s* Antiquitätengeschäft *n*
antiquity [ænˈtɪkwɪtɪ] *s* **1** das Altertum; *römisch* die Antike; **in** ~ im Altertum/in der Antike **2 antiquities** *pl* (≈ *alte Sachen*) Altertümer *pl*
antiriot *adj* ~ **police** Bereitschaftspolizei *f*
anti-Semite *s* Antisemit(in) *m(f)*
anti-Semitic *adj* antisemitisch
anti-Semitism *s* Antisemitismus *m*
antiseptic **A** *s* Antiseptikum *n* **B** *adj* antiseptisch
anti-smoking *adj Kampagne* Antiraucher-
antisocial *adj Benehmen* asozial; *Mensch* ungesellig; **I work** ~ **hours** ich arbeite zu Zeiten, wo andere freihaben
antiterrorist *adj* zur Terrorismusbekämpfung
antitheft device *s* Diebstahlsicherung *f*
antithesis [ænˈtɪθɪsɪs] *s* ⟨*pl* **antitheses** [ænˈtɪθɪsiːz]⟩ Antithese *f* (**to, of** zu) (*Gegenüberstellung gegensätzlicher Begriffe, meist im Zusammenspiel mit ähnlichen Satzmustern*)
antitrust *adj Maßnahmen* gegen Monopolbildung; ~ **legislation** Kartellgesetzgebung *f*
anti-virus program *s* IT Virenschutzprogramm *n*
anti-virus software *s* IT Antivirensoftware *f*
antivivisectionist *s* Gegner(in) *m(f)* der Vivisektion
anti-wrinkle *adj* ~ **cream** Antifaltencreme *f*
antler [ˈæntləʳ] *s* Geweihstange *f*; (**set** *od* **pair of**) ~**s** Geweih *n*
antonym [ˈæntənɪm] *s* Antonym *n*
antsy [ˈæntsɪ] *umg adj* hibbelig, zappelig
anus [ˈeɪnəs] *s* After *m*
anvil [ˈænvɪl] *s a.* ANAT Amboss *m*
anxiety [æŋˈzaɪətɪ] *s* Sorge *f*; (≈ *Verlangen*) Bedürfnis *n*; **to cause sb** ~ j-m Sorgen machen; **in his** ~ **to get away** weil er unbedingt wegkommen wollte
anxious [ˈæŋkʃəs] *adj* **1** besorgt; *Mensch, Gedanken* ängstlich; **to be** ~ **about sb/sth** um j-n/etw besorgt sein; **to be** ~ **about doing sth** Angst haben, etw zu tun **2** *Augenblick, Warten* bang; **it's been an** ~ **time for us all** wir alle haben

uns (in dieser Zeit) große Sorgen gemacht **3** **to be** ~ **to do sth** bestrebt sein, etw zu tun; **I am** ~ **that he should do it** *od* **for him to do it** mir liegt viel daran, dass er es tut
anxiously [ˈæŋkʃəslɪ] *adv* **1** besorgt **2** gespannt
any [ˈenɪ] **A** *adj* **1** *interrogativ, konditional, verneinend: nicht übersetzt mit Singular Substantiv* irgendein(e); *mit Plural Substantiv* irgendwelche; *mit unzählbaren Substantiven* etwas; **not any** kein/keine; **if I had any plan/money (at all)** wenn ich irgendeinen Plan/etwas Geld hätte; **if it's any help** wenn das (irgendwie) hilft; **it won't do any good** es wird nichts nützen; **without any difficulty** ohne jede Schwierigkeit; **are there any problems?** gibt es Probleme? **2** jede(r, s) (*beliebige* ...); *mit Plural od unzählbaren Substantiven* alle; **any one will do** es ist jede(r, s) recht; **any one you like** was du willst; **at any time** jederzeit; **thank you — any time** danke! — bitte!; **any old ...** *umg* jede(r, s) x-beliebige ... *umg* **B** *pron* **1** *interrogativ, konditional, verneinend* welche; **I want to meet a psychologist, do you know any?** ich würde gerne einen Psychologen kennenlernen, kennen Sie einen?; **I need some butter/stamps, do you have any?** ich brauche Butter/Briefmarken, haben Sie welche?; **have you seen any of my ties?** haben Sie eine von meinen Krawatten gesehen?; **don't you have any (at all)?** haben Sie (denn) (überhaupt) keinen/keine/keines?; **he wasn't having any (of it/that)** *umg* er wollte nichts davon hören; **few, if any, will come** wenn überhaupt, werden nur wenige kommen; **if any of you can sing** wenn (irgend)jemand von euch singen kann **2** alle; **any who do come ...** alle, die kommen ... **C** *adv kälter etc* noch; **not any better** *etc* nicht besser *etc*; **(not) any more** (nicht) mehr; **we can't go any further** wir können nicht mehr weiter gehen; **are you feeling any better?** geht es dir etwas besser?; **do you want any more soup?** willst du noch etwas Suppe?; **don't you want any more tea?** willst du keinen Tee mehr?; **any more offers?** noch weitere Angebote?; **I don't want any more (at all)** ich möchte überhaupt nichts mehr
anybody [ˈenɪbɒdɪ] **A** *pron* **1** (irgend)jemand; **not** ~ niemand, keine(r); **(does)** ~ **want my book?** will jemand mein Buch?; **I can't see** ~ ich kann niemand(en) sehen **2** jede(r); **it's** ~**'s game** das Spiel kann von jedem gewonnen werden; **is there** ~ **else I can talk to?** gibt es sonst jemand(en), mit dem ich sprechen kann?; **I don't want to see** ~ **else** ich möchte

niemand anderen sehen **B** s jemand; **he's not just ~** er ist nicht einfach irgendjemand; **everybody who is ~ was there** alles, was Rang und Namen hat, war dort

anyhow ['enɪhaʊ] adv → anyway

anymore [ˌenɪ'mɔːʳ] adv ⟨+Verb⟩ nicht mehr; **not ~** nicht mehr; → any

anyone ['enɪwʌn] pron & s → anybody

anyplace ['enɪpleɪs] US umg adv → anywhere

anything ['enɪθɪŋ] **A** pron **1** (irgend)etwas; **not ~** nichts; **is it/isn't it worth ~?** es es etwas/gar nichts wert?; **did/didn't he say ~ else?** hat er (sonst) noch etwas/sonst (gar) nichts gesagt?; **can you think of ~ else?** kannst du noch an irgendetwas anderes denken?; **did/didn't they give you ~ at all?** haben sie euch überhaupt etwas/überhaupt nichts gegeben?; **are you doing ~ tonight?** hast du heute Abend schon etwas vor?; **did you do ~ special?** habt ihr irgendetwas Besonderes gemacht?; **~ else?** im Laden darf es noch etwas sein?; **he's as smart as ~** er ist clever wie noch was umg **2** alles; **~ you like** (alles,) was du willst; **I wouldn't do it for ~** ich würde es um keinen Preis tun; **~ else is impossible** alles andere ist unmöglich; **~ but that!** alles, nur das nicht!; **~ but!** von wegen! **B** adv umg **it isn't ~ like him** das sieht ihm überhaupt nicht ähnlich; **it didn't cost ~ like £100** es kostete bei Weitem keine £ 100

anytime ['enɪtaɪm] adv jederzeit; → any A 2

anyway ['enɪweɪ] adv jedenfalls; (≈ ungeachtet dessen) trotzdem, sowieso; **~, ... also, ...,** wie dem auch sei, ...; **~, that's what I think** das ist jedenfalls meine Meinung; **~, it's time I was going** also od übrigens, ich muss jetzt gehen; **I told him not to, but he did it ~** ich habe es ihm verboten, aber er hat es trotzdem gemacht; **who cares ~?** wen kümmert es denn schon?

anyways ['enɪweɪz] US, dial adv → anyway

anywhere ['enɪweəʳ] adv **1** irgendwo; gehen irgendwohin; **not ~** nirgends/nirgendwohin; **he'll never get ~** er wird es zu nichts bringen; **I wasn't getting ~** ich kam (einfach) nicht weiter; **could he be ~ else?** könnte er irgendwo anders sein?; **I haven't found ~ to live yet** ich habe noch nichts gefunden, wo ich wohnen kann; **the cottage was miles from ~** das Häuschen lag jwd umg; **there could be ~ between 50 and 100 people** es könnten (schätzungsweise) 50 bis 100 Leute sein **2** überall; gehen überallhin; **they could be ~** sie könnten überall sein; **~ you like** wo/wohin du willst

AOB abk (= any other business) Sonstiges

apart [ə'pɑːt] adv **1** auseinander; **I can't tell them ~** ich kann sie nicht auseinanderhalten; **to live ~** getrennt leben; **to come** od **fall ~** entzweigehen; **her marriage is falling ~** ihre Ehe geht in die Brüche; **to take sth ~** etw auseinandernehmen **2** beiseite, abseits (from +gen); **he stood ~ from the group** er stand abseits von der Gruppe **3** **~ from** abgesehen von; **~ from that, the gearbox is also faulty** außerdem ist (auch) das Getriebe schadhaft

apartheid [ə'pɑːteɪt] s Apartheid f

apartment [ə'pɑːtmənt] bes US s Wohnung f; **~ house** od **block** od **building** Wohnblock m

apathetic [ˌæpə'θetɪk] adj apathisch

apathy ['æpəθɪ] s Apathie f

ape [eɪp] **A** s Affe m **B** v/t nachäffen, nachmachen

apéritif [əˌperɪ'tiːf] s Aperitif m

aperture ['æpətjʊəʳ] s Öffnung f; FOTO Blende f

apex ['eɪpeks] s ⟨pl -es od apices⟩ Spitze f; fig Höhepunkt m

APEX (= advance purchase excursion fare) **A** adj abk ⟨attr⟩ BAHN, FLUG Frühbucher- **B** s abk Frühbucherticket n

aphrodisiac [ˌæfrəʊ'dɪzɪæk] s Aphrodisiakum n

apices ['eɪpɪsiːz] pl → apex

apiece [ə'piːs] adv pro Stück, pro Person; **I gave them two ~** ich gab ihnen je zwei; **they had two cakes ~** sie hatten jeder zwei Kuchen

aplomb [ə'plɒm] s Gelassenheit f; **with ~** gelassen

Apocalypse [ə'pɒkəlɪps] s Apokalypse f

apocalyptic [əˌpɒkə'lɪptɪk] adj apokalyptisch

apolitical [ˌeɪpə'lɪtɪkəl] adj apolitisch

apologetic [əˌpɒlə'dʒetɪk] adj entschuldigend attr, bedauernd attr; **she wrote me an ~ letter** sie schrieb mir und entschuldigte sich vielmals; **he was most ~ (about it)** er entschuldigte sich vielmals (dafür)

apologetically [əˌpɒlə'dʒetɪkəlɪ] adv entschuldigend

apologize [ə'pɒlədʒaɪz] v/i, **apologise** Br v/i sich entschuldigen (**to sb for sth** bei j-m für etw); **to ~ for sb/sth** sich für j-n/etw entschuldigen

apology [ə'pɒlədʒɪ] s Entschuldigung f; **to make** od **offer sb an ~** j-n um Verzeihung bitten; **he owes her an ~ for ...** er muss sich bei ihr dafür entschuldigen, dass ...; **Mr Jones sends his apologies** Herr Jones lässt sich entschuldigen; **I owe you an ~** ich muss dich um Verzeihung bitten; **I make no ~** od **apologies for the fact that ...** ich entschuldige mich nicht dafür, dass ...

apoplectic [ˌæpə'plektɪk] umg adj cholerisch; **~ fit** MED Schlaganfall m

apoplexy ['æpəpleksɪ] s Schlaganfall m

apostle [əˈpɒsl] *wörtl, fig s* Apostel *m*

apostrophe [əˈpɒstrəfɪ] *s* GRAM Apostroph *m*

app [æp] *s* IT *kurz für* application App *f*, Anwendung *f*

appal [əˈpɔːl] *v/t*, **appall** US *v/t* entsetzen; **to be ~led (at** *od* **by sth)** (über etw *akk*) entsetzt sein

appalling *adj*, **appallingly** [əˈpɔːlɪŋ, -lɪ] *adv* entsetzlich

apparatus [ˌæpəˈreɪtəs] *s* ⟨*kein pl*⟩ Apparat *m*; *in Turnhalle* Geräte *pl*; **a piece of ~** ein Gerät *n*

apparel [əˈpærəl] *s* ⟨*kein pl*⟩ *liter od* US HANDEL Kleidung *f*

apparent [əˈpærənt] *adj* ◻ offensichtlich; **to be ~ to sb** j-m klar sein; **to become ~** sich (deutlich) zeigen; **for no ~ reason** aus keinem ersichtlichen Grund ◻ scheinbar

apparently [əˈpærəntlɪ] *adv* anscheinend

apparition [ˌæpəˈrɪʃən] *s* Erscheinung *f*

app developer *s* IT App-Entwickler(in) *m(f)*

appeal [əˈpiːl] **A** *s* ◻ Appell *m* (**for** um); **~ for funds** Spendenappell *m*; **to make an ~ to sb** an j-n appellieren, einen Appell an j-n richten; **to make an ~ to sb for sth** j-n um etw bitten, j-n zu etw aufrufen ◻ *gegen Entscheidung* Einspruch *m*; JUR *gegen Urteil* Berufung *f*; *Verhandlung* Revision *f*; **he lost his ~** er verlor in der Berufung; **Court of Appeal** Berufungsgericht *n* ◻ Reiz *m* (**to** für); **his music has (a) wide ~** seine Musik spricht weite Kreise an **B** *v/i* ◻ (dringend) bitten; **to ~ to sb for sth** j-n um etw bitten; **to ~ to the public to do sth** die Öffentlichkeit (dazu) aufrufen, etw zu tun ◻ *gegen Entscheidung* Einspruch erheben (**to** bei); JUR Berufung einlegen (**to** bei) ◻ appellieren (**to** +*akk*); SPORT Beschwerde einlegen ◻ (≈ *attraktiv sein*) reizen (**to sb** j-n); *Bewerber, Idee* zusagen (**to sb** j-m)

appealing [əˈpiːlɪŋ] *adj* ◻ attraktiv ◻ *Blick, Stimme* flehend

appear [əˈpɪəʳ] *v/i* ◻ erscheinen; **to ~ from behind sth** hinter etw (*dat*) auftauchen; **to ~ in public** sich in der Öffentlichkeit zeigen; **to ~ in court** vor Gericht erscheinen; **to ~ as a witness** als Zeuge/Zeugin auftreten; **to ~ in a play/film** in einem Stück/Film auftreten *od* mitwirken ◻ scheinen; **he ~ed (to be) drunk** er schien betrunken zu sein; **it ~s that …** es hat den Anschein, dass …; **it ~s not** anscheinend nicht; **there ~s to be a mistake** da scheint ein Irrtum vorzuliegen; **it ~s to me that …** mir scheint, dass …

appearance [əˈpɪərəns] *s* ◻ Erscheinen *n*; *unerwartet* Auftauchen *n kein pl*; THEAT Auftritt *m*; **to put in** *od* **make an ~** sich sehen lassen ◻ Aussehen *n*; *bes von Mensch* Äußere(s) *n*; **for the sake of ~s** um den Schein zu wahren; **to keep up ~s** den (äußeren) Schein wahren

appease [əˈpiːz] *v/t* beschwichtigen

appeasement [əˈpiːzmənt] *s* Beschwichtigung *f*

append [əˈpend] *v/t Anmerkungen etc, a.* IT anhängen (**to** an +*akk*)

appendage [əˈpendɪdʒ] *fig s* Anhängsel *n*

appendectomy [ˌæpenˈdektəmɪ] *s* Blinddarmoperation *f*

appendicitis [əˌpendɪˈsaɪtɪs] *s* Blinddarmentzündung *f*

appendix [əˈpendɪks] *s* ◻ ⟨*pl* appendixes⟩ ANAT Blinddarm *m*; **to have one's ~ out** sich (*dat*) den Blinddarm herausnehmen lassen ◻ ⟨*pl* appendices [əˈpendɪsiːz]⟩ *von Buch etc* Anhang *m*

appetite [ˈæpɪtaɪt] *s* Appetit *m*; *fig* Verlangen *n*; **to have an/no ~ for sth** Appetit/keinen Appetit auf etw (*akk*) haben; *fig* Verlangen/kein Verlangen nach etw haben; **I hope you've got an ~** ich hoffe, ihr habt Appetit!; **to spoil one's ~** sich (*dat*) den Appetit verderben

appetizer [ˈæpɪtaɪzəʳ] *s* Appetitanreger *m*, Vorspeise *f*

appetizing [ˈæpɪtaɪzɪŋ] *adj* appetitlich; *Geruch* lecker

applaud [əˈplɔːd] **A** *v/t* applaudieren; *Anstrengungen, Mut* loben; *Entscheidung* begrüßen **B** *v/i* applaudieren

applause [əˈplɔːz] *s* ⟨*kein pl*⟩ Applaus *m*

apple [ˈæpl] *s* Apfel *m*; **to be the ~ of sb's eye** j-s Liebling *od* ganzer Stolz sein

apple-green *adj* apfelgrün

apple juice *s* Apfelsaft *m*

apple pie *s* ≈ gedeckter Apfelkuchen

apple sauce *s* GASTR Apfelmus *n*

applet [ˈæplɪt] *s* COMPUT Applet *n*

appliance [əˈplaɪəns] *s* Vorrichtung *f*; *im Haushalt* Gerät *n*

applicable [əˈplɪkəbl] *adj* anwendbar (**to** auf +*akk*); *auf Formular* zutreffend (**to** für); **that isn't ~ to you** das trifft auf Sie nicht zu

applicant [ˈæplɪkənt] *s für Stelle* Bewerber(in) *m(f)* (**for** um, für); *für Darlehen* Antragsteller(in) *m(f)* (**for** für, auf +*akk*)

application [ˌæplɪˈkeɪʃən] *s* ◻ *für Stelle etc* Bewerbung *f* (**for** um, für); *für Darlehen* Antrag *m* (**for** auf +*akk*) ◻ *von Farbe, Salbe* Auftragen *n*; *von Regeln, Wissen* Anwendung *f*; **"for external ~ only"** MED „nur zur äußerlichen Anwendung" ◻ Fleiß *m* ◻ IT Anwendung *f*

application documents *pl für Job* Bewerbungsmappe *f*

application form *s* Antragsformular *n*; *für Job* Bewerbungsformular *n*

application program *s* IT Anwendungsprogramm n

application software s IT Anwendersoftware f

applicator ['æplɪkeɪtəʳ] s Auftrager m; *für Tampons* Applikator m

applied [ə'plaɪd] adj ⟨attr⟩ *Mathematik etc* angewandt

appliqué [æ'pliːkeɪ] **A** s *Handarbeiten* Applikationen pl **B** adj ⟨attr⟩ **~ work** Stickerei f

apply [ə'plaɪ] **A** v/t *Farbe, Salbe* auftragen (**to** auf +akk); *Verband* anlegen; *Druck, Regeln, Wissen* anwenden (**to** auf +akk); *Bremse* betätigen; **to ~ oneself (to sth)** sich (bei etw) anstrengen; **that term can be applied to many things** dieser Begriff trifft auf viele Dinge zu **B** v/i **1** sich bewerben (**for** um, für); **to ~ to sb for sth** *für Job, Stipendium* sich bei j-m für etw bewerben; **~ within** Anfragen im Laden; **she has applied to college** sie hat sich um einen Studienplatz beworben **2** gelten (**to** für)

phrasal verbs mit apply:

apply for v/t *Stelle* sich bewerben um; *Pass, Sozialhilfe* beantragen

apply to v/t *Kontaktperson* sich wenden an; *Firma* sich bewerben bei; *bestimmte Person* betreffen, gelten für

appoint [ə'pɔɪnt] v/t einstellen, ernennen; **to ~ sb to an office** j-n in ein Amt berufen; **to ~ sb sth** j-n zu etw ernennen; **to ~ sb to do sth** j-n dazu bestimmen, etw zu tun

appointed [ə'pɔɪntɪd] adj *Zeit, Ort* festgesetzt; *Aufgabe* zugewiesen; *Vertreter* ernannt

appointee [əpɔɪn'tiː] s Ernannte(r) m/f(m)

appointment [ə'pɔɪntmənt] s **1** Verabredung f; *geschäftlich, bei Arzt etc* Termin m (**with** bei); **a doctor's ~** ein Termin beim Arzt; **to make an ~ with sb** mit j-m eine Verabredung treffen/einen Termin vereinbaren; **I made an ~ to see the doctor** ich habe mir beim Arzt einen Termin geben lassen; **do you have an ~?** sind Sie angemeldet?; **to keep an ~** einen Termin einhalten; **by ~** auf Verabredung; *geschäftlich, bei Arzt, Anwalt etc* nach Vereinbarung **2** Einstellung f, Ernennung f

appointment(s) book s Terminkalender m

appointments diary s Terminkalender m

apportion [ə'pɔːʃən] v/t aufteilen; *Aufgaben* zuteilen; **to ~ sth to sb** j-m etw zuteilen

appraisal [ə'preɪzəl] s *von Wert, Schaden* Abschätzung f; *von Fähigkeiten* Beurteilung f

appraise [ə'preɪz] v/t *Wert, Schaden* schätzen; *Fähigkeiten* einschätzen

appreciable adj, **appreciably** [ə'priːʃəbl, -ɪ] adv beträchtlich

appreciate [ə'priːʃɪeɪt] **A** v/t **1** *Gefahren, Probleme etc* sich (dat) bewusst sein (+gen); *j-s Wünsche etc* Verständnis haben für; **I ~ that you cannot come** ich verstehe, dass ihr nicht kommen könnt **2** zu schätzen wissen; **thank you, I ~ it** vielen Dank, sehr nett von Ihnen; **I would ~ it if you could do this by tomorrow** könnten Sie das bitte bis morgen erledigen? **3** *Kunst, Musik* schätzen **B** v/i FIN **to ~ (in value)** im Wert steigen

appreciation [ə,priːʃɪ'eɪʃən] s **1** *von Problemen, Gefahren* Erkennen n **2** Anerkennung f; *von Mensch* Wertschätzung f; **in ~ of sth** zum Dank für etw; **to show one's ~** seine Dankbarkeit (be)zeigen **3** Verständnis n; *für Kunst* Sinn m (**of** für); **to write an ~ of sb/sth** einen Bericht über j-n/etw schreiben **4** (Wert)steigerung f (**in** bei)

appreciative [ə'priːʃɪətɪv] adj anerkennend, dankbar

apprehend [,æprɪ'hend] v/t festnehmen

apprehension [,æprɪ'henʃən] s Besorgnis f; **a feeling of ~** eine dunkle Ahnung

apprehensive [,æprɪ'hensɪv] adj ängstlich; **to be ~ of sth** etw befürchten; **he was ~ about the future** er schaute mit ängstlicher Sorge in die Zukunft

apprehensively [,æprɪ'hensɪvlɪ] adv ängstlich

apprentice [ə'prentɪs] **A** s Lehrling m, Auszubildende(r) m/f(m); **~ electrician** Elektrikerlehrling m **B** v/t **to be ~d to sb** bei j-m in die Lehre gehen

apprenticeship [ə'prentɪʃɪp] s Lehre f, Ausbildung f; **to serve one's ~** seine Lehre absolvieren

approach [ə'prəʊtʃ] **A** v/i sich nähern; *Termin etc* nahen **B** v/t **1** sich nähern (+dat); FLUG anfliegen (+akk); *fig* heranreichen an (+akk); **to ~** thirty auf die dreißig zugehen; **the train is now ~ing platform 3** der Zug hat Einfahrt auf Gleis 3; **something ~ing a festive atmosphere** eine annähernd festliche Stimmung **2** j-n, *Organisation* herantreten an (+akk **about** wegen) **3** *Problem, Aufgabe* angehen **C** s **1** (Heran)nahen n; *von Truppen* Heranrücken n; FLUG Anflug m (**to an** +akk) **2** **an** j-n, *Organisation* Herantreten n **3** (= *Haltung*) Ansatz m (**to** zu); **a positive ~ to teaching** eine positive Einstellung zum Unterrichten; **his ~ to the problem** seine Art, an das Problem heranzugehen; **try a different ~** versuchs doch mal anders

approachable [ə'prəʊtʃəbl] adj *Mensch* leicht zugänglich

approach path s FLUG Einflugschneise f

approach road s Zufahrtsstraße f, (Autobahn)zubringer m, Auffahrt f

approbation [,æprə'beɪʃən] s Zustimmung f; *von Kritikern* Beifall m

appropriate[1] [ə'prəʊprɪɪt] adj **1** passend, geeignet (**for, to** für); *für Situation, Gelegenheit* angemessen (**to** +*dat*); *Name, Bemerkung* treffend; **to be ~ for doing sth** geeignet sein, etw zu tun ❷ entsprechend; *Behörde* zuständig; **put a tick where ~** Zutreffendes bitte ankreuzen; **as ~** wie zutreffend; **delete as ~** Nichtzutreffendes streichen

appropriate² [ə'prəʊprɪeɪt] *v/t* sich (*dat*) aneignen

appropriately [ə'prəʊprɪɪtlɪ] *adv* treffend; *gekleidet* passend (**for, to** für)

appropriateness [ə'prəʊprɪɪtnɪs] *s* Eignung *f*; *von Kleidung, Bemerkung, Name* Angemessenheit *f*

appropriation [əˌprəʊprɪ'eɪʃən] *s von Land, Besitz* Beschlagnahmung *f*; *von Ideen* Aneignung *f*

approval [ə'pruːvəl] *s* ❶ Anerkennung *f*, Zustimmung *f* (**of** zu); **to win sb's ~ (for sth)** j-s Zustimmung (für etw) gewinnen; **to give one's ~ for sth** seine Zustimmung zu etw geben; **to meet with/have sb's ~** j-s Zustimmung finden/haben; **to show one's ~ of sth** zeigen, dass man einer Sache (*dat*) zustimmt ❷ HANDEL **on ~** zur Probe, zur Ansicht

approve [ə'pruːv] ▲ *v/t Entscheidung* billigen; *Projekt* genehmigen ▐ *v/i* **to ~ of sb/sth** von j-m/etw etwas halten; **I don't ~ of him/it** ich halte nichts von ihm/davon; **I don't ~ of children smoking** ich bin dagegen, dass Kinder rauchen; **to ~ of the plan** dem Plan zustimmen

approved [ə'pruːvd] *adj* anerkannt

approving *adj* anerkennend, zustimmend

approvingly *adv* anerkennend

approx. *abk* (= approximately) ca.

approximate [ə'prɒksɪmɪt] ▲ *adj* ungefähr; **these figures are only ~** dies sind nur ungefähre Werte; **three hours is the ~ time needed** man braucht ungefähr drei Stunden ▐ [ə'prɒksɪmeɪt] *v/i* **to ~ to sth** einer Sache (*dat*) in etwa entsprechen ▐ [ə'prɒksɪmeɪt] *v/t* **to ~ sth** einer Sache (*dat*) in etwa entsprechen

approximately [ə'prɒksɪmətlɪ] *adv* ungefähr

approximation [əˌprɒksɪ'meɪʃən] *s* Annäherung *f* (**of, to** an +*akk*); (≈ *Zahl*) (An)näherungswert *m*; **his story was an ~ of the truth** seine Geschichte entsprach in etwa der Wahrheit

Apr *abk* (= April) Apr.

APR *abk* (= annual percentage rate) Jahreszinssatz *m*

après-ski [ˌæpreɪ'skiː] ▲ *s* Après-Ski *n* ▐ *adj* ⟨*attr*⟩ Après-Ski-

apricot ['eɪprɪkɒt] ▲ *s* Aprikose *f*, Marille *f österr* ▐ *adj* (*a.* **apricot-coloured**) aprikosenfarben

April ['eɪprəl] *s* April *m*; **~ shower** Aprilschauer *m*; → September

April fool *s* Aprilnarr *m*; **~!** ≈ April, April!; **to play an ~ on sb** j-n in den April schicken

April Fools' Day *s* der erste April

apron ['eɪprən] *s* Schürze *f*

apron strings *pl* **to be tied to sb's ~** j-m am Rockzipfel hängen *umg*

apropos [ˌæprə'pəʊ] *präp*, (*a.* **apropos of**) apropos

apse [æps] *s* ARCH Apsis *f*

apt [æpt] *adj* ⟨+*er*⟩ ❶ passend ❷ **to be apt to do sth** dazu neigen, etw zu tun

Apt. *abk* (= apartment) Z, Zi

aptitude ['æptɪtjuːd] *s* Begabung *f*

aptitude test *s* Eignungsprüfung *f*

aptly ['æptlɪ] *adv* passend

aquacycling ['ækwəsaɪklɪŋ] *s* Aquabiking *n*, Aquacycling *n*

aquajogging ['ækwədʒɒɡɪŋ] *s* Aquajogging *n*

aqualung ['ækwəlʌŋ] *s* Tauchgerät *n*

aquamarine [ˌækwəmə'riːn] ▲ *s* Aquamarin *m*; (≈ *Farbe*) Aquamarin *n* ▐ *adj* aquamarin

aquaplane ['ækwəpleɪn] *v/i Auto etc* (auf nasser Straße) ins Rutschen geraten

aquaplaning ['ækwəpleɪnɪŋ] *s* Aquaplaning *n*; **in order to prevent the car from ~** um ein Aquaplaning zu verhindern

aquarium [ə'kwɛərɪəm] *s* Aquarium *n*

Aquarius [ə'kwɛərɪəs] *s* ASTROL Wassermann *m*; **to be (an) ~** (ein) Wassermann sein

aquarobics [ækwər'əʊbɪks] *s* ⟨+*sg v*⟩ Aquarobic *n* Wassergymnastik *f*

aquaspinning ['ækwəspɪnɪŋ] *s* Aquabiking *n*, Aquacycling *n*

aquatic [ə'kwætɪk] *adj* Wasser-; **~ sports** Wassersport *m*

aqueduct ['ækwɪdʌkt] *s* Aquädukt *m/n*

Arab ['ærəb] ▲ *s* Araber *m*, Araberin *f*; **the ~s** die Araber ▐ *adj* ⟨*attr*⟩ arabisch; **~ horse** Araber *m*

Arabia [ə'reɪbɪə] *s* Arabien *n*

Arabian *adj* arabisch

Arabic ['ærəbɪk] ▲ *s* Arabisch *n* ▐ *adj* arabisch

arable ['ærəbl] *adj* Acker-; **~ farming** Ackerbau *m*; **~ land** Ackerland *n*

arbitrarily ['ɑːbɪtrərəlɪ] *adv* willkürlich

arbitrary ['ɑːbɪtrərɪ] *adj* willkürlich

arbitrate ['ɑːbɪtreɪt] ▲ *v/t* schlichten ▐ *v/i* vermitteln

arbitration [ˌɑːbɪ'treɪʃən] *s* Schlichtung *f*; **to go to ~** vor eine Schlichtungskommission gehen

arbitrator ['ɑːbɪtreɪtə'] *s* Vermittler(in) *m(f)*; *bes* IND Schlichter(in) *m(f)*

arc [ɑːk] *s* Bogen *m*

arcade [ɑː'keɪd] *s* ARCH Arkade *f*; (≈ *mit Geschäften*) Passage *f*

arcane [ɑːˈkeɪn] *adj* obskur

arch[1] [ɑːtʃ] **A** *s* **1** Bogen *m* **2** *von Fuß* Wölbung *f* **B** *v/t Rücken* krümmen; *Augenbrauen* hochziehen; **the cat ~ed its back** die Katze machte einen Buckel

arch[2] *adj ⟨attr⟩* Erz-; **~ enemy** Erzfeind(in) *m(f)*

archaeological [ˌɑːkɪəˈlɒdʒɪkəl] *adj*, **archeological** *US adj* archäologisch

archaeologist [ˌɑːkɪˈɒlədʒɪst] *s*, **archeologist** *US s* Archäologe *m*, Archäologin *f*

archaeology [ˌɑːkɪˈɒlədʒɪ] *s*, **archeology** *US s* Archäologie *f*

archaic [ɑːˈkeɪɪk] *adj* veraltet

archaism [ˈɑːkeɪɪzəm] *s* veralteter Ausdruck

archangel [ˈɑːkˌeɪndʒl] *s* Erzengel *m*

archbishop *s* Erzbischof *m*

archdeacon *s* Erzdiakon *m*

arched [ɑːtʃt] *adj* gewölbt; **~ window** (Rund)bogenfenster *n*

archeological *etc US* → archaeological

archer [ˈɑːtʃə'] *s* Bogenschütze *m*/-schützin *f*

archery [ˈɑːtʃərɪ] *s* Bogenschießen *n*

archetypal [ˈɑːkɪtaɪpəl] *adj* archetypisch *geh*, typisch; **he is the ~ millionaire** er ist ein Millionär, wie er im Buche steht

archetype [ˈɑːkɪtaɪp] *s* Archetyp(us) *m form*

archipelago [ˌɑːkɪˈpelɪɡəʊ] *s ⟨pl -(e)s⟩* Archipel *m*

architect [ˈɑːkɪtekt] *s* Architekt(in) *m(f)*; **he was the ~ of his own downfall** er hat seinen Ruin selbst verursacht

architectural *adj*, **architecturally** [ˌɑːkɪˈtektʃərəl, -lɪ] *adv* architektonisch

architecture [ˈɑːkɪtektʃə'] *s* Architektur *f*

archive [ˈɑːkaɪv] *s a.* IT Archiv *n*; **~ material** Archivmaterial *n*

archives *pl* Archiv *n*

archivist [ˈɑːkɪvɪst] *s* Archivar(in) *m(f)*

arch-rival [ˌɑːtʃˈraɪvəl] *s* Erzrivale *m*, Erzrivalin *f*

archway [ˈɑːtʃweɪ] *s* Torbogen *m*

arctic [ˈɑːktɪk] **A** *adj* arktisch; eiskalt **B** *s* **the Arctic** die Arktis

Arctic Circle *s* nördlicher Polarkreis

Arctic Ocean *s* Nordpolarmeer *n*

ardent [ˈɑːdənt] *adj* leidenschaftlich

ardently [ˈɑːdəntlɪ] *adv* leidenschaftlich; *wünschen, bewundern* glühend

arduous [ˈɑːdjʊəs] *adj* beschwerlich; *Arbeit* anstrengend; *Aufgabe* mühselig

are [ɑː'] ⟨*2. Person sg, 1., 2., 3. Person pl präs*⟩ → **be**

area [ˈeərɪə] *s* **1** Fläche *f*; **20 sq metres in ~** *Br*, **20 sq meters in ~** *US* eine Fläche von 20 Quadratmetern **2** Gebiet *n*, Region *f*, Gegend *f*, Gelände *n*; *in Diagramm etc* Bereich *m*; **in the ~** in der Nähe; **do you live in the ~?** wohnen Sie hier (in der Gegend)?; **in the London ~** im Londoner Raum; **protected ~** Schutzgebiet *n*; **dining/sleeping ~** Ess-/Schlafbereich *m*; **no smoking ~** Nichtraucherzone *f*; **the (penalty) ~** *bes Br* FUSSB der Strafraum; **a mountainous ~** eine bergige Gegend; **a wooded ~** ein Waldstück *n*, ein Waldgebiet *n*; **the infected ~s of the lungs** die befallenen Teile *od* Stellen der Lunge **3** *fig* Bereich *m*; **his ~ of responsibility** sein Verantwortungsbereich *m*; **~ of interest** Interessengebiet *n*

area code *s* TEL Vorwahl(nummer) *f*

area manager *s* Gebietsleiter *m*

area office *s* Bezirksbüro *n*

arena [əˈriːnə] *s* Arena *f*

aren't [ɑːnt] *abk* (= are not, am not) → **be**

Argentina [ˌɑːdʒənˈtiːnə] *s* Argentinien *n*

Argentine[1] [ˈɑːdʒəntaɪn] *s* **the ~** Argentinien *n*

Argentine[2] [ˈɑːdʒəntaɪn], **Argentinian** [ˌɑːdʒənˈtɪnɪən] **A** *s* Argentinier(in) *m(f)* **B** *adj* argentinisch

arguable [ˈɑːɡjʊəbl] *adj* **it is ~ that** … es lässt sich der Standpunkt vertreten, dass …; **it is ~ whether** … es ist (noch) die Frage, ob …

arguably [ˈɑːɡjʊəblɪ] *adv* wohl; **this is ~ his best book** dies dürfte sein bestes Buch sein

argue [ˈɑːɡjuː] **A** *v/i* **1** streiten, sich streiten, sich zanken; **there's no arguing with him** mit ihm kann man nicht reden; **don't ~ with your mother!** du sollst deiner Mutter nicht widersprechen!; **there is no point in arguing** da erübrigt sich jede (weitere) Diskussion **2** argumentieren; **to ~ for** *od* **in favour of/against sth** *Br*, **to ~ for** *od* **in favor of/against sth** *US* für/gegen etw sprechen *od* argumentieren; **this ~s in his favour** *Br*, **this ~s in his favor** *US* das spricht zu seinen Gunsten **B** *v/t* **1** *Sache, Fall* diskutieren; **a well ~d case** ein gut begründeter Fall **2** behaupten; **he ~s that** … er vertritt den Standpunkt, dass …

phrasal verbs with argue:

argue out *v/t ⟨trennb⟩* Problem ausdiskutieren; **to argue sth out with sb** etw mit j-m durchsprechen

argument [ˈɑːɡjʊmənt] *s* **1** Diskussion *f*; **for the sake of ~** rein theoretisch **2** Auseinandersetzung *f*, Streit *m*; **to have an ~** sich streiten, sich zanken **3** Argument *n*; **Professor Ayer's ~ is that** … Professor Ayers These lautet, dass …

argumentative [ˌɑːɡjʊˈmentətɪv] *adj* streitsüchtig; **~ writing** Erörterung *f*

aria [ˈɑːrɪə] *s* Arie *f*

arid [ˈærɪd] *adj* dürr

Aries [ˈeəriːz] *s* ASTROL Widder *m*; **to be (an) ~** (ein) Widder sein

arise [əˈraɪz] *v/i* ⟨*prät* arose [əˈrəʊz]; *pperf* arisen [əˈrɪzn]⟩ **1** sich ergeben, entstehen; *Frage, Pro-*

blem aufkommen; **should the need ~** falls sich die Notwendigkeit ergibt ◼ **to ~ out of** *od* **from sth** sich aus etw ergeben

aristocracy [ˌærɪsˈtɒkrəsɪ] *s* Aristokratie *f*

aristocrat [ˈærɪstəkræt] *s* Aristokrat(in) *m(f)*

aristocratic [ˌærɪstəˈkrætɪk] *adj* aristokratisch

arithmetic [əˈrɪθmətɪk] *s* Rechnen *n*

ark [ɑːk] *s* **Noah's ark** die Arche Noah

arm[1] [ɑːm] *s* ◼ ANAT Arm *m*; **in one's arms** im Arm; **to give sb one's arm** *Br* j-m den Arm geben; **to take sb in one's arms** j-n in die Arme nehmen; **to hold sb in one's arms** j-n umarmen; **to put** *od* **throw one's arms around sb** die Arme um j-n schlingen *geh*; **arm in arm** Arm in Arm; **to welcome sb with open arms** j-n mit offenen Armen empfangen; **within arm's reach** in Reichweite; **it cost him an arm and a leg** *umg* es kostete ihn ein Vermögen ◼ Ärmel *m* ◼ (Fluss)arm *m*; *von Sessel* (Arm)lehne *f*

arm[2] ◼ *v/t* bewaffnen; **to arm sth with sth** etw mit etw ausrüsten; **to arm oneself with sth** sich mit etw bewaffnen ◼ *v/i* aufrüsten

armaments [ˈɑːməmənts] *pl* Ausrüstung *f*

armband [ˈɑːmbænd] *s* Armbinde *f*; **~s** *Br* Schwimmflügel *pl*

armchair [ˈɑːmtʃɛəʳ] *s* Sessel *m*, Fauteuil *n* österr; **~ philosopher** Stubengelehrte(r) *m/f(m)*

armed [ɑːmd] *adj* bewaffnet

armed forces *pl* Streitkräfte *pl*

armed robbery *s* bewaffneter Raubüberfall

Armenia [ɑːˈmiːnɪə] *s* Armenien *n*

Armenian [ɑːˈmiːnɪən] ◼ *adj* armenisch ◼ *s* ◼ (≈ *Mensch*) Armenier(in) *m(f)* ◼ LING Armenisch *n*

armful *s* Arm *m* voll *kein pl*

armhole *s* Armloch *n*

armistice [ˈɑːmɪstɪs] *s* Waffenstillstand *m*

Armistice Day *s* 11.11. *Tag des Waffenstillstands (1918)*

armour [ˈɑːməʳ] *s*, **armor** *US s* Rüstung *f*; **suit of ~** Rüstung *f*

armoured [ˈɑːməd] *adj*, **armored** *US adj* Panzer-; **~ car** Panzerwagen *m*; **~ personnel carrier** Schützenpanzer(wagen) *m*

armoured vehicle *s*, **armored vehicle** [ɑːməd'viːɪkl] *US s* gepanzertes Fahrzeug

armour plating *s*, **armor plating** *US s* Panzerung *f*

armoury [ˈɑːmərɪ] *s*, **armory** *US s* ◼ Arsenal *n*, Waffenlager *n* ◼ *US* Munitionsfabrik *f*

armpit *s* Achselhöhle *f*

armrest *s* Armlehne *f*

arms [ɑːmz] *pl* ◼ Waffen *pl*; **to take up ~ (against sb/sth)** (gegen j-n/etw) zu den Waffen greifen; *fig* (gegen j-n/etw) zum Angriff übergehen; **to be up in ~ (about sth)** *fig umg* (über etw *akk*) empört sein ◼ *Wappenkunde* Wappen *n*

arms control *s* Rüstungskontrolle *f*

arms race *s* Wettrüsten *n*

army [ˈɑːmɪ] ◼ *s* ◼ Armee *f*; **~ of occupation** Besatzungsarmee *f*; **to be in the ~** beim Militär sein; **to join the ~** zum Militär gehen ◼ *fig* Heer *n* ◼ *attr* Militär-; **~ life** Soldatenleben *n*; **~ officer** Offizier(in) *m(f)* in der Armee

A-road [ˈeɪrəʊd] *Br s* ≈ Bundesstraße *f*

aroma [əˈrəʊmə] *s* Aroma *n*

aromatherapy [əˌrəʊməˈθerəpɪ] *s* Aromatherapie *f*

aromatic [ˌærəʊˈmætɪk] *adj* aromatisch

arose [əˈrəʊz] *prät* → **arise**

around [əˈraʊnd] ◼ *adv* herum, umher, rum *umg*; **all ~** überall; rundherum; rings umher; **I looked all ~** ich sah mich nach allen Seiten um; **he turned ~** er drehte sich um; **for miles ~** meilenweit im Umkreis; **to travel ~** herumreisen; **to be ~** da sein; in der Nähe sein; **is he ~?** ist er da?; **see you ~!** *umg* bis bald!; **that's been ~ for ages** das ist schon uralt, das gibt's schon ewig ◼ *präp* ◼ um, um ... herum; **~ the lake** um den See (herum) ◼ **to wander ~ the town** durch die Stadt spazieren; **to travel ~ Scotland** durch Schottland reisen; **the church must be ~ here somewhere** die Kirche muss hier irgendwo sein; **is there a bank ~ here?** gibt es hier in der Nähe *od* irgendwo eine Bank? ◼ *bei Datum* um; *bei Uhrzeit* gegen; *bei Gewicht, Preis* etwa, ungefähr; → **round**

arouse [əˈraʊz] *v/t* erregen

arr *abk* (= **arrival, arrives**) Ank.

arrange [əˈreɪndʒ] *v/t* ◼ ordnen; *Gegenstände* aufstellen; *Bücher in Regal* anordnen; *Blumen* arrangieren ◼ vereinbaren; *Party* arrangieren; **I'll ~ for you to meet him** ich arrangiere für Sie ein Treffen mit ihm; **I've ~d for her to pick us up** ich habe mit ihr abgemacht, dass sie uns abholt; **an ~d marriage** eine arrangierte Ehe; **if you could ~ to be there at five** wenn du es so einrichten kannst, dass du um fünf Uhr da bist; **a meeting has been ~d for next month** nächsten Monat ist ein Treffen angesetzt ◼ MUS arrangieren

arrangement *s* ◼ Anordnung *f*; **a flower ~** ein Blumenarrangement *n* ◼ Vereinbarung *f*, Verabredung *f*; **a special ~** eine Sonderregelung; **to have/come to an ~ with sb** eine Regelung mit j-m getroffen haben/treffen ◼ ⟨*mst pl*⟩ Pläne *pl*, Vorbereitungen *pl*; **to make ~s for sb/sth** für j-n/etw Vorbereitungen treffen; **to make ~s for sth to be done** veranlassen, dass etw getan wird; **to make one's own ~s** selber zusehen(, wie ...); **seating ~s** Sitzordnung *f* ◼ MUS *Version* Bearbeitung *f*; *Unterhaltungsmusik*

Arrangement *n*

array [əˈreɪ] *s* **1** Ansammlung *f; von Gegenständen* stattliche Reihe **2** IT (Daten)feld *n*

arrears [əˈrɪəz] *pl* Rückstände *pl;* **to get** *od* **fall into ~** in Rückstand kommen; **to have ~ of £5000** mit £ 5000 im Rückstand sein; **to be paid in ~** rückwirkend bezahlt werden

arrest [əˈrest] **A** *v/t* festnehmen, verhaften **B** *s* Festnahme *f,* Verhaftung *f;* **to be under ~** festgenommen/verhaftet sein

arrest warrant *s* Haftbefehl *m*

arrival [əˈraɪvəl] *s* **1** Ankunft *f kein pl; von Waren, Neuigkeiten* Eintreffen *n kein pl;* **on ~** bei der Ankunft; **he was dead on ~** bei seiner Einlieferung ins Krankenhaus wurde der Tod festgestellt; **~ time** Ankunftszeit *f;* **~s** BAHN, FLUG Ankunft *f* **2** (≈ *Mensch*) Ankömmling *m;* **new ~** Neuankömmling *m;* Baby Familienzuwachs *m,* neuer Erdenbürger

arrivals lounge [əˈraɪvəlzˌlaʊndʒ] *s* Ankunftshalle *f*

arrive [əˈraɪv] *v/i* ankommen; **to ~ home** nach Hause kommen; *bes nach Reise* zu Hause ankommen; **to ~ at a town/the airport** in einer Stadt/am Flughafen ankommen; **the train will ~ at platform 10** der Zug fährt auf Gleis 10 ein; **to ~ at a decision/result** zu einer Entscheidung/einem Ergebnis kommen

arrogance [ˈærəgəns] *s* Arroganz *f*

arrogant *adj,* **arrogantly** *adv* arrogant

arrow [ˈærəʊ] *s* Pfeil *m*

arrow key *s* COMPUT Pfeiltaste *f*

arse [ɑːs] *Br sl* **A** *s* Arsch *m sl;* **get your ~ in gear!** setz mal deinen Arsch in Bewegung! *sl;* **tell him to get his ~ into my office** sag ihm, er soll mal in meinem Büro antanzen *umg;* **my ~!** dass ich nicht lache! **B** *v/t* **I can't be ~d** ich hab keinen Bock *sl*

phrasal verbs mit arse:

arse about, arse around *Br umg v/i* rumblödeln *umg*

arsehole [ˈɑːsəʊl] *Br vulg s* Arschloch *n vulg*

arsenal [ˈɑːsɪnl] *s* MIL Arsenal *n;* fig Waffenlager *n*

arsenic [ˈɑːsnɪk] *s* Arsen *n;* **~ poisoning** Arsenvergiftung *f*

arson [ˈɑːsn] *s* Brandstiftung *f*

arsonist *s* Brandstifter(in) *m(f)*

art [ɑːt] **A** *s* **1** Kunst *f;* **the arts** die schönen Künste; **there's an art to it** das ist eine Kunst; **arts and crafts** Kunsthandwerk *n* **2 arts** UNIV Geisteswissenschaften *pl;* **arts minister** Kulturminister(in) *m(f)* **B** *adj* ⟨*attr*⟩ Kunst-

art college *s* Kunsthochschule *f*

artefact *Br,* **artifact** [ˈɑːtɪfækt] *s* Artefakt *n*

arterial [ɑːˈtɪərɪəl] *adj* **~ road** AUTO Hauptverkehrsstraße *f*

artery [ˈɑːtərɪ] *s* **1** ANAT Arterie *f* **2** (*a.* **traffic ~**) Verkehrsader *f*

art gallery *s* Kunstgalerie *f*

art-house *adj* ⟨*attr*⟩ **~ film** Experimentalfilm *m;* **~ cinema** ≈ Programmkino *n*

arthritic [ɑːˈθrɪtɪk] *adj* arthritisch; **she is ~** sie hat Arthritis

arthritis [ɑːˈθraɪtɪs] *s* Arthritis *f*

artichoke [ˈɑːtɪtʃəʊk] *s* Artischocke *f*

article [ˈɑːtɪkl] *s* **1** Gegenstand *m; auf Liste* Posten *m;* HANDEL Artikel *m;* **~ of furniture** Möbelstück *n;* **~s of clothing** Kleidungsstücke *pl* **2** *in Zeitung, Verfassung, a.* GRAM Artikel *m; von Vertrag* Paragraf *m*

articulate A [ɑːˈtɪkjʊlɪt] *adj* klar; **to be ~** sich gut *od* klar ausdrücken können **B** [ɑːˈtɪkjʊleɪt] *v/t* **1** artikulieren **2** darlegen **C** [ɑːˈtɪkjʊlɪt] *v/i* artikulieren

articulated lorry *Br,* **articulated truck** [ɑːˈtɪkjʊleɪtɪd-] *s* Sattelschlepper *m*

articulately [ɑːˈtɪkjʊlɪtlɪ] *adv* aussprechen artikuliert; *sich ausdrücken* klar

artifact [ˈɑːtɪfækt] → artefact

artificial [ˌɑːtɪˈfɪʃəl] *adj* künstlich, *pej Lächeln etc* gekünstelt; **~ leather/silk** Kunstleder *n/*-seide *f;* **~ limb** Prothese *f;* **you're so ~** du bist nicht echt

artificial insemination *s* künstliche Befruchtung

artificial intelligence *s* künstliche Intelligenz

artificially [ˌɑːtɪˈfɪʃəlɪ] *adv* künstlich, gekünstelt

artificial respiration *s* künstliche Beatmung *f*

artillery [ɑːˈtɪlərɪ] *s* Artillerie *f*

artisan [ˈɑːtɪzæn] *s* Handwerker(in) *m(f)*

artist [ˈɑːtɪst] *s* Künstler(in) *m(f);* **~'s impression** Zeichnung *f*

artiste [ɑːˈtiːst] *s* Künstler(in) *m(f);* (≈ *im Zirkus*) Artist(in) *m(f)*

artistic [ɑːˈtɪstɪk] *adj* künstlerisch, kunstvoll, kunstverständig; **she's very ~** sie ist künstlerisch veranlagt *od* begabt/sehr kunstverständig

artistically [ɑːˈtɪstɪkəlɪ] *adv* künstlerisch, kunstvoll

artistic director *s* künstlerischer Direktor, künstlerische Direktorin

artistry [ˈɑːtɪstrɪ] *s* Kunst *f*

Art Nouveau [ˌɑːnuːˈvəʊ] *s* Jugendstil *m*

art school *s* Kunsthochschule *f*

arts degree *s* Abschlussexamen *n* der philosophischen Fakultät

Arts Faculty, Faculty of Arts *s* philosophische Fakultät

artwork [ˈɑːtwɜːk] *s* **1** *in Buch* Bildmaterial *n* **2** *für Anzeige etc* Druckvorlage *f* **3** (≈ *Bild etc*) Kunstwerk *n*

arty ['ɑːtɪ] *adj* ⟨*komp* artier⟩ *umg* Künstler-; *Mensch* auf Künstler machend *pej*; *Film* geschmäcklerisch

arty-farty ['ɑːtɪ'fɑːtɪ] *hum umg adj* → arty

Aryan ['ɛərɪən] **A** *s HIST* Arier(in) *m(f)* **B** *adj HIST* arisch

as [æz, əz] **A** *konj* **1** (≈ *zeitlich*) als, während **2** (≈ *kausal*) da, weil **3** (≈ *obwohl*) **rich as he is I won't marry him** obwohl er reich ist, werde ich ihn nicht heiraten; **much as I admire her, ...** sosehr ich sie auch bewundere, ...; **be that as it may** wie dem auch sei **4** *Art* wie; **do as you like** machen Sie, was Sie wollen; **as you know** wie Sie wissen; **leave it as it is** lass das so; **the first door as you go in** die erste Tür, wenn Sie hereinkommen; **knowing him as I do** so wie ich ihn kenne; **it is bad enough as it is** es ist schon schlimm genug; **as it were** sozusagen **5** **as if** *od* **though** als ob; **it isn't as if he didn't see me** schließlich hat er mich ja gesehen; **as for him** (und) was ihn angeht; **as from now** ab jetzt; **so as to** (≈ *Zweck*) um zu +*inf*; (≈ *Art*) so, dass; **he's not so silly as to do that** er ist nicht so dumm, das zu tun **B** *adv* **as ... as** so ... wie; **twice as old** doppelt so alt; **just as nice as you** genauso nett wie du; **late as usual!** wie immer zu spät!; **as recently as yesterday** erst gestern; **she is very clever, as is her brother** sie ist sehr intelligent, genau(so) wie ihr Bruder; **as many/much as I could** so viele/so viel ich (nur) konnte; **there were as many as 100 people there** es waren bestimmt 100 Leute da; **the same man as was here yesterday** derselbe Mann, der gestern hier war **C** *präp* **1** als; **to treat sb as a child** j-n wie ein Kind behandeln **2** wie (zum Beispiel)

asap ['eɪsæp] *abk* (= **as soon as possible**) baldmöglichst

asbestos [æz'bestəs] *s* Asbest *m*

ascend [ə'send] **A** *v/i* aufsteigen; **in ~ing order** in aufsteigender Reihenfolge **B** *v/t* Treppe hinaufsteigen; *Berg* erklimmen *geh*

ascendancy, ascendency [ə'sendənsɪ] *s* Vormachtstellung *f*; **to gain the ~ over sb** die Vorherrschaft über j-n gewinnen

Ascension [ə'senʃən] *s* **the ~** (Christi) Himmelfahrt *f*

Ascension Day *s* Himmelfahrt *n*, Himmelfahrtstag *m*

ascent [ə'sent] *s* Aufstieg *m*; **the ~ of Ben Nevis** der Aufstieg auf den Ben Nevis

ascertain [ˌæsə'teɪn] *v/t* ermitteln

ascetic [ə'setɪk] **A** *adj* asketisch **B** *s* Asket *m*

ASCII ['æskɪ] *abk* (= **American Standard Code for Information Interchange**) **~ file** ASCII-Datei *f*

ascorbic acid [ə'skɔːbɪk'æsɪd] *s* Askorbinsäure *f*

ascribe [ə'skraɪb] *v/t* zuschreiben (**sth to sb** j-m etw); *Bedeutung, Gewicht* beimessen (**to sth** einer Sache *dat*)

asexual [eɪ'seksjʊəl] *adj* Fortpflanzung ungeschlechtlich; *Mensch* asexuell

ash¹ [æʃ] *s*, (*a.* **ash tree**) Esche *f*

ash² *s* Asche *f*; **ashes** Asche *f*; **to reduce sth to ashes** etw völlig niederbrennen; **to rise from the ashes** *fig* aus den Trümmern wiederauferstehen

ashamed [ə'ʃeɪmd] *adj* beschämt; **to be** *od* **feel ~ (of sb/sth)** sich schämen (für j-n/etw); **it's nothing to be ~ of** deswegen braucht man sich nicht zu schämen; **you ought to be ~ (of yourself)** du solltest dich (was) schämen

ash cloud *s nach Vulkanausbruch* Aschewolke *f*

ashen-faced [ˌæʃn'feɪst] *adj* kreidebleich

ashore [ə'ʃɔːr] *adv* an Land; **to run ~** stranden; **to put ~** an Land gehen

ashtray *s* Aschenbecher *m*

Ash Wednesday *s* Aschermittwoch *m*

Asia ['eɪʃə] *s* Asien *n*

Asia Minor *s* Kleinasien *n*

Asian ['eɪʃn], **Asiatic** [ˌeɪʃɪ'ætɪk] **A** *adj* **1** asiatisch **2** *Br* indopakistanisch **B** *s* **1** Asiat(in) *m(f)* **2** *Br* Indopakistaner(in) *m(f)*

Asian-American [ˌeɪʃnə'merɪkən] **A** *adj* asiatisch-amerikanisch **B** *s* Amerikaner(in) *m(f)* asiatischer Herkunft

aside [ə'saɪd] *adv* **1** zur Seite; **to set sth ~ for sb** etw für j-n beiseitelegen; **to turn ~** sich abwenden **2** *bes US* **~ from** außer; **~ from being chairman of this committee he is ...** außer Vorsitzender dieses Ausschusses ist er auch ...

A-side ['eɪsaɪd] *s* A-Seite *f*

ask [ɑːsk] **A** *v/t* **1** fragen; *Frage* stellen; **to ask sb the way** j-n nach dem Weg fragen; **don't ask me!** *umg* frag mich nicht, was weiß ich! *umg* **2** einladen; *zum Tanz* auffordern **3** bitten (**sb for sth** j-n um etw), verlangen (**sth of sb** etw von j-m); **to ask sb to do sth** j-n darum bitten, etw zu tun; **that's asking too much** das ist zu viel verlangt **4** *HANDEL Preis* verlangen **B** *v/i* **1** fragen; **to ask about sb/sth** sich nach j-m/etw erkundigen, nach j-m/etw fragen **2** bitten (**for sth** um etw); **there's no harm in asking** Fragen kostet nichts!; **that's asking for trouble** das kann ja nicht gut gehen; **to ask for Mr X** Herrn X verlangen

phrasal verbs mit ask:

ask after *v/i* ⟨+*obj*⟩ sich erkundigen nach; **tell her I was asking after her** grüß sie schön von mir

ask around v/i herumfragen

ask back v/t ⟨trennb⟩ **1** zu sich einladen **2 they never asked me back again** sie haben mich nie wieder eingeladen

ask in v/t ⟨trennb⟩ hereinbitten

ask out v/t ⟨trennb⟩ einladen; sich verabreden mit

ask over v/t ⟨trennb⟩ zu sich einladen

ask round bes Br v/t ⟨trennb⟩ → ask over

askance [əˈskɑːns] adv **to look ~ at sb** j-n entsetzt ansehen; **to look ~ at a suggestion** etc über einen Vorschlag etc die Nase rümpfen

askew [əˈskjuː] adj & adv schief

asking [ˈɑːskɪŋ] s ⟨kein pl⟩ **to be had for the ~** umsonst od leicht od mühelos zu haben sein; **he could have had it for the ~** er hätte es leicht bekommen können

asking price [ˈɑːskɪŋˌpraɪs] s Verkaufspreis m

asleep [əˈsliːp] adj ⟨präd⟩ **1** schlafend; **to be (fast** od **sound) ~** (fest) schlafen; **to fall ~** einschlafen **2** umg (≈ gefühllos) eingeschlafen

A/S level [ˈeɪˌesˌlevl] Br s abk (= Advanced Supplementary level) SCHULE ≈ Fachabitur n, ≈ Berufsmatura f österr, schweiz

asocial [eɪˈsəʊʃəl] adj ungesellig

asparagus [əsˈpærəgəs] s ⟨kein pl⟩ Spargel m

aspect [ˈæspekt] s **1** Erscheinung f, Aussehen n **2** von Thema Aspekt m; **what about the security ~?** was ist mit der Sicherheit? **3** von Haus **to have a southerly ~** Südlage haben

asphalt [ˈæsfælt] s Asphalt m

asphyxiate [æsˈfɪksɪeɪt] v/t & v/i ersticken; **to be ~d** ersticken

asphyxiation [æsˌfɪksɪˈeɪʃən] s Erstickung f

aspic [ˈæspɪk] s GASTR Aspik m/n

aspirate [ˈæspəreɪt] v/t aspirieren

aspiration [ˌæspəˈreɪʃən] s Ambitionen pl, Aspiration f geh; LING Aspiration f

aspire [əˈspaɪəʳ] v/i **to ~ to sth** nach etw streben; **to ~ to do sth** danach streben, etw zu tun

aspirin® [ˈæsprɪn] s Aspirin® n; Kopfschmerztablette f

aspiring [əˈspaɪərɪŋ] adj aufstrebend

ass¹ [æs] s wörtl, fig umg s Esel m; **to make an ass of oneself** sich lächerlich machen

ass² US sl s Arsch m sl; **to kick ass** mit der Faust auf den Tisch hauen umg; **to work one's ass off** sich zu Tode schuften umg; **kiss my ass!** du kannst mich mal am Arsch lecken! vulg

assail [əˈseɪl] v/t angreifen; **to be ~ed by doubts** von Zweifeln geplagt werden

assailant [əˈseɪlənt] s Angreifer(in) m(f)

assassin [əˈsæsɪn] s Attentäter(in) m(f)

assassinate [əˈsæsɪneɪt] v/t ein Attentat verüben auf (+akk); **Kennedy was ~d in Dallas** Kennedy wurde in Dallas ermordet

assassination [əˌsæsɪˈneɪʃən] s (geglücktes) Attentat (**of** auf +akk); **~ attempt** Attentat n

assassination attempt s Attentat n

assault [əˈsɔːlt] **A** s **1** MIL Sturm(angriff) m (**on** auf +akk); fig Angriff m (**on** gegen) **2** JUR Körperverletzung f; **sexual ~** Notzucht f **B** v/t **1** JUR tätlich werden gegen; sexuell herfallen über (+akk); (≈ vergewaltigen) sich vergehen an (+dat) **2** MIL angreifen

assault course s Übungsgelände n

assault rifle s Maschinengewehr n

assault troops pl Sturmtruppen pl

assemble [əˈsembl] **A** v/t zusammensetzen; Fakten zusammentragen; Mannschaft zusammenstellen **B** v/i sich versammeln

assembly [əˈsemblɪ] s **1** Versammlung f; **the Welsh Assembly** die walisische Versammlung **2** SCHULE Morgenappell m **3** Zusammenbau m; von Maschine Montage f

assembly hall s SCHULE Aula f

assembly line s Montageband n

Assembly Member s Mitglied n des walisischen Parlaments

assembly plant s Montagewerk n

assembly point s Sammelplatz m

assembly worker s Montagearbeiter(in) m(f)

assent [əˈsent] **A** s Zustimmung f **B** v/i zustimmen; **to ~ to sth** einer Sache (dat) zustimmen

assert [əˈsɜːt] v/t behaupten; Unschuld beteuern; **to ~ one's authority** seine Autorität geltend machen; **to ~ one's rights** sein Recht behaupten; **to ~ oneself** sich durchsetzen (**over** gegenüber)

assertion [əˈsɜːʃən] s Behauptung f; **to make an ~** eine Behauptung aufstellen

assertive adj, **assertively** [əˈsɜːtɪv, -lɪ] adv bestimmt

assertiveness s Bestimmtheit f

assess [əˈses] v/t **1** einschätzen, bewerten; Vorschlag abwägen; Schaden abschätzen **2** Grundbesitz schätzen

assessment s **1** Einschätzung f; von Schaden Schätzung f; **what's your ~ of the situation?** wie sehen od beurteilen Sie die Lage? **2** von Grundbesitz Schätzung f

assessor [əˈsesəʳ] s Versicherungswesen (Schadens)gutachter(in) m(f); UNIV Prüfer(in) m(f)

asset [ˈæset] s **1** ⟨mst pl⟩ Vermögenswert m; in Bilanz Aktivposten m; **~s** Vermögen n; in Bilanz Aktiva pl; **personal ~s** persönlicher Besitz **2** Vorteil m; fig **he is one of our great ~s** er ist einer unserer besten Leute

asshole [ˈæshəʊl] US sl s Arschloch n vulg

assiduous adj, **assiduously** [əˈsɪdjʊəs, -lɪ] adv gewissenhaft

assign [əˈsaɪn] v/t **1** zuweisen (**to sb** j-m) **2** berufen; *mit Aufgabe etc* beauftragen (**to mit**); **she was ~ed to this school** sie wurde an diese Schule berufen

assignment s **1** Aufgabe f, Auftrag m; **to be on (an) ~** einen Auftrag haben **2** *in der Schule* Referat n, Arbeit f; **to do one's history ~** an seinem Geschichtsreferat arbeiten **~** Berufung f; **3** *mit Aufgabe etc* Beauftragung f (**to mit**) **4** Zuweisung f

assimilate [əˈsɪmɪleɪt] v/t aufnehmen

assimilation [əˌsɪmɪˈleɪʃən] s Aufnahme f

assist [əˈsɪst] **A** v/t helfen (+*dat*), assistieren (+*dat*); unterstützen; **to ~ sb with sth** j-m bei etw behilflich sein; **to ~ sb in doing sth** j-m helfen, etw zu tun **B** v/i helfen; **to ~ with sth** bei etw helfen; **to ~ in doing sth** helfen, etw zu tun

assistance [əˈsɪstəns] s Hilfe f; **to come to sb's ~** j-m zu Hilfe kommen; **can I be of any ~?** kann ich irgendwie helfen?

assistant [əˈsɪstənt] **A** s Assistent(in) m(f); *in Geschäft* Verkäufer(in) m(f) **B** adj ⟨*attr*⟩ stellvertretend

assistant director s *einer Organisation* stellvertretender Direktor, stellvertretende Direktorin

assistant manager s stellvertretender Geschäftsführer, stellvertretende Geschäftsführerin

assistant professor US s Assistenz-Professor(in) m(f)

assistant referee s FUSSB Schiedsrichterassistent(in) m(f)

assisted dying s aktive Sterbehilfe

assisted suicide [əˌsɪstɪdˈsuːɪsaɪd] s aktive Sterbehilfe

associate A [əˈsəʊʃɪɪt] s Kollege m, Kollegin f; HANDEL Teilhaber(in) m(f) **B** [əˈsəʊʃɪeɪt] v/t assoziieren, in Verbindung bringen; **to ~ oneself with sb/sth** sich j-m/einer Sache anschließen **C** [əˈsəʊʃɪeɪt] v/i **to ~ with** verkehren mit

associated company [əˌsəʊʃɪeɪtɪdˈkʌmpəni] *Br* s Schwestergesellschaft f

associate director s Direktor einer Firma, der jedoch nicht offiziell als solcher ernannt wurde

associate member s außerordentliches Mitglied

associate professor US s außerordentlicher Professor, außerordentliche Professorin

association [əˌsəʊsɪˈeɪʃən] s **1** ⟨*kein pl*⟩ Umgang m, Zusammenarbeit f; Verbindung f **2** Verband m **3** *geistig* Assoziation f (**with** +*akk*)

assonance [ˈæsənəns] s Assonanz f (*Wiederholung gleicher oder ähnlicher betonter Vokale in benachbarten Wörtern; z. B. sweet dreams*)

assorted [əˈsɔːtɪd] adj gemischt

assortment [əˈsɔːtmənt] s Mischung f; *von Waren* Auswahl f (**of** an +*dat*)

asst *abk* (= **assistant**) Assistent(in) m(f)

assume [əˈsjuːm] v/t **1** annehmen, voraussetzen; **let us ~ that you are right** nehmen wir an, Sie hätten recht; **assuming (that)** … angenommen(, dass) …; **to ~ office** sein Amt antreten; **to ~ a look of innocence** eine unschuldige Miene aufsetzen **2** *Kontrolle* übernehmen

assumed adj **~ name** angenommener Name

assumption [əˈsʌmpʃən] s **1** Annahme f, Voraussetzung f; **to go on the ~ that** … von der Voraussetzung ausgehen, dass … **2** *von Macht* Übernahme f **3** KIRCHE **the Assumption** Mariä Himmelfahrt f

assurance [əˈʃʊərəns] s **1** Versicherung f, Zusicherung f **2** (≈ *Selbstvertrauen*) Sicherheit f **3** *Br* (Lebens)versicherung f

assure [əˈʃʊə^r] v/t **1 to ~ sb of sth** j-n einer Sache (*gen*) versichern, j-m etw zusichern; **to ~ sb that** … j-m versichern/zusichern, dass … **2** *Erfolg* sichern; **he is ~d of a warm welcome wherever he goes** er kann sich überall eines herzlichen Empfanges sicher sein **3** *Br* Leben versichern

assured [əˈʃʊəd] adj sicher; **to rest ~ that** … sicher sein, dass …

assuredly [əˈʃʊərɪdlɪ] adv mit Sicherheit

asterisk [ˈæstərɪsk] s Sternchen n

astern [əˈstɜːn] adv SCHIFF achtern

asteroid [ˈæstərɔɪd] s Asteroid m

asthma [ˈæsmə] s Asthma n

asthma attack [ˈæsməˌtæk] s Asthmaanfall m

asthmatic [æsˈmætɪk] **A** s Asthmatiker(in) m(f) **B** adj asthmatisch

astonish [əˈstɒnɪʃ] v/t erstaunen; **to be ~ed** erstaunt sein

astonishing adj, **astonishingly** [əˈstɒnɪʃɪŋ, -lɪ] adv erstaunlich; **~ly (enough)** erstaunlicherweise

astonishment s Erstaunen n (**at** über +*akk*); **she looked at me in ~** sie sah mich erstaunt an

astound [əˈstaʊnd] v/t sehr erstaunen; **to be ~ed (at** *od* **by)** höchst erstaunt sein (**über** +*akk*)

astounding adj, **astoundingly** [əˈstaʊndɪŋ, -lɪ] adv erstaunlich

astray [əˈstreɪ] adj **to go ~** verloren gehen; **to lead sb ~** *fig* j-n vom rechten Weg abbringen

astride [əˈstraɪd] *präp* rittlings auf (+*dat*)

astringent [əsˈtrɪndʒənt] **A** adj **1** MED adstringierend, blutstillend **2** *Bemerkung, Humor* beißend **B** s MED Adstringens n

astrologer [əsˈtrɒlədʒə^r] s Astrologe m, Astrologin f

astrological [ˌæstrəˈlɒdʒɪkəl] adj astrologisch

astrology [əsˈtrɒlədʒɪ] s Astrologie f

astronaut ['æstrənɔ:t] s Astronaut(in) m(f)
astronomer [əs'trɒnəmə'] s Astronom(in) m(f)
astronomical adj, **astronomically** [,æstrə'nɒmɪkəl, -lɪ] adv astronomisch
astronomy [əs'trɒnəmɪ] s Astronomie f
astrophysics [,æstrəʊ'fɪzɪks] s ⟨+sg v⟩ Astrophysik f
astute [ə'stju:t] adj schlau; Geist scharf
astutely [ə'stju:tlɪ] adv scharfsinnig
astuteness s Schlauheit f
asunder [ə'sʌndə'] liter adv auseinander, entzwei
asylum [ə'saɪləm] s **1** Asyl n; **to ask for (political) ~** um (politisches) Asyl bitten **2** (Irren)anstalt f
asylum-seeker [ə'saɪləm,si:kə'] s Asylbewerber(in) m(f)
asymmetric(al) [,eɪsɪ'metrɪk(əl)] adj asymmetrisch
asymmetry [æ'sɪmɪtrɪ] s Asymmetrie f
at [æt] präp **1** Position an (+dat), bei (+dat); mit Ortsangabe in (+dat); **at that table** an dem Tisch; **at the top** oben, an der Spitze; **at home** zu Hause; **at the university** US, **at university** an od auf der Universität; **at school** in der Schule; **at the hotel** im Hotel; **at the baker's** beim Bäcker; **at my brother's** bei meinem Bruder; **at the Burtons' (house)** bei den Burtons; **at Dave's** bei Dave (zu Hause); **at 7 Hamilton Street** in der Hamiltonstraße 7; **at a party** auf od bei einer Party; **at the station** am Bahnhof **2** Richtung **to point at sb/sth** auf j-n/etw zeigen; **to look at sb/sth** j-n/etw ansehen **3** zeitlich **at ten o'clock** um zehn Uhr; **at night** bei Nacht; nachts; **at Christmas/Easter** etc zu Weihnachten/Ostern etc; **at your age/16 (years of age)** in deinem Alter/mit 16 (Jahren); **at the age of 10** im Alter von 10 Jahren; **three at a time** drei auf einmal; **at the start/end** am Anfang/Ende **4** Aktivität **at play** beim Spiel; **at work** bei der Arbeit; **good at sth** gut in etw (dat); **while we are at it** umg wenn wir schon mal dabei sind **5** Zustand **to be at an advantage** im Vorteil sein; **at a profit** mit Gewinn; **I'd leave it at that** ich würde es dabei belassen **6** auf (+akk) ... (hin); **at his request** auf seine Bitte (hin); **at that he left the room** daraufhin verließ er das Zimmer **7** wütend etc über (+akk) **8** Tempo, Maß **at 50 km/h** mit 50 km/h; **at 50p a pound** für od zu 50 Pence pro Pfund; **at 5% interest** zu 5% Zinsen; **at a high price** zu einem hohen Preis; **when the temperature is at 90°** wenn die Temperatur auf 90° ist
ate [eɪt, et] prät → eat
atheism ['eɪθɪɪzəm] s Atheismus m
atheist ['eɪθɪɪst] s Atheist(in) m(f)
atheistic [,eɪθɪ'ɪstɪk] adj atheistisch
Athens ['æθɪnz] s Athen n
athlete ['æθli:t] s Athlet(in) m(f); Leichtathlet(in) m(f)
athlete's foot [,æθli:ts'fʊt] s Fußpilz m
athletic [æθ'letɪk] adj sportlich; Körperbau athletisch
athletics s Leichtathletik f; **~ meeting** Leichtathletikwettkampf m
atishoo [ə'tɪʃu:] int hatschi
Atlantic [ət'læntɪk] **A** s ⟨a. **Atlantic Ocean**⟩ Atlantik m **B** adj ⟨attr⟩ atlantisch
atlas ['ætləs] s Atlas m
ATM[1] [,eɪti:'em] abk (= automated teller machine) Geldautomat m
ATM[2] abk (= active traffic management) **ATM system** Verkehrsleitsystem n
atmosphere ['ætməsfɪə'] s Atmosphäre f; Stimmung f
atmospheric [,ætməs'ferɪk] adj atmosphärisch
atmospheric pollution [ætməsferɪkpə'lu:ʃn] s Luftverschmutzung f
atmospheric pressure s Luftdruck m
atom ['ætəm] s Atom n
atom bomb s Atombombe f
atomic [ə'tɒmɪk] adj atomar
atomic bomb s Atombombe f
atomic energy s Kernenergie f
Atomic Energy Authority Br s, **Atomic Energy Commission** US s Atomkommission f
atomic power s **1** Atomkraft f **2** Atomantrieb m
atomic structure s Atombau m
atomic waste s Atommüll m
atomizer ['ætəmaɪzə'] s Zerstäuber m
atone [ə'təʊn] v/i **to ~ for sth** (für) etw büßen
atonement s Sühne f; **in ~ for sth** als Sühne für etw
A to Z® s Stadtplan m (mit Straßenverzeichnis)
atrocious adj, **atrociously** [ə'trəʊʃəs, -lɪ] adv grauenhaft
atrocity [ə'trɒsɪtɪ] s Grausamkeit f; Gräueltat f
atrophy ['ætrəfɪ] **A** s Schwund m **B** v/i verkümmern, schwinden
at sign s IT At-Zeichen n, Klammeraffe m umg
att abk (= attorney) RA
attach [ə'tætʃ] v/t **1** befestigen (**to** an +dat); einem Brief beiheften; an eine E-Mail anhängen; **please find ~ed ...** beigeheftet ...; angehängt ...; **to ~ conditions to sth** Bedingungen an etw (akk) knüpfen **2** **to be ~ed to sb/sth** an j-m/etw hängen **3** Wichtigkeit beimessen (**to** +dat)
attaché [ə'tæʃeɪ] s Attaché m
attaché case s Aktenkoffer m
attachment [ə'tætʃmənt] s **1** von Werkzeug etc

Zusatzteil n **2** Zuneigung f (**to** zu) **3** IT Anhang m, Attachment n

attack [əˈtæk] **A** s **1** Angriff m (**on** auf +akk); **to be under ~** angegriffen werden; **to go on to the ~** zum Angriff übergehen **2** MED etc Anfall m; **to have an ~ of nerves** plötzlich Nerven bekommen **B** v/t **1** angreifen; bei Raub etc überfallen **2** Problem in Angriff nehmen **C** v/i angreifen; **an ~ing side** eine offensive Mannschaft

attacker [əˈtækəʳ] s Angreifer(in) m(f)

attain [əˈteɪn] v/t Ziel, Rang erreichen, erlangen; Glück gelangen in

attainable [əˈteɪnəbl] adj erreichbar; Glück, Macht zu erlangen

attainment [əˈteɪnmənt] s von Glück, Macht Erlangen n

attempt [əˈtempt] **A** v/t versuchen; Aufgabe sich versuchen an (+dat); **~ed murder** Mordversuch m **B** s Versuch m; (≈ Angriff) (Mord)anschlag m (**on** auf +akk); **an ~ on the record** ein Versuch, den Rekord zu brechen; **to make an ~ at doing sth** od **to do sth** versuchen, etw zu tun; **at the first ~** beim ersten Versuch

attend [əˈtend] **A** v/t besuchen, teilnehmen an (+dat); Hochzeit anwesend sein bei; **well ~ed** gut besucht **B** v/i anwesend sein; **are you going to ~?** gehen Sie hin?

phrasal verbs mit attend:

attend to v/i ‹+obj› sich kümmern um; Arbeit etc Aufmerksamkeit widmen (+dat); Lehrer etc zuhören (+dat); Kunden etc bedienen; **are you being attended to?** werden Sie schon bedient?; **that's being attended to** das wird (bereits) erledigt

attendance [əˈtendəns] s **1** Anwesenheit f (**at** bei), Teilnahme f (**at** an +dat); **to be in ~ at sth** bei etw anwesend sein **2** Teilnehmerzahl f

attendance book s Anwesenheitsliste f; in Schule Klassentagebuch n

attendance record s **he doesn't have a very good ~** er fehlt oft

attendant [əˈtendənt] **A** s in Museum Aufseher(in) m(f) **B** adj Probleme etc (da)zugehörig

attention [əˈtenʃən] s **1** ‹kein pl› Aufmerksamkeit f; **to call** od **draw sb's ~ to sth, to call** od **draw sth to sb's ~** j-n auf etw (akk) aufmerksam machen; **to turn one's ~ to sb/sth** seine Aufmerksamkeit auf j-n/etw richten; **to pay ~** Acht geben, aufpassen; **to pay ~/no ~ to sb/sth** j-n/etw beachten/nicht beachten; **to pay ~ to the teacher** dem Lehrer zuhören; **to give one's ~ to sb/sth** j-n/etw beachten; **to attract/catch/grab sb's ~** j-m ins Auge fallen; sich bei j-m aufmerksam machen; **to hold sb's ~** j-n fesseln; **~!** Achtung!; **your ~, please** ich bitte um Aufmerksamkeit; bei offizieller Ankündigung Achtung, Achtung!; **it has come to my ~ that ...** ich bin darauf aufmerksam geworden, dass ...; **for the ~ of Miss Smith** zu Händen von Frau Smith **2** MIL **to stand to ~** stillstehen; **~!** stillgestanden!

Attention Deficit Disorder s MED Aufmerksamkeitsdefizit-Syndrom n

Attention-Deficit Hyperactivity Disorder s MED Aufmerksamkeitsdefizit-Hyperaktivitätsstörung f

attention span s Konzentrationsvermögen n

attentive [əˈtentɪv] adj aufmerksam; **to be ~ to sb** sich j-m gegenüber aufmerksam verhalten; **to be ~ to sb's needs** sich um j-s Bedürfnisse kümmern

attentively [əˈtentɪvlɪ] adv aufmerksam

attenuate [əˈtenjʊeɪt] v/t abschwächen; **attenuating circumstances** mildernde Umstände

attest [əˈtest] v/t bescheinigen; eidlich beschwören

phrasal verbs mit attest:

attest to v/i ‹+obj› bezeugen

attestation [ˌætesˈteɪʃən] s (≈ Dokument) Bescheinigung f

attic [ˈætɪk] s Dachboden m, Estrich m schweiz; bewohnt Mansarde f; **in the ~** auf dem (Dach)boden

attire [əˈtaɪəʳ] **A** v/t kleiden (**in** in +akk) **B** s ‹kein pl› Kleidung f; **ceremonial ~** Festtracht f

attitude [ˈætɪtjuːd] s Einstellung f (**to, towards** zu), Haltung f (**to, towards** gegenüber); **women with ~** kämpferische Frauen

attn abk (= **attention**) z. Hd. von

attorney [əˈtɜːnɪ] s **1** Bevollmächtigte(r) m/f(m); **letter of ~** (schriftliche) Vollmacht **2** US (Rechts)anwalt m/-anwältin f

Attorney General s ‹pl Attorneys General od Attorney Generals› US ≈ Generalbundesanwalt m/-anwältin f; Br ≈ Justizminister(in) m(f)

attract [əˈtrækt] v/t **1** anziehen; Idee etc ansprechen; **she feels ~ed to him** sie fühlt sich von ihm angezogen **2** Aufmerksamkeit auf sich (akk) ziehen; neue Mitglieder etc anziehen; **to ~ publicity** (öffentliches) Aufsehen erregen; **to ~ attention** Aufmerksamkeit erregen

attraction [əˈtrækʃən] s **1** PHYS, a. fig Anziehungskraft f; bes von Großstadt etc Reiz m **2** Attraktion f, Sehenswürdigkeit f

attractive [əˈtræktɪv] adj attraktiv; Lächeln anziehend; Haus, Kleid reizvoll, fesch österr

attractively [əˈtræktɪvlɪ] adv attraktiv; gekleidet, möbliert reizvoll; **~ priced** zum attraktiven Preis (**at von**)

attractiveness – authenticity

attractiveness [əˈtræktɪvnɪs] s Attraktivität f; von Aussicht etc Reiz m
attributable [əˈtrɪbjʊtəbl] adj **to be ~ to sb/sth** j-m/einer Sache zuzuschreiben sein
attribute[1] [əˈtrɪbjuːt] v/t **to ~ sth to sb** j-m etw zuschreiben; **to ~ sth to sth** etw auf etw (akk) zurückführen; Bedeutung etc einer Sache (dat) etw beimessen
attribute[2] [ˈætrɪbjuːt] s Attribut n
attrition [əˈtrɪʃən] fig s Zermürbung f
attune [əˈtjuːn] fig v/t abstimmen (**to** auf +akk); **to become ~d to sth** sich an etw (akk) gewöhnen
atypical [ˌeɪˈtɪpɪkəl] adj atypisch
aubergine [ˈəʊbəʒiːn] s Br Aubergine f, Melanzani f österr
auburn [ˈɔːbən] adj Haar rot-braun
auction [ˈɔːkʃən] **A** s Auktion f; **to sell sth by ~** etw versteigern; **to put sth up for ~** etw zur Versteigerung anbieten **B** v/t (a. **auction off**) versteigern
auctioneer [ˌɔːkʃəˈnɪər] s Auktionator(in) m(f)
auction room(s) s(pl) Auktionshalle f
audacious adj, **audaciously** [ɔːˈdeɪʃəs, -lɪ] adv **1** dreist **2** kühn
audacity [ɔːˈdæsɪtɪ], **audaciousness** [ɔːˈdeɪʃəsnɪs] s **1** Dreistigkeit f; **to have the ~ to do sth** die Dreistigkeit besitzen, etw zu tun **2** Kühnheit f
audible adj, **audibly** [ˈɔːdɪbl, -ɪ] adv hörbar
audience [ˈɔːdɪəns] s **1** Publikum n kein pl, Zuschauer pl; RADIO Zuhörerschaft f **2** Audienz f (**with** bei)
audio [ˈɔːdɪəʊ] adj Audio-; **~ equipment** Hi-Fi-Geräte pl; **~ tape** Tonband n
audio book s Hörbuch n
audio card s COMPUT Soundkarte f
audio cassette s Audiokassette f
audio equipment s in Studio Audiogeräte pl; (≈ Hi-Fi) Stereoanlage f
audio file s Audiodatei f
audio guide, **audioguide** s elektronischer Museumsführer Audioguide m
audiotape **A** s **1** (Ton)band m **2** US Kassette f **B** v/t auf (Ton)band/Kassette aufnehmen
audio typist s Phonotypistin f
audiovisual adj audiovisuell
audit [ˈɔːdɪt] **A** s Buchprüfung f **B** v/t prüfen; US Kurs als Gasthörer belegen
audition [ɔːˈdɪʃən] **A** s THEAT Vorsprechprobe f; von Musiker Probespiel n; von Sänger Vorsingen n; von Tänzer Vortanzen n **B** v/t vorsprechen/vorspielen/vorsingen/vortanzen lassen **C** v/i vorsprechen/vorspielen/vorsingen/vortanzen
auditor [ˈɔːdɪtər] s HANDEL Buchprüfer(in) m(f); FIN Auditor(in) m(f); US bei Kurs Gasthörer(in) m(f)
auditorium [ˌɔːdɪˈtɔːrɪəm] s Auditorium n
au fait [ˌəʊˈfeɪ] adj **to be ~ with sth** mit etw vertraut sein
Aug abk (= August) Aug.
augment [ɔːgˈment] **A** v/t vermehren **B** v/i zunehmen
augmentation [ˌɔːgmənˈteɪʃən] s Vermehrung f; zahlenmäßig Zunahme f; MUS Augmentation f; **breast ~** Brustvergrößerung f
augur [ˈɔːgər] v/i **to ~ well/ill** etwas Gutes/nichts Gutes verheißen
August [ˈɔːgəst] s August m; → September
auld [ɔːld] schott adj (+er) alt; **for ~ lang syne** um der alten Zeiten willen
aunt [ɑːnt] s Tante f
auntie, **aunty** [ˈɑːntɪ] bes Br umg s Tante f; **~!** Tantchen! umg
au pair [ˌəʊˈpeə] s ⟨pl - -s⟩ a. **~ girl** Au-pair(-Mädchen) n
aura [ˈɔːrə] s Aura f geh
aural [ˈɔːrəl] adj Gehör-; **~ examination** Hörtest m
auspices [ˈɔːspɪsɪz] pl **under the ~ of** unter der Schirmherrschaft (+gen)
auspicious [ɔːsˈpɪʃəs] adj günstig; Beginn vielversprechend
auspiciously [ɔːsˈpɪʃəslɪ] adv vielversprechend
Aussie [ˈɒzɪ] umg **A** s Australier(in) m(f) **B** adj australisch
austere [ɒsˈtɪər] adj streng; Zimmer karg; Lebensstil asketisch
austerely [ɒsˈtɪəlɪ] adv streng; möblieren karg; leben asketisch
austerity [ɒsˈterɪtɪ] s **1** Strenge f, Schmucklosigkeit f **2** ~ **budget** Sparhaushalt m; **~ measures** Sparmaßnahmen pl
Australasia [ˌɔːstrəˈleɪsjə] s Australien und Ozeanien n
Australasian **A** s Ozeanier(in) m(f) **B** adj ozeanisch
Australia [ɒsˈtreɪlɪə] s Australien n
Australian [ɒsˈtreɪlɪən] **A** s Australier(in) m(f) **B** adj australisch
Austria [ˈɒstrɪə] s Österreich n
Austrian [ˈɒstrɪən] **A** s Österreicher(in) m(f) **B** adj österreichisch
authentic [ɔːˈθentɪk] adj authentisch; Antiquitäten, Tränen echt
authentically [ɔːˈθentɪkəlɪ] adv echt, authentisch
authenticate [ɔːˈθentɪkeɪt] v/t bestätigen; Dokument beglaubigen, visieren schweiz
authentication [ɔːˌθentɪˈkeɪʃən] s Bestätigung f; von Dokument Beglaubigung f
authenticity [ˌɔːθenˈtɪsɪtɪ] s Echtheit f; von Anspruch Berechtigung f

author ['ɔːθəʳ] s Autor(in) m(f); Schriftsteller(in) m(f); von Bericht Verfasser(in) m(f)

authoritarian [ɔːˌθɒrɪ'tɛərɪən] **A** adj autoritär **B** s autoritärer Mensch; **to be an ~** autoritär sein

authoritarianism [ˌɔːθɒrɪ'tɛərɪənɪzəm] s Autoritarismus m

authoritative [ɔː'θɒrɪtətɪv] adj **1** bestimmt; Verhalten Respekt einflößend **2** zuverlässig

authoritatively [ɔː'θɒrɪtətɪvlɪ] adv bestimmt, zuverlässig

authority [ɔː'θɒrɪtɪ] s **1** Autorität f, Befugnis f, Vollmacht f; des Staates etc Gewalt f; **who's in ~ here?** wer ist hier der Verantwortliche?; **parental ~** Autorität der Eltern; JUR elterliche Gewalt; **to be in** od **have ~ over sb** Weisungsbefugnis gegenüber j-m haben form; **on one's own ~** auf eigene Verantwortung; **to have the ~ to do sth** berechtigt sein, etw zu tun; **to give sb the ~ to do sth** j-m die Vollmacht erteilen, etw zu tun **2** a. pl Behörde f, Verwaltung f, Amt n; **the local ~** od **authorities** die Gemeindeverwaltung; **you must have respect for ~** du musst Achtung gegenüber Respektspersonen haben **3** (anerkannte) Autorität; **to have sth on good ~** etw aus zuverlässiger Quelle wissen

authorization [ˌɔːθərəɪ'zeɪʃən] s Genehmigung f, Recht n

authorize ['ɔːθəraɪz] v/t **1** ermächtigen; **to be ~d to do sth** das Recht haben, etw zu tun **2** genehmigen

authorized adj Person, Bank bevollmächtigt; Biografie autorisiert; **"authorized personnel only"** „Zutritt nur für Befugte"; **~ signature** Unterschrift f eines bevollmächtigten Vertreters

authorship ['ɔːθəʃɪp] s Urheberschaft f

autism ['ɔːtɪzəm] s Autismus m

autistic [ɔː'tɪstɪk] adj autistisch

auto ['ɔːtəʊ] s ⟨pl -s⟩ US Auto n

autobiographical ['ɔːtəʊˌbaɪəʊ'ɡræfɪkəl] adj autobiografisch

autobiography [ˌɔːtəʊbaɪ'ɒɡrəfɪ] s Autobiografie f

autocrat ['ɔːtəʊkræt] s Autokrat(in) m(f)

autocratic [ˌɔːtəʊ'krætɪk] adj autokratisch

Autocue® ['ɔːtəʊkjuː] s Br TV Teleprompter® m

autofocus ['ɔːtəʊfəʊkəs] s FOTO Autofokus m

autogenic [ˌɔːtəʊ'dʒɛnɪk] adj **~ training** autogenes Training

autograph ['ɔːtəɡrɑːf] **A** s Autogramm n **B** v/t signieren

automat ['ɔːtəmæt] US s Automatenrestaurant n

automate ['ɔːtəmeɪt] v/t automatisieren

automated teller machine [ˌɔːtəmeɪtɪd'telə-məʃiːn] s Geldautomat m

automatic [ˌɔːtə'mætɪk] **A** adj automatisch; **~ rifle** od **weapon** Schnellfeuergewehr n **B** s **1** Automatikwagen m **2** automatische Waffe **3** Waschautomat m

automatically [ˌɔːtə'mætɪkəlɪ] adv automatisch

automatic teller machine s Geldautomat m

automation [ˌɔːtə'meɪʃən] s Automatisierung f

automaton [ɔː'tɒmətən] s ⟨pl -s od automata [-ətə]⟩ Roboter m

automobile ['ɔːtəməbiːl] s Auto(mobil) n

automotive [ˌɔːtə'məʊtɪv] adj Auto-, Fahrzeug-

autonomous adj, **autonomously** [ɔː'tɒnəməs, -lɪ] adv autonom

autonomy [ɔː'tɒnəmɪ] s Autonomie f

autopilot [ˌɔːtəʊ'paɪlɒt] s Autopilot m; **on ~** wörtl mit Autopilot; **he was on ~** fig er funktionierte wie ferngesteuert

autopsy ['ɔːtɒpsɪ] s Autopsie f

autoteller s Geldautomat m

autumn ['ɔːtəm] bes Br **A** s Herbst m; **in (the) ~** im Herbst **B** adj ⟨attr⟩ Herbst-, herbstlich; **~ leaves** bunte (Herbst)blätter pl

autumnal [ɔː'tʌmnəl] adj herbstlich

auxiliary [ɔːɡ'zɪlɪərɪ] **A** adj Hilfs-, zusätzlich; **~ nurse** Hilfspfleger m, Schwesternhelferin f; **~ verb** Hilfsverb n **B** s Hilfskraft f; **nursing ~** Schwesternhelferin f

Av abk (= avenue) Allee f

avail [ə'veɪl] **A** v/r **to ~ oneself of sth** von etw Gebrauch machen **B** s **to no ~** vergebens

availability [əˌveɪlə'bɪlɪtɪ] s Erhältlichkeit f, Vorrätigkeit f, Verfügbarkeit f; **offer subject to ~** nur solange der Vorrat reicht; **because of the limited ~ of seats** weil nur eine begrenzte Anzahl an Plätzen zur Verfügung steht

available [ə'veɪləbl] adj erhältlich, vorrätig; Zeit, Sitzplätze frei; Ressourcen verfügbar; **to be ~** vorhanden sein, zur Verfügung stehen, frei sein; (≈ nicht in Beziehung) (wieder) zu haben sein, nicht vergeben sein; **to make sth ~ to sb** j-m etw zur Verfügung stellen; Informationen j-m etw zugänglich machen; **the best dictionary ~** das beste Wörterbuch, das es gibt; **when will you be ~ to start in the new job?** wann können Sie die Stelle antreten?

avalanche ['ævəlɑːnʃ] wörtl, fig s Lawine f

avant-garde ['ævɒŋ'ɡɑːd] **A** s Avantgarde f **B** adj avantgardistisch

avatar ['ævətɑːʳ] s IT Avatar m

AVCE abk (= Advanced Vocational Certificate in Education) fachgebundenes Abitur, Fachabitur n

Ave abk (= avenue) Allee f

avenge [əˈvendʒ] v/t rächen; **to ~ oneself on sb (for sth)** sich an j-m (für etw) rächen

avenue [ˈævənjuː] s Allee f; fig Weg m; **~s of approach** Verfahrensweisen pl; **to explore every ~** alle sich bietenden Wege prüfen

average [ˈævərɪdʒ] **A** s Durchschnitt m; **an ~ of** durchschnittlich; **to do an ~ of 50 miles a day/3% a week** durchschnittlich 50 Meilen pro Tag fahren/3% pro Woche erledigen; **on ~** durchschnittlich; **above ~** überdurchschnittlich; **below ~** unterdurchschnittlich; **by the law of ~s** aller Wahrscheinlichkeit nach **B** adj durchschnittlich, mittelmäßig; **above/below ~** über-/unterdurchschnittlich; **the ~ man** der Durchschnittsbürger; **of ~ height** von mittlerer Größe **C** v/t Geschwindigkeit etc auf einen Schnitt von … kommen; Exemplare etc im Durchschnitt betragen; **we ~d 80 km/h** wir sind durchschnittlich 80 km/h gefahren

phrasal verbs mit average:

average out A v/t ⟨trennb⟩ **if you average it out** im Durchschnitt; **it'll average itself out** es wird sich ausgleichen **B** v/i **1** durchschnittlich ausmachen (**at, to** +akk) **2** sich ausgleichen

averse [əˈvɜːs] adj ⟨präd⟩ abgeneigt; **I am not ~ to a glass of wine** einem Glas Wein bin ich nicht abgeneigt

aversion [əˈvɜːʃən] s Abneigung f (**to** gegen); **he has an ~ to getting wet** er hat eine Abscheu davor, nass zu werden

avert [əˈvɜːt] v/t abwenden; Unfall verhüten

avian flu [ˌeɪvɪənˈfluː] s Vogelgrippe f

aviary [ˈeɪvɪərɪ] s Vogelhaus n

aviation [ˌeɪvɪˈeɪʃən] s die Luftfahrt

avid [ˈævɪd] adj begeistert; **I am an ~ reader** ich lese leidenschaftlich gern

avocado [ˌævəˈkɑːdəʊ] s ⟨pl -s⟩ a. **~ pear** Avocado(birne) f

avoid [əˈvɔɪd] v/t vermeiden; j-n meiden; Hindernis ausweichen (+dat); Unglück verhindern; Pflicht umgehen; **to ~ doing sth** es vermeiden, etw zu tun; **in order to ~ being seen** um nicht gesehen zu werden; **I'm not going if I can possibly ~ it** wenn es sich irgendwie vermeiden lässt, gehe ich nicht

avoidable [əˈvɔɪdəbl] adj vermeidbar

avoidance [əˈvɔɪdəns] s Vermeidung f, Umgehung f

avoidance strategy s Vermeidungsstrategie f

await [əˈweɪt] v/t erwarten; Entscheidung entgegensehen (+dat); **the long ~ed day** der lang ersehnte Tag; **he is ~ing trial** sein Fall steht noch zur Verhandlung an

awake [əˈweɪk] ⟨prät awoke, pperf awoken od awaked [əˈweɪkt]⟩ **A** v/i erwachen **B** v/t wecken **C** adj ⟨präd⟩ wach; **to be/lie/stay ~** wach sein/liegen/bleiben; **to keep sb ~** j-n wach halten; **wide ~** hellwach

awaken [əˈweɪkən] v/t & v/i → awake

awakening [əˈweɪknɪŋ] s Erwachen n; **a rude ~** wörtl, fig ein böses Erwachen

award [əˈwɔːd] **A** v/t Preis, Strafe zuerkennen (**to sb** j-m); akademischen Grad etc verleihen (**to sb** j-m); **to be ~ed damages** Schadenersatz zugesprochen bekommen **B** s Preis m; für Tapferkeit etc Auszeichnung f; **to make an ~ (to sb)** einen Preis (an j-n) vergeben

award(s) ceremony s FILM, THEAT, TV Preisverleihung f

award-winning adj preisgekrönt

aware [əˈweə^r] adj ⟨bes präd⟩ **1** bewusst; **to be ~ of sb/sth** sich (dat) j-s/einer Sache bewusst sein; **I was not ~ that …** es war mir nicht bewusst, dass …; **not that I am ~ (of)** nicht dass ich wüsste; **as far as I am ~** so viel ich weiß; **to make sb ~ of sth** j-m etw bewusst machen **2** wachsam, vorsichtig

awareness s Bewusstsein n

away [əˈweɪ] **A** adv **1** weg; **three miles ~ (from here)** drei Meilen von hier; **lunch seemed a long time ~** es schien noch lange bis zum Mittagessen zu sein; **but he was ~ before I could say a word** aber er war fort od weg, bevor ich den Mund auftun konnte; **to look ~** wegsehen; **~ we go!** los (gehts)!; **they're ~!** Pferde, Läufer etc sie sind gestartet; **to give ~** weggeben; **to gamble ~** verspielen **2** fort, weg; **he's ~ in London** er ist in London **3** SPORT **to play ~** auswärts spielen; **they're ~ to Arsenal** sie spielen auswärts bei Arsenal **4** **to work ~** vor sich (akk) hin arbeiten **5** **ask ~!** frag nur!; **right od straight ~** sofort **B** adj ⟨attr⟩ SPORT Auswärts-; **~ goal** Auswärtstor m; **~ match** Auswärtsspiel n; **~ team** Gastmannschaft f

awe [ɔː] s Ehrfurcht f; **to be in awe of sb** Ehrfurcht vor j-m haben

awe-inspiring [ˈɔːɪnˌspaɪərɪŋ] adj Ehrfurcht gebietend

awesome [ˈɔːsəm] adj beeindruckend; bes US umg (≈ ausgezeichnet) irre umg

awe-stricken [ˈɔːˌstrɪkən], **awe-struck** [ˈɔːˌstrʌk] adj von Ehrfurcht ergriffen

awful [ˈɔːfəl] umg adj schrecklich; **an ~ lot of money** furchtbar viel Geld umg

awfully [ˈɔːflɪ] umg adv schrecklich umg

awfulness [ˈɔːfʊlnɪs] s Schrecklichkeit f

awhile [əˈwaɪl] liter adv ein Weilchen

awkward [ˈɔːkwəd] adj **1** schwierig; Zeit, Winkel ungünstig; **to make things ~ for sb** j-m Schwierigkeiten machen; **~ customer** übler Bursche umg **2** peinlich, verlegen; Schweigen

betreten; **I feel ~ about doing that** es ist mir unangenehm, das zu tun; **to feel ~ in sb's company** sich in j-s Gesellschaft (*dat*) nicht wohlfühlen **3** unbeholfen
awkwardly ['ɔːkwədlɪ] *adv* **1** ungeschickt; *liegen* unbequem **2** peinlich, verlegen
awkwardness *s* **1** Schwierigkeit *f*; *von Zeit, Winkel* Ungünstigkeit *f* **2** Peinlichkeit *f* **3** Verlegenheit *f* **4** Unbeholfenheit *f*
awning ['ɔːnɪŋ] *s* Markise *f*; *von Wohnwagen* Vordach *n*
awoke [ə'wəʊk] *prät* → awake
awoken [ə'wəʊkən] *pperf* → awake
AWOL ['eɪwɒl] *abk* (= absent without leave) MIL **to go ~** sich unerlaubt von der Truppe entfernen
awry [ə'raɪ] *adv & adj* ⟨*präd*⟩ **to go ~** schiefgehen
axe [æks], **ax** US **A** *s* Axt *f*; **to get** *od* **be given the axe** *Angestellter* abgesägt werden; *Projekt* eingestellt werden **B** *v/t* streichen; *j-n* entlassen
axis ['æksɪs] *s* ⟨*pl* axes ['æksiːz]⟩ Achse *f*
axle ['æksl] *s* Achse *f*
ay(e) [aɪ] *s* PARL Jastimme *f*
aye [aɪ] *bes schott, dial int* ja; **aye, aye, Sir** SCHIFF jawohl, Herr Admiral *etc*
A-Z [eɪtə'zed] *s* Stadtplan *m*
azalea [ə'zeɪlɪə] *s* Azalee *f*
Azores [ə'zɔːz] *pl* Azoren *pl*
Aztec ['æztek] **A** *s* Azteke *m*, Aztekin *f* **B** *adj* aztekisch
azure ['æʒə^r] *adj* azurblau; **~ blue** azurblau

B

B, b [biː] *s* B *n*, b *n*; SCHULE zwei, gut; MUS H *n*, h *n*; **B flat** B *n*, b *n*; **B sharp** His *n*, his *n*
b *abk* (= born) geb.
BA *abk* (= Bachelor of Arts) B.A.
babble ['bæbl] **A** *s* Gemurmel *n*, Geplapper *n*; **~ (of voices)** Stimmengewirr *n* **B** *v/i* plappern *umg*
babe [beɪb] *s* **1** *bes US umg* Baby *n umg* **2** *umg* (≈ *attraktive, junge Frau*) Babe *n umg*; *als Anrede* Schätzchen *n umg*
baboon [bə'buːn] *s* Pavian *m*
baby ['beɪbɪ] **A** *s* **1** Baby *n*; *von Tier* Junge(s) *n*; **to have a ~** ein Baby bekommen; **since he/she was a ~** von klein auf; **don't be such a ~!** stell dich nicht so an! *umg*; **to be left holding the ~** *Br umg* der Dumme sein *umg*; **to throw out the ~ with the bathwater** das Kind mit dem Bade ausschütten **2** *bes US umg als Anrede* Schätzchen *n umg* **B** *v/t umg* wie einen Säugling behandeln
baby blue *s* Himmelblau *n*
baby-blue *umg adj* himmelblau
baby boom *s* Babyboom *m*
baby bouncer *s* (Baby)wippe *f*
baby boy *s* kleiner Junge
baby brother *s* kleiner Bruder
baby buggy *s* US Kinderwagen *m*
baby carriage US *s* Kinderwagen *m*
baby changing room *s* Babywickelraum *m*, Wickelraum *m*
baby clothes *pl* Babywäsche *f*
baby-faced *adj* milchgesichtig
baby food *s* Babynahrung *f*
baby girl *s* kleines Mädchen
babyhood *s* früheste Kindheit; Babyalter *n*
babyish ['beɪbɪɪʃ] *adj* kindisch
baby seat *s* Baby(sicherheits)sitz *m*
baby sister *s* kleine Schwester
baby-sit *v/i* ⟨*prät, pperf* baby-sat⟩ babysitten; **she ~s for them** sie geht bei ihnen babysitten
baby-sitter *s* Babysitter(in) *m(f)*
baby-sitting *s* Babysitting *n*
baby stroller *s* US *für Kinder* Sportwagen *m*
baby-talk *s* Kindersprache *f*
baby tooth *s* Milchzahn *m*
baby-walker *s* Laufstuhl *m*
bachelor ['bætʃələ^r] *s* **1** Junggeselle *m*; **he's a ~** er ist Junggeselle **2** UNIV **Bachelor of Arts/Science/Education** Bachelor *m* (der philosophischen/naturwissenschaftlichen Fakultät/der Erziehungswissenschaft); **Bachelor of Engineering/Medicine** Bachelor *m* der Ingenieurwissenschaften/Medizin; **~'s (degree)** Bachelorabschluss *m*; Bachelorstudiengang *m*
bachelor flat *s* Junggesellenwohnung *f*
bacillus [bə'sɪləs] *s* ⟨*pl* bacilli [bə'sɪlaɪ]⟩ Bazillus *m*
back [bæk] **A** *s* **1** *von Mensch, Tier, Buch* Rücken *m*; *von Stuhl* (Rücken)lehne *f*; **to break one's ~** *wörtl* sich (*dat*) das Rückgrat brechen; *fig* sich abrackern; **behind his ~** *fig* hinter seinem Rücken; **to put one's ~ into sth** *fig* sich bei etw anstrengen; **to put** *od* **get sb's ~ up** j-n gegen sich aufbringen; **to turn one's ~ on sb** *wörtl* j-m den Rücken zuwenden; *fig* sich von j-m abwenden; **get off my ~!** *umg* lass mich endlich in Ruhe!; **he's got the boss on his ~** er hat seinen Chef auf dem Hals; **to have one's ~ to the wall** *fig* in die Enge getrieben sein; **I was pleased to see the ~ of them** *umg* ich war froh, sie endlich los zu sein *umg* **2** Rückseite *f*; *von Hand, Kleid* Rücken *m*; *von Stoff* linke Seite; **I know London like the ~ of my hand**

ich kenne London wie meine Westentasche; (**right**) **at the ~ of the cupboard** (ganz) hinten im Schrank; **he drove into the ~ of me** er ist mir hinten reingefahren *umg*; **at/on the ~ of the bus** hinten im/am Bus; **in the ~** (**of a car**) hinten (im Auto); **it's been at the ~ of my mind** es hat mich beschäftigt; **at the ~ of beyond** am Ende der Welt **B** *adj* Hinter- **C** *adv* **1** zurück; (**stand**) **~!** zurück(treten)!; **~ and forth** hin und her; **to pay sth ~** etw zurückzahlen; **to come ~** zurückkommen; **there and ~** hin und zurück **2** wieder; **I'll never go ~** da gehe ich nie wieder hin; **~ in London** zurück in London; **~ home** zu Hause **3** (≈ *zeitlich*) **a week ~** vor einer Woche; **as far ~ as the 18th century** bis ins 18. Jahrhundert zurück, schon im 18. Jahrhundert; **~ in March 1997** im März 1997 **D** *v/t* **1** unterstützen **2** wetten auf (+*akk*) **3** *Auto* zurücksetzen; **he ~ed his car into the tree/garage** er fuhr rückwärts gegen den Baum/in die Garage **E** *v/i Auto* zurücksetzen; **she ~ed into me** sie fuhr rückwärts in mein Auto

phrasal verbs mit back:

back away *v/i* zurückweichen (**from** vor +*dat*)
back down *fig v/i* nachgeben
back off *v/i* **1** zurückweichen **2** sich zurückhalten; **back off!** verschwinde!
back on to *v/i* ⟨+*obj*⟩ hinten angrenzen an (+*akk*)
back out *v/i* **1** *Auto etc* rückwärts herausfahren **2** *fig* aus *Geschäft etc* aussteigen *umg* (**of, from** aus)
back up A *v/i* **1** *Auto etc* zurücksetzen **2** *Verkehr* sich stauen **3** *US* **let me back up** ich muss etwas weiter ausholen **B** *v/t* ⟨*trennb*⟩ **1** unterstützen; *Darstellung* bestätigen; **he can back me up in this** er kann das bestätigen **2** *Auto etc* zurückfahren **3** IT sichern

backache *s* Rückenschmerzen *pl*
back alley *s* Gasse *f*
back bench *bes Br s* **the ~es** das Plenum
backbencher *bes Br s* Hinterbänkler(in) *m(f)*
backbiting *s* Lästern *n*
backbone *s* Rückgrat *n*
backbreaking ['bækbreɪkɪŋ] *adj* erschöpfend
back burner *s* **to put sth on the ~** *fig umg* etw zurückstellen
back catalogue *s* MUS ältere Aufnahmen *pl*, Back-Katalog *m*
backchat *umg s* ⟨*kein pl*⟩ Widerrede *f*
back copy *s* alte Ausgabe
backcountry skiing *s* Skifahren abseits der Hauptrouten
back cover *s* Rückseite *f*
backdate *v/t* (zu)rückdatieren; **salary increase ~d to May** Gehaltserhöhung rückwirkend ab Mai
back door *s* Hintertür *f*; **by the ~** *fig* durch die Hintertür
backdrop *s* Hintergrund *m*
back end *s* hinteres Ende; **at the ~ of the year** gegen Ende des Jahres
backer ['bækə'] *s* **1 his ~s** (diejenigen,) die ihn unterstützen **2** HANDEL Geldgeber(in) *m(f)*
backfire *v/i* **1** AUTO Fehlzündungen haben **2** *umg Plan etc* ins Auge gehen *umg*; **it ~d on us** der Schuss ging nach hinten los *umg*
backgammon *s* Backgammon *n*
back garden *s* Garten *m* (hinterm Haus)
background ['bækgraʊnd] **A** *s* **1** Hintergrund *m*; **in the ~** im Hintergrund **2** *bildungsmäßig* Werdegang *m*; *gesellschaftlich* Verhältnisse *pl*; (≈ *familiär*) Herkunft *f kein pl*; **children from all ~s** Kinder aus allen Schichten **B** *adj* Hintergrund-; *Lektüre* vertiefend; **~ file** Hintergrundinformationen *pl*; **~ music** Hintergrundmusik *f*; **~ information** Hintergrundinformationen *pl*
backhand A *s* SPORT Rückhand *f kein pl*, Rückhandschlag *m* **B** *adj* **~ stroke** Rückhandschlag *m* **C** *adv* mit der Rückhand
backhanded *adj Kompliment* zweifelhaft
backhander *s* **1** SPORT Rückhandschlag *m* **2** *umg* Schmiergeld *n*; **to give sb a ~** j-n schmieren *umg*
backing ['bækɪŋ] *s* **1** Unterstützung *f* **2** MUS Begleitung *f*; **~ group** Begleitband *f*; **~ singer** Begleitsänger(in) *m(f)*; **~ vocals** Begleitung *f*
backlash *fig s* Gegenreaktion *f*
backless *adj Kleid* rückenfrei
back line *s* Grundlinie *f*
backlog *s* Rückstände *pl*; **I have a ~ of work** ich bin mit der Arbeit im Rückstand
backpack *s* Rucksack *m*
backpacker *s* Rucksacktourist(in) *m(f)*
backpacking *s* Rucksacktourismus *m*; **to go ~** als Rucksacktourist unterwegs sein
back pain *s* Rückenschmerzen *pl*
back pay *s* Nachzahlung *f*
back-pedal *wörtl v/i* rückwärtstreten; *fig umg* einen Rückzieher machen *umg* (**on** bei)
back pocket *s* Gesäßtasche *f*
back rest *s* Rückenstütze *f*
back road *s* kleine Landstraße
back seat *s* Rücksitz *m*; **to take a ~** *fig* in den Hintergrund treten
back-seat driver *s* **she is a terrible ~** sie redet beim Fahren immer rein
backside *Br umg s* Hintern *m umg*
backslash *s* IT Backslash *m*, umgekehrter Schrägstrich
backslide *fig v/i* rückfällig werden

backspace v/t & v/i TYPO zurücksetzen
backspace key s Rücktaste f
backstabbing s Intrigieren n
backstage adv & adj hinter der Bühne
backstairs pl Hintertreppe f
backstreet s Seitensträßchen n
backstreet abortion s illegale Abtreibung
backstroke s Rückenschwimmen n; **can you do the ~?** können Sie rückenschwimmen?
back to back adv Rücken an Rücken; *Gegenstände* mit den Rückseiten aneinander
back-to-back adj direkt aufeinanderfolgend *attr*
back to front adv verkehrt herum
back tooth s Backenzahn m, Stockzahn m österr
backtrack v/i denselben Weg zurückgehen; *fig* einen Rückzieher machen (**on sth** bei etw)
backup A s 1 *für Menschen* Unterstützung f 2 *Gegenstand* Ersatz m; **I'll take this as a ~** ich nehme sicherheitshalber noch dies mit 3 IT Sicherungskopie f 4 TECH Ersatzgerät n B adj 1 zur Unterstützung; **~ plan** Ausweichplan m 2 IT **~ copy** Sicherungskopie f 3 Ersatz-
backward ['bækwəd] A adj 1 **a ~ glance** ein Blick m zurück; **a ~ step** fig ein Schritt m zurück 2 fig rückständig; pej *Kind* zurückgeblieben B adv → backwards
backwardness ['bækwədnɪs] s *geistig* Zurückgebliebenheit f; *von Gebiet* Rückständigkeit f
backwards ['bækwədz] adv rückwärts; **to fall ~** nach hinten fallen; **to walk ~ and forwards** hin und her gehen; **to bend over ~ to do sth** umg sich (dat) ein Bein ausreißen, um etw zu tun umg; **I know it ~** Br, **I know it ~ and forwards** US das kenne ich in- und auswendig
back yard s Hinterhof m; **in one's own ~** fig vor der eigenen Haustür
bacon ['beɪkən] s Bacon m, Frühstücksspeck m; **~ and eggs** Eier mit Speck; **to bring home the ~** umg die Brötchen verdienen umg
bacteria [bæk'tɪərɪə] pl → bacterium
bacterial [bæk'tɪərɪəl] adj bakteriell
bacterium [bæk'tɪərɪəm] s ⟨pl bacteria [bæk'tɪərɪə]⟩ Bakterie f
bad[1] [bæd] adj ⟨komp worse⟩, sup worst⟩⟩ 1 schlecht; *Geruch* übel, unanständig, böse, unartig; **it was a bad thing to do** das hättest du etc nicht tun sollen; **he went through a bad time** er hat eine schlimme Zeit durchgemacht; **I've had a really bad day** ich hatte einen furchtbaren Tag; **to go bad** schlecht werden; **to be bad at French** schlecht in Französisch sein; **that's not a bad idea!** das ist keine schlechte Idee!; **too bad you couldn't make it** (es ist) wirklich schade, dass Sie nicht kommen konnten; **I feel really bad about not having told him** es tut mir wirklich leid, dass ich ihm das nicht gesagt habe; **don't feel bad about it** machen Sie sich (dat) keine Gedanken (darüber) 2 schlimm; *Unfall, Fehler, Kälte* schwer; *Kopfschmerzen, Erkältung* stark; **he's got it bad** umg ihn hats schwer erwischt umg; **you're just as bad as your brother** du bist genauso schlimm wie dein Bruder 3 (≈ ungünstig) *Zeit* ungünstig 4 *Magen* krank; *Bein* schlimm; **to be in a bad way** *Person* in schlechter Verfassung sein; **the economy is in a bad way** es steht schlecht mit der Wirtschaft; **I feel bad** *gesundheitlich* mir ist nicht gut, ich fühle mich schlecht; **how is he? — he's not so bad** wie geht es ihm? — nicht schlecht B *bes US* umg s **my bad!** mein Fehler! umg, ich bin dran schuld
bad[2] *prät* → bid
bad blood s böses Blut; **there is ~ between them** sie haben ein gestörtes Verhältnis
bad cheque s, **bad check** US s ungedeckter Scheck
baddie ['bædɪ] umg s Bösewicht m hum
bade [beɪd] *prät* → bid
badge [bædʒ] s Abzeichen n, Button m, Plakette f, Aufkleber m, Pickerl n österr
badger ['bædʒə[r]] A s Dachs m B v/t zusetzen (+dat); **to ~ sb for sth** j-m mit etw in den Ohren liegen
bad hair day umg s Scheißtag m umg, Tag, an dem alles schiefgeht
bad language s Schimpfwörter pl; **to use ~** Schimpfwörter benutzen
badly ['bædlɪ] adv 1 schlecht; **to do ~** *in Prüfung etc* schlecht abschneiden; FIN schlecht stehen; HANDEL schlecht gehen; **to go ~** schlecht laufen; **to be ~ off** schlecht dran sein; **to think ~ of sb** schlecht von j-m denken 2 *verletzt, im Irrtum* schwer 3 sehr; **to want sth ~** etw unbedingt wollen; **I need it ~** ich brauche es dringend
bad-mannered [ˌbæd'mænəd] adj unhöflich
badminton ['bædmɪntən] s Federball n; SPORT Badminton n
badminton racket s Federballschläger m
bad-tempered [ˌbæd'tempəd] adj schlecht gelaunt; **to be ~** schlechte Laune haben; *ständig* ein übellauniger Mensch sein
baffle ['bæfl] v/t verblüffen, vor ein Rätsel stellen; **it really ~s me how ...** es ist mir wirklich ein Rätsel, wie ...
baffling ['bæflɪŋ] adj *Fall* rätselhaft; **I find it ~** es ist mir ein Rätsel
bag [bæɡ] A s 1 Tasche f, Beutel m, Schultasche f, Tüte f, Sack m, Reisetasche f; **bags** (Reise)ge-

päck n; **to pack one's bags** seine Sachen packen; **it's in the bag** *fig umg* das ist gelaufen *umg*; **bags under the eyes** Ringe *pl* unter den Augen, Tränensäcke *pl* **2** *umg* **bags of** jede Menge *umg* **3** *pej umg* (**old**) **bag** Schachtel *f pej umg*; **ugly old bag** Schreckschraube *f umg* **B** *v/t* in Tüten/Säcke verpacken

bagel ['beɪɡəl] *s* Bagel *m* (*kleines, rundes Brötchen*)

bagful ['bæɡfʊl] *s* **a ~ of groceries** eine Tasche voll Lebensmittel

baggage ['bæɡɪdʒ] *s* (Reise)gepäck *n*; *fig* Ballast *m*

baggage allowance *s* Freigepäck *n*
baggage car *s* Gepäckwagen *m*
baggage check *s* Gepäckkontrolle *f*
baggage check-in *s* Gepäckabfertigung *f*
baggage checkroom *s US* Gepäckaufbewahrung *f*
baggage claim *s* Gepäckausgabe *f*
baggage handler *s* Gepäckmann *m*
baggage label *s* Gepäckanhänger *m*
baggage locker *s* Gepäckschließfach *n*
baggage reclaim *s* Gepäckausgabe *f*
baggage room *s US* Gepäckaufbewahrung *f*
baggage tag *s* Gepäckanhänger *m*
baggage tracing *s* Gepäckermittlung *f*
baggage trolley *s* Gepäckwagen *m*, Kofferkuli *m*

baggy ['bæɡɪ] *adj* ⟨*komp* baggier⟩ *Kleidung* zu weit; (≈ *unförmig*) *Hose* ausgebeult; *Pullover* ausgeleiert

bag lady *s* Stadtstreicherin *f*
bagpipes ['bæɡpaɪps] *pl* Dudelsack *m*; **to play the ~** Dudelsack spielen
bag-snatcher ['bæɡˌsnætʃə^r] *s* Handtaschendieb(in) *m(f)*
baguette [bæˈɡet] *s* Baguette *f/n*
Bahamas [bəˈhɑːməz] *pl* **the ~** die Bahamas *pl*
bail[1] [beɪl] *s JUR* Kaution *f*; **to stand ~ for sb** für j-n (die) Kaution stellen; **to be out on ~** auf Kaution entlassen sein, gegen Kaution freigelassen sein

bail[2] *v/i SCHIFF* schöpfen

<u>phrasal verbs mit bail:</u>
bail out A *v/i* **1** *FLUG* abspringen (**of** aus) **2** *SCHIFF* schöpfen **B** *v/t* ⟨*trennb*⟩ *SCHIFF Wasser* schöpfen; *Schiff* ausschöpfen; *fig* aus der Patsche helfen (+*dat*) *umg*

bailiff ['beɪlɪf] *s JUR Br a*. **sheriff's ~** Amtsdiener(in) *m(f)*; *Br* Gerichtsvollzieher(in) *m(f)*; *US* Gerichtsdiener(in) *m(f)*

bait [beɪt] **A** *s* Köder *m*; **to take the ~** anbeißen **B** *v/t* **1** *Haken* mit einem Köder versehen **2** j-n quälen

bake [beɪk] **A** *v/t GASTR* backen; **~d apples** *pl* Bratäpfel *pl*; **~d beans** *pl* weiße Bohnen *pl* in Tomatensoße; **~d potatoes** *pl* in der Schale gebackene Kartoffeln *pl* **B** *v/i GASTR* backen; *Kuchen* im (Back)ofen sein

baker ['beɪkə^r] *s* Bäcker(in) *m(f)*; **~'s (shop)** Bäckerei *f*
baker's dozen ['beɪkəzˈdʌzn] *s* 13 (Stück)
bakery ['beɪkərɪ] *s* Bäckerei *f*
baking ['beɪkɪŋ] **A** *s GASTR* Backen *n* **B** *adj umg* **I'm ~** ich komme um vor Hitze; **it's ~ (hot) today** es ist eine Affenhitze heute *umg*

baking dish *s* Backform *f*
baking mitt *US s* Topfhandschuh *m*
baking pan *US s* Backblech *n*
baking powder *s* ⟨*kein pl*⟩ Backpulver *n*
baking sheet *s* Backblech *n*
baking soda *s* ≈ Backpulver *n*
baking tin *Br s* Backform *f*
baking tray *Br s* Kuchenblech *n*
Balaclava [ˌbæləˈklɑːvə] *s* Kapuzenmütze *f*
balance ['bæləns] **A** *s* **1** Gleichgewicht *n*; **to keep/lose one's ~** das Gleichgewicht (be)halten/verlieren; **to throw sb off (his) ~** j-n aus dem Gleichgewicht bringen; **the right ~ of personalities in the team** eine ausgewogene Mischung verschiedener Charaktere in der Mannschaft; **the ~ of power** das Gleichgewicht der Kräfte; **on ~** *fig* alles in allem **2** Waage *f*; **to be** *od* **hang in the ~** *fig* in der Schwebe sein **3** Gegengewicht *n* (**to** zu); *fig* Ausgleich *m* (**to** für) **4** HANDEL, FIN Saldo *m*; *von Bankkonto* Kontostand *m*; *von Firma* Bilanz *f*; **~ in hand** HANDEL Kassen(be)stand *m*; **~ carried forward** Saldoübertrag *m*; **~ of payments/trade** Zahlungs-/Handelsbilanz *f*; **~ of trade surplus/deficit** Handelsbilanzüberschuss *m*/-defizit *n* **5** Rest *m*; **to pay off the ~** den Rest bezahlen; **my father has promised to make up the ~** mein Vater hat versprochen, die Differenz zu (be)zahlen **B** *v/t* **1** im Gleichgewicht halten, ins Gleichgewicht bringen; **the seal ~s a ball on its nose** der Seehund balanciert einen Ball auf der Nase **2** abwägen (**against** gegen); **to ~ sth against sth** etw einer Sache (*dat*) gegenüberstellen **3** ausgleichen **4** HANDEL, FIN *Konto* abschließen, ausgleichen; *Budget* ausgleichen; **to ~ the books** die Bilanz ausgleichen; *die Endabrechnung machen* die Bilanz ziehen *od* machen **C** *v/i* **1** Gleichgewicht halten; *Waage* sich ausbalancieren; **he ~d on one foot** er balancierte auf einem Bein **2** HANDEL, FIN ausgeglichen sein; **the books don't ~** die Abrechnung stimmt nicht; **to make the books ~** die Abrechnung ausgleichen

<u>phrasal verbs mit balance:</u>
balance out A *v/t* ⟨*trennb*⟩ ausgleichen; **they**

balance each other out sie halten sich die Waage ◨ v/i sich ausgleichen
balance bike s Laufrad n
balanced adj ausgewogen; **~ budget** ausgeglichener Haushalt
balance of payments s Zahlungsbilanz f
balance sheet s FIN Bilanz f, Bilanzaufstellung f
balancing act ['bælənsɪŋækt] s Balanceakt m
balcony ['bælkənɪ] s ◨ Balkon m ◨ THEAT oberster Rang
bald [bɔːld] adj ⟨+er⟩ ◨ kahl; **he is ~** er hat eine Glatze; **to go ~** kahl werden; **~ head** Kahlkopf m, Glatze f; **~ patch** Platte f, Glatze f, kahle Stelle ◨ Reifen abgefahren
bald eagle s weißköpfiger Seeadler
bald-faced US adj Lüge unverfroren, unverschämt
baldheaded adj kahl- od glatzköpfig
balding ['bɔːldɪŋ] adj **he is ~** er bekommt langsam eine Glatze
baldly ['bɔːldlɪ] fig adv unverblümt, grob
baldness ['bɔːldnɪs] s Kahlheit f
baldy ['bɔːldɪ] umg s Glatzkopf m umg
bale[1] [beɪl] s Heu etc Bündel n; Watte Ballen m
bale[2] v/i Br SCHIFF → bail[2]

phrasal verbs mit bale:
bale out Br v/t & v/i → bail out

Balearic [,bælɪ'ærɪk] adj **the ~ Islands** die Balearen pl
baleful ['beɪlfʊl] adj böse
balk, baulk [bɔːk] v/i zurückschrecken (**at** vor +dat)
Balkan ['bɔːlkən] ◨ adj Balkan- ◨ s **the ~s** der Balkan
ball[1] [bɔːl] s ◨ Ball m, Kugel f; aus Wolle Knäuel m; Billard Kugel f; **to play ~** Ball/Baseball spielen; **the cat lay curled up in a ~** die Katze hatte sich zusammengerollt; **to keep the ~ rolling** das Gespräch in Gang halten; **to start the ~ rolling** den Stein ins Rollen bringen; **the ~ is in your court** Sie sind am Ball umg; **to be on the ~** umg am Ball sein umg; **to run with the ~** US umg die Sache mit Volldampf vorantreiben umg ◨ ANAT **~ of the foot** Fußballen m ◨ sl (≈ Hoden) Ei n mst pl sl; pl Eier pl sl; **~s** umg (≈ Mut) Schneid m umg
ball[2] s ◨ (≈ Tanz) Ball m ◨ umg **to have a ~** sich prima amüsieren umg
ballad ['bæləd] s MUS, LIT Ballade f
ball-and-socket joint [,bɔːlən'sɒkɪtdʒɔɪnt] s Kugelgelenk n
ballast ['bæləst] s SCHIFF, FLUG, a. fig Ballast m
ball bearing s Kugellager n, Kugellagerkugel f
ball boy s Balljunge m
ballerina [,bælə'riːnə] s Ballerina f, Primaballerina f

ballet ['bæleɪ] s Ballett n; **to do ~** Ballett tanzen
ballet dancer s Balletttänzer(in) m(f)
ballet shoe s Ballettschuh m
ball game s Ballspiel n; **it's a whole new ~** fig umg das ist eine ganz andere Chose umg
ball girl s Ballmädchen n
ballistic [bə'lɪstɪk] adj ballistisch; **to go ~** umg an die Decke gehen umg
ballistic missile s Raketengeschoss n
ballistics [bə'lɪstɪks] s ⟨+sg v⟩ Ballistik f
balloon [bə'luːn] ◨ s FLUG (Frei)ballon m; als Spielzeug (Luft)ballon m; **that went down like a lead ~** umg das kam überhaupt nicht an ◨ v/i sich blähen
ballot ['bælət] ◨ s Abstimmung f, Wahl f; **first/second ~** erster/zweiter Wahlgang; **to hold a ~** abstimmen ◨ v/t Mitglieder abstimmen lassen
ballot box s Wahlurne f
ballot paper s Stimmzettel m
ballot rigging s Wahlbetrug m
ballpark s ◨ US Baseballstadion n ◨ **~ figure** Richtzahl f
ballpoint (pen) s Kugelschreiber m; **to write in ballpoint** mit Kugelschreiber schreiben
ballroom s Ballsaal m
ballroom dancing s Gesellschaftstänze pl
balls-up ['bɔːlzʌp] s, **ball up** bes US umg s Durcheinander n; **he made a complete ~ of the job** er hat bei der Arbeit totale Scheiße gebaut sl

phrasal verbs mit balls-up:
balls up v/t, **ball up** bes US umg v/t ⟨trennb⟩ verhunzen umg

balm [bɑːm] s Balsam m
balmy ['bɑːmɪ] adj ⟨komp balmier⟩ sanft
baloney [bə'ləʊnɪ] s ◨ umg Quatsch m umg ◨ US (≈ Wurst) Mortadella f
balsamic vinegar [bɔːl'sæmɪk 'vɪnɪgər] s Balsamico(essig) m
Baltic ['bɔːltɪk] ◨ adj Ostsee-, baltisch; **the ~ States** die baltischen Staaten ◨ s **the ~** die Ostsee
Baltic Sea s Ostsee f
balustrade [,bælə'streɪd] s Balustrade f
bamboo [bæm'buː] ◨ s ⟨pl -s⟩ Bambus m ◨ attr **~ shoots** pl Bambussprossen pl
bamboozle [bæm'buːzl] umg v/t übers Ohr hauen umg
ban [bæn] ◨ s Verbot n; HANDEL Embargo n; **to put a ban on sth** etw verbieten; **a ban on smoking** Rauchverbot n ◨ v/t verbieten; Sportler etc sperren; **to ban sb from doing sth** j-m verbieten, etw zu tun; **she was banned from driving** ihr wurde Fahrverbot erteilt; **he was banned from teaching** er wurde vom Lehrbe-

ruf ausgeschlossen

banal [bəˈnɑːl] *adj* banal

banana [bəˈnɑːnə] *s* Banane *f*

banana peel *s* Bananenschale *f*

bananas *adj* ⟨präd⟩ *umg* (≈ verrückt) bescheuert *umg*; **to go ~** durchdrehen *umg*

banana skin *s* Bananenschale *f*; **to slip on a ~** *fig* über eine Kleinigkeit stolpern

banana split *s* GASTR Bananensplit *n*

band¹ [bænd] *s* **1** aus Stoff, Eisen, a. RADIO Band *n*; an Maschine Riemen *m* **2** Streifen *m*

band² *s* **1** Schar *f*; von Dieben etc Bande *f* **2** MUS Band *f*, Tanzkapelle *f*, (Musik)kapelle *f*; Rockband Band *f*, Gruppe *f*

> phrasal verbs mit band:

band together *v/i* sich zusammenschließen

bandage [ˈbændɪdʒ] **A** *s* Verband *m* **B** *v/t* (a. **bandage up**) verbinden

Band-Aid® [ˈbændeɪd] US *s* Heftpflaster *n*

bandan(n)a [bænˈdænə] *s* (buntes) Tuch *n*

B & B [ˌbiːənˈbiː] *s abk* (= **bed and breakfast**) **1** Übernachtung *f* mit Frühstück **2** Frühstückspension *f*

bandit [ˈbændɪt] *s* Bandit(in) *m(f)*

band leader *s* Bandleader(in) *m(f)*

bandmaster *s* Kapellmeister *m*

bandsman [ˈbændzmən] *s* ⟨pl -men⟩ Musiker *m*; *military* ~ Mitglied *n* eines Musikkorps

bandstand *s* Musikpavillon *m*

bandwagon *s* **to jump** *od* **climb on the ~** *fig umg* auf den fahrenden Zug aufspringen

bandwidth *s* RADIO, IT Bandbreite *f*

bandy [ˈbændɪ] *adj* **~ legs** O-Beine

> phrasal verbs mit bandy:

bandy about *Br*, **bandy around** *v/t* ⟨trennb⟩ *j-s Namen* immer wieder nennen; *Ideen* verbreiten; *Zahlen, Worte* um sich werfen mit

bane [beɪn] *s* Fluch *m*; **it's the ~ of my life** das ist noch mal mein Ende *umg*

bang¹ [bæŋ] **A** *s* **1** Knall *m*, Plumps *m*; **there was a ~ outside** draußen hat es geknallt **2** Schlag *m* **B** *adv* **1** **to go ~** knallen; *Ballon* zerplatzen **2** *umg* genau; **his answer was ~ on** seine Antwort war genau richtig; **she came ~ on time** sie war auf die Sekunde pünktlich; **~ up to date** brandaktuell *umg* **C** *int* peng; **~ goes my chance of promotion** *umg* und das wars dann mit der Beförderung *umg* **D** *v/t* **1** schlagen; **he ~ed his fist on the table** er schlug mit der Faust auf den Tisch **2** *Tür* zuschlagen; *mit Faust* fest klopfen **3** *Kopf, Schienbein* sich (*dat*) anschlagen (**on** an +*dat*); **to ~ one's head** *etc* **on sth** mit dem Kopf *etc* gegen etw knallen *umg* **4** *vulg* (≈ *schlafen mit*) bumsen *umg*, vögeln *vulg* **E** *v/i Tür* zuschlagen; *Feuerwerk, Pistole* knallen; **to ~ on** *od* **at sth** gegen *od* **an etw** (*akk*) schlagen

> phrasal verbs mit bang:

bang about *Br*, **bang around** **A** *v/i* Krach machen **B** *v/t* ⟨trennb⟩ Krach machen mit

bang down *v/t* ⟨trennb⟩ (hin)knallen *umg*, zuknallen *umg*; **to bang down the receiver** den Hörer aufknallen *umg*

bang into *v/i* ⟨+*obj*⟩ prallen auf (+*akk*)

bang on about *Br umg v/i* ⟨+*obj*⟩ schwafeln von *umg*

bang out *v/t* ⟨trennb⟩ **to bang out a tune on the piano** eine Melodie auf dem Klavier hämmern *umg*

bang up *sl v/t* ⟨trennb⟩ *Straftäter* einbuchten *umg*

bang² US *s* Pony *m*; **~s** Ponyfrisur *f*

banger [ˈbæŋəʳ] *s* **1** *Br umg* Wurst *f* **2** *umg* (≈ *altes Auto*) Klapperkiste *f umg* **3** *Br* (≈ *Feuerwerk*) Knallkörper *m*

Bangladesh [ˌbæŋgləˈdeʃ] *s* Bangladesh *n*

Bangladeshi [ˌbæŋgləˈdeʃɪ] **A** *s* Bangladeshi *m/f* **B** *adj* aus Bangladesh

bangle [ˈbæŋgl] *s* Armreif(en) *m*

bangs *pl US* (≈ *Frisur*) Pony *m*

banish [ˈbænɪʃ] *v/t j-n* verbannen, vertreiben

banishment *s* Verbannung *f*

banister, bannister [ˈbænɪstəʳ] *s a.* **~s** Geländer *n*

banjo [ˈbændʒəʊ] *s* ⟨*pl* -es *od US* -s⟩ Banjo *n*; **to play the ~** Banjo spielen

bank¹ [bæŋk] **A** *s* **1** *von Erde* Damm *m*; (≈ *Abhang*) Böschung *f*; **~ of snow** Schneeverwehung *f*; **~ of cloud** Wolkenwand *f* **2** *von Fluss, See* Ufer *n*; **we sat on the ~s of a river** wir saßen an einem Flussufer **B** *v/i* FLUG in die Querlage gehen

bank² [bæŋk] **A** *s* Bank *f*; **to keep** *od* **be the ~** die Bank halten **B** *v/t* zur Bank bringen **C** *v/i* **where do you ~?** bei welcher Bank haben Sie Ihr Konto?

> phrasal verbs mit bank:

bank on *v/i* ⟨+*obj*⟩ sich verlassen auf (+*akk*); **I was banking on your coming** ich hatte fest damit gerechnet, dass du kommst

bank account *s* Bankkonto *n*

bank balance *s* Kontostand *m*

bankbook *s* Sparbuch *n*

bank card *s* Scheckkarte *f*; *US* Kreditkarte *f*

bank charge *s* Kontoführungsgebühr *f*

bank clerk *s* Bankangestellte(r) *m/f(m)*

bank code *Br s* Bankleitzahl *f*

bank draft *s* Bankwechsel *m*

banker [ˈbæŋkəʳ] *s* FIN Bankier *m*, Banker(in) *m(f) umg*; *beim Glücksspiel* Bankhalter(in) *m(f)*

banker's card *s* Scheckkarte *f*

banker's cheque *Br s*, **banker's draft** *US s*

Bankscheck *m*
banker's order *s* Dauerauftrag *m*
bank giro *s* Banküberweisung *f*
bank holiday *Br s* öffentlicher Feiertag; *US* Bankfeiertag *m*
banking ['bæŋkɪŋ] **A** *s* Bankwesen *n*; **he wants to go into ~** er will ins Bankfach gehen **B** *adj* ⟨*attr*⟩ Bank-
bank loan *s* Bankkredit *m*
bank machine *s* Geldautomat *m*
bank manager *s* Filialleiter(in) *m(f)*; **my ~** der Filialleiter/die Filialleiterin meiner Bank
banknote *s Br* Geldschein *m*
bank raid *s* Banküberfall *m*
bank rate *Br s* Diskontsatz *m*
bank robber *s* Bankräuber(in) *m(f)*
bank robbery *s* Bankraub *m*
bankrupt ['bæŋkrʌpt] **A** *s* Bankrotteur(in) *m(f)* **B** *adj* bankrott; **to go ~** Bankrott machen **C** *v/t* zugrunde richten
bankruptcy ['bæŋkrəptsɪ] *s* Bankrott *m*, Konkurs *m*
bankruptcy proceedings *pl* Konkursverfahren *n*
bank sort code *s* Bankleitzahl *f*
bank statement *s* Kontoauszug *m*
bank transfer *s* Banküberweisung *f*
banned substance *s* SPORT illegale *od* verbotene Substanz
banner ['bænəʳ] *s* Banner *n*, Transparent *n*
banner ad *s* INTERNET Bannerwerbung *f*, Banner *n*
bannerfish *s* Wimpelfisch *m*
banner headlines ['bænəˈhedlaɪnz] *pl* Schlagzeilen *pl*
banning ['bænɪŋ] *s* Verbot *n*; **the ~ of cars from city centres** *Br*, **the ~ of cars from city centers** *US* das Fahrverbot in den Innenstädten
bannister ['bænɪstəʳ] *s* → banister
banns [bænz] *pl* KIRCHE Aufgebot *n*; **to read the ~** das Aufgebot verlesen
banquet ['bæŋkwɪt] *s* Festessen *n*
banter ['bæntəʳ] *s* Geplänkel *n*
bap (bun) ['bæp(bʌn)] *Br s* weiches Brötchen
baptism ['bæptɪzəm] *s* Taufe *f*; **~ of fire** *fig* Feuertaufe *f*
Baptist ['bæptɪst] *s* Baptist(in) *m(f)*; **the ~ Church** die Baptistengemeinde; (≈ *Lehre*) der Baptismus
baptize [bæpˈtaɪz] *v/t* taufen
bar[1] [bɑːʳ] **A** *s* **1** Stange *f*; FUSSB *umg* Latte *f*, Querlatte *f*; (≈ *Süßigkeit*) Riegel *m*; **bar of gold** Goldbarren *m*; **a bar of chocolate, a chocolate bar** eine Tafel Schokolade, ein Schokoladenriegel *m*; **a bar of soap** ein Stück *n* Seife; **a two-bar electric fire** ein Heizgerät *n* mit zwei Heizstäben; **the window has bars** das Fenster ist vergittert; **to put sb behind bars** j-n hinter Gitter bringen **2** *von Käfig* (Gitter)stab *m* **3** SPORT *horizontal* Reck *n*; *für Hochsprung etc* Latte *f*; **bars** *pl* Barren *m*; **(wall) bars** Sprossenwand *f* **4** *fig* **to be a bar to sth** einer Sache (*dat*) im Wege stehen **5** JUR **the Bar** die Anwaltschaft; **to be called to the Bar, to be admitted to the Bar** *US* als Verteidiger zugelassen werden **6** (≈ *Kneipe*) Lokal *n*, Bar *f*; *Teil der Gaststätte* Gaststube *f*; (≈ *Ausschank*) Theke *f* **7** MUS Takt *m*, Taktstrich *m* **B** *v/t* **1** blockieren; **to bar sb's way** j-m den Weg versperren **2** *Fenster, Tür* versperren **3** j-n ausschließen; *Handlung etc* untersagen; **they've been barred from the club** sie haben Klubverbot
bar[2] *präp* **bar none** ohne Ausnahme; **bar one** außer einem
barb [bɑːb] *s* Widerhaken *m*
Barbados [bɑːˈbeɪdɒs] *s* Barbados *n*
barbarian [bɑːˈbɛərɪən] **A** *s* Barbar(in) *m(f)* **B** *adj* barbarisch
barbaric [bɑːˈbærɪk] *adj* barbarisch, grausam; *fig umg Verhältnisse* grauenhaft
barbarism ['bɑːbərɪzəm] *s* Barbarei *f*
barbarity [bɑːˈbærɪtɪ] *s* Barbarei *f*; *fig* Primitivität *f*, Grausamkeit *f*
barbarous ['bɑːbərəs] *adj* HIST, *a. fig* barbarisch, grausam; *Wache* roh; *Akzent* grauenhaft
barbecue ['bɑːbɪkjuː] **A** *s* GASTR Grill *m*; (≈ *Fest*) Grillparty *f*, Barbecue *n*; **to have a ~** grillen, eine Grillparty feiern **B** *v/t* grillen
barbed [bɑːbd] *fig adj Bemerkung* bissig
barbed wire *s* Stacheldraht *m*
barbed-wire fence *s* Stacheldrahtzaun *m*
barbell ['bɑːbel] *s* Langhantel *f*
barber ['bɑːbəʳ] *s* (Herren)friseur *m*; **at/to the ~'s** beim/zum Friseur
barbershop ['bɑːbəʃɒp] **A** *s US* (Herren)friseurgeschäft *n* **B** *adj* **~ quartet** Barbershop-Quartett *n*
barbiturate [bɑːˈbɪtjʊrɪt] *s* Barbiturat *n*
bar chart *s* Balkendiagramm *n*, Säulendiagramm *n*
bar code *s* Strichcode *m*, Bar-Code *m*
bar code reader *s* Strichcodeleser *m*
bar crawl *US s* Kneipenbummel *m*
bare [bɛəʳ] **A** *adj* ⟨*komp* barer⟩ **1** nackt; *Zimmer* leer; **~ patch** kahle Stelle; **the ~ facts** die nackten Tatsachen; **with his ~ hands** mit bloßen Händen **2** knapp; **the ~ minimum** das absolute Minimum **B** *v/t Brust, Beine* entblößen; *beim Arzt* frei machen; *Zähne* fletschen; **to ~ one's soul** seine Seele entblößen
bareback *adv & adj* ohne Sattel
barefaced *fig adj* unverschämt

barefoot(ed) **A** adv barfuß **B** adj barfüßig
bareheaded adj & adv ohne Kopfbedeckung
barelegged adj mit bloßen Beinen
barely ['bɛəlɪ] adv kaum; **it's ~ good enough** es ist gerade noch gut genug
bareness s von Baum Kahlheit f; von Zimmer Leere f
barf [bɑːf] US umg v/i kotzen umg
bargain ['bɑːgɪn] **A** s **1** Handel m; **to make** od **strike a ~** sich einigen; **I'll make a ~ with you** ich mache Ihnen ein Angebot; **to keep one's side of the ~** sich an die Abmachung halten; **you drive a hard ~** Sie stellen ja harte Forderungen!; **into the ~** obendrein **2** billig Sonderangebot n; (≈ Erworbenes) Schnäppchen n, Occasion f schweiz; **what a ~!** das ist aber günstig! **B** v/i handeln (**for** um), verhandeln
phrasal verbs mit bargain:
bargain for v/i ⟨+obj⟩ **I got more than I bargained for** ich habe vielleicht mein blaues Wunder erlebt! umg
bargain on v/i ⟨+obj⟩ zählen auf (+akk)
bargain hunter s Schnäppchenjäger(in) m(f)
bargain-hunting s **to go ~** auf Schnäppchenjagd gehen
bargaining ['bɑːgɪnɪŋ] s Handeln n, Verhandeln n; **~ position** Verhandlungsposition f
bargain offer s Sonderangebot n
bargain price s Sonderpreis m; **at a ~** zum Sonderpreis
bargain sale s Ausverkauf m
barge [bɑːdʒ] **A** s Frachtkahn m, Schleppkahn m, Hausboot n **B** v/t **he ~d his way into the room** er ist (ins Zimmer) hereingeplatzt umg; **he ~d his way through the crowd** er hat sich durch die Menge geboxt umg **C** v/i **to ~ into a room** (in ein Zimmer) hereinplatzen umg; **to ~ out of a room** aus einem Zimmer hinausstürmen; **he ~d through the crowd** er drängte sich durch die Menge
phrasal verbs mit barge:
barge in umg v/i **1** in Zimmer hereinplatzen umg **2** (≈ unterbrechen) dazwischenplatzen umg (**on** bei)
barge into v/i ⟨+obj⟩ j-n (hinein)rennen in (+akk) umg; Objekt rennen gegen umg
bargepole ['bɑːdʒpəʊl] s **I wouldn't touch him with a ~** Br umg den würde ich noch nicht mal mit der Kneifzange anfassen umg
bar graph s IT Balkendiagramm n
bar hop US umg s Kneipenbummel m
bar hopping US umg s **to go ~** eine Kneipentour machen umg
baritone ['bærɪtəʊn] **A** s Bariton m **B** adj Bariton-
bark¹ [bɑːk] s von Baum Rinde f, Borke f

bark² **A** s von Hund Bellen n; **his ~ is worse than his bite** sprichw Hunde, die bellen, beißen nicht sprichw **B** v/i bellen; **to ~ at sb** j-n anbellen; Mensch j-n anfahren; **to be ~ing up the wrong tree** fig umg auf dem Holzweg sein umg
phrasal verbs mit bark:
bark out v/t ⟨trennb⟩ Befehle bellen
barkeep(er) ['bɑːkiːp(əʳ)] US s Gastwirt m, Barkeeper m
barking ['bɑːkɪŋ] s Bellen n
barking (mad) ['bɑːkɪŋ('mæd)] umg adj total verrückt umg
barley ['bɑːlɪ] s Gerste f
barley sugar s **1** Malzzucker m **2** hartes Zuckerbonbon
barley water s Art Gerstenextrakt; **lemon ~** konzentriertes Zitronengetränk
barmaid s Bardame f
barman s ⟨pl -men⟩ Barkeeper m
barmy ['bɑːmɪ] adj ⟨komp barmier⟩ Br umg bekloppt umg; Idee etc blödsinnig umg
barn [bɑːn] s **1** Scheune f, Stadel m österr, schweiz **2** US für Lkws Depot n
barn dance s Bauerntanz m
barn owl s Schleiereule f
barnyard s (Bauern)hof m
barometer [bə'rɒmɪtəʳ] s Barometer n
barometric pressure [,bærəʊmetrɪk'preʃəʳ] s Luftdruck m
baron ['bærən] s Baron m; **oil ~** Ölmagnat m; **press ~** Pressezar m
baroness ['bærənɪs] s Baronin f; unverheiratet Baronesse f
baroque [bə'rɒk] **A** adj barock, Barock- **B** s Barock m/n
barracks ['bærəks] s ⟨oft mit sg v⟩ MIL Kaserne f; **to live in ~** in der Kaserne wohnen
barrage ['bærɑːʒ] s **1** über Fluss Staustufe f **2** MIL Sperrfeuer n **3** fig Hagel m; **he faced a ~ of questions** er wurde mit Fragen beschossen
barred [bɑːd] adj **~ window** Gitterfenster n
barrel ['bærəl] s **1** Fass n; für Öl Tonne f; (≈ Maßeinheit) Barrel n; **they've got us over a ~** umg sie haben uns in der Zange umg; **it wasn't exactly a ~ of laughs** umg es war nicht gerade komisch; **he's a ~ of laughs** umg er ist eine echte Spaßkanone umg **2** von Pistole Lauf m
barrel organ s Leierkasten m
barren ['bærən] adj unfruchtbar; Land, Wüste öde, (≈ unattraktiv) öde, trostlos; (≈ ohne Erfolg) erfolglos
barrenness s Unfruchtbarkeit f; von Land, Wüste Öde f; mangelnde Attraktivität Trostlosigkeit f; mangelnder Erfolg Erfolglosigkeit f
barrette [bə'ret] US s (Haar)spange f
barricade [,bærɪ'keɪd] **A** s Barrikade f **B** v/t ver-

barrikadieren

barrier ['bærɪə^r] s **1** Barriere f, Schranke f, (Leit)planke f **2** fig Hindernis n; zwischen Menschen Schranke f; **trade ~s** Handelsschranken pl; **language ~** Sprachbarriere f; **a ~ to success** etc ein Hindernis n für den Erfolg etc; **to break down ~s** Zäune niederreißen

barrier contraceptive s mechanisches Verhütungsmittel

barrier cream s Haut(schutz)creme f

barrier method s mechanische Verhütung

barring ['bɑːrɪŋ] präp **~ accidents** falls nichts passiert; **~ one** außer einem

barrister ['bærɪstə^r] Br s Rechtsanwalt m/-anwältin f

barrow ['bærəʊ] s Karren m

bar stool s Barhocker m

bartender ['bɑːtendə^r] US s Barkeeper m; **~!** hallo!

barter ['bɑːtə^r] v/t & v/i tauschen (**for** gegen)

base¹ [beɪs] **A** s **1** Basis f; von Statue etc Sockel m; von Lampe, Berg Fuß m; **at the ~ (of)** unten (an +dat) **2** im Urlaub, a. MIL Stützpunkt m, Basis f; **to return to ~** zum Stützpunkt od zur Basis zurückkehren **3** Baseball Mal n, Base n; **at od on second ~** auf Mal od Base 2; **to touch ~** US umg sich melden (**with** bei); **to touch** od **cover all the ~s** US fig an alles denken **B** v/t **1** fig Hoffnungen, Theorie basieren, gründen (**on** auf +akk); Beziehung bauen (**on** auf +akk); **to be ~d on sth** auf etw (dat) basieren und beruhen; **to ~ one's technique on sth** in seiner Technik von etw ausgehen **2** stationieren; **the company is ~d in London** die Firma hat ihren Sitz in London; **my job is ~d in Glasgow** ich arbeite in Glasgow

base² adj ⟨komp baser⟩ Metall unedel; Motive, Charakter niedrig

baseball ['beɪsbɔːl] s Baseball m/n

baseball bat s Baseballschläger m

baseball cap s Baseballmütze f

baseball player s Baseballspieler(in) m(f)

base camp s Basislager n

-based [-beɪst] adj ⟨suf⟩ **London-based** mit Sitz in London; **to be computer-based** auf Computerbasis arbeiten

basejumper s Basejumper(in) m(f)

base jumping s Basejumping n

baseless adj unbegründet

baseline ['beɪslaɪn] s Tennis Grundlinie f

basement ['beɪsmənt] s Untergeschoss n; im Haus a. Keller m; **~ flat** Br, **~ apartment** US Souterrainwohnung f

base rate s Leitzins m

bash [bæʃ] umg **A** s **1** Schlag m **2** **I'll have a ~ (at it)** ich probiers mal umg **B** v/t Auto eindellen umg; **to ~ one's head (against** od **on sth)** sich (dat) den Kopf (an etw (dat)) anschlagen; **to ~ sb on** od **over the head with sth** j-m mit etw auf den Kopf hauen

<u>phrasal verbs mit bash:</u>

bash in umg v/t ⟨trennb⟩ Tür einschlagen; Hut, Auto eindellen umg; **to bash sb's head in** j-m den Schädel einschlagen

bash up bes Br umg v/t ⟨trennb⟩ Auto demolieren umg

bashful ['bæʃfʊl] adj, **bashfully** ['bæʃfəlɪ] adv schüchtern, gschamig österr

Basic ['beɪsɪk] abk (= *beginner's all-purpose symbolic instruction code*) IT BASIC n

basic ['beɪsɪk] **A** adj **1** Grund-; Grund, Thema Haupt-; Punkte wesentlich; Absicht eigentlich; **there's no ~ difference** es besteht kein grundlegender Unterschied; **the ~ thing to remember is …** woran man vor allem denken muss, ist …; **his knowledge is rather ~** er hat nur ziemlich elementare Kenntnisse; **the furniture is rather ~** die Möbel sind ziemlich primitiv; **~ salary** Grundgehalt n; **~ vocabulary** Grundwortschatz m **2** notwendig **B** pl **the ~s** das Wesentliche; **to get down to (the) ~s** zum Kern der Sache kommen; **to get back to ~s** sich auf das Wesentliche besinnen

basically ['beɪsɪkəlɪ] adv im Grunde, hauptsächlich; **is that correct? — ~ yes** stimmt das? — im Prinzip, ja; **that's ~ it** das wärs im Wesentlichen

basic English s englischer Grundwortschatz

basic law s Grundgesetz n

basic rate s Eingangssteuersatz m; **the ~ of income tax** der Eingangssteuersatz bei Lohn- und Einkommensteuer

basil ['bæzl] s BOT Basilikum n

basin ['beɪsn] s **1** Schüssel f, (Wasch)becken n **2** GEOG Becken n

basis ['beɪsɪs] s ⟨pl bases ['beɪsɪːz]⟩ Basis f; Grundlage f; **we're working on the ~ that …** wir gehen von der Annahme aus, dass …; **to be on a sound ~** auf festen Füßen stehen; **on the ~ of this evidence** aufgrund dieses Beweismaterials

bask [bɑːsk] v/i in der Sonne sich aalen (**in** in +dat); in j-s Gunst etc sich sonnen (**in** in +dat)

basket ['bɑːskɪt] s Korb m, Körbchen n; **a ~ of apples** ein Korb Äpfel

basketball s Basketball m

basket case sl s Spinner(in) m(f)

basket chair s Korbsessel m

Basle [bɑːl] s Basel n

Basque [bæsk] **A** s **1** Baske m, Baskin f **2** (≈ Sprache) Bsaskisch n **B** adj baskisch

bass¹ [beɪs] **A** s MUS Bass m; Kontrabass m; Bassgitarre f **B** adj MUS Bass-
bass² [bæs] s ⟨pl -(es)⟩ ZOOL Barsch m
bass clef s Bassschlüssel m
bass drum s große Trommel
bass guitar s Bassgitarre f
bassoon [bəˈsuːn] s Fagott n; **to play the ~** Fagott spielen
bastard [ˈbɑːstəd] s **1** wörtl uneheliches Kind **2** sl Scheißkerl m umg; **poor ~** armes Schwein umg; **this question is a real ~** diese Frage ist wirklich hundsgemein umg
bastardize [ˈbɑːstədaɪz] fig v/t verfälschen
baste [beɪst] v/t GASTR (mit Fett) begießen
bastion [ˈbæstɪən] s Bastion f
bat¹ [bæt] s ZOOL Fledermaus f; **he drove like a bat out of hell** er fuhr, wie wenn der Teufel hinter ihm her wäre; **(as) blind as a bat** stockblind umg
bat² **A** s SPORT Baseball, Kricket Schlagholz n; Tischtennis Schläger m; **off one's own bat** Br umg auf eigene Faust umg; **right off the bat** US prompt **B** v/t & v/i SPORT Baseball, Kricket schlagen
bat³ **not to bat an eyelid** Br, **not to bat an eye** US nicht mal mit der Wimper zucken
batch [bætʃ] s von Menschen Schwung m umg; (≈ Versandgut) Sendung f; von Briefen, Arbeit Stoß m
batch command s Batchbefehl m
batch file s IT Batchdatei f
batch job s Stapelverarbeitung f
batch processing s IT Stapelverarbeitung f
bated [ˈbeɪtɪd] adj **with ~ breath** mit angehaltenem Atem
bath [bɑːθ] **A** s **1** Bad n; **to have** od **take a ~** baden; **to give sb a ~** j-n baden **2** (Bade)wanne f **3** (swimming) **~s** pl (Schwimm)bad n; (public) **~s** pl Badeanstalt f **B** v/t Br baden **C** v/i Br (sich) baden
bathe [beɪð] **A** v/t **1** baden, waschen; **to ~ one's eyes** ein Augenbad machen; **~d in tears** tränenüberströmt; **to be ~d in sweat** schweißgebadet sein **2** US → **bath B B** v/i baden **C** s Bad n; **to have** od **take a ~** baden
bather [ˈbeɪðə] s Badende(r) m/f(m)
bathing [ˈbeɪðɪŋ] **A** s Baden n **B** adj Bade-
bathing cap Br s Badekappe f
bathing costume Br, **bathing suit** s Badeanzug m
bathing trunks Br pl Badehose f
bathmat [ˈbɑːθmæt] s Badematte f
bathrobe [ˈbɑːθrəʊb] s Bademantel m
bathroom [ˈbɑːθruːm] s Bad n, Badezimmer n; US Toilette f
bathroom cabinet s Toilettenschrank m
bathroom scales pl Personenwaage f

bath salts pl Badesalz n
bathtowel s Badetuch n
bathtub s Badewanne f
baton [ˈbætən US bæˈtɒn] s **1** MUS Taktstock m **2** von Polizist Schlagstock m **3** in Staffellauf Stab m
baton charge s **to make a ~** Schlagstöcke einsetzen
batsman [ˈbætsmən] s ⟨pl -men [-mən]⟩ SPORT Schlagmann m
battalion [bəˈtælɪən] s MIL fig Bataillon n
batten [ˈbætn] s Latte f
phrasal verbs mit batten:
batten down v/t ⟨trennb⟩ **to batten down the hatches** fig (≈ Türen schließen) alles dicht machen; (≈ vorbereitet sein) sich auf etwas gefasst machen
batter¹ [ˈbætə] s GASTR Teig m
batter² s SPORT Schlagmann m
batter³ **A** v/t einschlagen auf (+akk), prügeln; Kind, Frau misshandeln **B** v/i schlagen; **to ~ at the door** an die Tür trommeln umg
phrasal verbs mit batter:
batter down v/t ⟨trennb⟩ Tür einschlagen
battered [ˈbætəd] adj übel zugerichtet, misshandelt; Hut, Auto verbeult; Möbel, Ruf ramponiert umg
batterer [ˈbætərə] s **wife-batterer** prügelnder Ehemann; **child-batterer** prügelnder Vater, prügelnde Mutter
battering [ˈbætərɪŋ] wörtl s Prügel pl; **he/it got** od **took a real ~** er/es hat ganz schön was abgekriegt umg
battery¹ [ˈbætərɪ] s Batterie f
battery² [ˈbætərɪ] s JUR Tätlichkeit f, Körperverletzung f; **~ and assault** schwere Körperverletzung
battery charger s Ladegerät n
battery farm s Legebatterie f
battery farming s Legebatterien pl
battery hen s AGR Batteriehuhn n
battery life s Akkulaufzeit f
battery-operated adj batteriegespeist
battery-powered adj batteriebetrieben
battle [ˈbætl] **A** s wörtl Schlacht f; fig Kampf m; **to fight a ~** eine Schlacht schlagen; fig einen Kampf führen; **to do ~ for sb/sth** sich für j-n/etw einsetzen; **killed in ~** (im Kampf) gefallen; **~ of wits** geistiger Wettstreit; **~ of words** Wortgefecht n; **~ of wills** Machtkampf m; **that's half the ~ won** damit ist die Sache schon viel gewonnen; **getting an interview is only half the ~** damit, dass man ein Interview bekommt, ist es noch nicht getan **B** v/i sich schlagen; fig kämpfen **C** v/t fig **to ~ one's way through four qualifying matches** sich durch vier Qualifika-

tionsspiele durchschlagen

phrasal verbs mit battle:
battle out v/t ⟨trennb⟩ **to battle it out** sich einen harten Kampf liefern

battle-axe s, **battle-ax** US s umg (≈ Frau) Drachen m umg
battle cry s Schlachtruf m
battlefield s Schlachtfeld n
battleground s Schlachtfeld n
battlements ['bætlmənts] pl Zinnen pl
battleship s Schlachtschiff n
batty ['bætɪ] adj ⟨komp battier⟩ Br umg verrückt
bauble ['bɔːbl] s **1** wertloses Schmuckstück **2** Br Christbaumkugel f
baud [bɔːd] s IT Baud n
baulk [bɔːk] v/i → balk
Bavaria [bə'veərɪə] s Bayern n
Bavarian [bə'veərɪən] **A** s **1** Bayer(in) m(f) **2** (≈ Dialekt) Bayrisch n **B** adj bay(e)risch
bawdy ['bɔːdɪ] adj ⟨komp bawdier⟩ derb
bawl [bɔːl] **A** v/i brüllen; umg (≈ weinen) heulen umg **B** v/t Befehl brüllen

phrasal verbs mit bawl:
bawl out v/t ⟨trennb⟩ Befehl brüllen; Person anbrüllen

bay[1] s [beɪ] s Bucht f; **Hudson Bay** die Hudson Bay
bay[2] s **1** Ladeplatz m **2** Parkbucht f
bay[3] s **to keep** od **hold sb/sth at bay** j-n/etw in Schach halten
bay[4] **A** adj Pferd (kastanien)braun **B** s (≈ Pferd) Braune(r) m
bay leaf s Lorbeerblatt n
bayonet ['beɪənɪt] s Bajonett n
bayonet fitting s ELEK Bajonettfassung f
bay window s Erkerfenster n
bazaar [bə'zɑːʳ] s Basar m
BBC abk (= British Broadcasting Corporation) BBC f
BBQ abk (= barbecue) Grillparty f
BC abk (= before Christ) v. Chr., vor Christus
be [biː] ⟨präs **am; is; are**; prät **was; were**; pperf **been**⟩ **A** v/i ⟨kopulativ⟩ **1** sein; **be sensible!** sei vernünftig; **who's that? — it's me/that's Mary** wer ist das? — ich bins/das ist Mary; **he is a soldier/a German** er ist Soldat/Deutscher; **he wants to be a doctor** er möchte Arzt werden; **he's a good student** er ist ein guter Student; **he's five** er ist fünf; **two times two is four** zwei mal zwei ist vier **2** **how are you?** wie gehts?; **she's not at all well** es geht ihr gar nicht gut; **to be hungry** Hunger haben; **I am hot** mir ist heiß **3** kosten; **how much is that?** wie viel kostet das?; **the pencils are £1** die Bleistifte kosten £1 **4** gehören (+dat); **that book is his** das Buch gehört ihm **5** ste-

hen; **the verb is in the present** das Verb steht in der Gegenwart **B** v/aux **1** in Verlaufsform **what are you doing?** was machst du da?; **they're coming tomorrow** sie kommen morgen; **I have been waiting for you for half an hour** ich warte schon seit einer halben Stunde auf Sie; **will you be seeing her tomorrow?** sehen od treffen Sie sie morgen?; **I was packing my case when ...** ich war gerade beim Kofferpacken, als ... **2** im Passiv werden; **he was run over** er ist überfahren worden; **it is being repaired** es wird gerade repariert; **I will not be intimidated** ich lasse mich nicht einschüchtern; **they are to be married** sie werden heiraten; **the car is to be sold** das Auto soll verkauft werden; **what is to be done?** was soll geschehen? **3** **to be to do sth** Pflicht ausdrückend etw tun sollen; Pflicht ausdrückend **I am to look after her** ich soll mich um sie kümmern; **I am not to be disturbed** ich möchte nicht gestört werden; **I wasn't to tell you his name** ich hätte Ihnen eigentlich nicht sagen sollen, wie er heißt **4** (≈ Bestimmung ausdrückend) **she was never to return** sie sollte nie zurückkehren **5** Möglichkeit ausdrückend **he was not to be persuaded** er ließ sich nicht überreden; **if it were** od **was to snow** falls es schneien sollte; **and if I were to tell him?** und wenn ich es ihm sagen würde? **6** in Fragen und Antworten **he's always late, isn't he? — yes he is** er kommt doch immer zu spät, nicht? — ja, das stimmt; **he's never late, is he? — yes he is** er kommt nie zu spät, oder? — oh, doch; **it's all done, is it? — yes it is**/**no it isn't** es ist also alles erledigt? — ja/nein **C** v/i sein, bleiben; **we've been here a long time** wir sind schon lange hier; **let me be** lass mich; **be that as it may** wie dem auch sei; **I've been to Paris** ich war schon (ein)mal in Paris; **the milkman has already been** der Milchmann war schon da; **he has been and gone** er war da und ist wieder gegangen; **here is a book/are two books** hier ist ein Buch/sind zwei Bücher; **here/there you are** bei Begrüßung da sind Sie ja; (≈ bitte schön) hier/da, bitte; **there he was sitting at the table** da saß er nun am Tisch; **nearby there are two churches** in der Nähe sind zwei Kirchen **D** v/i ⟨unpers⟩ sein; **it is dark** es ist dunkel; **tomorrow is Friday** morgen ist Freitag; **it is 5 km to the nearest town** es sind 5 km bis zur nächsten Stadt; **it was us who found it**, **it was we who found it** form WIR haben das gefunden; **were it not for the fact that I am a teacher, I would ...** wenn ich kein Lehrer wäre, dann würde ich ...; **were it not for him, if it weren't** od **wasn't for him** wenn er nicht wäre;

had it not been *od* if it hadn't been for him wenn er nicht gewesen wäre

phrasal verbs mit be:
be in for *v/t* **he's in for a big surprise** auf ihn wartet e-e Überraschung; *drohend* er kann was erleben; **be in for trouble** Ärger bekommen

beach [biːtʃ] *s* Strand *m*; **on the ~** am Strand
beach ball *s* **1** Wasserball *m* **2** SPORT Beachball *m*
beach buggy *s* Strandbuggy *m*
beachfront *adj* ⟨*attr*⟩ am Strand (gelegen); **~ café** Strandcafé *n*
beach holiday *Br s* Strandurlaub *m*
beach shelter *s* Strandmuschel *f*
beach towel *s* Strandtuch *n*
beach vacation *US s* Strandurlaub *m*
beach volleyball *s* Beachvolleyball *m*
beachwear *s* Strandkleidung *f*
beacon ['biːkən] *s* Leuchtfeuer *n*, Funkfeuer *n*
bead [biːd] *s* **1** Perle *f*; **(string of) ~s** Perlenschnur *f*, Perlenkette *f* **2** *von Schweiß* Tropfen *m*
beadwork ['biːdwɜːk] *s* Perlenstickerei *f*
beady ['biːdɪ] *adj* **~ eyes** wache Äuglein *pl*; Glotzerchen *pl umg*; **I've got my ~ eye on you** *umg* ich beobachte Sie genau!
beagle ['biːgl] *s* Beagle *m*
beak [biːk] *s* Schnabel *m*
beaker ['biːkə^r] *s* **1** *Br* Becher *m* **2** CHEM *etc* Becherglas *n*
be-all and end-all ['biːɔːlənd'endɔːl] *s* **the ~** das A und O; **it's not the ~** das ist auch nicht alles
beam [biːm] **A** *s* **1** *Hoch- und Tiefbau, von Waage* Balken *m* **2** *von Licht* Strahl *m*; **to be on full** *od* **high ~** das Fernlicht eingeschaltet haben **B** *v/i* strahlen; **to ~ down** *Sonne* niederstrahlen; **she was ~ing with joy** sie strahlte übers ganze Gesicht **C** *v/t* RADIO, TV ausstrahlen
beaming ['biːmɪŋ] *adj* strahlend
bean [biːn] *s* **1** Bohne *f*; **he hasn't (got) a ~** *umg* er hat keinen roten Heller *umg* **2** *fig* **to be full of ~s** *umg* putzmunter sein *umg*
beanbag *s* Sitzsack *m*
beanburger *s* vegetarischer Hamburger (*mit Bohnen*)
beanfeast *umg s* Schmaus *m umg*
beanpole *s* Bohnenstange *f*
bean sprout *s* Sojabohnensprosse *f*
bear¹ [beə^r] ⟨*prät* bore, *pperf* borne⟩ **A** *v/t* **1** tragen; *Geschenk etc* mit sich führen; *Kennzeichen, Ähnlichkeit* aufweisen; **he was borne along by the crowd** die Menge trug ihn mit (sich); **it doesn't ~ thinking about** man darf gar nicht daran denken **2** *Liebe, Groll* empfinden **3** ertragen; *Schmerzen* aushalten; *Kritik, Geruch, Lärm etc* vertragen; **she can't ~ being laughed at** sie kann es nicht vertragen, wenn man über sie lacht **4** gebären; → **born B** *v/i* **to ~ left/north** sich links/nach Norden halten **C** *v/r* sich halten

phrasal verbs mit bear:
bear away *v/t* ⟨*trennb*⟩ **1** forttragen **2** *Sieg etc* davontragen
bear down *v/i* sich nahen *geh*
bear on *v/i* (+*obj*) → **bear upon**
bear out *v/t* ⟨*trennb*⟩ bestätigen; **to bear sb out in sth** j-n in etw bestätigen
bear up *v/i* sich halten; **how are you?** — **bearing up!** wie gehts? — man lebt!
bear (up)on *v/i* (+*obj*) betreffen
bear with *v/i* (+*obj*) **if you would just bear with me for a couple of minutes** wenn Sie sich vielleicht zwei Minuten gedulden wollen

bear² *s* **1** Bär *m*; **he is like a ~ with a sore head** er ist ein richtiger Brummbär *umg* **2** ASTRON **the Great/Little Bear** der Große/Kleine Bär *od* Wagen **3** BÖRSE Baissespekulant *m*
bearable ['beərəbl] *adj* erträglich
beard [bɪəd] *s* Bart *m*
bearded *adj* bärtig
bearer ['beərə^r] *s* Träger(in) *m(f)*; *von Neuigkeiten, Scheck* Überbringer *m*; *von Namen, Pass* Inhaber(in) *m(f)*
bear hug *s* kräftige Umarmung
bearing ['beərɪŋ] *s* **1** Haltung *f* **2** Auswirkung *f* (**on** +*akk*), Bezug *m* (**on** zu); **to have some/no ~ on sth** von Belang/belanglos für etw sein, einen gewissen/keinen Bezug zu etw haben **3** **~s** *pl* Position *f*, Orientierung *f*; **to get** *od* **find one's ~s** sich zurechtfinden; **to lose one's ~s** die Orientierung verlieren
bear market *s* BÖRSE Baisse *f*
beast [biːst] *s* **1** Tier *n* **2** *umg* (≈ *Mensch*) Biest *n*
beastly ['biːstlɪ] *umg adj* scheußlich
beat [biːt] ⟨*v: prät* beat, *pperf* beaten⟩ **A** *v/t* **1** schlagen; **to ~ a/one's way through sth** einen/sich (*dat*) einen Weg durch etw bahnen; **to ~ a/the drum** trommeln; **~ it!** *fig umg* hau ab! *umg*; **the bird ~s its wings** der Vogel schlägt mit den Flügeln; **to ~ time (to the music)** den Takt schlagen **2** (≈ *Niederlage beibringen*) schlagen, besiegen; *Rekord* brechen; **to ~ sb into second place** j-n auf den zweiten Platz verweisen; **you can't ~ real wool** es geht doch nichts über reine Wolle; **if you can't ~ them, join them** *umg* wenn dus nicht besser machen kannst, dann mach es genauso; **coffee ~s tea any day** Kaffee ist allemal besser als Tee; **it ~s me (how/why …)** *umg* es ist mir ein Rätsel(, wie/warum …) *umg* **3** *Etat, Menschenmassen* zuvorkommen (+*dat*); **I'll ~ you down to the beach** ich bin vor dir am Strand; **to**

~ **the deadline** vor Ablauf der Frist fertig sein; **to ~ sb to it** j-m zuvorkommen **B** v/i schlagen; *Regen* trommeln; **to ~ on the door (with one's fists)** (mit den Fäusten) gegen die Tür schlagen **C** s **1** Schlag m; *wiederholt* Schlagen n; **to the ~ of the drum** zum Schlag der Trommeln **2** *von Polizist* Runde f; (≈ *Bezirk*) Revier n; **to be on the ~ machen 3** *Dichtung, a.* MUS Takt m; *mit Taktstock* Taktschlag m **D** adj **1** umg (≈ *erschöpft*) **to be (dead) ~** total kaputt sein umg **2** umg (≈ *besiegt*) **to be ~(en)** aufgeben müssen umg; **he doesn't know when he's ~(en)** er gibt nicht auf umg; **this problem's got me ~** mit dem Problem komme ich nicht klar umg

phrasal verbs mit beat:

beat back v/t ⟨trennb⟩ zurückschlagen
beat down A v/i *Regen* herunterprasseln; *Sonne* herunterbrennen **B** v/t ⟨trennb⟩ **1 I managed to beat him down (on the price)** ich konnte den Preis herunterhandeln **2** *Tür* einrennen
beat in v/t ⟨trennb⟩ **1** *Tür* einschlagen **2** GASTR *Eier etc* unterrühren
beat off v/t ⟨trennb⟩ abwehren
beat out v/t ⟨trennb⟩ *Feuer* ausschlagen; *Rhythmus* schlagen, trommeln; **to beat sb's brains out** umg j-m den Schädel einschlagen umg
beat up v/t ⟨trennb⟩ j-n zusammenschlagen, verprügeln
beat up on v/i ⟨+obj⟩ *US* umg (≈ *schlagen*) verhauen umg; (≈ *schikanieren*) einschüchtern
beaten ['bi:tn] **A** pperf → beat **B** adj *Erde* festgetreten; **to be off the ~ track** fig abgelegen sein
beating ['bi:tɪŋ] s **1** Prügel pl; **to give sb a ~** j-n verprügeln; **to get a ~** verprügelt werden **2** *von Trommel, Herz, Flügeln* Schlagen n **3** Niederlage f; **to take a ~ (at the hands of sb)** (von j-m) nach allen Regeln der Kunst geschlagen werden **4 to take some ~** nicht leicht zu übertreffen sein
beat-up ['bi:t'ʌp] umg adj ramponiert umg
beautician [bju:'tɪʃən] s Kosmetiker(in) m(f)
beautiful ['bju:tɪfʊl] adj schön; *Idee, Mahlzeit* wunderbar; *Schwimmer, Arbeit* hervorragend
beautifully ['bju:tɪfəlɪ] adv schön; *zubereitet, einfach* herrlich; *schwimmen* sehr gut
beautify ['bju:tɪfaɪ] v/t verschönern
beauty ['bju:tɪ] s **1** Schönheit f; **~ is in the eye of the beholder** sprichw schön ist, was (einem) gefällt; **the ~ of it is that …** das Schöne od Schönste daran ist, dass … **2** Prachtexemplar n
beauty contest s Schönheitswettbewerb m
beauty parlour s, **beauty parlor** *US* s Schönheitssalon m
beauty queen s Schönheitskönigin f
beauty salon, **beauty shop** s Schönheitssalon m
beauty sleep hum s Schönheitsschlaf m
beauty spot s **1** Schönheitsfleck m **2** (≈ *Ort*) schönes Fleckchen
beauty treatment s kosmetische Behandlung
beaver ['bi:və^r] s Biber m

phrasal verbs mit beaver:

beaver away umg v/i schuften umg (**at** an +dat)
became [bɪ'keɪm] prät → become
because [bɪ'kɒz] **A** konj weil, da; **it was the more surprising ~ we were not expecting it** es war umso überraschender, als wir es nicht erwartet hatten; **why did you do it? — just ~** umg warum hast du das getan? — darum **B** präp **~ of** wegen (+gen od (umg) dat); **I only did it ~ of you** ich habe es nur deinetwegen getan
beck [bek] s **to be at sb's ~ and call** j-m voll und ganz zur Verfügung stehen
beckon ['bekən] v/t & v/i winken; **he ~ed to her to follow (him)** er gab ihr ein Zeichen, ihm zu folgen
become [bɪ'kʌm] v/i ⟨prät became; pperf become⟩ werden; **it has ~ a rule** es ist jetzt Vorschrift; **it has ~ a nuisance/habit** es ist lästig/ zur Gewohnheit geworden; **to ~ interested in sb/sth** anfangen, sich für j-n/etw zu interessieren; **to ~ king/a doctor** König/Arzt werden; **what has ~ of him?** was ist aus ihm geworden?; **what's to ~ of him?** was soll aus ihm werden?
B Ed abk (= Bachelor of Education) Bachelor m der Erziehungswissenschaft
bed [bed] s **1** Bett n; **to go to bed** zu od ins Bett gehen; **to put sb to bed** j-n ins od zu Bett bringen; **to get into bed** sich ins Bett legen; **to get into bed with sb** mit j-m ins Bett steigen umg; **to get out of bed** aufstehen; **he must have got out of bed on the wrong side** umg er ist wohl mit dem linken Fuß zuerst aufgestanden; **to be in bed** im Bett sein; **to make the bed** das Bett machen; **can I have a bed for the night?** kann ich hier/bei euch etc übernachten?; **bed and board** Kost und Logis **2** *von Erz, Kohle* Lager n; **a bed of clay** Lehmboden m **3** *von Meer* Grund m; *von Fluss* Bett n **4** *für Blumen* Beet n

phrasal verbs mit bed:

bed down v/i sein Lager aufschlagen; **to bed down for the night** sein Nachtlager aufschlagen
bed and breakfast s Übernachtung f mit Frühstück; (a. **~ place**) Frühstückspension f;

"bed and breakfast" „Fremdenzimmer"
bedbug s Wanze f
bedclothes Br pl Bettzeug n
bedcover s Tagesdecke f; **~s** pl Bettzeug n
bedding ['bedɪŋ] s Bettzeug n; für Kaninchen etc (Lager)streu f
bedding plant s Setzling m
bedevil [bɪ'devl] v/t erschweren
bed head s Kopfteil n des Bettes; hum zerzauste Frisur am Morgen
bedlam ['bedləm] fig s Chaos n
bed linen s Bettwäsche f
bedpan s Bettpfanne f
bedpost s Bettpfosten m
bedraggled [bɪ'dræɡld] adj **1** triefnass **2** verdreckt **3** ungepflegt
bed rest s Bettruhe f; **to follow/keep ~** die Bettruhe befolgen/einhalten
bedridden ['bedrɪdn] adj bettlägerig
bedrock s Grundgestein n; fig Grundlage f, Fundament n
bedroom ['bedru:m] s Schlafzimmer n
bedside ['bedsaɪd] s **to be at sb's ~** an j-s Bett (dat) sein
bedside lamp s Nachttischlampe f
bedside table s Nachttisch m
bedsit(ter) ['bedsɪt(əʳ)] umg, **bedsitting room** [ˌbed'sɪtɪŋrʊm] Br s möbliertes Zimmer
bedsore s wund gelegene Stelle; **to get ~s** sich wund liegen
bedspread s Tagesdecke f
bedstead s Bettgestell n
bedtime s Schlafenszeit f; **it's ~** es ist Schlafenszeit; **his ~ is 10 o'clock** er geht um 10 Uhr schlafen; **it's past your ~** du müsstest schon lange im Bett sein
bedtime story s Gutenachtgeschichte f
bed-wetting s Bettnässen n
bee [bi:] s Biene f; **to have a bee in one's bonnet** umg einen Tick haben umg
beech [bi:tʃ] s **1** Buche f **2** Buche f Buchenholz n
beef [bi:f] **A** s Rindfleisch n **B** v/i umg meckern umg (**about** über +akk)
<u>phrasal verbs mit beef:</u>
beef up v/t ⟨trennb⟩ aufmotzen umg
beefburger s Hamburger m
Beefeater s Beefeater m
beefsteak s Beefsteak n
beefy ['bi:fɪ] adj ⟨komp beefier⟩ **1** Person muskulös, bullig umg **2** (≈ effizient) stark, leistungsstark **3** nach Rindfleisch schmeckend fleischig
beehive s Bienenstock m
beekeeper s Imker(in) m(f)
beeline s **to make a ~ for sb/sth** schnurstracks auf j-n/etw zugehen

been [bi:n] pperf → be
beep [bi:p] umg **A** s Tut(tut) n umg; **leave your name and number after the ~** hinterlassen Sie Ihren Namen und Ihre Nummer nach dem Signalton **B** v/t **to ~ the** od **one's horn** hupen **C** v/i tuten umg; **~ ~!** tut, tut umg
beeper ['bi:pəʳ] s akustischer Zeichengeber, Piepser m umg
beer [bɪəʳ] s Bier n; **two ~s, please** zwei Bier, bitte
beer belly umg s Bierbauch m umg
beer bottle s Bierflasche f
beer garden Br s Biergarten m
beer glass s Bierglas n
beer mat Br s Bierdeckel m
bee sting s Bienenstich m
beeswax ['bi:zwæks] s Bienenwachs n
beet [bi:t] s Rübe f
beetle ['bi:tl] s Käfer m
beetroot [bi:tru:t] s Rote Bete od Rübe
befit [bɪ'fɪt] form v/t j-n sich ziemen für geh; Anlass angemessen sein (+dat)
before [bɪ'fɔ:ʳ] **A** präp vor (+dat); mit Richtungsangabe vor (+akk); **the year ~ last** das vorletzte Jahr; **the day ~ yesterday** vorgestern; **the day ~ that** der Tag davor; **~ then** vorher; **you should have done it ~ now** das hättest du schon (eher) gemacht haben sollen; **~ long** bald; **~ everything else** zuallererst; **to come ~ sb/sth** vor j-m/etw kommen; **ladies ~ gentlemen** Damen haben den Vortritt; **~ my (very) eyes** vor meinen Augen; **the task ~ us** die Aufgabe, vor der wir stehen **B** adv davor, vorher; **have you been to Scotland ~?** waren Sie schon einmal in Schottland?; **I have seen** etc **this ~** ich habe das schon einmal gesehen etc; **never ~** noch nie; **(on) the evening/day ~** am Abend/Tag vorher; **(in) the year ~** im Jahr davor; **two hours ~** zwei Stunden vorher; **two days ~** zwei Tage davor od zuvor; **things continued as ~** alles war wie gehabt; **life went on as ~** das Leben ging seinen gewohnten Gang; **that chapter and the one ~** dieses Kapitel und das davor **C** konj bevor; **~ doing sth** bevor man etw tut; **you can't go ~ this is done** du kannst erst gehen, wenn das gemacht ist; **it will be a long time ~ he comes back** es wird lange dauern, bis er zurückkommt
beforehand [bɪ'fɔ:hænd] adv im Voraus; **you must tell me ~** Sie müssen mir vorher Bescheid sagen
before-tax [bɪ'fɔ:tæks] adj vor Steuern
befriend [bɪ'frend] v/t sich akk mit j-m anfreunden; auf Facebook® etc Freund werden mit
beg [beg] **A** v/t **1** Geld betteln um **2** Vergebung

bitten um; **to beg sth of sb** j-n um etw bitten; **he begged to be allowed to ...** er bat darum, ... zu dürfen; **I beg to differ** ich erlaube mir, anderer Meinung zu sein **3** j-n anflehen; **I beg you!** ich flehe dich an! **4 to beg the question** an der eigentlichen Frage vorbeigehen **B** v/i **1** betteln; *Hund* Männchen machen **2** *um Hilfe etc* bitten (**for** um); **I beg of you** ich bitte Sie **3** **to go begging** *umg* noch zu haben zu sein, keine Abnehmer finden

began [bɪˈgæn] *prät* → begin

beggar [ˈbegəʳ] **A** *s* **1** Bettler(in) *m(f)*; **~s can't be choosers** *sprichw* in der Not frisst der Teufel Fliegen *sprichw* **2** *Br umg* Kerl *m umg*; **poor ~!** armer Kerl! *umg*; **a lucky ~** ein Glückspilz *m* **B** v/t *fig* **to ~ belief** nicht zu fassen sein

begin [bɪˈɡɪn] ⟨*prät* began; *pperf* begun⟩ **A** v/t **1** beginnen, anfangen; *Arbeit* anfangen mit; *Aufgabe* in Angriff nehmen; **to ~ to do sth** *od* **doing sth** anfangen *od* beginnen, etw zu tun; **to ~ working on sth** mit der Arbeit an etw (*dat*) beginnen; **she ~s the job next week** sie fängt nächste Woche (bei der Stelle) an; **to ~ school** in die Schule kommen; **she began to feel tired** sie wurde langsam müde; **she's ~ning to understand** sie fängt langsam an zu verstehen; **I'd begun to think you weren't coming** ich habe schon gedacht, du kommst nicht mehr **2** anfangen; *Brauch* einführen; *Firma, Bewegung* gründen; *Krieg* auslösen **B** v/i anfangen, beginnen; *neues Stück etc* anlaufen; **to ~ by doing sth** etw zuerst (einmal) tun; **he began by saying that ...** er sagte einleitend, dass ...; **~ning from Monday** ab Montag; **~ning from page 10** von Seite 10 an; **it all began when ...** es fing alles damit an, dass ...; **to ~ with there were only three** anfänglich waren es nur drei; **to ~ with, this is wrong, and ...** erstens einmal ist das falsch, dann ...; **to ~ on sth** mit etw anfangen *od* beginnen

beginner [bɪˈɡɪnəʳ] *s* Anfänger(in) *m(f)*; **~'s luck** Anfängerglück *n*

beginning [bɪˈɡɪnɪŋ] *s* Anfang *m*; Beginn *m*; *von Brauch, Bewegung* Entstehen *n kein pl*; **at the ~** zuerst; **at the ~ of sth** am Anfang einer Sache (*gen*); *zeitlich a.* zu Beginn einer Sache (*gen*); **at the ~ of July** Anfang Juli; **from the ~** von Anfang an; **from the ~ of the week/poem** seit Anfang der Woche/vom Anfang des Gedichtes an; **read the paragraph from the ~** lesen Sie den Paragrafen von (ganz) vorne; **from ~ to end** von vorn bis hinten, von Anfang bis Ende; **to start again at** *od* **from the ~** noch einmal von vorn anfangen; **to begin at the ~** ganz vorn anfangen; **it was the ~ of the end for him** das war der Anfang vom Ende für ihn; **his humble ~s** seine einfachen Anfänge

begonia [bɪˈɡəʊnɪə] *s* Begonie *f*

begrudge [bɪˈɡrʌdʒ] v/t **1** **to ~ doing sth** etw widerwillig tun **2** missgönnen (**sb sth** j-m etw)

begrudgingly [bɪˈɡrʌdʒɪŋli] *adv* widerwillig

beguiling [bɪˈɡaɪlɪŋ] *adj* betörend

begun [bɪˈɡʌn] *pperf* → begin

behalf [bɪˈhɑːf] *s* **on ~ of, in ~ of** *US* für, im Interesse von, im Namen von, im Auftrag von

behave [bɪˈheɪv] **A** v/i sich verhalten, sich benehmen; **to ~ well/badly** sich gut/schlecht benehmen; **what a way to ~!** was für ein Benehmen!; **to ~ badly/well toward(s) sb** j-n schlecht/gut behandeln; **~!** benimm dich! **B** v/r **to ~ oneself** sich benehmen; **~ yourself!** benimm dich!

behaviour [bɪˈheɪvjəʳ] *s*, **behavior** *US s* **1** Benehmen *n*; **to be on one's best ~** sich von seiner besten Seite zeigen **2** Verhalten *n* (**towards** gegenüber)

behead [bɪˈhed] v/t enthaupten, köpfen

beheld [bɪˈheld] *prät & pperf* → behold

behind [bɪˈhaɪnd] **A** *präp* hinter (+*dat*); *mit Richtungsangabe* hinter (+*akk*); **come out from ~ the door** komm hinter der Tür (her)vor; **he came up ~ me** er trat von hinten an mich heran; **walk close ~ me** gehen Sie dicht hinter mir; **put it ~ the books** stellen Sie es hinter die Bücher; **what is ~ this incident?** was steckt hinter diesem Vorfall?; **to be ~ sb** hinter j-m zurück sein; **to be ~ schedule** im Verzug sein; **to be ~ the times** *fig* hinter seiner Zeit zurück(-geblieben) sein; **you must put the past ~ you** Sie müssen Vergangenes vergangen sein lassen; **she has years of experience ~ her** sie hat viel Erfahrung vorzuweisen **B** *adv* **1** hinten, dahinter; **from ~** von hinten; **to look ~** zurückblicken **2 to be ~ with one's studies** mit seinen Studien im Rückstand sein **C** *s umg* Hinterteil *n umg*

behold [bɪˈhəʊld] v/t ⟨*prät, pperf* beheld⟩ *liter* erblicken *liter*

beige [beɪʒ] **A** *adj* beige **B** *s* Beige *n*

being [ˈbiːɪŋ] *s* **1** Dasein *n*; **to come into ~** entstehen; **to bring into ~** ins Leben rufen **2** (Lebe)wesen *n*; **~s from outer space** Wesen *pl* aus dem All

Belarus [ˈbelərʊs] *s* GEOG Belarus *n*, Weißrussland *n*

belated *adj*, **belatedly** [bɪˈleɪtɪd, -li] *adv* verspätet

belch [beltʃ] **A** v/i rülpsen **B** v/t (*a.* **belch forth** *od* **out**) *Rauch* ausstoßen **C** *s* Rülpser *m umg*

beleaguered [bɪˈliːɡəd] *fig adj* unter Druck stehend

belfry ['belfrɪ] s Glockenstube f
Belgian ['beldʒən] **A** s Belgier(in) m(f) **B** adj belgisch
Belgium ['beldʒəm] s Belgien n
Belgrade [bel'greɪd] s Belgrad n
belie [bɪ'laɪ] v/t **1** widerlegen **2** hinwegtäuschen über (+akk)
belief [bɪ'liːf] s Glaube m (**in** an +akk), Lehre f; **beyond ~** unglaublich; **in the ~ that ...** im Glauben, dass ...; **it is my ~ that ...** ich bin der Überzeugung, dass ...
believable [bɪ'liːvəbl] adj glaubwürdig
believe [bɪ'liːv] **A** v/t glauben; **I don't ~ you** das glaube ich (Ihnen) nicht; **don't you ~ it** wers glaubt, wird selig umg; **~ you me!** umg das können Sie mir glauben!; **~ it or not** ob Sies glauben oder nicht; **would you ~ it!** umg ist das (denn) die Möglichkeit umg; **I would never have ~d it of him** das hätte ich nie von ihm geglaubt; **he couldn't ~ his eyes** er traute seinen Augen nicht; **he is ~d to be ill** es heißt, dass er krank ist; **I ~ so/not** ich glaube schon/nicht **B** v/i an Gott glauben

phrasal verbs mit believe:

believe in v/i ⟨+obj⟩ **1** glauben an (+akk); **he doesn't believe in doctors** er hält nicht viel von Ärzten **2 to believe in sth** (prinzipiell) für etw sein; **he believes in getting up early** er ist überzeugter Frühaufsteher; **he believes in giving people a second chance** er gibt prinzipiell jedem noch einmal eine Chance; **I don't believe in compromises** ich halte nichts von Kompromissen
believer [bɪ'liːvə(r)] s **1** REL Gläubige(r) m/f(m) **2 to be a (firm) ~ in sth** (grundsätzlich) für etw sein
Belisha beacon [bɪˌliːʃə'biːkən] Br s gelbes Blinklicht an Zebrastreifen
belittle [bɪ'lɪtl] v/t herabsetzen; **to ~ oneself** sich schlechter machen, als man ist
bell [bel] s **1** Glocke f, Glöckchen n; in Schule, an Tür, von Fahrrad Klingel f; **as clear as a ~** Stimme glasklar; hören, klingen laut und deutlich **2 there's the ~** es klingelt od läutet
bellboy bes US s Page m
bellhop US s → bellboy
belligerence [bɪ'lɪdʒərəns] s Kriegslust f, Streitlust f
belligerent adj Staat kriegslustig; Mensch streitlustig; Rede aggressiv
belligerently adv streitlustig
bellow ['beləʊ] **A** v/t & v/i brüllen; **to ~ at sb** j-n anbrüllen **B** s Brüllen n
bellows ['beləʊz] pl Blasebalg m; **a pair of ~** ein Blasebalg

bell pepper US s Paprikaschote f
bell pull s Klingelzug m
bell push s Klingel f
bell-ringer s Glöckner m
bell-ringing s Glockenläuten n
belly ['belɪ] s Bauch m
bellyache umg **A** s Bauchschmerzen pl **B** v/i murren (**about** über +akk)
bellybutton umg s Bauchnabel m
belly dance s Bauchtanz m
belly dancer s Bauchtänzerin f
bellyflop s Bauchklatscher m umg; **to do a ~** einen Bauchklatscher machen umg
bellyful ['belɪfʊl] umg s **I've had a ~ of writing these letters** ich habe die Nase voll davon, immer diese Briefe zu schreiben umg
belly laugh s dröhnendes Lachen; **he gave a great ~** er lachte lauthals los
belly up adv **to go ~** umg Firma pleitegehen umg
belong [bɪ'lɒŋ] v/i gehören (**to sb** j-m od **to sth** zu etw); **who does it ~ to?** wem gehört es?; **to ~ together** zusammengehören; **to ~ to a club** einem Klub angehören; **to feel that one doesn't ~** das Gefühl haben, dass man nicht dazugehört; **it ~s under the heading of ...** das fällt in die Rubrik der ...
belonging [bɪ'lɒŋɪŋ] s Zugehörigkeit f
belongings [bɪ'lɒŋɪŋz] pl Sachen pl, Besitz m; **personal ~** persönlicher Besitz; **all his ~** sein ganzes Hab und Gut
Belorussia [ˌbjeləʊ'rʌʃə] s GEOG Weißrussland n
beloved [bɪ'lʌvɪd] **A** adj geliebt **B** s **dearly ~** REL liebe Brüder und Schwestern im Herrn
below [bɪ'ləʊ] **A** präp unterhalb (+gen), unter (+dat od mit Richtungsangabe +akk); **her skirt comes well ~ her knees** ihr Rock geht bis weit unters Knie; **to be ~ sb** (rangmäßig) unter j-m stehen **B** adv **1** unten; **in the valley ~** drunten im Tal; **one floor ~** ein Stockwerk tiefer; **the apartment ~** die Wohnung darunter, die Wohnung unter uns; **down ~** unten; **see ~** siehe unten **2 15 degrees ~** 15 Grad unter null
belt [belt] **A** s **1** Gürtel m; zum Tragen, im Auto Gurt m; **that was below the ~** das war ein Schlag unter die Gürtellinie; **to tighten one's ~** fig den Gürtel enger schnallen; **to get sth under one's ~** etw in der Tasche haben; **industrial ~** Industriegürtel m **2** TECH (Treib)riemen m; zur Warenbeförderung Band n **B** v/t umg knallen umg; **she ~ed him one in the eye** umg verpasste ihm eins aufs Auge umg **C** v/i umg rasen umg

phrasal verbs mit belt:

belt out umg v/t ⟨trennb⟩ Melodie schmettern umg; auf Klavier hämmern umg

belt up *umg v/i* die Klappe halten *umg*
beltway *US s* Umgehungstraße *f*, Ringstraße *f*
bemoan [bɪˈməʊn] *v/t* beklagen
bemused [bɪˈmjuːzd] *adj* ratlos; **to be ~ by sth** einer Sache *(dat)* ratlos gegenüberstehen
bench [bentʃ] *s* **1** Bank *f* **2** Werkbank *f* **3** SPORT **on the ~** auf der Reservebank
benchmark [ˈbentʃmɑːk] *fig s* Maßstab *m*
bench press *s* SPORT Bankdrücken *n*
bend [bend] *‹v: prät, pperf bent›* **A** *v/t* **1** biegen; *Kopf* beugen; **to ~ sth out of shape** etw verbiegen **2** *fig Regeln, Wahrheit* es nicht so genau nehmen mit **B** *v/i* **1** sich biegen; *Mensch* sich beugen; **this metal ~s easily** dieses Metall verbiegt sich leicht, dieses Metall lässt sich leicht biegen; **my arm won't ~** ich kann den Arm nicht biegen **2** *Fluss* eine Biegung machen; *Straße* eine Kurve machen **C** *s* Biegung *f*; *in Straße* Kurve *f*; **there is a ~ in the road** die Straße macht (da) eine Kurve; **to go/be round the ~** *Br umg* verrückt werden/sein *umg*; **to drive sb round the ~** *Br umg* j-n verrückt machen *umg*

phrasal verbs mit bend:

bend back A *v/i* sich zurückbiegen, sich nach hinten biegen **B** *v/t ‹trennb›* zurückbiegen
bend down A *v/i* sich bücken; **she bent down to look at the baby** sie beugte sich hinunter, um das Baby anzusehen **B** *v/t ‹trennb› Kanten* nach unten biegen
bend over A *v/i* sich bücken; **to bend over to look at sth** sich nach vorn beugen, um etw anzusehen **B** *v/t ‹trennb›* umbiegen
bender [ˈbendə(r)] *s umg* Sauftour *f*
bendy [ˈbendɪ] *umg adj* **1** *(≈ elastisch)* biegsam **2** *Straße* kurvenreich, kurvig
bendy bus *Br s* Gelenkbus *m*
beneath [bɪˈniːθ] **A** *präp* **1** unter (+*dat od mit Richtungsangabe* +*akk*), unterhalb (+*gen*) **2** **it is ~ him** das ist unter seiner Würde **B** *adv* unten
benefactor [ˈbenɪfæktə^r] *s* Wohltäter *m*
beneficial [ˌbenɪˈfɪʃəl] *adj* gut (**to** für), günstig
beneficiary [ˌbenɪˈfɪʃərɪ] *s* Nutznießer(in) *m(f)*; *von Nachlass* Begünstigte(r) *m/f(m)*
benefit [ˈbenɪfɪt] **A** *s* **1** Vorteil *m*, Gewinn *m*; **to derive** *od* **get ~ from sth** aus etw Nutzen ziehen; **for the ~ of the poor** für das Wohl der Armen; **for your ~** Ihretwegen; **we should give him the ~ of the doubt** wir sollten das zu seinen Gunsten auslegen **2** Unterstützung *f*; **to be on ~(s)** staatliche Unterstützung erhalten **B** *v/t* guttun (+*dat*); zugutekommen (+*dat*); begünstigen **C** *v/i* profitieren (**from, by** von); **he would ~ from a week off** eine Woche Urlaub würde ihm guttun; **I think you'll ~ from the experience** ich glaube, diese Erfahrung wird Ihnen nützlich sein
benefit concert *s* Benefizkonzert *n*
Benelux [ˈbenɪlʌks] *s* **~ countries** Beneluxstaaten *pl*
benevolence [bɪˈnevələns] *s* Wohlwollen *n*
benevolent [bɪˈnevələnt] *adj* wohlwollend
BEng *abk* (= Bachelor of Engineering) B.Eng.
Bengali [beŋˈɡɔːlɪ] **A** *s (≈ Sprache)* Bengali *n*; *(≈ Mensch)* Bengale *m*, Bengalin *f* **B** *adj* bengalisch
benign [bɪˈnaɪn] *adj* **1** gütig **2** MED *Tumor* gutartig
Benin [beˈniːn] *s* GEOG Benin *n*
bent [bent] **A** *prät & pperf* → **bend** **B** *adj* **1** gebogen, verbogen **2** **to be ~ on sth/doing sth** etw unbedingt wollen/tun wollen **3** *Br umg (≈ bestechlich)* korrupt **4** *Br umg (≈ homosexuell)* schwul **C** *s* Neigung *f* (**for** zu); **people with** *od* **of a musical ~** Menschen mit einer musikalischen Veranlagung
benzene [ˈbenziːn] *s* Benzol *n*
bequeath [bɪˈkwiːð] *v/t* vermachen (**to sb** j-m)
bequest [bɪˈkwest] *s (≈ Vorgang)* Vermachen *n* (**to an** +*akk*); *(≈ Erbe)* Nachlass *m*
berate [bɪˈreɪt] *liter v/t* schelten
bereaved [bɪˈriːvd] *adj* leidtragend; **the ~** die Hinterbliebenen *pl*
bereavement *s* Trauerfall *m*
bereft [bɪˈreft] *adj* **1** **to be ~ of sth** einer Sache (*gen*) bar sein **2** *nach Tod* allein und verlassen
beret [ˈbereɪ] *s* Baskenmütze *f*
Bering Sea [ˈberɪŋ-] *s* Beringmeer *n*
Bering Strait [ˈberɪŋ-] *s* Beringstraße *f*
berk [bɜːk] *Br umg s* Dussel *m umg*
Berlin [bɜːˈlɪn] *s* Berlin *n*
Bermuda shorts [bɜːˈmjuːdə-] *pl* Bermudashorts *pl*
Berne [bɜːn] *s* Bern *n*
berry [ˈberɪ] *s* Beere *f*
berserk [bəˈsɜːk] *adj* wild; **to go ~** fuchsteufelswild werden; *Publikum* zu toben anfangen, überschnappen *umg*
berth [bɜːθ] **A** *s* **1** *auf Schiff* Koje *f*; *im Zug* Schlafwagenplatz *m* **2** SCHIFF *für Schiff* Liegeplatz *m* **3** **to give sb/sth a wide ~** *fig* einen (weiten) Bogen um j-n/etw machen **B** *v/i* anlegen **C** *v/t* **where is she ~ed?** wo liegt es?
beseech [bɪˈsiːtʃ] *v/t liter* j-n anflehen
beset [bɪˈset] *v/t ‹prät, pperf beset›* **to be ~ with difficulties** voller Schwierigkeiten sein; **~ by doubts** von Zweifeln befallen
beside [bɪˈsaɪd] *präp* **1** neben (+*dat od mit Richtungsangabe* +*akk*); *Straße, Fluss* an (+*dat od mit Richtungsangabe* +*akk*); **~ the road** am Straßenrand **2** **to be ~ the point** damit nichts zu tun

haben; **to be ~ oneself** außer sich sein (**with** vor +*dat*)

besides [bɪˈsaɪdz] **A** *adv* außerdem; **many more ~** noch viele mehr; **have you got any others ~?** haben Sie noch andere? **B** *präp* außer; **others ~ ourselves** außer uns noch andere; **there were three of us ~ Mary** Mary nicht mitgerechnet, waren wir zu dritt; **~ which he was unwell** außerdem fühlte er sich nicht wohl

besiege [bɪˈsiːdʒ] *v/t* belagern

besotted [bɪˈsɒtɪd] *adj* völlig vernarrt (**with** in +*akk*)

bespoke [bɪˈspəʊk] *adj* **a ~ tailor** ein Maßschneider *m*

best [best] **A** *adj* ⟨*sup*⟩ **1** beste(r, s) *attr*; **to be ~ am besten sein; to be ~ of all** am allerbesten sein; **what was the ~ thing about her?** was war das Beste an ihr?; **it's ~ to wait** das Beste ist zu warten; **may the ~ man win!** dem Besten der Sieg!; **the ~ part of the year/my money** fast das ganze Jahr/all mein Geld **2** → **good B** *adv* ⟨*sup*⟩ **1** am besten; *mögen* am liebsten; **the ~ fitting dress** das am besten passende Kleid; **her ~ known novel** ihr bekanntester Roman; **he was ~ known for ...** er war vor allem bekannt für ...; **~ of all** am allerbesten/-liebsten; **as ~ I could** so gut ich konnte; **I thought it ~ to go** ich hielt es für das Beste zu gehen; **do as you think ~** tun Sie, was Sie für richtig halten; **you know ~** Sie müssen es (am besten) wissen; **you had ~ go now** am besten gehen Sie jetzt **2** → **well²** **C** *s* **the ~** der/die/das Beste; **his last book was his ~** sein letztes Buch war sein bestes; **they are the ~ of friends** sie sind enge Freunde; **to do one's ~** sein Bestes tun; **do the ~ you can!** machen Sie es so gut Sie können!; **it's the ~ I can do** mehr kann ich nicht tun; **to get the ~ out of sb/sth** das Beste aus j-m/etw herausholen; **to play the ~ of three** nur so lange spielen, bis eine Partei zweimal gewonnen hat; **to make the ~ of it/a bad job** das Beste daraus machen; **to make the ~ of one's opportunities** seine Chancen voll nützen; **it's all for the ~** es ist nur zum Guten; **to do sth for the ~** etw in bester Absicht tun; **to the ~ of my ability** so gut ich kann/konnte; **to the ~ of my knowledge** meines Wissens; **to look one's ~** besonders gut aussehen; **it's not enough (even) at the ~ of times** das ist schon normalerweise nicht genug; **at ~** bestenfalls; **all the ~!** alles Gute!; *in Brief* viele Grüße

best-before date *s* Haltbarkeitsdatum *n*

best-dressed *adj* bestgekleidet *attr*

bestial [ˈbestɪəl] *adj* bestialisch

bestiality [ˌbestɪˈælɪtɪ] *s* **1** *von Verhalten* Bestialität *f*; *von Mensch* Brutalität *f* **2** (≈ *Handlung*) Gräueltat *f*

best man *s* ⟨*pl* -men⟩ Trauzeuge *m* (*des Bräutigams*)

bestow [bɪˈstəʊ] *v/t Ehre* erweisen; *Titel, Medaille* verleihen; **~ upon sb** j-m etw schenken

bestseller *s* Verkaufsschlager *m*; (≈ *Buch*) Bestseller *m*

bestselling *adj Artikel* absatzstark; *Autor* Erfolgs-; **a ~ novel** ein Bestseller *m*

bet [bet] ⟨*v: prät, pperf* bet(ted)⟩ **A** *v/t* **1** wetten; **I bet him £5** ich habe mit ihm (um) £ 5 gewettet **2** *umg* wetten; **I bet he'll come!** wetten, dass er kommt! *umg*; **bet you I can!** *umg* wetten, dass ich das kann! *umg* **B** *v/i* wetten; **to bet on a horse** auf ein Pferd setzen; **don't bet on it** darauf würde ich nicht wetten; **you bet!** *umg* und ob! *umg*; **want to bet?** wetten? **C** *s* Wette *f* (**on** auf +*akk*); **to make** *od* **have a bet with sb** mit j-m wetten

beta-blocker [ˈbiːtəˌblɒkə] *s* Betablocker *m*

beta release, **beta version** [ˈbiːtə] *s* IT Betaversion *f*

betray [bɪˈtreɪ] *v/t* verraten (**to an** +*dat*); *Vertrauen* enttäuschen; **to ~ a trust** etwas Vertrauliches ausplaudern

betrayal [bɪˈtreɪəl] *s* Verrat *m* (**of an** +*dat*); **a ~ of trust** ein Vertrauensbruch *m*

better **A** *adj* ⟨*komp*⟩ **1** besser; **he's ~** es geht ihm besser, er fühlt sich besser; er ist wieder gesund; **his foot is getting ~** seinem Fuß geht es schon viel besser; **I hope you get ~ soon** hoffentlich sind Sie bald wieder gesund; **~ and ~** immer besser; **that's ~!** *Zustimmung* so ist es besser!; *Erleichterung* so!; **it couldn't be ~** es könnte gar nicht besser sein; **the ~ part of an hour/my money** fast eine Stunde/mein ganzes Geld; **it would be ~ to go early** es wäre besser, früh zu gehen; **you would be ~ to go early** Sie gehen besser früh; **to go one ~** einen Schritt weiter gehen; *bei Angebot* höhergehen; **this hat has seen ~ days** dieser Hut hat auch schon bessere Tage gesehen *umg* **2** → **good B** *adv* ⟨*komp*⟩ **1** besser; *mögen* lieber; **to like sth ~** etw lieber mögen; **they are ~ off than we are** sie sind besser dran als wir; **he is ~ off where he is** er ist besser dran, wo er ist *umg*; **to be ~ off without sb/sth** ohne j-n/etw besser dran sein *umg*; **I'd ~ ...** ich sollte lieber ...; **I had ~ go** ich gehe jetzt wohl besser; **you'd ~ do what he says** tun Sie lieber, was er sagt; **I won't touch it — you'd ~ not!** ich fasse es nicht an — das will ich dir auch geraten haben **2** → **well²** **C** *s* **all the ~, so much the ~** umso besser; **the sooner**

the ~ je eher, desto besser; **to get the ~ of sb** j-n unterkriegen *umg*; *Problem etc* j-m schwer zu schaffen machen; **I'll get the ~ of it** damit werde ich fertig, das schaffe ich; **nerves got the ~ of her** sie war mit den Nerven am Ende **D** *v/r sozial* sich verbessern

better-off *adj* besser dran; *finanziell* wohlhabender

betting ['betɪŋ] *s* Wetten *n*

betting shop *s* Wettannahme *f*

betting slip *s* Wettschein *m*

between [bɪ'twiːn] **A** *präp* **1** zwischen (+*dat*); *mit Richtungsangabe* zwischen (+*akk*); **I was sitting ~ them** ich saß zwischen ihnen; **sit down ~ those two boys** setzen Sie sich zwischen diese beiden Jungen; **in ~** zwischen (+*dat od akk*); **~ now and next week we must ...** bis nächste Woche müssen wir ...; **there's nothing ~ them** *keine Beziehung* zwischen ihnen ist nichts **2** unter (+*dat od akk*); **divide the sweets ~ the children** verteilen Sie die Süßigkeiten unter die Kinder; **we shared an apple ~ us** wir teilten uns (*dat*) einen Apfel; **that's just ~ ourselves** das bleibt aber unter uns **3** (≈ *gemeinsam*) **~ us/them** zusammen; **we have a car ~ the three of us** wir haben zu dritt ein Auto **B** *adv* dazwischen; **in ~** dazwischen; **the space/time ~** der Raum/die Zeit dazwischen

between-the-sheets *adj* 〈*attr*〉 Bett-, sexuell; **~ problems** sexuelle Probleme *pl*, Probleme *pl* im Bett

beverage ['bevərɪdʒ] *s* Getränk *n*

bevvy ['bevɪ] *Br umg s* alkoholisches Getränk; **to have a few bevvies** ein paar zischen *umg*

beware [bɪ'weə^r] *v/i* 〈*nur Imperativ u. inf*〉 **to ~ of sb/sth** sich vor j-m/etw hüten od in Acht nehmen; **to ~ of doing sth** sich davor hüten, etw zu tun; **"beware of the dog"** „Vorsicht, bissiger Hund"; **"beware of pickpockets"** „vor Taschendieben wird gewarnt"

bewilder [bɪ'wɪldə^r] *v/t* verwirren

bewildered [bɪ'wɪldəd] *adj* verwirrt

bewildering [bɪ'wɪldərɪŋ] *adj* verwirrend

bewilderment [bɪ'wɪldəmənt] *s* Verwirrung *f*; **in ~** verwundert

bewitch [bɪ'wɪtʃ] *fig v/t* bezaubern

bewitching [bɪ'wɪtʃɪŋ] *adj* bezaubernd

beyond [bɪ'jɒnd] **A** *präp* **1** (≈ *auf der anderen Seite*) jenseits (+*gen*) *geh*; (≈ *weiter als*) über (+*akk*) ...; hinaus; **~ the Alps** jenseits der Alpen **2** *zeitlich* **~ 6 o'clock** nach 6 Uhr; **~ the middle of June** über Mitte Juni hinaus **3** (≈ *übertreffend*) **a task ~ her abilities** eine Aufgabe, die über ihre Fähigkeiten geht; **that is ~ human understanding** das übersteigt menschliches Verständnis; **~ repair** nicht mehr zu reparieren; **that's ~ me** das geht über meinen Verstand **4** *verneinend*, *in Fragen* außer; **have you any money ~ what you have in the bank?** haben Sie außer dem, was Sie auf der Bank haben, noch Geld?; **~ this/that** sonst **B** *adv* (≈ *auf der anderen Seite*) jenseits davon *geh*; *zeitlich* danach; (≈ *weiter*) darüber hinaus; **India and the lands ~** Indien und die Gegenden jenseits davon; **... a river, and ~ is a small field** ... ein Fluss, und danach kommt ein kleines Feld

Bhutan [buː'tɑːn] *s* Bhutan *n*

biannual *adj*, **biannually** [baɪ'ænjʊəl, -ɪ] *adv* **1** zweimal jährlich **2** halbjährlich

bias ['baɪəs] *s* **1** *von Zeitung etc* (einseitige) Ausrichtung *f* (**towards** auf +*akk*); *von Mensch* Vorliebe *f* (**towards** für); **to have a ~ against sth** *Zeitung etc* gegen etw eingestellt sein; *Mensch* eine Abneigung gegen etw haben; **to have a left-/right-wing ~** nach links/rechts ausgerichtet sein **2** Voreingenommenheit *f*

biased ['baɪəst] *adj*, **biassed** *US adj* voreingenommen; **~ in favour of/ against** *Br*, **biassed in favor of/ against** *US* voreingenommen für/gegen

bib [bɪb] *s* Lätzchen *n*

Bible ['baɪbl] *s* Bibel *f*

Bible-basher *umg s* aufdringlicher Bibelfritze *sl*

Bible story *s* biblische Geschichte

biblical ['bɪblɪkəl] *adj* biblisch

bibliography [ˌbɪblɪ'ɒgrəfɪ] *s* Bibliografie *f*

bicarbonate of soda [baɪˌkɑːbənɪtəv'səʊdə] *s* GASTR ≈ Backpulver *n*

bicentenary [ˌbaɪsən'tiːnərɪ], **bicentennial** [ˌbaɪsen'tenɪəl] *US* **A** *s* zweihundertjähriges Jubiläum **B** *adj* zweihundertjährig

biceps ['baɪseps] *pl* Bizeps *m*

bicker ['bɪkə^r] *v/i* sich zanken; **they are always ~ing** sie liegen sich dauernd in den Haaren

bickering ['bɪkərɪŋ] *s* Gezänk *n*

bicycle ['baɪsɪkl] *s* Fahrrad *n*, Velo *n schweiz*; **to ride a ~** Fahrrad fahren; → **cycle**

bid [bɪd] **A** *v/t* **1** 〈*prät*, *pperf* **bid**〉 *bei Auktion* bieten (**for** auf +*akk*) **2** 〈*prät*, *pperf* **bid**〉 KART reizen **3** 〈*prät* **bade** *od* **bad**; *pperf* **bidden**〉 **to bid sb farewell** von j-m Abschied nehmen **B** *v/i* **1** 〈*prät*, *pperf* **bid**〉 *bei Auktion* bieten **2** 〈*prät*, *pperf* **bid**〉 KART reizen **C** *s* **1** *bei Auktion* Gebot *n* (**for** auf +*akk*); HANDEL Angebot *n* (**for** für) **2** KART Gebot *n* **3** Versuch *m*; **to make a bid for freedom** versuchen, die Freiheit zu erlangen; **in a bid to stop smoking** um das Rauchen aufzugeben

bidden ['bɪdn] *pperf* → **bid**

bidder ['bɪdə^r] *s* **to sell to the highest ~** an den Meistbietenden verkaufen

bidding ['bɪdɪŋ] *s* **1** *bei Auktion* Bieten *n* **2** KART Reizen *n*

bide [baɪd] v/t **to ~ one's time** den rechten Augenblick abwarten
bidet ['biːdeɪ] s Bidet n
biennial [baɪ'enɪəl] adj zweijährlich
bifocal [baɪ'fəʊkəl] A adj Bifokal- B s **bifocals** pl Bifokalbrille f
big [bɪg] A adj ⟨komp bigger⟩ 1 groß; Buch dick; **a big man** ein großer, schwerer Mann; **my big brother** mein großer Bruder 2 (≈ wichtig) groß; **to be big in publishing** eine Größe im Verlagswesen sein; **to be onto something big** umg einer großen Sache auf der Spur sein 3 (≈ eingebildet) **big talk** Angeberei f umg; **he's getting too big for his boots** umg Angestellter er wird langsam größenwahnsinnig; **to have a big head** umg eingebildet sein 4 iron großzügig, großmütig; **he was big enough to admit he was wrong** er hatte die Größe zuzugeben, dass er unrecht hatte 5 umg (≈ modisch) in umg 6 fig **to earn big money** das große Geld verdienen umg; **to have big ideas** große Pläne haben; **to have a big mouth** umg eine große Klappe haben umg; **to do things in a big way** alles im großen Stil tun; **it's no big deal** umg das ist nichts Besonderes, (das ist) schon in Ordnung; **big deal!** iron umg na und? umg; **what's the big idea?** umg was soll denn das? umg; **our company is big on service** umg unsere Firma ist ganz groß in puncto Kundendienst B adv **to talk big** groß daherreden umg; **to think big** im großen Maßstab planen; **to make it big (as a singer)** (als Sänger(in)) ganz groß rauskommen umg
bigamist ['bɪgəmɪst] s Bigamist m
bigamy ['bɪgəmɪ] s Bigamie f
Big Apple s **the ~** umg New York n
big bang s ASTRON Urknall m
big-boned [bɪg'bəʊnd] adj stämmig
big business s Großkapital n; **to be ~** das große Geschäft sein
big cat s Großkatze f
big dipper s 1 Br Achterbahn f 2 US ASTRON **Big Dipper** Großer Bär od Wagen
big game s JAGD Großwild n
bighead umg s Angeber(in) m(f) umg
bigheaded umg adj angeberisch
bigmouth umg s Angeber(in) m(f) umg, Schwätzer(in) m(f) pej
big name s umg (≈ Mensch) Größe f (**in** +gen); **all the ~s were there** alles, was Rang und Namen hat, war da
bigoted ['bɪgətɪd] adj eifernd; REL bigott
bigotry ['bɪgətrɪ] s eifernde Borniertheit; REL Bigotterie f
big screen s Kino n
big shot s hohes Tier umg

big time umg s **to make** od **hit the ~** groß einsteigen umg
big-time umg adv **they lost ~** sie haben gewaltig verloren umg
big toe s große Zehe
big top s Hauptzelt n
big wheel Br s Riesenrad n
bigwig umg s hohes Tier umg; **the local ~s** die Honoratioren des Ortes
bike [baɪk] umg A s (Fahr)rad n, Velo n schweiz; Motorrad n, Töff m schweiz; **to go by ~** mit dem Fahrrad fahren; **to ride a ~** (Fahr)rad fahren; **to go on a ~ ride** eine Radtour machen; **on your ~!** Br verschwinde! umg B v/i radeln umg
bike helmet s (Fahr)radhelm m
bike path umg s Radweg m
biker ['baɪkə^r] umg s Motorradfahrer(in) m(f), Töfffahrer(in) m(f) schweiz
bike tour s Radtour f
bikini [bɪ'kiːnɪ] s Bikini m
bikini bottoms pl Bikiniunterteil n
bikini line s Bikinizone f
bikini top s Bikinioberteil n
bilateral adj, **bilaterally** [baɪ'lætərəl, -ɪ] adv bilateral
bilberry ['bɪlbərɪ] s Heidelbeere f
bile [baɪl] s 1 MED Galle f 2 fig Übellaunigkeit f
bilingual adj, **bilingually** [baɪ'lɪŋgwəl, -ɪ] adv zweisprachig; **~ secretary** Fremdsprachensekretär(in) m(f)
bill¹ [bɪl] s von Vogel, Schildkröte Schnabel m
bill² A s 1 Br Rechnung f; **could we have the ~ please?** zahlen bitte! 2 US Geldschein m; **five-dollar ~** Fünfdollarschein m 3 THEAT Programm n; **to head** od **top the ~, to be top of the ~** Star m des Abends/der Saison sein 4 PARL (Gesetz)entwurf m; **the ~ was passed** das Gesetz wurde verabschiedet 5 bes HANDEL, FIN **~ of exchange** Wechsel m; **~ of sale** Verkaufsurkunde f; **to give sb a clean ~ of health** j-m (gute) Gesundheit bescheinigen; **to fit the ~** fig der/die/das Richtige sein B v/t eine Rechnung ausstellen (+dat); **we won't ~ you for that, sir** wir werden Ihnen das nicht berechnen
billboard ['bɪlbɔːd] s Reklametafel f
billet ['bɪlɪt] v/t MIL einquartieren (**on sb** bei j-m)
billfold ['bɪlfəʊld] s US Brieftasche f
billiards ['bɪljədz] s ⟨+sg v⟩ Billard n
billion ['bɪljən] s Milliarde f; obs Br Billion f; **~s of ...** umg Tausende von ...
billionaire [bɪljə'neə^r] s Milliardär(in) m(f)
billionth ['bɪljənθ] A adj milliardste(r, s); obs Br billionste(r, s) B s Milliardstel n; obs Br Billionstel n

bill of lading [ˌbɪləˈleɪdɪŋ] s WIRTSCH Frachtbrief m
Bill of Rights s Br ≈ Verfassung f; US Zusatzartikel pl zur Verfassung
billow [ˈbɪləʊ] v/i Segel sich blähen; Kleid etc sich bauschen; Rauch in Schwaden vorüberziehen
billposter [ˈbɪlpəʊstəʳ], **billsticker** [ˈbɪlstɪkəʳ] s Plakatkleber m
billy goat [ˈbɪlɪɡəʊt] s Ziegenbock m
bimbo [ˈbɪmbəʊ] s ⟨pl -s⟩ pej umg Häschen n umg
bin [bɪn] bes Br s Mülleimer m, Mistkübel m österr, Mülltonne f, Abfallbehälter m
binary [ˈbaɪnərɪ] adj binär
binary code s IT Binärcode m
binary number s MATH binäre Zahl
binary system s MATH Dualsystem n, binäres System
bin bag [ˈbɪnˌbæg] Br s Müllsack m
bind [baɪnd] ⟨v: prät, pperf bound⟩ **A** v/t **1** binden (to an +akk); j-n fesseln; fig verbinden (to mit); **bound hand and foot** an Händen und Füßen gefesselt **2** Wunde, Arm etc verbinden **3** vertraglich **to ~ sb to sth** j-n etw verpflichten; **to ~ sb to do sth** j-n verpflichten, etw zu tun **B** s umg **to be (a bit of) a ~** Br recht lästig sein
phrasal verbs mit bind:
bind together wörtl v/t ⟨trennb⟩ zusammenbinden; fig verbinden
bind up v/t ⟨trennb⟩ **1** Wunde verbinden **2** fig **to be bound up with** od **in sth** eng mit etw verknüpft sein
binder [ˈbaɪndəʳ] s Hefter m
binding [ˈbaɪndɪŋ] **A** s **1** von Buch Einband m; (≈ Vorgang) Binden n **2** von Skiern Bindung f **B** adj bindend (on für)
binge [bɪndʒ] umg **A** s **to go on a ~** auf eine Sauftour gehen umg; eine Fresstour machen umg **B** v/i auf eine Sauf-/Fresstour gehen umg; **to ~ on sth** sich mit etw vollstopfen umg
binge drinking [ˈbɪndʒˌdrɪŋkɪŋ] s Kampftrinken n
bingo [ˈbɪŋɡəʊ] s ⟨kein pl⟩ Bingo n
bin liner Br s Mülltüte f
binman s ⟨pl -men⟩ Br Müllmann m
binoculars [bɪˈnɒkjʊləz] pl Fernglas n; **a pair of ~** ein Fernglas n
bio [ˈbaɪəʊ] präf Bio-
biochemical adj biochemisch
biochemist s Biochemiker(in) m(f)
biochemistry s Biochemie f
biodegradable adj biologisch abbaubar
biodiesel s Biodiesel m
biodiversity s Artenvielfalt f
biodynamic adj biodynamisch
biofuel s Biokraftstoff m, Biosprit m

biogas plant s ÖKOL Biogasanlage f
biographer [baɪˈɒɡrəfəʳ] s Biograf(in) m(f)
biographic(al) [ˌbaɪəʊˈɡræfɪk(əl)] adj biografisch
biography [baɪˈɒɡrəfɪ] s Biografie f
biological [ˌbaɪəˈlɒdʒɪkəl] adj biologisch; **the ~ clock** die biologische Uhr; **~ detergent** Biowaschmittel n; **~ waste** Bioabfall m
biologist [baɪˈɒlədʒɪst] s Biologe m, Biologin f
biology [baɪˈɒlədʒɪ] s Biologie f
biomass s Biomasse f
biometric adj biometrisch; **~ passport** biometrischer Pass; **~ scan** Erfassung f der biometrischen Daten
bionic [baɪˈɒnɪk] adj bionisch
biopsy [ˈbaɪɒpsɪ] s Biopsie f
biosphere s Biosphäre f
biosphere reserve s Biosphärenreservat n
biosynthesis [ˌbaɪəʊˈsɪnθəsɪs] s Biosynthese f
biosynthetic [ˌbaɪəʊsɪnˈθetɪk] adj biosynthetisch
biotechnology [ˌbaɪəʊtekˈnɒlədʒɪ] s Biotechnologie f
bioterrorism s Bioterrorismus m
bioweapon s Biowaffe f
bipolar [baɪˈpəʊləʳ] adj bipolar, manisch-depressiv
bipolar disorder s bipolare Störung, manisch-depressive Erkrankung
birch [bɜːtʃ] s **1** Birke f **2** als Peitsche Rute f
bird [bɜːd] s **1** Vogel m; **to tell sb about the ~s and the bees** j-m erzählen, wo die kleinen Kinder herkommen **2** Br umg (≈ Mädchen) Tussi f umg
birdbath s Vogelbad n
bird box s Vogelhäuschen n
bird brain umg s **to be a ~** ein Spatzenhirn haben umg
birdcage s Vogelbauer n
bird flu s Vogelgrippe f
bird of prey s Raubvogel m
bird sanctuary s Vogelschutzgebiet n
birdseed s Vogelfutter n
bird's-eye view s Vogelperspektive f; **to get a ~ of the town** die Stadt aus der Vogelperspektive sehen
bird's nest s Vogelnest n
birdsong s Vogelgesang m
bird table s Futterplatz m (für Vögel)
bird-watcher s Vogelbeobachter(in) m(f)
bird-watching s das Beobachten von frei lebenden Vögeln (als Hobby)
Biro® [ˈbaɪərəʊ] Br s Kugelschreiber m, Kuli m umg
birth [bɜːθ] s Geburt f; von Bewegung etc Aufkommen n; von neuem Zeitalter Anbruch m; **the**

country of his ~ sein Geburtsland *n*; **blind from** *od* **since ~** von Geburt an blind; **give ~ to** gebären; **to give ~** entbinden; *Tier* jungen; **Scottish by ~** gebürtiger Schotte; **of low** *od* **humble ~** von niedriger Geburt
birth certificate *s* Geburtsurkunde *f*
birth control *s* Geburtenkontrolle *f*
birthdate *s* Geburtsdatum *n*
birthday ['bɜːθdeɪ] *s* Geburtstag *m*; **what did you get for your ~?** was hast du zum Geburtstag bekommen?; **my ~ is in May** ich habe im Mai Geburtstag; **my ~ is on 13th June** ich habe am 13. Juni Geburtstag; **when's your ~?** wann hast du Geburtstag?
birthday cake *s* Geburtstagskuchen *m od* -torte *f*
birthday card *s* Geburtstagskarte *f*
birthday party *s* Geburtstagsfeier *f*, Kindergeburtstag *m*
birthday suit *umg s* **in one's ~** im Adams-/Evaskostüm *umg*
birthmark *s* Muttermal *n*
birth mother *s* leibliche Mutter
birthplace *s* Geburtsort *m*
birth plan *s* Geburtsplan *m*
birthrate *s* Geburtenrate *f*
birthright *s* Geburtsrecht *n*
Biscay ['bɪskeɪ] *s* **the Bay of ~** der Golf von Biskaya
biscuit ['bɪskɪt] *s* **1** *Br* Keks *m*, Biscuit *n schweiz*; *für Hund* Hundekuchen *m*; **that takes the ~!** *Br umg* das übertrifft alles **2** *US* Brötchen *n*
bisect [baɪˈsekt] *v/t* in zwei Teile teilen; MATH halbieren
bisexual [ˌbaɪˈseksjʊəl] **A** *adj* bisexuell **B** *s* Bisexuelle(r) *m/f(m)*
bishop ['bɪʃəp] *s* **1** KIRCHE Bischof *m*, Bischöfin *f* **2** *Schach* Läufer *m*
bishopric ['bɪʃəprɪk] *s* Bistum *n*
bison ['baɪsn] *s* amerikanisch Bison *m*; europäisch Wisent *m*
bistro ['biːstrəʊ] *s* ⟨*pl* -s⟩, **bistro bar** *s* Bistro *n*
bit[1] [bɪt] *s* **1** *für Pferd* Gebissstange *f* **2** *von Bohrer* (Bohr)einsatz *m*
bit[2] **A** *s* **1** Stück *n*, Stückchen *n*; *von Glas* Scherbe *f*; *in Buch etc* Stelle *f*, Teil *m*; **a few bits of furniture** ein paar Möbelstücke; **a bit of bread** ein Stück *n* Brot; **I gave my bit to my sister** ich habe meiner Schwester meinen Teil gegeben; **a bit** ein bisschen; **a bit of advice** ein Rat *m*; **we had a bit of trouble** wir hatten ein wenig Ärger; **it wasn't a bit of help** das war überhaupt keine Hilfe; **there's quite a bit of bread left** es ist noch eine ganze Menge Brot da; **in bits and pieces** (≈ *zerbrochen*) in tausend Stücken; **bring all your bits and pieces** bring deine Siebensachen; **to pull** *od* **tear sth to bits** *wörtl reißen* etw in Stücke reißen; *fig* keinen guten Faden an etw (*dat*) lassen; **bit by bit** Stück für Stück, nach und nach; **it/he is every bit as good as ...** es/er ist genauso gut, wie ...; **to do one's bit** sein(en) Teil tun; **a bit of a bruise** ein kleiner Fleck; **he's a bit of a rogue** er ist ein ziemlicher Schlingel; **she's a bit of a connoisseur** sie versteht einiges davon; **it's a bit of a nuisance** das ist schon etwas ärgerlich; **not a bit of it** keine Spur davon **2** *zeitlich* **a bit** ein Weilchen *n*; **he's gone out for a bit** er ist mal kurz weggegangen **3** *mit Bezug auf Kosten* **a bit** eine ganze Menge; **it cost quite a bit** das hat ganz schön (viel) gekostet *umg* **B** *adv* **a bit** ein bisschen; **wasn't she a little bit surprised?** war sie nicht etwas erstaunt?; **I'm not a (little) bit surprised** das wundert mich überhaupt nicht; **quite a bit** ziemlich viel
bit[3] *s* IT Bit *n*
bit[4] *prät* → bite
bitch [bɪtʃ] **A** *s* **1** Hündin *f* **2** *sl* (≈ *Frau*) Miststück *n umg*, Zicke *f*; **silly ~** blöde Kuh *umg* **3** *umg* **to have a ~ (about sb/sth)** (über j-n/etw) meckern *umg* **B** *v/i umg* meckern *umg* (**about** über +*akk*)
bitchiness ['bɪtʃɪnɪs] *s* Gehässigkeit *f*
bitchy ['bɪtʃɪ] *adj* ⟨*komp* bitchier⟩ *umg* gehässig
bitcoin ['bɪtkɔɪn] *s* IT Bitcoin *f*
bite [baɪt] ⟨*v: prät* bit; *pperf* bitten⟩ **A** *v/t* beißen; *Insekt* stechen; **to ~ one's nails** an den Nägeln kauen; **to ~ one's tongue/lip** sich (*dat*) auf die Zunge/Lippen beißen; **he won't ~ you** *fig umg* er wird dich schon nicht beißen *umg*; **to ~ the dust** *umg* dran glauben müssen *umg*; **he had been bitten by the travel bug** ihn hatte das Reisefieber erwischt *umg*; **once bitten twice shy** *sprichw* (ein) gebranntes Kind scheut das Feuer *sprichw* **B** *v/i* **1** beißen; *Insekten* stechen **2** *Fisch* anbeißen **C** *s* **1** Biss *m*; *durch Insekt* Stich *m*; **he took a ~ (out) of the apple** er biss in den Apfel **2** *Angeln* **I've got a ~** es hat einer angebissen **3** *zu essen* Happen *m*; **do you fancy a ~ (to eat)?** möchten Sie etwas essen?

phrasal verbs mit bite:
bite into *v/i* ⟨+*obj*⟩ (hinein)beißen in (+*akk*)
bite off *v/t* ⟨*trennb*⟩ abbeißen; **he won't bite your head off** *umg* er wird dir schon nicht den Kopf abreißen; **to bite off more than one can chew** *sprichw* sich (*dat*) zu viel zumuten

bite-size(d) ['baɪtsaɪz(d)] *adj* mundgerecht
biting ['baɪtɪŋ] *adj* beißend; *Wind* schneidend
bitmap *s* **1** ⟨*kein pl*⟩ IT Bitmap *n* **2** IT (a. **~ped image**) Bitmap-Abbildung *f*

bitmapped adj IT Bitmap-; ~ **graphics** Bitmapgrafik f
bit part s kleine Nebenrolle
bitten ['bɪtn] pperf → bite
bitter ['bɪtə'] **A** adj ⟨+er⟩ bitter; Wind eisig; Gegner, Kampf erbittert; Mensch verbittert; **it's ~ today** es ist heute bitterkalt; **to the ~ end** bis zum bitteren Ende **B** adv ~ **cold** bitterkalt **C** s Br halbdunkles obergäriges Bier
bitterly ['bɪtəlɪ] adv **1** enttäuscht, kalt bitter; weinen, sich beschweren bitterlich; bekämpfen erbittert **2** verbittert
bitterness s Bitterkeit f; von Wind bittere Kälte; von Kampf Erbittertheit f
bittersweet ['bɪtə,swi:t] adj bittersüß
biweekly [,baɪ'wi:klɪ] **A** adj **1** ~ **meetings** Konferenzen, die zweimal wöchentlich stattfinden **2** vierzehntäglich **B** adv **1** zweimal in der Woche **2** vierzehntäglich
bizarre [bɪ'zɑːʳ] adj bizarr
blab [blæb] **A** v/i quatschen umg; (≈ Geheimnis ausplaudern) plappern **B** v/t (a. **blab out**) Geheimnis ausplaudern
black [blæk] **A** adj ⟨+er⟩ **1** schwarz; ~ **man/woman** Schwarze(r) m/f(m); ~ **and blue** grün und blau; ~ **and white photography** Schwarz-Weiß-Fotografie f; **the situation isn't so ~ and white as that** die Situation ist nicht so eindeutig schwarz-weiß **2** Aussichten, Stimmung düster; **maybe things aren't as ~ as they seem** vielleicht ist alles gar nicht so schlimm, wie es aussieht; **this was a ~ day for ...** das war ein schwarzer Tag für ... **3** fig böse **B** s **1** Schwarz n; **he is dressed in ~** er trägt Schwarz; **it's written down in ~ and white** es steht schwarz auf weiß geschrieben; **in the ~** FIN in den schwarzen Zahlen **2** a. **Black** (≈ Mensch) Schwarze(r) m/f(m)

phrasal verbs mit black:

black out A v/i das Bewusstsein verlieren **B** v/t ⟨trennb⟩ Fenster verdunkeln
black-and-white adj schwarz-weiß
blackberry s Brombeere f
blackbird s Amsel f
blackboard s Tafel f; **to write sth on the ~** etw an die Tafel schreiben
black book s **to be in sb's ~s** bei j-m schlecht angeschrieben sein umg
black box s FLUG Flugschreiber m
black comedy s schwarze Komödie
blackcurrant s Schwarze Johannisbeere, Schwarze Ribisel österr
black economy s Schattenwirtschaft f
blacken v/t **1** schwarz machen; US GASTR schwärzen; **the walls were ~ed by the fire** die Wände waren vom Feuer schwarz **2** fig **to ~ sb's name** od **reputation** j-n schlechtmachen
black eye s blaues Auge; **to give sb a ~** j-m ein blaues Auge schlagen
Black Forest s Schwarzwald m
Black Forest gateau bes Br s Schwarzwälder Kirschtorte f
blackhead s Mitesser m, Bibeli n schweiz
black hole s ASTRON, a. fig schwarzes Loch
black humour s, **black humor** US s schwarzer Humor
black ice s Glatteis n
blackleg s Streikbrecher(in) m(f)
black list s schwarze Liste
blacklist v/t auf die schwarze Liste setzen
black magic s Schwarze Magie
blackmail A s Erpressung f **B** v/t erpressen; **to ~ sb into doing sth** j-n durch Erpressung dazu zwingen, etw zu tun
blackmailer s Erpresser(in) m(f)
black market A s Schwarzmarkt m **B** adj ⟨attr⟩ Schwarzmarkt-
black marketeer s Schwarzhändler(in) m(f)
blackness ['blæknɪs] s Schwärze f
blackout s **1** MED Ohnmachtsanfall m; **I must have had a ~** ich muss wohl in Ohnmacht gefallen sein **2** Stromausfall m **3** Nachrichtensperre f
black pepper s schwarzer Pfeffer
black pudding s ≈ Blutwurst f
Black Sea s Schwarzes Meer
black sheep fig s schwarzes Schaf
blacksmith s Hufschmied m
black spot s, (a. **accident black spot**) Gefahrenstelle f
black tie A s bei Einladung Abendgarderobe f **B** adj mit Smokingzwang, in Abendgarderobe
bladder ['blædə'] s ANAT, BOT Blase f
blade [bleɪd] s **1** von Messer, Werkzeug Klinge f **2** von Propeller Blatt n **3** von Gras Halm m **4** von Schlittschuh Kufe f
blame [bleɪm] **A** v/t die Schuld geben (+dat); **to ~ sb for sth, to ~ sth on sb** j-m die Schuld an etw (dat) geben; **to ~ sth on sth** die Schuld an etw (dat) auf etw (akk) schieben; **you only have yourself to ~** das hast du dir selbst zuzuschreiben; **who/what is to ~ for this accident?** wer/was ist schuld an diesem Unfall?; **to ~ oneself for sth** sich für etw verantwortlich fühlen; **well, I don't ~ him** das kann ich ihm nicht verdenken **B** s Schuld f; **to put the ~ for sth on sb** j-m die Schuld an etw (dat) geben; **to take the ~** die Schuld auf sich (akk) nehmen
blameless adj schuldlos
blanch [blɑːntʃ] **A** v/t GASTR Gemüse blanchieren; Mandeln brühen **B** v/i Mensch blass werden

(with vor +dat)

blancmange [bləˈmɒnʒ] s Pudding m

bland [blænd] adj ⟨+er⟩ Essen fad

blank [blæŋk] **A** adj ⟨+er⟩ **1** Seite, Wand leer; ~ CD CD-Rohling m; ~ DVD DVD-Rohling m; a ~ space eine Lücke; auf Formular ein freies Feld; **please leave** ~ bitte frei lassen **2** ausdruckslos, verständnislos; ~ look verständnislos dreinschauen; **my mind** od **I went** ~ ich hatte ein Brett vor dem Kopf umg **B** s **1** Leere f; **my mind was a complete** ~ ich hatte totale Mattscheibe umg; **to draw a** ~ fig kein Glück haben **2** Platzpatrone f

phrasal verbs mit blank:
blank out v/t ⟨trennb⟩ Gedanken etc ausschalten

blank cheque s, **blank check** US s Blankoscheck m; **to give sb a** ~ fig j-m freie Hand geben

blanket [ˈblæŋkɪt] **A** s Decke f; a ~ of snow eine Schneedecke **B** adj ⟨attr⟩ Behauptung pauschal; Verbot generell

blankly [ˈblæŋklɪ] adv ausdruckslos, verständnislos; **she just looked at me** ~ sie sah mich nur groß an umg

blank verse s Blankvers m (reimloser fünfhebiger Jambus)

blare [blɛə] **A** s Plärren n; von Trompeten Schmettern n **B** v/i plärren; Trompeten schmettern

phrasal verbs mit blare:
blare out v/i schallen; Trompeten schmettern

blasé [ˈblɑːzeɪ] adj gleichgültig

blaspheme [blæsˈfiːm] v/i Gott lästern; **to** ~ **against sb/sth** wörtl, fig j-n/etw schmähen geh

blasphemous [ˈblæsfɪməs] wörtl, fig adj blasphemisch

blasphemy [ˈblæsfɪmɪ] s Blasphemie f

blast [blɑːst] **A** s **1** Windstoß m; von Warmluft Schwall m; **a** ~ **of wind** ein Windstoß; **an icy** ~ ein eisiger Wind; **a** ~ **from the past** umg eine Erinnerung an vergangene Zeiten **2** **the ship gave a long** ~ **on its foghorn** das Schiff ließ sein Nebelhorn ertönen **3** Explosion f; **with the heating on (at) full** ~ mit der Heizung voll aufgedreht **B** v/t **1** sprengen **2** Rakete schießen; Luft blasen **C** int umg ~ **(it)!** verdammt! umg; ~ **this car!** dieses verdammte Auto! umg

phrasal verbs mit blast:
blast off v/i Rakete abheben
blast out v/i Musik dröhnen

blasted umg adj & adv verdammt umg

blast furnace s Hochofen m

blastoff [ˈblɑːstɒf] s Abschuss m

blatant [ˈbleɪtənt] adj offensichtlich; Fehler krass; Lügner unverfroren; Verachtung offen

blatantly [ˈbleɪtəntlɪ] adv offensichtlich, offen; **she** ~ **ignored it** sie hat das schlicht und einfach ignoriert

blaze¹ [bleɪz] **A** s **1** Feuer n; **six people died in the** ~ sechs Menschen kamen in den Flammen um **2** **a** ~ **of lights** ein Lichtermeer n; **a** ~ **of colour** Br, **a** ~ **of color** US ein Meer n von Farben **B** v/i **1** Sonne, Feuer brennen; **to** ~ **with anger** vor Zorn glühen **2** Waffen feuern; **with all guns blazing** aus allen Rohren feuernd

blaze² v/t **to** ~ **a trail** fig den Weg bahnen

blazer [ˈbleɪzə] s a. SCHULE Blazer m

blazing [ˈbleɪzɪŋ] adj **1** brennend; Feuer lodernd; Sonne grell **2** fig Streit furchtbar

bleach [bliːtʃ] **A** s Bleichmittel n, Reinigungsmittel n **B** v/t bleichen

bleachers [ˈbliːtʃəz] US pl unüberdachte Zuschauertribüne

bleak [bliːk] adj ⟨+er⟩ **1** Ort, Landschaft öde **2** Wetter rau **3** fig trostlos

bleakness [ˈbliːknɪs] s **1** von Landschaft Öde f **2** fig Trostlosigkeit f; von Aussichten Trübheit f

bleary [ˈblɪərɪ] adj ⟨komp blearier⟩ Augen trübe, verschlafen

bleary-eyed [ˈblɪərɪ,aɪd] adj verschlafen

bleat [bliːt] v/i Schaf, Kalb blöken; Ziege meckern

bled [bled] prät & pperf → bleed

bleed [bliːd] ⟨prät, pperf bled [bled]⟩ **A** v/i bluten; **to** ~ **to death** verbluten **B** v/t **1** **to** ~ **sb dry** j-n total ausnehmen umg **2** Heizkörper (ent)lüften

bleeding [ˈbliːdɪŋ] **A** s Blutung f; **internal** ~ innere Blutungen pl **B** adj **1** blutend **2** Br umg verdammt umg **C** adv Br umg verdammt umg

bleep [bliːp] **A** s RADIO, TV Piepton m **B** v/i piepen **C** v/t Arzt rufen

bleeper [ˈbliːpə] s Piepser m umg

blemish [ˈblemɪʃ] **A** s Makel m **B** v/t Ruf beflecken; ~**ed skin** unreine Haut

blend [blend] **A** s Mischung f; **a** ~ **of tea** eine Teemischung **B** v/t **1** (ver)mischen **2** GASTR einrühren; in Küchenmaschine mixen **C** v/i **1** Stimmen, Farben verschmelzen **2** (a. ~ **in**) harmonieren

phrasal verbs mit blend:
blend in **A** v/t ⟨trennb⟩ einrühren; Farbe darunter mischen **B** v/i → blend C

blender [ˈblendə] s Mixer m

bless [bles] v/t segnen; **God** ~ **(you)** behüt dich/euch Gott; ~ **you!** bei Niesen Gesundheit!; **to be** ~**ed with** gesegnet sein mit

blessed [ˈblesɪd] adj **1** REL heilig; **the Blessed X** der selige X **2** euph umg verflixt umg

Blessed Virgin s Heilige Jungfrau (Maria)

blessing [ˈblesɪŋ] s Segen m; **he can count his**

~s da kann er von Glück sagen; **it was a ~ in disguise** es war schließlich doch ein Segen

blew [bluː] *prät* → **blow**²

blight [blaɪt] **A** *s fig* **these slums are a ~ upon the city** diese Slums sind ein Schandfleck für die Stadt **B** *v/t fig Hoffnungen* vereiteln; **to ~ sb's life** j-m das Leben verderben

blimey ['blaɪmɪ] *Br umg int* verflucht *umg*

blind [blaɪnd] **A** *adj* ⟨+er⟩ **1** blind; **to go ~** erblinden; **a ~ man/woman** ein Blinder/eine Blinde; **~ in one eye** auf einem Auge blind; **to be ~ to sth** *fig* für etw blind sein; **to turn a ~ eye to sth** bei etw ein Auge zudrücken; **~ faith (in sth)** blindes Vertrauen (in etw *akk*) **2** *Ecke* unübersichtlich **B** *v/t* **1** *Licht, Sonne* blenden; **the explosion ~ed him** er ist durch die Explosion blind geworden **2** *fig Liebe etc* blind machen (**to** für, gegen) **C** *s* **1 the ~** die Blinden *pl* **2** *an Fenster* Rollo *n*, Jalousie *f*; *außen* Rollladen *m* **D** *adv* **1** FLUG *fliegen* blind **2** GASTR **to bake sth ~** etw vorbacken **3 ~ drunk** *umg* sinnlos betrunken

blind alley *s* Sackgasse *f*

blind date *s* Rendezvous *n* mit einem/einer Unbekannten

blinder ['blaɪndə^r] *US s* Scheuklappe *f*

blindfold ['blaɪndfəʊld] **A** *v/t* die Augen verbinden (+*dat*) **B** *s* Augenbinde *f* **C** *adj.* **~ed** mit verbundenen Augen; **I could do it ~(ed)** *umg* das mach ich mit links *umg*

blinding ['blaɪndɪŋ] *adj Licht* blendend; *Kopfschmerzen* furchtbar

blindingly ['blaɪndɪŋlɪ] *adv* **it is ~ obvious** das sieht doch ein Blinder *umg*

blindly ['blaɪndlɪ] *adv* blind(lings)

blind man's buff *s* Blindekuh *ohne art*

blindness *s* Blindheit *f* (**to** gegenüber)

blind spot *s* AUTO, FLUG toter Winkel; **to have a ~ about sth** einen blinden Fleck in Bezug auf etw (*akk*) haben

blind summit *s* AUTO unübersichtliche Kuppe

bling (bling) [blɪŋ('blɪŋ)] *s umg* (≈ *Schmuck*) Klunker *m umg*

blink [blɪŋk] **A** *s* Blinzeln *n*; **in the ~ of an eye** im Nu; **to be on the ~** *umg* kaputt sein *umg* **B** *v/i* **1** *Mensch* blinzeln **2** *Licht* blinken **C** *v/t* **to ~ one's eyes** mit den Augen zwinkern

blinker ['blɪŋkə^r] *s* **1** *a.* **~s** *pl* für *Pferde* Scheuklappen *pl* **2** *US umg* AUTO Blinker *m*

blinkered *adj* **1** *fig* engstirnig **2** *Pferd* mit Scheuklappen

blinking ['blɪŋkɪŋ] *Br umg adj & adv* verflixt *umg*

blip [blɪp] *s* leuchtender Punkt; *fig* kurzzeitiger Tiefpunkt

bliss [blɪs] *s* Glück *n*; **this is ~!** das ist herrlich!

blissful *adj Zeit, Gefühl* herrlich; *Lächeln* (glück)selig; **in ~ ignorance of the fact that …** *iron* in keinster Weise ahnend, dass …

blissfully *adv* herrlich; **~ happy** überglücklich; **he remained ~ ignorant of what was going on** er ahnte in keinster Weise, was eigentlich vor sich ging

blister ['blɪstə^r] **A** *s* Blase *f* **B** *v/i Haut* Blasen bekommen; *Lack* Blasen werfen

blistered ['blɪstəd] *adj* **to have ~ skin/hands** Blasen auf der Haut/an den Händen haben; **to be ~** Blasen haben

blistering ['blɪstərɪŋ] *adj* **1** *Hitze, Sonne* glühend; *Tempo* mörderisch **2** *Angriff* vernichtend

blister pack *s* (Klar)sichtpackung *f*

blithely ['blaɪðlɪ] *adv weitermachen* munter; *behaupten* unbekümmert

blitz [blɪts] *s* heftiger Luftangriff; *fig* Blitzaktion *f*

blitzed [blɪtst] *adj umg* stockbesoffen *umg*; **get ~** sich besaufen *umg*

blizzard ['blɪzəd] *s* Schneesturm *m*

bloated ['bləʊtɪd] *adj* **1** aufgedunsen; **I feel absolutely ~** *umg* ich bin zum Platzen voll *umg* **2** *fig* vor Stolz aufgeblasen (**with** vor +*dat*)

blob [blɒb] *s von Tinte* Klecks *m*; *von Lack* Tupfer *m*; *von Eiscreme* Klacks *m*

bloc [blɒk] *s* POL Block *m*

block [blɒk] **A** *s* **1** Block *m*; *von Scharfrichter* Richtblock *m*; **~s** (≈ *Spielzeug*) (Bau)klötze *pl*; **to put one's head on the ~** *fig* Kopf und Kragen riskieren; **~ of flats** *Br* Wohnblock *m*; **she lived in the next ~** *bes US* sie wohnte im nächsten Block **2** *in Rohr* MED Verstopfung *f*; **I've a mental ~ about it** da habe ich totale Mattscheibe *umg* **3** *umg* (≈ *Kopf*) **to knock sb's ~ off** j-m eins überziehen *umg* **4** *a.* **starting ~s** *pl* Startblock *m* **B** *v/t* blockieren, verstellen; *Verkehr, Fortschritt* aufhalten; *Rohr* verstopfen; **to ~ sb's way** j-m den Weg versperren **2** IT blocken

phrasal verbs mit block:

block in *v/t* ⟨*trennb*⟩ einkeilen

block off *v/t* ⟨*trennb*⟩ *Straße* absperren

block out *v/t* ⟨*trennb*⟩ **1** *Licht* nicht durchlassen; **the trees are blocking out all the light** die Bäume nehmen das ganze Licht weg **2** *Schmerz, Vergangenheit* verdrängen; *Lärm* unterdrücken

block up *v/t* ⟨*trennb*⟩ **1** *Gang* blockieren; *Rohr* verstopfen; **my nose is** *od* **I'm all blocked up** meine Nase ist völlig verstopft **2** (≈ *füllen*) *Loch* zustopfen

blockade [blɒ'keɪd] **A** *s* MIL Blockade *f* **B** *v/t* blockieren

blockage ['blɒkɪdʒ] *s* Verstopfung *f*

blockbuster *umg s* Knüller *m umg*; (≈ *Film*) Kinohit *m umg*

blockhead *umg s* Dummkopf *m umg*

block letters *pl* Blockschrift *f*
block vote *s* Stimmenblock *m*
blog [blɒɡ] *s* INTERNET Blog *n/m*
blogger ['blɒɡəʳ] *s* INTERNET Blogger(in) *m(f)*
blogosphere ['blɒɡəsfɪəʳ] *s* INTERNET Blogosphäre *f*
bloke [bləʊk] *Br umg* *s* Typ *m umg*
blond [blɒnd] *adj* blond
blonde [blɒnd] **A** *adj* blond **B** *s* Blondine *f*
blond(e)-haired *adj* blond
blood [blʌd] *s* **1** Blut *n*; **to give ~** Blut spenden; **to shed ~** Blut vergießen; **it makes my ~ boil** das macht mich rasend; **his ~ ran cold** es lief ihm eiskalt über den Rücken; **this firm needs new ~** diese Firma braucht frisches Blut; **it is like trying to get ~ from a stone** *sprichw* das ist verlorene Liebesmüh **2** *fig* **it's in his ~** das liegt ihm im Blut
blood alcohol level *s* Alkoholspiegel *m*
blood bank *s* Blutbank *f*
blood bath *s* Blutbad *n*
blood clot *s* Blutgerinnsel *n*
bloodcurdling *adj* grauenerregend; **they heard a ~ cry** sie hörten einen Schrei, der ihnen das Blut in den Adern erstarren ließ *geh*
blood donor *s* Blutspender(in) *m(f)*
blood group *s* Blutgruppe *f*
bloodless *adj* unblutig
blood poisoning *s* Blutvergiftung *f*
blood pressure *s* Blutdruck *m*; **to have high ~** hohen Blutdruck haben
blood-red *adj* blutrot
blood relation *s* Blutsverwandte(r) *m/f(m)*
blood sample *s* MED Blutprobe *f*
bloodshed *s* Blutvergießen *n*
bloodshot *adj* blutunterlaufen
blood sports *pl* Jagdsport, Hahnenkampf etc
bloodstain *s* Blutfleck *m*
bloodstained *adj* blutbefleckt
bloodstream *s* Blutkreislauf *m*
blood sugar *s* Blutzucker *m*; **~ level** Blutzuckerspiegel *m*
blood test *s* Blutprobe *f*
bloodthirsty *adj* blutrünstig
blood transfusion *s* (Blut)transfusion *f*
blood type *US s* Blutgruppe *f*
blood vessel *s* Blutgefäß *n*
bloody ['blʌdɪ] **A** *adj* ⟨komp bloodier⟩ **1** *wörtl* blutig **2** *Br umg* verdammt *umg*; Genie, Wunder echt *umg*; **~ hell!** verdammt! *umg*; erstaunt Menschenskind! *umg* **B** *adv Br umg* verdammt *umg*; blöd, dumm sau- *umg*; toll echt *umg*; **not ~ likely** da ist überhaupt nichts drin *umg*; **he can ~ well do it himself** das soll er schön alleine machen, verdammt noch mal! *umg*
bloody-minded ['blʌdɪ'maɪndɪd] *Br umg adj* stur *umg*
bloom [bluːm] **A** *s* Blüte *f*; **to be in (full) ~** in (voller) Blüte stehen; **to come into ~** aufblühen **B** *v/i* blühen
blooming ['bluːmɪŋ] *umg adj* verflixt *umg*
blooper ['bluːpəʳ] *US umg s* Schnitzer *m umg*
blossom ['blɒsəm] **A** *s* Blüte *f*; **in ~** in Blüte **B** *v/i* blühen
blot [blɒt] **A** *s* **1** (Tinten)klecks *m* **2** *fig* auf Ruf, Ansehen Fleck *m* (**on** auf +*dat*); **a ~ on the landscape** ein Schandfleck *m* in der Landschaft **B** *v/t* Tinte ablöschen

phrasal verbs mit blot:

blot out *fig v/t* ⟨trennb⟩ Sonne, Landschaft verdecken; Erinnerungen auslöschen

blotch [blɒtʃ] *s* Fleck *m*
blotchy *adj* ⟨komp blotchier⟩ Haut fleckig; Farbe klecksig
blotting paper ['blɒtɪŋ-] *s* Löschpapier *n*
blouse [blaʊz] *s* Bluse *f*
blow¹ [bləʊ] *s wörtl, fig* Schlag *m*; **to come to ~s** handgreiflich werden; **at a (single)** *od* **one ~** *fig* mit einem Schlag *umg*; **to deal sb/sth a ~** *fig* j-m/einer Sache einen Schlag versetzen; **to strike a ~ for sth** *fig* einer Sache (*dat*) einen großen Dienst erweisen
blow² ⟨*v: prät* blew; *pperf* blown⟩ **A** *v/i* **1** Wind wehen; **there was a draught ~ing in from the window** *Br*, **there was a draft ~ing in from the window** *US* es zog vom Fenster her; **the door blew open/shut** die Tür flog auf/zu **2** *Mensch* blasen (**on** auf +*akk*); **then the whistle blew** SPORT da kam der Pfiff **3** *Sicherung* durchbrennen **B** *v/t* **1** Luftzug wehen; *starker Wind, Mensch* blasen; *Sturm* blasen; **the wind blew the ship off course** der Wind trieb das Schiff vom Kurs ab; **to ~ sb a kiss** j-m eine Kusshand zuwerfen **2 to ~ one's nose** sich (*dat*) die Nase putzen **3** *Trompete* blasen; *Blasen* machen; **the referee blew his whistle** der Schiedsrichter pfiff; **to ~ one's own trumpet** *Br*, **to ~ one's own horn** *US fig* sein eigenes Lob singen **4** *Ventil, Dichtung* platzen lassen; **I've ~n a fuse** mir ist eine Sicherung durchgebrannt; **to be ~n to pieces** in die Luft gesprengt werden; *Mensch* zerfetzt werden **5** *umg Geld* verpulvern *umg* **6** *Br umg* **~!** Mist! *umg*; **~ the expense!** das ist doch wurscht, was es kostet *umg* **7** *umg* **to ~ one's chances of doing sth** es sich (*dat*) verscherzen, etw zu tun; **I think I've ~n it** ich glaube, ich habs versaut *umg*

phrasal verbs mit blow:

blow away A *v/i* wegfliegen **B** *v/t* ⟨trennb⟩ wegblasen

blow down *wörtl v/t* ⟨trennb⟩ umwehen
blow in *v/t* ⟨trennb⟩ Fenster etc eindrücken

blow off A *v/i* wegfliegen B *v/t* ⟨*trennb*⟩ wegblasen; **to blow sb's head off** j-m eine Kugel durch den Kopf jagen *umg*

blow out A *v/t* ⟨*trennb*⟩ **1** Kerze ausblasen **2 to blow one's/sb's brains out** sich/j-m eine Kugel durch den Kopf jagen *umg* B *v/r* Sturm sich legen

blow over A *v/i* sich legen B *v/t* ⟨*trennb*⟩ *Baum* umstürzen

blow up A *v/i* **1** in die Luft fliegen; *Bombe* explodieren **2** *Sturm, Streit* ausbrechen B *v/t* ⟨*trennb*⟩ **1** *Brücke, Mensch* in die Luft jagen **2** *Reifen, Ballon* aufblasen **3** *Foto* vergrößern **4** *fig* (≈ *übertreiben*) aufbauschen (**into** zu)

blow-dry ['bləʊdraɪ] A *s* **to have a cut and ~** sich (*dat*) die Haare schneiden und föhnen lassen B *v/t* föhnen

blow dryer *s* Haartrockner *m*

blow job *vulg s* **to give sb a ~** j-m einen blasen *vulg*

blowlamp ['bləʊlæmp] *s* Lötlampe *f*

blown *pperf* → blow²

blow-out *s* von *Auto* geplatzter Reifen; *umg* Essen Schlemmerei *f*

blowtorch *s* Lötlampe *f*

blow-up *s* von *Foto* Vergrößerung *f*

blowy ['bləʊɪ] *adj* ⟨*komp* blowier⟩ windig

BLT *abk* (= bacon, lettuce and tomato) Sandwich mit Schinkenspeck, Salat und Tomate

blubber ['blʌbəʳ] A *s* Walfischspeck *m* B *v/t & v/i umg* heulen *umg*

bludgeon ['blʌdʒən] *v/t* **to ~ sb to death** j-n zu Tode prügeln

blue [bluː] A *adj* ⟨*komp* bluer⟩ **1** blau; **~ with cold blau vor Kälte; until you're ~ in the face** *umg* bis zum Gehtnichtmehr *umg*; **once in a ~ moon** alle Jubeljahre (einmal) **2** *umg* melancholisch; **to feel ~** deprimiert *od* down sein *umg* **3** *umg Sprache* derb; *Witz* schlüpfrig, Porno- B *s* **1** Blau *n*; **out of the ~** *fig umg* aus heiterem Himmel *umg*; **to have the ~s** *umg* deprimiert *od* down sein *umg* **2** MUS **the ~s** der Blues

bluebell *s* Sternhyazinthe *f*

blue beret *s* Blauhelm *m*

blueberry *s* Blau- *od* Heidelbeere *f*

blue-blooded *adj* blaublütig

bluebottle *s* Schmeißfliege *f*

blue cheese *s* Blauschimmelkäse *m*

blue-chip *adj Unternehmen* erstklassig; *Aktien* Bluechip-

blue-collar *adj* **~ worker** Arbeiter *m*

blue-eyed *adj* blauäugig; **sb's ~ boy** *fig* j-s Liebling(sjunge) *m*

blue jeans *pl* Bluejeans *pl*

blue movie *s* Pornofilm *m*

blueprint *s* Blaupause *f*; *fig* Plan *m*

blue-sky [,bluː'skaɪ] *adj* **we need to do some ~ thinking** wir müssen außerhalb der gewohnten Grenzen denken

bluetit *s* Blaumeise *f*

bluff A *v/t & v/i* bluffen; **he ~ed his way through it** er hat sich durchgeschummelt *umg* B *s* Bluff *m*; **to call sb's ~** es darauf ankommen lassen
phrasal verbs mit bluff:

bluff out *v/t* ⟨*trennb*⟩ **to bluff one's way out of sth** sich aus etw rausreden *umg*

bluish ['bluːɪʃ] *adj* bläulich

blunder ['blʌndəʳ] A *s* (dummer) Fehler; **to make a ~** einen Bock schießen *umg*, einen Fauxpas begehen B *v/i* **1** einen Bock schießen *umg*, sich blamieren **2** *beim Gehen* tappen (**into** gegen)

blunt [blʌnt] A *adj* ⟨-er⟩ **1** stumpf **2** *Mensch* geradeheraus *präd*; *Botschaft* unverblümt; **he was very ~ about it** er hat sich sehr deutlich ausgedrückt B *v/t* stumpf machen

bluntly ['blʌntlɪ] *adv* sprechen geradeheraus; **he told us quite ~ what he thought** er sagte uns ganz unverblümt seine Meinung

bluntness *s* Unverblümtheit *f*

blur [blɜːʳ] A *s* verschwommener Fleck; **the trees became a ~** man konnte die Bäume nur noch verschwommen erkennen; **a ~ of colours** *Br*, **a ~ of colors** *US* ein buntes Durcheinander von Farben; **I can't remember - it's all such a ~** ich kann mich nicht erinnern, es ist alles so vage B *v/t* **1** *Umrisse, Foto* unscharf machen; **to have ~red vision** nur noch verschwommen sehen; **to be/become ~red** undeutlich sein/werden **2** *fig Sinne, Urteilsvermögen* trüben; *Bedeutung* verwischen C *v/i* verschwimmen

Blu-ray disc [,bluːreɪ'dɪsk] *s* Blu-ray (Disc) *f*, BD *f*

blurb [blɜːb] *s* Kurzinfo *f*; *von Buch* Klappentext *m*

blurred [blɜːd] *adj* verschwommen, undeutlich

blurt (out) [blɜːt('aʊt)] *v/t* ⟨*trennb*⟩ herausplatzen mit *umg*

blush [blʌʃ] A *v/i* erröten, rot werden (**with** vor +*dat*) B *s* Erröten *n kein pl*

blusher ['blʌʃəʳ] *s* Rouge *n*

bluster ['blʌstəʳ] A *v/i* ein großes Geschrei machen B *v/t* **to ~ one's way out of sth** etw lautstark abstreiten

blustery ['blʌstərɪ] *adj* stürmisch

Blu-Tack® ['bluːtæk] *s blaue Klebmasse, mit der z. B. Papier auf Beton befestigt werden kann*

Blvd. *abk* (= boulevard) Boulevard *m*

BMA *abk* (= British Medical Association) *britischer Ärzteverband*

BMI *abk* (= body mass index) BMI *m*

B-movie ['biː,muːvɪ] *s* B-Movie *n*

BMX *abk* (= *bicycle motocross*) BMX-Radsport *m*; (≈ *Fahrzeug*) BMX-Rad *n*

BO *umg abk* (= *body odour*) Körpergeruch *m*

boa ['bəʊə] *s* Boa *f*; **boa constrictor** Boa constrictor *f*

boar [bɔːʳ] *s* Eber *m*, Keiler *m*

board [bɔːd] **A** *s* **1** Brett *n*, Tafel *f*, Schwarzes Brett, Schild *n*; *von Fußboden* Diele *f*; **on the ~** an der/die Tafel **2** Verpflegung *f*; (**full**) **~ and lodging** Unterkunft und Verpflegung; **full/half ~** Voll-/Halbpension *f* **3** Ausschuss *m*, Beirat *m*, Behörde *f*; *von Firma a.* **~ of directors** Vorstand *m*; *von britischer/amerikanischer Firma* Verwaltungsrat *m*; *einschließlich Aktionären etc* Aufsichtsrat *m*; **to have a seat on the ~** im Vorstand/Aufsichtsrat sein; **~ of governors** *Br* SCHULE Verwaltungsrat *m*; **Board of Trade** *Br* Handelsministerium *n*; *US* Handelskammer *f* **4** SCHIFF, FLUG **on ~** an Bord; **to go on ~** an Bord gehen; **on ~ the ship/plane** an Bord des Schiffes/Flugzeugs; **on ~ the bus** im Bus **5** *fig* **across the ~** allgemein; *zustimmen, ablehnen* pauschal; **to go by the ~** *Vorschläge etc* unter den Tisch fallen; **to take sth on ~** etw begreifen **B** *v/t* Schiff, Flugzeug besteigen; Zug, Bus einsteigen in (+*akk*) **C** *v/i* **1** in Pension sein (**with** bei) **2** FLUG die Maschine besteigen; **flight ZA173 now ~ing at gate 13** Passagiere des Fluges ZA173, bitte zum Flugsteig 13

phrasal verbs mit board:

board up *v/t* ⟨*trennb*⟩ Fenster mit Brettern vernageln

boarder ['bɔːdəʳ] *s* **1** Pensionsgast *m* **2** SCHULE Internatsschüler(in) *m(f)*

board game *s* Brettspiel *n*

boarding card ['bɔːdɪŋ-] *s* Bordkarte *f*

boarding house *s* Pension *f*

boarding kennel *s* Hundepension *f*

boarding pass *s* Bordkarte *f*

boarding school *s* Internat *n*; **to go to ~** ins Internat gehen

board meeting *s* Vorstandssitzung *f*

boardroom *s* Vorstandsetage *f*

boardwalk *US s* Holzsteg *m*; *am Strand* hölzerne Uferpromenade

boast [bəʊst] **A** *s* Prahlerei *f* **B** *v/i* prahlen (**about, of** mit *od* **to sb** j-m gegenüber) **C** *v/t* **1** sich rühmen (+*gen*) *geh* **2** prahlen

boastful *adj*, **boastfully** *adv* prahlerisch

boasting ['bəʊstɪŋ] *s* Prahlerei *f* (**about, of** mit)

boat [bəʊt] *s* Boot *n*, Schiff *n*; **by ~** mit dem Schiff; **to miss the ~** *fig umg* den Anschluss verpassen; **to push the ~ out** *fig umg* (≈ *feiern*) auf den Putz hauen *umg*; **we're all in the same ~** *fig umg* wir sitzen alle in einem *od* im gleichen Boot

boat hire *s* Bootsverleih *m*

boathouse *s* Bootshaus *n*

boating ['bəʊtɪŋ] *s* Bootfahren *n*; **to go ~** eine Bootsfahrt machen; **~ holiday/trip** Bootsferien *pl*/-fahrt *f*

boatload *s* Bootsladung *f*

boat race *s* Regatta *f*

boat train *s* Zug *m* mit Fährenanschluss

boatyard *s* Bootshandlung *f*; *Trockendock* Liegeplatz *m*

bob[1] [bɒb] **A** *v/i* sich auf und ab bewegen; **to bob (up and down) in** *od* **on the water** auf dem Wasser schaukeln; **Korken etc** sich im Wasser auf und ab bewegen; **he bobbed out of sight** er duckte sich **B** *v/t* Kopf nicken mit **C** *s von Kopf* Nicken *n kein pl*

phrasal verbs mit bob:

bob down **A** *v/i* sich ducken **B** *v/t* ⟨*trennb*⟩ Kopf ducken

bob up **A** *v/i* auftauchen **B** *v/t* ⟨*trennb*⟩ **he bobbed his head up** sein Kopf schnellte hoch

bob[2] *s* **1** (≈ *Haarschnitt*) Bubikopf *m* **2** **a few bits and bobs** so ein paar Dinge

bobbin ['bɒbɪn] *s* Spule *f*, Rolle *f*

bobble hat *Br s* Pudelmütze *f*

bobby pin ['bɒbɪpɪn] *s US* Haarklemme *f*

bobsleigh, **bobsled** *US* **A** *s* Bob *m* **B** *v/i* Bob fahren

bode [bəʊd] *v/i* **to ~ well/ill** ein gutes/schlechtes Zeichen sein

bodge [bɒdʒ] *v/t* → **botch**

bodice ['bɒdɪs] *s* Mieder *n*

bodily ['bɒdɪlɪ] **A** *adj* körperlich; **~ needs** leibliche Bedürfnisse *pl*; **~ functions** Körperfunktionen *pl* **B** *adv* gewaltsam

body ['bɒdɪ] *s* **1** Körper *m*; **the ~ of Christ** der Leib des Herrn; **just enough to keep ~ and soul together** gerade genug, um Leib und Seele zusammenzuhalten **2** Leiche *f* **3** *von Kirche, Rede, Armee a.* **main ~** Hauptteil *m*; **the main ~ of the students** das Gros der Studenten **4** *von Menschen* Gruppe *f*; **the student ~** die Studentenschaft; **a large ~ of people** eine große Menschenmenge; **in a ~** geschlossen **5** (≈ *Organisation*) Organ *n*, Gremium *n*, Körperschaft *f* **6** (≈ *Menge*) **a ~ of evidence** Beweismaterial *n*; **a ~ of water** ein Gewässer *n* **7** (*a.* **~ stocking**) Body *m*

body armour *s*, **body armor** *US s* Schutzkleidung *f*

body blow *fig s* harter *od* schwerer Schlag (**to, for** für)

body builder *s* Bodybuilder(in) *m(f)*

body building *s* Bodybuilding *n*

body clock *s* innere Uhr

body fat *s* Körperfett *n*

bodyguard s Leibwächter m, Leibwächterin f; *Gruppe* Leibwache f
body language s Körpersprache f
body lotion s Körperlotion f
body mass index s Body-Mass-Index m
body odour s, **body odor** US s Körpergeruch m
body piercing s Piercing n
body (repair) shop s Karosseriewerkstatt f
body search s Leibesvisitation f
body shell s *von Auto* Karosserie f
body stocking s Body(stocking) m
body warmer s Thermoweste f
bodywork s AUTO Karosserie f
bog [bɒg] s **1** Sumpf m **2** *Br umg* Klo n *umg*, Häus(e)l n *österr*

phrasal verbs mit bog:

bog down v/t ⟨trennb⟩ **to get bogged down** stecken bleiben; *in Einzelheiten* sich verzetteln
bogey, bogy ['bəʊgɪ] s ⟨pl bogeys; bogies⟩ **1** *fig* Schreckgespenst n **2** *Br umg* Popel m *umg*
bogeyman ['bəʊgɪmæn] s ⟨pl -men [-mən]⟩ Butzemann m; *fig* Bösewicht m
boggle ['bɒgl] v/i **the mind ~s** das ist kaum auszumalen *umg*
boggy ['bɒgɪ] adj ⟨komp boggier⟩ sumpfig
bog-standard [ˌbɒgˈstændəd] *Br umg* adj stinknormal *umg*
bogus ['bəʊgəs] adj *Name* falsch; *Papiere* gefälscht; *Firma* Schwindel-; *Behauptung* erfunden
Bohemia [bəʊˈhiːmɪə] s **1** GEOG Böhmen n **2** *fig* Boheme f
bohemian [bəʊˈhiːmɪən] **A** s Bohemien m **B** adj *Lebensstil* unkonventionell
boil[1] [bɔɪl] s MED Furunkel m
boil[2] **A** v/i **1** *wörtl* kochen; **the kettle was ~ing** das Wasser im Kessel kochte **2** *fig umg* **~ing hot water** kochend heißes Wasser; **it was ~ing (hot) in the office** es war eine Affenhitze im Büro *umg*; **I was ~ing (hot)** mir war fürchterlich heiß **B** v/t kochen; **~ed/hard ~ed egg** weich/hart gekochtes Ei; **~ed potatoes** Salzkartoffeln pl **C** s **to bring sth to the ~** *Br*, **to bring sth to a ~** *US* etw aufkochen lassen; **to come to/go off the ~** zu kochen anfangen/aufhören

phrasal verbs mit boil:

boil down **A** v/i *Soße* dicker werden, eindicken; *fig* **to boil down to sth** auf etw (akk) hinauslaufen; **what it boils down to is that ...** das läuft darauf hinaus, dass ... **B** v/t *Soße* eindicken
boil over *wörtl* v/i überkochen
boiled [bɔɪld] adj gekocht
boiled sweet s Bonbon n, Zuckerl n *österr*
boiler ['bɔɪlə^r] s *im Haushalt* Boiler m; *von Schiff* (Dampf)kessel m
boiler room s Kesselraum m
boiler suit s *Br* Overall m
boiling point ['bɔɪlɪŋpɔɪnt] s Siedepunkt m; **at ~** auf dem Siedepunkt; **to reach ~** den Siedepunkt erreichen; *Mensch* auf dem Siedepunkt anlangen
boisterous ['bɔɪstərəs] adj ausgelassen
bok choy [bɒkˈtʃɔɪ] *US* s → pak-choi
bold [bəʊld] adj ⟨+er⟩ **1** mutig **2** dreist **3** *Farben etc* kräftig; *Stil* kraftvoll **4** TYPO fett, halbfett; **in ~ (type)** im Fettdruck
boldly ['bəʊldlɪ] adv **1** mutig **2** dreist **3** auffallend
boldness s **1** Mut m **2** Dreistigkeit f **3** *von Farben etc* Kräftigkeit f; *von Stil* Ausdruckskraft f
Bolivia [bəˈlɪvɪə] s Bolivien n
bollard ['bɒləd] s Poller m
bollocking ['bɒləkɪŋ] *Br sl* s Schimpfkanonade f *umg*; **to give sb a ~** j-n zur Sau machen *umg*
bollocks ['bɒləks] *sl* pl **1** Eier pl *sl* **2** (≈ Unsinn) **(that's) ~!** Quatsch mit Soße! *umg* **3** **~!** Scheiße! *umg*; **~ to you!** du kannst mich mal! *umg*
Bolshevik ['bɒlʃəvɪk] **A** s Bolschewik m **B** adj bolschewistisch
bolster ['bəʊlstə^r] **A** s Nackenrolle f **B** v/t *fig a.* **~ up** Wirtschaft Auftrieb geben (+dat)
bolt [bəʊlt] **A** s **1** *an Tür etc* Riegel m **2** TECH Bolzen m **3** Blitzstrahl m; **it was like a ~ from the blue** *fig* das war ein Blitz aus heiterem Himmel **4** **he made a ~ for the door** er machte einen Satz zur Tür; **to make a ~ for it** losrennen **B** adv **~ upright** kerzengerade **C** v/i **1** *Pferd* durchgehen; *Mensch* Reißaus nehmen *umg* **2** rasen **D** v/t **1** *Tür* verriegeln **2** TECH verschrauben (**to** mit); **to ~ together** verschrauben **3** (*a.* **~ down**) *Essen* hinunterschlingen
bomb [bɒm] **A** s **1** Bombe f **2** *Br umg* **the car goes like a ~** das ist die reinste Rakete von Wagen *umg*; **the car cost a ~** das Auto war schweineteuer *umg*; **to make a ~** ein Bombengeld verdienen *umg*; **to go down a ~** Riesenanklang finden (**with** bei) *umg* **B** v/t bombardieren **C** v/i **1** *umg* (≈ rasen) fegen *umg* **2** *US umg* (≈ versagen) durchfallen *umg*

phrasal verbs mit bomb:

bomb along *umg* v/i dahinrasen *umg*
bombard [bɒmˈbɑːd] v/t MIL, *a. fig* bombardieren
bombardment s MIL, *a. fig* Bombardierung f
bombastic [bɒmˈbæstɪk] adj bombastisch
bomb attack s Bombenangriff m
bomb disposal s Bombenräumung f
bomb disposal squad s Bombenräumtrupp m
bomber ['bɒmə^r] s **1** (≈ *Flugzeug*) Bomber m **2**

(≈ *Terrorist*) Bombenattentäter(in) *m(f)*
bomber jacket *s* Fliegerjacke *f*
bombing ['bɒmɪŋ] **A** *s* Bombenangriff *m* (**of** auf +*akk*) **B** *adj Angriff* Bomben-
bombproof *adj* bombensicher
bomb scare *s* Bombenalarm *m*
bombshell *fig s* **this news was a ~** die Nachricht schlug wie eine Bombe ein; **to drop a** *od* **the ~, to drop a ~** die Bombe platzen lassen
bomb shelter *s* Luftschutzkeller *m*
bomb site *s* Trümmergrundstück *n*; *größer* Trümmerfeld *n*
bomb threat *s* Bombendrohung *f*
bona fide ['bəʊnə'faɪdɪ] *adj* bona fide, echt; **it's a ~ offer** es ist ein Angebot auf Treu und Glauben
bonanza [bə'nænzə] *fig s* Goldgrube *f*; **the oil ~** der Ölboom
bond [bɒnd] **A** *s* **1** *fig* Bindung *f* **2** **~s** *pl wörtl* Fesseln *pl*; *fig* Bande *pl geh* **3** HANDEL, FIN Pfandbrief *m*; **government ~** Staatsanleihe *f* **B** *v/i* **1** *Leim* binden **2** **to ~ with one's baby** Liebe zu seinem Kind entwickeln; **we ~ed immediately** wir haben uns auf Anhieb gut verstanden
bondage ['bɒndɪdʒ] *s* **1** *fig liter* **in ~ to sth** einer Sache (*dat*) unterworfen **2** *sexuell* Fesseln *n*; **~ gear** Sadomasoausrüstung *f*
bonded warehouse *s* Zolllager *n*
bone [bəʊn] **A** *s* Knochen *m*; *von Fisch* Gräte *f*; **~s** *pl von Toten* Gebeine *pl*; **chilled to the ~** völlig durchgefroren; **to work one's fingers to the ~** sich (*dat*) die Finger abarbeiten; **~ of contention** Zankapfel *m*; **to have a ~ to pick with sb** *umg* mit j-m ein Hühnchen zu rupfen haben *umg*; **to make no ~s about doing sth** *umg* kein(en) Hehl daraus machen, dass man etwas tut; **I can feel it in my ~s** das spüre ich in den Knochen **B** *v/t* die Knochen lösen aus; *Fisch* entgräten
phrasal verbs mit bone:
bone up on *umg v/i* ⟨+*obj*⟩ pauken *umg*
bone china *s* feines Porzellan
bone dry *adj* ⟨*präd*⟩, **bone-dry** *umg adj* ⟨*attr*⟩ knochentrocken *umg*
bone idle *Br umg adj* stinkfaul *umg*
bone marrow *s* Knochenmark *n*
bone structure *s* Gesichtszüge *pl*
bonfire ['bɒnfaɪəʳ] *s* Feuer *n*, Freudenfeuer *n*
bonfire night *s* 5. November (*Jahrestag der Pulververschwörung*)
bonk [bɒŋk] *umg v/t & v/i* **1** nicht sehr fest/leicht schlagen; **2** (≈ *Sex haben mit*) bumsen *umg*
bonkers ['bɒŋkəz] *bes Br umg adj* meschugge *umg*; **to be ~** spinnen *umg*
bonnet ['bɒnɪt] *s* **1** *von Frau* Haube *f*; *von Baby* Häubchen *n* **2** *Br* AUTO Motorhaube *f*
bonnie, bonny ['bɒnɪ] *bes schott adj* schön; *Baby* prächtig
bonsai ['bɒnsaɪ] *s* ⟨*pl* -⟩ Bonsai *n*
bonus ['bəʊnəs] *s* **1** Prämie *f*; *zu Weihnachten etc* Gratifikation *f*; **~ scheme** Prämiensystem *n*; **~ point** Bonuspunkt *m* **2** *umg* Zugabe *f*
bony ['bəʊnɪ] *adj* ⟨*komp* bonier⟩ knochig
boo¹ [buː] **A** *int* buh; **he wouldn't say boo to a goose** *umg* er ist ein schüchternes Pflänzchen *umg* **B** *v/t Redner, Schiedsrichter* auspfeifen **C** *v/i* buhen **D** *s* ⟨*pl* -s⟩ Buhruf *m*
boo² *US umg s* ⟨*pl* -s⟩ Freund(in) *m(f)*, Partner(in) *m(f)*
boob [buːb] **A** *s* **1** *Br umg* (≈ *Fehler*) Schnitzer *m umg* **2** *umg* Brust *f*; **big ~s** große Titten *pl od* Möpse *pl sl* **B** *v/i Br umg* einen Schnitzer machen *umg*
booboo ['buːbuː] *s umg* Schnitzer *m*; → **boob**
booby prize *s Scherzpreis für den schlechtesten Teilnehmer*
booby trap **A** *s* MIL *etc* versteckte Bombe **B** *v/t* **the suitcase was booby-trapped** in dem Koffer war eine Bombe versteckt
booing ['buːɪŋ] *s* Buhrufen *n*
book [bʊk] **A** *s* **1** Buch *n*, Heft *n*; **the Book of Genesis** die Genesis, das 1. Buch Mose; **to bring sb to ~** j-n zur Rechenschaft ziehen; **to throw the ~ at sb** *umg* j-n nach allen Regeln der Kunst fertigmachen *umg*; **to go by the ~** sich an die Vorschriften halten; **to be in sb's good/bad ~s** bei j-m gut/schlecht angeschrieben sein *umg*; **I can read him like a ~** ich kann in ihm lesen wie in einem Buch; **he'll use every trick in the ~** *umg* er wird alles und jedes versuchen; **that counts as cheating in my ~** *umg* für mich ist das Betrug **2** Heft *n*; **~ of stamps** Briefmarkenheftchen *n* **3** **~s** *pl* HANDEL, FIN Bücher *pl*; **to do the ~s for sb** j-m die Bücher führen **B** *v/t* **1** bestellen; *Platz, Zimmer* buchen; *Künstler* engagieren; **fully ~ed** *Vorstellung* ausverkauft; *Flug* ausgebucht; *Hotel* voll belegt; **to ~ sb through to Hull** BAHN j-n bis Hull durchbuchen **2** *umg Fahrer* aufschreiben *umg*; *Fußballspieler* verwarnen; **to be ~ed for speeding** wegen zu schnellen Fahrens aufgeschrieben werden **C** *v/i* bestellen, buchen; **to ~ through to Hull** bis Hull durchlösen
phrasal verbs mit book:
book in **A** *v/i in Hotel etc* einchecken; **we booked in at** *od* **into the Hilton** wir sind im Hilton abgestiegen **B** *v/t* ⟨*trennb*⟩ **to book sb into a hotel** j-m ein Hotelzimmer reservieren lassen; **we're booked in at** *od* **into the Hilton** unsere Zimmer sind im Hilton reserviert
book up *v/t* ⟨*trennb*⟩ **to be (fully) booked up**

(ganz) ausgebucht sein; *Vorstellung, Theater* ausverkauft sein
bookable ['bʊkəbl] *adj* **1** im Vorverkauf erhältlich **2** SPORT **a ~ offence** *Br*, **a ~ offense** *US* ein Verstoß *m*, für den es eine Verwarnung gibt
bookcase *s* Bücherregal *n*, Bücherschrank *m*
book club *s* Buchgemeinschaft *f*, Buchklub *m*
bookcrosser *s* Bookcrosser(in) *m(f)* (*Teilnehmer am Bookcrossing*)
bookcrossing *s* Bookcrossing *n* (*Weitergeben von Büchern an Bekannte und Unbekannte*)
book end *s* Bücherstütze *f*
bookie ['bʊkɪ] *umg s* Buchmacher(in) *m(f)*
booking ['bʊkɪŋ] *s* Buchung *f*; *von Künstler* Engagement *n*; **to make a ~** buchen; **to cancel a ~** den Tisch/die Karte *etc* abbestellen, die Reise/den Flug *etc* stornieren
booking clerk *s* Fahrkartenverkäufer(in) *m(f)*
booking fee *s* Buchungsgebühr *f*
booking office *s* BAHN Fahrkartenschalter *m*; THEAT Vorverkaufsstelle *f*
booking system *s* Buchungssystem *n*
book-keeper *s* Buchhalter(in) *m(f)*
book-keeping *s* Buchhaltung *f*
book launch *s* (≈ *Markteinführung*) Buchvorstellung *f*
booklet *s* Broschüre *f*
book lover *s* Bücherfreund(in) *m(f)*
bookmaker *s* Buchmacher(in) *m(f)*
bookmark **A** *s* Lesezeichen *n*; IT Bookmark *n* **B** *v/t* IT ein Bookmark einrichten für
book presentation *s* Buchvorstellung *f*
bookseller *s* Buchhändler(in) *m(f)*
bookshelf *s* Bücherbord *n*
bookshelves *pl* Bücherregal *n*
bookshop *bes Br s*, **bookstore** *US s* Buchhandlung *f*
bookstall *s* Bücherstand *m*
bookstand *US s* **1** Lesepult *n* **2** Bücherregal *n* **3** *auf Bahnhof, Flughafen* Bücherstand *m*
book token *s* Buchgutschein *m*
bookworm *fig s* Bücherwurm *m*
boom[1] [buːm] *s* SCHIFF Baum *m*
boom[2] **A** *s von Waffen* Donnern *n*; *von Stimme* Dröhnen *n* **B** *v/i* Stimme a. **~ out** dröhnen; *Waffen* donnern **C** *int* bum
boom[3] **A** *v/i* Handel boomen *umg*; **business is ~ing** das Geschäft blüht **B** *s* geschäftlich, a. *fig* Boom *m*
boomerang ['buːməræŋ] *s* Bumerang *m*
booming[1] ['buːmɪŋ] *adj Geräusch* dröhnend
booming[2] *adj* Wirtschaft, Handel boomend
boon [buːn] *s* Segen *m*
boor [bʊəʳ] *s* Rüpel *m*
boorish *adj*, **boorishly** ['bʊərɪʃ, -lɪ] *adv* rüpelhaft

boost [buːst] **A** *s* Auftrieb *m kein pl*; ELEK, AUTO Verstärkung *f*; **to give sb/sth a ~** j-m/einer Sache Auftrieb geben; **to give a ~ to sb's morale** j-m Auftrieb geben **B** *v/t Produktion, Absatz, Wirtschaft* ankurbeln; *Gewinne, Einkommen* erhöhen; *Selbstvertrauen* stärken; *Moral* heben
booster ['buːstəʳ] *s* MED Wiederholungsimpfung *f*, Auffrischimpfung *f*
booster cushion *s* Sitz ohne Rückenteil Kindersitz *m*, Sitzerhöhung *f*
booster seat *s* Sitz für das Auto oder für einen Stuhl am Tisch Kindersitz *m*
booster shot *s* → **booster**
boot [buːt] **A** *s* **1** Stiefel *m*; **the ~ is on the other foot** *fig* es ist genau umgekehrt; **to give sb the ~** *umg* j-n rausschmeißen *umg*; **to get the ~** *umg* rausgeschmissen werden *umg*; **to put the ~ into sb/sth** *Br fig umg* j-n/etw niedermachen **2** *Br von Auto* Kofferraum *m* **B** *v/t* **1** *umg* (≈ *treten*) einen (Fuß)tritt geben (+*dat*) **2** IT laden, booten **C** *v/i* IT laden
phrasal verbs mit boot:
boot out *umg v/t* 〈*trennb*〉 rausschmeißen *umg*
boot up *v/t & v/i* IT booten
boot camp *s* **1** *US* MIL Armee-Ausbildungslager *n* **2** Erziehungslager *n* (*für junge Straftäter*)
bootee [buː'tiː] *s* **1** gestrickt oder gehäkelt Babyschuh *m* **2** *für Damen* Stiefelette *f*
booth [buːð] *s* **1** (Markt)bude *f*, (Messe)stand *m* **2** *zum Telefonieren* Zelle *f*; *bei Wahlen* Kabine *f*; *in Restaurant* Nische *f*
bootlace *s* Schnürsenkel *m*
bootleg *adj Whisky etc* schwarzgebrannt; *Waren* schwarz hergestellt; **~ copy** Raubkopie *f*
bootlicker *pej umg s* Speichellecker *m pej umg*
boot polish *s* Schuhcreme *f*
bootstrap *s* **to pull oneself up by one's (own) ~s** *umg* sich aus eigener Kraft hocharbeiten
booty ['buːtɪ] *s* Beute *f*
bootylicious [buːtɪ'lɪʃəs] *bes US umg adj* sexy *umg* (*im Sinne von üppiger/kurvenreicher Figur*)
booze [buːz] *umg* **A** *s* Alkohol *m*; **keep off the ~** lass das Saufen sein *umg*; **bring some ~** bring was zu schlucken mit *umg* **B** *v/i* saufen *umg*; **to go out boozing** saufen gehen *umg*
boozer ['buːzəʳ] *s* **1** *pej umg* Säufer(in) *m(f) pej umg* **2** *Br umg* Kneipe *f umg*
booze-up ['buːzʌp] *umg s* Besäufnis *n umg*
boozy ['buːzɪ] *adj* 〈*komp* boozier〉 *umg Blick, Gesicht* versoffen *umg*; **~ party** Sauferei *f umg*; **~ lunch** Essen *n* mit reichlich zu trinken
bop [bɒp] **A** *s* **1** *umg* (≈ *Tanz*) Schwof *m umg* **2** *umg* **to give sb a bop on the nose** j-m eins auf die Nase geben **B** *v/i umg* (≈ *tanzen*) tanzen **C** *v/t umg* **to bop sb on the head** j-m eins auf

den Kopf geben

border ['bɔːdə'] **A** s **1** Rand m **2** Grenze f; **on the French ~** an der französischen Grenze; **north/south of the ~** Br in/nach Schottland/England **3** *in Garten* Rabatte f **4** *an Kleid* Bordüre f **B** v/t **1** *Weg* säumen; *Grundstück* begrenzen, umschließen **2** grenzen an (+akk)

phrasal verbs mit border:

border on, border upon v/i ⟨+obj⟩ grenzen an (+akk)

border check s, **border control** s Grenzkontrolle f

border dispute s Grenzstreitigkeit f

border guard s Grenzsoldat m

bordering adj angrenzend

borderline **A** s Grenze f; **to be on the ~** an der Grenze liegen **B** adj fig **a ~ case** ein Grenzfall m; **it was a ~ pass** er etc ist ganz knapp durchgekommen

border town s Grenzstadt f

bore[1] [bɔː'] **A** v/t *Loch* bohren **B** v/i bohren (**for** nach) **C** s Kaliber n; **a 12 ~ shotgun** eine Flinte vom Kaliber 12

bore[2] **A** s **1** (≈ *Mensch*) Langweiler(in) m(f) **2** (≈ *Situation etc*) **to be a ~** langweilig sein, fad sein österr; **it's such a ~ having to go** es ist wirklich zu dumm, dass ich etc gehen muss **B** v/t langweilen; **to ~ sb stiff** od **to tears** umg j-n zu Tode langweilen; **to be/get ~d** sich langweilen; **I'm ~d** mir ist langweilig; **he is ~d with his job** seine Arbeit langweilt ihn

bore[3] prät → bear[1]

bored [bɔːd] adj gelangweilt

boredom ['bɔːdəm] s Lang(e)weile f

boring ['bɔːrɪŋ] adj langweilig, fad österr

born [bɔːn] **A** pperf **1** → bear[1] **2** **to be ~** geboren werden; **I was ~ in 1998** ich bin od wurde 1998 geboren; **when were you ~?** wann sind Sie geboren?; **he was ~ into a rich family** er wurde in eine reiche Familie hineingeboren; **to be ~ deaf** von Geburt an taub sein; **the baby was ~ dead** das Baby war eine Totgeburt; **I wasn't ~ yesterday** umg ich bin nicht von gestern umg; **there's one ~ every minute!** fig umg die Dummen werden nicht alle! **B** adj ⟨suf⟩ **he is Chicago-born** er ist ein gebürtiger Chicagoer; **his French-born wife** seine Frau, die gebürtige Französin **C** adj geboren); **he is a ~ teacher** er ist der geborene Lehrer; **an Englishman ~ and bred** ein echter Engländer

born-again ['bɔːnə,gen] adj Christ etc evangelikal

borne [bɔːn] pperf → bear[1]

borough ['bʌrə] s, (a. **municipal borough**) (Verwaltungs)bezirk m; *in London* Stadtteil m

borrow ['bɒrəʊ] **A** v/t (sich dat) leihen, (sich dat) borgen (**from** von); *von Bank* sich (dat) leihen; *Buch* ausleihen; fig *Idee* übernehmen (**from** von); **to ~ money from the bank** Kredit bei der Bank aufnehmen **B** v/i borgen; *bei Bank* Kredit m aufnehmen

borrower ['bɒrəʊə'] s *von Kapital etc* Kreditnehmer(in) m(f)

borrowing ['bɒrəʊɪŋ] s **government ~** staatliche Kreditaufnahme; **consumer ~** Verbraucherkredit m; **~ requirements** Kreditbedarf m

Bosnia ['bɒznɪə] s Bosnien n

Bosnia-Herzegovina ['bɒznɪə,hɜːtsəgəʊ'viːnə] s Bosnien und Herzegowina n

Bosnian **A** adj bosnisch **B** s Bosnier(in) m(f)

bosom ['bʊzəm] **A** s **1** Busen m **2** fig **in the ~ of his family** im Schoß der Familie **B** adj ⟨attr⟩ Busen-; **~ buddy** Busenfreund(in) m(f)

boss [bɒs] s Chef(in) m(f), Boss m umg; **his wife is the ~** seine Frau hat das Sagen; **OK, you're the ~** in Ordnung, du hast zu bestimmen

phrasal verbs mit boss:

boss about Br, **boss around** umg v/t ⟨trennb⟩ rumkommandieren umg

bossy ['bɒsɪ] adj ⟨komp bossier⟩ herrisch

botanic(al) [bə'tænɪk(əl)] adj botanisch

botanist ['bɒtənɪst] s Botaniker(in) m(f)

botany ['bɒtənɪ] s Botanik f

botch [bɒtʃ] v/t umg a. **~ up** verpfuschen; *Pläne* vermasseln umg; **a ~ed job** ein Pfusch m umg

botch-up ['bɒtʃʌp] s umg Pfusch m umg

both [bəʊθ] **A** adj beide; **~ (the) boys** beide Jungen **B** pron beide, beides; **~ of them were there, they were ~ there** sie waren (alle) beide da; **~ of these answers are wrong** beide Antworten sind falsch **C** adv **~ ... and ...** sowohl ... als auch ...; **~ you and I were both; John and I ~ came** John und ich sind beide gekommen; **is it black or white? — ~** ist es schwarz oder weiß? — beides; **you and me ~** umg wir zwei beide umg

bother ['bɒðə'] **A** v/t **1** stören, belästigen; (≈ *beunruhigen*) Sorgen machen (+dat); *Problem, Frage* keine Ruhe lassen (+dat); **I'm sorry to ~ you but ...** es tut mir leid, dass ich Sie damit belästigen muss, aber ...; **don't ~ your head about that** zerbrechen Sie sich (dat) darüber nicht den Kopf; **I shouldn't let it ~ you** machen Sie sich mal keine Sorgen **2** **I can't be ~ed** ich habe keine Lust; **I can't be ~ed with people like him** für solche Leute habe ich nichts übrig; **I can't be ~ed to do that** ich habe einfach keine Lust, das zu machen; **do you want to stay or go? — I'm not ~ed** willst du bleiben oder gehen? — das ist mir egal; **I'm not ~ed about him/the money** seinetwegen/wegen des Geldes mache ich mir keine

Gedanken; **to ~ to do sth** sich (*dat*) die Mühe machen, etw zu tun; **don't ~ to do it again** das brauchen Sie nicht nochmals zu tun; **she didn't even ~ to ask** sie hat gar nicht erst gefragt; **please don't ~ getting up** *od* **to get up** bitte, bleiben Sie doch sitzen **B** *v/i* sich kümmern (**about** um); (≈ *beunruhigt sein*) sich (*dat*) Sorgen machen (**about** um); **don't ~ about me!** machen Sie sich meinetwegen keine Sorgen; *sarkastisch* ist ja egal, was ich will; **he/it is not worth ~ing about** über ihn/ darüber brauchen wir gar nicht zu reden; **I'm not going to ~ with that** lasse ich; **don't ~!** nicht nötig!; **you needn't have ~ed!** das wäre nicht nötig gewesen! **C** *s* **1** Plage *f*; **I know it's an awful ~ for you but …** ich weiß, dass Ihnen das fürchterliche Umstände macht, aber … **2** Ärger *m*, Schwierigkeiten *pl*; **we had a spot of ~ with the car** wir hatten Ärger mit dem Auto; **I didn't have any ~ getting the visa** es war kein Problem, das Visum zu bekommen; **it's no ~** kein Problem; **it wasn't any ~** (≈ *nicht erwähnenswert*) das ist gern geschehen; (≈ *nicht schwierig*) das war ganz einfach; **the children were no ~ at all** wir hatten mit den Kindern überhaupt keine Probleme; **to go to a lot of ~ to do sth** sich (*dat*) mit etw viel Mühe geben

bottle ['bɒtl] **A** *s* **1** Flasche *f*; **a ~ of wine** eine Flasche Wein; **to take to the ~** zur Flasche greifen **2** *Br umg* Mumm *m umg* **B** *v/t* in Flaschen abfüllen

<ins>phrasal verbs mit bottle:</ins>
bottle out *Br umg v/i* die Nerven verlieren
bottle up *v/t* ⟨*trennb*⟩ Emotionen in sich (*dat*) aufstauen

bottle bank *s* Altglascontainer *m*
bottle cap *s* (Flaschen-)Deckel *m*
bottled *adj* Gas in Flaschen (abgefüllt); Bier Flaschen-
bottle-feed *v/t* aus der Flasche ernähren
bottleneck *s* Engpass *m*
bottle-opener *s* Flaschenöffner *m*
bottle top *s* (Flaschen-)Deckel *m*
bottom ['bɒtəm] **A** *s* **1** *von Kiste, Glas* Boden *m*; *von Berg, Säule* Fuß *m*; *von Seite, Bildschirm* unteres Ende *n*; *von Liste, Straße* Ende *n*; **which end is the ~?** wo ist unten?; **at the ~** unten, im unteren Teil; **at the ~ of the page/league/hill** *etc* unten auf der Seite/in der Tabelle/am Berg *etc*; **at the ~ of the table** am unteren Ende des Tisches; **at the ~ of the mountain** am Fuß des Berges; **to be (at the) ~ of the class** der/die Letzte in der Klasse sein; **at the ~ of the garden** hinten im Garten; **~s up!** hoch die Tassen *umg*; **from the ~ of my heart** aus tiefstem Herzen; **at ~** *fig* im Grunde; **the ~ dropped** *od* **fell out of the market** die Marktlage hat einen Tiefstand erreicht **2** Unterseite *f*; **on the ~ of the tin** unten an der Dose **3** *von Meer, Fluss* Grund *m*; **at the ~ of the sea** auf dem Meeresboden **4** *von Mensch* Hintern *m umg* **5** *fig* **to be at the ~ of sth** hinter etw (*dat*) stecken, einer Sache (*dat*) zugrunde liegen; **to get to the ~ of sth** einer Sache (*dat*) auf den Grund kommen **6** *Br AUTO* **~ (gear)** erster Gang; **in ~ (gear)** im ersten Gang **7** **tracksuit ~s** Trainingsanzughose *f*; **bikini ~(s)** Bikiniunterteil *n* **B** *adj* ⟨*attr*⟩ untere(r, s), unterste(r, s); **~ half** untere Hälfte; *von Liste, Klasse* zweite Hälfte

<ins>phrasal verbs mit bottom:</ins>
bottom out *v/i* die Talsohle erreichen

bottomless *adj* **a ~ pit** *fig* ein Fass ohne Boden
bottom line *fig s* **that's the ~** (≈ *Faktor*) das ist das Entscheidende (dabei); (≈ *Resultat*) darauf läuft es im Endeffekt hinaus
bough [baʊ] *s* Ast *m*
bought [bɔːt] *prät & pperf* → buy
bouillon ['buːjɒn] *s* Bouillon *f*, Rindsuppe *f österr*
bouillon cube *US s* Brühwürfel *m*
boulder ['bəʊldə^r] *s* Felsblock *m*
boulevard ['buːləvɑːd] *s* Boulevard *m*
bounce [baʊns] **A** *v/i* **1** Ball springen; **the child ~d up and down on the bed** das Kind hüpfte auf dem Bett herum **2** *umg* Scheck platzen *umg* **3** IT → bounce back **B** *v/t* **1** Ball aufprallen lassen; **he ~d the ball against the wall** er warf den Ball gegen die Wand; **he ~d the baby on his knee** er ließ das Kind auf den Knien reiten **2** IT → bounce back

<ins>phrasal verbs mit bounce:</ins>
bounce back **A** *v/i* **1** *E-Mail* als nicht zustellbar zurückkommen **2** *fig umg* sich nicht unterkriegen lassen *umg* **B** *v/t* IT *E-Mail* als nicht zustellbar zurückschicken
bounce off **A** *v/t* ⟨*immer getrennt*⟩ **to bounce sth off sth** etw von etw abprallen lassen; **to bounce an idea off sb** *fig umg* eine Idee an j-m testen *umg* **B** *v/i* abprallen

bouncer ['baʊnsə^r] *s* **1** *umg Mensch* Türsteher(in) *m(f)*, Rausschmeißer(in) *m(f) umg* **2** *für Babys* (Baby)wippe *f*
bouncy ['baʊnsɪ] *adj* ⟨*komp* bouncier⟩ Ball gut springend; Matratze federnd
bouncy castle® *s* Hüpfburg *f*
bouncy chair *s Br* (Baby)wippe *f*
bound[1] [baʊnd] *s* ⟨*mst pl*⟩ Grenze *f*; **within the ~s of probability** im Bereich des Wahrscheinlichen; **his ambition knows no ~s** sein Ehrgeiz kennt keine Grenzen; **the bar is out of ~s** das

Betreten des Lokals ist verboten; **this part of town is out of ~s** dieser Stadtteil ist Sperrzone

bound² **A** s Sprung m **B** v/i springen; **the dog came ~ing up** der Hund kam angesprungen

bound³ **A** prät & pperf → bind **B** adj **1** gebunden; **~ hand and foot** an Händen und Füßen gebunden **2** **to be ~ to do sth** etw bestimmt tun; **it's ~ to happen** das muss so kommen **3** **but I'm ~ to say …** umg aber ich muss schon sagen …

bound⁴ adj ⟨präd⟩ **to be ~ for London** auf dem Weg nach London sein; vor dem Aufbruch nach London gehen; **all passengers ~ for London will …** alle Passagiere nach London werden …

boundary ['baʊndərɪ] s Grenze f

boundary line s Grenzlinie f; SPORT Spielfeldgrenze f

boundless adj grenzenlos

bountiful ['baʊntɪfʊl] adj großzügig; Ernte, Geschenke (über)reich

bounty ['baʊntɪ] s Belohnung Kopfgeld n

bouquet ['bʊkeɪ] s **1** Strauß m **2** von Wein Bukett n

bouquet garni ['bʊkeɪgɑːˈniː] s GASTR Kräutermischung f

bourbon ['bɜːbən] s, (a. **bourbon whiskey**) Bourbon m

bourgeois ['bʊəʒwɑː] **A** s Bürger(in) m(f); pej Spießbürger(in) m(f) **B** adj bürgerlich; pej spießbürgerlich

bourgeoisie [,bʊəʒwɑːˈziː] s Bürgertum n

bout [baʊt] s **1** von Grippe etc Anfall m; **a ~ of fever** ein Fieberanfall m; **a drinking ~** eine Zecherei **2** SPORT Kampf m

boutique [buːˈtiːk] s Boutique f

bow¹ [bəʊ] s **1** Waffe, für Geige Bogen m; **a bow and arrow** Pfeil und Bogen pl **2** (≈ Knoten) Schleife f

bow² [baʊ] **A** s Verbeugung f; **to take a bow** sich verbeugen **B** v/i **1** sich verbeugen (**to sb** vor j-m) **2** fig sich beugen (**before** vor +dat od **under** unter +dat od **to** +dat); **to bow to the inevitable** sich in das Unvermeidliche fügen **C** v/t **to bow one's head** den Kopf senken; bei Gebet sich verneigen

phrasal verbs mit bow:

bow down wörtl v/i sich beugen; **to bow down to** od **before sb** fig sich j-m beugen

bow out fig v/i sich verabschieden; **to bow out of sth** sich aus etw zurückziehen

bow³ [baʊ] s ⟨oft pl⟩ von Schiff Bug m; **on the port bow** backbord(s) voraus

bowed¹ [bəʊd] adj Beine krumm

bowed² [baʊd] adj Mensch gebeugt; Schultern hängend

bowel ['baʊəl] s ⟨mst pl⟩ **1** ANAT Eingeweide n mst pl; **a ~ movement** Stuhl(gang) m **2** fig **the ~s of the earth** das Erdinnere

bowl¹ [bəʊl] s **1** Schüssel f, Schale f; für Zucker etc Schälchen n; **a ~ of milk** eine Schale Milch **2** von WC Becken n

bowl² **A** v/i **1** Bowling spielen **2** Kricket: werfen **B** v/t **1** Ball rollen **2** Kricket: Ball werfen

phrasal verbs mit bowl:

bowl over fig v/t ⟨trennb⟩ umwerfen; **he was bowled over by the news** die Nachricht hat ihn (einfach) überwältigt

bow-legged [,bəʊˈlegɪd] adj o-beinig

bowler¹ ['bəʊlə] s Kricket Werfer m

bowler² s Br Hut a. **~ hat** Melone f

bowling ['bəʊlɪŋ] s **1** Kricket Werfen n **2** Bowling n; **to go ~** bowlen gehen

bowling alley s Bowlingbahn f

bowling green s Rasenfläche für ein dem Boccia ähnliches Spiel

bowls [bəʊlz] s ⟨+sg v⟩ ein dem Boccia ähnliches Spiel

bow tie [bəʊ-] s Fliege f

box¹ [bɒks] **A** v/t & v/i SPORT boxen; **to box sb's ears** j-n ohrfeigen, j-n watschen österr **B** s **a box on the ears** eine Ohrfeige, eine Watsche österr

box² s **1** aus Holz Kiste f; aus Pappe Karton m; für Streichhölzer etc Schachtel f; mit Pralinen etc Packung f **2** auf Formular Kästchen n **3** THEAT Loge f **4** FUSSB Strafraum m, Torraum m **5** bes Br umg (≈ Fernseher) Glotze f umg; **what's on the box?** was gibts im Fernsehen?; **I was watching the box** ich habe geglotzt umg

phrasal verbs mit box:

box in v/t ⟨trennb⟩ geparktes Auto einklemmen, zuparken

boxcar ['bɒkskɑːʳ] s US BAHN (geschlossener) Güterwagen

boxer ['bɒksəʳ] s **1** SPORT Boxer(in) m(f) **2** (≈ Hund) Boxer m

boxer briefs pl Boxershorts pl (eng anliegend)

boxer shorts pl Boxershorts pl

boxing ['bɒksɪŋ] s Boxen n

Boxing Day Br s zweiter Weihnachts(feier)tag

boxing gloves pl Boxhandschuhe pl

boxing match s Boxkampf m

boxing ring s Boxring m

box junction s Verkehr gelb schraffierte Kreuzung (in die bei Stau nicht eingefahren werden darf)

box number s Chiffre f; in Postamt Postfach n

box office **A** s (Theater-/Kino)kasse f, Kassa f österr **B** adj ⟨attr⟩ **~ success/hit** Kassenschlager m

boxroom Br s Abstellraum m

boy [bɔɪ] s **1** Junge m, Bub m österr, schweiz; **the**

Jones boy der Junge von Jones; **boys will be boys** Jungen sind nun mal so [2] *umg* (≈ *Kumpel*) Knabe *m umg*; **the old boy** (≈ *Chef*) der Alte *umg*; (≈ *Vater*) mein *etc* alter Herr [3] (≈ *Freund*) **the boys** meine/seine Kumpels; **our boys** (≈ *Mannschaft*) unsere Jungs [4] **(oh) boy!** *umg* Junge, Junge! *umg*
boy band *s* MUS Boygroup *f*
boycott ['bɔɪkɒt] [A] *s* Boykott *m* [B] *v/t* boykottieren
boyfriend *s* Freund *m*
boyhood *s* Kindheit *f*, Jugend(zeit) *f*
boyish ['bɔɪɪʃ] *adj* jungenhaft; *Frau* knabenhaft
boy scout *s* Pfadfinder *m*
Boy Scouts *s* ⟨+sg v⟩ Pfadfinder *pl*
boy toy *s US umg* jugendlicher Liebhaber
bpi, BPI *abk* (= *bits per inch*) IT BPI
bps, BPS *abk* (= *bits per second*) IT BPS
bra [brɑː] *s abk* (= *brassière*) BH *m*
brace [breɪs] [A] *s* MED Stützapparat *m*; *Br für Zähne* Klammer *f* [B] *v/r* sich bereithalten; **to ~ oneself for sth** sich auf etw (*akk*) gefasst machen; **~ yourself, I've got bad news for you** mach dich auf eine schlechte Nachricht gefasst
bracelet ['breɪslɪt] *s* Armband *n*, Armreif(en) *m*
braces ['breɪsɪz] *pl* [1] *Br* Hosenträger *pl*; **a pair of ~** (ein Paar) Hosenträger [2] *US für Zähne* Klammer *f*
bracing ['breɪsɪŋ] *adj* anregend; *Klima* Reiz-
bracken ['brækən] *s* Adlerfarn *m*
bracket ['brækɪt] [A] *s* [1] Winkelträger *m*, (Regal)träger *m* [2] TYPO, MUS Klammer *f*; *US* TYPO eckige Klammer; **in ~s** in Klammern [3] Gruppe *f*; **the lower income ~** die untere Einkommensgruppe [B] *v/t* (*a.* **bracket together**) *fig* zusammenfassen
brag [bræg] [A] *v/i* angeben (**about, of** mit) [B] *v/t* **to ~ that** damit angeben, dass
bragging ['brægɪŋ] *s* Angeberei *f*
braid [breɪd] [A] *s* [1] *von Haar* Zopf *m* [2] (≈ *Besatz*) Borte *f* [B] *v/t* Zopf flechten
Braille [breɪl] [A] *s* Blindenschrift *f* [B] *adj* Blindenschrift-
brain [breɪn] *s* [1] ANAT Gehirn *n*; **he's got sex on the ~** *umg* er hat nur Sex im Kopf [2] **~s** *pl* ANAT Gehirn *n*; GASTR Hirn *n* [3] Verstand *m*; **~s** *pl* Intelligenz *f*, Grips *m umg*; **he has ~s** er ist intelligent; **use your ~s** streng mal deinen Kopf an
brainbox *hum umg* s Schlauberger *m umg*
brainchild *s* Erfindung *f*; (≈ *Idee*) Geistesprodukt *n*
brain-damaged *adj* hirngeschädigt
braindead *adj* (ge)hirntot
brain drain *s* Abwanderung *f* von Wissenschaftlern, Braindrain *m*

brain haemorrhage *s*, **brain hemorrhage** *US s* (Ge)hirnblutung *f*
brainless *adj* hirnlos, dumm
brain scan *s* Computertomografie *f* des Schädels
brainstorm [A] *v/i* brainstormen (*so viele Ideen wie möglich sammeln*) [B] *s* Geistesblitz *m*
brainstorming *s* Brainstorming *n*; **to have a ~ session** ein Brainstorming veranstalten
brain surgeon *s* Hirnchirurg(in) *m(f)*
brain surgery *s* Neurochirurgie *f*
brain tumour *s*, **brain tumor** *US s* Gehirntumor *m*
brainwash *v/t* einer Gehirnwäsche (*dat*) unterziehen; **to ~ sb into believing** *etc* **that …** j-m (ständig) einreden, dass …
brainwashing *s* Gehirnwäsche *f*
brainwave *s* Geistesblitz *m*
brainy ['breɪnɪ] *adj* ⟨*komp* brainier⟩ *umg* gescheit
braise [breɪz] *v/t* GASTR schmoren
brake [breɪk] [A] *s* TECH Bremse *f*; **to put the ~s on** bremsen [B] *v/i* bremsen
brake disc *s* Bremsscheibe *f*
brake fluid *s* Bremsflüssigkeit *f*
brake light *s* Bremslicht *n*
brake lining *s* Bremsbelag *m*
brake pad *s* Bremsklotz *m*
brake pedal *s* Bremspedal *n*
brake shoe *s* Bremsbacke *f*
braking *s* Bremsen *n*
braking distance *s* Bremsweg *m*
bramble ['bræmbl] *s* Brombeerstrauch *m*
bran [bræn] *s* Kleie *f*
branch [brɑːntʃ] [A] *s* [1] BOT Zweig *m*, Ast *m* [2] *von Fluss* Arm *m*; *von Straße* Abzweigung *f*; *von Familie* Zweig *m*; *von Gleis* Abzweig *m* [3] *in Fluss, Straße, Gleis* Gabelung *f* [4] HANDEL Zweigstelle *f*, Ablage *f schweiz*; **main** ≈ Haupt(geschäfts)stelle *f*; *von Laden* Hauptgeschäft *n* [5] *von Fach* Zweig *m* [6] (≈ *Wirtschaftszweig*) Branche *f*, Sparte *f* [B] *v/i* *Fluss, Straße* sich gabeln, sich verzweigen
<ins>phrasal verbs mit branch:</ins>
branch off *v/i* abzweigen
branch out *fig v/i* sein Geschäft ausdehnen (**into** auf +*akk*); **to branch out on one's own** sich selbstständig machen
branch line *s* BAHN Nebenlinie *f*
branch manager *s* Filialleiter *m*
branch office *s* Zweigstelle *f*, Ablage *f schweiz*
brand [brænd] [A] *s* [1] Marke *f* [2] *fig* Sorte *f*, Art *f*; **his ~ of humour** seine Art von Humor [3] *von Vieh* Brandzeichen *n* [B] *v/t* [1] *Waren* mit seinem Warenzeichen versehen; **~ed goods** Markenartikel *pl* [2] *Vieh* mit einem Brandzeichen kennzeichnen [3] (≈ *denunzieren*) brandmarken

brand- *präf* brand-
brand awareness *s* Markenbewusstsein *n*
brand conscious *adj* markenbewusst
branded product [ˈbrændɪdˈprɒdʌkt] *s* Markenartikel *m*, Markenerzeugnis *n*
brand image *s* Markenimage *n*
branding [ˈbrændɪŋ] *s* Markenkennzeichnung *f*
brandish [ˈbrændɪʃ] *v/t* schwingen
brand leader *s* führende Marke
brand loyalty *s* Markentreue *f*
brand name *s* Markenname *m*
brand-new *adj* nagelneu
brandy [ˈbrændɪ] *s* Weinbrand *m*
brash [bræʃ] *adj* ⟨+er⟩ dreist; *Farbe etc* laut, aufdringlich
brass [brɑːs] **A** *s* **1** Messing *n* **2 the ~** MUS die Blechbläser *pl* **3** *umg* **the top ~** die hohen Tiere *umg* **B** *adj* Messing-; MUS Blech-; **~ player** Blechbläser *m*; **~ section** Blechbläser *pl*
brass band *s* Blaskapelle *f*
brassière [ˈbræsɪəʳ] *obs, form* s Büstenhalter *m*
brass plaque, **brass plate** *s* Messingschild *n*
brat [bræt] *pej umg* **1** Balg *m/n umg*; Mädchen Göre *f umg* **2** *US* GASTR Bratwurst *f*
bravado [brəˈvɑːdəʊ] *s* ⟨*kein pl*⟩ **1** Draufgängertum *n* **2** gespielte Tapferkeit
brave [breɪv] **A** *adj* ⟨*komp* braver⟩ mutig, tapfer, unerschrocken; **be ~!** nur Mut!; **~ new world** schöne neue Welt **B** *v/t* die Stirn bieten (+*dat*); *Wetter* trotzen (+*dat*)
bravely [ˈbreɪvlɪ] *adv* tapfer
bravery [ˈbreɪvərɪ] *s* Mut *m*
bravo [brɑːˈvəʊ] *int* bravo!
brawl [brɔːl] **A** *v/i* sich schlagen **B** *s* Schlägerei *f*
brawling [ˈbrɔːlɪŋ] *s* Schlägereien *pl*
brawn [brɔːn] *s* Muskelkraft *f*; **he's all ~ and no brains** er hat Muskeln, aber kein Gehirn
brawny [ˈbrɔːnɪ] *adj* ⟨*komp* brawnier⟩ muskulös
bray [breɪ] *v/i Esel* schreien
brazen [ˈbreɪzn] *adj* dreist; *Lüge* schamlos
phrasal verbs mit brazen:
brazen out *v/t* ⟨*trennb*⟩ **to brazen it out** durchhalten; durch Lügen sich durchmogeln *umg*
brazenly [ˈbreɪznlɪ] *adv* dreist; *lügen* schamlos
Brazil [brəˈzɪl] *s* Brasilien *n*
brazil *s*, (*a.* **brazil nut**) Paranuss *f*
Brazilian [brəˈzɪlɪən] **A** *s* Brasilianer(in) *m(f)* **B** *adj* brasilianisch
breach [briːtʃ] **A** *s* **1** Verstoß *m* (**of** gegen); **a ~ of contract** ein Vertragsbruch; **~ of the peace** JUR öffentliche Ruhestörung; **a ~ of security** ein Verstoß *m* gegen die Sicherheitsbestimmungen; **~ of trust** FIN Untreue *f* **2** *in Mauer, Überwachungssystem* Lücke *f* **B** *v/t* **1** *Mauer* eine Bresche schlagen in (+*akk*); *Überwachungssystem,* *Verteidigungslinien* durchbrechen **2** *Vertrag* verletzen
breach of contract *s* JUR Vertragsbruch *m*
breach of the peace *s* JUR Landfriedensbruch *m*
bread [bred] *s* ⟨*kein pl*⟩ **1** Brot *n*; **a piece of ~ and butter** ein Butterbrot *n*; **he knows which side his ~ is buttered (on)** er weiß, wo was zu holen ist **2** **writing is his ~ and butter** er verdient sich seinen Unterhalt mit Schreiben **3** *umg* (≈ *Geld*) Kohle *f umg*
breadbin *Br s* Brotkasten *m*
breadboard *s* Brot(schneide)brett *n*
breadbox *US s* Brotkasten *m*
breadcrumbs *pl* GASTR Paniermehl *n*; **in ~** paniert
breadknife *s* Brotmesser *n*
breadline *s* **to be on the ~** *fig* nur das Allernotwendigste zum Leben haben
bread machine *s*, **breadmaker** *s* Brotbackautomat *m*, Brotbackmaschine *f*
bread roll *s* Brötchen *n*
breadstick *s* Knabberstange *f*
breadth [bretθ] *s* Breite *f*; **a hundred metres in ~** *Br*, **a hundred meters in ~** *US* hundert Meter breit
breadwinner [ˈbredwɪnəʳ] *s* Brotverdiener(in) *m(f)*
break [breɪk] ⟨*v: prät* broke; *pperf* broken⟩ **A** *v/t* **1** *Knochen* sich (*dat*) brechen; *Stock* zerbrechen, kaputt schlagen; *Glas* zerbrechen; *Fenster* einschlagen; *Ei* aufbrechen; **to ~ one's leg** sich (*dat*) das Bein brechen **2** *Spielzeug, Stuhl* kaputt machen **3** *Versprechen, Rekord* brechen; *Gesetz, Regel* verletzen, verstoßen gegen **4** *Reise, Stille* unterbrechen; **to ~ a habit** eine schlechte Gewohnheit aufgeben, sich (*dat*) etwas abgewöhnen **5** *Haut* ritzen; *Oberfläche* durchbrechen **6** (≈ *zerstören*) j-n mürbemachen; *Streik* brechen; *Code* entziffern; **to ~ sb (financially)** j-n ruinieren; **37p, well that won't exactly ~ the bank** 37 Pence, na, davon gehe ich/gehen wir noch nicht bankrott **7** *Fall* dämpfen **8** *Neuigkeiten* mitteilen; *in Zeitung: Nachricht, Skandal* veröffentlichen; **how can I ~ it to her?** wie soll ich es ihr sagen? **B** *v/i* **1** *Knochen, Stimme* brechen; *Seil* zerreißen; *Fenster* kaputtgehen; *Glas* zerbrechen; **his voice is beginning to ~** er kommt in den Stimmbruch **2** *Uhr, Stuhl* kaputtgehen **3** (eine) Pause machen; **to ~ for lunch** Mittagspause machen **4** *Wetter* umschlagen **5** *Welle* sich brechen **6** *Tag* anbrechen; *Sturm* losbrechen **7** *Neuigkeiten* bekannt werden **8** *Firma* **to ~ even** seine (Un)kosten decken **C** *s* **1** Bruch *m* **2** Lücke *f*; **row upon row of houses without a ~** Häuserzeile auf

Häuserzeile, ohne Lücke **3** *a. Br* SCHULE Pause *f*; **without a ~** ununterbrochen; **to take** *od* **have a ~ (eine)** Pause machen; **at ~** SCHULE in der Pause; **to give sb a ~** j-m schonen, j-m eine Chance geben; **give me a ~!** *umg* nun mach mal halblang! *umg* **4** Abwechslung *f*; **~ in the weather** Wetterumschwung *m* **5** Erholung *f* **6** Urlaub *m* **7** **at ~ of day** bei Tagesanbruch **8** *umg* **they made a ~ for it** sie versuchten zu entkommen; **we had a few lucky ~s** wir haben ein paarmal Glück gehabt **9** *im Beruf* Durchbruch *m*; **she had her first big ~ in a Broadway play** sie bekam ihre erste große Chance in einem Broadwaystück

phrasal verbs mit break:

break away *v/i* **1** weglaufen; *Gefangener* sich losreißen; **he broke away from the rest of the field** er hängte das ganze Feld ab **2** sich trennen

break down A *v/i* **1** zusammenbrechen; *Verhandlungen, Ehe* scheitern **2** *Fahrzeug* eine Panne haben; *Maschine* versagen, kaputtgehen *umg*; *Motor* stehen bleiben **3** *Ausgaben* sich aufschlüsseln; CHEM *Substanz* sich aufspalten (**into** +*akk*) **B** *v/t* ⟨*trennb*⟩ **1** *Tür* einrennen; *Mauer* niederreißen **2** *Ausgaben* aufschlüsseln; (≈ *Zusammensetzung ändern*) umsetzen

break in A *v/i* **1** unterbrechen (**on sb/sth** j-n/etw) **2** einbrechen **B** *v/t* ⟨*trennb*⟩ **1** *Tür* aufbrechen **2** *Schuhe* einlaufen **3** *Pferd* einreiten

break into *v/i* ⟨+*obj*⟩ **1** *Haus* einbrechen in (+*akk*); *Safe, Auto* aufbrechen **2** *Ersparnisse* anbrechen **3** **to break into song** zu singen anfangen

break off A *v/i* abbrechen **B** *v/t* ⟨*trennb*⟩ abbrechen; *Verlobung* lösen; **to break it off** Schluss machen

break open *v/t* ⟨*trennb*⟩ aufbrechen

break out *v/i* **1** *Feuer, Krieg* ausbrechen **2** **to break out in a rash** einen Ausschlag bekommen; **he broke out in a sweat** ihm brach der Schweiß aus **3** ausbrechen (**from, of** aus)

break through A *v/i* durchbrechen **B** *v/i* ⟨+*obj*⟩ durchbrechen

break up A *v/i* **1** *Straße, Eisdecke* aufbrechen **2** *Menge* auseinanderlaufen; *Versammlung, Partnerschaft* sich auflösen; *Ehe* in die Brüche gehen; *Freunde* sich trennen; Schluss machen *umg*; **to break up with sb** sich von j-m trennen **3** *Br* SCHULE aufhören; **when do you break up?** wann hört bei euch die Schule auf? **4** TEL **you're breaking up** ich kann Sie nicht verstehen **B** *v/t* ⟨*trennb*⟩ **1** *Boden* aufbrechen **2** *Ehe, Gemeinschaft* zerstören; *Versammlung durch Polizei* auflösen; **he broke up the fight** er trennte die Kämpfer; **break it up!** auseinander!

breakable ['breɪkəbl] *adj* zerbrechlich
breakage ['breɪkɪdʒ] *s* **to pay for ~s** für zerbrochene Ware bezahlen
breakaway ['breɪkəˌweɪ] *adj Gruppe* Splitter-
break command *s* IT Unterbrechungsbefehl *m*
break dance *v/i* Breakdance tanzen
breakdown ['breɪkdaʊn] *s* **1** *von Maschine* Betriebsschaden *m*; *von Fahrzeug* Panne *f* **2** *von System, a.* MED Zusammenbruch *m* **3** *von Zahlen etc* Aufschlüsselung *f*
breakdown service *s* Pannendienst *m*
breakdown truck *s* Abschleppwagen *m*
breaker ['breɪkə^r] *s* **1** (≈ *Welle*) Brecher *m* **2** (*a.* **~'s (yard)**) **to send a vehicle to the ~'s (yard)** ein Fahrzeug abwracken
breakeven point [breɪk'iːvənˌpɔɪnt] *s* Gewinnschwelle *f*
breakfast ['brekfəst] **A** *s* Frühstück *n*, Morgenessen *n schweiz*; **to have ~** frühstücken; **for ~** zum Frühstück **B** *v/i* frühstücken; **he ~ed on bacon and eggs** er frühstückte Eier mit Speck
breakfast cereal *s* Frühstücksflocken *pl*, Zerealien *pl*
breakfast television *s* Frühstücksfernsehen *n*
breakfast time *s* Frühstückszeit *f*
break-in ['breɪkɪn] *s* Einbruch *m*; **we've had a ~** bei uns ist eingebrochen worden
breaking ['breɪkɪŋ] *s* **~ and entering** JUR Einbruch *m*
breaking news *s* TV Eilmeldung *f*
breaking point *fig s* **she is at** *od* **has reached ~** sie ist nervlich völlig am Ende (ihrer Kräfte)
breakneck *adj* **at ~ speed** *Br* mit halsbrecherischer Geschwindigkeit
break-out *s* Ausbruch *m*
breakthrough *s* MIL, *a. fig* Durchbruch *m*
break-up *s von Freundschaft* Bruch *m*; *von Ehe* Zerrüttung *f*; *von Partnerschaft* Auflösung *f*
breakwater *s* Wellenbrecher *m*
breast [brest] *s* Brust *f*
breastbone *s* Brustbein *n*; *von Vogel* Brustknochen *m*
breast cancer *s* Brustkrebs *m*
-breasted [-'brestɪd] *adj* ⟨*suf*⟩ **a double-/single- -breasted jacket** ein Einreiher *m*/Zweireiher *m*
breast-fed *adj* **to be ~** gestillt werden
breast-feed *v/t & v/i* stillen
breast-feeding *s* Stillen *n*
breast milk *s* Muttermilch *f*
breast pocket *s* Brusttasche *f*
breaststroke *s* Brustschwimmen *n*; **to swim** *od* **do the ~** brustschwimmen
breath [breθ] *s* **1** Atem *m*; **to take a deep ~** einmal tief Luft holen; **to have bad ~** Mundgeruch haben; **to be out of ~** außer Atem sein; **short of ~** kurzatmig; **to get one's ~ back** wie-

der zu Atem kommen; **in the same ~** im selben Atemzug; **to take sb's ~ away** j-m den Atem verschlagen; **to say sth under one's ~** etw vor sich (akk) hin murmeln; **you're wasting your ~** du redest umsonst 2 **~ of wind** Lüftchen n

breathable ['briːðəbl] adj Stoff, Kleidung atmungsaktiv

breathalyze ['breθəlaɪz] v/t blasen lassen

Breathalyzer® ['breθəlaɪzəʳ] s Alkomat m

breathe [briːð] A v/i atmen; **now we can ~ again** jetzt können wir wieder frei atmen; **I don't want him breathing down my neck** ich will nicht, dass er mir die Hölle heiß macht umg B v/t 1 Luft einatmen; **to ~ one's last** seinen letzten Atemzug tun 2 atmen (into in +akk); **he was breathing garlic all over me** er verströmte einen solchen Knoblauchgeruch; **he ~d new life into the firm** er brachte neues Leben in die Firma 3 **to ~ a sigh of relief** erleichtert aufatmen; **don't ~ a word of it!** sag kein Sterbenswörtchen darüber!

phrasal verbs mit breathe:

breathe in v/i & v/t ⟨trennb⟩ einatmen
breathe out v/i & v/t ⟨trennb⟩ ausatmen

breather ['briːðəʳ] s Atempause f; **to take** od **have a ~** sich verschnaufen

breathing ['briːðɪŋ] s Atmung f

breathing apparatus s Sauerstoffgerät n

breathing space fig s Atempause f

breathless ['breθlɪs] adj atemlos; nach Bewegung a. außer Atem; **~ with excitement** ganz atemlos vor Aufregung

breathlessness ['breθlɪsnɪs] s Atemlosigkeit f; Kurzatmigkeit f

breathtaking ['breθteɪkɪŋ] adj atemberaubend

breath test s Atemalkoholtest m

bred [bred] prät & pperf → breed

-bred adj ⟨suf⟩ -erzogen

breech delivery [briːtʃ] s MED Steißgeburt f

breeches ['brɪtʃɪz] pl Kniehose f, Reithose f

breed [briːd] ⟨v: prät, pperf bred⟩ A v/t Tiere züchten B v/i Tiere Junge haben; Vögel brüten C s Art f

breeder ['briːdəʳ] s Züchter(in) m(f)

breeding ['briːdɪŋ] s 1 Fortpflanzung und Aufzucht f der Jungen 2 Zucht f 3 (≈ Erziehung) a. **good ~** gute Erziehung

breeding ground s fig Nährboden m (**for** für)

breeze [briːz] s Brise f

phrasal verbs mit breeze:

breeze in v/i **he breezed into the room** er kam fröhlich ins Zimmer geschneit

breeze block s Br Hoch- und Tiefbau Ytong® m

breezily ['briːzɪlɪ] fig adv frisch-fröhlich

breezy ['briːzɪ] adj ⟨komp breezier⟩ 1 Tag, Ort windig 2 Art und Weise frisch-fröhlich

brevity ['brevɪtɪ] s Kürze f

brew [bruː] A s 1 (≈ Bier) Bräu n 2 Tee m B v/t Bier brauen; Tee aufbrühen C v/i 1 Bier gären; Tee ziehen 2 fig **there's trouble ~ing** da braut sich ein Konflikt zusammen

brewer ['bruːəʳ] s Brauer m

brewery ['bruːərɪ] s Brauerei f

bribe [braɪb] A s Bestechung f; **to take a ~** sich bestechen lassen; **to offer sb a ~** j-n bestechen wollen B v/t bestechen; **to ~ sb to do sth** j-n bestechen, damit er etw tut

bribery ['braɪbərɪ] s Bestechung f

bric-a-brac ['brɪkəbræk] s Nippes m

brick [brɪk] s 1 Hoch- und Tiefbau Backstein m, Ziegelstein m; **he came** od **was down on me like a ton of ~s** umg er hat mich unheimlich fertiggemacht umg 2 (≈ Spielzeug) (Bau)klotz m; **box of (building) ~s** Baukasten m

phrasal verbs mit brick:

brick up v/t ⟨trennb⟩ Fenster zumauern

bricklayer s Maurer(in) m(f)

brick-red adj ziegelrot

brick wall fig s **I might as well be talking to a ~** ich könnte genauso gut gegen eine Wand reden; **it's like banging one's head against a ~** es ist, wie wenn man mit dem Kopf gegen die Wand rennt; **to come up against** od **hit a ~** plötzlich vor einer Mauer stehen

brickwork s Backsteinmauerwerk n

bridal ['braɪdl] adj Braut-; **~ gown** Hochzeitskleid n

bridal suite s Hochzeitssuite f

bride [braɪd] s Braut f

bridegroom ['braɪdgruːm] s Bräutigam m

bridesmaid ['braɪdzmeɪd] s Brautjungfer f

bridge¹ [brɪdʒ] A s Brücke f; von Nase Sattel m; **to build ~s** fig Brücken schlagen B v/t fig überbrücken; **to ~ the gap** fig die Zeit überbrücken

bridge² s KART Bridge n

bridging loan ['brɪdʒɪŋləʊn] s Überbrückungskredit m

bridle ['braɪdl] A s von Pferd Zaum m B v/i sich entrüstet wehren (**at** gegen)

bridle path s Reitweg m

brief [briːf] A adj ⟨+er⟩ kurz; **in ~** kurz; **the news in ~** Kurznachrichten pl; **to be ~** sich kurz fassen; **to be ~, …** um es kurz zu machen, … B s 1 JUR Auftrag m (**an einen Anwalt**); (≈ Dokumente) Unterlagen pl von einem/dem Fall 2 Auftrag m C v/t JUR instruieren

briefcase ['briːfkeɪs] s (Akten)tasche f

briefing ['briːfɪŋ] s, (a. **briefing session**) Instruktionen pl; von Polizei, Militär Einsatzbesprechung f

briefly ['briːflɪ] *adv* kurz; **~, I suggest ...** kurz gesagt, ich schlage vor ...
briefs [briːfs] *pl* Slip *m*; **a pair of ~** ein Slip
brigade [brɪ'geɪd] *s* MIL Brigade *f*
bright [braɪt] *adj* ⟨+er⟩ **1** hell; *Farbe* leuchtend; *Stern, Augen* strahlend; *Tag, Wetter* heiter; **~ red** knallrot; **it was really ~ outside** es war wirklich sehr hell draußen; **~ intervals** METEO Aufheiterungen *pl* **2** fröhlich; **I wasn't feeling too ~** es ging mir nicht besonders gut; **~ and early** in aller Frühe **3** gescheit; *Kind* aufgeweckt; *Idee* glänzend; *iron* intelligent **4** *Aussichten* glänzend; **things aren't looking too ~** es sieht nicht gerade rosig aus
brighten (up) ['braɪtn(ʌp)] **A** *v/t* ⟨trennb⟩ **1** aufheitern **2** aufhellen **B** *v/i* **1** *Wetter* sich aufklären *od* aufheitern **2** *Mensch* fröhlicher werden
brightly ['braɪtlɪ] *adv* **1** *scheinen, brennen* hell; **~ lit** hell erleuchtet **2** fröhlich
brightness *s* Helligkeit *f*; *von Farbe* Leuchten *n*; *von Stern, Augen* Strahlen *n*
brill *Br umg adj* super *umg*, toll *umg*
brilliance ['brɪljəns] *s* **1** Strahlen *n* **2** *fig* Großartigkeit *f*; *von Geist, Wissenschaftler* Brillanz *f*
brilliant ['brɪljənt] **A** *adj* **1** *fig* großartig *a. iron*; *Geist, Wissenschaftler* brillant, genial; *Student* hervorragend; **he is ~ with my children** er versteht sich großartig mit meinen Kindern; **to have a ~ time** sich blendend amüsieren; **to be ~ at sth/doing sth** etw hervorragend können/tun können **2** *Sonnenschein, Farbe* strahlend **B** *int umg* toll, klasse *umg*
brilliantly ['brɪljəntlɪ] *adv* **1** *scheinen, beleuchtet* hell; **~ coloured** *Br*, **~ colored** *US* in kräftigen Farben **2** großartig; *etw leisten* brillant; *komisch, einfach* herrlich
brim [brɪm] **A** *s* Rand *m*; **full to the ~ (with sth)** randvoll (mit etw) **B** *v/i* strotzen (**with** von, vor +*dat*); **her eyes were ~ming with tears** ihre Augen schwammen in Tränen

phrasal verbs mit brim:
brim over *v/i* überfließen (**with** vor +*dat*)
brimful ['brɪm'fʊl] *wörtl adj* randvoll; *fig* voll (**of, with** von)
brine [braɪn] *s* Sole *f*; *zum Einlegen* Lake *f*
bring [brɪŋ] *v/t* ⟨*prät, pperf* brought⟩ bringen; (*a.* **~ with one**) mitbringen; **did you ~ the car?** *etc* haben Sie den Wagen *etc* mitgebracht?; **to ~ sb inside** j-n hereinbringen; **to ~ tears to sb's eyes** j-m die Tränen in die Augen treiben; **I cannot ~ myself to speak to him** ich kann es nicht über mich bringen, mit ihm zu sprechen; **to ~ sth to a close** *od* **an end** etw zu Ende bringen; **to ~ sth to sb's attention** j-n auf etw (*akk*) aufmerksam machen

phrasal verbs mit bring:

bring about *v/t* ⟨trennb⟩ herbeiführen
bring along *v/t* ⟨trennb⟩ mitbringen
bring back *v/t* ⟨trennb⟩ **1** zurückbringen **2** *Brauch* wiedereinführen; **to bring sb back to life** j-n wieder lebendig machen
bring down *v/t* ⟨trennb⟩ **1** durch Schüsse herunterholen; (≈ *landen*) herunterbringen; **you'll bring the boss down on us** da werden wir es mit dem Chef zu tun bekommen **2** *Regierung* zu Fall bringen **3** senken; *Schwellung* reduzieren
bring forward *v/t* ⟨trennb⟩ **1** *j-n, Stuhl* nach vorne bringen **2** *Termin* vorverlegen **3** *Zeuge* vorführen; *Beweis* vorbringen, unterbreiten **4** HANDEL **amount brought forward** Übertrag *m*
bring in *v/t* ⟨trennb⟩ **1** *wörtl* hereinbringen; *Ernte, Einkünfte* einbringen **2** *fig Mode* einführen; PARL *Gesetz* einbringen; **to bring sth into fashion** etw in Mode bringen **3** *Polizei etc* einschalten (**on** bei); **don't bring him into it** lass ihn aus der Sache raus; **why bring that in?** was hat das damit zu tun?
bring off *v/t* ⟨trennb⟩ zustande bringen; **he brought it off!** er hat es geschafft! *umg*
bring on *v/t* ⟨trennb⟩ **1** herbeiführen **2** SPORT *Spieler* einsetzen **3** **to bring sth (up)on oneself** sich (*dat*) etw selbst aufladen; **you brought it (up)on yourself** das hast du dir selbst zuzuschreiben
bring out *v/t* ⟨trennb⟩ **1** *wörtl* (heraus)bringen (**of** aus); *aus Tasche* herausholen (**of** aus) **2** *j-n* die Hemmungen nehmen (+*dat*) **3** **to bring out the best in sb** das Beste in j-m zum Vorschein bringen **4** (*a.* **bring out on strike**) auf die Straße schicken **5** *Produkt, Buch* herausbringen **6** hervorheben **7** **to bring sb out in a rash** bei j-m einen Ausschlag verursachen
bring over *wörtl v/t* ⟨trennb⟩ herüberbringen
bring round *bes Br v/t* ⟨trennb⟩ **1** vorbeibringen **2** *Gespräch* bringen (**to** auf +*akk*) **3** *Bewusstlosen* wieder zu Bewusstsein bringen **4** (≈ *überzeugen*) herumkriegen *umg*
bring to *v/t* ⟨*immer getrennt*⟩ **to bring sb to** j-n wieder zu Bewusstsein bringen
bring together *v/t* ⟨trennb⟩ zusammenbringen
bring up *v/t* ⟨trennb⟩ **1** nach oben heraufbringen; nach vorn hinbringen **2** *Summe* erhöhen (**to** auf +*akk*); *Standard, Niveau* anheben; **to bring sb up to a certain standard** j-n auf ein gewisses Niveau bringen **3** *Kind* großziehen, erziehen, aufziehen; **to bring sb up to do sth** j-n dazu erziehen, etw zu tun **4** *Gegessenes* brechen **5** (≈ *erwähnen*) zur Sprache bringen **6** **to bring sb up short** j-n innehalten lassen
bring upon *v/t* ⟨trennb⟩ → bring on 3

bring-and-buy (sale) ['brɪŋən'baɪ(ˌseɪl)] *Br s* Basar *m* (*wo mitgebrachte Sachen angeboten und verkauft werden*)

brink [brɪŋk] *s* Rand *m*; **to the ~** an den Rand; **on the ~ of sth** am Rande von etw; **on the ~ of doing sth** nahe daran, etw zu tun

brisk [brɪsk] *adj* ⟨+er⟩ **1** *Mensch* forsch; *Tempo* flott; **to go for a ~ walk** einen ordentlichen Spaziergang machen **2** *fig Geschäft* lebhaft

briskly ['brɪsklɪ] *adv sprechen, handeln* forsch; *gehen* flott

bristle ['brɪsl] **A** *s* Borste *f*; *von Bart* Stoppel *f* **B** *v/i fig* zornig werden; **to ~ with anger** vor Wut schnauben

bristly ['brɪslɪ] *adj* ⟨komp bristlier⟩ *Kinn* stoppelig; *Haar, Bart* borstig

Brit [brɪt] *umg s* Brite *m*, Britin *f*

Britain ['brɪtən] *s* Großbritannien *n*

British ['brɪtɪʃ] **A** *adj* britisch; **I'm ~** ich bin Brite/Britin; **~ English** britisches Englisch **B** *s* **the ~** *pl* die Briten *pl*

British-Asian [ˌbrɪtɪʃ'eɪʃn] **A** *adj* britisch-asiatisch **B** *s* Brite *m*/Britin *f* asiatischer Herkunft

British Council *s* British Council *m* (*Organisation zur Förderung britischer Kultur im Ausland*)

British Empire *s* Britisches Weltreich

British Isles *pl* **the ~** die Britischen Inseln

British rebate *s EU* Britenrabatt *m*

Briton ['brɪtən] *s* Brite *m*, Britin *f*

Brittany ['brɪtənɪ] *s* die Bretagne

brittle ['brɪtl] *adj* spröde; **~ bones** schwache Knochen

broach [brəʊtʃ] *v/t Thema* anschneiden

B-road ['biːrəʊd] *Br s* ≈ Landstraße *f*

broad [brɔːd] **A** *adj* ⟨+er⟩ **1** breit; **to make ~er** verbreitern **2** *Theorie* umfassend, allgemein **3** *Unterscheidung, Umriss* grob; *Sinn* weit **4** *Akzent* stark **B** *s US sl* (≈ *Frau*) Tussi *f pej umg*

broadband A *adj IT* Breitband- **B** *s IT* Breitband *n*

broad bean *s* Saubohne *f*

broadcast ['brɔːdkɑːst] ⟨*v: prät, pperf* broadcast(ed)⟩ **A** *v/t* **1** *RADIO, TV* senden; *Veranstaltung* übertragen **2** *fig Gerücht* verbreiten **B** *v/i RADIO, TV* senden **C** *s RADIO, TV* Sendung *f*; *von Fußballspiel etc* Übertragung *f*

broadcaster ['brɔːdkɑːstə^r] *s RADIO, TV* Rundfunk-/Fernsehsprecher(in) *m(f)*, Rundfunk-/Fernsehpersönlichkeit *f*

broadcasting ['brɔːdkɑːstɪŋ] **A** *s RADIO, TV* Sendung *f*; *von Veranstaltung* Übertragung *f*; **to work in ~** beim Rundfunk/Fernsehen arbeiten **B** *adj* ⟨attr⟩ *RADIO* Rundfunk-; *TV* Fernseh-

broaden (out) ['brɔːdn(aʊt)] **A** *v/t* ⟨trennb⟩ *fig Haltung, Einstellung* aufgeschlossener machen; **to ~one's horizons** *fig* seinen Horizont erweitern **B** *v/i* sich verbreitern

broad jump *s US SPORT* Weitsprung *m*

broadly ['brɔːdlɪ] *adv* allgemein; *beschreiben* grob; *zustimmen* weitgehend; *grinsen* breit; **~ speaking** ganz allgemein gesprochen

broad-minded *adj* tolerant

broadsheet *s Presse* großformatige Zeitung

Broadway *s* Broadway *m*

brocade [brəʊ'keɪd] **A** *s* Brokat *m* **B** *adj* ⟨attr⟩ Brokat-

broccoli ['brɒkəlɪ] *s* ⟨+sg v⟩ Brokkoli *pl*

brochure ['brəʊʃjʊə^r] *s* Broschüre *f*

broil [brɔɪl] *v/t & v/i GASTR* grillen

broke [brəʊk] **A** *prät* → **break B** *adj* ⟨präd⟩ *umg* pleite *umg*; **to go ~** Pleite machen *umg*; **to go for ~** alles riskieren

broken ['brəʊkən] **A** *pperf* → **break B** *adj* **1** kaputt; *Knochen* gebrochen; *Glas etc* kaputt, zerbrochen **2** *fig Herz, Mann, Versprechen, Englisch* gebrochen; *Ehe* zerrüttet; **~ home** nicht intakte Familie; **from a ~ home** aus zerrütteten Familienverhältnissen

broken-down ['brəʊkən'daʊn] *adj* kaputt *umg*

brokenhearted ['brəʊkən'hɑːtɪd] *adj* untröstlich

broker ['brəʊkə^r] **A** *s BÖRSE, FIN* Makler(in) *m(f)* **B** *v/t* aushandeln

brolly ['brɒlɪ] *Br umg s* (Regen)schirm *m*

bronchitis [brɒŋ'kaɪtɪs] *s* Bronchitis *f*

bronze [brɒnz] **A** *s* Bronze *f* **B** *adj* Bronze-

Bronze Age *s* Bronzezeit *f*

bronzed *adj Gesicht, Mensch* braun

bronze medal *s* Bronzemedaille *f*

bronze medallist *s* Bronzemedaillengewinner(in) *m(f)*

bronzing *adj* Bräunungs-

brooch [brəʊtʃ] *s* Brosche *f*

brood [bruːd] **A** *s* Brut *f* **B** *v/i fig* grübeln

phrasal verbs mit brood:

brood over, brood (up)on *v/i* ⟨+obj⟩ nachgrübeln über (+akk)

broody ['bruːdɪ] *adj* **1 to be feeling ~** *hum umg* den Wunsch haben nach einem Kind haben **2** grüblerisch, schwerblütig

brook [brʊk] *s* Bach *m*

broom [bruːm] *s* Besen *m*

broom cupboard *s* Besenschrank *m*

broomstick *s* Besenstiel *m*; **a witch on her ~** eine Hexe auf ihrem Besen

Bros. *pl abk* (= **Brothers**) *HANDEL* Gebr.

broth [brɒθ] *s* Fleischbrühe *f*, Rindsuppe *f österr*, Suppe *f*

brothel ['brɒθl] *s* Bordell *n*

brother ['brʌðə^r] *s* ⟨*pl* -s; *obs KIRCHE* brethren⟩ Bruder *m*; **they are ~ and sister** sie sind Ge-

schwister; **my ~s and sisters** meine Geschwister; **the Clarke ~s** die Brüder Clarke; HANDEL die Gebrüder Clarke; **oh ~!** bes US umg Junge, Junge! umg; **his ~ officers** seine Offizierskameraden
brotherhood s (≈ Vereinigung) Bruderschaft f
brother-in-law s ⟨pl brothers-in-law⟩ Schwager m
brotherly ['brʌðəlɪ] adj brüderlich
brought [brɔːt] prät & pperf → bring
brow [braʊ] s **1** von Auge Braue f **2** Stirn f **3** (Berg)kuppe f
browbeat ['braʊbiːt] v/t ⟨prät browbeat; pperf browbeaten⟩ unter (moralischen) Druck setzen; **to ~ sb into doing sth** j-n so unter Druck setzen, dass er etw tut
brown [braʊn] **A** adj ⟨+er⟩ braun **B** s Braun n **C** v/t bräunen; Fleisch anbraten **D** v/i braun werden

phrasal verbs mit brown:

brown off v/t **to be browned off with sb/sth** bes Br umg j-n/etw satthaben umg
brown ale s Malzbier n
brown bear s Braunbär m
brown bread s Grau- od Mischbrot n, Vollkornbrot n
brownfield ['braʊnfiːld] adj Gelände Brachflächen-
brownie ['braʊnɪ] s **1** kleiner Schokoladenkuchen **2 Brownie** bei Pfadfindern Wichtel m
Brownie points pl Pluspunkte pl; **to score ~ with sb** sich bei j-m beliebt machen
brownish adj bräunlich
brown paper s Packpapier n
brown rice s brauner Reis, Vollkornreis m
brown sauce s Br GASTR braune Soße
brown sugar s brauner Zucker
browse [braʊz] **A** v/i **1** INTERNET browsen, surfen **2 to ~ through a book** in einem Buch blättern; **to ~ (around)** sich umsehen **B** v/t IT browsen **C** s **to have a ~ (around)** sich umsehen; **to have a ~ through the books** in den Büchern blättern
browser ['braʊzəʳ] s IT Browser m
bruise [bruːz] **A** s blauer Fleck; MED Prellung f, Bluterguss m; auf Obst Druckstelle f **B** v/t einen blauen Fleck/blaue Flecke(n) schlagen (+dat); Obst beschädigen; **to ~ one's elbow** sich (dat) einen blauen Fleck am Ellbogen holen
bruised adj **1 to be ~** einen blauen Fleck/blaue Flecke haben; Obst eine Druckstelle/Druckstellen haben; **she has a ~ shoulder, her shoulder is ~** sie hat einen blauen Fleck auf der Schulter **2** fig Ego verletzt
bruising ['bruːzɪŋ] s Prellungen pl
brunch [brʌntʃ] s Brunch m

brunette [bruːˈnet] **A** s Brünette f **B** adj brünett
brunt [brʌnt] s **to bear the (main) ~ of the attack** die volle Wucht des Angriffs tragen; **to bear the (main) ~ of the costs** die Hauptlast der Kosten tragen; **to bear the ~** das meiste abkriegen
brush [brʌʃ] **A** s **1** Bürste f; zum Malen, Rasieren, Backen Pinsel m; am Kamin Besen m; mit Schaufel Handbesen od -feger m; **to give sth a ~** etw bürsten; **to give one's hair a ~** sich die Haare bürsten **2** Unterholz n **3** (≈ Streit) **to have a ~ with sb** mit j-m aneinandergeraten; **to have a ~ with the law** mit dem Gesetz in Konflikt kommen **B** v/t **1** bürsten; Kleidung abbürsten; **to ~ one's teeth** sich (dat) die Zähne putzen; **to ~ one's hair** sich (dat) das Haar bürsten **2** fegen, wischen schweiz **3** (≈ leicht berühren) streifen

phrasal verbs mit brush:

brush against v/i (+obj) streifen
brush aside v/t ⟨trennb⟩ j-n, Hindernis zur Seite schieben
brush away v/t ⟨trennb⟩ verscheuchen
brush off v/t ⟨trennb⟩ **1** Schmutz abbürsten **2** umg j-n abblitzen lassen umg; Vorschlag, Kritik zurückweisen
brush past v/i streifen (**sth** etw)
brush up v/t ⟨trennb⟩ fig a. **brush up on** Thema auffrischen
brushoff umg s **to give sb the ~** j-n abblitzen lassen umg
brushstroke s Pinselstrich m
brusque adj ⟨komp brusquer⟩, **brusquely** [bruːsk, -lɪ] adv brüsk; Antwort schroff
Brussels ['brʌslz] s Brüssel n
Brussels sprouts pl Rosenkohl m, Kohlsprossen pl österr
brutal ['bruːtl] adj brutal
brutality [bruːˈtælɪtɪ] s Brutalität f
brutalize ['bruːtəlaɪz] v/t **1** seelisch brutalisieren, verrohen lassen **2** körperlich brutal behandeln
brutally ['bruːtəlɪ] adv brutal
brute [bruːt] **A** s brutaler Kerl **B** adj ⟨attr⟩ roh; **by ~ force** mit roher Gewalt
brutish ['bruːtɪʃ] adj viehisch, brutal
BSc abk (= Bachelor of Science) B.Sc.
BSE abk (= bovine spongiform encephalopathy) BSE f
B-side ['biːsaɪd] s B-Seite f
BST abk (= British Summer Time) britische Sommerzeit
BT abk (= British Telecom) britisches Telekommunikationsunternehmen
BTW abk (= by the way) übrigens
bubble ['bʌbl] **A** s Blase f; **to blow ~s** Blasen

machen; **the ~ has burst** *fig* alles ist wie eine Seifenblase zerplatzt **B** *v/i* **1** Flüssigkeit sprudeln; *Wein* perlen **2** *mit Geräusch* blubbern *umg*; *Soße etc* brodeln; *Bach* plätschern **3** *fig* **to ~ with enthusiasm** fast platzen vor Begeisterung

phrasal verbs mit bubble:

bubble over *wörtl v/i* überschäumen; *fig* übersprudeln (**with** vor *+dat*)

bubble bath *s* Schaumbad *n*
bubble gum *s* Bubblegum *m*
bubble-jet printer *s* COMPUT Bubblejet-Drucker *m*
bubble memory *s* IT Blasenspeicher *m*
bubble pack *s* (Klar)sichtpackung *f*; (*a.* **bubble wrap**) Luftpolsterfolie *f*
bubbly ['bʌblɪ] **A** *adj* ⟨*komp* bubblier⟩ **1** *wörtl* sprudelnd **2** *fig umg Persönlichkeit* temperamentvoll, quirlig **B** *s* Schampus *m umg*
Bucharest [,bju:kə'rest] *s* Bukarest *n*
buck [bʌk] **A** *s* **1** (≈ *Rotwild*) Bock *m*; (≈ *Kaninchen*) Rammler *m* **2** *US umg* Dollar *m*; **20 ~s** 20 Dollar; **to make a ~** Geld verdienen; **to make a fast** *od* **quick ~** *a. fig* schnell Kohle machen *umg* **3** **to pass the ~** den schwarzen Peter weitergeben **B** *v/i Pferd* bocken **C** *v/t* **you can't ~ the market** gegen den Markt kommt man nicht an; **to ~ the trend** sich dem Trend widersetzen **D** *adj US umg* völlig; **~ naked** splitternackt *umg*

phrasal verbs mit buck:

buck up *umg* **A** *v/i* **1** sich ranhalten *umg* **2** aufleben; **buck up!** Kopf hoch! **B** *v/t* ⟨*trennb*⟩ **1** aufmuntern **2 to buck one's ideas up** sich zusammenreißen *umg*

bucket ['bʌkɪt] **A** *s* Eimer *m*; **a ~ of water** ein Eimer *m* Wasser **B** *Br umg v/i* **it's ~ing (down)!** es gießt wie aus Kübeln *umg*
bucketful *s* Eimer *m*; **by the ~** *fig umg* tonnenweise *umg*
bucket shop *s* FIN Schwindelmakler *m*, Agentur *f* für Billigreisen
Buckingham Palace ['bʌkɪŋəm'pælɪs] *s* der Buckingham-Palast
buckle ['bʌkl] **A** *s* Schnalle *f* **B** *v/t* **1** *Gürtel, Schuhe* zuschnallen **2** *Rad etc* verbiegen, verbeulen **C** *v/i* sich verbiegen

phrasal verbs mit buckle:

buckle down *umg v/i* sich dahinterklemmen *umg*; **to buckle down to a task** sich hinter eine Aufgabe klemmen *umg*

buckskin *s* Wildleder *n*
buckwheat *s* Buchweizen *m*
buckwheat flour *s* Buchweizenmehl *n*
bud [bʌd] **A** *s* Knospe *f*; **to be in bud** Knospen treiben **B** *v/i* Knospen treiben; *Baum a.* ausschlagen

Budapest [,bju:də'pest] *s* Budapest *n*
Buddha ['bʊdə] *s* Buddha *m*
Buddhism ['bʊdɪzəm] *s* Buddhismus *m*
Buddhist ['bʊdɪst] **A** *s* Buddhist(in) *m(f)* **B** *adj* buddhistisch
budding ['bʌdɪŋ] *fig adj Dichter etc* angehend
buddy ['bʌdɪ] *US umg* **1** Kumpel *m*, Spezi *m österr umg* **2** Tauchbegleiter(in) *m(f)*
budge [bʌdʒ] **A** *v/i* **1** sich bewegen; **~ up** *od* **over!** mach Platz! **2** *fig* nachgeben; **I will not ~ an inch** ich werde keinen Fingerbreit nachgeben **B** *v/t* (von der Stelle) bewegen
budgerigar ['bʌdʒərɪgɑːʳ] *s* Wellensittich *m*
budget ['bʌdʒɪt] **A** *s* Etat *m*, Budget *n* **B** *v/i* haushalten **C** *v/t Geld, Zeit* verplanen; *Kosten* einplanen

phrasal verbs mit budget:

budget for *v/i* ⟨+*obj*⟩ (im Etat) einplanen

-**budget** *suf* **low-budget** mit bescheidenen Mitteln finanziert; **big-budget** aufwendig (finanziert)

budget account *s* Kundenkonto *n*
budget airline *s* Billigfluglinie *f*
budget day *s* PARL Haushaltsdebatte *f*
budget deficit *s* Haushaltsdefizit *n*
budget holiday *s* Billigreise *f*
budgeting ['bʌdʒɪtɪŋ] *s* Budgetierung *f*
budget speech *s* PARL Etatrede *f*
budgie ['bʌdʒɪ] *umg s abk* (= **budgerigar**) Wellensittich *m*
buff¹ [bʌf] **A** *s* **1 in the ~** nackt **2** (≈ *Farbe*) Gelbbraun *n* **B** *adj* gelbbraun **C** *v/t Metall, Nägel* polieren
buff² *s umg Kino-, Computer- etc* Fan *m umg*
buffalo ['bʌfələʊ] *s* ⟨*pl* -es; *kollektiv*: *pl* -⟩ Büffel *m*
buffer ['bʌfəʳ] *s a.* IT Puffer *m*; BAHN Prellbock *m*
buffering ['bʌfərɪŋ] *s* IT Pufferung *f*
buffer state *s* POL Pufferstaat *m*
buffer zone *s* Pufferzone *f*
buffet¹ ['bʌfɪt] *v/t* hin und her werfen; **~ed by the wind** vom Wind gerüttelt
buffet² ['bʊfeɪ] *s* Büfett *n*; *Br* BAHN Speisewagen *m*; (≈ *Mahlzeit*) Stehimbiss *m*; *kalt* kaltes Büfett; **~ lunch** Stehimbiss *m*
buffet car *s Br* Speisewagen *m*
bug [bʌg] **A** *s* **1** *a.* IT Wanze *f*; *umg* Käfer *m*; **bugs** *pl* Ungeziefer *n* **2** *umg* Bazillus *f*; **he picked up a bug** er hat sich (*dat*) eine Krankheit geholt; **there must be a bug going about** das geht zurzeit um **3** *umg* **she's got the travel bug** die Reiselust hat sie gepackt **B** *v/t* **1** *Zimmer* Wanzen *pl* installieren in (+*dat*) *umg*; **this room is bugged** das Zimmer ist verwanzt *umg* **2** *umg* stören, nerven *umg*
bugbear ['bʌgbeəʳ] *s* Schreckgespenst *n*
bug-free [bʌg'friː] *adj* IT fehlerfrei

bugger ['bʌgəʳ] **A** s umg Scheißkerl m umg; **you lucky ~!** du hast vielleicht ein Schwein! umg **B** Br umg int **~ (it)!** Scheiße! umg; **~ this car!** dieses Scheißauto! umg; **~ him** dieser Scheißkerl umg, der kann mich mal umg

phrasal verbs mit bugger:

bugger about, bugger around Br umg **A** v/i rumgammeln umg; **to bugger about with sth** an etw (dat) rumpfuschen umg **B** v/t ⟨trennb⟩ verarschen umg

bugger off Br umg v/i abhauen umg

bugger up Br umg v/t ⟨trennb⟩ versauen umg

bugger all [,bʌgər'ɔːl] Br umg s rein gar nichts umg

buggered Br umg adj im Arsch sl; **I'm ~ if I'll do it** ich denke nicht im Traum daran, es zu tun umg

bugging device ['bʌgɪŋdɪ,vaɪs] s Abhörgerät n
bugging operation s Lauschangriff m
buggy ['bʌgɪ] s, (a. **baby buggy**®) Br Sportwagen m; US Kinderwagen m
bugle ['bjuːgl] s Bügelhorn n
build [bɪld] ⟨v: prät, pperf built⟩ **A** s Körperbau m **B** v/t **1** bauen; **the house is being built** das Haus ist im Bau; **the ship was built in Bristol** das Schiff wurde in Bristol gebaut **2** fig Karriere etc aufbauen; Zukunft schaffen **C** v/i bauen

phrasal verbs mit build:

build in wörtl, fig v/t ⟨trennb⟩ einbauen
build on A v/t ⟨trennb⟩ anbauen; **to build sth onto sth** etw an etw (akk) anbauen **B** v/i ⟨+obj⟩ bauen auf (+akk)
build up A v/i Geschäft wachsen; Rückstand sich ablagern; Druck zunehmen; Verkehr sich verdichten; Schlange sich bilden; **the music builds up to a huge crescendo** die Musik steigert sich zu einem gewaltigen Crescendo **B** v/t ⟨trennb⟩ aufbauen (**into** zu); Druck steigern; j-s Selbstvertrauen stärken; **porridge builds you up** von Porridge wirst du groß und stark; **to build up sb's hopes** j-m Hoffnung(en) machen; **to build up a reputation** sich (dat) einen Namen machen

builder ['bɪldəʳ] s Bauarbeiter(in) m(f), Bauunternehmer(in) m(f); **~'s merchant** Baustoffhändler(in) m(f)
building ['bɪldɪŋ] s **1** Gebäude n; **it's the next ~ but one** das ist zwei Häuser weiter **2** Bauen n
building and loan association s US Bausparkasse f
building block s Bauklotz m; fig Baustein m
building contractor s Bauunternehmer m
building materials pl Baumaterial n
building site s Baustelle f
building society Br s Bausparkasse f
building trade s Baugewerbe n

build-up s **1** umg Werbung f; **the chairman gave the speaker a tremendous ~** der Vorsitzende hat den Redner ganz groß angekündigt **2** von Druck Steigerung f; **a ~ of traffic** eine Verkehrsverdichtung
built [bɪlt] **A** prät & pperf → build **B** adj **heavily/slightly ~** kräftig/zierlich gebaut
built-in adj Schrank etc Einbau-
built-up adj **~ area** bebautes Gebiet; Verkehr geschlossene Ortschaft
bulb [bʌlb] s **1** Zwiebel f; von Knoblauch Knolle f **2** ELEK (Glüh)birne f
bulbous ['bʌlbəs] adj Pflanze knollig; Triebe etc knotig; **~ nose** Knollennase f
Bulgaria [bʌl'gɛərɪə] s Bulgarien n
Bulgarian A adj bulgarisch **B** s **1** Bulgare m, Bulgarin f **2** LING Bulgarisch n
bulge [bʌldʒ] **A** s Wölbung f, Unebenheit f; **what's that ~ in your pocket?** was steht denn in deiner Tasche so vor? **B** v/i **1** (a. **~ out**) (an)schwellen, sich wölben, vorstehen; **his eyes were bulging** fig er bekam Stielaugen umg **2** prall gefüllt sein, voll sein
bulging ['bʌldʒɪŋ] adj Magen prall; Taschen prall gefüllt
bulgur ['bʌlgəʳ] s Bulgur m (gekochter, getrockneter Weizen)
bulimia [bə'lɪmɪə] s Bulimie f
bulimic [bə'lɪmɪk] **A** adj bulimisch **B** s Bulimiker(in) m(f)
bulk [bʌlk] s **1** Größe f, massige Form; von Mensch massige Gestalt **2** (a. **great ~**) größter Teil **3** HANDEL **in ~** en gros
bulk buying s Großeinkauf m
bulky ['bʌlkɪ] adj ⟨komp bulkier⟩ **1** Gegenstand sperrig; **~ goods** Sperrgut n **2** Mensch massig
bull [bʊl] s **1** Stier m, Bulle m; **to take the ~ by the horns** fig den Stier bei den Hörnern packen; **like a ~ in a china shop** umg wie ein Elefant im Porzellanladen umg **2** (≈ Elefant, Wal) Bulle m; **a ~ elephant** ein Elefantenbulle m **3** BÖRSE Haussespekulant(in) m(f) **4** umg Quatsch m umg
bull bars pl AUTO Kuhfänger m
bulldog ['bʊldɒg] s Bulldogge f
bulldog clip Br s Papierklammer f
bulldozer ['bʊldəʊzəʳ] s Bulldozer m
bullet ['bʊlɪt] s Kugel f; **to bite the ~** in den sauren Apfel beißen umg
bullet hole s Einschuss m, Einschussloch n
bulletin ['bʊlɪtɪn] s Bulletin n
bulletin board s US IT Schwarzes Brett
bullet point s Aufzählungszeichen n
bulletproof adj kugelsicher
bullet wound s Schussverletzung f
bullfighting s Stierkampf m

bullion ['bʊljən] *s* ⟨*kein pl*⟩ Gold-/Silberbarren *pl*
bullish ['bʊlɪʃ] *adj* **to be ~ about sth** in Bezug auf etw (*akk*) zuversichtlich sein
bull market *s* BÖRSE Haussemarkt *m*
bullock ['bʊlək] *s* Ochse *m*
bullring *s* Stierkampfarena *f*
bull's-eye *s* Scheibenmittelpunkt *m*; (≈ *Treffer*) Schuss *m* ins Schwarze
bullshit *sl* **A** *s fig* Scheiß *m umg* **B** *int* ach Quatsch *umg* **C** *v/i* Scheiß erzählen *umg* **D** *v/t* **to ~ sb** j-m Scheiß erzählen *umg*
bully ['bʊlɪ] **A** *s* Tyrann *m*, Rabauke *m*; **you great big ~** du Rüpel **B** *v/t* tyrannisieren, drangsalieren; **to ~ sb into doing sth** j-n so unter Druck setzen, dass er *etc* etw tut; **to ~ one's way into sth** sich gewaltsam Zutritt zu etw verschaffen
bully-boy ['bʊlɪbɔɪ] *adj* ⟨*attr*⟩ **~ tactics** Einschüchterungstaktik *f*
bullying ['bʊlɪɪŋ] **A** *adj* tyrannisch **B** *s* Tyrannisieren *n*, Drangsalieren *n*, Anwendung *f* von Druck (**of** auf +*akk*); am Arbeitsplatz Mobbing *n*
bulwark ['bʊlwək] *wörtl, fig s* Bollwerk *n*
bum¹ [bʌm] *bes Br umg s* Hintern *m umg*
bum² *umg* **A** *s bes US* Rumtreiber *m umg*, Penner *m umg* **B** *adj* beschissen *umg* **C** *v/t* Geld, Nahrung schnorren *umg* (**off sb** bei j-m); **could I bum a lift into town?** kannst du mich in die Stadt mitnehmen?

phrasal verbs mit bum:
bum about *Br*, **bum around** *umg* **A** *v/i* rumgammeln *umg* **B** *v/i* ⟨+*obj*⟩ ziehen durch *umg*

bum bag *s* Gürteltasche *f*
bumblebee ['bʌmblbiː] *s* Hummel *f*
bumbling ['bʌmblɪŋ] *adj* schusselig *umg*; **some ~ idiot** irgend so ein Vollidiot *umg*
bumf [bʌmf] *s* → bumph
bummer ['bʌmə'] *umg s* **what a ~** (≈ *Ärgernis etc*) so 'ne Scheiße *umg*
bump [bʌmp] **A** *s* **1** Bums *m umg*; **to get a ~ on the head** sich (*dat*) den Kopf anschlagen; **the car has had a few ~s** mit dem Auto hat es ein paarmal gebumst *umg*; **to give sb the ~s** jemanden an Armen und Beinen ein Stück vom Boden hochheben und ihn so oft wieder ablegen, wie er Jahre alt geworden ist **2** Unebenheit *f*; am Kopf *etc* Beule *f*; am Auto Delle *f* **B** *v/t* **1** stoßen (**sth gegen etw**); eigenes Auto eine Delle fahren in (+*akk*); fremdes Auto auffahren auf (+*akk*); **to ~ one's head** sich (*dat*) den Kopf anstoßen (**on, against** an +*dat*) **2** *umg* **to get ~ed (from a flight)** von der Passagierliste gestrichen werden, vom Flug ausgeschlossen werden (*weil der Flug überbucht war*) **3** *US umg* im Job **to ~ sb** j-n rausschmeißen, j-n abservieren

phrasal verbs mit bump:
bump into *v/i* ⟨+*obj*⟩ **1** stoßen gegen; *Fahrer, Auto* fahren gegen; *fremdes Auto* fahren auf (+*akk*) **2** *umg* begegnen (+*dat*), treffen
bump off *umg v/t* ⟨*trennb*⟩ abmurksen *umg*
bump up *v/t* ⟨*trennb*⟩ *umg Preise, Betrag* erhöhen (**to** auf +*akk*); *Gehalt* aufbessern (**to** auf +*akk*)

bumper ['bʌmpə'] **A** *s von Auto* Stoßstange *f* **B** *adj* **~ crop** Rekordernte *f*; **a special ~ edition** eine Riesensonderausgabe
bumper car *s* Autoskooter *m*
bumper sticker *s* AUTO Aufkleber *m*, Pickerl *n österr*
bumph [bʌmf] *Br umg s* Papierkram *m umg*
bumpkin ['bʌmpkɪn] *s*, ⟨*a.* **country bumpkin**⟩ (Bauern)tölpel *m*
bumpy ['bʌmpɪ] *adj* ⟨*komp* bumpier⟩ *Oberfläche* uneben; *Straße, Fahrt* holp(e)rig; *Flug* unruhig
bun [bʌn] *s* **1** Brötchen *n*, süßes Teilchen; **to have a bun in the oven** *umg* einen Braten in der Röhre haben *umg* **2** Knoten *m* **3** **buns** *US umg* Pobacken *pl umg*
bunch [bʌntʃ] *s* **1** *von Blumen* Strauß *m*; *von Bananen* Büschel *n*; **a ~ of roses** ein Strauß *m* Rosen; **a ~ of flowers** ein Blumenstrauß *m*; **a ~ of grapes** Weintraube *f*; **~ of keys** Schlüsselbund *m*; **the best of the ~** die Allerbesten, das Beste vom Besten **2** *umg von Menschen* Haufen *m umg*; **a small ~ of tourists** eine kleine Gruppe Touristen **3** *umg* **thanks a ~** *bes iron* schönen Dank

phrasal verbs mit bunch:
bunch together, **bunch up** *v/i Menschen* Grüppchen bilden

bundle ['bʌndl] **A** *s* **1** Bündel *n*; **to tie sth in a ~** etw bündeln **2** *fig* **a ~ of** eine ganze Menge; **he is a ~ of nerves** er ist ein Nervenbündel; **it cost a ~** *umg* das hat eine Stange Geld gekostet *umg* **B** *v/t* **1** bündeln; **~d software** IT Softwarepaket *n* **2** Sachen stopfen; *Menschen* verfrachten

phrasal verbs mit bundle:
bundle off *v/t* ⟨*trennb*⟩ j-n schaffen, verfrachten; **he was bundled off to boarding school when he was only seven** er wurde schon mit sieben in ein Internat gesteckt
bundle up *v/t* ⟨*trennb*⟩ bündeln

bung [bʌŋ] *Br* **A** *s von Fass* Spund(zapfen) *m* **B** *v/t Br umg* schmeißen *umg*

phrasal verbs mit bung:
bung up *umg v/t* ⟨*trennb*⟩ Rohr verstopfen; **I'm all bunged up** meine Nase ist verstopft

bungalow ['bʌŋɡələʊ] *s* Bungalow *m*
bungee jumping ['bʌndʒiː'dʒʌmpɪŋ] *s* Bungeespringen *n*
bungle ['bʌŋɡl] *v/t & v/i* verpfuschen

bunion ['bʌnjən] s entzündeter Fußballen

bunk[1] [bʌŋk] s **to do a ~** Br umg türmen umg

phrasal verbs mit bunk:

bunk off v/i Br SCHULE umg schwänzen

bunk[2] s auf Schiff Koje f; in Schlafsaal Bett n

bunk bed s Etagenbett n

bunker ['bʌŋkə^r] s Golf, a. MIL Bunker m

bunny ['bʌni] s, (a. **bunny rabbit**) Hase m

Bunsen (burner) ['bʌnsn('bɜːnə^r)] s Bunsenbrenner m

bunting ['bʌntɪŋ] s Wimpel pl

buoy [bɔɪ] s Boje f

phrasal verbs mit buoy:

buoy up v/t ⟨trennb⟩ fig, a. FIN Auftrieb geben (+dat); j-s Hoffnung beleben

buoyancy ['bɔɪənsɪ] s ▯ von Schiff Schwimmfähigkeit f ▯ FIN von Markt Festigkeit f

buoyant ['bɔɪənt] adj ▯ Schiff schwimmend ▯ fig Stimmung heiter ▯ FIN Markt fest; Geschäfte rege

burble ['bɜːbl] v/i ▯ Bach plätschern ▯ fig plappern; Baby gurgeln; **what's he burbling (on) about?** umg worüber quasselt er eigentlich? umg

burden ['bɜːdn] ▯ s ▯ wörtl Last f ▯ fig Belastung f (on, to für); **I don't want to be a ~ to you** ich möchte Ihnen nicht zur Last fallen; **the ~ of proof is on him** er muss den Beweis dafür liefern ▯ v/t belasten

bureau [bjʊəˈrəʊ] s ⟨Br pl -x; US -s⟩ ▯ Br (≈ Schreibtisch) Sekretär m ▯ US Kommode f ▯ Büro n ▯ Behörde f

bureaucracy [bjʊəˈrɒkrəsɪ] s Bürokratie f

bureaucrat ['bjʊərəʊkræt] s Bürokrat(in) m(f)

bureaucratic [ˌbjʊərəʊˈkrætɪk] adj bürokratisch

bureau de change [ˌbjʊərəʊdɪˈʃɒndʒ] s ⟨pl bureaux de change⟩ Wechselstube f

burgeoning ['bɜːdʒənɪŋ] adj Industrie, Markt boomend; Karriere Erfolg versprechend; Nachfrage wachsend

burger ['bɜːɡə^r] umg s Hamburger m

burger bar s Imbissstube f

burglar ['bɜːɡlə^r] s Einbrecher(in) m(f)

burglar alarm s Alarmanlage f

burglarize ['bɜːɡləraɪz] US v/t einbrechen in (+akk); **the place/he was ~d** in dem Gebäude/bei ihm wurde eingebrochen

burglarproof ['bɜːɡləpruːf] adj einbruchsicher

burglary ['bɜːɡlərɪ] s Einbruch m, (Einbruchs)diebstahl m

burgle ['bɜːɡl] Br v/t einbrechen in (+akk); **the place/he was ~d** in dem Gebäude/bei ihm wurde eingebrochen

burgundy ['bɜːɡəndɪ] s (≈ Farbe) Burgunderrot n

burial ['berɪəl] s Beerdigung f; **Christian ~** christliches Begräbnis

burial ground s Begräbnisstätte f

Burkina Faso [bɜːˌkiːnəˈfæsəʊ] s Burkina Faso n

burly ['bɜːlɪ] adj ⟨komp burlier⟩ kräftig

Burma ['bɜːmə] s früherer Name von Myanmar Birma n, Burma n

burn [bɜːn] ⟨v: prät, pperf burnt; burned⟩ ▯ v/t ▯ verbrennen; Gebäude niederbrennen; **to ~ oneself** sich verbrennen; **to be ~ed to death** verbrannt werden; bei Unfall verbrennen; **to ~ a hole in sth** ein Loch in etw (akk) brennen; **to ~ one's fingers** sich (dat) die Finger verbrennen; **he's got money to ~** fig er hat Geld wie Heu; **to ~ one's bridges** Br fig alle Brücken hinter sich (dat) abbrechen ▯ Toast etc brennen lassen, anbrennen lassen; Sonne Haut verbrennen ▯ IT CD, DVD brennen ▯ v/i ▯ brennen; **to ~ to death** verbrennen ▯ Gebäck verbrennen, anbrennen; **she ~s easily** sie bekommt leicht einen Sonnenbrand ▯ s Brandwunde f, Brandfleck m; **severe ~s** schwere Verbrennungen pl

phrasal verbs mit burn:

burn down ▯ v/i Haus abbrennen, niederbrennen; Kerze herunterbrennen ▯ v/t ⟨trennb⟩ abbrennen, niederbrennen

burn out ▯ v/i Feuer, Kerze ausgehen ▯ v/r ▯ Kerze herunterbrennen; Feuer ausbrennen ▯ fig umg **to burn oneself out** sich kaputtmachen umg ▯ v/t ⟨trennb mst passiv⟩ **burned out cars** ausgebrannte Autos; **he is burned out** umg er hat sich völlig verausgabt

burn up v/t ⟨trennb⟩ Kraftstoff, Energie verbrauchen

burner ['bɜːnə^r] s von Gasherd, Lampe Brenner m

burning ['bɜːnɪŋ] ▯ adj brennend; Ehrgeiz glühend ▯ s **I can smell ~** es riecht verbrannt

burnout s umg totale Erschöpfung

burnt [bɜːnt] Br adj verbrannt

burp [bɜːp] umg ▯ v/i rülpsen umg; Baby aufstoßen ▯ s Rülpser m

burrow ['bʌrəʊ] ▯ s von Kaninchen etc Bau m ▯ v/i graben

bursary ['bɜːsərɪ] Br s Stipendium n

burst [bɜːst] ⟨v: prät, pperf burst⟩ ▯ v/i ▯ platzen; **to ~ open** aufspringen; **to be full to ~ing** zum Platzen voll sein; **to be ~ing with health** vor Gesundheit strotzen; **to be ~ing with pride** vor Stolz platzen; **if I eat any more, I'll ~** umg wenn ich noch mehr esse, platze ich umg; **I'm ~ing** umg ich muss ganz dringend umg ▯ **to ~ into tears** in Tränen ausbrechen; **to ~ into flames** in Flammen aufgehen; **he ~ into the room** er platzte ins Zimmer; **to ~ into song** lossingen ▯ v/t Ballon, Blase, Reifen zum Platzen bringen; j-n kaputtmachen umg; Rohr sprengen; **the river has ~ its banks** der Fluss ist über die Ufer getreten **C** s **1** *von Granate etc* Explosion f **2** *in Rohr etc* Bruch m **3** *von Aktivität* Ausbruch m; **~ of laughter** Lachsalve f; **~ of applause** Beifallssturm m; **~ of speed** Spurt m; **a ~ of automatic gunfire** eine Maschinengewehrsalve

phrasal verbs mit burst:

burst in v/i hineinstürzen; **he burst in on us** er platzte bei uns herein

burst out v/i **1 to burst out of a room** aus einem Zimmer stürzen **2 to burst out laughing** in Gelächter ausbrechen

Burundi [bʊˈrʊndi] s Burundi n

bury [ˈberɪ] v/t **1** begraben; *Schatz* vergraben; **where is he buried?** wo liegt *od* ist er begraben?; **that's all dead and buried** *fig* das ist schon lange passé *umg*; **buried by an avalanche** von einer Lawine verschüttet; **to ~ one's head in the sand** *fig* den Kopf in den Sand stecken **2** *Finger* vergraben (**in** in +*dat*); *Klauen, Zähne* schlagen (**in** in +*akk*); **to ~ one's face in one's hands** das Gesicht in den Händen vergraben

bus¹ [bʌs] **A** s ⟨*pl* -es; *US* -ses⟩ Bus m; **to be on the bus** im Bus sitzen; **by bus** mit dem Bus; **to take the bus** mit dem Bus fahren; **to take a bus tour** eine Busfahrt machen **B** v/t *bes US* mit dem Bus befördern

bus² s IT (Daten)bus m

bus boy *US* s Bedienungshilfe f

bus conductor s Busschaffner m

bus driver s Busfahrer(in) m(f)

bush [bʊʃ] s **1** Busch m; (a. **~es**) Gebüsch n; **to beat about the ~** *Br*, **to beat around the ~** *US fig* um den heißen Brei herumreden **2** *in Afrika, Australien* Busch m, Wildnis f

bushfire s Buschfeuer n

bushy [ˈbʊʃi] adj ⟨komp bushier⟩ buschig

busily [ˈbɪzɪlɪ] adv eifrig

business [ˈbɪznɪs] s **1** ⟨*kein pl*⟩ Geschäft n, Branche f; **to go into/set up in ~ with sb** mit j-m ein Geschäft gründen; **what line of ~ is she in?** was macht sie beruflich?; **to be in the publishing/insurance ~** im Verlagswesen/in der Versicherungsbranche tätig sein; **to go out of ~** zumachen; **to do ~ with sb** Geschäfte *pl* mit j-m machen; **"business as usual"** das Geschäft bleibt geöffnet; **it's ~ as usual** alles geht wie gewohnt weiter; **how's ~?** wie gehen die Geschäfte?; **~ is good** die Geschäfte gehen gut; **on ~** geschäftlich; **you shouldn't mix ~ with pleasure** man sollte Geschäftliches und Vergnügen trennen; **a shady ~** ein dunkles Gewerbe **2** Geschäft n, Laden m; Unternehmen n, Betrieb m; **a small ~** ein kleines Unternehmen; **a family ~** ein Familienunternehmen **3** *fig umg* **to mean ~** es ernst meinen **4** Sache f; **that's my ~** das ist meine Sache; **that's no ~ of yours, that's none of your ~** das geht dich nichts an; **to know one's ~** seine Sache verstehen; **to get down to ~** zur Sache kommen; **to make it one's ~ to do sth** es sich (*dat*) zur Aufgabe machen, etw zu tun; **you've no ~ doing that** du hast kein Recht, das zu tun; **moving house can be a stressful ~** ein Umzug kann ganz schön stressig sein **5 to do one's ~** *Kind, Hund* sein Geschäft machen

business activity s Geschäftstätigkeit f

business address s Geschäftsadresse f

business associate s Geschäftspartner(in) m(f)

business card s (Visiten)karte f

business centre s, **business center** *US* s Geschäftszentrum n

business class s Businessklasse f

business connections pl Geschäftsbeziehungen pl (**zu** with)

business expenses pl Spesen pl

business-fluent adj Sprachkenntnisse verhandlungssicher

business hours pl Geschäftszeiten pl

business letter s Geschäftsbrief m

businesslike adj *Art und Weise* geschäftsmäßig; *Mensch* nüchtern

business lunch s Geschäftsessen n

businessman s ⟨*pl* -men⟩ Geschäftsmann m

business management s Betriebswirtschaft (-slehre) f

business meeting s Geschäftstreffen n

business park s Gewerbegebiet n

business people pl Geschäftsleute pl

business practice s Geschäftspraxis f

business proposition s Geschäftsangebot n; (≈ *Idee*) Geschäftsvorhaben n

business school s Wirtschaftsschule f

business section s *von Zeitung* Wirtschaftsteil m

business sector s Geschäftsbereich m

business sense s Geschäftssinn m

business strategy s Unternehmensstrategie f, Geschäftsstrategie f

business studies pl Wirtschaftslehre f

business suit s *für Mann* (Straßen)anzug m; *für Frau* (Damen)kostüm n, Schneiderkostüm n; *mit Hosen* Hosenanzug m

business trip s Geschäftsreise f

businesswoman s ⟨*pl* -women⟩ Geschäftsfrau f

busk [bʌsk] v/i als Straßenmusikant vor Kinos etc spielen

busker [ˈbʌskər] s Straßenmusikant(in) m(f)

bus lane s Busspur f

busload s **a ~ of children** eine Busladung Kinder

bus pass s **1** Seniorenkarte f für Busse, Behindertenkarte f für Busse **2** Bus-Monatskarte f
bus ride s Busfahrt f
bus route s Buslinie f; **we're not on a ~** wir haben keine Busverbindungen
bus service s Busverbindung f; (≈ Netz) Busverbindungen pl
bus shelter s Wartehäuschen n
bus station s Busbahnhof m
bus stop s Bushaltestelle f
bust¹ [bʌst] s Büste f; ANAT Busen m; **~ measurement** Oberweite f
bust² ⟨v: prät, pperf bust⟩ **A** umg adj **1** kaputt umg **2** pleite umg **B** adv **to go ~** pleitegehen umg **C** v/t kaputt machen umg **D** v/i kaputtgehen umg
-buster umg suf -brecher; **crime-buster** Verbrechensbekämpfer(in) m(f)
bus ticket s Busfahrschein m
bustle ['bʌsl] **A** s Betrieb m (**of** in +dat) **B** v/i **to ~ about** geschäftig hin und her eilen; **the marketplace was bustling with activity** auf dem Markt herrschte ein reges Treiben
bustling ['bʌslɪŋ] adj **1** Straße belebt **2** Person geschäftig
bust-up ['bʌstʌp] umg s Krach m umg; **they had a ~** sie haben Krach gehabt umg
busway ['bʌsweɪ] US s Busspur f
busy ['bɪzɪ] **A** adj ⟨komp busier⟩ **1** Mensch beschäftigt; **are you ~?** haben Sie gerade Zeit?; geschäftlich haben Sie viel zu tun?; **I'll come back when you're less ~** ich komme wieder, wenn Sie mehr Zeit haben; **to keep sb/oneself ~** j-n/sich selbst beschäftigen; **I was ~ studying** ich war gerade beim Lernen **2** Leben, Zeit bewegt; arbeitsreich; Ort belebt; Markt, Laden voller Menschen; Straße stark befahren; **it's been a ~ day/week** heute/diese Woche war viel los; **have you had a ~ day?** hast du heute viel zu tun gehabt?; **he leads a very ~ life** bei ihm ist immer etwas los **3** bes US TEL Telefonleitung besetzt **B** v/r **to ~ oneself doing sth** sich damit beschäftigen, etw zu tun; **to ~ oneself with sth** sich mit etw beschäftigen
busybody ['bɪzɪˌbɒdɪ] s neugieriger Mensch; **she's such a ~** sie steckt ihre Nase in alles
busy signal s bes US TEL Besetztzeichen n
but [bʌt] **A** konj **1** aber; **but you must know that …** Sie müssen aber wissen, dass …; **they all went but I didn't** sie sind alle gegangen, nur ich nicht; **but then he couldn't have known that** aber er hat das ja gar nicht wissen können; **but then you must be my brother!** dann müssen Sie ja mein Bruder sein!; **but then it is well paid** aber dafür wird es gut bezahlt **2** **not X but Y** nicht X, sondern Y **B** adv I cannot (help) but think that … ich kann nicht umhin zu denken, dass …; **one cannot (help) but admire him** man kann ihn nur bewundern; **you can but try** du kannst es immerhin versuchen; **I had no alternative but to leave** mir blieb keine andere Wahl als zu gehen **C** präp außer; **no one but me could do it** nur ich konnte es tun; **anything but that!** (alles,) nur das nicht!; **it was anything but simple** das war alles andere als einfach; **he was nothing but trouble** er hat nur Schwierigkeiten gemacht; **the last house but one** das vorletzte Haus; **the next street but one** die übernächste Straße; **but for you I would be dead** wenn Sie nicht gewesen wären, wäre ich tot; **I could definitely live in Scotland, but for the weather** ich könnte ganz bestimmt in Schottland leben, wenn das Wetter nicht wäre
butane ['bjuːteɪn] s Butan n
butch [bʊtʃ] adj maskulin
butcher ['bʊtʃəʳ] **A** s Fleischer(in) m(f), Fleischhauer(in) m(f) österr, Metzger(in) m(f) österr, schweiz, südd; **~'s (shop)** Fleischerei f; **at the ~'s** beim Fleischer **B** v/t schlachten; Menschen abschlachten
butler ['bʌtləʳ] s Butler m
butt¹ [bʌt] s, ⟨a. **butt end**⟩ dickes Ende, (Gewehr)kolben m; von Zigarette Stummel m
butt² s umg (≈ Zigarette) Kippe f umg
butt³ fig s **he's always the ~ of his jokes** sie ist immer (die) Zielscheibe seines Spottes
butt⁴ v/t mit dem Kopf stoßen
phrasal verbs mit butt:
butt in v/i sich einmischen (**on** in +akk)
butt⁵ US umg s Arsch m vulg; **get up off your ~** setz mal deinen Arsch in Bewegung sl
butt call US umg s unbeabsichtigter Anruf durch Sitzen auf dem Handy
butter ['bʌtəʳ] **A** s Butter f; **she looks as if ~ wouldn't melt in her mouth** sie sieht aus, als ob sie kein Wässerchen trüben könnte **B** v/t Brot buttern
phrasal verbs mit butter:
butter up umg v/t ⟨trennb⟩ um den Bart gehen (+dat) umg
butter bean s Mondbohne f
buttercup s Butterblume f
buttercup squash ['bʌtəkʌp ˌskwɒʃ] s BOT, GASTR Buttercup Squash m (Sorte Winterkürbis)
butter dish s Butterdose f
butterfingered ['bʌtəˌfɪŋgəd] umg adj tollpatschig umg
butterfly ['bʌtəflaɪ] s **1** Schmetterling m; **I've got/I get butterflies (in my stomach)** mir ist/wird ganz flau im Magen umg **2** Schwimmen Butterfly m

buttermilk *s* Buttermilch *f*
butter mountain *s EU* Butterberg *m*
butternut squash *s* Butternusskürbis *m*
butterscotch *adj* Karamell-
buttock ['bʌtək] *s* Pobacke *f umg*; ~s *pl* Hinterteil *n umg*, Gesäß *n*
button ['bʌtn] **A** *s* **1** Knopf *m*; *an Geräte a.* Taste *f*; IT Button *m*; **his answer was right on the ~** *umg* seine Antwort hat voll ins Schwarze getroffen *umg*; **to push sb's ~s** j-n provozieren, j-n auf die Palme bringen **2** *US* Anstecker *m* **B** *v/t* zuknöpfen **C** *v/i Kleidungsstück* geknöpft werden

phrasal verbs mit button:

button up *v/t* ⟨*trennb*⟩ zuknöpfen
button-down ['bʌtndaʊn] *adj* **~ collar** Button-down-Kragen *m*
buttonhole **A** *s* **1** Knopfloch *n* **2** Blume *f* im Knopfloch **B** *v/t fig* zu fassen bekommen
button mushroom *s* junger Champignon
buxom ['bʌksəm] *adj* drall
buy [baɪ] ⟨*v: prät, pperf* bought⟩ **A** *v/t* **1** kaufen; **to buy and sell goods** Waren an- und verkaufen **2** *fig Zeit* gewinnen **3** **to buy sth** *umg* etw glauben; **she didn't buy it** *umg* sie hat es mir nicht abgekauft *umg* **B** *v/i* kaufen **C** *s umg* Kauf *m*; **to be a good buy** ein guter Kauf sein

phrasal verbs mit buy:

buy back *v/t* ⟨*trennb*⟩ zurückkaufen
buy in *v/t* ⟨*trennb*⟩ *Waren* einkaufen
buy into *v/i* ⟨+*obj*⟩ HANDEL sich einkaufen in (+*akk*)
buy off *v/t* ⟨*trennb*⟩ *umg* (≈ *bestechen*) kaufen *umg*
buy out *v/t* ⟨*trennb*⟩ *Aktionäre* auszahlen; *Firma* aufkaufen
buy up *v/t* ⟨*trennb*⟩ aufkaufen
buyer ['baɪə'] *s* Käufer(in) *m(f)*; (≈ *Agent*) Einkäufer(in) *m(f)*
buyout ['baɪaʊt] *s* Aufkauf *m*
buzz [bʌz] **A** *v/i* **1** summen **2** **my ears are ~ing** mir dröhnen die Ohren; **my head is ~ing** mir schwirrt der Kopf; **the city was ~ing with excitement** die Stadt war in heller Aufregung **B** *v/t* (mit dem Summer) rufen **C** *s* **1** *von Insekt* Summen *n* **2** *von Stimmen* Gemurmel *n*; **~ of anticipation** erwartungsvolles Gemurmel **3** *umg* (≈ *Anruf*) **to give sb a ~** j-n anrufen **4** *umg* **I get a ~ from driving fast** ich verspüre einen Kitzel, wenn ich schnell fahre

phrasal verbs mit buzz:

buzz around *v/i wörtl, fig* herumschwirren
buzz off *Br umg v/i* abzischen *umg*
buzzard ['bʌzəd] *s* Bussard *m*
buzzer ['bʌzə'] *s* Summer *m*
buzz word *s* Modewort *n*

b/w *abk* (= black and white) S/W
by [baɪ] **A** *präp* **1** bei, an (+*dat*); *mit Richtungsangabe* an (+*akk*); (≈ *in direkter Nachbarschaft*) neben (+*dat*); *mit Richtungsangabe* neben (+*akk*); **by the window** am *od* beim Fenster; **by the sea** an der See; **come and sit by me** komm, setz dich neben mich **2** (≈ *via*) über (+*akk*) **3** **to rush** *etc* **by sb/sth** an j-m/etw vorbeieilen *etc* **4** **by day/night** bei Tag/Nacht **5** bis; **can you do it by tomorrow?** kannst du es bis morgen machen?; **by the end of the song** bis zum Ende des Lieds; **by tomorrow I'll be in France** morgen werde ich in Frankreich sein; **by the time I got there, he had gone** bis ich dorthin kam, war er gegangen; **but by that time** *od* **by then it will be too late** aber dann ist es schon zu spät; **by now** inzwischen **6** **by the hour** stundenweise; **one by one** einer nach dem anderen; **two by two** paarweise; **letters came in by the hundred** Hunderte von Briefen kamen **7** von; **killed by a bullet** von einer Kugel getötet **8** **by bus/car/bicycle** mit dem Bus/Auto/Fahrrad; **to pay by cheque** *Br*, **to pay by check** *US* mit Scheck bezahlen; **made by hand** handgearbeitet; **to know sb by name/sight** j-n dem Namen nach/vom Sehen her kennen; **to lead sb by the hand** j-n an der Hand führen; **by myself/himself** *etc* allein **9** **by cheating** indem er mogelte; **by saving hard he managed to ...** durch eisernes Sparen gelang es ihm ...; **by turning this knob** wenn Sie an diesem Knopf drehen **10** nach; **by my watch** nach meiner Uhr; **to call sb/sth by his/its proper name** j-n/etw beim richtigen Namen nennen; **if it's OK by you** *etc* wenn es Ihnen *etc* recht ist; **it's all right by me** von mir aus gern **11** um; **by two degrees/ten per cent** um zwei Grad/zehn Prozent; **broader by a foot** um einen Fuß breiter; **it missed me by inches** es verfehlte mich um Zentimeter **12** **to divide/multiply** by dividieren durch/multiplizieren mit; **20 feet by 30** 20 mal 30 Fuß; **I swear by Almighty God** ich schwöre beim allmächtigen Gott; **by the way** übrigens **B** *adv* **1** **to pass by** *etc* vorbeikommen *etc* **2** **to put by** beiseitelegen **3** **by and large** im Großen und Ganzen

bye [baɪ] *umg int* tschüs(s) *umg*, servus! *österr*; **bye for now!** bis bald!
bye-bye ['baɪbaɪ] *umg int* tschüs(s) *umg*, servus! *österr*
by(e)-election [baɪɪ'lekʃən] *s* Nachwahl *f*
bygones ['baɪgɒnz] *pl* **let ~ be ~!** lass(t) das Vergangene ruhen!
Byelorussia [ˌbjelə ʊ'rʌʃə] *s* Weißrussland *n*
bylaw, **bye-law** ['baɪlɔː] *s* Verordnung *f*; ~s *pl*

US *von Firma* Satzung *f*
bypass ['baɪpɑːs] **A** *s* Umgehungsstraße *f*, Umfahrung(sstraße) *f österr*; MED Bypass *m* **B** *v/t* umgehen
bypass operation *s* Bypassoperation *f*
bypass surgery *s* Bypasschirurgie *f*
by-product ['baɪprɒdʌkt] *s* Nebenprodukt *n*
byroad *s* Neben- *od* Seitenstraße *f*
bystander ['baɪstændəʳ] *s* Zuschauer(in) *m(f)*; **innocent ~** unbeteiligter Zuschauer
byte [baɪt] *s* IT Byte *n*
byword ['baɪwɜːd] *s* **to become a ~ for sth** gleichbedeutend mit etw werden

C

C¹, c [siː] *s* C, c *n*; **C sharp** Cis *n*; **C flat** Ces *n*
C² *abk* (= century) Jh
C³ *abk* (= centigrade) C
c *abk* (= cent) c, ct
CA¹ *abk* (= chartered accountant) staatlich geprüfter Buchhalter, staatlich geprüfte Buchhalterin
CA² *abk* (= Central Amerika) Mittelamerika *n*
c/a *abk* (= current account) Girokonto *n*
cab [kæb] *s* **1** Taxi *n* **2** *von Lkw* Führerhaus *n*
cabaret ['kæbəreɪ] *s* Varieté *n*; *Lokal* Nachtklub *m* mit Varietéaufführungen
cabbage ['kæbɪdʒ] *s* Kohl *m*
cabbie, cabby ['kæbɪ] *umg s* Taxifahrer(in) *m(f)*
cab driver *s* Taxifahrer(in) *m(f)*
cabin ['kæbɪn] *s* **1** Hütte *f* **2** SCHIFF Kajüte *f* **3** FLUG Passagierraum *m*
cabin attendant *s* FLUG Flugbegleiter(in) *m(f)*
cabin baggage *s* Handgepäck *n*
cabin crew *s* FLUG Flugbegleitpersonal *n*
cabinet ['kæbɪnɪt] *s* **1** Schränkchen *n*, Vitrine *f* **2** PARL Kabinett *n*
cabinet minister *s* Minister(in) *m(f)*
cabinet reshuffle *s Br* POL Kabinettsumbildung *f*
cable ['keɪbl] *s* **1** Tau *n*; *aus Draht* Kabel *n* **2** ELEK Kabel *n* **3** Telegramm *n* **4** TV Kabelfernsehen *n*
cable car *s* Drahtseilbahn *f*
cable channel *s* Kabelkanal *m*
cable railway *s* Bergbahn *f*
cable television *s* Kabelfernsehen *n*
cable TV connection *s* TV Kabelanschluss *m*
cable TV network *s* Kabelfernsehnetz *n*
caboodle [kə'buːdl] *umg s* **the whole (kit and) ~** das ganze Zeug(s) *umg*, der ganze Kram *umg*

cacao [kə'kɑːəʊ] *s* ⟨*kein pl*⟩ Kakao *m*
cache [kæʃ] *s* **1** Versteck *n* **2** COMPUT *a.* **~ memory** Zwischenspeicher *m*
cackle ['kækl] **A** *s* **1** *von Hühnern* Gackern *n* **2** (meckerndes) Lachen **B** *v/i* Hühner gackern; *Mensch* meckernd lachen
cactus ['kæktəs] *s* ⟨*pl* -es *od* cacti ['kæktaɪ]⟩ Kaktus *m*
CAD [kæd] *s abk* (= computer-aided design) CAD
cadaver [kə'dævəʳ] *s* Kadaver *m*, Leiche *f*
CAD/CAM ['kæd'kæm] *s abk* (= computer-aided design/computer-aided manufacture) CAD/CAM
caddie ['kædɪ] **A** *s* Golf Caddie *m* **B** *v/i* Caddie sein
caddy ['kædɪ] *s* **1** *für Tee* Büchse *f* **2** US Einkaufswagen *m* **3** → caddie A
cadence ['keɪdəns] *s* MUS Kadenz *f*
cadet [kə'det] *s* MIL *etc* Kadett *m*
cadge [kædʒ] *v/t & v/i Br umg* schnorren *umg* (**from sb** bei j-m, von j-m); **could I ~ a lift with you?** könnten Sie mich vielleicht (ein Stück) mitnehmen?
Caesar ['siːzəʳ] *s* Cäsar *m*
Caesarean [siː'zeərɪən] *s*, **Cesarean** *US s*, **Caesarean section** *s* MED Kaiserschnitt *m*; **she had a (baby by) ~** sie hatte einen Kaiserschnitt
Caesarian, Cesarian [siː'zeərɪən] *US s* → Caesarean
café ['kæfeɪ] *s* Café *n*, Kaffeehaus *n österr*
cafeteria [ˌkæfɪ'tɪərɪə] *s* Cafeteria *f*
cafetière [ˌkæfə'tjɛəʳ] *s* Kaffeebereiter *m*
caff [kæf] *Br umg s* Café *n*, Kaffeehaus *n österr*
caffein(e) ['kæfiːn] *s* Koffein *n*
caffè latte [ˌkæfeɪ'lɑːteɪ] *s* Caffè Latte *m*, Milchkaffee *m*
caffè macchiato [ˌkæfeɪmækɪ'ɑːtəʊ] *s* Caffè macchiato *m*, Espresso *m* mit Milchschaum
cage [keɪdʒ] *s* Käfig *m*
cagey ['keɪdʒɪ] *umg adj* vorsichtig, ausweichend
cagoule [kə'guːl] *s* Regenjacke *f*
cahoots [kə'huːts] *umg s* **to be in ~ with sb** mit j-m unter einer Decke stecken
cairn [kɛən] *s* Steinpyramide *f*
Cairo ['kaɪərəʊ] *s* Kairo *n*
cajole [kə'dʒəʊl] *v/t* gut zureden (+*dat*); **to ~ sb into doing sth** j-n dazu bringen, etw zu tun
cake [keɪk] **A** *s* Kuchen *m*, Torte *f*, Gebäckstück *n*; **a piece of ~** *fig umg* ein Kinderspiel *n*; **to sell like hot ~s** weggehen wie warme Semmeln *umg*; **you can't have your ~ and eat it** *sprichw* beides auf einmal geht nicht **B** *v/t* **my shoes are ~d with** *od* **in mud** meine Schuhe sind völlig verdreckt
cake mix *s* Backmischung *f*
cake mixture *s* Kuchenteig *m*

cake pan US s Kuchenform f
cake shop s Konditorei f
cake tin s Br zum Backen Kuchenform f; zur Aufbewahrung Kuchenbüchse f
calamity [kəˈlæmɪtɪ] s Katastrophe f
calcium [ˈkælsɪəm] s Kalzium n
calculate [ˈkælkjʊleɪt] v/t **1** berechnen **2** fig kalkulieren
calculated adj (≈ absichtlich) berechnet; **a ~ risk** ein kalkuliertes Risiko
calculating adj berechnend
calculation [ˌkælkjʊˈleɪʃən] s Berechnung f, Schätzung f; **you're out in your ~s** du hast dich verrechnet
calculator [ˈkælkjʊleɪtə^r] s Taschenrechner m
calculus [ˈkælkjʊləs] s MATH Infinitesimalrechnung f
Caledonia [ˌkæləˈdəʊnɪə] s Kaledonien n
calendar [ˈkæləndə^r] s **1** Kalender m **2** Terminkalender m; **~ of events** Veranstaltungskalender m
calendar month s Kalendermonat m
calf[1] [kɑːf] s ⟨pl **calves**⟩ **1** Kalb n **2** (≈ Elefant, Robbe etc) Junge(s) n
calf[2] s ⟨pl **calves**⟩ ANAT Wade f
calfskin [ˈkɑːfskɪn] s Kalb(s)leder n
calibre [ˈkælɪbə^r] s, **caliber** US wörtl, fig s Kaliber n
California [kælɪˈfɔːnɪə] s Kalifornien n
Californian [kælɪˈfɔːnɪən] **A** adj kalifornisch **B** s Kalifornier(in) m(f)
call [kɔːl] **A** s **1** Ruf m; **a ~ for help** ein Hilferuf m **2** TEL Gespräch n, Anruf m; **to give sb a ~** j-n anrufen; **to make a ~** telefonieren; **to take a ~** ein Gespräch entgegennehmen **3** Aufruf m; fig anlockend Ruf m; **to be on ~** Bereitschaftsdienst haben; **he acted above and beyond the ~ of duty** er handelte über die bloße Pflichterfüllung hinaus **4** Besuch m; **I have several ~s to make** ich muss noch einige Besuche machen **5** Inanspruchnahme f; HANDEL Nachfrage f (**for** nach); **to have many ~s on one's time** zeitlich sehr in Anspruch genommen sein **6** Grund m; **there is no ~ for you to worry** es besteht kein Grund zur Sorge **7** Entscheidung f; **it's your ~** das ist deine Entscheidung **B** v/t **1** rufen; Versammlung einberufen; Wahlen ausschreiben; Streik ausrufen; JUR Zeugen aufrufen; **the landlord ~ed time** der Wirt rief „Feierabend"; **the ball was ~ed out** der Ball wurde für „aus" erklärt **2** nennen; **to be ~ed** heißen; **what's he ~ed?** wie heißt er?; **what do you ~ your cat?** wie heißt deine Katze?; **she ~s me lazy** sie nennt mich faul; **what's this ~ed in German?** wie heißt das auf Deutsch?; **let's ~ it a day** machen wir Schluss für heute; **~ it £5 sagen wir** £ 5; **that's what I ~ ...** das nenne ich ... **3** TEL anrufen; per Funkruf rufen; **I ~ed her on my mobile** ich habe sie von meinem Handy aus angerufen **C** v/i **1** rufen; **to ~ for help** um Hilfe rufen; **to ~ to sb** j-m zurufen **2** vorbeikommen; **she ~ed to see her mother** sie machte einen Besuch bei ihrer Mutter; **the gasman ~ed** der Gasmann kam **3** TEL anrufen; per Funkruf rufen; **who's ~ing, please?** wer spricht da, bitte?; **thanks for ~ing** vielen Dank für den Anruf

phrasal verbs mit call:

call (a)round v/i umg vorbeikommen
call at v/i ⟨+obj⟩ vorbeigehen bei; BAHN halten in (+dat); **a train for Lisbon calling at ...** ein Zug nach Lissabon über ...
call away v/t ⟨trennb⟩ wegrufen; **I was called away on business** ich wurde geschäftlich abgerufen; **he was called away from the meeting** er wurde aus der Sitzung gerufen
call back v/t & v/i ⟨trennb⟩ zurückrufen
call for v/i ⟨+obj⟩ **1** rufen; Speisen kommen lassen **2** verlangen (nach); Mut verlangen; **that calls for a drink!** darauf müssen wir einen trinken!; **that calls for a celebration!** das muss gefeiert werden! **3** abholen
call in A v/i vorbeikommen (**at, on** bei) **B** v/t ⟨+obj⟩ Arzt zurate ziehen
call off v/t ⟨trennb⟩ Termin, Streik absagen; Vereinbarung rückgängig machen; (≈ beenden) abbrechen; Verlobung lösen; Hund zurückrufen
call on v/i ⟨+obj⟩ **1** besuchen **2** → call upon
call out A v/i rufen **B** v/t ⟨trennb⟩ **1** Namen aufrufen **2** Arzt rufen; Feuerwehr alarmieren
call out for v/i ⟨+obj⟩ Nahrung verlangen; Hilfe rufen um
call over v/t ⟨trennb⟩ herbeirufen, zu sich rufen
call up A v/t ⟨trennb⟩ **1** Br MIL Reservist einberufen; Verstärkung mobilisieren **2** SPORT berufen (**to in** +akk) **3** TEL anrufen **4** fig Erinnerungen (herauf)beschwören **B** v/i TEL anrufen
call upon v/i ⟨+obj⟩ **to call upon sb to do sth** j-n bitten, etw zu tun; **to call upon sb's generosity** an j-s Großzügigkeit (akk) appellieren

call box Br s Telefonzelle f
call centre Br s Callcenter n
caller [ˈkɔːlə^r] s **1** Besucher(in) m(f) **2** TEL Anrufer(in) m(f)
caller display s TEL Rufnummernanzeige f, Anruferkennung f
caller ID s TEL Rufnummernanzeige f, Anruferkennung f
call forwarding s TEL Anrufweiterschaltung f
callgirl [ˈkɔːlgɜːl] s Callgirl n
calligraphy [kəˈlɪgrəfɪ] s Kalligrafie f

call-in US s → phone-in
calling ['kɔːlɪŋ] s Berufung f
calling card s Visitenkarte f
callisthenics [ˌkælɪs'θenɪks] pl, **calisthenics** US pl Gymnastik f
callous adj, **callously** ['kæləs, -lɪ] adv herzlos
callousness s Herzlosigkeit f
call-out charge, **call-out fee** ['kɔːlaʊt-] s Anfahrtkosten pl
call screening s TEL Call Screening n (Sperrung bestimmter Rufnummern)
call-up Br s MIL Einberufung f; SPORT Berufung f (**to in** +akk)
call-up papers pl Br MIL Einberufungsbescheid m
callus ['kæləs] s MED Schwiele f
call waiting s TEL Anklopffunktion f
calm [kɑːm] **A** adj ⟨+er⟩ ruhig; **keep ~!** bleib ruhig!; (**cool**), **~ and collected** ruhig und gelassen **B** s Ruhe f; **the ~ before the storm** die Ruhe vor dem Sturm **C** v/t beruhigen; **to ~ sb's fears** j-n beruhigen
<small>phrasal verbs mit calm:</small>
  calm down **A** v/t ⟨trennb⟩ beruhigen **B** v/i sich beruhigen; Wind abflauen
calming adj beruhigend
calmly ['kɑːmlɪ] adv ruhig
calmness s Ruhe f
calorie ['kælərɪ] s Kalorie f; **low on ~s** kalorienarm
calorie-conscious adj kalorienbewusst
calves [kɑːvz] pl → calf → calf
CAM [kæm] s abk (= computer-aided manufacture) CAM
camaraderie [ˌkæmə'rɑːdərɪ] s Kameradschaft f
Cambodia [kæm'bəʊdɪə] s Kambodscha n
camcorder ['kæmkɔːdəʳ] s Camcorder m
came [keɪm] prät → come
camel ['kæməl] **A** s Kamel n **B** adj ⟨attr⟩ Mantel kamelhaarfarben
cameo ['kæmɪəʊ] s ⟨pl -s⟩ **1** (≈ Schmuck) Kamee f **2** (a. **~ part**) Miniaturrolle f
camera ['kæmərə] s Kamera f, Fotoapparat m
camera crew s Kamerateam n
cameraman s ⟨pl -men⟩ Kameramann m
camera operator s Kameramann m, Kamerafrau f
cameraphone s Fotohandy n
camera-shy adj kamerascheu
camerawoman s ⟨pl -women⟩ Kamerafrau f
camerawork s Kameraführung f
camisole ['kæmɪsəʊl] s Mieder n
camomile ['kæməʊmaɪl] s Kamille f; **~ tea** Kamillentee m
camouflage ['kæməflɑːʒ] **A** s Tarnung f; **~ jacket** Tarnjacke f **B** v/t tarnen
camp¹ [kæmp] **A** s Lager n; **to pitch ~** Zelte od ein Lager aufschlagen; **to strike** od **break ~** das Lager od die Zelte abbrechen; **to have a foot in both ~s** mit beiden Seiten zu tun haben **B** v/i zelten; MIL lagern; **to go ~ing** zelten (gehen)
<small>phrasal verbs mit camp:</small>
  camp out v/i zelten
camp² adj tuntenhaft umg
campaign [kæm'peɪn] **A** s **1** MIL Feldzug m **2** fig Kampagne f, Aktion f; **to launch a ~** eine Kampagne starten **B** v/i **1** a. fig kämpfen **2** fig sich einsetzen, sich engagieren (**for/against** für/gegen)
campaigner [kæm'peɪnəʳ] s für etw Befürworter(in) m(f) (**for** +gen); gegen etw Gegner(in) m(f) (**against** +gen)
camp bed Br s Campingliege f
camper ['kæmpəʳ] s **1** Camper(in) m(f) **2** Wohnmobil n
camper van Br s Wohnmobil n
campfire s Lagerfeuer n
campground US s Campingplatz m
camping ['kæmpɪŋ] s Camping n
camping gas US s Campinggas n
camping gear s Campingausrüstung f
camping site, **campsite** Br s Campingplatz m
campus ['kæmpəs] s Campus m
can¹ [kæn] v/aux ⟨prät could⟩ können; (≈ Erlaubnis haben a.) dürfen; **can you come tomorrow?** kannst du morgen kommen?; **I can't** od **cannot go to the theatre** ich kann nicht ins Theater (gehen); **he'll help you all he can** er wird tun, was in seinen Kräften steht; **as soon as it can be arranged** sobald es sich machen lässt; **could you tell me ...** können od könnten Sie mir sagen, ...; **can you speak German?** können od sprechen Sie Deutsch?; **can I come too?** kann ich mitkommen?; **can** od **could I take some more?** darf ich mir noch etwas nehmen?; **how can/could you say such a thing!** wie können/konnten Sie nur od bloß so etwas sagen!; **where can it be?** wo kann das bloß sein?; **you can't be serious** das kann doch wohl nicht dein Ernst sein; **it could be that he's got lost** vielleicht hat er sich verlaufen; **you could try telephoning him** Sie könnten ihn ja mal anrufen; **you could have told me** das hätten Sie mir auch sagen können; **we could do with some new furniture** wir könnten neue Möbel gebrauchen; **I could do with a drink now** ich könnte jetzt etwas zu trinken vertragen; **this room could do with a coat of paint** das Zimmer könnte mal wieder gestrichen werden; **he looks as though he**

could do with a haircut ich glaube, er müsste sich (dat) mal wieder die Haare schneiden lassen

can[2] s **1** Kanister m; bes US für Abfall (Müll)eimer m **2** Dose f, Büchse f; **a can of beer** eine Dose Bier; **a beer can** eine Bierdose

Canada ['kænədə] s Kanada n

Canadian [kə'neɪdɪən] **A** adj kanadisch **B** s Kanadier(in) m(f)

canal [kə'næl] s Kanal m

canapé ['kænəpeɪ] s Appetithappen m

Canaries [kə'neərɪz] pl → Canary Islands

canary [kə'neərɪ] s Kanarienvogel m

Canary Islands [kə'neərɪ,aɪləndz], **Canary Isles** [kə'neərɪ'aɪlz] pl Kanarische Inseln pl

can bank s Dosencontainer m

cancel ['kænsəl] **A** v/t **1** absagen; offiziell stornieren; Pläne aufgeben; Zug streichen; **the train has been ~led** Br, **the train has been ~ed** US der Zug fällt aus **2** rückgängig machen; Auftrag stornieren; Abonnement kündigen **3** Fahrkarte entwerten **B** v/i absagen

phrasal verbs mit cancel:

cancel out v/t ⟨trennb⟩ MATH aufheben; fig zunichtemachen; **to cancel each other out** MATH sich aufheben; fig sich gegenseitig aufheben

cancellation [,kænsə'leɪʃən] s **1** Absage f; offiziell Stornierung f; von Plänen Aufgabe f; von Zug Streichung f **2** Rückgängigmachung f; von Auftrag Stornierung f; von Abonnement Kündigung f

cancellation fee s Stornierungsgebühr f

cancer ['kænsə^r] s **1** MED Krebs m; **~ of the throat** Kehlkopfkrebs m **2** ASTROL **Cancer** Krebs m; **to be (a) Cancer** (ein) Krebs sein

cancerous ['kænsərəs] adj krebsartig

candelabra [,kændɪ'lɑːbrə] s Armleuchter m, Kandelaber m

candid ['kændɪd] adj offen, ehrlich

candidacy ['kændɪdəsɪ] s Kandidatur f

candidate ['kændɪdeɪt] s Kandidat(in) m(f); **to stand as (a) ~** kandidieren; **the obese are prime ~s for heart disease** Fettleibige stehen auf der Liste der Herzinfarktkandidaten ganz oben

candidly ['kændɪdlɪ] adv offen; **to speak ~** offen od ehrlich sein

candied ['kændɪd] adj GASTR kandiert; **~ peel** Zitronat n, Orangeat n

candle ['kændl] s Kerze f

candlelight s Kerzenlicht n; **by ~** im Kerzenschein; **a ~ dinner** ein Essen n bei Kerzenlicht

candlestick s Kerzenhalter m

candour ['kændə^r] s, **candor** US s Offenheit f

candy ['kændɪ] US s Bonbon m/n, Zuckerl n österr; allg Süßigkeiten pl

candy bar US s Schokoladenriegel m

candyfloss Br s Zuckerwatte f

candy store US s Süßwarenhandlung f

cane [keɪn] **A** s **1** aus Bambus Rohr n; für Pflanzen Stock m **2** (Spazier)stock m, Stecken m bes österr, schweiz; zur Bestrafung (Rohr)stock m; **to get the ~** Prügel bekommen **B** v/t mit dem Stock schlagen

cane sugar s Rohrzucker m

canine ['keɪnaɪn] **A** s ⟨a. **canine tooth**⟩ Eckzahn m **B** adj Hunde-

canister ['kænɪstə^r] s Behälter m

cannabis ['kænəbɪs] s Cannabis m

canned [kænd] adj **1** US Dosen-; **~ beer** Dosenbier n; **~ goods** Konserven pl **2** umg **~ music** Musikberieselung f umg; **~ laughter** Gelächter n vom Band

cannibal ['kænɪbəl] s Kannibale m, Kannibalin f

cannibalism ['kænɪbəlɪzəm] s Kannibalismus m

cannibalization [,kænɪbəlaɪ'zeɪʃən] s WIRTSCH Kannibalisierung f

cannibalize ['kænɪbəlaɪz] v/t altes Auto etc ausschlachten

cannon ['kænən] s MIL Kanone f

cannonball s Kanonenkugel f

cannot ['kænɒt] ⟨Verneinung⟩ → can[1]

canny ['kænɪ] adj ⟨komp **cannier**⟩ vorsichtig

canoe [kə'nuː] **A** s Kanu n **B** v/i Kanu fahren

canoeing [kə'nuːɪŋ] s Kanusport m; **to go ~** Kanu fahren

canon s (= Priester) Kanoniker m

canonize ['kænənaɪz] v/t KIRCHE heiligsprechen

canon law s KIRCHE kanonisches Recht

can-opener ['kæn,əʊpnə^r] s Dosenöffner m

canopy ['kænəpɪ] s Markise f; von Bett Baldachin m

can't [kɑːnt] abk (= can not) → can[1]

cantaloup(e) ['kæntəluːp] s Honigmelone f

cantankerous [kæn'tæŋkərəs] adj mürrisch

canteen [kæn'tiːn] s Kantine f; UNIV Mensa f

canter ['kæntə^r] v/i langsam galoppieren

canton ['kæntɒn] s Kanton m

Cantonese [,kæntə'niːz] **A** adj kantonesisch **B** s ⟨pl -⟩ **1** Kantonese m, Kantonesin f **2** LING Kantonesisch n

canvas ['kænvəs] s Leinwand f, Segeltuch n, Zeltbahn f; **under ~** im Zelt; **~ shoes** Segeltuchschuhe pl

canvass ['kænvəs] **A** v/t **1** POL Bezirk Wahlwerbung machen in (+dat); j-n für seine Partei zu gewinnen suchen **2** Kunden werben; Meinungen erforschen **B** v/i **1** POL um Stimmen werben **2** HANDEL werben

canvasser ['kænvəsə^r] s **1** POL Wahlhelfer(in) m(f) **2** HANDEL Vertreter(in) m(f)

canvassing ['kænvəsɪŋ] s **1** POL Wahlwerbung f

2 HANDEL Klinkenputzen *n umg*
canyon ['kænjən] *s*, **cañon** *US s* Cañon *m*
canyoning ['kænjənɪŋ] *s* SPORT Canyoning *n*
CAP *abk* (= Common Agricultural Policy) GAP *f*, Gemeinsame Agrarpolitik
cap [kæp] **A** *s* **1** Mütze *f*, Kappe *f*; **if the cap fits(, wear it)** *Br sprichw* wem die Jacke passt(, der soll sie sich (*dat*) anziehen) **2** *Br* SPORT **he has won 50 caps for Scotland** er ist 50 Mal mit der schottischen Mannschaft angetreten **3** Verschluss *m*; *von Stift, Ventil* Kappe *f* **4** Limit *n*; **cap on spending** Ausgabenlimit *n* **5** (≈ *Verhütungsmittel*) Pessar *n* **B** *v/t* **1** SPORT **capped player** Nationalspieler(in) *m(f)*; **he was capped four times for England** er wurde viermal für die englische Nationalmannschaft aufgestellt **2 and then to cap it all ...** und, um dem Ganzen die Krone aufzusetzen ...; **they capped spending at £50,000** die Ausgaben wurden bei £ 50.000 gedeckelt
capability [ˌkeɪpə'bɪlɪtɪ] *s* **1** Fähigkeit *f*; **sth is within sb's capabilities** j-d ist zu etw fähig; **sth is beyond sb's capabilities** etw übersteigt j-s Fähigkeiten **2** MIL Potenzial *n*
capable ['keɪpəbl] *adj* **1** kompetent **2 to be ~ of doing sth** etw tun können; **to be ~ of sth** zu etw fähig sein; **it's ~ of speeds of up to ...** es erreicht Geschwindigkeiten bis zu ...
capably ['keɪpəblɪ] *adv* kompetent
capacity [kə'pæsɪtɪ] *s* **1** Fassungsvermögen *n*, Kapazität *f*; **seating ~ of 400** 400 Sitzplätze; **working at full ~** voll ausgelastet; **the Stones played to ~ audiences** die Stones spielten vor ausverkauften Sälen **2** Fähigkeit *f*; **his ~ for learning** seine Aufnahmefähigkeit **3** Eigenschaft *f*; **speaking in his official ~ as mayor, he said ...** er sagte in seiner Eigenschaft als Bürgermeister ...
cape[1] [keɪp] *s* Cape *n*, Umhang *m*
cape[2] *s* GEOG Kap *n*
Cape gooseberry *s* Kapstachelbeere *f*, Physalis *f*
Cape Horn *s* Kap *n* Hoorn
Cape of Good Hope *s* Kap *n* der Guten Hoffnung
caper[1] ['keɪpə] **A** *v/i* herumtollen **B** *s* Eskapade *f*
caper[2] *s* BOT, GASTR Kaper *f*
Cape Town *s* Kapstadt *n*
Cape Verde Islands [ˌkeɪp'vɜːd'aɪləndz] *pl* Kapverden *pl*
capful ['kæpfʊl] *s* **one ~ to one litre of water** eine Verschlusskappe auf einen Liter Wasser
capillary [kə'pɪlərɪ] *s* Kapillare *f*
capital ['kæpɪtl] **A** *s* **1** (*a.* ~ **city**) Hauptstadt *f*; *fig* Zentrum *n* **2** (*a.* **letter**) Großbuchstabe *m*; **small ~s** Kapitälchen *pl fachspr*; **please write in ~s** bitte in Blockschrift schreiben! **3** ⟨*kein pl*⟩ FIN, *a. fig* Kapital *n*; **to make ~ out of sth** *fig* aus etw Kapital schlagen **B** *adj* **1** Buchstabe Groß-; **love with a ~ L** die große Liebe **2** Kapital- **3** Todes-

capital assets *pl* Kapitalvermögen *n*
capital crime *s* Kapitalverbrechen *n*
capital expenditure *s* Kapitalaufwendungen *pl*
capital gains tax *s* Kapitalertragssteuer *f*
capital investment *s* Kapitalanlage *f*
capitalism ['kæpɪtəlɪzəm] *s* Kapitalismus *m*
capitalist ['kæpɪtəlɪst] **A** *s* Kapitalist(in) *m(f)* **B** *adj* kapitalistisch
capitalize ['kæpɪtəlaɪz] *v/t Buchstabe, Wort* großschreiben
phrasal verbs mit capitalize:
   capitalize on *fig v/i* ⟨+*präp*⟩ Kapital schlagen aus
capital offence *s* Kapitalverbrechen *n*
capital punishment *s* die Todesstrafe
Capitol ['kæpɪtl] *s* Kapitol *n*
capitulate [kə'pɪtjʊleɪt] *v/i* kapitulieren (**to** vor +*dat*)
capitulation [kəˌpɪtjʊ'leɪʃən] *s* Kapitulation *f*
cappuccino [ˌkæpʊ'tʃiːnəʊ] *s* ⟨*pl* -s⟩ Cappuccino *m*
caprice [kə'priːs] *s* Laune(nhaftigkeit) *f*
capricious [kə'prɪʃəs] *adj* launisch
Capricorn ['kæprɪkɔːn] *s* ASTROL Steinbock *m*; **to be (a) ~** (ein) Steinbock sein
capsicum ['kæpsɪkəm] *s* Pfefferschote *f*
capsize [kæp'saɪz] **A** *v/i* kentern **B** *v/t* zum Kentern bringen
capsule ['kæpsjuːl] *s* Kapsel *f*
captain ['kæptɪn] **A** *s* MIL Hauptmann *m*; SCHIFF, FLUG, SPORT Kapitän(in) *m(f)*; **yes, ~!** jawohl, Frau/Herr Hauptmann/Kapitän!; **~ of industry** Industriekapitän(in) *m(f)* **B** *v/t Mannschaft* anführen; *Schiff* befehligen
captaincy ['kæptənsɪ] *s* Befehl *m*; SPORT Führung *f*; **under his ~** mit ihm als Kapitän
caption ['kæpʃən] **A** *s* Überschrift *f*, Bildunterschrift *f* **B** *v/t* betiteln
captivate ['kæptɪveɪt] *v/t* faszinieren
captivating ['kæptɪveɪtɪŋ] *adj* bezaubernd
captive ['kæptɪv] **A** *s* Gefangene(r) *m/f(m)*; **to take sb ~** j-n gefangen nehmen; **to hold sb ~** j-n gefangen halten **B** *adj* **a ~ audience** ein unfreiwilliges Publikum
captive market *s* Monopol-Absatzmarkt *m*
captivity [kæp'tɪvɪtɪ] *s* Gefangenschaft *f*
captor ['kæptə] *s* **his ~s treated him kindly** er wurde nach seiner Gefangennahme gut behandelt

capture ['kæptʃəʳ] **A** v/t **1** Stadt einnehmen; Schatz erobern; j-n gefangen nehmen; Tier (ein)fangen **2** fig Aufmerksamkeit erregen; Stimmung einfangen **3** IT Daten erfassen **B** s Eroberung f; von entflohenem Häftling Gefangennahme f; von Tier Einfangen n; IT von Daten Erfassung f

car [kɑːʳ] s **1** Auto n; **to go by car** mit dem Auto fahren; **car ride** Autofahrt f **2** von Zug Waggon m; von Straßenbahn Wagen m

car accident s Autounfall m, Havarie f österr

carafe [kəˈræf] s Karaffe f

car alarm s Auto-Alarmanlage f

caramel ['kærəməl] s Karamell m; (≈ Bonbon) Karamelle f

carat ['kærət] s Karat n; **nine ~ gold** neunkarätiges Gold

caravan ['kærəvæn] s **1** Br AUTO Wohnwagen m; **~ holiday** Ferien pl im Wohnwagen **2** Zirkuswagen m

caravan site s Campingplatz m für Wohnwagen

caraway ['kærəweɪ] s ⟨kein pl⟩ Kümmel m

caraway seeds ['kærəweɪsiːdz] pl Kümmel m, Kümmelkörner pl

carb [kɑːb] umg s → carbohydrate

carbohydrate ['kɑːbəʊˈhaɪdreɪt] s **1** Kohle(n)hydrat n **2** kohle(n)hydratreiche Nahrung

car bomb s Autobombe f

car bomb attack s Autobombenanschlag m

carbon ['kɑːbən] s CHEM Kohlenstoff m

carbonated ['kɑːbəˌneɪtəd] adj mit Kohlensäure (versetzt)

carbon copy s Durchschlag m; **to be a ~ of sth** das genaue Ebenbild einer Sache (gen) sein

carbon credit s Emissionsrechte pl

carbon dating s Kohlenstoffdatierung f

carbon dioxide s Kohlendioxid n

carbon emissions pl Kohlendioxidemissionen pl

carbon footprint s Kohlenstofffußabdruck m, CO_2-Bilanz f

carbon monoxide s Kohlenmonoxid n

carbon-neutral adj klimaneutral, CO_2-neutral

carbon offsetting s CO_2-Ausgleich m

car-boot sale s ≈ Flohmarkt m

carburettor [ˌkɑːbəˈretəʳ] s, **carburetor** US s Vergaser m

carcass ['kɑːkəs] s Leiche f, Kadaver m

car chase s Verfolgungsjagd f (mit dem Auto)

carcinogen [kɑːˈsɪnədʒen] s Karzinogen n

carcinogenic [ˌkɑːsɪnəˈdʒenɪk] adj karzinogen

car crash s (Auto)unfall m, Havarie f österr

card [kɑːd] s **1** ⟨kein pl⟩ Pappe f **2** (≈ Postkarte / Visitenkarte) Karte f **3** (Scheck-/Kredit)karte f **4** (Spiel)karte f; **to play ~s** Karten spielen; **to lose money at ~s** Geld beim Kartenspiel verlieren; **game of ~s** Kartenspiel n **5** fig **to put** od **lay one's ~s on the table** seine Karten aufdecken; **to play one's ~s right** geschickt taktieren; **to hold all the ~s** alle Trümpfe in der Hand haben; **to play** od **keep one's ~s close to one's chest, to play** od **keep one's ~s close to the vest** US sich (dat) nicht in die Karten sehen lassen; **it's on the ~s** das ist zu erwarten

cardamom ['kɑːdəməm] s Kardamom m/n

cardboard A s Pappe f, Karton m **B** adj ⟨attr⟩ Papp-

cardboard box s (Papp)karton m

card game s Kartenspiel n

cardholder s Karteninhaber(in) m(f)

cardiac ['kɑːdɪæk] adj Herz-

cardiac arrest s Herzstillstand m

cardigan ['kɑːdɪgən] s Strickjacke f, Janker m österr

cardinal ['kɑːdɪnl] **A** s KIRCHE Kardinal m **B** adj Haupt-

cardinal number s Kardinalzahl f

cardinal sin s schwerer Fehler; Todsünde f

card index s Kartei f; in Bücherei Katalog m

cardio- ['kɑːdɪəʊ-] präf Kardio-; **cardiogram** Kardiogramm n

cardiologist [ˌkɑːdɪˈɒlɪdʒɪst] s Kardiologe m, Kardiologin f

cardiology [ˌkɑːdɪˈɒlədʒɪ] s Kardiologie f

cardiovascular [ˌkɑːdɪəʊˈvæskjʊləʳ] adj kardiovaskulär

card key s im Hotel Chipkarte f

card payment s Kartenzahlung f

cardphone s Kartentelefon n

card player s Kartenspieler(in) m(f)

card reader s Kartenlesegerät n

card trick s Kartenkunststück n

care [keəʳ] **A** s **1** Sorge f (**of** um); **he hasn't a ~ in the world** er hat keinerlei Sorgen **2** Sorgfalt f; **this word should be used with ~** dieses Wort sollte sorgfältig od mit Sorgfalt gebraucht werden; **paint strippers need to be used with ~** Abbeizmittel müssen vorsichtig angewandt werden; **"handle with ~"** „Vorsicht, zerbrechlich"; **to take ~** aufpassen; **take ~ he doesn't cheat you** sehen Sie sich vor, dass er Sie nicht betrügt; **bye-bye, take ~** tschüs(s), machs gut; **to take ~ to do sth** sich bemühen, etw zu tun; **to take ~ over** od **with sth/in doing sth** etw sorgfältig tun **3** Pflege f; **to take ~ of sth** sein Äußeres, Auto etw pflegen, etw schonen; **to take ~ of oneself** sich um sich selbst kümmern; gesundheitlich sich schonen **4** von alten Menschen Versorgung f; **medical ~** ärztliche Versorgung, ärztliche Betreuung; **to take ~ of sb** sich um j-n kümmern; seine Familie für j-n sorgen **5** Obhut f; **~ of** Br, **in ~**

of US bei; **in** od **under sb's ~** in j-s (dat) Obhut; **to take a child into ~** ein Kind in Pflege nehmen; **to be taken into ~** in Pflege gegeben werden; **to take ~ of sth** Wertgegenstände etc auf etw (akk) aufpassen; Tiere etc sich um etw kümmern; **that takes ~ of him/it** das wäre erledigt; **let me take ~ of that** überlassen Sie das mir; **that can take ~ of itself** das wird sich schon irgendwie geben **B** v/i **I don't ~** das ist mir egal; **for all I ~** meinetwegen; **who ~s?** na und?; **to ~ about sth** Wert auf etw (akk) legen, sich (dat) etwas aus etw machen, sich um etw kümmern; **that's all he ~s about** alles andere ist ihm egal; **not to ~ about sth** sich (dat) aus etw nichts machen; **he ~s deeply about her/the environment** sie/die Umwelt liegt ihm sehr am Herzen; **he doesn't ~ about her** sie ist ihm gleichgültig; **I don't ~ about money** Geld ist mir egal **C** v/t **1 I don't ~ what people say** es ist mir egal, was die Leute sagen; **what do I ~?** was geht mich das an?; **I couldn't ~ less** das ist mir doch völlig egal **2 to ~ to do sth** etw gerne tun wollen; **I wouldn't ~ to meet him** ich würde keinen gesteigerten Wert darauf legen, ihn kennenzulernen

phrasal verbs mit care:

care for v/i ⟨+obj⟩ **1** sich kümmern um; Möbel etc pflegen; **well cared-for** gepflegt **2 I don't care for that suggestion/him** dieser Vorschlag/er sagt mir nicht zu; **would you care for a cup of tea?** hätten Sie gerne eine Tasse Tee?; **I've never much cared for his films** ich habe mir noch nie viel aus seinen Filmen gemacht; **but you know I do care for you** aber du weißt doch, dass du mir viel bedeutest

career [kə'rɪə] **A** s Karriere f, Beruf m, Laufbahn f; **to make a ~ for oneself** Karriere machen **B** adj ⟨attr⟩ Karriere-; Soldat Berufs-; **a good/bad ~ move** ein karrierefördernder/karriereschädlicher Schritt **C** v/i rasen

careers advice s Berufsberatung f
careers adviser s Berufsberater(in) m(f)
careers guidance s Berufsberatung f
careers officer s Berufsberater(in) m(f)
career woman s ⟨pl - women⟩ Karrierefrau f
carefree ['kɛəfriː] adj sorglos
careful ['kɛəfʊl] adj sorgfältig, vorsichtig; mit Geld etc sparsam; **~!** Vorsicht!; **to be ~** aufpassen (**of** auf +akk); **be ~ with the glasses** sei mit den Gläsern vorsichtig; **she's very ~ about what she eats** sie achtet genau darauf, was sie isst; **to be ~ about doing sth** sich (dat) gut überlegen, ob man etw tun soll; **be ~ (that) they don't hear you** gib acht, damit od dass sie dich nicht hören; **be ~ not to drop it** pass auf, dass du das nicht fallen lässt; **he is very ~ with his money** er hält sein Geld gut zusammen

carefully ['kɛəfəli] adv sorgfältig, vorsichtig; überlegen gründlich; zuhören gut; erläutern genau
carefulness s Sorgfalt f, Vorsicht f
care giver US s → carer
care home Br s Pflegeheim n
care label s Pflegeetikett n
careless ['kɛəlɪs] adj nachlässig; Fahrer leichtsinnig; Bemerkung gedankenlos; **~ mistake** Flüchtigkeitsfehler m; **how ~ of me!** wie dumm von mir, wie ungeschickt von mir
carelessly ['kɛəlɪslɪ] adv **1** unvorsichtigerweise **2** etw sagen gedankenlos; wegwerfen achtlos
carelessness s Nachlässigkeit f
carer ['kɛərə] Br s Pflegeperson f; **the elderly and their ~s** Senioren und ihre Fürsorgenden od und die, die sie pflegen
caress [kə'res] **A** s Liebkosung f **B** v/t streicheln, liebkosen
caretaker s Hausmeister(in) m(f), Abwart(in) m(f) schweiz; **~ government** geschäftsführende Regierung, Übergangsregierung f
care worker Br s Betreuer(in) für Kinder, Geisteskranke oder alte Menschen
careworn adj von Sorgen gezeichnet
car ferry s Autofähre f
cargo ['kɑːgəʊ] s ⟨pl -es⟩ Fracht f
cargo pants pl Cargohose f
car hire Br s Autovermietung f
car hire company Br s Leihwagenfirma f
Caribbean [ˌkærɪ'biːən US kə'rɪbɪən] **A** adj karibisch; **~ Sea** Karibisches Meer; **a ~ island** eine Insel in der Karibik **B** s Karibik f
caricature ['kærɪkətjʊə] **A** s Karikatur f **B** v/t karikieren
caries ['kɛəriːz] s MED Karies f
caring ['kɛərɪŋ] adj Wesen mitfühlend; Ehemann liebevoll; Gesellschaft mitmenschlich; **~ profession** Sozialberuf m
car insurance s Kfz-Versicherung f
Carinthia [kə'rɪnθɪə] s GEOG Kärnten n
car jack s Wagenheber m
carjacking ['kɑːdʒækɪŋ] s Carjacking n, Autoraub m
car keys pl Autoschlüssel pl
carload s **1** AUTO Wagenladung f **2** US BAHN Waggonladung f
car mechanic s Automechaniker(in) m(f)
carnage ['kɑːnɪdʒ] s Blutbad n
carnal ['kɑːnl] adj fleischlich; **~ desires** sinnliche Begierden pl
carnation [kɑː'neɪʃən] s Nelke f
carnival ['kɑːnɪvəl] **A** s Volksfest n, Karneval m **B** adj ⟨attr⟩ Fest-, Karnevals-

carnivore ['kɑːnɪvɔːʳ] s Fleischfresser m
carnivorous [kɑːˈnɪvərəs] adj fleischfressend
carol ['kærəl] s Weihnachtslied n
carol singers pl ≈ Sternsinger pl
carol singing s Weihnachtssingen n
carousel [ˌkæruːˈsel] s **1** Karussell n, Ringelspiel n österr **2** am Flughafen Gepäckausgabeband n
car owner s Autohalter(in) m(f)
carp[1] [kɑːp] s Karpfen m
carp[2] v/i nörgeln, raunzen österr, sempern österr
car park Br s Parkplatz m, Parkhaus n; **~ ticket** Parkschein m
car parking s **~ facilities are available** Parkplatz vorhanden
carpenter ['kɑːpɪntəʳ] s Zimmermann m, Zimmerfrau f, Tischler(in) m(f)
carpentry ['kɑːpɪntrɪ] s Zimmerhandwerk n; als Hobby Tischlern n
carpet ['kɑːpɪt] **A** s Teppich m, Teppichboden m **B** v/t (mit Teppichen/Teppichboden) auslegen
carpet-sweeper s Teppichkehrer m
carpet tile s Teppichfliese f
car phone s Autotelefon n
carpool s **1** Fahrgemeinschaft f **2** Fuhrpark m
carport s Einstellplatz m
car radio s Autoradio n
car rental US s Autovermietung f
carriage ['kærɪdʒ] s **1** Kutsche f **2** Br BAHN Wagen m **3** HANDEL Beförderung f; **~ paid** frei Haus
carriageway ['kærɪdʒweɪ] Br s Fahrbahn f
carrier ['kærɪəʳ] s **1** Spediteur m **2** von Krankheit Überträger m **3** Flugzeugträger m **4** Br a. **~ bag** Tragetasche f
carrier pigeon s Brieftaube f
carrion ['kærɪən] s Aas n
carrot ['kærət] s Mohrrübe f; fig Köder m
carrot-and-stick adj **~ policy** Politik f von Zuckerbrot und Peitsche
carrot cake s Karottenkuchen m
carry ['kærɪ] **A** v/t **1** tragen; Geld bei sich haben; **to ~ sth about** od **around with one** etw mit sich herumtragen **2** Fahrzeug befördern; **this coach carries 30 people** dieser Bus kann 30 Personen befördern; **to ~ along** von Fluss, Lawine mitreißen, mitführen **3** fig **this job carries a lot of responsibility** dieser Posten bringt viel Verantwortung mit sich; **the offence carries a penalty of £50** darauf steht eine Geldstrafe von £ 50 **4** HANDEL Waren führen **5** TECH Rohr führen; Draht übertragen **6** **the motion was carried unanimously** der Antrag wurde einstimmig angenommen **7** **he carries himself well** er hat eine gute Haltung **8** MED **people ~ing the AIDS virus** Menschen, die das Aidsvirus in sich (dat) tragen; **to be ~ing a child** schwanger sein **9** MATH ... **and ~ 2** ... übertrage od behalte 2 **B** v/i Ton tragen; **the sound of the alphorn carried for miles** der Klang des Alphorns war meilenweit zu hören

phrasal verbs mit carry:

carry away v/t ⟨trennb⟩ **1** wörtl wegtragen, hinwegtragen **2** fig **to get carried away** sich nicht mehr bremsen können umg; **don't get carried away!** übertreib's nicht!; **to be carried away by one's feelings** sich (in seine Gefühle) hineinsteigern

carry forward v/t ⟨trennb⟩ FIN vortragen

carry off v/t ⟨trennb⟩ **1** wegtragen **2** Preise gewinnen **3** **to carry it off** es hinkriegen umg

carry on A v/i **1** weitermachen; Leben weitergehen **2** umg reden und reden; (≈ Szene machen) ein Theater machen umg; **to carry on about sth** sich über etw (akk) auslassen **3** (≈ Affäre haben) etwas haben umg **B** v/t ⟨trennb⟩ **1** Tradition, Geschäft fortführen **2** Gespräch führen

carry out v/t ⟨trennb⟩ **1** wörtl heraustragen **2** fig Befehl, Arbeit ausführen; Versprechen erfüllen; Plan, Suche durchführen; Drohungen wahr machen

carry over v/t ⟨trennb⟩ FIN vortragen

carry through v/t ⟨trennb⟩ zu Ende führen

carryall US s (Einkaufs-/Reise)tasche f
carrycot Br s Babytragetasche f
carry-on umg s Theater n umg
carry-on bag s Handgepäck n
carry-on trolley case Br s, **carry-on roller** US s Kabinentrolley m
carry-out US, schott s Speisen pl/Getränke pl zum Mitnehmen; **let's get a ~** kaufen wir uns etwas zum Mitnehmen
car seat s Sitz m (im Auto)
car sharing s Carsharing n (organisierte Nutzung eines Autos von mehreren Personen)
carsick ['kɑːsɪk] adj **I used to get ~** früher wurde mir beim Autofahren immer schlecht
cart [kɑːt] **A** s **1** Karren m **2** US Einkaufswagen m; Kofferkuli m **B** v/t fig umg (mit sich) schleppen, herumschleppen

phrasal verbs mit cart:

cart away, **cart off** v/t ⟨trennb⟩ abtransportieren

carte blanche ['kɑːt'blɑːnʃ] s ⟨kein pl⟩ **to give sb ~** j-m eine Blankovollmacht geben
car technician ['kɑː tekˌnɪʃn] s Mechaniker(in) m(f)
cartel [kɑːˈtel] s Kartell n
carthorse ['kɑːthɔːs] s Zugpferd n
cartilage ['kɑːtɪlɪdʒ] s Knorpel m
cartload ['kɑːtləʊd] s Wagenladung f
carton ['kɑːtən] s (Papp)karton m; Zigaretten

Stange f; *Milch* Tüte f
cartoon [kɑːˈtuːn] s **1** Cartoon m/n, Karikatur f **2** FILM, TV (Zeichen)trickfilm m
cartoon character s Comicfigur f
cartoonist [ˌkɑːˈtuːnɪst] s **1** Karikaturist(in) m(f) **2** FILM, TV Trickzeichner(in) m(f)
cartoon strip *bes Br* s Cartoon m/n
cartridge [ˈkɑːtrɪdʒ] s *für Gewehr, Stift* Patrone f; FOTO Kassette f
cartridge belt s Patronengurt m
cartwheel [ˈkɑːtwiːl] *wörtl* s Wagenrad n; SPORT Rad n; **to turn** *od* **do ~s** Rad schlagen
carve [kɑːv] **A** v/t **1** *Holz* schnitzen; *Stein etc* (be)hauen; **~d in(to) the wood** in das Holz geschnitzt; **~d in(to) the stone** in den Stein gehauen **2** GASTR tranchieren **B** v/i GASTR tranchieren

phrasal verbs mit carve:
carve out v/t ⟨*trennb*⟩ **to carve out a career for oneself** sich (*dat*) eine Karriere aufbauen
carve up v/t ⟨*trennb*⟩ **1** *Fleisch* aufschneiden **2** *fig Erbe* verteilen; *Land* aufteilen

carvery [ˈkɑːvəri] s Büfett n
carving [ˈkɑːvɪŋ] s KUNST Skulptur f, Holzschnitt m
carving knife s Tranchiermesser n
carwash [ˈkɑːwɒʃ] s Autowaschanlage f
cascade [kæsˈkeɪd] **A** s Kaskade f; Wasserfall m **B** v/i a. **~ down** (in Kaskaden) herabfallen (**onto** auf +akk)
case[1] [keɪs] s **1** Fall m; **is that the ~ with you?** ist das bei Ihnen der Fall?; **as the ~ may be** je nachdem; **in most ~s** meist(ens); **in ~** falls; **(just) in ~** für alle Fälle; **in ~ of emergency** im Notfall; **in any ~** sowieso; **in this/that ~** in dem Fall; **to win one's ~** JUR seinen Prozess gewinnen; **the ~ for the defence** die Verteidigung; **in the ~ Higgins v Schwarz** in der Sache Higgins gegen Schwarz; **the ~ for/against capital punishment** die Argumente für/gegen die Todesstrafe; **to have a good ~** JUR gute Chancen haben durchzukommen; **there's a very good ~ for adopting this method** es spricht sehr viel dafür, diese Methode zu übernehmen; **to put one's ~** seinen Fall darlegen; **to put the ~ for sth** etw vertreten; **to be on the ~** am Ball sein **2** GRAM Fall m; **in the genitive ~** im Genitiv **3** *umg* (≈ *Mensch*) Type f *umg*; **a hopeless ~** ein hoffnungsloser Fall
case[2] [keɪs] s **1** Koffer m; *aus Holz* Kiste f; *zum Ausstellen* Vitrine f **2** *für Brille* Etui n; *für CD* Hülle f; *für Musikinstrument* Kasten m **3** TYPO **upper/lower** **-er** – groß-/kleingeschrieben
case history s MED Krankengeschichte f; SOZIOL, PSYCH Vorgeschichte f
casement [ˈkeɪsmənt] s Flügelfenster n

case study s Fallstudie f
cash [kæʃ] **A** s **1** Bargeld n; **~ in hand** Barbestand m; **to pay (in) ~** bar bezahlen; **how much do you have in ready ~?** wie viel Geld haben Sie verfügbar?; **~ in advance** Vorauszahlung f; **~ on delivery** per Nachnahme **2** Geld n; **to be short of ~** knapp bei Kasse sein *umg*; **I'm out of ~** ich bin blank *umg* **B** v/t *Scheck* einlösen

phrasal verbs mit cash:
cash in **A** v/t ⟨*trennb*⟩ einlösen **B** v/i **to cash in on sth** aus etw Kapital schlagen

cash-and-carry s Cash and Carry m, Verbrauchermarkt m
cashback s Barauszahlung f (*zusätzlich zu dem Preis der gekauften Ware, wenn man mit Bankkarte bezahlt*); **I'd like £50 ~, please** und ich hätte gern zusätzlich £ 50 in bar
cashbook s Kassenbuch n
cash box s (Geld)kassette f
cash card s (Geld)automatenkarte f
cash desk *Br* s Kasse f, Kassa f *österr*
cash discount s Skonto m/n
cash dispenser *Br* s Geldautomat m
cashew [ˈkæʃuː] s Cashewnuss f
cash flow **A** s Cashflow m **B** adj ⟨*attr*⟩ **cash-flow problems** Liquiditätsprobleme pl
cashier [kæˈʃɪəʳ] s Kassierer(in) m(f)
cashier's check *US* s Bankscheck m
cashless [ˈkæʃləs] adj bargeldlos
cash machine *Br* s Geldautomat m
cashmere [ˈkæʃmɪəʳ] s Kaschmir m
cash payment s Barzahlung f
cash point *Br* s Geldautomat m
cash price s Bar(zahlungs)preis m
cash register s Registrierkasse f
cash transaction s Bargeldtransfer m
casing [ˈkeɪsɪŋ] s TECH Gehäuse n
casino [kəˈsiːnəʊ] s ⟨*pl* -s⟩ (Spiel)kasino n
cask [kɑːsk] s Fass n
casket [ˈkɑːskɪt] s **1** Schatulle f **2** *US* Sarg m
Caspian Sea [ˈkæspɪənˈsiː] s Kaspisches Meer
casserole [ˈkæsərəʊl] s GASTR Schmortopf m; **a lamb ~** eine Lammkasserolle
cassette [kæˈset] s Kassette f
cassette deck s Kassettendeck n
cassette player, **cassette recorder** s Kassettenrekorder m
cassette radio s Radiorekorder m
cassock [ˈkæsək] s Talar m
cast [kɑːst] ⟨v: *prät, pperf* cast⟩ **A** v/t **1** werfen; *Netz* auswerfen; **to ~ one's vote** seine Stimme abgeben; **to ~ one's eyes over sth** einen Blick auf etw (*akk*) werfen; **to ~ a shadow** einen Schatten werfen (**on** auf +*akk*) **2** TECH, KUNST gießen **3** THEAT **they ~ him as the villain** sie ha-

ben ihm die Rolle des Schurken gegeben **B** v/i *Angeln* die Angel auswerfen **C** s **1** Gipsverband m **2** THEAT Besetzung f

phrasal verbs mit cast:

cast about Br, **cast around for** v/i ⟨+obj⟩ zu finden versuchen; **he was casting about** od **around for something to say** er suchte nach Worten

cast aside v/t ⟨trennb⟩ *Sorgen* ablegen; *j-n* fallen lassen

cast back v/t ⟨trennb⟩ **to cast one's thoughts** od **mind back** seine Gedanken zurückschweifen lassen (**to** in +akk)

cast off v/t & v/i ⟨trennb⟩ **1** SCHIFF losmachen **2** *Handarbeiten* abketten

cast on v/t & v/i ⟨trennb⟩ *Handarbeiten* anschlagen

cast out liter v/t ⟨trennb⟩ vertreiben; *Dämonen* austreiben

castaway ['kɑːstəweɪ] s Schiffbrüchige(r) m/f(m)
caste [kɑːst] **A** s Kaste f **B** adj ⟨attr⟩ Kasten-
caster ['kɑːstə^r] s → castor
caster sugar Br s Sandzucker m
castigate ['kæstɪgeɪt] v/t geißeln
casting s Casting n, Rollenbesetzung f
casting vote s ausschlaggebende Stimme
cast iron s Gusseisen n
cast-iron adj **1** wörtl gusseisern **2** fig *Konstitution* eisern; *Alibi* hieb- und stichfest
castle ['kɑːsl] s **1** Schloss n, Burg f **2** *Schach* Turm m
castoffs ['kɑːstɒfs] Br umg pl abgelegte Kleider pl; **she's one of his ~** fig umg sie ist eine seiner ausrangierten Freundinnen umg
castor ['kɑːstə^r] s Rad n
castor oil s Rizinus(öl) n
castrate [kæs'treɪt] v/t kastrieren
castration [kæs'treɪʃən] s Kastration f
casual ['kæʒjʊl] adj **1** zufällig; *Bekannter, Blick* flüchtig **2** (≈ sorglos) lässig; *Haltung* gleichgültig; *Bemerkung* beiläufig; **it was just a ~ remark** das habe ich/hat er etc nur so gesagt; **he was very ~ about it** es war ihm offensichtlich gleichgültig, das hat ihn kaltgelassen umg; **the ~ observer** der oberflächliche Betrachter **3** zwanglos; *Kleidung* leger, Freizeit-; **a ~ shirt** ein Freizeithemd n; **he was wearing ~ clothes** er war leger gekleidet **4** *Arbeit* Gelegenheits-; *Beziehung* locker
casually ['kæʒjʊlɪ] adv **1** (≈ emotionslos) ungerührt **2** beiläufig, lässig; *gekleidet* leger
casualty ['kæʒjʊltɪ] s **1** Opfer n **2** Br (a. **~ unit**) Notaufnahme f; **to go to ~** in die Notaufnahme gehen; **to be in ~** in der Notaufnahme sein
casualty ward Br s Unfallstation f

cat [kæt] s Katze f; **to let the cat out of the bag** die Katze aus dem Sack lassen; **to play a cat--and-mouse game with sb** mit j-m Katz und Maus spielen; **there isn't room to swing a cat** umg man kann sich nicht rühren(, so eng ist es); **to be like a cat on hot bricks** od **on a hot tin roof** wie auf glühenden Kohlen sitzen; **that's put the cat among the pigeons!** da hast du etc aber was (Schönes) angerichtet!; **he doesn't have a cat in hell's chance of winning** er hat nicht die geringste Chance zu gewinnen; **when** od **while the cat's away the mice will play** sprichw wenn die Katze aus dem Haus ist, tanzen die Mäuse sprichw; **has the cat got your tongue?** umg du hast wohl die Sprache verloren?
catacombs ['kætəkuːmz] pl Katakomben pl
catalogue ['kætəlɒg], **catalog** US **A** s **1** Katalog m **2** **a ~ of errors** eine Serie von Fehlern **B** v/t katalogisieren
catalyst ['kætəlɪst] s Katalysator m
catalytic converter [ˌkætəlɪtɪkkən'vɜːtə^r] s AUTO Katalysator m
catamaran [ˌkætəmə'ræn] s Katamaran m
catapult ['kætəpʌlt] **A** s Br Schleuder f **B** v/t katapultieren
cataract ['kætərækt] s MED grauer Star
catarrh [kə'tɑː^r] s Katarrh m
catastrophe [kə'tæstrəfɪ] s Katastrophe f; **to end in ~** in einer Katastrophe enden
catastrophic [ˌkætə'strɒfɪk] adj katastrophal
catcall s THEAT **~s** pl Pfiffe und Buhrufe pl
catch [kætʃ] ⟨v: prät, pperf caught⟩ **A** v/t **1** fangen; *Dieb* fassen; umg (≈ erreichen) erwischen umg; **to ~ sb's arm**, **to ~ sb by the arm** j-n am Arm fassen; **glass which ~es the light** Glas, in dem sich das Licht spiegelt; **to ~ sight/a glimpse of sb/sth** j-n/etw erblicken; **to ~ sb's attention/eye** j-n auf sich (akk) aufmerksam machen **2** erwischen; **to ~ sb by surprise** j-n überraschen; **to be caught unprepared** nicht darauf vorbereitet sein; **to ~ sb at a bad time** j-m ungelegen kommen; **I caught him flirting with my wife** ich habe ihn (dabei) erwischt, wie er mit meiner Frau flirtete; **you won't ~ me signing any contract** umg ich unterschreibe doch keinen Vertrag; **caught in the act** auf frischer Tat ertappt; **we were caught in a storm** wir wurden von einem Unwetter überrascht; **to ~ sb on the wrong foot** od **off balance** fig j-n überrumpeln; **~ you later!** umg bis später! **3** *Bus etc* nehmen **4** (≈ rechtzeitig eintreffen für *Bus*) erreichen; **if I hurry I'll ~ the end of the film** wenn ich mich beeile kriege ich das Ende des Films noch mit umg **5** **I caught my finger in the car door**

ich habe mir den Finger in der Wagentür eingeklemmt; **he caught his foot in the grating** er ist mit dem Fuß im Gitter hängen geblieben **6** (≈ *hören*) mitkriegen *umg* **7 to ~ an illness** sich (*dat*) eine Krankheit zuziehen; **he's always ~ing cold(s)** er erkältet sich leicht; **you'll ~ your death (of cold)!** du holst dir den Tod! *umg*; **to ~ one's breath** Luft holen; **the blow caught him on the arm** der Schlag traf ihn am Arm; **you'll ~ it!** *Br umg* du kannst (aber) was erleben! *umg* **B** *v/i* klemmen, sich verfangen; **her dress caught in the door** sie blieb mit ihrem Kleid in der Tür hängen **C** *s* **1** *von Ball etc* **to make a (good) ~** (gut) fangen; **he missed an easy ~** er hat einen leichten Ball nicht gefangen **2** *Angeln* Fang *m* **3** (≈ *Schwierigkeit*) Haken *m*; **there's a ~!** die Sache hat einen Haken **4** Verschluss *m*

phrasal verbs mit catch:
catch on *umg v/i* **1** (≈ *populär werden*) ankommen **2** (≈ *verstehen*) kapieren *umg*
catch out *fig v/t* ⟨*trennb*⟩ überraschen; *mit Fangfrage etc* hereinlegen *umg*
catch up A *v/i* aufholen; **to catch up on one's sleep** Schlaf nachholen; **to catch up on** *od* **with one's work** Arbeit nachholen; **to catch up with sb** j-n einholen **B** *v/t* ⟨*trennb*⟩ **1 to catch sb up** j-n einholen **2 to get caught up in sth** sich in etw (*dat*) verfangen; *im Straßenverkehr* in etw (*akk*) verwickelt werden

catch-22 [ˌkætʃtwentɪˈtuː] *s* **a ~ situation** *umg* eine Zwickmühle
catchall [ˈkætʃɔːl] *s* allgemeine Bezeichnung/Klausel *etc*
catcher [ˈkætʃəʳ] *s* Fänger(in) *m(f)*
catching *adj* MED, *a. fig* ansteckend
catchment area [ˈkætʃmənt‚ɛərɪə] *s* Einzugsgebiet *n*
catch phrase *s* Slogan *m*
catchword [ˈkætʃwɜːd] *s* Schlagwort *n*
catchy [ˈkætʃɪ] *adj* ⟨*komp* catchier⟩ *Melodie* eingängig; *Titel* einprägsam
catechism [ˈkætɪkɪzəm] *s* Katechismus *m*
categorical [ˌkætɪˈgɒrɪkəl] *adj* kategorisch; **he was quite ~ about it** er hat das mit Bestimmtheit gesagt
categorically [ˌkætɪˈgɒrɪkəlɪ] *adv behaupten, abstreiten* kategorisch; *etw sagen* mit Bestimmtheit
categorize [ˈkætɪgəraɪz] *v/t* kategorisieren
category [ˈkætɪgərɪ] *s* Kategorie *f*

phrasal verbs mit category:
cater for *v/i* ⟨+*obj*⟩ **1** mit Speisen und Getränken versorgen **2** ausgerichtet sein auf (+*akk*) (*a.* **cater to**) *Bedürfnisse, Geschmack* gerecht werden (+*dat*)

caterer [ˈkeɪtərəʳ] *s* Lieferfirma *f* für Speisen und Getränke, Partyservice *m*
catering *s* Versorgung *f* mit Speisen und Getränken (for +*gen*); **who's doing the ~?** wer liefert das Essen und die Getränke?; **~ trade** (Hotel- und) Gaststättengewerbe *n*
catering service [ˈkeɪtərɪŋˌsɜːvɪs] *s* Partyservice *m*
caterpillar [ˈkætəpɪləʳ] *s* ZOOL Raupe *f*
catfish *s* Wels *m*, Katzenfisch *m*
cat flap *s* Katzenklappe *f*
cathartic [kəˈθɑːtɪk] *adj Philosophie, a.* LIT kathartisch
cathedral [kəˈθiːdrəl] *s* Dom *m*, Kathedrale *f*; **~ town/city** Domstadt *f*
catheter [ˈkæθɪtəʳ] *s* Katheter *m*
cathode-ray tube [ˌkæθəʊdˈreɪtjuːb] *s* Kat(h)odenstrahlröhre *f*
Catholic [ˈkæθəlɪk] **A** *adj* KIRCHE katholisch; **the ~ Church** die katholische Kirche **B** *s* Katholik(in) *m(f)*
Catholicism [kəˈθɒlɪsɪzəm] *s* Katholizismus *m*
catkin *s* BOT Kätzchen *n*
cat litter *s* Katzenstreu *f*
catnap A *s* **to have a ~** ein Nickerchen *n* machen *umg* **B** *v/i* dösen
CAT scan [ˈkæt‚skæn] *s* Computertomografie *f*
Catseye® [ˈkæts‚aɪ] *s Br* AUTO Katzenauge *n*
catsup [ˈkætsəp] *US s* → ketchup
cattle [ˈkætl] *pl* Rindvieh *n*; **500 head of ~** 500 Rinder
cattle drive *s* Viehtrieb *m*
cattle-grid *s,* **cattle guard** *US s* Weidenrost *m*
cattle market *s* Viehmarkt *m*
cattle shed *s* Viehstall *m*
cattle station *s* Rinderfarm *f*
cattle truck *s* BAHN Viehwagen *m*
catty [ˈkætɪ] *adj* ⟨*komp* cattier⟩ gehässig
catwalk [ˈkætwɔːk] *s* Laufsteg *m*
Caucasian [kɔːˈkeɪzɪən] **A** *adj* kaukasisch **B** *s* Kaukasier(in) *m(f)*
caucus [ˈkɔːkəs] *US s* Sitzung *f*
caught [kɔːt] *prät & pperf* → catch
cauldron [ˈkɔːldrən] *s* großer Kessel
cauliflower [ˈkɒlɪflaʊəʳ] *s* Blumenkohl *m*, Karfiol *m* österr
cause [kɔːz] **A** *s* **1** Ursache *f* (**of** für); **~ and effect** Ursache und Wirkung; **what was the ~ of the fire?** wodurch ist das Feuer entstanden? **2** Grund *m*; **the ~ of his failure** der Grund für sein Versagen; **with (good) ~** mit (triftigem) Grund; **there's no ~ for alarm** es besteht kein Grund zur Aufregung; **you have every ~ to be worried** du hast allen Anlass zur Sorge **3** (≈ *Zweck*) Sache *f*; **to work for** *od* **in a good ~** sich für eine gute Sache einsetzen; **he died for the ~ of peace** er starb für den Frieden;

causeway ['kɔːzweɪ] s Damm m
caustic ['kɔːstɪk] adj CHEM, a. fig ätzend; Bemerkung bissig
caustic soda s Ätznatron n
caution ['kɔːʃən] **A** s **1** Vorsicht f; **"caution!"** „Vorsicht!"; **to act with ~** Vorsicht walten lassen **2** Warnung f; offiziell Verwarnung f **B** v/t **to ~ sb** j-n warnen (**against** vor +dat); offiziell j-n verwarnen; **to ~ sb against doing sth** j-n davor warnen, etw zu tun
cautious ['kɔːʃəs] adj vorsichtig; **to give sth a ~ welcome** etw mit verhaltener Zustimmung aufnehmen
cautiously ['kɔːʃəslɪ] adv vorsichtig; **~ optimistic** verhalten optimistisch
cavalcade [ˌkævəl'keɪd] s Kavalkade f
cavalier [ˌkævə'lɪəʳ] adj unbekümmert
cavalry ['kævəlrɪ] s Kavallerie f
cavalry officer s Kavallerieoffizier m
cave [keɪv] s Höhle f
phrasal verbs mit cave:
  cave in v/i **1** einstürzen **2** umg nachgeben
caveman s ⟨pl -men⟩ Höhlenmensch m
cave painting s Höhlenmalerei f
cavern ['kævən] s Höhle f
cavernous ['kævənəs] adj tief
caviar(e) ['kævɪɑːʳ] s Kaviar m
cavity ['kævɪtɪ] s Hohlraum m; in Zahn Loch n; **nasal ~** Nasenhöhle f
cavity wall s Hohlwand f; **~ insulation** Schaumisolierung f
cavort [kə'vɔːt] v/i tollen, toben
cayenne pepper ['keɪen'pepəʳ] s Cayennepfeffer m
CB abk (= Citizens' Band) CB; **CB radio** CB-Funk m
CBE Br abk (= Commander of the Order of the British Empire) britischer Verdienstorden
CBI Br abk (= Confederation of British Industry) ≈ BDI m
CBS abk (= Columbia Broadcasting) CBS
cc[1] abk (= cubic centimetre) cc, cm³
cc[2] abk (= carbon copy) Kopie f; **cc:** ... Kopie (an): ...
CCTV abk (= closed-circuit television) Videoüberwachung f; Überwachungskamera f
CCTV image s Bild/Foto der Videoüberwachung
CCU [ˌsiːsiː'juː] abk (= coronary care unit) Herzklinik f
CD s abk (= compact disc) CD f; **CD burner** CD-Brenner m; **CD player** CD-Spieler m; **CD writer** CD-Brenner m
CD-R s abk (= compact disk - recordable) COMPUT CD-R f, (einmal) beschreibbare CD
CD-ROM ['siːdiː'rɒm] s abk (= compact disk - read only memory) CD-ROM f; **~ drive** CD-ROM-Laufwerk n
CD-RW s abk (= compact disk - rewritable) COMPUT CD-RW f, wiederbeschreibbare CD
CDT US abk (= Central Daylight Time) minus sechs Stunden mitteleuropäischer Zeit
cease [siːs] **A** v/i enden; Lärm verstummen **B** v/t beenden; Feuer, Geschäftstätigkeit einstellen; **to ~ doing sth** aufhören, etw zu tun
cease-fire ['siːs'faɪəʳ] s Feuerpause f, Waffenruhe f
ceaseless adj endlos
ceaselessly adv unaufhörlich
cedar ['siːdəʳ] s **1** Zeder f **2** (a. **~wood**) Zedernholz n
cede [siːd] v/t Territorium abtreten (**to** an +akk)
Ceefax® ['siːfæks] s Videotext der BBC
ceilidh ['keɪlɪ] s Musik- und Tanzveranstaltung, vor allem in Schottland und Irland
ceiling ['siːlɪŋ] s **1** (Zimmer)decke f **2** fig Höchstgrenze f, Plafond m schweiz
celeb [sə'leb] s umg Promi m/f
celebrate ['selɪbreɪt] **A** v/t **1** feiern **2** Messe zelebrieren; Kommunion feiern **B** v/i feiern
celebrated adj gefeiert (**for** wegen)
celebration [ˌselɪ'breɪʃən] s **1** Feier f, Feiern n; **in ~ of** zur Feier (+gen) **2** von Messe Zelebration f; von Kommunion Feier f
celebratory [ˌselɪ'breɪtərɪ] adj Mahlzeit, Drink zur Feier des Tages
celebrity [sɪ'lebrɪtɪ] s Berühmtheit f
celebrity chef s Starkoch m, Starköchin f
celeriac [sə'lerɪæk] s (Knollen)sellerie f
celery ['selərɪ] s Stangensellerie m/f; **three stalks of ~** drei Stangen Sellerie
celestial [sɪ'lestɪəl] adj ASTRON Himmels-
celibacy ['selɪbəsɪ] s Zölibat n/m
celibate ['selɪbət] adj REL keusch
cell [sel] s **1** Zelle f; **~ wall** Zellwand f **2** US umg → cellphone
cellar ['selər] s Keller m
cellist ['tʃelɪst] s Cellist(in) m(f)
cello ['tʃeləʊ] s ⟨pl -s⟩ Cello n; **to play the ~** Cello spielen
Cellophane® ['seləfeɪn] s Cellophan® n
cellphone, cell phone ['selfəʊn] bes US s Handy n, Mobiltelefon n
cell phone case US s Handyhülle f, Handytasche f
cell phone number US s Handynummer f
cellular ['seljʊləʳ] adj zellular, Zell-
cellular phone s Mobiltelefon n
cellulite ['seljʊˌlaɪt] s Cellulitis f
celluloid ['seljʊlɔɪd] s Zelluloid n

cellulose ['seljʊləʊs] s Zellstoff m
Celsius ['selsɪəs] adj Celsius-; **30 degrees ~** 30 Grad Celsius
Celt [kelt, selt] s Kelte m, Keltin f
Celtic ['keltɪk, 'seltɪk] adj keltisch
cement [sə'ment] **A** s Zement m **B** v/t zementieren; fig festigen
cement mixer s Betonmischmaschine f
cemetery ['semɪtrɪ] s Friedhof m
cenotaph ['senətɑːf] s Mahnmal n
censor ['sensəʳ] **A** s Zensor m **B** v/t zensieren
censorship s Zensur f; **press ~, ~ of the press** Pressezensur f
census ['sensəs] s Volkszählung f
cent [sent] s Cent m; **thirty ~s** dreißig Cent; **I haven't a ~** US ich habe keinen Cent
centenary [sen'tiːnərɪ] s hundertster Jahrestag
centennial [sen'tenɪəl] bes US s Hundertjahrfeier f
center US s → centre
centigrade ['sentɪgreɪd] adj Celsius-; **one degree ~** ein Grad Celsius
centilitre ['sentɪˌliːtəʳ] s, **centiliter** US s Zentiliter m/n
centimetre ['sentɪˌmiːtəʳ] s, **centimeter** US s Zentimeter m/n
centipede ['sentɪpiːd] s Tausendfüßler m
central ['sentrəl] adj **1** zentral, Zentral-, Haupt-; **the ~ area of the city** das Innenstadtgebiet; **~ London** das Zentrum von London **2** fig wesentlich; Bedeutung, Thema zentral; **to be ~ to sth** das Wesentliche an etw (dat) sein
Central African Republic s Zentralafrikanische Republik
Central America s Mittelamerika n
Central American adj mittelamerikanisch
central bank s FIN Zentral(noten)bank f
Central Europe s Mitteleuropa n
Central European adj mitteleuropäisch
Central European Time s mitteleuropäische Zeit
central government s Zentralregierung f
central heating s Zentralheizung f
centralization [ˌsentrəlaɪ'zeɪʃən] s Zentralisierung f
centralize ['sentrəlaɪz] v/t zentralisieren
central locking [ˌsentrəl'lɒkɪŋ] s Zentralverriegelung f
centrally ['sentrəlɪ] adv zentral; **~ heated** zentralbeheizt
central nervous system s Zentralnervensystem n
central processing unit s COMPUT Zentraleinheit f
central reservation Br s Mittelstreifen m
Central Standard Time s Central Standard Time f
central station s Hauptbahnhof m
centre ['sentəʳ], **center** US **A** s **1** Zentrum n **2** a. POL Mitte f; von Kreis Mittelpunkt m; von Ort Stadtmitte f, Zentrum n; **~ of gravity** Schwerpunkt m; **she always wants to be the ~ of attention** sie will immer im Mittelpunkt stehen; **the man at the ~ of the controversy** der Mann im Mittelpunkt der Kontroverse; **left of ~** POL links der Mitte; **party of the ~** Partei f der Mitte **B** v/t **1** zentrieren **2 to be ~d on sth** sich auf etw (akk) konzentrieren

phrasal verbs mit centre:

centre around v/i ⟨+obj⟩ Gedanken kreisen um; **village life centres around the pub** die Kneipe ist der Mittelpunkt des Dorflebens
centre (up)on v/i ⟨+obj⟩ sich konzentrieren auf (+akk)

centre back s, **center back** US s SPORT Vorstopper(in) m(f)
centrefold s, **centerfold** US s doppelseitiges Bild in der Mitte einer Zeitschrift
centre forward obs s, **center forward** US obs s SPORT Mittelstürmer(in) m(f)
centre half obs s, **center half** US obs s SPORT Stopper(in) m(f)
centre party s, **center party** US s Partei f der Mitte
centrepiece s, **centerpiece** US fig s von Treffen, Rede Kernstück n; von Roman, Arbeit Herzstück n; von Konzert, Show Hauptattraktion f
centrifugal [ˌsentrɪ'fjuːgəl] adj **~ force** Fliehkraft f
century ['sentjʊrɪ] s Jahrhundert n; **in the twentieth ~** im zwanzigsten Jahrhundert, im 20. Jahrhundert
CEO abk (= chief executive officer) Generaldirektor(in) m(f)
ceramic [sɪ'ræmɪk] adj keramisch
ceramics s **1** ⟨+sg v⟩ (≈ Kunst) Keramik f **2** ⟨pl⟩ (≈ Artikel) Keramik f, Keramiken pl
cereal ['sɪərɪəl] s **1** Getreide n **2** Frühstücksflocken pl, Zerealien pl
cerebral ['serɪbrəl] adj **~ palsy** zerebrale Lähmung
ceremonial [ˌserɪ'məʊnɪəl] adj zeremoniell
ceremonious [ˌserɪ'məʊnjəs] adj zeremoniell, förmlich
ceremoniously [ˌserɪ'məʊnɪəslɪ] adv mit großem Zeremoniell
ceremony ['serɪmənɪ] s **1** Zeremonie f **2** Förmlichkeit f, Förmlichkeiten pl; **to stand on ~** förmlich sein
cert[1] [sɜːt] abk (= certificate) Bescheinigung f
cert[2] [sɜːt] Br umg s **a (dead) ~** eine todsichere Sache umg

certain ['sɜːtən] **A** adj **1** sicher, gewiss; **are you ~ of** od **about that?** sind Sie sich (dat) dessen sicher?; **is he ~?** weiß er das genau?; **I don't know for ~, but ...** ich bin mir nicht ganz sicher, aber ...; **I can't say for ~** ich kann das nicht genau sagen; **he is ~ to come** er wird ganz bestimmt kommen; **to make ~ of sth** sich einer Sache vergewissern; **be ~ to tell him** vergessen Sie bitte nicht, ihm das zu sagen **2** ⟨attr⟩ gewiss; Bedingungen bestimmt; **a ~ gentleman** ein gewisser Herr; **to a ~ extent** od **degree** in gewisser Hinsicht; **of a ~ age** in einem gewissen Alter **B** pron einige; **~ of you** einige von euch

certainly ['sɜːtənlɪ] adv sicher(lich), bestimmt; **~ not!** ganz bestimmt nicht; **I ~ will not!** ich denke nicht daran!; **~!** sicher!

certainty ['sɜːtəntɪ] s Gewissheit f; **his success is a ~** er wird mit Sicherheit Erfolg haben; **it's a ~ that ...** es ist absolut sicher, dass ...

certifiable [ˌsɜːtɪˈfaɪəbl] umg adj nicht zurechnungsfähig

certificate [səˈtɪfɪkɪt] s Bescheinigung f, Urkunde f, Zeugnis n; FILM Freigabe f

certified mail US s Einschreiben n

certify ['sɜːtɪfaɪ] v/t bescheinigen; JUR beglaubigen; **this is to ~ that ...** hiermit wird bestätigt, dass ...; **she was certified dead** sie wurde für tot erklärt; **the painting has been certified (as) genuine** das Gemälde wurde als echt erklärt

certitude ['sɜːtɪtjuːd] s Sicherheit f, Gewissheit f

cervical cancer ['sɜːvɪkəl-, səˈvaɪkəl-] s Gebärmutterhalskrebs m

cervical smear s Abstrich m

Cesarean, **Cesarian** [siːˈzɛərɪən] US s → Caesarean

cessation [seˈseɪʃən] s Ende n; von Feindseligkeiten Einstellung f

cesspit ['sespɪt], **cesspool** ['sespuːl] s Jauchegrube f, Güllengrube f schweiz

CET abk (= Central European Time) MEZ

cf abk (= confer) vgl.

CFC abk (= chlorofluorocarbon) FCKW m

CGI abk (= computer-generated imagery) computergenerierte Grafikeffekte pl

chafe [tʃeɪf] **A** v/t (auf)scheuern; **his shirt ~d his neck** sein (Hemd)kragen scheuerte (ihn) **B** v/i **1** sich aufscheuern **2** fig sich ärgern (**at**, **against** über +akk)

chaffinch ['tʃæfɪntʃ] s Buchfink m

chain [tʃeɪn] **A** s Kette f, (Berg)kette f; **~ of shops** Ladenkette f; **~ of events** Kette von Ereignissen; **~ of command** MIL Befehlskette f; in Firma Weisungskette **B** v/t anketten; **to ~ sb/sth to sth** j-n/etw an etw ⟨akk⟩ ketten

phrasal verbs mit chain:

chain up v/t ⟨trennb⟩ Gefangenen in Ketten legen; Hund an die Kette legen

chain letter s Kettenbrief m

chain mail s Kettenhemd n

chain reaction s Kettenreaktion f

chain saw s Kettensäge f

chain-smoke v/i kettenrauchen

chain smoker s Kettenraucher(in) m(f)

chain store s Kettenladen m

chair [tʃɛəʳ] **A** s **1** Stuhl m, Sessel m österr; Sessel m, Fauteuil n österr; **please take a ~** bitte nehmen Sie Platz! **2** in Ausschuss etc Vorsitz m; **to be in/take the ~** den Vorsitz führen **3** UNIV Lehrstuhl m (**of** für) **4** US umg **the ~** der elektrische Stuhl **B** v/t den Vorsitz führen bei

chairlift s Sessellift m

chairman s ⟨pl -men⟩ Vorsitzende(r) m/f(m); **Mr/Madam Chairman** Herr Vorsitzender/Frau Vorsitzende

chairmanship s Vorsitz m

chairperson s Vorsitzende(r) m/f(m)

chairwoman s ⟨pl -women⟩ Vorsitzende f

chalet ['ʃæleɪ] s Chalet n

chalk [tʃɔːk] s Kreide f; **not by a long ~** Br umg bei Weitem nicht; **they're as different as ~ and cheese** Br sie sind (so verschieden) wie Tag und Nacht

challenge ['tʃælɪndʒ] **A** s **1** Herausforderung f (**to an** +akk), fig Anforderung f, Anforderungen pl; **to issue a ~ to sb** j-n herausfordern; **this job is a ~** bei dieser Arbeit ist man gefordert; **I see this task as a ~** ich sehe diese Aufgabe als Herausforderung; **those who rose to** od **met the ~** diejenigen, die sich der Herausforderung stellten **2** nach Führungsposten etc Griff m (**for** nach); **a direct ~ to his authority** eine direkte Infragestellung seiner Autorität **B** v/t **1** zu Rennen etc herausfordern; **to ~ sb to do sth** wetten, dass j-d etw nicht (tun) kann; **to ~ sb to a duel** j-n zum Duell fordern; **to ~ sb to a game** j-n zu einer Partie herausfordern **2** fig fordern **3** fig j-s Autorität infrage stellen

-challenged [-'tʃælɪndʒd] mst hum adj ⟨suf⟩ **vertically-challenged** zu kurz geraten hum; **intellectually-challenged** geistig minderbemittelt umg

challenger ['tʃælɪndʒəʳ] s Herausforderer m, Herausforderin f

challenging ['tʃælɪndʒɪŋ] adj **1** herausfordernd **2** anspruchsvoll

chamber ['tʃeɪmbəʳ] s **1** obs Gemach n obs **2 Chamber of Commerce** Handelskammer f; **the Upper/Lower Chamber** PARL die Erste/Zweite Kammer

chambermaid s Zimmermädchen n

chamber music s Kammermusik f

chamber orchestra s Kammerorchester n
chamber pot s Nachttopf m
chameleon [kəˈmiːliən] s ZOOL, a. fig Chamäleon n
champagne [ʃæmˈpeɪn] s Champagner m; **~ glass** Champagnerglas n
champion [ˈtʃæmpjən] **A** s **1** SPORT Meister(in) m(f); **~s** (≈ Team) Meister m; **world ~** Weltmeister(in) m(f); **heavyweight ~ of the world** Weltmeister m im Schwergewicht **2** von Sache Verfechter(in) m(f) **B** v/t eintreten für
championship [ˈtʃæmpjənʃɪp] s **1** SPORT Meisterschaft f **2** **~s** pl Meisterschaftskämpfe pl
chance [tʃɑːns] **A** s **1** Zufall m, Glück n; **by ~** zufällig; **would you by any ~ be able to help?** könnten Sie mir vielleicht behilflich sein? **2** Chance f, Chancen pl; Möglichkeit f; **(the) ~s are that ...** wahrscheinlich ...; **what are the ~s of his coming?** wie groß ist die Wahrscheinlichkeit, dass er kommt?; **is there any ~ of us meeting again?** könnten wir uns vielleicht wiedersehen?; **he doesn't stand** od **hasn't got a ~** er hat keine(rlei) Chance(n); **he has a good ~ of winning** er hat gute Aussicht zu gewinnen; **to be in with a ~** eine Chance haben; **no ~!** umg nee! umg; **you won't get another ~** das ist eine einmalige Gelegenheit; **I had the ~ to go** od **of going** ich hatte (die) Gelegenheit, dahin zu gehen; **now's your ~!** das ist deine Chance!; **to take one's ~** etw wagen **3** Risiko n; **to take a ~** es darauf ankommen lassen; **he's not taking any ~s** er geht kein Risiko ein **B** adj ⟨attr⟩ zufällig; **~ meeting** zufällige Begegnung **C** v/t **I'll ~ it!** umg ich versuchs mal umg

phrasal verbs mit chance:
chance (up)on v/i ⟨+obj⟩ zufällig treffen, zufällig stoßen auf (+akk)

chancel [ˈtʃɑːsəl] s Altarraum m, (hoher) Chor
chancellor [ˈtʃɑːnsələʳ] s Kanzler(in) m(f); **Chancellor (of the Exchequer)** Br Finanzminister(in) m(f); Br Schatzkanzler(in) m(f)
chandelier [ˌʃændəˈlɪəʳ] s Kronleuchter m
change [tʃeɪndʒ] **A** s **1** Veränderung f, Änderung f (**to** +gen); **a ~ for the better/worse** eine Verbesserung/Verschlechterung; **~ of address** Adressenänderung f; **a ~ in the weather** eine Wetterveränderung; **no ~** unverändert; **I need a ~ of scene** ich brauche Tapetenwechsel; **to make ~s (to sth)** (an etw dat) (Ver)änderungen pl vornehmen; **I didn't have a ~ of clothes with me** ich hatte nichts zum Wechseln mit **2** Abwechslung f; **(just) for a ~** zur Abwechslung (mal); **that makes a ~** das ist mal was anderes **3** Wechsel m; **a ~ of government** ein Regierungswechsel m **4** ⟨kein pl⟩ Wechselgeld n, Kleingeld n; **can you give me ~ for a pound?** können Sie mir ein Pfund wechseln?; **I haven't got any ~** ich habe kein Kleingeld; **you won't get much ~ out of £5** von £ 5 wird wohl nicht viel übrig bleiben; **keep the ~** der Rest ist für Sie **B** v/t **1** wechseln; Adresse, Namen ändern; **to ~ trains** etc umsteigen; **to ~ one's clothes** sich umziehen; **to ~ a wheel/the oil** ein Rad/das Öl wechseln; **to ~ a baby's nappy** Br, **to ~ a baby's diaper** US (bei einem Baby) die Windeln wechseln; **to ~ the sheets** od **the bed** die Bettwäsche wechseln; **to ~ hands** den Besitzer wechseln; **she ~d places with him** er und sie tauschten die Plätze; **to ~ stations** RADIO umschalten **2** (ver)ändern; j-n, Ideen ändern; (≈ transformieren) verwandeln; **to ~ sb/sth into sth** j-n/etw in etw (akk) verwandeln **3** umtauschen; **she ~d the dress for one of a different colour** sie tauschte das Kleid gegen ein andersfarbiges um **4** Br AUTO **to ~ gear** schalten **C** v/i **1** sich ändern; Ampel umspringen (**to** auf +akk); **to ~ from sth into ...** sich aus etw in ... (akk) verwandeln **2** sich umziehen; **she ~d into an old skirt** sie zog sich einen alten Rock an; **I'll just ~ out of these old clothes** ich muss mir noch die alten Sachen ausziehen **3** umsteigen; **all ~!** alle aussteigen! **4** **to ~ to a different system** auf ein anderes System umstellen; **I ~d to philosophy from chemistry** ich habe von Chemie zu Philosophie gewechselt

phrasal verbs mit change:
change around v/t ⟨trennb⟩ → change round B
change down v/i Br AUTO in einen niedrigeren Gang schalten
change over A v/i **1** sich umstellen (**to** auf +akk); **we have just changed over from gas to electricity** hier od bei uns ist gerade von Gas auf Strom umgestellt worden **2** zu anderer Tätigkeit etc wechseln **B** v/t ⟨trennb⟩ austauschen
change round bes Br **A** v/i → change over A **B** v/t ⟨trennb⟩ Zimmer umräumen; Möbel umstellen
change up v/i Br AUTO in einen höheren Gang schalten

changeable [ˈtʃeɪndʒəbl] adj Charakter unbeständig; Wetter wechselhaft; Stimmung wechselnd
change machine s Geldwechsler m
changeover [ˈtʃeɪndʒəʊvəʳ] s Umstellung f (**to** auf +akk)
changing [ˈtʃeɪndʒɪŋ] adj wechselnd
changing room s Ankleideraum m; SPORT Umkleideraum m

channel ['tʃænl] **A** s **1** Kanal m; TV, RADIO a. Sender m, Programm n; **the (English) Channel** der Ärmelkanal **2** ⟨mst pl⟩ fig von Bürokratie etc Dienstweg m; von Informationen etc Kanal m; **to go through the official ~s** den Dienstweg gehen **3** Furche f **B** v/t **1** Wasser (hindurch)leiten **2** fig lenken (**into** auf +akk)
Channel ferry Br s Kanalfähre f
channel-hopping s Br TV umg Zappen n umg
Channel Islands pl Kanalinseln pl
channel search s TV Sendersuchlauf m
channel-surfing s bes US TV umg → **channel-hopping**
Channel Tunnel s Kanaltunnel m
chant [tʃɑːnt] **A** s Gesang m; von Fußballfans etc Sprechchor m **B** v/t im (Sprech)chor rufen; KIRCHE singen **C** v/i Sprechchöre anstimmen; KIRCHE singen
chaos ['keɪɒs] s Chaos n; **complete ~** ein totales Durcheinander
chaotic [keɪ'ɒtɪk] adj chaotisch
chap[1] [tʃæp] v/t spröde machen; **~ped lips** aufgesprungene Lippen pl
chap[2] Br umg s Typ m umg
chapel ['tʃæpəl] s Kapelle f
chaperon(e) ['ʃæpərəʊn] **A** s Anstandsdame f **B** v/t Anstandsdame spielen bei
chaplain ['tʃæplɪn] s Kaplan m
chaplaincy ['tʃæplənsɪ] s Diensträume pl eines Kaplans
chapter ['tʃæptə[r]] s Kapitel n
char[1] [tʃɑː[r]] v/t verkohlen
char[2] Br umg s, a. **charwoman**, **charlady** Putzfrau f
character ['kærɪktə[r]] s **1** Charakter m; von Mensch Wesen n kein pl; **it's out of ~ for him to do that** es ist eigentlich nicht seine Art, so etwas zu tun; **to be of good/bad ~** ein guter/schlechter Mensch sein; **she has no ~** sie hat keine eigene Note **2** (Roman)figur f; THEAT Gestalt f **3** (≈ Mensch) Original n; umg Typ m umg **4** TYPO, IT Zeichen n
characteristic [ˌkærəktə'rɪstɪk] **A** adj charakteristisch (**of** für) **B** s (typisches) Merkmal, Charaktereigenschaft f
characteristically [kærəktə'rɪstɪklɪ] adv in charakteristischer Weise, typischerweise
characterization [ˌkærɪktəraɪ'zeɪʃən] s Personenbeschreibung f, Charakterisierung f
characterize ['kærɪktəraɪz] v/t charakterisieren; beschreiben
character set s IT Zeichensatz m
character space s IT Zeichenplatz m
charade [ʃə'rɑːd] s Scharade f; fig Farce f
char-broiled ['tʃɑːˌbrɔɪld] US adj → **char-grilled**
charcoal ['tʃɑːkəʊl] s **1** Holzkohle f **2** KUNST Kohle f, Kohlestift m; Kohlezeichnung f
charge [tʃɑːdʒ] **A** s **1** JUR Anklage f (**of** wegen); **convicted on all three ~s** in allen drei Anklagepunkten für schuldig befunden; **on a ~ of murder** wegen Mordverdachts **2** Angriff m **3** Gebühr f; **what's the ~?** was kostet das?; **to make a ~ (of £5) for sth** (£ 5 für) etw berechnen; **there's an extra ~ for delivery** die Lieferung wird zusätzlich berechnet; **free of ~** kostenlos, gratis; **delivered free of ~** Lieferung frei Haus **4** (Spreng)ladung f; ELEK, PHYS Ladung f **5 to be in ~** die Verantwortung haben; **who is in ~ here?** wer ist hier der/die Verantwortliche?; **to be in ~ of sth** für etw die Verantwortung haben; Abteilung etw leiten; **to put sb in ~ of sth** j-m die Verantwortung für etw übertragen; von Abteilung j-m die Leitung von etw übertragen; **the children were placed in their aunt's ~** die Kinder wurden der Obhut der Tante anvertraut; **to take ~ of sth** etw übernehmen; **he took ~ of the situation** er nahm die Sache in die Hand **B** v/t **1** JUR anklagen; fig beschuldigen; **to ~ sb with sth** j-n wegen etw anklagen; fig j-n wegen etw beschuldigen; **to ~ sb with doing sth** j-m vorwerfen, etw getan zu haben **2** (≈ angreifen) stürmen **3** Gebühr berechnen; **I won't ~ you for that** ich berechne Ihnen nichts dafür **4** in Rechnung stellen; **to ~ sb a sum of money** j-m einen Geldbetrag in Rechnung stellen; **please ~ all these purchases to my account** bitte setzen Sie diese Einkäufe auf meine Rechnung **5** Batterie (auf)laden **6** form **to ~ sb with sth** j-n mit etw beauftragen **C** v/i **1** stürmen, angreifen (**at sb** j-n); **~!** vorwärts! **2** umg rennen; **he ~d into the room** er stürmte ins Zimmer
chargeable ['tʃɑːdʒəbl] adj **to be ~ to sb** auf j-s Kosten (akk) gehen
charge account US s Kunden(kredit)konto n
charge card s Kundenkreditkarte f
charged [tʃɑːdʒd] adj geladen
chargé d'affaires ['ʃɑːʒeɪdæ'feə[r]] s Chargé d'affaires m
charger ['tʃɑːdʒə[r]] s für Batterie, Handy etc Ladegerät n
charging point s, **charging station** s für Elektroautos etc Ladestation f
charging station s Ladestation f
char-grilled ['tʃɑːˌgrɪld] Br adj vom Holzkohlengrill
chariot ['tʃærɪət] s Streitwagen m liter
charisma [kæ'rɪzmə] s Charisma n
charismatic [ˌkærɪz'mætɪk] adj charismatisch
charitable ['tʃærɪtəbl] adj menschenfreundlich; Organisation karitativ; **to have ~ status** als ge-

meinnützig anerkannt sein
charity ['tʃærɪtɪ] s **1** Menschenfreundlichkeit f **2** Barmherzigkeit f **3** **to live on ~** von Almosen leben **4** karitative Organisation, Wohltätigkeitsorganisation f; **to work for ~** für wohltätige Zwecke arbeiten; **a collection for ~** eine Sammlung für wohltätige Zwecke
charlady ['tʃɑːˌleɪdɪ] Br obs s Reinemache- od Putzfrau f
charlatan ['ʃɑːlətən] s Scharlatan m
charm [tʃɑːm] **A** s **1** Charme m kein pl; **feminine ~s** (weibliche) Reize pl; **to turn on the ~** seinen (ganzen) Charme spielen lassen **2** Bann m **3** Talisman m **B** v/t bezaubern; **to ~ one's way out of sth** sich mit Charme vor etw (dat) drücken
charming ['tʃɑːmɪŋ] adj charmant; **~!** iron wie reizend! iron
chart [tʃɑːt] **A** s **1** Tabelle f, Diagramm n, Karte f; **on a ~** in einer Tabelle/einem Diagramm **2** **~s** pl (≈ Top Twenty) Charts pl **B** v/t Fortschritt auswerten
charter ['tʃɑːtəʳ] **A** s Charta f; von Stadt Gründungsurkunde f **B** v/t Flugzeug chartern
chartered accountant [ˌtʃɑːtədəˈkaʊntənt] Br s staatlich geprüfter Bilanzbuchhalter, staatlich geprüfte Bilanzbuchhalterin
charter flight s Charterflug m
charter plane s Charterflugzeug n
charwoman ['tʃɑːˌwʊmən] obs s ⟨pl -women [-wɪmɪn]⟩ Br → charlady
chase [tʃeɪs] **A** s Verfolgungsjagd f; **a car ~** eine Verfolgungsjagd im Auto; **to give ~** die Verfolgung aufnehmen; **to cut to the ~** bes US umg zum Kern der Sache kommen **B** v/t jagen, verfolgen; Mädchen nachlaufen **C** v/i **to ~ after sb** hinter j-m herrennen, j-m nachlaufen; in Auto hinter j-m herrasen umg; **to ~ around** herumrasen umg
phrasal verbs mit chase:
chase away, **chase off** v/t ⟨trennb⟩ wegjagen, verjagen
chase down US v/t ⟨trennb⟩ aufspüren
chase up v/t ⟨trennb⟩ j-n umg rankriegen; Informationen etc ranschaffen umg
chaser ['tʃeɪsəʳ] s **have a whisky ~** trinken Sie einen Whisky dazu
chasm ['kæzəm] s Kluft f
chassis ['ʃæsɪ] s Chassis n, Fahrgestell n
chaste [tʃeɪst] adj ⟨komp chaster⟩ keusch
chasten ['tʃeɪsn] v/t **~ed by ...** durch ... zur Einsicht gelangt
chastise [tʃæsˈtaɪz] v/t schelten
chastity ['tʃæstɪtɪ] s Keuschheit f
chat [tʃæt] **A** s Unterhaltung f; **could we have a ~ about it?** können wir uns mal darüber un-

---

charity – check ▪ 125

terhalten? **B** v/i plaudern (**with/to** mit); **to ~ on the Internet** im Internet chatten
phrasal verbs mit chat:
chat up Br umg v/t ⟨trennb⟩ j-n einreden auf (+akk); um Beziehung anzuknüpfen anquatschen umg
chat line s IT Chatline f
chat partner s IT Chatpartner(in) m(f)
chat room s IT Chatroom m
chat show Br s Talkshow f
chat show host s Talkmaster m, Talkshow-Moderator(in) m(f)
chatter ['tʃætəʳ] **A** s Plauderei f; pej Geschwätz n **B** v/i schwatzen; Zähne klappern
chatterbox ['tʃætəbɒks] s Quasselstrippe f umg
chattering ['tʃætərɪŋ] **A** s Geschwätz n **B** adj **the ~ classes** Br pej umg das Bildungsbürgertum
chatty ['tʃætɪ] adj ⟨komp chattier⟩ gesprächig; pej geschwätzig; **written in a ~ style** im Plauderton geschrieben
chat-up line s umg Anmache f
chauffeur ['ʃəʊfəʳ] s Chauffeur m
chauffeur-driven ['ʃəʊfədrɪvn] adj mit Chauffeur
chauvinism ['ʃəʊvɪnɪzəm] s Chauvinismus m
chauvinist ['ʃəʊvɪnɪst] **A** s männlicher Chauvinist **B** adj (**male**) **~ pig** Chauvi m umg
chauvinistic [ˌʃəʊvɪˈnɪstɪk] adj chauvinistisch
cheap [tʃiːp] **A** adj & adv ⟨+er⟩ billig, preiswert; **to feel ~** sich (dat) schäbig vorkommen; **~ flight** Billigflug m; **it doesn't come ~** es ist nicht billig; **it's ~ at the price** es ist spottbillig **B** s **to buy sth on the ~** umg etw für einen Pappenstiel kaufen; **to make sth on the ~** umg etw ganz billig produzieren
cheapen ['tʃiːpən] fig v/t schlechtmachen
cheaply ['tʃiːplɪ] adv billig; leben günstig
cheapness s billiger Preis
cheapskate ['tʃiːpskeɪt] umg s Knauser m umg
cheat [tʃiːt] **A** v/t betrügen; **to ~ sb out of sth** j-n um etw betrügen **B** v/i betrügen; in Prüfung etc mogeln umg **C** s Betrüger(in) m(f); in Prüfung etc Mogler(in) m(f) umg
phrasal verbs mit cheat:
cheat on v/i ⟨+obj⟩ betrügen
cheating ['tʃiːtɪŋ] s Betrug m; in Prüfung etc Mogeln n
cheat sheet s umg Spickzettel m umg
Chechenia [tʃeˈtʃenɪə], **Chechnya** ['tʃetʃnɪə] s Tschetschenien n
check [tʃek] **A** s **1** Überprüfung f, Kontrolle f; **to keep a ~ on sb/sth** j-n/etw überwachen **2** Eindämmung f; **a ~ on growing rates of unemployment** eine Eindämmung der zunehmenden Arbeitslosenzahlen; **to act as a ~ on**

sth sich hemmend auswirken auf (+*akk*); **to hold** *od* **keep sb in ~** j-n in Schach halten; **to keep one's temper in ~** sich beherrschen **3** Karo(muster) *n* **4** *US* Scheck *m* **5** Rechnung *f* **6** *US* (≈ *Markierung*) Haken *m* **B** *v/t* überprüfen; **to ~ whether** *od* **if …** nachprüfen, ob …; **to ~ who's there** nachsehen, wer da ist **2** kontrollieren **3** aufhalten **4** FLUG *Gepäck* einchecken; *US Mantel etc* abgeben **5** *US* (≈ *markieren*) abhaken **C** *v/i* nachfragen (**with** bei), nachsehen; **I was just ~ing** ich wollte nur nachprüfen; **let's ~!** lass uns überprüfen!

phrasal verbs mit check:

check in **A** *v/i* auf Flughafen einchecken; *in Hotel* sich anmelden; **what time do you have to check in?** wann musst du am Flughafen sein? **B** *v/t* ⟨*trennb*⟩ auf Flughafen: *Gepäck* einchecken; *in Hotel* anmelden

check off *US v/t* ⟨*trennb*⟩ abhaken

check on *v/i* ⟨+*obj*⟩ **1 to check on sb/sth** (≈ *schauen, ob alles in Ordnung ist*) nach j-m/etw sehen **2** → check up on

check out **A** *v/i* sich abmelden; *Hotel* abreisen, auschecken **B** *v/t* ⟨*trennb*⟩ **1** *Fakten* überprüfen; **to check sb/sth out** j-n/etw unter die Lupe nehmen; **check it out with the boss** klären Sie das mit dem Chef ab **2** sich informieren über (+*akk*) **3** sich (*dat*) ansehen **4** *US Buch* ausleihen

check over *v/t* ⟨*trennb*⟩ überprüfen

check through *v/t* ⟨*trennb*⟩ **1** *Rechnung* durchsehen **2 they checked my bags through to Berlin** mein Gepäck wurde nach Berlin durchgecheckt

check up *v/i* überprüfen

check up on *v/i* ⟨+*obj*⟩ überprüfen; j-n kontrollieren

check with *v/t* fragen nachfragen bei; *gleich sein* sich decken mit, übereinstimmen mit

checkbook ['tʃekbʊk] *US s* Scheckbuch *n*

check card *US s* Scheckkarte *f*

checked [tʃekt] *adj Muster* kariert; **~ pattern** Karomuster *n*

checker ['tʃekəʳ] *s* **1** *US in Supermarkt* Kassierer(in) *m(f)* **2** *US* Garderobenfrau *f*/-mann *m*

checkerboard ['tʃekəbɔːd] *s US* Damebrett *n*

checkers ['tʃekəz] *US s* ⟨+*sg v*⟩ Damespiel *n*; **to play ~** Dame spielen

check-in (desk) ['tʃekɪn(ˌdesk)] *s* FLUG Abflugschalter *m*, Abfertigungsschalter *m*; *US in Hotel* Rezeption *f*

check-in counter *s* FLUG Abfertigungsschalter *m*

checking ['tʃekɪŋ] *s* Kontrolle *f*

checking account *US s* Girokonto *n*

check-in time *s* Eincheckzeit *f*

check list *s* Checkliste *f*

checkmark *s US* Häkchen *n*

checkmate **A** *s* Schachmatt *n*; **~!** matt! **B** *v/t* matt setzen

checkout *s* Kasse *f*, Kassa *f österr*

check-out time *s im Hotel* Abreise(zeit) *f*

checkpoint *s* Kontrollpunkt *m*

checkroom *s US* THEAT Garderobe *f*; BAHN Gepäckaufbewahrung *f*

checkup *s* MED Check-up *m*, Routineuntersuchung *f*; **to have a ~/go for a ~** sich routinemäßig untersuchen lassen, einen Check-up machen lassen

cheddar ['tʃedəʳ] *s* Cheddar(käse) *m*

cheek [tʃiːk] *s* **1** Backe *f*; **to turn the other ~** die andere Wange hinhalten **2** *Br* Frechheit *f*; **to have the ~ to do sth** die Frechheit haben, etw zu tun; **enough of your ~!** jetzt reichts aber!

cheekbone ['tʃiːkbəʊn] *s* Wangenknochen *m*

cheekily ['tʃiːkɪlɪ] *Br adv* frech

cheeky ['tʃiːkɪ] *adj* ⟨*komp* cheekier⟩ *Br* frech; **it's a bit ~ asking for another pay rise so soon** es ist etwas unverschämt, schon wieder eine Gehaltserhöhung zu verlangen

cheep [tʃiːp] **A** *s* Piep *m*, Piepser *m* **B** *v/i* piepsen

cheer [tʃɪəʳ] **A** *s* **1** Beifallsruf *m*, Jubel *m*; **three ~s for Mike!** ein dreifaches Hurra für Mike!; **~s!** *umg* prost!; *Br zum Abschied* tschüss!; *Br um sich zu bedanken* danke! **2** Aufmunterung *f* **B** *v/t* j-m zujubeln (+*dat*); *Ereignis* bejubeln **C** *v/i* jubeln

phrasal verbs mit cheer:

cheer on *v/t* ⟨*trennb*⟩ anfeuern

cheer up **A** *v/t* ⟨*trennb*⟩ aufmuntern; *Wohnung* aufheitern **B** *v/i Mensch* vergnügter werden; *Verhältnisse* besser werden; **cheer up!** lass den Kopf nicht hängen!

cheerful ['tʃɪəfʊl] *adj* fröhlich; *Ort, Farbe etc* heiter; *Nachrichten* erfreulich, gefreut *schweiz*; *Melodie* fröhlich; **to be ~ about sth** in Bezug auf etw optimistisch sein

cheerfully ['tʃɪəfʊlɪ] *adv* fröhlich

cheering ['tʃɪərɪŋ] **A** *s* Jubel *m* **B** *adj* jubelnd

cheerio ['tʃɪərɪ'əʊ] *bes Br umg int* Wiedersehen *umg*, tschüs(s) *umg*, servus! *österr*

cheerleader ['tʃɪəliːdəʳ] *s* Cheerleader(in) *m(f)*; *fig* Anführer(in) *m(f)*

cheerleading ['tʃɪəliːdɪŋ] *s* Cheerleading *n*

cheerless ['tʃɪəlɪs] *adj* freudlos

cheers [tʃɪəz] *int* → cheer A

cheery ['tʃɪərɪ] *adj* ⟨*komp* cheerier⟩ fröhlich, vergnügt

cheese [tʃiːz] *s* Käse *m*; **say ~!** FOTO bitte recht freundlich

cheeseboard *s* Käsebrett *n*; (≈ *Auswahl*) Käseplatte *f*

cheeseburger s Cheeseburger m
cheesecake s GASTR Käsekuchen m
cheesecloth s Käseleinen s
cheesed off [tʃiːzdˈɒf] Br umg adj angeödet umg
cheesy [ˈtʃiːzɪ] adj ▪ käsig ▫ Lied, Film schmalzig
cheetah [ˈtʃiːtə] s Gepard m
chef [ʃef] s Küchenchef m; Koch m, Köchin f
chemical [ˈkemɪkəl] A adj chemisch B s Chemikalie f
chemical engineering s Chemotechnik f
chemical toilet s Chemietoilette f
chemist [ˈkemɪst] s ▪ Chemiker(in) m(f) ▫ Br Drogist(in) m(f), Apotheker(in) m(f); ~'s (shop) Drogerie f, Apotheke f; at the ~'s bei der Drogerie, bei der Apotheke
chemistry [ˈkemɪstrɪ] s Chemie f; the ~ between us was perfect wir haben uns sofort vertragen
chemo [ˈkiːməʊ] s ⟨kein pl⟩ umg Chemo f umg
chemotherapy [ˌkiːməʊˈθerəpɪ] s Chemotherapie f
cheque [tʃek] s, **check** US s Scheck m; a ~ for £100 ein Scheck über £ 100; to pay by ~ mit (einem) Scheck bezahlen
cheque account s Girokonto n
chequebook [ˈtʃekbʊk] s, **checkbook** US s Scheckbuch n
cheque card s Scheckkarte f
chequered [ˈtʃekəd] adj, **checkered** US fig adj Geschichte bewegt
cherish [ˈtʃerɪʃ] v/t Gefühle, Hoffnung hegen; Idee sich hingeben (+dat); to ~ sb's memory j-s Andenken in Ehren halten
cherished adj Überzeugung lang gehegt; her most ~ possessions die Dinge, an denen sie am meisten hängt
cherry [ˈtʃerɪ] A s Kirsche f B adj Farbe kirschrot; GASTR Kirsch-
cherry blossom s Kirschblüte f
cherry-pick fig umg A v/t die Rosinen herauspicken aus umg B v/i sich (dat) die Rosinen herauspicken umg
cherry picker s (≈ Fahrzeug) Bockkran m
cherry tomato s Kirschtomate f
cherub [ˈtʃerəb] s ▪ ⟨pl -im [ˈtʃerəbɪm]⟩ KIRCHE Cherub m ▫ ⟨pl -s⟩ KUNST Putte f
chess [tʃes] s Schach(spiel) n
chessboard s Schachbrett n
chessman ⟨pl -men⟩, **chesspiece** s Schachfigur f
chess set s Schachspiel n
chest[1] [tʃest] s Kiste f, Truhe f; ~ of drawers Kommode f
chest[2] s ANAT Brust f; to get sth off one's ~ fig umg sich (dat) etw von der Seele reden; ~ muscle Brustmuskel m; ~ pains Schmerzen pl in der Brust
chest infection s Lungeninfekt m
chestnut [ˈtʃesnʌt] A s ▪ Kastanie f ▫ (≈ Farbe) Kastanienbraun n ▪ (≈ Pferd) Fuchs m B adj kastanienbraun
chesty [ˈtʃestɪ] Br umg adj ⟨komp chestier⟩ Husten rau
chew [tʃuː] v/t kauen; to ~ gum Kaugummi kauen; don't ~ your fingernails kaue nicht an den Nägeln

phrasal verbs mit chew:
chew on v/i ⟨+obj⟩ ▪ wörtl (herum)kauen auf (+dat) ▫ umg a. **chew over** Problem sich (dat) durch den Kopf gehen lassen
chew up v/t ⟨trennb⟩ Essen, Bleistift zerkauen; Hund zerbeißen; Papier zerfressen

chewing gum [ˈtʃuːɪŋɡʌm] s ⟨kein pl⟩ Kaugummi m/n; two pieces of ~ zwei Kaugummis
chewy [ˈtʃuːɪ] adj Fleisch zäh; Bonbon weich
chiasmus [kaɪˈæzməs] s Chiasmus m (Überkreuzstellung; Umkehrung des Satzmusters bzw. Abfolge der Wortgruppen in zwei aufeinanderfolgenden Sätzen)
chic [ʃiːk] adj ⟨+er⟩ chic
chick [tʃɪk] s ▪ Küken n; (≈ junger Vogel) Junge(s) n ▫ umg (≈ attraktive, junge Frau) Babe n umg
chicken [ˈtʃɪkɪn] A s ▪ Huhn n; GASTR Hähnchen n; ~ liver Geflügelleber f; to run around like a headless ~ wie ein kopfloses Huhn herumlaufen; don't count your ~s (before they're hatched) sprichw man soll den Tag nicht vor dem Abend loben sprichw ▫ umg Feigling m B adj umg feig; he's ~ er ist ein Feigling

phrasal verbs mit chicken:
chicken out umg v/i kneifen umg

chicken farmer s Hühnerzüchter(in) m(f)
chicken feed s umg (≈ geringer Betrag) Peanuts pl umg
chickenpox s Windpocken pl
chickenshit US sl A s ▪ (≈ Feigling) Memme f pej umg ▫ ⟨kein pl⟩ to be ~ Scheiße sein sl B adj ▪ feige ▫ beschissen umg
chicken wing s Hähnchenflügel m
chicken wire s Hühnerdraht m
chickpea [ˈtʃɪkpiː] s Kichererbse f
chicory [ˈtʃɪkərɪ] s Chicorée f/m
chief [tʃiːf] A s ⟨pl -s⟩ Leiter(in) m(f); von Stamm Häuptling m; von Staat, Clan Oberhaupt m; umg (≈ Boss) Chef(in) m(f); ~ of police Polizeipräsident(in) od -chef(in) m(f); ~ of staff MIL Stabschef(in) m(f) B adj ▪ wichtigste(r, s) ▫ Haupt-; ~ executive leitender Direktor, leitende Direktorin; ~ executive officer Generaldirektor(in) m(f), Geschäftsführer(in) m(f)
chief constable Br s Polizeipräsident(in) m(f)
chiefly [ˈtʃiːflɪ] adv hauptsächlich

chiffon ['ʃifɒn] **A** s Chiffon m **B** adj Chiffon-
child [tʃaɪld] s ⟨pl children⟩ Kind n; **when I was a ~ in** od zu meiner Kindheit
child abuse s Kindesmisshandlung f; *sexuell* Kindesmissbrauch m
child-bearing A s Mutterschaft f; Schwangerschaften pl **B** adj **of ~ age** im gebärfähigen Alter
child benefit *Br* s Kindergeld n
childbirth s Geburt f; **to die in ~** bei der Geburt sterben
childcare s Kinderbetreuung f
childhood s Kindheit f
childish adj, **childishly** ['tʃaɪldɪʃ, -lɪ] *pej adv* kindisch
childishness *pej* s kindisches Gehabe
child labour s, **child labor** *US* s Kinderarbeit f
childless adj kinderlos
childlike adj kindlich
child lock s Kindersicherung f
childminder *Br* s Tagesmutter f
childminding *Br* s Beaufsichtigung f von Kindern
child molester s Kinderschänder(in) m(f)
child poverty s Kinderarmut f
child prodigy s Wunderkind n
childproof adj kindersicher
children ['tʃɪldrən] pl → child
children's home s Kinderheim n
child seat s Kindersitz m
child's play s ein Kinderspiel n
child support s Unterhaltszahlung f für Kinder
Chile ['tʃɪlɪ] s Chile n
Chilean ['tʃɪlɪən] **A** adj chilenisch **B** s Chilene m, Chilenin f
chili s → chilli
chill [tʃɪl] **A** s **1** Frische f, Kälte f; **there's quite a ~ in the air** es ist ziemlich frisch **2** *MED* fieberhafte Erkältung; **to catch a ~** sich verkühlen **B** adj frisch **C** v/t **1** kühlen; **I was ~ed to the bone** die Kälte ging mir bis auf die Knochen **2** *fig* Blut gefrieren lassen **D** v/i *umg* chillen *sl*, relaxen *sl*
phrasal verbs mit chill:
chill out *umg* v/i relaxen *sl*, chillen *sl*
chilli ['tʃɪlɪ] s, **chili** *US* s Peperoni pl; (≈ *Gewürz, Gericht*) Chili m
chillin' ['tʃɪlɪn] adj *sl* chillig *sl*
chilling ['tʃɪlɪŋ] adj schreckenerregend
chilly ['tʃɪlɪ] adj ⟨komp chillier⟩ kühl; **I feel ~** mich fröstelts
chime [tʃaɪm] **A** s Glockenspiel n; *von Türklingel* Läuten n kein pl **B** v/i läuten
phrasal verbs mit chime:
chime in *umg* v/i sich einschalten
chimney ['tʃɪmnɪ] s Schornstein m; *von Fabrik a.* Schlot m
chimneypot s Schornsteinkopf m
chimney sweep s Schornsteinfeger m
chimp [tʃɪmp] *umg*, **chimpanzee** [ˌtʃɪmpæn'ziː] s Schimpanse m
chin [tʃɪn] s Kinn n; **keep your ~ up!** Kopf hoch!; **he took it on the ~** *fig umg* er hats mit Fassung getragen
China ['tʃaɪnə] s China n
china ['tʃaɪnə] **A** s Porzellan n **B** adj Porzellan-
china clay s Kaolin m
Chinatown s Chinesenviertel n
Chinese [tʃaɪ'niːz] **A** s ⟨pl -⟩ **1** Chinese m, Chinesin f **2** (≈ *Sprache*) Chinesisch n **B** adj chinesisch; **~ restaurant** Chinarestaurant n
Chinese leaves pl Chinakohl m
Chinglish ['tʃɪŋglɪʃ] s Chinglisch s (*Mischung aus Chinesisch und Englisch*)
chink¹ [tʃɪŋk] s Ritze f, Spalt m; **a ~ of light** ein dünner Lichtstrahl
chink² v/i klirren; *Münzen* klimpern
chinos ['tʃiːnəʊz] pl *in der Mode* Chinos pl
chin strap s Kinnriemen m
chip [tʃɪp] **A** s **1** Splitter m; *von Holz* Span m; **chocolate ~s** Schokoladenstreusel pl; **he's a ~ off the old block** er ist ganz der Vater; **to have a ~ on one's shoulder** einen Komplex haben (**about** wegen) **2** *Br* **~s** pl Pommes frites pl **3** *US* **~s** pl Chips pl **4** *in Porzellan etc* abgestoßene Ecke; **this cup has a ~** diese Tasse ist angeschlagen; **a ~ on your windscreen** ein Steinschlag (*auf der Windschutzscheibe*) **5** *Poker, a. COMPUT* Chip m; **when the ~s are down** wenn es drauf ankommt **B** v/t **1** *Tasse, Stein* anschlagen; *Lack* abstoßen; *Holz* beschädigen **2** *SPORT Ball* chippen
phrasal verbs mit chip:
chip away at v/i (+obj) *Autorität, System* unterminieren; *Schulden* reduzieren, verringern
chip in *umg* v/i **1** (≈ *unterbrechen*) sich einschalten **2** **he chipped in with £3** er steuerte £ 3 bei
chip off v/t ⟨trennb⟩ *Lack etc* wegschlagen
chipboard ['tʃɪpbɔːd] s Spanholz n
chipmunk ['tʃɪpmʌŋk] s Backenhörnchen n
chip pan *Br* s Fritteuse f
chipped [tʃɪpt] adj **1** *Tasse* angeschlagen; *Lack* abgesplittert **2** *Br GASTR* **~ potatoes** Pommes frites pl
chippings ['tʃɪpɪŋz] pl *auf Straße* Schotter m; *Br von Holz* Späne pl
chippy ['tʃɪpɪ] *Br umg* s Pommesbude f *umg*
chip shop *Br* s Imbissbude f
chip shot s *Golf* Chip(shot) m; *Tennis* Chip m
chiropodist [kɪ'rɒpədɪst] s Fußpfleger(in) m(f)
chiropody [kɪ'rɒpədɪ] s Fußpflege f

chiropractor [ˈkaɪərəʊˌpræktə^r] s Chiropraktiker(in) m(f)
chirp [tʃɜːp] v/i Vögel zwitschern; Grillen zirpen
chirpy [ˈtʃɜːpɪ] adj ⟨komp chirpier⟩ umg munter
chisel [ˈtʃɪzl] **A** s Meißel m; für Holz Beitel m **B** v/t meißeln; in Holz stemmen
chit [tʃɪt] s, (a. **chit of paper**) Zettel m
chitchat [ˈtʃɪttʃæt] umg s Geschwätz nt
chivalrous adj, **chivalrously** [ˈʃɪvəlrəs, -lɪ] adv ritterlich
chivalry [ˈʃɪvəlrɪ] s Ritterlichkeit f
chives [tʃaɪvz] pl Schnittlauch m
chlorine [ˈklɔːriːn] s Chlor n
chlorofluorocarbon [ˌklɔːrəʊfluərəˈkɑːbən] s Chlorfluorkohlenwasserstoff m
chloroform [ˈklɒrəfɔːm] s Chloroform n
chlorophyll [ˈklɒrəfɪl] s Chlorophyll n
chocaholic [tʃɒkəˈhɒlɪk] s **to be a ~** umg nach Schokolade süchtig sein
choccy sauce [ˈtʃɒkɪˌsɔːs] s Br Schokosoße f
choc-ice [ˈtʃɒkaɪs] Br s Eismohrle n (Eiscreme mit Schokoladenüberzug)
chock-a-block [ˈtʃɒkəblɒk] bes Br adj, **chock-full** [ˈtʃɒkfʊl] umg adj knüppelvoll umg
chocoholic [ˌtʃɒkəˈhɒlɪk] umg s Schokoladensüchtige(r) m/f(m), Schokosüchtige(r) m/f(m) umg; **to be a ~** nach Schokolade süchtig sein
chocolate [ˈtʃɒklɪt] **A** s Schokolade f; **hot ~** heiße Schokolade; **a ~** eine Praline **B** adj Schokoladen-
chocolate bar s Tafel f Schokolade, Schokoladenriegel m
chocolate biscuit s Schokoladenkeks m
chocolate cake s Schokoladenkuchen m
chocolate fondue s Schokoladenfondue n
chocolate fountain s Schokoladenbrunnen m, Schokobrunnen m umg
chocolate sauce s Schokosoße f
choice [tʃɔɪs] **A** s **1** Wahl f; **it's your ~** du hast die Wahl; **to make a ~** eine Wahl treffen; **I didn't do it from ~** ich habe es mir nicht ausgesucht; **he had no** od **little ~ but to obey** er hatte keine (andere) Wahl als zu gehören; **it was your ~** du wolltest es ja so; **the drug/weapon of ~** die bevorzugte Droge/Waffe **2** Auswahl f (**of** an +dat od von) **B** adj HANDEL Qualitäts-
choir [ˈkwaɪə^r] s Chor m
choirboy s Chorknabe m
choir master s Chorleiter m
choir stalls pl Chorgestühl n
choke [tʃəʊk] **A** v/t j-n ersticken, (er)würgen; **in a voice ~d with tears/emotion** mit tränenerstickter/tief bewegter Stimme **B** v/i ersticken (**on** an +dat) **C** s AUTO Choke m
phrasal verbs mit choke:
choke back v/t ⟨trennb⟩ Tränen unterdrücken

choking [ˈtʃəʊkɪŋ] adj Rauch beißend
cholera [ˈkɒlərə] s Cholera f
cholesterol [kəˈlestərəl] s Cholesterin n
cholesterol-busting adj umg cholesterinsenkend
chomp [tʃɒmp] v/t laut mahlen; beim Essen mampfen umg
choose [tʃuːz] ⟨prät chose; pperf chosen⟩ **A** v/t **1** (aus)wählen; **to ~ a team** eine Mannschaft auswählen od zusammenstellen; **they chose him as their leader** od **to be their leader** sie wählten ihn zu ihrem Anführer **2 to ~ to do sth** es vorziehen, etw zu tun, sich dafür entscheiden, etw zu tun **B** v/i **to ~ (between** od **among/from)** wählen (zwischen +dat/aus od unter +dat); **there is nothing** od **little to ~ between them** sie sind gleich gut, sie geben sich nicht viel
choosy [ˈtʃuːzɪ] adj ⟨komp choosier⟩ wählerisch
chop¹ [tʃɒp] **A** s **1** GASTR Kotelett n **2** umg **to get the ~** Arbeitsplätze etc dem Rotstift zum Opfer fallen; Arbeiter rausgeschmissen werden umg **B** v/t hacken; Fleisch etc klein schneiden
phrasal verbs mit chop:
chop down v/t ⟨trennb⟩ Baum fällen
chop off v/t ⟨trennb⟩ abschlagen
chop up v/t ⟨trennb⟩ zerhacken
chop² v/i **to ~ and change (one's mind)** ständig seine Meinung ändern
chopper [ˈtʃɒpə^r] s **1** Hackbeil n **2** umg Hubschrauber m
chopping block [ˈtʃɒpɪŋ-] s Hackklotz m; für Holz, bei Hinrichtung Block m
chopping board Br s Hackbrett n
chopping knife Br s Hackmesser n; mit runder Klinge Wiegemesser n
choppy [ˈtʃɒpɪ] adj ⟨komp choppier⟩ Meer kabbelig, unruhig
chopstick s (Ess)stäbchen n
choral [ˈkɔːrəl] adj Chor-; **~ society** Gesangverein m
chord [kɔːd] s MUS Akkord m; **to strike the right ~** fig den richtigen Ton treffen
chore [tʃɔː^r] s lästige Pflicht; **~s** pl Hausarbeit f; **to do the ~s** die Hausarbeit erledigen
choreographer [ˌkɒrɪˈɒgrəfə^r] s Choreograf(in) m(f)
choreography [ˌkɒrɪˈɒgrəfɪ] s Choreografie f
chorister [ˈkɒrɪstə^r] s (Kirchen)chormitglied n, Chorknabe m
chortle [ˈtʃɔːtl] v/i glucksen
chorus [ˈkɔːrəs] s **1** Refrain m; **they spoke in ~** sie sprachen im Chor **2** (≈ Sänger) Chor m; (≈ Tänzer) Tanzgruppe f
chorus line s Revue f
chose [tʃəʊz] prät → choose

chosen ['tʃəʊzn] **A** pperf → choose **B** adj **the ~ few** die wenigen Auserwählten
choux pastry ['ʃuːˈpeɪstrɪ] s Brandteig m
chowder ['tʃaʊdə^r] s sämige Fischsuppe
Christ [kraɪst] **A** s Christus m **B** int sl Herrgott umg
christen ['krɪsn] v/t taufen; **to ~ sb after sb** j-n nach j-m (be)nennen
christening ['krɪsnɪŋ] s Taufe f
Christian ['krɪstɪən] **A** s Christ(in) m(f) **B** adj christlich
Christianity [ˌkrɪstɪˈænɪtɪ] s Christentum n
Christian name s Vorname m
Christmas ['krɪsməs] s Weihnachten n; **at ~** an od zu Weihnachten; **for ~** zu Weihnachten; **are you going home for ~?** fährst du (über) Weihnachten nach Hause?; **what did you get for ~?** was hast du zu Weihnachten bekommen?; **merry** od **happy ~!** frohe od fröhliche Weihnachten!
Christmas box Br s Trinkgeld n zu Weihnachten
Christmas cake s Früchtekuchen mit Zuckerguss zu Weihnachten
Christmas card s Weihnachtskarte f
Christmas carol s Weihnachtslied n
Christmas Day s der erste Weihnachtstag; **on ~** am ersten (Weihnachts)feiertag
Christmas Eve s Heiligabend m; **on ~** Heiligabend
Christmas present s Weihnachtsgeschenk n, Christkindl n österr
Christmas pudding s Plumpudding m
Christmastide, **Christmas time** s Weihnachtszeit f
Christmas tree s Weihnachtsbaum m
chrome [krəʊm] s Chrom n
chromosome ['krəʊməsəʊm] s Chromosom n
chronic ['krɒnɪk] adj **1** chronisch; **Chronic Fatigue Syndrome** chronisches Erschöpfungssyndrom f **2** umg miserabel umg
chronically ['krɒnɪklɪ] adv chronisch
chronicle ['krɒnɪkl] **A** s Chronik f **B** v/t aufzeichnen
chronological [ˌkrɒnəˈlɒdʒɪkəl] adj chronologisch; **in ~ order** in chronologischer Reihenfolge
chronologically [ˌkrɒnəˈlɒdʒɪkəlɪ] adv chronologisch; **~ arranged** in chronologischer Reihenfolge
chronology [krəˈnɒlədʒɪ] s Chronologie f
chrysanthemum [krɪˈsænθəməm] s Chrysantheme f
chubby ['tʃʌbɪ] adj ⟨komp chubbier⟩ rundlich; **~ cheeks** Pausbacken pl
chuck [tʃʌk] umg v/t **1** schmeißen umg **2** umg wegschmeißen umg; Job hinschmeißen umg; **to ~ sb** Freundin etc Schluss machen mit

phrasal verbs mit chuck:

chuck away umg v/t ⟨trennb⟩ wegschmeißen umg; Geld aus dem Fenster schmeißen umg
chuck in Br umg v/t ⟨trennb⟩ Job hinschmeißen umg; **to chuck it (all) in** den Laden hinschmeißen umg
chuck out umg v/t ⟨trennb⟩ rausschmeißen umg; **to be chucked out** rausfliegen (**of** aus) umg
chuck up Br umg v/i sich übergeben

chuckle ['tʃʌkl] v/i leise in sich (akk) hineinlachen
chuddies ['tʃʌdɪz] sl pl Hose f
chuffed [tʃʌft] Br umg adj vergnügt und zufrieden
chug [tʃʌg] v/i tuckern

phrasal verbs mit chug:

chug along v/i entlangtuckern; fig umg gut vorankommen

chum [tʃʌm] umg s Kumpel m umg, Spezi m österr
chummy ['tʃʌmɪ] adj ⟨komp chummier⟩ umg kameradschaftlich; **to be ~ with sb** mit j-m sehr dicke sein umg
chunk [tʃʌŋk] s (großes) Stück; (≈ Fleisch) Batzen m; (≈ Stein) Brocken m
chunky ['tʃʌŋkɪ] adj ⟨komp chunkier⟩ umg stämmig; Wollsachen dick, klobig
Chunnel ['tʃʌnəl] umg s Kanaltunnel m
church [tʃɜːtʃ] s Kirche f; **to go to ~** in die Kirche gehen; **the Church of England** die anglikanische Kirche
churchgoer ['tʃɜːtʃˌgəʊə^r] s Kirchgänger(in) m(f)
church hall s Gemeindesaal m
church service s Gottesdienst m
church wedding s kirchliche Trauung
churchyard s Friedhof m
churlish, **churlishly** ['tʃɜːlɪʃ, -lɪ] adv ungehobelt
churn [tʃɜːn] **A** s **1** Butterfass n **2** Br Milchkanne f **B** v/t Schlamm etc aufwühlen **C** v/i **his stomach was ~ing** sein Magen revoltierte

phrasal verbs mit churn:

churn out v/t ⟨trennb⟩ am laufenden Band produzieren
churn up v/t ⟨trennb⟩ aufwühlen

chute [ʃuːt] s Rutsche f; für Abfall Müllschlucker m
chutney ['tʃʌtnɪ] s Chutney m
CIA s abk (= Central Intelligence Agency) CIA m
CID Br s abk (= Criminal Investigation Department) ≈ Kripo f
cider ['saɪdə^r] s Cidre m
cig [sɪg] umg s Zigarette f
cigar [sɪˈgɑː^r] s Zigarre f

cigarette [ˌsɪɡəˈret] s Zigarette f
cigarette butt s Zigarettenstummel m
cigarette case s Zigarettenetui n
cigarette end s Zigarettenstummel m
cigarette holder s Zigarettenspitze f
cigarette lighter s Feuerzeug n
cigarette machine s Zigarettenautomat m
cigarette paper s Zigarettenpapier n
cinch [sɪntʃ] umg s **it's a ~** das ist ein Kinderspiel
cinder [ˈsɪndəʳ] s **~s** pl Asche f; **burnt to a ~** Br fig verkohlt
cinder block s US Ytong® m
Cinderella [ˌsɪndəˈrelə] wörtl, fig s Aschenputtel n
cine camera [ˈsɪnɪ-] Br s (Schmal)filmkamera f
cine film Br s Schmalfilm m
cinema [ˈsɪnəmə] bes Br s Kino n; **at/to the ~** im/ins Kino; **to go to the ~** ins Kino gehen
cinemagoer [ˈsɪnəməɡəʊəʳ] s Kinogänger(in) m(f)
cinematographer [ˌsɪnɪməˈtɒɡrəfəʳ] s Kameramann m, Kamerafrau f
cinematography [ˌsɪnɪməˈtɒɡrəfɪ] s Kameraführung f
cinnamon [ˈsɪnəmən] **A** s Zimt m **B** adj ⟨attr⟩ Zimt-
cipher [ˈsaɪfəʳ] s Chiffre f; **in ~** chiffriert
circa [ˈsɜːkə] präp zirka
circle [ˈsɜːkl] **A** s **1** Kreis m; **to stand in a ~** im Kreis stehen; **to have come full ~** fig wieder da sein, wo man angefangen hat; **we're just going round in ~s** fig wir bewegen uns nur im Kreise; **a close ~ of friends** ein enger Freundeskreis; **in political ~s** in politischen Kreisen; **he's moving in different ~s now** er verkehrt jetzt in anderen Kreisen **2** Br THEAT Rang m **B** v/t **1** kreisen um; **the enemy ~d the town** der Feind kreiste die Stadt ein **2** einen Kreis machen um; **~d in red** rot umkringelt **C** v/i kreisen

phrasal verbs mit circle:
circle around v/i Vögel Kreise ziehen; Flugzeug kreisen

circuit [ˈsɜːkɪt] s **1** Rundgang m/-fahrt f/-reise f (**of** um); **to make a ~ of sth** um etw herumgehen/-fahren; **three ~s of the racetrack** drei Runden auf der Rennbahn **2** ELEK Stromkreis m, Schaltung f
circuit board s TECH Platine f
circuit breaker s Stromkreisunterbrecher m
circuit diagram s Schaltplan m
circuitous [sɜːˈkjuːɪtəs] adj umständlich; **~ path** Schlängelpfad m; **by a ~ route** auf Umwegen
circuitry [ˈsɜːkɪtrɪ] s Schaltkreise pl
circuit training s Zirkeltraining n
circular [ˈsɜːkjʊləʳ] **A** adj kreisförmig; **~ motion** Kreisbewegung f **B** s in Firma Rundschreiben n; (≈ Werbung) Wurfsendung f
circulate [ˈsɜːkjʊleɪt] **A** v/i **1** zirkulieren; Verkehr fließen; Gerücht kursieren **2** auf Party etc die Runde machen **B** v/t Gerücht in Umlauf bringen; Memo etc zirkulieren lassen
circulation [ˌsɜːkjʊˈleɪʃən] s **1** MED Kreislauf m; **to have poor ~** Kreislaufstörungen haben; **this coin was withdrawn from** od **taken out of ~** diese Münze wurde aus dem Verkehr gezogen; **to be out of ~** umg Mensch von der Bildfläche verschwunden sein; Verbrecher, Politiker aus dem Verkehr gezogen worden sein **2** von Zeitung Auflage(nhöhe) f
circulatory [ˌsɜːkjʊˈleɪtərɪ] adj Kreislauf-; **~ system** Blutkreislauf m
circumcise [ˈsɜːkəmsaɪz] v/t MED, REL beschneiden
circumcision [ˌsɜːkəmˈsɪʒən] s MED, REL Beschneidung f
circumference [səˈkʌmfərəns] s Umfang m; **the tree is 10 ft in ~** der Baum hat einen Umfang von 10 Fuß
circumnavigate [ˌsɜːkəmˈnævɪɡeɪt] v/t umfahren
circumnavigation [ˈsɜːkəmˌnævɪˈɡeɪʃən] s Fahrt f (**of** um); in Jacht a. Umsegelung f; **~ of the globe** Fahrt f um die Welt, Weltumsegelung f
circumscribe [ˈsɜːkəmskraɪb] v/t eingrenzen
circumspect [ˈsɜːkəmspekt] adj umsichtig
circumstance [ˈsɜːkəmstəns] s Umstand m; **in** od **under the ~s** unter diesen Umständen; **in** od **under no ~s** unter gar keinen Umständen; **in certain ~s** unter Umständen
circumstantial [ˌsɜːkəmˈstænʃəl] adj JUR **~ evidence** Indizienbeweis m; **the case against him is purely ~** sein Fall beruht allein auf Indizienbeweisen
circumvent [ˌsɜːkəmˈvent] v/t umgehen
circus [ˈsɜːkəs] s Zirkus m
cirrhosis [sɪˈrəʊsɪs] s Zirrhose f
CIS abk (= Commonwealth of Independent States) GUS f
cissy [ˈsɪsɪ] s → sissy
cistern [ˈsɪstən] s Zisterne f; von WC Spülkasten m
cite [saɪt] v/t zitieren
citizen [ˈsɪtɪzn] s **1** Bürger(in) m(f) **2** (Staats)bürger(in) m(f); **French ~** französischer Staatsbürger, französische Staatsbürgerin
Citizens' Advice Bureau Br s ≈ Bürgerberatungsstelle f
citizenship s **1** Staatsbürgerschaft f **2** Schulfach Sozialkunde f
citizenship test Br s Einbürgerungstest m

citric acid ['sɪtrɪk'æsɪd] s Zitronensäure f
citrus ['sɪtrəs] s ~ **fruits** Zitrusfrüchte pl
city ['sɪtɪ] s **1** Stadt f, Großstadt f; **the ~ of Glasgow** die Stadt Glasgow **2** in London **the City** das Londoner Banken- und Börsenviertel
city centre Br s Stadtzentrum n
city dweller s Stadtbewohner(in) m(f)
city father s Stadtverordnete(r) m; **the ~s** die Stadtväter pl
city hall s Rathaus n; US Stadtverwaltung f
city life s (Groß)stadtleben n
cityscape s (Groß)stadtlandschaft f
civic ['sɪvɪk] adj Bürger-; Pflichten als Bürger; Behörden städtisch
civil ['sɪvl] adj **1** bürgerlich **2** höflich; **to be ~ to sb** höflich zu j-m sein **3** JUR zivilrechtlich
civil defence s, **civil defense** US s Zivilschutz m
civil disobedience s ziviler Ungehorsam
civil engineer s Bauingenieur(in) m(f)
civil engineering s Hoch- und Tiefbau m
civilian [sɪ'vɪlɪən] **A** s Zivilist(in) m(f) **B** adj zivil, Zivil-; **in ~ clothes** in Zivil; **~ casualties** Verluste pl unter der Zivilbevölkerung; **to do ~ service** Zivildienst leisten
civilization [ˌsɪvɪlaɪ'zeɪʃən] s **1** Zivilisation f **2** der Griechen etc Kultur f
civilize ['sɪvɪlaɪz] v/t zivilisieren
civilized adj **1** zivilisiert; **all ~ nations** alle Kulturnationen **2** Bedingungen, Uhrzeit zivil
civil law s bürgerliches Recht
civil liberty s Bürgerrecht n
civil marriage s standesamtliche Trauung
civil partnership Br s eingetragene Lebenspartnerschaft
civil rights **A** pl Bürgerrechte pl **B** adj ⟨attr⟩ Bürgerrechts-; **Civil Rights Act** Bürgerrechtsgesetz n; **~ movement** Bürgerrechtsbewegung f
civil servant s ≈ (Staats)beamte(r) m, (Staats)beamtin f
civil service s ≈ Staatsdienst m (ohne Richter und Lehrer); Beamtenschaft f
civil union US s eingetragene Lebenspartnerschaft
civil war s Bürgerkrieg m
CJD abk (= Creutzfeldt-Jakob disease) CJK f
cl abk (= centilitres) cl
clad [klæd] liter adj gekleidet
claim [kleɪm] **A** v/t **1** Anspruch m erheben auf (+akk); Sozialhilfe etc beantragen, beanspruchen; **to ~ sth as one's own** etw für sich beanspruchen; **the fighting ~ed many lives** die Kämpfe forderten viele Menschenleben **2** behaupten **B** v/i **1** Versicherungswesen Ansprüche geltend machen **2** **to ~ for sth** sich (dat) etw zurück-zahlen lassen; **you can ~ for your travelling expenses** Sie können sich (dat) Ihre Reisekosten zurückerstatten lassen **C** s **1** Anspruch m; auf Lohn Forderung f; **his ~ to the property** sein Anspruch auf das Grundstück; **to lay ~ to sth** Anspruch auf etw (akk) erheben; **to put in a ~ (for sth)** etw beantragen; **~ for damages** Schadensersatzanspruch m **2** Behauptung f; **to make a ~** eine Behauptung aufstellen; **I make no ~ to be a genius** ich erhebe nicht den Anspruch, ein Genie zu sein
phrasal verbs mit claim:
claim back v/t ⟨trennb⟩ zurückfordern; **to claim sth back (as expenses)** sich (dat) etw zurückzahlen lassen
claimant ['kleɪmənt] s für Sozialhilfe etc Antragsteller(in) m(f); JUR Kläger(in) m(f)
clairvoyant [klɛə'vɔɪənt] s Hellseher(in) m(f)
clam [klæm] s (Klaff)muschel f
phrasal verbs mit clam:
clam up umg v/i keinen Piep (mehr) sagen umg
clamber ['klæmbəʳ] v/i klettern; **to ~ up a hill** auf einen Berg klettern
clam chowder s dicke Suppe aus Muscheln, Sellerie, Zwiebeln und verschiedenen Gemüsen
clammy ['klæmɪ] adj ⟨komp clammier⟩ feucht
clamour ['klæməʳ], **clamor** US **A** s lautstark erhobene Forderung (**for** nach) **B** v/i **to ~ for sth** nach etw schreien; **the men were ~ing to go home** die Männer forderten lautstark die Heimkehr
clamp [klæmp] **A** s Schraubzwinge f; MED, ELEK Klemme f; für Auto Parkkralle f **B** v/t (ein)spannen; Auto eine Parkkralle befestigen an (+dat)
phrasal verbs mit clamp:
clamp down fig v/i rigoros durchgreifen
clamp down on v/i ⟨+obj⟩ j-n an die Kandare nehmen; Aktivitäten einen Riegel vorschieben (+dat)
clampdown ['klæmpdaʊn] s Schlag m (**on** gegen)
clamshell (phone) [klæmʃel('fəʊn)] s Klapphandy n
clan [klæn] s **1** in Schottland Clan m, Stamm m **2** hum (≈ Familie) Sippe f
clandestine [klæn'destɪn] adj geheim; Treffen Geheim-
clang [klæŋ] **A** s Klirren n **B** v/i klirren; Glocke, Tor schlagen
clanger ['klæŋəʳ] Br umg s Schnitzer m umg; **to drop a ~** ins Fettnäpfchen treten umg
clank [klæŋk] **A** s Klirren n; dumpfer Dröhnen n **B** v/t klirren mit **C** v/i klirren; dumpfer dröhnen
clap [klæp] **A** s Klatschen n kein pl; **a ~ of thun-**

der ein Donnerschlag m; **give him a ~!** klatscht ihm Beifall!; **a ~ on the back** ein Schlag m auf die Schulter B v/t Beifall klatschen (+dat); **to ~ one's hands** in die Hände klatschen; **to ~ sb on the back** j-m auf die Schulter klopfen; **he ~ped his hand over my mouth** er hielt mir den Mund zu; **to ~ eyes on sb/sth** umg j-n/etw zu sehen kriegen umg C v/i (Beifall) klatschen

clapped-out ['klæptaʊt] adj ⟨attr⟩, **clapped out** ['klæpt'aʊt] umg adj ⟨präd⟩ klapprig; **a ~ old car** eine alte Klapperkiste umg

clapper ['klæpə] s **to go/drive/work like the ~s** Br umg ein Mordstempo draufhaben umg

clapping s Beifall m

claptrap ['klæptræp] umg s Geschwafel n umg

claret ['klærət] s roter Bordeauxwein

clarification [ˌklærɪfɪ'keɪʃən] s Klarstellung f; **I'd like a little ~ on this point** ich hätte diesen Punkt gerne näher erläutert

clarify ['klærɪfaɪ] v/t klären; Text erklären; Behauptung näher erläutern

clarinet [ˌklærɪ'net] s Klarinette f; **to play the ~** Klarinette spielen

clarity ['klærɪtɪ] s Klarheit f

clash [klæʃ] A v/i **1** Demonstranten zusammenstoßen **2** Farben sich beißen; Sendungen sich überschneiden; **we ~ too much** wir passen einfach nicht zusammen B s **1** von Demonstranten Zusammenstoß m; zwischen Menschen Konflikt m **2** von Persönlichkeiten Unvereinbarkeit f; **a ~ of interests** eine Interessenkollision

clasp [klɑːsp] A s (Schnapp)verschluss m B v/t (er)greifen; **to ~ sb's hand** j-s Hand ergreifen; **to ~ one's hands (together)** die Hände falten; **to ~ sb in one's arms** j-n in die Arme nehmen

class [klɑːs] A s **1** (≈ Gruppe), a. SCHULE Klasse f; (≈ Kurs) Unterricht m; **in ~** in der Klasse; **they're just not in the same ~** man kann sie einfach nicht vergleichen; **to be in a ~ of its own** eine Klasse für sich sein; **I don't like her ~es** ihr Unterricht gefällt mir nicht; **the French ~** (≈ Unterricht) die Französischstunde; (≈ Schüler) die Französischklasse; **the ~ of 2012** der Jahrgang 2012 (die Schul-/Universitätsabgänger etc des Jahres 2012) **2** gesellschaftliche Stellung; **the ruling ~** die herrschende Klasse **3** Br UNIV Prädikat n; **a first-class degree** ein Prädikatsexamen n; **second-class degree** ≈ Prädikat Gut **4** umg Stil m; **to have ~** Mensch Format haben B adj umg erstklassig C v/t einordnen

class-conscious adj standesbewusst, klassenbewusst

class distinction s Klassenunterschied m

classic ['klæsɪk] A adj klassisch; **a ~ example of sth** ein klassisches Beispiel für etw B s Klassiker m

classical ['klæsɪkəl] adj klassisch; Architektur klassizistisch; Ausbildung humanistisch; **~ music** klassische Musik; **the ~ world** die antike Welt

classics ['klæsɪks] s ⟨+sg v⟩ UNIV Altphilologie f

classification [ˌklæsɪfɪ'keɪʃən] s Klassifizierung f

classified ['klæsɪfaɪd] adj in Klassen eingeteilt; **~ ad(vertisement)** Kleinanzeige f; **~ information** MIL Verschlusssache f; POL Geheimsache f

classify ['klæsɪfaɪ] v/t klassifizieren

classless adj Gesellschaft klassenlos

classmate s Mitschüler(in) m(f), Klassenkamerad(in) m(f)

class reunion s Klassentreffen n

classroom s Klassenzimmer n

classroom assistant s Assistenzlehrkraft f

class schedule US s Stundenplan m

class system s Klassensystem n

class teacher s Klassenlehrer(in) m(f)

classy ['klɑːsɪ] adj ⟨komp classier⟩ umg nobel umg

clatter ['klætə] A s Geklapper n B v/i klappern

clause [klɔːz] s **1** GRAM Satz m **2** JUR etc Klausel f

claustrophobia [ˌklɔːstrə'fəʊbɪə] s Klaustrophobie f

claustrophobic [ˌklɔːstrə'fəʊbɪk] adj klaustrophob(isch); **it's so ~ in here** hier kriegt man Platzangst umg

claw [klɔː] A s Kralle f; von Hummer Schere f B v/t kratzen; **they ~ed their way out from under the rubble** sie wühlten sich aus dem Schutt hervor; **he ~ed his way to the top** fig er hat sich an die Spitze durchgeboxt C v/i **to ~ at sth** sich an etw (akk) krallen

clay [kleɪ] s Lehm m

clay court s Tennis Sandplatz m

clay pigeon shooting s Tontaubenschießen n

clean [kliːn] A adj ⟨+er⟩ **1** sauber; **to wash sth ~** etw abwaschen; **to make a ~ start** ganz von vorne anfangen, ein neues Leben anfangen; **he has a ~ record** gegen ihn liegt nichts vor; **a ~ driving licence** ein Führerschein m ohne Strafpunkte; **a ~ break** fig ein klares Ende **2** Witz stubenrein **3 to make a ~ breast of sth** etw gestehen **4** ⟨attr⟩ Drogenabhängiger clean B adv glatt; **I ~ forgot** das habe ich glatt (-weg) vergessen umg; **he got ~ away** er verschwand spurlos; **to cut ~ through sth** etw ganz durchschneiden/durchschlagen etc; **to come ~** umg auspacken umg; **to come ~ about sth** etw gestehen C v/t sauber machen; Nägel, Pinsel reinigen; Fenster, Schuhe, Gemüse putzen; Fisch, Wunde säubern; mit Wasser (ab)waschen; mit Tuch abwischen; **to ~ one's hands** sich (dat) die Hände waschen; mit Tuch sich (dat) die Hände abwischen; **to ~ one's teeth** sich (dat) die Zähne putzen; **~ the dirt off your face** wisch dir den Schmutz vom Gesicht! **D** v/i reinigen **E** s **to give sth a ~** sauber machen; *Nägel, Pinsel* reinigen; *Fenster, Schuhe, Gemüse* putzen; *Fisch, Wunde* säubern; *mit Wasser* (ab)waschen; *mit Tuch* abwischen

phrasal verbs mit clean:

clean off v/t ⟨trennb⟩ abwaschen; *mit Tuch* abwischen; *Schmutz* entfernen

clean out *wörtl* v/t ⟨trennb⟩ gründlich sauber machen; **that last holiday completely cleaned me out** nach dem letzten Urlaub war ich pleite *umg*

clean up **A** v/t ⟨trennb⟩ **1** *wörtl* sauber machen; *Gebäude* reinigen; *Durcheinander* aufräumen **2** *fig* **the new mayor cleaned up the city** der neue Bürgermeister hat für Sauberkeit in der Stadt gesorgt; **to clean up television** den Bildschirm (von Gewalt, Sex *etc*) säubern **B** v/i *wörtl* aufräumen; *US* (≈ Profit machen) absahnen *umg*

clean-cut ['kli:n'kʌt] *adj Mensch* gepflegt; **~ features** klare Gesichtszüge *pl*

cleaner ['kli:nə'] s **1** Reinemachefrau *f*, Putzkraft *f*; **the ~s** das Reinigungspersonal **2** (≈ Geschäft) ~'s Reinigung *f* **3** Reinigungsmittel *n*

cleaning ['kli:nɪŋ] s **the ladies who do the ~** die Frauen, die (hier) sauber machen; **~ fluid** Reinigungsflüssigkeit *f*

cleaning lady s Reinemachefrau *f*
cleaning station s Putzerstation *f*
cleanliness ['klenlɪnɪs] s Reinlichkeit *f*
clean-living ['kli:n'lɪvɪŋ] *adj* anständig
cleanly ['kli:nlɪ] *adv* sauber; **the bone broke ~** es war ein glatter Knochenbruch
cleanness s Sauberkeit *f*
clean-out ['kli:naʊt] s **to give sth a ~** etw sauber machen
cleanse [klenz] v/t reinigen
cleanser ['klenzə'] s Reinigungsmittel *n*; *für Haut* Reinigungsmilch *f*
clean-shaven ['kli:n'ʃeɪvn] *adj* glatt rasiert
cleansing ['klenzɪŋ] *adj* Reinigungs-
cleansing department s Stadtreinigung *f*

clear [klɪə'] **A** *adj* ⟨+er⟩ **1** klar; *Fall, Vorteil o.* eindeutig; *Teint* rein; *Foto* scharf; **on a ~ day** bei klarem Wetter; **to be ~ to sb** j-m klar sein; **you weren't very ~** du hast dich nicht sehr klar ausgedrückt; **is that ~?** alles klar?; **let's get this ~, I'm the boss** eins wollen wir mal klarstellen, ich bin hier der Chef; **to be ~ on** *od* **about sth** (sich *dat*) über etw (*akk*) im Klaren sein; **to make oneself ~** sich klar ausdrücken, sich verständlich machen; **to make it ~ to sb that ...** es j-m (unmissverständlich) klar machen, dass ...; **a ~ profit** ein Reingewinn *m*; **to have a ~ lead** klar führen **2** frei; **to be ~ of sth** frei von etw sein; **we're now ~ of debts** jetzt sind wir schuldenfrei; **the bottom of the door should be about 3 mm ~ of the floor** zwischen Tür und Fußboden müssen etwa 3 mm Luft sein; **at last we were/got ~ of the prison walls** endlich hatten wir die Gefängnismauern hinter uns **3** *Br* (≈ Vorsprung habend) **Rangers are now three points ~ of Celtic** Rangers liegt jetzt drei Punkte vor Celtic **B** s **to be in the ~** frei von jedem Verdacht sein; **we're not in the ~ yet** wir sind noch nicht aus allem heraus **C** *adv* **1** **loud and ~** laut und deutlich **2** (≈ vollständig) **he got ~ away** er verschwand spurlos **3** **he leapt ~ of the burning car** er rettete sich durch einen Sprung aus dem brennenden Auto; **to steer** *od* **keep ~ of sb** j-m aus dem Wege gehen; **to steer** *od* **keep ~ of sth** etw meiden; **to steer** *od* **keep ~ of a place** um einen Ort einen großen Bogen machen; **exit, keep ~** Ausfahrt frei halten!; **stand ~ of the doors!** bitte von den Türen zurücktreten! **D** v/t **1** *Rohr* reinigen; *Verstopfung* beseitigen; *Landstück, Straße* räumen; *IT Bildschirm* löschen; **to ~ the table** den Tisch abräumen; **to ~ a space for sth** für etw Platz schaffen; **to ~ the way for sb/sth** den Weg für j-n/etw frei machen; **to ~ a way through the crowd** sich (*dat*) einen Weg durch die Menge bahnen; **to ~ a room** *von Menschen* ein Zimmer räumen; *von Sachen* ein Zimmer ausräumen; **to ~ one's head** (wieder) einen klaren Kopf bekommen; **to ~ the ball** klären **2** *Schnee, Unrat* räumen **3** *JUR* j-n freisprechen; *seinen Namen* rein waschen **4** **he ~ed the bar easily** er übersprang die Latte mit Leichtigkeit; **raise the car till the wheel ~s the ground** das Auto anheben, bis das Rad den Boden nicht mehr berührt **5** *Schuld* begleichen **6** *Warenlager* räumen **7** (≈ amtlich genehmigen) abfertigen; **to ~ a cheque** *Br*, **to ~ a check** *US* bestätigen, dass ein Scheck gedeckt ist; **you'll have to ~ that with management** Sie müssen das mit der Firmenleitung regeln; **~ed by security** von den Sicherheitsbehörden für unbedenklich erklärt **E** v/i *Wetter* aufklaren; *Nebel, Rauch* sich auflösen, sich verziehen

phrasal verbs mit clear:

clear away **A** v/t ⟨trennb⟩ wegräumen **B** v/i **1** *Nebel etc* sich auflösen **2** *den Tisch* abräumen

clear off *Br umg* v/i abhauen *umg*

clear out **A** v/t ⟨trennb⟩ ausräumen **B** v/i *umg* verschwinden *umg*

clear up **A** v/t ⟨trennb⟩ **1** *Angelegenheit* klären; *Geheimnis* aufklären **2** aufräumen; *Gerümpel*

wegräumen **B** v/i **1** *Wetter* (sich) aufklären; sich aufhellen **2** aufräumen
clearance ['klɪərəns] s **1** Beseitigung f **2** durch Zoll Abfertigung f; durch Sicherheitsbehörden Unbedenklichkeitserklärung f
clearance sale s HANDEL Räumungsverkauf m
clear-cut ['klɪə'kʌt] adj klar; *Thema* klar umrissen
clear-headed ['klɪə'hedɪd] adj *Mensch, Entscheidung* besonnen
clearing s *im Wald* Lichtung f
clearing house s Clearingstelle f
clearly ['klɪəlɪ] adv **1** klar; **~ visible** klar zu sehen **2** eindeutig, offensichtlich; **we cannot allow ...** wir können keinesfalls zulassen ...; **this ~ can't be true** das kann auf keinen Fall stimmen
clearness s Klarheit f; *von Teint* Reinheit f
clear-out s Br **I'm having a big ~** ich muss mal wieder gründlich ausmisten
clear-sighted ['klɪə'saɪtɪd] fig adj scharfsichtig
cleavage ['kliːvɪdʒ] s Dekolleté n
cleaver ['kliːvəʳ] s Hackbeil n
clef [klef] s (Noten)schlüssel m
cleft [kleft] **A** adj gespalten; **a ~ chin** ein Kinn n mit Grübchen **B** s Spalte f; *in Kinn* Grübchen n
cleft palate s Gaumenspalte f
clematis ['klemətɪs] s Klematis f
clemency ['klemənsɪ] s Milde f (**towards sb** j-m gegenüber); **the prisoner was shown ~** dem Gefangenen wurde eine milde Behandlung zuteil
clementine ['klemən taɪn] s Klementine f
clench [klentʃ] v/t *Faust* ballen; *Zähne* zusammenbeißen; *mit Hand* packen
clergy ['klɜːdʒɪ] pl Klerus m
clergyman ['klɜːdʒɪmən] s ⟨pl -men [-mən]⟩ Geistliche(r) m
clergywoman ['klɜːdʒɪ,wʊmən] s ⟨pl -women [-wɪmɪn]⟩ Geistliche f
cleric ['klerɪk] s Geistliche(r) m
clerical ['klerɪkəl] adj **1** **~ work/job** Schreib- od Büroarbeit f; **~ worker** Schreib- od Bürokraft f; **~ staff** Schreibkräfte pl; **~ error** Versehen n, Schreibfehler m **2** KIRCHE geistlich
clerk [klɑːk *US* klɜːrk] s **1** (Büro)angestellte(r) m/f(m) **2** Schriftführer(in) m/f(m) **3** *US* Verkäufer(in) m/f(m) **4** *US* Rezeptionist(in) m/f(m), Empfangschef(in) m/f(m)
clever ['klevəʳ] adj **1** schlau **2** klug; *Gerät* raffiniert; **to be ~ at sth** in etw (dat) geschickt sein; **he is ~ at raising money** er ist geschickt, wenn es darum geht, Geld aufzubringen
cleverly ['klevəlɪ] adv geschickt, schlau
cleverness s **1** Schlauheit f **2** Klugheit f **3** (≈ Listigkeit) Schläue pl
cliché ['kliːʃeɪ] s **1** Klischee n **2** LIT häufig gebrauchte (und daher meist abgedroschen wirkende) Formulierung
clichéd adj klischeehaft
click [klɪk] **A** s Klicken n; *von Schalter* Knipsen n; *von Fingern* Schnipsen n **B** v/i **1** klicken; *Schalter* knipsen; *Finger* schnipsen **2** umg **suddenly it all ~ed (into place)** plötzlich ist der Groschen gefallen, plötzlich war alles glasklar; **to ~ (with sb)** sich (mit j-m) auf Anhieb verstehen **C** v/t *Finger* schnippen mit; IT *Maustaste* anklicken, drücken; **to ~ sth into place** etw einschnappen lassen

phrasal verbs mit click:
click on v/i IT **to click on the mouse** mit der Maus klicken; **to click on an icon** ein Icon anklicken

clickable ['klɪkəbl] adj anklickbar
client ['klaɪənt] s Kunde m, Kundin f; *von Anwalt* Klient(in) m(f)
clientele [ˌkliːɒnˈtel] s Kundschaft f
cliff [klɪf] s Klippe f
cliffhanger s Cliffhanger m; **the last episode ended on a real ~** die letzte Folge hatte ein spannendes offenes Ende
clifftop s **a house on a ~** ein Haus oben auf einem Felsen
climactic [klaɪˈmæktɪk] adj **a ~ scene** ein Höhepunkt
climate ['klaɪmɪt] s Klima n; **to move to a warmer ~** in eine wärmere Gegend ziehen; **~ conference** Klimakonferenz f
climate catastrophe s Klimakatastrophe f
climate change s Klimawandel m, Klimaveränderung f
climate conference s POL Klimakonferenz f, Klimagipfel m
climatic [klaɪˈmætɪk] adj Klima-
climax ['klaɪmæks] s Höhepunkt m; LIT Klimax f (*Wörter oder Phrasen sind so angeordnet, dass sie sich vom schwächsten zum stärksten Ausdruck steigern*)
climb [klaɪm] **A** v/t **1** (a. **~ up**) klettern auf (+akk); *Berg* steigen auf (+akk); *Leiter* hoch- od hinaufsteigen; *Klippe* hochklettern; **my car can't ~ that hill** mein Auto schafft den Berg nicht; **to ~ a rope** an einem Seil hochklettern **2** (a. **~ over**) klettern über (+akk) **B** v/i klettern, bergsteigen; *in Zug, Auto etc* steigen (**into** in +akk); *Preise, Flugzeug* steigen **C** s **1** **we're going out for a ~** wir machen eine Bergtour, wir gehen bergsteigen **2** *von Flugzeug* Steigflug m; **the plane went into a steep ~** das Flugzeug zog steil nach oben

phrasal verbs mit climb:
climb down **A** v/i *von Baum* herunterklettern; *von Leiter* heruntersteigen; **B** v/i ⟨+obj⟩ *Baum* he-

runterklettern von; *Leiter* heruntersteigen
climb in *v/i* einsteigen
climb up **A** *v/i* → **climb B** **B** *v/i* ⟨+obj⟩ *Leiter etc* hinaufsteigen; *Baum* hochklettern
climb-down ['klaɪmdaʊn] *fig s* Rückzieher *m*
climber ['klaɪmə^r] *s* Bergsteiger(in) *m(f)*, Kletterer(in) *m(f)*
climbing ['klaɪmɪŋ] **A** *adj* **1** Berg(steiger)-, Kletter-; *Unfall* beim Bergsteigen **2** *Pflanze* Kletter- **B** *s* Bergsteigen *n*, Klettern *n*; **to go ~** bergsteigen/klettern gehen
climbing shoe *s* Kletterschuh *m*
clinch [klɪntʃ] *v/t Sache* zum Abschluss bringen; **to ~ the deal** perfekt machen; **that ~es it** damit ist der Fall erledigt
clincher ['klɪntʃə^r] *umg s* **that was the ~** das gab den Ausschlag
cling [klɪŋ] *v/i* ⟨*prät, pperf* clung⟩ sich festklammern (**to an** +*akk*); *Kleidung* sich anschmiegen (**to** +*dat*); **to ~ together** sich aneinanderklammern; *Liebespaar* sich umschlingen; **she clung around her father's neck** sie hing ihrem Vater am Hals
clingfilm ['klɪŋfɪlm] *s* Frischhaltefolie *f*
clinging ['klɪŋɪŋ] *adj Kleidungsstück* sich anschmiegend
clingwrap ['klɪŋræp] *US s* Frischhaltefolie *f*
clingy ['klɪŋɪ] *adj* klammernd; **she's the ~ sort** sie klammert furchtbar, sie ist wie eine Klette *umg*
clinic ['klɪnɪk] *s* Klinik *f*
clinical ['klɪnɪkəl] *adj* **1** MED klinisch **2** *fig* nüchtern
clinical depression *s* klinische Depression
clinically ['klɪnɪkəlɪ] *adv* klinisch; **~ depressed** klinisch depressiv
clink [klɪŋk] **A** *v/t* klirren lassen; **to ~ glasses with sb** mit j-m anstoßen **B** *v/i* klirren
clip¹ [klɪp] **A** *s* Klammer *f* **B** *v/t* **to ~ sth onto sth** etw an etw (*akk*) anklemmen **C** *v/i* **to ~ on (to sth)** (an etw *akk*) angeklemmt werden; **to ~ together** zusammengeklemmt werden
clip² **A** *v/t* **1** scheren; *Hecke a., Fingernägel* schneiden **2** (*a.* **~ out**) *Zeitungsartikel* ausschneiden; (*a.* **~ off**) *Haar* abschneiden **3** *Auto, Kugel* streifen **B** *s* **1** **to give the hedge a ~** die Hecke (be)schneiden **2** **he gave him a ~ round the ear** er gab ihm eins hinter die Ohren *umg* **3** *von Film* Clip *m*
clip art *s* IT Clip-Art *f*
clipboard *s* **1** Klemmbrett *n* **2** IT Zwischenablage *f*
clip-on *adj Krawatte* zum Anstecken; **~ earrings** Klips *pl*; **~ sunglasses** Sonnenclip *m*
clippers ['klɪpəz] *pl*, (*a.* **pair of clippers**) Schere *f*, Haarschneidemaschine *f*, Nagelzange *f*

clipping *s von Zeitungsartikel* Ausschnitt *m*
clique [kliːk] *s* Clique *f*
clitoris ['klɪtərɪs] *s* Klitoris *f*
cloak [kləʊk] **A** *s wörtl* Umhang *m; fig* Schleier *m*; **under the ~ of darkness** im Schutz der Dunkelheit **B** *v/t fig* verhüllen
cloak-and-dagger *adj* geheimnisumwittert
cloakroom *s* **1** *Br* Garderobe *f* **2** *Br euph* Toilette *f*
clobber ['klɒbə^r] *umg* **A** *s Br* (≈ *Habseligkeiten*) Zeug *n umg*; (≈ *Kleider*) Klamotten *pl umg* **B** *v/t* (≈ *besiegen*) **to get ~ed** eins übergebraten kriegen *umg*
clock [klɒk] *s* **1** Uhr *f*; **round the ~** rund um die Uhr; **against the ~** SPORT nach *od* auf Zeit; **to work against the ~** gegen die Uhr arbeiten; **to beat the ~** schneller als vorgesehen fertig sein; **to put the ~ back/forward** die Uhr zurückstellen/vorstellen; **to turn the ~ back** *fig* die Zeit zurückdrehen; **to watch the ~** *umg* dauernd auf die Uhr sehen **2** *umg* **it's got 100,000 miles on the ~** es hat einen Tachostand von 100.000 Meilen
phrasal verbs mit clock:
clock in, **clock on** *v/i* (den Arbeitsbeginn) stempeln *od* stechen
clock off, **clock out** *v/i* (das Arbeitsende) stempeln *od* stechen
clock up *v/t* ⟨*trennb*⟩ *Geschwindigkeit, Zeit* erzielen
clock face *s* Zifferblatt *n*
clockmaker *s* Uhrmacher(in) *m(f)*
clock radio *s* Radiouhr *f*
clock tower *s* Uhrenturm *m*
clock-watching *s* Auf-die-Uhr-Schauen *n*
clockwise *adj & adv* im Uhrzeigersinn
clockwork **A** *s von Spielzeug* Aufziehmechanismus *m*; **like ~** wie am Schnürchen **B** *adj* ⟨*attr*⟩ **1** *Spielzeugauto etc* aufziehbar **2** **with ~ regularity** mit der Regelmäßigkeit eines Uhrwerks
clod [klɒd] *s* Klumpen *m*
clog [klɒg] **A** *s* Holzschuh *m*; **~s** *pl* Clogs *pl* **B** *v/t Rohr etc a.* **~ up** verstopfen; **~ged with traffic** verstopft **C** *v/i Rohr etc a.* **~ up** verstopfen
phrasal verbs mit clog:
clog up [klɒg] *v/t & v/i* ⟨-gg-⟩ verstopfen
cloister ['klɔɪstə^r] *s* **1** Kreuzgang *m* **2** Kloster *n*
cloistered *fig adj* weltabgeschieden
clone [kləʊn] **A** *s* Klon *m* **B** *v/t* klonen
close¹ [kləʊs] **A** *adj* ⟨*komp* closer⟩ **1** in der Nähe (**to** +*gen od* von); **is Glasgow ~ to Edinburgh?** liegt Glasgow in der Nähe von Edinburgh?; **you're very ~** bei Ratespiel etc du bist dicht dran; **at ~ quarters** aus unmittelbarer Nähe; **we use this pub because it's the ~st** wir gehen in dieses Lokal, weil es am nächsten ist **2**

zeitlich nahe (bevorstehend) **3** *fig Freund, Beziehung* eng; *Verwandter* nahe; *Ähnlichkeit* groß; **they were very ~ (to each other)** sie standen sich sehr nahe **4** *Prüfung* genau; **now pay ~ attention to me** jetzt hör mir gut zu; **you have to pay very ~ attention to the traffic signs** du musst genau auf die Verkehrszeichen achten **5** schwül; *in Zimmer* stickig **6** *Kampf, Ergebnis* knapp; **a ~(-fought) match** ein (ganz) knappes Spiel; **a ~ finish** ein Kopf-an-Kopf-Rennen *n*; **that was ~, that was a ~ one** das war knapp!; **it was a ~ thing** *od* **call** das war knapp!; **the vote was too ~ to call** der Ausgang der Abstimmung war völlig offen **B** *adv* ⟨*komp* closer⟩ nahe; **~ by** in der Nähe; **stay ~ to me** bleib dicht bei mir; **~ to the ground** nahe am Boden; **he followed ~ behind me** er ging dicht hinter mir; **don't stand too ~ to the fire** stell dich nicht zu nahe ans Feuer; **to be ~ to tears** den Tränen nahe sein; **~ together** nahe zusammen; **this pattern comes ~st to the sort of thing we wanted** dieses Muster kommt dem, was wir uns vorgestellt haben, am nächsten; **(from) ~ up** von Nahem

close[2] [kləʊz] **A** *v/t* **1** schließen; *Fabrik* stilllegen; *Straße* sperren; **to ~ one's eyes/ears to sth** sich einer Sache gegenüber blind/taub stellen; **to ~ ranks** MIL, *a. fig* die Reihen schließen **2** *Versammlung* beenden; *Konto etc* auflösen; **the matter is ~d** der Fall ist abgeschlossen **B** *v/i* **1** sich schließen, zugehen; *Laden, Fabrik* schließen, zumachen; *auf Dauer* stillgelegt werden; **his eyes ~d** die Augen fielen ihm zu **2** BÖRSE schließen **C** *s* Ende *n*; **to come to a ~** enden; **to draw to a ~** sich dem Ende nähern; **to bring sth to a ~** etw beenden

phrasal verbs mit close:

close down A *v/i* *Firma etc* schließen, zumachen *umg*; *Fabrik: auf Dauer* stillgelegt werden **B** *v/t* ⟨*trennb*⟩ *Firma* schließen; *Fabrik auf Dauer* stilllegen

close in *v/i Nacht* hereinbrechen; *Tage* kürzer werden; *Feind etc* bedrohlich nahe kommen; **to close in on sb** j-m auf den Leib rücken; **the police are closing in on him** die Polizei zieht das Netz um ihn zu, die Polizisten umzingeln ihn

close off *v/t* ⟨*trennb*⟩ (ab)sperren

close on *v/i* (+*obj*) einholen

close up *v/t* ⟨*trennb*⟩ *Haus, Laden* zumachen

closed *adj* geschlossen; zu; *Straße* gesperrt; **behind ~ doors** hinter verschlossenen Türen; **"closed"** "geschlossen"; **sorry, we're ~** tut uns leid, wir haben geschlossen; **~ circuit** ELEK geschlossener Stromkreis

closed-circuit television [ˌkləʊzdˌsɜːkɪtˈtelɪvɪʒən] *s* Videoüberwachung *f*, Überwachungskamera *f*

closedown [ˈkləʊzdaʊn] *s eines Geschäfts* Schließung *f*; *einer Fabrik* Stilllegung *f*

closed shop *s* **we have a ~** wir haben Gewerkschaftszwang

close-fitting [kləʊs-] *adj* eng anliegend

close-knit [kləʊs-] *adj* ⟨*komp* closer-knit⟩ *Gemeinschaft* eng *od* fest zusammengewachsen

closely [ˈkləʊslɪ] *adv* **1** eng; *verwandt* nah(e); *folgen, zeitlich* dicht; **he was ~ followed by a policeman** ein Polizist ging dicht hinter ihm; **the match was ~ contested** der Spielausgang war hart umkämpft **2** *zuhören, sorgfältig*; **to look ~ at sth** etw genau anschauen; **a ~-guarded secret** ein streng gehütetes Geheimnis

closeness [ˈkləʊsnɪs] *s* **1** Nähe *f* **2** *fig von Freundschaft* Innigkeit *f*

close-run *adj* ⟨*komp* closer-run⟩ **it was a ~ thing** es war eine knappe Sache

close season *s* **1** FUSSB Saisonpause *f* **2** *Angeln, a.* JAGD Schonzeit *f*

close-set *adj* ⟨*komp* closer-set⟩ *Augen* eng zusammenstehend

closet [ˈklɒzɪt] *US s* Wandschrank *m*, Wandkasten *m österr, schweiz*; **to come out of the ~** *fig* sich outen

close-up [ˈkləʊsʌp] *s* Nahaufnahme *f*; **in ~** in Nahaufnahme; *Gesicht* in Großaufnahme

closing [ˈkləʊzɪŋ] **A** *s* Schließung *f*; *von Fabrik: auf Dauer* Stilllegung *f* **B** *adj* **1** *Bemerkungen* abschließend; **~ arguments** JUR Schlussplädoyers *pl* **2** BÖRSE **~ prices** Schlusskurse *pl*

closing date *s bei Preisausschreiben, Bewerbungen* Einsendeschluss *m*; *für Kurs etc* Anmeldeschluss *m*

closing-down sale [ˌkləʊzɪŋˈdaʊnseɪl] *s* HANDEL Räumungsverkauf *m*

closing time *s* Ladenschluss *m*; *Br von Kneipe* Sperrstunde *f*

closure [ˈkləʊʒər] *s* Schließung *f*; *von Straße* Sperrung *f*

clot [klɒt] **A** *s* (Blut)gerinnsel *n* **B** *v/i Blut* gerinnen

cloth [klɒθ] *s* **1** Stoff *m* **2** Tuch *n*, Lappen *m* **3** Tischdecke *f*

clothe [kləʊð] *v/t* ⟨*prät, pperf* clothed, clad⟩ bekleiden

clothes [kləʊðz] *pl* Kleider *pl*; Kleidung *f*; **his mother still washes his ~** seine Mutter macht ihm immer noch die Wäsche; **with one's ~ on/off** an-/ausgezogen; **to put on/take off one's ~** sich an-/ausziehen

clothes basket *s* Wäschekorb *m*

clothes brush *s* Kleiderbürste *f*

clothes hanger *s* Kleiderbügel *m*
clothes horse *Br s* Wäscheständer *m*
clothes line *s* Wäscheleine *f*
clothes peg *s*, **clothes pin** *US s* Wäscheklammer *f*
clothes shop *s* Bekleidungsgeschäft *n*
clothing ['kləʊðɪŋ] *s* Kleidung *f*, Gewand *n* österr; **piece of ~** Kleidungsstück *n*
clotted cream ['klɒtɪd'kriːm] *s* dicke Sahne (*aus erhitzter Milch*)
cloud [klaʊd] **A** *s* Wolke *f*; *von Rauch* Schwaden *m*; IT Cloud *f*; **to have one's head in the ~s** in höheren Regionen schweben; **to be on ~ nine** *umg* im siebten Himmel schweben *umg*; **every ~ has a silver lining** *sprichw* kein Unglück ist so groß, es hat sein Glück im Schoß *sprichw* **B** *v/t fig* trüben; **to ~ the issue** die Angelegenheit verschleiern
phrasal verbs mit cloud:
  cloud over *v/i* Himmel sich bewölken
cloudburst *s* Wolkenbruch *m*
cloud computing *s* IT Zugriff auf IT-Infrastrukturen über ein nicht lokales Netzwerk Cloud-Computing *n*
cloud-cuckoo-land *s* **you're living in ~** du lebst auf dem Mond *umg*
cloudless *adj* wolkenlos
cloudy ['klaʊdɪ] *adj* ⟨*komp* cloudier⟩ **1** Himmel bewölkt; **it's getting ~** es bewölkt sich **2** Flüssigkeit trüb
clout [klaʊt] **A** *s* **1** *umg* Schlag *m*; **to give sb a ~** j-m eine runterhauen *umg* **2** *politisch* Schlagkraft *f* **B** *v/t umg* hauen *umg*
clove [kləʊv] *s* **1** Gewürznelke *f* **2** **~ of garlic** Knoblauchzehe *f*
clover ['kləʊvəʳ] *s* Klee *m*
clown [klaʊn] **A** *s* Clown *m*; *pej umg* Trottel *m*; **to act the ~** den Clown spielen **B** *v/i* (*a*. **clown about** *od* **around**) herumblödeln *umg*
club [klʌb] **A** *s* **1** (≈ *Waffe*) Knüppel *m* **2** Golfschläger *m* **3** **~s** *pl* KART Kreuz *n*; **the nine of ~s** die Kreuzneun **4** Klub *m*, Verein *m*; (≈ *Nachtklub*) Klub *m*; FUSSB Verein *m*; **join the ~!** *umg* willkommen im Klub!; **the London ~ scene** das Nachtleben von London **B** *v/t* einknüppeln auf (+*akk*) **C** *v/i* **to go ~bing** clubben gehen, in die Disco/in einen Klub gehen
phrasal verbs mit club:
  club together *Br v/i* zusammenlegen
clubhouse *s* Klubhaus *n*
club member *s* Vereins- *od* Klubmitglied *n*
cluck [klʌk] *v/i* gackern
clue [kluː] *s* Anhaltspunkt *m*; *in Kreuzworträtsel* Frage *f*; **to find a/the ~ to sth** den Schlüssel zu etw finden; **I'll give you a ~** ich gebe dir einen Tipp; **I haven't a ~!** (ich hab) keine Ahnung!
phrasal verbs mit clue:
  clue up *umg v/t* ⟨*trennb*⟩ **to be clued up on** *od* **about sth** über etw (*akk*) im Bilde sein, mit etw vertraut sein
clued-up [kluːd'ʌp] *adj* **to be ~** *umg* sich auskennen
clueless *umg adj* ahnungslos
clump [klʌmp] **A** *s* *von Bäumen* Gruppe *f*; *von Erde* Klumpen *m* **B** *v/i* trampeln
clumsily ['klʌmzɪlɪ] *adv* ungeschickt, schwerfällig
clumsiness *s* Ungeschicklichkeit *f*, Schwerfälligkeit *f*
clumsy ['klʌmzɪ] *adj* ⟨*komp* clumsier⟩ **1** ungeschickt, schwerfällig **2** *Fehler* dumm; **hey, ~!** he, du Tollpatsch!
clung [klʌŋ] *prät & pperf* → cling
clunk [klʌŋk] *s* dumpfes Geräusch
cluster ['klʌstəʳ] **A** *s* Gruppe *f* **B** *v/i* Menschen sich drängen *od* scharen
clutch [klʌtʃ] **A** *s* **1** AUTO Kupplung *f*; **to let in/out the ~** ein-/auskuppeln **2** *fig* **to fall into sb's ~es** j-m in die Hände fallen **B** *v/t* umklammern, umklammert halten
phrasal verbs mit clutch:
  clutch at *wörtl v/i* (+*obj*) schnappen nach (+*dat*); *fig* sich klammern an (+*akk*)
clutter ['klʌtəʳ] **A** *s* Durcheinander *n* **B** *v/t* (*a*. **clutter up**) zu voll machen *umg*, zu voll stellen; **to be ~ed with sth** *Kopf, Zimmer, Schublade* mit etw vollgestopft sein; *Boden, Schreibtisch* mit etw übersät sein
cm *abk* (= centimetres) cm
CMS *abk* (= content management system) IT Content-Management-System *n*
CO[1] *abk* (= Commanding Officer) befehlshabender Offizier
CO[2] *abk* (= Colorado) Colorado
CO$_2$ [siːəʊ'tuː] *s* CO$_2$
Co[1] *abk* (= company) KG *f*
Co[2] *abk* (= county) *Br* Grafschaft *f*
co- [kəʊ-] *präf* Mit-, mit-
c/o *abk* (= care of) bei, c/o
coach [kəʊtʃ] **A** *s* **1** Kutsche *f* **2** BAHN (Eisenbahn)wagen *m* **3** *Br* (Reise)bus *m*; **by ~** mit dem Bus; **~ travel/journeys** Busreisen *pl*; **~ driver** Busfahrer *m* **4** SPORT Trainer *m* **B** *v/t* **1** SPORT trainieren **2** **to ~ sb for an exam** j-n aufs Examen vorbereiten
coaching ['kəʊtʃɪŋ] *s* SPORT Training *n*; SCHULE Nachhilfe *f*
coachload *Br s* → busload
coach party *Br s* Busreisegruppe *f*
coach station *Br s* Busbahnhof *m*
coach tour *s* Busreise *f* (**of** durch)

coach trip Br s Busfahrt f
coagulate [kəʊˈægjʊleɪt] v/i Blut gerinnen; Milch dick werden
coal [kəʊl] s Kohle f
coalesce [ˌkəʊəˈles] fig v/i sich vereinigen
coalface Br s Streb m
coal fire s Kamin m
coal-fired adj Kohle(n)-; **~ power station** Kohlekraftwerk n
coalition [ˌkəʊəˈlɪʃən] s Koalition f; **~ agreement** Koalitionsvereinbarung f; **~ government** Koalitionsregierung f
coalition government s Koalitionsregierung f
coalition partner s Koalitionspartner m
coal mine s Zeche f
coal miner s Bergmann m
coal-mining s Kohle(n)bergbau m
coarse [kɔːs] adj ⟨komp coarser⟩ **1** grob **2** (≈ ordinär) gewöhnlich; Witz derb
coarsen [ˈkɔːsn] v/t Haut gerben
coarseness [ˈkɔːsnɪs] s **1** Grobheit f **2** fig (≈ Vulgarität) Gewöhnlichkeit f; von Benehmen Grobheit f; von Witz Unanständigkeit f; von Ausdrucksweise Derbheit f
coast [kəʊst] **A** s Küste f; **on the ~** am Meer; **we're going to the ~** wir fahren ans Meer; **the ~ is clear** fig die Luft ist rein **B** v/i **1** Auto, Radfahrer (im Leerlauf) fahren **2** fig **to be ~ing along** mühelos vorankommen
coastal [ˈkəʊstəl] adj Küsten-; **~ traffic** Küstenschifffahrt f
coaster [ˈkəʊstə^r] s Untersetzer m
coastguard s Küstenwache f
coastline s Küste f
coat [kəʊt] **A** s **1** Mantel m **2** Wappenkunde **~ of arms** Wappen n **3** von Tier Fell n **4** von Lack etc Anstrich m; **to give sth a second ~** etw noch einmal streichen **B** v/t mit Lack etc streichen; **to be ~ed with mud** mit einer Schmutzschicht überzogen sein
coat hanger s Kleiderbügel m
coat hook s Kleiderhaken m
coating [ˈkəʊtɪŋ] s Überzug m
coat rack s (Wand)garderobe f
coat stand s Garderobenständer m
co-author [ˈkəʊˌɔːθə^r] s Mitautor(in) m(f)
coax [kəʊks] v/t überreden; **to ~ sb into doing sth** j-n beschwatzen, etw zu tun umg; **to ~ sth out of sb** j-m etw entlocken
cob [kɒb] s **corn on the cob** Maiskolben m
cobble [ˈkɒbl] **A** s (a. **cobblestone**) Kopfstein m **B** v/t **a ~d street** eine Straße mit Kopfsteinpflaster

phrasal verbs mit cobble:

cobble together umg v/t ⟨trennb⟩ zusammenschustern umg
cobbler [ˈkɒblə^r] s Schuster m
cobblestone [ˈkɒblstəʊn] s Kopfstein m
COBOL [ˈkəʊbɒl] abk (= common business oriented language) COBOL
cobweb [ˈkɒbweb] s Spinnennetz n; **a brisk walk will blow away the ~s** fig ein ordentlicher Spaziergang und man hat wieder einen klaren Kopf
cocaine [kəˈkeɪn] s Kokain n
cochineal [ˈkɒtʃɪniːl] s Koschenille f
cock [kɒk] **A** s **1** Hahn m **2** (≈ Vogel) allg. Männchen n **3** sl (≈ Penis) Schwanz m sl **B** v/t Ohren spitzen

phrasal verbs mit cock:

cock up Br umg v/t ⟨trennb⟩ versauen umg
cock-a-doodle-doo ⟨pl -s⟩ Kikeriki n
cock-a-hoop adj ganz aus dem Häuschen
cock-a-leekie (soup) s Lauchsuppe f mit Huhn
cockatiel [ˌkɒkəˈtiːl] s Nymphensittich m
cockatoo [ˌkɒkəˈtuː] s ⟨pl -s⟩ Kakadu m
cockerel [ˈkɒkərəl] s junger Hahn
cockeyed [ˈkɒkaɪd] umg adj schief
cockily [ˈkɒkɪlɪ] umg adv großspurig
cockle [ˈkɒkl] s Herzmuschel f
cockney [ˈkɒknɪ] **A** s **1** (≈ Dialekt) Cockney n **2** (≈ Mensch) Cockney m **B** adj Cockney-
cockpit [ˈkɒkpɪt] s Cockpit n
cockroach [ˈkɒkrəʊtʃ] s Kakerlak m
cocktail [ˈkɒkteɪl] s Cocktail m
cocktail bar s Cocktailbar f
cocktail cabinet s Hausbar f
cocktail lounge s Cocktailbar f
cocktail stick s Cocktailspieß m
cocktail waiter bes US s Getränkekellner m
cocktail waitress bes US s Getränkekellnerin f
cockup [ˈkɒkʌp] Br umg s **to be a ~** in die Hose gehen umg; **to make a ~ of sth** bei od mit etw Scheiße bauen umg
cocky [ˈkɒkɪ] adj ⟨komp cockier⟩ umg großspurig
cocoa [ˈkəʊkəʊ] s Kakao m
coconut [ˈkəʊkənʌt] **A** s Kokosnuss f **B** adj ⟨attr⟩ Kokos-
coconut oil s Kokosöl n
cocoon [kəˈkuːn] **A** s Kokon m **B** v/t einhüllen
COD abk (= **cash on delivery** Br, **collect on delivery** US) per Nachnahme
cod [kɒd] s ⟨pl -⟩ Kabeljau m
code [kəʊd] **A** s **1** a. IT Code m; **in ~** verschlüsselt; **to put into ~** verschlüsseln **2** (≈ Regeln) Kodex m; **~ of behaviour** Br, **~ of behavior** US Verhaltenskodex m; **~ of conduct** Verhaltenskodex m; **~ of practice** Verfahrensregeln pl **3** TEL Vorwahl f **4** **post ~** Br, **zip ~** US Postleitzahl f **B** v/t verschlüsseln; IT codieren
coded [ˈkəʊdɪd] adj **1** codiert **2** Hinweis ver-

steckt; **in ~ language** in verschlüsselter od codierter Sprache
codeine ['kəʊdi:n] s Codein n
code name s Deckname m
code number s Kennziffer f
co-determination [ˌkəʊditɜ:mɪˈneɪʃən] s IND Mitbestimmung f
code word s Codewort n
coding ['kəʊdɪŋ] s **1** Chiffrieren n; **a new ~ system** ein neues Chiffriersystem **2** IT Codierung f, Codierungen pl
cod-liver oil ['kɒdlɪvər,ɔɪl] s Lebertran m
co-ed, coed ['kəʊ'ed] **A** s Br umg gemischte Schule **B** adj gemisch, für Mädchen und Jungen
coeducational ['kəʊˌedjʊˈkeɪʃənl] adj Schule gemischt, für Mädchen und Jungen, Koedukations-
coerce [kəʊˈɜ:s] v/t zwingen; **to ~ sb into doing sth** j-n dazu zwingen, etw zu tun
coercion [kəʊˈɜ:ʃən] s Zwang m
coexist [ˌkəʊɪgˈzɪst] v/i nebeneinander bestehen; **to ~ with** od **alongside sb/sth** neben j-m/etw bestehen
coexistence [ˌkəʊɪgˈzɪstəns] s Koexistenz f
C of E abk (= Church of England) anglikanische Kirche
coffee ['kɒfi] s Kaffee m; **two ~s, please** zwei Kaffee, bitte
coffee bar s Café n, Kaffeehaus n österr
coffee bean s Kaffeebohne f
coffee break s Kaffeepause f
coffee cup s Kaffeetasse f
coffee filter s Kaffeefilter m
coffee grinder s Kaffeemühle f
coffee grounds pl Kaffeesatz m
coffee machine s **1** Br Kaffeemaschine f **2** gegen Geldeinwurf Kaffeeautomat m
coffee maker s Kaffeemaschine f
coffee mill s Kaffeemühle f
coffee pad s Kaffeepad n
coffee pod s Kaffeekapsel f
coffeepot s Kaffeekanne f
coffee shop s Café n, Kaffeehaus n österr; Imbissstube f
coffee table s Couchtisch m
coffee-table adj **~ book** Bildband m
coffer ['kɒfər] fig s **the ~s** pl das Geldsäckel
coffin ['kɒfɪn] s Sarg m
cog [kɒg] s TECH Zahn m, Zahnrad n; **he's only a cog in the machine** fig er ist nur ein Rädchen im Getriebe
cognac ['kɒnjæk] s Kognak m; französisch Cognac® m
cognate ['kɒgneɪt] adj verwandt
cognitive ['kɒgnɪtɪv] adj kognitiv

cognoscenti [ˌkɒgnəʊˈʃenti:] pl Kenner pl
cogwheel s Zahnrad n
cohabit [kəʊˈhæbɪt] v/i zusammenleben
cohere [kəʊˈhɪər] v/i **1** wörtl zusammenhängen **2** fig Gemeinschaft eine Einheit bilden; Argumente etc kohärent sein
coherence [kəʊˈhɪərəns] s von Argumenten Kohärenz f; **his speech lacked ~** seiner Rede (dat) fehlte der Zusammenhang
coherent [kəʊˈhɪərənt] adj **1** zusammenhängend **2** Logik, Argumente schlüssig, kohärent
coherently [kəʊˈhɪərəntli] adv **1** zusammenhängend **2** kohärent
cohesion [kəʊˈhi:ʒən] s von Gruppe Zusammenhalt m
coiffure [kwɒˈfjʊər] s Haartracht f
coil [kɔɪl] **A** s **1** von Seil etc Rolle f; von Rauch Kringel m; von Haaren Kranz m **2** ELEK Spule f **3** (≈ Verhütungsmittel) Spirale f **B** v/t aufwickeln; **to ~ sth round sth** etw um etw wickeln
coin [kɔɪn] **A** s Münze f, Geldstück n; **the other side of the ~** fig die Kehrseite der Medaille; **they are two sides of the same ~** das sind zwei Seiten derselben Sache **B** v/t Ausdruck prägen; **..., to ~ a phrase ...**, um mich ganz originell auszudrücken
coinage ['kɔɪnɪdʒ] s Währung f
coincide [ˌkəʊɪnˈsaɪd] v/i **1** örtlich, zeitlich zusammenfallen **2** übereinstimmen; **the two concerts ~** die beiden Konzerte finden zur gleichen Zeit statt
coincidence [kəʊˈɪnsɪdəns] s Zufall m; **what a ~!** welch ein Zufall!
coincidental adj, **coincidentally** [kəʊˌɪnsɪˈdentl, -təli] adv zufällig
coin-operated ['kɔɪnˈɒpəreɪtɪd] adj Münz-; **~ machine** Münzautomat m
Coke® [kəʊk] umg s (Coca-)Cola® f
coke s umg (≈ Kokain) Koks m umg
Col abk (= Colonel) Oberst m
col abk (= column) Sp.
cola ['kəʊlə] Cola f
colander ['kʌləndər] s Sieb n
cold [kəʊld] **A** adj ⟨+er⟩ **1** kalt; **I am ~** mir ist kalt; **my hands are ~** ich habe kalte Hände; **if you get ~** wenn es dir zu kalt wird; **in ~ blood** kaltblütig; **to get ~ feet** fig umg kalte Füße kriegen umg; **that brought him out in a ~ sweat** dabei brach ihm der kalte Schweiß aus; **to throw ~ water on sb's plans** umg j-m eine kalte Dusche geben **2** fig kalt; Empfang betont kühl; (≈ leidenschaftslos) kühl; **to be ~ to sb** j-n kühl behandeln; **that leaves me ~** das lässt mich kalt **3** umg **to be out ~** bewusstlos sein, k. o. sein **B** s **1** Kälte f; **to feel the ~** kälteempfindlich sein; **to be left out in the ~** fig ausge-

schlossen werden **2** MED Erkältung f, Schnupfen m; **to have a ~** erkältet sein, einen Schnupfen haben; **a bad ~** eine starke Erkältung; **to catch (a) ~** sich erkälten
cold-blooded adj ZOOL, a. fig kaltblütig
cold calling s HANDEL unaufgeforderte Telefonwerbung
cold cuts US pl Aufschnitt m
cold-hearted adj kaltherzig
coldly ['kəʊldlɪ] adv kalt; Antwort, Empfang betont kühl
cold meat s Aufschnitt m
coldness s Kälte f; von Antwort, Empfang betonte Kühle
cold remedy s Erkältungsmittel n
cold room s Kühlraum m
cold shoulder umg s **to give sb the ~** j-m die kalte Schulter zeigen
cold sore s MED Herpes m; Bläschenausschlag m
cold start s AUTO, IT Kaltstart m
cold storage s Kühllagerung f
cold turkey umg **A** adj **a ~ cure** ein kalter Entzug sl **B** adv **to come off drugs ~** einen kalten Entzug machen sl
cold war s Kalter Krieg
coleslaw ['kəʊlslɔː] s Krautsalat m
colic ['kɒlɪk] s Kolik f
collaborate [kə'læbəreɪt] v/i **1** **to ~ with sb on** od **in sth** mit j-m bei etw zusammenarbeiten **2** mit Feind kollaborieren
collaboration [kə,læbə'reɪʃən] s **1** Zusammenarbeit f, Mitarbeit f **2** mit Feind Kollaboration f
collaborative [kə'læbərətɪv] adj gemeinschaftlich
collaborator [kə'læbəreɪtəʳ] s **1** Mitarbeiter(in) m(f) **2** mit Feind Kollaborateur(in) m(f)
collage [kɒ'lɑːʒ] s Collage f
collagen ['kɒlədʒən] s MED Kollagen n
collapse [kə'læps] **A** v/i **1** zusammenbrechen; Verhandlungen scheitern; Preise, Regierung stürzen; **they all ~d with laughter** sie konnten sich alle vor Lachen nicht mehr halten; **she ~d onto her bed, exhausted** sie plumpste erschöpft aufs Bett **2** Tisch sich zusammenklappen lassen **B** s Zusammenbruch m; von Verhandlungen Scheitern n; von Regierung Sturz m
collapsible [kə'læpsəbl] adj Tisch zusammenklappbar; **~ umbrella** Taschenschirm m
collar ['kɒləʳ] **A** s **1** Kragen m; **he got hold of him by the ~** er packte ihn am Kragen **2** für Hund Halsband n **B** v/t fassen
collarbone ['kɒləbəʊn] s Schlüsselbein n
collar size s Kragenweite f
collate [kɒ'leɪt] v/t zusammentragen
collateral [kɒ'lætərəl] s FIN (zusätzliche) Sicherheit

collateral damage s MIL, POL Kollateralschaden m
colleague ['kɒliːg] s Kollege m, Kollegin f, Mitarbeiter(in) m(f)
collect [kə'lekt] **A** v/t **1** sammeln; leere Gläser einsammeln; Abfall aufsammeln; Preis bekommen; Hab und Gut zusammenpacken; Steuern einziehen; Fahrgeld kassieren; (≈ akkumulieren) ansammeln; Staub anziehen **2** abholen (**from** bei) **B** v/i **1** sich ansammeln; Staub sich absetzen **2** kassieren; für Wohlfahrt sammeln **C** adv US **to pay ~** bei Empfang bezahlen; **to call ~** ein R-Gespräch führen
phrasal verbs mit collect:
collect up v/t ⟨trennb⟩ einsammeln; Abfall aufsammeln; Hab und Gut zusammenpacken
collect call US s R-Gespräch n
collected adj **1** **the ~ works of Oscar Wilde** Oscar Wildes gesammelte Werke **2** ruhig
collection [kə'lekʃən] s **1** von Menschen, Dingen Ansammlung f; von Briefmarken, Kunstwerken Sammlung f **2** von Briefkasten Leerung f; für Wohlfahrt Sammlung f; in Kirche Kollekte f; **to hold a ~ for sb/sth** für j-n/etw eine Sammlung durchführen
collective [kə'lektɪv] adj kollektiv
collective bargaining s Tarifverhandlungen pl
collectively [kə'lektɪvlɪ] adv gemeinsam
collective noun s GRAM Kollektivum n
collector [kə'lektəʳ] s Sammler(in) m(f); **~'s Stück** Sammler-
college ['kɒlɪdʒ] s **1** College n; **to go to ~, to be at ~** studieren; **to start ~** sein Studium beginnen; **we met at ~** wir haben uns im Studium kennengelernt **2** für Musik etc Fachhochschule f; **College of Art** Kunstakademie f
collegiate [kə'liːdʒɪɪt] adj College-; **~ life** das Collegeleben
collide [kə'laɪd] wörtl v/i zusammenstoßen; SCHIFF kollidieren; **to ~ with sb** mit j-m zusammenstoßen; **to ~ with sth** gegen etw prallen
colliery ['kɒlɪərɪ] s Zeche f
collision [kə'lɪʒən] wörtl s Zusammenstoß m; fig Konflikt m; SCHIFF Kollision f; **on a ~ course** auf Kollisionskurs
collocation [,kɒlə'keɪʃən] s Kollokation f (Wörter, die oft zusammen vorkommen)
colloquial [kə'ləʊkwɪəl] adj umgangssprachlich
colloquialism [kə'ləʊkwɪəlɪzəm] s umgangssprachlicher Ausdruck
collude [kə'luːd] v/i gemeinsame Sache machen
collusion [kə'luːʒən] s (geheime) Absprache; **they're acting in ~** sie haben sich abgesprochen

Cologne [kəˈləʊn] s Köln n
cologne [kəˈləʊn] s Kölnischwasser n
colon[1] [ˈkəʊlən] s ANAT Dickdarm m
colon[2] s GRAM Doppelpunkt m
colonel [ˈkɜːnl] s Oberst m; als Anrede Herr Oberst
colonial [kəˈləʊnɪəl] adj Kolonial-, kolonial
colonialism [kəˈləʊnɪəlɪzəm] s Kolonialismus m
colonialist [kəˈləʊnɪəlɪst] **A** adj kolonialistisch **B** s Kolonialist(in) m(f)
colonist [ˈkɒlənɪst] s Siedler(in) m(f)
colonization [ˌkɒlənaɪˈzeɪʃən] s Kolonisation f
colonize [ˈkɒlənaɪz] v/t kolonisieren
colonnade [ˌkɒləˈneɪd] s Säulengang m
colony [ˈkɒlənɪ] s Kolonie f
color etc US → colour
colossal [kəˈlɒsl] adj gewaltig; Fehler ungeheuer; Mann, Stadt riesig
colostomy [kəˈlɒstəmɪ] s MED Kolostomie f; ~ **bag** Kolostomiebeutel m
colour [ˈkʌləʳ], **color** US **A** s **1** Farbe f; **what ~ is it?** welche Farbe hat es?; **red in ~** rot; **the film was in ~** der Film war in Farbe; **~ illustration** farbige Illustration; **to add ~ to a story** einer Geschichte (dat) Farbe geben **2** (Gesichts)farbe f; **to bring the ~ back to sb's cheeks** j-m wieder Farbe geben; **he had gone a funny ~** er nahm eine komische Farbe an **3** Hautfarbe f; **people of ~** Farbige pl **4** **~s** pl SPORT (Sport)abzeichen n; **to show one's true ~s** fig sein wahres Gesicht zeigen **B** v/t **1** anmalen; KUNST kolorieren; mit Farbstoff färben **2** fig beeinflussen **C** v/i Mensch a. **~ up** erröten

phrasal verbs mit colour:
colour in v/t ⟨trennb⟩ anmalen; KUNST kolorieren
colourant [ˈkʌlərənt] s, **colorant** US s Farbstoff m
colour-blind adj, **color-blind** US adj farbenblind
colour-code v/t, **color-code** US v/t farbig kennzeichnen od codieren
coloured [ˈkʌləd], **colored** US **A** adj **1** bunt **2** pej Mensch farbig **B** s Farbige(r) m/f(m)
-coloured adj ⟨suf⟩, **-colored** US **yellow-coloured** gelb; **straw-coloured** strohfarben
colourfast [ˈkʌləfɑːst] adj, **colorfast** US adj farbecht
colourful adj, **colorful** US adj **1** wörtl bunt; Anblick farbenprächtig, farbenfroh **2** fig Darstellung etc farbig; Leben (bunt) bewegt; Persönlichkeit (bunt) schillernd; **his ~ past** seine bewegte Vergangenheit **3** euph Sprache derb
colourfully adv, **colorfully** US adv bunt
colouring [ˈkʌlərɪŋ] s, **coloring** US s **1** Farbstoff m **2** Farben pl

colouring book s, **coloring book** US s Malbuch n
colourless [ˈkʌləlɪs] adj, **colorless** US adj farblos
colour photograph s, **color photograph** US s Farbfoto n
colour printer s, **color printer** US s Farbdrucker m
colour scheme s, **color scheme** US s Farbzusammenstellung f
colour supplement s, **color supplement** US s Magazin n
colour television s, **color television** US s Farbfernsehen n, Farbfernseher m
colt [kəʊlt] s Hengstfohlen n
Co Ltd abk (= company limited) GmbH f
Columbus Day US s amerikanischer Feiertag am zweiten Montag im Oktober, an dem die Entdeckung Amerikas durch Kolumbus gefeiert wird
column [ˈkɒləm] s **1** ARCH, a. von Rauch Säule f **2** von Fahrzeugen Kolonne f; auf gedruckter Seite Spalte f; (≈ Zeitungsartikel) Kolumne f
columnist [ˈkɒləmnɪst] s Kolumnist(in) m(f)
coma [ˈkəʊmə] s Koma n; **to be in a ~** im Koma liegen; **to fall** od **go into a ~** ins Koma fallen
comb [kəʊm] **A** s **1** Kamm m **2** **to give one's hair a ~** sich kämmen **B** v/t **1** Haare kämmen; **to ~ one's hair** sich kämmen **2** durchkämmen; Zeitungen durchforsten

phrasal verbs mit comb:
comb out v/t ⟨trennb⟩ Haare auskämmen
comb through v/i ⟨+obj⟩ Dateien etc durchgehen; Läden durchstöbern
combat [ˈkɒmbæt] **A** s Kampf m **B** v/t bekämpfen
combatant [ˈkɒmbətənt] s Kombattant m
combative [ˈkɒmbətɪv] adj kämpferisch, aggressiv
combat jacket s Feldjacke f
combats Br pl Armeehose f
combat troops pl Kampftruppen pl
combat trousers Br pl Armeehose f
combination [ˌkɒmbɪˈneɪʃən] s Kombination f, Vereinigung f; von Ereignissen Verkettung f; **in ~** zusammen, gemeinsam; **an unusual colour ~** eine ungewöhnliche Farbzusammenstellung
combination lock s Kombinationsschloss n
combination sandwich US s gemischt belegtes Sandwich
combine A [kəmˈbaɪn] v/t kombinieren, verbinden; Zutaten vermischen **B** [kəmˈbaɪn] v/i sich zusammenschließen **C** [ˈkɒmbaɪn] s **1** WIRTSCH Konzern m **2** AGR a. **~ harvester** Mähdrescher m
combined [kəmˈbaɪnd] adj gemeinsam; An-

strengungen vereint; *Kräfte* vereinigt; **~ with** in Kombination mit

combustible [kəmˈbʌstɪbl] *adj* brennbar

combustion [kəmˈbʌstʃən] *s* Verbrennung *f*

come [kʌm] ⟨*prät* came; *pperf* come⟩ **A** *v/i* **1** kommen, reichen (**to** an/in/bis +*akk*); **they came to a town/castle** sie kamen in eine Stadt/zu einem Schloss; **would you like to ~?** möchtest du mitkommen?; **~ and get it!** (das) Essen ist fertig!; **I don't know whether I'm coming or going** ich weiß nicht (mehr), wo mir der Kopf steht *umg*; **~ and see me soon** besuchen Sie mich bald einmal; **he has ~ a long way** er hat einen weiten Weg hinter sich; *fig* er ist weit gekommen; **he came running into the room** er kam ins Zimmer gerannt; **he came hurrying/laughing into the room** er eilte/kam lachend ins Zimmer; **coming!** ich komme (gleich)!; **Christmas is coming** bald ist Weihnachten; **May ~s before June** Mai kommt vor Juni; **the adjective must ~ before the noun** das Adjektiv muss vor dem Substantiv stehen; **the weeks to ~** die nächsten Wochen; **that must ~ first** das muss an erster Stelle kommen **2** geschehen; **~ what may** ganz gleich, was geschieht; **you could see it coming** das konnte man ja kommen sehen; **she had it coming (to her)** *umg* sie hat es verdient **3 how ~?** *umg* wieso?; **how ~ you're so late?** wieso kommst du so spät? **4** werden; **his dreams came true** seine Träume wurden wahr; **the handle has ~ loose** der Griff hat sich gelockert **5** HANDEL erhältlich sein; **milk now ~s in plastic bottles** es gibt jetzt Milch in Plastikflaschen **6** ⟨+*inf*⟩ **I have ~ to believe him** mittlerweile glaube ich ihm; **(now I) ~ to think of it** wenn ich es mir recht überlege **7** *umg* **I've known him for three years ~ January** im Januar kenne ich ihn drei Jahre; **~ again?** wie bitte?; **she is as vain as they ~** sie ist so eingebildet wie nur was *umg* **8** *umg* (≈ *Orgasmus haben*) kommen *umg* **B** *v/t Br umg* spielen; **don't ~ the innocent with me** spielen Sie hier bloß nicht den Unschuldigen!

phrasal verbs mit come:

come about *v/i* ⟨*unpers*⟩ passieren; **this is why it came about** das ist so gekommen

come across A *v/i* **1** herüberkommen **2** verstanden werden **3** wirken; **he wants to come across as a tough guy** er mimt gerne den starken Mann *umg* **B** *v/i* ⟨+*obj*⟩ treffen auf (+*akk*); **if you come across my watch …** wenn du zufällig meine Uhr siehst

come after A *v/i* ⟨+*obj*⟩ **1 the noun comes after the verb** das Substantiv steht nach dem Verb **2** herkommen hinter (+*dat*) **3** nachkommen **B** *v/i* nachkommen

come along *v/i* **1** (≈ *sich beeilen*) *a.* **come on** kommen **2** mitkommen; **come along with me** kommen Sie mal (bitte) mit **3 to be coming along, to be coming on** sich (gut) machen; **how is your broken arm? — it's coming along nicely** was macht dein gebrochener Arm? — dem gehts ganz gut **4** (≈ *erscheinen*) kommen, sich ergeben

come apart *v/i* auseinanderfallen, zerlegbar sein

come (a)round *v/i* **1 the road was blocked and we had to come (a)round by the farm** die Straße war blockiert, sodass wir einen Umweg über den Bauernhof machen mussten **2** vorbeikommen **3** es sich (*dat*) anders überlegen, einlenken; **eventually he came (a)round to our way of thinking** schließlich machte er sich (*dat*) unsere Denkungsart zu eigen **4** wieder zu sich (*dat*) kommen

come at *v/i* ⟨+*obj*⟩ (≈ *angreifen*) j-n losgehen auf (+*akk*)

come away *v/i* **1** (weg)gehen; **come away with me for a few days** fahr doch ein paar Tage mit mir weg!; **come away from there!** komm da weg! **2** (≈ *sich lösen*) abgehen

come back *v/i* **1** zurückkommen, zurückfahren; **to come back to sth** auf etw (*akk*) zurückkommen; **can I come back to you on that one?** kann ich später darauf zurückkommen?; **the colour is coming back to her cheeks** langsam bekommt sie wieder Farbe **2** his name is coming back to me langsam erinnere ich mich wieder an seinen Namen; **ah yes, it's all coming back** ach ja, jetzt fällt mir alles wieder ein; **they came back into the game with a superb goal** sie fanden mit einem wunderbaren Tor ins Spielgeschehen zurück

come before *v/t* JUR gebracht werden vor (+*akk*)

come between *v/i* ⟨+*obj*⟩ *Liebespaar* treten zwischen (+*akk*)

come by A *v/i* ⟨+*obj*⟩ kriegen **B** *v/i* (≈ *besuchen*) vorbeikommen

come close to *v/i* ⟨+*obj*⟩ → **come near to**

come down *v/i* **1** herunterkommen; *Regen* fallen; *Nebel* sich legen; **come down from there at once!** komm da sofort runter! **2** *Preise* sinken **3** (≈ *abhängen von*) ankommen (**to** auf +*akk*); **when it comes down to it** letzten Endes **4 you've come down in the world a bit** du bist aber ganz schön tief gesunken **5** reichen (**to** bis auf +*akk od* zu); **her hair comes down to her shoulders** die Haare gehen ihr bis auf die Schultern **6** *Tradition, Erzählung* überliefert werden

come down on v/i ⟨+obj⟩ **you've got to come down on one side or the other** du musst dich so oder so entscheiden

come down with v/i ⟨+obj⟩ *Krankheit* kriegen

come for v/i ⟨+obj⟩ **1** kommen wegen **2** abholen

come forward v/i **1** sich melden **2 to come forward with help** Hilfe anbieten; **to come forward with a good suggestion** mit einem guten Vorschlag kommen

come from v/i ⟨+obj⟩ kommen aus; **where does he/it come from?** wo kommt er/das her?; **I know where you're coming from** *umg* ich weiß, was du meinst

come in v/i **1** (he)reinkommen; **come in!** herein! **2** ankommen **3** *Flut* kommen **4** *Meldung etc* hereinkommen; **a report has just come in of ...** uns ist gerade eine Meldung über ... zugegangen **5 he came in fourth** er wurde Vierter **6 he has £15,000 coming in every year** er hat £ 15.000 im Jahr **7 where do I come in?** welche Rolle spiele ich dabei?; **that will come in handy** *umg*, **that will come in useful** das kann ich/man noch gut gebrauchen

come in for v/i ⟨+obj⟩ *Aufmerksamkeit* erregen; *Kritik* einstecken müssen

come in on v/i ⟨+obj⟩ *Vorhaben* sich beteiligen an (+*dat*)

come into v/i ⟨+obj⟩ **1** erben **2 I don't see where I come into all this** ich verstehe nicht, was ich mit der ganzen Sache zu tun habe; **to come into one's own** zeigen, was in einem steckt; **to come into being** entstehen; **to come into sb's possession** in j-s Besitz (*akk*) gelangen

come near to v/i ⟨+obj⟩ nahe kommen (+*dat*); **to come near to doing sth** drauf und dran sein, etw zu tun; **he came near to committing suicide** er war *od* stand kurz vor dem Selbstmord

come of v/i ⟨+obj⟩ **nothing came of it** es ist nichts daraus geworden; **that's what comes of disobeying!** das kommt davon, wenn man nicht hören will!

come off v/i **1** *von Fahrrad etc* runterfallen **2** *Knopf, Lack* abgehen **3** *Flecken* weg- *od* rausgehen **4** stattfinden **5** *Versuch* klappen *umg* **6** *in Bezug auf Leistung* abschneiden; **he came off well in comparison to his brother** im Vergleich zu seinem Bruder ist er gut weggekommen v/i ⟨+obj⟩ **1** *Fahrrad etc* fallen von **2** *Knopf, Lack, Fleck* abgehen von **3** *Drogen, Medikamente* aufhören mit **4** *umg* **come off it!** nun mach mal halblang! *umg*

come on v/i **1** *Br* → **come along 2 come on!** komm schon!, na los! **3 I've a cold coming on** ich kriege eine Erkältung **4** *Sendung* anfangen **5** SPORT ins Spiel kommen; THEAT auftreten **6 oh come on!** jetzt hör aber auf! v/i ⟨+obj⟩ → **come upon**

come on to *bes US umg* v/i ⟨+obj⟩ anmachen *umg*

come out v/i **1** (he)rauskommen; *Haare* ausgehen; **to come out of a room** *etc* aus einem Zimmer *etc* kommen; **to come out fighting** *fig* sich kämpferisch geben; **he came out in a rash** er bekam einen Ausschlag; **to come out against/in favour of sth** sich gegen/für etw aussprechen; **to come out of sth badly/well** bei etw schlecht/nicht schlecht wegkommen; **to come out on top** sich durchsetzen **2** *Buch* erscheinen; *Produkt* auf den Markt kommen; *Film* (in den Kinos) anlaufen; (≈ *Popularität erlangen*) bekannt werden **3** IND **to come out (on strike)** in den Streik treten **4** FOTO **the photo of the hills hasn't come out very well** das Foto von den Bergen ist nicht sehr gut geworden **5** *Splitter, Flecken etc* (he)rausgehen **6** (≈ *Summe*) betragen; **the total comes out at £500** das Ganze beläuft sich auf (+*akk*) £ 500, das Ganze macht £ 500 *umg* **7** sich outen

come out with v/i ⟨+obj⟩ *Bemerkungen* loslassen *umg*

come over A v/i **1** *wörtl* herüberkommen; **he came over to England** er kam nach England **2** vorbeikommen **3 he came over to our side** er trat auf unsere Seite über **4** *umg* werden; **I came over (all) queer** mir wurde ganz komisch *umg* **B** v/i ⟨+obj⟩ *Gefühle* überkommen; **what's come over you?** was ist denn (auf einmal) mit dir los?

come round v/i **1** vorbeikommen *od* -schauen **2 Christmas has come round again** nun ist wieder Weihnachten **3** es sich (*dat*) anders überlegen, wieder vernünftig werden *umg* **4** wieder zu sich kommen

come through A v/i durchkommen; **your papers haven't come through yet** Ihre Papiere sind noch nicht fertig; **his divorce has come through** seine Scheidung ist durch *umg* **B** v/i ⟨+obj⟩ *Krankheit, Gefahr* überstehen

come to A v/i (a. **come to oneself**) wieder zu sich kommen **B** v/i ⟨+obj⟩ **1 that didn't come to anything** daraus ist nichts geworden **2** ⟨*unpers*⟩ **when it comes to mathematics ...** wenn es um Mathematik geht, ...; **let's hope it never comes to a court case** *od* **to court** wollen wir hoffen, dass es nie zum Prozess kommt; **it comes to the same thing** das läuft auf dasselbe hinaus **3** *Preis, Rechnung* **how much does it come to?** wie viel macht das?; **it comes to £20** es kommt auf £ 20 **4 to come**

to a decision zu einer Entscheidung kommen; **what is the world coming to!** wohin soll das noch führen!

come together v/i zusammenkommen

come under v/i ⟨+obj⟩ Kategorie kommen unter (+akk)

come up v/i **1** wörtl hochkommen; Sonne, Mond aufgehen; **do you come up to town often?** kommen Sie oft in die Stadt?; **he came up to me with a smile** er kam lächelnd auf mich zu; **to come up behind sb** sich j-m von hintern nähern **2** Pflanzen herauskommen **3** zum Thema werden aufkommen; Name erwähnt werden; **I'm afraid something has come up** ich bin leider verhindert **4** Lottozahl etc gewinnen; **to come up for sale** zum Verkauf kommen; **my contract will soon come up for renewal** mein Vertrag muss bald verlängert werden **5** Position, Job frei werden **6** Prüfung, Wahlen bevorstehen

come up against v/i ⟨+obj⟩ stoßen auf (+akk); gegnerische Mannschaft treffen auf (+akk)

come (up)on v/i ⟨+obj⟩ stoßen auf (+akk)

come up to v/i ⟨+obj⟩ **1** reichen bis zu od an (+akk) **2** Erwartungen entsprechen (+dat) **3** umg (≈ sich nähern) **she's coming up to twenty** sie wird bald zwanzig; **it's just coming up to 10 o'clock** es ist gleich 10 Uhr

come up with v/i ⟨+obj⟩ Antwort, Idee haben; Plan haben (dat) ausdenken; Vorschlag machen; **let me know if you come up with anything** sagen Sie mir Bescheid, falls Ihnen etwas einfällt

comeback ['kʌmbæk] s THEAT etc, a. fig Comeback n; **to make** od **stage a ~** ein Comeback machen

comedian [kə'miːdɪən] s Komiker(in) m(f)

comedienne [kə,miːdɪ'en] s Komikerin f

comedown ['kʌmdaʊn] umg s Abstieg m

comedy ['kɒmɪdɪ] s Komödie f

come-on ['kʌmɒn] s umg (≈ Verlockung) Köder m fig; **to give sb the ~** j-n anmachen umg

comer ['kʌmə'] s **this competition is open to all ~s** an diesem Wettbewerb kann sich jeder beteiligen

comet ['kɒmɪt] s Komet m

comeuppance [,kʌm'ʌpəns] umg s **to get one's ~** die Quittung kriegen umg

comfort ['kʌmfət] **A** s **1** Komfort m; **to live in ~** komfortabel leben; **with all modern ~s** mit allem Komfort **2** Trost m; **to take ~ from the fact that ...** sich damit trösten, dass ...; **you are a great ~ to me** es beruhigt mich sehr, dass Sie da sind; **it is no ~** od **of little ~ to know that ...** es ist nicht sehr tröstlich zu wissen, dass ...; **too close for ~** bedrohlich nahe **B** v/t trösten

comfortable ['kʌmfətəbl] adj **1** bequem; Zimmer komfortabel; Temperatur angenehm; **to make sb/oneself ~** es j-m/sich bequem machen; **the patient is ~** der Patient ist wohlauf **2** fig Leben angenehm; Führung sicher; Sieger überlegen; **to feel ~ with sb/sth** sich bei j-m/etw wohlfühlen; **I'm not very ~ about it** mir ist nicht ganz wohl bei der Sache

comfortably ['kʌmfətəblɪ] adv **1** bequem; eingerichtet komfortabel **2** fig siegen sicher; leben angenehm; sich leisten können gut und gern; **they are ~ off** es geht ihnen gut

comfort eating s Frustessen n umg

comforter ['kʌmfətə'] US s Deckbett n

comforting ['kʌmfətɪŋ] adj tröstlich

comfort station US s öffentliche Toilette

comfy ['kʌmfɪ] adj ⟨komp **comfier**⟩ umg Sessel bequem; Zimmer gemütlich; **are you ~?** sitzt/liegst du bequem?

comic ['kɒmɪk] **A** adj komisch; **~ actor** Komödiendarsteller(in) m(f); **~ verse** humoristische Gedichte pl **B** s **1** Komiker(in) m(f) **2** Comicheft (-chen) n **3** US **~s** Comics pl

comical adj, **comically** ['kɒmɪkəl, -ɪ] adv komisch

comic book s Comicbuch n

comic strip s Comicstrip m

coming ['kʌmɪŋ] **A** s Kommen n; **~(s) and going(s)** Kommen und Gehen n; **~ of age** Erreichung f der Volljährigkeit **B** adj wörtl, fig kommend; **the ~ election** die bevorstehende Wahl

coming-out [,kʌmɪŋ'aʊt] s Coming-out n, Outing n (Bekenntnis zur Homosexualität)

comma ['kɒmə] s Komma n

command [kə'mɑːnd] **A** v/t **1** befehlen **2** Armee, Schiff kommandieren **3** **to ~ sb's respect** j-m Respekt abnötigen **B** s **1** a. IT Befehl m; **at/by the ~ of** auf Befehl +gen; **on ~** auf Befehl **2** MIL Kommando n; **to be in ~** das Kommando haben (of über +akk); **to take ~** das Kommando übernehmen (of +gen); **under his ~** unter seinem Kommando; **to be second in ~** zweiter Befehlshaber sein **3** fig Beherrschung f; **his ~ of English is excellent** er beherrscht das Englische ausgezeichnet; **I am at your ~** ich stehe zu Ihrer Verfügung

commandant [,kɒmən'dænt] s MIL Kommandant(in) m(f)

commandeer [,kɒmən'dɪə'] v/t MIL, a. fig beschlagnahmen

commander [kə'mɑːndə'] s MIL, FLUG Kommandant(in) m(f); SCHIFF Fregattenkapitän(in) m(f)

commander in chief s ⟨pl **commanders in chief**⟩ Oberbefehlshaber(in) m(f)

commanding [kə'mɑːndɪŋ] adj Stelle führend;

Stimme Kommando- *pej*; **to have a ~ lead** überlegen führen

commanding officer *s* MIL befehlshabender Offizier

commandment [kəˈmɑːndmənt] *s* BIBEL Gebot *n*

commando [kəˈmɑːndəʊ] *s* ⟨*pl* -s⟩ MIL Angehörige(r) *m* eines Kommando(trupp)s; (≈ *Einheit*) Kommando *n*, Kommandotrupp *m*

commemorate [kəˈmeməreɪt] *v/t* gedenken (+*gen*)

commemoration [kə,meməˈreɪʃən] *s* Gedenken *n*; **in ~ of** zum Gedenken an (+*akk*)

commemorative [kəˈmemərətɪv] *adj* Gedenk-

commence [kəˈmens] *form* **A** *v/i* beginnen **B** *v/t* beginnen (+*obj* mit); **to ~ doing sth** mit etw anfangen

commencement [kəˈmensmənt] *s* **1** *form* Beginn *m* **2** US Graduierungsfeier *f* (*von Highschool etc*)

commend [kəˈmend] *v/t* loben

commendable [kəˈmendəbl] *adj* lobenswert

commendation [ˌkɒmenˈdeɪʃən] *s* Auszeichnung *f*

commensurate [kəˈmenʃərɪt] *adj* entsprechend (**with** +*dat*); **to be ~ with sth** einer Sache (*dat*) entsprechen

comment [ˈkɒment] **A** *s* Bemerkung *f* (**on**, **about** über +*akk od* zu); *offiziell* Kommentar *m* (**on** zu); *in Text etc* Anmerkung *f*; **no ~** kein Kommentar!; **to make a ~** eine Bemerkung machen **B** *v/i* **1** sich äußern (**on** über +*akk od* zu) **2** *offiziell* einen Kommentar abgeben (**on** zu) **C** *v/t* bemerken

commentary [ˈkɒməntərɪ] *s* Kommentar *m* (**on** zu)

commentate [ˈkɒmenteɪt] *v/i* RADIO, TV Reporter(in) *m(f)* sein (**on** bei)

commentator [ˈkɒmenteɪtə*r*] *s* RADIO, TV Reporter(in) *m(f)*

commerce [ˈkɒmɜːs] *s* Handel *m*

commercial [kəˈmɜːʃəl] **A** *adj* Handels-; *Räume, Fahrzeug* Geschäfts-; *Produktion, Radio, Erfolg* kommerziell; *pej Musik etc* kommerziell; *Pause* Werbe-; **of no ~ value** ohne Verkaufswert; **it makes good ~ sense** das lässt sich kaufmännisch durchaus vertreten **B** *s* RADIO, TV Werbespot *m*; **during the ~s** während der (Fernseh)werbung

commercial at *s* IT At-Zeichen *n*, Klammeraffe *m umg*

commercial bank *s* Handelsbank *f*

commercial break *s* Werbepause *f*

commercialism [kəˈmɜːʃəlɪzəm] *s* Kommerzialisierung *f*

commercialization [kə,mɜːʃəlaɪˈzeɪʃən] *s* Kommerzialisierung *f*

commercialize [kəˈmɜːʃəlaɪz] *v/t* kommerzialisieren

commercially [kəˈmɜːʃəlɪ] *adv* geschäftlich; *herstellen* kommerziell

commercial television *s* kommerzielles Fernsehen

commiserate [kəˈmɪzəreɪt] *v/i* mitfühlen (**with mit**)

commiseration [kə,mɪzəˈreɪʃən] *s* **my ~s** herzliches Beileid (**on** zu)

commission [kəˈmɪʃən] **A** *s* **1** *für Gemälde etc* Auftrag *m* **2** HANDEL Provision *f*; **on ~** auf Provision(sbasis); **to charge ~** eine Kommission berechnen **3** Kommission *f*; **the (EU) Commission** die EU-Kommission **B** *v/t Gemälde* in Auftrag geben; **to ~ sb to do sth** j-n damit beauftragen, etw zu tun

commissioned officer *s* Offizier *m*

commissioner [kəˈmɪʃənə*r*] *s* Polizeipräsident(in) *m(f)*

commit [kəˈmɪt] **A** *v/t* **1** begehen; **to ~ a crime** ein Verbrechen begehen **2 to ~ sb (to prison)** j-n ins Gefängnis einweisen; **to have sb ~ted (to an asylum)** j-n in eine Anstalt einweisen lassen; **to ~ sb for trial** j-n einem Gericht überstellen; **to ~ sb/sth to sb's care** j-n/etw j-s Obhut (*dat*) anvertrauen **3** festlegen (**to** auf +*akk*); **to ~ resources to a project** Mittel für ein Projekt einsetzen; **that doesn't ~ you to buying the book** das verpflichtet Sie nicht zum Kauf des Buches **B** *v/i* **to ~ to sth** sich zu etw verpflichten **C** *v/r* sich festlegen (**to** auf +*akk*); **you have to ~ yourself totally to the cause** man muss sich voll und ganz für die Sache engagieren; **the government has ~ted itself to reforms** die Regierung hat sich zu Reformen verpflichtet

commitment *s* Verpflichtung *f*, Engagement *n*; **his family ~s** seine familiären Verpflichtungen *pl*; **his teaching ~s** seine Lehrverpflichtungen *pl*; **to make a ~ to do sth** *form* sich verpflichten, etw zu tun; **he is frightened of ~** er hat Angst davor, sich festzulegen

committed *adj* engagiert; **to be ~ to doing sth** sich zur Aufgabe machen, etw zu tun; **he is so ~ to his work that …** er geht so in seiner Arbeit auf, dass …; **all his life he has been ~ to this cause** er hat sich sein Leben lang für diese Sache eingesetzt

committee [kəˈmɪtɪ] *s* Ausschuss *m*; **to be** *od* **sit on a ~** in einem Ausschuss sitzen; **~ meeting** Ausschusssitzung *f*; **~ member** Ausschussmitglied *n*

commode [kəˈməʊd] *s* **1** Kommode *f* **2** (Nacht)stuhl *m*

commodity [kəˈmɒdɪtɪ] s Ware f; *landwirtschaftlich* Erzeugnis n

common [ˈkɒmən] **A** *adj* ⟨+er⟩ **1** gemeinsam; **~ land** Allmende f; **it is ~ knowledge that ...** es ist allgemein bekannt, dass ...; **to find ~ ground** eine gemeinsame Basis finden; **sth is ~ to everyone/sth** alle haben/etw hat etw gemein; **to have sth in ~ (with sb)** (mit j-m) etw gemeinsam haben; **I have nothing in ~ with him** ich habe mit ihm nichts gemein **2** häufig; *Vogel* (weit)verbreitet; *Glauben, Brauch* (weit)verbreitet **3** normal; **it's quite a ~ sight** das sieht man ziemlich häufig; **it's ~ for visitors to feel ill here** Besucher fühlen sich hier häufig krank **4** gewöhnlich, üblich; **the ~ man** der Normalbürger; **the ~ people** die einfachen Leute **B** *s* **1** (≈ *Landstück*) Anger m **2** **to have sth in ~ (with sb/sth)** etw (mit j-m/etw) gemein haben; **to have a lot/nothing in ~** viele/keine Gemeinsamkeiten haben; **in ~ with many other people ...** (genauso) wie viele andere ...

common cold s Erkältung f
common denominator s **lowest ~** MATH, *a. fig* kleinster gemeinsamer Nenner
commoner [ˈkɒmənəʳ] s Bürgerliche(r) m/f(m)
common factor s gemeinsamer Teiler
common law s Gewohnheitsrecht n
common-law *adj* **she is his ~ wife** sie lebt mit ihm in eheähnlicher Gemeinschaft
commonly [ˈkɒmənlɪ] *adv* häufig, gemeinhin; **a ~ held belief** eine weitverbreitete Ansicht; **(more) ~ known as ...** besser bekannt als ...
Common Market s Gemeinsamer Markt
common-or-garden *Br adj* Feld-, Wald- und Wiesen- *umg*
commonplace **A** *adj* alltäglich **B** s Gemeinplatz m
common room s Aufenthaltsraum m
Commons [ˈkɒmənz] *pl* **the ~** PARL das Unterhaus
common sense s gesunder Menschenverstand
common-sense *adj* vernünftig
commonwealth [ˈkɒmənwelθ] s **the (British) Commonwealth** das Commonwealth
commotion [kəˈməʊʃən] s Aufregung f *mst kein unbest art*, Lärm m; **to cause a ~** Aufsehen erregen
communal [ˈkɒmjuːnl] *adj* **1** Gemeinde-; **~ life** Gemeinschaftsleben n **2** gemeinsam
communally [ˈkɒmjuːnəlɪ] *adv* gemeinsam; **to be ~ owned** Gemein- *od* Gemeinschaftseigentum sein
commune [ˈkɒmjuːn] s Kommune f
communicate [kəˈmjuːnɪkeɪt] **A** *v/t* übermitteln; *Ideen, Gefühle* vermitteln, kommunizieren; **to ~ sth to sb** etw auf j-n übertragen **B** *v/i* **1** in Verbindung stehen **2** sich verständigen

communication [kə,mjuːnɪˈkeɪʃən] s **1** Kommunikation f; *von Ideen, Informationen* Vermittlung f; **means of ~** Kommunikationsmittel n; **to be in ~ with sb** mit j-m in Verbindung stehen (**about** wegen); **~s breakdown** gestörte Kommunikation **2** Verständigung f **3** Mitteilung f **4** **~s** (≈ *Straßen etc*) Kommunikationsnetz n; **they're trying to restore ~s** man versucht, die Verbindung wiederherzustellen **5** **~s** TEL Telekommunikation f

communication cord s *Br* BAHN ≈ Notbremse f
communication skills *pl* Kommunikationsfähigkeit f
communications officer s Pressesprecher(in) m(f)
communications satellite s Nachrichtensatellit m
communications software s Kommunikationssoftware f
communications tower s Fernmeldeturm m; Sendemast m
communicative [kəˈmjuːnɪkətɪv] *adj* mitteilsam
communion [kəˈmjuːnɪən] s **1** Zwiesprache f **2** *a.* **Communion** KIRCHE *protestantisch* Abendmahl n; *katholisch* Kommunion f; **to take ~** die Kommunion/das Abendmahl empfangen
communiqué [kəˈmjuːnɪkeɪ] s Kommuniqué n
communism [ˈkɒmjʊnɪzəm] s Kommunismus m
communist [ˈkɒmjʊnɪst] **A** s Kommunist(in) m(f) **B** *adj* kommunistisch
Communist Party s kommunistische Partei
community [kəˈmjuːnɪtɪ] s Gemeinschaft f, Gemeinde f; **the ~ at large** das ganze Volk; **a sense of ~** (ein) Gemeinschaftsgefühl n; **to work in the ~** im Sozialbereich tätig sein
community centre s, **community center** *US* s Gemeindezentrum n
community chest *US* s Wohltätigkeitsfonds m
community college *US* s *College zur Berufsausbildung und Vorbereitung auf ein Hochschulstudium*
community hall s Gemeinschaftshalle f
community service s JUR Sozialdienst m
commute [kəˈmjuːt] **A** *v/t* umwandeln **B** *v/i* pendeln **C** s Pendelfahrt f
commuter [kəˈmjuːtəʳ] s Pendler(in) m(f); **the ~ belt** das Einzugsgebiet; **~ train** Pendlerzug m
commuter traffic s Pendlerverkehr m
commuting s Pendeln n; **within ~ distance** nahe genug, um zu pendeln

Comoros ['kɒmərəʊz] *pl* GEOG Komoren *pl*
compact[1] [kəm'pækt] **A** *adj* ⟨+er⟩ kompakt; *Boden, Schnee* fest **B** *v/t Schnee, Erde* festtreten/-fahren *etc*
compact[2] ['kɒmpækt] *s* Puderdose *f*
compact disc *s* Compact Disc *f*; **~ player** CD-Spieler *m*
companion [kəm'pænjən] *s* **1** Begleiter(in) *m(f)*; **travelling ~** Reisebegleiter(in) *m(f)*; **drinking ~** Zechgenosse *m*, -genossin *f* **2** Freund(in) *m(f)*
companionship *s* Gesellschaft *f*
company ['kʌmpəni] **A** *s* **1** Gesellschaft *f*; **to keep sb ~** j-m Gesellschaft leisten; **I enjoy his ~** ich bin gern mit ihm zusammen; **he's good ~** seine Gesellschaft ist angenehm; **she has a cat, it's ~ for her** sie hält sich eine Katze, da hat sie (wenigstens) Gesellschaft; **you'll be in good ~ if ...** wenn du ..., bist du in guter Gesellschaft **2** Besuch *m* **3** HANDEL Firma *f*, Unternehmen *n*; **Smith & Company, Smith & Co.** Smith & Co.; **publishing ~** Verlag *m*; **a clothes ~** ein Textilbetrieb *m* **4** THEAT (Schauspiel)truppe *f* **5** MIL Kompanie *f* **B** *adj* ⟨*attr*⟩ Firmen-
company car *s* Firmenwagen *m*
company director *s* Direktor(in) *m(f)*
company law *s* Gesellschaftsrecht *n*
company pension *s* Betriebsrente *f*
company policy *s* Geschäftspolitik *f*
comparable ['kɒmpərəbl] *adj* vergleichbar (**with, to** mit)
comparably ['kɒmpərəbli] *adv* ähnlich
comparative [kəm'pærətɪv] **A** *adj* **1** *Religion etc* vergleichend **2** relativ; **to live in ~ luxury** relativ luxuriös leben **B** *s* GRAM Komparativ *m*
comparatively [kəm'pærətɪvli] *adv* vergleichsweise, relativ
compare [kəm'peə] **A** *v/t* vergleichen (**with, to** mit); **~d with** *od* **to** im Vergleich zu; **to ~ notes** Eindrücke/Erfahrungen austauschen **B** *v/i* sich vergleichen lassen (**with** mit); **it ~s badly/well** es schneidet vergleichsweise schlecht/gut ab; **how do the two cars ~ in terms of speed?** wie sieht ein Geschwindigkeitsvergleich der beiden Wagen aus?
comparison [kəm'pærɪsn] *s* Vergleich *m* (**to** mit); **in** *od* **by ~** vergleichsweise; **in** *od* **by ~ with** im Vergleich zu; **to make** *od* **draw a ~** einen Vergleich anstellen; **there's no ~** das ist gar kein Vergleich
compartment [kəm'pɑːtmənt] *s* am Schreibtisch *etc* Fach *n*; BAHN Abteil *n*
compartmentalize [ˌkɒmpɑː'mentəlaɪz] *v/t* aufsplittern, aufgliedern, aufteilen
compass ['kʌmpəs] *s* **1** Kompass *m* **2 ~es** *pl* (a. **pair of ~es**) Zirkel *m*
compass bearing *s* Kompasspeilung *f*
compassion [kəm'pæʃən] *s* Mitleid *n* (**for** mit)
compassionate [kəm'pæʃənɪt] *adj* mitfühlend; **on ~ grounds** aus familiären Gründen
compassionate leave *s* Beurlaubung *f* wegen einer dringenden Familienangelegenheit
compatibility [kəmˌpætə'bɪlɪti] *s* Vereinbarkeit *f*; MED Verträglichkeit *f*; IT Kompatibilität *f*
compatible [kəm'pætɪbl] *adj* vereinbar; MED verträglich; IT kompatibel; **to be ~** zueinanderpassen; **an IBM-compatible computer** ein IBM-kompatibler Computer
compatriot [kəm'pætrɪət] *s* Landsmann *m*, Landsmännin *f*
compel [kəm'pel] *v/t* zwingen
compelling [kəm'pelɪŋ] *adj* zwingend; *Leistung* bezwingend; **to make a ~ case for sth** schlagende Beweise für etw liefern
compendium [kəm'pendɪəm] *s* Handbuch *n*; **~ of games** Spielemagazin *n*
compensate ['kɒmpənseɪt] *v/t* entschädigen; MECH ausgleichen
phrasal verbs mit compensate:
compensate for *v/i* ⟨+obj⟩ mit Geld ersetzen; *anderweitig* wieder wettmachen
compensation [ˌkɒmpən'seɪʃən] *s* Entschädigung *f*; **in ~** als Entschädigung
compensatory [kəm'pensətəri] *adj* kompensierend
compère ['kɒmpeə] *Br* **A** *s* Conférencier *m*, Moderator(in) *m(f)* **B** *v/t* **to ~ a show** bei einer Show der Conférencier *od* Moderator/die Moderatorin sein
compete [kəm'piːt] *v/i* **1** konkurrieren; **to ~ with each other** sich (gegenseitig) Konkurrenz machen, miteinander wetteifern; **to ~ for sth** um etw kämpfen; **his poetry can't ~ with Eliot's** seine Gedichte können sich nicht mit denen Eliots messen **2** SPORT teilnehmen; **to ~ with/against sb** gegen j-n kämpfen
competence ['kɒmpɪtəns], **competency** ['kɒmpɪtənsi] *s* Fähigkeit *f*; **his ~ in handling money** sein Geschick im Umgang mit Geld
competent ['kɒmpɪtənt] *adj* fähig, kompetent; **to be ~ to do sth** kompetent *od* fähig sein, etw zu tun
competently ['kɒmpɪtəntli] *adv* kompetent
competition [ˌkɒmpɪ'tɪʃən] *s* **1** ⟨*kein pl*⟩ Konkurrenz *f* (**for** um); **unfair ~** unlauterer Wettbewerb; **to be in ~ with sb** mit j-m konkurrieren **2** Wettbewerb *m*, Preisausschreiben *n*
competitive [kəm'petɪtɪv] *adj* **1** *Haltung* vom Konkurrenzdenken geprägt; *Sport* (Wett)-kampf-; **~ spirit** Konkurrenzgeist *m*; *von Mannschaft* Kampfgeist *m*; **he's very ~** beruflich *etc* er

ist sehr ehrgeizig **2** HANDEL wettbewerbsfähig; **a highly ~ market** ein Markt mit starker Konkurrenz

competitively [kəmˈpetɪtɪvlɪ] adv **1 to be ~ priced** im Preis konkurrenzfähig sein **2** in Wettkämpfen

competitiveness s **1** Konkurrenzgeist m **2** HANDEL Wettbewerbsfähigkeit f

competitor [kəmˈpetɪtəʳ] s **1** SPORT Teilnehmer(in) m(f); **to be a ~** teilnehmen **2** HANDEL Konkurrent(in) m(f); **our ~s** unsere Konkurrenz

compilation [ˌkɒmpɪˈleɪʃən] s Zusammenstellung f; von Materialien Sammlung f

compile [kəmˈpaɪl] v/t zusammenstellen; Materialien sammeln; IT kompilieren

compiler [kəmˈpaɪləʳ] s von Wörterbuch Verfasser(in) m(f); IT Compiler m

complacency [kəmˈpleɪsnsɪ] s Selbstzufriedenheit f

complacent adj, **complacently** [kəmˈpleɪsənt, -lɪ] adv selbstzufrieden

complain [kəmˈpleɪn] v/i sich beklagen (**about** über +akk), sich beschweren (**about** über +akk od **to** bei); **(I) can't ~** umg ich kann nicht klagen umg; **to ~ of sth** über etw (akk) klagen; **she's always ~ing** sie muss sich immer beklagen

complaint [kəmˈpleɪnt] s **1** Klage f, Beschwerde f (**to** bei); **I have no cause for ~** ich kann mich nicht beklagen; **~s department** HANDEL Reklamationsabteilung f **2** (≈ Krankheit) Beschwerden pl; **a very rare ~** eine sehr seltene Krankheit

complement **A** [ˈkɒmplɪmənt] s volle Stärke; **we've got our full ~ in the office now** unser Büro ist jetzt voll besetzt **B** [ˈkɒmplɪment] v/t ergänzen, vervollkommnen; **to ~ each other** sich ergänzen

complementary [ˌkɒmplɪˈmentərɪ] adj Farbe Komplementär-; Winkel Ergänzungs-; **~ medicine** Alternativ- od Komplementärmedizin f; **they are ~ to one another** sie ergänzen einander

complete [kəmˈpliːt] **A** adj **1** ganz attr, vollzählig; **my happiness was ~** mein Glück war vollständig; **the ~ works of Shakespeare** die gesammelten Werke Shakespeares; **~ with** komplett mit **2** ⟨attr⟩ völlig; Anfänger, Katastrophe total; Überraschung voll; **we were ~ strangers** wir waren uns völlig fremd **3** (≈ zu Ende gebracht) fertig **B** v/t **1** vervollständigen; Mannschaft vollzählig machen; Ausbildung abrunden; Schule, Studium absolvieren; **that ~s my collection** damit ist meine Sammlung vollständig **2** beenden; Bauwerk, Arbeit fertigstellen; Haftstrafe verbüßen; **~ this phrase** ergänzen Sie diese Wendung; **it's not ~d yet** es ist noch nicht fertig **3** Formular ausfüllen

completely [kəmˈpliːtlɪ] adv vollkommen, ganz; **he's ~ wrong** er hat völlig unrecht

completeness [kəmˈpliːtnɪs] s Vollständigkeit f

completion [kəmˈpliːʃən] s Fertigstellung f; von Projekt, Kurs Abschluss m; **to be near ~** kurz vor dem Abschluss stehen; **to bring sth to ~** etw zum Abschluss bringen; **on ~ of the course** nach Abschluss des Kurses

complex [ˈkɒmpleks] **A** adj komplex, kompliziert **B** s Komplex m; **industrial ~** Industriekomplex m; **he has a ~ about his ears** er hat Komplexe wegen seiner Ohren

complexion [kəmˈplekʃən] s **1** Teint m, Gesichtsfarbe f **2** fig Anstrich m, Aspekt m; **to put a new** etc **~ on sth** etw in einem neuen etc Licht erscheinen lassen

complexity [kəmˈpleksɪtɪ] s Komplexität f

compliance [kəmˈplaɪəns] s Einverständnis n; von Regeln etc Einhalten n (**with** +gen); **in ~ with the law** dem Gesetz gemäß

compliant adj entgegenkommend, nachgiebig

complicate [ˈkɒmplɪkeɪt] v/t komplizieren

complicated adj kompliziert

complication [ˌkɒmplɪˈkeɪʃən] s Komplikation f

complicity [kəmˈplɪsɪtɪ] s Mittäterschaft f (**in** bei)

compliment **A** [ˈkɒmplɪmənt] s **1** Kompliment n (**on** zu, wegen); **to pay sb a ~** j-m ein Kompliment machen; **my ~s to the chef** mein Kompliment dem Koch/der Köchin **2 ~s** pl form Grüße pl; **"with the ~s of Mr X/the management"** „mit den besten Empfehlungen von Herrn X/der Geschäftsleitung" **B** [ˈkɒmplɪment] v/t ein Kompliment/Komplimente machen (+dat) (**on** wegen, zu)

complimentary [ˌkɒmplɪˈmentərɪ] adj **1** schmeichelhaft; **to be ~ about sb/sth** sich schmeichelhaft über j-n/etw äußern **2** (≈ gratis) Frei-; **~ copy** Freiexemplar n; von Magazin Werbenummer f

compliments slip s HANDEL Empfehlungszettel m

comply [kəmˈplaɪ] v/i einwilligen; System etc die Bedingungen erfüllen; **to ~ with sth** einer Sache (dat) entsprechen; System in Einklang mit etw stehen; **to ~ with a request** einer Bitte nachkommen; **to ~ with the rules** sich an die Regeln halten

component [kəmˈpəʊnənt] **A** s (Bestand)teil m **B** adj **a ~ part** ein (Bestand)teil m; **the ~ parts of a machine** die einzelnen Maschinenteile pl

compose [kəmˈpəʊz] v/t **1** Musik komponieren; Brief abfassen; Gedicht verfassen **2** bilden; **to be ~d of** sich zusammensetzen aus; **water is ~d of ...** Wasser besteht aus ... **3 to ~ oneself**

sich sammeln; **to ~ one's thoughts** Ordnung in seine Gedanken bringen
composed adj gelassen
composer [kəmˈpəʊzəʳ] s MUS Komponist(in) m(f)
composite [ˈkɒmpəzɪt] adj zusammengesetzt
composition [ˌkɒmpəˈzɪʃən] s **1** MUS, KUNST Komposition f **2** SCHULE Aufsatz m **3** Zusammensetzung f
compost [ˈkɒmpɒst] s Kompost m; **~ bin** Komposttonne f; **~ heap** Komposthaufen m
composure [kəmˈpəʊʒəʳ] s Beherrschung f; **to lose one's ~** die Beherrschung verlieren; **to regain one's ~** seine Selbstbeherrschung wiederfinden
compound[1] [ˈkɒmpaʊnd] **A** s **1** CHEM Verbindung f **2** GRAM Kompositum n (*zusammengesetztes Wort*) **B** adj GRAM zusammengesetzt; **~ noun** Kompositum n **C** [kəmˈpaʊnd] v/t verschlimmern; *Problem* vergrößern
compound[2] [ˈkɒmpaʊnd] s Lager n; (≈ *Unterkünfte*) Siedlung f; *in Zoo* Gehege n
compound fracture s MED offener od komplizierter Bruch
compound interest s FIN Zinseszins m
comprehend [ˌkɒmprɪˈhend] v/t verstehen
comprehensible [ˌkɒmprɪˈhensəbl] adj verständlich
comprehension [ˌkɒmprɪˈhenʃən] s **1** Verständnis n, Begriffsvermögen n; **that is beyond my ~** das übersteigt mein Begriffsvermögen; *Verhalten* das ist mir unbegreiflich **2** SCHULE Fragen pl zum Textverständnis
comprehensive [ˌkɒmprɪˈhensɪv] **A** adj umfassend; **(fully) ~ insurance** Vollkasko n, Vollkaskoversicherung f **B** s Br Gesamtschule f
comprehensively [ˌkɒmprɪˈhensɪvlɪ] adv umfassend
comprehensive school Br s Gesamtschule f
compress [kəmˈpres] v/t komprimieren (**into** auf +akk); *Materialien* zusammenpressen (**into** zu)
compressed air [kəmˌprestˈɛəʳ] s Druck- od Pressluft f
compression sock s Kompressionsstrumpf m
comprise [kəmˈpraɪz] v/t bestehen aus; **to be ~d of sth** aus etw bestehen
compromise [ˈkɒmprəmaɪz] **A** s Kompromiss m; **to reach a ~** einen Kompromiss schließen **B** adj ⟨attr⟩ Kompromiss- **C** v/i Kompromisse schließen (**about** in +dat); **we agreed to ~** wir einigten uns auf einen Kompromiss **D** v/t j-n kompromittieren; **to ~ oneself** sich kompromittieren; **to ~ one's reputation** seinem guten Ruf schaden; **to ~ one's principles** seinen Prinzipien untreu werden

compromising adj kompromittierend
compulsion [kəmˈpʌlʃən] s Zwang m; PSYCH innerer Zwang; **you are under no ~** niemand zwingt Sie
compulsive [kəmˈpʌlsɪv] adj zwanghaft; **he is a ~ eater** er hat die Esssucht; **he is a ~ liar** er hat einen krankhaften Trieb zu lügen; **it makes ~ reading** das muss man einfach lesen
compulsively [kəmˈpʌlsɪvlɪ] adv zwanghaft
compulsory [kəmˈpʌlsərɪ] adj obligatorisch; *Maßnahmen* Zwangs-; *Fach* Pflicht-
computation [ˌkɒmpjʊˈteɪʃən] s Berechnung f
computational adj Computer-
compute [kəmˈpjuːt] v/t berechnen (**at** auf +akk), errechnen
computer [kəmˈpjuːtəʳ] s Computer m; **to put/have sth on ~** etw im Computer speichern/(-gespeichert) haben; **it's all done by ~** das geht alles per Computer; **~ skills** Computerkenntnisse pl
computer-aided adj computergestützt
computer-aided design s rechnergestützter Entwurf, computerunterstütztes Design
computer-aided manufacturing s computerunterstützte Fertigung
computer-based adj computergestützt
computer-controlled adj rechnergesteuert
computer dating s Partnervermittlung f per Computer
computer-designed adj mit Computerunterstützung entworfen
computer error s Computerfehler m
computer fraud s Computerbetrug m, Computerkriminalität f
computer freak umg s Computerfreak m umg
computer game s Computerspiel n
computer-generated adj computergeneriert; **~ imagery** FILM computergenerierte Grafikeffekte pl
computer graphics pl Computergrafik f
computerization [kəmˌpjuːtəraɪˈzeɪʃən] s Computerisierung f; **the ~ of the factory** die Umstellung der Fabrik auf Computer
computerize [kəmˈpjuːtəraɪz] v/t computerisieren; *Firma, Arbeitsweise* auf Computer umstellen
computer language s Computersprache f
computer literate adj **to be ~** sich mit Computern auskennen
computer model s Computermodell n
computer network s Computernetzwerk n
computer-operated adj computergesteuert
computer operator s Operator(in) m(f)
computer printout s (Computer)ausdruck m
computer program s (Computer)programm n
computer programmer s Programmierer(in) m(f)

computer-readable *adj* computerlesbar
computer science *s* Informatik *f*
computer scientist *s* Informatiker(in) *m(f)*
computer studies *pl* Informatik *f*
computer virus *s* Computervirus *m*
computing [kəmˈpjuːtɪŋ] *s* (≈ *Fach*) Computerwissenschaft *f*; **her husband's in ~** ihr Mann ist in der Computerbranche
comrade [ˈkɒmrɪd] *s* Kamerad *m*; POL Genosse *m*, Genossin *f*
comradeship *s* Kameradschaft(lichkeit) *f*
con¹ [kɒn] *adv & s* → **pro²**
con² *umg* **A** *s* Schwindel *m*, Pflanz *m* österr; **it's a con!** das ist alles Schwindel **B** *v/t* hereinlegen *umg*; **to con sb out of sth** j-n um etw bringen; **to con sb into doing sth** j-n durch einen faulen Trick dazu bringen, dass er etw tut *umg*
con artist *umg s* Trickbetrüger(in) *m(f)*
concave [ˈkɒnkeɪv] *adj* konkav; *Spiegel* Konkav-
conceal [kənˈsiːl] *v/t* verbergen; **why did they ~ this information from us?** warum hat man uns diese Informationen vorenthalten?
concealed *adj* verborgen; *Eingang* verdeckt
concealer stick *s* Abdeckstift *m*
concealment [kənˈsiːlmənt] *s von Tatsachen* Verheimlichung *f*; *von Beweismitteln* Unterschlagung *f*
concede [kənˈsiːd] *v/t* **1** *Land* abtreten (**to** an +*akk*); **to ~ victory to sb** vor j-m kapitulieren; **to ~ a match** aufgeben; (≈ *verlieren*) ein Match abgeben; **to ~ a penalty** einen Elfmeter verursachen; **to ~ a point to sb** SPORT einen Punkt an j-n abgeben **2** zugeben; *Rechte* zugestehen (**to sb** j-m); **to ~ defeat** sich geschlagen geben
conceit [kənˈsiːt] *s* Einbildung *f*
conceited *adj* eingebildet
conceivable [kənˈsiːvəbl] *adj* denkbar; **it is hardly ~ that ...** es ist kaum denkbar, dass ...
conceivably [kənˈsiːvəblɪ] *adv* **she may ~ be right** es ist durchaus denkbar, dass sie recht hat
conceive [kənˈsiːv] **A** *v/t* **1** *Kind* empfangen **2** sich (*dat*) vorstellen; *Idee* haben **B** *v/i Frau* empfangen

phrasal verbs mit conceive:

conceive of *v/i* ⟨+*obj*⟩ sich (*dat*) vorstellen
concentrate [ˈkɒnsəntreɪt] **A** *v/t* konzentrieren (**on** auf +*akk*); **to ~ all one's energies on sth** sich (voll und) ganz auf etw (*akk*) konzentrieren; **to ~ one's mind on sth** sich auf etw (*akk*) konzentrieren **B** *v/i* sich konzentrieren; **to ~ on doing sth** sich darauf konzentrieren, etw zu tun
concentrated *adj* konzentriert; **~ orange juice** Orangensaftkonzentrat *n*
concentration [ˌkɒnsənˈtreɪʃən] *s* **1** Konzentration *f*; **powers of ~** Konzentrationsfähigkeit *f* **2** Ansammlung *f*
concentration camp *s* Konzentrationslager *n*, KZ *n*
concentric [kənˈsentrɪk] *adj* konzentrisch
concept [ˈkɒnsept] *s* Begriff *m*, Vorstellung *f*; **our ~ of the world** unser Weltbild *n*; **his ~ of marriage** seine Vorstellungen von der Ehe
conception [kənˈsepʃən] *s* **1** Vorstellung *f*, Konzeption *f*; **he has no ~ of how difficult it is** er hat keine Vorstellung, wie schwer das ist **2** *von Kind* die Empfängnis
conceptual [kənˈseptjʊəl] *adj* Denkweise begrifflich
conceptualize [kənˈseptjʊəlaɪz] *v/t* in Begriffe fassen
concern [kənˈsɜːn] **A** *s* **1** Angelegenheit *f*, Angelegenheiten *pl*; (≈ *wichtige Sache*) Anliegen *n*; **the day-to-day ~s of government** die täglichen Regierungsgeschäfte; **it's no ~ of his** das geht ihn nichts an **2** HANDEL Konzern *m* **3** Sorge *f*; **the situation is causing ~** die Lage ist besorgniserregend; **there's some/no cause for ~** es besteht Grund/kein Grund zur Sorge; **to do sth out of ~ for sb** etw aus Sorge um j-n tun; **he showed great ~ for your safety** er war sehr um Ihre Sicherheit besorgt **4** Bedeutung *f*; **issues of national ~** Fragen *pl* von nationalem Interesse; **to be of little/great ~ to sb** j-m nicht/sehr wichtig sein **B** *v/t* handeln von; **it ~s the following issue** es geht um die folgende Frage; **the last chapter is ~ed with ...** das letzte Kapitel behandelt ... **2** betreffen; **that doesn't ~ you** das betrifft Sie nicht; *brüskierend* das geht Sie nichts an; **where money is ~ed** wenn es um Geld geht; **as far as ... is/are ~ed ...** was ... betrifft, ..., was ... angeht, ...; **as far as the money is ~ed** was das Geld betrifft *od* angeht; **as far as he is ~ed it's just another job, but ...** für ihn ist es nur ein anderer Job, aber ...; **as far as I'm ~ed you can do what you like** von mir aus kannst du tun und lassen, was du willst; **the department ~ed** die betreffende Abteilung; **the persons ~ed** die Betroffenen; **To whom it may ~** US in Brief Sehr geehrte Damen und Herren **3** **he is only ~ed with facts** ihn interessieren nur die Fakten; **we should be ~ed more with** *od* **about quality** Qualität sollte uns ein größeres Anliegen sein; **there's no need for you to ~ yourself about that** darum brauchen Sie sich nicht zu kümmern **4** **to be ~ed about sb/sth** sich (*dat*) um j-n/etw Sorgen machen; **I was very ~ed to hear about your illness** ich habe mir Sorgen gemacht, als ich von Ihrer Krankheit hörte; **I am ~ed to hear that ...** es beun-

ruhigt mich, dass ...; **~ed parents** besorgte Eltern
concerned *adj* besorgt, beunruhigt
concerning *präp* bezüglich (+*gen*)
concert ['kɒnsət] *s* MUS Konzert *n*; **were you at the ~?** waren Sie in dem Konzert?; **Madonna in ~** Madonna live
concerted [kən'sɜːtɪd] *adj* konzertiert
concertgoer *s* Konzertbesucher(in) *m(f)*
concert hall *s* Konzerthalle *f*
concertina [ˌkɒnsə'tiːnə] *s* Konzertina *f*; **to play the ~** Konzertina spielen
concerto [kən'tʃɜːtəʊ] *s* ⟨*pl* -s⟩ Konzert *n*
concert pianist *s* Pianist(in) *m(f)*
concession [kən'seʃən] *s* **1** Zugeständnis *n* (**to an** +*akk*); HANDEL Konzession *f*; **to make ~s to sb** j-m Zugeständnisse machen **2** *Br preislich* Preisermäßigung *f*; ermäßigter Preis; ermäßigter Eintritt; **£3 ~s** 3 £ ermäßigter Eintritt
concessionary [kən'seʃənərɪ] *adj Tarif, Fahrpreis* ermäßigt
conciliation [kənˌsɪlɪ'eɪʃən] *s* Schlichtung *f*
conciliatory [kən'sɪlɪətərɪ] *adj* versöhnlich
concise *adj*, **concisely** [kən'saɪs, -lɪ] *adv* präzis(e)
conclude [kən'kluːd] **A** *v/t* **1** beenden, schließen **2** *Vertrag* abschließen **3** folgern (**from** aus) **4** zu dem Schluss kommen **B** *v/i* enden; **I would like to ~ by saying ...** abschließend möchte ich sagen ...
concluding [kən'kluːdɪŋ] *adj Bemerkungen* abschließend
conclusion [kən'kluːʒən] *s* **1** Abschluss *m*; *von Aufsatz etc* Schluss *m*; **in ~** abschließend, zum Abschluss **2** Schluss *m*, Schlussfolgerung *f*; **to draw a ~** einen Schluss ziehen; **what do you draw** *od* **reach from all this?** welchen Schluss ziehen Sie daraus? **3** Ergebnis *n*
conclusive [kən'kluːsɪv] *adj* überzeugend; JUR *Beweise* einschlägig, eindeutig
conclusively [kən'kluːsɪvlɪ] *adv beweisen* eindeutig
concoct [kən'kɒkt] *v/t* **1** GASTR *etc* (zu)bereiten, kreieren *hum* **2** *fig* sich (*dat*) ausdenken
concoction [kən'kɒkʃən] *s* (≈ *Speise*) Kreation *f*; (≈ *Getränk*) Gebräu *n*
concourse ['kɒŋkɔːs] *s* Eingangshalle *f*; US *in Park* freier Platz
concrete[1] ['kɒŋkriːt] *adj Maßnahmen* konkret
concrete[2] **A** *s* Beton *m* **B** *adj* Beton-
concrete mixer *s* Betonmischmaschine *f*
concur [kən'kɜː] *v/i* übereinstimmen
concurrent [kən'kʌrənt] *adj* gleichzeitig; **to be ~ with sth** mit etw zusammentreffen
concurrently [kən'kʌrəntlɪ] *adv* gleichzeitig
concuss [kən'kʌs] *v/t* **to be ~ed** eine Gehirnerschütterung haben
concussion [kən'kʌʃən] *s* Gehirnerschütterung *f*
condemn [kən'dem] *v/t* **1** verurteilen; **to ~ sb to death** j-n zum Tode verurteilen **2** *fig* verdammen (**to** zu) **3** *Gebäude* für abbruchreif erklären
condemnation [ˌkɒndem'neɪʃən] *s* Verurteilung *f*
condensation [ˌkɒnden'seɪʃən] *s* *an Fensterscheibe etc* Kondenswasser *n*; **the windows are covered with ~** die Fenster sind beschlagen
condense [kən'dens] **A** *v/t* **1** kondensieren **2** (≈ *kürzen*) zusammenfassen **B** *v/i Gas* kondensieren
condensed milk [kən,denst'mɪlk] *s* Kondensmilch *f*
condescend [ˌkɒndɪ'send] *v/i* **to ~ to do sth** sich herablassen, etw zu tun
condescending *pej adj* herablassend; **to be ~ to** *od* **toward(s) sb** j-n herablassend behandeln
condescendingly *pej adv* herablassend
condescension [ˌkɒndɪ'senʃən] *pej s* Herablassung *f*, herablassende Haltung
condiment ['kɒndɪmənt] *s* Würze *f*
condition [kən'dɪʃən] **A** *s* **1** Bedingung *f*, Voraussetzung *f*; **on ~ that ...** unter der Bedingung, dass ...; **on no ~** auf keinen Fall; **he made it a ~ that ...** er machte es zur Bedingung, dass ... **2** **~s** *pl* Verhältnisse *pl*, Bedingungen *pl*; **working ~s** Arbeitsbedingungen *pl*; **living ~s** Wohnverhältnisse *pl*; **weather ~s** die Wetterlage **3** ⟨*kein pl*⟩ Zustand *m*; **it is in bad ~** es ist in schlechtem Zustand; **he is in a critical ~** sein Zustand ist kritisch; **you're in no ~ to drive** du bist nicht mehr fahrtüchtig; **to be out of ~** keine Kondition haben; **to keep in/get into ~** in Form bleiben/kommen **4** MED Beschwerden *pl*; **heart ~** Herzleiden *n*; **he has a heart ~** er ist herzkrank **B** *v/t* **1** bedingen; **to be ~ed by** bedingt sein durch **2** PSYCH *etc* konditionieren
conditional [kən'dɪʃənl] **A** *adj* **1** bedingt **2** GRAM konditional, Konditional-; **the ~ tense** der Konditional **B** *s* GRAM Konditional *m*
conditioner [kən'dɪʃənə] *s* **1** *für Haare* Pflegespülung *f* **2** *Br für Waschgang* Weichspüler *m*
conditioning shampoo [kən'dɪʃənɪŋʃæm'puː] *s* Pflegeshampoo *n*
condo ['kɒndəʊ] *s* ⟨*pl* -s⟩ *umg* → condominium
condolence [kən'dəʊləns] *s* **please accept my ~s on the death of your mother** (meine) aufrichtige Anteilnahme zum Tode Ihrer Mutter
condom ['kɒndɒm] *s* Kondom *n/m*
condominium [ˌkɒndə'mɪnɪəm] US *s* **1** ≈ Haus

n mit Eigentumswohnungen **2** ≈ Eigentumswohnung *f*

condone [kənˈdəʊn] *v/t* (stillschweigend) hinwegsehen über (+*akk*)

conducive [kənˈdjuːsɪv] *adj* förderlich (**to** +*dat*)

conduct **A** [ˈkɒndʌkt] *s* Benehmen *n* (**towards** gegenüber) **B** [kənˈdʌkt] *v/t* **1** führen; *Untersuchung* durchführen; **~ed tour (of)** Führung *f* (durch); **he ~ed his own defence** er übernahm seine eigene Verteidigung **2** MUS dirigieren **3** PHYS leiten; *Blitz* ableiten **C** [kənˈdʌkt] *v/i* MUS dirigieren **D** [kənˈdʌkt] *v/r* sich benehmen

conductor [kənˈdʌktəʳ] *s* **1** MUS Dirigent(in) *m(f)* **2** *in Bus* Schaffner(in) *m(f)*, Kondukteur(in) *m(f) schweiz*; *US* BAHN Zugführer(in) *m(f)* **3** PHYS Leiter *m*, Blitzableiter *m*

conductress [kənˈdʌktrɪs] *s in Bus* Schaffnerin *f*, Kondukteurin *f schweiz*

conduit [ˈkɒndɪt] *s* Leitungsrohr *n*; ELEK Rohrkabel *n*

cone [kəʊn] *s* **1** Kegel *m*; *zur Verkehrsführung* Leitkegel *m* **2** BOT Zapfen *m* **3** (Eis)tüte *f*

confectioners' sugar [kənˈfekʃənəz] *s US* Puderzucker *m*

confectionery [kənˈfekʃənərɪ] *s* Süßwaren *pl*

confederacy [kənˈfedərəsɪ] *s* POL Bündnis *n*; *von Nationen* Konföderation *f*

confederate [kənˈfedərɪt] *adj* konföderiert

confederation [kənˌfedəˈreɪʃən] *s* Bund *m*; **the Swiss Confederation** die Schweizerische Eidgenossenschaft

confer [kənˈfɜːʳ] **A** *v/t* verleihen (**on, upon sb** j-m) **B** *v/i* sich beraten

conference [ˈkɒnfərəns] *s* Konferenz *f*, Tagung *f*; *informell* Besprechung *f*

conference call *s* Telefonkonferenz *f*

conference hall *s* Sitzungssaal *m*

conference room *s* Konferenzzimmer *n*

conference venue *s* Tagungsort *m*

confess [kənˈfes] **A** *v/t* **1** zugeben **2** KIRCHE bekennen; *dem Priester* beichten **B** *v/i* **1** gestehen (**to** +*akk*); **to ~ to sth** etw gestehen **2** KIRCHE beichten

confession [kənˈfeʃən] *s* **1** Eingeständnis *n*; *von Schuld, Verbrechen* Geständnis *n*; **I have a ~ to make** ich muss etwas gestehen **2** KIRCHE Beichte *f*; **to hear ~** (die) Beichte hören

confessional [kənˈfeʃənəl] *s* Beichtstuhl *m*

confetti [kənˈfetɪ] *s* ⟨*kein pl*⟩ Konfetti *n*

confidant [ˌkɒnfɪˈdænt] *s* Vertraute(r) *m*

confidante [ˌkɒnfɪˈdænt] *s* Vertraute *f*

confide [kənˈfaɪd] *v/t* anvertrauen (**to sb** j-m)

phrasal verbs mit confide:

confide in *v/i* (+*obj*) sich anvertrauen (+*dat*); **to confide in sb about sth** j-m etw anvertrauen

confidence [ˈkɒnfɪdəns] *s* **1** Vertrauen *n* (**in zu**), Zuversicht *f*; **to have (every/no) ~ in sb/sth** (volles/kein) Vertrauen zu j-m/etw haben; **I have every ~ that …** ich bin ganz zuversichtlich, dass …; **to put one's ~ in sb/sth** auf j-n/etw bauen; **motion/vote of no ~** Misstrauensantrag *m*/-votum *n* **2** (Selbst)vertrauen *n* **3** **in (strict) ~** (streng) vertraulich; **to take sb into one's ~** j-n ins Vertrauen ziehen

confidence trick *s* Trickbetrug *m*, Pflanz *m österr*

confidence trickster *s* → con man

confident [ˈkɒnfɪdənt] *adj* **1** überzeugt; *Blick* zuversichtlich; **to be ~ of success** vom Erfolg überzeugt sein; **to be/feel ~ about sth** in Bezug auf etw zuversichtlich sein **2** (selbst)sicher, selbstbewusst

confidential [ˌkɒnfɪˈdenʃəl] *adj* vertraulich; **to treat sth as ~** etw vertraulich behandeln

confidentiality [ˌkɒnfɪˌdenʃɪˈælɪtɪ] *s* Vertraulichkeit *f*

confidentially [ˌkɒnfɪˈdenʃəlɪ] *adv* vertraulich, im Vertrauen

confidently [ˈkɒnfɪdəntlɪ] *adv* **1** zuversichtlich **2** selbstsicher

configure [kənˈfɪgəʳ] *v/t* IT konfigurieren

confine **A** [kənˈfaɪn] *v/t* **1** (ein)sperren; **to be ~d to the house** nicht aus dem Haus können; **to be ~d to barracks** Kasernenarrest haben **2** *Bemerkungen* beschränken (**to** auf +*akk*); **to ~ oneself to doing sth** sich darauf beschränken, etw zu tun **B** [ˈkɒnfaɪnz] *s* **~s** *pl* Grenzen *pl*

confined *adj Raum* begrenzt

confinement [kənˈfaɪnmənt] *s* (≈ *Handlung*) Einsperren *n*; (≈ *Zustand*) Eingesperrtsein *n*

confirm [kənˈfɜːm] *v/t* **1** bestätigen **2** KIRCHE konfirmieren; *Katholik* firmen

confirmation [ˌkɒnfəˈmeɪʃən] *s* **1** Bestätigung *f* **2** KIRCHE Konfirmation *f*; *von Katholiken* Firmung *f*

confirmed *adj* **1** erklärt; *Atheist* überzeugt; *Junggeselle* eingefleischt **2** *Buchung* bestätigt

confiscate [ˈkɒnfɪskeɪt] *v/t* beschlagnahmen; **to ~ sth from sb** j-m etw abnehmen

confiscation [ˌkɒnfɪsˈkeɪʃən] *s* Beschlagnahme *f*

conflate [kənˈfleɪt] *v/t* zusammenfassen

conflict **A** [ˈkɒnflɪkt] *s* Konflikt *m*, Zusammenstoß *m*; **to be in ~ with sb/sth** mit j-m/etw im Konflikt liegen; **to come into ~ with sb/sth** mit j-m/etw in Konflikt geraten; **~ of interests** Interessenkonflikt *m* **B** [kənˈflɪkt] *v/i* im Widerspruch stehen (**with** zu)

conflicting [kənˈflɪktɪŋ] *adj* widersprüchlich

conform [kənˈfɔːm] *v/i* entsprechen (**to** +*dat*); *Menschen* sich anpassen (**to an** +*akk*)

conformist [kənˈfɔːmɪst] **A** adj konformistisch **B** s Konformist m
conformity [kənˈfɔːmɪti] s **1** Konformismus m **2** Übereinstimmung f; sozial Anpassung f (**with** an +akk)
confound [kənˈfaʊnd] v/t verblüffen
confounded umg adj verflixt umg
confront [kənˈfrʌnt] v/t **1** gegenübertreten (+dat); Probleme, Entscheidungen sich stellen (+dat) **2 to ~ sb with sb/sth** j-n mit j-m/etw konfrontieren; **to be ~ed with sth** mit etw konfrontiert sein
confrontation [ˌkɒnfrənˈteɪʃən] s Konfrontation f, Auseinandersetzung f
confrontational [kɒnfrənˈteɪʃnl] adj konfrontativ
confuse [kənˈfjuːz] v/t **1** j-n verwirren; Situation verworren machen; **don't ~ the issue!** bring (jetzt) nicht alles durcheinander! **2** verwechseln
confused adj konfus; Mensch a. verwirrt, durcheinander
confusing [kənˈfjuːzɪŋ] adj verwirrend
confusion [kənˈfjuːʒən] s **1** Durcheinander n; **to be in ~** durcheinander sein; **to throw everything into ~** alles durcheinanderbringen **2** geistig Verwirrung f **3** (≈ Irrtum) Verwechslung f
congeal [kənˈdʒiːl] v/i erstarren; Blut gerinnen
congenial [kənˈdʒiːnɪəl] adj ansprechend; Atmosphäre angenehm
congenital [kənˈdʒenɪtl] adj angeboren
congested [kənˈdʒestɪd] adj überfüllt; mit Verkehr verstopft
congestion [kənˈdʒestʃən] s Stau m; **the ~ in the city centre is getting so bad ...** die Verstopfung in der Innenstadt nimmt derartige Ausmaße an ...
congestion charge s City-Maut f
conglomerate [kənˈglɒmərɪt] s Konglomerat n
congratulate [kənˈgrætjʊleɪt] v/t gratulieren (+dat), beglückwünschen
congratulations [kənˌgrætjʊˈleɪʃənz] **A** pl Glückwünsche pl; **to offer one's ~** j-m gratulieren **B** int herzlichen Glückwunsch!; **~ on ...!** herzlichen Glückwunsch zu ...!
congratulatory [kənˈgrætjʊlətərɪ] adj Glückwunsch-
congregate [ˈkɒŋgrɪgeɪt] v/i sich sammeln
congregation [ˌkɒŋgrɪˈgeɪʃən] s KIRCHE Gemeinde f
congress [ˈkɒŋgres] s **1** Kongress m; von Partei Parteitag m **2 Congress** US etc POL der Kongress
congressional [kɒŋˈgreʃənl] adj Kongress-
Congressman [ˈkɒŋgresmən] s ⟨pl -men⟩ Kongressabgeordnete(r) m
Congresswoman [ˈkɒŋgresˌwʊmən] s ⟨pl -women [-wɪmɪn]⟩ Kongressabgeordnete f
conical [ˈkɒnɪkl] adj kegelförmig
conifer [ˈkɒnɪfəʳ] s Nadelbaum m; **~s** Nadelhölzer pl
coniferous [kəˈnɪfərəs] adj Nadel-
conjecture [kənˈdʒektʃəʳ] **A** v/t vermuten **B** v/i Vermutungen anstellen **C** s Vermutung f
conjugal [ˈkɒndʒʊgəl] adj ehelich; Stand Ehe-
conjugate [ˈkɒndʒʊgeɪt] v/t GRAM konjugieren
conjugation [ˌkɒndʒʊˈgeɪʃən] s GRAM Konjugation f
conjunction [kənˈdʒʌŋkʃən] s **1** GRAM Konjunktion f, Bindewort n **2 in ~ with the new evidence** in Verbindung mit dem neuen Beweismaterial; **the programme was produced in ~ with NBC** das Programm wurde in Zusammenarbeit mit NBC aufgezeichnet
conjunctivitis [kənˌdʒʌŋktɪˈvaɪtɪs] s MED Bindehautentzündung f
conjure [ˈkʌndʒəʳ] v/t & v/i zaubern; **to ~ something out of nothing** etwas aus dem Nichts herbeizaubern
phrasal verbs mit conjure:
conjure up v/t ⟨trennb⟩ Erinnerungen etc heraufbeschwören
conjurer [ˈkʌndʒərəʳ] s Zauberkünstler(in) m(f)
conjuring [ˈkʌndʒərɪŋ] s Zaubern n; **~ trick** Zaubertrick m
conjuror [ˈkʌndʒərəʳ] s → conjurer
conk [kɒŋk] s Br umg (≈ Nase) Riecher m umg
phrasal verbs mit conk:
conk out umg v/i den Geist aufgeben umg
conker [ˈkɒŋkəʳ] Br umg s (Ross)kastanie f
con man s ⟨pl - men⟩ umg Trickbetrüger m
connect [kəˈnekt] **A** v/t **1** a. IT verbinden (**to**, **with** mit); a. **~ up** ELEK etc anschließen (**to** an +akk); **I'll ~ you** TEL ich verbinde (Sie); **to be ~ed** miteinander verbunden sein; **to be ~ed with** Ideen in Verbindung stehen zu; **to be well ~ed** gute Beziehungen haben; **he's ~ed with the university** er hat mit der Universität zu tun; **to get ~ed** verbunden werden **2** fig in Verbindung bringen; **I always ~ Paris with springtime** ich verbinde Paris immer mit Frühling **B** v/i **1** Kontakt haben; **~ing rooms** angrenzende Zimmer pl (mit Verbindungstür) **2** BAHN, FLUG etc Anschluss haben (**with** an +akk); **~ing flight** Anschlussflug m
phrasal verbs mit connect:
connect up v/t ⟨trennb⟩ ELEK etc anschließen (**to**, **with** an +akk)
connection [kəˈnekʃən] s **1** Verbindung f (**to**, **with** zu, mit); an Stromnetz Anschluss m (**to** an +akk); **~ charge** TEL Anschlussgebühr f **2** fig Zu-

connector – considerable ■ 155

sammenhang m; **in ~ with** in Zusammenhang mit **3** (≈ *geschäftlich*) Beziehung f (**with** zu); **to have ~s** Beziehungen haben **4** BAHN *etc* Anschluss m

connector [kəˈnektəʳ] s Verbindungsstück n; ELEK Lüsterklemme f

connive [kəˈnaɪv] v/i sich verschwören

connoisseur [ˌkɒnəˈsɜːʳ] s Kenner(in) m(f)

connotation [ˌkɒnəʊˈteɪʃən] s Assoziation f; LIT Konnotation f (*zusätzliche, oft emotionale Bedeutung eines Wortes*)

conquer [ˈkɒŋkəʳ] v/t **1** *wörtl Land* erobern; *Feind* besiegen **2** *fig* bezwingen

conqueror [ˈkɒŋkərəʳ] s Eroberer m, Eroberin f

conquest [ˈkɒŋkwest] s Eroberung f; *über Feind* Sieg m (**of** über +akk)

conscience [ˈkɒnʃəns] s Gewissen n; **to have a clear/guilty ~** ein reines/schlechtes Gewissen haben (**about** wegen); **with an easy ~** mit ruhigem Gewissen; **she/it is on my ~** ich habe ihretwegen/deswegen Gewissensbisse

conscientious [ˌkɒnʃɪˈenʃəs] adj gewissenhaft

conscientiously [ˌkɒnʃɪˈenʃəslɪ] adv gewissenhaft

conscientiousness [kɒnʃɪˈenʃəsnəs] s Gewissenhaftigkeit f

conscientious objector s MIL Kriegsdienstverweigerer m, Kriegsdienstverweigerin f (*aus Gewissensgründen*)

conscious [ˈkɒnʃəs] adj **1** MED bei Bewusstsein **2** bewusst; **to be ~ of sth** sich (*dat*) einer Sache (*gen*) bewusst sein; **I was ~ that** es war mir bewusst, dass; **environmentally ~** umweltbewusst

-conscious adj (*suf*) -bewusst

consciously [ˈkɒnʃəslɪ] adv bewusst

consciousness s Bewusstsein n; **to lose ~** das Bewusstsein verlieren

conscript [kənˈskrɪpt] **A** v/t einberufen **B** [ˈkɒnskrɪpt] s *Br* Einberufene(r) m/f(m)

conscripted [kənˈskrɪptɪd] adj *Soldat* einberufen; *Truppe* aus Wehrpflichtigen bestehend

conscription [kənˈskrɪpʃən] s Wehrpflicht f; (≈ *das Einberufen*) Einberufung f

consecrate [ˈkɒnsɪkreɪt] v/t weihen

consecration [ˌkɒnsɪˈkreɪʃən] s Weihe f; *in Messe* Wandlung f

consecutive [kənˈsekjʊtɪv] adj aufeinanderfolgend; *Zahlen* fortlaufend; **on four ~ days** vier Tage hintereinander

consecutively [kənˈsekjʊtɪvlɪ] adv nacheinander; *nummeriert* fortlaufend

consensus [kənˈsensəs] s Übereinstimmung f; **what's the ~?** was ist die allgemeine Meinung?; **the ~ is that ...** man ist allgemein der Meinung, dass ...; **there was no ~ (among them)** sie waren sich nicht einig

consent [kənˈsent] **A** v/i zustimmen (**to** +dat); **to ~ to do sth** sich bereit erklären, etw zu tun; **to ~ to sb doing sth** damit einverstanden sein, dass j-d etw tut **B** s Zustimmung f (**to** zu); **he is by general ~ ...** man hält ihn allgemein für ...

consequence [ˈkɒnsɪkwəns] s **1** Folge f, Konsequenz f; **in ~** folglich; **as a ~ of ...** als Folge (+gen); **to face the ~s** die Folgen tragen **2** Wichtigkeit f; **it's of no ~** das spielt keine Rolle

consequent [ˈkɒnsɪkwənt] adj ⟨attr⟩ daraus folgend

consequently [ˈkɒnsɪkwəntlɪ] adv folglich, infolgedessen

conservation [ˌkɒnsəˈveɪʃən] s **1** Erhaltung f **2** Naturschutz m

conservation area s Naturschutzgebiet n; *in Stadt* unter Denkmalschutz stehendes Gebiet

conservationist s Umweltschützer(in) m(f), Denkmalpfleger(in) m(f)

conservatism [kənˈsɜːvətɪzəm] s Konservatismus m

conservative [kənˈsɜːvətɪv] **A** adj konservativ, vorsichtig; **the Conservative Party** *Br* die Konservative Partei **B** s POL *a.* **Conservative** Konservative(r) m/f(m)

conservatively [kənˈsɜːvətɪvlɪ] adv konservativ; *schätzen, investieren* vorsichtig

conservatory [kənˈsɜːvətrɪ] s Wintergarten m

conserve [kənˈsɜːv] v/t erhalten; *Kräfte* schonen; *Energie* sparen

consider [kənˈsɪdəʳ] v/t **1** *Idee, Angebot* nachdenken über (+akk); *Möglichkeiten* sich (*dat*) überlegen **2** in Erwägung ziehen; **to ~ doing sth** überlegen *od* erwägen, etw zu tun; **I'm ~ing going abroad** ich spiele mit dem Gedanken, ins Ausland zu gehen **3** in Betracht ziehen; **I won't even ~ it!** ich denke nicht daran!; **I'm sure he would never ~ doing anything criminal** ich bin überzeugt, es käme ihm nie in den Sinn, etwas Kriminelles zu tun **4** denken an (+akk); *Kosten, Schwierigkeiten, Fakten* berücksichtigen; **when one ~s that ...** wenn man bedenkt, dass ...; **all things ~ed** alles in allem; **~ my position** überlegen Sie sich meine Lage; **~ this case, for example** nehmen Sie zum Beispiel diesen Fall; **have you ~ed going by train?** haben Sie daran gedacht, mit dem Zug zu fahren? **5** betrachten als; *j-n* halten für; **to ~ sb to be sth** j-n für etw halten; **to ~ oneself lucky** sich glücklich schätzen; **~ it done!** schon so gut wie geschehen! **6** (eingehend) betrachten

considerable [kənˈsɪdərəbl] adj beträchtlich; *Interesse, Einkommen* groß; *Anzahl, Leistung* be-

considerably – constriction

achtlich; **to a ~ extent** od **degree** weitgehend; **for some ~ time** für eine ganze Zeit

considerably [kənˈsɪdərəblɪ] adv beträchtlich

considerate [kənˈsɪdərɪt] adj rücksichtsvoll (**towards** gegenüber), aufmerksam

considerately [kənˈsɪdərɪtlɪ] adv rücksichtsvoll

consideration [kənˌsɪdəˈreɪʃən] s **1** ⟨kein pl⟩ Überlegung f; **I'll give it my ~** ich werde es mir überlegen **2** ⟨kein pl⟩ **to take sth into ~** etw berücksichtigen; **taking everything into ~** alles in allem; **the matter is under ~** die Sache wird zurzeit geprüft form; **in ~ of** mit Rücksicht auf (+akk) **3** ⟨kein pl⟩ Rücksicht f (**for** auf +akk); **to show** od **have ~ for sb** Rücksicht auf j-n nehmen; **his lack of ~ (for others)** seine Rücksichtslosigkeit (anderen gegenüber) **4** Faktor m; **money is not a ~** Geld spielt keine Rolle

considered adj Ansicht ernsthaft

considering **A** präp wenn man … (akk) bedenkt **B** konj wenn man bedenkt **C** adv **it's not too bad ~** es ist eigentlich gar nicht so schlecht

consign [kənˈsaɪn] v/t übergeben (**to** +dat); **it was ~ed to the rubbish heap** es landete auf dem Abfallhaufen

consignment [kənˈsaɪnmənt] s Sendung f

consignment note s HANDEL Frachtbrief m

consist [kənˈsɪst] v/i **to ~ of** bestehen aus; **his happiness ~s in helping others** sein Glück besteht darin, anderen zu helfen

consistency [kənˈsɪstənsɪ] s **1** ⟨kein pl⟩ Konsequenz f; **his statements lack ~** seine Aussagen widersprechen sich **2** ⟨kein pl⟩ von Leistung Stetigkeit f; von Stil Einheitlichkeit f **3** Konsistenz f

consistent [kənˈsɪstənt] adj **1** konsequent **2** Leistung stetig; Stil einheitlich **3** **to be ~ with sth** einer Sache (dat) entsprechen

consistently [kənˈsɪstəntlɪ] adv **1** sich verhalten konsequent; versagen ständig; ablehnen hartnäckig **2** einheitlich

consolation [ˌkɒnsəˈleɪʃən] s Trost m kein pl; **it is some ~ to know that …** es ist tröstlich zu wissen, dass …; **old age has its ~s** das Alter hat auch seine guten Seiten

consolation prize s Trostpreis m

console[1] [kənˈsəʊl] v/t trösten

console[2] [ˈkɒnsəʊl] s (Kontroll)pult n

consolidate [kənˈsɒlɪdeɪt] v/t **1** festigen **2** zusammenlegen; Unternehmen zusammenschließen

consolidation [kənˌsɒlɪˈdeɪʃən] s Festigung f

consommé [kɒnˈsɒmeɪ] s Kraftbrühe f

consonance [ˈkɒnsənəns] s Konsonanz f (Wiederholung gleicher oder ähnlicher Konsonanten in benachbarten Wörtern; z. B. coming home)

consonant [ˈkɒnsənənt] s Konsonant m

consortium [kənˈsɔːtɪəm] s Konsortium n

conspicuous [kənˈspɪkjʊəs] adj auffällig, offensichtlich; **to be/make oneself ~** auffallen; **he was ~ by his absence** er glänzte durch Abwesenheit

conspicuously [kənˈspɪkjʊəslɪ] adv auffällig

conspiracy [kənˈspɪrəsɪ] s Verschwörung f; **a ~ of silence** ein verabredetes Schweigen

conspirator [kənˈspɪrətəʳ] s Verschwörer(in) m(f)

conspiratorial [kənˌspɪrəˈtɔːrɪəl] adj verschwörerisch

conspire [kənˈspaɪəʳ] v/i sich verschwören (**against** gegen); **to ~ (together) to do sth** sich verabreden, etw zu tun

constable [ˈkʌnstəbl] Br s Polizist(in) m(f)

constabulary [kənˈstæbjʊlərɪ] Br s Polizei f kein pl

Constance [ˈkɒnstəns] s Stadt Konstanz n; **Lake ~** der Bodensee

constancy [ˈkɒnstənsɪ] s Beständigkeit f; von Freund, Liebhaber Treue f

constant [ˈkɒnstənt] **A** adj **1** Unterbrechungen ständig **2** Störungen dauernd **3** Temperatur konstant **4** Zuneigung beständig **B** s Konstante f

constantly [ˈkɒnstəntlɪ] adv (an)dauernd

constellation [ˌkɒnstəˈleɪʃən] s Konstellation f

consternation [ˌkɒnstəˈneɪʃən] s Bestürzung f, Sorge f; **in ~** bestürzt; **to cause ~** Grund zur Sorge geben; Nachricht Bestürzung auslösen

constipated [ˈkɒnstɪpeɪtɪd] adj **he is ~** er hat Verstopfung

constipation [ˌkɒnstɪˈpeɪʃən] s ⟨kein pl⟩ Verstopfung f

constituency [kənˈstɪtjʊənsɪ] s POL Wahlkreis m

constituent [kənˈstɪtjʊənt] **A** adj **~ part** Bestandteil m **B** s **1** POL Wähler(in) m(f) **2** Bestandteil m

constitute [ˈkɒnstɪtjuːt] v/t **1** bilden **2** darstellen; **that ~s a lie** das ist eine glatte Lüge

constitution [ˌkɒnstɪˈtjuːʃən] s **1** POL Verfassung f; von Verein etc Satzung f **2** von Mensch Konstitution f; **to have a strong ~** eine starke Konstitution haben

constitutional [ˌkɒnstɪˈtjuːʃənl] adj POL Verfassungs-; **~ monarchy** konstitutionelle Monarchie

constrained [kənˈstreɪnd] adj gezwungen; **to feel ~ by sth** sich durch etw eingeengt sehen

constraint s **1** Zwang m **2** Beschränkung f

constrict [kənˈstrɪkt] v/t **1** einzwängen **2** behindern

constriction [kənˈstrɪkʃən] s von Bewegungsfreiheit Behinderung f

construct [kənˈstrʌkt] v/t bauen, konstruieren; *Satz* bilden; *Roman etc* aufbauen; *Theorie* entwickeln

construction [kənˈstrʌkʃən] s **1** *von Gebäude, Straße* Bau m; **under ~** in od im Bau; **sentence ~** Satzbau m **2** (≈ *Werk*) Bau m; (≈ *Brücke*), *a.* GRAM Konstruktion f

construction industry s Bauindustrie f

construction site s Baustelle f

construction worker s Bauarbeiter(in) m(f)

constructive *adj*, **constructively** [kənˈstrʌktɪv, -lɪ] *adv* konstruktiv

consul [ˈkɒnsəl] s Konsul m

consulate [ˈkɒnsjʊlɪt] s Konsulat n

consult [kənˈsʌlt] **A** v/t konsultieren; *Wörterbuch* nachschlagen in (+dat); *Landkarte* nachsehen auf (+dat); **he did it without ~ing anyone** er hat das getan, ohne jemanden zu fragen **B** v/i sich beraten

consultancy [kənˈsʌltənsɪ] s Beratung f; (≈ *Firma*) Beratungsbüro n

consultant [kənˈsʌltənt] **A** s **1** Br MED Facharzt m/-ärztin f (*im Krankenhaus*) **2** Berater(in) m(f); **~s** (≈ *Firma*) Beratungsbüro n **B** *adj* ⟨*attr*⟩ beratend

consultation [ˌkɒnsəlˈteɪʃən] s Besprechung f; *durch Arzt, Anwalt* Konsultation f (**of** +gen); **in ~ with** in gemeinsamer Beratung mit

consulting hours pl MED Sprechstunde f, Ordination f österr

consulting room s MED Sprechzimmer n, Ordination f österr

consumable [kənˈsjuːməbl] s Konsumgut n; **~s** COMPUT Verbrauchsmaterial n

consume [kənˈsjuːm] v/t **1** *Speisen, Getränke* zu sich nehmen; WIRTSCH konsumieren **2** *Feuer* vernichten; *Kraftstoff* verbrauchen; *Energie* aufbrauchen

consumer [kənˈsjuːmə(r)] s Verbraucher(in) m(f), Konsument(in) m(f)

consumer borrowing s Kreditaufnahme f durch Verbraucher

consumer confidence s Verbrauchervertrauen n

consumer credit s Verbraucherkredit m

consumer demand s Nachfrage f

consumer goods pl Konsumgüter pl

consumer group s Verbrauchergruppe f

consumer habits pl Konsumverhalten n

consumerism [kənˈsjuːmərɪzəm] s Konsumdenken n

consumerist [kənˈsjuːmərɪst] *adj* konsumfreudig

consumer profile s Verbraucherprofil n

consumer protection s Verbraucherschutz m

consumer society s Konsumgesellschaft f

consumer spending s Verbraucherausgaben pl

consuming [kənˈsjuːmɪŋ] *adj Ehrgeiz, Interesse* glühend; *Sehnsucht, Verlangen* verzehrend; **football is his ~ passion** Fußball ist sein ein und alles

consummate A [kənˈsʌmɪt] *adj Können* vollendet **B** [ˈkɒnsəmeɪt] v/t *Ehe* vollziehen

consumption [kənˈsʌmpʃən] s Konsum m, Verbrauch m; **not fit for human ~** zum Verzehr ungeeignet; **world ~ of oil** Weltölverbrauch m

contact [ˈkɒntækt] **A** s **1** Kontakt m; **to be in ~ with sb/sth** mit j-m/etw in Kontakt stehen; **to keep in ~ with sb** mit j-m in Kontakt bleiben; **to come into ~ with sb/sth** mit j-m/etw in Berührung kommen; **he has no ~ with his family** er hat keinen Kontakt zu seiner Familie; **I'll get in ~** ich werde von mir hören lassen; **how can we get in(to) ~ with him?** wie können wir ihn erreichen?; **to make ~** sich miteinander in Verbindung setzen; **to lose ~ (with sb/sth)** den Kontakt (zu j-m/etw) verlieren **2** (≈ *Mensch*) Kontaktperson f; **~s** pl Kontakte pl **3** *umg* Kontaktlinse f, kontaktieren **B** v/t j-n sich in Verbindung setzen mit, kontaktieren; *Polizei* sich wenden an (+akk); **I've been trying to ~ you for hours** ich versuche schon seit Stunden, Sie zu erreichen

contact clause s GRAM *Relativsatz ohne Relativpronomen*

contact details pl Kontaktdaten pl

contact lens s Kontaktlinse f

contact lens solution s Kontaktlinsenmittel n

contact number s Telefonnummer f

contagious [kənˈteɪdʒəs] *adj* MED, *a. fig* ansteckend

contain [kənˈteɪn] v/t **1** enthalten **2** *Behälter, Zimmer* fassen **3** *sich, Emotionen* beherrschen; *Krankheit, Inflation* in Grenzen halten; **he could hardly ~ himself** er konnte kaum an sich (*akk*) halten

container [kənˈteɪnə(r)] **A** s **1** Behälter m **2** HANDEL Container m **B** *adj* ⟨*attr*⟩ Container-; **~ ship** Containerschiff n

contaminate [kənˈtæmɪneɪt] v/t verschmutzen, vergiften; *durch Radioaktivität* verseuchen

contamination [kənˌtæmɪˈneɪʃən] s ⟨kein pl⟩ Verschmutzung f, Vergiftung f; *durch Radioaktivität* Verseuchung f

contd *abk* (= **continued**) Forts., Fortsetzung f

contemplate [ˈkɒntəmpleɪt] v/t **1** betrachten **2** nachdenken über (+akk), in Erwägung ziehen; **he would never ~ violence** der Gedanke an Gewalttätigkeit würde ihm nie kommen; **to ~ doing sth** daran denken, etw zu tun

contemplation [ˌkɒntəmˈpleɪʃən] s ⟨kein pl⟩

Besinnung f

contemporary [kən'tempərərɪ] **A** adj **1** Ereignisse gleichzeitig; Literatur zeitgenössisch **2** Leben heutig; Kunst zeitgenössisch **B** s Altersgenosse m/-genossin f; geschichtlich Zeitgenosse m/-genossin f

contempt [kən'tempt] s **1** Verachtung f; **to hold in ~** verachten; **beneath ~** unter aller Kritik **2** JUR **to be in ~ (of court)** das Gericht missachten

contemptible adj verachtenswert

contemptuous [kən'temptjʊəs] adj verächtlich; Mensch herablassend

contend [kən'tend] **A** v/i **1** kämpfen; **then you'll have me to ~ with** dann bekommst du es mit mir zu tun **2 to ~ with sb/sth** mit j-m/etw fertig werden **B** v/t behaupten

contender [kən'tendəʳ] s Kandidat(in) m(f); SPORT Wettkämpfer(in) m(f) (for um)

content[1] [kən'tent] **A** adj ⟨präd⟩ zufrieden; **to be/feel ~** zufrieden sein; **she's quite ~ to stay at home** sie bleibt ganz gern zu Hause **B** v/t **~ oneself with** sich zufriedengeben mit; **to ~ oneself with doing sth** sich damit zufriedengeben, etw zu tun

content[2] ['kɒntent] s **1** ⟨mst pl⟩ Inhalt m; **(table of) ~s** Inhaltsverzeichnis n **2** ⟨kein pl⟩ Gehalt m

contented adj, **contentedly** [kən'tentɪd, -lɪ] adv zufrieden

contention [kən'tenʃən] s **1 that is no longer in ~** das steht nicht mehr zur Debatte **2** Behauptung f **3** bei Wettbewerb **to be in ~ (for sth)** Chancen (auf etw akk) haben

contentious [kən'tenʃəs] adj umstritten

content management system s IT Content--Management-System n

contentment [kən'tentmənt] s Zufriedenheit f

contest A ['kɒntest] s Kampf m (**for** um), Wettbewerb m (**for** um); **it's no ~** das ist ein ungleicher Kampf **B** [kən'test] v/t **1** kämpfen um **2** Aussage bestreiten; JUR Testament anfechten

contestant [kən'testənt] s (Wettbewerbs)teilnehmer(in) m(f); in Quiz Kandidat(in) m(f)

context ['kɒntekst] s Zusammenhang m; **(taken) out of ~** aus dem Zusammenhang gerissen

continent ['kɒntɪnənt] s GEOG Kontinent m, Erdteil m; (≈ Landmasse) Festland n; **the Continent (of Europe)** Br Kontinentaleuropa n; **on the Continent** in Europa

continental [ˌkɒntɪ'nentl] adj **1** GEOG kontinental **2** Br europäisch; Urlaub in Europa

continental breakfast s kleines Frühstück

continental Europe s Kontinentaleuropa n

continental quilt s Steppdecke f

contingency [kən'tɪndʒənsɪ] s Eventualität f

contingency plan s Notfallplan m

contingent [kən'tɪndʒənt] s Kontingent n; MIL Trupp m

continual adj, **continually** [kən'tɪnjʊəl, -ɪ] adv ständig, ununterbrochen

continuation [kənˌtɪnjʊ'eɪʃən] s **1** Fortsetzung f **2** Wiederaufnahme f

continue [kən'tɪnjuː] **A** v/t fortsetzen; **to ~ doing** od **to do sth** etw weiter tun; **to ~ to read, to ~ reading** weiterlesen; **to be ~d** Fortsetzung folgt; **~d on p 10** Fortsetzung auf Seite 10 **B** v/i weitermachen; Krise (an)dauern; Wetter anhalten; Straße, Konzert etc weitergehen; **to ~ on one's way** weiterfahren, weitergehen; **he ~d after a short pause** er redete/schrieb/las etc nach einer kurzen Pause weiter; **to ~ with one's work** mit seiner Arbeit weitermachen; **please ~** bitte machen Sie weiter, fahren Sie fort; **he ~s to be optimistic** er ist nach wie vor optimistisch; **to ~ at university/with a company/as sb's secretary** auf der Universität/bei einer Firma/j-s Sekretärin bleiben

continuity [ˌkɒntɪ'njuːɪtɪ] s Kontinuität f

continuous [kən'tɪnjʊəs] adj dauernd; Linie durchgezogen; Anstieg, Bewegung stetig; **to be in ~ use** ständig in Benutzung sein; **~ tense** GRAM Verlaufsform f

continuously [kən'tɪnjʊəslɪ] adv dauernd, ununterbrochen; ansteigen, sich bewegen stetig

contort [kən'tɔːt] v/t verziehen (**into** zu); **a face ~ed with pain** ein schmerzverzerrtes Gesicht

contortion [kən'tɔːʃən] s von Akrobat etc Verrenkung f; von Gesicht Verzerrung f

contortionist [kən'tɔːʃənɪst] s Schlangenmensch m

contour ['kɒntʊəʳ] s **1** Kontur f **2** GEOG Höhenlinie f

contour line s Höhenlinie f

contour map s Höhenlinienkarte f

contra- ['kɒntrə-] präf Gegen-, Kontra-

contraband ['kɒntrəbænd] s ⟨kein pl⟩ Schmuggelware f

contraception [ˌkɒntrə'sepʃən] s Empfängnisverhütung f

contraceptive [ˌkɒntrə'septɪv] **A** s empfängnisverhütendes Mittel **B** adj empfängnisverhütend; Pille Antibaby-

contraceptive patch s Verhütungspflaster n

contract[1] **A** ['kɒntrækt] s Vertrag m; HANDEL Auftrag m; **to enter into** od **make a ~** einen Vertrag eingehen; **to be under ~** unter Vertrag stehen (**to** bei, mit) **B** [kən'trækt] v/t Schulden machen; Grippe etc erkranken an (+dat) **C** [kən'trækt] v/i HANDEL **to ~ to do sth** sich vertraglich verpflichten, etw zu tun

phrasal verbs mit contract:

contract out A *v/i* sich nicht anschließen (**of** +*dat*) B *v/t* ⟨*trennb*⟩ HANDEL außer Haus machen lassen (**to** an +*dat*)

contract² [kənˈtrækt] *v/i Muskel, Metall* sich zusammenziehen

contract bridge [ˈkɒntrækt-] *s* Kontrakt-Bridge *n*

contraction [kənˈtrækʃən] *s* **1** *von Muskel, Metall* Zusammenziehen *n* **2** *bei Geburt* ~s Wehen *pl*

contractor [kənˈtræktə*ʳ*] *s* Auftragnehmer(in) *m(f)*; *im Baugewerbe* Bauunternehmer(in) *m(f)*; **that is done by outside ~s** damit ist eine andere Firma beauftragt

contractual [kənˈtræktʃʊəl] *adj* vertraglich

contradict [ˌkɒntrəˈdɪkt] *v/t j-m* widersprechen (+*dat*); **to ~ oneself** sich (*dat*) widersprechen

contradiction [ˌkɒntrəˈdɪkʃən] *s* Widerspruch *m* (**of** zu); **full of ~s** voller Widersprüchlichkeiten; **a ~ in terms** ein Widerspruch *m* in sich

contradictory [ˌkɒntrəˈdɪktərɪ] *adj* widersprüchlich

contraflow [ˈkɒntrəfləʊ] *s Verkehr* Gegenverkehr *m*

contraindication [ˌkɒntreɪndɪˈkeɪʃn] *s* MED Gegenanzeige *f*

contralto [kənˈtræltəʊ] A *s* ⟨*pl* -s⟩ Alt *m* B *adj Stimme* Alt-

contraption [kənˈtræpʃən] *umg s* Apparat *m umg*

contrary¹ [ˈkɒntrərɪ] A *adj* entgegengesetzt, gegensätzlich; **sth is ~ to sth** etw steht im Gegensatz zu etw; **~ to what I expected** entgegen meinen Erwartungen B *s* Gegenteil *n*; **on the ~** im Gegenteil; **unless you hear to the ~** sofern Sie nichts Gegenteiliges hören; **quite the ~** ganz im Gegenteil

contrary² [kənˈtreərɪ] *adj Mensch* widerspenstig

contrast A [ˈkɒntrɑːst] *s* Gegensatz *m* (**with, to** zu *od* **between** zwischen); (≈ *deutlicher Unterschied*), *a.* TV Kontrast *m* (**with, to** zu); **by** *od* **in ~ to** dazu; **to be in ~ with** *od* **to sth** im Gegensatz/in Kontrast zu etw stehen B [kənˈtrɑːst] *v/t* gegenüberstellen (**with** +*dat*) C [kənˈtrɑːst] *v/i* im Gegensatz *od* in Kontrast stehen (**with** zu)

contrasting [kənˈtrɑːstɪŋ] *adj Meinungen* gegensätzlich; *Farben* kontrastierend

contravene [ˌkɒntrəˈviːn] *v/t* verstoßen gegen

contravention [ˌkɒntrəˈvenʃən] *s* Verstoß *m* (**of** gegen); **to be in ~ of ...** gegen ... verstoßen

contribute [kənˈtrɪbjuːt] A *v/t* beitragen (**to** zu); *Geld, Mittel* beisteuern (**to** zu); *für Wohlfahrt* spenden (**to** für) B *v/i* beitragen (**to** zu); *zu Rentenkasse, Zeitung, Gesellschaft* einen Beitrag leisten (**to** zu); *zu Geschenk* beisteuern (**to** zu); *zu Wohlfahrt* spenden (**to** für)

contribution [ˌkɒntrɪˈbjuːʃən] *s* Beitrag *m* (**to** zu); **to make a ~ to sth** einen Beitrag zu etw leisten

contributor [kənˈtrɪbjʊtə*ʳ*] *s an Magazin etc* Mitarbeiter(in) *m(f)* (**to** an +*dat*); *von Waren, Geld* Spender(in) *m(f)*

contributory [kənˈtrɪbjʊtərɪ] *adj* **1 it's certainly a ~ factor** es ist sicherlich ein Faktor, der mit eine Rolle spielt **2** *Rentenkasse* beitragspflichtig

con trick *umg s* Trickbetrug *m*, Pflanz *m österr*

contrive [kənˈtraɪv] *v/t* **1** entwickeln, fabrizieren; **to ~ a means of doing sth** einen Weg finden, etw zu tun **2** bewerkstelligen; **to ~ to do sth** es fertigbringen, etw zu tun

contrived *adj* gekünstelt

control [kənˈtrəʊl] A *s* **1** ⟨*kein pl*⟩ Aufsicht *f* (**of** über +*akk*); *von Geldmitteln* Verwaltung *f* (**of** +*gen*); *von Situation, Emotionen* Beherrschung *f* (**of** +*gen*); (≈ *Selbstkontrolle*) (Selbst)beherrschung *f*; *über Territorium* Gewalt *f* (**over** über +*akk*); *von Preisen, Seuche* Kontrolle *f* (**of** +*gen*); **his ~ of the ball** seine Ballführung; **to be in ~ of sth, to have ~ of sth** *Firma, Büro etw* leiten; *Geldmittel* etw verwalten; **to be in ~ of sth, to have sth under ~** etw in der Hand haben; *Auto, Umweltverschmutzung* etw unter Kontrolle haben; **to have no ~ over sb/sth** keinen Einfluss auf j-n/etw haben; **to lose ~ (of sth)** (etw) nicht mehr in der Hand haben; *über Auto* die Kontrolle (über etw *akk*) verlieren; **to lose ~ of oneself** die Beherrschung verlieren; **to be/get out of ~** *Kind, Schulklasse* außer Rand und Band sein/geraten; *Situation, Auto* außer Kontrolle sein/geraten; *Preise, Seuche, Umweltverschmutzung* sich jeglicher Kontrolle (*dat*) entziehen; **to be under ~** unter Kontrolle sein; *Kinder, Schulklasse* sich benehmen; **to take ~** die Kontrolle übernehmen; **everything is under ~** wir/sie *etc* haben die Sache im Griff *umg*; **circumstances beyond our ~** nicht in unserer Hand liegende Umstände **2** Regler *m*; *von Fahrzeug, Maschine* Schalter *m*; **to be at the ~s** *von Flugzeug* am Kontrollpult sitzen B *v/t* kontrollieren; *Firma* leiten; *Auto* steuern; *Organisation* in der Hand haben; *Tier, Kind* fertig werden mit; *Verkehr* regeln; *Emotionen, Bewegungen* beherrschen; *Temperatur, Geschwindigkeit* regulieren; **to ~ oneself** sich beherrschen

control centre *s*, **control center** *US s* Kontrollzentrum *n*

control desk *s* Steuer- *od* Schaltpult *n*; TV, RADIO Regiepult *n*

control freak *umg s* **most men are total ~s** die meisten Männer müssen immer alles unter

Kontrolle haben
control key s COMPUT Control-Taste f
controlled [kənˈtrəʊld] adj **~ drugs** od **substances** verschreibungspflichtige Medikamente pl
controller [kənˈtrəʊlə] s **1** RADIO (≈ Direktor) Intendant(in) m(f) **2** Leiter(in) m(f) des Rechnungswesens **3** Steuergerät n
controlling adj ⟨attr⟩ Behörde Aufsichts-
control panel s Schalttafel f; in Flugzeug, an Fernsehgerät Bedienungsfeld n
control room s Kontrollraum m; MIL (Operations)zentrale f; von Polizei Zentrale f
control stick s FLUG, COMPUT Steuerknüppel m
control tower s FLUG Kontrollturm m
controversial [ˌkɒntrəˈvɜːʃəl] adj umstritten
controversy [ˈkɒntrəvɜːsɪ, kənˈtrɒvəsɪ] s Kontroverse f
conundrum [kəˈnʌndrəm] s Rätsel n
conurbation [ˌkɒnɜːˈbeɪʃən] s Ballungsgebiet n
convalesce [ˌkɒnvəˈles] v/i genesen (**from, after** von)
convalescence [ˌkɒnvəˈlesəns] s Genesung(-szeit) f
convection oven US s Umluftofen m
convene [kənˈviːn] **A** v/t Versammlung einberufen **B** v/i zusammenkommen; Parlament etc zusammentreten
convenience [kənˈviːnɪəns] s **1** ⟨kein pl⟩ Annehmlichkeit f; **for the sake of ~** aus praktischen Gründen; **with all modern ~s** mit allem modernen Komfort **2** ⟨kein pl⟩ **at your own ~** wann es Ihnen passt umg; **at your earliest ~** HANDEL möglichst bald
convenience foods pl Fertiggerichte pl
convenience store s kleiner Laden, häufig mit verlängerten Öffnungszeiten Minimarkt m
convenient [kənˈviːnɪənt] adj praktisch; Gebiet günstig gelegen; Zeit günstig; **if it is ~** wenn es Ihnen (so) passt; **is tomorrow ~ (for you)?** passt (es) Ihnen morgen?; **the trams are very ~** (≈ in der Nähe) die Straßenbahnhaltestellen liegen sehr günstig; (≈ nützlich) die Straßenbahn ist sehr praktisch
conveniently [kənˈviːnɪəntlɪ] adv günstigerweise; gelegen günstig
convent [ˈkɒnvənt] s (Frauen)kloster n
convention [kənˈvenʃən] s **1** Brauch m; (≈ Regel) Konvention f **2** Abkommen n **3** Konferenz f; POL Versammlung f
conventional [kənˈvenʃənl] adj konventionell, herkömmlich; Stil traditionell; **~ medicine** konventionelle Medizin
conventionally [kənˈvenʃnəlɪ] adv konventionell
converge [kənˈvɜːdʒ] v/i Linien zusammenlaufen (**at in, an** +dat); MATH, PHYS konvergieren (**at in** +dat); **to ~ on sb/sth/New York** von überallher zu j-m/etw/nach New York strömen
convergence [kənˈvɜːdʒəns] s fig von Ansichten Annäherung f; **~ criteria** in EU Konvergenzkriterien pl
conversation [ˌkɒnvəˈseɪʃən] s Unterhaltung f; SCHULE Konversation f; **to make ~** Konversation machen; **to get into/be in ~ with sb** mit j-m ins Gespräch kommen/im Gespräch sein; **to have a ~ with sb (about sth)** sich mit j-m (über etw akk) unterhalten
conversational [ˌkɒnvəˈseɪʃənl] adj Unterhaltungs-; **~ German** gesprochenes Deutsch
conversationalist [ˌkɒnvəˈseɪʃnəlɪst] s guter Gesprächspartner, gute Gesprächspartnerin; **not much of a ~** nicht gerade ein Konversationsgenie
conversationally [ˌkɒnvəˈseɪʃnəlɪ] adv schreiben im Plauderton
converse[1] [kənˈvɜːs] form v/i sich unterhalten
converse[2] [ˈkɒnvɜːs] s Gegenteil n
conversely [kɒnˈvɜːslɪ] adv umgekehrt
conversion [kənˈvɜːʃən] s **1** Konversion f (**into** in +akk); von Fahrzeug Umrüstung f; von Haus Umbau m (**into** zu); **~ table** Umrechnungstabelle f **2** REL, a. fig Bekehrung f
convert A [ˈkɒnvɜːt] s Bekehrte(r) m/f(m); zu anderem Glauben Konvertit m; **to become a ~ to sth** wörtl, fig sich zu etw bekehren **B** [kənˈvɜːt] v/t konvertieren (**into** in +akk); Fahrzeug umrüsten; Dachboden ausbauen (**into** zu); Haus umbauen (**into** zu) **2** REL, a. fig bekehren (**to** zu); zu anderem Glauben konvertieren **C** [kənˈvɜːt] v/i sich verwandeln lassen (**into** in +akk)
converted adj umgebaut; Dachboden ausgebaut
convertible [kənˈvɜːtəbl] **A** adj verwandelbar **B** s (≈ Auto) Cabrio n
convex [kɒnˈveks] adj konvex, Konvex-
convey [kənˈveɪ] v/t **1** befördern **2** Meinung, Idee vermitteln, ausdrücken; Bedeutung klarmachen; Nachricht, Grüße übermitteln
conveyancing [kənˈveɪənsɪŋ] s JUR (Eigentums)übertragung f
conveyor belt [kənˈveɪəbelt] s Fließband n, Förderband n
convict A [ˈkɒnvɪkt] s Sträfling m **B** [kənˈvɪkt] v/t JUR verurteilen (**of** wegen); **a ~ed criminal** ein verurteilter Verbrecher, eine verurteilte Verbrecherin
conviction [kənˈvɪkʃən] s **1** JUR Verurteilung f; **previous ~s** Vorstrafen pl **2** Überzeugung f; **his speech lacked ~** seine Rede klang wenig überzeugend; **his fundamental political ~s** seine politische Gesinnung
convince [kənˈvɪns] v/t überzeugen; **I'm trying to ~ him that ...** ich versuche, ihn davon zu

überzeugen, dass ...
convinced *adj* überzeugt
convincing *adj*, **convincingly** [kən'vɪnsɪŋ, -lɪ] *adv* überzeugend
convivial [kən'vɪvɪəl] *adj* **1** heiter und unbeschwert **2** gesellig
convoluted [,kɒnvə'luːtɪd] *adj* verwickelt
convoy ['kɒnvɔɪ] *fig s* Konvoi *m*; **in ~** im Konvoi
convulsion [kən'vʌlʃən] *s* MED Schüttelkrampf *m kein pl*
coo [kuː] *v/i* gurren
cook [kʊk] **A** *s* Koch *m*, Köchin *f*; **she is a good ~** sie kocht gut; **too many ~s (spoil the broth)** *sprichw* viele Köche verderben den Brei *sprichw* **B** *v/t Speisen* zubereiten, kochen, braten; **a ~ed meal** eine warme Mahlzeit; **a ~ed breakfast** ein Frühstück *n* mit warmen Gerichten **C** *v/i* kochen, braten; **the pie takes half an hour to ~** die Pastete ist in einer halben Stunde fertig
phrasal verbs mit cook:
  cook up *umg v/t* ⟨*trennb*⟩ *Geschichte etc* erfinden, sich (*dat*) ausdenken
cookbook ['kʊkbʊk] *s* Kochbuch *n*
cooker ['kʊkə^r] *Br s* Herd *m*
cooker hood *Br s* Abzugshaube *f*
cookery ['kʊkərɪ] *s* Kochen *n*; **French ~** französische Küche
cookery book *Br s* Kochbuch *n*
cookie ['kʊkɪ] *s* **1** *US* Keks *m*, Biscuit *m schweiz*; **Christmas ~** Weihnachtsplätzchen *n* **2** IT Cookie *n*
cookie jar *US s* Keksdose *f*
cooking ['kʊkɪŋ] *s* Kochen *n*; (≈ *Zubereitetes*) Essen *n*; **to do the ~** kochen; **French ~** französisches Essen; **his ~ is atrocious** er kocht miserabel
cooking apple *s* Kochapfel *m*
cooking sauce *s* Fertigsauce *f*
cool [kuːl] **A** *adj* (+*er*) **1** kühl; **serve ~** kalt *od* (gut) gekühlt servieren; **"keep in a ~ place"** „kühl aufbewahren" **2** besonnen; **to keep** *od* **stay ~** einen kühlen Kopf behalten, ruhig bleiben; **keep** *od* **stay ~!** reg dich nicht auf! **3** kaltblütig; **a ~ customer** *umg* ein cooler Typ *umg* **4** *umg* (≈ *toll*) cool *sl*; **to act ~** sich cool geben **B** *s* **1** Kühle *f* **2** *umg* **keep your ~!** reg dich nicht auf!; **to lose one's ~** durchdrehen *umg* **C** *v/t* **1** kühlen, abkühlen **2** *umg* **~ it!** reg dich ab! *umg* **D** *v/i* abkühlen
phrasal verbs mit cool:
  cool down A *v/i* **1** *wörtl* abkühlen; *Mensch* sich beruhigen; **to let things cool down** die Sache etwas ruhen lassen **B** *v/t* ⟨*trennb*⟩ abkühlen
  cool off *v/i* sich abkühlen

cool bag *s* Kühltasche *f*
cool box *Br s* Kühlbox *f*
cooler ['kuːlə^r] *s* **1** *für Wein* Kühler *m* **2** *US* Kühlbox *f*
coolheaded [,kuːl'hedɪd] *adj* besonnen
cooling ['kuːlɪŋ] *adj Getränk, Dusche* kühlend; *Effekt* (ab)kühlend; *Zuneigung* abnehmend; *Begeisterung, Interesse* nachlassend
coolly ['kuːlɪ] *adv* **1** ruhig **2** (≈ *unfreundlich*) kühl **3** kaltblütig
coolness *s* **1** Kühle *f* **2** Besonnenheit *f* **3** Kaltblütigkeit *f*
coop [kuːp] *s*, (a. **hen coop**) Hühnerstall *m*
phrasal verbs mit coop:
  coop up *v/t* ⟨*trennb*⟩ *j-n* einsperren; *Gruppe* zusammenpferchen *umg*
co-op ['kəʊɒp] *s* (≈ *Laden*) Konsum *m*, Coop-Markt *m*
cooper ['kuːpə^r] *s* Böttcher *m*
cooperate [kəʊ'ɒpəreɪt] *v/i* zusammenarbeiten, kooperieren
cooperation [kəʊ,ɒpə'reɪʃən] *s* Zusammenarbeit *f*
cooperative [kəʊ'ɒpərətɪv] **A** *adj* **1** kooperativ **2** *Firma* auf Genossenschaftsbasis; **~ farm** Bauernhof *m* auf Genossenschaftsbasis **B** *s* Genossenschaft *f*
cooperative bank *US s* Genossenschaftsbank *f*
coopt [kəʊ'ɒpt] *v/t* selbst (hinzu)wählen; **he was ~ed onto the committee** er wurde vom Komitee selbst dazugewählt
coordinate [kəʊ'ɔːdnɪt] **A** *s* Koordinate *f*; **~s** Kleidung *f* zum Kombinieren **B** [kəʊ'ɔːdɪneɪt] *v/t* koordinieren; **to ~ one thing with another** eine Sache auf eine andere abstimmen
coordinated *adj* koordiniert
coordination [kəʊ,ɔːdɪ'neɪʃən] *s* Koordination *f*
coordinator [kəʊ'ɔːdɪneɪtə^r] *s* Koordinator(in) *m(f)*
cop [kɒp] **A** *s umg* Polizist(in) *m(f)*, Bulle *m pej umg* **B** *v/t umg* **you're going to cop it** *Br* du wirst Ärger kriegen *umg*
phrasal verbs mit cop:
  cop out *umg v/i* aussteigen *umg* (**of** aus)
cope [kəʊp] *v/i* zurechtkommen; *arbeitsmäßig* es schaffen; **to ~ with** fertig werden mit, bewältigen; **I can't ~ with all this work** ich bin mit all der Arbeit überfordert
Copenhagen [,kəʊpn'heɪgən] *s* Kopenhagen *n*
copier ['kɒpɪə^r] *s* Kopierer *m*
co-pilot ['kəʊpaɪlət] *s* Kopilot(in) *m(f)*
copious ['kəʊpɪəs] *adj* reichlich; **~ amounts of sth** reichliche Mengen von etw
cop-out ['kɒpaʊt] *umg s* Rückzieher *m umg*; **this solution is just a ~** diese Lösung weicht dem

Problem nur aus

copper ['kɒpəʳ] s **1** Kupfer n **2** (≈ Farbe) Kupferrot n **3** bes Br umg (≈ Münze) **~s** Kleingeld n **4** Br umg Polizist(in) m(f), Bulle m pej umg

co-produce [,kəʊprə'djuːs] v/t koproduzieren

copse [kɒps] s Wäldchen n

copulate ['kɒpjʊleɪt] v/i kopulieren

copulation [,kɒpjʊ'leɪʃən] s Kopulation f

copy ['kɒpɪ] **A** s **1** Kopie f; FOTO Abzug m; **to take** od **make a ~ of sth** eine Kopie von etw machen; **to write out a fair ~** etw ins Reine schreiben **2** von Buch etc Exemplar n; **a ~ of today's "Times"** die „Times" von heute **3** Presse Text m **B** v/i nachahmen; SCHULE etc abschreiben **C** v/t **1** kopieren, abschreiben; **to ~ sth onto a stick** etw auf (einen) Stick kopieren **2** nachmachen **3** SCHULE etc von j-m abschreiben; **to ~ Brecht** (von) Brecht abschreiben

copycat A s umg Nachahmer(in) m(f) **B** adj ⟨attr⟩ **his was a ~ crime** er war ein Nachahmungstäter

copy editor s Presse Redakteur(in) m(f)

copying machine ['kɒpɪɪŋ-] s Kopiergerät n

copy-protected adj IT kopiergeschützt

copyright ['kɒpɪraɪt] s Urheberrecht n

copywriter ['kɒpɪraɪtəʳ] s Werbetexter(in) m(f)

cor [kɔːʳ] int Mensch!

coral ['kɒrəl] s Koralle f

coral reef s Korallenriff n

cord [kɔːd] **A** s **1** Schnur f, Kordel f; Kabel n **2** **~s** pl (a. **a pair of ~s**) Cordhose f, Schnürlsamthose f österr **B** adj ⟨attr⟩ Br Cord-, Schnürlsamtösterr

cordial ['kɔːdɪəl] **A** adj freundlich **B** s Fruchtsaftkonzentrat n

cordless ['kɔːdlɪs] adj schnurlos; **~ phone** schnurloses Telefon

cordon ['kɔːdn] s Kordon m

phrasal verbs mit cordon:

cordon off v/t ⟨trennb⟩ absperren

cordon bleu [,kɔːdɒn'blɜː] adj Koch vorzüglich; Rezept, Gericht exquisit

corduroy ['kɔːdərɔɪ] s Kordsamt m, Schnürlsamt m österr

core [kɔːʳ] **A** s Kern m; von Apfel Kerngehäuse n; von Fels Innere(s) n; **rotten to the ~** fig durch und durch schlecht; **shaken to the ~** zutiefst erschüttert **B** adj ⟨attr⟩ Thema Kern-; Fach Haupt-; **~ activity** od **business** HANDEL Kerngeschäft n **C** v/t Obst entkernen; Apfel das Kerngehäuse n (+gen) entfernen

corer ['kɔːrəʳ] s GASTR Apfelstecher m

Corfu [kɔː'fuː] s Korfu n

coriander [,kɒrɪ'ændəʳ] s Koriander m

cork [kɔːk] **A** s **1** ⟨kein pl⟩ Kork m **2** Korken m **B** v/t zu- od verkorken **C** adj Kork-

corked adj **the wine is ~** der Wein schmeckt nach Kork

corkscrew ['kɔːkskruː] s Korkenzieher m

corn[1] [kɔːn] s **1** ⟨kein pl⟩ Br Getreide n **2** Korn n **3** ⟨kein pl⟩ bes US Mais m; **~ on the cob** Maiskolben m

corn[2] s Hühnerauge n; **~ plaster** Hühneraugenpflaster n

corn bread US s Maisbrot n

corncob s Maiskolben m

cornea ['kɔːnɪə] s von Auge Hornhaut f

corned beef ['kɔːnd'biːf] s Corned Beef n

corner ['kɔːnəʳ] **A** s f; FUSSB a. Corner m österr, schweiz; von Mund, Ort Winkel m; in Straße Kurve f; **at** od **on the ~** an der Ecke; **on the ~ of Sand Street and London Road** Sand Street, Ecke London Road; **it's just round the ~** örtlich es ist gleich um die Ecke; umg zeitlich das steht kurz bevor; **to turn the ~** wörtl um die Ecke biegen; **we've turned the ~ now** fig wir sind jetzt über den Berg; **out of the ~ of one's eye** aus dem Augenwinkel (heraus); **to cut ~s** fig das Verfahren abkürzen; **to drive** od **force sb into a ~** fig j-n in die Enge treiben; **to fight one's ~** bes Br fig für seine Sache kämpfen; **in every ~ of Europe/the globe** in allen (Ecken und) Winkeln Europas/der Erde; **an attractive ~ of Britain** eine reizvolle Gegend Großbritanniens; **to take a ~** FUSSB eine Ecke ausführen **B** v/t **1** in die Enge treiben **2** HANDEL Markt monopolisieren **C** v/i **this car ~s well** dieses Auto hat eine gute Kurvenlage

-cornered adj ⟨suf⟩ -eckig; **three-cornered** dreieckig

corner kick s FUSSB Eckstoß m, Corner m österr, schweiz

corner seat s BAHN Eckplatz m

corner shop s Laden m an der Ecke

cornerstone US s Grundstein m

corner store US s → corner shop

cornet ['kɔːnɪt] s **1** MUS Kornett n; **to play the ~** Kornett spielen **2** Br (Eis)tüte f

cornfield Br s Kornfeld n; US Maisfeld n

cornflakes pl Cornflakes pl

cornflour Br s Stärkemehl n

cornflower s Kornblume f

cornice ['kɔːnɪs] s ARCH (Ge)sims n

Cornish ['kɔːnɪʃ] adj aus Cornwall

Cornish pasty Br s Gebäckstück aus Blätterteig mit Fleischfüllung

cornmeal US s Maismehl n

cornstarch US s Stärkemehl n

cornucopia [kɔːnjʊ'kəʊpɪə] fig s Fülle f

corny ['kɔːnɪ] adj ⟨komp cornier⟩ **1** umg Witz blöd umg **2** kitschig

coronary [ˈkɒrənərɪ] **A** *adj* MED Koronar-*fachspr*; **~ failure** Herzversagen *n umg* **B** *s* Herzinfarkt *m*

coronary care unit *s* Herzklinik *f*

coronation [ˌkɒrəˈneɪʃən] *s* Krönung *f*

coroner [ˈkɒrənə] *s Beamter, der Todesfälle untersucht, die nicht eindeutig eine natürliche Ursache haben*

coronet [ˈkɒrənɪt] *s* Krone *f*

corp. *abk* → corporation

corporal [ˈkɔːpərəl] *s* MIL Stabsunteroffizier(in) *m(f)*

corporal punishment *s* Prügelstrafe *f*

corporate [ˈkɔːpərɪt] *adj* **1** gemeinsam **2** korporativ, Firmen-; JUR Korporations-; **~ finance** Unternehmensfinanzen *pl*; **~ identity** Corporate Identity *f*; **~ image** Firmenimage *n*; **~ strategy** Unternehmensstrategie *f*; **to move up the ~ ladder** in der Firma aufsteigen

corporate hospitality *s Unterhaltung und Bewirtung von Firmenkunden*

corporate law *s* Gesellschaftsrecht *n*

corporation [ˌkɔːpəˈreɪʃən] *s* **1** Gemeinde *f* **2** *Br* HANDEL Handelsgesellschaft *f*; *US* HANDEL Gesellschaft *f* mit beschränkter Haftung; **joint-stock ~** *US* Aktiengesellschaft *f*; **private ~** Privatunternehmen *n*; **public ~** staatliches Unternehmen

corporation tax *s* Körperschaftssteuer *f*

corps [kɔː] *s* ⟨*pl* -⟩ Korps *n*

corps de ballet *s* Corps de Ballet *n*

corpse [kɔːps] *s* Leiche *f*

corpulent [ˈkɔːpjʊlənt] *adj* korpulent

corpus [ˈkɔːpəs] *s* **1** (≈ *Sammlung*) Korpus *m* **2** Großteil *m*; **the main ~ of his work** der Hauptteil seiner Arbeit

Corpus Christi [ˌkɔːpəsˈkrɪstɪ] *s* KIRCHE Fronleichnam *m*

corpuscle [ˈkɔːpʌsl] *s*; **blood ~** Blutkörperchen *n*

corral [kəˈrɑːl] *s* Korral *m*

correct [kəˈrekt] **A** *adj* **1** richtig; **to be ~** *Mensch* recht haben; **am I ~ in thinking that …?** gehe ich recht in der Annahme, dass …?; **~ change only** nur abgezähltes Geld **2** korrekt; **it's the ~ thing to do** das gehört sich so; **she was ~ to reject the offer** es war richtig, dass sie das Angebot abgelehnt hat **B** *v/t* korrigieren; **~ me if I'm wrong** Sie können mich gern berichtigen; **I stand ~ed** ich nehme alles zurück

correction [kəˈrekʃən] *s* Korrektur *f*; **to do one's ~s** SCHULE die Verbesserung machen

correctional *US adj* **the ~ system** das Justizvollzugssystem; **~ facility** Justizvollzugsanstalt *f*

correction fluid *s* Korrekturflüssigkeit *f*

correction pen *s* Tintenkiller *m*

corrective [kəˈrektɪv] **A** *adj* korrigierend; **to take ~ action** korrigierend eingreifen; **to have ~ surgery** sich einem korrigierenden Eingriff unterziehen **B** *s* Korrektiv *n*

correctly [kəˈrektlɪ] *adv* **1** richtig; **if I remember ~** wenn ich mich recht entsinne **2** *sich verhalten* korrekt

correctness *s von Verhalten* Korrektheit *f*

correlate [ˈkɒrɪleɪt] **A** *v/t* zueinander in Beziehung setzen **B** *v/i* sich entsprechen; **to ~ with sth** mit etw in Beziehung stehen

correlation [ˌkɒrɪˈleɪʃən] *s* Beziehung *f*, enger Zusammenhang

correspond [ˌkɒrɪsˈpɒnd] *v/i* **1** entsprechen (**to**, **with** +*dat*); *gegenseitig* sich entsprechen **2** *brieflich* korrespondieren (**with** mit)

correspondence *s* **1** Übereinstimmung *f* **2** *brieflich* Korrespondenz *f*; *in Zeitung* Leserbriefe *pl*; **to be in ~ with sb** mit j-m korrespondieren; *privat* mit j-m in Briefwechsel stehen

correspondence course *s* Fernkurs *m*

correspondent *s Presse* Korrespondent(in) *m(f)*

corresponding [ˌkɒrɪsˈpɒndɪŋ] *adj* entsprechend

correspondingly [ˌkɒrɪsˈpɒndɪŋlɪ] *adv* (dem-)entsprechend

corridor [ˈkɒrɪdɔː] *s* Korridor *m*; *in Zug, Bus* Gang *m*; **in the ~s of power** an den Schalthebeln der Macht

corroborate [kəˈrɒbəreɪt] *v/t* bestätigen

corroboration [kəˌrɒbəˈreɪʃən] *s* Bestätigung *f*; **in ~ of** zur Unterstützung (+*gen*)

corroborative [kəˈrɒbərətɪv] *adj* erhärtend *attr*

corrode [kəˈrəʊd] **A** *v/t* zerfressen **B** *v/i* korrodieren

corroded *adj* korrodiert

corrosion [kəˈrəʊʒən] *s* Korrosion *f*

corrosive [kəˈrəʊzɪv] *adj* korrosiv

corrugated [ˈkɒrəgeɪtɪd] *adj* gewellt; **~ cardboard** dicke Wellpappe

corrugated iron *s* Wellblech *n*

corrupt [kəˈrʌpt] **A** *adj* verdorben, korrupt **B** *v/t* verderben; *form* bestechen; IT *Daten* zerstören; **to become ~ed** *Text* korrumpiert werden

corruptible [kəˈrʌptəbl] *adj* korrumpierbar

corruption [kəˈrʌpʃən] *s* **1** Korruption *f*; IT *von Daten* Zerstörung *f* **2** Verdorbenheit *f*

corruptly [kəˈrʌptlɪ] *adv* korrupt

corset [ˈkɔːsɪt] *s*, **corsets** *pl* Korsett *n*

Corsica [ˈkɔːsɪkə] *s* Korsika *n*

cortège [kɔːˈteɪʒ] *s* Prozession *f*, Leichenzug *m*

cortisone [ˈkɔːtɪzəʊn] *s* Kortison *n*

cos¹ [kɒz] *abk* (= **cosine**) cos

cos² [kɒs] *s*, (a. **cos lettuce**) Romanasalat *m*

(')cos [kəz] *umg konj* → because

cosily [ˈkəʊzɪlɪ] *adv*, **cozily** *US adv* behaglich

cosine ['kəʊsaɪn] s Kosinus m
cosiness ['kəʊzɪnɪs] s, **coziness** US s Gemütlichkeit f, mollige Wärme
cosmetic [kɒz'metɪk] **A** adj kosmetisch **B** s Kosmetikum n; **~s** pl Kosmetik f
cosmetic case US s Waschbeutel m, Kulturbeutel m
cosmetic surgery s kosmetische Chirurgie; **she's had ~** sie hat eine Schönheitsoperation gehabt
cosmic ['kɒzmɪk] adj kosmisch
cosmology [kɒz'mɒlədʒɪ] s Kosmologie f
cosmopolitan [,kɒzmə'pɒlɪtən] adj kosmopolitisch
cosmos ['kɒzmɒs] s Kosmos m
cosset ['kɒsɪt] v/t verwöhnen
cost [kɒst] ⟨v: prät, pperf cost⟩ **A** v/t **1** kosten; **how much does it ~?** wie viel kostet es?; **how much will it ~ to have it repaired?** wie viel kostet die Reparatur?; **it ~ him a lot of time** es kostete ihn viel Zeit; **that mistake could ~ you your life** der Fehler könnte dich das Leben kosten; **it'll ~ you** umg das kostet dich was umg **2** ⟨prät, pperf costed⟩ (≈ berechnen) veranschlagen **B** s **1** wörtl Kosten pl (**of** für); **to bear the ~ of sth** die Kosten für etw tragen; **the ~ of petrol these days** die Benzinpreise heutzutage; **at little ~ to oneself** ohne große eigene Kosten; **to buy/sell at ~** zum Selbstkostenpreis kaufen/verkaufen; **to cut ~s** die Kosten senken **2** fig Preis m; **at all ~s, at any ~** um jeden Preis; **at the ~ of one's health** etc auf Kosten seiner Gesundheit etc; **at great personal ~** unter großen eigenen Kosten; **he found out to his ~ that ...** er machte die bittere Erfahrung, dass ... **3** **~s** pl JUR Kosten pl; **to be ordered to pay ~s** zur Übernahme der Kosten verurteilt werden
co-star ['kəʊstɑː'] **A** s einer der Hauptdarsteller; **Burton and Taylor were ~s** Burton und Taylor spielten die Hauptrollen **B** v/t **the film ~s R. Burton** der Film zeigt R. Burton in einer der Hauptrollen **C** v/i als Hauptdarsteller auftreten
Costa Rica ['kɒstə'riːkə] s Costa Rica n
cost-conscious adj kostenbewusst
cost-cutting **A** s Kostenverringerung f **B** adj ⟨attr⟩ **~ exercise** kostendämpfende Maßnahmen pl
cost driver s WIRTSCH, FIN Kostentreiber m
cost-effective adj rentabel
cost-effectiveness s Rentabilität f
costing ['kɒstɪŋ] s Kalkulation f
costly ['kɒstlɪ] adj teuer
cost of living s Lebenshaltungskosten pl
cost price s Selbstkostenpreis m
cost-saving adj kostensparend
costume ['kɒstjuːm] s Kostüm n; Tracht f; Br zum Baden Badeanzug m
costume drama s Kostümfilm m; TV Serie f in historischen Kostümen
costume jewellery s Modeschmuck m
cosy ['kəʊzɪ], **cozy** US **A** adj ⟨komp cosier⟩ gemütlich, mollig warm; fig Plausch gemütlich **B** s für Teekanne Wärmer m
cot [kɒt] bes Br s Kinderbett n; US Feldbett n
cot death Br s plötzlicher Kindstod
cottage ['kɒtɪdʒ] s (Land)häuschen n
cottage cheese s Hüttenkäse m
cottage industry s Manufaktur f
cottage pie s Hackfleisch mit Kartoffelbrei überbacken
cotton ['kɒtn] **A** s Baumwolle f, Baumwollstoff m, (Baumwoll)garn n; **absorbent ~** US Watte f **B** adj Baumwoll-
phrasal verbs mit cotton:
cotton on Br umg v/i es kapieren umg; **to cotton on to sth** etw checken umg
cotton bud Br s Wattestäbchen n
cotton candy US s Zuckerwatte f
cotton farming s Baumwollanbau m
cotton pad s Wattepad n
cotton-picking US umg adj verflucht umg
cotton wool Br s Watte f
couch [kaʊtʃ] s Sofa n; in Arztpraxis Liege f; in psychiatrischer Praxis Couch f
couchette [kuː'ʃet] s Br BAHN Liegewagen(platz) m
couch potato umg s Stubenhocker m umg, Couchpotato f umg
couchsurf v/i couchsurfen
couchsurfing s Couchsurfen n
cougar ['kuːgə'] s Puma m
cough [kɒf] **A** s Husten m; **he has a bit of a ~** er hat etwas Husten; **a smoker's ~** Raucherhusten m **B** v/t & v/i husten
phrasal verbs mit cough:
cough up **A** v/t ⟨trennb⟩ wörtl aushusten **B** v/t ⟨untrennb⟩ fig umg Geld rausrücken umg **C** v/i fig umg blechen umg
cough drop Br s → cough sweet
cough mixture s Hustensaft m
cough sweet Br s Hustenbonbon n, Hustenzuckerl n österr
cough syrup s Hustensaft m
could [kʊd] prät → can¹
couldn't ['kʊdnt] abk (= could not) → can¹
could've ['kʊdəv] abk (= could have) → can¹
council ['kaʊnsl] **A** s Rat m; **city/town ~** Stadtrat m; **to be on the ~** Ratsmitglied sein; **Council of Europe** Europarat m; **Council of Ministers** POL Ministerrat m **B** adj ⟨attr⟩ **~ meeting**

Ratssitzung f
council estate *Br s* Sozialwohnungssiedlung f
council flat *Br s* Sozialwohnung f; **~s** Sozialwohnungen *pl*
council house *Br s* Sozialwohnung f
council housing *s* sozialer Wohnungsbau
councillor ['kaʊnsələ] *s*, **councilor** *US s* Ratsmitglied n, ≈ Stadtrat m/Stadträtin f; **~ Smith** Herr Stadtrat/Frau Stadträtin Smith
council tax *Br s* Kommunalsteuer f
counsel ['kaʊnsəl] **A** *s* **1** *form* Rat(schlag) m; **to keep one's own ~** seine Meinung für sich behalten **2** ⟨*pl* -⟩ JUR Rechtsanwalt m; **~ for the defence/prosecution** Verteidiger(in) m(f)/Vertreter(in) m(f) der Anklage **B** *v/t* j-n beraten; *Vorgehensweise* empfehlen; **to ~ sb to do sth** j-m raten, etw zu tun
counselling ['kaʊnsəlɪŋ] *s*, **counseling** *US s* Beratung f; ärztlich etc Therapie f; **to need ~** professionelle Hilfe brauchen; **to go for** *od* **have ~** zur Beratung/Therapie gehen
counsellor ['kaʊnsələ^r] *s*, **counselor** *US s* **1** Berater(in) m(f) **2** *US, Ir* Rechtsanwalt m/-anwältin f
count¹ [kaʊnt] **A** *s* **1** Zählung f; **she lost ~ when she was interrupted** sie kam mit dem Zählen durcheinander, als sie unterbrochen wurde; **I've lost all ~ of her boyfriends** ich habe die Übersicht über ihre Freunde vollkommen verloren; **to keep ~ (of sth)** (etw) mitzählen; **at the last ~** bei der letzten Zählung; **on the ~ of three** bei drei gehts los **2** JUR Anklagepunkt m; **you're wrong on both ~s** *fig* Sie haben in beiden Punkten unrecht **B** *v/t* **1** (ab)zählen; *Wahlstimmen* (aus)zählen; **I only ~ed ten people** ich habe nur zehn Leute gezählt **2** (≈ *betrachten*) ansehen; (≈ *einschließen*) mitrechnen; **to ~ sb (as) a friend** j-n als Freund ansehen; **you should ~ yourself lucky to be alive** Sie können von Glück sagen, dass Sie noch leben; **not ~ing the children** die Kinder nicht mitgerechnet **C** *v/i* **1** zählen; **to ~ to ten** bis zehn zählen; **~ing from today** von heute an (gerechnet) **2** angesehen werden, mitgerechnet werden, wichtig sein; **the children don't ~** die Kinder zählen nicht; **that doesn't ~** das zählt nicht; **every minute/it all ~s** jede Minute ist/das ist alles wichtig; **to ~ against sb** gegen j-n sprechen

phrasal verbs mit count:
count among *v/i* ⟨+*obj*⟩ zählen zu
count down *v/i* den Countdown durchführen
count for *v/i* ⟨+*obj*⟩ **to count for sth** zählen, etw gelten; **to count for a lot** sehr viel bedeuten; **to count for nothing** nichts gelten
count in *v/t* ⟨*trennb*⟩ mitzählen; **to count sb in on sth** davon ausgehen *od* damit rechnen, dass j-d bei etw mitmacht; **you can count me in!** Sie können mit mir rechnen
count on *v/i* ⟨+*obj*⟩ rechnen mit; **to count on doing sth** die Absicht haben, etw zu tun; **you can count on him to help you** du kannst auf seine Hilfe zählen
count out *v/t* ⟨*trennb*⟩ **1** *Geld* abzählen **2** *umg* **(you can) count me out!** ohne mich!
count up *v/t* ⟨*trennb*⟩ zusammenzählen

count² *s* Graf m
countable ['kaʊntəbl] *adj* GRAM zählbar
countdown ['kaʊntdaʊn] *s* Countdown m
countenance ['kaʊntɪnəns] *s* Gesichtsausdruck m
counter ['kaʊntə^r] **A** *s* **1** Ladentisch m, Theke f; *in Bank etc* Schalter m; **medicines which can be bought over the ~** Medikamente, die man rezeptfrei bekommt **2** Spielmarke f **3** TECH Zähler m **B** *v/t & v/i a.* SPORT kontern **C** *adv* **~ to** gegen (+*akk*); **the results are ~ to expectations** die Ergebnisse widersprechen den Erwartungen
counteract *v/t* entgegenwirken (+*dat*)
counterargument *s* Gegenargument n
counterattack **A** *s* Gegenangriff m **B** *v/t & v/i* zurückschlagen
counterbalance **A** *s* Gegengewicht n **B** *v/t* ausgleichen
counterclaim *s* JUR Gegenanspruch m
counter clerk *s in Bank etc* Angestellte(r) m/f(m) im Schalterdienst; *in Postamt etc* Schalterbeamte(r) m/-beamtin f
counterclockwise *US adj & adv* → anticlockwise
counterespionage *s* Spionageabwehr f
counterfeit ['kaʊntəfiːt] **A** *adj* gefälscht; **~ money** Falschgeld n **B** *s* Fälschung f **C** *v/t* fälschen
counterfoil ['kaʊntəfɔɪl] *s* Kontrollabschnitt m
counterintelligence *s* → counterespionage
countermand ['kaʊntəmɑːnd] *v/t* aufheben
countermeasure *s* Gegenmaßnahme f
counteroffensive *s* MIL Gegenoffensive f
counterpart *s* Gegenstück n
counterpoint *s* MUS, *a. fig* Kontrapunkt m
counterproductive *adj* widersinnig; *Kritik, Maßnahmen* kontraproduktiv
counter-revolution *s* Konterrevolution f
counter-revolutionary *adj* konterrevolutionär
countersign *v/t* gegenzeichnen
counter staff *pl in Laden* Verkäufer *pl*
counterweight *s* Gegengewicht n
countess ['kaʊntɪs] *s* Gräfin f

countless ['kaʊntlɪs] *adj* unzählig *attr*

country ['kʌntrɪ] *s* **1** Land *n*; **his own ~** seine Heimat; **to go to the ~** POL Neuwahlen ausschreiben; **~ of origin** HANDEL Ursprungsland *n* **2** ⟨kein pl⟩ im Gegensatz zu Stadt Land *n*; (≈ Gegend) Landschaft *f*; **in/to the ~** auf dem/aufs Land; **this is good fishing ~** das ist eine gute Fischgegend; **this is mining ~** dies ist ein Bergbaugebiet **3** Countrymusik *f*

country and western *s* Country-und-Western-Musik *f*

country-and-western *adj* Country- und Western-

country club *s* Sport- und Gesellschaftsklub *m* (auf dem Lande)

country code *s* **1** TEL internationale Vorwahl **2** *Br* Verhaltenskodex *m* für Besucher auf dem Lande

country dancing *s* Volkstanz *m*
country dweller *s* Landbewohner(in) *m(f)*
country house *s* Landhaus *n*
country life *s* das Landleben
countryman *s* ⟨pl -men⟩ **1** Landsmann *m*; **his fellow countrymen** seine Landsleute **2** (≈ Dorfbewohner etc) Landmann *m*
country music *s* Countrymusik *f*
country people *pl* Leute *pl* vom Land(e)
country road *s* Landstraße *f*
countryside *s* Landschaft *f*, Land *n*
country-wide *adj* landesweit
countrywoman *s* ⟨pl -women [-wɪmɪn]⟩ **1** Landsmännin *f* **2** (≈ Dorfbewohnerin etc) Landfrau *f*

county ['kaʊntɪ] *Br s* Grafschaft *f*; *US* (Verwaltungs)bezirk *m*
county council *Br s* Grafschaftsrat *m*
county seat *US s* Hauptstadt eines Verwaltungsbezirkes
county town *Br s* Hauptstadt einer Grafschaft
coup [kuː] *s* Coup *m*, Staatsstreich *m*
coup de grâce [ˌkuːdə'grɑːs] *s* Gnadenstoß *m*
coup d'état ['kuːdeɪ'tɑː] *s* Staatsstreich *m*
couple ['kʌpl] **A** *s* **1** Paar *n*, Ehepaar *n*; **in ~s** paarweise **2** *umg* **a ~ (of)** ein paar, einige; **a ~ of letters** *etc* ein paar Briefe *etc*; **a ~ of times** ein paarmal; **a ~ of hours** ungefähr zwei Stunden **B** *v/t* verbinden, koppeln; **smoking ~d with poor diet ...** Rauchen in Verbindung mit schlechter Ernährung ...
coupler ['kʌplə^r] *s* COMPUT Koppler *m*
couplet ['kʌplɪt] *s* Verspaar *n*
coupling *s* **1** Verbindung *f*, Kopplung *f* **2** Kupplung *f*
coupon ['kuːpɒn] *s* **1** Gutschein *m* **2** Bestellschein *m*, Formular *n*
courage ['kʌrɪdʒ] *s* Mut *m*, Tapferkeit *f*; **to have the ~ of one's convictions** Zivilcourage haben; **to take one's ~ in both hands** sein Herz in beide Hände nehmen
courageous [kə'reɪdʒəs] *adj* mutig, couragiert
courageously [kə'reɪdʒəslɪ] *adv* kämpfen mutig; kritisieren couragiert
courgette [kʊə'ʒet] *Br s* Zucchini *f*
courier ['kʊrɪə^r] *s* **1** Kurier *m*; **by ~** per Kurier **2** Reiseleiter(in) *m(f)*
course [kɔːs] *s* **1** *von Flugzeug, Rennbahn* Kurs *m*; *von Fluss, Geschichte* Lauf *m*; *für Golf* Platz *m*; *fig von Beziehung* Verlauf *m*; *bei Aktion etc* Vorgehensweise *f*; **to change** *od* **alter ~** den Kurs ändern; **to be on/off ~** auf Kurs sein/vom Kurs abgekommen sein; **to be on ~ for sth** *fig* gute Aussichten auf etw (*akk*) haben; **to let sth take** *od* **run its ~** einer Sache (*dat*) ihren Lauf lassen; **the affair has run its ~** die Angelegenheit ist zu einem Ende gekommen; **which ~ of action did you take?** wie sind Sie vorgegangen?; **the best ~ of action would be ...** das Beste wäre ...; **in the ~ of the meeting** während der Versammlung; **in the ~ of time** im Laufe der Zeit **2** **of ~** natürlich; **of ~!** natürlich!; **don't you like me? — of ~ I do** magst du mich nicht? — doch, natürlich; **he's rather young, of ~, but ...** er ist natürlich ziemlich jung, aber ... **3** SCHULE, UNIV Studium *n*, Kurs(us) *m*; *beruflich* Lehrgang *m*; **to go on a French ~** einen Französischkurs(us) besuchen; **a ~ in first aid** ein Erste-Hilfe-Kurs; **a ~ of lectures, a lecture ~** eine Vorlesungsreihe **4** GASTR Gang *m*; **a three-course meal** ein Essen *n* mit drei Gängen
court [kɔːt] **A** *s* **1** JUR Gericht *n*, Gerichtssaal *m*; **to appear in ~** vor Gericht erscheinen; **to take sb to ~** j-n verklagen; **to go to ~ over a matter** eine Sache vor Gericht bringen **2** *königlich* Hof *m* **3** SPORT Platz *m*; *für Squash* Halle *f* **B** *v/t* werben um; *Gefahr* herausfordern **C** *v/i obs* **they were ~ing at the time** zu der Zeit gingen sie zusammen
court appearance *s* Erscheinen *n* vor Gericht
court case *s* JUR Gerichtsverfahren *n*, Prozess *m*
courteous *adj*, **courteously** ['kɜːtɪəs, -lɪ] *adv* höflich
courtesy ['kɜːtɪsɪ] *s* Höflichkeit *f*; **~ of** freundlicherweise zur Verfügung gestellt von
courtesy bus *s* gebührenfreier Bus, Gratis-Shuttle *m od n*
court fine *s* JUR Ordnungsgeld *n*
court hearing *s* JUR Gerichtsverhandlung *f*
courthouse *s* JUR Gerichtsgebäude *n*
court martial *s* ⟨pl **court martials** *od* **courts martial**⟩ MIL Militärgericht *n*
court-martial *v/t* vor das/ein Militärgericht

stellen (**for** wegen)
court order s JUR gerichtliche Verfügung
courtroom s JUR Gerichtssaal m
courtship ['kɔːtʃɪp] obs s (Braut)werbung f (**of** um) obs; **during their ~** während er um sie warb
court shoes Br pl Pumps m
court trial s Gerichtsverhandlung f
courtyard s Hof m
couscous ['kuːskuːs] s Couscous m
cousin ['kʌzn] s Cousin m, Cousine f; **Kevin and Susan are ~s** Kevin und Susan sind Cousin und Cousine
cove [kəʊv] s GEOG (kleine) Bucht
covenant ['kʌvɪnənt] s Schwur m; BIBEL Bund m; JUR Verpflichtung f zu regelmäßigen Spenden
Coventry ['kɒvəntrɪ] s **to send sb to ~** Br umg j-n schneiden umg
cover ['kʌvə'] **A** s **1** Deckel m; aus Stoff Bezug m; für Schreibmaschine etc Hülle f; von Lkw Plane f; (≈ Betttuch) (Bett)decke f; **he put a ~ over it** er deckte es zu; **she pulled the ~s up to her chin** sie zog die Decke bis ans Kinn (hoch) **2** von Buch Einband m; von Magazin Titelseite f; dünner (Schutz)umschlag m; **to read a book from ~ to ~** ein Buch von der ersten bis zur letzten Seite lesen; **on the ~** auf dem Einband/Umschlag; von Magazin auf der Titelseite **3** ⟨kein pl⟩ Schutz m (**from** vor +dat od gegen); MIL Deckung f (**from** vor +dat od gegen); **to take ~ bei Regen** sich unterstellen; MIL in Deckung gehen (**from** vor +dat); **the car should be kept under ~** das Auto sollte abgedeckt sein; **under ~ of darkness** im Schutz(e) der Dunkelheit **4** Br HANDEL, FIN Deckung f, Versicherung f; **to take out ~ for a car** ein Auto versichern; **to take out ~ against fire** eine Feuerversicherung abschließen; **to get ~ for sth** etw versichern (lassen); **do you have adequate ~?** sind Sie ausreichend versichert? **5** Tarnung f; **to operate under ~** als Agent tätig sein **6** bei der Arbeit Vertretung f **B** v/t **1** bedecken, zudecken, überziehen; Sessel beziehen; **a ~ed path** ein überdachter Weg; **the mountain was ~ed with** od **in snow** der Berg war schneebedeckt; **you're all ~ed with dog hairs** du bist voller Hundehaare **2** Fehler, Spuren verdecken; **to ~ one's face with one's hands** sein Gesicht in den Händen verbergen **3** (≈ schützen), a. FIN decken; Versicherungswesen versichern; **will £30 ~ the drinks?** reichen £ 30 für die Getränke?; **he gave me £30 to ~ the drinks** er gab mir £ 30 für Getränke; **he only said that to ~ himself** er hat das nur gesagt, um sich abzusichern **4** mit Waffe sichern; **to keep sb ~ed** j-n in Schach halten **5** behandeln; Eventualitäten vorsehen; **what does your travel insurance ~ you for?** was deckt deine Reiseversicherung ab? **6** Presse berichten über (+akk) **7** Strecke zurücklegen **8** MUS Lied neu interpretieren

phrasal verbs mit cover:
cover for v/i ⟨+obj⟩ **1** Mitarbeiter vertreten **2** durch Lügen **to cover for sb** j-n decken
cover over v/t ⟨trennb⟩ zudecken; zum Schutz abdecken
cover up A v/i **to cover up for sb** j-n decken **B** v/t ⟨trennb⟩ **1** zudecken **2** Wahrheit vertuschen

coverage ['kʌvərɪdʒ] s ⟨kein pl⟩ in Medien Berichterstattung f (**of** über +akk); **the games got excellent TV ~** die Spiele wurden ausführlich im Fernsehen gebracht
coverall US s ⟨mst pl⟩ Overall m
cover charge s Kosten pl für ein Gedeck
covered market [,kʌvəd 'mɑːkɪt] s überdachter Markt
cover girl s Titelmädchen n, Covergirl n
covering ['kʌvərɪŋ] s Decke f; **a ~ of snow** eine Schneedecke
covering letter s, **cover letter** US s Begleitbrief m
cover note s Deckungszusage f
cover page s Titelseite f; von Buch Umschlagseite f; von Seminararbeit etc Deckblatt n
cover price s Einzel(exemplar)preis m
cover story s Titelgeschichte f
covert adj, **covertly** ['kʌvət, -lɪ] adv heimlich
cover-up ['kʌvərʌp] s Vertuschung f
cover version s MUS Coverversion f
covet ['kʌvɪt] v/t begehren
cow[1] [kaʊ] s **1** Kuh f; **till the cows come home** fig umg bis in alle Ewigkeit umg **2** pej umg dumm Kuh f umg; boshaft gemeine Ziege umg; **cheeky cow!** freches Stück! umg
cow[2] v/t einschüchtern
coward ['kaʊəd] s Feigling m
cowardice ['kaʊədɪs], **cowardliness** ['kaʊədlɪnɪs] s Feigheit f
cowardly ['kaʊədlɪ] adj feig(e)
cowbell s Kuhglocke f
cowboy s **1** Cowboy m; **to play ~s and Indians** Indianer spielen **2** fig umg Gauner m umg
cowboy hat s Cowboyhut m
cower ['kaʊə'] v/i sich ducken, kauern; **he stood ~ing in a corner** er stand geduckt in einer Ecke
cowgirl s Cowgirl n
cowhand s Hilfscowboy m; auf Bauernhof Stallknecht m
cowhide s **1** Kuhhaut f **2** ⟨kein pl⟩ Rindsleder n **3** US Lederpeitsche f
cowl [kaʊl] s Kapuze f

coworker [ˈkəʊwɜːkə(r)] s Kollege m, Kollegin f

cowpat s Kuhfladen m

cowshed s Kuhstall m

cox [kɒks] s Steuermann m

coy [kɔɪ] adj ⟨-er⟩ verschämt; (≈ kokett) neckisch; **to be coy about sth** in Bezug auf etw (akk) verschämt tun

coyly [ˈkɔɪlɪ] adv schüchtern, gschamig österr

coyote [kɔɪˈəʊtɪ] s Kojote m

cozy US adj → cosy

C/P abk (= carriage paid) HANDEL frachtfrei

CPU abk (= central processing unit) CPU f, Zentraleinheit f

crab [kræb] s Krabbe f

crab apple s **1** Holzapfel m **2** Holzapfelbaum m

crabby [ˈkræbɪ] adj ⟨komp crabbier⟩ griesgrämig

crabmeat [ˈkræbmiːt] s Krabbenfleisch n

crack [kræk] **A** s **1** Riss m, Ritze f, Spalte f; in Keramik Sprung m; **leave the window open a ~** lass das Fenster einen Spalt offen; **at the ~ of dawn** in aller Frühe; **to fall** od **slip through the ~s** US fig durch die Maschen schlüpfen **2** (≈ Geräusch) Knacks m; von Pistole, Peitsche Knall m, Knallen n kein pl **3** Schlag m; **to give oneself a ~ on the head** sich (dat) den Kopf anschlagen **4** umg Witz m; **to make a ~ about sb/sth** einen Witz über j-n/etw reißen **5** umg **to have a ~ at sth** etw mal probieren umg **6** (≈ Droge) Crack n **B** adj ⟨attr⟩ erstklassig; MIL Elite-; **~ shot** Meisterschütze m, Meisterschützin f **C** v/t **1** Tasse etc einen Sprung machen in (+akk); Eis einen Riss/Risse machen in (+akk) **2** Nüsse, Safe knacken; fig einang Code knacken; Fall, Problem lösen; **I've ~ed it** ich habs! **3** Witz reißen **4** Peitsche knallen mit; Finger knacken mit; **to ~ the whip** fig die Peitsche schwingen **5** he ~ed his head against the pavement er krachte mit dem Kopf aufs Pflaster **D** v/i **1** Tasse etc einen Sprung/Sprünge bekommen; Eis einen Riss/Risse bekommen; Lippen rissig werden **2** brechen **3** knacken; Peitsche, Pistole knallen **4** umg **to get ~ing** loslegen umg; **to get ~ing with** od **on sth** mit etw loslegen umg; **get ~ing!** los jetzt! **5** he ~ed under the strain er ist unter der Belastung zusammengebrochen **6** → crack up A

phrasal verbs mit crack:

crack down v/i hart durchgreifen (**on** bei)

crack on Br umg v/i weitermachen

crack open v/t ⟨trennb⟩ aufbrechen; **to crack open the champagne** die Sektkorken knallen lassen

crack up A fig umg v/i **1** durchdrehen umg; unter Druck zusammenbrechen; **I/he must be cracking up** hum so fängts an umg **2** laut lachen **B** v/t ⟨trennb⟩ umg **it's not all it's cracked up to be** so toll ist es dann auch wieder nicht

crackdown [ˈkrækdaʊn] umg s scharfes Durchgreifen n

cracked adj Tasse, Eis gesprungen; Knochen angebrochen, gebrochen; Oberfläche rissig; Lippen aufgesprungen

cracker [ˈkrækəʳ] s **1** Cracker m **2** Knallbonbon n

crackers [ˈkrækəz] Br umg adj ⟨präd⟩ übergeschnappt umg

cracking [ˈkrækɪŋ] umg adj Tempo scharf; Roman, Film etc toll umg

crackle [ˈkrækl] **A** v/i Feuer knistern; Telefonleitung knacken **B** s Knacken n

crackling [ˈkræklɪŋ] s ⟨kein pl⟩ **1** → crackle **2** GASTR Kruste f (des Schweinebratens)

crackpot [ˈkrækpɒt] umg **A** s Spinner(in) m(f) umg **B** adj verrückt

cradle [ˈkreɪdl] **A** s Wiege f; von Telefon Gabel f; **from the ~ to the grave** von der Wiege bis zur Bahre **B** v/t an sich (akk) drücken; **he was cradling his injured arm** er hielt sich (dat) seinen verletzten Arm; **to ~ sb/sth in one's arms** j-n/etw fest in den Armen halten

craft [krɑːft] s **1** Kunsthandwerk n **2** ⟨kein pl⟩ Kunst f **3** ⟨pl craft⟩ Boot n

craft fair s Kunstgewerbemarkt m

craftily [ˈkrɑːftɪlɪ] adv clever

craftiness [ˈkrɑːftɪnɪs] s Cleverness f

craftsman [ˈkrɑːftsmən] s ⟨pl -men⟩ Kunsthandwerker m

craftsmanship [ˈkrɑːftsmənʃɪp] s Handwerkskunst f

craftswoman [ˈkrɑːftswʊmən] s ⟨pl -women [-wɪmɪn]⟩ Kunsthandwerkerin f

crafty [ˈkrɑːftɪ] adj ⟨komp craftier⟩ clever; **he's a ~ one** umg er ist ein ganz Schlauer umg

crag [kræg] s Fels m

craggy [ˈkrægɪ] adj ⟨komp craggier⟩ zerklüftet; Gesicht kantig

cram [kræm] **A** v/t vollstopfen, hineinstopfen (**into** in +akk); Menschen hineinzwängen (**into** in +akk); **the room was ~med (with furniture)** der Raum war (mit Möbeln) vollgestopft; **we were all ~med into one room** wir waren alle in einem Zimmer zusammengepfercht **B** v/i pauken umg

phrasal verbs mit cram:

cram in A v/i sich hineinquetschen (**-to** in +akk) **B** v/t ⟨trennb⟩ Besuch unterbringen, einschieben; in Koffer etc hineinquetschen

cram-full [ˌkræmˈfʊl] umg adj vollgestopft (**of** mit)

cramp [kræmp] **A** s MED Krampf m; **stomach ~s**

pl Magenkrämpfe *pl*; **to have ~ in one's leg** einen Krampf im Bein haben **B** *v/t fig* **to ~ sb's style** j-m im Weg sein

cramped *adj* Platz beschränkt; *Zimmer* beengt; **we are very ~ (for space)** wir sind räumlich sehr beschränkt

crampon ['kræmpən] *s* Steigeisen *n*

cranberry ['krænbərɪ] *s* Preiselbeere *f*; **~ sauce** Preiselbeersoße *f*

crane [kreɪn] **A** *s* **1** Kran *m*; **~ driver** Kranführer(in) *m(f)* **2** ORN Kranich *m* **B** *v/t* **to ~ one's neck** sich *(dat)* fast den Hals verrenken *umg* **C** *v/i (a.* **crane forward)** den Hals recken

cranefly ['kreɪnflaɪ] *s* Schnake *f*

cranium ['kreɪnɪəm] *s* ⟨*pl* crania ['kreɪnɪə]⟩ ANAT Schädel *m*

crank[1] [kræŋk] *s* Spinner(in) *m(f) umg; US* Griesgram *m*

crank[2] **A** *s* MECH Kurbel *f* **B** *v/t (a.* **crank up)** ankurbeln

crankshaft ['kræŋkʃɑːft] *s* AUTO Kurbelwelle *f*

cranky ['kræŋkɪ] *adj* ⟨*komp* crankier⟩ **1** verrückt **2** *bes US* griesgrämig

cranny ['krænɪ] *s* Ritze *f*

crap [kræp] **A** *s sl* Scheiße *f vulg* **2** *umg (≈ Unsinn)* Scheiße *f umg; umg (≈ Zeug)* Scheiß *m umg*; **a load of ~** große Scheiße *umg* **B** *v/i sl* scheißen *vulg* **C** *adj* ⟨*attr*⟩ *umg* Scheiß- *umg*

crap game *US s* Würfelspiel *n (mit zwei Würfeln)*

crappy ['kræpɪ] *adj* ⟨*komp* crappier⟩ *umg* beschissen *umg*

crash [kræʃ] **A** *s* **1** Krach *m kein pl*, Krachen *n kein pl*; **there was a ~ upstairs** es hat oben gekracht; **with a ~** krachend **2** Unfall *m*, Havarie *f österr*, Karambolage *f*; (Flugzeug)unglück *n*; **to be in a (car) ~** in einen (Auto)unfall verwickelt sein; **to have a ~** einen (Auto)unfall haben, einen Unfall verursachen **3** FIN Zusammenbruch *m*; BÖRSE Börsenkrach *m* **4** IT Absturz *m* **B** *adv* krach!; **he went ~ into a tree** er krachte gegen einen Baum **C** *int* **~!** bumm! krach! **D** *v/t* **1** Auto einen Unfall haben mit; *Flugzeug* abstürzen mit; **to ~ one's car into sth** mit dem Auto gegen etw krachen **2** IT Programm, System zum Absturz bringen **3** *umg* **to ~ a party** uneingeladen auf einer Party gehen **E** *v/i* **1** einen Unfall haben; *Flugzeug, a.* IT abstürzen; **to ~ into sth** gegen etw *(akk)* krachen **2** krachen; **to ~ to the ground** zu Boden krachen; **the whole roof came ~ing down (on him)** das ganze Dach krachte auf ihn herunter **3** FIN Pleite machen *umg* **4** *a.* **~ out** *umg (≈ schlafen)* knacken *sl*; *bei jemandem* übernachten

crash barrier *s* Leitplanke *f*

crash course *s* Intensivkurs *m*

crash diet *s* Radikalkur *f*

crash helmet *s* Sturzhelm *m*

crash-land A *v/i* bruchlanden **B** *v/t* bruchlanden mit

crash-landing *s* Bruchlandung *f*

crash test *s* AUTO Crashtest *m*

crass [kræs] *adj* ⟨+er⟩ krass; *(≈ grob)* unfein

crassly ['kræslɪ] *adv* krass; *sich benehmen* unfein

crassness ['kræsnɪs] *s* Krassheit *f*, Derbheit *f*

crate [kreɪt] *s* Kiste *f; mit Bier* Kasten *m*

crater ['kreɪtə[r]] *s* Krater *m*

cravat(te) [krə'væt] *s* Halstuch *n*

crave [kreɪv] *v/t* sich sehnen nach

> phrasal verbs mit crave:

crave for *v/i (+obj)* sich sehnen nach

craving ['kreɪvɪŋ] *s* Verlangen *n*; **to have a ~ for sth** Verlangen nach etw haben

crawfish ['krɔːfɪʃ] *s* ⟨*pl* -⟩ US → crayfish

crawl [krɔːl] **A** *s* **1** **we could only go at a ~** wir kamen nur im Schneckentempo voran **2** *beim Schwimmen* Kraul(stil) *m*; **to do the ~** kraulen **B** *v/i* **1** *Mensch, Verkehr* kriechen; *Baby* krabbeln; **he tried to ~ away** er versuchte wegzukriechen **2** wimmeln **(with** von); **the street was ~ing with police** auf der Straße wimmelte es von Polizisten **3** **he makes my skin ~** wenn ich ihn sehe, kriege ich eine Gänsehaut **4** *umg* kriechen **(to** vor *+dat)*; **he went ~ing to teacher** er ist gleich zum Lehrer gerannt

crawler lane ['krɔːləleɪn] *s Br* AUTO Kriechspur *f*

crayfish ['kreɪfɪʃ] *Br*, **crawfish** ['krɔːfɪʃ] *US s* ⟨*pl* -⟩ **1** Flusskrebs *m* **2** *im Meer* Languste *f*

crayon ['kreɪən] **A** *s* Buntstift *m*, Wachs(mal)stift *m*, Pastellstift *m* **B** *v/t & v/i* (mit Bunt-/Wachsmalstiften) malen

craze [kreɪz] **A** *s* Fimmel *m umg*; **there's a ~ for collecting old things just now** es ist zurzeit große Mode, alte Sachen zu sammeln **B** *v/t* **a ~d gunman** ein Amokschütze *m*; **he had a ~d look on his face** er hatte den Gesichtsausdruck eines Wahnsinnigen

crazily ['kreɪzɪlɪ] *adv* **1** *herumwirbeln etc* wie verrückt **2** *(≈ irre)* verrückt

craziness ['kreɪzɪnɪs] *s* Verrücktheit *f*

crazy ['kreɪzɪ] *adj* ⟨*komp* crazier⟩ verrückt, wahnsinnig **(with** vor *+dat)*; **to drive sb ~** j-n verrückt machen; **to go ~** verrückt werden; *(≈ sich aufregen)* durchdrehen, ausflippen *umg*; **like ~** *umg* wie verrückt *umg*; **to be ~ about sb/sth** ganz verrückt auf j-n/etw sein *umg*; **football-crazy** fußballverrückt *umg*

crazy golf *s Br* Minigolf *n*

crazy paving *s* Mosaikpflaster *n*

creak [kriːk] **A** *s* Knarren *n kein pl; von Scharnier, Bettfeder* Quietschen *n kein pl* **B** *v/i* knarren; *Scharnier, Bettfeder* quietschen

creaky ['kri:kɪ] *adj* ⟨*komp* creakier⟩ *wörtl* knarrend; *Scharnier, Bettfeder* quietschend

cream [kri:m] **A** *s* **1** Sahne *f*, Obers *n österr*, Nidel *m/f schweiz*; (≈ *Lotion*) Creme *f*; **~ of asparagus/chicken soup** Spargel-/Hühnercremesuppe *f* **2** (≈ *Farbe*) Creme *n*, Cremefarbe *f* **3** *fig* die Besten; **the ~ of the crop** (≈ *Menschen*) die Elite; (≈ *Dinge*) das Nonplusultra **B** *adj* **1** Farbe creme *inv*, cremefarben **2** *Torte* Sahne-, Creme- **C** *v/t Butter* cremig rühren

phrasal verbs mit cream:

cream off *fig v/t* ⟨*trennb*⟩ absahnen

cream cake *s* Sahnetorte *f*, Sahnetörtchen *n*
cream cheese *s* (Doppelrahm)frischkäse *m*
creamer ['kri:mə^r] *s* **1** *US* Sahnekännchen *n* **2** (≈ *Milchpulver*) Kaffeeweißer *m*
cream puff *s* Windbeutel *m*
cream tea *s* Nachmittagstee *m*
creamy ['kri:mɪ] *adj* ⟨*komp* creamier⟩ sahnig, cremig

crease [kri:s] **A** *s* Falte *f*; *in Stoff* Kniff *m*; *in Hose* (Bügel)falte *f* **B** *v/t Kleidungsstück* Falten/eine Falte machen in (+*akk*); *Stoff, Papier* Kniffe/einen Kniff machen in (+*akk*); *unabsichtlich* zerknittern
creased [kri:st] *adj* zerknittert
crease-proof ['kri:spru:f], **crease-resistant** ['kri:srɪzɪstənt] *adj* knitterfrei

create [kri:'eɪt] *v/t* schaffen; *Mode a.* kreieren; *die Welt* erschaffen; *Durchzug, Lärm* verursachen; *Eindruck* machen; *Probleme* schaffen; *durch Ereignis hervorgerufen* verursachen; IT *Datei* anlegen
creation [kri:'eɪʃən] *s* **1** ⟨*kein pl*⟩ Schaffung *f*; *von Welt* Erschaffung *f* **2** ⟨*kein pl*⟩ **the Creation** die Schöpfung; **the whole of ~** die Schöpfung **3** KUNST Werk *n*
creative [kri:'eɪtɪv] *adj Kraft* schöpferisch; *Vorgehensweise, Mensch* kreativ; **the ~ use of language** kreativer Sprachgebrauch
creative accounting *s* kreative Buchführung *f* (*um einen falschen Eindruck vom erzielten Gewinn zu erwecken*)
creatively [kri:'eɪtɪvlɪ] *adv* kreativ
creative writing *s* dichterisches Schreiben
creativity [,kri:eɪ'tɪvɪtɪ] *s* schöpferische Begabung; *von Vorgehensweise* Kreativität *f*
creator [kri:'eɪtə^r] *s* Schöpfer(in) *m(f)*
creature ['kri:tʃə^r] *s* Geschöpf *n*, Lebewesen *n*, Kreatur *f*
creature comforts *pl* leibliches Wohl
crèche [kreʃ] *s Br* (Kinder)krippe *f*; *US* Weihnachtskrippe *f*
credence ['kri:dəns] *s* ⟨*kein pl*⟩ **to lend ~ to sth** etw glaubwürdig machen; **to give** *od* **attach ~ to sth** einer Sache (*dat*) Glauben schenken
credentials [krɪ'denʃəlz] *pl* Referenzen *pl*, (Ausweis)papiere *pl*; **to present one's ~** seine Papiere vorlegen
credibility [,kredə'bɪlɪtɪ] *s* Glaubwürdigkeit *f*
credible ['kredɪbl] *adj* glaubwürdig
credibly ['kredɪblɪ] *adv* glaubhaft
credit ['kredɪt] **A** *s* **1** ⟨*kein pl*⟩ FIN Kredit *m*; *in Kneipe etc* Stundung *f*; **the bank will let me have £5,000 ~** die Bank räumt mir einen Kredit von £ 5.000 ein; **to buy on ~** auf Kredit kaufen; **his ~ is good** er ist kreditwürdig; *bei kleineren Beträgen* er ist vertrauenswürdig; **to give sb (unlimited) ~** j-m (unbegrenzt) Kredit geben **2** FIN (Gut)haben *n*; HANDEL Kreditposten *m*; **to be in ~** Geld *n* auf dem Konto haben; **to keep one's account in ~** sein Konto nicht überziehen; **the ~s and debits** Soll und Haben *n*; **how much have we got to our ~?** wie viel haben wir auf dem Konto? **3** ⟨*kein pl*⟩ Ehre *f*, Anerkennung *f*; **he's a ~ to his family** er macht seiner Familie Ehre; **that's to his ~** das ehrt ihn; **her generosity does her ~** ihre Großzügigkeit macht ihr alle Ehre; **to come out of sth with ~** ehrenvoll aus etw hervorgehen; **to get all the ~** die ganze Anerkennung einstecken; **to take the ~ for sth** das Verdienst für etw in Anspruch nehmen; **~ where ~ is due** *sprichw* Ehre, wem Ehre gebührt *sprichw* **4** ⟨*kein pl*⟩ Glaube *m*; **to give ~ to sth** etw glauben **5** *bes US* UNIV Schein *m* **6** **~s** *pl* FILM etc Vor-/Nachspann *m* **B** *v/t* **1** glauben; **would you ~ it!** ist das denn die Möglichkeit! **2** zuschreiben (+*dat*); **I ~ed him with more sense** ich habe ihn für vernünftiger gehalten; **he was ~ed with having invented it** die Erfindung wurde ihm zugeschrieben **3** FIN gutschreiben; **to ~ a sum to sb's account** j-s Konto (*dat*) einen Betrag gutschreiben (lassen)
creditable ['kredɪtəbl] *adj* lobenswert
creditably ['kredɪtəblɪ] *adv* löblich
credit account *s* Kreditkonto *n*
credit balance *s* Kontostand *m*
credit card *s* Kreditkarte *f*
credit check *s* Überprüfung *f* der Kreditwürdigkeit; **to run a ~ on sb** j-s Kreditwürdigkeit überprüfen
credit crisis *s* WIRTSCH, FIN Kreditkrise *f*
credit crunch *s*, **credit squeeze** *s* WIRTSCH, FIN Kreditknappheit *f*, Kreditklemme *f*
credit facilities *pl* Kreditmöglichkeiten *pl*
credit limit *s* Kreditrahmen *m*
credit note *s* Gutschrift *f*
creditor ['kredɪtə^r] *s* Gläubiger(in) *m(f)*
credit rating *s* Kreditwürdigkeit *f*
credit risk *s* **to be a good/poor ~** ein geringes/großes Kreditrisiko darstellen
credit side *s* Habenseite *f*; **on the ~ he's young** für ihn spricht, dass er jung ist

credit status s Kreditstatus m
credit union s Kreditgenossenschaft f
creditworthiness s Kreditwürdigkeit f
creditworthy adj kreditwürdig
credo ['kreɪdəʊ] s ⟨pl -s⟩ Glaubensbekenntnis n
credulity [krɪ'djuːlɪtɪ] s ⟨kein pl⟩ Leichtgläubigkeit f
credulous ['kredjʊləs] adj leichtgläubig
creed [kriːd] fig s Credo n
creek [kriːk] bes Br s (kleine) Bucht; US Bach m; **to be up the ~ (without a paddle)** umg in der Tinte sitzen umg
creep [kriːp] ⟨v: prät, pperf crept⟩ **A** v/i schleichen, kriechen; **the water level crept higher** der Wasserspiegel kletterte höher; **the story made my flesh ~** bei der Geschichte bekam ich eine Gänsehaut **B** s **1** umg (≈ Mensch) Widerling m umg **2** umg **he gives me the ~s** er ist mir nicht geheuer; **this old house gives me the ~s** in dem alten Haus ist es mir nicht geheuer

phrasal verbs mit creep:

  creep in v/i Fehler, Zweifel sich einschleichen (**-to in** +akk)
  creep up v/i sich heranschleichen (**on an** +akk); Preise (**in die Höhe**) klettern

creepy ['kriːpɪ] adj ⟨komp creepier⟩ unheimlich, gruselig
creepy-crawly ['kriːpɪ'krɔːlɪ] umg s Krabbeltier n
cremate [krɪ'meɪt] v/t einäschern
cremation [krɪ'meɪʃən] s Einäscherung f
crematorium [ˌkremə'tɔːrɪəm] s, **crematory** ['kremə,tɔːrɪ] bes US s Krematorium n
crème de la crème ['kremdəlæ'krem] s Crème de la Crème f
Creole ['kriːəʊl] **A** s LING Kreolisch n **B** adj kreolisch; **he is ~** er ist Kreole
creosote ['krɪəsəʊt] **A** s Kreosot n **B** v/t mit Kreosot streichen
crêpe [kreɪp] **A** s **1** Textilien Krepp m **2** GASTR Crêpe m **B** adj Krepp-
crêpe paper s Krepppapier n
crept [krept] prät & pperf → creep
crescendo [krɪ'ʃendəʊ] s ⟨pl -s⟩ MUS Crescendo n; fig Zunahme f
crescent ['kresnt] s Halbmond m; in Straßennamen Weg m (halbmondförmig verlaufende Straße)
cress [kres] s (Garten)kresse f
crest [krest] s **1** von Vogel Haube f; von Hahn, Berg, Welle Kamm m; **he's riding on the ~ of a wave** fig er schwimmt im Augenblick oben **2** Wappenkunde Helmzierde f; (≈ Abzeichen) Wappen n
crestfallen ['krest,fɔːlən] adj niedergeschlagen
Crete [kriːt] s Kreta n

cretin ['kretɪn] umg s Schwachkopf m umg
cretinous ['kretɪnəs] umg adj schwachsinnig
Creutzfeldt-Jakob disease [ˌkrɔɪtsfelt'jækɒbdɪˌziːz] s ⟨kein pl⟩ Creutzfeldt-Jakob-Krankheit f
crevasse [krɪ'væs] s (Gletscher)spalte f
crevice ['krevɪs] s Spalte f
crew [kruː] s **1** Besatzung f; **50 passengers and 20 ~** 50 Passagiere und 20 Mann Besatzung **2** Br umg Bande f
crew cut s Bürstenschnitt m
crew member s Besatzungsmitglied n
crew neck s runder Halsausschnitt; (a. **crew-neck pullover** od **sweater**) Pullover m mit rundem Halsausschnitt
crib [krɪb] s **1** US Kinderbett n **2** Krippe f
crib death US s plötzlicher Kindstod
crick [krɪk] **A** s **a ~ in one's neck** ein steifes Genick **B** v/t **to ~ one's back** sich (dat) einen steifen Rücken zuziehen
cricket[1] ['krɪkɪt] s Grille f
cricket[2] s SPORT Kricket n; **that's not ~** fig umg das ist nicht fair
cricket bat s (Kricket)schlagholz n
cricketer ['krɪkɪtər] s Krickespieler(in) m(f)
cricket match s Kricketspiel n
cricket pitch s Kricketfeld n
crime [kraɪm] s Straftat f; (≈ schweres Vergehen), a. fig Verbrechen n; (≈ Verbrechertum) Kriminalität f; **it's a ~ to throw away all that good food** es ist eine Schande, all das gute Essen wegzuwerfen; **~ is on the increase** die Zahl der Verbrechen nimmt zu
Crimea [kraɪ'mɪə] s GEOG Krim f
Crimean [kraɪ'mɪən] adj Krim-
crime film Br s, **crime movie** US s Krimi m
crime prevention s Verbrechensverhütung f
crime rate s Verbrechensrate f
crime scene s Tatort m
crime story s Krimi m
crime wave s Verbrechenswelle f
criminal ['krɪmɪnl] **A** s Straftäter(in) m(f) form, Kriminelle(r) m/f(m); fig Verbrecher(in) m(f) **B** adj **1** kriminell; **~ law** Strafrecht n; **to have a ~ record** vorbestraft sein; **~ responsibility** Schuldfähigkeit f **2** fig kriminell
criminal charge s **she faces ~s** sie wird eines Verbrechens angeklagt
criminal code s Strafgesetzbuch n
criminal court s Strafkammer m
criminality [ˌkrɪmɪ'nælɪtɪ] s Kriminalität f
criminalize ['krɪmɪnəlaɪz] v/t kriminalisieren
criminal lawyer s Anwalt m/Anwältin f für Strafsachen, Strafverteidiger(in) m(f)
criminally ['krɪmɪnəlɪ] adv kriminell, verbrecherisch
criminal offence s, **criminal offense** US s

strafbare Handlung

criminologist [ˌkrɪmɪˈnɒlədʒɪst] s Kriminologe m, Kriminologin f

criminology [ˌkrɪmɪˈnɒlədʒɪ] s Kriminologie f

crimp [krɪmp] v/t (mit der Brennschere) wellen

crimson [ˈkrɪmzn] **A** adj purpurrot; **to turn** od **go ~** knallrot werden umg **B** s Purpurrot n

cringe [krɪndʒ] v/i zurückschrecken (**at** vor +dat); fig schaudern; **he ~d at the thought** er od ihn schauderte bei dem Gedanken; **he ~d when she mispronounced his name** er zuckte zusammen, als sie seinen Namen falsch aussprach

crinkle [ˈkrɪŋkl] **A** s (Knitter)falte f **B** v/t (zer)knittern **C** v/i knittern

crinkled adj zerknittert

crinkly [ˈkrɪŋklɪ] adj ⟨komp crinklier⟩ Papier zerknittert; Ecken wellig

cripple [ˈkrɪpl] **A** s Krüppel m **B** v/t j-n zum Krüppel machen; Schiff, Flugzeug aktionsunfähig machen; fig lähmen; **~d with rheumatism** von Rheuma praktisch gelähmt

crippling [ˈkrɪplɪŋ] adj lähmend; Steuern erdrückend; **a ~ disease** ein Leiden, das einen bewegungsunfähig macht; **a ~ blow** ein schwerer Schlag

crisis [ˈkraɪsɪs] s ⟨pl crises [ˈkraɪsiːz]⟩ Krise f; **to reach ~ point** den Höhepunkt erreichen; **in times of ~** in Krisenzeiten

crisis centre s Einsatzzentrum n (für Krisenfälle)

crisis management s Krisenmanagement n

crisis-proof adj krisensicher

crisp [krɪsp] **A** adj ⟨+er⟩ Apfel knackig; Keks knusprig, resch österr; Schnee verharscht; Art knapp; Luft frisch; Geldschein brandneu **B** s Br **~s** Chips pl; **burned to a ~** völlig verbrutzelt

phrasal verbs mit crisp:

crisp up v/t aufbacken

crispbread [ˈkrɪspbred] s Knäckebrot n

crisply [ˈkrɪsplɪ] adv knackig, knusprig, resch österr; schreiben, sich ausdrücken knapp

crispy [ˈkrɪspɪ] adj ⟨komp crispier⟩ umg knusprig, resch österr

crisscross [ˈkrɪskrɒs] adj Muster Kreuz-

criterion [kraɪˈtɪərɪən] s ⟨pl criteria [kraɪˈtɪərɪə]⟩ Kriterium n

critic [ˈkrɪtɪk] s Kritiker(in) m(f); **literary ~** Literaturkritiker(in) m(f); **he's his own worst ~** er kritisiert sich selbst am meisten; **she is a constant ~ of the government** sie kritisiert die Regierung ständig

critical [ˈkrɪtɪkəl] adj kritisch; MED Patient in kritischem Zustand; **the book was a ~ success** das Buch kam bei den Kritikern an; **to cast a ~ eye over sth** sich (dat) etw kritisch ansehen; **to be ~ of sb/sth** j-n/etw kritisieren; **it is ~ (for us) to understand what is happening** es ist (für uns) von entscheidender Bedeutung zu wissen, was vorgeht; **of ~ importance** von entscheidender Bedeutung

critically [ˈkrɪtɪkəlɪ] adv **1** kritisch **2** krank schwer **3** **to be ~ important** von entscheidender Bedeutung sein **4** **~ acclaimed** in den Kritiken gelobt

criticism [ˈkrɪtɪsɪzəm] s Kritik f; **literary ~** Literaturkritik f; **to come in for a lot of ~** schwer kritisiert werden

criticize [ˈkrɪtɪsaɪz] v/t & v/i kritisieren; **to ~ sb for sth** j-n für etw kritisieren; **I ~d her for always being late** ich kritisierte sie dafür, dass sie immer zu spät kommt

critique [krɪˈtiːk] s Kritik f

critter [ˈkrɪtər] US, dial s → creature

croak [krəʊk] v/t & v/i Frosch quaken, Rabe, Mensch krächzen

Croat [ˈkrəʊæt] s Kroate m, Kroatin f; LING Kroatisch n

Croatia [krəʊˈeɪʃɪə] s Kroatien n

Croatian **A** s → Croat **B** adj kroatisch; **she is ~** sie ist Kroatin

crochet [ˈkrəʊʃeɪ] **A** s (a. **crochet work**) Häkelei f; **~ hook** Häkelnadel f **B** v/t & v/i häkeln

crockery [ˈkrɒkərɪ] Br s Geschirr n

crocodile [ˈkrɒkədaɪl] s Krokodil n

crocodile tears pl Krokodilstränen pl; **to shed ~** Krokodilstränen vergießen

crocus [ˈkrəʊkəs] s Krokus m

croissant [ˈkrwɑːsɒŋ] s Hörnchen n, Kipferl n österr

crony [ˈkrəʊnɪ] s Kumpan(in) m(f); in der Politik Amigo m

crook [krʊk] **A** s **1** Gauner(in) m(f) umg **2** Hirtenstab m **B** v/t Finger krümmen; Arm beugen

crooked [ˈkrʊkɪd] adj krumm; Lächeln schief; Mensch unehrlich

crookedly [ˈkrʊkɪdlɪ] adv schief

croon [kruːn] **A** v/t leise singen **B** v/i leise singen

crooner [ˈkruːnər] s Sänger m (sentimentaler Lieder)

crop [krɒp] **A** s **1** Ernte f, (Feld)frucht f; fig (≈ große Zahl) Schwung m; **a good ~ of potatoes** eine gute Kartoffelernte; **to bring the ~s in** die Ernte einbringen; **a ~ of problems** umg eine Reihe von Problemen **2** von Vogel Kropf m **3** Reitpeitsche f **B** v/t Haar stutzen; **the goat ~ped the grass** die Ziege fraß das Gras ab; **~ped hair** kurz geschnittenes Haar

phrasal verbs mit crop:

crop up v/i aufkommen; **something's cropped up** es ist etwas dazwischengekommen

cropper ['krɒpəʳ] *Br umg s* **to come a ~** *wörtl* hinfliegen *umg; fig* (= *versagen*) auf die Nase fallen

crop top *s* bauchfreies Shirt *od* Top

croquet ['krəʊkeɪ] *s* Krocket(spiel) *n*

croquette [krəʊ'ket] *s* Krokette *f*

cross¹ [krɒs] **A** *s* **1** Kreuz *n*; **to make the sign of the Cross** das Kreuzzeichen machen; **we all have our ~ to bear** wir haben alle unser Kreuz zu tragen **2** Kreuzung *f*; *fig* Mittelding *n*; **a ~ between a laugh and a bark** eine Mischung aus Lachen und Bellen **3** FUSSB Flanke *f* **B** *adj* ⟨*attr*⟩ Straße, Linie Quer- **C** *v/t* **1** Straße, Fluss, Berge überqueren; Streikpostenkette überschreiten; Land, Zimmer durchqueren; **to ~ the street** die Straße überqueren, über die Straße gehen; **to ~ sb's path** *fig* j-m über den Weg laufen; **it ~ed my mind that ...** es fiel mir ein, dass ...; **we'll ~ that bridge when we come to it** lassen wir das Problem mal auf uns zukommen **2** kreuzen; **to ~ one's legs** die Beine übereinanderschlagen; **to ~ one's arms** die Arme verschränken; **to ~ one's fingers** die Daumen drücken; **I'll keep my fingers ~ed (for you)** ich drücke (dir) die Daumen **3** Buchstabe, T einen Querstrich machen durch; **a ~ed cheque** ein Verrechnungsscheck *m*; **to ~ sth through** etw durchstreichen **4** **to ~ oneself** sich bekreuzigen **5** **to ~ sb** j-n verärgern **D** *v/i* **1** die Straße überqueren; *über Ärmelkanal etc* hinüberfahren **2** Wege, Briefe sich kreuzen; **our paths have ~ed several times** *fig* unsere Wege haben sich öfters gekreuzt

phrasal verbs mit cross:

cross off *v/t* ⟨*trennb*⟩ streichen (*obj* aus, von)

cross out *v/t* ⟨*trennb*⟩ durchstreichen

cross over *v/i* **1** die Straße überqueren **2** überwechseln (**to** zu)

cross² *adj* ⟨+*er*⟩ böse, verärgert; **to be ~ with sb** mit j-m *od* auf j-n böse sein

crossbar *s von Fahrrad* Stange *f*; SPORT Querlatte *f*

cross-border *adj* HANDEL grenzüberschreitend

crossbow *s* (Stand)armbrust *f*

crossbreed **A** *s* Kreuzung *f* **B** *v/t* kreuzen

cross-Channel *adj* ⟨*attr*⟩ Kanal-

crosscheck *v/t* überprüfen

cross-country **A** *adj* Querfeldein-; **~ skiing** Langlauf *m* **B** *adv* querfeldein **C** *s* Querfeldeinrennen *n*

cross-dress *v/i* sich als Transvestit kleiden

cross-dresser *s* Transvestit *m*

cross-dressing *s* Transvestismus *m*

cross-examination *s* Kreuzverhör *n* (**of** über +*akk*)

cross-examine *v/t* ins Kreuzverhör nehmen

cross-eyed *adj* schielend; **to be ~** schielen

cross-fertilization *s* ⟨*kein pl*⟩ BOT Kreuzbefruchtung *f*

cross-fertilize *v/t* BOT kreuzbefruchten

crossfire *s* Kreuzfeuer *n*; **to be caught in the ~** ins Kreuzfeuer geraten

crossing ['krɒsɪŋ] *s* **1** Überquerung *f*; *von Meer* Überfahrt *f* **2** Übergang *m*, Kreuzung *f*

cross-legged [ˌkrɒs'leg(ɪ)d] *adj & adv* auf dem Boden im Schneidersitz

crossly ['krɒslɪ] *adv* böse

cross-media *adj* medienübergreifend

cross-party *adj* POL parteienübergreifend, überparteilich

cross-purposes *pl* **to be** *od* **talk at ~** aneinander vorbeireden

cross-refer *v/t* verweisen (**to** auf +*akk*)

cross-reference *s* (Quer)verweis *m* (**to** auf +*akk*)

crossroads *Br wörtl s* ⟨+*sg od pl v*⟩ Kreuzung *f*; *fig* Scheideweg *m*

cross section *s* Querschnitt *m*; **a ~ of the population** ein Querschnitt durch die Bevölkerung

cross-stitch *s Handarbeiten* Kreuzstich *m*

cross-town *US adj* quer durch die Stadt

crosswalk *US s* Fußgängerüberweg *m*

crossways, **crosswise** *adv* quer

crossword (puzzle) *s* Kreuzworträtsel *n*; **to do crosswords** Kreuzworträtsel lösen

crotch [krɒtʃ] *s von Hose* Schritt *m*; ANAT Unterleib *m*

crotchet ['krɒtʃɪt] *s Br* MUS Viertelnote *f*; **~ rest** Viertelpause *f*

crotchety ['krɒtʃɪtɪ] *umg adj* miesepetrig *umg*

crouch [kraʊtʃ] *v/i* sich zusammenkauern; **to ~ down** sich niederkauern

croupier ['kruːpɪeɪ] *s* Croupier *m*

crouton ['kruːtɒn] *s* Croûton *m*

crow¹ [krəʊ] *s* ORN Krähe *f*; **as the ~ flies** (in der) Luftlinie

crow² **A** *s von Hahn* Krähen *n kein pl* **B** *v/i* **1** *Hahn* krähen **2** *fig* angeben, hämisch frohlocken (**over** über +*akk*)

crowbar ['krəʊbɑː[ʳ]] *s* Brecheisen *n*

crowd [kraʊd] **A** *s* **1** Menschenmenge *f*; SPORT, THEAT Zuschauermenge *f*; **to get lost in the ~(s)** in der Menge verloren gehen; **~s of people** Menschenmassen *pl*; **there was quite a ~** es waren eine ganze Menge Leute da; **a whole ~ of us** ein ganzer Haufen von uns *umg* **2** Clique *f*; **the university ~** die Uni-Clique; **the usual ~** die üblichen Leute **3** ⟨*kein pl*⟩ **to follow the ~** mit der Herde laufen; **she hates to be just one of the ~** sie geht nicht gern in der Masse unter **B** *v/i* (sich) drängen; **to ~ (a)round** sich herumdrängen; **to ~ (a)round sb/sth**

(sich) um j-n/etw herumdrängen **C** v/t **to ~ the streets** die Straßen bevölkern

phrasal verbs mit crowd:
crowd out v/t ⟨trennb⟩ **the pub was crowded out** das Lokal war gerammelt voll *umg*

crowded ['kraʊdɪd] *adj* **1** *Zug etc* überfüllt; **the streets/shops are ~** es ist voll auf den Straßen/in den Geschäften; **~ with people** voller Menschen **2** *Stadt* überbevölkert
crowd pleaser ['kraʊdpliːzəʳ] *s* Publikumsliebling *m*; (≈ *Veranstaltung*) Publikumserfolg *m*
crowd puller ['kraʊdpʊləʳ] *s* Kassenmagnet *m*
crown [kraʊn] **A** *s* **1** Krone *f*; **to be heir to the ~** Thronfolger(in) *m(f)* sein **2** *von Kopf* Wirbel *m*; *von Berg* Kuppe *f* **B** v/t krönen; **he was ~ed king** er ist zum König gekrönt worden
crown court *s Bezirksgericht für Strafsachen*
crowning ['kraʊnɪŋ] *adj* **that symphony was his ~ glory** diese Sinfonie war die Krönung seines Werkes
crown jewels *pl* Kronjuwelen *pl*
crown prince *s* Kronprinz *m*
crown princess *s* Kronprinzessin *f*
crow's feet *pl* Krähenfüße *pl*
crow's nest *s* SCHIFF Mastkorb *m*
crucial ['kruːʃəl] *adj* **1** entscheidend (**to** für) **2** äußerst wichtig
crucially ['kruːʃəlɪ] *adv* ausschlaggebend; **~ important** von entscheidender Bedeutung
crucible ['kruːsɪbl] *s* (Schmelz)tiegel *m*
crucifix ['kruːsɪfɪks] *s* Kruzifix *n*
crucifixion [ˌkruːsɪ'fɪkʃən] *s* Kreuzigung *f*
crucify ['kruːsɪfaɪ] v/t **1** *wörtl* kreuzigen **2** *fig umg* j-n in der Luft zerreißen *umg*
crude [kruːd] **A** *adj* ⟨komp cruder⟩ **1** Roh-, roh **2** derb **3** primitiv; *Zeichnung* grob; *Versuch* unbeholfen **B** *s* Rohöl *n*
crudely ['kruːdlɪ] *adv* **1** derb **2** primitiv; *sich benehmen* ungehobelt; **to put it ~** um es ganz grob auszudrücken
crudeness ['kruːdnɪs], **crudity** ['kruːdɪtɪ] *s* **1** Derbheit *f* **2** Primitivität *f*
crude oil *s* Rohöl *n*
crudités ['kruːdɪteɪz] *pl* Rohkost *f* (*rohes Gemüse, serviert mit Dips*)
cruel ['kruːəl] *adj* **1** grausam (**to** zu); **to be ~ to animals** ein Tierquäler sein; **to be ~ to one's dog** seinen Hund quälen; **don't be ~!** sei nicht so gemein! **2** hart, unbarmherzig **3** *Hitze* schrecklich
cruelly ['kruːəlɪ] *adv* grausam
cruelty ['kruːəltɪ] *s* Grausamkeit *f* (**to** gegenüber); **~ to children** Kindesmisshandlung *f*; **~ to animals** Tierquälerei *f*
cruelty-free *adj Kosmetika* nicht an Tieren getestet

cruet ['kruːɪt] *s* Gewürzständer *m*
cruise [kruːz] **A** v/i **1** *Auto* Dauergeschwindigkeit fahren; **we were cruising along the road** wir fuhren (gemächlich) die Straße entlang; **we are now cruising at a height of …** wir fliegen nun in einer Flughöhe von … **2** *fig* **to ~ to victory** einen leichten Sieg erringen **B** v/t *Schiff* befahren; *Auto:* Straßen fahren auf (+*dat*); *Gebiet* abfahren **C** *s* Kreuzfahrt *f*; **to go on a ~** eine Kreuzfahrt machen
cruise control *s* AUTO Tempomat *m*, Tempostat *m*
cruise liner *s* Kreuzfahrtschiff *n*
cruise missile *s* Marschflugkörper *m*
cruiser ['kruːzəʳ] *s* SCHIFF Kreuzer *m*, Vergnügungsjacht *f*
cruise ship *s* Kreuzfahrtschiff *n*
cruising speed ['kruːzɪŋ] *s* Reisegeschwindigkeit *f*
crumb [krʌm] *s* Krümel *m*; **that's one ~ of comfort** das ist (wenigstens) ein winziger Trost
crumble ['krʌmbl] **A** v/t zerkrümeln; **to ~ sth into/onto sth** etw in/auf etw (*akk*) krümeln **B** v/i *Ziegelstein* bröckeln; *Kuchen* krümeln; *Erde, Gebäude* zerbröckeln; *fig Widerstand* sich auflösen **C** *s Br* GASTR Obst *n* mit Streusel; *auf Kuchen* Streusel *pl*; **rhubarb ~** mit Streuseln bestreutes, überbackenes Rhabarberdessert
crumbly ['krʌmblɪ] *adj* ⟨komp crumblier⟩ *Stein, Erde* bröckelig; *Kuchen* krümelig
crummy ['krʌmɪ] *adj* ⟨komp crummier⟩ *umg* mies *umg*
crumpet ['krʌmpɪt] *s* GASTR *kleines Hefegebäck zum Toasten*
crumple ['krʌmpl] **A** v/t (*a.* **crumple up**) zerknittern, zusammenknüllen; *Metall* eindrücken **B** v/i zusammenbrechen; *Metall* zusammengedrückt werden
crunch [krʌntʃ] **A** v/t **1** *Keks etc* mampfen *umg*; **he ~ed the ice underfoot** das Eis zersplitterte unter seinen Füßen; **to ~ the gears** die Gänge reinwürgen *umg* **2** IT verarbeiten **B** v/i *Kies* knirschen; **he ~ed across the gravel** er ging mit knirschenden Schritten über den Kies; **he was ~ing on a carrot** er mampfte eine Möhre *umg* **C** *s* **1** (≈ *Geräusch*) Krachen *n*; *von Kies etc* Knirschen *n* **2** *umg* **the ~** der große Krach; **when it comes to the ~** wenn der entscheidende Moment kommt; **it's ~ time** jetzt ist der kritische Moment, jetzt geht's um die Wurst *umg* **3** SPORT **~ machine** Bauchmuskelmaschine *f*; **~es** *pl* Bauchpressen *pl*
crunchy ['krʌntʃɪ] *adj* ⟨komp crunchier⟩ *Apfel* knackig; *Keks* knusprig, resch *österr*
crusade [kruː'seɪd] **A** *s* Kreuzzug *m* **B** v/i einen Kreuzzug/Kreuzzüge führen

crusader [kruːˈseɪdə^r] s HIST Kreuzfahrer m; fig Apostel m

crush [krʌʃ] **A** s **1** Gedränge n; **it'll be a bit of a ~** es wird ein bisschen eng werden **2** umg **to have a ~ on sb** in j-n verschossen sein umg; **schoolgirl ~** Schulmädchenschwärmerei f **3** Saftgetränk n **B** v/t **1** quetschen; *Obst* zerdrücken, zerquetschen; (≈ *töten*) zu Tode quetschen; *Knoblauchzehe* (zer)stoßen; *Eis* stoßen; *Metall* zusammenpressen; *Kleidung, Papier* zerknittern; **I was ~ed between two enormous men in the plane** ich war im Flugzeug zwischen zwei fetten Männern eingequetscht; **to ~ sb into sth** in etw (*akk*) quetschen; **to ~ sth into sth** etw in etw (*akk*) stopfen **2** fig *Feind* vernichten; *Opposition* niederschlagen

phrasal verbs mit crush:

crush on US umg v/t **to crush on sb** für j-n schwärmen, in j-n verliebt/verknallt sein; **she's crushing on Steve** sie schwärmt total für Steve, sie ist in Steve verliebt/verknallt

crush barrier s Barriere f, Absperrung f

crushing [ˈkrʌʃɪŋ] adj *Niederlage* zerschmetternd; *Schlag* vernichtend

crust [krʌst] s Kruste f; **the earth's ~** die Erdkruste; **to earn a ~** umg seinen Lebensunterhalt verdienen

crustacean [krʌsˈteɪʃən] s Schalentier n

crusty [ˈkrʌsti] adj ⟨komp crustier⟩ knusprig, resch österr

crutch [krʌtʃ] s **1** Krücke f **2** → crotch

crux [krʌks] s Kern m

cry [kraɪ] **A** s **1** Schrei m, Ruf m; **to give a cry** (auf)schreien; **a cry of pain** ein Schmerzensschrei m; **a cry for help** ein Hilferuf m; **he gave a cry for help** er rief um Hilfe **2** **to have a good cry** sich einmal richtig ausweinen **B** v/i **1** weinen; *Baby* schreien; **she was crying for her teddy bear** sie weinte nach ihrem Teddy **2** rufen, schreien; **to cry for help** um Hilfe rufen/schreien **C** v/t **1** rufen, schreien; **to cry one's eyes out** sich (*dat*) die Augen ausweinen; **to cry oneself to sleep** sich in den Schlaf weinen

phrasal verbs mit cry:

cry off *Br* v/i einen Rückzieher machen

cry out v/i **1** aufschreien; **to cry out to sb** j-m etwas zuschreien; **well, for crying out loud!** *umg* na, das darf doch wohl nicht wahr sein! *umg* **2** fig **to be crying out for sth** nach etw schreien

crybaby [ˈkraɪbeɪbi] *umg* s Heulsuse f umg

crying [ˈkraɪɪŋ] **A** adj fig **it is a ~ shame** es ist jammerschade **B** s Weinen n; *von Baby* Schreien n

crypt [krɪpt] s Krypta f; (≈ *Grab*) Gruft f

cryptic [ˈkrɪptɪk] adj *Bemerkung* kryptisch; *Hinweis etc* verschlüsselt, rätselhaft

cryptically [ˈkrɪptɪkəli] adv hintergründig

crystal [ˈkrɪstl] **A** s Kristall m **B** adj Kristall-

crystal ball s Glaskugel f

crystal-clear adj glasklar

crystallize [ˈkrɪstəlaɪz] wörtl v/i kristallisieren; fig feste Form annehmen

crystallized adj kristallisiert; *Früchte* kandiert

CS gas s ≈ Tränengas n

CST abk (= Central Standard Time) *minus sieben Stunden mitteleuropäischer Zeit*

ct¹ abk (= cent) ct

ct² abk (= carat) Karat

CT scan s (= computer tomography scan) CT n od f

cu [ˈsiːjuː] abk (= see you) *in SMS* bis dann, bis später

cub [kʌb] s **1** *von Tier* Junge(s) n **2** **Cub** *bei Pfadfindern* Wölfling m

Cuba [ˈkjuːbə] s Kuba n

Cuban A adj kubanisch **B** s Kubaner(in) m(f)

cubbyhole [ˈkʌbɪhəʊl] s Kabuff n

cube [kjuːb] **A** s **1** Würfel m **2** MATH dritte Potenz f **B** v/t MATH hoch 3 nehmen; **four ~d** vier hoch drei

cube root s Kubikwurzel f

cube sugar s Würfelzucker m

cubic [ˈkjuːbɪk] adj Kubik-; **~ metre** Kubikmeter m

cubic capacity s Fassungsvermögen n; *von Motor* Hubraum m

cubicle [ˈkjuːbɪkəl] s Kabine f; *in WC* (Einzel)toilette f

cubism [ˈkjuːbɪzəm] s Kubismus m

cubist [ˈkjuːbɪst] **A** s Kubist(in) m(f) **B** adj kubistisch

Cub Scout s Wölfling m

cuckoo [ˈkʊkuː] s ⟨pl -s⟩ Kuckuck m

cuckoo clock s Kuckucksuhr f

cucumber [ˈkjuːkʌmbə^r] s (Salat)gurke f; **as cool as a ~** seelenruhig

cud [kʌd] s **to chew the cud** wörtl wiederkäuen

cuddle [ˈkʌdl] **A** s Liebkosung f; **to give sb a ~** j-n in den Arm nehmen; **to have a ~** schmusen **B** v/t in den Arm nehmen **C** v/i schmusen

phrasal verbs mit cuddle:

cuddle up v/i sich kuscheln (**to, against** an +*akk*); **to cuddle up in bed** sich im Bett zusammenkuscheln

cuddly [ˈkʌdli] adj ⟨komp cuddlier⟩ knuddelig umg

cuddly toy s Schmusetier n umg

cudgel [ˈkʌdʒəl] *Br* s Knüppel m

cue [kjuː] s **1** THEAT, *a.* fig Stichwort n; FILM, TV Zeichen n zum Aufnahmebeginn; MUS Einsatz m; **to take one's cue from sb** sich nach j-m rich-

ten ▐2▐ Billard Queue n
cue ball s Spielball m
cuff¹ [kʌf] s ▐1▐ Manschette f; **off the ~** aus dem Stegreif ▐2▐ US (Hosen)aufschlag m
cuff² v/t einen Klaps geben (+dat)
cuff link s Manschettenknopf m
cuisine [kwɪˈziːn] s Küche f
cul-de-sac [ˈkʌldəsæk] s Sackgasse f
culinary [ˈkʌlɪnərɪ] adj kulinarisch; Geschick im Kochen
cull [kʌl] ▐A▐ s Erlegen überschüssiger Tierbestände; von kranken Tieren Keulung f ▐B▐ v/t (als überschüssig) erlegen; kranke Tiere keulen
culminate [ˈkʌlmɪneɪt] fig v/i gipfeln (**in** in +dat), herauslaufen (**in** auf +akk)
culmination [ˌkʌlmɪˈneɪʃən] fig s Höhepunkt m, Ende n
culottes [kjuːˈlɒts] pl Hosenrock m; **a pair of ~** ein Hosenrock
culpability [ˌkʌlpəˈbɪlɪtɪ] form s Schuld f
culpable [ˈkʌlpəbl] form adj schuldig
culprit [ˈkʌlprɪt] s Schuldige(r) m/f(m); JUR Täter(in) m(f); umg Übeltäter(in) m(f)
cult [kʌlt] ▐A▐ s REL, a. fig Kult m ▐B▐ adj ⟨attr⟩ Kult-
cultivate [ˈkʌltɪveɪt] v/t ▐1▐ wörtl kultivieren; Getreide etc anbauen ▐2▐ fig Beziehungen pflegen
cultivated adj AGR, a. fig kultiviert
cultivation [ˌkʌltɪˈveɪʃən] s ▐1▐ wörtl Kultivieren n; von Getreide etc Anbau m ▐2▐ fig von Beziehungen Pflege f (**of** gen)
cultivator [ˈkʌltɪveɪtəʳ] s (= Maschine) Grubber m
cult movie s Kultfilm m
cultural [ˈkʌltʃərəl] adj Kultur-, kulturell; **~ differences** kulturelle Unterschiede pl
cultural exchange s Kulturaustausch m
culturally [ˈkʌltʃərəlɪ] adv kulturell
culture [ˈkʌltʃəʳ] s Kultur f; von Tieren Zucht f; **a man of ~/of no ~** ein Mann mit/ohne Kultur; **to study German ~** die deutsche Kultur studieren
cultured adj kultiviert
culture shock s Kulturschock m
cum [kʌm] präp **a sort of sofa-cum-bed** eine Art von Sofa und Bett in einem
cumbersome [ˈkʌmbəsəm] adj Kleidung (be)hinderlich; Stil schwerfällig; Prozedur beschwerlich
cumin [ˈkʌmɪn] s Kreuzkümmel m
cumulative [ˈkjuːmjʊlətɪv] adj kumulativ, gesamt
cumulative interest s FIN Zins und Zinseszins
cumulatively [ˈkjuːmjʊlətɪvlɪ] adv kumulativ
cunnilingus [ˌkʌnɪˈlɪŋɡəs] s Cunnilingus m
cunning [ˈkʌnɪŋ] ▐A▐ s Schlauheit f ▐B▐ adj Plan, Mensch schlau, gerissen; Miene verschmitzt
cunningly [ˈkʌnɪŋlɪ] adv schlau; **a ~ designed little gadget** ein clever ausgedachtes Ding

cunt [kʌnt] vulg s Fotze f vulg; als Schimpfwort Arsch m vulg
cup [kʌp] ▐A▐ s Tasse f; (= Trophäe) Pokal m; mit Henkel Becher m; GASTR Maßeinheit 8 fl oz = 0,22 l; **a cup of tea** eine Tasse Tee; **that's not my cup of tea** fig umg das ist nicht mein Fall; **they're out of the Cup** sie sind aus dem Pokal(wettbewerb) ausgeschieden ▐B▐ v/t Hände hohl machen; **to cup one's hand to one's ear** die Hand ans Ohr halten
cupboard [ˈkʌbəd] s Schrank m, Kasten m österr, schweiz
cupcake s kleiner, runder Kuchen
Cup Final s Pokalendspiel n
cupful s ⟨pl cupsful; cupfuls⟩ Tasse(voll) f
cupid [ˈkjuːpɪd] s Amorette f; **Cupid** Amor m
cupola [ˈkjuːpələ] s ARCH Kuppel f
cuppa [ˈkʌpə] Br umg s Tasse Tee f
cup size s von BH Körbchengröße f
cup tie s Pokalspiel n
Cup Winners' Cup s FUSSB Europapokal m der Pokalsieger
curable [ˈkjʊərəbl] adj heilbar
curate [ˈkjʊərɪt] s katholisch Kurat m; protestantisch Vikar(in) m(f)
curator [kjʊəˈreɪtəʳ] s von Museum etc Kurator(in) m(f)
curb [kɜːb] ▐A▐ s ▐1▐ fig Behinderung f; **to put a ~ on sth** etw einschränken ▐2▐ US Bordsteinkante f ▐B▐ v/t fig zügeln; Ausgaben dämpfen; Immigration bremsen umg
curbside US adj Straßenrand m; **~ parking** Kurzparken n
curd [kɜːd] s oft pl Quark m, Topfen m österr
curd cheese s Weißkäse m
curdle [ˈkɜːdl] ▐A▐ v/t gerinnen lassen ▐B▐ v/i gerinnen; **his blood ~d** das Blut gerann ihm in den Adern
cure [kjʊəʳ] ▐A▐ v/t ▐1▐ MED heilen; **to be ~d (of sth)** (von etw) geheilt sein ▐2▐ fig Inflation etc abhelfen (+dat); **to ~ sb of sth** j-m etw austreiben ▐3▐ Speisen haltbar machen; mit Salz pökeln; mit Rauch räuchern, selchen österr; mit Wärme trocknen ▐B▐ v/i **it is left to ~** es wird zum Pökeln eingelegt, es wird zum Räuchern aufgehängt, es wird zum Trocknen ausgebreitet ▐C▐ s MED (Heil)mittel n (**for** gegen); (= Behandlung) Heilverfahren n (**for sb** für j-n od **for sth** gegen etw); in Heilbad etc Kur f; fig Mittel n (**for** gegen); **there's no ~ for that** wörtl das ist unheilbar; fig dagegen kann man nichts machen
cure-all [ˈkjʊərɔːl] s Allheilmittel n
curfew [ˈkɜːfjuː] s Ausgangssperre f; **to be under ~** unter Ausgangssperre stehen
curio [ˈkjʊərɪəʊ] s ⟨pl -s⟩ Kuriosität f
curiosity [ˌkjʊərɪˈɒsɪtɪ] s ⟨kein pl⟩ Neugier f,

Wissbegier(de) *f*; **out of** *od* **from ~** aus Neugier
curious ['kjʊərɪəs] *adj* **1** neugierig; **I'm ~ to know what he'll do** ich bin mal gespannt, was er macht; **I'm ~ to know how he did it** ich bin neugierig zu erfahren, wie er das gemacht hat; **why do you ask? — I'm just** — warum fragst du? — nur so **2** sonderbar; **how ~!** wie seltsam!
curiously ['kjʊərɪəslɪ] *adv* **1** neugierig **2** seltsam; **~ (enough), he didn't object** merkwürdigerweise hatte er nichts dagegen
curl [kɜːl] **A** *s von Haar* Locke *f* **B** *v/t Haare* locken, in Locken legen, kräuseln; *Ecken* umbiegen **C** *v/i Haar* sich locken, sich kräuseln; *von Natur aus* lockig sein; *Papier* sich wellen

phrasal verbs mit curl:

curl up **A** *v/i* sich zusammenrollen; *Papier* sich wellen; **to curl up in bed** sich ins Bett kuscheln; **to curl up with a good book** es sich (*dat*) mit einem guten Buch gemütlich machen **B** *v/t* ⟨*trennb*⟩ wellen; *Ecken* hochbiegen; **to curl oneself/itself up** sich zusammenkugeln

curler ['kɜːlə'] *s* Lockenwickler *m*; **to put one's ~s in** sich (*dat*) die Haare eindrehen; **my hair was in ~s** ich hatte Lockenwickler im Haar
curlew ['kɜːljuː] *s* Brachvogel *m*
curling ['kɜːlɪŋ] *s* SPORT Curling *n*
curling tongs *pl*, **curling iron** *US s* Lockenschere *f*, Lockenstab *m*
curly ['kɜːlɪ] *adj* ⟨*komp* curlier⟩ *Haar* lockig, kraus; *Schwanz* geringelt; *Muster* verschnörkelt
curly-haired ['kɜːlɪ'hɛəd] *adj* lockig, krausköpfig
currant ['kʌrənt] *s* **1** Korinthe *f* **2** BOT Johannisbeere *f*, Ribisel *f österr*; **~ bush** Johannisbeerstrauch *m*, Ribiselstrauch *m österr*
currant bun *s* Rosinenbrötchen *n*
currency ['kʌrənsɪ] *s* **1** FIN Währung *f*; **foreign ~** Devisen *pl* **2** **to gain ~** sich verbreiten
currency market *s* Devisenmarkt *m*
current ['kʌrənt] **A** *adj* gegenwärtig; *Politik, Preis* aktuell; *Forschung, Monat* laufend; *Ausgabe* letzte(r, s); *Meinung* verbreitet; **~ affairs** aktuelle Fragen *pl*, Tagesgeschehen *n*; **in ~ use** allgemein gebräuchlich **B** *s* **1** Strömung *f*, Luftströmung *f*; **with/against the ~**, **up/down ~** mit dem/gegen den Strom **2** ELEK Strom *m* **3** *fig von Ereignissen etc* Trend *m*
current account *s* Girokonto *n*
current assets *pl* Umlaufvermögen *n*
current capital *US s* Betriebskapital *n*
current expenses *pl* laufende Ausgaben *pl*
currently ['kʌrəntlɪ] *adv* gegenwärtig, zurzeit, momentan
curricula [kə'rɪkjʊlə] *pl* → curriculum

curricular [kə'rɪkjʊlə'] *adj* lehrplanmäßig
curriculum [kə'rɪkjʊləm] *s* ⟨*pl* curricula⟩ Lehrplan *m*; **to be on the ~** auf dem Lehrplan stehen
curriculum vitae [kə'rɪkjʊləm'viːtaɪ] *Br s* Lebenslauf *m*
curry¹ ['kʌrɪ] *s* GASTR Curry *m/n*; (≈ *Gericht*) Curry *n*; **~ sauce** Currysoße *f*
curry² *v/t* **to ~ favour (with sb)** sich (bei j-m) einschmeicheln
curry powder *s* Currypulver *n*
curse [kɜːs] **A** *s* Fluch *m*; *umg* Plage *f umg*; **the ~ of drunkenness** der Fluch des Alkohols; **to be under a ~** unter einem Fluch stehen; **to put sb under a ~** j-n mit einem Fluch belegen **B** *v/t* **1** verfluchen; **~ you/it!** *umg* verflucht! *umg*; **where is he now, ~ him!** wo steckt er jetzt, der verfluchte Kerl! *umg* **2** fluchen über (+*akk*) **3** *fig* **to be ~d** mit j-m/etw geschlagen sein **C** *v/i* fluchen
cursed ['kɜːsɪd] *umg adj* verflucht *umg*
cursor ['kɜːsə'] *s* IT Cursor *m*
cursorily ['kɜːsərɪlɪ] *adv* flüchtig
cursory ['kɜːsərɪ] *adj* flüchtig
curt [kɜːt] *adj* ⟨+*er*⟩ *Mensch* kurz angebunden; *Brief, Ablehnung* knapp; **to be ~ with sb** zu j-m kurz angebunden sein
curtail [kɜː'teɪl] *v/t* kürzen
curtain ['kɜːtn] *s* **1** *Br* aus dichtem Material Vorhang *m*, Gardine *f*; **to draw** *od* **pull the ~s** (≈ *öffnen*) den Vorhang/die Vorhänge aufziehen; (≈ *schließen*) den Vorhang/die Vorhänge zuziehen **2** *US* aus durchsichtigem Material Store *m*, Tüllgardine *f* **3** THEAT Vorhang *m*; **the ~ rises/falls** der Vorhang hebt sich/fällt

phrasal verbs mit curtain:

curtain off *v/t* ⟨*trennb*⟩ durch einen Vorhang/Vorhänge abtrennen

curtain call *s* THEAT Vorhang *m*; **to take a ~** vor den Vorhang treten
curtain hook *s* Gardinengleithaken *m*
curtain pole *s* Vorhangstange *f*
curtain rail *s* Vorhangschiene *f*
curtain ring *s* Gardinenring *m*
curtly ['kɜːtlɪ] *adv antworten* knapp; *sich weigern* kurzerhand
curtsey ['kɜːtsɪ], **curtsy** *US* **A** *s* Knicks *m* **B** *v/i* knicksen (**to** vor +*dat*)
curvaceous [kɜː'veɪʃəs] *adj* üppig
curvature ['kɜːvətʃə'] *s* Krümmung *f*, Verkrümmung *f*; **~ of the spine** Rückgratkrümmung *f*; *abnormal* Rückgratverkrümmung *f*
curve [kɜːv] **A** *s* Kurve *f*; *von Körper, Vase* Rundung *f*; *von Fluss* Biegung *f*; **there's a ~ in the road** die Straße macht einen Bogen **B** *v/t* biegen **C** *v/i* **1** *Linie, Straße* einen Bogen ma-

chen; *Fluss* eine Biegung machen **2** sich wölben; *Metallstreifen* sich biegen

curved [kɜːvd] *adj Linie* gebogen; *Oberfläche* gewölbt

cushion ['kʊʃən] **A** *s* Kissen *n*; *a. fig* Polster *n*; ~ **cover** Kissenbezug *m* **B** *v/t Fall, Schlag* dämpfen

cushy ['kʊʃɪ] *adj* ⟨*komp* cushier⟩ *umg* bequem; **a ~ job** ein ruhiger Job

cusp [kʌsp] *s* **on the ~ of** *fig* an der Schwelle zu

cussword ['kʌswɜːd] *US umg s* Kraftausdruck *m*

custard ['kʌstəd] *s* ≈ Vanillesoße *f*, ≈ Vanillepudding *m*

custodial [kʌs'təʊdɪəl] *form adj* **~ sentence** *Br* Gefängnisstrafe *f*

custodian [kʌs'təʊdɪən] *s von Museum* Aufseher(in) *m(f)*; *von Schatz* Hüter(in) *m(f)*

custody ['kʌstədɪ] *s* **1** Obhut *f*; *JUR für Kinder* Sorgerecht *n* (**of** für, über +*akk*), Vormundschaft *f* (**of** für, über +*akk*); **to put** *od* **place sth in sb's ~** etw j-m zur Aufbewahrung anvertrauen; **the mother was awarded ~ of the children after the divorce** der Mutter wurde bei der Scheidung das Sorgerecht über die Kinder zugesprochen **2** (polizeilicher) Gewahrsam; **to take sb into ~** j-n verhaften

custom ['kʌstəm] **A** *s* **1** Brauch *m*, Sitte *f* **2** (An)gewohnheit *f*; **it was his ~ to rest each afternoon** er pflegte am Nachmittag zu ruhen *geh* **3** ⟨*kein pl*⟩ HANDEL Kundschaft *f*; **to take one's ~ elsewhere** woanders Kunde werden **4** **~s** *pl* Zoll *m*; **to go through ~s** durch den Zoll gehen **B** *adj US Anzug* maßgefertigt; *Schreiner* auf Bestellung arbeitend

customarily ['kʌstəmərəlɪ] *adv* üblicherweise

customary ['kʌstəmərɪ] *adj* üblich, gewohnt; **it's ~ to wear a tie** man trägt normalerweise *od* gewöhnlich eine Krawatte

custom-built ['kʌstəm'bɪlt] *adj* speziell angefertigt

customer ['kʌstəmə(r)] *s* **1** HANDEL Kunde *m*, Kundin *f*; **our ~s** unsere Kundschaft **2** *umg* (≈ *Mensch*) Zeitgenosse *m*, Zeitgenossin *f umg*

customer rating *s* Kundenbewertung *f*

customer service(s) *s* Kundendienst *m*; **~ department** Kundendienstabteilung *f*

customize ['kʌstəmaɪz] *v/t* auf Bestellung fertigen

custom-made ['kʌstəmmeɪd] *adj Kleidung* maßgefertigt; *Möbel, Auto* speziell angefertigt

customs authorities *pl* Zollbehörden *pl*

customs declaration *s* Zollerklärung *f*

customs officer *s* Zollbeamte(r) *m*, Zollbeamtin *f*

cut [kʌt] ⟨*v: prät, pperf* cut⟩ **A** *v/t* **1** schneiden; *Kuchen* anschneiden; *Seil* durchschneiden; **to cut one's finger** sich (*dat*) am Finger schneiden; **to cut one's nails** sich (*dat*) die Nägel schneiden; **to cut oneself (shaving)** sich (beim Rasieren) schneiden; **to cut sth in half/three** etw halbieren/dritteln; **to cut a hole in sth** ein Loch in etw (*akk*) schneiden; **to cut to pieces** zerstückeln; **to cut open** aufschneiden; **he cut his head open** er hat sich (*dat*) den Kopf aufgeschlagen; **to have** *od* **get one's hair cut** sich (*dat*) die Haare schneiden lassen; **to cut the grass** den Rasen mähen; **to cut sb loose** j-n losschneiden **2** *Glas, Diamant* schleifen; *Stoff* zuschneiden; *Schlüssel* anfertigen **3** *Verbindungen* abbrechen **4** *Preise* herabsetzen; *Arbeitspost, Ausgaben, Gehalt, Film* kürzen; *Produktion* verringern **5** *Teile von Text, Film* streichen; **to cut and paste text** IT Text ausschneiden und einfügen **6** KART **to cut the cards/the pack** abheben **7** *Motor* abstellen **8** **to cut sb short** j-m das Wort abschneiden; **to cut sth short** etw vorzeitig abbrechen; **to cut a long story short** der langen Rede kurzer Sinn; **to cut sb dead** *Br* j-n wie Luft behandeln; **to cut a tooth** zahnen; **aren't you cutting it a bit fine?** *Br* ist das nicht ein bisschen knapp?; **to cut one's losses** eine Sache abschließen, ehe der Schaden (noch) größer wird **B** *v/i* **1** *Messer, Schere* schneiden; **to cut loose** *fig* sich losmachen; **to cut both ways** *fig* ein zweischneidiges Schwert sein; **to cut and run** abhauen *umg* **2** FILM überblenden (**to** zu); **cut!** Schnitt! **C** *s* **1** Schnitt *m*, Schnittwunde *f*; **to make a cut in sth** in etw (*akk*) einen Einschnitt machen; **his hair could do with a cut** seine Haare könnten mal wieder geschnitten werden; **it's a cut above the rest** es ist den anderen um einiges überlegen; **the cut and thrust of politics** das Spannungsfeld der Politik; **the cut and thrust of the debate** die Hitze der Debatte **2** *von Preis* Senkung *f*; *von Gehältern, Ausgaben, Text, Film etc* Kürzung *f*; *von Arbeitszeit* (Ver)kürzung *f*; *von Produktion* Einschränkung *f*; **a cut in taxes** eine Steuersenkung; **a 1% cut in interest rates** eine 1%ige Senkung des Zinssatzes; **he had to take a cut in salary** er musste eine Gehaltskürzung hinnehmen **3** *von Fleisch* Stück *n* **4** *umg* (An)teil *m*; **to take one's cut** sich (*dat*) seinen Teil *od* Anteil nehmen **5** *Br* ELEK **power/electricity cut** Stromausfall *m* **D** *adj* **1** geschnitten; *Rasen* gemäht; **to have a cut lip** eine Schnittwunde an der Lippe haben; **cut flowers** Schnittblumen *pl* **2** MED, REL **Mann** beschnitten

phrasal verbs mit cut:

cut across *v/i* (+*obj*) **1** *wörtl* hinübergehen/-fahren *etc* (*obj* über +*akk*); **if you cut across the fields** wenn Sie über die Felder gehen

2 *fig* **this problem cuts across all ages** dieses Problem betrifft alle Altersgruppen

cut back **A** *v/i* <trennb> **1** zurückgehen/-fahren; FILM zurückblenden **2** sich einschränken; **to cut back on expenses** *etc* die Ausgaben *etc* einschränken; **to cut back on smoking/sweets** weniger rauchen/Süßigkeiten essen **B** *v/t* <trennb> **1** Pflanzen zurückschneiden **2** *Produktion* zurückschrauben; *Ausgaben* einschränken

cut down **A** *v/t* <trennb> **1** *Baum* fällen **2** *Zahl, Ausgaben* einschränken; *Text* zusammenstreichen (**to** auf +*akk*); **to cut sb down to size** j-n auf seinen Platz verweisen **B** *v/i* sich einschränken; **to cut down on sth** etw einschränken; **to cut down on sweets** weniger Süßigkeiten essen

cut in *v/i* **1** sich einschalten (**on** in +*akk*); **to cut in on sb** j-n unterbrechen **2** AUTO sich direkt vor ein anderes/das andere Auto hineindrängen; **to cut in in front of sb** j-n schneiden

cut into *v/i* <+*obj*> **1** *Kuchen* anschneiden **2** *fig Ersparnisse* ein Loch reißen in (+*akk*); *Urlaub* verkürzen

cut off *v/t* <trennb> **1** abschneiden; **we're very cut off out here** wir leben hier draußen sehr abgeschieden; **to cut sb off in the middle of a sentence** j-n mitten im Satz unterbrechen **2** enterben **3** *Gas etc* abstellen; **we've been cut off** TEL wir sind unterbrochen worden

cut out **A** *v/t* <trennb> **1** ausschneiden; *Kleid* zuschneiden **2** (heraus-)streichen; *Rauchen* aufhören mit; **double glazing cuts out the noise** Doppelfenster verhindern, dass der Lärm hereindringt; **cut it out!** *umg* lass das (sein)!; *umg*; **and you can cut out the self-pity for a start!** und mit Selbstmitleid brauchst du gar nicht erst zu kommen! **3** *fig* **to be cut out for sth** zu etw geeignet sein; **he's not cut out to be a doctor** er ist nicht zum Arzt geeignet **4 to have one's work cut out** alle Hände voll zu tun haben

cut through *v/i* <trennb> **we cut through the housing estate** wir gingen/fuhren durch die Siedlung

cut up[1] *v/t* <trennb> **1** *Fleisch* aufschneiden; *Holz* spalten **2** AUTO **to cut sb up** j-n schneiden

cut-and-dried [ˌkʌtənˈdraɪd] *fig adj* festgelegt; **as far as he's concerned the whole issue is now ~** für ihn ist die ganze Angelegenheit erledigt

cut-and-paste [ˌkʌtənˈpeɪst] *US adj* **a ~ job** eine zusammengestückelte Arbeit *mst pej*

cutback [ˈkʌtbæk] *s* Kürzung *f*

cute [kjuːt] *adj* <*komp* **cuter**> **1** *umg* süß, niedlich **2** *bes US umg* (≈ *schlau*) prima *umg*; (≈ *raffiniert*) schlau, clever *umg*

cut glass *s* geschliffenes Glas

cut-glass [ˈkʌtglɑːs] *wörtl adj* aus geschliffenem Glas

cuticle [ˈkjuːtɪkl] *s* Nagelhaut *f*

cutlery [ˈkʌtlərɪ] *bes Br s* <kein *pl*> Besteck *n*

cutlet [ˈkʌtlɪt] *s* Schnitzel *m*; *mit Knochen* Kotelett *n*

cut loaf *s* aufgeschnittenes Brot

cutoff *s* **1** TECH Ausschaltmechanismus *m* **2** (*a.* **~ point**) Trennlinie *f*

cut-off date *s* Stichtag *m*

cutout **A** *s* **1** Ausschneidemodell *n* **2** ELEK Sperre *f* **B** *adj* **1** *Modell etc* zum Ausschneiden **2** ELEK Abschalt-

cut-price *adj* zu Schleuderpreisen; **~ offer** Billigangebot *n*

cut-rate *adj* zu verbilligtem Tarif

cutter [ˈkʌtəʳ] *s* **a pair of (wire) ~s** eine Drahtschere

cut-throat [ˈkʌtθrəʊt] *adj Wettbewerb* mörderisch

cutting [ˈkʌtɪŋ] **A** *s* **1** Schneiden *n*; *von Rasen* Mähen *n*; *von Kuchen* Anschneiden *n* **2** *von Glas, Edelstein* Schliff *m*; *von Schlüssel* Anfertigung *f* **3** *von Preisen* Herabsetzung *f*; *von Arbeitszeit* Verkürzung *f*; *von Ausgaben, Gehalt* Kürzung *f* **4** FILM Schnitt *m*; *teilweise* Streichung *f* **5** *Br* BAHN Durchstich *m* **6** *Br aus Zeitung* Ausschnitt *m* **7** *Gartenbau* Ableger *m*; **to take a ~** einen Ableger nehmen **B** *adj* **1** scharf; **to be at the ~ edge of sth** in etw (*dat*) führend sein **2** *fig Bemerkung* spitz

cutting board *US s* → chopping board

cutting edge *s* **1** Schneide *f*, Schnittkante *f* **2** <kein *pl*> *fig* neuester Stand (**of** *gen*)

cutting room *s* FILM Schneideraum *m*; **to end up on the ~ floor** *fig* im Papierkorb enden

cuttlefish [ˈkʌtlfɪʃ] *s* Sepie *f*

cut up[2] *umg adj* **he was very ~ about it** das hat ihn schwer getroffen

CV *abk* (= curriculum vitae) Lebenslauf *m*

cwt *abk* (= hundredweight) Zentner *m*

cyanide [ˈsaɪənaɪd] *s* Zyanid *n*

cyberbullying [ˈsaɪbə-] *s* Cybermobbing *n*

cybercafé [ˈsaɪbə-] *s* Internetcafé *n*

cyberchondria [saɪbəˈkɒndrɪə] *s* Cyberchondrie *f* (*Selbstdiagnose im Internet und dadurch Überängstlichkeit*)

cybercrime [ˈsaɪbəkraɪm] *s* Computerkriminalität *f*

cybernetics *s* <+*sg v*> Kybernetik *f*

cyberspace *s* Cyberspace *m*

cybersquatter [ˈsaɪbəˌskwɒtə *US* ˈsaɪbərˌskwɑːtər] *s* IT Cybersquatter(in) *m(f)* (*j-d, der bekannte Firmen- oder Eigennamen als Webadressen registriert, um sie dann an die betref-*

cybersquatting – dahlia

fende Firma oder Person zu verkaufen)
cybersquatting ['saɪbə‚skwɒtɪŋ] *US* 'saɪbər-‚skwɑ:tɪŋ] *s* IT Cybersquatting *n (das Registrieren von bekannten Firmen- oder Eigennamen als Webadresse, um diese dann an die betreffende Firma oder Person weiterzuverkaufen)*
cyberstalking ['saɪbə‚stɔ:kɪŋ] *s* Cybermobbing *n*, Cyberstalking *n*
cyberterrorism ['saɪbə‚terərɪzm] *s* Cyberterrorismus *m*
cycle ['saɪkl] **A** *s* **1** Zyklus *m*; *von Ereignissen* Gang *m* **2** (Fahr)rad *n* **B** *v/i* mit dem (Fahr)rad fahren; Rad fahren
cycle courier *s* Fahrradkurier(in) *m(f)*
cycle helmet *s* (Fahr)radhelm *m*
cycle lane *Br s* (Fahr)radweg *m*
cycle path *Br s* (Fahr)radweg *m*
cycler ['saɪklə^r] *US s* → cyclist
cycle race *s* Radrennen *n*
cycle rack *s* Fahrradständer *m*
cycle shed *s* Fahrradstand *m*
cycle track *s* (Fahr)radweg *m*; SPORT Radrennbahn *f*
cyclic(al) ['saɪklɪk(əl)] *adj* zyklisch; WIRTSCH konjunkturbedingt
cycling ['saɪklɪŋ] *s* Radfahren *n*; **I enjoy ~** ich fahre gern Rad
cycling holiday *s* Urlaub *m* mit dem Fahrrad
cycling shorts *pl* Radlerhose *f*
cycling tour *s* Radtour *f*
cyclist ['saɪklɪst] *s* (Fahr)radfahrer(in) *m(f)*
cyclone ['saɪkləʊn] *s* Zyklon *m*; **~ cellar** *US* tiefer Keller zum Schutz vor Zyklonen
cygnet ['sɪgnɪt] *s* Schwanjunge(s) *n*
cylinder ['sɪlɪndə^r] *s* MATH, AUTO Zylinder *m*; **a four-cylinder car** ein vierzylindriges Auto; **to be firing on all ~s** *fig* in Fahrt sein
cylinder capacity *s* AUTO Hubraum *m*
cylinder head *s* AUTO Zylinderkopf *m*
cylindrical [sɪ'lɪndrɪkəl] *adj* zylindrisch
cymbal ['sɪmbəl] *s* Beckenteller *m*; **~s** Becken *n*
cynic ['sɪnɪk] *s* Zyniker(in) *m(f)*
cynical *adj*, **cynically** ['sɪnɪkəl, -klɪ] *adv* zynisch; **he was very ~ about it** er äußerte sich sehr zynisch dazu
cynicism ['sɪnɪsɪzəm] *s* Zynismus *m*
cypher *s* → cipher
Cypriot ['sɪprɪət] **A** *adj* zypriotisch **B** *s* Zypriot(in) *m(f)*
Cyprus ['saɪprəs] *s* Zypern *n*
Cyrillic [sɪ'rɪlɪk] *adj* kyrillisch
cyst [sɪst] *s* Zyste *f*
cystic fibrosis [‚sɪstɪkfaɪ'brəʊsɪs] *s* zystische Fibrose
cystitis [sɪ'staɪtɪs] *s* Blasenentzündung *f*
czar [zɑ:^r] *s* Zar *m*

Czech [tʃek] **A** *adj* tschechisch **B** *s* **1** Tscheche *m*, Tschechin *f* **2** LING Tschechisch *n*
Czechoslovakia [‚tʃekəʊslə'vækɪə] *s* HIST die Tschechoslowakei
Czech Republic *s* Tschechien *n*, Tschechische Republik

D

D, d [di:] *s* D *n*, d *n*; SCHULE ausreichend; **D sharp** Dis *n*, dis *n*; **D flat** Des *n*, des *n*
d¹ *Br obs abk* (= pence) Pence
d² *abk* (= died) gest.
'd *abk* (= had, would) → have → would
DA *US abk* (= District Attorney) Bezirksstaatsanwalt *m*, Bezirksstaatsanwältin *f*
DAB *abk* (= Digital Audio Broadcasting) DAB *n*, Digitalradio *n*
dab¹ [dæb] **A** *s* Klecks *m*; *von Creme, Puder etc* Tupfer *m*; *von Flüssigkeit, Leim* Tropfen *m*; **a dab of ointment** *etc* ein bisschen Salbe *etc*; **to give sth a dab of paint** etw überstreichen **B** *v/t* mit Puder *etc* betupfen; mit Handtuch tupfen; **to dab one's eyes** sich *(dat)* die Augen tupfen; **she dabbed ointment on the wound** sie betupfte sich *(dat)* die Wunde mit Salbe
dab² *umg adj* **to be a dab hand at sth** *Br* gut in etw *(dat)* sein; **to be a dab hand at doing sth** *Br* sich darauf verstehen, etw zu tun

phrasal verbs with dab:
dab off *v/t* <-bb-> abtupfen
dab on *v/t* <-bb-> auftragen

dabble ['dæbl] *fig v/i* **to ~ in/at sth** sich (nebenbei) mit etw beschäftigen; **he ~s in stocks and shares** er versucht sich an der Börse
dacha ['dætʃə] *s* Datsche *f*
dachshund ['dækshʊnd] *s* Dackel *m*
dad [dæd], **daddy** ['dædɪ] *umg s* Papa *m umg*, Vati *m umg*
daddy-longlegs [‚dædɪ'lɒŋlegz] *s* <pl -> *Br* Schnake *f*; *US* Weberknecht *m*
daffodil ['dæfədɪl] *s* Narzisse *f*
daft [dɑ:ft] *adj* <-er> doof *umg*; **what a ~ thing to do** so was Doofes *umg*; **he's ~ about football** *umg* er ist verrückt nach Fußball *umg*
dagger ['dægə^r] *s* Dolch *m*; **to be at ~s drawn with sb** *fig* mit j-m auf (dem) Kriegsfuß stehen; **to look ~s at sb** *Br* j-n mit Blicken durchbohren
dahlia ['deɪlɪə] *s* Dahlie *f*

daily ['deɪlɪ] **A** *adj & adv* täglich; **~ newspaper** Tageszeitung *f*; **~ wage** Tageslohn *m*; **~ grind** täglicher Trott; **~ life** der Alltag, das Alltagsleben; **he is employed on a ~ basis** er ist tageweise angestellt **B** *s* Tageszeitung *f*

daily bread *fig s* **to earn one's ~** sich (*dat*) sein Brot verdienen

daintily ['deɪntɪlɪ] *adv* zierlich; *sich bewegen* anmutig

dainty ['deɪntɪ] *adj* ⟨*komp* daintier⟩ **1** zierlich; *Bewegung* anmutig **2** geziert

dairy ['dɛərɪ] *s* Molkerei *f*

dairy cattle *pl* Milchvieh *n*

dairy cow *s* Milchkuh *f*

dairy farm *s* auf Milchviehhaltung spezialisierter Bauernhof

dairy farming *s* Milchviehhaltung *f*

dairy foods *pl* Milchprodukte *pl*

dairy-free *adj* milchfrei, laktosefrei

dairy produce *s*, **dairy products** *pl* Milchprodukte *pl*

dais ['deɪɪs] *s* Podium *n*

daisy ['deɪzɪ] *s* Gänseblümchen *n*; **to be pushing up the daisies** *umg* sich (*dat*) die Radieschen von unten besehen *hum*

daisywheel ['deɪzɪwiːl] *s* TYPO, COMPUT Typenrad *m*

daisywheel printer *s* Typenraddrucker *m*

dale [deɪl] *nordenglisch liter s* Tal *n*

Dalmatian [dæl'meɪʃən] *s* (≈ *Hund*) Dalmatiner *m*

dam [dæm] **A** *s* Damm *m* **B** *v/t* (*a.* **dam up**) (auf)stauen; *Tal* eindämmen

damage ['dæmɪdʒ] **A** *s* **1** Schaden *m* (**to an** +*dat*); **to do a lot of ~** großen Schaden anrichten; **to do sb/sth a lot of ~** j-m/einer Sache (*dat*) großen Schaden zufügen; **it did no ~ to his reputation** das hat seinem Ruf nicht geschadet; **the ~ is done** *fig* es ist passiert **2** **~s** *pl* JUR Schadenersatz *m* **3** *umg* (≈ *Kosten*) **what's the ~?** was kostet der Spaß? *umg* **B** *v/t* schaden (+*dat*); *Maschine, Möbel, Baum* beschädigen; **to ~ one's eyesight** sich (*dat*) die Augen verderben; **to ~s one's chances** sich (*dat*) die Chancen verderben

damage assessment *s* Schadensfeststellung *f*

damaged ['dæmɪdʒd] *adj Ware* schadhaft, beschädigt

damage limitation *s* Schadensbegrenzung *f*

damaging ['dæmɪdʒɪŋ] *adj* schädlich; *Bemerkungen* abträglich; **to be ~ to sb/sth** schädlich für j-n/etw sein

dame [deɪm] *s* **1** **Dame** *Br* Titel der weiblichen Träger des „Order of the British Empire" **2** THEAT (komische) Alte

dammit ['dæmɪt] *umg int* verdammt *umg*; **it weighs 2 kilos as near as ~** es wiegt so gut wie 2 Kilo

damn [dæm] **A** *int umg* verdammt *umg* **B** *s umg* **he doesn't give a ~** er schert sich einen Dreck (darum) *umg*; **I don't give a ~** das ist mir piepegal *umg* **C** *adj* ⟨*attr*⟩ *umg* verdammt; **it's a ~ nuisance** das ist ein verdammter Mist *umg*; **a ~ sight better** verdammt viel besser *umg*; **I can't see a ~ thing** verdammt (noch mal), ich kann überhaupt nichts sehen *umg* **D** *adv umg* verdammt; **I should ~ well think so** das will ich doch stark annehmen; **pretty ~ good/ quick** verdammt gut/schnell *umg*; **you're ~ right** du hast völlig recht **E** *v/t* **1** REL verdammen **2** verurteilen; *Buch etc* verreißen **3** *umg* **~ him/you!** verdammt! *umg*; **~ it!** verdammt (noch mal)! *umg*; **well, I'll be ~ed!** Donnerwetter! *umg*; **I'll be ~ed if I'll go there** ich denk nicht (im Schlaf) dran, da hinzugehen *umg*; **I'll be ~ed if I know** weiß der Teufel *umg*

damnation [dæm'neɪʃən] **A** *s* KIRCHE Verdammung *f*, Verdammnis *f* **B** *int obs umg* verdammt *umg*

damned [dæmd] **A** *adj* **1** verdammt **2** *umg* → damn C **B** *adv* → damn D **C** *s* KIRCHE *liter* **the ~** *pl* die Verdammten *pl*

damnedest ['dæmdɪst] *s* **to do** *od* **try one's ~** *umg* verdammt noch mal sein Möglichstes tun *umg*

damning ['dæmɪŋ] *adj* vernichtend; *Beweise* belastend

damp [dæmp] **A** *adj* ⟨*-er*⟩ feucht **B** *s* Feuchtigkeit *f* **C** *v/t* **1** anfeuchten **2** *Geräusche, Begeisterung* dämpfen; (*a.* **~ down**) *Feuer* ersticken

dampen ['dæmpən] *v/t* → damp C

damper ['dæmpəʳ] *s* **to put a ~ on sth** einer Sache (*dat*) einen Dämpfer aufsetzen

dampness *s* Feuchtigkeit *f*

damp-proof ['dæmppruːf] *adj* **~ course** Dämmschicht *f*

damson ['dæmzən] *s* Damaszenerpflaume *f*

dance [dɑːns] **A** *s* Tanz *m*; **~ class** Tanzstunde *f*; **may I have the next ~?** darf ich um den nächsten Tanz bitten?; **to go to a ~** tanzen gehen **B** *v/t* tanzen **C** *v/i* **1** tanzen; **would you like to ~?** möchten Sie tanzen? **2** (≈ *sich bewegen*) **to ~ about** (herum)tänzeln; **to ~ up and down** auf- und abhüpfen; **to ~ for joy** einen Freudentanz aufführen

dance band *s* Tanzkapelle *f*

dance floor *s* Tanzfläche *f*

dance hall *s* Tanzhalle *f*

dancehall *s* MUS Dancehall *m*

dance music *s* Tanzmusik *f*

dancer ['dɑːnsəʳ] *s* Tänzer(in) *m(f)*

dance theatre *s*, **dance theater** *US s* Tanz-

theater n
dancing ['dɑːnsɪŋ] **A** s Tanzen n **B** adj ⟨attr⟩ Tanz-; **~ lessons** pl Tanzstunden pl
dancing girl s Tänzerin f
dandelion ['dændɪlaɪən] s Löwenzahn m
dandruff ['dændrəf] s Schuppen pl
Dane [deɪn] s Däne m, Dänin f
danger ['deɪndʒə^r] **A** s **1** Gefahr f; **the ~s of smoking** die mit dem Rauchen verbundenen Gefahren; **to put sb/sth in ~** j-n/etw gefährden; **to be in ~ of doing sth** Gefahr laufen, etw zu tun; **the species is in ~ of extinction** die Art ist vom Aussterben bedroht; **out of ~** außer Gefahr; **there is a ~ of fire** es besteht Feuergefahr; **there is a ~ of his getting lost** es besteht die Gefahr, dass er sich verirrt; **to be a ~ to sb/sth** für j-n/etw eine Gefahr bedeuten; **he's a ~ to himself** er bringt sich selbst in Gefahr **2** "danger" "Achtung, Lebensgefahr!"; Verkehr "Gefahrenstelle"; **"danger, keep out"** "Zutritt verboten, Lebensgefahr!"
danger money s Gefahrenzulage f
dangerous ['deɪndʒrəs] adj gefährlich; Fahrweise rücksichtslos; **the Bronx can be a ~ place** die Bronx kann gefährlich sein; **this is a ~ game we're playing** wir spielen hier gefährlich
dangerously ['deɪndʒrəslɪ] adv gefährlich; niedrig, hoch bedenklich; fahren rücksichtslos; **the deadline is getting ~ close** der Termin rückt bedenklich nahe; **she was ~ ill** sie war todkrank; **let's live ~ for once** lass uns einmal etwas riskieren
danger signal s Warnsignal n
dangle ['dæŋgl] **A** v/t baumeln lassen **B** v/i baumeln
Danish ['deɪnɪʃ] **A** adj dänisch **B** s **1** (≈ Sprache) Dänisch n **2** → Danish pastry
Danish blue (cheese) s Blauschimmelkäse m
Danish pastry s Plundergebäck n
dank [dæŋk] adj (unangenehm) feucht
Danube ['dænjuːb] s Donau f
dappled ['dæpld] adj **1** gefleckt **2** Pferd scheckig
dare [dεə^r] **A** v/i es wagen, sich trauen; **he wouldn't ~!** er wird sich schwer hüten; **you ~!** untersteh dich!; **how ~ you!** was fällt dir ein! **B** v/t **1 to ~ (to) do sth** (es) wagen, etw zu tun, sich trauen, etw zu tun; **he wouldn't ~ say anything bad about his boss** er wird sich hüten, etwas Schlechtes über seinen Chef zu sagen; **how ~ you say such things?** wie kannst du es wagen, so etwas zu sagen? **2** (≈ herausfordern) **go on, I ~ you!** trau dich doch, du Feigling!; **are you daring me?** wetten, dass? umg; **(I) ~ you to jump off spring doch, du Feigling! C** s Mutprobe f; **to do sth for a ~** etw als Mutprobe tun
daredevil ['dεə‚devl] **A** s Draufgänger(in) m(f) **B** adj waghalsig
daring A adj **1** mutig; Versuch kühn; Flucht waghalsig **2** (≈ dreist) wagemutig; Buch gewagt **B** s Wagemut m
daringly ['dεərɪŋlɪ] adv mutig, kühn geh
dark [dɑːk] **A** adj ⟨+er⟩ **1** dunkel; **it's getting ~** es wird dunkel; **a ~ blue** ein dunkles Blau **2** dunkelhaarig **3** (≈ übel) finster **4** Gedanken düster **B** s **1 the ~** die Dunkelheit; **they aren't afraid of the ~** sie haben keine Angst vor der Dunkelheit; **after/before ~** nach/vor Einbruch der Dunkelheit; **we'll be back after ~** wir kommen wieder, wenn es dunkel ist **2** fig **to be in the ~ (about sth)** keine Ahnung (von etw) haben; **to keep sb in the ~ (about sth)** j-n (über etw akk) im Dunkeln lassen
dark age s **the Dark Ages** das frühe Mittelalter; **to be living in the ~s** pej im finstersten Mittelalter leben
dark chocolate s Zartbitterschokolade f
darken ['dɑːkən] **A** v/t wörtl dunkel machen **B** v/i wörtl dunkel werden; Himmel sich verdunkeln; vor Sturm sich verfinstern
dark-eyed adj dunkeläugig
dark glasses pl Sonnenbrille f; von Blinden dunkle Brille
dark horse fig s stilles Wasser
darkness wörtl s Dunkelheit f; **in total ~** in völliger Dunkelheit; **the house was in ~** das Haus lag im Dunkeln
darkroom s FOTO Dunkelkammer f
dark-skinned adj dunkelhäutig
darling ['dɑːlɪŋ] s **1** Schatz m, Schätzchen n; **he is the ~ of the crowds** er ist der Publikumsliebling; **be a ~ and …** sei ein Schatz und … **2** als Anrede Liebling m
darn^1 [dɑːn] v/t Handarbeiten stopfen
darn^2 [dɑːn] (a. **darned**) umg **A** adj verdammt umg; **a ~ sight better** ein ganzes Ende besser umg **B** adv verdammt umg; **we'll do as we ~ well please** wir machen genau das, was wir wollen; **~ near impossible** so gut wie unmöglich **C** v/t **~ it!** verflixt noch mal! umg
darned [dɑːnd] umg adj & adv → darn^2
dart [dɑːt] **A** s **1** Bewegung Satz m **2** SPORT (Wurf)pfeil m **B** v/i flitzen; Fisch schnellen; **to ~ out** hinausflitzen; Fisch, Zunge herausschnellen; **to ~ in** hereinstürzen; **he ~ed behind a bush** er hechtete hinter einen Busch **C** v/t Blick werfen; **to ~ a glance at sb** j-m einen Blick zuwerfen
dart board s Dartscheibe f
darts [dɑːts] s ⟨+sg v⟩ Darts n

dash [dæʃ] **A** s **1** Jagd f; **he made a ~ for the door** er stürzte auf die Tür zu; **she made a ~ for it** sie rannte, so schnell sie konnte; **to make a ~ for freedom** versuchen, in die Freiheit zu entkommen; **it was a mad ~ to the hospital** wir/sie etc eilten Hals über Kopf zum Krankenhaus **2 a ~ of** etwas; **a ~ of colour** Br, **a ~ of color** US ein Farbtupfer m **3** TYPO Gedankenstrich m **B** v/t **1** schleudern; **to ~ sth to pieces** etw in tausend Stücke zerschlagen **2** j-s Hoffnungen zunichtemachen **3** umg → darn² **C** **C** v/i **1** sausen umg; **to ~ into a room** in ein Zimmer stürmen; **to ~ away/back/up** fort-/zurück-/hinaufstürzen **2** schlagen; Wellen peitschen

phrasal verbs mit dash:

dash off A v/i losstürzen; **sorry to have to dash off like this** es tut mir leid, dass ich so forthetzen muss **B** v/t ⟨trennb⟩ Brief, Aufsatz hinwerfen

dashboard ['dæʃbɔːd] s Armaturenbrett n

dashing ['dæʃɪŋ] obs adj **1** schneidig, flott, fesch bes österr **2** temperamentvoll, dynamisch; **a ~ young officer** ein zackiger junger Offizier

DAT abk (= digital audio tape) DAT n

data ['deɪtə] pl Daten pl; **personal ~** persönliche Angaben

data analysis s Datenanalyse f
data bank s Datenbank f
database s Datenbank f; **~ manager** Datenbankmanager(in) m(f)
data capture s Datenerfassung f
data carrier s Datenträger m
data file s Datei f
data format s Dateiformat n
data processing s Datenverarbeitung f
data projector s Beamer m
data protection s Datenschutz m
data retrieval s Datenabruf m
data traffic s Datenverkehr m
data transfer s Datentransfer m
data transmission s Datenübertragung f
dataveillance ['deɪtəveɪləns] s Datenüberwachung f, Überwachung f von Kunden- und Personendaten

date¹ [deɪt] s Dattel f

date² [deɪt] **A** s **1** Datum n; historisch Jahreszahl f; geschäftlich etc Termin m; **~ of birth** Geburtsdatum n; **what's the ~ today?** welches Datum haben wir heute?; **to ~** bis heute **2** Verabredung f; mit Freund, Freundin Rendezvous n; **who's his ~?** mit wem trifft er sich?; **his ~ didn't show up** diejenige, mit der er ausgehen wollte, hat ihn versetzt umg; **to go on a ~ with sb** mit j-m ausgehen; **to make a ~ with sb** sich mit j-m verabreden; **I've got a lunch ~ today** ich habe mich heute zum Mittagessen verabredet **B** v/t **1** mit dem Datum versehen; Brief datieren; **a letter ~d the seventh of August** ein vom siebten August datierter Brief **2** (≈ Alter ermitteln) Kunstwerk etc datieren **3** Freund, Freundin ausgehen mit; regelmäßig gehen mit umg **C** v/i **1** **to ~ back to** zurückdatieren auf (+akk); **to ~ from** zurückgehen auf (+akk); Antiquität etc stammen aus **2** Paar miteinander gehen

datebook s US Terminkalender m
dated ['deɪtɪd] adj altmodisch
date rape s Vergewaltigung nach einem Rendezvous
date-rape drug s Vergewaltigungsdroge f
date stamp s Datumsstempel m; für eingehende Post Eingangsstempel m
dating agency ['deɪtɪŋ-] s Partnervermittlung f
dating site s INTERNET Partnerbörse f
dative ['deɪtɪv] **A** s Dativ m; **in the ~** im Dativ **B** adj **~ object** Dativobjekt n; **the ~ case** der Dativ
daub [dɔːb] v/t Wände beschmieren; Farbe schmieren; Fett, Schlamm streichen
daughter ['dɔːtə*r*] s Tochter f
daughter-in-law ['dɔːtərɪnlɔː] s ⟨pl daughters-in-law⟩ Schwiegertochter f
daunt [dɔːnt] v/t **to be ~ed by sth** sich von etw entmutigen lassen
daunting ['dɔːntɪŋ] adj entmutigend
dawdle ['dɔːdl] v/i trödeln
dawdler ['dɔːdlə*r*] s Trödler(in) m(f), Tandler(in) m(f) österr
dawn [dɔːn] **A** s (Morgen)dämmerung f, Tagesanbruch m; **at ~** bei Tagesanbruch; **it's almost ~** es ist fast Morgen; **from ~ to dusk** von morgens bis abends **B** v/i **1** day was already ~ing es dämmerte schon **2** fig neues Zeitalter etc anbrechen **3** umg **to ~ (up)on sb** j-m zum Bewusstsein kommen; **it ~ed on him that ...** es wurde ihm langsam klar, dass ...
dawn chorus s Morgenkonzert n der Vögel
dawn raid s durch Polizei Razzia f (in den frühen Morgenstunden)
day [deɪ] s **1** Tag m; **any day (now)** jeden Tag; **what day is it today?** welcher Tag ist heute?; **twice a day** zweimal täglich; **the day before yesterday** vorgestern; **the day after/before, the following/previous day** am Tag danach/zuvor; **the day after tomorrow** übermorgen; **that day** an jenem Tag; **from that day on (-wards)** von dem Tag an; **two years ago to the day** auf den Tag genau vor zwei Jahren; **one day** eines Tages; **one of these days** irgendwann (einmal); **every day** jeden Tag;

day in, day out tagein, tagaus; **they went to London for the day** sie machten einen Tagesausflug nach London; **for days** tagelang; **day after day** Tag für Tag; **day by day** jeden Tag; **the other day** neulich; **at the end of the day** *fig* letzten Endes; **to live from day to day** von einem Tag auf den andern leben; **today of all days** ausgerechnet heute; **some day soon** demnächst; **I remember it to this day** daran erinnere ich mich noch heute; **all day (long)** den ganzen Tag; **to travel during the day** *od* **by day** tagsüber reisen; **at that time of day** zu der Tageszeit; **to be paid by the day** tageweise bezahlt werden; **let's call it a day** machen wir Schluss; **to have a nice day** einen schönen Tag verbringen; **to have a lazy day** einen Tag faulenzen; **have a nice day!** viel Spaß!; *bes US* schönen Tag noch!; **did you have a nice day?** wars schön?; **did you have a good day at the office?** wie wars im Büro?; **what a day!** *schrecklich* so ein fürchterlicher Tag!; **that'll be the day** das möcht ich sehen; **days** *pl* **of the week** Wochentage *pl* **2** **these days** heutzutage; **what are you doing these days?** was machst du denn so?; **in this day and age** heutzutage; **in days to come** künftig; **in his younger days** als er noch jünger war; **the happiest days of my life** die glücklichste Zeit meines Lebens; **those were the days** das waren noch Zeiten; **in the old days** früher; **in the good old days** in der guten alten Zeit; **it's early days yet** es ist noch zu früh; **this material has seen better days** dieser Stoff hat (auch) schon bessere Tage gesehen; **famous in her day** in ihrer Zeit berühmt **3** ⟨*kein pl*⟩ (≈ *Kampf, Wettbewerb*) **to win** *od* **carry the day** den Sieg bringen; **to save the day** den Kampf retten

daybreak *s* Tagesanbruch *m*; **at ~** bei Tagesanbruch

daycare *s* **to be in ~** in einer Tagesstätte untergebracht sein

day(care) centre *s*, **day(care) center** *US s* Tagesstätte *f*, Altentagesstätte *f*

daycation [deɪˈkeɪʃən] *s US* Tagesausflug *m*, Tagestrip *m*; **to take a few ~s** ein paar Tage freinehmen

daydream A *s* Tagtraum *m* **B** *v/i* (mit offenen Augen) träumen

daydreamer *s* Träumer(in) *m(f)*

day labourer *s*, **day laborer** *US s* Tagelöhner(in) *m(f)*

daylight [ˈdeɪlaɪt] *s* Tageslicht *n*; **in broad ~** am helllichten Tage; **to scare the living ~s out of sb** *umg* j-m einen fürchterlichen Schreck einjagen *umg*

daylight robbery *Br umg s* Halsabschneiderei *f umg*

daylight saving time *bes US s* Sommerzeit *f*

day nursery *s* Kindertagesstätte *f*

day-old *adj* Streik, Waffenstillstand seit einem Tag andauernd; Essen, Zeitung vom Vortag

day out *s* Ausflug *m*, Tagesausflug *m*

day pupil *s* SCHULE Externe(r) *m/f(m)*

day release *Br s* tageweise Freistellung von Angestellten zur Weiterbildung

day return (ticket) *s Br* BAHN Tagesrückfahrkarte *f*

day ticket *s Br* BAHN Tagesrückfahrkarte *f*

daytime [ˈdeɪtaɪm] **A** *s* Tag *m*; **in the ~** tagsüber **B** *adj* ⟨*attr*⟩ am Tage; **what's your ~ phone number?** unter welcher Nummer sind Sie tagsüber erreichbar?; **~ television** Vor- und Nachmittagsprogramm *n*

day-to-day *adj* täglich, alltäglich; **on a ~ basis** tageweise

day trader *s* BÖRSE Day-Trader(in) *m(f)*

day trading *s* BÖRSE Day-Trading *n*, Tagesspekulation *f*

day travel card *s* Tagesfahrkarte *f*

day trip *s* Tagesausflug *m*

day-tripper *s* Tagesausflügler(in) *m(f)*

daze [deɪz] *s* Benommenheit *f*; **in a ~** ganz benommen

dazed *adj* benommen

dazzle [ˈdæzl] *v/t* blenden

dazzle-free *adj Br* blendfrei

dazzling [ˈdæzlɪŋ] *wörtl, fig adj* blendend

DC[1] *abk* (= direct current) Gleichstrom *m*

DC[2] *abk* (= District of Columbia) Bundesdistrikt von Washington

D/D *abk* (= direct debit) Einzugsauftrag *m*

D-day [ˈdiːdeɪ] *s* HIST, *a. fig* der Tag X

deactivate [diːˈæktɪˌveɪt] *v/t* entschärfen

dead [ded] **A** *adj* **1** tot; **he has been ~ for two years** er ist seit zwei Jahren tot; **to shoot sb ~** j-n erschießen; **over my ~ body** *umg* nur über meine Leiche *umg*; **I wouldn't be seen ~ in that dress** *umg* das Kleid würde ich ums Verrecken nicht tragen *umg* **2** *Glieder* abgestorben; **my hand's gone ~** ich habe kein Gefühl in meiner Hand; **to be ~ to the world** tief und fest schlafen **4** TEL leer **4** *Batterie* leer **4** TEL tot; **to go ~** ausfallen **5** völlig; **~ silence** Totenstille *f*; **to come to a ~ stop** völlig zum Stillstand kommen **6** *umg* (≈ *erschöpft*) völlig kaputt *umg*; **she looked half ~** sie sah völlig kaputt aus *umg*; **I'm ~ on my feet** ich bin zum Umfallen kaputt *umg* **B** *adv* **1** genau; **~ straight** schnurgerade; **to be ~ on time** auf die Minute pünktlich kommen **2** *Br umg* (≈ *sehr*) total *umg*; **~ tired** totmüde; **you're ~ right** Sie haben völlig recht; **he was ~ lucky** er hat irrsinnig Glück gehabt; **~ slow** ganz langsam; **to be ~ certain about sth** umg bei etw todsicher sein; **he's ~ against it** er ist total dagegen ◼︎ **to stop ~** abrupt stehen bleiben ◼︎ s ◼︎ **the ~** pl die Toten pl; **to rise from the ~** von den Toten auferstehen ◼︎ **in the** od **at ~ of night** mitten in der Nacht

dead centre s, **dead center** US s genaue Mitte; **to hit sth ~** etw genau in die Mitte treffen

deaden ['dedn] v/t Schmerz mildern; Geräusch dämpfen; Gefühle abstumpfen

dead end s Sackgasse f; **to come to a ~** wörtl Straße in einer Sackgasse enden; Fahrer an eine Sackgasse kommen; fig in eine Sackgasse geraten

dead-end adj ⟨attr⟩ **~ street** bes US Sackgasse f; **a ~ job** ein Job m ohne Aufstiegsmöglichkeiten

dead heat s totes Rennen

deadline s (letzter) Termin; **to fix** od **set a ~** eine Frist setzen; **to work to a ~** auf einen Termin hinarbeiten

deadlock s **to reach (a) ~ in** eine Sackgasse geraten; **to end in ~** sich festfahren

deadlocked ['dedlɒkt] adj Verhandlungen etc festgefahren

dead loss s Totalverlust m; **to be a ~** zu nichts nutze sein

deadly ['dedlɪ] ◼︎ adj ⟨komp deadlier⟩ tödlich; **their ~ enemy** ihr Todfeind m ◼︎ adv **~ dull** todlangweilig umg; **he was ~ serious** er meinte es todernst; **~ poisonous** tödlich

deadpan adj Gesicht unbewegt; Stil, Humor trocken; **with a ~ expression** mit unbeweglicher Miene

Dead Sea s Totes Meer

dead weight s ◼︎ schwere Last ◼︎ (≈ Behinderung) Belastung f ◼︎ TECH Eigengewicht n

deaf [def] ◼︎ adj ⟨+er⟩ taub; **as ~ as a (door)post** stocktaub ◼︎ s **the ~** pl die Tauben pl

deaf aid s Hörgerät n

deaf-and-dumb [ˌdefən'dʌm] neg! adj taubstumm neg!

deafen wörtl v/t taub machen

deafening ['defnɪŋ] adj Lärm ohrenbetäubend; **a ~ silence** Totenstille f

deaf-mute ['def'mju:t] neg! s Taubstumme(r) m/f(m) neg!

deafness s Taubheit f (**to** gegenüber)

deal[1] [di:l] ◼︎ s Menge f; **a good** od **great ~ of** eine Menge; **not a great ~ of** nicht (besonders) viel; **and that's saying a great ~** und damit ist schon viel gesagt; **to mean a great ~ to sb** j-m viel bedeuten ◼︎ adv **a good** od **great ~** viel

deal[2] ⟨v: prät, pperf dealt⟩ ◼︎ v/t ◼︎ (a. **~ out**) Karten geben ◼︎ Drogen dealen umg ◼︎ v/i KART geben ◼︎ mit Drogen dealen umg ◼︎ s ◼︎ (a. **business ~**) Geschäft n, Handel m; Abmachung f; **to do** od **make a ~ with sb** mit j-m ein Geschäft machen; mit j-m eine Abmachung treffen; **it's a ~** abgemacht! ◼︎ umg **to give sb a fair ~** j-n anständig behandeln; **a better ~ for the workers** bessere Bedingungen für die Arbeiter; **the boss offered them a new ~** der Chef hat ihnen ein neues Angebot gemacht

phrasal verbs mit deal:

deal in v/i ⟨+obj⟩ HANDEL handeln mit

deal out v/t ⟨trennb⟩ verteilen (**to** an +akk); Karten (aus)geben (**to** +dat); **to deal out punishment** Strafen verhängen

deal with v/i ⟨+obj⟩ ◼︎ (≈ geschäftlich) verhandeln mit ◼︎ sich kümmern um; Gefühle umgehen mit; HANDEL Aufträge erledigen; **let's deal with the adjectives first** behandeln wir zuerst die Adjektive ◼︎ Buch etc handeln von; Autor sich befassen mit

dealer ['di:lə[r]] s ◼︎ HANDEL Händler(in) m(f), Großhändler(in) m(f) ◼︎ mit Drogen Dealer(in) m(f) umg ◼︎ KART Kartengeber m

dealing ['di:lɪŋ] s ◼︎ Handel m; mit Drogen Dealen n ◼︎ **~s** pl HANDEL Geschäfte pl; allg Umgang m; **to have ~s with sb** mit j-m zu tun haben

dealt [delt] prät & pperf → deal[2]

dean [di:n] s KIRCHE, UNIV Dekan(in) m(f)

dear [dɪə[r]] ◼︎ adj ⟨+er⟩ ◼︎ lieb; **she is a ~ friend of mine** sie ist eine sehr gute Freundin von mir; **that is my ~est wish** das ist mein sehnlichster Wunsch; **these memories are very ~ to him** diese Erinnerungen sind ihm teuer ◼︎ (≈ reizend) süß ◼︎ in Brief **Dear John** Lieber John!; **Dear Sir** Sehr geehrter Herr X!; **Dear Madam** Sehr geehrte Frau X!; **Dear Sir or Madam** Sehr geehrte Damen und Herren!; **Dear Mr Kemp** Sehr geehrter Herr Kemp!, Lieber Herr Kemp! ◼︎ teuer ◼︎ int **oh ~!** oje!, du meine Güte! ◼︎ s hello/thank you **~** hallo/vielen Dank; **Robert ~** (mein lieber) Robert; **yes, ~** zwischen Mann und Frau ja, Liebling ◼︎ adv teuer; **this will cost them ~** das wird sie teuer zu stehen kommen

dearly ['dɪəlɪ] adv ◼︎ lieben von ganzem Herzen; **I would ~ love to marry** ich würde liebend gern heiraten ◼︎ fig **he paid ~ (for it)** er hat es teuer bezahlt

death [deθ] s Tod m; Todesfall m; **~ by drowning** Tod durch Ertrinken; **to be burned to ~** verbrennen; **auf dem Scheiterhaufen** verbrannt werden; **to starve to ~** verhungern; **to bleed to ~** verbluten; **to freeze to ~** erfrieren; **to fall to one's ~** zu Tode stürzen; **a fight to the ~**

ein Kampf auf Leben und Tod; **to put sb to ~** j-n hinrichten; **to drink oneself to ~** sich zu Tode trinken; **to be at ~'s door** an der Schwelle des Todes stehen; **it will be the ~ of you** *umg* das wird dein Tod sein; **he will be the ~ of me** *umg* er bringt mich noch ins Grab; **to catch one's ~ (of cold)** *umg* sich (*dat*) den Tod holen; **I am sick to ~ of all this** *umg* ich bin das alles gründlich satt; **he looked like ~ warmed up** *Br umg,* **he looked like ~ warmed over** *US umg* er sah wie der Tod auf Urlaub aus *umg*

deathbed *s* Sterbebett *n*; **to be on one's ~** auf dem Sterbebett liegen
deathblow *s* Todesstoß *m*
death camp *s* Vernichtungslager *n*
death certificate *s* Totenschein *m*
death duties *Br pl* Erbschaftssteuern *pl*
deathly ['deθlɪ] **A** *adj* **~ hush** *od* **silence** Totenstille *f* **B** *adv* **~ pale** totenblass; **~ quiet** totenstill
death penalty *s* Todesstrafe *f*
death rate *s* Sterberate *f*
death row *s* Todestrakt *m*
death sentence *s* Todesurteil *n*
death threat *s* Morddrohung *f*
death toll *s* Zahl *f* der (Todes)opfer
deathtrap *s* Todesfalle *f*
death warrant *s* **to sign one's own ~** *fig* sein eigenes Todesurteil unterschreiben
death watch cell *s* Todeszelle *f*
débâcle [de'bɑːkl] *s* Debakel *n* (**over** bei)
debase [dɪ'beɪs] *v/t* **1** j-n entwürdigen **2** Fähigkeiten herabsetzen
debatable [dɪ'beɪtəbl] *adj* fraglich
debate [dɪ'beɪt] **A** *v/t & v/i* debattieren, diskutieren (**with** mit,, **about** über +*akk*); **he was debating whether or not to go** er überlegte hin und her, ob er gehen sollte **B** *s* Debatte *f*, Diskussion *f*
debauchery [dɪ'bɔːtʃərɪ] *s* Ausschweifung *f*; **a life of ~** ein ausschweifendes Leben
debilitate [dɪ'bɪlɪteɪt] *v/t* schwächen
debilitating [dɪ'bɪlɪteɪtɪŋ] *adj* schwächend; *Geldmangel etc* lähmend
debit ['debɪt] **A** *s* Debet *n*; *bei Bank* Sollsaldo *n*; **~ account** Debetkonto *n* **B** *v/t* **to ~ sb/sb's account (with a sum)** j-n/j-s Konto (mit einer Summe) belasten
debit card *s* Debitkarte *f (Zahlungskarte, bei deren Nutzung das Konto sofort belastet wird)*
debrief [ˌdiː'briːf] *v/t* befragen; **to be ~ed** Bericht erstatten
debris ['debriː] *s* Trümmer *pl*; GEOL Geröll *n*
debt [det] *s* Schuld *f*; (≈ *Geld*) Schulden *pl*; **to be in ~** verschuldet sein (**to** gegenüber); **to be £5 in ~** £ 5 Schulden haben (**to** bei); **he is in my ~** *finanziell* er hat Schulden bei mir; *wegen Hilfeleistung etc* er steht in meiner Schuld; **to run** *od* **get into ~** sich verschulden, Schulden machen; **to get out of ~** aus den Schulden herauskommen; **to repay a ~** eine Schuld begleichen
debt mountain *s* Schuldenberg *m*
debtor ['detər] *s* Schuldner(in) *m(f)*
debt relief *s* Schuldenerleichterung *m*
debug [ˌdiː'bʌg] *v/t* IT entwanzen; **~ging program** Fehlerkorrekturprogramm *n*
debugger [ˌdiː'bʌgər] *s* IT Debugger *m*
début ['deɪbjuː] *s* Debüt *n*; **to make one's ~** THEAT debütieren; **~ album** Debütalbum *n*
débutant ['debjʊtɑːnt] *s,* **debutant** *US s* Debütant *m*
débutante ['debjʊtɑːnt] *s,* **debutante** *US s* Debütantin *f*
Dec *abk* (= December) Dez.
decade ['dekeɪd] *s* Jahrzehnt *n*
decadence ['dekədəns] *s* Dekadenz *f*
decadent *adj* dekadent
decaf(f) ['diːkæf] *umg s abk* (= decaffeinated) Koffeinfreie(r) *m*
decaffeinated [ˌdiː'kæfɪneɪtɪd] *adj* koffeinfrei
decal ['diːkæl] *US s* Abziehbild *n*
decamp [dɪ'kæmp] *v/i umg* verschwinden
decanter [dɪ'kæntər] *s* Karaffe *f*
decapitate [dɪ'kæpɪteɪt] *v/t* enthaupten *geh*
decathlete [dɪ'kæθliːt] *s* Zehnkämpfer *m*
decathlon [dɪ'kæθlən] *s* Zehnkampf *m*
decay [dɪ'keɪ] **A** *v/i* verfallen; *Fleisch, Gemüse* verwesen; *Zahn* faulen **B** *s* Verfall *m*; *von Fleisch, Gemüse* Verwesung *f*; **tooth ~** Zahnfäule *f*; **to fall into ~** verfallen
decayed [dɪ'keɪd] *adj* *Zahn* faul; *Körper, Gemüse* verwest
deceased [dɪ'siːst] **A** *adj* JUR *form* verstorben **B** *s* **the ~** der/die Tote *od* Verstorbene; *pl* die Verstorbenen *pl*
deceit [dɪ'siːt] *s* Täuschung *f*
deceitful *adj* betrügerisch
deceitfully [dɪ'siːtfəlɪ] *adv* betrügerischerweise; *sich verhalten* betrügerisch
deceitfulness *s* Falschheit *f*
deceive [dɪ'siːv] *v/t* täuschen; *Ehepartner* betrügen; **to ~ oneself** sich (*dat*) selbst etwas vormachen
decelerate [diː'seləreɪt] *v/i Auto, Zug* langsamer werden; *Fahrer* die Geschwindigkeit herabsetzen
December [dɪ'sembər] *s* Dezember *m*; → September
decency ['diːsənsɪ] *s* Anstand *m*; **it's only common ~ to …** es gehört sich einfach, zu …; **he**

could have had the ~ to tell me er hätte es mir anständigerweise auch sagen können

decent ['diːsənt] *adj* **1** anständig; **are you ~?** *umg* bist du schon salonfähig? *umg*; **to do the ~ thing** das einzig Anständige tun **2** passabel, annehmbar

decently ['diːsəntlɪ] *adv* anständig

decentralization ['diː,sentrəlaɪ'zeɪʃən] *s* Dezentralisierung *f*

decentralize [diː'sentrəlaɪz] *v/t & v/i* dezentralisieren

decentralized *adj* dezentral

deception [dɪ'sepʃən] *s* Täuschung *f*; *von Ehepartner* Betrug *m*

deceptive [dɪ'septɪv] *adj* irreführend; **to be ~** täuschen; **appearances can be ~** der Schein trügt

deceptively [dɪ'septɪvlɪ] *adv einfach* täuschend; *stark* überraschend; *mild* trügerisch; **to look ~ like sb/sth** j-m/einer Sache täuschend ähnlich sehen

decide [dɪ'saɪd] **A** *v/t* (sich) entscheiden, beschließen; **what did you ~?** wie habt ihr euch entschieden?, was habt ihr beschlossen?; **did you ~ anything?** habt ihr irgendwelche Entscheidungen getroffen?; **I have ~d we are making a mistake** ich bin zu der Ansicht gekommen, dass wir einen Fehler machen; **I'll ~ what we do!** ich bestimme, was wir tun! **B** *v/i* (sich) entscheiden; **to ~ for/against sth** (sich) für/gegen etw entscheiden

<u>phrasal verbs mit decide:</u>

decide on *v/i ⟨+obj⟩* sich entscheiden für

decided [dɪ'saɪdɪd] *adj Verbesserung* entschieden; *Vorteil* deutlich

decidedly [dɪ'saɪdɪdlɪ] *adv* entschieden; **he's ~ uncomfortable about it** es ist ihm gar nicht wohl dabei; **~ dangerous** ausgesprochen gefährlich

decider [dɪ'saɪdə^r] *Br s* Entscheidungsspiel *n*; (≈ *Tor*) Entscheidungstreffer *m*

deciding [dɪ'saɪdɪŋ] *adj* entscheidend

deciduous [dɪ'sɪdjʊəs] *adj* **~ tree/forest** Laubbaum *m*/-wald *m*

decimal ['desɪməl] **A** *adj* Dezimal- **B** *s* Dezimalzahl *f*

decimal point *s* Komma *n*

decimate ['desɪmeɪt] *v/t* dezimieren

decipher [dɪ'saɪfə^r] *v/t* entziffern

decision [dɪ'sɪʒən] *s* Entscheidung *f* (**on** über +*akk*), Entschluss *m*; *bes von Gremium etc* Beschluss *m*; **to make a ~** eine Entscheidung treffen; **it's your ~** das musst du entscheiden; **to come to a ~** zu einer Entscheidung kommen; **I've come to the ~ that it's a waste of time** ich bin zu dem Schluss gekommen, dass es Zeitverschwendung ist; **~s, ~s!** immer diese Entscheidungen!

decision-maker *s* Entscheidungsträger(in) *m(f)*

decision-making *adj ⟨attr⟩* **~ skills** Entschlusskraft *f*; **the ~ process** der Entscheidungsprozess

decision-making body *s* Entscheidungsinstanz *f*

decision-making process *s* Entscheidungsverfahren *n*

decisive [dɪ'saɪsɪv] *adj* **1** entscheidend **2** *Vorgehensweise* entschlossen; *Mensch* entschlussfreudig

decisively [dɪ'saɪsɪvlɪ] *adv ändern* entscheidend; *besiegen* deutlich

decisiveness *s* Entschlossenheit *f*

deck [dek] *s* **1** *von Bus, Schiff* Deck *n*; **on ~** auf Deck; **to go up on ~** an Deck gehen; **top** *od* **upper ~** Oberdeck *n* **2 a ~ of cards** ein Kartenspiel *n* **3** (≈ *Holzboden*) Holzterrasse *f*; *nicht ebenerdig* Veranda *f*

deck chair *s* Liegestuhl *m*

-decker [-'dekə^r] *s ⟨suf⟩* -decker *m*

decking ['dekɪŋ] *s* (≈ *Holzboden*) Holzterrasse *f*

declaration [,deklə'reɪʃən] *s* Erklärung *f*; *beim Zoll* Deklaration *f form*; **~ of love** Liebeserklärung *f*; **~ of bankruptcy** Konkursanmeldung *f*; **to make a ~** eine Erklärung abgeben; **~ of war** Kriegserklärung *f*

declare [dɪ'kleə^r] *v/t Absicht* erklären; *Ergebnis* bekannt geben; *Waren* angeben; **have you anything to ~?** haben Sie etwas zu verzollen?; **to ~ one's support** seine Unterstützung zum Ausdruck bringen; **to ~ war (on sb)** (j-m) den Krieg erklären; **to ~ a state of emergency** den Notstand ausrufen; **to ~ independence** sich für unabhängig erklären; **to ~ sb bankrupt** j-n für bankrott erklären; **to ~ sb the winner** j-n zum Sieger erklären

declared *adj* erklärt

declension [dɪ'klenʃən] *s* GRAM Deklination *f*

decline [dɪ'klaɪn] **A** *s* Rückgang *m*; *von Reich* Niedergang *m*; **to be on the** *od* **in ~, to go** *od* **fall into ~** *Geschäfte* zurückgehen; *Reich* verfallen **B** *v/t* **1** *Einladung* ablehnen **2** GRAM deklinieren **C** *v/i* **1** *Geschäfte* zurückgehen; *Preise u. Wert* geringer werden; *Beliebtheit, Einfluss* abnehmen **2** GRAM dekliniert werden

decode [,diː'kəʊd] *v/t* decodieren, entschlüsseln

decoder [,diː'kəʊdə^r] *s* Decoder *m*

décolletage [deɪ'kɒltɑː3] *s* Dekolleté *n*

decompose [,diːkəm'pəʊz] *v/i* sich zersetzen

decomposition [,diːkɒmpə'zɪʃən] *s* Zersetzung *f*

decompression [,diːkəm'preʃən] *s* Dekom-

pression f, Druckverminderung f
decongestant [ˌdiːkənˈdʒestənt] s abschwellendes Mittel
decontaminate [ˌdiːkənˈtæmɪneɪt] v/t entgiften; *radioaktiven Bereich* entseuchen
decontamination [ˌdiːkəntæmɪˈneɪʃn] s Entgiftung f; *eines radioaktiven Bereichs* Entseuchung f
décor [ˈdeɪkɔːʳ] s Ausstattung f
decorate [ˈdekəreɪt] v/t **1** *Kuchen* verzieren; *Straße, Weihnachtsbaum* schmücken; *Zimmer* tapezieren, (an)streichen; *für besonderen Anlass* dekorieren **2** *Soldat* auszeichnen
decorated *adj* geschmückt
decorating [ˈdekəreɪtɪŋ] s Tapezieren n, Streichen n
decoration [ˌdekəˈreɪʃn] s Verzierung f, Schmuck m *kein pl*; **Christmas ~s** Weihnachtsschmuck m; **interior ~** Innenausstattung f
decorative [ˈdekərətɪv] *adj* dekorativ
decorator [ˈdekəreɪtəʳ] *bes Br* s Maler(in) m(f), Tapezierer(in) m(f)
decorum [dɪˈkɔːrəm] s Anstand m
decoy [ˈdiːkɔɪ] s Köder m; *Mensch* Lockvogel m; **police ~** Lockvogel m der Polizei; **~ manoeuvre** *Br*, **~ maneuver** *US* Falle f
decrease **A** [diːˈkriːs] v/i abnehmen; *Kräfte* nachlassen **B** [diːˈkriːs] v/t reduzieren, vermindern **C** [ˈdiːkriːs] s Abnahme f, Verminderung f; *von Produktion etc* Rückgang m; *von Kräften* Nachlassen n
decreasingly [diːˈkriːsɪŋlɪ] *adv* immer weniger
decree [dɪˈkriː] **A** s Anordnung f; POL *von König etc* Erlass m; JUR Verfügung f; *von Gericht* Entscheid m **B** v/t verordnen; **he ~d an annual holiday on 1st April** er erklärte den 1. April zum Feiertag
decree absolute s *Br* JUR endgültiges Scheidungsurteil
decree nisi [dɪˌkriːˈnaɪsaɪ] s *Br* JUR vorläufiges Scheidungsurteil
decrepit [dɪˈkrepɪt] *adj* altersschwach; *Haus* baufällig
dedicate [ˈdedɪkeɪt] v/t widmen (**to sb** j-m); **to ~ oneself** *od* **one's life to sb/sth** sich *od* sein Leben j-m/einer Sache widmen
dedicated *adj* **1** *Haltung* hingebungsvoll; *Dienste, Fans* treu; *beruflich* engagiert; **a ~ nurse** eine Krankenschwester, die mit Leib und Seele bei der Sache ist; **she's ~ to her students** sie engagiert sich sehr für ihre Studenten **2 ~ word processor** dediziertes Textverarbeitungssystem
dedication [ˌdedɪˈkeɪʃn] s **1** Hingabe f (**to an** +akk) **2** *in Buch* Widmung f
deduce [dɪˈdjuːs] v/t schließen (**from** aus)
deduct [dɪˈdʌkt] v/t abziehen (**from** von); **to ~ sth from the price** etw vom Preis ablassen; **after ~ing 5%** nach Abzug von 5%
deductible [dɪˈdʌktəbl] *adj* abziehbar; *steuerlich* absetzbar
deduction [dɪˈdʌkʃn] s **1** Abzug m; *von Preis* Nachlass m (**from** für, auf +akk) **2 by a process of ~** durch Folgern
deed [diːd] s **1** Tat f; **good ~** gute Tat; **evil ~** Übeltat f **2** JUR Übertragungsurkunde f; **~ of covenant** Vertragsurkunde f
deem [diːm] v/t **to ~ sb/sth (to be) sth** j-n/etw für etw erachten *geh*, j-n/etw für etw halten; **it was ~ed necessary** man hielt es für nötig
deep [diːp] **A** *adj* ⟨+er⟩ tief, breit; (≈ *profund*) tiefsinnig; *Sorge* groß; *Farbe* dunkel; **the pond/snow was 4 feet ~** der Teich war/der Schnee lag 4 Fuß tief; **two feet ~ in snow** mit zwei Fuß Schnee bedeckt; **two feet ~ in water** zwei Fuß tief unter Wasser; **the ~ end** *von Schwimmbad* das Tiefe; **to go off (at) the ~ end** *fig umg* auf die Palme gehen *umg*; **to be thrown in at the ~ end** *fig* gleich zu Anfang richtig ranmüssen *umg*; **the spectators stood ten ~** die Zuschauer standen zu zehnt hintereinander; **~est sympathy** aufrichtiges Beileid; **~ down, she knew he was right** im Innersten wusste sie, dass er recht hatte; **~ in conversation** ins Gespräch vertieft; **to be in ~ trouble** in großen Schwierigkeiten sein **B** *adv* ⟨+er⟩ tief; **~ into the night** bis tief in die Nacht hinein
deepen [ˈdiːpən] **A** v/t vertiefen; *Rätsel* vergrößern; *Krise* verschärfen **B** v/i tiefer werden; *Kummer* zunehmen; *Rätsel* größer werden; *Streit* sich vertiefen; *Krise* sich verschärfen
deepening [ˈdiːpənɪŋ] *adj Sorge* zunehmend; *Krise* sich verschärfend; *Rätsel* sich vertiefend
deep-fat fryer s Fritteuse f
deepfreeze s Tiefkühltruhe f, Gefrierschrank m
deep-fried *adj* frittiert
deep-fry v/t frittieren
deep fryer s Fritteuse f
deeply [ˈdiːplɪ] *adv* tief; *besorgt, unglücklich, misstrauisch* äußerst; *schockiert, dankbar* zutiefst; *lieben* sehr; **~ committed** stark engagiert; **they are ~ embarrassed by it** es ist ihnen äußerst peinlich; **to fall ~ in love** sich tief verlieben
deep-pan pizza s Pfannenpizza f
deep-rooted *adj* ⟨komp deeper-rooted⟩ *fig* tief verwurzelt
deep-sea *adj* Tiefsee-
deep-seated *adj* ⟨komp deeper-seated⟩ tief sitzend
deep-set *adj* ⟨komp deeper-set⟩ tief liegend
deep space s der äußere Weltraum
deep vein thrombosis s MED tiefe Venenthrombose

deer [dɪəʳ] s ⟨pl -⟩ Reh n, Hirsch m; kollektiv Rotwild n

de-escalate [ˌdiːˈeskəleɪt] v/t deeskalieren

deface [dɪˈfeɪs] v/t verunstalten

defamatory [dɪˈfæmətərɪ] adj diffamierend

default[1] [dɪˈfɔːlt] **A** s **to win by ~** kampflos gewinnen **B** v/i in Bezug auf Pflichten etc säumig sein; **to ~ on one's payments** seinen Zahlungsverpflichtungen nicht nachkommen

default[2] [ˈdiːfɔːlt] **A** s IT Default m, Voreinstellung f **B** adj ⟨attr⟩ IT voreingestellt; **~ drive** Standardlaufwerk n

defeat [dɪˈfiːt] **A** s Niederlage f; von Gesetzesvorlage Ablehnung f; **their ~ of the enemy** ihr Sieg über den Feind; **to admit ~** sich geschlagen geben; **to suffer a ~** eine Niederlage erleiden **B** v/t Armee, Mannschaft besiegen, schlagen; Gesetzesvorlage ablehnen; **that would be ~ing the purpose of the exercise** dann verliert die Übung ihren Sinn

defect[1] [ˈdiːfekt] s Fehler m, Defekt m

defect[2] [dɪˈfekt] v/i POL sich absetzen; **to ~ to the enemy** zum Feind überlaufen

defection [dɪˈfekʃən] s POL Überlaufen n

defective [dɪˈfektɪv] adj fehlerhaft; Maschine: allg defekt

defence [dɪˈfens] s, **defense** US s **1** ⟨kein pl⟩ Verteidigung f kein pl; **in his ~** zu seiner Verteidigung; **to come to sb's ~** j-n verteidigen; **his only ~ was ...** seine einzige Rechtfertigung war ... **2** Abwehrmaßnahme f; MIL Befestigung f; **as a ~ against** als Schutz gegen; **his ~s were down** er war wehrlos

defence counsel s, **defense counsel** US s Verteidiger(in) m(f)

defenceless adj, **defenseless** US adj schutzlos, wehrlos

defence mechanism s, **defense mechanism** US s PHYSIOL, PSYCH Abwehrmechanismus m

defence minister s, **defense minister** US s Verteidigungsminister(in) m(f)

defend [dɪˈfend] v/t verteidigen (**against** gegen)

defendant s Angeklagte(r) m/f(m), Beklagte(r) m/f(m)

defender [dɪˈfendəʳ] s Verteidiger(in) m(f)

defending adj **the ~ champions** die Titelverteidiger pl

defense etc US → defence

defensive [dɪˈfensɪv] **A** adj defensiv **B** s **to be on the ~** MIL, a. fig in der Defensive sein

defensively [dɪˈfensɪvlɪ] adv a. SPORT defensiv

defer [dɪˈfɜːʳ] v/t verschieben; **to ~ doing sth** es verschieben, etw zu tun

deference [ˈdefərəns] s Achtung f; **out of** od **in ~ to** aus Achtung (dat) vor

deferential [ˌdefəˈrenʃəl] adj respektvoll

deferred payment s Zahlungsaufschub m; US Ratenzahlung f

defiance [dɪˈfaɪəns] s Trotz m (**of sb** j-m gegenüber); von Befehl, Gesetz Missachtung f (**of** +gen); **an act of ~** eine Trotzhandlung; **in ~ of sb/sth** j-m/etw zum Trotz

defiant adj trotzig, aufsässig, herausfordernd

defiantly adv trotzig; sich weigern standhaft

deficiency [dɪˈfɪʃənsɪ] s Mangel m; FIN Defizit n; von Character, System Schwäche f; **iron ~** Eisenmangel m

deficient adj unzulänglich; **sb/sth is ~ in sth** j-m/einer Sache fehlt es an etw (dat)

deficit [ˈdefɪsɪt] s Defizit n

definable [dɪˈfaɪnəbl] adj definierbar; Grenzen, Pflichten bestimmbar

define [dɪˈfaɪn] v/t definieren; Pflichten etc festlegen

defining relative clause s GRAM notwendiger Relativsatz

definite [ˈdefɪnɪt] adj **1** definitiv; Antwort, Entscheidung klar; Abkommen, Termin, Plan fest; **is that ~?** ist das sicher?; **for ~** mit Bestimmtheit **2** Zeichen deutlich; Vorteil, Verbesserung eindeutig; Möglichkeit echt **3** Auftreten bestimmt; **she was very ~ about it** sie war sich (dat) sehr sicher

definite article s GRAM bestimmter Artikel

definitely [ˈdefɪnɪtlɪ] adv **1** entscheiden, bestimmen endgültig; **it's not ~ arranged/agreed yet** es steht noch nicht fest **2** (≈ klar) eindeutig, bestimmt, auf jeden Fall; **~ not** auf keinen Fall; **he ~ wanted to come** er wollte bestimmt kommen

definition [ˌdefɪˈnɪʃən] s **1** Definition f, Erklärung f; **by ~** definitionsgemäß **2** von Aufgaben, Grenzen Festlegung f **3** FOTO, TV Bildschärfe f

definitive [dɪˈfɪnɪtɪv] adj Sieg, Antwort entscheiden; Buch maßgeblich (**on** für)

deflate [ˌdiːˈfleɪt] v/t die Luft ablassen aus; **he felt a bit ~d when ...** es war ein ziemlicher Dämpfer für ihn, dass ...

deflation [ˌdiːˈfleɪʃən] s FIN Deflation f

deflect [dɪˈflekt] v/t ablenken; Ball abfälschen; PHYS Licht beugen

deflection [dɪˈflekʃən] s Ablenkung f; von Ball Abfälschung f; PHYS von Licht Beugung f

defogger [ˌdiːˈfɒgəʳ] US s Gebläse n

deforestation [diːˌfɒrɪˈsteɪʃən] s Entwaldung f

deformed [dɪˈfɔːmd] adj deformiert; TECH verformt

deformity [dɪˈfɔːmɪtɪ] s Deformität f

defraud [dɪˈfrɔːd] v/t **to ~ sb of sth** j-n um etw betrügen

defrost [ˌdiːˈfrɒst] **A** v/t Kühlschrank abtauen; Le-

bensmittel auftauen **B** *v/i Kühlschrank* abtauen; *Lebensmittel* auftauen

deft *adj* ⟨+er⟩, **deftly** ['deft, -lɪ] *adv* geschickt

defunct [dɪ'fʌŋkt] *fig adj Institution etc* eingegangen; *Gesetz* außer Kraft

defuse [ˌdiː'fjuːz] *v/t* entschärfen

defy [dɪ'faɪ] *v/t* **1** *j-m* sich widersetzen (+*dat*); *Befehlen, Gesetz, Gefahr* trotzen (+*dat*) **2** *fig* widerstehen (+*dat*); **to ~ description** jeder Beschreibung spotten; **that defies belief!** das ist ja unglaublich!; **to ~ gravity** den Gesetzen der Schwerkraft widersprechen

degenerate [dɪ'dʒenəreɪt] *v/i* degenerieren; *Menschen, Moral* entarten; **the demonstration ~d into violence** die Demonstration artete in Gewalttätigkeiten aus

degeneration [dɪˌdʒenə'reɪʃən] *s* Degeneration *f*

degradable [dɪ'greɪdəbl] *adj Müll etc* abbaubar

degradation [ˌdegrə'deɪʃən] *s* Erniedrigung *f*; GEOL Erosion *f*; CHEM Abbau *m*

degrade [dɪ'greɪd] **A** *v/t* erniedrigen; CHEM abbauen; **to ~ oneself** sich erniedrigen **B** *v/i* CHEM sich abbauen

degrading [dɪ'greɪdɪŋ] *adj* erniedrigend

degree [dɪ'griː] *s* **1** Grad *m kein pl*; **an angle of 90 ~s** ein Winkel *m* von 90 Grad; **first ~ murder** Mord *m*; **second ~ murder** Totschlag *m* **2** *von Risiko etc* Maß *n*; **some** *od* **a certain ~ of** gewisses Maß an (+*dat*); **to some ~, to a (certain) ~** in gewissem Maße; **to such a ~ that ...** in solchem Maße, dass ... **3** UNIV akademischer Grad; **to get one's ~** seinen akademischen Grad erhalten; **to do a ~** studieren; **when did you do your ~?** wann haben Sie das Examen gemacht?; **I'm doing a ~ in languages** ich studiere Sprachwissenschaften; **I've got a ~ in Business Studies** ich habe einen Hochschulabschluss in Wirtschaftslehre

degree course *s Universitätskurs, der mit dem ersten akademischen Grad abschließt*

dehumanize [ˌdiː'hjuːmənaɪz] *v/t* entmenschlichen

dehydrated [ˌdiː'haɪdreɪtɪd] *adj* dehydriert; *Lebensmittel* getrocknet; *Mensch, Haut* ausgetrocknet

dehydration [ˌdiːhaɪ'dreɪʃən] *s* Austrocknung *f*

de-ice [diː'aɪs] *v/t* enteisen

de-icer [ˌdiː'aɪsəʳ] *s* Enteiser *m*; *für Auto* Defroster *m*

deign [deɪn] *v/t* **to ~ to do sth** sich herablassen, etw zu tun

deity ['diːɪtɪ] *s* Gottheit *f*

déjà vu ['deɪʒɑː'vuː] *s* Déjà-vu-Erlebnis *n*; **a feeling** *od* **sense of ~** das Gefühl, das schon einmal gesehen zu haben

dejected *adj*, **dejectedly** [dɪ'dʒektɪd, -lɪ] *adv* entmutigt

dejection [dɪ'dʒekʃən] *s* Niedergeschlagenheit *f*

delay [dɪ'leɪ] **A** *v/t* **1** verschieben, aufschieben; **to ~ doing sth** es verschieben, etw zu tun; **he ~ed paying until ...** er wartete so lange mit dem Zahlen, bis ...; **rain ~ed play** der Beginn des Spiels verzögerte sich wegen Regens **2** *j-n, Verkehr* aufhalten; **the bus was ~ed** der Bus hatte Verspätung **B** *v/i* warten; **to ~ in doing sth** es verschieben, etw zu tun; **he ~ed in paying the bill** er schob die Zahlung der Rechnung hinaus **C** *s in Verkehrsfluss* Stockung *f*; *von Zug, Flug* Verspätung *f*; (≈ *Zeitverzug*) Verzögerung *f*; **roadworks are causing ~s of up to 1 hour** Straßenbauarbeiten verursachen Staus bis zu 1 Stunde; **"delays possible (until ...)"** „Staugefahr! (bis ...)"; **there are ~s to all flights** alle Flüge haben Verspätung; **without ~** unverzüglich; **without further ~** ohne weitere Verzögerung

delaying [dɪ'leɪɪŋ] *adj* verzögernd; **~ tactics** Verzögerungstaktik *f*

delegate ['delɪgeɪt] **A** *v/t* delegieren; *Befugnisse* übertragen (**to sb** j-m); **to ~ sb to do sth** j-n damit beauftragen, etw zu tun **B** *v/i* delegieren **C** ['delɪgət] *s* Delegierte(r) *m/f(m)*

delegation [ˌdelɪ'geɪʃən] *s* Delegation *f*

delete [dɪ'liːt] *v/t* streichen; IT löschen, entfernen; **"delete where applicable"** „Nichtzutreffendes (bitte) streichen"

delete key *s* COMPUT Löschtaste *f*, Entfernungstaste *f*

deletion [dɪ'liːʃən] *s* Streichung *f*; IT Löschung *f*; **to make a ~** etwas streichen

deli ['delɪ] *umg s* → **delicatessen**

deliberate A [dɪ'lɪbərɪt] *adj* **1** absichtlich; *Versuch, Beleidigung, Lüge* bewusst **2** besonnen; *Bewegung* bedächtig **B** [dɪ'lɪbəreɪt] *v/i* nachdenken (**on, upon** über +*akk*); *mit anderen* sich beraten (**on, upon** über +*akk od* wegen) **C** [dɪ'lɪbəreɪt] *v/t* bedenken; (≈ *diskutieren*) beraten

deliberately [dɪ'lɪbərɪtlɪ] *adv* **1** absichtlich; **the blaze was started ~** der Brand wurde vorsätzlich gelegt **2** überlegt; *sich bewegen* bedächtig

deliberation [dɪˌlɪbə'reɪʃən] *s* **1** Überlegung *f* (**on** zu) **2** **~s** *pl* (≈ *Diskussionen*) Beratungen *pl* (**of, on** über +*akk*)

delicacy ['delɪkəsɪ] *s* **1** → **delicateness 2** (≈ *Speise*) Delikatesse *f*

delicate ['delɪkɪt] **A** *adj* **1** fein; *Gesundheit* zart; *Mensch, Porzellan* zerbrechlich; *Magen* empfindlich; **she's feeling a bit ~ after the party** nach der Party fühlt sie sich etwas angeschlagen **2** *Unternehmen, Thema, Situation* heikel; *Problem* de-

likat **B** *pl* ~s Feinwäsche *f*
delicately ['delɪkɪtlɪ] *adv* **1** *sich bewegen* zart **2** *parfümiert* fein; ~ **flavoured** *Br*, **delicately flavored** *US* mit einem delikaten Geschmack **3** taktvoll
delicateness *s* **1** Zartheit *f* **2** Feinheit *f* **3** *von Unternehmen, Thema, Situation* heikle Natur
delicatessen [,delɪkə'tesn] *s* Feinkostgeschäft *n*
delicious [dɪ'lɪʃəs] *adj* **1** *Speise etc* köstlich, lecker **2** (=*wunderbar*) herrlich
deliciously [dɪ'lɪʃəslɪ] *adv* **1** *zart* köstlich **2** *warm, duftend* herrlich
delight [dɪ'laɪt] **A** *s* Freude *f*; **to my ~** zu meiner Freude; **he takes great ~ in doing that** es bereitet ihm große Freude, das zu tun; **he's a ~ to watch** es ist eine Freude, ihm zuzusehen **B** *v/i* sich erfreuen (**in** an +*dat*)
delighted [dɪ'laɪtɪd] *adj* erfreut (**with** über +*akk*); **to be ~** sich sehr freuen (**at** über +*akk od* **that** dass); **absolutely ~** hocherfreut; **~ to meet you!** sehr angenehm!; **I'd be ~ to help you** ich würde Ihnen sehr gern helfen
delightful [dɪ'laɪtfʊl] *adj* reizend; *Wetter, Party* wunderbar
delightfully [dɪ'laɪtfəlɪ] *adv* wunderbar
delinquency [dɪ'lɪŋkwənsɪ] *s* Kriminalität *f*
delinquent [dɪ'lɪŋkwənt] **A** *adj* straffällig **B** *s* Straftäter(in) *m(f)*
delirious [dɪ'lɪrɪəs] *adj* MED im Delirium; *fig* im Taumel; **to be ~ with joy** im Freudentaumel sein
deliriously [dɪ'lɪrɪəslɪ] *adv* **~ happy** euphorisch; MED im Delirium
delirium [dɪ'lɪrɪəm] *s* MED Delirium *n*; *fig* Taumel *m*
deliver [dɪ'lɪvəʳ] **A** *v/t* **1** *Waren* liefern, ausliefern; *Nachricht* überbringen; *regelmäßig* zustellen; **to ~ sth to sb** j-m etw liefern/überbringen/zustellen; **he ~ed the goods to the door** er lieferte die Waren ins Haus; **~ed free of charge** frei Haus (geliefert); **to ~ the goods** *fig umg* es bringen *sl* **2** *Rede* halten; *Ultimatum* stellen; *Urteil* verkünden; **to ~ a speech** eine Rede halten **3** MED *Kind* zur Welt bringen **B** *v/i* liefern
delivery[1] [dɪ'lɪvərɪ] *s* **1** *von Waren* (Aus)lieferung *f*; *von Post* Zustellung *f*; **please allow 28 days for ~** die Lieferzeit kann bis zu 28 Tage betragen **2** MED Entbindung *f* **3** *von Sprecher* Vortragsweise *f*
delivery[2] [dɪ'lɪvərɪ] *s* **1** *von Waren* (Aus)lieferung *f*; *von Post* Zustellung *f*; **please allow 28 days for ~** die Lieferzeit kann bis zu 28 Tage betragen **2** MED Entbindung *f* **3** *von Sprecher* Vortragsweise *f*
delivery boy *s* Bote *m*

delivery charge *s* Lieferkosten *pl*; *für Post* Zustellgebühr *f*
delivery costs *pl* Versandkosten *pl*
delivery date *s* Liefertermin *m*
delivery man *s* ⟨*pl* - **men**⟩ Lieferant *m*
delivery note *s* Lieferschein *m*
delivery room *s* Kreißsaal *m*
delivery service *s* Zustelldienst *m*, Lieferservice *m*
delivery van *s* Lieferwagen *m*
delta ['deltə] *s* Delta *n*
delude [dɪ'lu:d] *v/t* täuschen; **to ~ oneself** sich (*dat*) etwas vormachen; **stop deluding yourself that …** hör auf, dir vorzumachen, dass …
deluded *adj* voller Illusionen
deluge ['delju:dʒ] *wörtl s* Überschwemmung *f*; *von Regen* Guss *m*; *fig* Flut *f*
delusion [dɪ'lu:ʒən] *s* Illusion *f*; PSYCH Wahnvorstellung *f*; **to be under a ~** in einem Wahn leben; **to have ~s of grandeur** den Größenwahn haben
de luxe [dɪ'lʌks] *adj* Luxus-; **~ model** Luxusmodell *n*; **~ version** De-Luxe-Ausführung *f*
delve [delv] *v/i* *in Buch* sich vertiefen (**into** in +*akk*); **to ~ in(to) one's pocket** tief in die Tasche greifen; **to ~ into the past** die Vergangenheit erforschen
demand [dɪ'mɑ:nd] **A** *v/t* verlangen, fordern; *Aufgabe* erfordern; *Zeit* beanspruchen; **he ~ed money** er wollte Geld haben; **he ~ed to know what had happened** er verlangte zu wissen, was passiert war; **he ~ed to see my passport** er wollte meinen Pass sehen **B** *s* **1** Forderung *f*, Verlangen *n* (**for** nach); **by popular ~** auf allgemeinen Wunsch; **to be available on ~** auf Wunsch erhältlich sein; **to make ~s on sb** Forderungen an j-n stellen **2** ⟨*kein pl*⟩ HANDEL Nachfrage *f*, Bedarf *m*; **there's no ~ for it** es besteht keine Nachfrage danach; **to be in (great) ~** sehr gefragt sein
demanding [dɪ'mɑ:ndɪŋ] *adj* Kind, Job anstrengend; *Lehrer, Vorgesetzter* anspruchsvoll
demarcate ['di:mɑ:keɪt] *v/t* abgrenzen, demarkieren
demean [dɪ'mi:n] **A** *v/r* sich erniedrigen; **I will not ~ myself by doing that** ich werde mich nicht dazu hergeben, das zu tun **B** *v/t* erniedrigen
demeaning [dɪ'mi:nɪŋ] *adj* erniedrigend
demeanour [dɪ'mi:nəʳ] *s*, **demeanor** *US s* Benehmen *n*, Haltung *f*
demented [dɪ'mentɪd] *adj* verrückt, wahnsinnig
dementia [dɪ'menʃɪə] *s* Demenz *f*
demerara (sugar) [,demə'rɛərə('ʃʊgəʳ)] *s* brauner Rohrzucker

demerge [ˌdiːˈmɜːdʒ] v/t Unternehmen entflechten

demerger s Entflechtung f; Ausgliederung f; Spaltung f

demi [ˈdemɪ] präf Halb-, halb-

demigod [ˈdemɪgɒd] s Halbgott m, Halbgöttin f

demilitarization [ˈdiːˌmɪlɪtəraɪˈzeɪʃən] s Entmilitarisierung f

demilitarize [ˌdiːˈmɪlɪtəraɪz] v/t entmilitarisieren; **~d zone** entmilitarisierte Zone

demise [dɪˈmaɪz] s Tod m; fig Ende n

demisemiquaver [ˌdemɪˈsemɪkweɪvəʳ] s Br MUS Zweiunddreißigstel(note) f

demister [ˌdiːˈmɪstəʳ] Br s Gebläse n

demo [ˈdeməʊ] (= demonstration) **A** s abk ⟨pl -s⟩ Demo(nstration) f **B** adj abk ⟨attr⟩ **~ tape** Demoband n

demobilize [diːˈməʊbɪlaɪz] v/t demobilisieren

democracy [dɪˈmɒkrəsɪ] s Demokratie f

democrat [ˈdeməkræt] s Demokrat(in) m(f); **Democrat** US POL Demokrat(in) m(f) (Mitglied bzw. Anhänger der demokratischen Partei)

democratic [ˌdeməˈkrætɪk] adj **1** demokratisch; **the Social Democratic Party** die Sozialdemokratische Partei; **the Christian Democratic Party** die Christlich-Demokratische Partei **2 Democratic** US POL der Demokratischen Partei; **the Democratic Party** die Demokratische Partei

democratically [ˌdeməˈkrætɪkəlɪ] adv demokratisch

demographic [deməˈgræfɪk] adj demografisch

demolish [dɪˈmɒlɪʃ] v/t Haus abbrechen; fig Gegner vernichten; hum Kuchen etc vertilgen

demolition [ˌdeməˈlɪʃən] s Abbruch m

demolition squad s Abbruchkolonne f

demon [ˈdiːmən] s Dämon m; umg (≈ Kind) Teufel m

demonic [dɪˈmɒnɪk] adj dämonisch

demonize [ˈdiːmənaɪz] v/t dämonisieren

demonstrate [ˈdemənstreɪt] **A** v/t beweisen, demonstrieren; Gerät etc vorführen **B** v/i demonstrieren

demonstration [ˌdemənˈstreɪʃən] s Beweis m, Demonstration f; POL Demonstration f; von Gerät etc Vorführung f; **he gave us a ~** er zeigte es uns

demonstration model s Vorführmodell m

demonstrative [dɪˈmɒnstrətɪv] adj **1** demonstrativ **2 to be ~** seine Gefühle (offen) zeigen

demonstrator [ˈdemənstreɪtəʳ] s **1** HANDEL Vorführer(in) m(f) (von technischen Geräten) **2** POL Demonstrant(in) m(f)

demoralize [dɪˈmɒrəlaɪz] v/t entmutigen; Truppen etc demoralisieren

demoralizing adj entmutigend; für Truppen etc demoralisierend

demote [dɪˈməʊt] v/t MIL degradieren (**to** zu); in Job zurückstufen

demotion [dɪˈməʊʃən] s MIL Degradierung f; in Job Zurückstufung f; SPORT Abstieg m

demotivate [ˌdiːˈməʊtɪveɪt] v/t demotivieren

den [den] s **1** von Löwe etc Höhle f; von Fuchs Bau m **2** (≈ Zimmer) Bude f umg

denationalize [ˌdiːˈnæʃnəlaɪz] v/t entstaatlichen

denial [dɪˈnaɪəl] s **1** Leugnen n **2** Ablehnung f; von Rechten Verweigerung f **3 to be in ~** PSYCH sich der Realität verschließen

denim [ˈdenɪm] **A** s **1** Jeansstoff m **2 ~s** pl Jeans pl **B** adj ⟨attr⟩ Jeans-

Denmark [ˈdenmɑːk] s Dänemark n

denomination [dɪˌnɒmɪˈneɪʃən] s **1** KIRCHE Konfession f **2** Bezeichnung f **3** von Geld Nennbetrag m

denote [dɪˈnəʊt] v/t bedeuten; Symbol, Wort bezeichnen

denounce [dɪˈnaʊns] v/t **1** anprangern, denunzieren (**sb to sb** j-n bei j-m) **2** Alkoholkonsum etc verurteilen

dense [dens] adj ⟨komp denser⟩ **1** dicht; Menge dicht gedrängt **2** umg begriffsstutzig umg

densely [ˈdenslɪ] adv bevölkert, bewaldet dicht

density [ˈdensɪtɪ] s Dichte f; **population ~** Bevölkerungsdichte f

dent [dent] **A** s in Metal Beule f; in Holz Kerbe f; **that made a ~ in his savings** umg das hat ein Loch in seine Ersparnisse gerissen umg **B** v/t Auto verbeulen; Holz eine Delle machen in (+akk); umg Stolz anknacksen umg

dental [ˈdentl] adj Zahn-; Behandlung zahnärztlich

dental floss s Zahnseide f

dental flosser s, **dental floss pick** s Zahnseidestick m

dental hygiene s Zahnpflege f

dental nurse s Zahnarzthelfer(in) m(f)

dental surgeon s Zahnarzt m/-ärztin f

dental surgery s **1** Zahnheilkunde f **2** zahnärztliche Praxis, Zahnarztpraxis f

dentist [ˈdentɪst] s Zahnarzt m, Zahnärztin f; **at the ~('s)** beim Zahnarzt

dentistry [ˈdentɪstrɪ] s Zahnmedizin f

denture fixative s Haftcreme f

dentures [ˈdentʃəz] pl Zahnprothese f, Gebiss n

denunciation [dɪˌnʌnsɪˈeɪʃən] s Anprangerung f, Denunziation f, Verurteilung f

Denver boot [ˈdenvəˈbuːt] s US Parkkralle f

deny [dɪˈnaɪ] v/t **1** bestreiten, leugnen; offiziell dementieren; **do you ~ having said that?** bestreiten od leugnen Sie, das gesagt zu haben?; **there's no ~ing it** das lässt sich nicht bestreiten **2 to ~ sb's request** j-m seine Bitte abschlagen; **to ~ sb his rights** j-m seine Rechte vorenthalten; **to ~ sb access (to sth)** j-m den Zugang (zu etw) verwehren; **to ~ sb credit** j-m den Kredit verweigern; **I can't ~ her anything** ich kann ihr nichts abschlagen; **why should I ~ myself these little comforts?** warum sollte ich mir das bisschen Komfort nicht gönnen?

deodorant [diːˈəʊdərənt] *s* Deodorant *n*

deoxyribonucleic acid [dɪˈɒksɪˌraɪbəʊnjuːˈkleɪɪk‚æsɪd] *s* Desoxyribonukleinsäure *f*

dep. *abk* (= **departs, departure**) Abf.

depart [dɪˈpɑːt] *v/i* weggehen, abreisen; *Zug* abfahren; **the train at platform 6 ~ing for …** der Zug auf Bahnsteig 6 nach …; **to be ready to ~** startbereit sein; **the visitors were about to ~** die Gäste waren im Begriff aufzubrechen

departed [dɪˈpɑːtɪd] **A** *adj* (≈ *tot*) verstorben **B** *s* **the (dear) ~** der/die (liebe) Verstorbene

department [dɪˈpɑːtmənt] *s* **1** Abteilung *f*; *von Behörde* Ressort *n*; **Department of Transport** *Br*, **Department of Transportation** *US* Verkehrsministerium *n* **2** SCHULE, UNIV Fachbereich *m*

departmental [ˌdiːpɑːtˈmentl] *adj* Abteilungs-; SCHULE, UNIV Fachbereichs-; *in Behörde* des Ressorts

department store *s* Kaufhaus *n*

departure [dɪˈpɑːtʃə^r] *s* **1** Weggang *m*, Abreise *f* (**from** aus), Abfahrt *f*; FLUG Abflug *m*; **"departures"** „Abfahrt"; FLUG „Abflug" **2** *fig* (≈ *Veränderung*) neue Richtung

departure board *s* BAHN Abfahrtstafel *f*; FLUG Abfluganzeige *f*

departure gate *s* Ausgang *m*

departure lounge *s* Abflughalle *f*, Warteraum *m*

departure time *s* FLUG Abflugzeit *f*; BAHN, *a. von Bus* Abfahrtzeit *f*

depend [dɪˈpend] *v/i* **1** abhängen (**on sb/sth** von j-m/etw); **it ~s on what you mean by reasonable** es kommt darauf an, was Sie unter vernünftig verstehen; **how long are you staying? — it ~s** wie lange bleiben Sie? — das kommt darauf an; **it all ~s on …** das kommt ganz auf … an; **~ing on** je nach(dem); **~ing on his mood** je nach seiner Laune; **~ing on how late we arrive** je nachdem, wie spät wir ankommen **2** sich verlassen (**on, upon** auf +*akk*); **you can ~ (up)on it!** darauf können Sie sich verlassen! **3** *Mensch* **to ~ on** angewiesen sein auf (+*akk*)

dependable [dɪˈpendəbl] *adj* zuverlässig

dependant, dependent [dɪˈpendənt] *s* Abhängige(r) *m/f(m)*; **do you have ~s?** haben Sie Angehörige?

dependence *s* Abhängigkeit *f* (**on, upon** von); **drug/alcohol ~** Drogen-/Alkoholabhängigkeit *f*

dependency [dɪˈpendənsɪ] *s* → dependence

dependent **A** *adj* abhängig; **~ on insulin** insulinabhängig; **to be ~ on** *od* **upon sb/sth** von j-m/etw abhängig sein; **to be ~ on** *od* **upon sb's goodwill** auf Almosen/j-s Wohlwollen angewiesen sein; **to be ~ on** *od* **upon sb/sth for sth** für etw auf j-n/etw angewiesen sein **B** *s* → dependant

depict [dɪˈpɪkt] *v/t* darstellen

depiction [dɪˈpɪkʃən] *s* Darstellung *f*

depilatory [dɪˈpɪlətərɪ] **A** *adj* enthaarend; **~ cream** Enthaarungscreme *f* **B** *s* Enthaarungsmittel *n*

deplete [dɪˈpliːt] *v/t* **1** erschöpfen **2** verringern

depletion [dɪˈpliːʃən] *s* **1** Erschöpfung *f* **2** Verringerung *f*; *von Vorräten, Mitgliedern* Abnahme *f*

deplorable [dɪˈplɔːrəbl] *adj* schrecklich, schändlich; **it is ~ that …** es ist eine Schande, dass …

deplore [dɪˈplɔː^r] *v/t* **1** bedauern **2** missbilligen

deploy [dɪˈplɔɪ] *v/t* MIL *fig* einsetzen; **the number of troops ~ed in Germany** die Zahl der in Deutschland stationierten Streitkräfte

deployment [dɪˈplɔɪmənt] *s* MIL *fig* Einsatz *m*, Stationierung *f*

deport [dɪˈpɔːt] *v/t Gefangenen* deportieren; *Ausländer* abschieben

deportation [ˌdiːpɔːˈteɪʃən] *s von Ausländer* Abschiebung *f*; *von Häftling* Deportation *f*

depose [dɪˈpəʊz] *v/t* absetzen

deposit [dɪˈpɒzɪt] **A** *v/t* **1** hinlegen, hinstellen **2** *Geld* deponieren (**in, with** bei); **I ~ed £500 in my account** ich zahlte £ 500 auf mein Konto ein **B** *s* **1** HANDEL Anzahlung *f*; *als Sicherheit* Kaution *f*; *für Flasche etc* Pfand *n*, Depot *n schweiz*; **to put down a ~ of £1000 on a car** eine Anzahlung von £ 1000 für ein Auto leisten **2** *in Wein, a.* GEOL Ablagerung *f*; *von Erz* (Lager)stätte *f*

deposit account *s* Sparkonto *n*

deposit slip *s US* Einzahlungsschein *m*

depot [ˈdepəʊ] *s* **1** Depot *n*, Lager(haus) *n* **2** *US* BAHN Bahnhof *m*

depraved [dɪˈpreɪvd] *adj* verworfen

depravity [dɪˈprævɪtɪ] *s* Verworfenheit *f*

deprecating *adj*, **deprecatingly** [ˈdeprɪkeɪtɪŋ, -lɪ] *adv* missbilligend

depreciate [dɪˈpriːʃɪeɪt] *v/i* an Wert verlieren

depress [dɪˈpres] *v/t* j-n deprimieren; *Markt* schwächen

depressed *adj* **1** deprimiert (**about** über +*akk*); MED depressiv; **to look ~** niedergeschlagen aussehen **2** WIRTSCH *Markt* flau; *Wirtschaft* geschwächt; **~ area** Notstandsgebiet *n*

depressing *adj* deprimierend; **these figures make ~ reading** es ist deprimierend, diese Zahlen zu lesen

depressingly *adv* deprimierend; **it all sounded ~ familiar** es hörte sich alles nur zu vertraut an

depression [dɪˈpreʃən] *s* **1** ⟨*kein pl*⟩ Depression *f*; MED Depressionen *pl* **2** METEO Tief (-druckgebiet) *n* **3** WIRTSCH Flaute *f*; **the Depression** die Weltwirtschaftskrise

deprivation [ˌdeprɪˈveɪʃən] *s* **1** Entzug *m*, Verlust *m*; *von Rechten* Beraubung *f* **2** (≈ *Zustand*) Entbehrung *f*

deprive [dɪˈpraɪv] *v/t* **to ~ sb of sth** j-n einer Sache (*gen*) berauben; *seiner Rechte* j-m etw vorenthalten; **the team was ~d of the injured Owen** die Mannschaft musste ohne den verletzten Owen auskommen; **she was ~d of sleep** sie litt an Schlafmangel

deprived *adj* Mensch, Familie, Gegend benachteiligt; *Kindheit* arm; **the ~ areas of the city** die Armenviertel der Stadt

dept *abk* (= **department**) Abt.

depth [depθ] *s* **1** Tiefe *f*; **at a ~ of 3 feet** in 3 Fuß Tiefe; **to be out of one's ~** *wörtl, fig* den Boden unter den Füßen verlieren; **in ~** eingehend; *Interview* ausführlich **2** ~(**s**) Tiefen *pl*; **in the ~s of despair** in tiefster Verzweiflung; **in the ~s of winter/the forest** im tiefsten Winter/Wald; **in the ~s of the countryside** auf dem flachen Land; **to sink to new ~s** so tief wie nie zuvor sinken

deputize [ˈdepjʊtaɪz] *v/i* vertreten (**for sb** j-n)

deputy [ˈdepjʊti] **A** *s* **1** Stellvertreter(in) *m(f)* **2** (*a.* **~ sheriff**) Hilfssheriff *m* **B** *adj* ⟨*attr*⟩ stellvertretend

deputy head [ˌdepjʊtiˈhed] *Br s* Konrektor(in) *m(f)*

derail [dɪˈreɪl] *v/t* entgleisen lassen; *fig* scheitern lassen; **to be ~ed** entgleisen

derailment *s* Entgleisung *f*

deranged [dɪˈreɪndʒd] *adj* Verstand verwirrt; *Mensch* geistesgestört

Derby [ˈdɑːbɪ] *Br s*, **derby** [ˈdɜːbɪ] *US s* Derby *n* (Pferderennen oder lokales sportliches Spiel)

derby [ˈdɜːbɪ] *s US* (≈ *Hut*) Melone *f*

deregulate [diːˈregjʊleɪt] *v/t* deregulieren, dem freien Wettbewerb überlassen

deregulation [ˌdiːregjʊˈleɪʃən] *s* Deregulierung *f*, Wettbewerbsfreiheit *f* (**of** für)

derelict [ˈderɪlɪkt] *adj* verfallen

deride [dɪˈraɪd] *v/t* verspotten

derision [dɪˈrɪʒən] *s* Spott *m*; **to be greeted with ~** mit Spott aufgenommen werden

derisive [dɪˈraɪsɪv] *adj* spöttisch

derisory [dɪˈraɪsərɪ] *adj* **1** Betrag lächerlich **2** → derisive

derivation [ˌderɪˈveɪʃən] *s* Ableitung *f*; CHEM Derivation *f*

derivative [dɪˈrɪvətɪv] **A** *adj* abgeleitet; *fig* nachgeahmt **B** *s* Ableitung *f*

derive [dɪˈraɪv] **A** *v/t* Idee, Name ableiten (**from** von); *Gewinn* ziehen (**from** aus); *Genugtuung* gewinnen (**from** aus) **B** *v/i* **to ~ from** sich ableiten von; *Macht, Reichtum* beruhen auf (+*dat*); *Ideen* stammen von

dermatitis [ˌdɜːməˈtaɪtɪs] *s* Hautentzündung *f*

dermatologist [ˌdɜːməˈtɒlədʒɪ] *s* Hautarzt *m*, Hautärztin *f*

dermatology [ˌdɜːməˈtɒlədʒɪ] *s* Dermatologie *f*

derogatory [dɪˈrɒɡətərɪ] *adj* abfällig

descale [ˈdiːskeɪl] *v/t* entkalken

descend [dɪˈsend] **A** *v/i* **1** hinuntergehen, hinunterfahren; *Straße* hinunterführen; *Berg* abfallen **2** abstammen (**from** von) **3** (≈ *angreifen*) herfallen (**on, upon** über +*akk*); *Trauer* befallen (**on, upon sb** j-n); *Stille* sich senken (**on, upon** über +*akk*) **4** *umg* (≈ *besuchen*) **to ~ (up)on sb** j-n überfallen *umg*; **thousands of fans are expected to ~ on the city** man erwartet, dass Tausende von Fans die Stadt überlaufen **5** **to ~ to sth** sich zu etw herablassen; **to ~ into chaos** in Chaos versinken **B** *v/t* **1** *Treppe* hinuntergehen **2** **to be ~ed from** abstammen von

descendant *s* Nachkomme *m*

descent [dɪˈsent] *s* **1** Hinuntergehen *n*, Abstieg *m*; **~ by parachute** Fallschirmabsprung *m* **2** Abstammung *f*, Herkunft *f*; **of noble ~** von adliger Abstammung **3** *fig in Verbrechen etc* Absinken *n* (**into** in +*akk*); *in Chaos, Irrsinn* Versinken *n* (**into** in +*akk*)

descramble [diːˈskræmbl] *v/t* TEL entschlüsseln

describe [dɪˈskraɪb] *v/t* beschreiben; **~ him for us** beschreiben Sie ihn uns (*dat*); **to ~ oneself/sb as …** sich/j-n als … bezeichnen; **the police ~ him as dangerous** die Polizei bezeichnet ihn als gefährlich; **he is ~d as being tall with short fair hair** er wird als groß mit kurzen blonden Haaren beschrieben

description [dɪˈskrɪpʃən] *s* **1** Beschreibung *f*; **she gave a detailed ~ of what had happened** sie beschrieb ausführlich, was vorgefallen war; **to answer (to)** *od* **fit the ~ of …** der Beschreibung als … entsprechen; **do you know anyone of this ~?** kennen Sie jemanden, auf den diese Beschreibung zutrifft? **2** Art *f*; **vehicles of every ~** *od* **of all ~s** Fahrzeuge aller Art

descriptive [dɪˈskrɪptɪv] *adj* beschreibend; *Schilderung* anschaulich

desecrate [ˈdesɪkreɪt] *v/t* schänden

desecration [ˌdesɪˈkreɪʃən] *s* Schändung *f*

desegregation [ˈdiːˌsegrɪˈgeɪʃən] s Aufhebung f der Rassentrennung (**of** in +dat), Desegregation f

desensitize [ˌdiːˈsensɪtaɪz] v/t MED desensibilisieren; **to become ~d to sth** fig einer Sache (dat) gegenüber abstumpfen

desert[1] [ˈdezət] **A** s Wüste f **B** adj ⟨attr⟩ Wüsten-

desert[2] [dɪˈzɜːt] **A** v/t verlassen, im Stich lassen; **by the time the police arrived the place was ~ed** als die Polizei eintraf, war niemand mehr da; **in winter the place is ~ed** im Winter ist der Ort verlassen **B** v/i MIL, a. fig desertieren

deserted [dɪˈzɜːtɪd] adj verlassen; Ort unbewohnt; Straße menschenleer

deserter [dɪˈzɜːtə[r]] s MIL fig Deserteur(in) m(f)

desertion [dɪˈzɜːʃən] s Verlassen n; MIL Desertion f; fig Fahnenflucht f

desert island [ˈdezət-] s einsame Insel

deserts [dɪˈzɜːts] pl **to get one's just ~** seine verdiente Strafe bekommen

deserve [dɪˈzɜːv] v/t verdienen; **he ~s to win** er verdient den Sieg; **he ~s to be punished** er verdient es, bestraft zu werden; **she ~s better** sie hat etwas Besseres verdient

deservedly [dɪˈzɜːvɪdlɪ] adv verdientermaßen; **and ~ so** und das zu Recht

deserving [dɪˈzɜːvɪŋ] adj verdienstvoll; Sieger verdient

desiccated [ˈdesɪkeɪtɪd] adj getrocknet

design [dɪˈzaɪn] **A** s **1** von Haus, Bild, Kleid Entwurf m; von Auto, Maschine Konstruktion f; **it was a good/faulty ~** es war gut/schlecht konstruiert **2** ⟨kein pl⟩ Design n, Gestaltung f **3** Muster n **4** Absicht f; **by ~** absichtlich; **to have ~s on sb/sth** es auf j-n/etw abgesehen haben **B** v/t **1** (≈ zeichnen) entwerfen; Maschine konstruieren; **a well ~ed machine** eine gut durchkonstruierte Maschine **2** **to be ~ed for sb/sth** für j-n/etw bestimmt sein; **this magazine is ~ed to appeal to young people** diese Zeitschrift soll junge Leute ansprechen

designate [ˈdezɪgneɪt] v/t **1** ernennen; **to ~ sb as sth** j-n zu etw ernennen **2** bestimmen; **smoking is permitted in ~d areas** Rauchen ist in den dafür bestimmten Bereichen erlaubt; **to be the ~d driver** als Fahrer bestimmt sein

designer [dɪˈzaɪnə[r]] **A** s **1** Designer(in) m(f) **2** Modeschöpfer(in) m(f) **3** von Maschinen Konstrukteur(in) m(f) **B** adj ⟨attr⟩ Designer-; **~ clothes** Designerkleider pl; **~ stubble** Dreitagebart m

design fault s Designfehler m

design school s Kunsthochschule f

desirability [dɪˌzaɪərəˈbɪlɪtɪ] s Wünschbarkeit f

desirable [dɪˈzaɪərəbl] adj **1** wünschenswert, erwünscht; Ziel erstrebenswert **2** Position, Angebot reizvoll **3** Person begehrenswert

desire [dɪˈzaɪə[r]] **A** s Wunsch m (**for** nach), Sehnsucht f (**for** nach); sexuell Verlangen n (**for** nach); **a ~ for peace** ein Verlangen n nach Frieden; **heart's ~** Herzenswunsch m; **I have no ~ to see him** ich habe kein Verlangen, ihn zu sehen; **I have no ~ to cause you any trouble** ich möchte Ihnen keine Unannehmlichkeiten bereiten **B** v/t wünschen; etw sich (dat) wünschen; Person begehren; Frieden verlangen nach; **if ~d** auf Wunsch; **to have the ~d effect** die gewünschte Wirkung haben; **it leaves much** od **a lot to be ~d** das lässt viel zu wünschen übrig; **it leaves something to be ~d** es lässt zu wünschen übrig

desk [desk] s Schreibtisch m; SCHULE Pult n; in Laden Kasse f, Kassa f österr; in Hotel Empfang m

desk calendar US s Tischkalender m

desk clerk US s Rezeptionist(in) m(f), Empfangschef(in) m(f)

desk diary s Tischkalender m

deskfast [ˈdeskfəst] umg hum s Frühstück n im Büro, Frühstück n am Schreibtisch (entstanden aus desk (Schreibtisch) + breakfast (Frühstück))

desk job s Bürojob m

desk lamp s Schreibtischlampe f

desktop s Schreibtisch m, Schreibtischfläche f; COMPUT Desktop-PC m; am Bildschirm Benutzeroberfläche f

desktop computer s Desktop-PC m

desktop publishing s Desktop-Publishing n

desolate [ˈdesəlɪt] adj trostlos; Ort verwüstet; Gefühl, Schrei verzweifelt

desolation [ˌdesəˈleɪʃən] s **1** durch Krieg Verwüstung f **2** von Landschaft (≈ Kummer) Trostlosigkeit f

desoxyribonucleic acid [dɪsˈɒksɪˌraɪbəʊnjuːˈkleɪk,æsɪd] s Desoxyribonukleinsäure f

despair [dɪˈspeə[r]] **A** s Verzweiflung f (**about, at** über +akk); **he was filled with ~** Verzweiflung überkam ihn; **to be in ~** verzweifelt sein **B** v/i verzweifeln; **to ~ of doing sth** alle Hoffnung aufgeben, etw zu tun

despairing adj, **despairingly** [dɪsˈpɛərɪŋ, -lɪ] adv verzweifelt

despatch [dɪˈspætʃ] bes Br v/t & s → dispatch

desperate [ˈdespərɪt] adj **1** verzweifelt; Verbrecher zum Äußersten entschlossen; Lösung extrem; **to get** od **grow ~** verzweifeln; **things are ~** die Lage ist extrem; **the ~ plight of the refugees** die schreckliche Not der Flüchtlinge; **to be ~ to be/do sth** etw unbedingt sein/tun wollen; **to be ~ for sth** etw unbedingt brauchen; **are you going out with**

Jim? you must be ~! *umg hum* du gehst mit Jim aus? dir muss es ja wirklich schlecht gehen!; **I'm not that ~!** so schlimm ist es auch wieder nicht! **2** *Not, Bedarf* dringend; **to be in ~ need of sth** etw dringend brauchen; **a building in ~ need of repair** ein Gebäude, das dringend repariert werden muss

desperately ['despərıtlı] *adv* **1** *kämpfen, suchen, probieren* verzweifelt **2** *benötigen* dringend; *wollen* unbedingt **3** *wichtig, traurig* äußerst; **~ ill** schwer krank; **to be ~ worried (about sth)** sich *(dat)* (über etw *akk*) schreckliche Sorgen machen; **I'm not ~ worried** ich mache mir keine allzu großen Sorgen; **to be ~ keen to do sth** etw unbedingt tun wollen; **I'm not ~ keen on …** ich bin nicht besonders scharf auf *(akk)* …; **~ unhappy** todunglücklich; **to try ~ hard to do sth** verzweifelt versuchen, etw zu tun

desperation [ˌdespəˈreɪʃən] *s* Verzweiflung *f*

despicable [dɪˈspɪkəbl] *adj* verabscheuungswürdig; *Mensch* verachtenswert

despicably [dɪˈspɪkəblı] *adv* ⟨+v⟩ abscheulich

despise [dɪˈspaɪz] *v/t* verachten; **to ~ oneself (for sth)** sich selbst (wegen etw) verachten

despite [dɪˈspaɪt] *präp* trotz *(+gen)*; **~ his warnings** seinen Warnungen zum Trotz; **~ what she says** trotz allem, was sie sagt

despondent [dɪˈspɒndənt] *adj* niedergeschlagen

despot ['despɒt] *s* Despot(in) *m(f)*

dessert [dɪˈzɜːt] *s* Nachtisch *m*; **for ~** zum Nachtisch

dessertspoon [dɪˈzɜːtspuːn] *s* Dessertlöffel *m*

destabilization [ˌdiːsteɪbɪlaɪˈzeɪʃən] *s* Destabilisierung *f*

destabilize [diːˈsteɪbɪlaɪz] *v/t* destabilisieren

destination [ˌdestɪˈneɪʃən] *s* Reiseziel *n*; *von Waren* Bestimmungsort *m*

destination airport *s* Zielflughafen *m*

destine ['destɪn] *v/t* bestimmen; **to be ~d to do sth** dazu bestimmt sein, etw zu tun; **we were ~d to meet** das Schicksal hat es so gewollt, dass wir uns begegnen; **I was ~d never to see them again** ich sollte sie nie (mehr) wiedersehen

destined *adj* **~ for** unterwegs nach; *Waren* für

destiny ['destɪnɪ] *s* Schicksal *n*; **to control one's own ~** sein Schicksal selbst in die Hand nehmen

destitute ['destɪtjuːt] *adj* mittellos

destitution [ˌdestɪˈtjuːʃn] *s* (völlige) Armut *f*

destroy [dɪˈstrɔɪ] *v/t* zerstören, kaputt machen; *Dokumente, Spuren, j-n* vernichten; *Tier* einschläfern; *Hoffnungen, Chancen* zunichtemachen; **to be ~ed by fire** durch Brand vernichtet werden

destroyer [dɪˈstrɔɪəʳ] *s* SCHIFF Zerstörer *m*

destruction [dɪˈstrʌkʃən] *s* **1** (≈ *Vorgang*) Zerstörung *f*; *von Menschen, Dokumenten* Vernichtung *f* **2** (≈ *Schaden*) Verwüstung *f*

destructive [dɪˈstrʌktɪv] *adj* destruktiv; *Kraft, Natur* zerstörerisch

destructiveness [dɪˈstrʌktɪvnɪs] *s* Destruktivität *f*; *von Feuer, Krieg* zerstörende Wirkung; *von Waffe* Zerstörungskraft *f*

detach [dɪˈtætʃ] *v/t* loslösen; *Formular* abtrennen; *Maschinenteil, Abdeckung* abnehmen (**from** von)

detachable [dɪˈtætʃəbl] *adj* *Maschinenteil, Kragen* abnehmbar; *Formular* abtrennbar (**from** von)

detached *adj* **1** *Art und Weise* distanziert **2** *Br* **~ house** Einzelhaus *n*

detail ['diːteɪl] *s* Detail *n*, Einzelheit *f*; **in ~** im Detail; **please send me further ~s** bitte schicken Sie mir nähere Einzelheiten; **to go into ~s** ins Detail gehen; **his attention to ~** seine Aufmerksamkeit für das Detail

detailed *adj* ausführlich; *Analyse* eingehend; *Wissen, Arbeit, Ergebnisse, Bild* detailliert

detain [dɪˈteɪn] *v/t* **1** in Haft nehmen; **to be ~ed** *Vorgang* verhaftet werden; *Zustand* sich in Haft befinden; **to ~ sb for questioning** j-n zur Vernehmung festhalten **2** aufhalten

detect [dɪˈtekt] *v/t* entdecken, ausfindig machen; *Verbrechen* aufdecken; *Trauer, Verärgerung* bemerken; *Bewegung, Geräusche* wahrnehmen

detection [dɪˈtekʃən] *s* **1** *von Verbrechen, Fehler* Entdeckung *f*; **to avoid** *od* **escape ~** nicht entdeckt werden **2** *von Gas, Minen* Aufspürung *f*

detective [dɪˈtektɪv] *s* Detektiv(in) *m(f)*; Kriminalbeamte(r) *m*/-beamtin *f*

detective agency *s* Detektivbüro *n*

detective constable *Br s* Kriminalbeamte(r) *m*/-beamtin *f*

detective inspector *s* Kriminalinspektor(in) *m(f)*

detective novel *s* Kriminalroman *m*

detective sergeant *s* Kriminalmeister(in) *m(f)*

detective story *s* Kriminalgeschichte *f*, Krimi *m umg*

detective work *s* kriminalistische Arbeit

detector [dɪˈtektəʳ] *s* TECH Detektor *m*

détente ['deɪtɒnt] *s* POL Entspannung *f*

detention [dɪˈtenʃən] *s* Haft *f*; *Vorgang* Festnahme *f*; SCHULE Nachsitzen *n*; **to get ~** SCHULE nachsitzen müssen; **he's in ~** SCHULE er sitzt nach

detention centre *s*, **detention center** *US s* Jugendstrafanstalt *f*; *für Flüchtlinge* Auffanglager *n*

deter [dɪˈtɜːʳ] *v/t* abhalten, abschrecken; **to ~ sb from sth** j-n von etw abhalten; **to ~ sb from doing sth** j-n davon abhalten, etw zu tun

detergent [dɪˈtɜːdʒənt] s Reinigungsmittel n, Waschmittel n

deteriorate [dɪˈtɪərɪəreɪt] v/i sich verschlechtern; *Materialien* verderben; *Gewinne* zurückgehen

deterioration [dɪˌtɪərɪəˈreɪʃən] s Verschlechterung f; *von Materialien* Verderben n

determinate [dɪˈtɜːmɪnɪt] adj *Anzahl, Richtung* bestimmt; *Vorstellung* festgelegt

determination [dɪˌtɜːmɪˈneɪʃən] s Entschlossenheit f; **he has great ~** er ist ein Mensch von großer Entschlusskraft

determine [dɪˈtɜːmɪn] v/t bestimmen; *Grund a.* ermitteln; *Bedingungen, Preis* festlegen, feststellen

determined [dɪˈtɜːmɪnd] adj entschlossen; **to make a ~ effort** od **attempt to do sth** sein Möglichstes tun, um etw zu tun; **he is ~ that …** er hat (fest) beschlossen, dass …; **to be ~ to do sth** fest entschlossen sein, etw zu tun; **he's ~ to make me lose my temper** er legt es darauf an, dass ich wütend werde

deterrent [dɪˈterənt] **A** s Abschreckungsmittel n; **to be a ~** abschreckend **B** adj abschreckend

detest [dɪˈtest] v/t hassen; **I ~ having to get up early** ich hasse es, früh aufstehen zu müssen

detestable [dɪˈtestəbl] adj widerwärtig, abscheulich

detonate [ˈdetəneɪt] **A** v/i zünden; *Bombe* detonieren **B** v/t zur Explosion bringen

detonator [ˈdetəneɪtəʳ] s Zündkapsel f

detour [ˈdiːtʊəʳ] s **1** Umweg m; **to make a ~** einen Umweg machen **2** US, *von Verkehr* Umleitung f

detox [ˈdiːtɒks] umg s Entzug m umg

detoxification [ˌdiːtɒksɪfɪˈkeɪʃən] s Entgiftung f

detoxify [ˌdiːˈtɒksɪfaɪ] v/t entgiften

detract [dɪˈtrækt] v/i **to ~ from sth** einer Sache (dat) Abbruch tun

detriment [ˈdetrɪmənt] s Schaden m; **to the ~ of sth** zum Schaden von etw

detrimental [ˌdetrɪˈmentl] adj schädlich; *einer Sache* abträglich (**to** +dat); **to be ~ to sb/sth** j-m/einer Sache (dat) schaden

deuce [djuːs] s *Tennis* Einstand m

Deutschmark [ˈdɔɪtʃmɑːk] s HIST D-Mark f

devaluation [ˌdiːvæljuˈeɪʃən] s Abwertung f

devalue [diːˈvæljuː] v/t abwerten

devastate [ˈdevəsteɪt] v/t **1** *Stadt, Land* verwüsten; *Wirtschaft* zugrunde richten **2** umg umhauen umg; **to be ~d** am Boden zerstört sein; **they were ~d by the news** die Nachricht hat sie tief erschüttert

devastating [ˈdevəsteɪtɪŋ] adj **1** verheerend; **to be ~ to** od **for sth, to have a ~ effect on sth** verheerende Folgen für etw haben **2** fig *Effekt* schrecklich; *Nachricht* niederschmetternd; *Angriff, Leistung* unschlagbar; *Niederlage, Schlag* vernichtend; **a ~ loss** ein vernichtender Verlust; **to be ~ for sb** j-n niederschmettern

devastation [ˌdevəˈsteɪʃən] s Verwüstung f

develop [dɪˈveləp] **A** v/t **1** entwickeln; *Plan a.* erarbeiten **2** *Gebiet* erschließen; *Altstadt* sanieren; *Erkältung* sich (dat) zuziehen **B** v/i sich entwickeln (**from** aus); *Talent, Handlung etc* sich entfalten; **to ~ into sth** sich zu etw entwickeln

developer [dɪˈveləpəʳ] s **1** → property developer **2** **late ~s** neue Spätentwickler(in) m(f)

developing [dɪˈveləpɪŋ] adj *Krise* aufkommend; *Wirtschaft* sich entwickelnd; **the ~ world** die Entwicklungsländer pl

developing country s Entwicklungsland n

development [dɪˈveləpmənt] s **1** Entwicklung f; **to await (further) ~s** neue Entwicklungen abwarten **2** *von Gebiet* Erschließung f; *von Altstadt* Sanierung f; **industrial ~** Gewerbegebiet n; **office ~** Bürokomplex m; **we live in a new ~** wir leben in einer neuen Siedlung

developmental [dɪveləpˈmentl] adj Entwicklungs-; **~ aid** od **assistance** POL Entwicklungshilfe f; **~ stage** Entwicklungsphase f

development grant s Entwicklungsförderung f

deviate [ˈdiːvɪeɪt] v/i abweichen (**from** von)

deviation [ˌdiːvɪˈeɪʃən] s Abweichung f

device [dɪˈvaɪs] s **1** Gerät n; **(explosive) ~** Sprengkörper m **2** **to leave sb to his own ~s** j-n sich (dat) selbst überlassen

devil [ˈdevl] s **1** Teufel m; (≈ *Sache*) Plage f; **you little ~!** du kleiner Satansbraten!; **go on, be a ~** los, nur zu, riskiers! umg **2** umg **I had a ~ of a job getting here** es war verdammt schwierig, hierherzukommen umg; **who the ~ …?** wer zum Teufel …? **3** **to be between the Devil and the deep blue sea** sich in einer Zwickmühle befinden; **go to the ~!** umg scher dich zum Teufel! umg; **talk of the ~!** wenn man vom Teufel spricht!; **better the ~ you know (than the ~ you don't)** sprichw von zwei Übeln wählt man besser das, was man schon kennt

devilish [ˈdevlɪʃ] adj teuflisch

devil's advocate s **to play ~** den Advocatus Diaboli spielen

devious [ˈdiːvɪəs] adj *Mensch* verschlagen; *Mittel* hinterhältig; *Plan, Spiel* trickreich; **by ~ means** auf die krumme Tour umg; **to have a ~ mind** ganz schön schlau sein

deviously [ˈdiːvɪəslɪ] adv ⟨+v⟩ mit List und Tücke

deviousness [ˈdiːvɪəsnɪs] s Verschlagenheit f

devise [dɪˈvaɪz] v/t sich (dat) ausdenken; *Mittel* finden; *Plan* schmieden; *Strategie* ausarbeiten

devoid [dɪˈvɔɪd] adj **~ of** ohne

devolution [ˌdiːvəˈluːʃən] s von Macht Übertragung f (**from ...** to von ... auf +akk); POL Dezentralisierung f

devolve [dɪˈvɒlv] v/t übertragen (**on, upon** auf +akk); **a ~d government** eine dezentralisierte Regierung

devote [dɪˈvəʊt] v/t widmen (**to** +dat); *Kräfte* konzentrieren (**to** auf +akk); *Gebäude* verwenden (**to** für)

devoted adj *Ehefrau, Vater* liebend; *Diener, Fan* treu; *Bewunderer* eifrig, begeistert; **to be ~ to sb** j-n innig lieben; *Diener, Fan* j-m treu ergeben sein; **to be ~ to one's family** in seiner Familie völlig aufgehen

devotedly [dɪˈvəʊtɪdlɪ] adv hingebungsvoll; *dienen, folgen* treu; *unterstützen* eifrig

devotion [dɪˈvəʊʃən] s *gegenüber Freund, Ehefrau etc* Ergebenheit f (**to** gegenüber); *an Arbeit* Hingabe f (**to** an +akk); **~ to duty** Pflichteifer m

devour [dɪˈvaʊər] v/t verschlingen

devout [dɪˈvaʊt] adj *Mensch, Muslim* fromm; *Marxist, Anhänger* überzeugt

devoutly [dɪˈvaʊtlɪ] adv REL *mit Adjektiv* tief; *mit Verb* fromm

dew [djuː] s Tau m

dexterity [deksˈterɪtɪ] s Geschick n

DfEE Br abk (= Department for Education and Employment) Ministerium n für Bildung und Arbeit

diabesity [ˌdaɪəˈbiːsɪtɪ] s Diabetes m wegen Fettleibigkeit

diabetes [ˌdaɪəˈbiːtiːz] s Diabetes m

diabetic [ˌdaɪəˈbetɪk] **A** adj **1** zuckerkrank **2** *Schokolade, Medikamente* für Diabetiker **B** s Diabetiker(in) m(f)

diabolic [ˌdaɪəˈbɒlɪk], **diabolical** [ˌdaɪəˈbɒlɪkəl] *umg* adj entsetzlich; **~al weather** Sauwetter n *umg*

diabolo [dɪˈæbələʊ] s ⟨pl -s⟩ *Spiel* Diabolo n

diagnose [ˈdaɪəgnəʊz] v/t diagnostizieren

diagnosis [ˌdaɪəgˈnəʊsɪs] s ⟨pl diagnoses [ˌdaɪəgˈnəʊsiːz]⟩ Diagnose f; **to make a ~** eine Diagnose stellen

diagnostic [ˌdaɪəgˈnɒstɪk] adj diagnostisch

diagnostics s ⟨sg od pl⟩ Diagnose f

diagonal [daɪˈægənl] **A** adj diagonal **B** s Diagonale f

diagonally [daɪˈægənəlɪ] adv diagonal, schräg; **he crossed the street ~** er ging schräg über die Straße; **~ opposite sb/sth** j-m/einer Sache (*dat*) schräg gegenüber

diagram [ˈdaɪəgræm] s Diagramm n; (≈ *Tabelle*) grafische Darstellung; **as shown in the ~** wie das Diagramm/die grafische Darstellung zeigt

dial [ˈdaɪəl] **A** s *von Uhr* Zifferblatt n; *von Messgerät* Skala f; *an Radio etc* Einstellskala f **B** v/t & v/i TEL wählen; **to ~ direct** durchwählen; **you can ~ London direct** man kann nach London durchwählen; **to ~ 999** Br, **to ~ 911** US den Notruf wählen

dialect [ˈdaɪəlekt] **A** s Dialekt m, Mundart f; **the country people spoke in ~** die Landbevölkerung sprach Dialekt **B** adj ⟨attr⟩ Dialekt-

dialling code [ˈdaɪəlɪŋ-] s Br TEL Vorwahl(-nummer) f

dialling tone s Br TEL Amtszeichen n

dialogue [ˈdaɪəlɒg] s, **dialog** US s Dialog m; **~ box** IT Dialogfeld n

dial tone s US TEL Amtszeichen n

dial-up [ˈdaɪəlʌp] adj ⟨attr⟩ IT Wähl-; **~ link** Wählverbindung f; **~ modem** (Wähl)modem n

dialysis [daɪˈælɪsɪs] s Dialyse f

diameter [daɪˈæmɪtər] s Durchmesser m; **to be one foot in ~** einen Durchmesser von einem Fuß haben

diametrically [ˌdaɪəˈmetrɪkəlɪ] adv **~ opposed** genau entgegengesetzt

diamond [ˈdaɪəmənd] s **1** Diamant m **2** **~s** pl KART Karo n; **the seven of ~s** die Karosieben; **~ bracelet** Diamantarmband n

diamond jubilee s 60-jähriges Jubiläum

diamond-shaped adj rautenförmig

diamond wedding s diamantene Hochzeit

diaper [ˈdaɪəpər] s US Windel f

diaphragm [ˈdaɪəfræm] s ANAT, PHYS Diaphragma n; FOTO Blende f; (≈ *Verhütungsmittel*) Pessar n

diarrhoea [ˌdaɪəˈrɪə] s, **diarrhea** US s Durchfall m

diary [ˈdaɪərɪ] s Tagebuch n; *im Büro* (Termin)kalender m; **to keep a ~** ein Tagebuch/einen Terminkalender führen; **desk/pocket ~** Schreibtisch-/Taschenkalender m; **I've got it in my ~** es steht in meinem (Termin)kalender

dice [daɪs] **A** s ⟨pl -⟩ Würfel m; **to roll** od **throw the ~** würfeln **B** v/t GASTR in Würfel schneiden

dick [dɪk] s **1** sl (≈ *Penis*) Schwanz m sl **2** Br pej umg Arsch m vulg

dickhead [ˈdɪkhed] pej umg s Arsch m vulg

dicky bow [ˈdɪkɪˌbaʊ], s Br (≈ *Krawatte*) Fliege f

dictate [dɪkˈteɪt] v/t & v/i diktieren
phrasal verbs mit dictate:

dictate to v/i ⟨+obj⟩ diktieren (+dat); **I won't be dictated to** ich lasse mir keine Vorschriften machen

dictation [dɪkˈteɪʃən] s Diktat n

dictator [dɪkˈteɪtər] s Diktator(in) m(f)

dictatorial adj, **dictatorially** [ˌdɪktəˈtɔːrɪəl, -ɪ] adv diktatorisch

dictatorship [dɪkˈteɪtəʃɪp] s POL, *a. fig* Diktatur f

diction [ˈdɪkʃən] s (≈ *Art des Sprechens*) Diktion f

dictionary ['dɪkʃənrɪ] s Wörterbuch n
did [dɪd] prät → do
didactic [dɪ'dæktɪk] adj didaktisch
diddle ['dɪdl] umg v/t bescheißen umg
didn't ['dɪdənt] abk (= did not) → do
die [daɪ] **A** v/i **1** wörtl sterben; **to die of** od **from hunger/pneumonia** vor Hunger/an Lungenentzündung sterben; **he died from his injuries** er erlag seinen Verletzungen; **he died a hero** er starb als Held; **to be dying** im Sterben liegen; **never say die!** nur nicht aufgeben!; **to die laughing** umg sich totlachen umg; **I'd rather die!** umg lieber würde ich sterben! **2** umg **to be dying to do sth** darauf brennen, etw zu tun; **I'm dying to know what happened** ich bin schrecklich gespannt zu hören, was passiert ist; **I'm dying for a cigarette** ich brauche jetzt unbedingt eine Zigarette; **I'm dying of thirst** ich verdurste fast; **I'm dying for him to visit** ich kann seinen Besuch kaum noch abwarten **3** Motor absterben **B** v/t **to die a hero's/a violent death** den Heldentod/eines gewaltsamen Todes sterben

phrasal verbs mit die:
die away v/i Ton, Geräusch schwächer werden; Wind sich legen
die down v/i nachlassen; Feuer herunterbrennen; Ton, Geräusch schwächer werden
die off v/i (hin)wegsterben
die out v/i aussterben

die-hard ['daɪhɑːd] adj zäh; pej reaktionär
diesel ['diːzəl] s Diesel m
diesel oil s Dieselöl n
diet ['daɪət] **A** s Nahrung f, Ernährung f; für Diabetiker etc Diät f; zum Abnehmen Schlankheitskur f; **to put sb on a ~** j-m eine Schlankheitskur verordnen; **to be/go on a ~** eine Schlankheitskur machen **B** v/i eine Schlankheitskur machen **C** adj Getränk Diät-, light; **~ cola** Cola light
dietician [ˌdaɪə'tɪʃən] s, **dietitian** s Ernährungsberater(in) m(f), Ernährungswissenschaftler(in) m(f), Diätist(in) m(f)
differ ['dɪfə^r] v/i **1** sich unterscheiden (**from** von), **2** **to ~ with sb over sth** über etw (akk) anderer Meinung sein als j-d
difference ['dɪfrəns] s **1** Unterschied m (**in, between** zwischen +dat); **that makes a big ~ to me** das ist für mich ein großer Unterschied; **to make a ~ to sth** einen Unterschied bei etw machen; **that makes a big** od **a lot of ~, that makes all the ~** das ändert die Sache völlig; **what ~ does it make if …?** was macht es schon, wenn …?; **it makes no ~, it doesn't make any ~** es ist egal; **it makes no ~ to me** das ist mir egal; **for all the ~ it makes** obwohl es ja eigentlich egal ist; **I can't tell the ~** ich kann keinen Unterschied erkennen; **a job with a ~** umg ein Job, der mal was anderes ist **2** zwischen Beträgen, Summen Differenz f **3** Auseinandersetzung f; **a ~ of opinion** eine Meinungsverschiedenheit; **to settle one's ~s** die Differenzen beilegen
different ['dɪfrənt] **A** adj andere(r, s), anders präd (**from, to** als), verschieden, unterschiedlich; **completely ~** völlig verschieden, völlig verändert; **that's ~!** das ist was anderes!; **in what way are they ~?** wie unterscheiden sie sich?; **to feel (like) a ~ person** ein ganz anderer Mensch sein; **to do something ~** etwas anderes tun; **that's quite a ~ matter** das ist etwas völlig anderes; **he wants to be ~** er will unbedingt anders sein **B** adv anders; **he doesn't know any ~** er weiß es nicht besser
differential [ˌdɪfə'renʃəl] s Unterschied m (**between** zwischen +dat)
differentiate [ˌdɪfə'renʃɪeɪt] v/t & v/i unterscheiden
differently ['dɪfrəntlɪ] adv anders (**from** als), unterschiedlich; **~ abled person** Behinderte(r) m/f(m)
difficult ['dɪfɪkəlt] adj schwer; Mensch, Situation, Buch schwierig; **the ~ thing is that …** die Schwierigkeit liegt darin, dass …; **it was a ~ decision to make** es war eine schwere Entscheidung; **it was ~ for him to leave her** es fiel ihm schwer, sie zu verlassen; **it's ~ for youngsters** od **youngsters find it ~ to get a job** junge Leute haben Schwierigkeiten, eine Stelle zu finden; **he's ~ to get on with** es ist schwer, mit ihm auszukommen; **to make it ~ for sb** es j-m nicht leicht machen; **to have a ~ time (doing sth)** Schwierigkeiten haben(, etw zu tun); **to put sb in a ~ position** j-n in eine schwierige Lage bringen; **to be ~ (about sth)** (wegen etw) Schwierigkeiten machen
difficulty ['dɪfɪkəltɪ] s Schwierigkeit f; **with/without ~** mit/ohne Schwierigkeiten; **he had ~ (in) setting up in business** es fiel ihm nicht leicht, sich selbstständig zu machen; **she had great ~ (in) breathing** sie konnte kaum atmen; **in** od **difficulties** in Schwierigkeiten; **to get into difficulties** in Schwierigkeiten geraten
diffident ['dɪfɪdənt] adj zurückhaltend, bescheiden; Lächeln zaghaft
diffuse [dɪ'fjuːz] v/t Spannung abbauen
dig [dɪg] ⟨v: prät, pperf dug⟩ **A** v/t **1** graben; Garten umgraben; Grab ausheben **2** bohren (**sth into sth** etw in etw +akk); **to dig sb in the ribs** j-n in die Rippen stoßen **3** **I dig her a lot** umg ich finde sie total cool umg, ich stehe total auf

sie *umg* **B** *v/i* graben; TECH schürfen; **to dig for minerals** *umg* Erz schürfen; **to dig deep** *finanziell auf seine letzten Reserven zurückgreifen;* *fig* seine letzten Kräfte mobilisieren **C** *s Br* Stoß *m;* **to give sb a dig in the ribs** j-m einen Rippenstoß geben; **to have a dig at sb/sth** über j-n/etw eine spitze Bemerkung machen

phrasal verbs mit dig:

dig around *umg v/i* herumsuchen *umg*
dig in **A** *v/i umg beim Essen* reinhauen *umg* **B** *v/t ⟨trennb⟩* **to dig one's heels in** *fig* sich auf die Hinterbeine stellen *umg*
dig into *v/i ⟨+obj⟩* **to dig (deep) into one's pockets** *fig* tief in die Tasche greifen
dig out *v/t ⟨trennb⟩* ausgraben (**of** aus)
dig up *v/t ⟨trennb⟩* ausgraben; *Erde* aufwühlen; *Garten* umgraben; **where did you dig her up?** *umg* wo hast du die denn aufgegabelt? *umg*
digest [daɪˈdʒest] *v/t & v/i* verdauen
digestible [dɪˈdʒestɪbl] *adj* verdaulich
digestion [dɪˈdʒestʃən] *s* Verdauung *f*
digestive [dɪˈdʒestɪv] **A** *adj* Verdauungs- **B** *s* **1** US Aperitif *m* **2** *Br a.* **~ biscuit** Keks aus Weizenmehl
digestive system [dɪˈdʒestɪvsɪstəm] *s* Verdauungssystem *n*
digger [ˈdɪɡəʳ] *s* TECH Bagger *m*
digicam [ˈdɪdʒɪkæm] *s* Digitalkamera *f*
digit [ˈdɪdʒɪt] *s* **1** Finger *m* **2** Zehe *f* **3** MATH Ziffer *f;* **a four-digit number** eine vierstellige Zahl
digital [ˈdɪdʒɪtəl] *adj* Digital-; **~ display** Digitalanzeige *f;* **~ signature** digitale Signatur, elektronische Signatur; **~ technology** Digitaltechnik *f*
digital audio broadcasting *s* DAB *n,* Digitalradio *n*
digital audio tape *s* DAT-Band *n*
digital camera *s* Digitalkamera *f*
digitally [ˈdɪdʒɪtəlɪ] *adv* digital; **~ remastered** digital aufbereitet; **~ recorded** im Digitalverfahren aufgenommen
digital projector *s* Beamer *m*
digital radio *s* digitales Radio
digital receiver *s* TV Digitalempfänger *m,* Digitalreceiver *m*
digital recording *s* Digitalaufnahme *f*
digital technology *s* Digitaltechnik *f*
digital television, digital TV *s* digitales Fernsehen
digital (video) recorder *s* Festplattenrekorder *m,* digitaler Videorekorder
digitize [ˈdɪdʒɪtaɪz] *v/t* IT digitalisieren
dignified [ˈdɪɡnɪfaɪd] *adj Mensch* (ehr)würdig; *Art, Gesicht* würdevoll
dignitary [ˈdɪɡnɪtərɪ] *s* Würdenträger(in) *m(f)*
dignity [ˈdɪɡnɪtɪ] *s* Würde *f;* **to die with ~ in** Würde sterben; **to lose one's ~** sich blamieren
digress [daɪˈɡres] *v/i* abschweifen
digs [dɪɡz] *pl umg* möbliertes Zimmer
dike [daɪk] *s* → **dyke**
dilapidated [dɪˈlæpɪdeɪtɪd] *adj* verfallen
dilate [daɪˈleɪt] *v/i Pupillen* sich erweitern
dildo [ˈdɪldəʊ] *s ⟨pl -s⟩* Dildo *m*
dilemma [daɪˈlemə] *s* Dilemma *n;* **to be in a ~** sich in einem Dilemma befinden; **to place sb in a ~** j-n in ein Dilemma bringen
diligence [ˈdɪlɪdʒəns] *s* Fleiß *m*
diligent [ˈdɪlɪdʒənt] *adj* fleißig; *Suche, Arbeit* sorgfältig
diligently [ˈdɪlɪdʒəntlɪ] *adv* fleißig; *suchen, arbeiten* sorgfältig
dill [dɪl] *s* Dill *m*
dill pickle *s* saure Gurke (*mit Dill eingelegt*)
dilute [daɪˈluːt] **A** *v/t* verdünnen; **~ to taste** nach Geschmack verdünnen **B** *adj* verdünnt
dim [dɪm] **A** *adj ⟨komp* **dimmer**⟩ **1** *Licht* schwach; *Zimmer* dunkel; **the room grew dim** im Zimmer wurde es dunkel **2** undeutlich; *Erinnerung* dunkel; **I have a dim recollection of** it ich erinnere mich nur (noch) dunkel daran **3** *umg* (≈ *dumm*) beschränkt *umg* **B** *v/t Licht* dämpfen; **dimmed headlights** *pl* US Abblendlicht *n;* **to dim the lights** THEAT das Licht langsam ausgehen lassen **C** *v/i Licht* schwach werden
dime [daɪm] US **A** *s* Zehncentstück *n* **B** *v/t umg* **to ~ sb off** jdn verpfeifen *umg*
dimension [daɪˈmenʃən] *s* Dimension *f;* (≈ *Abmessung*) Maß *n*
-dimensional [-daɪˈmenʃənl] *adj ⟨suf⟩* -dimensional
diminish [dɪˈmɪnɪʃ] **A** *v/t* verringern **B** *v/i* sich verringern; **to ~ in size** kleiner werden; **to ~ in value** im Wert sinken
diminutive [dɪˈmɪnjʊtɪv] **A** *adj* winzig, klein; GRAM diminutiv **B** *s* GRAM Verkleinerungsform *f*
dimly [ˈdɪmlɪ] *adv* **1** *scheinen* schwach **2** undeutlich; *sehen* verschwommen; **I was ~ aware that …** es war mir undeutlich bewusst, dass …
dimmer [ˈdɪməʳ] *s* ELEK Dimmer *m;* **~s** *pl* US AUTO Abblendlicht *n,* Begrenzungsleuchten *pl*
dimmer switch *s* Dimmer *m*
dimness *s* **1** *von Licht* Schwäche *f;* **the ~ of the room** das Halbdunkel im Zimmer **2** *von Umriss* Undeutlichkeit *f*
dimple [ˈdɪmpl] *s an Backe, Kinn* Grübchen *n*
dimwit *umg s* Schwachkopf *m umg*
dimwitted [ˌdɪmˈwɪtɪd] *umg adj* beschränkt *umg,* schwachsinnig
din [dɪn] *s* Lärm *m;* **an infernal din** ein Höllenlärm *m*

dine [daɪn] v/i speisen (**on** etw); **they ~d on caviare every night** sie aßen jeden Abend Kaviar

diner ['daɪnə[r]] s **1** Speisende(r) m/f(m); in Restaurant Gast m **2** US Esslokal n **3** US Speisewagen m

dinghy ['dɪŋɡɪ] s Dingi n, Schlauchboot n

dinginess ['dɪndʒɪnɪs] s Unansehnlichkeit f

dingo ['dɪŋɡəʊ] s ⟨pl -s⟩ Dingo m (australischer Windhund)

dingy ['dɪndʒɪ] adj ⟨komp dingier⟩ düster

dining car s Speisewagen m

dining hall s, Speisesaal m

dining room s Esszimmer n, Speiseraum m

dining table s Esstisch m

dinky ['dɪŋkɪ] adj **1** Br umg (≈ niedlich) schnuckelig umg **2** US umg (≈ klein) winzig

dinner ['dɪnə[r]] s Abendessen n, Nachtmahl n österr, Nachtessen n schweiz; formell Essen n; (≈ Lunch) Mittagessen n; **to eat** od **have (one's) ~** zu Abend/Mittag essen; **we're having people to ~** wir haben Gäste zum Essen; **~'s ready** das Essen ist fertig; **to finish one's ~** zu Ende essen; **to go out to ~** auswärts essen (gehen)

dinner-dance s Abendessen mit Tanz

dinner guest s Gast m zum Abendessen

dinner jacket s Smoking(jacke) m/(f)

dinner money s Br SCHULE Essensgeld n

dinner party s Abendgesellschaft f (mit Essen); **to have** od **give a small ~** ein kleines Essen geben

dinner plate s Tafelteller m

dinner service s Tafelservice n

dinner table s Esstisch m; **be at the ~** bei Tisch sitzen

dinnertime s Essenszeit f

dinosaur ['daɪnəsɔː[r]] s Dinosaurier m

diocese ['daɪəsɪs] s Diözese f

diode ['daɪəʊd] s Diode f

dioxide [daɪ'ɒksaɪd] s Dioxid n

Dip abk (= diploma) Diplom n

dip [dɪp] **A** v/t **1** in Flüssigkeit tauchen (**into** in +akk); Brot (ein)tunken (**into** in +akk); **to dip sth in flour/egg** etw in Mehl/Ei wälzen **2** in Tasche etc: Hand stecken **3** Br AUTO Scheinwerfer abblenden; **dipped headlights** Abblendlicht n **4** US **dip your credit card** führen Sie Ihre Kreditkarte ein, bitte Kreditkarte einführen **B** v/i Boden sich senken; Temperatur, Preise fallen **C** s **1 to go for a** od **to have a dip** kurz mal schwimmen gehen **2** Bodensenke f; (≈ Abhang) Abfall m **3** von Preisen Fallen n **4** GASTR Dip m

phrasal verbs mit dip:

dip into v/i ⟨+obj⟩ **1** fig **to dip into one's pocket** tief in die Tasche greifen; **to dip into one's savings** an seine Ersparnisse gehen **2** Buch einen kurzen Blick werfen in (+akk)

diphtheria [dɪf'θɪərɪə] s Diphtherie f

diphthong ['dɪfθɒŋ] s Diphthong m

diploma [dɪ'pləʊmə] s Diplom n

diplomacy [dɪ'pləʊməsɪ] s Diplomatie f; **to use ~** diplomatisch vorgehen

diplomat ['dɪpləmæt] s Diplomat(in) m(f)

diplomatic [ˌdɪplə'mætɪk] adj diplomatisch

diplomatic bag Br s Diplomatenpost f

diplomatic immunity s Immunität f

diplomatic pouch US s Diplomatenpost f

diplomatic service s diplomatischer Dienst

dipper ['dɪpə[r]] s US ASTRON **the Big** od **Great/Little Dipper** der Große/Kleine Wagen od Bär

dippy ['dɪpɪ] umg adj meschugge umg

dip rod US s → dipstick

dipstick ['dɪpstɪk] s Ölmessstab m

DIP switch ['dɪpswɪtʃ] s COMPUT DIP-Schalter m

dip switch s AUTO Abblendschalter m

dire [daɪə[r]] adj **1** Folgen verheerend; Warnung, Drohung unheilvoll; Effekt katastrophal; Situation miserabel; **in ~ poverty** in äußerster Armut; **to be in ~ need of sth** etw dringend brauchen; **to be in ~ straits** in einer ernsten Notlage sein **2** umg (≈ schrecklich) mies umg

direct [daɪ'rekt] **A** adj direkt; Verantwortung, Ursache unmittelbar; Zug durchgehend; entgegengesetzt genau; **to be a ~ descendant of sb** ein direkter Nachkomme von j-m sein; **avoid ~ sunlight** direkte Sonneneinstrahlung meiden; **to take a ~ hit** einen Volltreffer einstecken **B** v/t **1** Bemerkung, Brief richten (**to** an +akk); Bemühungen, Blick richten (**towards** auf +akk); Wut auslassen (**towards** an +akk); **the violence was ~ed against the police** die Gewalttätigkeiten richteten sich gegen die Polizei; **to ~ sb's attention to sb/sth** j-s Aufmerksamkeit auf j-n/etw lenken; **can you ~ me to the town hall?** können Sie mir den Weg zum Rathaus sagen? **2** Firma leiten; Verkehr regeln **3** (≈ befehlen) anweisen (**sb to do sth** j-n, etw zu tun) **4** Film, Stück Regie führen bei; Sendung leiten **C** adv direkt

direct access s IT Direktzugriff m

direct action s direkte Aktion; **to take ~** direkt handeln

direct current s ELEK Gleichstrom m

direct debit s Einzugsermächtigung f; **to pay by ~** per Einzugsermächtigung bezahlen

direct flight s Direktflug m

direction [dɪ'rekʃən] s **1** Richtung f; **in the wrong/right ~** in die falsche/richtige Richtung; **in the ~ of Hamburg/the hotel** in Richtung Hamburg/des Hotels; **a sense of ~** Orientierungssinn m **2** von Firma Leitung f **3** von Film, Stück Regie f; von Sendung Leitung f **4** **~s** pl Anweisungen pl, Angaben pl; für Gebrauch (Gebrauchs)anweisung *f*; **für Weg** Wegbeschreibung *f*; **to ask for ~s** nach dem Weg fragen; **to give sb ~s** j-m den Weg beschreiben

directive [dɪˈrektɪv] *s* Anweisung *f*, Direktive *f*

direct line *s* TEL Durchwahl *f*

directly [dɪˈrektlɪ] *adv* direkt, sofort; (≈ *in Kürze*) gleich; (≈ *unverblümt*) offen; **he is ~ descended from X** er stammt in direkter Linie von X ab; **~ responsible** unmittelbar verantwortlich

direct object *s* GRAM direktes Objekt

director [dɪˈrektəʳ] *s* Direktor(in) *m(f)*; FILM, THEAT Regisseur(in) *m(f)*

director's chair *s* FILM Regiestuhl *m*

director's cut *s* FILM vom Regisseur geschnittene Fassung, Director's Cut *m*

directory [dɪˈrektərɪ] *s* 1 Adressbuch *n*; TEL Telefonbuch *n*; (≈ *Gelbe Seiten*) Branchenverzeichnis *n*; TEL **~ assistance** *US* (Fernsprech)auskunft *f* Br, **~ inquiries** Br 2 IT Verzeichnis *n*, Directory *n*

dirt [dɜːt] *s* Schmutz *m*, Erde *f*; (≈ *Kot*) Dreck *m*; **to be covered in ~** völlig verschmutzt sein; **to treat sb like ~** j-n wie (den letzten) Dreck behandeln *umg*

dirt bike *s* Geländemotorrad *n*

dirt-cheap *umg adj & adv* spottbillig *umg*

dirt road *s* unbefestigte Straße

dirt track *s* Feldweg *m*; SPORT Aschenbahn *f*

dirty [ˈdɜːtɪ] A *adj* ⟨*komp* dirtier⟩ schmutzig, dreckig; *Spieler* unfair; *Buch, Film, Ausdruck* unanständig; **to get sth ~** etw schmutzig machen; **to do the ~ deed** *Br mst hum* die Übeltat vollbringen; **a ~ mind** eine schmutzige Fantasie; **~ old man** *pej, hum* alter Lustmolch *umg*; **to give sb a ~ look** *umg* j-m einen giftigen Blick zuwerfen *umg* B *v/t* beschmutzen

dirty bomb *s* MIL *sl* schmutzige Bombe

dirty trick *s* gemeiner Trick

dirty weekend *hum umg s* Liebeswochenende *n*

dirty work *s* **to do sb's ~** *fig* sich (*dat*) für j-n die Finger schmutzig machen

dis [dɪs] *sl v/t abk* (= disrespect) j-n respektlos behandeln, dissen *sl*

disability [ˌdɪsəˈbɪlɪtɪ] *s* Behinderung *f*; Unvermögen *n*

disable [dɪsˈeɪbl] *v/t* 1 j-n zum/zur Behinderten machen 2 *Waffe* unbrauchbar machen

disabled A *adj* behindert; **severely/partially ~** schwer/leicht behindert; **physically ~** körperbehindert; **mentally ~** geistig behindert; **~ toilet** Behindertentoilette *f* B *pl* **the ~** die Behinderten *pl*

disadvantage [ˌdɪsədˈvɑːntɪdʒ] *s* Nachteil *m*; **to be at a ~** im Nachteil sein; **to put sb at a ~** j-n benachteiligen

disadvantaged *adj* benachteiligt

disadvantageous *adj*, **disadvantageously** [ˌdɪsædvɑːnˈteɪdʒəs, -lɪ] *adv* nachteilig

disaffected [ˌdɪsəˈfektɪd] *adj* enttäuscht; *Jugendliche, Schüler* demotiviert; *Wähler* politikverdrossen

disagree [ˌdɪsəˈgriː] *v/i* 1 mit j-m, Ansicht nicht übereinstimmen (**on** zu); mit *Vorschlag* nicht einverstanden sein; *zwei Menschen* sich (*dat*) nicht einig sein 2 eine Meinungsverschiedenheit haben 3 *Klima, Essen* **to ~ with sb** j-m nicht bekommen; **garlic ~s with me** ich vertrage keinen Knoblauch

disagreeable [ˌdɪsəˈgriːəbl] *adj* unangenehm; *Mensch* unsympathisch

disagreement *s* 1 *in Bezug auf Ansichten* Uneinigkeit *f* 2 Meinungsverschiedenheit *f*

disallow [ˌdɪsəˈlaʊ] *v/t* nicht anerkennen

disappear [ˌdɪsəˈpɪəʳ] *v/i* verschwinden; **he ~ed from sight** er verschwand; **to ~ into thin air** sich in Luft auflösen

disappearance [ˌdɪsəˈpɪərəns] *s* Verschwinden *n*

disappoint [ˌdɪsəˈpɔɪnt] *v/t* enttäuschen

disappointed *adj* enttäuscht; **she was ~ to learn that …** sie war enttäuscht, als sie erfuhr, dass …; **to be ~ that …** enttäuscht (darüber) sein, dass …; **to be ~ in** *od* **with** *od* **by sb/sth** von j-m/etw enttäuscht sein

disappointing [ˌdɪsəˈpɔɪntɪŋ] *adj* enttäuschend; **how ~!** so eine Enttäuschung!

disappointment *s* Enttäuschung *f*

disapproval [ˌdɪsəˈpruːvl] *s* Missbilligung *f*

disapprove [ˌdɪsəˈpruːv] *v/i* dagegen sein; **to ~ of sb** j-n ablehnen; **to ~ of sth** etw missbilligen

disapproving *adj*, **disapprovingly** [ˌdɪsəˈpruːvɪŋ, -lɪ] *adv* missbilligend

disarm [dɪsˈɑːm] A *v/t* entwaffnen B *v/i* MIL abrüsten

disarmament [dɪsˈɑːməmənt] *s* Abrüstung *f*

disarming [dɪsˈɑːmɪŋ] *adj Offenheit* entwaffnend

disarray [ˌdɪsəˈreɪ] *s* Unordnung *f*; **to be in ~** *Gedanken, Organisation* durcheinander sein

disassemble [ˈdɪsəˈsembl] *v/t* auseinandernehmen

disassociate [ˈdɪsəˈsəʊʃɪeɪt] *v/t* → dissociate

disaster [dɪˈzɑːstəʳ] *s* Katastrophe *f*, Unheil *n*; Fiasko *n*

disaster area *s* Katastrophengebiet *n*

disaster movie *s* Katastrophenfilm *m*

disastrous [dɪˈzɑːstrəs] *adj* katastrophal; **to be ~ for sb/sth** katastrophale Folgen für j-n/etw haben

disastrously [dɪˈzɑːstrəslɪ] *adv* katastrophal; **it all went ~ wrong** es was eine Katastrophe

disband [dɪsˈbænd] **A** v/t auflösen **B** v/i Armee, Verein sich auflösen

disbelief [ˈdɪsbəˈliːf] s Ungläubigkeit f; **in ~** ungläubig

disbelieve [ˈdɪsbəˈliːv] v/t nicht glauben

disc [dɪsk] s, **disk** bes US s **1** Scheibe f; ANAT Bandscheibe f **2** (≈ LP), a. COMPUT Platte f; (≈ Compact Disc) CD f; (≈ Digital Versatile Disc) DVD f

discard [dɪˈskɑːd] v/t ausrangieren; Idee, Plan verwerfen

discern [dɪˈsɜːn] v/t mit den Sinnen wahrnehmen; geistig erkennen

discernible [dɪˈsɜːnəbl] adj erkennbar

discerning [dɪˈsɜːnɪŋ] adj Publikum, Leser anspruchsvoll, kritisch; Auge, Ohr fein

discharge A [dɪsˈtʃɑːdʒ] v/t **1** Gefangenen, Patient entlassen; **he ~d himself (from hospital)** er hat das Krankenhaus auf eigene Verantwortung verlassen **2** ELEK entladen; Flüssigkeit, Gas ausstoßen; **the factory was discharging toxic gas into the atmosphere** aus der Fabrik strömten giftige Gase in die Atmosphäre; **to ~ effluents into a river** Abwässer in einen Fluss einleiten **B** [ˈdɪstʃɑːdʒ] s **1** von Soldat Abschied m **2** ELEK Entladung f; von Gas Ausströmen n; von Flüssigkeit Ausfluss m; von Eiter Absonderung f

disciple [dɪˈsaɪpl] wörtl s Jünger(in) m(f); fig Schüler(in) m(f)

disciplinary [ˌdɪsɪˈplɪnərɪ] adj Disziplinar-, disziplinarisch; **~ proceedings** od **procedures** Disziplinarverfahren n

discipline [ˈdɪsɪplɪn] **A** s Disziplin f; **to maintain ~** die Disziplin aufrechterhalten **B** v/t disziplinieren

disciplined adj diszipliniert

disc jockey s Diskjockey m

disclaim [dɪsˈkleɪm] v/t abstreiten; widerrufen

disclaimer [dɪsˈkleɪmə^r] s Dementi n; **to issue a ~** eine Gegenerklärung abgeben

disclose [dɪsˈkləʊz] v/t Geheimnis enthüllen; Nachricht, Identität bekannt geben; Einkommen angeben

disclosure [dɪsˈkləʊʒə^r] s **1** von Geheimnis Enthüllung f; von Nachricht, Identität Bekanntgabe f **2** Mitteilung f

disco [ˈdɪskəʊ] s ⟨pl -s⟩ Disco f

discolour [dɪsˈkʌlə^r], **discolor** US **A** v/t verfärben **B** v/i sich verfärben

discoloured [dɪsˈkʌləd] adj, **discolored** US adj verfärbt

discomfort [dɪsˈkʌmfət] wörtl s Beschwerden pl; fig (≈ Beklommenheit) Unbehagen n

disconcert [ˌdɪskənˈsɜːt] v/t beunruhigen

disconcerting adj beunruhigend

disconnect [ˈdɪskəˈnekt] v/t Rohr etc trennen; Fernseher, Bügeleisen den Stecker ziehen; Gas, Strom abstellen

discontent [ˈdɪskənˈtent] s Unzufriedenheit f

discontented adj, **discontentedly** [ˌdɪskənˈtentɪd, -lɪ] adv unzufrieden

discontinue [ˈdɪskənˈtɪnjuː] v/t aufgeben; Gespräch, Behandlung, Projekt abbrechen; Gebrauch beenden; HANDEL Modell, Serie auslaufen lassen; Produktion einstellen; **a ~d line** HANDEL eine ausgelaufene Serie

discord [ˈdɪskɔːd] s **1** Uneinigkeit f **2** MUS Dissonanz f, Missklang m

discotheque [ˈdɪskəʊtek] s Diskothek f

discount [ˈdɪskaʊnt] s Rabatt m, Skonto n/m; **to give a ~ on sth** Rabatt auf etw (akk) geben; **to give sb a 5% ~** j-m 5% Rabatt/Skonto geben; **at a ~** auf Rabatt/Skonto

discount rate s FIN Diskontsatz m

discount store s Discountgeschäft n

discourage [dɪsˈkʌrɪdʒ] v/t **1** entmutigen **2 to ~ sb from doing sth** j-m abraten, etw zu tun; mit Erfolg j-n davon abbringen, etw zu tun **3** abhalten; Annäherungsversuche, Spekulationen zu verhindern suchen; Rauchen unterbinden

discouragement [dɪsˈkʌrɪdʒmənt] s Entmutigung f; Zustand Mutlosigkeit f

discouraging adj, **discouragingly** [dɪsˈkʌrɪdʒɪŋ, -lɪ] adv entmutigend

discourse [ˈdɪskɔːs] s **1** form Diskurs m **2** LING Rede f; **direct/indirect ~** US direkte/indirekte Rede

discover [dɪsˈkʌvə^r] v/t entdecken; Schuldigen finden; Geheimnis, Wahrheit herausfinden; Ursache feststellen; Fehler bemerken

discoverer [dɪsˈkʌvərə^r] s Entdecker(in) m(f)

discovery [dɪsˈkʌvərɪ] s Entdeckung f

discredit [dɪsˈkredɪt] **A** v/t diskreditieren **B** s ⟨kein pl⟩ Misskredit m

discredited adj diskreditiert

discreet [dɪˈskriːt] adj diskret; Krawatte dezent; **at a ~ distance** in einer diskreten Entfernung; **to maintain a ~ presence** eine unauffällige Präsenz aufrechterhalten; **to be ~ about sth** etw diskret behandeln

discreetly [dɪˈskriːtlɪ] adv diskret; gekleidet, geschmückt dezent

discrepancy [dɪˈskrepənsɪ] s Diskrepanz f (**between** zwischen +dat)

discretion [dɪˈskreʃən] s **1** Diskretion f **2** Ermessen n; **to leave sth to sb's ~** etw in j-s Ermessen (akk) stellen; **use your own ~** Sie müssen nach eigenem Ermessen handeln

discriminate [dɪˈskrɪmɪneɪt] v/i **1** unterscheiden (**between** zwischen +dat) **2** Unterschiede machen (**between** zwischen +dat); **to ~ in fa-**

vour of sb *Br*, **to ~ in favor of sb** *US* j-n bevorzugen; **to ~ against sb** j-n benachteiligen, j-n diskriminieren

phrasal verbs mit discriminate:

discriminate against *v/i ⟨+obj⟩* diskriminieren; **they were discriminated against** sie wurden diskriminiert

discriminating [dɪˈskrɪmɪneɪtɪŋ] *adj Mensch* anspruchsvoll; *Auge* kritisch

discrimination [dɪˌskrɪmɪˈneɪʃən] *s* **1** Diskriminierung *f*; **racial ~** Rassendiskriminierung *f*; **sex(ual) ~** Diskriminierung *f* aufgrund des Geschlechts **2** Unterscheidung *f* (**between** zwischen +*dat*)

discriminatory [dɪˈskrɪmɪnətərɪ] *adj* diskriminierend

discus [ˈdɪskəs] *s* Diskus *m*; **in the ~** SPORT im Diskuswerfen

discuss [dɪˈskʌs] *v/t* besprechen, diskutieren

discussion [dɪˈskʌʃən] *s* Diskussion *f* (**of, about** über +*akk*); (≈ *Treffen*) Besprechung *f*; **after much** *od* **a lot of ~** nach langen Diskussionen; **to be under ~** zur Diskussion stehen; **that is still under ~** das ist noch in der Diskussion; **open to ~** zur Diskussion gestellt; **a subject for ~** ein Diskussionsthema *n*; **to come up for ~** zur Diskussion gestellt werden

disdain [dɪsˈdeɪn] **A** *v/t* verachten **B** *s* Verachtung *f*

disdainful [dɪsˈdeɪnfʊl] *adj*, **disdainfully** [dɪsˈdeɪnfəlɪ] *adv* herablassend; *Blick* verächtlich

disease [dɪˈziːz] *s* Krankheit *f*

diseased *adj* krank; *Gewebe* befallen

disembark [ˌdɪsɪmˈbɑːk] *v/i* von Bord gehen

disembarkation [ˌdɪsembɑːˈkeɪʃən] *s* Landung *f*

disenchanted [dɪsənˈtʃɑːntɪd] *adj* ernüchtert, desillusioniert (**with** von)

disenfranchise [ˈdɪsɪnˈfræntʃaɪz] *v/t* die bürgerlichen Ehrenrechte aberkennen (+*dat*)

disengage [ˌdɪsɪnˈgeɪdʒ] *v/t* **1** lösen (**from** aus) **2 to ~ the clutch** AUTO auskuppeln

disentangle [ˈdɪsɪnˈtæŋgl] *v/t* entwirren; **to ~ oneself (from sth)** *wörtl* sich (aus etw) lösen; *fig* sich (von etw) lösen

disfavour [dɪsˈfeɪvəʳ] *s*, **disfavor** *US s* Ungnade *f*; (≈ *Abneigung*) Missfallen *n*; **to fall into ~ (with)** in Ungnade fallen (bei)

disfigure [dɪsˈfɪgəʳ] *v/t* verunstalten; *Landschaft* verschandeln

disgrace [dɪsˈgreɪs] **A** *s* Schande *f* (**to** für); *Mensch* Schandfleck *m* (**to** +*gen*); **you're a complete ~!** mit dir kann man sich wirklich nur blamieren!; **the cost of rented accommodation is a ~** es ist eine Schande, wie teuer Mietwohnungen sind; **in ~** mit Schimpf und Schande; **to bring ~ (up)on sb** j-m Schande machen; **to be in ~** in Ungnade (gefallen) sein (**with** bei) **B** *v/t* Schande machen (+*dat*); *Familie* Schande bringen über (+*akk*); **to ~ oneself** sich blamieren

disgraceful *adj* erbärmlich (schlecht); *Benehmen, Szenen* skandalös; **it's quite ~ how …** es ist wirklich eine Schande, wie …

disgracefully *adv* schändlich

disgruntled [dɪsˈgrʌntld] *adj* verstimmt

disguise [dɪsˈgaɪz] **A** *v/t* unkenntlich machen; *Stimme* verstellen; *Missfallen* verbergen; *Geschmack* kaschieren; *Tatsachen* verschleiern; **to ~ oneself/sb as** sich/j-n verkleiden als **B** *s* Verkleidung *f*; **in ~** verkleidet

disgust [dɪsˈgʌst] **A** *s* Ekel *m*; *über j-s Benehmen* Empörung *f*; **in ~** voller Ekel/Empörung; **much to his ~ they went** sehr zu seiner Empörung gingen sie **B** *v/t Mensch, Anblick* anekeln; *Handlungen* empören

disgusted *adj* angeekelt; *über j-s Benehmen* empört; **to be ~ with sb** empört über j-n sein; **to be ~ with sth** angewidert von etw sein; **I was ~ with myself** ich war mir selbst zuwider

disgusting [dɪsˈgʌstɪŋ] *adj* **1** widerlich, ekelhaft **2** *Buch, Film* anstößig, obszön; **don't be ~** sei nicht so ordinär **3** unerhört

disgustingly [dɪsˈgʌstɪŋlɪ] *adv* ekelhaft

dish [dɪʃ] *s* **1** Schale *f*, Schüssel *f* **2 ~es** *pl* Geschirr *n*; **to do the ~es** abwaschen **3** Gericht *n*; **pasta ~es** Nudelgerichte *pl* **4 ~ aerial** *Br*, **~ antenna** *US* Parabolantenne *f*, Schüssel *f umg*

phrasal verbs mit dish:

dish out *umg v/t* ⟨*trennb*⟩ austeilen

dish up A *v/t* ⟨*trennb*⟩ *wörtl* auf dem Teller anrichten **B** *v/i* anrichten

disharmony [ˈdɪsˈhɑːmənɪ] *s* Disharmonie *f*

dishcloth [ˈdɪʃklɒθ] *s* Geschirrtuch *n*, Spültuch *n*

dishearten [dɪsˈhɑːtn] *v/t* entmutigen

disheartened [dɪsˈhɑːtnd] *adj* entmutigt

disheartening *adj*, **dishearteningly** [dɪsˈhɑːtnɪŋ, -lɪ] *adv* entmutigend

dishevelled [dɪˈʃevəld] *adj*, **disheveled** *US adj* Haare zerzaust; *Mensch* ungepflegt

dishonest [dɪsˈɒnɪst] *adj* unehrlich, verlogen; *Plan* unlauter

dishonestly [dɪsˈɒnɪstlɪ] *adv* **1** unehrlich; *behaupten* unehrlicherweise **2** betrügerisch, in betrügerischer Absicht

dishonesty [dɪsˈɒnɪstɪ] *s* Unehrlichkeit *f*, Verlogenheit *f*; *von Plan* Unlauterkeit *f*

dishonour [dɪsˈɒnəʳ], **dishonor** *US* **A** *s* Schande *f*; **to bring ~ (up)on sb** Schande über j-n bringen **B** *v/t* schänden; *seiner Familie* Schande machen (+*dat*)

dishonourable *adj*, **dishonorable** *US adj*, **dis-**

honourably [dɪsˈɒnərəbl, -ɪ] *adv*, **dishonorably** *US adv* unehrenhaft
dishtowel *US, schott s* Geschirrtuch *n*
dishwasher *s* (Geschirr)spülmaschine *f*
dishwasher-proof *adj* spülmaschinenfest
dishwashing liquid *s US* Spülmittel *n*
dishwater *s* Spülwasser *n*
dishy [ˈdɪʃɪ] *adj* ⟨*komp* dishier⟩ *umg Frau, Mann* toll *umg*
disillusion [ˌdɪsɪˈluːʒən] *v/t* desillusionieren
disincentive [ˌdɪsɪnˈsentɪv] *s* Entmutigung *f*
disinclination [ˌdɪsɪŋklɪˈneɪʃən] *s* Abneigung *f*
disinclined [ˈdɪsɪnˈklaɪnd] *adj* abgeneigt
disinfect [ˌdɪsɪnˈfekt] *v/t* desinfizieren
disinfectant [ˌdɪsɪnˈfektənt] *s* Desinfektionsmittel *n*
disinformation [ˌdɪsɪnfəˈmeɪʃn] *s* ⟨*kein pl*⟩ Desinformation *f*, gezielte Falschinformation
disinherit [ˈdɪsɪnˈherɪt] *v/t* enterben
disintegrate [dɪsˈɪntɪgreɪt] *v/i* zerfallen; *Gestein* auseinanderbröckeln; *Gruppe* sich auflösen; *Ehe, Gesellschaft* zusammenbrechen
disintegration [dɪsˌɪntɪˈgreɪʃən] *s* Zerfall *m*; *von Gestein* Auseinanderbröckeln *n*; *von Gruppe* Auflösung *f*; *von Ehe, Gesellschaft* Zusammenbruch *m*
disinterest [dɪsˈɪntrəst] *s* Desinteresse *n* (**in** an +*dat*)
disinterested [dɪsˈɪntrɪstɪd] *adj* **1** unvoreingenommen, unparteiisch **2** desinteressiert
disjointed [dɪsˈdʒɔɪntɪd] *adj* unzusammenhängend
disk [dɪsk] *s COMPUT* Platte *f*; (≈ *Floppy Disk*) Diskette *f*; **on ~** auf Platte/Diskette
disk drive *s* Diskettenlaufwerk *n*, Festplattenlaufwerk *n*
diskette [dɪsˈket] *s* Diskette *f*
disk operating system *s* Betriebssystem *n*
disk space *s* Speicherkapazität *f*
dislike [dɪsˈlaɪk] **A** *v/t* nicht mögen; **to ~ doing sth** etw ungern tun; **I ~ him/it intensely** ich mag ihn/es überhaupt nicht; **I don't ~ it** ich habe nichts dagegen **B** *s* Abneigung *f* (**of** gegen); **to take a ~ to sb/sth** eine Abneigung gegen j-n/etw entwickeln
dislocate [ˈdɪsləʊkeɪt] *v/t MED* verrenken; **to ~ one's shoulder** sich (*dat*) den Arm auskugeln
dislocation [ˌdɪsləʊˈkeɪʃn] *s* Verrenkung *f*
dislodge [dɪsˈlɒdʒ] *v/t* Blockierung lösen, herausstochern
disloyal [dɪsˈlɔɪəl] *adj* illoyal; **to be ~ to sb** j-m gegenüber nicht loyal sein
disloyalty [dɪsˈlɔɪəltɪ] *s* Illoyalität *f* (**to** gegenüber)
dismal [ˈdɪzməl] *adj Ort, Aussichten, Wetter* trostlos; *Leistung* miserabel

dismally [ˈdɪzməlɪ] *adv versagen* kläglich
dismantle [dɪsˈmæntl] *v/t* auseinandernehmen; *Gerüst* abbauen
dismay [dɪsˈmeɪ] **A** *s* Bestürzung *f*; **in ~** bestürzt **B** *v/t* bestürzen
dismember [dɪsˈmembə*r*] *v/t* zerstückeln
dismiss [dɪsˈmɪs] *v/t* **1** *aus Job etc* entlassen; *Versammlung* auflösen; **~!** wegtreten!; **"class ~ed"** „ihr dürft gehen" **2** *Spekulationen, Behauptungen* abtun; **to ~ sth from one's mind** etw verwerfen **3** *JUR Berufung* abweisen
dismissal [dɪsˈmɪsəl] *s* **1** Entlassung *f* **2** *JUR* Abweisung *f*
dismissive [dɪsˈmɪsɪv] *adj Bemerkung* wegwerfend; *Geste* abweisend
dismissively [dɪsˈmɪsɪvlɪ] *adv* abweisend
dismount [dɪsˈmaʊnt] *v/i* absteigen
disobedience [ˌdɪsəˈbiːdɪəns] *s* Ungehorsam *m* (**to** gegenüber)
disobedient [ˌdɪsəˈbiːdɪənt] *adj* ungehorsam
disobey [ˌdɪsəˈbeɪ] *v/t* nicht gehorchen (+*dat*); *Gesetz* übertreten
disorder [dɪsˈɔːdə*r*] *s* **1** Durcheinander *n*; **in ~** durcheinander **2** *POL* Unruhen *pl* **3** *MED* Funktionsstörung *f*; **eating ~** Essstörung *f*
disorderly [dɪsˈɔːdəlɪ] *adj* **1** unordentlich; *Warteschlange* ungeordnet **2** (≈ *ungebärdig*) wild; *Menge* undiszipliniert; *Benehmen* ungehörig
disorganized [dɪsˈɔːgənaɪzd] *adj* systemlos, chaotisch; **he is completely ~** bei ihm geht alles drunter und drüber
disorient [dɪsˈɔːrɪent], **disorientate** [dɪsˈɔːrɪənteɪt] *v/t* desorientieren; *fig* verwirren
disoriented [dɪsˈɔːrɪəntɪd] *adj* desorientiert, verwirrt
disown [dɪsˈəʊn] *v/t* verleugnen
disparaging *adj*, **disparagingly** [dɪˈspærɪdʒɪŋ, -lɪ] *adv* geringschätzig
dispatch **A** [dɪˈspætʃ] *v/t Brief, Waren* senden; *j-n, Truppen etc* (ent)senden **B** [dɪˈspætʃ, ˈdɪspætʃ] *s* (≈ *Bericht*) Depesche *f*
dispatch note *s von Waren* Begleitschein *m*
dispatch rider *s* Motorradkurier(in) *m(f)*; *MIL* Kradmelder(in) *m(f)*
dispel [dɪˈspel] *v/t Zweifel, Ängste* zerstreuen; *Mythos* zerstören
dispensable [dɪˈspensəbl] *adj* entbehrlich
dispense [dɪˈspens] *v/t* verteilen (**to** an +*akk*); *Automat* ausgeben; **to ~ justice** Recht sprechen
<u>phrasal verbs mit dispense:</u>
dispense with *v/i* ⟨+*obj*⟩ verzichten auf (+*akk*)
dispenser [dɪˈspensə*r*] *s* (≈ *Behälter*) Spender *m*; *mit Münzeinwurf* Automat *m*
dispensing [dɪˈspensɪŋ] *adj* **~ chemist** *Br* Apotheker(in) *m(f)*
dispersal [dɪˈspɜːsəl] *s* Verstreuen *n*; *von Menge*

Auflösung f

disperse [dɪˈspɜːs] **A** v/t verstreuen; BOT Samen verteilen; Menge auflösen; fig Wissen verbreiten **B** v/i sich auflösen

dispirited [dɪˈspɪrɪtɪd] adj entmutigt

displace [dɪsˈpleɪs] v/t verschieben; Menschen vertreiben

displaced person [dɪsˌpleɪstˈpɜːsn] s Vertriebene(r) m/f(m)

displacement s Verschiebung f; von Menschen Vertreibung f; von Wasser, Luft Verdrängung f; (≈ Ersatz) Ablösung f

display [dɪˈspleɪ] **A** v/t **1** etw zeigen; Gefühle zur Schau stellen; Macht demonstrieren; Bekanntmachung aushängen; auf Bildschirm anzeigen **2** Waren ausstellen **B** s **1** Zeigen n; von Gefühlen a. Zurschaustellung f; von Macht Demonstration f; **to make a great ~ of** etw groß zur Schau stellen; **to make a great ~ of doing sth** etw betont auffällig tun; **to be/go on ~** ausgestellt sein/werden; **these are only for ~** die sind nur zur Ansicht **2** von Gemälden etc Ausstellung f; von Tänzen Vorführung f; MIL Schau f; **firework ~** (öffentliches) Feuerwerk **3** HANDEL Auslage f **4** an Geräten Anzeige f, Display n

display cabinet s Schaukasten m

display case s Vitrine f

display unit s COMPUT Bildschirmgerät n

displease [dɪsˈpliːz] v/t missfallen (+dat)

displeasure [dɪsˈpleʒəʳ] s Missfallen n (**at** über +akk)

disposable [dɪˈspəʊzəbl] adj **1** Wegwerf-; **~ razor** Wegwerfrasierer m; **~ nappy** Br Wegwerfwindel f; **~ needle** Einwegnadel f; **~ contact lenses** Kontaktlinsen pl zum Wegwerfen **2** Einkommen verfügbar

disposable camera s Wegwerfkamera f, Einmalkamera f

disposal [dɪˈspəʊzəl] s **1** Loswerden n; von Müll, Leiche Beseitigung f **2** **the means at sb's ~** die j-m zur Verfügung stehenden Mittel; **to put sth at sb's ~** j-m etw zur Verfügung stellen; **to be at sb's ~** j-m zur Verfügung stehen

phrasal verbs mit disposal:

dispose of v/i (+obj) loswerden; Müll, Leiche beseitigen; (≈ töten) eliminieren

disposed [dɪˈspəʊzd] form adj **to be ~ to do sth** bereit sein, etw zu tun, etw tun wollen; **to be well ~ to(wards) sth** einer Sache (dat) wohlwollend gegenüberstehen

disposition [ˌdɪspəˈzɪʃən] s Veranlagung f; **her cheerful ~** ihre fröhliche Art

dispossess [ˌdɪspəˈzes] v/t enteignen

disproportionate [ˌdɪsprəˈpɔːʃnɪt] adj **to be ~ (to sth)** in keinem Verhältnis (zu etw) stehen; **a ~ amount of money** ein unverhältnismäßig hoher Geldbetrag

disproportionately [ˌdɪsprəˈpɔːʃnɪtlɪ] adv ⟨+adj⟩ unverhältnismäßig; **~ large numbers of ...** unverhältnismäßig viele ...

disprove [dɪsˈpruːv] v/t widerlegen

dispute [dɪˈspjuːt] v/t **1** Behauptung bestreiten; Anspruch, Testament anfechten **2** Thema sich streiten über (+akk); **the issue was hotly ~d** das Thema wurde hitzig diskutiert **3** kämpfen um; Gebiet beanspruchen **B** [dɪˈspjuːt, ˈdɪspjuːt] s **1** ⟨kein pl⟩ Disput m; **to be beyond ~** außer Frage stehen; **there is some ~ about which horse won** es ist umstritten, welches Pferd gewonnen hat **2** Streit m **3** IND Auseinandersetzung f

disqualification [dɪsˌkwɒlɪfɪˈkeɪʃən] s Ausschluss m; SPORT Disqualifikation f; **~ (from driving)** Führerscheinentzug m

disqualify [dɪsˈkwɒlɪfaɪ] v/t ausschließen (**from** von); SPORT etc disqualifizieren; **to ~ sb from driving** j-m den Führerschein entziehen

disquiet [dɪsˈkwaɪət] **A** v/t beunruhigen **B** s Unruhe f

disregard [ˈdɪsrɪˈɡɑːd] **A** v/t ignorieren **B** s Missachtung f (**for** +gen); **to show complete ~ for sth** etw völlig außer Acht lassen

disrepair [ˈdɪsrɪˈpɛəʳ] s Baufälligkeit f; **in a state of ~** baufällig; **to fall into ~** verfallen

disreputable [dɪsˈrepjʊtəbl] adj Mensch, Hotel, Kneipe verrufen; Benehmen unehrenhaft

disrepute [ˈdɪsrɪˈpjuːt] s schlechter Ruf; **to bring sth into ~** etw in Verruf bringen

disrespect [ˌdɪsrɪsˈpekt] s Respektlosigkeit f (**for** gegenüber); **to show ~ for sth** keinen Respekt vor etw (dat) haben

disrespectful adj, **disrespectfully** adv respektlos

disrupt [dɪsˈrʌpt] v/t stören

disruption [dɪsˈrʌpʃən] s Störung f

disruptive [dɪsˈrʌptɪv] adj störend; Effekt zerstörerisch

diss [dɪs] sl v/t etw abk (= disrespect) j-n respektlos behandeln, dissen sl

dissatisfaction [ˈdɪsˌsætɪsˈfækʃən] s Unzufriedenheit f

dissatisfactory [ˌdɪssætɪsˈfæktərɪ] adj unbefriedigend (**to** für)

dissatisfied [dɪsˈsætɪsfaɪd] adj unzufrieden

dissect [dɪˈsekt] v/t Tier sezieren; fig Bericht, Theorie zergliedern

dissent [dɪˈsent] s Nichtübereinstimmung f

dissenting [dɪˈsentɪŋ] adj ⟨attr⟩ abweichend

dissertation [ˌdɪsəˈteɪʃən] s wissenschaftliche Arbeit; für Doktorprüfung Dissertation f

disservice [dɪsˈsɜːvɪs] s **to do oneself/sb a ~**

sich/j-m einen schlechten Dienst erweisen

dissident ['dɪsɪdənt] **A** s Dissident(in) m(f), Regimekritiker(in) m(f) **B** adj andersdenkend; *Meinung* abweichend; POL regimekritisch

dissimilar [dɪ'sɪmɪlə^r] adj unterschiedlich (**to** von), verschieden; **not ~ (to sb/sth)** (j-m/einer Sache) nicht ungleich od nicht unähnlich

dissipate ['dɪsɪpeɪt] v/t *Nebel* auflösen; *Wärme* ableiten; *Zweifel, Ängste* zerstreuen; *Spannungen* lösen

dissipated ['dɪsɪpeɪtɪd] adj ausschweifend

dissociate [dɪ'səʊʃɪeɪt] v/t trennen (**from** von); **to ~ oneself from sb/sth** sich von j-m/etw distanzieren

dissolute ['dɪsəlu:t] adj *Mensch, Lebensstil* zügellos

dissolve [dɪ'zɒlv] **A** v/t auflösen **B** v/i sich (auf)lösen; **it ~s in water** es ist wasserlöslich, es löst sich in Wasser

dissuade [dɪ'sweɪd] v/t **to ~ sb from doing sth** j-n davon abbringen, etw zu tun

distance ['dɪstəns] **A** s Entfernung f, Abstand m; *zurückgelegt* Strecke f; **at a ~ of two feet** in zwei Fuß Entfernung; **the ~ between the railway lines** der Abstand zwischen den Eisenbahnschienen; **what's the ~ between London and Glasgow?** wie weit ist es von London nach Glasgow?; **in the ~** in der Ferne; **to gaze into the ~** in die Ferne starren; **he admired her from a ~** *fig* er bewunderte sie aus der Ferne; **it's within walking ~** es ist zu Fuß erreichbar; **a short ~ away** ganz in der Nähe; **it's quite a ~ (away)** es ist ziemlich weit (entfernt); **the race is over a ~ of 3 miles** das Rennen geht über eine Distanz von 3 Meilen; **to keep one's ~** Abstand halten **B** v/t **to ~ oneself/sb from sb/sth** sich/j-n von j-m/etw distanzieren

distant ['dɪstənt] **A** adj *örtlich, zeitlich* fern; *Klang, Verwandter, Erinnerung* entfernt; **the ~ mountains** die Berge in der Ferne; **in the not too ~ future** in nicht allzu ferner Zukunft **B** adv *zeitlich, örtlich* entfernt

distantly ['dɪstəntlɪ] adv **~ related (to sb)** entfernt (mit j-m) verwandt

distaste [dɪs'teɪst] s Widerwille m (**for** gegen)

distasteful [dɪs'teɪstfʊl] adj unangenehm

distil [dɪ'stɪl] v/t, **distill** US v/t CHEM destillieren; *Whisky etc* brennen

distillery [dɪ'stɪlərɪ] s Destillerie f, Brennerei f

distinct [dɪ'stɪŋkt] adj **1** verschieden, **as ~ from** im Unterschied zu **2** deutlich; *Geschmack* bestimmt; **to have ~ memories of sb/sth** sich deutlich an j-n/etw erinnern; **to get the ~ idea** od **impression that ...** den deutlichen Eindruck bekommen, dass ...; **to have the ~ feeling that ...** das bestimmte Gefühl haben, dass ...; **to have a ~ advantage (over sb)** (j-m gegenüber) deutlich im Vorteil sein; **there is a ~ possibility that ...** es besteht eindeutig die Möglichkeit, dass ...

distinction [dɪ'stɪŋkʃən] s **1** Unterschied m; **to make** od **draw a ~ (between two things)** (zwischen zwei Dingen) unterscheiden **2** SCHULE, UNIV Auszeichnung f; **he got a ~ in French** er hat das Französischexamen mit Auszeichnung bestanden

distinctive [dɪ'stɪŋktɪv] adj unverwechselbar; *Merkmal, Klang* unverkennbar; *Stimme, Kleidung* charakteristisch; (≈ *bemerkenswert*) auffällig; **~ features** von *Mensch* besondere Kennzeichen

distinctly [dɪ'stɪŋktlɪ] adv **1** deutlich **2** eindeutig; *seltsam* ausgesprochen

distinguish [dɪ'stɪŋgwɪʃ] **A** v/t **1** unterscheiden **2** *Gestalt* erkennen; **to ~ A from B** A von B unterscheiden **B** v/i **to ~ between** unterscheiden zwischen (+dat) **C** v/r sich auszeichnen

distinguishable [dɪ'stɪŋgwɪʃəbl] adj unterscheidbar; **to be (barely) ~ from sth** (kaum) von etw zu unterscheiden sein; **to be ~ by sth** an etw (dat) erkennbar sein

distinguished adj *Gast, Schriftsteller* angesehen; *Karriere* glänzend

distinguishing adj kennzeichnend; **he has no ~ features** er hat keine besonderen Kennzeichen

distort [dɪ'stɔ:t] v/t verzerren; *Tatsachen* verdrehen

distorted adj verzerrt; *Gesicht* entstellt

distortion [dɪ'stɔ:ʃən] s Verzerrung f; *von Tatsachen* Verdrehung f

distract [dɪ'strækt] v/t ablenken (**from** von); **to ~ sb's attention** j-n ablenken

distracted adj **1** zerstreut **2** beunruhigt

distraction [dɪ'strækʃən] s **1** ⟨*kein pl*⟩ Unaufmerksamkeit f **2** Ablenkung f **3** **to drive sb to ~** j-n zur Verzweiflung treiben

distraught [dɪ'strɔ:t] adj verzweifelt

distress [dɪ'stres] **A** s **1** Verzweiflung f, Leiden n, Kummer m **2** (≈ *Gefahr*) Not f; **to be in ~** *Schiff* in Seenot sein; *Flugzeug* in Not sein; **~ call** Notsignal n **B** v/t Kummer machen (+dat); **don't ~ yourself** machen Sie sich (dat) keine Sorgen!

distressed adj bekümmert, erschüttert (**about** von)

distressing [dɪ'stresɪŋ] adj erschreckend

distress signal s Notsignal n

distribute [dɪ'strɪbju:t] v/t verteilen (**to** an +akk); HANDEL *von Waren* vertreiben (**to, among** an +akk)

distribution [ˌdɪstrɪ'bju:ʃən] s Verteilung f, Verbreitung f; HANDEL Vertrieb m; **~ network** Vertriebsnetz n; **~ system** Vertriebssystem n

distribution channels pl WIRTSCH Vertriebswege pl

distributor [dɪˈstrɪbjʊtəʳ] s Verteiler(in) m(f); HANDEL Großhändler m, Händler(in) m(f)

district [ˈdɪstrɪkt] s Gebiet n; *von Stadt* Viertel n; *geografisch* Gegend f; ADMIN (Verwaltungs)bezirk m; **shopping/business ~** Geschäftsviertel n

district attorney US s Bezirksstaatsanwalt m/-anwältin f

district council Br s Bezirksregierung f

district court s US JUR Bezirksgericht n

district heating s Fernheizung f

distrust [dɪsˈtrʌst] **A** v/t misstrauen (+dat) **B** s Misstrauen n (**of** gegenüber)

distrustful [dɪsˈtrʌstfʊl] adj misstrauisch (**of** gegenüber)

disturb [dɪˈstɜːb] **A** v/t stören, beunruhigen; **sorry to ~ you** entschuldigen Sie bitte die Störung; **to ~ the peace** die Ruhe stören **B** v/i stören; **"please do not ~"** „bitte nicht stören"

disturbance s **1** Unruhe f; *in Straße* (Ruhe)störung f; **to cause** *od* **create a ~** Unruhe/eine Ruhestörung verursachen **2** (≈ Unterbrechung) Störung f

disturbed adj **1** PSYCH gestört **2** beunruhigt (**about, at, by** über +akk)

disturbing [dɪˈstɜːbɪŋ] adj beunruhigend; **some viewers may find these scenes ~** einige Zuschauer könnten an diesen Szenen Anstoß nehmen

disunite [ˈdɪsjuːˈnaɪt] v/t spalten, entzweien

disunity [ˌdɪsˈjuːnɪtɪ] s Uneinigkeit f

disuse [ˈdɪsˈjuːs] s **to fall into ~** nicht mehr benutzt werden

disused [ˈdɪsˈjuːzd] adj *Gebäude* leer stehend; *Zeche* stillgelegt

ditch [dɪtʃ] **A** s Graben m **B** v/t umg j-n abhängen umg; *Freundin* abservieren umg; *Plan* verwerfen

dither [ˈdɪðəʳ] v/i zaudern; **to ~ over sth** mit etw zaudern; **to ~ over how/whether ...** schwanken, wie/ob ...

ditto [ˈdɪtəʊ] s **I'd like coffee — ~ (for me)** umg ich möchte Kaffee — dito od ich auch

divan [dɪˈvæn] s Diwan m; ~ **bed** Liege f

dive [daɪv] ⟨v: prät dived; US dove, pperf dived⟩ **A** v/i **1** einen Kopfsprung machen; *unter Wasser* tauchen; *U-Boot* untertauchen; *Flugzeug* einen Sturzflug machen; **the goalkeeper ~d for the ball** der Torwart hechtete nach dem Ball **2** umg **he ~d under the table** er verschwand blitzschnell unter dem Tisch; **to ~ for cover** eilig in Deckung gehen; **he ~d into a taxi** er stürzte (sich) in ein Taxi **B** s **1** Kopfsprung m; Tauchgang m; *von Flugzeug* Sturzflug m; **to make a ~ for sth** fig umg sich auf etw (akk) stürzen **2** pej umg (≈ *Nachtklub etc*) Spelunke f umg

phrasal verbs mit dive:

dive in v/i **1** *Schwimmer* hineinspringen **2** umg *beim Essen* **dive in!** hau(t) rein! umg

dive centre Br s, **dive center** US s Tauchzentrum n

diver [ˈdaɪvəʳ] s Taucher(in) m(f), Turmspringer(in) m(f), Kunstspringer(in) m(f)

diverge [daɪˈvɜːdʒ] v/i abweichen (**from** von); *zwei Dinge* voneinander abweichen

diverse [daɪˈvɜːs] adj **1** *mit Singular* gemischt; *Auswahl* breit **2** *mit Plural* unterschiedlich; *Interessen* vielfältig

diversification [daɪˌvɜːsɪfɪˈkeɪʃən] s Abwechslung f; *von Unternehmen etc* Diversifikation f

diversify [daɪˈvɜːsɪfaɪ] **A** v/t abwechslungsreich(er) gestalten; *Unternehmen etc* diversifizieren **B** v/i HANDEL diversifizieren

diversion [daɪˈvɜːʃən] s **1** Br *von Verkehr etc* Umleitung f **2** (≈ *Entspannung*) Unterhaltung f **3** MIL, *a. fig* Ablenkung f; **to create a ~** ablenken; **as a ~** um abzulenken

diversity [daɪˈvɜːsɪtɪ] s Vielfalt f

divert [daɪˈvɜːt] v/t *Verkehr etc* umleiten; *Aufmerksamkeit* ablenken; *Schlag* abwenden; *Ressourcen* umlenken

divide [dɪˈvaɪd] **A** v/t **1** trennen **2** *a*. MATH teilen (**into** in +akk); *zwischen mehreren* aufteilen; **the river ~s the city into two** der Fluss teilt die Stadt; **to ~ 6 into 36, to ~ 36 by 6** 36 durch 6 teilen **3** verteilen **4** *bei Streit* entzweien **B** v/i sich teilen; **to ~ into groups** sich in Gruppen aufteilen **C** s **the cultural ~** die Kluft zwischen den Kulturen

phrasal verbs mit divide:

divide off A v/i sich (ab)trennen **B** v/t ⟨trennb⟩ (ab)trennen

divide out v/t ⟨trennb⟩ aufteilen (**among** unter +akk od dat)

divide up A v/i → divide B **B** v/t ⟨trennb⟩ → divide

divided [dɪˈvaɪdɪd] adj geteilt; *Regierung* zerstritten; **to have ~ loyalties** nicht zu vereinbarende Pflichten haben; **to be ~ on** od **over sth** sich in etw (dat) nicht einig sein

divided highway US s ≈ Schnellstraße f

dividend [ˈdɪvɪdend] s FIN Dividende f; **to pay ~s** fig sich bezahlt machen

dividing [dɪˈvaɪdɪŋ] adj (ab)trennend

dividing line s Trennlinie f

divine [dɪˈvaɪn] adj REL, *a. fig* umg göttlich

diving [ˈdaɪvɪŋ] s Tauchen n, Springen n; SPORT Wasserspringen n

diving board s (Sprung)brett n

diving suit s Taucheranzug m

divinity [dɪˈvɪnɪtɪ] s **1** Göttlichkeit f **2** Theologie

divisible [dɪˈvɪzəbl] *adj* teilbar (**by** durch)

division [dɪˈvɪʒən] *s* **1** Teilung *f*; MATH Teilen *n* **2** ADMIN Abteilung *f*; *in Firma* Geschäftsbereich *m* **3** *fig* zwischen sozialen Schichten Schranke *f* **4** *fig* Uneinigkeit *f* **5** SPORT Liga *f*

division of labour *s*, **division of labor** US *s* Arbeitsteilung *f*

divorce [dɪˈvɔːs] **A** *s* JUR Scheidung *f* (**from** von); **he wants a ~** er will sich scheiden lassen; **to get a ~ (from sb)** sich (von j-m) scheiden lassen **B** *v/t* sich scheiden lassen von; **to get ~d** sich scheiden lassen **C** *v/i* sich scheiden lassen

divorced [dɪˈvɔːst] *adj* JUR geschieden (**from** von)

divorcee [dɪˌvɔːˈsiː] *s* Geschiedene(r) *m/f(m)*; **she is a ~** sie ist geschieden

divorce lawyer *s* Scheidungsanwalt *m*, Scheidungsanwältin *f*

divulge [daɪˈvʌldʒ] *v/t* preisgeben

DIY [diːaɪˈwaɪ] *Br s abk* (= do-it-yourself) Heimwerken *n*; **she was doing some DIY** sie machte einige Heimwerkerarbeiten

DIY shop, **DIY store** *s* Baumarkt *m*

DIY store *s* Baumarkt *m*

dizziness [ˈdɪzɪnɪs] *s* Schwindel *m*

dizzy [ˈdɪzɪ] *adj* ⟨*komp* dizzier⟩ schwind(e)lig; **I'm (feeling) ~** mir ist schwind(e)lig (**from** von); **~ spell** Schwindelanfall *m*

DJ *abk* (= disc jockey) **A** *s* DJ *m* **B** *v/i* (Musik) auflegen

DNA *abk* (= desoxyribonucleic acid) DNS *f*

DNA profiling *s* genetischer Fingerabdruck

DNA sample *s* MED DNA-Probe *f*

DNA test *s* Gentest *m*

do [duː] ⟨*v*: *prät* did; *pperf* done⟩ **A** *v/aux* **1** *fragend, verneinend* **do you understand?** verstehen Sie?; **I don't** *od* **do not understand** ich verstehe nicht; **what did he say?** was hat er gesagt?; **didn't you** *od* **did you not know?** haben Sie das nicht gewusst?; **don't be silly!** sei nicht albern! **2** *zur Bestätigung* oder; **you know him, don't you?** Sie kennen ihn (doch), oder?; **you don't know him, do you?** Sie kennen ihn also nicht, oder?; **so you know them, do you?** *erstaunt* Sie kennen sie also wirklich!; **he does understand, doesn't he?** das versteht er doch, oder? **3** *als Verbersatz* **you speak better German than I do** Sie sprechen besser Deutsch als ich; **so do I** ich auch; **neither do I** ich auch nicht; **I don't like cheese but he does** ich mag keinen Käse, aber er schon; **they said he would go and he did** sie sagten, er würde gehen und das tat er (dann) auch **4** *bei Antwort* **do you see them often? — yes, I do/no, I don't** sehen Sie sie oft? — ja/nein; **you didn't go, did you? — yes, I did** Sie sind nicht gegangen, oder? — doch; **they speak French — oh, do they?** sie sprechen Französisch — ja?, ach, wirklich?; **they speak German — do they really?** sie sprechen Deutsch — wirklich?; **may I come in? — do!** darf ich hereinkommen? — ja, bitte; **shall I open the window? — no, don't!** soll ich das Fenster öffnen? — nein, bitte nicht!; **who broke the window? — I did** wer hat das Fenster eingeschlagen? — ich **5** *zur Betonung* **DO come!** *bes Br* kommen Sie doch (bitte)!; **DO shut up!** *bes Br* sei doch (endlich) ruhig!; **it's very expensive, but I DO like it** es ist zwar sehr teuer, aber es gefällt mir nun mal; **so you DO know them!** Sie kennen sie also doch! **B** *v/t* **1** tun, machen; **I've done a stupid thing** ich habe da was Dummes gemacht; **it can't be done** es lässt sich nicht machen; **can you do it by yourself?** schaffst du das allein?; **to do the housework/one's homework** die Hausarbeit/seine Hausaufgaben machen; **could you do this letter please** tippen Sie bitte diesen Brief; **you do the painting and I'll do the papering** du streichst an und ich tapeziere; **to do one's make-up** sich schminken; **to do one's hair** sich frisieren; **to do one's teeth** *Br* sich (*dat*) die Zähne putzen; **to do the dishes** spülen; **to do the washing** Wäsche waschen; **to do the ironing** bügeln, glätten *schweiz*; **to do sth about sth** etw gegen etw tun, etw gegen etw unternehmen; **he can't do anything about it** er kann nichts daran ändern; **are you doing anything this evening?** haben Sie heute Abend schon etwas vor?; **we'll have to do something about this** wir müssen da etwas unternehmen; **does that do anything for you?** macht dich das an? *umg*; **Brecht doesn't do anything for me** Brecht sagt mir nichts; **I've done everything I can** ich habe alles getan, was ich kann; **I've got nothing to do** ich habe nichts zu tun; **I shall do nothing of the sort** ich werde nichts dergleichen tun; **he does nothing but complain** er nörgelt immer nur; **what's to be done?** was ist da zu tun?; **but what can you do?** aber was kann man da machen?; **what do you want me to do (about it)?** und was soll ich da machen?; **well, do what you can** mach, was du kannst; **what have you done to him?** was haben Sie mit ihm gemacht?; **now what have you done!** was hast du jetzt bloß wieder angestellt *od* gemacht?; **what are you doing on Saturday?** was machen Sie am Sonnabend?; **how do you do it?** *erstaunt* wie machen Sie das bloß?; **what does your father do?** was macht Ihr Vater (beruflich)?; **that's done it** *umg* da haben wir die Bescherung! *umg*; **that does it!** jetzt reichts mir! **2** (≈ *bereitstellen*) **what can I do for you?** was kann ich für Sie tun?; **sorry, we don't do lunches** wir haben leider keinen Mittagstisch; **we do a wide range of herbal teas** wir führen eine große Auswahl an Kräutertees; **who did the food for your reception?** wer hat bei Ihrem Empfang für das Essen gesorgt? **3** *nur Prät, Part Perf* **the work's done now** die Arbeit ist gemacht *od* fertig; **I haven't done telling you what I think of you** *Br*, **I'm not done telling you what I think of you** mit dir bin ich noch lange nicht fertig; **done!** abgemacht!; **are you done?** *umg* bist du endlich fertig?; **it's all over and done with** das ist alles erledigt; *Geschehenes* das ist alles vorbei **4** SCHULE *etc* durchnehmen; **I've never done any German** ich habe nie Deutsch gelernt **5** GASTR machen *umg*; **to do the cooking** kochen; **well done** durch(gebraten); **is the meat done?** ist das Fleisch durch? **6** **to do a play** ein Stück aufführen; **to do a film** einen Film machen **7** (≈ *imitieren*) nachmachen **8** *Stadt, Sehenswürdigkeiten* besuchen **9** AUTO *etc* fahren; **this car can do 200** das Auto fährt 200 **10** *umg* passen (**sb** j-m); (≈ *genügen*) reichen (**sb** j-m); **that will do me nicely** das reicht allemal **11** *umg* **in Gefängnis** absitzen **C** *v/i* **1** **do as I do** mach es wie ich; **he did well to take advice** er tat gut daran, sich beraten zu lassen; **he did right** es war richtig von ihm; **he did right/well to go** es war richtig/gut, dass er gegangen ist **2** **how are you doing?** wie gehts (Ihnen?); **I'm not doing so badly** es geht mir gar nicht so schlecht; **he's doing well at school** er ist gut in der Schule; **how am I doing?** wie komme ich voran?; **to do well/badly in a test** bei einer Klassenarbeit gut/schlecht abschneiden; **his business is doing well** sein Geschäft geht gut; **how do you do?** guten Tag!; **3** (≈ *sich eignen*) gehen; **that will never do!** das geht nicht!; **this room will do** das Zimmer ist in Ordnung **4** reichen; **will £10 do?** reichen £ 10?; **you'll have to make do with £10** £ 10 müssen Ihnen reichen; **that'll do!** jetzt reichts aber! **D** *s* ⟨*pl* -s⟩ **1** *Br umg* Veranstaltung *f*, Fete *f* **2** **the dos** *od* **do's and don'ts** was man tut und nicht tun sollte

phrasal verbs mit do:

do away with *v/i* ⟨+obj⟩ abschaffen

do down *v/t* ⟨trennb⟩ *Br umg* (≈ *kritisieren*) runtermachen *umg*

do for *umg v/i* ⟨+obj⟩ j-n fertigmachen *umg*; *Projekt* zunichtemachen; **to be done for** *Mensch* erledigt sein *umg*; *Projekt* gestorben sein *umg*

do in *umg v/t* ⟨trennb⟩ **1** (≈ *töten*) um die Ecke bringen *umg* **2** **to be** *od* **feel done in** fertig sein *umg*

do out of *v/t* **to do sb out of sth** j-n um etw bringen

do up *v/t* ⟨trennb⟩ **1** *Kleid etc* zumachen **2** *Haus* (neu) herrichten

do with *v/i* ⟨+obj⟩ **1** brauchen; **I could do with a cup of tea** ich könnte eine Tasse Tee vertragen *umg*; **it could do with a clean** es müsste mal sauber gemacht werden **2** **what has that got to do with it?** was hat das damit zu tun?; **it's nothing to do with me!** ich habe damit nichts zu tun; **that has** *od* **is nothing to do with you!** das geht Sie gar nichts an!; **it has something to do with her being adopted** es hat etwas damit zu tun, dass sie adoptiert wurde; **it has to do with …** dabei geht es um …; **money has a lot to do with it** Geld spielt eine große Rolle dabei **3** **what have you done with my gloves/your hair?** was hast du mit meinen Handschuhen/deinem Haar gemacht?; **he doesn't know what to do with himself** er weiß nicht, was er mit sich anfangen soll **4** **to be done with sb/sth** mit j-m/etw fertig sein

do without *v/i* ⟨+obj⟩ auskommen ohne; **I can do without your advice** Sie können sich Ihren Rat sparen; **I could have done without that!** das hätte mir (wirklich) erspart bleiben können

doable ['duːəbl] *umg adj* machbar

d.o.b. *abk* (= date of birth) geb.

doc [dɒk] *umg s abk* (= doctor) Doktor

docile ['dəʊsaɪl] *adj* sanftmütig

dock[1] [dɒk] **A** *s* Dock *n*; **~s** *pl* Hafen *m* **B** *v/i Schiff* anlegen; *Raumschiff* andocken

dock[2] *s* JUR Anklagebank *f*; **to stand in the ~** auf der Anklagebank sitzen

dock[3] *v/t Lohn* kürzen; *Punkte* abziehen; **to ~ £100 off sb's wages** j-s Lohn um £ 100 kürzen

dock[4] *v/t* IT Dockingstation *f*, Docking Station *f*

dockland *s* Hafenviertel *n*

dockyard *s* Werft *f*

doctor ['dɒktə] **A** *s* **1** MED Arzt *m*, Ärztin *f*; **at/to the ~'s** (≈ *Praxis*) beim/zum Arzt; **to go to the ~** zum Arzt gehen; **to see a/the ~** zum Arzt gehen; **to send for the ~** den Arzt holen; **he is a ~** er ist Arzt; **a woman ~** eine Ärztin; **to be under ~'s orders** in ärztlicher Behandlung sein; **it's just what the ~ ordered** *fig umg* das ist genau das Richtige **2** UNIV Doktor(in) *m(f)*; **to get one's ~'s degree** promovieren, seinen Doktor machen; **Dear Doctor Smith** Sehr geehrter Herr Dr./Sehr geehrte Frau Dr. Smith **B** *v/t* fälschen

doctorate ['dɒktərɪt] s Doktorwürde f; **he's still doing his ~** er sitzt immer noch an seiner Doktorarbeit
doctrine ['dɒktrɪn] s Doktrin f, Lehre f
docudrama ['dɒkjʊˌdrɑːmə] s Dokudrama n
document ['dɒkjʊmənt] **A** s Dokument n **B** v/t dokumentieren; Fall beurkunden
documentary [ˌdɒkjʊˈmentərɪ] **A** adj dokumentarisch **B** s FILM, TV Dokumentarfilm m
documentation [ˌdɒkjʊmenˈteɪʃən] s Dokumentation f
docusoap ['dɒkjʊsəʊp] s TV Dokusoap f
doddle ['dɒdl] Br umg s **it was a ~** es war ein Kinderspiel umg
dodge [dɒdʒ] **A** v/t ausweichen (+dat); Wehrdienst sich drücken vor (+dat) **B** v/i ausweichen; **to ~ out of the way** zur Seite springen; **to ~ behind a tree** hinter einen Baum springen
dodgem® ['dɒdʒəm] s (Auto)skooter m
dodgy ['dɒdʒɪ] Br umg adj **1** Mensch, Firma zwielichtig; Gegend zweifelhaft; Plan unsicher; Situation verzwickt umg; **there's something ~ about him** er ist nicht ganz koscher umg; **he's on ~ ground** er befindet sich auf unsicherem Boden **2** Rücken, Herz schwach; Maschinenteil etc defekt
doe [dəʊ] s Reh n, Hirschkuh f
doer ['duːə*r*] s Tatmensch m, Macher(in) m(f)
does [dʌz] ⟨3. Person sg⟩ → do
doesn't ['dʌznt] abk (= does not) → do
dog [dɒg] **A** s **1** Hund m; **to walk the dog** den Hund ausführen **2** fig **it's dog eat dog** es ist ein Kampf aller gegen alle; **to work like a dog** umg wie ein Pferd arbeiten umg **B** v/t verfolgen; **dogged by controversy** von Kontroversen verfolgt
dog biscuit s Hundekuchen m
dog collar wörtl s Hundehalsband n; von Pfarrer Kollar n
dog-eared ['dɒgɪəd] adj mit Eselsohren
dog food s Hundefutter n
dogged ['dɒgɪd] adj zäh; Widerstand, Verfolgung hartnäckig
doggedly ['dɒgɪdlɪ] adv beharrlich
doggie, doggy ['dɒgɪ] umg s Hündchen n
doggie bag, doggy bag s Tüte oder Box, in der Essensreste aus dem Restaurant mit nach Hause genommen werden können; **could you put it in a ~ for me, please?** könnten Sie das für mich bitte einpacken?
doggy paddle s umg beim Schwimmen Paddeln n
dog licence s, **dog license** US s Hundemarke f
dogma ['dɒgmə] s Dogma n
dogmatic [dɒgˈmætɪk] adj dogmatisch; **to be very ~ about sth** in etw (dat) sehr dogmatisch sein

do-gooder ['duːˈgʊdə*r*] pej s Weltverbesserer m, Weltverbesserin f
dog paddle s umg → doggy paddle
dogsbody ['dɒgzbɒdɪ] Br s **she's/he's the general ~** sie/er ist (das) Mädchen für alles
dog show s Hundeausstellung f
dog sitter s, **dog-sitter** s Hundesitter(in) m(f)
dog-tired adj hundemüde
doily ['dɔɪlɪ] s (Zier)deckchen n
doing ['duːɪŋ] s **1** Tun n; **this is your ~** das ist dein Werk; **it was none of my ~** ich hatte nichts damit zu tun; **that takes some ~** da gehört (schon) etwas dazu **2** ~s pl umg Taten pl
do-it-yourself ['duːɪtjəˈself] adj & s → DIY
dojo [dəʊˈdʒəʊ] s ⟨pl -s⟩ SPORT Dojo n
doldrums ['dɒldrəmz] pl **to be in the ~** Trübsal blasen; Firma in einer Flaute stecken
dole [dəʊl] Br umg s Arbeitslosenunterstützung f, Alu f umg; **to go/be on the ~** stempeln (gehen) umg

phrasal verbs mit dole:

dole out v/t ⟨trennb⟩ austeilen
dole money Br umg s Arbeitslosenunterstützung f
doll [dɒl] s Puppe f

phrasal verbs mit doll:

doll up v/t **to get dolled up** umg sich aufdonnern
dollar ['dɒlə*r*] s Dollar m; **5 ~s** 5 Dollar
dollar bill s Dollarnote f
dollarisation Br s, **dollarization** US s FIN Dollarisierung f (Einführung des Dollars als Währung)
dollarise Br v/t & v/i, **dollarize** US v/t & v/i dollarisieren (den Dollar als Währung einführen)
dollars-and-cents adj ⟨attr⟩ finanziell; profitorientiert; **from a ~ point of view** aus rein finanzieller Sicht
dollar sign s Dollarzeichen n
dollop ['dɒləp] umg s Schlag m umg
doll's house s, **doll house** US s Puppenhaus n
dolly ['dɒlɪ] umg s Püppchen n
dolomite ['dɒləmaɪt] s Dolomit m; **the Dolomites** die Dolomiten pl
dolphin ['dɒlfɪn] s Delfin m
domain [dəʊˈmeɪn] fig s Domäne f; IT Domain f
domain name s IT Domainname m
dome [dəʊm] s ARCH Kuppel f
domestic [dəˈmestɪk] adj **1** häuslich; **~ quarrel** Ehekrach m; **~ appliances** Haushaltsgeräte pl; **for ~ use** für den Hausgebrauch **2** bes POL, HANDEL inländisch; Angelegenheiten innenpolitisch; **~ trade** Binnenhandel m
domestic animal s Haustier n
domesticated [dəˈmestɪkeɪtɪd] adj domestiziert; Mensch häuslich

domestic economy s POL Binnenwirtschaft f
domestic flight s Inlandflug m
domestic market s POL, HANDEL Binnenmarkt m
domestic partner s US Lebenspartner(in) m(f)
domestic policy, **domestic politics** s Innenpolitik f
domestic servant s Hausangestellte(r) m/f(m), Diener(in) m(f)
domestic violence s Gewalt f in der Familie
domicile ['dɒmɪsaɪl] s Wohnsitz m
dominance ['dɒmɪnəns] s Vorherrschaft f (**over** über +akk)
dominant ['dɒmɪnənt] adj dominierend; Gen dominant; **to be ~** od **the ~ force in sth** etw dominieren
dominate ['dɒmɪneɪt] v/t & v/i dominieren
domination [ˌdɒmɪ'neɪʃən] s (Vor)herrschaft f
domineering [ˌdɒmɪ'nɪərɪŋ] adj herrisch
Dominican Republic s Dominikanische Republik
dominion [də'mɪnɪən] s **1** ⟨kein pl⟩ Herrschaft f (**over** über +akk) **2** Herrschaftsgebiet n
domino ['dɒmɪnəʊ] s ⟨pl -es⟩ Domino(stein) m; **~es** Domino n; **a game of ~es** ein Dominospiel n
don [dɒn] Br s UNIV Universitätsdozent(in) besonders in Oxford and Cambridge
donate [dəʊ'neɪt] v/t & v/i spenden
donation [dəʊ'neɪʃən] s (≈ Vorgang) Spenden n; (≈ Geschenk) Spende f; **to make a ~ of £10,000** £ 10.000 spenden
done [dʌn] **A** pperf → **do** **B** adj **1** Arbeit erledigt; Gemüse gar; Fleisch durch; Kuchen durchgebacken; **to get sth ~** etw fertig kriegen; **to have/get sth ~** etw machen lassen; **is it ~ yet?** ist es schon erledigt?; **the butter is (all) ~** umg die Butter ist alle **2** **it's not the ~ thing** das tut man nicht
dongle ['dɒŋgl] s IT Surfstick m; Dongle m
donkey ['dɒŋkɪ] s Esel m
donkey's years Br umg pl **she's been here for ~** sie ist schon eine Ewigkeit hier
donkey-work ['dɒŋkɪwɜːk] Br s Routinearbeit f, Dreckarbeit f umg
donor ['dəʊnə'] s Spender(in) m(f)
donor card s Organspendeausweis m
don't [dəʊnt] abk (= do not) → **do**
donut ['dəʊnʌt] bes US s → **doughnut**
doodah ['duːdɑː] s, **doodad** ['duːdæd] US umg s Dingsda n umg
doodle ['duːdl] **A** v/i Männchen malen **B** v/t kritzeln **C** s Gekritzel n
doom [duːm] **A** s **1** Schicksal n **2** Verhängnis n; **it's not all gloom and ~** so schlimm ist es ja alles gar nicht **B** v/t verdammen; **to be ~ed** verloren sein; **~ed to failure** zum Scheitern verurteilt
doomsday ['duːmzdeɪ] s der Jüngste Tag
door [dɔː'] s **1** Tür f; von Kino etc Eingang m; **there's someone at the ~** da ist jemand an der Tür; **was that the ~?** hat es geklingelt/geklopft?; **to answer the ~** die Tür aufmachen; **on the ~** am Eingang; für Ticketverkauf an der Abendkasse; **to see sb to the ~** j-n zur Tür bringen; **to pay at the ~** an der (Abend)kasse zahlen; **three ~s away** drei Häuser weiter **2** **by** od **through the back ~** durch ein Hintertürchen; **to have a foot** od **toe in the ~** mit einem Fuß drin sein; **to be at death's ~** an der Schwelle des Todes stehen geh; **to show sb the ~** j-m die Tür weisen; **to shut** od **slam the ~ in sb's face** j-m die Tür vor der Nase zumachen; **out of ~s** im Freien; **behind closed ~s** hinter verschlossenen Türen
doorbell s Türklingel f; **there's the ~** es hat geklingelt
door chain s Sicherheitskette f
doorframe s Türrahmen m
doorhandle s Türklinke f, Türfalle f schweiz, Türknauf m
doorknob s Türknauf m
doorknocker s Türklopfer m
doorman s ⟨pl -men⟩ von Hotel Portier m; von Nachtklub etc Rausschmeißer m
doormat s Fußmatte f; fig Fußabtreter m
doorstep s Eingangsstufe f, Türstufe f; **the bus stop is just on my ~** fig die Bushaltestelle ist direkt vor meiner Tür
doorstop s, **doorstopper** s Türstopper m
door-to-door adj ⟨attr⟩, **door to door** adj ⟨präd⟩ **1** **~ salesman** Vertreter m **2** Lieferung von Haus zu Haus; **police are carrying out ~ inquiries** die Polizei befragt alle Anwohner
doorway s von Zimmer Tür f; von Gebäude Eingang m
dope [dəʊp] **A** umg s ⟨kein pl⟩ **1** SPORT Aufputschmittel n **2** (≈ Drogen, Marihuana) Stoff m umg **3** (≈ Idiot) Trottel m, Dussel m umg **B** v/t dopen
dope test s SPORT umg Dopingkontrolle f
dopey, **dopy** ['dəʊpɪ] adj ⟨+er⟩ umg (≈ dumm) bekloppt umg; (≈ nicht bei Sinnen) benebelt umg
dorm [dɔːm] umg s abk (= **dormitory**) Schlafsaal m; US Wohnheim n
dormant ['dɔːmənt] adj Vulkan untätig; Konto ruhend; **~ state** Ruhezustand m; **to remain ~** ruhen; Virus schlummern
dormer (window) ['dɔːmə('wɪndəʊ)] s Mansardenfenster n
dormitory ['dɔːmɪtrɪ] s Schlafsaal m; US Wohnheim n; **~ suburb** od **town** Schlafstadt f

DOS [dɒs] *abk* (= disk operating system) IT DOS *n*
dosage ['dəʊsɪdʒ] *s* Dosis *f*
dose [dəʊs] **A** *s* **1** MED Dosis *f*; *fig* Ration *f*; **he needs a ~ of his own medicine** *fig* man sollte es ihm mit gleicher Münze heimzahlen; **in small/large ~s** *fig* in kleinen/großen Mengen; **she's all right in small ~s** sie ist nur (für) kurze Zeit zu ertragen **2** *umg von Krankheit* Anfall *m*; **she's just had a ~ of the flu** sie hat gerade Grippe gehabt **B** *v/t j-n* Arznei geben (+dat)
doss [dɒs] *Br umg* **A** *s* Schlafplatz *m* **B** *v/i* (*a.* **doss down**) sich hinhauen *umg*
dosser ['dɒsə] *s Br umg* (≈ *Obdachloser*) Penner(in) *m(f)*
dosshouse ['dɒshaʊs] *s Br umg* (≈ *Obdachlosenheim*) Penne *f*
dossier ['dɒsɪeɪ] *s* Dossier *n/m*
dot [dɒt] **A** *s* **1** Punkt *m* **2** **to arrive on the dot** auf die Minute pünktlich (an)kommen; **at 3 o'clock on the dot** Punkt 3 Uhr **B** *v/t* **1** **dotted line** punktierte Linie; **to tear along the dotted line** entlang der punktierten Linie abtrennen; **to sign on the dotted line** *fig* formell zustimmen **2** verstreuen; **pictures dotted around the room** im Zimmer verteilte Bilder
dotcom, **dot.com** [dɒt'kɒm] *s abk*, **dot-com company** *s* Internetfirma *f*
dote on ['dəʊtɒn] *v/i* (+*obj*) abgöttisch lieben
doting ['dəʊtɪŋ] *adj* **her ~ parents** ihre sie abgöttisch liebenden Eltern
dot matrix (printer) *s* Matrixdrucker *m*
dotty ['dɒtɪ] *adj* <komp dottier> *Br umg* kauzig
double ['dʌbl] **A** *adv* **1** doppelt so viel; *zählen* doppelt; **~ the size (of)** doppelt so groß (wie); **~ the amount** doppelt so viel; **we paid her ~ what she was getting before** wir zahlten ihr das Doppelte von dem, was sie vorher bekam **2** **to bend ~** sich krümmen; **bent ~** zusammengekrümmt; **to fold sth ~** etw einmal falten **B** *adj* **1** doppelt **2** Doppel-; **it is spelled with a ~ p** es wird mit zwei p geschrieben; **my phone number is 9, ~ 3, 2, 4** meine Telefonnummer ist neun drei drei zwei vier **C** *s* **1** das Doppelte **2** (≈ *Mensch*) Doppelgänger(in) *m(f)*; FILM, THEAT Double *n* **3** Schnaps etc Doppelte(r) *m* **4** (≈ *Zimmer für zwei*) Doppelzimmer *n* **5** **at the ~** *a.* MIL im Laufschritt; *fig* im Eiltempo; **on the ~** *fig* auf der Stelle **D** *v/t* verdoppeln **E** *v/i* **1** sich verdoppeln **2** **this bedroom ~s as a study** dieses Schlafzimmer dient auch als Arbeitszimmer

phrasal verbs mit double:
double back *v/i* kehrtmachen
double over *v/i* → double up
double up *v/i* sich krümmen
double act *s bes* THEAT Zweigespann *n*

double agent *s* Doppelagent(in) *m(f)*
double-barrelled name *Br s* Doppelname *m*
double-barrelled shotgun *s*, **double-barreled shotgun** *US s* doppelläufiges Gewehr
double bass *s* Kontrabass *m*; **to play the ~** Kontrabass spielen
double bed *s* Doppelbett *n*
double-book *v/t* Zimmer, Platz doppelt reservieren; Flug doppelt buchen
double-breasted *adj* zweireihig
double-check *v/t & v/i* noch einmal (über)prüfen
double chin *s* Doppelkinn *n*
double-click **A** *v/t & v/i* IT doppelklicken (**on** auf +*akk*) **B** *s* Doppelklick *m*
double cream *Br s* Schlagsahne *f*, Schlag *m österr*, Schlagobers *n österr*, Nidel *m/f schweiz*
double-cross *umg v/t* ein Doppelspiel *od* falsches Spiel treiben mit
double-dealing **A** *s* Betrügerei(en) *f(pl)* **B** *adj* betrügerisch
double-decker *s* Doppeldecker *m*
double doors *pl* Flügeltür *f*
double Dutch *bes Br s* Kauderwelsch *n*; **it was ~ to me** das waren für mich böhmische Dörfer
double-edged [dʌbl'edʒd] *adj* zweischneidig; *Bemerkung* zweideutig
double entendre ['duːblɒn'tɒndrə] *bes Br s* Zweideutigkeit *f*
double figures *pl* zweistellige Zahlen *pl*
double glazed *adj* doppelt verglast
double glazing *s* Doppelfenster *pl*
double knot *s* Doppelknoten *m*
double life *s* Doppelleben *n*
double meaning *s* **it has a ~** es ist doppeldeutig
double name *US s* Doppelname *m*
double-park *v/i* in der zweiten Reihe parken
double-quick *umg* **A** *adv* im Nu **B** *adj* **in ~ time** im Nu
double room *s* Doppelzimmer *n*
doubles ['dʌblz] *s* <+sg *od* pl *v*> SPORT Doppel *n*; **to play ~** im Doppel spielen
double-sided *adj* IT zweiseitig
double-space *v/t* TYPO mit doppeltem Zeilenabstand drucken
double spacing *s* doppelter Zeilenabstand
double take *s* **he did a ~** er musste zweimal hingucken
double vision *s* MED **he suffered from ~** er sah doppelt
double whammy *s* Doppelschlag *m*
double yellow lines *pl gelbe Doppellinie am Fahrbahnrand zur Kennzeichnung des absoluten Halteverbots*
doubly ['dʌblɪ] *adv* doppelt; **to make ~ sure**

(that ...) ganz sichergehen(, dass ...)

doubt [daʊt] **A** s Zweifel m; **to have one's ~s about sth** (so) seine Bedenken hinsichtlich einer Sache (gen) haben; **I have my ~s about her** ich habe bei ihr (so) meine Bedenken; **I have no ~s about taking the job** ich habe keine Bedenken, die Stelle anzunehmen; **there's no ~ about it** daran gibt es keinen Zweifel; **I have no ~ about it** ich bezweifle das nicht; **to cast ~ on sth** etw in Zweifel ziehen; **I am in no ~ as to what** od **about what he means** ich bin mir völlig im Klaren darüber, was er meint; **the outcome is still in ~** das Ergebnis ist noch ungewiss; **when in ~** im Zweifelsfall; **no ~ he will come tomorrow** höchstwahrscheinlich kommt er morgen; **no ~, without (a) ~** ohne Zweifel, zweifellos **B** v/t bezweifeln; *Ehrlichkeit, Wahrheit* anzweifeln; **to ~ sb** j-m nicht glauben, j-m misstrauen; **I'm sorry I ~ed you** es tut mir leid, dass ich an dir gezweifelt habe; **I don't ~ it** das bezweifle ich (auch gar) nicht; **I ~ whether he will come** ich bezweifle, dass er kommen wird

doubtful ['daʊtfʊl] adj **1** unsicher; **I'm still ~** ich habe noch Bedenken; **to be ~ about sth** an etw *(dat)* zweifeln; **to be ~ about doing sth** Bedenken haben, ob man etw tun soll; **I was ~ whether I could manage it** ich bezweifelte, ob ich es schaffen könnte **2** unwahrscheinlich; **it is ~ that...** es ist zweifelhaft, ob ... **3** *Ruf* fragwürdig; *Ergebnis* ungewiss; *Geschmack, Qualität* zweifelhaft; **it is ~ whether ...** es ist fraglich, ob ...

doubtfully ['daʊtflɪ] adv unsicher

doubtless ['daʊtləs] adv zweifellos, sicherlich

dough [dəʊ] s **1** Teig m **2** umg (≈ Geld) Kohle f umg

doughnut ['dəʊnʌt] Br s, **donut** US s Donut m

dough scraper s Teigschaber m

dour ['dʊər] adj verdrießlich

douse [daʊs] v/t Wasser schütten über (+akk); **to ~ sb/sth in** od **with petrol** j-n/etw mit Benzin übergießen

dove¹ [dʌv] s Taube f

dove² [dəʊv] US prät → dive

dowdy ['daʊdɪ] adj ⟨komp dowdier⟩ ohne jeden Schick

down¹ [daʊn] **A** adv **1** *bei Richtungsangabe* herunter, hinunter, nach unten; **to jump ~** herunter-/hinunterspringen; **on his way ~ from the summit** auf seinem Weg vom Gipfel herab/hinab; **on the way ~ to London** auf dem Weg nach London runter umg; **all the way ~ to the bottom** bis ganz nach unten; **~ with ...!** nieder mit ...! **2** *Position* unten; **~ there** da unten; **~ here** hier unten; **head ~** mit dem Kopf nach unten; **I'll be ~ in a minute** ich komme sofort runter; **I've been ~ with flu** ich habe mit Grippe (im Bett) gelegen **3** **he came ~ from London yesterday** er kam gestern aus London; **he's ~ at his brother's** er ist bei seinem Bruder; **he lives ~ South** er wohnt im Süden; **his temperature is ~** sein Fieber ist zurückgegangen; **interest rates are ~ to/by 3%** der Zinssatz ist auf/um 3% gefallen; **he's ~ to his last £10** er hat nur noch £ 10; **they're still three goals ~** sie liegen immer noch mit drei Toren zurück; **I've got it ~ in my diary** ich habe es in meinem Kalender notiert; **let's get it ~ on paper** halten wir es schriftlich fest; **to be ~ for the next race** für das nächste Rennen gemeldet sein; **from the biggest ~** vom Größten angefangen; **~ through the ages** von jeher; **~ to** bis zu; **from 1700 ~ to the present** von 1700 bis zur Gegenwart; **to be ~ to sb/sth** an j-m/etw liegen; **it's ~ to you to decide** die Entscheidung liegt bei Ihnen; **I've put ~ a deposit on a new bike** ich habe eine Anzahlung für ein neues Fahrrad gemacht **B** präp **1** **to go ~ the hill** etc den Berg etc hinuntergehen; **he ran his finger ~ the list** er ging (mit dem Finger) die Liste durch; **he's already halfway ~ the hill** er ist schon auf halbem Wege nach unten; **the other skiers were further ~ the slope** die anderen Skifahrer waren weiter unten; **she lives ~ the street** sie wohnt weiter die Straße entlang; **he was walking ~ the street** er ging die Straße entlang; **if you look ~ this road** wenn Sie diese Straße hinunterblicken; **go ~ Leeds Road** gehen Sie die Leeds Straße entlang **2** Br umg **he's gone ~ the pub** er ist in die Kneipe gegangen; **she's ~ the shops** sie ist einkaufen gegangen **C** umg adj **1** **he was (feeling) a bit ~** er fühlte sich ein wenig down umg **2** (≈ defekt) **to be ~** außer Betrieb sein; IT abgestürzt sein **D** v/t *Bier etc* runterkippen umg; **to ~ tools** die Arbeit niederlegen

down² [daʊn] s (≈ Federn) Daunen pl, Flaumfedern pl; *auf Gesicht* Flaum m

down-and-out s Penner(in) m(f) umg

down arrow s IT Abwärtspfeil m

down-at-heel adj vergammelt

downcast adj entmutigt

downer ['daʊnər] s **1** Beruhigungsmittel n **2** umg to be on a **~** down sein umg

downfall s **1** Sturz m **2** Ruin m

downgrade v/t *Hotel, Job* herunterstufen; *j-n* degradieren

down-hearted adj entmutigt

downhill A adv bergab; **to go ~** heruntergehen/-fahren; *Straße* bergab gehen; **the econo-**

my is going ~ mit der Wirtschaft geht es bergab; **things just went steadily ~** es ging immer mehr bergab **B** *adj* **1 ~ slope** Abhang *m*; **the path is ~ for two miles** der Weg führt zwei Meilen bergab; **it was ~ all the way after that** danach wurde alles viel einfacher **2** SKI **~ skiing** Abfahrtslauf *m* **C** *s* SKI Abfahrtslauf *m*

down-home *adj* US bodenständig

Downing Street ['daʊnɪŋˌstriːt] *s* die Downing Street; *als Regierungssitz* die britische Regierung

download A *v/t* IT (herunter)laden **B** *v/i* IT **it won't ~** Runterladen ist nicht möglich **C** *s* IT Download *m* **D** *adj* ⟨*attr*⟩ IT ladbar

downloadable *adj* IT herunterladbar

downloading *s* Herunterladen *n*

download store *s* IT Downloadshop *m*

down-market A *adj Produkt* für den Massenmarkt; **this restaurant is more ~** dieses Restaurant ist weniger exklusiv **B** *adv* **to go ~** sich auf den Massenmarkt ausrichten

down payment *s* FIN Anzahlung *f*

downplay *v/t* herunterspielen *umg*

down point *s* Schwachstelle *f*, wunder Punkt

downpour *s* Wolkenbruch *m*

downright A *adv* ausgesprochen; *ekelhaft* geradezu **B** *adj* **a ~ lie** eine glatte Lüge

downriver *adv* flussabwärts (**from** von); **~ from Bonn** unterhalb von Bonn

downscale US *adj Ware, Produkt* minderwertig; *Hotel, Restaurant* der unteren Preisklasse

downshift *v/i* in eine schlechter bezahlte Stelle überwechseln runterschalten *umg*

downside *s* Kehrseite *f*

downsize ['daʊnsaɪz] **A** *v/t Firma* verschlanken, verkleinern; *Arbeitsplätze* abbauen **B** *v/i* sich verschlanken, sich verkleinern

downsizing *s* HANDEL, IT Downsizing *n*

Down's syndrome ['daʊnzˌsɪndrəʊm] **A** *s* MED Downsyndrom *n* **B** *adj* ⟨*attr*⟩ MED **a ~ baby** ein an Downsyndrom leidendes Kind

downstairs A [ˌdaʊnˈsteəz] *adv gehen* nach unten; *sich befinden, schlafen* unten **B** ['daʊnsteəz] *adj* **the ~ phone** das Telefon unten; **~ apartment** Parterrewohnung *f*; **our ~ neighbours** Br, **our ~ neighbors** US die Nachbarn unter uns; **the woman ~** die Frau von unten **C** [ˌdaʊnˈsteəz] *s* **the ~** das Erdgeschoss

downstate US *adj* **in ~ Illinois** im Süden von Illinois

downstream *adv* flussabwärts

down-to-earth *adj* nüchtern, sachlich; **he's very ~** er steht mit beiden Füßen auf der Erde

downtown US **A** *adv fahren* in die (Innen)stadt; *wohnen* in der (Innen)stadt **B** *adj* **~ Chicago** die Innenstadt von Chicago; **~ bus** Bus *m* in Richtung Stadtzentrum

downtrodden *adj* unterdrückt

downturn *s geschäftlich* Rückgang *m*; **to take a ~** zurückgehen; **his fortunes took a ~** sein Glücksstern sank

down under *umg* **A** *s* Australien *n*, Neuseeland *n* **B** *adv leben* in Australien/Neuseeland; *fliegen* nach Australien/Neuseeland

downward ['daʊnwəd] **A** *adv* (*a.* **downwards**) nach unten; **to work ~(s)** sich nach unten vorarbeiten; **to slope ~(s)** abfallen; **face ~(s)** *Mensch* mit dem Gesicht nach unten; *Buch* mit der aufgeschlagenen Seite nach unten; **everyone from the Queen ~(s)** jeder, bei der Königin angefangen **B** *adj* nach unten; **~ movement** Abwärtsbewegung *f*; **~ slope** Abhang *m*; **~ trend** Abwärtstrend *m*; **to take a ~ turn** sich zum Schlechteren wenden

downwind ['daʊnwɪnd] *adv* in Windrichtung (**of**, **from** +*gen*)

dowry ['daʊrɪ] *s* Mitgift *f*

dowse [daʊs] *v/t* → douse

doz *abk* (= **dozen**) Dtzd.

doze [dəʊz] **A** *s* Nickerchen *n*; **to have a ~** dösen **B** *v/i* (vor sich hin) dösen

phrasal verbs mit doze:

doze off *v/i* einnicken

dozen ['dʌzn] *s* Dutzend *n*; **80p a ~** 80 Pence das Dutzend; **two ~ eggs** zwei Dutzend Eier; **half a ~** ein halbes Dutzend; **~s of people came** *umg* eine ganze Menge; **~s of times** *umg* x--mal *umg*; **there were ~s of incidents like this one** *umg* es gab Dutzende solcher Vorfälle; **~s of people came** *umg* Dutzende von Leuten kamen

dozy ['dəʊzɪ] *adj* ⟨*komp* dozier⟩ **1** schläfrig, verschlafen **2** Br *umg* schwer von Begriff *umg*

dpi *abk* (= **dots per inch**) IT dpi

dpt *abk* (= **department**) Abt.

Dr *abk* (= **doctor**) Dr.

drab [dræb] *adj* ⟨*komp* drabber⟩ trist; *Leben etc* eintönig

drably ['dræblɪ] *adv gekleidet* trist; *gemalt* in tristen Farben

draft [drɑːft] **A** *s* **1** Entwurf *m* **2** US MIL Einberufung *f* (zum Wehrdienst) **3** US → draught **4** IT Konzeptausdruck *m* **B** *v/t* **1** entwerfen **2** US MIL einziehen; **he was ~ed into the England squad** er wurde für die englische Nationalmannschaft aufgestellt **C** *attr* IT **~ mode** Konzeptmodus *m*

draft letter *s* Entwurf *m* eines/des Briefes

draft version *s* Entwurf *m*

drafty ['drɑːftɪ] *adj* US → draughty

drag [dræɡ] **A** *s* **1 it was a long ~ up to the top of the hill** es war ein langer, mühseliger Aufstieg zum Gipfel **2** *umg* **what a ~!** langweilig

Mann, ist der/die/das langweilig! *umg; ärgerlich* so'n Mist *umg* **3** *umg an Zigarette* Zug *m* (**on, at** an +*dat*); **give me a ~** lass mich mal ziehen **4** *umg* **in ~** in Frauenkleidung **B** *v/t* **1** schleppen; **he ~ged her out of/into the car** er zerrte sie aus dem/in das Auto; **she ~ged me to the library every Friday** sie schleppte mich jeden Freitag in die Bücherei; **to ~ one's feet** *od* **heels** *fig* die Sache schleifen lassen **2** IT *mit Maus* ziehen **C** *v/i* **1** schleifen; *Füße* schlurfen **2** *fig Zeit, Arbeit* sich hinziehen; *Buch* sich in die Länge ziehen; *Gespräch* sich (mühsam) hinschleppen

phrasal verbs mit drag:

drag along *v/t* ⟨*trennb*⟩ mitschleppen
drag apart *v/t* ⟨*trennb*⟩ auseinanderzerren
drag away *v/t* ⟨*trennb*⟩ wegschleppen; **if you can drag yourself away from the television for a second ...** wenn du dich vielleicht mal für eine Sekunde vom Fernsehen losreißen könntest ...
drag behind **A** *v/t* ⟨+*obj*⟩ **to drag sb/sth behind one** j-n/etw hinter sich (*dat*) herschleppen **B** *v/t fig* zurückbleiben
drag down *wörtl v/t* ⟨*trennb*⟩ herunterziehen; *fig* mit sich ziehen
drag in *wörtl v/t* ⟨*trennb*⟩ hineinziehen; **look what the cat's dragged in** *fig umg* sieh mal, wer da kommt
drag off *wörtl v/t* ⟨*trennb*⟩ wegzerren; *fig* wegschleppen; **to drag sb off to a concert** j-n in ein Konzert schleppen
drag on *v/i* sich in die Länge ziehen; *Gespräch* sich hinschleppen
drag out *v/t* ⟨*trennb*⟩ **1** *Gespräch* in die Länge ziehen **2** **eventually I had to drag it out of him** schließlich musste ich es ihm aus der Nase ziehen *umg*
drag up *v/t umg Geschichte, Vergangenheit* ausgraben

drag and drop *s* IT Drag-and-Drop *n*
drag lift *s* SKI Schlepplift *m*
dragon ['drægən] *s* Drache *m*
dragonfly ['drægən,flaɪ] *s* Libelle *f*
drag queen *s umg* Travestiekünstler *m*
drain [dreɪn] **A** *s* **1** Rohr *n*, Abfluss *m*, Kanalisationsrohr *n*; (≈ *Abdeckung*) Rost *m*; **to pour money down the ~** *fig umg* das Geld zum Fenster hinauswerfen; **I had to watch all our efforts go down the ~** ich musste zusehen, wie alle unsere Bemühungen zunichte(gemacht) wurden **2** *von Ressourcen etc* Belastung *f* (**on** +*gen*) **B** *v/t* **1** *wörtl* drainieren; *Land* entwässern; *Gemüse* abgießen, abtropfen lassen **2** *fig* **to feel ~ed** sich ausgelaugt fühlen **3** *Glas* leeren **C** *v/i* **1** *Gemüse, Geschirr* abtropfen **2** *fig* **the blood ~ed from his face** das Blut wich aus seinem Gesicht

phrasal verbs mit drain:

drain away *v/i Flüssigkeit* ablaufen; *Kräfte* dahinschwinden
drain off *v/t* ⟨*trennb*⟩ abgießen, abtropfen lassen

drainage ['dreɪnɪdʒ] *s* **1** Dränage *f*; *von Land* Entwässerung *f* **2** Entwässerungssystem *n*; *von Haus, Stadt* Kanalisation *f*
draining board *s*, **drain board** US *s* Abtropffläche *f*
drainpipe *s* Abflussrohr *n*
drake [dreɪk] *s* Enterich *m*, Erpel *m*
dram [dræm] *Br s* Schluck *m* (Whisky)
drama ['drɑːmə] *s* **1** Drama *n*; TV Fernsehspiel *n*; **to make a ~ out of a crisis** eine Krise dramatisieren **2** Schauspielerei *f*
drama queen *pej umg s* Hysterikerin *f pej umg*; **don't be such a ~** *pej umg* nun mach mal kein Drama draus *pej umg*
dramatic [drə'mætɪk] *adj* dramatisch
dramatically [drə'mætɪklɪ] *adv* dramatisch
dramatist ['dræmətɪst] *s* Dramatiker(in) *m(f)*
dramatize ['dræmətaɪz] *v/t* dramatisieren
drank [dræŋk] *prät* → **drink**
drape [dreɪp] **A** *v/t* **to ~ sth over sth** etw über etw (*akk*) drapieren **B** *s* **drapes** US *pl* Gardinen *pl*
drastic ['dræstɪk] *adj* drastisch; *Veränderungen a.* einschneidend; **to take ~ action** drastische Maßnahmen ergreifen
drastically ['dræstɪkəlɪ] *adv* drastisch, radikal
draught [drɑːft] *Br*, **draft** US *s* **1** (Luft)zug *m*; **there's a terrible ~ in here** hier zieht es fürchterlich **2** Fassbier *n*; **on ~** vom Fass **3** **~s** *Br* +*sg v* Damespiel *n*; *pl* Damesteine *pl* **4** (≈ *Skizze*) → **draft**
draught beer *s*, **draft beer** US *s* Fassbier *n*
draughtboard ['drɑːftbɔːd] *Br s* Damebrett *s*
draughtsman ['drɑːftsmən] *s*, **draftsman** US *s* ⟨*pl* -men⟩ Zeichner *m*; *von Dokumenten* Verfasser *m*
draughty *adj* ⟨*komp* draughtier⟩, **drafty** ['drɑːftɪ] US *adj* ⟨*komp* draftier⟩ zugig; **it's ~ in here** hier zieht es
draw[1] [drɔː] ⟨*prät* drew, *pperf* drawn⟩ **A** *v/t* zeichnen; *Linie* ziehen; **we must ~ the line somewhere** *fig* irgendwo muss Schluss sein; **I ~ the line at cheating** Mogeln kommt für mich nicht infrage **B** *v/i* zeichnen
draw[2] [drɔː] ⟨*v: prät* drew, *pperf* drawn⟩ **A** *v/t* **1** ziehen; *Vorhänge* aufziehen, zuziehen; **he drew his chair nearer the fire** er rückte seinen Stuhl näher an den Kamin heran **2** holen; **to ~ inspiration from sb/sth** sich von j-m/etw inspi-

rieren lassen; **to ~ strength from sth** Kraft aus etw schöpfen; **to ~ comfort from sth** sich mit etw trösten; **to ~ money from the bank** Geld (vom Konto) abheben; **to ~ dole** Arbeitslosenunterstützung beziehen; **to ~ one's pension** seine Rente bekommen 🔳 **the play has ~n a lot of criticism** das Theaterstück hat viel Kritik auf sich (akk) gezogen; **he refuses to be ~n** er geht nicht darauf ein 🔳 Interesse erregen; Kunden anlocken; **to feel ~n toward(s) sb** sich zu j-m hingezogen fühlen 🔳 Schlussfolgerung, Vergleich ziehen; Unterscheidung treffen 🔳 SPORT **to ~ a match** unentschieden spielen 🔳 bei Auslosung etc ziehen; **we've been ~n (to play) away** wir sind für ein Auswärtsspiel gezogen worden **B** v/i 🔳 kommen; **he drew to one side** er ging/fuhr zur Seite; **to ~ to an end** od **to a close** zu Ende gehen; **the two horses drew level** die beiden Pferde zogen gleich; **to ~ near** herankommen (**to** an +akk); **he drew nearer** od **closer (to it)** er kam (immer) näher (heran); **Christmas is ~ing nearer** Weihnachten rückt näher 🔳 SPORT unentschieden spielen; **they drew 2-2** sie trennten sich 2:2 unentschieden **C** s 🔳 (≈ Lotterie) Ziehung f; SPORT Auslosung f 🔳 SPORT Unentschieden n; **it's a ~** es steht unentschieden; **the match ended in a ~** das Spiel endete unentschieden

phrasal verbs with draw:

draw alongside v/i heranfahren/-kommen (+obj an +akk)

draw apart v/i sich lösen

draw aside v/t ⟨trennb⟩ j-n beiseitenehmen

draw away v/i 🔳 Auto losfahren 🔳 Läufer etc davonziehen (**from** j-m) 🔳 sich entfernen; **she drew away from him when he put his arm around her** sie rückte von ihm ab, als er den Arm um sie legte

draw back **A** v/i zurückweichen **B** v/t ⟨trennb⟩ zurückziehen; Vorhänge aufziehen

draw in **A** v/i Zug einfahren; Auto anhalten **B** v/t ⟨trennb⟩ Publikum anziehen

draw into v/t ⟨trennb⟩ hineinziehen

draw off v/i Auto losfahren

draw on **A** v/i **as the night drew on** mit fortschreitender Nacht **B** v/i ⟨+obj⟩ a. **draw upon** sich stützen auf (+akk); **the author draws on his experiences in the desert** der Autor schöpft aus seinen Erfahrungen in der Wüste

draw out **A** v/i Zug ausfahren; Auto herausfahren (**of** aus) **B** v/t ⟨trennb⟩ 🔳 herausziehen; Geld abheben 🔳 in die Länge ziehen

draw together wörtl, fig v/t ⟨trennb⟩ miteinander verknüpfen

draw up **A** v/i (an)halten **B** v/t ⟨trennb⟩ 🔳 (≈ formulieren) entwerfen, abfassen; Testament aufsetzen; Liste aufstellen 🔳 Stuhl heranziehen

draw upon v/i ⟨+obj⟩ → **draw on** B

drawback ['drɔːbæk] s Nachteil m

drawbridge ['drɔːbrɪdʒ] s Zugbrücke f

drawer [drɔːr] s Schublade f

drawing ['drɔːɪŋ] s Zeichnung f; **I'm no good at ~** ich kann nicht gut zeichnen

drawing board s Reißbrett n; **it's back to the ~** fig das muss noch einmal ganz neu überdacht werden

drawing paper s Zeichenpapier n

drawing pin Br s Reißzwecke f

drawing room s Wohnzimmer n; in Villa Salon m

drawl [drɔːl] **A** v/t schleppend aussprechen **B** s schleppende Sprache; **a southern ~** ein schleppender südlicher Dialekt

drawn [drɔːn] **A** pperf → draw → **draw B** adj 🔳 Vorhänge zugezogen; Rollos heruntergezogen 🔳 von Sorgen abgehärmt 🔳 Spiel unentschieden

drawstring ['drɔːstrɪŋ] s Kordel f zum Zuziehen

dread [dred] **A** v/t sich fürchten vor (+dat); **I'm ~ing Christmas this year** dieses Jahr graut es mir vor Weihnachten; **I ~ to think what may happen** ich wage nicht daran zu denken, was passieren könnte; **I'm ~ing seeing her again** ich denke mit Schrecken an ein Wiedersehen mit ihr; **he ~s going to the dentist** er hat schreckliche Angst davor, zum Zahnarzt zu gehen **B** s **a sense of ~** ein Angstgefühl n; **the thought filled me with ~** bei dem Gedanken wurde mir angst und bange; **to live in ~ of being found out** in ständiger Angst davor leben, entdeckt zu werden

dreadful adj schrecklich; Wetter a. furchtbar; **what a ~ thing to happen** wie furchtbar, dass das passieren musste; **to feel ~** sich elend fühlen; **I feel ~ about it** (≈ beschämt) es ist mir schrecklich peinlich

dreadfully adv schrecklich

dreadlocks ['drɛdlɒks] pl Rastalocken pl, Dreadlocks pl

dream [driːm] ⟨v: prät, pperf dreamed; Br dreamt⟩ **A** v/i träumen (**about, of** von); **~ on!** umg träum (du nur) weiter! **B** v/t träumen; **he ~s of being free one day** er träumt davon, eines Tages frei zu sein; **I would never have ~ed of doing such a thing** ich hätte nicht im Traum daran gedacht, so etwas zu tun; **I wouldn't ~ of it** das würde mir nicht im Traum einfallen; **I never ~ed (that) ...** ich hätte mir nie träumen lassen, dass ... **C** s Traum m; **to have a bad ~** schlecht träumen; **the whole business was like a bad ~** die ganze Angelegenheit war wie ein böser Traum; **sweet ~s!** träume süß!; **to have a ~ about**

sb/sth von j-m/etw träumen; **it worked like a ~** *umg* das ging wie im Traum; **she goes round in a ~** sie lebt wie im Traum; **the woman of his ~s** die Frau seiner Träume; **never in my wildest ~s did I think I'd win** ich hätte in meinen kühnsten Träumen nicht gedacht, dass ich gewinnen würde; **all his ~ came true** all seine Träume gingen in Erfüllung; **it was a ~ come true** es war ein Traum, der wahr geworden war **D** *adj* ⟨*attr*⟩ Traum-; **~ house** Traumhaus *n*

phrasal verbs mit dream:

dream up *v/t* ⟨*trennb*⟩ sich (*dat*) ausdenken; **where did you dream that up?** wie bist du denn bloß darauf gekommen?

dreamer ['driːməʳ] *s* Träumer(in) *m(f)*
dreamily ['driːmɪlɪ] *adv* verträumt
dreamt [dremt] *Br prät & pperf* → dream
dreamy ['driːmɪ] *adj* ⟨*komp* dreamier⟩ verträumt
dreariness ['drɪərɪnɪs] *s* Trostlosigkeit *f*; *von Job, Leben* Eintönigkeit *f*
dreary ['drɪərɪ] *adj* ⟨*komp* drearier⟩ trostlos; *Job* eintönig; *Buch* langweilig, fad *österr*
dredge [dredʒ] *v/t Fluss, Kanal* ausbaggern, schlämmen

phrasal verbs mit dredge:

dredge up *v/t fig* ans Licht zerren

dregs [dregz] *pl von Kaffee* Bodensatz *m*; **the ~ of society** der Abschaum der Gesellschaft
drench [drentʃ] *v/t* durchnässen; **I'm absolutely ~ed** ich bin durch und durch nass; **to be ~ed in sweat** schweißgebadet sein
dress [dres] **A** *s* Kleid *n* **B** *v/t* **1** anziehen; **to ~ sb in sth** j-m etw anziehen; **~ed in black** schwarz gekleidet; **he was ~ed in a suit** er trug einen Anzug **2** GASTR *Salat* anmachen; *Hähnchen* bratfertig machen; **~ed crab** farcierter Krebs **3** *Wunde* verbinden **C** *v/i* sich anziehen; **to get ~ed** sich anziehen; **to ~ in black** sich schwarz kleiden; **to ~ for dinner** sich zum Essen umziehen

phrasal verbs mit dress:

dress down **A** *v/t* ⟨*trennb*⟩ **to dress sb down** j-n herunterputzen *umg* **B** *v/i* sich betont lässig kleiden

dress up *v/i* **1** sich fein machen, sich herausputzen **2** sich verkleiden; **he came dressed up as Santa Claus** er kam als Weihnachtsmann (verkleidet)

dress circle *s* erster Rang
dress code *s* Kleiderordnung *f*
dressed [drest] *adj* angezogen, gekleidet
dresser ['dresəʳ] *s* **1** Anrichte *f* **2** *US* Frisierkommode *f*
dressing ['dresɪŋ] *s* **1** MED Verband *m* **2** GASTR Dressing *n*
dressing-down *umg s* Standpauke *f umg*; **to give sb a ~** j-n herunterputzen *umg*
dressing gown *s* Morgenmantel *m*, Bademantel *m*
dressing room *s* THEAT (Künstler)garderobe *f*; SPORT Umkleidekabine *f*
dressing table *s* Frisierkommode *f*
dressmaker *s* (Damen)schneider(in) *m(f)*
dress rehearsal *s* Generalprobe *f*
dress sense *s* **her ~ is appalling** sie zieht sich fürchterlich an
drew [druː] *prät* → draw¹; → draw²
dribble ['drɪbl] **A** *v/i* **1** *Flüssigkeit* tropfen **2** *Mensch* sabbern **3** SPORT dribbeln **B** *v/t* **1** SPORT **to ~ the ball** mit dem Ball dribbeln **2** *Baby* kleckern; **he ~d milk down his chin** er kleckerte sich (*dat*) Milch übers Kinn **C** *s* **1** *von Wasser* ein paar Tropfen **2** *von Speichel* Tropfen *m*
dribs and drabs [‚drɪbzən'dræbz] *pl* **in ~** *umg* kleckerweise *umg*
dried [draɪd] **A** *prät & pperf* → dry **B** *adj* getrocknet; *Blut* eingetrocknet; **~ yeast** Trockenhefe *f*
dried flowers *pl* Trockenblumen *pl*
dried fruit *s* Dörrobst *n*
drier *s* → dryer
drift [drɪft] **A** *v/i* **1** treiben; *Sand* wehen **2** *fig Mensch* sich treiben lassen; **to let things ~** die Dinge treiben lassen; **he was ~ing aimlessly along** *in Leben etc* er lebte planlos in den Tag hinein; **young people are ~ing away from the villages** junge Leute wandern aus den Dörfern ab; **the audience started ~ing away** das Publikum begann wegzugehen **B** *s* **1** *von Sand, Schnee* Verwehung *f* **2** (= *Bedeutung*) Tendenz *f*; **I caught the ~ of what he said** ich verstand, worauf er hinauswollte; **if you get my ~** wenn Sie mich richtig verstehen

phrasal verbs mit drift:

drift apart *v/i* sich fremd werden; *von Eheleuten etc* sich auseinanderleben

drift off *v/i* **to drift off (to sleep)** einschlafen

drifter ['drɪftəʳ] *s* Gammler(in) *m(f)*; **he's a bit of a ~** ihn hält's nirgends lange
driftwood *s* Treibholz *n*
drill¹ [drɪl] **A** *s* Bohrer *m* **B** *v/t* bohren; *Zahn* anbohren **C** *v/i* bohren; **to ~ for oil** nach Öl bohren
drill² [drɪl] *s für Notfall* Übung *f*
drilling rig ['drɪlɪŋrɪg] *s* Bohrinsel *f*
drily ['draɪlɪ] *adv bemerken* trocken
drink [drɪŋk] ⟨*v: prät* drank; *pperf* drunk⟩ **A** *v/t* trinken; **is the water fit to ~?** ist das Trinkwasser? **B** *v/i* trinken; **he doesn't ~** er trinkt nicht; **his father drank** sein Vater war Trinker; **to go out ~ing** einen trinken gehen; **to ~ to sb/sth**

auf j-n/etw trinken; **I'll ~ to that** darauf trinke ich **C** s **1** Getränk n; **food and ~** Essen und Getränke; **to have a ~** etw trinken; **may I have a ~?** kann ich etwas zu trinken haben?; **would you like a ~ of water?** möchten Sie etwas Wasser? **2** *alkoholisch* Drink m; **have a ~!** trink doch was!; **can I get you a ~?** kann ich Ihnen etwas zu trinken holen?; **I need a ~!** ich brauche was zu trinken!; **he likes a ~** er trinkt gern (einen); **the ~s are on me** die Getränke zahle ich; **the ~s are on the house** die Getränke gehen auf Kosten des Hauses **3** ⟨*kein pl*⟩ Alkohol m; **he has a ~ problem** er trinkt; **to be the worse for ~** betrunken sein; **to take to ~** zu trinken anfangen; **his worries drove him to ~** vor lauter Sorgen fing er an zu trinken

phrasal verbs mit drink:

drink up v/i & v/t ⟨*trennb*⟩ austrinken; **drink up!** trink aus!

drinkable ['drɪŋkəbl] *adj* trinkbar

drink-driver *Br* s angetrunkener Autofahrer, angetrunkene Autofahrerin

drink-driving *Br* s Trunkenheit f am Steuer

drinker ['drɪŋkəʳ] s Trinker(in) m(f); **he's a heavy ~** er ist ein starker Trinker

drinking ['drɪŋkɪŋ] **A** s Trinken n; **his ~ caused his marriage to break up** an seiner Trunksucht ging seine Ehe in die Brüche; **underage ~** der Alkoholkonsum von Minderjährigen **B** *adj* Trink-; **~ spree** Sauftour f *umg*

drinking chocolate s Trinkschokolade f

drinking fountain s Trinkwasserbrunnen m

drinking problem s Alkoholproblem n

drinking water s Trinkwasser n

drinking yoghurt Trinkjoghurt m/n

drinks machine s Getränkeautomat m

drinks reception s Stehempfang m (*bei dem Getränke gereicht werden*)

drip [drɪp] **A** v/i tropfen; **to be ~ping with sweat** schweißgebadet sein; **to be ~ping with blood** vor Blut triefen **B** v/t tropfen **C** s **1** (≈ *Geräusch*) Tropfen n **2** Tropfen m **3** MED Tropf m; **to be on a ~** am Tropf hängen **4** *umg* Mensch Waschlappen m *umg*

drip-dry A *adj Hemd* bügelfrei **B** v/t tropfnass aufhängen

dripping ['drɪpɪŋ] **A** *adj* **1** ~ **(wet)** tropfnass **2** *Wasserhahn* tropfend **B** s Tropfen n

drive [draɪv] ⟨v: *prät* drove; *pperf* driven⟩ **A** v/t **1** treiben; **to ~ sb out of the country** j-n aus dem Land (ver)treiben; **to ~ sb mad** j-n verrückt machen; **to ~ sb to murder** j-n zum Mord treiben **2** *Auto, Passagier* fahren; **I'll ~ you home** ich fahre Sie nach Hause **3** *Motor* antreiben, betreiben **4** *bei Arbeit etc* hart herannehmen **B** v/i **1** fahren; **can you** *od* **do you ~?** fahren Sie Auto?; **he's learning to ~** er lernt Auto fahren; **did you come by train? — no, we drove** sind Sie mit der Bahn gekommen? — nein, wir sind mit dem Auto gefahren; **it's cheaper to ~** mit dem Auto ist es billiger **2** *Regen* schlagen **C** s **1** AUTO (Auto)fahrt f; **to go for a ~** ein bisschen (raus)fahren; **he took her for a ~** er machte mit ihr eine Spazierfahrt; **it's about one hour's ~** es ist etwa eine Stunde Fahrt (entfernt) **2** (*a.* ~**way**) Einfahrt f, Auffahrt f **3** PSYCH *etc* Trieb m; **sex ~** Sexualtrieb m **4** (≈ *Energie*) Schwung m **5** HANDEL, POL *etc* Aktion f **6** MECH **front-wheel/rear-wheel ~** Vorderrad-/Hinterradantrieb m; **left-hand ~** Linkssteuerung f **7** COMPUT Laufwerk n

phrasal verbs mit drive:

drive along v/i dahinfahren

drive at v/i ⟨+*obj*⟩ *fig* (≈ *meinen*) hinauswollen auf (+*akk*)

drive away A v/i wegfahren **B** v/t ⟨*trennb*⟩ j-n, *Sorgen* vertreiben

drive back A v/i zurückfahren **B** v/t ⟨*trennb*⟩ **1** zurückdrängen **2** zurückfahren

drive home v/t ⟨*trennb*⟩ *Nagel* einschlagen; *Argument* einhämmern

drive in A v/i (hinein)fahren; **he drove into the garage** er fuhr in die Garage **B** v/t ⟨*trennb*⟩ *Nagel* (hin)einschlagen

drive off A v/i abfahren, wegfahren **B** v/t ⟨*trennb*⟩ **1** *Feind* vertreiben **2** **he was driven off in an ambulance** er wurde in einem Krankenwagen weggebracht *od* abtransportiert

drive on v/i weiterfahren

drive out v/t ⟨*trennb*⟩ hinaustreiben

drive over A v/i hinüberfahren **B** v/t ⟨*immer getrennt*⟩ hinüberfahren

drive up A v/i vorfahren **B** v/t *Preise* in die Höhe treiben

drive-by *adj Schießerei* aus dem fahrenden Auto heraus

drive-in A *adj* ~ **cinema** *bes Br* Autokino n; ~ **restaurant** Drive-in-Restaurant n **B** s (≈ *Restaurant*) Drive-in m

drivel ['drɪvl] *pej* s Blödsinn m

driven ['drɪvn] *pperf* → drive

-driven ['drɪvn] *adj* ⟨*suf*⟩ -betrieben; **battery--driven** batteriebetrieben

driver ['draɪvəʳ] s **1** Fahrer(in) m(f); **~'s seat** *wörtl* Fahrersitz m **2** COMPUT Treiber m

driver awareness course s AUTO *bei Verkehrsvergehen* Nachschulung f, Aufbauseminar n

driver's license *US* s Führerschein m

drive-through, drive-thru *bes US* **A** s Drive-in m **B** *adj Restaurant* Drive-in-

driveway s Auffahrt f, Zufahrtsstraße f

driving ['draɪvɪŋ] **A** s Fahren n; **I don't like ~**

ich fahre nicht gern (Auto) **B** *adj* **1** **the ~ force behind sth** die treibende Kraft bei etw **2** **~ rain** peitschender Regen; **~ snow** Schneetreiben *n*

driving conditions *pl* Straßenverhältnisse *pl*
driving instructor *s* Fahrlehrer(in) *m(f)*
driving lesson *s* Fahrstunde *f*
driving licence *Br s* Führerschein *m*
driving mirror *s* Rückspiegel *m*
driving offence *s,* **driving offense** *US s* Verkehrsdelikt *n*
driving school *s* Fahrschule *f*
driving seat *s* Fahrersitz *m*; **to be in the ~** *fig* die Zügel in der Hand haben
driving test *s* Fahrprüfung *f*
drizzle ['drɪzl] **A** *s* Nieselregen *m* **B** *v/i* nieseln **C** *v/t* träufeln
drizzly ['drɪzlɪ] *adj* **it's ~** es nieselt
drone [drəʊn] **A** *s von Bienen* Summen *n*; *von Motor* Brummen *n* **B** *v/i* **1** *Biene* summen; *Motor* brummen **2** (*a.* **~ on**) eintönig sprechen; **he ~d on and on for hours** er redete stundenlang in seinem monotonen Tonfall
drool [druːl] *v/i* sabbern; *Tier* geifern

phrasal verbs mit drool:
drool over *v/i* ⟨+obj⟩ ins Schwärmen geraten für; **he sat there drooling over a copy of Playboy** er geilte sich an einem Playboyheft auf *sl*

droop [druːp] *v/i* **1** *wörtl* Schultern hängen; *Kopf* herunterfallen; *Lider* herunterhängen; *vor Müdigkeit* zufallen; *Blumen* die Köpfe hängen lassen **2** *fig* erlahmen
droopy ['druːpɪ] *adj* schlaff; *Schwanz* herabhängend; *Schnurrbart* nach unten hängend; *Lider* herunterhängend
drop [drɒp] **A** *s* **1** Tropfen *m*; **a ~ of blood** ein Tropfen *m* Blut; **a ~ of wine?** ein Schlückchen *n* Wein? **2** *von Temperatur, Preisen* Rückgang *m* (**in** +*gen*); *plötzlich* Sturz *m* (**in** +*gen*); **a ~ in prices** ein Preisrückgang *m*/-sturz *m* **3** Höhenunterschied *m*; **there's a ~ of ten feet down to the ledge** bis zu dem Felsvorsprung geht es zehn Fuß hinunter; **it was a sheer ~ from the top of the cliff into the sea** die Klippen fielen schroff zum Meer ab **B** *v/t* **1** fallen lassen; *Bombe* abwerfen; **I ~ped my watch** meine Uhr ist runtergefallen; **don't ~ it!** lass es nicht fallen!; **he ~ped his heavy cases on the floor** er setzte *od* stellte seine schweren Koffer auf dem Boden ab **2** *mit Auto: j-n* absetzen; *Waren etc* abliefern **3** *Bemerkung, Namen* fallen lassen; *Andeutung* machen **4** **to ~ sb a note** *od* **a line** j-m ein paar Zeilen schreiben **5** auslassen, weglassen (**from** in +*dat*); **the paper refused to ~ the story** die Zeitung weigerte sich, die Geschichte fallen zu lassen; **6** aufgeben; *Idee, Freund* fallen lassen; *Gespräch* abbrechen; *JUR Fall* niederschlagen; **you'd better ~ the idea** schlagen Sie sich (*dat*) das aus dem Kopf; **to ~ sb from a team** j-n aus einer Mannschaft nehmen; **to ~ geography** Geografie abwählen; **let's ~ the subject** lassen wir das Thema; **~ it!** *umg* hör auf (damit)!; **~ everything!** *umg* lass alles stehen und liegen! **C** *v/i* **1** (herunter)fallen; *Temperatur etc* sinken; *Wind* sich legen **2** fallen; **to ~ to the ground** sich zu Boden fallen lassen; **I'm ready to ~** *umg* ich bin zum Umfallen müde *umg*; **she danced till she ~ped** *umg* sie tanzte bis zum Umfallen *umg*; **to ~ dead** tot umfallen; **~ dead!** *umg* geh zum Teufel! *umg* **3** (≈ *aufhören*) *Gespräch etc* aufhören; **to let sth ~** etw auf sich beruhen lassen; **shall we let it ~?** sollen wir es darauf beruhen lassen?

phrasal verbs mit drop:
drop back *v/i* zurückfallen
drop behind *v/i* zurückfallen; **to drop behind sb** hinter j-n zurückfallen
drop by *umg v/i* vorbeikommen
drop down A *v/i* herunterfallen; **he dropped down behind the hedge** er duckte sich hinter die Hecke; **to drop down dead** tot umfallen; **he has dropped down to eighth** er ist auf den achten Platz zurückgefallen **B** *v/t* ⟨*trennb*⟩ fallen lassen
drop in *umg v/i* vorbeikommen; **I've just dropped in for a minute** ich wollte nur mal kurz hereinschauen
drop off A *v/i* **1** abfallen; *Griff etc* abgehen **2** einschlafen **B** *v/t* ⟨*trennb*⟩ j-n absetzen; *Paket* abliefern
drop out *v/i* **1** herausfallen (**of** aus) **2** *aus Wettbewerb etc* ausscheiden (**of** aus); **to drop out of a race** *vor dem Start* an einem Rennen nicht teilnehmen; *nach dem Start* aus dem Rennen ausscheiden; **he dropped out of the course** er gab den Kurs auf; **to drop out of society** aus der Gesellschaft aussteigen *umg*; **to drop out of school** *Br* die Schule vorzeitig verlassen; *US* die Universität vorzeitig verlassen

drop-down menu *s IT* Dropdown-Menü *n*, Aufklappmenü *n*
drop-in centre *Br s* Tagesstätte *f*
droplet ['drɒplɪt] *s* Tröpfchen *n*
dropout *s aus Gesellschaft* Aussteiger(in) *m(f) umg*; *UNIV* Studienabbrecher(in) *m(f)*; *SCHULE* Schulabgänger/in *m(f)*
droppings ['drɒpɪŋz] *pl* Kot *m*
drought [draʊt] *s* Dürre *f*
drove[1] [drəʊv] *prät* → drive
drove[2] [drəʊv] *s* Schar *f*; **they came in ~s** sie kamen in hellen Scharen

drown [draʊn] **A** v/i ertrinken **B** v/t **1** ertränken; **to be ~ed** ertrinken; **to ~ one's sorrows** seine Sorgen ertränken **2** (a. **~ out**) Lärm, Stimmen übertönen

drowse [draʊz] v/i (vor sich (akk) hin) dösen

drowsiness ['draʊzɪnɪs] s Schläfrigkeit f, Verschlafenheit f; **to cause ~** schläfrig machen

drowsy ['draʊzɪ] adj ⟨komp drowsier⟩ schläfrig, verschlafen

drudgery ['drʌdʒərɪ] s stumpfsinnige Plackerei

drug [drʌg] **A** s **1** MED Medikament n; für Narkose Betäubungsmittel n; SPORT Dopingmittel n; **he's on ~s** MED er muss Medikamente nehmen **2** Droge f; **to be on ~s** drogensüchtig sein; **to take** od **do ~s** Drogen nehmen **B** v/t für Narkose betäuben

drug abuse s Drogenmissbrauch m; **~ prevention** Drogenprävention f

drug addict s Drogensüchtige(r) m/f(m)

drug addiction s Drogensucht f

drug dealer s Drogenhändler(in) m/f(m)

drugged [drʌgd] adj **to be ~** unter Beruhigungsmitteln stehen; **he seemed ~** er schien wie betäubt

druggist ['drʌgɪst] US s Drogist(in) m/f(m)

drug pusher s Dealer(in) m/f(m) umg

drug squad s Rauschgiftdezernat n

drugs raid s Drogenrazzia f

drugs test s Dopingtest m

drugstore US s Drogerie f, Drugstore m

drug taking s Einnehmen n von Drogen

drug traffic, drug trafficking s Drogenhandel m

drug trafficker s Drogenschieber(in) m/f(m)

drug trafficking s Drogenhandel m

drug user s Drogenbenutzer(in) m/f(m)

drug victim s Drogenopfer n

drum [drʌm] **A** s **1** MUS Trommel f; **the ~s** Pop, Jazz das Schlagzeug; **to play the ~s** Schlagzeug spielen **2** für Öl Tonne f **B** v/i MUS, a. fig trommeln **C** v/t **to ~ one's fingers on the table** mit den Fingern auf den Tisch trommeln

phrasal verbs mit drum:

drum into v/t ⟨immer getrennt⟩ **to drum sth into sb** j-m etw eintrichtern umg

drum up v/t ⟨trennb⟩ Begeisterung wecken; Unterstützung auftreiben

drumbeat s Trommelschlag m

drummer ['drʌmə^r] s Schlagzeuger(in) m/f(m)

drumstick ['drʌmstɪk] s **1** MUS Trommelschlägel od -stock m **2** von Hähnchen Keule f

drunk [drʌŋk] **A** pperf → **drink B** adj ⟨(+er) präd⟩ **1** betrunken; **he was slightly ~** er war leicht betrunken; **to get ~** betrunken werden (**on** von), sich betrinken (**on** mit); **to be as ~ as a lord** od **skunk** umg blau wie ein Veilchen sein umg **2** fig **to be ~ with** od **on success** vom Erfolg berauscht sein; **to be ~ with** od **on power** im Machtrausch sein **C** s Betrunkene(r) m/f(m), Trinker(in) m/f(m)

drunkard ['drʌŋkəd] s Trinker(in) m/f(m)

drunk driver bes US s angetrunkener Autofahrer, angetrunkene Autofahrerin

drunk driving, drunken driving bes US s Trunkenheit f am Steuer

drunken adj ⟨attr⟩ betrunken; Abend feuchtfröhlich; **in a ~ rage** in einem Wutanfall im Vollrausch; **in a ~ stupor** im Vollrausch

drunkenly ['drʌŋkənlɪ] adv betrunken; sich benehmen wie ein Betrunkener/eine Betrunkene

drunkenness s Betrunkenheit f; gewohnheitsmäßig Trunksucht f

drunkometer [drʌŋ'kɒmɪtə^r] s US → Breathalyzer

drunk tank s US umg Ausnüchterungszelle f

dry [draɪ] ⟨prät, pperf dried⟩ **A** v/t trocknen; **to dry oneself** sich abtrocknen; **he dried his hands** er trocknete sich (dat) die Hände ab; **to dry the dishes** das Geschirr abtrocknen; **to dry one's eyes** sich (dat) die Tränen abwischen **B** v/i **1** trocknen **2** beim Spülen abtrocknen **C** adj trocken; **to run dry** Fluss austrocknen; **dry spell** Trockenperiode f; **the dry season** die Trockenzeit; **to rub oneself dry** sich abrubbeln; **dry bread** trocken Brot **D** s **to give sth a dry** etw trocknen

phrasal verbs mit dry:

dry off A v/i trocknen **B** v/t ⟨trennb⟩ abtrocknen

dry out A v/i Kleider trocknen; Erde, Haut austrocknen **B** v/t ⟨trennb⟩ Kleider trocknen; Erde, Haut austrocknen

dry up A v/i **1** Bach austrocknen; Feuchtigkeit trocknen; Inspiration, Einkommen versiegen **2** beim Spülen abtrocknen **B** v/t ⟨trennb⟩ Geschirr abtrocknen; Flussbett austrocknen

dry-clean v/t chemisch reinigen; **to have a dress ~ed** ein Kleid chemisch reinigen lassen

dry-cleaner's s chemische Reinigung

dry-cleaning s chemische Reinigung

dryer ['draɪə^r] s **1** Wäschetrockner m **2** Händetrockner m **3** Trockenhaube f

dry ice s Trockeneis n

drying-up s Abtrocknen n; **to do the ~** abtrocknen

dryness s Trockenheit f

dry-roasted adj trocken geröstet

dry rot s (Haus)schwamm m

dry run s Probe f

DSL abk (= digital subscriber line) DSL; **DSL connection** DSL-Anschluss m

DST bes US abk (= daylight saving time) Sommerzeit

DTI *Br abk* (= Department of Trade and Industry) ≈ Handelsministerium *n*

DTP *abk* (= desktop publishing) DTP *n*

dual ['djʊəl] *adj* **1** doppelt **2** zweierlei

dual carriageway *Br s* ≈ Schnellstraße *f*

dual nationality *s* doppelte Staatsangehörigkeit

dual-purpose *adj* zweifach verwendbar

dub [dʌb] *v/t Film* synchronisieren; **the film was dubbed into French** der Film war französisch synchronisiert; **dubbed version** Synchronfassung *f*

dubbing ['dʌbɪŋ] *s* FILM Synchronisation *f*

dubious ['djuːbɪəs] *adj* **1** zweifelhaft; *Idee, Behauptung, Basis* fragwürdig; **it sounds ~ to me** ich habe da meine Zweifel **2** unsicher; **I was ~ at first, but he convinced me** ich hatte zuerst Bedenken, aber er überzeugte mich; **to be ~ about sth** etw anzweifeln

duchess ['dʌtʃɪs] *s* Herzogin *f*

duchy ['dʌtʃɪ] *s* Herzogtum *n*

duck [dʌk] **A** *s* Ente *f*; **to take to sth like a ~ to water** bei etw gleich in seinem Element sein; **it's (like) water off a ~'s back to him** das prallt alles an ihm ab **B** *v/i* **1** (*a.* **~ down**) sich ducken **2** **he ~ed out of the room** er verschwand aus dem Zimmer **C** *v/t* **1** untertauchen **2** ausweichen (+*dat*)

duck-billed platypus ['plætɪpəs] *s* Schnabeltier *n*

duckling ['dʌklɪŋ] *s* Entenküken *n*

duct [dʌkt] *s* **1** ANAT Röhre *f* **2** *für Flüssigkeit, Gas* (Rohr)leitung *f*; ELEK Rohr *n*

dud [dʌd] *umg* **A** *adj* **1** nutzlos, mies; **dud batteries** Batterien, die nichts taugen **2** gefälscht **B** *s* (≈ *Bombe*) Blindgänger *m*; (≈ *Münze*) Fälschung *f*; (≈ *Mensch*) Niete *f umg*; **this battery is a dud** diese Batterie taugt nichts

dude [duːd] *US umg s* Typ *m umg*, Kumpel *m umg*

due [djuː] **A** *adj* **1** fällig; **to be due** *Flugzeug, Zug, Bus* ankommen sollen; *Wahlen etc* anstehen; **the train was due ten minutes ago** der Zug sollte vor 10 Minuten ankommen; **when is the baby due?** wann soll das Baby kommen?; **the results are due at the end of the month** die Ergebnisse sind Ende des Monats fällig; **he is due back tomorrow** er soll morgen zurückkommen; **to be due out** herauskommen sollen; **to be due to do sth** etw tun sollen; **he is due to speak about now** er müsste jetzt gerade seine Rede halten; **the building is due to be demolished** das Gebäude soll demnächst abgerissen werden; **he is due for a rise** *Br*, **he is due for a raise** *US* ihm steht eine Gehaltserhöhung zu; **she is due for promotion** sie ist mit einer Beförderung an der Reihe; **the prisoner is due for release** *od* **due to be released** der Gefangene soll jetzt entlassen werden; **the car is due for a service** das Auto muss zur Inspektion; **due date** FIN Fälligkeitstermin *m* **2** *Aufmerksamkeit* gebührend; *Pflege* nötig; **in due course** zu gegebener Zeit; **with (all) due respect** bei allem Respekt (**to** für) **3** **to be due** *Geld* ausstehen; **to be due to sb** *Geld, Urlaub* j-m zustehen; **to be due a couple of days off** ein paar freie Tage verdient haben **4** **due to** aufgrund +*gen*; (≈ *verursacht von*) durch; **his death was due to natural causes** er ist eines natürlichen Todes gestorben **B** *s* **1** **dues** *pl* *an Verein etc* (Mitglieds)beitrag *m* **2** **to give him his due**, he did at least try eins muss man ihm lassen, er hat es wenigstens versucht **C** *adv* **due north** direkt nach Norden; **due east of the village** in Richtung Osten des Dorfes

duel ['djʊəl] **A** *s* Duell *n* **B** *v/i* sich duellieren

duet [djuː'et] *s* Duo *n*, Duett *n*

duffel bag *s* Matchsack *m*; MIL Seesack *m*

duffel coat *s* Dufflecoat *m*

dug *prät & pperf* → dig

duke [djuːk] *s* Herzog *m*

dukedom ['djuːkdəm] *s* Herzogtum *n*; (≈ *Titel*) Herzogswürde *f*

dull [dʌl] **A** *adj* (<+er>) **1** *Licht, Wetter* trüb; *Leuchten* schwach; *Farbe, Augen, Metall* matt; **it will be ~ at first** *in Wetterbericht* es wird anfangs bewölkt **2** langweilig, fad *österr*; **there's never a ~ moment** man langweilt sich keinen Augenblick **3** *Geräusch, Schmerz* dumpf **B** *v/t* **1** *Schmerz* betäuben; *Sinne* abstumpfen **2** *Geräusch* dämpfen

dullness *s* **1** *von Licht* Trübheit *f*; *von Farbe, Augen, Metall* Mattheit *f*; *von Wetter* Trübheit *f*; *von Himmel* Bedecktheit *f* **2** Langweiligkeit *f* **3** BÖRSE, HANDEL *von Markt* Flauheit *f*

dully ['dʌlɪ] *adv* **1** matt, schwach **2** *pochen, schmerzen* dumpf

duly ['djuːlɪ] *adv* **1** *wählen, unterzeichnen* ordnungsgemäß; **to be ~ impressed** gebührend beeindruckt sein **2** wie erwartet; **he ~ obliged** er tat es dann auch

dumb [dʌm] *adj* (<+er>) **1** stumm, sprachlos; **she was struck ~ with fear** die Angst verschlug ihr die Sprache **2** *bes US umg* doof *umg*; **that was a ~ thing to do** wie kann man nur so etwas Dummes machen!; **to play ~** sich dumm stellen

phrasal verbs mit dumb:

dumb down *v/t* ⟨*trennb*⟩ anspruchsloser machen

dumbass ['dʌmæs] *US umg s* Nullchecker *m umg*

dumbbell ['dʌmbel] *s* SPORT Hantel *f*

dumbfound ['dʌmfaʊnd] *v/t* verblüffen
dumbfounded [dʌm'faʊndɪd] *adj* verblüfft, sprachlos
dumbing down [ˌdʌmɪŋ'daʊn] *s* Verdummung *f*
dumb waiter *s* Speiseaufzug *m*
dummy ['dʌmɪ] **A** *s* **1** Attrappe *f*, Schaufensterpuppe *f* **2** *Br für Baby* Schnuller *m* **3** *umg* Idiot *m umg* **B** *adj* ⟨*attr*⟩ unecht; **a ~ bomb** eine Bombenattrappe
dummy run *s* Probe *f*, Übung *f*
dump [dʌmp] **A** *s* **1** *Br* Müllkippe *f* **2** MIL Depot *n* **3** *pej umg* (≈ *Ort*) Kaff *n umg*; (≈ *Gebäude*) Dreckloch *n pej umg* **4** *umg* **to be down in the ~s** down sein *umg* **B** *v/t* **1** (≈ *loswerden*) abladen; *Koffer etc* fallen lassen, lassen; *umg Freundin* abschieben, Schluss machen mit; *Auto* abstellen; **to ~ sb/sth on sb** j-n/etw bei j-m abladen **2** IT dumpen
dumper truck ['dʌmpəʳ] *Br s* (≈ *Lkw*) Kipper *m*
dumping *s* Abladen *n*; "**no ~**" *Br* „Schuttabladen verboten!"
dumping ground *fig s* Abladeplatz *m*
dumpling ['dʌmplɪŋ] *s* GASTR Kloß *m*, Knödel *m österr*
Dumpster® ['dʌmpstəʳ] *US s* (Müll)container *m*
dump truck *US s* Kipper *m*
dumpy ['dʌmpɪ] *adj* pummelig
dunce [dʌns] *s* Dummkopf *m*
dune [dju:n] *s* Düne *f*
dung [dʌŋ] *s* Dung *m*; AGR Mist *m*
dungarees [ˌdʌŋgə'ri:z] *pl bes Br* Latzhose *f*; **a pair of ~** eine Latzhose
dungeon ['dʌndʒən] *s* Verlies *n*
dunk [dʌŋk] *v/t* (ein)tunken
dunno ['dʌnəʊ] *abk* (= I don't know) (ich) weiß nicht
duo ['dju:əʊ] *s* ⟨*pl* -s⟩ Duo *n*
dupe [dju:p] *v/t* überlisten; **he was ~d into believing it** er fiel darauf rein
duplex ['dju:pleks] *bes US s* → duplex apartment → duplex house
duplex apartment *bes US s* zweistöckige Wohnung
duplex house *US s* Zweifamilienhaus *n*
duplicate **A** ['dju:plɪkeɪt] *v/t* **1** maschinell kopieren **2** *Erfolg* wiederholen; *unnötigerweise* zweimal machen **B** ['dju:plɪkɪt] *s* Kopie *f*; *von Schlüssel* Zweitschlüssel *m*; **in ~** in doppelter Ausfertigung **C** ['dju:plɪkɪt] *adj* zweifach; **a ~ copy** eine Kopie; **a ~ key** ein Zweitschlüssel
duplication [ˌdju:plɪ'keɪʃən] *s von Dokumenten* Vervielfältigung *f*; *von Arbeit, Bemühung* Wiederholung *f*
duplicity [dju:'plɪsɪtɪ] *s* Doppelspiel *n*
durability [ˌdjʊərə'bɪlɪtɪ] *s* **1** *von Material* Strapazierfähigkeit *f* **2** *von Frieden, Beziehung* Dauerhaftigkeit *f*
durable ['djʊərəbl] *adj* **1** *Material* strapazierfähig **2** *Frieden, Beziehung* dauerhaft
duration [djʊə'reɪʃən] *s* Dauer *f*; **for the ~ of** für die Dauer (+*gen*)
duress [djʊə'res] *s* **under ~** unter Zwang
Durex® ['djʊəreks] *s* Gummi *m umg*
during ['djʊərɪŋ] *präp* während (+*gen*)
dusk [dʌsk] *s* (Abend)dämmerung *f*; **at ~** bei Einbruch der Dunkelheit
dusky ['dʌskɪ] *adj* ⟨*komp* duskier⟩ *liter Haut, Farbe* dunkel; *Mensch* dunkelhäutig; **~ pink** altrosa
dust [dʌst] **A** *s* ⟨*kein pl*⟩ Staub *m*; **covered in ~** staubbedeckt; **to gather ~** verstauben; **to give sth a ~** etw abstauben **B** *v/t* **1** *Möbel* abstauben; *Zimmer* Staub wischen in (+*dat*); **it's (all) done and ~ed** *Br fig umg* das ist (alles) unter Dach und Fach **2** GASTR bestäuben **C** *v/i* Staub wischen

phrasal verbs mit dust:

dust down *v/t* ⟨*trennb*⟩ abbürsten; mit Hand abklopfen; **to dust oneself down** *fig* sich reinwaschen

dust off *v/t* ⟨*trennb*⟩ Schmutz wegwischen; **to dust oneself off** *fig* sich reinwaschen

dustbin *Br s* Mülltonne *f*
dustbin man *Br s* → dustman
dust cover *s für Buch* (Schutz)umschlag *m*; *für Möbel* Schonbezug *m*
duster ['dʌstəʳ] *s* Staubtuch *n*; SCHULE (Tafel)schwamm *m*
dusting ['dʌstɪŋ] *s* **1** Staubwischen *n*; **to do the ~** Staub wischen **2** **a ~ of snow** eine dünne Schneedecke
dust jacket *s* (Schutz)umschlag *m*
dustman *s* ⟨*pl* -men⟩ *Br* Müllmann *m*
dustpan *s* Kehrschaufel *f*
dusty ['dʌstɪ] *adj* ⟨*komp* dustier⟩ staubig; *Möbel, Buch* verstaubt
Dutch [dʌtʃ] **A** *adj* holländisch; niederländisch; **a ~ man** ein Holländer *m*; ein Niederländer *m*; **a ~ woman** eine Holländerin; eine Niederländerin; **he is ~** er ist Holländer; er ist Niederländer **B** *s* **1** **the ~** die Holländer *pl*; die Niederländer *pl* **2** LING Niederländisch *n* **C** *adv* **to go ~ (with sb)** *umg* (mit j-m) getrennte Kasse machen
Dutch cap *s* Pessar *n*
Dutch courage *umg s* **to give oneself ~** sich (*dat*) Mut antrinken (**from** mit)
Dutchman *s* ⟨*pl* -men⟩ Holländer *m*
Dutchwoman *s* ⟨*pl* -women [-wɪmɪn]⟩ Holländerin *f*
dutiful ['dju:tɪfʊl] *adj* pflichtbewusst
duty ['dju:tɪ] *s* **1** Pflicht *f*; **to do one's ~ (by sb)**

seine Pflicht (gegenüber j-m) tun; **to report for ~** sich zum Dienst melden; **to be on ~** Arzt etc im Dienst sein; SCHULE etc Aufsicht haben; **who's on ~ tomorrow?** wer hat morgen Dienst/Aufsicht?; **he went on ~ at 9** sein Dienst fing um 9 an; **to be off ~** nicht im Dienst sein; **he comes off ~ at 9** sein Dienst endet um 9 **2** FIN Zoll m; **to pay ~ on sth** Zoll auf etw (akk) zahlen

duty-free [ˌdjuːtɪˈfriː] adj & adv zollfrei

duty-free allowance s Zollkontingent n, Freimenge f

duty-free shop s Duty-free-Shop m

duty officer s Offizier m vom Dienst

duty roster s Dienstplan m

duvet [ˈduːveɪ] s Steppdecke f

duvet day Br s bezahlter Sonderurlaub von 1 bis 2 Tagen im Jahr

DV cam [diːˈviːkæm] s digitale Videokamera, DV-Cam f

DVD s abk (= digital versatile od video disc) DVD f; **the film is out on DVD** den Film gibt es auch als DVD

DVD drive s DVD-Laufwerk n

DVD player s DVD-Player m

DVD-Rom s DVD-Rom f

DVD writer s DVD-Brenner m

DVR abk (= digital video recorder) DVR m

DVT abk (= deep vein thrombosis) tiefe Venenthrombose, TVT f

dwarf [dwɔːf] **A** s ⟨pl dwarves od -s [dwɔːvz]⟩ Zwerg m **B** adj **~ shrubs** Zwergsträucher pl **C** v/t **to be ~ed by sb/sth** neben j-m/etw klein erscheinen

dwell [dwel] liter v/i ⟨prät, pperf dwelt⟩ weilen geh
phrasal verbs mit dwell:
dwell on [ˈdwelɒn] v/t länger nachdenken über +akk; Autor sich lange aufhalten bei
dwell (up)on v/i ⟨+obj⟩ verweilen bei; **to dwell (up)on the past** sich ständig mit der Vergangenheit befassen; **let's not dwell (up)on it** wir wollen uns nicht (länger) damit aufhalten

dweller [ˈdwelə] s **cave ~** Höhlenbewohner(in) m(f)

dwelling [ˈdwelɪŋ] form s Wohnung f; **~ house** Wohnhaus n

dwelt [dwelt] prät & pperf → dwell

dwindle [ˈdwɪndl] v/i Zahlen zurückgehen; Vorräte schrumpfen

dwindling [ˈdwɪndlɪŋ] adj Zahlen zurückgehend; Vorräte schwindend

dye [daɪ] **A** s Farbstoff m; **hair dye** Haarfärbemittel n; **food dye** Lebensmittelfarbe f **B** v/t färben; **dyed blonde hair** blond gefärbtes Haar

dying [ˈdaɪɪŋ] **A** ppr → die **B** adj **1** wörtl sterbend; Pflanze eingehend; Worte letzte(r, s) **2** fig Industrie, Kunst aussterbend; Minuten letzte(r, s) **C** s **the ~** pl die Sterbenden

dyke [daɪk] s, **dike** US s **1** Deich m **2** sl Lesbe f umg

dynamic [daɪˈnæmɪk] **A** adj dynamisch **B** s Dynamik f

dynamics s ⟨+sg od pl v⟩ Fach, a. TECH Dynamik f; pl fig Dynamik f

dynamism [ˈdaɪnəmɪzəm] s Dynamismus m; von Mensch Dynamik f

dynamite [ˈdaɪnəmaɪt] wörtl s Dynamit n; fig Sprengstoff m

dynamo [ˈdaɪnəməʊ] s ⟨pl -s⟩ Dynamo m; AUTO Lichtmaschine f

dynasty [ˈdɪnəstɪ] s Dynastie f

dysentery [ˈdɪsɪntrɪ] s Ruhr f

dysfunctional [dɪsˈfʌŋkʃənəl] adj dysfunktional

dyslexia [dɪsˈleksɪə] s Legasthenie f

dyslexic [dɪsˈleksɪk] **A** adj legasthenisch; **she is ~** sie ist Legasthenikerin **B** s Legastheniker(in) m(f)

E¹, e [iː] s E n, e n; **E flat** Es n, es n; **E sharp** Eis n, eis n

E² abk (= east) O

e- [iː] präf E-, elektronisch

each [iːtʃ] **A** adj jede(r, s); **~ one of us** jeder von uns; **~ and every one of us** jeder Einzelne von uns **B** pron **1** jede(r, s); **~ of them gave their** od **his opinion** jeder sagte seine Meinung **2** **~ other** sich; einander; **they haven't seen ~ other for a long time** sie haben sich lange nicht gesehen; **you must help ~ other** ihr müsst euch gegenseitig helfen; **on top of ~ other** aufeinander; **next to ~ other** nebeneinander; **they went to ~ other's house(s)** sie besuchten einander zu Hause **C** adv je; **we gave them one apple ~** wir haben ihnen je einen Apfel gegeben; **the books are £10 ~** die Bücher kosten je £ 10; **carnations at 50p ~** Nelken zu 50 Pence das Stück

eager [ˈiːgə] adj eifrig; Antwort begeistert; **to be ~ to do sth** etw unbedingt tun wollen

eagerly [ˈiːgəlɪ] adv eifrig; erwarten gespannt; akzeptieren bereitwillig; **~ awaited** mit Spannung erwartet

eagerness [ˈiːgənɪs] s Eifer m

eagle ['iːgl] *s* Adler *m*

ear[1] [ɪəʳ] *s* **1** Ohr *n*; **to keep one's ears open** die Ohren offen halten; **to be all ears** ganz Ohr sein; **to lend an ear** zuhören; **it goes in one ear and out the other** das geht zum einen Ohr hinein und zum anderen wieder hinaus; **to be up to one's ears in work** bis über beide Ohren in Arbeit stecken; **he's got money** *etc* **coming out of his ears** *umg* er hat Geld *etc* ohne Ende *umg* **2 to have a good ear for music** ein feines Gehör für Musik haben; **to play by ear** nach dem Gehör spielen; **to play it by ear** *fig* improvisieren

ear[2] *umg s von Korn* Ähre *f*

earache *s* Ohrenschmerzen *pl*

earbuds *pl* Ohrhörer *pl*, Ohrstöpsel *pl umg*

eardrum *s* Trommelfell *n*

earful *umg s* **to get an ~** mit einer Flut von Beschimpfungen überschüttet werden; **to give sb an ~** j-n zusammenstauchen *umg*

earhole *Br umg s* Ohr *n*, Löffel *m umg*

earl [ɜːl] *s* Graf *m*

earlier ['ɜːlɪə] **A** *adj* ⟨komp⟩ **1** früher; **at an ~ date** **2** → **early B** *adv* ⟨on⟩ früher; **~ (on) in the novel** an einer früheren Stelle in dem Roman; **~ (on) today** heute (vor einigen Stunden); **~ (on) this year** früher in diesem Jahr; **I cannot do it ~ than Thursday** ich kann es nicht eher als Donnerstag machen

ear lobe *s* Ohrläppchen *n*

early ['ɜːlɪ] **A** *adv* ⟨komp earlier⟩ **1** **~ (on) früh; ~ in 2015/in February** Anfang 2015/Februar; **~ (on) in the year** Anfang des Jahres; **~ (on) in his/her/their** *etc* **life** in jungen Jahren; **~ (on) in the race** zu Anfang des Rennens; **~ (on) in the evening** am frühen Abend; **as ~ as** schon; **~ this month/year** Anfang des Monats/Jahres; **~ today/this morning** heute früh; **the earliest he can come is tomorrow** er kann frühestens morgen kommen; **~ früher (als erwartet), zu früh**; **she left ten minutes ~** sie ist zehn Minuten früher gegangen; **to be five minutes ~** fünf Minuten zu früh kommen; **he left school ~** er ging früher von der Schule nach Hause; *endgültig* er ging vorzeitig von der Schule ab; **to get up/go to bed ~** früh aufstehen/ins Bett gehen **B** *adj* ⟨komp earlier⟩ **1** früh; *Tod* vorzeitig; **an ~ morning drive** eine Spritztour am frühen Morgen; **we had an ~ lunch** wir aßen früh zu Mittag; **in ~ winter** zu Winteranfang; **the ~ days** die ersten Tage; **~ January** Anfang Januar; **in the ~ 1980s** Anfang der Achtzigerjahre; **to have an ~ night** früh ins Bett gehen; **until** *od* **into the ~ hours** bis in die frühen Morgenstunden; **her ~ life** ihre jungen Jahre; **at an ~ age** in jungen Jahren; **from an ~ age** von klein auf; **to be in one's ~ thirties** Anfang dreißig sein; **it's ~ days (yet)** *bes Br* wir *etc* sind noch im Anfangsstadium **2** *Mensch* frühgeschichtlich; **~ baroque** Frühbarock *m* **3** bald; **at the earliest possible moment** so bald wie irgend möglich

early bird *s* Frühaufsteher(in) *m(f)*

early closing *s* **it's ~ today** die Geschäfte sind heute Nachmittag geschlossen

early retirement *s* **to take ~** vorzeitig in den Ruhestand gehen

early riser *s* Frühaufsteher(in) *m(f)*

early warning system *s* Frühwarnsystem *n*

earmark *fig v/t* vorsehen

earmuffs *pl* Ohrenschützer *pl*

earn [ɜːn] *v/t* verdienen; FIN *Zinsen* bringen; **to ~ money** Geld verdienen; **to ~ one's keep/a living** Kost und Logis/seinen Lebensunterhalt verdienen; **this ~ed him a lot of respect** das trug ihm große Achtung ein; **he's ~ed it** das hat er sich (*dat*) verdient

earnest ['ɜːnɪst] **A** *adj* ernst; *Diskussion* ernsthaft **B** *s* **in ~** richtig; **to be in ~ about sth** etw ernst meinen

earnestly ['ɜːnɪstlɪ] *adv* ernst; *diskutieren, versuchen, erklären* ernsthaft; *hoffen* innig

earnings ['ɜːnɪŋz] *pl* Verdienst *m*, Einkommen *n*; *von Firma* Einkünfte *pl*

ear, nose and throat *adj* ⟨attr⟩ Hals-Nasen--Ohren-; **~ specialist** Hals-Nasen-Ohren-Facharzt *m*/-ärztin *f*

earphones *pl* Kopfhörer *pl*

earpiece *s* Hörer *m*

ear piercing *s* Durchstechen *n* der Ohrläppchen

earplug *s* Ohropax® *n*

earring *s* Ohrring *m*

earset *s* Earset *n*, Ohrhörer *m*

earshot *s* **out of/within ~** außer/in Hörweite

ear-splitting *adj* ohrenbetäubend

earth [ɜːθ] **A** *s* **1** Erde *f*; **the ~, the Earth** die Erde; **on ~** auf der Erde; **to the ends of the ~** bis ans Ende der Welt; **where/who** *etc* **on ~ …?** *umg* wo/wer *etc* … bloß?; **what on ~ …?** *umg* was in aller Welt …?; *umg*; **nothing on ~ will stop me now** keine Macht der Welt hält mich jetzt noch auf; **there's no reason on ~ why …** es gibt keinen erdenklichen Grund, warum …; **it cost the ~** *Br umg* das hat eine schöne Stange Geld gekostet *umg*; **to come back down to ~** *fig* wieder auf den Boden der Tatsachen (zurück)kommen; **to bring sb down to ~ (with a bump)** *fig* j-n (unsanft) wieder auf den Boden der Tatsachen zurückholen **2** *von Fuchs etc* Bau *m* **B** *v/t Br* ELEK erden

earthenware ['ɜːθənweəʳ] **A** *s* **1** Ton *m* **2** Ton-

geschirr *n* **B** *adj* aus Ton, Ton-
earthly ['ɜːθlɪ] *adj* **1** irdisch **2** **there's no ~ reason why ...** es gibt nicht den geringsten Grund, warum ...
earthquake *s* Erdbeben *n*
earth-shattering *fig adj* welterschütternd
earth tremor *s* Erdstoß *m*
earthworm *s* Regenwurm *m*
earthy ['ɜːθɪ] *adj* **1** *Geruch* erdig **2** *fig Mensch* urtümlich, urchig *schweiz*; *Humor, Sprache* derb
earwax *s* Ohrenschmalz *n*
earwig *s* Ohrwurm *m*
ease [iːz] **A** *s* **1** **I am never at ~ in his company** in seiner Gesellschaft fühle ich mich immer befangen; **to be** *od* **feel at ~ with oneself** sich (in seiner Haut) wohlfühlen; **to put sb at (his/her) ~** j-m die Befangenheit nehmen; **to put** *od* **set sb's mind at ~** j-n beruhigen; **(stand) at ~!** *MIL* rührt euch! **2** Leichtigkeit *f*; **with (the greatest of) ~** mit (größter) Leichtigkeit; **for ~ of use** um die Benutzung zu erleichtern **B** *v/t* **1** *Schmerz* lindern; **to ~ the burden on sb** j-m eine Last abnehmen **2** *Seil* lockern; *Druck, Spannung* verringern; *Situation* entspannen; **he ~d the lid off** er löste den Deckel behutsam ab; **he ~d his way through the hole** er schob sich vorsichtig durch das Loch **C** *v/i* nachlassen

phrasal verbs mit ease:
ease off, **ease up** *v/i* **1** langsamer werden; **the doctor told him to ease up a bit at work** der Arzt riet ihm, bei der Arbeit etwas kürzerzutreten **2** *Schmerz, Regen* nachlassen

easel ['iːzl] *s* Staffelei *f*
easily ['iːzɪlɪ] *adv* **1** leicht; **~ accessible** *Ort* leicht zu erreichen; **he learnt to swim ~** er lernte mühelos schwimmen; **it could just as ~ happen here** es könnte genauso gut hier passieren **2** **it's ~ 25 miles** es sind gut und gerne 25 Meilen; **they are ~ the best** sie sind mit Abstand die Besten **3** *sprechen, atmen* ganz entspannt
east [iːst] **A** *s* **the ~** der Osten; **in the ~** im Osten; **to the ~** nach Osten; **to the ~ of** östlich von; **the wind is coming from the ~** der Wind kommt von Ost(en); **the ~ of France** der Osten Frankreichs; **East-West relations** Ost-West-Beziehungen *pl* **B** *adv* nach Osten, ostwärts; **the kitchen faces ~** die Küche liegt nach Osten; **~ of Paris/the river** östlich von Paris/des Flusses **C** *adj* Ost-; **~ coast** Ostküste *f*
East Berlin *s* Ostberlin *n*
eastbound *adj* (in) Richtung Osten; **the ~ carriageway of the M4** *Br* die M4 in Richtung Osten
Easter ['iːstə^r] **A** *s* Ostern *n*; **at ~** an *od* zu Ostern **B** *adj* ⟨*attr*⟩ Oster-
Easter bunny *s* Osterhase *m*
Easter Day *s* Ostersonntag *m*
Easter egg *s* Osterei *n*
easterly ['iːstəlɪ] *adj* östlich, Ost-; **an ~ wind** ein Ostwind *m*; **in an ~ direction** in östlicher Richtung
Easter Monday *s* Ostermontag *m*
eastern ['iːstən] *adj* Ost-, östlich; **Eastern Europe** Osteuropa *n*
easterner ['iːstənə^r] *bes US s* Oststaatler(in) *m(f)*; **he's ~** er kommt aus dem Osten
easternmost ['iːstənməʊst] *adj* östlichste(r, s)
Easter Sunday *s* Ostersonntag *m*
East European **A** *adj* osteuropäisch **B** *s* Osteuropäer(in) *m(f)*
East German **A** *adj* ostdeutsch **B** *s* Ostdeutsche(r) *m/f(m)*
East Germany *s* Ostdeutschland *n*; *HIST* die DDR
eastward **A** *adv* (*a.* **eastwards**) nach Osten **B** *adj Richtung* östlich
eastwardly *adv* & *adj* → eastward
easy ['iːzɪ] *adj* ⟨*komp* easier⟩ leicht; *Lösung* einfach; **it's ~ to forget that ...** man vergisst leicht, dass ...; **it's ~ for her** sie hat es leicht; **that's ~ for you to say** du hast gut reden; **he was an ~ winner** er hat mühelos gewonnen; **that's the ~ part** das ist das Einfache; **it's an ~ mistake to make** den Fehler kann man leicht machen; **to be within ~ reach of sth** etw leicht erreichen können; **as ~ as pie** kinderleicht; **easier said than done** leichter gesagt als getan; **to take the ~ way out** es sich (*dat*) leicht machen; **she is ~ to get on with** mit ihr kann man gut auskommen; **to have it ~, to have an ~ time (of it)** es leicht haben; **~ prey** eine leichte Beute; **to be ~ on the eye/ear** angenehm anzusehen/anzuhören sein; **at an ~ pace** in gemütlichem Tempo; **I don't feel ~ about it** es ist mir nicht recht **B** *adv umg* **to go ~ on sb** nicht so streng mit j-m sein; **to go ~ on sth** mit etw sparsam umgehen; **to take it ~, to take things ~** sich schonen; **take it ~!** immer mit der Ruhe!; **~ does it** immer sachte
easy chair *s* Sessel *m*, Fauteuil *n österr*
easy-going *adj* gelassen
easy listening *s* leichte Musik, Unterhaltungsmusik *f*
easy money *s* leicht verdientes Geld; **you can make ~** Sie können leicht Geld machen
easy-to-read *adj* ⟨*attr*⟩ leicht zu lesend
easy touch *s* **to be an ~** *umg* nicht Nein sagen können
eat [iːt] *v/t* & *v/i* ⟨*v*: *prät* ate; *pperf* eaten⟩ essen; *Tier* fressen; **to eat one's breakfast** frühstü-

cken; **to eat one's lunch/dinner** zu Mittag/Abend essen; **he was forced to eat his words** er musste alles zurücknehmen; **he won't eat you** umg er wird dich schon nicht fressen umg; **what's eating you?** umg was hast du denn?

phrasal verbs mit eat:

eat away at v/i ⟨+obj⟩ **1** *Rost etc* anfressen **2** *fig Rücklagen* angreifen

eat into v/i ⟨+obj⟩ *Metall* anfressen; *Kapital* angreifen; *Zeit* verkürzen

eat out **A** v/i zum Essen ausgehen, essen gehen **B** v/t ⟨trennb⟩ **Elvis Presley, eat your heart out** Elvis Presley, da kannst du vor Neid erblassen

eat up **A** v/t ⟨trennb⟩ **1** wörtl aufessen; *Tier* auffressen **2** fig verbrauchen **B** v/i aufessen

eatable ['i:təbl] *adj die Qualität einer Mahlzeit betreffend* essbar, genießbar

eat-by date ['i:tbaɪdeɪt] *s von Lebensmitteln* Haltbarkeitsdatum *n*

eaten ['i:tn] *pperf* → **eat**

eater ['i:tə^r] *s* Esser(in) *m(f)*

eating ['i:tɪŋ] *s* Essen *n*

eating disorder *s* Essstörung *f*

eating habits *pl* **1** Essgewohnheiten *pl* **2** *bei Tisch* Tischmanieren *pl*

eau de Cologne ['əʊdəkə'ləʊn] *s* Kölnischwasser *n*

eaves ['i:vz] *pl* Dachvorsprung *m*

eavesdrop ['i:vzdrɒp] *v/i* (heimlich) lauschen; **to ~ on a conversation** ein Gespräch belauschen

ebb [eb] **A** *s* Ebbe *f*; **ebb and flow** fig Auf und Ab *n*; **at a low ebb** fig auf einem Tiefstand **B** v/i **1** *Flut* zurückgehen **2** *a.* **ebb away** fig *Begeisterung* verebben; *Leben* zu Ende gehen

ebb tide *s* Ebbe *f*

e-bike *s* E-Bike *n*, Elektrofahrrad *n*, Elektrorad *n*

e-book ['i:bʊk] *s* E-Book *n* (*Buchinhalt, der in elektronischer Form vorliegt*)

e-book reader *s* E-Book-Reader *m* (*tragbares digitales Lesegerät für E-Books*)

ebullient [ɪ'bʌlɪənt] *adj Mensch* überschwänglich; *Stimmung* übersprudelnd

e-business [,i:'bɪznɪs] *s* **1** Internetfirma *f* **2** E-Business *n*

EC¹ *abk* (= European Community) HIST EG *f*

EC² *abk* (= European Commission) EuK

e-card ['i:kɑ:d] *s* E-Card *f*, elektronische Grußkarte

e-cash ['i:kæʃ] *s* E-Cash *n*, elektronische Geldüberweisung

ECB *abk* (= European Central Bank) EZB *f*

eccentric [ik'sentrik] **A** *adj* exzentrisch **B** *s* Exzentriker(in) *m(f)*

eccentricity [,eksən'trɪsɪtɪ] *s* Exzentrizität *f*

ecclesiastical [ɪ,kli:zɪ'æstɪkəl] *adj* kirchlich

ECG *abk* (= electrocardiogram) EKG *n*

echo ['ekəʊ] **A** *s* ⟨*pl* -es⟩ Echo *n*; fig Anklang *m* (**of an** +akk) **B** v/t fig wiedergeben **C** v/i Klang widerhallen; *Zimmer, Schritte* hallen; **her words ~ed in his ears** ihre Worte hallten ihm in den Ohren

éclair [eɪ'kleə^r] *s* Liebesknochen *m*

eclectic [ɪ'klektɪk] *adj* eklektisch

eclipse [ɪ'klɪps] **A** *s* ASTRON Finsternis *f*; **~ of the sun/moon** Sonnen-/Mondfinsternis *f* **B** v/t fig in den Schatten stellen

eco- ['i:kəʊ-] *präf* Öko-, öko-

ecofriendly [,i:kəʊ'frendlɪ] *Br adj* umweltfreundlich

ecological [,i:kəʊ'lɒdʒɪkəl] *adj* ökologisch; **~ disaster** Umweltkatastrophe *f*; **~ damage** Umweltschäden *pl*

ecologist [ɪ'kɒlədʒɪst] *s* Ökologe *m*, Ökologin *f*

ecology [ɪ'kɒlədʒɪ] *s* Ökologie *f*

e-commerce [,i:'kɒmɜ:s] *s* E-Commerce *m*

economic [,i:kə'nɒmɪk] *adj* **1** Wirtschafts-; **~ growth** Wirtschaftswachstum *n* **2** *Preis, Miete* wirtschaftlich

economical [,i:kə'nɒmɪkəl] *adj* sparsam; **to be ~ with sth** mit etw haushalten; **they were ~ with the truth** sie haben es mit der Wahrheit nicht so genau genommen; **an ~ style** LIT ein prägnanter Stil

economically [,i:kə'nɒmɪkəlɪ] *adv* **1** wirtschaftlich; **after the war, the country suffered ~** nach dem Krieg litt die Wirtschaft des Landes **2** sparsam; **to use sth ~** mit etw sparsam umgehen

economic climate *s* Konjunkturklima *n*

economic crisis *s* Wirtschaftskrise *f*

economic downturn *s* Wirtschaftsabschwung *m*

economic growth *s* Wirtschaftswachstum *n*

economic migrant, **economic refugee** *s* Wirtschaftsmigrant(in) *m(f)*

economic miracle *s* Wirtschaftswunder *n*

economic policy *s* Wirtschaftspolitik *f*

economics *s* **1** ⟨+sg v⟩ Wirtschaftswissenschaften *pl* **2** ⟨*pl*⟩ **the ~ of the situation** die wirtschaftliche Seite der Situation

economic slump *s* Konjunktureinbruch *m*

economic upturn *s* Wirtschaftsaufschwung *m*

economist [ɪ'kɒnəmɪst] *s* Wirtschaftswissenschaftler(in) *m(f)*

economize [ɪ'kɒnəmaɪz] *v/i* sparen

phrasal verbs mit economize:

economize on v/i ⟨+obj⟩ sparen bei

economy [ɪ'kɒnəmɪ] *s* **1** Wirtschaft *f* kein *pl* **2** Einsparung *f*; **a false ~** falsche Sparsamkeit

economy class s Touristenklasse f
economy drive s Sparmaßnahmen pl
economy size s Sparpackung f
ecosystem s Ökosystem n
ecotourism s Ökotourismus m
eco-warrior umg s Ökokämpfer(in) m(f), militante(r) Umweltschützer(in) m(f)
ecstasy ['ekstəsɪ] s **1** Ekstase f; **to be in ~** ekstatisch sein **2** (≈ Droge) Ecstasy n
ecstatic [eks'tætɪk] adj ekstatisch
ecumenical [,i:kju'menɪkəl] form adj ökumenisch
eczema ['eksɪmə] s Ekzem n
ed[1] abk (= editor) Hrsg.
ed[2] abk (= edition) Ausg.
eddy ['edɪ] s Wirbel m
Eden ['i:dn] a. fig s **Garden of ~** Garten m Eden
edge [edʒ] **A** s **1** von Messer Schneide f; **to take the ~ off sth** fig etw der Wirkung (gen) berauben; Schmerz etw lindern; **the noise sets my teeth on ~** das Geräusch geht mir durch und durch; **to be on ~** nervös sein; **there was an ~ to his voice** eine Stimme klang ärgerlich; **to have the ~ on sb/sth** j-m/etw überlegen sein; **it gives her/it that extra ~** darin besteht eben der kleine Unterschied **2** Rand m; von Backstein Kante f; von See, Fluss, Meer Ufer n; **at the ~ of the road** am Straßenrand; **the film had us on the ~ of our seats** der Film war unheimlich spannend **B** v/t **1** einfassen; **~d in black** mit einem schwarzen Rand **2** **to ~ one's way toward(s) sth** sich allmählich auf etw (akk) zubewegen; **she ~d her way through the crowd** sie schlängelte sich durch die Menge **C** v/i sich schieben; **to ~ toward(s) the door** sich zur Tür stehlen; **he ~d past me** er schob sich an mir vorbei

> phrasal verbs mit edge:

edge out v/t ⟨trennb⟩ beiseitedrängen; **Germany edged England out of the final** Deutschland verdrängte England aus dem Endspiel
edgeways ['edʒweɪz] adv, **edgewise** ['edʒwaɪz] US adv hochkant; **I couldn't get a word in ~** ich bin überhaupt nicht zu Wort gekommen
edgy ['edʒɪ] adj ⟨komp edgier⟩ **1** nervös **2** Film provokativ, spannungsgeladen
EDI abk (= electronic data interchange) elektronischer Datenaustausch
edible ['edɪbl] adj essbar
edict ['i:dɪkt] s Erlass m
edifice ['edɪfɪs] s Gebäude n
Edinburgh ['edɪnbərə] s Edinburg(h) n
edit ['edɪt] v/t Zeitung, Magazin herausgeben; Buch, Text redigieren; Film schneiden; IT editieren

> phrasal verbs mit edit:

edit out v/t ⟨trennb⟩ herausnehmen; aus Film, Band herausschneiden; Figur aus Geschichte herausstreichen
editable ['edɪtəbl] adj IT Datei editierbar
editing ['edɪtɪŋ] s von Zeitung, Magazin Herausgabe f; von Buch, Text Redaktion f; von Film Schnitt m; IT Editieren n
edition [ɪ'dɪʃən] s Ausgabe f, Auflage f
editor ['edɪtə[r]] s **1** Herausgeber(in) m(f), Redakteur(in) m(f), (Verlags)lektor(in) m(f); FILM Cutter(in) m(f); **sports ~** Sportredakteur(in) m(f) **2** IT Editor m
editorial [,edɪ'tɔ:rɪəl] **A** adj redaktionell **B** s Leitartikel m
EDP abk (= electronic data processing) EDV f
educate ['edjʊkeɪt] v/t **1** SCHULE, UNIV erziehen, ausbilden; **he was ~d at Eton** er ist in Eton zur Schule gegangen **2** Öffentlichkeit informieren, aufklären; **we need to ~ our children about drugs** wir müssen dafür sorgen, dass unsere Kinder über Drogen Bescheid wissen
educated adj gebildet; **to make an ~ guess** eine fundierte od wohlbegründete Vermutung anstellen
education [,edjʊ'keɪʃən] s Erziehung f, Ausbildung f; (≈ Wissen) Bildung f; **College of Education** pädagogische Hochschule; **(local) ~ authority** Schulbehörde f; **to get an ~** eine Ausbildung bekommen; **she had a university ~** sie hatte eine Universitätsausbildung; **she had little ~** sie war ziemlich ungebildet
educational adj **1** erzieherisch, schulisch; **~ system** Bildungswesen n, Bildungssystem n **2** Thema pädagogisch **3** Erfahrung lehrreich; **~ film** Lehrfilm m; **~ toy** pädagogisch wertvolles Spielzeug
educationally [,edjʊ'keɪʃnəlɪ] adv **~ subnormal** lernbehindert
edutainment [,edjʊ'teɪnmənt] s Edutainment n
Edwardian [ed'wɔ:dɪən] adj Edwardianisch; **~ England** England in der Zeit Eduards VII.
EEC obs abk (= European Economic Community) EG f, EWG f
EEG abk (= electroencephalogram) EEG n
eel [i:l] s Aal m
eerie, eery ['ɪərɪ] adj ⟨komp eerier⟩ unheimlich
eerily ['ɪərɪlɪ] adv mit Verb unheimlich; mit Adjektiv auf unheimliche Weise; **the whole town was ~ quiet** in der ganzen Stadt herrschte eine unheimliche Stille
effect [ɪ'fekt] s **1** Wirkung f, Auswirkung f; **alcohol has the ~ of dulling your senses** Alkohol bewirkt eine Abstumpfung der Sinne; **the ~ of**

this is that ... das hat zur Folge, dass ...; **to feel the ~s of the drugs** die Wirkung der Drogen spüren; **to no ~** erfolglos; **to have an ~ on sb/stb** eine Wirkung auf j-n/etw haben; **to have no ~** keine Wirkung haben; **to take ~** *Medikament* wirken; **with immediate ~** mit sofortiger Wirkung; **with ~ from 3 March** mit Wirkung vom 3. März; **to create an ~** einen Effekt erzielen; **only for ~** nur zum Effekt; **we received a letter to the ~ that ...** wir erhielten ein Schreiben des Inhalts, dass ...; **... or words to that ~** ... oder etwas in diesem Sinne **2 in ~** in Wirklichkeit **3** *Gesetz* **to come into** *od* **take ~** in Kraft treten

effective [ɪˈfektɪv] *adj* **1** *Maßnahmen* effektiv; *Behandlung, Abschreckung* wirksam; *Kombination* wirkungsvoll; **to be ~ in doing sth** bewirken, dass etw geschieht; **to be ~ against sth** *Medikament* gegen etw wirken **2** (≈ *geltend*) in Kraft; **a new law, ~ from** *od* **becoming ~ on 1 August** ein neues Gesetz, das am 1. August in Kraft tritt

effectively [ɪˈfektɪvlɪ] *adv* **1** wirksam; *funktionieren, arbeiten* effektiv **2** effektiv

effectiveness *s* Wirksamkeit *f*; *von Strategie* Effektivität *f*

effeminate [ɪˈfemɪnɪt] *adj* verweichlicht, unmännlich

effervescent [ˌefəˈvesnt] *adj* sprudelnd

efficacy [ˈefɪkəsɪ] *s* Wirksamkeit *f*

efficiency [ɪˈfɪʃənsɪ] *s* Fähigkeit *f*; *von Maschine, Organisation* Leistungsfähigkeit *f*; *von Methode* Wirksamkeit *f*; *von Motor* Sparsamkeit *f*

efficient *adj Mensch* fähig; *Maschine, Organisation* leistungsfähig; *Motor* sparsam; *Service* gut, effizient; (≈ *schnell*) rasch, zügig; *Methode* wirksam; *Art und Weise* rationell; **to be ~ at (doing) sth** etw gut können

efficiently *adv* effektiv; **to work more ~** rationeller arbeiten

effigy [ˈefɪdʒɪ] *s* Bildnis *n*

effluent [ˈefluənt] *s* Abwasser *n*

effort [ˈefət] *s* **1** Versuch *m*; (≈ *Arbeit*) Anstrengung *f*; **to make an ~ to do sth** sich bemühen, etw zu tun; **to make the ~ to do sth** sich (*dat*) die Mühe machen, etw zu tun; **to make every ~** *od* **a great ~ to do sth** sich sehr bemühen, etw zu tun; **he made no ~ to be polite** er machte sich (*dat*) nicht die Mühe, höflich zu sein; **it's an ~** es kostet einige Mühe; **come on, make an ~** komm, streng dich an; **it's worth the ~** die Mühe lohnt sich **2** Aktion *f* **3** *umg* Unternehmen *n*; **it was a pretty poor ~** das war eine ziemlich schwache Leistung; **it's not bad for a first ~** das ist nicht schlecht für den Anfang

effortless *adj* mühelos

effortlessly *adv* mühelos

effusive [ɪˈfjuːsɪv] *adj* überschwänglich, exaltiert

E-fit [ˈiːfɪt] *s* elektronisch erstelltes Fahndungsfoto

EFL *abk* (= English as a Foreign Language) Englisch als Fremdsprache

e-friend [ˈiːfrend] *s* Brieffreund(in) *m(f)* (*im Internet*)

e.g. *abk* (= exempli gratia) z. B.

EGA *abk* (= enhanced graphics adapter) IT EGA *m*

egalitarian [ɪˌgælɪˈtɛərɪən] *adj* egalitär

egalitarianism [ɪˌgælɪˈtɛərɪənɪzəm] *s* Egalitarismus *m*

egg [eg] *s* Ei *n*; **to put all one's eggs in one basket** *sprichw* alles auf eine Karte setzen

phrasal verbs with egg:
egg on *v/t* ⟨*trennb*⟩ anstacheln

egg cup *s* Eierbecher *m*

eggplant *US s* Aubergine *f*, Melanzani *f österr*

eggshell *s* Eierschale *f*

egg timer *s* Eieruhr *f*

egg whisk *s* Schneebesen *m*

egg white *s* Eiweiß *n*

egg yolk *s* Eigelb *n*

ego [ˈiːgəʊ] *s* ⟨*pl* -s⟩ PSYCH Ego *n*; (≈ *Stolz*) Selbstbewusstsein *n*; (≈ *Dünkel*) Einbildung *f*; **his ego won't allow him to admit he is wrong** sein Stolz lässt ihn nie zugeben, dass er unrecht hat

egocentric [ˌegəʊˈsentrɪk] *adj* egozentrisch

egoism [ˈegəʊɪzəm] *s* Egoismus *m*

egoist [ˈiːgəʊɪst] *s* Egoist(in) *m(f)*

egoistic(al) [ˌegəʊˈɪstɪk(əl)] *adj* egoistisch

egotism [ˈegəʊtɪzəm] *s* Ichbezogenheit *f*

egotist [ˈegəʊtɪst] *s* ichbezogener Mensch

egotistic(al) [ˌegəʊˈtɪstɪk(əl)] *adj* ichbezogen

ego trip *umg s* Egotrip *m umg*

Egypt [ˈiːdʒɪpt] *s* Ägypten *n*

Egyptian [ɪˈdʒɪpʃən] **A** *adj* ägyptisch **B** *s* Ägypter(in) *m(f)*

EIB *abk* (= European Investment Bank) EIB *f*

eiderdown [ˈaɪdədaʊn] *s* Federbett *n*

eight [eɪt] **A** *adj* acht; **~-hundred-year-old** achthundert Jahre alt **B** *s* Acht *f*; → six

eighteen [ˈeɪˈtiːn] **A** *adj* achtzehn **B** *s* Achtzehn *f*

eighteenth [ˈeɪˈtiːnθ] **A** *adj* achtzehnte(r, s) **B** *s* **1** Achtzehntel *n* **2** Achtzehnte(r, s); → sixteenth

eighth [eɪtθ] **A** *adj* achte(r, s) **B** *s* **1** Achtel *n* **2** Achte(r, s); → sixth

eighth note *s US* MUS Achtelnote *f*; **~ rest** Achtelpause *f*

eightieth [ˈeɪtɪəθ] **A** *adj* achtzigste(r, s) **B** *s* **1**

Achtzigstel *n* **2** Achtzigste(r, s); → sixtieth
eightish ['eɪtɪʃ] *adj* ungefähr acht
eighty ['eɪtɪ] **A** *adj* achtzig **B** *s* Achtzig *f*; → sixty
Eire ['ɛərə] *s* Irland *n*
either ['aɪðər, 'iːðər] **A** *adj & pron* **1** eine(r, s) (von beiden); **there are two boxes on the table, take ~ (of them)** auf dem Tisch liegen zwei Schachteln, nimm eine davon **2** jede(r, s), beide *pl*; **~ day would suit me** beide Tage passen mir; **which bus will you take? — ~ (will do)** welchen Bus wollen Sie nehmen? — das ist egal; **on ~ side of the street** auf beiden Seiten der Straße; **it wasn't in ~ (box)** es war in keiner der beiden (Kisten) **B** *adv & konj* **1** *nach Verneinung* auch nicht; **I haven't ~** ich auch nicht **2** **~ ... or** entweder ... oder; *bei Verneinung* weder ... noch; **he must be ~ lazy or stupid** er muss entweder faul oder dumm sein; **I have not been to ~ Paris or Rome** ich bin weder in Paris noch in Rom gewesen **3** **she inherited some money and not an insignificant amount ~** sie hat Geld geerbt, und (zwar) gar nicht so wenig
ejaculate [ɪ'dʒækjʊlet] *v/i* PHYSIOL ejakulieren
ejaculation [ɪˌdʒækjʊ'leɪʃən] *s* PHYSIOL Ejakulation *f*
eject [ɪ'dʒekt] **A** *v/t* **1** *Angestellten* hinauswerfen **2** *CD, DVD* auswerfen **B** *v/i Pilot* den Schleudersitz betätigen
ejector seat [ɪ'dʒektəsiːt] *s*, **ejection seat** *US s* FLUG Schleudersitz *m*
eke out ['iːkaʊt] *v/t ⟨trennb⟩ Vorräte* strecken; *Geld* aufbessern; **to ~ a living** sich mehr schlecht als recht durchschlagen
EKG *US s* → ECG
elaborate A [ɪ'læbərɪt] *adj* **1** kompliziert, ausgeklügelt; *Schema* groß angelegt; *Pläne, Vorsichtsmaßnahmen* umfangreich; *Vorbereitungen* ausführlich; *Gestaltung* aufwendig **2** kunstvoll **B** [ɪ'læbəreɪt] *v/i* **would you care to** *od* **could you ~ on that?** könnten Sie darauf näher eingehen?
elaborately [ɪ'læbərɪtlɪ] *adv* **1** ausführlich, kompliziert; **an ~ staged press conference** eine mit großem Aufwand veranstaltete Pressekonferenz **2** kunstvoll
élan [eɪ'læn] *s* Elan *m*
elapse [ɪ'læps] *v/i* vergehen
elastic [ɪ'læstɪk] **A** *adj* elastisch; **~ waist** Taille *f* mit Gummizug **B** *s* ⟨*kein pl*⟩ Gummi *m*, Gummiband *n*; **a piece of ~** ein Gummiband *n*
elasticated [ɪ'læstɪkeɪtɪd] *adj* elastisch; **~ waist** Taille *f* mit Gummizug
elastic band *bes Br s* Gummiband *n*
elasticity [ˌiːlæs'tɪsɪtɪ] *s* Elastizität *f*

Elastoplast® [ɪ'læstəʊplɑːst] *Br s* Heftpflaster *n*
elated [ɪ'leɪtɪd] *adj* begeistert
elation [ɪ'leɪʃən] *s* Begeisterung (**at** über +*akk*)
elbow ['elbəʊ] **A** *s* Ellbogen *m* **B** *v/t* **he ~ed his way through the crowd** er boxte sich durch die Menge; **to ~ sb aside** j-n beiseitestoßen; **he ~ed me in the stomach** er stieß mir *od* mich mit dem Ellbogen in den Magen
elbow grease *umg s* Muskelkraft *f*
elbowroom *umg s* Ellbogenfreiheit *f umg*
elder¹ ['eldər] **A** *adj* ⟨*attr komp*⟩ **1** *Bruder etc* ältere(r, s) **2** **Pliny the ~** Plinius der Ältere **3** → old **B** *s* **1** **respect your ~s** du musst Respekt vor Älteren haben **2** *von Stamm, in Kirche* Älteste(r) *m*
elder² *s* Holunder *m*, Holler *m österr*
elderberry ['eldəˌberɪ] *s* Holunderbeere *f*, Hollerbeere *f österr*; **~ wine** Holunderwein *m*, Hollerwein *m österr*
elderly ['eldəlɪ] *adj* ältlich, ältere(r, s) *attr*; **the ~** *pl* ältere Menschen *pl*
elder statesman *s* (alt)erfahrener Staatsmann
eldest ['eldɪst] **A** *adj* ⟨*attr sup*⟩ **1** älteste(r, s) **2** → **old B** *s* **the ~** der/die/das Älteste; *pl* die Ältesten *pl*; **the ~ of four children** das älteste von vier Kindern; **my ~** *umg* mein Ältester, meine Älteste
elect [ɪ'lekt] **A** *v/t* **1** wählen; **to ~ sb sth** j-m zu etw wählen; **to ~ sb to the Senate** j-n in den Senat wählen **2** sich entscheiden für; **to ~ to do sth** sich dafür entscheiden, etw zu tun **B** *adj* **the president ~** der designierte Präsident
election [ɪ'lekʃən] *s* Wahl *f*
election campaign *s* Wahlkampf *m*
election day *s* Wahltag *m*
electioneering [ɪˌlekʃə'nɪərɪŋ] *s* Wahlkampf *m*, Wahlpropaganda *f*
election observer *s* Wahlbeobachter(in) *m(f)*
elective [ɪ'lektɪv] *s US* SCHULE, UNIV Wahlfach *n*
elector [ɪ'lektə(r)] *s* Wähler(in) *m(f)*
electoral [ɪ'lektərəl] *adj* Wahl-; **~ college** Wahlausschuss *m*; *US* Wahlmännergremium *n*; **~ process** Wahlverfahren *n*; **~ system** Wahlsystem *n*
electoral register, **electoral roll** *s* Wählerverzeichnis *n*
electorate [ɪ'lektərɪt] *s* Wählerschaft *f*
electric [ɪ'lektrɪk] **A** *adj* **1** elektrisch, Strom-; **~ car/vehicle** Elektroauto *n*; **~ razor** Elektrorasierer *m*; **~ kettle** elektrischer Wasserkocher; **~ power** elektrischer Strom **2** *fig* wie elektrisiert **B** *s* **1** *umg* Elektrizität *f* **2** **~s** *pl* Strom *m*; AUTO Elektrik *f*
electrical [ɪ'lektrɪkəl] *adj* elektrisch, Elektro-; **~ appliance** Elektrogerät *n*
electrical engineer *s* Elektrotechniker(in) *m(f)*,

Elektroingenieur(in) *m(f)*
electrical engineering *s* Elektrotechnik *f*
electrically [ɪˈlektrɪkəlɪ] *adv* elektrisch; **an ~ powered car** ein Wagen *m* mit Elektroantrieb
electric bike *s* Elektrofahrrad *n*, Elektrorad *n*
electric bill *umg s* Stromrechnung *f*
electric blanket *s* Heizdecke *f*
electric car *s* Elektroauto *n*
electric chair *s* elektrischer Stuhl
electric cooker *s* Elektroherd *m*
electric drill *s* elektrische Bohrmaschine
electric fence *s* Elektrozaun *m*
electric fire *s* elektrisches Heizgerät
electric guitar *s* E-Gitarre *f*
electric heater *s* elektrisches Heizgerät
electrician [ɪlekˈtrɪʃən] *s* Elektriker(in) *m(f)*
electricity [ɪlekˈtrɪsɪtɪ] *s* Elektrizität *f*, (elektrischer) Strom; **~ price** Strompreis *m*; **~ production** Stromerzeugung *f*
electricity meter *s* Stromzähler *m*
electric light *s* elektrisches Licht
electric organ *s* elektrische Orgel
electric-powered *adj* elektrisch betrieben
electric shock *s* Stromschlag *m*; MED Elektroschock *m*
electric toothbrush *s* elektrische Zahnbürste
electrify [ɪˈlektrɪfaɪ] *v/t* **1** BAHN elektrifizieren **2** *fig* elektrisieren
electrocardiogram [ɪˌlektrəʊˈkɑːdɪəʊɡræm] *s* Elektrokardiogramm *n*
electrocute [ɪˈlektrəkjuːt] *v/t* durch einen (Strom)schlag töten; *bei Todesurteil* auf dem elektrischen Stuhl hinrichten
electrode [ɪˈlektrəʊd] *s* Elektrode *f*
electrolysis [ɪlekˈtrɒlɪsɪs] *s* Elektrolyse *f*
electromagnetic [ɪˌlektrəʊmæɡˈnetɪk] *adj* elektromagnetisch
electromobility *s* AUTO Elektromobilität *f*
electron [ɪˈlektrɒn] *s* Elektron *n*
electronic *adj*, **electronically** [ɪlekˈtrɒnɪk, -əlɪ] *adv* elektronisch; **~ signature** elektronische Signatur, digitale Signatur
electronic banking *s* elektronischer Zahlungsverkehr
electronic data interchange *s* IT elektronischer Datenaustausch
electronic data processing *s* IT elektronische Datenverarbeitung
electronic engineering *s* Elektronik *f*
electronic mail *s* E-Mail *f*
electronics *s* **1** *Fach* Elektronik *f* **2** *von Maschine etc* Elektronik *f*
electronic surveillance *s* elektronische Überwachung
electronic tagging *s* elektronische Fußfesseln *pl*

electroplated [ɪˈlektrəʊpleɪtɪd] *adj* (galvanisch) versilbert/verchromt etc
electroshock therapy [ɪˈlektrəʊʃɒkˈθerəpɪ] *s* Elektroschocktherapie *f*
elegance [ˈelɪɡəns] *s* Eleganz *f*
elegant *adj*, **elegantly** *adv* elegant
elegy [ˈelɪdʒɪ] *s* Elegie *f*
element [ˈelɪmənt] *s* Element *n*; **one of the key ~s of the peace plan** einer der grundlegenden Bestandteile des Friedensplans; **an ~ of danger** ein Gefahrenelement *n*; **an ~ of truth** eine Spur von Wahrheit; **a criminal ~** ein paar Kriminelle; **to be in one's ~** in seinem Element sein
elemental [ˌelɪˈmentl] *liter adj* elementar; **~ force** Naturgewalt *f*
elementary [ˌelɪˈmentərɪ] *adj* **1** *Tatsache* grundlegend; **~ mistake** Grundfehler *m* **2** SCHULE Stufe Elementar-; **~ skills/knowledge** Grundkenntnisse *pl*; **~ maths** Elementarmathematik *f*
elementary school US *s* Grundschule *f*
elephant [ˈelɪfənt] *s* Elefant *m*
elevate [ˈelɪveɪt] *v/t* **1** heben; *Blutdruck etc* erhöhen **2** *fig geistig* erbauen **3** **to ~ sb to the peerage** j-n in den Adelsstand erheben
elevated *adj* **1** erhöht; **~ railway** *Br*, **~ railroad** *US* Hochbahn *f*; **the ~ section of the M4** die als Hochstraße gebaute Strecke der M4 **2** *Status, Stil, Sprache* gehoben
elevation [ˌelɪˈveɪʃən] *s* Höhe *f* über dem Meeresspiegel
elevator [ˈelɪveɪtər] US *s* Fahrstuhl *m*
eleven [ɪˈlevn] **A** *s* Elf *f*; **the second ~** FUSSB die zweite Mannschaft **B** *adj* elf; → six
elevenses [ɪˈlevnzɪz] *Br s* ⟨*+sg od pl v*⟩ zweites Frühstück, Znüni *n schweiz*
eleventh [ɪˈlevnθ] **A** *adj* elfte(r, s); **at the ~ hour** *fig* fünf Minuten vor zwölf **B** *s* **1** Elftel *n* **2** Elfte(r, s); → sixth
elf [elf] *s* ⟨*pl* elves⟩ Kobold *m*
elicit [ɪˈlɪsɪt] *v/t* entlocken (**from sb** j-m); *Unterstützung* gewinnen (**from sb** j-s)
eligibility [ˌelɪdʒəˈbɪlɪtɪ] *s* Berechtigung *f*
eligible [ˈelɪdʒəbl] *adj* infrage kommend; *für Wettbewerb etc* teilnahmeberechtigt; *für Stipendium etc* berechtigt; *für Mitgliedschaft* aufnahmeberechtigt; **to be ~ for a job** für einen Posten infrage kommen; **to be ~ for a pension** pensionsberechtigt sein; **an ~ bachelor** ein begehrter Junggeselle
eliminate [ɪˈlɪmɪneɪt] *v/t* **1** ausschließen; *Konkurrent* ausschalten; *Armut, Verschwendung* ein Ende machen (*+dat*); *Problem* beseitigen; **our team was ~d** unsere Mannschaft ist ausgeschieden **2** (≈ *töten*) eliminieren

elimination [ɪˌlɪmɪˈneɪʃən] s **1** Ausschluss m; *von Konkurrent* Ausschaltung f; *von Armut, Verschwendung* Beendung f; *von Problem* Beseitigung f; **by (a) process of ~** durch negative Auslese **2** (= *Tötung*) Eliminierung f

elite [eɪˈliːt] **A** s oft pej Elite f **B** adj Elite-; **~ group** Elitegruppe f

elitism [eɪˈliːtɪzəm] s Elitedenken n

elitist [eɪˈliːtɪst] **A** adj elitär **B** s elitär Denkende(r) m/f(m); **he's an ~** er denkt elitär

Elizabethan [ɪˌlɪzəˈbiːθən] **A** adj elisabethanisch **B** s Elisabethaner(in) m(f)

elk [elk] s Elch m

ellipsis [ɪˈlɪpsɪs] s ⟨pl **-ses**⟩ Ellipse f (*Auslassung eines Wortes oder Satzteils, das/der zum Verständnis nicht unbedingt nötig ist*)

elliptic(al) [ɪˈlɪptɪk(əl)] adj MATH etc elliptisch

elm [elm] s Ulme f

elocution [ˌeləˈkjuːʃən] s Sprechtechnik f; **~ lessons** Sprechunterricht m

elongate [ˈiːlɒŋɡeɪt] v/t verlängern, strecken

elongated adj verlängert, ausgestreckt; *Form* länglich

elope [ɪˈləʊp] v/i durchbrennen, um zu heiraten *umg*

eloquence [ˈeləkwəns] s Redegewandtheit f; *von Worten* Gewandtheit f

eloquent adj *Rede, Worte* gewandt; *Sprecher* redegewandt

eloquently adv *ausdrücken* mit beredten Worten; *zeigen* deutlich

else [els] adv **1** andere(r, s); **anybody** *od* **anyone ~** sonst jemand, jemand ander(e)s; **anybody ~ would have done it** jeder andere hätte es gemacht; **is there anybody ~ there?** ist sonst (noch) jemand da?; **does anybody ~ want it?** will jemand anders es haben?; **somebody** *od* **someone ~** sonst jemand, jemand ander(e)s; **I'd prefer something ~** ich möchte lieber etwas anderes; **have you anything ~ to say?** haben Sie sonst noch etwas zu sagen?; **anywhere ~** sonst irgendwo(hin); **do you find this species anywhere ~?** findet man die Gattung auch anderswo?; **they haven't got anywhere ~ to go** sie können sonst nirgends anders hingehen; **this is somebody ~'s umbrella** dieser Schirm gehört jemand anders; **that car is something ~** *umg* das Auto ist einfach spitze *umg*; **if all ~ fails** wenn alle Stricke reißen; **above all ~** vor allen Dingen; **anything ~?** *in Laden* sonst noch etwas?; **everyone/everything ~** alle anderen/alles andere; **everywhere ~** überall sonst; **somewhere ~, someplace ~** *bes US* woanders; *mit Richtungsangabe* woandershin; **from somewhere ~** woandersher **2** *bei Verneinung* **nobody ~, no one ~** sonst niemand, niemand anderes; **nothing ~** sonst nichts; **what do you want? — nothing ~, thank you** was möchten Sie? — danke, nichts weiter; **if nothing ~, you'll enjoy it** auf jeden Fall wird es dir Spaß machen; **there's nothing ~ for it but to ...** da gibt es keinen anderen Ausweg, als zu ...; **nowhere ~** sonst nirgends *od* nirgendwo; *mit Richtungsangabe* sonst nirgendwohin; **there's not much ~ we can do** wir können kaum etwas anderes tun **3** *in Fragen* **where/who/what/why ~?** wo/wer/was/warum sonst?; **who ~ but John?** wer anders als John?; **how ~ can I do it?** wie kann ich es denn sonst machen?; **what ~ could I have done?** was hätte ich sonst tun können? **4** sonst; **or ~** sonst; andernfalls; **do it now (or) ~ you'll be punished** tu es jetzt, sonst setzt es Strafe; **do it or ~ ...!** mach das, sonst ...!; **he's either a genius or ~ he's mad** er ist entweder ein Genie oder aber verrückt

elsewhere [ˌelsˈweəʳ] adv woanders; **to go ~** woandershin gehen; **her thoughts were ~** sie war mit ihren Gedanken woanders

ELT *abk* (= **English Language Teaching**) Englischunterricht m für Ausländer

elucidate [ɪˈluːsɪdeɪt] v/t *Text* erklären; *Situation* erhellen

elude [ɪˈluːd] v/t *Polizei, Feind* entkommen (+*dat*); **to ~ capture** entkommen; **sleep ~d her** sie konnte keinen Schlaf finden; **the name ~s me** der Name ist mir entfallen

elusive [ɪˈluːsɪv] adj **1** *Ziel, Erfolg* schwer erreichbar, unerreichbar; **financial success proved ~** der finanzielle Erfolg wollte sich nicht einstellen **2** schwer zu erreichen; *Beute* schwer zu fangen

elves [elvz] pl → elf

emaciated [ɪˈmeɪsɪeɪtɪd] adj ausgezehrt

email, e-mail [ˈiːmeɪl] **A** s E-Mail f; **to check one's ~s** (seine) Mails checken **B** v/t **to ~ sb** j-m eine E-Mail schicken, j-m mailen; **to ~ sth** etw per E-Mail schicken, etw mailen

email address, e-mail address s E-Mail-Adresse f

emanate [ˈeməneɪt] v/i ausgehen (**from** von); *Geruch* ausströmen (**from** von)

emancipate [ɪˈmænsɪpeɪt] v/t *Frauen* emanzipieren; *Sklaven* freilassen; *Land* befreien

emancipated [ɪˈmænsɪpeɪtɪd] adj emanzipiert

emancipation [ɪˌmænsɪˈpeɪʃən] s Emanzipation f; *von Sklaven* Freilassung f; *von Land* Befreiung f

emasculate [ɪˈmæskjʊleɪt] v/t entkräften

embalm [ɪmˈbɑːm] v/t einbalsamieren

embankment [ɪmˈbæŋkmənt] s (Ufer)bö-

schung f; BAHN Bahndamm m; (≈ Deich) (Ufer)damm m
embargo [ɪmˈbɑːgəʊ] s ⟨pl -es⟩ Embargo n; **trade ~** Handelsembargo n; **to place/lift an ~ on sth** ein Embargo über etw (akk) verhängen/aufheben
embark [ɪmˈbɑːk] v/i **1** SCHIFF sich einschiffen **2** fig **to ~ up(on) sth** etw beginnen
embarkation [ˌembɑːˈkeɪʃən] s Einschiffung f
embarkation papers pl Bordpapiere pl
embarrass [ɪmˈbærəs] v/t in Verlegenheit bringen; Großzügigkeit etc beschämen; **she was ~ed by the question** die Frage war ihr peinlich
embarrassed adj verlegen; **I am/feel so ~ (about it)** es ist mir so peinlich; **she was ~ to be seen with him** od **about being seen with him** es war ihr peinlich, mit ihm gesehen zu werden
embarrassing adj peinlich
embarrassingly adv auf peinliche Weise, peinlicherweise; **it was ~ bad** es war so schlecht, dass es schon peinlich war
embarrassment s Verlegenheit f; **to cause ~ to sb** j-n in Verlegenheit bringen; **to my great ~ she ...** sie ..., was mir sehr peinlich war; **she's an ~ to her family** sie blamiert die ganze Familie umg
embassy [ˈembəsɪ] s Botschaft f
embattled [ɪmˈbætld] fig adj Regierung bedrängt
embed [ɪmˈbed] v/t **1** einlassen; **the car was firmly ~ded in the mud** das Auto steckte im Schlamm fest; **the bullet ~ded itself in the wall** die Kugel bohrte sich in die Wand **2** IT **~ded commands** eingebettete Befehle
embellish [ɪmˈbelɪʃ] v/t schmücken; fig Bericht ausschmücken; Wahrheit beschönigen
embers [ˈembəz] pl Glut f
embezzle [ɪmˈbezl] v/t unterschlagen
embezzlement s Unterschlagung f
embitter [ɪmˈbɪtə] v/t verbittern
emblazon [ɪmˈbleɪzən] v/t **the name "Jones" was ~ed on the cover** der Name „Jones" prangte auf dem Umschlag
emblem [ˈembləm] s Emblem n
emblematic [ˌembləˈmætɪk] adj emblematisch **(of** für)
embodiment [ɪmˈbɒdɪmənt] s Verkörperung f; **to be the ~ of evil** das Böse in Person sein
embody [ɪmˈbɒdɪ] v/t **1** Ideal etc verkörpern **2** enthalten
embolism [ˈembəlɪzm] s Embolie f
embossed [ɪmˈbɒst] adj geprägt; Muster erhaben
embrace [ɪmˈbreɪs] **A** v/t **1** umarmen; **they ~d each other** sie umarmten sich **2** Religion annehmen; Sache sich annehmen (+gen) **3** umfassen **B** v/i sich umarmen **C** s Umarmung f
embroider [ɪmˈbrɔɪdə] **A** v/t Stoff besticken; Muster sticken **B** v/i sticken
embroidered adj Stoff bestickt; Muster (auf)gestickt **(on** auf +akk)
embroidery [ɪmˈbrɔɪdərɪ] s Stickerei f
embroil [ɪmˈbrɔɪl] v/t **to become ~ed in a dispute** in einen Streit verwickelt werden
embryo [ˈembrɪəʊ] s ⟨pl -s⟩ Embryo m
embryonic [ˌembrɪˈɒnɪk] bes fig adj keimhaft
emcee [ˈemˈsiː] s Conférencier m, Zeremonienmeister(in) m(f)
emerald [ˈemərəld] **A** s **1** Smaragd m **2** (≈ Farbe) Smaragdgrün n **B** adj smaragden; **~ ring** Smaragdring m
Emerald Isle s **the ~** die Grüne Insel
emend [ɪˈmend] v/t Text verbessern, korrigieren
emerge [ɪˈmɜːdʒ] v/i **1** auftauchen; **one arm ~d from beneath the blanket** ein Arm tauchte unter der Decke hervor; **he ~d from the house** er kam aus dem Haus; **he ~d (as) the winner** er ging als Sieger hervor **2** Leben, Nation entstehen **3** Wahrheit etc sich herausstellen
emergence [ɪˈmɜːdʒəns] s Auftauchen n; von Nation Entstehung f; von Theorie Aufkommen n
emergency [ɪˈmɜːdʒənsɪ] **A** s Notfall m, Notlage f; **in an ~, in case of ~** im Notfall; **to declare a state of ~** den Notstand erklären; **the doctor's been called out on an ~** der Arzt ist zu einem Notfall gerufen worden **B** adj **1** Not-; Hauptversammlung außerordentlich; Reparatur notdürftig; **~ regulations** Notverordnung f; **to undergo ~ surgery** sich einer Notoperation unterziehen; **~ plan/procedure** Plan m/Maßnahmen pl für den Notfall; **for ~ use only** nur für den Notfall **2** Katastrophen-; **~ relief** Katastrophenhilfe f **3** Notstands-; **~ powers** Notstandsvollmachten pl
emergency brake s Notbremse f
emergency call s Notruf m
emergency contraception s Notfallverhütung f (z. B. die Pille danach)
emergency cord s BAHN Notbremse f
emergency doctor s Notarzt m, -ärztin f
emergency exit s Notausgang m
emergency landing s Notlandung f
emergency number s Notruf m, Notrufnummer f
emergency room US s Unfallstation f
emergency services pl Notdienst m
emergency shelter s Notunterkunft f
emergency stop s AUTO Vollbremsung f
emergency telephone s Notrufsäule f
emergency ward s Unfallstation f
emergent [ɪˈmɜːdʒənt] form adj Nation etc aufstrebend

emerging economy [ɪmɜːdʒɪŋɪˈkɒnəmɪ] s Schwellenland n

emeritus [ɪˈmerɪtəs] adj emeritiert; ~ **professor**, **professor** ~ Professor emeritus m

emigrant [ˈemɪɡrənt] s Auswanderer m, Auswanderin f, Emigrant(in) m(f)

emigrate [ˈemɪɡreɪt] v/i auswandern, emigrieren

emigration [ˌemɪˈɡreɪʃən] s Auswanderung f, Emigration f

émigré [ˈemɪɡreɪ] s Emigrant(in) m(f)

eminence [ˈemɪnəns] s hohes Ansehen

eminent adj angesehen

eminently adv vernünftig ausgesprochen; wünschenswert überaus; ~ **suitable** vorzüglich geeignet; **to be ~ capable of sth** eindeutig zu etw fähig sein

emir [eˈmɪəʳ] s Emir m

emirate [ˈemɪrɪt] s Emirat n

emissary [ˈemɪsərɪ] s Abgesandte(r) m/f(m)

emission [ɪˈmɪʃən] s Ausstrahlung f; von Abgasen etc Emission f fachspr; von Gas Ausströmen n; von Rauch, Dampf Abgabe f

emission-free adj AUTO schadstofffrei

emission levels pl Emissionswerte pl

emission standards pl Schadstoffnormen pl, Emissionsrichtlinien pl

emissions trading s Emissionshandel m

emit [ɪˈmɪt] v/t Licht ausstrahlen; Strahlung emittieren fachspr; Geräusche abgeben; Gas ausströmen; Rauch, Dampf abgeben

emoticon [ɪˈməʊtɪkən] s IT Emoticon n

emotion [ɪˈməʊʃən] s **1** Gefühl n **2** ⟨kein pl⟩ (Gemüts)bewegung f; **to show no ~** unbewegt bleiben

emotional adj emotional; Problem, Trauma seelisch; Unterstützung psychologisch; Abschied gefühlvoll; **to become** od **get ~** sich aufregen; **~ outburst** Gefühlsausbruch m; **~ state** Gemützustand m

emotional blackmail s psychologische Erpressung

emotionally [ɪˈməʊʃnəlɪ] adv **1** seelisch; **I don't want to get ~ involved** ich will mich emotional nicht darauf einlassen; **~ disturbed** seelisch gestört **2** emotional; **~ charged** spannungsgeladen

emotionless adj Stimme ausdruckslos

emotive [ɪˈməʊtɪv] adj Thema emotional; Ausdruck emotional gefärbt

empathize [ˈempəθaɪz] v/i sich hineinversetzen (**with** in +akk)

empathy [ˈempəθɪ] s Einfühlungsvermögen n

emperor [ˈempərəʳ] s Kaiser m

emphasis [ˈemfəsɪs] s Betonung f; **to put ~ on a word** ein Wort betonen; **to say sth with ~** etw nachdrücklich betonen; **to put the ~ on sth** etw betonen; **to put the ~ on doing sth** Wert darauf legen, etw zu tun; **there is too much ~ on research** die Forschung steht zu sehr im Vordergrund

emphasize [ˈemfəsaɪz] v/t betonen, hervorheben

emphatic [ɪmˈfætɪk] adj **1** entschieden; Leugnen energisch; **to be ~ (that ...)** darauf bestehen(, dass ...); **to be ~ about sth** auf etw (dat) bestehen **2** Sieg klar; Niederlage schwer

emphatically [ɪmˈfætɪkəlɪ] adv **1** nachdrücklich; ablehnen, abstreiten entschieden **2** eindeutig

empire [ˈempaɪəʳ] s **1** Reich n, Weltreich n; **the Holy Roman Empire** das Heilige Römische Reich (deutscher Nation); **the British Empire** das Britische Weltreich **2** fig, a. bes HANDEL Imperium n; **his business ~** sein Geschäftsimperium n

empirical [emˈpɪrɪkəl] adj empirisch

employ [ɪmˈplɔɪ] v/t **1** j-n beschäftigen, einstellen; Privatdetektiv beauftragen; **he has been ~ed with us for 15 years** er ist schon seit 15 Jahren bei uns; **to be ~ed in doing sth** damit beschäftigt sein, etw zu tun **2** Methode, Können anwenden; **they ~ed the services of a chemist to help them** sie zogen einen Chemiker heran, um ihnen zu helfen

employable [ɪmˈplɔɪəbl] adj Arbeiter anstellbar

employee [ˌɪmplɔɪˈiː] s Angestellte(r) m/f(m); **~s and employers** Arbeitnehmer und Arbeitgeber; **the ~s** von Firma die Belegschaft

employer [ɪmˈplɔɪəʳ] s Arbeitgeber(in) m(f); **~s' federation** Arbeitgeberverband m

employment [ɪmˈplɔɪmənt] s **1** Arbeit f; **to seek ~** Arbeit suchen; **how long is it since you were last in ~?** wann hatten Sie Ihre letzte Stellung?; **conditions/contract of ~** Arbeitsbedingungen pl/-vertrag m **2** Beschäftigung f, Einstellen n **3** von Methode, Können Anwendung f

employment ad s Stellenanzeige f

employment agency s Stellenvermittlung f

emporium [emˈpɔːrɪəm] s Warenhaus n

empower [ɪmˈpaʊəʳ] v/t **1 to ~ sb to do sth** j-n ermächtigen, etw zu tun **2** Minderheiten stärken

empress [ˈemprɪs] s Kaiserin f

emptiness [ˈemptɪnɪs] s Leere f

empty [ˈemptɪ] **A** adj ⟨komp emptier⟩ leer; Haus leer stehend attr; Platz frei; Worte ausdruckslos; **to feel ~** fig ein Gefühl der Leere haben; **there were no ~ seats** es waren keine Plätze frei; **on an ~ stomach** mit leerem Magen; Alkoholkonsum etc auf leeren Magen **B** s ⟨mst pl⟩ **empties**

Leergut n; *im Flugzeug* **any rubbish or empties?** noch Abfall oder leere Dosen/Flaschen *etc* ? **C** v/t **1** leeren; *Kiste, Zimmer* ausräumen; *Tank* ablassen; *Lkw* abladen **2** *Flüssigkeit* ausgießen **D** v/i *Fluss* münden (**into** in *+akk*)

phrasal verbs mit empty:

empty out v/t ⟨*trennb*⟩ ausleeren
empty-handed *adj* **to return ~** mit leeren Händen zurückkehren
empty-headed *adj* strohdumm
empty nesters *pl* Eltern, deren Kinder erwachsen sind aus dem Haus sind
EMS *abk* (= European Monetary System) EWS *n*
EMU *abk* (= European Monetary Union) EWU *f*
emulate ['emjʊleɪt] v/t **1** nacheifern (+*dat*); **I tried to ~ his success** ich versuchte, es ihm gleichzutun **2** IT emulieren
emulator ['emjʊleɪtə*ʳ*] *s* IT Emulator *m*
emulsion [ɪ'mʌlʃən] *s*, (*a*. **emulsion paint**) Emulsionsfarbe *f*
enable [ɪ'neɪbl] v/t **to ~ sb to do sth** es j-m ermöglichen, etw zu tun
enact [ɪ'nækt] v/t POL *Gesetz* erlassen
enamel [ɪ'næməl] **A** *s* Email *n*, Emaillack *m*; *von Zähnen* Zahnschmelz *m* **B** *adj* Email-; **~ paint** Emaillack *m*
enamour [ɪ'næmə*ʳ*] v/t, **enamor** US v/t **to be ~ed of sth** von etw angetan sein; **she was not exactly ~ed of the idea** sie war von der Idee nicht gerade begeistert
encapsulate [ɪn'kæpsjʊleɪt] *fig* v/t zusammenfassen
encase [ɪn'keɪs] v/t verkleiden (**in** mit); *Drähte* umgeben (**in** mit)
enchant [ɪn'tʃɑːnt] v/t entzücken; **to be ~ed by sth** von etw *od* über etw (*akk*) entzückt sein
enchanting [ɪn'tʃɑːntɪŋ] *adj* entzückend
encircle [ɪn'sɜːkl] v/t umgeben; *Truppen* einkreisen; *Gebäude* umstellen
enc(l) *abk* (= enclosures) Anl.
enclave ['enkleɪv] *s* Enklave *f*
enclose [ɪn'kləʊz] v/t **1** umgeben, einzäunen **2** *in Post* beilegen (**in, with** +*dat*); **I am enclosing the original with the translation** anbei die Übersetzung sowie der Originaltext
enclosed *adj* **1** *Bereich* geschlossen **2** *in Post* beiliegend; **a photo was ~ in the letter** dem Brief lag ein Foto bei; **please find ~ ...** in der Anlage *od* beiliegend finden Sie ...
enclosure [ɪn'kləʊʒə*ʳ*] *s* **1** eingezäuntes Grundstück; *für Tiere* Gehege *n* **2** (≈ *Dokumente*) Anlage *f*
encode [ɪn'kəʊd] v/t *a*. IT codieren
encompass [ɪn'kʌmpəs] v/t umfassen
encore ['ɒŋkɔː*ʳ*] **A** *int* Zugabe **B** *s* Zugabe *f*
encounter [ɪn'kaʊntə*ʳ*] **A** v/t treffen auf (+*akk*); *Schwierigkeiten, Widerstand* stoßen auf (+*akk*); *liter* j-n begegnen (+*dat*) **B** *s* Begegnung *f*; **sexual ~** sexuelle Erfahrung
encourage [ɪn'kʌrɪdʒ] v/t j-n ermutigen, anregen; *Projekt, Investition* fördern; *Mannschaft* anfeuern; **to be ~d by sth** durch etw neuen Mut schöpfen; **to ~ sb to do sth** j-n ermutigen, etw zu tun
encouragement *s* Ermutigung *f*, Anregung *f*, Unterstützung *f*; **to give sb (a lot of) ~** j-n (sehr) ermuntern
encouraging [ɪn'kʌrɪdʒɪŋ] *adj* ermutigend; **I found him very ~** er hat mir sehr viel Mut gemacht
encouragingly [ɪn'kʌrɪdʒɪŋlɪ] *adv* ermutigend; *mit Adjektiv* erfreulich; *Satz einleitend* erfreulicherweise
encroach [ɪn'krəʊtʃ] v/i **to ~ (up)on** *Land* vordringen in (+*akk*); *Rechte* eingreifen in (+*akk*); *Zeit* in Anspruch nehmen
encroachment [ɪn'krəʊtʃmənt] *s* *in Land* Vordringen *n*; *in Rechte* Eingriff *m*; *von Zeit* Beanspruchung *f*
encrust [ɪn'krʌst] v/t **~ed with earth** erdverkrustet; **a jewel-encrusted brooch** eine juwelenbesetzte Brosche
encryption [ɪn'krɪpʃən] *s* IT, TEL, TV Verschlüsselung *f*
encumbrance [ɪn'kʌmbrəns] *s* Belastung *f*, Last *f*
encyclop(a)edia [ɪn,saɪkləʊ'piːdɪə] *s* Lexikon *n*
encyclop(a)edic [ɪn,saɪkləʊ'piːdɪk] *adj* enzyklopädisch
end [end] **A** *s* **1** Ende *n*; *von Finger* Spitze *f*; **our house is the fourth from the end** unser Haus ist das viertletzte; **to the ends of the earth** bis ans Ende der Welt; **from end to end** von einem Ende zum anderen; **who'll meet you at the other end?** wer holt dich ab, wenn du ankommst?; **Lisa's on the other end (of the phone)** Lisa ist am Telefon; **for hours on end** stundenlang ununterbrochen; **end to end** mit den Enden aneinander; **to change ends** SPORT die Seiten wechseln; **to make ends meet** *fig* zurechtkommen *umg*; **to see no further than the end of one's nose** nicht weiter sehen als seine Nase (reicht); **at our/your end** bei uns/Ihnen; **how are things at your end?** wie sieht es bei Ihnen aus?; **at the end** schließlich; **at/toward(s) the end of December** Ende/gegen Ende Dezember; **at the end of the war** am Ende des Krieges; **at the end of the book** am Schluss des Buches; **at the end of the day** *fig* letzten Endes; **as far as I'm concerned, that's the end of the matter!** für mich ist die Sache erledigt; **we shall never hear the**

end of it das werden wir noch lange zu hören kriegen; **to be at an end** zu Ende sein; **to be at the end of one's patience/strength** mit seiner Geduld/seinen Kräften am Ende sein; **to watch a film to the end** einen Film bis zu Ende ansehen; **that's the end of him** er ist erledigt; **that's the end of that** das ist damit erledigt; **to bring to an end** zu Ende bringen; **to come to an end** zu Ende gehen; **to get to the end of the road/book** ans Ende der Straße/zum Schluss des Buches kommen; **in the end** schließlich, letzten Endes; **to put an end to sth** einer Sache (dat) ein Ende setzen; **he met a violent end** er starb eines gewaltsamen Tod **2** von Kerze, Zigarette Stummel m **3** **no end of trouble** bes Br reichlich Ärger; **it pleased her no end** bes Br das hat ihr irrsinnig gefallen umg **4** Zweck m; **to what end?** form zu welchem Zweck?; **an end in itself** Selbstzweck ohne art **B** adj ⟨attr⟩ letzte(r, s); **the end house** das letzte Haus **C** v/t beenden; **to end it all** (≈ Selbstmord begehen) Schluss machen **D** v/i enden; **we ended with a song** zum Schluss sangen wir ein Lied; **to be ending** zu Ende gehen; **to end by doing sth** schließlich etw tun; **to end in an "s"** auf „s" enden; **an argument which ended in a fight** ein Streit, der mit einer Schlägerei endete
<small>phrasal verbs mit ende:</small>
end up v/i enden; **to end up doing sth** schließlich etw tun; **to end up (as) a lawyer** schließlich Rechtsanwalt werden; **to end up (as) an alcoholic** als Alkoholiker enden; **we ended up at Joe's** wir landeten schließlich bei Joe umg; **you'll end up in trouble** Sie werden noch Ärger bekommen

endanger [ɪnˈdeɪndʒəʳ] v/t gefährden
endangered adj vom Aussterben bedroht
end consumer s Endkunde m
endear [ɪnˈdɪəʳ] v/t beliebt machen (**to** bei); **to ~ oneself to sb** sich bei j-m beliebt machen
endearing [ɪnˈdɪərɪŋ] adj liebenswert
endearment s **term of ~** Kosename m
endeavour [ɪnˈdevəʳ], **endeavor** US **A** s Anstrengung f; **in an ~ to please her** um ihr eine Freude zu machen **B** v/t sich anstrengen
endemic [enˈdemɪk] adj endemisch; **~ to** endemisch in (dat)
endgame [ˈendgeɪm] s Endspiel n
ending [ˈendɪŋ] s Ende n, Schluss m; von Geschichte Ausgang m, Ende n; von Wort Endung f; **a happy ~** ein Happy End; **to have an open ~** offen sein
endive [ˈendaɪv] s Endiviensalat m
endless [ˈendlɪs] adj **1** endlos; Vielfalt unendlich; Vorrat unbegrenzt; **the list is ~** die Liste nimmt kein Ende **2** unzählig; **the possibilities are ~** es gibt unendlich viele Möglichkeiten **3** Straße endlos (lang); Wartezeit endlos lang
endlessly adv endlos
endorse [ɪnˈdɔːs] v/t **1** Scheck indossieren **2** Br JUR **I had my licence ~d** ich bekam einen Strafvermerk auf meinem Führerschein **3** billigen; Produkt, Firma empfehlen
endorsement s von Ansicht Billigung f; von Produkt, Firma Empfehlung f
endow [ɪnˈdaʊ] v/t **1** eine Stiftung machen an (+akk) **2** fig **to be ~ed with a natural talent for singing** ein sängerisches Naturtalent sein; **she's well ~ed** hum sie ist von der Natur reichlich ausgestattet (worden)
endowment s Stiftung f
endowment mortgage s Hypothek f mit Lebensversicherung
endowment policy s Kapitallebensversicherung f
end product s Endprodukt n; fig Produkt n
end result s Endergebnis n
end rhyme s Endreim m
endurance [ɪnˈdjʊərəns] s Durchhaltevermögen n
endurance test s Belastungsprobe f
endurance training s SPORT Ausdauertraining n
endure [ɪnˈdjʊəʳ] **A** v/t **1** Schmerz erleiden **2** ertragen, aushalten; **she can't ~ being laughed at** sie kann es nicht vertragen, wenn man über sie lacht **B** v/i bestehen
enduring [ɪnˈdjʊərɪŋ] adj dauerhaft; Liebe, Glaube beständig; Popularität bleibend
end user s Endverbraucher(in) m(f)
endways [ˈendweɪz], **endwise** [ˈendwaɪz] adv mit dem Ende zuerst, mit den Enden aneinander
enema [ˈenɪmə] s Einlauf m
enemy [ˈenəmɪ] **A** s wörtl, fig Feind(in) m(f); **to make enemies** sich (dat) Feinde machen; **he is his own worst ~** er schadet sich (dat) selbst am meisten **B** adj ⟨attr⟩ feindlich; Position des Feindes
energetic [ˌenəˈdʒetɪk] adj energiegeladen, aktiv; (≈ mühevoll) anstrengend; Aufführung, Rede schwungvoll; **to be very ~** viel Energie haben
energetically [ˌenəˈdʒetɪkəlɪ] adv energisch; tanzen voller Energie
energize [ˈenədʒaɪz] fig v/t neue Energie geben (+dat)
energy [ˈenədʒɪ] s ⟨kein pl⟩ Energie f; **chocolate gives you ~** Schokolade gibt neue Energie; **to save one's ~ for sth** seine Kräfte für etw aufsparen
energy conservation s Energieeinsparung f

energy crisis s Energiekrise f
energy efficiency s Energieeffizienz f
energy-efficient adj energiesparend
energy policy s Energiepolitik f
energy-saving adj energiesparend; **~ light bulb** Energiesparlampe f; **~ measures** Energiesparmaßnahmen pl
energy supplies pl Energievorräte pl
energy supply s Energieversorgung f
energy tax s Energiesteuer f
enforce [ɪnˈfɔːs] v/t durchführen; *Disziplin* sorgen für; *Entscheidung, Verbot* durchsetzen; **the police ~ the law** die Polizei sorgt für die Einhaltung der Gesetze
enforcement s Durchführung f
Eng.¹ abk (= **England**) England
Eng.² abk (= **English**) engl.
engage [ɪnˈɡeɪdʒ] **A** v/t **1** *Arbeiter* anstellen; *Künstler* engagieren; *Anwalt* sich (dat) nehmen; **to ~ the services of sb** j-n anstellen/engagieren; *Anwalt* sich (dat) j-n nehmen **2** *Aufmerksamkeit* in Anspruch nehmen; **to ~ sb in conversation** j-n in ein Gespräch verwickeln **3** AUTO **to ~ the clutch** (ein)kuppeln **B** v/i **to ~ in sth** sich an etw (dat) beteiligen; **to ~ in conversation** sich unterhalten; **to ~ with the enemy** MIL den Feind angreifen
engaged [ɪnˈɡeɪdʒd] adj **1 ~ (to be married)** verlobt (**to** mit) od **become ~ (to sb)** sich (mit j-m) verloben **2** *Toilette, Telefonleitung* besetzt **3** *form* **to be otherwise ~** derzeitig anderweitig beschäftigt sein; **to be ~ in sth** mit etw beschäftigt sein; **to be ~ in doing sth** dabei sein, etw zu tun
engaged tone s TEL Besetztzeichen n
engagement s **1** Verabredung f; **a dinner ~** eine Verabredung zum Essen **2** Verlobung f
engagement ring s Verlobungsring m
engaging [ɪnˈɡeɪdʒɪŋ] adj *Mensch* angenehm; *Charakter* einnehmend
engender [ɪnˈdʒendəʳ] fig v/t erzeugen
engine [ˈendʒɪn] s **1** Maschine f; *von Auto, Flugzeug* Motor m **2** BAHN Lokomotive f
-engined [-ˈendʒɪnd] adj ⟨suf⟩ -motorig; **twin-engined** zweimotorig
engine driver Br s Lok(omotiv)führer(in) m(f)
engineer [ˌendʒɪˈnɪəʳ] **A** s **1** TECH Techniker(in) m(f), Ingenieur(in) m(f) **2** US BAHN Lokführer(in) m(f) **B** v/t **1** TECH konstruieren **2** fig *Kampagne* organisieren; *Niedergang* einfädeln
engineering [ˌendʒɪˈnɪərɪŋ] s TECH Technik f, Maschinenbau m, Ingenieurwesen n; **a brilliant piece of ~** eine Meisterkonstruktion
England [ˈɪŋɡlənd] **A** s England n **B** adj ⟨attr⟩ **the ~ team** die englische Mannschaft
English [ˈɪŋɡlɪʃ] **A** adj englisch; **he is ~** er ist Engländer; **he's an ~ teacher** er ist Englischlehrer; **(full) ~ breakfast** englisches Frühstück **B** s **1 the ~** pl die Engländer pl **2** LING Englisch n; UNIV Anglistik f; **can you speak ~?** können Sie Englisch?; **he doesn't speak ~** er spricht kein Englisch; **what's ... in ~?** was heißt ... auf Englisch?; **"English spoken"** „hier wird Englisch gesprochen"; **they were speaking ~** sie unterhielten sich auf Englisch; **he speaks very good ~** er spricht ein sehr gutes Englisch; **in ~** auf Englisch; **to translate sth into/from ~** etw ins Englische/aus dem Englischen übersetzen
English Channel s Ärmelkanal m
Englishman s ⟨pl -men⟩ Engländer m
English muffin US s GASTR flaches Milchbrötchen, das meist getoastet gegessen wird
English speaker s Englischsprachige(r) m/f(m)
English-speaking adj englischsprachig
Englishwoman s ⟨pl -women [-wɪmɪn]⟩ Engländerin f
engrave [ɪnˈɡreɪv] v/t *Metall* gravieren; *Muster* eingravieren
engraved adj *Glas, Metall* graviert; *Muster, Buchstabe* eingraviert
engraving s (Kupfer-/Stahl)stich m, Holzschnitt m; (≈ Muster) Gravierung f
engross [ɪnˈɡrəʊs] v/t **to become ~ed in one's work** sich in seine Arbeit vertiefen; **to be ~ed in conversation** ins Gespräch vertieft sein
engrossing [ɪnˈɡrəʊsɪŋ] adj fesselnd
engulf [ɪnˈɡʌlf] v/t verschlingen; **to be ~ed by flames** in Flammen stehen
enhance [ɪnˈhɑːns] v/t verbessern; *Preis, Wert* erhöhen
enigma [ɪˈnɪɡmə] s Rätsel n
enigmatic adj, **enigmatically** [ˌenɪɡˈmætɪk, -əlɪ] adv rätselhaft
enjambement [ɪnˈdʒæm(b)mənt] s Enjambement n (*im Gedicht:* Weiterführen einer Satz- und Sinneinheit über das Versende hinaus)
enjoy [ɪnˈdʒɔɪ] **A** v/t genießen; *Erfolg* haben; *gute Gesundheit* sich erfreuen (+gen) geh; *Musik* mögen; **he ~s swimming** er schwimmt gern; **he ~ed writing the book** es hat ihm Freude gemacht, das Buch zu schreiben; **I ~ed the concert** das Konzert hat mir gefallen; **he ~ed the meal** das Essen hat ihm gut geschmeckt; **I didn't ~ it at all** es hat mir überhaupt keinen Spaß gemacht; **to ~ life** das Leben genießen; **~ your meal!** guten Appetit!; **did you ~ your meal?** hat Ihnen das Essen geschmeckt? **B** v/r **to ~ oneself** sich amüsieren; **~ yourself!** viel Spaß!
enjoyable [ɪnˈdʒɔɪəbl] adj nett; *Film, Buch* unterhaltsam; *Abend* angenehm

enjoyment s Vergnügen n; **she gets a lot of ~ from reading** Lesen macht ihr großen Spaß

enlarge [ɪnˈlɑːdʒ] **A** v/t vergrößern; *Öffnung a.* erweitern **B** v/i **to ~ (up)on sth** auf etw *(akk)* näher eingehen

enlargement s FOTO Vergrößerung f

enlighten [ɪnˈlaɪtn] v/t aufklären (**on, as to, about** über *+akk*)

enlightened adj aufgeklärt

enlightening adj aufschlussreich

enlightenment s **the Enlightenment** die Aufklärung

enlist [ɪnˈlɪst] **A** v/i sich melden (**in** zu) **B** v/t Rekruten einziehen; *Unterstützung* gewinnen; **I had to ~ his help** ich musste seine Hilfe in Anspruch nehmen

enliven [ɪnˈlaɪvn] v/t beleben

en masse [ˌɑ̃ˈmæs] adv alle zusammen

enmity [ˈenmɪtɪ] s Feindschaft f

enormity [ɪˈnɔːmɪtɪ] s **1** ⟨*kein pl*⟩ ungeheures Ausmaß **2** *von Verbrechen* Ungeheuerlichkeit f

enormous [ɪˈnɔːməs] adj riesig; *Mensch* ungeheuer dick, riesig groß; *Menge, Anstrengung, Erleichterung* ungeheuer; **he has ~ talent** er hat enorm viel Talent; **~ amounts of money** Unsummen pl; **an ~ amount of work** eine Unmenge Arbeit

enormously [ɪˈnɔːməslɪ] adv mit Verb enorm; *mit Adjektiv* ungeheuer

enough [ɪˈnʌf] **A** adj genug; **~ sugar/apples** genug *od* genügend Zucker/Äpfel; **~ trouble/problems** genug Ärger/Probleme; **proof ~** Beweis genug **B** pron genug (**of** von); **I had not seen ~ of his work** ich hatte noch nicht genug von seiner Arbeit gesehen; **I hope it's ~** ich hoffe, es reicht; **two years was ~** zwei Jahre reichten; **this noise is ~ to drive me mad** dieser Lärm macht mich noch ganz verrückt; **one song was ~ to show he couldn't sing** ein Lied genügte, um zu zeigen, dass er nicht singen konnte; **I've got ~ to worry about** ich habe genug Sorgen; **~ is ~** was zu viel ist, ist zu viel; **~ said** mehr braucht man nicht zu sagen; **I've had ~** ich habe genug, jetzt reichts mir aber *umg*; **that's ~!** jetzt reicht es aber! **C** adv **1** genug; **to be punished ~** genug bestraft sein; **he knows well ~ what I said** er weiß ganz genau, was ich gesagt habe **2 to be happy ~** einigermaßen zufrieden sein; **to be happy ~ to do sth** etw so weit ganz gern tun; **she sounded sincere ~** sie schien so weit ganz ehrlich; **it is easy ~ to make them yourself** man kann sie ohne Weiteres selbst machen; **easily ~** ohne größere Schwierigkeiten **3 oddly** *od* **funnily ~** komischerweise

enquire etc [ɪnˈkwaɪəʳ] → inquire

enrage [ɪnˈreɪdʒ] v/t wütend machen

enraged [ɪnˈreɪdʒd] adj wütend

enrapture [ɪnˈræptʃəʳ] v/t entzücken, bezaubern

enrich [ɪnˈrɪtʃ] v/t bereichern; *Boden, Nahrung* anreichern

enriched [ɪnˈrɪtʃt] adj **~ with vitamins** mit Vitaminen angereichert

enrol [ɪnˈrəʊl], **enroll** US **A** v/t einschreiben; *Mitglieder* aufnehmen; *Schüler* anmelden **B** v/i sich einschreiben (**for, on** für); SCHULE etc sich anmelden (**for, on** für)

enrolment [ɪnˈrəʊlmənt] s, **enrollment** US s Einschreibung f; SCHULE etc Anmeldung f; UNIV Immatrikulation f

en route [ɒnˈruːt] adv unterwegs; **~ to/for/from** auf dem Weg zu/nach/von

ensemble [ɑ̃ːnˈsɑ̃mbl] s **1** Ensemble n **2** Ansammlung f

enshrine [ɪnˈʃraɪn] *fig* v/t bewahren

ensign [ˈensaɪn] s **1** Nationalflagge f **2** US SCHIFF Fähnrich m zur See

enslave [ɪnˈsleɪv] v/t zum Sklaven machen

ensnare [ɪnˈsnɛəʳ] *wörtl* v/t fangen; *fig* umgarnen

ensue [ɪnˈsjuː] v/i folgen (**from** aus)

ensuing [ɪnˈsjuːɪŋ] adj darauf folgend *attr*

en suite [ˈɒnswiːt] adj **~ room** Zimmer n mit eigenem Bad

ensure [ɪnˈʃʊəʳ] v/t sicherstellen, sichern; **will you ~ that I get a seat?** sorgen Sie dafür, dass ich einen Platz bekomme?

ENT abk (= ear, nose and throat) HNO; **ENT department** HNO-Abteilung f

entail [ɪnˈteɪl] v/t mit sich bringen; *Arbeit* erforderlich machen; **what is ~ed in buying a house?** was ist zum Hauskauf alles erforderlich?; **this will ~ (my) buying a new car** das bringt mit sich *od* macht es erforderlich, dass ich mir ein neues Auto kaufen muss

entangle [ɪnˈtæŋgl] v/t **1 to become ~d in sth** sich in etw *(dat)* verfangen **2 to become ~d** sich verwirren **3** *fig in Affäre etc* verwickeln (**in** in *+akk*)

enter [ˈentəʳ] **A** v/t **1** hereinkommen in (*+akk*), hineingehen in (*+akk*); *Haus a.* betreten; *Parkplatz* einfahren in (*+akk*); **to ~ a country** in ein Land einreisen; **the dispute is ~ing its fifth year** die Auseinandersetzung zieht sich jetzt schon ins fünfte Jahr hin; **the thought never ~ed my head** *od* **mind** so etwas wäre mir nie eingefallen **2** *Organisation etc* eintreten in (*+akk*); **to ~ the Church** Geistlicher werden; **to ~ a profession** einen Beruf ergreifen **3** eintragen (**in** in *+akk*); IT eingeben; **to ~ sb's/one's name** j-n/sich eintragen **4** *für Prüfung etc* anmelden **5** *Rennen* sich beteiligen an (+dat) **B** v/i **1** hereinkommen, hineingehen, eintreten; *mit Auto* einfahren **2** THEAT auftreten **3** *zu Rennen, Prüfung* sich melden (**for** zu) **C** s IT **hit ~** Enter drücken

phrasal verbs mit enter:

enter into v/i (<+obj>) **1** *Beziehungen, Verhandlungen* aufnehmen; *Bündnis* schließen; **to enter into conversation with sb** ein Gespräch mit j-m anknüpfen; **to enter into correspondence with sb** mit j-m in Briefwechsel treten **2** eine Rolle spielen bei

enter key s COMPUT Enter-Taste f

enterprise ['entəpraɪz] s **1** <kein pl> Initiative f **2** (= *Firma*) Unternehmen n; **private ~** privates Unternehmertum

enterprising ['entəpraɪzɪŋ] adj *Mensch* einfallsreich; unternehmungslustig

entertain [ˌentəˈteɪn] **A** v/t **1** bewirten **2** unterhalten, belustigen **3** *Gedanken* sich tragen mit; *Verdacht* hegen; *Hoffnung* nähren **B** v/i Gäste haben

entertainer [ˌentəˈteɪnəʳ] s Entertainer(in) m(f)

entertaining [ˌentəˈteɪnɪŋ] **A** adj unterhaltsam, amüsant **B** s die Bewirtung von Gästen; **she does a lot of ~** sie hat oft Gäste

entertainment [ˌentəˈteɪnmənt] s Unterhaltung f, Entertainment n

entertainment industry s Unterhaltungsindustrie f

enthral [ɪnˈθrɔːl] v/t, **enthrall** US v/t begeistern

enthralling adj spannend

enthuse [ɪnˈθjuːz] v/i schwärmen (**over** von)

enthusiasm [ɪnˈθjuːzɪæzəm] s **1** Begeisterung f, Enthusiasmus m; **she showed little ~ for the scheme** sie zeigte sich von dem Plan nicht sehr begeistert; **I can't work up any ~ for the idea** ich kann mich für die Idee nicht begeistern **2** Leidenschaft f

enthusiast [ɪnˈθjuːzɪæst] s Enthusiast(in) m(f); **he's a rock-and-roll ~** er ist begeisterter Rock 'n' Roll-Anhänger

enthusiastic [ɪnˌθjuːzɪˈæstɪk] adj begeistert, enthusiastisch; **to be ~ about sth** von etw begeistert sein; **to be ~ about doing sth** etw mit Begeisterung tun

enthusiastically [ɪnˌθjuːzɪˈæstɪkəlɪ] adv begeistert

entice [ɪnˈtaɪs] v/t locken; **to ~ sb to do sth** *od* **into doing sth** j-n dazu verleiten, etw zu tun; **to ~ sb away** j-n weglocken

enticing [ɪnˈtaɪsɪŋ] adj verlockend

entire [ɪnˈtaɪəʳ] adj ganz; *Kosten, Karriere* gesamt

entirely [ɪnˈtaɪəlɪ] adv **1** ganz; **the accident was ~ the fault of the other driver** der andere Fahrer hatte die ganze Schuld an dem Unfall **2** *emph* völlig; **I agree ~** ich stimme voll und ganz zu; **to be another matter ~** *od* **an ~ different matter** etwas ganz *od* völlig anderes sein

entirety [ɪnˈtaɪərətɪ] s **in its ~** in seiner Gesamtheit

entitle [ɪnˈtaɪtl] v/t **1 it is ~d ...** es hat den Titel ... **2 to ~ sb to sth** j-n zu etw berechtigen; *zu Entschädigung etc* j-m den Anspruch auf etw (*akk*) geben; **to ~ sb to do sth** j-n dazu berechtigen, etw zu tun; **to be ~d to sth** das Recht auf etw (*akk*) haben; *auf Entschädigung etc* Anspruch auf etw (*akk*) haben; **to be ~d to do sth** das Recht haben, etw zu tun; **I'm ~d to my own opinion** ich kann mir meine eigene Meinung bilden

entitled [ɪnˈtaɪtld] adj **to be ~ ...** *Buch* den Titel ... haben

entitlement s Berechtigung f (**to** zu); *auf Entschädigung etc* Anspruch m (**to** auf +*akk*); **what is your holiday ~?** Br wie viel Urlaub steht Ihnen zu?

entity ['entɪtɪ] s Wesen n

entourage [ˌɒntʊˈrɑːʒ] s Entourage f

entrails ['entreɪlz] *wörtl pl* Eingeweide *pl*

entrance[1] [ɪnˈtrɑːns] v/t in Entzücken versetzen; **to be ~d** verzückt sein; **to be ~d by/with sth** von etw entzückt sein

entrance[2] ['entrəns] s **1** Eingang m, Einfahrt f **2** Eintritt m (**to** in +*akk*); THEAT Auftritt m; *zu Klub etc* Zutritt m (**to** zu); **to make one's ~** THEAT auftreten; *fig* erscheinen; **to gain ~ to a university** die Zulassung zu einer Universität erhalten

entrance examination s Aufnahmeprüfung f

entrance fee s *für Museum etc* Eintrittsgeld n

entrance hall s Eingangshalle f

entrance qualifications pl Zulassungsanforderungen pl

entrant s *bei Wettkampf* Teilnehmer(in) m(f); SCHULE *etc* Prüfling m

entreat [ɪnˈtriːt] v/t anflehen

entreaty [ɪnˈtriːtɪ] s dringende Bitte

entrée ['ɒntreɪ] Br s Vorspeise f; *bes US* Hauptgericht n

entrenched [ɪnˈtrentʃd] adj *Position* unbeugsam; *Überzeugung* fest verwurzelt

entrepreneur [ˌɒntrəprəˈnɜːʳ] s Unternehmer(in) m(f)

entrepreneurial [ˌɒntrəprəˈnɜːrɪəl] adj unternehmerisch

entrust [ɪnˈtrʌst] v/t anvertrauen (**to sb** j-m); **to ~ a child to sb's care** ein Kind *akk* j-s Obhut *dat* anvertrauen; **to ~ sb with a task** j-n mit einer Aufgabe betrauen; **to ~ sb with a secret** j-m ein Geheimnis anvertrauen

entry ['entrɪ] s **1** Eintritt m (**into** in +*akk*), Einfahrt

f (**into** in +*akk*); *in Land* Einreise *f*; "**no ~**" „Zutritt verboten"; *Verkehr* „keine Einfahrt" **2** Eingang *m*, Einfahrt *f* **3** *in Kalender, Wörterbuch* Eintrag *m*; **the dictionary has 30,000 entries** das Wörterbuch enthält 30.000 Stichwörter **4** *für Wettkampf* Meldung *f*; **the closing date for entries is Friday** der Einsendeschluss ist Freitag
entry form *s* Anmeldeformular *n*
entry-level test *s* SCHULE Einstufungstest *m*
entry permit *s* Passierschein *m*; *für Land* Einreiseerlaubnis *f*
entry phone *s* Türsprechanlage *f*
entry visa *s* Einreisevisum *n*
entryway US *s* Eingang *m*, Einfahrt *f*
entwine [ɪnˈtwaɪn] *v/t* ineinanderschlingen
E number *s* E-Nummer *f*
enumerate [ɪˈnjuːməreɪt] *v/t* aufzählen
enumeration [ɪˌnjuːməˈreɪʃn] *s* Aufzählung *f*
envelop [ɪnˈveləp] *v/t* einhüllen; **flames ~ed the house** das Haus war von Flammen eingehüllt
envelope [ˈenvələʊp] *s* (Brief)umschlag *m*
enviable [ˈenvɪəbl] *adj* beneidenswert
envious [ˈenvɪəs] *adj* neidisch; **to be ~ of sb/sth** auf j-n/etw neidisch sein
enviously [ˈenvɪəslɪ] *adv* neidisch
environment [ɪnˈvaɪərənmənt] *s* Umwelt *f*, Umgebung *f*; *kulturell* Milieu *n*
Environment Agency *Br s* Umweltbehörde *f*
environmental [ɪnˌvaɪərənˈmentl] *adj* **1** Umwelt-, die Umwelt betreffend; **~ disaster** Umweltkatastrophe *f*; **~ expert** Umweltexperte *m*/-expertin *f*; **~ impact** Auswirkung *f* auf die Umwelt **2** Umweltschutz-; **~ group** Umweltschutzorganisation *f* **3** umgebungsbedingt
environmentalism [ɪnˌvaɪərənˈmentəlɪzəm] *s* Umweltbewusstsein *n*
environmentalist [ɪnˌvaɪərənˈmentəlɪst] *s* Umweltschützer(in) *m(f)*
environmentally [ɪnˌvaɪərənˈmentəlɪ] *adv* umwelt-; **~ compatible** umweltverträglich; **~ correct** umweltgerecht; **~ conscious** *od* **aware** umweltbewusst; **~ friendly/unfriendly** umweltfreundlich/-feindlich
Environmental Protection Agency *s US* ADMIN ≈ Umweltministerium *n*
environs [ɪnˈvaɪərənz] *pl* Umgebung *f*
envisage [ɪnˈvɪzɪdʒ] *v/t* sich (*dat*) vorstellen
envoy [ˈenvɔɪ] *s* Bote *m*, Botin *f*; (≈ *Diplomat*) Gesandte(r) *m*, Gesandtin *f*
envy [ˈenvɪ] **A** *s* Neid *m* **B** *v/t* beneiden; **to ~ sb sth** j-n um etw beneiden
enzyme [ˈenzaɪm] *s* Enzym *n*
ephemeral [ɪˈfemərəl] *adj* kurzlebig
epic [ˈepɪk] **A** *adj* episch; *Roman* monumental; *Leistung, Kampf* gewaltig; *Reise* lang und abenteuerlich; **~ film** Monumentalfilm *m* **B** *s* Epos *n*
epicentre [ˈepɪsentə^r] *s*, **epicenter** *US s* Epizentrum *n*
epidemic [ˌepɪˈdemɪk] *s a. fig* Epidemie *f*
epidural [ˌepɪˈdjʊərəl] *s* Epiduralanästhesie *f*
epilepsy [ˈepɪlepsɪ] *s* Epilepsie *f*
epileptic [ˌepɪˈleptɪk] **A** *adj* epileptisch; **~ fit** epileptischer Anfall; **he is ~** er ist Epileptiker **B** *s* Epileptiker(in) *m(f)*
epilogue [ˈepɪlɒg] *s*, **epilog** *US s* Epilog *m*
Epiphany [ɪˈpɪfənɪ] *s* das Dreikönigsfest
episcopal [ɪˈpɪskəpəl] *adj* bischöflich
episode [ˈepɪsəʊd] *s* **1** Episode *f*; *von Geschichte, a.* TV, RADIO Fortsetzung *f*, Folge *f* **2** (≈ *Ereignis*) Vorfall *m*
episodic [ˌepɪˈsɒdɪk] *adj* episodenhaft
epistle [ɪˈpɪsl] *s* BIBEL Brief *m* (**to** an +*akk*)
epitaph [ˈepɪtɑːf] *s* Epitaph *n*
epithet [ˈepɪθet] *s* Beiname *m*
epitome [ɪˈpɪtəmɪ] *s* Inbegriff *m* (**of** +*gen od* **an** +*dat*)
epitomize [ɪˈpɪtəmaɪz] *v/t* verkörpern
epoch [ˈiːpɒk] *s* Epoche *f*
equal [ˈiːkwəl] **A** *adj* gleich; *rechtlich* gleichberechtigt; **an ~ amount of land** gleich viel Land; **~ numbers of men and women** gleich viele Männer und Frauen; **to be ~ in size (to)** gleich groß sein (wie); **a is ~ to b** a ist gleich b; **an amount ~ to the purchase price** eine dem Kaufpreis entsprechende Summe; **other things being ~** wenn nichts dazwischenkommt; **~ opportunities** Chancengleichheit *f*; **~ rights for women** die Gleichberechtigung der Frau; **to be on ~ terms (with sb)** (mit j-m) gleichgestellt sein; **to be ~ to the task** der Aufgabe gewachsen sein; **to feel ~ to sth** sich zu etw imstande fühlen **B** *s* Gleichgestellte(r) *m/f(m)*; **she is his ~** sie ist ihm ebenbürtig; **to treat sb as an ~** j-n als ebenbürtig behandeln; **to have no ~** nicht seinesgleichen haben, unübertroffen sein **C** *v/i* **two plus three ~s five** zwei plus drei (ist) gleich fünf; **let x ~ 3** x sei (gleich) 3 **D** *v/t* gleichkommen (+*dat*)
equality [ɪˈkwɒlɪtɪ] *s* Gleichheit *f*; (≈ *gleiches Recht*) Gleichberechtigung *f*
equalize [ˈiːkwəlaɪz] *v/i* SPORT ausgleichen
equalizer [ˈiːkwəlaɪzə^r] *s* **1** *Br* SPORT Ausgleich *m*; FUSSB *etc* Ausgleichstreffer *m*; **to score** *od* **get the ~** den Ausgleich erzielen **2** *US hum umg* (≈ *Waffe*) Kanone *f sl*
equally [ˈiːkwəlɪ] *adv* **1** *verteilen* gleichmäßig; **~ spaced** in gleichmäßigen Abständen; *zeitlich* in regelmäßigen Abständen **2** ⟨+*adj*⟩ ebenso, gleich; **all foreigners should be treated ~** alle Ausländer sollten gleich behandelt werden

equals sign ['i:kwəlz'saın] s Gleichheitszeichen n

equate [ı'kweıt] v/t **1** gleichsetzen **2** auf die gleiche Stufe stellen

equation [ı'kweɪʒən] s MATH, a. fig Gleichung f; **that doesn't even enter the ~** das steht doch überhaupt nicht zur Debatte

equator [ı'kweıtəʳ] s Äquator m; **at the ~** am Äquator

equatorial [,ekwə'tɔ:rıəl] adj äquatorial, Äquatorial-

equestrian [ı'kwestrıən] adj Reit-, Reiter-; **~ events** Reitveranstaltung f, Reitturnier n

equidistant ['i:kwı'dıstənt] adj gleich weit entfernt (**from** von)

equilateral ['i:kwı'lætərəl] adj gleichseitig

equilibrium [,i:kwı'lıbrıəm] s Gleichgewicht n; **to keep/lose one's ~** das Gleichgewicht halten/verlieren

equinox ['i:kwınɒks] s Tagundnachtgleiche f; **the spring ~** die Frühjahrs-Tagundnachtgleiche

equip [ı'kwıp] v/t j-n, Armee ausrüsten; Küche ausstatten; **he is well ~ped for the job** fig er hat das nötige Rüstzeug für die Stelle

equipment s ⟨kein pl⟩ Ausrüstung f; **laboratory ~** Laborausstattung f; **office ~** Büroeinrichtung f; **electrical ~** Elektrogeräte pl; **kitchen ~** Küchengeräte pl

equitable adj, **equitably** ['ekwıtəbl, -ı] adv gerecht

equities ['ekwıti:z] pl FIN Stammaktien pl

equity ['ekwətı] s WIRTSCH (Stamm)Aktien pl

equity capital s WIRTSCH Eigenkapital n

equity position s WIRTSCH Eigenkapitalausstattung f

equivalent [ı'kwıvələnt] **A** adj **1** gleichwertig; **that's ~ to saying ...** das ist gleichbedeutend damit, zu sagen ... **2** entsprechend; **it is ~ to £30** das entspricht £ 30 **B** s Äquivalent n; (≈ Gegenstück) Pendant n; **that is the ~ of ...** das entspricht ... (dat); **what is the ~ in euros?** was ist der Gegenwert in Euro?; **the American ~ of ...** das amerikanische Pendant zu ...

equivocal [ı'kwıvəkəl] form adj **1** Antwort zweideutig; Position, Resultat unklar **2** Haltung zwiespältig; Mensch ambivalent

equivocate [ı'kwıvəkeıt] v/i ausweichen

ER US abk (= emergency room) Unfallstation f

era ['ıərə] s Ära f, Epoche f; GEOL Erdzeitalter n; **the Christian era** (die) christliche Zeitrechnung

eradicate [ı'rædıkeıt] v/t ausrotten

eradication [ı,rædı'keıʃən] s Ausrottung f

erase [ı'reız] v/t ausradieren; Band, a. IT löschen

eraser [ı'reızəʳ] s Radiergummi m/n

erect [ı'rekt] **A** v/t Haus bauen; Statue, Denkmal errichten (**to sb** j-m); Gerüst aufstellen; Zelt aufschlagen; fig Barriere errichten **B** adj **1** aufrecht; **to stand ~** gerade stehen; **to walk ~** aufrecht gehen **2** PHYSIOL Penis, Nippel steif

erection [ı'rekʃən] s **1** von Haus (Er)bauen n; von Statue, Denkmal, Barriere Errichten n **2** PHYSIOL Erektion f

ergonomic [,ɜ:gəʊ'nɒmık] adj ergonomisch

Eritrea [,erı'treıə] s Eritrea n

ERM abk (= Exchange Rate Mechanism) Wechselkursmechanismus m

ermine ['ɜ:mın] s Hermelin m

erode [ı'rəʊd] v/t auswaschen; fig Vertrauen etc untergraben; Autorität unterminieren

erogenous [ı'rɒdʒənəs] adj erogen

erosion [ı'rəʊʒən] s Erosion f; fig von Autorität Unterminierung f

erotic adj, **erotically** [ı'rɒtık, -əlı] adv erotisch

eroticism [ı'rɒtısızəm] s Erotik f

err [ɜ:ʳ] v/i sich irren; **to err in one's judgement** sich in seinem Urteil irren; **it is better to err on the side of caution** man sollte im Zweifelsfall lieber zu vorsichtig sein

errand ['erənd] s (≈ Einkauf) Besorgung f; für Nachricht Botengang m; **to send sb on an ~** j-n auf Besorgungen/einen Botengang schicken

errant ['erənt] adj Lebenswandel sündig; Ehemann etc untreu

erratic [ı'rætık] adj unberechenbar; Fortschritt, Rhythmus ungleichmäßig; Leistung variabel; Bewegung unkontrolliert; **to be (very) ~** Verkaufszahlen (stark) schwanken; **~ mood swings** starke Stimmungsschwankungen pl; **his ~ driving** sein unberechenbarer Fahrstil

erroneous [ı'rəʊnıəs] adj falsch; Annahme irrig

erroneously [ı'rəʊnıəslı] adv fälschlicherweise

error ['erəʳ] s **1** Fehler m **2** Irrtum m; **in ~** irrtümlicherweise; **to see the ~ of one's ways** seine Fehler einsehen

error message s IT Fehlermeldung f

erudite ['erʊdaıt] adj gelehrt

erudition [,erʊ'dıʃən] s Gelehrsamkeit f

erupt [ı'rʌpt] v/i ausbrechen; fig explodieren; **her face had ~ed in spots** sie hatte im ganzen Gesicht Pickel bekommen

eruption [ı'rʌpʃən] s Ausbruch m

escalate ['eskəleıt] **A** v/t Krieg ausweiten **B** v/i eskalieren; Kosten in die Höhe schnellen

escalation [,eskə'leıʃən] s Eskalation f

escalator ['eskəleıtəʳ] s Rolltreppe f

escalope [ı'skæləp] s Schnitzel n

escapade [,eskə'peıd] s Eskapade f

escape [ı'skeıp] **A** v/i **1** fliehen (**from** aus), entkommen (**from** +dat); aus Gefängnis etc ausbrechen (**from** aus); *Wasser* auslaufen (**from** aus); Gas ausströmen (**from** aus); **an ~d prisoner/tiger** ein entflohener Häftling/entsprungener Tiger; **he ~d from the fire** er ist dem Feuer entkommen; **to ~ from poverty** der Armut entkommen ❷ davonkommen ❸ *v/t* ❶ entkommen (+*dat*) ❷ entgehen (+*dat*); **no department will ~ these cuts** keine Abteilung wird von diesen Kürzungen verschont bleiben; **he narrowly ~d injury** er ist gerade noch unverletzt davongekommen; **he narrowly ~d being run over** er wäre um ein Haar überfahren worden; **but you can't ~ the fact that ...** aber du kannst nicht abstreiten, dass ... ❸ **his name ~s me** sein Name ist mir entfallen; **nothing ~s him** ihm entgeht nichts ❹ *s* ❶ *aus Gefängnis etc* Ausbruch *m*; *aus Land* Flucht *f* (**from** aus); *fig* Flucht *f* (**from** vor +*dat*); **to make one's ~** ausbrechen; *fig* verschwinden; **to have a miraculous ~** auf wunderbare Weise davonkommen; **there's no ~** *fig* es gibt keinen Ausweg ❷ *von Gas* Ausströmen *n*; **due to an ~ of gas** aufgrund ausströmenden Gases ❸ IT **hit ~** Escape drücken

escape attempt, escape bid *s* Fluchtversuch *m*
escape chute *s* Notrutsche *f*
escape clause *s* JUR Rücktrittsklausel *f*
escape key *s* COMPUT Escape-Taste *f*
escape route *s* Fluchtweg *m*
escapism [ɪˈskeɪpɪzəm] *s* Wirklichkeitsflucht *f*
escapist [ɪˈskeɪpɪst] *adj* eskapistisch
escapologist [ˌeskəˈpɒlədʒɪst] *s* Entfesselungskünstler(in) *m(f)*
eschew [ɪsˈtʃuː] *obs, liter v/t* scheuen, (ver)meiden
escort ❶ [ˈeskɔːt] *s* ❶ Geleitschutz *m*; *Fahrzeuge* Eskorte *f*; **under ~** unter Bewachung; **motorcycle ~** Motorradeskorte *f* ❷ Begleiter *m*, Hostess *f* ❷ [ɪˈskɔːt] *v/t* begleiten
escort agency *s* Hostessenagentur *f*
Eskimo [ˈeskɪməʊ] *pej* ❶ *adj* Eskimo-, eskimoisch ❷ *s* ⟨*pl* -s⟩ Eskimo *m*, Eskimofrau *f*
ESL *abk* (= English as a Second Language) Englisch *n* als Zweit- oder Fremdsprache
ESL milk *s abk* (= extended shelf life) ESL-Milch *f*
esophagus *bes US s* → oesophagus
esoteric [ˌesəʊˈterɪk] *adj* esoterisch
esp. *abk* (= especially) bes.
especial [ɪˈspeʃəl] *adj* besondere(r, s)
especially [ɪˈspeʃəlɪ] *adv* ❶ besonders; **not ~** nicht besonders; **(more) ~ as ...** vor allem, weil ...; **~ in summer** vor allem im Sommer; **why Jim ~?** warum gerade Jim? ❷ eigens; **I came ~ to see you** ich bin eigens gekommen, um dich zu sehen; **to do sth ~ for sb/sth** etw speziell für j-n/etw tun

espionage [ˌespɪəˈnɑːʒ] *s* Spionage *f*
esplanade [ˌespləˈneɪd] *s* (Strand)promenade *f*
espresso [eˈspresəʊ] *s* ⟨*pl* -s⟩ **~ (coffee)** Espresso *m*
esquire [ɪˈskwaɪəʳ] *Br s* **James Jones, Esq** Herrn James Jones
essay [ˈeseɪ] *s* Essay *m/n*; *bes* SCHULE Aufsatz *m*
essence [ˈesəns] *s* ❶ Wesen *n*; **in ~** im Wesentlichen; **time is of the ~** Zeit ist von entscheidender Bedeutung; **the novel captures the ~ of life in the city** der Roman fängt das Leben in der Stadt perfekt ein ❷ CHEM, GASTR Essenz *f*
essential [ɪˈsenʃəl] ❶ *adj* ❶ unbedingt notwendig; *Versorgungsgüter* lebenswichtig; **it is ~ to act quickly** schnelles Handeln ist unbedingt erforderlich; **it is ~ that you understand this** du musst das unbedingt verstehen; **~ for good health** für die Gesundheit unerlässlich ❷ wesentlich; *Frage, Rolle* entscheidend; **I don't doubt his ~ goodness** ich zweifle nicht an, dass er im Grunde ein guter Mensch ist ❷ *s* **just bring the ~s** bring nur das Allernotwendigste mit; **with only the bare ~s** nur mit dem Allernotwendigsten ausgestattet; **the ~s of German grammar** die Grundlagen *pl* der deutschen Grammatik
essentially [ɪˈsenʃəlɪ] *adv* im Wesentlichen, im Grunde genommen
est.[1] *abk* (= established) gegr.
est.[2] *abk* (= estimated) geschätzt; Ankunftszeit voraussichtlich
establish [ɪˈstæblɪʃ] ❶ *v/t* ❶ gründen; *Beziehungen* aufnehmen; *Verbindungen* anknüpfen; *Frieden* stiften; *Ordnung* (wieder) herstellen; *Methode* einführen; *Ruf* sich (*dat*) verschaffen ❷ beweisen; **we have ~ed that ...** wir haben bewiesen *od* gezeigt, dass ... ❸ *Identität, Fakten* ermitteln ❷ *v/r* sich etablieren; **he has now firmly ~ed himself in the company** er ist jetzt in der Firma fest etabliert
established *adj* etabliert; **it's an ~ practice** *od* **custom** es ist allgemein üblich; **well ~ as sth** allgemein als etw anerkannt; **it's an ~ fact that ...** es steht fest, dass ...; **~ 1850** HANDEL *etc* gegründet 1850
establishment *s* ❶ *von Beziehungen etc* Aufnahme *f*; *von Firma* Gründung *f* ❷ Institution *f*; **commercial ~** kommerzielles Unternehmen ❸ **the Establishment** das Establishment
estate [ɪˈsteɪt] *s* ❶ Gut *n*; **country ~** Landgut *n*; **family ~** Familienbesitz *m* ❷ JUR Nachlass *m*; **to leave one's ~ to sb** j-m seinen ganzen Besitz vermachen *od* hinterlassen ❸ *bes Br* Siedlung *f*
estate agency *s* Immobilienbüro *n*
estate agent *Br s* Immobilienmakler(in) *m(f)*

estate car *Br s* Kombi(wagen) *m*
esteem [ɪˈstiːm] **A** *v/t j-n* hoch schätzen **B** *s* Wertschätzung *f*; **to hold sb/sth in (high) ~** j-n/etw (hoch) schätzen; **to be held in great ~** sehr geschätzt werden; **he went down in my ~** er ist in meiner Achtung gesunken
esthete *etc bes US s* → aesthete
estimable [ˈestɪməbl] *adj* schätzenswert
estimate A [ˈestɪmɪt] *s* **1** Schätzung *f*; **it is just an ~** das ist nur geschätzt; **at a rough ~** grob geschätzt **2** HANDEL (Kosten)voranschlag *m*; **to get an ~** einen (Kosten)voranschlag einholen **B** [ˈestɪmeɪt] *v/t* schätzen; **~d price** Schätzpreis *m*; **~d value** Schätzwert *m*; **his wealth is ~d at ...** sein Vermögen wird auf ... geschätzt; **I ~ she must be 40** ich schätze sie auf 40
estimation [ˌestɪˈmeɪʃən] *s* **1** Einschätzung *f* **2** Achtung *f*; **he went up/down in my ~** er ist in meiner Achtung gestiegen/gesunken
Estonia [eˈstəʊnɪə] *s* Estland *n*
Estonian A *adj* estnisch **B** *s* **1** Este *m*, Estin *f* **2** LING Estnisch *n*
estrange [ɪˈstreɪndʒ] *v/t* **they are ~d** Ehepaar sie haben sich auseinandergelebt; **his ~d wife** seine von ihm getrennt lebende Frau
estrogen [ˈiːstrəʊdʒən] *US s* → oestrogen
estuary [ˈestjʊərɪ] *s* Mündung *f*
ET *US abk* (= *Eastern Time*) Ostküstenzeit *f* (*minus sechs Stunden mitteleuropäischer Zeit*)
ETA *abk* (= *estimated time of arrival*) voraussichtliche Ankunft
e-tailer [ˈiːteɪləʳ] *s* E-Tailer *m*, elektronischer Einzelhändler
etc. *abk* (= *et cetera*) etc., usw.
et cetera [ɪtˈsetərə] *adv* und so weiter, et cetera
etch [etʃ] **A** *v/i* ätzen, in Kupfer stechen; *in anderen Metallen* radieren **B** *v/t* ätzen, in Kupfer stechen; *in andere Metalle* radieren; **the event was ~ed on her mind** das Ereignis hatte sich ihr ins Gedächtnis eingegraben
etching [ˈetʃɪŋ] *s* Ätzung *f*, Kupferstich *m*; *in anderen Metallen* Radierung *f*
eternal [ɪˈtɜːnl] *adj* **1** ewig **2** endlos
eternally [ɪˈtɜːnəlɪ] *adv* ewig; *optimistisch* immer; **to be ~ grateful (to sb/for sth)** (j-m/für etw) ewig dankbar sein
eternity [ɪˈtɜːnɪtɪ] *s* Ewigkeit *f*; REL das ewige Leben
ether [ˈiːθəʳ] *s poetisch, a.* CHEM Äther *m*
ethereal [ɪˈθɪərɪəl] *adj* ätherisch
ethic [ˈeθɪk] *s* Ethik *f*
ethical [ˈeθɪkəl] *adj* ethisch *attr*; *Philosophie* Moral-; **it is not ~ to ...** es ist unethisch, zu ...
ethically [ˈeθɪkəlɪ] *adv* ethisch, ethisch einwandfrei

ethics [ˈeθɪks] *s* **1** Ethik *f* **2** Moral *f*
Ethiopia [ˌiːθɪˈəʊpɪə] *s* Äthiopien *n*
ethnic [ˈeθnɪk] *adj* **1** ethnisch; **~ group** Volksgruppe *f*; **~ minorities** ethnische Minderheiten *pl*; **~ violence** Rassenkrawalle *pl*; **~ Germans** Volksdeutsche *pl* **2** *Kleidung* folkloristisch; **~ music** Folklore *f*
ethnically [ˈeθnɪklɪ] *adv* ethnisch
ethnic cleansing *euph s* ethnische Säuberung
ethos [ˈiːθɒs] *s* Ethos *n*
e-ticket *s* E-Ticket *n*
etiquette [ˈetɪket] *s* Etikette *f*
etymological *adj*, **etymologically** [ˌetɪməˈlɒdʒɪkəl, -lɪ] *adv* etymologisch
etymology [ˌetɪˈmɒlədʒɪ] *s* Etymologie *f*
EU *abk* (= *European Union*) EU *f*
EU accession *s* EU-Beitritt *m*
eucalyptus [ˌjuːkəˈlɪptəs] *s* Eukalyptus *m*
Eucharist [ˈjuːkərɪst] *s* KIRCHE Abendmahlsgottesdienst *m*; **the ~** das (heilige) Abendmahl
EU citizenship *s* Unionsbürgerschaft *f*, EU-Bürgerschaft *f*
EU Commission *s* EU-Kommission *f*
EU Commissioner *s* EU-Kommissar(in) *m(f)*
EU directive *s* EU-Richtlinie *f*
EU enlargement *s* EU-Erweiterung *f*
eulogy [ˈjuːlədʒɪ] *s* Lobesrede *f*
eunuch [ˈjuːnək] *s* Eunuch *m*
euphemism [ˈjuːfəmɪzəm] *s* **1** Euphemismus *m* **2** LIT Beschönigung: Umschreibung eines tabuisierten oder anstößigen Wortes
euphemistic [ˌjuːfəˈmɪstɪk] *adj* euphemistisch
euphemistically [ˌjuːfəˈmɪstɪkəlɪ] *adv* euphemistisch, verhüllend; **to be ~ described/known as ...** beschönigend als ... bezeichnet werden/bekannt sein
euphoria [juːˈfɔːrɪə] *s* Euphorie *f*
euphoriant [juːˈfɔːrɪənt] **A** *adj* MED euphorisierend **B** *s* MED Euphorikum *n*
euphoric [juːˈfɒrɪk] *adj* euphorisch
EUR *abk* ⟨*nur geschrieben*⟩ (= *Euro*) EUR
Eurasian [jʊəˈreɪʃn] **A** *adj* eurasisch **B** *s* Eurasier(in) *m(f)*
EU representative *s* EU-Beauftragte(r) *m/f(m)*; **EU representative for Foreign Affairs** EU-Außenbeauftragte(r) *m/f(m)*
euro [ˈjʊərəʊ] *s* ⟨*pl* **-s**⟩ Euro *m*; **5 ~s** 5 Euro
eurocent *s* Eurocent *m*
eurocentric *adj* eurozentrisch
Eurocheque [ˈjʊərəʊtʃek] *s*, **Eurocheck** *US s* Eurocheque *m*
Eurocrat [ˈjʊərəʊkræt] *s* Eurokrat(in) *m(f)*
Euroland *s* Euroland *n*
Euro MP *umg s* Europaabgeordnete(r) *m/f(m)*
Europe [ˈjʊərəp] *s* Europa *n*
European [ˌjʊərəˈpiːən] **A** *adj* europäisch **B** *s*

Europäer(in) m(f)

European Central Bank s Europäische Zentralbank

European Commission s Europäische Kommission

European Community s Europäische Gemeinschaft

European Convention s EU-Konvent m

European Council s Europäischer Rat

European Court of Justice s Europäischer Gerichtshof

European Economic Community s Europäische Wirtschaftsgemeinschaft

European elections pl Europawahlen pl

European Investment Bank s Europäische Investitionsbank

European Monetary System s Europäisches Währungssystem

European Monetary Union s Europäische Währungsunion

European Parliament s Europäisches Parlament

European Union s Europäische Union

Europol ['jʊərəʊpɒl] abk (= **European Police Office**) Europol f

Euro-sceptic ['jʊərəʊˌskeptɪk] s Euroskeptiker(in) m(f)

euro zone s Eurozone f

euthanasia [ˌjuːθəˈneɪzɪə] s Euthanasie f

EU-wide adj, adv EU-weit

evacuate [ɪˈvækjʊeɪt] v/t räumen; Bevölkerung evakuieren (**from** aus od **to** nach)

evacuation [ɪˌvækjʊˈeɪʃən] s Räumung f; von Bevölkerung Evakuierung f

evacuee [ɪˌvækjʊˈiː] s Evakuierte(r) m/f(m)

evade [ɪˈveɪd] v/t ausweichen (+dat); Verfolgern entkommen (+dat); Festnahme sich entziehen (+dat); **to ~ taxes** Steuern hinterziehen

evaluate [ɪˈvæljʊeɪt] v/t Immobilie, Wert schätzen (**at** auf +akk); Schaden festsetzen (**at** auf +akk); Chancen, Leistung beurteilen; Beweise, Resultate auswerten

evaluation [ɪˌvæljʊˈeɪʃən] s von Immobilie, Wert Schätzung f; von Chancen, Leistung Beurteilung f; von Beweisen, Resultaten Auswertung f

evangelic(al) [ˌiːvænˈdʒelɪk(əl)] adj evangelikal

evangelist [ɪˈvændʒəlɪst] s Prediger(in) m(f)

evaporate [ɪˈvæpəreɪt] v/i **1** Flüssigkeit verdunsten **2** fig sich in Luft auflösen; Hoffnungen sich zerschlagen

evaporated milk [ɪˈvæpəreɪtɪdˈmɪlk] s Kondensmilch f

evaporation [ɪˌvæpəˈreɪʃn] s von Wasser Verdampfen n, Verdampfung f

evasion [ɪˈveɪʒən] s Ausweichen n (**of** vor +dat); von Steuern Hinterziehung f

evasive [ɪˈveɪzɪv] adj ausweichend; **they were ~ about it** sie redeten drum herum; **to take ~ action** ein Ausweichmanöver machen

evasively [ɪˈveɪzɪvlɪ] adv ausweichend

eve [iːv] s Vorabend m; **on the eve of** am Vorabend von od +gen

even ['iːvən] **A** adj **1** Oberfläche eben **2** gleichmäßig **3** Mengen, Werte gleich; **they are an ~ match** sie sind einander ebenbürtig; **I will get ~ with you for that** das werde ich dir heimzahlen; **that makes us ~** fig damit sind wir quitt; **he has an ~ chance of winning** seine Gewinnchancen stehen fifty-fifty umg; **to break ~** die Kosten decken **4** Zahl gerade **B** adv **1** sogar, selbst; **it'll be difficult, impossible ~** das wird schwierig sein, wenn nicht (so)gar unmöglich **2** mit Komparativ sogar noch; **that's ~ better** das ist sogar (noch) besser **3** **not ~** nicht einmal; **without ~ a smile** ohne auch nur zu lächeln **4** **~ if** selbst wenn; **~ though** obwohl; **but ~ then** aber sogar dann; **~ so (aber) trotzdem**

phrasal verbs mit even:

even out A v/i Preise sich einpendeln **B** v/t ⟨trennb⟩ **that should even things out a bit** dadurch müsste ein gewisser Ausgleich erzielt werden

even up A v/t ⟨trennb⟩ **that will even things up** das wird die Sache etwas ausgleichen **B** v/i **can we even up later?** können wir später abrechnen?

even-handed adj, **even-handedly** [ˌiːvnˈhændɪd, -lɪ] adv gerecht, fair

evening ['iːvnɪŋ] s Abend m; **in the ~** abends, am Abend; **good ~** guten Abend!; **this/tomorrow/yesterday ~** heute/morgen/gestern Abend; **that ~** an jenem Abend; **on Friday ~** freitagabends, am Freitagabend; **on the ~ of the twenty-ninth** am Abend des 29.; **one ~ as I ...** eines Abends, als ich ...; **every Monday ~** jeden Montagabend; **all ~** den ganzen Abend (lang)

evening class s Abendkurs m; **to go to** od **take ~es** od **an ~ in French** einen Abendkurs in Französisch besuchen

evening dress s Abendanzug m, Abendkleid n

evening gown s Abendkleid n

evening paper s Abendzeitung f

evening wear s Abendkleidung f

evenly ['iːvənlɪ] adv gleichmäßig; teilen in gleiche Teile; **the contestants were ~ matched** die Gegner waren einander ebenbürtig; **your weight should be ~ balanced (between your two feet)** Sie sollten Ihr Gewicht gleichmäßig (auf beide Füße) verteilen; **public opinion seems to be ~ divided** die öffentliche Mei-

evenness s *von Boden* Ebenheit f
evensong ['iːvənsɒŋ] s Abendgottesdienst m
event [ɪ'vent] s **1** Ereignis n; **in the normal course of ~s** normalerweise **2** Veranstaltung f; SPORT Wettkampf m **3** **in the ~ of her death** im Falle ihres Todes; **in the ~ of fire** im Brandfall; **in the unlikely ~ that … falls**, was sehr unwahrscheinlich ist, …; **in any ~ I can't give you my permission** ich kann dir jedenfalls nicht meine Erlaubnis geben; **at all ~s** auf jeden Fall
eventful [ɪ'ventfʊl] adj ereignisreich
event manager s Eventmanager(in) m(f)
eventual [ɪ'ventʃʊəl] adj **he predicted the ~ fall of the government** er hat vorausgesagt, dass die Regierung am Ende *od* schließlich zu Fall kommen würde; **the ~ success of the project is not in doubt** es besteht kein Zweifel, dass das Vorhaben letzten Endes Erfolg haben wird; **he lost to the ~ winner** er verlor gegen den späteren Gewinner
eventuality [ɪˌventʃʊ'ælɪti] s Eventualität f; **be ready for any ~** sei auf alle Eventualitäten gefasst
eventually [ɪ'ventʃʊəli] adv schließlich; (≈ *irgendwann*) eines Tages; (≈ *längerfristig*) auf lange Sicht
ever ['evər] adv **1** je(mals); **not ~** nie; **nothing ~ happens** es passiert nie etwas; **it hardly ~ snows here** hier schneit es kaum (jemals); **if I ~ catch you doing that again** wenn ich dich noch einmal dabei erwische; **seldom, if ~** selten, wenn überhaupt; **he's a rascal if ~ there was one** er ist ein richtig gehender kleiner Halunke; **don't you ~ say that again!** sag das ja nie mehr!; **have you ~ been to Glasgow?** bist du schon einmal in Glasgow gewesen?; **did you ~ see** *od* **have you ~ seen anything so strange?** hast du schon jemals so etwas Merkwürdiges gesehen?; **more than ~** mehr denn je; **more beautiful than ~ (before)** schöner denn je (zuvor); **the first … ~** der *etc* allererste …; **I'll never, ~ forgive myself** das werde ich mir nie im Leben verzeihen **2** **~ since I was a boy** seit ich ein Junge war; **~ since I have lived here …** seitdem ich hier lebe …; **~ since (then)** seitdem; **for ~** für immer; **it seemed to go on for ~** es schien ewig zu dauern; **~ increasing power** ständig wachsende Macht; **an ~ present feeling** ein ständiges Gefühl; **all she ~ does is complain** sie tut nichts anderes als sich ständig zu beschweren **3** **she's the best grandmother ~** sie ist die beste Großmutter, die es gibt; **why ~ not?** warum denn bloß nicht? **4** *umg* **~ so/such** unheimlich; **~ so slightly drunk** ein ganz klein wenig betrunken; **he's ~ such a nice man** er ist ein ungemein netter Mensch; **I am ~ so sorry** es tut mir schrecklich leid; **thank you ~ so much** ganz herzlichen Dank

ever-changing adj sich stetig ändernd
Everest ['evərest] s **(Mount) ~** der (Mount) Everest
evergreen [ˌevə'griːn] **A** adj immergrün **B** s Nadelbaum m
everlasting [ˌevə'lɑːstɪŋ] adj ewig; **to his ~ shame** zu seiner ewigen Schande
evermore [ˌevə'mɔːr] *liter* adv auf immer und ewig; **for ~** in alle Ewigkeit
every ['evri] adj **1** jede(r, s); **you must examine ~ one** Sie müssen jeden (Einzelnen) untersuchen; **~ man for himself** jeder für sich; **in ~ way** in jeder Hinsicht; **he is ~ bit as clever as his brother** er ist ganz genauso schlau wie sein Bruder; **~ single time I …** immer wenn ich …; **~ fifth day, ~ five days** alle fünf Tage; **~ other** jede(r, s) zweite; **one in ~ twenty people** jeder zwanzigste Mensch; **~ so often, ~ once in a while, ~ now and then** *od* **again** ab und zu; **his ~ word** jedes Wort, das er sagte **2** **I have ~ confidence in him** ich habe volles Vertrauen zu ihm; **I have/there is ~ hope that …** ich habe allen Grund/es besteht aller Grund zu der Hoffnung, dass …; **there was ~ prospect of success** es bestand alle Aussicht auf Erfolg
everybody ['evrɪbɒdi] pron jeder(mann), alle pl; **~ else** jeder andere, alle anderen pl; **~ has finished** alle sind fertig; **it's not ~ who can afford a big house** nicht jeder kann sich (dat) ein großes Haus leisten
everyday ['evrɪdeɪ] adj (all)täglich; **~ clothes** Alltagskleidung f; **to be an ~ occurrence** (all)täglich vorkommen; **for ~ use** für den täglichen Gebrauch; **~ life** der Alltag, das Alltagsleben
everyone ['evrɪwʌn] pron → everybody
everything ['evrɪθɪŋ] s alles; **~ possible** alles Mögliche; **~ you have** alles, was du hast; **is ~ all right?** ist alles in Ordnung?; **money isn't ~** Geld ist nicht alles
everywhere ['evrɪwɛər] adv überall, überallhin; **from ~** von überallher; **~ you look there's a mistake** wo man auch hinsieht, findet man Fehler
evict [ɪ'vɪkt] v/t zur Räumung zwingen (**from** +gen); **they were ~ed** sie wurden zum Verlassen ihrer Wohnung / ihres Hauses gezwungen
eviction [ɪ'vɪkʃən] s Ausweisung f
eviction order s Räumungsbefehl m

evidence ['evɪdəns] s ⟨kein pl⟩ **1** Beweis m, Beweise pl; **there is no ~ that ...** es deutet nichts darauf hin, dass ... **2** JUR Beweismaterial n, Beweisstück n; von Zeuge Aussage f; **piece of ~** Beweis m; **we haven't got any ~** wir haben keinerlei Beweise; **for lack of ~** aus Mangel an Beweisen; **all the ~ was against him** alles sprach gegen ihn; **to give ~** aussagen **3 to be in ~** sichtbar sein

evident adj, **evidently** ['evɪdənt, -lɪ] adv offensichtlich

evil ['iːvl] **A** s **1** Böse(s) n **2** Übel n; **the lesser/greater of two ~s** das kleinere/größere Übel **B** adj böse, Einfluss, Ruf schlecht; Ort verhext; **~ deed** Übeltat f; **with ~ intent** mit od aus böser Absicht

evocative [ɪ'vɒkətɪv] adj atmosphärisch; **to be ~ of sth** etw heraufbeschwören

evoke [ɪ'vəʊk] v/t heraufbeschwören; Reaktion hervorrufen

evolution [ˌiːvə'luːʃən] s Evolution f

evolutionary [ˌiːvə'luːʃnərɪ] adj evolutionär; **~ theory** Evolutionstheorie f

evolve [ɪ'vɒlv] **A** v/t entwickeln **B** v/i sich entwickeln

ewe [juː] s Mutterschaf n

ex [eks] umg s Verflossene(r) m/f(m) umg

ex- [eks-] präf ehemalig, Ex-; **ex-wife** Exfrau f

exacerbate [ek'sæsəbeɪt] v/t verschlimmern; Situation a. verschärfen

exact [ɪg'zækt] **A** adj genau; **to be ~ about sth** etw genau darlegen; **do you have the ~ amount?** haben Sie es passend?; **until this ~ moment** bis genau zu diesem Augenblick; **the ~ same thing** genau das Gleiche; **he's 47 to be ~** er ist 47, um genau zu sein **B** v/t form Geld, Rache fordern; Zahlung eintreiben

exacting [ɪg'zæktɪŋ] adj Mensch, Arbeit anspruchsvoll; Niveau hoch

exactly [ɪg'zæktlɪ] adv genau; **I wanted to know ~ where my mother was buried** ich wollte genau wissen, wo meine Mutter begraben war; **that's ~ what I was thinking** genau das habe ich auch gedacht; **at ~ five o'clock** um Punkt fünf Uhr; **at ~ 9.43 a. m./the right time** genau um 9.43 Uhr/zur richtigen Zeit; **I want to get things ~ right** ich will es ganz richtig machen; **that's not ~ true** das stimmt nicht ganz; **who ~ will be in charge?** wer wird eigentlich die Verantwortung haben?; **you mean we are stuck?** — **~** — wir sitzen also fest? — stimmt genau; **is she sick?** — **not ~** ist sie krank? — eigentlich nicht; **not ~** iron nicht gerade

exactness [ɪg'zæktnɪs] s Genauigkeit f

exaggerate [ɪg'zædʒəreɪt] **A** v/t **1** übertreiben; **he ~d what really happened** er hat das, was wirklich geschehen war, übertrieben dargestellt **2** Wirkung verstärken **B** v/i übertreiben

exaggerated adj übertrieben

exaggeration [ɪgˌzædʒə'reɪʃən] s Übertreibung f; **a bit of an ~** leicht übertrieben

exaltation [ˌegzɔː'teɪʃən] s Begeisterung f

exalted [ɪg'zɔːltɪd] adj Position hoch

exam [ɪg'zæm] s Prüfung f; **to take an ~** eine Prüfung ablegen

examination [ɪgˌzæmɪ'neɪʃən] s **1** SCHULE, UNIV etc Prüfung f; **geography ~** Geografieprüfung f **2** Untersuchung f; von Maschine, Örtlichkeit, Pass Kontrolle f; **the matter is still under ~** die Angelegenheit wird noch geprüft od untersucht; **she underwent a thorough ~** sie wurde gründlich untersucht **3** JUR von Zeuge Verhör n; von Fall, Papieren Untersuchung f

examine [ɪg'zæmɪn] v/t **1** untersuchen (**for** auf +akk); Papiere etc prüfen (**for** auf +akk); Maschine, Pass, Gepäck kontrollieren; **you need (to have) your head ~d** umg du solltest dich mal auf deinen Geisteszustand untersuchen lassen **2** Schüler, Kandidat prüfen (**in** in +dat od **on** über +akk) **3** JUR Zeuge verhören

examinee [ɪgˌzæmɪ'niː] s Prüfling m, (Examens-)kandidat(in) m(f)

examiner [ɪg'zæmɪnə^r] s SCHULE, UNIV Prüfer(in) m(f)

example [ɪg'zɑːmpl] s Beispiel n; **for ~** zum Beispiel; **to set a good ~** ein gutes Beispiel geben; **to follow sb's ~** j-s Beispiel dat folgen; **to take sth as an ~** sich (dat) an etw ein Beispiel nehmen; **to make an ~ of sb** an j-m ein Exempel statuieren

exasperate [ɪg'zɑːspəreɪt] v/t zur Verzweiflung bringen; **to become** od **get ~d** verzweifeln (**with** an +dat)

exasperated adj entnervt

exasperating [ɪg'zɑːspəreɪtɪŋ] adj ärgerlich; Verzögerung, Arbeit leidig attr; Mensch nervig umg; **it's so ~ not to be able to buy a newspaper** es ist wirklich zum Verzweifeln, dass man keine Zeitung bekommen kann

exasperation [ɪgˌzɑːspə'reɪʃən] s Verzweiflung f (**with** über +akk)

excavate ['ekskəveɪt] v/t Erdreich ausschachten, ausbaggern; Archäologie: Gelände Ausgrabungen machen auf (+dat)

excavation [ˌekskə'veɪʃən] s **1** Archäologie (Aus-)grabung f; **~s** (≈ Gelände) Ausgrabungsstätte f **2** von Tunnel etc Graben n

excavator ['ekskəveɪtə^r] s Bagger m

exceed [ɪk'siːd] v/t **1** übersteigen (**by** um); **to ~ 5 kilos in weight** das Gewicht von 5 kg übersteigen; **a fine not ~ing £500** eine Geldstrafe bis zu £ 500 **2** hinausgehen über (+akk); Erwar-

tungen übertreffen; *Grenzen, Befugnisse* überschreiten

exceedingly [ɪkˈsiːdɪŋlɪ] *adv* ⟨+*adj, adv*⟩ äußerst

excel [ɪkˈsel] **A** *v/i* sich auszeichnen **B** *v/t* **to ~ oneself** *oft iron* sich selbst übertreffen

excellence [ˈeksələns] *s* hervorragende Qualität; **academic ~** höchste wissenschaftliche Qualität

Excellency [ˈeksələnsɪ] *s* **Your/His ~** Eure/Seine Exzellenz

excellent *adj*, **excellently** [ˈeksələnt, -lɪ] *adv* hervorragend, ausgezeichnet

except [ɪkˈsept] **A** *präp* **~ (for)** (≈ *ausgenommen*) außer (+*dat*); **what can they do ~ wait?** was können sie (anders) tun als warten?; **~ for** (≈ *ungeachtet dessen*) abgesehen von; **~ that** ... außer dass ...; **~ for the fact that** abgesehen davon, dass ...; **~ if** es sei denn(, dass); **~ when** außer wenn **B** *konj* doch **C** *v/t* ausnehmen

excepting [ɪkˈseptɪŋ] *präp* außer; **not ~ X** X nicht ausgenommen

exception [ɪkˈsepʃən] *s* **1** Ausnahme *f*; **to make an ~** eine Ausnahme machen; **with the ~ of** mit Ausnahme von; **this case is an ~ to the rule** dieser Fall ist eine Ausnahme; **the ~ proves the rule** *sprichw* Ausnahmen bestätigen die Regel *sprichw*; **sb/sth is no ~** j-d/etw ist keine Ausnahme **2 to take ~ to sth** Anstoß *m* an etw (*dat*) nehmen

exceptional [ɪkˈsepʃənl] *adj* außergewöhnlich; **of ~ quality** außergewöhnlich gut; **~ case** Ausnahmefall *m*; **in ~ cases, in** *od* **under ~ circumstances** in Ausnahmefällen

exceptionally [ɪkˈsepʃənəlɪ] *adv* außergewöhnlich

excerpt [ˈeksɜːp] *s* Auszug *m*

excess [ɪkˈses] **A** *s* **1** Übermaß *n* (**of an** +*dat*); **to drink to ~** übermäßig trinken; **he does everything to ~** er übertreibt bei allem; **to be in ~ of** hinausgehen über (+*akk*); **a figure in ~ of ...** eine Zahl über (+*dat*) ... **2 ~es** *pl* Exzesse *pl*, Ausschweifungen *pl* **3** Überschuss *m* **B** *adj* überschüssig; **~ fat** Fettpolster *n*

excess baggage *s* Übergewicht *n*
excess fare *s* Nachlösegebühr *f*
excess postage *s* Nachgebühr *f*

excessive [ɪkˈsesɪv] *adj* übermäßig; *Preise, Geschwindigkeit* überhöht; *Forderungen* übertrieben; **~ amounts of** übermäßig viel; **~ drinking** übermäßiger Alkoholgenuss

excessive deficit procedure *s der EU* Defizitverfahren *n*

excessively [ɪkˈsesɪvlɪ] *adv* mit Verb übermäßig; *trinken a.* zu viel; *mit Adjektiv* allzu

excess weight *s* Übergewicht *n*

exchange [ɪksˈtʃeɪndʒ] **A** *v/t* tauschen; *Geld* wechseln (**for** in +*akk*); *Informationen, Meinungen, Telefonnummern* austauschen; **to ~ words** einen Wortwechsel haben; **to ~ letters** einen Briefwechsel führen; **to ~ greetings** sich grüßen; **to ~ insults** sich gegenseitig beleidigen; **to ~ one thing for another** eine Sache gegen eine andere austauschen; *in Laden* eine Sache gegen eine andere umtauschen **B** *s* **1** *von Gefangenen, Meinungen* Austausch *m*; *von Waren* Tausch *m*; *von Gekauftem* Umtausch *m*; (≈ *Geldwechsel*) Wechsel *m*; **in ~** dafür; **in ~ for money** gegen Geld; **in ~ for lending me your car** dafür, dass Sie mir Ihr Auto geliehen haben **2** BÖRSE Börse *f* **3 (telephone) ~** Fernamt *n*

exchange rate *s* Wechselkurs *m*

exchange rate mechanism *s* WIRTSCH Wechselkursmechanismus *m*

exchange student *s* Austauschstudent(in) *m(f)*; *bes US* SCHULE Austauschschüler(in) *m(f)*

exchequer [ɪksˈtʃekəʳ] *s* Finanzministerium *n*; **Chancellor of the Exchequer** Finanzminister(in) *m(f)*

excise duties [ˈeksaɪz-] *Br pl*, **excise tax** *US s* Verbrauchsteuern *pl*

excitable [ɪkˈsaɪtəbl] *adj* leicht erregbar

excite [ɪkˈsaɪt] *v/t* **1** aufregen, begeistern; **the whole village was ~d by the news** das ganze Dorf war über die Nachricht in Aufregung **2** *Leidenschaft etc* erregen; *Interesse, Neugier* wecken

excited [ɪkˈsaɪtɪd] *adj* aufgeregt, erregt, begeistert; **to be ~ that ...** begeistert darüber sein, dass ...; **to be ~ about sth** von etw begeistert sein; *bei Zukünftigem* sich auf etw (*akk*) freuen; **to become** *od* **get ~ (about sth)** sich (über etw *akk*) aufregen; **to get ~** *sexuell* erregt werden; **it was nothing to get ~ about** es war nichts Besonderes

excitedly [ɪkˈsaɪtɪdlɪ] *adv* aufgeregt

excitement *s* Aufregung *f*; **there was great ~ when ...** es herrschte große Aufregung, als ...; **what's all the ~ about?** wozu die ganze Aufregung?; **his novel has caused great ~** sein Roman hat große Begeisterung ausgelöst

exciting [ɪkˈsaɪtɪŋ] *adj* aufregend; *Spieler* sensationell; *Aussicht* reizvoll; *Krimi* spannend

excl¹ *abk* (= **excluding**) ohne
excl² *abk* (= **exclusive**) exkl.

exclaim [ɪkˈskleɪm] **A** *v/i* **he ~ed in surprise when he saw it** er schrie überrascht auf, als er es sah **B** *v/t* ausrufen

exclamation [ˌeksklə'meɪʃən] *s* Ausruf *m*

exclamation mark *s*, **exclamation point** *US s* Ausrufezeichen *n*

exclude [ɪkˈskluːd] *v/t* ausschließen; **to ~ sb**

from the team/an occupation j-n aus der Mannschaft/von einer Beschäftigung ausschließen; **to ~ a child from school** ein Kind vom Schulunterricht ausschließen; **to ~ sb from doing sth** j-n davon ausschließen, etw zu tun

excluding [ɪkˈskluːdɪŋ] präp außer; **there are six of us ~ the children** wir sind sechs ohne die Kinder; **£200 ~ VAT** Br £ 200 ohne Mehrwertsteuer; **everything ~ the house** alles ausgenommen das Haus

exclusion [ɪkˈskluːʒən] s Ausschluss m (**from** von); **she thought about her job to the ~ of everything else** sie dachte ausschließlich an ihre Arbeit

exclusive [ɪkˈskluːsɪv] **A** adj **1** exklusiv; Gebrauch a. alleinig; **~ interview** Exklusivinterview n; **~ offer** Exklusivangebot n; **~ rights to sth** Alleinrechte pl an etw (dat); Presse Exklusivrechte pl an etw (dat) **2** exklusive inv; **they are mutually ~** sie schließen einander aus **B** s Presse Exklusivbericht m, Exklusivinterview n

exclusively [ɪkˈskluːsɪvlɪ] adv ausschließlich; Presse exklusiv

excommunicate [ˌekskəˈmjuːnɪkeɪt] v/t exkommunizieren

excrement [ˈekskrɪmənt] s Kot m

excrete [ɪkˈskriːt] v/t ausscheiden

excruciating [ɪkˈskruːʃɪeɪtɪŋ] adj unerträglich; Anblick, Erfahrung fürchterlich; **I was in ~ pain** ich hatte unerträgliche Schmerzen

excursion [ɪkˈskɜːʃən] s Ausflug m; **to go on an ~** einen Ausflug machen

excusable [ɪkˈskjuːzəbl] adj verzeihlich

excuse A [ɪkˈskjuːz] v/t **1** entschuldigen; **he ~d himself for being late** er entschuldigte sich, dass er zu spät kam **2 to ~ sb** j-m verzeihen; **to ~ sb for having done sth** j-m verzeihen, dass er etw getan hat; **~ me for interrupting** entschuldigen Sie bitte die Störung; **~ me!** Entschuldigung!, entschuldigen Sie bitte!; empört erlauben Sie mal!; **3 to ~ sb from (doing) sth** j-m etw erlassen; **you are ~d** zu Kindern ihr könnt gehen; **can I be ~d?** darf ich mal verschwinden? umg; **and now if you will ~ me I have work to do** und nun entschuldigen Sie mich bitte, ich habe zu arbeiten **B** [ɪksˈkjuːs] s **1** Entschuldigung f; **they had no ~ for attacking him** sie hatten keinen Grund, ihn anzugreifen; **to give sth as an ~** etw zu seiner Entschuldigung vorbringen **2** Ausrede f; **to make ~s for sb/sth** j-n/etw entschuldigen; **I have a good ~ for not going** ich habe eine gute Ausrede, warum ich nicht hingehen kann; **he's only making ~s** er sucht nur nach einer Ausrede; **a good ~ for a party** ein guter Grund, eine Party zu feiern

ex-directory [ˌeksdaɪˈrektərɪ] Br adj **to be ~** nicht im Telefonbuch stehen

executable [ˈeksɪkjuːtəbl] adj **~ file** IT Programmdatei f

execute [ˈeksɪkjuːt] v/t **1** Befehl, Bewegung ausführen **2** Verbrecher hinrichten

execution [ˌeksɪˈkjuːʃən] s **1** von Pflichten Erfüllung f; **in the ~ of his duties** bei der Ausübung seines Amtes **2** als Strafe Hinrichtung f

executioner [ˌeksɪˈkjuːʃnə^r] s Henker(in) m(f)

executive [ɪgˈzekjʊtɪv] **A** s **1** Manager(in) m(f); **senior ~** Geschäftsführer(in) m(f) **2** HANDEL, POL Vorstand m; **to be on the ~** Vorstandsmitglied sein **3 the ~** POL von Regierung die Exekutive **B** adj **1** Position leitend; **~ power** Exekutivgewalt f; **~ decision** Managemententscheidung f **2** (= Luxus) für gehobene Ansprüche

executive board s Vorstand m

executive committee s Vorstand m

executor [ɪgˈzekjʊtə^r] s Testamentsvollstrecker(in) m(f)

exemplary [ɪgˈzemplərɪ] adj beispielhaft (**in sth** in etw dat)

exemplify [ɪgˈzemplɪfaɪ] v/t veranschaulichen

exempt [ɪgˈzempt] **A** adj befreit (**from** von); **diplomats are ~** Diplomaten sind ausgenommen **B** v/t befreien; **to ~ sb from doing sth** j-n davon befreien, etw zu tun; **to ~ sth from a ban** etw von einem Verbot ausnehmen

exemption [ɪgˈzempʃən] s Befreiung f; **~ from taxes** Steuerfreiheit f

exercise [ˈeksəsaɪz] **A** s **1** Übung f; **to do an ~** eine Übung machen; **to do one's ~s in the morning** Morgengymnastik machen; **to go on ~s** MIL eine Übung machen **2** ⟨kein pl⟩ Bewegung f; **physical ~** (körperliche) Bewegung **3** it was a pointless ~ es war völlig sinnlos; **it was a useful ~ in public relations** war es nützlich für die Public Relations **B** v/t Körper, Geist trainieren; Macht, Rechte ausüben **C** v/i **if you ~ regularly ...** wenn Sie regelmäßig Sport treiben ...; **you don't ~ enough** du hast zu wenig Bewegung

exercise bike s Heimtrainer m

exercise book s (Übungs)heft n

exert [ɪgˈzɜːt] **A** v/t Druck, Macht ausüben (**on** auf +akk); Gewalt anwenden **B** v/r sich anstrengen

exertion [ɪgˈzɜːʃən] s Anstrengung f; **rugby requires strenuous physical ~** Rugby fordert unermüdlichen körperlichen Einsatz; **after the day's ~s** nach des Tages Mühen

exhale [eksˈheɪl] v/i ausatmen

exhaust [ɪgˈzɔːst] **A** v/t erschöpfen; **we have ~ed the subject** wir haben das Thema erschöpfend behandelt **B** s bes Br AUTO etc Auspuff m

exhausted adj erschöpft; *Ersparnisse* aufgebraucht; **she was ~ from digging the garden** sie war erschöpft, weil sie den Garten umgegraben hatte; **his patience was ~** er war mit seiner Geduld am Ende

exhaust fumes pl Auspuffgase pl

exhausting [ɪgˈzɔːstɪŋ] adj anstrengend

exhaustion [ɪgˈzɔːstʃən] s Erschöpfung f

exhaustive [ɪgˈzɔːstɪv] adj *Liste* vollständig; *Suche* gründlich

exhaust pipe *bes Br* s Auspuffrohr n

exhibit [ɪgˈzɪbɪt] A v/t **1** *Gemälde etc* ausstellen **2** *Können* zeigen B v/i ausstellen C s **1** Ausstellungsstück n **2** JUR Beweisstück n

exhibition [ˌeksɪˈbɪʃən] s **1** *von Gemälden etc* Ausstellung f **2 to make an ~ of oneself** ein Theater machen *umg*

exhibition centre s, **exhibition center** *US* s Ausstellungszentrum n, Messegelände n

exhibition hall s Ausstellungshalle f; *bei Messe* Messehalle f

exhibitionist [ˌeksɪˈbɪʃənɪst] s Exhibitionist(in) m(f)

exhibition room s Ausstellungsraum m

exhibition site s Ausstellungsgelände n; *bei Messe* Messegelände n

exhibitor [ɪgˈzɪbɪtəʳ] s Aussteller(in) m(f)

exhilarated [ɪgˈzɪləreɪtɪd] adj **to feel ~** in Hochstimmung sein

exhilarating adj *Erlebnis* aufregend; *Gefühl* berauschend

exhilaration [ɪgˌzɪləˈreɪʃən] s Hochgefühl n

exhort [ɪgˈzɔːt] v/t ermahnen

exhume [eksˈhjuːm] v/t exhumieren

exile [ˈeksaɪl] A s **1** Verbannte(r) m/f(m) **2** Verbannung f; **to go into ~** ins Exil gehen; **in ~** im Exil B v/t verbannen (**from** aus)

exist [ɪgˈzɪst] v/i existieren; **it doesn't ~** das gibt es nicht; **doubts still ~** noch bestehen Zweifel; **the understanding which ~s between the two countries** das Einvernehmen zwischen den beiden Ländern; **the possibility ~s that …** es besteht die Möglichkeit, dass …; **she ~s on very little** sie kommt mit sehr wenig aus

existence [ɪgˈzɪstəns] s **1** Existenz f; **to be in ~** existieren, bestehen; **to come into ~** entstehen; **the only one in ~** der / die / das Einzige, den / die / das es gibt **2** Leben n; **means of ~** Lebensunterhalt m

existent adj existent

existentialism [ˌegzɪsˈtenʃəlɪzəm] s Existenzialismus m

existing [ɪgˈzɪstɪŋ] adj bestehend; *Bedingungen* gegenwärtig

exit [ˈeksɪt] A s **1** *von Bühne* Abgang m; *von Wettbewerb* Ausscheiden n; **to make an/one's ~** *von Bühne* abgehen; *aus Zimmer* hinausgehen **2** Ausgang m, Ausfahrt f B v/i hinausgehen; *von Bühne* abgehen; IT das Programm *etc* verlassen C v/t IT verlassen

exit permit s Ausreiseerlaubnis f, Ausreisegenehmigung f

exit poll s *bei Wahlen unmittelbar nach Verlassen der Wahllokale durchgeführte Umfrage*

exit visa s Ausreisevisum n

exodus [ˈeksədəs] s *aus Land* Abwanderung f; BIBEL, *a. fig* Exodus m; **general ~** allgemeiner Aufbruch

exonerate [ɪgˈzɒnəreɪt] v/t entlasten (**from** von)

exorbitant [ɪgˈzɔːbɪtənt] adj überhöht

exorbitantly [ɪgˈzɔːbɪtəntlɪ] adv **~ priced** *od* **expensive** maßlos teuer

exorcism [ˈeksɔːsɪzəm] s Exorzismus m

exorcize [ˈeksɔːsaɪz] v/t exorzieren

exotic [ɪgˈzɒtɪk] adj exotisch; **~ dancer** exotischer Tänzer, exotische Tänzerin; **~ holidays** *bes Br*, **~ vacation** *US* Urlaub m in exotischen Ländern

expand [ɪkˈspænd] A v/t ausdehnen, erweitern B v/i CHEM, PHYS sich ausdehnen; *Wirtschaft* wachsen; *Produktion* zunehmen; *Horizonte* sich erweitern; **we want to ~** wir wollen expandieren *od* (uns) vergrößern; **the market is ~ing** der Markt wächst

phrasal verbs mit expand:

expand (up)on v/t *Thema* weiter ausführen

expanse [ɪkˈspæns] s Fläche f; *von Meer etc* Weite f *kein pl*; **a vast ~ of grass** eine riesige Grasfläche; **an ~ of woodland** ein Waldgebiet n

expansion [ɪkˈspænʃən] s Ausdehnung f; *von Produktion a.* Erweiterung f; *von Wirtschaft* Expansion f

expansion board s COMPUT Erweiterungsplatine f

expansion card s COMPUT Erweiterungskarte f

expansion slot s COMPUT Erweiterungssteckplatz m

expansive [ɪkˈspænsɪv] adj *Mensch* mitteilsam; **to be in an ~ mood** in gesprächiger Stimmung sein

expat [ˈeks͵pæt] s & adj → expatriate

expatriate [eksˈpætrɪət] A s im Ausland Lebende(r) m/f(m); **British ~s** im Ausland lebende Briten B adj im Ausland lebend; **~ community** Ausländergemeinde f

expect [ɪkˈspekt] A v/t **1** erwarten, rechnen mit; **that was to be ~ed** das war zu erwarten; **I know what to ~** ich weiß, was mich erwartet; **I ~ed as much** das habe ich erwartet; **he failed as (we had) ~ed** er fiel, wie erwartet,

expectancy – explain

durch; **to ~ to do sth** erwarten *od* damit rechnen, etw zu tun; **it is hardly to be ~ed that …** es ist kaum zu erwarten *od* damit zu rechnen, dass …; **the talks are ~ed to last two days** die Gespräche sollen zwei Tage dauern; **she is ~ed to resign tomorrow** es wird erwartet, dass sie morgen zurücktritt; **you can't ~ me to agree to that!** Sie erwarten doch wohl nicht, dass ich dem zustimme!; **to ~ sth of** *od* **from sb** etw von j-m erwarten; **to ~ sb to do sth** erwarten, dass j-d etw tut; **what do you ~ me to do about it?** was soll ich da tun?; **are we ~ed to tip the waiter?** müssen wir dem Kellner Trinkgeld geben?; **I will be ~ing you tomorrow** ich erwarte dich morgen; **we'll ~ you when we see you** *umg* wenn ihr kommt, dann kommt ihr *umg* **2** glauben; **yes, I ~ so** ja, ich glaube schon; **no, I ~ not** nein, ich glaube nicht; **I ~ it will rain** es wird wohl regnen; **I ~ you're tired** Sie werden sicher müde sein; **I ~ he turned it down** ich nehme an, er hat abgelehnt **B** *v/i* **she's ~ing** sie erwartet ein Kind

expectancy [ɪkˈspektənsɪ] *s* Erwartung *f*

expectant [ɪkˈspektənt] *adj* erwartungsvoll; **~ mother** werdende Mutter

expectantly [ɪkˈspektəntlɪ] *adv* erwartungsvoll; *warten* gespannt

expectation [ˌekspekˈteɪʃən] *s* Erwartung *f*; **against all ~(s)** wider Erwarten; **to exceed all ~(s)** alle Erwartungen übertreffen

expected *adj* erwartet

expedient [ɪkˈspiːdɪənt] *adj* zweckdienlich, ratsam

expedite [ˈekspɪdaɪt] *v/t* beschleunigen

expedition [ˌekspɪˈdɪʃən] *s* Expedition *f*; **shopping ~** Einkaufstour *f*; **to go on an ~** auf (eine) Expedition gehen; **to go on a shopping ~** eine Einkaufstour machen

expel [ɪkˈspel] *v/t* **1** *aus Land* ausweisen, ausschaffen *schweiz* (**from** aus); *von Schule* verweisen (**from** von *od* +gen); *von Verein* ausschließen (**from** aus) **2** *Gas, Flüssigkeit* ausstoßen

expend [ɪkˈspend] *v/t* verwenden (**on** auf +akk *od* **on doing sth** darauf, etw zu tun)

expendable [ɪkˈspendəbl] *form adj* entbehrlich

expenditure [ɪkˈspendɪtʃəʳ] *s* Ausgaben *pl*

expense [ɪkˈspens] *s* **1** Kosten *pl*; **at my ~** auf meine Kosten; **at great ~** mit hohen Kosten; **they went to the ~ of installing a lift** sie gaben viel Geld dafür aus, einen Lift einzubauen; **at sb's ~, at the ~ of sb** auf j-s Kosten (*akk*) **2** *Geschäftsreise* **~s** Spesen *pl*

expense account *s* Spesenkonto *n*

expenses-paid *adj* **an all-expenses-paid holiday** ein Gratisurlaub *m*

expensive [ɪkˈspensɪv] *adj* teuer; **they were too ~ for most people** die meisten Leute konnten sie sich nicht leisten

expensively [ɪkˈspensɪvlɪ] *adv* teuer

experience [ɪkˈspɪərɪəns] **A** *s* **1** Erfahrung *f*; **to know sth from ~** etw aus Erfahrung wissen; **to speak from ~** aus eigener Erfahrung sprechen; **he has no ~ of living in the country** er kennt das Landleben nicht; **I gained a lot of useful ~** ich habe viele nützliche Erfahrungen gemacht; **have you had any ~ of driving a bus?** haben Sie Erfahrung im Busfahren?; **~ in a job/in business** Berufs-/Geschäftserfahrung *f*; **to have a lot of teaching ~** große Erfahrung als Lehrer(in) haben; **he is working in a factory to gain ~** er arbeitet in einer Fabrik, um praktische Erfahrungen zu sammeln **2** Erlebnis *n*; **I had a nasty ~** mir ist etwas Unangenehmes passiert; **it was a new ~ for me** es war völlig neu für mich **B** *v/t* **1** *Schmerz, Hunger* erfahren, erleben; *schwere Zeiten* durchmachen; *Probleme* haben **2** fühlen

experienced *adj* erfahren; **we need someone more ~** wir brauchen jemanden, der mehr Erfahrung hat; **to be ~ in sth** in etw (*dat*) Erfahrung haben

experiment [ɪkˈsperɪmənt] **A** *s* Versuch *m*; **to do an ~** einen Versuch machen; **as an ~** versuchsweise **B** *v/i* experimentieren (**on, with** mit)

experimental [ɪkˌsperɪˈmentl] *adj* experimentell; **to be at an** *od* **in the ~ stage** sich im Versuchsstadium befinden

experimentation [ɪkˌsperɪmenˈteɪʃən] *s* Experimentieren *n*

expert [ˈekspɜːt] **A** *s* Experte *m*, Expertin *f*, Fachmann *m*, Fachfrau *f*; JUR Sachverständige(r) *m/f(m)*; **he is an ~ on the subject** er ist Fachmann auf diesem Gebiet **B** *adj* **1** *Fahrer etc* meisterhaft; **to be ~ at doing sth** hervorragend verstehen, etw zu tun **2** *Rat, Hilfe* fachmännisch; **an ~ opinion** ein Gutachten *n*

expertise [ˌekspɜːˈtiːz] *s* Sachverstand *m* (**in** in +*dat od* auf dem Gebiet +*gen*)

expertly [ˈekspɜːtlɪ] *adv* meisterhaft; *fahren* geschickt

expert witness *s* Sachverständige(r) *m/f(m)*

expiration [ˌekspɪˈreɪʃən] *s von Vertrag* Ende *n*, Ablauf *m*; *von Kreditkarte* Verfall *m*

expiration date [ˌekspəˈreɪʃndeɪt] *US s* Verfallsdatum *n*

expire [ɪkˈspaɪəʳ] *v/i Pacht, Pass* ablaufen

expiry [ɪkˈspaɪərɪ] *s* Ablauf *m*; **~ date** *Br* Verfallsdatum *m*

expiry date *s* Verfallsdatum *n*

explain [ɪkˈspleɪn] **A** *v/t* erklären (**to sb** j-m);

that is easy to ~, that is easily ~ed das lässt sich leicht erklären; **he wanted to see me but wouldn't ~ why** er wollte mich sehen, sagte aber nicht, warum **B** *v/r* sich rechtfertigen; **~ yourself!** was soll das? **C** *v/i* es erklären; **please ~** bitte erklären Sie das

phrasal verbs mit explain:

explain away *v/t* ⟨*trennb*⟩ eine Erklärung finden für

explanation [ˌeksplə'neɪʃən] *s* Erklärung *f*; **it needs some ~** es bedarf einer Erklärung

explanatory [ɪk'splænətəri] *adj* erklärend

expletive [ɪk'spliːtɪv] *s* Kraftausdruck *m*

explicit [ɪk'splɪsɪt] *adj Beschreibung* (klar und) deutlich; *Anweisung* ausdrücklich; *bes sexuell* eindeutig; **sexually ~** sexuell explizit

explicitly [ɪk'splɪsɪtli] *adv* **1** *beschreiben* deutlich **2** *verbieten, erwähnen* ausdrücklich; *mit Adjektiv* eindeutig

explode [ɪk'spləʊd] **A** *v/i* explodieren; **to ~ with anger** vor Wut platzen *umg* **B** *v/t* **1** sprengen **2** *fig Theorie* zu Fall bringen

exploit ['eksplɔɪt] **A** *s* Heldentat *f*; **~s** Abenteuer *pl* **B** [ɪks'plɔɪt] *v/t Arbeiter* ausbeuten; *Freund, Schwäche* ausnutzen; *Ressourcen* nutzen

exploitation [ˌeksplɔɪ'teɪʃən] *s* von Arbeitern Ausbeutung *f*; *von Freund, Schwäche* Ausnutzung *f*

exploration [ˌeksplɔː'reɪʃən] *s* Erforschung *f*; *von Stadt* Erkundung *f*

exploratory [ɪk'splɒrətəri] *adj* exploratorisch; **~ talks** Sondierungsgespräche *pl*; **~ trip/expedition** Erkundungsfahrt *f*/-expedition *f*; **an ~ operation** MED eine Explorationsoperation

explore [ɪk'splɔː] **A** *v/t* erforschen; *Gelände* erkunden; *Frage, Aussichten, a.* MED untersuchen; *Möglichkeiten* prüfen **B** *v/i* **to go exploring** auf Entdeckungsreise gehen; **he went off into the village to ~** er ging auf Entdeckungsreise ins Dorf

explorer [ɪk'splɔːrə] *s* Forscher(in) *m(f)*

explosion [ɪk'spləʊʒən] *s* Explosion *f*

explosive [ɪk'spləʊzɪv] **A** *s* Sprengstoff *m* **B** *adj* explosiv; *Laune* aufbrausend; **~ device** Sprengsatz *m*; **~ charge** Sprengladung *f*

exponent [ɪk'spəʊnənt] *s* von Theorie Vertreter(in) *m(f)*

export A [ɪk'spɔːt] *v/t & v/i* exportieren **B** ['ekspɔːt] *s* Export *m* **C** ['ekspɔːt] *adj* ⟨*attr*⟩ Export-

exportation [ekspɔː'teɪʃən] *s* Ausfuhr *f*

export duty ['ekspɔːt-] *s* Export- *od* Ausfuhrzoll *m*

exporter [ɪk'spɔːtə] *s* **1** Exporteur *m* (**of** von) **2** Exportland *n* (**of** für)

exporting country [ekspɔːtɪŋ'kʌntri] *s* Exportland *n*

export licence *s*, **export license** *US s* Exportgenehmigung *f*

export trade *s* Exporthandel *m*

expose [ɪk'spəʊz] *v/t* **1** *Felsen, Draht* freilegen **2** *einer Gefahr etc* aussetzen (**to** *dat*) **3** *Unkenntnis* offenbaren; **to ~ oneself** sich entblößen **4** *Unrecht* aufdecken; *Skandal* enthüllen; *j-n* entlarven **5** FOTO belichten

exposed *adj* **1** *Position* ungeschützt; *fig* exponiert; **to feel ~** sich verletzlich fühlen; **to be ~ to sth** einer Sache (*dat*) ausgesetzt sein **2** *Körperteil* unbedeckt; *Drähte* frei liegend; **to feel ~** *fig* sich allen Blicken ausgesetzt fühlen

exposure [ɪk'spəʊʒə] *s* **1** *an Sonne, Luft* Aussetzung *f* (**to** +*dat*); **to be suffering from ~** MED an Unterkühlung leiden; **to die of ~** MED erfrieren **2** *von Mensch* Entlarvung *f*; *von Verbrechen* Aufdeckung *f* **3** FOTO Belichtung(szeit) *f* **4** *in Medien* Publicity *f*

expound [ɪk'spaʊnd] *v/t Theorie* darlegen

express [ɪk'spres] **A** *v/t* ausdrücken; **to ~ oneself** sich ausdrücken; **if I may ~ my opinion** wenn ich meine Meinung äußern darf; **the feeling which is ~ed here** das hier zum Ausdruck kommt **B** *adj* **1** *Befehl, Erlaubnis* ausdrücklich; *Zweck* bestimmt **2** **by ~ mail** per Eilzustellung; **~ service** Expressdienst *m* **C** *adv* **to send a letter ~** einen Brief per Express schicken **D** *s* Schnellzug *m*, Schnellbus *m*

express delivery *s* Eilzustellung *f*

expression [ɪk'spreʃən] *s* (Gesichts)ausdruck *m*; **as an ~ of our gratitude** zum Ausdruck unserer Dankbarkeit; **to give ~ to sth** etw zum Ausdruck bringen

expressionism [ɪk'spreʃənɪzəm] *s* Expressionismus *m*

expressionist [ɪk'spreʃənɪst] **A** *s* Expressionist(in) *m(f)* **B** *adj* expressionistisch

expressionless *adj* ausdruckslos

expressive [ɪk'spresɪv] *adj* ausdrucksvoll

expressly [ɪk'spresli] *adv* **1** *verbieten, erklären* ausdrücklich **2** **he did it ~ to annoy me** er hat es absichtlich getan, um mich zu ärgern

express train *s* Schnellzug *m*

expressway *s* Schnellstraße *f*

expropriate [eks'prəʊprɪeɪt] *v/t* enteignen

expulsion [ɪk'spʌlʃən] *s* *aus Land* Ausweisung *f* (**from** aus); *von Schule* Verweisung *f*

exquisite [ɪk'skwɪzɪt] *adj* erlesen; *Speisen* köstlich; *Aussicht, Anblick* bezaubernd

exquisitely [ɪk'skwɪzɪtli] *adv* sich kleiden erlesen; *gestaltet* aufs kunstvollste

ex-serviceman [eks'sɜːvɪsmən] *s* ⟨*pl* -men⟩ Exsoldat *m*

ex-servicewoman [eks'sɜːvɪswʊmən] *s* ⟨*pl* -women [-wɪmɪn]⟩ Exsoldatin *f*

ext. *abk* (= extension) App.
extend [ɪk'stend] **A** *v/t* **1** *Arme* ausstrecken **2** *Besuch, Frist* verlängern **3** *Macht* ausdehnen; *Haus* anbauen an (+*akk*); *Besitz* vergrößern; **to ~ one's lead** seine Führung ausbauen **4** *Gastfreundschaft* erweisen (**to sb** j-m); *Einladung, Dank* aussprechen; **to ~ a welcome to sb** j-n willkommen heißen **B** *v/i Mauer, Garten* sich erstrecken (**to, as far as** bis); *Leiter* sich ausziehen lassen; *Gespräche etc* sich hinziehen
extended family [ɪk'stendɪd-] *s* Großfamilie *f*
extended memory *s* IT erweiterter Arbeitsspeicher
extension [ɪk'stenʃən] *s* **1** Verlängerung *f*; *von Haus* Anbau *m* **2** TEL (Neben)anschluss *m*, Nebenstelle *f*; **~ 3714** Apparat 3714
extension cable *s* Verlängerungskabel *n*
extension cord *US s* Verlängerungskabel *n*
extension lead *s* Verlängerungsschnur *f*
extensive [ɪk'stensɪv] *adj Gebiet, Tour* ausgedehnt; *Pläne, Gewalt* weitreichend; *Forschung, Sammlung, Reparatur, Wissen* umfangreich; *Verbrennungen* großflächig; *Schaden* beträchtlich; *Erfahrung* reich; *Netz* weitverzweigt; **the facilities available are very ~** es steht eine Vielzahl von Einrichtungen zur Verfügung; **we had fairly ~ discussions** wir haben es ziemlich ausführlich diskutiert; **~ pat down** *bes US beim Einchecken am Flughafen* ausführliches Abtasten des Körpers nach Waffen etc; **~ reading** extensives Lesen
extensively [ɪk'stensɪvlɪ] *adv reisen, schreiben* viel; *benutzen* häufig; *erforschen, diskutieren* ausführlich; *verändern* beträchtlich; **the clubhouse was ~ damaged** an dem Klubhaus entstand ein beträchtlicher Schaden; **this edition has been ~ revised** diese Ausgabe ist grundlegend überarbeitet worden
extent [ɪk'stent] *s* **1** Länge *f*, Ausdehnung *f* **2** *von Wissen, Änderungen, Macht* Umfang *m*; *von Schaden* Ausmaß *n* **3** Grad *m*; **to some ~** bis zu einem gewissen Grade; **to what ~** inwieweit; **to a certain ~** in gewissem Maße; **to a large/lesser ~** in hohem/geringerem Maße; **to such an ~ that ...** dermaßen, dass ...
extenuate [ɪk'stenjʊeɪt] *v/t* **extenuating circumstances** mildernde Umstände
exterior [ɪk'stɪərɪə^r] **A** *s* **1** Äußere(s) *n*; **on the ~** außen **2** Außenaufnahme *f* **B** *adj* Außen-; **~ wall** Außenwand *f*; **~ decoration/paintwork** Außenanstrich *m*
exterminate [ɪk'stɜːmɪneɪt] *v/t* ausrotten
extermination [ɪk,stɜːmɪ'neɪʃən] *s* Ausrottung *f*
external [ek'stɜːnl] *adj* **1** äußere(r, s); *Maße* Außen-; **the ~ walls of the house** die Außenwände des Hauses; **~ appearance** Aussehen *n*; **for ~ use** MED zur äußerlichen Anwendung; **~ call** TEL externes Gespräch **2** *Angelegenheiten, Politik* auswärtig **3** *Prüfer* extern
external borders *pl* Landesgrenzen *pl*
externalize [ek'stɜːnəlaɪz] *v/t* externalisieren
externally [ek'stɜːnəlɪ] *adv* **1** *anwenden* äußerlich; **he remained ~ calm** er blieb äußerlich ruhig **2** POL außenpolitisch
external trade *s* Außenhandel *m*
extinct [ɪk'stɪŋkt] *adj* ausgestorben; *Vulkan* erloschen; *fig Reich* untergegangen; **to become ~** aussterben
extinction [ɪk'stɪŋkʃən] *s* Aussterben *n*; **this animal was hunted to ~** diese Tierart wurde durch Jagen ausgerottet
extinguish [ɪk'stɪŋgwɪʃ] *v/t Feuer, Kerze* (aus)löschen; *Zigarette* ausmachen; *Licht* löschen
extinguisher [ɪk'stɪŋgwɪʃə^r] *s* Feuerlöscher *m*
extol [ɪk'stəʊl] *v/t* rühmen
extort [ɪk'stɔːt] *v/t Geld* erpressen (**from** von)
extortion [ɪk'stɔːʃən] *s von Geld* Erpressung *f*; **this is sheer ~!** *umg* das ist ja Wucher!
extortionate [ɪk'stɔːʃənɪt] *adj Betrag* horrend; *Miete, Rechnung a.* maßlos hoch; **~ prices** Wucherpreise *pl*
extortionist [ɪk'stɔːʃənɪst] *s* Erpresser(in) *m(f)*, Wucherer *m*, Wucherin *f*
extra ['ekstrə] **A** *adj* zusätzlich; **we need an ~ chair** wir brauchen noch einen Stuhl; **to work ~ hours** Überstunden machen; **to make an ~ effort** sich besonders anstrengen; **~ troops were called in** es wurde Verstärkung gerufen; **take ~ care!** sei besonders vorsichtig!; **an ~ £30 a week** £ 30 mehr pro Woche; **send 75p ~ for postage and packing** schicken Sie zusätzlich 75 Pence für Porto und Verpackung; **~ charge** Zuschlag *m*; **there is no ~ charge for breakfast** das Frühstück wird nicht zusätzlich berechnet; **available at no ~ cost** ohne Aufpreis erhältlich **B** *adv* **1** zahlen, kosten mehr; **breakfast costs ~** das Frühstück wird zusätzlich berechnet; **post and packing ~** zuzüglich Porto und Verpackung **2** besonders **C** *s* **1** **~s** *pl* zusätzliche Kosten *pl*; *von Maschine* Zubehör *n*; *von Auto* Extras *pl* **2** FILM, THEAT Statist(in) *m(f)*
extra- *präf* **1** außer- **2** extra; **~large** extra groß; *Kleidung* übergroß
extract A [ɪk'strækt] *v/t* **1** herausnehmen; *Korken etc* (heraus)ziehen (**from** aus); *Saft, Öl, DNS* gewinnen (**from** aus); *Zahn* ziehen; *Kugel* entfernen **2** *fig* Informationen entlocken (**from** +*dat*) **B** ['ekstrækt] *s* **1** *aus Buch etc* Auszug *m* **2** MED, GASTR Extrakt *m*
extraction [ɪk'strækʃən] *s* **1** *von Öl, DNS* Gewinnung *f* **2** *bei Zahnarzt* **he had to have an ~** ihm

musste ein Zahn gezogen werden ■3 Herkunft f

extractor [ɪkˈstræktəʳ] s Entsafter m

extractor fan s Sauglüfter m

extracurricular [ˈekstrəkəˈrɪkjʊləʳ] adj außerhalb des Stundenplans; **~ activities** schulische Angebote außerhalb des regulären Unterrichts; bes hum Freizeitaktivitäten pl hum

extradite [ˈekstrədaɪt] v/t ausliefern

extradition [ˌekstrəˈdɪʃən] s Auslieferung f

extramarital [ˈekstrəˈmærɪtl] adj außerehelich

extraneous [ɪkˈstreɪnɪəs] form adj unwesentlich

extraordinarily [ɪkˈstrɔːdnrɪlɪ] adv außerordentlich; hoch, gut etc ungemein

extraordinary [ɪkˈstrɔːdnrɪ] adj ■1 außergewöhnlich; Erfolg, Mut a. außerordentlich; Verhalten, Erscheinung eigenartig; Geschichte, Abenteuer seltsam; **it's ~ to think that …** es ist (schon) eigenartig, wenn man denkt, dass …; **what an ~ thing to say!** wie kann man nur so etwas sagen!; **it's ~ how much he resembles his brother** es ist erstaunlich, wie sehr er seinem Bruder ähnelt ■2 Br form Maßnahme außerordentlich; **~ meeting** Sondersitzung f

extraordinary general meeting s außerordentliche Hauptversammlung

extra pay s Zulage f

extrapolate [ekˈstræpəleɪt] v/t & v/i extrapolieren (**from** aus)

extrasensory [ˈekstrəˈsensərɪ] adj außersinnlich; **~ perception** außersinnliche Wahrnehmung

extra-special [ˈekstrəˈspeʃəl] adj ganz besondere(r, s); **to take ~ care over sth** sich (dat) besonders viel Mühe mit etw geben

extraterrestrial [ˈekstrətɪˈrestrɪəl] ▲ adj außerirdisch ▣ s außerirdisches Lebewesen

extra time s SPORT Verlängerung f; **we had to play ~** der Schiedsrichter ließ nachspielen

extravagance [ɪkˈstrævəgəns] s Luxus m kein pl, Verschwendung f; **if you can't forgive her little ~s** wenn Sie es ihr nicht verzeihen können, dass sie sich ab und zu einen kleinen Luxus leistet

extravagant adj ■1 Mensch verschwenderisch; Geschmack, Hobby teuer; **your ~ spending habits** deine Angewohnheit, das Geld mit vollen Händen auszugeben ■2 Geschenk extravagant; Lebensstil aufwendig ■3 Verhalten, Lob, Anspruch übertrieben

extravaganza [ɪkˌstrævəˈgænzə] s Ausstattungsstück n

extra work s Mehrarbeit f

extreme [ɪkˈstriːm] ▲ adj äußerste(r, s); Unbehagen, Gefahr größte(r, s); Beispiel, Bedingungen, Verhalten extrem; Maßnahmen drastisch; Schwierigkeit, Druck ungeheuer; Armut bitterste(r, s); **of ~ importance** äußerst wichtig; **~ case** Extremfall m; **fascists of the ~ right** extrem rechts stehende Faschisten; **at the ~ left of the picture** ganz links im Bild ▣ s Extrem n; **~s of temperature** extreme Temperaturen pl; **in the ~** im höchsten Grade; **to go from one ~ to the other** von einem Extrem ins andere fallen; **to go to ~s** es übertreiben; **to take** od **carry sth to ~s** etw bis zum Extrem treiben

extremely [ɪkˈstriːmlɪ] adv äußerst, höchst; wichtig, hoch a. extrem; **was it difficult? — ~!** war es schwierig? — sehr!

extreme sport s Extremsportart f, Extremsport m

extremism [ɪkˈstriːmɪzəm] s Extremismus m

extremist [ɪkˈstriːmɪst] ▲ s Extremist(in) m(f) ▣ adj extremistisch; **~ group** Extremistengruppe f

extremity [ɪkˈstremɪtɪ] s ■1 äußerstes Ende ■2 **extremities** pl (≈ Hände und Füße) Extremitäten pl

extricate [ˈekstrɪkeɪt] v/t befreien; fig retten; **to ~ oneself from sth** sich aus etw befreien

extrovert [ˈekstrəʊvɜːt] ▲ adj extrovertiert ▣ s extrovertierter Mensch

extroverted [ˈekstrəʊˌvɜːtɪd] bes US adj extrovertiert

exuberance [ɪgˈzuːbərəns] s von Mensch Überschwänglichkeit f; von Stil Vitalität f

exuberant [ɪgˈzuːbərənt] adj Mensch überschwänglich; Stimmung überschäumend; Stil übersprudelnd

exuberantly [ɪgˈzjuːbərəntlɪ] adv überschwänglich; bes Kind übermütig

exude [ɪgˈzjuːd] v/t ■1 Flüssigkeit ausscheiden; Geruch ausströmen ■2 fig Selbstvertrauen ausstrahlen

exult [ɪgˈzʌlt] v/i frohlocken; **~ing in his freedom** seine Freiheit genießend

exultant adj Ausdruck, Schrei triumphierend; **he was ~** er jubelte; **~ mood** Jubelstimmung f

eye [aɪ] ▲ s Auge n; von Nadel Öhr n; **with tears in her eyes** mit Tränen in den Augen; **with one's eyes closed** mit geschlossenen Augen; **as far as the eye can see** so weit das Auge reicht; **that's one in the eye for him** umg da hat er eins aufs Dach gekriegt umg; **to cast** od **run one's eye over sth** etw überfliegen; **to look sb (straight) in the eye** j-m in die Augen sehen; **to set eyes on sb/sth** j-n/etw zu Gesicht bekommen; **a strange sight met our eyes** ein seltsamer Anblick bot sich uns; **use your eyes!** hast du keine Augen im Kopf?; **with one's own eyes** mit eigenen Augen; **before my very eyes** (direkt) vor meinen Augen; **it was there all the time right in front of my**

eyes es lag schon die ganze Zeit da, direkt vor meiner Nase; **I don't have eyes in the back of my head** ich hab doch hinten keine Augen; **to keep an eye on sb/sth** auf j-n/etw aufpassen; **the police are keeping an eye on him** die Polizei beobachtet ihn; **to take one's eyes off sb/sth** den Blick von j-m/etw abwenden; **to keep one's eyes open** od **peeled** umg die Augen offen halten; **to keep an eye open** od **out for sb/sth** nach j-m/etw Ausschau halten; **to keep an eye on expenditure** auf die Ausgaben achten od aufpassen; **to open sb's eyes to sb/sth** j-m die Augen über j-n/etw öffnen; **to close** od **shut one's eyes to sth** die Augen vor etw (dat) verschließen; **to see eye to eye with sb** mit j-m einer Meinung sein; **to make eyes at sb** j-m schöne Augen machen; **to catch sb's eye** j-s Aufmerksamkeit erregen; **the dress caught my eye** das Kleid fiel mir ins Auge; **in the eyes of the law** in den Augen des Gesetzes; **with a critical eye** mit kritischem Blick; **with an eye to the future** im Hinblick auf die Zukunft; **with an eye to buying sth** in der Absicht, etw zu kaufen; **I've got my eye on you** ich beobachte dich genau; **to have one's eye on sth** auf etw (akk) ein Auge geworfen haben; **to have a keen eye for sth** einen scharfen Blick für etw haben; **he has a good eye for colour** er hat ein Auge für Farbe; **an eye for detail** ein Blick fürs Detail; **to be up to one's eyes in work** Br umg in Arbeit ersticken umg; **to be up to one's eyes in debt** Br umg bis über beide Ohren verschuldet sein umg **B** v/t anstarren
[phrasal verbs mit eye:]
eye up v/t ⟨trennb⟩ mustern
eyeball s Augapfel m; **to be ~ to ~** sich Auge in Auge gegenüberstehen; **drugged up to the ~s** bes Br umg total zugedröhnt umg
eyebath s Augenbadewanne f
eyebrow s Augenbraue f; **that will raise a few ~s** da werden sich einige wundern
eyebrow pencil s Augenbrauenstift m
eye candy umg s Augenschmaus m, was fürs Auge umg
eye-catching adj auffallend; Plakat auffällig
eye contact s **to make ~ with sb** Blickkontakt mit j-m aufnehmen
eyecup US s Augenbadewanne f
-eyed [-aɪd] adj ⟨suf⟩ -äugig; **green-eyed** grünäugig
eyedrops ['aɪdrɒps] pl Augentropfen pl
eyeful ['aɪfʊl] s **he got an ~ of soda water** er bekam Selterswasser ins Auge; **I opened the bathroom door and got quite an ~** ich öffnete die Badezimmertür und sah allerhand umg
eyeglasses US pl Brille f
eyelash s Augenwimper f
eyelash curlers, **eyelash tongs** pl Wimpernzange f
eyelet ['aɪlɪt] s Öse f
eyelevel adj ⟨attr⟩ in Augenhöhe
eyelid ['aɪlɪd] s Augenlid n
eyeliner ['aɪlaɪnəʳ] s Eyeliner m
eye make-up remover s Augen-Make-up--Entferner m
eye mask s Schlafmaske f
eye-opener s **that was a real ~ to me** das hat mir die Augen geöffnet
eye patch s Augenklappe f
eyepiece s Okular n
eye shadow s Lidschatten m
eyesight s Sehkraft f; **to have good/poor ~** gute/schlechte Augen haben; **his ~ is failing** seine Augen lassen nach
eyesore s Schandfleck m
eye specialist s Augenarzt m, -ärztin f
eyestrain s Überanstrengung f der Augen
eye test s Augentest m
eyewash fig umg s Gewäsch n umg; (≈ Täuschung) Augenwischerei f
eyewear s Eyewear f (Brillen, Kontaktlinsen etc)
eyewitness s Augenzeuge m/-zeugin f
e-zine ['iːziːn] s IT Internetmagazin n

F

F¹, f [ef] s F n, f n; SCHULE Note Sechs f; **F sharp** Fis n, fis n; **F flat** Fes n, fes n
F² abk (= Fahrenheit) F
f abk (= feminine) f
FA abk (= Football Association) Britischer Fußballbund
fab [fæb] umg adj abk (= fabulous) toll umg
fable ['feɪbl] s Fabel f
fabric ['fæbrɪk] s **1** Textilien Stoff m **2** fig von Gesellschaft etc Gefüge n
fabricate ['fæbrɪkeɪt] v/t Geschichte erfinden; Beweismaterial fälschen
fabrication [ˌfæbrɪ'keɪʃən] s Erfindung f; **it's (a) pure ~** das ist ein reines Märchen od (eine) reine Erfindung
fabulous ['fæbjʊləs] adj sagenhaft umg
fabulously ['fæbjʊləslɪ] adv reich, teuer sagenhaft umg; umg (≈ herrlich) fantastisch umg
façade [fə'sɑːd] s Fassade f

face [feɪs] **A** *s* **1** Gesicht *n*; *von Uhr* Zifferblatt *n*; *von Fels* (Steil)wand *f*; **to ~ with** Auge in Auge mit, gegenüber; **to come ~ to ~ with sb** direkt mit j-m konfrontiert werden; **he told him so to his ~** er sagte ihm das (offen) ins Gesicht; **he shut the door in my ~** er schlug mir die Tür vor der Nase zu; **he laughed in my ~** er lachte mir ins Gesicht; **to be able to look sb in the ~** j-m in die Augen sehen können; **to throw sth back in sb's ~** j-m etw wieder vorhalten; **in the ~ of great difficulties** *etc* angesichts *od* trotz größter Schwierigkeiten *etc*; **to save/lose ~** das Gesicht wahren/verlieren; **to put sth ~ up(wards)/down(wards)** etw mit der Vorderseite nach oben/unten legen; **to be ~ up(wards)/down(wards)** *Mensch* mit dem Gesicht nach oben/unten liegen; *Objekt* mit der Vorderseite nach oben/unten liegen; **the changing ~ of politics** das sich wandelnde Gesicht der Politik; **he/it vanished off the ~ of the earth** *umg* er/es war wie vom Erdboden verschwunden; **on the ~ of it** so, wie es aussieht **2** Gesicht *n*, Gesichtsausdruck *m*; **to make** *od* **pull a ~** das Gesicht verziehen; **to make** *od* **pull ~s/a funny ~** Grimassen/eine Grimasse schneiden (**at sb** j-m); **to put a brave ~ on it** sich (*dat*) nichts anmerken lassen **B** *v/t* **1** gegenüber sein (*+dat*), gegenüberstehen/-liegen *etc* (*+dat*); (*= ins Gesicht sehen*) ansehen; *Fenster*: Norden *etc* gehen nach; *Garten* liegen zu; *Haus, Zimmer*: Norden *etc* liegen nach; **to ~ the light** mit dem Gesicht zum Licht stehen/sitzen *etc*; **~ the front!** sieh nach vorn!; **~ this way!** bitte sehen Sie hierher!; **the wall facing you** die Wand Ihnen gegenüber **2** *fig Möglichkeit* rechnen müssen mit; **to ~ death** dem Tod ins Auge sehen; **to ~ financial ruin** vor dem finanziellen Ruin stehen; **to be ~d with sth** sich einer Sache (*dat*) gegenübersehen; **the problem facing us** das Problem, mit dem wir konfrontiert sind; **to be ~d with a bill for £100** eine Rechnung über £ 100 präsentiert bekommen **3** *Situation, Gefahr, Kritik* sich stellen (*+dat*); *Feind* gegenübertreten (*+dat*); **to ~ (the) facts** den Tatsachen ins Auge sehen; **let's ~ it** machen wir uns doch nichts vor **4** *umg* verkraften *umg*; *Stück Kuchen etc* runterkriegen *umg*; **I can't ~ doing it** ich kann es einfach nicht tun; **I can't ~ it** *umg* ich bringe es einfach nicht über mich **C** *v/i Haus, Zimmer* liegen (**towards, onto** zu); *Fenster* gehen (**onto, towards** auf *+akk od* zu); **he was facing away from me** er saß mit dem Rücken zu mir; **they were all facing toward(s) the window** sie saßen alle mit dem Gesicht zum Fenster (hin); **the house ~s south/toward(s) the sea** das Haus liegt nach Süden/zum Meer hin

phrasal verbs mit face:
face up to *v/i* (*+obj*) *Tatsachen* ins Gesicht sehen (*+dat*); *Realität, Probleme* sich auseinandersetzen mit; **he won't face up to the fact that ...** er will es nicht wahrhaben, dass ...

facebook® ['feɪsbʊk] *v/t* **to ~® sb** j-n auf/durch Facebook® kontaktieren; Infos über j-n auf Facebook® suchen

Facebook® *s* IT Facebook® *n*; **to be on ~®** auf *od* bei Facebook® sein

face cloth *s* Waschlappen *m*

face cream *s* Gesichtscreme *f*

faceless *fig adj* anonym

face-lift *wörtl s* Facelift(ing) *n*; **to have a ~** sich (*dat*) das Gesicht liften lassen

face mask *s Kosmetik* Gesichtsmaske *f*

face pack *s* Gesichtspackung *f*

face powder *s* Gesichtspuder *m*

face-saving *adj* **a ~ measure** eine Maßnahme, die dazu dient, das Gesicht zu wahren

facet ['fæsɪt] *wörtl s* Facette *f*; *fig* Seite *f*

facetious [fə'siːʃəs] *adj* spöttisch

face-to-face *adj* persönlich; *Kontakt* direkt

face value *s* **to take sth at ~** *fig* etw für bare Münze nehmen

facial ['feɪʃəl] **A** *s* kosmetische Gesichtsbehandlung *f*; **to get a ~** sich einer (kosmetischen) Gesichtsbehandlung unterziehen **B** *adj* Gesichts-; **~ expression** Gesichtsausdruck *m*

facile ['fæsaɪl] *pej adj Lösung* simpel; *Bemerkung* nichtssagend

facilitate [fə'sɪlɪteɪt] *v/t* erleichtern

facility [fə'sɪlɪtɪ] *s* Einrichtung *f*; **we have no facilities for disposing of toxic waste** wir haben keine Möglichkeit zur Beseitigung von Giftmüll; **a hotel with all facilities** ein Hotel mit allem Komfort; **facilities for the disabled** Einrichtungen *pl* für Behinderte; **cooking facilities** Kochgelegenheit *f*; **toilet facilities** Toiletten *pl*; **credit ~** Kredit *m*

facing ['feɪsɪŋ] *adj* **on the ~ page** auf der gegenüberliegenden Seite

facsimile [fæk'sɪmɪlɪ] *s* Faksimile *n*

fact [fækt] *s* **1** Tatsache *f*; *historisch etc* Faktum *n*; **hard ~s** nackte Tatsachen *pl*; **~s and figures** Fakten und Zahlen; **despite the ~ that ...** der Tatsache zum Trotz, dass ...; **to know for a ~ that ...** ganz sicher wissen, dass; **the ~ (of the matter) is that ...** die Sache ist die, dass ...; **... and that's a ~ ...** darüber besteht kein Zweifel!; **is that a ~?** tatsächlich? **2** ⟨*kein pl*⟩ Wirklichkeit *f*; **~ and fiction** Dichtung und Wahrheit; **based on ~** auf Tatsachen beruhend **3 in (actual) ~** eigentlich, tatsächlich, genau genommen; **in ~, as a matter of ~** eigentlich; *verstärkend* sogar; **I don't suppose you know him? — in (actual) ~** *od* **as a matter of ~ I do** Sie kennen ihn nicht zufällig? — doch, eigentlich schon; **do you know him? — in (actual) ~** *od* **as a matter of ~ I do** kennen Sie ihn? — jawohl; **it won't be easy, in ~** *od* **as a matter of ~ it'll be very difficult** es wird nicht einfach sein, es wird sogar sehr schwierig sein; **as a matter of ~ we were just talking about you** wir haben (nämlich) eben von Ihnen geredet

fact box *s* Infokasten *m*
fact file *s* Steckbrief *m*
fact-finding ['fæktfaɪndɪŋ] *adj* **~ mission** Erkundungsmission *f*
faction ['fækʃən] *s* (Partei)gruppe *f*; POL Fraktion *f*, Splittergruppe *f*
fact of life *s* **1** **that's just a ~** so ist es nun mal im Leben **2** *sexuell* **to tell sb the facts of life** j-n aufklären; **to know the facts of life** aufgeklärt sein
factor ['fæktə] *s* Faktor *m*; **to be a ~ in determining sth etw** mitbestimmen; **by a ~ of three** *etc* mit einem Faktor von drei *etc*
factory ['fæktərɪ] *s* Fabrik *f*, Werk *n*
factory farm *s Betrieb mit automatisierter Viehhaltung*
factory farming *s* industriell betriebene Viehzucht, automatisierte Viehhaltung
factory floor *s* Produktionsstätte *f*
factsheet ['fæktʃiːt] *s* Informationsblatt *n*
factual ['fæktjʊəl] *adj Beweise* auf Tatsachen beruhend; *Bericht* sachlich; **~ information** Sachinformationen *pl*; **~ error** Sachfehler *m*; **~ text** Sachtext *m*; **the book is largely ~** das Buch beruht zum größten Teil auf Tatsachen
faculty ['fækəltɪ] *s* **1** Fähigkeit *f*; **mental faculties** geistige Fähigkeiten *pl*; **~ of hearing/sight** Hör-/Sehvermögen *n*; **to be in (full) possession of (all) one's faculties** im Vollbesitz seiner Kräfte sein **2** UNIV Fakultät *f*; **the medical ~, the ~ of medicine** die medizinische Fakultät
fad [fæd] *s* Tick *m umg*, Masche *f umg*; **it's just a fad** (≈ *Mode*) das ist nur ein momentaner Tick *umg*
fade [feɪd] **A** *v/i* **1** verblassen; *Blume, Schönheit* verblühen; *Gefühl* schwinden *geh*; *Hoffnung* zerrinnen; *Musik etc* verklingen; *Signal* schwächer werden; **hopes are fading of finding any more survivors** die Hoffnung, noch weitere Überlebende zu finden, wird immer geringer; **to ~ into the background** sich im Hintergrund halten **2** RADIO, TV, FILM **to ~ to another scene** (allmählich) zu einer anderen Szene überblenden **B** *v/t* ausbleichen
phrasal verbs mit fade:

fade away *v/i* schwächer werden; *Erinnerung* aus dem Gedächtnis schwinden; *Kranke* sterben; *Musik etc* verklingen
fade in *v/t* ⟨*trennb*⟩ RADIO, TV, FILM allmählich einblenden
fade out *v/t* ⟨*trennb*⟩ RADIO, TV, FILM abblenden
faded ['feɪdɪd] *adj* verblasst; *Blume, Schönheit* verblüht; **a pair of ~ jeans** verblichene Jeans *pl*
faeces ['fiːsiːz] *pl*, **feces** US *pl* Kot *m*
fag [fæg] *s* **1** *Br umg* (≈ *Zigarette*) Kippe *f umg* **2** *bes US sl neg!* Schwule(r) *m umg*
fag end *s Br umg von Zigarette* Kippe *f umg*
fag hag *bes US sl neg!* **s** beste Freundin (*eines Homosexuellen*); Schwulenmutti *f umg neg!*
fagot ['fægət] *bes US sl neg!* *s* Schwule(r) *m umg*
Fahrenheit ['færənhaɪt] *s* Fahrenheit *n*
fail [feɪl] **A** *v/i* **1** keinen Erfolg haben, versagen; *Plan, Experiment, Ehe* scheitern; *Versuch* fehlschlagen; *Kandidat* durchfallen; *Firma* eingehen; **he ~ed in his attempt to take control of the company** sein Versuch, die Leitung der Firma zu übernehmen, schlug fehl; **to ~ in one's duty** seine Pflicht nicht tun; **if all else ~s** wenn alle Stricke reißen; **to ~ miserably** kläglich scheitern **2** *Gesundheit* sich verschlechtern; *Sehfähigkeit* nachlassen **3** *Batterie, Motor* ausfallen; *Bremsen, Herz* versagen; **the crops ~ed** die Ernte fiel aus **B** *v/t* **1** *Kandidaten* durchfallen lassen; *Fach* durchfallen in (+*dat*); **to ~ an exam** eine Prüfung nicht bestehen; **to ~ a grade** eine Schulnote nicht erreichen **2** im Stich lassen; **words ~ me** mir fehlen die Worte **3** **to ~ to do sth** etw nicht tun; versagen (beim Versuch, etw zu tun); **she ~ed to lose weight** es gelang ihr nicht abzunehmen; **she never ~s to amaze me** sie versetzt mich immer wieder in Erstaunen; **I ~ to see why** es ist mir völlig unklar, warum; *empört* ich sehe gar nicht ein, warum **C** *s* **without ~** auf jeden Fall, garantiert
failed *adj* gescheitert; *Firma* bankrott; *Schriftsteller* verhindert
failing **A** *s* Fehler *m* **B** *präp* **~ this/that** (oder) sonst, und wenn das nicht möglich ist; **~ which** ansonsten
fail-safe ['feɪlseɪf] *adj* (ab)gesichert; *Methode* hundertprozentig sicher; *Mechanismus, System* störungssicher
failure ['feɪljə] *s* **1** Misserfolg *m*; *von Plan, Experiment, Ehe* Scheitern *n*; *von Versuch* Fehlschlag *m*; *von Firma* Eingehen *n*; (≈ *Mensch*) Versager(in) *m(f)* (**at** in +*dat*); **because of his ~ to act** weil er nicht gehandelt hat **2** *von Generator* Ausfall *m*; *von Bremsen* Versagen *n*; **liver ~** Leberversagen *n*
faint [feɪnt] **A** *adj* ⟨+*er*⟩ **1** schwach; *Spuren, Linie*

undeutlich; *Zeichen* blass; *Farbe* verblasst; *Klang, Hoffnung, Lächeln* leise; **your voice is very ~** *am Telefon* man hört dich kaum; **I have a ~ memory of that day** ich kann mich schwach an den Tag erinnern; **I haven't the ~est idea** *emph* ich habe nicht die geringste Ahnung **2** ⟨*präd*⟩ MED **she was** *od* **felt ~** sie war einer Ohnmacht nahe **B** *v/i* MED in Ohnmacht fallen, ohnmächtig werden (**with, from** vor +*dat*) **C** *s* MED **she fell to the ground in a ~** sie fiel ohnmächtig zu Boden

faint-hearted [feɪnt'hɑːtɪd] *adj* zaghaft; **it's not for the ~** es ist nichts für ängstliche Gemüter

faintly ['feɪntlɪ] *adv* scheinen schwach; riechen, lächeln leicht; **the words are just ~ visible** die Worte sind gerade noch sichtbar; **I could hear the siren ~** ich konnte die Sirene gerade noch hören

fair¹ [feəʳ] **A** *adj* ⟨+*er*⟩ **1** gerecht, fair (**to** *od* **on sb** j-m gegenüber, gegen j-n); **he tried to be ~ to everybody** er versuchte, allen gegenüber gerecht zu sein; **~ point** *od* **comment** das lässt sich (natürlich) nicht abstreiten; **it is ~ to say that ...** man kann wohl sagen, dass ...; **to be ~, ...** man muss (fairerweise) dazusagen, dass ...; **it's only ~ to ask him** man sollte ihn fairerweise fragen; **~ enough!** na gut, schön und gut **2** *Summe* ziemlich groß; **a ~ amount of money** ziemlich viel Geld; **it's a ~ way** es ist ziemlich weit; **a ~ number of students** ziemlich viele Studenten; **a ~ chance of success** ziemlich gute Erfolgsaussichten **3** *Schätzung, Idee* ziemlich gut; **I've a ~ idea that he's going to resign** ich bin mir ziemlich sicher, dass er zurücktreten wird **4** (≈ *Note*) befriedigend; **to mark an essay 'fair'** einen Aufsatz mit „befriedigend" benoten **5** *Mensch, Haare* blond **6** *Mensch* hellhäutig; *Haut* hell **7** *Wetter* heiter **B** *adv* **to play ~** fair sein; SPORT fair spielen; **they beat us ~ and square** sie haben uns deutlich geschlagen

fair² *s* (Jahr)markt *m*, Volksfest *n*; HANDEL Messe *f*

fair copy *s* Reinschrift *f*; **to write out a ~ of sth** etw ins Reine schreiben

fair game *fig s* Freiwild *n*

fairground *s* Festplatz *m*

fair-haired *adj* blond

fairly ['feəlɪ] *adv* **1** ziemlich; **~ recently** erst kürzlich **2** *behandeln* gerecht **3** geradezu; **we ~ flew along** wir sausten nur so dahin

fair-minded ['feəmaɪndɪd] *adj* gerecht

fairness ['feənɪs] *s* Gerechtigkeit *f*; **in all ~** gerechterweise

fair play *s* SPORT, *a. fig* Fairplay *n*

fair trade *s* Fairer Handel (*mit Entwicklungsländern*); US Preisbindung *f*

fairtrade shop *s* Fair-Trade-Laden *m*

fairway *s* Golf Fairway *n*

fair-weather *adj* **a ~ friend** ein Freund, der nur in guten Zeiten ein Freund ist

fairy ['feərɪ] *s* Fee *f*

fairy godmother *s* gute Fee

fairy lights *pl* bunte Lichter *pl*

fairy story, fairy tale *s* Märchen *n*

fairy-tale *fig adj* märchenhaft

fait accompli [,feɪtə'kɒmpliː] *s* vollendete Tatsache

faith [feɪθ] *s* **1** Vertrauen *n* (**in** zu), Glaube *m* (**in** an +*akk*); **to have ~ in sb** j-m (ver)trauen; **to have ~ in sth** Vertrauen in etw (*akk*) haben; **to act in good/bad ~** in gutem Glauben/böser Absicht handeln **2** (≈ *Religion*) Glaube *m* kein *pl* **3 to keep ~ with sb** j-m treu bleiben, j-m die Treue halten *geh*

faithful ['feɪθfʊl] *adj* **1** treu; **to be ~ to sb/sth** j-m/einer Sache treu sein **2** *Kopie* originalgetreu

faithfully ['feɪθfəlɪ] *adv* **1 Yours ~** *Br in Brief* Hochachtungsvoll; Mit freundlichen Grüßen **2** *wiederherstellen* originalgetreu; *reproduzieren* genau

faith healer *s* Gesundbeter(in) *m(f)*

fake [feɪk] **A** *adj* unecht; *Geldschein, Gemälde* gefälscht; **~ fur** Pelzimitation *f*; **a ~ suntan** Bräune *f* aus der Flasche **B** *s* Fälschung *f*; *von Schmuck* Imitation *f*; (≈ *Mensch*) Schwindler(in) *m(f)*; **the painting was a ~** das Gemälde war gefälscht **C** *v/t* vortäuschen; *Gemälde, Resultat* fälschen; *Einbruch, Unfall* fingieren

fake tan *s* Selbstbräuner *m*

falcon ['fɔːlkən] *s* Falke *m*

Falkland Islands ['fɔːklənd,aɪləndz], **Falklands** ['fɔːkləndz] *pl* Falklandinseln *pl*

fall [fɔːl] ⟨*v: prät* fell, *pperf* fallen⟩ **A** *v/i* **1** fallen; SPORT aus großer Höhe stürzen; *Objekt* herunterfallen; *Mitgliedschaft etc* abnehmen; **to ~ to one's death** tödlich abstürzen; **to ~ into a trap** in die Falle gehen; **his face fell** er machte ein langes Gesicht; **to ~ in battle** fallen; **her eyes fell on a strange object** *fig* ihr Blick fiel auf ein merkwürdigen Gegenstand **2** *Stadt* eingenommen werden; *Regierung* gestürzt werden **3** *Nacht* hereinbrechen **4** *Ostern etc* fallen (**on** auf +*akk*); *bei Klassifizierung* fallen (**under** unter +*akk*); **that ~s within/outside the scope of ...** das fällt in/nicht in den Bereich ... **5** sich gliedern (**into** in +*akk*); **to ~ into categories** sich in Kategorien gliedern lassen **6** werden; **to ~ asleep** einschlafen; **to ~ ill** krank werden; **to ~ in love with sb** sich in j-n verlieben; **to ~ out of love** sich entlieben; **to ~ out of love with sb** aufhören, jdn zu lieben **7 to ~ into**

decline *Gebäude* verkommen; **to ~ into a deep sleep** in tiefen Schlaf fallen; **to ~ into bad habits** in schlechte Gewohnheiten verfallen; **to ~ apart** *od* **to pieces** aus dem Leim gehen *umg*; *Firma, Leben* aus den Fugen geraten; **I fell apart when he left me** meine Welt brach zusammen, als er mich verließ **B** *s* **1** Fall *m kein pl*; **to break sb's ~** j-s Fall auffangen; **she had a bad ~** sie ist schwer gestürzt; **~ of rain** Regenfall *m*; **there was another heavy ~ (of snow)** es hat wieder viel geschneit **2** *von Stadt etc* Einnahme *f*; *von Regierung* Sturz *m* **3** Sinken *n*; *plötzlich* Sturz *m*; *von Temperatur* Abfall *m*; *von Mitgliedschaft* Abnahme *f* **4** (*a.* **~s**) Wasserfall *m*; **Niagara Falls** die Niagarafälle **5** *US* Herbst *m*; **in the ~** im Herbst

phrasal verbs mit fall:
fall about, (*a.* **fall about laughing**) *Br umg* *v/i* sich kranklachen *umg*
fall away *v/i* **1** *Boden* abfallen **2** → fall off
fall back *v/i a.* MIL zurückweichen
fall back (up)on *v/i* ‹+obj› zurückgreifen auf (+akk)
fall behind *v/i* **1** SPORT, SCHULE zurückfallen (*obj* hinter +akk) **2** *mit Miete, Arbeit* in Rückstand geraten
fall down *v/i* **1** *Mensch* hinfallen; *Objekt* herunterfallen; *Haus* einstürzen **2** hinunterfallen (*obj* +akk)
fall for *v/i* ‹+obj› **1 I really fell for him** er hatte es mir angetan **2** *Produktwerbung etc* hereinfallen auf (+akk)
fall in *v/i* **1** hineinfallen **2** einstürzen **3** MIL **fall in!** antreten!
fall in with *v/i* ‹+obj› sich anschließen (+dat); *schlechte Gesellschaft* geraten in (+akk)
fall off *v/i* **1** *wörtl* herunterfallen (*obj* von) **2** abnehmen
fall on *v/i* ‹+obj› **1** (≈ stolpern) fallen über (+akk) **2** *Entscheidung, Aufgabe* zufallen (+dat); *Schuld* treffen (+akk); **the responsibility falls on your shoulders** Sie tragen *od* haben die Verantwortung **3** (≈ angreifen) herfallen über (+akk)
fall out *v/i* **1** herausfallen; **to fall out of sth** aus etw fallen **2** sich (zer)streiten **3** MIL wegtreten
fall over A *v/i Mensch* hinfallen; *Objekt* umfallen **B** *v/i* ‹+obj› **1** (≈ stolpern) fallen über (+akk); **they were falling over each other to get the book** sie drängelten sich, um das Buch zu bekommen **2 to fall over oneself to do sth** sich (*dat*) die größte Mühe geben, etw zu tun
fall through *v/i Plan* ins Wasser fallen
fall to *v/i Verantwortung etc* zufallen (+dat)

fallacy ['fæləsɪ] *s* Irrtum *m*
fallen ['fɔːlən] *pperf* → fall

fall guy *bes US umg s* Sündenbock *m*
fallibility [ˌfælɪ'bɪlɪtɪ] *s* Fehlbarkeit *f*
fallible ['fæləbl] *adj* fehlbar
falling ['fɔːlɪŋ] *adj* fallend; *Mitgliederzahl* abnehmend
falling-off *s* → fall-off
falling-out *s* Streit *m*
falling star *s* Sternschnuppe *f*
fall-off *s* Abnahme *f*
fallout ['fɔːlaʊt] *s* radioaktiver Niederschlag
fallow ['fæləʊ] *adj* AGR brachliegend; **most of the fields are (lying) ~** die meisten Felder liegen brach
false [fɔːls] *adj* ‹komp falser› falsch; *Wimpern* künstlich; *Papiere* gefälscht; **that's a ~ economy** das ist am falschen Ort gespart; **~ imprisonment** willkürliche Inhaftierung; **under** *od* **by ~ pretences** *Br*, **under** *od* **by ~ pretenses** *US* unter Vorspiegelung falscher Tatsachen; **to ring ~** nicht echt klingen
false alarm *s* falscher Alarm
false friend *s* LING falscher Freund
falsehood ['fɔːlshʊd] *s* Unwahrheit *f*
falsely ['fɔːlslɪ] *adv* angeklagt, verurteilt zu Unrecht; *berichten* fälschlicherweise
false move *s* **one ~, and ...** *fig* ein kleiner Fehler und ...
false start *s* Fehlstart *m*
false teeth *pl* (künstliches) Gebiss
falsification [ˌfɔːlsɪfɪ'keɪʃən] *s* (Ver)fälschung *f*
falsify ['fɔːlsɪfaɪ] *v/t* fälschen; *Resultat* verfälschen
falter ['fɔːltəʳ] *v/i Sprecher* stocken; *beim Gehen* zögern
faltering *adj Stimme* stockend; *Schritte* zögernd; *Wirtschaft* geschwächt
fame [feɪm] *s* Ruhm *m*; **~ and fortune** Ruhm und Reichtum; **hall of ~** Ruhmeshalle *f*
famed [feɪmd] *adj* berühmt (**for** wegen)
familial [fə'mɪlɪəl] *adj* familiär
familiar [fə'mɪljəʳ] *adj* **1** *Umgebung, Anblick* gewohnt; *Gestalt, Stimme* vertraut; *Mensch* bekannt; *Titel, Melodie* geläufig; *Beschwerde* häufig; **his face is ~** das Gesicht ist mir bekannt; **to be ~ to sb** j-m bekannt sein; **it looks very ~** es kommt mir sehr bekannt vor; **that sounds ~** das habe ich doch schon mal gehört; **I am ~ with the word** das Wort ist mir bekannt *od* vertraut; **are you ~ with these modern techniques?** wissen Sie über diese modernen Techniken Bescheid? **2** *Ton* familiär; (≈ *zu freundlich*) plumpvertraulich; **to be on ~ terms with sb** mit j-m auf vertrautem Fuß stehen
familiarity [fəˌmɪlɪ'ærɪtɪ] *s* ‹kein pl› Vertrautheit *f*
familiarize [fə'mɪlɪəraɪz] *v/t* **to ~ sb/oneself with sth** j-n/sich mit etw vertraut machen

family ['fæmɪlɪ] **A** s Familie f; im weiteren Sinne Verwandtschaft f; **to start a ~** eine Familie gründen; **has he any ~?** hat er Familie?; **it runs in the ~** das liegt in der Familie; **he's one of the ~** er gehört zur Familie **B** adj ⟨attr⟩ Familien-; **~ business** Familienunternehmen n; **a ~ friend** ein Freund/eine Freundin der Familie

family business s Familienbetrieb m
family circle s Familienkreis m
family company s Familienbetrieb m
family doctor s Hausarzt m/-ärztin f
family getaway s, **family outing** s Familienausflug m
family man s ⟨pl -men⟩ Familienvater m
family name s Familienname m
family planning s Familienplanung f
family planning clinic s Familienberatungsstelle f
family room s **1** bes US Wohnzimmer n **2** Br für Kinder zugelassener Raum in einem Lokal
family-size adj in Haushaltsgröße; Packung Familien-
family tree s (Familien)stammbaum m
family values pl traditionelle (Familien)werte pl
famine ['fæmɪn] s Hungersnot f
famished ['fæmɪʃt] umg adj ausgehungert; **I'm ~** ich sterbe vor Hunger umg
famous ['feɪməs] adj berühmt (**for** durch, für)
famously ['feɪməslɪ] adv bekanntermaßen
fan¹ [fæn] **A** s **1** Fächer m **2** Ventilator m **B** v/t **to fan sb/oneself** j-m/sich (Luft) zufächeln; **to fan the flames** fig Öl ins Feuer gießen
⸻ phrasal verbs mit fan: ⸻
fan out v/i bei Suche etc ausschwärmen

fan² s Fan m; **I'm quite a fan of yours** ich bin ein richtiger Verehrer von Ihnen
fan-assisted ['fænə‚sɪstɪd] adj **~ oven** Umluftherd m
fanatic [fə'nætɪk] s Fanatiker(in) m(f)
fanatical adj fanatisch; **he is ~ about it** es geht ihm über alles; **I'm ~ about fitness** ich bin ein Fitnessfanatiker
fanaticism [fə'nætɪsɪzəm] s Fanatismus m
fan belt s Keilriemen m
fanciful ['fænsɪfʊl] adj **1** Idee fantastisch **2** unrealistisch; **I think you're being somewhat ~** ich glaube, das ist etwas weit hergeholt
fan club s Fanklub m
fancy ['fænsɪ] **A** v/t **1** (≈ mögen) **I ~ that car** das Auto gefällt mir; **he fancies a house on Crete** er hätte gern ein Haus auf Kreta; **I didn't ~ that job** die Stelle hat mich nicht gereizt; **I ~ a walk/beer** ich habe Lust zu einem Spaziergang/auf ein Bier; **to ~ doing sth** Lust haben, etw zu tun; **she fancies doing that** sie würde das gern tun, sie hätte Lust, das zu tun; **to ~ sb** j-n attraktiv finden; **I don't ~ my chances of getting that job** ich rechne mir keine großen Chancen aus, die Stelle zu bekommen **2** sich (dat) einbilden, glauben **3** **~ doing that!** so was(, das) zu tun!; **~ that!** umg (nein) was!; **~ him winning!** wer hätte gedacht, dass er gewinnt! **B** v/r von sich eingenommen sein; **he fancies himself as an expert** er hält sich für einen Experten **C** s **a passing ~** nur so eine Laune; **he's taken a ~ to her** sie hat es ihm angetan; **to take** od **catch sb's ~** j-m gefallen **D** adj ⟨komp fancier⟩ **1** umg Auto schick; Frisur, Bewegung kunstvoll; Speisen raffiniert; **nothing ~** nichts Ausgefallenes **2** oft pej umg Haus, Auto chic umg; Restaurant nobel
fancy dress s (Masken)kostüm n, Verkleidung f; **is it ~?** geht man da verkleidet hin?; **they came in ~** sie kamen verkleidet; **fancy-dress party** Kostümfest n
fancy goods pl Geschenkartikel pl
fanfare ['fænfɛəʳ] s Fanfare f; **trumpet ~** Trompetenstoß m
fang [fæŋ] s von Schlange Giftzahn m; von Wolf Fang m
fan heater s Heizlüfter m
fan mail s Verehrerpost f
fanny ['fænɪ] s **1** bes US umg Po m umg **2** Br sl Möse f vulg
fanny pack s Gürteltasche f
fan oven s Br Umluftherd m
fantasize ['fæntəsaɪz] v/i fantasieren; im Traum Fantasievorstellungen haben (**about** von)
fantastic [fæn'tæstɪk] **A** int fantastisch! **B** adj umg fantastisch; **a ~ amount of, ~ amounts of** wahnsinnig viel umg
fantastically [fæn'tæstɪkəlɪ] umg adv wahnsinnig umg
fantasy ['fæntəsɪ] s **1** Fantasie f **2** Gattung Fantasy f
fanzine ['fænziːn] s Fanmagazin n
FAQ s abk (= frequently asked questions) IT häufig gestellte Fragen pl
far [fɑːʳ] ⟨komp **further, farther**; sup **furthest, farthest**⟩ **A** adj hintere(r, s); **the far end of the room** das andere Ende des Zimmers; **the far door** die Tür am anderen Ende des Zimmers; **on the far side of** auf der anderen Seite von; **in the far distance** in weiter Ferne; **it's a far cry from …** fig das ist etwas ganz anderes als … **B** adv **1** weit; **we don't live far** od **we live not far from here** wir wohnen nicht weit von hier; **as far as** bis; **I'll go with you as far as the gate** ich begleite dich bis zum Tor; **far and wide** weit und breit; **from far and near** od

wide von nah und fern; **far away** weit weg, weit entfernt; **I won't be far off** *od* **away** ich bin ganz in der Nähe; **have you come far? kommen Sie von weit her?**; **how far have you got with your plans?** wie weit sind Sie mit Ihren Plänen (gekommen)?; **far better** weit besser; **far more interesting** weitaus interessanter **2** *zeitlich* **as far back as 1945** schon (im Jahr) 1945; **far into the night** bis spät in die Nacht **3 as** *od* **so far as I'm concerned** was mich betrifft; **it's all right as far as it goes** das ist so weit ganz gut; **by far** bei Weitem, mit Abstand; **by far the best, the best by far** bei Weitem der/die/das Beste; **far from satisfactory** alles andere als befriedigend; **far from liking him I find him quite unpleasant** ich mag ihn nicht, ich finde ihn (im Gegenteil) sogar ausgesprochen unsympathisch; **far from it!** (ganz) im Gegenteil; **far be it from me to …** es sei mir fern, zu …; **so far** bisher, so weit; **so far so good** so weit, so gut; **to go far** *Vorräte etc* weit reichen; *Mensch* es weit bringen; **I would go so far as to say …** ich würde so weit gehen zu sagen …; **that's going too far** das geht zu weit; **not far off** *räumlich* nicht weit; *bei Vermutung, Wurf etc* fast (getroffen); **the weekend isn't far off now** es ist nicht mehr lang bis zum Wochenende

faraway, far-away ['fɑːrəweɪ] *adj* **1** *Ort* entlegen; *Land* fern; *Geräusch* weit entfernt **2** *Blick* verträumt

farce [fɑːs] *s* Farce *f*

farcical ['fɑːsɪkl] *fig adj* absurd

fare [feə] **A** *s* **1** Fahrpreis *m*; FLUG Flugpreis *m*; *auf Fähre* Preis *m* für die Überfahrt; (≈ *Münzen etc*) Fahrgeld *n* **2** *obs, form* (≈ *Nahrung*) Kost *f*; **traditional Christmas ~** ein traditionelles Weihnachtsessen **B** *v/i* **he ~d well** es ging ihm gut; **how did you ~?** wie ist es dir ergangen?; **the dollar ~d well on the stock exchange** der Dollar schnitt an der Börse gut ab

Far East *s* **the ~** der Ferne Osten

fare-dodger *s* Schwarzfahrer(in) *m(f)*

fare stage *s* Tarifgrenze *f*

farewell [feə'wel] *s* Abschied *m*; **to say** *od* **make one's ~s** sich verabschieden, Abschied nehmen; **to bid sb ~** j-m Auf Wiedersehen sagen; **~ speech** Abschiedsrede *f*

far-fetched *adj* weit hergeholt

far-flung *adj* abgelegen

farm [fɑːm] **A** *s* Bauernhof *m*, Gutshof *m*; *in USA, Australien* Farm *f*; **chicken ~** Hühnerfarm *f* **B** *adj* ⟨*attr*⟩ landwirtschaftlich; **~ labourer** *Br*, **~ laborer** *US* Landarbeiter(in) *m(f)*; **~ animals** Tiere *pl* auf dem Bauernhof **C** *v/t* Land bebauen; *Vieh* halten; *Pelztiere etc* züchten **D** *v/i* Landwirtschaft betreiben

⬛ phrasal verbs mit farm:

farm out *v/t* ⟨*trennb*⟩ Arbeit vergeben (**on, to** an *+akk*)

farmer ['fɑːmə] *s* Bauer *m*, Bäuerin *f*; *in USA, Australien* Farmer(in) *m(f)*; **~'s wife** Bäuerin *f*

farmers' market *s* Bauernmarkt *m*

farmhand *s* Landarbeiter(in) *m(f)*

farmhouse *s* Bauernhaus *n*

farmhouse holiday *s*, **farmhouse vacation** *US s* Ferien *pl* auf dem Bauernhof, Urlaub *m* auf dem Bauernhof

farming ['fɑːmɪŋ] *s* Landwirtschaft *f*

farmland *s* Ackerland *n*

farm produce *s* landwirtschaftliches Erzeugnis

farmstay *s* Ferien *pl* auf dem Bauernhof, Urlaub *m* auf dem Bauernhof

farmstead ['fɑːmsted] *s* Bauernhof *m*, Gehöft *n*

farmworker *s* Landarbeiter(in) *m(f)*

farmyard *s* Hof *m*

far-off ['fɑːrɒf] *adj* **1** *vergangen* weit zurückliegend; *zukünftig* weit entfernt **2** *Ort* fern

far-reaching *adj* weitreichend

far-sighted *fig adj* weitblickend

fart [fɑːt] *umg* **A** *s* **1** Furz *m umg* **2 he's a boring old ~** er ist ein langweiliger alter Knacker *umg* **B** *v/i* furzen *umg*

farther ['fɑːðə] ⟨*komp* → far⟩ **A** *adj* weiter entfernt; **at the ~ end** am anderen Ende **B** *adv* → further A

farthest ['fɑːðɪst] *adj & adv* ⟨*sup*⟩ **1 the ~ point of the island** der am weitesten entfernte Punkt der Insel **2** → far

fascia ['feɪʃə] *s* **1** *für Handy* Oberschale *f* **2** *Br im Auto* Armaturenbrett *n*

fascinate ['fæsɪneɪt] *v/t* faszinieren

fascinated ['fæsɪneɪtɪd] *adj* fasziniert

fascinating ['fæsɪneɪtɪŋ] *adj* faszinierend

fascination [ˌfæsɪ'neɪʃən] *s* Faszination *f*; **to watch in ~** gebannt zusehen; **his ~ with the cinema** die Faszination, die das Kino auf ihn ausübt

fascism ['fæʃɪzəm] *s* Faschismus *m*

fascist ['fæʃɪst] **A** *s* Faschist(in) *m(f)* **B** *adj* faschistisch

fashion ['fæʃən] **A** *s* **1** ⟨*kein pl*⟩ Art (und Weise) *f*; **(in the) Indian ~** auf Indianerart; **in the usual ~** wie üblich; **in a similar ~** auf ähnliche Weise; **to do sth after a ~** etw recht und schlecht machen **2** Mode *f*; **(back) in ~** (wieder) modern; **it's all the ~** es ist große Mode; **to come into/go out of ~** in Mode/aus der Mode kommen; **she always wears the latest ~s** sie ist immer nach der neuesten Mode gekleidet **B** *v/t* formen

fashionable ['fæʃnəbl] *adj* modisch; *Restaurant,*

Gegend chic; **to become ~** in Mode kommen
fashionably ['fæʃnəblɪ] *adv* modisch
fashion-conscious *adj* modebewusst
fashion designer *s* Modedesigner(in) *m(f)*
fashion magazine *s* Modezeitschrift *f*
fashion parade *s* Modenschau *f*
fashion show *s* Modenschau *f*
fashion trend *s* Modetrend *m*
fashion victim *pej umg s* Opfer *n* der Mode, Fashion Victim *n*
fast¹ [fɑːst] *adj & adv* ⟨+er⟩ schnell; **she's a ~ runner** sie kann schnell laufen; **to pull a ~ one (on sb)** *umg* j-n übers Ohr hauen *umg*; **to be ~** *Uhr* vorgehen; **to be five minutes ~** fünf Minuten vorgehen
fast² **A** *adj* **1** fest **2** *Farbstoff* farbecht **B** *adv* **1** fest; **to stick ~** festsitzen; *mit Klebstoff* festkleben **2 to be ~ asleep** fest schlafen
fast³ **A** *v/i* fasten **B** *s* Fasten *n*, Fastenzeit *f*
fast-breeder reactor *s* Schneller Brüter
fasten ['fɑːsn] **A** *v/t* befestigen (**to, onto** an +*dat*); *Knopf, Kleid etc* zumachen; *Tür* (ab)schließen; **to ~ one's seat belt** sich anschnallen; **to ~ two things together** zwei Dinge aneinander befestigen **B** *v/i* sich schließen lassen; **the dress ~s at the back** das Kleid wird hinten zugemacht; **these two pieces ~ together** diese zwei Teile werden miteinander verbunden
phrasal verbs mit fasten:
fasten on *v/t* ⟨*trennb*⟩ festmachen (*obj*, -**to** an +*dat*)
fasten up *v/t* ⟨*trennb*⟩ *Kleid* zumachen; **could you fasten me up?** *umg* kannst du mir zumachen? *umg*
fastener ['fɑːsnəʳ], **fastening** ['fɑːsnɪŋ] *s* Verschluss *m*
fast food *s* Fast Food *n*
fast-food restaurant *s* Fast-Food-Restaurant *n*, Schnellrestaurant *n*
fast-forward *v/t & v/i* vorspulen
fastidious [fæs'tɪdɪəs] *adj* penibel (**about** in Bezug auf +*akk*)
fast lane *s* Überholspur *f*; **life in the ~** *fig* das hektische Leben
fast-track *v/t* im Schnellverfahren durchführen
fat [fæt] **A** *adj* ⟨*komp* fatter⟩ **1** dick, fett; *umg Gewinn* üppig; **to get** *od* **become fat** dick werden **2** *iron umg* **that's a fat lot of good** das bringt doch überhaupt nichts; **fat lot of help she was** sie war 'ne schöne Hilfe! *iron umg*; **fat chance!** schön wärs! **B** *s* ANAT, GASTR, CHEM Fett *n*; **reduce the fat in your diet** reduzieren Sie den Fettgehalt Ihrer Ernährung
fatal ['feɪtl] *adj* **1** tödlich (**to, for** für); **he had a ~ accident** er ist tödlich verunglückt **2** *Fehler* verhängnisvoll; **to be prove ~ to** *od* **for sb/sth** das Ende für j-n/etw bedeuten; **it would be ~ to do that** es wäre verhängnisvoll, das zu tun
fatalistic [ˌfeɪtə'lɪstɪk] *adj* fatalistisch
fatality [fə'tælɪtɪ] *s* Todesfall *m*; *bei Unfall, in Krieg* (Todes)opfer *n*; **there were no fatalities** es gab keine Todesopfer
fatally ['feɪtəlɪ] *adv* **1** verletzt tödlich **2** *beschädigen, schwächen* auf Dauer; **to be ~ flawed** fatale Mängel aufweisen
fate [feɪt] *s* Schicksal *n*; **to leave sth to ~** etw dem Schicksal überlassen
fated *adj* **to be unsuccessful** zum Scheitern verurteilt sein; **they were ~ never to meet again** es war ihnen bestimmt, sich nie wiederzusehen
fateful ['feɪtfʊl] *adj Tag* schicksalhaft; *Entscheidung* verhängnisvoll
fat-free [ˌfæt'friː] *adj* fettfrei
father ['fɑːðəʳ] **A** *s* **1** Vater *m* (**to sb** j-m); (≈ *Geistlicher*) Pater *m*; **like ~ like son** der Apfel fällt nicht weit vom Stamm; (**our**) **Father** Vater *m* (unser) **2 ~s** *pl* (≈ *Vorfahren*) Väter *pl* **B** *v/t Kind* zeugen
Father Christmas *Br s* der Weihnachtsmann
father figure *s* Vaterfigur *f*
fatherhood *s* Vaterschaft *f*
father-in-law *s* ⟨*pl* fathers-in-law⟩ Schwiegervater *m*
fatherland *s* Vaterland *n*
fatherless ['fɑːðəlɪs] *adj* vaterlos
fatherly ['fɑːðəlɪ] *adj* väterlich
Father's Day *s* Vatertag *m*
fathom ['fæðəm] **A** *s* Faden *m* **B** *v/t umg a.* **~ out** verstehen; **I just can't ~ him** (**out**) er ist mir ein Rätsel; **I couldn't ~ it** (**out**) ich kam der Sache nicht auf den Grund
fatigue [fə'tiːg] *s* **1** Erschöpfung *f* **2** TECH *von Metall etc* Ermüdung *f* **3** **~s** *pl* MIL Arbeitsanzug *m*
fat-reduced [ˌfætrɪ'djuːst] *adj* fettreduziert
fatso ['fætsəʊ] *s* ⟨*pl* -es⟩ *umg* Dickerchen *n umg*
fatten ['fætn] *v/t*, (*a.* **fatten up**) *Tiere* mästen; *Menschen* herausfüttern *umg*
fattening ['fætnɪŋ] *adj* dick machend; **chocolate is ~** Schokolade macht dick
fatty ['fætɪ] **A** *adj* ⟨*komp* fattier⟩ fett, fettig **B** *s umg* Dickerchen *n umg*
fatuous ['fætjʊəs] *adj* albern
faucet ['fɔːsɪt] *US s* Hahn *m*
fault [fɔːlt] *s* **1** Fehler *m*; TECH Defekt *m*; **to find ~ with sb/sth** etwas an j-m/etw auszusetzen haben; **he was at ~** er war im Unrecht **2** ⟨*kein pl*⟩ **it's my/your ~** ich bin/du bist schuld; **it won't be my ~ if ...** es ist nicht meine Schuld, wenn ...; **whose ~ is it?** wer ist schuld

(daran)? **3** GEOL Verwerfung *f* **B** *v/t* **I can't ~ it/him** ich habe nichts daran/an ihm auszusetzen

fault-finding ['fɔːlt,faɪndɪŋ] **A** *adj* krittelig **B** *s* Krittelei *f*

faultless *adj* fehlerlos; *Englisch etc* fehlerfrei

fault line *s* GEOL Verwerfungslinie *f*

faulty ['fɔːltɪ] *adj* ⟨*komp* faultier⟩ TECH defekt; HANDEL fehlerhaft; *Logik* falsch

fauna ['fɔːnə] *s* Fauna *f*

faux pas [fəʊ'pɑː] *s* ⟨*pl* - -⟩ Fauxpas *m*

fava bean ['faːvəbiːn] US *s* dicke Bohne

favor *etc* US → favour

favour ['feɪvəʳ], **favor** US **A** *s* **1** ⟨*kein pl*⟩ Gunst *f*; **to find ~ with sb** bei j-m Anklang finden; **to be in ~ with sb** bei j-m gut angeschrieben sein; *Mode, Autor etc* bei j-m beliebt sein; **to be/fall out of ~** in Ungnade (gefallen) sein/fallen **2 to be in ~ of sth** für etw sein; **to be in ~ of doing sth** dafür sein, etw zu tun; **a point in his ~** ein Punkt zu seinen Gunsten; **the judge ruled in his ~** der Richter entschied zu seinen Gunsten; **all those in ~ raise their hands** alle, die dafür sind, Hand hoch; **he rejected socialism in ~ of the market economy** er lehnte den Sozialismus ab und bevorzugte stattdessen die Marktwirtschaft **3** Vergünstigung *f*; **to show ~ to sb** j-n bevorzugen **4** Gefallen *m*; **to ask a ~ of sb** j-n um einen Gefallen bitten; **to do sb a ~** j-m einen Gefallen tun; **would you do me the ~ of returning my library books?** wären Sie bitte so freundlich und würden meine Bücher in die Bücherei zurückbringen?; **as a ~ to him** ihm zuliebe **B** *v/t* **1** *Idee* für gut halten, bevorzugen **2** US ähneln (+*dat*)

favourable ['feɪvərəbl] *adj*, **favorable** US *adj* **1** positiv; **her request met with a ~ response** ihre Bitte stieß auf Zustimmung **2** günstig (**to** für), vorteilhaft; **to show sth in a ~ light** etw in einem günstigen Licht zeigen; **on ~ terms** zu günstigen Bedingungen; **conditions are ~ for development** für die Entwicklung herrschen günstige Bedingungen

favourably ['feɪvərəblɪ] *adv*, **favorably** US *adv* **1** *reagieren* positiv; *betrachten* wohlwollend; **he was ~ impressed by it** er war davon sehr angetan; **to be ~ disposed** *od* **inclined to(wards) sb/sth** j-m/einer Sache gewogen sein *geh* **2** günstig; **to compare ~** im Vergleich gut abschneiden

favourite ['feɪvərɪt], **favorite** US **A** *s* **1** (≈ *Mensch*) Liebling *m*; HIST, *a. pej* Günstling *m* **2 this one is my ~** das gefällt mir am besten; **this book is my ~** das ist mein Lieblingsbuch **3** SPORT Favorit(in) *m(f)*; **Chelsea are the ~s**

Chelsea ist (der) Favorit **B** *adj* ⟨*attr*⟩ Lieblings-; **my ~ film** mein Lieblingsfilm *m*

favouritism ['feɪvərɪtɪzəm] *s*, **favoritism** US *s* Vetternwirtschaft *f umg*

fawn[1] [fɔːn] **A** *s* **1** Hirschkalb *n*, Rehkitz *n* **2** (≈ *Farbe*) Beige *n* **B** *adj* beige

fawn[2] *fig v/i* katzbuckeln (**on, upon** *od* **over** vor +*dat*)

fax [fæks] **A** *s* Fax *n*; **to send sth by fax** etw faxen **B** *v/t* faxen

fax machine *s* → fax

fax number *s* (Tele)faxnummer *f*

faze [feɪz] *umg v/t* verdattern *umg*; **the question didn't ~ me at all** die Frage brachte mich keineswegs aus der Fassung

FBI US *abk* (= Federal Bureau of Investigation) FBI *n*

fear [fɪəʳ] **A** *s* **1** Angst *f* (**of** vor +*dat*), Furcht *f* (**of** vor +*dat*); **~ of failure/flying** Versagens-/Flugangst *f*; **there are ~s that …** es wird befürchtet, dass …; **to be in ~ of sb/sth** Angst vor j-m/etw haben; **for ~ of doing sth** aus Angst davor, etw zu tun; **she talked quietly for ~ of waking the baby** sie sprach leise, um das Baby nicht aufzuwecken **2** ⟨*kein pl*⟩ **no ~!** *umg* nie im Leben! *umg*; **there's no ~ of that happening again** keine Angst, das passiert so leicht nicht wieder **B** *v/t* (be)fürchten; **he's a man to be ~ed** er ist ein Mann, den man fürchten muss; **many women ~ to go out at night** viele Frauen haben Angst davor, abends auszugehen **C** *v/i* **to ~ for** fürchten für *od* um; **never ~!** keine Angst!

fearful *adj* **1** ängstlich; **to be ~ of sb/sth** Angst vor j-m/etw haben; **I was ~ of waking her** ich befürchtete, dass ich sie aufwecken würde **2** furchtbar

fearless *adj*, **fearlessly** *adv* furchtlos; **the ~** die Furchtlosen

fearsome ['fɪəsəm] *adj* furchterregend

feasibility [,fiːzə'bɪlɪtɪ] *s von Plan etc* Durchführbarkeit *f*

feasibility study *s* Machbarkeitsstudie *f*

feasible ['fiːzəbl] *adj* **1** möglich; *Plan* durchführbar **2** plausibel

feast [fiːst] **A** *s* **1** Festessen *n*; **a ~ for the eyes** eine Augenweide **2** KIRCHE, REL Fest *n*; **~ day** Feiertag *m* **B** *v/i wörtl* Festgelage *pl*/ein Festgelage halten; **to ~ on sth** sich an etw (*dat*) gütlich tun **C** *v/t* **to ~ one's eyes on sb/sth** seine Augen an j-m/etw weiden

feat [fiːt] *s* Leistung *f*; *heroisch* Heldentat *f*

feather ['feðəʳ] *s* Feder *f*; **~s** Gefieder *n*; **as light as a ~** federleicht; **they are birds of a ~** sie sind vom gleichen Schlag

feather bed *s* mit Federn gefüllte Matratze

featherbrained *adj* dümmlich
feather duster *s* Staubwedel *m*
feature ['fi:tʃəʳ] **A** *s* **1** (Gesichts)zug *m* **2** Merkmal *n*, Kennzeichen *n*; **special ~** Besonderheit *f* **3** *von Zimmer etc* herausragendes Merkmal; **to make a ~ of sth** etw besonders betonen; **the main ~ is** die Hauptattraktion **4** *Presse, RADIO, TV* Feature *n* **B** *v/t* **1** *Presse: Meldung* bringen **2** **this film ~s an English actress** in diesem Film spielt eine englische Schauspielerin mit; **the album ~s their latest hit single** auf dem Album ist auch ihre neueste Hitsingle **C** *v/i* vorkommen; **the story ~d on all today's front pages** die Geschichte war heute auf allen Titelseiten
feature film *s* Spielfilm *m*
feature-length *adj Film* mit Spielfilmlänge
Feb *abk* (= February) Febr.
February ['februəri] *s* Februar *m*, Feber *m österr*; → September
feces ['fi:si:z] *US pl* → faeces
Fed *US s* Zentralbank *f* der USA
fed[1] [fed] *prät & pperf* → feed
fed[2] *US umg s* FBI-Agent(in) *m(f)*
federal ['fedərəl] *adj* Bundes-; *System etc, a. US HIST* föderalistisch; **~ state** Bundesstaat *m*; **the Federal Republic of Germany** die Bundesrepublik Deutschland; **Federal Reserve (Bank)** *US* Zentralbank *f*
Federal Bureau of Investigation *s* Bundeskriminalpolizei *f* (*der USA*)
federalism ['fedərəlizəm] *s* Föderalismus *m*
federalist ['fedərəlist] *adj* föderalistisch
federation [,fedə'reiʃən] *s* Föderation *f*
fed up *umg adj* **to be ~ (with sth)** (von etw) die Nase voll haben *umg*; **I'm ~ with him** ich habe ihn satt; **I'm ~ waiting for him** ich habe es satt, auf ihn zu warten
fee [fi:] *s* Gebühr *f*; *von Arzt, Anwalt* Honorar *n*; *für Mitgliedschaft* Beitrag *m*; **(school) fees** Schulgeld *n*
feeble ['fi:bl] *adj* ⟨*komp* feebler⟩ schwach; *Versuch* kläglich; *Ausrede* faul *umg*
feeble-minded [,fi:bl'maindid] *adj* dümmlich
feebly ['fi:bli] *adv* schwach; *lächeln* kläglich; *etw sagen* wenig überzeugend
feed [fi:d] ⟨*v: prät, pperf* fed⟩ **A** *v/t* **1** (≈ versorgen) j-n, Armee verpflegen; *Familie* ernähren **2** (≈ zu essen geben) *Baby, Tier* füttern; *Pflanze* düngen; **to ~ sth to sb** j-m etw zu essen geben **3** *Maschine* versorgen; *Feuer* etwas legen auf (+*akk*); *fig Fantasie* nähren; **he steals to ~ his heroin habit** er stiehlt, um sich mit Heroin zu versorgen; **to ~ sth into a machine** etw in eine Maschine geben; **to ~ information (in)to a computer** Informationen in einen Computer eingeben **4** *TECH* führen **B** *v/i Tier* fressen; *Baby* gefüttert werden **C** *s* **1** *von Tieren* Fütterung *f*; *von Baby* Mahlzeit *f* **2** Futter *n*; **when is the baby's next ~?** wann wird das Baby wieder gefüttert? **3** *TECH an Computer* Eingabe *f* (**into** in +*akk*)

phrasal verbs mit feed:
feed in *v/t* ⟨*trennb*⟩ *Draht etc* einführen (*obj* in +*akk*); *Informationen* eingeben (*obj* in +*akk*)
feed on **A** *v/i* (+*obj*) sich (er)nähren von; *fig* sich nähren von **B** *v/t* ⟨*trennb* +*obj*⟩ **to feed sb on sth** *Tier, Baby* j-n mit etw füttern; *Erwachsenen* j-n mit etw ernähren

feedback *fig s* Feedback *n*, Rückmeldung *f*; **to provide more ~ on sth** ausführlicher über etw (*akk*) berichten
feeder ['fi:dəʳ] **A** *s* **1** *für Vögel* Futterhalter *m* **2** Zubringer *m*, Zubringerstraße *f*; *von öffentlichen Verkehrsmitteln* Zubringerlinie *f* **B** *adj* ⟨*attr*⟩ Zubringer-
feeding bottle *s* Flasche *f*
feeding time *s für Tier* Fütterungszeit *f*; *für Baby* Zeit *f* für die Mahlzeit
feel [fi:l] ⟨*v: prät, pperf* felt⟩ **A** *v/t* **1** fühlen, befühlen; **to ~ one's way** sich vortasten; **I'm still ~ing my way (in my new job)** ich versuche noch, mich (in meiner neuen Stelle) zurechtzufinden **2** *Stich, Sonne* spüren; **I can't ~ anything in my left leg** ich habe kein Gefühl im linken Bein; **I felt it move** ich spürte, wie es sich bewegte **3** *Freude, Angst* empfinden; *Auswirkungen* spüren **4** (≈ *betroffen sein*) *Hitze, Verlust* leiden unter (+*dat*); **I felt that!** *Schmerz* das hat wehgetan! **5** glauben; **what do you ~ about him/it?** was halten Sie von ihm/davon?; **it was felt that ...** man war der Meinung, dass ...; **he felt it necessary** er hielt es für notwendig **B** *v/i* **1** sich fühlen; **I ~ sick** mir ist schlecht; **to ~ certain/hungry** sicher/hungrig sein; **I ~ cold** mir ist kalt; **I felt sad** mir war traurig zumute; **I felt as though I'd never been away** mir war, als ob ich nie weg gewesen wäre; **I felt as if I was going to be sick** ich dachte, mir würde schlecht werden; **how do you ~ about him?** *emotionell* was empfinden Sie für ihn?; **you can imagine what I felt like** *od* **how I felt** Sie können sich (*dat*) vorstellen, wie mir zumute war; **what does it ~ like** *od* **how does it ~ to be all alone?** wie fühlt man sich so ganz allein?; **what does it ~ like** *od* **how does it ~ to be the boss?** wie fühlt man sich als Chef? **2** sich anfühlen; **the room ~s warm** das Zimmer kommt einem warm vor **3** meinen; **how do you ~ about him/going for a walk?** was halten Sie von ihm/von einem Spaziergang?; **that's just how I ~** das meine ich auch **4** **to ~ like** Lust haben auf (+*akk*); **I ~ like some-**

thing to eat ich möchte jetzt gern etwas essen; **to ~ like doing sth** Lust haben, etw zu tun; **I ~ like going for a walk** ich habe Lust spazieren zu gehen; **I felt like screaming** ich hätte am liebsten geschrien; **I don't ~ like it** ich habe keine Lust dazu **C** s ⟨*kein pl*⟩ **let me have a ~!** (lass (mich) mal fühlen!; **it has a papery ~** es fühlt sich wie Papier an; **the room has a cosy ~** das Zimmer hat eine gemütliche Atmosphäre; **to get a ~ for sth** *fig* ein Gefühl *n* für etw bekommen

phrasal verbs mit feel:

feel for *v/i* ⟨+*obj*⟩ **1** Mitgefühl haben mit; **I feel for you** Sie tun mir leid **2** (≈ *suchend*) tasten nach; *in Tasche etc* kramen nach

feel up to *v/i* ⟨+*obj*⟩ sich gewachsen fühlen (+*dat*); **I don't feel up to it** mir ist nicht so wohl, ich gehe da nicht hin

feel-bad ['fiːlbæd] *adj* **~ factor** Frustfaktor *m*

feeler ['fiːlə^r] *s* **1** ZOOL Fühler *m* **2** *fig* **to put out ~s** seine Fühler ausstrecken

feel-good ['fiːlɡʊd] *adj* Wohlfühl-; **~ factor** Wohlfühlfaktor *m*

feeling ['fiːlɪŋ] *s* **1** Gefühl *n*; **I've lost all ~ in my right arm** ich habe kein Gefühl mehr im rechten Arm; **I know the ~** ich weiß, wie das ist **2** (Vor)gefühl *n*; **I've a funny ~ she won't come** ich hab so das Gefühl, dass sie nicht kommt **3** (*a.* **~s**) Meinung *f* (**on** zu); **there was a general ~ that …** man war allgemein der Ansicht, dass …; **there's been a lot of bad ~ about this decision** wegen dieser Entscheidung hat es viel böses Blut gegeben **4** **~s** Gefühle *pl*; **to have ~s for sb** Gefühle für j-n haben; **you've hurt his ~s** Sie haben ihn verletzt; **no hard ~s?** nimm es mir nicht übel

fee-paying ['fiːpeɪɪŋ] *adj Schule* gebührenpflichtig; *Student* Gebühren zahlend

feet [fiːt] *pl* → **foot**

feign [feɪn] *v/t* vortäuschen; **to ~ illness** sich krank stellen

feigned [feɪnd] *adj* vorgeblich *attr*

feint [feɪnt] **A** *s* SPORT Finte *f* **B** *v/i* SPORT, *a. fig* eine Finte anwenden

feisty ['faɪsti] *adj* ⟨*komp* feistier⟩ robust

feline ['fiːlaɪn] *wörtl adj* Katzen-; *fig* katzenhaft

fell[1] [fel] *prät* → **fall**

fell[2] *s* (≈ *Haut*) Fell *n*

fell[3] *v/t Baum* fällen; *j-n* niederstrecken

fellatio [fɪ'leɪʃɪəʊ] *s* ⟨*kein pl*⟩ Fellatio *f*

fellow[1] ['feləʊ] *s* **1** Mann *m*, Typ *m umg*; **poor ~!** der Arme!; **this journalist ~** dieser komische Journalist **2** Kumpel *m umg*, Spezi *m österr* **3** UNIV Fellow *m* **4** *von Verein* Mitglied *n*

fellow[2] *präf* **our ~ bankers/doctors** unsere Berufskollegen *pl*; **~ student** Kommilitone *m*, Kommilitonin *f*; *bes US* SCHULE Mitschüler(in) *m(f)*; **~ member** *in Verein etc* Klubkamerad(in) *m(f)*; POL Parteigenosse *m*/-genossin *f*; **~ sufferer** Leidensgenosse *m*/-genossin *f*; **~ worker** Kollege *m*, Kollegin *f*; **he is a ~ lexicographer** er ist auch Lexikograf; **"my ~ Americans…"** „meine lieben amerikanischen Mitbürger…"

fellow citizen *s* Mitbürger(in) *m(f)*

fellow countrymen *pl* Landsleute *pl*

fellow men *pl* Mitmenschen *pl*

fellowship ['feləʊʃɪp] *s* **1** ⟨*kein pl*⟩ Kameradschaft *f* **2** UNIV Forschungsstipendium *n*; (≈ *Stellung*) Position eines Fellow

fellow traveller *s*, **fellow traveler** *US s* Mitreisende(r) *m/f(m)*

felon ['felən] *s* (Schwer)verbrecher(in) *m(f)*

felony ['feləni] *s* (schweres) Verbrechen

felt[1] [felt] *prät & pperf* → **feel**

felt[2] **A** *s* Filz *m* **B** *adj* ⟨*attr*⟩ Filz-

felt-tip (pen) ['felttɪp('pen)] *s* Filzstift *m*

female ['fiːmeɪl] **A** *adj* weiblich; *Rechte* Frauen-; **a ~ doctor** eine Ärztin; **a ~ companion** eine Gesellschafterin; **a ~ football team** eine Damenfußballmannschaft **B** *s* **1** (≈ *Tier*) Weibchen *n* **2** *umg* Frau *f*; *pej* Weib *n pej*

feminine ['femɪnɪn] **A** *adj* feminin; *Schönheit, Eigenschaften* weiblich **B** *s* GRAM Femininum *n*

feminine hygiene *s* Monatshygiene *f*; **~ products** Monatshygieneartikel *pl*

femininity [ˌfemɪ'nɪnɪti] *s* Weiblichkeit *f*

feminism ['femɪnɪzəm] *s* Feminismus *m*

feminist ['femɪnɪst] **A** *s* Feminist(in) *m(f)* **B** *adj* feministisch; **the ~ movement** die Frauenbewegung

femur ['fiːmə^r] *s* Oberschenkelknochen *m*

fen [fen] *s* Moorland *n*; **the Fens** *die Niederungen in East Anglia*

fence [fens] **A** *s* Zaun *m*; SPORT Hindernis *n*; **to sit on the ~** *fig* neutral bleiben **B** *v/i* SPORT fechten

phrasal verbs mit fence:

fence in *v/t* ⟨*trennb*⟩ einzäunen

fence off *v/t* ⟨*trennb*⟩ abzäunen

fencer ['fensə^r] *s* SPORT Fechter(in) *m(f)*

fencing ['fensɪŋ] *s* **1** SPORT Fechten *n* **2** Zaun *m*

fend [fend] *v/i* **to ~ for oneself** für sich (selbst) sorgen, alleine auskommen

phrasal verbs mit fend:

fend off *v/t* ⟨*trennb*⟩ abwehren

fender ['fendə^r] *s* **1** Kamingitter *n* **2** *US an Auto* Kotflügel *m*; *an Fahrrad* Schutzblech *n*

fennel ['fenl] *s* BOT Fenchel *m*

feral ['ferəl] *adj* ⟨*attr*⟩ verwildert; **~ cat** Wildkatze *f*

ferment ['fɜːment] **A** *s fig* Unruhe *f*; **the city was in ~** es brodelte in der Stadt **B** [fə'ment]

fermentation – fib · 265

v/i gären C [fə'ment] v/t wörtl fermentieren
fermentation [ˌfɜːmenˈteɪʃən] s Gärung f
fern [fɜːn] s Farn m, Farnkraut n
ferocious [fəˈrəʊʃəs] adj wild; *Hund* äußerst bissig; *Blick* grimmig; *Schlacht* erbittert; *Streit* heftig; *Angriff* brutal
ferociously [fəˈrəʊʃəsli] adv kämpfen, sich streiten heftig; *angreifen* aufs Schärfste; *anstarren* grimmig; *bellen* wütend
ferocity [fəˈrɒsɪti] s von Tier Wildheit f; von Hund Bissigkeit f; von Schlacht, Streit Heftigkeit f; von Angriff Brutalität f
ferret [ˈferɪt] A s Frettchen n B v/i (a. **ferret about** od **around**) herumstöbern
phrasal verbs mit ferret:
ferret out Br umg v/t ⟨trennb⟩ aufstöbern
Ferris wheel [ˈferɪsˌwiːl] s Riesenrad n
ferrous [ˈferəs] adj Eisen-
ferry [ˈferi] A s Fähre f B v/t (a. **ferry across** od **over**) übersetzen; *mit Auto* transportieren; **to ~ sb across a river** j-n über einen Fluss setzen; **to ~ sb/sth back and forth** j-n/etw hin- und herbringen
ferryboat s Fähre f
ferryman s ⟨pl -men⟩ Fährmann m
ferry service s Fährdienst m
fertile [ˈfɜːtaɪl] adj fruchtbar; **this is ~ ground for racists** das ist fruchtbarer Boden für Rassisten
fertility [fəˈtɪlɪti] s Fruchtbarkeit f
fertility drug s Fruchtbarkeitspille f
fertilization [ˌfɜːtɪlaɪˈzeɪʃən] s Befruchtung f
fertilize [ˈfɜːtɪlaɪz] v/t befruchten; *Boden* düngen
fertilizer [ˈfɜːtɪlaɪzə^r] s Dünger m
fervent [ˈfɜːvənt] adj leidenschaftlich; *Hoffnung* inbrünstig *geh*
fervently [ˈfɜːvəntli] adv leidenschaftlich; *hoffen, wünschen, beten* inbrünstig *geh*
fervour [ˈfɜːvə^r] s, **fervor** US s Leidenschaftlichkeit f
fester [ˈfestə^r] v/i eitern; *fig Ärger* nagen
festival [ˈfestɪvəl] s 1 KIRCHE *etc* Fest n 2 Festival n
festive [ˈfestɪv] adj festlich; **the ~ season** die Weihnachtszeit
festivity [feˈstɪvɪti] s Feier f; **festivities** pl Feierlichkeiten pl
festoon [feˈstuːn] v/t **to ~ sth with sth** etw mit etw schmücken; **to be ~ed with sth** mit etw behängt sein
feta (cheese) [ˈfetə(ˈtʃiːz)] s Feta(käse) m
fetal [ˈfiːtl] *bes US adj* → foetal
fetch [fetʃ] A v/t 1 holen, abholen; **would you ~ a handkerchief for me** od **~ me a handkerchief?** kannst du mir ein Taschentuch holen (gehen)?; **she ~ed in the washing** sie holte

die Wäsche herein 2 *bestimmten Preis etc* (ein)-bringen B v/i **to ~ and carry for sb** bei j-m Mädchen für alles sein
fetching [ˈfetʃɪŋ] adj attraktiv
fête [feɪt] A s Fest n B v/t feiern
fetid [ˈfetɪd] adj übel riechend
fetish [ˈfetɪʃ] s Fetisch m; **to have a ~ for leather/cleanliness** einen Leder-/Sauberkeitstick haben *umg*
fetters [ˈfetəz] pl Fesseln pl
fettle [ˈfetl] s **to be in fine ~** in bester Form sein; *bes gesundheitsmäßig* in bester Verfassung sein *umg*
fetus [ˈfiːtəs] US s → foetus
feud [fjuːd] *wörtl, fig* A s Fehde f B v/i sich befehden
feudal [ˈfjuːdl] adj Feudal-, feudal; **~ system** Feudalsystem n
feudalism [ˈfjuːdəlɪzəm] s Feudalismus m
fever [ˈfiːvə^r] s 1 Fieber n *kein pl*; **to have a ~** Fieber haben 2 *fig* Aufregung f; **election ~** Wahlfieber n; **in a ~ of excitement** in fieberhafter Erregung
feverish [ˈfiːvərɪʃ] adj 1 fieberhaft 2 MED **to be ~** Fieber haben
feverishly [ˈfiːvərɪʃli] adv fieberhaft
fever pitch s **to reach ~** den Siedepunkt erreichen
few [fjuː] adj & pron ⟨+er⟩ 1 wenige; **few people come to see him** nur wenige Leute besuchen ihn; **few and far between** dünn gesät; **as few as ten cigarettes a day** schon zehn Zigaretten am Tag; **there were 3 too few** es waren 3 zu wenig da; **he is one of the few people who ...** er ist einer der wenigen, die ...; **few of them came** wenige von ihnen kamen; **there are too few of you** ihr seid zu wenige 2 **a few** ein paar, einige; **a few more days** noch ein paar Tage; **a few times** ein paar Male; **there were quite a few waiting** ziemlich viele warteten; **he's had a few (too many)** er hat einen über den Durst getrunken; **quite a few books** ziemlich viele Bücher; **in the next few days** in den nächsten paar Tagen; **every few days** alle paar Tage; **a few more** ein paar mehr; **quite a few more** eine ganze Menge; **the few who knew him** die wenigen, die ihn kannten
fewer [ˈfjuːə^r] adj & pron ⟨komp⟩ 1 weniger; **no ~ than** nicht weniger als 2 → few
fewest [ˈfjuːɪst] ⟨sup → few⟩ A adj die wenigsten B pron die wenigsten, am wenigsten
fiancé [fiˈɑːnseɪ] s Verlobte(r) m
fiancée [fiˈɑːnseɪ] s Verlobte f
fiasco [fiˈæskəʊ] s ⟨pl -s; US a. -es⟩ Fiasko n
fib [fɪb] *umg* A s Flunkerei f *umg*; **don't tell fibs** flunker nicht! *umg* B v/i flunkern *umg*

fibber ['fɪbəʳ] *umg s* Flunkerer *m,* Flunkerin *f umg,* Schwindler(in) *m(f)*

fibre ['faɪbəʳ] *s,* **fiber** *US s* ❶ Faser *f* ❷ Ballaststoffe *pl* ❸ *fig* moral ~ Charakterstärke *f*

fibreglass, fiberglass *US* Ⓐ *s* Glasfaser *f* Ⓑ *adj* aus Glasfaser

fibre optics *s,* **fiber optics** *US s* ⟨+sg v⟩ Faseroptik *f*

fickle ['fɪkl] *adj* launenhaft

fiction ['fɪkʃən] *s* ❶ ⟨kein pl⟩ LIT Prosaliteratur *f;* **you'll find that under ~** das finden Sie unter Belletristik; **work of ~** Erzählung *f;* länger Roman *m* ❷ (freie) Erfindung; **that's pure ~** das ist frei erfunden

fictional ['fɪkʃnl] *adj* ❶ erfunden; *Drama* fiktional ❷ erzählerisch; **his ~ writing** seine erzählenden Schriften

fictitious [fɪk'tɪʃəs] *adj* ❶ *Name* falsch ❷ LIT *Romanfigur etc* erfunden

fiddle ['fɪdl] Ⓐ *s* ❶ MUS *umg* Fiedel *f umg;* **to play the ~** Fiedel spielen; **to play second ~ to sb** *fig* in j-s Schatten *(dat)* stehen; **as fit as a ~** kerngesund ❷ *Br umg* (≈ *Schwindel*) Schiebung *f;* mit Geld faule Geschäfte *pl umg;* **tax ~** Steuermanipulation *f;* **to be on the ~** krumme Dinger machen *umg* Ⓑ *v/t Br umg* Geschäftsbücher frisieren *umg;* **he ~d it so that ...** er hat es so hingebogen, dass ... Ⓒ *v/i* **to ~ with sth** an etw *(dat)* herumspielen, mit etw herumspielen

phrasal verbs mit fiddle:

fiddle about *Br,* **fiddle around** *v/i* **to fiddle about** *od* **around with sth** an etw *(dat)* herumspielen, mit etw herumspielen

fiddler ['fɪdləʳ] *s* MUS *umg* Geiger(in) *m(f)*

fiddly ['fɪdlɪ] *adj* ⟨komp fiddlier⟩ *Br Arbeit* knifflig *umg; Schaltung etc* umständlich

fidelity [fɪ'delɪtɪ] *s* Treue *f* (**to** zu)

fidget ['fɪdʒɪt] Ⓐ *v/i* (*a.* **fidget about** *od* **around**) zappeln Ⓑ *s* (≈ *Mensch*) Zappelphilipp *m umg*

fidgety ['fɪdʒɪtɪ] *adj* zappelig; *Publikum* unruhig

field [fiːld] Ⓐ *s* ❶ Feld *n,* Wiese *f,* Weide *f;* **corn ~** Getreidefeld *n;* **potato ~** Kartoffelacker *m;* **in the ~s** auf dem Feld; **~ of battle** Schlachtfeld *n;* **~ of vision** Blickfeld *n* ❷ *für Fußball etc* Platz *m;* **sports ~** Sportplatz *m* ❸ *von Arbeit, Forschung etc* Gebiet *n;* **what ~ are you in?** auf welchem Gebiet arbeiten Sie? ❹ Praxis *f;* **work in the ~** Feldforschung *f* ❺ IT Datenfeld *n* Ⓑ *v/t* ❶ Ball auffangen und zurückwerfen; *fig Frage etc* abblocken; **he had to ~ calls from customers** er musste Kunden am Telefon abwimmeln *umg* ❷ *Mannschaft* auf den Platz schicken ❸ POL *Kandidaten* aufstellen Ⓒ *v/i Baseball etc* als Fänger spielen

field day *fig s* **I had a ~** ich hatte meinen großen Tag

fielder ['fiːldəʳ] *s Baseball etc* Fänger(in) *m(f)*

field event *s* SPORT Disziplin, die nicht auf der Aschenbahn ausgetragen wird

field hockey *US s* Hockey *n*

field representative *s* Außendienstmitarbeiter(in) *m(f)*

field sports *pl* Sport *m* im Freien (Jagen und Fischen)

field study *s* Feldstudie *f*

field test *s* Feldversuch *m*

field-test *v/t* in einem Feldversuch/in Feldversuchen testen

field trip *s* Exkursion *f*

field work *s* Arbeit *f* im Gelände; *soziologisch etc* Feldforschung *f*

fiend [fiːnd] *s* ❶ Dämon *m;* (≈ *Mensch*) Teufel *m* ❷ *umg* Fanatiker(in) *m(f);* **tennis ~** Tennisnarr *m*

fiendish *adj* ❶ teuflisch; **he took a ~ delight in doing it** es machte ihm eine höllische Freude, es zu tun ❷ *umg Plan* höllisch raffiniert *umg* ❸ *umg Problem* verzwickt *umg*

fiendishly *umg adv* schwer höllisch *umg*

fierce [fɪəs] *adj* ⟨komp fiercer⟩ *Tier* aggressiv; *Mensch, Blick* grimmig; *Kampf, Widerstand* erbittert; *Debatte* heftig; *Angriff, Wettbewerb* scharf; *Hitze* glühend; **he has a ~ temper** er braust schnell auf

fiercely ['fɪəslɪ] *adv* bekämpfen heftig; *kritisieren* scharf; *verteidigen, argumentieren* leidenschaftlich; *kämpferisch, loyal* äußerst; **the fire was burning ~** es brannte lichterloh

fiery ['faɪərɪ] *adj* ⟨komp fierier⟩ *Hitze* glühend; *Temperament* hitzig; *Rede* feurig; **to have a ~ temper** ein Hitzkopf sein

FIFA ['fiːfə] *abk* (= Federation of International Football Associations) FIFA *f*

fifteen ['fɪf'tiːn] Ⓐ *adj* fünfzehn Ⓑ *s* Fünfzehn *f*

fifteenth ['fɪf'tiːnθ] Ⓐ *adj* fünfzehnte(r, s) Ⓑ *s* ❶ Fünfzehnte(r, s) ❷ *Bruchteil* Fünfzehntel *n;* → sixteenth

fifth [fɪfθ] Ⓐ *adj* fünfte(r, s) Ⓑ *s* ❶ Fünfte(r, s) ❷ Fünftel *n* ❸ MUS Quinte *f* ❹ **to take the ~** *US umg* die Aussage verweigern; → sixth

fiftieth ['fɪftɪɪθ] Ⓐ *adj* fünfzigste(r, s) Ⓑ *s* ❶ Fünfzigste(r, s) ❷ Fünfzigstel *n;* → sixth

fifty ['fɪftɪ] Ⓐ *adj* fünfzig Ⓑ *s* Fünfzig *f;* → sixty

fifty-fifty ['fɪftɪ'fɪftɪ] Ⓐ *adv* fifty-fifty *umg;* **to go ~ (with sb)** (mit j-m) fifty-fifty machen *umg* Ⓑ *adj* **he has a ~ chance of survival** er hat eine fünfzigprozentige Überlebenschance

fig [fɪg] *s* Feige *f*

fig. *abk* (= figures) Abb.

fight [faɪt] ⟨*v:* prät, pperf fought⟩ Ⓐ *v/i* kämpfen, sich schlagen; *mit Worten* sich streiten; **to ~ against disease** Krankheiten bekämpfen; **to ~ for sb/sth** um j-n/etw kämpfen; **to ~ for**

breath nach Atem ringen **B** v/t kämpfen mit od gegen, sich schlagen mit; *Brand, Krankheit, Verbrechen, Inflation* bekämpfen; **to ~ a duel** sich duellieren; **to ~ one's way through the crowd** sich durch die Menge kämpfen **C** s **1** Kampf m, Schlägerei f, Streit m; **to have a ~ with sb** sich mit j-m schlagen; *mit Worten* sich mit j-m streiten; **to put up a good ~** sich tapfer schlagen; **do you want a ~?** du willst dich wohl mit mir anlegen?; **he won't give in without a ~** er ergibt sich nicht kampflos; **the ~ for survival** der Kampf ums Überleben **2** Kampfgeist m; **there was no ~ left in him** sein Kampfgeist war erloschen
phrasal verbs mit fight:
fight back **A** v/i zurückschlagen; MIL Widerstand leisten; SPORT zurückkämpfen **B** v/t ⟨trennb⟩ *Tränen* unterdrücken
fight off v/t ⟨trennb⟩ abwehren; *Schlaf* ankämpfen gegen; **I'm still trying to fight off this cold** ich kämpfe immer noch mit dieser Erkältung
fight out v/t ⟨trennb⟩ **to fight it out** es untereinander ausfechten
fighter ['faɪtə^r] s **1** Kämpfer(in) m(f); *Boxen* Fighter m; **he's a ~** *fig* er ist eine Kämpfernatur **2** FLUG Jagdflugzeug n
fighter pilot s Jagdflieger m
fighting ['faɪtɪŋ] s MIL Gefecht n, Prügeleien pl; **~ broke out** Kämpfe brachen aus
fighting chance s **he's in with a ~** er hat eine Chance, wenn er sich anstrengt
fighting fit *Br umg* adj topfit *umg*
fighting spirit s Kampfgeist m
fig leaf s Feigenblatt n
figment ['fɪgmənt] s **it's all a ~ of his imagination** das ist alles eine Ausgeburt seiner Fantasie
figurative ['fɪgjʊrətɪv] adj *Sprache* bildlich; *Bedeutung* übertragen; **~ images** Tropen pl, bildhafte Figuren pl (*Bewusste Abweichung von der eigentlichen Bedeutung eines Wortes oder von der als normal geltenden Reihenfolge bzw. Kombination von Wörtern, um beim Leser einen bestimmten Effekt hervorzurufen; Oberbegriff für verschiedene Stilmittel wie Euphemismus oder Metapher*)
figuratively ['fɪgjʊrətɪvlɪ] adv im übertragenen Sinn
figure ['fɪgə^r] **A** s **1** Zahl f, Ziffer f; (≈ *Betrag*) Summe f; **he didn't want to put a ~ on it** er wollte keine Zahlen nennen; **he's good at ~s** er ist ein guter Rechner; **to reach double ~s** in die zweistelligen Zahlen gehen; **a three-figure sum** eine dreistellige Summe **2** *geometrisch* Figur f; **~ (of) eight** Acht f; **to lose one's ~** seine Figur verlieren; **she's a fine ~ of a woman** sie ist eine stattliche Frau; **he's a fine ~ of a man** er ist ein Bild von einem Mann **3** (≈ *menschlich*) Gestalt f **4** Persönlichkeit f; **the great ~s of history** die Großen der Geschichte; **a key public ~** eine Schlüsselfigur des öffentlichen Lebens; **~ of fun** Witzfigur f **5** LIT **~ of speech** Redensart f; **it's just a ~ of speech** das sagt man doch nur so **B** v/t **1** *bes US umg* glauben **2** *US umg* begreifen **C** v/i **1** erscheinen; **he ~d prominently in my plans** er spielte eine bedeutende Rolle in meinen Plänen **2** *umg* **that ~s** das hätte ich mir denken können
phrasal verbs mit figure:
figure on *bes US umg* ⟨+obj⟩ rechnen mit
figure out v/t ⟨trennb⟩ **1** begreifen, verstehen **2** ausrechnen; *Antwort* herausbekommen; *Lösung* herausfinden
figurehead s SCHIFF, *a. fig* Galionsfigur f
figure skating s Eiskunstlaufen n
figurine [fɪgə'riːn] s Figurine f
Fiji ['fiːdʒiː] s Fidschiinseln pl
filament ['fɪləmənt] s ELEK (Glüh)faden m
filch [fɪltʃ] *umg* v/t klauen *umg*, stibitzen *umg*
file¹ [faɪl] **A** s Feile f **B** v/t feilen; **to ~ one's nails** sich (*dat*) die Fingernägel feilen
file² **A** s **1** Aktenordner m; **it's in the ~s somewhere** das muss irgendwo bei den Akten sein **2** Akte f (**on sb** über j-n *od* **on sth** zu etw); **have we got that on ~?** haben wir das bei den Akten?; **to open** *od* **start a ~ on sb/sth** eine Akte über j-n/zu etw anlegen; **to keep sb/sth on ~** j-s Unterlagen/die Unterlagen über etw (*akk*) zurückbehalten; **the Kowalski ~** die Akte Kowalski **3** IT Datei f; **to have sth on ~ in Computer gespeichert haben **B** v/t **1** *Akten* ablegen **2** *Presse: Bericht* einsenden **3** JUR *Klage* erheben; *Prozess* anstrengen **C** v/i **to ~ for divorce** die Scheidung einreichen; **to ~ for bankruptcy** Konkurs anmelden
phrasal verbs mit file:
file away v/t *Dokument* zu den Akten legen
file³ **A** s Reihe f; **in single ~** im Gänsemarsch; MIL in Reihe **B** v/i **to ~ in** hereinmarschieren; **they ~d out of the classroom** sie gingen hintereinander aus dem Klassenzimmer; **the troops ~d past the general** die Truppen marschierten am General vorbei
file attachment s IT Dateianhang m
file cabinet *US* s Aktenschrank m
file management s IT Dateiverwaltung f
file manager s IT Dateimanager m
filename s IT Dateiname m
filet [fɪ'leɪ] *US* s → **fillet**
filial ['fɪlɪəl] adj *Pflichten* Kindes-

filing ['faɪlɪŋ] s von Akten Ablage f; **have you done the ~?** haben Sie die Akten schon abgelegt?
filing cabinet s Aktenschrank m
filings ['faɪlɪŋz] pl Späne pl
filing system s Ablagesystem n
filing tray s Ablagekorb m
fill [fɪl] **A** v/t **1** füllen; Zähne plombieren; fig (aus)füllen; **I had three teeth ~ed** ich bekam drei Zähne plombiert od gefüllt **2** erfüllen; **~ed with admiration** voller Bewunderung; **~ed with emotion** gefühlsgeladen **3** Stellung besetzen; Rolle übernehmen; **the position is already ~ed** die Stelle ist schon besetzt **B** v/i sich füllen **C** s **to drink one's ~** seinen Durst löschen; **to eat one's ~** sich satt essen; **I've had my ~ of him** umg ich habe von ihm die Nase voll umg

phrasal verbs mit fill:

fill in A v/i **to fill in for sb** für j-n einspringen **B** v/t ⟨trennb⟩ **1** Loch auffüllen; **he's just filling in time** er überbrückt nur die Zeit **2** Formular ausfüllen; Namen, Wort eintragen **3 to fill sb in (on sth)** j-n (über etw akk) aufklären

fill out A v/i Mensch fülliger werden; Gesicht voller werden **B** v/t ⟨trennb⟩ Formular ausfüllen

fill up A v/i **1** AUTO (auf)tanken, volltanken **2** Saal etc sich füllen **B** v/t ⟨trennb⟩ Tank, Tasse vollfüllen; Loch auffüllen; **that pie has really filled me up** ich fühle mich wirklich voll nach dieser Pastete; **you need something to fill you up** du brauchst was Sättigendes

filler ['fɪlə'] s **1** Hoch- und Tiefbau Spachtelmasse f **2** Presse, a. TV (Lücken)füller m
fillet ['fɪlɪt] **A** s GASTR Filet n; **~ of beef** Rinderfilet n **B** v/t GASTR filetieren
fillet steak s Filetsteak n
filling ['fɪlɪŋ] **A** s **1** Füllung f; **I had to have three ~s** ich musste mir drei Zähne plombieren lassen **2** in Sandwich (Brot)belag m **B** adj Mahlzeit sättigend, währschaft schweiz
filling station s Tankstelle f
filly ['fɪlɪ] s Stutfohlen n
film [fɪlm] **A** s Film m; von Staub Schicht f; **to make** od **shoot a ~** einen Film drehen od machen; **to make a ~** einen Film machen; **to go to (see) a ~** ins Kino gehen **B** v/t Stück verfilmen; Szene filmen, drehen; j-n einen Film machen von **C** v/i filmen; **we start ~ing** od **~ing starts tomorrow** die Dreharbeiten fangen morgen an
film clip s Filmausschnitt m
film festival s Filmfestspiele pl
film industry s Filmindustrie f
film maker s Filmemacher(in) m(f)
film script s Drehbuch n
film star s Filmstar m
film studio s Filmstudio n
film version s Verfilmung f
Filofax® ['faɪləʊfæks] s Filofax® m
filter ['fɪltə'] **A** s Filter m; FOTO, MECH Filter m/n **B** v/t filtern **C** v/i Licht durchscheinen; Flüssigkeit, Geräusch durchsickern

phrasal verbs mit filter:

filter in v/i Menschen allmählich eindringen
filter out A v/i Menschen einer nach dem anderen herausgehen **B** v/t ⟨trennb⟩ wörtl herausfiltern

filter through v/i Nachricht, Information durchsickern

filter coffee s Filterkaffee m
filter lane Br s Abbiegespur f
filter paper s Filterpapier n
filter tip s Filter m
filter-tipped adj **~ cigarette** Filterzigarette f
filth [fɪlθ] wörtl s Schmutz m; fig Schweinerei f umg
filthy ['fɪlθɪ] adj ⟨komp filthier⟩ dreckig; Angewohnheit ekelhaft; Magazin obszön; **to live in ~ conditions** im Dreck leben; **you've got a ~ mind!** du hast eine schmutzige Fantasie!
fin [fɪn] s **1** Flosse f **2** FLUG Seitenleitwerk n
final ['faɪnl] **A** adj **1** letzte(r, s), Schluss-; **~ round** letzte Runde, Endrunde f; **~ stage(s)** Endstadium n; **~ chapter** Schlusskapitel m **2** Resultat, Version endgültig; **~ score** Endergebnis n, Endstand m; **that's my ~ offer** das ist mein letztes Angebot; **the judges' decision is ~** der Rechtsweg ist ausgeschlossen; **... and that's ~!** ... und damit basta! umg **B** s **1** bes SPORT Finale n; von Quiz Endrunde f; von Turnier Endspiel n, Endlauf m; **to get to the ~** ins Finale kommen; **World Cup Final** FUSSB Endspiel n der Fußballweltmeisterschaft; **the ~s** das Finale, die Endrunde **2 ~s** pl Br UNIV Abschlussprüfung f
final demand s letzte Mahnung od Zahlungsaufforderung f
finale [fɪ'nɑːlɪ] s Finale n
finalist ['faɪnəlɪst] s SPORT Finalist(in) m(f)
finality [faɪ'nælɪtɪ] s von Entscheidung etc Endgültigkeit f
finalize ['faɪnəlaɪz] v/t Pläne, Einzelheiten endgültig festlegen; Handel zum Abschluss bringen
finally ['faɪnəlɪ] adv **1** schließlich, endlich **2** zum Schluss **3** entscheiden endgültig
final whistle s FUSSB Schlusspfiff m; **to blow the ~** das Spiel abpfeifen
finance [faɪ'næns] **A** s **1** Finanzen pl; Finanzwesen n; **high ~** Hochfinanz f **2** Geld n; **it's a question of ~** das ist eine Geldfrage; **~s** Finanzen pl **B** v/t finanzieren

finance director s Leiter(in) m(f) der Finanzabteilung

financial [faɪˈnænʃəl] adj **1** finanziell; **~ aid** Kapitalhilfe f; **~ assistance** Finanzhilfe f; **~ crisis** Finanzkrise f; **~ resources** Geldmittel pl **2** BÖRSE, WIRTSCH Finanz-; **on the ~ markets** auf den Finanzmärkten; **~ investment** Geldanlage f

financial adviser, financial consultant s Finanzberater(in) m(f)

financial director s HANDEL Leiter(in) m(f) der Finanzabteilung

financially [faɪˈnænʃəli] adv finanziell; **the company is ~ sound** die Finanzlage der Firma ist gesund; **~ viable** rentabel

financial market s Finanzmarkt m

financial sector s Finanzsektor m

financial services pl Finanzdienstleistungen pl

financial transaction tax s Finanztransaktionssteuer f

financial year Br s Geschäftsjahr n

financier [faɪˈnænsɪəʳ] s Finanzier(in) m(f)

finch [fɪntʃ] s Fink m

find [faɪnd] ⟨v: prät, pperf found⟩ **A** v/t **1** finden; **it's nowhere to be found** es lässt sich nirgendwo finden; **to ~ pleasure in sth** Freude an etw (dat) haben; **he was found dead in bed** er wurde tot im Bett aufgefunden; **where am I going to ~ the time?** wo nehme ich nur die Zeit her?; **I don't ~ it easy to tell you this** es fällt mir nicht leicht, Ihnen das zu sagen; **he always found languages easy** ihm fielen Sprachen immer leicht; **I ~ it impossible to understand him** ich kann ihn einfach nicht verstehen; **I found myself smiling** ich musste unwillkürlich lächeln; **I ~ myself in an impossible situation** ich befinde mich in einer unmöglichen Situation; **one day he suddenly found himself out of a job** eines Tages war er plötzlich arbeitslos; **this flower is found all over England** diese Blume findet man in ganz England **2** besorgen (**sb sth** j-m etw); **go and ~ me a needle** hol mir doch mal eine Nadel; **we'll have to ~ him a desk** wir müssen einen Schreibtisch für ihn finden **3** feststellen; *Ursache* herausfinden; **we found the car wouldn't start** es stellte sich heraus, dass das Auto nicht ansprang; **you will ~ that I am right** Sie werden sehen, dass ich recht habe **4** JUR **to ~ sb guilty/not guilty** j-n schuldig sprechen/freisprechen; **how do you ~ the accused?** wie lautet Ihr Urteil? **5** IT suchen; **~ and replace** suchen und ersetzen **B** v/i JUR **to ~ for/against the accused** den Angeklagten freisprechen/verurteilen **C** s Fund m

phrasal verbs mit find:

find out **A** v/t ⟨trennb⟩ herausfinden; *bei Missetaten etc* erwischen, auf die Schliche kommen (+dat) umg; **you've been found out** du bist ertappt umg **B** v/i es herausfinden; **to find out about sb/sth** j-n/etw entdecken; (≈ sich unterrichten) sich über j-n/etw informieren; **to help children find out about other countries** Kindern dabei helfen, etwas über andere Länder herauszufinden

finder [ˈfaɪndəʳ] s Finder(in) m(f)

finding [ˈfaɪndɪŋ] s **~s** pl Ergebnis(se) n(pl); MED Befund m

fine¹ [faɪn] **A** s JUR Geldstrafe f, Bußgeld n **B** v/t JUR zu einer Geldstrafe verurteilen; **he was ~d £100** er musste £ 100 Strafe bezahlen; **he was ~d for speeding** er hat einen Strafzettel für zu schnelles Fahren bekommen

fine² **A** adj ⟨komp finer⟩ **1** ausgezeichnet; *Gebäude, Aussicht* herrlich; *Leistung, Spieler* großartig; **you're doing a ~ job** Sie machen Ihre Sache ganz ausgezeichnet; **she's a ~ woman** sie ist eine bewundernswerte Frau; *in Bezug auf Statur* sie ist eine stattliche Frau **2** in Ordnung; **any more? — no, that's ~** noch etwas? — nein, danke; **everything's going to be great ~** es wird schon alles gut gehen; **these apples are ~ for cooking** diese Äpfel eignen sich (gut) zum Kochen; **the doctor said it was ~ for me to play** der Arzt sagte, ich dürfte ohne Weiteres spielen; **you look ~ (to me)** (ich finde,)du siehst gut aus; **your idea sounds ~** Ihre Idee hört sich gut an; **I'm ~** *gesundheitlich* es geht mir gut; **she is ~** *allgemein* mit ihr ist alles in Ordnung; **how are you? — ~, thanks** wie geht es Ihnen? — danke, gut; **a glass of water and I'll be ~** nach einem Glas Wasser wird es mir wieder gut gehen; **that's ~ with** od **by me** ich habe nichts dagegen **3** fein; *Wein, Porzellan* erlesen; *Kleidung* ausgesucht; *Stoff* dünn; *Haus* vornehm; *Gesichtszüge* zart; **the ~st ingredients** die erlesensten Zutaten; **a ~ rain** Nieselregen m; **to read the ~ print** das Kleingedruckte lesen; **not to put too ~ a point on it** um ganz offen zu sein **4** *Wetter, Tag* schön; **when it is/was ~** bei schönem Wetter; **one ~ day** eines schönen Tages **5** *iron Freund etc* schön *iron*; **you're a ~ one to talk!** du kannst gerade reden! **B** adv **1** tadellos; **you're doing ~** Sie machen Ihre Sache gut; *gesundheitlich* Sie machen gute Fortschritte; **we get on ~** wir kommen ausgezeichnet miteinander aus **2** *schneiden* dünn

fine art s **1** ⟨*mst pl*⟩ schöne Künste pl **2** **he's got it down to a ~** er hat den Bogen heraus *umg*

finely [ˈfaɪnli] adv fein; *schneiden* dünn; **the case is ~ balanced** der Fall kann sich so oder so entscheiden; **~ tuned** *Motor* genau eingestellt

finery ['faɪnərɪ] s **wedding guests in all their ~** Hochzeitsgäste in vollem Staat
finesse [fɪ'nes] s Gewandtheit f
fine-tooth comb s **to go over sth with a ~** etw genau unter die Lupe nehmen
fine-tune wörtl, fig v/t fein abstimmen
fine-tuning s Feinabstimmung f
finger ['fɪŋgə'] **A** s Finger m; **she can twist him round her little ~** sie kann ihn um den (kleinen) Finger wickeln; **I didn't lay a ~ on her** ich habe sie nicht angerührt; **he wouldn't lift a ~ to help me** er würde keinen Finger rühren, um mir zu helfen; **I can't put my ~ on it, but …** ich kann es nicht genau ausmachen, aber …; **you've put your ~ on it there** da haben Sie den kritischen Punkt berührt; **pull your ~ out!** Br umg es wird Zeit, dass du Nägel mit Köpfen machst! umg; **to give sb the ~** bes US umg j-m den Stinkefinger zeigen umg **B** v/t anfassen
finger buffet s Büfett n mit Appetithappen
fingermark s Fingerabdruck m
fingernail s Fingernagel m
finger-pointing s Fingerzeigen n, Beschuldigen n
fingerprint s Fingerabdruck m; **to take sb's ~s** j-m Fingerabdrücke abnehmen
finger puppet s Fingerpuppe f
fingertip s Fingerspitze f; **to have sth at one's ~s** etw parat haben umg
finicky ['fɪnɪkɪ] adj pingelig umg; in Bezug auf Essen wählerisch
finish ['fɪnɪʃ] **A** s **1** Ende n; von Rennen Finish n; (≈ Linie) Ziel n; **from start to ~** von Anfang bis Ende **2** von Industrieprodukt Finish n; von Keramik Oberfläche f **B** v/t **1** beenden; Ausbildung, Kurs abschließen; Arbeit erledigen; **he's ~ed the painting** er ist mit dem Bild fertig; **to have ~ed doing sth** damit fertig sein, etw zu tun; **when I ~ eating …** wenn ich mit dem Essen fertig bin, …; **to ~ writing sth** etw zu Ende schreiben; **when do you ~ work?** wann machen Sie Feierabend?; **she never lets him ~ (what he's saying)** sie lässt ihn nie ausreden; **give me time to ~ my drink** lass mich austrinken; **~ what you're doing** mach fertig, was du angefangen hast **2** ruinieren; (≈ töten), a. umg (≈ erschöpfen) den Rest geben (+dat) umg; **another strike could ~ the firm** noch ein Streik könnte das Ende für die Firma bedeuten **3** Oberfläche, Produkt fertig bearbeiten **C** v/i **1** aus sein; Mensch: mit Arbeit etc fertig sein; (≈ Schluss machen) aufhören; Musikstück etc enden; **my course ~es this week** mein Kurs geht diese Woche zu Ende; **we'll ~ by singing a song** wir wollen mit einem Lied schließen; **I'd like to ~ by referring to …** zuletzt möchte ich auf … (akk) verweisen; **I've ~ed** ich bin fertig **2** SPORT das Ziel erreichen; **to ~ first** als Erster durchs Ziel gehen

phrasal verbs mit finish:

finish off v/t ⟨trennb⟩ **1** Arbeit fertig machen; Job erledigen; **to finish off a letter** einen Brief zu Ende schreiben **2** Suppe etc aufessen; Flasche austrinken **3** (≈ töten) den Gnadenstoß geben (+dat) **4** j-n den Rest geben (+dat) umg
finish up v/i an einem Ort landen umg; **he finished up a nervous wreck** er war zum Schluss ein Nervenbündel; **you'll finish up wishing you'd never started** du wünschst dir bestimmt noch, du hättest gar nicht erst angefangen
finish with v/i ⟨+obj⟩ **1** nicht mehr brauchen; **I've finished with the paper** ich bin mit der Zeitung fertig **2** **I've finished with him** mit Freund ich habe mit ihm Schluss gemacht

finished ['fɪnɪʃt] adj **1** fertig; **to be ~** fertig sein; **to be ~ doing sth** damit fertig sein, etw zu tun; **to be ~ with sb/sth** mit j-m/etw fertig sein, von j-m/etw nichts mehr wissen wollen; **I'm ~ with politics** mit der Politik ist es für mich vorbei; **~ goods** Fertigprodukte pl; **the ~ article** das fertige Produkt, die endgültige Version **2** aufgebraucht, zu Ende; **the wine is ~** es ist kein Wein mehr da **3** umg **to be ~** Politiker etc erledigt sein umg; **we're ~, it's ~ between us** es ist aus zwischen uns **4** Produkt fertig bearbeitet
finishing line ['fɪnɪʃɪŋ] s Ziellinie f
finite ['faɪnaɪt] adj begrenzt; **a ~ number** eine begrenzte Zahl; MATH eine endliche Zahl; **coal and oil are ~ resources** Kohle und Öl sind nicht erneuerbare Ressourcen
Finland ['fɪnlənd] s Finnland n
Finn [fɪn] s Finne m, Finnin f
Finnish ['fɪnɪʃ] **A** adj finnisch; **he is ~** er ist Finne; **she is ~** sie ist Finnin **B** s LING Finnisch n
fiord [fjɔːd] s Fjord m
fir [fɜː'] s Tanne f
fir cone s Tannenzapfen m
fire [faɪə'] **A** s **1** Feuer n; **to be on ~** brennen, in Flammen stehen; **to set ~ to sth, to set sth on ~** etw anzünden, etw in Brand stecken; **to catch ~** Feuer fangen; **you're playing with ~** fig du spielst mit dem Feuer; **to open ~ on sb** das Feuer auf j-n eröffnen; **cannon ~** Kanonenschüsse pl; **to come under ~** unter Beschuss geraten **2** in Haus Brand m; **there was a ~ next door** nebenan hat es gebrannt; **to put out a ~** ein Feuer löschen; **where's the ~?** wo brennt's denn?; **~!** Feuer! **3** (Kamin-)feuer n, Ofen m **B** v/t **1** Keramik brennen **2**

fig Fantasie beflügeln; **to ~ sb with enthusiasm** j-n begeistern **3** *Waffe, Pfeil* abschießen; *Schuss* abgeben; *Rakete* zünden; **to ~ a gun at sb** auf j-n schießen; **to ~ questions at sb** Fragen auf j-n abfeuern **4 to ~ sb** *umg* (≈ *entlassen*) j-n feuern *umg* **C** *v/i* **1** schießen (**at** auf +*akk*); **~!** (gebt) Feuer! **2** *Motor* zünden; **the engine is only firing on three cylinders** der Motor läuft nur auf drei Zylindern

phrasal verbs mit fire:

fire away *umg v/i* losschießen *umg*
fire off *v/t* ⟨*trennb*⟩ abfeuern; *Brief* loslassen
fire up *fig v/t* ⟨*trennb*⟩ anfeuern
fire alarm *s* Feueralarm *m*, Feuermelder *m*
firearm *s* Feuerwaffe *f*
fireball *s* **1** Feuerball *m* **2** *fig umg* (≈ *Mensch*) Energiebündel *n umg*
fire brigade *Br s* Feuerwehr *f*
firecracker *s* Knallkörper *m*
fire department *US s* Feuerwehr *f*
fire door *s* Feuertür *f*
fire drill *s* Probealarm *m*
fire-eater *s* Feuerschlucker *m*
fire engine *s* Feuerwehrauto *n*
fire escape *s* Feuertreppe *f*, Feuerleiter *f*
fire exit *s* Notausgang *m*
fire-extinguisher *s* Feuerlöscher *m*
firefighter *s* Feuerwehrmann *m*/-frau *f*
firefighting *adj* ⟨*attr*⟩ *Maßnahmen, Team* zur Feuerbekämpfung; **~ equipment** Feuerlöschgeräte *pl*
fireguard *s* Schutzgitter *n*
fire hazard *s* **to be a ~** feuergefährlich sein
firehouse *US s* Feuerwache *f*
fire hydrant *s* Hydrant *m*
firelight *s* Schein *m* des Feuers
firelighter *s* Feueranzünder *m*
fireman *s* ⟨*pl* -men⟩ Feuerwehrmann *m*
fireplace *s* Kamin *m*
firepower *s* Feuerkraft *f*
fire prevention *s* Brandschutz *m*
fireproof *adj* feuerfest
fire raising *bes Br s* Brandstiftung *f*
fire regulations *pl* Brandschutzbestimmungen *pl*
fire retardant *adj* Feuer hemmend
fire service *s Br* Feuerwehr *f*
fireside *s* **to sit by the ~** am Kamin sitzen
fire station *s* Feuerwache *f*
fire truck *US s* → fire engine
firewall *s* IT Firewall *f*
firewoman *s* ⟨*pl* -women [-wɪmɪn]⟩ Feuerwehrfrau *f*
firewood *s* Brennholz *n*
fireworks *pl* **1** Feuerwerkskörper *pl* **2** Feuerwerk *n*

firing ['faɪrɪŋ] *s* MIL Feuer *n*; *von Waffe* Abfeuern *n*
firing line *s* MIL *fig* Schusslinie *f*; **to be in the ~** in der Schusslinie stehen
firing squad *s* Exekutionskommando *n*
firm¹ [fɜːm] *s* Firma *f*, Unternehmen *n*; **~ of lawyers** Rechtsanwaltsbüro *n*
firm² **A** *adj* ⟨*+er*⟩ fest; *Bauch* straff; *Griff* sicher, stabil; *Entscheidung* endgültig; *Aktion* entschlossen; *Maßnahme* durchgreifend; **to get** *od* **take a ~ hold on sth** etw festhalten; **to have a ~ understanding of sth** etw gut verstehen; **to set a ~ date for sth** einen festen Termin für etw vereinbaren; **to be ~ about sth** auf etw (*dat*) bestehen; **to be ~ with sb** j-m gegenüber bestimmt auftreten; **she's ~ with the children** sie ist streng mit den Kindern; **to take a ~ stand** *od* **line against sth** energisch gegen etw vorgehen; **they are ~ friends** sie sind eng befreundet; **to be a ~ favourite (with sb)** *Br*, **to be a ~ favorite (with sb)** *US* (bei j-m) sehr beliebt sein **B** *adv* **to hold sth ~** etw festhalten; **to stand** *od* **hold ~** standhaft bleiben

phrasal verbs mit firm:

firm up *v/t* ⟨*trennb*⟩ Muskeln kräftigen; *Schenkel* straffen
firmly ['fɜːmlɪ] *adv* **1** fest, sicher; **it was held ~ in place with a pin** es wurde von einer Nadel festgehalten; **to be ~ committed to sth** sich voll für etw einsetzen **2** *etw sagen* bestimmt; **I shall tell her quite ~ that …** ich werde ihr klipp und klar sagen, dass …
firmness *s von Mensch, Aktion* Entschlossenheit *f*; (≈ *Striktheit*) Strenge *f*
first [fɜːst] **A** *adj* erste(r, s); **his ~ novel** sein Erstlingsroman *m*; **he was ~ in the queue** *Br*, **he was ~ in line** *US* er war der Erste in der Schlange; **he was ~ in Latin** er war der Beste in Latein; **to be ~** der/die Erste sein; **who's ~?** wer ist der Erste?; **for the ~ time** zum ersten Mal; **the ~ time I saw her …** als ich sie zum ersten Mal sah, …; **in ~ place** SPORT *etc* an erster Stelle; **in the ~ place** zunächst einmal; **why didn't you say so in the ~ place?** warum hast du denn das nicht gleich gesagt? **B** *adv* **1** zuerst; *kommen, gehen* als Erste(r, s); **~ come ~ served** *sprichw* wer zuerst kommt, mahlt zuerst *sprichw*; **she came ~ in the race** sie wurde Erste in dem Rennen; **you (go) ~** nach Ihnen; **he says ~ one thing then another** er sagt mal so, mal so; **he always puts his job ~** seine Arbeit kommt bei ihm immer vor allen anderen Dingen **2** zunächst, erstens; **~ of all** zuerst; vor allem; **~ and foremost** zuallererst **3** zum ersten Mal; **when this model was ~ introduced** zu Anfang, als das Modell herauskam; **when**

it **~ became known that ...** als erstmals bekannt wurde, dass ...; **this work was ~ performed in 2011** dieses Werk wurde 2011 uraufgeführt **4** (zu)erst; **I must finish this ~** ich muss das erst fertig machen **5 I'd die ~!** lieber würde ich sterben! **C** s **1 the ~** der/die/das Erste, der/die/das Erstere; **he was the ~ to finish** er war als Erster fertig; *in Rennen* er ging als Erster durchs Ziel; **this is the ~ I've heard of it** das ist mir ja ganz neu; **the ~ he knew about it was when he saw it in the paper** er hat erst davon erfahren, als er es in der Zeitung las; **at ~** zuerst, zunächst; **from the ~** von Anfang an **2** *Br UNIV* Eins *f*; **he got a ~** er bestand (sein Examen) mit „Eins" *od* „sehr gut" **3** *AUTO* **~ gear** der erste Gang; **in ~** im ersten Gang

first aid *s* Erste Hilfe
first-aid kit *s* Verband(s)kasten *m*
first-born **A** *adj* erstgeboren **B** *s* Erstgeborene(r) *m/f(m)*
first class **A** *s* erste Klasse **B** *adj* ⟨präd⟩ **that's absolutely ~!** das ist einfach spitze! *umg*
first-class **A** *adj* ⟨attr⟩ **1** erstklassig; **he's a ~ cook** er ist ein erstklassiger Koch **2** *Fahrkarte* erster Klasse; **a ~ compartment** ein Erste-Klasse-Abteil *n*; **~ passengers** Reisende *pl* in der ersten Klasse **3** *Post* **~ stamp** Briefmarke für die bevorzugt beförderte Post; **~ letter** bevorzugt beförderter Brief **4** *Br UNIV* **~ (honours) degree** Examen *n* mit „Eins" *od* „sehr gut"; **he graduated with ~ honours** er machte sein Examen mit „Eins" *od* „sehr gut" **B** *adv* **1** *reisen* erster Klasse **2** *Post* **to send sth ~** etw mit der bevorzugt beförderten Post schicken
first cousin *s* Cousin *m*/Cousine *f* ersten Grades
first-degree *adj Verbrennungen etc* ersten Grades *präd*
first edition *s* Erstausgabe *f*
first floor *s* **1** *Br* erster Stock **2** *US* Erdgeschoss *n*, Erdgeschoß *n österr*
first form *s Br SCHULE* erste Klasse
first-former *s Br SCHULE* Erstklässler(in) *m(f)*
first-hand **A** *adj* aus erster Hand; **to have ~ knowledge of sth** etw aus eigener Erfahrung kennen; **they have ~ experience of charitable organizations** sie haben persönlich Erfahrungen mit Wohlfahrtsverbänden gemacht **B** *adv hören, erleben* persönlich
First Lady *s* First Lady *f*
first language *s* Muttersprache *f*
firstly ['fɜːstlɪ] *adv* zuerst; **~ it's not yours and secondly ...** erstens einmal gehört es nicht dir und zweitens ...
First Minister *s Br POL* Erster Minister, Erste Ministerin

first name *s* Vorname *m*; **they're on ~ terms** sie reden sich mit Vornamen an
First Nations *pl* die Ersten Nationen (*indianische Ureinwohner/innen Kanadas*)
first night *s THEAT* Premiere *f*
first offender *s* Ersttäter(in) *m(f)*
first-past-the-post system *s POL* (absolutes) Mehrheitswahlrecht
first person *s* **the ~ plural** die erste Person Plural; **the story is in the ~** die Geschichte wird von einem Icherzähler/einer Icherzählerin erzählt
first-person narrator *s LIT* Icherzähler(in) *m(f)* (*Der Erzähler ist selbst an der Handlung beteiligt. Die Informationen sind begrenzt, denn der Leser erfährt nur das, was der Erzähler erlebt oder beobachtet (limited point of view).*)
first-rate *adj* erstklassig
first thing **A** *s* **she just says the ~ that comes into her head** sie sagt einfach das, was ihr zuerst einfällt; **the ~ (to do) is to ...** als Erstes muss man ...; **the ~ to remember is that she hates formality** man muss vor allem daran denken, dass sie Förmlichkeit nicht mag; **~s first** eins nach dem anderen; (≈ *nach Bedeutung*) das Wichtigste zuerst; **he doesn't know the ~ about cars** von Autos hat er nicht die geringste Ahnung **B** *adv* gleich; **I'll go ~ in the morning** ich gehe gleich morgen früh; **I'm not at my best ~ (in the morning)** früh am Morgen bin ich nicht gerade in Hochform
first-time buyer *s j-d, der zum ersten Mal ein Haus/eine Wohnung kauft* Erstkäufer(in) *m(f)*
First World War *s* **the ~** der Erste Weltkrieg
firth [fɜːθ] *schott u* Förde *f*, Meeresarm *m*
fir tree *s* Tannenbaum *m*
fiscal ['fɪskəl] *adj* finanziell; **~ policy** Finanzpolitik *f*; **~ union** Fiskalunion *f*
fish [fɪʃ] **A** *s* ⟨pl -⟩ *od verschiedene Arten* **-es** Fisch *m*; **to drink like a ~** *umg* wie ein Loch saufen *umg*; **like a ~ out of water** wie ein Fisch auf dem Trockenen; **there are plenty more ~ in the sea** *fig umg* es gibt noch mehr (davon) auf der Welt **B** *v/i* fischen, angeln; **to go ~ing** fischen/angeln gehen

phrasal verbs mit fish:

fish for *v/i* ⟨+obj⟩ **1** *wörtl* fischen, angeln **2** *fig Komplimente* fischen nach; **they were fishing for information** sie waren auf Informationen aus

fish out *v/t* ⟨trennb⟩ herausfischen (**of** *od* **from sth** aus etw)

fish and chips *Br pl* Fish and Chips *n*, Fisch *m* mit Pommes frites
fishbone *s* (Fisch)gräte *f*
fish cake *s* Fischfrikadelle *f*

fisherman ['fɪʃəmən] s ⟨pl -men⟩ Fischer m, Angler m

fishery ['fɪʃərɪ] s Fischerei f

fish farm s Fischzucht(anlage) f

fishfinger s Fischstäbchen n

fish-hook s Angelhaken m

fishing ['fɪʃɪŋ] s Fischen n, Angeln n; IND Fischerei f

fishing boat s Fischerboot n

fishing line s Angelschnur f

fishing net s Fischnetz n

fishing rod s Angelrute f

fishing tackle s Angelgeräte pl

fishing village s Fischerdorf n

fishmonger ['fɪʃmʌŋɡəʳ] Br s Fischhändler(in) m(f)

fishmonger's Br s Fischgeschäft n

fish pond s Fischteich m

fish slice s Bratenwender m

fish stick US s US Fischstäbchen n

fish tank s Aquarium n

fishy ['fɪʃɪ] adj ⟨komp fishier⟩ **1** ~ smell Fischgeruch m **2** umg verdächtig; **something ~ is going on** hier ist was faul umg

fissure ['fɪʃəʳ] s Riss m; tief Kluft f; eng Spalt m

fist [fɪst] s Faust f

fistful ['fɪstfʊl] s Handvoll f; **a ~ of pound coins** eine Handvoll Pfundmünzen

fit¹ [fɪt] **A** adj ⟨komp fitter⟩ **1** geeignet; **fit to eat** essbar; **fit to drink** trinkbar; **she's not fit to be a mother** sie ist als Mutter völlig ungeeignet **2** richtig; **I'll do as I think** od **see fit** ich handle, wie ich es für richtig halte; **to see fit to do sth** es für richtig od angebracht halten, etw zu tun **3** gesund; Sportler fit; **she is not yet fit to travel** sie ist noch nicht reisefähig **4** **to be fit to drop** Br zum Umfallen müde sein **B** s von Kleidung Passform f; **it is a very good/bad fit** es sitzt wie angegossen/nicht gut; **it's a bit of a tight fit** Kleidungsstück ist es etwas eng; beim Einparken es geht so gerade (noch) **C** v/t **1** Abdeckung etc passen auf (+akk); Schlüssel passen in (+dat); Kleidung passen (+dat); **"one size fits all"** „Einheitsgröße"; **that part won't fit this machine** das Teil passt nicht für diese Maschine; **she was fitted for her wedding dress** ihr Hochzeitskleid wurde ihr angepasst **2** anbringen (**to** an +dat), einbauen (**in** in +akk), ausstatten; Reifen montieren; **to fit a car with an alarm** eine Alarmanlage in ein Auto einbauen; **to have a new kitchen fitted** eine neue Küche einbauen lassen **3** den Tatsachen entsprechen (+dat) **D** v/i **1** Kleid, Schlüssel passen **2** (≈ übereinstimmen) zusammenpassen; **the facts don't fit** die Fakten sind widersprüchlich; **it all fits** es passt alles zusammen

phrasal verbs mit fit:

fit in A v/t ⟨trennb⟩ **1** unterbringen; **you can fit five people into this car** in diesem Auto haben fünf Personen Platz **2** j-n einen Termin geben (+dat); Verabredung unterbringen, einschieben; **Sir Charles could fit you in at 3 o'clock** um 3 Uhr hätte Sir Charles Zeit für Sie **B** v/i hineinpassen; in Gruppe sich einfügen; **the clothes won't fit in(to) the case** die Sachen passen nicht in den Koffer; **how does this fit in?** wie passt das ins Ganze?; **to fit in with sth** Pläne in etw (akk) passen; **he doesn't fit in here** er passt nicht hierhin

fit on A v/i **1** passen **2** angebracht sein **B** v/t ⟨trennb⟩ anbringen

fit out v/t ⟨trennb⟩ Schiff, j-n ausstatten; **they've fitted one room out as an office** sie haben eines der Zimmer als Büro eingerichtet

fit up v/t ⟨trennb⟩ **to fit sb/sth up with sth** j-n/etw mit etw ausstatten

fit² s MED, a. fig Anfall m; **fit of coughing** Hustenanfall m; **in a fit of anger** in einem Anfall von Wut; **in fits and starts** stoßweise; **to be in fits (of laughter)** sich vor Lachen biegen umg; **to have a fit** fig umg einen Anfall kriegen umg

fitful ['fɪtfʊl] adj unbeständig; Fortschritt stoßweise; Schlaf unruhig

fitfully ['fɪtfəlɪ] adv schlafen unruhig; arbeiten sporadisch

fitness ['fɪtnɪs] s Fitness f

fitness instructor s Fitnesstrainer(in) m(f)

fitted ['fɪtɪd] adj **1** **to be ~ with sth** mit etw ausgestattet sein **2** Einbau-; Schlafzimmer mit Einbauelementen; **~ wardrobe** Einbauschrank m; **~ units** Einbauelemente pl; **~ kitchen** Einbauküche f **3** Jackett tailliert; **~ carpet** Br Teppichboden m; **~ sheet** Spannbetttuch n **4** form (≈ geeignet) **to be ~ to do sth** sich dazu eignen, etw zu tun

fitter ['fɪtəʳ] s TECH (Maschinen)schlosser(in) m(f)

fitting ['fɪtɪŋ] **A** adj passend; Strafe angemessen **B** s **1** von Kleidung Anprobe f **2** Zubehörteil n; **~s** Ausstattung f; **bathroom ~s** Badezimmereinrichtung f; **electrical ~s** Elektroinstallationen pl

fittingly ['fɪtɪŋlɪ] adv ⟨+adj⟩ angemessen

fitting room s Anproberaum m, Anprobekabine f

five [faɪv] **A** adj fünf **B** s Fünf f; → **six**

five-a-side adj mit fünf Spielern pro Mannschaft

fivefold A adj fünffach **B** adv um das Fünffache

fiver ['faɪvəʳ] umg s Fünfpfund-/Fünfdollarschein m

five-star hotel s Fünf-Sterne-Hotel n

fix [fɪks] **A** v/t **1** festmachen, befestigen (**sth to sth** etw an/auf etw dat); fig Ideen verankern; **to fix sth in one's mind** sich (dat) etw fest einprägen **2** Augen, Aufmerksamkeit richten (**on, upon** auf +akk); Kamera richten (**on** auf +akk); **everybody's attention was fixed on her** alle sahen sie wie gebannt an **3** Datum, Preis festlegen; (≈ sich einigen auf) ausmachen; **nothing has been fixed yet** es ist noch nichts fest (ausgemacht od beschlossen worden) **4** arrangieren; Tickets etc besorgen, organisieren umg; **have you got anything fixed for tonight?** haben Sie (für) heute Abend schon etwas vor? **5** umg **I'll fix him** dem werd ich's besorgen umg **6** (≈ reparieren) in Ordnung bringen **7** etwas zu essen/trinken machen; **to fix one's hair** sich frisieren **8** umg Rennen, Kampf manipulieren; Preise absprechen; **the whole thing was fixed** das war eine abgekartete Sache umg **B** s **1** umg **to be in a fix** in der Klemme sitzen umg **2** umg von Drogen Druck m sl; **I need my daily fix of chocolate** umg ich brauche meine tägliche Schokoladenration **3** umg **the fight was a fix** der Kampf war eine abgekartete Sache umg

phrasal verbs mit fix:

fix on v/t ⟨trennb⟩ festmachen (obj auf +dat), anbringen

fix together v/t ⟨trennb⟩ zusammenmachen umg

fix up v/t ⟨trennb⟩ **1** arrangieren; Urlaub etc festmachen; **have you got anything fixed up for this evening?** haben Sie (für) heute Abend schon etwas vor? **2** **to fix sb up with sth** j-m etw verschaffen **3** Haus einrichten

fixation [fɪkˈseɪʃən] s PSYCH Fixierung f; **she has a ~ about** od **on cleanliness** sie hat einen Sauberkeitsfimmel umg

fixative [ˈfɪksətɪv] s Fixativ n

fixed [fɪkst] adj **1** Zeit, Betrag fest(gesetzt); Position unveränderlich; **there's no ~ agenda** es gibt keine feste Tagesordnung; **of no ~ abode** od **address** JUR ohne festen Wohnsitz; **~ assets** WIRTSCH Anlagevermögen n; **~ price** Festpreis m; **~ rate** FIN fester Zinssatz; **~ mortgage rate** festverzinsliches Hypothekendarlehen; **~ penalty** pauschale Geldbuße **2** Idee fest; Lächeln starr **3** Wahlen, Spiel manipuliert; **the whole thing was ~** das war eine abgekartete Sache umg **4** umg **how are we ~ for time?** wie siehts mit der Zeit aus?; **how are you ~ for money?** etc wie siehts bei dir mit Geld etc aus?

fixed assets pl HANDEL feste Anlagen pl
fixed-interest adj **~ loan** Festzinsanleihe f
fixed-line network s TEL Festnetz n
fixedly [ˈfɪksɪdlɪ] adv starr
fixed-rate [ˈfɪkstreɪt] adj Festzins-; **~ mortgage** Festzinshypothek f
fixed-term contract s Zeitvertrag m, befristeter Vertrag
fixings [ˈfɪksɪŋz] pl US GASTR Beilagen pl
fixture [ˈfɪkstʃəʳ] s **1** **~s** Ausstattung f; **~s and fittings** Anschlüsse und unbewegliches Inventar form **2** Br SPORT Spiel n, Match n bes österr
fizz [fɪz] v/i perlen
fizzle [ˈfɪzl] v/i zischen

phrasal verbs mit fizzle:

fizzle out v/i Feuerwerk, Begeisterung verpuffen; Plan im Sande verlaufen

fizzy [ˈfɪzɪ] adj ⟨komp fizzier⟩ sprudelnd; **to be ~** sprudeln; **a ~ drink** eine Brause
fjord [fjɔːd] s Fjord m
F key s COMPUT Funktionstaste f
fl. abk (= floor) St.
flab [flæb] umg s Speck m; **to fight the ~** hum etwas für die schlanke Linie tun
flabbergast [ˈflæbəgɑːst] umg v/t verblüffen; **I was ~ed to see him** ich war platt, als ich ihn sah umg
flabby [ˈflæbɪ] adj ⟨komp flabbier⟩ schlaff; **he's getting ~** er setzt Speck an
flaccid [ˈflæksɪd] liter adj schlaff; Prosa kraftlos
flag[1] [flæg] s Fahne f, Fähnchen n; SCHIFF Flagge f; **to fly the ~ (for)** fig die Fahne hochhalten (für)

phrasal verbs mit flag:

flag down v/t ⟨trennb⟩ j-n, Taxi anhalten

flag[2] v/i erlahmen; **he's ~ging** er wird müde
flag[3] s, (a. **flagstone**) Steinplatte f
flag day s **1** Br Tag, an dem eine Straßensammlung für einen wohltätigen Zweck durchgeführt wird **2** **Flag Day** US 14. Juni, Gedenktag der Einführung der amerikanischen Nationalflagge
flagged [flægd] adj Fußboden gefliest
flagon [ˈflægən] s Flasche f, Krug m
flagpole [ˈflægpəʊl] s Fahnenstange f
flagrant [ˈfleɪgrənt] adj eklatant; missachten unverhohlen
flagship **A** s Flaggschiff n **B** adj ⟨attr⟩ Vorzeige-; **~ store** Vorzeigeladen m
flagstone s (Stein)platte f, Fliese f, Plättli n schweiz
flail [fleɪl] **A** v/t **he ~ed his arms about** od **around wildly** er schlug wild (mit den Armen) um sich **B** v/i **to ~ (about)** herumfuchteln
flair [fleəʳ] s Talent n, Flair n
flak [flæk] fig s **he's been getting a lot of ~ (for it)** er ist (dafür) mächtig unter Beschuss geraten umg
flake [fleɪk] **A** s von Schnee, Seife Flocke f; von Lack Splitter m; von Haut Schuppe f; von Schokolade Raspel m **B** v/i Mauerwerk etc abbröckeln; Lack

abblättern

phrasal verbs mit flake:

flake off v/i *Mauerwerk* abbröckeln; *Lack* abblättern; *Haut* sich schälen

flake out v/i *umg* vor Erschöpfung abschlaffen *umg*; vor Müdigkeit einpennen *umg*

flak jacket s kugelsichere Weste

flaky ['fleɪkɪ] *adj* ⟨komp flakier⟩ **1** *Lack* brüchig; *Kruste* blättrig; *Haut* schuppig **2** *bes US* verrückt

flaky pastry s Blätterteig *m*

flamboyance [flæm'bɔɪəns] s Extravaganz *f*

flamboyant [flæm'bɔɪənt] *adj* extravagant; *Geste* großartig

flame [fleɪm] **A** s **1** Flamme *f*; **the house was in ~s** das Haus stand in Flammen **2** IT Flame *f*, (persönlicher) Angriff **B** v/t IT **to ~ sb** j-m eine Flame schicken

flame retardant ['fleɪmrɪ'tɑːdənt] *adj* Feuer hemmend

flaming ['fleɪmɪŋ] *adj* **1** lodernd; **~ red hair** feuerrotes Haar; **to have a ~ row (with sb)** sich (mit j-m) streiten, dass die Fetzen fliegen *umg* **2** *Br umg* verdammt *umg*; **it's a ~ nuisance** Mensch, das ist vielleicht ein Mist *umg*

flamingo [flə'mɪŋɡəʊ] s ⟨pl -(e)s⟩ Flamingo *m*

flammable ['flæməbl] *adj* feuergefährlich

flan [flæn] s Kuchen *m*; **fruit ~** Obstkuchen *m*

flan case s Tortenboden *m*

flank [flæŋk] **A** s von *Tier, a.* MIL Flanke *f* **B** v/t flankieren

flannel ['flænl] **A** s **1** Flanell *m* **2** *Br* Waschlappen *m* **B** *adj* Flanell-

flannelette [,flænə'let] *Br* s Baumwollflanell *m*; **~ sheet** Biberbetttuch *n*

flap [flæp] **A** s von *Tasche* Klappe *f*; von *Zelt* Eingang *m* **2** *Br umg* **to get in(to) a ~** in helle Aufregung geraten **B** v/i **1** Flügel schlagen; *Segel etc* flattern; **his coat ~ped about his legs** der Mantel schlackerte ihm um die Beine *umg* **2** *Br umg* in heller Aufregung sein; **don't ~** reg dich nicht auf **C** v/t **to ~ its wings** mit den Flügeln schlagen; **to ~ one's arms** mit den Armen rudern

flapjack ['flæpdʒæk] *US* s Pfannkuchen *m*; *Br* Haferkeks *m*, Haferbiscuit *n schweiz*

flare [fleə*r*] **A** s **1** Leuchtsignal *n* **2** *Hose* **(a pair of) ~s** *Br umg* eine Schlaghose **B** v/i **1** Streichholz aufleuchten **2** *Hose* ausgestellt sein **3** *fig* Unruhen aufflammen; **tempers ~d** die Gemüter erhitzten sich

phrasal verbs mit flare:

flare up v/i *Situation* aufflackern; **his acne flared up** seine Akne trat wieder auf; **she flared up at me** sie fuhr mich an

flared [fleəd] *adj* Hose ausgestellt

flash [flæʃ] **A** s **1** Aufblinken *n kein pl*, Aufblitzen *n kein pl*; von *Metall, Schmuck* Blitzen *n kein pl*; **there was a sudden ~ of light** plötzlich blitzte es hell auf; **~ of lightning** Blitz *m* **2** *fig* **~ of colour** *Br*, **~ of color** *US* Farbtupfer *m*; **~ of inspiration** Geistesblitz *m*; **in a ~** wie der Blitz; **as quick as a ~** blitzschnell **3** FOTO Blitz *m*, Blitzlicht *n*; **to use a ~** Blitzlicht benutzen **B** v/i **1** aufblinken, aufblitzen, blinken; *Metall, Schmuck* blitzen; **to ~ on and off** immer wieder aufblinken **2** **to ~ past** *od* **by** vorbeisausen *etc*; *Urlaubszeit etc* vorbeifliegen; **the thought ~ed through my mind that ...** mir kam plötzlich der Gedanke, dass ... **C** v/t **1** aufleuchten lassen; **to ~ one's headlights at sb** j-n mit der Lichthupe anblinken; **she ~ed him a look of contempt/gratitude** sie blitzte ihn verächtlich/dankbar an **2** *umg a.* **~ around** protzen mit; *Ausweis* kurz vorzeigen; **don't ~ all that money around** wedel nicht so mit dem vielen Geld herum *umg* **D** *adj umg* protzig *pej*, chic

phrasal verbs mit flash:

flash back v/i FILM zurückblenden (**to** auf +akk); **his mind flashed back to the events of the last year** er erinnerte sich plötzlich an die Ereignisse des letzten Jahres

flashback s FILM Rückblende *f*; LIT Rückgriff *m* (*Unterbrechung der fortlaufenden Handlung, um zu früheren Ereignissen zurückzukehren; dient häufig dazu, dem Leser notwendige Hintergrundinformationen zu liefern*)

flash card s SCHULE Leselernkarte *f*

flasher ['flæʃə*r*] *umg* s Exhibitionist(in) *m(f)*

flash flood s flutartige Überschwemmung

flashlight *bes US* s Taschenlampe *f*

flashmob ['flæʃmɒb] s Flashmob *m*

flashy ['flæʃɪ] *adj* ⟨komp flashier⟩ auffällig

flask [flɑːsk] s **1** Flakon *m*; CHEM Glaskolben *m* **2** Flachmann *m umg* **3** Thermosflasche® *f*

flat¹ [flæt] **A** *adj* ⟨komp flatter⟩ **1** flach; *Reifen, Füße* platt; *Oberfläche* eben; **he stood ~ against the wall** er stand platt gegen die Wand gedrückt; **as ~ as a pancake** *umg* total platt; *Landschaft* total flach; **to fall ~ on one's face** auf die Nase fallen; **to lie ~** flach liegen **2** *fig* fade; *Geschäfte* lustlos; *Batterie* leer; *Bier* schal; **to fall ~** *Witz* nicht ankommen **3** *Weigerung* deutlich **4** MUS *Instrument* zu tief (gestimmt); *Stimme* zu tief **5** HANDEL Pauschal- **B** *adv* **1** ablehnen kategorisch; **he told me ~ (out) that ...** er sagte mir klipp und klar, dass ...; **in ten seconds ~** in sage und schreibe (nur) zehn Sekunden; **~ broke** *umg* total pleite *umg*; **to go ~ out** voll aufdrehen *umg*; **to work ~ out** auf Hochtouren arbeiten **2** MUS **to sing/play ~** zu tief singen/spielen **C** s **1** von *Hand* Fläche *f*; von *Klinge* flache Seite **2** MUS Erniedrigungszeichen *n*

3 AUTO Platte(r) *m umg*
flat² *bes Br s* Wohnung *f*
flat bench *s* SPORT Flachbank *f*
flat character *s* LIT typisierte Figur (*repräsentiert nur einen einzigen oder einige wenige Charakterzüge; sein Verhalten ist oft vorhersehbar. Meist für weniger wichtige Figuren eingesetzt.*)
flat-chested *adj* flachbrüstig
flat daddy *s* digitales oder reales Foto eines abwesenden Vaters
flat feet *pl* Plattfüße *pl*
flat-hunting *Br s* Wohnungssuche *f*; **to go/be ~** auf Wohnungssuche gehen/sein
flatly ['flætlɪ] *adv* ablehnen, abstreiten kategorisch; widersprechen aufs Schärfste; **to be ~ opposed to sth** etw rundweg ablehnen
flatmate ['flætmeɪt] *Br s* Mitbewohner(in) *m(f)*
flatness *s von Fläche* Ebenheit *f*
flat-pack *adj* **~ furniture** Möbel *pl* zur Selbstmontage
flat peach *s* Flachpfirsich *m*
flat racing *s* Flachrennen *n*
flat rate *s* Pauschale *f*; TEL Flatrate *f*, Flat *f*
flat screen *s*, **flat-screen monitor** *s* COMPUT Flachbildschirm *m*
flat-screen TV *s* Flachbildfernseher *m*
flatten ['flætn] **A** *v/t* **1** Weg etc ebnen; Sturm: Getreide niederdrücken; Stadt dem Erdboden gleichmachen **2** *fig* niederschlagen **B** *v/r* **to ~ oneself against sth** sich platt gegen *od* an etw drücken
phrasal verbs mit flatten:
flatten out A *v/i* Landschaft flach(er) werden **B** *v/t* ⟨*trennb*⟩ ebnen; Papier glätten
flatter ['flætəʳ] *v/t* schmeicheln (+*dat*); **to be/feel ~ed by sth** sich von etw geschmeichelt fühlen; **don't ~ yourself!** bilde dir ja nichts ein!
flatterer ['flætərəʳ] *s* Schmeichler(in) *m(f)*
flattering ['flætərɪŋ] *adj* schmeichelhaft; Farbe vorteilhaft
flattery ['flætərɪ] *s* Schmeicheleien *pl*
flattop *s* (≈ *Frisur*) Bürstenschnitt *m*
flatulence ['flætjʊləns] *s* Blähung(en) *f(pl)*
flatware ['flætwɛəʳ] *US s* Besteck *n*
flaunt [flɔ:nt] *v/t* zur Schau stellen; **to ~ oneself** sich groß in Szene setzen
flautist ['flɔ:tɪst] *s* Flötist(in) *m(f)*
flavour ['fleɪvəʳ], **flavor** *US* **A** *s* Geschmack *m*, Aroma *n*; *fig* Beigeschmack *m*; **strawberry-flavour ice cream** Eis *n* mit Erdbeergeschmack; **he is ~ of the month** *umg* er ist diesen Monat in *umg* **B** *v/t* Geschmack verleihen (+*dat*); **pineapple-flavoured** mit Ananasgeschmack
flavouring ['fleɪvərɪŋ] *s*, **flavoring** *US s* GASTR Aroma *n*, Aromastoff *m*; **rum ~** Rumaroma *n*

flavourless ['fleɪvəlɪs] *adj*, **flavorless** *US adj* geschmacklos
flaw [flɔ:] *wörtl s* Fehler *m*
flawed *adj* fehlerhaft; **his logic was ~** seine Logik enthielt Fehler
flawless *adj* Leistung fehlerlos; Teint makellos; **~ English** fehlerloses Englisch
flax [flæks] *s* BOT Flachs *m*
flay [fleɪ] *v/t* häuten
flea [fli:] *s* Floh *m*
flea market *s* Flohmarkt *m*
fleck [flek] **A** *s* Tupfen *m*, Fleck(en) *m*, Spritzer *m*; *von Staub* Teilchen *n* **B** *v/t* **~ed wool** melierte Wolle; **blue ~ed with white** blau mit weißen Tupfen
fled [fled] *prät & pperf* → flee
fledg(e)ling ['fledʒlɪŋ] **A** *s* ORN Jungvogel *m* **B** *adj* Demokratie jung
flee [fli:] ⟨*prät, pperf* fled⟩ **A** *v/i* fliehen, flüchten (**from** vor +*dat*) **B** *v/t* Stadt, Land fliehen aus; Gefahr entfliehen (+*dat*)
fleece [fli:s] **A** *s* Vlies *n*; (≈ *Stoff*) Webpelz *m* **B** *v/t* *fig umg* **to ~ sb** j-n schröpfen
fleecy ['fli:sɪ] *adj* flauschig
fleet [fli:t] *s* **1** SCHIFF Geschwader *n*, Flotte *f* **2** (≈ *Autos*) (Fuhr)park *m*; **he owns a ~ of trucks** er hat einen Lastwagenpark
fleeting ['fli:tɪŋ] *adj* flüchtig; **a ~ visit** eine Stippvisite *umg*; **to catch a ~ glimpse of sb/sth** einen flüchtigen Blick auf j-n/etw werfen können
Flemish ['flemɪʃ] **A** *adj* flämisch **B** *s* LING Flämisch *n*
flesh [fleʃ] *s* Fleisch *n*, (Frucht)fleisch *n*; *von Gemüse* Mark *n*; **one's own ~ and blood** sein eigen(es) Fleisch und Blut; **I'm only ~ and blood** ich bin auch nur aus Fleisch und Blut; **in the ~** in Person
phrasal verbs mit flesh:
flesh out *v/t* ⟨*trennb*⟩ ausgestalten; Einzelheiten eingehen auf (+*akk*)
flesh-coloured *adj*, **flesh-colored** *US adj* fleischfarben
flesh wound *s* Fleischwunde *f*
fleshy ['fleʃɪ] *adj* ⟨*komp* fleshier⟩ fleischig
flew [flu:] *prät* → fly²
flex [fleks] **A** *s Br* Schnur *f*, Kabel *n* **B** *v/t* Arm etc beugen; **to ~ one's muscles** seine Muskeln spielen lassen
flexibility [ˌfleksɪ'bɪlɪtɪ] *s* **1** *wörtl* Biegsamkeit *f* **2** *fig* Flexibilität *f*
flexible ['fleksəbl] *adj* **1** *wörtl* biegsam **2** *fig* flexibel; **to work ~ hours** Gleitzeit arbeiten; **to be ~ about sth** in Bezug auf etw (*akk*) flexibel sein
flex(i)time ['fleks(ɪ)taɪm] *s* Gleitzeit *f*
flick [flɪk] **A** *s mit Fingern* Schnipsen *n kein pl*; **with**

a ~ of the whip mit einem Peitschenschnalzen; a ~ of the wrist eine schnelle Drehung des Handgelenks **B** v/t *Peitsche* knallen mit; *Finger* schnalzen mit; *Schalter* anknipsen; *Staub* wegschnipsen; **she ~ed her hair out of her eyes** sie strich sich *(dat)* die Haare aus den Augen; **he ~ed the piece of paper onto the floor** er schnipste das Papier auf den Fußboden

phrasal verbs mit flick:

flick through v/i ⟨+obj⟩ *Buch* (schnell) durchblättern; *Seiten* (schnell) umblättern; *TV-Kanäle* (schnell) wechseln

flicker ['flɪkə'] **A** v/i *Flamme, Licht* flackern; *Bildschirm* flimmern; **a smile ~ed across his face** ein Lächeln huschte über sein Gesicht **B** s *von Flamme, Licht* Flackern n; *von Bildschirm* Flimmern n

flicker-free adj *Bildschirm* flimmerfrei

flick knife *Br* s Klappmesser n

flicks [flɪks] *umg pl* Kintopp m *umg*; **to/at the ~** in den/im Kintopp *umg*

flier ['flaɪə'] s **1** FLUG Flieger(in) m(f); **to be a good/bad ~** Fliegen gut/nicht vertragen **2** Flugblatt n, Flyer m

flies [flaɪz] *Br pl* Hosenschlitz m

flight¹ [flaɪt] s **1** Flug m; **in ~** *Vogel* im Flug; FLUG in der Luft **2** Fliegen n **3** **to be in the top ~** *fig* zur Spitze gehören **4** **~ of fancy** geistiger Höhenflug **5** **~ (of stairs)** Treppe f, Stiege f *österr*

flight² s Flucht f; **to put the enemy to ~** den Feind in die Flucht schlagen; **to take ~** die Flucht ergreifen

flight attendant s Flugbegleiter(in) m(f)

flight bag s Schultertasche f

flight crew s Crew f, Besatzung f

flight deck s **1** SCHIFF Flugdeck n **2** FLUG Cockpit n

flight number s Flugnummer f

flight path s Flugbahn f

flight recorder s Flugschreiber m

flight simulator s Simulator m

flight sock s Flugsocke f

flight time s *Abflug* Abflugzeit f; *Dauer* Flugdauer f

flighty ['flaɪtɪ] adj ⟨komp flightier⟩ unbeständig, gedankenlos

flimsy ['flɪmzɪ] adj ⟨komp flimsier⟩ **1** *Konstruktion* leicht gebaut; *Stoff* dünn; *Kiste* instabil **2** *fig Beweise* dürftig; *Ausrede* fadenscheinig

flinch [flɪntʃ] v/i **1** zurückzucken; **without ~ing** ohne mit der Wimper zu zucken **2** *fig* **to ~ from sth** vor etw *(dat)* zurückschrecken

fling [flɪŋ] **A** s **1** *fig umg* **to have a final ~** sich noch einmal richtig austoben **2** *umg* **to have a ~ (with sb)** eine Affäre (mit j-m) haben **B** v/t ⟨v: prät, pperf flung⟩ schleudern; **to ~ the window open** das Fenster aufstoßen; **the door was flung open** die Tür flog auf; **to ~ one's arms round sb's neck** j-m die Arme um den Hals werfen; **to ~ oneself into a chair/to the ground** sich in einen Sessel/auf den Boden werfen

phrasal verbs mit fling:

fling off wörtl v/t ⟨trennb⟩ *Mantel* abwerfen

fling out v/t ⟨trennb⟩ *Objekt* wegwerfen; *j-n* hinauswerfen

fling up v/t ⟨trennb⟩ **to fling one's arms up in horror** entsetzt die Hände über dem Kopf zusammenschlagen

flint [flɪnt] s Feuerstein m

flip [flɪp] **A** s **by the ~ of a coin** durch Hochwerfen einer Münze **B** v/t schnippen; *Schalter* knipsen; **to ~ a coin** eine Münze werfen **C** v/i *umg* durchdrehen *umg*

phrasal verbs mit flip:

flip over **A** v/t ⟨trennb⟩ umdrehen **B** v/i *Flugzeug* sich in der Luft (um)drehen

flip through v/i ⟨+obj⟩ *Buch* durchblättern; *Seiten* umblättern

flip chart s Flipchart f

flip-flop *Br* s Gummilatsche f *umg*

flippant ['flɪpənt] adj leichtfertig

flipper ['flɪpə'] s Flosse f

flip phone s TEL Klapphandy n

flipping ['flɪpɪŋ] *Br emph umg* adj & adv verdammt *umg*

flip side s *von Schallplatte* B-Seite f

flirt [flɜːt] **A** v/i flirten; **to ~ with an idea** mit einem Gedanken spielen; **to ~ with danger** die Gefahr herausfordern **B** s **he is just a ~** er will nur flirten

flirtation [flɜːˈteɪʃən] s Flirt m, Flirten n

flirtatious [flɜːˈteɪʃəs] adj kokett

flirty ['flɜːtɪ] adj kokett

flit [flɪt] **A** v/i flattern; *Mensch* huschen; **to ~ in and out** vorne rein- und rausflitzen **B** s *Br* **to do a (moonlight) ~** bei Nacht und Nebel umziehen

float [fləʊt] **A** s **1** *an Angel, in Spülkasten* Schwimmer m **2** (≈ *Fahrzeug*) Festwagen m **B** v/i schwimmen, treiben; *in der Luft* schweben; **the body ~ed (up) to the surface** die Leiche kam an die Wasseroberfläche **C** v/t HANDEL, FIN *Firma* gründen; *fig Ideen* in den Raum stellen

floating voter [ˌfləʊtɪŋˈvəʊtə'] *fig* s Wechselwähler(in) m(f)

flock [flɒk] **A** s **1** *von Schafen, a.* KIRCHE Herde f; *von Vögeln* Schwarm m **2** *von Menschen* Haufen m *umg* **B** v/i in Scharen kommen; **to ~ around sb** sich um j-n scharen

flog [flɒg] v/t **1** auspeitschen; **you're ~ging a dead horse** *bes Br umg* Sie verschwenden Ihre Zeit **2** *Br umg* verscherbeln *umg*

flogging ['flɒgɪŋ] s Tracht f Prügel; JUR Prügelstrafe f; *von Dieb, Meuterer* Auspeitschen n

flood [flʌd] **A** s Flut f; **~s** Überschwemmung f; **the river is in ~** der Fluss führt Hochwasser; **she was in ~s of tears** sie war in Tränen gebadet **B** v/t überschwemmen; **to be ~ed** *Keller* überschwemmt *od* überflutet sein, unter Wasser stehen; **to ~ the engine** den Motor absaufen lassen *umg*; **~ed with complaints** mit Beschwerden überhäuft; **~ed with light** lichtdurchflutet **C** v/i **1** *Fluss* über die Ufer treten, überborden *schweiz*; *Badewanne* überlaufen; *Keller* unter Wasser stehen; *Land* überschwemmt werden **2** *Menschen* strömen

phrasal verbs mit flood:

flood back v/i *Erinnerungen* wieder aufwallen

flood in v/i **the letters just flooded in** wir/sie *etc* hatten eine Flut von Briefen

floodgate ['flʌdgeɪt] s Schleusentor n; **to open the ~s** *fig* Tür und Tor öffnen (**to** +*dat*)

flooding ['flʌdɪŋ] s Überschwemmung f

floodlight s Scheinwerfer m

floodlighting s Flutlicht n, Flutlichtanlage f

floodlit adj **~ football match** Fußballspiel n unter Flutlicht

flood protection s Hochwasserschutz m

flood tide s Flut f

floodwaters pl Hochwasser n

floor [flɔːʳ] **A** s **1** (Fuß)boden m; *von Tanzlokal* Tanzfläche f; **ocean ~** Meeresgrund m; **stone/tiled ~** Stein-/Fliesenboden m; **to take to the ~** (≈ *tanzen*) aufs Parkett gehen; **to hold** *od* **have the ~** *Redner* das Wort haben **2** Stock m, Stockwerk n; **first ~** *Br* erster Stock; *US* Erdgeschoss n, Erdgeschoß n *österr*; **on the second ~** *Br* im zweiten Stock; *US* im ersten Stock **3** Plenarsaal m; *von Börse* Parkett n **B** v/t **1** zu Boden schlagen **2** verblüffen

floor area s Bodenfläche f

floorboard s Diele f

floor cloth s Scheuer- *od* Putzlappen m

floor exercise s Bodenübung f

flooring ['flɔːrɪŋ] s **1** (Fuß)boden m **2** Fußbodenbelag m

floor lamp s Stehlampe f

floor leader s *US* POL Fraktionsführer(in) m(f)

floor plan s Grundriss m (eines Stockwerkes)

floor polish s Bohnerwachs n

floor space s Stellraum m; **if you've got a sleeping bag we have plenty of ~** wenn du einen Schlafsack hast, wir haben viel Platz auf dem Fußboden

floor trading s BÖRSE Parketthandel m

floorwalker s *US* HANDEL Ladenaufsicht f

floozie, floozy ['fluːzɪ] *umg* s Flittchen n *umg*

flop [flɒp] **A** v/i **1** *Mensch* sich fallen lassen **2** *Objekt* fallen **3** *umg Plan* ein Reinfall m sein *umg*; *Stück, Buch* durchfallen **B** s *umg* Flop m *umg*

floppy ['flɒpɪ] **A** adj ⟨komp floppier⟩ schlaff; **~ hat** Schlapphut m **B** s Diskette f

floppy disk s COMPUT Diskette f; **~ drive** Diskettenlaufwerk n

flora ['flɔːrə] s Flora f

floral ['flɔːrəl] adj **1** *Tapete* geblümt; **~ design** *od* **pattern** Blumenmuster n **2** Blumen-

florid ['flɒrɪd] *mst pej* adj *Sprache* schwülstig *pej*

florist ['flɒrɪst] s Florist(in) m(f); **~'s (shop)** Blumengeschäft n

floss [flɒs] **A** s Zahnseide f **B** v/t mit Zahnseide reinigen **C** v/i sich (*dat*) die Zähne mit Zahnseide reinigen

flotation [fləʊˈteɪʃən] s HANDEL *von Firma* Gründung f; BÖRSE Börseneinführung f

flotilla [fləʊˈtɪlə] s Flotille f

flotsam ['flɒtsəm] s **~ and jetsam** Treibgut n, Strandgut n

flounce [flaʊns] v/i stolzieren; **to ~ out** herausstolzieren

flounder[1] ['flaʊndəʳ] s Flunder f

flounder[2] v/i sich abstrampeln; **we ~ed about in the mud** wir quälten uns mühselig im Schlamm; **the economy was ~ing** der Wirtschaft ging es schlecht

flour ['flaʊəʳ] s Mehl n

flourish ['flʌrɪʃ] **A** v/i (prächtig) gedeihen; *Geschäfte* florieren; **crime ~ed in poor areas** in den armen Gegenden gedieh das Verbrechen **B** v/t *Stock etc* herumwedeln mit **C** s **1** (≈ *Dekoration*) Schnörkel m **2** (≈ *Bewegung*) eleganter Schwung

flourishing ['flʌrɪʃɪŋ] adj florierend attr; *Karriere* erfolgreich; *Pflanze* prächtig gedeihend attr

floury ['flaʊərɪ] adj mehlig

flout [flaʊt] v/t sich hinwegsetzen über (+*akk*)

flow [fləʊ] **A** v/i **1** fließen; **where the river ~s into the sea** wo der Fluss ins Meer mündet; **to keep the traffic ~ing** den Verkehr nicht ins Stocken kommen lassen **2** *Haare* wallen **B** s Fluss m; **the ~ of traffic** der Verkehrsfluss f; **to go with the ~** *fig* mit dem Strom schwimmen; **he was in full ~** er war richtig in Fahrt

flow chart, **flow diagram** s Flussdiagramm n

flower ['flaʊəʳ] **A** s Pflanze Blume f; *Teil einer Pflanze* Blüte f; **to be in ~** in Blüte stehen **B** v/i blühen

flower arrangement s Blumengesteck n

flower arranging s Blumenstecken n

flowerbed s Blumenbeet n

flowering ['flaʊərɪŋ] adj Blüten-; **~ plant** Blütenpflanze f; **~ shrub** Zierstrauch m

flowerpot s Blumentopf m

flower shop s Blumenladen m

flowery ['flaʊərɪ] adj **1** Tapete geblümt **2** fig blumig

flowing ['fləʊɪŋ] adj fließend; Gewand wallend; Stil flüssig

flown [fləʊn] pperf → fly²

fl. oz. abk (= fluid ounces) Flüssigkeitsmaß

flu [fluː] s Grippe f; **to get** od **catch/have (the) flu** (die od eine) Grippe bekommen/haben

fluctuate ['flʌktjʊeɪt] v/i schwanken

fluctuation [ˌflʌktjʊ'eɪʃən] s Schwankung f

flue [fluː] s Rauchfang m

fluency ['fluːənsɪ] s **1** in Fremdsprache fließendes Sprechen; **this job requires ~ in German** für diese Stelle ist fließendes Deutsch Voraussetzung; **~ in two foreign languages is a requirement** die Beherrschung von zwei Fremdsprachen ist Voraussetzung **2** in Muttersprache Gewandtheit f

fluent ['fluːənt] adj **1** to be **~** die Sprache fließend sprechen; **to be ~ in German, to speak ~ German** fließend Deutsch sprechen; **she is ~ in six languages** sie beherrscht sechs Sprachen fließend **2** in Muttersprache gewandt **3** Bewegung flüssig

fluently ['fluːəntlɪ] adv sprechen, schreiben in Fremdsprache fließend; in Muttersprache flüssig

fluff [flʌf] **A** s ⟨kein pl⟩ von Tieren Flaum m; von Stoff Fusseln pl; **a bit of ~** eine Fussel **B** v/t **1** Kissen aufschütteln **2** Gelegenheit vermasseln umg

phrasal verbs mit fluff:
fluff up v/t ⟨trennb⟩ Kissen aufschütteln

fluffy ['flʌfɪ] adj ⟨komp fluffier⟩ **1** Hausschuhe flauschig; Kaninchen flaumweich; **~ white clouds** weiße Schäfchenwolken; **~ toy** Kuscheltier n **2** Reis locker; Backmischung schaumig

fluid ['fluːɪd] **A** s Flüssigkeit f **B** adj flüssig; Umrisse fließend

fluid ounce s Flüssigkeitsmaß (Brit: =28,4 ml, US: =29,6 ml)

flu jab Br umg s Grippeschutzimpfung f

fluke [fluːk] umg s **it was a (pure) ~** das war (einfach) Dusel umg

flummox ['flʌməks] umg v/t durcheinanderbringen; **to be ~ed by sth** durch etw aus dem Konzept gebracht werden umg

flung [flʌŋ] prät & pperf → fling

flunk [flʌŋk] umg v/t Prüfung verhauen umg; **to ~ German/an exam** in Deutsch/bei einer Prüfung durchfallen umg

fluorescent [flʊə'resənt] adj Farbe leuchtend; Anstrich fluoreszierend

fluorescent light s Neonlampe f

fluorescent lighting s Neonbeleuchtung f

fluoride ['flʊəraɪd] s Fluorid n; **~ toothpaste** Fluorzahnpasta f

flurry ['flʌrɪ] s **1** von Schnee Gestöber n **2** fig **a ~ of activity** hektische Betriebsamkeit; **a ~ of excitement** hektische Aufregung

flush¹ [flʌʃ] **A** s **1** in WC (Wasser)spülung f **2** vor Scham etc Röte f **B** v/i Gesicht rot werden (**with** vor +dat) **2** WC spülen **C** v/t spülen; **to ~ the lavatory** od **toilet** spülen; **to ~ sth down the toilet** etw die Toilette hinunterspülen

phrasal verbs mit flush:
flush away v/t ⟨trennb⟩ wegspülen
flush out v/t ⟨trennb⟩ **1** Becken ausspülen **2** Spione aufspüren

flush² adj ⟨präd⟩ bündig; **cupboards ~ with the wall** Schränke, die mit der Wand abschließen

flushed ['flʌʃt] adj **to be ~ with success/happiness** über seinen Erfolg/vor Glück strahlen

flu shot bes US s Grippeschutzimpfung f

fluster ['flʌstəʳ] v/t nervös machen, durcheinanderbringen; **to be ~ed** nervös od aufgeregt sein, durcheinander sein

flute [fluːt] s MUS Querflöte f; **to play the ~** Querflöte spielen

flutist ['fluːtɪst] US s → flautist

flutter ['flʌtəʳ] **A** v/i flattern **B** v/t Fächer wedeln mit; Flügel flattern mit; **to ~ one's eyelashes** mit den Wimpern klimpern hum **C** s **1 all of a ~** in heller Aufregung **2** Br umg **to have a ~** sein Glück (beim Wetten) versuchen

flu vaccination s Grippeschutzimpfung f

flux [flʌks] s Fluss m; **in a state of ~** im Fluss

fly¹ [flaɪ] s Fliege f; **he wouldn't hurt a fly** er könnte keiner Fliege etwas zuleide tun; **that's the only fly in the ointment** umg das ist das einzige Haar in der Suppe

fly² ⟨v: prät flew, pperf flown⟩ **A** v/i fliegen; Zeit (ver)fliegen; Fahne wehen; **time flies!** wie die Zeit vergeht!; **the door flew open** die Tür flog auf; **to fly into a rage** einen Wutanfall bekommen; **to fly at sb** umg auf j-n losgehen; **he really let fly** er legte kräftig los; **to send sb/sth flying** j-n/etw umwerfen umg; **to go flying** Mensch hinfallen; **to fly in the face of authority/tradition** sich über jede Autorität/alle Traditionen hinwegsetzen **B** v/t fliegen; Drachen steigen lassen; Fahne wehen lassen

phrasal verbs mit fly:
fly away v/i wegfliegen
fly in v/t & v/i einfliegen; **she flew in this morning** sie ist heute Morgen mit dem Flugzeug angekommen
fly off v/i **1** abfliegen; Vogel wegfliegen; **to fly off to the south** nach Süden fliegen **2** Hut, Deckel wegfliegen
fly out **A** v/i ausfliegen; **I fly out tomorrow**

ich fliege morgen hin **B** v/t ⟨trennb⟩ hinfliegen, ausfliegen
fly past **A** v/i **1** vorbeifliegen **2** Zeit verfliegen **B** v/i ⟨+obj⟩ **to fly past sth** an etw (dat) vorbeifliegen

fly³ s (Hosen)schlitz m

fly-by-night adj FIN, HANDEL Aktion windig umg

flyer s → flier

fly-fishing s Fliegenfischen n

flying ['flaɪɪŋ] **A** adj Splitter herumfliegend **B** s Fliegen n; **he likes ~** er fliegt gerne; **he's afraid of ~** er hat Flugangst

flying boat s Flugboot n

flying colours pl, **flying colors** US pl **to pass with ~** glänzend abschneiden

flying instructor s Fluglehrer(in) m(f)

flying leap s **to take a ~** einen großen Satz machen

flying saucer s fliegende Untertasse

flying start s **to get off to a ~** SPORT hervorragend wegkommen umg; fig einen glänzenden Start haben

flying visit s Stippvisite f

flyleaf s Vorsatzblatt n

flyover s **1** Überführung f **2** US Luftparade f

flypaper s Fliegenfänger m

fly-past Br s Luftparade f

fly sheet s Überzelt n

fly spray s Fliegenspray m

fly swat(ter) s Fliegenklatsche f

fly-tipping s illegales Müllabladen

flyweight s SPORT Fliegengewichtler(in) m(f)

flywheel s Schwungrad n

FM abk (= frequency modulation) FM

foal [fəʊl] **A** s Fohlen n **B** v/i fohlen

foam [fəʊm] **A** s Schaum m **B** v/i schäumen; **to ~ at the mouth** wörtl Schaum vorm Mund haben; Tier Schaum vorm Maul haben; fig schäumen

foam rubber s Schaumgummi m

foamy ['fəʊmɪ] adj ⟨komp foamier⟩ schäumend

fob [fɒb] bes Br v/t **to fob sb off** j-n abspeisen; **to fob sth off on sb** j-m etw andrehen

focal point ['fəʊkəlpɔɪnt] s Brennpunkt m; **his family is the ~ of his life** seine Familie ist der Mittelpunkt seines Lebens

focus ['fəʊkəs] **A** s ⟨pl foci ['fəʊkɪ]⟩ Brennpunkt m; fig a. Konzentration f; **in ~** Kamera (scharf) eingestellt; Foto scharf; **out of ~** Kamera unscharf eingestellt; Foto unscharf; **to come into ~** scharf werden; **to keep sth in ~** fig etw im Blickfeld behalten; **he was the ~ of attention** er stand im Mittelpunkt **B** v/t Instrument einstellen (**on** auf +akk); Licht bündeln; fig Anstrengungen konzentrieren (**on** auf +akk); **to ~ one's mind** sich konzentrieren; **I should like to ~ your attention on a new problem** ich möchte Ihre Aufmerksamkeit auf ein neues Problem lenken **C** v/i **to ~ on sth** sich auf etw (akk) konzentrieren; **I can't ~ properly** ich kann nicht mehr klar sehen

focus(s)ed ['fəʊkəst] fig adj zielstrebig; concentrated konzentriert

fodder ['fɒdə^r] s Futter n

foe [fəʊ] liter s Widersacher(in) m(f) geh

foetal ['fiːtl] adj, **fetal** bes US adj fötal

foetus ['fiːtəs] s, **fetus** bes US s Fötus m

fog [fɒg] **A** s Nebel m **B** v/t & v/i (a. **fog up** od **over**) beschlagen

fogbound ['fɒgbaʊnd] adj Schiff, Flugzeug durch Nebel festgehalten; Flughafen wegen Nebel(s) geschlossen; **the main road to Edinburgh is ~** auf der Hauptstraße nach Edinburgh herrscht dichter Nebel

fogey ['fəʊgɪ] umg s **old ~** alter Kauz umg

foggy ['fɒgɪ] adj ⟨komp foggier⟩ **1** neb(e)lig **2** fig **I haven't the foggiest (idea)** umg ich habe keinen blassen Schimmer umg

foghorn s SCHIFF Nebelhorn n

fog lamp, **fog light** s AUTO Nebelscheinwerfer m

fogy s → fogey

foible ['fɔɪbl] s Eigenheit f

foil¹ [fɔɪl] s Folie f

foil² v/t Pläne durchkreuzen; Bemühungen vereiteln

foist [fɔɪst] v/t **to ~ sth (off) on sb** j-m etw andrehen; Aufgabe etw auf j-n abschieben

fold [fəʊld] **A** s Falte f; **~s of skin** Hautfalten pl; **~s of fat** Fettwülste pl **B** v/t **1** Papier, Tuch zusammenfalten; **to ~ a newspaper in two** eine Zeitung falten; **to ~ one's arms** die Arme verschränken; **she ~ed her hands in her lap** sie faltete die Hände im Schoß zusammen **2** einwickeln (**in** in +akk) **3** GASTR **to ~ sth into sth** etw unter etw (akk) heben **C** v/i **1** Tisch sich zusammenklappen lassen **2** Firma eingehen

phrasal verbs mit fold:

fold away v/i Tisch zusammenklappbar sein

fold back v/t ⟨trennb⟩ Bettdecke zurückschlagen

fold down v/t ⟨trennb⟩ Ecke kniffen

fold up v/t ⟨trennb⟩ Papier zusammenfalten

folder ['fəʊldə^r] s **1** Aktendeckel m, Ordner m, Mappe f **2** IT Ordner m

folding ['fəʊldɪŋ] adj ⟨attr⟩ Klapp-; **~ bed** Klappbett n; **~ chair** Klappstuhl m

folding doors pl Falttür f

foliage ['fəʊlɪɪdʒ] s Blätter pl

folk [fəʊk] pl **1** umg a. **~s** Leute pl; **a lot of ~(s) believe …** viele (Leute) glauben …; **old ~** alte Menschen; **my ~s** meine Leute umg **2** → folk

folk dance s Volkstanz m

folklore s Folklore f

folk music s traditionelles Liedgut n; Folk m

folk singer s Sänger(in) m(f) von Volksliedern, Volkssänger(in) m(f)

folk song s Folksong m

folksy ['fəʊksɪ] US adj Wesensart herzlich

folk tale s Volksmärchen n

follicle ['fɒlɪkl] s Follikel n

follow ['fɒləʊ] **A** v/t folgen (+dat); Kurs, Karriere, Nachrichten verfolgen; Mode mitmachen; Rat, Anweisung befolgen; Sport etc sich interessieren für; Rede (genau) verfolgen; **he ~ed me about** er folgte mir überallhin; **he ~ed me out** er folgte mir nach draußen; **we're being ~ed** wir werden verfolgt; **he arrived first, ~ed by the ambassador** er kam als Erster, gefolgt vom Botschafter; **the dinner will be ~ed by a concert** im Anschluss an das Essen findet ein Konzert statt; **how do you ~ that?** das ist kaum zu überbieten; **I love lasagne ~ed by ice cream** besonders gern mag ich Lasagne und danach Eis; **do you ~ me?** können Sie mir folgen?; **to ~ one's heart** auf die Stimme seines Herzens hören; **which team do you ~?** für welche Mannschaft sind Sie? **B** v/i folgen; **his argument was as ~s** er argumentierte folgendermaßen; **to ~ in sb's footsteps** fig in j-s Fußstapfen (akk) treten; **it doesn't ~ that …** daraus folgt nicht, dass …; **that doesn't ~** nicht unbedingt!; **I don't ~** das verstehe ich nicht

phrasal verbs mit follow:

follow on v/i nachkommen

follow through v/i **to follow through with sth, to follow sth through** Plan etw zu Ende verfolgen; Drohung etw wahr machen

follow up v/t ⟨trennb⟩ **1** Anfrage nachgehen (+dat); Angebot aufgreifen **2** sich näher beschäftigen mit; Sache weiterverfolgen **3** Erfolg ausbauen

follower ['fɒləʊə^r] s Anhänger(in) m(f); **to be a ~ of fashion** sehr modebewusst sein; **he's a ~ of Blair** er ist Blair-Anhänger

following A adj **1** folgend; **the ~ day** der nächste od (darauf) folgende Tag **2** ~ **wind** Rückenwind m **B** s **1** Anhängerschaft f **2** **he said the ~** er sagte Folgendes **C** präp nach

follow-up ['fɒləʊˌʌp] s Fortsetzung f (**to** +gen)

follow-up meeting s Nachbesprechung f

follow-up visit s beim Arzt Nachuntersuchung f

folly ['fɒlɪ] s Dummheit f; **it is sheer ~** es ist der reinste Wahnsinn

fond [fɒnd] adj ⟨+er⟩ **1 to be ~ of sb/sth** j-n/etw mögen; **she is very ~ of animals** sie ist sehr tierlieb(end); **to become** od **grow ~ of sb/sth** j-n/etw lieb gewinnen; **to be ~ of doing sth** etw gern machen **2** Eltern, Blick liebevoll; **to have ~ memories of sth** schöne Erinnerungen an etw (akk) haben **3** (≈ naiv) **in the ~ hope/belief that …** in der vergeblichen Hoffnung, dass …

fondant ['fɒndənt] s Fondant m

fondle ['fɒndl] v/t (zärtlich) spielen mit, streicheln

fondly ['fɒndlɪ] adv **1** liebevoll; **to remember sb ~** j-n in bester Erinnerung behalten; **to remember sth ~** sich gern an etw (akk) erinnern **2** naiverweise

fondness s zu Menschen Zuneigung f (**for** zu); für Speisen, Gegenden etc Vorliebe f (**for** für)

fondue ['fɒndu:] s Fondue n; **~ set** Fondueset n

font [fɒnt] s **1** TYPO Schrift(art) f **2** ARCH, REL Taufbecken n

food [fu:d] s ⟨kein pl⟩ Essen n; für Tiere Futter n; allg Nahrung f, Nahrungsmittel n, Lebensmittel pl; **dog and cat ~** Hunde- und Katzenfutter; **~ and drink** Essen und Trinken; **I haven't any ~** ich habe nichts zu essen; **~ for thought** Stoff m zum Nachdenken

food additives pl chemische Zusätze pl

food aid s Lebensmittelhilfe f

food bank s Tafelladen m

food chain s Nahrungskette f

food combining s Trennkost f

food industry s Lebensmittelindustrie f

food mixer s Mixer m

food parcel s Lebensmittelpaket n

food poisoning s Lebensmittelvergiftung f

food processor s Küchenmaschine f

food safety s Lebensmittelsicherheit f

food stamp US s Lebensmittelmarke f

foodstuff s Nahrungsmittel n

food supplement s Nahrungsergänzung f, Nahrungsergänzungsmittel n

food technology s Lebensmitteltechnologie f

fool [fu:l] **A** s Dummkopf m; **don't be a ~!** sei nicht (so) dumm!; **he was a ~ not to accept** es war dumm von ihm, nicht anzunehmen; **to be ~ enough to …** so dumm sein, zu …, so blöd sein, zu … umg; **to play** od **act the ~** herumalbern; **to make a ~ of sb** j-n lächerlich machen; **he made a ~ of himself** er hat sich blamiert **B** v/i herumalbern; **to ~ with sb/sth** mit j-m/etw spielen; **stop ~ing (around)!** lass den Blödsinn! **C** v/t zum Narren halten, hereinlegen umg; durch Verkleidung etc täuschen; **I was completely ~ed** ich bin vollkommen darauf hereingefallen; **you had me ~ed** ich habe das tatsächlich geglaubt; **they ~ed him into believing that …** sie haben ihm weisgemacht,

phrasal verbs mit fool:
fool about Br, **fool around** v/i **1** herumtrödeln **2** herumalbern; **to fool about** od **around with sth** mit etw Blödsinn machen **3** sexuell **he's fooling around with my wife** er treibt seine Spielchen mit meiner Frau
foolhardy ['fu:l‚hɑ:dɪ] adj tollkühn
foolish ['fu:lɪʃ] adj dumm; **don't do anything ~** mach keinen Unsinn; **what a ~ thing to do** wie kann man nur so dumm sein; **it made him look ~** dadurch hat er sich blamiert
foolishly ['fu:lɪʃlɪ] adv handeln unklug; etw sagen dummerweise
foolishness s Dummheit f
foolproof ['fu:lpru:f] adj Methode unfehlbar; Rezept idiotensicher umg
foot [fʊt] **A** s ⟨pl feet⟩ Fuß m; von Bett Fußende n; **to be on one's feet** auf den Beinen sein; **to get back on one's feet** wieder auf die Beine kommen; **on ~** zu Fuß; **I'll never set ~ here again!** hier kriegen mich keine zehn Pferde mehr her! umg; **the first time he set ~ in the office** als er das erste Mal das Büro betrat; **to get to one's feet** aufstehen; **to jump to one's feet** aufspringen; **to put one's feet up** wörtl die Füße hochlegen; fig es sich (dat) bequem machen; **he never puts a ~ wrong** fig er macht nie einen Fehler; **3 ~** od **feet long** 3 Fuß lang; **he's 6 ~ 3** ≈ er ist 1,90 m; **to put one's ~ down** ein Machtwort sprechen; AUTO Gas geben; **to put one's ~ in it** ins Fettnäpfchen treten; **to find one's feet** sich eingewöhnen; **to get/be under sb's feet** j-m im Wege stehen od sein; **to get off on the wrong ~** einen schlechten Start haben; **to stand on one's own two feet** auf eigenen Füßen stehen; **a nice area, my ~!** umg und das soll eine schöne Gegend sein! **B** v/t Rechnung bezahlen
footage ['fʊtɪdʒ] s **1** Filmmaterial n **2** Filmmeter pl
foot-and-mouth (disease) ['fʊtən'maʊθ(dɪ‚zi:z)] Br s Maul- und Klauenseuche f
football ['fʊtbeɪl] v/i US umg abhauen umg, wegrennen
football ['fʊtbɔ:l] s **1** Fußball m **2** (American) Football m; **to play ~** Fußball/Football spielen
football boot s Fußballschuh m
footballer ['fʊtbɔ:lə^r] s **1** Br Fußball(spieler(in) m(f) **2** im American Football Footballspieler m
football hooligan s Fußballrowdy od -hooligan m
football match s Fußballspiel n
football pitch s Fußballplatz m
football player s **1** Fußballspieler(in) m(f) **2** im American Football Footballspieler m
football pools pl Fußballtoto n/m
football shirt s (Fußball-)Trikot n
footbridge s Fußgängerbrücke f
-footed [-fʊtɪd] adj ⟨suf⟩ -füßig; **four-footed** vierfüßig
footer ['fʊtə^r] s IT Fußzeile f
foothills pl (Gebirgs)ausläufer pl
foothold s Halt m; **to gain a ~** fig Fuß fassen
footing ['fʊtɪŋ] s **1** wörtl **to lose one's ~** den Halt verlieren **2** fig Basis f, Beziehung f; **on an equal ~** auf gleicher Basis
footlights pl THEAT Rampenlicht n
footman s ⟨pl -men⟩ Lakai m
footnote s Fußnote f; fig Anmerkung f
foot passenger s Fußgänger(in) m(f), Fußpassagier(in) m(f)
footpath s Fußweg m
footprint s Fußabdruck m
footprints pl Fußspuren pl
footrest s Fußstütze f
footsore adj **to be ~** wunde Füße haben
footstep s Schritt m
footstool s Fußbank f
footwear s Schuhe pl
footwork s ⟨kein pl⟩ SPORT Beinarbeit f
for [fɔ:^r] **A** präp **1** für; Zweck zu, für; Ziel nach; **a letter for me** ein Brief für mich; **destined for greatness** zu Höherem bestimmt; **what for?** wofür?, wozu?; **what is this knife for?** wozu dient dieses Messer?; **music is for dancing** Musik ist zum Tanzen da; **he does it for pleasure** er macht es zum od aus Vergnügen; **what did you do that for?** warum od wozu haben Sie das getan?; **what's the English for 'Handy'?** wie sagt man „Handy" auf Englisch?; **a bag for carrying books (in)** eine Tasche, um Bücher zu tragen; **to go to Spain for one's holidays** nach Spanien in Urlaub fahren; **the train for Stuttgart** der Zug nach Stuttgart; **to leave for the USA** in die USA od nach Amerika abreisen; **it's not for me to say** es steht mir nicht zu, mich dazu zu äußern; **I'll speak to her for you if you like** wenn Sie wollen, rede ich an Ihrer Stelle od für Sie mit ihr; **D for Daniel** D wie Daniel; **are you for or against it?** sind Sie dafür oder dagegen?; **I'm all for helping him** ich bin sehr dafür, ihm zu helfen; **for my part** was mich betrifft; **as for him** was ihn betrifft; **for breakfast/lunch** zum Frühstück/Mittagessen; **for dinner/supper** zum Abendessen; **what do you want for your birthday?** was wünschst du dir zum Geburtstag?; **it's all very well for you to talk** Sie haben gut reden; **for further information see page 77** weitere Informationen finden Sie auf Seite 77; **his knack for saying the wrong thing** sein Talent, das

Falsche zu sagen **2** (≈ *wegen*) aus; **for this reason** aus diesem Grund; **to be in prison for murder** wegen Mordes im Gefängnis sein; **to choose sb for his ability** j-n wegen seiner Fähigkeiten wählen; **if it were not for him** wenn er nicht wäre **3** trotz (+*gen od umg*) *dat*) **4** *zeitlich* seit; *mit Futur* für; **I have not seen her for years** ich habe sie seit Jahren nicht gesehen; **for an hour** eine Stunde lang; **to stay for three days/many years** drei Tage/viele Jahre lang bleiben; **I am going away for a few days** ich werde (für *od* auf) ein paar Tage wegfahren; **I shall be away for a month** ich werde einen Monat (lang) weg sein; **he won't be back for a week** er wird erst in einer Woche zurück sein; **can you get it done for Monday?** können Sie es bis *od* für Montag fertig haben?; **for a while/time** (für) eine Weile/einige Zeit; **the meeting was scheduled for 9 o'clock** die Besprechung sollte um 9 Uhr stattfinden **5** *Strecke* **we walked for two miles** wir sind zwei Meilen weit gelaufen; **there are roadworks on the M8 for two miles** auf der M8 gibt es eine zwei Meilen lange Baustelle; **for miles** meilenweit **6** **it's easy for him to do it** er kann das leicht tun; **I brought it for you to see** ich habe es mitgebracht, damit Sie es sich (*dat*) ansehen können; **the best thing would be for you to leave** das Beste wäre, wenn Sie weggingen; **there's still time for him to come** er kann immer noch kommen; **you're (in) for it!** *umg* jetzt bist du dran! *umg* **B** *konj* denn **C** *adj* ⟨*präd*⟩ dafür

forage ['fɒrɪdʒ] *v/i* nach Futter suchen; *fig* herumstöbern (**for** nach)

foray ['fɒreɪ] *s* (Raub)überfall *m*; *fig* Ausflug *m* (**into** in +*akk*)

forbad(e) [fə'bæd] *prät* → forbid

forbid [fə'bɪd] *v/t* ⟨*prät* forbad(e), *pperf* forbidden⟩ verbieten; **to ~ sb to do sth** j-m verbieten, etw zu tun; **God** *od* **Heaven ~!** Gott behüte *od* bewahre!

forbidden *adj* verboten; **they are ~ to enter** sie dürfen nicht hereinkommen; **smoking is (strictly) ~** Rauchen ist (streng) verboten; **~ subject** Tabuthema *n*

forbidding [fə'bɪdɪŋ] *adj Mensch* Furcht einflößend; *Ort* unwirtlich; *Aussichten* düster

force [fɔːs] **A** *s* **1** ⟨*kein pl*⟩ Kraft *f*; *von Stoß* Wucht *f*; (≈ *Zwang*) Gewalt *f*; **to use ~** Gewalt anwenden; **by** *od* **through sheer ~ of numbers** aufgrund zahlenmäßiger Überlegenheit; **there is a ~ 5 wind blowing** es herrscht Windstärke 5; **they were there in ~** sie waren in großer Zahl da; **to come into/be in ~** in Kraft treten/sein **2** ⟨*kein pl*⟩ *fig von Argument* Überzeugungskraft *f*; **by ~ of habit** aus Gewohnheit; **the ~ of circumstances** durch der Druck der Verhältnisse **3** (≈ *Autorität*) Macht *f*; **there are various ~s at work here** hier sind verschiedene Kräfte am Werk; **he is a powerful ~ in the reform movement** er ist ein einflussreicher Mann in der Reformbewegung **4** **the ~s** MIL die Streitkräfte *pl*; **the (police) ~** die Polizei; **to join ~s** sich zusammentun **B** *v/t* **1** zwingen; **to ~ sb/oneself to do sth** j-n/sich zwingen, etw zu tun; **he was ~d to conclude that …** er sah sich zu der Folgerung gezwungen *od* gedrängt, dass …; **to ~ sth (up)on sb** j-m etw aufdrängen; **he ~d himself on her** *sexuell* er tat ihr Gewalt an; **to ~ a smile** gezwungen lächeln **2** erzwingen; **he ~d a confession out of me** er erzwang ein Geständnis von mir; **to ~ an error** SPORT einen Fehler erzwingen **3** aufbrechen **4** **to ~ books into a box** Bücher in eine Kiste zwängen; **if it won't open/go in, don't ~ it** wenn es nicht aufgeht/passt, wende keine Gewalt an; **to ~ one's way into sth** sich (*dat*) gewaltsam Zugang zu etw verschaffen; **to ~ a car off the road** ein Auto von der Fahrbahn drängen

phrasal verbs mit force:

force back *v/t* ⟨*trennb*⟩ unterdrücken

force down *v/t* ⟨*trennb*⟩ Essen hinunterquälen

force off *v/t* ⟨*trennb*⟩ Deckel etc mit Gewalt abmachen

force up *v/t* ⟨*trennb*⟩ Preise hochtreiben

forced [fɔːst] *adj* **1** Zwangs-; *Repatriierung a.* gewaltsam; **~ marriage** Zwangsehe *f* **2** *Lächeln, Unterhaltung* gezwungen

forced labour *s*, **forced labor** US *s* Zwangsarbeit *f*

forced landing *s* Notlandung *f*

forced marriage *s* Zwangsheirat *f*

force-feed ['fɔːsfiːd] *v/t* ⟨*v: prät, pperf* force-fed⟩ zwangsernähren

forceful *adj* **1** *Schlag* kräftig **2** *Wesensart* energisch; *Charakter* stark; *Stil, Erinnerung* eindringlich; *Argument* überzeugend

forcefully *adv* **1** *entfernen* gewaltsam **2** *handeln* entschlossen; *argumentieren* eindringlich

forcefulness ['fɔːsfʊlnɪs] *s* energische *od* entschlossene Art; *von Charakter, Persönlichkeit* Stärke *f*; *von Argument* Eindringlichkeit *f*, Überzeugungskraft *f*

forceps ['fɔːseps] *pl*, (*a*. **pair of forceps**) Zange *f*

forcible *adj*, **forcibly** ['fɔːsəbl, -ɪ] *adv* gewaltsam

forcibly ['fɔːsəblɪ] *adv* zurückhalten gewaltsam

ford [fɔːd] **A** *s* Furt *f* **B** *v/t* durchqueren

fore [fɔː^r] **A** *s* **to come to the ~** ins Blickfeld geraten **B** *adj* ⟨*attr*⟩ vordere(r, s)

forearm ['fɔːrɑːm] s Unterarm m
forebear ['fɔːbeə^r] form s Vorfahr(in) m(f)
foreboding [fɔːˈbəʊdɪŋ] s (Vor)ahnung f, ungutes Gefühl
forecast ['fɔːkɑːst] **A** v/t voraussagen, vorhersagen **B** s Vorhersage f
forecaster ['fɔːkɑːstə^r] s METEO Meteorologe m, Meteorologin f
forecourt ['fɔːkɔːt] s Vorhof m
forefather ['fɔːˌfɑːðə^r] s Ahn m, Vorfahr m
forefinger ['fɔːˌfɪŋɡə^r] s Zeigefinger m
forefront ['fɔːfrʌnt] s **at the ~ of** an der Spitze (+gen)
forego [fɔːˈɡəʊ] v/t ⟨prät forewent; pperf foregone⟩ verzichten auf (+akk)
foregone [fɔːˈɡɒn] **A** pperf → forego **B** ['fɔːɡɒn] adj **it was a ~ conclusion** es stand von vornherein fest
foreground ['fɔːɡraʊnd] s Vordergrund m; **in the ~** im Vordergrund
forehand ['fɔːhænd] **A** s SPORT Vorhand f **B** adj ⟨attr⟩ SPORT Vorhand-
forehead ['fɔːhed, 'fɒrɪd] s Stirn f
foreign ['fɒrən] adj **1** Mensch ausländisch; Essen, Sitten fremdländisch; **to be ~** Ausländer(in) m(f) sein; **~ countries** das Ausland; **~ travel** Auslandsreisen pl; **~ news** Auslandsnachrichten pl **2** Fremd-; **~ body** Fremdkörper m; **to be ~ to sb** j-m fremd sein
foreign affairs pl Außenpolitik f
foreign aid s Entwicklungshilfe f
foreign correspondent s Auslandskorrespondent(in) m(f)
foreign currency s Devisen pl
foreigner ['fɒrənə^r] s Ausländer(in) m(f)
foreign exchange s **on the ~s** an den Devisenbörsen
foreign language **A** s Fremdsprache f **B** adj ⟨attr⟩ Film fremdsprachig; **~ assistant** Fremdsprachenassistent(in) m(f)
Foreign Minister s Außenminister(in) m(f)
Foreign Office Br s Auswärtiges Amt
foreign policy s POL Außenpolitik f
Foreign Secretary Br s Außenminister(in) m(f)
foreign trade s Außenhandel m
foreleg ['fɔːleɡ] s Vorderbein n
foreman ['fɔːmən] s ⟨pl -men⟩ Vorarbeiter m; am Bau Polier m
foremost ['fɔːməʊst] **A** adj führend; **~ among them was John** John führte mit ihnen **B** adv vor allem
forename ['fɔːneɪm] s Vorname m
forensic [fəˈrensɪk] adj forensisch; MED gerichtsmedizinisch
forensic medicine s Gerichtsmedizin f
forensic science s Kriminaltechnik f

forensic scientist s Gerichtsmediziner(in) m(f)
foreplay ['fɔːpleɪ] s Vorspiel n
forerunner ['fɔːˌrʌnə^r] s Vorläufer m
foresee [fɔːˈsiː] v/t ⟨prät foresaw [fɔːˈsɔː]; pperf foreseen [fɔːˈsiːn]⟩ vorhersehen
foreseeable [fɔːˈsiːəbl] adj voraussehbar; **in the ~ future** in absehbarer Zeit
foreshadow [fɔːˈʃædəʊ] v/t ahnen lassen
foreshadowing [fɔːˈʃædəʊɪŋ] s Vorahnung f (Hinweise lassen den Leser erahnen, was als nächstes passieren könnte)
foresight ['fɔːsaɪt] s Weitblick m
foreskin ['fɔːskɪn] s Vorhaut f
forest ['fɒrɪst] s Wald m, Forst m
forestall [fɔːˈstɔːl] v/t j-n zuvorkommen (+dat)
forester ['fɒrɪstə^r] s Förster(in) m(f)
forest ranger US s Förster(in) m(f)
forestry ['fɒrɪstrɪ] s Forstwirtschaft f
foretaste ['fɔːteɪst] s Vorgeschmack m; **to give sb a ~ of sth** j-m einen Vorgeschmack von etw geben
foretell [fɔːˈtel] v/t ⟨prät, pperf foretold [fɔːˈtəʊld]⟩ vorhersagen
forever [fərˈevə^r] adv **1** ewig; weitermachen immer; **Scotland ~!** ein Hoch auf Schottland!; **it takes ~** umg es dauert ewig umg; **these slate roofs last ~** umg diese Schieferdächer halten ewig **2** sich verändern unwiderruflich; **the old social order was gone ~** das alte Gesellschaftssystem war für immer verschwunden; **to be ~ doing sth** umg (an)dauernd od ständig etw tun
forewarn [fɔːˈwɔːn] v/t vorher warnen
forewent [fɔːˈwent] prät → forego
foreword ['fɔːwɜːd] s Vorwort n
forfeit ['fɔːfɪt] **A** v/t **1** bes JUR verwirken **2** fig sein Leben einbüßen; Recht, Platz verlieren **B** s bes JUR Strafe f; fig Einbuße f; in Spiel Pfand n
forfeiture ['fɔːfɪtʃə^r] s Verlust m, Einbuße f; von Anspruch Verwirkung f
forgave [fəˈɡeɪv] prät → forgive
forge [fɔːdʒ] **A** s Schmiede f **B** v/t **1** Metall, Plan schmieden; Bündnis schließen **2** Unterschrift fälschen **C** v/i **to ~ ahead** vorwärtskommen
forger ['fɔːdʒə^r] s Fälscher(in) m(f)
forgery ['fɔːdʒərɪ] s Fälschung f; **the signature was a ~** die Unterschrift war gefälscht
forget [fəˈɡet] ⟨prät forgot; pperf forgotten⟩ **A** v/t vergessen; Fähigkeit, Sprache verlernen; **and don't you ~ it!** und dass du das ja nicht vergisst!; **to ~ to do sth** vergessen, etw zu tun; **I ~ his name** sein Name ist mir entfallen; **not ~ting ...** nicht zu vergessen ...; **~ it!** schon gut!; **you might as well ~ it** umg das kannst du vergessen umg **B** v/i es vergessen; **don't ~!** vergiss (es) nicht!; **I never ~** ich vergesse

nie etwas **C** v/r sich vergessen

phrasal verbs mit forget:

forget about v/i ⟨+obj⟩ vergessen
forgetful [fəˈgetfʊl] adj vergesslich
forgetfulness [fəˈgetfʊlnɪs] s Vergesslichkeit f
forget-me-not [fəˈgetmɪnɒt] s BOT Vergissmeinnicht n
forgettable [fəˈgetəbl] adj **it was an instantly ~ game** es war ein Spiel, das man sofort vergessen konnte
forgivable [fəˈgɪvəbl] adj verzeihbar
forgive [fəˈgɪv] v/t ⟨prät **forgave**; pperf **forgiven** [fəˈgɪvn]⟩ verzeihen; *Sünde* vergeben; **to ~ sb for sth** j-m etw verzeihen; **to ~ sb for doing sth** j-m verzeihen, dass er/sie etw getan hat
forgiven [fəˈgɪvn] pperf → forgive
forgiveness s ⟨kein pl⟩ **to ask/beg (sb's) ~** (j-n) um Verzeihung bitten; *bes* KIRCHE j-n um Vergebung bitten
forgiving [fəˈgɪvɪŋ] adj versöhnlich
forgo [fɔːˈgəʊ] v/t ⟨prät **forwent**; pperf **forgone**⟩ → forego
forgot [fəˈgɒt] prät → forget
forgotten [fəˈgɒtn] pperf → forget
fork [fɔːk] **A** s **1** Gabel f **2** *in Straße* Gabelung f; **take the left ~** nehmen Sie die linke Abzweigung **B** v/i *Straße, Ast* sich gabeln; **to ~ (to the) right** *Straße* nach rechts abzweigen

phrasal verbs mit fork:

fork out *umg* v/i & v/t ⟨trennb⟩ blechen *umg*
forked [fɔːkt] adj gegabelt; *Zunge* gespalten
fork-lift (truck) [ˈfɔːklɪft(ˈtrʌk)] *umg* s Gabelstapler m
forlorn [fəˈlɔːn] adj **1** verlassen, trostlos **2** *Versuch* verzweifelt; **in the ~ hope of finding a better life** in der verzweifelten Hoffnung auf ein besseres Leben
forlornly [fəˈlɔːnlɪ] adv **1** *stehen, warten* einsam und verlassen; *starren* verloren **2** *hoffen, versuchen* verzweifelt; (≈ *umsonst*) vergeblich
form [fɔːm] **A** s **1** Form f, Gestalt f; **~ of address** Anrede f; **a ~ of apology** eine Art der Entschuldigung; **in the ~ of** in Form von *od* +gen; **in tablet ~** in Tablettenform; **to be in fine ~** in guter Form sein; **to be on/off ~** in/außer Form sein; **he was in great ~ that evening** er war an dem Abend in Hochform; **on past ~** auf dem Papier **2** Formular n **3** *Br* SCHULE Klasse f **B** v/t **1** *Objekt, Charakter* formen (**into** zu) **2** *Vorliebe* entwickeln; *Freundschaft* schließen; *Meinung* sich (dat) bilden; *Plan* entwerfen **3** *Regierung, Teil, Kreis* bilden; *Firma* gründen; **to ~ a queue** *Br*, **to ~ a line** *US* eine Schlange bilden **C** v/i Gestalt annehmen
formal [ˈfɔːməl] adj **1** *Mensch, Ausdrucksweise* förmlich; *Gespräche, Ankündigung* formell; *Anlass* feierlich; **to make a ~ apology** sich in aller Form entschuldigen; **~ dress** Gesellschaftskleidung f; **~ language** gehobene *od* formelle Sprache **2** *Stil* formal **3** *Ausbildung* ordentlich
formality [fɔːˈmælɪtɪ] s **1** ⟨*kein pl*⟩ *von Mensch, Zeremonie* Förmlichkeit f **2** Formalität f
formalize [ˈfɔːməlaɪz] v/t *Regeln* formalisieren; *Abkommen* formell bekräftigen
formally [ˈfɔːməlɪ] adv sich benehmen, kleiden förmlich; *ankündigen* offiziell; sich entschuldigen in aller Form; **~ charged** JUR offiziell angeklagt
format [ˈfɔːmæt] **A** s Format n; *in Bezug auf Inhalt* Aufmachung f; RADIO, TV Struktur f **B** v/t IT formatieren
formation [fɔːˈmeɪʃən] s **1** Formung f; *von Regierung, Ausschuss* Bildung f; *von Firma* Gründung f **2** *von Flugzeugen* Formation f; **battle ~** Gefechtsaufstellung f
formative [ˈfɔːmətɪv] adj prägend; **her ~ years** die charakterbildenden Jahre in ihrem Leben
former [ˈfɔːmə] **A** adj **1** ehemalig, früher; **his ~ wife** seine Exfrau; **in ~ times** *od* **days** in früheren Zeiten **2** **the ~ alternative** die erstere Alternative **B** s **the ~** der/die/das Erstere, die Ersteren
-former [-ˌfɔːmə] s ⟨*suf*⟩ *Br* SCHULE -klässler(in) m(f); **fifth-former** Fünftklässler(in) m(f)
formerly [ˈfɔːməlɪ] adv früher; **the ~ communist countries** die ehemals kommunistischen Länder; **we had ~ agreed that …** wir hatten uns seinerzeit darauf geeinigt, dass …
form feed s IT Papiervorschub m
Formica® [fɔːˈmaɪkə] s Schichtstoff m, Schichtstoffplatte f
formidable [ˈfɔːmɪdəbl] adj *Herausforderung, Leistung, Kraft* gewaltig; *Mensch, Ruf* beeindruckend; *Gegner* mächtig; *Talente* außerordentlich
formidably [ˈfɔːmɪdəblɪ] adv hervorragend; **~ gifted** *od* **talented** außerordentlich begabt *od* talentiert
form letter s IT Formbrief m
form teacher *Br* s Klassenlehrer(in) m(f)
formula [ˈfɔːmjʊlə] s ⟨pl **-s** *od* **-e** [ˈfɔːmjʊliː]⟩ **1** Formel f; *von Salbe etc* Rezeptur f; **there's no sure ~ for success** es gibt kein Patentrezept für Erfolg; **all his books follow the same ~** alle seine Bücher sind nach demselben Rezept geschrieben **2** ⟨*kein pl*⟩ *a.* **~ milk** Säuglingsmilch f
Formula One s SPORT Formel 1
formulate [ˈfɔːmjʊleɪt] v/t formulieren
formulation [ˌfɔːmjʊˈleɪʃən] s Formulierung f
forsake [fəˈseɪk] v/t ⟨prät **forsook** [fəˈsʊk]; pperf **forsaken** [fəˈseɪkn]⟩ verlassen
forswear [fɔːˈsweə] v/t ⟨prät **forswore** [fɔːˈswɔː]; pperf **forsworn** [fɔːˈswɔːn]⟩ abschwören

(+*dat*)

fort [fɔːt] *s* MIL Fort *n*; **to hold the ~** *fig* die Stellung halten

forte ['fɔːteɪ] *s* Stärke *f*

forth [fɔːθ] *obs, form adv* **1** heraus-, hervor-; **to come ~** herauskommen **2 and so ~** und so weiter

forthcoming [fɔːθ'kʌmɪŋ] *form adj* **1** ⟨*attr*⟩ Ereignis bevorstehend; *Buch* in Kürze erscheinend; *Film* in Kürze anlaufend **2 to be ~** Geld zur Verfügung gestellt werden; *Hilfe* geleistet werden **3 to be ~ about sth** offen über etw (*akk*) reden; **not to be ~ on** *od* **about sth** sich über etw (*akk*) zurückhalten

forthright ['fɔːθraɪt] *adj* direkt; (≈ *ehrlich*) offen

fortieth ['fɔːtɪɪθ] **A** *adj* vierzigste(r, s) **B** *s* **1** Vierzigstel *n* **2** Vierzigste(r, s); → sixth

fortifications [ˌfɔːtɪfɪ'keɪʃənz] *pl* MIL Befestigungen *pl*

fortified wine [ˌfɔːtɪfaɪd'waɪn] *s* weinhaltiges Getränk

fortify ['fɔːtɪfaɪ] *v/t* MIL *Stadt* befestigen; *j-n* bestärken

fortitude ['fɔːtɪtjuːd] *s* (innere) Kraft

fortnight ['fɔːtnaɪt] *bes Br s* vierzehn Tage

fortnightly ['fɔːtnaɪtlɪ] *bes Br* **A** *adj* vierzehntäglich; **~ visits** Besuche *pl* alle vierzehn Tage **B** *adv* alle vierzehn Tage

fortress ['fɔːtrɪs] *s* Festung *f*

fortuitous *adj*, **fortuitously** [fɔː'tjuːɪtəs, -lɪ] *adv* zufällig

fortunate ['fɔːtʃənɪt] *adj* glücklich; **we are ~ that ...** wir können von Glück reden, dass ...; **it is ~ that ...** es ist ein Glück, dass ...; **it was ~ for him/Mr Fox that...** es war sein Glück/ein Glück für Mr Fox, dass ...

fortunately ['fɔːtʃənɪtlɪ] *adv* zum Glück; **~ for me, my friend noticed it** zu meinem Glück hat mein Freund es bemerkt

fortune ['fɔːtʃuːn] *s* **1** Schicksal *n*; **she followed his ~s with interest** sie verfolgte sein Geschick mit Interesse; **he had the good ~ to have rich parents** er hatte das Glück, reiche Eltern zu haben; **to tell sb's ~** j-m wahrsagen **2** Vermögen *n*; **to make a ~** ein Vermögen machen; **to make one's ~** sein Glück machen; **it costs a ~** es kostet ein Vermögen

fortune-teller ['fɔːtʃuːntelə] *s* Wahrsager(in) *m(f)*

forty ['fɔːtɪ] **A** *adj* vierzig; **to have ~ winks** *umg* ein Nickerchen machen *umg* **B** *s* Vierzig *f*; → sixty

forum ['fɔːrəm] *s* Forum *n*

forward ['fɔːwəd] **A** *adv* **1** (*a.* **~s**) vorwärts, nach vorn; **to take two steps ~** zwei Schritte vortreten; **to rush ~** sich vorstürzen; **to go straight ~** geradeaus gehen; **he drove backward(s) and ~(s) between the station and the house** er fuhr zwischen Haus und Bahnhof hin und her **2** *zeitlich* **from this time ~** seitdem; (≈ *zukünftig*) von jetzt an; **going ~** von jetzt an, von nun an, in Zukunft **3 to come ~** sich melden; **to bring ~ new evidence** neue Beweise vorlegen **B** *adj* **1** vordere(r, s); *mit Richtungsangabe* Vorwärts-; **this seat is too far ~** dieser Sitz ist zu weit vorn **2** *Planung* Voraus- **3** dreist **C** *s* SPORT Stürmer(in) *m(f)* **D** *v/t* **1** *Karriere* voranbringen **2** *Brief* nachsenden; *Gepäck, Dokument* weiterleiten; *bei Spedition* übersenden, transportieren

forwarding address [ˌfɔːwədɪŋə'dres] *s* Nachsendeadresse *f*

forwarding agent *s* WIRTSCH Spediteur(in) *m(f)*

forward-looking ['fɔːwədlʊkɪŋ] *adj* fortschrittlich

forwards ['fɔːwədz] *adv* → forward A 1

forward slash *s* TYPO Slash *m*, Schrägstrich *m*

forwent [fɔː'went] *prät* → forgo

fossil ['fɒsl] *wörtl s* Fossil *n*

fossil fuel *s* fossiler Brennstoff

fossilized ['fɒsɪlaɪzd] *adj* versteinert

foster ['fɒstə] **A** *adj* ⟨*attr*⟩ ADMIN Pflege-; **their children are in ~ care** ihre Kinder sind in Pflege **B** *v/t* **1** *Kind* in Pflege nehmen **2** *Entwicklung* fördern

foster child *s* Pflegekind *n*

foster family *s* Pflegefamilie *f*

foster home *s* Pflegestelle *f*

foster parents *pl* Pflegeeltern *pl*

fought [fɔːt] *prät & pperf* → fight

foul [faʊl] **A** *adj* **1** *Geschmack* widerlich; *Wasser* faulig; *Luft* stickig; *Geruch* ekelhaft **2** *Benehmen* abscheulich; *Tag* scheußlich *umg*; **he was really ~ to her** er war wirklich gemein zu ihr, er war wirklich fies zu ihr *umg*; **she has a ~ temper** sie ist ein ganz übellauniger Mensch; **to be in a ~ mood** *od* **temper** eine ganz miese Laune haben *umg*; **~ weather** scheußliches Wetter **3** anstößig; **~ language** Schimpfwörter *pl* **4 to fall ~ of the law** mit dem Gesetz in Konflikt geraten; **to fall ~ of sb** es sich (*dat*) mit j-m verderben **B** *v/t* **1** *Luft* verpesten; *Bürgersteig* verunreinigen **2** SPORT foulen **C** *s* SPORT Foul *n*

foul-mouthed *adj* unflätig

foul play *s* **1** SPORT unfaires Spiel **2** *fig* **the police do not suspect ~** die Polizei hat keinen Verdacht auf einen unnatürlichen Tod

found[1] [faʊnd] *prät & pperf* → find

found[2] *v/t* gründen; **to ~ sth (up)on sth** *Meinung* etw auf etw (*dat*) gründen; **our society is ~ed on this** das ist die Grundlage unserer Gesellschaft; **the novel is ~ed on fact** der Roman

basiert auf Tatsachen
foundation [faʊnˈdeɪʃən] s **1** Stiftung f; **research ~** Forschungsstiftung f **2** **~s** pl von Haus Fundament n **3** fig Grundlage f; **to be without ~** Gerüchte jeder Grundlage entbehren **4** (≈ Make-up) Grundierungscreme f

foundation stone s Grundstein m

founder[1] [ˈfaʊndər] s Gründer(in) m(f); von Wohlfahrtsorganisation Stifter(in) m(f)

founder[2] v/i **1** Schiff sinken **2** fig Projekt scheitern

founder member s Gründungsmitglied n

Founding Fathers [ˈfaʊndɪŋˈfɑːðəz] US pl Väter pl

foundry [ˈfaʊndrɪ] s Gießerei f

fount [faʊnt] s **1** fig Quelle f **2** TYPO Schrift f

fountain [ˈfaʊntɪn] s Brunnen m

fountain pen s Füllfederhalter m

four [fɔːr] **A** adj vier **B** s Vier f; **on all ~s** auf allen vieren; → six

four-day adj ⟨attr⟩ viertägig

four-door adj ⟨attr⟩ viertürig

four-figure adj ⟨attr⟩ vierstellig

fourfold **A** adj vierfach **B** adv um das Vierfache

four-leaf clover s vierblättriges Kleeblatt

four-legged adj vierbeinig

four-letter word s Vulgärausdruck m

four-part adj ⟨attr⟩ Serie, Programm vierteilig; Plan aus vier Teilen bestehend; MUS für vier Stimmen; Harmonie, Chor vierstimmig

four-poster (bed) s Himmelbett n

four-seater **A** adj viersitzig **B** s Viersitzer m

foursome s Quartett n

four-star adj Vier-Sterne-; **~ hotel/restaurant** Vier-Sterne-Hotel/-Restaurant n

four-star petrol Br s Super(benzin) n

fourteen [ˈfɔːˈtiːn] **A** adj vierzehn **B** s Vierzehn f

fourteenth [ˈfɔːˈtiːnθ] **A** adj vierzehnte(r, s) **B** s **1** Vierzehntel n **2** Vierzehnte(r, s); → sixteenth

fourth [fɔːθ] **A** adj vierte(r, s) **B** s **1** Viertel n **2** Vierte(r, s); **in ~** AUTO im vierten Gang; → sixth

fourthly [ˈfɔːθlɪ] adv viertens

four-wheel drive s Vierradantrieb m

four-wheeler US s Quad n (vierrädriges Motorrad)

fowl [faʊl] s kollektiv Geflügel n; einzelnes Tier Huhn n etc

fox [fɒks] **A** s Fuchs m **B** v/t verblüffen

foxglove s BOT Fingerhut m

fox-hunting s Fuchsjagd f; **to go ~** auf die od zur Fuchsjagd gehen

foyer [ˈfɔɪeɪ] s Foyer n; bes US in Wohnhaus Diele f

Fr[1] abk (= Father) Vater m

Fr[2] abk (= Friar) Mönch m; Bruder m

fracas [ˈfrækɑː] s Tumult m

fracking s GEOL Fracking n

fraction [ˈfrækʃən] s **1** MATH Bruch m; **to do ~s** bruchrechnen **2** fig Bruchteil m; **move it just a ~** verrücke es (um) eine Spur; **for a ~ of a second** einen Augenblick lang

fractional [ˈfrækʃənl] adj MATH Bruch-; fig geringfügig; **~ part** Bruchteil m

fractionally [ˈfrækʃənəlɪ] adv weniger, langsamer geringfügig; steigen um einen Bruchteil

fractious [ˈfrækʃəs] adj verdrießlich; Kind aufsässig

fracture [ˈfræktʃər] **A** s Bruch m **B** v/t & v/i brechen; **he ~d his shoulder** er hat sich (dat) die Schulter gebrochen; **~d skull** Schädelbruch m

fragile [ˈfrædʒaɪl] adj Objekt zerbrechlich; Struktur fragil; **"fragile (handle) with care"** „Vorsicht, zerbrechlich!"; **to feel ~** umg sich angeschlagen fühlen

fragility [frəˈdʒɪlɪtɪ] s von Glas, Porzellan Zerbrechlichkeit f; von Stoff Feinheit f; von Gesundheit Zartheit f; von Frieden, Waffenstillstand Brüchigkeit f; von Geisteszustand, Wirtschaft Labilität f

fragment [ˈfrægmənt] **A** s Bruchstück n; von Glas Scherbe f; von Programm etc Bruchteil m **B** [frægˈment] v/i fig Gesellschaft zerfallen

fragmentary [ˈfrægməntərɪ] wörtl, fig adj fragmentarisch, bruchstückhaft

fragmentation [ˌfrægmenˈteɪʃən] s von Gesellschaft Zerfall m

fragmented [frægˈmentɪd] adj bruchstückhaft, unzusammenhängend

fragrance [ˈfreɪgrəns] s Duft m

fragrance-free adj unparfümiert; geruchsneutral

fragrant [ˈfreɪgrənt] adj duftend; **~ smell** Duft m

frail [freɪl] adj ⟨+er⟩ Mensch gebrechlich; Gesundheit zart; Struktur fragil; **to look ~** Mensch schwach aussehen

frailty [ˈfreɪltɪ] s von Mensch Gebrechlichkeit f

frame [freɪm] **A** s **1** Rahmen m; von Bauwerk, Schiff Gerippe n **2** a. **~s** Gestell n **3** **~ of mind** (≈ geistig) Verfassung f; (≈ Laune) Stimmung f; **in a cheerful ~ of mind** in fröhlicher Stimmung **4** FILM, FOTO (Einzel)bild n **B** v/t **1** Bild rahmen; fig Gesicht etc ein- od umrahmen **2** Antwort, Frage formulieren **3** umg **he said he had been ~d** er sagte, man habe ihm die Sache angehängt umg

frame-up s umg abgekartetes Spiel

framework wörtl s Grundgerüst n; fig von Essay etc Gerippe n; von Gesellschaft grundlegende Struktur; **within the ~ of ...** im Rahmen (+gen) ...

framily [ˈfræmɪlɪ] s entstanden aus friend (Freund/

Freundin) *und* family (*Familie*) **enge Freunde als Familienersatz**
France [frɑːns] *s* Frankreich *n*
franchise ['fræntʃaɪz] *s* **1** POL Wahlrecht *n* **2** HANDEL Franchise *f*
Franco- ['fræŋkəʊ-] *zssgn* Französisch-, Franko-
frank¹ [fræŋk] *adj* ⟨+er⟩ offen; **to be ~ with sb** offen mit od zu j-m sein; **to be (perfectly) ~ (with you)** um (ganz) ehrlich zu sein
frank² *v/t Brief* frankieren, stempeln
frankfurter ['fræŋk‚fɜːtə^r] *s* (Frankfurter) Würstchen *n*
frankincense ['fræŋkɪnsens] *s* Weihrauch *m*
franking machine ['fræŋkɪŋmə‚ʃiːn] *s* Frankiermaschine *f*
frankly ['fræŋklɪ] *adv* **1** *sich unterhalten* offen **2** ehrlich gesagt; **quite ~, I don't care** um ganz ehrlich zu sein, es ist mir egal
frankness ['fræŋknɪs] *s* Offenheit *f*
frantic ['fræntɪk] *adj* **1** *Mensch, Suche* verzweifelt; **I was ~** ich war außer mir; **to drive sb ~** j-n zur Verzweiflung treiben **2** *Tag* hektisch; **~ activity** hektisches Treiben, fieberhafte Tätigkeit
frantically ['fræntɪkəlɪ] *adv* **1** *suchen, versuchen* verzweifelt **2** *arbeiten, herumlaufen* hektisch; *winken, kritzeln* wie wild
frappuccino® [‚fræpəˈtʃiːnəʊ] *s* ⟨*pl* -s⟩ Frappuccino® *m* (*Kaltgetränk aus gestoßenem Eis, Kaffee und Milch*)
fraternal [frəˈtɜːnl] *adj* brüderlich
fraternity [frəˈtɜːnɪtɪ] *s* Vereinigung *f*; *US UNIV* Verbindung *f*; **the legal ~** die Juristen *pl*; **the criminal ~** die Kriminellen *pl*
fraternize ['frætənaɪz] *v/i* (freundschaftlichen) Umgang haben (**with** mit)
fraud [frɔːd] *s* **1** ⟨*kein pl*⟩ Betrug *m*, Schwindel *m* **2** Betrüger(in) *m(f)*; *Krankheit vortäuschend* Simulant(in) *m(f)*
fraudulent ['frɔːdjʊlənt] *adj* betrügerisch
fraudulently ['frɔːdjʊləntlɪ] *adv* *sich verhalten* betrügerisch; *sich verschaffen* auf betrügerische Weise
fraught [frɔːt] *adj* **1 ~ with difficulty** voller Schwierigkeiten; **~ with danger** gefahrvoll **2** *Stimmung* gespannt; *Mensch* angespannt
fray¹ [freɪ] *s* **to enter the ~** *fig* sich in den Kampf *od* Streit einschalten
fray² *v/i Tuch* (aus)fransen; *Seil* sich durchscheuern; **tempers began to ~** die Gemüter begannen sich zu erhitzen
frayed *adj Jeans* ausgefranst; **tempers were ~** die Gemüter waren erhitzt
frazzle ['fræzl] **A** *s umg* **burnt to a ~** *Br* völlig verkohlt; **worn to a ~** (≈ *erschöpft*) total kaputt *umg* **B** *v/t US umg* ausfransen
freak [friːk] **A** *s* **1** (≈ *Mensch, Tier*) Missgeburt *f*; **~ of nature** Laune *f* der Natur **2** *umg* **health ~** Gesundheitsfreak *m umg* **3** *umg* (≈ *seltsamer Mensch*) Irre(r) *m/f(m)* **B** *adj Wetter, Bedingungen* anormal; *Sturm* ungewöhnlich stark; *Unfall* verrückt

phrasal verbs mit freak:
freak out *umg* **A** *v/i* ausflippen *umg* **B** *v/t* ⟨*trennb*⟩ **it freaked me out** dabei bin ich ausgeflippt *umg*

freakish ['friːkɪʃ] *adj Wetter* launisch
freckle ['frekl] *s* Sommersprosse *f*
freckled ['frekld], **freckly** ['freklɪ] *adj* sommersprossig
free [friː] **A** *adj* ⟨*komp* freer⟩ **1** frei; **as ~ as a bird** frei wie ein Vogel; **to go ~** freigelassen werden; **to set sb/sth ~** j-n/etw freilassen; **to break ~** sich befreien; **you're ~ to choose** die Wahl steht Ihnen frei; **you're ~ to go now** Sie können jetzt gehen(, wenn Sie wollen); **(do) feel ~ to ask questions** fragen Sie ruhig; **feel ~!** *umg* bitte, gern(e)!; **his arms were left ~** seine Arme waren frei (gelassen); **~ elections** freie Wahlen *pl*; **~ from worry** sorgenfrei; **~ from blame** frei von Schuld; **~ of sth** frei von etw; **~ of fear** ohne Angst; **at last I was ~ of her** endlich war ich sie los; **to be ~** (≈ *unbeschäftigt sein*) Zeit haben **2** kostenlos; HANDEL gratis, umsonst; **it's ~** das kostet nichts; **admission ~** Eintritt frei; **to get sth ~** etw umsonst bekommen; **we got in ~** *od* **for ~** *umg* wir kamen umsonst rein; **~ delivery** (porto)freier Versand **3** **to be ~ with one's money** großzügig mit seinem Geld umgehen; **to be ~ with one's advice** Ratschläge erteilen **B** *v/t* freilassen, befreien; losbinden

phrasal verbs mit free:
free up *v/t* j-n frei machen; *Zeit* freimachen; *Geld* verfügbar machen

-free *adj* ⟨*suf*⟩ -frei
free-and-easy [ˈfriːənˈiːzɪ] *adj* ⟨*attr*⟩, **free and easy** ⟨*präd*⟩ ungezwungen; *moralisch* locker
freebie, **freebee** [ˈfriːbiː] *umg s* Werbegeschenk *n*
free church *s* Freikirche *f*
freedom [ˈfriːdəm] *s* Freiheit *f*; **to give sb (the) ~ to do sth** j-m (die) Freiheit lassen, etw zu tun; **~ of conscience** Gewissensfreiheit *f*; **~ of the press** Pressefreiheit *f*; **~ of religion** Religionsfreiheit *f*; **~ of speech** Redefreiheit *f*; **~ of expression** Redefreiheit *f*; **~ of thought** Gedankenfreiheit *f*; **~ of trade** Gewerbefreiheit *f*
freedom fighter *s* Freiheitskämpfer(in) *m(f)*
free enterprise *s* freies Unternehmertum
Freefone® [ˈfriːfəʊn] *Br s* **call ~®** 0800 rufen Sie gebührenfrei unter 0800 an; **~® number** gebührenfreie Telefonnummer

free-for-all s (≈ *Kampf*) allgemeine Schlägerei
freegan ['fri:gən] s Freeganer(in) m(f) (*Boykotteur der Überfluss- und Wegwerfgesellschaft*)
free gift s (Gratis)geschenk n
freehand adv aus freier Hand
freehold A s Besitzrecht n B adj ~ **property** freier Grundbesitz
freeholder s Grundeigentümer(in) m(f)
free house Br s Wirtshaus, das nicht an eine bestimmte Brauerei gebunden ist
free kick s SPORT Freistoß m
freelance A adj *Journalist* frei(schaffend); *Arbeit* freiberuflich B adv freiberuflich C s (a. **freelancer**) Freiberufler(in) m(f), freier Mitarbeiter, freie Mitarbeiterin
freeloader umg s Schmarotzer(in) m(f)
freely ['fri:lı] adv ▮ großzügig; **to use sth ~** reichlich von etw Gebrauch machen; **I ~ admit that ...** ich gebe gern zu, dass ... ▮ *reden, sich bewegen* frei; *fließen* ungehindert; **to be ~ available** ohne Schwierigkeiten zu haben sein
freeman s ⟨pl -men⟩ freier Mann
free-market economy s freie Marktwirtschaft
Freemason s Freimaurer m
freemasonry s Freimaurerei f
Freepost® s **"Freepost"** ≈ „Gebühr zahlt Empfänger"
free-range Br adj *Huhn* frei laufend; *Schwein* aus Freilandhaltung; **~ eggs** Freilandier pl
free sample s Gratisprobe f
free speech s Redefreiheit f
freestanding adj frei stehend
freestyle A s *Schwimmen* Freistil m B sl v/i improvisieren
free time s freie Zeit, Freizeit f
free-time activities pl Freizeitaktivitäten pl
free-to-air adj Br TV *Programm, Kanal* frei empfangbar
free trade s Freihandel m
freeware s IT Freeware f
freeway US s Autobahn f
freewheel v/i im Freilauf fahren
free will s **he did it of his own ~** er hat es aus freien Stücken getan
freeze [fri:z] ⟨v: prät froze; pperf frozen⟩ A v/i ▮ METEO frieren, gefrieren; *See* zufrieren; *Rohre* einfrieren; **to ~ to death** wörtl erfrieren; **meat ~s well** Fleisch lässt sich gut einfrieren ▮ fig *Lächeln* erstarren ▮ in der Bewegung verharren; **~!** keine Bewegung! B v/t ▮ *Wasser* gefrieren; GASTR einfrieren ▮ WIRTSCH *Vermögenswerte* festlegen; *Kredit, Konto* einfrieren; *Film* anhalten C s ▮ METEO Frost m ▮ WIRTSCH Stopp m; **a wage(s) ~, a ~ on wages** ein Lohnstopp m

phrasal verbs mit freeze:

freeze over v/i *See, Fluss* überfrieren

freeze up v/i zufrieren; *Rohre* einfrieren
freeze-dry ['fri:zdraı] v/t gefriertrocknen
freezer ['fri:zə^r] s Tiefkühltruhe f, Gefrierschrank m; Br von *Kühlschrank* Gefrierfach n
freezer compartment s Gefrierfach n
freezing ['fri:zıŋ] A adj ▮ wörtl *Temperatur* unter null; **~ weather** Frostwetter n eiskalt; *Wind* eisig; **in the ~ cold** bei klirrender Kälte; **it's ~ (cold)** es ist eiskalt; **I'm ~** mir ist eiskalt; **my hands/feet are ~** meine Hände/Füße sind eiskalt B s ▮ GASTR Einfrieren n ▮ der Gefrierpunkt; **above/below ~** über/unter null
freezing point s Gefrierpunkt m; **below ~** unter null
freight [freıt] s Fracht f
freightage ['freıtıdʒ] s Frachtkosten pl
freight car s US Waggon m, Güterwagen m
freight depot US s Güterbahnhof m
freighter ['freıtə^r] s SCHIFF Frachter m
freight train s Güterzug m
French [frentʃ] A adj französisch; **he is ~ and she is ~** er ist Franzose und sie ist Französin B s ▮ LING Französisch n; **in ~** auf Französisch ▮ **the ~** pl die Franzosen pl
French bean s grüne Bohne, Fisole f österr
French bread s Baguette n
French doors pl Verandatür f
French dressing s ▮ GASTR Br Vinaigrette f ▮ GASTR US French Dressing n
French fries pl bes US Pommes frites pl
French horn s MUS (Wald)horn n; **to play the ~** Waldhorn spielen
French kiss s Zungenkuss m
French loaf s Baguette n
Frenchman s ⟨pl -men⟩ Franzose m
French stick s Baguette f
French toast s *in Ei getunktes gebratenes Brot*
French windows pl Verandatür f
Frenchwoman s ⟨pl -women [-wımın]⟩ Französin f
frenetic [frə'netık] adj hektisch; *Tanzen* wild
frenetically [frə'netıklı] adv ⟨+v⟩ wie wild; *arbeiten* fieberhaft; *tanzen* frenetisch
frenzied ['frenzıd] adj fieberhaft; *Angriff* wild
frenzy ['frenzı] s Raserei f; **in a ~** in wilder Aufregung; **he worked himself up into a ~** er steigerte sich in eine Raserei (hinein); **~ of activity** hektische Betriebsamkeit; **~ of excitement** helle Aufregung
frequency ['fri:kwənsı] s Häufigkeit f; PHYS Frequenz f; **high/low ~** Hoch-/Niederfrequenz f
frequent A ['fri:kwənt] adj häufig; *Berichte* zahlreich; **there are ~ trains** es verkehren viele Züge; **violent clashes were a ~ occurrence** es kam oft zu gewalttätigen Zusammenstößen B [frı'kwent] v/t form *Ort* (oft) besuchen

frequently ['friːkwəntlɪ] *adv* oft, häufig
fresco ['freskəʊ] *s* ⟨*pl* -(e)s⟩ Fresko(gemälde) *n*
fresh [freʃ] **A** *adj* frisch; *Anweisungen* neu; *Anschuldigungen, Berichte* weitere(r, s); *Angriff* erneut; *Herangehensweise* erfrischend; **~ supplies** Nachschub *m*; **to make a ~ start** neu anfangen; **as ~ as a daisy** taufrisch **B** *adv* **1** (≈ *direkt*) **young men ~ out of university** junge Männer, die frisch von der Universität kommen; **cakes ~ from the oven** ofenfrische Kuchen **2** *umg* **we're ~ out of cheese** uns ist gerade der Käse ausgegangen; **they are ~ out of ideas** ihnen sind die Ideen ausgegangen
fresh air *s* frische Luft; **to go out into the ~** an die frische Luft gehen; **to go for a breath of ~** frische Luft schnappen gehen; **to be (like) a breath of ~** *fig* wirklich erfrischend sein
freshen ['freʃn] **A** *v/i Wind* auffrischen; *Luft* frisch werden **B** *v/t* **chewing gum to ~ the breath** Kaugummi, um den Atem zu erfrischen

phrasal verbs mit freshen:

freshen up **A** *v/i & v/r* sich frisch machen **B** *v/t* ⟨*trennb*⟩ Zimmer frischer aussehen lassen; *Image* aufmöbeln *umg*
fresher ['freʃə'] *s Br UNIV umg* Erstsemester *n umg*
freshly ['freʃlɪ] *adv* frisch; **a ~ baked cake** ein frisch gebackener Kuchen
freshman ['freʃmən] *s* ⟨*pl* -men⟩ *US UNIV* Erstsemester *n umg*
freshness *s* Frische *f*
freshwater ['freʃwɔːtə'] *adj* ⟨*attr*⟩ **~ fish** Süßwasserfisch *m*
fret[1] [fret] *v/i* sich (*dat*) Sorgen machen (**about** um); **don't ~** beruhige dich
fret[2] *s auf Gitarre etc* Bund *m*
fretful ['fretfʊl] *adj Kind* quengelig; *Erwachsener* wehleidig
fret saw *s* Laubsäge *f*
Freudian slip *s* freudscher Versprecher
FRG *abk* (= Federal Republic of Germany) BRD *f*
Fri *abk* (= Friday) Fr.
friar ['fraɪə'] *s* Mönch *m*; **Friar John** Bruder John
fricassee [,frɪkə'siː] **A** *s* Frikassee *n* **B** *v/t* frikassieren
friction ['frɪkʃən] *s* **1** Reibung *f* **2** *fig* Reibereien *pl*; **there is constant ~ between them** sie reiben sich ständig aneinander
Friday ['fraɪdɪ] *s* Freitag *m*; → Tuesday
fridge [frɪdʒ] *s* Kühlschrank *m*
fridge-freezer ['frɪdʒ'friːzə'] *s* Kühl-Gefrierkombination *f*
fridge magnet *s Br* Kühlschrankmagnet *m*
fried [fraɪd] **A** *prät & pperf* → fry **B** *adj* gebraten; **~ chicken** Brathähnchen *n*; **~ egg** Spiegelei *n*; **~ potatoes** Bratkartoffeln *pl*

friend [frend] *s* Freund(in) *m(f)*, Bekannte(r) *m|f(m)*; **to make ~s (with sb)** (mit j-m) Freundschaft schließen, sich (mit j-m) anfreunden; **he makes ~s easily** er findet leicht Freunde; **he's no ~ of mine** er ist nicht mein Freund; **to be ~s with sb** mit j-m befreundet sein; **we're just (good) ~s** da ist nichts, wir sind nur gut befreundet
friendliness ['frendlɪnɪs] *s* Freundlichkeit *f*; *von Beziehung* Freundschaftlichkeit *f*
friendly ['frendlɪ] **A** *adj* ⟨*komp* friendlier⟩ **1** freundlich; *Auseinandersetzung, Rat* freundschaftlich; *Hund* zutraulich; **to be ~ to sb** freundlich zu j-m sein; **to be ~ (with sb)** (mit j-m) befreundet sein; **~ relations** freundschaftliche Beziehungen *pl*; **to be on ~ terms with sb** mit j-m auf freundschaftlichem Fuße stehen; **to become** *od* **get ~ with sb** sich mit j-m anfreunden **2** *POL Staat* befreundet; *Regierung* freundlich gesinnt (**to** +*dat*) **B** *s* (*a.* **friendly match**) *SPORT* Freundschaftsspiel *n*
friendship ['frendʃɪp] *s* Freundschaft *f*
frier [fraɪə'] *s GASTR* Fritteuse *f*
fries [fraɪz] *s Br US umg pl* Pommes *pl umg*
Friesian ['friːʒən] *s* (≈ *Kuhrasse*) Deutsche Schwarzbunte *f*
frieze [friːz] *s ARCH* Fries *m*, Zierstreifen *m*
frigate ['frɪɡɪt] *s SCHIFF* Fregatte *f*
fright [fraɪt] *s* Schreck(en) *m*; **to get a ~** sich erschrecken; **to give sb a ~** j-m einen Schreck(en) einjagen
frighten ['fraɪtn] *v/t* erschrecken, Angst machen (+*dat*); **to be ~ed by sth** vor etw (*dat*) erschrecken; **to ~ the life out of sb** j-n zu Tode erschrecken

phrasal verbs mit frighten:

frighten away, frighten off *v/t* ⟨*trennb*⟩ abschrecken; *mit Absicht* verscheuchen
frightened ['fraɪtnd] *adj* ängstlich, verängstigt; *Blick a.* angsterfüllt; **to be ~ (of sb/sth)** (vor j-m/etw) Angst haben, sich (vor j-m/etw) fürchten; **don't be ~** hab keine Angst; **they were ~ (that) there would be another earthquake** sie hatten Angst (davor), dass es noch ein Erdbeben geben könnte
frightening ['fraɪtnɪŋ] *adj Erlebnis* furchterregend; *Situation, Anblick, Gedanke* erschreckend; **to look ~** zum Fürchten aussehen; **it is ~ to think what could happen** es ist beängstigend, wenn man denkt, was alles passieren könnte
frightful ['fraɪtfʊl] *adj umg* furchtbar
frigid ['frɪdʒɪd] *adj* frigide
frill [frɪl] *s* **1** *an Oberhemd* Rüsche *f* **2** *fig* **with all the ~s** mit allem Drum und Dran *umg*; **a simple meal without ~s** ein schlichtes Essen
frilly ['frɪlɪ] *adj* ⟨*komp* frillier⟩ *Kleidung* mit Rü-

schen; **to be ~** Rüschen haben; **~ dress** Rüschenkleid *n*

fringe [frɪndʒ] *s* **1** *an Schal* Fransen *pl* **2** *Br* (≈ *Frisur*) Pony *m* **3** *fig* Rand *m*; **on the ~ of the forest** am Waldrand; **the ~s of a city** die Randbezirke *pl* einer Stadt

fringe benefits *pl* zusätzliche Leistungen *pl*

fringed [frɪndʒd] *adj Rock, Schal* mit Fransen; *Lampenschirm* mit Fransenkante

fringe group *s* Randgruppe *f*

fringe theatre *s*, **fringe theater** *US s* avantgardistisches Theater

Frisbee® [ˈfrɪzbɪ] *s* Frisbee® *n*

frisk [frɪsk] *v/t Verdächtigen etc* filzen *umg*

frisky [ˈfrɪskɪ] *adj* ⟨*komp* friskier⟩ verspielt

fritter¹ [ˈfrɪtə*ʳ*] *v/t*, **fritter away** *Br* vergeuden

fritter² *s* GASTR Beignet *m*

frivolity [frɪˈvɒlɪtɪ] *s* Frivolität *f*

frivolous [ˈfrɪvələs] *adj Haltung, Bemerkung* frivol; *Handlung* albern

frizzy [ˈfrɪzɪ] *adj* ⟨*komp* frizzier⟩ *Haar* kraus

fro [frəʊ] *adv* → *to* → *to-ing and fro-ing*

frock [frɒk] *s* Kleid *n*

frog [frɒg] *s* Frosch *m*; **to have a ~ in one's throat** einen Frosch im Hals haben

frogman *s* ⟨*pl* -men⟩ Froschmann *m*

frogmarch *Br v/t* (weg)schleifen

frogspawn *s* Froschlaich *m*

frog suit *s* Taucheranzug *m*

frolic [ˈfrɒlɪk] *v/i* ⟨*v: prät, pperf* frolicked⟩, **frolic about** *od* **around** herumtoben

from [frɒm] *präp* **1** von (+*dat*), aus (+*dat*); **he has come ~ London** er ist von London gekommen; **I come** *od* **am ~ Germany** ich komme aus Deutschland; **where do you come ~?**, **where are you ~?** woher kommst du?; **the train ~ Manchester** der Zug aus Manchester; **the train ~ Manchester to London** der Zug von Manchester nach London; **~ house to house** von Haus zu Haus; **~ all over the UK/England** aus dem gesamten Vereinigten Königreich/aus ganz England; **a representative ~ the company** ein Vertreter der Firma; **to take sth ~ sb** j-m etw wegnehmen; **to steal sth ~ sb** j-m etw stehlen; **where did you get that ~?** wo hast du das her?; **I got it ~ the supermarket/Kathy** ich habe es aus dem Supermarkt/von Kathy; **quotation ~ "Hamlet"/the Bible/Shakespeare** Zitat *n* aus „Hamlet"/aus der Bibel/nach Shakespeare; **dresses ~ the 60s** Kleider *pl* aus den 60er Jahren; **translated ~ the English** aus dem Englischen übersetzt; **made ~ ...** aus ... hergestellt; **he ran away ~ home** er rannte von zu Hause weg; **he escaped ~ prison** er entkam aus dem Gefängnis; **~ inside** von innen; **~ experience** aus Erfahrung; **to stop sb ~ doing sth** j-n davon zurückhalten, etw zu tun **2** *zeitlich* seit (+*dat*); *in der Zukunft* ab (+*dat*), von (+*dat*) ... an; **~ last week until** *od* **to yesterday** von letzter Woche bis gestern; **~ Monday to Friday** von Montag bis Freitag; **~ now on** von jetzt an, ab jetzt; **~ then on** von da an; **~ time to time** von Zeit zu Zeit; **as ~ the 6th May** vom 6. Mai an, ab (dem) 6. Mai; **5 years ~ now** in 5 Jahren **3** von (+*dat*) (... weg); *von Stadt etc* von (+*dat*) ... (entfernt); **to work away ~ home** außer Haus arbeiten **4** ab (+*dat*); **~ £2 (upwards)** ab £ 2 (aufwärts); **dresses (ranging) ~ £60 to £80** Kleider *pl* zwischen £ 60 und £ 80 **5** *Veränderung* **things went ~ bad to worse** es wurde immer schlimmer; **he went ~ office boy to director** er stieg vom Laufjungen zum Direktor auf; **a price increase ~ £1 to £1.50** eine Preiserhöhung von £ 1 auf £ 1,50 **6** *Unterschied* **he is quite different ~ the others** er ist ganz anders als die andern; **to tell black ~ white** Schwarz und Weiß auseinanderhalten **7** (≈ *aufgrund von*) **weak ~ hunger** schwach vor Hunger; **to suffer ~ sth** an etw (*dat*) leiden; **to shelter ~ the rain** sich vor dem Regen unterstellen; **to protect sb ~ sth** j-n vor etw (*dat*) schützen; **to judge ~ recent reports** ... nach neueren Berichten zu urteilen ...; **~ the look of things** ... (so) wie die Sache aussieht ... **8** MATH **3 ~ 8 leaves 5** 8 weniger 3 ist 5; **take 12 ~ 18** nimm 12 von 18 weg; **£10 will be deducted ~ your account** £ 10 werden von Ihrem Konto abgebucht **9** ⟨+*präp*⟩ **~ over/across sth** über etw (*akk*) hinweg; **~ beneath sth** unter etw (*dat*) hervor; **~ among the trees** zwischen den Bäumen hervor; **~ inside the house** von drinnen

fromage frais [ˌfrɒmɑːʒˈfreɪ] *s* ≈ Quark *m*, ≈ Topfen *m österr*

frond [frɒnd] *s* **1** Farnwedel *m* **2** Palmwedel *m*

front [frʌnt] **A** *s* **1** Vorderseite *f*, Vorderteil *n*; *von Gebäude* Vorderfront *f*; **in ~** vorne; **in ~ of sb/sth** vor j-m/etw; **at the ~** vorne, im vorderen Teil; **at the ~ of** *in etw* vorne in (+*dat*); *außen* vor (+*dat*); (≈ *führend*) an der Spitze (+*gen*); **to the ~** nach vorn; **look in ~ of you** blicken Sie nach vorne; **the ~ of the queue** *Br*, **the ~ of the line** *US* die Spitze der Schlange; **she spilled tea down the ~ of her dress** sie verschüttete Tee vorn über ihr Kleid **2** MIL, POL, METEO Front *f*; **on the wages ~** was die Löhne betrifft **3** *Br* Strandpromenade *f* **4** Fassade *f*; **to put on a bold ~** eine tapfere Miene zur Schau stellen; **it's just a ~** das ist nur Fassade **B** *adv* **up ~** vorne; **50% up ~** 50% Vorschuss **C** *v/t Organisation* leiten **D** *adj* vorderste(r, s), Vorder-; *Seite* erste(r, s); **~ tooth/wheel**

Vorderzahn m/-rad n; **~ row** erste od vorderste Reihe

frontal ['frʌntl] adj ⟨attr⟩ **~ attack** Frontalangriff m

front bench s PARL vorderste Reihe (*wo die führenden Politiker sitzen*)

frontbencher s PARL führendes Fraktionsmitglied

front cover s Titelseite f

front door s Haustür f

front entrance s Vordereingang m

front garden s Vorgarten m

frontier [frʌn'tɪəʳ] s Grenze f

front line s Front(linie) f

frontline adj MIL Front-

front man s ⟨pl - men⟩ pej Strohmann m

front page s Titelseite f

front-page adj ⟨attr⟩ auf der ersten Seite; **to be** od **make ~ news** Schlagzeilen machen

front row s erste Reihe

frontrunner fig s Spitzenreiter(in) m(f)

front seat s Platz m in der ersten Reihe; AUTO Vordersitz m

front-seat passenger s AUTO Beifahrer(in) m(f)

front-wheel drive s Vorderradantrieb m

frost [frɒst] **A** s Frost m; *auf Blättern etc* Raureif m **B** v/t *bes US Kuchen* mit Zuckerguss überziehen

phrasal verbs mit frost:

frost over, od **up** v/i *Fenster etc* zufrieren

frostbite s Frostbeulen pl; *schwerer* Erfrierungen pl

frosted ['frɒstɪd] adj *bes US Kuchen* mit Zuckerguss überzogen

frosted glass s Milchglas n

frosting ['frɒstɪŋ] *bes US* s Zuckerguss m

frosty ['frɒstɪ] adj ⟨komp frostier⟩ frostig; *Boden* von Raureif bedeckt; *Blick* eisig; **~ weather** Frostwetter n

froth [frɒθ] **A** s a. MED Schaum m **B** v/i schäumen; **the dog was ~ing at the mouth** der Hund hatte Schaum vor dem Maul; **he was ~ing at the mouth (with rage)** er schäumte vor Wut

frother ['frɒθəʳ] s Milchschäumer m

frothy ['frɒθɪ] adj ⟨komp frothier⟩ schäumend; *Mischung* schaumig

frown [fraʊn] **A** s Stirnrunzeln n kein pl; **to give a ~** die Stirn(e) runzeln **B** v/i die Stirn(e) runzeln (**at** über +akk)

phrasal verbs mit frown:

frown (up)on fig v/i ⟨+obj⟩ missbilligen; **this practice is frowned (up)on** diese Gewohnheit ist verpönt

froze [frəʊz] prät → freeze

frozen ['frəʊzn] **A** pperf → freeze **B** adj **1** *Boden* gefroren; *Rohr* eingefroren; **~ hard** hart gefroren; **~ (over)** See zugefroren; **~ solid** ganz zugefroren **2** *Fleisch* tiefgekühlt; **~ peas** gefrorene Erbsen **3** *umg Mensch* eiskalt; **I'm ~** mir ist eiskalt; **to be ~ stiff** steif gefroren sein **4** starr; **~ in horror** starr vor Schreck

frozen food s Tiefkühlkost f

fructose ['frʌktəʊs] Fruktose f

fructose-free adj fruktosefrei

fructose intolerance s Fruktoseunverträglichkeit f

frugal ['fruːgəl] adj genügsam; *Mahlzeit* karg

fruit [fruːt] s *kollektiv* Obst n; BOT, a. fig Frucht f; **would you like some** od **a piece of ~?** möchten Sie etwas Obst?; **to pick ~** Obst pflücken

fruitcake s englischer Kuchen

fruit cocktail s Obstsalat m

fruitful adj *Verhandlungen* fruchtbar; *Versuch* erfolgreich

fruition [fruː'ɪʃən] s **to come to ~** sich verwirklichen

fruit juice s Fruchtsaft m

fruitless adj fruchtlos; *Versuch* vergeblich

fruit machine Br s Spielautomat m

fruit salad s Obstsalat m

fruit tree s Obstbaum m

fruity ['fruːtɪ] adj ⟨komp fruitier⟩ **1** *Geschmack* fruchtig **2** *Stimme* volltönend

frump [frʌmp] pej s Vogelscheuche f umg

frumpy ['frʌmpɪ] pej adj ohne jeden Schick, unattraktiv

frustrate [frʌ'streɪt] v/t j-n frustrieren; *Pläne* durchkreuzen; **he was ~d in his efforts** seine Anstrengungen waren vergebens

frustrated adj frustriert; **I get ~ when ...** es frustriert mich, wenn ...; **he's a ~ poet** er wäre gern ein Dichter

frustrating [frʌ'streɪtɪŋ] adj frustrierend

frustration [frʌ'streɪʃən] s Frustration f kein pl

fry [fraɪ] **A** v/t (in der Pfanne) braten; **to fry an egg** ein Ei in die Pfanne schlagen **B** v/i braten **C** s US Barbecue n

fryer ['fraɪəʳ] s GASTR Fritteuse f

frying pan ['fraɪɪŋˌpæn] s Bratpfanne f; **to jump out of the ~ into the fire** sprichw vom Regen in die Traufe kommen sprichw

fry-up ['fraɪʌp] s Pfannengericht n

FT abk (= Financial Times) britische Wirtschaftszeitung

ft abk (= foot/feet) ft

fuchsia ['fjuːʃə] s Fuchsie f

fuck [fʌk] vulg **A** v/t **1** *wörtl* ficken vulg **2** **~ you!** leck mich am Arsch vulg; **~ him!** der kann mich doch am Arsch lecken vulg **B** v/i ficken vulg **C** s **1** *wörtl* Fick m vulg **2** **I don't give a ~** ich kümmere mich einen Scheiß darum umg; **who the ~ is that?** wer ist denn das, verdammt noch mal? *umg* **D** *int* (verdammte) Scheiße *umg*

phrasal verbs mit fuck:

fuck off *vulg v/i* sich verpissen *sl*; **fuck off!** verpiss dich! *sl*

fuck up *vulg* **A** *v/t* ⟨*trennb*⟩ versauen *umg*; *Arbeit* verpfuschen *umg*; **she is really fucked up** sie ist total verkorkst *umg*; **heroin will really fuck you up** Heroin macht dich echt kaputt *umg* **B** *v/i* Scheiß machen *umg*

fuck all [ˈfʌkɔːl] *vulg s* einen Scheiß *sl*; **he knows ~ about it** er hat null Ahnung *umg*; **I've done ~ all day** ich hab den ganzen Tag nichts auf die Reihe gekriegt *umg*

fucker [ˈfʌkəʳ] *vulg s* Arsch *m vulg*, Arschloch *n vulg*

fucking [ˈfʌkɪŋ] *vulg* **A** *adj* Scheiß- *umg*; **this ~ machine** diese Scheißmaschine *umg*; **~ hell!** verdammte Scheiße! *umg* **B** *adv* **it's ~ cold** es ist arschkalt *umg*; **a ~ awful film** ein total beschissener Film *umg*

fuddy-duddy [ˈfʌdɪˌdʌdɪ] *umg s* **an old ~** ein alter Kauz

fudge [fʌdʒ] **A** *s GASTR* Fondant *m* **B** *v/t Frage* ausweichen (+*dat*)

fuel [fjʊəl] **A** *s* Brennstoff *m*; *für Auto* Kraftstoff *m*, Benzin *n*; *FLUG* Treibstoff *m*; **to add ~ to the flames** *od* **fire** *fig* Öl in die Flammen *od* ins Feuer gießen **B** *v/t* antreiben; *fig Konflikt* schüren; *Spekulationen* Nahrung geben (+*dat*); **power stations ~led by oil** *Br*, **power stations ~ed by oil** *US* mit Öl befeuerte Kraftwerke

fuel gauge *s* Benzinuhr *f*

fueling station [ˈfjuːəlɪŋˌsteɪʃən] *US s* Tankstelle *f*

fuel-injected *adj* **~ engine** Einspritzmotor *m*

fuel injection *s* (Benzin)einspritzung *f*

fuel pump *s* Benzinpumpe *f*

fuel rod *s* Brennstab *m*

fuel tank *s* Öltank *m*

fuel tanker *s US* (Benzin)tankwagen *m*

fuel tax *s Br* Mineralölsteuer *f*

fug [fʌg] *Br umg s* Mief *m umg*

fugitive [ˈfjuːdʒɪtɪv] **A** *s* Flüchtling *m* (**from** vor +*dat*) **B** *adj* flüchtig

fulfil [fʊlˈfɪl] *v/t*, **fulfill** *US v/t* erfüllen; *Aufgabe* ausführen; *Ambition* verwirklichen; **to be** *od* **feel ~led** Erfüllung finden

fulfilling [fʊlˈfɪlɪŋ] *adj* **a ~ job** ein Beruf, in dem man Erfüllung findet

fulfilment *s*, **fulfillment** *US s* Erfüllung *f*

full [fʊl] **A** *adj* ⟨+*er*⟩ voll; *Figur* füllig; *Bericht* vollständig; **to be ~ of …** voller (+*gen*) *od* voll von … sein; **don't talk with your mouth ~** sprich nicht mit vollem Mund; **with his arms ~** mit vollgeladenen Armen; **I have a ~ day ahead of me** ich habe einen ausgefüllten Tag vor mir; **I am ~ (up)** *umg* ich bin voll (bis obenhin) *umg*; **we are ~ up for July** wir sind für Juli völlig ausgebucht; **at ~ speed** in voller Fahrt; **to make ~ use of sth** etw voll ausnutzen; **that's a ~ day's work** damit habe ich *etc* den ganzen Tag zu tun; **I waited two ~ hours** ich habe zwei ganze Stunden gewartet; **the ~ details** die genauen Einzelheiten; **to be ~ of oneself** von sich (selbst) eingenommen sein; **she was ~ of it** sie hat gar nicht mehr aufgehört, davon zu reden **B** *adv* **it is a ~ five miles from here** es sind gute fünf Meilen von hier; **I know ~ well that …** ich weiß sehr wohl, dass … **C** *s* **in ~** ganz, vollständig; **to write one's name in ~** seinen Namen ausschreiben; **to pay in ~** den vollen Betrag bezahlen

fullback *s SPORT* Verteidiger(in) *m(f)*

full beam *s Br AUTO* Fernlicht *n*; **to drive (with one's headlights) on ~** mit Fernlicht fahren

full-blooded [fʊlˈblʌdɪd] *adj* kräftig; **he's a ~ Scot** er ist Vollblutschotte

full-blown *adj Krise, Krieg* richtiggehend; *Herzinfarkt* richtig; **~ Aids** Vollbild-Aids *n*

full board *s* Vollpension *f*

full-bodied [ˈfʊlˈbɒdɪd] *adj Wein* vollmundig

full-body scanner *s am Flughafen* Ganzkörperscanner *m*

full-cream milk *s* Vollmilch *f*

full employment *s* Vollbeschäftigung *f*

full-face *adj Porträt* mit zugewandtem Gesicht; **~ photograph** En-Face-Foto *n fachspr*

full-fledged *US adj* → **fully fledged**

full-frontal *adj* Nackt-; *fig Angriff* direkt; **the ~ nudity in this play** die völlig nackten Schauspieler in diesem Stück

full-grown *adj* ausgewachsen

full house *s bei Konzert etc* volles Haus; **they played to a ~** sie spielten vor vollem Haus

full-length *adj* **1** *Film* abendfüllend; *Roman* vollständig **2** *Kleid* (boden)lang; *Stiefel* hoch; *Vorhang* bodenlang; **~ mirror** großer Spiegel(, in dem man sich ganz sehen kann); **~ portrait** Ganzporträt *n*

full member *s* Vollmitglied *n*

full moon *s* Vollmond *m*

full name *s* Vor- und Zuname *m*

full-page *adj* ganzseitig

full professor *s UNIV* Ordinarius *m*

full-scale *adj* **1** *Krieg, Aufstand* richtiggehend; *Untersuchung* gründlich; *Suche* groß angelegt **2** *Zeichnung* in Originalgröße

full-size(d) *adj Fahrrad etc* richtig (groß)

full-sized *adj Modell* lebensgroß

full stop *s bes Br GRAM* Punkt *m*; **to come to a ~** zum völligen Stillstand kommen; **I'm not go-**

full time — funny

ing, ~! *umg* ich gehe nicht und damit basta *umg*

full time **A** *s* SPORT reguläre Spielzeit; **at ~** nach Ablauf der regulären Spielzeit; **the whistle blew for ~** das Spiel wurde abgepfiffen **B** *adv* arbeiten ganztags

full-time *adj* **1** Ganztags-; *Arbeiter* ganztags angestellt; **~ job** Ganztagsstelle *f*; **it's a ~ job** *fig umg* es hält einen ganz schön auf Trab *umg*; **~ work** Ganztagsarbeit *f*; **~ student** Vollstudent(in) *m(f)* **2** SPORT **the ~ score** der Schlussstand

fully ['fʊlɪ] *adv gesund, bewusst* völlig; *in Betrieb, qualifiziert* voll; *verstehen, sich erholen* voll und ganz; **~ automatic** vollautomatisch; **~ booked** ausgebucht; **~ clothed** (ganz) angezogen; **a ~-equipped kitchen** eine komplett ausgestattete Küche

fully fledged *adj Mitglied* richtig; *Arzt etc* voll qualifiziert

fully-grown *adj* ausgewachsen

fully qualified *adj* voll qualifiziert

fumble ['fʌmbl] **A** *v/i* (*a.* **fumble about** *od* **around**) umhertasten; **to ~** (**about**) **for sth** nach etw tasten; *in Tasche, Schublade* nach etw wühlen **B** *v/t* vermasseln *umg*; **to ~ the ball** den Ball nicht sicher fangen

fume [fjuːm] *fig umg v/i* wütend sein

fumes [fjuːmz] *pl* Dämpfe *pl*; *von Auto* Abgase *pl*; **petrol ~** *Br*, **gas ~** *US* Benzindämpfe *pl*

fumigate ['fjuːmɪɡeɪt] *v/t* ausräuchern

fun [fʌn] **A** *s* Spaß *m*, Hetz *f österr*; **to have fun** Spaß haben; **have fun!** viel Spaß!; **to have great fun doing sth** viel Spaß daran haben, etw zu tun; **to be** (**great** *od* **good**) **fun** (viel) Spaß machen; **this is fun!** das macht Spaß!; **riding is fun** Reiten macht Spaß; **just for fun** nur zum Spaß; **we just did it for fun** wir haben das nur aus Spaß gemacht; **to spoil the fun** den Spaß verderben; **it's fun doing this** es macht Spaß, das zu tun; **it's no fun living on your own** es macht nicht gerade Spaß, allein zu leben; **he is great fun** man kriegt mit ihm viel Spaß *umg*; **the party was good fun** die Party hat viel Spaß gemacht; **that sounds like fun** das klingt gut; **I was just having a bit of fun** ich hab doch nur Spaß gemacht; **to make fun of sb/sth** sich über j-n/etw lustig machen **B** *adj* ⟨*attr*⟩ lustig; *umg* **squash is a fun game** Squash macht Spaß; **he's fun to be with** er ist lustig

function ['fʌŋkʃən] **A** *s* **1** *a.* MATH Funktion *f* **2** Veranstaltung *f*; *offiziell* Feier *f* **B** *v/i* funktionieren; **to ~ as** fungieren als

functional *adj* **1** funktionsfähig **2** zweckmäßig; **~ food** Functional Food *n*

functionary ['fʌŋkʃənərɪ] *s* Funktionär(in) *m(f)*

function key *s* COMPUT Funktionstaste *f*

fund [fʌnd] **A** *s* **1** FIN Fonds *m* **2** **~s** *pl* Mittel *pl*; **public ~s** öffentliche Mittel *pl*; **to be short of ~s** knapp bei Kasse sein *umg* **B** *v/t* finanzieren

fundamental [ˌfʌndə'mentl] **A** *adj* **1** *Thema* grundlegend; *Grund* eigentlich; *Punkt* zentral; *Teil* wesentlich; **~ principle** Grundprinzip *n*; **of ~ importance** von grundlegender Bedeutung **2** *Problem, Unterschied* grundsätzlich; *Veränderung* grundlegend; *Fehler* fundamental; **~ structure** Grundstruktur *f* **B** *pl* **~s** *von Fachgebiet* Grundbegriffe *pl*

fundamentalism [ˌfʌndə'mentəlɪzəm] *s* Fundamentalismus *m*

fundamentalist [ˌfʌndə'mentəlɪst] **A** *adj* fundamentalistisch **B** *s* Fundamentalist(in) *m(f)*

fundamentally [ˌfʌndə'mentəlɪ] *adv* im Grunde (genommen); *anders, falsch* grundlegend; *anderer Meinung sein* grundsätzlich; **the treaty is ~ flawed** der Vertrag enthält grundlegende Fehler

funding ['fʌndɪŋ] *s* Finanzierung *f*

fund manager *s* FIN Fondsmanager(in) *m(f)*

fundraiser *s* Spendensammler(in) *m(f)*

fundraising *s* **A** *s* Geldbeschaffung *f* **B** *adj* Wohltätigkeits-, Benefiz-; **~ campaign** Aktion *f* zur Geldbeschaffung, Spendenaktion *f*

funeral ['fjuːnərəl] *s* Beerdigung *f*, Begräbnis *n*; **were you at his ~?** waren Sie auf seiner Beerdigung?

funeral director *s* Beerdigungsunternehmer(in) *m(f)*

funeral home *US s* Leichenhalle *f*

funeral parlour *Br s* Leichenhalle *f*

funeral service *s* Trauergottesdienst *m*

funfair ['fʌnfeə] *s* Kirmes *f*

fungal ['fʌŋɡəl] *adj* Pilz-; **~ infection** Pilzinfektion *f*

fungi ['fʌŋɡaɪ] *pl* → fungus

fungicide ['fʌŋɡɪsaɪd] *s* Fungizid *n*

fungus ['fʌŋɡəs] *s* ⟨*pl* fungi⟩ BOT, MED Pilz *m*

funk [fʌŋk] *s* MUS Funk *m*

funky ['fʌŋkɪ] *adj* ⟨-ier, -iest⟩ *sl* abgefahren

fun-loving ['fʌnlʌvɪŋ] *adj* lebenslustig

funnel ['fʌnl] **A** *s* **1** Trichter *m* **2** SCHIFF, BAHN Schornstein *m* **B** *v/t fig* schleusen

funnily ['fʌnɪlɪ] *adv* **1** komisch **2** amüsant

funny ['fʌnɪ] **A** *adj* ⟨*komp* funnier⟩ **1** komisch, witzig, lustig; **don't try to be ~** *umg* mach keine Witze!; **to see the ~ side of** das Lustige an etw (*dat*) sehen; **it's not ~!** das ist überhaupt nicht komisch!; **there's something ~ about that place** der Ort ist irgendwie merkwürdig; (**it's**) **~ (that) you should say that** komisch, dass Sie das sagen; **I just feel a bit ~**

umg mir ist ein bisschen komisch; **I feel ~ about seeing her again** *umg* mir ist komisch dabei zumute, sie wiederzusehen; **she's a bit ~ (in the head)** sie spinnt ein bisschen *umg* **2** *umg* **~ business** faule Sachen *pl umg*; **there's something ~ going on here** hier ist doch was faul *umg*; **don't try anything ~** keine faulen Tricks! *umg* **B** *pl* **the funnies** US *umg* Presse die Comicstrips *pl*

funny bone *s* Musikantenknochen *m*

fun run *s* Volkslauf *m* (*oft für wohltätige Zwecke durchgeführt*)

fur [fɜːʳ] **A** *s* **1** Fell *n*; *für Kleidung* Pelz *m*; **the cat has beautiful fur** die Katze hat ein wunderschönes Fell; **a fur-lined coat** ein pelzgefütterter Mantel **2 furs** *pl* Pelze *pl* **B** *adj* ⟨*attr*⟩ Pelz-; **fur coat/collar** Pelzmantel *m*/-kragen *m*

phrasal verbs mit fur:

fur up *v/i* Kessel verkalken

furious ['fjʊərɪəs] *adj* **1** wütend; Debatte, Angriff heftig; **he was ~ that they had ignored him** er war wütend darüber, dass sie ihn ignoriert hatten; **to be ~ about sth** wütend über etw (*akk*) sein; **to be ~ at** *od* **with sb (for doing sth)** wütend auf j-n sein(, weil er/sie etw getan hat) **2** Geschwindigkeit rasend; **at a ~ pace** in rasendem Tempo; **the jokes came fast and ~** die Witze kamen Schlag auf Schlag

furiously ['fjʊərɪəslɪ] *adv* **1** reagieren wütend **2** kritzeln, suchen wie wild

furl [fɜːl] *v/t* Segel, Flagge einrollen; Schirm zusammenrollen

furlong ['fɜːlɒŋ] *s* Achtelmeile *f*

furnace ['fɜːnɪs] *s* Hochofen *m*; Metallurgie Schmelzofen *m*

furnish ['fɜːnɪʃ] *v/t* **1** Haus einrichten; **~ed room** möbliertes Zimmer **2 to ~ sb with sth** j-m etw liefern

furnishings ['fɜːnɪʃɪŋz] *pl* Mobiliar *n*, Einrichtung *f*; **with ~ and fittings** voll eingerichtet

furniture ['fɜːnɪtʃəʳ] *s* Möbel *pl*; **a piece of ~** ein Möbelstück *n*; **I must buy some ~** ich muss Möbel kaufen

furore [fjʊəˈrɔːrɪ] *s*, **furor** ['fjʊrɔːʳ] US *s* Protest(e) *m(pl)*; **to cause a ~** einen Skandal verursachen

furred [fɜːd] *adj* Zunge belegt

furrow ['fʌrəʊ] **A** *s* AGR Furche *f*; *an Stirn* Runzel *f* **B** *v/t* Stirn runzeln

furry ['fɜːrɪ] *adj* ⟨*komp* furrier⟩ **1** Körper haarig; Schwanz buschig; **~ animal** Tier *n* mit Pelz; **the kitten is so soft and ~** das Kätzchen ist so weich und kuschelig **2** Stoff flauschig; **~ toy** Plüschtier *n*

further ['fɜːðəʳ] **A** *adv* ⟨*komp*⟩ **1** weiter; **~ on** weiter entfernt; **~ back** örtlich weiter zurück; (≈ *zeitlich*) früher; **is it much ~ to the airport?** ist es noch weit bis zum Flughafen?; **~ and ~** immer weiter; **nothing could be ~ from the truth** nichts könnte weiter von der Wahrheit entfernt sein; **he has decided not to take the matter any ~** er hat beschlossen, die Angelegenheit auf sich beruhen zu lassen; **in order to make the soup go ~** um die Suppe zu strecken; **~, I would like to say that …** darüber hinaus möchte ich sagen, dass … **2** → **far** **B** *adj* **1** → **farther** **2** weiter; **will there be anything ~?** kann ich sonst noch etwas für Sie tun?; **~ details** nähere *od* weitere Einzelheiten *pl* **C** *v/t* Interessen, Sache fördern; **to ~ one's education** sich weiterbilden; **to ~ one's career** beruflich vorankommen

further education *s* Weiterbildung *f*; Erwachsenenbildung *f*

furthermore ['fɜːðəmɔːʳ] *adv* außerdem, weiters *österr*

furthermost ['fɜːðəməʊst] *adj* äußerste(r, s)

furthest ['fɜːðɪst] **A** *adv* am weitesten; **these fields are ~ (away) from his farm** diese Felder liegen am weitesten von seinem Hof entfernt; **this is the ~ north you can go** dies ist der nördlichste Punkt, den man erreichen kann; **it was the ~ the Irish team had ever got** so weit war die irische Mannschaft noch nie gekommen **B** *adj* am weitesten entfernt; **the ~ of the three villages** das entfernteste von den drei Dörfern; **5 km at the ~** höchstens 5 km

furtive ['fɜːtɪv] *adj* verdächtig; Blick verstohlen

fury ['fjʊərɪ] *s* Wut *f*; **in a ~** wütend

fuse [fjuːz], **fuze** US **A** *v/t* **1** Metalle verschmelzen **2** Br ELEK **to ~ the lights** die Sicherung durchbrennen lassen **3** *fig* vereinigen **B** *v/i* **1** Metalle sich verbinden; Knochen zusammenwachsen **2** Br ELEK durchbrennen; **the lights ~d** die Sicherung war durchgebrannt **3** *fig a.* **~ together** sich vereinigen **C** *s* **1** ELEK Sicherung *f*; **to blow the ~s** die Sicherung durchbrennen lassen **2** *von Bombe etc* Zündschnur *f*; **to light the ~** die Zündschnur anzünden; **she has got a short ~** *fig umg* sie explodiert schnell

fuse box *s* Sicherungskasten *m*

fused *adj* Stecker gesichert

fuselage ['fjuːzəlɑːʒ] *s* (Flugzeug)rumpf *m*

fusillade [ˌfjuːzɪˈleɪd] *s* Salve *f*

fusion ['fjuːʒən] *fig s* Verschmelzung *f*; PHYS (Kern)fusion *f*

fuss [fʌs] **A** *s* Theater *n umg*; **I don't know what all the ~ is about** ich weiß wirklich nicht, was der ganze Wirbel soll *umg*; **without (any) ~** ohne großes Theater *umg*; **to cause a ~** Theater machen *umg*; **to kick up a ~** Krach schlagen *umg*; **to make a ~ about sth** viel Wirbel um etw machen *umg*; **to make a ~ of sb** um j-n viel Wirbel machen *umg* **B** *v/i* sich (unnötig) aufregen; **don't ~, mother!** ist ja gut, Mutter!

phrasal verbs mit fuss:

fuss over *v/i (+obj)* Theater machen um; *Gäste a.* sich (*dat*) große Umstände machen mit

fussed [fʌst] *Br umg adj* **I'm not ~ (about it)** es ist mir egal

fusspot ['fʌspɒt] *Br umg s* Umstandskrämer(in) *m(f) umg*

fussy ['fʌsɪ] *adj* ⟨*komp* fussier⟩ wählerisch, kleinlich, genau; **to be ~ about one's appearance** großen Wert auf sein Äußeres legen; **she is not ~ about her food** sie ist beim Essen nicht wählerisch; **the child is a ~ eater** das Kind ist beim Essen wählerisch; **I'm not ~** *umg* das ist mir egal

fusty ['fʌstɪ] *adj* ⟨*komp* fustier⟩ muffig

futile ['fju:taɪl] *adj* sinnlos

futility [fju:'tɪlɪtɪ] *s* Sinnlosigkeit *f*

futon ['fu:tɒn] *s* Futon *m*

future ['fju:tʃə(r)] **A** *s* **1** Zukunft *f*; **in ~** in Zukunft; **in the foreseeable ~** in absehbarer Zeit; **what plans do you have for the ~?** was für Zukunftspläne haben Sie?; **the ~** GRAM das Futur **2** BÖRSE **~s** *pl* Termingeschäfte *pl* **B** *adj* ⟨*attr*⟩ **1** (zu)künftig; **at a ~ date** some ~ **date** zu einem späteren Zeitpunkt; **his ~ plans** seine Zukunftspläne; **in ~ years** in den kommenden Jahren; **you can keep it for ~ reference** Sie können es behalten, um später darauf Bezug zu nehmen **2** GRAM **the ~ tense** das Futur

futures ['fju:tʃəz] *pl* WIRTSCH Termingeschäfte *pl*

futuristic [,fju:tʃə'rɪstɪk] *adj* futuristisch

fuze *US s & v/t & v/i* → fuse

fuzz [fʌz] *s* Flaum *m*

fuzzy ['fʌzɪ] *adj* ⟨*komp* fuzzier⟩ **1** *Stoff* flauschig **2** *Bild, Erinnerung* verschwommen

fwd *abk (= forward)* *Brief* nachsenden; *Gepäck, Dokument* weiterleiten; *bei Spedition* übersenden, transportieren

f-word ['ef,wɜ:d] *umg s* **I try not to use the ~ in front of the children** ich versuche, vor den Kindern möglichst keine schlimmen Flüche zu gebrauchen

FYI *abk (= for your information)* zu Ihrer Information

G

G¹, g [dʒi:] *s* G *n*, g *n*; **G sharp** Gis *n*, gis *n*; **G flat** Ges *n*, ges *n*

G² *US abk (= general audience)* FILM jugendfrei

g *abk (= grams, grammes)* g

gab [gæb] *umg* **A** *s* **to have the gift of the gab** nicht auf den Mund gefallen sein **B** *v/i* quasseln *umg*

gabble ['gæbl] *Br* **A** *v/i* brabbeln *umg* **B** *v/t Gebet* herunterrasseln *umg*; *Entschuldigung* brabbeln *umg*

gable ['geɪbl] *s* Giebel *m*

gabled ['geɪbld] *adj* **~ house/roof** Giebelhaus/-dach *n*

gadget ['gædʒɪt] *s* Gerät *n*; **the latest electronic ~** die neueste elektronische Spielerei

gadgetry ['gædʒɪtrɪ] *s* Geräte *pl*

Gaelic ['geɪlɪk] **A** *adj* gälisch **B** *s* LING Gälisch *n*

gaffe [gæf] *s* Fauxpas *m*, taktlose Bemerkung; **to make a ~** einen Fauxpas begehen, ins Fettnäpfchen treten *umg*

gag [gæg] **A** *s* **1** Knebel *m* **2** (≈ *Witz*) Gag *m* **B** *v/t* knebeln **C** *v/i* **1** würgen (**on** an +*dat*) **2** **to be gagging for sth** *umg* scharf auf etw (*akk*) sein

gaga ['gɑ:gɑ:] *Br umg adj* plemplem *umg*, gaga *umg*; Greis verkalkt *umg*

gage *US s & v/t* → gauge

gaggle ['gægl] *s von Gänsen* Herde *f*

gaily ['geɪlɪ] *adv* fröhlich; *bemalt* farbenfroh

gain [geɪn] **A** *s* **1** *kein pl* Vorteil *m*, Profit *m*; **his loss is our ~** sein Verlust ist unser Gewinn **2** **~s** *pl* Gewinn *m*, Gewinne *pl* **3** Zunahme *f*; **~ in weight, weight ~** Gewichtszunahme *f* **B** *v/t* gewinnen; *Wissen* erwerben; *Vorteil, Respekt, Zugang* sich (*dat*) verschaffen; *Kontrolle, Führung* übernehmen; *Punkte etc* erzielen, erreichen; **what does he hope to ~ by it?** was verspricht er sich (*dat*) davon?; **to ~ independence** unabhängig werden; **to ~ sb's confidence** j-s Vertrauen erlangen; **to ~ experience** Erfahrungen sammeln; **to ~ ground** (an) Boden gewinnen; *Gerüchte* sich verbreiten; **to ~ time** Zeit gewinnen; **he ~ed a reputation as ...** er hat sich (*dat*) einen Namen als ... gemacht; **to ~ speed** schneller werden; **to ~ weight** zunehmen; **to ~ popularity** an Beliebtheit (*dat*) gewinnen; **my watch ~s five minutes each day** meine Uhr geht fünf Minuten pro Tag vor **C** *v/i* **1** *Uhr* vorgehen **2** aufholen **3** profitieren (**by** von); **society would ~ from that** das wäre für die Gesellschaft von Vorteil; **we stood to ~**

from the decision die Entscheidung war für uns von Vorteil **4** **to ~ in confidence** mehr Selbstvertrauen bekommen; **to ~ in popularity** an Beliebtheit (dat) gewinnen

phrasal verbs mit gain:

gain on v/i ⟨+obj⟩ einholen
gainful ['geɪnfʊl] adj einträglich; **to be in ~ employment** erwerbstätig sein
gainfully ['geɪnfʊlɪ] adv **~ employed** erwerbstätig
gait [geɪt] s Gang m; von Pferd Gangart f
gala ['gɑːlə] s großes Fest; THEAT, FILM Galaveranstaltung f; **swimming/sports ~** großes Schwimm-/Sportfest
galaxy ['gæləksɪ] s ASTRON Sternsystem n; **the Galaxy** die Milchstraße
gale [geɪl] s **1** Sturm m; **it was blowing a ~** ein Sturm tobte; **~ force 8** Sturmstärke 8 **2** fig **~s of laughter** Lachsalven pl
gale-force winds pl orkanartige Winde
gale warning s Sturmwarnung f
gall [gɔːl] **A** s umg **to have the ~ to do sth** die Frechheit besitzen, etw zu tun **B** v/t fig maßlos ärgern
gallant ['gælənt] adj **1** tapfer **2** ritterlich
gallantly ['gæləntlɪ] adv **1** tapfer **2** ritterlich
gallantry ['gæləntrɪ] s **1** Tapferkeit f **2** in Bezug auf Frauen Galanterie f
gall bladder s Gallenblase f
galleon ['gælɪən] s Galeone f
gallery ['gælərɪ] s **1** Galerie f; THEAT Balkon m; von Kirche Empore f **2** KUNST (Kunst)galerie f
galley ['gælɪ] s SCHIFF Galeere f; (≈ Küche) Kombüse f
Gallic ['gælɪk] adj gallisch
galling ['gɔːlɪŋ] adj äußerst ärgerlich
gallivant [ˌgælɪˈvænt] v/i **to ~ about** od **around** sich herumtreiben, strawanzen österr
gallon ['gælən] s Gallone f
gallop ['gæləp] **A** s Galopp m; **at a ~** im Galopp; **at full ~** im gestreckten Galopp **B** v/i galoppieren
gallows ['gæləʊz] pl Galgen m; **to send/bring sb to the ~** j-n an den Galgen bringen
gallstone ['gɔːlstəʊn] s Gallenstein m
galore [gəˈlɔːʳ] adv in Hülle und Fülle
galvanize ['gælvənaɪz] fig v/t elektrisieren; **to ~ sb into doing** od **to do sth** j-m einen Stoß geben, etw sofort zu tun
galvanized adj Stahl galvanisiert
Gambia ['gæmbɪə] s Gambia n
gamble ['gæmbl] **A** s fig Risiko n; **it's a ~** es ist riskant; **I'll take a ~ on it/him** ich riskiere es/es mit ihm **B** v/i **1** wörtl (um Geld) spielen (**with** mit); auf Pferde etc wetten **2** fig **to ~ on sth** sich auf etw (akk) verlassen **C** v/t **1** Geld einsetzen;

to ~ sth on sth etw auf etw (akk) setzen **2** fig aufs Spiel setzen

phrasal verbs mit gamble:

gamble away v/t ⟨trennb⟩ verspielen
gambler ['gæmbləʳ] s Spieler(in) m(f)
gambling s Spielen n (um Geld); auf Pferde etc Wetten n
gambol ['gæmbəl] v/i herumtollen, herumspringen
game¹ [geɪm] s **1** Spiel n, Sport m, Sportart f; (≈ Plan) Vorhaben n; von Billard, Brettspiel etc Partie f; **a ~ of football** ein Fußballspiel n; **to have** od **play a ~ of football/chess** etc Fußball/Schach etc spielen; **do you fancy a quick ~ of chess?** hättest du Lust, ein bisschen Schach zu spielen?; **he had a good ~** er spielte gut; **~ of chance** Glücksspiel n; **~ set and match to X** Satz und Spiel (geht an) X; **one ~ all** eins beide; **to play ~s with sb** fig mit j-m spielen; **the ~ is up** das Spiel ist aus; **two can play at that ~** wie du mir, so ich dir umg; **to beat sb at his own ~** j-n mit den eigenen Waffen schlagen; **to give the ~ away** alles verderben; **I wonder what his ~ is?** ich frage mich, was er im Schilde führt; **to be ahead of the ~** fig um eine Nasenlänge voraus sein **2** **~s** pl SPORT Spiele pl **3** **~s** +sg v SCHULE Sport m **4** umg Branche f; **how long have you been in this ~?** wie lange machen Sie das schon? **5** ⟨kein pl⟩ JAGD, GASTR Wild n

game² adj mutig; **to be ~** mitmachen; **to be ~ for anything** für alles zu haben sein; **to be ~ for a laugh** jeden Spaß mitmachen

game bird s Federwild n kein pl
game console s Spielkonsole f
gamekeeper ['geɪmkiːpəʳ] s Wildhüter(in) m(f)
gamely ['geɪmlɪ] adv mutig
gamer ['geɪməʳ] s Gamer m
game reserve s Wildschutzgebiet n
game show s TV Spielshow f
gamesmanship ['geɪmzmənʃɪp] s Ablenkungsmanöver pl
games software s Software f für Computerspiele
game warden s Jagdaufseher m
gaming ['geɪmɪŋ] s → gambling
gammon ['gæmən] s leicht geräucherter Vorderschinken, (gekochter) Schinken, leicht geselchter Vorderschinken österr; **~ steak** dicke Scheibe Vorderschinken zum Braten oder Grillen
gammy ['gæmɪ] Br umg adj lahm
gamut ['gæmət] fig s Skala f
gander ['gændəʳ] s Gänserich m
gang [gæŋ] s Haufen m; von Kriminellen, Jugendlichen Bande f; von Freunden etc Clique f; **there**

was a whole ~ of them es war ein ganzer Haufen

phrasal verbs mit gang:

gang up v/i sich zusammentun; **to gang up against** od **on sb** sich gegen j-n verbünden

gangland ['gæŋlænd] adj Unterwelt-

gangling ['gæŋglɪŋ] adj schlaksig

gangplank ['gæŋplæŋk] s Laufplanke f

gang rape s Gruppenvergewaltigung f

gangrene ['gæŋgriːn] s Brand m

gangster ['gæŋstəʳ] s Gangster(in) m(f)

gangway ['gæŋweɪ] s **1** SCHIFF Landungsbrücke f **2** Gang m

gantry ['gæntrɪ] s für Kran Portal n; auf Autobahn Schilderbrücke f; BAHN Signalbrücke f

gaol [dʒeɪl] s & v/t → **jail**

gap [gæp] s Lücke f, Spalt m, Riss m; fig in Unterhaltung Pause f; (≈ Abgrund) Kluft f; **to close the gap** in Rennen (den Abstand) aufholen; **a gap in one's knowledge** eine Bildungslücke; **a four-year gap** ein Abstand m von vier Jahren

gape [geɪp] v/i **1** Abgrund klaffen **2** gaffen; **to ~ at sb/sth** j-n/etw (mit offenem Mund) anstarren

gaping ['geɪpɪŋ] adj Loch riesig; Abgrund klaffend

gap year s Br SCHULE Überbrückungsjahr n

garage ['gæraːʒ, US gəˈrɑːʒ] s **1** Garage f **2** Br Tankstelle f, (Reparatur)werkstatt f

garage sale s Garagenverkauf m

garbage ['gɑːbɪdʒ] s bes US s wörtl Müll m, Abfall m; fig Schund m; (≈ Unsinn) Quatsch m umg; IT Garbage m, Müll m

garbage can US s Mülleimer m, Mistkübel m österr, Mülltonne f

garbage collection US s Müllabfuhr f

garbage collector US s Müllarbeiter m; **the ~s** die Müllabfuhr

garbage disposal unit bes US s Müllschlucker m

garbage dump US s Mülldeponie f

garbage man s ⟨pl - men⟩ US → **garbage collector**

garbage truck US s Müllwagen m

garble ['gɑːbl] v/t **to ~ one's words** sich beim Sprechen überschlagen

garbled ['gɑːbld] adj Nachricht etc konfus; Darstellung wirr

garden ['gɑːdn] **A** s Garten m; **the Garden of Eden** der Garten Eden **B** v/i im Garten arbeiten

garden apartment US s Souterrainwohnung f

garden centre s, **garden center** US s Gartencenter n

gardener ['gɑːdnəʳ] s Gärtner(in) m(f)

garden flat Br s Souterrainwohnung f

gardening ['gɑːdnɪŋ] s Gartenarbeit f; **she loves ~** sie arbeitet gerne im Garten; **~ tools** Gartengeräte pl

garden party s Gartenparty f

garden path s **to lead sb up the ~** bes Br, **to lead sb down the ~** bes US fig j-n an der Nase herumführen umg

gargantuan [gɑːˈgæntjʊən] adj gewaltig

gargle ['gɑːgl] **A** v/i gurgeln **B** s Gurgelwasser n

gargoyle ['gɑːgɔɪl] s Wasserspeier m

garish ['gɛərɪʃ] pej adj Farben grell; Kleidung knallbunt

garland ['gɑːlənd] s Girlande f

garlic ['gɑːlɪk] s Knoblauch m

garlic bread s Knoblauchbrot n

garlic butter s Knoblauchbutter f

garlic crusher s Knoblauchpresse f

garlic mushrooms pl frittierte Pilze mit Knoblauch

garlic press s Knoblauchpresse f

garment ['gɑːmənt] s Kleidungsstück n

garner ['gɑːnəʳ] v/t sammeln; Unterstützung gewinnen

garnet ['gɑːnɪt] s Granat m

garnish ['gɑːnɪʃ] **A** v/t garnieren **B** s Garnierung f

garret ['gærət] s Mansarde f

garrison ['gærɪsən] **A** s Garnison f **B** v/t Truppen in Garnison legen; **to be ~ed** in Garnison liegen

garrulous ['gærʊləs] adj geschwätzig

garter ['gɑːtəʳ] s Strumpfband n; US Strumpfhalter m

garter belt US s Strumpfgürtel m

gas [gæs] **A** s **1** Gas n; **to cook with gas** mit Gas kochen **2** ⟨kein pl⟩ US Benzin n; **to step on the gas** Gas geben **3** für Narkose Lachgas n **4** MIL (Gift)gas n **B** v/t vergasen; **to gas oneself** sich mit Gas vergiften

gasbag umg s Quasselstrippe f umg

gas can s US Reservekanister m

gas cap s US Tankdeckel m

gas chamber s Gaskammer f

gas cooker s Gasherd m

gaseous ['gæsɪəs] adj gasförmig

gas fire s Gasofen m

gas gauge s US Benzinuhr f

gash [gæʃ] **A** s klaffende Wunde, tiefe Kerbe **B** v/t aufschlitzen; **he fell and ~ed his knee** er ist gestürzt und hat sich (dat) dabei das Knie aufgeschlagen

gas heater s Gasofen m

gas heating s Gasheizung f

gas jet s Gasdüse f

gasket ['gæskɪt] s TECH Dichtung f

gas main s Gasleitung f

gasman s ⟨pl -men⟩ Gasmann m umg
gas mask s Gasmaske f
gas meter s Gasuhr f
gasolene, gasoline ['gæsəʊliːn] US s Benzin n
gas oven s Gasherd m
gasp [gɑːsp] **A** s tiefer Atemzug; **to give a ~ (of surprise/fear** etc **)** (vor Überraschung/Angst etc) nach Luft schnappen umg **B** v/i keuchen, tief einatmen; überrascht etc nach Luft schnappen umg; **to ~ for breath** od **air** nach Atem ringen; **he ~ed with astonishment** er war so erstaunt, dass es ihm den Atem verschlug; **I'm ~ing for a cup of tea** umg ich lechze nach einer Tasse Tee umg
gas pedal s US Gaspedal n
gas pipe s Gasleitung f
gas pipeline s Gasleitung f
gas pump US s Zapfsäule f
gas ring s Gasbrenner m, Gaskocher m
gas station US s Tankstelle f
gas stove s Gasherd m, Gaskocher m
gas tank US s Benzintank m
gas tanker s US (Benzin)tankwagen m
gas tap s Gashahn m
gas tax s US Mineralölsteuer f
gastric ['gæstrɪk] adj Magen-, gastrisch fachspr
gastric flu s Darmgrippe f
gastric juices pl Magensäfte pl
gastric ulcer s Magengeschwür n
gastroenteritis [ˌgæstrəʊˌentəˈraɪtɪs] s Magen-Darm-Entzündung f
gastronomic [ˌgæstrəˈnɒmɪk] adj gastronomisch
gastronomy [gæsˈtrɒnəmɪ] s Gastronomie f
gasworks ['gæswɜːks] s ⟨+sg od pl v⟩ Gaswerk n
gate [geɪt] s Tor n; von Garten Pforte f; FLUG Flugsteig m, Gate n
gateau ['gætəʊ] s ⟨pl gateaux ['gætəʊz]⟩ bes Br Torte f
gate-crash umg v/t **to ~ a party** in eine Party reinplatzen umg
gate-crasher s ungeladener Gast
gatehouse s Pförtnerhaus n
gate money s SPORT Einnahmen pl
gatepost s Torpfosten m
gateway s Tor n **(to** zu**)**
gather ['gæðə^r] **A** v/t **1** sammeln; Menschen versammeln; Blumen pflücken; Ernte einbringen; Unterstützung gewinnen; Glasscherben etc aufsammeln; Hab und Gut (zusammen)packen; **to ~ one's strength** Kräfte sammeln; **to ~ one's thoughts** seine Gedanken ordnen; **it just sat there ~ing dust** es stand nur da und verstaubte **2 to ~ speed** schneller werden; **to ~ strength** stärker werden **3** schließen **(from** aus**)**; **I ~ed that** das dachte ich mir; **from what**

od **as far as I can ~ (so)** wie ich es sehe; **I ~ she won't be coming** ich nehme an, dass sie nicht kommt; **as you might have ~ed ...** wie Sie vielleicht bemerkt haben ... **4** Handarbeiten raffen; an Saum fassen **B** v/i Menschen sich versammeln; Objekte, Staub etc sich (an)sammeln; Wolken sich zusammenziehen

phrasal verbs mit gather:

gather (a)round v/i zusammenkommen; **come on, children, gather (a)round!** kommt alle her, Kinder!
gather together v/t ⟨trennb⟩ einsammeln; Hab und Gut zusammenpacken; Menschen versammeln
gather up v/t ⟨trennb⟩ aufsammeln; Hab und Gut zusammenpacken; Rock (hoch)raffen

gathering ['gæðərɪŋ] **A** s Versammlung f; **family ~** Familientreffen n; **a social ~** ein geselliges Beisammensein **B** adj Sturm aufziehend
GATT [gæt] abk (= General Agreement on Tariffs and Trade) HIST GATT n
gauche [gəʊʃ] adj unbeholfen
gaudily ['gɔːdɪlɪ] adv knallbunt
gaudy ['gɔːdɪ] adj ⟨komp gaudier⟩ knallig umg
gauge [geɪdʒ] **A** s **1** Messgerät n; **pressure ~** Druckmesser m **2** BAHN Spurweite f **3** fig Maßstab m **(of** für**) B** v/t fig Charakter, Fortschritt beurteilen; Reaktion abschätzen; Stimmung einschätzen; (≈ raten) schätzen; **I tried to ~ whether she was pleased or not** ich versuchte zu beurteilen, ob sie sich freute oder nicht
gaunt [gɔːnt] adj hager, abgezehrt
gauntlet[1] ['gɔːntlɪt] s **to throw down the ~** fig den Fehdehandschuh hinwerfen
gauntlet[2] s **to (have to) run the ~ of sth** einer Sache (dat) ausgesetzt sein
gauze [gɔːz] s Gaze f
gave [geɪv] prät → give
gawk [gɔːk] v/i umg → gawp
gawky ['gɔːkɪ] adj schlaksig
gawp [gɔːp] Br umg v/i glotzen umg; **to ~ at sb/sth** j-n/etw anglotzen umg
gay [geɪ] **A** adj ⟨+er⟩ Mensch schwul; **gay bar** Schwulenkneipe f; **the gay community** die Schwulen pl **B** s Schwule(r) m
gaydar ['geɪˌdɑː^r] s Gaydar n/m (Fähigkeit bestimmter Leute, Schwule zu erkennen)
gay-friendly adj schwulenfreundlich; schwulen- und lesbenfreundlich
gay marriage s gleichgeschlechtliche Ehe; umg Homoehe f
gaze [geɪz] **A** s Blick m; **in the public ~** im Blickpunkt der Öffentlichkeit **B** v/i starren; **to ~ at sb/sth** j-n/etw anstarren; **they ~d into each other's eyes** sie blickten sich tief in die Augen

gazebo [gəˈziːbəʊ] s ⟨pl -s⟩ Gartenlaube f
gazelle [gəˈzel] s Gazelle f
gazette [gəˈzet] s Zeitung f; *regierungsamtlich* Amtsblatt n
GB *abk* (= Great Britain) GB n, Großbritannien n
gbh *abk* (= grievous bodily harm) schwere Körperverletzung
GCSE (exam) *Br abk* (= General Certificate of Secondary Education) ≈ mittlere Reife
GDP *abk* (= gross domestic product) BIP n
GDR *abk* (= German Democratic Republic) HIST DDR f
gear [gɪəʳ] **A** s **1** AUTO *etc* Gang m; **~s** *pl* Getriebe n; *von Fahrrad* Gangschaltung f; **a bicycle with three ~s** ein Fahrrad n mit Dreigangschaltung; **the car is in ~** der Gang ist eingelegt; **the car is/you're not in ~** das Auto ist im Leerlauf; **to change ~** *bes Br*, **to shift ~** *US* schalten; **to change into third ~** *bes Br*, **to shift into third ~** *US* in den dritten Gang schalten; **to get one's brain in(to) ~** *umg* seine Gehirnwindungen in Gang setzen **2** ⟨*kein pl*⟩ *umg* Zeug n *umg*, Ausrüstung f; (≈ *Kleidung etc*) Sachen *pl umg* **B** v/t *fig* ausrichten (**to** auf +*akk*); **to be ~ed to(wards) sb/sth** auf j-n/etw abgestellt sein; *Bedürfnisse* auf j-n/etw ausgerichtet sein
phrasal verbs mit gear:
gear up v/t ⟨*trennb*⟩ **to gear oneself up for sth** *fig* sich auf etw (*akk*) einstellen
gearbox s Getriebe n
gear lever s, **gear shift** *US*, **gear stick** s Schaltknüppel m
gee [dʒiː] *int* **1** *bes US umg* Mensch *umg* **2** **gee up!** hü!
geek [giːk] *bes US umg* s Waschlappen m *umg*
geek-speak [ˈgiːkspiːk] *bes US umg* s Fachchinesisch n *umg*
geese [giːs] *pl* → goose
geezer [ˈgiːzəʳ] *umg* s Kerl m *umg*; **old ~** Opa m *umg*
Geiger counter [ˈgaɪgəˌkaʊntəʳ] s Geigerzähler m
gel [dʒel] **A** s Gel n **B** v/i gelieren; *fig Menschen* sich verstehen
gelatin(e) [ˈdʒelətiːn] s Gelatine f
gelatinous [dʒɪˈlætɪnəs] *adj* gelatineartig
gelignite [ˈdʒelɪgnaɪt] s Plastiksprengstoff m
gem [dʒem] s Edelstein m; *fig* (≈ *Mensch*) Juwel n; *von Sammlung etc* Prachtstück n; **thanks Pat, you're a gem** danke, Pat, du bist ein Schatz
Gemini [ˈdʒemɪnaɪ] s ASTROL Zwillinge *pl*; **to be (a) ~** (ein) Zwilling sein
gemstone [ˈdʒemstəʊn] s Edelstein m
gen [dʒen] *Br umg* s Informationen *pl*
phrasal verbs mit gen:
gen up *Br umg* v/i **to gen up on sth** sich über etw (*akk*) informieren
gen. *abk* (= generally) allg.
gender [ˈdʒendəʳ] s Geschlecht n; **what ~ is this word?** welches Geschlecht hat dieses Wort?; **the feminine/masculine/neuter ~** das Femininum/Maskulinum/Neutrum
gene [dʒiːn] s Gen n
genealogy [ˌdʒiːnɪˈælədʒɪ] s Genealogie f
genera [ˈdʒenərə] *pl* → genus
general [ˈdʒenərəl] **A** *adj* allgemein; **to be ~** *Formulierung* allgemein gehalten sein; (≈ *vage*) unbestimmt sein; **his ~ appearance** sein Aussehen im Allgemeinen; **there was ~ agreement among the two groups** die beiden Gruppen waren sich grundsätzlich einig; **I've got the ~ idea** ich habe eine Vorstellung, worum es geht; **in ~ terms** generell; **in the ~ direction of the village** ungefähr in Richtung des Dorfes; **as a ~ rule** im Allgemeinen **B** s **1 in ~** im Allgemeinen **2** MIL General(in) m(f)
general anaesthetic s, **general anesthetic** *US* s Vollnarkose f
General Certificate of Secondary Education *Br* s Abschluss m der Sekundarstufe, ≈ mittlere Reife
general conditions *pl von Vertrag* Rahmenbedingungen *pl*
general dealer *US* s → general store
general delivery *US, Can adv* postlagernd
general election s Parlamentswahlen *pl*
general headquarters s ⟨+sg od pl v⟩ MIL Generalkommando n
generality [ˌdʒenəˈrælɪtɪ] s **to talk in generalities** ganz allgemein sprechen
generalization [ˌdʒenərəlaɪˈzeɪʃən] s Verallgemeinerung f
generalize [ˈdʒenərəlaɪz] v/t & v/i verallgemeinern; **to ~ about sth** etw verallgemeinern
general knowledge s Allgemeinwissen n
generally [ˈdʒenərəlɪ] *adv* **1** im Großen und Ganzen **2** im Allgemeinen; **they are ~ cheapest** sie sind in der Regel am billigsten; **~ speaking** im Allgemeinen **3** *akzeptiert* allgemein; *zu haben* überall
general manager s Hauptgeschäftsführer(in) m(f)
general meeting s Vollversammlung f; *von Aktionären etc* Hauptversammlung f
general practice s *Br* MED Allgemeinmedizin f; **to be in ~** praktischer Arzt/praktische Ärztin sein
general practitioner s Arzt m/Ärztin f für Allgemeinmedizin
general public s (breite) Öffentlichkeit
general-purpose *adj* Universal-; **~ cleaner** Universalreiniger m

General Secretary s Generalsekretär(in) m(f)
general store s Gemischtwarenhandlung f
general strike s Generalstreik m
generate ['dʒenəreɪt] v/t erzeugen; *Gas, Rauch a.* entwickeln; *Einkommen* einbringen; *Aufregung* hervorrufen
generation [ˌdʒenə'reɪʃən] s **1** Generation f **2** Erzeugung f
generation gap s **the ~** Generationsunterschied m
generator ['dʒenəreɪtəʳ] s Generator m
generic [dʒɪ'nerɪk] adj artmäßig; **~ name** *od* **term** Oberbegriff m; **~ brand** *US* Hausmarke f
generic drug s Generikum n
generosity [ˌdʒenə'rɒsɪtɪ] s Großzügigkeit f
generous ['dʒenərəs] adj **1** großzügig; *Bedingungen a.* günstig; *Portion* reichlich; **to be ~ in one's praise** mit Lob nicht geizen; **with the ~ support of ...** mit großzügiger Unterstützung von ... **2** großmütig
generously ['dʒenərəslɪ] adv **1** *spenden* großzügigerweise; *belohnen* großzügig; **please give ~ (to ...)** wir bitten um großzügige Spenden (für ...) **2** *zustimmen, anbieten* großmütigerweise
genesis ['dʒenɪsɪs] s ⟨pl geneses ['dʒenɪsiːz]⟩ Entstehung f
genetic [dʒɪ'netɪk] adj genetisch
genetically [dʒɪ'netɪkəlɪ] adv genetisch; **~ engineered** genmanipuliert; **~ modified** gentechnisch verändert
genetic code s Erbanlage f
genetic engineering s Gentechnologie f, Gentechnik f
genetic fingerprint s genetischer Fingerabdruck
geneticist [dʒɪ'netɪsɪst] s Genetiker(in) m(f)
genetics s ⟨+sg v⟩ Genetik f
Geneva [dʒɪ'niːvə] s Genf n; **Lake ~** der Genfer See
genial ['dʒiːnɪəl] adj *Mensch* herzlich; *Atmosphäre* angenehm; **a ~ host** ein warmherziger Gastgeber
geniality [ˌdʒiːnɪ'ælətɪ] s Herzlichkeit f
genie ['dʒiːnɪ] s dienstbarer Geist
genii ['dʒiːnɪaɪ] pl → **genius**
genital ['dʒenɪtl] adj Geschlechts-, Genital-; **~ organs** Geschlechtsorgane pl
genitals ['dʒenɪtlz] pl Geschlechtsteile pl
genitive ['dʒenɪtɪv] **A** s GRAM Genitiv m; **in the ~** im Genitiv **B** adj Genitiv-; **~ case** Genitiv m
genius ['dʒiːnɪəs] s ⟨pl **-es** *od* **genii**⟩ Genie n; (= *geistige Fähigkeit*) Schöpferkraft f; **a man of ~** ein Genie n; **to have a ~ for sth/doing sth** eine besondere Gabe für etw haben/dafür haben, etw zu tun
genocide ['dʒenəʊsaɪd] s Völkermord m
genome ['dʒiːnəʊm] s Genom n
genre ['ʒãːŋrə] s Genre n geh
gent [dʒent] umg s abk (= **gentleman**) Herr m; **where is the ~s?** Br (= WC) wo ist die Herrentoilette?
genteel [dʒen'tiːl] adj vornehm
gentility [dʒen'tɪlɪtɪ] s Vornehmheit f
gentle ['dʒentl] adj ⟨komp **gentler**⟩ **1** sanft; *Druck, Windhauch* leicht; *Schritt, Spaziergang* gemächlich; **cook over a ~ heat** bei geringer Hitze kochen; **to be ~ with sb** sanft mit j-m umgehen; **to be ~ with sth** vorsichtig mit etw umgehen **2** mild; *Überredung* freundlich; **a ~ hint** eine zarte Andeutung; **a ~ reminder** ein zarter Wink
gentleman ['dʒentlmən] s ⟨pl **-men**⟩ **1** Gentleman m **2** Herr m; **gentlemen!** meine Herren!
gentlemanly ['dʒentlmənlɪ] adj ritterlich, gentlemanlike *präd*; **that is hardly ~ conduct** dieses Verhalten gehört sich nicht für einen Gentleman
gentlemen's agreement ['dʒentlmənzə'griː-mənt] s Gentlemen's Agreement n; *bes* HANDEL Vereinbarung f auf Treu und Glauben
gentleness ['dʒentlnɪs] s Sanftheit f
gently ['dʒentlɪ] adv sanft; *kochen* langsam; *behandeln* schonend; **she needs to be handled ~** mit ihr muss man behutsam umgehen; **~ does it!** sachte, sachte!
gentry ['dʒentrɪ] pl niederer Adel
genuine ['dʒenjʊɪn] adj **1** echt; **the picture is ~** *od* **the ~ article** das Bild ist echt **2** aufrichtig; *Anteilnahme, Interesse* ernsthaft; *Angebot* ernst gemeint; *Fehler* wirklich; **she looked at me in ~ astonishment** sie sah mich aufrichtig erstaunt an **3** *Mensch* natürlich
genuinely ['dʒenjʊɪnlɪ] adv wirklich; **they are ~ concerned** sie machen sich ernsthafte Sorgen
genuineness ['dʒenjʊɪnnɪs] s **1** Echtheit f **2** Aufrichtigkeit f
genus ['dʒenəs] s ⟨pl **genera**⟩ BIOL Gattung f
geographic(al) [dʒɪə'græfɪk(əl)] adj geografisch
geography [dʒɪ'ɒɡrəfɪ] s Geografie f, Erdkunde f
geological [dʒɪəʊ'lɒdʒɪkəl] adj geologisch
geologist [dʒɪ'ɒlədʒɪst] s Geologe m, Geologin f
geology [dʒɪ'ɒlədʒɪ] s Geologie f
geometric(al) [dʒɪəʊ'metrɪk(əl)] adj geometrisch
geometry [dʒɪ'ɒmɪtrɪ] s MATH Geometrie f; **~ set** (Zirkelkasten m mit) Zeichengarnitur f
Georgia ['dʒɔːdʒə] s *Land* Georgien n
Georgian ['dʒɔːdʒɪən] Br adj georgianisch
geothermal [ˌdʒiːə'θɜːməl] adj geothermisch
geranium [dʒɪ'reɪnɪəm] s Geranie f

gerbil ['dʒɜːbɪl] s Wüstenspringmaus f
geriatric [ˌdʒerɪˈætrɪk] adj **1** MED geriatrisch **2** pej umg altersschwach
geriatric care s Altenpflege f
geriatrics [ˌdʒerɪˈætrɪks] s ⟨+sg v⟩ Geriatrie f
germ [dʒɜːm] s Keim m
German ['dʒɜːmən] **A** adj deutsch; **he is ~** er ist Deutscher; **she is ~** sie ist Deutsche **B** s **1** Deutsche(r) m/f(m); **the ~s** die Deutschen **2** LING Deutsch n; **~ lessons** Deutschunterricht m; **in ~** auf Deutsch
German Democratic Republic s HIST Deutsche Demokratische Republik
Germanic [dʒɜːˈmænɪk] adj HIST, LING germanisch
German measles s ⟨+sg v⟩ Röteln pl
German shepherd (dog) s, **German sheep dog** US s Deutscher Schäferhund
German-speaking adj deutschsprachig; **~ Switzerland** die Deutschschweiz
Germany ['dʒɜːmənɪ] s Deutschland n
germ-free adj keimfrei
germinate ['dʒɜːmɪneɪt] v/i keimen; fig aufkeimen geh
germination [ˌdʒɜːmɪˈneɪʃən] wörtl s Keimung f
germ warfare s bakteriologische Kriegsführung
gerund ['dʒerənd] s Gerundium n, Gerund n
gestation [dʒeˈsteɪʃən] s wörtl von Tieren Trächtigkeit f; von Menschen Schwangerschaft f; fig Reifwerden n
gesticulate [dʒeˈstɪkjʊleɪt] v/i gestikulieren; **to ~ at sb/sth** auf j-n/etw deuten
gesture ['dʒestʃə'] **A** s Geste f; **to make a ~** eine Geste machen; **a ~ of defiance** eine herausfordernde Geste; **as a ~ of goodwill** als Zeichen des guten Willens **B** v/i gestikulieren; **to ~ at sb/sth** auf j-n/etw deuten; **he ~d with his head toward(s) the safe** er deutete mit dem Kopf auf den Safe
get [get] ⟨prät got; pperf got; US gotten⟩ **A** v/t **1** bekommen, erhalten, kriegen umg; Sonne abbekommen; Verletzung sich (dat) zuziehen; Merkmale haben (**from** von); (≈ nehmen) Bus fahren mit; **where did you get it (from)?** woher hast du das?; **he got the idea for his book while he was abroad** die Idee zu dem Buch kam ihm, als er im Ausland war; **I got quite a surprise** ich war ziemlich überrascht; **I get the feeling that ...** ich habe das Gefühl, dass ...; **to get sb by the leg** j-n am Bein packen; **(I've) got him!** umg ich hab ihn! umg; **(I've) got it!** umg ich habs! umg; **I'll get you for that!** umg das wirst du mir büßen!; **you've got me there!** umg da bin ich überfragt; **what do you get from it?** was hast du davon? **2** etw sich (dat) besorgen; Finanzen, Job finden; mit Geld kaufen; Auto, Katze sich (dat) anschaffen; **to get sb/oneself sth, to get sth for sb/oneself** j-m/sich etw besorgen; **to need to get sth** etw brauchen; **to get a glimpse of sb/sth** j-n/etw kurz zu sehen bekommen; **we could get a taxi** wir könnten (uns dat) ein Taxi nehmen; **could you get me a taxi?** könnten Sie mir ein Taxi rufen?; **get a load of that!** umg hat man Töne! umg **3** holen; **to get sb from the station** j-n vom Bahnhof abholen; **what can I get you?** was kann ich Ihnen bringen?; **can I get you a drink?** möchten Sie etwas zu trinken?; **I got him a drink** ich habe ihm etwas zu trinken geholt **4** Ziel treffen **5** TEL erreichen; **you've got the wrong number** Sie sind falsch verbunden **6** Essen machen; **I'll get you some breakfast** ich mache dir etwas zum Frühstück **7** essen; **to get breakfast** frühstücken; **to get lunch** zu Mittag essen; **to get a snack** eine Kleinigkeit essen **8** bringen; **to get sb to hospital** j-n ins Krankenhaus bringen; **they managed to get him home** sie schafften ihn nach Hause; **where does that get us?** umg was bringt uns (dat) das? umg; **this discussion isn't getting us anywhere** diese Diskussion führt zu nichts; **to get sth to sb** j-m etw zukommen lassen, j-m etw bringen **9** kapieren umg; schriftlich notieren; **I don't get it** umg da komme ich nicht mit umg; **I don't get you** ich verstehe nicht, was du meinst; **get it?** umg kapiert? umg **10** mit Passiv werden; **when did it last get painted?** wann ist es zuletzt gestrichen worden?; **I got paid** ich wurde bezahlt; **to get caught** erwischt werden **11** **to get sb to do sth** etw von j-m machen lassen; (≈ überreden) j-n dazu bringen, etw zu tun; **I'll get him to phone you back** ich sage ihm, er soll zurückrufen; **you'll never get him to understand** du wirst es nie schaffen, dass er das versteht; **you'll get yourself thrown out** du bringst es so weit, dass du hinausgeworfen wirst; **has she got the baby dressed yet?** hat sie das Baby schon angezogen?; **to get the washing done** die Wäsche waschen; **to get some work done** Arbeit erledigen; **to get things done** was fertig kriegen umg; **to get sth made for sb/oneself** j-m/sich etw machen lassen; **I'll get the house painted soon** ich lasse bald das Haus streichen; **did you get your expenses paid?** haben Sie Ihre Spesen erstattet bekommen?; **to get sb/sth ready** j-n/etw fertig machen; **to get sth clean/open** etw sauber kriegen/aufkriegen umg; **to get sb drunk** j-n betrunken machen; **to get one's hands dirty** wörtl, fig sich (dat) die Hände schmutzig ma-

chen; **he can't get the lid to stay open** er kriegt es nicht hin, dass der Deckel aufbleibt *umg*; **can you get these two pieces to fit together?** kriegen Sie die beiden Teile zusammen?; **to get sth going** *Maschine* etw in Gang bringen; *Party* etw in Fahrt bringen; **to get sb talking** j-n zum Sprechen bringen; **to have got sth** *Br* etw haben **B** *v/i* **1** kommen; **to get home** nach Hause kommen; **to get here** hier ankommen; **can you get to work by bus?** kannst du mit dem Bus zur Arbeit fahren?; **I've got as far as page 16** ich bin auf Seite 16; **to get there** hinkommen; *fig umg* es schaffen *umg*; **how's the work going? — we're getting there!** wie geht die Arbeit voran? — langsam wirds was! *umg*; **to get somewhere/nowhere** *bei Bemühung etc* weiterkommen/nicht weiterkommen; **to get somewhere/nowhere (with sb)** (bei j-m) etwas/nichts erreichen; **you won't get far on £10** mit £ 10 kommst du nicht weit **2** werden; **to get wet/angry** nass/wütend werden; **I'm getting cold** mir wird es kalt; **to get dressed** *etc* sich anziehen *etc*; **to get married** heiraten; **I'm getting bored** ich langweile mich langsam; **how stupid can you get?** wie kann man nur so dumm sein?; **to get started** anfangen, beginnen; **to get to know sb/sth** j-n/etw kennenlernen; **how did you get to know about that?** wie hast du davon erfahren?; **to get to like sb** j-n sympathisch finden; **to get to like sth** an etw *(dat)* Gefallen finden; **to get to do sth** die Möglichkeit haben, etw zu tun; **to get to see sb/sth** j-n/etw zu sehen bekommen; **to get to work** sich an die Arbeit machen; **to get working** *etc* anfangen zu arbeiten *etc*; **I got talking to him** ich kam mit ihm ins Gespräch; **to get going** *Mensch* aufbrechen; *Party etc* in Schwung kommen; **to have got to do sth** etw tun müssen; **I've got to** ich muss **C** *v/r* gehen, kommen; **I had to get myself to the hospital** ich musste ins Krankenhaus (gehen); **to get oneself pregnant** schwanger werden; **to get oneself washed** sich waschen; **you'll get yourself killed if you go on driving like that** du bringst dich noch um, wenn du weiter so fährst

<u>phrasal verbs mit get:</u>

get about *Br v/i* **1** sich bewegen können, herumkommen **(sth** in etw *dat)* **2** *Neuigkeiten* sich herumsprechen **(sth** in etw *dat)*; *Gerücht a.* sich verbreiten **(sth** in etw *dat)*

get across A *v/i* **1** hinüberkommen; *mit Objekt: Straße, Fluss* kommen über (+*akk*) **2** *Bedeutung* klar werden (**to** +*dat*) **B** *v/t* ⟨*immer getrennt*⟩ **1** herüberbringen; *mit Objekt* (herüber)bringen/-bekommen über (+*akk*) **2** *Ideen* verständlich machen (**to sb** j-m)

get ahead *v/i* vorankommen (**in** in +*dat*); **to get ahead of sb** *in Rennen* j-n überholen

get along *v/i* **1** gehen; **I must be getting along** ich muss jetzt gehen **2** zurechtkommen **3** vorankommen **4** **to get along (with sb)** sich (mit j-m) verstehen; **they get along quite well** sie kommen ganz gut miteinander aus

get around A *v/i* → **get about B** *v/t & v/i* ⟨+*obj*⟩ → **get round**

get around to *v/i* ⟨+*obj*⟩ → **get round to**

get at *v/i* ⟨+*obj*⟩ **1** herankommen an (+*akk*); *Lebensmittel, Geld* gehen an (+*akk*); **don't let him get at the whisky** lass ihn nicht an den Whisky (ran) **2** *Wahrheit* herausbekommen **3** *umg* hinauswollen auf (+*akk*); **what are you getting at?** worauf willst du hinaus? **4** **to get at sb** *umg* an j-m etwas auszusetzen haben *umg*

get away A *v/i* wegkommen (**from** von); *Gefangener* entkommen (**from sb** j-m); **I'd like to get away early today** ich würde heute gern früher gehen; **you can't get away** *od* **there's no getting away from the fact that ...** man kommt nicht um die Tatsache herum, dass ...; **to get away from it all** sich von allem frei machen **B** *v/t* ⟨*immer getrennt*⟩ **get her away from here** sehen Sie zu, dass sie hier wegkommt; **get him/that dog away from me** schaff ihn mir/schaff mir den Hund vom Leib

get away with *umg v/i* ⟨+*obj*⟩ **he'll never get away with that** damit wird er keinesfalls durchkommen; **he got away with it** er ist ungeschoren davongekommen *umg*

get back A *v/i* **1** zurückkommen, zurückgehen; **to get back (home)** nach Hause kommen; **to get back to bed** wieder ins Bett gehen; **to get back to work** *nach Krankheit etc* wieder arbeiten können; *nach Urlaub* wieder arbeiten gehen; **get back!** zurück(treten)! **2** **to get back to sb** sich bei j-m melden; **thanks for getting back to me** danke für die Rückmeldung **B** *v/t* ⟨*trennb*⟩ **1** zurückbekommen **2** zurückbringen **3** **I'll get you back for that** das werde ich dir heimzahlen

get back at *umg v/i* ⟨+*obj*⟩ sich rächen an (+*dat*); **to get back at sb for sth** j-m etw heimzahlen *umg*

get back to *v/i* ⟨+*obj*⟩ sich wieder in Verbindung setzen mit; **I'll get back to you on that** ich werde darauf zurückkommen

get behind *v/i* **1** ⟨+*obj*⟩ *Baum* sich stellen hinter (+*akk*); **to get behind the wheel** sich ans *od* hinter das Steuer setzen **2** *fig mit Zeitplan* in Rückstand kommen

get by *v/i* **1** **to let sb get by** j-n vorbeilassen **2**

umg **she could just about get by in German** mit ihren Deutschkenntnissen könnte sie gerade so durchkommen umg; **getting by in English** auf Englisch zurechtkommen 3 umg durchkommen umg; **she gets by on very little money** sie kommt mit sehr wenig Geld aus

get down A v/i 1 heruntersteigen (obj, **from** von), herunterkommen (obj, **from** +akk); **to get down the stairs** die Treppe hinuntergehen 2 sich bücken, sich ducken; **to get down on all fours** sich auf alle viere begeben B v/t ⟨trennb⟩ 1 herunternehmen, herunterbringen 2 (≈ schlucken) Essen hinunterbringen 3 **to get sb down** umg (≈ deprimieren) j-n fertigmachen umg

get down to v/i ⟨+obj⟩ sich machen an (+akk); **to get down to business** zur Sache kommen

get in A v/i 1 hereinkommen (obj, **-to** in +akk); in Auto etc einsteigen (obj, **-to** in +akk); **the smoke got in(to) my eyes** ich habe Rauch in die Augen bekommen 2 Zug, Bus ankommen (**-to** in +dat); Flugzeug landen 3 nach Hause kommen B v/t ⟨trennb⟩ 1 hereinbringen (obj, **-to** in +akk) 2 hineinbekommen (**-to** in +akk); fig Bitte anbringen 3 Lebensmittel holen; **to get in supplies** sich (dat) Vorräte zulegen 4 Handwerker kommen lassen

get in on umg v/i ⟨+obj⟩ mitmachen bei umg; **to get in on the act** mitmischen umg

get into A v/i ⟨+obj⟩ 1 → get in A 1 2 Schulden, Schwierigkeiten geraten in (+akk); Schlägerei verwickelt werden in (+akk); **to get into bed** sich ins Bett legen; **what's got into him?** umg was ist bloß in ihn gefahren? umg 3 Buch sich einlesen bei; Aufgabe sich einarbeiten in (+akk); Kleider anziehen; mit Mühe hineinkommen in (+akk) B v/t ⟨+obj immer getrennt⟩ Schulden etc bringen in (+akk); **to get oneself into trouble** sich in Schwierigkeiten (akk) bringen

get in with v/i ⟨+obj⟩ 1 Anschluss finden an (+akk) 2 sich gut stellen mit

get off A v/i 1 aus Bus etc aussteigen (obj aus); von Fahrrad, Pferd absteigen (obj von); **to tell sb where to get off** umg j-m gründlich die Meinung sagen umg 2 von Leiter etc heruntersteigen (obj von); **get off!** lass (mich) los! 3 (≈ verlassen) loskommen; **it's time you got off to school** es ist Zeit, dass ihr in die Schule geht; **I'll see if I can get off (work) early** ich werde mal sehen, ob früher (von der Arbeit) weg kann umg; **what time do you get off work?** wann hören Sie mit der Arbeit auf? 4 ⟨+obj⟩ Hausaufgabe etc nicht machen müssen; **he got off tidying up his room** er kam darum herum, sein Zimmer aufräumen zu müssen umg 5 fig davonkommen umg B v/t ⟨trennb⟩ 1 weg- bekommen (**sth von etw**); Kleider ausziehen; Abdeckung heruntertun (**sth von etw**), abnehmen (**sth von etw**); **get your dirty hands off my clean shirt** nimm deine schmutzigen Hände von meinem sauberen Hemd; **get him off my property!** schaffen Sie ihn von meinem Grundstück! 2 ⟨+obj immer getrennt⟩ umg kriegen (**sb von** j-m); **I got that idea off John** ich habe die Idee von John 3 ⟨trennb⟩ Post losschicken; **to get sb off to school** j-n für die Schule fertig machen 4 ⟨trennb⟩ Tag freibekommen

get off with umg v/i ⟨+obj⟩ 1 aufreißen umg 2 **to get off with sth** mit etw davonkommen

get on A v/i 1 hinaufsteigen; mit Objekt (hinauf)steigen auf (+akk); in Zug etc einsteigen (**sth, -to sth** in etw akk); auf Fahrrad, Pferd aufsteigen (**sth, -to sth** auf etw akk) 2 weitermachen 3 **time is getting on** es wird langsam spät; **he is getting on** er wird langsam alt 4 vorankommen; Patient, Schüler Fortschritte machen; **to get on in the world** es zu etwas bringen 5 zurechtkommen; **how did you get on in the exam?** wie gings (dir) in der Prüfung?; **how are you getting on?** wie gehts? 6 Freunde etc sich verstehen B v/t ⟨trennb⟩ Kleider anziehen; Abdeckung drauftun (**sth auf etw** akk)

get on for v/i ⟨+obj⟩ zeitlich, altersmäßig zugehen auf (+akk); **he's getting on for 40** er geht auf die 40 zu; **there were getting on for 60 people there** es waren fast 60 Leute da

get on to umg v/i ⟨+obj⟩ sich in Verbindung setzen mit; **I'll get on to him about it** ich werde ihn daraufhin ansprechen

get onto v/i ⟨+obj⟩ → get on A 1

get on with v/i ⟨+obj⟩ 1 weitermachen mit, weiterkommen mit; **get on with it!** nun mach schon! umg; **to let sb get on with sth** j-n etw machen lassen; **this will do to be getting on with** das tuts wohl für den Anfang umg 2 **to get on with sb** sich mit j-m verstehen

get out A v/i 1 herauskommen (**of** aus), herausklettern (**of** aus); aus Bus, Auto aussteigen (**of** aus) 2 weggehen (**of** aus); Tier, Häftling entkommen; Neuigkeiten an die Öffentlichkeit dringen; **he has to get out of the country** er muss das Land verlassen; **get out!** raus! umg; **get out of my house!** raus aus meinem Haus! umg; **to get out of bed** aufstehen 3 weggehen; **you ought to get out more** Sie müssten mehr rauskommen umg; **to get out and about** herumkommen B v/t ⟨trennb⟩ 1 herausmachen (**of** aus); Menschen hinausbringen; mit Mühe hinausbekommen; **I couldn't get it out of my head** od **mind** ich konnte es nicht vergessen 2 herausholen (**of** aus) 3 Geld abheben ⟨of von⟩

get out of A v/i ⟨+obj⟩ **1** → get out A **2** *Verpflichtung, Strafe* herumkommen um; **you can't get out of it now** jetzt kannst du nicht mehr anders; **I'll get out of practice** ich verlerne es; **to get out of the habit of doing sth** sich ⟨dat⟩ abgewöhnen, etw zu tun B v/t ⟨+obj immer getrennt⟩ *Geständnis, Wahrheit* herausbekommen aus; *Geld* herausholen aus; *Vergnügen* haben an ⟨+dat⟩; **to get the best/most out of sb/sth** das Beste aus j-m herausholen/etw machen

get over A v/i **1** hinübergehen ⟨obj über +akk⟩, hinüberklettern; *mit Objekt* klettern über ⟨+akk⟩ **2** ⟨+obj⟩ *Enttäuschung, Erlebnis* (hin)wegkommen über ⟨+akk⟩; *Schock, Krankheit* sich erholen von; **I can't get over it** umg da komm ich nicht drüber weg umg B v/t ⟨trennb⟩ *Ideen etc* verständlich machen ⟨to +dat⟩

get over with v/t ⟨immer getrennt⟩ hinter sich ⟨akk⟩ bringen; **let's get it over with** bringen wirs hinter uns

get past v/i → get by 1

get round *bes Br* A v/i herumkommen ⟨obj um⟩; *Schwierigkeit, Gesetz* umgehen B v/t ⟨immer getrennt⟩+obj⟩ **I still can't get my head round it** umg ich kann es immer noch nicht begreifen

get round to *bes Br umg* v/i ⟨+obj⟩ **to get round to sth** zu etw kommen; **to get round to doing sth** dazu kommen, etw zu tun

get through A v/i **1** durchkommen ⟨sth durch etw⟩ **2** **to get through to the final** in die Endrunde kommen **3** TEL durchkommen umg ⟨to sb zu j-m od to Germany nach Deutschland⟩ **4** (≈ *sich verständlich machen*) **he has finally got through to her** endlich hat er es geschafft, dass sie es begreift **5** ⟨+obj⟩ *Arbeit* erledigen; *Flasche* leer machen; *Zeit* herumbekommen; (≈ *konsumieren*) verbrauchen; *Teller* aufessen B v/t ⟨immer getrennt⟩ **1** *Vorschlag* durchbringen ⟨obj durch⟩; **to get sb through an exam** j-n durchs Examen bringen **2** *Nachricht* durchgeben ⟨to +dat⟩; *Versorgungsgüter* durchbringen **3** **to get sth through (to sb)** (j-m) etw klarmachen

get to v/i ⟨+obj⟩ **1** kommen zu; *Hotel, Stadt* ankommen in ⟨+dat⟩; **where did you get to last night?** wo bist du gestern Abend abgeblieben? umg **2** umg **I got to thinking/wondering** ich hab mir überlegt/mich gefragt **3** umg aufregen; **don't let them get to you** ärgere dich nicht über sie

get together A v/i zusammenkommen, sich zusammenschließen; **why don't we get together later?** warum treffen wir uns nicht später? B v/t ⟨trennb⟩ zusammenbringen; *Geld* zusammenbekommen; **to get one's things together** seine Sachen zusammenpacken

get under v/i darunter kriechen; *unter Schirm etc* darunter kommen; *mit Objekt* kriechen/kommen unter ⟨+akk⟩

get up A v/i **1** aufstehen **2** hinaufsteigen ⟨obj auf +akk⟩; *Fahrzeug* hinaufkommen ⟨obj +akk⟩; **he couldn't get up the stairs** er kam nicht die Treppe hinauf B v/t **1** ⟨immer getrennt⟩ aus dem Bett holen, aufhelfen ⟨+dat⟩ **2** ⟨trennb⟩ **to get up speed** sich beschleunigen; **to get one's strength up** wieder neue Kräfte sammeln; **to get up an appetite** umg Hunger bekommen

get up to v/i ⟨+obj⟩ **1** erreichen; *Seite in Buch* kommen bis; **as soon as he got up to me** sobald er neben mir stand **2** anstellen umg; **what have you been getting up to?** was hast du getrieben? umg

getaway A s **1** (≈ *Urlaub*) Trip m; **a family ~** ein Familienausflug; **we had four days at our mountain ~** wir haben vier Tage in unserem Refugium in den Bergen verbracht; **I'm looking forward to a great ~** ich freue mich schon, von allem so richtig auszuspannen **2** Flucht f; **to make one's ~** sich davonmachen umg B adj ⟨attr⟩ **~ car** Fluchtauto n

get-together umg s Treffen n; **family ~** Familientreffen n

get-up umg s Aufmachung f umg

get-well card s Genesungskarte f

geyser ['giːzə^r] s GEOL Geysir m

ghastly ['gɑːstlɪ] adj ⟨komp ghastlier⟩ **1** umg schrecklich **2** *Verbrechen* grausig

gherkin ['gɜːkɪn] s Gewürzgurke f

ghetto ['getəʊ] s ⟨pl -(e)s⟩ Getto n

ghetto blaster ['getəʊblɑːstə^r] umg s Gettoblaster m umg

ghost [gəʊst] s **1** Gespenst n, Geist m **2** fig **I don't have** od **stand the ~ of a chance** ich habe nicht die geringste Chance; **to give up the ~** obs umg seinen od den Geist aufgeben

ghostly ['gəʊstlɪ] adj ⟨komp ghostlier⟩ gespenstisch

ghost story s Geister- od Gespenstergeschichte f

ghost town s Geisterstadt f

ghost train s Br auf Jahrmarkt Geisterbahn f

ghoul [guːl] s Ghul m

GHQ abk (= General Headquarters) Generalkommando n

GHz abk (= gigahertz) GHz

GI US s abk (= government issue) GI m

giant ['dʒaɪənt] A s Riese m; fig (führende) Größe; (≈ *Unternehmen*) Gigant m; **a ~ of a man** ein Riese (von einem Mann); **publishing ~** Großverlag m B adj riesig; **~ panda** s Riesenpanda

giant slalom s SPORT Riesenslalom m
gibber ['dʒɪbəʳ] v/i schnattern; **a ~ing idiot** ein daherplappernder Idiot
gibberish ['dʒɪbərɪʃ] s Quatsch m umg; unverständlich Kauderwelsch n
gibe [dʒaɪb] s Spötterei f
giblets ['dʒɪblɪts] pl Geflügelinnereien pl
Gibraltar [dʒɪ'brɔːltəʳ] s Gibraltar n
giddiness ['gɪdɪnɪs] s Schwindelgefühl n
giddy ['gɪdɪ] adj <komp giddier> **1** wörtl schwind(e)lig; **I feel ~** mir ist schwind(e)lig **2** Höhe schwindelnd **3** fig ausgelassen
gift [gɪft] s **1** Geschenk n; **that question was a ~** umg die Frage war ja geschenkt umg **2** Gabe f; **to have a ~ for sth** ein Talent n für etw haben; **she has a ~ for teaching** sie hat eine Begabung zur Lehrerin; **he has a ~ for music** er ist musikalisch begabt
gift certificate US s Geschenkgutschein m
gifted ['gɪftɪd] adj begabt (**in** für)
gift token, **gift voucher** s Geschenkgutschein m
gift voucher s Geschenkgutschein m
giftwrap **A** v/t in Geschenkpapier einwickeln **B** s Geschenkpapier n
gig [gɪg] umg s Konzert n, Gig m umg; **to do a gig** ein Konzert geben, auftreten
gigabyte ['dʒɪgəbaɪt] s IT Gigabyte n
gigantic [dʒaɪ'gæntɪk] adj riesig
giggle ['gɪgl̩] **A** s Gekicher n kein pl; **to get the ~s** anfangen herumzukichern **B** v/i kichern
giggly ['gɪglɪ] adj <komp gigglier> albern
gill [gɪl] s von Fisch Kieme f
gilt [gɪlt] **A** s Vergoldung f **B** adj vergoldet
gimmick ['gɪmɪk] s effekthaschender Gag; (≈ Gerät n) Spielerei f; HANDEL verkaufsfördernde Maßnahme
gimmickry ['gɪmɪkrɪ] s Effekthascherei f; in Werbung Gags pl; (≈ Geräte etc) Spielereien pl
gimmicky ['gɪmɪkɪ] adj effekthascherisch
gin [dʒɪn] s Gin m; **gin and tonic** Gin Tonic m
ginger ['dʒɪndʒəʳ] **A** s **1** Ingwer m **B** adj **1** GASTR Ingwer- **2** Haar kupferrot; Katze rötlich gelb
ginger ale s Gingerale n
ginger beer s Ingwerlimonade f
gingerbread **A** s Lebkuchen m (mit Ingwergeschmack) **B** adj <attr> Lebkuchen-
gingerly ['dʒɪndʒəlɪ] adv vorsichtig
gingham ['gɪŋəm] s Gingan m
gipsy ['dʒɪpsɪ] s & adj → gypsy
giraffe [dʒɪ'rɑːf] s Giraffe f
girder ['gɜːdəʳ] s Träger m
girdle ['gɜːdl̩] s Hüfthalter m
girl [gɜːl] s Mädchen n, Dirndl n österr; Tochter f; (≈ Partnerin) Freundin f; **an English ~** eine Engländerin; **I'm going out with the ~s tonight** ich gehe heute Abend mit meinen Freundinnen aus
girl Friday s Allroundsekretärin f
girlfriend s Freundin f
Girl Guide Br s Pfadfinderin f
girlhood s Mädchenzeit f, Jugend f; **in her ~** in ihrer Jugend
girlie, **girly** ['gɜːlɪ] umg adj <attr> girliehaft; Magazin Girlie-, Herren-
girlish ['gɜːlɪʃ] adj mädchenhaft
Girl Scout US s Pfadfinderin f
giro ['dʒaɪrəʊ] s <Br pl -s> von Bank Giro n, Giroverkehr m; von Post Postscheckverkehr m; **~ (cheque)** Sozialhilfeüberweisung f; **to pay a bill by ~** eine Rechnung durch Überweisung bezahlen
giro account s Postgirokonto n
girth [gɜːθ] s Umfang m
gismo umg s → gizmo
gist [dʒɪst] s <kein pl> Wesentliche(s) n; **to get the ~ (of sth)** das Wesentliche verstehen; **the ~ of it was that they can't afford it** kurz: Sie können es sich nicht leisten
git [gɪt] umg s Schwachkopf m umg
give [gɪv] <v: prät gave; pperf given> **A** v/t **1** geben; **to ~ sb sth** od **sth to sb** j-m etw geben; **the teacher gave us three exercises** der Lehrer hat uns drei Übungen gegeben; **to ~ sb one's cold** umg j-n mit seiner Erkältung anstecken; **to ~ sth for sth** etw für etw ausgeben; Güter etw gegen etw tauschen; **what will you ~ me for it?** was gibst du mir dafür?; **how much did you ~ for it?** wie viel hast du dafür bezahlt?; **six foot, ~ or take a few inches** ungefähr sechs Fuß **2** schenken, spenden; **to ~ sb sth** od **sth to sb** j-m etw schenken; **it was ~n to me by my uncle** ich habe es von meinem Onkel geschenkt bekommen **3** Ärger, Freude machen; **to ~ sb support** j-n unterstützen; **to be ~n a choice** die Wahl haben; **to ~ sb a smile** j-n anlächeln; **to ~ sb a push** j-m einen Stoß geben; **to ~ one's hair a brush** sich (dat) die Haare bürsten; **who gave you that idea?** wer hat dich denn auf die Idee gebracht?; **what ~s you that idea?** wie kommst du denn auf die Idee?; **it ~s me great pleasure to …** es ist mir eine große Freude …; **to ~ sb a shock** j-m einen Schock versetzen; **to ~ a cry** aufschreien; **to ~ way** nachgeben (**to** +dat); **~ way to oncoming traffic** Br der Gegenverkehr hat Vorfahrt; **"give way"** Br Verkehr „Vorfahrt beachten!", „Vortritt beachten!" schweiz **4** als Strafe erteilen; **he gave the child a smack** er gab dem Kind einen Klaps; **to ~ sb five years** j-n zu fünf Jahren verurteilen; **~**

yourself time to recover lassen Sie sich Zeit, um sich zu erholen; **it's an improvement, I'll ~ you that** es ist eine Verbesserung, das gestehe ich (dir) ein; **he's a good worker, I'll ~ him that** eines muss man ihm lassen, er arbeitet gut **5** *Informationen, Beschreibung* geben; *seinen Namen* angeben; *Entscheidung, Meinung, Ergebnis* mitteilen; **~ him my regards** richten Sie ihm (schöne) Grüße von mir aus; **to ~ sb a warning** j-n warnen **6** *Party* geben; *Rede* halten; *Trinkspruch* ausbringen (**to sb** auf j-n); **~ us a song** sing uns was vor; **the child gave a little jump of excitement** das Kind machte vor Aufregung einen kleinen Luftsprung; **he gave a shrug** er zuckte mit den Schultern **B** v/i **1** nachgeben; *Seil, Kabel* reißen **2** *Geld* spenden; **you have to be prepared to ~ and take** *fig* man muss zu Kompromissen bereit sein **C** s Nachgiebigkeit *f*; *von Bett* Federung *f*

phrasal verbs mit give:

give away v/t ⟨trennb⟩ **1** weggeben, verschenken **2** *Braut* zum Altar führen **3** *Preise* vergeben **4** *fig* verraten (**to sb** an j-n); **to give the game away** *umg* alles verraten

give back v/t ⟨trennb⟩ zurückgeben

give in A v/i sich ergeben (**to sb** j-m); *bei Spiel* aufgeben; (≈ *zurückstecken*) nachgeben (**to** +*dat*); **to give in to temptation** der Versuchung erliegen **B** v/t ⟨trennb⟩ *Aufsatz* einreichen

give off v/t ⟨untrennb⟩ *Wärme* abgeben; *Geruch* verbreiten

give onto v/t *Fenster* hinausgehen auf +*akk*

give out A v/i *Vorräte, Kräfte* zu Ende gehen; *Motor* versagen; **my voice gave out** mir versagte die Stimme **B** v/t ⟨trennb⟩ **1** austeilen **2** bekannt geben **C** v/t ⟨untrennb⟩ → give off

give over A v/t ⟨trennb⟩ übergeben (**to** +*dat*) **B** v/i *dial umg* aufhören **C** v/i ⟨+*obj*⟩ aufhören; **give over tickling me!** hör auf, mich zu kitzeln!

give up A v/i aufgeben **B** v/t ⟨trennb⟩ **1** aufgeben; **to give up doing sth** es aufgeben, etw zu tun; **I'm trying to give up smoking** ich versuche, das Rauchen aufzugeben; **to give sb/sth up as lost** j-n/etw verloren geben **2** *Platz* frei machen (**to** für); **to give oneself up** sich ergeben

give up on v/i ⟨+*obj*⟩ abschreiben; **to give up on sb/oneself** j-n/sich aufgeben

give-and-take *s* (gegenseitiges) Geben und Nehmen

giveaway *s* **it was a real ~ when he said …** er verriet sich, als er sagte …

giveaway price *s* Schleuderpreis *m*

given A *pperf* → give **B** *adj* **1** mit unbestimmtem Artikel bestimmt; mit bestimmtem Artikel angegeben; **in a ~ period** in einem bestimmten Zeitraum; **within the ~ period** im angegebenen Zeitraum **2 ~ name** *bes US* Vorname *m* **3 to be ~ to sth** zu etw neigen; **I'm not ~ to drinking on my own** ich habe nicht die Angewohnheit, allein zu trinken **C** *konj* **~ that he is rich** angesichts der Tatsache, dass er reich ist; **~ his intelligence** angesichts seiner Intelligenz; **~ time, we can do it** wenn wir genug Zeit haben, können wir es schaffen; **~ the chance, I would …** wenn ich die Gelegenheit hätte, würde ich …

giver ['gɪvə^r] *s* Spender(in) *m(f)*

gizmo ['gɪzməʊ] *s* ⟨*pl* -s⟩ *umg* Ding *n umg*

glacé ['glæseɪ] *adj* kandiert

glacier ['glæsɪə^r] *s* Gletscher *m*

glad [glæd] *adj* ⟨*komp* gladder; *präd* froh, glücklich; **to be ~ about sth** sich über etw (*akk*) freuen; **I'm ~ (about that)** das freut mich; **to be ~ of sth** froh über etw (*akk*) sein; **we'd be ~ of your help** wir wären froh, wenn Sie uns helfen könnten; **I'd be ~ of your opinion on this** ich würde gerne Ihre Meinung dazu hören; **I'm ~ you like it** ich freue mich, dass es Ihnen gefällt; **I'll be ~ to show you everything** ich zeige Ihnen gerne alles

gladden v/t erfreuen

glade [gleɪd] *s* Lichtung *f*

gladiator ['glædɪeɪtə^r] *s* Gladiator *m*

gladly ['glædlɪ] *adv* gern(e)

gladness ['glædnəs] *s* Freude *f*

glamor *US s* → glamour

glamorize ['glæməraɪz] *v/t* idealisieren; *Gewalt* verherrlichen

glamorous ['glæmərəs] *adj* glamourös; *Anlass* glanzvoll

glamour ['glæmə^r] *s*, **glamor** *US s* Glamour *m*; *von Anlass* Glanz *m*

glance [glɑːns] **A** *s* Blick *m*; **at first ~** auf den ersten Blick; **to take a quick ~ at sth** einen kurzen Blick auf etw (*akk*) werfen; **we exchanged ~s** wir sahen uns kurz an **B** v/i blicken; **to ~ at sb/sth** j-n/etw kurz ansehen; **to ~ at** *od* **through a report** einen kurzen Blick in einen Bericht werfen

phrasal verbs mit glance:

glance off v/i *Kugel etc* abprallen (**sth** von etw)

gland [glænd] *s* Drüse *f*

glandular ['glændjʊlə^r] *adj* **~ fever** Drüsenfieber *n*

glare [gleə^r] **A** *s* **1** greller Schein; **the ~ of the sun** das grelle Sonnenlicht **2** stechender Blick **B** v/i **1** *Licht, Sonne* grell scheinen **2** (zornig) starren; **to ~ at sb/sth** j-n/etw zornig anstarren

glaring ['gleərɪŋ] *adj* **1** *Sonne, Licht* grell **2** *Beispiel, Unterlassung* eklatant

glaringly ['glɛərɪŋlɪ] *adv* ~ **obvious** *Tatsache etc* überdeutlich; **it was ~ obvious that he had no idea** es war nur zu ersichtlich, dass er keine Ahnung hatte

glass [glɑːs] **A** *s* **1** Glas *n*; **a pane of ~** eine Glasscheibe; **a ~ of water** ein Glas Wasser **2** ~**es** *pl*, **pair of ~es** Brille *f* **B** *adj* ⟨attr⟩ Glas-

glass ceiling *fig s* gläserne Decke; **she hit the ~** sie kam als Frau beruflich nicht mehr weiter

glass fibre *s*, **glass fiber** *US s* Glasfaser *f*

glassful *s* Glas *n*

glasshouse *Br s* Gewächshaus *n*

glassy ['glɑːsɪ] *adj* ⟨komp glassier⟩ *Fläche, Meer* spiegelglatt; **~-eyed** *Blick* glasig

glaucoma [glɔːˈkəʊmə] *s* grüner Star

glaze [gleɪz] **A** *s* Glasur *f* **B** *v/t* **1** *Fenster* verglasen **2** *Keramik, Kuchen* glasieren **C** *v/i a.* **~ over** *Augen* glasig werden; **she had a ~d look in her eyes** sie hatte einen glasigen Blick

glazier ['gleɪzɪəʳ] *s* Glaser(in) *m(f)*

glazing ['gleɪzɪŋ] *s* Glasur *f*

gleam [gliːm] **A** *s* Schimmer *m*, Schimmern *n*; **a ~ of light** ein Lichtschimmer *m*; **he had a ~ in his eye** seine Augen funkelten **B** *v/i* schimmern; *Augen* funkeln

gleaming ['gliːmɪŋ] *adj* schimmernd; *Augen* funkelnd; **~ white** strahlend weiß

glean [gliːn] *fig v/t* herausbekommen; **to ~ sth from sb/sth** etw von j-m erfahren/einer Sache (*dat*) entnehmen

glee [gliː] *s* Freude *f*; *boshaft* Schadenfreude *f*; **he shouted with ~** er stieß einen Freudenschrei aus

gleeful *adj* vergnügt; *boshaft* schadenfroh

glen [glen] *s* Tal *n*

glib [glɪb] *adj* ⟨komp glibber⟩ zungenfertig; *Antwort* leichtzüngig

glibly ['glɪblɪ] *adv* leichthin

glide [glaɪd] *v/i* gleiten, schweben; *Flugzeug* im Gleitflug fliegen

glider ['glaɪdəʳ] *s* FLUG Segelflugzeug *n*

gliding ['glaɪdɪŋ] *s* FLUG Segelfliegen *n*

glimmer ['glɪməʳ] **A** *s* **1** *von Licht* Schimmer *m* **2** *fig* → **gleam** A **B** *v/i* *Licht* schimmern; *Feuer* glimmen

glimpse [glɪmps] **A** *s* Blick *m*; **to catch a ~ of sb/sth** einen flüchtigen Blick auf j-n/etw werfen können **B** *v/t* einen Blick erhaschen von

glint [glɪnt] **A** *s* Glitzern *n kein pl*; **a ~ of light** ein glitzernder Lichtstrahl; **he has a wicked ~ in his eyes** seine Augen funkeln böse **B** *v/i* glitzern; *Augen* funkeln

glisten ['glɪsn] *v/i* glänzen; *Tautropfen* glitzern

glitch [glɪtʃ] *s* IT Funktionsstörung *f*; **a technical ~** eine technische Panne

glitter ['glɪtəʳ] **A** *s* Glitzern *n*; *zur Dekoration* Glitzerstaub *m* **B** *v/i* glitzern; *Augen, Diamanten* funkeln

glittering ['glɪtərɪŋ] *adj* glitzernd; *Augen, Diamanten* funkelnd; *Anlass* glanzvoll

glitzy ['glɪtsɪ] *adj* ⟨komp glitzier⟩ *umg* glanzvoll

gloat [gləʊt] *v/i* sich großtun (**over, about** mit); über j-s Unglück sich hämisch freuen (**over, about** über +*akk*); **there's no need to ~ (over me)!** das ist kein Grund zur Schadenfreude!

global ['gləʊbl] *adj* global; *Rezession a.* weltweit; **~ peace** Weltfrieden *m*

global economy *s* Weltwirtschaft *f*

globalization [ˌgləʊbəlaɪˈzeɪʃən] *s*, **globalisation** *Br s* Globalisierung *f*

globalize ['gləʊbəlaɪz] *v/t & v/i*, **globalise** *Br v/t & v/i* globalisieren

globally ['gləʊbəlɪ] *adv* **1** global **2** allgemein

global market *s* Weltmarkt *m*

global player *s* WIRTSCH Weltfirma *f*, Global Player *m*

global trade *s* Welthandel *m*

global village *s* Weltdorf *n*

global warming *s* Erwärmung *f* der Erdatmosphäre

globe [gləʊb] *s* Kugel *f*, Globus *m*; **all over the ~** auf der ganzen Erde *od* Welt

globe artichoke *s* Artischocke *f*

globetrotter *s* Globetrotter(in) *m(f)*

globetrotting **A** *s* Globetrotten *n* **B** *adj* ⟨attr⟩ globetrottend

globule ['glɒbjuːl] *s* Kügelchen *n*; *von Öl, Wasser* Tröpfchen *n*

globuli ['glɒbjəliː, glɒbjəlaɪ] *pl* MED Globuli *pl*

gloom [gluːm] *s* **1** Düsterkeit *f* **2** düstere Stimmung

gloomily ['gluːmɪlɪ] *adv* niedergeschlagen, pessimistisch

gloomy ['gluːmɪ] *adj* ⟨komp gloomier⟩ düster; *Wetter, Licht* trüb; *Mensch* niedergeschlagen, pessimistisch (**about** über +*akk*); *Aussichten* trübe; **he is very ~ about his chances of success** er beurteilt seine Erfolgschancen sehr pessimistisch

glorification [ˌglɔːrɪfɪˈkeɪʃən] *s* Verherrlichung *f*

glorified *adj* **I'm just a ~ secretary** ich bin nur eine bessere Sekretärin

glorify ['glɔːrɪfaɪ] *v/t* verherrlichen

glorious ['glɔːrɪəs] *adj* **1** herrlich **2** *Karriere* glanzvoll; *Sieg* ruhmreich

gloriously ['glɔːrɪəslɪ] *adv* herrlich; **~ happy** überglücklich

glory ['glɔːrɪ] **A** *s* **1** Ruhm *m*; **moment of ~** Ruhmesstunde *f* **2** Herrlichkeit *f*; **they restored the car to its former ~** sie restaurierten das Auto, bis es seine frühere Schönheit wiedererlangt hatte **B** *v/i* **to ~ in one's/sb's**

success sich in seinem/j-s Erfolg sonnen

gloss[1] [glɒs] s Glanz m; **~ finish** FOTO Glanz m, Glanzbeschichtung f; *von Farbe* Lackanstrich m

phrasal verbs mit gloss:

gloss over v/t ⟨trennb⟩ **1** vertuschen **2** beschönigen

gloss[2] s Erläuterung f; **to put a ~ on sth** etw interpretieren

glossary ['glɒsəri] s Glossar n

gloss (paint) s Glanzlack m, Glanzlackfarbe f

glossy ['glɒsi] adj ⟨komp **glossier**⟩ glänzend; **~ magazine** (Hochglanz)magazin n; **~ paper/paint** Glanzpapier n/-lack m; **~ print** FOTO Hochglanzbild n

glove [glʌv] s (Finger)handschuh m; **to fit (sb) like a ~** (j-m) wie angegossen passen

glove compartment s AUTO Handschuhfach n

glove puppet Br s Handpuppe f

glow [gləʊ] **A** v/i glühen; *Uhrzeiger* leuchten; *Lampe* scheinen; **she/her cheeks ~ed with health** sie hatte ein blühendes Aussehen; **to ~ with pride** vor Stolz glühen **B** s Glühen n; *von Lampe* Schein m; *von Feuer* Glut f; **her face had a healthy ~** ihr Gesicht hatte eine blühende Farbe

glower ['glaʊə'] v/i **to ~ at sb** j-n finster ansehen

glowing ['gləʊɪŋ] adj *Schilderung* begeistert; **to speak of sb/sth in ~ terms** voller Begeisterung von j-m/etw sprechen

glow-worm ['gləʊˌwɜːm] s Glühwürmchen n

glucose ['gluːkəʊs] s Traubenzucker m

glue [gluː] **A** s Leim m, Klebstoff m, Pick m österr **B** v/t kleben, picken österr; **to ~ sth down/on etw fest-/ankleben; to ~ sth to etw an etw (dat) festkleben; to keep one's eyes ~d to sb/sth** j-n/etw nicht aus den Augen lassen; **he's been ~d to the TV all evening** er hängt schon den ganzen Abend vorm Fernseher umg; **we were ~d to our seats** wir saßen wie gebannt auf unseren Plätzen

glue-sniffing ['gluːˌsnɪfɪŋ] s (Klebstoff)schnüffeln n, Pickschnüffeln m österr

glue stick s Klebestift m

glum [glʌm] adj ⟨komp **glummer**⟩ niedergeschlagen

glumly ['glʌmli] adv niedergeschlagen

glut [glʌt] s Schwemme f

glute ['gluːt] umg s ⟨mst pl⟩ Hintern m umg

gluten ['gluːtən] s Gluten n

gluten-free adj glutenfrei

glutinous ['gluːtɪnəs] adj klebrig

glutton ['glʌtn] s Vielfraß m; **she's a ~ for punishment** sie ist die reinste Masochistin umg

gluttonous ['glʌtənəs] wörtl, fig adj unersättlich; *Mensch* gefräßig

gluttony ['glʌtəni] s Völlerei f

glycerin(e) ['glɪsəriːn] s Glyzerin n

GM abk (= genetically modified) **GM foods** pl gentechnisch veränderte Lebensmittel pl

gm abk (= grams, grammes) g

GM food s gentechnisch veränderte Lebensmittel pl

GMO abk (= genetically modified organism) genetisch veränderter Organismus, GVO m

GMT abk (= Greenwich Mean Time) WEZ

gnarled [nɑːld] adj *Baum* knorrig; *Finger* knotig

gnash [næʃ] v/t **to ~ one's teeth** mit den Zähnen knirschen

gnat [næt] s (Stech)mücke f

gnaw [nɔː] **A** v/t nagen an (+dat); *Loch* nagen **B** v/i nagen; **to ~ at od on sth** an etw (dat) nagen; **to ~ at sb** fig j-n quälen

gnawing ['nɔːɪŋ] adj *Zweifel, Schmerz* nagend; *Angst* quälend

gnome [nəʊm] s Gnom m, Gartenzwerg m

GNP abk (= gross national product) BSP

GNVQ Br abk (= General National Vocational Qualification) SCHULE ≈ Berufsschulabschluss m

go [gəʊ] ⟨v: prät **went**; pperf **gone**⟩ **A** v/i **1** gehen, fahren, fliegen, reisen; *Straße* führen (**to** nach); **the doll goes everywhere with her** sie nimmt die Puppe überallhin mit; **you go first** geh du zuerst!; **you go next** du bist der Nächste; **there you go** bitte; (≈ *rechthaberisch*) na bitte; **here we go again!** umg jetzt geht das schon wieder los! umg; **let's go!** lass uns gehen!; **where do we go from here?** *wörtl* wo gehen wir anschließend hin?; *fig* und was (wird) jetzt?; **to go to church/school** in die Kirche/Schule gehen; **to go to school in Oxford** die Schule in Oxford besuchen; **to go to evening classes** Abendkurse besuchen; **to go to work** zur Arbeit gehen; **what shall I go in?** was soll ich anziehen?; **the garden goes down to the river** der Garten geht bis zum Fluss hinunter; **to go to France** nach Frankreich fahren; **I have to go to the doctor** ich muss zum Arzt (gehen); **to go to war** Krieg führen (**over** wegen); **to go to sb for sth** j-n wegen etw fragen, bei j-m etw holen; **to go on a journey** eine Reise machen; **to go on a course** einen Kurs machen; **to go on holiday** Br, **to go on vacation** US in Urlaub gehen; **to go for a walk** spazieren gehen; **to go for a newspaper** eine Zeitung holen gehen; **go and shut the door** mach mal die Tür zu; **he's gone and lost his new watch** umg er hat seine neue Uhr verloren; **now you've gone and done it!** umg na, jetzt hast du es geschafft!; **to go shopping** einkaufen gehen; **to go looking for sb/sth** nach j-m/etw suchen **2**

gehen, (ab)fahren, (ab)fliegen; **has he gone yet?** ist er schon weg?; **we must go** *od* **be going** *umg* wir müssen gehen; **go!** SPORT los!; **here goes!** jetzt gehts los! *umg* **3** verschwinden, aufgebraucht werden; *Zeit* vergehen; **it is** *od* **has gone** es ist weg, es ist verschwunden; **where has it gone?** wo ist es geblieben?; **all his money goes on computer games** er gibt sein ganzes Geld für Computerspiele aus; **£75 a week goes on rent** £ 75 die Woche sind für die Miete (weg); **it's just gone three** es ist kurz nach drei; **two days to go till ...** noch zwei Tage bis ...; **two exams down and one to go** zwei Prüfungen geschafft und eine kommt noch **4** verschwinden, abgeschafft werden; **that settee will have to go** das Sofa muss weg; **hundreds of jobs will go** Hunderte von Stellen werden verloren gehen **5** (≈ *sich verkaufen*) **the hats aren't going very well** die Hüte gehen nicht sehr gut (weg); **it went for £5** es ging für £ 5 weg; **how much did the house go for?** für wie viel wurde das Haus verkauft?; **going, going, gone!** zum Ersten, zum Zweiten, und zum Dritten!; **he has gone so far as to accuse me** er ist so weit gegangen, mich zu beschuldigen **6** *Preis etc* gehen (**to** an +*akk*) **7** *Uhr* gehen; *Auto, Maschine* laufen; **to make sth go** etw in Gang bringen; **to get going** in Schwung kommen; **to get sth going** etw in Gang bringen, etw in Fahrt bringen; **to keep going** weitermachen; *Maschine* weiterlaufen; *Auto* weiterfahren; **keep going!** weiter!; **to keep the fire going** das Feuer anbehalten; **this prospect kept her going** diese Aussicht hat sie durchhalten lassen; **here's £50 to keep you going** hier hast du erst mal £ 50 **8** *Veranstaltung, Abend* verlaufen; **how does the story go?** wie war die Geschichte noch mal?; **we'll see how things go** *umg* wir werden sehen, wie es läuft *umg*; **the way things are going I'll ...** so wie es aussieht, werde ich ...; **she has a lot going for her** sie ist gut dran; **how's it going?** *umg* wie gehts (denn so)? *umg*; **how did it go?** wie wars?; **how's the essay going?** was macht der Aufsatz?; **to go well** gut gehen; **everything is going well** alles läuft gut; **if everything goes well** wenn alles gut geht **9** (≈ *nicht mehr funktionieren*) kaputtgehen; *Kräfte, Augenlicht* nachlassen; *Bremsen* versagen; **his mind is going** er lässt geistig sehr nach **10** werden; **to go hard/bad/deaf/blind/crazy/weak** hart/schlecht/taub/blind/verrückt/schwach werden; **to go red (in the face)** rot werden; **to go hungry** hungern; **I went cold** mir wurde kalt; **to go to sleep** einschlafen **11** gehen, passen, hingehören; *in Schublade etc* (hin)kommen; (≈ *harmonieren*) dazu passen; **4 into 12 goes 3** 4 geht in 12 dreimal; **4 into 3 won't go** 3 durch 4 geht nicht **12** (≈ *Geräusch verursachen*) machen; **to go bang** peng machen; **there goes the bell** es klingelt **13** **anything goes!** alles ist erlaubt; **that goes for me too** das meine ich auch; **there are several jobs going** es sind mehrere Stellen zu haben; **coffee to go** *US* Kaffee *m* zum Mitnehmen; **the money goes to help the poor** das Geld soll den Armen helfen; **the money will go toward(s) a new car** das ist Geld für ein neues Auto; **he's not bad as bosses go** verglichen mit anderen Chefs ist er nicht übel **B** *v/i/aux* **I'm/I was going to do it** ich werde/wollte es tun; **I had been going to do it** ich habe es tun wollen; **what are you going to do?** was wirst/willst du tun?; **it's going to rain** es wird wohl regnen **C** *v/i* **1** *Strecke* gehen; *Auto* fahren; **to go it alone** sich selbstständig machen; **my mind went a complete blank** ich hatte ein Brett vor dem Kopf *umg* **2** *umg* sagen **D** *s* ⟨*pl* **goes**⟩ **1** *umg* Schwung *m*; **to be on the go** auf Trab sein *umg*; **he's got two women on the go** er hat zwei Frauen gleichzeitig; **it's all go** es ist immer was los *umg* **2** Versuch *m*; **at the first go** auf Anhieb *umg*; **at the second go** beim zweiten Versuch; **to have a go** *Br* es probieren; **to have a go at sth**, **to give sth a go** etw versuchen; **to have a go at doing sth** versuchen, etw zu tun; **have a go!** versuchs *od* probiers doch mal!; **to have a go at sb** *umg* j-n runterputzen *umg* **3** it's your go du bist an der Reihe; **miss one go** *Br* einmal aussetzen; **can I have a go?** darf ich mal? **4** **to make a go of sth** in etw (*dat*) Erfolg haben; **from the word go** von Anfang an

phrasal verbs mit go:

go about A *v/i* **1** *Br* herumlaufen; **to go about with sb** mit j-m zusammen sein **2** *Br Grippe etc* umgehen **B** *v/i* ⟨+*obj*⟩ **1** *Aufgabe* anpacken; **how does one go about finding a job?** wie bekommt man eine Stelle? **2** *Arbeit* erledigen; **to go about one's business** sich um seine eigenen Geschäfte kümmern

go across A *v/i* ⟨+*obj*⟩ überqueren **B** *v/i* hinübergehen, hinüberfahren

go after *v/i* ⟨+*obj*⟩ **1** nachgehen (+*dat*), nachfahren (+*dat*); **the police went after the escaped criminal** die Polizei hat den entkommenen Verbrecher gejagt **2** anstreben

go against *v/i* ⟨+*obj*⟩ **1** *Glück* sein gegen; *Ereignisse* ungünstig verlaufen für; **the verdict went against her** das Urteil fiel zu ihren Ungunsten aus; **the vote went against her** sie verlor die Abstimmung **2** im Widerspruch stehen zu;

Prinzipien gehen gegen; *j-m* sich widersetzen (+*dat*); *j-s Wünschen* zuwiderhandeln (+*dat*)

go ahead *v/i* **1** vorangehen; *in Rennen* sich an die Spitze setzen; (≈ *früher*) vorausgehen, vorausfahren; **to go ahead of sb** vor j-m gehen, sich vor j-n setzen, j-m vorausgehen/-fahren **2** es machen; *Projekt* vorangehen; *Veranstaltung* stattfinden; **go ahead!** nur zu!; **to go ahead with sth** etw durchführen

go along *v/i* **1** entlanggehen; *zu Konzert etc* hingehen; **to go along to sth** zu etw gehen; **as one goes along** nach und nach, nebenbei; **I made the story up as I went along** ich habe mir die Geschichte beim Erzählen ausgedacht **2** mitgehen, mitziehen (**with** mit) **3** zustimmen (**with** +*dat*), mitmachen (**with** mit)

go around *v/i* → go about A → go round

go at *v/t* angreifen

go away *v/i* (weg)gehen; *auf Urlaub* wegfahren

go back *v/i* **1** zurückgehen, zurückkehren (**to** zu); **they have to go back to Germany/school** sie müssen wieder nach Deutschland zurück/zur Schule; **when do the schools go back?** wann fängt die Schule wieder an?; **to go back to the beginning** wieder von vorn anfangen; **there's no going back** es gibt kein Zurück mehr **2** *zeitlich* zurückreichen (**to** bis zu); **we go back a long way** wir kennen uns schon ewig **3** *Uhr* zurückgestellt werden

go back on *v/i* ⟨+*obj*⟩ zurücknehmen; *Entscheidung a.* rückgängig machen; **I never go back on my word** was ich versprochen habe, halte ich auch

go before **A** *v/i* vorangehen; **everything that had gone before** alles Vorhergehende **B** *v/i* ⟨+*obj*⟩ **to go before the court** vor Gericht erscheinen

go beyond *v/i* ⟨+*obj*⟩ hinausgehen über (+*akk*)

go by **A** *v/i* vorbeigehen (*obj* an +*dat*), vorbeifahren (*obj* an +*dat*); *Zeit* vergehen; **as time went by** mit der Zeit; **in days gone by** in längst vergangenen Tagen **B** *v/i* ⟨+*obj*⟩ **1** *bei Entscheidung etc* gehen nach; *Uhr* sich richten nach; *Regeln* sich halten an (+*akk*); **if that's anything to go by** wenn man danach gehen kann; **going by what he said** nach dem, was er sagte **2** **to go by the name of Smith** Smith heißen

go down *v/i* **1** hinuntergehen (*obj* +*akk*), hinunterfahren (*obj* +*akk*); *Straße* entlanggehen; *Sonne, Schiff* untergehen; *Flugzeug* abstürzen; **to go down on one's knees** sich hinknien; *um sich zu entschuldigen* auf die Knie fallen **2** (≈ *akzeptiert werden*) ankommen (**with** bei); **that won't go down well with him** das wird er nicht gut finden **3** *Flut, Schwellung* zurückgehen; *Preise* sinken; **he has gone down in my estimation** er ist in meiner Achtung gesunken; **to go down in history** in die Geschichte eingehen; **to go down with a cold** eine Erkältung bekommen **4** gehen (**to** bis); **I'll go down to the bottom of the page** ich werde die Seite noch fertig machen **5** IT ausfallen **6** SPORT absteigen; *in Spiel* verlieren; **they went down 2-1 to Rangers** sie verloren 2:1 gegen Rangers

go for *v/i* ⟨+*obj*⟩ **1** *umg* (≈ *angreifen*) losgehen auf (+*akk*) *umg*, angehen **2** *umg* gut finden; (≈ *auswählen*) nehmen; sich entscheiden für; **go for it!** nichts wie ran! *umg*

go in *v/i* **1** hineingehen **2** *Sonne* verschwinden **3** hineinpassen

go in for *v/i* ⟨+*obj*⟩ **1** *Wettbewerb* teilnehmen an (+*dat*) **2** **to go in for sports** sich für Sport interessieren

go into *v/i* ⟨+*obj*⟩ **1** *Haus, Politik* gehen in (+*akk*); *Militär etc* gehen zu; **to go into teaching** Lehrer(in) werden **2** *Auto* (hinein)fahren in (+*akk*); *Mauer* fahren gegen **3** *Koma* fallen in (+*akk*); **to go into hysterics** hysterisch werden **4** sich befassen mit, abhandeln; **to go into detail** auf Einzelheiten eingehen; **a lot of effort has gone into it** da steckt viel Mühe drin

go off **A** *v/i* **1** weggehen, wegfahren (**on** mit); **he went off to the States** er fuhr in die Staaten; **to go off with sb/sth** mit j-m/etw auf und davon gehen **2** *Licht* ausgehen; *Strom* wegbleiben **3** *Waffe etc* losgehen; *Bombe* explodieren; *Handy, Wecker* klingeln **4** *Br Lebensmittel* schlecht werden; *Milch* sauer werden **5** verlaufen; **to go off well/badly** gut/schlecht gehen **B** *v/i* ⟨+*obj*⟩ *Br* nicht mehr mögen; **I've gone off him** ich mache mir nichts mehr aus ihm

go on **A** *v/i* **1** passen (*obj* auf +*akk*) **2** *Licht* angehen **3** weitergehen, weiterfahren; **to go on with sth** mit etw weitermachen; **to go on doing sth** etw weiter tun; **to go on trying** es weiter(hin) versuchen; **go on with your work** arbeite weiter; **to go on speaking** weitersprechen; **go on, tell me!** na, sag schon!; **to have enough to be going on with** fürs Erste genug haben; **to go on to do sth** dann etw tun; **he went on to say that ...** dann sagte er, dass ...; **I can't go on** ich kann nicht mehr **4** unaufhörlich reden; **don't go on (about it)** nun hör aber (damit) auf; **to go on about sb/sth** stundenlang von j-m/etw erzählen **5** passieren; *Party etc* im Gange sein; **this has been going on for a long time** das geht schon lange so; **what's going on here?** was ist denn hier los? **6** *Zeit* vergehen; **as time goes on** im Laufe der Zeit **7** THEAT auftreten **B** *v/i* ⟨+*obj*⟩ **1** *Bus, Fahrrad* fahren mit; *Fahrt* machen; **to go on**

the swings auf die Schaukel gehen **2** gehen nach; **we've got nothing to go on** wir haben keine Anhaltspunkte **3** **to go on the dole** *Br* stempeln gehen *umg*; **to go on a diet** eine Schlankheitskur machen; **to go on the pill** die Pille nehmen; **to go on television** im Fernsehen auftreten **4** (≈ *sich nähern*) Alter zugehen auf (+*akk*)

go on at *v/t* herumhacken auf +*akk*

go on for *v/i* 〈+*obj*〉 Alter zugehen auf (+*akk*); **there were going on for twenty people there** es waren fast zwanzig Leute da

go out *v/i* **1** hinausgehen; **to go out of a room** aus einem Zimmer gehen **2** weggehen; *ins Theater etc, a. Feuer* ausgehen; *mit Freundin* gehen; **to go out for a meal** essen gehen; **to go out to work** arbeiten gehen; **to go out on strike** in den Streik treten **3** *Flut* zurückgehen **4** **my heart went out to him** ich fühlte mit ihm mit; **the fun had gone out of it** es machte keinen Spaß mehr **5** SPORT ausscheiden **6** **to go all out** sich ins Zeug legen (**for** für) **7** RADIO, TV *Sendung* ausgestrahlt werden

go out with *v/t* Freund/Freundin gehen mit

go over **A** *v/i* **1** hinübergehen, hinüberfahren **2** *zu anderer Ansicht, Diät* übergehen (**to** zu) **3** TV, RADIO *in anderes Studio etc* umschalten **B** *v/i* 〈+*obj*〉 durchgehen; **to go over sth in one's mind** etw überdenken

go past *v/i* vorbeigehen (*obj* an +*dat*); *Auto* vorbeifahren (*obj* an +*dat*); *Zeit* vergehen

go round *bes Br v/i* **1** sich drehen **2** (≈ *Umweg machen*) **to go round sth** um etw herumgehen/-fahren **to go round the long way** ganz außen herumgehen/-fahren **3** (≈ *besuchen*) vorbeigehen (**to** bei) **4** *in Museum etc* herumgehen (*obj* in +*dat*) **5** (aus)reichen; **there's enough food to go round** es ist genügend zu essen da **6** 〈+*obj*〉 (≈ *einkreisen*) herumgehen um **7** → **go about** A

go through **A** *v/i* durchgehen; *Geschäft* abgeschlossen werden; *Scheidung, Gesetz* durchkommen; SPORT sich qualifizieren (**to** für) **B** *v/i* 〈+*obj*〉 **1** *Loch, Zoll* gehen durch **2** *Formalitäten* durchmachen **3** *Liste* durchgehen **4** *Tasche* durchsuchen **5** *Geld* ausgeben

go through with *v/i* 〈+*obj*〉 *Verbrechen* ausführen; **she couldn't go through with it** sie brachte es nicht fertig

go together *v/i* zusammenpassen

go under **A** *v/i* untergehen; *Firma* eingehen *umg* **B** *v/i* 〈+*obj*〉 **1** durchgehen unter (+*dat*); größenmäßig passen unter (+*akk*) **2** **to go under the name of Jones** als Jones bekannt sein

go up *v/i* **1** *Preis* steigen **2** hinaufsteigen (*obj* +*akk*); **to go up to bed** nach oben gehen und schlafen **3** *Aufzug* (≈ *nach Norden reisen*) hochfahren; THEAT *Vorhang* hochgehen; *Häuser* gebaut werden **4** **to go up in flames** in Flammen aufgehen **5** *Jubel* ertönen

go with *v/i* 〈+*obj*〉 **1** j-m gehen mit **2** passen zu

go without **A** *v/i* 〈+*obj*〉 nicht haben; auskommen ohne; **to go without food** nichts essen; **to go without breakfast** nicht frühstücken; **to have to go without sth** auf etw (*akk*) verzichten müssen **B** *v/i* darauf verzichten

goad [gəʊd] *v/t* aufreizen; **to ~ sb into sth** j-n zu etw anstacheln

go-ahead ['gəʊəhed] **A** *adj* fortschrittlich **B** *s* **to give sb/sth the ~** j-m/für etw grünes Licht geben

goal [gəʊl] *s* **1** SPORT Tor *n*; **to score a ~** ein Tor erzielen **2** Ziel *n*; **to set (oneself) a ~** (sich *dat*) ein Ziel setzen

goal area *s* Torraum *m*

goal difference *s* Tordifferenz *f*

goalie ['gəʊlɪ] *umg s* Tormann *m*/-frau *f*

goalkeeper *s* Torhüter(in) *m(f)*

goal kick *s* Abstoß *m* (vom Tor)

goal line *s* Torlinie *f*

goalmouth *s* unmittelbarer Torbereich

goalpost *s* Torpfosten *m*; **to move the ~s** *fig umg* die Spielregeln (ver)ändern

goat [gəʊt] *s* Ziege *f*; **to get sb's ~** j-n auf die Palme bringen *umg*

goatee (beard) [gəʊ'tiː(ˌbɪəd)] *s* Spitzbart *m*

goat's cheese *s* Ziegenkäse *m*

gob[1] [gɒb] *Br umg v/i* spucken; **to gob at sb** j-n anspucken

gob[2] *s Br umg* (≈ *Mund*) Schnauze *f umg*; **shut your gob!** halt die Schnauze! *umg*

gobble ['gɒbl] *v/t* verschlingen

phrasal verbs mit gobble:

gobble down *v/t* 〈*trennb*〉 hinunterschlingen

gobble up *v/t* 〈*trennb*〉 verschlingen

gobbledegook, **gobbledygook** ['gɒbldɪˌguːk] *umg s* Kauderwelsch *n*

go-between ['gəʊbɪˌtwiːn] *s* 〈*pl* -s〉 Vermittler(in) *m(f)*

goblet ['gɒblɪt] *s* Pokal *m*

goblin ['gɒblɪn] *s* Kobold *m*

gobsmacked ['gɒbsmækt] *umg adj* platt *umg*

go-cart ['gəʊkɑːt] *s für Kinder* Seifenkiste *f*; SPORT Gokart *m*

god [gɒd] *s* Gott *m*; **God willing** so Gott will; **God (only) knows** *umg* wer weiß; **my God!** mein Gott!; **for God's sake!** *umg* um Himmels willen *umg*; **what/why in God's name …?** um Himmels willen, was/warum …?

god-awful *umg adj* beschissen *umg*

godchild s Patenkind n
goddammit [ˌgɒdˈdæmɪt] int verdammt noch mal! umg
goddamn adj, **goddam** bes US umg adj gottverdammt umg; **it's no ~ use!** es hat überhaupt keinen Zweck, verdammt noch mal! umg
goddamned adj → goddamn
goddaughter s Patentochter f
goddess [ˈgɒdɪs] s Göttin f
godfather s Pate m; **my ~** mein Patenonkel m
godforsaken umg adj gottverlassen
godless adj gottlos
godmother s Patin f; **my ~** meine Patentante f
godparent s Pate m, Patin f
godsend s Geschenk n des Himmels
godson s Patensohn m
-goer s ⟨suf⟩ -gänger(in) m(f); **cinemagoer** Kinogänger(in) m(f)
goes [gəʊz] ⟨3. Person sg präs⟩ → go
gofer [ˈgəʊfə(r)] s umg Mädchen n für alles
go-getter [ˈgəʊgetəʳ] umg s Ellbogentyp m pej umg
goggle [ˈgɒgl] v/i starren; **to ~ at sb/sth** j-n/etw anstarren
goggles [ˈgɒglz] pl Schutzbrille f
going [ˈgəʊɪŋ] A ppr → go B s 1 Weggang m 2 **it's slow ~** es geht nur langsam voran; **that's good ~** das ist ein flottes Tempo; **it's heavy ~ talking to him** es ist sehr mühsam, sich mit ihm zu unterhalten; **while the ~ is good** (noch) rechtzeitig C adj 1 Satz, Rate üblich 2 nach sup umg **the best thing ~** das Beste überhaupt 3 **to sell a business as a ~ concern** ein bestehendes Unternehmen verkaufen
going-over [ˌgəʊɪŋˈəʊvəʳ] s Untersuchung f; **to give sth a good ~** Vertrag etc etw gründlich prüfen; beim Putzen etc etw gründlich reinigen
goings-on [ˌgəʊɪŋzˈɒn] umg pl Dinge pl
go-kart [ˈgəʊˌkɑːt] s Gokart m
Golan Heights [ˈgəʊlæn.haɪts] pl Golanhöhen pl
gold [gəʊld] A s 1 Gold n 2 umg Goldmedaille f B adj golden; **~ jewellery** Br, **~ jewelry** US Goldschmuck m; **~ coin** Goldmünze f
gold disc s goldene Schallplatte
gold dust s **to be (like) ~** fig sehr schwer zu finden sein
golden [ˈgəʊldən] adj golden; Haare goldblond; **fry until ~** anbräunen; **a ~ opportunity** eine einmalige Gelegenheit
golden age fig s Blütezeit f
golden eagle s Steinadler m
golden goal s FUSSB Golden Goal n
golden handshake s großzügige Abfindung
golden jubilee s goldenes Jubiläum
golden rule s goldene Regel; **my ~ is never to**
... ich mache es mir zu Regel, niemals zu ...
golden syrup Br s (gelber) Sirup
golden wedding (anniversary) s goldene Hochzeit
goldfish s ⟨pl -⟩ Goldfisch m
goldfish bowl s Goldfischglas n
gold leaf s Blattgold n
gold medal s Goldmedaille f
gold medallist s Goldmedaillengewinner(in) m(f)
gold mine s Goldgrube f
gold-plate v/t vergolden
gold rush s Goldrausch m
goldsmith s Goldschmied(in) m(f)
golf [gɒlf] s Golf n
golf bag s Golftasche f
golf ball s Golfball m
golf buggy s Golfwagen m
golf club s 1 Golfschläger m 2 Golfklub m
golf course s Golfplatz m
golfer [ˈgɒlfəʳ] s Golfer(in) m(f)
gondola [ˈgɒndələ] s Gondel f
gone [gɒn] A pperf → go B adj ⟨präd⟩ umg (≈ schwanger) **she was 6 months ~** sie war im 7. Monat C präp **it's just ~ three** es ist gerade drei Uhr vorbei
gong [gɒŋ] s 1 Gong m 2 Br umg (≈ Medaille) Blech n umg
gonna [ˈgɒnə] abk (= going to) werde; wirst; wird; werden; werden
gonorrhoea [ˌgɒnəˈrɪə] s, **gonorrhea** US s Gonorrhö f, Tripper m
goo [guː] umg s ⟨kein pl⟩ Schmiere f umg
good [gʊd] A adj ⟨komp better; sup best⟩ 1 gut; **that's a ~ one!** das ist ein guter Witz, der ist gut umg; mst iron bei Ausrede **wers glaubt, wird selig!** umg; **you've done a ~ day's work** du hast gute Arbeit (für einen Tag) geleistet; **a ~ meal** eine ordentliche Mahlzeit; **to be ~ with people** gut mit Menschen umgehen können; **it's too ~ to be true** es ist zu schön, um wahr zu sein; **to be ~ for sb** gut für j-n sein; **it's a ~ thing** od **job I was there** (nur) gut, dass ich dort war; **~ nature** Gutmütigkeit f; **to be ~ to sb** gut zu j-m sein; **that's very ~ of you** das ist sehr nett von Ihnen; **(it was) ~ of you to come** nett, dass Sie gekommen sind; **would you be ~ enough to tell me ...** wären Sie so nett, mir zu sagen ... a. iron; **~ old Charles!** der gute alte Charles!; **the car is ~ for another few years** das Auto hält noch ein paar Jahre; **she's ~ for nothing** sie taugt zu nichts; **that's always ~ for a laugh** darüber kann man immer lachen; **to have a ~ cry** sich ausweinen; **to have a ~ laugh** so richtig lachen umg; **to take a ~ look at sth** sich (dat) etw

gut ansehen; **it's a ~ 8 km** es sind gute 8 km; **a ~ many people** ziemlich viele Leute; **~ morning** guten Morgen; **to be ~ at sth** gut in etw (dat) sein, etw gut können; **to be ~ at sport/languages** gut im Sport/in Sprachen sein; **to be ~ at sewing** gut nähen können; **I'm not very ~ at it** ich kann es nicht besonders gut; **that's ~ enough** das reicht; **if he gives his word, that's ~ enough for me** wenn er sein Wort gibt, reicht mir das; **it's just not ~ enough!** so geht das nicht!; **to feel ~** sich wohlfühlen; **I don't feel too ~ about it** mir ist nicht ganz wohl dabei; **to make ~** Fehler wiedergutmachen; Drohung wahr machen; **to make ~ one's losses** seine Verluste wettmachen; **as ~ as new** so gut wie neu; **he as ~ as called me a liar** er nannte mich praktisch einen Lügner **2** Urlaub, Abend schön; **did you have a ~ day?** wie wars heute?; **to have a ~ time** sich gut amüsieren; **have a ~ time!** viel Spaß! **3** artig; **(as) ~ as gold** mustergültig; **be a ~ girl/boy and ...** sei so lieb und ...; **~ girl/boy!** gut!; **that's a ~ dog!** guter Hund! **4** Auge, Bein gesund **5** gut, prima; **(it's) ~ to see you** (es ist) schön, dich zu sehen; **~ grief** od **gracious!** umg ach du liebe Güte! umg; **~ for you!** etc gut!, prima! **6** schön; **a ~ strong stick** ein schön(er) starker Stock; **~ and hard** ganz schön fest umg; **~ and proper** umg ganz anständig umg **B** adv gut; **how are you? — ~!** wie gehts? — gut! **C** s **1** Gute(s) n; **~ and evil** Gut und Böse; **to do ~** Gutes tun; **to be up to no ~** umg nichts Gutes im Schilde führen umg **2** Wohl n; **for the ~ of the nation** zum Wohl(e) der Nation; **for their own ~** zu ihrem Besten; **I did it for your own ~** ich habe es nur gut mit dir gemeint; **for the ~ of one's health** etc seiner Gesundheit etc zuliebe; **he'll come to no ~** mit ihm wird es noch ein böses Ende nehmen; **what's the ~ of hurrying?** wozu eigentlich die Eile?; **if that is any ~ to you** wenn es dir hilft; **to do (some) ~** (etwas) helfen od nützen; **to do sb ~** j-m helfen; Ruhe, Arznei j-m guttun; **what ~ will that do you?** was hast du davon?; **this computer's no ~** dieser Computer ist nutzlos; **that's no ~** das ist nichts; **he's no ~ to us** er nützt uns (dat) nichts; **it's no ~ doing it like that** es hat keinen Sinn, das so zu machen; **he's no ~ at it** er kann es nicht **3 for ~** für immer

goodbye [gʊd'baɪ] **A** s Abschied m; **to say ~** sich verabschieden; **to wish sb ~**, **to say ~ to sb** sich von j-m verabschieden; **to say ~ to sth** einer Sache (dat) Lebewohl sagen **B** int bei Sie-Anrede auf Wiedersehen!; bei du-Anrede tschüs(s)!, servus! österr **C** adj ⟨attr⟩ Abschieds-

good-for-nothing s Nichtsnutz m, Fink m schweiz

Good Friday s Karfreitag m

good-hearted [ˌgʊd'hɑːtɪd] adj gutherzig

good-humoured adj, **good-humored** US adj gutmütig, gut gelaunt; Veranstaltung friedlich

good-looking adj gut aussehend

good-natured adj gutmütig; Demonstration friedlich; Spaß harmlos

goodness ['gʊdnɪs] s Güte f; **out of the ~ of his/her heart** aus reiner Herzensgüte; **~ knows** weiß der Himmel umg; **for ~' sake** um Himmels willen umg; **(my) ~!** meine Güte! umg

goodnight [gʊd'naɪt] adj ⟨attr⟩ **~ kiss** Gutenachtkuss m

goods [gʊdz] pl Güter pl; **leather ~** Lederwaren pl; **stolen ~** Diebesgut n; **~ train** Güterzug m; **if we don't come up with the ~ on time** umg wenn wir es nicht rechtzeitig schaffen

goods depot s Br Güterbahnhof m

good-sized adj ziemlich groß

goods traffic s Güterverkehr m

goods train s Br Güterzug m

goods truck s Br Güterwagen m

good-tempered adj verträglich; Tier gutartig; Verhalten gutmütig

goodwill s Wohlwollen n; zwischen Nationen Goodwill m; **a gesture of ~** ein Zeichen seines/ihres etc guten Willens

goody ['gʊdɪ] umg s Leckerbissen m, Süßigkeit f

goody-goody umg s Musterkind n umg

gooey ['guːɪ] umg adj ⟨-er⟩ klebrig

goof [guːf] umg v/i **1** danebenhauen umg **2** US a. **~ around** (herum)trödeln; **to ~ off** abzwitschern umg

goofy ['guːfɪ] adj ⟨komp goofier⟩ umg doof umg

google® ['guːgl] v/t IT googeln® nach; mit Google® im Internet suchen

googol ['guːgɒl US 'guːgɑːl] s MATH Googol f (die Zahl 10^{100})

goose [guːs] s ⟨pl geese⟩ Gans f

gooseberry ['gʊzbərɪ] s Stachelbeere f

goose bumps pl, **goose flesh** s Gänsehaut f

goose pimples Br pl Gänsehaut f

goose-step v/i im Stechschritt marschieren

gopher ['gəʊfər] s Taschenratte f

gore[1] [gɔːr] liter s Blut n

gore[2] v/t durchbohren

gorge [gɔːdʒ] **A** s GEOG Schlucht f **B** v/r schlemmen; **to ~ (oneself) on sth** etw verschlingen

gorgeous ['gɔːdʒəs] adj **1** herrlich **2** umg hinreißend; Geschenk toll umg; **his new girlfriend is ~** seine neue Freundin sieht klasse aus umg

gorilla [gə'rɪlə] s Gorilla m

gormless ['gɔːmlɪs] *Br umg adj* doof *umg*
gory ['gɔːrɪ] *adj* blutrünstig; *Mord, Tat* blutig
gosh [gɒʃ] *int* Mensch, Mann *umg*
go-slow *s* Bummelstreik *m*
gospel ['gɒspəl] *s* BIBEL Evangelium *n;* **the Gospels** die Evangelien *pl*
gospel truth *umg s* reine Wahrheit
gossip ['gɒsɪp] **A** *s* **1** ⟨*kein pl*⟩ Klatsch *m*, Schwatz *m*; **to have a ~ with sb** mit j-m schwatzen **2** Klatschbase *f* **B** *v/i* schwatzen, klatschen
gossip column *s* Klatschkolumne *od* -spalte *f*
gossip columnist *s* Klatschkolumnist(in) *m(f)*
gossipy ['gɒsɪpɪ] *adj Mensch* schwatzhaft; *Stil* plaudernd
got [gɒt] *prät & pperf* → get
Gothic ['gɒθɪk] *adj* gotisch
gotta ['gɒtə] *abk* (= **got to**) **I ~ go** ich muss gehen
gotten ['gɒtn] *bes US pperf* → get
gouge [gaʊdʒ] *v/t* bohren; **the river ~d a channel in the mountainside** der Fluss grub sich (*dat*) sein Bett in den Berg

phrasal verbs mit gouge:
gouge out *v/t* ⟨*trennb*⟩ herausbohren; **to gouge sb's eyes out** j-m die Augen ausstechen

goulash ['guːlæʃ] *s* Gulasch *n*
gourd [gʊəd] *s* Flaschenkürbis *m*; *getrocknet* Kürbisflasche *f*
gourmet ['gʊəmeɪ] *s* Feinschmecker(in) *m(f)*
gout [gaʊt] *s* MED Gicht *f*
Gov *abk* → **governor**
govern ['gʌvən] **A** *v/t* **1** regieren; *Provinz, Schule* verwalten **2** *Gesetze* bestimmen; *Entscheidung, Handlung* beeinflussen **B** *v/i* POL regieren
governess ['gʌvənɪs] *s* Gouvernante *f*
governing body *s* leitendes Gremium
government ['gʌvənmənt] **A** *s* **1** Regierung *f*; **the Government is** *od* **are planning new taxes** die Regierung plant neue Steuern **2** Regierungsform *f* **B** *attr* Regierungs-, der Regierung; **~ official** Regierungsbeamter *m*/-beamtin *f*; **~ backing** staatliche Unterstützung; **~ intervention** staatlicher Eingriff
governmental [ˌgʌvən'mentl] *adj* Regierungs-
government department *s* Ministerium *n*
government-funded *adj* mit staatlichen Mitteln finanziert
government spending *s* öffentliche Ausgaben *pl*
governor ['gʌvənə(r)] *s* **1** Gouverneur(in) *m(f)* **2** *bes Br von Gefängnis* Direktor(in) *m(f); von Schule* ≈ Mitglied *n* des Schulbeirats; **the (board of) ~s** der Vorstand; *von Schule* ≈ der Schulbeirat
governor general *s* Generalgouverneur(in) *m(f)*
govt *abk* (= **government**) Reg.
gown [gaʊn] *s* Kleid *n*; (≈ *Abendkleid*) Robe *f*; *in Krankenhaus* Kittel *m*; *von Richter* Talar *m*; **wedding ~** Hochzeitskleid *n*
GP *Br abk* (= **general practitioner**) **to go to one's GP** zu seinem Hausarzt/seiner Hausärztin gehen
GPS *abk* (= **global positioning system**) GPS *n*
GPS-enabled *adj Handy, Handheld, Kamera* mit Navi, mit GPS
grab [græb] **A** *s* **to make a ~ at** *od* **for sth** nach etw greifen; **to be up for ~s** *umg* zu haben sein **B** *v/t* **1** packen, wegschnappen *umg; umg* (≈ *fangen*) schnappen *umg; Gelegenheit beim Schopf ergreifen umg;* **he ~bed (hold of) my sleeve** er packte mich am Ärmel; **I'll just ~ a sandwich** *umg* ich esse nur schnell ein Sandwich *umg;* **how does that ~ you?** wie findest du das? **C** *v/i* **to ~ at** greifen nach; **he ~bed at the chance of promotion** er ließ sich die Chance, befördert zu werden, nicht entgehen
grace [greɪs] **A** *s* **1** ⟨*kein pl*⟩ Anmut *f*; **to do sth with (a) good/bad ~** etw anstandslos/widerwillig *od* unwillig tun **2** Zahlungsfrist *f*; **to give sb a few days' ~** j-m ein paar Tage Zeit lassen **3** **to say ~** das Tischgebet sprechen **4** Gnade *f*; **by the ~ of God** durch die Gnade Gottes; **to fall from ~** in Ungnade fallen **B** *v/t* beehren (**with** mit); *Empfang etc* sich (*dat*) die Ehre geben bei (+*dat*)
graceful *adj* anmutig; *Verbeugung, Benehmen* elegant
gracefully *adv* **1** anmutig **2** *akzeptieren etc* anstandslos; **to grow old ~** in Würde alt werden
gracious ['greɪʃəs] **A** *adj form* (≈ *höflich*) liebenswürdig **B** *int obs* **good** *od* **goodness ~ (me)!** ach du meine Güte!
gradation [grə'deɪʃən] *s* Abstufung *f*
grade [greɪd] **A** *s* **1** Niveau *n; von Waren* (Güte)klasse *f;* **to make the ~** *fig umg* es schaffen *umg* **2** (≈ *beruflich*) Position *f*, Rang *m*, Gehaltsstufe *f* **3** SCHULE Note *f*; *bes US* Klasse *f*; **to get good/poor ~s** gute/schlechte Noten bekommen **4** *US* Neigung *f* **B** *v/t* **1** *Waren* klassifizieren; *Schüler* einstufen **2** *US* SCHULE benoten
grade crossing *US s* Bahnübergang *m*
-grader [-greɪdə(r)] *s* ⟨*suf*⟩ *US* SCHULE -klässler(in) *m(f);* **sixth-grader** Sechstklässler(in) *m(f)*
grade school *US s* ≈ Grundschule *f*
gradient ['greɪdɪənt] *s bes Br* Neigung *f*; **a ~ of 1 in 10** eine Steigung/ein Gefälle von 10%
gradual ['grædjʊəl] *adj* allmählich; *Fortschritt* langsam; *Abhang* sanft
gradually ['grædjʊəlɪ] *adv* allmählich; *abfallen* sanft

graduate[1] **A** ['grædjʊɪt] s Br UNIV (Hochschul)-absolvent(in) m(f), Akademiker(in) m(f); US SCHULE Schulabgänger(in) m(f); **high-school ~** US ≈ Abiturient(in) m(f), ≈ Maturant(in) m(f) österr, schweiz **B** ['grædjʊeɪt] v/i UNIV graduieren; US SCHULE die Abschlussprüfung bestehen (**from** an +dat); **to ~ in English** einen Hochschulabschluss in Englisch machen; **she ~d to television from radio** sie arbeitete sich vom Radio zum Fernsehen hoch

graduate[2] ['grædjʊɪt-] Br zssgn für Akademiker; Arbeitslosigkeit unter den Akademikern

graduate school ['grædjʊɪt] US s Hochschulabteilung für Studenten mit abgeschlossenem Studium

graduate student ['grædjʊɪt] US s Student(in) mit abgeschlossenem Studium

graduation [ˌgrædjʊ'eɪʃən] s **1** UNIV US SCHULE Abschlussfeier f **2** US SCHULE Schulabschluss m; UNIV Studienabschluss m

graffer ['græfə] umg s Graffitikünstler(in) m(f)

graffiti [grə'fiːtɪ] pl ⟨mst sing v⟩ Graffiti pl

graffiti artist s Graffitikünstler(in) m(f)

graft [grɑːft] **A** s **1** MED Transplantat n **2** bes US umg Mauschelei f umg **3** Br umg Schufterei f umg **B** v/t MED übertragen (**on** auf +akk)

grail [greɪl] s Gral m

grain [greɪn] s **1** ⟨kein pl⟩ Getreide n **2** Korn n; fig von Wahrheit Körnchen n **3** von Holz Maserung f; **it goes against the ~** Br, **it goes against my ~** US fig es geht einem gegen den Strich

grainy ['greɪnɪ] adj ⟨komp grainier⟩ Foto unscharf

gram, gramme [græm] s Gramm n

grammar ['græmə] s Grammatik f; **English ~** die englische Grammatik; **that is bad ~** das ist grammat(ikal)isch falsch; **~ file** Grammatikanhang m

grammar school Br s ≈ Gymnasium n; US ≈ Mittelschule f (Stufe zwischen Grundschule und höherer Schule)

grammatical [grə'mætɪkəl] adj **1** grammatisch; **~ error** Grammatikfehler m **2** grammat(ikal)isch richtig; **his English is not ~** sein Englisch ist grammat(ikal)isch falsch

grammatically [grə'mætɪkəlɪ] adv **~ correct** grammat(ikal)isch richtig

gramme s → gram

gramophone ['græməfəʊn] Br obs s Grammofon n; **~ record** Schallplatte f

gran [græn] umg s Oma f umg

granary ['grænərɪ] s Kornkammer f

grand [grænd] **A** adj ⟨+er⟩ grandios; Bauwerk prachtvoll; Geste großartig; Ideen hochfliegend; Getue vornehm; **on a ~ scale** im großen Rahmen; **~ occasion** feierlicher Anlass; **the ~ opening** die große Eröffnung **B** s FIN umg Riese m umg; **ten ~** zehn Riesen umg

grandad ['grændæd] s umg Opa m umg

grandchild s ⟨pl —children⟩ Enkel m, Enkelkind n

grand(d)ad umg s Opa m umg

granddaughter s Enkelin f

grandeur ['grændʒə(r)] s Größe f; von Anblick Erhabenheit f

grandfather ['grænˌfɑːðə] s Großvater m

grandfather clock s Standuhr f

grand finale s großes Finale

grandiose ['grændɪəʊz] pej adj Stil schwülstig; Idee hochfliegend

grand jury US s JUR Großes Geschworenengericht

grandly ['grændlɪ] adv **1** eindrucksvoll, grandios; **it is ~ described as/called/titled ...** es trägt die grandiose Bezeichnung ... **2** großspurig, hochtrabend

grandma umg s Oma f umg

grandmother s Großmutter f

grandpa umg s Opa m umg

grandparent s Großvater m/-mutter f

grandparents pl Großeltern pl

grand piano s Flügel m

grand slam s **to win the ~** SPORT alle Wettbewerbe gewinnen

grandson s Enkel(sohn) m

grandstand s Haupttribüne f

grand total s Gesamtsumme f; **a ~ of £50** insgesamt £ 50

granite ['grænɪt] s Granit m

granny, grannie ['grænɪ] umg s Oma f umg

grant [grɑːnt] **A** v/t **1** gewähren (**sb** j-m); Erlaubnis, Visum erteilen (**sb** j-m); Antrag stattgeben (+dat) form; Wunsch erfüllen; **to ~ an amnesty to sb** j-n amnestieren **2** zugestehen; **to take sb/sth for ~ed** j-n/etw als selbstverständlich hinnehmen; **to take it for ~ed that ...** es selbstverständlich finden, dass ... **B** s Subvention f; UNIV etc Stipendium n

grant-maintained adj staatlich finanziert

granulated sugar ['grænjʊleɪtɪd'ʃʊgə] s Zuckerraffinade f

granule ['grænjuːl] s Körnchen n

grape [greɪp] s (Wein)traube f; **a bunch of ~s** eine (ganze) Weintraube

grapefruit s Grapefruit f

grapevine s Weinstock m; **I heard it on** od **through the ~** es ist mir zu Ohren gekommen

graph [grɑːf] s Diagramm n

graphic ['græfɪk] adj **1** Schilderung anschaulich; krass drastisch; **to describe sth in ~ detail** etw in allen Einzelheiten anschaulich darstellen **2** KUNST grafisch

graphically ['græfɪkəlɪ] *adv* anschaulich; *krass* auf drastische Art

graphical user interface *s* IT grafische Benutzeroberfläche

graphic artist *s* Grafiker(in) *m(f)*

graphic arts *pl*, **graphic design** *s* Grafik *f*, Grafikdesign *n*

graphic designer *s* Grafiker(in) *m(f)*

graphic equalizer *s* (Graphic) Equalizer *m*

graphics ['græfɪks] **A** *s* **1** ⟨*pl*⟩ Zeichnungen *pl* **2** ⟨+sg v⟩ Tätigkeit, *a.* IT Grafik *f* **B** *adj* ⟨*attr*⟩ IT Grafik-

graphics card *s* COMPUT Grafikkarte *f*

graphics software *s* Grafiksoftware *f*

graphite ['græfaɪt] *s* Grafit *m*

graph paper *s* Millimeterpapier *n*

grapple ['græpl] *v/i* kämpfen; **to ~ with a problem** sich mit einem Problem herumschlagen

grasp [grɑːsp] **A** *s* **1** Griff *m*; **the knife slipped from her ~** das Messer rutschte ihr aus der Hand; **when fame was within their ~** als Ruhm in greifbare Nähe gerückt war **2** *fig* Verständnis *n*; **to have a good ~ of sth** etw gut beherrschen **B** *v/t* **1** ergreifen, festhalten; **he ~ed the bundle in his arms** er hielt das Bündel in den Armen **2** *fig* begreifen **C** *v/i* **to ~ at sth** *wörtl* nach etw greifen; *fig* sich auf etw *(akk)* stürzen

grasping *fig adj* habgierig

grass [grɑːs] **A** *s* **1** Gras *n*; **blade of ~** Grashalm *m* **2** ⟨*kein pl*⟩ Rasen *m*; AGR Weide *f*, Weideland *n* **3** *umg* (≈ Marihuana) Gras *n* umg **B** *v/i* Br umg singen *umg* (**to** bei); **to ~ on sb** j-n verpfeifen *umg*

grasshopper *s* Heuschrecke *f*

grassland *s* Grasland *n*

grass roots *pl* Basis *f*

grass-roots *adj* ⟨*attr*⟩ Basis-, an der Basis; **at ~ level** an der Basis; **a ~ movement** eine Bürgerinitiative

grass snake *s* Ringelnatter *f*

grassy ['grɑːsɪ] *adj* ⟨*komp* grassier⟩ grasig; **~ slope** Grashang *m*

grate¹ [greɪt] *s* Gitter *n*; *von Kamin* (Feuer)rost *m*

grate² **A** *v/t* GASTR reiben; **~d cheese** geriebener Käse, Reibkäse *m* **B** *v/i fig* wehtun (**on sb** j-m); **to ~ on sb's nerves** j-m auf die Nerven gehen

grateful ['greɪtfʊl] *adj* dankbar; **I'm ~ to you for buying the tickets** ich bin dir dankbar (dafür), dass du die Karten gekauft hast

gratefully ['greɪtfəlɪ] *adv* dankbar

grater ['greɪtəʳ] *s* Reibe *f*

gratification [ˌgrætɪfɪ'keɪʃən] *s* Genugtuung *f*

gratify ['grætɪfaɪ] *v/t* **1** erfreuen; **I was gratified to hear that ...** ich habe mit Genugtuung gehört, dass ... **2** zufriedenstellen

gratifying ['grætɪfaɪɪŋ] *adj* (sehr) erfreulich; **it is ~ to learn that ...** es ist erfreulich zu erfahren, dass ...

grating¹ ['greɪtɪŋ] *s* Gitter *n*

grating² *adj* kratzend; *Geräusch* quietschend; *Stimme* schrill

gratitude ['grætɪtjuːd] *s* Dankbarkeit *f* (**to** gegenüber)

gratuitous [grə'tjuːɪtəs] *adj* überflüssig

gratuity [grə'tjuːɪtɪ] *s* Gratifikation *f*; *form* Trinkgeld *n*

grave¹ [greɪv] *s* Grab *n*; **to turn in one's ~** sich im Grabe herumdrehen; **to dig one's own ~** *fig* sein eigenes Grab graben *od* schaufeln

grave² *adj* ⟨*komp* graver⟩ *Gefahr, Schwierigkeit* groß; *Situation, Mensch* ernst; *Fehler, Krankheit* schwer; *Zweifel* stark

grave digger *s* Totengräber(in) *m(f)*

gravel ['grævəl] **A** *s* Kies *m*, Schotter *m* **B** *adj* ⟨*attr*⟩ Kies-; *Auffahrt* mit Kies bedeckt

gravely ['greɪvlɪ] *adv* **1** *krank, verletzt* schwer; **~ concerned** ernstlich besorgt **2** *nicken* ernst

gravestone *s* Grabstein *m*

graveyard *s* Friedhof *m*

graveyard shift *bes US umg* Nachtschicht *f*

gravitate ['grævɪteɪt] *wörtl v/i* angezogen werden (**towards** von); *fig* hingezogen werden (**towards** zu)

gravitation [ˌgrævɪ'teɪʃn] *s* PHYS Schwerkraft *f*

gravitational [ˌgrævɪ'teɪʃənəl] *adj* Gravitations-

gravity ['grævɪtɪ] *s* **1** PHYS Schwerkraft *f*; **centre of ~** *Br*, **center of ~** *US* Schwerpunkt *m* **2** *von Mensch, Situation* Ernst *m*; *von Fehler, Verbrechen* Schwere *f*; **the ~ of the news** die schlimmen Nachrichten

gravy ['greɪvɪ] *s* ⟨*kein pl*⟩ GASTR Bratensaft *m*, Soße *f*

gravy boat *s* Sauciere *f*

gray *US adj* → **grey**

graze¹ [greɪz] **A** *v/i Rinder etc* weiden **B** *v/t Rinder* weiden lassen

graze² **A** *v/t* streifen; **to ~ one's knees** sich *(dat)* die Knie aufschürfen; **to ~ oneself** sich *(dat)* die Haut aufschürfen **B** *s* Abschürfung *f*

GRE *US abk* (= Graduate Record Examination) UNIV Zulassungsprüfung für ein weiterführendes Studium

grease [griːs] **A** *s* Fett *n*, Schmiere *f* **B** *v/t* fetten; AUTO, TECH schmieren

greasepaint *s* THEAT (Fett)schminke *f*

greaseproof *adj* ~ **paper** Pergamentpapier *n*

greasy ['griːsɪ] *adj* ⟨*komp* greasier⟩ *Essen* fett; *Haar, Haut* fettig; *Fläche* rutschig

great [greɪt] **A** *adj* ⟨+er⟩ **1** groß, riesig; **there is a ~ need for economic development** wirt-

schaftliche Entwicklung ist dringend nötig; **of no ~ importance** ziemlich unwichtig; **in ~ detail** ganz ausführlich; **to take a ~ interest in sth** sich sehr für etw interessieren; **he did not live to a ~ age** er erreichte kein hohes Alter; **with ~ difficulty** mit großen Schwierigkeiten; **to a ~ extent** in hohem Maße; **it was ~ fun** es hat großen Spaß gemacht; **a ~ many, a ~ number of** sehr viele; **his ~est work** sein Hauptwerk *n*; **he was a ~ friend of my father** er war mit meinem Vater sehr gut befreundet; **to be a ~ believer in sth** sehr viel von etw halten; **to be a ~ believer in doing sth** grundsätzlich dafür sein, etw zu tun **2** *umg* großartig, toll *umg*, prima *umg*; **this whisk is ~ for sauces** dieser Schneebesen eignet sich besonders gut für Soßen; **to be ~ at football** ein großer Fußballspieler sein; **to feel ~** sich toll *od* prima fühlen *umg*; **my wife isn't feeling so ~** meiner Frau geht es nicht besonders gut **3** ausgezeichnet; **one of the ~ footballers of our generation** einer der großen Fußballspieler unserer Generation **B** *int umg* toll *umg*; **oh ~** *iron* na wunderbar **C** *adv* **1** *umg* **she's doing ~** in Job sie macht sich hervorragend; *gesundheitlich* sie macht große Fortschritte; **everything's going ~** alles läuft nach Plan **2 ~ big** *emph umg* riesengroß **D** *s* ⟨*mst pl*⟩ (≈ *Mensch*) Größe *f*
great ape *s* Menschenaffe *m*
great-aunt *s* Großtante *f*
Great Barrier Reef *s* Großes Barriereriff
Great Britain *s* Großbritannien *n*
Great Dane *s* Deutsche Dogge
greater ['greɪtə^r] *adj* ⟨*komp*⟩ **1** → great **2** größer; **of ~ importance is** ... noch wichtiger ist ...
Greater London *s* Groß-London *n*
greatest ['greɪtɪst] **A** *adj* ⟨*sup*⟩ **1** → great **2** größte(r, s); **with the ~ (of) pleasure** mit dem größten Vergnügen **B** *s* **he's the ~** *umg* er ist der Größte
great-grandchild *s* Urenkel(in) *m(f)*
great-granddaughter *s* Urenkelin *f*
great-grandfather *s* Urgroßvater *m*
great-grandmother *s* Urgroßmutter *f*
great-grandparents *pl* Urgroßeltern *pl*
great-grandson *s* Urenkel *m*
Great Lakes *pl* **the ~** die Großen Seen *pl*
greatly ['greɪtlɪ] *adv* *steigern, übertreiben* stark; *bewundern, überraschen* sehr; **he was not ~ surprised** er war nicht besonders überrascht
great-nephew *s* [greɪt,nefju:] *s* Großneffe *m*
greatness ['greɪtnəs] *s* Größe *f*, Bedeutung *f*
great-niece *s* Großnichte *f*
great-uncle *s* Großonkel *m*
Greece [gri:s] *s* Griechenland *n*

greed [gri:d] *s* Gier *f* (**for** nach); (≈ *Völlerei*) Gefräßigkeit *f*; **~ for money/power** Geld-/Machtgier *f*
greedily ['gri:dɪlɪ] *adv* gierig
greediness ['gri:dɪnɪs] *s* Gierigkeit *f*; (≈ *Völlerei*) Gefräßigkeit *f*
greedy ['gri:dɪ] *adj* ⟨*komp* greedier⟩ gierig (**for** auf +*akk od* nach); *in Bezug auf Essen* gefräßig; **~ for power** machtgierig; **don't be so ~!** sei nicht so unbescheiden
Greek [gri:k] **A** *adj* griechisch; **he is ~** er ist Grieche **B** *s* **1** LING Griechisch *n*; **Ancient ~** Altgriechisch *n*; **it's all ~ to me** *umg* das sind böhmische Dörfer für mich *umg* **2** Grieche *m*, Griechin *f*
green [gri:n] **A** *adj* ⟨+*er*⟩ grün; *Verbraucher* umweltbewusst; *Produkt, Technologie* umweltfreundlich; **to be ~ with envy** blass vor Neid sein; **to go ~** *Verbraucher* umweltbewusst werden **B** *s* **1** (≈ *Farbe*) auf Golfplatz Grün *n* **2** Grünfläche *f*; (**village**) **~** Dorfwiese *f* **3 ~s** *pl* Grüngemüse *n* **4** POL **the Greens** die Grünen *pl* **C** *adv* POL grün
greenback US *umg s* Lappen *m sl*, Geldschein *m*
green bean *s* grüne Bohne, Fisole *f österr*
green belt *s* Grüngürtel *m*
green card *s* **1** US Aufenthaltsgenehmigung *f* **2** *Br Versicherungswesen* grüne Versicherungskarte
greenery ['gri:nərɪ] *s* Grün *n*; *von Baum* grünes Laub
greenfield *adj* **~ site** Bauplatz *m* im Grünen
green fingers *Br pl* **to have ~** eine Hand für Pflanzen haben
greenfly *s* Blattlaus *f*
greengrocer *bes Br s* (Obst- und) Gemüsehändler(in) *m(f)*; **at the ~'s (shop)** im Gemüseladen
greenhorn *umg s* Greenhorn *n*, Einfaltspinsel *m*
greenhouse *s* Gewächshaus *n*
greenhouse effect *s* Treibhauseffekt *m*
greenhouse gas *s* Treibhausgas *n*
greenish ['gri:nɪʃ] *adj* grünlich
Greenland ['gri:nlənd] *s* Grönland *n*
green light *s* grünes Licht; **to give sb/sth the ~** j-m/einer Sache grünes Licht geben
green man *s* ⟨*pl* - men⟩ *an Ampel* grünes Licht; *kinderspr* grünes Männchen
green onion US *s* Frühlingszwiebel *f*
Green Party *s* **the ~** die Grünen *pl*
green pepper *s* (grüne) Paprikaschote
greenroom *s* THEAT ≈ Garderobe *f*
green thumb US *s* → green fingers
Greenwich (Mean) Time ['grenɪtʃ('mi:n),taɪm] *s* westeuropäische Zeit *f*
greet [gri:t] *v/t* begrüßen, empfangen, grüßen; *Nachricht* aufnehmen

greeting ['gri:tɪŋ] s Gruß m; **~s** Grüße pl; **to send ~s to sb** Grüße an j-n senden, j-n grüßen lassen

greetings card s Grußkarte f

gregarious [grɪ'gɛərɪəs] adj gesellig

Grenada [grə'neɪdə] s GEOG Grenada n

grenade [grɪ'neɪd] s Granate f

grew [gru:] prät → grow

grey [greɪ], **gray** US **A** adj ⟨+er⟩ **1** grau; Himmel trüb; **to go** od **turn ~** Mensch, Haare grau werden **2** Markt, Wählerstimme Senioren- **B** s Grau n

grey area fig s Grauzone f

grey-haired adj grauhaarig

greyhound ['greɪhaʊnd] s Windhund m

greyish ['greɪɪʃ] adj, **grayish** US adj gräulich

grey matter s MED umg graue Zellen pl

grey squirrel s Grauhörnchen n

grid [grɪd] s **1** Gitter n **2** Gitternetz n **3** **the (national) ~** ELEK das Überland(leitungs)netz

griddle ['grɪdl] s GASTR gusseiserne Platte zum Pfannkuchenbacken

gridiron ['grɪd,aɪən] s **1** GASTR (Brat)rost m **2** US FUSSB Spielfeld n

gridlock ['grɪdlɒk] s Verkehr totaler Stau; **total ~** Verkehrsinfarkt m

gridlocked adj Straße völlig verstopft

grid reference s Planquadratangabe f

grief [gri:f] s Leid n, große Trauer; **to come to ~** Schaden erleiden; (≈ versagen) scheitern

grief-stricken ['gri:f,strɪkən] adj tieftraurig

grievance ['gri:vəns] s Klage f; (≈ Ärger) Groll m; **to have a ~ against sb for sth** j-m etw übel nehmen

grieve [gri:v] **A** v/t Kummer bereiten (+dat); **it ~s me to see that ...** ich sehe mit Schmerz od Kummer, dass ... **B** v/i trauern (**at, about** über +akk); **to ~ for sb/sth** um j-n/etw trauern

grievous ['gri:vəs] form adj schwer; Fehler a. schwerwiegend; **~ bodily harm** JUR schwere Körperverletzung

grill [grɪl] **A** s **1** GASTR Grill m, (Brat)rost m; (≈ Speise) Grillgericht n **2** → grille **B** v/t **1** GASTR grillen **2** umg **to ~ sb about sth** j-n über etw (akk) ausquetschen umg

grille [grɪl] s Gitter n, Fenstergitter n; an Tür etc Sprechgitter n

grilling ['grɪlɪŋ] s **1** GASTR Grillen n **2** strenges Verhör

grill pan Br s Grillpfanne f

grim [grɪm] adj ⟨komp grimmer⟩ **1** grauenvoll; Erinnerung grauenhaft; Situation ernst, schlimm; (≈ deprimierend) trostlos; (≈ernst) grimmig; **to look ~** Lage, Zukunft trostlos aussehen; Mensch ein grimmiges Gesicht machen; **the Grim Reaper** der Sensenmann **2** umg fürchterlich umg; **to feel ~** sich elend fühlen, sich mies fühlen umg

grimace ['grɪməs] **A** s Grimasse f **B** v/i Grimassen schneiden

grime [graɪm] s Dreck m

grimly ['grɪmlɪ] adv **1** an etw festhalten verbissen **2** mit grimmiger Miene

grimy ['graɪmɪ] adj dreckig

grin [grɪn] **A** s Lächeln n, Grinsen n **B** v/i lächeln, grinsen; **to ~ and bear it** gute Miene zum bösen Spiel machen; **to ~ at sb** j-n anlächeln/angrinsen

grind [graɪnd] ⟨v: prät, pperf ground⟩ **A** v/t **1** zermahlen; Kaffee, Mehl mahlen; **to ~ one's teeth** mit den Zähnen knirschen **2** Linse, Messer schleifen **B** v/i **to ~ to a halt** od **standstill** wörtl quietschend zum Stehen kommen; fig stocken; Produktion etc zum Erliegen kommen **C** s fig umg Schufterei f umg; US umg Streber(in) m(f) umg; **the daily ~** der tägliche Trott; **it's a real ~** das ist ganz schön mühsam umg

phrasal verbs mit grind:

grind down fig v/t ⟨trennb⟩ zermürben

grind up v/t ⟨trennb⟩ zermahlen

grinder ['graɪndə] s **1** Fleischwolf m **2** Kaffeemühle f

grinding ['graɪndɪŋ] adj **1** **to come to a ~ halt** völlig zum Stillstand kommen **2** Armut (er)drückend

grindstone ['graɪn(d)stəʊn] s **to keep one's nose to the ~** hart arbeiten; **back to the ~** wieder in die Tretmühle hum

grip [grɪp] **A** s **1** Griff m; an Seil, auf Straße Halt m; **to get a ~ on the rope** am Seil Halt finden; **these shoes have got a good ~** diese Schuhe greifen gut; **to get a ~ on sth** Situation etc etw in den Griff bekommen; **to get a ~ on oneself** umg sich zusammenreißen umg; **to let go** od **release one's ~** loslassen (**on sth** etw); **to lose one's ~** wörtl den Halt verlieren; fig nachlassen; **to lose one's ~ on reality** den Bezug zur Wirklichkeit verlieren; **the country is in the ~ of a general strike** das Land ist von einem Generalstreik lahmgelegt; **to get** od **come to ~s with sth** etw in den Griff bekommen **2** bes Br in Haar Klemmchen n **B** v/t **1** packen; **the tyre ~s the road well** Br, **the tire ~s the road well** US der Reifen greift gut **2** Film, Buch fesseln, faszinieren **C** v/i greifen

gripe [graɪp] **A** v/i umg meckern umg **B** s umg Meckerei f umg

gripping ['grɪpɪŋ] adj packend

grisly ['grɪzlɪ] adj ⟨komp grislier⟩ grausig

grist [grɪst] s **it's all ~ to his/the mill** das kann er/man alles verwerten; Genugtuung das ist Wasser auf seine Mühle

gristle – grounding

gristle ['ɡrɪsl] s Knorpel m
gristly ['ɡrɪslɪ] adj ⟨komp gristlier⟩ knorpelig
grit [ɡrɪt] **A** s Staub m; (≈ Steine) Splitt m; für Straßen im Winter Streusand m **B** v/t **1** Straße streuen **2 to ~ one's teeth** die Zähne zusammenbeißen
gritter Br s Winterdienst Streufahrzeug n
gritty ['ɡrɪtɪ] adj ⟨komp grittier⟩ **1** fig Entschlossenheit zäh **2** fig Drama wirklichkeitsnah; Porträt ungeschminkt
grizzle ['ɡrɪzl] v/i Br umg Kind quengeln umg
grizzly ['ɡrɪzlɪ] s, (a. **grizzly bear**) Grizzly(bär) m
groan [ɡrəʊn] **A** s Stöhnen n kein pl; **to let out** od **give a ~** (auf)stöhnen **B** v/i stöhnen (**with** vor +dat); Bretter ächzen (**with** vor +dat); **the table ~ed under the weight** der Tisch ächzte unter der Last
grocer ['ɡrəʊsəʳ] s Lebensmittelhändler(in) m(f); **at the ~'s** im Lebensmittelladen
grocery ['ɡrəʊsərɪ] s **1** Br Lebensmittelgeschäft n **2 groceries** pl Lebensmittel pl
grocery store US s Lebensmittelgeschäft n
groggy ['ɡrɒɡɪ] adj ⟨komp groggier⟩ umg groggy präd umg
groin [ɡrɔɪn] s ANAT Leiste f; **to kick sb in the ~** j-n in den Unterleib treten
groom [ɡruːm] **A** s **1** Stallbursche m **2** Bräutigam m **B** v/t **1** Pferd striegeln; **to ~ oneself** sich putzen; **well ~ed** gepflegt **2 he's being ~ed for the Presidency** er wird als zukünftiger Präsidentschaftskandidat aufgebaut
groove [ɡruːv] s Rille f
groovy ['ɡruːvɪ] adj ⟨komp groovier⟩ umg irre sl
grope [ɡrəʊp] **A** v/i (a. **grope around** od **about**) (herum)tasten (**for** nach); nach Worten suchen (**for** nach); **to be groping in the dark** im Dunkeln tappen; (≈ ziellos arbeiten) vor sich (akk) hin wursteln umg **B** v/t umg Freundin befummeln umg; **to ~ one's way** sich vorwärtstasten **C** s umg **to have a ~** fummeln umg
gross[1] [ɡrəʊs] s ⟨kein pl⟩ Gros n
gross[2] **A** adj ⟨-er⟩ **1** Übertreibung, Fehler grob; **that is a ~ understatement** das ist stark untertrieben **2** fett **3** umg abstoßend **4** Gesamt-; (≈ vor Abzügen) Brutto-; **~ amount** Gesamtbetrag m; **~ income** Bruttoeinkommen n **B** v/t brutto verdienen
gross domestic product s WIRTSCH Bruttoinlandsprodukt n
grossly ['ɡrəʊslɪ] adv ungerecht, unverantwortlich äußerst; übertreiben stark
gross national product s WIRTSCH Bruttosozialprodukt n
grotesque [ɡrəʊˈtesk] adj grotesk; Idee absurd
grotesquely [ɡrəʊˈteskli] adv auf groteske Art; geschwollen grauenhaft
grotto ['ɡrɒtəʊ] s ⟨pl -(e)s⟩ Grotte f
grotty ['ɡrɒtɪ] umg adj ⟨komp grottier⟩ **1** grausig umg, verdreckt umg **2** mies umg
grouch [ɡraʊtʃ] s Klage f; **to have a ~** schimpfen (**about** über +akk) **2** umg (≈ Mensch) Muffel m umg
grouchy ['ɡraʊtʃɪ] adj ⟨komp grouchier⟩ griesgrämig
ground[1] [ɡraʊnd] **A** s **1** Boden m; **hilly ~** hügeliges Gelände; **there is common ~ between us** uns verbindet einiges; **to be on dangerous ~** fig sich auf gefährlichem Boden bewegen; **on familiar ~** auf vertrautem Boden; **to gain/lose ~** Boden gewinnen/verlieren; **to lose ~ to sb/sth** gegenüber j-m/etw an Boden verlieren; **to give ~ to sb/sth** vor j-m/etw zurückweichen; **to break new ~** neue Gebiete erschließen; **to prepare the ~ for sth** den Boden für etw vorbereiten; **to cover a lot of ~** fig eine Menge Dinge behandeln; **to stand one's ~** wörtl nicht von der Stelle weichen; fig seinen Mann stehen; **above/below ~** über/unter der Erde; **to fall to the ~** wörtl zu Boden fallen; **to burn sth to the ~** etw niederbrennen; **it suits me down to the ~** das ist ideal für mich; **to get off the ~** Flugzeug etc abheben; fig Pläne etc sich realisieren; **to go to ~** untertauchen umg **2** Platz m **3 ~s** pl Gelände n, Anlagen pl **4 ~s** pl (≈ Ablagerung) Satz m **5** US ELEK Erde f **6** Grund m; **to have ~(s) for sth** Grund zu etw haben; **~s for dismissal** Entlassungsgrund m/-gründe pl; **on the ~s of...** aufgrund ... (gen); **on the ~s that ...** mit der Begründung, dass ...; **on health ~s** aus gesundheitlichen Gründen **B** v/t **1** FLUG Maschine aus dem Verkehr ziehen; **to be ~ed by bad weather** wegen schlechten Wetters nicht starten können **2** Kind Hausarrest erteilen (+dat); **to be ~ed for a week** eine Woche Hausarrest haben **3** US ELEK erden; **to be ~ed** geerdet sein **4 to be ~ed on sth** sich auf etw (akk) gründen
ground[2] **A** prät & pperf → grind **B** adj Kaffee gemahlen, **freshly ~ black pepper** frisch gemahlener schwarzer Pfeffer; **~ meat** US Hackfleisch n, Faschierte(s) n österr

ground-breaking adj umwälzend; Forschung bahnbrechend
ground control s FLUG Bodenkontrolle f
ground crew s Bodenpersonal n
ground floor s Br Erdgeschoss n, Erdgeschoß n österr
ground forces pl Bodentruppen pl
ground frost s Bodenfrost m
grounding s Grundwissen n; **to give sb a ~ in English** j-m die Grundlagen pl des Englischen beibringen

groundkeeper US s → groundsman
groundless adj grundlos
ground level s Boden m; **below ~** unter dem Boden
groundnut s Erdnuss f
ground plan s Grundriss m
ground rules pl Grundregeln pl
groundsheet s Zeltboden m, Zeltbodenplane f
groundsman ['graʊndzmən] s ⟨pl -men⟩ bes Br Platzwart m
ground staff s FLUG Bodenpersonal n; SPORT Platzwarte pl
ground water s Grundwasser n
groundwork s Vorarbeit f; **to do the ~ for sth** die Vorarbeit für etw leisten
ground zero s **1** von Explosion Bodennullpunkt m **2** ⟨kein pl⟩ HIST **Ground Zero** HIST Ground Zero m (Gelände in New York, auf dem das World Trade Center stand)
group [gruːp] **A** s Gruppe f; **a ~ of people** eine Gruppe Menschen; **a ~ of trees** eine Baumgruppe; **in ~s** in Gruppen, gruppenweise **B** adj ⟨attr⟩ Gruppen-; Aktivitäten a. in der Gruppe **C** v/t gruppieren; **to ~ together** zusammentun
group booking s Gruppenbuchung f
groupie ['gruːpɪ] umg s Groupie n
grouping ['gruːpɪŋ] s Gruppierung f
group word s Oberbegriff m
grouse[1] [graʊs] s ⟨pl -⟩ Waldhuhn n, Schottisches Moor(schnee)huhn
grouse[2] Br umg v/i meckern umg (**about** über +akk)
grove [grəʊv] s Hain m
grovel ['grɒvl] v/i kriechen; **to ~ to** od **before sb** fig vor j-m kriechen
grovelling ['grɒvəlɪŋ] s, **groveling** US s Kriecherei f umg
grow [grəʊ] ⟨prät grew, pperf grown⟩ **A** v/t **1** Pflanzen ziehen, anbauen, züchten **2** **to ~ a beard** sich (dat) einen Bart wachsen lassen **B** v/i **1** wachsen, zunehmen, sich vergrößern; **to ~ in popularity** immer beliebter werden; **fears were ~ing for her safety** man machte sich zunehmend Sorgen um ihre Sicherheit; **the economy is ~ing by 2% a year** die Wirtschaft wächst um 2% pro Jahr; **pressure is ~ing for him to resign** er gerät zunehmend unter Druck zurückzutreten **2** werden; **to ~ to be sth** allmählich etw sein; **to ~ to hate sb** j-n hassen lernen; **I've ~n to like him** ich habe ihn mit der Zeit lieb gewonnen; **to ~ used to sth** sich an etw (akk) gewöhnen

phrasal verbs mit grow:

grow apart fig v/i sich auseinanderentwickeln
grow from v/i ⟨+obj⟩ entstehen aus
grow into v/i ⟨+obj⟩ **1** Kleider, Job hineinwachsen in (+akk) **2** sich entwickeln zu; **to grow into a man/woman** zum Mann/zur Frau heranwachsen
grow on v/i ⟨+obj⟩ **it'll grow on you** das wird dir mit der Zeit gefallen
grow out v/i herauswachsen
grow out of v/i ⟨+obj⟩ **1** Kleider herauswachsen aus; **to grow out of a habit** eine Angewohnheit ablegen **2** entstehen aus
grow up v/i aufwachsen, erwachsen werden; fig Stadt entstehen; **what are you going to do when you grow up?** was willst du mal werden, wenn du groß bist?; **grow up!, when are you going to grow up?** werde endlich erwachsen!

grower ['grəʊə[r]] s von Obst, Gemüse Anbauer(in) m(f); von Blumen Züchter(in) m(f)
growing ['grəʊɪŋ] adj wachsend; Kind heranwachsend; Bedeutung, Zahl zunehmend
growl [graʊl] **A** s Knurren n kein pl **B** v/i knurren; **to ~ at sb** j-n anknurren **C** v/t Antwort knurren
grown [grəʊn] **A** pperf → grow **B** adj erwachsen; **fully ~** ausgewachsen
grown-up ['grəʊnʌp] **A** adj erwachsen; **they have a ~ family** sie haben schon erwachsene Kinder **B** s Erwachsene(r) m/f(m)
growth [grəʊθ] s **1** Wachstum n, Zunahme f, Vergrößerung f; von Kapital Zuwachs m; **~ industry** Wachstumsindustrie f; **~ rate** WIRTSCH Wachstumsrate f **2** (≈ Pflanzen) Vegetation f; von einzelner Pflanze Triebe pl **3** MED Wucherung f
growth rate s WIRTSCH Wachstumsrate f
grub [grʌb] **A** s **1** Larve f **2** umg (≈ Essen) Fressalien pl hum umg **B** v/i (a. **grub about** od **around**) wühlen (**in** in +dat od **for** nach)
grubby ['grʌbɪ] adj ⟨komp grubbier⟩ dreckig; Mensch, Kleidung schmuddelig umg
grudge [grʌdʒ] **A** s Groll m (**against** gegen); **to bear sb a ~**, **to have a ~ against sb** j-m grollen; **I bear him no ~** ich trage ihm das nicht nach **B** v/t **to ~ sb sth** j-m etw nicht gönnen; **I don't ~ you your success** ich gönne Ihnen Ihren Erfolg
grudging ['grʌdʒɪŋ] adj widerwillig
grudgingly ['grʌdʒɪŋlɪ] adv widerwillig
gruelling ['gruːəlɪŋ] adj, **grueling** US adj Arbeit, Reise (äußerst) anstrengend; Tempo mörderisch umg; Rennen (äußerst) strapaziös
gruesome ['gruːsəm] adj grausig
gruff adj, **gruffly** ['grʌf, -lɪ] adv barsch
grumble ['grʌmbl] v/i murren, sempern österr (**about, over** über +akk)
grumpily ['grʌmpɪlɪ] umg adv mürrisch
grumpy ['grʌmpɪ] adj ⟨komp grumpier⟩ umg

mürrisch
grunge [grʌndʒ] s MUS Grunge n
grungy ['grʌndʒi] adj ⟨komp grungier⟩ umg mies umg
grunt [grʌnt] **A** s **1** Grunzen n kein pl; schmerzhaft etc Ächzen n kein pl **B** v/i grunzen; vor Schmerz, Anstrengung ächzen **C** v/t knurren
G-string ['dʒiːstrɪŋ] s Tangahöschen n
guarantee [ˌgærən'tiː] **A** s Garantie f (**of** für); **to have** od **carry a 6-month ~** 6 Monate Garantie haben; **there is a year's ~ on this watch** auf der Uhr ist ein Jahr Garantie; **while it is still under ~** solange noch Garantie darauf ist; **that's no ~ that** ... das heißt noch lange nicht, dass ... **B** v/t garantieren (**sb sth** j-m etw); **I can't ~ (that) he will be any good** ich kann nicht dafür garantieren, dass er gut ist
guaranteed adj garantiert; **to be ~ for three months** Waren drei Monate Garantie haben
guarantor [ˌgærən'tɔːʳ] s Garant(in) m(f); JUR a. Bürge m, Bürgin f
guard [gɑːd] **A** s **1** Wache f; **to change ~** Wachablösung haben; **to be under ~** bewacht werden; **to keep sb/sth under ~** j-n/etw bewachen; **to be on ~**, **to stand ~** Wache stehen; **to stand ~ over sth** etw bewachen **2** Sicherheitsbeamte(r) m/-beamtin f; in Park etc Wächter(in) m(f); bes US Gefängniswärter(in) m(f); Br BAHN Zugbegleiter(in) m(f), Kondukteur(in) m(f) schweiz **3 to drop** od **lower one's ~** wörtl seine Deckung vernachlässigen; fig seine Reserve aufgeben; **the invitation caught me off ~** ich war auf die Einladung nicht vorbereitet; **to be on one's ~ (against sth)** fig (vor etw dat) auf den Hut sein; **to put sb on his ~ (against sth)** j-n (vor etw dat) warnen **4** Schutz m (**against** gegen); an Geräten Schutz m Schutz, Schutzvorrichtung f **B** v/t Gefangenen, Wertgegenstände bewachen; Schatz hüten; Gepäck aufpassen auf (+akk); j-n, Haus schützen (**from**, **against** vor +dat); **a closely ~ed secret** ein streng gehütetes Geheimnis

phrasal verbs mit guard:

guard against v/i ⟨+obj⟩ Betrug etc sich in Acht nehmen vor (+dat); Krankheit, Angriff vorbeugen (+dat); **you must guard against catching cold** Sie müssen aufpassen, dass Sie sich nicht erkälten

guard dog s Wachhund m
guard duty s **to be on ~** auf Wache sein
guarded adj Antwort etc vorsichtig
guardian ['gɑːdɪən] s Hüter(in) m(f); JUR Vormund m
guardrail ['gɑːdreɪl] s Schutzgeländer n
guardsman ['gɑːdzmən] s ⟨pl -men⟩ Gardist m
guard's van ['gɑːdzvæn] s Br BAHN Dienstwagen m

Guatemala [ˌgwɑːtə'mɑːlə] s Guatemala n
Guernsey ['gɜːnzɪ] s Guernsey n
guer(r)illa [gə'rɪlə] **A** s Guerrillero m, Guerrilla f **B** adj ⟨attr⟩ Guerilla-
guer(r)illa war, **guer(r)illa warfare** s Guerillakrieg m
guess [ges] **A** s Vermutung f, Schätzung f; **to have** od **make a ~ (at sth)** (etw) raten, (etw) schätzen; **it's a good ~** gut geschätzt; **it was just a lucky ~** das war ein Zufallstreffer m; **I'll give you three ~es** dreimal darfst du raten; **at a rough ~** grob geschätzt; **your ~ is as good as mine!** umg da kann ich auch nur raten!; **it's anybody's ~** umg das wissen die Götter umg **B** v/i **1** raten; **to keep sb ~ing** j-n im Ungewissen lassen; **you'll never ~!** das wirst du nie erraten **2** bes US **I ~ not** wohl nicht; **he's right, I ~** er hat wohl recht; **I think he's right — I ~ so** ich glaube, er hat recht — ja, das hat er wohl **C** v/t **1** raten; richtig erraten; Wert etc schätzen; **I ~ed as much** das habe ich mir schon gedacht; **you'll never ~ who** ... das errätst du nie, wer ...; **~ what!** umg stell dir vor! umg **2** bes US **I ~ we'll just have to wait and see** wir werden wohl abwarten müssen

guesswork ['geswɜːk] s (reine) Vermutung
guest [gest] s Gast m; **~ of honour** Br, **~ of honor** US Ehrengast m; **be my ~** umg nur zu! umg
guest appearance s Gastauftritt m; **to make a ~** als Gast auftreten
guesthouse s (Fremden)pension f
guest list s Gästeliste f
guest room s Gästezimmer n
guest speaker s Gastredner(in) m(f)
guffaw [gʌ'fɔː] **A** s schallendes Lachen kein pl **B** v/i schallend (los)lachen
GUI abk (= graphical user interface) GUI n
guidance ['gaɪdəns] s Leitung f, Beratung f (**on** über +akk); durch Vorgesetzte etc Anleitung f; **to give sb ~ on sth** j-n bei etw beraten
guidance counselor US s Berufsberater(in) m(f)
guidance teacher US s Vertrauenslehrer(in) m(f)
guide [gaɪd] **A** s **1** Führer(in) m(f); fig (≈ Hinweis) Anhaltspunkt m (**to** für); (≈ Modell) Leitbild n **2** Br Guide Pfadfinderin f **3** Anleitung f, Handbuch n (**to** +gen); für Reise Führer m; **as a rough ~** als Faustregel **B** v/t j-n führen; **to be ~d by sb/sth** sich von j-m/etw leiten lassen
guidebook ['gaɪdbʊk] s (Reise)führer m (**to** von)
guided ['gaɪdɪd] adj geführt
guided missile [ˌgaɪdɪd'mɪsaɪl] s ferngelenktes Geschoss

guide dog s Blindenhund m
guided tour [ˌgaɪdɪd'tʊəʳ] s Führung f (**of** durch)
guideline ['gaɪdlaɪn] s Richtlinie f; **safety ~s** Sicherheitshinweise pl; **I gave her a few ~s on looking after a kitten** ich gab ihr ein paar Hinweise, wie man eine junge Katze versorgt
guiding adj ⟨attr⟩ ~ **force** leitende Kraft; ~ **principle** Leitmotiv n; ~ **star** Leitstern m
guild [gɪld] s HIST Zunft f; (≈ Klub etc) Verein m
guile [gaɪl] s (Arg)list f
guillotine [ˌgɪlə'tiːn] A s 1 Guillotine f 2 (Papier)schneidemaschine f B v/t mit der Guillotine hinrichten
guilt [gɪlt] s Schuld f (**for, of** an +dat); **feelings of** ~ Schuldgefühle pl; ~ **complex** Schuldkomplex m
guiltily ['gɪltɪlɪ] adv schuldbewusst
guilty ['gɪltɪ] adj ⟨komp guiltier⟩ 1 Lächeln, Schweigen schuldbewusst; Geheimnis mit Schuldgefühlen verbunden; ~ **conscience** schlechtes Gewissen; ~ **feelings** Schuldgefühle pl; **to feel** ~ (**about doing sth**) ein schlechtes Gewissen haben(, weil man etw tut/getan hat); **to make sb feel** ~ j-m ein schlechtes Gewissen einreden 2 schuldig (**of sth** einer Sache gen); **the** ~ **person** der/die Schuldige; **the ~ party** die schuldige Partei; **to find sb ~/not ~ (of sth)** j-n (einer Sache gen) für schuldig/nicht schuldig befinden; **to plead (not) ~ to a crime** sich eines Verbrechens (nicht) schuldig bekennen; ~ **as charged** schuldig; **a ~ verdict, a verdict of ~** ein Schuldspruch m; **a not ~ verdict, a verdict of not ~** ein Freispruch m; **their parents are ~ of gross neglect** ihre Eltern haben sich grobe Fahrlässigkeit zuschulden kommen lassen; **we're all ~ of neglecting the problem** uns trifft alle die Schuld, dass das Problem vernachlässigt wurde
guinea pig s Meerschweinchen n; fig Versuchskaninchen n
guise [gaɪz] s (≈ Verkleidung) Gestalt f; (≈ Ausrede) Vorwand m; **in the ~ of a clown** als Clown verkleidet; **under the ~ of doing sth** unter dem Vorwand, etw zu tun
guitar [gɪ'tɑːʳ] s Gitarre f; **to play the** ~ Gitarre spielen
guitarist [gɪ'tɑːrɪst] s Gitarrist(in) m(f)
gulch [gʌlʃ] US s Schlucht f
gulf [gʌlf] s 1 Golf m; **the Gulf of Mexico** der Golf von Mexiko 2 tiefe Kluft
Gulf States pl **the** ~ die Golfstaaten pl
Gulf Stream s Golfstrom m
Gulf War s Golfkrieg m
gull [gʌl] s Möwe f
gullet ['gʌlɪt] s ANAT Speiseröhre f

gullible ['gʌlɪbl] adj leichtgläubig
gully ['gʌlɪ] s 1 Schlucht f, Tobel m österr 2 Rinne f
gulp [gʌlp] A s Schluck m; **in one ~** auf einen Schluck B v/t (a. **gulp down**) Getränk runterstürzen; Essen runterschlingen C v/i beim Schlucken würgen
gum¹ [gʌm] s ANAT Zahnfleisch n kein pl
gum² A s 1 Gummi n 2 Klebstoff m, Pick m österr 3 Kaugummi m B v/t kleben, picken österr
gummy ['gʌmɪ] adj ⟨komp gummier⟩ klebrig; Augen verklebt
gumption ['gʌmpʃən] umg s Grips m umg
gumshield s Zahnschutz m
gun [gʌn] A s Kanone f, Gewehr n, Pistole f; **to carry a gun** (mit einer Schusswaffe) bewaffnet sein; **to draw a gun on sb** j-n mit einer Schusswaffe bedrohen; **big gun** hohes od großes Tier umg (**in** +dat) fig umg; **to stick to one's guns** nicht nachgeben; **to jump the gun** fig voreilig handeln; **to be going great guns** Br umg toll in Schwung od Fahrt sein umg; Auto wie geschmiert laufen umg; Firma gut in Schuss sein umg B v/t a. **gun down** j-n erschießen C v/i umg **to be gunning for sb** fig j-n auf dem Kieker haben umg
gunboat s Kanonenboot n
gunfight s Schießerei f
gunfighter s Revolverheld m
gunfire s Schießerei f; MIL Geschützfeuer n
gunge [gʌndʒ] Br umg s klebriges Zeug umg
gunk [gʌŋk] bes US umg s → gunge
gun licence s, **gun license** US s Waffenschein m
gunman ['gʌnmən] s ⟨pl -men⟩ (mit einer Schusswaffe) Bewaffnete(r) m; **they saw the** ~ sie haben den Schützen gesehen
gunner ['gʌnəʳ] s MIL Artillerist m
gunpoint s **to hold sb at** ~ j-n mit einer Schusswaffe bedrohen
gunpowder s Schießpulver n
gunrunner s Waffenschmuggler(in) od -schieber(in) m(f)
gunrunning s Waffenschmuggel m
gunshot s Schuss m; ~ **wound** Schusswunde f
gurgle ['gɜːgl] A s von Flüssigkeit Gluckern n kein pl; von Baby Glucksen n kein pl B v/i Flüssigkeit gluckern; Baby glucksen (**with** vor +dat)
gurney ['gɜːnɪ] US s (Trag)bahre f
gush [gʌʃ] A s von Wasser etc Strahl m; von Worten Schwall m; von Gefühlen Ausbruch m B v/i 1 (a. ~ **out**) herausschießen 2 umg schwärmen umg (**about, over** von)
gushing adj 1 Wasser (heraus)schießend 2 fig überschwänglich

gusset ['gʌsɪt] s Zwickel m
gust [gʌst] **A** s **1** Bö(e) f; **a ~ of cold air** ein Schwall m kalte Luft; **~s of up to 100 km/h** Böen von bis zu 100 km/h **B** v/i böig wehen
gusto ['gʌstəʊ] s ‹kein pl› Begeisterung f; **to do sth with ~** etw mit Genuss tun
gusty ['gʌstɪ] adj ‹komp gustier› böig
gut [gʌt] **A** s **1** Darm m **2** Bauch m **3** ‹mst pl› umg Eingeweide n; **to slog** od **work one's guts out** umg wie blöd schuften umg; **to hate sb's guts** umg j-n auf den Tod nicht ausstehen können umg; **gut reaction** rein gefühlsmäßige Reaktion, Bauchentscheidung f; **my gut feeling is that ...** rein gefühlsmäßig würde ich sagen, dass ... **4 guts** pl umg Mumm m umg **B** v/t **1** Tier ausnehmen **2** Feuer ausbrennen; (≈ leeren) ausräumen; **it was completely gutted by the fire** es war völlig ausgebrannt
gutless fig umg adj feige
gutsy ['gʌtsɪ] umg adj Mensch mutig; Vorgehen kämpferisch
gutted bes Br umg adj **I was ~** ich war total am Boden umg; **he was ~ by the news** die Nachricht machte ihn völlig fertig umg
gutter ['gʌtə'] **A** s Dachrinne f; in Straße Gosse f **B** v/i Flamme flackern
gutter bunny US umg s scherzhafte Bezeichnung für j-n, der mit dem Fahrrad (zur Arbeit) fährt
guttering ['gʌtərɪŋ] s Regenrinnen pl
gutter press Br pej s Boulevardpresse f
guttural ['gʌtərəl] adj guttural
guy¹ [gaɪ] umg s Typ m umg, Kerl m umg; **hey, you guys** he Leute umg; **are you guys ready?** seid ihr fertig?
guy² s, (a. **guy-rope**) Halteseil n, Zeltschnur f
Guyana [gaɪ'ænə] s Guyana n
Guy Fawkes' Night [,gaɪ'fɔːksnaɪt] Br s Feierlichkeiten, Feuerwerk usw. zum Gedenken an die Pulververschwörung vom 5. November 1605
guzzle ['gʌzl] umg **A** v/i (≈ essen) futtern umg; (≈ trinken) schlürfen **B** v/t futtern umg; schlürfen; Benzin saufen umg
gym [dʒɪm] s **1** Turnhalle f **2** Fitnesscenter n **3** Turnen n
gym kit s, **gym gear** US s Turnzeug n
gymnasium [dʒɪm'neɪzɪəm] s ‹pl -s; form gymnasia [dʒɪm'neɪzɪə]› Turnhalle f
gymnast ['dʒɪmnæst] s Turner(in) m(f)
gymnastic [dʒɪm'næstɪk] adj turnerisch; **~ exercises** Turnübungen
gymnastics [dʒɪm'næstɪks] s **1** ‹+sg v› Gymnastik f kein pl, Turnen n kein pl; **to do ~** Gymnastik machen **2** ‹pl› Übungen pl
gym shoe Br s Turnschuh m
gym teacher s Turnlehrer(in) m(f)
gym trainer s Fitnesstrainer(in) m(f)
gynaecological [,gaɪnɪkə'lɒdʒɪkəl] adj, **gynecological** US adj gynäkologisch
gynaecologist [,gaɪnɪ'kɒlədʒɪst] s, **gynecologist** US s Gynäkologe m, Gynäkologin f
gynaecology [,gaɪnɪ'kɒlədʒɪ] s, **gynecology** US s Gynäkologie f
gypsy ['dʒɪpsɪ] **A** s Zigeuner(in) m(f) neg!; **gypsies** Sinti und Roma pl **B** adj Zigeuner- neg!
gyrate [,dʒaɪə'reɪt] v/i (herum)wirbeln, sich drehen; Tänzer sich drehen und winden
gyroscope ['dʒaɪərə,skəʊp] s Gyroskop n

H

H, h [eɪtʃ] s H n, h n
h abk (= **hours**) h
ha [hæ] int Ha
haberdashery [,hæbə'dæʃərɪ] Br s Kurzwaren pl; US Herrenbekleidung f
habit ['hæbɪt] s **1** Gewohnheit f; unerwünscht (An)gewohnheit f; **to be in the ~ of doing sth** die Angewohnheit haben, etw zu tun; **it became a ~** es wurde zur Gewohnheit; **from (force of) ~** aus Gewohnheit; **I don't make a ~ of inviting strangers in** (für) gewöhnlich bitte ich Fremde nicht herein; **to get into/to get sb into the ~ of doing sth** sich/j-m angewöhnen, etw zu tun; **to get into bad ~s** in schlechte Gewohnheiten verfallen; **to get out of/to get sb out of the ~ of doing sth** sich/j-m abgewöhnen, etw zu tun; **to have a ~ of doing sth** die Angewohnheit haben, etw zu tun **2** Sucht f; **to have a cocaine ~** kokainsüchtig sein **3** (≈ Gewand) von Mönch etc Habit n/m
habitable ['hæbɪtəbl] adj bewohnbar
habitat ['hæbɪtæt] s Heimat f
habitation [,hæbɪ'teɪʃən] s **unfit for human ~** menschenunwürdig
habitual [hə'bɪtjʊəl] adj **1** gewohnt **2** gewohnheitsmäßig; **~ criminal** Gewohnheitsverbrecher(in) m(f)
habitually [hə'bɪtjʊəlɪ] adv ständig, regelmäßig
hack¹ [hæk] **A** v/t **1** hacken; **to ~ sb/sth to pieces** wörtl j-n/etw zerstückeln **2** umg **to ~ it** es bringen sl **B** v/i a. IT hacken; **he ~ed at the branch** er schlug auf den Ast; **to ~ into the system** in das System eindringen
hack² s **1** pej (≈ Autor) Schreiberling m **2** US Taxi n
hacker ['hækə'] s IT Hacker(in) m(f)

hacker attack s IT Hackerangriff m
hacking ['hækɪŋ] **A** adj ~ **cough** trockener Husten **B** s IT Hacken n
hackles ['hæklz] pl **to get sb's ~ up** j-n auf die Palme bringen umg
hackneyed ['hæknɪd] Br adj abgedroschen umg
hacksaw ['hæksɔː] s Metallsäge f
had [hæd] prät & pperf → have
haddock ['hædək] s ⟨pl -⟩ Schellfisch m
hadn't ['hædnt] abk (= had not) → have
haemoglobin [ˌhiːməʊ'gləʊbɪn] s, **hemoglobin** US s Hämoglobin n
haemophilia [ˌhiːməʊ'fɪlɪə] s, **hemophilia** US s Bluterkrankheit f
haemophiliac [ˌhiːməʊ'fɪlɪæk] s, **hemophiliac** US s Bluter m
haemorrhage ['hemərɪdʒ], **hemorrhage** US **A** s Blutung f **B** v/i bluten
haemorrhoids ['hemərɔɪdz] pl, **hemorrhoids** US pl Hämorr(ho)iden pl
hag [hæg] s Hexe f
haggard ['hægəd] adj ausgezehrt, abgespannt
haggis ['hægɪs] s schottisches Gericht aus gehackten Schafsinnereien und Hafer im Schafsmagen
haggle ['hægl] v/i feilschen (**about** od **over** um)
haggling s Gefeilsche n
Hague [heɪg] s **the ~** Den Haag n
hail¹ [heɪl] **A** s Hagel m; **a ~ of blows** ein Hagel von Schlägen; **in a ~ of bullets** im Kugelhagel **B** v/i hageln
hail² **A** v/t **1** **to ~ sb/sth as sth** j-n/etw als etw feiern **2** zurufen (+dat); Taxi anhalten; **within ~ing distance** in Rufweite **B** v/i **they ~ from …** sie kommen aus … **C** int **the Hail Mary** das Ave Maria
hailstone s Hagelkorn n
hailstorm s Hagel(schauer) m
hair [heə^r] **A** s **1** ⟨kein pl⟩ kollektiv Haare pl, Haar n, Behaarung f; **body ~** Körperbehaarung f; **to do one's ~** sich frisieren; **to have one's ~ cut** sich (dat) die Haare schneiden lassen; **to let one's ~ down** fig aus sich (dat) herausgehen; **keep your ~ on!** Br umg ruhig Blut! **2** einzelnes Haar n; **not a ~ out of place** fig wie aus dem Ei gepellt; **I'm allergic to cat ~** ich bin gegen Katzenhaare allergisch **B** adj ⟨attr⟩ Haar-
hairband s Haarband n
hairbrush s Haarbürste f
haircare s Haarpflege f
hair clip s Clip m
haircut s Haarschnitt m; Frisur f; **to have od get a ~** sich (dat) die Haare schneiden lassen
hairdo s ⟨pl -s⟩ umg Frisur f
hairdresser s Friseur m, Friseuse f; **at the ~'s** beim Friseur
hairdressing s Frisieren n
hairdressing salon s Friseursalon m
hairdrier s, **hairdryer** s Haartrockner m, Föhn m
hair dye s Haarfärbemittel n
-haired ['heəd] adj ⟨suf⟩ -haarig; **long-haired** langhaarig
hair gel s (Haar)gel n
hairgrip Br s Haarklemme f
hairline s Haaransatz m
hairline crack s Haarriss m
hairline fracture s Haarriss m
hairnet s Haarnetz n
hairpiece s Haarteil n, Toupet n
hairpin¹ s Haarnadel f
hairpin² s, **hairpin bend** s Haarnadelkurve f
hair-raising adj haarsträubend
hair remover s Haarentferner m
hair restorer s Haarwuchsmittel n
hair's breadth s Haaresbreite f; **he was within a ~ of winning** er hätte um ein Haar gewonnen
hair slide Br s Haarspange f
hairsplitting s Haarspalterei f
hairspray s Haarspray m/n
hairstyle s Frisur f
hair stylist s Friseur m, Friseuse f
hairy ['heərɪ] adj ⟨komp hairier⟩ Mensch, Spinne behaart; Brust haarig
hake [heɪk] s See- od Meerhecht m
half [hɑːf] **A** s ⟨pl halves⟩ **1** Hälfte f; **the first ~ of the year** die erste Jahreshälfte; **to cut sth in ~** etw halbieren; **to tear sth in ~** etw durchreißen; **~ of it/them** die Hälfte davon/von ihnen; **~ the money** die Hälfte des Geldes; **~ a million dollars** eine halbe Million Dollar; **he gave me ~** er gab mir die Hälfte; **~ an hour** eine halbe Stunde; **he's not ~ the man he used to be** er ist längst nicht mehr das, was er einmal war; **to go halves (with sb on sth)** (mit j-m mit etw) halbe-halbe machen umg; **bigger by ~** anderthalbmal so groß; **to increase sth by ~** etw um die Hälfte vergrößern; **he is too clever by ~** Br umg das ist ein richtiger Schlaumeier; **one and a ~** eineinhalb, anderthalb; **an hour and a ~** eineinhalb od anderthalb Stunden; **he's two and a ~** er ist zweieinhalb; **three and a ~ days/weeks** dreieinhalb Tage/Wochen; **he doesn't do things by halves** er macht keine halben Sachen; **~ and ~** halb und halb; **my better ~** hum, **my other ~** meine bessere Hälfte **2** SPORT Halbzeit f **3** (≈ Fahr-, Eintrittskarte) für Kind halbe Karte umg; **two and a ~ (to London)** zweieinhalb(mal) London) **4** kleines Bier **B** adj halb; **at** od **for ~ price** zum halben Preis; **~ man ~ beast**

halb Mensch, halb Tier **C** *adv* **1** halb; **I ~ thought ...** ich hätte fast gedacht ...; **the work is only ~ done** die Arbeit ist erst zur Hälfte erledigt; **to be ~ asleep** schon fast schlafen; **~ laughing, ~ crying** halb lachend, halb weinend; **he only ~ understands** er begreift *od* versteht nur die Hälfte; **she's ~ German** sie ist zur Hälfte Deutsche; **it's ~ past three** *od* **~ three** es ist halb vier; **he is ~ as big as his sister** er ist halb so groß wie seine Schwester; **~ as big again** anderthalbmal so groß; **he earns ~ as much as you** er verdient halb so viel wie Sie **2** *Br umg* **he's not ~ stupid** er ist unheimlich dumm; **it didn't ~ rain** es HAT vielleicht geregnet; **not ~!** und wie!

half-a-dozen *s* halbes Dutzend
halfback *s* SPORT Mittelfeldspieler(in) *m(f)*
half-baked *fig adj* unausgegoren
half board *s* Halbpension *f*
half bottle *s* **a ~ of wine** eine kleine Flasche Wein
half-breed *s* **1** *obs* Mischling *m* **2** (≈ *Pferd*) Halbblüter *m*
half-brother *s* Halbbruder *m*
half-caste *obs pej s* Mischling *m*
half-circle *s* Halbkreis *m*
half-day *s* (≈ *Urlaub*) halber freier Tag; **we've got a ~** wir haben einen halben Tag frei
half-dead *wörtl, fig adj* halb tot (**with** vor +*dat*)
half-dozen *s* halbes Dutzend
half-dressed *adj* halb bekleidet
half-empty *adj* halb leer
half-fare *s* halber Fahrpreis
half-full *adj* halb voll
half-hearted *adj* halbherzig, lustlos; **he was rather ~ about accepting** er nahm ohne rechte Lust an
half-heartedly *adv* halben Herzens; **to do sth ~ etw** ohne rechte Überzeugung *od* Lust tun
half-hour *s* halbe Stunde
half-hourly **A** *adv* alle halbe Stunde **B** *adj* halbstündlich
half-mast *s* **at ~** (auf) halbmast
half measure *s* halbe Maßnahme
half-moon *s* Halbmond *m*
half-note *s US MUS* halbe Note
half-pay *s* halber Lohn, halbes Gehalt
half-pint *s* **1** ≈ Viertelliter *m/n* **2** kleines Bier
half-pipe *s SPORT* Halfpipe *f*
half-price *adj & adv* zum halben Preis; **to be ~** die Hälfte kosten
half-sister *s* Halbschwester *f*
half term *Br s* Ferien *pl* in der Mitte des Trimesters; **we get three days at ~** wir haben drei Tage Ferien in der Mitte des Trimesters
half-time **A** *s SPORT* Halbzeit *f*; **at ~** zur Halbzeit **B** *adj* ⟨*attr*⟩ Halbzeit-, zur Halbzeit; **~ score** Halbzeitstand *m*
half-truth *s* Halbwahrheit *f*
half volley *s Tennis* Halfvolley *m*
halfway [ˈhɑːfˌweɪ] **A** *adj* ⟨*attr*⟩ halb; **when we reached the ~ stage** *od* **point on our journey** als wir die Hälfte der Reise hinter uns (*dat*) hatten; **we're past the ~ stage** wir haben die Hälfte geschafft **B** *adv* **~ to** auf halbem Weg nach; **we drove ~ to London** wir fuhren die halbe Strecke nach London; **~ between ...** (genau) zwischen ...; **I live ~ up the hill** ich wohne auf halber Höhe des Berges; **~ through a book** halb durch ein Buch (durch), **she dropped out ~ through the race** nach der Hälfte des Rennens gab sie auf; **to meet sb ~** j-m (auf halbem Weg) entgegenkommen
halfway house *fig s* Zwischending *n*
halfwit *fig s* Schwachkopf *m*
half-yearly *adv* halbjährlich
halibut [ˈhælɪbət] *s* Heilbutt *m*
halitosis [ˌhælɪˈtəʊsɪs] *s* schlechter Mundgeruch
hall [hɔːl] *s* **1** Diele *f*, Flur *m* **2** Halle *f*, Saal *m*; *von Dorf* Gemeindehaus *n*; *von Schule* Aula *f* **3** Herrenhaus *n* **4** *Br a.* **~ of residence** Studenten(wohn)heim *n* **5** *US* Gang *m*, Flur *m*
hallelujah [ˌhælɪˈluːjə] **A** *int* halleluja **B** *s* Halleluja *n*
hallmark [ˈhɔːlmɑːk] *s* **1** (Feingehalts)stempel *m* **2** *fig* Kennzeichen *n* (**of** +*gen od* für)
hallo [həˈləʊ] *int & s* → hello
hallowed [ˈhæləʊd] *adj* geheiligt; **on ~ ground** auf heiligem Boden
Halloween, Hallowe'en [ˌhæləʊˈiːn] *s* Halloween *n*
hallucinate [həˈluːsɪneɪt] *v/i* halluzinieren
hallucination [həˌluːsɪˈneɪʃən] *s* Halluzination *f*
hallucinatory [həˈluːsɪnətərɪ] *adj Droge* Halluzinationen hervorrufend *attr fachspr*, halluzinogen; *Wirkung* halluzinatorisch
hallway [ˈhɔːlweɪ] *s* Flur *m*
halo [ˈheɪləʊ] *s* ⟨*pl* -(e)s⟩ Heiligenschein *m*
haloed [ˈheɪləʊd] *adj* wie von einem Heiligenschein umgeben
halt [hɔːlt] **A** *s* Pause *f*; **to come to a ~** zum Stillstand kommen; **to bring sth to a ~** etw zum Stillstand bringen; **to call a ~ to sth** einer Sache (*dat*) ein Ende machen; **the government called for a ~ to the fighting** die Regierung verlangte die Einstellung der Kämpfe **B** *v/i* zum Stillstand kommen, stehen bleiben; MIL haltmachen **C** *v/t* zum Stillstand bringen; *Kämpfe* einstellen **D** *int* halt
halter [ˈhɔːltəʳ] *s von Pferd* Halfter *n*
halterneck [ˈhɒltənek] *adj* rückenfrei mit Na-

ckenverschluss

halting ['hɔːltɪŋ] *adj* Stimme zögernd; *Rede* stockend; *Englisch* holprig

halt sign *s* AUTO Stoppschild *n*

halve [hɑːv] *v/t* **1** halbieren **2** auf die Hälfte reduzieren

halves [hɑːvz] *pl* → half

ham [hæm] *s* GASTR Schinken *m*; **ham sandwich** Schinkenbrot *n*

phrasal verbs mit ham:

ham up *umg v/t* ⟨trennb⟩ **to ham it up** zu dick auftragen

hamburger ['hæm,bɜːgəʳ] *s* Hamburger *m*

ham-fisted [,hæm'fɪstɪd] *adj* ungeschickt

hamlet ['hæmlɪt] *s* kleines Dorf

hammer ['hæməʳ] **A** *s* Hammer *m*; **to go at it ~ and tongs** *umg* sich ins Zeug legen *umg*; *bei Streit* sich in die Wolle kriegen *umg*; **to go/come under the ~** unter den Hammer kommen **B** *v/t* **1** hämmern; **to ~ a nail into a wall** einen Nagel in die Wand schlagen **2** *umg* (≈ *besiegen*) eine Schlappe beibringen +*dat umg* **C** *v/i* hämmern; **to ~ on the door** an die Tür hämmern

phrasal verbs mit hammer:

hammer home *v/t* ⟨trennb⟩ Nachdruck verleihen (+*dat*); **he tried to hammer it home to the pupils that …** er versuchte, den Schülern einzubläuen *od* einzuhämmern, dass…

hammer out *fig v/t* ⟨trennb⟩ Abkommen ausarbeiten; *Melodie* hämmern

hammering ['hæmərɪŋ] *bes Br umg s* Schlappe *f umg*; **our team took a ~** unsere Mannschaft musste eine Schlappe einstecken *umg*

hammock ['hæmək] *s* Hängematte *f*

hamper[1] ['hæmpəʳ] *bes Br s* Korb *m*, Geschenkkorb *m*

hamper[2] *v/t* behindern; **to be ~ed (by sth)** (durch etw) gehandicapt sein; **the police were ~ed in their search by the shortage of clues** der Mangel an Hinweisen erschwerte der Polizei die Suche

hamster ['hæmstəʳ] *s* Hamster *m*

hamstring ['hæmstrɪŋ] *s* ANAT Kniesehne *f*

hand [hænd] **A** *s* **1** Hand *f*; *von Uhr* Zeiger *m*; **on (one's) ~s and knees** auf allen vieren; **to take sb by the ~** j-n an die Hand nehmen; **~ in ~** Hand in Hand; **to go ~ in ~ with sth** mit etw einhergehen *od* Hand in Hand gehen; **~s up!** Hände hoch!; **~s up who knows the answer** Hand hoch, wer es weiß; **~s off!** *umg* Finger weg!; **keep your ~s off my wife** lass die Finger von meiner Frau!; **made by ~** handgearbeitet; **to deliver a letter by ~** einen Brief persönlich überbringen; **to live (from) ~ to mouth** von der Hand in den Mund leben; **with a heavy/firm ~** *fig* mit harter/fester Hand; **to get one's ~s dirty** *fig* sich (*dat*) die Hände schmutzig machen **2** Seite *f*; **on my right ~** rechts von mir; **on the one ~ … on the other ~ …** einerseits …, andererseits … **3** **your future is in your own ~s** Sie haben Ihre Zukunft (selbst) in der Hand; **he put the matter in the ~s of his lawyer** er übergab die Sache seinem Anwalt; **to put oneself in(to) sb's ~s** sich j-m anvertrauen; **to fall into the ~s of sb** j-m in die Hände fallen; **to fall into the wrong ~s** in die falschen Hände geraten; **to be in good ~s** in guten Händen sein; **to change ~s** den Besitzer wechseln; **he suffered terribly at the ~s of the enemy** er machte in den Händen des Feindes Schreckliches durch; **he has too much time on his ~s** er hat zu viel Zeit zur Verfügung; **he has five children on his ~s** er hat fünf Kinder am Hals *umg*; **everything she could get her ~s on** alles, was sie in die Finger bekommen konnte; **just wait till I get my ~s on him!** warte nur, bis ich ihn zwischen die Finger kriege! *umg*; **to take sb/sth off sb's ~s** j-m j-n/etw abnehmen **4** Arbeiter(in) *m(f)*; **all ~s on deck!** alle Mann an Deck! **5** Handschrift *f* **6** (≈ *Längenmaß*) ≈ 10 cm **7** KART Blatt *n*; (≈ *Spiel*) Runde *f* **8** **to ask for a lady's ~ (in marriage)** um die Hand einer Dame anhalten; **to have one's ~s full with sb/sth** mit j-m/etw alle Hände voll zu tun haben; **to wait on sb ~ and foot** j-n von vorne und hinten bedienen; **to have a ~ in sth** an etw (*dat*) beteiligt sein; **I had no ~ in it** ich hatte damit nichts zu tun; **to keep one's ~ in** in Übung bleiben; **to lend** *od* **give sb a ~** j-m behilflich sein; **give me a ~!** hilf mir mal!; **to force sb's ~** j-n zwingen; **to be ~ in glove with sb** mit j-m unter einer Decke stecken; **to win ~s down** mühelos *od* spielend gewinnen; **to have the upper ~** die Oberhand behalten; **to get** *od* **gain the upper ~ (of sb)** (über j-n) die Oberhand gewinnen; **they gave him a big ~** sie gaben ihm großen Applaus; **let's give our guest a big ~** und nun großen Beifall für unseren Gast; **to be an old ~ (at sth)** ein alter Hase (in etw *dat*) sein; **to keep sth at ~** etw in Reichweite haben; **at first ~** aus erster Hand; **he had the situation well in ~** er hatte die Situation im Griff; **to take sb in ~** (≈ *disziplinieren*) j-n in die Hand nehmen; (≈ *betreuen*) j-n in Obhut nehmen; **he still had £600 in ~** er hatte £ 600 übrig; **the matter in ~** die vorliegende Angelegenheit; **we still have a game in ~** wir haben noch ein Spiel ausstehen; **there were no experts on ~** es standen keine Experten zur Verfügung; **to eat out of sb's ~** j-m aus der Hand fressen; **to get out of ~** außer Kontrolle geraten; **I dismissed the idea out of ~** ich verwarf die Idee sofort; **I don't have the letter to ~** ich habe den Brief gerade nicht zur Hand **B** v/t geben (**sth to sb, sb sth** j-m etw); **you've got to ~ it to him** fig umg das muss man ihm lassen umg

phrasal verbs mit hand:

hand (a)round v/t ⟨trennb⟩ herumreichen, austeilen

hand back v/t ⟨trennb⟩ zurückgeben

hand down v/t ⟨trennb⟩ **1** fig weitergeben; *Tradition* überliefern; *Wertgegenstand etc* vererben (**to** +dat); **the farm's been handed down from generation to generation** der Hof ist durch die Generationen weitervererbt worden **2** JUR *Urteil* fällen

hand in v/t ⟨trennb⟩ abgeben; *Rücktritt* einreichen

hand on v/t ⟨trennb⟩ weitergeben (**to** an +akk)

hand out v/t ⟨trennb⟩ verteilen, austeilen (**to sb** an j-n), *Rat* erteilen, geben (**to sb** j-m)

hand over v/t ⟨trennb⟩ (her)überreichen (**to** dat), weitergeben (**to** an +akk), (her)geben (**to** dat); *Gefangenen* übergeben (**to** dat), ausliefern; *Macht* abgeben (**to** an +akk); *Kontrolle, Besitz* übergeben (**to** dat od an +akk); **I now hand you over to our correspondent** ich übergebe nun an unseren Korrespondenten

hand up v/t ⟨trennb⟩ hinaufreichen

handbag s Br Handtasche f
hand baggage s Handgepäck n
handball **A** s **1** Handball m **2** FUSSB (≈ *Regelverstoß*) Handspiel n **B** int FUSSB Hand
hand basin s Handwaschbecken n
handbill s Handzettel m
handbook s Handbuch n
handbrake bes Br s Handbremse f
hand-carved adj handgeschnitzt
hand cream s Handcreme f
handcuff v/t Handschellen anlegen (+dat)
handcuffs pl Handschellen pl
handdrier s Händetrockner m
handful ['hændfʊl] s **1** Handvoll f; *von Haar* Büschel n **2** fig **those children are a ~** die Kinder können einen ganz schön in Trab halten
hand grenade s Handgranate f
handgun s Handfeuerwaffe f
hand-held adj Computer Handheld-
handicap ['hændɪkæp] **A** s **1** SPORT Handicap n **2** neg! Handicap n, Behinderung f **B** v/t be (**physically/mentally**) **~ped** neg! (körperlich/geistig) behindert sein neg!
handicraft ['hændɪkrɑːft] s Kunsthandwerk n; **~s** Kunstgewerbe n
handily ['hændɪlɪ] adv *gelegen* günstig

handiwork ['hændɪwɜːk] s ⟨kein pl⟩ **1** Arbeit f; *Bastelei* Handarbeit f; **examples of the children's ~** Werkarbeiten/Handarbeiten pl der Kinder **2** fig Werk n; pej Machwerk n
handkerchief ['hæŋkətʃɪf] s Taschentuch n, Nastuch n schweiz
handle ['hændl] **A** s Griff m; *von Tür* Klinke f, (Tür)falle f schweiz; *bes von Besen, Kochtopf* Stiel m; *von Korb, Tasse* Henkel m; **to fly off the ~** umg an die Decke gehen umg; **to have/get a ~ on sth** umg etw im Griff haben/in den Griff bekommen **B** v/t **1** berühren; **be careful how you ~ that** gehen Sie vorsichtig damit um; **"handle with care"** „Vorsicht - zerbrechlich" **2** umgehen mit; *Sache, Problem* sich befassen mit, fertig werden mit, erledigen; *Fahrzeug* steuern; **how would you ~ the situation?** wie würden Sie sich in der Situation verhalten?; **I can't ~ pressure** ich komme unter Druck nicht zurecht; **you keep quiet, I'll ~ this** sei still, lass mich mal machen **3** HANDEL *Waren* handeln mit od in (+dat); *Aufträge* bearbeiten **C** v/i *Schiff, Flugzeug* sich steuern lassen; *Auto* sich fahren lassen
handlebar(s) ['hændlbɑːʳ, -bɑːz] s(pl) Lenkstange f
handler ['hændləʳ] s Hundeführer(in) m(f); **baggage ~** Gepäckmann m
handling ['hændlɪŋ] s Umgang m (**of** mit); *von Sache, Problem* Behandlung f (**of** +gen); *von offizieller Seite* Bearbeitung f; **her adroit ~ of the economy** ihre geschickte Handhabung der Wirtschaft; **his ~ of the matter** die Art, wie er die Angelegenheit angefasst hat; **his successful ~ of the crisis** seine Bewältigung der Krise
handling charge s Bearbeitungsgebühr f; *von Bank* Kontoführungsgebühren pl
hand lotion s Handlotion f
hand luggage Br s Handgepäck n
handmade adj handgearbeitet; **this is ~** das ist Handarbeit
hand mirror s Handspiegel m
hand-operated adj handbedient, handbetrieben
hand-out s **1** (Geld)zuwendung f **2** Essensspende f **3** Infoblatt n; SCHULE Arbeitsblatt n
handover s POL Übergabe f; **~ of power** Machtübergabe f
hand-picked fig adj sorgfältig ausgewählt
hand puppet US s Handpuppe f
handrail s Geländer n; *von Schiff* Reling f
handset s TEL Hörer m
hands-free ['hændz'friː] adj Freisprech-; **~ kit** Freisprechset n od -anlage f
handshake ['hændʃeɪk] s Händedruck m

hands-off ['hændz'ɒf] *adj* passiv

handsome ['hænsəm] *adj* **1** gut aussehend; *Gesicht, Äußeres* attraktiv, elegant; **he is ~** er sieht gut aus **2** *Gewinn* ansehnlich; *Belohnung* großzügig; *Sieg* deutlich

handsomely ['hænsəmlɪ] *adv bezahlen* großzügig; *belohnen* reichlich; *siegen* überlegen

hands-on ['hændz'ɒn] *adj* aktiv, engagiert

handstand *s* Handstand *m*

hand-to-hand *adj* **~ fighting** Nahkampf *m*

hand-to-mouth *adj* kümmerlich

hand towel *s* Händehandtuch *n*

handwriting *s* Handschrift *f*

handwritten *adj* handgeschrieben

handy ['hændɪ] *adj* <*komp* handier> **1** *Gerät* praktisch; *Tipp* nützlich; *Größe* handlich; **to come in ~** sich als nützlich erweisen; **my experience as a teacher comes in ~** meine Lehrerfahrung kommt mir zugute **2** geschickt; **to be ~ with a tool** mit einem Werkzeug gut umgehen können **3** in der Nähe; **the house is (very) ~ for the shops** das Haus liegt (ganz) in der Nähe der Geschäfte; **to keep** *od* **have sth ~** etw griffbereit haben

handyman ['hændɪmæn] *s* <*pl* -men [-mən]> Heimwerker *m*; *als Job* Hilfskraft *f*

hang [hæŋ] <*v: prät, pperf* hung> **A** *v/t* **1** hängen; *Bild, Vorhang, Kleider* aufhängen; **to ~ wallpaper** tapezieren; **to ~ sth from sth** etw an etw (*dat*) aufhängen; **to ~ one's head** den Kopf hängen lassen **2** <*prät, pperf* hanged> *Verbrecher* hängen; **to ~ oneself** sich erhängen **3** *umg* **~ the cost!** ist doch piepegal, was es kostet *umg* **B** *v/i* **1** *Bild, Vorhang* hängen (**on an** +*dat od* **from** von); *Haar* fallen **2** *düstere Stimmung etc* hängen (**over** über +*dat*) **3** *Verbrecher* gehängt werden; **to be sentenced to ~** zum Tod durch Erhängen verurteilt werden **C** *s* <*kein pl*> *umg* **to get the ~ of sth** den (richtigen) Dreh bei etw herauskriegen *umg*

phrasal verbs mit hang:

hang about *Br*, **hang around A** *v/i umg* warten; *Jugendliche* sich herumtreiben *umg*, strawanzen *österr*; **to keep sb hanging around** j-n warten lassen; **to hang around with sb** sich mit j-m herumtreiben *umg*; **hang about, I'm just coming** wart mal, ich komm ja schon; **he doesn't hang around** *umg* er ist einer von der schnellen Truppe *umg* **B** *v/i* <+*obj*> **to hang around a place** sich an einem Ort herumtreiben *umg*

hang back *wörtl v/i* sich zurückhalten

hang down *v/i* herunterhängen

hang in *umg v/i* **just hang in there!** bleib am Ball *umg*

hang on A *v/i* **1** sich festhalten (**to sth** an etw *dat*) **2** durchhalten; *umg* warten; **hang on (a minute)** einen Augenblick (mal) **B** *v/i* <+*obj*> **he hangs on her every word** er hängt an ihren Lippen; **everything hangs on his decision** alles hängt von seiner Entscheidung ab

hang on to *v/i* <+*obj*> **1** festhalten; *fig Hoffnung* sich klammern an (+*akk*) **2** behalten; **to hang on to power** sich an die Macht klammern

hang out A *v/i* **1** *Zunge* heraushängen **2** *umg* sich herumtreiben *umg*, rumhängen *umg* **B** *v/t* <*trennb*> hinaushängen

hang together *v/i Argumenation, Ideen* folgerichtig *od* zusammenhängend sein; *Alibi* keinen Widerspruch enthalten; *Geschichte etc* zusammenhängen

hang up A *v/i* TEL auflegen; **he hung up on me** er legte einfach auf **B** *v/t* <*trennb*> *Bild* aufhängen; *Hörer* auflegen

hang upon *v/i* <+*obj*> → **hang on B**

hangar ['hæŋə^r] *s* Hangar *m*

hanger ['hæŋə^r] *s* (Kleider)bügel *m*

hanger-on [,hæŋər'ɒn] *s* <*pl* hangers-on> Satellit *m*

hang-glider *s* Drachen *m*

hang-gliding *s* Drachenfliegen *n*

hanging ['hæŋɪŋ] *s* **1** *von Verbrecher* Hinrichtung *f* (durch den Strang) **2 ~s** *pl* Wandbehänge *pl*

hanging basket *s* Blumenampel *f*

hangman *s* <*pl* -men> Henker *m*; (≈ *Spiel*) Galgen *m*

hang-out *umg s* Stammlokal *n*; *von Jugendlichen etc* Treff *m umg*

hangover *s* Kater *m umg*

hangover cure *s* Katerfrühstück *n*

hang-up *umg s* Komplex *m* (**about** wegen)

hanker ['hæŋkə^r] *v/i* sich sehnen (**for** *od* **after sth** nach etw)

hankering ['hæŋkərɪŋ] *s* Sehnsucht *f*; **to have a ~ for sth** Sehnsucht nach etw haben

hankie, hanky ['hæŋkɪ] *s umg* Taschentuch *n*, Nastuch *n schweiz*

hanky-panky [,hæŋkɪ'pæŋkɪ] *bes Br umg s* Gefummel *n umg*

Hanover ['hænəʊvə^r] *s* Hannover *n*

haphazard [,hæp'hæzəd] *adj* willkürlich; **in a ~ way** planlos

happen ['hæpən] *v/i* **1** geschehen, sich ereignen, passieren; **it ~ed like this …** es war so …; **what's ~ing?** was ist los?; **it just ~ed** es ist (ganz) von allein passiert *od* gekommen; **as if nothing had ~ed** als ob nichts geschehen *od* gewesen wäre; **don't let it ~ again** dass das nicht noch mal passiert!; **what has ~ed to him?** was ist ihm passiert?, was ist aus ihm geworden?; **if anything should ~ to me**

wenn mir etwas zustoßen *od* passieren sollte; **it all ~ed so quickly** es ging alles so schnell **2 to ~ to do sth** zufällig(erweise) etw tun; **do you ~ to know whether …?** wissen Sie zufällig, ob …?; **I picked up the nearest paper, which ~ed to be the Daily Mail** ich nahm die erstbeste Zeitung zur Hand, es war zufällig die Daily Mail; **as it ~s I don't like that kind of thing** so etwas mag ich nun einmal nicht

phrasal verbs mit happen:

happen across *v/t* stoßen auf *+akk*

happening ['hæpnɪŋ] *s* Ereignis *n*, Vorfall *m*; **there have been some strange ~s in that house** in dem Haus sind sonderbare Dinge vorgegangen

happily ['hæpɪlɪ] *adv* **1** glücklich; *spielen* vergnügt; **it all ended ~** es ging alles gut aus; **they lived ~ ever after** *in Märchen* und wenn sie nicht gestorben sind, dann leben sie noch heute **2** *zusammen leben* harmonisch **3** gern; **I would ~ have lent her the money** ich hätte ihr das Geld ohne Weiteres geliehen **4** glücklicherweise

happiness ['hæpɪnɪs] *s* Glück *n*, Zufriedenheit *f*

happy ['hæpɪ] *adj* ⟨*komp* happier⟩ **1** glücklich; **the ~ couple** das Brautpaar; **a ~ ending** ein Happy End *n*; **~ birthday (to you)** herzlichen Glückwunsch zum Geburtstag; **Happy Easter/Christmas** frohe Ostern/Weihnachten; **Happy New Year** frohes neues Jahr **2 (not) to be ~ about** *od* **with sth** mit etw (nicht) zufrieden sein; **to be ~ to do sth** etw gern tun; (= *erleichtert*) froh sein, etw zu tun; **I was ~ to hear that you passed your exam** es hat mich gefreut zu hören, dass du die Prüfung bestanden hast

happy-go-lucky *adj* unbekümmert

happy hour *s* Happy Hour *f*

harangue [hə'ræŋ] *v/t* eine (Straf)predigt halten (*+dat*)

harass ['hærəs] *v/t* belästigen; **don't ~ me** dräng mich doch nicht so!

harassed *adj* abgespannt; **a ~ father** ein (viel) geplagter Vater

harassment *s* Belästigung *f*; **racial ~** rassistisch motivierte Schikanierung; **sexual ~** sexuelle Belästigung

harbour ['hɑːbə], **harbor** *US* **A** *s* Hafen *m* **B** *v/t* **1** *Verbrecher etc* Unterschlupf gewähren (*+dat*) **2** *Zweifel etc* hegen

hard [hɑːd] **A** *adj* ⟨*+er*⟩ **1** hart; *Winter, Frost* streng; **as ~ as rocks** *od* **iron** steinhart; **he leaves all the ~ work to me** die ganze Schwerarbeit überlässt er mir; **to be a ~ worker** sehr fleißig sein; **it was ~ going** man kam nur mühsam voran; **to be ~ on sb** streng mit j-m sein; **to be ~ on sth** etw strapazieren; **to have a ~ time** es nicht leicht haben; **I had a ~ time finding a job** ich hatte Schwierigkeiten, eine Stelle zu finden; **to give sb a ~ time** j-m das Leben schwer machen; **there are no ~ feelings between them** sie sind einander nicht böse; **no ~ feelings?** nimm es mir nicht übel; **to be as ~ as nails** knallhart sein *umg* **2** schwer, schwierig; **~ to understand** schwer verständlich; **that is a very ~ question to answer** diese Frage lässt sich nur schwer beantworten; **she is ~ to please** man kann ihr kaum etwas recht machen; **it's ~ to tell** es ist schwer zu sagen; **I find it ~ to believe** ich kann es kaum glauben; **she found it ~ to make friends** es fiel ihr schwer, Freunde zu finden; **to play ~ to get** so tun, als sei man nicht interessiert **3** *ziehen, treten* kräftig; *schlagen* heftig; **to give sb/sth a ~ push** j-m/etw einen harten Stoß versetzen; **it was a ~ blow (for them)** *fig* es war ein schwerer Schlag (für sie) **4** *Fakten* gesichert; **~ evidence** sichere Beweise *pl* **B** *adv arbeiten* hart; *laufen* sehr schnell; *atmen* schwer; *studieren* eifrig; *zuhören* genau; *nachdenken* scharf; *ziehen, drücken* kräftig; *regnen* stark; **to work ~** hart arbeiten; **I've been ~ at work since this morning** ich bin seit heute Morgen schwer am Werk; **she works ~ at keeping herself fit** sie gibt sich viel Mühe, sich fit zu halten; **to try ~** sich sehr bemühen; **no matter how ~ I try …** wie sehr ich mich auch anstrenge, …; **to be ~ pushed** *od* **put to do sth** es sehr schwer finden, etw zu tun; **to be ~ done by** übel dran sein; **they are ~ hit by the cuts** sie sind von den Kürzungen schwer getroffen; **~ left** scharf links; **to follow ~ upon sth** unmittelbar auf etw (*akk*) folgen

hard and fast *adj* fest

hardback **A** *adj* (*a.* **hardbacked**) *Buch* gebunden **B** *s* gebundene Ausgabe

hardboard *s* Hartfaserplatte *f*

hard-boiled *adj* *Ei* hart gekocht

hard cash *s* Bargeld *n*

hard copy *s* Ausdruck *m*

hard core *fig s* harter Kern

hard-core *adj* **1** *Porno* hart; **~ film** harter Pornofilm **2** *Bandenmitglieder* zum harten Kern gehörend

hardcover *US adj & s* → hardback

hard currency *s* harte Währung

hard disk *s* COMPUT Festplatte *f*

hard disk drive *s* Festplattenlaufwerk *n*

hard drug *s* harte Droge

hard-earned *adj* *Geld* sauer verdient; *Sieg* hart erkämpft

hard-edged *fig adj* hart, kompromisslos; *Realität* hart

harden ['hɑːdn] **A** v/t Stahl härten; **this ~ed his attitude** dadurch hat sich seine Haltung verhärtet; **to ~ oneself to sth** sich gegen etw abhärten; *gefühlsmäßig a.* gegen etw unempfindlich werden **B** v/i hart werden; *fig Haltung* sich verhärten; **his face ~ed** sein Gesicht bekam einen harten Ausdruck

hardened *adj Stahl* gehärtet; *Truppen* abgehärtet; *Arterien* verkalkt; **~ criminal** Gewohnheitsverbrecher(in) m(f); **you become ~ to it after a while** daran gewöhnt man sich mit der Zeit

hard-fought *adj Kampf* erbittert; *Sieg* hart erkämpft; *Spiel* hart

hard hat s Schutzhelm m

hardhearted *adj* hartherzig

hard-hitting *adj Reportage* äußerst kritisch

hard labour s, **hard labor** US s Zwangsarbeit f

hard left s POL **the ~** die extreme Linke

hard line s **to take a ~** eine harte Linie verfolgen

hardline *adj* kompromisslos

hardliner s bes POL Hardliner(in) m(f)

hard luck umg s Pech n (**on** für); **~!** Pech gehabt!

hardly ['hɑːdlɪ] *adv* **1** kaum; **~ ever** fast nie; **~ any money** fast kein Geld; **it's worth ~ anything** es ist fast nichts wert; **you've ~ eaten anything** du hast (ja) kaum etwas gegessen; **there was ~ anywhere to go** man konnte fast nirgends hingehen **2** (≈ *sicherlich nicht*) wohl kaum

hardness ['hɑːdnɪs] s **1** Härte f **2** Schwierigkeit f

hard-nosed *umg adj Mensch* abgebrüht *umg*; *Haltung* rücksichtslos

hard-on sl s *Erektion* Ständer m umg; **to have a ~** einen stehen haben *umg*

hard-pressed *adj* hart bedrängt; **to be ~ to do sth** es sehr schwer finden, etw zu tun

hard right s POL **the ~** die extreme Rechte

hard sell s aggressive Verkaufstaktik

hardship ['hɑːdʃɪp] s Not f, Entbehrung f

hard shoulder Br s Seitenstreifen m

hard skills *pl* Können n, Fähigkeiten *pl*

hard-up *adj* arm; **I'm a bit ~ at the moment** ich bin gerade ein bisschen pleite

hardware ['hɑːdweəʳ] **A** s **1** ⟨*kein pl*⟩ Eisenwaren *pl*, Haushaltswaren *pl*; COMPUT Hardware f **B** *adj* ⟨*attr*⟩ **1** **~ shop** *od* **store** Eisenwarenhandlung f **2** COMPUT Hardware-

hard-wearing *adj* widerstandsfähig; *Kleider* strapazierfähig

hardwire v/t IT fest verdrahten

hard-won *adj* schwer erkämpft

hardwood s Hartholz n

hard-working *adj* fleißig

hardy ['hɑːdɪ] *adj* ⟨*komp* hardier⟩ robust; *Pflanze* winterhart

hare [hεəʳ] **A** s (Feld)hase m **B** v/i Br umg flitzen *umg*

harebrained ['hεəbreɪnd] *adj* verrückt

harelip s Hasenscharte f

harem [hɑːˈriːm] s Harem m

haricot ['hærɪkəʊ] s **~ (bean)** Gartenbohne f

phrasal verbs mit haricot:

   hark back to [hɑːk] v/i ⟨+obj⟩ **this custom harks back to the days when …** dieser Brauch geht auf die Zeit zurück, als …

harm [hɑːm] **A** s ⟨*kein pl*⟩ Verletzung f; *materiell, seelisch* Schaden m; **to do ~ to sb** j-m eine Verletzung/j-m Schaden zufügen; **to do ~ to sth** einer Sache (*dat*) schaden; **you could do somebody/yourself ~ with that knife** mit dem Messer können Sie jemanden/sich verletzen; **he never did anyone any ~** er hat keiner Fliege jemals etwas zuleide getan; **you will come to no ~** es wird Ihnen nichts geschehen; **it will do more ~ than good** es wird mehr schaden als nützen; **it won't do you any ~** es wird dir nicht schaden; **to mean no ~** es nicht böse meinen; **no ~ done** es ist nichts Schlimmes passiert; **there's no ~ in asking** es kann nicht schaden, zu fragen; **where's** *od* **what's the ~ in that?** was kann denn das schaden?; **to keep** *od* **stay out of ~'s way** der Gefahr (*dat*) aus dem Weg gehen; **I've put those tablets in the cupboard out of ~'s way** ich habe die Tabletten im Schrank in Sicherheit gebracht **B** v/t verletzen; *Umwelt etc* schaden (+*dat*)

harmful *adj* schädlich (**to** für)

harmless *adj* harmlos

harmlessly ['hɑːmlɪslɪ] *adv* harmlos; **the missile exploded ~ outside the town** die Rakete explodierte außerhalb der Stadt, ohne Schaden anzurichten

harmonic [hɑːˈmɒnɪk] *adj* harmonisch

harmonica [hɑːˈmɒnɪkə] s Harmonika f; **to play the ~** Harmonika spielen

harmonious *adj*, **harmoniously** [hɑːˈməʊnɪəs, -lɪ] *adv* harmonisch

harmonize ['hɑːmənaɪz] **A** v/t harmonisieren; *Ideen etc* miteinander in Einklang bringen **B** v/i **1** *Farben* harmonieren **2** MUS mehrstimmig singen

harmony ['hɑːmənɪ] s Harmonie f; *fig* Eintracht f; **to live in perfect ~ with sb** in Eintracht mit j-m leben

harness ['hɑːnɪs] **A** s **1** Geschirr n; **to work in ~** *fig* zusammenarbeiten **2** *von Fallschirm* Gurtwerk n; *für Kleinkind* Laufgurt m **B** v/t **1** *Pferd* anschirren; **to ~ a horse to a carriage** ein Pferd vor einen Wagen spannen **2** nutzen

harp [hɑːp] s Harfe f; **to play the ~** Harfe spielen

phrasal verbs mit harp:

harp on *umg v/i* **to harp on (about) sth** auf etw (*dat*) herumreiten; **he's always harping on about …** er spricht ständig von …

harpoon [hɑːˈpuːn] **A** s Harpune f **B** v/t harpunieren

harpsichord [ˈhɑːpsɪkɔːd] s Cembalo n; **to play the ~** Cembalo spielen

harrowing [ˈhærəʊɪŋ] *adj Geschichte* erschütternd; *Erlebnis* grauenhaft

harry [ˈhærɪ] v/t bedrängen

harsh [hɑːʃ] *adj* ⟨+er⟩ *Winter* streng; *Klima, Umwelt, Klang* rau; *Bedingungen, Behandlung* hart; *Art* barsch, schroff; *Kritik* scharf; *Licht* grell; *Wirklichkeit* bitter; **to be ~ with sb** j-n hart anfassen; **don't be too ~ with him** sei nicht zu streng mit *od* hart zu ihm

harshly [ˈhɑːʃlɪ] *adv* **1** *bewerten, kritisieren* scharf **2** *etw sagen* schroff; **he never once spoke ~ to her** er sprach sie nie in einem scharfen Ton an

harshness [ˈhɑːʃnɪs] s Härte f; *von Klima, Umwelt* Rauheit f; *von Kritik* Schärfe f

harvest [ˈhɑːvɪst] **A** s Ernte f; **a bumper potato ~** eine Rekordkartoffelernte **B** v/t ernten

harvest festival s Erntedankfest n

has [hæz] ⟨3. Person sg präs⟩ → have

has-been [ˈhæzbiːn] *pej* s vergangene Größe

hash [hæʃ] s **1** *fig* **to make a ~ of sth** etw vermasseln *umg* **2** TEL Doppelkreuz n, Rautenzeichen n **3** *umg* (≈ *Droge*) Hasch n *umg*

hash browns [hæʃˈbraʊnz] *pl* ≈ Kartoffelpuffer *pl*, Erdäpfelpuffer *pl österr*

hashish [ˈhæʃɪʃ] s Haschisch n

hash mark s Rautezeichen (#) n

hashtag [ˈhæʃtæg] s IT Hashtag

hasn't [ˈhæznt] *abk* (= **has not**) → have

hassle [ˈhæsl] **A** s **1** Auseinandersetzung f **2** Mühe f; **we had a real ~ getting these tickets** es hat uns (*dat*) viel Mühe gemacht, diese Karten zu bekommen; **getting there is such a ~** es ist so umständlich, dorthin zu kommen **B** v/t bedrängen; **stop hassling me** lass mich in Ruhe!; **I'm feeling a bit ~d** ich fühle mich etwas im Stress *umg*

haste [heɪst] s Eile f, Hast f; **to do sth in ~** etw in Eile tun; **to make ~ to do sth** sich beeilen, etw zu tun

hasten [ˈheɪsn] **A** v/i sich beeilen; **I ~ to add that …** ich muss allerdings hinzufügen, dass … **B** v/t beschleunigen

hastily [ˈheɪstɪlɪ] *adv* **1** eilig; *essen, sich anziehen* hastig; *hinzufügen* schnell **2** übereilt

hasty [ˈheɪstɪ] *adj* ⟨komp hastier⟩ **1** hastig; *Abreise* plötzlich; **to beat a ~ retreat** sich schnellstens aus dem Staub machen *umg* **2** übereilt; **don't be ~!** nicht so schnell!; **I had been too ~** ich hatte voreilig gehandelt

hat [hæt] s **1** Hut m; **to put on one's hat** den *od* seinen Hut aufsetzen; **to take one's hat off** den Hut abnehmen **2** *fig* **I'll eat my hat if …** ich fresse einen Besen, wenn … *umg*; **I take my hat off to him** Hut ab vor ihm!; **to keep sth under one's hat** *umg* etw für sich behalten; **at the drop of a hat** auf der Stelle; **that's old hat** *umg* das ist ein alter Hut *umg*

hatbox s Hutschachtel f

hatch¹ [hætʃ] **A** v/t (a. **hatch out**) ausbrüten **B** v/i *Vogel a.* **~ out** ausschlüpfen; **when will the eggs ~?** wann schlüpfen die Jungen aus?

hatch² s **1** SCHIFF Luke f; *in Fußboden, Decke* Bodenluke f **2** (**service**) **~** Durchreiche f **3** **down the ~!** hoch die Tassen! *umg*

hatchback [ˈhætʃbæk] s Hecktürmodell n

hatchet [ˈhætʃɪt] s Beil n; **to bury the ~** *fig* das Kriegsbeil begraben

hatchet job *umg* s **to do a ~ on sb** j-n fertigmachen *umg*

hatchway [ˈhætʃweɪ] s → hatch² 1

hate [heɪt] **A** v/t hassen; **to ~ to do sth** *od* **doing sth** etw äußerst ungern tun; **I ~ seeing** *od* **to see her in pain** ich kann es nicht ertragen, sie leiden zu sehen; **I ~ it when …** ich kann es nicht ausstehen, wenn …; **I ~ to bother you** es ist mir sehr unangenehm, dass ich Sie belästigen muss; **I ~ to admit it but …** es fällt mir sehr schwer, das zugeben zu müssen, aber …; **she ~s me having any fun** sie kann es nicht haben, wenn ich Spaß habe; **I'd ~ to think I'd never see him again** ich könnte den Gedanken, ihn nie wiederzusehen, nicht ertragen **B** s Hass m (**for, of** auf +*akk*); **one of his pet ~s is plastic cutlery/having to wait** Plastikbesteck/Warten ist ihm ein Gräuel

hate campaign s Hasskampagne f

hated [ˈheɪtɪd] *adj* verhasst

hateful *adj* abscheulich; *Mensch* unausstehlich

hate mail s beleidigende Briefe *pl*

hatpin [ˈhætpɪn] s Hutnadel f

hatred [ˈheɪtrɪd] s Hass m (**for, of** auf +*akk*); **racial ~** Rassenhass m

hat stand s, **hat tree** US s Garderobenständer m

hat trick s Hattrick m; **to score a ~** einen Hattrick erzielen

haughty [ˈhɔːtɪ] *adj* ⟨komp haughtier⟩ überheblich; *Blick* geringschätzig

haul [hɔːl] **A** s **1** **it's a long ~** es ist ein weiter Weg; **short/long/medium ~ aircraft** Kurz-/Lang-/Mittelstreckenflugzeug n; **over the long**

~ *bes US* langfristig ❷ *fig* Beute *f*; *von Drogen etc* Fund *m* **B** *v/t* ❶ ziehen; **he ~ed himself to his feet** er wuchtete sich wieder auf die Beine ❷ befördern

phrasal verbs mit haul:

haul in *v/t* ⟨*trennb*⟩ einholen; *Seil* einziehen
haulage ['hɔːlɪdʒ] *Br s* Transport *m*
haulage business *bes Br s* Transportunternehmen *n*, Spedition(sfirma) *f*; (≈ *Sparte*) Speditionsbranche *f*
haulier ['hɔːlɪə'] *s*, **hauler** ['hɔːlə'] *US s* (≈ *Firma*) Spedition *f*; Transportunternehmer(in) *m(f)*
haunch [hɔːntʃ] *s* **-es** Gesäß *n*; *von Tier* Hinterbacken *pl*; **to squat on one's ~es** in der Hocke sitzen
haunt [hɔːnt] **A** *v/t* ❶ *Gespenst* spuken in (+*dat*) ❷ *j-n* verfolgen; *Erinnerung* nicht loslassen **B** *s* Stammlokal *n*; *für Urlaub etc* Lieblingsort *m*; **her usual childhood ~s** Stätten, die sie in ihrer Kindheit oft aufsuchte
haunted *adj* ❶ Spuk-; **~ castle** Spukschloss *n*; **this place is ~** hier spukt es; **is it ~?** spukt es da? ❷ *Blick* gequält
haunting ['hɔːntɪŋ] *adj* eindringlich; *Musik* schwermütig
have [hæv] ⟨*prät, pperf* had; 3. Person *sg präs* has⟩ **A** *v/aux* ❶ haben; **I ~/had seen** ich habe/hatte gesehen; **had I seen him, if I had seen him** wenn ich ihn gesehen hätte; **having seen him** als ich ihn gesehen habe; **having realized this** nachdem ich das erkannt hatte; **I ~ lived** *od* **~ been living here for 10 years** ich wohne *od* lebe schon 10 Jahre hier ❷ sein; **to ~ gone** gegangen sein; **you HAVE grown!** du bist aber gewachsen!; **to ~ been** gewesen sein ❸ **you've seen her, ~n't you?** du hast sie gesehen, oder nicht?; **you ~n't seen her, ~ you?** du hast sie nicht gesehen, oder?; **you ~n't seen her — yes, I ~** du hast sie nicht gesehen — doch; **you've made a mistake — no, I ~n't** du hast einen Fehler gemacht — nein(, hab ich nicht); **I ~ seen a ghost — ~ you?** ich habe ein Gespenst gesehen — tatsächlich? **B** *v/aux* **to ~ to do sth** etw tun müssen; **I ~ to do it, I ~ got to do it** *bes Br* ich muss es tun *od* machen; **she was having to get up at 6 o'clock** sie musste um 6 Uhr aufstehen; **you didn't ~ to tell her** das hätten Sie ihr nicht unbedingt sagen müssen *od* brauchen **C** *v/t* (*a.* **have got**) *bes Br* ❶ haben; *bes Br* **~ you got a car?, do you ~ a car?** hast du ein Auto?; **I ~n't a pen, I ~n't got a pen** *bes Br*, **I don't ~ a pen** ich habe keinen Kugelschreiber; **I ~ work/ a translation to do, I ~ got work/a translation to do** *bes Br* ich habe zu arbeiten/eine Übersetzung zu erledigen; **I must ~ more time** ich brauche mehr Zeit; **I must ~ something to eat** ich muss dringend etwas zu essen haben; **thanks for having me** vielen Dank für Ihre Gastfreundschaft; **he has diabetes** er ist zuckerkrank; **to ~ a heart attack** einen Herzinfarkt bekommen; **I've a headache, I've got a headache** *bes Br* ich habe Kopfschmerzen; **to ~ a pleasant evening** einen netten Abend verbringen; **to ~ a good time** Spaß haben, sich amüsieren; **~ a good time!** viel Spaß!; **to ~ a walk** einen Spaziergang machen; **to ~ a swim** schwimmen gehen; **to ~ a baby** ein Baby bekommen; **to ~ a (bit of a) thing for sb** *umg* auf jdn stehen *umg*; **he had the audience in hysterics** das Publikum kugelte sich vor Lachen; **he had the police baffled** die Polizei stand vor einem Rätsel; **as rumour has it** *Br*, **as rumor has it** *US* Gerüchten zufolge; **I won't ~ this sort of rudeness!** diese Unhöflichkeit lasse ich mir ganz einfach nicht bieten; **I won't ~ him insulted** ich lasse es nicht zu *od* dulde es nicht, dass man ihn beleidigt; **to let sb ~ sth** j-m etw geben ❷ **to ~ breakfast** frühstücken; **to ~ lunch** zu Mittag essen; **to ~ tea with sb** mit j-m (zusammen) Tee trinken; **will you ~ tea or coffee?** möchten Sie lieber Tee oder Kaffee?; **will you ~ a drink/cigarette?** möchten Sie etwas zu trinken/eine Zigarette?; **what will you ~?** was möchten Sie gern(e)?; **what are you having?** was nimmst du?; **I'll ~ the steak** ich nehme *od* hätte gern das Steak; **I'm having the fish** ich nehme den Fisch; **he had a cigarette** er rauchte eine Zigarette ❸ (gepackt) haben; **he had me by the throat**, **he had got me by the throat** *bes Br* er hatte mich am Hals gepackt; **you ~ me there** da bin ich überfragt ❹ *Party* geben; *Versammlung* abhalten ❺ mögen; **which one will you ~?** welche(n, s) möchten Sie haben *od* hätten Sie gern? ❻ **to ~ sth done** etw tun lassen; **to ~ one's hair cut** sich (*dat*) die Haare schneiden lassen; **he had his car stolen** man hat sein Auto gestohlen; **I've had three windows broken** (bei) mir sind drei Fenster eingeworfen worden; **to ~ sb do sth** j-n etw tun lassen; **I had my friends turn against me** ich musste es erleben, wie *od* dass sich meine Freunde gegen mich wandten; **that coat has had it** *umg* der Mantel ist im Eimer *umg*; **if I miss the bus, I've had it** *umg* wenn ich den Bus verpasse, bin ich geliefert *umg*; **let him ~ it!** *umg* gibs ihm! *umg*; **~ it your own way** halten Sie es, wie Sie wollen; **you've been had!** *umg* da hat man dich übers Ohr gehauen *umg*

phrasal verbs mit have:

have around v/t ⟨immer getrennt⟩ **he's a useful man to have around** es ist ganz praktisch, ihn zur Hand zu haben
have back v/t ⟨trennb⟩ zurückhaben
have in v/t ⟨immer getrennt⟩ **1** im Haus haben **2 to have it in for sb** umg j-n auf dem Kieker haben umg **3 I didn't know he had it in him** ich hätte ihm das nicht zugetraut
have off v/t ⟨immer getrennt⟩ **to have it off with sb** Br umg es mit j-m treiben umg
have on A v/t ⟨trennb⟩ Kleidung, Radio anhaben **B** v/t ⟨immer getrennt⟩ **1** vorhaben; (≈ beschäftigt sein) zu tun haben **2** umg (≈ betrügen) übers Ohr hauen umg; (≈ veralbern) auf den Arm nehmen umg, pflanzen österr
have out v/t ⟨immer getrennt⟩ **1** herausgenommen bekommen; **he had his tonsils out** ihm wurden die Mandeln herausgenommen **2 I'll have it out with him** ich werde mit ihm reden
have over, have round Br v/t ⟨immer getrennt⟩ (bei sich) zu Besuch haben, (zu sich) einladen
have round v/t Gäste zu sich (nach Hause) einladen
haven ['heɪvən] fig s Zufluchtsstätte f
haven't ['hævnt] abk (= have not) → have
haves [hævz] umg pl **the ~ and the have-nots** die Betuchten und die Habenichtse
havoc ['hævək] s verheerender Schaden, Chaos n; **to cause** od **create ~** ein Chaos verursachen; **to wreak ~ in/on/with sth, to play ~ with sth** bei etw verheerenden Schaden anrichten; **this wreaked ~ with their plans** das brachte ihre Pläne völlig durcheinander
Hawaii [hə'waɪiː] s Hawaii n
Hawaiian [hə'waɪən] **A** s Hawaiianer(in) m(f) **B** adj hawai(an)isch
hawk[1] [hɔːk] s **1** ORN Habicht m; **to watch sb like a ~** j-n ganz genau beobachten **2** fig (≈ Politiker) Falke m
hawk[2] v/t hausieren (gehen) mit, verkaufen
hawker ['hɔːkə'] s Hausierer(in) m(f), Straßenhändler(in) m(f)
hawk-eyed ['hɔːkaɪd] adj scharfsichtig
hawthorn ['hɔːθɔːn] s, (a. **hawthorn bush/tree**) Weißdorn m
hay [heɪ] s Heu n; **to make hay while the sun shines** sprichw das Eisen schmieden, solange es heiß ist sprichw
hay fever s Heuschnupfen m
hayrick, haystack s Heuhaufen m
haywire ['heɪwaɪə'] umg adj ⟨präd⟩ **to go ~** durchdrehen umg; Pläne über den Haufen geworfen werden umg; Maschine verrückt spielen umg

hazard ['hæzəd] **A** s **1** Gefahr f, Risiko n; **it's a fire ~** es stellt eine Feuergefahr dar; **to pose a ~ (to sb/sth)** eine Gefahr (für j-n/etw) darstellen **2** ~s pl, ~ **warning lights** AUTO Warnblinklicht n **B** v/t riskieren; **if I might ~s a suggestion** wenn ich mir einen Vorschlag erlauben darf; **to ~s a guess** (es) wagen, eine Vermutung anzustellen
hazard lights pl AUTO Warnblinkanlage f
hazardous ['hæzədəs] adj gefährlich, riskant; **such jobs are ~ to one's health** solche Arbeiten gefährden die Gesundheit
hazardous waste s Sondermüll m
haze [heɪz] s **1** Dunst m **2** fig **he was in a ~** er war vollkommen verwirrt
hazel ['heɪzl] adj Farbe haselnussbraun
hazelnut ['heɪzlnʌt] s Haselnuss f
hazy ['heɪzɪ] adj ⟨komp hazier⟩ Wetter diesig; Sonnenschein trübe; Umriss verschwommen; Details unklar; **I'm a bit ~ about that** ich bin mir nicht ganz im Klaren darüber
H-bomb ['eɪtʃbɒm] s H-Bombe f
HD abk (= **high definition**) HD, hochauflösend
he [hiː] **A** pers pr er; **Harry Rigg? who's he?** Harry Rigg? wer ist das denn? **B** s **it's a he** umg es ist ein Er **C** präf männlich
head [hed] **A** s **1** Kopf m; von Pfeil Spitze f; von Bett Kopf m, Kopfende n; von Bier Blume f; **from ~ to foot** von Kopf bis Fuß; **he can hold his ~ high** er kann sich sehen lassen; **~s or tails?** Kopf oder Zahl?; **~s you win** bei Kopf gewinnst du; **to keep one's ~ above water** fig sich über Wasser halten; **to go to one's ~** einem zu Kopf steigen; **I can't make ~ (n)or tail of it** daraus werde ich nicht schlau; **use your ~** streng deinen Kopf an; **it never entered his ~ that ...** es kam ihm nie in den Sinn, dass ...; **we put our ~s together** wir haben unsere Köpfe zusammengesteckt; **the joke went over his ~** er verstand den Witz nicht; **to keep one's ~** den Kopf nicht verlieren; **to lose one's ~** den Kopf verlieren; **~ of steam** Dampfdruck m; **at the ~ of the page/stairs** oben auf der Seite/an der Treppe; **at the ~ of the table** am Kopf(ende) des Tisches; **at the ~ of the queue** Br an der Spitze der Schlange; **a** od **per ~** pro Kopf; **to be ~ and shoulders above sb** fig j-m haushoch überlegen sein; **to fall ~ over heels in love with sb** sich bis über beide Ohren in j-n verlieben; **to fall ~ over heels down the stairs** kopfüber die Treppe herunterfallen; **to stand on one's ~** auf dem Kopf stehen; **to turn sth on its ~** fig etw umkehren; **to laugh one's ~ off** umg sich fast totlachen umg; **to shout one's ~ off** umg sich (dat) die Lunge aus dem Leib schreien umg; **to scream**

one's ~ off *umg* aus vollem Halse schreien; **he can't get it into his ~ that ...** es will ihm nicht in den Kopf, dass ...; **I can't get it into his ~ that ...** ich kann es ihm nicht begreiflich machen, dass ...; **to take it into one's ~ to do sth** sich *(dat)* in den Kopf setzen, etw zu tun; **don't put ideas into his ~** bring ihn bloß nicht auf dumme Gedanken!; **to get sb/sth out of one's ~** sich *(dat)* j-n/etw aus dem Kopf schlagen; **he is off his ~** *Br umg* er ist (ja) nicht (ganz) bei Trost *umg*; **he has a good ~ for figures** er ist ein guter Rechner; **you need a good ~ for heights** Sie müssen schwindelfrei sein; **to come to a ~** sich zuspitzen; **to bring matters to a ~** die Sache auf die Spitze treiben ▨ **twenty ~ of cattle** zwanzig Stück Vieh ▨ *von Familie* Oberhaupt *n*; *von Organisation* Chef(in) *m(f)*; *von Abteilung* Leiter(in) *m(f)*; SCHULE Schulleiter(in) *m(f)*; **~ of department** Abteilungsleiter(in) *m(f)*; SCHULE, UNIV Fachbereichsleiter(in) *m(f)*; **~ of state** Staatsoberhaupt *n* ▨ *v/t* ▨ anführen, führen; *Team* leiten; **a coalition government ~ed by Mrs Merkel** eine Koalitionsregierung unter der Führung von Frau Merkel ▨ **in the chapter ~ed ...** in dem Kapitel mit der Überschrift ... ▨ FUSSB köpfen ▨ *v/i* gehen, fahren; **the tornado was ~ing our way** der Tornado kam auf uns zu; **to ~ to(wards) sth** auf etw *(akk)* zugehen/zufahren

phrasal verbs mit head:

head back *v/i* zurückgehen/-fahren; **it's time we were heading back now** es ist Zeit, sich auf den Rückweg zu machen

head for *v/i* ‹+obj› ▨ zugehen/zufahren auf (+akk); *Stadt etc* gehen/fahren in Richtung (+gen); *Tür, Kneipe* zusteuern auf (+akk) *umg*; **where are you heading od headed for?** wo gehen/fahren Sie hin? ▨ *fig* zusteuern auf (+akk); **you're heading for trouble** du bist auf den besten Weg, Ärger zu bekommen; **to head for victory/defeat** auf einen Sieg/eine Niederlage zusteuern

head off ▨ *v/t* ‹trennb› ▨ umdirigieren ▨ *Krieg, Streik* abwenden ▨ *v/i* sich aufmachen

headache *s* Kopfschmerzen *pl*; *umg* Problem *n*; **to have a ~** Kopfschmerzen haben; **this is a bit of a ~ (for us)** das macht od bereitet uns ziemliches Kopfzerbrechen
headband *s* Stirnband *n*
headboard *s* Kopfteil *n*
head boy *s vom Schulleiter bestimmter Schulsprecher*
headbutt *v/t* mit dem Kopf stoßen
head cold *s* Kopfgrippe *f*
headcount *s* **to have od take a ~** abzählen
headdress *s* Kopfschmuck *m*

headed notepaper *s* Schreibpapier *n* mit Briefkopf
header ['hedə^r] *s* FUSSB Kopfball *m*, Köpfler *m österr, schweiz*
headfirst *adv* kopfüber
headgear *s* Kopfbedeckung *f*
head girl *s vom Schulleiter bestimmte Schulsprecherin*
head-hunt *v/t* abwerben
head-hunter *fig s* Headhunter(in) *m(f)*
heading *s* Überschrift *f*
headlamp, headlight *s* Scheinwerfer *m*
headland *s* Landspitze *f*
headlight *s* → headlamp
headline *s* Presse Schlagzeile *f*; **he is always in the ~s** er macht immer Schlagzeilen; **to hit od make the ~s** Schlagzeilen machen; **the news ~s** Kurznachrichten *pl*
headline news *s* ‹+sg v, kein pl› **to be ~** in den Schlagzeilen sein
headliner cause *s* schlagzeilenwürdiger Anlass
headlong *adv* Hals über Kopf *umg*; *fallen* vornüber; **he ran ~ down the stairs** er rannte in Windeseile die Treppe hinunter
headmaster *bes Br s* Schulleiter *m*
headmistress *bes Br s* Schulleiterin *f*
head office *s* Zentrale *f*
head-on ▨ *adv* ▨ zusammenstoßen frontal ▨ *fig angehen* direkt; **to confront sb/sth ~** j-m/einer Sache ohne Umschweife entgegentreten ▨ *adj* **~ collision** Frontalzusammenstoß *m*
headphones *pl* Kopfhörer *pl*
headquarters *s* ‹+sg od pl v› MIL Hauptquartier *n*; *von Firma* Zentrale *f*
headrest *s* Kopfstütze *f*
headroom *s* lichte Höhe; *in Auto* Kopfraum *m*
headscarf *s* Kopftuch *n*
headset *s* Kopfhörer *pl*
head start *s* Vorsprung *m* (**on sb** j-m gegenüber)
headstone *s* Grabstein *m*
headstrong *adj* dickköpfig
head teacher *Br s* Schulleiter(in) *m(f)*
head waiter *s* Oberkellner *m*
headway *s* **to make ~** vorankommen
headwind *s* Gegenwind *m*
headword *s in Wörterbuch* Stichwort *n*
heady ['hedɪ] *adj* ‹komp headier› berauschend
heal [hiːl] ▨ *v/i* heilen ▨ *v/t* ▨ MED heilen ▨ *fig Differenzen* beilegen

phrasal verbs mit heal:

heal up *v/i* zuheilen
healer ['hiːlə^r] *s* Heiler(in) *m(f) geh*
healing ['hiːlɪŋ] ▨ *s* Heilung *f*; *von Wunde* (Zu)heilen *n* ▨ *adj* MED Heil-, heilend; **~ process**

Heilprozess *m*

health [helθ] *s* Gesundheit *f*; **in good ~** bei guter Gesundheit; **to suffer from poor** *od* **bad ~** kränklich sein; **to be good/bad for one's ~** gesund/ungesund sein; **~ and safety regulations** Arbeitsschutzvorschriften *pl*; **to drink (to) sb's ~** auf j-s Wohl ⟨*akk*⟩ trinken; **your ~!** zum Wohl!

health authority *s* Gesundheitsbehörde *f*
health care *s* Gesundheitsfürsorge *f*
health care system *s* Gesundheitssystem *n*
health centre *Br s*, **health center** *US s* Ärztezentrum *n*
health certificate *s* Gesundheitszeugnis *n*
health club *s* Fitnesscenter *n*
health-conscious *adj* gesundheitsbewusst
health farm *s* Gesundheitsfarm *f*
health food *s* Reformkost *f*
health food shop *Br s*, **health food store** *bes US s* Bioladen *m*
healthily ['helθɪlɪ] *adv* gesund; *wachsen* kräftig
health insurance *s* Krankenversicherung *f*
health problem *s* **to have ~s** gesundheitliche Probleme haben
health resort *s* Kurort *m*
Health Service *Br s* **the ~** das Gesundheitswesen
health warning *s* (gesundheitlicher) Warnhinweis
healthy ['helθɪ] *adj* ⟨*komp* healthier⟩ gesund; **to earn a ~ profit** einen ansehnlichen Gewinn machen

heap [hi:p] **A** *s* Haufen *m*; **he fell in a ~ on the floor** er sackte zu Boden; **at the bottom/top of the ~** *fig* ganz unten/oben; **~s of** *umg* ein(en) Haufen *umg*; **~s of times** zigmal *umg*; **~s of enthusiasm** jede Menge Enthusiasmus *umg* **B** *v/t* häufen; **to ~ praise on sb/sth** j-n/etw mit Lob überschütten; **a ~ed spoonful** ein gehäufter Löffel

phrasal verbs mit heap:

heap up *v/t* ⟨*trennb*⟩ aufhäufen

hear [hɪəʳ] ⟨*prät, pperf* heard⟩ **A** *v/t* hören; **I ~d him say that ...** ich habe ihn sagen hören, dass ...; **there wasn't a sound to be ~d** es war kein Laut zu hören; **to make oneself ~d** sich ⟨*dat*⟩ Gehör verschaffen; **you're not going, do you ~ me!** du gehst nicht, hörst du (mich)!; **I ~ you play chess** ich höre, Sie spielen Schach; **I've ~d it all before** ich habe das schon hundertmal gehört; **I must be ~ing things** ich glaube, ich höre nicht richtig; **to ~ a case** JUR einen Fall verhandeln; **to ~ evidence** JUR Zeugen vernehmen **B** *v/i* hören; **he cannot ~ very well** er hört nicht sehr gut; **~, ~!** (sehr) richtig!; PARL hört!, hört!; **he's left his wife — yes, so I ~** er hat seine Frau verlassen — ja, ich habe es gehört; **to ~ about sth** von etw erfahren; **never ~d of him/it** nie (von ihm/davon) gehört; **he was never ~d of again** man hat nie wieder etwas von ihm gehört; **I've never ~d of such a thing!** das ist ja unerhört!

phrasal verbs mit hear:

hear about *v/t* erfahren von, hören von
hear from *v/t* hören von
hear of *fig v/i* ⟨+*obj*⟩ **I won't hear of it** ich will davon (gar) nichts hören
hear out *v/t* ⟨*trennb*⟩ j-n ausreden lassen

heard [hɜ:d] *prät & pperf* → hear
hearing ['hɪərɪŋ] *s* **1** Gehör *n*; **to have a keen sense of ~** ein gutes Gehör haben **2** Hören *n* **3 within/out of ~** in/außer Hörweite **4** POL Anhörung *f*; JUR Verhandlung *f*; **disciplinary ~** Disziplinarverfahren *n*
hearing aid *s* Hörgerät *n*
hearsay ['hɪəseɪ] *s* Gerüchte *pl*; **to know sth from** *od* **by ~** etw vom Hörensagen wissen
hearse [hɜ:s] *s* Leichenwagen *m*
heart [hɑ:t] *s* **1** Herz *n*; **to break sb's ~** j-m das Herz brechen; **to have a change of ~** sich anders besinnen; **to be close** *od* **dear to one's ~** j-m am Herzen liegen; **to learn sth (off) by ~** etw auswendig lernen; **he knew in his ~ she was right** er wusste im Grunde seines Herzens, dass sie recht hatte; **with all my ~** von ganzem Herzen; **from the bottom of one's ~** aus tiefstem Herzen; **to put (one's) ~ and soul into sth** sich mit Leib und Seele einer Sache ⟨*dat*⟩ widmen; **to take sth to ~** sich ⟨*dat*⟩ etw zu Herzen nehmen; **we (only) have your interests at ~** uns liegen doch nur Ihre Interessen am Herzen; **to set one's ~ on sth** sein Herz an etw ⟨*akk*⟩ hängen *geh*; **to one's ~'s content** nach Herzenslust; **most men are boys at ~** die meisten Männer sind im Grunde (ihres Herzens) noch richtige Kinder; **his ~ isn't in it** er ist nicht mit dem Herzen dabei; **to give sb ~** j-m Mut machen; **to lose ~** den Mut verlieren; **to take ~** Mut fassen; **her ~ is in the right place** *umg* sie hat das Herz auf dem rechten Fleck *umg*; **to have a ~ of stone** ein Herz aus Stein haben; **my ~ was in my mouth** *umg* mir schlug das Herz bis zum Hals; **I didn't have the ~ to say no** ich brachte es nicht übers Herz, Nein zu sagen; **she has a ~ of gold** sie hat ein goldenes Herz; **my ~ sank** mein Mut sank; *besorgt* mir wurde bang ums Herz; **at the ~ of sth** im Zentrum von etw; **in the ~ of the forest** mitten im Wald; **the ~ of the matter** der Kern der Sache **2 ~s** *pl* KART Herz *n*; *Bridge* Coeur *n*; **queen of ~s**

Herz-/Coeurdame *f*
heartache *s* Kummer *m*
heart attack *s* Herzanfall *m*, Herzinfarkt *m*; **I nearly had a ~** *fig umg* ich habe fast einen Herzschlag gekriegt *umg*
heartbeat *s* Herzschlag *m*
heartbreak *s* großer Kummer
heartbreaking *adj* herzzerreißend
heartbroken *adj* todunglücklich
heartburn *s* Sodbrennen *n*
heart condition *s* Herzleiden *n*; **he has a ~** er ist herzleidend
heart disease *s* Herzkrankheit *f*
hearten ['hɑːtn] *v/t* ermutigen
heartening ['hɑːtnɪŋ] *adj* ermutigend
heart failure *s* Herzversagen *n*; **he suffered ~** sein Herz hat versagt
heartfelt *adj* Dank, Entschuldigung aufrichtig; Tribut, Bitte tief empfunden
hearth [hɑːθ] *s* Feuerstelle *f*, Kamin *m*
heartily ['hɑːtɪlɪ] *adv* **1** herzlich; *essen* tüchtig **2** empfehlen uneingeschränkt; *zustimmen* voll und ganz; *willkommen heißen* von Herzen; **to be ~ sick of sth** etw herzlich leid sein
heartless *adj* herzlos, grausam
heartlessly *adv* grausam
heart-rending *adj* herzzerreißend
heartstrings *pl* **to pull** *od* **tug at sb's ~** j-n zu Tränen rühren
heart-throb *umg s* Schwarm *m umg*
heart-to-heart **A** *adj* ganz offen; **to have a ~ talk with sb** sich mit j-m ganz offen aussprechen **B** *s* offene Aussprache; **it's time we had a ~** es ist Zeit, dass wir uns einmal offen aussprechen
heart transplant *s* Herztransplantation *f*
heart trouble *s* Herzbeschwerden *pl*
heart-warming *adj* herzerfreuend
hearty ['hɑːtɪ] *adj* ⟨komp heartier⟩ **1** herzlich; Art und Weise raubeinig **2** Empfehlung uneingeschränkt; Abneigung tief; **~ welcome** herzlicher Empfang **3** Mahlzeit herzhaft, währschaft *schweiz*; Appetit gesund; **to be a ~ eater** einen gesunden Appetit haben
heat [hiːt] **A** *s* **1** Hitze *f*; PHYS Wärme *f*; **on** *od* **over (a) low ~** bei schwacher Hitze; **in the ~ of the moment** in der Hitze des Gefechts, in der Erregung **2** SPORT Vorlauf *m*; Boxen etc Vorkampf *m* **3** **on ~** Br, **in ~** bes US brünstig; Hund, Katze läufig **B** *v/t* erhitzen; Zimmer heizen; Haus, Schwimmbad beheizen **C** *v/i* warm werden
phrasal verbs mit heat:
heat up **A** *v/i* sich erwärmen **B** *v/t* ⟨trennb⟩ erwärmen; Essen aufwärmen
heated ['hiːtɪd] *adj* **1** wörtl Schwimmbad beheizt; Zimmer geheizt; Handtuchhalter heizbar **2** fig Debatte hitzig; Meinungsaustausch heftig
heatedly ['hiːtɪdlɪ] *adv* hitzig; argumentieren heftig
heater ['hiːtəʳ] *s* Ofen *m*; in Auto Heizung *f*
heat exchanger *s* Wärmetauscher *m*
heath [hiːθ] *s* Heide *f*
heathen ['hiːðən] **A** *adj* heidnisch **B** *s* Heide *m*, Heidin *f*
heather ['heðəʳ] *s* Heidekraut *n*
heating ['hiːtɪŋ] *s* Heizung *f*
heating engineer *s* Heizungsinstallateur(in) *m(f)*
heatproof *adj* hitzebeständig
heat rash *s* Hitzeausschlag *m*
heat recovery *s* Wärmerückgewinnung *f*
heat-resistant *adj* hitzebeständig
heat shield *s* Hitzeschild *m*
heatstroke *s* Hitzschlag *m*
heat wave *s* Hitzewelle *f*
heave [hiːv] **A** *v/t* **1** nach oben (hoch)hieven (**onto** auf +akk); (≈ziehen) schleppen **2** werfen **3** Seufzer ausstoßen **B** *v/i* **1** hieven **2** Wellen, Busen wogen *geh*; Magen sich umdrehen
heaven ['hevn] *s* Himmel *m*; **the ~s** *liter* der Himmel; **in ~** im Himmel; **to go to ~** in den Himmel kommen; **he is in (seventh) ~** er ist im siebten Himmel; **it was ~** es war einfach himmlisch; **(good) ~s!** (du) lieber Himmel! *umg*; **would you like to? — (good) ~s no!** möchten Sie? — um Himmels willen, bloß nicht!; **~ knows what ...** weiß der Himmel, was ... *umg*; **~ forbid!** bloß nicht, um Himmels willen! *umg*; **for ~'s sake!** um Himmels willen!; **what in ~'s name ...?** was um Himmels willen ...?
heavenly ['hevnlɪ] *adj* **1** himmlisch, Himmels-; **~ body** Himmelskörper *m* **2** *umg* himmlisch
heavily ['hevɪlɪ] *adv* stark; bevölkert dicht; bewaffnen, atmen schwer; bewacht streng; sich bewegen schwerfällig; **~ disguised** völlig unkenntlich gemacht; **to lose ~** hoch verlieren; **to be ~ involved in** *od* **with sth** sehr viel mit etw zu tun haben; **to be ~ into sth** *umg* voll auf etw (*akk*) abfahren *umg*; **to be ~ outnumbered** zahlenmäßig stark unterlegen sein; **to be ~ defeated** eine schwere Niederlage erleiden; **~ laden** schwer beladen; **~ built** kräftig gebaut
heavy ['hevɪ] *adj* ⟨komp heavier⟩ **1** schwer; Regen, Verkehr, Trinker stark; Sturz hart; **with a ~ heart** schweren Herzens; **~ breathing** schweres Atmen; **the conversation was ~ going** die Unterhaltung war mühsam; **this book is very ~ going** das Buch liest sich schwer **2** Stille bedrückend; Himmel bedeckt
heavy cream *US s* Schlagsahne *f*, Schlag *m*

österr, **Schlagobers** n österr, **Nidel** m/f schweiz
heavy-duty adj strapazierfähig
heavy goods vehicle s Lastkraftwagen m
heavy-handed adj schwerfällig
heavy industry s Schwerindustrie f
heavy metal s MUS Heavymetal m
heavyweight ['hevɪweɪt] s **1** SPORT Schwergewichtler(in) m(f) **2** fig umg großes Tier umg; **the literary ~s** die literarischen Größen pl
Hebrew ['hiːbruː] **A** adj hebräisch **B** s **1** Hebräer(in) m(f) **2** LING Hebräisch n
Hebrides ['hebrɪdiːz] pl Hebriden pl; **the Inner/Outer ~** die Inneren/Äußeren Hebriden
heck [hek] umg int **oh ~!** zum Kuckuck! umg; **ah, what the ~!** ach, was sollts! umg; **what the ~ do you mean?** was zum Kuckuck soll das heißen? umg; **I've a ~ of a lot to do** ich habe irrsinnig viel zu tun umg
heckle ['hekl] **A** v/t (durch Zwischenrufe) stören **B** v/i Zwischenrufe machen
heckler ['heklə^r] s Zwischenrufer(in) m(f)
heckling ['heklɪŋ] s Zwischenrufe pl
hectare ['hektɑː^r] s Hektar m/n
hectic ['hektɪk] adj hektisch
he'd [hiːd] abk (= he would, he had) → have → would
hedge [hedʒ] **A** s Hecke f **B** v/i ausweichen **C** v/t **to ~ one's bets** auf Nummer sicher gehen umg
hedge fund s FIN Hedgefonds m
hedgehog s Igel m
hedgerow s Hecke f
hedge trimmer s Elektroheckenschere f
hedonism ['hiːdənɪzəm] s Hedonismus m
heed [hiːd] **A** s **to pay ~ to sb/sth, to take ~ of sb/sth** j-m/einer Sache Beachtung schenken **B** v/t beachten; **he never ~s my advice** er hört nie auf meinen Rat
heedless adj **to be ~ of sth** etw nicht beachten
heel [hiːl] **A** s Ferse f; von Schuh Absatz m; **to be right on sb's ~s** j-m auf den Fersen folgen; **the police were hot on our ~s** die Polizei war uns dicht auf den Fersen; **to be down at ~** heruntergekommen sein; **to take to one's ~s** sich aus dem Staub(e) machen; **~!** zu Hund (bei) Fuß!; **to bring sb to ~** j-n an die Kandare nehmen umg **B** v/t **these shoes need ~ing** diese Schuhe brauchen neue Absätze
hefty ['heftɪ] umg adj ⟨komp heftier⟩ Mensch kräftig (gebaut); Objekt massiv; Geldstrafe, Kinnhaken saftig umg
heifer ['hefə^r] s Färse f
height [haɪt] s **1** Höhe f; von Mensch Größe f; **to be six feet in ~** sechs Fuß hoch sein; **what ~ are you?** wie groß sind Sie?; **you can raise the ~ of the saddle** du kannst den Sattel höherstellen; **at shoulder ~** in Schulterhöhe; **at the ~ of his power** auf der Höhe seiner Macht; **the ~ of luxury** das Nonplusultra an Luxus; **at the ~ of the season** in der Hauptsaison; **at the ~ of summer** im Hochsommer; **at its ~ the company employed 12,000 people** in ihrer Glanzzeit hatte die Firma 12.000 Angestellte; **during the war emigration was at its ~** im Krieg erreichte die Auswanderungswelle ihren Höhepunkt; **to be the ~ of fashion** der letzte Schrei sein **2** **~s** pl Höhen pl; **to be afraid of ~s** nicht schwindelfrei sein
heighten ['haɪtn] **A** v/t höher machen; (≈ betonen) hervorheben; Gefühle, Spannung verstärken; **~ed awareness** erhöhte Aufmerksamkeit **B** v/i fig wachsen
heinous ['heɪnəs] adj abscheulich
heir [eə^r] s Erbe m, Erbin f (**to** +gen); **~ to the throne** Thronfolger(in) m(f)
heiress ['ɛəres] s Erbin f
heirloom ['ɛəluːm] s Erbstück n
heist [haɪst] bes US umg s Raubüberfall m
held [held] prät & pperf → hold
helicopter ['helɪkɒptə^r] s Hubschrauber m
helipad ['helɪpæd] s Hubschrauberlandeplatz m
heliport ['helɪpɔːt] s Heliport m
heliskiing ['heli,skiːɪŋ] s Heliskiing n (Skifahren mit einem Hubschrauber, der den Skifahrer auf den Gipfel fliegt)
helium ['hiːlɪəm] s Helium n
hell [hel] s **1** Hölle f; **to go to ~** zur Hölle fahren; **all ~ broke loose** auf einmal war die Hölle los; **it's ~ working there** es ist die reine Hölle, dort zu arbeiten; **a living ~** die Hölle auf Erden; **to go through ~** Höllenqualen ausstehen; **she made his life ~** sie machte ihm das Leben zur Hölle; **to give sb ~** umg j-m die Hölle heiß machen; **there'll be ~ to pay when he finds out** wenn er das erfährt, ist der Teufel los umg; **to play ~ with sth** etw total durcheinanderbringen; **I did it (just) for the ~ of it** umg ich habe es nur zum Spaß gemacht; **~ for leather** was das Zeug hält; **the mother-in-law from ~** die böse Schwiegermutter, wie sie im Buche steht; **the holiday from ~** der absolut katastrophale Urlaub **2** umg **a ~ of a noise** ein Höllenlärm m umg; **I was angry as ~** ich war stinksauer umg; **to work like ~** arbeiten, was das Zeug hält; **to run like ~** laufen, was die Beine hergeben; **it hurts like ~** es tut wahnsinnig weh umg; **we had a od one ~ of a time** (≈ negativ) es war grauenhaft; (≈ positiv) wir haben uns prima amüsiert umg; **a ~ of a lot** verdammt viel umg; **she's a od one ~ of a girl** die ist schwer in Ordnung umg; **that's one**

od **a ~ of a climb** das ist eine wahnsinnige Kletterei *umg*; **to ~ with you** hol dich der Teufel *umg*; **to ~ with it!** verdammt noch mal *umg*; **go to ~!** scher dich zum Teufel! *umg*; **where the ~ is it?** wo ist es denn, verdammt noch mal? *umg*; **you scared the ~ out of me** du hast mich zu Tode erschreckt; **like ~ he will!** den Teufel wird er tun *umg*; **what the ~** was solls *umg*

he'll [hi:l] *abk* (= he will, he shall) → will¹ → shall

hellbent [,hel'bent] *adj* versessen (**on** auf +*akk*); **be hell-bent on doing sth** etw um jeden Preis *or* unbedingt tun wollen

hellish ['helɪʃ] *fig umg adj* höllisch *umg*; *Verkehr, Erkältung* mörderisch *umg*; **it's ~** es ist die reinste Hölle *umg*

hellishly ['helɪʃlɪ] *umg adv* heiß höllisch *umg*; *schwierig* verteufelt *umg*

hello [hə'ləʊ] **A** *int* hallo, servus *österr*, grüezi *schweiz*; **to say ~ to sb** j-n (be)grüßen; **we said ~** wir haben uns begrüßt; **say ~ to your aunt** sag deiner Tante mal schön „Guten Tag!"; **say ~ to your parents (from me)** grüß deine Eltern (von mir) **B** *s* ⟨*pl* -s⟩ Hallo *n*

hell-raiser ['helreɪzə'] *umg s* ausschweifender Mensch

helm [helm] *s SCHIFF* Steuer *n*

helmet ['helmɪt] *s* Helm *m*

help [help] **A** *s* ⟨*kein pl*⟩ Hilfe *f*; **with his brother's ~** mithilfe seines Bruders; **his ~ with the project** seine Mithilfe an dem Projekt; **to ask sb for ~** j-n um Hilfe bitten; **to be of ~ to sb** j-m helfen; **he isn't much ~ to me** er ist mir keine große Hilfe **B** *v/t* **1** helfen (+*dat*); **to ~ (to) do sth** j-m (dabei) helfen, etw zu tun; **to ~ sb with the cooking/his bags** j-m beim Kochen/mit seinen Taschen helfen; **~!** Hilfe!; **can I ~ you?** kann ich (Ihnen) behilflich sein?; *im Geschäft* werden Sie schon bedient?; **that won't ~ you** das wird Ihnen nichts nützen; **to ~ sb on/off with his/her** *etc* **coat** j-m in den/aus dem Mantel helfen; **to ~ sb up** j-m aufhelfen **2 to ~ oneself to sth** sich (*dat*) etw nehmen, sich mit etw bedienen; *umg* (≈ *stehlen*) etw mitgehen lassen; **~ yourself!** nehmen Sie sich doch!, bedienen Sie sich! **3 he can't ~ it** er kann nichts dafür; **not if I can ~ it** nicht, wenn es nach mir geht; **I can't ~ laughing** ich kann mir nicht helfen, ich muss (einfach) lachen; **I couldn't ~ thinking ...** ich konnte nicht umhin zu denken ...; **it can't be ~ed** das lässt sich nicht ändern **C** *v/i* helfen; **and your attitude didn't ~ either** und Ihre Einstellung war auch nicht gerade hilfreich

phrasal verbs mit help:

help out A *v/i* aushelfen (**with** bei) **B** *v/t* ⟨*trennb*⟩ helfen (+*dat*) (**with** mit)

help desk *s* Hotline *f*

helper ['helpə'] *s* Helfer(in) *m(f)*, Gehilfe *m*, Gehilfin *f*

helpful *adj* **1** hilfsbereit, hilfreich **2** *Rat, Werkzeug* nützlich

helpfully *adv* **1** hilfsbereit, hilfreich **2** liebenswürdigerweise

helping ['helpɪŋ] **A** *s* Portion *f*; **to take a second ~ of sth** sich (*dat*) noch einmal von etw nehmen **B** *adj* ⟨*attr*⟩ **to give** *od* **lend a ~ hand to sb** j-m behilflich sein

helpless *adj* hilflos; **he was ~ to prevent it** er konnte es nicht verhindern; **she was ~ with laughter** sie konnte sich vor Lachen kaum halten

helplessly *adv* hilflos; *zusehen a.* machtlos

helplessness ['helplɪsnɪs] *s* Hilflosigkeit *f*, Machtlosigkeit *f*

helpline *s* Informationsdienst *m*; telefonischer Beratungsdienst

help screen *s* IT Hilfsbildschirm *m*

helter-skelter ['heltə'skeltə'] *adv* Hals über Kopf *umg*

hem [hem] **A** *s* Saum *m* **B** *v/t* säumen

phrasal verbs mit hem:

hem in *v/t* ⟨*trennb*⟩ einschließen; *fig* einengen

he-man ['hi:mæn] *s* ⟨*pl* -men [-mən]⟩ *umg* sehr männlicher Typ

hemisphere ['hemɪsfɪə'] *s* Hemisphäre *f*; **in the northern ~** auf der nördlichen Halbkugel

hemline ['hemlaɪn] *s* Saum *m*

hemo- *US zssgn* → haemoglobin

hemorrhage ['hemərɪdʒ] *US s & v/i* → haemorrhage

hemp [hemp] *s* BOT Hanf *m*

hen [hen] *s* **1** Henne *f* **2** Weibchen *n*

hence [hens] *adv* **1** also; **~ the name** daher der Name **2** **two years ~** in zwei Jahren

henceforth [,hens'fɔ:θ] *adv* von nun an

henchman ['hentʃmən] *s* ⟨*pl* -men⟩ *pej* Spießgeselle *m*

henna ['henə] **A** *s* Henna *f* **B** *v/t* mit Henna färben

hen night *umg s* Junggesellinnenabschied *m*

hen party *umg s vor Hochzeit* Junggesellinnenabschied *m*; Damenkränzchen *n*

henpeck *v/t* **he is ~ed** er steht unterm Pantoffel *umg*

hepatitis [,hepə'taɪtɪs] *s* Hepatitis *f*

heptathlon [hep'tæθlɒn] *s* Siebenkampf *m*

her [hɜː'] **A** *pers pr akk obj, mit präp* +*akk* sie; *dat obj, mit präp* +*dat* ihr; **it's her** sie ists **B** *poss adj* ihr; → my

herald ['herəld] **A** *s fig* (Vor)bote *m geh* **B** *v/t*

heraldry – hibernation

ankündigen; **tonight's game is being ~ed as the match of the season** das Spiel heute Abend wird als die Begegnung der Saison groß herausgebracht
heraldry ['herəldrɪ] *s* Wappenkunde *f*
herb [hɜːb] *s* Kraut *n*
herbaceous [hɜː'beɪʃəs] *adj* krautig
herbaceous border *s* Staudenrabatte *f*
herbal ['hɜːbəl] *adj* Kräuter-; **~ tea** Kräutertee *m*
herb garden *s* Kräutergarten *m*
herbicide ['hɜːbɪsaɪd] *s* Herbizid *n*
herbivorous [hɜː'bɪvərəs] *form adj* pflanzenfressend
herb tea [hɜːb(ə)l'tiː, , US ɜːrb(ə)l'tiː] *s* Kräutertee *m*
herd [hɜːd] **A** *s* Herde *f*; *von Rotwild* Rudel *n* **B** *v/t* treiben
herdsman ['hɜːdzmən] *s* ⟨*pl* -men⟩ Hirte *m*
here [hɪə^r] *adv* hier; *mit Richtungsangabe* hierher, hierhin; **come ~!** komm her!; **~ I am** da *od* hier bin ich; **~'s the taxi** das Taxi ist da; **~ he comes** da kommt *od* ist er ja; **this one ~** der/die/das hier *od* da; **~ and now** auf der Stelle; **I won't be ~ for lunch** ich bin zum Mittagessen nicht da; **~ and there** hier und da; **near ~** (hier) in der Nähe; **I've read down to ~** ich habe bis hierher *od* hierhin gelesen; **it's in/over ~** es ist hier (drin)/hier drüben; **put it in ~** stellen Sie es hierherein; **~ you are** *bitte sehr* hier(, bitte); *endlich gefunden* da bist du ja!; **~ we are, home again** so, da wären wir also wieder zu Hause; **~ we go again, another crisis** da hätten wir also wieder eine Krise; **~ goes!** dann mal los; **~, let me do that** komm, lass mich das mal machen; **~'s to you!** auf Ihr Wohl!; **it's neither ~ nor there** es spielt keine Rolle; **I've had it up to ~ (with him/it)** *umg* ich habe die Nase voll (von ihm/davon) *umg*
hereabouts ['hɪərəbaʊts] *adv* hier (in der Gegend)
hereafter *adv* künftig; JUR im Folgenden
hereby *form adv* hiermit
hereditary [hɪ'redɪtərɪ] *adj* erblich; **~ disease** Erbkrankheit *f*; **~ peer** Peer, der seine Peerswürde geerbt hat
heredity [hɪ'redɪtɪ] *s* Vererbung *f*
heresy ['herəsɪ] *s* Ketzerei *f*
heretic ['herətɪk] *s* Ketzer(in) *m(f)*
herewith [,hɪə'wɪð] *form adv* hiermit
heritage ['herɪtɪdʒ] *s* Erbe *n*
hermaphrodite [hɜː'mæfrədaɪt] *s* Zwitter *m*
hermetically [hɜː'metɪkəlɪ] *adv* **~ sealed** hermetisch verschlossen
hermit ['hɜːmɪt] *s* Einsiedler(in) *m(f)*
hernia ['hɜːnɪə] *s* (Eingeweide)bruch *m*
hero ['hɪərəʊ] *s* ⟨*pl* -es⟩ Held *m*

heroic [hɪ'rəʊɪk] **A** *adj* **1** heldenhaft, mutig; *Handlung a.* heroisch; **~ action** *od* **deed** Heldentat *f*; **~ attempt** tapferer Versuch **2** LIT Helden- **B** *s* **heroics** *pl* Heldentaten *pl*
heroin ['herəʊɪn] *s* Heroin *n*; **~ addict** Heroinsüchtige(r) *m/f(m)*
heroine ['herəʊɪn] *s* Heldin *f*
heroism ['herəʊɪzəm] *s* Heldentum *n*, Kühnheit *f*
heron ['herən] *s* Reiher *m*
hero worship *s* Verehrung *f* (**of** +*gen*); *von Popstar etc* Schwärmerei *f* (**of** für)
herpes ['hɜːpiːz] *s* MED Herpes *m*
herring ['herɪŋ] *s* Hering *m*
herringbone ['herɪŋbəʊn] *adj* ⟨*attr*⟩ **~ pattern** Fischgrät(en)muster *n*
hers [hɜːz] *poss pr* ihre(r, s); → **mine**¹
herself [hɜː'self] *pers pr* **1** *akk u. dat obj, mit präp* sich; → **myself** **2** *emph* (sie) selbst
he's [hiːz] *abk* (= he is, he has) → **be** → **have**
hesitancy ['hezɪtənsɪ] *s* Zögern *n*, Unschlüssigkeit *f*
hesitant ['hezɪtənt] *adj* zögernd, unschlüssig
hesitantly ['hezɪtəntlɪ] *adv* zögernd, zögerlich; *widerwillig* ungern
hesitate ['hezɪteɪt] *v/i* zögern; *beim Sprechen* stocken; **I am still hesitating about what I should do** ich bin mir immer noch nicht schlüssig, was ich tun soll; **don't ~ to contact me** zögern Sie nicht, sich an mich zu wenden
hesitation [,hezɪ'teɪʃən] *s* Zögern *n*; **after some/a moment's ~** nach einigem/kurzem Zögern
heterogeneous [,hetərəʊ'dʒiːnɪəs] *adj* heterogen
heterosexual [,hetərəʊ'seksjʊəl] **A** *adj* heterosexuell **B** *s* Heterosexuelle(r) *m/f(m)*
heterosexuality [,hetərəʊ,seksjʊ'ælɪtɪ] *s* Heterosexualität *f*
het up [,het'ʌp] *Br umg adj* aufgeregt; **to get ~ about/over sth** sich über etw (*akk*)/wegen einer Sache (*gen*) aufregen
hew [hjuː] *v/t* ⟨*prät* hewed; *pperf* hewn *od* hewed⟩ hauen
hexagon ['heksəgən] *s* Sechseck *n*
hexagonal [hek'sægənəl] *adj* sechseckig
hey [heɪ] *int* he!, heda!
heyday ['heɪdeɪ] *s* Glanzzeit *f*
HGV *Br abk* (= heavy goods vehicle) Lkw *m*
hi [haɪ] *int*, **hi there** *int* hallo, servus *österr*, grüezi *schweiz*; **say hi to your parents for me** grüß deine Eltern (von mir)
hiatus [haɪ'eɪtəs] *s* Lücke *f*
hibernate ['haɪbəneɪt] *v/i* Winterschlaf halten
hibernation [,haɪbə'neɪʃən] *wörtl, fig s* Winterschlaf *m*

hiccough, hiccup ['hɪkʌp] **A** s Schluckauf m; fig umg Problemchen n umg; **to have (the) ~s** od **hiccups (den) Schluckauf haben; to get (the) ~s** od **hiccups (den) Schluckauf bekommen** od **kriegen; without any ~s** ohne Störungen **B** v/i hicksen dial; **he started ~ing** er bekam den Schluckauf

hick [hɪk] US umg s Hinterwäldler(in) m(f)

hickey ['hɪkɪ] s US umg Knutschfleck m umg

hid [hɪd] prät → hide¹

hidden ['hɪdn] **A** adj verborgen, geheim **B** pperf → hide¹

hide¹ [haɪd] ⟨v: prät hid [hɪd] pperf hid od hidden ['hɪdn]⟩ **A** v/t verstecken **(from** vor +dat); Wahrheit, Gefühle verbergen **(from** vor +dat); Mond, Rost verdecken; **hidden from view** nicht zu sehen; **there is a hidden agenda** da steckt noch etwas anderes dahinter **B** v/i sich verstecken **(from sb** vor j-m); **he was hiding in the cupboard** er hielt sich im Schrank versteckt **C** s Versteck n

phrasal verbs mit hide:

hide away A v/i sich verstecken **B** v/t ⟨trennb⟩ verstecken

hide out v/i sich verstecken

hide² s Haut f, Fell n

hide-and-seek s, **hide-and-go-seek** US s Versteckspiel n; **to play ~** Verstecken spielen

hideaway s Versteck n, Zufluchtsort m

hideous ['hɪdɪəs] adj grauenhaft

hideously ['hɪdɪəslɪ] adv grauenhaft; emph teuer schrecklich; **~ ugly** potthässlich umg

hideout ['haɪdaʊt] s Versteck n

hiding¹ ['haɪdɪŋ] s **to be in ~** sich versteckt halten; **to go into ~** untertauchen

hiding² **1** Tracht f Prügel; **to give sb a good ~** j-m eine Tracht Prügel geben **2** umg **the team got a real ~** die Mannschaft musste eine schwere Schlappe einstecken umg

hiding place s Versteck n

hierarchic(al) [ˌhaɪəˈrɑːkɪk(əl)] adj hierarchisch

hierarchy ['haɪərɑːkɪ] s Hierarchie f

hieroglyphics [ˌhaɪərəˈglɪfɪks] pl Hieroglyphen pl

higgledy-piggledy ['hɪgldɪ'pɪgldɪ] adj & adv durcheinander

high [haɪ] **A** adj ⟨+er⟩ **1** hoch präd, hohe(r, s) attr; Höhe groß; Wind stark; **a building 80 metres ~** Br, **a building 80 meters ~** US, **an 80-metre ~ building** Br, **an 80-meter ~ building** US ein 80 Meter hohes Gebäude; **on one of the ~er floors** in einem der oberen Stockwerke; **the river is quite ~** der Fluss führt ziemlich viel Wasser; **to be left ~ and dry** auf dem Trockenen sitzen umg; **on the ~est authority** von höchster Stelle; **to be ~ and mighty** erhaben tun; **of the ~est calibre** Br, **of the ~est caliber** US,/**quality** von bestem Format/bester Qualität; **casualties were ~** es gab viele Opfer; MIL es gab hohe Verluste; **the temperature was in the ~ twenties** die Temperatur lag bei fast 30 Grad; **to pay a ~ price for sth** etw teuer bezahlen; **to the ~est degree** im höchsten Grad od Maß; **in ~ spirits** in Hochstimmung; **~ in fat** fettreich; **it's ~ time you went home** es wird höchste Zeit, dass du nach Hause gehst **2** umg mit Drogen high umg; **to get ~ on cocaine** sich mit Kokain anturnen sl **B** adv ⟨+er⟩ hoch; **~ up** hoch oben; Bewegung hoch hinauf; **~er up the hill was a small farm** etwas weiter oben am Berg lag ein kleiner Bauernhof; **~ up in the organization** weit oben in der Organisationsstruktur; **one floor ~er** ein Stockwerk höher; **to go as ~ as £200** bis zu £ 200 (hoch) gehen; **feelings ran ~** die Gemüter erhitzten sich; **to search ~ and low** überall suchen **C** s **1 the pound has reached a new ~** das Pfund hat einen neuen Höchststand erreicht; **sales have reached an all-time ~** die Verkaufszahlen sind so hoch wie nie zuvor; **the ~s and lows of my career** die Höhen und Tiefen pl meiner Laufbahn **2** METEO Hoch n

high altar s Hochaltar m

high beam s AUTO Fernlicht n; **to drive on ~** mit Fernlicht fahren

highbrow adj intellektuell; Geschmack, Musik anspruchsvoll

highchair s Hochstuhl m

High Church s Hochkirche f

high-class adj erstklassig

high court s oberstes Gericht

high-definition adj Fernsehen hochauflösend

high-density adj IT Diskette mit hoher Schreibdichte

high-energy adj energiereich

higher ['haɪə^r] **A** adj ⟨komp⟩ → high **B** s **Higher** schott ≈ Abiturabschluss m, ≈ Matura f österr, schweiz; **to take one's Highers** ≈ das Abitur machen; **three Highers** ≈ das Abitur in drei Fächern

higher education s Hochschulbildung f

Higher National Certificate Br s ≈ Berufsschulabschluss m

Higher National Diploma Br s Qualifikationsnachweis m in technischen Fächern

high explosive s hochexplosiver Sprengstoff

high-fibre adj, **high-fiber** US adj ballaststoffreich

high-flier, **high-flyer** umg s Senkrechtstarter(in) m(f)

high-flying fig adj Geschäftsmann erfolgreich; Le-

bensstil exklusiv
high-frequency *adj* Hochfrequenz-
high-grade *adj* hochwertig
high ground *s* **1** hoch liegendes Land **2** *fig* **to claim the moral ~** die moralische Überlegenheit für sich beanspruchen
high-handed *adj* selbstherrlich; *Behandlung* arrogant
high-heeled *adj* hochhackig
high heels *pl* hohe Absätze *pl*
high-interest *adj* FIN hochverzinslich
high jinks *umg pl* ausgelassene Späße *pl*
high jump *s* SPORT Hochsprung *m*
high jumper *s* SPORT Hochspringer(in) *m(f)*
highland *adj* hochländisch
Highlands *pl* (schottische) Highlands *pl*
high-level *adj* *Gespräche* auf höchster Ebene; IT *Sprache* höher
highlight **A** *s* **1** **~s** in Haar Strähnchen *pl* **2** *fig* Höhepunkt *m* **B** *v/t* **1** *Problem* ein Schlaglicht werfen auf (+*akk*) **2** *mit Textmarker* hervorheben; IT markieren
highlighter *s* Textmarker *m*, Leuchtstift *m*
highly ['haɪlɪ] *adv* **1** äußerst; *brennbar* leicht; *ungewöhnlich* höchst; **to be ~ critical of sb/sth** j-n/etw scharf kritisieren; **~ trained** äußerst gut ausgebildet; *Facharbeiter* hoch qualifiziert; **~ skilled** äußerst geschickt; *Arbeiter, Belegschaft* hoch qualifiziert; **~ respected** hochgeachtet; **~ intelligent** hochintelligent; **~ unlikely** *od* **improbable** äußerst *od* höchst unwahrscheinlich **2** angesehen hoch; **to speak ~ of sb/sth** sich sehr positiv über j-n/etw äußern; **to think ~ of sb/sth** eine hohe Meinung von j-m/etw haben; **~ recommended** sehr empfehlenswert
highly strung *Br adj* nervös
High Mass *s* Hochamt *n*
high-minded *adj* *Ideale* hoch
highness *s* Her/Your Highness Ihre/Eure Hoheit
high-performance *adj* Hochleistungs-
high-pitched *adj* hoch; *Schrei* schrill
high point *s* Höhepunkt *m*
high-powered *adj* **1** *Maschine, Computer* leistungsfähig; *Waffe* leistungsstark **2** *Job* anspruchsvoll
high-pressure *adj* **1** METEO **~ area** Hochdruckgebiet *n* **2** *Vertreter* aufdringlich
high priest *s* Hohepriester *m*
high priestess *s* Hohepriesterin *f*
high-profile *adj* profiliert
high-quality *adj* hochwertig
high-ranking *adj* hoch(rangig)
high-resolution *adj* hochauflösend
high-rise *adj* **~ building** Hochhaus *n*; **~ office**

(block) Bürohochhaus *n*; **~ flats** *Br* (Wohn)-hochhaus *n*
high-risk *adj* risikoreich; **~ group** Risikogruppe *f*
high school *s Br* ≈ Oberschule *f* (für 11 bis 18--Jährige); *US* ≈ Oberschule *f* (für 15 bis 18-Jährige)
high-school diploma *US s* ≈ Abiturzeugnis *n*
high-scoring *adj* Fußballspiel etc torreich
high seas *pl* **the ~** die Meere *pl*; **on the ~** auf hoher See
high season *s* Hochsaison *f*
high-security *adj* **~ prison** Hochsicherheitsgefängnis *n*
high-sided *adj* **~ vehicle** hohes Fahrzeug
high society *s* Highsociety *f*
high-speed *adj* schnell; **~ car chase** wilde Verfolgungsjagd im Auto; **~ train** Hochgeschwindigkeitszug *m*; **~ film** hochempfindlicher Film
high spirits *pl* Hochstimmung *f*; **youthful ~** jugendlicher Übermut
high street *Br s* Hauptstraße *f*; **~ banks** Geschäftsbanken *pl*; **~ shops** *bes Br*, **~ stores** *US* Geschäfte *pl* in der Innenstadt
high-strung *US adj* nervös
high tea *s* (frühes) Abendessen *od* Nachtmahl österr, (frühes) Nachtessen schweiz
hightech *s & adj* → hi tech → hi-tech
high technology *s* Hochtechnologie *f*
high tide *s* Flut *f*, Hochwasser *n*
high treason *s* Hochverrat *m*
high-up *adj* *Persönlichkeit* hochgestellt
high-visibility jacket *s im Straßenverkehr* Sicherheitsjacke *f*, Warnjacke *f*, Warnschutzjacke *f*
highway *s* **1** *US* Highway *m*, ≈ Bundesstraße *f* **2** *Br* Landstraße *f*; **public ~** öffentliche Straße
Highway Code *Br s* Straßenverkehrsordnung *f*
high wire *s* Drahtseil *n*
hijack ['haɪdʒæk] **A** *v/t* entführen; *fig* für sich beanspruchen **B** *s* Entführung *f*
hijacker ['haɪdʒækə^r] *s* Entführer(in) *m(f)*
hijacking ['haɪdʒækɪŋ] *s* Entführung *f*
hike [haɪk] **A** *v/i* wandern **B** *s* **1** *wörtl* Wanderung *f*; **to go on a ~** eine Wanderung machen **2** *fig* von Zinssatz etc Erhöhung *f*
phrasal verbs mit hike:
hike up *v/t* ⟨*trennb*⟩ *Preise* erhöhen
hiker ['haɪkə^r] *s* Wanderer *m*, Wanderin *f*
hiking ['haɪkɪŋ] *s* Wandern *n*
hiking boots *pl* Wanderstiefel *pl*
hilarious [hɪ'lɛərɪəs] *adj* urkomisch *umg*
hilariously [hɪ'lɛərɪəslɪ] *adv* sehr amüsant
hilarity [hɪ'lærɪtɪ] *s* Heiterkeit *f*, Fröhlichkeit *f*, Gelächter *n*
hill [hɪl] *s* Hügel *m*, Berg *m*; (≈ *Neigung*) Hang *m*;

to park on a ~ am Berg parken; **to be over the ~** fig umg die besten Jahre hinter sich (dat) haben

hillbilly ['hɪlbɪlɪ] US umg s Hinterwäldler(in) m(f) pej

hillock ['hɪlək] s Hügel m

hillside s Hang m

hilltop s Gipfel m

hill-walker s Bergwanderer m, Bergwanderin f

hill-walking s Bergwandern n

hilly ['hɪlɪ] adj ⟨komp hillier⟩ hüg(e)lig

hilt [hɪlt] s Heft n; **(up) to the ~** fig voll und ganz

him [hɪm] pers pr **1** akk obj, mit präp +akk ihn; dat obj, mit präp +dat ihm **2** emph er; **it's him** er ists

himself [hɪm'self] pers pr **1** akk u. dat obj, mit präp sich; → **myself** **2** emph (er) selbst

hind[1] [haɪnd] s ZOOL Hirschkuh f

hind[2] adj Hinter-; **~ legs** Hinterbeine pl

hinder ['hɪndə[r]] v/t behindern; **to ~ sb from doing sth** j-n daran hindern, etw zu tun

Hindi ['hɪndiː] s Hindi n

hindmost ['haɪndməʊst] adj hinterste(r, -s), letzte(r, -s)

hindquarters ['haɪndkwɔːtəz] pl Hinterteil n; von Pferd Hinterhand f

hindrance ['hɪndrəns] s Behinderung f, Hindernis n **(to** für); **the children are a ~** die Kinder sind hinderlich

hindsight ['haɪndsaɪt] s **with ~ it's easy to criticize** im Nachhinein fällt es leicht zu kritisieren; **it was, in ~,** a mistaken judgement es war, rückblickend betrachtet, ein Fehlurteil

Hindu ['hɪnduː] **A** adj hinduistisch **B** s Hindu m

Hinduism ['hɪnduːɪzəm] s Hinduismus m

hinge [hɪndʒ] **A** s von Tür Angel f; von Kiste etc Scharnier n **B** v/i fig abhängen **(on** von)

Hinglish ['hɪŋglɪʃ] s Hinglisch n (Mischung aus Hindi und Englisch)

hint [hɪnt] **A** s **1** Andeutung f; **to give a/no ~ of sth** etw ahnen lassen/nicht ahnen lassen; **to drop sb a ~** j-m einen Wink geben; **OK, I can take a ~** schon recht, ich verstehe **2** Spur f; **a ~ of garlic** eine Spur Knoblauch; **a ~ of irony** ein Hauch m von Spott; **with just a ~ of sadness in his smile** mit einem leichten Anflug von Traurigkeit in seinem Lächeln; **at the first ~ of trouble** beim ersten Zeichen von Ärger **3** Tipp m **B** v/t andeuten **(to** gegenüber)

phrasal verbs mit hint:

hint at v/i ⟨+obj⟩ **he hinted at changes in the cabinet** er deutete an, dass es Umbesetzungen im Kabinett geben würde; **he hinted at my involvement in the affair** er spielte auf meine Rolle in der Affäre an

hinterland ['hɪntəlænd] s Hinterland n

hip[1] [hɪp] s Hüfte f; **with one's hands on one's hips** die Arme in die Hüften gestemmt

hip[2] int **hip! hip!, hurrah!** hipp hipp, hurra!

hip[3] umg adj hip umg

hip belt s Hüftgurt m

hipbone s ANAT Hüftbein n

hip flask s Flachmann m umg

hip hop s MUS Hip-Hop m

hip hopper s Hip-Hopper(in) m(f)

hippie s → **hippy**

hippo ['hɪpəʊ] s ⟨pl -s⟩ umg Nilpferd n

hippopotamus [ˌhɪpə'pɒtəməs] s ⟨pl -es od hippopotami [ˌhɪpə'pɒtəmaɪ]⟩ Nilpferd n

hippy, hippie ['hɪpɪ] s Hippie m

hip replacement s Hüftoperation f

hipsters ['hɪpstəz] pl Hipsters pl, Hüfthose f

hire [haɪə[r]] **A** s bes Br Mieten n; von Anzug Leihen n; durch Arbeitgeber Einstellen n; **the hall is available for ~** man kann den Saal mieten; **for ~** Taxi frei **B** v/t **1** bes Br mieten; Anzug leihen; **~d car** Mietwagen m **2** Arbeitskraft einstellen

phrasal verbs mit hire:

hire out bes Br v/t ⟨trennb⟩ vermieten

hire-purchase ['haɪə'pɜːtʃəs] Br s Ratenkauf m; **on ~** auf Teilzahlung; **~ agreement** Teilzahlungs(kauf)vertrag m

his [hɪz] **A** poss adj sein; → **my** **B** poss pr seine(r, s); → **mine**[1]

Hispanic [hɪ'spænɪk] **A** adj hispanisch **B** s Hispanoamerikaner(in) m(f)

hiss [hɪs] **A** v/i zischen; Katze fauchen **B** v/t zischen **C** s Zischen n; von Katze Fauchen n

hissy fit ['hɪsɪˌfɪt] US umg s Wutanfall m; **to throw a ~** einen Wutanfall bekommen

historian [hɪ'stɔːrɪən] s Historiker(in) m(f)

historic [hɪ'stɒrɪk] adj historisch

historical [hɪ'stɒrɪkəl] adj historisch; **~ research** Geschichtsforschung f

historically [hɪ'stɒrɪkəlɪ] adv **1** traditionellerweise **2** von Bedeutung historisch

history ['hɪstərɪ] s Geschichte f; **that's all ~ now** fig das gehört jetzt alles der Vergangenheit an; **he's ~** er ist schon lange vergessen; **he has a ~ of violence** er hat eine Vorgeschichte als Gewalttäter; **he has a ~ of heart disease** er hat schon lange ein Herzleiden

histrionics [ˌhɪstrɪ'ɒnɪks] pl theatralisches Getue

hit [hɪt] ⟨v: prät, pperf **hit**⟩ **A** v/t **1** schlagen; IT Taste drücken; **to hit one's head against sth** sich (dat) den Kopf an etw (dat) stoßen; **he hit his head on the table** er schlug mit dem Kopf auf dem Tisch auf; **the car hit a tree** das Auto fuhr gegen einen Baum; **he was hit by a stone** er wurde von einem Stein getroffen; **the tree was hit by lightning** der Baum wurde vom

Blitz getroffen; **you won't know what has hit you** *umg* du wirst dein blaues Wunder erleben *umg* **2** *Ziel treffen; Tempo, Niveau* erreichen; **you've hit it (on the head)** *fig* du hast es (genau) getroffen; **he's been hit in the leg** er ist am Bein getroffen worden **3** *betreffen;* **to be hard hit by sth** von etw schwer getroffen werden **4** (≈ *gelangen zu*) erreichen; **to hit the rush hour** in den Stoßverkehr kommen; **to hit a problem** auf ein Problem stoßen **5** *fig umg* **to hit the bottle** zur Flasche greifen; **to hit the roof** in die Luft gehen *umg*; **to hit the road** sich auf die Socken machen *umg* **B** *v/i* Erfolg haben **C** *s* **1** *Schlag m; auf Ziel* Treffer *m* **2** Erfolg *m*; (≈ *Lied*) Hit *m*; **to be a hit with sb** bei j-m gut ankommen **3** IT *auf Webseite* Hit *m*

phrasal verbs mit hit:

hit back *v/i & v/t* ⟨*trennb*⟩ zurückschlagen; **he hit back at his critics** er gab seinen Kritikern Kontra

hit off *v/t* ⟨*trennb*⟩ **to hit it off with sb** *umg* prima mit j-m auskommen *umg*

hit on *v/i* ⟨+*obj*⟩ **1** stoßen auf (+*akk*) **2** *bes US umg* (≈ *beschwatzen*) anmachen *umg*

hit out *v/i* **1** *wörtl* einschlagen (**at sb** auf j-n) **2** *fig* **to hit out at sb/sth** j-n/etw attackieren

hit upon *v/i* ⟨+*obj*⟩ → hit on 1

hit-and-miss *adj* → hit-or-miss

hit-and-run *adj* **~ accident** Unfall *m* mit Fahrerflucht; **~ driver** unfallflüchtiger Fahrer, unfallflüchtige Fahrerin

hitch [hɪtʃ] **A** *s* Haken *m; in Plan etc a.* Problem *n*; **a technical ~** eine technische Panne; **without a ~** reibungslos; **there's been a ~** da ist ein Problem aufgetaucht **B** *v/t* **1** festmachen (**sth to sth** etw an etw *dat*) **2** *umg* **to get ~ed** heiraten **3** **to ~ a lift** *od* **ride** trampen; **she ~ed a lift** *od* **ride with a truck driver** ein Lastwagenfahrer nahm sie mit **C** *v/i bes Br* trampen

phrasal verbs mit hitch:

hitch up *v/t* ⟨*trennb*⟩ **1** *Wohnwagen* anhängen **2** *Rock* hochziehen

hitcher ['hɪtʃəʳ] *bes Br umg s* Anhalter(in) *m(f)*
hitchhike *v/i* per Anhalter fahren, trampen
hitchhiker *s* Anhalter(in) *m(f)*
hitchhiking *s* Trampen *n*
hi tech *s* ['haɪˌtek] *s* Spitzentechnologie *f*
hi-tech ['haɪˌtek] *adj* Hightech-
hither ['hɪðəʳ] *adv* **~ and thither** *liter* hierhin und dorthin
hitherto [ˌhɪðə'tuː] *adv* bisher
hit list *s* Abschussliste *f*
hitman *s* ⟨*pl* -men⟩ *umg* Killer *m umg*
hit-or-miss *adj* auf gut Glück *präd*
hit parade *s* Hitparade *f*
hit record *s* Hit *m*
hits counter *s* INTERNET Besucherzähler *m*, Counter *m*
hit squad *s* Killerkommando *n*
HIV *abk* (= human immunodeficiency virus) HIV *n*; **HIV positive** HIV-positiv
hive [haɪv] *s* **1** Bienenstock *m*; (≈ *Insekten*) (Bienen)schwarm *m* **2** *fig* **the office was a ~ of activity** das Büro glich einem Bienenhaus

phrasal verbs mit hive:

hive off *v/t* ausgliedern

HM *abk* (= His/Her Majesty) S. M./I. M.
HMS *Br abk* (= His/Her Majesty's Ship) HMS *f*
HNC *Br abk* (= Higher National Certificate) ≈ Berufsschulabschluss *m*
HND *Br abk* (= Higher National Diploma) Qualifikationsnachweis in technischen Fächern
hoard [hɔːd] **A** *s* Vorrat *m*; **a ~ of weapons** ein Waffenlager *n*; **~ of money** gehortetes Geld **B** *v/t* (*a.* **hoard up**) *Lebensmittel etc* hamstern; *Vorräte, Waffen* horten
hoarder ['hɔːdəʳ] *s* Hamsterer *m*, Hamsterin *f*
hoarding¹ ['hɔːdɪŋ] *s von Lebensmitteln etc* Hamstern *n*
hoarding² *Br s* (**advertising**) **~** Plakatwand *f*
hoarfrost ['hɔːˈfrɒst] *s* (Rau)reif *m*
hoarse [hɔːs] *adj* ⟨*komp* **hoarser**⟩ heiser; **you sound rather ~** deine Stimme klingt heiser
hoax [həʊks] *s* (≈ *Ulk*) Streich *m*, blinder Alarm
hoax call *s* **a ~** ein blinder Alarm
hob [hɒb] *s auf Kochherd* Kochfeld *n*
hobble ['hɒbl] **A** *v/i* humpeln **B** *v/t fig* behindern
hobby ['hɒbɪ] *s* Hobby *n*
hobbyhorse ['hɒbɪhɔːs] *s* Steckenpferd *n*
hobnob ['hɒbnɒb] *v/i* **she's been seen ~bing with the chairman** sie ist viel mit dem Vorsitzenden zusammen gesehen worden
hobo ['həʊbəʊ] *s* ⟨*pl* -(e)s⟩ *US* (≈ *Landstreicher*) Penner *m umg*
Hobson's choice ['hɒbsəns'tʃɔɪs] *s* **it's ~** da habe ich (wohl) keine andere Wahl
hockey ['hɒkɪ] *s* Hockey *n*; *US* Eishockey *n*
hockey pitch *s* Hockeyplatz *m*, Hockeyfeld *n*
hockey player *s* Hockeyspieler(in) *m(f)*; *US* Eishockeyspieler(in) *m(f)*
hockey shoes *pl* Hockeyschuhe *pl*
hockey stick *s* Hockeyschläger *m*
hodgepodge ['hɒdʒpɒdʒ] *US s* → hotchpotch
hoe [həʊ] **A** *s* Hacke *f* **B** *v/t & v/i* hacken
hog [hɒɡ] **A** *s* (Mast)schwein *n*; *US* Schwein *n* **B** *v/t umg* in Beschlag nehmen; **a lot of drivers hog the middle of the road** viele Fahrer meinen, sie hätten die Straßenmitte gepachtet *umg*; **to hog the limelight** alle Aufmerksamkeit für sich beanspruchen

Hogmanay [ˌhɒɡməˈneɪ] *schott s* Silvester *n*
hogwash *umg s* Quatsch *m umg*
hoist [hɔɪst] **A** *v/t* hochheben, hochziehen; *Flagge* hissen; *Segel* aufziehen **B** *s* Hebevorrichtung *f*
hold [həʊld] ⟨*v: prät, pperf* held⟩ **A** *v/t* **1** halten; **to ~ sb/sth tight** j-n/etw (ganz) festhalten; **this car ~s the road well** dieses Auto hat eine gute Straßenlage; **to ~ sth in place** etw (fest)halten; **to ~ hands** sich an der Hand halten; *Liebespaar, Kinder* Händchen halten **2** enthalten; *Flasche etc* fassen; *Bus, Saal* Platz haben für; **this room ~s twenty people** in diesem Raum haben zwanzig Personen Platz; **what does the future ~?** was bringt die Zukunft? **3** meinen, behaupten; **I have always held that ...** ich habe schon immer behauptet, dass ...; **to ~ the view** *od* **opinion that ...** die Meinung vertreten, dass ...; **to ~ sb responsible (for sth)** j-n (für etw) verantwortlich machen **4** *Geiseln etc* festhalten; **to ~ sb (prisoner)** j-n gefangen halten; **to ~ sb hostage** j-n als Geisel festhalten; **there's no ~ing him** er ist nicht zu bremsen *umg*; **~ the line** bleiben Sie am Apparat!; **she can/can't ~ her drink** *bes Br* sie verträgt was/nichts; **to ~ one's fire** nicht schießen; **to ~ one's breath** *wörtl* den Atem anhalten; **don't ~ your breath!** *iron* erwarte nicht zu viel!; **~ it!** *umg* Moment mal *umg*; **~ it there!** so tist gut **5** *Posten* innehaben; *Pass, Genehmigung* haben; *Macht, Aktien* besitzen; SPORT *Rekord* halten; MIL *Stellung* halten; **to ~ office** im Amt sein; **to ~ one's own** sich behaupten (können); **to ~ sb's attention** j-s Aufmerksamkeit fesseln; **I'll ~ you to that!** ich werde Sie beim Wort nehmen **6** *Versammlung, Wahlen* abhalten; *Gespräche* führen; *Party* geben; KIRCHE *Gottesdienst* (ab)halten; **to ~ a conversation** eine Unterhaltung führen **B** *v/i* **1** *Seil, Nagel* halten; **to ~ firm** *od* **fast halten; to ~ still** halten; **to ~ tight** festhalten; **will the weather ~?** wird sich das Wetter wohl halten?; **if his luck ~s** wenn ihm das Glück treu bleibt **2** TEL **please ~!** bitte bleiben Sie am Apparat! **3** gelten; **to ~ good** *Regel, Zusage etc* gelten **C** *s* **1** Griff *m*; **to have/catch ~ of sth** etw festhalten/packen; **to keep ~ of sth** etw nicht loslassen, etw behalten; **to grab ~ of sb/sth** j-n/etw packen; **grab ~ of my hand** fass mich bei der Hand; **to get ~ of sth** sich an etw (*dat*) festhalten, etw ergreifen; *fig* etw finden *od* auftreiben *umg*; *Drogen* etw in die Finger bekommen; *Tatsachen* etw in Erfahrung bringen; **to get ~ of sb** *fig* j-n auftreiben *umg*; *am Telefon etc* j-n erreichen; **to lose one's ~** den Halt verlieren; **to take ~ of sth** etw ergreifen; **to take ~ Idee** sich durchsetzen; *Feuer* sich ausbreiten; **to be on ~** warten; *fig* auf Eis liegen; **to put sb on ~** TEL j-n auf Wartestellung schalten; **to put sth on ~** *fig* etw auf Eis legen; **when those two have a row, there are no ~s barred** *fig* wenn die beiden sich streiten, dann kennen sie nichts mehr *umg* **2** Einfluss *m* (**over** *od* **+***akk*); **to have a ~ over** *od* **on sb** (großen) Einfluss auf j-n ausüben; **he hasn't got any ~ on** *od* **over me** er kann mir nichts anhaben; **the president has consolidated his ~ on power** der Präsident hat seine Macht gefestigt **3** SCHIFF, FLUG Frachtraum *m*

phrasal verbs mit hold:

hold against *v/t* ⟨*immer getrennt*⟩ **to hold sth against sb** j-m etw übel nehmen
hold back A *v/i* sich zurückhalten, zögern **B** *v/t* ⟨*trennb*⟩ **1** *Menschenmenge* zurückhalten; *Flutwasser* (auf)stauen; *Gefühle* unterdrücken; **to hold sb back from doing sth** j-n daran hindern, etw zu tun **2** daran hindern, voranzukommen **3** verheimlichen
hold down *v/t* ⟨*trennb*⟩ **1** niederhalten; *an einem Ort* (fest)halten **2** *Arbeitsstelle* haben; **he can't hold any job down for long** er kann sich in keiner Stellung lange halten
hold in *v/t* ⟨*trennb*⟩ *Bauch* einziehen
hold off A *v/i* **1** warten; *Feind* nicht angreifen; **they held off eating until she arrived** sie warteten mit dem Essen, bis sie kam **2** *Regen* ausbleiben; **I hope the rain holds off** ich hoffe, dass es nicht regnet **B** *v/t* ⟨*trennb*⟩ *Angriff* abwehren
hold on A *v/i* **1** *wörtl* sich festhalten; **to hold on tight** sich festklammern **2** (≈ *ertragen*) aushalten **3** warten; **hold on (a minute)!** Moment!; **now hold on a minute!** Moment mal! **B** *v/t* ⟨*trennb*⟩ (fest)halten; **to be held on by sth** mit etw befestigt sein
hold on to *v/t* ⟨*+obj*⟩ **1** *wörtl* festhalten; **they held on to each other** sie hielten sich aneinander fest **2** *fig Hoffnung* nicht aufgeben **3** behalten; *Position* beibehalten; **to hold on to the lead** in Führung bleiben; **to hold on to power** sich an der Macht halten
hold out A *v/i* **1** *Vorräte etc* reichen **2** (≈ *ertragen*) aushalten, nicht nachgeben; **to hold out for sth** auf etw (*dat*) bestehen **B** *v/t* ⟨*trennb*⟩ **1** ausstrecken; **to hold out sth to sb** j-m etw hinhalten; **hold your hand out** halt die Hand auf; **she held out her arms** sie breitete die Arme aus **2** *fig* **I held out little hope of seeing him again** ich machte mir nur wenig Hoffnung, ihn wiederzusehen
hold to *v/i* ⟨*+obj*⟩ festhalten an (+*dat*); **I hold to my belief that ...** ich bleibe dabei, dass ...

hold together v/i & v/t ⟨trennb⟩ zusammenhalten

hold up A v/i Theorie sich halten lassen **B** v/t ⟨trennb⟩ **1** hochheben, hochhalten; **hold up your hand** heb die Hand; **to hold sth up to the light** etw gegen das Licht halten **2** stützen, tragen **3** **to hold sb up as an example** j-n als Beispiel hinstellen **4** anhalten; (≈ verzögern) j-n aufhalten; Verkehr, Produktion ins Stocken bringen **5** Bank überfallen

hold with umg v/i ⟨+obj⟩ **I don't hold with that** ich bin gegen so was umg

holdall ['həʊldɔːl] s Reisetasche f

holder ['həʊldə^r] s **1** Besitzer(in) m(f); von Titel, Pass Inhaber(in) m(f) **2** Halter m; für Zigarette Spitze f

holding ['həʊldɪŋ] s **1** FIN von Aktien Anteil m (**in an** +dat) **2** Landgut n

holding company s Holding(gesellschaft) f

hold-up s **1** Verzögerung f; von Verkehr Stockung f; **what's the ~?** warum dauert das so lange? **2** bewaffneter Raubüberfall

hole [həʊl] s **1** Loch n; von Fuchs Bau m; **to be full of ~s** fig Handlung, Darstellung viele Schwächen aufweisen; Argument, Theorie unhaltbar sein **2** umg **to be in a ~** in der Patsche sitzen umg; **to get sb out of a ~** j-m aus der Patsche od Klemme helfen umg **3** pej umg Loch n umg; (≈ Stadt) Kaff n umg

phrasal verbs mit hole:

hole up umg v/i sich verkriechen umg

hole puncher s Locher m

holiday ['hɒlɪdeɪ] **A** s **1** freier Tag, Feiertag m; **to take a ~** einen Tag frei nehmen **2** ⟨oft pl⟩ bes Br Urlaub m; bes SCHULE Ferien pl; **the Christmas ~s** die Weihnachtsferien pl; **on ~** in den Ferien, auf od im Urlaub; **to be on ~** Ferien/Urlaub haben, im Urlaub sein; **to go on ~** Ferien/Urlaub machen; in Urlaub fahren; **to take a month's ~** einen Monat Urlaub nehmen **B** v/i bes Br Urlaub machen

holiday apartment s Ferienwohnung f
holiday camp s Feriendorf n
holiday entitlement s Urlaubsanspruch m
holiday flat Br s Ferienwohnung f
holiday home s Ferienhaus n/-wohnung f
holiday-maker s Urlauber(in) m(f)
holiday pay s Urlaubsgeld n
holiday resort s Ferienort m
holiday season s Urlaubszeit f

holiness ['həʊlɪnɪs] s Heiligkeit f; **His/Your Holiness** KIRCHE Seine/Eure Heiligkeit

holistic [həʊ'lɪstɪk] adj holistisch

Holland ['hɒlənd] s Holland n

holler ['hɒlə^r] v/t & v/i umg a. **~ out** brüllen

hollow ['hɒləʊ] **A** adj hohl; (≈ bedeutungslos) leer; Sieg geschenkt; (≈ nicht ehrlich) unaufrichtig **B** s **1** Höhlung f **2** Vertiefung f; (≈ Tal) (Boden)senke f

phrasal verbs mit hollow:

hollow out v/t ⟨trennb⟩ aushöhlen

holly ['hɒlɪ] s Stechpalme f

holocaust ['hɒləkɔːst] s **1** Inferno n **2** im Dritten Reich Holocaust m

hologram ['hɒləɡræm] s Hologramm n

hols [hɒlz] Br umg pl abk (= holidays) Ferien pl

holster ['həʊlstə^r] s (Pistolen)halfter n/f

holy ['həʊlɪ] adj REL heilig; Boden geweiht

Holy Bible s **the ~** die Heilige Schrift
Holy Communion s das heilige Abendmahl
Holy Father s **the ~** der Heilige Vater
Holy Ghost s → Holy Spirit
Holy Land s **the ~** das Heilige Land
Holy Spirit s **the ~** der Heilige Geist
holy water s Weihwasser n
Holy Week s Karwoche f

homage ['hɒmɪdʒ] s Huldigung f; **to pay ~ to sb** j-m huldigen

home [həʊm] **A** s **1** Zuhause n; (≈ Gebäude) Haus n; (≈ Land, Gegend) Heimat f; **his ~ is in Brussels** er ist in Brüssel zu Hause; **Bournemouth is his second ~** Bournemouth ist seine zweite Heimat (geworden); **he invited us round to his ~** er hat uns zu sich (nach Hause) eingeladen; **away from ~** von zu Hause weg; **he worked away from ~** er hat auswärts gearbeitet; **at ~** zu Hause; SPORT auf eigenem Platz; **to be** od **feel at ~ with sb** sich in j-s Gegenwart (dat) wohlfühlen; **he doesn't feel at ~ with English** er fühlt sich im Englischen nicht sicher od zu Hause; **to make oneself at ~** es sich (dat) gemütlich machen; **to make sb feel at ~** j-m gemütlich machen; **to leave ~** von zu Hause weggehen; **Scotland is the ~ of the haggis** Schottland ist die Heimat des Haggis; **the city is ~ to some 1,500 students** in dieser Stadt wohnen etwa 1.500 Studenten **2** Heim n, Waisenhaus n **B** adv **1** zu Hause; mit Richtungsangabe nach Hause; **to come ~** nach Hause kommen, heimkommen; **to go ~** nach Hause gehen/fahren; in Heimatland heimfahren; **to get ~** nach Hause kommen; **I have to get ~ before ten** ich muss vor zehn zu Hause sein; **to return ~ from abroad** aus dem Ausland zurückkommen **2** **to bring sth ~ to sb** j-m etw klarmachen; **sth comes ~ to sb** etw wird j-m schmerzlich bewusst

phrasal verbs mit home:

home in v/i Raketen sich ausrichten (**on sth** auf etw akk); **to home in on a target** ein Ziel finden od selbstständig ansteuern; **he homed in on the essential point** er hat den wichtigsten

Punkt herausgegriffen
home address s Privatanschrift f
home-baked adj selbst gebacken
home banking s Homebanking n
home-brew s selbst gebrautes Bier
home cinema Br s Heimkino n
homecoming s **1** Heimkehr f **2** US amerikanisches Schulfest mit Ehemaligentreffen; **~ queen** Ballkönigin f
home computer s Heimcomputer m
home cooking s Hausmannskost f
Home Counties pl Grafschaften, die an London angrenzen
home country s Heimatland n
home delivery s Lieferung f nach Hause; Pizzaservice etc Heimservice m, Lieferservice m
home economics s ⟨+sg v⟩ Hauswirtschaft(-slehre) f
home entertainment system s Home-Entertainment-System n
home game s SPORT Heimspiel n
home ground s SPORT eigener Platz; **to be on ~** fig sich auf vertrautem Terrain bewegen
home-grown adj Gemüse selbst gezogen; fig Talent heimisch
home help s Haushaltshilfe f
home key s COMPUT Hometaste f
homeland s Heimat(land) f(n)
homeless **A** adj obdachlos **B** pl **the ~** die Obdachlosen pl
homelessness s Obdachlosigkeit f
home life s Familienleben n
homely ['həʊmlɪ] adj ⟨komp homelier⟩ **1** Atmosphäre behaglich **2** Essen bürgerlich **3** US Mensch unscheinbar
home-made adj selbst gemacht
homemaker US s Hausfrau f
home market s Binnenmarkt m
home match s Heimspiel n
home movie s Amateurfilm m
home news s ⟨+sg v, kein pl⟩ Meldungen pl aus dem Inland
Home Office Br s Innenministerium n
homeopath etc US → homoeopath
homeowner s Hauseigentümer(in) m(f), Wohnungseigentümer(in) m(f)
home page s IT Homepage f
home plate s in Baseball Home Plate f
home port s Heimathafen m
home rule s Selbstverwaltung f
home run s Baseball Homerun m; **to hit a ~** um alle vier Male laufen
Home Secretary Br s Innenminister(in) m(f)
home shopping s Homeshopping n
homesick adj **to be** od **feel ~** Heimweh haben **(for** nach**)**

homesickness s Heimweh n
homestead s **1** Heimstätte f **2** US Heimstätte f für Siedler
home straight, home stretch s SPORT Zielgerade f; **we're in the ~ now** fig umg das Ende ist in Sicht
home team s SPORT Gastgeber pl
home theater US s Heimkino n
home town s, **hometown** US s Heimatstadt f
home truth Br s bittere Wahrheit; **to tell sb a few ~s** j-m die Augen öffnen
home video s Amateurvideo n
homeward ['həʊmwəd] adj **~ journey** Heimreise f; **we are ~ bound** es geht Richtung Heimat
homeward(s) ['həʊmwəd(z)] adv nach Hause
homework s ⟨kein pl⟩ SCHULE Hausaufgaben pl; **to give sb sth as ~** j-m etw aufgeben; **to do (one's) ~** die Hausaufgabe(n) machen; **what's for ~?** was haben wir als Hausaufgabe auf?
homework diary s Hausaufgabenheft n
homeworker s Heimarbeiter(in) m(f)
homeworking s Heimarbeit f
homey ['həʊmɪ] US umg adj ⟨+er⟩ gemütlich
homicidal [ˌhɒmɪˈsaɪdl] adj gemeingefährlich; **that man is a ~ maniac** dieser Mann ist ein mordgieriger Verrückter
homicide ['hɒmɪsaɪd] s Totschlag m
homie ['həʊmɪ] umg s Kumpel m umg
homily ['hɒmɪlɪ] s Predigt f
homing pigeon s Brieftaube f
homoeopath ['həʊmɪəʊpæθ] s, **homeopath** US s Homöopath(in) m(f)
homoeopathic [ˌhəʊmɪəʊˈpæθɪk] adj, **homeopathic** US adj homöopathisch
homoeopathy [ˌhəʊmɪˈɒpəθɪ] s, **homeopathy** US s Homöopathie f
homogeneous [ˌhɒməˈdʒiːnɪəs] adj homogen
homogenize [həˈmɒdʒənaɪz] v/t homogenisieren
homogenous [həˈmɒdʒɪnəs] adj homogen
homophobia [ˌhəʊməʊˈfəʊbɪə] s Homophobie f
homophobic [ˌhəʊməʊˈfəʊbɪk] adj homophob
homosexual [ˌhɒməʊˈseksjʊəl] **A** adj homosexuell **B** s Homosexuelle(r) m/f(m)
homosexuality [ˌhɒməʊseksjʊˈælɪtɪ] s Homosexualität f
homy US umg adj ⟨komp homier⟩ → homey
Hon¹ abk (= honorary) ehrenhalber
Hon² abk (= Honourable) Abgeordnete(r) m/f(m)
hone [həʊn] v/t Klinge schleifen; fig Fähigkeiten vervollkommnen
honest ['ɒnɪst] **A** adj **1** ehrlich; **to be ~ with sb** j-m die Wahrheit sagen; **to be ~ about sth** etw

ehrlich darstellen; **to be perfectly ~ (with you)** … um (ganz) ehrlich zu sein …; **the ~ truth** die reine Wahrheit **2** (≈ *anständig*) *Mensch* redlich; **to make an ~ living** sein Geld redlich verdienen **3** *Fehler* echt **B** *adv umg* **it's true, ~ it is** es stimmt, ganz ehrlich

honestly ['ɒnɪstlɪ] *adv* ehrlich; *erwarten* wirklich; **I don't mind, ~** es ist mir wirklich egal; **quite ~ I don't remember it** ehrlich gesagt *od* um ehrlich zu sein, ich kann mich daran nicht erinnern; **~!** *verzweifelt* also wirklich!

honesty ['ɒnɪstɪ] *s* Ehrlichkeit *f*, Redlichkeit *f*; **in all ~** ganz ehrlich

honey ['hʌnɪ] *s* **1** Honig *m* **2** *umg als Anrede* Schätzchen *n*

honeybee *s* (Honig)biene *f*

honeycomb *s* (Bienen)wabe *f*

honeydew melon *s* Honigmelone *f*

honeymoon ['hʌnɪmuːn] **A** *s* Flitterwochen *pl*, Hochzeitsreise *f*; **to be on one's ~** in den Flitterwochen/auf Hochzeitsreise sein **B** *v/i* seine Hochzeitsreise machen; **they are ~ing in Spain** sie sind in Spanien auf Hochzeitsreise

honeysuckle ['hʌnɪsʌkəl] *s* Geißblatt *n*

honk [hɒŋk] **A** *v/i* **1** *Auto* hupen **2** *Gänse* schreien **B** *v/t* Hupe drücken auf (+*akk*)

honor *etc US* → honour

honorary ['ɒnərərɪ] *adj* Ehren-

honorary degree *s* ehrenhalber verliehener akademischer Grad

honour ['ɒnə^r], **honor** *US* **A** *s* **1** Ehre *f*; **sense of ~** Ehrgefühl *n*; **man of ~** Ehrenmann *m*; **in ~ of sb/sth** zu Ehren von j-m/etw; **if you would do me the ~ of accepting** *form* wenn Sie mir die Ehre erweisen würden anzunehmen *geh* **2 Your Honour** Hohes Gericht; **His Honour** das Gericht **3** (≈ *Ehrung*) **~s** Auszeichnung(en) *f(pl)* **4 to do the ~s** *umg* den Gastgeber spielen **5** UNIV **~s** +*sg v*, *a*. **~s degree** *akademischer Grad mit Prüfung im Spezialfach*; **to get first-class ~s** das Examen mit Auszeichnung *od* „sehr gut" bestehen **B** *v/t* **1** j-n ehren; **I would be ~ed** es wäre mir eine Ehre; **I should be ~ed if you …** ich würde mich geehrt fühlen, wenn Sie … **2** *Scheck* annehmen; *Schulden* begleichen; *Versprechen* halten; *Vertrag* erfüllen

honourable ['ɒnərəbl] *adj*, **honorable** *US adj* **1** ehrenhaft; *Entlassung* ehrenvoll **2** *Br* PARL **the Honourable member for X** der (Herr)/die (Frau) Abgeordnete für X

honourably ['ɒnərəblɪ] *adv*, **honorably** *US adv* in Ehren; *sich verhalten* ehrenhaft

honour killing *s*, **honor killing** *US s* Ehrenmord *m*

honours degree ['ɒnəz-] *s* → honour A 5

honours list *Br s* Liste *f* der Titel- und Rangverleihungen (*die zweimal im Jahr veröffentlicht wird*)

hooch [huːtʃ] *bes US umg s* ⟨*kein pl*⟩ Stoff *m sl*

hood [hʊd] *s* **1** Kapuze *f* **2** AUTO Verdeck *n*; *US* (Motor)haube *f*; *von Herd* Abzugshaube *f*

hooded ['hʊdɪd] *adj Kleidungsstück* mit Kapuze

hoodlum ['huːdləm] *s* Rowdy *m*, Gangster *m umg*

hoodwink ['hʊdwɪŋk] *umg v/t* (he)reinlegen *umg*; **to ~ sb into doing sth** j-n dazu verleiten, etw zu tun

hoodie ['hʊdɪ] *s*, **hoody** *umg s* **1** (≈ *Kleidungsstück*) Kapuzenpulli *m*, Kapuzenshirt *n*, Kapuzi *n umg* **2** (≈ *Jugendlicher*) Kapuzentyp *m umg*, Kapuzenpulliträger *m*, Kapuzenshirtträger *m*

hoof [huːf] *s* ⟨*pl* -s *od* hooves⟩ Huf *m*

hook [hʊk] **A** *s* Haken *m*; **he fell for it ~, line and sinker** er ging auf den Leim; **by ~ or by crook** auf Biegen und Brechen; **that lets me off the ~** *umg* damit bin ich aus dem Schneider *umg*; **to leave the phone off the ~** den Hörer neben das Telefon legen, nicht auflegen; **the phone was ringing off the ~** *US umg* das Telefon klingelte pausenlos **B** *v/t* **1 to ~ a trailer to a car** einen Anhänger an ein Auto hängen; **to ~ one's arm around sth** seinen Arm um etw schlingen **2 to be/get ~ed on sth** *umg Drogen* von etw abhängig sein/werden; *Film, Essen* auf etw (*akk*) stehen *umg*; **he's ~ed on the idea** er ist von der Idee besessen

phrasal verbs mit hook:

hook on **A** *v/i* (an)gehakt werden (**to** an +*akk*) **B** *v/t* ⟨*trennb*⟩ anhaken (**to** an +*akk*)

hook up **A** *v/i* **to hook up with sb** sich j-m anschließen **B** *v/t* ⟨*trennb*⟩ **1** *Kleid* zuhaken **2** *Wohnwagen* ankoppeln **3** *Computer* anschließen (**to** an+*akk*); RADIO, TV anschließen (**with** an +*akk*)

hook and eye *s* Haken und Öse *ohne art*

hooked [hʊkt] *adj* **~ nose** Hakennase *f*

hooker ['hʊkə^r] *bes US umg s* Nutte *f umg*

hooky ['hʊkɪ] *US umg s* **to play ~** (die) Schule schwänzen *umg*

hooligan ['huːlɪgən] *s* Rowdy *m*

hooliganism ['huːlɪgənɪzəm] *s* Rowdytum *n*

hoop [huːp] *s* Reifen *m*; *Basketball* Korb *m*

hooray [huː'reɪ] *int* → hurrah

hoot [huːt] **A** *s* **1** *von Eule* Schrei *m*; **~s of laughter** johlendes Gelächter; **I don't care** *od* **give a ~** *od* **two ~s** *umg* das ist mir piepegal *umg*, *od* völlig schnuppe *umg*; **to be a ~** *umg* zum Schreien (komisch) sein **2** AUTO Hupen *n kein pl* **B** *v/i* **1** *Eule* schreien; **to ~ with laughter** in johlendes Gelächter ausbrechen **2** AUTO hupen **C** *v/t bes Br* AUTO **to ~ one's/the horn** hupen

hooter ['huːtəʳ] Br s **1** AUTO Hupe f; in Fabrik Sirene f **2** umg (≈ Nase) Zinken m umg
Hoover® ['huːvəʳ] Br s Staubsauger m
hoover ['huːvəʳ] Br v/t & v/i (staub)saugen
phrasal verbs mit hoover:
  hoover up v/i ⟨+obj⟩ (staub)saugen
hoovering ['huːvərɪŋ] s **to do the ~** (staub)saugen
hooves [huːvz] pl → hoof
hop¹ [hɒp] **A** s **1** (kleiner) Sprung, Satz m; **to catch sb on the hop** fig umg j-n überraschen od überrumpeln **2** FLUG umg **a short hop** ein Katzensprung m umg **B** v/i Tier hüpfen; Kaninchen hoppeln; Mensch (auf einem Bein) hüpfen; **to hop on** aufsteigen; **to hop on a train** in einen Zug einsteigen; **to hop off a train** aus einem Zug aussteigen; **he hopped on his bicycle** er schwang sich auf sein Fahrrad; **he hopped over the wall** er sprang über die Mauer **C** Br umg v/t **hop it!** zieh Leine! umg
hop² s BOT Hopfen m
hope [həʊp] **A** s Hoffnung f (**of** auf +akk); **beyond ~** hoffnungslos; **in the ~ of doing sth** in der Hoffnung, etw zu tun; **to have** (**high** od **great**) **~s of doing sth** hoffen, etw zu tun; **don't get your ~s up** mach dir keine großen Hoffnungen; **there's no ~ of that** da braucht man sich gar keine Hoffnungen zu machen; **to give up ~ of doing sth** die Hoffnung aufgeben, etw zu tun; **some ~!** umg schön wärs! umg; **she hasn't got a ~ in hell of passing her exams** umg es besteht nicht die geringste Chance, dass sie ihre Prüfung besteht **B** v/i hoffen (**for** auf +akk); **to ~ for the best** das Beste hoffen; **a pay rise would be too much to ~ for** auf eine Gehaltserhöhung braucht man sich (dat) gar keine Hoffnungen zu machen; **I ~ so** hoffentlich; **I ~ not** hoffentlich nicht **C** v/t hoffen; **I ~ to see you** hoffentlich sehe ich Sie; **the party cannot ~ to win** für die Partei besteht keine Hoffnung zu gewinnen; **to ~ against ~ that** … trotz allem die Hoffnung nicht aufgeben, dass …
hopeful A adj **1** hoffnungsvoll; **he was still ~** (**that** …) er machte sich (dat) immer noch Hoffnungen(, dass …); **they weren't very ~** sie hatten keine große Hoffnung; **he was feeling more ~** er war optimistischer **2** **it is not a ~ sign** es ist kein gutes Zeichen **B** s presidential **~s** Anwärter pl auf die Präsidentschaft
hopefully adv **1** hoffnungsvoll **2** umg hoffentlich
hopeless ['həʊplɪs] adj hoffnungslos; Versuch, Aufgabe aussichtslos; Säufer, Romantiker unverbesserlich; **she's a ~ manager** als Managerin ist sie ein hoffnungsloser Fall; **you're ~** dir ist nicht zu helfen; **I'm ~ at maths** in Mathe bin ich ein hoffnungsloser Fall; **to be ~ at doing sth** etw überhaupt nicht können
hopelessly ['həʊplɪslɪ] adv **~ confused** völlig verwirrt; **I feel ~ inadequate** ich komme mir völlig minderwertig vor; **he got ~ lost** er hat sich hoffnungslos verirrt
hopelessness s Hoffnungslosigkeit f
hopping mad ['hɒpɪŋ'mæd] umg adj fuchsteufelswild umg
hopscotch s Hopse f umg
hop, skip and jump s, **hop, step and jump** s Dreisprung m; **it's a ~ from here** es ist nur ein Katzensprung von hier
horde [hɔːd] umg s Masse f; von Kindern etc Horde f pej
horizon [həˈraɪzn] s Horizont m; **on the ~** am Horizont; fig in Sicht; **below the ~** hinter dem Horizont
horizontal [ˌhɒrɪˈzɒntl] adj horizontal; **~ line** Waag(e)rechte f
horizontal bar s Reck n
horizontally [ˌhɒrɪˈzɒntəlɪ] adv horizontal
hormone ['hɔːməʊn] s Hormon n
hormone replacement therapy s Hormonersatztherapie f
horn [hɔːn] s **1** Horn n; **to lock ~s** fig die Klingen kreuzen **2** AUTO Hupe f; SCHIFF (Signal)horn n; **to sound** od **blow the ~** AUTO hupen; SCHIFF tuten
hornet ['hɔːnɪt] s Hornisse f
horn-rimmed ['hɔːnrɪmd] adj **~ glasses** Hornbrille f
horny ['hɔːnɪ] adj ⟨komp hornier⟩ **1** wörtl hornartig; Hände schwielig **2** umg (≈ sexuell erregt) geil umg
horoscope ['hɒrəskəʊp] s Horoskop n
horrendous [hɒˈrendəs] adj **1** Unfall, Erlebnis grauenhaft; Verbrechen, Überfall abscheulich **2** umg Bedingungen fürchterlich umg; Verlust, Preis horrend; **children's shoes are a ~ price** Kinderschuhe sind horrend teuer
horrendously [hɒˈrendəslɪ] umg adv teuer horrend
horrible ['hɒrɪbl] adj **1** umg schrecklich umg; Essen grauenhaft umg; Kleidung, Farbe, Geschmack scheußlich; Mensch gemein; **to be ~ to sb** gemein zu j-m sein **2** Tod, Unfall grauenhaft
horribly ['hɒrɪblɪ] adv **1** grauenhaft; **they died ~** sie starben einen grauenhaften Tod **2** umg betrunken, teuer schrecklich umg
horrid ['hɒrɪd] adj schrecklich; **don't be so ~** sei nicht so gemein umg
horrific [hɒˈrɪfɪk] adj entsetzlich
horrifically [hɒˈrɪfɪkəlɪ] adv grauenhaft

horrified ['hɒrɪfaɪd] *adj* entsetzt

horrify ['hɒrɪfaɪ] *v/t* entsetzen; **it horrifies me to think what …** ich denke (nur) mit Entsetzen daran, was …

horrifying ['hɒrɪfaɪɪŋ] *adj* schrecklich

horror ['hɒrəʳ] **A** *s* **1** Entsetzen *n*; (≈ *Abneigung*) Horror *m* (**of** vor +*dat*); **to have a ~ of sth** einen Horror vor etw (*dat*) haben; **to have a ~ of doing sth** einen Horror davor haben, etw zu tun; **they watched in ~** sie sahen entsetzt zu **2** ⟨*mst pl*⟩ *des Krieges etc* Schrecken *m* **3** *umg* **you little ~!** du kleines Ungeheuer! *umg* **B** *adj* ⟨*attr*⟩ Horror-; **~ film/story** Horrorfilm *m*/-geschichte *f*

horror-stricken ['hɒrə‚strɪkən], **horror-struck** ['hɒrə‚strʌk] *adj* von Entsetzen gepackt

hors d'oeuvre [ɔːˈdɜːv] *s* Vorspeise *f*

horse [hɔːs] *s* Pferd *n*; **to eat like a ~** wie ein Scheunendrescher *m* essen *od* fressen *umg*; **I could eat a ~** ich könnte ein ganzes Pferd essen; **straight from the ~'s mouth** aus erster Hand

phrasal verbs mit horse:

horse about *Br*, **horse around** *umg v/i* herumalbern *umg*

horseback *s* **on ~** zu Pferd

horseback riding *s* Reiten *n*

horsebox *s* Pferdetransporter *m*, Pferdetransportwagen *m*

horse chestnut *s* Rosskastanie *f*

horse-drawn *adj* **~ cart** Pferdewagen *m*; **~ carriage** Kutsche *f*

horse jumping *s* Springreiten *n*

horseman *s* ⟨*pl* -men⟩ Reiter *m*

horseplay *s* Alberei *f*

horsepower *s* Pferdestärke *f*; **a 200 ~ engine** ein Motor mit 200 PS

horse race *s* Pferderennen *n*

horse racing *s* Pferderennsport *m*; (≈ *Veranstaltungen*) Pferderennen *pl*

horseradish *s* Meerrettich *m*, Kren *m österr*

horse-riding *s* Reiten *n*; **to go ~** reiten gehen

horseshoe *s* Hufeisen *n*

horse trading *fig s* Kuhhandel *m*

horsewoman *s* ⟨*pl* -women [-wɪmɪn]⟩ Reiterin *f*

horticultural [‚hɔːtɪˈkʌltʃərəl] *adj* Garten(bau)-; **~ show** Gartenbauausstellung *f*

horticulture ['hɔːtɪkʌltʃəʳ] *s* Gartenbau *m*, Gartenbaukunst *f*

hose [həʊz] **A** *s* Schlauch *m* **B** *v/t* (*a.* **hose down**) abspritzen

hosepipe ['həʊzpaɪp] *bes Br s* Schlauch *m*

hosiery ['həʊʒərɪ] *s* Strumpfwaren *pl*

hospice ['hɒspɪs] *s* Hospiz *n*

hospitable [hɒsˈpɪtəbl] *adj* **1** gastfreundlich; **to be ~ to sb** j-n gastfreundlich *od* gastlich aufnehmen **2** *Ort, Klima* gastlich

hospital ['hɒspɪtl] *s* Krankenhaus *n*, Spital *n österr, schweiz*; **to be in ~**, **to be in the ~** *US* im Krankenhaus sein; **he was taken to ~** er wurde ins Krankenhaus eingeliefert; **he's gone to ~** er ist ins Krankenhaus gegangen

hospitality [‚hɒspɪˈtælɪtɪ] *s* Gastfreundschaft *f*

hospitalize ['hɒspɪtəlaɪz] *v/t* ins Krankenhaus einweisen, ins Spital einweisen *österr, schweiz*; **he was ~d for three months** er lag drei Monate lang im Krankenhaus

Host [həʊst] *s* KIRCHE Hostie *f*

host[1] [həʊst] **A** *s* Gastgeber(in) *m(f)*; TV *bei Diskussion* Moderator(in) *m(f)*; *in Talkshow* Talkmaster(in) *m(f)*; *in Unterhaltungsshow* Showmaster(in) *m(f)*; **to be** *od* **play ~ to sb** j-s Gastgeber(in) *m(f)* sein **B** *v/t Fernsehsendung* Gastgeber(in) sein bei, moderieren; *Veranstaltung* ausrichten

host[2] *s* Menge *f*; **he has a ~ of friends** er hat eine Menge Freunde

hostage ['hɒstɪdʒ] *s* Geisel *f*; **to take/hold sb ~** j-n als Geisel nehmen/halten

hostage-taker *s* Geiselnehmer(in) *m(f)*

hostel ['hɒstəl] *s* (Wohn)heim *n*

hostess ['həʊstes] *s* **1** Gastgeberin *f*; **to be** *od* **play ~ to sb** j-s Gastgeberin sein **2** *in Nachtklub* Hostess *f* **3** *US* Frau, die im Restaurant die Gäste in Empfang nimmt

host family *s* Gastfamilie *f*

hostile ['hɒstaɪl] *adj* feindselig; *Gesellschaft, Presse* feindlich (gesinnt); *Kräfte, Übernahmeangebot* feindlich, unwirtlich; **to be ~ to sb** sich j-m gegenüber feindselig verhalten; **to be ~ to** *od* **toward(s) sth** einer Sache (*dat*) feindlich gegenüberstehen

hostility [hɒsˈtɪlɪtɪ] *s* **1** Feindseligkeit *f*; *zwischen Menschen* Feindschaft *f*; **he feels no ~ toward(s) anybody** er ist niemandem feindlich gesinnt; **~ to foreigners** Ausländerfeindlichkeit *f* **2** **hostilities** *pl* Feindseligkeiten *pl*

hot [hɒt] **A** *adj* ⟨*komp* hotter⟩ **1** heiß; *Mahlzeit, Wasser, Getränk* warm; **I am** *od* **feel hot** mir ist (es) heiß; **with hot and cold water** mit warm und kalt Wasser; **the room was hot** in dem Zimmer war es heiß; **I'm getting hot** mir wird (es) warm **2** *Currygericht etc* scharf **3** *umg* (≈ *gut*) stark *umg*; **he's pretty hot at maths** in Mathe ist er ganz schön stark *umg* **4** *fig* **to be (a) hot favourite** *Br*, **to be a hot favorite** *US* der große Favorit sein; **hot tip** heißer Tipp; **hot news** das Neuste vom Neuen; **hot off the press** gerade erschienen; **to get into hot water** in Schwulitäten kommen *umg*; **to get (all) hot and bothered** *umg* ganz aufgeregt werden (**about** wegen); **to get hot under the collar about sth** wegen etw in Rage geraten **B** *adv* ⟨*komp* hotter⟩ **he keeps blowing hot and cold** er sagt einmal hü und einmal hott **C** *s* **to have the hots for sb** *umg* auf j-n scharf sein *umg*

phrasal verbs mit hot:

hot up *umg* v/i **things are hotting up in the Middle East** die Lage im Nahen Osten verschärft sich; **things are hotting up** es geht langsam los

hot air *fig s* leeres Gerede
hot-air balloon *s* Heißluftballon *m*
hotbed *fig s* Nährboden *m* (**of** für)
hot-blooded *adj* heißblütig
hotchpotch ['hɒtʃpɒtʃ] *Br s* Mischmasch *m*
hot dog *s* Hot dog *m*/*n*
hotel [həʊ'tel] *s* Hotel *n*
hotelier [həʊ'telɪəʳ] *s* Hotelier *m*
hotel manager *s* Hoteldirektor(in) *m(f)*
hotel reservation *s* Hotelbuchung *f*
hotel room *s* Hotelzimmer *n*
hotel suite *s* Hotelsuite *f*
hot flashes *US pl*, **hot flushes** *Br pl* MED fliegende Hitze, Hitzewallungen *pl*
hotfoot v/t **to ~ it** *umg* sich davonmachen
hothead *s* Hitzkopf *m*
hot-headed *adj* hitzköpfig
hothouse A *s* Treibhaus *n* **B** *adj* ⟨*attr*⟩ *wörtl* Treibhaus-
hot key *s* IT Tastenkombination *f*, Shortcut *m*
hotline *s* POL heißer Draht; TV etc Hotline *f*
hotly ['hɒtlɪ] *adv* **1** *debattieren, abstreiten* heftig; *umstritten* heiß **2** **he was ~ pursued by two policemen** zwei Polizisten waren ihm dicht auf den Fersen *umg*
hotplate *s von Herd* Kochplatte *f*
hot potato *fig umg s* heißes Eisen
hot seat *s* **to be in the ~** auf dem Schleudersitz sein
hotshot *s umg* Ass *n umg*
hot spot *s* POL Krisenherd *m*; *umg* (≈ *Klub*) heißer Schuppen *umg*
hot spring *s* heiße Quelle
hot stuff *umg s* **this is ~** das ist große Klasse *umg*; (≈ *provokant*) das ist Zündstoff; **she's/he's ~** sie/er ist große Klasse *umg*; (≈ *sexy*) das ist eine scharfe Braut sl, das ist ein scharfer Typ *umg*
hot-tempered *adj* leicht aufbrausend
hot-water *adj* ⟨*attr*⟩ Heißwasser-
hot-water bottle *s* Wärmflasche *f*, Bettflasche *f schweiz*
hommous, houm(o)us ['huːməs] *s* Houmos *m*
hound [haʊnd] **A** *s* JAGD (Jagd)hund *m* **B** *v/t* hetzen; **to be ~ed by the press** von der Presse verfolgt werden

phrasal verbs mit hound:

hound out v/t ⟨*trennb*⟩ verjagen

hour ['aʊəʳ] *s* **1** Stunde *f*; **half an ~, a half ~** eine halbe Stunde; **three-quarters of an ~** eine Dreiviertelstunde; **a quarter of an ~** eine Viertelstunde; **an ~ and a half** anderthalb *od* eineinhalb Stunden; **it's a two-hour walk** es sind zwei Stunden zu Fuß; **a two-hour operation** eine zweistündige Operation; **at fifteen hundred ~s** *gesprochen* um fünfzehn Uhr; **after ~** Stunde um Stunde; **on the ~** zur vollen Stunde; **every ~ on the ~** jede volle Stunde; **20 minutes past the ~** 20 Minuten nach; **at all ~s (of the day and night)** zu jeder (Tages- und Nacht)zeit; **what! at this ~ of the night!** was! zu dieser nachtschlafenden Zeit!; **to drive at 50 kilometres an ~** 50 Kilometer in der Stunde fahren; **to be paid by the ~** stundenweise bezahlt werden; **for ~s** stundenlang; **he took ~s to do it** er brauchte stundenlang dazu; **the man/hero of the ~** der Mann/Held der Stunde; **a 24-hour supermarket** *ein Supermarkt, der 24 Stunden geöffnet ist* **2** **~s** *pl von Laden* Geschäftszeit(en) *f(pl)*; *von Gaststätte etc* Öffnungszeiten *pl*; *von Büro* Dienststunden *pl*; *von Angestellten* Arbeitszeit *f*; *von Arzt* Sprechstunde *f*, Ordination *f österr*; **out of/after ~s** *von Kneipe* außerhalb der gesetzlich erlaubten Zeit; *von Büro/Angestellten* außerhalb der Arbeitszeit/nach Dienstschluss; **to work long ~s** einen langen Arbeitstag haben
hourglass *s* Sanduhr *f*
hour hand *s* kleiner Zeiger
hourly ['aʊəlɪ] **A** *adj* **1** stündlich; **an ~ bus service** ein stündlich verkehrender Bus; **at ~ intervals** stündlich; **at two-hourly intervals** alle zwei Stunden **2** *Lohn* pro Stunde; **~ wage** *od* **pay** Stundenlohn *m*; **~ rate** Stundensatz *m*; **on an ~ basis** stundenweise **B** *adv* **1** *wörtl* jede Stunde **2** *bezahlen* stundenweise
house A [haʊs] *s* ⟨*pl* houses ['haʊzɪz]⟩ **1** Haus *n*; (≈ *Hausstand*) Haushalt *m*; **at my ~** bei mir zu Hause; **at the Shaw's ~** bei den Shaws zu Hause; **to my ~** zu mir nach Hause; **to keep ~ (for sb)** (j-m) den Haushalt führen; **they set up ~ together** sie gründeten einen gemeinsamen Hausstand; **to put** *od* **set one's ~ in order** *fig* seine Angelegenheiten in Ordnung bringen; **they get on like a ~ on fire** *umg* sie kommen ausgezeichnet miteinander aus; **as safe as ~s** *Br* bombensicher *umg*; **the upper/lower ~** POL das Ober-/Unterhaus; **House of Commons/Lords** *Br* (britisches) Unter-/Oberhaus; **House of Representatives** *US* Repräsentantenhaus *n*; **the Houses of Parliament** das Parlament(sgebäude); **on the ~** auf Kosten des Hauses; **we ordered a bottle of ~ red** wir bestellten eine Flasche von dem roten

Hauswein; **to bring the ~ down** *umg* ein Bombenerfolg (beim Publikum) sein *umg* **2** *in Internat* Gruppenhaus *n* **3** **full ~** KART Full House *n*; *beim Bingo* volle Karte **B** [haʊz] *v/t* unterbringen; **this building ~s ten families** in diesem Gebäude sind zehn Familien untergebracht
house arrest *s* Hausarrest *m*
housebound *adj* ans Haus gefesselt
housebreaking *s* Einbruch(sdiebstahl) *m*
house-broken US *adj* stubenrein
housecoat *s* Morgenmantel *m*
houseguest *s* (Haus)gast *m*
household ['haʊshəʊld] **A** *s* Haushalt *m* **B** *adj* ⟨*attr*⟩ **1** Haushalts-; **~ appliance** Haushaltsgerät *n*; **~ chores** Hausarbeit *f* **2** allgemein bekannt
householder ['haʊsˌhəʊldə^r] *s* Haus-/Wohnungsinhaber(in) *m(f)*
household name *s* **to be a ~** ein Begriff sein; **to become a ~** zu einem Begriff werden
household waste *s* Hausmüll *m*
house-hunt *v/i* auf Haussuche sein; **they have started ~ing** sie haben angefangen, nach einem Haus zu suchen
househusband *s* Hausmann *m*
housekeeper *s* Haushälterin *f*
housekeeping *s* **1** Haushalten *n* **2** *Br a.* **~ money** Haushaltsgeld *n*
housemate *s* **my ~s** meine Mitbewohner
House music *s* Hausmusik *f*
house number *s* Hausnummer *f*
house plant *s* Zimmerpflanze *f*
house-proud *adj* **she is ~** sie ist eine penible Hausfrau
house rules *pl* Hausordnung *f*
house swap *s während der Ferien* Haustausch *m*, Häusertausch *m*; Wohnungstausch *m*
house-to-house *adj* **to conduct ~ inquiries** von Haus zu Haus gehen und fragen
house-trained *adj* stubenrein
house-warming (party) *s* Einzugsparty *f*; **to have a house-warming** Einzug feiern
housewife *s* Hausfrau *f*
house wine *s* Hauswein *m*
housework *s* Hausarbeit *f*
housing ['haʊzɪŋ] *s* **1** Unterbringung *f* **2** Wohnungen *pl* **3** TECH Gehäuse *n*
housing association *s* Wohnungsbaugesellschaft *f*
housing benefit *Br s* Wohngeld *n*
housing conditions *pl* Wohnverhältnisse *pl*
housing development *s*, **housing estate** *Br s* Wohnsiedlung *f*
hovel ['hɒvəl] *s* armselige Hütte; *fig pej* Bruchbude *f*
hover ['hɒvə^r] *v/i* **1** schweben; **he was ~ing between** life and death er schwebte zwischen Leben und Tod; **the exchange rate is ~ing around 110 yen to the dollar** der Wechselkurs bewegt sich um die 110 Yen für den Dollar **2** *fig* herumstehen; **don't ~ over me** geh endlich weg

phrasal verbs mit hover:
hover about *Br*, **hover around** *v/i* herumlungern; **he was hovering around, waiting to speak to us** er strich um uns herum und wartete auf eine Gelegenheit, mit uns zu sprechen

hovercraft *s* ⟨*pl* -⟩ Luftkissenboot *n*
how [haʊ] *adv* **1** wie; **how come?** *umg* wieso (denn das)?; **how was it?** wie war's?; **how do you mean?** *umg* wie meinst du das?; **how is it that we earn less?**, **how come we earn less?** *umg* wieso *od* warum verdienen wir denn weniger?; **how do you know that/him?** woher wissen Sie das/kennen Sie ihn?; **to know how to do sth** wissen, wie man etw macht; **I'd like to learn how to swim** ich würde gerne schwimmen lernen; **how nice!** wie nett!; **how much** *mit Verb* wie sehr; *mit Substantiv, Adjektiv, Adverb oder Aktionsverben* wie viel; **how much is/are …?** wie viel kostet/kosten …?; **how many** wie viel, wie viele; **how would you like to …?** hätten Sie Lust, … zu …?; **how do you do?** guten Tag/Abend!; **how are you (doing)?**, **how are things?** wie geht es dir/euch/Ihnen?; **how's work?** was macht die Arbeit? *umg*; **how are things at school?** wie gehts in der Schule?; **how did the job interview go?** wie ist das Bewerbungsgespräch gelaufen?; **how old are you?** wie alt bist du/seid ihr/sind Sie?; **how about …?** wie wäre es mit …?; **how about it?** wie wäre es damit?; **how about going for a walk?** wie wärs mit einem Spaziergang?; **how about you grabbing that table?** wie wärs, wenn ihr den Tisch dort schnappt; **I've had enough, how about you?** mir reichts, wie siehts bei dir aus?; **and how!** und ob *od* wie!; **how he's grown!** er ist aber groß geworden **2** dass
how'd [haʊd] *abk* (= how did, how had, how would) → do → have → would
however [haʊˈevə^r] **A** *konj* jedoch, aber **B** *adv* **1** wie … auch, (egal) wie; **~ you do it** wie immer du es machst; **~ much you cry** und wenn du noch so weinst; **wait 30 minutes or ~ long it takes** warte eine halbe Stunde oder so lange, wie es dauert **2** wie … bloß; **~ did you manage it?** wie hast du das bloß geschafft?
howl [haʊl] **A** *s* Schrei *m*; *von Tier, Wind* Heulen *n kein pl*; **~s of laughter** brüllendes Gelächter; **~s (of protest)** Protestgeschrei *n* **B** *v/i Mensch* brül-

len; *Tier* jaulen; *Wind* (≈*weinen*) heulen; *Baby* schreien; **to ~ with laughter** in brüllendes Gelächter ausbrechen **C** *v/t* hinausbrüllen

howler ['haʊlə^r] *Br umg* s Schnitzer *m umg*; **he made a real ~** da hat er sich (*dat*) einen Hammer geleistet *umg*

how'll [haʊl] *abk* (= how shall, how will) → shall → will¹

how's [haʊz] *abk* (= how has, how is) → have → be

how've [haʊv] *abk* (= how have) → have

HP¹, hp *abk* (= hire-purchase) Ratenkauf *m*

HP², hp *abk* (= horse power) PS

HQ *abk* (= headquarters) Hauptquartier *n*; Zentrale *f*

hr *abk* (= hour) Std.

HRH *abk* (= His/Her Royal Highness) S. M./I. M.

HRT *abk* (= hormone replacement therapy) Hormonersatztherapie *f*

HST *US abk* (= Hawaiian Standard Time) hawaiische Zeit (*minus elf Stunden mitteleuropäischer Zeit*)

ht *abk* → height

HTML *abk* (= hypertext mark-up language) IT HTML

hub [hʌb] *s* **1** (Rad)nabe *f* **2** *fig* Mittelpunkt *m*

hubbub ['hʌbʌb] *s* Tumult *m*; **a ~ of voices** ein Stimmengewirr *n*

hubcap ['hʌbkæp] *s* Radkappe *f*

huddle ['hʌdl] **A** *s* (wirrer) Haufen *m*; *von Menschen* Gruppe *f*; **in a ~** dicht zusammengedrängt **B** *v/i* (*a.* **to be huddled**) (sich) kauern; **they ~d under the umbrella** sie drängten sich unter dem Schirm zusammen; **we ~d around the fire** wir saßen eng zusammengedrängt um das Feuer herum

phrasal verbs mit huddle:

huddle together *v/i* sich aneinanderkauern; **to be huddled together** aneinanderkauern

huddle up *v/i* sich zusammenkauern

hue [hju:] *s* Farbe *f*, Schattierung *f*

huff [hʌf] **A** *s* **to be/go off in a ~** beleidigt sein/abziehen *umg* **B** *v/i* schnaufen

huffy ['hʌfɪ] *adj* ⟨*komp* huffier⟩ beleidigt, empfindlich; **to get/be ~ about sth** wegen etw eingeschnappt sein *umg*, wegen etw beleidigt sein

hug [hʌɡ] **A** *s* Umarmung *f*; **to give sb a hug** j-n umarmen **B** *v/t* **1** umarmen **2** sich dicht halten an (+*akk*) **C** *v/i* sich umarmen

huge [hju:dʒ] *adj* ⟨*komp* huger⟩ riesig; *Appetit, Defizit a.* Riesen- *und* Anstrengung gewaltig; **a ~ job** eine Riesenarbeit *umg*; **~ numbers of these children** ungeheuer viele von diesen Kindern

hugely ['hju:dʒlɪ] *emph adv* außerordentlich; **the whole thing is ~ enjoyable** das Ganze macht ungeheuer viel Spaß

hugeness ['hju:dʒnɪs] *s* riesiges Ausmaß

hulk [hʌlk] *s* **1** SCHIFF (Schiffs)rumpf *m* **2** *umg* (≈*Mensch*) Hüne *m umg*

hulking ['hʌlkɪŋ] *adj* **~ great, great ~** massig

hull¹ [hʌl] *s* SCHIFF Schiffskörper *m*, Rumpf *m*

hull² **A** *s* Hülse *f* **B** *v/t* schälen

hullabaloo [ˌhʌləbə'lu:] *Br umg* s ⟨*kein pl*⟩ Spektakel *m*

hullo [hʌ'ləʊ] *Br int* → hello

hum [hʌm] **A** *s* Summen *n*; *von Motor* Brummen *n*; *von Apparat* Surren *n*; *von Stimmen* Gemurmel *n* **B** *v/i* **1** summen; *Motor* brummen; *Apparat* surren **2** *fig umg* in Schwung kommen; **the headquarters was humming with activity** im Hauptquartier ging es zu wie in einem Bienenstock **3** **to hum and haw** *umg* herumdrucksen *umg* (**over, about** um) **C** *v/t* summen

human ['hju:mən] **A** *adj* menschlich; *Gesundheit* des Menschen; **~ error** menschliches Versagen; **~ shield** menschlicher Schutzschild; **I'm only ~** ich bin auch nur ein Mensch **B** *s* Mensch *m*

human being *s* Mensch *m*

humane [hju:'meɪn] *adj* human

humanely [hju:'meɪnlɪ] *adv* human; *töten* (möglichst) schmerzlos

human interest *s* in *Zeitungsartikel etc* Emotionalität *f*; **a ~ story** eine ergreifende Story

humanism ['hju:mənɪzəm] *s* Humanismus *m*

humanitarian [hju:ˌmænɪ'teərɪən] **A** *s* Vertreter(in) *m(f)* des Humanitätsgedankens **B** *adj* humanitär

humanitarianism [ˌhju:mænɪ'teərɪənɪzəm] *s* Humanitarismus *m*

humanity [hju:'mænɪtɪ] *s* **1** die Menschheit **2** Humanität *f*, Menschlichkeit *f* **3** **humanities** *pl* Geisteswissenschaften *pl*

humanize ['hju:mənaɪz] *v/t* humanisieren

humankind [ˌhju:mən'kaɪnd] *s* die Menschheit

humanly ['hju:mənlɪ] *adv* menschlich; **as far as ~ possible** soweit überhaupt möglich; **to do all that is ~ possible** alles Menschenmögliche tun

human nature *s* die menschliche Natur; **it's ~ to do that** es liegt (nun einmal) in der Natur des Menschen, das zu tun

human race *s* **the ~** die Menschheit

human resources *pl* WIRTSCH Arbeitskräfte *pl*; Personalabteilung *f*

human resources department *s* Personalabteilung *f*

human rights *pl* Menschenrechte *pl*; **~ abuse** Menschenrechtsverletzung *f*; **~ organization** Menschenrechtsorganisation *f*

humble ['hʌmbl] **A** adj ⟨komp humbler⟩ bescheiden; *Angestellter* einfach; *Ursprünge* niedrig; **my ~ apologies!** ich bitte inständig um Verzeihung! **B** v/t demütigen; **to be/feel ~d** sich (dat) klein vorkommen

humbug ['hʌmbʌg] s **1** *Br* Pfefferminzbonbon m/n **2** umg (≈ *Gerede*) Humbug m

humdrum ['hʌmdrʌm] adj stumpfsinnig

humid ['hjuːmɪd] adj feucht; **it's ~ today** es ist schwül heute

humidifier [hjuːˈmɪdɪfaɪəʳ] s Luftbefeuchter m

humidity [hjuːˈmɪdɪtɪ] s (Luft)feuchtigkeit f

humiliate [hjuːˈmɪlɪeɪt] v/t demütigen

humiliating [hjuːˈmɪlɪeɪtɪŋ] adj *Niederlage* demütigend

humiliation [hjuːˌmɪlɪˈeɪʃən] s Demütigung f

humility [hjuːˈmɪlɪtɪ] s Demut f, Bescheidenheit f

humming ['hʌmɪŋ] s Summen n

hummingbird ['hʌmɪŋbɜːd] s Kolibri m

hummus ['hʊməs] s → hoummos

humor etc US → humour

humorous ['hjuːmərəs] adj humorvoll; *Situation* komisch; *Idee* witzig

humorously ['hjuːmərəslɪ] adv humorvoll, heiter

humour ['hjuːməʳ], **humor** US **A** s **1** Humor m; **a sense of ~** (Sinn m für) Humor m **2** Stimmung f; **to be in a good ~** gute Laune haben; **with good ~** gut gelaunt **B** v/t **to ~ sb** j-m seinen Willen lassen; **do it just to ~ him** tus doch, damit er seinen Willen hat

humourless adj, **humorless** US adj humorlos

hump [hʌmp] **A** s **1** ANAT Buckel m; *von Kamel* Höcker m **2** (≈ *Anhöhe*) Hügel m **3** *Br umg* **he's got the ~** er ist sauer umg **B** v/t umg schleppen

humpbacked ['hʌmpbækt] adj *Brücke* gewölbt

hunch [hʌntʃ] **A** s Gefühl n; **to act on a ~** einem inneren Gefühl zufolge handeln; **your ~ paid off** du hattest die richtige Ahnung, es hat sich gelohnt **B** v/t (a. **hunch up**) **to ~ one's shoulders** die Schultern hochziehen; **he was ~ed over his desk** er saß über seinen Schreibtisch gebeugt

hunchback s Buck(e)lige(r) m/f(m)

hunchbacked adj buck(e)lig

hundred ['hʌndrɪd] **A** adj hundert; **a** od **one ~** (ein)hundert; **a** od **one ~ years** (ein)hundert Jahre; **two/several ~ years** zweihundert/mehrere hundert Jahre; **a** od **one ~ and one** wörtl (ein)hundert(und)eins; fig tausend; **(one) ~ and first** hundert(und)erste(r, s); **a** od **one ~ a thousand** (ein)hunderttausend; **a** od **one ~ per cent** hundert Prozent; **a (one) ~ per cent increase** eine Erhöhung von od um hundert Prozent; **I'm not a** od **one ~ per cent sure** ich bin nicht hundertprozentig sicher **B** s hundert; *geschriebene Zahl* Hundert f; **~s** Hunderte pl; **one in a ~** einer unter hundert; **eighty out of a ~** achtzig von hundert; **~s of times** hundertmal; **~s and ~s** Hunderte und Aberhunderte; **~s of** od **and thousands** Hunderttausende pl; **he earns nine ~ a month** er verdient neunhundert im Monat; **to live to be a ~** hundert Jahre alt werden; **they came in their ~s** od **by the ~** sie kamen zu hunderten

hundredfold ['hʌndrɪdfəʊld] adj & adv hundertfach; **to increase a ~** um das Hundertfache steigern

hundredth ['hʌndrɪdθ] **A** adj **1** hundertste(r, s) **2** hundertstel **B** s **1** Hundertste(r, s) **2** Hundertstel n; → sixth

hundredweight ['hʌndrɪdweɪt] s Zentner m; *Br* 50,8 kg; *US* 45,4 kg

hung [hʌŋ] *prät & pperf* → hang

Hungarian [hʌŋˈgɛərɪən] **A** adj ungarisch **B** s **1** Ungar(in) m(f) **2** LING Ungarisch n

Hungary ['hʌŋgərɪ] s Ungarn n

hunger ['hʌŋgəʳ] s Hunger m (**for** nach); **to die of ~** verhungern

> phrasal verbs mit hunger:

hunger after, hunger for liter v/i ⟨+obj⟩ hungern nach

hunger strike s **to be on (a) ~** sich im Hungerstreik befinden; **to go on (a) ~** in (den) Hungerstreik treten

hung over adj **to be ~** einen Kater haben umg

hung parliament s Parlament n ohne klare Mehrheitsverhältnisse; **the election resulted in a ~** die Wahl führte zu einem parlamentarischen Patt

hungrily ['hʌŋgrɪlɪ] wörtl, fig adv hungrig

hungry ['hʌŋgrɪ] adj ⟨komp hungrier⟩ hungrig; **to be** od **feel/get ~** Hunger haben/bekommen; **to go ~** hungern; **~ for power** machthungrig; **to be ~ for news** sehnsüchtig auf Nachricht warten; **to be as ~ as a horse** einen Bärenhunger haben

hung up umg adj **to be ~ about sth** wegen etw einen Knacks weghaben umg; **to get ~ about sth** wegen etw durchdrehen umg; **he's ~ on her** er steht auf sie sl

hunk [hʌŋk] s **1** Stück n **2** fig umg (≈ *Mann*) **a gorgeous ~** ein ganz toller Mann

hunky-dory ['hʌŋkɪˈdɔːrɪ] umg adj **that's ~** das ist in Ordnung

hunt [hʌnt] **A** s Jagd f; fig Suche f; **the ~ is on** die Suche hat begonnen; **to have a ~ for sth** nach etw fahnden umg **B** v/t JAGD jagen; *Verbrecher* fahnden nach; *Vermissten, Artikel* suchen **C** v/i **1** JAGD jagen; **to go ~ing** auf die Jagd gehen 2 suchen (**for, after** nach); **he is ~ing for a job** er sucht eine Stelle

phrasal verbs mit hunt:

hunt down v/t ⟨trennb⟩ (unerbittlich) Jagd machen auf (+akk); (≈ fangen) zur Strecke bringen

hunt out v/t ⟨trennb⟩ heraussuchen

hunter ['hʌntəʳ] s Jäger(in) m(f)

hunting ['hʌntɪŋ] s die Jagd

hurdle ['hɜːdl] s SPORT, a. fig Hürde f; **~s** +sg v Hürdenlauf m; **the 100m ~s** (die) 100 m Hürden; **to fall at the first ~** fig (schon) über die erste od bei der ersten Hürde stolpern

hurdler ['hɜːdləʳ] s SPORT Hürdenläufer(in) m(f)

hurl [hɜːl] v/t schleudern; **to ~ insults at sb** j-m Beleidigungen entgegenschleudern

hurly-burly ['hɜːlɪ'bɜːlɪ] s Rummel m umg; **the ~ of politics** der Rummel der Politik

hurrah [hə'rɑː], **hurray** [hə'reɪ] int hurra; **~ for the king!** ein Hoch dem König!

hurricane ['hʌrɪkən] s Orkan m, Hurrikan m

hurried ['hʌrɪd] adj eilig; Zeremonie hastig durchgeführt; Abreise überstürzt

hurriedly ['hʌrɪdlɪ] adv eilig; etw sagen hastig; abreisen in großer Eile

hurry ['hʌrɪ] A s Eile f; **in my ~ to get it finished ...** vor lauter Eile, damit fertig zu werden ...; **to do sth in a ~** etw schnell od hastig tun; **I need it in a ~** ich brauche es eilig; **to be in a ~** es eilig haben; **I won't do that again in a ~!** umg das mache ich so schnell nicht wieder!; **what's the ~?** was soll die Eile?; **there's no ~** es eilt nicht B v/i sich beeilen, laufen; **there's no need to ~** kein Grund zur Eile; **don't ~!** lass dir Zeit! C v/t j-n (zur Eile) antreiben, scheuchen umg; Arbeit beschleunigen; (≈ übertreiben) überstürzen; **don't ~ me** hetz mich nicht so!

phrasal verbs mit hurry:

hurry along A v/i sich beeilen; **hurry along there, please!** schnell weitergehen, bitte! B v/t ⟨trennb⟩ j-n weiterdrängen; mit Arbeit zur Eile antreiben; Arbeit etc vorantreiben

hurry up A v/i sich beeilen; **hurry up!** beeil dich!; **hurry up and put your coat on!** mach schon und zieh dir deinen Mantel an! B v/t ⟨trennb⟩ j-n zur Eile antreiben; Arbeit vorantreiben

hurt [hɜːt] ⟨v: prät, pperf hurt⟩ A v/t 1 wehtun (+dat), verletzen; **to ~ oneself** sich (dat) wehtun; **to ~ one's arm** sich (dat) am Arm wehtun, sich (dat) den Arm verletzen; **my arm is ~ing me** mir tut der Arm weh; **if you go on like that someone is bound to get ~** wenn ihr so weitermacht, verletzt sich bestimmt noch jemand 2 schaden (+dat); **it won't ~ him to wait** es schadet ihm gar nicht(s), wenn er etwas warten muss B v/i 1 fig wehtun; **that ~s!** das tut weh! 2 schaden C s Schmerz m; von Gefühlen Verletzung f (**to** +gen) D adj Arm, Gefühle verletzt; Blick gekränkt; **to be ~** verletzt sein; gekränkt sein

hurtful adj verletzend

hurtle ['hɜːtl] v/i rasen; **the car was hurtling along** das Auto sauste dahin; **he came hurtling round the corner** er kam um die Ecke gerast

husband ['hʌzbənd] A s Ehemann m; **my ~** mein Mann; **they are ~ and wife** sie sind Eheleute od verheiratet B v/t Ressourcen sparsam umgehen mit

husbandry ['hʌzbəndrɪ] s Landwirtschaft f

hush [hʌʃ] A v/t zum Schweigen bringen B v/i still sein C s Stille f; **a ~ fell over the crowd** die Menge verstummte plötzlich D int pst; **~, ~, it's all right** sch, sch, es ist ja gut

phrasal verbs mit hush:

hush up v/t ⟨trennb⟩ vertuschen

hushed [hʌʃt] adj Stimmen gedämpft; Menschenmenge schweigend; Gerichtssaal still; **in ~ tones** mit gedämpfter Stimme

hush-hush ['hʌʃ'hʌʃ] umg adj streng geheim

hush money s Schweigegeld n

husk [hʌsk] s Schale f; von Weizen Spelze f

husky[1] ['hʌskɪ] adj ⟨komp huskier⟩ rau; Stimme heiser

husky[2] s Schlittenhund m

hussy ['hʌsɪ] s 1 (≈ Mädchen) Fratz m umg 2 Flittchen n pej

hustings ['hʌstɪŋz] Br pl Wahlkampf m; (≈ Versammlung) Wahlveranstaltung f

hustle ['hʌsl] A s **~ and bustle** geschäftiges Treiben B v/t **to ~ sb out of a building** j-n schnell aus einem Gebäude befördern umg

hut [hʌt] s Hütte f

hutch [hʌtʃ] s für Kaninchen Verschlag m; für Meerschweinchen Käfig m

hyacinth ['haɪəsɪnθ] s Hyazinthe f

hyaena, hyena [haɪ'iːnə] s Hyäne f

hybrid ['haɪbrɪd] A s BOT, ZOOL Kreuzung f; fig Mischform f B adj BOT, ZOOL Misch-; **~ engine** Hybridmotor n; **~ powertrain** Hybridantrieb m; **~ vehicle** Hybridfahrzeug n

hydrant ['haɪdrənt] s Hydrant m

hydrate [haɪ'dreɪt] v/t hydratisieren

hydraulic [haɪ'drɒlɪk] adj hydraulisch

hydraulics s ⟨+sg v⟩ Hydraulik f

hydrocarbon s Kohlenwasserstoff m

hydrochloric acid s Salzsäure f

hydroelectric power s durch Wasserkraft erzeugte Energie

hydroelectric power station s Wasserkraft-

werk n
hydrofoil s Tragflächenboot n
hydrogen ['haɪdrɪdʒən] s Wasserstoff m
hydrogen bomb s Wasserstoffbombe f
hydrotherapy s Wasserbehandlung f
hyena [haɪ'iːnə] s → hyaena
hygiene ['haɪdʒiːn] s Hygiene f; **personal ~** Körperpflege f
hygienic [haɪ'dʒiːnɪk] adj hygienisch
hymn [hɪm] s Kirchenlied n
hymn book s Gesangbuch n
hype [haɪp] umg **A** s Hype m; **media ~** Medienrummel m umg; **all this ~ about ...** dieser ganze Rummel um ... umg **B** v/t (a. **hype up**) Publicity machen für; **the film was ~d up too much** um den Film wurde zu viel Rummel gemacht umg
hyped up ['haɪpt ʌp] umg adj aufgeputscht, aufgedreht umg
hyper ['haɪpə(r)] adj sl aufgedreht
hyperactive adj überaktiv; **a ~ thyroid** eine Überfunktion der Schilddrüse
hyperbole [haɪ'pɜːbəlɪ] s Hyperbel f (Übertreibung zur Betonung eines Sachverhalts: z. B. I've been waiting for ages)
hypercritical ['haɪpə'krɪtɪkəl] adj übertrieben kritisch
hyperlink A s IT Hyperlink m **B** v/t IT per Hyperlink verbinden
hypermarket Br s Verbrauchermarkt m
hypersensitive adj überempfindlich
hypertension s Hypertonie f, erhöhter Blutdruck
hypertext s IT Hypertext m
hyperventilate [ˌhaɪpə'ventɪleɪt] v/i hyperventilieren
hyphen ['haɪfən] s Bindestrich m, Trenn(ungs)strich m
hyphenate ['haɪfəneɪt] v/t mit Bindestrich schreiben; **~d word** Bindestrichwort n
hyphenation [ˌhaɪfə'neɪʃən] s Silbentrennung f
hypnosis [hɪp'nəʊsɪs] s Hypnose f; **under ~** unter Hypnose
hypnotherapy [ˌhɪpnəʊ'θerəpɪ] s Hypnotherapie f
hypnotic [hɪp'nɒtɪk] adj **1** Trance hypnotisch; **~ state** Hypnosezustand m **2** Musik, Augen hypnotisierend
hypnotism ['hɪpnətɪzəm] s Hypnotismus m
hypnotist ['hɪpnətɪst] s Hypnotiseur(in) m(f)
hypnotize ['hɪpnətaɪz] v/t hypnotisieren; **to be ~d by sb/sth** fig von j-m/etw wie hypnotisiert sein
hypo- [haɪpəʊ-] präf hypo-; **hypoallergenic** hypoallergen
hypochondria [ˌhaɪpəʊ'kɒndrɪə] s Hypochondrie f
hypochondriac [ˌhaɪpəʊ'kɒndrɪæk] s Hypochonder(in) m(f)
hypocrisy [hɪ'pɒkrɪsɪ] s Heuchelei f
hypocrite ['hɪpəkrɪt] s Heuchler(in) m(f)
hypocritical [ˌhɪpə'krɪtɪkəl] adj heuchlerisch
hypodermic needle s (Injektions)nadel f
hypodermic syringe s (Injektions)spritze f
hypothermia [ˌhaɪpəʊ'θɜːmɪə] s Unterkühlung f
hypothesis [haɪ'pɒθɪsɪs] s ⟨pl hypotheses [haɪ'pɒθɪsiːz]⟩ Hypothese f
hypothetical [ˌhaɪpəʊ'θetɪkəl] adj hypothetisch
hypothetically [ˌhaɪpəʊ'θetɪkəlɪ] adv theoretisch
hysterectomy [ˌhɪstə'rektəmɪ] s Totaloperation f
hysteria [hɪ'stɪərɪə] s Hysterie f
hysterical [hɪ'sterɪkəl] adj **1** hysterisch **2** umg wahnsinnig komisch umg
hysterically [hɪ'sterɪkəlɪ] adv **1** hysterisch **2** umg **~ funny** wahnsinnig komisch umg
hysterics pl Hysterie f; **to have ~** hysterisch werden; fig umg sich totlachen
Hz abk (= hertz) Hz

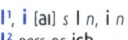

I¹, i [aɪ] s I n, i n
I² pers pr ich
ibid abk (= ibidem) ib., ibd.
ice [aɪs] **A** s **1** Eis n; auf Straße (Glatt)eis n; **to be as cold as ice** eiskalt sein; **my hands are like ice** ich habe eiskalte Hände; **to put sth on ice** fig etw auf Eis legen; **to break the ice** fig das Eis brechen; **to be skating on thin ice** fig sich aufs Glatteis begeben/begeben haben; **that cuts no ice with me** umg das kommt bei mir nicht an **2** Br (Speise)eis n **B** v/t Kuchen mit Zuckerguss überziehen
phrasal verbs mit ice:
ice over v/i zufrieren; Windschutzscheibe vereisen
ice up v/i Windschutzscheibe vereisen; Rohre einfrieren
ice age s Eiszeit f
ice axe s, **ice ax** US s Eispickel m
iceberg s Eisberg m
iceberg lettuce s Eisbergsalat m

icebound adj Hafen, See zugefroren; Schiff, Ort vom Eis eingeschlossen

icebox s Br in Kühlschrank Eisfach n; US Eisschrank m

icebreaker s Eisbrecher m

ice bucket s Eiskühler m

icecap s polar Eiskappe f

ice-cold adj eiskalt

ice-cool fig adj Mensch supercool umg

ice cream s Eis n, Eiskrem f

ice-cream cone, **ice-cream cornet** s Eistüte f

ice-cream parlour s, **ice-cream parlor** US s Eisdiele f

ice cube s Eiswürfel m

iced [aɪst] adj **1** Getränk eisgekühlt; ~ tea Eistee m **2** Teilchen mit Zuckerguss überzogen

ice dancing s Eistanz m

ice floe s Eisscholle f

ice hockey s Eishockey n

Iceland ['aɪslənd] s Island n

Icelandic [aɪs'lændɪk] **A** adj isländisch **B** s LING Isländisch n

ice lolly Br s Eis n am Stiel

ice pack s Eisbeutel m

ice pick s Eispickel m

ice rink s Eisbahn f, Schlittschuhbahn f

ice-skate v/i Schlittschuh laufen

ice skate s Schlittschuh m

ice-skater s Schlittschuhläufer(in) m(f), Eiskunstläufer(in) m(f)

ice-skating s Schlittschuhlaufen n, Eislaufen n

ice storm US s Eissturm m

ice water s Eiswasser n

icicle ['aɪsɪkl] s Eiszapfen m

icily ['aɪsɪli] fig adv eisig; lächeln kalt

icing ['aɪsɪŋ] s ⟨kein pl⟩ GASTR Zuckerguss m; **this is the ~ on the cake** fig das ist die Krönung des Ganzen

icing sugar Br s Puderzucker m

icon ['aɪkɒn] s **1** Ikone f **2** IT Icon n

iconic [aɪ'kɒnɪk] adj **an ~ figure** eine Ikone

ICT abk (= information and communication technology) Informatik f

ICU abk (= intensive care unit) Intensivstation f

icy ['aɪsɪ] adj ⟨komp icier⟩ **1** Straße vereist; **the icy conditions on the roads** das Glatteis auf den Straßen; **when it's icy** bei Glatteis **2** Wind, Hände eiskalt; **icy cold** eiskalt **3** fig Blick eisig; Empfang frostig

ID s abk (= identification, identity) **I don't have any ID on me** ich habe keinen Ausweis dabei; **the man didn't have any ID** der Mann konnte sich nicht ausweisen

I'd [aɪd] abk (= I would, I had) → have → would

ID card [aɪ'diː kɑːd] s Ausweis m, Personalausweis m

idea [aɪ'dɪə] s **1** Idee f; plötzlich Einfall m; **good ~!** gute Idee!; **that's not a bad ~** das ist keine schlechte Idee; **the very ~!** (nein,) so was!; **the very ~ of eating horse meat revolts me** der bloße Gedanke an Pferdefleisch ekelt mich; **he is full of (bright) ~s** ihm fehlt es nie an (guten) Ideen; **to upon the ~ of doing sth** den plötzlichen Einfall haben, etw zu tun; **that gives me an ~, we could …** da fällt mir ein, wir könnten …; **he got the ~ for his novel while having a bath** die Idee zu seinem Roman kam ihm in der Badewanne; **he's got the ~ into his head that …** er bildet sich (dat) ein, dass …; **where did you get the ~ that I was ill?** wie kommst du auf den Gedanken, dass ich krank war?; **don't you go getting ~s about promotion** machen Sie sich (dat) nur keine falschen Hoffnungen auf eine Beförderung; **to put ~s into sb's head** j-m einen Floh ins Ohr setzen; **the ~ was to meet at 6** wir wollten uns um 6 treffen; **what's the big ~?** umg was soll das denn?; **the ~ is to reduce expenditure** es geht darum, die Ausgaben zu senken; **that's the ~** genau (das ists)!; **you're getting the ~** Sie verstehen langsam, worum es hier geht **2** Meinung f; (≈ Konzept) Vorstellung f; **if that's your ~ of fun** wenn Sie das lustig finden; **this isn't my ~ of a holiday** so stelle ich mir den Urlaub nicht vor **3** Ahnung f; **you've no ~ how worried I've been** du kannst dir nicht vorstellen, welche Sorgen ich mir gemacht habe; **(I've) no ~** (ich habe) keine Ahnung; **I've got some ~ (of) what this is all about** ich weiß so ungefähr, worum es hier geht; **I have an ~ that …** ich habe so das Gefühl, dass …; **could you give me an ~ of how long …?** könnten Sie mir ungefähr sagen, wie lange …?; **to give you an ~ of how difficult it is** um Ihnen eine Vorstellung davon zu vermitteln, wie schwierig es ist

ideal [aɪ'dɪəl] **A** s Ideal n (of +gen) **B** adj ideal; **~ solution** Ideallösung f; **he is ~** od **the ~ person for the job** er ist für den Job ideal geeignet; **in an ~ world** im Idealfall

idealism [aɪ'dɪəlɪzəm] s Idealismus m

idealist [aɪ'dɪəlɪst] s Idealist(in) m(f)

idealistic [aɪˌdɪə'lɪstɪk] adj idealistisch

idealize [aɪ'dɪəlaɪz] v/t idealisieren

ideally [aɪ'dɪəlɪ] adv **1** idealerweise **2** passend ideal

identical [aɪ'dentɪkəl] adj identisch, der-/die-/dasselbe; **~ twins** eineiige Zwillinge pl; **we have ~ views** wir haben die gleichen Ansichten

identifiable [aɪˌdentɪ'faɪəbl] adj identifizierbar;

he is ~ by his red hair er ist an seinem roten Haar zu erkennen

identification [aɪˌdentɪfɪˈkeɪʃən] s **1** Identifizierung f; fig von Problemen Erkennen n **2** Ausweispapiere pl, Ausweis m **3** (≈ Unterstützung) Identifikation f

identification parade s Gegenüberstellung f (zur Identifikation des Täters)

identifier [aɪˈdentɪfaɪəʳ] s IT Kennzeichnung f

identify [aɪˈdentɪfaɪ] **A** v/t identifizieren; Pflanze etc bestimmen; an Merkmal erkennen; **to ~ one's goals** sich (dat) Ziele setzen; **to ~ sb/sth by sth** j-n/etw an etw (dat) erkennen **B** v/r **1** **to ~ oneself** sich ausweisen **2** **to ~ oneself with sb/sth** sich mit j-m/etw identifizieren **C** v/i mit Filmheld etc sich identifizieren

Identikit® [aɪˈdentɪkɪt] s **~® (picture)** Phantombild n

identity [aɪˈdentɪtɪ] s Identität f; **to prove one's ~** sich ausweisen; **proof of ~** Legitimation f

identity card s Ausweis m, Personalausweis m

identity crisis s Identitätskrise f

identity papers pl Ausweispapiere pl

identity parade s Gegenüberstellung f

identity theft s Identitätsraub m, Identitätsklau m umg

ideological [ˌaɪdɪəˈlɒdʒɪkəl] adj ideologisch

ideology [ˌaɪdɪˈɒlədʒɪ] s Ideologie f

idiocy [ˈɪdɪəsɪ] s Blödheit f

idiom [ˈɪdɪəm] s **1** Redewendung f **2** Sprache f, Idiom n

idiomatic [ˌɪdɪəˈmætɪk] adj idiomatisch; **to speak ~ German** idiomatisch richtiges Deutsch sprechen; **an ~ expression** eine Redensart

idiosyncrasy [ˌɪdɪəˈsɪŋkrəsɪ] s Eigenart f

idiosyncratic [ˌɪdɪəsɪŋˈkrætɪk] adj eigenartig

idiot [ˈɪdɪət] s Idiot(in) m(f); **what an ~!** so ein Idiot od Dummkopf!; **what an ~ I am/was!** ich Idiot!; **to feel like an ~** sich dumm vorkommen

idiotic [ˌɪdɪˈɒtɪk] adj idiotisch

idle [ˈaɪdl] **A** adj **1** Person müßig; Augenblick ruhig; **his car was lying ~** sein Auto stand unbenutzt herum **2** faul **3** IND Arbeiter unbeschäftigt; Maschine stillstehend attr, außer Betrieb; **the machine stood ~** die Maschine stand still **4** Versprechen, Drohung leer; Spekulation müßig; **~ curiosity** pure Neugier **B** v/i faulenzen; **a day spent idling on the river** ein Tag, den man untätig auf dem Wasser verbringt
phrasal verbs mit idle:
idle away v/t ⟨trennb⟩ seine Zeit etc vertrödeln

idleness [ˈaɪdlnəs] s **1** Untätigkeit f, Müßiggang m liter **2** Faulheit f

idler [ˈaɪdləʳ] s Faulenzer(in) m(f)

idly [ˈaɪdlɪ] adv **1** untätig, müßig; **to stand ~ by** untätig herumstehen **2** faul **3** blicken gedankenverloren

idol [ˈaɪdl] wörtl s Götze m; fig, a. FILM, TV etc Idol n

idolatry [aɪˈdɒlətrɪ] wörtl s Götzendienst m; fig Vergötterung f

idolize [ˈaɪdəlaɪz] v/t abgöttisch verehren; **to ~ sth** etw anbeten

I'd've [ˈaɪdəv] abk (= I would have) → would

idyll [ˈɪdɪl] s **1** LIT Idylle f **2** fig Idyll n

idyllic [ɪˈdɪlɪk] adj idyllisch

i.e. abk (= id est) d. h.

if [ɪf] **A** konj wenn, falls, ob; **I would be really pleased if you could do it** wenn Sie das tun könnten, wäre ich sehr froh; **I wonder if he'll come** ich bin gespannt, ob er kommt; **what if …?** was ist, wenn …?; **I'll let you know if and when I come to a decision** ich werde Ihnen mitteilen, ob und wann ich mich entschieden habe; **(even) if** auch wenn; **even if they are poor, at least they are happy** sie sind zwar arm, aber wenigstens glücklich; **if only I had known!** wenn ich das nur gewusst hätte!; **if I knew her number I'd tell you** wenn ich ihre Nummer wüsste, würde ich sie dir sagen; **he acts as if he were rich, he acts as if he was rich** umg er tut so, als ob er reich wäre; **it's not as if I meant to hurt her** es ist nicht so, dass ich ihr hätte wehtun wollen; **if necessary** falls nötig; **if so** wenn ja; **if not** falls nicht; **this is difficult, if not impossible** das ist schwer, wenn nicht sogar unmöglich; **if I were you** an Ihrer Stelle; **if anything this one is bigger** wenn überhaupt, dann ist dieses hier größer; **if I know Pete, he'll …** so wie ich Pete kenne, wird er …; **well, if it isn't old Jim!** umg ich werd verrückt, das ist doch der Jim umg **B** s **ifs and buts** Wenn und Aber n

igloo [ˈɪgluː] s ⟨pl -s⟩ Iglu m/n

ignite [ɪgˈnaɪt] **A** v/t entzünden; fig erwecken **B** v/i sich entzünden

ignition [ɪgˈnɪʃən] s AUTO Zündung f

ignition key s Zündschlüssel m

ignominious [ˌɪgnəˈmɪnɪəs] adj schmachvoll

ignoramus [ˌɪgnəˈreɪməs] s Ignorant(in) m(f)

ignorance [ˈɪgnərəns] s Unwissenheit f; in Bezug auf Fachgebiet Unkenntnis f; **to keep sb in ~ of sth** j-n in Unkenntnis über etw (akk) lassen

ignorant [ˈɪgnərənt] adj **1** unwissend, ignorant; in Bezug auf Plan nicht informiert (of über +akk); **to be ~ of the facts** die Tatsachen nicht kennen **2** ungehobelt

ignore [ɪgˈnɔːʳ] v/t ignorieren, nicht beachten; Bemerkung übergehen; **I'll ~ that** Bemerkung ich habe nichts gehört

ikon ['aɪkɒn] s → icon

ilk [ɪlk] s **people of that ilk** solche Leute

ill [ɪl] **A** adj **1** ⟨präd⟩ krank; **to fall** od **be taken ill** krank werden; **I feel ill** mir ist nicht gut; **he is ill with fever** er hat Fieber; **to be ill with chicken pox** an Windpocken erkrankt sein **2** ⟨komp **worse**; sup **worst**⟩ Auswirkungen unerwünscht; **ill will** böses Blut; **I don't bear them any ill will** ich trage ihnen nichts nach; **to suffer ill health** gesundheitlich angeschlagen sein; **due to ill health** aus Gesundheitsgründen **B** s **1** liter **to bode ill** Böses ahnen lassen; **to speak ill of sb** schlecht über j-n reden **2 ills** pl Missstände pl **C** adv schlecht

ill. abk (= **illustrated, illustration**) Abb., Abbildung f

I'll [aɪl] abk (= **I will, I shall**) → will¹ → shall

ill-advised adj unklug; **you would be ~ to trust her** Sie wären schlecht beraten, wenn Sie ihr trauten

ill-at-ease adj unbehaglich

ill-conceived adj Plan schlecht durchdacht

ill-disposed adj **to be ~ to(wards) sb** j-m übel gesinnt sein

illegal [ɪ'liːgəl] adj unrechtmäßig, gesetzwidrig; Handel, Einwanderung, Drogen illegal; Partei verboten

illegality [ˌiliː'gælɪtɪ] s Unrechtmäßigkeit f, Gesetzwidrigkeit f; von Handel, Drogen, Organisation Illegalität f

illegally [ɪ'liːgəlɪ] adv unrechtmäßig, gesetzwidrig; **~ imported** illegal eingeführt; **they were convicted of ~ possessing a handgun** sie wurden wegen unerlaubten Besitzes einer Handfeuerwaffe verurteilt

illegible adj, **illegibly** [ɪ'ledʒəbl, -ɪ] adv unleserlich

illegitimacy [ˌɪlɪ'dʒɪtɪməsɪ] s von Kind Unehelichkeit f

illegitimate [ˌɪlɪ'dʒɪtɪmɪt] adj **1** Kind unehelich **2** Argument unzulässig

ill-fated adj verhängnisvoll

ill-fitting adj Kleider, Gebiss schlecht sitzend; Schuhe schlecht passend

ill-gotten gains pl unrechtmäßiger Gewinn

illicit [ɪ'lɪsɪt] adj illegal; Affäre verboten; **~ trade** Schwarzhandel m

ill-informed ['ɪlɪnˌfɔːmd] adj schlecht informiert (**about** über +akk)

illiteracy [ɪ'lɪtərəsɪ] s Analphabetentum n

illiterate [ɪ'lɪtərət] **A** adj des Schreibens und Lesens unkundig; Bevölkerung analphabetisch; **he's ~** er ist Analphabet; **many people are computer-illiterate** viele Menschen kennen sich nicht mit Computern aus **B** s Analphabet(in) m(f)

ill-judged adj unklug

ill-mannered adj unhöflich

ill-matched adj nicht zusammenpassend; **they're ~** sie passen nicht zueinander

ill-natured adj bösartig

illness ['ɪlnɪs] s Krankheit f

illogical [ɪ'lɒdʒɪkəl] adj unlogisch

ill-tempered adj missmutig, übellaunig, schlecht gelaunt präd

ill-timed adj unpassend

ill-treat v/t misshandeln

ill-treatment s Misshandlung f

illuminate [ɪ'luːmɪneɪt] v/t **1** beleuchten; **~d sign** Leuchtzeichen n **2** fig Thema erläutern

illuminating [ɪ'luːmɪneɪtɪŋ] adj aufschlussreich

illumination [ɪˌluːmɪ'neɪʃən] s Beleuchtung f

illuminations pl festliche Beleuchtung

illusion [ɪ'luːʒən] s Illusion f, Täuschung f; **to be under the ~ that ...** sich (dat) einbilden, dass ...; **to be under** od **have no ~s** sich (dat) keine Illusionen machen; **it gives the ~ of space** es vermittelt die Illusion von räumlicher Weite

illusionist [ɪ'luːʒənɪst] s Illusionist(in) m(f)

illusory [ɪ'luːsərɪ] adj illusorisch

illustrate ['ɪləstreɪt] v/t illustrieren; **his lecture was ~d by coloured slides** er veranschaulichte seinen Vortrag mit Farbdias; **~d (magazine)** Illustrierte f

illustration [ˌɪləs'treɪʃən] s **1** Illustration f, Abbildung f **2** fig Beispiel n

illustrative ['ɪləstrətɪv] adj veranschaulichend; **~ of** beispielhaft für

illustrator ['ɪləstreɪtəʳ] s Illustrator(in) m(f)

illustrious [ɪ'lʌstrɪəs] adj glanzvoll; Mensch berühmt

ill-will s **I don't bear him any ~** ich trage es ihm nicht nach

I'm [aɪm] abk (= **I am**) → be

image ['ɪmɪdʒ] s **1** Bild n, Vorstellung f **2** Abbild n; **he is the ~ of his father** er ist seinem Vater wie aus dem Gesicht geschnitten **3** Image n; **brand ~** Markenimage n

imagery ['ɪmɪdʒərɪ] s Metaphorik f; **visual ~** Bildersymbolik f

imaginable [ɪ'mædʒɪnəbl] adj vorstellbar; **the easiest/fastest way ~** der denkbar einfachste/schnellste Weg

imaginary [ɪ'mædʒɪnərɪ] adj Gefahr eingebildet; Charaktere erfunden; **~ world** Fantasiewelt f

imagination [ɪˌmædʒɪ'neɪʃən] s Fantasie f, Einbildung f, Vorstellungskraft f; **to have** (**a lively** od **vivid**) **~** (eine lebhafte od rege) Fantasie haben; **use your ~** lassen Sie Ihre Fantasie spielen; **to lack ~** fantasielos od einfallslos sein; **it's just your ~!** das bilden Sie sich (dat) nur ein!; **to capture sb's ~** j-n in seinen Bann ziehen

imaginative adj, **imaginatively** [ɪˈmædʒɪnə-tɪv, -lɪ] adv fantasievoll

imagine [ɪˈmædʒɪn] v/t **1** sich (dat) vorstellen; ~ **you're rich** stellen Sie sich mal vor, Sie wären reich; **you can ~ how I felt** Sie können sich vorstellen, wie mir zumute war; **to ~ doing sth** sich (dat) vorstellen, etw zu tun; **I can't ~ living there** ich kann mir nicht vorstellen, dort zu leben **2** sich (dat) einbilden; **don't ~ that ...** bilden Sie sich nur nicht ein, dass ...; **you're (just) imagining things** umg Sie bilden sich das alles nur ein **3** annehmen; **is that her father? — I would ~ so** ist das ihr Vater? — ich denke schon; **I would never have ~d he could have done that** ich hätte nie gedacht, dass er das tun würde

imbalance [ɪmˈbæləns] s Unausgeglichenheit f

imbecile [ˈɪmbəsiːl] s Schwachkopf m

imbue [ɪmˈbjuː] fig v/t durchdringen

IMF abk (= International Monetary Fund) IWF m

imitate [ˈɪmɪteɪt] v/t imitieren, nachahmen

imitation [ˌɪmɪˈteɪʃən] **A** s Imitation f, Nachahmung f; **to do an ~ of sb** j-n imitieren od nachahmen **B** adj unecht, künstlich; **~ leather** Kunstleder n; **~ jewellery** unechter Schmuck

imitative [ˈɪmɪtətɪv] adj nachahmend, imitierend

imitator [ˈɪmɪteɪtə] s Nachahmer(in) m(f), Imitator(in) m(f)

immaculate [ɪˈmækjʊlɪt] adj untadelig

immaterial [ˌɪməˈtɪərɪəl] adj unwesentlich; **that's (quite) ~** das spielt keine Rolle, das ist egal

immature [ˌɪməˈtjʊə(r)] adj unreif

immaturity [ˌɪməˈtjʊərɪtɪ] s Unreife f

immeasurable [ɪˈmeʒərəbl] adj unermesslich

immediacy [ɪˈmiːdɪəsɪ] s **1** Unmittelbarkeit f **2** Dringlichkeit f

immediate [ɪˈmiːdɪət] adj **1** unmittelbar; Wirkung, Nachfolger direkt; Reaktion sofortig; **the ~ family** die engste Familie; **our ~ plan is to go to France** wir fahren zuerst einmal nach Frankreich; **to take ~ action** sofort handeln; **with ~ effect** mit sofortiger Wirkung; **the matter requires your ~ attention** die Sache bedarf sofort Ihrer Aufmerksamkeit **2** Problem, Sorge dringendste(r, s); **my ~ concern was for the children** mein erster Gedanke galt den Kindern

immediately [ɪˈmiːdɪətlɪ] **A** adv **1** sofort, gleich; abreisen umgehend; **~ before that** unmittelbar davor **2** unmittelbar **B** konj Br sobald

immemorial [ˌɪmɪˈmɔːrɪəl] adj uralt; **from time ~** seit undenklichen Zeiten

immense [ɪˈmens] adj enorm; Ozean gewaltig; Leistung großartig

immensely [ɪˈmenslɪ] adv enorm

immerse [ɪˈmɜːs] v/t **1** wörtl eintauchen (**in** in +akk); **to ~ sth in water** etw in Wasser tauchen; **to be ~d in water** unter Wasser sein **2** fig **to ~ oneself in one's work** sich in seine Arbeit vertiefen

immersion heater Br s Boiler m

immersion school s Schule, in der in einer Fremdsprache unterrichtet wird

immigrant [ˈɪmɪɡrənt] **A** s Einwanderer m, Einwanderin f, Immigrant(in) m(f) **B** adj ⟨attr⟩ **the ~ community** die Einwanderer pl

immigrant workers pl ausländische Arbeitnehmer pl

immigrate [ˈɪmɪɡreɪt] v/i einwandern (**to** in +dat)

immigration [ˌɪmɪˈɡreɪʃən] s Einwanderung f, Immigration f; (a. **~ control**) Einwanderungsstelle f

immigration authorities pl, **immigration department** s Einwanderungsbehörde f

immigration officer s beim Zoll Grenzbeamte(r) m/-beamtin f

imminent [ˈɪmɪnənt] adj nahe bevorstehend; **to be ~** nahe bevorstehen

immission levels [ɪˈmɪʃnlevlz] pl Immissionswerte pl

immobile [ɪˈməʊbaɪl] adj unbeweglich, bewegungslos

immobilize [ɪˈməʊbɪlaɪz] v/t Auto, gebrochenes Bein stilllegen; Armee bewegungsunfähig machen; **to be ~d by fear/pain** sich vor Angst/Schmerzen nicht bewegen können

immobilizer [ɪˈməʊbɪlaɪzə(r)] s AUTO Wegfahrsperre f

immoderate [ɪˈmɒdərɪt] adj Verlangen übermäßig; Ansichten übertrieben, extrem

immodest [ɪˈmɒdɪst] adj **1** unbescheiden **2** unanständig

immoral [ɪˈmɒrəl] adj unmoralisch

immorality [ˌɪməˈrælɪtɪ] s Unmoral f

immorally [ɪˈmɒrəlɪ] adv unmoralisch

immortal [ɪˈmɔːtl] **A** adj unsterblich; Leben ewig **B** s Unsterbliche(r) m/f(m)

immortality [ˌɪmɔːˈtælɪtɪ] s Unsterblichkeit f

immortalize [ɪˈmɔːtəlaɪz] v/t verewigen

immovable [ɪˈmuːvəbl] wörtl adj unbeweglich; fig Hindernis unüberwindlich

immune [ɪˈmjuːn] adj **1** MED immun (**from, to** gegen) **2** fig sicher (**from, to** vor +dat); gegenüber Kritik etc immun (**to** gegen); **~ from prosecution** vor Strafverfolgung geschützt

immune system s Immunsystem n

immunity [ɪˈmjuːnɪtɪ] s Immunität f (**to, against** gegen); **~ from prosecution** Schutz m vor

Strafverfolgung
immunization [ˌɪmjʊnaɪˈzeɪʃən] s Immunisierung f
immunize [ˈɪmjʊnaɪz] v/t immunisieren
imp [ɪmp] s Kobold m; umg (≈ Kind) Racker m umg
impact [ˈɪmpækt] s Aufprall m (**on, against** auf +akk), Zusammenprall m; (≈ Kraft) Wucht f; fig (Aus)wirkung f (**on** auf +akk); **on ~ (with)** beim Aufprall (auf +akk) / Zusammenprall (mit) etc; **his speech had a great ~ on his audience** seine Rede machte großen Eindruck auf seine Zuhörer
impair [ɪmˈpeəʳ] v/t beeinträchtigen; Gesundheit schaden (+dat)
impairment s Schaden m; **visual ~** Sehschaden m
impale [ɪmˈpeɪl] v/t aufspießen (**on** auf +dat)
impart [ɪmˈpɑːt] v/t **1** Informationen übermitteln; Wissen vermitteln **2** verleihen
impartial [ɪmˈpɑːʃəl] adj unparteiisch
impartiality [ɪmˌpɑːʃɪˈælɪtɪ] s Unparteilichkeit f
impartially [ɪmˈpɑːʃəlɪ] adv handeln unparteiisch; beurteilen unvoreingenommen
impassable [ɪmˈpɑːsəbl] adj unpassierbar
impasse [ɪmˈpɑːs] s Sackgasse f; **to have reached an ~** sich festgefahren haben
impassioned [ɪmˈpæʃnd] adj leidenschaftlich
impassive adj, **impassively** [ɪmˈpæsɪv, -lɪ] adv gelassen
impatience [ɪmˈpeɪʃəns] s Ungeduld f
impatient [ɪmˈpeɪʃənt] adj ungeduldig; **to be ~ to do sth** unbedingt etw tun wollen
impatiently [ɪmˈpeɪʃəntlɪ] adv ungeduldig
impeach [ɪmˈpiːtʃ] v/t JUR (eines Amtsvergehens) anklagen; US Präsident ein Amtsenthebungsverfahren einleiten gegen
impeachment [ɪmˈpiːtʃmənt] s JUR Anklage f (wegen eines Amtsvergehens); US von Präsident Amtsenthebungsverfahren n
impeccable adj, **impeccably** [ɪmˈpekəbl, -ɪ] adv tadellos
impede [ɪmˈpiːd] v/t j-n hindern; Verkehr, Entwicklung behindern
impediment [ɪmˈpedɪmənt] s **1** Hindernis n **2** MED Behinderung f; **speech ~** Sprachfehler m
impel [ɪmˈpel] v/t **to ~ sb to do sth** j-n (dazu) nötigen, etw zu tun
impending [ɪmˈpendɪŋ] adj bevorstehend; **a sense of ~ doom** eine Ahnung von unmittelbar drohendem Unheil
impenetrable [ɪmˈpenɪtrəbl] adj undurchdringlich; Festung uneinnehmbar; Geheimnis unergründlich
imperative [ɪmˈperətɪv] **A** adj Wunsch dringend **B** s GRAM Imperativ m, Befehlsform f; **in the ~** im Imperativ

imperceptible [ˌɪmpəˈseptəbl] adj nicht wahrnehmbar (**to sb** für j-n)
imperceptibly [ˌɪmpəˈseptəblɪ] adv kaum wahrnehmbar
imperfect [ɪmˈpɜːfɪkt] **A** adj unvollkommen; Waren fehlerhaft **B** s GRAM Imperfekt n
imperfection [ˌɪmpəˈfekʃən] s Mangel m
imperfectly [ɪmˈpɜːfɪktlɪ] adv unvollkommen, unvollständig
imperial [ɪmˈpɪərɪəl] adj **1** Reichs- **2** kaiserlich, Kaiser- **3** Gewichtsmaße englisch
imperialism [ɪmˈpɪərɪəlɪzəm] s Imperialismus m oft pej
imperil [ɪmˈperɪl] v/t gefährden
impermanent [ɪmˈpɜːmənənt] adj unbeständig
impermeable [ɪmˈpɜːmɪəbl] adj undurchlässig
impersonal [ɪmˈpɜːsənl] adj a. GRAM unpersönlich
impersonally [ɪmˈpɜːsənəlɪ] adv unpersönlich
impersonate [ɪmˈpɜːsəneɪt] v/t **1** sich ausgeben als **2** imitieren, nachahmen
impersonation [ɪmˌpɜːsəˈneɪʃən] s Imitation f, Nachahmung f; **he does ~s of politicians** er imitiert Politiker; **his Elvis ~** seine Elvis-Imitation
impersonator [ɪmˈpɜːsəneɪtəʳ] s Imitator(in) m(f)
impertinence [ɪmˈpɜːtɪnəns] s Unverschämtheit f
impertinent adj unverschämt (**to zu, gegenüber**)
imperturbable [ˌɪmpəˈtɜːbəbl] adj unerschütterlich; **he is completely ~** er ist durch nichts zu erschüttern
impervious [ɪmˈpɜːvɪəs] adj **1** undurchlässig; **~ to water** wasserundurchlässig **2** fig unzugänglich (**to** für); von Kritik unberührt (**to** von)
impetuous [ɪmˈpetjʊəs] adj ungestüm
impetus [ˈɪmpɪtəs] s Impuls m, Schwung m
impinge [ɪmˈpɪndʒ] v/i j-s Leben beeinflussen (**on** +akk); j-s Rechte etc einschränken (**on** +akk)
impish [ˈɪmpɪʃ] adj schelmisch
implacable adj, **implacably** [ɪmˈplækəbl, -ɪ] adv unerbittlich
implant [ɪmˈplɑːnt] **A** v/t **1** fig einimpfen (**in sb** j-m) **2** MED implantieren **B** [ˈɪmplɑːnt] s MED Implantat n
implausible [ɪmˈplɔːzəbl] adj nicht plausibel
implement A [ˈɪmplɪmənt] s Gerät n, Werkzeug n **B** [ˈɪmplɪment] v/t Gesetz vollziehen; Maßnahmen durchführen
implementation [ˌɪmplɪmenˈteɪʃən] s von Gesetz Vollzug m; von Plan Durchführung f
implicate [ˈɪmplɪkeɪt] v/t **to ~ sb in sth** j-n in etw verwickeln

implication [ˌɪmplɪˈkeɪʃən] s Implikation f; **by ~** implizit

implicit [ɪmˈplɪsɪt] adj **1** implizit; *Drohung* indirekt; **to be ~ in sth** durch etw impliziert werden; *in Abkommen etc* in etw (*dat*) impliziert sein **2** *Überzeugung* absolut

implicitly [ɪmˈplɪsɪtlɪ] adv **1** implizit **2 to trust sb ~** j-m blind vertrauen

implied [ɪmˈplaɪd] adj impliziert

implode [ɪmˈpləʊd] v/i implodieren

implore [ɪmˈplɔːʳ] v/t anflehen

imploring adj, **imploringly** [ɪmˈplɔːrɪŋ, -lɪ] adv flehentlich

imply [ɪmˈplaɪ] v/t **1** andeuten, implizieren; **are you ~ing** *od* **do you mean to ~ that …?** wollen Sie damit vielleicht sagen *od* andeuten, dass …? **2** schließen lassen auf (+*akk*) **3** bedeuten

impolite [ˌɪmpəˈlaɪt] adj unhöflich (**to sb** j-m gegenüber)

import A [ˈɪmpɔːt] s **1** HANDEL Import m **2** *von Rede etc* Bedeutung f **B** [ɪmˈpɔːt] v/t importieren

importance [ɪmˈpɔːtəns] s Wichtigkeit f, Bedeutung f; **to be of great ~** äußerst wichtig sein; **to attach the greatest ~ to sth** einer Sache (*dat*) größten Wert *od* größte Wichtigkeit beimessen

important [ɪmˈpɔːtənt] adj wichtig, einflussreich; **that's not ~** das ist unwichtig; **it's not ~ to** das macht nichts; **the (most) ~ thing is to stay fit** das Wichtigste *od* die Hauptsache ist, fit zu bleiben; **he's trying to sound ~** er spielt sich auf; **to make sb feel ~** j-m das Gefühl geben, er/sie sei wichtig

importantly [ɪmˈpɔːtəntlɪ] adv **1** *mst pej* wichtigtuerisch *pej* **2** **… and, more ~,** … … und, was noch wichtiger ist, …

importation [ˌɪmpɔːˈteɪʃən] s Import m

import duty s Importzoll m

imported [ɪmˈpɔːtɪd] adj importiert, Import-; **~ goods/cars** Importwaren/-autos pl

importer [ɪmˈpɔːtəʳ] s Importeur(in) m(f) (**of** von)

impose [ɪmˈpəʊz] **A** v/t **1** *Bedingungen, Meinungen* aufzwingen (**on sb** j-m); *Geldstrafe, Urteil* verhängen (**on** gegen); **to ~ a tax on sth** etw mit einer Steuer belegen **2 to ~ oneself on sb** sich j-m aufdrängen; **he ~d himself on them for three months** er ließ sich einfach drei Monate bei ihnen nieder **B** v/i zur Last fallen (**on sb** j-m)

imposing [ɪmˈpəʊzɪŋ] adj beeindruckend

imposition [ˌɪmpəˈzɪʃən] s Zumutung f (**on** für); **I'd love to stay if it's not too much of an ~ (on you)** ich würde liebend gern bleiben, wenn ich Ihnen nicht zur Last falle

impossibility [ɪmˌpɒsəˈbɪlɪtɪ] s Unmöglichkeit f

impossible [ɪmˈpɒsəbl] **A** adj **1** unmöglich; **~!** ausgeschlossen!; **it is ~ for him to leave** er kann unmöglich gehen; **this cooker is ~ to clean** es ist unmöglich, diesen Herd sauber zu kriegen; **to make it ~ for sb to do sth** es j-m unmöglich machen, etw zu tun **2** *Lage* aussichtslos; **an ~ choice** eine unmögliche Wahl; **you put me in an ~ position** du bringst mich in eine unmögliche Lage **3** *umg Mensch* unmöglich *umg* **B** s Unmögliche(s) n; **to do the ~** Unmögliches tun, das Unmögliche tun

impossibly [ɪmˈpɒsəblɪ] adv unmöglich; **an ~ high standard** ein unerreichbar hohes Niveau

imposter, **impostor** [ɪmˈpɒstəʳ] s Betrüger(in) m(f)

impotence [ˈɪmpətəns] s **1** Impotenz f **2** *fig* Machtlosigkeit f

impotent [ˈɪmpətənt] adj **1** impotent **2** *fig* machtlos

impound [ɪmˈpaʊnd] v/t **1** *Besitz* beschlagnahmen **2** *Auto* abschleppen (lassen)

impoverish [ɪmˈpɒvərɪʃ] v/t in Armut bringen

impoverished [ɪmˈpɒvərɪʃt] adj verarmt

impracticable [ɪmˈpræktɪkəbl] adj impraktikabel

impractical [ɪmˈpræktɪkəl] adj unpraktisch

impracticality [ɪmˌpræktɪˈkælɪtɪ] s Unbrauchbarkeit f

imprecise adj, **imprecisely** [ˌɪmprɪˈsaɪs, -lɪ] adv ungenau

imprecision [ˌɪmprɪˈsɪʒən] s Ungenauigkeit f

impregnable [ɪmˈpregnəbl] adj MIL *Festung* uneinnehmbar; *fig Position* unerschütterlich

impregnate [ˈɪmpregneɪt] v/t BIOL befruchten

impress [ɪmˈpres] **A** v/t **1** j-n beeindrucken, imponieren (+*dat*); **he doesn't ~ me as a politician** als Politiker macht er keinen Eindruck auf mich **2** einschärfen (**on sb** j-m); *Idee* (deutlich) klarmachen (**on sb** j-m) **B** v/i Eindruck machen, Eindruck schinden

impression [ɪmˈpreʃən] s **1** Eindruck m, Gefühl n; **to make an ~** einen Eindruck machen; **the theatre made a lasting ~ on me** das Theater beeindruckte mich tief; **his words made an ~** seine Worte machten Eindruck; **to give an ~** einen Eindruck vermitteln; **to give sb the ~ that …** j-m den Eindruck vermitteln, dass …; **he gave the ~ of being unhappy** er wirkte unglücklich; **I was under the ~ that …** ich hatte den Eindruck, dass … **2** Nachahmung f, Imitation f; **to do an ~ of sb** j-n nachahmen

impressionable [ɪmˈpreʃnəbl] adj für Eindrücke empfänglich; **at an ~ age** in einem Alter, in dem man für Eindrücke besonders empfänglich ist

impressionism [ɪmˈpreʃənɪzəm] s Impressionismus m

impressionist [ɪmˈpreʃənɪst] s **1** Impressionist(in) m(f) **2** Imitator(in) m(f)

impressive [ɪmˈpresɪv] adj beeindruckend

impressively [ɪmˈpresɪvlɪ] adv eindrucksvoll

imprint [ɪmˈprɪnt] fig v/t einprägen (**on sb** j-m); **to be ~ed on sb's mind** sich j-m eingeprägt haben

imprison [ɪmˈprɪzn] v/t inhaftieren; **to be ~ed** gefangen sein

imprisonment s Inhaftierung f; (≈ Zustand) Gefangenschaft f; **to sentence sb to life ~** j-n zu lebenslänglicher Freiheitsstrafe verurteilen

improbability [ɪmˌprɒbəˈbɪlɪtɪ] s Unwahrscheinlichkeit f

improbable [ɪmˈprɒbəbl] adj unwahrscheinlich

impromptu [ɪmˈprɒmptjuː] adj improvisiert; **an ~ speech** eine Stegreifrede

improper [ɪmˈprɒpəʳ] adj unpassend; (≈ anstößig) unanständig; benutzen unsachgemäß; **~ use of drugs/one's position** Drogen-/Amtsmissbrauch m

improperly [ɪmˈprɒpəlɪ] adv handeln unpassend; gebrauchen unsachgemäß; (≈ anstößig) unanständig

impropriety [ˌɪmprəˈpraɪətɪ] s Unschicklichkeit f; **financial ~** finanzielles Fehlverhalten

improve [ɪmˈpruːv] **A** v/t verbessern; Wissen erweitern; äußere Erscheinung verschönern; Produktion steigern; **to ~ one's mind** sich weiterbilden **B** v/i sich verbessern; äußere Erscheinung schöner werden; Produktion steigen; **the invalid is improving** dem Kranken geht es besser; **things are improving** es sieht schon besser aus **C** v/r **to ~ oneself** an sich (dat) arbeiten

phrasal verbs mit improve:

improve (up)on v/i ‹+obj› **1** besser machen; Leistung verbessern **2** Angebot überbieten

improved adj verbessert

improvement s Verbesserung f; von äußerer Erscheinung Verschönerung f; von Produktion Steigerung f; gesundheitlich Besserung f; **an ~ on the previous one** eine Verbesserung gegenüber der Früheren; **there's certainly room for ~** das könnte man auf alle Fälle verbessern; **to carry out ~s to a house** Ausbesserungs-/Verschönerungsarbeiten an einem Haus vornehmen

improvisation [ˌɪmprəvaɪˈzeɪʃən] s Improvisation f

improvise [ˈɪmprəvaɪz] v/t & v/i improvisieren

imprudent adj, **imprudently** [ɪmˈpruːdənt, -lɪ] adv unklug

impudence [ˈɪmpjʊdəns] s Unverschämtheit f

impudent adj, **impudently** [ˈɪmpjʊdənt, -lɪ] adv unverschämt

impulse [ˈɪmpʌls] s Impuls m, (Stoß)kraft f; **on ~** spontan; **an ~ buy** ein Impulsivkauf m

impulse buy s Impulskauf m

impulse buying s impulsives od spontanes Kaufen

impulsive [ɪmˈpʌlsɪv] adj impulsiv

impunity [ɪmˈpjuːnɪtɪ] s Straflosigkeit f; **with ~** ungestraft

impure [ɪmˈpjʊəʳ] adj unrein; Motive unsauber

impurity [ɪmˈpjʊərɪtɪ] s Unreinheit f

in [ɪn] **A** präp **1** in (+dat); mit Richtungsangabe in (+akk); **it was in the bag** es war in der Tasche; **he put it in the bag** er steckte es in die Tasche; **in here/there** hier/da drin umg; mit Richtungsangabe hier/da hinein; **in the street** auf der/die Straße; **in Hill Street** auf der Hillstraße; **in (the) church** in der Kirche; **in Germany/Switzerland/the United States** in Deutschland/der Schweiz/den Vereinigten Staaten; **the highest mountain in Scotland** der höchste Berg Schottlands od in Schottland; **the best in the class** der Klassenbeste; **he doesn't have it in him to ...** er bringt es nicht fertig, ... zu ... **2** bei Jahres-, Zeitangaben in (+dat); **in 2014** (im Jahre) 2014; **in May 2014** im Mai 2014; **in the sixties** in den Sechzigerjahren; **in (the) spring** im Frühling; **in the morning(s)** morgens, am Vormittag; **in the afternoon** nachmittags, am Nachmittag; **in the daytime** tagsüber; **in those days** damals; **she is in her thirties** sie ist in den Dreißigern; **in old age** im Alter; **in my childhood** in meiner Kindheit; **she did it in three hours** sie machte es in drei Stunden; **in a week's (time)** in einer Woche; **I haven't seen him in years** ich habe ihn jahrelang nicht mehr gesehen; **in a moment** od **minute** sofort **3** bei Mengenangaben zu; **to walk in twos** zu zweit gehen; **in small quantities** in kleinen Mengen **4** Verhältnis **he has a one in 500 chance of winning** er hat eine Gewinnchance von eins zu 500; **one (man) in ten** jeder Zehnte; **one book in ten** jedes zehnte Buch; **one in five children** ein Kind von fünf; **a tax of twenty pence in the pound** mit einem Steuersatz von zwanzig Prozent; **there are 12 inches in a foot** ein Fuß hat 12 Zoll **5** Art und Weise **to speak in a loud voice** mit lauter Stimme sprechen; **in English** auf Englisch; **to speak in German** Deutsch reden; **to pay in dollars** mit od in Dollar bezahlen; **to stand in a row/in groups** in einer Reihe/in Gruppen stehen; **in this way** so, auf diese Weise; **she squealed in delight** sie quietschte vor Vergnügen; **in surprise** überrascht; **to live in luxury** im Luxus leben;

in his shirt im Hemd; **dressed in white** weiß gekleidet; **to write in ink** mit Tinte schreiben; **in marble** in Marmor, marmorn; **a rise in prices** ein Preisanstieg *m*; **ten feet in height** zehn Fuß hoch; **the latest thing in hats** der letzte Schrei bei Hüten **6** *bei Berufsangaben* **he is in the army** er ist beim Militär; **he is in banking** er ist im Bankwesen (tätig) **7** **in saying this, I …** wenn ich das sage, …; **in trying to save him she fell into the water herself** beim Versuch, ihn zu retten, fiel sie selbst ins Wasser; **in that** insofern als; **the plan was unrealistic in that it didn't take account of the fact that …** der Plan war unrealistisch, da *od* weil er nicht berücksichtigte, dass … **B** *adv* da; zu Hause; **there is nobody in** es ist niemand da/zu Hause; **in here!** hier herein!; **the tide is in** es ist Flut; **he's in for a surprise** er kann sich auf eine Überraschung gefasst machen; **we are in for rain** uns (*dat*) steht Regen bevor; **to have it in for sb** *umg* es auf j-n abgesehen haben *umg*; **to be in on sth** an einer Sache beteiligt sein; *Geheimnis etc* über etw (*akk*) Bescheid wissen; **to be (well) in with sb** sich gut mit j-m verstehen **C** *adj umg* in *inv umg*; **long skirts are in** lange Röcke sind in *umg*; **the in thing is to …** es ist zurzeit in, zu … *umg*, es ist zurzeit Mode, zu … **D** *s* **1** **the ins and outs** die Einzelheiten *pl*; **to know the ins and outs of sth** bei einer Sache genau Bescheid wissen **2** *US POL* **the ins** die Regierungspartei

inability [ˌɪnəˈbɪlɪtɪ] *s* Unfähigkeit *f*; **~ to pay** Zahlungsunfähigkeit *f*

inaccessible [ˌɪnækˈsesəbl] *adj* **1** unzugänglich (**to sb/sth** für j-n/etw); **to be ~ by land/sea** auf dem Landweg/Seeweg nicht erreichbar sein **2** *fig Musik, Roman* unverständlich

inaccuracy [ɪnˈækjʊrəsɪ] *s* Ungenauigkeit *f*, Unrichtigkeit *f*

inaccurate [ɪnˈækjʊrɪt] *adj* ungenau, unrichtig; **she was ~ in her judgement of the situation** ihre Beurteilung der Lage traf nicht zu; **it is ~ to say that …** es ist nicht richtig zu sagen, dass …

inaccurately [ɪnˈækjʊrɪtlɪ] *adv* ungenau, unrichtig

inaction [ɪnˈækʃən] *s* Untätigkeit *f*

inactive [ɪnˈæktɪv] *adj* untätig; *Verstand* träge

inactivity [ˌɪnækˈtɪvɪtɪ] *s* Untätigkeit *f*

inadequacy [ɪnˈædɪkwəsɪ] *s* Unzulänglichkeit *f*; *von Maßnahme* Unangemessenheit *f*

inadequate [ɪnˈædɪkwɪt] *adj* unzulänglich; **she makes him feel ~** sie gibt ihm das Gefühl der Unzulänglichkeit

inadmissible [ˌɪnədˈmɪsəbl] *adj* unzulässig

inadvertently [ˌɪnədˈvɜːtəntlɪ] *adv* versehentlich

inadvisable [ˌɪnədˈvaɪzəbl] *adj* unratsam

inalienable [ɪnˈeɪlɪənəbl] *adj Rechte* unveräußerlich

inane [ɪˈneɪn] *adj* dumm

inanimate [ɪnˈænɪmɪt] *adj* leblos

inapplicable [ɪnˈæplɪkəbl] *adj Antwort* unzutreffend; *Regeln* nicht anwendbar (**to sb** auf j-n)

inappropriate [ˌɪnəˈprəʊprɪɪt] *adj* unpassend; *Zeit* ungünstig; **you have come at a most ~ time** Sie kommen sehr ungelegen

inappropriately [ˌɪnəˈprəʊprɪɪtlɪ] *adv* unpassend

inapt [ɪnˈæpt] *adj* ungeschickt

inarticulate [ˌɪnɑːˈtɪkjʊlɪt] *adj* unklar ausgedrückt; **she's very ~** sie kann sich nur schlecht ausdrücken

inasmuch [ɪnəzˈmʌtʃ] *adv* **~ as** da, weil, insofern als

inattention [ˌɪnəˈtenʃən] *s* Unaufmerksamkeit *f*; **~ to detail** Ungenauigkeit *f* im Detail

inattentive [ˌɪnəˈtentɪv] *adj* unaufmerksam

inaudible, inaudibly [ɪnˈɔːdəbl, -lɪ] *adv* unhörbar (**to** für)

inaugural [ɪˈnɔːgjʊrəl] *adj Vorlesung* Antritts-; *Treffen, Rede* Eröffnungs-

inaugurate [ɪˈnɔːgjʊreɪt] *v/t* **1** *Präsident etc* in sein/ihr Amt einführen **2** *Gebäude* einweihen

inauguration [ɪˌnɔːgjʊˈreɪʃən] *s* **1** *von Präsident etc* Amtseinführung *f* **2** *von Gebäude* Einweihung *f*

inauspicious [ˌɪnɔːˈspɪʃəs] *adj* Unheil verheißend; **to get off to an ~ start** *Aktion* sich nicht gerade vielversprechend anlassen

in-between [ɪnbɪˈtwiːn] *umg adj* Mittel-; **it is sort of ~** es ist so ein Mittelding; **~ stage** Zwischenstadium *n*

inborn [ˈɪnbɔːn] *adj* angeboren

inbound [ˈɪnˌbaʊnd] *adj Flug, Passagier* ankommend

inbox [ˈɪnbɒks] *s* E-Mail Posteingang *m*

inbred [ˈɪnˈbred] *adj* angeboren (**in sb** j-m)

inbreeding [ˈɪnˈbriːdɪŋ] *s* Inzucht *f*

inbuilt [ˈɪnbɪlt] *adj Sicherheitsvorrichtung etc* integriert; *Abneigung* instinktiv

Inc *US abk* (= **Incorporated**) AG

incalculable [ɪnˈkælkjʊləbl] *adj* unermesslich

incandescent [ˌɪnkænˈdesnt] *wörtl adj* (weiß) glühend

incantation [ˌɪnkænˈteɪʃən] *s* Zauber(spruch) *m*

incapability [ɪnˌkeɪpəˈbɪlɪtɪ] *s* Unfähigkeit *f*

incapable [ɪnˈkeɪpəbl] *adj* unfähig; **to be ~ of doing sth** nicht imstande sein, etw zu tun; **she is physically ~ of lifting it** sie ist körperlich nicht in der Lage, es zu heben; **~ of work-**

ing arbeitsunfähig

incapacitate [ˌɪnkəˈpæsɪteɪt] v/t unfähig machen (**from doing** sth etw zu tun); **~d by his broken ankle** durch seinen gebrochenen Knöchel behindert

incapacity [ˌɪnkəˈpæsɪtɪ] s Unfähigkeit f (**for** für)

incapacity benefit Br s Invalidenunterstützung f

in-car [ˈɪnkɑːʳ] adj ⟨attr⟩ Auto-; Radio etc im Auto; **~ computer** Autocomputer m

incarcerate [ɪnˈkɑːsəreɪt] v/t einkerkern

incarceration [ˌɪnkɑːsəˈreɪʃən] s Vorgang Einkerkerung f; Zustand Kerkerhaft f

incarnate [ɪnˈkɑːnɪt] adj **he's the devil ~** er ist der Teufel in Person

incautious adj, **incautiously** [ɪnˈkɔːʃəs, -lɪ] adv unvorsichtig

incendiary [ɪnˈsendɪərɪ] adj Brand-

incendiary device s Brandsatz m

incense[1] [ɪnˈsens] v/t wütend machen; **~d** wütend (**at, by** über +akk)

incense[2] [ˈɪnsens] s KIRCHE Weihrauch m

incentive [ɪnˈsentɪv] s Anreiz m; **~ scheme** IND Anreizsystem n

inception [ɪnˈsepʃən] s Beginn m

incessant [ɪnˈsesnt] adj unaufhörlich

incest [ˈɪnsest] s Inzest m

incestuous [ɪnˈsestjʊəs] adj blutschänderisch

inch [ɪntʃ] **A** s Zoll m; **3.5 ~ disk** 3,5-Zoll-Diskette f; **he came within an ~ of being killed** er ist dem Tod um Haaresbreite entgangen; **they beat him (to) within an ~ of his life** sie haben ihn so geschlagen, dass er fast gestorben wäre; **the lorry missed me by ~es** der Lastwagen hat mich um Haaresbreite verfehlt; **he knows every ~ of the area** er kennt die Gegend wie seine Westentasche; **he is every ~ a soldier** er ist jeder Zoll ein Soldat; **they searched every ~ of the room** sie durchsuchten das Zimmer Zentimeter für Zentimeter **B** v/i **to ~ forward** sich millimeterweise vorwärtsschieben **C** v/t langsam manövrieren; **he ~ed his way through** er schob sich langsam durch

incidence [ˈɪnsɪdəns] s Häufigkeit f; **a high ~ of crime** eine hohe Verbrechensquote

incident [ˈɪnsɪdənt] s **1** Ereignis n, Vorfall m; **a day full of ~** ein ereignisreicher Tag; **an ~ from his childhood** ein Kindheitserlebnis n **2** diplomatisch etc Zwischenfall m; (≈ Krawall etc) Vorfall m; **without ~** ohne Zwischenfälle

incidental [ˌɪnsɪˈdentl] adj nebensächlich; Bemerkung beiläufig

incidentally [ˌɪnsɪˈdentəlɪ] adv übrigens

incidental music s Begleitmusik f

incinerate [ɪnˈsɪnəreɪt] v/t verbrennen

incineration [ɪnsɪnəˈreɪʃən] s Verbrennung f

incinerator [ɪnˈsɪnəreɪtəʳ] s (Müll)verbrennungsanlage f

incision [ɪnˈsɪʒən] s Schnitt m; MED Einschnitt m

incisive [ɪnˈsaɪsɪv] adj Stil, Ton prägnant; Mensch scharfsinnig

incisively [ɪnˈsaɪsɪvlɪ] adv reden prägnant; argumentieren scharfsinnig

incisor [ɪnˈsaɪzəʳ] s Schneidezahn m

incite [ɪnˈsaɪt] v/t aufhetzen; Gewalt aufhetzen zu

incitement s ⟨kein pl⟩ Aufhetzung f

incl abk (= inclusive, including) incl., inkl.

inclement [ɪnˈklemənt] adj Wetter rau

inclination [ˌɪnklɪˈneɪʃən] s Neigung f; **my (natural) ~ is to carry on** ich neige dazu, weiterzumachen; **I have no ~ to see him again** ich habe keinerlei Bedürfnis, ihn wiederzusehen; **he showed no ~ to leave** er schien nicht gehen zu wollen

incline [ɪnˈklaɪn] **A** v/t **1** Kopf neigen **2** veranlassen; **I'm ~d to agree** ich neige dazu zuzustimmen; **this ~s me to think that he must be lying** das lässt mich vermuten, dass er lügt **B** v/i **1** Abhang sich neigen; Boden abfallen **2** (≈ tendieren) neigen **C** [ˈɪnklaɪn] s Neigung f; von Berg Abhang m

incline bench s SPORT Schrägbank f

inclined [ɪnˈklaɪnd] adj **to be ~ to do sth** Lust haben, etw zu tun; (≈ tendieren) dazu neigen, etw zu tun; **I am ~ to think that ...** ich neige zu der Ansicht, dass ...; **I'm ~ to disagree** ich möchte da doch widersprechen; **it's ~ to break** das bricht leicht; **if you feel ~** wenn Sie Lust haben od dazu aufgelegt sind; **if you're that way ~** wenn Ihnen so etwas liegt; **artistically ~** künstlerisch veranlagt

include [ɪnˈkluːd] v/t einschließen, beinhalten; auf Liste, in Gruppe aufnehmen; **your name is not ~d on the list** Ihr Name ist nicht auf der Liste; **service ~d** inklusive Bedienung; **service not ~d** Bedienung nicht inbegriffen; **everyone, children ~d** alle einschließlich der Kinder; **does that ~ me?** gilt das auch für mich?

including präp einschließlich, inklusive; **that makes seven ~ you** mit Ihnen sind das sieben; **many people, ~ my father, had been invited** viele Leute, darunter mein Vater, waren eingeladen; **~ the service charge, ~ service** Bedienung (mit) inbegriffen; **up to and ~ March 4th** bis einschließlich 4. März

inclusion [ɪnˈkluːʒən] s Aufnahme f

inclusive [ɪnˈkluːsɪv] adj einschließlich; **~ price** Inklusivpreis m; **from 1st to 6th May ~** vom 1. bis einschließlich 6. Mai

incognito [ˌɪnkɒgˈniːtəʊ] adv inkognito

incoherent [ˌɪnkəʊˈhɪərənt] adj Stil, Rede zu-

sammenhanglos; *Mensch* sich undeutlich ausdrückend; *Betrunkener etc* schwer verständlich
incoherently [ˌɪnkəʊˈhɪərəntlɪ] *adv* zusammenhanglos
income [ˈɪnkʌm] *s* Einkommen *n*; **low-income families** einkommensschwache Familien *pl*
income bracket *s* Einkommensklasse *f*
income support *Br s* ≈ Sozialhilfe *f*
income tax *s* Lohnsteuer *f*, Einkommensteuer *f*
incoming [ˈɪnˌkʌmɪŋ] *adj* **1** ankommend; *Post* eingehend; **~ tide** Flut *f*; **to receive ~ (phone) calls** (Telefon)anrufe entgegennehmen **2** Präsident neu
incommunicado [ˌɪnkəmjʊnɪˈkɑːdəʊ] *adj* ⟨präd⟩ ohne jede Verbindung zur Außenwelt; **to be ~** *fig* für niemanden zu sprechen sein
incomparable [ɪnˈkɒmpərəbl] *adj* nicht vergleichbar; *Schönheit, Geschick* unvergleichlich
incompatibility [ˈɪnkəmˌpætəˈbɪlɪtɪ] *s* Unvereinbarkeit *f*; *von Medikament, Farben* Unverträglichkeit *f*; TECH Inkompatibilität *f*; **divorce on grounds of ~** Scheidung aufgrund der Unvereinbarkeit der Charaktere der Ehepartner
incompatible [ˌɪnkəmˈpætəbl] *adj* unvereinbar; TECH nicht kompatibel; *Medikament, Farben* nicht miteinander verträglich; **we are ~, she said** wir passen überhaupt nicht zusammen *od* zueinander, sagte sie; **to be ~ with sb/sth** nicht zu j-m/etw passen
incompetence [ɪnˈkɒmpɪtəns] *s* Unfähigkeit *f*
incompetent *adj* unfähig; *Management* inkompetent; *Arbeitsleistung* unzulänglich
incompetently *adv* schlecht
incomplete [ˌɪnkəmˈpliːt] *adj Sammlung* unvollständig; *Information* lückenhaft
incomprehensible [ɪnˌkɒmprɪˈhensəbl] *adj* unverständlich (**to sb** j-m)
incomprehension [ˌɪnkɒmprɪˈhenʃən] *s* Unverständnis *n*
inconceivable [ˌɪnkənˈsiːvəbl] *adj* unvorstellbar
inconclusive [ˌɪnkənˈkluːsɪv] *adj Resultat* unbestimmt; *Diskussion, Untersuchung* ergebnislos; *Beweise* nicht überzeugend
inconclusively [ˌɪnkənˈkluːsɪvlɪ] *adv* ergebnislos
incongruity [ˌɪnkɒŋˈgruːɪtɪ] *s* ⟨*kein pl*⟩ *von Bemerkung* Unpassende(s); *von Situation* Absurdität *f*; *von Verhalten* Unangebrachtheit *f*
incongruous [ɪnˈkɒŋgrʊəs] *adj Paar, Mischung* wenig zusammenpassend *attr*; *Bemerkung* unpassend; *Verhalten* unangebracht
inconsequential [ɪnˌkɒnsɪˈkwenʃəl] *adj* unbedeutend
inconsiderable [ˌɪnkənˈsɪdərəbl] *adj* unerheblich

inconsiderate *adj*, **inconsiderately** [ˌɪnkənˈsɪdərɪt, -lɪ] *adv* rücksichtslos
inconsistency [ˌɪnkənˈsɪstənsɪ] *s* **1** Widersprüchlichkeit *f* **2** *von Arbeit* Unbeständigkeit *f*
inconsistent *adj* **1** widersprüchlich; **to be ~ with sth** zu etw im Widerspruch stehen **2** *Arbeit* unbeständig; *Mensch* inkonsequent
inconsistently *adv* **1** widersprüchlich **2** *arbeiten* ungleichmäßig
inconsolable [ˌɪnkənˈsəʊləbl] *adj* untröstlich
inconspicuous [ˌɪnkənˈspɪkjʊəs] *adj* unauffällig; **to make oneself ~** so wenig Aufsehen wie möglich erregen
incontestable [ˌɪnkənˈtestəbl] *adj* unbestreitbar
incontinence [ɪnˈkɒntɪnəns] *s* MED Inkontinenz *f*
incontinent [ɪnˈkɒntɪnənt] *adj* MED inkontinent
incontrovertible [ɪnˌkɒntrəˈvɜːtəbl] *adj* unbestreitbar; *Beweise* unwiderlegbar
inconvenience [ˌɪnkənˈviːnɪəns] **A** *s* Unannehmlichkeit *f* (**to sb** für j-n); **it was something of an ~ not having a car** es war eine ziemlich lästige *od* leidige Angelegenheit, kein Auto zu haben; **I don't want to cause you any ~** ich möchte Ihnen keine Umstände machen **B** *v/t* Unannehmlichkeiten bereiten (+*dat*); **don't ~ yourself** machen Sie keine Umstände
inconvenient *adj* ungünstig; **if it's ~, I can come later** wenn es Ihnen ungelegen ist, kann ich später kommen; **it is ~ to have to wait** es ist lästig, warten zu müssen
inconveniently *adv* ungünstig
incorporate [ɪnˈkɔːpəreɪt] *v/t* **1** aufnehmen (**into** in +*akk*) **2** enthalten **3** **~d company** *US* Aktiengesellschaft *f*
incorporation [ɪnˌkɔːpəˈreɪʃən] *s* Aufnahme *f* (**into, in** in +*akk*)
incorrect [ˌɪnkəˈrekt] *adj* **1** falsch; **that is ~** das stimmt nicht; **you are ~** Sie haben unrecht **2** *Verhalten* inkorrekt
incorrectly [ˌɪnkəˈrektlɪ] *adv* falsch, inkorrekt; **I had ~ assumed that ...** ich hatte fälschlich(-erweise) angenommen, dass ...
incorrigible [ɪnˈkɒrɪdʒəbl] *adj* unverbesserlich
incorruptible [ˌɪnkəˈrʌptəbl] *adj Mensch* charakterstark, unbestechlich
increase **A** [ɪnˈkriːs] *v/i* zunehmen; *Steuern* erhöht werden; *Kraft* wachsen; *Preis, Verkaufszahlen, Nachfrage* steigen; **to ~ in breadth/size/number** breiter/größer/mehr werden; **to ~ in size/number** größer/mehr werden; **industrial output ~d by 2% last year** die Industrieproduktion wuchs im letzten Jahr um 2% **B** [ɪnˈkriːs] *v/t* vergrößern; *Lärm, Anstrengungen* verstärken; *Handel* erweitern; *Steuern, Preis,*

Nachfrage, Tempo erhöhen; *Chancen* verbessern; **he ~d his efforts** er strengte sich mehr an; **they ~d her salary by £2,000** sie erhöhten ihr Jahresgehalt um £ 2.000 **C** [ˈɪnkriːs] s Zunahme f, Vergrößerung f; *von Kosten* Anstieg m; *von Tempo* Erhöhung f (**in** +*gen*); *von Verkaufszahlen* Zuwachs m; *von Nachfrage* Verstärkung f; *einkommensmäßig* Gehaltserhöhung f; **to get an ~ of £120 per week** £ 120 pro Woche mehr bekommen; **to be on the ~** ständig zunehmen; **~ in value** Wertsteigerung f; **rent ~** Mieterhöhung f

increasing [ɪnˈkriːsɪŋ] *adj* zunehmend; **an ~ number of people** mehr und mehr Leute; **there are ~ signs that ...** es gibt immer mehr Anzeichen dafür, dass ...

increasingly [ɪnˈkriːsɪŋli] *adv* zunehmend; **~, people are finding that ...** man findet in zunehmendem Maße, dass ...

incredible [ɪnˈkredəbl] *adj* unglaublich; *Landschaft, Musik* sagenhaft; **it seems ~ to me that ...** ich kann es nicht fassen, dass ...; **you're ~** *umg* du bist wirklich unschlagbar

incredibly [ɪnˈkredəbli] *adv* unglaublich, unwahrscheinlich; **~, he wasn't there** unglaublicherweise war er nicht da

incredulity [ˌɪnkrɪˈdjuːlɪti] s Ungläubigkeit f

incredulous *adj*, **incredulously** [ɪnˈkredjʊləs, -li] *adv* ungläubig

increment [ˈɪnkrɪmənt] s Zuwachs m

incremental [ˌɪnkrɪˈmentl] *Br adj* zunehmend; **~ costs** Grenzkosten *pl*

incriminate [ɪnˈkrɪmɪneɪt] *v/t* belasten

incriminating [ɪnˈkrɪmɪneɪtɪŋ], **incriminatory** [ɪnˈkrɪmɪnətəri] *adj* belastend

in-crowd [ˈɪnkraʊd] *umg* s Schickeria f *umg*

incubate [ˈɪnkjʊbeɪt] **A** *v/t Ei* ausbrüten; *Bakterien* züchten **B** *v/i* ausgebrütet werden

incubation [ˌɪnkjʊˈbeɪʃən] s *von Ei* Ausbrüten *n*; *von Bakterien* Züchten *n*

incubator [ˈɪnkjʊbeɪtə'] s Brutkasten m

incumbent [ɪnˈkʌmbənt] *form* **A** *adj* **to be ~ upon sb** j-m obliegen *form* **B** *s* Amtsinhaber(in) m(f)

incur [ɪnˈkɜː'] *v/t* **1 to ~ the wrath of sb** j-s Zorn auf sich (*akk*) ziehen **2** FIN *Verlust* erleiden; *Ausgaben* machen

incurable [ɪnˈkjʊərəbl] *adj* MED unheilbar; *fig* unverbesserlich

incursion [ɪnˈkɜːʃən] s Einfall m (**into** in +*akk*)

indebted [ɪnˈdetɪd] *adj* **1** *fig* verpflichtet; **to be ~ to sb for sth** j-m für etw (zu Dank) verpflichtet sein **2** FIN verschuldet (**to sb** bei j-m)

indebtedness *fig* s Verpflichtung f (**to** gegenüber); FIN Verschuldung f

indecency [ɪnˈdiːsnsɪ] s Unanständigkeit f

indecent [ɪnˈdiːsnt] *adj* unanständig; *Witz* schmutzig; *Betrag* unerhört; **with ~ haste** mit ungebührlicher Eile *od* Hast

indecent assault s Notzucht f

indecently [ɪnˈdiːsntli] *adv* unanständig; **to be ~ assaulted** sexuell missbraucht werden

indecipherable [ˌɪndɪˈsaɪfərəbl] *adj* nicht zu entziffernd *attr*

indecision [ˌɪndɪˈsɪʒən] s Unentschlossenheit f

indecisive [ˌɪndɪˈsaɪsɪv] *adj* **1** *Mensch* unentschlossen (**in** *od* **about** *od* **over sth** in Bezug auf etw *akk*) **2** *Wahl* ergebnislos; *Resultat* nicht eindeutig

indecisiveness [ɪndɪˈsaɪsɪvnɪs] s *einer Person* Unentschlossenheit f

indeed [ɪnˈdiːd] *adv* **1** tatsächlich; **I feel, ~ I know he is right** ich habe das Gefühl, ja ich weiß (sogar), dass er recht hat; **isn't that strange? — ~ (it is)** ist das nicht seltsam? — allerdings; **are you coming? — ~ I am!** kommst du? — aber natürlich; **are you pleased? — yes, ~!** bist du zufrieden? — oh ja, das kann man wohl sagen!; **did you/is it/has she** *etc* **~?** tatsächlich?; **~?** ach wirklich?; **where ~?** ja, wo?; **if ~ ... falls ...** wirklich **2** *zur Verstärkung* wirklich; **very ... ~** wirklich sehr ...; **thank you very much ~** vielen herzlichen Dank

indefatigable *adj*, **indefatigably** [ˌɪndɪˈfætɪɡəbl, -li] *adv* unermüdlich

indefensible [ˌɪndɪˈfensəbl] *adj Verhalten* unentschuldbar; *Politik* unhaltbar; **morally ~** moralisch nicht vertretbar

indefinable [ˌɪndɪˈfaɪnəbl] *adj Farbe* undefinierbar; *Gefühl* unbestimmt

indefinite [ɪnˈdefɪnɪt] *adj* unbestimmt

indefinite article s GRAM unbestimmter Artikel

indefinitely [ɪnˈdefɪnɪtli] *adv* **warten** endlos; *verschieben, schließen* auf unbestimmte Zeit; **we can't go on like this ~** wir können nicht endlos so weitermachen

indelible [ɪnˈdeləbl] *fig Eindruck* unauslöschlich

indelicate [ɪnˈdelɪkət] *adj Mensch* taktlos

indemnity [ɪnˈdemnətɪ] s Entschädigung f

indent [ɪnˈdent] *v/t* TYPO einrücken

indentation [ˌɪndenˈteɪʃən] s Kerbe f; TYPO Einrückung f

independence [ˌɪndɪˈpendəns] s Unabhängigkeit f (**of** von); **to gain** *od* **achieve/declare ~** die Unabhängigkeit erlangen/erklären

Independence Day *US* s der Unabhängigkeitstag

independent [ˌɪndɪˈpendənt] **A** *adj* unabhängig (**of sb/sth** von j-m/etw); **a man of ~ means** eine Person mit Privateinkommen; **to become**

independently – indiscriminately

~ *Land* die Unabhängigkeit erlangen; **~ retailer** *US* selbstständiger Einzelhändler, selbstständige Einzelhändlerin **B** *s* **1** POL Unabhängige(r) *m/f(m)* **2** *Musikrichtung* Independent *n*

independently [ˌɪndɪˈpendəntlɪ] *adv* unabhängig (**of** *sb/sth* von j-m/etw; *leben* ohne fremde Hilfe; *arbeiten* selbstständig; **they each came ~ to the same conclusion** sie kamen unabhängig voneinander zur gleichen Schlussfolgerung

independent school *s* unabhängige Schule

in-depth [ˈɪndepθ] *adj* gründlich; *Interview* ausführlich

indescribable [ˌɪndɪˈskraɪbəbl] *adj* unbeschreiblich; *umg* schrecklich

indestructible [ˌɪndɪˈstrʌktəbl] *adj* unzerstörbar

indeterminate [ˌɪndɪˈtɜːmɪnɪt] *adj* unbestimmt; **of ~ sex** von unbestimmbarem Geschlecht

index [ˈɪndeks] *s* **1** ⟨*pl* -es⟩ *in Buch* Index *m*; *in Bücherei* Katalog *m*; *aus Karten* Kartei *f* **2** ⟨*pl* -es *od* indices [ˈɪndɪsiːz]⟩ Index *m*; **cost-of-living ~** Lebenshaltungskostenindex *m*

index card *s* Karteikarte *f*

index finger *s* Zeigefinger *m*

indexing [ˈɪndeksɪŋ] *s in Datenbanken* Indexierung *f*, Verschlagwortung *f*

index-linked *adj Zinssatz* indexgebunden; *Rente* dynamisch

India [ˈɪndɪə] *s* Indien *n*

India ink *US s* Tusche *f*

Indian [ˈɪndɪən] **A** *adj* **1** indisch **2** indianisch, Indianer- **B** *s* **1** Inder(in) *m(f)* **2** Indianer(in) *m(f)*

Indian ink *s* Tusche *f*

Indian Ocean *s* Indischer Ozean

Indian summer *s* Altweibersommer *m*

indicate [ˈɪndɪkeɪt] **A** *v/t* **1** zeigen, zeigen auf (+*akk*); **large towns are ~d in red** Großstädte sind rot gekennzeichnet; **to ~ one's intention to do sth** seine Absicht anzeigen, etw zu tun **2** erkennen lassen; **opinion polls ~ that ...** die Meinungsumfragen deuten darauf hin, dass ... **3** *Temperatur* (an)zeigen **B** *v/i bes Br* AUTO blinken

indication [ˌɪndɪˈkeɪʃən] *s* (An)zeichen *n* (**of** für); **he gave a clear ~ of his intentions** er ließ seine Absichten deutlich erkennen; **he gave no ~ that he was ready** nichts wies darauf hin, dass er bereit war; **that is some ~ of what we can expect** das gibt uns einen Vorgeschmack auf das, was wir zu erwarten haben

indicative [ɪnˈdɪkətɪv] **A** *adj* **1** bezeichnend (**of** für); **to be ~ of sth** auf etw (*akk*) hindeuten **2** GRAM **~ mood** Indikativ *m* **B** *s* GRAM Indikativ *m*; **in the ~** im Indikativ, in der Wirklichkeitsform

indicator [ˈɪndɪkeɪtəʳ] *s* Anzeiger *m*; (≈ *Nadel etc*) Zeiger *m*; *bes Br* AUTO Blinker *m*; *fig* Messlatte *f*; **pressure ~** Druckmesser *m*; **this is an ~ of economic recovery** dies ist ein Indikator für den Aufschwung

indices [ˈɪndɪsiːz] *pl* → index

indict [ɪnˈdaɪt] *v/t* anklagen (**on a charge of sth** einer Sache *gen*); *US* JUR Anklage erheben gegen (**for** wegen +*gen*)

indictment [ɪnˈdaɪtmənt] *s* Anschuldigung *f*; **to be an ~ of sth** *fig* ein Armutszeugnis *n* für etw sein

indie [ˈɪndɪ] *s* MUS Indie *n*

indifference [ɪnˈdɪfrəns] *s* Gleichgültigkeit *f* (**to, towards** gegenüber); **it's a matter of complete ~ to me** das ist mir völlig egal *od* gleichgültig

indifferent [ɪnˈdɪfrənt] *adj* **1** gleichgültig (**to, towards** gegenüber); **he is quite ~ about it/to her** es/sie ist ihm ziemlich gleichgültig **2** mittelmäßig

indigenous [ɪnˈdɪdʒɪnəs] *adj* einheimisch (**to** in +*dat*); **plants ~ to Canada** in Kanada heimische Pflanzen

indigestible [ˌɪndɪˈdʒestəbl] *adj* MED unverdaulich

indigestion [ˌɪndɪˈdʒestʃən] *s* Verdauungsbeschwerden *pl*

indignant *adj*, **indignantly** [ɪnˈdɪɡnənt, -lɪ] *adv* entrüstet (**at, about, with** über +*akk*)

indignation [ˌɪndɪɡˈneɪʃən] *s* Entrüstung *f* (**at, about, with** über +*akk*)

indignity [ɪnˈdɪɡnɪtɪ] *s* Demütigung *f*

indigo [ˈɪndɪɡəʊ] *adj* indigofarben

indirect [ˌɪndɪˈrekt] *adj* indirekt; **by an ~ route** auf Umwegen; **to make an ~ reference to sb/sth** auf j-n/etw anspielen *od* indirekt Bezug nehmen

indirectly [ˌɪndɪˈrektlɪ] *adv* indirekt

indirect object *s* GRAM Dativobjekt *n*

indirect speech *s* GRAM indirekte Rede

indiscernible [ˌɪndɪˈsɜːnəbl] *adj* nicht erkennbar; *Geräusch* nicht wahrnehmbar

indiscipline [ɪnˈdɪsɪplɪn] *s* Disziplinlosigkeit *f*

indiscreet [ˌɪndɪˈskriːt] *adj* indiskret, taktlos; **to be ~ about sth** in Bezug auf etw (*akk*) indiskret sein

indiscreetly [ˌɪndɪˈskriːtlɪ] *adv* indiskret, taktlos

indiscretion [ˌɪndɪˈskreʃən] *s* **1** Indiskretion *f*, Taktlosigkeit *f* **2** Affäre *f*

indiscriminate [ˌɪndɪˈskrɪmɪnɪt] *adj* wahllos; *Auswahl* willkürlich

indiscriminately [ˌɪndɪˈskrɪmɪnɪtlɪ] *adv* wahllos; *auswählen* willkürlich

indispensable [ˌɪndɪ'spensəbl] *adj* unentbehrlich

indisposed [ˌɪndɪ'spəʊzd] *adj* indisponiert *geh*

indisputable [ˌɪndɪ'spjuːtəbl] *adj* unbestreitbar; *Beweise* unanfechtbar

indisputably [ɪndɪ'spjuːtəblɪ] *adv* unbestreitbar, unstrittig

indistinct [ˌɪndɪ'stɪŋkt] *adj* unklar; *Geräusch* schwach

indistinctly [ˌɪndɪ'stɪŋktlɪ] *adv* wahrnehmen verschwommen; *sprechen* undeutlich; *sich erinnern* dunkel

indistinguishable [ˌɪndɪ'stɪŋgwɪʃəbl] *adj* nicht unterscheidbar; **the twins are ~ (from one another)** man kann die Zwillinge nicht (voneinander) unterscheiden

individual [ˌɪndɪ'vɪdjʊəl] **A** *adj* **1** einzeln; **~ cases** Einzelfälle *pl* **2** eigen; **~ portion** Einzelportion *f* **3** individuell **B** *s* Individuum *n*, Einzelperson *f*

individualism [ˌɪndɪ'vɪdjʊəlɪzm] *s* Individualismus *m*

individualist [ˌɪndɪ'vɪdjʊəlɪst] *s* Individualist(in) *m(f)*

individualistic [ˌɪndɪ'vɪdjʊəlɪstɪk] *adj* individualistisch

individuality ['ɪndɪˌvɪdjʊ'ælɪtɪ] *s* Individualität *f*

individually [ˌɪndɪ'vɪdjʊəlɪ] *adv* individuell, einzeln

indivisible [ˌɪndɪ'vɪzəbl] *adj* unteilbar

Indo- ['ɪndəʊ-] *präf* Indo-

indoctrinate [ɪn'dɒktrɪneɪt] *v/t* indoktrinieren

indoctrination [ɪnˌdɒktrɪ'neɪʃən] *s* Indoktrination *f*

indolence ['ɪndələns] *s* Trägheit *f*

indolent ['ɪndələnt] *adj* träge

indomitable [ɪn'dɒmɪtəbl] *adj Mensch, Mut* unbezwingbar; *Wille* eisern

Indonesia [ˌɪndəʊ'niːzɪə] *s* Indonesien *n*

Indonesian [ˌɪndəʊ'niːzɪən] **A** *adj* indonesisch **B** *s* Indonesier(in) *m(f)*

indoor ['ɪndɔː'] *adj* Innen-; **~ market** überdachter Markt; **~ plant** Zimmerpflanze *f*; **~ swimming pool** Hallenbad *n*

indoors [ɪn'dɔːz] *adv* drin(nen) *umg*, innen, zu Hause; *Richtungsangabe* ins Haus; **to stay ~** im Haus bleiben; **go and play ~** geh ins Haus *od* nach drinnen spielen

indorse *etc* → **endorse**

induce [ɪn'djuːs] *v/t* **1 to ~ sb to do sth** j-n dazu bringen, etw zu tun **2** *Reaktion, Schlaf* herbeiführen; *Erbrechen* verursachen; *Wehen* einleiten; **a stress-/drug-induced condition** ein durch Stress/Drogen ausgelöstes Leiden

inducement [ɪn'djuːsmənt] *s* Anreiz *m*

induction [ɪn'dʌkʃən] *s* **1** *von Bischof etc* Amtseinführung *f*; *von Angestellten* Einarbeitung *f*; *US MIL* Einberufung *f* **2** *von Wehen* Einleitung *f*

induction course *s* Einführungskurs *m*

indulge [ɪn'dʌldʒ] **A** *v/t* nachgeben (+dat); *Kinder* verwöhnen; **he ~s her every whim** er erfüllt ihr jeden Wunsch; **she ~d herself with a glass of wine** sie gönnte sich (*dat*) ein Glas Wein **B** *v/i* **to ~ in sth** sich (*dat*) etw gönnen; *einem Laster, Träumen* sich einer Sache (*dat*) hingeben; **dessert came, but I didn't ~** *umg* der Nachtisch kam, aber ich konnte mich beherrschen

indulgence [ɪn'dʌldʒəns] *s* **1** Nachsicht *f*, Verwöhnung *f* **2** Luxus *m*; (≈ *Essen, Vergnügen*) Genuss *m*

indulgent *adj*, **indulgently** [ɪn'dʌldʒənt, -lɪ] *adv* nachsichtig (**to** gegenüber)

industrial [ɪn'dʌstrɪəl] *adj* industriell, Industrie-; **~ nation** Industriestaat *m*; **the Industrial Revolution** die industrielle Revolution

industrial accident *s* Betriebsunfall *m*

industrial action *s* Arbeitskampfmaßnahmen *pl*; **to take ~** in den Ausstand treten

industrial dispute *s* Tarifkonflikt *m*, Streik *m*

industrial espionage *s* Industriespionage *f*

industrial estate *Br s* Industriegebiet *n*

industrialist [ɪn'dʌstrɪəlɪst] *s* Industrielle(r) *m/f(m)*

industrialization [ɪnˌdʌstrɪəlaɪ'zeɪʃən] *s* Industrialisierung *f*

industrialize [ɪn'dʌstrɪəlaɪz] *v/t & v/i* industrialisieren; **~d nation** Industrienation *f*

industrial park *US s* Industriegelände *n*

industrial relations *pl* Beziehungen *pl* zwischen Arbeitgebern und Gewerkschaften

industrial site *s* Industriegelände *n*

industrial tribunal *s* Arbeitsgericht *n*

industrial unrest *s* Arbeitsunruhen *pl*

industrial waste *s* Industriemüll *m*

industrious *adj*, **industriously** [ɪn'dʌstrɪəs, -lɪ] *adv* fleißig

industry ['ɪndəstrɪ] *s* Industrie *f*; **heavy ~** Schwerindustrie *f*

inebriated [ɪ'niːbrɪeɪtɪd] *form adj* betrunken

inedible [ɪn'edɪbl] *adj* nicht essbar, ungenießbar

ineffable [ɪn'efəbl] *form adj* unsäglich *geh*

ineffective [ˌɪnɪ'fektɪv] *adj* ineffektiv; *Manager etc* unfähig; **to be ~ against sth** nicht wirksam gegen etw sein

ineffectively [ˌɪnɪ'fektɪvlɪ] *adv* ineffektiv

ineffectiveness *s* Ineffektivität *f*; *von Manager etc* Unfähigkeit *f*

ineffectual [ˌɪnɪ'fektjʊəl] *adj* ineffektiv

inefficiency [ˌɪnɪ'fɪʃənsɪ] *s* *von Mensch* Unfähigkeit *f*; *von Maschine* geringe Leistung; *von Unter-*

nehmen Unproduktivität *f*

inefficient [ˌɪnɪˈfɪʃənt] *adj Mensch* unfähig; *Maschine* leistungsschwach; *Methode* unrationell; *Unternehmen* unproduktiv; **to be ~ at doing sth** etw schlecht machen

inefficiently [ˌɪnɪˈfɪʃəntlɪ] *adv* schlecht; **to work ~** *Mensch* unrationell arbeiten; *Maschine* unwirtschaftlich arbeiten

inelegant *adj*, **inelegantly** [ɪnˈelɪɡənt, -lɪ] *adv* unelegant

ineligible [ɪnˈelɪdʒəbl] *adj zu Beihilfe etc* nicht berechtigt (**for** zu Leistungen +*gen*); *für Job, Amt* ungeeignet; **~ for military service** wehruntauglich; **to be ~ for a pension** nicht pensionsberechtigt sein

inept [ɪˈnept] *adj* ungeschickt

ineptitude [ɪˈneptɪtjuːd], **ineptness** [ɪˈneptnɪs] *s* Ungeschick *n*

inequality [ˌɪnɪˈkwɒlɪtɪ] *s* Ungleichheit *f*

inert [ɪˈnɜːt] *adj* unbeweglich

inert gas *s* CHEM Edelgas *n*

inertia [ɪˈnɜːʃə] *s* Trägheit *f*

inescapable [ˌɪnɪsˈkeɪpəbl] *adj* unvermeidlich; *Tatsache* unausweichlich

inessential [ˌɪnɪˈsenʃəl] *adj* unwesentlich

inestimable [ɪnˈestɪməbl] *adj* unschätzbar

inevitability [ɪnˌevɪtəˈbɪlɪtɪ] *s* Unvermeidlichkeit *f*

inevitable [ɪnˈevɪtəbl] **A** *adj* unvermeidlich; **defeat seemed ~** die Niederlage schien unabwendbar **B** *s* **the ~** das Unvermeidliche

inevitably [ɪnˈevɪtəblɪ] *adv* zwangsläufig; **one question ~ leads to another** eine Frage zieht unweigerlich weitere nach sich; **~, he got drunk** es konnte ja nicht ausbleiben, dass er sich betrank; **as ~ happens on these occasions** wie es bei solchen Anlässen immer ist

inexact [ˌɪnɪɡˈzækt] *adj* ungenau

inexcusable [ˌɪnɪksˈkjuːzəbl] *adj* unverzeihlich

inexhaustible [ˌɪnɪɡˈzɔːstəbl] *adj* unerschöpflich

inexorable [ɪnˈeksərəbl] *adj* unaufhaltsam

inexpensive *adj*, **inexpensively** [ˌɪnɪkˈspensɪv, -lɪ] *adv* billig

inexperience [ˌɪnɪkˈspɪərɪəns] *s* Unerfahrenheit *f*

inexperienced *adj* unerfahren; *Skifahrer etc* ungeübt; **to be ~ in doing sth** wenig Erfahrung darin haben, etw zu tun

inexpertly [ɪnˈekspɜːtlɪ] *adv* unfachmännisch

inexplicable [ˌɪnɪkˈsplɪkəbl] *adj* unerklärlich

inexplicably [ˌɪnɪkˈsplɪkəblɪ] *adv mit Adjektiv* unerklärlich; *mit Verb* unerklärlicherweise

inexpressible [ˌɪnɪkˈspresəbl] *adj* unbeschreiblich

inextricable [ˌɪnɪkˈstrɪkəbl] *adj Verwicklung* unentwirrbar; *Verbindung* untrennbar

inextricably [ˌɪnɪkˈstrɪkəblɪ] *adv* verwickelt unentwirrbar; *verbunden* untrennbar

infallibility [ɪnˌfæləˈbɪlɪtɪ] *s* Unfehlbarkeit *f*

infallible [ɪnˈfæləbl] *adj* unfehlbar

infamous [ˈɪnfəməs] *adj* berüchtigt (**for** wegen)

infamy [ˈɪnfəmɪ] *s* Verrufenheit *f*

infancy [ˈɪnfənsɪ] *s* frühe Kindheit; *fig* Anfangsstadium *n*; **in early ~** in frühester Kindheit; **when radio was still in its ~** als das Radio noch in den Kinderschuhen steckte

infant [ˈɪnfənt] *s* Säugling *m*, Kleinkind *n*; **she teaches ~s** sie unterrichtet Grundschulkinder; **~ class** *Br* erste und zweite Grundschulklasse

infantile [ˈɪnfəntaɪl] *adj* kindisch

infant mortality *s* Säuglingssterblichkeit *f*

infantry [ˈɪnfəntrɪ] *s* MIL Infanterie *f*

infantryman [ˈɪnfəntrɪmən] *s* ⟨*pl* -men⟩ Infanterist *m*

infant school *Br s* Grundschule *f* für die ersten beiden Jahrgänge

infatuated [ɪnˈfætjʊeɪtɪd] *adj* vernarrt (**with** in +*akk*); **to become ~ with sb** sich in j-n vernarren

infatuation [ɪnˌfætjʊˈeɪʃən] *s* Vernarrtheit *f* (**with** in +*akk*)

infect [ɪnˈfekt] *v/t Wunde, Blut* infizieren; *j-n* anstecken; **to be ~ed with sth** sich mit etw angesteckt haben; **his wound became ~ed** seine Wunde entzündete sich

infected [ɪnˈfektɪd] *adj* infiziert

infection [ɪnˈfekʃən] *s* Infektion *f*

infectious [ɪnˈfekʃəs] *adj* ansteckend

infer [ɪnˈfɜːʳ] *v/t* **1** (≈ *folgern*) schließen (**from** aus) **2** andeuten

inference [ˈɪnfərəns] *s* Schluss *m*, Schlussfolgerung *f*

inferior [ɪnˈfɪərɪəʳ] **A** *adj Qualität* minderwertig; *Mensch* unterlegen; *rangmäßig* untergeordnet; **an ~ workman** ein weniger guter Handwerker; **to be ~ to sth** von minderer Qualität sein als etw; **to be ~ to sb** j-m unterlegen sein; *rangmäßig* j-m untergeordnet sein; **he feels ~** er kommt sich (*dat*) unterlegen *od* minderwertig vor **B** *s* **one's ~s** *rangmäßig* seine Untergebenen *pl*

inferiority [ɪnˌfɪərɪˈɒrɪtɪ] *s* Minderwertigkeit *f*; *von Mensch* Unterlegenheit *f* (**to** gegenüber); *rangmäßig* untergeordnete Stellung

inferiority complex *s* Minderwertigkeitskomplex *m*

infernal [ɪnˈfɜːnl] *umg adj Ärgernis* verteufelt *umg*; *Lärm* höllisch *umg*

inferno [ɪnˈfɜːnəʊ] *s* ⟨*pl* -s⟩ Flammenmeer *n*; **a blazing ~** ein flammendes Inferno

infertile [ɪnˈfɜːtaɪl] *adj* unfruchtbar; *Tier* fort-

pflanzungsunfähig
infertility [ˌɪnfɜːˈtɪlɪtɪ] s Unfruchtbarkeit f
infertility treatment s Sterilitätsbehandlung f
infest [ɪnˈfest] v/t Ungeziefer herfallen über (+akk); **to be ~ed with rats** mit Ratten verseucht sein
infidel [ˈɪnfɪdəl] s HIST, REL Ungläubige(r) m/f(m)
infidelity [ˌɪnfɪˈdelɪtɪ] s Untreue f
in-fighting [ˈɪnfaɪtɪŋ] fig s interner Machtkampf
infiltrate [ˈɪnfɪltreɪt] v/t POL Organisation unterwandern; Spione einschleusen in
infiltration [ˌɪnfɪlˈtreɪʃən] s POL Unterwanderung f
infiltrator [ˈɪnfɪlˌtreɪtəʳ] s POL Unterwanderer m
infinite [ˈɪnfɪnɪt] wörtl adj unendlich; Möglichkeiten unendlich viele
infinitely [ˈɪnfɪnɪtlɪ] adv unendlich; besser unendlich viel
infinitesimal [ˌɪnfɪnɪˈtesɪməl] adj unendlich klein
infinitive [ɪnˈfɪnɪtɪv] s GRAM Infinitiv m; **in the ~** im Infinitiv
infinity [ɪnˈfɪnɪtɪ] wörtl s Unendlichkeit f; MATH das Unendliche; **to ~** (bis) ins Unendliche
infirm [ɪnˈfɜːm] adj gebrechlich
infirmary [ɪnˈfɜːmərɪ] s Krankenhaus n, Spital n österr, schweiz; in Schule etc Krankenzimmer n; in Gefängnis Krankenstation f
infirmity [ɪnˈfɜːmɪtɪ] s Gebrechlichkeit f; **the infirmities of (old) age** die Altersgebrechen pl
inflame [ɪnˈfleɪm] v/t 1 MED entzünden; **to become ~d** sich entzünden 2 Situation anheizen
inflammable [ɪnˈflæməbl] wörtl adj feuergefährlich; Stoff leicht entflammbar; **"highly ~"** „feuergefährlich"
inflammation [ˌɪnfləˈmeɪʃən] s MED Entzündung f
inflammatory [ɪnˈflæmətərɪ] adj Rede aufrührerisch; **~ speech/pamphlet** Hetzrede/-schrift f
inflatable [ɪnˈfleɪtəbl] A adj aufblasbar; **~ dinghy** Schlauchboot n B s Gummiboot n
inflate [ɪnˈfleɪt] A v/t 1 wörtl aufpumpen, aufblasen 2 WIRTSCH Preise hochtreiben B v/i wörtl sich mit Luft füllen
inflated adj Preis überhöht; Selbstbewusstsein übersteigert
inflation [ɪnˈfleɪʃən] s WIRTSCH Inflation f; **~ rate** Inflationsrate f
inflation-adjusted [ɪnfleɪʃnəˈdʒʌstɪd] adj inflationsbereinigt
inflationary [ɪnˈfleɪʃənərɪ] adj inflationär; **~ pressures/politics** Inflationsdruck m/-politik f
inflected [ɪnˈflektɪd] adj GRAM Form, Endung flektiert, gebeugt; Sprache flektierend
inflection [ɪnˈflekʃən] s → inflexion
inflexibility [ɪnˌfleksɪˈbɪlɪtɪ] fig s Unbeugsamkeit f

inflexible [ɪnˈfleksəbl] wörtl adj starr; fig unbeugsam
inflexion [ɪnˈflekʃən] s 1 GRAM von Wort Flexion f 2 von Stimme Tonfall m
inflict [ɪnˈflɪkt] v/t Strafe verhängen (**on, upon** gegen); Schaden zufügen (**on od upon sb** j-m); Niederlage beibringen (**on od upon sb** j-m)
infliction [ɪnˈflɪkʃən] s von Schaden Zufügen n
in-flight [ˈɪnflaɪt] adj während des Fluges; Service an Bord; **~ magazine** Bordmagazin n
inflow [ˈɪnfləʊ] s 1 von Wasser, Luft Zustrom m, Zufließen n; **~ pipe** Zuflussrohr n 2 fig von Menschen, Waren Zustrom m; von Ideen Eindringen n
influence [ˈɪnflʊəns] A s Einfluss m (**over** auf +akk); **to have an ~ on sb/sth** Einfluss auf j-n/etw haben; **the book had od was a great ~ on him** das Buch hat ihn stark beeinflusst; **he was a great ~ in ...** er war ein bedeutender Faktor bei ...; **to use one's ~** seinen Einfluss einsetzen; **a man of ~** eine einflussreiche Person; **under the ~ of sb/sth** unter j-s Einfluss/dem Einfluss einer Sache; **under the ~ of drink** unter Alkoholeinfluss; **under the ~** umg betrunken; **my early ~s was** Beckett einer der Schriftsteller, die mich schon früh beeinflusst haben, war Beckett B v/t beeinflussen; **to be easily ~d** leicht beeinflussbar od zu beeinflussen sein
influential [ˌɪnflʊˈenʃəl] adj einflussreich
influenza [ˌɪnflʊˈenzə] s Grippe f
influx [ˈɪnflʌks] s von Kapital, Waren Zufuhr f; von Menschen Zustrom m
info [ˈɪnfəʊ] umg s ⟨kein pl⟩ → information
infomania [ˌɪnfəʊˈmeɪnɪə, US ˌɪnfoʊˈmeɪnɪə] s Infomanie f (Drang, sich ständig auf dem Laufenden zu halten)
inform [ɪnˈfɔːm] A v/t informieren, benachrichtigen (**about** über +akk); **to ~ sb of/about sth** j-n über etw informieren; **I am pleased to ~ you that ...** ich freue mich, Ihnen mitteilen zu können, dass ...; **to ~ the police** die Polizei verständigen; **to keep sb ~ed** j-n auf dem Laufenden halten (**of** über +akk) B v/i **to ~ against** od **on sb** j-n denunzieren
informal [ɪnˈfɔːməl] adj 1 bes POL Treffen nicht formell; Besuch inoffiziell 2 Atmosphäre zwanglos; Ausdrucksweise ungezwungen
informality [ˌɪnfɔːˈmælɪtɪ] s 1 bes POL von Treffen nicht formeller Charakter; von Besuch inoffizieller Charakter 2 von Atmosphäre Zwanglosigkeit f; von Ausdrucksweise informeller Charakter
informally [ɪnˈfɔːməlɪ] adv 1 inoffiziell 2 zwanglos
informant [ɪnˈfɔːmənt] s 1 Informant(in) m(f); **according to my ~ the book is out of print** wie man mir mitteilt, ist das Buch vergriffen

2 (police) ~ Polizeispitzel *m*

information [ˌɪnfəˈmeɪʃən] *s* ⟨*kein pl*⟩ Informationen *pl;* **a piece of ~** eine Auskunft *od* Information; **for your ~** zu Ihrer Information; *ungehalten* damit Sie es wissen; **to give ~** Information(en) angeben; **to give sb ~ about** *od* **on sb/sth** j-m Auskunft *od* Informationen über j-n/etw geben; **to get ~ about** *od* **on sb/sth** sich über j-n/etw informieren; **"information"** „Auskunft"; **we have no ~ about that** wir wissen darüber nicht Bescheid; **for further ~ please contact this number ...** Näheres erfahren Sie unter Telefonnummer ...

information age *s* Informationszeitalter *n*
information centre *s,* **information center** *US s* Auskunftsbüro *n,* Informationszentrum *n*
information desk *s* Auskunft *f,* Informationsschalter *m*
information pack *s* Informationsmaterial *n*
information science *s* Informatik *f*
information scientist *s* Informatiker(in) *m(f)*
information society *s* Informationsgesellschaft *f*
information superhighway *s* Datenautobahn *f*
information technology *s* Informationstechnik *f,* Informationstechnologie *f*
informative [ɪnˈfɔːmətɪv] *adj* aufschlussreich, informativ
informed [ɪnˈfɔːmd] *adj Beobachter* informiert; *Vermutung* fundiert
informer [ɪnˈfɔːməʳ] *s* Informant(in) *m(f);* **police ~** Polizeispitzel *m*
infotainment [ˌɪnfəʊˈteɪnmənt] *s TV* Infotainment *n*
infrared [ˈɪnfrəˈred] *adj* infrarot
infrastructure [ˈɪnfrəˌstrʌktʃəʳ] *s* Infrastruktur *f*
infrequency [ɪnˈfriːkwənsɪ] *s* Seltenheit *f*
infrequent [ɪnˈfriːkwənt] *adj* selten; **at ~ intervals** in großen Abständen
infrequently [ɪnˈfriːkwəntlɪ] *adv* selten
infringe [ɪnˈfrɪndʒ] **A** *v/t* verstoßen gegen; *Rechte* verletzen **B** *v/i* **to ~ (up)on sb's rights** j-s Rechte verletzen
infringement *s* **an ~ (of a rule)** ein Regelverstoß *m;* **the ~ of sb's rights** die Verletzung von j-s Rechten
infuriate [ɪnˈfjʊərɪeɪt] *v/t* zur Raserei bringen
infuriating [ɪnˈfjʊərɪeɪtɪŋ] *adj* (äußerst) ärgerlich; **an ~ person** ein Mensch, der einen rasend machen kann
infuse [ɪnˈfjuːz] **A** *v/t Mut* einflößen (**into sb** j-m) **B** *v/i* ziehen
infusion [ɪnˈfjuːʒən] *s* **1** Einbringen *n* **2** Tee *m;* Aufguss *m*
ingenious *adj,* **ingeniously** [ɪnˈdʒiːnɪəs, -lɪ] *adv* genial
ingenuity [ˌɪndʒɪˈnjuːɪtɪ] *s* Genialität *f*
ingenuous [ɪnˈdʒenjʊəs] *adj* **1** aufrichtig **2** naiv
ingoing [ˈɪnˌgəʊɪŋ] *adj* eingehend; **~ flight** Rückflug *m*
ingot [ˈɪŋgət] *s* Barren *m*
ingrained [ɪnˈgreɪnd] *adj* **1** *fig* Angewohnheit eingefleischt; *Vorurteil* tief verwurzelt; **to be (deeply) ~** fest verwurzelt sein **2** *Schmutz* tief eingedrungen
ingratiate [ɪnˈgreɪʃɪeɪt] *v/r* **to ~ oneself with sb** sich bei j-m einschmeicheln
ingratitude [ɪnˈgrætɪtjuːd] *s* Undank *m;* **sb's ~** j-s Undankbarkeit *f*
ingredient [ɪnˈgriːdɪənt] *s* Bestandteil *m;* in *Kochrezept* Zutat *f;* **all the ~s for success** alles, was man zum Erfolg braucht
in-group *s* innerer Zirkel
ingrowing [ˈɪnˌgrəʊɪŋ] *adj* MED eingewachsen
inhabit [ɪnˈhæbɪt] *v/t* bewohnen; *Tiere* leben in (+dat)
inhabitable [ɪnˈhæbɪtəbl] *adj* bewohnbar
inhabitant [ɪnˈhæbɪtənt] *s* Bewohner(in) *m(f);* von Stadt *a.* Einwohner(in) *m(f)*
inhale [ɪnˈheɪl] **A** *v/t* einatmen; MED inhalieren **B** *v/i Raucher* inhalieren; **do you ~?** rauchen Sie auf Lunge?
inhaler [ɪnˈheɪləʳ] *s* Inhalationsapparat *m*
inherent [ɪnˈhɪərənt] *adj* innewohnend, eigen (**to, in** +dat)
inherently [ɪnˈhɪərəntlɪ] *adv* von Natur aus
inherit [ɪnˈherɪt] *v/t & v/i* erben; **to ~ sth from sb** etw von j-m erben; **the problems which we ~ed from the last government** die Probleme, die uns die letzte Regierung hinterlassen *od* vererbt hat
inheritance [ɪnˈherɪtəns] *s* Erbe *n*
inherited [ɪnˈherɪtɪd] *adj* ererbt
inheritor [ɪnˈherɪtəʳ] *s* Erbe *m,* Erbin *f*
inhibit [ɪnˈhɪbɪt] *v/t* hemmen; *Fähigkeit* beeinträchtigen
inhibited *adj* gehemmt
inhibition [ˌɪnhɪˈbɪʃən] *s* Hemmung *f;* **he has no ~s about speaking French** er hat keine Hemmungen, Französisch zu sprechen
inhospitable [ˌɪnhɒˈspɪtəbl] *adj* ungastlich; *Klima, Gegend* unwirtlich
in-house **A** [ˈɪnhaʊs] *adj* hausintern; *Personal* im Haus **B** [ɪnˈhaʊs] *adv* hausintern
inhuman [ɪnˈhjuːmən] *adj* unmenschlich
inhumane [ˌɪnhjuːˈmeɪn] *adj* inhuman; *Behandlung a.* menschenunwürdig
inhumanity [ˌɪnhjuːˈmænɪtɪ] *s* Unmenschlichkeit *f*
inimitable [ɪˈnɪmɪtəbl] *adj* unnachahmlich

iniquitous [ɪˈnɪkwɪtəs] *adj* ungeheuerlich
initial [ɪˈnɪʃəl] **A** *adj* anfänglich, Anfangs-; **my ~ reaction** meine anfängliche Reaktion; **in the ~ stages** im Anfangsstadium **B** *s* Initiale *f* **C** *v/t Dokument* mit seinen Initialen unterzeichnen
initially [ɪˈnɪʃəli] *adv* anfangs
initiate [ɪˈnɪʃieɪt] *v/t* **1** den Anstoß geben zu, initiieren *geh; Diskussion* eröffnen **2** *in Verein etc* feierlich aufnehmen **3** einweihen; **to ~ sb into sth** j-n in etw *(akk)* einführen
initiation [ɪˌnɪʃiˈeɪʃən] *s in Gesellschaft* Aufnahme *f*
initiation ceremony *s* Aufnahmezeremonie *f*
initiative [ɪˈnɪʃiətɪv] *s* Initiative *f*; **to take the ~** die Initiative ergreifen; **on one's own ~** aus eigener Initiative; **to have the ~** überlegen sein; **to lose the ~** seine Überlegenheit verlieren
initiator [ɪˈnɪʃieɪtə] *s* Initiator(in) *m(f)*
inject [ɪnˈdʒekt] *v/t* (ein)spritzen; *Drogen* spritzen; **to ~ sb with sth** MED j-m etw spritzen; **he ~ed new life into the team** er brachte neues Leben in das Team
injection [ɪnˈdʒekʃən] *s* Injektion *f*; **to give sb an ~** j-m eine Injektion geben; **to have an ~** eine Spritze bekommen; **a £250 million cash ~** eine Finanzspritze von 250 Millionen Pfund
in-joke *s* **it's an ~** das ist ein Witz für Insider
injudicious *adj*, **injudiciously** [ˌɪndʒuˈdɪʃəs, -li] *adv* unklug
injunction [ɪnˈdʒʌŋkʃən] *s* JUR gerichtliche Verfügung; **to take out a court ~** eine gerichtliche Verfügung erwirken
injure [ˈɪndʒə] *v/t* verletzen; *j-s Ruf* schaden (*+dat*); **to be ~d** verletzt sein; **to ~ one's leg** sich *(dat)* das Bein verletzen; **how many were ~d?, how many ~d were there?** wie viele Verletzte gab es?; **the ~d** die Verletzten *pl*; **the ~d party** JUR der/die Geschädigte
injurious [ɪnˈdʒʊərɪəs] *adj* schädlich
injury [ˈɪndʒəri] *s* Verletzung *f* (**to** *+gen*); **to do sb/oneself an ~** j-n/sich verletzen; SPORT **to play ~ time** *Br* nachspielen
injustice [ɪnˈdʒʌstɪs] *s* Ungerechtigkeit *f*; **to do sb an ~** j-m unrecht tun
ink [ɪŋk] *s* Tinte *f*; KUNST Tusche *f*; TYPO Druckfarbe *f*; **to write in red ink** mit roter Tinte schreiben
ink drawing *s* Tuschzeichnung *f*
ink-jet (printer) *s* Tintenstrahldrucker *m*
inkling [ˈɪŋklɪŋ] *s* dunkle Ahnung; **he didn't have an ~** er hatte nicht die leiseste Ahnung
ink pad *s* Stempelkissen *n*
inkstain *s* Tintenfleck *m*
inky [ˈɪŋkɪ] *adj* ⟨*komp* inkier⟩ wörtl tintenbeschmiert; **~ fingers** Tintenfinger *pl*
inlaid [ɪnˈleɪd] *adj* eingelegt

inland [ˈɪnlænd] **A** *adj* binnenländisch; **~ town** Stadt *f* im Landesinneren; **~ waterway** Binnenwasserstraße *f* **B** *adv* landeinwärts
inland lake *s* Binnensee *m*
Inland Revenue *Br s* ≈ Finanzamt *n*
inland sea *s* Binnenmeer *n*
inlaw [ˈɪnlɔː] *s* angeheirateter Verwandter, angeheiratete Verwandte; **~s** Schwiegereltern *pl*
inlay [ˈɪnleɪ] *s* Einlegearbeit *f*, Intarsien *pl*
inlet [ˈɪnlet] *s* **1** Meeresarm *m*, Flussarm *m* **2** TECH Zuleitung *f*
in-line skates [ˈɪnlaɪnˌskeɪts] *pl* Inlineskates *pl*
in-line skating *s* Inlineskaten *n*
inmate [ˈɪnmeɪt] *s* Insasse *m*, Insassin *f*
inmost [ˈɪnməʊst] *adj* → innermost
inn [ɪn] *s* Gasthaus *n*
innards [ˈɪnədz] *pl* Innereien *pl*
innate [ɪˈneɪt] *adj* angeboren
innately [ɪˈneɪtli] *adv* von Natur aus
inner [ˈɪnə] *adj* innere(r, s); **~ city** Innenstadt *f* (*meistens innerstädtische Bezirke mit vielen sozialen Problemen*)
inner-city *adj* ⟨*attr*⟩ Innenstadt-, in den Innenstädten; *Probleme* der Innenstadt/der Innenstädte
innermost *adj* innerste(r, s)
inner tube *s* Schlauch *m*
innings [ˈɪnɪŋz] *s* ⟨*pl* -⟩ *Kricket* Innenrunde *f*; **he has had a good ~** er hatte ein langes, ausgefülltes Leben
innkeeper [ˈɪnˌkiːpə] *s* (Gast)wirt(in) *m(f)*
innocence [ˈɪnəsəns] *s* Unschuld *f*
innocent [ˈɪnəsənt] **A** *adj* **1** unschuldig; **she is ~ of the crime** sie ist an dem Verbrechen unschuldig **2** *Frage* naiv; *Bemerkung* arglos **B** *s* Unschuld *f*
innocently [ˈɪnəsəntli] *adv* unschuldig; **the quarrel began ~ enough** der Streit begann ganz harmlos
innocuous *adj*, **innocuously** [ɪˈnɒkjʊəs, -li] *adv* harmlos
innovate [ˈɪnəʊveɪt] *v/i* Neuerungen einführen
innovation [ˌɪnəʊˈveɪʃən] *s* Innovation *f*
innovative [ɪnəˈveɪtɪv] *adj* innovativ; *Idee* originell
innovator [ˈɪnəʊveɪtə] *s* Neuerer *m*, Neuerin *f*
innuendo [ˌɪnjʊˈendəʊ] *s* ⟨*pl* -es⟩ versteckte Andeutung; **sexual ~** sexuelle Anspielung
innumerable [ɪˈnjuːmərəbl] *adj* unzählig
inoculate [ɪˈnɒkjʊleɪt] *v/t* impfen (**against** gegen)
inoculation [ɪˌnɒkjʊˈleɪʃən] *s* Impfung *f*
inoffensive [ˌɪnəˈfensɪv] *adj* harmlos
inoperable [ɪnˈɒpərəbl] *adj* inoperabel
inoperative [ɪnˈɒpərətɪv] *adj* **1** *Gesetz* außer Kraft **2** **to be ~** *Maschine* nicht funktionieren

inopportune [ɪnˈɒpətjuːn] *adj* inopportun; **to be ~** ungelegen kommen
inordinate [ɪˈnɔːdɪnɪt] *adj* unmäßig; *Zahl, Summe* übermäßig; *Nachfrage* übertrieben
inordinately [ɪˈnɔːdɪnɪtlɪ] *adv* unmäßig; *groß* übermäßig
inorganic [ˌɪnɔːˈgænɪk] *adj* anorganisch
inpatient [ˈɪnpeɪʃənt] *s* stationär behandelter Patient/behandelte Patientin
input [ˈɪnpʊt] **A** *s* **1** *in Computer* Eingabe *f*; *von Kapital* Investition *f*; *zu Projekt etc* Beitrag *m* **2** (≈ *Terminal*) Eingang *m* **B** *v/t* IT eingeben
inquest [ˈɪnkwɛst] *s* JUR gerichtliche Untersuchung der Todesursache; *fig* Manöverkritik *f*
inquire [ɪnˈkwaɪəʳ] **A** *v/t* sich erkundigen nach; **he ~d whether ...** er erkundigte sich, ob ... **B** *v/i* sich erkundigen (**about** nach); **"inquire within"** „Näheres im Geschäft"
phrasal verbs mit inquire:
inquire about, inquire after *v/i* ⟨+obj⟩ sich erkundigen nach
inquire into *v/i* ⟨+obj⟩ untersuchen
inquiring [ɪnˈkwaɪərɪŋ] *adj* fragend; *Geist* forschend
inquiry [ɪnˈkwaɪərɪ *US* ˈɪnkwɪrɪ] *s* **1** Anfrage *f* (**about** über +*akk*); *nach dem Weg etc* Erkundigung *f* (**about** über +*akk od* nach); **to make inquiries** Erkundigungen einziehen; *Polizei* Nachforschungen anstellen (**about** sb über j-n *od* **about** sth nach etw); **he is helping the police with their inquiries** *euph* er wird von der Polizei vernommen **2** Untersuchung *f*; **to hold an ~ into the cause of the accident** eine Untersuchung der Unfallursache durchführen
inquisitive [ɪnˈkwɪzɪtɪv] *adj* neugierig
inroad [ˈɪnrəʊd] *fig s* **the Chinese are making ~s into the British market** die Chinesen dringen in den britischen Markt ein
insane [ɪnˈseɪn] **A** *adj wörtl* geisteskrank; *fig umg* wahnsinnig; **to drive sb ~** *wörtl* j-n um den Verstand bringen; *fig umg* j-n wahnsinnig machen **B** *pl* **the ~** die Geisteskranken *pl*
insanely [ɪnˈseɪnlɪ] *adv* irrsinnig
insanitary [ɪnˈsænɪtərɪ] *adj* unhygienisch
insanity [ɪnˈsænɪtɪ] *s* Wahnsinn *m*
insatiable [ɪnˈseɪʃəbl] *adj* unersättlich
inscribe [ɪnˈskraɪb] *v/t* **1** *auf Ring etc* eingravieren (etw in etw, **sth on sth** *akk*); *in Stein, Holz* einmeißeln (etw in etw, **sth on sth** *akk*) **2** *Buch* eine Widmung schreiben in (+*akk*); **a watch, ~d ...** eine Uhr mit der Widmung ...
inscription [ɪnˈskrɪpʃən] *s* **1** Inschrift *f*; *auf Münze* Aufschrift *f* **2** *in Buch* Widmung *f*
inscrutable [ɪnˈskruːtəbl] *adj* unergründlich (**to** für)
insect [ˈɪnsɛkt] *s* Insekt *n*

insect bite *s* Insektenstich *m*
insecticide [ɪnˈsɛktɪsaɪd] *s* Insektengift *n*, Insektizid *n form*
insect repellent *s* Insektenschutzmittel *n*
insecure [ˌɪnsɪˈkjʊəʳ] *adj* **1** unsicher; **if they feel ~ in their jobs** wenn sie sich in ihrem Arbeitsplatz nicht sicher fühlen **2** *Leiter etc* ungesichert
insecurity [ˌɪnsɪˈkjʊərɪtɪ] *s* Unsicherheit *f*
inseminate [ɪnˈsɛmɪneɪt] *v/t* befruchten; *Vieh* besamen
insemination [ɪnˌsɛmɪˈneɪʃən] *s* Befruchtung *f*; *von Vieh* Besamung *f*
insensitive [ɪnˈsɛnsɪtɪv] *adj* **1** gefühllos; *Bemerkung* taktlos; **to be ~ to** *od* **about sb's feelings** auf j-s Gefühle keine Rücksicht nehmen **2** unempfänglich **3** unempfindlich (**to** gegen); **~ to pain** schmerzunempfindlich
insensitivity [ɪnˌsɛnsɪˈtɪvɪtɪ] *s* Gefühllosigkeit *f* (**towards** gegenüber); *von Bemerkung* Taktlosigkeit *f*
inseparable [ɪnˈsɛpərəbl] *adj* untrennbar; *Freunde* unzertrennlich; **these two issues are ~** diese beiden Fragen sind untrennbar miteinander verbunden
inseparably [ɪnˈsɛpərəblɪ] *adv* untrennbar
insert A [ɪnˈsɜːt] *v/t* hineinstecken, hineinlegen, einfügen; *Münze* einwerfen; IT *CD* einlegen; **to ~ sth in(to) sth** etw in etw (*akk*) stecken, etw in etw (*akk*) hineinlegen, etw in etw (*akk*) einfügen **B** [ˈɪnsɜːt] *s in Buch* Einlage *f*; (≈ *Werbung*) Inserat *n*
insertion [ɪnˈsɜːʃən] *s* Hineinstecken *n*, Hineinlegen *n*, Einfügen *n*
insert key *s* COMPUT Einfügetaste *f*
in-service [ˈɪnˌsɜːvɪs] *adj* ⟨*attr*⟩ **~ training** (berufsbegleitende) Fortbildung
inset [ˈɪnsɛt] *s*, (*a.* **inset map**) Nebenkarte *f*; *in Diagramm* Nebenbild *n*
inshore [ˈɪnˈʃɔːʳ] **A** *adj* Küsten- **B** *adv* in Küstennähe
inside [ˈɪnˈsaɪd] **A** *s* **1** Innere(s) *n*, Innenseite *f*; **you'll have to ask someone on the ~** Sie müssen einen Insider *od* Eingeweihten fragen; **locked from** *od* **on the ~** von innen verschlossen; **the wind blew the umbrella ~ out** der Wind hat den Schirm umgestülpt; **your sweater's ~ out** du hast deinen Pullover links herum an; **to turn sth ~ out** etw umdrehen; **to know sth ~ out** etw in- und auswendig kennen **2** *umg a.* **~s** Eingeweide *n* **B** *adj* Innen-, innere(r, s); **~ leg measurement** innere Beinlänge; **~ pocket** Innentasche *f* **C** *adv* innen, drin(nen); *Richtungsangabe* nach innen, hinein, herein; **look ~** sehen Sie hinein, sehen Sie innen nach; **come ~!** kommen Sie herein!; **let's**

go ~ gehen wir hinein; **I heard music coming from ~** ich hörte von innen Musik; **to be ~** *umg* in Gefängnis sitzen *umg* **D** *präp* **1** *bes US a.* **~ of** innen in (+dat); Richtungsangabe in (+akk) ... (hinein); **to get ~ the car** ins Auto einsteigen; **don't let him come ~ the house** lassen Sie ihn nicht ins Haus (herein); **he was waiting ~ the house** er wartete im Haus **2** zeitlich innerhalb

inside information *s* Insiderinformationen *pl*

inside lane *s* SPORT Innenbahn *f*; AUTO Innenspur *f*

insider ['ɪnˈsaɪdə*r*] *s* Insider(in) *m(f)*

insider deal *s* WIRTSCH Insidergeschäft *n*

insider dealing, insider trading *s* FIN Insiderhandel *m*

insidious *adj*, **insidiously** [ɪnˈsɪdɪəs, -lɪ] *adv* heimtückisch

insight ['ɪnsaɪt] *s* **1** <*kein pl*> Verständnis *n*; **his ~ into my problems** sein Verständnis für meine Probleme **2** Einblick *m* (**into** in +akk); **to gain (an) ~ into sth** (einen) Einblick in etw gewinnen

insignia [ɪnˈsɪɡnɪə] *pl* Insignien *pl*

insignificance [ˌɪnsɪɡˈnɪfɪkəns] *s* Bedeutungslosigkeit *f*

insignificant *adj* unbedeutend

insincere [ˌɪnsɪnˈsɪə*r*] *adj* unaufrichtig

insincerity [ˌɪnsɪnˈserɪtɪ] *s* Unaufrichtigkeit *f*

insinuate [ɪnˈsɪnjʊeɪt] *v/t* andeuten (**sth to sb** etw j-m gegenüber); **what are you insinuating?** was wollen Sie damit sagen?

insinuation [ɪnˌsɪnjʊˈeɪʃən] *s* Anspielung *f* (**about** auf +akk); **he objected strongly to any ~ that ...** er wehrte sich heftig gegen jede Andeutung, dass ...

insipid [ɪnˈsɪpɪd] *adj* fade; *Farbe* langweilig, fad *österr*

insist [ɪnˈsɪst] **A** *v/i* **to ~ on sth** auf etw (akk) bestehen; **I ~!** ich bestehe darauf!; **if you ~** wenn Sie darauf bestehen; **he ~s on his innocence** er behauptet beharrlich, unschuldig zu sein; **to ~ on a point** auf einem Punkt beharren; **to ~ on doing sth** darauf bestehen, etw zu tun; **he will ~ on calling her by the wrong name** er redet sie beharrlich beim falschen Namen an **B** *v/t* **to ~ that ...** darauf beharren *od* bestehen, dass ...; **he ~s that he is innocent** er behauptet beharrlich, unschuldig zu sein

insistence [ɪnˈsɪstəns] *s* Bestehen *n* (**on** auf +dat); **I did it at his ~** ich tat es auf sein Drängen

insistent [ɪnˈsɪstənt] *adj* **1** *Mensch* hartnäckig; *Vertreter* aufdringlich; **he was most ~ about it** er bestand hartnäckig darauf **2** *Forderung* nachdrücklich

insistently [ɪnˈsɪstntlɪ] *adv* mit Nachdruck

insofar [ˌɪnsəʊˈfɑː*r*] *adv* **~ as** soweit

insole ['ɪnsəʊl] *s* Einlegesohle *f*

insolence ['ɪnsələns] *s* Unverschämtheit *f*

insolent *adj*, **insolently** ['ɪnsələnt, -lɪ] *adv* unverschämt

insoluble [ɪnˈsɒljʊbl] *adj* **1** *Substanz* unlöslich **2** *Problem* unlösbar

insolvency [ɪnˈsɒlvənsɪ] *s* Zahlungsunfähigkeit *f*

insolvency proceedings *pl* WIRTSCH Insolvenzverfahren *n*

insolvent [ɪnˈsɒlvənt] *adj* zahlungsunfähig

insomnia [ɪnˈsɒmnɪə] *s* Schlaflosigkeit *f*

insomniac [ɪnˈsɒmnɪæk] *s* **to be an ~** an Schlaflosigkeit leiden

insomuch [ˌɪnsəʊˈmʌtʃ] *adv* → inasmuch

inspect [ɪnˈspekt] *v/t* prüfen; *Schule etc* inspizieren; **to ~ sth for sth** etw auf etw (akk) (hin) prüfen *od* kontrollieren

inspection [ɪnˈspekʃən] *s* Prüfung *f*; *von Schule etc* Inspektion *f*; **to make an ~ of sth** etw kontrollieren *od* prüfen; *Schule etc* etw inspizieren; **on ~** bei näherer Betrachtung

inspector [ɪnˈspektə*r*] *s* im Bus Kontrolleur(in) *m(f)*, Konducteur(in) *m(f)* schweiz; *von Schulen* Schulrat *m*, Schulrätin *f*; *von Polizei* Polizeiinspektor(in) *m(f)*; höher Kommissar(in) *m(f)*

inspiration [ˌɪnspəˈreɪʃən] *s* Inspiration *f* (**for** zu, für); **he gets his ~ from ...** er lässt sich von ... inspirieren; **his courage has been an ~ to us all** sein Mut hat uns alle inspiriert

inspirational [ˌɪnspəˈreɪʃənl] *adj* inspirativ

inspire [ɪnˈspaɪə*r*] *v/t* **1** Respekt einflößen (**in sb** j-m); *Hoffnungen* (er)wecken (**in** in +dat); *Hass* hervorrufen (**in** bei) **2** j-n inspirieren; **the book was ~d by a real person** die Inspiration zu dem Buch kommt von einer wirklichen Person

inspired [ɪnˈspaɪəd] *adj* genial; *Vortragskünstler* inspiriert; **it was an ~ choice** das war genial gewählt

inspiring [ɪnˈspaɪərɪŋ] *adj* inspirierend

instability [ˌɪnstəˈbɪlɪtɪ] *s* Instabilität *f*

install [ɪnˈstɔːl] *v/t* installieren; *Badezimmer* einbauen; *j-n* (in ein Amt) einführen; **to have electricity ~ed** ans Elektrizitätsnetz angeschlossen werden

installation [ˌɪnstəˈleɪʃən] *s* **1** Installation *f*; *von Telefon* Anschluss *m*; *von Küche etc* Einbau *m*; **~ program** IT Installationsprogramm *n* **2** (≈ *Maschinen*) Anlage *f*

installation assistant, installation wizard *s* IT Installationsassistent *m*

installer [ɪnˈstɔːlə*r*] *s* Installateur(in) *m(f)*

installment plan US *s* Ratenzahlung *f*; **to buy**

on the ~ auf Raten kaufen

instalment [ɪnˈstɔːlmənt] s, **installment** US s ◼1 Fortsetzung f; RADIO, TV (Sende)folge f ◼2 FIN, HANDEL Rate f; **monthly** ~ Monatsrate f; **to pay in** od **by** ~**s** in Raten od ratenweise bezahlen

instance [ˈɪnstəns] s Beispiel n, Fall m; **for** ~ zum Beispiel; **in the first** ~ zunächst (einmal)

instant [ˈɪnstənt] Ⓐ adj ◼1 unmittelbar ◼2 GASTR Instant-; ~ **mashed potatoes** fertiger Kartoffelbrei Ⓑ s Augenblick m; **this** ~ auf der Stelle; **it was all over in an** ~ in einem Augenblick war alles vorbei; **he left the** ~ **he heard the news** er ging sofort, als er die Nachricht hörte

instant access s FIN, IT sofortiger Zugriff (**to** auf +akk)

instantaneous [ˌɪnstənˈteɪnɪəs] adj unmittelbar; **death was** ~ der Tod trat sofort ein

instantaneously [ˌɪnstənˈteɪnɪəslɪ] adv sofort

instant camera s Sofortbildkamera f

instant coffee s Pulverkaffee m

instantly [ˈɪnstəntlɪ] adv sofort

instant message s INTERNET Instant Message f

instant messaging s INTERNET Instant Messaging n

instant replay s TV Wiederholung f

instead [ɪnˈsted] Ⓐ präp ~ **of** statt (+gen od (umg) dat), anstelle von; ~ **of going to school** (an)statt zur Schule zu gehen; ~ **of that** stattdessen; **his brother came** ~ **of him** sein Bruder kam an seiner Stelle Ⓑ adv stattdessen; **if he doesn't want to go, I'll go** ~ wenn er nicht gehen will, gehe ich (stattdessen)

instep [ˈɪnstep] s ANAT Spann m

instigate [ˈɪnstɪgeɪt] v/t anstiften; Gewalt aufrufen zu; Reform etc initiieren

instigation [ˌɪnstɪˈgeɪʃən] s **at sb's** ~ auf j-s Veranlassung

instigator [ˈɪnstɪgeɪtəʳ] s zu Verbrechen Anstifter(in) m(f); von Reform Initiator(in) m(f)

instil [ɪnˈstɪl] v/t, **instill** US v/t einflößen (**into sb** j-m); Wissen, Disziplin beibringen (**into sb** j-m)

instinct [ˈɪnstɪŋkt] s Instinkt m; **the survival** ~ der Überlebenstrieb; **by** od **from** ~ instinktiv; **to follow one's** ~**s** sich auf seinen Instinkt verlassen

instinctive adj, **instinctively** [ɪnˈstɪŋktɪv, -lɪ] adv instinktiv

institute [ˈɪnstɪtjuːt] Ⓐ v/t ◼1 Reformen einführen; Suche einleiten ◼2 JUR Untersuchung einleiten; Verfahren anstrengen (**against** gegen) Ⓑ s Institut n; **Institute of Technology** technische Hochschule; **women's** ~ Frauenverein m

institution [ˌɪnstɪˈtjuːʃən] s Institution f, Anstalt f

institutional [ˌɪnstɪˈtjuːʃənl] adj institutionell; ~ **care** Anstaltspflege f

institutionalized [ˌɪnstɪˈtjuːʃənəlaɪzd] adj institutionalisiert

in-store [ˈɪnstɔːʳ] adj ⟨attr⟩ im Laden; **an** ~ **bakery** eine Bäckerei innerhalb der Anlage

instruct [ɪnˈstrʌkt] v/t ◼1 unterrichten ◼2 anweisen, die Anweisung erteilen (+dat)

instruction [ɪnˈstrʌkʃən] s ◼1 Unterricht m ◼2 Anweisung f (**on, for** zu); **what were your** ~**s?** welche Instruktionen od Anweisungen hatten Sie?; **to follow** ~**s** Anweisungen befolgen; ~**s for use** Gebrauchsanweisung f; ~ **manual** TECH Bedienungsanleitung f

instructive [ɪnˈstrʌktɪv] adj instruktiv

instructor [ɪnˈstrʌktəʳ] s Lehrer(in) m(f); US Dozent(in) m(f)

instructress [ɪnˈstrʌktrɪs] s Lehrerin f; US Dozentin f

instrument [ˈɪnstrʊmənt] s ◼1 Instrument n ◼2 fig Werkzeug n

instrumental [ˌɪnstrʊˈmentl] adj ◼1 Rolle entscheidend; **to be** ~ **in sth** bei etw eine entscheidende Rolle spielen ◼2 MUS Instrumental-; ~ **music/version** Instrumentalmusik f/-version f

instrumentalist [ˌɪnstrʊˈmentəlɪst] s Instrumentalist(in) m(f)

instrumentation [ˌɪnstrʊmenˈteɪʃən] s Instrumentation f

instrument panel s FLUG Instrumententafel f; AUTO Armaturenbrett n

insubordinate [ˌɪnsəˈbɔːdənɪt] adj aufsässig

insubordination [ˈɪnsəˌbɔːdɪˈneɪʃən] s Aufsässigkeit f

insubstantial [ˌɪnsəbˈstænʃəl] adj wenig substanziell; Anschuldigung gegenstandslos; Summe gering(fügig); Mahlzeit dürftig

insufferable adj, **insufferably** [ɪnˈsʌfərəbl, -lɪ] adv unerträglich

insufficient [ˌɪnsəˈfɪʃənt] adj nicht genügend; ~ **evidence** Mangel m an Beweisen; ~ **funds** FIN mangelnde Deckung

insufficiently [ˌɪnsəˈfɪʃəntlɪ] adv unzulänglich

insular [ˈɪnsjələʳ] adj engstirnig

insulate [ˈɪnsjʊleɪt] wörtl v/t isolieren

insulating material [ˈɪnsjʊleɪtɪŋ] s Isoliermaterial n

insulating tape s Isolierband n

insulation [ˌɪnsjʊˈleɪʃən] wörtl s Isolierung f, Isoliermaterial n

insulin [ˈɪnsjʊlɪn] s Insulin® n

insult Ⓐ [ɪnˈsʌlt] v/t beleidigen Ⓑ [ˈɪnsʌlt] s Beleidigung f; **an** ~ **to my intelligence** eine Beleidigung meiner Intelligenz; **to add** ~ **to injury** das Ganze noch schlimmer machen

insulting [ɪnˈsʌltɪŋ] adj beleidigend; Frage unverschämt; **he was very ~ to her** er hat sich ihr gegenüber sehr beleidigend geäußert

insultingly [ɪnˈsʌltɪŋlɪ] *adv* beleidigend; *sich verhalten* in beleidigender Weise

insuperable [ɪnˈsuːpərəbl] *adj* unüberwindlich

insurance [ɪnˈʃʊərəns] *s* ⟨*kein pl*⟩ Versicherung *f*; **to take out ~** eine Versicherung abschließen (**against** gegen)

insurance broker *s* Versicherungsmakler(in) *m(f)*

insurance company *s* Versicherungsgesellschaft *f*

insurance policy *s* Versicherungspolice *f*; **to take out an ~** eine Versicherung abschließen

insurance premium *s* Versicherungsprämie *f*

insure [ɪnˈʃʊəʳ] *v/t* versichern (lassen) (**against** gegen); **he ~d his house contents for £10,000** er schloss eine Hausratsversicherung über £ 10.000 ab; **to ~ one's life** eine Lebensversicherung abschließen

insured *adj* versichert (**by, with** bei); **~ against fire** feuerversichert

insurer [ɪnˈʃʊərəʳ] *s* Versicherer *m*

insurgent [ɪnˈsɜːdʒənt] *s* Aufständische(r) *m/f(m)*

insurmountable [ˌɪnsəˈmaʊntəbl] *adj* unüberwindlich

insurrection [ˌɪnsəˈrekʃən] *s* Aufstand *m*

intact [ɪnˈtækt] *adj* intakt; **not one window was left ~** kein einziges Fenster blieb ganz *od* heil; **his confidence remained ~** sein Vertrauen blieb ungebrochen *od* unerschüttert

intake [ˈɪnteɪk] *s* **1** *food* ~ Nahrungsaufnahme *f*; (**sharp**) **~ of breath** (plötzlicher) Atemzug **2** SCHULE *von Asylbewerbern etc* Aufnahme *f*

intangible [ɪnˈtændʒəbl] *adj* unbestimmbar

integer [ˈɪntɪdʒəʳ] *s* ganze Zahl

integral [ˈɪntɪɡrəl] *adj* wesentlich; **to be ~ to sth** ein wesentlicher Bestandteil einer Sache (*gen*) sein

integrate [ˈɪntɪɡreɪt] *v/t* integrieren; **to ~ sb/sth into** *od* **with sth** j-n/etw in etw (*akk*) integrieren; **to ~ sth with sth** etw auf etw (*akk*) abstimmen

integrated *adj* integriert; *Plan* einheitlich; *Schule* ohne Rassentrennung

integration [ˌɪntɪˈɡreɪʃən] *s* Integration *f* (**into** in +*akk*); (**racial**) **~** Rassenintegration *f*

integration policy *s* Integrationspolitik *f*

integrity [ɪnˈteɡrɪtɪ] *s* **1** Integrität *f* **2** Einheit *f*

intellect [ˈɪntɪlekt] *s* Intellekt *m*

intellectual [ˌɪntɪˈlektjʊəl] **A** *adj* intellektuell; *Freiheit, Eigentum* geistig **B** *s* Intellektuelle(r) *m/f(m)*

intelligence [ɪnˈtelɪdʒəns] *s* **1** Intelligenz *f* **2** Informationen *pl* **3** MIL *etc* Nachrichtendienst *m*

intelligence service *s* POL Nachrichtendienst *m*

intelligent *adj*, **intelligently** [ɪnˈtelɪdʒənt, -lɪ] *adv* intelligent

intelligentsia [ɪnˌtelɪˈdʒentsɪə] *s* Intelligenz *f*

intelligible [ɪnˈtelɪdʒəbl] *adj* verständlich (**to sb** für j-n)

intend [ɪnˈtend] *v/t* beabsichtigen; **I ~ed no harm** es war (von mir) nicht böse gemeint, ich hatte nichts Böses beabsichtigt; **it was ~ed as a compliment** das sollte ein Kompliment sein; **I wondered what he ~ed by that remark** ich fragte mich, was er mit dieser Bemerkung beabsichtigte; **this park is ~ed for the general public** dieser Park ist für die Öffentlichkeit bestimmt; **I ~ to leave next year** ich beabsichtige *od* habe vor, nächstes Jahr zu gehen; **what do you ~ to do about it?** was beabsichtigen Sie, dagegen zu tun?; **this is ~ed to help me** das soll mir helfen; **did you ~ that to happen?** hatten Sie das beabsichtigt?

intended A *adj Wirkung* beabsichtigt; *Opfer* ausgeguckt; *Ziel* anvisiert **B** *s* **my ~** *umg* mein Zukünftiger *umg*, meine Zukünftige *umg*

intense [ɪnˈtens] *adj* intensiv; *Enttäuschung* bitter; *Druck* enorm; *Freude* riesig; *Hitze* ungeheuer; *Verlangen* brennend; *Wettstreit, Kämpfe, Spekulation* heftig; *Hass* rasend; *Mensch* ernsthaft

intensely [ɪnˈtenslɪ] *adv* **1** äußerst; **I dislike it ~** ich kann es absolut nicht ausstehen **2** *starren, studieren* intensiv

intensification [ɪnˌtensɪfɪˈkeɪʃən] *s* Intensivierung *f*

intensify [ɪnˈtensɪfaɪ] **A** *v/t* intensivieren; *Ängste* verstärken; *Konflikt* verschärfen **B** *v/i* zunehmen

intensity [ɪnˈtensɪtɪ] *s* Intensität *f*

intensive [ɪnˈtensɪv] *adj* intensiv, Intensiv-; **to be in ~ care** MED auf der Intensivstation sein; **~ care unit** Intensivstation *f*; **~ farming** intensive Landwirtschaft

intensively [ɪnˈtensɪvlɪ] *adv* intensiv

intent [ɪnˈtent] **A** *s* Absicht *f*; **to all ~s and purposes** im Grunde **B** *adj* **1** *Blick* durchdringend **2** **to be ~ on achieving sth** fest entschlossen sein, etw zu erreichen; **they were ~ on winning** sie wollten unbedingt gewinnen

intention [ɪnˈtenʃən] *s* Absicht *f*; **what was your ~ in publishing the article?** mit welcher Absicht haben Sie den Artikel veröffentlicht?; **it is my ~ to punish you severely** ich beabsichtige, Sie streng zu bestrafen; **I have every ~ of doing it** ich habe die feste Absicht, das zu tun; **to have no ~ of doing sth** nicht die Ab-

sicht haben, etw zu tun; **with the best of ~s** in der besten Absicht; **with the ~ of ...** in der Absicht zu ...
intentional [ɪnˈtenʃənl] *adj* absichtlich
intentionally [ɪnˈtenʃənli] *adv* absichtlich
intently [ɪnˈtentli] *adv* konzentriert
inter [ɪnˈtɜːʳ] *form v/t* bestatten
inter- [ˈɪntəʳ-] *präf* zwischen-, Zwischen-, inter-, Inter-; **interpersonal** zwischenmenschlich
interact [ˌɪntərˈækt] *v/i* aufeinanderwirken; PSYCH, SOZIOL interagieren
interaction [ˌɪntərˈækʃən] *s* gegenseitige Einwirkung; PSYCH, SOZIOL Interaktion *f*
interactive [ˌɪntərˈæktɪv] *adj* interaktiv
interbreed [ˈɪntəˈbriːd] *v/i* sich untereinander vermehren, sich kreuzen
intercede [ˌɪntəˈsiːd] *v/i* sich einsetzen (**with** bei *od* **for, on behalf of** für); *bei Streit* vermitteln
intercept [ˌɪntəˈsept] *v/t* abfangen; **they ~ed the enemy** sie schnitten dem Feind den Weg ab
intercession [ˌɪntəˈseʃən] *s* Fürsprache *f*; *bei Streit* Vermittlung *f*
interchange [ˈɪntəˌtʃeɪndʒ] *s* **1** *von Straßen* Kreuzung *f*, (Autobahn)kreuz *n* **2** Austausch *m*
interchangeable [ˌɪntəˈtʃeɪndʒəbl] *adj* austauschbar
interchangeably [ˌɪntəˈtʃeɪndʒəbli] *adv* **they are used ~** sie können ausgetauscht werden
intercity [ˌɪntəˈsɪti] *adj* Intercity-
intercity bus *s* Fernbus *m*
intercom [ˈɪntəkɒm] *s* (Gegen)sprechanlage *f*; SCHIFF, FLUG Bordverständigungsanlage *f*
interconnect [ˌɪntəkəˈnekt] **A** *v/t* **~ed events** zusammenhängende Ereignisse **B** *v/i* in Zusammenhang stehen
intercontinental [ˈɪntəˌkɒntɪˈnentl] *adj* interkontinental, Interkontinental-
intercourse [ˈɪntəkɔːs] *s* Verkehr *m*; **(sexual) ~** (Geschlechts)verkehr *m*
intercultural [ˌɪntəˈkʌltʃərəl] *adj* interkulturell
interdental [ˌɪntəˈdentl US ˌɪntərˈdentl] *adj* MED, LING interdental; **~ brush, ~ toothbrush** zur Zahnpflege Interdentalbürste *f*, Interdentalzahnbürste *f*
interdepartmental [ˈɪntəˌdiːpɑːtˈmentl] *adj* *Beziehungen* zwischen den Abteilungen; *Ausschuss* abteilungsübergreifend
interdependent [ˌɪntədɪˈpendənt] *adj* wechselseitig voneinander abhängig
interdisciplinary [ˌɪntəˌdɪsɪˈplɪnəri] *adj* fächerübergreifend
interest [ˈɪntrɪst] **A** *s* **1** Interesse *n* (**in** für); **do you have any ~ in chess?** interessieren Sie sich für Schach?; **to take an ~ in sb/sth** sich für j-n/etw interessieren; **to show (an) ~ in** sb/sth Interesse für j-n/etw zeigen; **is it of any ~ to you?** sind Sie daran interessiert?; **he has lost ~** er hat das Interesse verloren; **his ~s are ...** er interessiert sich für ...; **in the (~s) of sth** im Interesse einer Sache (*gen*) **2** ⟨*kein pl*⟩ FIN Zinsen *pl* **3** HANDEL Anteil *m*; **German ~s in Africa** deutsche Interessen *pl* in Afrika **B** *v/t* interessieren (**in** für, an *+dat*); **to ~** j-n interessieren, bei j-m Interesse wecken; **to ~ sb in doing sth** j-n dafür interessieren, etw zu tun; **can I ~ you in a drink?** kann ich Sie zu etwas Alkoholischem überreden?
interested [ˈɪntrɪstɪd] *adj* **1** interessiert (**in** an *+dat*); **I'm not ~** das interessiert mich nicht; **to be ~ in sb/sth** sich für j-n/etw interessieren, an j-m/etw interessiert sein; **I'm going to the cinema, are you ~ (in coming)?** ich gehe ins Kino, haben Sie Lust mitzukommen?; **I'm selling my car, are you ~?** ich verkaufe meinen Wagen, sind Sie interessiert?; **the company is ~ in expanding its sales** die Firma hat Interesse daran *od* ist daran interessiert, ihren Absatz zu vergrößern; **to get ~** sich interessieren; **to get sb ~ (in sth)** j-n (für etw) interessieren **2** **he is an ~ party** er ist befangen, er ist daran beteiligt
interest-free *adj & adv* zinslos
interest group *s* Interessengruppe *f*
interesting [ˈɪntrɪstɪŋ] *adj* interessant; **the ~ thing about it is that ...** das Interessante daran ist, dass ...
interestingly [ˈɪntrɪstɪŋli] *adv* **~ enough, I saw him yesterday** interessanterweise habe ich ihn gestern gesehen
interest rate *s* FIN Zinssatz *m*
interface [ˈɪntəfeɪs] *s* **1** Grenzfläche *f* **2** IT Schnittstelle *f*; **USB ~** USB-Schnittstelle
interfere [ˌɪntəˈfɪə] *v/i* sich einmischen (**in** in *+akk*); *an Maschinen, Eigentum* sich zu schaffen machen (**with** an *+dat*); *euph sexuell* sich vergehen (**with** an *+dat*); **don't ~ with the machine** lass die Finger von der Maschine; **to ~ with sth** etw stören; *j-s Arbeit a.* etw beeinträchtigen; **to ~ with sb's plans** j-s Pläne durchkreuzen
interference [ˌɪntəˈfɪərəns] *s* **1** Einmischung *f* **2** RADIO, TV Störung *f* (**with** *+gen*)
interfering [ˌɪntəˈfɪərɪŋ] *adj* sich ständig einmischend
intergovernmental [ˌɪntəɡʌvənˈmentl] *adj* zwischenstaatlich
interim [ˈɪntərɪm] **A** *s* Zwischenzeit *f*; **in the ~** in der Zwischenzeit **B** *adj* vorläufig; **~ agreement** Übergangsabkommen *n*; **~ phase** Übergangsphase *f*; **~ report** Zwischenbericht *m*; **~ government** Übergangsregierung *f*
interior [ɪnˈtɪərɪəʳ] **A** *adj* Innen-; **~ minister** In-

nenminister(in) *m(f)*; **~ ministry** Innenministerium *n* **B** *s* **1** *von Land* Innere(s) *n*; *von Haus* Innenausstattung *f*; **Department of the Interior** *US* Innenministerium *n*; **the ~ of the house has been newly decorated** das Haus ist innen neu gemacht **2** FOTO Innenaufnahme *f*

interior decoration *s* Innenausstattung *f*

interior decorator *s* Innenausstatter(in) *m(f)*

interior design *s* Innenarchitektur *f*

interior designer *s* Innenarchitekt(in) *m(f)*

interior monologue *s* LIT innerer Monolog (*Erzähltext in der ersten Person, der die Gedanken eines Charakters wiedergibt; häufig ohne erkennbare chronologische oder thematische Ordnung*)

interject [ˌɪntəˈdʒekt] *v/t* einwerfen

interjection [ˌɪntəˈdʒekʃən] *s* Ausruf *m*; (≈ *Bemerkung*) Einwurf *m*

interlink [ˌɪntəˈlɪŋk] *v/i* ineinanderhängen; *fig Theorien etc* zusammenhängen

interlock [ˌɪntəˈlɒk] *v/i* ineinandergreifen

interlocutor [ˌɪntəˈlɒkjʊtə^r] *s* Gesprächspartner(in) *m(f)*

interloper [ˈɪntələʊpə^r] *s* Eindringling *m*

interlude [ˈɪntəluːd] *s* Periode *f*; THEAT Pause *f*, Zwischenspiel *n*; MUS Interludium *n*

intermarry [ˌɪntəˈmærɪ] *v/i* untereinander heiraten

intermediary [ˌɪntəˈmiːdɪərɪ] **A** *s* (Ver)mittler(in) *m(f)* **B** *adj* **1** mittlere(r, s) **2** vermittelnd

intermediate [ˌɪntəˈmiːdɪət] *adj* Zwischen-; *Sprachkurs etc* für fortgeschrittene Anfänger; **~ stage** Zwischenstadium *n*; **the ~ stations** die dazwischenliegenden Bahnhöfe; **an ~ student** ein fortgeschrittener Anfänger, eine fortgeschrittene Anfängerin

interment [ɪnˈtɜːmənt] *s* Beerdigung *f*, Bestattung *f*

interminable [ɪnˈtɜːmɪnəbl] *adj* endlos

intermingle [ˌɪntəˈmɪŋgl] *v/i* sich mischen (**with** unter +*akk*)

intermission [ˌɪntəˈmɪʃən] *s* THEAT, FILM Pause *f*

intermittent [ˌɪntəˈmɪtənt] *adj* periodisch auftretend

intermittently [ˌɪntəˈmɪtəntlɪ] *adv* periodisch

intern[1] [ɪnˈtɜːn] *v/t j-n* internieren

intern[2] [ˈɪntɜːn] *US s* **1** Assistenzarzt *m*/-ärztin *f* **2** Praktikant(in) *m(f)*

internal [ɪnˈtɜːnl] *adj* innere(r, s); (≈ *in Land*) Binnen-; (≈ *in Organisation*) intern; **~ call** internes *od* innerbetriebliches Gespräch; **~ flight** Inlandsflug *m*; **Internal Revenue Service** *US* Finanzamt *n*; **~ rhyme** Binnenreim *m*; **~ wall** Innenwand *f*

internal affairs *pl* innere Angelegenheiten *pl*

internal bleeding *s* innere Blutungen *pl*

internal combustion engine *s* Verbrennungsmotor *m*

internalize [ɪnˈtɜːnəlaɪz] *v/t* verinnerlichen

internally [ɪnˈtɜːnəlɪ] *adv* innen, im Inneren; (≈ *in Körper*) innerlich; (≈ *in Land*) landesintern; (≈ *in Organisation*) intern; **"not to be taken ~"** „nicht zum Einnehmen"

internal market *s* WIRTSCH Binnenmarkt *m*; *von Organisation* marktwirtschaftliche Struktur

international [ˌɪntəˈnæʃnəl] **A** *adj* international; **~ code** TEL internationale Vorwahl; **~ money order** Auslandsanweisung *f* **B** *s* **1** SPORT Länderspiel *n* **2** Nationalspieler(in) *m(f)*

International Court of Justice *s* Internationaler Gerichtshof

International Date Line *s* Datumsgrenze *f*

internationalize [ˌɪntəˈnæʃnəlaɪz] *v/t* internationalisieren

international law *s* internationales Recht

internationally [ˌɪntəˈnæʃnəlɪ] *adv* international; *konkurrieren* auf internationaler Ebene

International Monetary Fund *s* WIRTSCH Internationaler Währungsfonds

International Phonetic Alphabet *s* internationale Lautschrift

internee [ˌɪntɜːˈniː] *s* Internierte(r) *m/f(m)*

Internet [ˈɪntəˌnet] *s* **the ~** das Internet; **on the ~** im Internet; **to connect to the ~** sich ins Internet einwählen; **to surf the ~** im Internet surfen

Internet access *s* Internetzugang *m*

Internet access provider *s* Internetprovider *m*

Internet auction *s* Internetauktion *f*

Internet banking *s* Internetbanking *n*

Internet café *s* Internetcafé *n*

Internet community *s* Netzgemeinde *f*

Internet connection *s* Internetanschluss *m*

Internet dating *s* Internetdating *n*

Internet-enabled [ɪntəneten'eɪbld] *adj* internetfähig

Internet forum *s* Internetforum *n*, Webforum *n*

Internet platform *s* Internetplattform *f*

Internet portal *s* Internetportal *n*

Internet protocol *s* Internetprotokoll *n*

Internet-ready *adj* IT *Handy etc* internetfähig

Internet security *s* Internetsicherheit *f*

Internet service provider *s* Internet-Anbieter *m*, Internetprovider *m*

Internet telephony *s* Internettelefonie *f*

Internet video *s* Internetvideo *n*

internment [ɪnˈtɜːnmənt] *s* Internierung *f*

internship [ˈɪntɜːnʃɪp] *US s* **1** MED Medizinalpraktikum *n* **2** Praktikum *n*

interplay [ˈɪntəpleɪ] *s* Zusammenspiel *n*

interpose [ˌɪntəˈpəʊz] v/t **1** dazwischenstellen/-legen; **to ~ oneself between ...** sich zwischen ... (akk) stellen **2** Bemerkung einwerfen

interpret [ɪnˈtɜːprɪt] **A** v/t **1** dolmetschen **2** interpretieren; Traum deuten; **how would you ~ what he said?** wie würden Sie seine Worte verstehen od auffassen? **B** v/i dolmetschen

interpretation [ɪnˌtɜːprɪˈteɪʃən] s Interpretation f; von Traum Deutung f

interpreter [ɪnˈtɜːprɪtəʳ] s **1** Dolmetscher(in) m(f) **2** IT Interpreter m

interpreting [ɪnˈtɜːprɪtɪŋ] s Dolmetschen n

interrelate [ˌɪntərɪˈleɪt] **A** v/t **to be ~d** zueinander in Beziehung stehen **B** v/i zueinander in Beziehung stehen

interrelated [ˌɪntərɪˈleɪtɪd] adj Fakten zusammenhängend

interrogate [ɪnˈterəgeɪt] v/t verhören

interrogation [ɪnˌterəˈgeɪʃən] s Verhör n

interrogative [ˌɪntəˈrɒgətɪv] **A** adj GRAM Interrogativ-; **~ pronoun/clause** Interrogativpronomen n/-satz m **B** s GRAM Interrogativpronomen n; (≈ Modus) Interrogativ m; **in the ~** in der Frageform

interrogator [ɪnˈterəgeɪtəʳ] s Vernehmungsbeamte(r)/ m -beamtin f form; **my ~s** die, die mich verhören

interrupt [ˌɪntəˈrʌpt] **A** v/t unterbrechen **B** v/i unterbrechen; bei Arbeit etc stören; **stop ~ing!** fall mir/ihm etc nicht dauernd ins Wort!

interruption [ˌɪntəˈrʌpʃən] s Unterbrechung f

intersect [ˌɪntəˈsekt] v/i sich kreuzen; Geometrie sich schneiden

intersection [ˌɪntəˈsekʃən] s von Straßen Kreuzung f; von Linien Schnittpunkt m; **point of ~** Schnittpunkt m

intersperse [ˌɪntəˈspɜːs] v/t verteilen; **~d with sth** mit etw dazwischen; **a speech ~d with quotations** eine mit Zitaten gespickte Rede; **periods of sunshine ~d with showers** von Schauern unterbrochener Sonnenschein

interstate [ˌɪntəˈsteɪt] **A** adj US zwischen den (US-Bundes)staaten; **~ highway** Interstate Highway m **B** s US Interstate (Highway) m

intertwine [ˌɪntəˈtwaɪn] v/i sich ineinander verschlingen

interval [ˈɪntəvəl] s **1** räumlich, zeitlich Abstand m; **at ~s** in Abständen; **at two-weekly ~s** in Abständen von zwei Wochen; **sunny ~s** METEO Aufheiterungen pl **2** THEAT etc Pause f

intervene [ˌɪntəˈviːn] v/i intervenieren; Ereignis dazwischenkommen

intervening [ˌɪntəˈviːnɪŋ] adj dazwischenliegend; **in the ~ period** in der Zwischenzeit

intervention [ˌɪntəˈvenʃən] s Intervention f

interview [ˈɪntəvjuː] **A** s **1** Vorstellungsgespräch n; bei Behörde etc Gespräch n **2** Presse etc, a. TV Interview n **B** v/t **1** Bewerber ein/das Vorstellungsgespräch führen mit **2** Presse etc, a. TV interviewen, befragen

interviewee [ˌɪntəvjuːˈiː] s Kandidat(in) m(f) (für die Stelle); Presse etc, a. TV Interviewte(r) m/f(m)

interviewer [ˈɪntəvjuːəʳ] s Leiter(in) m(f) des Vorstellungsgesprächs; Presse etc, a. TV Interviewer(in) m(f)

interwar [ˈɪntəwɔːʳ] adj zwischen den Weltkriegen

interweave [ˌɪntəˈwiːv] **A** v/t verweben **B** v/i sich verweben

intestate [ɪnˈtestɪt] adj JUR **to die ~** ohne Testament sterben

intestinal [ɪnˈtestɪnl] adj Darm-

intestine [ɪnˈtestɪn] s Darm m; **small/large ~** Dünn-/Dickdarm m

intimacy [ˈɪntɪməsɪ] s Vertrautheit f

intimate[1] [ˈɪntɪmɪt] adj eng; sexuell, a. fig intim; **to be on ~ terms with sb** mit j-m auf vertraulichem Fuß stehen; **to be/become ~ with sb** mit j-m vertraut sein/werden; sexuell mit j-m intim sein/werden; **to have an ~ knowledge of sth** über etw (akk) in allen Einzelheiten Bescheid wissen

intimate[2] [ˈɪntɪmeɪt] v/t andeuten; **he ~d to them that they should stop** er gab ihnen zu verstehen, dass sie aufhören sollten

intimately [ˈɪntɪmɪtlɪ] adv vertraut bestens; verwandt eng; wissen genau

intimidate [ɪnˈtɪmɪdeɪt] v/t einschüchtern; **they ~d him into not telling the police** sie schüchterten ihn so ein, dass er der Polizei nichts erzählte

intimidation [ɪnˌtɪmɪˈdeɪʃən] s Einschüchterung f

into [ˈɪntʊ] präp **1** in (+akk); fahren gegen; **he went ~ the house** er ging ins Haus hinein; **to translate sth ~ French** etw ins Französische übersetzen; **to change euros ~ pounds** Euro in Pfund umtauschen; **to divide 3 ~ 9** 9 durch 3 teilen od dividieren; **3 ~ 9 goes 3** 3 geht dreimal in 9; **he's well ~ his sixties** er ist in den späten Sechzigern; **research ~ cancer** Krebsforschung f **2** umg **to be ~ sb/sth** auf j-n/etw (akk) stehen umg, j-n/etw mögen; **to be ~ sth** Drogen etc etw nehmen; **he's ~ wine** er ist Weinliebhaber; (≈ Experte) er ist Weinkenner; **he's ~ computers** er ist Computerfan umg

intolerable adj, **intolerably** [ɪnˈtɒlərəbl, -lɪ] adv unerträglich

intolerance [ɪnˈtɒlərəns] s Intoleranz f (**of** gegenüber)

intolerant [ɪnˈtɒlərənt] adj intolerant (**of** gegenüber)

intonation [ˌɪntəʊˈneɪʃən] s Intonation f
intoxicant [ɪnˈtɒksɪkənt] s Rauschmittel n
intoxicated [ɪnˈtɒksɪkeɪtɪd] adj berauscht; **to become ~** sich berauschen (**by, with** an +dat od von); **~ by** od **with success** vom Erfolg berauscht
intoxication [ɪnˌtɒksɪˈkeɪʃən] s Rausch m; **in a state of ~** form im Rausch
intractable [ɪnˈtræktəbl] adj Problem hartnäckig
intranet [ˈɪntrənet] s IT Intranet n
intransigence [ɪnˈtrænsɪdʒəns] s Unnachgiebigkeit f
intransigent [ɪnˈtrænsɪdʒənt] adj unnachgiebig
intransitive [ɪnˈtrænsɪtɪv] adj intransitiv
intrastate [ˌɪntrəˈsteɪt] US adj innerhalb des (Bundes)staates
intrauterine device [ˌɪntrəˈjuːtəraɪndɪˌvaɪs] s Intrauterinpessar n
intravenous [ˌɪntrəˈviːnəs] adj intravenös; **~ drug user** Drogenabhängige(r) m/f(m), der/die intravenös spritzt
in-tray [ˈɪntreɪ] s Ablage f für Eingänge
intrepid [ɪnˈtrepɪd] adj kühn
intricacy [ˈɪntrɪkəsɪ] s Kompliziertheit f; von Schach etc Feinheit f
intricate adj, **intricately** [ˈɪntrɪkɪt, -lɪ] adv kompliziert
intrigue [ɪnˈtriːg] **A** v/i intrigieren **B** v/t faszinieren, neugierig machen; **to be ~d with** od **by sth** von etw fasziniert sein; **I would be ~d to know why ...** es würde mich schon interessieren, warum ... **C** [ˈɪntriːg] s Intrige f
intriguing [ɪnˈtriːgɪŋ] adj faszinierend
intrinsic [ɪnˈtrɪnsɪk] adj Wert, Verdienst immanent, wesentlich
intrinsically [ɪnˈtrɪnsɪkəlɪ] adv an sich
intro [ˈɪntrəʊ] umg s abk ⟨pl **-s**⟩ (= introduction) Intro n umg
introduce [ˌɪntrəˈdjuːs] v/t **1** vorstellen (**to sb** j-m); in Thema einführen (**to** in +akk); **I don't think we've been ~d** ich glaube nicht, dass wir uns kennen; **allow me to** od **let me ~ myself** darf ich mich vorstellen? **2** Praktik, Reform einführen; PARL Gesetz einbringen; Thema einleiten; Sprecher ankündigen; **to ~ sth onto the market** etw auf dem Markt einführen
introduction [ˌɪntrəˈdʌkʃən] s **1** Vorstellung f; **to make the ~s** die Vorstellung übernehmen; **letter of ~** Einführungsschreiben n **2** zu Buch, Musik Einleitung f (**to** zu) **3** von Praktik, Reform Einführung f; von Gesetz Einbringen n; **an ~ to French** eine Einführung ins Französische
introductory [ˌɪntrəˈdʌktərɪ] adj Abschnitt einleitend; Bemerkungen einführend; Kurs Einführungs-

introspection [ˌɪntrəʊˈspekʃən] s Selbstbeobachtung f, Introspektion f
introspective [ˌɪntrəʊˈspektɪv] adj introspektiv
introvert [ˈɪntrəʊvɜːt] s PSYCH Introvertierte(r) m/f(m); **to be an ~** introvertiert sein
introverted [ˈɪntrəʊvɜːtɪd] adj introvertiert
intrude [ɪnˈtruːd] v/i stören; **to ~ on sb** j-n stören; **to ~ on sb's privacy** j-s Privatsphäre verletzen
intruder [ɪnˈtruːdər] s Eindringling m
intrusion [ɪnˈtruːʒən] s Störung f; **forgive the ~, I just wanted to ask ...** entschuldigen Sie, wenn ich hier so eindringe, ich wollte nur fragen ...
intrusive [ɪnˈtruːsɪv] adj aufdringlich; Anwesenheit störend
intuition [ˌɪntjuːˈɪʃən] s Intuition f
intuitive [ɪnˈtjuːɪtɪv] adj intuitiv
Inuit [ˈɪnʊɪt] pl Inuit pl
Inuktitut [ɪnˈʊktɪtʊt] s Sprache der Inuit
inundate [ˈɪnʌndeɪt] v/t überschwemmen; mit Arbeit überhäufen; **have you a lot of work on? — I'm ~d** haben Sie viel Arbeit? — ich ersticke darin
invade [ɪnˈveɪd] v/t MIL einmarschieren in (+akk); fig überfallen
invader [ɪnˈveɪdər] s MIL Invasor m
invading [ɪnˈveɪdɪŋ] adj einmarschierend; **~ army** Invasionsarmee f
invalid[1] [ˈɪnvəlɪd] **A** adj **1** krank, körperbehindert **2** Kranken-, Invaliden- **B** s Kranke(r) m/f(m), Körperbehinderte(r) m/f(m)
invalid[2] [ɪnˈvælɪd] adj bes JUR ungültig; **to declare sth ~** etw für ungültig erklären
invalidate [ɪnˈvælɪdeɪt] v/t ungültig machen
invaluable [ɪnˈvæljʊəbl] adj unbezahlbar; Hilfe, Beitrag unschätzbar; Rat von unschätzbarem Wert; **to be ~ (to sb)** (für j-n) von unschätzbarem Wert sein
invariable [ɪnˈveərɪəbl] adj unveränderlich
invariably [ɪnˈveərɪəblɪ] adv ausnahmslos
invasion [ɪnˈveɪʒən] s Invasion f; in Privatsphäre etc Eingriff m (**of** in +akk); **the German ~ of Poland** der Einmarsch od Einfall der Deutschen in Polen
invasive [ɪnˈveɪsɪv] adj MED invasiv
invective [ɪnˈvektɪv] s Beschimpfungen pl (**against** +gen)
invent [ɪnˈvent] v/t erfinden
invention [ɪnˈvenʃən] s **1** Erfindung f **2** Fantasie f
inventive [ɪnˈventɪv] adj **1** Kräfte schöpferisch; Design, Speiseplan einfallsreich **2** erfinderisch
inventiveness [ɪnˈventɪvnɪs] s Einfallsreichtum m
inventor [ɪnˈventər] s Erfinder(in) m(f)

inventory ['ɪnvəntrɪ] s Bestandsaufnahme f; **to make** od **take an ~ of sth** Inventar von etw od den Bestand einer Sache (gen) aufnehmen

inverse ['ɪnvɜːs] **A** adj umgekehrt **B** s Gegenteil n

inversion [ɪn'vɜːʃən] fig s Umkehrung f; LIT Inversion f (Umstellung der regelmäßigen Abfolge von Wörtern bzw. Satzteilen)

invert [ɪn'vɜːt] v/t umkehren

invertebrate [ɪn'vɜːtɪbrɪt] s Wirbellose(r) m

inverted commas Br pl Anführungszeichen pl; **his new job, in ~** sein sogenannter neuer Job

invest [ɪn'vest] **A** v/t **1** FIN investieren (**in** in +akk od dat) **2** form **to ~ sb/sth with sth** j-m/einer Sache etw verleihen **B** v/i investieren (**in** in +akk od dat od **with** bei); **to ~ in a new car** sich (dat) ein neues Auto anschaffen

investigate [ɪn'vestɪgeɪt] **A** v/t untersuchen; **to ~ a case** in einem Fall ermitteln **B** v/i nachforschen, ermitteln

investigation [ɪnˌvestɪ'geɪʃən] s **1** Untersuchung f (**into** +gen); **to order an ~ into** od **of sth** anordnen, dass in einer Sache (dat) ermittelt wird; **on ~ it turned out that ...** bei näherer Untersuchung stellte (es) sich heraus, dass ...; **to be under ~** überprüft werden; **he is under ~** durch Polizei gegen ihn wird ermittelt **2** Forschung f

investigative [ɪn'vestɪɡətɪv] adj investigativ; **~ journalism** Enthüllungsjournalismus m

investigator [ɪn'vestɪgeɪtə^r] s Ermittler(in) m(f), (Privat)detektiv(in) m(f)

investiture [ɪn'vestɪtʃə^r] s von Präsident Amtseinführung f; von Monarch Investitur f

investment [ɪn'vestmənt] s FIN Investition f; **we need more ~ in industry** in die Industrie muss mehr investiert werden; **foreign ~** Auslandsinvestition(en) f(pl); **this company is a good ~** diese Firma ist eine gute (Kapital)anlage; **a portable TV is a good ~** ein tragbarer Fernseher macht sich bezahlt

investment bank s Investmentbank f

investment banking s Anlagengeschäft n

investment consultant s Anlageberater(in) m(f)

investment grant s WIRTSCH Investitionszulage f

investment trust s Investmenttrust m

investor [ɪn'vestə^r] s Investor(in) m(f)

inveterate [ɪn'vetərɪt] adj Hass tief verwurzelt; Lügner unverbesserlich; **~ criminal** Gewohnheitsverbrecher(in) m(f)

invigilate [ɪn'vɪdʒɪleɪt] Br **A** v/t Aufsicht führen bei **B** v/i Aufsicht führen

invigilator [ɪn'vɪdʒɪleɪtə^r] Br s Aufsichtsperson f

invigorate [ɪn'vɪgəreɪt] v/t beleben, kräftigen

invigorating [ɪn'vɪgəreɪtɪŋ] adj Klima gesund; Dusche belebend; Seeluft erfrischend

invincible [ɪn'vɪnsəbl] adj unbesiegbar

inviolable [ɪn'vaɪələbl] adj unantastbar; Gesetz, Eid heilig

invisible [ɪn'vɪzəbl] adj unsichtbar; **~ to the naked eye** mit dem bloßen Auge nicht erkennbar

invisible earnings pl WIRTSCH geldwerte Leistungen pl

invitation [ˌɪnvɪ'teɪʃən] s Einladung f (**to** to); **by ~ (only)** nur auf Einladung; **at sb's ~** auf j-s Aufforderung (akk) (hin); **~ to tender** Ausschreibung f

invite [ɪn'vaɪt] **A** v/t **1** einladen (**to** zu) ; **to ~ sb to do sth** j-n auffordern, etw zu tun **2** Vorschläge bitten um; Spott auslösen **B** ['ɪnvaɪt] s umg Einladung f

<u>phrasal verbs mit invite:</u>

invite (a)round v/t ⟨trennb⟩ (zu sich) einladen

invite in v/t ⟨trennb⟩ hereinbitten; **could I invite you in for (a) coffee?** möchten Sie auf eine Tasse Kaffee hereinkommen?

invite out v/t ⟨trennb⟩ einladen; **I invited her out** ich habe sie gefragt, ob sie mit mir ausgehen möchte; **to invite sb out for a meal** j-n in ein Restaurant einladen

inviting [ɪn'vaɪtɪŋ] adj einladend; Aussicht, Speise verlockend

in vitro [ɪn'viːtrəʊ] adj BIOL **~ fertilization** In-vitro-Fertilisation, künstliche Befruchtung

invoice ['ɪnvɔɪs] **A** s (Waren)rechnung f **B** v/t Waren berechnen; **to ~ sb for sth** j-m für etw eine Rechnung ausstellen; **we'll ~ you** wir senden Ihnen die Rechnung

invoke [ɪn'vəʊk] v/t **1** Gott, Gesetz anrufen **2** Vertrag etc sich berufen auf (+akk)

involuntarily [ɪn'vɒləntərɪlɪ] adv unabsichtlich, unwillkürlich

involuntary [ɪn'vɒləntərɪ] adj unbeabsichtigt; Repatriierung unfreiwillig; Zucken etc unwillkürlich

involve [ɪn'vɒlv] v/t **1** verwickeln (**sb in sth** j-n in etw akk); beteiligen (**sb in sth** j-n an etw dat); betreffen; **the book doesn't ~ the reader** das Buch fesselt od packt den Leser nicht; **it wouldn't ~ you at all** du hättest damit gar nichts zu tun; **to be ~d in sth** etwas mit etw zu tun haben; an etw (dat) beteiligt sein; **to get ~d in sth** in unangenehme Sache in etw (akk) verwickelt werden; in gute Sache sich in etw (dat) engagieren; als Teilnehmer sich an etw (dat) beteiligen; **to ~ oneself in sth** sich in etw (dat) engagieren; **I didn't want to get ~d** ich wollte damit/mit ihm etc nichts zu tun haben; **the person ~d** die betreffende

Person; **to be/get ~d with sth** etwas mit etw zu tun haben; an etw (dat) beteiligt sein; **to be ~d with sb** sexuell mit j-m ein Verhältnis haben; **to get ~d with sb** sich mit j-m einlassen pej; **he got ~d with a girl** er hat eine Beziehung mit einem Mädchen angefangen ② mit sich bringen, umfassen, bedeuten, beinhalten; **what does the job ~?** worin besteht die Arbeit?; **will the post ~ much foreign travel?** ist der Posten mit vielen Auslandsreisen verbunden?; **he doesn't understand what's ~d** er weiß nicht, worum es geht; **about £1,000 was ~d** es ging dabei um etwa £ 1.000; **it would ~ moving to Germany** das würde bedeuten, nach Deutschland umzuziehen

involved adj Situation kompliziert
involvement [ɪnˈvɒlvmənt] s Beteiligung f (**in** an +dat); in Verbrechen etc Verwicklung f (**in** in +akk); **she denied any ~ in od with drugs** sie leugnete, dass sie etwas mit Drogen zu tun hatte
invulnerable [ɪnˈvʌlnərəbl] adj unverwundbar; Festung uneinnehmbar; Position unangreifbar
inward [ˈɪnwəd] A adj ① innere(r, s) ② Richtungsangabe nach innen B adv → inwards
inward-looking [ˈɪnwədˌlʊkɪŋ] adj in sich gekehrt
inwardly [ˈɪnwədlɪ] adv innerlich
inwards [ˈɪnwədz] adv nach innen
in-your-face, in-yer-face [ˌɪnjəˈfeɪs] umg Haltung provokativ
iodine [ˈaɪədiːn] s Jod n
ion [ˈaɪən] s Ion n
iota [aɪˈəʊtə] s **not one ~** nicht ein Jota
IOU abk (= I owe you) Schuldschein m
IPA abk (= International Phonetic Alphabet) internationale Lautschrift
IP address [aɪˈpiːəˌdres] s im Internet, LAN IP--Adresse f
IP telephony s IP-Telefonie f, Internettelefonie f
IQ abk (= intelligence quotient) IQ m, Intelligenzquotient m; **IQ test** Intelligenztest m
IRA abk (= Irish Republican Army) IRA f
Iran [ɪˈrɑːn] s (der) Iran
Iranian [ɪˈreɪnɪən] A adj iranisch B s Iraner(in) m(f)
Iraq [ɪˈrɑːk] s (der) Irak
Iraqi [ɪˈrɑːkɪ] A adj irakisch B s Iraker(in) m(f)
irascible [ɪˈræsɪbl] adj reizbar
irate [aɪˈreɪt] adj zornig; Menge wütend
Ireland [ˈaɪələnd] s Irland n; **Northern ~** Nordirland n; **Republic of ~** Republik f Irland
iris [ˈaɪərɪs] s Iris f
Irish [ˈaɪərɪʃ] A adj irisch; **~man** Ire m; **~woman** Irin f B s ① ⟨pl⟩ **the ~** die Iren pl ② LING Irisch n
Irish Sea s Irische See
iris scanner s Iris-Scanner m
irksome [ˈɜːksəm] adj lästig
iron [ˈaɪən] A s ① Eisen n; **to pump ~** umg Krafttraining machen ② Bügeleisen n; **he has too many ~s in the fire** er macht zu viel auf einmal; **to strike while the ~ is hot** sprichw das Eisen schmieden, solange es heiß ist sprichw B adj ① Eisen-, eisern ② fig eisern C v/t & v/i bügeln, glätten schweiz

phrasal verbs mit iron:
iron out v/t ⟨trennb⟩ ausbügeln
Iron Age s Eisenzeit f
Iron Curtain s Eiserner Vorhang
ironic(al) [aɪˈrɒnɪk(əl)] adj ironisch; **it's really ~** das ist wirklich witzig umg
ironically [aɪˈrɒnɪkəlɪ] adv ironisch; **and then, ~, it was he himself who had to do it** und dann hat ausgerechnet er es tun müssen
ironing [ˈaɪənɪŋ] s ① Bügeln n, Glätten n schweiz ② Bügelwäsche f; **to do the ~** (die Wäsche) bügeln od glätten schweiz
ironing board s Bügelbrett n
ironmonger's (shop) Br s Eisen- und Haushaltswarenhandlung f
irony [ˈaɪərənɪ] s ① Ironie f kein pl; **the ~ of it is that ...** das Ironische daran ist, dass ... ② LIT Bezeichnung eines Sachverhalts durch sein Gegenteil, häufig als Kritik oder als Mittel des Spotts
irrational [ɪˈræʃənl] adj irrational
irreconcilable [ɪˌrekənˈsaɪləbl] adj unvereinbar
irrecoverable [ɪrɪˈkʌvərəbl] adj Daten unwiederbringlich verloren; Verlust unersetzlich
irredeemable [ɪrɪˈdiːməbl] adj Verlust unwiederbringlich
irredeemably [ɪrɪˈdiːməblɪ] adv verloren rettungslos; **democracy was ~ damaged** die Demokratie hatte irreparablen Schaden genommen
irrefutable [ˌɪrɪˈfjuːtəbl] adj unbestreitbar
irregular [ɪˈregjʊlə] adj ① a. GRAM unregelmäßig; Form ungleichmäßig; Oberfläche uneben; **he's been a bit ~ recently** umg er hat in letzter Zeit ziemlich unregelmäßigen Stuhlgang ② unvorschriftsmäßig; **well, it's a bit ~, but I'll ...** eigentlich dürfte ich das nicht tun, aber ich ...
irregularity [ɪˌregjʊˈlærɪtɪ] s ① Unregelmäßigkeit f; von Form Ungleichmäßigkeit f; von Oberfläche Unebenheit f ② Unvorschriftsmäßigkeit f
irregularly [ɪˈregjʊləlɪ] adv unregelmäßig; geformt ungleichmäßig; stattfinden in unregelmäßigen Abständen
irrelevance [ɪˈreləvəns] s Irrelevanz f kein pl; **it's**

become something of an ~ es ist ziemlich irrelevant geworden

irrelevant [ɪˈreləvənt] *adj* irrelevant; *Informationen a.* unwesentlich; **these issues are ~ to the younger generation** diese Fragen sind für die jüngere Generation irrelevant

irreparable [ɪˈrepərəbl] *adj* irreparabel

irreparably [ɪˈrepərəblɪ] *adv* irreparabel; **his reputation was ~ damaged** sein Ruf war unwiderruflich geschädigt

irreplaceable [ˌɪrɪˈpleɪsəbl] *adj* unersetzlich

irrepressible [ˌɪrɪˈpresəbl] *adj Bedürfnis, Energie* unbezähmbar; *Mensch* nicht kleinzukriegen

irreproachable [ˌɪrɪˈprəʊtʃəbl] *adj* tadellos

irresistible [ˌɪrɪˈzɪstəbl] *adj* unwiderstehlich (**to** für)

irresolute [ɪˈrezəluːt] *adj* unentschlossen

irrespective [ˌɪrɪˈspektɪv] *adj* **~ of** ungeachtet (+*gen*); **~ of whether they want to or not** egal, ob sie wollen oder nicht

irresponsibility [ˈɪrɪˌspɒnsəˈbɪlɪtɪ] *s* Unverantwortlichkeit *f*, Verantwortungslosigkeit *f*

irresponsible [ˌɪrɪˈspɒnsəbl] *adj* unverantwortlich, verantwortungslos

irresponsibly [ˌɪrɪˈspɒnsəblɪ] *adv* unverantwortlich

irretrievable [ˌɪrɪˈtriːvəbl] *adj* nicht mehr wiederzubekommen; *Verlust* unersetzlich; **the information is ~** die Information kann nicht mehr abgerufen werden

irretrievably [ˌɪrɪˈtriːvəblɪ] *adv* **~ lost** für immer verloren; **~ damaged** irreparabel

irreverent [ɪˈrevərənt] *adj Verhalten, Bemerkung* respektlos

irreversible [ˌɪrɪˈvɜːsəbl] *adj* nicht rückgängig zu machen; *Entscheidung* unwiderruflich; *Schaden* bleibend

irreversibly [ˌɪrɪˈvɜːsəblɪ] *adv* für immer; **the peace process has been ~ damaged** der Friedensprozess hat einen nicht wiedergutzumachenden Schaden davongetragen

irrevocable *adj*, **irrevocably** [ɪˈrevəkəbl, -ɪ] *adv* unwiderruflich

irrigate [ˈɪrɪgeɪt] *v/t* bewässern

irrigation [ˌɪrɪˈgeɪʃən] *s* AGR Bewässerung *f*

irritable [ˈɪrɪtəbl] *adj* reizbar, gereizt

irritant [ˈɪrɪtənt] *s* MED Reizerreger *m*; (≈ *Lärm etc*) Ärgernis *n*

irritate [ˈɪrɪteɪt] *v/t* ärgern; *absichtlich, a.* MED reizen; *nervlich* irritieren; **to get ~d** ärgerlich werden; **I get ~d with him** er ärgert mich

irritating [ˈɪrɪteɪtɪŋ] *adj* ärgerlich; *Husten* lästig; **I find his jokes ~** seine Witze regen mich auf; **the ~ thing is that ...** das Ärgerliche ist, dass ...

irritation [ˌɪrɪˈteɪʃən] *s* **1** Ärger *m*, Ärgernis *n* **2** MED Reizung *f*

IRS *abk* (= Internal Revenue Service *US*) Finanzamt *n*

is [ɪz] ⟨*3. Person sg präs*⟩ → be

ISA [ˈaɪsə] *Br s abk* (= Individual Savings Account) FIN von Zinsabschlagsteuer befreites Sparkonto

ISDN *abk* (= Integrated Services Digital Network) ISDN *n*

Islam [ˈɪzlɑːm] *s* der Islam

Islamic [ɪzˈlæmɪk] *adj* islamisch

islamize [ˈɪzləmaɪz] *v/t* islamisieren

islamophobic [ɪzləməʊˈfəʊbɪk] *adj* islamfeindlich

islamophobia [ɪzləməʊˈfəʊbɪə] *s* Islamfeindlichkeit *f*

island [ˈaɪlənd] *s* Insel *f*

islander [ˈaɪləndə] *s* Inselbewohner(in) *m(f)*

isle [aɪl] *s* **the Isle of Man/Wight** die Insel Man/Wight

isn't [ˈɪznt] *abk* (= is not) → be

isobar [ˈaɪsəʊbɑː] *s* Isobare *f*

isolate [ˈaɪsəʊleɪt] *v/t* **1** isolieren, absondern; **to ~ oneself from other people** sich (von anderen) abkapseln **2** (≈ *aufzeigen*) herausfinden

isolated *adj* **1** isoliert, abgelegen; *Leben* zurückgezogen; **the islanders feel ~** die Inselbewohner fühlen sich von der Außenwelt abgeschnitten **2** einzeln

isolation [ˌaɪsəʊˈleɪʃən] *s* Isoliertheit *f*, Abgelegenheit *f*; **he was in ~ for three months** *in Krankenhaus* er war drei Monate auf der Isolierstation; **to live in ~** zurückgezogen leben; **to consider sth in ~** etw gesondert *od* isoliert betrachten

isolation ward *s* Isolierstation *f*

isosceles [aɪˈsɒsɪliːz] *adj* **~ triangle** gleichschenkliges Dreieck

ISP *abk* (= Internet service provider) IT Internet-Anbieter *m*, Internetprovider *m*

Israel [ˈɪzreɪl] *s* Israel *n*

Israeli [ɪzˈreɪlɪ] **A** *adj* israelisch **B** *s* Israeli *m/f*

issue [ˈɪʃuː] **A** *v/t Papiere* ausstellen; *Tickets, Banknoten, Munition* ausgeben; *Briefmarken* herausgeben; *Befehl* erteilen (**to** +*dat*); *Warnung, Erklärung* abgeben, aussprechen; *Ultimatum* stellen; **to ~ sth to sb/sb with sth** etw an j-n ausgeben; **all troops are ~d with ...** alle Truppen sind mit ... ausgerüstet **B** *v/i Flüssigkeit, Gas* austreten (**from** aus) **C** *s* **1** Frage *f*, Angelegenheit *f*, Problem *n*; **she raised the ~ of human rights** sie brachte die Frage der Menschenrechte zur Sprache; **the whole future of the country is at ~** es geht um die Zukunft des Landes; **this matter is not at ~** diese Angelegenheit steht nicht zur Debatte; **to take ~ with sb over sth** j-m in etw (*dat*) widersprechen; **to make an ~**

of sth etw aufbauschen; **to avoid the ~** ausweichen ❷ **to force the ~** eine Entscheidung erzwingen ❸ *von Banknoten* Ausgabe *f* ❹ (≈ *Magazin etc*) Ausgabe *f*

IT *abk* (= information technology) IT

it [ɪt] **A** *pron* ❶ *Subj* er/sie/es; *akk obj* ihn/sie/es; *dat obj* ihm/ihr/ihm; **of it** davon; **under** *etc* **it** darunter *etc*; **who is it?** — **it's me** *od* **I** *form* wer ist da? — ich (bin's); **what is it?** was ist das?, was ist los?; **that's not it** das ist es (gar) nicht, darum gehts gar nicht; **the cheek of it!** so eine Frechheit!; **I like it here** mir gefällt es hier ❷ *unbest Subj* es; **it's raining** es regnet; **it's £5** es kostet 5 Pfund; **yes, it is a problem** ja, das ist ein Problem; **it seems simple to me** mir scheint das ganz einfach; **if it hadn't been for her, we would have come** wenn sie nicht gewesen wäre, wären wir gekommen; **it wasn't me** ICH war es nicht; **I don't think it (is) wise of you ...** ich halte es für unklug, wenn du ...; **it is said that ...** man sagt, dass ...; **it was him who asked her, it was he who asked her** *form* ER hat sie gefragt; **it's his appearance I object to** ich habe nur etwas gegen sein Äußeres ❸ *umg* **that's it!** ja, genau!; *verärgert* jetzt reichts mir!; **this is it!** jetzt gehts los! **B** *umg s* ❶ *in Spiel* **you're it!** du bist! ❷ **he thinks he's it** er bildet sich (*dat*) ein, er sei sonst wer

Italian [ɪˈtæljən] **A** *adj* italienisch **B** *s* ❶ Italiener(in) *m(f)* ❷ LING Italienisch *n*

italic [ɪˈtælɪk] **A** *adj* kursiv **B** *s* **italics** *pl* Kursivschrift *f*; **in ~s** kursiv (gedruckt)

Italy [ˈɪtəlɪ] *s* Italien *n*

itch [ɪtʃ] **A** *s* Jucken *n*; **I have an ~** mich juckt es; **I have the ~ to do sth** es reizt mich, etw zu tun, es juckt mich, etw zu tun *umg* **B** *v/i* ❶ jucken; **my back is ~ing** mir *od* mich juckt der Rücken ❷ *fig umg* **he is ~ing to ...** es reizt ihn, zu ...

itchy [ˈɪtʃɪ] *adj* ⟨*komp* itchier⟩ ❶ juckend; **my back is ~** mein Rücken juckt; **I've got an ~ leg** mir juckt das Bein; **I've got ~ feet** *umg* ich will hier weg *umg* ❷ *Stoff* kratzig

it'd [ˈɪtəd] *abk* (= it would, it had) → would → have

item [ˈaɪtəm] *s* ❶ *auf Tagesordnung* Punkt *m*; HANDEL *in Geschäftsbuch* (Rechnungs)posten *m*; (≈ *Artikel*) Gegenstand *m*; **~s of clothing** Kleidungsstücke *pl* ❷ *in Nachrichten* Bericht *m*; RADIO, TV Meldung *f* ❸ *umg* **Lynn and Craig are an ~** zwischen Lynn und Craig spielt sich was ab *umg*

itemize [ˈaɪtəmaɪz] *v/t* einzeln aufführen

itinerant [ɪˈtɪnərənt] *adj* umherziehend; **an ~ lifestyle** ein Wanderleben *n*; **~ worker** Wanderarbeiter(in) *m(f)*

itinerary [aɪˈtɪnərərɪ] *s* ❶ (Reise)route *f* ❷ Straßenkarte *f*

it'll [ˈɪtl] *abk* (= it will, it shall) → will¹ → shall

its [ɪts] *poss adj* sein(e)/ihr(e)/sein(e)

it's [ɪts] *abk* (= it is, it has) → be → have

itself [ɪtˈself] *pron* ❶ *reflexiv* sich ❷ *emph* selbst; **and now we come to the text ~** und jetzt kommen wir zum Text selbst; **the frame ~ is worth £1,000** der Rahmen allein ist £ 1.000 wert; **she has been kindness ~** sie war die Freundlichkeit in Person; **in ~, the amount is not important** der Betrag an sich ist unwichtig ❸ **by ~** allein; (≈ *automatisch*) von selbst; **seen by ~** einzeln betrachtet; **the bomb went off by ~** die Bombe ging von selbst los

ITV *Br abk* (= Independent Television) *britische Fernsehanstalt*

IUD *abk* (= intrauterine device) Intrauterinpessar *n*

I've [aɪv] *abk* (= I have) → have

IVF *abk* (= in vitro fertilization) In-vitro-Fertilisation *f*

ivory [ˈaɪvərɪ] **A** *s* Elfenbein *n* **B** *adj* ❶ elfenbeinern ❷ elfenbeinfarben

ivory tower *fig s* Elfenbeinturm *m*

ivy [ˈaɪvɪ] *s* Efeu *m*

Ivy League *US s* Eliteuniversitäten *pl* der USA

J

J, j [dʒeɪ] *s* J *n*, j *n*

jab [dʒæb] **A** *v/t mit Ellbogen* stoßen; *mit Messer* stechen; **she jabbed the jellyfish with a stick** sie pik(s)te mit einem Stock in die Qualle (hinein) *umg*; **he jabbed his finger at the map** er tippte mit dem Finger auf die Karte **B** *v/i* stoßen (**at sb** nach j-m) **C** *s* ❶ *mit Ellbogen* Stoß *m*; *mit Nadel* Stich *m* ❷ *Br umg* (≈ *Injektion*) Spritze *f*

jabber [ˈdʒæbəʳ] *v/i*, (*a.* **jabber away**) plappern

jack [dʒæk] *s* ❶ AUTO Wagenheber *m* ❷ KART Bube *m*

phrasal verbs mit jack:

jack up *v/t* ⟨*trennb*⟩ *Auto* aufbocken

jackdaw [ˈdʒækdɔː] *s* Dohle *f*

jacket [ˈdʒækɪt] *s* ❶ Jacke *f*, Janker *m* *österr*, Jackett *n* ❷ *von Buch* Schutzumschlag *m*; *US von LP* Plattenhülle *f* ❸ **~ potatoes** (in der Schale) gebackene Kartoffeln *pl*

jack-in-the-box *s* Schachtel- *od* Kastenteufel *m*

jackknife [ˈdʒæknaɪf] *v/i* **the lorry ~d** der Lastwagenanhänger hat sich quer gestellt

jack of all trades [ˌdʒækəvɔːˈtreɪdz] s **to be (a) ~** sprichw ein Hansdampf m in allen Gassen sein

jackpot [ˈdʒækpɒt] s Jackpot m; in Lotterie Hauptgewinn m; **to hit the ~** den Hauptgewinn bekommen; fig das große Los ziehen

Jacuzzi® [dʒəˈkuːzɪ] s Jacuzzi® m, Sprudelbad n

jade [dʒeɪd] **A** s (≈ Stein) Jade m/f; (≈ Farbe) Jadegrün n **B** adj Jade-; Farbe jadegrün

jaded [ˈdʒeɪdɪd] adj stumpfsinnig, übersättigt; Erscheinung verbraucht

jagged [ˈdʒægɪd] adj zackig; Riss ausgefranst; Felsen zerklüftet; Berge spitz

jail [dʒeɪl] **A** s Gefängnis n; **in ~** im Gefängnis; **to go to ~** ins Gefängnis kommen **B** v/t ins Gefängnis sperren

jailbreak A s Ausbruch m (aus dem Gefängnis) **B** v/i aus dem Gefängnis ausbrechen **C** v/t IT umg Software knacken

jailhouse US s Gefängnis n

jail sentence s Gefängnisstrafe f

jam¹ [dʒæm] Br s Marmelade f

jam² **A** s **1** (Verkehrs)stau m **2** Stauung f **3** umg **to be in a jam** in der Klemme sitzen umg; **to get sb/oneself out of a jam** j-n/sich aus der Patsche ziehen umg **B** v/t **1** festklemmen, einklemmen; **they had him jammed up against the wall** sie hatten ihn gegen die Wand gedrängt; **it's jammed** es klemmt; **he jammed his finger in the door** er hat sich (dat) den Finger in der Tür eingeklemmt **2** Dinge stopfen (**into** in +akk); Menschen quetschen (**into** in +akk); **to be jammed together** zusammengezwängt sein, zusammengedrängt sein **3** Straße etc verstopfen; Telefonleitungen blockieren **4** **to jam one's foot on the brake** eine Vollbremsung machen **C** v/i Bremse sich verklemmen; Waffe Ladehemmung haben; Fenster klemmen; **the key jammed in the lock** der Schlüssel blieb im Schloss stecken

phrasal verbs mit jam:

jam in v/t ⟨trennb⟩ einkeilen; **he was jammed in by the crowd** er war in der Menge eingekeilt

jam on v/t ⟨trennb⟩ **1** **to jam on the brakes** eine Vollbremsung machen **2** **to jam on one's hat** sich (dat) den Hut aufstülpen

Jamaica [dʒəˈmeɪkə] s Jamaika n

jamb [dʒæm] s (Tür-/Fenster)pfosten m

jambalaya [ˌdʒæmbəˈlaɪə] s ursprünglich aus den Südstaaten der USA stammendes, scharf gewürztes Gericht aus Reis, Meeresfrüchten und Hühnchen

jam jar Br s Marmeladenglas n

jammy [ˈdʒæmɪ] Br umg adj ⟨komp jammier⟩ Glücks-; **a ~ shot** ein Glückstreffer m

jam-packed adj gerammelt voll umg; **~ with tourists** voller Touristen

jam tart s Marmeladenkuchen m, Marmeladentörtchen n

Jan abk (= January) Jan.

jangle [ˈdʒæŋgl] **A** v/i Glocken bimmeln umg **B** v/t Münzen klimpern mit; Schlüssel rasseln mit

janitor [ˈdʒænɪtə'] s Hausmeister(in) m(f), Abwart(in) m(f) schweiz

January [ˈdʒænjʊərɪ] s Januar m, Jänner m österr; → September

Japan [dʒəˈpæn] s Japan n

Japanese [ˌdʒæpəˈniːz] **A** adj japanisch **B** s ⟨pl —⟩ **1** Japaner(in) m(f) **2** LING Japanisch n

jar¹ [dʒɑː'] s für Marmelade etc Glas n

jar² **A** s Ruck m **B** v/i Ton schauerlich klingen; Farben sich beißen umg **C** v/t Knie sich (dat) stauchen; (≈ schütteln) durchrütteln

phrasal verbs mit jar:

jar on v/i ⟨+obj⟩ Schauer über den Rücken jagen (+dat)

jargon [ˈdʒɑːgən] s Jargon m

jasmin(e) [ˈdʒæzmɪn] s Jasmin m

jaundice [ˈdʒɔːndɪs] s Gelbsucht f

jaunt [dʒɔːnt] s Spritztour f; **to go for a ~** eine Spritztour machen

jauntily [ˈdʒɔːntɪlɪ] adv munter, fröhlich; **with his hat perched ~ over one ear** den Hut keck auf einem Ohr

jaunty [ˈdʒɔːntɪ] adj ⟨komp jauntier⟩ munter

javelin [ˈdʒævlɪn] s Speer m; **in the ~** SPORT im Speerwurf

jaw [dʒɔː] s Kiefer m, Kinnlade f; **the lion opened its jaws** der Löwe riss seinen Rachen auf; **his jaw dropped** sein Unterkiefer klappte herunter

jawbone [ˈdʒɔːbəʊn] s Kieferknochen m

jay [dʒeɪ] s Eichelhäher m

jaywalking s Unachtsamkeit f (eines Fußgängers) im Straßenverkehr

jazz [dʒæz] **A** s MUS Jazz m **B** attr Jazz-

phrasal verbs mit jazz:

jazz up v/t ⟨trennb⟩ aufmöbeln umg

jazzy [ˈdʒæzɪ] adj ⟨komp jazzier⟩ **1** Farbe, Kleid, Schlips knallig umg; Muster auffallend **2** Musik verjazzt

JCB® s Erdräummaschine f

jealous [ˈdʒeləs] adj Ehemann eifersüchtig; auf j-s Erfolg etc neidisch; **to be ~ of sb** auf j-n eifersüchtig sein, j-n beneiden

jealously [ˈdʒeləslɪ] adv **1** eifersüchtig **2** neidisch

jealousy [ˈdʒeləsɪ] s **1** Eifersucht f (**of** auf +akk) **2** Neid m

jeans [dʒiːnz] pl Jeans pl; **a pair of ~** (ein Paar) Jeans pl

Jeep® [dʒi:p] s Jeep® m

jeer [dʒɪəʳ] **A** s ~s Johlen n kein pl **B** v/i höhnische Bemerkungen machen; durch Zwischenrufe buhen; **to ~ at sb** j-n (laut) verhöhnen **C** v/t verhöhnen

jeering ['dʒɪərɪŋ] s höhnische Bemerkungen pl; (≈ Buhen) Gejohle n

Jehovah's Witness s Zeuge m/Zeugin f Jehovas

Jell-O® ['dʒeləʊ] US s Wackelpudding m umg

jelly ['dʒelɪ] s Gelee n; bes Br (≈ Nachtisch) Wackelpeter m umg; bes US Marmelade f; zu Fleisch Aspik m/n; **my legs were like ~** ich hatte Pudding in den Beinen umg

jelly baby Br s ≈ Gummibärchen n

jelly bean s Art Süßigkeit

jellyfish s Qualle f

jelly jar US s → jam jar

jeopardize ['dʒepədaɪz] v/t gefährden

jeopardy ['dʒepədɪ] s Gefahr f; **in ~** gefährdet; **to put sb/sth in ~** j-n/etw gefährden

jerk [dʒɜ:k] **A** s **1** Ruck m, Zucken n kein pl; **to give sth a ~** einer Sache (dat) einen Ruck geben; Seil an etw (dat) ruckartig ziehen; **the train stopped with a ~** der Zug hielt mit einem Ruck an **2** umg Trottel m umg **B** v/t rucken an (+dat); **the impact ~ed his head forward/back** beim Aufprall wurde sein Kopf nach vorn/hinten geschleudert; **he ~ed his head back** er riss den Kopf zurück; **to ~ sb around** j-n hin und her werfen **C** v/i **the car ~ed forward** der Wagen machte einen Ruck nach vorn; **the car ~ed to a stop** das Auto hielt ruckweise an

phrasal verbs mit jerk:
jerk off sl v/i sich (dat) einen runterholen umg

jerky ['dʒɜ:kɪ] adj ⟨komp jerkier⟩ ruckartig

Jersey ['dʒɜ:zɪ] s **1** Jersey n **2** (≈ Kuh) Jersey(rind) n

jersey ['dʒɜ:zɪ] s Pullover m; FUSSB etc Trikot n, Leiberl n österr, Leibchen n österr, schweiz

Jerusalem [dʒə'ru:sələm] s Jerusalem n

Jerusalem artichoke s Erdartischocke f

jest [dʒest] s Scherz m, Witz m; **in ~** im Spaß

jester ['dʒestəʳ] s HIST Narr m

Jesuit ['dʒezjʊɪt] s Jesuit m

Jesus ['dʒi:zəs] **A** s Jesus m; **~ Christ** Jesus Christus **B** int sl Mensch umg; **~ Christ!** Menschenskind! umg

jet [dʒet] **A** s **1** von Wasser Strahl m; **a thin jet of water** ein dünner Wasserstrahl **2** Düse f **3** (a. **jet plane**) Düsenflugzeug n, Jet m **B** attr FLUG Düsen-, Jet-

phrasal verbs mit jet:
jet off v/i düsen umg (**to** nach)

jet-black [,dʒet'blæk] adj kohlrabenschwarz

jet engine s Düsentriebwerk n

jet fighter s Düsenjäger m

jet foil s Tragflügelboot n

jet lag s Jetlag n; **he's suffering from ~** er hat Jetlag

jetlagged adj **to be ~** an Jetlag leiden

jet plane s Düsenflugzeug n

jet-propelled adj mit Düsenantrieb

jet propulsion s Düsenantrieb m

jet set s Jetset m

jet-setter s Jetsetter(in) m(f)

jet ski® s Wasserbob m

jettison ['dʒetɪsn] v/t **1** SCHIFF, FLUG (als Ballast) abwerfen **2** fig Plan über Bord werfen; Gegenstände wegwerfen

jetty ['dʒetɪ] s Pier m

Jew [dʒu:] neg! s Jude m, Jüdin f

jewel ['dʒu:əl] s Edelstein m, Schmuckstück n

jeweller ['dʒu:ələʳ] s, **jeweler** US s Juwelier(in) m(f); (≈ Handwerker) Goldschmied(in) m(f); **at the ~'s (shop)** beim Juwelier

jewellery ['dʒu:əlrɪ] s, **jewelry** US s Schmuck m kein pl; **a piece of ~** ein Schmuckstück n

Jewish ['dʒu:ɪʃ] adj jüdisch

jibe [dʒaɪb] s → gibe

jiffy ['dʒɪfɪ], **jiff** [dʒɪf] umg s Minütchen n umg; **I won't be a ~** ich komme sofort od gleich, ich bin sofort od gleich wieder da; **in a ~** sofort

Jiffy bag® Br s (gepolsterte) Versandtasche

jig [dʒɪg] **A** s lebhafter Volkstanz **B** v/i fig a. **jig about** herumhüpfen; **to jig up and down** herumspringen

jiggle ['dʒɪgl] **A** v/t wackeln mit; Türklinke rütteln an (+dat) **B** v/i (a. **jiggle about**) herumzappeln

jigsaw ['dʒɪgsɔ:] s **1** TECH Tischlerbandsäge f **2** (a. **~ puzzle**) Puzzle(spiel) n

jilt [dʒɪlt] v/t Freundin den Laufpass geben (+dat); **~ed** verschmäht

jingle ['dʒɪŋgl] **A** s (advertising) **~** Jingle m **B** v/i Schlüssel klimpern; Glocken bimmeln **C** v/t Schlüssel klimpern mit; Glocken bimmeln lassen

jingoism ['dʒɪŋgəʊɪzəm] s Hurrapatriotismus m

jinx [dʒɪŋks] s **there must be** od **there's a ~ on it** das ist verhext; **to put a ~ on sth** etw verhexen

jinxed [dʒɪŋkst] adj verhext

jitters ['dʒɪtəz] umg pl **he had the ~** er hatte das große Zittern umg; **to give sb the ~** j-n ganz rappelig machen umg

jittery ['dʒɪtərɪ] umg adj rappelig umg

jive [dʒaɪv] v/i swingen

Jnr abk (= junior) jun., jr.

job [dʒɒb] s **1** Arbeit f; **I have a job to do** ich habe zu tun; **I have a little job for you** ich habe da eine kleine Arbeit od Aufgabe für Sie; **to**

make a good job of sth bei etw gute Arbeit leisten; **to do a good job** gute Arbeit leisten; **on the job** bei der Arbeit; **we could do a better job of running the company** wir könnten die Firma besser leiten; **I had a job convincing him** es war gar nicht so einfach, ihn zu überzeugen **2** Stelle f, Job m umg; **to look for/get/have a job** eine Stelle suchen/bekommen/haben; **to lose one's job** seine Stelle verlieren; **500 jobs lost** 500 Arbeitsplätze verloren gegangen **3** Aufgabe f; **that's not my job** dafür bin ich nicht zuständig; **it's not my job to tell him** es ist nicht meine Aufgabe, ihm das zu sagen; **I had the job of breaking the news to her** es fiel mir zu, ihr die Nachricht beizubringen; **he's not doing his job** er erfüllt seine Aufgabe(n) nicht; **I'm only doing my job** ich tue nur meine Pflicht **4** **that's a good job!** so ein Glück; **it's a good job I brought my cheque book** nur gut, dass ich mein Scheckbuch mitgenommen habe; **to give sb/sth up as a bad job** j-n/etw aufgeben; **to make the best of a bad job** das Beste daraus machen; **that should do the job** das müsste hinhauen umg; **this is just the job** das ist genau das Richtige **5** umg (≈ Schönheitsoperation) Korrektur f; **to have a nose job** eine Nasenkorrektur machen lassen

job advertisement s Stellenanzeige f
job agency s Arbeitsvermittlung f; *für Zeitarbeit* Zeitarbeitsfirma f
job application s Stellenbewerbung f; *documents* Bewerbungsunterlagen pl
jobbing ['dʒɒbɪŋ] adj Gelegenheits-
job centre s Arbeitsagentur f
job creation s Arbeitsbeschaffung f; **~ scheme** Arbeitsbeschaffungsmaßnahme f
job cuts pl Arbeitsplatzabbau m
job description s Tätigkeitsbeschreibung f
job exchange s Jobbörse f
job hopping ['dʒɒbhɒpɪŋ] s häufiger Arbeitsplatzwechsel
job-hunting s Jobsuche f; **to be ~** auf Jobsuche sein
job interview s Vorstellungsgespräch n
jobless adj arbeitslos
job loss s **there were 1,000 ~es** 1 000 Arbeitsplätze gingen verloren
job lot s HANDEL (Waren)posten m
job satisfaction s Zufriedenheit f am Arbeitsplatz
job security s Arbeitsplatzsicherheit f
jobseeker s Arbeitssuchende(r) m/f(m); **~'s allowance** Br Arbeitslosengeld n
job sharing s Jobsharing n
jockey ['dʒɒkɪ] **A** s Jockey m **B** v/i **to ~ for position** fig rangeln
jockey shorts pl Jockeyshorts pl
jockstrap ['dʒɒkstræp] s Suspensorium n
jocular ['dʒɒkjʊləʳ] adj lustig
jodhpurs ['dʒɒdpəz] pl Reithose(n) f(pl)
jog [dʒɒg] **A** v/t stoßen an (+akk) od gegen; j-n anstoßen; **to jog sb's memory** j-s Gedächtnis (dat) nachhelfen **B** v/i trotten; SPORT joggen **C** s SPORT Dauerlauf m; **to go for a jog** SPORT joggen (gehen)

phrasal verbs mit jog:

jog along v/i **1** *Mensch, Fahrzeug* entlangzuckeln **2** fig vor sich (akk) hin wursteln umg
jogger ['dʒɒgəʳ] s **1** Jogger(in) m(f) **2** **~s** pl Jogginghose f
jogging ['dʒɒgɪŋ] s Jogging n, Joggen n
jogging pants pl Jogginghose f
jogging shoe s Joggingschuh m
jogging suit s Jogginganzug m
john [dʒɒn] bes US umg s **1** Klo n umg, Häus(e)l n österr **2** von Prostituierter Freier m
John Bull s die Engländer pl
John Doe US s Otto Normalverbraucher m umg
John Hancock [ˌdʒɒn'hænkɒk] s umg (≈ Unterschrift) Friedrich Wilhelm m umg
join [dʒɔɪn] **A** v/t **1** verbinden (**to** mit); **to ~ two things together** zwei Dinge (miteinander) verbinden; **to ~ hands** sich (dat) od einander die Hände reichen **2** *Militär* gehen zu; *EU* beitreten (+dat); *Partei, Verein* eintreten in (+akk); *Firma* anfangen bei; *Gruppe* sich anschließen (+dat); **to ~ the queue** sich in die Schlange stellen; **he ~ed us in France** er stieß in Frankreich zu uns; **I'll ~ you in five minutes** ich bin in fünf Minuten bei Ihnen; **may I ~ you?** kann ich mich Ihnen anschließen?; *auf Parkbank etc* darf ich mich zu Ihnen setzen?; *bei Spiel* kann ich mitmachen?; **will you ~ us?** machen Sie mit?; *auf Parkbank etc* wollen Sie sich (nicht) zu uns setzen?; *auf Spaziergang* kommen Sie mit?; **will you ~ me in a drink?** trinken Sie ein Glas mit mir? **3** *Fluss, Straße* einmünden in (+akk) **B** v/i **1** (a. **~ together**) (miteinander) verbunden sein, sich (miteinander) verbinden lassen; *Flüsse* zusammenfließen; *Straßen* sich treffen; **to ~ together in doing sth** etw gemeinsam tun; **to ~ with sb/sth** sich mit j-m/etw zusammenschließen **2** *als Klubmitglied* beitreten **C** s Naht(stelle) f

phrasal verbs mit join:

join in v/i mitmachen (obj bei); *bei Protestmarsch* sich anschließen (obj +dat); *bei Gespräch* sich beteiligen (obj an +dat); **everybody joined in the chorus** sie sangen alle zusammen den Refrain; **he didn't want to join in the fun** er wollte nicht mitmachen

join up A v/i **1** Br MIL Soldat werden **2** *Straßen* sich treffen **B** v/t ⟨trennb⟩ (miteinander) verbinden

joiner [ˈdʒɔɪnəʳ] s Schreiner(in) m(f)

joint [dʒɔɪnt] **A** s **1** ANAT Gelenk n; **ankle ~** Knöchel m **2** in Holz Fuge f; in Rohr Verbindung(-sstelle) f **3** Br GASTR Braten m; **a ~ of beef** ein Rinderbraten m **4** umg (≈ Gaststätte etc) Laden m umg **5** umg (≈ Marihuana) Joint m umg **B** adj ⟨attr⟩ gemeinsam; Stärke vereint; **he finished ~ second** od **in ~ second place** Br er belegte gemeinsam mit einem anderen den zweiten Platz; **it was a ~ effort** das ist in Gemeinschaftsarbeit entstanden

joint account s gemeinsames Konto

jointed adj mit Gelenken versehen

jointly [ˈdʒɔɪntlɪ] adv gemeinsam; **to be ~ owned by ...** im gemeinsamen Besitz von ... sein

joint owner s Mitbesitzer(in) m(f)

joint ownership s Mitbesitz m

joint stock s Aktienkapital n

joint stock company s ≈ Kapitalgesellschaft f

joint venture s HANDEL Jointventure n

joist [dʒɔɪst] s Balken m; aus Metall, Beton Träger m

joke [dʒəʊk] **A** s Witz m, Scherz m, Streich m; **for a ~** zum Spaß; **I don't see the ~** ich möchte wissen, was daran so lustig ist od sein soll; **he can't take a ~** er versteht keinen Spaß; **what a ~!** zum Totlachen! umg; **it's no ~** das ist nicht witzig; **this is getting beyond a ~** Br das geht (langsam) zu weit; **to play a ~ on sb** j-m einen Streich spielen; **to make a ~ of sth** Witze über etw ⟨akk⟩ machen; **to make ~s about sb/sth** sich über j-n/etw lustig machen **B** v/i Witze machen (**about** über +akk), Spaß machen, scherzen; **I was only joking** ich habe nur Spaß gemacht; **I'm not joking** ich meine das ernst; **you must be joking!** das soll wohl ein Witz sein; **you're joking!** mach keine Witze!

joker [ˈdʒəʊkəʳ] s **1** Witzbold m **2** KART Joker m

jokey [ˈdʒəʊkɪ] adj ⟨-ier, -iest⟩ witzig

joking [ˈdʒəʊkɪŋ] **A** adj Ton scherzhaft; **it's no ~ matter** darüber macht man keine Witze **B** s Witze pl; **~ apart** od **aside** Spaß beiseite

jokingly [ˈdʒəʊkɪŋlɪ] adv im Spaß

joky [ˈdʒəʊkɪ] adj lustig

jolly [ˈdʒɒlɪ] **A** adj ⟨komp jollier⟩ bes Br vergnügt **B** adv obs Br umg ganz schön umg; zufrieden mächtig umg; **~ good** prima umg; **I should ~ well hope/think so!** das will ich auch hoffen/gemeint haben!

jolt [dʒəʊlt] **A** v/i Fahrzeug holpern, einen Ruck machen **B** v/t durchschütteln, einen Ruck geben (+dat); fig aufrütteln; **she was ~ed awake** sie wurde wach gerüttelt **C** s **1** Ruck m **2** fig umg Schock m

jostle [ˈdʒɒsl] **A** v/i drängeln **B** v/t anrempeln

jot [dʒɒt] umg s Körnchen n; **it won't do a jot of good** das nützt gar nichts; **this won't affect my decision one jot** das wird meine Entscheidung nicht im Geringsten beeinflussen

phrasal verbs mit jot:

jot down v/t ⟨trennb⟩ sich ⟨dat⟩ notieren; **to jot down notes** Notizen machen

jotter [ˈdʒɒtəʳ] Br s Notizheft(chen) n

joule [dʒuːl] s (≈ physikalische Einheit) Joule n

journal [ˈdʒɜːnl] s **1** Zeitschrift f **2** Tagebuch n; **to keep a ~** Tagebuch führen

journalese [ˌdʒɜːnəˈliːz] s Pressejargon m

journalism [ˈdʒɜːnəlɪzəm] s Journalismus m

journalist [ˈdʒɜːnəlɪst] s Journalist(in) m(f)

journey [ˈdʒɜːnɪ] **A** s Reise f; **to go on a ~** verreisen; **it's a ~ of 50 miles** es liegt 50 Meilen entfernt; **it's a two-day ~ to get to ... from here** man braucht zwei Tage, um von hier nach ... zu kommen; **a train ~** eine Zugfahrt; **the ~ home** die Heimreise; **he has quite a ~ to get to work** er muss ziemlich weit fahren, um zur Arbeit zu kommen; **a ~ of discovery** eine Entdeckungsreise **B** v/i reisen

jovial [ˈdʒəʊvɪəl] adj fröhlich

jowl [dʒaʊl] s ⟨oft pl⟩ Hängebacke f

joy [dʒɔɪ] s **1** Freude f; **to my great joy** zu meiner großen Freude; **this car is a joy to drive** es ist eine Freude, dieses Auto zu fahren; **one of the joys of this job is ...** eine der erfreulichen Seiten dieses Berufs ist ... **2** ⟨kein pl⟩ Br umg Erfolg m; **any joy?** hat es geklappt? umg; **you won't get any joy out of him** bei ihm werden Sie keinen Erfolg haben

joyful [ˈdʒɔɪfʊl] adj freudig

joyous [ˈdʒɔɪəs] liter adj freudig

joyrider s Joyrider(in) m(f), Strolchenfahrer(in) m(f) schweiz

joyriding s Joyriding n, Strolchenfahrten pl schweiz

joystick s FLUG Steuerknüppel m; COMPUT Joystick m

JPEG [ˈdʒeɪpeg] abk (= Joint Photographic Experts Group) JPEG n

Jr abk (= junior) jr., jun.

jubilant [ˈdʒuːbɪlənt] adj überglücklich

jubilation [ˌdʒuːbɪˈleɪʃən] s Jubel m

jubilee [ˈdʒuːbɪliː] s Jubiläum n

Judaism [ˈdʒuːdeɪɪzəm] s Judentum n

judder [ˈdʒʌdəʳ] Br v/i erzittern; Auto ruckeln; **the train ~ed to a halt** der Zug kam ruckartig zum Stehen

judge [dʒʌdʒ] **A** s **1** JUR Richter(in) m(f); bei Wettbewerb Preisrichter(in) m(f); SPORT Kampfrichter(in) m(f) **2** fig Kenner(in) m(f); **a good ~ of**

character ein guter Menschenkenner; **I'll be the ~ of that** das müssen Sie mich schon selbst beurteilen lassen **B** *v/t* **1** JUR *Fall* verhandeln **2** *Wettbewerb* bewerten; SPORT Kampfrichter sein bei **3** *fig* ein Urteil fällen über (+*akk*); **you shouldn't ~ people by appearances** Sie sollten Menschen nicht nach ihrem Äußeren beurteilen; **you can ~ for yourself** Sie können es selbst beurteilen; **how would you ~ him?** wie würden Sie ihn beurteilen *od* einschätzen? **4** *Geschwindigkeit* einschätzen **C** *v/i* **1** *bei Wettbewerb* Preisrichter sein **2** *fig* ein Urteil fällen, (be)urteilen; **as** *od* **so far as one can ~** soweit man (es) beurteilen kann; **judging by sth** nach etw zu urteilen; **to ~ by appearances** nach dem Äußeren urteilen; **he let me ~ for myself** er überließ es meinem Urteil

judg(e)ment ['dʒʌdʒmənt] *s* **1** JUR (Gerichts)urteil *n*; **to pass** *od* **give ~** das Urteil sprechen (**on** über +*akk*) **2** Meinung *f*; *von Geschwindigkeit* Einschätzung *f*; **in my ~** meiner Meinung nach; **against one's better ~** wider besseres Wissen **3** Urteilsvermögen *n*

judg(e)mental ['dʒʌdʒ'mentl] *adj* wertend

Judg(e)ment Day *s* Tag *m* des Jüngsten Gerichts

judicial [dʒu:'dɪʃəl] *adj* JUR gerichtlich; **~ system** Justizsystem *n*

judiciary [dʒu:'dɪʃərɪ] *s* Gerichtsbehörden *pl*

judicious [dʒu:'dɪʃəs] *adj* klug, umsichtig

judo ['dʒu:dəʊ] *s* ⟨*kein pl*⟩ Judo *n*; **to do ~** Judo machen

jug [dʒʌɡ] *s* Kanne *f*, Krug *m*; **a jug of milk** ein Krug *m* Milch

juggernaut ['dʒʌɡənɔ:t] *Br s* Schwerlaster *m*

juggle ['dʒʌɡl] **A** *v/i* jonglieren **B** *v/t Bälle* jonglieren (mit); *Zahlen* so hindrehen, dass sie passen; **many women have to ~ (the demands of) family and career** viele Frauen müssen (die Anforderungen von) Familie und Beruf miteinander vereinbaren

juggler ['dʒʌɡləʳ] *wörtl s* Jongleur(in) *m(f)*

jugular ['dʒʌɡjʊləʳ] *s* **~ (vein)** Drosselvene *f*

juice [dʒu:s] *wörtl, fig umg s* Saft *m*

juicy ['dʒu:sɪ] *adj* ⟨*komp* juicier⟩ **1** saftig **2** *Geschichte* schlüpfrig

jukebox ['dʒu:kbɒks] *s* Musikbox *f*

Jul *abk* (= **July**) Jul.

July [dʒu:'laɪ] *s* Juli *m*; → **September**

jumble ['dʒʌmbl] **A** *v/t* (*a.* **jumble up**) **1** *wörtl* durcheinanderbringen; **~d up** durcheinander; **a ~d mass of wires** ein Wirrwarr *m* von Kabeln; **his clothes are ~d together on the bed** seine Kleider liegen in einem unordentlichen Haufen auf dem Bett **2** *fig Tatsachen* durcheinanderbringen **B** *s* **1** Durcheinander *n*; *von Worten* Wirrwarr *m* **2** ⟨*kein pl*⟩ *für Trödelmarkt* gebrauchte Sachen *pl*

jumble sale *Br s* ≈ Flohmarkt *m*, Wohltätigkeitsbasar *m*

jumbo ['dʒʌmbəʊ] *s* ⟨*pl* -s⟩ Jumbo(jet) *m*

jumbo pack *s* Großpackung *f*

jumbo-sized ['dʒʌmbəʊˌsaɪzd] *adj* riesig, Riesen-

jump [dʒʌmp] **A** *s* **1** Sprung *m*; *auf Parcours* Hindernis *n*; *von Preisen* (sprunghafter) Anstieg **2 to give a ~** zusammenfahren **B** *v/i* **1** springen; *Preise* sprunghaft ansteigen; **to ~ for joy** einen Freudensprung machen; **to ~ to one's feet** aufspringen; **to ~ to conclusions** vorschnelle Schlüsse ziehen; **~ to it!** mach schon!; **the film suddenly ~s from the 18th into the 20th century** der Film macht plötzlich einen Sprung vom 18. ins 20. Jahrhundert; **if you keep ~ing from one thing to another** wenn Sie nie an einer Sache bleiben **2** zusammenzucken; **you made me ~** du hast mich (aber) erschreckt **C** *v/t Zaun, Hindernis* überspringen; **to ~ the lights** bei Rot über die Kreuzung fahren; **to ~ the queue** *Br* sich vordrängeln

phrasal verbs mit jump:

jump about *Br,* **jump around** *v/i* herumspringen, herumhüpfen

jump at *v/i* ⟨+*obj*⟩ *Gelegenheit* sofort beim Schopf ergreifen

jump down *v/i* herunterspringen (**from** von); **to jump down sb's throat** j-n anfahren

jump in *v/i* hineinspringen; **jump in!** *in Auto* steig ein!

jump off *v/i* herunterspringen (*obj* von); *aus Zug etc* aussteigen (*obj* aus); *von fahrendem Zug etc* abspringen (*obj* von)

jump on *v/i wörtl in Fahrzeug* einsteigen (*obj,* -**to** in +*akk*); **to jump on(to) sb/sth** auf j-n/etw springen

jump out *v/i* hinausspringen; *aus Bus etc* aussteigen (**of** aus); *aus fahrendem Bus etc* abspringen (**of** von); **to jump out of the window** aus dem Fenster springen

jump up *v/i* hochspringen, hinaufspringen (**onto** auf +*akk*)

jumper ['dʒʌmpəʳ] *s* **1** *Br* Pullover *m* **2** *US* Trägerkleid *n*

jumper cables *US pl* AUTO → **jump leads**

jump leads *Br pl* AUTO Starthilfekabel *n*

jump rope *US s* Hüpf- *od* Sprungseil *n*

jump suit *s* Overall *m*

jumpy ['dʒʌmpɪ] *adj* ⟨*komp* jumpier⟩ *umg* nervös

Jun *abk* (= **June**) Jun.

junction ['dʒʌŋkʃən] *s* BAHN Gleisanschluss *m*; *von Straßen* Kreuzung *f*

junction box s ELEK Verteilerkasten m
juncture ['dʒʌŋktʃəʳ] s **at this ~** zu diesem Zeitpunkt
June [dʒu:n] s Juni m; → September
jungle ['dʒʌŋgl] s Dschungel m
junior ['dʒu:nɪəʳ] **A** adj **1** jünger; **Hiram Schwarz, ~** Hiram Schwarz junior **2** Angestellter untergeordnet; Offizier rangniedriger; **to be ~ to sb** unter j-m stehen **3** SPORT Junioren- **B** s **1** he is two years my **~** er ist zwei Jahre jünger als ich **2** Br SCHULE Grundschüler(in) m/f(m) **3** US UNIV Student(in) im vorletzten Studienjahr
junior college US s ≈ Kollegstufe f, Oberstufe f
junior high (school) US s ≈ Mittelschule f
junior minister s Staatssekretär(in) m/f(m)
junior partner s jüngerer Teilhaber; POL kleinerer (Koalitions)partner
junior school Br s Grundschule f
junk [dʒʌŋk] s **1** Trödel m **2** umg Ramsch m
junk car s Schrottauto n umg
junk food s Junkfood n umg, ungesundes Essen
junkie ['dʒʌŋkɪ] umg s Junkie m umg
junk mail s (Post)wurfsendungen pl
junk shop s Trödelladen m
junk yard s US Schrottplatz m
junta ['dʒʌntə] s Junta f
Jupiter ['dʒu:pɪtəʳ] s Jupiter m
jurisdiction [,dʒʊərɪs'dɪkʃən] s Gerichtsbarkeit f, Zuständigkeit f, Zuständigkeitsbereich m
juror ['dʒʊərəʳ] s Schöffe m, Schöffin f, Geschworene(r) m/f(m)
jury ['dʒʊərɪ] s **1** JUR **the ~** die Schöffen pl, die Geschworenen pl; **to sit** od **be on the ~** Schöffe/Geschworener sein **2** bei Wettbewerb Jury f
jury service s Schöffenamt n, Amt n des Geschworenen
just¹ [dʒʌst] adv **1** zeitlich gerade; **they have ~ left** sie sind gerade gegangen; **she left ~ before I came** sie war, kurz bevor ich kam, weggegangen; **~ after lunch** gleich nach dem Mittagessen; **he's ~ coming** er kommt gerade; **I'm ~ coming** ich komme ja schon; **I was ~ going to ...** ich wollte gerade ...; **~ as I was going** gerade, als ich gehen wollte; **~ now** gerade erst; **not ~ now** im Moment nicht; **~ now?** jetzt gleich?; **~ then** genau in dem Moment **2** gerade noch; **it ~ missed** es hat beinahe getroffen; **I've got only ~ enough to live on** mir reicht es gerade so noch zum Leben; **I arrived ~ in time** ich bin gerade (noch) rechtzeitig gekommen **3** genau; **~ like you** genauso wie du; **that's ~ like you** das sieht dir ähnlich; **that's ~ it!** das ist es ja gerade!; **that's ~ what I was going to say** genau das wollte ich (auch) sagen **4** nur, bloß; **~ you and me** nur wir beide; **he's ~ a boy** er ist doch noch ein Junge; **I ~ don't like it** ich mag es eben nicht; **~ like that** (ganz) einfach so; **you can't ~ assume ...** Sie können doch nicht ohne Weiteres annehmen ...; **it's ~ not good enough** es ist einfach nicht gut genug **5** örtlich gleich; **~ above the trees** direkt über den Bäumen; **put it ~ over there** stells mal da drüben hin; **~ here** (genau) hier **6** wirklich; **it's ~ terrible** das ist ja schrecklich! **7** **~ as ... as ...** genauso ... wie ...; **the blue hat is ~ as nice as the red one** der blaue Hut ist genauso hübsch wie der rote; **it's ~ as well ...** nur gut, dass ...; **~ as I thought!** ich habe es mir doch gedacht!; **~ about** in etwa; **I am ~ about ready** ich bin so gut wie fertig; **did he make it in time? — ~ about** hat ers (rechtzeitig) geschafft? — so gerade; **I am ~ about fed up with it!** umg so langsam aber sicher hängt es mir zum Hals raus umg; **~ listen** hör mal; **~ shut up!** sei bloß still!; **~ wait here a moment** warten Sie hier mal (für) einen Augenblick; **~ a moment!** Moment mal!; **I can ~ see him as a soldier** ich kann ihn mir gut als Soldat vorstellen; **can I ~ finish this?** kann ich das eben noch fertig machen?
just² adj ⟨+er⟩ gerecht (**to** gegenüber); **I had ~ cause to be alarmed** ich hatte guten Grund, beunruhigt zu sein
justice ['dʒʌstɪs] s **1** Gerechtigkeit f; System Justiz f; **to bring sb to ~** j-n vor Gericht bringen; **to do him ~** um ihm gegenüber gerecht zu sein; **this photograph doesn't do her ~** auf diesem Foto ist sie nicht gut getroffen; **you didn't do yourself ~ in the exams** Sie haben im Examen nicht gezeigt, was Sie können; **ministry of ~** Br, **Department of Justice** US Justizministerium n **2** Richter(in) m/f(m); **Justice of the Peace** Friedensrichter(in) m/f(m)
justifiable [,dʒʌstɪ'faɪəbl] adj gerechtfertigt
justifiably [,dʒʌstɪ'faɪəblɪ] adv mit od zu Recht
justification [,dʒʌstɪfɪ'keɪʃən] s Rechtfertigung f (**of** +gen od **for** für); **as (a) ~ for his action** zur Rechtfertigung seiner Handlungsweise
justify ['dʒʌstɪfaɪ] v/t **1** rechtfertigen (**sth to sb** etw vor j-m, j-m gegenüber); **he was justified in doing that** es war gerechtfertigt, dass er das tat **2** TYPO justieren; IT ausrichten
justly ['dʒʌstlɪ] adv zu Recht; behandeln gerecht
jut [dʒʌt] v/i, (a. **jut out**) hervorstehen; **the peninsula juts out into the sea** die Halbinsel ragt ins Meer hinaus; **to jut out over the street** über die Straße hinausragen
juvenile ['dʒu:vənaɪl] **A** s ADMIN Jugendliche(r) m/f(m) **B** adj für Jugendliche; **~ crime** Jugendkriminalität f
juvenile delinquency s Jugendkriminalität f

juvenile delinquent s jugendlicher Straftäter, jugendliche Straftäterin
juxtapose ['dʒʌkstə,pəʊz] v/t nebeneinanderstellen

K¹, k [keɪ] s K n, k n
K² abk -tausend; **15 K** 15.000
k abk (= kilobyte) IT KB
kaleidoscope [kə'laɪdəskəʊp] s Kaleidoskop n
kangaroo [ˌkæŋɡə'ruː] s ⟨pl -s⟩ Känguru n
karabiner [ˌkærə'biːnə'] s Karabinerhaken m
karaoke [ˌkærə'əʊkɪ] s Karaoke n
karate [kə'rɑːtɪ] s Karate n
kayak ['kaɪæk] s Kajak m/n
kcal ['keɪkæl] abk (= kilocalorie) kcal
kebab [kə'bæb] s Kebab m
keel [kiːl] s SCHIFF Kiel m; **he put the business back on an even ~** er brachte das Geschäft wieder auf die Beine umg

phrasal verbs mit keel:
keel over fig umg v/i umkippen

keen [kiːn] adj ⟨+er⟩ **1** Interesse stark; Intelligenz scharf; Gehör etc gut **2** begeistert, stark interessiert; **~ to learn** lernbegierig; **to be ~ on sb** von j-m sehr angetan sein; sexuell scharf auf j-n sein umg; auf Popgruppe etc von j-m begeistert sein; **to be ~ on sth** etw sehr gern mögen; **to be ~ on doing sth** etw mit Begeisterung tun; **to be ~ to do sth** scharf darauf sein, etw zu tun umg; **to be ~ on dancing** leidenschaftlicher Tänzer sein; **he is very ~ on golf** er ist ein Golffan m; **I'm not very ~ on him** ich bin von ihm/nicht gerade begeistert **he's not ~ on her coming** er legt keinen (gesteigerten) Wert darauf, dass sie kommt; **he's very ~ for us to go** er legt sehr großen Wert darauf, dass wir gehen **3** Klinge, Wind scharf

keenly ['kiːnlɪ] adv **1** fühlen leidenschaftlich; interessiert stark **2** mit Begeisterung; **~ awaited** mit Ungeduld erwartet
keenness ['kiːnnɪs] s Begeisterung f; von Bewerber, Student starkes Interesse
keep [kiːp] ⟨v: prät, pperf kept⟩ **A** v/t **1** behalten; **you can ~ this book** du kannst dieses Buch behalten; **to ~ a place for sb** einen Platz für j-n frei halten; **to ~ a note of sth** sich (dat) etw notieren **2** halten; **he kept his hands in his pockets** er hat die Hände in der Tasche gelassen; **the garden was well kept** der Garten war (gut) gepflegt; **to ~ sb waiting** j-n warten lassen; **can't you ~ him talking?** können Sie ihn nicht in ein Gespräch verwickeln?; **to ~ the traffic moving** den Verkehr am Fließen halten; **to ~ the conversation going** das Gespräch in Gang halten; **to ~ sth warm/cool/open** etw warm/kühl/offen halten; **to ~ one's dress clean** sein Kleid nicht schmutzig machen; **to ~ sb quiet** dafür sorgen, dass j-d still ist; **just to ~ her happy** damit sie zufrieden ist; **to ~ sb alive** j-n am Leben halten; **to ~ oneself busy** sich selbst beschäftigen; **to ~ oneself warm** sich warm halten **3** aufbewahren; **where do you ~ your spoons?** wo sind die Löffel? **4** aufheben; **I've been ~ing it for you** ich habe es für Sie aufgehoben **5** aufhalten; **I mustn't ~ you** ich will Sie nicht aufhalten; **what kept you?** wo waren Sie denn so lang?; **what's ~ing him?** wo bleibt er denn?; **to ~ sb prisoner** j-n gefangen halten; **they kept him in hospital** sie haben ihn im Krankenhaus behalten **6** Geschäft führen; Nutztiere halten **7** versorgen; **I earn enough to ~ myself** ich verdiene genug für mich (selbst) zum Leben; **I have six children to ~** ich habe sechs Kinder zu unterhalten **8** Versprechen halten; Regel befolgen; Termin einhalten **9** Tagebuch führen (**of** über +akk) **B** v/i **1 to ~ to the left** sich links halten; AUTO links fahren **2** bleiben; **how are you ~ing?** wie geht es Ihnen so?; **to ~ fit** fit bleiben; **to ~ quiet** still sein; **to ~ silent** schweigen; **to ~ calm** ruhig bleiben; **to ~ doing sth** etw weiter tun; etw dauernd tun; **to ~ walking** weitergehen; **~ going** machen Sie weiter; **I ~ hoping she's still alive** ich hoffe immer noch, dass sie noch lebt; **I ~ thinking …** ich denke immer … **3** Lebensmittel etc sich halten **C** s Unterhalt m; **I got £300 a week and my ~** ich bekam £ 300 pro Woche und freie Kost und Logis; **to earn one's ~** seinen Lebensunterhalt verdienen; **for ~s** umg für immer

phrasal verbs mit keep:
keep at **A** v/i ⟨+obj⟩ weitermachen mit; **keep at it** machen Sie weiter so **B** v/t ⟨+obj⟩ **to keep sb (hard) at it** j-n hart rannehmen umg
keep away **A** v/i wörtl wegbleiben; **keep away!** nicht näher kommen!; **keep away from that place** gehen Sie da nicht hin; **I just can't keep away** es zieht mich immer wieder hin; **keep away from him** lassen Sie die Finger von ihm **B** v/t ⟨immer getrennt⟩ fernhalten (**from** von); **to keep sth away from sth** etw nicht an etw (akk) kommen lassen; **to keep sb away from school** j-n nicht in die Schule (gehen) lassen

keep back A *v/i* zurückbleiben; **keep back!** bleiben Sie, wo Sie sind!; **please keep back from the edge** bitte gehen Sie nicht zu nahe an den Rand B *v/t* ⟨*trennb*⟩ **1** *j-n*, *Haare* zurückhalten; *Tränen* unterdrücken; **to keep sb/sth back from sb** j-n/etw von j-m abhalten **2** *Geld* einbehalten; *Informationen* verschweigen ⟨**from sb** j-m⟩

keep down A *v/i* unten bleiben B *v/t* ⟨*trennb*⟩ **1** *Kopf* ducken; **keep your voices down** reden Sie nicht so laut **2** *Unkraut* unter Kontrolle halten; *Steuern*, *Preise* niedrig halten; *Kosten* drücken; **to keep numbers down** die Zahlen gering halten; **to keep one's weight down** nicht zunehmen **3** *Gegessenes* bei sich behalten

keep from *v/t* ⟨+*obj*⟩ **1** *j-n* hindern an (+*dat*); **I couldn't keep him from doing it** ich konnte ihn nicht daran hindern *od* davon abhalten, das zu tun; **the bells keep me from sleeping** die Glocken lassen mich nicht schlafen; **keep them from getting wet** verhindern Sie es, dass sie nass werden; **to keep sb from harm** j-n vor Schaden bewahren **2** **to keep sth from sb** j-m etw verschweigen; **can you keep this from your mother?** können Sie das vor Ihrer Mutter geheim halten *od* verbergen?

keep in *v/t* ⟨*trennb*⟩ *Schüler* nachsitzen lassen; **his parents have kept him in** seine Eltern haben ihn nicht gehen lassen

keep in with *v/i* ⟨+*obj*⟩ sich gut stellen mit; **he's just trying to keep in with her** er will sich nur bei ihr lieb Kind machen

keep off A *v/i* wegbleiben; **if the rain keeps off** wenn es nicht regnet; **"keep off!"** "Betreten verboten!" B *v/t* ⟨*trennb*⟩ fernhalten (*obj* von); *seine Hände* wegnehmen (*obj* von); **to keep one's mind off sth** nicht an etw (*akk*) denken; **keep your hands off** Hände weg! vermeiden; **"keep off the grass"** "Betreten des Rasens verboten"

keep on A *v/i* **1** weitermachen; **to keep on doing sth** etw weiter tun; etw dauernd tun; **I keep on telling you** ich sage dir ja immer; **to keep on at sb** *umg* dauernd an j-m herummeckern *umg*; **they kept on at him until he agreed** sie haben ihm so lange keine Ruhe gelassen, bis er zustimmte; **to keep on about sth** *umg* unaufhörlich von etw reden; **there's no need to keep on about it** *umg* es ist wirklich nicht nötig, ewig darauf herumzuhacken *umg* **2** weitergehen/-fahren; **keep straight on** immer geradeaus B *v/t* ⟨*trennb*⟩ **1** *Angestellten* weiterbeschäftigen **2** *Mantel* anbehalten; *Hut* aufbehalten

keep out A *v/i* *aus Gebäude* draußen bleiben; *aus Gebiet* etw nicht betreten; **"keep out"** „Zutritt verboten"; **to keep out of the sun** nicht in die Sonne gehen; **to keep out of sight** sich nicht zeigen; **you keep out of this!** halten Sie sich da raus! B *v/t* ⟨*trennb*⟩ j-n nicht hereinlassen (**of** in +*akk*); *Licht*, *Regen* abhalten; **to keep sb/sth out of sth** j-n/etw aus etw heraushalten; **this screen keeps the sun out of your eyes** diese Blende schützt Ihre Augen vor Sonne

keep to A *v/i* ⟨+*obj*⟩ **keep to the main road** bleiben Sie auf der Hauptstraße; **to keep to the schedule/plan** den Zeitplan einhalten; **to keep to the speed limit** sich an die Geschwindigkeitsbegrenzung halten; **to keep to the subject** beim Thema bleiben; **to keep (oneself) to oneself** nicht sehr gesellig sein; **they keep (themselves) to themselves** sie bleiben unter sich B *v/t* ⟨+*obj*⟩ **to keep sb to his word/promise** j-n beim Wort nehmen; **to keep sth to a minimum** etw auf ein Minimum beschränken; **to keep sth to oneself** etw für sich behalten; **keep your hands to yourself!** nehmen Sie Ihre Hände weg!

keep together *v/t* ⟨*trennb*⟩ zusammen aufbewahren; (≈ *vereinigen*) *Menschen*, *Dinge* zusammenhalten

keep up A *v/i* **1** *Regen* (an)dauern; *Kräfte* nicht nachlassen **2** **to keep up (with sb/sth)** (mit j-m/etw) Schritt halten; *verstandesmäßig* (j-m/einer Sache) folgen können; **to keep up with the news** sich auf dem Laufenden halten B *v/t* ⟨*trennb*⟩ **1** *Zelt* aufrecht halten; **to keep his trousers up** damit die Hose nicht herunterrutscht **2** nicht aufhören mit; *Studium* fortsetzen; *Qualität*, *Preise* aufrechterhalten; *Geschwindigkeit* halten; **I try to keep up my Spanish** ich versuche, mit meinem Spanisch nicht aus der Übung zu kommen; **to keep one's morale up** den Mut nicht verlieren; **keep it up!** (machen Sie) weiter so!; **he couldn't keep it up** er hat schlappgemacht *umg* **3** am Schlafengehen hindern; **that child kept me up all night** das Kind hat mich die ganze Nacht nicht schlafen lassen

keeper ['kiːpə'] *s* Wächter(in) *m(f)*; *in Zoo* Wärter(in) *m(f)*; *umg* Torhüter(in) *m(f)*

keep fit *s* Fitnessübungen *pl*

keepie-uppie [ˌkiːpɪˈʌpi] *s* **to play ~** jonglieren (*den Ball so lange in der Luft halten, wie man kann*)

keeping ['kiːpɪŋ] *s* **in ~ with** in Einklang mit

keepsake ['kiːpseɪk] *s* Andenken *n*

keg [keg] *s* **1** kleines Fass **2** (*a.* **keg beer**) Bier *n* vom Fass

keg party, **kegger** s US umg Party im Freien mit Bier vom Fass

kendo ['kendəʊ] s ⟨kein pl⟩ SPORT Kendo n

kennel ['kenl] s **1** Hundehütte f **2** ~s (Hunde)heim n; **to put a dog in ~s** einen Hund in Pflege geben

Kenya ['kenjə] s Kenia n

kept [kept] prät & pperf → keep

kerb [kɜːb] Br s Bordstein m

kerb crawler s Freier m im Autostrich umg

kerb crawling s Autostrich m

kernel ['kɜːnl] s Kern m

kerosene ['kerəsiːn] s Kerosin n

kestrel ['kestrəl] s Turmfalke m

ketchup ['ketʃəp] s Ketchup n/m

kettle ['ketl] s Wasserkocher m, Wasserkessel m; **I'll put the ~ on** ich stelle mal eben (Kaffee-/Tee)wasser auf; **the ~'s boiling** das Wasser kocht

key [kiː] **A** s **1** Schlüssel m **2** Lösungen pl; SCHULE Schlüssel m; auf Landkarte etc Zeichenerklärung f **3** von Klavier, a. COMPUT Taste f **4** MUS Tonart f; **to sing off key** falsch singen **B** adj ⟨attr⟩ Schlüssel-; Zeuge wichtigste(r, s) **C** v/t IT Text eingeben

phrasal verbs mit key:

key in v/t ⟨trennb⟩ IT eingeben

key up v/t ⟨trennb⟩ **to be keyed up about sth** wegen etw aufgedreht sein umg

keyboard ['kiːbɔːd] s von Klavier Klaviatur f; COMPUT Tastatur f; ~(s) Instrument Keyboard n; **to play the ~(s)** Keyboard spielen; **~ skills** IT Fertigkeiten pl in der Texterfassung

keyboarder s IT Texterfasser(in) m(f)

key card s Schlüsselkarte f

keyed-up [kiːd'ʌp] adj aufgedreht

keyhole s Schlüsselloch n

keynote adj ⟨attr⟩ **~ speech** programmatische Rede

keypad s COMPUT Tastenfeld n

keypal s Mailfreund(in) m(f)

key player s SPORT, POL, a. im Beruf Leistungsträger(in) m(f)

keyring s Schlüsselring m; Schlüsselanhänger m

keyword s Schlüsselwort n, Stichwort n; in Register Schlagwort n

kg abk (= kilogrammes, kilograms) kg

khaki ['kɑːki] **A** s Khaki n **B** adj khaki(braun od -farben)

kick [kɪk] **A** s **1** Tritt m; **to give sth a ~** einer Sache (dat) einen Tritt versetzen; **what he needs is a good ~ up the backside** od **in the pants** umg er braucht mal einen kräftigen Tritt in den Hintern umg **2** (≈ Nervenkitzel) Kick m; umg **she gets a ~ out of it** es macht ihr einen Riesenspaß umg; **to do sth for ~s** etw zum Spaß tun; **how do you get your ~s?** was machen Sie zu ihrem Vergnügen? **B** v/i treten; Tier a. ausschlagen **C** v/t **1** einen Tritt versetzen (+dat); Fußball kicken umg; Tor schießen; Tür treten gegen; **to ~ sb in the stomach** j-m in den Bauch treten; **to ~ the bucket** umg ins Gras beißen umg; **I could have ~ed myself** ich hätte mir in den Hintern beißen können umg **2** umg **to ~ the habit** es sich (dat) abgewöhnen

phrasal verbs mit kick:

kick about Br, **kick around A** v/i umg Mensch rumhängen umg (sth in +dat); Objekt rumliegen umg **B** v/t ⟨trennb⟩ **to kick a ball about** od **around** (herum)bolzen umg

kick down v/t ⟨trennb⟩ Tür eintreten

kick in A v/t ⟨trennb⟩ Tür eintreten; **to kick sb's teeth in** j-m die Zähne einschlagen **B** v/i Droge wirken

kick off A v/i FUSSB anstoßen; fig umg losgehen umg; **who's going to kick off?** wer fängt an? **B** v/t ⟨trennb⟩ wegtreten; Schuhe von sich schleudern; **to kick sb off the team** umg j-n aus dem Team werfen

kick out v/t ⟨trennb⟩ hinauswerfen (of aus)

kick up fig umg v/t ⟨trennb⟩ **to kick up a fuss** Krach schlagen umg

kickback s umg Schmiergeld n

kickboard s Kickboard n

kickboxing s Kickboxen n

kickoff s SPORT Anstoß m

kid [kɪd] **A** s **1** (≈ junge Ziege) Kitz n **2** umg Kind n; **when I was a kid** als ich klein war; **to get the kids to bed** die Kleinen ins Bett bringen; **it's kid's stuff** das ist was für kleine Kinder umg; (≈ leicht) das ist doch ein Kinderspiel **B** adj ⟨attr⟩ umg **kid sister** kleine Schwester **C** v/t umg **to kid sb** j-n aufziehen umg; j-n an der Nase rumführen umg; **don't kid yourself!** machen Sie sich doch nichts vor!; **who is she trying to kid?**, **who is she kidding?** wem will sie was weismachen? **D** v/i umg Jux machen umg; **you're kidding** du machst Witze; **no kidding** im Ernst; **you've got to be kidding!** das ist doch wohl nicht dein Ernst!

kid gloves [kɪd'ɡlʌvz] pl Glacéhandschuhe pl; **to handle** od **treat sb with ~** fig j-n mit Samthandschuhen anfassen

kidnap ['kɪdnæp] **A** v/t entführen, kidnappen **B** s Entführung f

kidnapper ['kɪdnæpəʳ] s Entführer(in) m(f), Kidnapper(in) m(f)

kidnapping ['kɪdnæpɪŋ] s Entführung f

kidney ['kɪdnɪ] s Niere f

kidney bean s Kidneybohne f

kidney stone s MED Nierenstein m

kill [kɪl] **A** v/t **1** töten, umbringen; *Schmerz* beseitigen; *Unkraut* vernichten; **to be ~ed in action** fallen; **to be ~ed in battle/in the war** im Kampf/Krieg fallen; **to be ~ed in a car accident** bei einem Autounfall ums Leben kommen; **she ~ed herself** sie brachte sich um; **many people were ~ed by the plague** viele Menschen sind der Pest zum Opfer gefallen; **to ~ time** die Zeit totschlagen; **we have two hours to ~** wir haben noch zwei Stunden übrig; **to ~ two birds with one stone** *sprichw* zwei Fliegen mit einer Klappe schlagen *sprichw*; **she was ~ing herself (laughing)** *umg* sie hat sich totgelacht *umg*; **a few more weeks won't ~ you** *umg* noch ein paar Wochen bringen dich nicht um *umg*; **my feet are ~ing me** *umg* mir brennen die Füße; **I'll do it (even) if it ~s me** *umg* ich mache es, und wenn es mich umbringt *umg* **2** TECH *Motor* abschalten **3** *Volleyball* tot machen **B** v/i töten; **cigarettes can ~** Zigaretten können tödlich sein **C** s **to move in for the ~** *fig* zum entscheidenden Schlag ausholen

phrasal verbs mit kill:
kill off v/t ⟨trennb⟩ **1** vernichten, töten **2** *fig Gerüchten* ein Ende machen (+dat)

killer ['kɪlə'] s Killer(in) m(f) *umg*; **this disease is a ~** diese Krankheit ist tödlich; **it's a ~** *umg Rennen, Job etc* das ist der glatte Mord *umg*

killer whale s Schwertwal m

killing ['kɪlɪŋ] s **1** Töten n; **three more ~s in Belfast** drei weitere Morde in Belfast **2** *fig* **to make a ~** einen Riesengewinn machen

killing spree s Amoklauf m

killjoy ['kɪldʒɔɪ] s Spielverderber(in) m(f)

kiln [kɪln] s (Brenn)ofen m

kilo ['kiːləʊ] s ⟨pl -s⟩ Kilo n

kilobyte ['kiːləʊbaɪt] s Kilobyte n

kilogramme ['kɪləʊgræm] s, **kilogram** US s Kilogramm n; **a ~ of oranges** ein Kilogramm Orangen; **a 150-kilogramme bear** ein 150 Kilogramm schwerer Bär

kilohertz ['kɪləʊhɜːts] s Kilohertz n

kilometre [kɪ'lɒmɪtə'] s, **kilometer** US s Kilometer m; **a ten-kilometre walk** eine Zehn-Kilometer-Wanderung

kilowatt ['kɪləʊwɒt] s Kilowatt n; **~-hour** Kilowattstunde f

kilt [kɪlt] s Kilt m, Schottenrock m

kin [kɪn] s Familie f

kind[1] [kaɪnd] s Art f; *von Kaffee, Lack etc* Sorte f; **several ~s of flour** mehrere Mehlsorten; **this ~ of book** diese Art Buch; **all ~s of ...** alle möglichen ...; **what ~ of ...?** was für ein(e) ...?; **the only one of its ~** das Einzige seiner Art; **a funny ~ of name** ein komischer Name; **he's not that ~ of person** so ist er nicht; **they're two of a ~** die beiden sind vom gleichen Typ, sie sind vom gleichen Schlag; **this ~ of thing** so etwas; **you know the ~ of thing I mean** Sie wissen, was ich meine; **... of all ~s** alle möglichen ...; **something of the ~** so etwas Ähnliches; **you'll do nothing of the ~** du wirst das schön bleiben lassen!; **it's not my ~ of holiday** solche Ferien sind nicht mein Fall *umg*; **a ~ of ...** eine Art ..., so ein(e) ...; **~ of scary** *umg* irgendwie unheimlich; **he was ~ of worried-looking** *umg* er sah irgendwie bedrückt aus; **we ~ of clicked** wir haben uns auf Anhieb irgendwie gut verstanden; **are you nervous? — ~ of** *umg* bist du nervös? — ja, schon *umg*; **payment in ~** Bezahlung f in Naturalien

kind[2] adj ⟨+er⟩ *Mensch* nett (**to** zu); *Gesicht, Worte* freundlich; **he's ~ to animals** er ist gut zu Tieren; **would you be ~ enough to open the door** wären Sie so nett, die Tür zu öffnen; **it was very ~ of you** das war wirklich nett von Ihnen

kindergarten ['kɪndə,gɑːtn] s Kindergarten m

kind-hearted [,kaɪnd'hɑːtɪd] adj gütig

kindle ['kɪndl] v/t entfachen

Kindle® ['kɪndl] s E-Book-Reader Kindle® m

kindliness ['kaɪndlɪnɪs] s Freundlichkeit f

kindly ['kaɪndlɪ] **A** adv **1** behandeln, sich verhalten freundlich; *spenden* großzügig; **I don't take ~ to not being asked** es ärgert mich, wenn ich nicht gefragt werde **2** **~ shut the door** machen Sie doch bitte die Tür zu **B** adj ⟨komp kindlier⟩ freundlich

kindness ['kaɪndnɪs] s **1** ⟨kein pl⟩ Freundlichkeit f (**towards** gegenüber); **out of the ~ of one's heart** aus reiner Nächstenliebe **2** Gefälligkeit f

kindred ['kɪndrɪd] **A** s ⟨kein pl⟩ Verwandtschaft f **B** adj verwandt; **~ spirit** Gleichgesinnte(r) m/f(m)

kinetic [kɪ'netɪk] adj kinetisch

king [kɪŋ] s König m; **to live like a ~** leben wie ein Fürst

kingdom ['kɪŋdəm] s **1** *wörtl* Königreich n **2** REL **~ of heaven** Himmelreich n; **to blow sth to ~ come** *umg* etw in die Luft jagen *umg*; **you can go on doing that till ~ come** *umg* Sie können (so) bis in alle Ewigkeit weitermachen **3** **the animal ~** das Tierreich

kingpin *fig* s Stütze f

king prawn s Königskrabbe f

king-size(d) *umg* adj großformatig; *Zigaretten* Kingsize; *Bett* extra groß

kink [kɪŋk] s *in Seil etc* Knick m; *in Haaren* Welle f

kinky ['kɪŋkɪ] adj ⟨komp kinkier⟩ andersartig spleenig; *umg Sex etc* frech, frivol, pervers; *Unterwäsche etc* sexy *inv*

kinship ['kɪnʃɪp] *s* Verwandtschaft *f*

kiosk ['kiːɒsk] *s* **1** Kiosk *m* **2** *Br* TEL (Telefon)zelle *f*

kip [kɪp] *Br umg* **A** *s* Schläfchen *n*; **I've got to get some kip** ich muss mal 'ne Runde pennen *umg* **B** *v/i* (*a.* **kip down**) pennen *umg*

kipper ['kɪpə'] *s* Räucherhering *m*

Kirghizia [kɜːˈɡɪzɪə] *s* Kirgisien *n*

Kiribati [ˌkɪriˈbɑːti] *s* GEOG Kiribati *n*

kirk [kɜːk] *schott s* Kirche *f*

kiss [kɪs] **A** *s* Kuss *m*, Busserl *n österr*; **~ of life** Mund-zu-Mund-Beatmung *f*; **that will be the ~ of death for them** das wird ihnen den Todesstoß versetzen **B** *v/t* küssen, busseln *österr*; **to ~ sb's cheek** j-n auf die Wange küssen; **to ~ sb good night** j-m einen Gutenachtkuss geben; **to ~ sth goodbye** *fig umg* sich (*dat*) etw abschminken **C** *v/i* küssen, busseln *österr*, sich küssen; **to ~ and make up** sich mit einem Kuss versöhnen

kit [kɪt] *s* **1** Ausrüstung *f*; **gym** *od* **PE kit** Sportzeug *n*; **get your kit off!** *umg* zieh dich aus! **2** Sachen *pl* **3** *zum Zusammenbauen* Bastelsatz *m*

phrasal verbs mit kit:

kit out, **kit up** *Br v/t* ⟨*trennb*⟩ ausrüsten, einkleiden

kitbag ['kɪtbæɡ] *s* Seesack *m*

kitchen ['kɪtʃɪn] *s* Küche *f*

kitchenette [ˌkɪtʃɪˈnet] *s* Kochnische *f*

kitchen foil *s* Alufolie *f*

kitchen garden *s* Gemüsegarten *m*

kitchen knife *s* Küchenmesser *n*

kitchen roll *s* Küchenrolle *f*

kitchen scales *pl* Küchenwaage *f*

kitchen sink *s* **I've packed everything but the ~** *umg* ich habe den ganzen Hausrat eingepackt

kitchen unit *s* Küchenschrank *m*

kite [kaɪt] *s* Drachen *m*; **to fly a ~** *wörtl* einen Drachen steigen lassen

kiteboard ['kaɪtbɔːd] *s* Kiteboard *n*

Kite mark *Br s* dreieckiges Gütezeichen

kitschy ['kɪtʃi] *adj* ⟨*komp* kitschier⟩ kitschig

kitten ['kɪtn] *s* Kätzchen *n*; **to have ~s** *fig umg* Zustände kriegen *umg*

kitty ['kɪti] *s* (gemeinsame) Kasse

kiwi ['kiːwiː] *s* **1** ORN Kiwi *m* **2** (*a.* **~ fruit**) Kiwi (-frucht) *f* **3** *umg* Neuseeländer(in) *m(f)*, Kiwi *m umg*

Kleenex® ['kliːneks] *s* Papiertaschentuch *n*

km *abk* (= kilometres) km

km/h, **kmph** *abk* (= kilometres per hour) km/h

knack [næk] *s* Trick *m*; (≈ *Begabung*) Talent *n*; **there's a (special) ~ to opening it** da ist ein Trick dabei, wie man das aufbekommt; **you'll soon get the ~ of it** Sie werden den Dreh bald rausbekommen

knackered ['nækəd] *Br adj* **1** geschafft *umg* **2** kaputt *umg*

knapsack ['næpsæk] *s* Proviantbeutel *m*

knead [niːd] *v/t Teig* kneten; *Muskeln* massieren

knee [niː] **A** *s* Knie *n*; **to be on one's ~s** auf den Knien liegen; **to go (down) on one's ~s** *wörtl* niederknien **B** *v/t* **to ~ sb in the groin** j-m das Knie zwischen die Beine stoßen

kneecap *s* Kniescheibe *f*

knee-deep *adj* knietief

knee-high *adj* kniehoch

kneel [niːl] *v/i* ⟨*prät, pperf* knelt *od* kneeled⟩ knien (**before** vor +*dat*); (*a.* **~ down**) niederknien

knee-length ['niːleŋθ] *adj Rock* knielang; *Stiefel* kniehoch; **~ socks** Kniestrümpfe *pl*

kneepad *s* Knieschützer *m*

knelt [nelt] *prät & pperf* → kneel

knew [njuː] *prät* → know

knickers ['nɪkəz] *Br pl* Schlüpfer *m*; **don't get your ~ in a twist!** *umg* dreh nicht gleich durch! *umg*

knick-knack ['nɪknæk] *s* **~s** Krimskrams *m*

knife [naɪf] **A** *s* ⟨*pl* knives⟩ Messer *n*; **~, fork and spoon** Besteck *n*; **you could have cut the atmosphere with a ~** die Stimmung war zum Zerreißen gespannt **B** *v/t* einstechen auf (+*akk*)

knife attack *s* Messerangriff *m*

knife edge *s* **to be balanced on a ~** *fig* auf Messers Schneide stehen

knife-point *s* **to hold sb at ~** j-n mit einem Messer bedrohen

knight [naɪt] **A** *s* Ritter *m*; *Schach* Springer *m*, Pferd *n* **B** *v/t* zum Ritter schlagen

knighthood ['naɪthʊd] *s* Ritterstand *m*; **to receive a ~** in den Adelsstand erhoben werden

knit [nɪt] ⟨*prät, pperf* knitted *od* knit⟩ **A** *v/t* stricken; **~ three, purl two** drei rechts, zwei links **B** *v/i* **1** stricken **2** *a.* **~ together** *Knochen* zusammenwachsen

knitted *adj* gestrickt; *Kleid etc* Strick-

knitting *s* Stricken *n*; (≈ *Material*) Strickzeug *n*

knitting machine *s* Strickmaschine *f*

knitting needle *s* Stricknadel *f*

knitwear ['nɪtwɛə'] *s* Strickwaren *pl*

knives [naɪvz] *pl* → knife

knob [nɒb] *s* **1** *an Tür* Knauf *m*; *an Instrument etc* Knopf *m* **2** **a ~ of butter** ein Stich *m* Butter **3** *sl* (≈ *Penis*) Lanze *f sl*

knobbly ['nɒbli] *adj* ⟨*komp* knobblier⟩ *Oberfläche* uneben; **~ knees** Knubbelknie *pl umg*

knock [nɒk] **A** *s* **1** *bes Br* Stoß *m*; **I got a ~ on the head** ich habe einen Schlag auf den Kopf bekommen; **the car took a few ~s** mit dem

Auto hat es ein paarmal gebumst *umg* **2 there was a ~ at the door** es hat (an der Tür) geklopft; **I heard a ~** ich habe es klopfen hören **3** *bes Br fig* (Rück)schlag *m* **B** *v/t* **1** stoßen, schlagen; *Kopf etc* anstoßen (**on** an +*dat*), stoßen gegen; **to ~ one's head** *etc* sich (*dat*) den Kopf *etc* anstoßen; **he ~ed his foot against the table** er stieß mit dem Fuß gegen den Tisch; **to ~ sb to the ground** j-n zu Boden werfen; **to ~ sb unconscious** j-n bewusstlos werden lassen, j-n bewusstlos schlagen; **he ~ed some holes in the side of the box** er machte ein paar Löcher in die Seite der Kiste; **she ~ed the glass to the ground** sie stieß gegen das Glas und es fiel zu Boden **2** *umg* (≈ *kritisieren*) (he)runtermachen *umg* **C** *v/i* **1** klopfen; **to ~ at** *od* **on the door** anklopfen; **to ~ at** *od* **on the window** gegen das Fenster klopfen **2** stoßen (**into, against** gegen); **he ~ed into the gatepost** er rammte den Türpfosten; **his knees were ~ing** ihm zitterten die Knie

phrasal verbs mit knock:

knock about *Br*, **knock around A** *umg v/i* **1** *Mensch* herumziehen (*obj* in +*dat*) **2** *Objekt* herumliegen (*obj* in +*dat*) **B** *v/t* ⟨*trennb*⟩ **1** verprügeln **2** beschädigen **3 to knock a ball about** *od* **around** ein paar Bälle schlagen

knock back *umg v/t* ⟨*trennb*⟩ **he knocked back his whisky** er kippte sich (*dat*) den Whisky hinter die Binde *umg*

knock down *v/t* ⟨*trennb*⟩ **1** umwerfen; *Gegner* niederschlagen; *Gebäude* abreißen; *Auto* anfahren; **she was knocked down and killed** sie wurde überfahren **2** *Preis* heruntehandeln (**to** auf +*akk*)

knock off A *v/i umg* Feierabend machen *umg* **B** *v/t* ⟨*trennb*⟩ **1** *wörtl* j-n, *Vase* hinunterstoßen **2** *umg vom Preis* nachlassen (**for sb** j-m) **3** *umg Aufsatz* hinhauen *umg* **4** *umg* **to knock off work** Feierabend machen; **knock it off!** nun hör schon auf!

knock on *Br umg v/i* **he's knocking on for fifty** er geht auf die fünfzig zu

knock out *v/t* ⟨*trennb*⟩ **1** *Zahn* ausschlagen, herausschlagen (**of** aus) **2** bewusstlos werden lassen, bewusstlos schlagen **3** *beim Boxen* k. o. schlagen; besiegen (**of** in +*dat*); **to be knocked out** ausscheiden (**of** aus)

knock over *v/t* ⟨*trennb*⟩ umwerfen; *Auto* anfahren

knock up *v/t* ⟨*trennb*⟩ *Abendessen* auf die Beine stellen *umg*; *Unterkunft* zusammenzimmern

knockdown [ˈnɒkdaʊn] *adj* ⟨*attr*⟩ **~ price** Schleuderpreis *m*

knocker [ˈnɒkə^r] *s* **1** (Tür)klopfer *m* **2** *umg* **~s** Titten *pl sl*

knock-kneed *adj* x-beinig; **to be ~** X-Beine haben

knock-on effect *Br s* Folgewirkungen *pl* (**on** auf +*akk*)

knockout [ˈnɒkaʊt] **A** *s* **1** *Boxen* K. o. *m* **2** *umg* (= *Mensch*) Wucht *f umg* **B** *adj* ⟨*attr*⟩ **~ competition** Ausscheidungskampf *m*

knot [nɒt] **A** *s* **1** Knoten *m*; **to tie/untie a ~** einen Knoten machen/aufmachen; **to tie the ~** *fig* den Bund fürs Leben schließen **2** *in Holz* Verwachsung *f* **B** *v/t* einen Knoten machen in (+*akk*), verknoten

knotty [ˈnɒtɪ] *adj* ⟨-ier, -iest⟩ *Problem* verwickelt

know [nəʊ] ⟨*v: prät* knew; *pperf* known⟩ **A** *v/t* **1** wissen; *Antwort, Tatsachen* kennen; **to ~ what one is talking about** wissen, wovon man redet; **he might even be dead for all I ~** vielleicht ist er sogar tot; wer weiß ich; **that's worth ~ing** das ist ja interessant; **before you ~ where you are** ehe man sichs versieht; **she's angry! — don't I ~ it!** *umg* sie ist wütend! — wem sagst du das! *umg*; **you ~ what, Sophie?** weißt du was, Sophie? **2** kennen; **if I ~ John,** he'll already be there wie ich John kenne, ist er schon da; **he didn't want to ~ me** er wollte nichts mit mir zu tun haben **3** erkennen; **to ~ sb by his voice** j-n an der Stimme erkennen; **the welfare system as we ~ it** das uns bekannte Wohlfahrtssystem **4** unterscheiden können; **do you ~ the difference between…?** wissen Sie, was der Unterschied zwischen … ist? **5** erleben; **I've never ~n it to rain so heavily** so einen starken Regen habe ich noch nie erlebt; **to ~ that …** wissen, dass …; **to ~ how to do sth** etw tun können; **I don't ~ how you can say that!** wie kannst du das nur sagen!; **to get to ~ sb** j-n kennenlernen; **to get to ~ sth** etw lernen, etw herausfinden; **to get to ~ a place** einen Ort kennenlernen; **to let sb ~ sth** j-m von etw Bescheid geben; **(if you) ~ what I mean** du weißt schon; **there's no ~ing what he'll do** man weiß nie, was er noch tut; **what do you ~!** *umg* sieh mal einer an!; **to be ~n (to sb)** (j-m) bekannt sein; **it is (well) ~n that …** es ist (allgemein) bekannt, dass …; **to be ~n for sth** für etw bekannt sein; **to be ~n as sth** als etw bekannt sein; **he is ~n as Mr Smith** man kennt ihn als Herrn Smith; **she wishes to be ~n as Mrs White** sie möchte Frau White genannt werden; **to make sth ~n** etw bekannt machen; **to make oneself ~n** sich melden (**to sb** bei j-m); **to become ~n** bekannt werden; **to let it be ~n that …** bekannt geben, dass … **B** *v/i* wissen; **who ~s?** wer weiß?; **I ~!** ich weiß!; *gute Idee* ich weiß was!; **I don't ~ (das)** weiß ich nicht; **as far**

as I ~ soviel ich weiß; **he just didn't want to ~** er wollte einfach nicht hören; **I wouldn't ~** *umg* weiß ich (doch) nicht *umg*; **how should I ~?** wie soll ich das wissen?; **I ~ better than that** ich bin ja nicht ganz dumm; **I ~ better than to say something like that** ich werde mich hüten, so etwas zu sagen; **he/you ought to have ~n better** das war dumm (von ihm/ dir); **they don't ~ any better** sie kennens nicht anders; **OK, you ~ best** o.k., Sie müssens wissen; **you ~, we could …** weißt du, wir könnten …; **it's raining, you ~** es regnet; **wear the black dress, you ~,** the one with the red belt zieh das schwarze Kleid an, du weißt schon, das mit dem roten Gürtel; **you never ~** man kann nie wissen **C** *s* **to be in the ~** *umg* Bescheid wissen *umg*

phrasal verbs mit know:

know about **A** *v/i* ⟨+*obj*⟩ *Fach* sich auskennen in (+*dat*); *Frauen, Pferde* sich auskennen mit; (≈ *informiert sein*) wissen von; **I know about that** das weiß ich; **did you know about Maggie?** weißt du über Maggie Bescheid?; **to get to know about sb/sth** von j-m/etw hören; **I don't know about that** davon weiß ich nichts; (≈ *nicht einverstanden*) da bin ich aber nicht so sicher; **I don't know about you, but I'm hungry** ich weiß nicht, wie es Ihnen geht, aber ich habe Hunger **B** *v/t* ⟨*trennb* +*obj*⟩ **to know a lot about sth** viel über etw (*akk*) wissen; *in Fachgebiet a.* in etw (*dat*) gut Bescheid wissen; *von Autos, Pferden etc a.* viel von etw verstehen; **I know all about that** da kenne ich mich aus; (≈ *bin informiert*) das weiß ich, ich weiß Bescheid

know of *v/i* ⟨+*obj*⟩ *Lokal, Methode* kennen; *j-n* gehört haben von; **not that I know of** nicht, dass ich wüsste

know-all *Br umg s* Alleswisser(in) *m(f)*
know-how *s* Know-how *n*
knowing ['nəʊɪŋ] *adj Lächeln* wissend
knowingly ['nəʊɪŋlɪ] *adv* **1** absichtlich **2** *lächeln* wissend
know-it-all ['nəʊɪtɔːl] *US umg s* → know-all
knowledge ['nɒlɪdʒ] *s* ⟨*kein pl*⟩ **1** Wissen *n*; **to have ~ of** wissen von; **to have no ~ of** nichts wissen von; **to my ~** soviel ich weiß; **not to my ~** nicht, dass ich wüsste **2** Kenntnisse *pl*; **my ~ of English** meine Englischkenntnisse *pl*; **my ~ of D.H. Lawrence** was ich von D. H. Lawrence kenne; **the police have no ~ of him** die Polizei weiß nichts über ihn
knowledgeable ['nɒlɪdʒəbl] *adj* kenntnisreich; **to be ~** viel wissen (**about** über +*akk*)
known **A** *pperf* → know **B** *adj* bekannt
knuckle ['nʌkl] *s* (Finger)knöchel *m*; *von Fleisch* Hachse *f*

phrasal verbs mit knuckle:

knuckle down *umg v/i* sich dahinterklemmen *umg*
knuckle under *umg v/i* spuren *umg*; *gegenüber Forderungen* sich beugen (**to** +*dat*)

kohl [kəʊl] *s Kosmetikum* Kajal *n*
kooky ['kuːkɪ] *US umg adj* ⟨*komp* kookier⟩ verrückt *umg*
Koran [kɒˈrɑːn] *s* Koran *m*
Korea [kəˈrɪə] *s* Korea *n*
Korean [kəˈrɪən] **A** *adj* koreanisch; **~ war** Koreakrieg *m* **B** *s* **1** Koreaner(in) *m(f)* **2** LING Koreanisch *n*
kosher ['kəʊʃəʳ] *adj* **1** koscher **2** *umg* in Ordnung
Kosovan ['kɒsɒvən], **Kosovar** ['kɒsɒvɑːʳ] *s* Kosovar(in) *m(f)*
Kosovo ['kɒsɒvəʊ] *s* Kosovo *m/n*
kowtow [kaʊˈtaʊ] *v/i umg* kriechen (**to** vor +*dat*)
kph *abk* (= kilometres per hour) km/h
Kraut [kraʊt] *s & adj als Schimpfwort gebrauchte Bezeichnung für Deutsche und Deutsches* Piefke *m österr*
Kremlin ['kremlɪn] *s* **the ~** der Kreml
kumquat ['kʌmkwɒt] *s* Kumquat *f* (*kleine Orange*)
kw *abk* (= kilowatts) kW

L

L¹, l [el] *s* L *n*, l *n*
L² *abk* (= Learner *Br*) AUTO Fahrschüler(in) *m(f)*
L³ *abk* (= large) L
l¹ *abk* (= litres *Br*) l
l² *abk* (= left) l.
lab [læb] *s abk* (= laboratory) Labor *n*
label ['leɪbl] **A** *s* **1** *wörtl* Etikett *n*, Anhänger *m*, Aufkleber *m*, Pickerl *n österr* **2** *mit Anweisungen etc* Beschriftung *f* **3** *von Plattenfirma* Label *n* **B** *v/t* **1** *wörtl* etikettieren, beschriften; **the bottle was ~led "poison"** *Br*, **the bottle was ~ed "poison"** *US* die Flasche trug die Aufschrift „Gift" **2** *fig pej* abstempeln als
labelling *s* Etikettierung *f*; Beschriftung *f*
labor *etc US* → labour
laboratory [ləˈbɒrətərɪ *US* ˈlæbrəˌtɔːrɪ] *s* Labor (-atorium) *n*; **~ assistant** Laborant(in) *m(f)*
laboratory technician *s* Laborant(in) *m(f)*
labor day *US s* ≈ Tag *m* der Arbeit
laborious [ləˈbɔːrɪəs] *adj* mühsam
labor union *s US* Gewerkschaft *f*

labor unionist s US Gewerkschaft(l)er(in) m(f)
labour ['leɪbəʳ], **labor** US **A** s **1** Arbeit f; **it was a ~ of love** etc tat es aus Liebe zur Sache **2** Arbeitskräfte pl **3** Br POL **Labour** die Labour Party **4** MED Wehen pl; **to be in ~** in den Wehen liegen; **to go into ~** die Wehen bekommen **B** v/t Thema auswalzen **C** v/i **1** auf Feld etc arbeiten **2** (≈ mit Mühe) sich quälen; **to ~ up a hill** sich einen Hügel hinaufquälen
labour camp s Arbeitslager n
Labour Day s der Tag der Arbeit
labour dispute s Arbeitskampf m
laboured adj schwerfällig; Atmung schwer
labourer ['leɪbərəʳ] s (Hilfs)arbeiter(in) m(f), Landarbeiter(in) m(f)
labour force s Arbeiterschaft f
labour-intensive adj arbeitsintensiv
labour market s Arbeitsmarkt m
labour pains pl Wehen pl
Labour Party Br s Labour Party f
labour-saving ['leɪbəseɪvɪŋ] adj arbeitssparend
labour ward s MED Kreißsaal m
Labrador ['læbrədɔːʳ] s Labradorhund m
lab rat s Laborratte f (auch scherzhaft für j-n, der im Labor arbeitet)
labyrinth ['læbɪrɪnθ] s Labyrinth n
lace [leɪs] **A** s **1** ⟨kein pl⟩ (≈ Stoff) Spitze f **2** an Schuh Schnürsenkel m **B** v/t **1** Schuh zubinden **2** **to ~ a drink with drugs/poison** Drogen/Gift in ein Getränk mischen; **~d with brandy** mit einem Schuss Weinbrand
phrasal verbs mit lace:
lace up v/t ⟨trennb⟩ (zu)schnüren
laceration [ˌlæsəˈreɪʃən] s Fleischwunde f, Risswunde f
lace-up (shoe) ['leɪsʌp(ʃuː)] s Schnürschuh m
lack [læk] **A** s Mangel m; **for** od **through ~ of sth** aus Mangel an etw (dat); **though it wasn't for ~ of trying** nicht, dass er sich etc nicht bemüht hätte; **there was a complete ~ of interest** es bestand überhaupt kein Interesse; **~ of time** Zeitmangel m; **there was no ~ of applicants** es fehlte nicht an Bewerbern **B** v/t **they ~ talent** es fehlt ihnen an Talent **C** v/i **to be ~ing** fehlen; **he is ~ing in confidence** ihm fehlt es an Selbstvertrauen; **he is completely ~ing in any sort of decency** er besitzt überhaupt keinen Anstand
lackadaisical [ˌlækəˈdeɪzɪkəl] adj lustlos
lackey ['læki] wörtl, fig s Lakai m
lacking ['lækɪŋ] adj **to be found ~** sich nicht bewähren
lacklustre ['lækˌlʌstəʳ] adj, **lackluster** US adj langweilig, fad österr
lacquer ['lækəʳ] **A** s **1** Lack m **2** Haarspray n **B** v/t lackieren; Haare sprayen

lacrosse [ləˈkrɒs] s ⟨kein pl⟩ Lacrosse n (Ballsportart)
lactose ['læktəʊs] s Laktose f
lactose-free adj laktosefrei
lactose intolerance s MED Laktoseunverträglichkeit f
lacy ['leɪsi] adj ⟨komp lacier⟩ Spitzen-; **~ underwear** Spitzenunterwäsche
lad [læd] s Junge m, Bub m österr, schweiz; (≈ Stallarbeiter) Bursche m; **young lad** junger Mann; **he's a bit of a lad** umg er ist ein ziemlicher Draufgänger; **he likes a night out with the lads** Br umg er geht gern mal mit seinen Kumpels weg umg
ladder ['lædəʳ] **A** s **1** Leiter f; **to be at the top of the ~** ganz oben auf der Leiter stehen; **to move up the social/career ~** gesellschaftlich/beruflich aufsteigen **2** Br in Strumpf Laufmasche f **B** v/t Br **I've ~ed my tights** ich habe mir eine Laufmasche geholt **C** v/i Br Strumpf Laufmaschen bekommen
laddish ['lædɪʃ] adj Br umg junger Mann machohaft
laden ['leɪdn] adj beladen (**with** mit)
ladette [læˈdet] Br umg s prollige Tussi umg
ladle ['leɪdl] **A** s (Schöpf)kelle f **B** v/t schöpfen
phrasal verbs mit ladle:
ladle out v/t ⟨trennb⟩ austeilen
lady ['leɪdi] s **1** Dame f, Frau f; **"Ladies"** „Damen"; **ladies' room** Damentoilette f; **where is the ladies?** wo ist die Damentoilette?; **ladies and gentlemen!** meine Damen und Herren!; **ladies' bicycle** Damen(fahr)rad n **2** Adlige f; **Lady** als Titel Lady f
ladybird s, **ladybug** US s Marienkäfer m
lady doctor s Ärztin f
lady-in-waiting s Ehren- od Hofdame f
lady-killer umg s Herzensbrecher m
ladylike adj damenhaft
lag¹ [læg] **A** s Zeitabstand m **B** v/i zurückbleiben
phrasal verbs mit lag:
lag behind v/i zurückbleiben; **the government is lagging behind in the polls** die Regierung liegt in den Meinungsumfragen zurück
lag² v/t Rohr isolieren
lager ['lɑːgəʳ] s helles Bier; **a glass of ~** ein (Glas) Helles
lagging ['lægɪŋ] s Isolierschicht f, Isoliermaterial n
lagoon [ləˈguːn] s Lagune f
laid [leɪd] prät & pperf → lay³
laid-back [ˌleɪdˈbæk] umg adj cool umg
lain [leɪn] pperf → lie²
lair [lɛəʳ] s Lager n; von Tier Bau m
laity ['leɪɪti] s Laien pl

lake [leɪk] s See m; **Lake Constance** der Bodensee

Lake Balaton [ˌleɪkbæˈlætən] s der Plattensee

Lake District s Lake District m (*Seengebiet im NW Englands*)

Lake Garda [ˌleɪkˈɡɑːdə] s der Gardasee

Lake Lucerne [ˌleɪkluːˈsɜːn] s der Vierwaldstättersee

lakeside **A** s **at the ~** am See **B** adj **~ cottage** Häuschen n am See

Lake Zurich [ˌleɪkˈzjʊərɪk] s der Zürichsee

lamb [læm] s **1** Lamm n **2** Lamm(fleisch) n **3** **you poor ~!** du armes Lämmchen!; **like a ~ to the slaughter** wie das Lamm zur Schlachtbank

lamb chop s Lammkotelett n

lambswool s Lammwolle f

lame [leɪm] adj ⟨*komp* lamer⟩ **1** lahm; **to be ~ in one leg** auf einem Bein lahm sein; **the animal was ~** das Tier lahmte **2** *fig Ausrede* faul

lament [ləˈment] **A** s **1** (Weh)klage f **2** LIT, MUS Klagelied n **B** v/t **to ~ the fact that …** die Tatsache bedauern, dass …

lamentable [ˈlæməntəbl] adj beklagenswert

laminated [ˈlæmɪneɪtɪd] adj geschichtet; *Umschlag* laminiert; **~ glass** Verbundglas n; **~ plastic** Resopal® n

lamp [læmp] s Lampe f, Laterne f

lamplight [ˈlæmplaɪt] s **by ~** bei Lampenlicht; **in the ~** im Schein der Lampe(n)

lampoon [læmˈpuːn] v/t verspotten

lamppost s Laternenpfahl m

lampshade s Lampenschirm m

LAN [læn] abk (= local area network) IT LAN n

lance [lɑːns] **A** s Lanze f **B** v/t MED öffnen

lance corporal s Obergefreite(r) m/f(m)

land [lænd] **A** s **1** Land n, Boden m; **by ~** auf dem Landweg; **on ~** auf dem Land; **to see how the ~ lies** *fig* die Lage peilen; **to work on the ~** das Land bebauen; **to live off the ~** sich vom Lande ernähren **2** (≈ *Grundbesitz*) Grund und Boden m, Ländereien pl; **to own ~** Land besitzen; **a piece of ~** ein Stück n Land; *zur Bebauung* ein Grundstück n **B** v/t **1** *Passagiere* absetzen; *Truppen* landen; *Waren von Schiff* an Land bringen; *Fisch* an Land ziehen; **to ~ a plane** (mit einem Flugzeug) landen **2** *umg* kriegen umg; *Job* an Land ziehen umg **3** *Br umg Schlag* landen umg; **he ~ed him one, he ~ed him a punch on the jaw** er versetzte ihm einen Kinnhaken **4** *umg* bringen; **behaviour like that will ~ you in jail** *Br*, **behavior like that will ~ you in jail** *US* bei einem solchen Betragen wirst du noch mal im Gefängnis landen; **it ~ed me in a mess** dadurch bin ich in einen ganz schönen Schlamassel gekommen umg; **I've ~ed myself in a real mess** ich bin (ganz schön) in die Klemme geraten umg **5** umg **to ~ sb with sth** j-m etw andrehen umg; **I got ~ed with him for two hours** ich hatte ihn zwei Stunden lang auf dem Hals **C** v/i landen; *von Schiff* an Land gehen; **we're coming in to ~** wir setzen zur Landung an; **the bomb ~ed on the building** die Bombe fiel auf das Gebäude; **to ~ on one's feet** *wörtl* auf den Füßen landen; *fig* auf die Füße fallen; **to ~ on one's head** auf den Kopf fallen

phrasal verbs mit land:

land up umg v/i landen umg; **you'll land up in trouble** du wirst noch mal Ärger bekommen; **I landed up with nothing** ich hatte schließlich nichts mehr

landed [ˈlændɪd] adj **~ gentry** Landadel m

landfill site s Mülldeponie f

landing [ˈlændɪŋ] s **1** FLUG Landung f **2** Treppenabsatz m, Stiegenabsatz m österr

landing card s Einreisekarte f

landing gear s Fahrgestell n

landing strip s Landebahn f

landlady s von Wohnung Vermieterin f; von Gaststätte Wirtin f

landline s TEL Festnetz n; Festnetzanschluss m; **I'll call you later on the ~** ich ruf dich später auf dem Festnetz an

landline connection s TEL Festnetzanschluss m

landline network s TEL Festnetz n

landline number s Festnetznummer f

landlocked adj von Land eingeschlossen

landlord s von Wohnung Vermieter m; von Gaststätte Wirt m

landmark **A** s **1** SCHIFF Landmarke f **2** Wahrzeichen n; fig Meilenstein m **B** adj Urteil historisch

land mine s Landmine f

landowner s Grundbesitzer(in) m(f)

land register s Br Grundbuch n

landscape [ˈlændskeɪp] **A** s Landschaft f **B** v/t Grundstück gärtnerisch gestalten

landscape gardening s Landschaftsgärtnerei f

landslide s Erdrutsch m

landslide victory s überwältigender Sieg, Erdrutschsieg m

lane [leɪn] s Sträßchen n, Gasse f; SPORT Bahn f; (≈ *Fahrbahn*) Spur f; SCHIFF Schifffahrtsweg m; **"get in ~"** „einordnen"

language [ˈlæŋɡwɪdʒ] s Sprache f; **your ~ is appalling** deine Ausdrucksweise ist entsetzlich; **bad ~** Kraftausdrücke pl, Schimpfwörter pl; **strong ~** Schimpfwörter pl

language barrier s Sprachbarriere f

language course s Sprachkurs(us) m

language lab(oratory) s Sprachlabor n
language school s Sprachschule f
languid ['læŋgwɪd] adj träge
languish ['læŋgwɪʃ] v/i schmachten
lank [læŋk] adj Haare strähnig
lanky ['læŋkɪ] adj ⟨komp lankier⟩ schlaksig
lantern ['læntən] s Laterne f
lap¹ [læp] s Schoß m; **in** od **on her lap** auf dem/ihrem Schoß; **to live in the lap of luxury** ein Luxusleben führen
lap² A s SPORT Runde f; fig Etappe B v/t SPORT überrunden
lap³ v/i Wellen plätschern (**against** an +akk)
phrasal verbs mit lap:
  lap up v/t ⟨trennb⟩ ❶ Wasser auflecken ❷ Lob genießen
lapel [lə'pel] s Revers n/m
lapse [læps] A s ❶ Fehler m; moralisch Fehltritt m; **he had a ~ of concentration** seine Konzentration ließ nach; **memory ~s** Gedächtnisschwäche f; **a serious security ~** ein schwerer Verstoß gegen die Sicherheitsvorkehrungen ❷ Zeitraum m; **time ~** Zeitraum m; **a ~ in the conversation** eine Gesprächspause B v/i ❶ verfallen (**into** in +akk); **he ~d into silence** er versank in Schweigen; **he ~d into a coma** er sank in ein Koma ❷ ablaufen; **after two months have ~d** nach (Ablauf von) zwei Monaten
lapsed [læpst] adj Katholik abtrünnig
laptop ['læptɒp] A s COMPUT Laptop m od n B adj ⟨attr⟩ COMPUT Laptop-
laptop bag s Laptoptasche f
larch [lɑːtʃ] s, (a. **larch tree**) Lärche f
lard [lɑːd] s Schweineschmalz n
larder ['lɑːdə'] bes Br s Speisekammer f, Speiseschrank m
large [lɑːdʒ] A adj ⟨komp larger⟩ groß; Mensch korpulent; Mahlzeit reichlich; **~ print** Großdruck m; **a ~r size** eine größere Größe; **as ~ as life** in voller Lebensgröße B s ❶ **the world at ~** die Allgemeinheit ❷ **to be at ~** frei herumlaufen
largely ['lɑːdʒlɪ] adv zum größten Teil
largeness ['lɑːdʒnəs] s Größe f
large-print adj Buch in Großdruck
large-scale adj groß angelegt; Änderungen in großem Rahmen; Landkarte in großem Maßstab
largesse [lɑː'ʒes] s Großzügigkeit f
largest ['lɑːdʒəst] adj größte
lark¹ [lɑːk] s ORN Lerche f
lark² bes Br umg s Spaß m, Hetz f österr; **to do sth for a ~** etw (nur) zum Spaß machen
phrasal verbs mit lark:
  lark about, lark around Br umg v/i herumblödeln umg
larva ['lɑːvə] s ⟨pl -e ['lɑːviː]⟩ Larve f
laryngitis [,lærɪn'dʒaɪtɪs] s Kehlkopfentzündung f
larynx ['lærɪŋks] s Kehlkopf m
lasagne [lə'zænjə] s Lasagne f
lascivious [lə'sɪvɪəs] adj lasziv geh
laser ['leɪzə'] s Laser m
laser beam s Laserstrahl m
laser disc s Laserdisc f
laser printer s Laserdrucker m
laser surgery s Laserchirurgie f
lash¹ [læʃ] s Wimper f
lash² A s (Peitschen)schlag m B v/t ❶ peitschen; Regen peitschen gegen ❷ festbinden (**to** an +dat); **to ~ sth together** etw zusammenbinden C v/i **to ~ against** peitschen gegen
phrasal verbs mit lash:
  lash down A v/t mit Seil festbinden B v/i in Strömen regnen
  lash out v/i ❶ (wild) um sich schlagen; **to lash out at sb** auf j-n losgehen ❷ mit Worten vom Leder ziehen umg; **to lash out at sb** gegen j-n wettern
lass [læs] s (junges) Mädchen
lassi ['læsɪ] s Lassi f (Jogurtgetränk)
lasso [læ'suː] A s ⟨pl -(e)s⟩ Lasso m/n B v/t mit dem Lasso einfangen
last¹ [lɑːst] A adj letzte(r, s); **he was ~ to arrive** er kam als Letzter an; **the ~ person** der Letzte; **the ~ day** der letzte Tag; **the ~ but one, the second ~** der/die/das Vorletzte; **~ Monday** letzten Montag; **~ year** letztes Jahr; **~ but not least** nicht zuletzt, last not least; **the ~ thing** das Letzte; **that was the ~ thing I expected** damit hatte ich am wenigsten gerechnet B s der/die/das Letzte; **he was the ~ to leave** er ging als Letzter; **I'm always the ~ to know** ich erfahre immer alles als Letzter; **the ~ of his money** sein letztes Geld; **the ~ of the cake** der Rest des Kuchens; **that was the ~ we saw of him** danach haben wir ihn nicht mehr gesehen; **the ~ I heard, they were getting married** das Letzte, was ich gehört habe, war, dass sie heiraten; **we shall never hear the ~ of it** das werden wir noch lange zu hören kriegen; **at ~** endlich, schließlich; **at long ~** schließlich und endlich C adv **when did you ~ have a bath?** wann hast du das letzte Mal gebadet?; **he spoke ~** er sprach als Letzter; **the horse came in ~** das Pferd ging als letztes durchs Ziel
last² A v/t **the car has ~ed me eight years** das Auto hat acht Jahre (lang) gehalten; **these cigarettes will ~ me a week** diese Zigaretten reichen mir eine Woche; **he won't ~ the week** er hält die Woche nicht durch B v/i dauern; Blu-

men, Ehe halten; **it can't ~** es hält nicht an; **it won't ~** es wird nicht lange so bleiben; **it's too good to ~** das ist zu schön, um wahr zu sein; **he won't ~ long in this job** er wird in dieser Stelle nicht alt werden *umg*; **the boss only ~ed a week** der Chef blieb nur eine Woche

last-ditch ['lɑːstdɪtʃ] *adj* allerletzte(r, s); *Versuch* in letzter Minute

lasting ['lɑːstɪŋ] *adj Beziehung* dauerhaft; *Schande etc* anhaltend

lastly ['lɑːstlɪ] *adv* schließlich

last-minute *adj* in letzter Minute; **a ~ shot** ein Schuss *m* in der letzten Minute

last rites *pl* Letzte Ölung

latch [lætʃ] *s* Riegel *m*; **to be on the ~** nicht verschlossen sein; **to leave the door on the ~** die Tür nur einklinken

<u>phrasal verbs mit latch:</u>

latch on *umg v/i* **1** sich anschließen (**to** +*dat*) **2** kapieren *umg*

late [leɪt] **A** *adj* ⟨*komp* later⟩ **1** spät; **to be ~ (for sth)** (zu etw) zu spät kommen; **sorry, I'm ~** Entschuldigung, dass ich zu spät komme; **the bus is (five minutes) ~** der Bus hat (fünf Minuten) Verspätung; **he is ~ with his rent** er hat seine Miete noch nicht bezahlt; **that made me ~ for work** dadurch bin ich zu spät zur Arbeit gekommen; **due to the ~ arrival of ...** wegen der verspäteten Ankunft ... (+*gen*); **it's too ~ in the day (for you) to do that** es ist zu spät (für dich), das noch zu tun; **it's getting ~** es ist schon spät; **~ train** Spätzug *m*; **they work ~ hours** sie arbeiten bis spät (am Abend); **they had a ~ dinner yesterday** sie haben gestern spät zu Abend gegessen; **"late opening until 7pm"** „verlängerte Öffnungszeiten bis 19 Uhr"; **he's a ~ developer** er ist ein Spätentwickler; **they scored two ~ goals** sie erzielten zwei Tore in den letzten Spielminuten; **in the ~ eighties** Ende der Achtzigerjahre; **a man in his ~ eighties** ein Mann hoch in den Achtzigern; **in the ~ 1100s** im späten 12. Jahrhundert; **in the ~ morning** am späten Vormittag; **in ~ June** Ende Juni **2** verstorben; **the ~ John F. Kennedy** John F. Kennedy **B** *adv* ⟨*komp* later⟩ spät; **to arrive ~** *Mensch* zu spät kommen; *Zug* Verspätung haben; **I'll be home ~ today** ich komme heute spät nach Hause; **the train was running ~** der Zug hatte Verspätung; **the baby was born two weeks ~** das Baby kam zwei Wochen nach dem Termin; **we're running ~** wir sind spät dran; **better ~ than never** besser spät als gar nicht; **to stay up ~** lange aufbleiben; **the chemist is open ~** die Apotheke hat länger geöffnet; **to work ~ at the office** länger im Büro arbeiten; **~ at night** spät abends; **~ last night** spät gestern Abend; **~ into the night** bis spät in die Nacht; **~ in the afternoon** am späten Nachmittag; **~ in the year** (gegen) Ende des Jahres; **they scored ~ in the second half** gegen Ende der zweiten Halbzeit gelang ihnen ein Treffer; **we decided rather ~ in the day to come too** wir haben uns ziemlich spät entschlossen, auch zu kommen; **of ~** in letzter Zeit; **it was as ~ as 1900 before child labour was abolished** *Br*, **it was as ~ as 1900 before child labor was abolished** *US* erst 1900 wurde die Kinderarbeit abgeschafft

latecomer ['leɪtkʌmə'] *s* Nachzügler(in) *m(f) umg*

lately ['leɪtlɪ] *adv* in letzter Zeit

late payment *s* Zahlungsverzug *m*

late-night ['leɪt,naɪt] *adj* **~ movie** Spätfilm *m*; **~ opening** lange Öffnungszeiten *pl*; **~ shopping** Einkauf *m* am (späten) Abend

latent ['leɪtənt] *adj* latent; *Energie* ungenutzt

later ['leɪtə'] *adj & adv* später; **at a ~ time** später; **the weather cleared up ~ (on) in the day** das Wetter klärte sich im Laufe des Tages auf; **~ (on) in the play** im weiteren Verlauf des Stückes; **I'll tell you ~ (on)** ich erzähle es dir später; **see you ~!** bis später; **no ~ than Monday** bis spätestens Montag

lateral *adj*, **laterally** ['lætərəl, -lɪ] *adv* seitlich

latest ['leɪtɪst] **A** *adj* **1** *Mode* neu(e)ste(r, s); *Technik* modernste(r, s); **the ~ news** das Neu(e)ste; **the ~ attempt** der jüngste Versuch **2** späteste(r, s); **what is the ~ date you can come?** wann kannst du spätestens kommen? **B** *s* **the ~ in a series** der jüngste in einer Reihe; **what's the ~ (about John)?** was gibts Neues (über John)?; **wait till you hear the ~!** warte, bis du das Neueste gehört hast!; **at the ~** spätestens

latex ['leɪteks] *s* Latex *m*

lathe [leɪð] *s* Drehbank *f*

lather ['lɑːðə'] *s* (Seifen)schaum *m*; **to work oneself up into a ~ (about sth)** *umg* sich (über etw *akk*) aufregen

Latin ['lætɪn] **A** *adj Charme* südländisch **B** *s* LING Latein(isch) *n*

Latina [læˈtiːnə] *s* Latina *f (weibliche Person mittel- oder südamerikanischer Abstammung)*

Latin America *s* Lateinamerika *n*

Latin American **A** *adj* lateinamerikanisch **B** *s* Lateinamerikaner(in) *m(f)*

Latino [læˈtiːnəʊ] **1** Latino *m (männliche Person mittel- oder südamerikanischer Abstammung)* **2** Latinomusik *f*

latitude ['lætɪtjuːd] *s* Breite *f*; *fig* Spielraum *m*

latrine [ləˈtriːn] s Latrine f

latte [ˈlæteɪ] s Caffè latte m, Milchkaffee m, Latte m/f, Latte macchiato m/f

latter [ˈlætə^r] **A** adj **1** letztere(r, s) **2 the ~ part of the book/story is better** gegen Ende wird das Buch/die Geschichte besser; **the ~ half of the week** die zweite Hälfte der Woche **B** s **the ~** der/die/das/Letztere

latter-day [ˈlætəˈdeɪ] adj modern

latterly [ˈlætəlɪ] adv in letzter Zeit

lattice [ˈlætɪs] s Gitter n

Latvia [ˈlætvɪə] s Lettland n

Latvian [ˈlætvɪən] **A** adj lettisch; **he is ~** er ist Lette **B** s Lette m, Lettin f; LING Lettisch n

laudable [ˈlɔːdəbl] adj lobenswert

laugh [lɑːf] **A** s **1** Lachen n; **with a ~** lachend; **she gave a loud ~** sie lachte laut auf; **to have a good ~ about sth** sich köstlich über etw (akk) amüsieren; **it'll give us a ~** umg das wird lustig; **to have the last ~** es j-m zeigen umg; **to get a ~** einen Lacherfolg verbuchen **2** umg (≈ Spaß) **what a ~** (das ist ja) zum Totlachen! umg; **for a ~** aus Spaß; **it'll be a ~** es wird bestimmt lustig; **he's a (good) ~** es ist urkomisch umg **B** v/i lachen (**about, at** über +akk); **to ~ at/about sth** über etw (akk) lachen; **to ~ at sb** sich über j-n lustig machen; **you'll be ~ing on the other side of your face soon** Br, **you'll be ~ing on the other side of your mouth soon** US dir wird das Lachen noch vergehen; **to ~ out loud** laut auflachen; **to ~ in sb's face** j-m ins Gesicht lachen; **don't make me ~!** iron umg dass ich nicht lache! umg

phrasal verbs mit laugh:

laugh off v/i **1** ⟨immer getrennt⟩ **to laugh one's head off** sich totlachen umg **2** ⟨trennb⟩ mit einem Lachen abtun

laughable [ˈlɑːfəbl] adj lachhaft

laughing [ˈlɑːfɪŋ] **A** adj **it's no ~ matter** das ist nicht zum Lachen **B** s Lachen n

laughing gas s Lachgas n

laughing stock s Witzfigur f

laughter [ˈlɑːftə^r] s Gelächter n

launch [lɔːntʃ] **A** s **1** Barkasse f **2** von Schiff Stapellauf m; von Rakete Abschuss m **3** von Raumschiff, Kampagne etc Start m **4** von Firma Gründung f; von Produkt Einführung f; von Film, Buch Lancierung f **B** v/t **1** Schiff vom Stapel lassen; Rettungsboot aussetzen; Rakete abschießen **2** Firma gründen; Produkt einführen; Film, Buch lancieren; Untersuchung in die Wege leiten; Karriere starten; **the attack was ~ed at 15.00 hours** der Angriff fand um 15.00 Uhr statt; **to ~ a takeover bid** HANDEL ein Übernahmeangebot machen

phrasal verbs mit launch:

launch into v/i ⟨+obj⟩ angreifen; **he launched into a description of his house** er legte mit einer Beschreibung seines Hauses los umg

launch(ing) pad s Abschussrampe f

launder [ˈlɔːndə^r] v/t waschen und bügeln od glätten schweiz; fig Geld waschen

Launderette® [ˌlɔːndəˈret], **laundrette** [ˌlɔːnˈdret] Br s Waschsalon m

Laundromat® [ˈlɔːndrəʊmæt] US s Waschsalon m

laundry [ˈlɔːndrɪ] s **1** Wäscherei f **2** Wäsche f; **to do the ~** (Wäsche) waschen

laundry basket s Wäschekorb m

laurel [ˈlɒrəl] s Lorbeer m; **to rest on one's ~s** sich auf seinen Lorbeeren ausruhen

lava [ˈlɑːvə] s Lava f

lavatory [ˈlævətrɪ] s Toilette f

lavatory attendant s Toilettenfrau f/-mann m

lavatory paper s Toilettenpapier n

lavatory seat s Toilettensitz m

lavender [ˈlævɪndə^r] s Lavendel m

lavish [ˈlævɪʃ] **A** adj Geschenke großzügig; Lob überschwänglich; Bankett üppig; **to be ~ with sth** mit etw verschwenderisch umgehen **B** v/t **to ~ sth on sb** j-n mit etw überhäufen

lavishly [ˈlævɪʃlɪ] adv ausgestattet großzügig; loben überschwänglich; bewirten reichlich; **~ furnished** luxuriös eingerichtet

law [lɔː] s **1** Gesetz n, Recht n; **it's the law** das ist Gesetz; **to become law** rechtskräftig werden; **to pass a law** ein Gesetz verabschieden; **is there a law against it?** ist das verboten?; **under French law** nach französischem Recht; **he is above the law** er steht über dem Gesetz; **to keep within the law** sich im Rahmen des Gesetzes bewegen; **in law** vor dem Gesetz; **civil/criminal law** Zivil-/Strafrecht n; **to practise law** Br, **to practice law** US eine Anwaltspraxis haben; **to take the law into one's own hands** das Recht selbst in die Hand nehmen; **law and order** Recht und Ordnung **2** UNIV Jura ohne art, Rechtswissenschaft f **3 the law** umg die Bullen sl

law-abiding adj gesetzestreu

lawbreaker s Gesetzesbrecher(in) m(f)

law court s Gerichtshof m

lawful [ˈlɔːfʊl] adj rechtmäßig

lawfully [ˈlɔːfəlɪ] adv rechtmäßig; **he is ~ entitled to compensation** er hat einen Rechtsanspruch auf Entschädigung

lawless [ˈlɔːlɪs] adj Handlung gesetzwidrig; Gesellschaft gesetzlos

lawlessness [ˈlɔːlɪsnɪs] s Gesetzlosigkeit f

lawn [lɔːn] s Rasen m kein pl

lawn mower s Rasenmäher m

lawn tennis s Rasentennis n

law school US s juristische Fakultät

lawsuit s Prozess m; **to bring a ~ against sb** gegen j-n einen Prozess anstrengen

lawyer ['lɔːjəʳ] s **1** (Rechts)anwalt m, (Rechts)anwältin f **2** (≈ Rechtsgelehrter) Jurist(in) m(f)

lax [læks] adj ⟨+er⟩ lax; Moral locker; **to be lax about sth** etw vernachlässigen

laxative ['læksətɪv] **A** adj abführend **B** s Abführmittel n

laxity ['læksɪtɪ] s Laxheit f

lay[1] [leɪ] adj Laien-

lay[2] prät → lie[2]

lay[3] ⟨v: prät, pperf laid⟩ **A** v/t **1** legen (**sth on sth** etw auf etw akk); Kranz niederlegen; Kabel verlegen; Teppich (ver)legen; **to lay (one's) hands on** erwischen, finden **2** Pläne schmieden; **to lay the table** Br den Tisch decken; **to lay a trap for sb** j-m eine Falle stellen; **to lay the blame for sth on sb/sth** j-m/einer Sache die Schuld an etw (dat) geben; **to lay waste** verwüsten **3** Huhn: Eier legen; Fisch, Insekt ablegen; **to lay bets on sth** auf etw (akk) wetten **B** v/i Huhn legen

phrasal verbs mit lay:

lay about **A** v/i um sich schlagen **B** v/t ⟨trennb⟩ losschlagen gegen

lay aside v/t ⟨trennb⟩ Arbeit weglegen; (≈ sparen) auf die Seite legen

lay down v/t ⟨trennb⟩ **1** Buch etc hinlegen; **he laid his bag down on the table** er legte seine Tasche auf den Tisch **2** **to lay down one's arms** die Waffen niederlegen; **to lay down one's life** sein Leben geben **3** Regeln aufstellen; **to lay down the law** umg Vorschriften machen (**to sb** j-m)

lay into umg v/i ⟨+obj⟩ **to lay into sb** auf j-n losgehen; mit Worten j-n fertigmachen umg

lay off **A** v/i umg aufhören (obj mit); **you'll have to lay off smoking** du wirst das Rauchen aufgeben müssen umg; **lay off my little brother, will you!** lass bloß meinen kleinen Bruder in Ruhe! **B** v/t ⟨trennb⟩ Arbeiter entlassen; **to be laid off** Feierschichten einlegen müssen; Kündigung entlassen werden

lay on v/t ⟨trennb⟩ Unterhaltung sorgen für; Busse einsetzen

lay out v/t ⟨trennb⟩ **1** ausbreiten **2** (≈ präsentieren) darlegen **3** Kleidungsstücke zurechtlegen; Leiche (waschen und) aufbahren **4** (≈ arrangieren) anlegen

lay over US v/i Aufenthalt haben

lay up v/t ⟨trennb⟩ **to be laid up (in bed)** auf der Nase liegen umg, im Bett liegen

layabout Br s Arbeitsscheue(r) m/f(m)

lay-by Br s Parkbucht f, Parkplatz m

layer ['leɪəʳ] **A** s Schicht f, Lage f; **to arrange sth in ~s** etw schichten; **several ~s of clothing** mehrere Kleidungsstücke übereinander **B** v/t **1** Haare abstufen **2** Gemüse etc schichten

layman s ⟨pl -men⟩ Laie m

lay-off s **further ~s were unavoidable** weitere Arbeiter mussten entlassen werden

layout s Anordnung f, TYPO Layout n; **we have changed the ~ of this office** wir haben dieses Büro anders aufgeteilt

layover US s Aufenthalt m

layperson s Laie m

laze [leɪz] v/i, **laze about**, **laze around** faulenzen

lazily ['leɪzɪlɪ] adv faul, träge

laziness ['leɪzɪnɪs] s Faulheit f

lazy ['leɪzɪ] adj ⟨komp lazier⟩ **1** faul; **to be ~ about doing sth** zu faul sein, etw zu tun **2** träge; Abend gemütlich

lazybones ['leɪzɪˌbəʊnz] umg s ⟨+sg v⟩ Faulpelz m umg

lb s Gewicht ≈ Pfd.

LCD abk (= liquid crystal display) LCD n

lead[1] [led] s **1** Blei n **2** in Bleistift Mine f

lead[2] [liːd] ⟨v: prät, pperf led⟩ **A** v/t führen; **to ~ sb in** j-n hineinführen; **that road will ~ you back to the station** auf dieser Straße kommen Sie zum Bahnhof zurück; **to ~ the way** vorangehen; **all this talk is ~ing us nowhere** dieses ganze Gerede bringt uns nicht weiter; **to ~ sb to do sth** j-n dazu bringen, etw zu tun; **what led him to change his mind?** wie kam er dazu, seine Meinung zu ändern?; **I am led to believe that ...** ich habe Grund zu der Annahme, dass ...; **to ~ sb into trouble** j-n in Schwierigkeiten bringen **2** (an)führen; Team leiten; **to ~ a party** den Parteivorsitz führen **3** (≈ Erster sein) anführen; **they led us by 30 seconds** sie lagen mit 30 Sekunden vor uns (dat); **Britain ~s the world in textiles** Großbritannien ist auf dem Gebiet der Textilproduktion führend in der Welt **B** v/i **1** führen; **it ~s to that room** es führt zu diesem Raum; **all this talk is ~ing nowhere** dieses ganze Gerede führt zu nichts; **remarks like that could ~ to trouble** solche Bemerkungen können unangenehme Folgen haben **2** vorangehen; in Rennen in Führung liegen **C** s **1** Führung f; **to be in the ~** in Führung liegen; **to take the ~, to move into the ~** in Führung gehen; in Liga Tabellenführer werden **2** zeitlich Vorsprung m; **to have two minutes' ~ over sb** zwei Minuten Vorsprung vor j-m haben **3** (≈ Beispiel) **to take the ~ mit gutem Beispiel vorangehen 4** Anhaltspunkt m; **the police have a ~** die Polizei hat eine Spur **5** THEAT Hauptrolle f; (≈ Schauspieler)

Hauptdarsteller(in) m(f) **6** für Hund Leine f; **on a ~** an der Leine **7** ELEK Kabel n

phrasal verbs mit lead:

lead away v/t ⟨trennb⟩ wegführen; Gefangenen abführen

lead off v/i Straße abgehen; **several streets led off the square** mehrere Straßen gingen von dem Platz ab

lead on v/t ⟨trennb⟩ (≈ täuschen) anführen umg

lead on to v/i (+obj) führen zu

lead up **A** v/t ⟨trennb⟩ führen (**to** zu); **to lead sb up the garden path** fig j-n an der Nase herumführen **B** v/i **the events that led up to the war** die Ereignisse, die dem Krieg vorausgingen; **what are you leading up to?** worauf willst du hinaus?; **what's all this leading up to?** was soll das Ganze?

leaded ['lɛdɪd] adj Benzin verbleit

leaden ['lɛdn] adj bleiern; Schritte bleischwer

leader ['liːdər] s **1** Führer(in) m(f); von Partei Vorsitzende(r) m/f(m); MIL Befehlshaber(in) m(f); von Bande Anführer(in) m(f); von Projekt Leiter(in) m(f); SPORT in Liga Tabellenführer m; in Rennen der/die Erste; von Orchester Konzertmeister(in) m(f); **to be the ~** in Rennen in Führung liegen; **the ~s** in Rennen die Spitzengruppe; **~ of the opposition** Oppositionsführer(in) m(f) **2** Br Presse Leitartikel m

leadership ['liːdəʃɪp] s Führung f, Vorsitz m; **under the ~** of unter (der) Führung von

lead-free ['lɛdfriː] **A** adj bleifrei **B** s bleifreies Benzin

lead-in [liːd'ɪn] s Einleitung f

leading ['liːdɪŋ] adj **1** vorderste(r, s) **2** Firma, Schriftsteller führend; **~ product/sportsman** Spitzenprodukt n/-sportler m; **~ role** THEAT Hauptrolle f; fig führende Rolle (**in** bei)

leading article s Leitartikel m

leading-edge adj Firma führend; Technologie Spitzen-

leading lady s Hauptdarstellerin f

leading light s Nummer eins f

leading man s ⟨pl - men⟩ Hauptdarsteller m

leading question s Suggestivfrage f

lead singer ['liːd-] s Leadsänger(in) m(f)

lead story ['liːd-] s Hauptartikel m

lead time ['liːdtaɪm] s WIRTSCH Lieferzeit f

leaf [liːf] **A** s ⟨pl leaves⟩ **1** Blatt n; **he swept the leaves into a pile** er fegte das Laub auf einen Haufen **2** (≈ Papier) Blatt n; **to take a ~ out of od from sb's book** sich (dat) von j-m eine Scheibe abschneiden; **to turn over a new ~** einen neuen Anfang machen **B** v/i **to ~ through a book** ein Buch durchblättern

leaflet ['liːflət] s Prospekt m, Handzettel m, Flugblatt n

leafy ['liːfɪ] adj Baum belaubt; Allee grün

league [liːg] s **1** Liga f; **League of Nations** Völkerbund m; **to be in ~ with sb** mit j-m gemeinsame Sache machen; **the club is top of the ~** der Klub ist Tabellenführer; **he was not in the same ~** fig er hatte nicht das gleiche Format; **this is way out of your ~!** das ist einige Nummern zu groß für dich!

league table s Tabelle f; bes Br von Schulen etc Leistungstabelle f

leak [liːk] **A** s undichte Stelle; in Behälter Loch n, Leck n; **to have a ~** undicht sein; Eimer etc lecken **B** v/t **1** durchlassen; Brennstoff verlieren; **that tank is ~ing acid** aus diesem Tank läuft Säure aus **2** fig Informationen etc zuspielen (**to sb** j-m) **C** v/i Schiff, Behälter lecken; Dach undicht sein; Stift, Flüssigkeit auslaufen; Gas ausströmen; **water is ~ing (in) through the roof** es regnet durch (das Dach durch)

phrasal verbs mit leak:

leak out v/i **1** Flüssigkeit auslaufen **2** Informationen durchsickern

leakage ['liːkɪdʒ] s Auslaufen n

leaky ['liːkɪ] adj ⟨komp leakier⟩ undicht; Boot a. leck

lean[1] [liːn] adj ⟨+er⟩ mager; Mensch hager; **to go through a ~ patch** eine Durststrecke durchlaufen

lean[2] ⟨prät, pperf leaned; bes Br leant⟩ **A** v/t **1** lehnen (**against** gegen, **an** +akk); **to ~ one's head on sb's shoulder** seinen Kopf an j-s Schulter (akk) lehnen **2** aufstützen (**on** auf +dat od akk); **to ~ one's elbow on sth** sich mit dem Ellbogen auf etw (akk) stützen **B** v/i **1** sich neigen (**to** nach); **he ~ed across the counter** er beugte sich über den Ladentisch **2** sich lehnen; **she ~ed on my arm** sie stützte sich auf meinen Arm; **to ~ on one's elbow** sich mit dem Ellbogen aufstützen **3** **to ~ toward(s) socialism** zum Sozialismus tendieren

phrasal verbs mit lean:

lean back v/i sich zurücklehnen

lean forward v/i sich vorbeugen

lean on v/i **to lean on sb** sich auf j-n verlassen; umg (≈ Druck ausüben) j-n bearbeiten umg

lean out v/i sich hinauslehnen (**of** aus)

leap out at v/t ins Auge springen (**sb** j-m)

leaning ['liːnɪŋ] **A** adj schräg, schief **B** s Neigung f

leant [lɛnt] bes Br prät & pperf → lean[2]

leap [liːp] **A** s Sprung m; fig von Gewinnen etc sprunghafter Anstieg m; **a great ~ forward** fig ein großer Sprung nach vorn; **a ~ into the unknown, a ~ in the dark** fig ein Sprung ins Ungewisse; **by ~s and bounds** fig sprunghaft **B** v/i ⟨v: prät, pperf leaped; bes Br leapt⟩ springen;

to ~ to one's feet aufspringen; **the shares ~t by 21p** die Aktien stiegen mit einem Sprung um 21 Pence

phrasal verbs mit leap:

leap at *v/i ⟨+obj⟩* **to leap at a chance** eine Gelegenheit beim Schopf packen

leap out *v/i* hinausspringen (**of** aus); **he leapt out of the car** er sprang aus dem Auto

leap up *v/i Preise* sprunghaft ansteigen

leapfrog ['liːpfrɒg] *s* Bockspringen *n*; **to play ~** Bockspringen spielen

leapt [lept] *bes Br prät & pperf* → leap

leap year *s* Schaltjahr *n*

learn [lɜːn] *⟨prät, pperf learned; Br learnt⟩* **A** *v/t* **1** lernen; *Gedicht etc* auswendig lernen; **I ~ed (how) to swim** ich habe schwimmen gelernt **2** erfahren **B** *v/i* **1** lernen; **to ~ from experience** aus der Erfahrung *od* durch Erfahrung lernen **2** erfahren (**about, of** von)

learned ['lɜːnɪd] *adj* gelehrt; **a ~ man** ein Gelehrter *m*

learner ['lɜːnəʳ] *s* **1** Lerner(in) *m(f)* **2** Fahrschüler(in) *m(f)*

learner driver *s* Fahrschüler(in) *m(f)*

learner's permit *s US* provisorischer Führerschein und damit einhergehende offizielle Fahrerlaubnis noch vor Erwerb des eigentlichen Führerscheins

learning ['lɜːnɪŋ] *s* Lernen *n*; **a man of ~** ein Gelehrter *m*; **~ by doing** Lernen *n* durch Handeln

learning curve *s* **to be on a steep ~** viel dazulernen

learnt [lɜːnt] *Br prät & pperf* → learn

lease [liːs] **A** *s* Pacht *f*, Pachtvertrag *m*; *für Wohnung* Miete *f*, Mietvertrag *m*; *von Gerät* Leasing *n*, Leasingvertrag *m*; **a new ~ of/on life** ein neuer Aufschwung **B** *v/t* **1** pachten (**from** von); *Gerät* leasen (**from** von); *Wohnung* vermieten (**to** an +*akk*) **2** *a.* **~ out** verpachten (**to** an +*akk*); *Wohnung* mieten (**from** von); *Gerät* leasen (**to** an +*akk*)

leasehold A *s* Pachtbesitz *m*, Pachtvertrag *m* **B** *adj* gepachtet; **~ property** Pachtbesitz *m*

leaseholder *s* Pächter(in) *m(f)*

leash [liːʃ] *s* Leine *f*; **on a ~** an der Leine

leasing ['liːsɪŋ] *s* Leasing *n*

least [liːst] **A** *adj* **1** geringste(r, s) **2** wenigste(r, s); **he has the ~ money** er hat am wenigsten Geld **B** *adv* **1** *⟨+v⟩* am wenigsten; **~ of all would I wish to offend him** auf gar keinen Fall möchte ich ihn beleidigen **2** *⟨+adj⟩* **the ~ expensive car** das billigste Auto; **the ~ talented player** der am wenigsten talentierte Spieler; **the ~ known** der/die/das Unbekannteste; **not the ~ bit** kein bisschen **C** *s* **the ~** der/die/das Geringste; **that's the ~ of my worries** darüber mache ich mir die wenigsten Sorgen; **it's the ~ I can do** das ist das wenigste, was ich tun kann; **at ~** wenigstens, mindestens; **there were at ~ eight** es waren mindestens acht da; **we need three at the very ~** allermindestens brauchen wir drei; **all nations love football, not ~ the British** alle Völker lieben Fußball, nicht zuletzt die Briten; **he was not in the ~ upset** er war kein bisschen verärgert; **to say the ~** um es milde zu sagen

leather ['leðəʳ] **A** *s* Leder *n* **B** *adj* Leder-, ledern; **~ jacket/shoes** Lederjacke *f*/-schuhe *pl*

leathery ['leðərɪ] *adj* Haut ledern

leave [liːv] *⟨v: prät, pperf left⟩* **A** *v/t* **1** verlassen; **the train left the station** der Zug fuhr aus dem Bahnhof; **when the plane left Rome** als das Flugzeug von Rom abflog; **when he left Rome** als er von Rom wegging/wegfuhr *etc*; **to ~ the country** das Land verlassen; *für immer* auswandern; **to ~ home** von zu Hause weggehen; **to ~ school** die Schule verlassen; **to ~ the table** vom Tisch aufstehen; **to ~ one's job** seine Stelle aufgeben; **to ~ the road** *bei Unfall* von der Straße abkommen; *(≈ Richtung ändern)* von der Straße abbiegen; **I'll ~ you at the station** ich setze dich am Bahnhof ab; **would you ~ us, please** würden Sie uns bitte allein lassen **2** lassen; *Nachricht, Narbe* hinterlassen; **I'll ~ my address with you** ich lasse Ihnen meine Adresse da; **to ~ one's supper** sein Abendessen stehen lassen; **this ~s me free for the afternoon** dadurch habe ich den Nachmittag frei; **to ~ sb alone** j/n in Ruhe lassen; **to ~ sb to do sth** es j-m überlassen, etw zu tun; **I'll ~ you to it** ich lasse Sie jetzt allein weitermachen; **let's ~ it at that** lassen wir es dabei (bewenden); **to ~ sth to the last minute** mit etw bis zur letzten Minute warten; **let's ~ this now** lassen wir das jetzt mal **3** *(≈ vergessen)* liegen lassen, stehen lassen **4** *nach Tod*: *Geld* hinterlassen **5** übrig lassen; **all I have left** alles, was ich noch habe; **I've (got) £6 left** ich habe noch 6 Pfund (übrig); **how many are there left?** wie viele sind noch übrig?; **3 from 10 ~s 7** 10 minus 3 ist 7; **there was nothing left for me to do but to sell it** mir blieb nichts anderes übrig, als es zu verkaufen **6** überlassen (**up to sb** j-m); **~ it to me** lass mich nur machen; **to ~ sth to chance** etw dem Zufall überlassen **B** *v/i* (weg)gehen, abfahren, abfliegen; **we ~ for Sweden tomorrow** wir fahren morgen nach Schweden **C** *s* **1** Erlaubnis *f*; **to ask sb's ~ to do sth** j-n um Erlaubnis bitten, etw zu tun **2** Urlaub *m*; **to be on ~** auf Urlaub sein; **I've got ~ to attend the conference** ich habe freibekommen, um an der Konferenz teilzunehmen; **~ of absence** Beurlaubung f **3 to take ~ of sb** sich von j-m verabschieden; **to take ~ of one's senses** den Verstand verlieren

phrasal verbs mit leave:

leave behind v/t ⟨trennb⟩ **1** Auto zurücklassen; Durcheinander hinterlassen; Vergangenheit hinter sich (dat) lassen; **we've left all that behind** das alles liegt hinter uns; **he left all his fellow students behind** er stellte alle seine Kommilitonen in den Schatten **2** (≈ vergessen) liegen lassen

leave off A v/t ⟨trennb⟩ Deckel nicht daraufтun; Licht auslassen; **you left her name the list** Sie haben ihren Namen nicht in die Liste aufgenommen **B** v/i ⟨+obj⟩ umg aufhören; **leave off!** lass das!; **he picked up where he left off** er machte weiter, wo er aufgehört hatte

leave on v/t ⟨trennb⟩ Mantel anbehalten; Licht anlassen

leave out v/t ⟨trennb⟩ **1** draußen lassen **2** auslassen; j-n ausschließen (**of** von); **you leave my wife out of this** lassen Sie meine Frau aus dem Spiel; **he got left out of things** er wurde nicht mit einbezogen **3** liegen lassen

leave over v/t ⟨trennb⟩ **to be left over** übrig (geblieben) sein

leaves [li:vz] pl → leaf

leaving party ['li:vɪŋ] s Abschiedsfeier od -party f

Lebanon ['lebənɒn] s (**the**) **~** der Libanon

lecher ['letʃəʳ] s Lüstling m; hum Lustmolch m

lecherous ['letʃərəs] adj lüstern

lectern ['lektɜ:n] s Pult n

lecture ['lektʃəʳ] **A** s **1** Vortrag m; UNIV Vorlesung f; **to give a ~** einen Vortrag/eine Vorlesung halten (**to** für od **on sth** über etw akk) **2** (Straf)predigt f **B** v/t **1 to ~ sb on sth** j-m einen Vortrag/eine Vorlesung über etw (akk) halten; **he ~s us in French** wir hören bei ihm (Vorlesungen in) Französisch **2** j-m eine Strafpredigt halten (**on** wegen) **C** v/i einen Vortrag halten; UNIV eine Vorlesung halten; **he ~s in English** er ist Dozent für Anglistik; **he ~s at Princeton** er lehrt in Princeton

lecture hall s Hörsaal m

lecture notes pl von Professor Manuskript n; von Student Aufzeichnungen pl; (≈ Arbeitsblätter) Vorlesungsskript n

lecturer ['lektʃərəʳ] s Dozent(in) m(f), Redner(in) m(f); **assistant ~** ≈ Assistent(in) m(f); **senior ~** Dozent(in) in höherer Position

lectureship ['lektʃəʃɪp] s Dozentenstelle f

lecture theatre s, **lecture theater** US s Hörsaal m

led [led] prät & pperf → lead²

LED [eli:'di:] abk (= light-emitting diode) LED, Leuchtdiode f

ledge [ledʒ] s Leiste f; von Fenster: innen Fensterbrett n; außen (Fenster)sims n/m; von Berg (Fels)vorsprung m

ledger ['ledʒəʳ] s Hauptbuch n

leech [li:tʃ] s Blutegel m

leek [li:k] s Porree m

leer [lɪəʳ] **A** s anzügliches Grinsen **B** v/i **to ~ at sb** j-m anzügliche Blicke zuwerfen

leeway ['li:weɪ] fig s Spielraum m; bei Entscheidung Freiheit f; **he has given them too much ~** er hat ihnen zu viel Freiheit od Spielraum gelassen

left¹ [left] prät & pperf → leave

left² A adj linke(r, s); **no ~ turn** Linksabbiegen verboten; **he's got two ~ feet** umg er ist sehr ungelenk **B** adv links (**of** von); **to turn ~** (nach) links abbiegen; **go ~** biege nach links ab; **keep ~** links fahren **C** s **1** Linke(r, s); **on the ~** links (**of** von), auf der linken Seite; **on** od **to sb's ~** links von j-m; **take the first (on the) ~ after the church** biegen Sie hinter der Kirche die erste (Straße) links ab; **to take a ~** US (nach) links abbiegen; **the third** etc **... from the ~** der/die/das dritte etc ... von links; **to look to the ~** nach links schauen; **to keep to the ~** sich links halten **2** POL Linke f; **to move to the ~** nach links rücken

left back s linker Verteidiger

left-click A v/i IT links klicken **B** v/t IT links klicken auf (+akk)

left-hand adj **~ drive** Linkssteuerung f; **~ side** linke Seite; **he stood on the ~ side of the king** er stand zur Linken des Königs; **take the ~ turn** biege links ab

left-handed A adj linkshändig; Vorrichtung für Linkshänder; **both the children are ~** beide Kinder sind Linkshänder **B** adv mit links

left-hander s Linkshänder(in) m(f)

leftist ['leftɪst] adj linksgerichtet

left-luggage locker Br s Gepäckschließfach n

left-luggage (office) Br s Gepäckaufbewahrung f

left-of-centre adj, **left-of-center** US adj Politiker links von der Mitte stehend; **~ party** Mitte-Links-Partei f

leftover A adj übrig geblieben **B** s **1 ~s** (Über)reste pl **2** fig **to be a ~ from the past** ein Überbleibsel n aus der Vergangenheit sein

left wing s linker Flügel; **on the ~** POL, SPORT auf dem linken Flügel

left-wing adj linke(r, s)

left-winger s POL Linke(r) m/f(m); SPORT Linksaußen m

leg [leg] s **1** Bein n; **to be on one's last legs** auf

legacy – lenient

dem letzten Loch pfeifen *umg*; **he hasn't (got) a leg to stand on** *fig* er kann sich nicht herausreden, das kann er nicht belegen **2** GASTR Keule *f*, Schlögel *m österr*; **leg of lamb** Lammkeule *f*, Lammschlögel *m österr* **3** SPORT Etappe *f*

legacy ['legəsɪ] *s* Vermächtnis *n*; *fig pej* Hinterlassenschaft *f*

legal ['liːgl] *adj* **1** legal; *Verpflichtung, Grenzwert* gesetzlich; **to make sth ~** etw legalisieren; **it is not ~ to sell drink to children** es ist gesetzlich verboten, Alkohol an Kinder zu verkaufen; **~ limit** Promillegrenze *f*; **~ age** gesetzliches Mindestalter; **women had no ~ status** Frauen waren nicht rechtsfähig **2** Rechts-; *Angelegenheit, Rat* juristisch; *Untersuchung* gerichtlich; **for ~ reasons** aus rechtlichen Gründen; **~ charges** *od* **fees** *od* **costs** Anwaltskosten *pl*, Gerichtskosten *pl*; **the British ~ system** das britische Rechtssystem; **the ~ profession** die Juristenschaft

legal action *s* Klage *f*; **to take ~ against sb** gegen j-n Klage erheben

legal adviser *s* Rechtsberater(in) *m(f)*

legal aid *s* Rechtshilfe *f*

legality [liːˈgælɪtɪ] *s* Legalität *f*; *von Anspruch* Rechtmäßigkeit *f*; *von Vertrag, Entscheidung* Rechtsgültigkeit *f*

legalize ['liːgəlaɪz] *v/t* legalisieren

legally ['liːgəlɪ] *adv erwerben* legal; *verheiratet* rechtmäßig; *verpflichtet* gesetzlich; **~ responsible** vor dem Gesetz verantwortlich; **to be ~ entitled to sth** einen Rechtsanspruch auf etw *(akk)* haben; **~ binding** rechtsverbindlich

legal tender *s* gesetzliches Zahlungsmittel

legend ['ledʒənd] *s* Legende *f*, Sage *f*; **to become a ~ in one's lifetime** schon zu Lebzeiten zur Legende werden

legendary ['ledʒəndərɪ] *adj* **1** legendär **2** berühmt

-legged [-ˈlegd, -ˈlegɪd] *adj ⟨suf⟩* -beinig; **bare-legged** ohne Strümpfe

leggings ['legɪŋz] *pl* Leggings *pl*

legible ['ledʒɪbl] *adj* lesbar

legibly ['ledʒɪblɪ] *adv* lesbar; *schreiben* leserlich

legion ['liːdʒən] *s* Legion *f*

legionary ['liːdʒənərɪ] *s* Legionär *m*

legislate ['ledʒɪsleɪt] *v/i* Gesetze/ein Gesetz erlassen

legislation [ˌledʒɪsˈleɪʃən] *s* Gesetze *pl*

legislative ['ledʒɪslətɪv] *adj* gesetzgebend

legitimacy [lɪˈdʒɪtɪməsɪ] *s* Rechtmäßigkeit *f*

legitimate [lɪˈdʒɪtɪmət] *adj* **1** legitim; *Rechtfertigung* begründet **2** *Kind* ehelich

legitimately [lɪˈdʒɪtɪmətlɪ] *adv* legitim, berechtigterweise

legitimize [lɪˈdʒɪtɪmaɪz] *v/t* legitimieren

legless *Br umg adj* sternhagelvoll *umg*

leg press *s* SPORT Beinpresse *f*

legroom *s* Beinfreiheit *f*

leg-up *s* **to give sb a ~** j-m hochhelfen

leisure ['leʒəʳ] *s* Freizeit *f*; **do it at your ~** tun Sie es, wenn Sie Zeit dazu haben

leisure activities *pl* Freizeitbeschäftigungen *pl*

leisure centre *Br s* Freizeitzentrum *n*

leisure hours *pl* Freizeit *f*

leisurely ['leʒəlɪ] *adj* geruhsam; **to go at a ~ pace** gemächlich gehen; **to have a ~ breakfast** in aller Ruhe frühstücken

leisure time *s* Freizeit *f*

leisurewear *s* Freizeitbekleidung *f*

lemma ['lemə] *s* ⟨*pl* -s *od* -ta ['lemətə]⟩ LING Lemma *n*

lemon ['lemən] **A** *s* Zitrone *f* **B** *adj* Zitronen-

lemonade [ˌleməˈneɪd] *s* Limonade *f*, Kracherl *n österr*, Zitronenlimonade *f*

lemon grass *s* BOT, GASTR Zitronengras *n*

lemon juice *s* Zitronensaft *m*

lemon sole *s* Rotzunge *f*

lemon squeezer *s* Zitronenpresse *f*

lend [lend] ⟨*prät, pperf* lent⟩ **A** *v/t* **1** leihen (**to sb** j-m); *Geld* verleihen (**to** an +*akk*) **2** *fig* verleihen (**to** +*dat*); **to ~ (one's) support to sb/sth** j-n/etw unterstützen; **to ~ a hand** helfen **B** *v/r* **to ~ oneself to sth** sich für etw eignen

phrasal verbs mit lend:

lend out *v/t* ⟨*trennb*⟩ verleihen

lender ['lendəʳ] *s* Geldverleiher(in) *m(f)*

lending library *s* Leihbücherei *f*

lending rate *s* (Darlehens)zinssatz *m*

length [leŋθ] *s* **1** Länge *f*; **to be 4 feet in ~** 4 Fuß lang sein; **what ~ is it?** wie lang ist es?; **along the whole ~ of the river** den ganzen Fluss entlang **2** *von Seil* Stück *n*; *von Schwimmbecken* Bahn *f* **3** *zeitlich* Dauer *f*; **for any ~ of time** für längere Zeit; **at ~** ausführlich **4 to go to any ~s to do sth** vor nichts zurückschrecken, um etw zu tun; **to go to great ~s to do sth** sich *(dat)* sehr viel Mühe geben, um etw zu tun

lengthen ['leŋθən] **A** *v/t* verlängern; *Kleidung* länger machen; **to ~ one's stride** größere Schritte machen **B** *v/i* länger werden

lengthways ['leŋθweɪz], **lengthwise** ['leŋθwaɪz] **A** *adj* Längen-, Längs- **B** *adv* der Länge nach

lengthy ['leŋθɪ] *adj* ⟨*komp* lengthier⟩ sehr lang, langwierig; *Rede* ausführlich, langatmig *pej*; *Konferenz* lang andauernd

lenience ['liːnɪəns], **leniency** ['liːnɪənsɪ] *s* Nachsicht *f* (**towards** gegenüber); *von Richter, Urteil* Milde *f*

lenient ['liːnɪənt] *adj* nachsichtig (**towards** gegenüber); *Richter, Urteil* milde; **to be ~ with**

sb mit j-m milde umgehen
leniently ['li:nɪəntlɪ] *adv* nachsichtig; *urteilen* milde
lens [lenz] *s* Linse *f*; *in Brille* Glas *n*; *von Kamera* Objektiv *n*; (≈ *Vergrößerungsglas*) Lupe *f*
lens cap *s* Schutzkappe *f*
Lent [lent] *s* Fastenzeit *f*
lent [lent] *prät & pperf* → lend
lentil ['lentl] *s* Linse *f*
Leo ['li:əʊ] *s* ⟨*pl* -s⟩ ASTROL Löwe *m*; **to be (a) Leo** (ein) Löwe sein
leopard ['lepəd] *s* Leopard *m*
leotard ['li:əta:d] *s* Trikot *n*, Leiberl *n österr*, Leibchen *n österr, schweiz*; Gymnastikanzug *m*
leper ['lepəʳ] *s* Leprakranke(r) *m/f(m)*
leprosy ['leprəsɪ] *s* Lepra *f*
lesbian ['lezbɪən] **A** *adj* lesbisch; **~ and gay rights** Rechte *pl* der Lesben und Schwulen **B** *s* Lesbe *f*
lesion ['li:ʒən] *s* Verletzung *f*
Lesotho [lə'su:tu:] *s* GEOG Lesotho *n*
less [les] **A** *adj & adv & s* weniger; **~ noise, please!** nicht so laut, bitte!; **to grow ~** weniger werden, abnehmen; **~ and ~** immer weniger; **she saw him ~ and ~ (often)** sie sah ihn immer seltener; **a sum ~ than £1** eine Summe unter £ 1; **it's nothing ~ than disgraceful** es ist wirklich eine Schande; **~ beautiful** nicht so schön; **~ quickly** nicht so schnell; **none the ~** nichtsdestoweniger; **can't you let me have it for ~?** können Sie es mir nicht etwas billiger lassen?; **~ of that!** komm mir nicht so! **B** *präp* weniger; HANDEL abzüglich; **6 − 4 is 2** 6 weniger 4 ist 2
lessen ['lesn] **A** *v/t* verringern; *Wirkung* abschwächen; *Schmerz* lindern **B** *v/i* nachlassen
lesser ['lesəʳ] *adj* geringer; **to a ~ extent** in geringerem Maße; **a ~ amount** ein kleinerer Betrag
lesson ['lesn] *s* **1** SCHULE *etc* Stunde *f*, Lektion *f*; **~s** Unterricht *m*; **to give** *od* **teach a ~** eine Französischstunde; **to give** *od* **teach a ~** eine Stunde geben **2** *fig* Lehre *f*; **he has learned his ~** er hat seine Lektion gelernt; **to teach sb a ~** j-m eine Lektion erteilen
lest [lest] *form konj* damit ... nicht
let¹ [let] *v/t Zimmer* vermieten (**to an** +*akk*)
let² [let] *v/t* ⟨*prät, pperf* let⟩ **1** lassen; **to let sb do sth** j-n etw tun lassen; **she let me borrow the car** sie lieh mir das Auto; **we can't let that happen** wir dürfen das nicht zulassen; **he wants to but I won't let him** er möchte gern, aber ich lasse ihn nicht *od* erlaube es ihm nicht; **let me know what you think** sagen Sie mir (Bescheid), was Sie davon halten; **to let sb be** j-n (in Ruhe) lassen; **to let sb/sth go, to let go of sb/sth** j-n/etw loslassen; **to let oneself go** sich gehen lassen; **we'll let it pass** *od* **this once** wir wollen es mal durchgehen lassen **2** **let alone** geschweige denn **3** **let's ...** lass(t) uns ...; **let's go!** gehen wir!, los geht's!; **yes, let's** oh ja!; **let's not** lieber nicht; **don't let's** *od* **let's not fight** wir wollen uns doch nicht streiten; **let's be friends** wir wollen Freunde sein; **let's look at the list** sehen wir uns die Liste an; **let him try (it)!** das soll er nur versuchen!; **let me think** *od* **see, where did I put it?** warte mal, wo habe ich das nur hingetan?; **let us pray** lasst uns beten; **let us suppose ...** nehmen wir (mal) an, dass ...

phrasal verbs mit let:

let down *v/t* ⟨*trennb*⟩ **1** herunterlassen; **I tried to let him down gently** *fig* ich versuchte, ihm das schonend beizubringen **2** *Kleid* länger machen; *Saum* auslassen **3** **to let a tyre down** *Br*, **to let a tire down** *US* die Luft aus einem Reifen lassen **4** **to let sb down** j-n im Stich lassen (**over** mit); **the weather let us down** das Wetter machte uns einen Strich durch die Rechnung **5** enttäuschen; **to feel let down** enttäuscht sein; **to let oneself down** sich blamieren
let in *v/t* ⟨*trennb*⟩ **1** *Wasser* durchlassen **2** *Luft, Besucher* hereinlassen; *zu Klub etc* zulassen (**to** zu); **he let himself in (with his key)** er schloss die Tür auf und ging hinein; **to let oneself in for sth** sich auf etw (*akk*) einlassen; **to let sb in on sth** j-n in etw (*akk*) einweihen
let off **A** *v/t* ⟨*trennb*⟩ **1** *Waffe* abfeuern **2** *Feuerwerk* hochgehen lassen **3** *Gase* absondern; *Geruch* verbreiten; **to let off steam** Dampf ablassen **B** *v/t* ⟨*immer getrennt*⟩ **1** **to let sb off** j-m etw durchgehen lassen; **I'll let you off this time** diesmal drücke ich noch ein Auge zu; **to let sb off with a warning** j-n mit einer Verwarnung davonkommen lassen; **he's been let off** man hat ihn laufen lassen **2** gehen lassen; **we were let off early** wir durften früher gehen
let on *umg v/i* verraten; **don't let on you know** lass dir bloß nicht anmerken, dass du das weißt
let out *v/t* ⟨*trennb*⟩ **1** herauslassen; **I'll let myself out** ich finde alleine hinaus; **to let out a groan** (auf)stöhnen **2** *Häftling* entlassen
let through *v/t* ⟨*trennb*⟩ durchlassen
let up *v/i* nachlassen

letdown ['letdaʊn] *umg s* Enttäuschung *f*
lethal ['li:θəl] *adj* **1** tödlich; **~ injection** Todesspritze *f* **2** *fig Gegner* äußerst gefährlich
lethargic [lɪ'θɑ:dʒɪk] *adj* träge
lethargy ['leθədʒɪ] *s* Trägheit *f*

let's [lets] *abk* (= let us) → let²
letter ['letə] *s* **1** Buchstabe *m*; **to the ~** buchstabengetreu **2** Brief *m*; HANDEL *etc* Schreiben *n form* (**to an** +*akk*); **by ~** schriftlich; **to write a ~ of complaint/apology** sich schriftlich beschweren/entschuldigen; **~ of application** Bewerbungsschreiben *n*; **~ of recommendation** US Arbeitszeugnis *n*, Empfehlungsschreiben *n*; **~ of resignation** Entlassungsgesuch *n*; **~ to the editor** Leserbrief *m* **3** LIT **~s** Literatur *f*
letter bomb *s* Briefbombe *f*
letterbox *Br s* Briefkasten *m*
letterhead *s* Briefkopf *m*
lettering ['letərɪŋ] *s* Beschriftung *f*
letters page ['letəz'peɪdʒ] *s Presse* Leserbriefseite *f*
lettuce ['letɪs] *s* Kopfsalat *m*
let-up ['letʌp] *umg s* Pause *f*; *von Regen etc* Nachlassen *n*
leukaemia [luːˈkiːmɪə] *s*, **leukemia** US *s* Leukämie *f*
levee ['levi] *s* Damm *m*
level ['levl] **A** *adj* **1** *Fläche* eben; *Löffel* gestrichen **2** auf gleicher Höhe (**with** mit), parallel (**with** zu); **the bedroom is ~ with the ground** das Schlafzimmer liegt ebenerdig **3** gleichauf; *fig* gleich gut; **Jones was almost ~ with the winner** Jones kam fast auf gleiche Höhe mit dem Sieger **4** ruhig, ausgeglichen; **to have a ~ head** einen kühlen Kopf haben **B** *adv* **~ with** in Höhe (+*gen*); **it should lie ~ with ...** es sollte gleich hoch sein wie ...; **to draw ~ with sb** mit j-m gleichziehen **C** *s* **1** Höhe *f*; **on a ~ (with)** auf gleicher Höhe (mit); **at eye ~** in Augenhöhe; **the trees were very tall, almost ~ with roof** die Bäume waren sehr hoch, sie reichten fast bis zum Dach **2** Etage *f* **3** Ebene *f*; *sozial etc* Niveau *n*; **to raise the ~ of the conversation** der Unterhaltung etwas mehr Niveau geben; **if profit stays at the same ~** wenn sich der Gewinn auf dem gleichen Stand hält; **the ~ of inflation** die Inflationsrate; **a high ~ of interest** sehr großes Interesse; **a high ~ of support** sehr viel Unterstützung; **the talks were held at a very high ~** die Gespräche fanden auf hoher Ebene statt; **on a purely personal ~** rein persönlich **4** (≈ *Menge*) **a high ~ of hydrogen** ein hoher Wasserstoffanteil; **the ~ of alcohol in the blood** der Alkoholspiegel im Blut; **cholesterol ~** Cholesterinspiegel *m*; **the ~ of violence** das Ausmaß der Gewalttätigkeit **D** *v/t* **1** *Boden* einebnen; *Stadt* dem Erdboden gleichmachen **2** *Waffe* richten (**at** auf +*akk*); *Anklage* erheben (**at** gegen) **3** SPORT **to ~ the match** den Ausgleich erzielen; **to ~ the score** gleichziehen

phrasal verbs mit level:
level out *v/i* eben werden; *fig* sich einpendeln; *a.* **level off** *Boden* eben werden
level crossing *Br s* (beschrankter) Bahnübergang
level-headed *adj* ausgeglichen
lever ['liːvə US 'levə] **A** *s* Hebel *m*; *fig* Druckmittel *n* **B** *v/t* (hoch)stemmen; **he ~ed the machine part into place** er hob das Maschinenteil durch Hebelwirkung an seinen Platz; **he ~ed the box open** er stemmte die Kiste auf
leverage ['liːvərɪdʒ, US 'levərɪdʒ] *s* Hebelkraft *f*; *fig* Einfluss *m*; **to use sth as ~** *fig* etw als Druckmittel benutzen
levy ['levi] **A** *s* (Steuer)einziehung *f*, Steuer *f* **B** *v/t Steuern* erheben
lewd [luːd] *adj* ⟨+*er*⟩ unanständig; *Bemerkung* anzüglich
lexicon ['leksɪkən] *s* Wörterbuch *n*; LING Lexikon *n*
liability [ˌlaɪəˈbɪlɪtɪ] *s* **1** Belastung *f* **2** Haftung *f*; **we accept no ~ for ...** wir übernehmen keine Haftung für ... **3** FIN **liabilities** Verbindlichkeiten *pl*
liable ['laɪəbl] *adj* **1** **to be ~ for** *od* **to sth** einer Sache (*dat*) unterliegen; **to be ~ for tax** steuerpflichtig sein; **to be ~ to prosecution** der Strafverfolgung unterliegen **2** anfällig **3** (≈ *verantwortlich*) **to be ~ for sth** für etw haftbar sein **4** **to be ~ to do sth** zukünftig wahrscheinlich etw tun (werden); *gewohnheitsmäßig* dazu neigen, etw zu tun; **we are ~ to get shot here** wir können hier leicht beschossen werden; **if you don't write it down I'm ~ to forget it** wenn Sie das nicht aufschreiben, kann es durchaus sein, dass ich es vergesse; **the car is ~ to run out of petrol any minute** *Br* dem Auto kann jede Minute das Benzin ausgehen
liaise [liːˈeɪz] *v/i* als Verbindungsperson fungieren, in Verbindung stehen; **social services and health workers ~ closely** das Sozialamt und der Gesundheitsdienst arbeiten eng zusammen

phrasal verbs mit liaise:
liaise with [lɪˈeɪzwɪð] *v/t* sich in Verbindung setzen mit; *Abteilung, Ministerium* in Verbindung stehen mit
liaison [liːˈeɪzɒn] *s* **1** Verbindung *f* **2** (≈ *Affäre*) Liaison *f*
liar ['laɪə] *s* Lügner(in) *m(f)*
lib [lɪb] *s abk* (= liberation) Befreiung *f*
Lib Dem [ˌlɪbˈdem] *Br s* POL → Liberal Democrat
libel ['laɪbəl] **A** *s* (schriftlich geäußerte) Verleumdung (**on** +*gen*) **B** *v/t* verleumden
libellous ['laɪbələs] *adj*, **libelous** US *adj* ver-

leumderisch
liberal ['lɪbərəl] **A** *adj* **1** *Angebot* großzügig; *Portion* reichlich; **to be ~ with one's praise/comments** mit Lob/seinen Kommentaren freigebig sein **2** POL liberal **B** *s* POL Liberale(r) *m/f(m)*
liberal arts *pl* **the ~** *bes US* die geisteswissenschaftlichen Fächer
Liberal Democrat *Br* **A** *s* POL Liberaldemokrat(in) *m(f)* **B** *adj* liberaldemokratisch; *Politik* der Liberaldemokraten
liberalism ['lɪbərəlɪzəm] *s* Liberalität *f*; **Liberalism** POL der Liberalismus
liberalization [ˌlɪbərəlaɪˈzeɪʃən] *s* Liberalisierung *f*
liberalize ['lɪbərəlaɪz] *v/t* liberalisieren
liberally ['lɪbərəlɪ] *adv* großzügig, reichlich
liberal-minded [ˌlɪbərəlˈmaɪndɪd] *adj* liberal
liberate ['lɪbəreɪt] *v/t* befreien
liberated ['lɪbəreɪtɪd] *adj Frauen* emanzipiert
liberation [ˌlɪbəˈreɪʃən] *s* Befreiung *f*
liberty ['lɪbətɪ] *s* **1** Freiheit *f*; **to be at ~ to do sth** etw tun dürfen **2 I have taken the ~ of giving your name** ich habe mir erlaubt, Ihren Namen anzugeben
libido [lɪˈbiːdəʊ] *s* (*pl* -s) Libido *f*
Libra ['liːbrə] *s* ASTROL Waage *f*; **to be (a) ~** (eine) Waage sein
librarian [laɪˈbrɛərɪən] *s* Bibliothekar(in) *m(f)*
library ['laɪbrərɪ] *s* **1** Bibliothek *f*, Bücherei *f* **2** (Bücher)sammlung *f*
library book *s* Leihbuch *n*
library ticket *s* Leserausweis *m*
lice [laɪs] *pl* → louse
licence ['laɪsəns] *s*, **license** *US s* **1** Genehmigung *f*, Erlaubnis *f*; HANDEL Lizenz *f*; AUTO Führerschein *m*; JAGD Jagdschein *m*; **you have to have a (television) ~** man muss Fernsehgebühren bezahlen; **a ~ to practise medicine** *Br*, **a license to practice medicine** *US* die Approbation; **the restaurant has lost its ~** das Restaurant hat seine Schankerlaubnis verloren **2** Freiheit *f*
licence fee *s Br* TV ≈ Fernsehgebühr *f*
licence number *s*, **license number** *US s* AUTO Kraftfahrzeug- *od* Kfz-Kennzeichen *n*
licence plate *s*, **license plate** *US s* AUTO Nummernschild *n*
license ['laɪsəns] **A** *US s* → licence **B** *v/t* eine Lizenz/Konzession vergeben an (+*akk*); **to be ~d to do sth** die Genehmigung haben, etw zu tun; **we are not ~d to sell alcohol** wir haben keine Schankerlaubnis
licensed *adj* **1** *Pilot* mit Pilotenschein; *Arzt* approbiert **2 ~ bar** Lokal *n* mit Schankerlaubnis; **fully ~** mit voller Schankerlaubnis
licensee [ˌlaɪsənˈsiː] *s von Lokal* Inhaber(in) *m(f)*

einer Schankerlaubnis
license plate number *s US* Kraftfahrzeugkennzeichen *n*
licensing ['laɪsənsɪŋ] *adj* **~ hours** Ausschankzeiten *pl*; **~ laws** Gesetz *n* über den Ausschank und Verkauf alkoholischer Getränke
lichen ['laɪkən] *s* Flechte *f*
lick [lɪk] **A** *v/t* **1 to give sth a ~** an etw (*dat*) lecken **2** *umg* **a ~ of paint** etwas Farbe **B** *v/t* **1** lecken; **he ~ed the ice cream** er leckte am Eis; **to ~ one's lips** sich (*dat*) die Lippen lecken; *fig* sich (*dat*) die Finger lecken; **to ~ sb's boots** *fig* vor j-m kriechen *umg* **2** *Flammen* züngeln an (+*dat*) **3** *umg* (≈ *besiegen*) in die Pfanne hauen *umg*; **I think we've got it ~ed** ich glaube, wir haben die Sache jetzt im Griff
licorice ['lɪkərɪs] *s* → liquorice
lid [lɪd] *s* Deckel *m*; **to keep a lid on sth** etw unter Kontrolle halten; *Informationen* etw geheim halten
lie¹ [laɪ] **A** *s* Lüge *f*; **to tell a lie** lügen; **I tell a lie, it's tomorrow** ich hab mich vertan, es ist morgen **B** *v/i* lügen; **to ~ to sb** j-n belügen
lie² ‹*v: prät* lay; *pperf* lain› **A** *s* Lage *f* **B** *v/i* liegen, sich legen; **to ~ on your back** leg dich auf den Rücken; **the runner lying third** *bes Br* der Läufer auf dem dritten Platz; **our road lay along the river** unsere Straße führte am Fluss entlang; **to lie asleep** (daliegen und) schlafen; **to lie dying** im Sterben liegen; **to lie low** untertauchen; **that responsibility lies with your department** dafür ist Ihre Abteilung verantwortlich

phrasal verbs mit lie:
lie about *Br,* **lie around** *v/i* herumliegen
lie ahead *v/i* **what lies ahead of us** was vor uns (*dat*) liegt, was uns (*dat*) bevorsteht
lie back *v/i* sich zurücklehnen
lie behind *v/i* ‹+*obj*› *Entscheidung* stehen hinter (+*dat*)
lie down *v/i* **1** *wörtl* sich hinlegen; **he lay down on the bed** er legte sich aufs Bett **2** *fig* **he won't take that lying down!** das lässt er sich nicht bieten!
lie in *v/i* im Bett bleiben
lie detector *s* Lügendetektor *m*
lie-down [ˌlaɪˈdaʊn] *umg s* **to have a ~** ein Nickerchen machen *umg*
lie-in [ˌlaɪˈɪn] *Br umg s* **to have a ~** (sich) ausschlafen
lieu [luː] *form* **money in ~** stattdessen Geld; **in ~ of X** anstelle von X; **I work weekends and get time off in ~** *bes Br* ich arbeite an Wochenenden und kann mir dafür (an anderen Tagen) freinehmen
lieutenant [lefˈtenənt *US* luːˈtenənt] *s* Leutnant

m; *Br* Oberleutnant *m*

life [laɪf] *s* ⟨*pl* lives⟩ **1** Leben *n*; **plant ~** die Pflanzenwelt; **this is a matter of ~ and death** hier geht es um Leben und Tod; **to bring sb back to ~** j-n wiederbeleben; **his book brings history to ~** sein Buch lässt die Geschichte lebendig werden; **to come to ~** *fig* lebendig werden; **at my time of ~** in meinem Alter; **a job for ~** eine Stelle auf Lebenszeit; **he's doing ~ (for murder)** *umg* er sitzt lebenslänglich (wegen Mord) *umg*; **he got ~** *umg* er hat lebenslänglich gekriegt *umg*; **how many lives were lost?** wie viele (Menschen) sind ums Leben gekommen?; **to take one's own ~** sich (*dat*) das Leben nehmen; **to save sb's ~** *wörtl* j-m das Leben retten; *fig* j-n retten; **I couldn't do it to save my ~** ich kann es beim besten Willen nicht; **the church is my ~** die Kirche ist mein ganzes Leben; **early in ~, in early ~** in frühen Jahren; **later in ~, in later ~** in späteren Jahren; **she leads a busy ~** bei ihr ist immer etwas los; **all his ~** sein ganzes Leben lang; **I've never been to London in my ~** ich war in meinem ganzen Leben noch nicht in London; **to fight for one's ~** um sein Leben kämpfen; **run for your lives!** rennt um euer Leben!; **I can't for the ~ of me ...** *umg* ich kann beim besten Willen nicht ...; **never in my ~ have I heard such nonsense** ich habe noch nie im Leben so einen Unsinn gehört; **not on your ~!** *umg* ich bin doch nicht verrückt!; **get a ~!** *umg* sonst hast du keine Probleme? *umg*; **it seemed to have a ~ of its own** es scheint seinen eigenen Willen zu haben; **full of ~** lebhaft; **the city centre was full of ~** *Br*, **the city center was full of ~** *US* im Stadtzentrum ging es sehr lebhaft zu; **he is the ~ and soul of every party** *Br*, **he is the ~ of every party** *US* er bringt Leben in jede Party; **village ~** das Leben auf dem Dorf; **this is the ~!** ja, ist das ein Leben!; **that's ~** so ist das Leben; **the good ~** das süße Leben **2** Lebensdauer *f* **3** Biografie *f*

life assurance *Br s* Lebensversicherung *f*
lifebelt *s* Rettungsgürtel *m*
lifeboat *s* Rettungsboot *n*
lifebuoy *s* Rettungsring *m*
life coach *s* Lebensberater(in) *m(f)*
life cycle *s* Lebenszyklus *m*
life-cycle analysis *s* Ökobilanz *f*
life expectancy *s* Lebenserwartung *f*
lifeguard *s am Strand* Rettungsschwimmer(in) *m(f)*; *in Schwimmbad* Bademeister(in) *m(f)*
life imprisonment *s* lebenslängliche Freiheitsstrafe
life insurance *s* → life assurance

life jacket *s* Schwimmweste *f*
lifeless [ˈlaɪflɪs] *adj* leblos
lifelike *adj* lebensecht
lifeline *fig s* Rettungsanker *m*; **the telephone is a ~ for many old people** das Telefon ist für viele alte Leute lebenswichtig
lifelong *adj* lebenslang; **they are ~ friends** sie sind schon ihr Leben lang Freunde; **his ~ devotion to the cause** die Sache, in deren Dienst er sein Leben gestellt hat
life membership *s* Mitgliedschaft *f* auf Lebenszeit
life-or-death *adj* **~ struggle** Kampf *m* auf Leben und Tod
life peer *s* Peer *m* auf Lebenszeit
life preserver *US s* Schwimmweste *f*
life raft *s* Rettungsfloß *n*
life-saver *fig s* Retter *m* in der Not; **it was a real ~!** das hat mich gerettet
life-saving **A** *s* Rettungsschwimmen *n* **B** *adj Gerät* zur Lebensrettung; *Medikament* lebensrettend
life sciences *pl* Biowissenschaften *pl*
life sentence *s* lebenslängliche Freiheitsstrafe
life-size(d) *adj* lebensgroß
lifespan *s* Lebenserwartung *f*
life story *s* Lebensgeschichte *f*
lifestyle *s* Lebensstil *m*
life support machine *s* Herz-Lungen-Maschine *f*
life support system *s* Lebenserhaltungssystem *n*
life-threatening *adj* lebensbedrohend
lifetime *s* **1** Lebenszeit *f*; *von Batterie, Tier* Lebensdauer *f*; **once in a ~** einmal im Leben; **during** *od* **in my ~** während meines Lebens; **the chance of a ~** eine einmalige Chance **2** *fig* Ewigkeit *f*
life vest *s* Rettungsweste *f*
lift [lɪft] **A** *s* **1** **give me a ~ up** heb mich mal hoch **2** *emotional* **to give sb a ~** j-n aufmuntern **3** *in Auto etc* Mitfahrgelegenheit *f*; **to give sb a ~** j-n mitnehmen; **want a ~?** möchten Sie mitkommen?, soll ich dich fahren? **4** *Br* Fahrstuhl *m*, Aufzug *m*; **he took the ~** er fuhr mit dem Fahrstuhl **B** *v/t* **1** (*a.* **~ up**) hochheben; *Kopf* heben **2** *fig a.* **~ up** heben; **to ~ the spirits** die Stimmung heben; **the news ~ed him out of his depression** durch die Nachricht verflog seine Niedergeschlagenheit **3** *Beschränkungen etc* aufheben **4** *umg* klauen *umg*; (≈ *plagiieren*) abkupfern *umg* **C** *v/i Nebel* sich lichten; *Stimmung* sich heben

phrasal verbs mit lift:

lift off *v/i Rakete* abheben
liftoff [ˈlɪftɒf] *s* RAUMF Start *m*; **we have ~** der

Start ist erfolgt

ligament ['lɪgəmənt] s Band n; **he's torn a ~ in his shoulder** er hat einen Bänderriss in der Schulter

light¹ [laɪt] **A** s **1** Licht n, Lampe f; **by the ~ of a candle** im Schein einer Kerze; **at first ~** bei Tagesanbruch; **to shed ~ on sth** fig Licht in etw (akk) bringen; **to see sb/sth in a different ~** j-n/etw in einem anderen Licht sehen; **to see sth in a new ~** etw mit anderen Augen betrachten; **in (the) ~ of** angesichts (+gen); **to bring sth to ~** etw ans Tageslicht bringen; **to come to ~** ans Tageslicht kommen; **finally I saw the ~** umg endlich ging mir ein Licht auf umg; **to see the ~ of day** Bericht veröffentlicht werden; Projekt verwirklicht werden; **put out the ~s** mach das Licht aus; **(traffic) ~s** Ampel f; **the ~s** die Beleuchtung; **~s out!** Licht aus (-machen)! **2** **have you (got) a ~?** haben Sie Feuer?; **to set ~ to sth** etw anzünden **B** adj ⟨+er⟩ hell; **~ green** hellgrün; **it's getting ~** es wird hell **C** v/t ⟨v: prät, pperf lit od lighted⟩ **1** beleuchten, erhellen; Lampe anmachen **2** Feuer anzünden; **to ~ a candle** eine Kerze anzünden **D** v/i **this fire won't ~** das Feuer geht nicht an

phrasal verbs mit light:

light up A v/i **1** Augen aufleuchten; Gesicht sich erhellen **2** **the men took out their pipes and lit up** die Männer holten ihre Pfeifen hervor und zündeten sie an **B** v/t ⟨trennb⟩ **1** beleuchten; **a smile lit up his face** ein Lächeln erhellte sein Gesicht; **Piccadilly Circus was all lit up** der Piccadilly Circus war hell erleuchtet; **flames lit up the night sky** Flammen erleuchteten den Nachthimmel **2** Zigarette anzünden

light (up)on umg v/i ⟨+obj⟩ entdecken

light² **A** adj ⟨+er⟩ leicht; **~ industry** Leichtindustrie f; **~ opera** Operette f; **~ reading** Unterhaltungslektüre f; **with a ~ heart** leichten Herzens; **as ~ as a feather** federleicht; **to make ~ of one's difficulties** seine Schwierigkeiten auf die leichte Schulter nehmen; **you shouldn't make ~ of her problems** du solltest dich über ihre Probleme nicht lustig machen; **to make ~ work of** spielend fertig werden mit **B** adv **to travel ~** mit leichtem Gepäck reisen

light bulb s Glühlampe od -birne f

light-coloured adj ⟨komp lighter-colo(u)red; sup lightest-colo(u)red⟩, **light-colored** US adj hell

light cream US s Sahne f, Obers n österr, Nidel m/f schweiz (mit geringem Fettgehalt)

lighten¹ ['laɪtn] **A** v/t erhellen; Farbe aufhellen **B** v/i hell werden; Stimmung sich heben

lighten² v/t leichter machen; **to ~ sb's workload** j-m etwas Arbeit abnehmen

phrasal verbs mit lighten:

lighten up umg v/i die Dinge leichter nehmen; **lighten up!** nicht so ernst!

lighter ['laɪtər] s Feuerzeug n

lighter fuel s Feuerzeugbenzin n

light-fingered [ˌ'laɪtˈfɪŋgəd] adj ⟨komp lighter--fingered; sup lightest-fingered⟩ langfingerig

light fitting, **light fixture** s Fassung f, (Lampen)halterung f

light-headed adj ⟨komp lighter-headed; sup lightest-headed⟩ benebelt umg

light-hearted adj unbeschwert, heiter; Komödie leicht

light-heartedly adv unbekümmert, scherzhaft

lighthouse s Leuchtturm m

lighting ['laɪtɪŋ] s Beleuchtung f

lightish ['laɪtɪʃ] adj Farbton hell

lightly ['laɪtlɪ] adv **1** leicht; gehen leise; **to sleep ~** einen leichten Schlaf haben; **to get off ~** glimpflich davonkommen; **to touch ~ on a subject** ein Thema nur berühren od streifen **2** **to speak ~ of sb/sth** sich abfällig über j-n/etw äußern; **to treat sth too ~** etw nicht ernst genug nehmen; **a responsibility not to be ~ undertaken** eine Verantwortung, die man nicht unüberlegt auf sich nehmen sollte

light meter s Belichtungsmesser m

lightness ['laɪtnɪs] s Helligkeit f

lightning ['laɪtnɪŋ] **A** s Blitz m; **a flash of ~** ein Blitz m, ein Blitzschlag m; **struck by ~** vom Blitz getroffen; **there was thunder and ~** es hat geblitzt und gedonnert; **we had some ~ an hour ago** vor einer Stunde hat es geblitzt; **like (greased) ~** wie der Blitz **B** adj ⟨attr⟩ blitzschnell, Blitz-; **~ strike** spontaner Streik; **with ~ speed** blitzschnell; **~ visit** Blitzbesuch m

lightning conductor s, **lightning rod** US s Blitzableiter m

light pen s COMPUT Lichtgriffel m

light show s Lightshow f

light switch s Lichtschalter m

lightweight **A** adj leicht; fig schwach **B** s Leichtgewicht n

light year s Lichtjahr n

likable adj → likeable

like¹ [laɪk] **A** adj ähnlich **B** präp wie; **to be ~ sb** j-m ähnlich sein; **they are very ~ each other** sie sind sich (dat) sehr ähnlich; **to look ~ sb** j-m ähnlich sehen; **what's he ~?** wie ist er?; **he's bought a car - what is it ~?** er hat sich ein Auto gekauft - wie sieht es aus?; **she was ~ a sister to me** sie war wie eine Schwester zu mir; **that's just ~ him!** das sieht ihm ähnlich!; **it's not ~ him** es ist nicht seine Art; **I never saw anything ~ it** so (et)was habe ich noch nie gesehen; **that's more ~ it!** so ist es schon besser!; **that hat's nothing ~ as nice as this one** der Hut ist bei Weitem nicht so hübsch wie dieser; **there's nothing ~ a nice cup of tea!** es geht nichts über eine schöne Tasse Tee!; **is this what you had in mind? — it's something/nothing ~ it** hattest du dir so etwas vorgestellt? — ja, so ähnlich/nein, überhaupt nicht; **~ this/that** so; **Americans are ~ that** so sind die Amerikaner; **language ~ that** solche Sprache; **a car ~ that** so ein Auto; **~ what?** wie zum Beispiel?; **I found one ~ it** ich habe ein Ähnliches gefunden; **it will cost something ~ £10** es wird so ungefähr £ 10 kosten; **that sounds ~ a good idea** das hört sich gut an; **~ mad** Br umg, **~ anything** umg wie verrückt umg; **it wasn't ~ that at all** so wars doch gar nicht **C** konj wie; als ob; **~ I said** wie gesagt **D** s **we shall not see his ~ again** so etwas wie ihn bekommen wir nicht wieder umg; **and the ~, and such ~** und dergleichen; **I've no time for the ~s of him** umg mit solchen Leuten gebe ich mich nicht ab umg

like² **A** v/t **1** mögen, gernhaben; **how do you ~ him?** wie gefällt er dir?; **I don't ~ him** ich kann ihn nicht leiden; **he is well ~d here** er ist hier sehr beliebt **2** **I ~ black shoes** ich mag schwarze Schuhe, mir gefallen schwarze Schuhe; **I ~ it** es gefällt mir; **I ~ football** ich spiele gerne Fußball; als Zuschauer ich finde Fußball gut; **I ~ dancing** ich tanze gern; **we ~ it here** es gefällt uns hier; **that's one of the things I ~ about you** das ist eines der Dinge, die ich an dir mag; **how do you ~ London?** wie gefällt Ihnen London?; **how would you ~ to go for a walk?** was hältst du von einem Spaziergang?; **3** **I'd** od **I would ~ to ...** ich würde gern ...; **I'd** od **I would ~ ...** ich hätte gern ...; **I wouldn't ~ to go** ich würde nicht gern gehen; ich möchte nicht gehen; **I'd ~ an explanation** ich hätte gerne eine Erklärung; **I should ~ more time** ich würde mir gerne noch etwas Zeit lassen; **they would have ~d to come** sie wären gern gekommen; **I should ~ you to do it** ich möchte, dass du es tust; **whether he ~s it or not** ob es ihm passt oder nicht; **I didn't ~ to disturb him** ich wollte ihn nicht stören; **what would you ~?** was hätten od möchten Sie gern?; **would you ~ ...?** möchten Sie ...?; **would you ~ a drink?** möchten Sie etwas trinken? **B** v/i **as you ~** wie Sie wollen; **if you ~** wenn Sie wollen **C** s **~s and dislikes** Vorlieben und Abneigungen

-like adj ⟨suf⟩ -ähnlich, -artig
likeable Br, **likable** ['laɪkəbl] adj sympathisch, gefreut schweiz

likelihood ['laɪklɪhʊd] s Wahrscheinlichkeit f; **the ~ is that ...** es ist wahrscheinlich, dass ...; **is there any ~ of him coming?** besteht die Möglichkeit, dass er kommt?
likely ['laɪklɪ] **A** adj ⟨komp likelier⟩ **1** wahrscheinlich; **to be ~** wahrscheinlich sein; **to be ~ to do sth** wahrscheinlich etw tun; **he is not ~ to come** es ist unwahrscheinlich, dass er kommt; **they are ~ to refuse** sie werden wahrscheinlich ablehnen; **a ~ story!** iron das soll mal einer glauben! **2** umg geeignet; **he is a ~ person for the job** er kommt für die Stelle infrage; **~ candidates** aussichtsreiche Kandidaten **B** adv wahrscheinlich; **it's more ~ to be early than late** es wird eher früh als spät werden; **not ~!** iron umg wohl kaum umg
like-minded ['laɪk'maɪndɪd] adj gleich gesinnt; **~ people** Gleichgesinnte pl
liken ['laɪkən] v/t vergleichen (**to** mit)
likeness ['laɪknɪs] s Ähnlichkeit f; **the painting is a good ~ of him** er ist auf dem Gemälde gut getroffen
likewise ['laɪkwaɪz] adv ebenso; **he did ~** er tat das Gleiche; **have a nice weekend — ~** schönes Wochenende! — danke gleichfalls!
liking ['laɪkɪŋ] s **to have a ~ for sb** j-n gernhaben; **she took a ~ to him** er war ihr sympathisch; **to have a ~ for sth** eine Vorliebe für etw haben; **to be to sb's ~** nach j-s Geschmack sein
lilac ['laɪlək] **A** s **1** BOT Flieder m **2** (≈ Farbe) (Zart)lila n **B** adj (zart)lila
Lilo® ['laɪˌləʊ] Br s Luftmatratze f
lilt [lɪlt] s singender Tonfall
lilting ['lɪltɪŋ] adj Akzent singend; Melodie beschwingt
lily ['lɪlɪ] s Lilie f
limb [lɪm] s **1** ANAT Glied n; **~s** pl Gliedmaßen pl; **to tear sb ~ from ~** j-n in Stücke reißen; **to risk life and ~** Leib und Leben riskieren **2** **to be out on a ~** fig exponiert sein; **to go out on a ~** fig sich exponieren

⬛ phrasal verbs mit limb:

limber up v/i Lockerungsübungen machen
limbo ['lɪmbəʊ] fig s ⟨kein pl⟩ Übergangsstadium n; **our plans are in ~** unsere Pläne sind in der Schwebe; **I'm in a sort of ~** ich hänge in der Luft umg
lime¹ [laɪm] s GEOL Kalk m
lime² s BOT a. **~ tree** Linde f, Lindenbaum m
lime³ s BOT (≈ Frucht) Limone(lle) f
lime green adj hellgrün
limelight ['laɪmlaɪt] s Rampenlicht n; **to be in the ~** im Licht der Öffentlichkeit stehen
limerick ['lɪmərɪk] s Limerick m

limestone ['laɪmstəʊn] s Kalkstein m

limit ['lɪmɪt] **A** s **1** Grenze f, Begrenzung f; *Verkehr* Geschwindigkeitsbegrenzung f; HANDEL Limit n; **the city ~s** die Stadtgrenzen pl; **a 40--mile ~** eine Vierzigmeilengrenze; **the 50 km/h ~** die Geschwindigkeitsbegrenzung von 50 Stundenkilometern; **is there any ~ on the size?** ist die Größe beschränkt?; **to put a ~ on sth** etw begrenzen; **there is a ~ to what one person can do** ein Mensch kann nur so viel tun und nicht mehr; **off ~s to military personnel** Zutritt für Militär verboten; **over the ~** zu viel; **your baggage is over the ~** Ihr Gepäck hat Übergewicht; **you shouldn't drive, you're over the ~** du solltest dich nicht ans Steuer setzen, du hast zu viel getrunken; **he was three times over the ~** er hatte dreimal so viel Promille wie gesetzlich erlaubt; **50 pages is my ~** 50 Seiten sind mein Limit **2** *umg* **that's the ~!** das ist (ja) die Höhe!; *umg*; **that child is the ~!** dieses Kind ist eine Zumutung! *umg* **B** v/t begrenzen; *Freiheit, Ausgaben* einschränken; **to ~ sb/sth to sth** j-n/etw auf etw (akk) beschränken

limitation [ˌlɪmɪˈteɪʃən] s Beschränkung f; *von Freiheit, Ausgaben* Einschränkung f; **damage ~** Schadensbegrenzung f; **there is no ~ on exports of coal** es gibt keine Beschränkungen für den Kohleexport; **to have one's/its ~s** seine Grenzen haben

limited ['lɪmɪtɪd] *adj* **1** begrenzt; **this offer is for a ~ period only** dieses Angebot ist (zeitlich) befristet; **this is only true to a ~ extent** dies ist nur in gewissem Maße wahr **2** *bes Br* HANDEL *Haftung* beschränkt; **ABC Travel Limited** ≈ ABC-Reisen GmbH

limited company s *bes Br* HANDEL ≈ Gesellschaft f mit beschränkter Haftung

limited edition s limitierte Auflage

limited liability company s *bes Br* HANDEL → **limited company**

limiting *adj* limitierend, einschränkend

limitless *adj* grenzenlos

limo ['lɪməʊ] s ⟨pl -s⟩ *umg* Limousine f

limousine ['lɪməziːn] s Limousine f; *US* Kleinbus m von und zum Flughafen

limp[1] [lɪmp] **A** s Hinken n, Hatschen n *österr*; **to walk with a ~** hinken, hatschen *österr* **B** v/i hinken, hatschen *österr*

limp[2] *adj* ⟨+er⟩ schlapp; *Blumen* welk

limpet ['lɪmpɪt] s Napfschnecke f; **to stick to sb like a ~** *umg* wie eine Klette an j-m hängen

limply ['lɪmplɪ] *adv* schlapp

linchpin ['lɪn(t)ʃpɪn] *fig* s Stütze f

linden ['lɪndən] s, (*a.* **linden tree**) Linde f

line[1] [laɪn] **A** s **1** *für Wäsche, zum Angeln* Leine f **2** *auf Papier etc* Linie f **3** *auf Haut* Falte f **4** Grenze f; **the (fine od thin) ~ between right and wrong** der (feine) Unterschied zwischen Recht und Unrecht; **to draw a ~ between** *fig* einen Unterschied machen zwischen **5** *von Menschen, Autos* Reihe f; *US* Schlange f; SPORT Linie f; **in (a) ~** in einer Reihe; **in a straight ~** geradlinig; **a ~ of traffic** eine Autoschlange; **to stand in ~** Schlange stehen, anstehen; **~ starts here** hier anstellen; **to be in ~** *Häuser etc* geradlinig sein; **to be in ~ (with)** *fig* in Einklang stehen (mit); **to keep sb in ~** *fig* dafür sorgen, dass j-d nicht aus der Reihe tanzt; **to bring sth into ~ (with sth)** *fig* etw auf die gleiche Linie (wie etw) bringen; **to fall** *od* **get into ~** sich in Reih und Glied aufstellen, sich in einer Reihe aufstellen; **to be out of ~** nicht geradlinig sein; **to step out of ~** *fig* aus der Reihe tanzen; **he was descended from a long ~ of farmers** er stammte aus einem alten Bauerngeschlecht; **it's the latest in a long ~ of tragedies** es ist die neueste Tragödie in einer ganzen Serie; **to be next in ~** als Nächste(r) an der Reihe sein; **to draw up the battle ~s** *od* **the ~s of battle** (Kampf)-stellung beziehen; **enemy ~s** feindliche Stellungen pl; **~s of communication** Verbindungswege pl **6** (≈ *Firma*) FLUG Linie f; SCHIFF Reederei f **7** BAHN Strecke f; **~s** pl Gleise pl; **to reach the end of the ~** *fig* am Ende sein **8** TEL Leitung f; **this is a very bad ~** die Verbindung ist sehr schlecht; **to be on the ~ to sb** mit j-m telefonieren; **hold the ~** bleiben Sie am Apparat! **9** *geschrieben* Zeile f; **the teacher gave me 200 ~s** der Lehrer ließ mich 200 mal ... schreiben; **to learn one's ~s** seinen Text auswendig lernen; **to drop sb a ~** j-m ein paar Zeilen schreiben **10** (≈ *Richtung*) **~ of attack** *fig* Taktik f; **~ of thought** Denkrichtung f; **to be on the right ~s** *fig* auf dem richtigen Weg sein; **he took the ~ that ...** er vertrat den Standpunkt, dass ... **11** Branche f; **~ of work** Beruf m; **to be in a ~ of work** einen Beruf ausüben; **what's his ~ (of work)?** was macht er beruflich?; **it's all in the ~ of duty** das gehört zu meinen/seinen etc Pflichten **12** *von Waren* Kollektion f **13** **somewhere along the ~** irgendwann; **all along the ~** *fig* auf der ganzen Linie; **to be along the ~s of ...** ungefähr so etwas wie ... sein; **something along these ~s** etwas in dieser Art; **I was thinking along the same ~s** ich hatte etwas Ähnliches gedacht; **to put one's life** *etc* **on the ~** *umg* sein Leben *etc* riskieren **B** v/t *Straße, Rabatte* säumen; **the streets were ~d with cheering crowds** eine jubelnde Menge säumte die Straßen; **portraits ~d the walls** an den Wänden hing ein Porträt neben dem andern

phrasal verbs mit line:
line up **A** v/i sich aufstellen; *in Schlange* sich anstellen **B** v/t ⟨*trennb*⟩ **1** *Häftlinge* antreten lassen; *Bücher* in einer Reihe aufstellen **2** *Unterhaltung* sorgen für; **what have you got lined up for me today?** was haben Sie heute für mich geplant?; **I've lined up a meeting with the directors** ich habe ein Treffen mit den Direktoren arrangiert

line² v/t *Kleidungsstück* füttern; *Rohr* auskleiden; **~ the box with paper** den Karton mit Papier auskleiden; **the membranes which ~ the stomach** die Schleimhäute, die den Magen auskleiden; **to ~ one's pockets** *fig* in die eigene Tasche wirtschaften *umg*

lineage ['lınııdʒ] s Abstammung f
linear ['lınıəʳ] adj linear
lined [laınd] adj *Gesicht* faltig; *Papier* liniert
line dancing s Line-Country-Dance m
line drawing s Zeichnung f
line manager s Vorgesetzte(r) m/f(m)
linen ['lının] **A** s Leinen n; (≈ *Laken, Kleidung etc*) Wäsche f **B** adj Leinen-
linen basket *bes Br* s Wäschekorb m
linen closet, **linen cupboard** s Wäscheschrank m
line printer s COMPUT Zeilendrucker m
liner ['laınəʳ] s SCHIFF Liniendampfer m
linesman ['laınzmən] s ⟨pl -men⟩ SPORT Linienrichter m
line spacing s Zeilenabstand m
line-up s SPORT Aufstellung f; **she picked the thief out of the ~** sie erkannte den Dieb bei der Gegenüberstellung
linger ['lıŋgəʳ] v/i **1** (*a. ~ on*) (zurück)bleiben, verweilen *liter*; *Zweifel* zurückbleiben; *Duft* sich halten; **many of the guests ~ed in the hall** viele Gäste standen noch im Flur herum; **to ~ over a meal** sich (*dat*) bei einer Mahlzeit Zeit lassen **2** *bei Verzögerung* sich aufhalten
lingerie ['lænʒəriː] s (Damen)unterwäsche f
lingering ['lıŋgərıŋ] adj ausgedehnt; *Zweifel* zurückbleibend; *Kuss* innig
lingo ['lıŋgəʊ] s ⟨pl -s⟩ *umg* Sprache f, Jargon m
lingua franca [,lıŋgwə'fræŋkə] s Universalsprache f
linguist ['lıŋgwıst] s **1** Sprachkundige(r) m/f(m) **2** Linguist(in) m(f)
linguistic [lıŋ'gwıstık] adj **1** sprachlich; **~ competence** *od* **ability** Sprachfähigkeit f **2** linguistisch
linguistics [lıŋ'gwıstıks] s ⟨+sg v⟩ Linguistik f
lining ['laınıŋ] s **1** *von Kleidung etc* Futter n **2** (Brems)belag m **3** **the ~ of the stomach** die Magenschleimhaut

link [lıŋk] **A** s **1** *von Kette, a. fig* Glied n; *Mensch* Verbindungsmann m/-frau f **2** Verbindung f; **a rail ~** eine Bahnverbindung; **cultural ~s** kulturelle Beziehungen pl; **the strong ~s between Britain and Australia** die engen Beziehungen zwischen Großbritannien und Australien **3** IT Link m **B** v/t **1** verbinden; **to ~ arms** sich unterhaken (*with bei*); **do you think these murders are ~ed?** glauben Sie, dass zwischen den Morden eine Verbindung besteht?; **his name has been ~ed with several famous women** sein Name ist mit mehreren berühmten Frauen in Verbindung gebracht worden **2** IT verlinken, einen Link setzen **C** v/i **1** **to ~ (together)** *Teile einer Geschichte* sich zusammenfügen lassen; *Maschinenteile* verbunden werden **2** IT **to ~ to a site** mit einer Website verlinken, einen Link zu einer Website haben

phrasal verbs mit link:
link up **A** v/i zusammenkommen **B** v/t ⟨*trennb*⟩ miteinander verbinden

linking word s Bindewort n
link road *Br* s Verbindungsstraße f
linkup s Verbindung f
lino ['laınəʊ] *bes Br*, **linoleum** [lı'nəʊlıəm] s ⟨*kein pl*⟩ Linoleum n
linseed ['lınsiːd] s Leinsamen m
linseed oil s Leinöl n
lintel ['lıntl] s ARCH Sturz m
lion ['laıən] s Löwe m; **the ~'s share** der Löwenanteil
lioness ['laıənıs] s Löwin f
lip [lıp] s **1** ANAT Lippe f; **to keep a stiff upper lip** Haltung bewahren; **to lick one's lips** sich (*dat*) die Lippen lecken; **the question on everyone's lips** die Frage, die sich (*dat*) jeder stellt **2** *von Tasse* Rand m **3** *umg* Frechheit f; **none of your lip!** sei nicht so frech!
lip balm s Lippenpflegestift m
lip gloss s Lipgloss n
liposuction ['lıpəʊ,sʌkʃən] s Fettabsaugung f
lip-read v/i von den Lippen ablesen
lip ring s Lippenring m
lip salve s Lippenpflegestift m
lip service s **to pay ~ to an idea** ein Lippenbekenntnis zu einer Idee ablegen
lipstick s Lippenstift m
liquefy ['lıkwıfaı] **A** v/t verflüssigen **B** v/i sich verflüssigen
liqueur [lı'kjʊəʳ] s Likör m
liquid ['lıkwıd] **A** adj flüssig **B** s Flüssigkeit f
liquidate ['lıkwıdeıt] v/t liquidieren
liquidation [,lıkwı'deıʃən] s HANDEL Liquidation f; **to go into ~** in Liquidation gehen
liquid-crystal ['lıkwıd'krıstəl] adj **~ display** Flüssigkristallanzeige f

liquidize ['lıkwıdaız] v/t (im Mixer) pürieren
liquidizer ['lıkwıdaızə^r] s Mixgerät n
liquid(s) bag s FLUG Plastiktüte für Flüssigkeiten
liquor ['lıkə^r] s Spirituosen pl; allg Alkohol m
liquorice, licorice ['lıkərıs] s Lakritze f
liquor store US s ≈ Wein- und Spirituosengeschäft n
Lisbon ['lızbən] s Lissabon n
lisp [lısp] A s Lispeln n; **to speak with a ~** lispeln B v/t & v/i lispeln
list¹ [lıst] A s Liste f, Einkaufszettel m; **it's not on the ~** es steht nicht auf der Liste; **~ of names** Namensliste f, Namensverzeichnis n; **to put one's name on a ~** sich eintragen B v/t notieren, auflisten; mit Worten aufzählen; **it is not ~ed** es ist nicht aufgeführt
list² v/i SCHIFF Schlagseite haben
listed ['lıstıd] Br adj Bauwerk unter Denkmalschutz (stehend attr); **it's a ~ building** es steht unter Denkmalschutz
listen ['lısn] v/i 1 hören (**to sth** etw akk); **to ~ to the radio** Radio hören; **if you ~ hard, you can hear the sea** wenn du genau hinhörst, kannst du das Meer hören; **she ~ed carefully to everything he said** sie hörte ihm genau zu; **to ~ for sth** auf etw (akk) horchen; **to ~ for sb** horchen od hören, ob j-d kommt 2 zuhören; **~ to me!** hör mir zu!; **~, I know what we'll do** pass auf, ich weiß, was wir machen; **don't ~ to him** hör nicht auf ihn
phrasal verbs mit listen:
listen in v/i mithören (**on sth** etw akk); **I'd like to listen in on** od **to your discussion** ich möchte mir Ihre Diskussion mit anhören
listener ['lısnə^r] s Zuhörer(in) m(f); RADIO Hörer(in) m(f); **to be a good ~** gut zuhören können
listing ['lıstıŋ] s 1 Verzeichnis n 2 ~s pl TV, RADIO, FILM Programm n
listings magazine ['lıstıŋz] s Programmzeitschrift f
listless ['lıstlıs] adj lustlos
list price s WIRTSCH Listenpreis m
lit [lıt] prät & pperf → light¹
litany ['lıtənı] s Litanei f
liter US s → litre
literacy ['lıtərəsı] s Fähigkeit f lesen und schreiben zu können; **~ test** Lese- und Schreibtest m
literal ['lıtərəl] adj 1 Bedeutung wörtlich; **in the ~ sense (of the word)** im wörtlichen Sinne 2 **that is the ~ truth** das ist die reine Wahrheit
literally ['lıtərəlı] adv 1 (wort)wörtlich; **to take sb/sth ~** j-n/etw wörtlich nehmen 2 buchstäblich; **I was ~ shaking with fear** ich zitterte regelrecht vor Angst
literary ['lıtərərı] adj literarisch; **the ~ scene** die Literaturszene
literary critic s Literaturkritiker(in) m(f)
literary criticism s Literaturwissenschaft f
literate ['lıtərıt] adj 1 **to be ~** lesen und schreiben können 2 gebildet
literature ['lıtərıtʃə^r] s Literatur f; umg Informationsmaterial n
lithe [laıð] adj ⟨komp lither⟩ geschmeidig
lithograph ['lıθəʊgrɑ:f] s Lithografie f
Lithuania [,lıθjʊ'eınıə] s Litauen n
Lithuanian [,lıθjʊ'eınıən] A adj litauisch; **he is ~** er ist Litauer B s Litauer(in) m(f); LING Litauisch n
litigation [,lıtı'geıʃən] s Prozess m
litmus paper s Lackmuspapier n
litmus test fig s entscheidender Test
litre ['li:tə^r] s, **liter** US s Liter m/n
litter ['lıtə^r] A s 1 Abfall m; (≈ Verpackung etc) Papier n; **the park was strewn with ~** der Park war mit Papier und Abfall übersät 2 ZOOL Wurf m 3 Katzenstreu f B v/t **to be ~ed with sth** mit etw übersät sein; **glass ~ed the streets** Glasscherben lagen überall auf den Straßen herum C v/i Abfälle zurücklassen
litter bin Br s Abfalleimer m, Mistkübel m österr, Abfalltonne f
litterbug s, **litter lout** umg s Umweltverschmutzer(in) m(f), Dreckspatz m umg
little ['lıtl] A adj klein; **a ~ house** ein Häuschen n; **the ~ ones** die Kleinen pl; **a nice ~ profit** ein hübscher Gewinn; **he will have his ~ joke** er will auch einmal ein Witzchen machen; **a ~ while ago** vor Kurzem; **in a ~ while** bald B adv & s 1 wenig; **of ~ importance** von geringer Bedeutung; **~ better than** kaum besser als; **~ more than a month ago** vor kaum einem Monat; **~ did I think that …** ich hätte kaum gedacht, dass …; **~ does he know that …** er hat keine Ahnung, dass …; **as ~ as possible** so wenig wie möglich; **to spend ~ or nothing** so gut wie (gar) nichts ausgeben; **every ~ helps** Kleinvieh macht auch Mist sprichw; **he had ~ to say** er hatte nicht viel zu sagen; **I see very ~ of her nowadays** ich sehe sie in letzter Zeit sehr selten; **there was ~ we could do** wir konnten nicht viel tun; **~ by ~** nach und nach 2 **a ~** ein wenig, ein bisschen; **a ~ (bit) hot** ein bisschen heiß; **with a ~ effort** mit etwas Anstrengung; **I'll give you a ~ advice** ich gebe dir einen kleinen Tipp; **a ~ after five** kurz nach fünf; **we walked on for a ~** wir liefen noch ein bisschen weiter; **for a ~** für ein Weilchen
liturgy ['lıtədʒı] s Liturgie f
live¹ [lıv] A v/t Leben führen; **to ~ one's own life** sein eigenes Leben leben B v/i 1 leben; **long ~ Queen Anne!** lang lebe Königin Anne!; **to ~**

and let ~ leben und leben lassen; **to ~ like a king** wie Gott in Frankreich leben; **not many people ~ to be a hundred** nicht viele Menschen werden hundert (Jahre alt); **to ~ to a ripe old age** ein hohes Alter erreichen; **his name will ~ for ever** sein Ruhm wird nie vergehen; **his music will ~ for ever** seine Musik ist unvergänglich; **he ~d through two wars** er hat zwei Kriege miterlebt; **to ~ through an experience** eine Erfahrung durchmachen; **you'll ~ to regret it** das wirst du noch bereuen **2** wohnen; *Tier* leben; **he ~s at 19 Marktstraße** er wohnt in der Marktstraße Nr. 19; **he ~s with his parents** er wohnt bei seinen Eltern; **a house not fit to ~ in** ein unbewohnbares Haus

phrasal verbs mit live:

live down *v/t* ⟨*trennb*⟩ **he'll never live it down** das wird man ihm nie vergessen
live in *v/i* im Haus *etc* wohnen
live off *v/i* ⟨+obj⟩ **1 to live off one's relations** auf Kosten seiner Verwandten leben **2** → live on B
live on A *v/i* weiterleben **B** *v/t* ⟨+obj⟩ **to live on eggs** sich von Eiern ernähren; **to earn enough to live on** genug verdienen, um davon zu leben; **to live on sth** von etw leben
live out *v/t* ⟨*trennb*⟩ Leben verbringen
live together *v/i* zusammenleben
live up *v/t* ⟨*immer getrennt*⟩ **to live it up** *umg* die Puppen tanzen lassen *umg*
live up to *v/i* ⟨+obj⟩ **to live up to expectations** den Vorstellungen entsprechen; **to live up to one's reputation** seinem Ruf gerecht werden; **he's got a lot to live up to** in ihn werden große Erwartungen gesetzt
live with *v/t* zusammenwohnen mit; **I can live with that** damit kann ich leben

live² [laɪv] **A** *adj* **1** ⟨*attr*⟩ lebend; **a real ~ duke** ein waschechter Herzog **2** *Munition* scharf; ELEK geladen **3** RADIO, TV live; **a ~ concert** ein Livekonzert *n*; **~ music** Livemusik *f* **4** *Frage* aktuell **B** *adv* RADIO, TV live

live-in ['lɪvɪn] *adj* Haushälterin im Haus wohnend
livelihood ['laɪvlɪhʊd] *s* Lebensunterhalt *m*; **fishing is their ~** sie verdienen ihren Lebensunterhalt mit Fischfang; **to earn a ~** sich ⟨*dat*⟩ seinen Lebensunterhalt verdienen
liveliness ['laɪvlɪnɪs] *s* Lebhaftigkeit *f*
lively ['laɪvlɪ] *adj* ⟨*komp* livelier⟩ lebhaft; *Schilderung, Fantasie* lebendig; *Melodie* schwungvoll; **things are getting ~** es geht hoch her *umg*; **look ~!** mach schnell!
liven up ['laɪvən'ʌp] **A** *v/t* ⟨*trennb*⟩ beleben **B** *v/i* in Schwung kommen; *Mensch* aufleben
liver ['lɪvə^r] *s* Leber *f*
liver pâté *s* Leberpastete *f*
liver sausage *s*, **liverwurst** ['lɪvəwɜːst] *bes US s* Leberwurst *f*
lives [laɪvz] *pl* → life
livestock ['laɪvstɒk] *s* Vieh *n*
livestream *s* IT Livestream *m*
livid ['lɪvɪd] *umg adj* wütend (**about, at** über +*akk*)
living ['lɪvɪŋ] **A** *adj* lebend; *Beispiel* lebendig; **the greatest ~ playwright** der bedeutendste noch lebende Dramatiker; **I have no ~ relatives** ich habe keine Verwandten mehr; **a ~ creature** ein Lebewesen *n*; **(with)in ~ memory** seit Menschengedenken **B** *s* **1 the ~** *pl* die Lebenden *pl* **2 healthy ~** gesundes Leben **3** Lebensunterhalt *m*; **to earn** *od* **make a ~** sich ⟨*dat*⟩ seinen Lebensunterhalt verdienen; **what does he do for a ~?** womit verdient er sich ⟨*dat*⟩ seinen Lebensunterhalt?; **to work for one's ~** arbeiten, um sich ⟨*dat*⟩ seinen Lebensunterhalt zu verdienen

living conditions *pl* Wohnverhältnisse *pl*, Lebensbedingungen *pl*
living expenses *pl* Spesen *pl*
living-history museum *s* Freilichtmuseum *n*
living quarters *pl* Wohnräume *pl*; MIL *etc* Quartier *n*
living room *s* Wohnzimmer *n*
lizard ['lɪzəd] *s* Eidechse *f*
llama ['lɑːmə] *s* Lama *n*
load [ləʊd] **A** *s* **1** Last *f*; *auf Achse etc* Belastung *f*; *von Frachter* Ladung *f*; **(work) ~** (Arbeits)pensum *n*; **I put a ~ in the washing machine** ich habe die Maschine mit Wäsche gefüllt; **that's a ~ off my mind!** da fällt mir ein Stein vom Herzen! **2** ELEK Leistung *f*, Spannung *f* **3** *umg* **~s of, a ~ of** jede *od* eine Menge *umg*; **we have ~s** wir haben jede Menge *umg*; **it's a ~ of old rubbish** *Br* das ist alles Blödsinn *umg*; **get a ~ of this!** hör dir das mal an!, guck dir das mal an! *umg* **B** *v/t* laden; *Lkw etc* beladen; **the ship was ~ed with bananas** das Schiff hatte Bananen geladen; **to ~ a camera** einen Film (in einen Fotoapparat) einlegen; **to ~ the dishwasher** die Spülmaschine einräumen **C** *v/i* laden

phrasal verbs mit load:

load up A *v/i* aufladen **B** *v/t* ⟨*trennb*⟩ **1** Lkw beladen, Waren aufladen **2** IT laden

loaded ['ləʊdɪd] *adj* beladen; *Würfel* präpariert; *Waffe, Software* geladen; **a ~ question** eine Fangfrage; **he's ~** *umg* er ist stinkreich *umg*
loading bay ['ləʊdɪŋbeɪ] *s* Ladeplatz *m*
loaf [ləʊf] *s* ⟨*pl* loaves⟩ Brot *n*, (Brot)laib *m*; **a ~ of bread** ein (Laib) Brot; **a small white ~** ein kleines Weißbrot

phrasal verbs mit loaf:

loaf about *Br*, **loaf around** *umg v/i* faulenzen

loafer ['ləʊfəʳ] *s* Halbschuh *m*

loan [ləʊn] **A** *s* **1** Leihgabe *f*; *von Bank etc* Darlehen *n*; **my friend let me have the money as a ~** mein Freund hat mir das Geld geliehen; **he let me have the money as a ~** er hat mir das Geld geliehen **2** **he gave me the ~ of his bicycle** er hat mir sein Fahrrad geliehen; **it's on ~** es ist geliehen, es ist ausgeliehen; **to have sth on ~** etw geliehen haben (**from** von) **B** *v/t* leihen (**to sb** j-m)

loan shark *umg s* Kredithai *m umg*

loanword *s* Lehnwort *n*

loath, loth [ləʊθ] *adj* **to be ~ to do sth** etw ungern tun; **he was ~ for us to go** er ließ uns ungern gehen

loathe [ləʊð] *v/t* verabscheuen, nicht ausstehen können; **I ~ doing it** ich hasse es, das zu tun

loathing ['ləʊðɪŋ] *s* Abscheu *m*

loaves [ləʊvz] *pl* → loaf

lob [lɒb] **A** *s Tennis* Lob *m* **B** *v/t Ball* lobben, in hohem Bogen werfen; **he lobbed the grenade over the wall** er warf die Granate im hohen Bogen über die Mauer

lobby ['lɒbɪ] **A** *s* Eingangshalle *f*; *von Hotel, Theater* Foyer *n*; POL Lobby *f* **B** *v/t* **to ~ one's Member of Parliament** auf seinen Abgeordneten Einfluss nehmen **C** *v/i* **the farmers are ~ing for higher subsidies** die Bauernlobby will höhere Subventionen durchsetzen

lobbying ['lɒbɪɪŋ] *s* Lobbying *n*

lobe [ləʊb] *s* ANAT Ohrläppchen *n*

lobster ['lɒbstəʳ] *s* Hummer *m*

local ['ləʊkəl] *adj* örtlich, hiesig, dortig; **~ radio station** Regionalsender *m*; **~ newspaper** Lokalzeitung *f*; **the ~ residents** die Ortsansässigen; **~ community** Kommune *f*; **at ~ level** auf lokaler Ebene; **~ train** Nahverkehrszug *m*; **~ time** Ortszeit *f*; **go into your ~ branch** gehen Sie zu Ihrer Zweigstelle; **~ anaesthetic** *od* **anesthetic** US örtliche Betäubung **B** *s* **1** *Br umg* (≈ *Kneipe*) **the ~** das Stammlokal **2** Einheimische(r) *m/f(m)*, Einwohner(in) *m(f)*

local area network *s* IT lokales Rechnernetz, LAN *n*

local authority *s* Kommunalbehörde *f*

local call *s* TEL Ortsgespräch *n*

local education authority *s* örtliche Schulbehörde

local elections *pl* Kommunalwahlen *pl*

local government *s* Kommunalverwaltung *f*; **~ elections** Kommunalwahlen *pl*

locality [ləʊˈkælɪtɪ] *s* Gegend *f*

localize ['ləʊkəlaɪz] *v/t* **this custom is very ~d** die Sitte ist auf wenige Orte begrenzt

locally ['ləʊkəlɪ] *adv* am Ort; **I prefer to shop ~** ich kaufe lieber im Ort ein; **was she well-known ~?** war sie in dieser Gegend sehr bekannt?; **~ grown** in der Region angebaut

local produce *s* Obst und Gemüse *n* aus der Region

local taxes *pl* Kommunalabgaben *pl*

local traffic *s* Ortsverkehr *m*

lo-carb [ləʊˈkɑːb] *adj* → low-carb

locate [ləʊˈkeɪt] *v/t* **1** **to be ~d at** *od* **in** sich befinden in (+*dat*), gelegen sein in (+*dat*); **the hotel is centrally ~d** das Hotel liegt zentral **2** ausfindig machen

location [ləʊˈkeɪʃən] *s* **1** Lage *f*, (Stand)ort *m*; **this would be an ideal ~ for the airport** das wäre ein ideales Gelände für den Flughafen **2** **they discussed the ~ of the proposed airport** sie diskutierten, wo der geplante Flughafen gebaut werden sollte **3** FILM Drehort *m*; **to be on ~ in Mexico** bei Außenaufnahmen in Mexiko sein; **part of the film was shot on ~ in Mexico** ein Teil der Außenaufnahmen für den Film wurde in Mexiko gedreht

location-based [ləʊˈkeɪʃənbeɪst] *adj* TEL, INTERNET, IT standortbezogen; **~ search** standortbezogene Suche; **~ services** standortbezogene Dienste *od* Dienstleistungen

locavore ['ləʊkəvɔː] *s* jemand, der bei der Ernährung darauf achtet, lokale Produkte zu kaufen

loch [lɒx] *schott s* See *m*

lock¹ [lɒk] *s von Haar* Locke *f*

lock² **A** *s* **1** *an Tür* Schloss *n*; **to put sth under ~ and key** etw wegschließen **2** *von Kanal* Schleuse *f* **B** *v/t Tür etc* ab- *od* zuschließen; **to ~ sb in a room** j-n in einem Zimmer einschließen; **~ed in combat** in Kämpfe verwickelt; **they were ~ed in each other's arms** sie hielten sich fest umschlungen; **this bar ~s the wheel in position** diese Stange hält das Rad fest **C** *v/i* schließen; *Rad* blockieren

<u>phrasal verbs mit lock:</u>

lock away *v/t* ⟨*trennb*⟩ wegschließen; *j-n* einsperren

lock in *v/t* ⟨*trennb*⟩ einschließen; **to be locked in** eingesperrt sein

lock on *v/i* **the missile locks onto its target** das Geschoss richtet sich auf das Ziel

lock out *v/t* ⟨*trennb*⟩ Arbeiter aussperren; **I've locked myself out** ich habe mich ausgesperrt

lock up **A** *v/t* ⟨*trennb*⟩ abschließen; *j-n* einsperren; **to lock sth up in sth** etw in etw (*dat*) einschließen **B** *v/i* abschließen

locker ['lɒkəʳ] *s* Schließfach *n*; SCHIFF, MIL Spind *m*

locker room *s* Umkleideraum *m*

locket ['lɒkɪt] s Medaillon n
lockout s Aussperrung f
locksmith s Schlosser(in) m(f)
locomotive [,ləʊkə'məʊtɪv] s Lokomotive f
locum (tenens) ['ləʊkəm('tenenz)] Br s Vertreter(in) m(f)
locust ['ləʊkəst] s Heuschrecke f
lodge [lɒdʒ] **A** s Pförtnerhaus n; für Jäger, Skifahrer Hütte f **B** v/t **1** Br j-n unterbringen **2** Beschwerde einlegen (**with** bei); **to ~ an appeal** Einspruch erheben; JUR Berufung einlegen **3** **to be ~d** (fest)stecken **C** v/i **1** Br (zur od in Untermiete) wohnen (**with sb, at sb's** bei j-m) **2** Objekt stecken bleiben
lodger ['lɒdʒəʳ] s Untermieter(in) m(f)
lodging ['lɒdʒɪŋ] s **1** Unterkunft f **2** **~s** pl ein möbliertes Zimmer
loft [lɒft] s Speicher m, Boden m, Estrich m schweiz; zum Wohnen Loft m od n; **in the ~** auf dem Boden
loft conversion s Dachausbau m
loftily ['lɒftɪlɪ] adv hochmütig
lofty ['lɒftɪ] adj <komp loftier> **1** Ambitionen hochfliegend **2** hochmütig
log[1] [lɒg] s Baumstamm m; für offenes Feuer Scheit n; **to sleep like a log** wie ein Stein schlafen
log[2] **A** s Aufzeichnungen pl; SCHIFF Logbuch n; **to keep a log of sth** über etw (akk) Buch führen **B** v/t Buch führen über (+akk); SCHIFF (ins Logbuch) eintragen; **details are logged in the computer** Einzelheiten sind im Computer gespeichert

phrasal verbs mit log:

log in v/i IT einloggen
log off v/i IT ausloggen
log on v/i IT einloggen
log on to v/t sich einloggen in
log out v/i IT ausloggen

logarithm ['lɒgərɪθəm] s Logarithmus m
logbook s SCHIFF Logbuch n; FLUG Bordbuch n; von Lkw Fahrtenbuch n
log cabin s Blockhaus n
loggerheads ['lɒgəhedz] pl **to be at ~ (with sb)** bes Br sich (dat) (mit j-m) in den Haaren liegen umg
logic ['lɒdʒɪk] s Logik f; **there's no ~ in that** das ist völlig unlogisch
logical ['lɒdʒɪkəl] adj logisch
logistic [lɒ'dʒɪstɪk] adj logistisch
logistics s <+sg v> Logistik f
logo ['ləʊgəʊ] s <pl -s> Logo n
loin [lɔɪn] s von Tier Lende f, Lendenstück n
loiter ['lɔɪtəʳ] v/i herumlungern
loll [lɒl] v/i **1** sich lümmeln **2** Kopf hängen; Zunge heraushängen

phrasal verbs mit loll:

loll about Br, **loll around** v/i herumlümmeln
lollipop ['lɒlɪpɒp] s Lutscher m
lollipop lady Br umg s ≈ Schülerlotsin f
lollipop man Br umg s <pl - men> ≈ Schülerlotse m
lolly ['lɒlɪ] bes Br umg s Lutscher m; **an ice ~** ein Eis n am Stiel
London ['lʌndən] **A** s London n **B** adj Londoner
Londoner ['lʌndənəʳ] s Londoner(in) m(f)
lone [ləʊn] adj einzeln, einsam; **~ parent** Alleinerziehende(r) m/f(m); **~ parent family** Einelternfamilie f
loneliness ['ləʊnlɪnɪs] s Einsamkeit f
lonely ['ləʊnlɪ] adj <komp lonelier> einsam; **~ hearts column** Kontaktanzeigen pl; **~ hearts club** Singletreff m
loner ['ləʊnəʳ] s Einzelgänger(in) m(f)
lonesome ['ləʊnsəm] bes US adj einsam
long[1] [lɒŋ] **A** adj <+er> lang; Reise a. weit; **it is 6 feet ~** es ist 6 Fuß lang; **to pull a ~ face** ein langes Gesicht machen; **it's a ~ way** das ist weit; **a ~ memory** ein gutes Gedächtnis; **it's a ~ time since I saw her** ich habe sie schon lange nicht mehr gesehen; **a ~ time** lange; **he's been here (for) a ~ time** er ist schon lange hier; **she was abroad for a ~ time** sie war (eine) lange Zeit im Ausland; **to take a ~ look at sth** etw lange od ausgiebig betrachten; **how ~ is the film?** wie lange dauert der Film? **B** adv lang(e); **don't be ~!** beeil dich!; **don't be too ~ about it** lass dir nicht zu viel Zeit; **I shan't be ~** bei Arbeit etc ich bin gleich fertig; bei Abwesenheit ich bin gleich wieder da; **all night ~** die ganze Nacht; **~ ago** vor langer Zeit; **not ~ ago** vor Kurzem; **not ~ before I met you** kurz bevor ich dich kennenlernte; **as ~ as, so ~ as** (≈ unter der Voraussetzung, dass) solange; **not ... any ~er** nicht länger; **I can't wait any ~er** ich kann nicht mehr länger warten; **if that noise goes on any ~er** wenn der Lärm weitergeht; **no ~er** nicht mehr; **so ~!** umg tschüs(s)!, umg, servus! österr **C** s before **~** bald; **are you going for ~?** werden Sie länger weg sein?; **it won't take ~** das dauert nicht lange; **I won't take ~** ich brauche nicht lange (dazu)
long[2] v/i sich sehnen (**for** nach); **he ~ed for his wife to return** er wartete sehnsüchtig auf die Rückkehr seiner Frau; **he is ~ing for me to make a mistake** er möchte zu gern, dass ich einen Fehler mache; **I am ~ing to go abroad** ich brenne darauf, ins Ausland zu gehen; **I'm ~ing to see that film** ich will den Film unbedingt sehen
long bow ['lɒŋbəʊ] Langbogen m

long-distance A *adj* ~ **call** Ferngespräch *n*; ~ **lorry driver** *Br* Fernfahrer(in) *m(f)*; ~ **flight** Langstreckenflug *m*; ~ **runner** Langstreckenläufer(in) *m(f)*; ~ **journey** Fernreise *f*; ~ **relationship** Fernbeziehung *f* B *adv* **to call** ~ ein Ferngespräch führen
long division *s* schriftliche Division
long-drawn-out *adj Rede* langatmig; *Prozess* langwierig
longed-for ['lɒŋdfɔːˀ] *adj* ersehnt
long-grain *adj* ~ **rice** Langkornreis *m*
long-haired *adj* langhaarig
longhand *adv* in Langschrift
long-haul *adj* ~ **truck driver** Fernfahrer(in) *m(f)*
longing ['lɒŋɪŋ] A *adj* sehnsüchtig B *s* Sehnsucht *f* (**for** nach)
longingly ['lɒŋɪŋlɪ] *adv* sehnsüchtig
longish ['lɒŋɪʃ] *adj* ziemlich lang
longitude ['lɒŋɡɪtjuːd] *s* Länge *f*
long johns *umg pl* lange Unterhosen *pl*
long jump *s* Weitsprung *m*
long-life *adj Batterie* mit langer Lebensdauer
long-life milk *s* H-Milch *f*
long-lived ['lɒŋlɪvd] *adj* langlebig; *Erfolg* dauerhaft
long-lost *adj* verloren geglaubt
long-playing *adj* ~ **record** Langspielplatte *f*
long-range *adj Waffe* Langstrecken-; *Vorhersage* langfristig; ~ **missile** Langstreckenrakete *f*
long-running *adj Serie* lange laufend; *Streit* lange andauernd
longshoreman *s* ⟨*pl* -men⟩ *US* Hafenarbeiter *m*
long shot *umg s* **it's a ~, but ...** es ist gewagt, aber ...; **not by a ~** bei Weitem nicht
long-sighted *adj* weitsichtig
long-sleeved [lɒŋˈsliːvd] *adj* langärmelig
long-standing *adj* alt; *Freundschaft* langjährig
long-stay *Br adj Parkplatz* Dauer-, Langzeit-
long-stay car park *Br s* Langzeitparkplatz *m*
long-suffering *adj* schwer geprüft
long term *s* **in the ~** langfristig gesehen
long-term *adj* langfristig; ~ **relationship** Lebenspartnerschaft *f*, langjährige Beziehung; ~ **memory** Langzeitgedächtnis *n*; **the ~ unemployed** die Langzeitarbeitslosen *pl*
long-term parking lot *US s* Langzeitparkplatz *m*
long vacation *s* UNIV (Sommer)semesterferien *pl*; SCHULE große Ferien *pl*
long wave *s* Langwelle *f*
long-winded *adj* umständlich; *Rede* langatmig
loo [luː] *Br umg s* ⟨*pl* -s⟩ Klo *n umg*, Häus(e)l *n österr*; **to go to the loo** aufs Klo gehen *umg*; **in the loo** auf dem Klo *umg*
look [lʊk] A *s* 1 Blick *m*; **to give sb a dirty ~** j-m einen vernichtenden Blick zuwerfen; **she gave me a ~ of disbelief** sie sah mich ungläubig an; **to have** *od* **take a ~ at sth** sich (*dat*) etw ansehen; **can I have a ~?** darf ich mal sehen?; **to have** *od* **take a good ~ at sth** sich (*dat*) etw genau ansehen; **to have** *od* **take a closer ~ at sth** sich (*dat*) etw genauer ansehen; **to have a ~ for sth** sich nach etw umsehen; **to have a ~ (a)round** sich umsehen; **shall we have a ~ (a)round the town?** sollen wir uns (*dat*) die Stadt ansehen? 2 Aussehen *n*; **there was a ~ of despair in his eyes** ein verzweifelter Blick war in seinen Augen; **I don't like the ~ of him** er gefällt mir gar nicht; **by the ~ of him so**, wie er aussieht 3 Gesichtsausdruck *m*; **I don't like the ~ on his face** mir gefällt sein Gesichtsausdruck nicht 4 ~**s** *pl* Aussehen *n*; **good ~s** gutes Aussehen B *v/t* **he ~s his age** man sieht ihm sein Alter an; **he's not ~ing himself these days** er sieht in letzter Zeit ganz verändert aus; **I want to ~ my best tonight** ich möchte heute Abend besonders gut aussehen; ~ **what you've done!** sieh dir mal an, was du da angestellt hast!; ~ **where you're going!** pass auf, wo du hintrittst!; ~ **who's here!** guck mal, wer da ist! *umg* C *v/i* 1 gucken *umg*; **to ~ sad/angry** traurig/verärgert aussehen; **to ~ (a)round** sich umsehen; **to ~ carefully** genau hinsehen; **to ~ and see** nachsehen; **to ~ left and right** nach links und rechts schauen; ~ **here!** hör (mal) zu!; ~**, I know you're tired, but ...** nun weiß ja, dass du müde bist, aber ...; ~**, there's a better solution** da gibt es doch eine bessere Lösung; ~ **before you leap** *sprichw* erst wägen, dann wagen *sprichw* 2 suchen 3 (≈ *scheinen*) aussehen; **it ~s all right to me** es scheint mir in Ordnung zu sein; **how does it ~ to you?** was meinst du dazu?; **the car ~s about 10 years old** das Auto sieht so aus, als ob es 10 Jahre alt wäre; **to ~ like** aussehen wie; **the picture doesn't ~ like him** das Bild sieht ihm nicht ähnlich; **it ~s like rain** es sieht nach Regen aus; **it ~s as if we'll be late** es sieht (so) aus, als würden wir zu spät kommen

phrasal verbs mit look:

look after *v/i* ⟨+*obj*⟩ 1 sich kümmern um; **to look after oneself** auf sich (*akk*) aufpassen 2 sehen nach; *Kinder* aufpassen auf (+*akk*)
look ahead *fig v/i* vorausschauen
look around *v/i* sich umsehen (**for sth** nach etw)
look at *v/i* ⟨+*obj*⟩ 1 ansehen; **look at him!** sieh dir den an!; **look at the time** so spät ist es schon; **he looked at his watch** er sah auf die Uhr 2 (≈ *untersuchen*) sich (*dat*) ansehen 3 betrachten 4 *Möglichkeiten* sich (*dat*) überlegen
look away *v/i* wegsehen

look back v/i sich umsehen; *fig* zurückblicken (**on sth, to sth** auf etw *akk*); **he's never looked back** *fig umg* es ist ständig mit ihm bergauf gegangen

look down v/i hinuntersehen

look down on v/i ⟨+obj⟩ herabsehen auf (+*akk*)

look for v/i ⟨+obj⟩ suchen (nach); **he's looking for trouble** er wird sich (*dat*) Ärger einhandeln, er sucht Streit

look forward to v/i ⟨+obj⟩ sich freuen auf (+*akk*); **to look forward to doing sth** sich darauf freuen, etw zu tun; **I look forward to hearing from you** ich hoffe, von Ihnen zu hören

look in v/i (= *besuchen*) vorbeikommen (**on sb** bei j-m)

look into v/i ⟨+obj⟩ **to look into sb's face** j-m ins Gesicht sehen; **to look into the future** in die Zukunft sehen; **to look into** untersuchen *od* blicken **2** untersuchen *od* prüfen

look on v/i **1** zusehen **2** **to look onto** *Fenster* (hinaus)gehen auf (+*akk*); *Haus* liegen an (+*dat*) **3** ⟨+obj⟩ *a.* **look upon** betrachten

look out v/i **1** hinaussehen; **to look out (of) the window** zum Fenster hinaussehen **2** aufpassen; **look out!** Vorsicht!

look out for v/i ⟨+obj⟩ **1** Ausschau halten nach **2** **look out for pickpockets** nimm dich vor Taschendieben in Acht

look over v/t ⟨trennb⟩ *Notizen* durchsehen

look round *bes Br* v/i → **look around**

look through **A** v/i ⟨+obj⟩ **he looked through the window** er sah zum Fenster herein/hinaus **B** v/t ⟨trennb⟩ durchsehen, durchlesen

look to v/i ⟨+obj⟩ **1** sich verlassen auf (+*akk*); **they looked to him to solve the problem** sie verließen sich darauf, dass er das Problem lösen würde; **we look to you for support** wir rechnen auf Ihre *od* mit Ihrer Hilfe **2** **to look to the future** in die Zukunft blicken

look toward(s) v/i ⟨+obj⟩ blicken auf (+*akk*); *Zimmer* liegen *od* hinausgehen nach

look up **A** v/i **1** *wörtl* aufblicken **2** besser werden; **things are looking up** es geht bergauf **B** v/t ⟨trennb⟩ **1** **to look sb up** bei j-m vorbeischauen **2** *Wort* nachschlagen; *Telefonnummer* heraussuchen

look upon v/i ⟨+obj⟩ → **look on**

look up to v/i ⟨+obj⟩ **to look up to sb** zu j-m aufsehen

lookalike *s* Doppelgänger(in) *m(f)*; **a Rupert Murdoch ~** ein Doppelgänger von Rupert Murdoch

looker-on [ˌlʊkərˈɒn] *s* ⟨*pl* lookers-on⟩ Zuschauer(in) *m(f)*

look-in [ˈlʊkɪn] *umg s* Chance *f*

lookout *s* **1 ~ tower** Beobachtungsturm *m* **2** MIL Wachtposten *m* **3** **to be on the ~ for, to keep a ~ for** → **look out for**

loom¹ [luːm] *s* Webstuhl *m*

loom² v/i, (*a.* **loom ahead** *od* **up**) sich abzeichnen; *Prüfung* bedrohlich näher rücken; **to ~ up out of the mist** bedrohlich aus dem Nebel auftauchen; **to ~ large** eine große Rolle spielen

loony [ˈluːnɪ] *umg* **A** *adj* ⟨*komp* loonier⟩ bekloppt *umg* **B** *s* Verrückte(r) *m/f(m) umg*

loony bin *umg s* Klapsmühle *f umg*

loop [luːp] **A** *s* **1** Schlaufe *f*, Schlinge *f* **2** FLUG **to ~ the ~** einen Looping machen **3** IT Schleife *f* **B** v/t *Seil etc* schlingen

loophole [ˈluːphəʊl] *fig s* Hintertürchen *n*; **a ~ in the law** eine Lücke im Gesetz

loose [luːs] **A** *adj* ⟨*komp* looser⟩ **1** lose; *Moral, Vereinbarung* locker; *Kleid* weit; *Übersetzung* frei; **a ~ connection** ELEK ein Wackelkontakt *m*; **to come ~** *Schraube etc* sich lockern; *Abdeckung etc* sich (los)lösen; *Knopf* abgehen; **~ talk** leichtfertiges Gerede **2** **to break** *od* **get ~** sich losreißen (**from** von), ausbrechen; **to turn ~** *Tier* frei herumlaufen lassen; *Gefangenen* freilassen; **to be at a ~ end** *fig* nichts mit sich anzufangen wissen; **to tie up the ~ ends** *fig* ein paar offene Probleme lösen **B** *s umg* **to be on the ~** frei herumlaufen **C** v/t **1** losmachen **2** lockern

loose change *s* Kleingeld *n*

loose-fitting *adj* weit

loose-leaf *s* **~ binder** Ringbuch *n*; **~ pad** Ringbucheinlage *f*

loosely [ˈluːslɪ] *adv* **1** lose, locker **2** **~ based on Shakespeare** frei nach Shakespeare

loosen [ˈluːsn] **A** v/t **1** lösen **2** lockern; *Gürtel* weiter machen; *Kragen* aufmachen; **to ~ one's grip on sth** *wörtl* seinen Griff um etw lockern; *fig in Bezug auf Partei, Macht* etw nicht mehr so fest im Griff haben **B** v/i sich lockern

phrasal verbs mit loosen:

loosen up **A** v/t ⟨trennb⟩ *Muskeln* lockern; *Erde* auflockern **B** v/i *Muskeln* locker werden; *Sportler* sich (auf)lockern

loot [luːt] **A** *s* Beute *f* **B** v/t & v/i plündern

looter [ˈluːtə^r] *s* Plünderer *m*, Plünderin *f*

lop [lɒp] v/t, (*a.* **lop off**) abhacken

lopsided [ˈlɒpsaɪdɪd] *adj* schief

lord [lɔːd] **A** *s* **1** Herr *m* **2** *Br* Lord *m*; **the (House of) Lords** das Oberhaus **3** REL **Lord** Herr *m*; **the Lord (our) God** Gott, der Herr; **(good) Lord!** *umg* ach, du lieber Himmel! *umg*; **Lord knows** *umg* wer weiß **B** v/t **to ~ it over sb** j-n herumkommandieren

Lord Chancellor *Br s* Lordkanzler *m*

Lord Mayor *Br s* ≈ Oberbürgermeister *m*
Lordship ['lɔːdʃɪp] *s* **His/Your ~** Seine/Eure Lordschaft
Lord's Prayer ['lɔːdz'preəʳ] *s* REL **the ~** das Vaterunser
lore [lɔːʳ] *s* Überlieferungen *pl*
Lorraine [lɒ'reɪn] *s* GEOG Lothringen *n*
lorry ['lɒrɪ] *Br s* Last(kraft)wagen *m*, Lkw *m*
lorry driver *Br s* Lkw-Fahrer(in) *m(f)*
lose [luːz] ⟨*prät, pperf* lost⟩ **A** *v/t* **1** verlieren; *Verfolger* abschütteln; **to ~ one's job** die Stelle verlieren; **many men ~ their hair** vielen Männern gehen die Haare aus; **to ~ one's way** *wörtl* sich verirren; *fig* die Richtung verlieren; **that mistake lost him the game** dieser Fehler kostete ihn den Sieg; **she lost her brother in the war** sie hat ihren Bruder im Krieg verloren; **he lost the use of his legs in the accident** seit dem Unfall kann er seine Beine nicht mehr bewegen; **to ~ no time in doing sth** etw sofort tun; **my watch lost three hours** meine Uhr ist drei Stunden nachgegangen **2** *Gelegenheit* verpassen **3** **to be lost** *Objekt* verschwunden sein; *Mensch* sich verlaufen haben; **I can't follow the reasoning, I'm lost** ich kann der Argumentation nicht folgen, ich verstehe nichts mehr; **he was soon lost in the crowd** er hatte sich bald in der Menge verloren; **to be lost at sea** auf See geblieben sein; **all is (not) lost!** (noch ist nicht) alles verloren!; **to get lost** sich verirren; *Objekte* verloren gehen; **get lost!** *umg* verschwinde! *umg*; **to give sth up for lost** etw abschreiben; **I'm lost without my watch** ohne meine Uhr bin ich verloren *od* aufgeschmissen *umg*; **classical music is lost on him** er hat keinen Sinn für klassische Musik; **the joke was lost on her** der Witz kam bei ihr nicht an; **to be lost for words** sprachlos sein; **to be lost in thought** in Gedanken versunken sein **B** *v/i* verlieren; *Uhr* nachgehen; **you can't ~** du kannst nichts verlieren

phrasal verbs mit lose:
lose out *umg v/i* schlecht wegkommen *umg*; **to lose out to sb/sth** von j-m/etw verdrängt werden

loser ['luːzəʳ] *s* Verlierer(in) *m(f)*; **what a ~!** *umg* was für eine Null! *umg*
losing ['luːzɪŋ] *adj* **the ~ team** die unterlegene Mannschaft; **to fight a ~ battle** einen aussichtslosen Kampf führen; **to be on the ~ side** verlieren
loss [lɒs] *s* **1** Verlust *m*; **hair ~** Haarausfall *m*; **weight ~** Gewichtsverlust *m*; **memory ~** Gedächtnisverlust *m*; **the factory closed with the ~ of 300 jobs** bei der Schließung der Fabrik gingen 300 Stellen verloren; **he felt her ~ very deeply** ihr Tod war ein schwerer Verlust für ihn; **there was a heavy ~ of life** viele kamen ums Leben; **job ~es** Stellenkürzungen *pl*; **his business is running at a ~** er arbeitet mit Verlust; **to sell sth at a ~** etw mit Verlust verkaufen; **it's your ~** es ist deine Sache; **a dead ~** *Br umg* ein böser Reinfall *umg*; (≈ *Mensch*) ein hoffnungsloser Fall *m*; **to cut one's ~es** *fig* Schluss machen, ehe der Schaden (noch) größer wird **2** **to be at a ~** nicht mehr weiterwissen; **we are at a ~ for what to do** wir wissen nicht mehr aus noch ein; **to be at a ~ to explain sth** etw nicht erklären können; **to be at a ~ for words** nicht wissen, was man sagen soll

lost [lɒst] **A** *prät & pperf* → **lose B** *adj* ⟨*attr*⟩ verloren; *Sache* aussichtslos; *Mensch* vermisst, abgängig *bes österr*; *Hund* entlaufen; *Brille etc* verlegt
lost-and-found (department) *US s* Fundbüro *n*
lost property *Br s* **1** Fundstücke *pl* **2** → **lost property office**
lost property office *Br s* Fundbüro *n*
lot¹ [lɒt] *s* **1** Los *n*; **to draw lots** losen, Lose ziehen; **they drew lots to see who would begin** sie losten aus, wer anfangen sollte **2** (≈ *Schicksal*) *bei Auktion* Los *n*; **to throw in one's lot with sb** sich mit j-m zusammentun; **to improve one's lot** seine Lage verbessern **3** (≈ *Grundstück*) Parzelle *f*; **building lot** Bauplatz *m*; **parking lot** *US* Parkplatz *m* **4** *bes Br* **where shall I put this lot?** wo soll ich das Zeug hintun? *umg*; **can you carry that lot by yourself?** kannst du das (alles) alleine tragen?; **divide the books up into three lots** teile die Bücher in drei Stapel ein; **he is a bad lot** *umg* er taugt nichts **5** *bes Br umg* (≈ *Gruppe*) Haufen *m*; **you lot** ihr alle; **are you lot coming to the pub?** kommt ihr (alle) in die Kneipe? **6** **the lot** *umg* alle, alles; **that's the lot** das ist alles
lot² *s & adv* **a lot, lots** viel; **a lot of, lots of** viel(e); **a lot of money** eine Menge Geld; **a lot of books, lots of books** viele Bücher; **such a lot** so viel; **what a lot!** was für eine Menge!; **such a lot of books** so viele Bücher; **lots and lots of mistakes** eine Unmenge Fehler; **we see a lot of John** wir sehen John sehr oft; **things have changed a lot** es hat sich Vieles geändert; **he likes her a lot** er mag sie sehr; **lots more** viel mehr; **I feel lots** *od* **a lot better** es geht mir sehr viel besser
lotion ['ləʊʃən] *s* Lotion *f*
lottery ['lɒtərɪ] *s* Lotterie *f*
loud [laʊd] **A** *adj* ⟨+er⟩ **1** laut; *Proteste* lautstark **2** *Krawatte* knallbunt **B** *adv* laut; **~ and clear** laut und deutlich; **to say sth out ~** etw laut

sagen
loud-hailer [ˌlaʊdˈheɪləʳ] s Megafon n
loudly [ˈlaʊdlɪ] adv laut; kritisieren lautstark
loudmouth umg s Großmaul n umg
loudness s Lautstärke f
loudspeaker [ˌlaʊdˈspiːkəʳ] s Lautsprecher m
lounge [laʊndʒ] **A** s Wohnzimmer n; in Hotel Lounge f; auf Flughafen Warteraum m, Lounge f **B** v/i faulenzen; **to ~ about** Br, **to ~ around** herumliegen/-sitzen; **to ~ against a wall** sich lässig gegen eine Mauer lehnen
lounge bar s Salon m (vornehmerer Teil einer Gaststätte)
louse [laʊs] s ‹pl lice› ZOOL Laus f
lousy [ˈlaʊzɪ] umg adj mies umg; Streich etc fies umg; **I'm ~ at arithmetic** in Mathe bin ich miserabel umg; **he is a ~ golfer** er spielt miserabel Golf umg; **to feel ~** sich mies fühlen umg; **a ~ £3** lausige drei Pfund umg
lout [laʊt] s Rüpel m
loutish [ˈlaʊtɪʃ] adj rüpelhaft
louvre [ˈluːvəʳ] s, **louver** US s Jalousie f
lovable, **loveable** [ˈlʌvəbl] adj liebenswert
love [lʌv] **A** s **1** Liebe f; **to have a ~ for** od **of sth** etw sehr lieben; **~ of learning** Freude f am Lernen; **~ of adventure** Abenteuerlust f; **~ of books** Liebe f zu Büchern; **for the ~ of** aus Liebe zu; **to be in ~ (with sb)** (in j-n) verliebt sein; **to fall in ~ (with sb)** sich (in j-n) verlieben; **to make ~** miteinander schlafen; **to make ~ to sb** mit j-m schlafen; **yes, (my) ~** ja, Liebling; **the ~ of my life** die große Liebe meines Lebens **2** in Grüßen **lots of ~** mit herzlichen Grüßen; **~ (from) Anna** herzliche Grüße von Anna; **give him my ~** grüß ihn von mir; **he sends his ~** er lässt grüßen **3** umg als Anrede mein Lieber/meine Liebe **4** Tennis null **B** v/t lieben, gern mögen; **they ~ each other** sie lieben sich; **I ~ tennis** ich mag Tennis sehr gern; **I'd ~ a cup of tea** ich hätte (liebend) gern(e) eine Tasse Tee; **I'd ~ to come** ich würde sehr gern kommen; **we'd ~ you to come** wir würden uns sehr freuen, wenn du kommen würdest; **I ~ the way she smiles** ich mag es, wie sie lächelt **C** v/i lieben
loveable adj → lovable
love affair s Verhältnis n
lovebird s fig Unzertrennliche(r) m/f(m)
lovebite s Knutschfleck m umg
loved one s j-d, der einem sehr nahesteht, oft ein Familienmitglied
loved-up [ˌlʌvdˈʌp] sl adj high (insbesondere nach der Einnahme von Drogen wie z. B. Ecstasy); umg total verliebt
love-hate relationship s Hassliebe f; **they have a ~** zwischen ihnen besteht eine Hassliebe

love-in [ˈlʌvɪn] umg s gegenseitige Beweihräucherung; **as usual the meeting was a ~** das Meeting war wie immer nichts weiter als eine gegenseitige Beweihräucherung
loveless adj Ehe ohne Liebe
love letter s Liebesbrief m
love life s Liebesleben n
lovely [ˈlʌvlɪ] adj ‹komp lovelier› wunderschön, schön; Kleid, Geschenk hübsch, schön; Baby niedlich; (≈ charmant) liebenswürdig; Lächeln gewinnend; **that dress looks ~ on you** dieses Kleid steht dir sehr gut; **we had a ~ time** es war sehr schön; **it's ~ and warm** es ist schön warm; **have a ~ holiday!** bes Br, **have a ~ vacation!** US schöne Ferien!; **it's been ~ to see you** es war schön, dich zu sehen
lovemaking [ˈlʌvmeɪkɪŋ] s Liebe f
love marriage s Liebesheirat f
lover [ˈlʌvəʳ] s **1** Liebhaber(in) m(f); **the ~s** das Liebespaar **2** **a ~ of books** ein(e) Bücherfreund(in) m(f); **a ~ of good food** ein(e) Liebhaber(in) m(f) von gutem Essen; **music-lover** Musikliebhaber(in) m(f) od -freund(in) m(f)
lovesick adj liebeskrank; **to be ~** Liebeskummer m haben
love song s Liebeslied n
love story s Liebesgeschichte f
love-struck adj schmachtend, total verknallt umg; **to behave like a ~ teenager** sich aufführen wie ein total verknallter/bis über beide Ohren verliebter Teenager
loving [ˈlʌvɪŋ] adj liebend; Beziehung liebevoll; **your ~ son ...** in Liebe Euer Sohn ...
lovingly [ˈlʌvɪŋlɪ] adv liebevoll
low [ləʊ] **A** adj ‹+er› niedrig; Verbeugung, Ton tief; Dichte, Qualität gering; Vorräte knapp; **the sun was low in the sky** die Sonne stand tief am Himmel; **the river is low** der Fluss führt wenig Wasser; **a ridge of low pressure** ein Tiefdruckkeil m; **to speak in a low voice** leise sprechen; **how low can you get!** wie kann man nur so tief sinken!; **to feel low** niedergeschlagen sein **B** adv zielen nach unten; sprechen leise; fliegen, sich verbeugen tief; **he's been laid low with the flu** Br er liegt mit Grippe im Bett; **to run** od **get low** knapp werden; **we're getting low on petrol** Br, **we're getting low on gas** US uns (dat) geht das Benzin aus **C** s METEO fig Tief n; **to reach a new low** einen neuen Tiefstand erreichen
low-alcohol adj alkoholarm
lowbrow adj (geistig) anspruchslos
low-cal umg adj, **low-calorie** adj kalorienarm
low-carb [ˌləʊˈkɑːb] umg adj kohlenhydratarm
Low Church s reformierter, puritanischer Teil

der anglikanischen Kirche
low-cost *adj* preiswert
Low Countries *pl* **the ~** die Niederlande *pl*
low-cut *adj Kleid* tief ausgeschnitten
lowdown *umg s* Informationen *pl*; **what's the ~ on Kowalski?** was wissen wir über Kowalski?, was haben wir über Kowalski? *umg*; **he gave me the ~ on it** er hat mich darüber aufgeklärt
low-emission *adj Auto* schadstoffarm, abgasarm
lower ['ləʊə[r]] **A** *adj* **1** niedriger; *Körperteil* untere(r, s); *Ton* tiefer; GEOG Nieder-; **the Lower Rhine** der Niederrhein; **~ leg** Unterschenkel *m*; **the ~ of the two holes** das untere der beiden Löcher; **the ~ deck** *von Bus* das untere Deck; *von Schiff* das Unterdeck **2** *Rang, Niveau, Tiere* niedere(r, s); **the ~ classes** SOZIOL die unteren Schichten; **a ~ middle-class family** eine Familie aus der unteren Mittelschicht; **the ~ school** die unteren Klassen **B** *adv* tiefer; **~ down the mountain** weiter unten am Berg; **~ down the list** weiter unten auf der Liste **C** *v/t* **1** *Boot, Last* herunterlassen; *Augen, Waffe* senken; *Fahne* einholen; **he ~ed himself into an armchair** er ließ sich in einen Sessel nieder **2** *Druck, Risiko* verringern; *Preis, Temperatur* senken; **~ your voice** sprich leiser; **to ~ oneself** sich hinunterlassen
lower case A *s* Kleinbuchstaben *pl* **B** *adj* klein
Lower Chamber *s* Unterhaus *n*
lower-class *adj* der Unterschicht
lower ground floor *s Br* Untergeschoss *n*, Untergeschoß *n österr*
lower-income *adj* mit niedrigem Einkommen
lower sixth (form) *Br s* SCHULE vorletztes Schuljahr
low-fat *adj Milch, Käse* fettarm, Mager-
low-flying *adj* **~ plane** Tiefflieger *m*
low-heeled *adj* mit flachem Absatz
low-income *adj* einkommensschwach
low-interest *adj* zinsgünstig
low-key *adj* zurückhaltend; *Einstellung* gelassen; *Empfang* reserviert
lowland A *s* **the Lowlands of Scotland** das schottische Tiefland; **the ~s of Central Europe** die Tiefebenen *pl* Mitteleuropas **B** *adj* des Flachlands; *in Bezug auf Schottland* des Tieflands
low-level *adj Strahlung* niedrig
lowlife *s* niederes Milieu; *US Person* Kriminelle(r) *m/f(m)*
lowly ['ləʊlɪ] *adj* ⟨*komp* lowlier⟩ bescheiden
low-lying *adj* tief gelegen
low-necked *adj* tief ausgeschnitten
low-pitched *adj* tief
low-pressure *adj* **~ area** Tiefdruckgebiet *n*
low-profile *adj* wenig profiliert

low-rise *adj* ⟨*attr*⟩ niedrig (gebaut)
low season *s* Nebensaison *f*
low-tar *adj* teerarm
low-tech *adj* nicht mit Hightech ausgestattet; **it's pretty ~** es ist nicht gerade Hightech
low tide *s*, **low water** *s* Niedrigwasser *n*; **at ~** bei Niedrigwasser
low-wage *adj* ⟨*attr*⟩ Niedriglohn-
low-wage country *s* Billiglohnland *n*
low-wage earner [ləʊ'weɪdʒɜ:nə(r)] *s* Geringverdiener(in) *m(f)*
low-wage sector *s* Niedriglohnsektor *m*
loyal ['lɔɪəl] *adj* **1** treu; **he was very ~ to his friends** er hielt (treu) zu seinen Freunden; **he remained ~ to his wife/the king** er blieb seiner Frau/dem König treu **2** *gegenüber Partei* loyal (**to** gegenüber)
loyalist A *s* Loyalist(in) *m(f)* **B** *adj* loyal; *Truppen* regierungstreu
loyally ['lɔɪəlɪ] *adv* **1** treu **2** loyal
loyalty ['lɔɪəltɪ] *s* **1** Treue *f* **2** *gegenüber Partei* Loyalität *f*
loyalty card *s Br* HANDEL Paybackkarte *f*
lozenge ['lɒzɪndʒ] *s* **1** MED Pastille *f* **2** Raute *f*
LP *abk* (= **long player, long-playing record**) LP *f*
LPG *abk* (= **liquefied petroleum gas**) Autogas *n*
L-plate ['elpleɪt] *s* Schild mit der Aufschrift „L" (*learner* = Fahrschüler(in))
LSD *abk* (= **lysergic acid diethylamide**) LSD *n*
Ltd *abk* (= **Limited**) GmbH
lubricant ['lu:brɪkənt] *s* **1** TECH Schmiermittel *n* **2** *für Sex* Gleitcreme *f*, Gleitgel *n*
lubricate ['lu:brɪkeɪt] *v/t* schmieren
lucid ['lu:sɪd] *adj* **1** klar **2** **he was ~ for a few minutes** ein paar Minuten lang war er bei klarem Verstand
lucidly ['lu:sɪdlɪ] *adv* klar; *erklären* einleuchtend; *schreiben* verständlich
luck [lʌk] *s* Glück *n*; **by ~** durch einen glücklichen Zufall; **bad ~** Pech *n*; **bad ~!** so ein Pech!; **good ~** Glück *n*; **good ~!** viel Glück!; **good look with …!** viel Glück bei *od* mit …!; **no such ~!** schön wärs! *umg*; **just my ~!** Pech (gehabt), wie immer!; **with any ~** mit etwas Glück; **any ~?** *mit Versuch* hats geklappt?; *bei Verlust* hast du es gefunden?; **worse ~!** wie schade!; **to be in ~** Glück haben; **to be out of ~** kein Glück haben; **he was a bit down on his ~** er hatte eine Pechsträhne; **to bring sb good/bad ~** j-m Glück/Unglück bringen; **as ~ would have it** wie es der Zufall wollte; **Bernstein kisses his cuff links for ~** Bernstein küsst seine Manschettenknöpfe, damit sie ihm Glück bringen; **to try one's ~** sein Glück versuchen
luckily ['lʌkɪlɪ] *adv* glücklicherweise; **~ for me** zu meinem Glück

lucky ['lʌkɪ] adj ⟨komp luckier⟩ Glücks-; Zufall, Sieger glücklich; **you ~ thing!, ~ you!** du Glückliche(r) m/f(m); **the ~ winner** der glückliche Gewinner, die glückliche Gewinnerin; **to be ~** Glück haben; **to get ~** Glück haben; **I was ~ enough to meet him** ich hatte das (große) Glück, ihn kennenzulernen; **you are ~ to be alive** du kannst von Glück sagen, dass du noch lebst; **you were ~ to catch him** du hast Glück gehabt, dass du ihn erwischt hast; **you'll be ~ to make it in time** wenn du das noch schaffst, hast du (aber) Glück; **I want another £500 — you'll be ~!** ich will noch mal £ 500 haben — viel Glück!; **to be ~ that ... Glück haben, dass ...; ~ charm** Glücksbringer m; **it must be my ~ day** ich habe wohl heute meinen Glückstag; **to be ~** Zahl etc Glück bringen; **it was ~ I stopped him** ein Glück, dass ich ihn aufgehalten habe; **that was ~** das war aber ein Glück; **that was a ~ escape** da habe ich/ hast du etc noch mal Glück gehabt

lucky dip s ≈ Glückstopf m
lucrative ['luːkrətɪv] adj lukrativ
ludicrous ['luːdɪkrəs] adj lächerlich; Idee, Preise haarsträubend
ludicrously ['luːdɪkrəslɪ] adv grotesk; klein lächerlich; hoch haarsträubend; **~ expensive** absurd teuer
lug [lʌɡ] v/t schleppen
luggage ['lʌɡɪdʒ] s Gepäck n
luggage allowance s FLUG Freigepäck n
luggage carrier s am Fahrrad Gepäckträger m
luggage label s Gepäckanhänger m
luggage locker s Gepäckschließfach n
luggage rack s BAHN etc Gepäckablage f
luggage scales pl Gepäckwaage f
luggage strap s Gepäckgurt m
luggage tag s bes Br Gepäckanhänger m
luggage trolley s Kofferkuli m
luggage van s Br BAHN Gepäckwagen m
lukewarm ['luːkwɔːm] adj lauwarm; **he's ~ about** od **on the idea/about her** er ist von der Idee/von ihr nur mäßig begeistert
lull [lʌl] **A** s Pause f; **a ~ in the fighting** eine Gefechtspause **B** v/t **to ~ a baby to sleep** ein Baby in den Schlaf wiegen; **he ~ed them into a false sense of security** er wiegte sie in trügerische Sicherheit
lullaby ['lʌləbaɪ] s Schlaflied n
lumbago [lʌm'beɪɡəʊ] s ⟨kein pl⟩ Hexenschuss m
lumber[1] ['lʌmbə'] **A** s bes US (Bau)holz n **B** Br umg v/t **to ~ sb with sth** j-m etw aufhalsen umg; **I got ~ed with her for the evening** ich hatte sie den ganzen Abend auf dem Hals umg
lumber[2] v/i Karren rumpeln; Elefant, Mensch trampeln
lumberjack s Holzfäller m
lumber mill s US Sägewerk n
lumber room s Rumpelkammer f
lumberyard US s Holzlager n
luminary ['luːmɪnərɪ] fig s Koryphäe f
luminous ['luːmɪnəs] adj leuchtend; **~ paint** Leuchtfarbe f
lump [lʌmp] **A** s **1** Klumpen m; von Zucker Stück n **2** Beule f; im Körper Geschwulst f; **with a ~ in one's throat** fig mit einem Kloß im Hals; **it brings a ~ to my throat** dabei schnürt sich mir die Kehle zu **B** bes Br umg v/t **if he doesn't like it he can ~ it** wenns ihm nicht passt, hat er eben Pech gehabt umg

phrasal verbs mit lump:

lump together v/t ⟨trennb⟩ **1** zusammentun **2** bei Beurteilung etc in einen Topf werfen

lump sugar s Würfelzucker m
lump sum s Pauschalbetrag m; **to pay sth in a ~** etw pauschal bezahlen
lumpy ['lʌmpɪ] adj ⟨komp lumpier⟩ Flüssigkeit klumpig; **to go ~** Soße, Reis klumpen
lunacy ['luːnəsɪ] s Wahnsinn m
lunar ['luːnə'] adj Mond-
lunar eclipse s Mondfinsternis f
lunatic ['luːnətɪk] **A** adj wahnsinnig **B** s Wahnsinnige(r) m/f(m)
lunatic asylum s Irrenanstalt f
lunch [lʌntʃ] **A** s Mittagessen n; **to have ~** (zu) Mittag essen; **to have soup for ~** eine Suppe zum Mittagessen essen; **let's do ~** umg wir sollten uns zum Mittagessen treffen; **how long do you get for ~?** wie lange haben Sie Mittagspause?; **he's at ~** er ist beim Mittagessen **B** v/i (zu) Mittag essen
lunchbox s Lunchbox f
lunch break s Mittagspause f
luncheon ['lʌntʃən] form s Mittagessen n
luncheon meat s Frühstücksfleisch n
luncheon voucher s Essen(s)marke f
lunch hour s Mittagsstunde f, Mittagspause f
lunch menu s Mittagsmenü n
lunchpail US s Lunchbox f
lunchtime s Mittagspause f; Mittagszeit f; **they arrived at ~** sie kamen gegen Mittag an
lung [lʌŋ] s Lunge f
lung cancer s Lungenkrebs m
lunge [lʌndʒ] **A** s Satz m nach vorn **B** v/i (sich) stürzen; **to ~ at sb** sich auf j-n stürzen
lurch[1] [lɜːtʃ] s **to leave sb in the ~** umg j-n hängen lassen umg, j-n im Stich lassen
lurch[2] **A** s **to give a ~** einen Ruck machen **B** v/i **1** einen Ruck machen **2** sich ruckartig bewegen; **the train ~ed to a standstill** der Zug kam mit einem Ruck zum Stehen

lure [ljʊəʳ] **A** s Lockmittel n; fig von Großstadt, Meer etc Verlockungen pl **B** v/t anlocken; **to ~ sb away from sth** j-n von etw weglocken; **to ~ sb into a trap** j-n in eine Falle locken

lurid ['ljʊərɪd] adj **1** Farbe grell **2** fig Beschreibung reißerisch; Details widerlich

lurk [lɜːk] v/i lauern; **a nasty suspicion ~ed at the back of his mind** er hegte einen fürchterlichen Verdacht

phrasal verbs mit lurk:
lurk about Br, **lurk around** v/i herumschleichen

lurking ['lɜːkɪŋ] adj heimlich; Zweifel nagend

luscious ['lʌʃəs] adj **1** köstlich **2** Mädchen zum Anbeißen umg; Figur üppig

lush [lʌʃ] adj **1** Gras saftig; Vegetation üppig **2** umg Hotel feudal

lust [lʌst] **A** s Wollust f, Gier f (**for** nach); **~ for power** Machtgier f **B** v/i **to ~ after** sexuell begehren (+akk); unersättlich gieren nach

lustful adj lüstern

lustily ['lʌstɪlɪ] adv essen herzhaft; singen aus voller Kehle; schreien aus vollem Hals(e)

lustre ['lʌstəʳ] s, **luster** US s **1** Schimmer m **2** fig Glanz m

lute [luːt] s Laute f

Luxembourg ['lʌksəmbɜːg] s Luxemburg n

luxuriant [lʌgˈzjʊərɪənt] adj üppig

luxuriate [lʌgˈzjʊərɪeɪt] v/i **to ~ in sth** sich in etw (dat) aalen

luxurious [lʌgˈzjʊərɪəs] adj luxuriös; **a ~ hotel** ein Luxushotel n

luxury ['lʌkʃərɪ] **A** s Luxus m; **to live a life of ~** ein Luxusleben führen **B** adj ⟨attr⟩ Luxus-

LW abk (= long wave) LW

lychee ['laɪtʃiː] s Litschi f

Lycra® ['laɪkrə] s Lycra® n

lying ['laɪɪŋ] **A** adj verlogen **B** s Lügen n; **that would be ~** das wäre gelogen

lymphatic drainage [lɪmˌfætɪkˈdreɪnɪdʒ] s MED Lymphdrainage f

lymph gland [lɪmf] s Lymphknoten m

lynch [lɪntʃ] v/t lynchen

lyric ['lɪrɪk] **A** adj lyrisch **B** s von Popsong **~s** pl Text m

lyrical ['lɪrɪkəl] adj lyrisch; **to wax ~ about sth** über etw (akk) ins Schwärmen geraten; **~ I** lyrisches Ich

lyricist ['lɪrɪsɪst] s MUS Texter(in) m(f)

M

M¹, m [em] s M n, m n
M² abk (= medium) M, mittelgroß
m¹ abk (= millions) Mio.
m² abk (= metres) m
m³ abk (= miles) Meile(n)
m⁴ abk (= masculine) m.
MA¹ abk (= Master of Arts) M. A.
MA² abk (= Massachusetts) Massachusetts
ma [mɑː] umg s Mama f umg
ma'am [mæm] s gnä' Frau f form; → madam
Maastricht Treaty [mɑːˈstrɪxtˈtriːtɪ] s der EU Vertrag m von Maastricht, Maastrichter Vertrag m
mac [mæk] Br umg s Regenmantel m
macabre [məˈkɑːbrə] adj makaber
macaroni [ˌmækəˈrəʊnɪ] s Makkaroni pl
macaroon [ˌmækəˈruːn] s Makrone f
mace [meɪs] s von Bürgermeister etc Amtsstab m
Macedonia [ˌmæsɪˈdəʊnɪə] s Mazedonien n
machete [məˈtʃeɪtɪ] s Buschmesser n
machination [ˌmækɪˈneɪʃən] s ⟨mst pl⟩ Machenschaften pl
machine [məˈʃiːn] **A** s Maschine f, Automat m **B** v/t TECH maschinell herstellen
machine gun s Maschinengewehr n
machine language s IT Maschinensprache f
machine-made adj maschinell hergestellt
machine operator s Maschinenarbeiter(in) m(f)
machine-readable adj IT maschinenlesbar
machinery [məˈʃiːnərɪ] s Maschinerie f; **the ~ of government** der Regierungsapparat
machine tool s Werkzeugmaschine f
machine translation s maschinelle Übersetzung
machine-washable adj waschmaschinenfest
machinist [məˈʃiːnɪst] s TECH Maschinist(in) m(f); Handarbeiten Näherin f
macho ['mætʃəʊ] adj macho präd, Macho-
mackerel ['mækrəl] s Makrele f
mackintosh ['mækɪntɒʃ] s Regenmantel m
macro ['mækrəʊ] s ⟨pl -s⟩ IT Makro n
macro- präf makro-, Makro-
macrobiotic ['mækrəʊbaɪɒtɪk] adj makrobiotisch
macrocosm ['mækrəʊˌkɒzəm] s Makrokosmos m

mad [mæd] **A** adj ⟨komp madder⟩ **1** wahnsinnig (**with** vor +dat), geisteskrank, verrückt umg; **to go mad** wahnsinnig werden; wörtl den Verstand verlieren; **to drive sb mad** j-n wahnsinnig machen; *wörtl* j-n um den Verstand bringen; **it's enough to drive you mad** es ist zum Verrücktwerden; **you must be mad!** du bist wohl wahnsinnig!; **I must have been mad to believe him** ich war wohl von Sinnen, ihm zu glauben; **they made a mad rush** *od* **dash for the door** sie stürzten wie wild zur Tür; **why the mad rush?** warum diese Hektik? **2** *umg* (≈ *wütend*) sauer *umg*; **to be mad at sb** auf j-n sauer sein *umg*; **to be mad about sth** über etw (*akk*) sauer sein *umg*; **this makes me mad** das bringt mich auf die Palme *umg* **3** *bes Br umg* **to be mad about** *od* **on sth** auf etw (*akk*) verrückt sein; **I'm not exactly mad about this job** ich bin nicht gerade versessen auf diesen Job; **I'm (just) mad about you** ich bin (ganz) verrückt nach dir!; **don't go mad!** übertreib es nicht **B** *adv umg* **like mad** wie verrückt; **he ran like mad** er rannte wie wild

Madagascar [ˌmædəˈgæskəʳ] s Madagaskar *n*

madam [ˈmædəm] s gnädige Frau *obs, form*; **can I help you, ~?** kann ich Ihnen behilflich sein?; **Dear Madam** *bes Br* sehr geehrte gnädige Frau

madcap [ˈmædkæp] *adj* Idee versponnen

mad cow disease s Rinderwahn(sinn) *m*

madden [ˈmædn] *v/t* ärgern

maddening [ˈmædnɪŋ] *adj* unerträglich; *Angewohnheit* aufreizend

maddeningly [ˈmædnɪŋlɪ] *adv* unerträglich; **the train ride was ~ slow** es war zum Verrücktwerden, wie langsam der Zug fuhr

made [meɪd] *prät & pperf* → **make**

made-to-measure [ˈmeɪdtəˈmeʒəʳ] *Br adj* maßgeschneidert; *Vorhänge* nach Maß; **~ suit** Maßanzug *m*

made-up [ˈmeɪdʌp] *adj* **1** erfunden **2** geschminkt

madhouse [ˈmædhaʊs] s Irrenhaus *n*

madly [ˈmædlɪ] *adv* **1** wie verrückt **2** *umg* (≈ *sehr*) wahnsinnig; **to be ~ in love (with sb)** bis über beide Ohren (in j-n) verliebt sein

madman [ˈmædmən] s ⟨*pl* -men⟩ Verrückte(r) *m*

madness s Wahnsinn *m*

madwoman [ˈmædwʊmən] s ⟨*pl* -women [-wɪmən]⟩ Verrückte *f*

Mafia [ˈmæfɪə] s Mafia *f*

mag [mæg] *umg* s Magazin *n*; **porn mag** Pornoheft *n*

magazine [ˌmægəˈziːn] s **1** Zeitschrift *f*, Magazin *n* **2** MIL Depot *n*

magazine rack s Zeitungsständer *m*

maggot [ˈmægət] s Made *f*

Magi [ˈmeɪdʒaɪ] *pl* **the ~** die Heiligen Drei Könige

magic [ˈmædʒɪk] **A** s **1** Magie *f*; **a display of ~** ein paar Zauberkunststücke; **he made the spoon disappear by ~** er zauberte den Löffel weg; **as if by ~** wie durch Zauberei; **it worked like ~** *umg* es klappte wie am Schnürchen *umg* **2** Zauber *m* **B** *adj* **1** Zauber-; *Kräfte* magisch; **he hasn't lost his ~ touch** er hat nichts von seiner Genialität verloren **2** *umg* toll *umg*

magical *adj Kräfte* magisch; *Atmosphäre* unwirklich; *Wirkung* zauberhaft

magically *adv* wunderbar; **~ transformed** auf wunderbare Weise verwandelt

magic carpet s fliegender Teppich

magician [məˈdʒɪʃən] s Magier *m*, Zauberer(in) *m(f)*; Zauberkünstler(in) *m(f)*; **I'm not a ~!** ich kann doch nicht hexen!

magic spell s Zauber *m*, Zauberspruch *m*; **to cast a ~ on sb** j-n verzaubern

magic trick s Zaubertrick *m*

magic wand s Zauberstab *m*; **to wave a ~** den Zauberstab schwingen

magistrate [ˈmædʒɪstreɪt] s Schiedsmann *m*/-frau *f*

magistrates' court *Br* s Schiedsgericht *n*

magnanimity [ˌmægnəˈnɪmɪtɪ] s Großmut *f*

magnanimous [mægˈnænɪməs] *adj* großmütig

magnate [ˈmægneɪt] s Magnat *m*

magnesium [mægˈniːzɪəm] s Magnesium *n*

magnet [ˈmægnɪt] s Magnet *m*

magnetic [mægˈnetɪk] *wörtl adj* magnetisch; **he has a ~ personality** er hat ein sehr anziehendes Wesen

magnetic disk s COMPUT Magnetplatte *f*

magnetic field s Magnetfeld *n*

magnetic strip, **magnetic stripe** s Magnetstreifen *m*

magnetism [ˈmægnɪtɪzəm] s Magnetismus *m*; *fig* Anziehungskraft *f*

magnification [ˌmægnɪfɪˈkeɪʃən] s Vergrößerung *f*; **high/low ~** starke/geringe Vergrößerung

magnificence [mægˈnɪfɪsəns] s **1** Großartigkeit *f* **2** Pracht *f*

magnificent [mægˈnɪfɪsənt] *adj* **1** großartig; **he has done a ~ job** er hat das ganz hervorragend gemacht **2** prächtig

magnificently [mægˈnɪfɪsəntlɪ] *adv* großartig

magnify [ˈmægnɪfaɪ] *v/t* **1** vergrößern **2** aufbauschen

magnifying glass [ˈmægnɪfaɪɪŋˈglɑːs] s Vergrößerungsglas *n*

magnitude [ˈmægnɪtjuːd] s Ausmaß *n*, Bedeutung *f*; **operations of this ~** Vorhaben dieser Größenordnung

magnolia [mægˈnəʊlɪə] s Magnolie *f*

magpie ['mægpaɪ] s Elster f
mahogany [mə'hɒgənɪ] **A** s Mahagoni n **B** adj Mahagoni-
maid [meɪd] s Dienstmädchen n; Zimmermädchen n
maiden ['meɪdn] **A** s liter Mädchen n, Dirndl n österr **B** adj ⟨attr⟩ Jungfern-
maiden name s Mädchenname m
maiden voyage s Jungfernfahrt f
maid of honour s, **maid of honor** US s Brautjungfer f
maidservant s Hausmädchen n
mail [meɪl] **A** s bes US Post f; INTERNET a. Mail f; **to send sth by ~** etw mit der Post schicken; **is there any ~ for me?** ist Post für mich da? **B** v/t **1** aufgeben; in Briefkasten einwerfen; (≈ senden) mit der Post schicken **2** per E-Mail senden, mailen umg; **to ~ sb** j-m eine E-Mail senden; **to ~ sb sth** j-m etw schicken; per E-Mail j-m etw mailen
mailbag s Postsack m
mailbox s **1** US Briefkasten m **2** IT Mailbox f
mailing address US s Postanschrift f
mailing list s Adressenliste f; IT Verteiler m; **to add sb to the ~** jdn in die Adressenliste aufnehmen; jdn zum Verteiler hinzufügen
mailman s ⟨pl -men⟩ US Briefträger m
mail merge s IT Mailmerge n
mail order s Postversand m
mail-order adj **~ catalogue** Br, **mail order catalog** US Versandhauskatalog m; **~ firm** Versandhaus n
mailroom bes US s Poststelle f
mailshot Br s Mailshot m
mail van s Postauto n; Br BAHN Postwagen m
mailwoman s ⟨pl -women [-wɪmən]⟩ US Briefträgerin f
maim [meɪm] v/t verstümmeln, zum Krüppel machen; **to be ~ed for life** sein Leben lang ein Krüppel bleiben
main [meɪn] **A** adj ⟨attr⟩ Haupt-; **~ trait** Haupteigenschaft f; **the ~ thing is to ...** die Hauptsache ist, dass ...; **the ~ thing is you're still alive** Hauptsache, du lebst noch; **the ~ idea** die Grundidee **B** s **1** Hauptleitung f; **the ~s** von Stadt das öffentliche Versorgungsnetz; ELEK das Stromnetz; von Haus der Haupthahn; ELEK der Hauptschalter; **to run off the ~s** Netzanschluss haben; **the water/electricity was switched off at the ~s** der Haupthahn/Hauptschalter für Wasser/Elektrizität wurde abgeschaltet **2 in the ~** im Großen und Ganzen
main clause s GRAM Hauptsatz m
main course s Hauptgericht n
main dish s Hauptspeise f
main entrance s Haupteingang m

mainframe (computer) s Großrechner m
mainframe network s COMPUT vernetzte Großanlage
mainland **A** s Festland n; **on the ~ of Europe** auf dem europäischen Festland; **the US ~** das Festland der USA **B** adj ⟨attr⟩ **~ China** das chinesische Festland
main line s BAHN Hauptstrecke f
mainly ['meɪnlɪ] adv hauptsächlich, in erster Linie
main office s Zentrale f
main road s Hauptstraße f
mains-operated ['meɪnz,ɒpəreɪtɪd], **mains-powered** ['meɪnz,paʊəd] adj für Netzbetrieb
mainstay fig s Stütze f
mainstream ['meɪnstri:m] **A** s Hauptrichtung f **B** adj **1** Politiker der Mitte; Meinung vorherrschend; Ausbildung regulär; **~ society** die Mitte der Gesellschaft **2 ~ cinema** Mainstreamkino n
main street s bes US Hauptstraße f
maintain [meɪn'teɪn] v/t **1** aufrechterhalten; Ruhe und Ordnung wahren; Geschwindigkeit beibehalten; **to ~ sth at a constant temperature** etw bei gleichbleibender Temperatur halten **2** Familie unterhalten **3** Maschine warten; Straßen instand halten; **products which help to ~ healthy skin** Produkte, die die Haut gesund erhalten **4** behaupten; **he still ~ed his innocence** er beteuerte immer noch seine Unschuld
maintenance ['meɪntɪnəns] s **1** Aufrechterhaltung f; von Ruhe und Ordnung Wahrung f **2** Br von Familie Unterhalt m; (≈ Sozialhilfe etc) Unterstützung f; **he has to pay ~** er ist unterhaltspflichtig **3** von Maschine Wartung f; von Straßen Instandhaltung f; von Garten Pflege f; (≈ Kosten) Unterhalt m
maintenance costs pl Unterhaltskosten pl
maintenance payments pl Unterhaltszahlungen pl
maintenance staff s Wartungspersonal n
maisonette [,meɪzə'net] s Appartement n
maître d' [,metrə'di:] US s Oberkellner m
maize [meɪz] s Mais m
majestic [mə'dʒestɪk] adj majestätisch
majesty ['mædʒɪstɪ] s Majestät f; **His/Her Majesty** Seine/Ihre Majestät; **Your Majesty** Eure Majestät
major ['meɪdʒəʳ] **A** adj **1** Haupt-; (≈ wichtig) bedeutend; (≈ weitreichend) groß; Grund wesentlich; Vorfall schwerwiegend; Rolle führend; **a ~ road** eine Hauptverkehrsstraße; **a ~ operation** eine größere Operation **2** MUS Dur-; **~ key** Durtonart f; **A ~** A-Dur **B** s **1** MIL Major(in) m(f) **2** US UNIV Hauptfach n; **he's a psy-**

chology ~ Psychologie ist/war sein Hauptfach **C** v/i US **to ~ in French** Französisch als Hauptfach studieren

Majorca [məˈjɔːkə] s Mallorca n

majorette [ˌmeɪdʒəˈret] s Majorette f

majority [məˈdʒɒrɪtɪ] s **1** ⟨+sg od pl v⟩ Mehrheit f; **to be in a** od **the ~** in der Mehrzahl sein; **to have a ~ of 3** eine Mehrheit von 3 Stimmen haben; **to have/get a ~** die Mehrheit haben/bekommen; **the ~ of people** die meisten Menschen **2** JUR Volljährigkeit f

majority decision s Mehrheitsbeschluss m

majority holding s Mehrheitsbeteiligung f; an Aktien Aktienmehrheit f

majority voting system s Mehrheitswahlrecht n

make [meɪk] ⟨v: prät, pperf **made**⟩ **A** v/t **1** machen; Brot backen; Autos herstellen; Brücke bauen; Kleid nähen; Kaffee kochen; Frieden stiften; Rede halten; Entscheidung, Wahl treffen; **she made it into a suit** sie machte einen Anzug daraus; **to ~ a guess** raten; **made in Britain** in Großbritannien hergestellt; **to be made of sth** aus etw hergestellt sein; **it's made of gold** es ist aus Gold; **to show what one is made of** zeigen, was in einem steckt; **the job is made for him** die Arbeit ist wie für ihn geschaffen; **they're made for each other** sie sind wie geschaffen füreinander; **to ~ sb happy** j-n glücklich machen; **to ~ sb sth** j-n zu etw machen; **he was made a judge** man ernannte ihn zum Richter; **Shearer made it 1-0** Shearer erzielte das 1:0; **we decided to ~ a day/night of it** wir beschlossen, den ganzen Tag dafür zu nehmen/(die Nacht) durchzumachen; **to ~ something of oneself** etwas aus sich machen; **he's got it made** umg er hat ausgesorgt; **you've made my day** ich könnte dir um den Hals fallen! umg **2 to ~ sb do sth** j-n dazu bringen, etw zu tun, j-n zwingen, etw zu tun; **what made you come to this town?** was hat Sie dazu veranlasst, in diese Stadt zu kommen?; **what ~s you say that?** warum sagst du das?; **what ~s you think you can do it?** was hat Sie glauben, dass Sie es schaffen können?; **you can't ~ me!** mich kann keiner zwingen!; **what made it explode?** was hat die Explosion bewirkt?; **it ~s the room look smaller** es lässt den Raum kleiner wirken; **the chemical ~s the plant grow faster** die Chemikalie bewirkt, dass die Pflanze schneller wächst; **that made the cloth shrink** dadurch ging der Stoff ein; **to ~ do with sth** sich mit etw begnügen; **to ~ do with less money** mit weniger Geld auskommen; **3** Geld verdienen; Gewinn, Vermögen machen (**on** bei) **4** schaffen; **we made good time** wir kamen schnell voran; **sorry I couldn't ~ your party** tut mir leid, ich habe es einfach nicht zu deiner Party geschafft; **we'll never ~ the airport in time** wir kommen garantiert nicht rechtzeitig zum Flughafen; **to ~ it** es schaffen; **he just made it** er hat es gerade noch geschafft; **he'll never ~ it through the winter** er wird den Winter nie überstehen **5** (≈ sein) abgeben; **he made a good father** er gab einen guten Vater ab; **he'll never ~ a soldier** aus dem wird nie ein Soldat; **he'd ~ a good teacher** er wäre ein guter Lehrer; **they ~ a good couple** sie sind ein gutes Paar **6** (er)geben; **2 plus 2 ~s 4** 2 und 2 ist 4; **that ~s £55 you owe me** Sie schulden mir damit (nun) £ 55; **how much does that ~ altogether?** was macht das insgesamt? **7** schätzen auf (+akk); **I ~ the total 107** ich komme auf 107; **what time do you ~ it?** wie spät hast du es?; **I ~ it 3.15** ich habe 3.15 Uhr; **I ~ it 3 miles** ich schätze 3 Meilen; **shall we ~ it 7 o'clock?** sagen wir 7 Uhr? **B** v/i **to ~ as if to do sth** Anstalten machen, etw zu tun; als Täuschung so tun, als wolle man etw tun; **to ~ like…** umg so tun, als ob… **C** v/r **to ~ oneself comfortable** es sich (dat) bequem machen; **you'll ~ yourself ill!** du machst dich damit krank!; **to ~ oneself heard** sich (dat) Gehör verschaffen; **to ~ oneself understood** sich verständlich machen; **to ~ oneself sth** sich (dat) etw machen; **she made herself a lot of money on the deal** sie hat bei dem Geschäft eine Menge Geld verdient; **to ~ oneself do sth** sich dazu zwingen, etw zu tun; **he's just made himself look ridiculous** er hat sich nur lächerlich gemacht **D** s Marke f; **what ~ of car do you have?** welche (Auto)marke fahren Sie?

phrasal verbs mit make:

make for v/i ⟨+obj⟩ **1** zuhalten auf (+akk); Auto losfahren auf (+akk); **we are making for London** wir wollen nach London; im Auto wir fahren Richtung London **2** führen zu

make of v/i ⟨+obj⟩ halten von; **what do you make of him?** was hältst du von ihm?; **don't make too much of it** überbewerten Sie es nicht

make off v/i sich davonmachen

make out v/t ⟨trennb⟩ **1** Scheck ausstellen (**to** auf +akk); Liste aufstellen **2** ausmachen, entziffern, verstehen; **I can't make out what he wants** ich komme nicht dahinter, was er will **3** behaupten **4 to make out that …** es so hinstellen, als ob …; **he made out that he was hurt** er tat, als sei er verletzt; **to make sb out to be clever/a genius** j-n als klug/Genie hinstellen; **to make out with sb** bes US sexuell

mit j-m rummachen
make over v/t fig überschreiben; *im Testament* vermachen
make up **A** v/t ⟨*trennb*⟩ **1** bilden; **to be made up of** bestehen aus **2** *Essen, Bett* zurechtmachen; *Paket* packen; *Liste, Mannschaft* zusammenstellen **3** **to make it up (with sb)** sich (mit j-m) aussöhnen **4** *Gesicht* schminken; **to make sb/oneself up** j-n/sich schminken **5** **to make up one's mind (to do sth)** sich (dazu) entschließen(, etw zu tun); **my mind is made up** mein Entschluss steht fest; **to make up one's mind about sb/sth** sich (*dat*) eine Meinung über j-n/etw bilden; **I can't make up my mind about him** ich weiß nicht, was ich von ihm halten soll **6** erfinden, sich (*dat*) ausdenken; **you're making that up!** jetzt schwindelst du aber! *umg* **7** vollständig machen; **I'll make up the other £20** ich komme für die restlichen £ 20 auf **8** *Verlust* ausgleichen; *Zeit* aufholen; **to make it up to sb (for sth)** j-m etw wiedergutmachen **B** v/i nach Streit sich wieder vertragen

make up for v/i ⟨+*obj*⟩ **to make up for sth** etw ausgleichen; **to make up for lost time** verlorene Zeit aufholen; **that still doesn't make up for the fact that you were very rude** das macht noch lange nicht ungeschehen, dass du sehr unhöflich warst

make-believe **A** adj ⟨*attr*⟩ Fantasie- **B** s Fantasie f
make-or-break *umg* adj ⟨*attr*⟩ entscheidend
makeover s Schönheitskur f; *von Haus* Verschönerung f
maker ['meɪkəʳ] s Hersteller(in) m(f)
makeshift ['meɪkʃɪft] adj provisorisch; *Werkzeug* behelfsmäßig; **~ accommodation** Notunterkunft f
make-up ['meɪkʌp] s **1** Make-up n; THEAT Maske f; **she spends hours on her ~** sie braucht Stunden zum Schminken **2** *von Mannschaft* Zusammenstellung f; (≈ *Charakter*) Veranlagung f
make-up artist s Maskenbildner(in) m(f)
make-up bag s Kosmetiktasche f
making ['meɪkɪŋ] s **1** Herstellung f; **the film was three months in the ~** der Film wurde in drei Monaten gedreht; **a star in the ~** ein werdender Star; **it's a disaster in the ~** es bahnt sich eine Katastrophe an; **her problems are of her own ~** an ihren Problemen ist sie selbst schuld; **it was the ~ of him** das hat ihn zu dem gemacht, was er (heute) ist **2** **~s** pl Voraussetzungen pl (**of** zu); **he has the ~s of an actor** er hat das Zeug zu einem Schauspieler; **the situation has all the ~s of a strike** die Situation bietet alle Voraussetzungen für einen Streik

maladjusted [ˌmælə'dʒʌstɪd] adj verhaltensgestört
malady ['mælədɪ] s Leiden n
malaise [mæ'leɪz] fig s Unbehagen n
malaria [mə'lɛərɪə] s Malaria f
Malawi [mə'lɑːwɪ] s GEOG Malawi n
malcontent ['mælkən,tent] s Unzufriedene(r) m/f(m)
male [meɪl] **A** adj männlich; *Chor, Stimme* Männer-; **a ~ doctor** ein Arzt m; **~ nurse** Krankenpfleger m; **~ crocodile** Krokodilmännchen n **B** s (≈ *Tier*) Männchen n; *umg* (≈ *Mensch*) Mann m
male chauvinism s Chauvinismus m
male chauvinist s Chauvi m *umg*
male-dominated adj männlich dominiert
malevolence [mə'levələns] s Boshaftigkeit f
malevolent adj boshaft
malformed [mæl'fɔːmd] adj missgebildet
malfunction [ˌmæl'fʌŋkʃən] **A** s *von Körperorgan* Funktionsstörung f; *von Maschine* Defekt m **B** v/i *Körperorgan* nicht richtig arbeiten; *Maschine* nicht richtig funktionieren
Mali ['mɑːlɪ] s GEOG Mali n
malice ['mælɪs] s Bosheit f
malicious [mə'lɪʃəs] adj boshaft; *Handlung* böswillig; *Anruf* bedrohend
maliciously [mə'lɪʃəslɪ] adv *handeln* böswillig; *etw sagen* boshaft
malicious software s IT Schadsoftware f
malign [mə'laɪn] **A** adj *liter Einfluss* unheilvoll **B** v/t verleumden, schlechtmachen
malignant [mə'lɪgnənt] adj bösartig
malingerer [mə'lɪŋgərəʳ] s Simulant(in) m(f)
mall [mɔːl, mæl] s *US a.* **shopping ~** Einkaufszentrum n
mallard ['mælɑːd] s Stockente f
malleable ['mælɪəbl] adj formbar
mallet ['mælɪt] s Holzhammer m
malnourished [ˌmæl'nʌrɪʃt] *form* adj unterernährt
malnutrition [ˌmælnjʊ'trɪʃən] s Unterernährung f
malpractice [ˌmæl'præktɪs] s Berufsvergehen n
malt [mɔːlt] s Malz n
Malta ['mɔːltə] s Malta n
Maltese [ˌmɔːl'tiːz] **A** adj maltesisch; **he is ~** er ist Malteser **B** s Malteser(in) m(f); LING Maltesisch n
maltreat [ˌmæl'triːt] v/t schlecht behandeln, misshandeln
maltreatment s schlechte Behandlung, Misshandlung f
malt whisky s Malt Whisky m
malware ['mælweə(r)] s IT Schadsoftware f
mam(m)a [mə'mɑː] *umg* s Mama f *umg*

mammal ['mæməl] s Säugetier n
mammary ['mæməri] adj Brust-; **~ gland** Brustdrüse f
mammoth ['mæməθ] **A** s Mammut n **B** adj Mammut-; *Proportionen* riesig
man [mæn] **A** s ⟨pl **men** [men]⟩ **1** Mann m; **to make a man out of sb** j-n zum Mann machen; **he took it like a man** er hat es wie ein Mann ertragen; **man and wife** Mann und Frau; **the man in the street** der Mann auf der Straße; **man of God** Mann m Gottes; **man of letters** Literat m, Gelehrte(r) m; **man of property** vermögender Mann; **a man of the world** ein Mann m von Welt; **to be man enough** Manns genug sein; **man's bicycle** Herrenfahrrad n; **the right man** der Richtige; **you've come to the right man** da sind Sie bei mir richtig; **he's not the man for the job** er ist nicht der Richtige für diese Aufgabe; **he's not a man to …** er ist nicht der Typ, der …; **he's a family man** er ist sehr häuslich; **it's got to be a local man** es muss jemand aus dieser Gegend sein; **follow me, men!** mir nach, Leute! **2** (*a.* **Man**) der Mensch, die Menschen **3** man; **no man** niemand; **any man** jeder; **that man!** dieser Mensch!; **they are communists to a man** sie sind allesamt Kommunisten **B** v/t *Schiff* bemannen; *Barrikaden* besetzen; *Pumpe, Telefon* bedienen; **the ship is manned by a crew of 30** das Schiff hat 30 Mann Besatzung
manacle ['mænəkl] s ⟨mst pl⟩ Ketten pl
manage ['mænɪdʒ] **A** v/t **1** *Firma* leiten; *Angelegenheiten* regeln; *Ressourcen* einteilen; *Popband* managen **2** (≈ unter Kontrolle halten) j-n, Tier zurechtkommen mit **3** *Aufgabe* bewältigen; **two hours is the most I can ~** ich kann mir höchstens zwei Stunden erlauben; **to ~ sth** etw schaffen; **I'll ~ it** das werde ich schon schaffen; **he ~d it very well** er hat das sehr gut gemacht; **can you ~ the cases?** kannst du die Koffer (allein) tragen?; **thanks, I can ~ them** danke, das geht schon; **she can't ~ the stairs** sie schafft die Treppe nicht; **to ~ a problem** ein Problem lösen; **can you ~ two more in the car?** kriegst du noch zwei Leute in dein Auto? *umg*; **can you ~ 8 o'clock?** 8 Uhr, ginge *od* geht das?; **can you ~ another cup?** darfs noch eine Tasse sein?; **I could ~ another piece of cake** ich könnte noch ein Stück Kuchen vertragen; **she ~d a weak smile** sie brachte ein schwaches Lächeln über sich (*akk*); **to ~ to do sth** es schaffen, etw zu tun; **we have ~d to reduce our costs** es ist uns gelungen, die Kosten zu senken; **he ~d to control himself** es gelang ihm, sich zu beherrschen **B** v/i zurechtkommen, es schaffen; **can you ~?** geht es?; **thanks, I can ~** danke, es geht schon; **how do you ~?** wie schaffen Sie das bloß?; **to ~ without sth** ohne etw auskommen; **I can ~ by myself** ich komme (schon) allein zurecht; **how do you ~ on £100 a week?** wie kommen Sie mit £ 100 pro Woche aus?
manageable ['mænɪdʒəbl] adj *Aufgabe* zu bewältigen; *Haare* leicht frisierbar; *Zahl* überschaubar; **the situation is ~** die Situation lässt sich in den Griff bekommen; **pieces of a more ~ size** Stücke, die leichter zu handhaben sind
management ['mænɪdʒmənt] s **1** Leitung f, Management n; *von Geld* Verwaltung f; *von Angelegenheiten* Regelung f; **time ~** Zeitmanagement n **2** Unternehmensleitung f, Betriebsleitung f; *allg* Leitung f; **"under new ~"** „neuer Inhaber"; *Laden* „neu eröffnet"
management buyout s Management-Buy-out n
management consultant s Unternehmensberater(in) m(f)
management studies s ⟨sg od pl⟩ Betriebswirtschaft f
management team s Führungsriege f
manager ['mænɪdʒə^r] s HANDEL etc Geschäftsführer(in) m(f), Manager(in) m(f), Betriebsleiter(in) m(f); *von Bank etc* Filialleiter(in) m(f); *von Teilbereich* Abteilungsleiter(in) m(f); *von Hotel* Direktor(in) m(f); *von Popband etc* Manager(in) m(f); *von Fußballmannschaft etc* Trainer(in) m(f); **sales ~** Verkaufsleiter(in) m(f)
manageress [ˌmænɪdʒə'res] s HANDEL etc Geschäftsführerin f; *von Bank etc* Filialleiterin f; *von Hotel* Direktorin f
managerial [ˌmænə'dʒɪərɪəl] adj geschäftlich, Management-; *Mitarbeiter* leitend; **at ~ level** auf der Führungsebene; **proven ~ skills** nachgewiesene Leitungsfähigkeit f
managing ['mænɪdʒɪŋ] adj HANDEL etc geschäftsführend, leitend
managing director ['mænɪdʒɪŋdɪ'rektə^r] s Geschäftsführer(in) m(f)
mandarin ['mændərɪn] s **1** hoher Funktionär **2** LING **Mandarin** Hochchinesisch n **3** (≈ *Obst*) Mandarine f
mandate ['mændeɪt] s Auftrag m; POL Mandat n
mandatory ['mændətərɪ] adj **1** obligatorisch **2** JUR *Strafe* vorgeschrieben
mandolin(e) ['mændəlɪn] s Mandoline f; **to play the ~(e)** Mandoline spielen
mane [meɪn] s Mähne f
man-eating ['mæn,iːtɪŋ] adj menschenfressend
maneuver US s & v/t & v/i → manoeuvre
manfully ['mænfəlɪ] adv mutig

manga ['mæŋgə] s Manga n od m (japanischer Comic)

manger ['meɪndʒəʳ] s Krippe f

mangetout ['mãːʒ'tuː] s Br a. **~ pea** Zuckererbse f

mangle v/t, (a. **mangle up**) (übel) zurichten

mango ['mæŋgəʊ] s ⟨pl -(e)s⟩ **1** (≈ Frucht) Mango f **2** Mangobaum m

mangy ['meɪndʒɪ] adj ⟨komp mangier⟩ Hund räudig

manhandle ['mænhændl] v/t **1** j-n grob behandeln; **he was ~d into the back of the van** er wurde recht unsanft in den Laderaum des Wagens verfrachtet **2** Klavier etc hieven

manhole ['mænhəʊl] s Kanalschacht m

manhood ['mænhʊd] s **1** Mannesalter n **2** Männlichkeit f

man-hour s Arbeitsstunde f

manhunt s nach Verbrecher (Groß)fahndung f, Verbrecherjagd f

mania ['meɪnɪə] s Manie f; **he has a ~ for collecting things** er hat einen Sammeltick umg

maniac ['meɪnɪæk] s **1** Wahnsinnige(r) m/f(m) **2** fig sports **~s** Sportfanatiker pl; **you ~** du bist ja wahnsinnig!

manic ['mænɪk] adj **1** Aktivitäten fieberhaft; Mensch rasend **2** PSYCH manisch

manic-depressive ['mænɪkdɪ'presɪv] **A** adj politisch nicht korrekt manisch-depressiv **B** s Manisch-Depressive(r) m/f(m)

manicure ['mænɪˌkjʊəʳ] **A** s Maniküre f; **to have a ~** sich (dat) (die Hände) maniküren lassen **B** v/t maniküren

manicured adj Fingernägel manikürt; Rasen gepflegt

manifest ['mænɪfest] **A** adj offenbar **B** v/t bekunden **C** v/r sich zeigen; Naturwissenschaft etc, a. PSYCH sich manifestieren

manifestation [ˌmænɪfeˈsteɪʃən] s Anzeichen n

manifestly ['mænɪfestlɪ] adv offensichtlich

manifesto [ˌmænɪˈfestəʊ] s ⟨pl -(e)s⟩ Manifest n

manifold ['mænɪfəʊld] adj vielfältig

manila, manilla [məˈnɪlə] s **~ envelopes** braune Umschläge

manipulate [məˈnɪpjʊleɪt] v/t **1** manipulieren; **to ~ sb into doing sth** j-n so manipulieren, dass er/sie etw tut **2** Maschine etc handhaben

manipulation [məˌnɪpjʊˈleɪʃən] s Manipulation f

manipulative [məˈnɪpjʊlətɪv] pej adj manipulativ; **he was very ~** er konnte andere sehr gut manipulieren

mankind [mænˈkaɪnd] s die Menschheit

manly ['mænlɪ] adj ⟨komp manlier⟩ männlich

man-made ['mænˈmeɪd] adj **1** künstlich; **~ fibres** Br, **~ fibers** US Kunstfasern pl **2** Katastrophe vom Menschen verursacht

manned adj Raumkapsel etc bemannt

manner ['mænəʳ] s **1** Art f; **in this ~** auf diese Art und Weise; **in the Spanish ~** im spanischen Stil; **in such a ~ that ... so ..., dass ...**; **in a ~ of speaking** sozusagen; **all ~ of birds** die verschiedensten Arten von Vögeln; **we saw all ~ of interesting things** wir sahen so manches Interessante **2** **~s** pl Benehmen n, Manieren pl, Umgangsformen pl; **good/bad ~s** pl gute/schlechte Manieren pl; **it's bad ~s to ...** es gehört sich nicht, zu ...; **he has no ~s** er kann sich nicht benehmen

mannerism ['mænərɪzəm] s in j-s Verhalten Eigenheit f

mannish ['mænɪʃ] adj männlich wirkend

manoeuvrable [məˈnuːvrəbl] adj, **maneuverable** US adj manövrierfähig; **easily ~** leicht zu manövrieren

manoeuvre [məˈnuːvəʳ], **maneuver** US **A** s **1** **~s** pl MIL Manöver n/pl **2** (≈ Plan) Manöver n **B** v/t & v/i manövrieren; **to ~ a gun into position** ein Geschütz in Stellung bringen; **to ~ for position** sich in eine günstige Position manövrieren; **room to ~** Spielraum m

manor ['mænəʳ] s (Land)gut n

manor house s Herrenhaus n

manpower ['mænˌpaʊəʳ] s Arbeitskräfte pl, Personal n; MIL Stärke f

manservant ['mænsɜːvənt] s ⟨pl menservants⟩ Diener m

mansion ['mænʃən] s Villa f, Herrenhaus n

manslaughter ['mænslɔːtəʳ] s Totschlag m

manta ray ['mæntəreɪ] s Mantarochen m

mantelpiece ['mæntlpiːs] s Kaminsims n/m

man-to-man [ˌmæntəˈmæn] adj & adv von Mann zu Mann

manual ['mænjʊəl] **A** adj manuell; Arbeit a. körperlich; **~ labourer** Br, **~ laborer** US Schwerarbeiter(in) m(f); **~ worker** Handarbeiter(in) m(f) **B** s Handbuch n

manual gearbox Br s, **manual gearshift** US s Schaltgetriebe n

manually ['mænjʊəlɪ] adv manuell; **~ operated** handbetrieben

manual transmission s Schaltgetriebe n

manufacture [ˌmænjʊˈfæktʃəʳ] **A** s Herstellung f **B** v/t herstellen; **~d goods** Industriegüter pl

manufacturer [ˌmænjʊˈfæktʃərəʳ] s Hersteller(in) m(f)

manufacturing [ˌmænjʊˈfæktʃərɪŋ] **A** adj Herstellungs-; Industrie verarbeitend; **~ company** Herstellerfirma f **B** s Herstellung f

manufacturing time s Produktionszeit f

manure [məˈnjʊəʳ] s Mist m, Dünger m

manuscript ['mænjʊskrɪpt] s Manuskript n

Manx [mæŋks] adj die Insel Man

many ['menɪ] adj & pron viele; **she has ~** sie hat viele (davon); **as ~ again** noch einmal so viele; **there's one too ~** einer ist zu viel; **he's had one too ~** umg er hat einen zu viel getrunken umg; **a good/great ~ houses** eine (ganze) Anzahl Häuser; **~ a time** so manches Mal

many-coloured adj, **many-colored** US adj vielfarbig

many-sided adj vielseitig

map [mæp] s (Land)karte f, Stadtplan m; **this will put Cheam on the map** fig das wird Cheam zu einem Namen verhelfen

phrasal verbs mit map:

map out fig v/t ⟨trennb⟩ Plan entwerfen

maple ['meɪpl] s Ahorn m

maple syrup s Ahornsirup m

Mar abk (= March) Mrz.

mar [mɑːʳ] v/t verderben; Schönheit mindern

marathon ['mærəθən] **A** s Marathon(lauf) m; **~ runner** Marathonläufer(in) m(f) **B** adj Marathon-

marauder [məˈrɔːdəʳ] s Plünderer m, Plünderin f

marble ['mɑːbl] **A** s **1** Marmor m **2** Murmel f; **he's lost his ~s** umg er hat nicht mehr alle Tassen im Schrank umg **B** adj Marmor-

marbled ['mɑːbld] adj marmoriert; **~ effect** Marmoreffekt m

March [mɑːtʃ] s März m; → September

march [mɑːtʃ] **A** s **1** MIL, MUS Marsch m; (≈ Protestaktion etc) Demonstration f **2** von Zeit Lauf m **B** v/t & v/i marschieren; **to ~ sb off** j-n abführen; **forward ~!** vorwärts(, marsch)!; **quick ~!** im Laufschritt, marsch!; **she ~ed straight up to him** sie marschierte schnurstracks auf ihn zu

marcher ['mɑːtʃəʳ] s bei Protestaktion etc Demonstrant(in) m(f)

marching orders ['mɑːtʃɪŋɔːdəz] Br pl **the new manager got his ~** der neue Manager ist gegangen worden umg; **she gave him his ~** sie hat ihm den Laufpass gegeben

marchioness ['mɑːʃənɪs] s Marquise f

Mardi Gras [ˌmɑːdɪˈɡrɑː] s Karneval m

mare [meəʳ] s Stute f

margarine [ˌmɑːdʒəˈriːn], **marge** [mɑːdʒ] umg s Margarine f

margin ['mɑːdʒɪn] s **1** von Seite Rand m; **to write sth in the ~** etw an den Rand schreiben; **a note (written) in the ~** eine Randbemerkung **2** Spielraum m; **to allow for a ~ of error** etwaige Fehler mit einkalkulieren; **by a narrow ~** knapp **3** HANDEL a. **profit ~** Gewinnspanne f

marginal ['mɑːdʒɪnl] adj **1** Unterschied geringfügig **2** SOZIOL Gruppen randständig **3** Br PARL Wahlkreis mit knapper Mehrheit

marginalize ['mɑːdʒɪnəlaɪz] v/t marginalisieren geh

marginally ['mɑːdʒɪnəlɪ] adv geringfügig; schneller etc etwas

marigold ['mærɪɡəʊld] s Tagetes f

marihuana, **marijuana** [ˌmærɪˈhwɑːnə] s Marihuana n

marina [məˈriːnə] s Jachthafen m

marinade [ˌmærɪˈneɪd] s Marinade f

marinate ['mærɪneɪt] v/t marinieren

marine [məˈriːn] **A** adj Meeres-, **B** s Marineinfanterist(in) m(f); **the ~s** die Marinetruppen pl

marine energy s ÖKOL Meeresenergie f

mariner ['mærɪnəʳ] s Seemann m

marionette [ˌmærɪəˈnet] s Marionette f

marital ['mærɪtl] adj ehelich

marital status s Familienstand m

maritime ['mærɪtaɪm] adj See-; **~ regions** Küstenregionen pl

marjoram ['mɑːdʒərəm] s Majoran m

mark[1] [mɑːk] s HIST (≈ Währung) Mark f

mark[2] [mɑːk] **A** s **1** Fleck m, Kratzer m; auf Haut Mal n; **to make a ~ on sth** einen Fleck/Kratzer auf etw (akk) machen; **dirty ~s** Schmutzflecken pl **2** SCHULE etc Note f; **high** od **good ~s** gute Noten pl; **there are no ~s for guessing** fig das ist ja wohl nicht schwer zu erraten; **he gets full ~s for punctuality** fig in Pünktlichkeit verdient er eine Eins **3** Zeichen n, Markierung f; **the ~s of genius** geniale Züge **4 the temperature reached the 35° ~** die Temperatur stieg bis auf 35° an **5 Cooper Mark II** Cooper, II **6 to be quick off the ~** SPORT einen guten Start haben; fig blitzschnell handeln; **to be slow off the ~** SPORT einen schlechten Start haben; fig nicht schnell genug reagieren; **to be up to the ~** den Anforderungen entsprechen; **to leave one's ~ (on sth)** seine Spuren (an dat) hinterlassen; **to make one's ~** sich (dat) einen Namen machen; **on your ~s!** auf die Plätze!; **to be wide of the ~** fig danebentippen; **to hit the ~** ins Schwarze treffen **B** v/t **1** beschädigen, schmutzig machen, zerkratzen **2** zur Identifikation markieren; **the bottle was ~ed "poison"** die Flasche trug die Aufschrift „Gift"; **~ where you have stopped in your reading** mach dir ein Zeichen, bis wohin du gelesen hast; **to ~ sth with an asterisk** etw mit einem Sternchen versehen; **the teacher ~ed him absent** der Lehrer trug ihn als fehlend ein; **it's not ~ed on the map** es ist nicht auf der Karte eingezeichnet; **it's ~ed with a blue dot** es ist mit einem blauen Punkt gekennzeichnet **3** kennzeichnen; **a decade ~ed by violence**

ein Jahrzehnt, das im Zeichen der Gewalt stand; **to ~ a change of policy** auf einen politischen Kurswechsel hindeuten; **it ~ed the end of an era** damit ging eine Ära zu Ende [4] *Prüfungsarbeit* korrigieren (und benoten); **to ~ sth wrong** etw anstreichen [5] **~ my words** das kann ich dir sagen [6] SPORT Gegner decken

phrasal verbs mit mark:

mark down v/t ⟨trennb⟩ *Preis* heruntersetzen

mark off v/t ⟨trennb⟩ kennzeichnen; *Gefahrenbereich* absperren

mark out v/t ⟨trennb⟩ [1] *Tennisplatz etc* abstecken [2] bestimmen (**for** für); **he's been marked out for promotion** er ist zur Beförderung vorgesehen

mark up v/t ⟨trennb⟩ *Preis* erhöhen

marked [mɑːkt] *adj* [1] markiert [2] *Kontrast* deutlich; *Verbesserung* spürbar; **in ~ contrast (to sb/sth)** in scharfem Gegensatz (zu j-m/etw) [3] **he's a ~ man** er steht auf der schwarzen Liste

markedly ['mɑːkɪdlɪ] *adv sich verbessern* merklich; *schneller, mehr* wesentlich

marker ['mɑːkə] *s* [1] Marke *f* [2] *bei Prüfung* Korrektor(in) *m(f)* [3] FUSSB Beschatter(in) *m(f)* [4] Filzstift *m*; Marker *m*

market ['mɑːkɪt] [A] *s* [1] Markt *m*; **at the ~** auf dem Markt; **to go to ~** auf den Markt gehen; **to be in the ~ for sth** an etw (*dat*) interessiert sein; **to be on the ~** auf dem Markt sein; **to come on(to) the ~** auf den Markt kommen; **to put on the ~** *Haus* zum Verkauf anbieten [2] FIN Börse *f* [B] v/t vertreiben; **to ~ a product** ein Produkt auf den Markt bringen

marketable ['mɑːkɪtəbl] *adj* marktfähig

market analysis *s* Marktanalyse *f*

market day *s* Markttag *m*

market economy *s* Marktwirtschaft *f*

market forces *pl* Marktkräfte *pl*

market garden *s* Gemüseanbaubetrieb *m*

marketing ['mɑːkɪtɪŋ] *s* Marketing *n*

market leader *s* Marktführer *m*

market launch *s* Markteinführung *f*

marketplace *s* [1] Marktplatz *m* [2] *weltweit* Markt *m*

market potential *s* Marktpotenzial *n*

market price *s* Marktpreis *m*; **at ~s** zu Marktpreisen

market research *s* Marktforschung *f*

market sector *s* Marktsegment *n od* -sektor *m*

market share *s* Marktanteil *m*

market town *s* Marktstädtchen *n*

market trader *Br s* Markthändler(in) *m(f)*

market value *s* Marktwert *m*

marking ['mɑːkɪŋ] *s* [1] Markierung *f*; *von Fell* Zeichnung *f* [2] SCHULE *etc* Korrektur *f*, Benotung *f* [3] SPORT Deckung *f*

marksman ['mɑːksmən] *s* ⟨*pl* -men⟩ Schütze *m*; (≈ *Polizist*) Scharfschütze *m*

mark-up ['mɑːkʌp] *s* Handelsspanne *f*; (≈ *Erhöhung*) Preisaufschlag *m*; **~ price** Verkaufspreis *m*

marmalade ['mɑːməleɪd] *s* Marmelade *f* aus Zitrusfrüchten; (**orange**) **~** Orangenmarmelade *f*

maroon[1] [mə'ruːn] *adj* kastanienbraun

maroon[2] v/t **~ed** von der Außenwelt abgeschnitten; **~ed by floods** vom Hochwasser eingeschlossen

marquee [mɑː'kiː] *s* Festzelt *n*

marquess, marquis ['mɑːkwɪs] *s* Marquis *m*

marriage ['mærɪdʒ] *s* Ehe *f*; (≈ *Feier*) Hochzeit *f*, Heirat *f*; (≈ *Zeremonie*) Trauung *f*; **~ of convenience** Vernunftehe *f*; **to be related by ~** miteinander verschwägert sein; **an offer of ~** ein Heiratsantrag *m*

marriage ceremony *s* Trauzeremonie *f*

marriage certificate *s* Heiratsurkunde *f*

marriage (guidance) counsellor *s*, **marriage (guidance) counselor** US *s* Eheberater(in) *m(f)*

marriage licence *s*, **marriage license** US *s* Eheerlaubnis *f*

marriage vow *s* Ehegelübde *n*

married ['mærɪd] *adj* verheiratet (**to sb** mit j-m); **to get ~** heiraten; **just** *od* **newly ~** frisch vermählt; **~ couple** Ehepaar *n*; **~ couple's allowance** Steuerfreibetrag *m* für Verheiratete; **~ life** das Eheleben; **he is a ~ man** er ist verheiratet

married name *s* Ehename *m*

marrow ['mærəʊ] *s* [1] ANAT (Knochen)mark *n*; **to be frozen to the ~** völlig durchgefroren sein [2] *Br* BOT Gartenkürbis *m*

marrowbone ['mærəʊbəʊn] *s* Markknochen *m*

marry ['mærɪ] [A] v/t [1] heiraten; **will you ~ me?** willst du mich heiraten? [2] Zeremonie vollziehen trauen [B] v/i (*a.* **get married**) heiraten; **to ~ into a rich family** in eine reiche Familie einheiraten

phrasal verbs mit marry:

marry off v/t ⟨trennb⟩ an den Mann/die Frau bringen *umg*; **he has married his daughter off to a rich young lawyer** er hat dafür gesorgt, dass seine Tochter einen reichen jungen Anwalt heiratet

Mars [mɑːz] *s* Mars *m*

marsh [mɑːʃ] *s* Sumpf *m*

marshal ['mɑːʃəl] [A] *s bei Veranstaltung* Ordner(in) *m(f)* [B] v/t geleiten, führen

marshland *s* Marschland *n*

marshmallow *s* Süßigkeit Marshmallow *n*

marshy ['mɑːʃɪ] adj ⟨komp marshier⟩ sumpfig
marsupial [mɑːˈsuːpɪəl] s Beuteltier n
martial ['mɑːʃəl] adj kriegerisch
martial art s **the ~s** die Kampfkunst, die Kampfsportarten
martial law s Kriegsrecht n
Martian ['mɑːʃən] s Marsmensch m
martyr ['mɑːtəʳ] **A** s Märtyrer(in) m(f) **B** v/t **thousands of Christians were ~ed** Tausende von Christen starben den Märtyrertod
martyrdom ['mɑːtədəm] s Martyrium n, Märtyrertod m
marvel ['mɑːvəl] **A** s Wunder n; **it's a ~ to me how he does it** umg es ist mir einfach unerklärlich, wie er das macht **B** v/i staunen (**at** über +akk)
marvellous ['mɑːvələs] adj, **marvelous** US adj wunderbar; **isn't it ~?** ist das nicht herrlich?; **they've done a ~ job** das haben sie hervorragend gemacht
marvellously ['mɑːvələslɪ] adv, **marvelously** US adv mit Adjektiv herrlich; mit Verb großartig
Marxism ['mɑːksɪzəm] s der Marxismus
Marxist ['mɑːksɪst] **A** adj marxistisch **B** s Marxist(in) m(f)
marzipan [ˌmɑːzɪˈpæn] s Marzipan n/m
mascara [mæˈskɑːrə] s Wimperntusche f
mascarpone [ˌmæskɑːˈpəʊneɪ] s GASTR Mascarpone m
mascot ['mæskət] s Maskottchen n
masculine ['mæskjʊlɪn] **A** adj männlich; Frau maskulin; GRAM maskulin **B** s GRAM Maskulinum n
masculinity [ˌmæskjʊˈlɪnɪtɪ] s Männlichkeit f
mash [mæʃ] **A** s Brei m; (≈ Kartoffeln) Püree n **B** v/t zerstampfen
mashed adj **~ potatoes** Kartoffelbrei m, Kartoffelstock m schweiz, Erdäpfelpüree n österr
masher ['mæʃəʳ] s Kartoffelstampfer m
mask [mɑːsk] **A** s Maske f; **surgeon's ~** Mundschutz m **B** v/t maskieren
masked adj maskiert
masked ball s Maskenball m
masochism ['mæsəʊkɪzəm] s Masochismus m
masochist ['mæsəʊkɪst] s Masochist(in) m(f)
masochistic [ˌmæsəʊˈkɪstɪk] adj masochistisch
mason ['meɪsn] s **1** Steinmetz(in) m(f) **2** Freimaurer m
masonic [məˈsɒnɪk] adj Freimaurer-
masonry ['meɪsnrɪ] s Mauerwerk n
masquerade [ˌmæskəˈreɪd] **A** s Maskerade f **B** v/i **to ~ as ...** fig sich ausgeben als ...
mass¹ [mæs] s KIRCHE Messe f; **to go to ~** zur Messe gehen
mass² **A** s **1** Masse f, Menge f; **a ~ of snow** eine Schneemasse; **a ~ of rubble** ein Schutthaufen m; **the ~es** die Masse(n) (pl); **the great ~ of the population** die (breite) Masse der Bevölkerung **2** **~es** pl umg massenhaft; **he has ~es of money** er hat massenhaft Geld; **the factory is producing ~es of cars** die Fabrik produziert Unmengen von Autos; **I've got ~es to do** ich habe noch massig zu tun umg **B** v/i MIL sich massieren; Demonstranten etc sich versammeln; **they're ~ing for an attack** sie sammeln sich zum Angriff

massacre ['mæsəkəʳ] **A** s Massaker n **B** v/t massakrieren
massage ['mæsɑːʒ] **A** s Massage f; **to have a ~** sich massieren lassen **B** v/t massieren
massage parlour s, **massage parlor** US s Massagesalon m
mass destruction s **weapons of ~** Massenvernichtungswaffen pl
massed adj Truppen zusammengezogen; Menschen dicht gedrängt; **~ ranks** dicht gedrängte Reihen
masseur [mæˈsɜːʳ] s Masseur m
masseuse [mæˈsɜːz] s Masseuse f
mass grave s Massengrab n
mass hysteria s Massenhysterie f
massive ['mæsɪv] adj riesig; Aufgabe gewaltig; Angriff, Herzinfarkt, Unterstützung massiv; **on a ~ scale** in riesigem Umfang
massively ['mæsɪvlɪ] adv enorm
mass market s Massenmarkt m
mass media pl Massenmedien pl
mass meeting s Massenveranstaltung f
mass murderer s Massenmörder(in) m(f)
mass-produce v/t in Massenproduktion herstellen
mass-produced product s Massenartikel m
mass production s Massenproduktion f
mass protests pl Massenproteste pl
mass redundancies [mæsrɪˈdʌndənsɪz] pl Massenentlassungen pl
mass tourism s Massentourismus m
mass unemployment s Massenarbeitslosigkeit f
mast [mɑːst] s SCHIFF Mast(baum) m; RADIO etc Sendeturm m
mastectomy [mæˈstektəmɪ] s Brustamputation f
master ['mɑːstəʳ] **A** s **1** Herr m; **to be ~ of the situation** Herr m der Lage sein **2** SCHIFF Kapitän m **3** (≈ Musiker, Maler) Meister(in) m(f) **4** Lehrer m **B** v/t meistern; Gefühle unter Kontrolle bringen; Technik beherrschen
master bedroom s großes Schlafzimmer
master copy s Original n
master craftsman s Handwerksmeister m
master disk s Hauptplatte f

master file s IT Stammdatei f
masterful adj gebieterisch
master key s Generalschlüssel m
masterly ['mɑːstəlɪ] adj meisterhaft
mastermind **A** s (führender) Kopf **B** v/t who ~ed the robbery? wer steckt hinter dem Raubüberfall?
Master of Arts/Science s ≈ Magister m (der philosophischen/naturwissenschaftlichen Fakultät); ≈ Master m (der philosophischen/naturwissenschaftlichen Fakultät)
master of ceremonies s Zeremonienmeister(in) m(f), Conférencier m
masterpiece s Meisterwerk n
master plan s Gesamtplan m
master's (degree) s Master(abschluss) m; Magister(abschluss) m
master's thesis s Masterarbeit f
masterstroke s Meisterstück n
master tape s Originalband n; IT Stammband n
masterwork s Meisterwerk n
mastery ['mɑːstərɪ] s von Sprache Beherrschung f; (≈ Geschick) Können n
masturbate ['mæstəbeɪt] v/i masturbieren
masturbation [ˌmæstə'beɪʃən] s Masturbation f

mat [mæt] s Matte f, Fußmatte f; für Trinkglas Untersetzer m
match¹ [mætʃ] s Streichholz n
match² **A** s **1** to be od make a good ~ gut zusammenpassen; I want a ~ for this yellow paint ich möchte Farbe in diesem Gelbton; to be a/no ~ for sb j-m gewachsen/nicht gewachsen sein; to meet one's ~ seinen Meister finden **2** (≈ Heirat) she made a good ~ sie hat eine gute Partie gemacht **3** SPORT Wettkampf m, Spiel n, Match n bes österr; Tennis Match n; Boxen Kampf m; **athletics ~** Leichtathletikkampf m; **we must have another ~ some time** wir müssen wieder einmal gegeneinander spielen **B** v/t **1** (einander) anpassen **2** gleichkommen (+dat) (in an +dat); a quality that has never been ~ed since eine Qualität, die bislang unerreicht ist **3** entsprechen (+dat) **4** Bild und Wort zuordnen, zusammenfügen **5** Kleidung, Farbe passen zu; to ~ textures and fabrics so that ... Strukturen und Stoffe so aufeinander abstimmen, dass ... **6** to be ~ed against sb gegen j-n antreten; to ~ one's strength against sb seine Kräfte mit j-m messen **C** v/i zusammenpassen; with a skirt to ~ mit (dazu) passendem Rock

phrasal verbs mit match:
match up **A** v/i zusammenpassen **B** v/t ⟨trennb⟩ **1** zusammenfügen **2** Farben aufeinander abstimmen; I matched the lampshade up with the wallpaper ich fand den passenden Lampenschirm zu der Tapete

matchbook bes US s Streichholzheftchen n
matchbox s Streichholzschachtel f
matched adj zusammenpassend; **they're well ~** die beiden passen gut zusammen; **the boxers were well ~** die Boxer waren einander ebenbürtig
matching ['mætʃɪŋ] adj (dazu) passend; **they form a ~ pair** sie passen zusammen; **a ~ set of wine glasses** ein Satz m Weingläser
matchmaker s Ehestifter(in) m(f), Kuppler(in) m(f) pej
match point s Tennis Matchball m
matchstick s Streichholz n
mate **A** s **1** Gehilfe m, Gehilfin f **2** SCHIFF Maat m **3** von Tier Männchen n, Weibchen n; **his ~** das Weibchen **4** umg Freund(in) m(f), Kumpel m umg; **listen, ~** hör mal, Freundchen! umg **B** v/i ZOOL sich paaren
material [mə'tɪərɪəl] **A** adj **1** materiell; **~ damage** Sachschaden m **2** bes JUR Zeuge wesentlich **B** s **(a. materials)** pl Material n; für Reportage etc (≈ Gewebe) Stoff m; **raw ~s** Rohstoffe pl; **writing ~s** Schreibzeug n
materialism [mə'tɪərɪəlɪzəm] s Materialismus m
materialist [mə'tɪərɪəlɪst] s Materialist(in) m(f)
materialistic [məˌtɪərɪə'lɪstɪk] adj materialistisch
materialize [mə'tɪərɪəlaɪz] v/i sich verwirklichen; **the meeting never ~d** das Treffen kam nie zustande; **the money never ~d** von dem Geld habe ich nie etwas gesehen
maternal [mə'tɜːnl] adj mütterlich; **~ grandfather** Großvater m mütterlicherseits; **~ affection** od **love** Mutterliebe f
maternity [mə'tɜːnətɪ] s Mutterschaft f
maternity allowance, maternity benefit [mə'tɜːnɪtɪ] Br s Mutterschaftshilfe f
maternity dress s Umstandskleid n
maternity leave s Mutterschaftsurlaub m
maternity pay Br s Mutterschaftsgeld n (als Lohnfortzahlung)
maternity rights pl Anspruchsberechtigung f von Müttern
maternity ward s Entbindungsstation f
math [mæθ] US umg s Mathe f umg
mathematical [ˌmæθə'mætɪkəl] adj mathematisch
mathematician [ˌmæθəmə'tɪʃən] s Mathematiker(in) m(f)
mathematics [ˌmæθə'mætɪks] s ⟨+sg v⟩ Mathematik f
maths [mæθs] Br umg s ⟨+sg v⟩ Mathe f umg
matinée ['mætɪneɪ] s Matinee f; nachmittags

Frühvorstellung f
mating ['meɪtɪŋ] s Paarung f
mating call s Lockruf m
mating season s Paarungszeit f
matriarch ['meɪtrɪɑːk] s Matriarchin f
matriarchal [ˌmeɪtrɪ'ɑːkl] adj matriarchalisch
matriarchy ['meɪtrɪɑːkɪ] s Matriarchat n
matriculate [mə'trɪkjʊleɪt] v/i sich immatrikulieren
matriculation [məˌtrɪkjʊ'leɪʃən] s Immatrikulation f
matrimonial [ˌmætrɪ'məʊnɪəl] adj ehelich
matrimony ['mætrɪmənɪ] form s Ehe f
matron ['meɪtrən] s in Krankenhaus Oberin f; in Schule Schwester f
matronly ['meɪtrənlɪ] adj matronenhaft
matt [mæt] adj matt; **a paint with a ~ finish** ein Mattlack m
matted ['mætɪd] adj verfilzt; **hair ~ with blood/ mud** mit Blut/Schlamm verkrustetes Haar
matter ['mætə'] Ⓐ s ❶ (≈ Substanz) die Materie ❷ Stoff m; **vegetable ~** pflanzliche Stoffe pl ❸ Sache f, Thema n; **a ~ of great urgency** eine äußerst dringende Angelegenheit; **there's the ~ of my expenses** da ist (noch) die Sache mit meinen Ausgaben; **that's quite another ~** das ist etwas (ganz) anderes; **it will be no easy ~ (to)** … es wird nicht einfach sein, zu …; **the ~ is closed** der Fall ist erledigt; **for that ~** wenn wir schon dabei sind; **it's a ~ of time** das ist eine Frage der Zeit; **it's a ~ of opinion** das ist Ansichtssache; **it's a ~ of adjusting this part exactly** es geht darum, dieses Teil genau einzustellen; **it's a ~ of life and death** es geht um Leben und Tod; **it will be a ~ of a few weeks** es wird ein paar Wochen dauern; **in a ~ of minutes** innerhalb von Minuten; **it's not just a ~ of increasing the money supply** es ist nicht damit getan, die Geldzufuhr zu erhöhen; **as a ~ of course** selbstverständlich; **no ~!** macht nichts; **no ~ how** etc … egal, wie etc …; **no ~ how you do it** wie du es auch machst; **no ~ how hard he tried** so sehr er sich auch anstrengte; **sth is the ~ with sb/ sth** etw ist mit j-m/etw los; krank etw fehlt j-m; **what's the ~?** was ist (denn) los?; **what's the ~ with you this morning? — nothing's the ~** was hast du denn heute Morgen? — gar nichts; **something's the ~ with the lights** mit dem Licht ist irgendetwas nicht in Ordnung ❹ **~s** pl Angelegenheiten pl; **to make ~s worse** zu allem Unglück (noch) Ⓑ v/i von Bedeutung sein; **it doesn't ~** macht nichts; **I forgot it, does it ~?** — **yes, it does ~** ich habs vergessen, ist das schlimm? — ja, das ist schlimm; **why should it ~ to me?** warum sollte mir das etwas ausmachen?; **it doesn't ~ to me what you do** es ist mir (ganz) egal, was du machst; **the things which ~ in life** was im Leben wichtig ist
matter-of-fact [ˌmætərəv'fækt] adj sachlich; **he was very ~ about it** er blieb sehr sachlich
matting ['mætɪŋ] s Matten pl
mattress ['mætrɪs] s Matratze f
mature [mə'tjʊə'] Ⓐ adj ⟨komp maturer⟩ reif; Wein ausgereift Ⓑ v/i ❶ Mensch reifer werden ❷ Wein, Käse reifen ❸ HANDEL fällig werden
maturely [mə'tjʊəlɪ] adv sich verhalten vernünftig
mature student s Spätstudierende(r) m/f(m)
maturity [mə'tjʊərɪtɪ] s ❶ Reife f; **to reach ~** Mensch erwachsen werden, volljährig werden ❷ HANDEL Fälligkeit f
maudlin ['mɔːdlɪn] adj sentimental
maul [mɔːl] v/t übel zurichten
Maundy Thursday [ˌmɔːndɪ'θɜːzdɪ] s Gründonnerstag m
Mauritania [mɒrɪ'teɪnɪə] s Mauretanien n
Mauritius [mə'rɪʃəs] s GEOG Mauritius
mausoleum [ˌmɔːsə'lɪəm] s Mausoleum n
mauve [məʊv] Ⓐ adj mauve Ⓑ s Mauvein n
maverick ['mævərɪk] s Einzelgänger(in) m(f)
mawkish ['mɔːkɪʃ] adj sentimental
max abk (= maximum) max.
maxim ['mæksɪm] s Maxime f
maximization [mæksɪmaɪ'zeɪʃn] s Maximierung f
maximize ['mæksɪmaɪz] v/t maximieren
maximum ['mæksɪməm] Ⓐ adj ⟨attr⟩ Höchst-; Länge maximal; **~ penalty** Höchststrafe f; **~ fine** maximale Geldstrafe; **for ~ effect** um die größte Wirkung zu erzielen; **he scored ~ points** er hat die höchste Punktzahl erreicht; **~ security prison** Hochsicherheitsgefängnis n Ⓑ s ⟨pl -s od maxima⟩ Maximum n; **up to a ~ of £8** bis zu maximal £ 8; **temperatures reached a ~ of 34°** die Höchsttemperatur betrug 34° Ⓒ adv maximal; **drink two cups of coffee a day ~** trinken Sie maximal zwei Tassen Kaffee pro Tag
May [meɪ] s Mai m
may [meɪ] v/i ⟨prät might⟩ ❶ → might¹ ❷ (a. might) können; **it may rain** es könnte regnen; **it may be that …** es könnte sein, dass …; **although it may have been useful** obwohl es hätte nützlich sein können; **he may not be hungry** vielleicht hat er keinen Hunger; **they may be brothers** es könnte sein, dass sie Brüder sind; **that's as may be** das mag ja sein(, aber …); **you may well ask** das kann man wohl fragen ❸ dürfen; **may I go now?** darf ich jetzt gehen? ❹ **I had hoped he might suc-**

ceed this time ich hatte gehofft, es würde ihm diesmal gelingen; **we may** od **might as well go** ich glaube, wir können (ruhig) gehen; **may you be very happy together** ich wünsche euch, dass ihr sehr glücklich miteinander werdet; **may the Lord have mercy on your soul** der Herr sei deiner Seele gnädig; **who may** od **might you be?** und wer sind Sie?

maybe ['meɪbiː] *adv* vielleicht; **that's as ~** kann schon sein; **~, ~ not** vielleicht, vielleicht auch nicht

May Day *s* der 1. Mai

Mayday *s* Maydaysignal *n*; *gesprochen* Mayday

mayhem ['meɪhem] *s* Chaos *n*

mayo ['meɪəʊ] *US umg s* ⟨*kein pl*⟩ Majo *f umg*

mayonnaise [ˌmeɪə'neɪz] *s* ⟨*kein pl*⟩ Mayonnaise *f*

mayor [mɛəʳ] *s* Bürgermeister(in) *m(f)*

mayoress ['mɛərəs] *s* Frau *f* Bürgermeister, Bürgermeisterin *f*

maypole *s* Maibaum *m*

maze [meɪz] *s* Irrgarten *m*, Labyrinth *n*; *fig* Gewirr *n*

MB[1] *abk* (= Bachelor of Medicine) Bachelor der Medizin

MB[2] *abk* (= megabyte) MB, Mbyte

MBA *abk* (= Master of Business Administration) **he's doing an MBA** er studiert Betriebswirtschaft

MBE *abk* (= Member of the Order of the British Empire) *britischer Verdienstorden*

MC *abk* (= Master of Ceremonies) Conférencier *m*

MD[1] [em'diː] *abk* (= Doctor of Medicine) Dr. med

MD[2] *abk* (= managing director) Geschäftsführer *m*

me [miː] *pron* **1** *akk obj, mit präp +akk* mich; *dat obj, mit präp +dat* mir; **he's older than me** er ist älter als ich; **more than me** mehr als ich **2** *emph* ich; **it's me** ich bins; **me too** ich auch; **that's me** das bin ich

meadow ['medəʊ] *s* Wiese *f*; **in the ~** auf der Wiese

meagre ['miːgəʳ] *adj*, **meager** *US adj* spärlich; *Summe* kläglich; **he earns a ~ £500 a month** er verdient magere £500 im Monat

meal[1] [miːl] *s* Schrot *m*, Schrotmehl *n*

meal[2] *s* Mahlzeit *f*, Essen *n*; **come round for a ~** komm zum Essen (zu uns); **to go for a ~** essen gehen; **to have a (good) ~** (gut) essen; **to make a ~ of sth** *umg* etw auf sehr umständliche Art machen

mealtime *s* Essenszeit *f*; **at ~s** während des Essens

mean[1] [miːn] *adj* ⟨+*er*⟩ **1** *bes Br* geizig; **you ~ thing!** du Geizhals! **2** gemein; **you ~ thing!** du Miststück! *umg* **3** *Geburt* niedrig **4** bösartig **5** **he is no ~ player** er ist ein beachtlicher Spieler; **he plays a ~ game of poker** er ist ein ausgefuchster Pokerspieler *umg*; **that's no ~ feat** diese Aufgabe ist nicht zu unterschätzen

mean[2] *s* MATH Mittelwert *m*

mean[3] *v/t* ⟨*prät, pperf* meant [ment]⟩ **1** bedeuten, meinen; **what do you ~ by that?** was willst du damit sagen?; **the name ~s nothing to me** der Name sagt mir nichts; **it ~s starting all over again** das bedeutet, dass wir wieder ganz von vorne anfangen müssen; **he ~s a lot to me** er bedeutet mir viel **2** beabsichtigen; **to ~ to do sth** etw tun wollen; (= *bewusst*) etw beabsichtigen; **to be ~t for sb/sth** für j-n/etw bestimmt sein; **sth is ~t to be sth** etw soll etw sein; **of course it hurt, I ~ t it to** od **it was ~t to** natürlich tat das weh, das war Absicht; **I ~t it as a joke** das sollte ein Witz sein; **I was ~t to do that** ich hätte das tun sollen; **I thought it was ~t to be hot in the south** ich dachte immer, dass es im Süden so heiß sei; **this pad is ~t for drawing** dieser Block ist zum Zeichnen gedacht; **he ~s well/no harm** er meint es gut/nicht böse; **to ~ sb no harm** es gut mit j-m meinen, j-m nichts tun wollen; **I ~t no harm by what I said** was ich da gesagt habe, war nicht böse gemeint **3** ernst meinen; **I ~ it!** das ist mein Ernst!; **do you ~ to say you're not coming?** willst du damit sagen, dass du nicht kommst?; **I ~ what I say** ich sage das im Ernst

meander [mɪ'ændəʳ] *v/i Fluss* sich (dahin)schlängeln; *Mensch* schlendern

meaning ['miːnɪŋ] *s* Bedeutung *f*; **what's the ~ of (the word) "hick"?** was soll das Wort „hick" bedeuten?; **you don't know the ~ of love** du weißt ja gar nicht, was Liebe ist; **what's the ~ of this?** was hat denn das zu bedeuten?

meaningful *adj* **1** mit Bedeutung; *Gedicht, Blick* bedeutungsvoll; **to be ~** eine Bedeutung haben **2** sinnvoll; *Beziehung* tiefer gehend

meaningfully ['miːnɪŋfʊlɪ] *adv* **1** bedeutungsvoll; *bemerken, hinzufügen* vielsagend **2** *teilnehmen, Zeit verbringen* sinnvoll

meaningless *adj* bedeutungslos; **my life is ~** mein Leben hat keinen Sinn

meanly ['miːnlɪ] *adv sich benehmen* gemein

meanness ['miːnnɪs] *s* **1** *bes Br* Geiz *m* **2** Gemeinheit *f* **3** Bösartigkeit *f*

means [miːnz] *s* **1** ⟨+*sg v*⟩ Möglichkeit *f*, Mittel *n*; **~ of transport** Verkehrsmittel *n*; **a ~ of escape** eine Fluchtmöglichkeit; **a ~ to an end** ein Mittel *n* zum Zweck; **there is no ~ of doing it** es ist unmöglich, das zu tun; **is there any ~ of**

doing it? ist es irgendwie möglich, das zu tun?; **we've no ~ of knowing** wir können nicht wissen; **by ~ of sth** durch etw; **by ~ of doing sth** dadurch, dass man etw tut ② ⟨+sg v⟩ **by all ~!** (aber) selbstverständlich!; **by no ~** keineswegs ③ ⟨pl⟩ (≈ Vermögen) Mittel pl; **a man of ~** ein vermögender Mann; **to live beyond one's ~** über seine Verhältnisse leben

means test s Vermögensveranlagung f

meant [ment] prät & pperf → mean³

meantime ['miːntaɪm] ▲ adv inzwischen ⒷⒷ **in the ~** in der Zwischenzeit

meanwhile ['miːnwaɪl] adv inzwischen, mittlerweile

measles ['miːzlz] s ⟨+sg v⟩ Masern pl

measly ['miːzlɪ] adj ⟨komp measlier⟩ umg mick(e)rig umg

measurably ['meʒərəblɪ] adv deutlich

measure ['meʒər] ▲ s ① Maß n; fig Maßstab m (**of** für); **a ~ of length** ein Längenmaß n; **to have sth made to ~** etw nach Maß anfertigen lassen; **the furniture has been made to ~** die Möbel sind Maßarbeit; **beyond ~** grenzenlos; **some ~** ein gewisses Maß an ② Menge f; **a small ~ of flour** ein wenig Mehl; **for good ~** sicherheitshalber; **to get the ~ of sb/sth** j-n/etw (richtig) einschätzen ③ Maßnahme f; **to take ~s to do sth** Maßnahmen ergreifen, um etw zu tun Ⓑ v/t messen; fig beurteilen Ⓒ v/i messen; **what does it ~?** wie groß ist es?

phrasal verbs mit measure:

measure out v/t ⟨trennb⟩ abmessen; Mehl etc abwiegen

measure up v/i **he didn't measure up** er hat enttäuscht; **to measure up to sth** an etw (akk) herankommen

measured ['meʒəd] adj Ton bedächtig; Erwiderung maßvoll; **at a ~ pace** in gemäßigtem Tempo

measurement ['meʒəmənt] s ① Messung f ② Maß n; (≈ Zahl) Messwert m; fig Maßstab m; **to take sb's ~s** an j-m od bei j-m Maß nehmen

measuring jug s Messbecher m

measuring tape s Bandmaß n

meat [miːt] s Fleisch n; **assorted cold ~s** Aufschnitt m

meatball s Fleischkloß m

meat loaf s ≈ Hackbraten m

meaty ['miːtɪ] adj ⟨komp meatier⟩ ① mit viel Fleisch; **~ chunks** Fleischbrocken pl ② Hände fleischig ③ fig Rolle anspruchsvoll

Mecca ['mekə] s Mekka n

mechanic [mɪ'kænɪk] s Mechaniker(in) m(f)

mechanical [mɪ'kænɪkəl] adj mechanisch; Spielzeug technisch; **a ~ device** ein Mechanismus m

mechanical engineer s Maschinenbauer(in) m(f)

mechanical engineering s Maschinenbau m

mechanically [mɪ'kænɪklɪ] adv a. fig mechanisch

mechanics [mɪ'kænɪks] s ① ⟨+sg v⟩ Mechanik f ② ⟨pl⟩ fig des Schreibens etc Technik f

mechanism ['mekənɪzəm] s Mechanismus m

mechanization [ˌmekənaɪ'zeɪʃən] s Mechanisierung f

mechanize ['mekənaɪz] v/t mechanisieren

mechatronic engineer [ˌmekə'trɒnɪk] s Mechatroniker(in) m(f)

medal ['medl] s Medaille f, Orden m

medallion [mɪ'dæljən] s Medaillon n, Medaille f

medallist ['medəlɪst] s, **medalist** US s Medaillengewinner(in) m(f)

meddle ['medl] v/i sich einmischen (**in** in +akk), sich zu schaffen machen (**with** an +dat); **to ~ with sb** sich mit j-m einlassen

meddlesome ['medlsəm] adj, **meddling** ['medlɪŋ] adj ⟨attr⟩ **she's a ~ old busybody** sie mischt sich dauernd in alles ein

media ['miːdɪə] pl ⟨mst mit sg v⟩ ① → **medium** ② Medien pl; **he works in the ~** er ist im Mediensektor tätig; **to get ~ coverage** Publicity bekommen

mediaeval adj → medieval

media event s Medienereignis n

media hype s Medienrummel m

median ['miːdɪən] adj mittlere(r, s)

median strip US s Mittelstreifen m

media report s ⟨meist pl⟩ Medienbericht m

media studies pl Medienwissenschaft f

mediate ['miːdɪeɪt] ▲ v/i in Konflikt etc vermitteln Ⓑ v/t Einigung, Übereinkunft aushandeln

mediation [ˌmiːdɪ'eɪʃən] s Vermittlung f

mediator ['miːdɪeɪtər] s Vermittler(in) m(f)

medic ['medɪk] umg s Mediziner(in) m(f) umg

Medicaid ['medɪˌkeɪd] US s staatliche Krankenversicherung und Gesundheitsfürsorge für Einkommensschwache unter 65 in den USA

medical ['medɪkəl] ▲ adj medizinisch; Behandlung, Personal ärztlich; **the ~ profession** die Ärzteschaft f; **~ condition** Erkrankung f Ⓑ s (ärztliche) Untersuchung f

medical assistant s medizinischer Assistent, medizinische Assistentin

medical certificate s ärztliches Attest

medical history s **her ~** ihre Krankengeschichte

medical insurance s Krankenversicherung f

medical officer s ① MIL Stabsarzt m ② Amtsarzt m

medical practice s Arztpraxis f, Ordination f österr

medical practitioner s Arzt m, Ärztin f
medical record s Krankenblatt n
medical school s ≈ medizinische Fakultät
medical science s die ärztliche Wissenschaft
medical student s Medizinstudent(in) m(f)
Medicare ['medɪˌkɛə] US s staatliche Krankenversicherung und Gesundheitsfürsorge für ältere Bürger in den USA
medicated ['medɪkeɪtɪd] adj medizinisch
medication [ˌmedɪ'keɪʃən] s Medikamente pl
medicinal [me'dɪsɪnl] adj Heil-, heilend; **for ~ purposes** zu medizinischen Zwecken; **the ~ properties of various herbs** die Heilkraft verschiedener Kräuter
medicine ['medsn, 'medɪsn] s **1** Medizin f umg, Medikament n; **to take one's ~** seine Arznei einnehmen; **to give sb a taste of his own ~** fig es j-m mit gleicher Münze heimzahlen **2** (= Wissenschaft) Medizin f; **to practise ~** Br, **to practice ~** US den Arztberuf ausüben
medicine cabinet s Arzneischrank m, Hausapotheke f
medieval [ˌmedɪ'iːvəl] adj mittelalterlich; **in ~ times** im Mittelalter
mediocre [ˌmiːdɪ'əʊkə] adj mittelmäßig
mediocrity [ˌmiːdɪ'ɒkrɪtɪ] s Mittelmäßigkeit f
meditate ['medɪteɪt] v/i nachdenken (**upon, on** über +akk); Philosophie, a. REL meditieren
meditation [ˌmedɪ'teɪʃən] s Nachdenken n; Philosophie, a. REL Meditation f
Mediterranean [ˌmedɪtə'reɪnɪən] **A** s Mittelmeer n; **in the ~** (≈ Gebiet) am Mittelmeer **B** adj Mittelmeer-; Typ südländisch; **~ cruise** Kreuzfahrt f im Mittelmeer
Mediterranean Sea s **the ~** das Mittelmeer
medium ['miːdɪəm] **A** adj mittlere(r, s); Steak medium; Unternehmen mittelständisch; **of ~ height/size** mittelgroß; **cook over a ~ heat** bei mittlerer Hitze kochen; **in/over the ~ term** mittelfristig **B** s ⟨pl media od -s⟩ **1** Mittel n; Presse, a. TV, RADIO Medium n; KUNST Ausdrucksmittel n; **advertising ~** Werbeträger m **2** **to strike a happy ~** den goldenen Mittelweg finden **3** im Spiritualismus Medium n
medium-dry adj halbtrocken
medium-range adj **~ aircraft** Mittelstreckenflugzeug n
medium-rare adj rosa
medium-sized adj mittelgroß
medium wave s Mittelwelle f
medley ['medlɪ] s Gemisch n; MUS Medley n
meek [miːk] adj ⟨+er⟩ sanft(mütig); pej duckmäuserisch
meekly ['miːklɪ] adv sanft; pej duckmäuserisch; zustimmen widerspruchslos; akzeptieren widerstandslos

meet [miːt] ⟨v: prät, pperf met⟩ **A** v/t **1** treffen; **to arrange to ~ sb** sich mit j-m verabreden; **to ~ a challenge** sich einer Herausforderung (dat) stellen; **there's more to it than ~s the eye** da steckt mehr dahinter, als man auf den ersten Blick meint **2** kennenlernen, bekannt gemacht werden mit; **pleased** od **nice to ~ you!** guten Tag/Abend **3** am Bahnhof etc abholen (**at an** +dat od von) **4** Ziel, Erwartung erfüllen; Erfordernis gerecht werden (+dat); Bedarf decken **B** v/i **1** Menschen sich begegnen, sich treffen; Komitee etc zusammenkommen; SPORT aufeinandertreffen; **to ~ halfway** einen Kompromiss schließen **2** sich kennenlernen, bekannt gemacht werden; **we've met before** wir kennen uns bereits; **haven't we met before?** sind wir uns nicht schon mal begegnet? **3** sich treffen, sich vereinigen; Linien sich schneiden, sich berühren; **our eyes met** unsere Blicke trafen sich **C** s US SPORT Sportfest n

phrasal verbs mit meet:

meet up v/i sich treffen

meet with v/i ⟨+obj⟩ **1** Widerstand stoßen auf (+akk); Erfolg, Unfall haben; Zustimmung finden; **I was met with a blank stare** sie/er etc starrte mich unwissend an **2** j-n treffen

meeting ['miːtɪŋ] s **1** Begegnung f, Treffen n; geschäftlich Besprechung f; **the minister had a ~ with the ambassador** der Minister traf zu Gesprächen mit dem Botschafter zusammen **2** von Ausschuss Sitzung f; von Mitgliedern, Belegschaft Versammlung f; **the committee has three ~s a year** der Ausschuss tagt dreimal im Jahr **3** SPORT Veranstaltung f; zwischen Mannschaften Begegnung f
meeting place s Treffpunkt m
meeting room s Besprechungsraum m; für Schulungen Seminarraum m
mega- ['megə-] präf Mega-
megabyte ['megəˌbaɪt] s IT Megabyte n; **a 40-megabyte memory** ein 40-Megabyte-Speicher m
megalomania [ˌmegələʊ'meɪnɪə] s Größenwahn m
megalomaniac [ˌmegələʊ'meɪnɪæk] s Größenwahnsinnige(r) m/f(m)
megaphone s Megafon n
megapixel s IT Megapixel n
megastar s Megastar m
megastore s Großmarkt m
melancholic [ˌmelən'kɒlɪk] adj melancholisch
melancholy ['melənkəlɪ] **A** adj melancholisch; Ort trist **B** s Melancholie f
mellow ['meləʊ] **A** adj ⟨+er⟩ **1** Wein ausgereift; Aroma mild; Farbe, Licht warm; Stimme sanft **2** Mensch abgeklärt **B** v/i Mensch abgeklärter wer-

den

melodic adj, **melodically** [mɪˈlɒdɪk, -əlɪ] adv melodisch

melodious [mɪˈləʊdɪəs] adj melodiös, melodisch

melodrama [ˈmeləʊˌdrɑːmə] s Melodrama n

melodramatic adj, **melodramatically** [ˌmeləʊdrəˈmætɪk, -əlɪ] adv melodramatisch

melody [ˈmelədɪ] s Melodie f

melon [ˈmelən] s Melone f

melt [melt] **A** v/t **1** wörtl schmelzen; Butter zerlassen **2** fig Herz etc erweichen **B** v/i **1** schmelzen **2** fig dahinschmelzen

phrasal verbs mit melt:

melt away v/i **1** wörtl (weg)schmelzen **2** fig sich auflösen, dahinschmelzen; Wut verfliegen

melt down v/t ⟨trennb⟩ einschmelzen

meltdown [ˈmeltdaʊn] s Kernschmelze f; (≈ Unglück) Katastrophe f

melting pot [ˈmeltɪŋpɒt] fig s Schmelztiegel m

member [ˈmembəʳ] s **1** Mitglied n; **~ of the family** Familienmitglied n; **if any ~ of the audience ...** falls einer der Zuschauer/Zuhörer ... **2** PARL Abgeordnete(r) m/f(m), Mandatar(in) m(f) österr; **~ of parliament** Parlamentsmitglied n, Abgeordnete(r) m/f(m)

member country s POL Mitgliedsland n

Member of the European Parliament s Europaabgeordnete(r) m/f(m)

membership [ˈmembəʃɪp] s **1** Mitgliedschaft f (**of** in +dat) **2** Mitgliederzahl f

membership card s Mitgliedsausweis m

membership fee s Mitgliedsbeitrag m

member state s POL Mitgliedsstaat m

membrane [ˈmembreɪn] s Membran f

memento [məˈmentəʊ] s ⟨pl -(e)s⟩ Andenken n (**of** an +akk)

memo [ˈmeməʊ] s abk ⟨pl -s⟩ (= memorandum) Memo n

memoir [ˈmemwɑːʳ] s **1** Kurzbiografie f **2** **~s** pl Memoiren pl

memo pad s Notizblock m

memorable [ˈmemərəbl] adj unvergesslich; denkwürdig

memorandum [ˌmeməˈrændəm] s ⟨pl memoranda [ˌmeməˈrændə]⟩ Mitteilung f

memorial [mɪˈmɔːrɪəl] **A** adj Gedenk- **B** s Denkmal n (**to** für)

Memorial Day US s ≈ Volkstrauertag m

memorial service s Gedenkgottesdienst m

memorize [ˈmeməraɪz] v/t sich (dat) einprägen

memory [ˈmemərɪ] s **1** Gedächtnis n; **from ~** aus dem Kopf; **to lose one's ~** sein Gedächtnis verlieren; **to commit sth to ~** sich (dat) etw einprägen; **~ for faces** Personengedächtnis n; **if my ~ serves me right** wenn ich mich recht entsinne **2** Erinnerung f (**of** an +akk); **I have no ~ of it** ich kann mich nicht daran erinnern; **he had happy memories of his father** er verband angenehme Erinnerungen mit seinem Vater; **in ~ of** zur Erinnerung an (+akk) **3** COMPUT Speicher m

memory bank s IT Datenbank f

memory expansion card s COMPUT Speichererweiterungskarte f

memory stick s COMPUT Memory Stick m

men [men] pl → man

menace [ˈmenɪs] **A** s **1** Bedrohung f (**to** +gen) **2** umg (Land)plage f; **she's a ~ on the roads** sie gefährdet den ganzen Verkehr **B** v/t bedrohen

menacing [ˈmenɪsɪŋ] adj drohend; **to look ~** bedrohlich aussehen

menacingly [ˈmenɪsɪŋlɪ] adv drohend; **..., he said ~** ..., sagte er mit drohender Stimme

menagerie [məˈnædʒrɪ] s Menagerie f

mend [mend] **A** s **to be on the ~** sich (langsam) erholen **B** v/t **1** reparieren; Kleidung flicken **2** **to ~ one's ways** sich bessern; **you'd better ~ your ways** das muss aber anders werden mit dir! **C** v/i Knochen etc (ver)heilen

menial [ˈmiːnɪəl] adj niedrig

meningitis [ˌmenɪnˈdʒaɪtɪs] s Hirnhautentzündung f

menopause [ˈmenəʊpɔːz] s Wechseljahre pl

menorah [mɪˈnɔːrə] s REL Menora f

men's room [ˈmenzruːm] bes US s Herrentoilette f

menstrual cycle s Menstruationszyklus m

menstruate [ˈmenstrʊeɪt] v/i menstruieren

menstruation [ˌmenstrʊˈeɪʃən] s Menstruation f

menswear [ˈmenzweəʳ] s Herrenbekleidung f

mental [ˈmentl] adj **1** geistig; Belastung psychisch; **person with a ~ disability** geistig Behinderte(r) neg! m/f(m); **to make a ~ note of sth** sich (dat) etw merken; **~ process** Denkvorgang m **2** umg übergeschnappt umg

mental arithmetic s Kopfrechnen n

mental block s **to have a ~** ein Brett vor dem Kopf haben umg

mental breakdown s Nervenzusammenbruch m

mental cruelty s seelische Grausamkeit

mental health s Geisteszustand m

mental hospital s Nervenklinik f

mental illness s Geisteskrankheit f

mentality [menˈtælɪtɪ] s Mentalität f

mentally [ˈmentəlɪ] adv geistig; **~ challenged** politisch korrekt geistig behindert; **~ disabled** geistig behindert; **he is ~ ill** er ist geisteskrank

menthol [ˈmenθɒl] s Menthol n

mention ['menʃən] **A** s Erwähnung f; **to get** od **receive a ~** erwähnt werden; **to give sb/sth a ~** j-n/etw erwähnen; **there is no ~ of it** es wird nicht erwähnt; **his contribution deserves special ~** sein Beitrag verdient es, besonders hervorgehoben zu werden **B** v/t erwähnen (**to sb** j-m gegenüber); **not to ~ ...** nicht zu vergessen ...; **France and Spain, not to ~ Holland** Frankreich und Spanien, von Holland ganz zu schweigen; **don't ~ it!** (bitte,) gern geschehen!; **to ~ sb in one's will** j-n in seinem Testament berücksichtigen

mentor ['mentɔːʳ] s Mentor(in) m(f)

menu ['menjuː] s **1** Speisekarte f; (≈ Gerichte) Menü n; **may we see the ~?** können Sie uns bitte die Karte bringen?; **what's on the ~?** was gibt es heute (zu essen)? **2** IT Menü n

menu bar s IT Menüleiste f

menu-driven adj IT menügesteuert

meow [miːˈaʊ] bes US **A** s Miau(en) n **B** v/i miauen

MEP abk (= Member of the European Parliament) Europaabgeordnete(r) m/f(m)

mercenary ['mɜːsɪnərɪ] **A** adj geldgierig; **don't be so ~** sei doch nicht so hinter dem Geld her umg **B** s Söldner(in) m(f)

merchandise ['mɜːtʃəndaɪz] s (Handels)ware f

merchant ['mɜːtʃənt] s Kaufmann m/-frau f; **corn ~** Getreidehändler(in) m(f)

merchant bank Br s Handelsbank f

merchant marine US s Handelsmarine f

merchant navy Br s Handelsmarine f

merciful ['mɜːsɪfʊl] adj gnädig (**to sb** j-m gegenüber)

mercifully ['mɜːsɪfəlɪ] adv **1** barmherzig; j-n behandeln gnädig **2** glücklicherweise

merciless adj unbarmherzig

mercilessly adv erbarmungslos

Mercury ['mɜːkjʊrɪ] s Merkur m

mercury ['mɜːkjʊrɪ] s Quecksilber n

mercy ['mɜːsɪ] s **1** ⟨kein pl⟩ Erbarmen n, Gnade f; **to beg for ~** um Gnade bitten; **to have ~/no ~ on sb** mit j-m Erbarmen/kein Erbarmen haben; **to show sb ~/no ~** Erbarmen/kein Erbarmen mit j-m haben; **to be at the ~ of sb/sth** j-m/einer Sache (dat) ausgeliefert sein; **we're at your ~** wir sind in Ihrer Hand **2** umg Segen m

mere [mɪəʳ] adj **1** bloß; **he's a ~ clerk** er ist bloß ein kleiner Angestellter; **a ~ 3%/two hours** bloß 3 % / zwei Stunden; **the ~ thought of food made me hungry** schon beim Gedanken an Essen bekam ich Hunger **2** **the ~st ...** der/die/das kleinste ...

merely ['mɪəlɪ] adv lediglich, bloß

merge [mɜːdʒ] **A** v/i **1** zusammenkommen; Farben ineinander übergehen; Straßen zusammenführen; US AUTO sich einordnen; **to ~ with sth** sich mit etw vereinen; **to ~ (in) with/into the crowd** in der Menge untergehen/untertauchen; **to ~ into sth** in etw (akk) übergehen **2** HANDEL fusionieren **B** v/t **1** miteinander vereinen; IT Dateien mischen **2** HANDEL fusionieren

merger ['mɜːdʒəʳ] s HANDEL Fusion f

meringue [məˈræŋ] s Baiser n

merit ['merɪt] **A** s Verdienst n; (≈ Vorteil) Vorzug m; **a work of great literary ~** ein Werk von großem literarischem Wert; **she was elected on ~** sie gewann die Wahl aufgrund persönlicher Fähigkeiten; **to judge a case on its ~s** einen Fall gesondert behandeln; **to pass an exam with ~** ein Examen mit Auszeichnung bestehen **B** v/t verdienen

meritocracy [merɪˈtɒkrəsɪ] s Leistungsgesellschaft f

mermaid ['mɜːmeɪd] s Meerjungfrau f

merrily ['merɪlɪ] adv vergnügt

merriment ['merɪmənt] s Heiterkeit f, Gelächter n

merry ['merɪ] adj ⟨komp merrier⟩ **1** fröhlich; **Merry Christmas!** frohe Weihnachten! **2** Br umg beschwipst umg

merry-go-round ['merɪɡəʊraʊnd] s Karussell n, Ringelspiel n österr

mesh [meʃ] **A** s **1** Masche f **2** Maschendraht m **B** v/i **1** MECH eingreifen (**with in** +akk) **2** fig Ansichten sich vereinen lassen

mesmerize ['mezməraɪz] v/t hypnotisieren; fig fesseln; **the audience sat ~d** die Zuschauer saßen wie gebannt

mesmerizing ['mezməraɪzɪŋ] adj Wirkung hypnotisch; Lächeln faszinierend

mess¹ [mes] **A** s **1** ⟨kein pl⟩ Durcheinander n; schmutzig Schweinerei f; **to be (in) a ~** in einem fürchterlichen Zustand sein, ein einziges Durcheinander sein; fig j-s Leben, Karriere verkorkst sein umg; **to be a ~** Arbeit eine Schweinerei sein umg; Mensch unordentlich aussehen; seelisch verkorkst sein umg; **to make a ~** Unordnung machen, alles durcheinanderbringen; (≈ schmutzig) eine Schweinerei machen umg; **to make a ~ of sth** etw verpfuschen; j-s Leben etw verkorksen umg; Angelegenheit etw vermasseln umg; **you've really made a ~ of things** du hast alles total vermasselt umg; **what a ~!** das sieht ja vielleicht aus!; fig ein schöner Schlamassel! umg; **I'm not tidying up your ~** ich räume nicht für dich auf **2** ⟨kein pl⟩ Schwierigkeiten pl **3** ⟨kein pl⟩ euph (≈ Exkremente) Dreck m; **the cat has made a ~ on the carpet** die Katze hat auf den Teppich gemacht **B** v/i → **mess about B**

phrasal verbs mit mess:

mess about *Br*, **mess around** *umg* **A** *v/t* ⟨*trennb*⟩ j-n an der Nase herumführen *umg* **B** *v/i* **1** herumalbern **2** herumgammeln *umg* **3** herumfummeln *umg* (**with** an +*dat*); als Hobby *etc* herumbasteln *umg* (**with** an +*dat*) **4 he was messing about** *od* **around with my wife** er trieb es mit meiner Frau *umg*

mess up *v/t* ⟨*trennb*⟩ durcheinanderbringen; (≈ *schmutzig machen*) verdrecken; *Arbeit* verpfuschen; *j-s Leben* verkorksen *umg*; **that's really messed things up** das hat wirklich alles verdorben

mess² *s* MIL Kasino *n*; SCHIFF Messe *f*

message ['mesɪdʒ] *s* **1** Nachricht *f*, Meldung *f*; **to give sb a ~** j-m etwas ausrichten, j-m eine Nachricht geben; **would you give John a ~ (for me)?** könnten Sie John etwas (von mir) ausrichten?; **to send sb a ~** j-n benachrichtigen; **to leave a ~ for sb** j-m eine Nachricht hinterlassen, j-m etwas ausrichten lassen; **can I take a ~ (for him)?** am Telefon kann ich (ihm) etwas ausrichten? **2** (≈ *Moral*) Botschaft *f*; **to get one's ~ across to sb** es j-m verständlich machen **3** *fig umg* **to get the ~** kapieren *umg*

message board *s* INTERNET Forum *n* Message Board *n*

messenger ['mesɪndʒəʳ] *s* Bote *m*, Botin *f*

Messiah [mɪ'saɪə] *s* Messias *m*

messily ['mesɪlɪ] *adv* unordentlich

mess kit *US*, **mess tin** *Br s* Essgeschirr *n*

messy ['mesɪ] *adj* ⟨*komp* messier⟩ **1** schmutzig **2** unordentlich; **he's a ~ eater** er kann nicht ordentlich essen **3** *fig Lage* verfahren; *Beziehung* schwierig

met [met] *prät & pperf* → meet

meta- ['metə-] *präf* meta-, Meta-

metabolic [,metə'bɒlɪk] *adj* Stoffwechsel-, metabolisch

metabolism [me'tæbəlɪzəm] *s* Stoffwechsel *m*

metal ['metl] *s* **1** Metall *n* **2** MUS Metal *n*

metal detector *s* Metallsuchgerät *n*

metallic [mɪ'tælɪk] *adj* metallisch; **~ paint** Metalliclack *m*; **~ blue** blaumetallic; **a ~ blue car** ein Auto *n* in Blaumetallic

metallurgy [me'tælədʒɪ] *s* Metallurgie *f*

metalwork *s* Metall *n*; **we did ~ at school** wir haben in der Schule Metallarbeiten gemacht

metamorphosis [,metə'mɔːfəsɪs] *s* ⟨*pl* metamorphoses [,metə'mɔːfəsiːz]⟩ Metamorphose *f*; *fig* Verwandlung *f*

metaphor ['metəfəʳ] *s* **1** Metapher *f* **2** LIT indirekter, bildlicher Vergleich unter Verzicht auf Vergleichswörter wie like u. Ä.

metaphorical [,metə'fɒrɪkəl] *adj* metaphorisch

metaphorically [,metə'fɒrɪkəlɪ] *adv* metaphorisch; **~ speaking** bildlich gesprochen

metaphysical [,metə'fɪzɪkəl] *adj* metaphysisch

mete [miːt] *v/t* **to ~ out punishment to sb** j-n bestrafen

meteor ['miːtɪəʳ] *s* Meteor *m*

meteoric [,miːtɪ'ɒrɪk] *fig adj* kometenhaft

meteorite ['miːtɪəraɪt] *s* Meteorit *m*

meteorological [,miːtɪərə'lɒdʒɪkəl] *adj* meteorologisch

meteorologist [,miːtɪə'rɒlədʒɪst] *s* Meteorologe *m*, Meteorologin *f*

meteorology [,miːtɪə'rɒlədʒɪ] *s* Meteorologie *f*

meter¹ ['miːtəʳ] **A** *s* Zähler *m*; *für Wasserverbrauch* Wasseruhr *f*; *Verkehr* Parkuhr *f*; **to turn the water off at the ~** das Wasser am Hauptschalter abstellen **B** *v/t* messen

meter² *US s* → metre

meter reading *s* Zählerstand *m*

methane ['miːθeɪn] *s* Methan *n*

method ['meθəd] *s* Methode *f*, Verfahren *n*; **~ of payment** Zahlungsweise *f*

methodical *adj*, **methodically** [mɪ'θɒdɪkəl, -lɪ] *adv* methodisch

Methodist ['meθədɪst] **A** *adj* methodistisch **B** *s* Methodist(in) *m(f)*

meths [meθs] *s abk* ⟨+*sg v*⟩ → methylated spirits

methylated spirits ['meθɪleɪtɪd'spɪrɪts] *s* ⟨+*sg v*⟩ Äthylalkohol *m*

meticulous [mɪ'tɪkjʊləs] *adj* genau; **to be ~ about sth** es mit etw sehr genau nehmen

meticulously [mɪ'tɪkjʊləslɪ] *adv* sorgfältig

me time ['miːtaɪm] *s* Ichzeit *f*

met office ['met,ɒfɪs] *Br s* Wetteramt *n*

metre ['miːtəʳ] *s*, **meter** *US s* **1** Meter *m*|*n* **2** *Dichtung* Metrum *n*, Versmaß *n* (*Abfolge betonter Silben im Vers, die mehr oder weniger einem regelmäßigen Muster folgen*)

metric ['metrɪk] *adj* metrisch; **to go ~** auf das metrische Maßsystem umstellen

metro ['metrəʊ] *s* U-Bahn *f*

metronome ['metrənəʊm] *s* Metronom *n*

metropolis [mɪ'trɒpəlɪs] *s* Metropole *f*

metropolitan [,metrə'pɒlɪtən] *adj* weltstädtisch

metrosexual [,metrə'seksjʊəl] *adj* metrosexuell

mettle ['metl] *s* Courage *f*

mew [mjuː] **A** *s* Miau(en) *n* **B** *v/i* miauen

Mexican ['meksɪkən] **A** *adj* mexikanisch **B** *s* Mexikaner(in) *m(f)*

Mexico ['meksɪkəʊ] *s* Mexiko *n*

mezzanine ['mezəniːn] *s*, **mezzanine floor** *s* Mezzanin *n*, (niedriges) Zwischengeschoss *n*, (niedriges) Zwischengeschoß *n* österr

mg *abk* (= **milligrams**, **milligrammes**) mg

MI5 *Br abk* (= Military Intelligence, section 5) MI5 *m* (*Spionageabwehrdienst der britischen Regierung*)

MI6 *Br abk* (= Military Intelligence, section 6) MI6 *m* (*britischer Auslandsgeheimdienst*)

miaow [miːˈaʊ] *Br* **A** *s* Miau(en) *n* **B** *v/i* miauen

mice [maɪs] *pl* → mouse

mickey [ˈmɪkɪ] *Br umg* **to take the ~ out of sb** j-n auf den Arm nehmen *umg*, j-n pflanzen *österr*; **are you taking the ~?** du willst mich/ihn *etc* wohl auf den Arm nehmen *umg*

mickey mouse *adj sl* Kurs, Qualifikation lachhaft

micro- *präf* mikro-, Mikro-

microbe [ˈmaɪkrəʊb] *s* Mikrobe *f*

microbiology *s* Mikrobiologie *f*

microblog [ˈmaɪkrəʊblɒɡ] *s* IT Mikroblog *n/m*, Miniblog *n/m*

microblogging [ˈmaɪkrəʊblɒɡɪŋ] *s* IT Mikroblogging *n*, Miniblogging *n*

microblogging site *s* IT Mikroblog-Website *f*

microchip *s* Mikrochip *n*

microclimate *s* Mikroklima *n*

microcomputer *s* Mikrocomputer *m*

microcosm *s* Mikrokosmos *m*

microelectronics *s* ⟨sg⟩ Mikroelektronik *f*

microfibre *s*, **microfiber** *US s* Mikrofaser *f*

microfiche *s* Mikrofiche *m/n*

microfilm *s* Mikrofilm *m*

microlight *s* Ultraleichtflugzeug *n*

microorganism *s* Mikroorganismus *m*

microphone *s* Mikrofon *n*

microprocessor *s* Mikroprozessor *m*

micro scooter *s* Mini-Roller *m*, City-Roller *m*

microscope *s* Mikroskop *n*

microscopic [ˌmaɪkrəˈskɒpɪk] *adj* mikroskopisch (klein); **in ~ detail** bis ins kleinste Detail

microsurgery *s* Mikrochirurgie *f*

microwavable [ˈmaɪkrəʊweɪvəbl] *adj* mikrowellengeeignet

microwave **A** *s* Mikrowelle *f* **B** *v/t* in der Mikrowelle zubereiten

microwave oven *s* Mikrowellenherd *m*

mid [mɪd] *adj* **in June** Mitte Juni; **in the mid 1990s** Mitte der Neunzigerjahre; **in the mid-1800s** Mitte des 19. Jahrhunderts; **temperatures in the mid eighties** Temperaturen um 85° Fahrenheit; **to be in one's mid forties** Mitte vierzig sein; **in mid morning/afternoon** am Vormittag/Nachmittag; **a mid-morning break** eine Frühstückspause; **a mid-morning snack** ein zweites Frühstück; **in mid air** in der Luft; **in mid flight** während des Flugs

midday [ˈmɪddeɪ] **A** *s* Mittag *m*; **at ~** mittags **B** *adj* ⟨attr⟩ mittäglich; **~ meal** Mittagessen *n*; **~ sun** Mittagssonne *f*

middle [ˈmɪdl] **A** *s* Mitte *f*; *von Buch, Film* Mittelteil *m*; *von Frucht etc* Innere(s) *n*; **in the ~ of** mitten in/auf (+*dat*), in der Mitte (+*gen*); **in the ~ of the table** mitten auf dem Tisch; **in the ~ of the night/day** mitten in der Nacht/am Tag; **in the ~ of nowhere** am Ende der Welt; **in the ~ of summer** mitten im Sommer, im Hochsommer; **in the ~ of May** Mitte Mai; **we were in the ~ of lunch** wir waren mitten beim Essen; **to be in the ~ of doing sth** mitten dabei sein, etw zu tun; **down the ~** in der Mitte **B** *adj* mittlere(r, s); **to be in one's ~ twenties** Mitte zwanzig sein

middle age *s* mittleres Lebensalter

middle-aged *adj* in den mittleren Jahren

Middle Ages *pl* Mittelalter *n*

Middle America *s* SOZIOL die amerikanische Mittelschicht

middle-class *adj* bürgerlich

middle class(es) *s(pl)* Mittelstand *m*

middle-distance runner *s* Mittelstreckenläufer(in) *m(f)*

Middle East *s* Naher Osten

Middle England *s* SOZIOL die englische Mittelschicht

middle finger *s* Mittelfinger *m*

middle-income *adj Familie* mit mittlerem Einkommen

middleman *s* ⟨pl -men⟩ Mittelsmann *m*; HANDEL Zwischenhändler *m*

middle management *s* mittleres Management

middle name *s* zweiter (Vor)name; **modesty is my ~** *fig* ich bin die Bescheidenheit in Person

middle-of-the-road *adj* **1** gemäßigt **2** konventionell

middle school *s* **1** *Br* Schule für 9-12-Jährige **2** *US* Schule für 11-14-Jährige Mittelschule *f*

middleweight *s* SPORT Mittelgewichtler(in) *m(f)*

middling [ˈmɪdlɪŋ] *adj* mittelmäßig; **how are you? — ~** wie geht es dir? — einigermaßen *umg*

midfield [ˌmɪdˈfiːld] **A** *s* Mittelfeld *n* **B** *adj* Mittelfeld-; **~ player** Mittelfeldspieler(in) *m(f)*

midge [mɪdʒ] *Br s* Mücke *f*

midget [ˈmɪdʒɪt] **A** *s* Liliputaner(in) *m(f)* **B** *adj* winzig

Midlands *pl* **the ~** die Midlands

midlife crisis *s* Midlife-Crisis *f*

midnight **A** *s* Mitternacht *f*; **at ~** um Mitternacht **B** *adj* ⟨attr⟩ mitternächtlich, Mitternachts-; **~ mass** Mitternachtsmesse *f*; **the ~ hour** die Mitternachtsstunde

midpoint *s* mittlerer Punkt

midriff [ˈmɪdrɪf] *s* Taille *f*

midst [mɪdst] *s* Mitte *f*; **in the ~ of** mitten in; **in our ~** unter uns

midstream s **in ~** *wörtl* in der Mitte des Flusses; *fig* auf halber Strecke

midsummer **A** s Hochsommer *m* **B** *adj* im Hochsommer

Midsummer's Day s Sommersonnenwende *f*

midterm *adj* **~ elections** POL Zwischenwahlen *pl*

midway **A** *adv* auf halbem Weg; **Düsseldorf is ~ between Krefeld and Cologne** Düsseldorf liegt auf halber Strecke zwischen Krefeld und Köln; **~ through sth** mitten in etw (*dat*) **B** *adj* **we've now reached the ~ point** *od* **stage in the project** das Projekt ist jetzt zur Hälfte fertig

midweek **A** *adv* mitten in der Woche **B** *adj* ⟨*attr*⟩ **he booked a ~ flight** er buchte einen Flug für Mitte der Woche

Midwest s Mittelwesten *m*

Midwestern *adj* mittelwestlich

midwife ['mɪdwaɪf] s ⟨*pl* -wives [-waɪvz]⟩ Hebamme *f*

midwinter [ˌmɪd'wɪntər] **A** s Wintermitte *f* **B** *adj* mittwinterlich

miff [mɪf] *umg v/t* **to be ~ed about sth** über etw (*akk*) verärgert sein

might[1] [maɪt] *prät* **1** → **may** **2** **you ~ need help** du könntest vielleicht Hilfe brauchen; **they ~ be brothers** sie könnten Brüder sein; **as you ~ expect** wie du erwarten war; **you ~ try Smith's** Sie könnten es ja mal bei Smiths versuchen; **he ~ at least have apologized** er hätte sich wenigstens entschuldigen können; **I ~ have known** das hätte ich mir denken können; **she was thinking of what ~ have been** sie dachte an das, was hätte sein können

might[2] s Macht *f*; **with all one's ~** mit aller Kraft

mightily ['maɪtɪlɪ] *umg adv* **~ impressive** höchst beeindruckend; **I was ~ relieved** ich war überaus erleichtert

mightn't ['maɪtnt] *abk* (= might not) → **might**[1]

might've ['maɪtəv] *abk* (= might have) → **might**[1]

mighty ['maɪtɪ] **A** *adj* **1** *Armee* mächtig **2** gewaltig; *Jubel* lautstark **B** *adv bes US umg* mächtig *umg*

migraine ['miːɡreɪn] s Migräne *f*

migrant ['maɪɡrənt] **A** *adj* **~ bird** Zugvogel *m*; **~ worker** Migrant(in) *m(f)* **B** s **1** Zugvogel *m* **2** Migrant(in) *m(f)*

migrate [maɪ'ɡreɪt] *v/i* (ab)wandern; *Vögel* nach Süden ziehen

migration [maɪ'ɡreɪʃən] s Wanderung *f*, Migration *f*; *von Vögeln* (Vogel)zug *m*

migratory [maɪ'ɡreɪtərɪ] *adj* **~ worker** Wanderarbeiter(in) *m(f)*; **~ birds** Zugvögel *pl*

mike [maɪk] *umg* s Mikro *n umg*

Milan [mɪ'læn] s Mailand *n*

mild [maɪld] **A** *adj* ⟨+er⟩ mild; *Brise, Zigarette* leicht; *Mensch* sanft **B** s *Br* leichtes dunkles Bier

mildew ['mɪldjuː] s Schimmel *m*; *auf Pflanzen* Mehltau *m*

mildly ['maɪldlɪ] *adv* leicht; *etw sagen* sanft; **to put it ~** gelinde gesagt

mildness ['maɪldnɪs] s Milde *f*; *von Brise* Sanftheit *f*; *von Mensch* Sanftmütigkeit *f*

mile [maɪl] s Meile *f*; **nautical ~** Seemeile; **how many ~s per gallon does your car do?** wie viel verbraucht Ihr Auto?; **a fifty-mile journey** eine Fahrt von fünfzig Meilen; **for ~s** meilenweit; **~s (and ~s)** *umg* meilenweit; **they live ~s away** sie wohnen meilenweit weg; **sorry, I was ~s away** *umg* tut mir leid, ich war mit meinen Gedanken ganz woanders *umg*; **to go the extra ~** die Erwartungen übertreffen; **it stands out a ~** das sieht ja ein Blinder (mit Krückstock) *umg*; **he's ~s better at tennis** er spielt hundertmal besser Tennis *umg*

mileage ['maɪlɪdʒ] s Meilen *pl*; *Anzeige auf Gerät* Meilenstand *m*

mileometer [maɪ'lɒmɪtər] *Br* s ≈ Kilometerzähler *m*

milestone ['maɪlstəʊn] s Meilenstein *m*

militant ['mɪlɪtənt] **A** *adj* militant **B** s militantes Element

militarism ['mɪlɪtərɪzəm] s Militarismus *m*

militaristic [ˌmɪlɪtə'rɪstɪk] *adj* militaristisch

military ['mɪlɪtərɪ] **A** *adj* militärisch; **~ personnel** Militärangehörige *pl*; **~-style fashion** Mode *f* im Militärstil **B** s **the ~** das Militär

military base s Militärstützpunkt *m*

military police s Militärpolizei *f*

military policeman s Militärpolizist *m*

military service s Militärdienst *m*, Präsenzdienst *m österr*; **to do (one's) ~** seinen Militärdienst ableisten; **he's doing (his) ~** er ist gerade beim Militär

militia [mɪ'lɪʃə] s Miliz *f*

militiaman [mɪ'lɪʃəmən] s ⟨*pl* -men⟩ Milizsoldat *m*

milk [mɪlk] **A** s Milch *f*; **it's no use crying over spilled ~** *sprichw* was passiert ist, ist passiert **B** *v/t* melken

milk bar s Milchbar *f*

milk chocolate s Vollmilchschokolade *f*

milk float s Milchauto *n*

milk frother s Milchaufschäumer *m*

milking ['mɪlkɪŋ] s Melken *n*

milk jug s Milchkännchen *n*

milkman s ⟨*pl* -men⟩ Milchmann *m*

milkshake s Milchshake *m*

milk tooth s Milchzahn *m*

milky ['mɪlkɪ] *adj* ⟨*komp* milkier⟩ milchig; **~ coffee** Milchkaffee *m*

Milky Way [ˌmɪlkɪ'weɪ] *s* Milchstraße *f*

mill [mɪl] *s* **1** Mühle *f*; **in training you're really put through the ~** *umg* im Training wird man ganz schön hart rangenommen *umg* **2** IND Fabrik *f*; *für Stoffe* Weberei *f*

phrasal verbs mit mill:
mill about *Br*, **mill around** *v/i* umherlaufen

millennium [mɪ'lenɪəm] *s* ⟨*pl* -s *od* millennia [mɪ'lenɪə]⟩ Jahrtausend *n*

miller ['mɪlə^r] *s* Müller(in) *m(f)*

millet ['mɪlɪt] *s* Hirse *f*

milli- ['mɪlɪ-] *präf* Milli-; **millisecond** Millisekunde *f*

milligram(me) *s* Milligramm *n*

millilitre *s*, **milliliter** *US s* Milliliter *m/n*

millimetre *s*, **millimeter** *US s* Millimeter *m/n*

million ['mɪljən] *s* Million *f*; **4 ~ people** 4 Millionen Menschen; **for ~s and ~s of years** für Millionen und Abermillionen von Jahren; **she's one in a ~** *umg* sie ist einsame Klasse *umg*; **~s of times** *umg* tausendmal

millionaire [ˌmɪljə'neə^r] *s* Millionär(in) *m(f)*

millionairess [ˌmɪljə'neəres] *s* Millionärin *f*

millionth ['mɪljənθ] **A** *adj* **1** millionstel **2** millionste(r, s) **B** *s* Millionstel *n*

millipede ['mɪlɪpi:d] *s* Tausendfüß(l)er *m*

millpond *s* Mühlteich *m*

millstone ['mɪlstəʊn] *s* Mahlstein *m*; **she's a ~ around his neck** sie ist für ihn ein Klotz am Bein

mime [maɪm] **A** *s* Pantomime *f* **B** *v/t* pantomimisch darstellen **C** *v/i* Pantomimen spielen

mime artist *s* Pantomime *m*, Pantomimin *f*

mimic ['mɪmɪk] **A** *s* Imitator(in) *m(f)*; **he's a very good ~** er kann sehr gut Geräusche/andere Leute nachahmen **B** *v/t* nachahmen

mimicry ['mɪmɪkrɪ] *s* Nachahmung *f*

min¹ *abk* (= **minutes**) min

min² *abk* (= **minimum**) min.

mince [mɪns] **A** *s bes Br* Hackfleisch *n*, Faschierte(s) *n österr* **B** *v/t bes Br* durch den Fleischwolf drehen, faschieren *österr*; **he doesn't ~ his words** er nimmt kein Blatt vor den Mund **C** *v/i* tänzeln

mincemeat *s* süße Gebäckfüllung aus Dörrobst und Sirup; **to make ~ of sb** *umg* Hackfleisch aus j-m machen *umg*; *mit Worten* j-n zur Schnecke machen *umg*

mince pie *s* mit Mincemeat gefülltes Gebäck

mincer ['mɪnsə^r] *bes Br s* Fleischwolf *m*

mind [maɪnd] **A** *s* **1** Geist *m*, Verstand *m*, Gedanken *pl*; **it's all in the ~** das ist alles Einbildung; **to blow sb's ~** *umg* j-n umwerfen *umg*; **to have a logical ~** logisch veranlagt sein; **state** *od* **frame of ~** Geisteszustand *m*; **to put** *od* **set one's ~ to** sich anstrengen, etw zu tun; **he had something on his ~** ihn beschäftigte etwas; **I've a lot on my ~** ich muss mich um (so) viele Dinge kümmern; **you are always on my ~** ich denke ständig an dich; **keep your ~ on the job** bleib mit den Gedanken bei der Arbeit; **she couldn't get the song out of her ~** das Lied ging ihr nicht aus dem Kopf; **to take sb's ~ off sth** j-n etw vergessen lassen; **my ~ isn't on my work** ich kann mich nicht auf meine Arbeit konzentrieren; **the idea never entered my ~** daran hatte ich überhaupt nicht gedacht; **nothing was further from my ~** nichts lag mir ferner; **in my ~'s eye** vor meinem inneren Auge; **to go through sb's ~** j-m durch den Kopf gehen; **to come to ~** j-m einfallen; **to bring sth to ~** an etw (*akk*) erinnern; **it's a question of ~ over matter** es ist eine Willensfrage **2** Lust *f*, Absicht *f*; **I've a good ~ to ...** ich hätte große Lust, zu ... **3** Meinung *f*; **to make up one's ~** sich entscheiden; **to change one's ~** seine Meinung ändern (**about** +*akk*); **to be in two ~s about sth** sich (*dat*) über etw (*akk*) nicht im Klaren sein; **to have a ~ of one's own** *Mensch* eine eigene Meinung haben; *hum Maschine etc* seine Mucken haben *umg* **4** (= *Zurechnungsfähigkeit*) Verstand *m*; **to lose one's ~** den Verstand verlieren; **nobody in his right ~** kein normaler Mensch **5** **to bear sth in ~** etw nicht vergessen; **to bear sb in ~** an j-n denken; **with this in ~ ...** mit diesem Gedanken im Hinterkopf ...; **to have sb/sth in ~** j-n/etw denken, j-n/etw im Sinn haben; **it puts me in ~ of sb/sth** es weckt in mir Erinnerungen an j-n/etw; **to go out of one's ~** den Verstand verlieren; **to be out of one's ~** verrückt sein; **I'm bored out of my ~** ich langweile mich zu Tode **B** *v/t* **1** aufpassen auf (+*akk*), achten auf (+*akk*); **~ what you're doing!** pass (doch) auf!; **~ your language!** drück dich anständig aus!; **~ the step!** *Br* Vorsicht Stufe!; **~ your head!** *Br* Kopf einziehen! *umg*; **~ your own business** kümmern Sie sich um Ihre eigenen Angelegenheiten **2** sich kümmern um, (= *Anstoß nehmen*) etwas haben gegen; **to ~ doing sth** etwas dagegen haben, etw zu tun; **I don't ~ the cold** die Kälte macht mir nichts aus; **I don't ~ what he does** es ist mir egal, was er macht; **do you ~ coming with me?** würde es dir etwas ausmachen mitzukommen?; **would you ~ if ...?** hätten Sie etwas dagegen, wenn ...?; **would you ~ opening the door?** würden Sie bitte die Tür aufmachen?; **do you ~ my smoking?** macht es Ihnen etwas aus, wenn ich rauche?; **don't ~ me** lass dich (durch mich) nicht stören; **I wouldn't ~ a cup of tea** ich hätte nichts gegen eine Tasse Tee; **never ~ that now** das ist jetzt nicht wichtig; **never ~ him** kümmere dich nicht um ihn **C** v/i **1** sich (dat) etwas daraus machen; (≈ Anstoß nehmen) etwas dagegen haben; **not to ~** nichts dagegen haben; **I don't ~ es** macht mir nichts aus; **nobody seemed to ~** niemand schien etwas dagegen zu haben; **if you don't ~** wenn es Ihnen recht ist; **would you ~ waiting a moment?** würde es Ihnen etwas ausmachen, kurz zu warten?; **do you ~?** macht es Ihnen etwas aus?, stört es Sie?; **do you ~!** iron ich möchte doch sehr bitten!; **I don't ~ if I do** ich hätte nichts dagegen; **never ~** macht nichts; verzweifelt schon gut; **never ~, you'll find another** mach dir nichts draus, du findest bestimmt einen anderen; **oh, never ~, I'll do it myself** ach, schon gut, ich mache es selbst; **never ~ about that now!** das ist doch jetzt nicht wichtig; **I'm not going to finish school, never ~ go to university** ich werde die Schule nicht beenden und schon gar nicht zur Universität gehen **2 ~ you get that done** sieh zu, dass du das fertig bekommst; **~ you** allerdings; **~ you, he did try** er hat es immerhin versucht; **he's quite good, ~ you** er ist eigentlich ganz gut

phrasal verbs mit mind:

mind out Br v/i aufpassen (**for** auf +akk)
mind-blowing umg adj Wahnsinns- umg
mind-boggling umg adj irrsinnig umg
-minded [-'maɪndɪd] adj ⟨suf⟩ **she's very politically-minded** sie interessiert sich sehr für Politik
minder ['maɪndə^r] umg s Aufpasser(in) m(f)
mindful ['maɪndfʊl] adj **to be ~ of sth** etw bedenken
mindless adj Zerstörung sinnlos; Routine stumpfsinnig
mindmap s Wortnetz n, Wörternetz n
mind-reader s Gedankenleser(in) m(f)
mindset s Mentalität f
mine[1] [maɪn] poss pr meine(r, s); **this car is ~** dieses Auto gehört mir; **his friends and ~** seine und meine Freunde; **a friend of ~** ein Freund von mir; **a favourite expression of ~** Br, **a favorite expression of ~** US einer meiner Lieblingsausdrücke
mine[2] **A** s MIL Mine f **B** v/t verminen
mine[3] **A** s **1** Bergbau Bergwerk n; **to work down the ~s** unter Tage arbeiten **2** fig **he is a ~ of information** er ist ein wandelndes Lexikon umg **B** v/t Kohle fördern **C** v/i **to ~ for sth** nach etw graben

minefield ['maɪnfiːld] s Minenfeld n; **to enter a (political) ~** sich auf (politisch) gefährliches Terrain begeben
miner ['maɪnə^r] s Bergarbeiter(in) m(f)
mineral ['mɪnərəl] **A** s Mineral n **B** adj mineralisch, Mineral-; **~ deposits** Mineralbestände pl
mineral oil s Mineralöl n
mineral water s Mineralwasser n
minesweeper ['maɪnswiːpə^r] s Minensucher m
ming [mɪŋ] Br umg v/i **1** (≈ stinken) miefen umg **2** (≈ hässlich sein) potthässlich sein umg
minger ['mɪŋə^r] Br umg s (≈ sehr hässliche Person) hässlicher Vogel umg, Vogelscheuche f umg
minging ['mɪŋɪŋ] Br umg adj **1** (≈ widerwärtig, hässlich) potthässlich umg **2** (≈ stinkend) miefig umg
mingle ['mɪŋgl] v/i sich vermischen; Menschen sich untereinander vermischen; bei Party sich unter die Gäste mischen
mini- ['mɪnɪ-] präf Mini-
miniature ['mɪnɪtʃə^r] **A** s KUNST Miniatur f; (≈ Behälter) Miniflasche f; **in ~** im Kleinen **B** adj ⟨attr⟩ Miniatur-
miniature golf s Minigolf n
minibar s Minibar f
mini-break s Kurzurlaub m
minibus s Kleinbus m
minicab s nur telefonisch bestellbar Kleintaxi n
minicam s Minicam f
Minidisc® ['mɪnɪdɪsk] s MUS Minidisc f; **~® player** Minidisc-Spieler m
minim ['mɪnɪm] s Br MUS halbe Note
minimal ['mɪnɪml] adj minimal; **at ~ cost** zu minimalen Kosten; **with ~ effort** mit minimalem Aufwand
minimalism ['mɪnɪməlɪzəm] s Minimalismus m
minimize ['mɪnɪmaɪz] v/t minimieren form
minimum ['mɪnɪməm] **A** s Minimum n; **what is the ~ you will accept?** was ist für Sie das Minimum od der Mindestbetrag?; **a ~ of 2 hours/ 10 people** mindestens 2 Stunden/10 Leute; **to keep sth to a ~** etw auf ein Minimum beschränken **B** adj ⟨attr⟩ Mindest-; **~ age** Mindestalter n; **~ temperature** Tiefsttemperatur f
minimum wage s Mindestlohn m
mining ['maɪnɪŋ] s Bergbau m
mining industry s Bergbau m
mining town s Bergarbeiterstadt f
minion ['mɪnɪən] fig s Trabant m
miniskirt ['mɪnɪskɜːt] s Minirock m, Minijupe m schweiz
minister ['mɪnɪstə^r] **A** s **1** POL Minister(in) m(f) **2** KIRCHE Pfarrer(in) m(f) **B** v/i **to ~ to sb** sich um j-n kümmern; **to ~ to sb's needs** j-s Bedürfnisse (akk) befriedigen

ministerial [ˌmɪnɪˈstɪərɪəl] *adj* POL ministeriell; **~ post** Ministerposten *m*; **his ~ duties** seine Pflichten als Minister

ministry [ˈmɪnɪstri] *s* **1** POL Ministerium *n*; **~ of education** Bildungsministerium *n* **2** KIRCHE **to go into the ~** Geistliche(r) werden

minivan [ˈmɪnivæn] *s* Kleinbus *m*, Van *m*

mink [mɪŋk] *s* Nerz *m*; **~ coat** Nerzmantel *m*

minor [ˈmaɪnəʳ] **A** *adj* **1** kleiner(e, -er, -es); (≈ *weniger wichtig*) unbedeutend; *Vergehen, Operation* leicht; **~ road** Nebenstraße *f* **2** MUS Moll-; **~ key** Molltonart *f*; **G ~** g-Moll **B** *s* **1** JUR Minderjährige(r) *m/f(m)* **2** US UNIV Nebenfach *n* **C** *v/i* US UNIV im Nebenfach studieren (**in** +*akk*)

Minorca [mɪˈnɔːkə] *s* Menorca *n*

minority [maɪˈnɒrɪti] **A** *s* Minderheit *f*; **to be in a** *od* **the ~** in der Minderheit sein **B** *adj* ⟨*attr*⟩ Minderheits-; **~ group** Minderheit *f*; **(ethnic) ~ students** Studenten *pl*, die einer (ethnischen) Minderheit angehören

minority government *s* Minderheitsregierung *f*

minor league *adj* **~ baseball** US Baseball *m od n* in den unteren Ligen

minster [ˈmɪnstəʳ] *s* Münster *n*

minstrel [ˈmɪnstrəl] *s* Spielmann *m*

mint¹ [mɪnt] **A** *s* Münzanstalt *f*; **to be worth a ~** *umg* unbezahlbar sein **B** *adj* **in ~ condition** in tadellosem Zustand **C** *v/t* prägen

mint² *s* **1** BOT Minze *f* **2** Pfefferminz *n*

mint sauce *s* Minzsoße *f*

mint tea *s* Pfefferminztee *m*

minus [ˈmaɪnəs] **A** *präp* **1** minus; **£100 ~ taxes** £ 100 abzüglich (der) Steuern **2** ohne **B** *adj* Minus-; **~ point** Minuspunkt *m*; **~ three degrees** drei Grad minus; **an A ~** eine Eins minus **C** *s* Minus(zeichen) *n*

minuscule [ˈmɪnɪskjuːl] *adj* winzig

minus sign *s* Minuszeichen *n*

minute¹ [ˈmɪnɪt] *s* **1** Minute *f*; **it's 23 ~s past 3** es ist 3 Uhr und 23 Minuten; **a thirty-minute ride** eine dreißigminütige Fahrt; **in a ~** gleich; **this ~!** auf der Stelle!; **I shan't be a ~** es dauert nicht lang; **just a ~!** einen Moment bitte!, Moment mal!; **any ~ (now)** jeden Augenblick; **tell me the ~ he comes** sag mir sofort Bescheid, wenn er kommt; **have you got a ~?** hast du mal eine Minute Zeit?; **I don't believe for a** *od* **one ~ that ...** ich glaube nicht einen Augenblick, dass...; **at the last ~** in letzter Minute **2** ~**s** Protokoll *n*; **to take the ~s** das Protokoll führen

minute² [maɪˈnjuːt] *adj* winzig; *Einzelheit* kleinste(r, s)

minute hand [ˈmɪnɪthænd] *s* Minutenzeiger *m*

minutely [maɪˈnjuːtli] *adv detailliert* genauestens; *in kleiner Menge* ganz geringfügig

Minuteman [ˈmɪnɪtmən] *s* Angehöriger der amerikanischen Miliz

minutiae [mɪˈnjuːʃiiː] *pl* genaue Einzelheiten *pl*

miracle [ˈmɪrəkəl] *s* Wunder *n*; **to work** *od* **perform ~s** *wörtl* Wunder vollbringen; **I can't work ~s** ich kann nicht hexen; **by some ~** *fig* wie durch ein Wunder; **it'll take a ~ for us** *od* **we'll need a ~ to be finished on time** da müsste schon ein Wunder geschehen, wenn wir noch rechtzeitig fertig werden sollen

miracle drug *s* Wunderdroge *f*

miraculous [mɪˈrækjʊləs] *adj* **1** *Flucht* wundersam; **that is nothing/little short of ~** das grenzt an ein Wunder **2** wunderbar

miraculously [mɪˈrækjʊləsli] *adv* **~ the baby was unhurt** es war wie ein Wunder, dass das Baby unverletzt blieb

mirage [ˈmɪrɑːʒ] *s* Fata Morgana *f*; *fig* Trugbild *n*

mire [maɪəʳ] *s* Morast *m*

mirror [ˈmɪrəʳ] **A** *s* Spiegel *m* **B** *v/t* (wider)spiegeln

mirror image *s* Spiegelbild *n*

mirth [mɜːθ] *s* Heiterkeit *f*

misadventure [ˌmɪsədˈventʃəʳ] *s* Missgeschick *n*

misanthrope [ˈmɪzənθrəʊp] *s* Misanthrop(in) *m(f)*

misapply [ˈmɪsəˈplaɪ] *v/t* falsch anwenden

misapprehension [ˈmɪsˌæprɪˈhenʃən] *s* Missverständnis *n*; **he was under the ~ that ...** er hatte fälschlicherweise angenommen, dass ...

misappropriate [ˈmɪsəˈprəʊprɪeɪt] *v/t* entwenden; *Geld* veruntreuen

misbehave [ˌmɪsbɪˈheɪv] *v/i* sich schlecht benehmen

misbehaviour [ˌmɪsbɪˈheɪvɪəʳ] *s*, **misbehavior** US *s* schlechtes Benehmen, Ungezogenheit *f*

miscalculate [ˈmɪsˈkælkjʊleɪt] **A** *v/t* falsch berechnen, falsch einschätzen **B** *v/i* sich verrechnen, sich verschätzen

miscalculation [ˈmɪsˌkælkjʊˈleɪʃən] *s* Rechenfehler *m*, Fehlkalkulation *f*, Fehleinschätzung *f*

miscarriage [ˈmɪsˌkærɪdʒ] *s* **1** MED Fehlgeburt *f* **2** **~ of justice** Justizirrtum *m*

miscarry [ˌmɪsˈkærɪ] *v/i* MED eine Fehlgeburt haben

miscellaneous [ˌmɪsɪˈleɪnɪəs] *adj* verschieden; **~ expenses/income** sonstige Aufwendungen/Erträge

mischief [ˈmɪstʃɪf] *s* **1** Schalk *m*, Unfug *m*; **he's**

always getting into ~ er stellt dauernd etwas an; **to keep out of ~** keinen Unfug machen **2 to cause ~** Unfrieden stiften **3** Schaden *m*; **to do sb/oneself a ~** j-m/sich Schaden zufügen; *verletzen* j-m/sich etwas (an)tun

mischievous ['mɪstʃɪvəs] *adj* verschmitzt; **her son is really ~** ihr Sohn ist ein Schlingel

mischievously ['mɪstʃɪvəslɪ] *adv* lächeln verschmitzt

misconceived [,mɪskən'siːvd] *adj Idee* falsch

misconception [,mɪskən'sepʃən] *s* fälschliche Annahme

misconduct [,mɪs'kɒndʌkt] *s* schlechtes Benehmen; **gross ~** grobes Fehlverhalten

misconstrue [,mɪskən'struː] *v/t* missdeuten, falsch auslegen; **you have ~d my meaning** Sie haben mich falsch verstanden

miscount [,mɪs'kaʊnt] **A** *v/t* falsch zählen; *Stimmen* falsch auszählen **B** *v/i* sich verzählen

misdemeanour [,mɪsdɪ'miːnəʳ] *s*, **misdemeanor** *US s JUR* Vergehen *n*

misdiagnose ['mɪsdaɪəɡnəʊz] *v/t MED* falsch diagnostizieren

misdirect [,mɪsdɪ'rekt] *v/t Brief* fehlleiten; *j-n* in die falsche Richtung schicken

miser ['maɪzəʳ] *s* Geizhals *m*

miserable ['mɪzərəbl] *adj* **1** unglücklich; (≈ *schlecht gelaunt*) griesgrämig; **to make life ~ for sb, to make sb's life ~** j-m das Leben zur Qual machen **2** *Wetter* grässlich; *Dasein* erbärmlich; *Ort* trostlos **3** jämmerlich; *Summe* kläglich; **to be a ~ failure** kläglich versagen

miserably ['mɪzərəblɪ] *adv* **1** unglücklich **2** *versagen* kläglich

miserly ['maɪzəlɪ] *adj* geizig; *Angebot* knauserig; **a ~ £8** mickrige £ 8 *umg*; **to be ~ with sth** mit etw geizen

misery ['mɪzərɪ] *s* **1** Trauer *f* **2** Qualen *pl*, Elend *n*; **to make sb's life a ~** j-m das Leben zur Hölle machen; **to put an animal out of its ~** ein Tier von seinen Qualen erlösen; **to put sb out of his ~** *fig* j-n nicht länger auf die Folter spannen

misfire ['mɪs'faɪəʳ] *v/i Motor* fehlzünden; *Plan* fehlschlagen

misfit ['mɪsfɪt] *s* Außenseiter(in) *m(f)*

misfortune [mɪs'fɔːtʃuːn] *s* **1** (schweres) Schicksal *n* **2** Pech *n kein pl*; **it was my ~** *od* **I had the ~ to ...** ich hatte das Pech, zu ...

misgiving [mɪs'ɡɪvɪŋ] *s* Bedenken *pl*; **I had ~s about the scheme** bei dem Vorhaben war mir nicht ganz wohl

misguided ['mɪs'ɡaɪdɪd] *adj* töricht; *Ansichten* irrig

mishandle ['mɪs'hændl] *v/t Fall* falsch handhaben

mishap ['mɪshæp] *s* Missgeschick *n*; **he's had a slight ~** ihm ist ein kleines Missgeschick passiert

mishear ['mɪs'hɪəʳ] ⟨*prät, pperf* misheard ['mɪs'hɜːd]⟩ **A** *v/t* falsch hören **B** *v/i* sich verhören

mishmash ['mɪʃmæʃ] *s* Mischmasch *m*

misinform ['mɪsɪn'fɔːm] *v/t* falsch informieren; **you've been ~ed** Sie sind falsch informiert

misinformation ['mɪsɪnfə'meɪʃən] *s* ⟨*kein pl*⟩ Fehlinformation(en) *f(pl)*

misinterpret ['mɪsɪn'tɜːprɪt] *v/t* falsch auslegen; **he ~ed her silence as agreement** er deutete ihr Schweigen fälschlich als Zustimmung

misinterpretation ['mɪsɪn,tɜːprɪ'teɪʃən] *s* falsche Auslegung *f*

misjudge ['mɪs'dʒʌdʒ] *v/t* falsch einschätzen

misjudgement [,mɪs'dʒʌdʒmənt] *s* Fehleinschätzung *f*

mislay [,mɪs'leɪ] *v/t* ⟨*prät, pperf* mislaid [,mɪs'leɪd]⟩ verlegen

mislead [,mɪs'liːd] *v/t* ⟨*prät, pperf* misled⟩ irreführen; **you have been misled** Sie irren *od* täuschen sich

misleading [,mɪs'liːdɪŋ] *adj* irreführend

misled [,mɪs'led] *prät & pperf* → mislead

mismanage ['mɪs'mænɪdʒ] *v/t Firma* schlecht führen, herunterwirtschaften; *Angelegenheit* schlecht handhaben

mismanagement *s* Misswirtschaft *f*

mismatch [mɪs'mætʃ] *s* **to be a ~** nicht zusammenpassen

miso ['miːsəʊ] *s GASTR* Miso *n*

misogynist [mɪ'sɒdʒɪnɪst] *s* Frauenfeind *m*

miso soup *s* Misosuppe *f*

misplace ['mɪs'pleɪs] *v/t* verlegen

misplaced [mɪs'pleɪst] *adj Treue, Begeisterung* unangebracht

misprint ['mɪsprɪnt] *s* Druckfehler *m*

mispronounce ['mɪsprə'naʊns] *v/t* falsch aussprechen

mispronunciation [,mɪsprə,nʌnsɪ'eɪʃn] *s* falsche Aussprache *f*

misquote ['mɪs'kwəʊt] *v/t* falsch zitieren

misread ['mɪs'riːd] *v/t* ⟨*prät, pperf* misread ['mɪs'red]⟩ falsch lesen, falsch verstehen

misrepresent ['mɪs,reprɪ'zent] *v/t* falsch darstellen

miss[1] [mɪs] **A** *s* **1** Fehlschuss *m*; **his first shot was a ~** sein erster Schuss ging daneben; **it was a near ~** *fig* das war eine knappe Sache; **we had a near ~ with that car** wir wären fast mit diesem Auto zusammengestoßen **2 to give sth a ~** *umg* sich (*dat*) etw schenken **B** *v/t* **1** verpassen; *akustisch etc* nicht mitbekommen; **to ~ breakfast** nicht frühstücken; *wegen Verspätung* das Frühstück verpassen; **they ~ed each**

other in the crowd sie verpassten sich in der Menge; **to ~ the boat** od **bus** *fig* den Anschluss verpassen; **he ~ed school for a week** er hat eine Woche lang die Schule versäumt; **~ a turn** einmal aussetzen; **he doesn't ~ much** *umg* ihm entgeht so schnell nichts ❷ *Preis* nicht bekommen; **he narrowly ~ed being first/becoming president** er wäre beinahe auf den ersten Platz gekommen/Präsident geworden ❸ *Hindernis* (noch) ausweichen können (+*dat*); *Unfall etc* entgehen (+*dat*); **the car just ~ed the tree** das Auto wäre um ein Haar gegen den Baum gefahren ❹ übersehen ❺ vermissen; **I ~ him** er fehlt mir; **he won't be ~ed** keiner wird ihn vermissen; **to ~ doing sth** (es) vermissen, etw zu tun **C** *v/i* nicht treffen, danebenschießen, danebengreifen

phrasal verbs mit miss:

miss out A *v/t* ⟨*trennb*⟩ auslassen, weglassen **B** *v/i umg* zu kurz kommen; **to miss out on sth** etw verpassen

miss² *s* **Miss White** Fräulein White *n*, Frau White
misshapen ['mɪsʃeɪpən] *adj* missgebildet
missile ['mɪsaɪl] *s* ❶ (Wurf)geschoss *n* ❷ Rakete *f*
missing ['mɪsɪŋ] *adj* vermisst, abgängig *bes österr*; *Objekt* verschwunden, fehlend; **to be ~/have gone ~** fehlen; *Mensch* vermisst werden; **what's ~?** was fehlt?; **to go ~** vermisst werden; *Objekt* verloren gehen; **~ in action** vermisst
missing person *s* Vermisste(r) *m/f(m)*
mission ['mɪʃən] *s* ❶ Auftrag *m*, Mission *f*; (≈ innere Bestimmung) Berufung *f*; MIL Einsatz *m*; **~ accomplished** MIL, *a. fig* Befehl ausgeführt ❷ (≈ *Abordnung*) Delegation *f*
missionary ['mɪʃənrɪ] **A** *s* Missionar(in) *m(f)* **B** *adj* missionarisch
misspell ['mɪs'spel] *v/t* ⟨*prät, pperf* misspelled *od* misspelt⟩ falsch schreiben
misspelling [ˌmɪs'spelɪŋ] *s* ❶ Rechtschreibfehler *m* ❷ falsche Schreibung
misspent [ˌmɪs'spent] *adj* **I regret my ~ youth** ich bedaure es, meine Jugend so vergeudet zu haben
mist [mɪst] *s* Nebel *m*

phrasal verbs mit mist:

mist over *v/i*, (*a.* **mist up**) (sich) beschlagen
mistake [mɪ'steɪk] **A** *s* Fehler *m*; **to make a ~** einen Fehler machen, sich irren; **to make the ~ of asking too much** den Fehler machen, zu viel zu verlangen; **by ~** aus Versehen, versehentlich; **there must be some ~** da muss ein Fehler vorliegen **B** *v/t* ⟨*prät* mistook; *pperf* mistaken⟩ falsch verstehen; **there's no mistaking her writing** ihre Schrift ist unverkennbar; **there's no mistaking what he meant** er hat sich unmissverständlich ausgedrückt; **there was no mistaking his anger** er war eindeutig wütend; **to ~ A for B** A mit B verwechseln; **to be ~n about sth/sb** sich in etw/j-m irren; **to be ~n in thinking that …** fälschlicherweise annehmen, dass …; **if I am not ~n …** wenn mich nicht alles täuscht …
mistaken [mɪ'steɪkən] *adj Vorstellung* falsch; **a case of ~ identity** eine Verwechslung
mistakenly [mɪ'steɪkənlɪ] *adv* irrtümlicherweise
mister ['mɪstə^r] *s* Herr *m*; **please, ~, can you tell me …?** können Sie mir bitte sagen …?
mistime [mɪs'taɪm] *v/t* einen ungünstigen Zeitpunkt wählen für
mistletoe ['mɪsltəʊ] *s* ⟨*kein pl*⟩ Mistel *f*, Mistelzweig *m*
mistook [mɪ'stʊk] *prät* → mistake
mistranslate ['mɪstrænz'leɪt] *v/t* falsch übersetzen
mistreat [ˌmɪs'triːt] *v/t* schlecht behandeln, misshandeln
mistreatment *s* schlechte Behandlung, Misshandlung *f*
mistress ['mɪstrɪs] *s* ❶ Herrin *f* ❷ Geliebte *f*
mistrust ['mɪs'trʌst] **A** *s* Misstrauen *n* (**of** gegenüber) **B** *v/t* misstrauen (+*dat*)
mistrustful *adj* misstrauisch; **to be ~ of sb/sth** j-m/einer Sache misstrauen
misty ['mɪstɪ] *adj* ⟨*komp* mistier⟩ neblig
misunderstand [ˌmɪsʌndə'stænd] ⟨*prät, pperf* misunderstood⟩ **A** *v/t* missverstehen; **don't ~ me …** verstehen Sie mich nicht falsch … **B** *v/i* **I think you've misunderstood** ich glaube, Sie haben das missverstanden
misunderstanding ['mɪsʌndə'stændɪŋ] *s* Missverständnis *n*; **there must be some ~** da muss ein Missverständnis vorliegen
misunderstood ['mɪsʌndə'stʊd] **A** *prät & pperf* → misunderstand **B** *adj* unverstanden; *Künstler* verkannt
misuse A ['mɪs'juːs] *s* Missbrauch *m*; **~ of power/authority** Macht-/Amtsmissbrauch *m* **B** ['mɪs'juːz] *v/t* missbrauchen
mite¹ [maɪt] *s* ZOOL Milbe *f*
mite² *umg adv* **a ~ surprised** etwas überrascht
mitigate ['mɪtɪgeɪt] *v/t* **mitigating circumstances** mildernde Umstände *pl*
mitt [mɪt] *s* ❶ → mitten ❷ Baseballhandschuh *m*
mitten ['mɪtn] *s* Fausthandschuh *m*
mix [mɪks] **A** *s* Mischung *f*; **a real mix of people** eine bunte Mischung von Menschen; **a broad racial mix** ein breites Spektrum verschiedener Rassen **B** *v/t* (ver)mischen; *Drink* mixen; *Zutaten* verrühren; *Teig* zubereiten; *Salat* wenden; **you shouldn't mix your drinks** man sollte nicht mehrere Sachen durcheinandertrinken; **to**

mix sth into sth etw unter etw *(akk)* mengen; **I never mix business with** *od* **and pleasure** ich vermische nie Geschäftliches und Privates **C** *v/i* **1** sich mischen lassen **2** zusammenpassen **3** *Menschen* sich vermischen, miteinander verkehren; **he finds it hard to mix** er ist nicht sehr gesellig

phrasal verbs mit mix:

mix in *v/t* ⟨*trennb*⟩ *Ei* unterrühren
mix up *v/t* ⟨*trennb*⟩ **1** durcheinanderbringen, verwechseln **2 to be mixed up in sth** in etw *(akk)* verwickelt sein; **he's got himself mixed up with that gang** er hat sich mit dieser Bande eingelassen
mix with *v/t anderen Menschen* Umgang haben mit

mixed [mɪkst] *adj* gemischt, unterschiedlich; **~ nuts** Nussmischung *f*; **of ~ race** *od* **parentage** gemischtrassig; **a class of ~ ability** eine Klasse mit Schülern unterschiedlicher Leistungsstärke; **to have ~ feelings about sth** etw mit gemischten Gefühlen betrachten
mixed-ability *adj Gruppe* mit unterschiedlicher Leistungsstärke
mixed bag *s* bunte Mischung
mixed blessing *s* **it's a ~** das ist ein zweischneidiges Schwert
mixed dorm [ˌmɪkstˈdɔːm] *s Schlafsaal, in dem Männer und Frauen übernachten*
mixed doubles *s* ⟨+sg *od* pl *v*⟩ SPORT gemischtes Doppel
mixed grill *s* Grillteller *m*
mixed marriage *s* Mischehe *f*
mixed-race *adj* gemischtrassig
mixed-up *adj* ⟨*attr*⟩, **mixed up** *adj* ⟨*präd*⟩ durcheinander *präd*; *Ideen* konfus; **I'm all mixed up** ich bin völlig durcheinander; **he got all mixed up** er hat alles durcheinandergebracht
mixer [ˈmɪksəʳ] *s* **1** Mixer *m*; *für Zement* Mischmaschine *f* **2** *Tonic etc zum Auffüllen von alkoholischen Mixgetränken*
mixture [ˈmɪkstʃəʳ] *s* Mischung *f*; GASTR Gemisch *n*; *für Kuchen* Teig *m*; **fold the eggs into the cheese ~** heben Sie die Eier in die Käsemischung unter
mix-up [ˈmɪksʌp] *s* Durcheinander *n*, Verwechslung *f*; **there seemed to be some ~ about which train ...** es schien nicht ganz klar, welchen Zug ...; **there must have been a ~** da muss irgendetwas schiefgelaufen sein *umg*
ml[1] *abk* (= millilitre) ml
ml[2] *abk* (= mile) Meile
mm *abk* (= millimetres) mm
MMR *abk* (= measles, mumps and rubella) MED MMR *(Abkürzung für Masern, Mumps und Röteln)*
MMR vaccination *s* MED MMR-Impfung *f (Schutzimpfung gegen Masern, Mumps und Röteln)*
mo [məʊ] *umg s abk* (= moment) Moment *m*
moan [məʊn] **A** *s* **1** Stöhnen *n* **2 to have a ~ about sth** über etw *(akk)* jammern **B** *v/i* **1** stöhnen **2** jammern, sempern *österr* (**about** über +*akk*) **C** *v/t* ..., **he ~ed** ... stöhnte er
moaning [ˈməʊnɪŋ] *s* **1** Stöhnen *n* **2** Gestöhn(e) *n*
moat [məʊt] *s* Wassergraben *m*, Burggraben *m*
mob [mɒb] **A** *s* **1** Horde *f*, Mob *m kein pl* **2** *umg* Bande *f* **B** *v/t* herfallen über (+*akk*); *Popstar* belagern
mobile [ˈməʊbaɪl] **A** *adj* **1** beweglich **2** *Röntgeneinheit* fahrbar; *Labor* mobil **B** *s* **1** TEL Handy *n*, Mobiltelefon *n* **2** (= *Zimmerschmuck*) Mobile *n*
mobile case *Br s* Handyhülle *f*
mobile communications *pl* Mobilfunk *m*
mobile home *s* Wohnmobil *n*
mobile number *Br s* Handynummer *f*
mobile phone *s* Handy *n*, Mobiltelefon *n*
mobile phone case *Br s* Handyhülle *f*, Handytasche *f*
mobility [məʊˈbɪlɪtɪ] *s* Beweglichkeit *f*, Mobilität *f*; **a car gives you ~** ein Auto macht Sie beweglicher
mobilization [ˌməʊbɪlaɪˈzeɪʃən] *s* Mobilisierung *f*
mobilize [ˈməʊbɪlaɪz] **A** *v/t* mobilisieren **B** *v/i* mobil machen
moccasin [ˈmɒkəsɪn] *s* Mokassin *m*
mocha [ˈmɒkə] *s* Mokka *m*
mock [mɒk] **A** *s Br* SCHULE *umg* **~s** Probeprüfungen *pl* **B** *adj* ⟨*attr*⟩ *Prüfung* simuliert; *Hinrichtung* gestellt; **~ leather** Kunstleder *n* **C** *v/t* sich lustig machen über (+*akk*) **D** *v/i* **don't ~** mokier dich nicht!
mockery [ˈmɒkərɪ] *s* **1** Spott *m* **2 to make a ~ of sth** etw lächerlich machen
mocking *adj*, **mockingly** [ˈmɒkɪŋ, -lɪ] *adv* spöttisch
MOD *Br abk* (= Ministry of Defence) britisches Verteidigungsministerium
modal [ˈməʊdl] *adj* modal; **~ verb** Modalverb *n*
mod cons [ˌmɒdˈkɒnz] *Br umg pl abk* (= modern conveniences) mod. Komf.
mode [məʊd] *s* **1** Art *f* (und Weise), Form *f*; **~ of transport** Transportmittel *n* **2** IT Modus *m*, Mode *m*
model [ˈmɒdl] **A** *s* **1** Modell *n*; *für Mode etc* Model *n*, Mannequin *n*, Dressman *m* **2** Muster *n* (**of an** +*dat*); **to hold sb up as a ~** j-n als Vorbild hinstellen **B** *adj* **1** Modell-; **~ railway** *Br*, **~ railroad** *US* Modelleisenbahn *f* **2** vorbildlich; **~**

pupil Musterschüler(in) *m(f)*; **~ text** Mustertext *m* **C** *v/t* **1 to ~ X on Y** Y als Muster für X benutzen; **X is ~led on Y** *Br*, **X is ~ed on Y** *US* Y dient als Muster für X; **the system was ~led on the American one** *Br*, **the system was ~ed on the American one** *US* das System war nach amerikanischem Muster aufgebaut; **to ~ oneself on sb** sich (*dat*) j-n zum Vorbild nehmen **2** *Kleid etc* vorführen **D** *v/i* als Model/Mannequin/Dressman arbeiten

modelling ['mɒdlɪŋ] *s*, **modeling** *US s* **to do some ~** bei Modenschau etc als Model/Mannequin/Dressman arbeiten

modem ['məʊdem] *s* Modem *n*

moderate **A** ['mɒdərɪt] *adj* gemäßigt; *Erhöhung* mäßig; *Verbesserung* leicht; *Forderungen* vernünftig; *Trinker* maßvoll; *Erfolg* bescheiden; **a ~ amount** einigermaßen viel **B** ['mɒdərɪt] *s* POL Gemäßigte(r) *m/f(m)* **C** ['mɒdəreɪt] *v/t* mäßigen

moderately ['mɒdərɪtlɪ] *adv* **1** *mit Adjektiv/Adverb* einigermaßen; *Steigerung, Rückgang* mäßig; **a ~ priced suit** ein nicht allzu teurer Anzug **2** *essen etc* in Maßen

moderation [ˌmɒdəˈreɪʃən] *s* Mäßigung *f*; **in ~** mit Maß(en)

modern ['mɒdən] *adj* modern; *Geschichte* neuere und neueste; **Modern Greek** *etc* Neugriechisch *n etc*

modern-day [ˌmɒdənˈdeɪ] *adj* modern; **~ America** das heutige Amerika

modernism ['mɒdənɪzəm] *s* Modernismus *m*

modernist ['mɒdənɪst] **A** *adj* modernistisch **B** *s* Modernist(in) *m(f)*

modernization [ˌmɒdənaɪˈzeɪʃən] *s* Modernisierung *f*

modernize ['mɒdənaɪz] *v/t* modernisieren

modern languages *pl* neuere Sprachen *pl*; UNIV Neuphilologie *f*

modest ['mɒdɪst] *adj* bescheiden; *Preis* mäßig; **to be ~ about one's successes** nicht mit seinen Erfolgen prahlen; **on a ~ scale** in bescheidenem Rahmen

modesty ['mɒdɪstɪ] *s* Bescheidenheit *f*

modicum ['mɒdɪkəm] *s* **a ~ (of)** ein wenig

modification [ˌmɒdɪfɪˈkeɪʃən] *s* (Ver)änderung *f*; *von Wortlaut* Modifizierung *f*; **to make ~s to sth** (Ver)änderungen an etw (*dat*) vornehmen, etw modifizieren

modifier ['mɒdɪfaɪə ʳ] *s* GRAM Bestimmungswort *n*

modify ['mɒdɪfaɪ] *v/t* (ver)ändern; *Wortlaut* modifizieren

modular ['mɒdjʊlə ʳ] *adj* aus Elementen zusammengesetzt; IT modular; *bes Br* SCHULE, UNIV modular aufgebaut

modulate ['mɒdjʊleɪt] *v/t & v/i* MUS, RADIO modulieren

modulation [ˌmɒdjʊˈleɪʃən] *s* MUS, RADIO Modulation *f*

module ['mɒdjuːl] *s* (Bau)element *n*; SCHULE etc Kurs *m*; COMPUT Modul *n*; RAUMF Raumkapsel *f*

mohair ['məʊheə ʳ] *s* Mohair *m*

Mohican [məʊˈhiːkən] *s* **1** Mohikaner(in) *m(f)* **2** *Frisur* Irokesenschnitt *m*

moist [mɔɪst] *adj* ⟨*+er*⟩ feucht (**from, with** vor *+dat*)

moisten ['mɔɪsn] *v/t* anfeuchten

moisture ['mɔɪstʃə ʳ] *s* Feuchtigkeit *f*

moisturizer ['mɔɪstʃəraɪzə ʳ], **moisturizing cream** ['mɔɪstʃəraɪzɪŋˈkriːm] *s* Feuchtigkeitscreme *f*

molar (tooth) ['məʊlə ʳ(ˌtuːθ)] *s* Backenzahn *m*, Stockzahn *m österr*

molasses [məʊˈlæsɪz] *s* Melasse *f*

mold etc *US* → **mould**[1]

Moldova [mɒlˈdəʊvə] *s* Moldau *f*

moldy *US adj* → **mouldy**

mole[1] [məʊl] *s* ANAT Leberfleck *m*

mole[2] *s* ZOOL Maulwurf *m*, Schermaus *f schweiz*; *umg* (≈ *Agent*) Maulwurf *m umg*

molecular [məʊˈlekjʊlə ʳ] *adj* Molekular-

molecule ['mɒlɪkjuːl] *s* Molekül *n*

molehill *s* Maulwurfshaufen *m*

molest [məʊˈlest] *v/t* belästigen

mollusc ['mɒləsk] *s* Weichtier *n*

mollycoddle ['mɒlɪˌkɒdl] *v/t* verhätscheln

molotow cocktail ['mɒlətɒvˈkɒkteɪl] *s US* Molotowcocktail *m*

molt *US v/i* → **moult**

molten ['məʊltən] *adj* geschmolzen; *Lava* flüssig

mom [mɒm] *US umg s* → **mum**[2]

moment ['məʊmənt] *s* Augenblick *m*, Moment *m*; **any ~ now, (at) any ~** jeden Augenblick; **at the ~** im Augenblick, momentan; **not at the ~** im Augenblick nicht; **at this (particular) ~ in time** augenblicklich; **for the ~** vorläufig; **for a ~** einen Moment lang; **not for a** *od* **one ~ ... nie(mals) ...**; **I didn't hesitate for a ~** ich habe keinen Augenblick gezögert; **in a ~** gleich; **to leave things until the last ~** alles erst im letzten Moment erledigen; **just a ~!**, **wait a ~!** Moment mal!; **I shan't be a ~** ich bin gleich wieder da, ich bin gleich so weit; **I have just this ~ heard about it** ich habe es eben *od* gerade erst erfahren; **we haven't a ~ to lose** wir haben keine Minute zu verlieren; **not a ~'s peace** keine ruhige Minute; **one ~ she was laughing, the next she was crying** zuerst lachte sie, einen Moment später weinte sie; **the ~ I saw him I knew ...** als ich ihn sah, wusste ich sofort ...; **tell me the ~ he comes** sagen Sie mir sofort Bescheid, wenn er kommt; **the ~ of truth** die Stunde der Wahrheit; **the film has its ~s** streckenweise hat der Film was *umg*

momentarily ['məʊməntərɪlɪ] *adv* (für) einen Augenblick

momentary ['məʊməntərɪ] *adj* kurz, momentan; **there was a ~ silence** einen Augenblick lang herrschte Stille

momentous [məʊ'mentəs] *adj* bedeutungsvoll

momentum [məʊ'mentəm] *s* Schwung *m*; **to gather** *od* **gain ~** *wörtl* sich beschleunigen; *fig* in Gang kommen; **to lose ~** Schwung verlieren

Mon *abk* (= Monday) Mo.

Monaco ['mɒnəkəʊ] *s* Monaco *n*

monarch ['mɒnək] *s* Monarch(in) *m(f)*

monarchist ['mɒnəkɪst] *s* Monarchist(in) *m(f)*

monarchy ['mɒnəkɪ] *s* Monarchie *f*

monastery ['mɒnəstərɪ] *s* (Mönchs)kloster *n*

monastic [mə'næstɪk] *adj* klösterlich; **~ order** Mönchsorden *m*

Monday ['mʌndɪ] *s* Montag *m*; **on ~s** montags; **~ morning** Montagmorgen *m*; → **Tuesday**

monetary ['mʌnɪtərɪ] *adj* währungspolitisch; **~ policy** Währungspolitik *f*; **~ union** Währungsunion *f*

monetary unit *s* Währungseinheit *f*

money ['mʌnɪ] *s* Geld *n*; **to make ~** (viel) Geld verdienen; *Geschäft* etwas einbringen; **to lose ~** Geld verlieren; *Geschäft* Verluste haben; **to be in the ~** *umg* Geld wie Heu haben; **what's the ~ like in this job?** wie wird der Job bezahlt?; **to earn good ~** gut verdienen; **to get one's ~'s worth** etwas für sein Geld bekommen; **to put one's ~ where one's mouth is** *umg* (nicht nur reden, sondern) Taten sprechen lassen

money belt *s* Geldgürtel *m*

moneybox *s* Sparbüchse *f*

money laundering *s* Geldwäsche *f*

moneylender *s* Geldverleiher(in) *m(f)*

money market *s* Geldmarkt *m*

money order *s* Zahlungsanweisung *f*; *US* Postanweisung *f*

money-spinner *umg s* Verkaufsschlager *m umg*

money supply *s* Geldvolumen *n*

Mongolian [mɒŋ'gəʊlɪən] **A** *adj* mongolisch **B** *s* Mongole *m*, Mongolin *f*

mongrel ['mʌŋgrəl] *s* Promenadenmischung *f*; *pej* Köter *m*

monitor ['mɒnɪtə(r)] **A** *s* **1** SCHULE **book ~** Bücherwart(in) *m(f)* **2** TV, TECH Monitor *m*; COMPUT *a.* Bildschirm *m* **3** Überwacher(in) *m(f)* **B** *v/t* **1** *Telefongespräch* abhören; *Fernsehprogramm* mithören **2** überwachen; *Aufgaben etc* kontrollieren

monk [mʌŋk] *s* Mönch *m*

monkey ['mʌŋkɪ] **A** *s* Affe *m*; *fig* (≈ *Kind*) Schlingel *m*; **I don't give a ~'s** *Br umg* das ist mir scheißegal *umg* **B** *v/i* **to ~ around** *umg* herumalbern; **to ~ around with sth** an etw *(dat)* herumfummeln *umg*

monkey business *umg s* **no ~!** mach(t) mir keine Sachen! *umg*

monkey wrench *s* Engländer *m*

mono ['mɒnəʊ] **A** *s* ⟨*kein pl*⟩ Mono *n* **B** *adj* Mono-, mono-

monochrome ['mɒnəkrəʊm] *adj* monochrom

monocle ['mɒnəkəl] *s* Monokel *n*

monogamous [mɒ'nɒgəməs] *adj* monogam

monogamy [mɒ'nɒgəmɪ] *s* Monogamie *f*

monolingual [ˌmɒnəʊ'lɪŋgwəl] *adj* einsprachig

monolithic [ˌmɒnəʊ'lɪθɪk] *fig adj* gigantisch

monologue ['mɒnəlɒg] *s*, **monolog** *US s* Monolog *m*

Monopolies and Mergers Commission *s in GB* Kartellamt *n*

monopolization [məˌnɒpəlaɪ'zeɪʃən] *wörtl s* Monopolisierung *f*

monopolize [mə'nɒpəlaɪz] *wörtl v/t Markt* monopolisieren; *fig j-n* mit Beschlag belegen; *Diskussion* beherrschen

monopoly [mə'nɒpəlɪ] *wörtl s* Monopol *n*

monorail ['mɒnəreɪl] *s* Einschienenbahn *f*

monosyllabic [ˌmɒnəʊsɪ'læbɪk] *fig adj* einsilbig

monotone ['mɒnətəʊn] *s* monotoner Klang, monotone Stimme

monotonous [mə'nɒtənəs] *adj* monoton; **it's getting ~** es wird allmählich langweilig

monotony [mə'nɒtənɪ] *s* Monotonie *f*

monoxide [mɒ'nɒksaɪd] *s* Monoxid *n*

monsoon [mɒn'suːn] *s* Monsun *m*; **the ~s, the ~ season** die Monsunzeit

monster ['mɒnstə(r)] **A** *s* **1** Ungetüm *n*; (≈ *Tier*) Ungeheuer *n* **2** Monster *n* **3** Unmensch *m* **B** *adj* ⟨*attr*⟩ riesenhaft

monstrosity [mɒn'strɒsɪtɪ] *s* Monstrosität *f*

monstrous ['mɒnstrəs] *adj* **1** riesig **2** abscheulich; *Verbrechen* grässlich

montage [mɒn'tɑːʒ] *s* Montage *f*

Montenegrin [ˌmɒntɪ'niːgrɪn] **A** *s* Montenegriner(in) *m(f)* **B** *adj* montenegrinisch

Montenegro [ˌmɒntɪ'niːgrəʊ] *s* Montenegro *n*

month [mʌnθ] *s* Monat *m*; **in** *od* **for ~s** seit Langem; **it went on for ~s** es hat sich monatelang hingezogen; **one ~'s salary** ein Monatsgehalt; **by the ~** monatlich

monthly ['mʌnθlɪ] **A** *adj & adv* monatlich; **~ magazine** Monats(zeit)schrift *f*; **~ salary** Monatsgehalt *n*; **~ instalment ~ installment** *US* Monatsrate *f*; **they have ~ meetings** sie treffen sich einmal im Monat; **to pay on a ~ basis** monatlich zahlen; **twice ~** zweimal pro Monat **B** *s* Monats(zeit)schrift *f*

monty ['mɒntɪ] *umg s* **the full ~** absolut alles

monument ['mɒnjʊmənt] *s* Denkmal *n*; *fig* Zeugnis *n* (**to** +*gen*)

monumental [ˌmɒnjʊ'mentl] *adj* enorm; **on a ~ scale** *Katastrophe* von riesigem Ausmaß; *Bauwerk* monumental

moo [muː] *v/i* muhen

mooch [muːtʃ] *umg v/i* tigern *umg*; **I spent all day just ~ing about the house** *Br*, **I spent all day just ~ing around the house** ich habe den ganzen Tag zu Hause herumgegammelt *umg*

mood[1] [muːd] *s* Stimmung *f*, Laune *f*; **he's in one of his ~s** er hat mal wieder eine seiner Launen; **to be in a good/bad ~** gute/schlechte Laune haben; **to be in a cheerful ~** gut aufgelegt sein; **to be in a festive/forgiving ~** feierlich/versöhnlich gestimmt sein; **I'm in no ~ for laughing** mir ist nicht nach *od* zum Lachen zumute; **to be in the ~ for sth** zu etw aufgelegt sein; **to be in the ~ to do sth** dazu aufgelegt sein, etw zu tun; **to be in no ~ to do sth** nicht in der Stimmung sein, etw zu tun; **I'm not in the ~ to work** ich habe keine Lust zum Arbeiten; **I'm not in the ~** ich bin nicht dazu aufgelegt

mood[2] *s GRAM* Modus *m*; **indicative ~** Indikativ *m*

moodiness ['muːdɪnɪs] *s* Launenhaftigkeit *f*

moody ['muːdɪ] *adj* ⟨*komp* moodier⟩ launisch, schlecht gelaunt

moon [muːn] *s* Mond *m*; **is there a ~ tonight?** scheint heute der Mond?; **when the ~ is full** bei Vollmond; **to promise sb the ~** j-m das Blaue vom Himmel versprechen; **to be over the ~** *umg* überglücklich sein

phrasal verbs mit moon:

moon about *Br*, **moon around** *v/i* (vor sich *akk* hin) träumen; **to moon about** *od* **around (in) the house** zu Hause hocken

moonbeam *s* Mondstrahl *m*

moonless *adj* mondlos

moonlight **A** *s* Mondlicht *n*; **it was ~** der Mond schien **B** *v/i umg* schwarzarbeiten, pfuschen *österr*

moonlighting *umg s* Schwarzarbeit *f*, Pfusch *m österr*

moonlit *adj* mondbeschienen; *Landschaft* mondhell

moonshine *s* Mondschein *m*

moor[1] [mʊə[r]] *s* (Hoch)moor *n*

moor[2] *v/t & v/i* festmachen

mooring ['mʊərɪŋ] *s* Anlegeplatz *m*; **~s** Verankerung *f*

moose [muːs] *s* ⟨*pl* -⟩ Elch *m*

moot [muːt] *adj* **a ~ point** eine fragliche Sache

mop [mɒp] **A** *s* Mopp *m*; **her mop of curls** ihr Wuschelkopf *m* **B** *v/t Boden* wischen; **to mop one's brow** sich (*dat*) den Schweiß von der Stirn wischen

phrasal verbs mit mop:

mop up **A** *v/t* ⟨*trennb*⟩ aufwischen; **she mopped up the sauce with a piece of bread** sie tunkte die Soße mit einem Stück Brot auf **B** *v/i* (auf)wischen

mope [məʊp] *v/i* Trübsal blasen *umg*

phrasal verbs mit mope:

mope about *Br*, **mope around** *v/i* mit einer Jammermiene herumlaufen; **to mope about** *od* **around the house** zu Hause hocken und Trübsal blasen *umg*

moped ['məʊped] *s* Moped *n*

moral ['mɒrəl] **A** *adj* moralisch; **~ values** sittliche Werte *pl*; **to give sb ~ support** j-n moralisch unterstützen **B** *s* **1** Moral *f* **2** **~s** *pl* (≈ Prinzipien) Moral *f*

morale [mɒ'rɑːl] *s* Moral *f*; **to boost sb's ~** j-m (moralischen) Auftrieb geben

moralistic [ˌmɒrə'lɪstɪk] *adj* moralisierend

morality [mə'rælɪtɪ] *s* Moralität *f*; (≈ *System*) Ethik *f*

moralize ['mɒrəlaɪz] *v/i* moralisieren

morally ['mɒrəlɪ] *adv* moralisch

morass [mə'ræs] *s* **a ~ of problems** ein Wust *m* von Problemen

moratorium [ˌmɒrə'tɔːrɪəm] *s* Stopp *m*, Moratorium *n*

morbid ['mɔːbɪd] *adj* krankhaft; *Sinn für Humor etc* makaber; *Gedanken* düster; *Mensch* trübsinnig; **don't be so ~!** sieh doch nicht alles so schwarz!

more [mɔː[r]] **A** *s & pron* mehr, noch welche; **~ and ~** immer mehr; **one/three ~** noch ein(e)/drei; **many/much ~** viel mehr; **not many/much ~** nicht mehr viele/viel; **no ~** nichts mehr, keine mehr; **some ~** noch etwas, noch welche; **there isn't/aren't any ~** es ist nichts/es sind keine mehr da; **is/are there any ~?** gibt es noch mehr?, ist noch etwas/sind noch welche da?; **even ~** noch mehr; **let's say no ~ about it** reden wir nicht mehr darüber; **there's ~ to come** das ist noch nicht alles; **what ~ do you want?** was willst du denn noch?; **there's ~ to it** da steckt (noch) mehr dahinter; **there's ~ to bringing up children than ...** zum Kindererziehen gehört mehr als ...; **and what's ~,** ... und außerdem

...; **(all) the ~** umso mehr; **the ~ ..., the ~ ...** je mehr ..., desto mehr ...; **the ~ the merrier** je mehr, desto besser **B** *adj* mehr, noch mehr; **two ~ bottles** noch zwei Flaschen; **a lot/a little ~ money** viel/etwas mehr Geld; **a few ~ weeks** noch ein paar Wochen; **no ~ music** keine Musik mehr; **no ~ squabbling!** Schluss mit dem Zanken!; **do you want some ~ tea/books?** möchten Sie noch etwas Tee/noch ein paar Bücher?; **there isn't any ~ wine** es ist kein Wein mehr da; **there aren't any ~ books** mehr Bücher gibt es nicht, es sind keine Bücher mehr da **C** *adv* **1** mehr; **~ and ~** immer mehr; **it will weigh/grow a bit ~** es wird etwas mehr wiegen/noch etwas wachsen; **to like sth ~** etw lieber mögen; **~ than** mehr als; **it will ~ than meet the demand** das wird die Nachfrage mehr als genügend befriedigen; **he's ~ lazy than stupid** er ist eher faul als dumm; **no ~ than** nicht mehr als; **he's ~ like a brother to me** er ist eher wie ein Bruder (für mich); **once ~** noch einmal; **no ~, not any ~** nicht mehr; **to be no ~** nicht mehr existieren; **if he comes here any ~** ... immer er noch länger hierherkommt ...; **~ or less** mehr oder weniger; **neither ~ nor less, no ~, no less** nicht mehr und nicht weniger **2** *bei Komparativ* -er (**than** als); **~ beautiful/boring/quickly** schöner/langweiliger/schneller; **~ and ~ beautiful** immer schöner; **~ seriously** ernster; **no ~ stupid than I am** (auch) nicht dümmer als ich

moreover [mɔː'rəʊvəʳ] *adv* zudem, überdies

morgue [mɔːg] *s* Leichenschauhaus *n*

Mormon ['mɔːmən] **A** *adj* mormonisch; **~ church** Mormonenkirche *f* **B** *s* Mormone *m*, Mormonin *f*

morning ['mɔːnɪŋ] **A** *s* Morgen *m*, Vormittag *m*; **in the ~** am Morgen; morgens, vormittags; **early in the ~** *am Tag darauf* morgen früh; *an irgendeinem Tag* am frühen Morgen; **(at) 7 in the ~** (um) 7 Uhr morgens; **at 2 in the ~** um 2 Uhr früh; **this/yesterday ~** heute/gestern Morgen; **tomorrow ~** morgen früh; **(the) next ~** am nächsten Morgen; **it was the ~ after** es war am nächsten Morgen **B** *adj* ⟨*attr*⟩ am Morgen, morgendlich; **~ flight** Vormittagsflug *m*

morning paper *s* Morgenzeitung *f*

morning sickness *s* (Schwangerschafts)übelkeit *f*

Morocco [mə'rɒkəʊ] *s* Marokko *n*

moron ['mɔːrɒn] *umg s* Trottel *m umg*

moronic [mə'rɒnɪk] *umg adj* idiotisch *umg*

morose *adj*, **morosely** [mə'rəʊs, -lɪ] *adv* missmutig

morphine ['mɔːfiːn] *s* Morphium *n*

morphology [mɔː'fɒlədʒɪ] *s* Morphologie *f*

morse [mɔːs] *s*, *(a.* **Morse code)** Morseschrift *f*

morsel ['mɔːsl] *s* Bissen *m*

mortal ['mɔːtl] **A** *adj* **1** sterblich **2** tödlich; **to deal (sb/sth) a ~ blow** (j-m/einer Sache) einen tödlichen Schlag versetzen; **~ enemy** Todfeind(in) *m(f)* **B** *s* Sterbliche(r) *m/f(m)*

mortality [mɔː'tælɪtɪ] *s* Sterblichkeit *f*; **~ rate** Sterblichkeitsziffer *f*

mortally ['mɔːtəlɪ] *adv* tödlich; **~ ill** todkrank

mortal sin *s* Todsünde *f*

mortar ['mɔːtəʳ] *s* Mörtel *m*

mortarboard ['mɔːtəˌbɔːd] *s UNIV* Doktorhut *m*

mortgage ['mɔːgɪdʒ] **A** *s* Hypothek *f* (**on** auf +*akk od dat*); **a ~ for £50,000** eine Hypothek über £ 50.000 **B** *v/t* hypothekarisch belasten

mortgage interest *s* Hypothekenzinsen *pl*

mortgage rate *s* Hypothekenzinssatz *m*

mortician [ˌmɔː'tɪʃən] *US s* Bestattungsunternehmer(in) *m(f)*

mortify ['mɔːtɪfaɪ] *v/t* **he was mortified** es war ihm äußerst peinlich

mortuary ['mɔːtjʊərɪ] *s* Leichenhalle *f*

mosaic [məʊ'zeɪɪk] *s* Mosaik *n*

Moscow ['mɒskəʊ] *s* Moskau *n*

Moselle [məʊ'zel] *s* Mosel *f*

Moslem ['mɒzlem] **A** *adj* muslimisch **B** *s* Muslim(in) *m(f)*

mosque [mɒsk] *s* Moschee *f*

mosquito [mɒ'skiːtəʊ] *s* ⟨*pl* -(e)s⟩ Stechmücke *f*, Moskito *m*

moss [mɒs] *s* Moos *n*

mossy ['mɒsɪ] *adj* ⟨*komp* mossier⟩ moosbedeckt

most [məʊst] **A** *adj* ⟨*sup*⟩ **1** meiste(r, s); *Vergnügen* größte(r, s); **who has (the) ~ money?** wer hat am meisten Geld?; **for the ~ part** größtenteils, im Großen und Ganzen **2** die meisten; **~ people** die meisten (Leute) **B** *s & pron* das meiste, die meisten; **~ of it** das meiste; **~ of them** die meisten (von ihnen); **~ of the money** das meiste Geld; **~ of his friends** die meisten seiner Freunde; **~ of the day** fast den ganzen Tag über; **~ of the time** die meiste Zeit, meist(ens); **at ~** höchstens; **to make the ~ of sth** etw voll ausnützen; *Urlaub etc* etw in vollen Zügen genießen **C** *adv* **1** ⟨*sup*⟩ *mit Verb* am meisten; *mit Adjektiv* -ste(r, s); *mit Adverb* am -sten; **the ~ beautiful ...** der/die/das schönste ...; **~ beautiful** am schönsten; **what ~ displeased him ..., what displeased him ~ ...** was ihm am meisten missfiel ...; **~ of all** am allermeisten **2** äußerst; **~ likely** höchstwahrscheinlich

mostly ['məʊstlɪ] *adv* hauptsächlich, meistens, zum größten Teil; **they are ~ women** die meisten sind Frauen

MOT [ˌeməʊ'tiː] *Br* **A** *s* **MOT (test)** ≈ TÜV *m*; it

failed its MOT ≈ es ist nicht durch den TÜV gekommen **B** v/t **to get one's car MOT'd** ≈ sein Auto zum TÜV bringen; **I got my car MOT'd** mit Erfolg ≈ mein Auto ist durch den TÜV gekommen

motel [məʊˈtel] s Motel n

moth [mɒθ] s **1** Nachtfalter m **2** Motte f

mothball s Mottenkugel f

mother [ˈmʌðəʳ] **A** s Mutter f; **she's a ~ of three** sie hat drei Kinder **B** adj ⟨attr⟩ Mutter- **C** v/t bemuttern

motherboard s COMPUT Mutterplatine f

mother country s Heimat f, Mutterland n

mother figure s Mutterfigur f

motherhood s Mutterschaft f

mother-in-law s ⟨pl mothers-in-law⟩ Schwiegermutter f

motherland s Heimat f

motherly [ˈmʌðəlɪ] adj mütterlich

mother-of-pearl [ˌmʌðərəvˈpɜːl] **A** s Perlmutt n **B** adj Perlmutt-

Mother's Day s Muttertag m

mother-to-be s ⟨pl mothers-to-be⟩ werdende Mutter

mother tongue s Muttersprache f

motif [məʊˈtiːf] s KUNST, MUS Motiv n; Handarbeiten Muster n

motion [ˈməʊʃən] **A** s **1** Bewegung f; **to be in ~** sich bewegen; Zug etc fahren; **to set** od **put sth in ~** etw in Gang setzen; **to go through the ~s of doing sth** etw der Form halber tun **2** Antrag m **B** v/t **to ~ sb to do sth** j-m ein Zeichen geben, dass er etw tun solle; **he ~ed me to a chair** er wies mich an **C** v/i **to ~ to sb to do sth** j-m ein Zeichen geben, dass er etw tun solle

motion detector s Bewegungsmelder m

motionless adj reg(ungs)los; **to stand ~** bewegungslos dastehen

motion picture bes US s Film m

motion sensor s Bewegungsmelder m

motion sickness s MED Kinetose f fachspr, Seekrankheit f; FLUG Luftkrankheit f; Verkehr Autokrankheit f

motivate [ˈməʊtɪveɪt] v/t motivieren

motivated adj motiviert; **he's not ~ enough** es fehlt ihm die nötige Motivation

motivation [ˌməʊtɪˈveɪʃən] s Motivation f

motive [ˈməʊtɪv] s Motiv n

motiveless [ˈməʊtɪvlɪs] adj unmotiviert

motley [ˈmɒtlɪ] adj kunterbunt

motor [ˈməʊtəʳ] **A** s **1** Motor m **2** Br umg Auto n **B** adj ⟨attr⟩ **1** PHYSIOL motorisch **2** Kraftfahrzeug-

motorbike s Motorrad n, Töff m schweiz

motorboat s Motorboot n

motorcade [ˈməʊtəkeɪd] s Fahrzeugkolonne f

motorcar form s Auto n

motorcycle s Motorrad n, Töff m schweiz

motorcycling s Motorradfahren n, Töfffahren n schweiz; SPORT Motorradsport m

motorcyclist s Motorradfahrer(in) m(f), Töfffahrer(in) m(f) schweiz

motor home s Wohnmobil n

motor industry s Kraftfahrzeugindustrie f

motoring bes Br **A** adj ⟨attr⟩ Auto-; **~ offence** Verkehrsdelikt n **B** s **school of ~** Fahrschule f

motorist s Autofahrer(in) m(f)

motorize [ˈməʊtəraɪz] v/t **to be ~d** motorisiert sein

motor lodge US s Motel n

motor mechanic s Kraftfahrzeugmechaniker(in) m(f)

motor racing s Rennsport m

motor scooter s Motorroller m

motor sport s Motorsport m

motor vehicle form s Kraftfahrzeug n

motorway Br s Autobahn f; **~ driving** das Fahren auf der Autobahn

mottled [ˈmɒtld] adj gesprenkelt

motto [ˈmɒtəʊ] s ⟨pl -(e)s⟩ Motto n

mould[1] [məʊld], **mold** US **A** s **1** Form f **2** fig **to be cast in** od **from the same/a different ~** Menschen vom gleichen/von einem anderen Schlag sein; **to break the ~** fig mit der Tradition brechen **B** v/t formen (**into** zu)

mould[2] s, **mold** US s (≈ Fäulnis) Schimmel m

mouldy [ˈməʊldɪ] adj ⟨komp mouldier⟩, **moldy** US adj ⟨moldier⟩ verschimmelt; **to go ~** verschimmeln

moult [məʊlt] v/i, **molt** US v/i Vogel sich mausern; Säugetier sich haaren

mound [maʊnd] s **1** Hügel m, Wall m; Baseball Wurfmal n **2** Haufen m; von Büchern Stapel m

Mount [maʊnt] s **~ Etna** etc der Ätna etc; **~ Everest** Mount Everest m; **on ~ Sinai** auf dem Berg(e) Sinai

mount [maʊnt] **A** s **1** Reittier n **2** von Maschine Sockel m; von Edelstein Fassung f; von Bild Passepartout n **B** v/t **1** besteigen **2** montieren; Bild aufziehen; Edelstein (ein)fassen **3** Angriff, Expedition organisieren; **to ~ a guard** eine Wache aufstellen **4** zur Begattung bespringen **C** v/i **1** aufsteigen; auf Pferd aufsitzen **2** (a. **~ up**) zunehmen; Beweise sich häufen; **the death toll has ~ed to 800** die Todesziffer ist auf 800 gestiegen; **pressure is ~ing on him to resign** er sieht sich wachsendem Druck ausgesetzt, zurückzutreten

mountain [ˈmaʊntɪn] s Berg m; **in the ~s** in den Bergen; **to make a ~ out of a molehill** aus einer Mücke einen Elefanten machen umg

mountain bike s Mountainbike n
mountain biking s Mountainbiken n; **to go ~** mountainbiken
mountain chain s Bergkette f
mountaineer [ˌmaʊntɪˈnɪər] s Bergsteiger(in) m(f)
mountaineering [ˌmaʊntɪˈnɪərɪŋ] s Bergsteigen n
mountain hike s Bergtour f, Bergwanderung f
mountain of debt s Schuldenberg m
mountainous [ˈmaʊntɪnəs] adj gebirgig; fig riesig
mountain range s Gebirgszug m
mountain rescue (service) s Bergwacht f
mountainside s (Berg)hang m
mounted [ˈmaʊntɪd] adj Truppen etc beritten
Mountie [ˈmaʊntɪ] umg s berittener kanadischer Polizist
mounting [ˈmaʊntɪŋ] adj wachsend; **there is ~ evidence that …** es häufen sich die Beweise dafür, dass …
mourn [mɔːn] **A** v/t betrauern; fig nachtrauern (+dat) **B** v/i trauern; **to ~ for** od **over sb** um j-n trauern
mourner [ˈmɔːnər] s Trauernde(r) m/f(m)
mournful adj traurig; Ruf klagend
mourning [ˈmɔːnɪŋ] s Trauerzeit f; (≈ Anzug etc) Trauer(kleidung) f; **to be in ~ for sb** um j-n trauern; **next Tuesday has been declared a day of national ~** für den kommenden Dienstag wurde Staatstrauer angeordnet
mouse [maʊs] s ⟨pl mice; COMPUT a. mouses⟩ a. COMPUT Maus f
mouse button s COMPUT Maustaste f
mouse click s IT Mausklick m
mousehole s Mauseloch n
mouse mat, **mouse pad** s Mauspad n, Mausmatte f
mouse pointer s IT Mauszeiger m
mouse potato s ⟨pl -es⟩ umg (abgestumpfter) Computerfreak umg
mousetrap s Mausefalle f
mousey adj → mousy
mousse [muːs] s **1** Creme(speise) f **2** (a. **styling ~**) Schaumfestiger m
moustache [məˈstɑːʃ] s, **mustache** US s Schnurrbart m, Schnauz m schweiz
mousy, **mousey** [ˈmaʊsɪ] adj ⟨komp mousier; mouseyer⟩ mausgrau
mouth [maʊθ] **A** s Mund m; von Tier Maul n; von Vogel Rachen m; von Flasche Öffnung f; von Fluss Mündung f; **to keep one's (big) ~ shut (about sth)** umg (über etw akk) die Klappe halten umg; **me and my big ~!** umg ich konnte wieder nicht die Klappe halten umg; **he has three ~s to feed** er hat drei Mäuler zu stopfen umg

B [maʊð] v/t geräuschlos mit Lippensprache sagen
mouthful [ˈmaʊθfʊl] s Schluck m, Bissen m; fig (≈ schwieriges Wort) Zungenbrecher m
mouth organ s Mundharmonika f; **to play the ~** Mundharmonika spielen
mouthpiece s Mundstück n; fig Sprachrohr n
mouth-to-mouth adj **~ resuscitation** Mund--zu-Mund-Beatmung f
mouthwash s Mundwasser n
mouthwatering adj lecker; fig verlockend
movable [ˈmuːvəbl] adj beweglich
move [muːv] **A** v/t **1** bewegen; Rad (an)treiben; Möbel etc woanders hinstellen, wegstellen, umräumen; Stuhl rücken; Fahrzeug wegfahren; Hindernis aus dem Weg räumen; Schachfigur ziehen mit; Arm wegnehmen; Hand wegziehen; Patienten verlegen; Mitarbeiter versetzen; **to ~ sth to a different place** etw an einen anderen Platz stellen; **I can't ~ this handle** der Griff lässt sich nicht bewegen; **you'll have to ~ these books** Sie müssen diese Bücher wegräumen; **his parents ~d him to another school** seine Eltern haben ihn in eine andere Schule getan **2** verlegen; IT verschieben; **we've been ~d to a new office** wir mussten in ein anderes Büro umziehen; **to ~ house** Br umziehen, zügeln schweiz **3** emotional rühren, erschüttern; **to be ~d** gerührt/erschüttert sein; **to ~ sb to tears** j-n zu Tränen rühren; **to ~ sb to do sth** j-n dazu bringen, etw zu tun **B** v/i **1** sich bewegen; Fahrzeug fahren; Verkehr vorankommen; **the wheel began to ~** das Rad setzte sich in Bewegung; **nothing ~d** nichts rührte sich; **don't ~!** stillhalten!; **to keep moving** nicht stehen bleiben; **to keep sb/sth moving** j-n/etw in Gang halten; **to ~ away from sth** sich von etw entfernen; **to ~ closer to sth** sich einer Sache (dat) nähern; **things are moving at last** endlich kommen die Dinge in Gang; **to ~ with the times** mit der Zeit gehen; **to ~ in royal circles** in königlichen Kreisen verkehren **2** umziehen, zügeln schweiz; **we ~d to London/to a bigger house** wir sind nach London/in ein größeres Haus umgezogen; **they ~d to Germany** sie sind nach Deutschland gezogen **3** (≈ Standort wechseln) gehen, fahren; **he has ~d to room 52** er ist jetzt in Zimmer 52; **she has ~d to a different company** sie hat die Firma gewechselt; **~!** weitergehen!; (≈ Drohung) verschwinden Sie!; **don't ~** gehen Sie nicht weg **4** umg ein Tempo draufhaben umg; **he can really ~** der ist unheimlich schnell umg **5** fig etwas unternehmen; **we'll have to ~ quickly** wir müssen schnell handeln **C** s **1** in Spiel Zug m; fig Schritt m, Maßnahme f;

it's my ~ ich bin am Zug; **to make a ~** einen Zug machen; **to make the first ~** *fig* den ersten Zug machen **2** Bewegung *f*; **to watch sb's every ~** j-n nicht aus den Augen lassen; **it's time we made a ~** es wird Zeit, dass wir gehen; **to make a ~ to do sth** *fig* Anstalten machen, etw zu tun; **to be on the ~** unterwegs sein; **to get a ~ on** *umg* sich beeilen; **get a ~ on!** nun mach schon! *umg* **3** Umzug *m*; *beruflich* Stellenwechsel *m*

phrasal verbs mit move:

move about *Br* **A** *v/t ⟨trennb⟩* umarrangieren; *Möbel* umräumen **B** *v/i* sich (hin und her) bewegen; (≈ *reisen*) unterwegs sein; **I can hear him moving about** ich höre ihn herumlaufen

move along A *v/t ⟨trennb⟩* weiterrücken; **they are trying to move things along** sie versuchen, die Dinge voranzutreiben **B** *v/i* in Sitzreihe aufrücken; *Fußgänger* weitergehen

move around *v/t & v/i ⟨trennb⟩* → **move about**

move aside A *v/t ⟨trennb⟩* zur Seite schieben **B** *v/i* zur Seite gehen

move away A *v/t ⟨trennb⟩* wegräumen; **to move sb away from sb/sth** j-n von j-m/etw entfernen **B** *v/i* **1** weggehen; *Auto* losfahren; (≈ *Wohnung wechseln*) wegziehen (**from** aus, von) **2** *fig* sich entfernen (**from** von)

move back A *v/t ⟨trennb⟩* **1** *Objekt* zurückstellen; *j-n* wieder unterbringen (**into** in +*dat*) **2** *nach hinten: Objekte* zurückschieben; *Auto* zurückfahren **B** *v/i* **1** zurückkommen; *in Haus, Wohnung* wieder einziehen (**into** in +*akk*) **2** zurückweichen; **move back, please!** bitte zurücktreten! **3** **move back one space** geh ein Feld zurück

move down A *v/t ⟨trennb⟩* (weiter) nach unten stellen, (weiter) nach hinten stellen **B** *v/i* nach unten rücken, weiterrücken; *in Bus etc* nach hinten aufrücken; **he had to move down a year** SCHULE er musste eine Klasse zurück

move forward A *v/t ⟨trennb⟩* **1** *j-n* vorgehen lassen; *Stuhl* vorziehen; *Auto* vorfahren **2** *fig Veranstaltung* vorverlegen **B** *v/i* vorrücken; *Auto* vorwärtsfahren

move in *v/i* **1** einziehen (-**to** in +*akk*) **2** sich nähern (**on** +*dat*); *Truppen etc* anrücken; *Arbeiter* (an)kommen

move off A *v/t ⟨trennb⟩* wegschicken **B** *v/i* weggehen

move on A *v/t ⟨trennb⟩* **the policeman moved them on** der Polizist forderte sie auf weiterzugehen **B** *v/i* weitergehen; *Autos* weiterfahren; **it's about time I was moving on** *fig beruflich etc* es wird Zeit, dass ich (mal) etwas anderes mache; **time is moving on** die Zeit vergeht; **move on one space** geh ein Feld vor

move out A *v/t ⟨trennb⟩* **1** *aus Zimmer* hinausräumen **2** *Truppen* abziehen; **they moved everybody out of the danger zone** alle mussten die Gefahrenzone räumen **B** *v/i aus Haus, Wohnung* ausziehen; *Truppen* abziehen

move over A *v/t ⟨trennb⟩* herüberschieben; **he moved the car over to the side** er fuhr an die Seite heran **B** *v/i* zur Seite rücken; **move over!** rück mal ein Stück! *umg*; **to move over to a new system** ein neues System einführen

move up A *v/t ⟨trennb⟩* (weiter) nach oben stellen, befördern; *Schüler* versetzen; **they moved him up two places** sie haben ihn zwei Plätze vorgerückt **B** *v/i fig* aufsteigen

moveable *adj* → **movable**

movement ['muːvmənt] *s* **1** Bewegung *f*; *fig* Trend *m* (**towards** zu); **the ~ of traffic** der Verkehrsfluss *m* **2** Beförderung *f* **3** MUS Satz *m*

mover ['muːvə^r] *s* **1** (≈ *Tänzer etc*) **he is a good/poor** *etc* **~** seine Bewegungen sind schön/plump *etc* **2** **to be a fast ~** *umg* von der schnellen Truppe sein *umg*

movie ['muːvɪ] *bes US s* Film *m*; **the ~s** der Film; das Kino; **to go to the ~s** ins Kino gehen

movie camera *s* Filmkamera *f*

moviegoer *s bes US* Kinogänger(in) *m(f)*

movie star *s bes US* Filmstar *m*

movie theater *s US* Kino *n*

moving ['muːvɪŋ] *adj* **1** beweglich **2** ergreifend

moving company *US s* Umzugsunternehmen *n*

mow [məʊ] *v/t & v/i ⟨prät* mowed; *pperf* mown *od* mowed⟩ mähen

phrasal verbs mit mow:

mow down *fig v/t ⟨trennb⟩* niedermähen

mower ['məʊə^r] *s* Rasenmäher *m*

mown [məʊn] *pperf* → **mow**

Mozambique [ˌməʊzæm'biːk] *s* Mosambik *n*

MP *Br abk* (= Member of Parliament) POL Parlamentsmitglied *n*, Abgeordnete(r) *m/f(m)*

MP3® *s* MP3®; **MP3® player** MP3-Player *m*

MPEG ['empeg] *abk* (= Moving Pictures Experts Group) MPEG *n*

mpg *abk* (= miles per gallon) Benzinverbrauch in Meilen pro Gallone

mph *abk* (= miles per hour) Meilen pro Stunde

MPV *abk* (= multi-purpose vehicle) Minivan *m*

Mr ['mɪstə^r] *abk* (= Mister) Herr *m*

MRI *abk* (= magnetic resonance imaging) MED Kernspintomografie *f*

Mrs ['mɪsɪz] *abk* (= Mistress) Frau *f*

MS *abk* (= multiple sclerosis) MS

Ms [mɪz] *s* Frau *f* (*a. für Unverheiratete*)

MSc *abk* (= Master of Science) Master *m* / Magister *m* der naturwissenschaftlichen Fakultät

MSP *Br abk* (= Member of the Scottish Parliament) POL Abgeordnete(r) *m/f(m)* des schottischen Parlaments, Mandatar(in) *m(f)* des schottischen Parlaments *österr*

Mt *abk* → Mount

MT *abk* (= Montana) Montana

mth *abk* (= month) Monat *m*

much [mʌtʃ] **A** *adj & s* viel *inv*; **how ~** wie viel *inv*; **not ~** nicht viel; **that ~** so viel; **but that ~ I do know** aber DAS weiß ich; **we don't see ~ of each other** wir sehen uns nur selten; **it's not up to ~** *umg* es ist nicht gerade berühmt *umg*; **I'm not ~ of a cook** ich bin keine große Köchin; **that wasn't ~ of a party** die Party war nicht gerade besonders; **I find that a bit (too) ~ after all I've done for him** nach allem was ich für ihn getan habe, finde ich das ein ziemlich starkes Stück *umg*; **that insult was too ~ for me** die Beleidigung ging mir zu weit; **this job is too ~ for me** ich bin der Arbeit nicht gewachsen; **far too ~** viel zu viel; **(just) as ~** genauso viel *inv*; **not as ~** nicht so viel; **as ~ as you want** so viel du willst; **as ~ as £2m** zwei Millionen Pfund; **as ~ again** noch einmal so viel; **I thought as ~** das habe ich mir gedacht; **so ~** so viel *inv*; **it's not so ~ a problem of modernization as …** es ist nicht so sehr ein Problem der Modernisierung, als …; **I couldn't make ~ of that chapter** mit dem Kapitel konnte ich nicht viel anfangen *umg* **B** *adv* **1** viel, sehr; (≈ häufig) oft; **a ~-admired woman** eine viel bewunderte Frau; **so ~** so viel, so sehr; **too ~** zu viel, zu sehr; **I like it very ~** es gefällt mir sehr gut; **I don't like him ~** ich kann ihn nicht besonders leiden; **to love sth very ~** etw sehr lieben; **thank you very ~** vielen Dank; **I don't ~ care** *od* **care ~** es ist mir ziemlich egal; **however ~ he tries** wie sehr er sich auch bemüht; **~ as I like him** sosehr ich ihn mag **2** weitaus; **I would ~ rather stay** ich würde viel lieber bleiben **3** beinahe; **they are produced in ~ the same way** sie werden auf sehr ähnliche Art hergestellt

muck [mʌk] *s* Dreck *m*; *zum Düngen* Mist *m*

phrasal verbs mit muck:

  muck about, muck around *Br umg* **A** *v/t ⟨trennb⟩* **to muck sb about** j-n verarschen *umg* **B** *v/i* **1** herumalbern *umg* **2** herumfummeln *umg* (**with** an +dat)

  muck in *Br umg v/i* mit anpacken *umg*

  muck out *Br* **A** *v/t ⟨trennb⟩* (aus)misten **B** *v/i* ausmisten

  muck up *Br umg v/t ⟨trennb⟩* vermasseln *umg*

mucky ['mʌkɪ] *adj ⟨komp muckier⟩* schmutzig; **you ~ pup!** *Br umg* du Ferkel! *umg*

mucous ['mjuːkəs] *adj* schleimig, Schleim-

mucus ['mjuːkəs] *s* Schleim *m*

mud [mʌd] *s* **1** Schlamm *m*; *auf Straße* Matsch *m* **2** *fig* **his name is mud** *umg* er ist unten durch *umg*

muddle ['mʌdl] **A** *s* Durcheinander *n*; **to get in(to) a ~** *Dinge* durcheinandergeraten; *Mensch* konfus werden; **to get oneself in(to) a ~ over sth** mit etw nicht klarkommen *umg*; **to be in a ~** völlig durcheinander sein **B** *v/t* durcheinanderbringen; *zwei Dinge* verwechseln; *j-n* verwirren

phrasal verbs mit muddle:

  muddle along *v/i* vor sich (*akk*) hinwursteln *umg*

  muddle through *v/i* sich (irgendwie) durchschlagen

  muddle up *v/t ⟨trennb⟩* → muddle B

muddled ['mʌdld] *adj* konfus; *Gedanken* wirr; **to get ~ (up)** *Dinge* durcheinandergeraten; *Mensch* konfus werden

muddy ['mʌdɪ] *adj ⟨komp muddier⟩* schmutzig; *Boden* matschig; **I'm all ~** ich bin ganz voll Schlamm

mudflap *s* Schmutzfänger *m*

mudguard *s Br an Fahrrad* Schutzblech *n*; AUTO Kotflügel *m*

mudpack *s* Schlammpackung *f*

muesli ['mjuːzlɪ] *s* Müsli *n*

muff[1] [mʌf] *s* Muff *m*

muff[2] *umg v/t* vermasseln *umg*; *Schuss* danebensetzen *umg*

muffin ['mʌfɪn] *s* **1** Muffin *m* (*kleiner Kuchen*) **2** *Br* weiches, flaches Milchbrötchen, meist warm gegessen

muffle ['mʌfl] *v/t* dämpfen

muffled ['mʌfld] *adj* gedämpft

muffler ['mʌflə'] *s US* AUTO Auspuff(topf) *m*

mug [mʌg] **A** *s* **1** Becher *m*, Haferl *n österr*; *für Bier* Krug *m* **2** *bes Br umg* Trottel *m* **B** *v/t* überfallen

phrasal verbs mit mug:

  mug up *v/t*, **mug up on** *Br umg v/t ⟨trennb⟩* **to mug sth/one's French up, to mug up on sth/one's French** etw/Französisch pauken *umg*

mugger ['mʌgə'] *s* Straßenräuber(in) *m(f)*

mugging ['mʌgɪŋ] *s* Straßenraub *m kein pl*

muggy ['mʌgɪ] *adj ⟨komp muggier⟩* schwül; *Hitze* drückend

mulch [mʌltʃ] **A** *s Gartenbau* Krümelschicht *f* **B** *v/t* abdecken

mule[1] [mjuːl] *s* Maultier *n*; **(as) stubborn as a ~** (so) störrisch wie ein Maulesel

mule[2] *s* Pantoffel *m*

mule train *s* Maultierkarawane *f*

phrasal verbs mit mule
mull over v/t ⟨trennb⟩ sich (dat) durch den Kopf gehen lassen
mulled wine [ˌmʌld'waɪn] s Glühwein m
multicoloured adj, **multicolored** US adj mehrfarbig; Stoff bunt
multicultural adj multikulturell
multifocals ['mʌltɪˌfəʊkəlz] pl Brille Gleitsichtbrille f; verwendetes Glas Gleitsichtgläser pl
multilateral adj POL multilateral
multilingual adj mehrsprachig
multimedia adj multimedial; IT Multimedia-
multimillionaire s Multimillionär(in) m(f)
multinational A s Multi m umg B adj multinational
multiparty adj POL Mehrparteien-
multiple ['mʌltɪpl] A adj 1 ⟨+sg⟩ mehrfach; **~ collision** Massenkarambolage f 2 ⟨+pl⟩ mehrere; **he died of ~ injuries** er erlag seinen zahlreichen Verletzungen B s MATH Vielfache(s) n; **eggs are usually sold in ~s of six** Eier werden gewöhnlich in Einheiten zu je sechs verkauft
multiple choice s Multiple-Choice-Verfahren n
multiple sclerosis s multiple Sklerose
multiplex ['mʌltɪpleks] A s Multiplexkino n B adj TECH Mehrfach-, Vielfach-
multiplication [ˌmʌltɪplɪ'keɪʃən] s MATH Multiplikation f
multiplication sign s MATH Multiplikationszeichen n
multiplication table s MATH Multiplikationstabelle f; **he knows his ~s** er kann das Einmaleins
multiplicity [ˌmʌltɪ'plɪsɪtɪ] s Vielzahl f
multiply ['mʌltɪplaɪ] A v/t MATH multiplizieren; **4 multiplied by 6 is 24** 4 mal 6 ist 24 B v/i 1 fig sich vervielfachen 2 sich vermehren
multipurpose adj Mehrzweck-
multiracial adj gemischtrassig
multistorey adj, **multistory** US adj mehrstöckig; **~ flats** Br, **multistory apartments** US (Wohn)hochhäuser pl; **~ car park** Br, **multistory parking** US Park(hoch)haus n
multitasking s IT Multitasking n
multitude ['mʌltɪtjuːd] s Menge f; **a ~ of** eine Vielzahl von, eine Menge
multivitamin A s Multivitaminpräparat n B adj Multivitamin-
mum[1] [mʌm] umg adj **to keep mum** den Mund halten (**about** über +akk) umg
mum[2] Br umg s Mutter f; als Anrede Mama f umg, Mutti f umg
mumble ['mʌmbl] v/t murmeln B v/i vor sich hin murmeln
mumbo jumbo ['mʌmbəʊ'dʒʌmbəʊ] s ⟨kein pl⟩ Hokuspokus m; (≈ Unsinn) Kauderwelsch n

mummy[1] ['mʌmɪ] s Mumie f
mummy[2] Br umg s Mama f umg
mumps [mʌmps] s ⟨+sg v⟩ Mumps m/f ohne art umg
mum-to-be [ˌmʌmtə'biː] s ⟨pl mums-to-be⟩ werdende Mutter
munch [mʌntʃ] v/t & v/i mampfen umg
mundane [ˌmʌn'deɪn] fig adj alltäglich
Munich ['mjuːnɪk] s München n
municipal [mjuː'nɪsɪpəl] adj städtisch; **~ elections** Gemeinderatswahl f
municipality [mjuːˌnɪsɪ'pælɪtɪ] s Gemeinde f
munition [mjuː'nɪʃən] s ⟨mst pl⟩ Waffen pl und Munition f
mural ['mjʊərəl] s Wandgemälde n
murder ['mɜːdəʳ] A s 1 wörtl Mord m; **the ~ of John F. Kennedy** der Mord an John F. Kennedy 2 fig umg **it was ~** es war mörderisch; **it'll be ~** es wird schrecklich werden; **to get away with ~** sich (dat) alles erlauben können B v/t ermorden
murderer ['mɜːdərəʳ] s Mörder(in) m(f)
murderess ['mɜːdərɪs] s Mörderin f
murderous ['mɜːdərəs] adj blutrünstig; **~ attack** Mordanschlag m
murder victim s Mordopfer n
murk [mɜːk] s 1 Düsternis f 2 trübes Wasser
murky ['mɜːkɪ] adj ⟨komp murkier⟩ trüb; Straße düster; Vergangenheit dunkel; **it's really ~ outside** draußen ist es so düster
murmur ['mɜːməʳ] A s Murmeln n; **there was a ~ of discontent** ein unzufriedenes Murmeln erhob sich; **without a ~** ohne zu murren B v/t murmeln; unzufrieden murren C v/i murmeln; unzufrieden murren (**about, against** über +akk); fig rauschen
murmuring ['mɜːmərɪŋ] s **~s (of discontent)** Unmutsäußerungen pl (**from** +gen)
muscle ['mʌsl] s Muskel m; fig Macht f; **he never moved a ~** er rührte sich nicht
phrasal verbs mit muscle:
muscle in umg v/i mitmischen umg (**on** bei)
muscle building s Muskelaufbau m
muscl(e)y ['mʌsəlɪ] umg adj muskelbepackt umg
muscular ['mʌskjʊləʳ] adj 1 Muskel-; **~ cramp** od **spasm** Muskelkrampf m 2 Körper muskulös
muscular dystrophy s Muskelschwund m
muse [mjuːz] A v/i nachgrübeln (**about, on** über +akk) B s Muse f
museum [mjuː'zɪəm] s Museum n
mush [mʌʃ] s Brei m
mushroom ['mʌʃrʊm] A s (essbarer) Pilz, Schwammerl n österr; Champignon m B adj ⟨attr⟩ Pilz-; **~ cloud** Atompilz m C v/i wie die Pilze aus dem Boden schießen; **unemployment has ~ed** die Arbeitslosigkeit ist explosi-

onsartig angestiegen
mushy [ˈmʌʃɪ] *adj* ⟨*komp* mushier⟩ matschig; *Flüssigkeit* breiig; **to go ~** zu Brei werden
mushy peas *pl* Erbsenmus *n*
music [ˈmjuːzɪk] *s* Musik *f*; (= *Partitur*) Noten *pl*; **I can read ~** ich kann Noten lesen; **to set** *od* **put sth to ~** etw vertonen; **it was (like) ~ to my ears** das war Musik in meinen Ohren; **to face the ~** *fig* dafür gradestehen
musical [ˈmjuːzɪkəl] **A** *adj* **1** musikalisch; **~ note** Note *f* **2** melodisch **B** *s* Musical *n*
musical box *s* Spieluhr *f*
musical chairs *s* ⟨+*sg v*⟩ Reise *f* nach Jerusalem
musical instrument *s* Musikinstrument *n*
musically [ˈmjuːzɪkəlɪ] *adv* musikalisch
musical score *s* Partitur *f*; *für Film etc* Musik *f*
music box *s* Spieldose *f*
music hall *s* Varieté *n*
musician [mjuːˈzɪʃən] *s* Musiker(in) *m(f)*
music stand *s* Notenständer *m*
musk [mʌsk] *s* Moschus *m*
musky [ˈmʌskɪ] *adj* ⟨*komp* muskier⟩ **~ smell** *od* **scent** Moschusduft *m*
Muslim [ˈmʊzlɪm] *adj & s →* Moslem
Muslim Brother *s* Muslimbruder *m*
Muslim Brotherhood *s* Muslimbruderschaft *f*
muslin [ˈmʌzlɪn] *s* Musselin *m*
muss [mʌs] *US umg v/t*, (*a.* **muss up**) in Unordnung bringen
mussel [ˈmʌsl] *s* (Mies)muschel *f*
must [mʌst] **A** *v/aux* ⟨*nur präs*⟩ **1** müssen; **you ~ (go and) see this church** Sie müssen sich (*dat*) diese Kirche unbedingt ansehen; **if you ~ know** wenn du es unbedingt wissen willst; **~ I?** muss das sein?; **I ~ have lost it** ich muss es wohl verloren haben; **he ~ be older than that** er muss älter sein; **I ~ have been dreaming** da habe ich wohl geträumt; **you ~ be crazy!** du bist ja wahnsinnig! **2** *bei Verneinung* dürfen; **you ~n't do that** das darfst du nicht tun; **I ~n't forget that** ich darf das nicht vergessen **B** *s umg* Muss *n*; **a sense of humour is a ~** *Br*, **a sense of humor is a ~** *US* man braucht unbedingt Humor
mustache *US s →* moustache
mustard [ˈmʌstəd] **A** *s* Senf *m* **B** *adj* ⟨*attr*⟩ Senf-
muster [ˈmʌstəʳ] *v/t fig a.* **~ up** Mut aufbringen
must-have *s* **this computer game is a ~** dieses Computerspiel muss man einfach haben
mustn't [ˈmʌsnt] *abk* (= **must not**) *→* must
must-see *s* **this film is a ~** diesen Film muss man einfach gesehen haben
must've [ˈmʌstəv] *abk* (= **must have**) *→* must
musty [ˈmʌstɪ] *adj* ⟨*komp* mustier⟩ moderig
mutant [ˈmjuːtənt] *s* Mutation *f*
mutation [mjuːˈteɪʃən] *s* Variante *f*; BIOL Mutation *f*
mute [mjuːt] *adj* stumm
muted [ˈmjuːtɪd] *adj* gedämpft; *fig* leise
mutilate [ˈmjuːtɪleɪt] *v/t* verstümmeln
mutilation [ˌmjuːtɪˈleɪʃən] *s* Verstümmelung *f*
mutinous [ˈmjuːtɪnəs] *adj* SCHIFF meuterisch; *fig* rebellisch
mutiny [ˈmjuːtɪnɪ] **A** *s* Meuterei *f* **B** *v/i* meutern
mutter [ˈmʌtəʳ] **A** *s* Murmeln *n* **B** *v/t* murmeln **C** *v/i* murmeln; *unzufrieden* murren
muttering [ˈmʌtərɪŋ] *s* Gemurmel *n kein pl*
mutton [ˈmʌtn] *s* Hammel *m*, Hammelfleisch *n*
mutual [ˈmjuːtjʊəl] *adj* Vertrauen gegenseitig; *Bemühungen* beiderseitig; *Interesse* gemeinsam; **the feeling is ~** das beruht (ganz) auf Gegenseitigkeit
mutually [ˈmjuːtjʊəlɪ] *adv* beide; *vorteilhaft* für beide Seiten
Muzak® [ˈmjuːzæk] *s* Berieselungsmusik *f umg*
muzzle [ˈmʌzl] **A** *s* **1** Maul *n* *für Hund etc* Maulkorb *m* **3** *von Gewehr* Mündung *f* **B** *v/t Tier* einen Maulkorb umlegen (+*dat*)
MW *abk* (= medium wave) MW
my [maɪ] *poss adj* mein; **I've hurt my leg** ich habe mir das Bein verletzt; **in my country** bei uns
Myanmar [ˈmjænmɑːʳ] *s* Myanmar *n*
myriad [ˈmɪrɪəd] **A** *s* **a ~ of** Myriaden von **B** *adj* unzählige
myrrh [mɜːʳ] *s* Myrrhe *f*
myself [maɪˈself] *pers pr* **1** *akk obj, mit präp +akk* mich; *dat obj, mit präp +dat* mir; **I said to ~** ich sagte mir; **singing to ~** vor mich hin singend; **I wanted to see (it) for ~** ich wollte es selbst sehen **2** *emph* (ich) selbst; **my wife and ~** meine Frau und ich; **I thought so ~** das habe ich auch gedacht; **… if I say so** *od* **it ~** … auch wenn ich es selbst sage; **(all) by ~** (ganz) allein(e) **3** **I'm not (feeling) ~ today** mit mir ist heute etwas nicht in Ordnung; **I just tried to be ~** ich versuchte, mich ganz natürlich zu benehmen
mysterious [mɪˈstɪərɪəs] *adj* mysteriös; *Fremder* geheimnisvoll; **for some ~ reason** aus unerfindlichen Gründen
mysteriously [mɪˈstɪərɪəslɪ] *adv* sich verändern, verschwinden auf rätselhafte/geheimnisvolle Weise; *geschehen* unerklärlicherweise; *sagen, lächeln* geheimnisvoll
mystery [ˈmɪstərɪ] *s* Rätsel *n*, Geheimnis *n*; **to be shrouded** *od* **surrounded in ~** von einem Geheimnis umgeben sein
mystery story *s* Kriminalgeschichte *f*
mystery tour *s* Fahrt *f* ins Blaue
mystic [ˈmɪstɪk] *s* Mystiker(in) *m(f)*
mystical [ˈmɪstɪkəl] *adj* mystisch

mysticism ['mɪstɪsɪzəm] s Mystizismus m
mystified ['mɪstɪfaɪd] adj verblüfft; **I am ~ as to how this could happen** es ist mir ein Rätsel, wie das passieren konnte
mystify ['mɪstɪfaɪ] v/t vor ein Rätsel stellen
mystifying ['mɪstɪfaɪɪŋ] adj rätselhaft
mystique [mɪ'stiːk] s geheimnisvoller Nimbus
myth [mɪθ] s Mythos m; fig Märchen n
mythical ['mɪθɪkəl] adj **1** mythisch; **the ~ figure/character of Arthur** die Sagengestalt des Artus **2** Figur legendär **3** (≈ irreal) fantastisch
mythological [ˌmɪθə'lɒdʒɪkəl] adj mythologisch
mythology [mɪ'θɒlədʒɪ] s Mythologie f

N

N¹, n [en] s N n, n n
N² abk (= north) N
n/a abk (= not applicable) entf.
nab [næb] umg v/t **1** erwischen umg **2** sich (dat) grapschen umg; **somebody had nabbed my seat** mir hatte jemand den Platz geklaut umg
nachos ['nɑːtʃəʊz, 'nætʃəʊz] pl Nachos pl
nadir ['neɪdɪə^r] s **1** ASTRON Nadir m **2** fig Tiefstpunkt m
naff [næf] Br umg adj **1** blöd umg **2** Farbe, Auto ordinär
nag¹ [næg] **A** v/t herumnörgeln an (+dat); mit Fragen etc keine Ruhe lassen (+dat) (**for** wegen); **don't nag me** nun lass mich doch in Ruhe!; **to nag sb about sth** j-m wegen etw keine Ruhe lassen; **to nag sb to do sth** j-m schwer zusetzen, damit er etw tut **B** v/i herumnörgeln; mit Fragen etc keine Ruhe geben; **stop nagging** hör auf zu meckern umg **C** s Nörgler(in) m(f); mit Fragen etc Quälgeist m
nag² s Mähre f
nagging ['nægɪŋ] adj Schmerz dumpf; Zweifel quälend
nail [neɪl] **A** s Nagel m; **as hard as ~s** knallhart umg; **to hit the ~ on the head** fig den Nagel auf den Kopf treffen; **to be a ~ in sb's coffin** fig ein Nagel zu j-s Sarg sein **B** v/t **1** nageln; **to ~ sth to the floor** etw an den Boden nageln **2** umg **to ~ sb** sich (dat) j-n schnappen umg; (≈ anklagen) j-n drankriegen umg

phrasal verbs mit nail:

nail down v/t ⟨trennb⟩ festnageln
nail bar s Nagelstudio n
nailbiter ['neɪlbaɪtə^r] umg s spannendes Buch/spannender Film etc
nail-biting umg adj Fußballspiel spannungsgeladen
nailbrush s Nagelbürste f
nail clippers pl Nagelzwicker m
nailfile s Nagelfeile f
nail polish s Nagellack m
nail polish remover s Nagellackentferner m
nail scissors pl Nagelschere f
nail varnish Br s Nagellack m
naïve [naɪ'iːv] adj ⟨+er⟩ naiv
naïvety [naɪ'iːvətɪ] s Naivität f
naked ['neɪkɪd] adj nackt; Flamme ungeschützt; **with the ~ eye** mit dem bloßen Auge; **invisible to the ~ eye** mit bloßem Auge nicht erkennbar
name [neɪm] **A** s **1** Name m; **what's your ~?** wie heißen Sie?; **my ~ is ...** ich heiße ..., mein Name ist ...; **what's the ~ of this street?** wie heißt diese Straße?; **a man by the ~ of Gunn** ein Mann namens Gunn; **to know sb by ~** j-n mit Namen kennen; **to refer to sb/sth by ~** j-n/etw mit Namen nennen; **what ~ shall I say?** wie ist Ihr Name, bitte?; TEL wer ist am Apparat?; Butler wen darf ich melden?; **in the ~ of** im Namen (+gen); **I'll put your ~ down** in Liste etc ich trage dich ein; für Kurs, Unterricht etc ich melde dich an (**for** für, for a school in einer Schule); **to call sb ~s** j-n beschimpfen; **not to have a penny/cent to one's ~** völlig pleite sein umg **2** Ruf m; **to have a good/bad ~** einen guten/schlechten Ruf haben; **to get a bad ~** in Verruf kommen; **to give sb a bad ~** j-n in Verruf bringen; **to make a ~ for oneself as** sich (dat) einen Namen machen als **B** v/t **1** j-n nennen; Pflanze, Stern etc benennen; Schiff etc einen Namen geben (+dat); **I ~ this child/ship X** ich taufe dieses Kind/Schiff auf den Namen X; **the child is ~d Peter** das Kind hat den Namen Peter; **they refused to ~ the victim** sie hielten den Namen des Opfers geheim; **to ~ ~s** Namen nennen; **~ three US states** nennen Sie drei US-Staaten; **you ~ it, he's done it** es gibt nichts, was er noch nicht gemacht hat **2** ernennen; **to ~ sb as leader** j-n zum Führer ernennen; **they ~d her as the winner of the award** sie haben ihr den Preis verliehen; **to ~ sb as one's heir** j-n zu seinem Erben bestimmen

phrasal verbs mit name:

name after v/t **to name sb after sb** j-n nach j-m nennen
name for US v/t **to name sb for sb** j-n nach j-m nennen
name-dropping umg s Angeberei f mit be-

rühmten Bekannten
nameless adj **a person who shall remain ~** jemand, der ungenannt bleiben soll
namely ['neɪmlɪ] adv nämlich
nameplate s Namensschild n
namesake s Namensvetter(in) m(f)
name tag s Namensschild n
nan(a) ['næn(ə)] s Oma f umg
nan bread ['nɑːn'bred] s *warm serviertes, fladenförmiges Weißbrot als Beilage zu indischen Fleischgerichten*
nanny ['nænɪ] s Kindermädchen n
nanotechnology [ˌnænəʊtek'nɒlədʒɪ] s Nanotechnologie f
nap [næp] **A** s Nickerchen n; **afternoon nap** Nachmittagsschläfchen n; **to have** od **take a nap** ein Nickerchen machen **B** v/i **to catch sb napping** fig j-n überrumpeln
nape [neɪp] s **~ of the/one's neck** Genick n
napkin ['næpkɪn] s Serviette f
Naples ['neɪplz] s Neapel n
nappy ['næpɪ] Br s Windel f
nappy rash s **Jonathan's got ~** Jonathan ist wund
narcissism [nɑːˈsɪsɪzəm] s Narzissmus m
narcissistic [ˌnɑːsɪˈsɪstɪk] adj narzisstisch
narcotic [nɑːˈkɒtɪk] s **1 ~(s)** Rauschgift n **2** MED Narkotikum n
narrate [nəˈreɪt] v/t erzählen
narration [nəˈreɪʃən] s Erzählung f
narrative ['nærətɪv] **A** s Erzählung f, Schilderung f **B** adj erzählend
narrator [nəˈreɪtəʳ] s **1** Erzähler(in) m(f) **2** LIT derjenige, aus dessen Perspektive erzählt wird (Die Erzählperspektive ist insofern von Bedeutung, als sie den Leser entscheidend beeinflusst: Meist identifiziert sich der Leser mit der Person, aus deren Sicht er die Geschichte erlebt. Der Erzähler darf nicht mit dem Autor gleichgesetzt werden.)
narrow ['nærəʊ] **A** adj ⟨+er⟩ eng; *Hüfte* schmal; *Ansichten* engstirnig; *Führung, Niederlage* knapp; **to have a ~ escape** mit knapper Not davonkommen **B** v/t *Straße* verengen; **they decided to ~ the focus of their investigation** sie beschlossen, ihre Untersuchung einzuengen **C** v/i sich verengen

phrasal verbs mit narrow:

narrow down v/t ⟨trennb⟩ beschränken (**to** auf +akk); **that narrows it down a bit** dadurch wird die Auswahl kleiner
narrowly ['nærəʊlɪ] adv **1** *besiegen, verfehlen* knapp; *entkommen* mit knapper Not; **he ~ escaped being knocked down** er wäre beinahe überfahren / angefahren worden **2** *definieren* eng; **to focus too ~ on sth** sich zu sehr auf etw (akk) beschränken
narrow-minded adj, **narrow-mindedly** adv engstirnig
narrow-mindedness s Engstirnigkeit f
nasal ['neɪzəl] adj **1** ANAT, MED Nasen- **2** LING nasal; *Stimme* näselnd
nasal spray s Nasenspray n
nastily ['nɑːstɪlɪ] adv gemein; **to speak ~ to sb** zu j-m gehässig sein
nasty ['nɑːstɪ] adj ⟨komp nastier⟩ **1** scheußlich; *Angewohnheit, Benehmen* abscheulich; *Überraschung, Sturz* böse; *Situation, Unfall* schlimm; *Virus, Kurve* gefährlich; **that's a ~-looking cut** der Schnitt sieht böse aus; **to turn ~** *Mensch* unangenehm werden; *Wetter* schlecht umschlagen **2** gemein; **he has a ~ temper** mit ihm ist nicht gut Kirschen essen; **to be ~ about sb** gemein über j-n reden; **that was a ~ thing to say/do** das war gemein; **what a ~ man** was für ein ekelhafter Mensch
nation ['neɪʃən] s Nation f; **to address the ~** zum Volk sprechen; **the whole ~ watched him do it** das ganze Land sah ihm dabei zu
national ['næʃənəl] **A** adj national; *Streik, Skandal* landesweit; *Presse* überregional; **the ~ average** der Landesdurchschnitt; **~ character** Nationalcharakter m; **~ language** Landessprache f **B** s Staatsbürger(in) m(f); **foreign ~** Ausländer(in) m(f)
national anthem s Nationalhymne f
national costume, **national dress** s Nationaltracht f
national debt s Staatsverschuldung f
national flag s Nationalflagge f
National Front Br s rechtsradikale Partei
National Guard bes US s Nationalgarde f
National Health (Service) Br s staatlicher Gesundheitsdienst; **I got it on the National Health** ≈ das hat die Krankenkasse bezahlt
national holiday s gesetzlicher Feiertag
national insurance Br s Sozialversicherung f; **~ contributions** Sozialversicherungsbeiträge pl
nationalism ['næʃnəlɪzəm] s Nationalismus m
nationalist ['næʃnəlɪst] **A** adj nationalistisch **B** s Nationalist(in) m(f)
nationalistic [ˌnæʃnəˈlɪstɪk] adj nationalistisch
nationality [ˌnæʃəˈnælɪtɪ] s Staatsangehörigkeit f, Nationalität f; **what ~ is he?** welche Staatsangehörigkeit hat er?; **she is of German ~** sie hat die deutsche Staatsangehörigkeit
nationalize ['næʃnəlaɪz] v/t verstaatlichen
National Lottery Br s ≈ Lotto n
nationally ['næʃnəlɪ] adv landesweit
national park s Nationalpark m
national product s Sozialprodukt n

national security s Staatssicherheit f
national service s Wehrdienst m, Präsenzdienst m österr
National Trust Br s National Trust m (Natur- und Denkmalschutzverein in Großbritannien)
nationwide ['neɪʃən,waɪd] adj & adv landesweit; **we have 300 branches ~** wir haben 300 Niederlassungen im ganzen Land
native ['neɪtɪv] **A** adj einheimisch; Bevölkerung eingeboren neg!; **~ town** Heimatstadt f; **~ language** Muttersprache f; **a ~ German** ein gebürtiger Deutscher, eine gebürtige Deutsche; **an animal ~ to India** ein in Indien beheimatetes Tier **B** s **1** Einheimische(r) m/f(m); in Kolonie Eingeborene(r) neg! m/f(m); **a ~ of Britain** ein gebürtiger Brite, eine gebürtige Britin **2 to be a ~ of** ... Pflanze, Tier in ... beheimatet sein
Native American A adj indianisch, der amerikanischen Ureinwohner **B** s Indianer(in) m(f) neg!, Ureinwohner(in) Amerikas m(f)
native country s Heimatland n
native speaker s Muttersprachler(in) m(f); **I'm not a ~ of English** Englisch ist nicht meine Muttersprache
nativity [nə'tɪvɪtɪ] s **the Nativity** Christi Geburt f; **~ play** Krippenspiel n
NATO ['neɪtəʊ] s abk (= North Atlantic Treaty Organization) NATO f
natter ['nætə^r] Br umg **A** v/i schwatzen umg **B** s **to have a ~** einen Schwatz halten umg
natty ['nætɪ] adj ⟨komp nattier⟩ umg chic
natural ['nætʃrəl] **A** adj **1** natürlich; Gesetze, Seide Natur-; Fehler verständlich; **~ resources** Bodenschätze pl; **it is (only) ~ for him to think** ... es ist nur natürlich, dass er denkt ...; **the ~ world** die Natur; **to die of ~ causes** eines natürlichen Todes sterben; **~ remedy** Naturheilmittel n; **she is a ~ blonde** sie ist von Natur aus blond; **~ language understanding** die Fähigkeit eines Systems, normalsprachliche Äußerungen zu verarbeiten und mehrere Informationen aus Einzelsätzen zu extrahieren **2** Fähigkeit angeboren; **a ~ talent** eine natürliche Begabung; **he is a ~ comedian** er ist der geborene Komiker **3** Eltern leiblich **B** s **1** MUS Auflösungszeichen n; **D ~ D, d 2** umg (≈ Mensch) Naturtalent n
natural-born adj gebürtig
natural childbirth s natürliche Geburt
natural disaster s Naturkatastrophe f
natural forces pl Naturgewalten pl
natural gas s Erdgas n
natural history s Naturkunde f; **~ museum** Naturkundemuseum n
naturalist ['nætʃrəlɪst] s Naturforscher(in) m(f)
naturalistic [,nætʃrə'lɪstɪk] adj naturalistisch

naturalization [,nætʃrəlaɪ'zeɪʃən] s Einbürgerung f; **~ papers** Einbürgerungsurkunde f; **~ test** US Einbürgerungstest m
naturalize ['nætʃrəlaɪz] v/t j-n einbürgern; **to become ~d** eingebürgert werden
naturally ['nætʃrəlɪ] adv **1** natürlich, verständlicherweise **2** von Natur aus; **he is ~ artistic/lazy** er ist künstlerisch veranlagt/von Natur aus faul; **to do what comes ~** seiner Natur folgen; **it comes ~ to him** das fällt ihm leicht
natural science s Naturwissenschaft f
natural selection s natürliche Selektion
nature ['neɪtʃə^r] s **1** Natur f; **Nature** die Natur; **laws of ~** Naturgesetze pl; **it is not in my ~ to say that** es entspricht nicht meiner Art, das zu sagen; **it is in the ~ of young people to want to travel** es liegt im Wesen junger Menschen, reisen zu wollen **2** von Objekt Beschaffenheit f; **the ~ of the case is such** ... der Fall liegt so ... **3** Art f; **things of this ~** derartiges; **... or something of that ~** ... oder etwas in der Art
nature reserve s Naturschutzgebiet n
nature study s Naturkunde f
nature trail s Naturlehrpfad m
naturism ['neɪtʃərɪzəm] s Freikörperkultur f, FKK ohne art
naturist ['neɪtʃərɪst] **A** s FKK-Anhänger(in) m(f) **B** adj FKK-; **~ beach** FKK-Strand m
naughtily ['nɔːtɪlɪ] adv frech; sich benehmen unartig
naughty ['nɔːtɪ] adj ⟨komp naughtier⟩ **1** frech; Kind, Hund unartig; **it was ~ of him to break it** das war aber gar nicht lieb von ihm, dass er das kaputt gemacht hat **2** Witz, Worte unanständig
Nauru [nɑː'uːruː] s GEOG Nauru n
nausea ['nɔːsɪə] s MED Übelkeit f
nauseating ['nɔːsɪeɪtɪŋ] adj ekelerregend
nauseous ['nɔːsɪəs] adj MED **that made me (feel) ~** dabei wurde mir übel
nautical ['nɔːtɪkəl] adj nautisch
nautical mile s Seemeile f
nav [næv] s umg s Navi n umg
naval ['neɪvəl] adj der Marine
naval base s Flottenbasis f
naval battle s Seeschlacht f
naval officer s Marineoffizier(in) m(f)
nave [neɪv] s von Kirche Hauptschiff n
navel ['neɪvəl] s ANAT Nabel m
navel piercing s Nabelpiercing n
navigable ['nævɪɡəbl] adj schiffbar
navigate ['nævɪɡeɪt] **A** v/i SCHIFF, FLUG navigieren; AUTO den Fahrer dirigieren; **I don't know the route, you'll have to ~** ich kenne die Strecke nicht, du musst mich dirigieren **B** v/t **1** Schiff, Flugzeug navigieren **2** durchfahren; Flug-

zeug durchfliegen; *Meer* durchqueren

navigation [ˌnævɪˈɡeɪʃən] *s* Navigation *f*

navigator [ˈnævɪɡeɪtəʳ] *s* SCHIFF Navigationsoffizier(in) *m(f)*; FLUG Navigator(in) *m(f)*; AUTO Beifahrer(in) *m(f)*

navy [ˈneɪvɪ] **A** *s* **1** (Kriegs)marine *f*; **to serve in the ~** in der Marine dienen **2** (*a.* **~ blue**) Marineblau *n* **B** *adj* **1** ⟨*attr*⟩ Marine- **2** (*a.* **~-blue**) marineblau

nay [neɪ] *s* POL Nein *n*, Neinstimme *f*

naysayer [ˈneɪˌseɪəʳ] *s* Neinsager(in) *m(f)*; **stop being such a ~** hör doch auf, ständig alles abzulehnen!

NB *abk* (= *nota bene*) NB

NBC[1] *abk* (= National Broadcasting Company *US*) NBC *f*

NBC[2] *abk* (= nuclear, biological and chemical) MIL ABC-

NE *abk* (= north-east) NO

near [nɪəʳ] **A** *adv* **1** nahe; **he lives quite ~** er wohnt ganz in der Nähe; **you live ~er/nearest** du wohnst näher/am nächsten; **could you move ~er together?** könnten Sie enger zusammenrücken?; **that was the ~est I ever got to seeing him** da hätte ich ihn fast gesehen; **to be ~ at hand** zur Hand sein; *Läden* in der Nähe sein; *Hilfe* ganz nahe sein **2** genau; **as ~ as I can tell** soweit ich es beurteilen kann; **(that's) ~ enough** das haut so ungefähr hin *umg* **3** fast; **he very ~ succeeded** fast wäre es ihm gelungen **4** *negativ* **it's nowhere ~ enough** das ist bei Weitem nicht genug; **we're not ~er (to) solving the problem** wir sind der Lösung des Problems kein bisschen näher gekommen; **he is nowhere not anywhere ~ as clever as you** er ist bei Weitem nicht so klug wie du **B** *präp* (*a.* **near to**) **1** nahe an (+*dat*); *mit Richtungsangabe* nahe an (+*akk*); (≈ *benachbart*) in der Nähe von *od* +*gen*; **the hotel is very ~ (to) the station** das Hotel liegt ganz in der Nähe des Bahnhofs; **move the chair ~er (to) the table** rücken Sie den Stuhl näher an den Tisch; **to get ~er (to) sb/sth** nahe/näher an j-n/etw herankommen; **keep ~ me** bleib in meiner Nähe; **~ here/there** hier/dort in der Nähe; **don't come ~ me** komm mir nicht zu nahe; **~ (to) where ...** nahe der Stelle, wo ...; **to be ~est to sth** einer Sache (*dat*) am nächsten sein; **take the chair ~est (to) you** nehmen Sie den Stuhl direkt neben Ihnen; **to be ~ (to) tears** nahe den Tränen sein; **the project is ~ (to) completion** das Projekt steht vor seinem Abschluss **2** *zeitlich* gegen; **~ death** dem Tode nahe; **come back ~er (to) 3 o'clock** kommen Sie gegen 3 Uhr wieder; **~ the end of the play** gegen Ende des Stücks; **I'm ~ the end of the book** ich habe das Buch fast zu Ende gelesen; **her birthday is ~ (to) mine** ihr und mein Geburtstag liegen nahe beieinander **3** ähnlich (+*dat*); **German is ~er (to) Dutch than English is** Deutsch ist dem Holländischen ähnlicher als Englisch **C** *adj* ⟨+*er*⟩ **1** nahe; **to be ~** in der Nähe sein; *Gefahr, das Ende* nahe sein; *Ereignis* bevorstehen; **to be ~est/nearest** näher/am nächsten sein; **it looks very ~** es sieht so aus, als ob es ganz nah wäre; **his answer was ~est** seine Antwort traf eher zu als meine/traf die Sachlage am ehesten **2** *fig Entkommen* knapp; **a ~ disaster** fast ein Unglück *n*; **his ~est rival** sein schärfster Rivale, seine schärfste Rivalin; **round up the figure to the ~est pound** runden Sie die Zahl auf das nächste Pfund auf; **£50 or ~est offer** HANDEL Verhandlungsbasis £ 50; **that's the ~est thing you'll get to an answer** eine bessere Antwort kannst du kaum erwarten; **my ~est and dearest** meine Lieben *pl* **D** *v/t* sich nähern (+*dat*); **to be ~ing sth** *fig* auf etw (*akk*) zugehen; **she was ~ing fifty** sie ging auf die Fünfzig zu; **~ to completion** kurz vor dem Abschluss stehen **E** *v/i* näher rücken

nearby [nɪəˈbaɪ] **A** *adv* (*a.* **near by**) in der Nähe **B** *adj* nahe gelegen

Near East *s* Naher Osten; **in the ~** im Nahen Osten

nearly [ˈnɪəlɪ] *adv* fast, beinahe; **I ~ laughed** ich hätte fast gelacht; **we are ~ there** wir sind fast da; *mit Arbeit* wir sind fast so weit; **he very ~ drowned** er wäre um ein Haar ertrunken; **not ~** bei Weitem nicht

nearly-new [ˌnɪəlɪˈnjuː] *adj* **~ shop** Second-Hand-Laden *m*

near miss *s* FLUG Beinahezusammenstoß *m*

nearside **A** *adj* AUTO auf der Beifahrerseite **B** *s* AUTO Beifahrerseite *f*

near-sighted *adj* kurzsichtig

near thing *s* **that was a ~** das war knapp

neat [niːt] *adj* ⟨+*er*⟩ **1** ordentlich; *Äußeres* gepflegt; **~ and tidy** hübsch ordentlich **2** *passen* genau **3** *Lösung* elegant; *Trick* schlau **4** *bes Br* **to drink one's whisky ~** Whisky pur trinken **5** *US umg* prima *umg*

neatly [ˈniːtlɪ] *adv* **1** ordentlich **2** gewandt

neatness *s* Ordentlichkeit *f*

necessarily [ˈnesɪsərɪlɪ] *adv* notwendigerweise; **not ~** nicht unbedingt

necessary [ˈnesɪsərɪ] **A** *adj* **1** notwendig, nötig; **it is ~ to ...** man muss ...; **is it really ~ for me to come?** muss ich denn wirklich kommen?; **it's not ~ for you to come** Sie brauchen nicht zu kommen; **all the ~ qualifications** alle erforderlichen Qualifikationen; **if/when ~**

wenn nötig; **that won't be ~** das wird nicht nötig sein; **to make the ~ arrangements** die notwendigen Maßnahmen treffen; **to do everything ~** alles Nötige tun **2** *Veränderung* unausweichlich **B** *s* ⟨*mst pl*⟩ **the ~** *od* **necessaries** das Notwendige

necessitate [nɪˈsesɪteɪt] *v/t* notwendig machen

necessity [nɪˈsesɪtɪ] *s* Notwendigkeit *f*; **out of ~** aus Not; **the bare necessities** das Notwendigste

neck [nek] *s* **1** Hals *m*; Nacken *m*; **to break one's ~** sich (*dat*) den Hals brechen; **to risk one's ~** Kopf und Kragen riskieren; **to save one's ~** seinen Hals aus der Schlinge ziehen; **to be up to one's ~ in work** bis über den Hals in der Arbeit stecken; **to stick one's ~ out** seinen Kopf riskieren; **in this ~ of the woods** *umg* in diesen Breiten **2** *von Kleid etc* Ausschnitt *m*; **it has a high ~** es ist hochgeschlossen

neck and neck *adv* Kopf an Kopf

necklace [ˈneklɪs] *s* (Hals)kette *f*

neckline *s* Ausschnitt *m*

neck pillow *s* Nackenkissen *n*

neck pouch *s* Brustbeutel *m*

necktie *bes US s* Krawatte *f*

neck wallet *s* Brustbeutel *m*

nectar [ˈnektəʳ] *s* Nektar *m*

nectarine [ˈnektərɪn] *s* Nektarine *f*

née [neɪ] *adj* **Mrs Smith, née Jones** Frau Smith, geborene Jones

need [niːd] **A** *s* **1** ⟨*kein pl*⟩ Notwendigkeit *f* (**for** +*gen*); **if ~ be** nötigenfalls; **(there is) no ~ for sth** etw ist nicht nötig; **(there is) no ~ to do sth** etw braucht nicht getan werden; **to be (badly) in ~ of sth** etw (dringend) brauchen; **in ~ of repair** reparaturbedürftig; **to have no ~ of sth** etw nicht brauchen **2** ⟨*kein pl*⟩ Not *f*; **in ~** in Not; **in time(s) of ~** in schwierigen Zeiten; **those in ~** die Notleidenden *pl* **3** Bedürfnis *n*; **your ~ is greater than mine** Sie haben es nötiger als ich; **there is a great ~ for ...** es besteht ein großer Bedarf an (+*dat*) ...; **to meet the ~s of** die Bedürfnisse erfüllen von **B** *v/t* brauchen; **much ~ed** dringend notwendig; **just what I ~ed** genau das Richtige; **that's what I ~ed** *iron* das hat mir gerade noch gefehlt; **this incident ~s some explanation** dieser Vorfall bedarf einer Erklärung (*gen*); **it ~s a coat of paint** es muss gestrichen werden; **sth ~s doing** etw muss gemacht werden; **to ~ to do sth** etw tun müssen; **not to ~ to do sth** etw nicht zu tun brauchen; **you shouldn't ~ to be told** das müsste man dir nicht erst sagen müssen **C** *v/aux* **1** *positiv* müssen; **~ he go?** muss er gehen?; **no-one ~ go** *od* **~s to go home yet** es braucht noch keiner nach Hause zu gehen; **you only ~ed to ask** du hättest nur (zu) fragen brauchen **2** *negativ* brauchen; **we ~n't have gone** wir hätten gar nicht gehen brauchen; **you ~n't have bothered** das war nicht nötig; **that ~n't be the case** das muss nicht unbedingt der Fall sein

needle [ˈniːdl] *s* Nadel *f*; **it's like looking for a ~ in a haystack** es ist, als ob man eine Stecknadel im Heuhaufen suchte

needless [ˈniːdlɪs] *adj* unnötig; *Tod, Zerstörung* sinnlos; **~ to say, ...** natürlich ...

needlessly [ˈniːdlɪslɪ] *adv* unnötig(erweise); *zerstören, töten* sinnlos; **you are worrying quite ~** Ihre Sorgen sind vollkommen unbegründet

needlework [ˈniːdlwɜːk] *s* Handarbeit *f*

needn't [ˈniːdənt] *abk* (= need not) → need

needy [ˈniːdɪ] **A** *adj* ⟨*komp* needier⟩ bedürftig **B** *s* **the ~** die Bedürftigen *pl*

negate [nɪˈɡeɪt] *v/t* zunichtemachen

negation [nɪˈɡeɪʃn] *s* Verneinung *f*; *fig* Gegenteil *n*

negative [ˈneɡətɪv] **A** *adj* negativ; *Antwort* verneinend; GRAM verneint **B** *s* **1** Verneinung *f*; **to answer in the ~** eine verneinende Antwort geben; **put this sentence into the ~** verneinen Sie diesen Satz **2** FOTO Negativ *n* **C** *int* nein

neglect [nɪˈɡlekt] **A** *v/t* vernachlässigen; **to ~ to do sth** es versäumen, etw zu tun **B** *s* Nachlässigkeit *f*; **to be in a state of ~** verwahrlost sein

neglected *adj* vernachlässigt; *Garten etc* verwahrlost

neglectful *adj* nachlässig

négligé(e) [ˈneɡlɪʒeɪ] *s* Negligé *n*

negligence [ˈneɡlɪdʒəns] *s* Nachlässigkeit *f*; JUR Fahrlässigkeit *f*

negligent [ˈneɡlɪdʒənt] *adj* nachlässig; JUR fahrlässig

negligently [ˈneɡlɪdʒəntlɪ] *adv* nachlässig; JUR fahrlässig

negligible [ˈneɡlɪdʒəbl] *adj* unwesentlich

negotiable [nɪˈɡəʊʃɪəbl] *adj* **these terms are ~** über diese Bedingungen kann verhandelt werden

negotiate [nɪˈɡəʊʃɪeɪt] **A** *v/t* **1** verhandeln über (+*akk*), aushandeln **2** *Kurve* nehmen **B** *v/i* verhandeln (**for** über +*akk*)

negotiation [nɪˌɡəʊʃɪˈeɪʃn] *s* Verhandlung *f*; **the matter is still under ~** über diese Sache wird noch verhandelt

negotiator [nɪˈɡəʊʃɪeɪtəʳ] *s* Unterhändler(in) *m(f)*

Negro [ˈniːɡrəʊ] *pej neg!* **A** *adj* Schwarzen- **B** *s* ⟨*pl* -es⟩ Schwarze(r) *m/f(m)*

neigh [neɪ] *v/i* wiehern

neighbor *etc US* → neighbour

neighbour ['neɪbə^r] s, **neighbor** US s Nachbar(in) m(f); *in Restaurant etc* Tischnachbar(in) m(f)

neighbourhood ['neɪbəhʊd] s, **neighborhood** US s Gegend f, Nachbarschaft f

neighbouring ['neɪbərɪŋ] adj, **neighboring** US adj benachbart; **~ village** Nachbardorf n

neighbourly ['neɪbəlɪ] adj, **neighborly** US adj *Mensch* nachbarlich; *Beziehungen* gutnachbarlich

neither ['naɪðə^r] **A** adv **~ ... nor** weder ... noch; **he ~ knows nor cares** er weiß es nicht und will es auch nicht wissen **B** konj auch nicht; **if you don't go, ~ shall I** wenn du nicht gehst, gehe ich auch nicht; **he didn't do it (and) ~ did his sister** weder er noch seine Schwester haben es getan **C** adj keine(r, s) (der beiden); **~ one of them** keiner von beiden **D** pron keine(r, s); **~ (of them)** keiner von beiden

neoclassical adj klassizistisch

neo-liberal [niːəʊˈlɪbrəl] adj POL neoliberal

neon ['niːɒn] adj ⟨attr⟩ Neon-

neo-Nazi [ˌniːəʊˈnɑːtsɪ] **A** s Neonazi m **B** adj neonazistisch

neon light [niːɒnˈlaɪt] s Neonlicht n

neon sign s Neonschild n, Neonreklame f

nephew ['nevjuː, 'nefjuː] s Neffe m

nepotism ['nepətɪzm] s Vetternwirtschaft f

Neptune ['neptjuːn] s *Mythologie, a.* ASTRON Neptun m

nerd [nɜːd] umg s uncooler Typ sl; **computer ~** Computerfreak m umg

nerdy ['nɜːdɪ] adj ⟨komp **nerdier**⟩ umg uncool sl

nerve [nɜːv] s **1** Nerv m; **to get on sb's ~s** umg j-m auf die Nerven gehen; **to touch a ~** einen wunden Punkt berühren **2** ⟨kein pl⟩ Mut m; **to lose one's ~** die Nerven verlieren; **to have the ~ to do sth** sich trauen, etw zu tun **3** ⟨kein pl⟩ umg Frechheit f; **to have the ~ to do sth** die Frechheit besitzen, etw zu tun; **he's got a ~!** der hat Nerven! umg

nerve centre s, **nerve center** US fig s Schaltzentrale f

nerve-racking, **nerve-wracking** adj nervenaufreibend

nervous ['nɜːvəs] adj **1** *Störung* nervös; **~ tension** Nervenanspannung f **2** ängstlich, nervös; **to be** od **feel ~** Angst haben, sich (dat) Sorgen machen, nervös sein; **I am ~ about the exam** mir ist bange vor dem Examen; **I was rather ~ about giving him the job** mir war nicht wohl bei dem Gedanken, ihm die Stelle zu geben; **I am rather ~ about diving** ich habe eine ziemliche Angst vor dem Tauchen

nervous breakdown s Nervenzusammenbruch m

nervous energy s Vitalität f

nervously ['nɜːvəslɪ] adv ängstlich, nervös

nervousness ['nɜːvəsnəs] s Nervosität f

nervous system s Nervensystem n

nervous wreck umg s **to be a ~** mit den Nerven völlig am Ende sein

nest [nest] **A** s **1** Nest n **2** *von Tischen etc* Satz m **B** v/i nisten

nest egg fig s Notgroschen m

nestle ['nesl] v/i **to ~ up to sb** sich an j-n schmiegen; **to ~ against sb** sich an j-n anschmiegen; **the village nestling in the hills** das Dorf, das zwischen den Bergen eingebettet liegt

Net [net] umg s **the Net** IT das Internet

net¹ [net] **A** s **1** Netz n; **to slip through the net** *Verbrecher* durch die Maschen schlüpfen **2** *für Vorhänge* Tüll m **B** v/t *Fisch* mit dem Netz fangen

net² adj **1** *Preis, Gewicht* Netto-; **net disposable income** verfügbares Nettoeinkommen **2** fig End-; **net result** Endergebnis n

netball Br s Korbball m

netbook s COMPUT Netbook n

net contributor s *Land* Nettozahler m

net curtain Br s Tüllgardine f

Netherlands ['neðələndz] pl **the ~** die Niederlande pl

netiquette ['netɪket] s IT Netiquette f

net profit s Reingewinn m

netspeak s INTERNET umg Chat-Slang m umg, Internetjargon m

netting ['netɪŋ] s Netz n, Maschendraht m; *für Vorhänge* Tüll m

nettle ['netl] **A** s BOT Nessel f; **to grasp the ~** fig in den sauren Apfel beißen **B** v/t fig umg j-n wurmen umg

net weight s Nettogewicht n

network ['netwɜːk] **A** s **1** Netz n **2** RADIO, TV Sendenetz n; ELEK, IT Netzwerk n; **~ driver/server** IT Netzwerktreiber m/-server m **B** v/t *Programm* im ganzen Netzbereich ausstrahlen; IT vernetzen **C** v/i im Netzwerk arbeiten; *Beziehungen* aufbauen und nutzen netzwerken

network card s COMPUT Netzwerkkarte f

networking ['netwɜːkɪŋ] s **1** IT Networking n **2** Knüpfen n von Kontakten

neurological [ˌnjʊərəˈlɒdʒɪkəl] adj neurologisch

neurologist [njʊəˈrɒlədʒɪst] s Neurologe m, Neurologin f

neurology [njʊəˈrɒlədʒɪ] s Neurologie f

neurosis [njʊəˈrəʊsɪs] s ⟨pl **neuroses** [njʊəˈrəʊsiːz]⟩ Neurose f

neurosurgery ['njʊərəʊˌsɜːdʒərɪ] s Neurochirurgie f

neurotic [njʊəˈrɒtɪk] **A** adj neurotisch; **to be ~ about sth** in Bezug auf etw (akk) neurotisch sein **B** s Neurotiker(in) m(f)

neuter [ˈnjuːtəʳ] **A** adj GRAM sächlich **B** v/t Katze, Hund kastrieren

neutral [ˈnjuːtrəl] **A** adj neutral, farblos **B** s **1** Neutrale(r) m/f(m) **2** AUTO Leerlauf m; **to be in ~** im Leerlauf sein; **to put the car in ~** den Gang herausnehmen

neutrality [njuːˈtrælɪtɪ] s Neutralität f

neutralize [ˈnjuːtrəlaɪz] v/t neutralisieren

neutron [ˈnjuːtrɒn] s Neutron n

never [ˈnevəʳ] adv **1** nie, niemals geh; **~ again** nie wieder; **~ before** noch nie; **~ even** nicht einmal **2** emph (≈ nicht) **I ~ slept a wink** umg ich habe kein Auge zugetan; **Spurs were beaten — ~!** umg Spurs ist geschlagen worden — nein!; **well I ~ (did)!** umg nein, so was!; **~ fear** keine Angst

never-ending [ˈnevərˌendɪŋ] adj endlos

nevertheless [ˌnevəðəˈles] adv dennoch, trotzdem

new [njuː] adj ⟨+er⟩ neu; **the new people at number five** die Neuen in Nummer fünf; **that's nothing new** das ist nichts Neues; **what's new?** umg was gibts Neues? umg; **I'm new to this job** ich bin neu in dieser Stelle; **she's new to the game** SPORT sie ist erst seit Kurzem bei diesem Sport dabei; fig sie ist neu auf diesem Gebiet

New Age Traveller Br s Aussteiger(in) m(f)

newbie [ˈnjuːbɪ] umg s Neuling m

new blood fig s frisches Blut

newborn adj neugeboren

newcomer s Neuankömmling m; in Job Neuling m (**to** in +dat); **they are ~s to this town** sie sind neu in dieser Stadt

New England s Neuengland n

newfangled adj neumodisch

new-found adj Glück neu(gefunden); Selbstvertrauen neugeschöpft

Newfoundland [ˈnjuːfəndlənd] s Neufundland n

newish [ˈnjuːɪʃ] adj ziemlich neu

newly [ˈnjuːlɪ] adv frisch; **~ made** ganz neu; Brot, Kuchen frisch gebacken; **~ arrived** neu angekommen; **~ married** frisch vermählt

newlyweds [ˈnjuːlɪwedz] umg pl Frischvermählte pl

new moon s Neumond m; **there's a ~ tonight** heute Nacht ist Neumond

news [njuːz] s ⟨+sg v, kein pl⟩ **1** Nachricht f, Neuigkeit(en) f(pl); **a piece of ~** eine Neuigkeit; **I have no ~ of him** ich habe nichts von ihm gehört; **there is no ~** es gibt nichts Neues zu berichten; **have you heard the ~?** haben Sie schon (das Neueste) gehört?; **tell us your ~** erzähl uns das Neueste; **I have ~ for you** iron ich habe eine Überraschung für dich; **good ~** gute Nachrichten; **that's bad ~ for ...** das ist ein schwerer Schlag für ...; **who will break the ~ to him?** wer wird es ihm sagen od beibringen?; **that is ~ to me!** das ist mir ganz neu! **2** Presse, a. RADIO, TV Nachrichten pl; **~ in brief** Kurznachrichten pl; **financial ~** Wirtschaftsbericht m; **it was on the ~** das kam in den Nachrichten; **to be in the ~** von sich reden machen

news agency s Nachrichtenagentur f

newsagent Br s Zeitungshändler(in) m(f)

news blackout s Nachrichtensperre f

news bulletin s Bulletin n

newscast s Nachrichtensendung f

newscaster s Nachrichtensprecher(in) m(f)

news channel s TV Nachrichtensender m

newsdealer US s Zeitungshändler(in) m(f)

newsflash s Kurzmeldung f

newsgroup s INTERNET Newsgroup f

news headlines pl Kurznachrichten pl

newsletter s Rundschreiben n

newspaper [ˈnjuːzˌpeɪpəʳ] s Zeitung f; **daily ~** Tageszeitung f

newspaper article s Zeitungsartikel m

newsprint s Zeitungspapier n

newsreader s Nachrichtensprecher(in) m(f)

newsroom s Nachrichtenredaktion f

newsstand s Zeitungsstand m

new-style [ˈnjuːstaɪl] adj im neuen Stil

news vendor s Zeitungsverkäufer(in) m(f)

newsworthy [ˈnjuːzˌwɜːðɪ] adj **to be ~** Neuigkeitswert haben

newt [njuːt] s Wassermolch m

New Testament s **the ~** das Neue Testament

new wave **A** s neue Welle **B** adj ⟨attr⟩ der neuen Welle

New World s **the ~** die Neue Welt

New Year s neues Jahr; (≈ Tag) Neujahr n; **to see in the ~** das neue Jahr begrüßen; **Happy ~!** (ein) gutes neues Jahr!; **at ~** an Neujahr; **~ resolution** (guter) Vorsatz für das neue Jahr

New Year's Day s Neujahr n

New Year's Eve s Silvester n

New Zealand **A** s Neuseeland n **B** adj ⟨attr⟩ neuseeländisch

New Zealander s Neuseeländer(in) m(f)

next [nekst] **A** adj nächste(r, s); **the ~ day** am nächsten Tag; **the ~ few days** die nächsten paar Tage; **(the) ~ time** das nächste Mal; **(the) ~ moment** im nächsten Moment; **from one moment to the ~** von einem Moment zum anderen; **this time ~ week** nächste Woche um diese Zeit; **the year after ~** übernächstes Jahr; **the ~ day but one** der übernächste Tag; **to be ~** der/die Nächste sein; **who's ~?** wer ist der Nächste?; **you're ~** Sie sind an der Reihe; **my name is ~ on the list** mein Name kommt als nächster auf der Liste; **the ~ but one** der/die/das Übernächste; **the ~ thing I knew I …** bevor ich wusste, wie mir geschah, … ich …; *nach Ohnmacht etc* das Nächste, woran ich mich erinnern kann, war, dass ich …; **the ~ size up/down** die nächstkleinere/nächstgrößere Größe **B** *adv* **1** das nächste Mal; (≈ *im Folgenden*) danach, dann; **what shall we do ~?** und was sollen wir als Nächstes machen?; **what have we got ~?** was haben wir als Nächstes?; **whatever ~?** *überrascht* Sachen gibts! *umg* **2 ~ to sb/sth** neben j-m/etw; *mit Richtungsangabe* neben j-n/etw; **the ~ to last row** die vorletzte Reihe; **~ to nothing** so gut wie nichts; **~ to impossible** nahezu unmöglich **3 the ~ best** der/die/das Nächstbeste; **this is the ~ best thing** das ist das Nächstbeste; **the ~ oldest boy** der zweitälteste Junge **C** *s* Nächste(r) *m/f(m)*

next door ['neks'dɔːʳ] *adv* nebenan; **let's go ~** gehen wir nach nebenan; **they live ~ to us** sie wohnen (direkt) neben uns; **he has the room ~ to me** er hat das Zimmer neben mir; **we live ~ to each other** wir wohnen Tür an Tür; **the boy ~** der Junge von nebenan

next-door ['neks'dɔːʳ] *adj* **the ~ neighbour** *Br*, **~ neighbor** *US* der direkte Nachbar; **we are ~ neighbours** *Br*, **we are ~ neighbors** *US* wir wohnen Tür an Tür; **the ~ house** das Nebenhaus

next of kin *s* ⟨*pl* -⟩ nächster Verwandter, nächste Verwandte

NFL *US abk* (= National Football League) amerikanische Football-Nationalliga

NGO *abk* (= nongovernmental organization) Nichtregierungsorganisation *f*, NRO *f*

NHS *Br abk* (= National Health Service) staatlicher Gesundheitsdienst

NHS patient *s* Kassenpatient(in) *m(f)*

nib [nɪb] *s* Feder *f*

nibble ['nɪbl] **A** *v/t* knabbern **B** *v/i* knabbern (**at** an +*dat*) **C** *s* **~s** *Br* Knabbereien *pl*

Nicaragua [ˌnɪkəˈrægjʊə] *s* Nicaragua *n*

nice [naɪs] *adj* ⟨*komp* nicer⟩ **1** nett, fesch *österr*; *Wetter, Geruch, Essen, Arbeit* gut; *Gefühl, Auto* schön; **to have a ~ time** sich gut amüsieren; **have a ~ day!** *bes US* schönen Tag noch!; **the ~ thing about Venice** das Schöne an Venedig; **it's ~ to see you again** es freut mich, Sie wieder zu treffen; **it's been ~ meeting you** ich habe mich gefreut, Sie kennenzulernen; **I had a ~ rest** ich habe mich schön ausgeruht; **Mr Nice Guy** der nette Mann von nebenan; **~ one!** toll! *umg*; *als Reaktion auf Witz oder witzigen Kommentar* der war gut! *umg* **2** *zur Verstärkung* schön; **a ~ long bath** ein schönes, langes Bad; **~ and warm** schön warm; **take it ~ and easy** überanstrengen Sie sich nicht **3** *iron* **you're in a ~ mess** du sitzt schön im Schlamassel *umg*; **that's a ~ way to talk to your mother** das ist ja eine schöne Art, mit deiner Mutter zu sprechen

nice-looking ['naɪsˈlʊkɪŋ] *adj* schön; *Frau, Mann* gut aussehend; **to be ~** gut aussehen

nicely ['naɪslɪ] *adv* nett; *sich benehmen* gut; **to be coming along ~** sich gut machen; **to ask ~** höflich fragen; **say thank you ~!** sag mal schön Danke!; **that will do ~** das reicht vollauf; **he's doing very ~ for himself** er ist sehr gut gestellt, er scheffelt Geld *umg*; **to be ~ spoken** sich gepflegt ausdrücken; **~ done** gut gemacht

niceties ['naɪsɪtɪz] *pl* Feinheiten *pl*

niche [niːʃ] *s* Nische *f*; *fig* Plätzchen *n*

niche market *s* Nischenmarkt *m*

nick¹ [nɪk] *s* **1** Kerbe *f* **2 in the ~ of time** gerade noch (rechtzeitig) **3** *Br umg* **in good/bad ~** gut/nicht gut in Schuss *umg* **B** *v/t* **to ~ oneself** *umg* sich schneiden

nick² *Br* **A** *umg v/t* **1** einsperren *umg* **2** klauen *umg* **B** *s umg* Knast *m umg*

nickel ['nɪkl] *s* **1** Nickel *n* **2** *US* Fünfcentstück *n*

nickel-plated ['nɪklˈpleɪtɪd] *adj* vernickelt

nickname ['nɪkneɪm] **A** *s* Spitzname *m* **B** *v/t* **they ~d him Baldy** sie gaben ihm den Spitznamen Baldy

nicotine ['nɪkətiːn] *s* Nikotin *n*

nicotine patch *s* Nikotinpflaster *n*

niece [niːs] *s* Nichte *f*

nifty ['nɪftɪ] *adj* ⟨*komp* niftier⟩ *umg* flott *umg*; *Gerät* schlau *umg*; **a ~ little car** ein netter kleiner Flitzer *umg*

Niger [nɪˈʒeəʳ] *s Land* Niger *n*

niggardly ['nɪgədlɪ] *adj* knaus(e)rig; *Betrag* armselig

niggle ['nɪgl] **A** *v/i* herumkritteln *umg* (+*dat* **about** an) **B** *v/t* quälen

niggling ['nɪglɪŋ] *adj* Zweifel, Schmerz quälend; *Gefühl* ungut

nigh [naɪ] **A** *adj obs, liter* nahe **B** *adv* **~ on** nahezu *geh*

night [naɪt] **A** *s* Nacht *f*; THEAT Abend *m*; **last ~** gestern Abend, letzte Nacht; **tomorrow ~** morgen Abend/Nacht; **on Friday ~** Freitagabend/-nacht; **at ~** nachts/abends; **she works at ~** sie arbeitet nachts; **in/during the ~** in/während der Nacht; **the ~ before** am Abend/die Nacht zuvor; **the ~ before last** vorgestern Abend/vorletzte Nacht; **to spend the ~ at a hotel** in einem Hotel übernachten; **to have a good/bad ~** od **~'s sleep** gut/schlecht schlafen; **good ~!** gute Nacht!; **~-night!** *umg* gut Nacht! *umg*; **all ~ (long)** die ganze Nacht; **to have a ~ out** (abends) ausgehen; **to have an early ~** früh schlafen gehen; **to be on ~s** *Arbeiter* Nachtschicht haben **B** *adv* **~s** *bes US* nachts

nightcap *s* Schlaftrunk *m umg*
nightclub *s* Nachtklub *m*
nightdress *s* Nachthemd *n*
nightfall *s* **at ~** bei Einbruch der Dunkelheit
night flight *s* Nachtflug *m*
nightgown *s* Nachthemd *n*
nightie ['naɪtɪ] *umg s* Nachthemd *n*
nightingale ['naɪtɪŋgeɪl] *s* Nachtigall *f*
nightlife *s* Nachtleben *n*
night-light *s* Nachtlicht *n*
nightly ['naɪtlɪ] **A** *adj* (all)nächtlich, (all)abendlich **B** *adv* jede Nacht, jeden Abend
nightmare ['naɪtmeə'] *s* Albtraum *m*; **that was a ~ of a journey** die Reise war ein Albtraum
night nurse *s* Nachtschwester *f*
night owl *umg s* Nachteule *f umg*
night porter *s* Nachtportier *m*
night safe *s* Nachttresor *m*
night school *s* Abendschule *f*
night shift *s* Nachtschicht *f*; **to be on ~** Nachtschicht haben
nightshirt *s* (Herren)nachthemd *n*
nightspot *s* Nachtlokal *n*
night stick *US s* Schlagstock *m*
night-time **A** *s* Nacht *f*; **at ~** nachts **B** *adj* ⟨*attr*⟩ nächtlich; **~ temperature** Nachttemperatur *f*
night watchman *s* Nachtwächter(in) *m(f)*
night work *s* Nachtarbeit *f*
nihilistic [ˌnaɪɪ'lɪstɪk] *adj* nihilistisch
nil [nɪl] *s* null, nichts; **the score was one-nil** es stand eins zu null; → **zero**
Nile [naɪl] *s* Nil *m*
nimble ['nɪmbl] *adj* ⟨*komp* nimbler⟩ flink, gelenkig; *Geist* beweglich
nimbly ['nɪmblɪ] *adv* gelenkig
nine [naɪn] **A** *adj* neun; **~ times out of ten** in neun Zehntel der Fälle **B** *s* Neun *f*; **dressed (up) to the ~s** in Schale *umg*; **to call 999** *Br*, **to call 911** *US* den Notruf wählen **2** → **six**
nine-eleven, 9/11 [ˌnaɪnɪ'levn] *s die Angriffe auf das World Trade Center am 11. September 2001*
nineteen ['naɪn'ti:n] **A** *adj* neunzehn **B** *s* Neunzehn *f*; **she talks ~ to the dozen** *Br umg* sie redet wie ein Wasserfall *umg*
nineteenth ['naɪn'ti:nθ] **A** *adj* **1** neunzehnte(r, s) **2** neunzehntel **B** *s* **1** Neunzehnte(r, s) **2** Neunzehntel *n*; → **sixteenth**
ninetieth ['naɪntɪɪθ] **A** *adj* **1** neunzigste(r, s) **2** neunzigstel **B** *s* **1** Neunzigste(r, s) **2** Neunzigstel *n*
nine-to-five [ˌnaɪntə'faɪv] *adj* Büro-; **~ job** Bürojob *m*
ninety ['naɪntɪ] **A** *adj* neunzig **B** *s* Neunzig *f*; → **sixty**
ninth [naɪnθ] **A** *adj* **1** neunte(r, s) **2** neuntel **B** *s* **1** Neunte(r, s) **2** Neuntel *n*; → **sixth**
nip¹ *umg s* Schlückchen *n*
nip² [nɪp] **A** *s* **1** Kniff *m*; *durch Tier etc* Biss *m* **2** **there's a nip in the air** es ist ganz schön frisch **B** *v/t* **1** kneifen, zwicken *österr*; **the dog nipped his ankle** der Hund hat ihn am Knöchel gezwickt **2 to nip sth in the bud** *fig* etw im Keim ersticken **C** *v/i Br umg* sausen *umg*; **to nip up (-stairs)** hochflitzen *umg*; **I'll just nip down to the shops** ich gehe mal kurz einkaufen *umg*

phrasal verbs mit nip:

nip out *Br umg v/i* kurz weggehen *umg*

nip and tuck [ˌnɪp ən 'tʌk] **A** *s umg* Schönheitsoperation *f* **B** *adj Kandidaten* Kopf an Kopf; **the election is ~** der Ausgang der Abstimmung ist völlig offen
nipple ['nɪpl] *s* ANAT Brustwarze *f*, Nippel *m umg*; *US an Babyflasche* Sauger *m*
nippy ['nɪpɪ] *adj* ⟨*komp* nippier⟩ **1** *Br umg* flott; *Auto* spritzig **2** *Wetter* frisch
nit [nɪt] *s* **1** ZOOL Nisse *f* **2** *Br umg* Schwachkopf *m umg*
nit-pick ['nɪtpɪk] *umg v/i* pingelig sein *umg*
nit-picking ['nɪtpɪkɪŋ] *umg s* Korinthenkackerei *f umg*
nitrate ['naɪtreɪt] *s* Nitrat *n*
nitric acid [ˌnaɪtrɪk'æsɪd] *s* Salpetersäure *f*
nitrogen ['naɪtrədʒən] *s* Stickstoff *m*
nitty-gritty ['nɪtɪ'grɪtɪ] *umg s* **to get down to the ~** zur Sache kommen
nitwit ['nɪtwɪt] *umg s* Schwachkopf *m umg*
NLU *abk* (= natural language understanding) *die Fähigkeit eines Systems, normalsprachliche Äußerungen zu verarbeiten und mehrere Informationen als Einzelsätzen zu extrahieren*
No., no. *abk* (= number) Nr.
no [nəʊ] **A** *adv* **1** nein; **to answer no** mit Nein antworten **2** *mit Komparativ* nicht; **I can bear it no longer** ich kann es nicht länger ertragen; **I have no more money** ich habe kein Geld mehr; **he returned to England in an aircraft carrier no less** er kehrte auf nichts Geringerem als einem Flugzeugträger nach England zurück **B** *adj* kein; **no one person could do it** keiner könnte das allein tun; **no other man** kein anderer; **it's of no interest** das ist

belanglos; **it's no use** *od* **no good** das hat keinen Zweck; **no smoking** Rauchen verboten; **there's no telling what he'll do** man kann nie wissen, was er tun wird; **there's no denying it** es lässt sich nicht leugnen; **there's no pleasing him** ihm kann man es auch nie recht machen; **he's no genius** er ist nicht gerade ein Genie; **this is no place for children** das ist hier nichts für Kinder; **in no time** im Nu; **at no little expense** zu großen Kosten; **there is no such thing** so etwas gibt es nicht; **I'll do no such thing** ich werde mich hüten **C** s ⟨pl -es⟩ Nein n; *bei Wahl* Neinstimme f; **I won't take no for an answer** ich bestehe darauf

Nobel ['nəʊbl] s ~**laureate** Nobelpreisträger(in) m(f); ~ **prize** Nobelpreis m; ~**prize winner** Nobelpreisträger(in) m(f); ~ **peace prize** Friedensnobelpreis m

nobility [nəʊ'bɪlɪtɪ] s ⟨kein pl⟩ **1** (Hoch)adel m **2** (≈ *Eigenschaft*) Edle(s) n

noble ['nəʊbl] **A** adj ⟨komp nobler⟩ **1** adlig; **to be of ~ birth** adlig sein **2** *Tat, Gedanken* nobel; *Versuch* heldenhaft **B** s Adlige(r) m/f(m)

nobleman s ⟨pl -men⟩ Adlige(r) m

noblewoman s ⟨pl -women [-wɪmən]⟩ Adlige f

nobly ['nəʊblɪ] adv **1** vornehm; (≈ *tapfer*) heldenhaft **2** *umg* großmütig

nobody ['nəʊbədɪ] **A** pron niemand; ~ **else** sonst niemand, niemand anderes; ~ **else but you can do it** außer dir kann das niemand; ~ **else offered to give them money** sonst hat sich niemand angeboten, ihnen Geld zu geben; **like ~'s business** wie nichts **B** s Niemand m kein pl

no-brainer [ˌnəʊ'breɪnə^r] s umg **1** (≈ *leicht zu erledigende Sache*) Kinderspiel n **2** (≈ *einfache Angelegenheit*) **that's a ~** klare Sache, das versteht sich von selbst

no-claim(s) bonus ['nəʊˌkleɪm(z)'bəʊnəs] s Schadenfreiheitsrabatt m

nocturnal [nɒk'tɜːnl] adj nächtlich; ~ **animal** Nachttier n

nod [nɒd] **A** s Nicken n; **to give a nod** nicken **B** v/i nicken; **to nod to sb** j-m zunicken; **to nod toward(s) sth** mit dem Kopf auf etw zeigen **C** v/t **to nod one's head** mit dem Kopf nicken

phrasal verbs mit nod:
nod off v/i einnicken umg

node [nəʊd] s **1** Knoten m **2** IT Node m, Knoten m

nodule ['nɒdjuːl] s Knötchen n

no-frills adj ⟨attr⟩ *Preis* ohne (alle) Extras; *Stil* einfach

no-go area s Sperrgebiet n

no-good adj nichtsnutzig

no-holds-barred adj kompromisslos

no-hoper [nəʊ'həʊpə(r)] s umg Niete f

noise [nɔɪz] s Geräusch n, Lärm m; **what was that ~?** was war das für ein Geräusch?; **the ~ of the traffic** der Straßenlärm; **it made a lot of ~** es war sehr laut; **don't make a ~!** sei leise!; **stop making such a ~** hör auf, solchen Lärm zu machen

noiselessly ['nɔɪzlɪslɪ] adv geräuschlos

noise level s Geräuschpegel m

noisily ['nɔɪzɪlɪ] adv laut; *protestieren* lautstark

noisy ['nɔɪzɪ] adj ⟨komp noisier⟩ laut; *Protest* lautstark; **this is a ~ house** in dem Haus ist es laut

nomad ['nəʊmæd] s Nomade m, Nomadin f

nomadic [nəʊ'mædɪk] adj nomadisch; ~ **lifestyle** Nomadenleben n

no-man's-land ['nəʊmænzlænd] s Niemandsland n

nominal ['nɒmɪnl] adj nominell

nominal value s Nennwert m

nominate ['nɒmɪneɪt] v/t **1** ernennen; **he was ~d chairman** er wurde zum Vorsitzenden ernannt **2** nominieren; **he was ~d for the presidency** er wurde als Präsidentschaftskandidat aufgestellt; **to ~ sb for sth** j-n für etw nominieren

nomination [ˌnɒmɪ'neɪʃən] s **1** Ernennung f **2** Nominierung f

nominative ['nɒmɪnətɪv] **A** s GRAM Nominativ m **B** adj GRAM (**the**) ~ **case** der Nominativ

nominee [ˌnɒmɪ'niː] s Kandidat(in) m(f)

nonaggression [nɒn-] s ~ **treaty** Nichtangriffspakt m

nonalcoholic adj alkoholfrei

nonaligned [nɒnə'laɪnd] adj POL blockfrei

nonattendance s Nichtteilnahme f (**at** an +dat)

nonchalance ['nɒnʃələns] s Lässigkeit f

nonchalant adj, **nonchalantly** ['nɒnʃələnt, -lɪ] adv lässig

noncommissioned adj MIL ~ **officer** Unteroffizier(in) m(f)

noncommittal adj zurückhaltend; **to be ~ about whether …** sich nicht festlegen, ob …

noncommittaily adv unverbindlich

nonconformist **A** s Nonkonformist(in) m(f) **B** adj nonkonformistisch

non-defining relative clause [ˌnʌndɪ'faɪnɪŋ] s GRAM nicht notwendiger Relativsatz

nondescript ['nɒndɪskrɪpt] adj *Geschmack, Farbe* unbestimmbar; *Erscheinung* unauffällig

nondrinker s Nichttrinker(in) m(f)

nondriver s Nichtfahrer(in) m(f)

none [nʌn] **A** pron keine(r, s); ~ **of the boys/girls** keiner der Jungen/keines der Mädchen; ~ **of them** keiner von ihnen; ~ **of this/the cake** nichts davon/von dem Kuchen; ~ **of this is any good** das ist alles nicht gut; **do you**

have any bread/apples? — **~ (at all)** haben Sie Brot/Äpfel? — nein, gar keines/keine; **there is ~ left** es ist nichts übrig; **their guest was ~ other than ...** ihr Gast war kein anderer als ...; **he would have ~ of it** er wollte davon nichts wissen **B** *adv* **to be ~ the wiser** um nichts schlauer sein; **she looks ~ the worse for her ordeal** trotz allem, was sie durchzustehen hatte, sieht sie gut aus; **he was ~ too happy about it** er war darüber gar nicht erfreut; **~ too sure/easy** durchaus nicht sicher/einfach

nonentity [nɒˈnentɪti] *s* unbedeutende Figur

nonessential [ˌnɒnɪˈsenʃəl] **A** *adj* unnötig **B** *s* **nonessentials** *pl* nicht (lebens)notwendige Dinge *pl*

nonetheless [ˌnʌnðəˈles] *adv* trotzdem

nonevent *umg s* Reinfall *m umg*

nonexecutive *adj* **~ director** ≈ Aufsichtsratsmitglied *n* (*ohne Entscheidungsbefugnis*)

nonexistent *adj* nicht vorhanden; **discipline is ~ here** hier herrscht keine Disziplin

non-fat *adj* fettfrei

nonfattening *adj* nicht dick machend *attr*; **fruit is ~** Obst macht nicht dick

nonfiction **A** *s* Sachbücher *pl* **B** *adj* **~ book** Sachbuch *n*

nonflammable *adj* nicht entzündbar

non-governmental organization [ˌnɒngʌvənmentlɔːgənaɪˈzeɪʃn] *s* Nichtregierungsorganisation *f*

noninterference, nonintervention *s* Nichteinmischung *f*

non-living *adj* nichtlebend

nonmember *s* open to **~s** Gäste willkommen

non-member country *s der EU* Drittstaat *m*

non-negotiable *adj* **the price is ~** über den Preis lässt sich nicht verhandeln

no-no [ˈnəʊnəʊ] *umg s* ⟨*kein pl*⟩ **that's a ~!** das geht gar nicht!

non-official *adj* inoffiziell

no-nonsense [ˈnəʊˌnɒnsəns] *adj* (kühl und) sachlich

nonpayment *s* Nichtzahlung *f*

nonplus [ˈnɒnˈplʌs] *v/t* **completely ~sed** völlig verdutzt

nonpolitical *adj* nicht politisch

nonpolluting [ˌnɒnpəˈluːtɪŋ] *adj* umweltfreundlich

non-profit-making *adj*, **nonprofit** *US adj* keinen Gewinn anstrebend *attr*

non-redeemable *adj FIN* nicht einlösbar

non-renewable *adj* nicht erneuerbar

nonresident *s* Nicht(orts)ansässige(r) *m/f(m)*; *in Hotel* nicht im Haus wohnender Gast; **open to ~s** auch für Nichthotelgäste

nonreturnable *adj* **~ bottle** Einwegflasche *f*; **~ deposit** Anzahlung *f*

nonsense [ˈnɒnsəns] *s* ⟨*kein pl*⟩ Dummheiten *pl*; **~!** Unsinn!; **I've had enough of this ~** jetzt reichts mir aber; **what's all this ~ about a cut in salary?** was soll all das Gerede von einer Gehaltskürzung?; **he will stand no ~ from anybody** er lässt nicht mit sich spaßen

nonsensical [nɒnˈsensɪkəl] *adj* unsinnig

nonslip *adj* rutschfest

nonsmoker *s* Nichtraucher(in) *m(f)*

nonsmoking *adj* Nichtraucher-; **we have a ~ policy** bei uns herrscht Rauchverbot

nonstarter *s fig* (≈ Idee) Blindgänger *m*

nonstick *adj* antihaftbeschichtet

nonstop **A** *adj Zug* durchgehend; *Reise* ohne Unterbrechung; **~ flight** Nonstop-Flug *m* **B** *adv* arbeiten ununterbrochen; *fliegen* nonstop

nonswimmer *s* Nichtschwimmer(in) *m(f)*

nontaxable *adj* nicht steuerpflichtig

nontoxic *adj* ungiftig

nonverbal *adj* nicht verbal

nonviolence *s* Gewaltlosigkeit *f*

nonviolent *adj* gewaltlos; *Verbrechen* nicht gewalttätig

noodle [ˈnuːdl] *s GASTR* Nudel *f*

nook [nʊk] *s* Winkel *m*; **in every ~ and cranny** in jedem Winkel

nookie, nooky [ˈnʊki] *umg s* **to have a bit of ~** (ein bisschen) bumsen *umg*

noon [nuːn] **A** *s* Mittag *m*; **at ~** um 12 Uhr mittags **B** *adj* 12-Uhr-

no-one, no one [ˈnəʊwʌn] *pron* → nobody

noontime *bes US* **A** *s* Mittagszeit *f*; **at ~** um die Mittagsstunde *geh* **B** *adj* zur Mittagszeit

noose [nuːs] *s* Schlinge *f*

nope [nəʊp] *umg adv* ne(e) *dial*, nein

no place *bes US umg adv* → nowhere

nor [nɔːʳ] *konj* **1** noch; **neither ... nor** weder ... noch **2** und ... auch nicht; **I shan't go, nor will you** ich gehe nicht, und du auch nicht; **nor do I** ich auch nicht

Nordic [ˈnɔːdɪk] *adj* nordisch; **~ walking** Nordic Walking *n*

norm [nɔːm] *s* Norm *f*

normal [ˈnɔːməl] **A** *adj* normal, üblich; **it's ~ practice** das ist so üblich; **he is not his ~ self** er ist so anders; **a higher than ~ risk of infection** ein Infektionsrisiko, das über dem Normalen liegt **B** *s* ⟨*kein pl*⟩ **below ~** unter dem Durchschnitt; **her temperature is below/above ~** sie hat Untertemperatur/erhöhte Temperatur; **when things are back to** *od* **return to ~** wenn sich alles wieder normalisiert hat; **carry on as ~** machen Sie normal weiter

normality [nɔːˈmælɪti] *s* Normalität *f*; **to return to ~** sich wieder normalisieren

normalize ['nɔːməlaɪz] v/t Beziehungen normalisieren

normally ['nɔːməlɪ] adv **1** normalerweise **2** normal

Norman ['nɔːmən] **A** adj normannisch; **the ~ Conquest** der normannische Eroberungszug **B** s Normanne m, Normannin f

Normandy ['nɔːməndɪ] s Normandie f

norovirus ['nɒrə‚vaɪrəs] s MED Norovirus n

Norse [nɔːs] adj altnordisch

north [nɔːθ] **A** s Norden m; **in/from the ~** im/aus dem Norden; **to the ~ of** nördlich von; **the wind is in the ~** es ist Nordwind; **to face ~** nach Norden liegen; **the North of Scotland** Nordschottland n **B** adj ⟨attr⟩ Nord-; **North German** norddeutsch **C** adv nach Norden; **~ of** nördlich von

North Africa s Nordafrika n

North America s Nordamerika n

North American A adj nordamerikanisch **B** s Nordamerikaner(in) m(f)

North Atlantic s Nordatlantik m

northbound adj Straße nach Norden (führend); Verkehr in Richtung Norden

northeast A s Nordosten m; **in the ~** im Nordosten; **from the ~** von Nordost **B** adj Nordost-, nordöstlich; **~ England** Nordostengland n **C** adv nach Nordosten; **~ of** nordöstlich von

northeasterly adj nordöstlich

northerly ['nɔːðəlɪ] adj nördlich

northern ['nɔːðən] adj nördlich; **~ Germany** Norddeutschland n; **Northern Irish** nordirisch

northerner ['nɔːðənə] s Nordengländer(in) m(f) etc; **he is a ~** er kommt aus dem Norden (des Landes)

Northern Ireland s Nordirland n

northernmost ['nɔːðənməʊst] adj nördlichste(r, s)

North Pole s Nordpol m

North Sea A s Nordsee f **B** adj Nordsee-

North-South divide s Nord-Süd-Gefälle n

northward A adj nördlich **B** adv (a. **northwards**) nordwärts

northwest A s Nordwesten m **B** adj Nordwest-, nordwestlich; **~ England** Nordwestengland n **C** adv nach Nordwest(en); **~ of** nordwestlich von

northwesterly adj nordwestlich

Norway ['nɔːweɪ] s Norwegen n

Norwegian [nɔːˈwiːdʒən] **A** adj norwegisch **B** s **1** Norweger(in) m(f) **2** LING Norwegisch n

Nos., nos. abk (= numbers) Nrn.

nose [nəʊz] **A** s Nase f; **to hold one's ~** sich (dat) die Nase zuhalten; **my ~ is bleeding** ich habe Nasenbluten; **follow your ~** immer der Nase nach; **she always has her ~ in a book** sie hat dauernd den Kopf in einem Buch (vergraben); **to do sth under sb's ~** etw vor j-s Augen tun; **it was right under his ~** er hatte es direkt vor der Nase; **he can't see beyond** od **further than the end of his ~** er kann nicht weiter sehen, als sein eigener Schatten reicht; **to get up sb's ~** fig umg j-m auf den Geist gehen umg; **to poke one's ~ into sth** fig seine Nase in etw (akk) stecken; **you keep your ~ out of this** umg halt du dich da raus umg; **to cut off one's ~ to spite one's face** sprichw sich ins eigene Fleisch schneiden; **to look down one's ~ at sb/sth** auf j-n/etw herabblicken; **to pay through the ~** umg sich dumm und dämlich zahlen umg; **~ to tail** Autos Stoßstange an Stoßstange **B** v/t **the car ~d its way into the stream of traffic** das Auto schob sich in den fließenden Verkehr vor

phrasal verbs mit nose:

nose about Br, **nose around** v/i herumschnüffeln umg

nosebleed s Nasenbluten n; **to have a ~** Nasenbluten haben

nosedive A s FLUG Sturzflug m; **the company's profits took a ~** mit der Firma ging es rapide bergab **B** v/i Flugzeug im Sturzflug herabgehen; fig den Bach runtergehen umg

nosedrops pl Nasentropfen pl

nose ring s Nasenring m

nosey ['nəʊzɪ] adj → nosy

nosh [nɒʃ] Br sl s (= Essen) Futter n umg

no-smoking adj → nonsmoking

nostalgia [nɒˈstældʒɪə] s Nostalgie f (**for** nach); **to feel ~ for sth** sich nach etw zurücksehnen

nostalgic [nɒˈstældʒɪk] adj nostalgisch, wehmütig; **to feel ~ for sth** sich nach etw zurücksehnen

nostril ['nɒstrəl] s Nasenloch n; von Pferd Nüster f

nosy ['nəʊzɪ] adj ⟨komp nosier⟩ neugierig umg

nosy parker [‚nəʊzɪˈpɑːkə] Br umg s Schnüffler(in) m(f) umg

not [nɒt] adv **1** nicht; **he told me not to do that** er sagte, ich solle das nicht tun; **not a word** kein Wort; **not a bit** kein bisschen; **not one of them** kein Einziger; **not a thing** überhaupt nichts; **not any more** nicht mehr; **not yet** noch nicht; **not even** nicht einmal; **not so** als Antwort nein; **he's decided not to do it — I should think/hope not** er hat sich entschlossen, es nicht zu tun — das möchte ich auch meinen/hoffen; **not at all** überhaupt nicht; (≈ nichts zu danken) gern geschehen; **not that I care** nicht, dass es mir etwas ausmacht(e); **not that I know of** nicht, dass ich wüsste; **it's not that I don't believe him** ich glaube ihm ja **2** **it's hot, isn't it?** es ist heiß, nicht wahr *od* nicht? *umg*; **isn't it hot?** (es ist) heiß, nicht wahr?; **isn't he naughty!** ist er nicht frech?; **you are coming, aren't you** Sie kommen doch, oder?

notable ['nəʊtəbl] *adj* **1** bedeutend, beträchtlich **2** auffallend; **with a few ~ exceptions** bis auf einige rühmliche Ausnahmen

notably ['nəʊtəblɪ] *adv* **1** auffallend **2** insbesondere; **most ~** vor allem

notary (public) ['nəʊtərɪ('pʌblɪk)] *s* Notar(in) *m(f)*

notch [nɒtʃ] *s* Kerbe *f*

phrasal verbs mit notch:

notch up *v/t* ⟨*trennb*⟩ Punkte erzielen; Erfolg verzeichnen können

note [nəʊt] **A** *s* **1** Notiz *f*; *länger* Briefchen *n*; **~s** Aufzeichnungen *pl*, Konzept *n*; **to speak without ~s** frei sprechen; **to leave sb a ~** j-m ein paar Zeilen hinterlassen; **to take** *od* **make ~s** (sich) Notizen machen; **to take** *od* **make a ~ of sth** sich (*dat*) etw notieren **2** ⟨*kein pl*⟩ **to take ~ of sth** von etw Notiz nehmen, etw beachten **3** ⟨*kein pl*⟩ **nothing of ~** nichts Erwähnenswertes **4** MUS Note *f*; (≈ *Klang*) Ton *m*; **to play the right/wrong ~** richtig/falsch spielen; **to strike the right ~** *fig* den richtigen Ton treffen; **on a personal ~** persönlich gesprochen; **on a more positive ~** aus positiver Sicht; **to sound a ~ of caution** zur Vorsicht mahnen; **there was a ~ of warning in his voice** seine Stimme hatte einen warnenden Unterton **5** *Br* FIN Schein *m*; **a £5 ~**, **a five-pound ~** ein Fünfpfundschein *m* **B** *v/t* **1** bemerken **2** beachten **3** → note down

phrasal verbs mit note:

note down *v/t* ⟨*trennb*⟩ notieren, sich (*dat*) notieren

notebook ['nəʊtbʊk] *s* Notizbuch *n*; **~ (computer)** Notebook *m*

notebook bag *s* Notebooktasche *f*

noted ['nəʊtɪd] *adj* berühmt (**for** für, wegen)

notelet ['nəʊtlɪt] *s* Briefkarte *f*

no-tell motel *s* diskretes Motel

notepad *s* Notizblock *m*

notepaper *s* Briefpapier *n*

noteworthy *adj* beachtenswert

nothing ['nʌθɪŋ] **A** *s & pron & adv* nichts; **it was reduced to ~** es blieb nichts davon übrig; **it was all or ~** es ging um alles oder nichts; **£500 is ~ to her** £ 500 sind für sie gar nichts; **it came to ~** da ist nichts draus geworden; **I can make ~ of it** das sagt mir nichts; **he thinks ~ of doing that** er findet nichts dabei(, das zu tun); **think ~ of it** keine Ursache!; **there was ~ doing at the club** *umg* im Klub war nichts los; **for ~** umsonst; **there's ~ (else) for it but to leave** da bleibt einem nichts übrig als zu gehen; **there was ~ in it for me** das hat sich für mich nicht gelohnt; **there's ~ in the rumour** *Br*, **there's ~ in the rumor** *US* an dem Gerücht ist nichts (Wahres); **there's ~ to it** *umg* das ist kinderleicht *umg*; **~ but** nur; **~ else** sonst nichts; **~ more** sonst nichts; **I'd like ~ more than that** ich möchte nichts lieber als das; **~ much** nicht viel; **~ if not polite** äußerst höflich; **~ new** nichts Neues; **it was ~ like as big** es war lange nicht so groß **B** **1** MATH Null *f* **2** Nichts *n*; **thank you — it was ~** danke — das war doch selbstverständlich; **what's wrong with you? — (it's) ~** was ist mit dir los? — nichts

nothingness *s* Nichts *n*

no through road *s* **it's a ~** es ist keine Durchfahrt

notice ['nəʊtɪs] **A** *s* **1** Bescheid *m*; *schriftlich a*. Mitteilung *f*; *von Ereignis, Veranstaltung* Ankündigung *f*; **we need three weeks' ~** wir müssen drei Wochen vorher Bescheid wissen; **to give ~ of sth** von etw Bescheid geben; **to give sb ~ of sth** j-m etw mitteilen; **he didn't give us much ~** er hat uns nicht viel Zeit gegeben; **at short ~** kurzfristig; **at a moment's ~** jederzeit; **at three days' ~** innerhalb von drei Tagen; **until further ~** bis auf Weiteres **2** öffentlich Anschlag *m*, Schild *n*; *in Zeitung* Anzeige *f*; **I saw a ~ in the paper about the concert** ich habe das Konzert in der Zeitung angekündigt gesehen **3** *von Miet-, Arbeitsverhältnis* Kündigung *f*; **to give sb ~** j-m kündigen; **to give** *od* **hand in one's ~**, **to turn in one's ~** *US* kündigen; **a month's ~** eine einmonatige Kündigungsfrist; **she gave me** *od* **I was given a month's ~** mir wurde zum nächsten Monat gekündigt **4** **to take ~ of sth** von etw Notiz nehmen, etw beachten; **to take no ~ of sb/sth** von j-m/etw keine Notiz nehmen; **take no ~!** kümmern Sie sich nicht darum!; **to bring sth to sb's ~** j-n auf etw (*akk*) aufmerksam machen; *in Brief etc* j-n von etw in Kenntnis setzen **B** *v/t* bemerken, zur Kenntnis nehmen; **without my noticing it** ohne dass ich etwas bemerkt habe; **I ~d her hesitating** ich merkte, dass sie zögerte; **to get oneself ~d** auf sich (*akk*) aufmerksam machen; *negativ* auffallen

noticeable ['nəʊtɪsəbl] *adj* erkennbar, sichtbar, deutlich; *Erleichterung* merklich; **the stain is very ~** der Fleck fällt ziemlich auf; **it is ~ that ...** man merkt, dass ...

noticeably ['nəʊtɪsəblɪ] *adv* deutlich; *erleichtert* sichtlich

notice board ['nəʊtɪsbɔːd] *bes Br s* Anschlag-

brett *n*
notification [ˌnəʊtɪfɪˈkeɪʃən] *s* Benachrichtigung *f*
notify [ˈnəʊtɪfaɪ] *v/t* benachrichtigen; **to ~ sb of sth** j-n von etw benachrichtigen; *Behörde* j-m etw melden
notion [ˈnəʊʃən] *s* Idee *f*, Vorstellung *f*; (≈ *vage*) Ahnung *f*; **I have no ~ of time** ich habe überhaupt kein Zeitgefühl; **he got the ~ (into his head) that she wouldn't help him** irgendwie hat er sich (*dat*) eingebildet, sie würde ihm nicht helfen
notions *pl US* Kurzwaren *pl*
notoriety [ˌnəʊtəˈraɪətɪ] *s* traurige Berühmtheit
notorious [nəʊˈtɔːrɪəs] *adj* berüchtigt; *Spieler, Lügner* notorisch; **a ~ woman** eine Frau von schlechtem Ruf
notoriously [nəʊˈtɔːrɪəslɪ] *adv* bekanntlich; **it is ~ difficult to treat** es lässt sich bekanntlich nur sehr schwer behandeln; **to be ~ unreliable** für seine Unzuverlässigkeit berüchtigt sein
notwithstanding [ˌnɒtwɪθˈstændɪŋ] *form* **A** *präp* ungeachtet (+*gen*) *form* **B** *adv* nichtsdestotrotz
nougat [ˈnuːgɑː] *s* Nugat *m*
nought [nɔːt] *s* **1** Null *f* **2** *liter* Nichts *n*; **to come to ~** sich zerschlagen
noughties [ˈnɔːtɪz] *umg pl* Nullerjahre *pl umg* (*das erste Jahrzehnt des dritten Jahrtausends*)
noun [naʊn] *s* Substantiv *n*, Hauptwort *n*
nourish [ˈnʌrɪʃ] *v/t* **1** *wörtl* nähren; j-n ernähren **2** *fig Hoffnungen* hegen
nourishing [ˈnʌrɪʃɪŋ] *adj* nahrhaft, währschaft *schweiz*
nourishment *s* Nahrung *f*
nouveau riche [ˌnuːvəʊˈriːʃ] *s* ⟨*pl* -x -s [ˌnuːvəʊˈriːʃ]⟩ Neureiche(r) *m/f(m)*
Nov *abk* (= November) Nov.
Nova Scotia [ˈnəʊvəˈskəʊʃə] *s* Neuschottland *n*
novel[1] [ˈnɒvəl] *s* Roman *m*
novel[2] *adj* neu(artig)
novelist [ˈnɒvəlɪst] *s* Romanschriftsteller(in) *m(f)*
novella [nəˈvelə] *s* Novelle *f*
novelty [ˈnɒvəltɪ] *s* **1** Neuheit *f*; **the ~ has worn off** der Reiz des Neuen ist vorbei **2** Krimskrams *m*
novelty effect *s* Reiz *m* des Neuen
November [nəʊˈvembə^r] *s* November *m*; → September
novice [ˈnɒvɪs] *fig s* Anfänger(in) *m(f)* (**at** bei)
now [naʊ] **A** *adv* jetzt, sofort, gerade; (≈ *heutzutage*) heute; **just now** gerade, sofort; **it's now or never** jetzt oder nie; **what is it now?** was ist denn nun schon wieder?; **by now** inzwischen; **before now** bis jetzt; **we'd have heard before now** das hätten wir (inzwi-schen) schon gehört; **for now** vorläufig; **even now** selbst jetzt noch; **any day now** jetzt jeden Tag; **from now on(wards)** von nun an; **between now and the end of the week** bis zum Ende der Woche; **in three days from now** (heute) in drei Tagen; **(every) now and then, now and again** ab und zu **B** *konj* **now (that) you've seen him** jetzt, wo Sie ihn gesehen haben **C** *int* also; **now, now!** na, na!; **well now** also; **now then** also (jetzt); **now, why didn't I think of that?** warum habe ich bloß nicht daran gedacht?
nowadays [ˈnaʊədeɪz] *adv* heute
no way *adv* → way
nowhere [ˈnəʊweə^r] *adv* nirgendwo; *mit Richtungsangabe* nirgendwohin; **they have ~ (else) to go** sie können (sonst) nirgends unterkommen; **there was ~ to hide** man konnte sich nirgends verstecken; **to appear out of ~** aus heiterem Himmel auftauchen; **we're getting ~** wir kommen nicht weiter; **rudeness will get you ~** Grobheit bringt dir gar nichts ein; **~ near as tall** nicht annähernd so groß
no-win situation [ˌnəʊwɪnsɪtjʊˈeɪʃən] *s* **it's a ~** wie mans macht ists falsch
noxious [ˈnɒkʃəs] *adj* **1** schädlich **2** giftig
nozzle [ˈnɒzl] *s* Düse *f*
nuance [ˈnjuːɑːns] *s* Nuance *f*
nubile [ˈnjuːbaɪl] *adj* gut entwickelt
nuclear [ˈnjuːklɪə^r] *adj* Atom-; *Brennstoff* nuklear
nuclear deterrent *s* nukleares Abschreckungsmittel
nuclear disarmament *s* nukleare Abrüstung
nuclear energy *s* → nuclear power
nuclear family *s* Kleinfamilie *f*
nuclear-free *adj* atomwaffenfrei
nuclear fusion [ˈfjuːʒən] *s* Kernfusion *f*
nuclear missile *s* Atomrakete *f*
nuclear physics *s* ⟨+*sg v*⟩ Kernphysik *f*
nuclear power *s* Atomkraft *f*
nuclear-powered *adj* atombetrieben
nuclear power station *s* Atomkraftwerk *n*
nuclear reactor *s* Atomreaktor *m*
nuclear reprocessing plant *s* nukleare Wiederaufbereitungsanlage
nuclear test *s* Atom(waffen)test *m*
nuclear war *s* Atomkrieg *m*
nuclear waste *s* Atommüll *m*
nuclear weapon *s* Atomwaffe *f*
nucleus [ˈnjuːklɪəs] *s* ⟨*pl* nuclei [-lɪaɪ]⟩ Kern *m*
nude [njuːd] **A** *adj* nackt; KUNST Akt-; **~ figure** Akt *m* **B** *s* KUNST Akt *m*; **in the ~** nackt
nudge [nʌdʒ] **A** *v/t* anstoßen **B** *s* Stups *m*
nudism [ˈnjuːdɪzm] *s* FKK *f*, Freikörperkultur *f*
nudist [ˈnjuːdɪst] *s* Nudist(in) *m(f)*
nudist beach *s* FKK-Strand *m*, Nacktbade-

strand m
nudity ['nju:dɪtɪ] s Nacktheit f
nugget ['nʌgɪt] s Klumpen m; fig von Informationen etc Brocken m
nuisance ['nju:sns] s **1** (≈ Mensch) Plage f; **sorry to be a ~** entschuldigen Sie, wenn ich störe; **to make a ~ of oneself** lästig werden **2** (≈ Sache) **to be a ~** lästig sein, ärgerlich sein; **what a ~** wie ärgerlich
nuisance call s TEL Schockanruf m; **~s** pl Telefonterror m umg
null [nʌl] adj JUR (null und) nichtig
null and void [nʌl] adj null und nichtig
nullify ['nʌlɪfaɪ] v/t annullieren
numb [nʌm] **A** adj ⟨+er⟩ taub; gefühlsmäßig benommen; **hands ~ with cold** Hände, die vor Kälte taub sind **B** v/t Kälte taub machen; Injektion, a. fig betäuben
number ['nʌmbəʳ] **A** s **1** MATH Zahl f, Ziffer f **2** Anzahl f; **a ~ of problems** eine (ganze) Anzahl von Problemen; **large ~s of people** (sehr) viele Leute; **on a ~ of occasions** des Öfteren; **boys and girls in equal ~s** ebenso viele Jungen wie Mädchen; **in a small ~ of cases** in wenigen Fällen; **ten in ~** zehn an der Zahl; **to be found in large ~s** zahlreich vorhanden sein; **in small/large ~s** in kleinen/großen Mengen; **any ~ can play** beliebig viele Spieler können teilnehmen **3** von Haus etc Nummer f; **at ~ 4** (in) Nummer 4; **the ~ 47 bus** die Buslinie 47; **I've got the wrong ~** ich habe mich verwählt; **it was a wrong ~** ich/er etc war falsch verbunden; **the ~ one tennis player** umg der Tennisspieler Nummer eins umg; **the single went straight to** od **straight in at ~ one** die Single stieg gleich auf Nummer eins ein; **to look after ~ one** umg (vor allem) an sich (akk) selbst denken **4** THEAT Nummer f; (≈ Kleid) Kreation f **5** **one of their/our ~** eine(r) aus ihren/unseren Reihen **B** v/t **1** nummerieren **2** zählen (**among** zu); **the group ~ed 50** es waren 50 (Leute in der Gruppe); **his days are ~ed** seine Tage sind gezählt
numbering ['nʌmbərɪŋ] s Nummerierung f
number plate Br s Nummernschild n
numbers lock s IT Zahlenverriegelung f
numbly ['nʌmlɪ] adv benommen
numbness ['nʌmnɪs] s Taubheit f
numeracy ['nju:mərəsɪ] s Rechnen n
numeral ['nju:mərəl] s Ziffer f
numerate ['nju:mərɪt] adj rechenkundig; **to be ~** rechnen können
numeric [nju:'merɪk] adj **~ keypad** numerisches Tastenfeld
numerical [nju:'merɪkəl] adj Reihenfolge numerisch; Überlegenheit zahlenmäßig
numerically [nju:'merɪkəlɪ] adv zahlenmäßig; **~ controlled** numerisch gesteuert
numerous ['nju:mərəs] adj zahlreich; **on ~ occasions** bei vielen Gelegenheiten
nun [nʌn] s Nonne f
Nuremberg ['njʊərəm,bɜ:g] s Nürnberg n
nurse [nɜ:s] **A** s (Kranken)schwester f; (≈ Erzieherin) Kindermädchen n; **male ~** Krankenpfleger m **B** v/t **1** pflegen; **to ~ sb back to health** j-n gesund pflegen; **he stood there nursing his bruised arm** er stand da und hielt seinen verletzten Arm **2** Kleinkind stillen
nursery ['nɜ:sərɪ] s **1** Kinderzimmer n **2** Kindergarten m, Kindertagesstätte f **3** Gartenbau, a. AGR Gärtnerei f, Baumschule f
nursery nurse s Kindermädchen n
nursery rhyme s Kinderreim m
nursery school s Kindergarten m
nursery (school) teacher s Kindergärtner(in) m(f)
nursery slope s Idiotenhügel m hum
nursing ['nɜ:sɪŋ] **A** s **1** Pflege f **2** Krankenpflege f **B** adj ⟨attr⟩ Pflege-; **~ staff** Pflegepersonal n; **the ~ profession** die Krankenpflege, die Pflegeberufe pl
nursing home s Pflegeheim n
nursing pad s Stilleinlage f
nurture ['nɜ:tʃəʳ] v/t Talent entwickeln; Idee hegen
nut [nʌt] s **1** BOT Nuss f; **a tough nut to crack** fig eine harte Nuss **2** umg (≈ Mensch) Spinner(in) m(f) umg **3** MECH (Schrauben)mutter f
nutcase umg s Spinner(in) m(f) umg
nutcracker s, **nutcrackers** pl Nussknacker m
nutmeg s Muskatnuss f
nutrient ['nju:trɪənt] s Nährstoff m
nutrition [nju:'trɪʃən] s Ernährung f
nutritional adj Nähr-, Ernährungs-; **~ value** Nährwert m; **~ information** Nährwertangaben pl; **~ supplement** Nahrungsergänzung f, Nahrungsergänzungsmittel n
nutritionist [nju:'trɪʃənɪst] s Ernährungswissenschaftler(in) m(f)
nutritious [nju:'trɪʃəs] adj nahrhaft, währschaft schweiz
nuts [nʌts] umg adj ⟨präd⟩ **to be ~** spinnen umg; **to be ~ about sb/sth** ganz verrückt nach j-m/auf etw (akk) sein umg
nutshell ['nʌtʃel] s **in a ~** fig mit einem Wort
nutter ['nʌtəʳ] Br umg s Spinner(in) m(f) umg, Verrückte(r) m/f(m) umg; **he's a ~** er hat einen Stich umg
nutty ['nʌtɪ] adj ⟨komp nuttier⟩ **1** nussartig, mit Nüssen **2** umg bekloppt umg
nuzzle ['nʌzl] **A** v/t beschnüffeln **B** v/i **to ~ (up) against sb** sich an j-n schmiegen
NW abk (= north-west) NW

nylon ['naɪlɒn] **A** s **1** *Textilien* Nylon® n **2** ~s pl Nylonstrümpfe pl **B** adj Nylon-®; ~ **shirt** Nylonhemd n

nymph [nɪmf] s *Mythologie* Nymphe f

nymphomaniac [ˌnɪmfəʊˈmeɪniæk] s Nymphomanin f

NYPD abk (= New York Police Department) New Yorker Polizei

NZ abk (= New Zealand) Neuseeland n

O, o [əʊ] s O n, o n; **the area code is O two five one** die Vorwahl ist null zwei fünf eins

oaf [əʊf] s Flegel m

oak [əʊk] s Eiche f

OAP Br abk (= old-age pensioner) Rentner(in) m(f)

oar [ɔːʳ] s Ruder n

oasis [əʊˈeɪsɪs] s ⟨pl **oases** [əʊˈeɪsiːz]⟩ Oase f

oat [əʊt] s ⟨mst pl⟩ Hafer m; **oats** pl GASTR Haferflocken pl

oatcake ['əʊtkeɪk] s Haferkeks m, Haferbiscuit n schweiz

oath [əʊθ] s **1** Schwur m; JUR Eid m; **to take** od **swear an ~ of** schwören; JUR einen Eid leisten; **he took an ~ of loyalty to the government** er schwor der Regierung Loyalität; **to be under ~** JUR unter Eid stehen **2** Fluch m

oatmeal ['əʊtmiːl] s ⟨kein pl⟩ Haferschrot m

OBE abk (= Officer of the Order of the British Empire) britischer Verdienstorden

obedience [əˈbiːdɪəns] s ⟨kein pl⟩ Gehorsam m

obedient [əˈbiːdɪənt] adj gehorsam; **to be ~** gehorchen (**to** dat)

obediently [əˈbiːdɪəntlɪ] adv gehorsam

obelisk ['ɒbɪlɪsk] s ARCH Obelisk m

obese [əʊˈbiːs] adj fettleibig

obesity [əʊˈbiːsɪtɪ] s Fettleibigkeit f

obey [əˈbeɪ] **A** v/t gehorchen (+dat); Regeln etc befolgen; **I expect to be ~ed** ich erwarte, dass man meine Anordnungen befolgt **B** v/i gehorchen

obituary [əˈbɪtjʊərɪ] s Nachruf m

object[1] ['ɒbdʒɪkt] s **1** Gegenstand m; **he was an ~ of scorn** er war die Zielscheibe der Verachtung **2** Ziel n; **the ~ of the exercise** der Zweck der Übung; **that defeats the ~** das verfehlt seinen Zweck **3** money is no ~ Geld spielt keine Rolle **4** GRAM Objekt n

object[2] [əbˈdʒekt] **A** v/i dagegen sein, protestieren, Einwände erheben; **to ~ to sth** etw missbilligen; **I don't ~ to that** ich habe nichts dagegen (einzuwenden); **he ~s to my drinking** er nimmt daran Anstoß, dass ich trinke; **I ~ to people smoking in my house** ich verbiete mir, dass in meinem Haus geraucht wird; **I ~ to him bossing me around** ich wehre mich dagegen, dass er mich (so) herumkommandiert **B** v/t einwenden

objection [əbˈdʒekʃən] s Einwand m (**to** gegen); **to make an ~ (to sth)** einen Einwand (gegen etw) machen; **I have no ~ to his going away** ich habe nichts dagegen (einzuwenden), dass er weggeht; **are there any ~s?** irgendwelche Einwände?; **~!** JUR Einspruch!

objectionable [əbˈdʒekʃənəbl] adj störend; *Bemerkung* anstößig; **he's a most ~ person** er ist unausstehlich

objective [əbˈdʒektɪv] **A** adj objektiv **B** s Ziel n

objectivity [ˌɒbdʒekˈtɪvɪtɪ] s Objektivität f

objector [əbˈdʒektəʳ] s Gegner(in) m(f) (**to** +gen)

objet d'art ['ɒbʒeɪˈdɑː] s Kunstgegenstand m

obligation [ˌɒblɪˈɡeɪʃən] s Verpflichtung f; **to be under an ~ to do sth** verpflichtet sein, etw zu tun

obligatory [ɒˈblɪɡətərɪ] adj obligatorisch; **~ subject** Pflichtfach n; **biology is ~** Biologie ist Pflicht; **attendance is ~** Anwesenheit ist vorgeschrieben; **identity cards were made ~** Personalausweise wurden Vorschrift

oblige [əˈblaɪdʒ] **A** v/t **1** zwingen, verpflichten (**sb to do sth** j-n, etw zu tun); **to feel ~d to do sth** sich verpflichtet fühlen, etw zu tun; **you are not ~d to answer this question** Sie brauchen diese Frage nicht zu beantworten **2** einen Gefallen tun (+dat); **much ~d!** herzlichen Dank!; **I am much ~d to you for this!** ich bin Ihnen dafür sehr dankbar **B** v/i **she is always ready to ~** sie ist immer sehr gefällig; **anything to ~** stets zu Diensten!

obliging [əˈblaɪdʒɪŋ] adj entgegenkommend

obligingly [əˈblaɪdʒɪŋlɪ] adv entgegenkommenderweise

oblique [əˈbliːk] **A** adj **1** fig indirekt **2** Linie schräg; *Winkel* schief **B** s Schrägstrich m

obliquely [əˈbliːklɪ] fig adv indirekt

obliterate [əˈblɪtəreɪt] v/t auslöschen; *Stadt* vernichten

oblivion [əˈblɪvɪən] s Vergessenheit f; **to fall into ~** in Vergessenheit geraten

oblivious [əˈblɪvɪəs] adj **to be ~ of** od **to sth** sich (dat) einer Sache (gen) nicht bewusst sein; **he was quite ~ of his surroundings** er nahm seine Umgebung gar nicht wahr

obliviously [əˈblɪvɪəslɪ] adv **to carry on ~** einfach (unbeirrt) weitermachen

oblong ['ɒblɒŋ] **A** adj rechteckig **B** s Rechteck

obnoxious [ɒb'nɒkʃəs] *adj* widerwärtig; *Verhalten* unausstehlich; **an ~ person** ein Ekel *n* *umg*

obnoxiously [ɒb'nɒkʃəslɪ] *adv* widerlich; *sich benehmen* unausstehlich

oboe ['əʊbəʊ] *s* Oboe *f*; **to play the ~** Oboe spielen

obscene [əb'siːn] *adj* obszön; **~ publication** Veröffentlichung *f* mit pornografischem Inhalt

obscenity [əb'senɪtɪ] *s* Obszönität *f*; **he used an ~** er gebrauchte einen ordinären Ausdruck

obscure [əb'skjʊəʳ] **A** *adj* ⟨*komp* obscurer⟩ **1** dunkel; *Stil* undurchsichtig; *Sprache, Dichter* schwer verständlich; **for some ~ reason** aus einem unerfindlichen Grund **2** obskur; *Schriftsteller* unbekannt **B** *v/t* **1** *Aussicht* verdecken **2** *Wahrheit* verschleiern

obscurely [əb'skjʊəlɪ] *adv* undeutlich

obscurity [əb'skjʊərɪtɪ] *s* **1** *von Stil, Argument* Unklarheit *f* **2** ⟨*kein pl*⟩ *von Geburt, Ursprüngen* Dunkel *n*; **to live in ~** zurückgezogen leben; **to sink into ~** in Vergessenheit geraten

obsequious [əb'siːkwɪəs] *adj* unterwürfig (**towards** gegenüber)

observable [əb'zɜːvəbl] *adj* erkennbar

observance [əb'zɜːvəns] *s von Gesetz* Befolgung *f*

observant [əb'zɜːvənt] *adj* aufmerksam; **that's very ~ of you** das hast du aber gut bemerkt

observation [ˌɒbzəˈveɪʃən] *s* **1** Beobachtung *f*; **to keep sb/sth under ~** j-n/etw unter Beobachtung halten; *Polizei* j-n/etw observieren *form*; **he's in hospital for ~** er ist zur Beobachtung im Krankenhaus **2** Bemerkung *f*

observatory [əb'zɜːvətrɪ] *s* Observatorium *n*

observe [əb'zɜːv] *v/t* **1** beobachten; *Polizei* überwachen **2** bemerken **3** achten auf (+*akk*); *Regel, Brauch* einhalten; *Jahrestag* begehen; **to ~ a minute's silence** eine Schweigeminute einlegen

observer [əb'zɜːvəʳ] *s* Zuschauer(in) *m(f)*; MIL, POL Beobachter(in) *m(f)*

observer status *s* POL Beobachterstatus *m*

obsess [əb'ses] *v/t* **to be ~ed by** *od* **with sb/sth** von j-m/etw besessen sein

obsession [əb'seʃən] *s* **1** fixe Idee, Zwangsvorstellung *f* **2** Besessenheit *f* (**with** von); **this ~ with order** dieser Ordnungswahn *m*

obsessive [əb'sesɪv] *adj* zwanghaft; **to be ~ about sth** von etw besessen sein; **to become ~** zum Zwang werden

obsessively [əb'sesɪvlɪ] *adv* wie besessen

obsolescent [ˌɒbsə'lesnt] *adj* **to be ~** anfangen zu veralten; *Maschine* technisch (fast) überholt sein

obsolete ['ɒbsəliːt] *adj* überholt; **to become ~** veralten

obstacle ['ɒbstəkl] *s* Hindernis *n*; **to be an ~ to sb/sth** j-m/einer Sache im Weg(e) stehen

obstetrician [ˌɒbstə'trɪʃən] *s* Geburtshelfer(in) *m(f)*

obstetrics [ɒb'stetrɪks] *s* ⟨+*sg v*⟩ Geburtshilfe *f*

obstinacy ['ɒbstɪnəsɪ] *s* Hartnäckigkeit *f*

obstinate ['ɒbstɪnɪt] *adj* hartnäckig

obstruct [əb'strʌkt] *v/t* **1** blockieren; *Aussicht* versperren; **you're ~ing my view** Sie versperren mir die Sicht **2** behindern; SPORT sperren; **to ~ the police** die Arbeit der Polizei behindern

obstruction [əb'strʌkʃən] *s* **1** Behinderung *f*; SPORT Sperren *n*; **to cause an ~** den Verkehr behindern **2** Hindernis *n*; **there is an ~ in the pipe** das Rohr ist verstopft

obstructive [əb'strʌktɪv] *adj* obstruktiv

obtain [əb'teɪn] *v/t* erhalten; *Kenntnisse* erwerben; **to ~ sth through hard work** etw durch harte Arbeit erreichen; *Besitz* sich (*dat*) etw mühsam erarbeiten; **to ~ sth for sb** j-m etw beschaffen; **they ~ed the release of the hostages** sie erreichten die Freilassung der Geiseln

obtainable [əb'teɪnəbl] *adj* erhältlich

obtrusive [əb'truːsɪv] *adj* aufdringlich; *Gebäude* zu auffällig

obtuse [əb'tjuːs] *adj* **1** *Geometrie* stumpf **2** *Mensch* begriffsstutzig

obtuse-angled *adj Dreieck* stumpfwinklig

obverse ['ɒbvɜːs] *s* Kehrseite *f*

obvious ['ɒbvɪəs] *adj* offensichtlich; (≈ *ohne Zartgefühl*) plump; *Tatsache* eindeutig; **that's the ~ solution** das ist die nächstliegende Lösung; **for ~ reasons** aus naheliegenden Gründen; **it was ~ he didn't want to come** er wollte offensichtlich nicht kommen; **it's quite ~ he doesn't understand** es ist doch klar, dass er nicht versteht; **I would have thought that was perfectly ~** das liegt doch auf der Hand, das springt doch ins Auge; **with the ~ exception of ...** natürlich mit Ausnahme von ...

obviously ['ɒbvɪəslɪ] *adv* offensichtlich; **he's ~ French** er ist eindeutig ein Franzose; **~!** natürlich!; **~ he's not going to like it** das wird ihm natürlich nicht gefallen; **he's ~ not going to get the job** er bekommt die Stelle nicht, das ist ja klar *umg*

occasion [ə'keɪʒən] *s* **1** Gelegenheit *f*; **on that ~** zu jener Gelegenheit; **on another ~** ein anderes Mal; **on several ~s** mehrmals; **(on) the first ~** beim ersten Mal; **to rise to the ~** sich der Lage gewachsen zeigen **2** Ereignis *n*; **on the ~ of his birthday** anlässlich seines Geburtstages *geh* **3** Anlass *m*; **should the ~ arise**

occasional *adj* gelegentlich; **he likes an** *od* **the ~ cigar** er raucht gelegentlich ganz gern eine Zigarre; **she made ~ visits to England** sie fuhr ab und zu nach England

occasionally *adv* gelegentlich; **very ~** sehr selten

occult [ɒ'kʌlt] **A** *adj* okkult **B** *s* Okkulte(s) *n*

occupancy ['ɒkjʊpənsɪ] *s* Bewohnen *n*; (≈ *Zeit*) Wohndauer *f*

occupant ['ɒkjʊpənt] *s von Haus* Bewohner(in) *m(f)*; *von Posten* Inhaber(in) *m(f)*; *von Fahrzeug* Insasse *m*, Insassin *f*

occupation [ˌɒkjʊ'peɪʃən] *s* **1** Beruf *m*; **what is his ~?** was ist er von Beruf? **2** Beschäftigung *f* **3** MIL Okkupation *f*; **army of ~** Besatzungsarmee *f*

occupational [ˌɒkjʊ'peɪʃənl] *adj* Berufs-, beruflich

occupational pension (scheme) *s* betriebliche Altersversorgung

occupational therapy *s* Beschäftigungstherapie *f*

occupied ['ɒkjʊpaɪd] *adj* **1** *Sitzplatz* belegt; **a room ~ by four people** ein von vier Personen bewohntes Zimmer **2** MIL *etc Land* besetzt **3** beschäftigt; **to keep sb ~** j-n beschäftigen; **he kept his mind ~** er beschäftigte sich geistig

occupier ['ɒkjʊpaɪəʳ] *s von Haus* Bewohner(in) *m(f)*

occupy ['ɒkjʊpaɪ] *v/t* **1** *Haus* bewohnen; *Sitzplatz* belegen **2** MIL *etc* besetzen **3** *Posten* innehaben **4** beanspruchen; *Raum* einnehmen; *Zeit* in Anspruch nehmen **5** beschäftigen

occur [ə'kɜːʳ] *v/i* **1** geschehen, sich ereignen; *Schwierigkeit* sich ergeben; *Änderung* stattfinden; **that doesn't ~ very often** das gibt es nicht oft **2** vorkommen **3** **to ~ to sb** j-m einfallen; **it ~s to me that …** ich habe den Eindruck, dass …; **it just ~red to me** es ist mir gerade eingefallen; **it never ~red to me** darauf bin ich noch nie gekommen; **it didn't even ~ to him to ask** er kam erst gar nicht auf den Gedanken, zu fragen

occurrence [ə'kʌrəns] *s* **1** Ereignis *n* **2** Auftreten *n*; **further ~s of this nature must be avoided** weitere Vorkommnisse dieser Art müssen vermieden werden

ocean ['əʊʃən] *s* Ozean *m*

ocean-going ['əʊʃənɡəʊɪŋ] *adj* hochseetauglich

Oceania [ˌəʊʃɪ'eɪnɪə] *s* Ozeanien *n*

ocean liner *s* Ozeandampfer *m*

oceanography [ˌəʊʃə'nɒɡrəfɪ] *s* Meereskunde *f*

o'clock [ə'klɒk] *adv* **at 5 ~** um 5 Uhr; **5 ~ in the morning/evening** 5 Uhr morgens/abends; **the 9 ~ train** der 9-Uhr-Zug

Oct *abk* (= October) Okt.

octagon ['ɒktəɡən] *s* Achteck *n*

octagonal [ɒk'tæɡənl] *adj* achteckig

octane ['ɒkteɪn] *s* Oktan *n*

octave ['ɒktɪv] *s* MUS Oktave *f*

October [ɒk'təʊbəʳ] *s* Oktober *m*; → September

octopus ['ɒktəpəs] *s* Tintenfisch *m*

OD *umg v/i* eine Überdosis nehmen

odd [ɒd] **A** *adj* ⟨+er⟩ **1** seltsam; **how odd** (wie) seltsam; **the odd thing about it is that …** das Merkwürdige daran ist, dass …; **it seemed odd to me** es kam mir komisch vor **2** *Zahl* ungerade **3** *Schuh, Handschuh* einzeln; **he is (the) odd one out** er ist überzählig; *charakterlich* er steht (immer) abseits; **find the odd word out** finde das Wort, das nicht in die Gruppe passt; **find the word which is the odd man out** one out unterstreichen Sie in jeder Gruppe das nicht dazugehörige Wort **4** **600-odd pounds** gut 600 Pfund **5** übrig; **the odd one left over** der/die/das Überzählige **6** **at odd times** ab und zu; **he likes the odd drink** er trinkt gerne mal einen; **he does all the odd jobs** er macht alles, was an Arbeit anfällt **B** *adv umg* **he was acting a bit odd** er benahm sich etwas komisch

oddball ['ɒdbɔːl] *umg s* Spinner(in) *m(f) umg*

oddity ['ɒdɪtɪ] *s* Kuriosität *f*

odd-job man [ˌɒd'dʒɒbmæn] *s* ⟨*pl* -men [-mən]⟩ Mädchen *n* für alles

oddly ['ɒdlɪ] *adv* merkwürdig; **an ~ shaped room** ein Raum, der eine seltsame Form hat

oddment *s* ⟨*mst pl*⟩ Restposten *m*

odds [ɒdz] *pl* **1** *bei Wetten* Odds *pl*; *von Buchmacher* Kurse *pl*; **the ~ are 6 to 1** die Chancen stehen 6 zu 1; **to pay over the ~** *umg* zu viel bezahlen **2** Chance(n) *f(pl)*; **the ~ were against us** alles sprach gegen uns; **the ~ were in our favour** *Br*, **the ~ were in our favor** *US* alles sprach für uns; **against all the ~** entgegen allen Erwartungen; **the ~ are that …** es sieht ganz so aus, als ob … **3** **to be at ~ with sb over sth** mit j-m in etw (*dat*) nicht übereinstimmen

odds and ends *pl* Krimskrams *m*

odds-on ['ɒdzɒn] **A** *adj* **the ~ favourite** *Br*, **the ~ favorite** *US* der klare Favorit **B** *adv* **it's ~ that …** es ist so gut wie sicher, dass …

ode [əʊd] *s* Ode *f* (**to, on an** +*akk*)

odious ['əʊdɪəs] *adj* **Mensch** abstoßend; *Handlung* abscheulich

odometer [ɒ'dɒmɪtəʳ] *s* Kilometerzähler *m*

odour ['əʊdəʳ] *s*, **odor** *US s* Geruch *m*

odourless *adj*, **odorless** *US adj* geruchlos

Odyssey ['ɒdɪsɪ] s Odyssee f
OECD abk (= Organization for Economic Cooperation and Development) OECD f
oesophagus [iː'sɒfəgəs] s, **esophagus** US s Speiseröhre f
oestrogen ['iːstrəʊdʒən] Br s Östrogen n
of [ɒv, əv] präp **1** von (+dat); **the wife of the doctor** die Frau des Arztes, die Frau vom Arzt; **a friend of ours** ein Freund/eine Freundin von uns; **of it** davon; **the first of May** der Erste Mai; **that damn dog of theirs** umg ihr verdammter Hund umg; **it is very kind of you** es ist sehr freundlich von Ihnen; **south of Paris** südlich von Paris; **a quarter of six** US Viertel vor sechs; **fear of God** Gottesfurcht f; **his love of his father** die Liebe zu seinem Vater; **the whole of the house** das ganze Haus; **half of the house** das halbe Haus; **how many of them?** wie viele (davon)?; **there were six of us** wir waren zu sechst; **he is not one of us** er gehört nicht zu uns; **one of the best** einer der Besten; **he asked the six of us to lunch** er lud uns sechs zum Mittagessen ein; **of the ten only one was absent** von den zehn fehlte nur einer; **today of all days** ausgerechnet heute; **you of all people** gerade Sie; **he warned us of the danger** er warnte uns vor der Gefahr; **what of it?** ja und? **2** Grund angebend **he died of cancer** er starb an Krebs; **he died of hunger** er verhungerte; **it tastes of garlic** es schmeckt nach Knoblauch **3** Material bezeichnend aus **4** Eigenschaft **a man of courage** ein mutiger Mensch; **a girl of ten** ein zehnjähriges Mädchen; **the city of Paris** die Stadt Paris; **that idiot of a waiter** dieser Idiot von Kellner **5** zeitlich **of late** in letzter Zeit; **of an evening** umg abends

off [ɒf] **A** adv **1** Entfernung **the house is 5 km off** das Haus ist 5 km entfernt; **it's a long way off** das ist weit weg; zeitlich das liegt in weiter Ferne; **August isn't very far off** es ist nicht mehr lang bis August **2** Abreise etc **to be/go off** (weg)gehen; **to be off to school** zur Schule gehen; **to be off to London** nach London fahren; **off to the USA!** auf in die USA!; **I must be off** ich muss (jetzt) weg umg; **where are you off to?** wohin gehen Sie denn?; **off we go!** los!; **off to bed with you!** ab ins Bett!; **they're off** SPORT sie sind vom Start; **she's off again** umg mit Nörgelei etc sie legt schon wieder los umg **3** **off the sofa!** herunter vom Sofa!; **he helped me off with my coat** er half mir aus dem Mantel; **the handle has come off** der Griff ist abgegangen **4** **3% off** HANDEL 3% Nachlass; **to give sb £5 off** j-m £ 5 Ermäßigung geben; **he let me have £5 off** er gab es mir (um) £ 5 billiger **5** (≈ arbeitsfrei) **to have time off to do sth** (Zeit) freibekommen haben, um etw zu tun; **to have a day off** einen Tag frei haben; **to be off sick** wegen Krankheit fehlen **6** **off and on, on and off** ab und zu; **straight off** gleich **B** adj **1** ⟨attr⟩ Tag etc schlecht; **to be off** (≈ sich unwohl fühlen) daneben sein; **I'm having an off day today** ich bin heute nicht in Form **2** ⟨präd⟩ Br verdorben; Milch schlecht; **to go off** schlecht werden **3** ⟨präd⟩ Spiel, Verhandlungen abgesagt; **I'm afraid veal is off today** Kalbfleisch gibt es heute leider nicht; **their engagement is off** ihre Verlobung ist gelöst **4** Fernseher, Licht, Maschine aus (-geschaltet); Wasserhahn zu(gedreht); **the electricity was off** der Strom war abgeschaltet **5** **they are badly/well off** sie sind nicht gut/(-ganz) gut gestellt; **he is better off staying in England** er steht sich in England besser; **he was quite a bit off in his calculations** er hatte sich in seinen Berechnungen ziemlich vertan **6** ⟨präd⟩ **to be off** Reaktion daneben sein; umg **that's a bit off!** das ist ein dicker Hund! umg **C** präp **1** von (+dat); **he jumped off the roof** er sprang vom Dach; **I got it off my friend** umg ich habs von meinem Freund (gekriegt) umg; **we live off cheese on toast** wir leben von Käse und Toastbrot; **he got £2 off the shirt** er bekam das Hemd £ 2 billiger; **I've got the day off school tomorrow** morgen habe ich frei od keine Schule; **the lid had been left off the tin** jemand hatte den Deckel nicht wieder auf die Büchse getan **2** **the house was just off the main road** das Haus lag in unmittelbarer Nähe der Hauptstraße; **a road off Bank Street** eine Querstraße zur Bank Street; **off the map** nicht auf der Karte; **I'm off sausages** Wurst kann mich zurzeit nicht reizen

off air adv TV, RADIO nicht auf Sendung; **to go ~** Sendung enden
offal ['ɒfəl] s ⟨kein pl⟩ Innereien pl
offbeat adj unkonventionell
off-centre, **off-center** US **A** adj nicht in der Mitte **B** adv schief
off chance s **I just did it on the ~** ich habe es auf gut Glück getan; **I came on the ~ of seeing her** ich kam in der Hoffnung, sie vielleicht zu sehen
off-colour bes Br adj, **off-color** US adj unwohl; **to feel/be ~** sich nicht wohlfühlen
off-duty adj ⟨attr⟩ außer Dienst
offence [ə'fens] s, **offense** ['ɒfens] US s **1** JUR Straftat f, Vergehen n; **to commit an ~** sich strafbar machen; **it is an ~ to …** … ist bei Strafe verboten **2** ⟨kein pl⟩ von j-s Gefühlen Kränkung f; von Anstandsgefühl Anstoß m; **to cause**

~ **to sb** j-n kränken; **to take ~ at sth** wegen etw gekränkt sein; **no ~ to the Germans, of course!** damit will ich natürlich nichts gegen die Deutschen gesagt haben; **no ~ (meant)** nichts für ungut **3** US (≈ *Offensive*) Angriff *m*

offend [əˈfend] **A** *v/t* Gefühle kränken; j-n Anstoß erregen bei, beleidigen **B** *v/i* (ein) Unrecht tun

phrasal verbs mit offend:
offend against *v/i* ‹+*obj*› verstoßen gegen

offended [əˈfendɪd] *adj* beleidigt; **to be ~ by sth** sich von etw verletzt fühlen

offender [əˈfendə^r] *s* (Straf)täter(in) *m(f)*; **sex ~** Sexualstraftäter(in) *m(f)*

offending [əˈfendɪŋ] *adj* **1** *Person* JUR zuwiderhandelnd **2** störend; *Maschinenteil* defekt

offense US *s* → offence

offensive [əˈfensɪv] **A** *adj* **1** MIL Offensiv- **2** *Geruch* abstoßend; *Sprache, Film* anstößig; *Bemerkung, Verhalten* beleidigend; **to find sb/sth ~** j-n/etw abstoßend finden; **he was ~ to her** er beleidigte sie **B** *s* MIL, SPORT Offensive *f*; **to take the ~ in** die Offensive gehen; **to go on to the ~** zum Angriff übergehen

offensively [əˈfensɪvlɪ] *adv* widerlich; *moralisch* anstößig; *mit Worten* beleidigend

offer [ˈɒfə^r] **A** *s* Angebot *n*; **did you have many ~s of help?** haben Ihnen viele Leute ihre Hilfe angeboten?; **any ~s?** ist jemand interessiert?; **he made me an ~ (of £50)** er machte mir ein Angebot (von £ 50); **on ~** im Angebot; **what's on ~?** was ist im Angebot? **B** *v/t* **1** anbieten; *Belohnung* aussetzen; **to ~ to do sth** anbieten, etw zu tun, sich bereit erklären, etw zu tun; **he ~ed to help** er bot seine Hilfe an; **did he ~ to?** hat er sich angeboten?; **to ~ an opinion** sich (dazu) äußern; **to ~ one's resignation** seinen Rücktritt anbieten **2** *Widerstand* bieten **C** *v/i* **did he ~?** hat er es angeboten?

offering *s* Gabe *f*; REL Opfergabe *f*, Opfer *n*

offhand [ˌɒfˈhænd] **A** *adj* lässig; **to be ~ with sb** sich j-m gegenüber lässig benehmen **B** *adv* so ohne Weiteres; **I couldn't tell you ~** das könnte ich Ihnen auf Anhieb nicht sagen

office [ˈɒfɪs] *s* **1** Büro *n*; *von Organisation* Abteilung *f*, Geschäftsstelle *f*; **at the ~** im Büro **2** Amt *n*; **to take ~** das Amt antreten; **to be in** *od* **hold ~** im Amt sein

office block *s* Bürogebäude *n*
office boy *s* Bürogehilfe *m*
office building *s* Bürogebäude *n*
office chair *s* Bürostuhl *m*
office girl *s* Bürogehilfin *f*
office holder *s* Amtsinhaber(in) *m(f)*
office hours *pl* Dienstzeit *f*, Geschäftszeiten *pl*; **to work ~** normale Arbeitszeiten haben
office job *s* Stelle *f* im Büro
office manager(ess) *s* Büroleiter(in) *m(f)*
office party *s* Büroparty *f*
officer [ˈɒfɪsə^r] *s* **1** MIL, SCHIFF, FLUG Offizier(in) *m(f)* **2** Beamte(r) *m*, Beamtin *f* **3** Polizist(in) *m(f)*
office supplies *pl* Bürobedarf *m*
office worker *s* Büroangestellte(r) *m/f(m)*
official [əˈfɪʃəl] **A** *adj* offiziell, formell; **~ language** Amtssprache *f*; **is that ~?** ist das amtlich?, ist das offiziell? **B** *s* Beamte(r) *m*, Beamtin *f*; *von Verein, Gewerkschaft* Funktionär(in) *m(f)*
officialdom [əˈfɪʃəldəm] *pej s* Beamtentum *n*
officialese [əˌfɪʃəˈliːz] *s* Behördensprache *f*
officially [əˈfɪʃəlɪ] *adv* offiziell
official receiver *s* Insolvenzverwalter(in) *m(f)*
officiate [əˈfɪʃɪeɪt] *v/t* amtieren (**at** bei)
officious [əˈfɪʃəs] *adj* (dienst)beflissen
offing [ˈɒfɪŋ] *s* **in the ~** in Sicht
off-key *adj* ‹*präd*› MUS falsch
off-licence *Br s* Wein- und Spirituosenhandlung *f*
off limits *adj* ‹*präd*› **this area is ~** das Betreten dieses Gebiets ist verboten; **this room is ~ to** *od* **for the kids** die Kinder dürfen diesen Raum nicht betreten; → limit
offline **A** *adj* ‹*präd*› IT offline **B** *adv* IT offline; **to go ~** auf Offlinebetrieb schalten
off-load *v/t* Waren entladen; *Passagiere* aussteigen lassen
off-peak *adj* **~ electricity** Nachtstrom *m*; **at ~ times, during ~ hours** außerhalb der Stoßzeiten; TEL außerhalb der Spitzenzeiten; **~ service** BAHN Zugverkehr *m* außerhalb der Hauptverkehrszeit
off-putting *bes Br adj* Verhalten, Anblick abstoßend; *Idee* wenig ermutigend, entmutigend
off-road *adj* Autofahrt im Gelände; **~ vehicle** Geländefahrzeug *n*
off-roader *s* Geländefahrzeug *n*
off-screen *adj & adv* FILM, TV im wirklichen Leben
off season *s* Nebensaison *f*; **in the ~** außerhalb der Saison
off-season *adj* außerhalb der Saison
offset [ˈɒfset] *v/t* ‹*prät, pperf* offset› ausgleichen
offshoot [ˈɒfʃuːt] *fig s von Organisation* Nebenzweig *m*
offshore [ˈɒfʃɔː^r] **A** *adj* Insel küstennah; *Wind* ablandig; *Ölfeld* im Meer **2** FIN im Ausland; **~ account** Auslandskonto *n*; *illegal* Schwarzgeldkonto *n* **B** [ˌɒfˈʃɔː^r] *adv* **20 miles ~** 20 Meilen vor der Küste
offside [ˈɒfˈsaɪd] **A** *adj* **1** SPORT im Abseits; **to be ~** Spieler im Abseits sein **2** AUTO auf der Fahrerseite **B** *s* AUTO Fahrerseite *f* **C** *adv* SPORT abseits
offspring [ˈɒfsprɪŋ] *form, hum pl* Nachkommen *pl*; *von Tieren* Junge *pl*
offstage [ˈɒfˈsteɪdʒ] **A** *adj* hinter den Kulissen;

Stimme aus den Kulissen **B** *adv gehen* von der Bühne; *stehen* hinter den Kulissen

off-street parking *s* Stellplatz *m*, Stellplätze *pl*

off-the-cuff *adj* aus dem Stegreif

off-the-peg *adj* ⟨*attr*⟩, **off the peg** *Br adj* ⟨*präd*⟩, **off-the-rack** *adj* ⟨*attr*⟩, **off the rack** *US adj* ⟨*präd*⟩ von der Stange

off-the-record *adj* ⟨*attr*⟩, **off the record** *adj* ⟨*präd*⟩ inoffiziell, vertraulich

off-the-shoulder *adj Kleid* schulterfrei

off-the-wall *adj* ⟨*attr*⟩, **off the wall** *umg adj* ⟨*präd*⟩ irre *umg*, verrückt *umg*

off-white **A** *adj* gebrochen weiß **B** *s* gebrochenes Weiß

oft [ɒft] *liter adv* oft

often ['ɒfən] *adv* oft, häufig; **more ~ than not** meistens; **every so ~** öfters; **how ~?** wie oft?; **it is not ~ that ...** es kommt selten vor, dass ...

ogle ['əʊgl] *v/t* kein Auge lassen von

ogre ['əʊgə'] *fig s* Ungeheuer *n*

oh [əʊ] *int* **A** *int* ach, oh; **oh good!** prima! *umg*; **oh well** na ja!; **oh dear!** o je! **B** *adj* null

OHP *abk* (= overhead projector) Tageslichtprojektor *m*

oil [ɔɪl] **A** *s* **1** Öl *n* **2** (Erd)öl *n*; **to strike oil** auf Öl stoßen **3** KUNST **to paint in oils** in Öl malen **B** *v/t* ölen

oilcan *s* Ölkanne *f*

oil change *s* Ölwechsel *m*

oil company *s* Ölkonzern *m*

oilfield *s* Ölfeld *n*

oil-fired *adj* Öl-, mit Öl befeuert; **~ power station** Ölkraftwerk *n*

oil lamp *s* Öllampe *f*

oil paint *s* Ölfarbe *f*

oil painting *s* Ölgemälde *n*, Ölmalerei *f*

oil platform *s* Bohrinsel *f*

oil pollution *s* Ölpest *f*, Ölverschmutzung *f*

oil-producing country [ˌɔɪlprədjuːsɪŋ'kʌntrɪ] *s* Ölförderland *n*

oil refinery *s* (Erd)ölraffinerie *f*

oil rig *s* (Öl)bohrinsel *f*

oil slick *s* Ölteppich *m*

oil spill *s* Ölkatastrophe *f*

oil tanker *s* SCHIFF (Öl)tanker *m*; (≈ *Lkw*) Tankwagen *m*

oil well *s* Ölquelle *f*

oily ['ɔɪlɪ] *adj* ⟨*komp* oilier⟩ ölig; *Haar, Haut* fettig; *Finger* voller Öl; **~ fish** Fisch *m* mit hohem Ölgehalt

ointment ['ɔɪntmənt] *s* Salbe *f*

OK, okay ['əʊ'keɪ] *umg* **A** *int* okay *umg*; **OK, OK!** ist ja gut! *umg*; **OK, let's go!** also, gehen wir! **B** *adj* in Ordnung, okay *umg*; **that's OK with** *od* **by me** von mir aus; **is it OK (with you) if ...?** macht es (dir) etwas aus, wenn ...?; **we're OK** es geht uns gut; **how's your mother?** — **she's OK** wie gehts deiner Mutter? — gut; *od schlechter* so einigermaßen *umg*; **I feel OK** es geht mir einigermaßen *umg*; **to be OK (for time)** (noch) genug (Zeit) haben; **is that OK?** geht das?; **what do you think of him?** — **he's OK** was halten Sie von ihm? — der ist in Ordnung **C** *adv* **1** gut, einigermaßen (gut); **to do OK** ganz gut zurechtkommen; **can you manage it OK?** kommst du damit klar? na gut; **OK it's difficult but ...** zugegeben, es ist schwer, aber ... **D** *v/t Plan* gutheißen; **you have to OK it with the boss** das muss der Chef bewilligen

ol' [əʊl] *bes US umg adj* → old

old [əʊld] **A** *adj* ⟨*+er*⟩ **1** alt; **old people** *od* **folk(s)** alte Leute; **old Mr Smith, old man Smith** *bes US* der alte (Herr) Smith; **40 years old** 40 Jahre alt; **at ten months old** im Alter von zehn Monaten; **two-year-old** Zweijährige(r) *m/f(m)*; **the old (part of) town** die Altstadt; **in the old days** früher; **the good old days** die gute alte Zeit; **my old school** meine alte Schule **2** *umg* **she dresses any old how** die ist vielleicht immer angezogen *umg*; **any old thing** irgendwas; **any old bottle** irgendeine Flasche; **good old Tim** *umg* der gute alte Tim; **always the same old excuse** immer wieder dieselbe Ausrede **B** *pl* **the old** die Alten

old age *s* das Alter; **in one's ~** im Alter

old-age pension *s* (Alters)rente *f*

old-age pensioner *s* Rentner(in) *m(f)*

old boy *Br s* SCHULE Ehemalige(r) *m*

olden ['əʊldən] *liter adj* **in ~ times** *od* **days** in alten Zeiten

old-fashioned ['əʊld'fæʃnd] *adj* altmodisch

old girl *Br s* SCHULE Ehemalige *f*

Old Glory *US s* das Sternenbanner

old hand *s* alter Hase (**at sth** in etw +*dat*)

oldie ['əʊldɪ] *s* Oldie *m*

old lady *umg s* **my ~** meine Alte *umg*

old maid *s* alte Jungfer

old man *s* ⟨*pl* - men⟩ *umg* **my ~** mein Alter *umg*

old people's home *s* Altenheim *n*

old-style *adj* im alten Stil

Old Testament *s* BIBEL Altes Testament

old-timer *s* Veteran(in) *m(f)*

old wives' tale *s* Ammenmärchen *n*

O level ['əʊlevl] *Br s früher* ≈ mittlere Reife; **to do one's ~s** ≈ die mittlere Reife machen; **to have an ~ in English** ≈ bis zur mittleren Reife Englisch gelernt haben; **3 ~s** ≈ die mittlere Reife in 3 Fächern

oligarchy ['ɒlɪgɑːkɪ] *s* Oligarchie *f*

olive ['ɒlɪv] **A** *s* **1** Olive *f*; (*a*. **~ tree**) Olivenbaum *m* **2** (≈ *Farbe*) Olive *n* **B** *adj* (*a*. **olive-col-**

oured) olivgrün
olive oil s Olivenöl n
Olympic [əʊˈlɪmpɪk] **A** adj olympisch; **~ medallist** Br, **~ medalist** US Olympiamedaillengewinner(in) m(f) **B** s **the ~s** pl die Olympiade
Olympic champion s Olympiasieger(in) m(f)
Olympic Games pl, **Olympics** pl **the ~/the Olympics** die Olympischen Spiele
Oman [əʊˈmɑːn] s GEOG Oman n
ombudsman [ˈɒmbʊdzmən] s ⟨pl -men [-mən]⟩ Ombudsmann m
ombudswoman [ˈɒmbədzwʊmən] s Ombudsfrau f
omelette [ˈɒmlɪt] s, **omelet** US s Omelett(e) n
omen [ˈəʊmen] s Omen n
ominous [ˈɒmɪnəs] adj bedrohlich; **that's ~** das lässt nichts Gutes ahnen; **that sounds/looks ~** fig das verspricht nichts Gutes
ominously adv bedrohlich; *etw sagen* in einem Unheil verkündenden Ton
omission [əʊˈmɪʃən] s Auslassen n, Auslassung f
omit [əʊˈmɪt] v/t **1** auslassen **2** unterlassen, versäumen **(to do sth** etw zu tun)
omnibus [ˈɒmnɪbəs] s a. **~ edition** (≈ Buch) Sammelband m
omnipotence [ɒmˈnɪpətəns] s ⟨kein pl⟩ Omnipotenz f
omnipotent [ɒmˈnɪpətənt] adj omnipotent
omnipresent [ˈɒmnɪˈprezənt] adj allgegenwärtig
omniscient [ɒmˈnɪsɪənt] adj allwissend
omnivore [ˈɒmnɪˌvɔːr] s Allesfresser m
omnivorous [ɒmˈnɪvərəs] wörtl adj allesfressend; **an ~ reader** ein Vielfraß m, was Bücher angeht
on [ɒn] **A** präp **1** auf (+dat); *mit Richtungsangabe* auf (+akk); *befestigt* an (+dat); *mit Richtungsangabe* an (+akk); **the book is on the table** das Buch ist auf dem Tisch; **he put the book on the table** er legte das Buch auf den Tisch; **he hung it on the wall** er hängte es an die Wand; **on the coast** am Meer; **on the Missouri River** am Missourifluss; **with a smile on her face** mit einem Lächeln auf den Lippen; **a ring on his finger** ein Ring am Finger; **on TV/the radio** im Fernsehen/Radio; **on video** auf Video; **on computer** auf Computer (*dat*); **who's on his show?** wer ist in seiner Show?; **I have no money on me** ich habe kein Geld bei mir; **to be on to sth** *Streich* mit etw bekannt sein; **on the train/bus** im Zug/Bus; → **onto 2** (≈ *unter Verwendung von*) **we went on the train/bus** wir fuhren mit dem Zug/Bus; **on a bicycle** mit dem (Fahr)rad; **to run on oil** mit Öl betrieben werden; **on the violin** auf der Geige; **on drums** am Schlagzeug **3** (≈ *betreffend*) über (+akk) **4** *zeitlich* an (+dat); **on Sunday** (am) Sonntag; **on Sundays** sonntags; **on December the first** am ersten Dezember; **on or about the twentieth** um den Zwanzigsten herum **5** (≈ *während*) bei (+dat); **on examination** bei der Untersuchung; **on hearing this he left** als er das hörte, ging er **6** (≈ *folgend*) auf ... (*akk*) hin; **on receiving my letter** auf meinen Brief hin **7** *Mitgliedschaft ausdrückend* in (+dat); **he is on the committee** er sitzt im Ausschuss; **he is on the teaching staff** er gehört zum Lehrpersonal **8** *bei Gegenüberstellung* im Vergleich zu; **prices are up on last year('s)** im Vergleich zum letzten Jahr sind die Preise gestiegen; **year on year** jährlich **9** **to be on drugs** Drogen nehmen; **what is he on?** umg er tickt wohl nicht ganz richtig! umg; **I'm on £28,000 a year** ich bekomme £ 28.000 im Jahr; **he retired on a good pension** er trat mit einer guten Rente in den Ruhestand; **this round is on me** diese Runde geht auf meine Kosten **B** adv **1** **he screwed the lid on** er schraubte den Deckel drauf; **she had nothing on** sie hatte nichts an; **he had his hat on crooked** er hatte den Hut schief auf; **sideways on** längs **2** **from that day on** von diesem Tag an; **she went on and on** sie hörte gar nicht mehr auf; **he's always on at me to get my hair cut** er liegt mir dauernd in den Ohren, dass ich mir die Haare schneiden lassen soll; **she's always on about her experiences in Italy** umg sie kommt dauernd mit ihren Italienerfahrungen umg; **what's he on about?** wovon redet er nun schon wieder? **C** adj **1** **to be on** *Licht, Fernsehen* an sein; *Strom* an(gestellt) sein; **to leave the engine on** den Motor laufen lassen; **the "on" switch** der Einschalter **2** *Deckel* drauf **3** (≈ *stattfindend*) **there's a match on at the moment** ein Spiel ist gerade im Gang; **there's a match on tomorrow** morgen findet ein Spiel statt; **I have nothing on tonight** ich habe heute Abend nichts vor; **what's on in London?** was ist los in London?; **the search is on for a new managing director** jetzt wird nach einem neuen Geschäftsführer gesucht; **to be on** in *Theater, Kino* gegeben werden; *im Fernsehen, Radio* gesendet werden; **what's on tonight?** was steht heute Abend auf dem Programm?; **tell me when Madonna is on** sagen Sie mir, wenn Madonna dran ist **4** **you're on!** abgemacht!; **are you on for dinner?** sehen wir uns zum Abendessen?; **it's just not on** Br umg das ist einfach nicht drin umg
once [wʌns] **A** adv **1** einmal; **~ a week** einmal in der Woche; **~ again** *od* **more** noch einmal;

~ **again we find that** ... wir stellen erneut fest, dass ...; ~ **or twice** fig nur ein paarmal; ~ **and for all** ein für alle Mal; **(every)** ~ **in a while** ab und zu mal; **(just) this** ~ dieses eine Mal; **for** ~ ausnahmsweise einmal; **he was** ~ **famous** er war früher einmal berühmt; ~ **upon a time there was** ... es war einmal ... **2 at** ~ sofort; (≈ *gleichzeitig*) auf einmal; **all at** ~ auf einmal, ganz plötzlich; **they came all at** ~ sie kamen alle zur gleichen Zeit **B** *konj* wenn, als; ~ **you understand, it's easy** wenn Sie es einmal verstehen, ist es einfach; ~ **the sun had set, it turned cold** als die Sonne erst einmal untergegangen war, wurde es kalt

oncoming [ˈɒnkʌmɪŋ] *adj* Auto entgegenkommend; **the** ~ **traffic** der Gegenverkehr

one [wʌn] **A** *adj* **1** ein/eine/ein, eins; **one person too many** einer zu viel; **one girl was pretty, the other was ugly** das eine Mädchen war hübsch, das andere hässlich; **the baby is one (year old)** das Kind ist ein Jahr (alt); **it is one (o'clock)** es ist ein Uhr; **one hundred pounds** (ein)hundert Pfund **2 one day** ... eines Tages ...; **one day next week** nächste Woche einmal; **one day soon** bald einmal **3 one Mr Smith** ein gewisser Herr Smith; **my one (and only) hope** meine einzige Hoffnung; **the one and only Brigitte Bardot** die unvergleichliche Brigitte Bardot; **they all came in the one car** sie kamen alle in dem einen Auto; **one and the same thing** ein und dasselbe; **our one world** unsere einzige Welt; **one tough girl** ein wirklich toughes Mädchen **B** *pron* **1** eine(r, s); **the one who** ... der(jenige), der .../die(-jenige), die .../das(jenige), das ...; **he/that was the one** er/das wars; **the red one** der/die/das Rote; **he has some very fine ones** er hat sehr Schöne; **my one** umg meiner/meine/mein(e)s; **my old ones** meine alten; **not (a single) one of them** nicht eine(r, s) von ihnen; **any one** irgendeine(r, s); **every one** jede(r, s); **this one** diese(r, s); **that one** der/die/das, jene(r, s) geh; **which one?** welche(r, s)?; **I am not much of a one for cakes** umg ich bin kein großer Freund von Kuchen umg; **he's never one to say no** er sagt nie Nein; **I, for one,** ... ich, zum Beispiel, ...; **one by one** einzeln, eins nach dem anderen; **one after the other** eine(r, s) nach dem/der anderen; **take one or the other** nehmen Sie das eine oder das andere; **he is one of us** er ist einer von uns **2** *unpers nom* man; *akk* einen; *dat* einem; **one must learn** man muss lernen; **to hurt one's foot** sich (*dat*) den Fuß verletzen **C** *s* Eins *f*; **in ones and twos** in kleinen Gruppen; **(all) in one** in einem; **to be one up on sb** umg j-m eins voraus sein; **Celtic were one up** Celtic hatte ein Tor Vorsprung

one-act play *s* Einakter *m*
one another → **each B 2**
one-armed bandit umg *s* einarmiger Bandit
one-day *adj* Lehrgang eintägig
one-dimensional *adj* eindimensional
one-horse town umg *s* Kaff *n* umg
one-man band *s* Einmannkapelle *f*; fig umg Einmannbetrieb *m*
one-man show *s* Einmannshow *f*
one-night stand fig *s* One-Night-Stand *m*
one-off Br umg **A** *adj* einmalig **B** *s* a ~ etwas Einmaliges; **that mistake** etc **was just a** ~ dieser Fehler etc war eine Ausnahme
one-off payment *s* Einmalzahlung *f*
one-one, **one-on-one** US *adj & adv & s* → **one-to-one**
one-parent family *s* Einelternteilfamilie *f*
one-party *adj* POL ~ **state** Einparteienstaat *m*
one-piece A *adj* einteilig **B** *s* (≈ *Kostüm*) Einteiler *m*
one-room *adj* ⟨*attr*⟩, **one-roomed** *adj* ~ **flat** Br, ~ **apartment** US Einzimmerwohnung *f*
onerous [ˈɒnərəs] *adj* schwer
oneself [wʌnˈself] *pron* **1** sich, sich selbst **2** *emph* (sich) selbst; → **myself**
one-sided *adj* einseitig
one-time *adj* ehemalig
one-to-one A *adj* Gespräch unter vier Augen; ~ **tuition** Einzelunterricht *m* **B** *adv* unter vier Augen **C** *s* **to have a** ~ **with sb** ein Gespräch *n* unter vier Augen mit j-m führen
one-touch *adj* Berührungs-; ~ **dialling** Kurzwahl *f*
one-track *adj* **he's got a** ~ **mind** der hat immer nur das eine im Sinn
one-way *adj* Verkehr in einer Richtung; ~ **street** Einbahnstraße *f*; ~ **system** System *n* von Einbahnstraßen; ~ **ticket** US BAHN einfache Fahrkarte; ~ **trip** einfache Fahrt
one-woman *adj* Einfrau-; ~ **show** Einfraushow *f*
one-year-old *adj* einjährig
ongoing [ˈɒngəʊɪŋ] *adj* laufend; Entwicklung andauernd; ~ **crisis** Dauerkrise *f*; **this is an** ~ **situation** diese Situation ist von Dauer
onion [ˈʌnjən] *s* Zwiebel *f*
onion soup *s* Zwiebelsuppe *f*
onion squash Br *s* Hokkaidokürbis *m*
online [ɒnˈlaɪn] *adv & adj*, **on-line** [ˈɒnlaɪn] *adv & adj* **1** IT online, im Internet; **to go** ~ online gehen, auf Onlinebetrieb schalten **2** IT Online-; ~ **banking** Online-Banking *n*
on-line [ˈɒnlaɪn] *adj* ⟨*attr*⟩ IT Online-; ~ **banking** Online-Banking *n*

online check-in s Online-Check-in m od n
online dealer s Internethändler(in) m(f)
online service s Onlinedienst m
online service portal s IT Serviceportal n
online shop, **online store** s Onlineshop m, Webshop m
online shopping s Onlineshopping n
online support s IT Onlinehilfe f
onlooker ['ɒnlʊkəʳ] s Zuschauer(in) m(f)
only ['əʊnlɪ] **A** adj ⟨attr⟩ einzige(r, s); **he's an ~ child** er ist ein Einzelkind n; **the ~ one** od **person** der/die Einzige; **the ~ ones** od **people** die Einzigen; **he was the ~ one to leave** er ist als Einziger gegangen; **the ~ thing** das Einzige; **the ~ thing I have against it is that ...** ich habe nur eins dagegen einzuwenden, nämlich, dass ...; **the ~ thing** od **problem is ...** nur ...; **my ~ wish** das Einzige, was ich mir wünsche **B** adv nur; **it's ~ five o'clock** es ist erst fünf Uhr; **~ yesterday** erst gestern; **I ~ hope he gets here in time** ich hoffe nur, dass er noch rechtzeitig hier eintrifft; **you ~ have to ask** Sie brauchen nur zu fragen; **"members ~"** „(Zutritt) nur für Mitglieder"; **I'd be ~ too pleased to help** ich würde es nur zu gerne helfen; **if ~ that hadn't happened** wenn das nur nicht passiert wäre; **we ~ just caught the train** wir haben den Zug gerade noch gekriegt; **he has ~ just arrived** er ist gerade erst angekommen; **not ~ ... but also ...** nicht nur ..., sondern auch ... **C** konj bloß, nur; **I would do it myself, ~ I haven't time** ich würde es selbst machen, ich habe nur keine Zeit

ono abk (= or nearest offer) VB, Verhandlungsbasis f

on-off switch ['ɒn'ɒfswɪtʃ] s Ein- und Ausschalter m

onomatopoeia [ˌɒnəmætə'piːə] s Onomatopöie f (lautmalerischer Ausdruck; z. B. cuckoo)

onrush ['ɒnrʌʃ] s Ansturm m

on-screen A ['ɒnskriːn] adj **1** IT auf dem Bildschirm **2** TV Bildschirm-; FILM Film- **B** [ˌɒn'skriːn] adv FILM auf der Leinwand; TV, IT auf dem Bildschirm

onset ['ɒnset] s Beginn m; von Krankheit Ausbruch m

onshore ['ɒnʃɔːʳ] **A** adj an Land; **~ wind** Seewind m **B** [ɒn'ʃɔːʳ] adv a. **on shore** an Land

onside [ɒn'saɪd] adv FUSSB nicht im Abseits

on-site [ɒn'saɪt] adj vor Ort

onslaught ['ɒnslɔːt] s Angriff (**on** auf +akk)

on-the-job training ['ɒnðəˌdʒɒb'treɪnɪŋ] s Ausbildung f am Arbeitsplatz

on-the-spot [ˌɒnðə'spɒt] adj Geldstrafe an Ort und Stelle verhängt; Entscheidung an Ort und Stelle; Reportage vom Ort des Geschehens

onto ['ɒntʊ] präp **1** auf (+akk), an (+akk); **to clip sth ~ sth** etw an etw (akk) anklemmen; **to get ~ the committee** in den Ausschuss kommen **2 to come ~ the market** auf den Markt kommen; **to get ~ the next chapter** zum nächsten Kapitel kommen; **to be ~** od **on to sb** j-m auf die Schliche gekommen sein umg; Polizei j-m auf der Spur sein; **I think we're ~ something** ich glaube, hier sind wir auf etwas gestoßen

onus ['əʊnəs] s ⟨kein pl⟩ Pflicht f; (≈ Bürde) Last f; **the ~ is on him** es liegt an ihm

onward ['ɒnwəd] **A** adj **~ flight** Anschlussflug m; **~ journey** Weiterreise f **B** adv (a. **onwards**) vorwärts; marschieren weiter; **from this time ~** von der Zeit an

oomph [ʊmf] s umg (≈ Energie) Pep m umg

oops [uːps] int ups, oh

ooze [uːz] **A** s Schlamm m **B** v/i triefen; Wunde nässen; Harz, Leim (heraus)quellen **C** v/t **1** absondern; Blut triefen von; **my shoes were oozing water** das Wasser quoll mir aus den Schuhen **2** fig Charme triefen von pej; Selbstvertrauen strotzen von

phrasal verbs mit ooze:

ooze out v/i herausquellen; Wasser heraussickern

op [ɒp] umg s → operation

opaque [əʊ'peɪk] adj opak; Glas undurchsichtig; Strümpfe blickdicht

open ['əʊpən] **A** adj **1** offen, geöffnet; Sicht frei (**to** für); Sitzung öffentlich; **to hold the door ~** die Tür offen halten; **the baker is ~** der Bäcker hat geöffnet; **in the ~ air** im Freien; **~ to traffic** für den Verkehr freigegeben; **"road ~ to traffic"** „Durchfahrt frei"; **to be ~ to sb** Wettbewerb, Mitgliedschaft j-m offenstehen; Örtlichkeit für j-n geöffnet sein; Park j-m zur Verfügung stehen; **~ to the public** der Öffentlichkeit zugänglich; **she gave us an ~ invitation to visit** sie lud uns ein, jederzeit bei ihr vorbeizukommen; **to be ~ to suggestions** Vorschlägen gegenüber offen sein; **I'm ~ to persuasion** ich lasse mich gern überreden; **to keep one's options ~** es offenlassen; **to keep an ~ mind** alles offenlassen; **to be ~ to debate** zur Debatte stehen **2** offiziell: Gebäude eingeweiht; Straße (offiziell) freigegeben **3 to be ~ to criticism** der Kritik ausgesetzt sein; **to lay oneself ~ to criticism/attack** sich der Kritik/Angriffen aussetzen; **to be ~ to abuse** sich leicht missbrauchen lassen **B** s **~** im Freien, auf freiem Feld; **to bring sth out into the ~** mit etw nicht länger hinterm Berg halten **C** v/t **1** öffnen; **~ your books at page 23** schlagt eure Bücher auf Seite 23 auf **2** offiziell: Ausstellung eröffnen; Gebäude einweihen **3** Prozess, Geschäft eröffnen; *Debatte* beginnen; *Schule* einrichten; **to ~ fire** MIL das Feuer eröffnen (**on** auf +*akk*) **D** *v/i* **1** aufgehen; *Augen, Tür, Blume* sich öffnen; **I couldn't get the box to ~** ich habe die Schachtel nicht aufbekommen **2** *Laden, Museum* öffnen **3** (≈ *anfangen*) beginnen; **the play ~s next week** das Stück wird ab nächster Woche gegeben

phrasal verbs mit open:

open on to *v/i* (+*obj*) *Tür* gehen auf (+*akk*)
open out **A** *v/i* **1** *Fluss, Straße* sich verbreitern (**into** zu) **2** *Landkarte* sich ausfalten lassen **B** *v/t* ⟨*trennb*⟩ *Landkarte* auseinanderfalten
open up *v/i* **1** *fig Aussichten* sich eröffnen **2** gesprächiger werden; **to get sb to open up** j-n zum Reden bringen **3** aufschließen; **open up!** aufmachen! **B** *v/t* ⟨*trennb*⟩ **1** *Bergwerk, neue Horizonte* erschließen **2** *Haus* aufschließen **3** (≈ *gründen*) *Geschäft* eröffnen

open-air *adj* im Freien
open-air concert *s* Freilichtkonzert *n*
open-air swimming pool *s* Freibad *n*
open-air theatre *s*, **open-air theater** *US s* Freilichtbühne *f*
open day *Br s* Tag *m* der offenen Tür
open-ended *fig adj Vertrag* zeitlich nicht begrenzt; *Angebot* unbegrenzt
opener ['əʊpnə^r] *s* Öffner *m*
open-face sandwich *US s* belegtes Brot
open-handed [əʊpən'hændɪd] *adj* freigebig, großzügig
open-heart surgery *s* Eingriff *m* am offenen Herzen
open house *s* **to keep ~** ein offenes Haus führen
opening ['əʊpnɪŋ] **A** *s* **1** Öffnung *f*, Lücke *f*; *in Wald* Lichtung *f* **2** Anfang *m* **3** *offiziell* Eröffnung *f*; *von Autobahn* Freigabe *f* (für den Verkehr) **4** *in Firma* (freie) Stelle **B** *adj* ⟨*attr*⟩ erste(r, s); *Bemerkungen* einführend; **~ speech** Eröffnungsrede *f*
opening ceremony *s* Eröffnungsfeierlichkeiten *pl*
opening hours *pl* Öffnungszeiten *pl*
opening night *s* Eröffnungsvorstellung *f* (am Abend)
opening time *s* Öffnungszeit *f*; **what are the bank's ~s?** wann hat die Bank geöffnet?
open-jaw flight *s* Gabelflug *m*
openly ['əʊpənlɪ] *adv* offen; öffentlich; **he was ~ gay** er machte keinen Hehl aus seiner Homosexualität
open-minded *adj* aufgeschlossen
open-mouthed [əʊpn'maʊðd] *adj* mit offenem Mund
open-necked *adj Hemd* mit offenem Kragen
openness ['əʊpnɪs] *s* Offenheit *f*
open-plan *adj* **~ office** Großraumbüro *n*
open sandwich *Br s* belegtes Brot
Open University *Br s* Fernuniversität *f*; **to do an ~ course** ein Fernstudium machen *od* absolvieren
opera ['ɒpərə] *s* Oper *f*; **to go to the ~** in die Oper gehen
operable ['ɒpərəbl] *adj* MED operabel
opera house *s* Opernhaus *n*
opera singer *s* Opernsänger(in) *m(f)*
operate ['ɒpəreɪt] **A** *v/i* **1** *Maschine* funktionieren, betrieben werden (**by**, **on** mit), laufen; **to ~ at maximum capacity** Höchstleistung bringen **2** *Gesetz* sich auswirken; *System* arbeiten **3** *geschäftlich* operieren; *Flughafen etc* in Betrieb sein; **I don't like the way he ~s** ich mag seine Methoden nicht **4** MED operieren (**on** sb/sth j-n/etw); **to be ~d on** operiert werden **B** *v/t* **1** *Maschine* bedienen; *Hebel etc* betätigen; *Strom etc* betreiben **2** *Unternehmen* führen
operatic [ˌɒpə'rætɪk] *adj* Opern-
operating ['ɒpəreɪtɪŋ] *adj* ⟨*attr*⟩ **1** TECH, HANDEL Betriebs-; **~ costs** *od* **expenses** Betriebsausgaben *pl* **2** MED Operations-
operating company ['ɒpəreɪtɪŋ] *s* Betreiberfirma *f*
operating instructions *pl* Bedienungsanleitung *f*
operating room *s US* MED Operationssaal *m*
operating system *s* IT Betriebssystem *n*
operating theatre *s Br* MED Operationssaal *m*
operation [ˌɒpə'reɪʃən] *s* **1 to be in ~** *Maschine* in Betrieb sein; *Gesetz* in Kraft sein; **to come into ~** *Gesetz* in Kraft treten; *Plan* zur Anwendung gelangen **2** MED Operation *f* (**on** an +*dat*); **to have an ~** operiert werden; **to have a heart ~** sich einer Herzoperation unterziehen; **to have an ~ for a hernia** wegen eines Bruchs operiert werden **3** MIL Operation *f*, Einsatz *m* **4** IT Arbeitsgang *m*, Operation *f*
operational [ˌɒpə'reɪʃənl] *adj* **1** betriebsbereit; *Armee-Einheit etc* einsatzbereit **2** in Betrieb; *Armee-Einheit etc* im Einsatz **3** TECH, HANDEL Betriebs-; MIL Einsatz-; *Probleme* operativ
operative ['ɒpərətɪv] **A** *adj Maßnahme* wirksam; *Gesetze* geltend; *System* operativ **B** *s* Maschinenarbeiter(in) *m(f)*; *von Geheimdienst* Agent(in) *m(f)*
operator ['ɒpəreɪtə^r] *s* **1** TEL ≈ Vermittlung *f* **2** (Maschinen)arbeiter(in) *m(f)*; *von Computer* Operator(in) *m(f)* **3** (≈ *Firma*) Unternehmen *n*; (≈ *Firmenchef*) Unternehmer(in) *m(f)* **4** *umg* **to be a smooth ~** raffiniert vorgehen
operetta [ˌɒpə'retə] *s* Operette *f*
ophthalmic [ɒf'θælmɪk] *adj* Augen-

ophthalmologist [ˌɒfθæl'mɒlədʒɪst] s Ophthalmologe m, Ophthalmologin f

opinion [ə'pɪnjən] s Meinung f (**about, on** zu); *fachmännisch* Gutachten n; **in my ~** meiner Meinung nach; **in the ~ of the experts** nach Ansicht der Experten; **to be of the ~ that ...** der Meinung sein, dass ...; **to ask sb's ~** j-n nach seiner Meinung fragen; **it is a matter of ~** das ist Ansichtssache; **to have a good** *od* **high/low** *od* **poor ~ of sb/sth** eine gute/schlechte Meinung von j-m/etw haben; **it is the ~ of the court that ...** das Gericht ist zu der Auffassung gekommen, dass ...; **to seek** *od* **get a second ~** *bes* MED ein zweites Gutachten einholen

opinionated [ə'pɪnjəneɪtɪd] *adj* rechthaberisch

opinion poll s Meinungsumfrage f

opium ['əʊpɪəm] s Opium n

opponent [ə'pəʊnənt] s Gegner(in) m(f)

opportune ['ɒpətjuːn] *adj Zeit* günstig; *Ereignis* rechtzeitig; **at an ~ moment** zu einem günstigen Zeitpunkt

opportunism [ˌɒpə'tjuːnɪzəm] s Opportunismus m

opportunist [ˌɒpə'tjuːnɪst] **A** s Opportunist(in) m(f) **B** *adj* opportunistisch

opportunity [ˌɒpə'tjuːnɪtɪ] s **1** Gelegenheit f; **at the first ~** bei der erstbesten Gelegenheit; **to have the ~ of doing sth** die Gelegenheit haben, etw zu tun; **to take the ~ to do sth** die Gelegenheit nutzen, etw zu tun; **as soon as I get the ~** sobald sich die Gelegenheit ergibt **2** Chance f, Möglichkeit f; **opportunities for promotion** Aufstiegschancen pl; **equality of ~** Chancengleichheit f

oppose [ə'pəʊz] *v/t* **1** ablehnen, sich entgegensetzen (+dat); *Befehl etc* sich widersetzen (+dat); **he ~s our coming** er ist absolut dagegen, dass wir kommen **2** *Bewerber* kandidieren gegen

opposed *adj* **1** ⟨*präd*⟩ dagegen; **to be ~ to sb/sth** gegen j-n/etw sein; **I am ~ to your going away** ich bin dagegen, dass Sie gehen **2 as ~ to** im Gegensatz zu

opposing [ə'pəʊzɪŋ] *adj Mannschaft* gegnerisch; *Meinung* gegensätzlich; **to be on ~ sides** auf entgegengesetzten Seiten stehen

opposite ['ɒpəzɪt] **A** *adj* entgegengesetzt (**to, from** +dat od zu); *Wand etc* gegenüberliegend *attr*; **to be ~** gegenüberliegen *etc*; **on the ~ page** auf der gegenüberliegenden Seite; **in the ~ direction** in entgegengesetzter Richtung; **the ~ sex** das andere Geschlecht; **it had the ~ effect** es bewirkte das genaue Gegenteil **B** s Gegenteil n; **quite the ~!** ganz im Gegenteil! **C** *adv* gegenüber; **they sat ~** sie saßen uns *etc* gegenüber **D** *präp* gegenüber (+dat); **~ one another** sich gegenüber; **they live ~ us** sie wohnen uns gegenüber

opposite number s Pendant n

opposition [ˌɒpə'zɪʃən] s **1** Opposition f; **the Opposition** *bes Br* PARL die Opposition **2** SPORT Gegner m

oppositional [ɒpə'zɪʃnl] *adj* oppositionell, Oppositions-

opposition leader s Oppositionsführer(in) m(f)

opposition party s Oppositionspartei f

oppress [ə'pres] *v/t* **1** unterdrücken **2** bedrücken

oppression [ə'preʃən] s Unterdrückung f

oppressive [ə'presɪv] *adj* **1** *Regime* repressiv **2** *fig* drückend; *Stimmung* bedrückend

opt [ɒpt] *v/i* **to opt for sth** sich für etw entscheiden; **to opt to do sth** sich entscheiden, etw zu tun

phrasal verbs mit opt:

opt in *v/i* beitreten (+dat)

opt out *v/i* sich anders entscheiden; *Versicherung etc* kündigen (**of** +akk); *Br Schule, Krankenhaus* aus der Kontrolle der Kommunalverwaltung austreten

optic ['ɒptɪk], **optical** ['ɒptɪkəl] *adj* optisch

optical character reader s IT optischer Klarschriftleser

optical disk s optische Platte

optical fibre s, **optical fiber** US s Glasfaser f; (≈ *Leitung*) Glasfaserkabel n

optical illusion s optische Täuschung

optician [ɒp'tɪʃən] s Optiker(in) m(f)

optic nerve s Sehnerv m

optics s ⟨+sg v⟩ Optik f

optimal ['ɒptɪml] *adj* optimal

optimism ['ɒptɪmɪzəm] s Optimismus m

optimist ['ɒptɪmɪst] s Optimist(in) m(f)

optimistic [ˌɒptɪ'mɪstɪk] *adj* optimistisch; **to be ~ about sth** in Bezug auf etw (akk) optimistisch sein; **I'm not very ~ about it** da bin ich nicht sehr optimistisch

optimistically [ˌɒptɪ'mɪstɪkəlɪ] *adv* optimistisch

optimize ['ɒptɪmaɪz] *v/t* optimieren

optimum ['ɒptɪməm] **A** *adj* optimal **B** s Optimum n

option ['ɒpʃən] s **1** Wahl f *kein pl*, Möglichkeit f, Option f; **you have the ~ of leaving or staying** Sie haben die Wahl, ob Sie gehen oder bleiben wollen; **to give sb the ~ of doing sth** j-m die Wahl lassen, etw zu tun; **I have little/no ~** mir bleibt kaum eine/keine andere Wahl; **he had no ~ but to come** ihm blieb nichts anderes übrig, als zu kommen; **to keep one's ~s open** sich (dat) alle Möglichkeiten offenlassen **2** UNIV, SCHULE Wahlfach n

optional *adj* freiwillig, fakultativ; *Zusatzgerät etc*

auf Wunsch erhältlich; **"evening dress ~"** „Abendkleidung nicht Vorschrift"; **~ extras** pl; **~ subject** SCHULE, UNIV Wahlfach n
optometrist [ɒpˈtɒmətrɪst] US s Optiker(in) m(f)
opt-out [ˈɒptaʊt] adj ⟨attr⟩ **~ clause** Rücktrittsklausel f
or [ɔːʳ] konj **1** oder; **he could not read or write** er konnte weder lesen noch schreiben; **in a day or two** in ein bis zwei Tagen **2** (oder) auch; **Rhodesia, or rather, Zimbabwe** Rhodesien, beziehungsweise Simbabwe **3** sonst; **you'd better go or (else) you'll be late** gehen Sie jetzt besser, sonst kommen Sie zu spät
oracle [ˈɒrəkl] s Orakel n; (≈Mensch) Seher(in) m(f)
oral [ˈɔːrəl] **A** adj **1** oral; Impfstoff oral verabreicht **2** mündlich **B** s Mündliche(s) n
orally [ˈɔːrəlɪ] adv **1** oral **2** mündlich
oral sex s Oralverkehr m
orange [ˈɒrɪndʒ] **A** s **1** Orange f; (≈Getränk) Orangensaft m **2** (≈Farbe) Orange n **B** adj **1** Orangen- **2** Farbe orange inv, orange(n)farben
orange juice s Orangensaft m
Orange Order s Oranierorden m (protestantische Vereinigung)
orange squash Br s Orangenkonzentrat n; verdünnt Orangengetränk n
orang-outang, orang-utan [ɔːˌræŋuːˈtæŋ, -n] s Orang-Utan m
orator [ˈɒrətəʳ] s Redner(in) m(f)
oratory [ˈɒrətərɪ] s Redekunst f
orbit [ˈɔːbɪt] **A** s Umlaufbahn f; einzeln Umkreisung f; **to be in ~ ((a)round the earth)** in der (Erd)umlaufbahn sein; **to go into ~ ((a)round the sun)** in die (Sonnen)umlaufbahn eintreten **B** v/t umkreisen
orbital [ˈɔːbɪtl] s, (a. **orbital motorway**) Ringautobahn f
orchard [ˈɔːtʃəd] s Obstgarten m, Obstplantage f; **apple/cherry ~** Obstgarten m mit Apfel-/Kirschbäumen, Apfel-/Kirschplantage f
orchestra [ˈɔːkɪstrə] s Orchester n
orchestral [ɔːˈkestrəl] adj Orchester-; **~ music** Orchestermusik f
orchestra pit s Orchestergraben m
orchestrate [ˈɔːkɪstreɪt] v/t orchestrieren
orchestrated [ˈɔːkɪstreɪtɪd] fig adj Kampagne gezielt
orchid [ˈɔːkɪd] s Orchidee f
ordain [ɔːˈdeɪn] v/t **1** KIRCHE Priester weihen **2** bestimmen; Herrscher verfügen
ordeal [ɔːˈdiːl] s Tortur f, Qual f
order [ˈɔːdəʳ] **A** s **1** (Reihen)folge f; **are they in ~/in the right ~?** sind sie geordnet/in der richtigen Reihenfolge?; **in ~ of preference/merit** in der bevorzugten/in der ihren Auszeichnungen entsprechenden Reihenfolge; **to put sth in (the right) ~** etw ordnen; **to be in the wrong ~** durcheinander sein **2** Ordnung f; **his passport was in ~** sein Pass war in Ordnung; **to put sth in ~** etw in Ordnung bringen; **to put one's affairs in ~** Ordnung in seine Angelegenheiten bringen; **to keep ~** die Ordnung wahren; **to keep the children in ~** die Kinder unter Kontrolle halten; **to be out of ~** bei Versammlung gegen die Verfahrensordnung verstoßen; fig aus dem Rahmen fallen; **to call the meeting to ~** die Versammlung zur Ordnung rufen; **congratulations are in ~** Glückwünsche sind angebracht **3** Zustand m; **to be out of ~** nicht funktionieren; **"out of ~"** „außer Betrieb" **4** Befehl m; **I don't take ~s from anyone** ich lasse mir von niemandem befehlen; **to be under ~s to do sth** Instruktionen haben, etw zu tun **5** in Restaurant etc, auch HANDEL Bestellung f; für Lieferung Auftrag m; **to place an ~ with sb** eine Bestellung bei j-m aufgeben/j-m einen Auftrag geben; **to be on ~** bestellt sein; **two ~s of French fries** bes US zwei Portionen Pommes frites; **made to ~** auf Bestellung (gemacht od hergestellt) **6** **in ~ to do sth** um etw zu tun; **in ~ that** damit **7** fig (≈Klasse) Art f; **something in the ~ of ten per cent** in der Größenordnung von zehn Prozent; **something in the ~ of one in ten applicants** etwa einer von zehn Bewerbern **8** KIRCHE von Mönchen etc Orden m **9** **~s** pl **(holy) ~s** KIRCHE Weihe f, Priesterweihe f; **to take (holy) ~s** die Weihe empfangen **B** v/t **1** befehlen; **to ~ sb to do sth** j-m befehlen, etw zu tun; **to ~ sb's arrest** j-s Verhaftung anordnen; **he ~ed his gun to be brought (to him)** er ließ sich (dat) sein Gewehr bringen **2** seine Angelegenheiten ordnen **3** Waren, Essen, Taxi bestellen; zur Herstellung in Auftrag geben (**from sb** bei j-m) **C** v/i bestellen; **are you ready to ~?** möchten Sie schon bestellen?

phrasal verbs mit order:

order about Br, **order around** v/t ⟨trennb⟩ herumkommandieren

order confirmation s Auftragsbestätigung f
order form s Bestellformular n
orderly [ˈɔːdəlɪ] **A** adj **1** ordentlich; Mensch methodisch; **in an ~ manner** geordnet **2** Demonstration friedlich **B** s **(medical) ~** Pfleger(in) m(f); MIL Sanitäter(in) m(f)
ordinal number s MATH Ordinalzahl f
ordinarily [ˈɔːdnrɪlɪ] adv gewöhnlich
ordinary [ˈɔːdnrɪ] **A** adj gewöhnlich, durchschnittlich; **the ~ Englishman** der normale Engländer **B** s **out of the ~** außergewöhnlich; **nothing/something out of the ~** nichts/etwas

Außergewöhnliches
ordinary share s WIRTSCH Stammaktie f
ordination [ˌɔːdɪˈneɪʃən] s Ordination f
ordnance [ˈɔːdnəns] s MIL (Wehr)material n
ore [ɔːʳ] s Erz n
oregano [ˌɒrɪˈgɑːnəʊ] s ⟨kein pl⟩ Oregano m
organ [ˈɔːgən] s **1** Organ n; für Meinung etc Sprachrohr n **2** MUS Orgel f; **to play the ~** Orgel spielen
organ donor s Organspender(in) m(f)
organic [ɔːˈgænɪk] adj **1** MED Naturwissenschaft fig organisch **2** Gemüse biodynamisch; **~ wine** Wein m aus biologisch kontrolliertem Anbau; **~ meat** Fleisch n aus biologisch kontrollierter Zucht
organically [ɔːˈgænɪkəlɪ] adv organisch; anbauen a. biodynamisch
organic chemistry s organische Chemie
organic farm s Bio-Landwirtschaftsbetrieb m
organic label s Biosiegel n
organisation [ˌɔːgənaɪˈzeɪʃn] Br → organization
organise [ˈɔːgənaɪz] Br → organize
organism [ˈɔːgənɪzəm] s Organismus m
organist [ˈɔːgənɪst] s Organist(in) m(f)
organization [ˌɔːgənaɪˈzeɪʃn] s **1** Organisation f **2** Ordnung f **3** HANDEL Unternehmen n
organizational adj organisatorisch
organize [ˈɔːgənaɪz] v/t ordnen, organisieren; Zeit einteilen; Lebensmittel sorgen für; **to get (oneself) ~d** alles vorbereiten, seine Sachen in Ordnung bringen; **to ~ things so that …** es so einrichten, dass …; **they ~d (it) for me to go to London** sie haben meine Londonreise arrangiert
organized [ˈɔːgənaɪzd] adj organisiert; **he isn't very ~** bei ihm geht alles drunter und drüber umg; **you have to be ~** du musst mit System vorgehen
organizer [ˈɔːgənaɪzəʳ] s **1** Organisator(in) m(f) **2** → personal organizer
organ transplant s Organtransplantation f
orgasm [ˈɔːgæzəm] s Orgasmus m
orgy [ˈɔːdʒɪ] s Orgie f
orient [ˈɔːrɪənt] **A** s (a. **Orient**) Orient m **B** v/t → orientate
oriental [ˌɔːrɪˈentl] adj orientalisch; **~ rug** Orientteppich m
orientate [ˈɔːrɪənteɪt] **A** v/r sich orientieren (**by** an +dat od **by the map** nach der Karte) **B** v/t ausrichten (**towards** auf +akk); Denkweise orientieren (**towards** an +dat); **money-orientated** materiell ausgerichtet; **family-orientated** familienorientiert
orientation [ˌɔːrɪənˈteɪʃən] fig s Orientierung f, Ausrichtung f (**towards** auf +akk); **sexual ~** sexuelle Orientierung
-oriented [ˈɔːrɪəntɪd] adj ⟨suf⟩ -orientiert
orienteering [ˌɔːrɪənˈtɪərɪŋ] s Orientierungslauf m
orifice [ˈɒrɪfɪs] s Öffnung f
origin [ˈɒrɪdʒɪn] s Ursprung m, Herkunft f; **to have its ~ in sth** auf etw (akk) zurückgehen; **country of ~** Herkunftsland n; **nobody knew the ~ of that story** niemand wusste, wie die Geschichte entstanden war
original [əˈrɪdʒɪnl] **A** adj **1** ursprünglich; **~ inhabitants** Ureinwohner pl; **~ version** von Buch Urfassung f; von Film Originalversion f **2** Gemälde original, Idee, Schriftsteller originell **B** s Original n
originality [əˌrɪdʒɪˈnælɪtɪ] s Originalität f
originally [əˈrɪdʒənəlɪ] adv ursprünglich
original sin s die Erbsünde
originate [əˈrɪdʒɪneɪt] **A** v/t hervorbringen **B** v/i **1** entstehen; **to ~ from a country** aus einem Land stammen **2** US Bus etc ausgehen (**in** von)
originator [əˈrɪdʒɪneɪtəʳ] s von Idee Urheber(in) m(f)
Orkney Islands [ˈɔːknɪˈaɪləndz], **Orkneys** [ˈɔːknɪz] pl Orkneyinseln pl
ornament [ˈɔːnəmənt] s **1** Verzierung f, Ziergegenstand m **2** ⟨kein pl⟩ Ornamente pl
ornamental adj dekorativ; **to be purely ~** zur Verzierung (da) sein; **~ garden** Ziergarten m
ornamentation [ˌɔːnəmenˈteɪʃən] s Verzierungen pl
ornate [ɔːˈneɪt] adj kunstvoll; Stil reich
ornately [ɔːˈneɪtlɪ] adv kunstvoll; geschrieben in reicher Sprache
ornithologist [ˌɔːnɪˈθɒlədʒɪst] s Ornithologe m, Ornithologin f
ornithology [ˌɔːnɪˈθɒlədʒɪ] s Ornithologie f
orphan [ˈɔːfən] **A** s Waisenkind n; **the accident left him an ~** der Unfall machte ihn zum Waisenkind **B** v/t zur Waise machen; **to be ~ed** zur Waise werden
orphanage [ˈɔːfənɪdʒ] s Waisenhaus n
orphaned [ˈɔːfənd] adj elternlos
orthodontic [ˌɔːθəʊˈdɒntɪk] adj kieferorthopädisch
orthodox [ˈɔːθədɒks] adj **1** REL orthodox; **the Orthodox (Eastern) Church** die orthodoxe (Ost)kirche **2** fig konventionell, orthodox
orthodoxy [ˈɔːθədɒksɪ] s **1** fig Konventionalität f, Orthodoxie f **2** orthodoxe Konvention
orthography [ɔːˈθɒgrəfɪ] s Orthografie f, Rechtschreibung f
orthopaedic [ˌɔːθəʊˈpiːdɪk] adj, **orthopedic** US adj orthopädisch; **~ surgeon** orthopädischer Chirurg, orthopädische Chirurgin

oscillate ['ɒsɪleɪt] v/i PHYS schwingen; *Nadel, a. fig* schwanken

ostensible adj, **ostensibly** [ɒ'stensəbl, -ɪ] adv angeblich

ostentation [ˌɒsten'teɪʃən] s Pomp m, Großtuerei f

ostentatious [ˌɒsten'teɪʃəs] adj **1** pompös **2** ostentativ

osteopath ['ɒstɪəpæθ] s Osteopath(in) m(f)

ostracize ['ɒstrəsaɪz] v/t ächten

ostrich ['ɒstrɪtʃ] s Strauß m

other ['ʌðə(r)] **A** adj & pron andere(r, s); **~ people** andere (Leute); **any ~ questions?** sonst noch Fragen?; **no ~ questions** sonst keine Fragen; **it was none ~ than my father** es war niemand anders als mein Vater; **the ~ day** neulich; **some ~ time** ein andermal; **every ~ …** jede(r, s) zweite …; **~ than** außer (+dat); **some time or ~** irgendwann (einmal); **some writer or ~** irgendein Schriftsteller; **the ~s** die anderen; **he doesn't like hurting ~s** er mag niemandem wehtun; **there are 6 ~s** da sind noch 6 (andere); **there were no ~s there** es waren sonst keine da; **something/someone or ~** irgendetwas/-jemand; **can you tell one from the ~?** kannst du sie auseinanderhalten? **B** adv **I've never seen her ~ than with her husband** ich habe sie immer nur mit ihrem Mann gesehen; **somehow or ~** irgendwie; **somewhere or ~** irgendwo

otherwise ['ʌðəwaɪz] **A** adv **1** anders; **I am ~ engaged** form ich bin anderweitig beschäftigt; **Richard I, ~ known as the Lionheart** Richard I., auch bekannt als Löwenherz; **you seem to think ~** Sie scheinen anderer Meinung zu sein **2** ansonsten **B** konj sonst

otherworldly [ˌʌðə'wɜːldlɪ] adj weltfern

OTT abk (= **over the top**) umg übertrieben

otter ['ɒtə(r)] s Otter m

ouch [aʊtʃ] int autsch

ought [ɔːt] v/aux **I ~ to do it** ich sollte es tun; **he ~ to have come** er hätte kommen sollen; **~ I to go too? — yes, you ~ (to)/no, you ~n't (to)** sollte ich auch (hin)gehen? — ja doch/nein, das sollen Sie nicht; **~n't you to have left by now?** hätten Sie nicht schon gehen müssen?; **you ~ to see that film** den Film sollten Sie sehen; **you ~ to have seen his face** sein Gesicht hätten Sie sehen müssen; **she ~ to have been a teacher** sie hätte Lehrerin werden sollen; **he ~ to win the race** er müsste (eigentlich) das Rennen gewinnen; **he ~ to have left by now** er müsste inzwischen gegangen sein; **… and I ~ to know!** … und ich muss es doch wissen!

ounce [aʊns] s Unze f; **there's not an ~ of truth in it** daran ist kein Fünkchen Wahrheit

our ['aʊə(r)] poss adj unser; **Our Father** Vater unser; → **my**

ours ['aʊəz] poss pr unsere(r, s); → **mine**¹

ourselves [ˌaʊə'selvz] pers pr akk u. dat obj +präp uns; emph selbst; → **myself**

oust [aʊst] v/t herausbekommen; *Politiker* ausbooten umg; **to ~ sb from office/his position** j-n aus seinem Amt/seiner Stellung entfernen; *durch Intrige* j-n aus seinem Amt/seiner Stellung hinausmanövrieren; **to ~ sb from power** j-n von der Macht verdrängen

out [aʊt] **A** adv **1** außen, draußen; *mit Richtungsangabe* hinaus, heraus; **to be out** weg sein, nicht da sein; **they are out shopping** sie sind zum Einkaufen (gegangen); **she was out all night** sie war die ganze Nacht weg; **out here/there** hier/dort draußen; **out you go!** hinaus mit dir! umg; **to be out and about** unterwegs sein; **at weekends I like to be out and about** an den Wochenenden will ich (immer) raus; **we had a day out in London** wir haben einen Tag in London verbracht; **the book is out** *aus Bücherei* das Buch ist ausgeliehen; **school is out** die Schule ist aus; **the tide is out** es ist Ebbe; **their secret was out** ihr Geheimnis war herausgekommen; **out with it!** heraus damit!; **before the day is out** vor Ende des Tages **2** when he was out in Russia als er in Russland war; **to go out to China** nach China fahren; **the boat was ten miles out** das Schiff war zehn Meilen weit draußen **3 to be out** *Sonne* (he)raus sein; *Sterne, Mond* am Himmel sein; *Blumen* blühen; *Buch* herausgekommen sein; **when will it be out?** *Buch* wann kommt es heraus?; **there's a warrant out for him** od **for his arrest** es besteht Haftbefehl gegen ihn **4** *Licht, Feuer, a.* SPORT aus; *Fleck* (he)raus; **to be out** bewusstlos sein **5** **his calculations were out** er hatte sich in seinen Berechnungen geirrt; **you're not far out** Sie haben es fast (getroffen); **we were £5 out** wir hatten uns um £ 5 verrechnet **6 to be out for sth** auf etw (akk) aus sein; **he's out to get her** er ist hinter ihr her; **he's just out to make money** ihm geht es nur um Geld **B** s → in **C** präp aus (+dat); **to go out the door** zur Tür hinausgehen; → **out of D** v/t *Homosexuelle* outen

out-and-out ['aʊtən'aʊt] adj *Lüge, Lügner* ausgemacht; *Rassist* eingefleischt; *Sieger* überragend

outback ['aʊtbæk] s *in Australien* **the ~** das Hinterland, das Outback

outbid v/t ⟨prät, pperf outbid⟩ überbieten

outboard adj **~ motor** Außenbordmotor m

outbound adj *Fluggäste* abfliegend; **~ flight**

Hinflug *m*

outbox ['aʊtbɒks] *s E-Mail* Postausgang *m*

outbreak ['aʊtbreɪk] *s* Ausbruch *m*

outbuilding ['aʊtbɪldɪŋ] *s* Nebengebäude *n*

outburst ['aʊtbɜːst] *s* Ausbruch *m*; **~ of anger** Wutanfall *m*

outcast ['aʊtkɑːst] *s* Ausgestoßene(r) *m/f(m)*

outclass [ˌaʊt'klɑːs] *v/t* in den Schatten stellen

outcome ['aʊtkʌm] *s* Ergebnis *n*

outcrop ['aʊtkrɒp] *s* GEOL **an ~ (of rock)** eine Felsnase

outcry ['aʊtkraɪ] *s* Aufschrei *m* der Empörung (**against** über +*akk*), Protestwelle *f* (**against** gegen); **to cause an ~ against sb/sth** zu lautstarkem Protest gegen j-n/etw führen

outdated *adj Idee* überholt; *Ausrüstung, Methode* veraltet; *Praxis* überkommen

outdid *prät* → outdo

outdistance *v/t* hinter sich (*dat*) lassen

outdo [ˌaʊt'duː] *v/t* ⟨*prät* outdid [ˌaʊt'dɪd], *pperf* outdone [ˌaʊt'dʌn]⟩ übertreffen (**sb in sth** j-n an etw *dat*); **but Jimmy was not to be ~ne** aber Jimmy wollte da nicht zurückstehen

outdoor ['aʊtdɔːʳ] *adj* im Freien; **~ café** Café *n* im Freien, Straßencafé *n*; **~ clothes** Kleidung *f* für draußen; **~ swimming pool** Freibad *n*

outdoors [ˌaʊt'dɔːz] **A** *adv* im Freien; **to go ~** nach draußen gehen **B** *s* ⟨*sg v*⟩ **the great ~** *hum* die freie Natur

outdoorsy [ˌaʊt'dɔːzɪ] *adj umg* naturverbunden; **I'm an ~ person** ich bin gern in der freien Natur

outer ['aʊtəʳ] *adj* ⟨*attr*⟩ äußere(r, s); **the Outer Hebrides** die Äußeren Hebriden

Outer London *s* die Peripherie Londons

outermost ['aʊtəməʊst] *adj* äußerste(r, s)

outer space *s* der Weltraum

outfit ['aʊtfɪt] *s* **1** Kleidung *f*, Outfit *n*, Gewand *n österr*; (≈ *Verkleidung*) Kostüm *n* **2** *umg* (≈ *Organisation*) Verein *m umg*

outfitter ['aʊtfɪtəʳ] *s* **gentlemen's ~'s** Herrenausstatter *m*; **sports ~'s** Sport(artikel)geschäft *n*

outflank *v/t* MIL von den Flanken angreifen

outflow *s von Wasser etc* Ausfluss *m*; *von Geld* Abfluss *m*; *von Flüchtlingen* Strom *m*

outgoing [ˌaʊt'gəʊɪŋ] **A** *adj* **1** *Persönlichkeit* kontaktfreudig **2** *Präsident* scheidend; *Warensendung* abgehend **3** ausgehend; **~ flight** Hinflug *m* **B** *pl* **~s** Ausgaben *pl*

outgrow [ˌaʊt'grəʊ] *v/t* ⟨*prät* outgrew [ˌaʊt'gruː], *pperf* outgrown [ˌaʊt'grəʊn]⟩ **1** *Kleider* herauswachsen aus **2** *Gewohnheit* entwachsen (+*dat*)

outhouse ['aʊthaʊs] *s* Seitengebäude *n*

outing ['aʊtɪŋ] *s* **1** Ausflug *m*; **school's/firm's ~** Schul-/Betriebsausflug *m*; **to go on an ~** einen Ausflug machen **2** *von Homosexuellen* Outen *n*

outlandish [ˌaʊt'lændɪʃ] *adj* absonderlich; *Äußeres* ausgefallen

outlast [ˌaʊt'lɑːst] *v/t* länger halten als; *Idee etc* überdauern

outlaw ['aʊtlɔː] **A** *s* Geächtete(r) *m/f(m)*; *in Western etc* Bandit *m* **B** *v/t* ächten

outlay ['aʊtleɪ] *s* (Kosten)aufwand *m*, Kosten *pl*

outlet ['aʊtlet] *s* **1** *für Wasser etc* Abfluss *m*; *von Fluss* Ausfluss *m* **2** (≈ *Laden*) Verkaufsstelle *f*; (≈ *Fabrikverkauf*) Outlet *n* **3** *fig für Emotionen* Ventil *n*

outline ['aʊtlaɪn] **A** *s* **1** Umriss *m*, Silhouette *f*; **he drew the ~ of a head** er zeichnete einen Kopf im Umriss **2** *fig* (≈ *Zusammenfassung*) Abriss *m*; **just give (me) the broad ~s** umreißen Sie es (mir) grob **B** *v/t* **1** **the mountain was ~d against the sky** die Umrisse des Berges zeichneten sich gegen den Himmel ab **2** (≈ *zusammenfassen*) umreißen

outlive [ˌaʊt'lɪv] *v/t* j-n überleben; **to have ~d its usefulness** ausgedient haben

outlook ['aʊtlʊk] *s* **1** Aussicht *f* (**over** über +*akk od* **on to** auf +*akk*) **2** Aussichten *pl* **3** Einstellung *f*; **his ~ (up)on life** seine Lebensauffassung; **narrow ~** beschränkter Horizont

outlying *adj* entlegen, umliegend; **~ district** Außenbezirk *m*

outmanoeuvre *v/t*, **outmaneuver** US *fig v/t* ausmanövrieren

outmoded *adj* altmodisch; *Technik* veraltet

outnumber [ˌaʊt'nʌmbəʳ] *v/t* zahlenmäßig überlegen sein (+*dat*); **we were ~ed (by them)** wir waren (ihnen) zahlenmäßig unterlegen

out of *präp* **1** *Position* nicht in (+*dat*); *Richtung* aus (+*dat*); *fig* außer (+*dat*); **I'll be ~ town** ich werde nicht in der Stadt sein; **~ the country** außer Landes; **he went ~ the door** er ging zur Tür hinaus; **to look ~ the window** aus dem Fenster sehen; **I saw him ~ the window** ich sah ihn durchs Fenster; **to keep ~ the sun** nicht in die Sonne gehen; **~ danger** außer Gefahr; **to be ~ a job** arbeitslos sein; **he's ~ the tournament** er ist aus dem Turnier ausgeschieden; **he feels ~ it** *umg* er fühlt sich ausgeschlossen; **10 miles ~ London** 10 Meilen außerhalb Londons **2** *Grund angebend* aus (+*dat*); **~ curiosity** aus Neugier; **to drink ~ a glass** aus einem Glas trinken; **made ~ silver** aus Silber (gemacht) **3** (≈ *Auswahl*) von (+*dat*); **in seven cases ~ ten** in sieben von zehn Fällen; **he picked one ~ the pile** er nahm einen aus dem Stapel (heraus) **4** **we are ~ money** wir haben kein Geld mehr

out-of-bounds *adj* **~ area** Sperrgebiet *n*

out-of-court *adj* außergerichtlich

out-of-date adj ⟨attr⟩, **out of date** adj ⟨präd⟩ **1** Methoden, Ideen veraltet, überholt, nicht mehr aktuell **2** Ticket abgelaufen; Lebensmittel mit abgelaufenem Verfallsdatum

out-of-doors adv → outdoors

out-of-place adj ⟨attr⟩, **out of place** adj ⟨präd⟩ Bemerkung unangebracht, deplatziert

out-of-pocket adj ⟨attr⟩, **out of pocket** Br adj ⟨präd⟩ **to be out of pocket** draufzahlen; **I was £5 out of pocket** ich habe £ 5 aus eigener Tasche bezahlt

out-of-the-way adj ⟨attr⟩, **out of the way** adj ⟨präd⟩ Ort abgelegen

out-of-town adj Kino etc außerstädtisch

outpace v/t schneller sein als

outpatient s ambulanter Patient, ambulante Patientin; **~s' (department)** Ambulanz f; **~s' clinic** Poliklinik f

outperform v/t ausstechen umg

outplay v/t SPORT besser spielen als

outpost s Vorposten m

outpouring s ⟨oft pl⟩ Erguss m

output ['aʊtpʊt] s Produktion f; ELEK Leistung f; IT Output m/n

outrage A ['aʊtreɪdʒ] s **1** Untat f, Gräueltat f **2** Skandal m **3** Entrüstung f (**at** über +akk) B [aʊt-'reɪdʒ] v/t j-n empören

outraged ['aʊtreɪdʒd] adj empört (**at, about** über +akk)

outrageous [aʊt'reɪdʒəs] adj Bemerkung, Preis, Benehmen unerhört; Lüge, Forderung unverschämt; Kleidung unmöglich umg; **it's absolutely ~ that ...** es ist einfach unerhört, dass ...

outrageously [aʊt'reɪdʒəslɪ] adv teuer unerhört

outran prät → outrun

outrider ['aʊtraɪdə'] s Kradbegleiter(in) m(f)

outright A [aʊt'raɪt] adv **1** ablehnen rundweg; j-m gehören vollständig; **to win ~** einen klaren Sieg davontragen **2** sofort; **he was killed ~** er war sofort tot **3** geradeheraus B ['aʊtraɪt] adj total; Lüge glatt umg; Mehrheit absolut; Sieger klar

outrun v/t ⟨prät outran; pperf outrun⟩ schneller laufen als; davonlaufen (+dat)

outset s Anfang m; **at the ~** zu Anfang

outshine v/t ⟨prät, pperf outshone⟩ fig in den Schatten stellen

outside ['aʊtsaɪd] A s Außenseite f; **the ~ of the car is green** das Auto ist (von) außen grün; **to open the door from the ~** die Tür von außen öffnen; **to overtake on the ~** Br außen überholen B adj **1** äußere(r, s); Prüfer extern; **an ~ broadcast from Wimbledon** eine Außenübertragung aus Wimbledon; **~ line** TEL Amtsleitung f **2** **an ~ chance** eine kleine Chance C adv außen, draußen; **to be ~** draußen sein; **to go ~** nach draußen gehen D präp (a. **outside of**) außerhalb (+gen); **~ California** außerhalb Kaliforniens; **~ London** außerhalb von London; **to go ~ sth** aus etw gehen; **he went ~ the house** er ging nach draußen; **~ the door** vor der Tür; **the car ~ the house** das Auto vorm Haus; **~ office hours** nach Büroschluss

outside broadcast s TV Außenproduktion f; von Fußballspiel Live-Übertragung f, Außenübertragung f

outside lane s Überholspur f

outside line s TEL Amtsanschluss m

outsider [ˌaʊt'saɪdə'] s Außenseiter(in) m(f)

outside toilet s Außentoilette f

outside wall s Außenwand f

outside world s Außenwelt f

outsize adj übergroß

outskirts pl Stadtrand m

outsmart umg v/t überlisten

outsource ['aʊtsɔːs] v/t WIRTSCH Arbeit outsourcen, auslagern

outsourcing ['aʊtsɔːsɪŋ] s WIRTSCH Outsourcing n

outspoken [ˌaʊt'spəʊkən] adj Mensch, Rede, Buch freimütig; Angriff direkt

outstanding [ˌaʊt'stændɪŋ] adj **1** hervorragend; Talent, Schönheit außerordentlich **2** bemerkenswert **3** Geschäft unerledigt; Betrag, Rechnung ausstehend; **~ debts** Außenstände pl

outstandingly [ˌaʊt'stændɪŋlɪ] adv hervorragend; gut, schön außergewöhnlich

outstay v/t **I don't want to ~ my welcome** ich will eure Gastfreundschaft nicht überbeanspruchen

outstretched adj ausgestreckt; Arme a. ausgebreitet

outstrip fig v/t übertreffen (**in** an +dat)

outtake s Outtake m

out tray s Ablage f für Ausgänge

outvote v/t überstimmen

outward ['aʊtwəd] A adj **1** Erscheinung äußere(r, s); **he put on an ~ show of confidence** er gab sich den Anstrich von Selbstsicherheit **2** **~ journey** Hinreise f; **~ flight** Hinflug m B adv nach außen; **~ bound** Schiff auslaufend

outwardly ['aʊtwədlɪ] adv nach außen hin

outwards ['aʊtwədz] adv nach außen

outweigh v/t mehr Gewicht haben als

outwit v/t überlisten

outworker s **1** Außenarbeiter(in) m(f) **2** Heimarbeiter(in) m(f)

oval ['əʊvəl] adj oval

ovary ['əʊvərɪ] s ANAT Eierstock m

ovation [əʊ'veɪʃən] s Ovation f; **to give sb an ~** j-m eine Ovation darbringen

oven ['ʌvn] s GASTR (Back)ofen m, Backrohr n

österr; **to cook in a hot/moderate/slow ~** bei starker/mittlerer/schwacher Hitze backen; **it's like an ~ in here** hier ist ja der reinste Backofen

oven glove *Br*, **oven mitt** *s* Topfhandschuh *m*
ovenproof *adj* feuerfest
oven-ready *adj* bratfertig
over ['əʊvəʳ] **A** *präp* **1** *Richtung* über (+*akk*); *Position* über (+*dat*); **he spilled coffee ~ it** er goss Kaffee darüber; **to hit sb ~ the head** j-m auf den Kopf schlagen; **to look ~ the wall** über die Mauer schauen; **~ the page** auf der nächsten Seite; **he looked ~ my shoulder** er sah mir über die Schulter; **the house ~ the road** das Haus gegenüber; **it's just ~ the road from us** das ist von uns (aus) nur über die Straße; **the bridge ~ the river** die Brücke über den Fluss; **we're ~ the main obstacles now** wir haben jetzt die größten Hindernisse hinter uns (*dat*) **2 from all ~ England** aus ganz England; **you've got ink all ~ you** Sie sind ganz voller Tinte **3** (≈ *mehr, länger als*) über (+*akk*), während (+*gen*), in (+*dat*); **~ and above that** darüber hinaus, weiters *österr*; **well ~ a year ago** vor gut einem Jahr; **~ Christmas** über Weihnachten; **~ the summer** den Sommer über; **~ the years** im Laufe der Jahre; **~ time** im Laufe der Zeit; **the visits were spread ~ several months** die Besuche verteilten sich über mehrere Monate **4 let's discuss that ~ dinner** besprechen wir das beim Essen; **they'll be a long time ~ it** sie werden dazu lange brauchen; **~ the phone** am Telefon; **a voice came ~ the intercom** eine Stimme kam über die Sprechanlage **5** über (+*akk*); **it's not worth arguing ~** es lohnt (sich) nicht, darüber zu streiten **B** *adv* **1** hinüber, herüber; (≈ *auf anderer Seite*) drüben; **come ~ tonight** kommen Sie heute Abend vorbei; **to be ~ here/there** hier/dort drüben sein; **come ~ here!** komm her(über)!; **~ to the other bank** bis zum anderen Ufer hinüber; **~ to you!** Sie sind daran; **and now ~ to Paris, where ...** und nun (schalten wir um) nach Paris, wo ...; **to go ~ to America** nach Amerika fahren; **famous the world ~** in der ganzen Welt berühmt; **to look for sth all ~** überall nach etw suchen; **I am aching all ~** mir tut alles weh; **he was shaking all ~** er zitterte am ganzen Leib; **I'm wet all ~** ich bin völlig nass; **that's Fred all ~** das ist typisch (für) Fred **2** zu Ende, vorbei; **to be ~** vorbei sein, zu Ende sein; **the danger was ~** es bestand keine Gefahr mehr; **when this is ~** wenn das vorbei ist; **it's all ~ between us** es ist aus zwischen uns **3 to start (all) ~ again** *Br*, **to start (all) ~** *US* noch einmal (ganz) von vorn anfangen; **~ and ~ (again)** immer (und immer) wieder; **he did it five times ~** er hat es fünfmal wiederholt **4** übrig; **there was no meat (left) ~** es war kein Fleisch mehr übrig **5 children of 8 and ~** Kinder ab 8; **three hours or ~** drei oder mehr Stunden **6** TEL **come in, please, ~** bitte kommen, over; **~ and out** Ende der Durchsage; FLUG over and out

overact *v/i* übertreiben
overactive *adj* überaktiv
overage [ˌəʊvərˈeɪdʒ] *adj* zu alt
overall¹ [ˌəʊvərˈɔːl] **A** *adj* **1** gesamt, Gesamt-; **~ majority** absolute Mehrheit; **~ control** vollständige Kontrolle **2** allgemein; **the ~ effect of this was to ...** dies hatte das Endergebnis, dass ... **B** *adv* **1** insgesamt; **he came second ~** SPORT er belegte in der Gesamtwertung den zweiten Platz **2** im Großen und Ganzen
overall² [ˈəʊvərɔːl] *Br s* Kittel *m*
overalls [ˈəʊvərɔːlz] *pl* Overall *m*; *US* Latzhose *f*
overambitious *adj* zu ehrgeizig
overanxious *adj* übertrieben besorgt
overarm *adj & adv* SPORT *werfen* mit gestrecktem (erhobenem) Arm
overate *prät* → overeat
overawe *v/t* einschüchtern
overbalance *v/i* aus dem Gleichgewicht kommen
overbearing [ˌəʊvəˈbɛərɪŋ] *adj* herrisch
overboard [ˈəʊvəbɔːd] *adv* **1** SCHIFF über Bord; **to fall ~** über Bord gehen *od* fallen; **man ~!** Mann über Bord! **2** *fig umg* **there's no need to go ~ (about it)** übertreib es nicht
overbook *v/i* zu viele Buchungen vornehmen
overburden *fig v/t* überlasten
overcame *prät* → overcome
overcast *adj* bedeckt
overcautious *adj* übervorsichtig
overcharge [ˌəʊvəˈtʃɑːdʒ] **A** *v/t* zu viel berechnen (+*dat*) (**for** für); **they ~d me by £2** sie haben mir £ 2 zu viel berechnet **B** *v/i* zu viel verlangen (**for** für)
overcoat [ˈəʊvəkəʊt] *s* Mantel *m*
overcome [ˌəʊvəˈkʌm] *v/t* ⟨*prät* overcame [ˌəʊvəˈkeɪm]; *pperf* overcome⟩ *Feind* überwältigen; *Angst, Hindernis* überwinden; **he was ~ by the fumes** die giftigen Gase machten ihn bewusstlos; **he was ~ by emotion** Rührung übermannte ihn; **he was ~ by remorse** Reue überkam ihn; **~ (with emotion)** ergriffen
overcompensate *v/i* **to ~ for sth** etw überkompensieren
overconfidence *s* übertriebene Selbstsicherheit
overconfident *adj* übertrieben selbstsicher
overcook *v/t* verbraten, verkochen

overcrowded *adj* überfüllt; *Stadt* überbevölkert
overcrowding *s* Überfüllung *f*; *von Stadt* Überbevölkerung *f*
overdo [ˌəʊvə'duː] *v/t* ⟨*prät* overdid [ˌəʊvə'dɪd]; *pperf* overdone [ˌəʊvə'dʌn]⟩ **1** übertreiben; **you are ~ing it** Sie gehen zu weit; (≈ *mit Anstrengung*) Sie übernehmen sich; **I'm afraid you've rather ~ne it with the garlic** ich fürchte, du hast es mit dem Knoblauch etwas zu gut gemeint **2** *Fleisch* verbraten; *Gemüse* verkochen
overdone *adj* **1** übertrieben **2** *Fleisch* verbraten; *Gemüse* verkocht
overdose **A** *s wörtl* Überdosis *f* **B** *v/i* eine Überdosis nehmen; **to ~ on heroin** eine Überdosis Heroin nehmen
overdraft *s* Kontoüberziehung *f*; **to have an ~ of £100** sein Konto um £ 100 überzogen haben
overdraft facility *s* Überziehungskredit *m*
overdraw [ˌəʊvə'drɔː] *v/t* ⟨*prät* overdrew [ˌəʊvə'druː]; *pperf* overdrawn [ˌəʊvə'drɔːn]⟩ FIN *Konto* überziehen
overdrawn [əʊvə'drɔːn] *adj* FIN *Konto* überzogen; **to be ~ by £100** sein Konto um £ 100 überzogen haben
overdress [ˌəʊvə'dres] *v/t* **to be ~ed** zu vornehm angezogen sein
overdue *adj* überfällig; *Summe* fällig; **long ~** schon seit Langem fällig
overeager *adj* übereifrig
over easy *US adj Ei* beidseitig gebraten
overeat *v/i* ⟨*prät* overate; *pperf* overeaten⟩ sich überessen
overeating *s* Überessen *n*
overemphasis *s* Überbetonung *f*
overemphasize *v/t* überbetonen
overenthusiastic *adj* übertrieben begeistert
overestimate **A** [ˌəʊvər'estɪmeɪt] *v/t* überschätzen **B** [ˌəʊvər'estɪmɪt] *s* zu hohe Schätzung
overexcited *adj* überreizt; *Kind* aufgedreht
overexpose *v/t* FOTO überbelichten
overfamiliar *adj* **to be ~ with sb** etwas zu vertraulich mit j-m sein; **I'm not ~ with their methods** ich bin nicht allzu vertraut mit ihren Methoden
overfeed *v/t* ⟨*prät, pperf* overfed⟩ überfüttern
overfill *v/t* überfüllen
overflow **A** ['əʊvəfləʊ] *s* (≈ *Ausfluss*) Überlauf *m* **B** [ˌəʊvə'fləʊ] *v/t* **the river has ~ed its banks** der Fluss ist über die Ufer getreten **C** [ˌəʊvə'fləʊ] *v/i* **1** *Wasser, Fluss* überlaufen; *Zimmer* überfüllt sein; **full to ~ing** *Tasse, Schüssel* zum Überlaufen voll; *Zimmer* überfüllt; **the crowd at the meeting ~ed into the street** die Leute bei der Versammlung standen bis auf die Straße **2** *fig* überfließen (**with** von)
overflow pipe *s* Überlaufrohr *n*
overgrown *adj* überwachsen (**with** von)
overhang [ˌəʊvə'hæŋ] ⟨*v: prät, pperf* overhung⟩ **A** *v/t* hängen über (+*akk*); *Felsen* hinausragen über (+*akk*) **B** ['əʊvəhæŋ] *s* Überhang *m*
overhaul ['əʊvəhɔːl] **A** *s* Überholung *f* **B** [ˌəʊvə'hɔːl] *v/t Motor* überholen; *Pläne* überprüfen
overhead[1] [ˌəʊvə'hed] *adv* oben, am Himmel; **a plane flew ~** ein Flugzeug flog über uns *etc* (*akk*) (hinweg)
overhead[2] ['əʊvəhed] *US s* → overheads
overhead cable *s* Hochspannungsleitung *f*
overhead projector *s* Overheadprojektor *m*
overheads ['əʊvəhedz] *Br pl* allgemeine Unkosten *pl*
overhear [ˌəʊvə'hɪə] *v/t* ⟨*prät, pperf* overheard [ˌəʊvə'hɜːd]⟩ zufällig mit anhören; **we don't want him to ~ us** wir wollen nicht, dass er uns zuhören kann; **I ~d them plotting** ich hörte zufällig, wie sie etwas aussheckten
overheat **A** *v/t Motor* überhitzen; *Zimmer* überheizen **B** *v/i Motor* heiß laufen
overheated *adj* heiß gelaufen; *Zimmer* überheizt
overhung *prät & pperf* → overhang
overimpressed *adj* **I'm not ~ with him** er imponiert mir nicht besonders
overjoyed [ˌəʊvə'dʒɔɪd] *adj* überglücklich (**at, by, with** über +*akk*)
overkill *s* **to be ~** des Guten zu viel sein
overladen *adj* überladen
overlaid *prät & pperf* → overlay
overland **A** *adj* auf dem Landweg **B** *adv* über Land
overlap ['əʊvəlæp] **A** *s* Überschneidung *f*; *räumlich* Überlappung *f* **B** [ˌəʊvə'læp] *v/i* **1** *Kacheln* überlappen **2** *Termine* sich überschneiden; *Vorstellungen* sich teilweise decken **C** [ˌəʊvə'læp] *v/t* liegen über (+*dat*)
overlay [ˌəʊvə'leɪ] *v/t* ⟨*v: prät, pperf* overlaid⟩ überziehen
overleaf *adv* umseitig; **the illustration ~** die umseitige Abbildung
overload *v/t* überladen; ELEK, MECH überlasten
overlook [ˌəʊvə'lʊk] *v/t* **1** überblicken; **a room ~ing the park** ein Zimmer mit Blick auf den Park **2** (≈ *nicht bemerken*) übersehen **3** hinwegsehen über (+*akk*); **I am prepared to ~ it this time** diesmal will ich noch ein Auge zudrücken
overly ['əʊvəlɪ] *adv* allzu
overnight ['əʊvənaɪt] **A** *adv* über Nacht; **we drove ~** wir sind die Nacht durchgefahren; **to stay ~ (with sb)** (bei j-m) übernachten **B** *adj*

1 Nacht-; **~ accommodation** Übernachtungsmöglichkeit *f* **2** *fig* ganz plötzlich; **an ~ success** ein Blitzerfolg *m*
overnight bag *s* Reisetasche *f*
overnight stay *s* Übernachtung *f*
overpass *s* Überführung *f*
overpay *v/t* ⟨*prät, pperf* overpaid⟩ überbezahlen
overpopulated *adj* überbevölkert
overpopulation *s* Überbevölkerung *f*
overpower [ˌəʊvəˈpaʊə(r)] *v/t* überwältigen
overpowering [ˌəʊvəˈpaʊərɪŋ] *adj* überwältigend; *Geruch* penetrant; *Mensch* aufdringlich; **I felt an ~ desire …** ich fühlte den unwiderstehlichen Drang, …
overprice *v/t* überteuert; **at £50 it's ~d** £ 50 ist zu viel dafür
overproduction *s* Überproduktion *f*
overprotective *adj* überängstlich
overran *prät* → overrun
overrate *v/t* **to be ~d** überschätzt werden
overreach *v/i* sich übernehmen
overreact *v/i* übertrieben reagieren (**to** auf +*akk*)
overreaction *s* Überreaktion *f*, überzogene Reaktion
override [ˌəʊvəˈraɪd] *v/t* ⟨*prät* overrode [ˌəʊvəˈrəʊd]; *pperf* overridden [ˌəʊvəˈrɪdn]⟩ *Entscheidung* aufheben
overriding [ˌəʊvəˈraɪdɪŋ] *adj* vorrangig, vordringlich
overripe *adj* überreif
overrode *prät* → override
overrule [ˌəʊvəˈruːl] *v/t* ablehnen; *Entscheidung* aufheben; **we were ~d** unser Vorschlag/unsere Entscheidung *etc* wurde abgelehnt
overrun [ˌəʊvəˈrʌn] ⟨*prät* overran [ˌəʊvəˈræn] *pperf* overrun⟩ **A** *v/t* **1** Unkraut überwuchern; **to be ~ by tourists/mice** von Touristen überlaufen/voller Mäuse sein **2** Truppen einfallen in (+*dat*) **3** hinauslaufen über (+*akk*) **B** *v/i* zeitlich überziehen; **his speech overran by ten minutes** seine Rede dauerte zehn Minuten zu lang
overseas [ˈəʊvəˈsiːz] **A** *adj* **1** in Übersee *präd*; *Markt* überseeisch **2** ausländisch; **an ~ visitor** ein Besucher *m* aus dem Ausland; **~ trip** Auslandsreise *f* **B** *adv* **to be ~** in Übersee/im Ausland sein; **to go ~** nach Übersee/ins Ausland gehen; **from ~** aus Übersee/dem Ausland
oversee *v/t* ⟨*prät* oversaw; *pperf* overseen⟩ beaufsichtigen
overseer *s* Aufseher(in) *m(f)*; *in Fabrik* Vorarbeiter(in) *m(f)*
oversensitive *adj* überempfindlich
overshadow *v/t* überschatten
overshoot [ˌəʊvəˈʃuːt] *v/t* ⟨*prät, pperf* overshot [ˌəʊvəˈʃɒt]⟩ *Ziel* hinausschießen über (+*akk*)

oversight [ˈəʊvəsaɪt] *s* Versehen *n*; **through an ~** aus Versehen
oversimplification *s* (zu) grobe Vereinfachung
oversimplify *v/t* zu sehr vereinfachen
oversized [ˈəʊvəsaɪzd] *adj* Pullover *etc* übergroß, in Übergröße
oversleep *v/i* ⟨*prät, pperf* overslept⟩ verschlafen
overspend [əʊvəˈspend] *v/i* ⟨*v: prät, pperf* overspent⟩ zu viel ausgeben; **we've overspent by £10** wir haben £ 10 zu viel ausgegeben
overstaffed *adj* überbesetzt
overstate *v/t* übertreiben
overstatement *s* Übertreibung *f*
overstay *v/t* → outstay
overstep *v/t* überschreiten; **to ~ the mark** zu weit gehen
overstretch [əʊvəˈstretʃ] *fig v/t Finanzen* zu sehr belasten; **to ~ oneself** sich übernehmen
oversubscribe *v/t* FIN überzeichnen; **the zoo outing was ~d** zu viele (Leute) hatten sich für den Ausflug in den Zoo angemeldet
oversupply *s* WIRTSCH Überangebot *n* (**of** an +*dat*)
overt [əʊˈvɜːt] *adj* offen; *Feindseligkeit a.* unverhohlen
overtake [ˌəʊvəˈteɪk] ⟨*prät* overtook [ˌəʊvəˈtʊk] *pperf* overtaken [ˌəʊvəˈteɪkən]⟩ **A** *v/t* **1** Konkurrenten einholen; *Läufer, Auto* überholen **2** durch Schicksal ereilen *geh* **B** *v/i* überholen
overtaking [ˌəʊvəˈteɪkɪŋ] *s* Überholen *n*
overtax *fig v/t* überlasten
over-the-counter *adj Medikamente* nicht rezeptpflichtig
over-the-top, **over the top** *adj umg* übertrieben
overthrow ⟨*v: prät* overthrew; *pperf* overthrown⟩ **A** [ˌəʊvəˈθrəʊ] *v/t* stürzen **B** [ˈəʊvəˌθrəʊ] *s von Diktator etc* Sturz *m*
overtime [ˈəʊvətaɪm] **A** *s* **1** Überstunden *pl*; **to do ~** Überstunden machen **2** *US* SPORT Verlängerung *f* **B** *adv* **to work ~** Überstunden machen
overtime pay *s* Überstundenlohn *m*
overtone [ˈəʊvətəʊn] *fig s* Unterton *m*
overtook *prät* → overtake
overture [ˈəʊvətjʊə(r)] *s* **1** MUS Ouvertüre *f* **2** ⟨*mst pl*⟩ **to make ~s to sb** Annäherungsversuche bei j-m machen
overturn [ˌəʊvəˈtɜːn] **A** *v/t* **1** *wörtl* umkippen; *Boot* zum Kentern bringen **2** *fig Regime* stürzen; *Verbot, Urteil* aufheben **B** *v/i Stuhl* umkippen; *Boot* kentern
overuse **A** [ˌəʊvəˈjuːs] *s* übermäßiger Gebrauch **B** [ˌəʊvəˈjuːz] *v/t* übermäßig oft gebrauchen
overview *s* Überblick *m* (**of** über +*akk*)

overweight [ˈəʊvəˈweɪt] *adj* übergewichtig; **to be five kilos ~** fünf Kilo Übergewicht haben; **you're ~** Sie haben Übergewicht

overwhelm [ˌəʊvəˈwelm] *v/t* **1** überwältigen; **he was ~ed when they gave him the present** er war zutiefst gerührt, als sie ihm das Geschenk gaben **2** *fig mit Lob, Arbeit* überhäufen

overwhelming [ˌəʊvəˈwelmɪŋ] *adj* überwältigend; *Verlangen* unwiderstehlich; **they won despite ~ odds** sie gewannen obwohl ihre Chancen sehr schlecht standen

overwhelmingly [ˌəʊvəˈwelmɪŋlɪ] *adv ablehnen* mit überwältigender Mehrheit; *positiv* größtenteils

overwork **A** *s* Überarbeitung *f* **B** *v/t j-n* überanstrengen **C** *v/i* sich überarbeiten

overwrite *v/t & v/i* ⟨*prät* overwrote; *pperf* overwritten⟩ IT überschreiben

overwrought [ˌəʊvəˈrɔːt] *adj* überreizt

overzealous [ˌəʊvəˈzeləs] *adj* übereifrig

ovulate [ˈɒvjʊleɪt] *v/i* ovulieren

ovulation [ˌɒvjʊˈleɪʃən] *s* Eisprung *m*

owe [əʊ] **A** *v/t* **1** *Geld* schulden (**sb sth, sth to sb** j-m etw); **how much do I owe you?** was bin ich schuldig? **2** *Treue* schulden (**to sb** j-m); **3** *Leben, Erfolg* verdanken (**sth to sb** j-m etw); **you owe it to yourself to keep fit** du bist es dir schuldig, fit zu bleiben; **you owe me an explanation** du bist mir eine Erklärung schuldig **B** *v/i* **to owe sb for sth** j-m Geld für etw schulden; **I still owe him for the meal** ich muss ihm das Essen noch bezahlen

owing [ˈəʊɪŋ] **A** *adj* unbezahlt; **how much is still ~?** wie viel steht noch aus? **B** *präp* **~ to** infolge (+*gen*); **~ to the circumstances** umständehalber

owl [aʊl] *s* Eule *f*

own¹ [əʊn] *v/t* **1** besitzen; **who owns that?** wem gehört das?; **he looks as if he owns the place** er sieht so aus, als wäre er hier zu Hause **2** zugeben

phrasal verbs mit own:

own up *v/i* es zugeben; **to own up to sth** etw zugeben; **he owned up to stealing the money** er gab zu, das Geld gestohlen zu haben

own² **A** *adj* ⟨*attr*⟩ eigen; **his own car** sein eigenes Auto; **one's own car** ein eigenes Auto; **he does (all) his own cooking** er kocht für sich selbst; **thank you, I'm quite capable of finding my own way out** danke, ich finde sehr gut alleine hinaus **B** *pron* **1** **to make sth one's own** sich (*dat*) etw zu eigen machen; **a house of one's own** ein eigenes Haus; **I have money of my own** ich habe selbst Geld; **it has a beauty all its own** *od* **of its own** es hat eine ganz eigene Schönheit **2 to get one's own back on sb** *bes Br* es j-m heimzahlen; **(all) on one's own** (ganz) allein; **on its own** von selbst; **the goalkeeper came into his own with a series of brilliant saves** der Torwart zeigte sich von seiner besten Seite, als er eine Reihe von Bällen geradezu fantastisch abwehrte

own brand *s* Hausmarke *f*

owner [ˈəʊnə] *s* Besitzer(in) *m(f)*, Inhaber(in) *m(f)*, Eigentümer(in) *m(f)*; *von Haustier* Halter(in) *m(f)*

owner-occupier *s* Bewohner(in) *m(f)* im eigenen Haus

ownership [ˈəʊnəʃɪp] *s* Besitz *m*; **under new ~** unter neuer Leitung

own goal *s* Eigentor *n*; **to score an ~** ein Eigentor schießen

ox [ɒks] *s* ⟨*pl* -en⟩ Ochse *m*

Oxbridge [ˈɒksbrɪdʒ] **A** *s* Oxford und/oder Cambridge **B** *adj* der Universität (*gen*) Oxford oder Cambridge

oxide [ˈɒksaɪd] *s* CHEM Oxid *n*

oxidize [ˈɒksɪdaɪz] *v/t & v/i* oxidieren

oxtail soup [ˌɒksteɪlˈsuːp] *s* Ochsenschwanzsuppe *f*

oxygen [ˈɒksɪdʒən] *s* Sauerstoff *m*

oxygen mask *s* Sauerstoffmaske *f*

oxymoron [ˌɒksɪˈmɔːrɒn] *s* Oxymoron *n* (*Verbindung zweier Begriffe, die einander eigentlich ausschließen; z. B. bittersweet*)

oyster [ˈɔɪstə] *s* Auster *f*; **the world's his ~** die Welt steht ihm offen

oz *abk* (= ounces) Unze(n)

ozone [ˈəʊzəʊn] *s* Ozon *n*

ozone-friendly *adj* FCKW-frei

ozone hole *s* Ozonloch *n*

ozone layer *s* Ozonschicht *f*; **a hole in the ~** ein Ozonloch *n*

P

P, p [piː] *s* P *n*, p *n*

p¹ *abk* (= page) S.

p² *abk* (= penny, pence) *im Singular* Penny *m*; *im Plural* Pence *pl*

PA¹ *abk* (= personal assistant) persönlicher Assistent, persönliche Assistentin

PA² *abk* (= public address system) Lautsprecheranlage *f*

pa [pɑː] *umg s* Papa *m umg*

p.a. *abk* (= per annum) pro Jahr

pace [peɪs] **A** *s* **1** Schritt *m*; **to put sb through**

his ~s *fig* j-n auf Herz und Nieren prüfen **2** Tempo *n*; **at a good ~** recht schnell; **at a slow ~** langsam; **at one's own ~** in seinem eigenen Tempo; **to keep ~ with sth** mit etw mitkommen; **to set the ~** das Tempo angeben; **to quicken one's ~** seinen Schritt beschleunigen; *bei Arbeit* sein Tempo beschleunigen; **I'm getting old, I can't stand the ~ any more** *umg* ich werde alt, ich kann nicht mehr mithalten **B** *v/t* auf und ab gehen in (+*dat*) **C** *v/i* **to ~ up and down** auf und ab gehen

pacemaker ['peɪsmeɪkə^r] *s* **1** MED Schrittmacher *m* **2** SPORT Tempomacher(in) *m(f)*

Pacific [pə'sɪfɪk] *s* **the ~ (Ocean)** der Pazifik; **a ~ island** eine Insel im Pazifik; **the ~ Rim** die Pazifikanrainerstaaten *pl*

Pacific Standard Time *s* pazifische Zeit

pacifier ['pæsɪfaɪə^r] *US s* Schnuller *m*

pacifism ['pæsɪfɪzəm] *s* Pazifismus *m*

pacifist ['pæsɪfɪst] *s* Pazifist(in) *m(f)*

pacify ['pæsɪfaɪ] *v/t Baby* beruhigen; *Kritiker* besänftigen

pack [pæk] **A** *s* **1** *auf Tier* Last *f* **2** Rucksack *m*; MIL Gepäck *n kein pl* **3** Paket *n*; *bes US* Packung *f*; **a ~ of six** ein Sechserpack *m* **4** *von Wölfen* Rudel *n* **5** *pej* Horde *f*; **a ~ of thieves** eine Diebesbande; **it's all a ~ of lies** es ist alles erlogen **6** (Karten)spiel *n* **B** *v/t* **1** *Kiste* vollpacken; *in Dosen* abpacken **2** *Koffer* packen; *Kleider* einpacken; **the box was ~ed full of explosives** die Kiste war voll mit Sprengstoff; **to be ~ed** gerammelt voll sein *umg*; **a weekend ~ed with excitement** ein Wochenende voller aufregender Erlebnisse **3** *Erde* festdrücken; **the snow on the path was ~ed hard** der Schnee auf dem Weg war festgetrampelt; **the film ~s a real punch** *fig* der Film ist total spannend **C** *v/i* **1** packen **2** **the crowds ~ed into the stadium** die Menge drängte sich in das Stadion; **we all ~ed into one car** wir haben uns alle in ein Auto gezwängt **3** *umg* **to send sb ~ing** j-n kurz abfertigen

phrasal verbs mit pack:

pack away *v/t* ⟨*trennb*⟩ wegpacken; **I've packed all your books away in the attic** ich habe alle deine Bücher auf den Boden geräumt

pack in A *v/t* ⟨*trennb*⟩ **1** *Menschen* hineinpferchen in (+*akk*) **2** *Br umg Job* hinschmeißen *umg*; *Aktivität* Schluss machen mit; **pack it in!** lass es gut sein! **B** *v/i Br umg Motor* seinen Geist aufgeben *hum*; *Mensch* Feierabend machen *umg*

pack off *v/t* ⟨*trennb*⟩ **she packed them off to bed** sie schickte sie ins Bett

pack out *v/t* ⟨*trennb mst passiv*⟩ **to be packed out** überfüllt sein

pack up A *v/t* ⟨*trennb*⟩ zusammenpacken **B** *v/i* **1** packen; **he just packed up and left** er packte seine Sachen und ging **2** *Br umg Motor* seinen Geist aufgeben *hum*; *Mensch* Feierabend machen *umg*

package ['pækɪdʒ] **A** *s* Paket *n*; **software ~** Softwarepaket *n* **B** *v/t Waren* verpacken

packaged ['pækɪdʒd] *adj* abgepackt

package deal *s* Pauschalangebot *n*

package holiday, **package tour** *s* Pauschalreise *f*

packaging ['pækɪdʒɪŋ] *s* **1** Verpackung *f*, Verpackungsmaterial *n* **2** Präsentation *f*

packed [pækt] *adj Raum, Bus* überfüllt, gerammelt voll

packed lunch [pækt'lʌntʃ] *Br s* Lunchpaket *n*

packet ['pækɪt] *bes Br s* **1** Paket *n*; *Zigaretten*; kleiner Schachtel *f*, Packung *f*; **a ~ of mints** eine Packung Pfefferminzbonbons **2** *Br umg* **to make a ~** ein Schweinegeld verdienen *umg*; **that must have cost a ~** das muss ein Heidengeld gekostet haben *umg*

packet soup *bes Br s* Tütensuppe *f*

pack ice *s* Packeis *n*

packing ['pækɪŋ] *s* Packen *n*; (≈ *Material*) Verpackung *f*; **to do one's ~** packen

packing case *s* Kiste *f*

packing tape dispenser *s* Verpackungsgerät Handabroller *m*

pact [pækt] *s* Pakt *m*; **to make a ~ with sb** mit j-m einen Pakt schließen

pad¹ [pæd] *v/i* **to pad around** *Br* umhertapsen

pad² **A** *s* **1** Polster *n*, Schützer *m*; *auf Bremsen etc* Belag *m*; *aus Baumwolle* Wattebausch *m* **2** *von Papier* Block *m* **3** *umg* (≈ *Zuhause*) Bude *f umg* **B** *v/t* polstern

phrasal verbs mit pad:

pad out *fig v/t* ⟨*trennb*⟩ *Aufsatz* auffüllen

padded ['pædɪd] *adj Schultern, BH* wattiert; *Sitz* gepolstert; **~ envelope** gefütterter (Brief)umschlag

padding ['pædɪŋ] *s* Polsterung *f*

paddle ['pædl] **A** *s* **1** Paddel *n* **2** **to have a ~** durchs Wasser waten **B** *v/t Boot* paddeln **C** *v/i* **1** *in Boot* paddeln **2** *in Wasser* waten

paddleboarding *s* Stehpaddeln *n*

paddle boat *s* Raddampfer *m*; *kleiner* Paddelboot *n*

paddle steamer *s* Raddampfer *m*

paddling pool ['pædlɪŋ,puːl] *Br s* Planschbecken *n*

paddock ['pædək] *s* Koppel *f*; *von Rennbahn* Sattelplatz *m*

paddy ['pædɪ] *s*, (*a.* **paddy field**) Reisfeld *n*

padlock ['pædlɒk] **A** *s* Vorhängeschloss *n* **B** *v/t* (mit einem Vorhängeschloss) verschließen

paediatric [ˌpiːdɪˈætrɪk] *adj*, **pediatric** *US adj* Kinder-

paediatrician [ˌpiːdɪəˈtrɪʃən] *s*, **pediatrician** *US s* Kinderarzt *m*/-ärztin *f*

paediatrics [ˌpiːdɪˈætrɪks] *s*, **pediatrics** *US s* ⟨+sg v⟩ Kinderheilkunde *f*

paedophile [ˈpiːdəfaɪl] *s*, **pedophile** *US s* Pädophile(r) *m/f(m)*

pagan [ˈpeɪgən] **A** *adj* heidnisch **B** *s* Heide *m*, Heidin *f*

paganism [ˈpeɪgənɪzəm] *s* Heidentum *n*

page¹ [peɪdʒ] **A** *s* (a. **pageboy**) Page *m* **B** *v/t* **to ~ sb** j-n ausrufen lassen; **paging Mr Cousin** Herr Cousin, bitte!

page² *s* Seite *f*; **on ~ 14** auf Seite 14; **what ~ are we on?** auf welcher Seite sind wir?; **write on both sides of the ~** beschreiben Sie beide Seiten; **to be on the same ~** *US* auf der gleichen Wellenlänge liegen; **to turn the ~ on the past** die Vergangenheit hinter sich lassen

pageant [ˈpædʒənt] *s* Historienspiel *n*; (≈ *Prozession*) Festzug *m*

pageantry [ˈpædʒəntrɪ] *s* Prunk *m*

pageboy *s* **1** Page *m*; *Br Junge, der bei der Hochzeitszeremonie assistiert* **2** *Frisur* Pagenkopf *m*, Pagenschnitt *m*

page break *s* IT Seitenwechsel *m*

page number *s* Seitenzahl *f*

page preview *s* IT Seitenvorschau *f*, Seitenansicht *f*

page printer *s* COMPUT Seitendrucker *m*

pager [ˈpeɪdʒəʳ] *s* TEL Funkempfänger *m*

paginate [ˈpædʒɪneɪt] *v/t* paginieren

pagination [ˌpædʒɪˈneɪʃən] *s* Paginierung *f*

pagoda [pəˈgəʊdə] *s* Pagode *f*

paid [peɪd] **1** *prät & pperf* → **pay B** *adj* **1** *Arbeit* bezahlt **2** *bes Br* **to put ~ to sth** etw zunichtemachen; **that's put ~ to my weekend** damit ist mein Wochenende geplatzt **C** *s* **the low/well ~** die Gering-/Gutverdienenden *pl*

paid-up [ˌpeɪdˈʌp] *adj* **fully ~ member** Mitglied *n* ohne Beitragsrückstände

pail [peɪl] *s* Eimer *m*

pain [peɪn] **A** *s* **1** Schmerz *m*, Schmerzen *pl*; **to be in ~** Schmerzen haben; **to cry** *od* **scream in ~** vor Schmerzen schreien; **chest ~s** Brustschmerzen *pl*; **my ankle is causing me a lot of ~** mein Knöchel tut mir sehr weh; **I felt a ~ in my leg** ich hatte Schmerzen im Bein **2** **~s** *pl* Mühe *f*; **to be at (great) ~s to do sth** sich (*dat*) (große) Mühe geben, etw zu tun; **to take ~s to do sth** sich (*dat*) Mühe geben, etw zu tun; **she takes great ~s with her appearance** sie verwendet sehr viel Sorgfalt auf ihr Äußeres **3 on** *od* **under ~ of death** bei Todesstrafe **4** *umg a.* **~ in the neck** *od* **arse** *Br sl od* **butt** *US sl* Nervensäge *f umg*; **to be a (real) ~** einem auf den Wecker gehen *umg* **B** *v/t* schmerzen; **it ~s me to see their ignorance** ihre Unwissenheit tut schon weh

pained [peɪnd] *adj Miene* schmerzerfüllt

painful [ˈpeɪnfʊl] *adj* schmerzhaft, schmerzlich; **is it ~?** tut es weh?

painfully [ˈpeɪnfəlɪ] *adv* **1** schmerzhaft; *gehen* unter Schmerzen **2** (≈ *sehr*) schrecklich; *dünn* furchtbar; **it was ~ obvious** es war nicht zu übersehen

painkiller [ˈpeɪnkɪləʳ] *s* Schmerzmittel *n*

painless *adj* schmerzlos; **don't worry, it's quite ~** *umg* keine Angst, es tut gar nicht weh

painstaking *adj*, **painstakingly** [ˈpeɪnzˌteɪkɪŋ, -lɪ] *adv* sorgfältig

paint [peɪnt] **A** *s* **1** Farbe *f*; *von Auto* Lack *m* **2** **~s** *pl* Farben *pl*; **box of ~s** Farbkasten *m* **B** *v/t* **1** *Wand* streichen; *Auto* lackieren; **to ~ one's face** sich anmalen *umg*; **to ~ the town red** *umg* die Stadt unsicher machen *umg* **2** *Bild* malen; **he ~ed a very convincing picture of life on the moon** er zeichnete ein sehr überzeugendes Bild vom Leben auf dem Mond **C** *v/i* malen, (an)streichen

paintbox *s* Farbkasten *m*

paintbrush *s* Pinsel *m*

painter [ˈpeɪntəʳ] *s* KUNST Maler(in) *m(f)*; (≈ *Handwerker*) Anstreicher(in) *m(f)*

painting [ˈpeɪntɪŋ] *s* **1** Gemälde *n*, Bild *n* **2** ⟨*kein pl*⟩ KUNST Malerei *f*

paint pot *s* Farbtopf *m*

paint stripper *s* Abbeizmittel *n*

paintwork *s von Auto* Lack *m*; *von Wand* Anstrich *m*

pair [peəʳ] **A** *s* Paar *n*; **these socks are a ~** diese beiden Socken gehören zusammen; **a ~ of shoes** ein Paar Schuhe; **a ~ of scissors** eine Schere; **a new ~** (≈ *Hose*) eine neue; (≈ *Schuhe*) ein Paar neue; **I've only got one ~ of hands** ich habe auch nur zwei Hände; **to be** *od* **have a safe ~ of hands** zuverlässig sein; **in ~s** paarweise; *jagen, ausgehen* zu zweit **B** *v/t* **I was ~ed with Bob for the next round** in der nächsten Runde musste ich mit Bob ein Paar bilden

phrasal verbs mit pair:

pair off A *v/t* ⟨*trennb*⟩ in Zweiergruppen einteilen **B** *v/i* Paare bilden (**with** mit)

pajamas [pəˈdʒɑːməz] *US pl* → **pyjamas**

pak-choi [pækˈtʃɔɪ] *Br s* Pak Choi *m*, chinesischer Blätterkohl

Paki [ˈpækɪ] *pej umg* **A** *s* Pakistani *m/f* **B** *adj* pakistanisch

Pakistan [ˌpɑːkɪsˈtɑːn] *s* Pakistan *n*

Pakistani [ˌpɑːkɪsˈtɑːnɪ] **A** *adj* pakistanisch **B** *s* Pakistani *m/f*

pal [pæl] *umg s* Kumpel *m umg*, Spezi *m österr*
palace [ˈpælɪs] *s* Palast *m*; **royal ~** (Königs)schloss *n*
palatable [ˈpælətəbl] *adj* **1** genießbar **2** *fig* attraktiv
palatal [ˈpælətl] *s* LING Gaumenlaut *m*
palate [ˈpælɪt] *wörtl s* Gaumen *m*
palatial [pəˈleɪʃəl] *adj* palastartig
palaver [pəˈlɑːvəʳ] *umg s* Theater *n umg*
pale [peɪl] **A** *adj* ‹komp paler› blass, bleich; *Licht, Mond* fahl; **~ green** zartgrün; **~ reflection/imitation** schlechte Nachahmung, schwacher Abklatsch *umg*; **the film is only a ~ reflection/imitation of the original** der Film bleibt weit hinter dem Original zurück **B** *v/i* erbleichen; **to ~ (into insignificance) alongside sth** neben etw (*dat*) bedeutungslos sein
paleness [ˈpeɪlnɪs] *s* Blässe *f*
Palestine [ˈpælɪstaɪn] *s* Palästina *n*
Palestinian [ˌpæləˈstɪnɪən] **A** *adj* palästinensisch **B** *s* Palästinenser(in) *m(f)*
palette [ˈpælɪt] *s* Palette *f*
palette knife *s* Palettenmesser *n*
palisade [ˌpælɪˈseɪd] *s* Palisade *f*
pallbearer [ˈpɔːl.bɛərəʳ] *s* Sargträger(in) *m(f)*
pallet [ˈpælɪt] *s* Palette *f*
pallid [ˈpælɪd] *adj* blass, bleich
pallor [ˈpæləʳ] *s* Blässe *f*
pally [ˈpælɪ] *Br umg adj* ‹komp pallier› **they're very ~** sie sind dicke Freunde *umg*; **to be ~ with sb** mit j-m gut Freund sein; **to get ~ with sb** sich mit j-m anfreunden
palm¹ [pɑːm] *s* BOT Palme *f*
palm² *s* ANAT Handteller *m*; **he had the audience in the ~ of his hand** er hielt das Publikum ganz in seinem Bann; **to read sb's ~** j-m aus der Hand lesen
phrasal verbs mit palm:
palm off *umg v/t* ‹trennb› Waren andrehen (**onto sb** j-m) *umg*; j-n abspeisen *umg*; **they palmed him off on me** sie haben ihn mir aufgehalst *umg*
palmcorder [ˈpɑːm.kɔːdəʳ] *s* Palmcorder *m*
palmistry [ˈpɑːmɪstrɪ] *s* Handlesekunst *f*
palm leaf *s* Palmwedel *m*
palm oil *s* Palmöl *n*
Palm Sunday *s* Palmsonntag *m*
palmtop *s* COMPUT Palmtop *m*
palm tree *s* Palme *f*
palpable [ˈpælpəbl] *adj* vollkommen
palpably [ˈpælpəblɪ] *adv* eindeutig
palpitate [ˈpælpɪteɪt] *v/i Herz* heftig klopfen
palpitation [ˌpælpɪˈteɪʃən] *s* Herzklopfen *n*; **to have ~s** Herzklopfen haben
palsy [ˈpɔːlzɪ] *s* Lähmung *f*
paltry [ˈpɔːltrɪ] *adj* armselig; **he gave some ~ excuse** er brachte irgendeine armselige Entschuldigung hervor
pamper [ˈpæmpəʳ] *v/t* verwöhnen
pamphlet [ˈpæmflɪt] *s* Broschüre *f*, Flugblatt *n*
pan [pæn] *s* GASTR Pfanne *f*, Topf *m*
phrasal verbs mit pan:
pan out *umg v/i* sich entwickeln; **it didn't pan out** es hat nicht geklappt *umg*
panacea [ˌpænəˈsɪə] *s* Allheilmittel *n*
panache [pəˈnæʃ] *s* Schwung *m*
Panama [ˌpænəˈmɑː] *s* **~ Canal** Panamakanal *m*
panama hat *s* Panamahut *m*
Pan-American [ˈpænəˈmerɪkən] *adj* panamerikanisch
pancake [ˈpænkeɪk] *s* Pfannkuchen *m*; *gefüllt a.* Palatschinke *f österr*
pancreas [ˈpæŋkrɪəs] *s* Bauchspeicheldrüse *f*
pancreatic [ˌpæŋkrɪˈætɪk] *adj* der Bauchspeicheldrüse; **~ cancer** Bauchspeicheldrüsenkrebs *m*
panda [ˈpændə] *s* Panda *m*
panda car *Br s* (Funk)streifenwagen *m*
pandemonium [ˌpændɪˈməʊnɪəm] *s* Chaos *n*
pander [ˈpændəʳ] *v/i* nachgeben (**to** +*dat*); **to ~ to sb's whims** j-s Launen (*akk*) befriedigen wollen
p and p *abk* (= postage and packing) Porto und Verpackung
pane [peɪn] *s* Glasscheibe *f*
panel [ˈpænl] *s* **1** *Holz* Tafel *f*; *in Tür* Feld *n* **2** Schalttafel *f*; **instrument ~** Armaturenbrett *n*, Kontrolltafel *f* **3** Gremium *n*, Diskussionsrunde *f*; *bei Quiz* Rateteam *n*; **a ~ of judges** eine Jury
panel discussion *s* Podiumsdiskussion *f*
panel game *s* Ratespiel *n*
panelled *adj*, **paneled** *US adj* paneeliert
panelling [ˈpænəlɪŋ] *s*, **paneling** *US s* Täfelung *f*
panellist *s*, **panelist** *US s* Diskussionsteilnehmer(in) *m(f)*
pang [pæŋ] *s* **a ~ of conscience** Gewissensbisse *pl*; **a ~ of jealousy** ein Eifersuchtsanfall *m*; **~s of hunger** quälender Hunger
panic [ˈpænɪk] ‹*v: prät, pperf* panicked› **A** *v/i* in Panik geraten; **don't ~** nur keine Panik! **B** *v/t* Panik auslösen unter (+*dat*) **C** *s* Panik *f*; **in a (blind) ~** in (heller) Panik; **to flee in ~** panikartig die Flucht ergreifen; **the country was thrown into a (state of) ~** das Land wurde von Panik erfasst
panic attack *s* PSYCH Panikanfall *m*; **to have a ~** einen Panikanfall bekommen
panic buying *s* WIRTSCH Panikkäufe *pl*
panicky [ˈpænɪkɪ] *adj* überängstlich; **to feel ~**

panische Angst haben
panicmongering ['pænɪk,mʌŋgərɪŋ] s Panikmache f umg
panic selling s WIRTSCH Panikverkäufe pl
panic-stricken ['pænɪk,strɪkən] adj von panischem Schrecken ergriffen; Blick panisch
pannier ['pænɪəʳ] s an Motorrad etc Satteltasche f
panorama [,pænə'rɑːmə] s Panorama n (of +gen)
panoramic [,pænə'ræmɪk] adj Panorama-
panoramic view s Panoramablick m; **a ~ of the hills** ein Blick m auf das Bergpanorama
pansy ['pænzɪ] s **1** BOT Stiefmütterchen n **2** Br pej (= Homosexueller) Schwuchtel f pej umg
pant [pænt] v/i keuchen; Hund hecheln; **to ~ for breath** nach Luft schnappen umg
panther ['pænθəʳ] s Panther m
panties ['pæntɪz] pl Höschen n; **a pair of ~** ein Höschen n
pantomime ['pæntəmaɪm] s **1** in GB ≈ Weihnachtsmärchen n **2** Pantomime f
pantry ['pæntrɪ] s Speisekammer f
pants [pænts] **A** pl bes US Hose f; Br Unterhose f; **a pair of ~** eine Hose/Unterhose; **to charm the ~ off sb** umg j-m um den Bart gehen **B** Br umg adj **to be ~** beknackt od beschissen sein umg
pantsuit ['pæntsuːt] US s Hosenanzug m
pantyhose ['pæntɪ-] US s Strumpfhose f
panty-liner s Slipeinlage f
papal ['peɪpəl] adj päpstlich
papaya [pə'paɪə] s Papayabaum f; (≈ Frucht) Papaya f
paper ['peɪpəʳ] **A** s **1** Papier n; **to get** od **put sth down on ~** etw schriftlich festhalten **2** Zeitung f; **in the ~s** in der Zeitung **3** ~s pl Papiere pl, Dokumente pl **4** (≈ Examen) UNIV Klausur f; SCHULE Arbeit f **5** Referat n **B** v/t Zimmer tapezieren
paperback s Taschenbuch n
paper bag s Papiertüte f
paper bank s Altpapiercontainer m
paperboy s Zeitungsjunge m
paper chain s Girlande f
paperclip s Büroklammer f
paper cup s Pappbecher m
paper feed s IT Papiervorschub m
paper girl s Zeitungsmädchen n
paper jam s Papierstau m
paper knife ['peɪpə,naɪvz] s ⟨pl paper knives⟩ Brieföffner m
paper money s Papiergeld n
paper plate s Pappteller m
paper round Br s **to do a ~** Zeitungen austragen
paper route US s → paper round
paper shop Br s Zeitungsladen m
paper-thin adj hauchdünn
paper tissue s Papiertuch n
paper tray s COMPUT Papierschacht m
paperweight s Briefbeschwerer m
paperwork s **1** Schreibarbeit f **2** umg Papierkram m
papier mâché ['pæpɪeɪ'mæʃeɪ] **A** s Pappmaschee n **B** adj aus Pappmaschee
paprika ['pæprɪkə] s Paprika m
par [pɑːʳ] s **1** **to be on a par with sb/sth** sich mit j-m/etw messen können **2** **below par** fig unter Niveau; **I'm feeling below par** fig ich fühle mich nicht auf der Höhe **3** Golf Par n; **par three** Par 3; **that's par for the course for him** fig umg das kann man von ihm erwarten
parable ['pærəbl] s Parabel f
paracetamol [,pærə'siːtəmɒl] s Schmerztablette f
parachute ['pærəʃuːt] **A** s Fallschirm m **B** v/i (a. **parachute down**) (mit dem Fallschirm) abspringen
parachute drop s (Fallschirm)abwurf m
parachute jump s Absprung m (mit dem Fallschirm)
parachuting ['pærəʃuːtɪŋ] s Fallschirmspringen n
parachutist ['pærəʃuːtɪst] s Fallschirmspringer(in) m(f)
parade [pə'reɪd] **A** s Umzug m; von Zirkus, a. MIL Parade f; **to be on ~** MIL eine Parade abhalten **B** v/t **1** Truppen aufmarschieren lassen; Plakate vor sich her tragen **2** zur Schau stellen **C** v/i MIL aufmarschieren; **to ~ through the town** durch die Stadt ziehen; **to ~ up and down** auf und ab stolzieren
paradise ['pærədaɪs] s Paradies n; **a shopper's ~** ein Einkaufsparadies n; **an architect's ~** ein Paradies n für Architekten
paradox ['pærədɒks] s Paradox n
paradoxical [,pærə'dɒksɪkəl] adj paradox
paradoxically [,pærə'dɒksɪkəlɪ] adv paradoxerweise
paraffin ['pærəfɪn] s Paraffin n
paragliding ['pærəglaɪdɪŋ] s Gleitschirmfliegen n
paragraph ['pærəgrɑːf] s Abschnitt m, Absatz m
Paraguay ['pærəgwaɪ] s Paraguay n
paralegal ['pærə,liːgəl] bes US s Rechtsassistent(in) m(f)
parallel ['pærəlel] **A** adj parallel; Entwicklung parallel verlaufend; **~ to** od **with** parallel zu od mit; **~ lines** pl Parallelen pl; **~ interface** IT Parallelschnittstelle f; **the two systems developed along ~ lines** die Entwicklung der bei-

den Systeme verlief vergleichbar **B** *adv* **to run ~ parallel** verlaufen (**to sth** zu etw) **C** *s fig* Parallele *f*; **without ~** ohne Parallele; **to draw a ~ between X and Y** eine Parallele zwischen X und Y ziehen **D** *v/t fig* gleichen (+*dat*); **a case ~led only by …** ein Fall, zu dem es nur eine einzige Parallele gibt, nämlich …

parallelism [ˈpærəˌlɪz(ə)m] *s* Parallelismus *m* (*Beibehaltung einer bestimmten Satzstruktur in mehreren aufeinanderfolgenden Sätzen*)

Paralympics [ˌpærəˈlɪmpɪks] *pl* SPORT Paralympics *pl*

paralyse *Br v/t* → paralyze

paralysis [pəˈrælɪsɪs] *s* ⟨*pl* **paralyses** [pəˈrælɪsiːz]⟩ Lähmung *f*

paralytic [ˌpærəˈlɪtɪk] *adj Br umg* (≈ *betrunken*) voll dicht *sl*

paralyze [ˈpærəlaɪz] *v/t* **1** *wörtl* lähmen **2** *fig* lahmlegen

paralyzed *adj* **1** *wörtl* gelähmt; **he was left ~** er behielt Lähmungen zurück; **~ from the waist down** von der Hüfte abwärts gelähmt **2** *fig* **to be ~ with fear** vor Angst (wie) gelähmt sein

paralyzing [ˈpærəlaɪzɪŋ] *fig adj* lähmend

paramedic [ˌpærəˈmedɪk] *s* Sanitäter(in) *m(f)*

parameters [pəˈræmətəz] *pl* Rahmen *m*

paramilitary [ˌpærəˈmɪlɪtərɪ] *adj* paramilitärisch

paramount [ˈpærəmaʊnt] *adj* Haupt-; **to be ~** Priorität haben; **of ~ importance** von höchster Wichtigkeit

paranoia [ˌpærəˈnɔɪə] *s* Paranoia *f*; *umg* Verfolgungswahn *m*

paranoid [ˈpærənɔɪd] *adj* paranoid; **or am I just being ~?** oder bilde ich mir das nur ein?; **to be ~ about sth** von etw Wahnvorstellungen haben

paranormal [ˌpærəˈnɔːməl] **A** *adj* paranormal **B** *s* **the ~** das Paranormale

parapet [ˈpærəpɪt] *s* Brüstung *f*; **to put one's head above the ~** *fig* sich in die Schusslinie begeben

paraphernalia [ˌpærəfəˈneɪlɪə] *pl* Drum und Dran *n*

paraphrase [ˈpærəfreɪz] *v/t* umschreiben

paraplegic [ˌpærəˈpliːdʒɪk] *s* Querschnittsgelähmte(r) *m/f(m)*; Paraplegiker(in) *m(f) fachspr*

parapsychology [ˌpærəsaɪˈkɒlədʒɪ] *s* Parapsychologie *f*

parasite [ˈpærəsaɪt] *s wörtl* Parasit *m*; *fig* Schmarotzer(in) *m(f)*

parasitic [ˌpærəˈsɪtɪk] *adj* parasitär; *fig* schmarotzerhaft

parasol [ˈpærəsɒl] *s* Sonnenschirm *m*

paratrooper [ˈpærətruːpəʳ] *s* Fallschirmjäger(in) *m(f)*

paratroops [ˈpærətruːps] *pl* Fallschirmjäger *pl*

parboil [ˈpɑːbɔɪl] *v/t* vorkochen

parcel [ˈpɑːsl] *bes Br s* Paket *n*

[phrasal verbs mit parcel:]

parcel up *v/t* ⟨*trennb*⟩ als Paket verpacken

parcel bomb *Br s* Paketbombe *f*

parched [pɑːtʃt] *adj* ausgetrocknet; **I'm ~** ich habe furchtbaren Durst

parchment [ˈpɑːtʃmənt] *s* Pergament *n*

pardon [ˈpɑːdn] **A** *s* **1** JUR Begnadigung *f*; **to grant sb a ~** j-n begnadigen **2** **to beg sb's ~** j-n um Verzeihung bitten; **~?** *Br*, **I beg your ~?** *Br* **I beg your ~** *Br* (wie) bitte?; **I beg your ~** *Br* Entschuldigung; *überrascht* erlauben Sie mal! **B** *v/t* **1** JUR begnadigen **2** verzeihen; **to ~ sb for sth** j-m etw verzeihen; **~ me, but could you …?** entschuldigen Sie bitte, könnten Sie …?; **~ me!** Entschuldigung!; **~ me?** *US* (wie) bitte?

[phrasal verbs mit pardon:]

pare down *fig v/t* ⟨*trennb*⟩ *Ausgaben* einschränken

parent [ˈpɛərənt] *s* Elternteil *m*; **~s** Eltern *pl*

parentage [ˈpɛərəntɪdʒ] *s* Herkunft *f*; **children of racially mixed ~** gemischtrassige Kinder *pl*

parental [pəˈrentl] *adj* elterlich *attr*, Eltern-

parental leave *s* Erziehungsurlaub *m*

parent company *s* Muttergesellschaft *f*

parenthesis [pəˈrenθɪsɪs] *s* ⟨*pl* **parentheses** [pəˈrenθɪsiːz]⟩ Klammer *f*; **in ~** in Klammern

parenthood [ˈpɛərənthʊd] *s* Elternschaft *f*

parents-in-law *pl* Schwiegereltern *pl*

parent-teacher association *s* SCHULE ≈ Elternbeirat *m*, ≈ Elternvertretung *f*

Paris [ˈpærɪs] *s* Paris *n*

parish [ˈpærɪʃ] *s* Gemeinde *f*

parish church *s* Pfarrkirche *f*

parish council *s* Gemeinderat *m*

parishioner [pəˈrɪʃənəʳ] *s* Gemeinde(mit)glied *n*

parish priest *s* Pfarrer *m*

parity [ˈpærɪtɪ] *s* **1** Gleichstellung *f* **2** Naturwissenschaft, *a*. FIN, IT Parität *f*

park [pɑːk] **A** *s* Park *m*; **national ~** Nationalpark *m*; **Park Road** Parkstraße *f* **B** *v/t* **1** *Auto* parken; *schweiz* parkieren; *Fahrrad* abstellen; **a ~ed car** ein parkendes Auto **2** *umg* abstellen; **he ~ed himself right in front of the fire** er pflanzte sich direkt vor den Kamin *umg* **C** *v/i* parken; **there was nowhere to ~** es gab nirgendwo einen Parkplatz; **to find a place to ~** einen Parkplatz finden

parka [ˈpɑːkə] *s* Parka *m/f*

park-and-ride *s* Park-and-Ride-System *n*

park bench *s* Parkbank *f*

parking [ˈpɑːkɪŋ] *s* Parken *n*; **there's no ~ on this street** in dieser Straße ist Parken verboten *od* ist Parkverbot; **"no ~"** „Parken verboten";

"parking for 50 cars" „50 (Park)plätze"
parking attendant s Parkplatzwächter(in) m(f)
parking bay s Parkbucht f
parking brake s US Handbremse f
parking disc Br s Parkscheibe f
parking fee s Parkgebühr f
parking fine s Geldbuße f (für Parkvergehen)
parking garage US s Parkhaus n
parking lights pl US Standlicht n
parking lot US s Parkplatz m
parking meter s Parkuhr f
parking offence s, **parking offense** US s Parkvergehen n, Falschparken n
parking place s Parkplatz m
parking sensor s Parkhilfe f, Einparkhilfe f
parking space s Parkplatz m
parking ticket s Strafzettel m
Parkinson's (disease) ['pɑːkɪnsənz(dɪ'ziːz)] s parkinsonsche Krankheit
park keeper s Parkwächter(in) m(f)
parkland s Grünland n
park ranger, **park warden** s Aufseher(in) m(f) in einem Nationalpark
parkway US s Allee f
parliament ['pɑːləmənt] s Parlament n; **the German ~** der Bundestag; **the Swiss ~** die Bundesversammlung; **the Austrian ~** der Nationalrat
parliamentary [,pɑːlə'mentərɪ] adj parlamentarisch; **~ seat** Parlamentssitz m
parliamentary candidate s Parlamentskandidat(in) m(f)
parliamentary election s Parlamentswahlen pl
parlour ['pɑːlər] s, **parlor** US s Salon m; **ice-cream ~** Eisdiele f
parlour game s, **parlor game** US s Gesellschaftsspiel n
parochial [pə'rəʊkjəl] adj Pfarr-, Gemeinde-; fig engstirnig, beschränkt
parody ['pærədɪ] **A** s **1** Parodie f (**of** auf +akk) (spöttische Nachahmung eines Werkes, die z. B. den Stil des Autors oder einer Gattung durch Übertreibung lächerlich macht) **2** Abklatsch m **B** v/t parodieren
parole [pə'rəʊl] **A** s JUR Bewährung f; zeitweise Strafunterbrechung f; **to let sb out on ~** j-n auf Bewährung entlassen; zeitweise j-m Strafunterbrechung gewähren; **to be on ~** unter Bewährung stehen; zeitweise auf Kurzurlaub sein **B** v/t auf Bewährung entlassen; zeitweise Strafunterbrechung gewähren (+dat)
parquet ['pɑːkeɪ] s Parkett n; **~ floor** Parkett(fuß)boden m
parrot ['pærət] s Papagei m; **he felt as sick as a ~** Br umg ihm war kotzübel umg

parrot-fashion ['pærətfæʃən] adv **to repeat sth ~** etw wie ein Papagei nachplappern; **to learn sth ~** etw stur auswendig lernen
parry ['pærɪ] fig v/t & v/i parieren; Boxen abwehren
parsley ['pɑːslɪ] s Petersilie f
parsnip ['pɑːsnɪp] s Pastinake f
parson ['pɑːsn] s Pfarrer m
parsonage ['pɑːsənɪdʒ] s Pfarrhaus n
part [pɑːt] **A** s **1** Teil m; **the best ~** das Beste; **in ~** teilweise; **a ~ of the country/city I don't know** eine Gegend, die ich nicht kenne; **for the most ~** zum größten Teil; **in the latter ~ of the year** gegen Ende des Jahres; **it's all ~ of growing up** das gehört alles zum Erwachsenwerden dazu; **it is ~ and parcel of the job** das gehört zu der Arbeit dazu; **spare ~** Ersatzteil n **2** GRAM **~ of speech** Wortart f **3** Folge f, Fortsetzung f; **end of ~ one** TV Ende des ersten Teils **4** (An)teil m; THEAT Rolle f; **to play one's ~** fig seinen Beitrag leisten; **to take ~ in sth** an etw (dat) teilnehmen; **who is taking ~?** wer macht mit?; **he's taking ~ in the play** er spielt in dem Stück mit; **he looks the ~** fig so sieht (d)er auch aus; **to play a ~** eine Rolle spielen; **to play no ~ in sth** nicht an etw (dat) beteiligt sein; **we want no ~ of it** wir wollen damit nichts zu tun haben **5** ~s pl Gegend f; **from all ~s** von überall her; **in** od **around these ~s** in dieser Gegend; **in foreign ~s** in fremden Ländern; **he's not from these ~s** er ist nicht aus dieser Gegend **6** Seite f; **to take sb's ~** für j-n Partei ergreifen; **for my ~** was mich betrifft; **on my ~** meinerseits; **on the ~ of** seitens (+gen) **7** US von Haar Scheitel m **B** adv teils, teilweise; **~ one and ~ the other** teils, teils; **~ iron and ~ copper** teils aus Eisen und teils aus Kupfer **C** v/t **1** Haare scheiteln **2** trennen; **to ~ sb from sb/sth** j-n von j-m/etw trennen; **till death us do ~** bis dass der Tod uns scheidet; **to ~ company with sb/sth** sich von j-m/etw trennen **D** v/i **1** sich teilen; Vorhänge sich öffnen; **her lips ~ed in a smile** ihre Lippen öffneten sich zu einem Lächeln **2** Menschen sich trennen; Objekte sich lösen; **to ~ from sb** sich von j-m trennen; **we ~ed friends** wir gingen als Freunde auseinander; **to ~ with sth** sich von etw trennen; **to ~ with money** Geld ausgeben
parterre ['pɑːtɛər] US s Parterre n
part exchange s **to offer sth in ~** etw in Zahlung geben
partial ['pɑːʃəl] adj **1** teilweise; **a ~ success** ein Teilerfolg m; **to make a ~ recovery** eine teilweise Erholung durchmachen **2** **to be ~ to sth** eine Vorliebe für etw haben

partially ['pɑːʃəlɪ] *adv* teilweise; **~ deaf** eingeschränkt hörfähig
partially sighted *adj* sehbehindert
participant [pɑːˈtɪsɪpənt] *s* Teilnehmer(in) *m(f)* (**in** an +*dat*)
participate [pɑːˈtɪsɪpeɪt] *v/i* sich beteiligen, teilnehmen (**in** an +*dat*); **to ~ in sport** SCHULE am Schulsport teilnehmen
participation [pɑːˌtɪsɪˈpeɪʃən] *s* Beteiligung *f*, Teilnahme *f*
participle ['pɑːtɪsɪpl] *s* Partizip *n*
particle ['pɑːtɪkl] *s von Sand* Körnchen *n*; PHYS Teilchen *n*
particular [pəˈtɪkjʊləʳ] **A** *adj* **1** **this ~ house** dies (eine) Haus; **in this ~ instance** in diesem besonderen Fall; **one ~ city** eine bestimmte Stadt **2** besondere(r, s); **in ~** insbesondere; **the wine in ~ was excellent** vor allem der Wein war hervorragend; **nothing in ~** nichts Besonderes; **is there anything in ~ you'd like?** haben Sie einen besonderen Wunsch?; **did you want to speak to anyone in ~?** wollten Sie mit jemand(em) Bestimmtem sprechen?; **for no ~ reason** aus keinem besonderen Grund; **at a ~ time** zu einer bestimmten Zeit; **at that ~ time** zu (genau) diesem Zeitpunkt; **to be of ~ concern to sb** j-m ein besonderes Anliegen sein **3** eigen, wählerisch; **he is very ~ about cleanliness** er nimmt es mit der Sauberkeit sehr genau; **he's ~ about his car** er ist sehr eigen mit seinem Auto *umg* **B** *s* **particulars** *pl* Einzelheiten *pl*; (≈ *Name etc*) Personalien *pl*; **for further ~s apply to ...** weitere Auskünfte erteilt ...
particularly [pəˈtɪkjʊlǝlɪ] *adv* besonders; **do you want it ~ for tomorrow?** brauchen Sie es unbedingt morgen?; **not ~** nicht besonders; **it's important, ~ since ...** es ist wichtig, zumal ...
parting ['pɑːtɪŋ] **A** *s* **1** Abschied *m* **2** *Br von Haar* Scheitel *m* **B** *adj* abschließend; **his ~ words** seine Abschiedsworte *pl*
partisan [ˌpɑːtɪˈzæn] *s* MIL Partisan(in) *m(f)*
partition [pɑːˈtɪʃən] **A** *s* **1** Teilung *f* **2** Trennwand *f* **B** *v/t Land* teilen; *Zimmer* aufteilen
phrasal verbs mit partition:
partition off *v/t* abtrennen
part load *s* HANDEL Teilladung *f*
partly ['pɑːtlɪ] *adv* teilweise
partner ['pɑːtnəʳ] *s* Partner(in) *m(f)*; Lebensgefährte *m*, Lebensgefährtin *f*
partnership ['pɑːtnəʃɪp] *s* **1** Partnerschaft *f*; **to do sth in ~ with sb** etw mit j-m gemeinsam machen **2** HANDEL Personengesellschaft *f*; **to enter into a ~** in eine Gesellschaft eintreten; **to go into ~ with sb** mit j-m eine Personengesellschaft gründen
part owner *s* Mitbesitzer(in) *m(f)*
part payment *s* Teilzahlung *f*
partridge ['pɑːtrɪdʒ] *s* Rebhuhn *n*
part-time **A** *adj* **~ job** Teilzeitarbeit *f*; **I'm just ~** ich arbeite nur Teilzeit; **on a ~ basis** auf Teilzeitbasis **B** *adv* **can I do the job ~?** kann ich (auf) Teilzeit arbeiten?; **she only teaches ~** sie unterrichtet nur stundenweise; **she is studying ~** sie ist Teilzeitstudentin
part-timer *s* Teilzeitbeschäftigte(r) *m/f(m)*
part-time work *s* Teilzeitarbeit *f*
part-time worker *s* Teilzeitarbeitnehmer(in) *m(f)*, Teilzeitkraft *f*
party ['pɑːtɪ] **A** *s* **1** POL, JUR, *a. fig* Partei *f*; **to be a member of the ~** Parteimitglied sein; **a third ~** ein Dritter *m* **2** Gruppe *f*; **a ~ of tourists** eine Reisegesellschaft *f* **3** Party *f*; *offiziell* Gesellschaft *f*; **to have** *od* **throw a ~** eine Party geben; **at the ~** auf der Party; *offiziell* bei der Gesellschaft **B** *v/i umg* feiern
party dress *s* Partykleid *n*
partygoer *s* Partygänger(in) *m(f)*
party leader *s* POL Parteivorsitzende(r) *m/f(m)*
party member *s* POL Parteimitglied *n*
party political broadcast *s* parteipolitische Sendung
party politics *s* ⟨*sg or pl*⟩ POL Parteipolitik *f*
party pooper *umg s* Partymuffel *m umg*
pass [pɑːs] **A** *s* **1** Ausweis *m*; MIL *etc* Passierschein *m* **2** GEOG, SPORT Pass *m* **3** **things had come to such a ~ that ...** die Lage hatte sich so zugespitzt, dass ... **4** **to make a ~ at sb** bei j-m Annäherungsversuche machen **B** *v/t* **1** vorbeigehen an (+*dat*); **he ~ed me without even saying hello** er ging ohne zu grüßen an mir vorbei **2** überholen **3** *Grenze etc* passieren **4** reichen; **to ~ sth around** etw herumreichen; **~ (me) the salt, please** reich mir doch bitte das Salz!; **the characteristics which he ~ed to his son** die Eigenschaften, die er an seinen Sohn weitergab **5** *Prüfung* bestehen; *Prüfling* bestehen lassen **6** *Antrag* annehmen; PARL verabschieden **7** SPORT **to ~ the ball to sb** j-m den Ball zuspielen **8** **~ the thread through the hole** führen Sie den Faden durch die Öffnung **9** *Zeit* verbringen; **he did it to ~ the time** er tat das, um sich (*dat*) die Zeit zu vertreiben **10** JUR *Strafe* verhängen; *Urteil* fällen; **to ~ comment (on sth)** einen Kommentar (zu etw) abgeben **11** *Blut* ausscheiden; **to ~ water** Wasser lassen **C** *v/i* **1** vorbeigehen/-fahren; **the street was too narrow for the cars to ~** die Straße war so eng, dass die Wagen nicht aneinander vorbeikamen; **we ~ed in the corridor** wir gingen im Korridor aneinander vor-

bei **2** überholen **3** **what has ~ed between us** was sich zwischen uns zugetragen hat; **if you ~ by the grocer's ...** wenn du beim Lebensmittelgeschäft vorbeikommst ...; **the procession ~ed down the street** die Prozession zog die Straße entlang; **the virus ~es easily from one person to another** der Virus ist leicht von einer Person auf die andere übertragbar; **the land has now ~ed into private hands** das Land ist jetzt in Privatbesitz übergegangen; **to ~ out of sight** außer Sichtweite geraten; **the thread ~es through this hole** der Faden geht durch diese Öffnung **4** a. **~ by** Zeit vergehen; Termin verfallen **5** Wut, Zeitalter vorübergehen; Sturm vorüberziehen; Regen vorbeigehen; **to let an opportunity ~** eine Gelegenheit verstreichen lassen **6** (≈ akzeptabel sein) gehen; **to let sth ~** etw durchgehen lassen; **let it ~!** vergiss es! **7** angesehen werden **(for** od **as sth** als etw); **this little room has to ~ for an office** dieses kleine Zimmer dient als Büro; **she could ~ for 25** sie könnte für 25 durchgehen **8** bei Prüfung bestehen **9** SPORT abspielen; **to ~ to sb** j-m zuspielen **10** KART passen; **(I) ~!** passe!

phrasal verbs mit pass:

pass away euph v/i entschlafen
pass by **A** v/i vorbeigehen; Auto vorbeifahren; Zeit vergehen **B** v/t ⟨trennb⟩ übergehen; **life has passed her by** das Leben ist an ihr vorübergegangen
pass down v/t ⟨trennb⟩ Traditionen überliefern **(to** +dat); Eigenschaften weitergeben **(to an** +akk)
pass off **A** v/i **1** ablaufen **2** durchgehen (**as** als) **B** v/t ⟨trennb⟩ **to pass sb/sth as sth** j-n/etw als etw ausgeben
pass on **A** v/i **1** euph entschlafen **2** übergehen (**to** zu) **B** v/t ⟨trennb⟩ Nachricht, Kosten etc weitergeben; Krankheit übertragen; **pass it on!** weitersagen!; **take a leaflet and pass them on** nehmen Sie ein Blatt und geben Sie die anderen weiter
pass out v/i in Ohnmacht fallen
pass over v/t ⟨trennb⟩ übergehen
pass round v/t ⟨trennb⟩ herumreichen; **to be passed round** herumgereicht werden, die Runde machen umg
pass through v/i **I'm only passing through** ich bin nur auf der Durchreise
pass up v/t ⟨trennb⟩ Gelegenheit vorübergehen lassen

passable ['pɑːsəbl] adj **1** passierbar **2** passabel
passage ['pæsɪdʒ] s **1** Übergang m; **in** od **with the ~ of time** mit der Zeit **2** Durchreisegenehmigung f **3** Gang m; **secret ~** Geheimgang m **4** in Buch, Musikstück Passage f; **a ~ from Shakespeare** eine Shakespearestelle
passageway ['pæsɪdʒweɪ] s Durchgang m
passbook [pɑːsbʊk] s Sparbuch n
passenger ['pæsɪndʒəʳ] s **1** Fahrgast m, Reisende(r) m/f(m), Passagier(in) m(f) **2** Beifahrer(in) m(f)
passenger aircraft s Passagierflugzeug n
passenger door s Beifahrertür f
passenger ferry s Personenfähre f
passenger seat s Beifahrersitz m
passer-by ['pɑːsə'baɪ] s ⟨pl passers-by⟩ Passant(in) m(f)
passing ['pɑːsɪŋ] **A** s **1** Vorübergehen n; **to mention sth in ~** etw beiläufig erwähnen **2** Überholen n **3** euph (≈ Tod) Heimgang m **4** FUSSB Ballabgabe f **B** adj **1** Auto vorbeifahrend; **with each ~ day** mit jedem Tag, der vergeht **2** Gedanken, Interesse flüchtig; Kommentar beiläufig; **to make (a) ~ reference to sth** auf etw (akk) beiläufig hinweisen; **to bear a ~ resemblance to sb/sth** mit j-m/etw eine flüchtige Ähnlichkeit haben
passion ['pæʃən] s Leidenschaft f, Leidenschaftlichkeit f; **to have a ~ for sth** eine Leidenschaft für etw haben; **his ~ is Mozart** Mozart ist seine Passion
passionate ['pæʃənɪt] adj leidenschaftlich; **to be ~ about sth** für etw eine Leidenschaft haben
passionately ['pæʃənɪtlɪ] adv leidenschaftlich; **to be ~ fond of sth** etw unwahrscheinlich gernhaben
passion fruit s Passionsfrucht f
Passion play s Passionsspiel n
Passion Week s Karwoche f
passive ['pæsɪv] **A** adj **1** passiv **2** GRAM Passiv-; **~ form** Passivform f **B** s GRAM Passiv n; **in the ~** im Passiv
passively ['pæsɪvlɪ] adv passiv; akzeptieren widerspruchslos; zusehen tatenlos
passive smoking s Passivrauchen n
passkey ['pɑːskiː] s Hauptschlüssel m
Passover ['pɑːsəʊvəʳ] s Passah n
passport ['pɑːspɔːt] s (Reise)pass m; fig Schlüssel m (**to** zu); **~s** pl Passkontrolle f
passport control s Passkontrolle f
passport holder s Passinhaber(in) m(f); **are you a British ~?** haben Sie einen britischen Pass?
passport office s Passamt n
password ['pɑːswɜːd] s Kennwort n; IT Passwort n

past [pɑːst] **A** adj **1** frühe(r, s) attr; **for some time ~** seit einiger Zeit; **all that is now ~** das ist jetzt alles vorüber; **in the ~ week** letzte Woche **2** GRAM **~ tense** Vergangenheit f **B** s Vergangenheit f; **in the ~** in der Vergangen-

pasta – pathologically

heit; **to be a thing of the ~** der Vergangenheit (dat) angehören; **that's all in the ~ now** das ist jetzt alles Vergangenheit; **the verb is in the ~** das Verb steht in der Vergangenheit **C** präp **1** Richtung an (+dat) ... vorbei; Position hinter (+dat) **2** zeitlich nach (+dat); **ten (minutes) ~ three** zehn (Minuten) nach drei; **half ~ four** halb fünf; **a quarter ~ nine** Viertel nach neun; **it's ~ 12** es ist schon nach 12; **the trains run at a quarter ~ the hour** die Züge gehen jeweils um Viertel nach; **it's (well) ~ your bedtime** du solltest schon längst im Bett liegen **3** (≈ jenseits) über (+akk); **~ forty** über vierzig; **the patient is ~ saving** der Patient ist nicht mehr zu retten; **we're ~ caring** es kümmert uns nicht mehr; **to be ~ sth** für etw zu alt sein; **I wouldn't put it ~ him** umg ich würde es ihm schon zutrauen **D** adv vorüber; **to walk ~** vorübergehen; **to run ~** vorbeirennen

pasta ['pæstə] s Nudeln pl

paste [peɪst] **A** s **1** Kleister m **2** Brotaufstrich m; aus Tomaten Mark n **B** v/t Tapete einkleistern; IT einfügen; **to ~ sth to sth** etw an etw (akk) kleben

pastel ['pæstl] **A** s Pastellstift m; (≈ Farbe) Pastellton m **B** adj ⟨attr⟩ **~ colour** Br, **~ color** US Pastellfarbe f; **~ drawing** Pastellzeichnung f

pasteurize ['pæstəraɪz] v/t pasteurisieren

pastille ['pæstɪl] s Pastille f

pastime ['pɑːstaɪm] s Zeitvertreib m

pastor ['pɑːstə'] s Pfarrer(in) m(f)

pastoral ['pɑːstərəl] adj Gegend ländlich; KUNST, MUS, KIRCHE pastoral; Pflichten seelsorgerisch

past participle s Partizip Perfekt n

past perfect s Plusquamperfekt n

past progressive s Verlaufsform f der Vergangenheit

pastrami [pə'strɑːmɪ] s Pastrami n

pastry ['peɪstrɪ] s Teig m; (≈ Kuchen etc) Stückchen n; **pastries** pl Gebäck n

pasture ['pɑːstʃə'] **A** s **1** Weide f; **to move on to ~s new** fig sich (dat) etwas Neues suchen **2** ⟨kein pl⟩ a. **~ land** Weideland n

pasty[1] ['peɪstɪ] adj Farbe blässlich; Aussehen kränklich

pasty[2] ['pæstɪ] bes Br s Pastete f

pasty-faced ['peɪstɪ'feɪst] adj bleichgesichtig

pat[1] [pæt] s **1** von Butter Portion f **2 cow pat** Kuhfladen m

pat[2] adv **to know sth off pat** etw wie aus dem Effeff können umg; **to learn sth off pat** etw inund auswendig lernen

pat[3] **A** s Klaps m; **he gave his nephew a pat on the head** er tätschelte seinem Neffen den Kopf; **to give one's horse a pat** sein Pferd tätscheln; **to give sb a pat on the back** fig j-m auf die Schulter klopfen; **that's a pat on the back for you** das ist ein Kompliment für dich **B** v/t tätscheln; **to pat sb on the head** j-m den Kopf tätscheln; **to pat sth dry** etw trocken tupfen; **to pat sb on the back** wörtl j-m auf den Rücken klopfen; fig j-m auf die Schulter klopfen

phrasal verbs mit pat:

pat down v/t ⟨trennb⟩ festklopfen; Haar festdrücken

patch [pætʃ] **A** s **1** Flicken m **2** Augenklappe f **3** Fleck m; von Land Stück n; in Garten Beet n, Stelle f; umg von Polizist Revier n; **a ~ of blue sky** ein Stückchen n blauer Himmel; **he's going through a bad ~** ihm gehts nicht sonderlich gut; **it's/he's not a ~ on ...** Br umg das/er ist gar nichts gegen ... **B** v/t flicken

phrasal verbs mit patch:

patch up v/t ⟨trennb⟩ zusammenflicken; Streit beilegen; **I want to patch things up between us** ich möchte unsere Beziehung wieder ins Lot bringen

patchwork ['pætʃwɜːk] s Patchwork n; **~ quilt** Flickendecke f

patchwork family s Patchworkfamilie f

patchy ['pætʃɪ] adj ⟨komp patchier⟩ **1** Wissen lückenhaft **2** wörtl Bart licht; **~ fog** stellenweise Nebel

pâté ['pæteɪ] s Pastete f

patent ['peɪtənt] **A** s Patent n **B** v/t patentieren lassen

patented adj patentiert, durch Patent geschützt, patentgeschützt

patent leather s Lackleder n; **~ shoes** Lackschuhe pl

patently ['peɪtəntlɪ] adv offensichtlich; **~ obvious** ganz offensichtlich

paternal [pə'tɜːnl] adj väterlich; **my ~ grandmother** etc meine Großmutter etc väterlicherseits

paternity [pə'tɜːnɪtɪ] s Vaterschaft f

paternity leave s Vaterschaftsurlaub m

paternity suit s Vaterschaftsprozess m

paternity test s Vaterschaftstest m

path [pɑːθ] s Weg m; von Flugkörper Bahn f; IT Pfad m

pathetic [pə'θetɪk] adj **1** mitleiderregend; **a ~ sight** ein Bild des Jammers **2** erbärmlich; **honestly you're ~** ehrlich, dich kann man zu nichts brauchen

pathetically [pə'θetɪkəlɪ] adv **1** mitleiderregend; **~ thin** erschreckend dünn **2** langsam erbärmlich

path name s IT Pfad(name) m

pathological [ˌpæθə'lɒdʒɪkəl] wörtl, fig adj pathologisch

pathologically [ˌpæθə'lɒdʒɪkəlɪ] adv krankhaft

pathologist [pəˈθɒlədʒɪst] s Pathologe m, Pathologin f
pathology [pəˈθɒlədʒɪ] s Pathologie f
pathway [ˈpɑːθweɪ] s Weg m
patience [ˈpeɪʃəns] s **1** Geduld f; **to lose ~ (with sb/sth)** (mit j-m/etw) die Geduld verlieren; **to try** od **test sb's ~** j-s Geduld auf die Probe stellen **2** Br KART Patience f; **to play ~** eine Patience legen
patient [ˈpeɪʃənt] **A** adj geduldig; **to be ~ with sb/sth** mit j-m/etw geduldig sein **B** s Patient(in) m(f)
patiently [ˈpeɪʃəntlɪ] adv geduldig
patio [ˈpætɪəʊ] s ⟨pl -s⟩ Terrasse f; **~ door(s)** Terrassentür f
patio heater s Heizpilz m
patriarch [ˈpeɪtrɪɑːk] s Patriarch m
patriarchal [ˌpeɪtrɪˈɑːkəl] adj patriarchalisch
patriarchy [ˈpeɪtrɪɑːkɪ] s Patriarchat n
patriot [ˈpeɪtrɪət] s Patriot(in) m(f)
patriotic adj, **patriotically** [ˌpætrɪˈɒtɪk, -əlɪ] adv patriotisch
patriotism [ˈpætrɪətɪzəm] s Patriotismus m
patrol [pəˈtrəʊl] **A** s Polizei Streife f; MIL Patrouille f; **the navy carry out** od **make weekly ~s of the area** die Marine patrouilliert das Gebiet wöchentlich; **on ~** MIL auf Patrouille; Polizei auf Streife **B** v/t MIL patrouillieren; Polizist, Wachmann seine Runden machen in (+dat) **C** v/i MIL patrouillieren; Polizist seine Streife machen; Wachmann seine Runden machen
patrol car s Streifenwagen m
patrolman US s ⟨pl -men⟩ Polizist m
patrol wagon US s Gefangenenwagen m
patrolwoman US s ⟨pl -women [-wɪmɪn]⟩ Polizistin f
patron [ˈpeɪtrən] s von Laden Kunde m, Kundin f; von Restaurant, Hotel Gast m; von Gesellschaft Schirmherr(in) m(f); von Künstler Förderer m, Förderin f; **~ of the arts** Kunstmäzen(in) m(f)
patronage [ˈpætrənɪdʒ] s Schirmherrschaft f; **his lifelong ~ of the arts** seine lebenslange Förderung der Künste
patronize [ˈpætrənaɪz] v/t **1** herablassend behandeln **2** fördern
patronizing [ˈpætrənaɪzɪŋ] adj herablassend; **to be ~ toward(s) sb** j-n herablassend behandeln
patron saint [ˌpeɪtrənˈseɪnt] s Schutzpatron(in) m(f)
patter [ˈpætə] **A** s **1** Getrippel n; von Regen Platschen n **2** von Vertreter etc Sprüche pl umg **B** v/i **1** Füße trippeln **2** a. **~ down** Regen platschen
pattern [ˈpætən] **A** s **1** Muster n; fig Schema n; **to make a ~** ein Muster bilden; **there's a distinct ~/no ~ to these crimes** in diesen Verbrechen steckt ein bestimmtes Schema/kein Schema; **the ~ of events** der Ablauf der Ereignisse; **eating ~s** Essverhalten n; **to follow the usual/same ~** nach dem üblichen/gleichen Schema verlaufen **2** Handarbeiten Schnittmuster n, Strickanleitung f **3** fig Vorbild n **B** v/t bes US machen (**on** nach); **to be ~ed on sth** einer Sache (dat) nachgebildet sein
patterned adj gemustert
paunch [pɔːntʃ] s Bauch m
pauper [ˈpɔːpə] s Arme(r) m/f(m)
pause [pɔːz] **A** s Pause f; **a pregnant ~** ein vielsagendes Schweigen; **there was a ~ while …** es entstand eine Pause, während … **B** v/i stehen bleiben; Redner innehalten; **he ~d for breath** er machte eine Pause, um Luft zu holen; **to ~ for thought** (zum Nachdenken) innehalten; **he spoke for thirty minutes without once pausing** er sprach eine halbe Stunde ohne eine einzige Pause; **it made him ~** das machte ihn nachdenklich
pause button s Pausentaste f
pave [peɪv] v/t befestigen (**in, with** mit); Straße pflastern; **to ~ the way for sb/sth** fig j-m/einer Sache (dat) den Weg ebnen
pavement [ˈpeɪvmənt] Br s Gehsteig m; US Straße f
pavilion [pəˈvɪlɪən] s Pavillon m; Br SPORT Klubhaus n
paving stone [ˈpeɪvɪŋstəʊn] s Platte f
paw [pɔː] **A** s Pfote f; von Löwe, Bär Tatze f; pej umg (≈ Hand) Pfote f umg **B** v/t tätscheln **C** v/i **to paw at sb/sth** j-n/etw betätscheln
pawn¹ [pɔːn] s Schach Bauer m; fig Schachfigur f
pawn² v/t verpfänden
pawnbroker s Pfandleiher(in) m(f)
pawnbroker's (shop), pawnshop s Pfandhaus n
pay [peɪ] ⟨v: prät, pperf **paid**⟩ **A** v/t **1** zahlen, bezahlen; **how much is there still to pay?** wie viel steht noch aus?; **to be** od **get paid** seinen Lohn/sein Gehalt bekommen; **to pay the price for sth** den Preis für etw zahlen **2** **to pay (sb/a place) a visit, to pay a visit to sb/a place** j-n/einen Ort besuchen; **to pay a visit to the doctor** den Arzt aufsuchen **B** v/i **1** zahlen; **they pay well for this sort of work** diese Arbeit wird gut bezahlt; **to pay for sth** etw bezahlen; **it's already paid for** es ist schon bezahlt; **to pay for sb** für j-n zahlen; **I'll pay for you this time** dieses Mal zahle ich; **they paid for her to go to America** sie zahlten ihr die Reise nach Amerika **2** sich lohnen; **crime doesn't pay** sprichw Verbrechen lohnt sich nicht **3** fig **to pay for sth** für etw büßen; **you'll pay for that!** dafür wirst du (mir) büßen; **to make sb pay (for sth)** j-n (für etw) büßen lassen **C** s

Lohn *m*, Gehalt *n*; MIL Sold *m*; **three months' pay** drei Monatslöhne, drei Monatsgehälter; **what's the pay like?** wie ist die Bezahlung?; **it comes out of my pay** es wird mir vom Lohn/Gehalt abgezogen

phrasal verbs mit pay:

pay back *v/t* ⟨*trennb*⟩ **1** zurückzahlen **2** **to pay sb back** für *Beleidigung etc* es j-m heimzahlen

pay in *v/i & v/t* ⟨*trennb*⟩ einzahlen; **to pay money into an account** Geld auf ein Konto einzahlen

pay off **A** *v/t* ⟨*trennb*⟩ *Schulden* abbezahlen; *Hypothek* abtragen **B** *v/i* sich auszahlen

pay out **A** *v/t* ⟨*trennb*⟩ *Geld* ausgeben **B** *v/i* bezahlen

pay up *v/i* zahlen

payable ['peɪəbl] *adj* zahlbar, fällig; **to make a cheque ~ to sb** *Br*, **to make a check ~ to sb** *US* einen Scheck auf j-n ausstellen

pay-and-display *Br adj* **~ parking space** Parkplatz, auf dem der Parkschein sichtbar im Wagen ausgelegt werden muss

pay-as-you-earn *adj* ⟨*attr*⟩ **~ tax system** Lohnsteuerabzugsverfahren *n*

pay-as-you-go card *s* Prepaidkarte *f*

pay-as-you-go (mobile phone) *s* Handy *n* mit Guthabenkarte

payback *fig s* Rache *f*; **it's ~ time** die Zeit der Rache ist gekommen

pay bracket *s* Gehaltsgruppe *f*

pay cheque *s*, **paycheck** *US s* Lohn-/Gehaltsscheck *m*

pay claim *s* Lohn-/Gehaltsforderung *f*

pay cut *s* Gehaltskürzung *f*

payday *s* Zahltag *m*

pay dispute *s* Tarifkonflikt *m*

PAYE *Br abk* → pay-as-you-earn

payee [peɪ'iː] *s* Zahlungsempfänger(in) *m(f)*

payer ['peɪəʳ] *s* Zahler(in) *m(f)*

pay freeze *s* Lohn-/Gehaltsstopp *m*

pay increase *s* Lohn-/Gehaltserhöhung *f*

paying ['peɪɪŋ] *adj* **~ guest** zahlender Gast

paying-in slip [,peɪɪŋ'ɪn,slɪp] *Br s* Einzahlungsschein *m*

payment ['peɪmənt] *s* Bezahlung *f*; *von Schulden, Hypothek* Rückzahlung *f*; *von Zinsen, Summe* Zahlung *f*; **three monthly ~s** drei Monatsraten; **in ~ of a debt** in Begleichung einer Schuld; **on ~ of** bei Begleichung/Bezahlung von; **to make a ~** eine Zahlung leisten; **to stop ~s** die Zahlungen *pl* einstellen

payment deadline *s* Zahlungstermin *m*, Zahlungsfrist *f*

payment method *s* Zahlungsart *f*, Zahlungsweise *f*

payoff *s* **1** Abschlusszahlung *f* **2** *umg* Bestechungsgeld *n*

payout *s* (Aus)zahlung *f*

pay packet *s* Lohntüte *f*

pay-per-view *adj* ⟨*attr*⟩ Pay-per-View-

payphone *s* Münzfernsprecher *m*

pay rise *s* Lohn-/Gehaltserhöhung *f*

payroll *s* **they have 500 people on the ~** sie haben 500 Beschäftigte

payslip *s* Gehaltsabrechnung *f*; Lohnzettel *m*

pay talks *pl* Lohnverhandlungen *pl*, Tarifverhandlungen *pl*

pay television, **pay TV** *s* Pay-TV *n*, Bezahlfernsehen *n*

paywall *s* Paywall *f* (*Bezahlschranke im Web zur Nutzung bestimmter Angebote*)

PC[1] *abk* (= **Police Constable** *Br*) Polizist(in) *m(f)*

PC[2] *abk* (= **personal computer**) PC *m*

PC[3] *abk* (= **politically correct**) politisch korrekt

pcm *abk* (= **per calendar month**) monatl.

PCP *US abk* (= **primary care physician**) Allgemeinarzt *m*, Allgemeinärztin *f*

PDA *s abk* (= **personal digital assistant**) COMPUT PDA *m*

PDF *abk* (= **portable document format**) IT PDF *n*

PDQ *umg abk* (= **pretty damned quick**) verdammt schnell *umg*

PDSA *Br abk* (= **People's Dispensary for Sick Animals**) kostenloses Behandlungszentrum für Haustiere

PE *abk* (= **physical education**) Turnen *n*, Sport(-unterricht) *m*

pea [piː] *s* Erbse *f*

peace [piːs] *s* **1** Frieden *m*; **to be at ~ with sb/sth** mit j-m/etw in Frieden leben; **the two countries are at ~** zwischen den beiden Ländern herrscht Frieden; **to make (one's) ~ (with sb)** sich (mit j-m) versöhnen; **to make ~ between …** Frieden stiften zwischen (+*dat*) …; **to keep the ~** JUR *Bürger* die öffentliche Ordnung wahren **2** Ruhe *f*; **~ of mind** innere Ruhe; **~ and quiet** Ruhe und Frieden; **to give sb some ~** j-n in Ruhe *od* Frieden lassen; **to give sb no ~** j-m keine Ruhe lassen; **to get some ~** zur Ruhe kommen; **there's no ~ for the wicked** das ist die Strafe für meine Sünden (*humoristisch verwendet, um auszudrücken, dass man viel Arbeit hat und dass dies die Strafe für all das Schlechte sei, was man sich zuschulden hat kommen lassen*)

peaceable ['piːsəbl] *adj* friedfertig

peace accord *s* Friedensabkommen *n*

peace agreement *s* Friedensabkommen *n*

peace campaigner *s* Friedenskämpfer(in) *m(f)*

peace conference *s* Friedenskonferenz *f*

peaceful *adj* friedlich, friedfertig; *Schlaf* ruhig

peacefully adv friedlich; **to die ~** sanft sterben
peacefulness s Friedlichkeit f; von Ort Ruhe f; **the ~ of the demonstration** der friedliche Charakter der Demonstration
peacekeeper s Friedenswächter(in) m(f)
peacekeeping **A** s Friedenssicherung f **B** adj zur Friedenssicherung; **~ measures** friedenserhaltende Maßnahmen; **~ troops** Friedenstruppen pl; **UN troops have a purely ~ role** die UN-Truppen sind eine reine Friedenstruppe; **a ~ operation** Maßnahmen pl zur Sicherung des Friedens
peace-loving adj friedliebend
peacemaker s Friedensstifter(in) m(f)
peace plan s Friedensplan m
peace process s Friedensprozess m
peace roadmap s Presse Friedensplan m
peace talks pl Friedensverhandlungen pl
peacetime pl Friedenszeiten pl
peach [pi:tʃ] **A** s Pfirsich m **B** adj pfirsichfarben
peacock s Pfau m
pea-green adj erbsengrün
peak [pi:k] **A** s **1** von Berg Gipfel m; (≈ Punkt) Spitze f **2** von Kappe Schirm m **3** Höhepunkt m; **when his career was at its ~** als er auf dem Höhepunkt seiner Karriere war **B** adj ⟨attr⟩ höchste(r, s); **in ~ condition** in Höchstform; **at ~ time** TV, RADIO zur Hauptsendezeit **C** v/i den Höchststand erreichen; Sportler seine Spitzenform erreichen; **inflation ~ed at 9%** die Inflationsrate erreichte ihren Höchstwert bei 9%
peak consumption s Höchstverbrauch m
peaked [pi:kt] adj **~ hat** Schirmmütze f
peak hours pl Hauptverkehrszeit f; TEL, ELEK Hauptbelastungszeit f
peak rate s TEL Höchsttarif m
peak season s Hochsaison f
peak-time Br adj zu Spitzenzeiten; **~ traffic** Stoßverkehr m; **~ train services** Zugverbindungen pl während der Hauptbelastungszeit
peak times pl Hauptbelastungszeit f
peak viewing hours pl Haupteinschaltzeit f, Hauptsendezeit f
peaky ['pi:kɪ] Br umg adj ⟨komp peakier⟩ Teint blass; Gesicht abgehärmt; Kind, Aussehen kränklich
peal [pi:l] **A** s **~ of bells** Glockenläuten n; **~s of laughter** schallendes Gelächter; **~ of thunder** Donnerrollen n **B** v/i Glocke läuten
peanut ['pi:nʌt] s Erdnuss f; **the pay is ~s** die Bezahlung ist lächerlich umg
peanut butter s Erdnussbutter f
peapod ['pi:pɒd] s Erbsenschote f
pear [pɛəʳ] s **1** Birne f **2** Birnbaum m
pearl [pɜ:l] **A** s Perle f; **~ of wisdom** weiser Spruch **B** adj **~ necklace** Perlenkette f

pearly-white ['pɜ:lɪ'waɪt] adj strahlend weiß; Zähne a. perlweiß
pear-shaped ['pɛəʃeɪpt] adj birnenförmig; **to go ~** Br fig umg völlig danebengehen umg
peasant ['pezənt] **A** s wörtl (armer) Bauer, (arme) Bäuerin **B** adj ⟨attr⟩ bäuerlich; **~ boy** Bauernjunge m; **~ farmer** (armer) Bauer
peasantry ['pezəntrɪ] s Bauernschaft f
peat [pi:t] s Torf m
pebble ['pebl] s Kieselstein m
pebbly ['peblɪ] adj steinig
pecan [pɪ'kæn] s Pecannuss f
peck [pek] **A** s umg Küsschen n **B** v/t Vogel picken **C** v/i picken (at nach)
pecking order ['pekɪŋˌɔ:dəʳ] s Hackordnung f
peckish ['pekɪʃ] Br umg adj **I'm (feeling) a bit ~** ich könnte was zwischen die Zähne gebrauchen umg
pecs [peks] pl abk (= pectorals) umg (Brust)muskeln pl; **big ~** Muckis pl umg
peculiar [pɪ'kju:lɪəʳ] adj **1** seltsam **2** eigentümlich; **to be ~ to sth** für etw eigentümlich sein; **his own ~ style** der ihm eigene Stil
peculiarity [pɪˌkju:lɪ'ærɪtɪ] s **1** Seltsamkeit f **2** Eigentümlichkeit f
peculiarly [pɪ'kju:lɪəlɪ] adv seltsam
pedagogical [ˌpedə'gɒdʒɪkəl] form adj pädagogisch
pedagogy ['pedəgɒdʒɪ] s Pädagogik f
pedal ['pedl] **A** s Pedal n; an Abfalleimer etc Trethebel m **B** v/i treten; **he ~led for all he was worth** er trat in die Pedale, so sehr er konnte, er strampelte, so sehr er konnte umg
pedal bin Br s Treteimer m
pedal boat s Tretboot n
pedal car s Tretauto n
pedant ['pedənt] s Pedant(in) m(f)
pedantic [pɪ'dæntɪk] adj pedantisch; **to be ~ about sth** in Bezug auf etw (akk) pedantisch sein
peddle ['pedl] v/t verkaufen; **to ~ drugs** mit Drogen handeln
pedelec ['pedelek] s Pedelec n
pedestal ['pedɪstl] s Sockel m; **to put** od **set sb (up) on a ~** fig j-n in den Himmel heben
pedestrian [pɪ'destrɪən] **A** s Fußgänger(in) m(f) **B** adj ⟨attr⟩ **~ lights** Fußgängerampel f; **~ precinct** od **zone** US Fußgängerzone f
pedestrian crossing s Fußgängerüberweg m
pedestrianize [pɪ'destrɪənaɪz] v/t in eine Fußgängerzone umwandeln
pediatric etc [ˌpi:dɪ'ætrɪk] US → paediatric
pedicure ['pedɪkjʊəʳ] s Pediküre f
pedigree ['pedɪgri:] **A** s Stammbaum m **B** adj ⟨attr⟩ reinrassig
pedophile etc US → paedophile

pee [piː] *umg* **A** *s* Urin *m*, Pipi *n kinderspr*; **to need a pee** pinkeln müssen *umg* **B** *v/i* pinkeln *umg*
peek [piːk] **A** *s* kurzer Blick, verstohlener Blick; **to take** *od* **have a ~** kurz/verstohlen gucken (**at** nach); **to get a ~ at sb/sth** j-n/etw kurz zu sehen bekommen **B** *v/i* gucken (**at** nach)
peel [piːl] **A** *s* ⟨*kein pl*⟩ Schale *f* **B** *v/t* schälen **C** *v/i* *Tapete* sich lösen; *Lack* abblättern; *Haut* sich schälen
> phrasal verbs mit peel:

peel away *v/i* sich lösen (**from** von)
peel off A *v/t* ⟨*trennb*⟩ *Klebeband, Tapete* abziehen (**sth von etw**); *Umschlag, Handschuh* abstreifen (**sth von etw**) **B** *v/i* → peel away
peeler ['piːlə^r] *s für Kartoffeln etc* Schäler *m*
peelings ['piːlɪŋz] *pl von Kartoffeln etc* Schalen *pl*
peep[1] [piːp] **A** *s* Piep *m*; *von Hupe, a. umg von Mensch* Ton *m*; **~! ~!** tut! tut! **B** *v/i Vogel* piepen; *Hupe* tuten **C** *v/t* **I ~ed my horn at him** ich habe ihn angehupt *umg*
peep[2] **A** *s* kurzer Blick, verstohlener Blick; **to get a ~ at sth** etw kurz zu sehen bekommen; **to take a ~ (at sth)** kurz/verstohlen (nach etw) gucken **B** *v/i* gucken (**at** nach); **to ~ from behind sth** hinter etw (*dat*) hervorschauen; **no ~ing!, don't ~!** (aber) nicht gucken!
> phrasal verbs mit peep:

peep out *v/i* herausgucken; **the sun peeped out from behind the clouds** die Sonne kam hinter den Wolken hervor
peephole *s* Guckloch *n*; *in Tür* Spion *m*
Peeping Tom ['piːpɪŋ'tɒm] *s* Spanner *m umg*, Voyeur *m*
peepshow *s* Peepshow *f*
peer[1] [pɪə^r] *s* **1** Peer *m* **2** Gleichrangige(r) *m/f(m)*; Gleichaltrige(r) *m/f(m)*; **he was well-liked by his ~s** er war bei seinesgleichen beliebt
peer[2] *v/i* **to ~ at sb/sth** j-n/etw anstarren, j-n/etw anschielen; **to ~ through the fog** angestrengt versuchen, im Nebel etwas zu erkennen
peerage ['pɪərɪdʒ] *s* **1** Adelsstand *m*; *in GB* Peers *pl* **2** Adelswürde *f*; *in GB* Peerswürde *f*; **to get a ~** geadelt werden
peer evaluation *s* Partnerbeurteilung *f*
peer group *s* Peergroup *f*
peer pressure *s* Gruppendruck *m* (*vonseiten Gleichaltriger*)
peeved [piːvd] *umg adj* eingeschnappt *umg*
peevish ['piːvɪʃ] *adj* gereizt
peg [peg] **A** *s* Pflock *m*; *für Zelt* Hering *m*; *Br* (Wäsche)klammer *f*; **off the peg** von der Stange; **to take** *od* **bring sb down a peg or two** *umg* j-m einen Dämpfer geben **B** *v/t* anpflocken, anklammern; *Zelt* festpflocken

pejorative *adj*, **pejoratively** [pɪ'dʒɒrɪtɪv, -lɪ] *adv* abwertend
pekin(g)ese [ˌpiːkɪ'niːz] *s* ⟨*pl* -⟩ (≈ *Hund*) Pekinese *m*
pelican ['pelɪkən] *s* Pelikan *m*
pelican crossing *Br s* Fußgängerüberweg *m* (*mit Ampel*)
pellet ['pelɪt] *s* Kügelchen *n*; (≈ *Munition*) Schrotkugel *f*
pelt [pelt] **A** *v/t* schleudern (**at** nach); **to ~ sb/sth (with sth)** j-n/etw (mit etw) bewerfen **B** *v/i umg* pesen **C** *s umg* **at full ~** volle Pulle *umg*
> phrasal verbs mit pelt:

pelt down *v/i* **it's pelting down** es regnet in Strömen
pelvic ['pelvɪk] *adj* Becken-
pelvis ['pelvɪs] *s* Becken *n*
pen[1] [pen] *s* Füller *m*, Kugelschreiber *m*, Stift *m*; **have you got a pen?** hast du was zum Schreiben?; **to put pen to paper** zur Feder greifen
pen[2] *s für Vieh* Pferch *m*; *für Schafe* Hürde *f*; *für Schweine* Koben *m*
penal ['piːnl] *adj* **~ reform** Strafrechtsreform *f*
penal code *s* Strafgesetzbuch *n*
penal colony *s* Strafkolonie *f*
penalize ['piːnəlaɪz] *v/t* **1** bestrafen **2** *fig* benachteiligen
penal system *s* Strafrecht *n*
penalty ['penltɪ] *s* **1** Strafe *f*; *für späte Zahlung* Säumniszuschlag *m*; **the ~ (for this) is death** darauf steht die Todesstrafe; "**penalty £50**" „bei Zuwiderhandlung wird eine Geldstrafe von £ 50 erhoben"; **to carry the death ~** mit dem Tod bestraft werden; **to pay the ~** dafür büßen **2** SPORT Strafstoß *m*; FUSSB Elfmeter *m*, Penalty *m schweiz*
penalty area *s* Strafraum *m*
penalty kick *s* Strafstoß *m*, Penalty *m schweiz*
penalty point *s* AUTO, JUR, SPORT Strafpunkt *m*
penalty shoot-out *s* FUSSB Elfmeterschießen *n*, Penaltyschiessen *n schweiz*
penalty spot *s* FUSSB Elfmeterpunkt *m*, Penaltypunkt *m schweiz*
penance ['penəns] *s* REL Buße *f*; *fig* Strafe *f*; **to do ~** Buße tun; *fig* büßen
pence [pens] *pl* **1** Pence *pl* **2** → penny
pencil ['pensl] **A** *s* Bleistift *m* **B** *adj* ⟨*attr*⟩ Bleistift-
> phrasal verbs mit pencil:

pencil in *v/t* ⟨*trennb*⟩ vorläufig vormerken; **can I pencil you in for Tuesday?** kann ich Sie erst mal für Dienstag vormerken?
pencil case *s* Federmäppchen *n*
pencil sharpener *s* (Bleistift)spitzer *m*
pendant ['pendənt] *s* Anhänger *m*

pending ['pendɪŋ] **A** *adj* anstehend; **to be ~** *Entscheidung etc* noch anstehen **B** *präp* **~ a decision** bis eine Entscheidung getroffen worden ist

pen drive *s IT* USB-Stick *m*

pendulum ['pendjʊləm] *s* Pendel *n*

penetrate ['penɪtreɪt] **A** *v/t* eindringen in (+*akk*); *Wand* durchdringen **B** *v/i* eindringen, durchdringen

penetrating ['penɪtreɪtɪŋ] *adj Blick* durchdringend; *Analyse* treffend

penetration [ˌpenɪ'treɪʃən] *s* Eindringen *n* (**into** in +*akk*), Durchdringen *n* (**of** +*gen*); *beim Sex* Penetration *f*

penetrative ['penɪtrətɪv] *adj* **~ sex** penetrativer Sex

pen friend *s* Brieffreund(in) *m(f)*

penguin ['peŋgwɪn] *s* Pinguin *m*

penicillin [ˌpenɪ'sɪlɪn] *s* Penizillin *n*

peninsula [pɪ'nɪnsjʊlə] *s* Halbinsel *f*

penis ['piːnɪs] *s* Penis *m*

penitence ['penɪtəns] *s* Reue *f*

penitent *adj* reuig

penitentiary [ˌpenɪ'tenʃərɪ] *bes US s* Strafanstalt *f*

penknife ['pennaɪf] *s* Taschenmesser *n*

pen name *s von Schriftsteller* Pseudonym *n*

penniless ['penɪlɪs] *adj* mittellos; **to be ~** kein Geld haben

penny ['penɪ] *s ‹pl* **pence**; *(Münzen)* **pennies*›* Penny *m*; *US* Centstück *n*; **to spend a ~** *Br umg* mal eben verschwinden *umg*; **the ~ dropped** *umg* der Groschen ist gefallen *umg*

penny-pinching ['penɪˌpɪntʃɪŋ] *umg* **A** *s* Pfennigfuchserei *f umg* **B** *adj* knickerig *umg*

pen pal *umg s* Brieffreund(in) *m(f)*

pension ['penʃən] *s* Rente *f*; **company ~** betriebliche Altersversorgung; **to get a ~** eine Rente *etc* beziehen

phrasal verbs mit pension:

pension off *v/t ‹trennb› Angestellte* pensionieren, in den Ruhestand versetzen

pensioner ['penʃənər] *s* Rentner(in) *m(f)*

pension fund *s* Rentenfonds *m*

pension reform *s POL* Rentenreform *f*

pension scheme *s* Rentenversicherung *f*

pensive *adj*, **pensively** ['pensɪv, -lɪ] *adv* nachdenklich

pentagon ['pentəgən] *s* **the Pentagon** das Pentagon

pentathlon [pen'tæθlən] *s* Fünfkampf *m*

Pentecost ['pentɪkɒst] *s jüdisch* Erntefest *n*; *christlich* Pfingsten *n*; **time before ~** Pfingstzeit *f*

Pentecost Monday *s bes US* Pfingstmontag *m*

penthouse ['penthaʊs] *s* Penthouse *n*

pent up *adj ‹präd›*, **pent-up** ['pent'ʌp] *adj ‹attr› Emotionen* aufgestaut

penultimate [pe'nʌltɪmɪt] *adj* vorletzte(r, s)

peony ['piːənɪ] *s* Pfingstrose *f*

people ['piːpl] *pl* **1** Menschen *pl*, Leute *pl*; **French ~** die Franzosen *pl*; **all ~ with red hair** alle Rothaarigen; **some ~ don't like it** manche Leute mögen es nicht; **why me of all ~?** warum ausgerechnet ich/mich?; **of all ~ who do you think I should meet?** stell dir mal vor, wen ich getroffen habe?; **what do you ~ think?** was haltet ihr denn davon?; **poor ~** arme Leute *pl*; **disabled ~** Behinderte *pl*; **middle-aged ~** Menschen *pl* mittleren Alters; **old ~** Senioren *pl*; **city ~** Stadtmenschen *pl*; **country ~** Menschen *pl* vom Land; **some ~!** Leute gibts!; **some ~ have all the luck** manche Leute haben einfach Glück **2** Bevölkerung *f*; **Madrid has over 5 million ~** Madrid hat über 5 Millionen Einwohner **3** **man, die Leute; ~ say that ...** man sagt, dass ...; **what will ~ think!** was sollen die Leute denken! **4** Volk *n*; **People's Republic** *etc* Volksrepublik *f etc*

people carrier *s AUTO* Kleinbus *m*, Van *m*

pep [pep] *umg s* Pep *m umg*

phrasal verbs mit pep:

pep up *umg v/t ‹trennb›* Schwung bringen in (+*akk*); *Essen* pikanter machen; *j-n* munter machen

pepper ['pepər] *s* Pfeffer *m*; *grün, rot* Paprika *m*; **two ~s** zwei Paprikaschoten

peppercorn *s* Pfefferkorn *n*

pepper mill *s* Pfeffermühle *f*

peppermint *s* Pfefferminz *n*

pepper pot *s* Pfefferstreuer *m*

peppery ['pepərɪ] *adj* gepfeffert

pep pill *umg s* Aufputschtablette *f*

pep talk *umg s* **to give sb a ~** j-m ein paar aufmunternde Worte sagen

per [pɜːr] *präp* pro; **£500 per annum** £ 500 im Jahr; **60 km per hour** 60 km pro Stunde; **£2 per dozen** das Dutzend für £ 2

per capita [pə'kæpɪtə] *adj* Pro-Kopf-

perceive [pə'siːv] *v/t* wahrnehmen, erkennen; **to ~ oneself as ...** sich als ... empfinden

per cent [pə'sent] *s*, **percent** *US s* Prozent *n*; **a 10 ~ discount** 10 Prozent Rabatt; **a ten ~ increase** eine zehnprozentige Steigerung; **I'm 99 ~ certain that ...** ich bin (zu) 99 Prozent sicher, dass ...

percentage [pə'sentɪdʒ] **A** *s* Prozentsatz *m*, Teil *m*; **what ~?** wie viel Prozent? **B** *adj ‹attr›* **on a ~ basis** auf Prozentbasis

perceptible [pə'septəbl] *adj* wahrnehmbar; *Verbesserung* spürbar

perceptibly [pə'septəblɪ] *adv* merklich

perception [pəˈsepʃən] s ◼ ⟨kein pl⟩ Wahrnehmung f; **his powers of ~** sein Wahrnehmungsvermögen n; **verb of ~** Verb n der Wahrnehmung ◻ Auffassung f (**of** von) ◼ ⟨kein pl⟩ Einsicht f

perceptive [pəˈseptɪv] adj scharfsinnig
perceptiveness s Scharfsinnigkeit f
perch [pɜːtʃ] ◻ s von Vogel Stange f; in Baum Ast m ◼ v/i hocken, sich niederlassen
perched [pɜːtʃt] adj ◼ (≈ gelegen) **~ on** thronend auf +dat; **a village ~ on a hillside** ein Dorf, das auf dem Hang thront ◻ (≈ sitzend) **to be ~ on sth** auf etw (dat) hocken ◼ **with his glasses ~ on the end of his nose** mit der Brille auf der Nasenspitze
percolator [ˈpɜːkəleɪtə*] s Kaffeemaschine f
percussion [pəˈkʌʃən] s MUS Schlagzeug n
percussion instrument s MUS Schlaginstrument n
percussionist [pəˈkʌʃənɪst] s Schlagzeuger(in) m(f)
perennial [pəˈrenɪəl] adj Pflanze mehrjährig; (≈ ewig) immerwährend
perfect ◻ [ˈpɜːfɪkt] adj ◼ perfekt, vollkommen; **to be ~ for doing sth** bestens geeignet sein, um etw zu tun; **the ~ moment** genau der richtige Augenblick; **in a ~ world** in einer idealen Welt ◻ völlig, vollkommen; **a ~ stranger** ein wildfremder Mensch ◼ GRAM **~ tense** Perfekt n ◼ [ˈpɜːfɪkt] s GRAM Perfekt n; **in the ~** im Perfekt ◼ [pəˈfekt] v/t vervollkommnen; Technik perfektionieren
perfection [pəˈfekʃən] s ◼ Perfektion f ◻ Perfektionierung f
perfectionism [pəˈfekʃənɪzm] s Perfektionismus m
perfectionist [pəˈfekʃənɪst] s Perfektionist(in) m(f)
perfectly [ˈpɜːfɪktlɪ] adv ◼ perfekt; **the climate suited us ~** das Klima war ideal für uns; **I understand you ~** ich weiß genau, was Sie meinen ◻ vollkommen; **we're ~ happy about it** wir sind damit völlig zufrieden; **you know ~ well that ...** du weißt ganz genau, dass ...; **to be ~ honest, ...** um ganz ehrlich zu sein, ...; **a Lada is a ~ good car** ein Lada ist durchaus ein gutes Auto
perforate [ˈpɜːfəreɪt] v/t ◼ durchbohren, durchlöchern ◻ Papier, Akten etc lochen
perforated [ˈpɜːfəreɪtɪd] adj Linie perforiert
perform [pəˈfɔːm] ◻ v/t Stück aufführen; Zaubertrick vorführen; Rolle spielen; Wunder vollbringen; Aufgabe erfüllen; Operation durchführen ◼ v/i ◼ auftreten ◻ Auto, Mannschaft leisten; Prüfling abschneiden; **to ~ well** Unternehmen etc gute Leistungen erbringen; **the choir ~ed very well** der Chor hat sehr gut gesungen

performance [pəˈfɔːməns] s ◼ von Stück Aufführung f; von Zaubertrick Vorführung f; in Kino Vorstellung f; von Schauspieler Leistung f; von Rolle Darstellung f; **he gave a splendid ~** er hat eine ausgezeichnete Leistung geboten; **we are going to hear a ~ of Beethoven's 5th** wir werden Beethovens 5. Sinfonie hören ◻ von Aufgabe Erfüllung f, Ausführung f; von Operation Durchführung f ◼ von Auto, Sportler Leistung f; von Prüfling Abschneiden n; **he put up a good ~** er hat sich gut geschlagen umg ◼ umg (≈ Getue) Umstand m

performance principle s Leistungsprinzip n
performance-related adj leistungsbezogen
performer [pəˈfɔːmə*] s Künstler(in) m(f)
performing [pəˈfɔːmɪŋ] adj Tier dressiert; **the ~ arts** die darstellenden Künste
perfume [ˈpɜːfjuːm] s ◼ Parfüm n ◻ Duft m
perfumed adj ◼ parfümiert ◻ Blume, Luft duftend
perhaps [pəˈhæps, præps] adv vielleicht; **~ the greatest exponent of the art** der möglicherweise bedeutendste Vertreter dieser Kunst; **~ so** das mag sein; **~ not** vielleicht (auch) nicht; **~ I might keep it for a day or two?** könnte ich es vielleicht für ein oder zwei Tage behalten?
peril [ˈperɪl] s Gefahr f; **he is in great ~** er schwebt in großer Gefahr
perilous [ˈperɪləs] adj gefährlich
perilously [ˈperɪləslɪ] adv gefährlich; **we came ~ close to bankruptcy** wir waren dem Bankrott gefährlich nahe; **she came ~ close to falling** sie wäre um ein Haar heruntergefallen
perimeter [pəˈrɪmɪtə*] s ◼ Grenze f; Umkreis m ◻ MATH Umfang m
period [ˈpɪərɪəd] s ◼ Zeit f, Zeitraum m; (≈ Epoche) Zeitalter n; (≈ Menstruation) Periode f; **for a ~ of eight weeks** für einen Zeitraum von acht Wochen; **for a three-month ~** drei Monate lang; **over a ~ of time** eine Zeit lang; **at that ~** zu diesem Zeitpunkt; **a ~ of cold weather** eine Kaltwetterperiode; **she missed a ~** sie bekam ihre Periode nicht; **she is on her ~** sie hat ihre Periode ◻ SCHULE (Schul)stunde f; **double ~** Doppelstunde f ◼ US (≈ Satzzeichen) Punkt m; **I'm not going ~!** US ich gehe nicht, und damit basta! umg
periodic [ˌpɪərɪˈɒdɪk] adj periodisch
periodical [ˌpɪərɪˈɒdɪkəl] ◻ adj → periodic ◼ s Zeitschrift f
periodically [ˌpɪərɪˈɒdɪkəlɪ] adv periodisch, regelmäßig
period pains pl Menstruationsbeschwerden pl
period return s Zeitkarte f

peripheral [pəˈrɪfərəl] **A** adj Rand-; fig peripher; ~ **role** Nebenrolle f **B** s COMPUT Peripheriegerät n

periphery [pəˈrɪfəri] s Peripherie f

periscope [ˈperɪskəʊp] s Periskop n

perish [ˈperɪʃ] liter v/i umkommen

perishable [ˈperɪʃəbl] **A** adj Lebensmittel verderblich **B** pl ~s leicht verderbliche Ware(n)

perished umg adj durchgefroren

perishing [ˈperɪʃɪŋ] Br umg adj eisig kalt; **I'm** ~ ich geh fast ein vor Kälte umg

perjure [ˈpɜːdʒə(r)] v/t **to ~ oneself** einen Meineid leisten

perjury [ˈpɜːdʒəri] s Meineid m; **to commit ~** einen Meineid leisten

perk [pɜːk] s Vergünstigung f

phrasal verbs mit perk:

  perk up A v/t ⟨trennb⟩ **to perk sb up** j-n munter machen, j-n aufheitern **B** v/i munter werden, aufleben

perky [ˈpɜːki] adj ⟨komp perkier⟩ munter

perm [pɜːm] abk (= permanent wave) **A** s Dauerwelle f **B** v/t **to ~ sb's hair** j-m eine Dauerwelle machen

permanence [ˈpɜːmənəns], **permanency** [ˈpɜːmənənsi] s Dauerhaftigkeit f

permanent [ˈpɜːmənənt] **A** adj permanent, fest; Beziehung, Wirkung dauerhaft; Stelle unbefristet; Schaden bleibend; Mitarbeiter fest angestellt; ~ **employees** Festangestellte pl; **on a ~ basis** dauerhaft; ~ **memory** COMPUT Festspeicher m; ~ **address** fester Wohnsitz **B** US s → perm A

permanently [ˈpɜːmənəntli] adv permanent, fest; beschädigt bleibend; sich ändern, müde sein ständig; geschlossen dauernd; ~ **employed** fest angestellt; **are you living ~ in Frankfurt?** ist Frankfurt Ihr fester Wohnsitz?

permanent wave s → perm A

permeable [ˈpɜːmɪəbl] adj durchlässig

permeate [ˈpɜːmɪeɪt] **A** v/t durchdringen **B** v/i dringen (**into** in +akk od **through** durch)

permissible [pəˈmɪsɪbl] adj erlaubt (**for sb** j-m)

permission [pəˈmɪʃən] s Erlaubnis f; **to get ~** eine Erlaubnis erhalten; **to get sb's ~** j-s Erlaubnis erhalten; **to give ~** die Erlaubnis erteilen; **to give sb ~ (to do sth)** j-m erlauben(, etw zu tun); **to ask sb's ~** j-n um Erlaubnis bitten

permissive [pəˈmɪsɪv] adj nachgiebig; **the ~ society** die permissive Gesellschaft

permit [pəˈmɪt] v/t erlauben; **to ~ sb/oneself to do sth** j-m/sich (dat) erlauben, etw zu tun **B** [pəˈmɪt] v/i **weather ~ting** wenn es das Wetter erlaubt **C** [ˈpɜːmɪt] s Genehmigung f; ~ **holder** Inhaber(in) m(f) eines Berechtigungsscheins; **"permit holders only"** „Parken nur mit Parkausweis"

pernickety [pəˈnɪkɪti] umg adj pingelig umg

perpendicular [ˌpɜːpənˈdɪkjʊlə˞] **A** adj senkrecht (**to** zu) **B** s Senkrechte f

perpetrate [ˈpɜːpɪtreɪt] v/t begehen

perpetration [ˌpɜːpɪˈtreɪʃən] s Begehen n

perpetrator [ˈpɜːpɪtreɪtə˞] s Täter(in) m(f); **the ~ of this crime** derjenige, der dieses Verbrechen begangen hat

perpetual [pəˈpetjʊəl] adj ständig

perpetuate [pəˈpetjʊeɪt] v/t aufrechterhalten

perplex [pəˈpleks] v/t verblüffen

perplexed adj, **perplexedly** [pəˈplekst, -sɪdli] adv verblüfft

perplexing [pəˈpleksɪŋ] adj verblüffend

perplexity [pəˈpleksəti] s Verwirrung f, Verblüffung f

persecute [ˈpɜːsɪkjuːt] v/t verfolgen

persecution [ˌpɜːsɪˈkjuːʃən] s Verfolgung f (**of** von)

persecutor [ˈpɜːsɪkjuːtə˞] s Verfolger(in) m(f)

perseverance [ˌpɜːsɪˈvɪərəns] s Ausdauer f (**with** mit)

persevere [ˌpɜːsɪˈvɪə˞] v/i durchhalten; **to ~ in one's attempts to do sth** unermüdlich weiter versuchen, etw zu tun

persevering adj, **perseveringly** [ˌpɜːsɪˈvɪərɪŋ, -li] adv beharrlich

Persia [ˈpɜːʃə] s Persien n

Persian [ˈpɜːʃən] adj persisch; **the ~ Gulf** der Persische Golf

Persian carpet s Perser(teppich) m

persist [pəˈsɪst] v/i nicht lockerlassen, beharren (**in** auf +dat); (≈ lange dauern) anhalten; **we shall ~ in our efforts** wir werden in unseren Bemühungen nicht nachlassen

persistence [pəˈsɪstəns], **persistency** [pəˈsɪstənsi] s Beharrlichkeit f, Ausdauer f

persistent adj Forderungen beharrlich; Mensch hartnäckig; Versuche ausdauernd; Drohungen ständig; Schmerz, Lärm anhaltend; ~ **offender** Wiederholungstäter(in) m(f)

persistently adv fragen, bestreiten beharrlich; behaupten hartnäckig; kritisieren ständig

person [ˈpɜːsn] s **1** ⟨pl people od form -s⟩ Mensch m, Person f; **I like him as a ~** ich mag ihn als Mensch; **I know no such ~** so jemanden kenne ich nicht; **any ~** jeder; **per ~** pro Person; **I'm more of a cat ~** ich bin mehr ein Katzentyp m **2** ⟨pl -s⟩ GRAM Person f; **first ~ singular** erste Person Singular **3** ⟨pl -s⟩ Körper m; **in ~** persönlich

personable [ˈpɜːsnəbl] adj von angenehmer Erscheinung

personal [ˈpɜːsənl] adj persönlich; **it's nothing ~ but …** ich habe nichts gegen Sie etc persön-

lich, aber ...; **~ call** Privatgespräch n; **~ friend** persönlicher Freund, persönliche Freundin; **her ~ life** ihr Privatleben n
personal ad umg s private Kleinanzeige
personal allowance s für Steuer persönlicher Freibetrag
personal assistant s persönlicher Assistent, persönliche Assistentin
personal column s Familienanzeigen pl
personal computer s Personal Computer m, PC m
personal digital assistant s COMPUT PDA m, Organizer m
personal hygiene s Körperpflege f
personal identification number s Geheimzahl f
personality [ˌpɜːsəˈnælɪtɪ] s Persönlichkeit f
personal loan s Privatdarlehen n
personally [ˈpɜːsənəlɪ] adv persönlich; **~, I think that ...** ich persönlich bin der Meinung, dass ...; **to take sth ~** etw persönlich nehmen; **to hold sb ~ responsible** j-n persönlich verantwortlich machen; **to be ~ involved** persönlich beteiligt sein
personal organizer s Terminplaner m; (≈ Gerät) elektronisches Notizbuch
personal pronoun s Personalpronomen n
personal stereo s Walkman® m
personal trainer s persönlicher Fitnesstrainer, persönliche Fitnesstrainerin
personification [pɜːˌsɒnɪfɪˈkeɪʃən] s Personifizierung f („Vermenschlichung": einem Objekt oder einem Abstraktum werden menschliche Attribute zugeordnet); **he is the ~ of good taste** er ist der personifizierte gute Geschmack
personify [pɜːˈsɒnɪfaɪ] v/t personifizieren; **evil personified** das personifizierte Böse
personnel [ˌpɜːsəˈnel] **A** s ‹+sg od pl v› **1** Personal n; von Flugzeug, Schiff Besatzung f; MIL Leute pl **2** die Personalabteilung **B** adj ‹attr› Personal-
personnel department s Personalabteilung f
personnel manager s Personalchef(in) m(f)
perspective [pəˈspektɪv] s Perspektive f; **try to get things in ~** versuchen Sie, das nüchtern und sachlich zu sehen; **to get sth out of ~** fig etw verzerrt sehen; **to see things from a different ~** die Dinge aus einem anderen Blickwinkel betrachten
Perspex® [ˈpɜːspeks] s Acrylglas n
perspiration [ˌpɜːspəˈreɪʃən] s Schwitzen n, Schweiß m
perspire [pəˈspaɪə^r] v/i schwitzen
persuade [pəˈsweɪd] v/t überreden, überzeugen; **to ~ sb to do sth** j-n überreden, etw zu tun; **to ~ sb out of doing sth** j-n dazu überreden, etw nicht zu tun; **to ~ sb that ...** j-n davon überzeugen, dass ...; **she is easily ~d** sie ist leicht zu überreden/überzeugen
persuasion [pəˈsweɪʒən] s **1** Überredung f; **her powers of ~** ihre Überredungskünste **2** Überzeugung f
persuasive [pəˈsweɪsɪv] adj Vertreter beredsam; Argumente überzeugend; **he can be very ~** er kann einen gut überreden, er kann einen leicht überzeugen
persuasively [pəˈsweɪsɪvlɪ] adv überzeugend
persuasiveness s Überredungskunst f; von Argument Überzeugungskraft f
pert [pɜːt] adj ‹+er› keck
pertain [pɜːˈteɪn] v/i **to ~ to sth** etw betreffen
pertinent [ˈpɜːtɪnənt] adj form sachdienlich, relevant
perturbed [pəˈtɜːbd] adj beunruhigt
pertussis [pəˈtʌsɪs] s MED Keuchhusten m
perverse [pəˈvɜːs] adj abwegig, pervers
perversely [pəˈvɜːslɪ] adv paradoxerweise; entscheiden abwegigerweise
perversion [pəˈvɜːʃən] s **1** sexuell, a. PSYCH Perversion f **2** von Wahrheit Verzerrung f
perversity [pəˈvɜːsɪtɪ] s Perversität f
pervert A [pəˈvɜːt] v/t Wahrheit verzerren; **to ~ the course of justice** JUR die Rechtsfindung behindern **B** [ˈpɜːvɜːt] s Perverse(r) m/f(m)
perverted [pəˈvɜːtɪd] adj pervertiert
pesky [ˈpeskɪ] bes US umg adj ‹komp peskier› nervtötend umg
pessary [ˈpesərɪ] s Pessar n
pessimism [ˈpesɪmɪzəm] s Pessimismus m
pessimist [ˈpesɪmɪst] s Pessimist(in) m(f)
pessimistic [ˌpesɪˈmɪstɪk] adj pessimistisch; **I'm rather ~ about it** da bin ich ziemlich pessimistisch; **I'm ~ about our chances of success** ich bin pessimistisch, was unsere Erfolgschancen angeht
pessimistically [ˌpesɪˈmɪstɪkəlɪ] adv pessimistisch
pest [pest] s **1** ZOOL Schädling m; **~ control** Schädlingsbekämpfung f **2** fig (≈ Mensch) Nervensäge f; (≈ Sache) Plage f
pester [ˈpestə^r] v/t belästigen; **she ~ed me for the book** sie ließ mir keine Ruhe wegen des Buches; **to ~ sb to do sth** j-n bedrängen, etw zu tun
pesticide [ˈpestɪsaɪd] s Pestizid n
pet [pet] **A** adj ‹attr› **1** **her pet dogs** ihre Hunde **2** Lieblings-; **pet theory** Lieblingstheorie f; **a pet name** ein Kosename m **B** s **1** Haustier n **2** Liebling m; **teacher's pet** Streber(in) m(f) **C** v/t streicheln
petal [ˈpetl] s Blütenblatt n
Pete [piːt] s **for ~'s sake** umg um Himmels wil-

len

peter out [ˌpiːtərˈaʊt] v/i langsam zu Ende gehen; *Geräusch* verhallen; *Interesse* sich verlieren

pet insurance s Haustierversicherung f

petit bourgeois [ˈpetiˈbʊəʒwɑː] adj kleinbürgerlich

petite [pəˈtiːt] adj zierlich

petite bourgeoisie [petiˌbʊəʒwɑːˈziː] s Kleinbürgertum n

petition [pəˈtɪʃən] **A** s Unterschriftenliste f; **to get up a ~** Unterschriften sammeln **B** v/t eine Unterschriftenliste vorlegen (+*dat*) **C** v/i eine Unterschriftenliste einreichen

pet passport *Br* s Tierpass m

petrified [ˈpetrɪfaɪd] *fig adj* **I was ~ (with fear)** ich war starr vor Schrecken; **she is ~ of spiders** sie hat panische Angst vor Spinnen; **to be ~ of doing sth** panische Angst davor haben, etw zu tun

petrify [ˈpetrɪfaɪ] v/t **he really petrifies me** er jagt mir schreckliche Angst ein; **a ~ing experience** ein schreckliches Erlebnis; **to be petrified by sth** sich panisch vor etw fürchten

petrochemical [ˈpetrəʊˈkemɪkəl] s petrochemisches Erzeugnis

petrol [ˈpetrəl] *Br* s Benzin n

petrol bomb s Benzinbombe f

petrol can s Reservekanister m

petrol cap s Tankdeckel m

petroleum [pɪˈtrəʊlɪəm] s Erdöl n

petrol gauge s Benzinuhr f

petrol pump s Zapfsäule f

petrol station s Tankstelle f

petrol tank s Benzintank m

petrol tanker s (Benzin)Tankwagen m

pet shop *bes Br* s, **pet store** *US* s Zoohandlung f

petticoat [ˈpetɪkəʊt] s Unterrock m

pettiness [ˈpetɪnɪs] s Kleinlichkeit f

petting [ˈpetɪŋ] s Petting n; **heavy ~** Heavy Petting n

petting zoo s Streichelzoo m

petty [ˈpetɪ] adj ⟨komp pettier⟩ **1** belanglos **2** kleinlich

petty bourgeois adj → petit bourgeois

petty bourgeoisie s → petite bourgeoisie

petty cash s Portokasse f

petty crime s ⟨kein pl⟩ Kleinkriminalität f

petty theft s einfacher Diebstahl

petulant [ˈpetjʊlənt] adj verdrießlich; *Kind* bockig *umg*

pew [pjuː] s KIRCHE (Kirchen)bank f; *hum* (≈ *Stuhl*) Platz m; **pews** pl Kirchengestühl n

pH [ˌpiːˈeɪtʃ] s CHEM pH-Wert m

phallic [ˈfælɪk] adj phallisch; **~ symbol** Phallussymbol n

phallus [ˈfæləs] s ⟨pl -es od phalli⟩ Phallus m

phantasy s → fantasy

phantom [ˈfæntəm] **A** s Phantom n, Geist m **B** adj ⟨attr⟩ eingebildet, Phantom-

Pharaoh [ˈfeərəʊ] s Pharao m

pharmaceutical [ˌfɑːməˈsjuːtɪkəl] **A** adj pharmazeutisch **B** s ⟨mst pl⟩ Arzneimittel n; **~(s) company** Pharmaunternehmen n

pharmacist [ˈfɑːməsɪst] s Apotheker(in) m(f)

pharmacology [ˌfɑːməˈkɒlədʒɪ] s Pharmakologie f

pharmacy [ˈfɑːməsɪ] s Apotheke f

phase [feɪz] **A** s Phase f; **a passing ~** ein vorübergehender Zustand; **he's just going through a ~** das ist nur so eine Phase bei ihm **B** v/t **a ~d withdrawal** ein schrittweiser Rückzug

phrasal verbs mit phase:

phase in v/t ⟨*trennb*⟩ allmählich einführen

phase out v/t ⟨*trennb*⟩ auslaufen lassen, schrittweise einstellen

phat [fæt] *sl adj* abgefahren *sl*, geil *sl*, fett *sl*

pH-balanced [ˌpiːˈeɪtʃˌbælənsd] adj *Seife etc* pH-neutral

PhD s Doktor m, Dr.; **PhD thesis** Doktorarbeit f; **to do one's PhD** promovieren; **to get one's PhD** den Doktor bekommen; **he has a PhD in English** er hat in Anglistik promoviert

pheasant [ˈfeznt] s Fasan m

phenix [ˈfiːnɪks] *US* s → phoenix

phenomena [fɪˈnɒmɪnə] pl → phenomenon

phenomenal [fɪˈnɒmɪnl] adj phänomenal; *Mensch* fabelhaft; **at a ~ rate** in phänomenalem Tempo

phenomenally [fɪˈnɒmɪnəlɪ] adv außerordentlich; *schlecht etc* unglaublich

phenomenon [fɪˈnɒmɪnən] s ⟨pl phenomena⟩ Phänomen n

phew [fjuː] int puh

phial [ˈfaɪəl] s Fläschchen n, Ampulle f

philanderer [fɪˈlændərəʳ] s Schwerenöter m

philanthropist [fɪˈlænθrəpɪst] s Philanthrop(in) m(f)

philanthropy [fɪˈlænθrəpɪ] s Philanthropie f

-phile [-faɪl] s ⟨*suf*⟩ -phile(r) m/f(m), -freund(in) m(f)

philharmonic [ˌfɪlɑːˈmɒnɪk] **A** adj philharmonisch **B** s **Philharmonic** Philharmonie f

Philippines [ˈfɪlɪpiːnz] pl Philippinen pl

philistine [ˈfɪlɪstaɪn] *fig* s Banause m, Banausin f

philological [ˌfɪləˈlɒdʒɪkl] adj philologisch

philology [fɪˈlɒlədʒɪ] s Philologie f

philosopher [fɪˈlɒsəfəʳ] s Philosoph(in) m(f)

philosophic(al) [ˌfɪləˈsɒfɪk(əl)] adj philosophisch; *fig* gelassen; **to be ~al about sth** etw philosophisch betrachten

philosophically [ˌfɪləˈsɒfɪkəlɪ] adv philoso-

philosophize [fɪˈlɒsəfaɪz] v/i philosophieren (**about, on** über +akk)
philosophy [fɪˈlɒsəfɪ] s Philosophie f
phlegm [flem] s Schleim m
phlegmatic [flegˈmætɪk] adj phlegmatisch
-phobe [-fəʊb] ⟨suf⟩ -phobe(r) m/f(m), -feind(in) m(f)
phobia [ˈfəʊbɪə] s Phobie f; **she has a ~ about it** sie hat krankhafte Angst davor
-phobic [-ˈfəʊbɪk] adj ⟨suf⟩ -phob, -feindlich
phoenix [ˈfiːnɪks] s, **phenix** US s Phönix m; **like a ~ from the ashes** wie ein Phönix aus der Asche
phone [fəʊn] **A** s Telefon n; **to be on the ~** Telefon haben; (≈ sprechen) am Telefon sein; **I'll give you a ~** Br umg ich ruf dich an **B** v/t anrufen **C** v/i telefonieren

phrasal verbs mit phone:
phone back v/t & v/i ⟨trennb⟩ zurückrufen
phone in A v/i anrufen; **to phone in sick** sich telefonisch krankmelden **B** v/t ⟨trennb⟩ Bestellung telefonisch aufgeben
phone up A v/i telefonieren **B** v/t ⟨trennb⟩ anrufen

phone bill s Telefonrechnung f
phone book s Telefonbuch n
phone booth s Telefonzelle f
phone box s Br Telefonzelle f
phone call s Telefonanruf m; **to make a ~** ein Telefongespräch führen; **have I had any ~s?** hat j-d für mich angerufen?
phonecard s Telefonkarte f
phone charger s fürs Handy Ladegerät n
phone-in s Phone-in s
phone number s Telefonnummer f
phonetic adj, **phonetically** [fəʊˈnetɪk, -əlɪ] adv phonetisch
phonetics [fəʊˈnetɪks] s ⟨+sg v⟩ Phonetik f
phoney [ˈfəʊnɪ] umg **A** adj **1** unecht; Name, Akzent falsch; Pass gefälscht; **there is something ~ about this** da ist was faul dran umg; **a ~ company** eine Schwindelfirma; **a ~ war** kein echter Krieg **2** (≈ unehrlich) Mensch falsch **B** s Fälschung f; (≈ Mensch) Schwindler(in) m(f), Angeber(in) m(f)
phony US umg adj & s → phoney
phosphate [ˈfɒsfeɪt] s CHEM Phosphat n
phosphorescent [ˌfɒsfəˈresnt] adj phosphoreszierend
phosphorus [ˈfɒsfərəs] s Phosphor m
photo [ˈfəʊtəʊ] s ⟨pl -s⟩ Foto n; **in the ~** auf dem Foto; **to take ~s** Fotos machen
photo album s Fotoalbum n
photobook s Fotobuch n
photo booth s Passbildautomat m
photocopier s (Foto)kopierer m
photocopy A s Fotokopie f **B** v/t fotokopieren **C** v/i **this won't ~** das lässt sich nicht fotokopieren
photo finish s Fotofinish n
Photofit® s, (a. **Photofit picture**) Phantombild n
photo gallery s Bilderstrecke f
photogenic [ˌfəʊtəʊˈdʒenɪk] adj fotogen
photograph [ˈfəʊtəgrɑːf] **A** s Fotografie f; **to take a ~ (of sb/sth)** (j-n/etw) fotografieren; **in the ~** auf der Fotografie; **~ album** Fotoalbum n **B** v/t fotografieren
photographer [fəˈtɒgrəfə] s Fotograf(in) m(f)
photographic [ˌfəʊtəˈgræfɪk] adj fotografisch; **~ software** Fotosoftware f
photography [fəˈtɒgrəfɪ] s Fotografie f
photography software s Fotosoftware f
photojournalism s Fotojournalismus m
photojournalist s Fotojournalist(in) m(f)
photon [ˈfəʊtɒn] s Photon n
photo opportunity s Fototermin m
photo printer s Fotodrucker m
photo session s Fotosession f
photosynthesis s Fotosynthese f
phrasal verb [ˌfreɪzəlˈvɜːb] s Verb n mit Präposition
phrase [freɪz] **A** s **1** GRAM Satzteil m; gesprochen Phrase f **2** Ausdruck m, Redewendung f **B** v/t formulieren
phrase book s Sprachführer m
pH-value [piːˈeɪtʃvæljuː] s pH-Wert m
physalis [faɪˈseɪlɪs] s Physalis f, Kapstachelbeere f
physical [ˈfɪzɪkəl] **A** adj **1** physisch, körperlich; **you don't get enough ~ exercise** Sie bewegen sich nicht genug **2** physikalisch; **it's a ~ impossibility** es ist ein Ding der Unmöglichkeit **B** s ärztliche Untersuchung f, MIL Musterung f
physical education s Sport(unterricht) m
physical education teacher s Sportlehrer(in) m(f)
physical fitness s körperliche Fitness f
physical handicap s Körperbehinderung f
physically [ˈfɪzɪkəlɪ] adv physisch, körperlich; **to be ~ sick** sich übergeben; **~ impossible** praktisch unmöglich; **they removed him ~ from the meeting** sie haben ihn mit Gewalt aus der Versammlung entfernt; **as long as is ~ possible** so lange wie nur irgend möglich
physically handicapped adj körperbehindert
physical science s Naturwissenschaft f
physician [fɪˈzɪʃən] s Arzt m, Ärztin f
physicist [ˈfɪzɪsɪst] s Physiker(in) m(f)
physics [ˈfɪzɪks] s ⟨+sg v⟩ Physik f; **~ is my fa-**

vourite subject Physik ist mein Lieblingsfach
physio ['fɪziəʊ] *bes Br umg s ⟨pl -s⟩* Physiotherapeut(in) *m(f)*
physiological [ˌfɪzɪə'lɒdʒɪkəl] *adj* physiologisch
physiology [ˌfɪzɪ'ɒlədʒɪ] *s* Physiologie *f*
physiotherapist [ˌfɪzɪə'θerəpɪst] *s* Physiotherapeut(in) *m(f)*
physiotherapy [ˌfɪzɪə'θerəpɪ] *s* Physiotherapie *f*
physique [fɪ'ziːk] *s* Körperbau *m*
pianist ['pɪənɪst] *s* Klavierspieler(in) *m(f)*, Pianist(in) *m(f)*
piano ['pjænəʊ] *s ⟨pl -s⟩* Klavier *n*, Flügel *m*; **to play the ~** Klavier spielen
piano player *s* Klavierspieler(in) *m(f)*
piano teacher *s* Klavierlehrer(in) *m(f)*
piccolo ['pɪkələʊ] *s ⟨pl -s⟩* Piccoloflöte *f*; **to play the ~** Piccoloflöte spielen
pick [pɪk] **A** *s* **1** Spitzhacke *f* **2** (≈ *Auswahl*) **she could have her ~ of any man in the room** sie könnte jeden Mann im Raum haben; **to have first ~** die erste Wahl haben; **take your ~!** such dir etwas/einen *etc* aus! **3** Beste(s) *n* **B** *v/t* **1** (aus)wählen; **to ~ a team** eine Mannschaft aufstellen; **to ~ sb to do sth** j-n auswählen, etw zu tun; **to ~ sides** wählen; **to ~ one's way through sth** seinen Weg durch etw finden **2** *Schorf* kratzen an (+*dat*); **to ~ one's nose** sich (+*dat*) in der Nase bohren; **to ~ a lock** ein Schloss knacken; **to ~ sth to pieces** *fig* etw verreißen; **to ~ holes in sth** *fig* etw bemäkeln; **to ~ a fight (with sb)** (mit j-m) einen Streit vom Zaun brechen; **to ~ sb's pocket** j-n bestehlen; **to ~ pockets** Taschendiebstahl begehen; **to ~ sb's brains (about sth)** j-n (nach etw) ausfragen **3** *Blumen, Obst* pflücken **C** *v/i* wählen; **to ~ and choose** wählerisch sein

phrasal verbs mit pick:

pick at *v/i ⟨+obj⟩* **to pick at one's food** im Essen herumstochern
pick off *v/t ⟨trennb⟩* wegzupfen, pflücken
pick on *bes Br umg v/i ⟨+obj⟩* herumhacken auf (+*dat*); **why pick on me?** *umg* warum gerade ich?; **pick on somebody your own size!** *umg* leg dich doch mit einem Gleichstarken an! *umg*
pick out *v/t ⟨trennb⟩* **1** auswählen **2** heraussuchen **3** (≈ *wahrnehmen*) ausmachen **4** MUS **to pick out a tune** eine Melodie improvisieren
pick over, pick through *v/i ⟨+obj⟩* durchsehen
pick up A *v/t ⟨trennb⟩* **1** aufheben, hochheben; **to pick up a child in one's arms** ein Kind auf den Arm nehmen; **to pick oneself up** aufstehen; **to pick up the phone** (den Hörer) abnehmen; **you just have to pick up the phone** du brauchst nur anzurufen; **to pick up the bill** die Rechnung bezahlen; **to pick up a story** mit einer Geschichte fortfahren; **to pick up the pieces** die Scherben aufsammeln **2** holen, bekommen; *Eigenart* sich (*dat*) angewöhnen; *Krankheit* sich (*dat*) holen; *durch Leistung* verdienen; **to pick sth up at a sale** etw im Ausverkauf erwischen; **to pick up speed** schneller werden; **he picked up a few extra points** er hat ein paar Extrapunkte gemacht **3** *Fertigkeit* sich (*dat*) aneignen; *Fremdsprache* lernen; *Wort* aufschnappen; *Informationen* herausbekommen; *Idee* aufgreifen; **you'll soon pick it up** du wirst das schnell lernen; **where did you pick up that idea?** wo hast du denn die Idee her? **4** *j-n, Waren* abholen; *Bus: Passagiere* aufnehmen, mitnehmen; (≈ *verhaften*) schnappen *umg* **5** *umg Mädchen* aufgabeln *umg* **6** RADIO *Radiosender* hereinbekommen **7** finden **B** *v/i* **1** besser werden; *Geschäft* sich erholen **2 to pick up where one left off** da weitermachen, wo man aufgehört hat

pick up on *v/t Fehler, Akzent* bemerken; **to pick up on sb/sth** j-n/etw wahrnehmen; **to pick up on sth** auf etw reagieren, etw aufgreifen
pickaxe ['pɪkæks] *s*, **pickax** *US s* Spitzhacke *f*
picker *s* Pflücker(in) *m(f)*
picket ['pɪkɪt] **A** *s* Streikposten *m* **B** *v/t Fabrik* Streikposten aufstellen vor (+*dat*)
picket fence *s* Palisadenzaun *m*
picketing *s* Aufstellen *n* von Streikposten
picket line *s* Streikpostenkette *f*; **to cross a ~** eine Streikpostenkette durchbrechen
picking ['pɪkɪŋ] *s*, **pickings** *pl* Ausbeute *f*
pickle ['pɪkl] **A** *s* **1** Mixed Pickles *pl* **2** *umg* **to be in a bit of a ~** ganz schön in der Patsche sitzen *umg*; **to get (oneself) into a ~** in ein Kuddelmuddel geraten *umg* **B** *v/t* einlegen
pickled *adj* eingelegt
pick-me-up *umg s* Muntermacher *m umg*, Anregungsmittel *n*
pickpocket ['pɪkˌpɒkɪt] *s* Taschendieb(in) *m(f)*
pick-up ['pɪkʌp] *s* **1** (*a.* **~ truck**) Kleintransporter *m* **2** Abholen *n*; **~ point** Treffpunkt *m*
picky ['pɪkɪ] *adj ⟨komp* **pickier***⟩ umg* pingelig *umg*; *Esser* wählerisch
picnic ['pɪknɪk] *⟨v: prät, pperf* **picnicked***⟩* **A** *v/i* picknicken **B** *s* Picknick *n*; **to have a ~** picknicken; **to go for** *od* **on a ~** ein Picknick machen
picnic basket, **picnic hamper** *s* Picknickkorb *m*
picnic site *s* Rastplatz *m*
picnic table *s* Campingtisch *m*
picture ['pɪktʃə*r*] **A** *s* **1** Bild *n*, Zeichnung *f*; **to take ~s** Bilder machen, fotografieren; **(as)**

pretty as a ~ bildschön; **to give you a ~ of what life is like here** damit Sie sich (dat) ein Bild vom Leben hier machen können); **to be in the ~** auf dem Bild sein; *fig* im Bilde sein; **to put sb in the ~** j-n ins Bild setzen; **I get the ~** *umg* ich habs kapiert *umg*; **his face was a ~** sein Gesicht war ein Bild für die Götter *umg*; **she was the ~ of health** sie sah wie die Gesundheit in Person aus **2** FILM Film *m*; **the ~s** *Br* das Kino; **to go to the ~s** *Br* ins Kino gehen **B** *v/t* sich (dat) vorstellen; **to ~ sth to oneself** sich (dat) etw vorstellen

picture book s Bilderbuch *n*
picture frame s Bilderrahmen *m*
picture gallery s Gemäldegalerie *f*
picture postcard s Ansichts(post)karte *f*
picturesque *adj*, **picturesquely** [ˌpɪktʃəˈresk, -lɪ] *adv* malerisch
piddle [ˈpɪdl] *umg v/i* pinkeln *umg*

phrasal verbs mit piddle:
piddle about *Br*, **piddle around** *umg v/i* herumtrödeln *umg*

piddling [ˈpɪdlɪŋ] *umg adj* lächerlich
pie [paɪ] s Pastete *f*; *süß* Obstkuchen *m*, Tortelett *n*; **that's all pie in the sky** *umg* das sind nur verrückte Ideen; **as easy as pie** *umg* kinderleicht; **she's got a finger in every pie** *fig umg* sie hat überall ihre Finger drin *umg*
piece [piːs] s **1** Stück *n*, Teil *n*, Einzelteil *n*; (≈ Glasstück) Scherbe *f*; *bei Brettspiel etc* Stein *m*; *Schach* Figur *f*; **a 50p ~** ein 50-Pence-Stück; **a ~ of cake/paper** ein Stück *n* Kuchen/Papier; **a ~ of furniture** ein Möbelstück *n*; **a ~ of news** eine Nachricht; **a ~ of advice** ein Rat *m*; **a ~ of luck** ein Glücksfall *m*; **a ~ of work** eine Arbeit; **a ~ of art** ein Kunstwerk *n*; **~ by ~** Stück für Stück; **to take sth to ~s** etw in seine Einzelteile zerlegen; **to come to ~s** *Möbel etc* sich zerlegen lassen; **to fall to ~s** *Buch etc* auseinanderfallen; **to be in ~s** (in Einzelteile) zerlegt sein; (≈ *kaputt*) zerbrochen sein; **to smash sth to ~s** etw kaputt schlagen; **he tore the letter (in)to ~s** er riss den Brief in Stücke; **he tore me to ~s during the debate** er zerriss mich förmlich während der Debatte **2** **to go to ~s** durchdrehen *umg*, die Kontrolle verlieren; **all in one ~** heil; **are you still in one ~ after your trip?** hast du deine Reise heil überstanden?; **to give sb a ~ of one's mind** j-m ordentlich die Meinung sagen

phrasal verbs mit piece:
piece together *fig v/t* ⟨trennb⟩ sich (dat) zusammenreimen; *Beweise* zusammenfügen

piecemeal *adj & adv* stückweise
piecework s Akkordarbeit *f*

pie chart s Tortendiagramm *n*
pie-eating contest s Kuchen- oder Pastetenwettessen
pier [pɪəʳ] s Pier *m/f*
pierce [pɪəs] *v/t* durchstechen; *Messer, Kugel* durchbohren; *fig* durchdringen; **to have one's ears ~d** sich (dat) die Ohren durchstechen lassen; **to have one's navel ~d** sich (dat) den Bauchnabel piercen lassen; **I want my nose ~d** ich möchte meine Nase piercen lassen
pierced *adj Objekt* durchstochen; *Brustwarze, Bauchnabel* gepierct
piercing [ˈpɪəsɪŋ] *adj* durchdringend; *Wind, Blick* stechend
piety [ˈpaɪətɪ] s Pietät *f*
pig [pɪg] **A** s **1** Schwein *n*; (≈ *unersättlicher Mensch*) Vielfraß *m umg*; **to make a pig of oneself** sich (dat) den Bauch vollschlagen *umg*; **pigs might fly** *Br sprichw* wers glaubt, wird selig **2** *sl* (≈ *Polizist*) Bulle *m sl* **B** *v/r* **to pig oneself** *umg* sich vollstopfen *umg*

phrasal verbs mit pig:
pig out *umg v/i* sich vollstopfen *umg*

pigeon [ˈpɪdʒən] s Taube *f*
pigeonhole [ˈpɪdʒənhəʊl] **A** s *in Schreibtisch etc* Fach *n* **B** *v/t fig* einordnen
piggy [ˈpɪgɪ] *adj* ⟨attr⟩ **~ eyes** Schweinsaugen *pl*
piggyback [ˈpɪgɪbæk] s **to give sb a ~** j-n huckepack nehmen
piggy bank s Sparschwein *n*
pig-headed *adj* stur
piglet [ˈpɪglɪt] s Ferkel *n*
pigment [ˈpɪgmənt] s Pigment *n*
Pigmy s → Pygmy
pigpen *US* s → pigsty
pigskin s Schweinsleder *n*
pigsty s Schweinestall *m*
pigswill s Schweinefutter *n*
pigtail s Zopf *m*
pike [paɪk] s ⟨pl -⟩ Hecht *m*
pilates [pɪˈlɑːtɪz] s SPORT Pilates *n*
pilchard [ˈpɪltʃəd] s Sardine *f*
pile [paɪl] **A** s **1** Stapel *m*; **to put things in a ~** etw (auf)stapeln; **to be in a ~** auf einem Haufen liegen; **at the bottom/top of the ~** *fig* untenan/obenauf **2** *umg* Menge *f*; **~s of money** jede Menge Geld *umg*; **a ~ of things to do** massenhaft zu tun *umg* **3** großes Haus **B** *v/t* stapeln; **a table ~d high with books** ein Tisch mit Stapeln von Büchern; **the sideboard was ~d high with presents** auf der Anrichte stapelten sich die Geschenke

phrasal verbs mit pile:
pile in A *umg v/i* hineindrängen (-**to** in +*akk*); *in Fahrzeug etc* einsteigen (-**to** in +*akk*) **B** *v/t* ⟨trennb⟩ einladen (-**to** in +*akk*)

pile on **A** v/i umg hineindrängen (-**to** in +akk) **B** v/t ⟨trennb⟩ wörtl aufhäufen (-**to** auf +akk); **she piled rice on(to) my plate** sie häufte Reis auf meinen Teller; **they are really piling on the pressure** sie setzen uns/euch etc ganz gehörig unter Druck

pile out umg v/i hinausdrängen (**of** aus)

pile up **A** v/i sich anhäufen; Verkehr sich stauen; Beweise sich verdichten **B** v/t ⟨trennb⟩ (auf)stapeln

piles [paɪlz] pl Hämorr(ho)iden pl

pile-up ['paɪlʌp] s (Massen)karambolage f

pilfer ['pɪlfəʳ] v/t stehlen

pilfering ['pɪlfərɪŋ] s (kleinere) Diebstähle pl

pilgrim ['pɪlɡrɪm] s Pilger(in) m(f); **the Pilgrim Fathers, the Pilgrims** die Pilgerväter pl

pilgrimage ['pɪlɡrɪmɪdʒ] s Pilgerfahrt f; **to go on a ~** eine Pilgerfahrt machen

pill [pɪl] s Tablette f; **the ~** die Pille; **to be/go on the ~** die Pille nehmen

pillar ['pɪləʳ] s Säule f; **a ~ of society** eine Stütze der Gesellschaft

pillar box Br s Briefkasten m

pill box s Pillendose f

pillion ['pɪljən] adv **to ride ~** auf dem Soziussitz mitfahren

pillow ['pɪləʊ] s (Kopf)kissen n

pillowcase s (Kopf)kissenbezug m

pillow fight s Kissenschlacht f

pillowslip s → pillowcase

pillow talk s Bettgeflüster n

pilot ['paɪlət] **A** s **1** FLUG Pilot(in) m(f) **2** TV **~ (episode)** Pilotfilm m **B** v/t Flugzeug fliegen

pilot light s Zündflamme f

pilot plant s Pilotanlage f

pilot scheme s Pilotprojekt n

pilot study s Pilotstudie f

pimento [pɪ'mentəʊ] s Piment m/n

pimp [pɪmp] s Zuhälter m

pimple ['pɪmpl] s Pickel m, Wimmerl n österr, Bibeli n schweiz

PIN [pɪn] s abk (= personal identification number) PIN f; **PIN number** Geheimzahl f

pin [pɪn] **A** s **1** Handarbeiten Stecknadel f; für Haar, Krawatte Nadel f; MECH Bolzen m, Stift m; **a two-pin plug** ein zweipoliger Stecker; **I've got pins and needles in my foot** mir ist der Fuß eingeschlafen; **you could have heard a pin drop** man hätte eine Stecknadel fallen hören können **2** bes US Brosche f, Abzeichen n **B** v/t **1** **to pin sth to sth** etw an etw (akk) heften; **to pin one's hair back** sein Haar hinten zusammenstecken **2** fig **to pin sb to the ground** j-n an den Boden pressen; **to pin sb's arm behind his back** j-m den Arm auf den Rücken drehen; **to pin one's hopes on sb/sth** seine Hoffnungen auf j-n/etw setzen; **to pin the blame (for sth) on sb** umg j-m die Schuld (an etw dat) anhängen umg

phrasal verbs mit pin:

pin down v/t ⟨trennb⟩ **1** niederhalten; **to pin sb down** j-n zu Boden drücken **2** fig einordnen; **to pin sb down (to sth)** fig j-n (auf etw akk) festnageln

pin up v/t ⟨trennb⟩ anheften

pinafore ['pɪnəfɔːʳ] s Schürze f; **~ dress** Br Trägerkleid n

pinball ['pɪnbɔːl] s Flipper m; **~ machine** Flipper m

pincers ['pɪnsəz] pl **1** Kneifzange f; **a pair of ~** eine Kneifzange **2** ZOOL Schere f

pinch [pɪntʃ] **A** s **1** Kneifen n kein pl, Zwicken n kein pl österr **2** GASTR Prise f **3** **to feel the ~** die schlechte Lage zu spüren bekommen; **at a ~** Br, **in a ~** US zur Not **B** v/t **1** kneifen, zwicken österr; **to ~ sb's bottom** j-n in den Hintern kneifen; **to ~ oneself** sich kneifen **2** Br umg klauen umg; **don't let anyone ~ my seat** pass auf, dass mir niemand den Platz wegnimmt; **he ~ed Johnny's girlfriend** er hat Johnny (dat) die Freundin ausgespannt umg **C** v/i Schuh drücken

pincushion [pɪn,kʊʃən] s Nadelkissen n

pine¹ [paɪn] s Kiefer f

pine² v/i **1** **to ~ for sb/sth** sich nach j-m/etw sehnen **2** vor Kummer verzehren

phrasal verbs mit pine:

pine away v/i sich (vor Kummer) verzehren

pineapple ['paɪn,æpl] s Ananas f; **~ juice** Ananassaft m

pine cone s Kiefernzapfen m

pine forest s Kiefernwald m

pine needle s Kiefernnadel f

pine tree s Kiefer f

pine wood s Kiefernholz n

ping [pɪŋ] **A** s Klingeln n **B** v/i klingeln

ping pong ['pɪŋpɒŋ] s Pingpong n; **~ ball** Pingpongball m

pink [pɪŋk] **A** s Rosa n **B** adj rosa inv; Backen rosig; **the ~ pound/dollar** die Kaufkraft der Schwulen; **to go** od **turn ~** erröten

pink slip US umg s Entlassungsschreiben n, blauer Brief umg

pinnacle ['pɪnəkl] fig s Gipfel m

PIN number s Geheimzahl f

pinpoint **A** s Punkt m; **a ~ of light** ein Lichtpunkt m **B** v/t genau aufzeigen, genau feststellen

pinprick s Nadelstich m

pinstripe s **~d suit** Nadelstreifenanzug m

pint [paɪnt] s **1** Maß Pint n **2** bes Br Milch, Bier ≈ halber Liter (Milch/Bier); **to have a ~** ein Bier trinken; **to go (out) for a ~** auf ein Bier ausgehen; **he likes a ~** er hebt ganz gern mal einen *umg*; **she's had a few ~s** *umg* sie hat ein paar intus *umg*

pintable ['pɪnˌteɪbl] *s Br* Flipper(automat) *m*

pin-up *s* (≈ *Bild*) Pin-up-Foto *n*; (≈ *Frau*) Pin-up-Girl *n*; (≈ *Mann*) Idol *n*

pioneer [ˌpaɪə'nɪə'] **A** *s fig* Pionier(in) *m(f)* **B** *v/t fig* Pionierarbeit *f* leisten für; **to ~ the use of sth** etw zum ersten Mal anwenden

pioneering [ˌpaɪə'nɪərɪŋ] *adj* ⟨*attr*⟩ Forschung bahnbrechend, innovativ; **~ spirit** Pioniergeist *m*

pious ['paɪəs] *adj* fromm

pip[1] [pɪp] *s* **1** BOT Kern *m* **2** RADIO, TEL **the pips** das Zeitzeichen; *in Telefonleitung* das Tut-Tut-Tut

pip[2] *Br umg v/t* **to pip sb at the post** j-n um Haaresbreite schlagen; *fig* j-m um Haaresbreite zuvorkommen

pipe [paɪp] **A** *s* **1** Rohr *n*; *für Brennstoff etc* Leitung *f* **2** MUS **~s** Dudelsack *m* **3** Pfeife *f*; **to smoke a ~** Pfeife rauchen **B** *v/t Wasser etc* in Rohren leiten

phrasal verbs mit pipe:

pipe down *umg v/i* den Mund halten *umg*; leiser sein

pipe up *umg v/i* den Mund aufmachen; **suddenly a little voice piped up** plötzlich machte sich ein Stimmchen bemerkbar

piped music [paɪpt] *s* (ständige) Hintergrundmusik

pipe dream *s* Hirngespinst *n*; **that's just a ~** das ist ja wohl nur ein frommer Wunsch

pipeline *s* (Rohr)leitung *f*; **to be in the ~** *fig* in Vorbereitung sein; **the pay rise hasn't come through yet but it's in the ~** die Lohnerhöhung ist noch nicht durch, steht aber kurz bevor

piper ['paɪpə'] *s* Dudelsackpfeifer(in) *m(f)*

pipe tobacco *s* Pfeifentabak *m*

piping ['paɪpɪŋ] **A** *s* Rohrleitungssystem *n* **B** *adv* **~ hot** kochend heiß

piquant ['piːkənt] *adj* pikant

pique [piːk] *s* Groll *m*; **he resigned in a fit of ~** er kündigte, weil er vergrämt war

piracy ['paɪərəsɪ] *s* Piraterie *f*; *von CD, DVD* Raubpressung *f*

pirate ['paɪərɪt] **A** *s* Pirat(in) *m(f)* **B** *v/t Idee* stehlen; **a ~d copy of the record** eine Raubpressung; **~d edition** Raubdruck *m*

Pirate Party *s* POL Piratenpartei *f*

pirouette [ˌpɪruˈet] *s* Pirouette *f*

Pisces ['paɪsiːz] *pl* ASTROL Fische *pl*; **to be (a) ~** (ein) Fisch sein

piss [pɪs] *sl* **A** *s* Pisse *f vulg*; **to have a ~** pissen *vulg*; **to take the ~ out of sb/sth** *Br sl* j-n/etw verarschen *umg* **B** *v/i* pissen *vulg*; **it's ~ing with rain** *umg* es pisst *sl* **C** *v/r* sich bepissen *vulg*; **we ~ed ourselves (laughing)** wir haben uns bepisst (vor Lachen) *sl*

phrasal verbs mit piss:

piss about, **piss around** *Br umg v/i* herummachen *umg*

piss down *Br umg v/i* **it's pissing down** es pisst *sl*

piss off A *v/i bes Br sl* sich verpissen *sl*; **piss off!** verpiss dich! *sl* **B** *v/t bes Br umg* ankotzen *sl*; **to be pissed off (with sb/sth)** (von j-m/etw) die Schnauze vollhaben *umg*

piss artist *umg s* Säufer(in) *m(f) pej umg*; (≈ *Angeber*) Großmaul *n umg*; (≈ *Versager*) Niete *f umg*

pissed [pɪst] *adj* **1** *Br umg* stockbesoffen *umg* **2** *US* (≈ *verärgert*) sauer *umg*

piss-take *Br sl s* Verarschung *f umg*

piss-up *Br sl s* Saufgelage *n umg*

pistachio [pɪ'stɑːʃɪəʊ] *s* ⟨*pl* -s⟩ Pistazie *f*

piste [piːst] *s* SKI Piste *f*

pistol ['pɪstl] *s* Pistole *f*

piston ['pɪstən] *s* Kolben *m*

pit[1] [pɪt] **A** *s* **1** Grube *f*; *Br Bergbau* Zeche *f*; **to have a sinking feeling in the pit of one's stomach** ein ungutes Gefühl in der Magengegend haben; **he works down the pit(s)** er arbeitet unter Tage **2** SPORT **to make a pit stop** einen Boxenstopp machen **3** THEAT Orchestergraben *m* **4** **the pits** *umg* das Allerletzte **B** *v/t* **1** **the moon is pitted with craters** der Mond ist mit Kratern übersät **2** **to pit one's wits against sb/sth** seinen Verstand an j-m/etw messen; **A is pitted against B** A und B stehen sich gegenüber

pit[2] *US* **A** *s* Stein *m* **B** *v/t* entsteinen

pita (bread) ['pɪtə] *US s* → pitta bread

pit babe *umg s* Boxenluder *n umg*

pitch A *s* **1** Wurf *m* **2** *bes Br* SPORT Platz *m* **3** *Br auf Markt etc* Stand *m*, Standl *n österr* **4** *umg von Vertreter etc* Sermon *m umg* **5** *Phonetik* Tonhöhe *f*, Tonlage *f*; *von Sänger* Stimmlage *f* **6** *fig* Grad *m* **B** *v/t* **1** Ball werfen **2** MUS *Note* treffen; **she ~ed her voice higher** sie sprach mit einer höheren Stimme **3** *fig* **the production must be ~ed at the right level for London audiences** das Stück muss auf das Niveau des Londoner Publikums abgestimmt werden **4** *Zelt* aufschlagen **C** *v/i* **1** fallen; **to ~ forward** vornüberfallen **2** SCHIFF stampfen; FLUG absacken **3** *Baseball* werfen

phrasal verbs mit pitch:

pitch in *umg v/i* einspringen; **so we all pitched in together** also packten wir alle mit an

pitch-black *adj* pechschwarz

pitch-dark **A** *adj* pechschwarz **B** *s* (tiefe) Finsternis

pitcher¹ ['pɪtʃə'] *bes US s* Krug *m*

pitcher² *s Baseball* Werfer(in) *m(f)*

pitchfork ['pɪtʃfɔːk] *s* Heugabel *f*, Mistgabel *f*

piteous ['pɪtɪəs] *adj* mitleiderregend

pitfall ['pɪtfɔːl] *fig s* Falle *f*

pith [pɪθ] *s* BOT Mark *n*; *von Orange etc* weiße Haut; *fig* Kern *m*

pitiful ['pɪtɪfʊl] *adj* **1** mitleiderregend; *Schrei* jämmerlich; **to be in a ~ state** in einem erbärmlichen Zustand sein **2** erbärmlich

pitifully ['pɪtɪfəlɪ] *adv* **1** jämmerlich **2** erbärmlich

pitiless ['pɪtɪlɪs] *adj* mitleidlos

pits [pɪts] *pl* → pit¹

pitta (bread) ['piːtə] *s* ≈ Fladenbrot *n*

pittance ['pɪtəns] *s* Hungerlohn *m*

pity ['pɪtɪ] **A** *s* **1** Mitleid *n*; **for ~'s sake!** um Himmels willen!; **to have** *od* **take ~ on sb** mit j-m Mitleid haben; **to move sb to ~** j-s Mitleid (*akk*) erregen **2 (what a) ~!** wie schade!; **what a ~ he can't come** (wie) schade, dass er nicht kommen kann; **more's the ~!** leider; **it is a ~ that …** es ist schade, dass …; **it would be a ~ if he lost** *od* **were to lose this job** es wäre bedauerlich, wenn er seine Arbeit verlieren sollte **B** *v/t* bedauern

pivot ['pɪvət] *v/i* ⟨*prät, pperf* pivoted⟩ sich drehen; **to ~ on sth** *fig* sich um etw drehen

pivotal ['pɪvətl] *fig adj* zentral

pixel ['pɪksl] *s* IT Pixel *n*

pixie, pixy ['pɪksɪ] *s* Kobold *m*

pizza ['piːtsə] *s* Pizza *f*

pizzeria [ˌpiːtsə'riːə] *s* Pizzeria *f*

placard ['plækɑːd] *s* Plakat *n*

placate [plə'keɪt] *v/t* beschwichtigen

place [pleɪs] **A** *s* **1** Platz *m*, Stelle *f*; **water is coming through in several ~s** an mehreren Stellen kommt Wasser durch; **from ~ to ~** von einem Ort zum anderen; **in another ~** woanders; **in other ~s** an anderen Orten, anderswo; **we found a good ~ to watch the procession from** wir fanden einen Platz, von dem wir den Umzug gut sehen konnten; **in the right/wrong ~** an der richtigen/falschen Stelle; **some/any ~** irgendwo; **a poor man with no ~ to go** ein armer Mann, der nicht weiß, wohin; **this is no ~ for you** das ist kein Platz für dich; **it was the last ~ I expected to find him** da hätte ich ihn zuletzt vermutet; **this isn't the ~ to discuss politics** dies ist nicht der Ort, um über Politik zu sprechen; **I can't be in two ~s at once!** ich kann doch nicht an zwei Stellen gleichzeitig sein **2** Gegend *f*, Ort *m*; *in Straßennamen* Platz *m*; **in this ~** hier **3** Haus *n*; **come round to my ~** komm doch mal vorbei; **let's go back to my ~** lass uns zu mir gehen; **I've never been to his ~** ich bin noch nie bei ihm gewesen; **at my/Peter's ~** bei mir/Peter **4** *an Tisch, in Mannschaft* Platz *m*; UNIV Studienplatz *m*; (= *Job*) *in Buch etc* Stelle *f*; SPORT Platzierung *f*; **~s for 500 students** 500 Studienplätze; **to give up one's ~** *in Warteschlange* j-m den Vortritt lassen; **to lose one's ~** *in Warteschlange* sich wieder hinten anstellen müssen; *in Buch* die Seite verblättern; *auf Seite* die Zeile verlieren; **to take the ~ of sb/sth** den Platz von j-m/etw einnehmen; **to win first ~** Erste(r, s) sein **5** Rang *m*; **people in high ~s** Leute in hohen Positionen; **to know one's ~** wissen, was sich (für einen) gehört; **it's not my ~ to comment** es steht mir nicht zu, einen Kommentar abzugeben; **to keep** *od* **put sb in his ~** j-n in seine Schranken weisen **6** MATH Stelle *f*; **to three decimal ~s** auf drei Stellen nach dem Komma **7 ~ of birth** Geburtsort *m*; **~ of residence** Wohnort *m*; **~ of work** Arbeitsplatz *m* **8 in ~s** stellenweise; **everything was in ~** alles war an seiner Stelle; **the legislation is already in ~** die gesetzlichen Regelungen gelten schon; **to be out of ~** nicht an der richtigen Stelle sein; **to look out of ~** fehl am Platz wirken; **all over the ~** überall; **in ~ of** statt (+*gen*); **to fall into ~** Gestalt annehmen; **in the first ~** erstens; **she shouldn't have been there in the first ~** sie hätte überhaupt nicht dort sein sollen; **to take ~** stattfinden; **to go ~s** herumreisen; *fig* es zu was bringen *umg* **B** *v/t* **1** setzen, stellen, legen; **she slowly ~d one foot in front of the other** sie setzte langsam einen Fuß vor den anderen; **she ~d a finger on her lips** sie legte den Finger auf die Lippen; **to ~ a strain on sth** etw belasten; **to ~ confidence in sb/sth** Vertrauen in j-n/etw setzen; **to be ~d** *Stadt etc* liegen; **how are you ~d for time?** wie sieht es mit deiner Zeit aus?; **we are well ~d for the shops** was Einkaufsmöglichkeiten angeht, wohnen wir günstig; **Liverpool are well ~d in the league** Liverpool liegt gut in der Tabelle **2** *rangmäßig* stellen; **that should be ~d first** das sollte an erster Stelle stehen; **the German runner was ~d third** der deutsche Läufer wurde Dritter **3** *Auftrag* erteilen (**with sb** j-m)

placebo [plə'siːbəʊ] *s* ⟨*pl* -s⟩ MED Placebo *n*

place mat *s* Set *n*

placement *s* **1** Platzierung *f*; *von Job* Vermittlung *f* **2** *Br von Lehrling* Praktikum *n*; **I'm here on a six-month ~** ich bin hier für sechs Monate zur Weiterbildung; *abgeordnet* ich bin

für sechs Monate hierhin überwiesen worden
placement test s SCHULE Einstufungstest m
place name s Ortsname m
place setting s Gedeck n
placid ['plæsɪd] adj ruhig; *Mensch a.* gelassen
plagiarism ['pleɪdʒərɪzəm] s Plagiat n
plagiarize ['pleɪdʒəraɪz] v/t plagiieren
plague [pleɪɡ] **A** s MED Seuche f; BIBEL, *a. fig* Plage f; **the ~** die Pest; **to avoid sb/sth like the ~** j-n/etw wie die Pest meiden **B** v/t plagen; **to be ~d by doubts** von Zweifeln geplagt werden; **to ~ sb with questions** j-n ständig mit Fragen belästigen
plaice [pleɪs] s Mehl *‹pl ->* Scholle f
plain [pleɪn] **A** adj ‹+er› **1** klar; offensichtlich; *Wahrheit* schlicht; **it is ~ to see that …** es ist offensichtlich, dass …; **to make sth ~ to sb** j-m etw klarmachen; **the reason is ~ to see** der Grund ist leicht einzusehen; **I'd like to make it quite ~ that …** ich möchte gern klarstellen, dass … **2** einfach; *Essen* (gut)bürgerlich; *Papier* unliniert; *Farbe* einheitlich **3** *Unsinn etc* rein **4** unattraktiv **B** adv **1** umg (ganz) einfach **2** **I can't put it ~er than that** deutlicher kann ich es nicht sagen **C** s GEOG Ebene f; **the ~s** das Flachland
plain chocolate Br s (Zart)bitterschokolade f
plain-clothes adj in Zivil
plain flour s Mehl n (*ohne Backpulver*)
plainly ['pleɪnlɪ] adv **1** eindeutig; *sichtbar, sich erinnern* klar; **~, these new techniques are impractical** es ist ganz klar, dass diese neuen Verfahren unpraktisch sind **2** *gestehen* offen **3** (≈ *schlicht*) einfach
plain-spoken adj offen, direkt; **to be ~** sagen, was man denkt
plaintiff ['pleɪntɪf] s Kläger(in) m(f)
plaintive ['pleɪntɪv] adj klagend
plait [plæt] **A** s bes Br Zopf m **B** v/t flechten
plan [plæn] **A** s Plan m; (≈ *Karte*) Stadtplan m; **~ of action** Aktionsprogramm n; **the ~ is to meet at six** es ist geplant, sich um sechs zu treffen; **to make ~s (for sth)** Pläne (für etw) machen; **have you any ~s for tonight?** hast du (für) heute Abend (schon) etwas vor?; **according to ~** planmäßig **B** v/t **1** planen; *Häuser etc* entwerfen **2** vorhaben; **we weren't ~ning to** wir hatten es nicht vor **C** v/i planen; **to ~ ahead** vorausplanen

<u>phrasal verbs mit plan:</u>

plan on v/i ‹+obj› **1** **to plan on doing sth** vorhaben, etw zu tun **2** **to plan on sth** mit etw rechnen

plan out v/t ‹trennb› in Einzelheiten planen
plane¹ s Flugzeug n; **to go by ~** fliegen; **on the ~** im Flugzeug

plane² **A** adj flach, eben **B** s **1** *fig* Ebene f **2** *fig* Stufe f, Niveau n
planeload ['pleɪnləʊd] s Flugzeugladung f
planet ['plænɪt] s Planet m
planetarium [ˌplænɪ'tɛərɪəm] s Planetarium n
plank [plæŋk] s Brett n; SCHIFF Planke f
plankton ['plæŋktən] s Plankton n
planned [plænd] adj geplant; **~ economy** Planwirtschaft f
planner ['plænə'] s Planer(in) m(f)
planning ['plænɪŋ] s Planung f; **~ permission** Baugenehmigung f
plant [plɑːnt] **A** s **1** BOT Pflanze f; **rare/tropical ~s** seltene/tropische Gewächse pl **2** ‹*kein pl*› Anlagen pl; (≈ *Fabrik*) Werk n; **~ manager** US Werks- *od* Betriebsleiter(in) m(f) **B** adj ‹*attr*› **~ life** Pflanzenwelt f **C** v/t **1** *Gartenbau* pflanzen; *Feld* bepflanzen **2** *in Position* setzen; *Bombe* legen; *Kuss* drücken **3** **to ~ sth on sb** umg j-m etw unterjubeln umg

<u>phrasal verbs mit plant:</u>

plant out v/t ‹trennb› auspflanzen

plantation [plæn'teɪʃən] s Plantage f, Anpflanzung f
planter ['plɑːntə'] s **1** Pflanzer(in) m(f) **2** Übertopf m
plant pot bes Br s Blumentopf m
plaque [plæk] s **1** Plakette f, Tafel f **2** (Zahn)belag m
plasma ['plæzmə] s Plasma n
plaster ['plɑːstə'] **A** s **1** Hoch- und Tiefbau (Ver)putz m **2** *a.* **~ of Paris** KUNST, MED Gips m; **to have one's leg in ~** das Bein in Gips haben **3** Br Pflaster n **B** v/t **1** *Wand* verputzen **2** umg **to ~ one's face with make-up** sein Gesicht mit Make-up vollkleistern umg; **~ed with mud** schlammbedeckt
plaster cast s MED Gipsverband m
plastered ['plɑːstəd] umg adj ‹präd› voll umg; **to get ~** sich volllaufen lassen umg
plastic ['plæstɪk] **A** s **1** Plastik n, Kunststoff m; **~s** Kunststoffe pl **2** umg Kreditkarten pl **B** adj Plastik-
plastic bag s Plastiktüte f
plastic bottle bank s Plastikflaschencontainer m
plastic explosive s Plastiksprengstoff m
Plasticine® ['plæstɪsiːn] Br s Modelliermasse f
plastic money s Plastikgeld n
plastic surgeon s plastischer Chirurg
plastic surgery s plastische Chirurgie; **she decided to have ~ on her nose** sie entschloss sich zu einer Schönheitsoperation an ihrer Nase
plastic wrap US s Frischhaltefolie f
plate [pleɪt] s **1** Teller m; **a ~ of spaghetti** ein

Teller m Spaghetti; **to have sth handed to one on a ~** Br fig umg etw auf einem Tablett serviert bekommen umg; **to have a lot on one's ~** fig umg viel am Hals haben umg **2** TECH, FOTO Platte f; für Namen Schild n

plateau ['plætəʊ] s ⟨pl -s od -x⟩ GEOG Hochebene f

plateful ['pleɪtfʊl] s Teller m

platform ['plætfɔːm] s Plattform f, Bühne f; BAHN Bahnsteig m; IT (System)plattform f

platform shoe s Plateauschuh m

platinum ['plætɪnəm] s Platin n

platitude ['plætɪtjuːd] s Plattitüde f

platonic [plə'tɒnɪk] adj platonisch

platoon [plə'tuːn] s MIL Zug m

platter ['plætə] s Teller m, Platte f; **to have sth handed to one on a (silver) ~** fig etw auf einem (silbernen) Tablett serviert bekommen

plausibility [ˌplɔːzə'bɪlɪtɪ] s Plausibilität f

plausible ['plɔːzəbl] adj plausibel

play [pleɪ] **A** s **1** Spiel n; **~ on words** Wortspiel n; **to abandon ~** SPORT das Spiel abbrechen; **to be in ~/out of ~** Ball im Spiel/im Aus sein **2** THEAT (Theater)stück n; RADIO Hörspiel n; TV Fernsehspiel n; **the ~s of Shakespeare** Shakespeares Dramen **3** fig **to come into ~** ins Spiel kommen; **to bring sth into ~** etw aufbieten **B** v/t spielen; **to ~ sb (at a game)** gegen j-n (ein Spiel) spielen; **to ~ a joke** od **trick on sb** j-m einen Streich spielen; **to ~ it safe** auf Nummer sicher gehen umg; **to ~ the fool** den Clown spielen; **to ~ the piano** Klavier spielen **C** v/i spielen; THEAT gespielt werden; **to go out to ~** rausgehen und spielen; **can Johnny come out to ~?** darf Johnny zum Spielen rauskommen?; **to ~ at cowboys and Indians** Cowboy und Indianer spielen; **to ~ at being a fireman** Feuerwehrmann spielen; **to ~ in defence** SPORT in der Abwehr spielen; **to ~ in goal** im Tor stehen; **what are you ~ing at?** umg was soll (denn) das? umg; **to ~ for money** um Geld spielen; **to ~ for time** fig Zeit gewinnen wollen; **to ~ into sb's hands** fig j-m in die Hände spielen; **to ~ to sb** MUS j-m vorspielen

phrasal verbs mit play:

play about Br, **play around** v/i spielen; **to play around with sth** mit etw (herum)spielen; **he's been playing around (with another woman)** er hat mit einer anderen Frau herumgemacht umg

play along v/i mitspielen; **to play along with a suggestion** auf einen Vorschlag scheinbar eingehen; **to play along with sb** j-m zustimmen

play back v/t ⟨trennb⟩ Tonband abspielen; Anrufbeantworter abhören

play down v/t ⟨trennb⟩ herunterspielen

play off v/t ⟨trennb⟩ **to play X off against Y** X gegen Y ausspielen

play on A v/i weiterspielen **B** v/i ⟨+obj⟩ a. **play upon** j-s Ängste geschickt ausnutzen; **the hours of waiting played on my nerves** das stundenlange Warten zermürbte mich

play through v/i ⟨+obj⟩ durchspielen

play up A v/i Br umg Schwierigkeiten machen **B** v/t ⟨trennb⟩ umg **to play sb up** j-m Schwierigkeiten machen

play upon v/i ⟨+obj⟩ → play on B

play with v/i ⟨+obj⟩ **we don't have much time to play with** wir haben zeitlich nicht viel Spielraum; **to play with oneself** an sich (dat) herumfummeln

playact v/i vortäuschen Theater spielen

play-acting fig s Theater n

playback s Wiedergabe f

playbill US s Theaterprogramm n

playboy s Playboy m

play date, **playdate** s Verabredung f zum Spielen

player ['pleɪə] s Spieler(in) m(f)

playful adj neckisch, verspielt; **the dog is just being ~** der Hund spielt nur

playfulness s Verspieltheit f

playground s Spielplatz m; SCHULE (Schul)hof m

playgroup s Spielgruppe f

playhouse s **1** US Spielhaus n **2** THEAT Schauspielhaus n

playing card ['pleɪɪŋ] s Spielkarte f

playing field s Sportplatz m

playlist s Titelliste f

playmate s Spielkamerad(in) m(f)

play-off s Ausscheidungsspiel n, Play-off n

play park s Spielpark m

playpen s Laufstall m

playschool bes Br s Kindergarten m

plaything s Spielzeug n; **~s** pl Spielsachen pl, Spielzeug n

playtime s SCHULE große Pause

playwright ['pleɪraɪt] s Dramatiker(in) m(f)

plaza ['plɑːzə] s Piazza f; US Einkaufszentrum n

plc Br abk (= public limited company) ≈ AG f

plea [pliː] s **1** Bitte f; **to make a ~ for sth** zu etw aufrufen **2** JUR Plädoyer n

plead [pliːd] ⟨prät, pperf pleaded; schott, US pled⟩ **A** v/t Unwissenheit sich berufen auf (+akk) **B** v/i **1** bitten (**for** um); **to ~ with sb to do sth** j-n bitten, etw zu tun; **to ~ with sb for sth** j-n um etw bitten **2** JUR das Plädoyer halten; **to ~ guilty/not guilty** sich schuldig/nicht schuldig bekennen

pleading adj, **pleadingly** ['pliːdɪŋ, -lɪ] adv flehend

pleasant ['pleznt] *adj* angenehm, erfreulich, gefreut *schweiz*; *Mensch* nett, fesch *österr*; *Lächeln* freundlich

pleasantly ['plezntlı] *adv* angenehm; *lächeln, grüßen* freundlich

pleasantness *s* Freundlichkeit *f*

pleasantry ['plezntrı] *s* Nettigkeit *f*

please [pli:z] **A** *int* bitte; **(yes,)** ~ (ja,) bitte, oh ja, gerne; **~ pass the salt, pass the salt,** ~ würden Sie mir bitte das Salz reichen?; **may I?** — ~ **do!** darf ich? — bitte sehr!; **B** *v/i* **1** **(just) as you** ~ ganz wie du willst; **to do as one** ~**s** tun, was einem gefällt **2** gefallen; **eager to** ~ darum bemüht, alles richtig zu machen **C** *v/t* eine Freude machen (+*dat*); **the idea** ~**d him** die Idee hat ihm gefallen; **just to** ~ **you** nur dir zuliebe; **it** ~**s me to see him so happy** es freut mich, dass er so glücklich ist; **you can't** ~ **everybody** man kann es nicht allen recht machen; **there's no pleasing him** er ist nie zufrieden; **he is easily** ~**d** er ist leicht zufriedenzustellen **D** *v/r* **to** ~ **oneself** tun, was einem gefällt; ~ **yourself!** wie Sie wollen!; **you can** ~ **yourself about where you sit** es ist Ihnen überlassen, wo Sie sitzen

pleased *adj* freudig, zufrieden; **to be** ~ **(about sth)** sich (über etw *akk*) freuen; **I'm** ~ **to hear that …** es freut mich zu hören, dass …; ~ **to meet you** freut mich; **we are** ~ **to inform you that …** wir freuen uns, Ihnen mitteilen zu können, dass …; **to be** ~ **with sb/sth** mit j-m/etw zufrieden sein; **I was only too** ~ **to help** es war mir wirklich eine Freude zu helfen

pleasing ['pli:zıŋ] *adj* angenehm, erfreulich, gefreut *schweiz*

pleasurable ['pleʒərəbl] *adj* angenehm; *Erwartung* freudig

pleasure ['pleʒəʳ] *s* **1** Freude *f*; **it's a** ~**, (my)** ~ gern (geschehen)!; **with** ~ sehr gerne; **it's a** ~ **to meet you** es freut mich, Sie kennenzulernen; **to get** ~ **out of doing sth** Spaß daran haben, etw zu tun; **he takes** ~ **in annoying me** es macht ihm Spaß, mich zu ärgern **2** Vergnügen *n*; **to do sth for** ~ etw zum Vergnügen tun; **business or** ~? geschäftlich oder zum Vergnügen?; **he's a** ~ **to teach** es ist ein Vergnügen, ihn zu unterrichten; **it's my very great** ~ **…** es ist mir ein großes Vergnügen, …; **to have the** ~ **of doing sth** das Vergnügen haben, etw zu tun

pleasure boat *s* Vergnügungsdampfer *m*

pleat [pli:t] **A** *s* Falte *f* **B** *v/t* fälteln

pleated ['pli:tıd] *adj* gefältelt; ~ **skirt** Faltenrock *m*

pleb [pleb] *umg s* Prolet(in) *m(f)*, Prolo *m umg*

plebian [plə'bi:ən] *adj* **1** proletenhaft **2** HIST plebejisch

plectrum ['plektrəm] *s* Plektrum *n*

pled [pled] *US, schott prät & pperf* → plead

pledge [pledʒ] **A** *s* **1** Pfand *n* **2** Versprechen *n*; **as a** ~ **of** als Zeichen (+*gen*); **election** ~**s** Wahlversprechen *pl* **B** *v/t* **1** verpfänden **2** zusichern; **to** ~ **support for sb/sth** j-m/einer Sache seine Unterstützung zusichern; **to** ~ **(one's) allegiance to sb/sth** j-m/einer Sache Treue geloben

plenary ['pli:nərı] *adj* ~ **session** Plenarsitzung *f*, Vollversammlung *f*; ~ **powers** unbeschränkte Vollmachten *pl*

plentiful ['plentıfʊl] *adj* reichlich; *Bodenschätze etc* reichlich vorhanden; **to be in** ~ **supply** reichlich vorhanden sein

plenty ['plentı] **A** *s* **1** eine Menge; **in** ~ im Überfluss; **three kilos will be** ~ drei Kilo sind reichlich; **there's** ~ **here for six** es gibt mehr als genug für sechs; **that's** ~**, thanks!** danke, das ist reichlich; **you've had** ~ du hast reichlich gehabt; **to see** ~ **of sb** j-n oft sehen; **there's** ~ **to do** es gibt viel zu tun; **there's** ~ **more where that came from** davon gibt es genug; **there are still** ~ **left** es sind immer noch eine ganze Menge da **2** ~ **of** viel; ~ **of time** viel Zeit; ~ **of eggs** viele Eier; **there is no longer** ~ **of oil** Öl ist nicht mehr im Überfluss vorhanden; **a country with** ~ **of natural resources** ein Land mit umfangreichen Bodenschätzen; **has everyone got** ~ **of potatoes?** hat jeder reichlich Kartoffeln?; **there will be** ~ **to drink** es gibt dort ausreichend zu trinken; **he had been given** ~ **of warning** er ist genügend oft gewarnt worden; **to arrive in** ~ **of time** rechtzeitig kommen; **there's** ~ **of time** es ist noch viel Zeit; **take** ~ **of exercise** Sie müssen viel Sport treiben **B** *bes US umg adv* **I like it** ~ ich mag das sehr

pliable ['plaıəbl], **pliant** ['plaıənt] *adj* **1** biegsam; *Leder* geschmeidig **2** fügsam

pliers ['plaıəz] *pl,* (*a.* **pair of pliers**) (Kombi)zange *f*

plight [plaıt] *s* Elend *n*; *von Wirtschaft etc* Verfall *m*; **the country's economic** ~ die wirtschaftliche Misere des Landes

plimsoll ['plımsl] *Br s* Turnschuh *m* (aus Segeltuch)

plod [plɒd] *v/i* **1** trotten; **to** ~ **up a hill** einen Hügel hinaufstapfen; **to** ~ **along** weiterstapfen **2** *fig* **to** ~ **away at sth** sich mit etw abmühen

phrasal verbs mit plod:

plod on *v/i bei Arbeit* sich durchkämpfen

plonk[1] [plɒŋk] *v/t umg a.* ~ **down** hinschmeißen *umg*; **to** ~ **oneself (down)** sich hinpflanzen *umg*

plonk² *Br umg s* (billiger) Wein
plonker ['plɒŋkəʳ] *Br umg s* **1** (≈ Mensch) Niete *f umg* **2** (≈ Penis) Pimmel *m umg*
plop [plɒp] **A** *s* Plumps *m; in Wasser* Platsch *m* **B** *v/i* **1** *in Wasser* platschen **2** *umg* plumpsen *umg*
plot [plɒt] **A** *s* **1** AGR Stück *n* Land, Grundstück *n*, Parzelle *f*; **a ~ of land** ein Stück *n* Land **2** *US von Gebäude* Grundriss *m* **3** Verschwörung *f* **4** LIT, THEAT Handlung *f*; **to lose the ~** *fig umg* den Faden verlieren **B** *v/t* **1** planen; **they ~ted to kill him** sie planten gemeinsam, ihn zu töten **2** *Position* feststellen; *auf Karte* einzeichnen **C** *v/i* **to ~ against sb** sich gegen j-n verschwören
plotter¹ ['plɒtəʳ] *s* COMPUT Plotter *m*
plotter² *n* Verschwörer(in) *m/f(m)*
plough [plaʊ], **plow** *US* **A** *s* Pflug *m*; **the Plough** ASTRON der Wagen **B** *v/t & v/i* AGR pflügen

phrasal verbs mit plough:

plough back *v/t* ⟨trennb⟩ HANDEL reinvestieren (**into** in *+akk*)
plough into A *v/i* ⟨+obj⟩ *Auto* hineinrasen in (+akk) **B** *v/t* ⟨trennb⟩ *Geld* reinstecken in (+akk) *umg*
plough through A *v/i* ⟨+obj⟩ **1 we ploughed through the snow** wir kämpften uns durch den Schnee; **the car ploughed through the fence** der Wagen brach durch den Zaun **2** *umg* **to plough through a novel** *etc* sich durch einen Roman *etc* hindurchquälen **B** *v/t* ⟨trennb⟩ **1 we ploughed our way through the long grass** wir bahnten uns unseren Weg durch das hohe Gras **2** *umg* **to plough one's way through a novel** *etc* sich durch einen Roman *etc* durchackern *umg*
plough up *v/t* ⟨trennb⟩ umpflügen

ploughing ['plaʊɪŋ] *s*, **plowing** *US s* Pflügen *n*
ploughman *s* ⟨*pl* -men⟩, **plowman** *US s* Pflüger *m*
ploughman's lunch *Br s* Käse und Brot als Imbiss
plow *etc US* → plough
ploy [plɔɪ] *s* Trick *m*
pls *abk* (= please) b.
pluck [plʌk] *v/t* **1** pflücken; *Huhn* rupfen; *Gitarre, Augenbrauen* zupfen; **to ~ (at) sb's sleeve** j-n am Ärmel zupfen; **she was ~ed from obscurity to become a film star** sie wurde von einer Unbekannten zum Filmstar gemacht; **he was ~ed to safety** er wurde in Sicherheit gebracht; **to ~ sth out of the air** etw aus der Luft greifen; **to ~ up (one's) courage** allen seinen Mut zusammennehmen **2** (*a.* **~ out**) Haare auszupfen
plucky ['plʌkɪ] *adj* ⟨*komp* pluckier⟩ *Mensch, Lächeln* tapfer; *Tat* mutig

plug [plʌg] **A** *s* **1** Stöpsel *m*, Propfen *m; in Fass* Spund *m*; **to pull the ~ on sb/sth** *fig umg* j-m/ einer Sache den Boden unter den Füßen wegziehen **2** ELEK Stecker *m*; AUTO (Zünd)kerze *f* **3** *umg* Schleichwerbung *f kein pl*; **to give sb/sth a ~** für j-n/etw Werbung machen **B** *v/t* **1** Loch, Leck zustopfen **2** *umg* Schleichwerbung machen für

phrasal verbs mit plug:

plug away *umg v/i* ackern *umg*; **to plug away at sth** sich mit etw herumschlagen *umg*; **keep plugging away** (nur) nicht lockerlassen
plug in A *v/t* ⟨trennb⟩ einstöpseln; **to be plugged in** angeschlossen sein **B** *v/i* sich anschließen lassen
plug up *v/t* ⟨trennb⟩ Loch zustopfen

plug-and-play *adj* ⟨attr⟩ IT Plug-and-Play-
plughole *Br s* Abfluss *m*; **to go down the ~** *fig umg* kaputtgehen *umg*
plum [plʌm] **A** *s* Pflaume *f*, Zwetschke *f* österr, Zwetsch(g)e *f* **B** *adj* ⟨attr⟩ *umg Job* Bomben- *umg*
plumage ['pluːmɪdʒ] *s* Gefieder *n*
plumb [plʌm] **A** *adv* **1** *umg* total *umg* **2** genau **B** *v/t* **to ~ the depths of despair** die tiefste Verzweiflung erleben; **to ~ new depths** einen neuen Tiefstand erreichen

phrasal verbs mit plumb:

plumb in *Br v/t* ⟨trennb⟩ anschließen

plumber ['plʌməʳ] *s* Klempner(in) *m(f)*, Installateur(in) *m(f)*
plumbing ['plʌmɪŋ] *s* **1** Leitungen *pl* **2** Klempnerarbeit *f*
plume [pluːm] *s* Feder *f; auf Helm* Federbusch *m*; **~ of smoke** Rauchfahne *f*
plummet ['plʌmɪt] *v/i Flugzeug* hinunterstürzen; *Verkaufszahlen* stark zurückgehen; *Aktien* fallen; **the euro has ~ted to £0.60** der Euro ist auf £ 0,60 gefallen
plump [plʌmp] **A** *adj* ⟨+er⟩ mollig; *Beine* stämmig; *Gesicht* rundlich; *Huhn* gut genährt; *Frucht* prall **B** *v/t* **to ~ sth down** etw hinfallen lassen/ hinwerfen; **she ~ed herself down in the armchair** sie ließ sich in den Sessel fallen

phrasal verbs mit plump:

plump for *v/i* ⟨+obj⟩ sich entscheiden für
plump up *v/t* ⟨trennb⟩ Kissen aufschütteln

plumpness ['plʌmpnɪs] *s* Molligkeit *f; von Beinen* Stämmigkeit *f; von Gesicht* Pausbäckigkeit *f; von Huhn* Wohlgenährtheit *f*
plum pudding *s* Plumpudding *m*
plum tomato *s* Flaschentomate *f*
plunder ['plʌndəʳ] **A** *s* Beute *f* **B** *v/t* **1** plündern **2** rauben **C** *v/i* plündern
plunge [plʌndʒ] **A** *v/t* **1** stecken; *in Flüssigkeit* tauchen; **he ~d the knife into his victim's**

back er jagte seinem Opfer das Messer in den Rücken ☑ *fig* **to ~ the country into war** das Land in einen Krieg stürzen; **~d into darkness** in Dunkelheit getaucht **B** *v/i* ☑ tauchen ☑ stürzen; *Umsatz* fallen; **to ~ to one's death** zu Tode stürzen; **he ~d into the crowd** er stürzte sich in die Massen **C** *v/r in Arbeit etc* sich stürzen (**into** *in +akk*) **D** *s* ☑ Sturz *m*; **shares took a ~** es kam zu einem Kurssturz ☑ (Kopf)sprung *m*; **to take the ~** *fig umg* den Sprung wagen

phrasal verbs mit plunge:

plunge in **A** *v/t* ⟨*trennb*⟩ *Messer* hineinjagen; *Hand* hineinstecken; *in Flüssigkeit* hineintauchen; **he was plunged straight in (at the deep end)** *fig* er musste gleich richtig ran *umg* **B** *v/i* hineinspringen

plunger ['plʌndʒəʳ] *s* Sauger *m*
plunging ['plʌndʒɪŋ] *adj* ☑ *Ausschnitt* tief ☑ *Preise* stark fallend
pluperfect ['pluː'pɜːfɪkt] **A** *s* Plusquamperfekt *n* **B** *adj* **~ tense** Plusquamperfekt *n*
plural ['plʊərəl] **A** *adj* GRAM Plural-; **~ ending** Pluralendung *f* **B** *s* Plural *m*, Mehrzahl *f*; **in the ~** im Plural
pluralism ['plʊərəlɪzm] *s* Pluralismus *m*
pluralist ['plʊərəlɪst] *adj* pluralistisch
plus [plʌs] **A** *präp* plus (+*dat*), und (außerdem); **~ or minus 10%** plus minus 10 % **B** *adj* ☑ **a ~ figure** eine positive Zahl; **on the ~ side** auf der Habenseite; **~ 10 degrees** 10 Grad über null ☑ **he got B ~** ≈ er hat eine Zwei plus bekommen; **50 pages ~** über 50 Seiten **C** *s* Pluszeichen *n*; (≈ *Faktor*) Pluspunkt *m*; (≈ *Gewinn*) Plus *n*
plush [plʌʃ] *umg adj* ⟨*-er*⟩ feudal *umg*; **a ~ hotel** ein Nobelhotel *n umg*
plus sign *s* Pluszeichen *n*
Pluto ['pluːtəʊ] *s* ASTRON Pluto *m*
plutocracy [pluː'tɒkrəsɪ] *s* Plutokratie *f*
plutonium [pluː'təʊnɪəm] *s* Plutonium *n*
ply [plaɪ] *v/t* ☑ *Gewerbe* ausüben ☑ **to ply sb with questions** j-n mit Fragen überhäufen; **to ply sb with drink(s)** j-n immer wieder zum Trinken auffordern
plywood ['plaɪwʊd] *s* Sperrholz *n*
PM *Br abk* (= Prime Minister) *umg* Premierminister(in) *m(f)*
p.m. *abk* (= post meridiem) **2 ~** 2 Uhr nachmittags; **12 ~** 12 Uhr mittags
PMS [piː'em'es] *abk* (= pre-menstrual syndrome) PMS *n*
PMT [piː'em'tiː] *Br abk* (= pre-menstrual tension) PMS *n*
pneumatic drill [njuː,mætɪk'drɪl] *s* Pressluftbohrer *m*
pneumonia [njuː'məʊnɪə] *s* Lungenentzündung *f*
PO *abk* (= post office) PA
poach¹ [pəʊtʃ] *v/t Ei* pochieren; *Fisch* dünsten; **~ed egg** verlorenes Ei
poach² **A** *v/t* unerlaubt fangen; *fig Idee* stehlen; *Kunden* abwerben **B** *v/i* wildern (**for** auf +*akk*)
poacher ['pəʊtʃəʳ] *s* Wilderer *m*, Wilderin *f*
poaching ['pəʊtʃɪŋ] *s* Wildern *n*
PO Box *s*, **P.O. Box** *US s* Postfach *n*
pocket ['pɒkɪt] **A** *s* ☑ Tasche *f* (*an Kleidungsstücken*); *in Aktenordner* Fach *n*; *Billard* Loch *n*; **to be in sb's ~** *fig* j-m hörig sein; **to live in each other's** *od* **one another's ~s** *fig* unzertrennlich sein ☑ (≈ *Finanzen*) Geldbeutel *m*; **to be a drain on one's ~** j-s Geldbeutel strapazieren *umg*; **to pay for sth out of one's own ~** etw aus der eigenen Tasche bezahlen ☑ Gebiet *n*; **~ of resistance** Widerstandsnest *n* **B** *adj* Taschen- **C** *v/t* einstecken
pocketbook *s* ☑ Notizbuch *n* ☑ *bes US* Brieftasche *f*
pocket calculator *s* Taschenrechner *m*
pocketful *s* **a ~** eine Taschevoll
pocketknife *s* Taschenmesser *n*
pocket money *bes Br s* Taschengeld *n*
pocket-size(d) *adj* im Taschenformat; **~ camera/TV** Miniaturkamera *f*/-fernseher *m*
pockmarked ['pɒkmɑːkt] *adj Gesicht* pockennarbig; *Oberfläche* narbig
pod [pɒd] **A** *s* BOT Hülse *f* **B** *v/t Erbsen* enthülsen
podcast *s* IT Podcast *m*
podgy ['pɒdʒɪ] *Br umg adj* ⟨*komp* podgier⟩ pummelig *umg*; *Gesicht* schwammig; **~ fingers** Wurstfinger *pl pej umg*
podiatrist [pɒ'diːətrɪst] *bes US s* Fußspezialist(in) *m(f)*
podium ['pəʊdɪəm] *s* Podest *n*
poem ['pəʊɪm] *s* Gedicht *n*
poet ['pəʊɪt] *s* Dichter(in) *m(f)*
poetic [pəʊ'etɪk] *adj* poetisch
poetic device *s* poetisches (Stil)mittel
poetic licence *s* dichterische Freiheit
poet laureate ['pəʊɪt'lɔːrɪɪt] *s* Hofdichter(in) *m(f)*
poetry ['pəʊɪtrɪ] *s* ☑ Dichtung *f*; **to write ~** Gedichte schreiben ☑ *fig* **~ in motion** in Bewegung umgesetzte Poesie
poetry slam *s Gedichtwettbewerb*
pogrom ['pɒgrəm] *s* Pogrom *n*
poignancy ['pɔɪnjənsɪ] *s* Ergreifende(s) *n*; *von Erinnerungen* Wehmut *f*
poignant ['pɔɪnjənt] *adj* ergreifend; *Erinnerungen* wehmütig
point [pɔɪnt] **A** *s* ☑ Punkt *m*; **~s for/against** Plus-/Minuspunkte *pl*; **to win on ~s** nach Punkten gewinnen; **(nought) ~ seven (0.7)** null

Komma sieben (0,7); **up to a ~** bis zu einem gewissen Grad **2** *von Nadel* Spitze *f* **3** *zeitlich, örtlich* Stelle *f*; **at this ~** in diesem Augenblick, jetzt; **from that ~ on** von da an; **at what ~ ...?** an welcher Stelle ...?; **at no ~** nie; **at no ~ in the book** nirgends in dem Buch; **~ of departure** Ausgangspunkt *m*; **severe to the ~ of cruelty** streng bis an die Grenze der Grausamkeit; **the ~ of no return** *fig* der Punkt, von dem an es kein Zurück gibt; **to be on the ~ of doing sth** im Begriff sein, etw zu tun; **he was on the ~ of telling me the story when ...** er wollte mir gerade die Geschichte erzählen, als ... **4** (≈ *Sache*) Punkt *m*; **a useful ~** ein nützlicher Hinweis; **that's a good ~** das ist ein gutes Argument; **~ by ~** Punkt für Punkt; **my ~ was ...** was ich sagen wollte, war ...; **you have a ~ there** darin mögen Sie recht haben; **to make a/one's ~** ein/sein Argument *n* vorbringen; **he made the ~ that ...** er betonte, dass ...; **you've made your ~!** das hast du ja schon gesagt!; **what ~ are you trying to make?** worauf wollen Sie hinaus?; **I take your ~, ~ taken** ich akzeptiere, was Sie sagen; **do you take my ~?** verstehst du mich?; **a ~ of interest** ein interessanter Punkt; **a ~ of law** eine Rechtsfrage **5** Sinn *m*; **there's no ~ in staying** es hat keinen Sinn zu bleiben; **I don't see the ~ of carrying on** ich sehe keinen Sinn darin, weiterzumachen; **what's the ~ anyway?** was soll's?; **the ~ of this is ...** Sinn und Zweck davon ist ...; **what's the ~ of trying?** wozu (es) versuchen?; **the ~ is that ...** die Sache ist die, dass ...; **that's the whole ~** das ist es ja gerade; **that's the whole ~ of doing it this way** gerade darum machen wir das so; **the ~ of the story** die Pointe; **that's not the ~** darum geht es nicht; **to get** *od* **see the ~** verstehen, worum es geht; **do you see the ~ of what I'm saying?** weißt du, worauf ich hinauswill?; **to miss the ~** nicht verstehen, worum es geht; **he missed the ~ of what I was saying** er hat nicht begriffen, worauf ich hinauswollte; **to be to the ~** treffend sein; **to come to the ~** zur Sache kommen; **to keep** *od* **stick to the ~** beim Thema bleiben; **beside the ~** irrelevant; **I'm afraid that's beside the ~** das ist nicht relevant; **a case in ~** ein einschlägiger Fall; **to make a ~ of doing sth** Wert darauf legen, etw zu tun **6** (≈ *Eigenschaft*) **good/bad ~s** gute/schlechte Seiten *pl* **7** *Br BAHN* **~s** *pl* Weichen *pl* **B** *v/t* **1** *Waffe* richten (**at** auf +*akk*) **2** zeigen; **to ~ the way** den Weg weisen **3** *Zehen* strecken **C** *v/i* **1** zeigen, deuten (**at, to** auf +*akk*); **it's rude to ~ (at strangers)** es ist unhöflich, mit dem Finger (auf Fremde) zu zeigen; **he ~ed toward(s) the house** er zeigte zum Haus **2** hindeuten (**to** auf +*akk*); **everything ~s that way** alles weist in diese Richtung; **all the signs ~ to success** alle Zeichen stehen auf Erfolg **3** *Waffe* gerichtet sein; *Haus etc* liegen

<u>phrasal verbs mit point:</u>

point out *v/t* ⟨*trennb*⟩ zeigen auf (+*akk*); **to point sth out to sb** j-n auf etw (*akk*) hinweisen, j-n auf etw (*akk*) aufmerksam machen; **could you point him out to me?** kannst du mir zeigen, wer er ist?; **may I point out that ...?** darf ich darauf aufmerksam machen, dass ...?

point-blank ['pɔɪnt'blæŋk] **A** *adj* direkt; *Ablehnung* glatt; **at ~ range** aus kürzester Entfernung **B** *adv schießen* aus kürzester Entfernung; *fragen* rundheraus; *ablehnen* rundweg

pointed ['pɔɪntɪd] *adj* **1** spitz *Bemerkung, Blick* spitz; *Anspielung* unverblümt; *Frage* gezielt; *Abwesenheit, Geste* ostentativ; **that was rather ~** das war ziemlich deutlich

pointedly ['pɔɪntɪdlɪ] *adv reden* spitz; *anspielen* unverblümt; *fernbleiben* ostentativ

pointer ['pɔɪntə^r] *s* **1** Zeiger *m*, Nadel *f* **2** Zeigestock *m* **3** *IT* Mauszeiger *m* **4** *fig* Hinweis *m*

pointless *adj* sinnlos; **it is ~ her going** *od* **for her to go** es ist sinnlos, dass sie geht; **a ~ exercise** eine sinnlose Angelegenheit

pointlessly *adv* sinnlos

pointlessness *s* Sinnlosigkeit *f*

point of sale *s* Verkaufsstelle *f*; Werbematerial *n*

point of view *s* **1** Standpunkt *m*; **from my ~** von meinem Standpunkt aus; **from the ~ of productivity** von der Produktivität her gesehen **2** *LIT* Erzählerstandpunkt *m* (*Perspektive, aus der der Erzähler das Geschehen beobachtet und erzählt*)

poise [pɔɪz] **A** *s* **1** *von Kopf, Körper* Haltung *f*; (≈ *Anmut*) Grazie *f* **2** Selbstsicherheit *f* **B** *v/t* balancieren; **to hang ~d** *Vogel, Schwert* schweben; **the tiger was ~d ready to spring** der Tiger lauerte sprungbereit; **we sat ~d on the edge of our chairs** wir balancierten auf den Stuhlkanten

poised *adj* **1** bereit; **to be ~ to do sth** bereit sein, etw zu tun; **to be ~ for sth** für etw bereit sein; **the enemy are ~ to attack** der Feind steht angriffsbereit; **he was ~ to become champion** er war auf dem besten Weg, die Meisterschaft zu gewinnen; **to be ~ on the brink of sth** am Rande von etw stehen **2** selbstsicher

poison ['pɔɪzn] **A** *s* Gift *n* **B** *v/t* vergiften; *Atmosphäre, Flüsse* verpesten; **to ~ sb's mind against sb** j-n gegen j-n aufstacheln

poisoned *adj* vergiftet

poisoning ['pɔɪznɪŋ] s Vergiftung f
poisonous ['pɔɪznəs] adj giftig; **~ snake** Giftschlange f
poison-pen letter s anonymer Brief
poke [pəʊk] **A** s Stoß m; **to give sb/sth a ~** j-n/etw stoßen; mit Finger j-n/etw stupsen **B** v/t **1** stoßen; mit Finger stupsen; **to ~ the fire** das Feuer schüren; **he accidentally ~d me in the eye** er hat mir aus Versehen ins Auge gestoßen **2 to ~ one's finger into sth** seinen Finger in etw (akk) stecken; **he ~d his head round the door** er streckte seinen Kopf durch die Tür **3** Loch bohren **C** v/i **to ~ at sth** in etw (dat) stochern; **she ~d at her food with a fork** sie stocherte mit einer Gabel in ihrem Essen herum
phrasal verbs mit poke:
poke about Br, **poke around** v/i **1** herumstochern **2** umg neugierig schnüffeln umg
poke out A v/i vorstehen **B** v/t ⟨trennb⟩ **1** hinausstrecken **2** he poked the dirt out with his fingers er kratzte den Schmutz mit den Fingern heraus; **to poke sb's eye out** j-m ein Auge ausstechen
poker ['pəʊkə] s KART Poker n
poker-faced ['pəʊkə'feɪst] adj mit einem Pokergesicht
poky ['pəʊkɪ] pej adj ⟨komp pokier⟩ winzig; **it's so ~ in here** es ist so eng hier
Poland ['pəʊlənd] s Polen n
polar ['pəʊlə] adj Polar-, polar
polar bear s Eisbär m
polar circle s Polarkreis m
polarization [ˌpəʊləraɪ'zeɪʃn] s Polarisierung f
polarize ['pəʊləraɪz] **A** v/t polarisieren **B** v/i sich polarisieren
Polaroid® ['pəʊlərɔɪd] s Polaroidkamera® f; (≈ Foto) Sofortbild n
Pole [pəʊl] s Pole m, Polin f
pole[1] [pəʊl] s Stange f, Stab m
pole[2] s GEOG, ASTRON, ELEK Pol m; **they are ~s apart** sie (akk) trennen Welten
polemical [pɒ'lemɪkəl] adj polemisch
pole position s SPORT Poleposition f; **to be** od **start in ~** aus der Poleposition starten
pole star s Polarstern m
pole vault s Stabhochsprung m
pole-vaulter s Stabhochspringer(in) m(f)
police [pə'liːs] **A** s Polizei f; **to join the ~** zur Polizei gehen; **he is in the ~** er ist bei der Polizei; **hundreds of ~** Hunderte von Polizisten **B** v/t kontrollieren
police car s Polizeiwagen m
police constable Br s Polizist(in) m(f)
police department US s Polizei f
police dog s Polizeihund m
police force s Polizei f
police headquarters s ⟨+sg od pl v⟩ Polizeipräsidium n
policeman s ⟨pl -men⟩ Polizist m
police officer s Polizeibeamte(r) m/f(m)
police presence s Polizeiaufgebot n
police record s Strafregister n; **to have a ~** vorbestraft sein
police state s Polizeistaat m
police station s (Polizei)wache f, Wachzimmer n österr
policewoman s ⟨pl -women [-wɪmən]⟩ Polizistin f
policing [pə'liːsɪŋ] s Kontrolle f
policy[1] ['pɒlɪsɪ] s **1** Politik f kein pl; (≈ Prinzip) Grundsatz m; **our ~ on recruitment** unsere Einstellungspolitik; **a ~ of restricting immigration** eine Politik zur Einschränkung der Einwanderung; **a matter of ~** eine Grundsatzfrage; **your ~ should always be to give people a second chance** du solltest es dir zum Grundsatz machen, Menschen eine zweite Chance zu geben; **my ~ is to wait and see** meine Devise heißt abwarten **2** Taktik f; **it was good/bad ~** das war (taktisch) klug/unklug
policy[2] s, (a. **insurance policy**) (Versicherungs)police f; **to take out a ~** eine Versicherung abschließen
polio ['pəʊlɪəʊ] s ⟨kein pl⟩ Kinderlähmung f
Polish ['pəʊlɪʃ] **A** adj polnisch **B** s LING Polnisch n
polish ['pɒlɪʃ] **A** s **1** für Schuhe Creme f; für Fußboden Bohnerwachs n; für Möbel Politur f; für Metall Poliermittel n; für Fingernägel Lack m **2 to give sth a ~** etw polieren; Fußboden etw bohnern **3** Glanz m **B** v/t wörtl polieren; Fußboden bohnern
phrasal verbs mit polish:
polish off umg v/t ⟨trennb⟩ Essen verputzen umg
polish up v/t ⟨trennb⟩ **1** polieren **2** fig Sprachkenntnisse auffrischen; fig Stil aufpolieren; Aufsatz etc überarbeiten
polished ['pɒlɪʃt] adj **1** Möbel poliert; Fußboden gebohnert **2** Stil verfeinert; Leistung brillant
polite [pə'laɪt] adj ⟨komp politer⟩ höflich; **to be ~ to sb** höflich zu j-m sein
politeness [pə'laɪtnɪs] s Höflichkeit f
political [pə'lɪtɪkəl] adj politisch
political asylum s politisches Asyl; **he was granted ~** ihm wurde politisches Asyl gewährt
political correctness s politisch korrekter Sprachgebrauch
politically [pə'lɪtɪkəlɪ] adv politisch
politically correct adj politisch korrekt
politically incorrect adj politisch inkorrekt
political party s politische Partei

political prisoner s politischer Gefangener, politische Gefangene

politician [ˌpɒlɪˈtɪʃən] s Politiker(in) m(f)

politics [ˈpɒlɪtɪks] s ❶ ⟨+sg v⟩ Fach Politik f pl; **to go into ~** in die Politik gehen; **I think ~ is really interesting** ich finde Politik richtig spannend; **interested in ~** politisch interessiert ❷ ⟨pl⟩ politische Ansichten pl; **what are his ~?** welche politischen Ansichten hat er?; **office ~** Bürorangeleien pl

polka [ˈpɒlkə] s Polka f

polka dot [ˈpɒlkədɒt] Ⓐ s Tupfen m Ⓑ adj getupft

poll [pəʊl] Ⓐ s ❶ POL Abstimmung f, Wahl f; **a ~ was taken among the villagers** unter den Dorfbewohnern wurde abgestimmt; **they got 34% of the ~s** sie bekamen 34% der Stimmen ❷ ~s Wahl f; **to go to the ~s** zur Wahl gehen; **a crushing defeat at the ~s** eine vernichtende Wahlniederlage ❸ Umfrage f; **a telephone ~** eine telefonische Abstimmung Ⓑ v/t ❶ Stimmen erhalten ❷ bei Umfrage befragen

pollen [ˈpɒlən] s Pollen m

pollen count s Pollenzahl f, Pollenflug m

pollinate [ˈpɒlɪneɪt] v/t bestäuben

pollination [ˌpɒlɪˈneɪʃən] s Bestäubung f

polling [ˈpəʊlɪŋ] s Wahl f

polling booth s Wahlkabine f

polling card s Wahlausweis m

polling day bes Br s Wahltag m

polling station Br s Wahllokal n

pollster [ˈpəʊlstər] s Meinungsforscher(in) m(f)

poll tax s Kopfsteuer f

pollutant [pəˈluːtənt] s Schadstoff m

pollute [pəˈluːt] v/t verschmutzen, verunreinigen

polluted [pəˈluːtɪd] adj verschmutzt

polluter [pəˈluːtər] s Umweltverschmutzer(in) m(f)

pollution [pəˈluːʃən] s (Umwelt)verschmutzung f; von Atmosphäre Verunreinigung f

pollution rights pl Verschmutzungsrechte pl

polo [ˈpəʊləʊ] s ⟨kein pl⟩ Polo n

polo neck Br Ⓐ s Rollkragenpullover m Ⓑ adj **~ sweater** Rollkragenpullover m

polo shirt s Polohemd n

poltergeist [ˈpɒltəgaɪst] s Poltergeist m

polyester [ˌpɒlɪˈestər] s Polyester m

polygamist [pɒˈlɪgəmɪst] s Polygamist(in) m(f)

polygamous [pɒˈlɪgəməs] adj polygam

polygamy [pɒˈlɪgəmɪ] s Polygamie f

polystyrene® [ˌpɒlɪˈstaɪriːn] Ⓐ s Polystyrol n Ⓑ adj Polystyrol-

polysyllabic [ˌpɒlɪsɪˈlæbɪk] adj mehrsilbig

polytechnic [ˌpɒlɪˈteknɪk] Br s ≈ Polytechnikum n, technische Hochschule

polythene [ˈpɒlɪθiːn] Br s Polyäthylen n; **~ bag** Plastiktüte f

polyunsaturated [ˌpɒlɪʌnˈsætʃəreɪtɪd] adj mehrfach ungesättigt; **~ fats** mehrfach ungesättigte Fettsäuren pl

pomegranate [ˈpɒməˌgrænɪt] s Granatapfel m

Pomerania [ˌpɒməˈreɪnɪə] s Pommern n

pomp [pɒmp] s Pomp m

pompom [ˈpɒmpɒm] s Troddel f

pomposity [pɒmˈpɒsɪtɪ] s Aufgeblasenheit f; von Sprache Schwülstigkeit f

pompous [ˈpɒmpəs] adj aufgeblasen; Sprache schwülstig

pompously [ˈpɒmpəslɪ] adv schreiben, sprechen schwülstig; sich benehmen aufgeblasen

poncy [ˈpɒnsɪ] Br umg adj ⟨komp **poncier**⟩ Gang, Schauspieler tuntig umg

pond [pɒnd] s Teich m

ponder [ˈpɒndər] Ⓐ v/t nachdenken über (+akk) Ⓑ v/i nachdenken (**on, over** über +akk)

ponderous [ˈpɒndərəs] adj schwerfällig

pong [pɒŋ] Br umg Ⓐ s Gestank m; **there's a bit of a ~ in here** hier stinkts Ⓑ v/i stinken

pony [ˈpəʊnɪ] s Pony n

ponytail s Pferdeschwanz m; **she was wearing her hair in a ~** sie trug einen Pferdeschwanz

pony trekking s Ponyreiten n im Gelände

poo [puː] kinderspr s & v/i → **pooh**

pooch [puːtʃ] umg s Hündchen n

poodle [ˈpuːdl] s Pudel m

poof(ter) [ˈpʊf(tər)] Br obs s pej umg Schwule(r) m umg

pooh [puː] Ⓐ int puh Ⓑ s kinderspr Aa n kinderspr; **to do a ~** Aa machen kinderspr Ⓒ v/i kinderspr Aa machen kinderspr

pool¹ [puːl] s ❶ Teich m ❷ nach Regen Pfütze f ❸ Lache f; **a ~ of blood** eine Blutlache ❹ Swimmingpool m, Schwimmbad n; **to go to the (swimming) ~** ins Schwimmbad gehen

pool² Ⓐ s ❶ (gemeinsame) Kasse ❷ Schreibzentrale f ❸ Fuhrpark m ❹ Br **the ~s** Toto m/n; **to do the ~s** Toto spielen; **he won £1000 on the ~s** er hat £ 1000 im Toto gewonnen ❺ Poolbillard n Ⓑ v/t Mittel zusammenlegen; Anstrengungen vereinen gen

pool attendant s Bademeister(in) m(f)

pool hall s Billardzimmer n

pool table s Billardtisch m

poop [puːp] umg v/t schlauchen umg

pooped [puːpt] adj umg völlig fertig

pooper scooper [ˈpuːpəˌskuːpər] umg s Schaufel f für Hundekot

poor [pʊər] Ⓐ adj ⟨+er⟩ ❶ arm; **to get** od **become ~er** verarmen; **he was now one thousand pounds (the) ~er** er war nun um eintausend Pfund ärmer; **~ relation** fig Sorgenkind n;

~ Sophie (die) arme Sophie; **you ~ (old) chap** *umg* du armer Kerl *umg*; **~ you!** du Ärmste(r)!; **she's all alone, ~ woman** sie ist ganz allein, die arme Frau; **~ things, they look cold** die Ärmsten, ihnen scheint kalt zu sein ② schlecht, mangelhaft; *Führung* schwach; **a ~ substitute** ein armseliger Ersatz; **a ~ chance of success** schlechte Erfolgsaussichten *pl*; **that's ~ consolation** das ist ein schwacher Trost; **he has a ~ grasp of the subject** er beherrscht das Fach schlecht **B** *pl* **the ~** die Armen *pl*

poorly ['pʊəlɪ] **A** *adv* ① arm; *ausgestattet* ärmlich; **~ off** schlecht gestellt ② schlecht; **~-attended** schlecht besucht; **~-educated** ohne (ausreichende) Schulbildung; **~-equipped** schlecht ausgerüstet; **to do ~** (in etw *dat*) schlecht abschneiden **B** *adj* ⟨präd⟩ *Br* krank; **to be** *od* **feel ~** sich krank fühlen

pop[1] *s* MUS Pop *m*

pop[2] [pɒp] *bes US umg s* Papa *m umg*

pop[3] **A** *s* ① Knall *m* ② (≈ *Getränk*) Limo *f umg* **B** *adv* **to go pop** *Korken* knallen; *Ballon* platzen; **pop!** peng! **C** *v/t* ① Ballon zum Platzen bringen ② *umg* stecken; **to pop a letter into the postbox** *Br*, **to pop a letter into the mailbox** *US* einen Brief einwerfen; **he popped his head round the door** er streckte den Kopf durch die Tür; **to pop a jacket on** sich (*dat*) ein Jackett überziehen; **to pop the question** einen (Heirats)antrag machen **D** *umg v/i* ① *Korken* knallen; *Ballon* platzen; *Ohren* knacken; **his eyes were popping out of his head** ihm fielen fast die Augen aus dem Kopf *umg* ② **to pop along/down to the baker's** schnell zum Bäcker laufen; **I'll just pop upstairs** ich laufe mal eben nach oben; **pop round sometime** komm doch mal auf einen Sprung bei mir vorbei *umg*

phrasal verbs mit pop:

pop back *umg* **A** *v/t* ⟨*trennb*⟩ (schnell) zurücktun *umg*; **pop it back in(to) the box** tu es wieder in die Schachtel **B** *v/i* schnell zurücklaufen

pop in *umg* **A** *v/t* ⟨*trennb*⟩ hineintun; **to pop sth in(to) sth** etw in etw (*akk*) stecken **B** *v/i* auf einen Sprung vorbeikommen *umg*; **to pop in for a short chat** auf einen kleinen Schwatz hereinschauen *umg*; **we just popped into the pub** wir gingen kurz in die Kneipe; **just pop in any time** komm doch irgendwann mal vorbei

pop off *Br umg v/i* verschwinden *umg* (**to** nach)

pop open *v/i* aufplatzen, aufspringen

pop out *umg v/i* ① (schnell) rausgehen *umg*; **he has just popped out for a beer** er ist schnell auf ein Bierchen gegangen *umg*; **he has just popped out to the shops** er ist schnell zum Einkaufen gegangen ② *Augen* vorquellen

pop up *umg* **A** *v/t* ⟨*trennb*⟩ Kopf hochstrecken **B** *v/i* ① auftauchen; *Kopf* hochschießen *umg* ② (mal eben) raufkommen *umg*, (mal eben) raufgehen *umg*

pop concert *s* Popkonzert *n*

popcorn *s* Popcorn *n*

popcorn maker, **popcorn popper** *US s* Popcornmaschine *f*

Pope [pəʊp] *s* Papst *m*

pop group *s* Popgruppe *f*

popgun *s* Spielzeugpistole *f*

pop icon *s* Popikone *f*, Popidol *n*

poplar ['pɒplə[r]] *s* Pappel *f*

pop music *s* Popmusik *f*

poppy ['pɒpɪ] *s* Mohn *m*

Poppy Day *Br s* ≈ Volkstrauertag *m*

poppy seed *s* Mohn *m*

Popsicle® ['pɒpsɪkl] *US s* Eis *n* am Stiel

pop singer *s* Popsänger(in) *m(f)*

pop song *s* Popsong *m*

pop star *s* Popstar *m*

populace ['pɒpjʊləs] *s* Bevölkerung *f*, breite Öffentlichkeit

popular ['pɒpjʊlə[r]] *adj* ① beliebt (**with** bei); **he was a very ~ choice** seine Wahl fand großen Anklang ② populär; *Musik* leicht; **~ appeal** Massenappeal *m*; **~ science** Populärwissenschaft *f* ③ *Glaube* weitverbreitet; **contrary to ~ opinion** entgegen der landläufigen Meinung; **fruit teas are becoming increasingly ~** Früchtetees erfreuen sich zunehmender Beliebtheit ④ POL *Unterstützung* des Volkes; *Abstimmung, Forderung* allgemein; **~ uprising** Volksaufstand *m*; **by ~ request** auf allgemeinen Wunsch

popular culture *s* Populärkultur *f*

popularity [ˌpɒpjʊˈlærɪtɪ] *s* Beliebtheit *f*; Popularität *f*; **he'd do anything to win ~** er würde alles tun, um sich beliebt zu machen; **the sport is growing in ~** dieser Sport wird immer populärer

popularize ['pɒpjʊləraɪz] *v/t* ① populär machen ② *Wissenschaft, Ideen* popularisieren, popularisieren

popularly ['pɒpjʊləlɪ] *adv* allgemein; **he is ~ believed to be rich** nach allgemeiner Ansicht ist er reich; **to be ~ known as sb/sth** allgemein als j-d/etw bekannt sein

populate ['pɒpjʊleɪt] *v/t* bevölkern, besiedeln; **~d by** bevölkert von; **this area is ~d mainly by immigrants** in diesem Stadtteil leben hauptsächlich Einwanderer; **densely ~d areas** dicht besiedelte Gebiete *pl*; **densely ~d cities** dicht bevölkerte Städte *pl*

population [ˌpɒpjʊˈleɪʃən] *s* Bevölkerung *f*, Be-

wohner *pl*; (≈ *Ziffer*) Bevölkerungszahl *f*
populist ['pɒpjʊlɪst] *adj* populistisch
populous ['pɒpjʊləs] *adj Land* dicht besiedelt; *Stadt* einwohnerstark
pop-up ['pɒpʌp] **A** *adj Buch* Hochklapp- *umg*; ~ **menu/window** IT Pop-up-Menü *n*/Fenster *n* **B** *s* IT Pop-up(-Menü) *n*
porcelain ['pɔːsəlɪn] **A** *s* Porzellan *n* **B** *adj* Porzellan-
porch [pɔːtʃ] *s* Vorbau *m*; US Veranda *f*
porcupine ['pɔːkjʊpaɪn] *s* Stachelschwein *n*
pore [pɔːʳ] *s* Pore *f*; **in/from every ~** *fig* aus allen Poren

phrasal verbs mit pore:

pore over *v/i* ⟨+*obj*⟩ genau studieren; **to pore over one's books** über seinen Büchern hocken

pork [pɔːk] *s* Schweinefleisch *n*
pork chop *s* Schweinskotelett *n*
pork pie *s* Schweinefleischpastete *f*
pork sausage *s* Schweinswurst *f*
porky ['pɔːkɪ] *umg* **A** *adj* ⟨*komp* porkier⟩ fett **B** *s* Schwindelei *f*
porn [pɔːn] *umg* **A** *s* Pornografie *f*; **soft ~** weicher Porno *m*; **hard ~** harter Porno **B** *adj* pornografisch; **~ shop** Pornoladen *m umg*
porno ['pɔːnəʊ] **A** *umg s* ⟨*pl* -s⟩ Porno *m* **B** *adj umg* Porno-
pornographic *adj*, **pornographically** [ˌpɔːnəˈgræfɪk, -əlɪ] *adv* pornografisch
pornography [pɔːˈnɒgrəfɪ] *s* Pornografie *f*
porous ['pɔːrəs] *adj Fels* porös
porridge ['pɒrɪdʒ] *bes Br s* Haferbrei *m*
port¹ [pɔːt] *s* Hafen *m*; **~ of call** *s* Halt *m*; **any ~ in a storm** *sprichw* in der Not frisst der Teufel Fliegen *sprichw*
port² *s* COMPUT Port *m*
port³ **A** *s* SCHIFF, FLUG Backbord *m* **B** *adj* auf der Backbordseite
port⁴ *s*, (*a*. **port wine**) Portwein *m*
portable ['pɔːtəbl] *adj* **1** tragbar; *Toilette etc* mobil; **easily ~** leicht zu tragen; **~ radio** Kofferradio *n* **2** *Software* übertragbar
portal ['pɔːtl] *s* IT Portal *n*
porter ['pɔːtəʳ] *s von Bürohaus etc* Pförtner(in) *m(f)*; *in Krankenhaus* Assistent(in) *m(f)*; *von Hotel* Portier *m*, Portiersfrau *f*; BAHN Gepäckträger(in) *m(f)*
portfolio [pɔːtˈfəʊlɪəʊ] *s* ⟨*pl* -s⟩ **1** (Akten)mappe *f* **2** FIN Portefeuille *n* **3** *von Künstler* Kollektion *f*
porthole ['pɔːthəʊl] *s* Bullauge *n*
portion ['pɔːʃən] *s* **1** Teil *m*; *von Ticket* Abschnitt *m*; **my ~** mein Anteil *m* **2** *beim Essen* Portion *f*
portion size *s* Portionsgröße *f*
portly ['pɔːtlɪ] *adj* ⟨*komp* portlier⟩ beleibt, korpulent
portrait ['pɔːtrɪt] *s* Porträt *n*; **to have one's ~ painted** sich malen lassen; **to paint a ~ of sb** j-n porträtieren
portrait painter *s* Porträtmaler(in) *m(f)*
portray [pɔːˈtreɪ] *v/t* **1** darstellen **2** malen
portrayal [pɔːˈtreɪəl] *s* Darstellung *f*
Portugal ['pɔːtjʊgəl] *s* Portugal *n*
Portuguese [ˌpɔːtjʊˈgiːz] **A** *adj* portugiesisch; **he is ~** er ist Portugiese **B** *s* ⟨*pl* -⟩ Portugiese *m*, Portugiesin *f*; LING Portugiesisch *n*
pose [pəʊz] **A** *s* Haltung *f* **B** *v/t* **1** *Frage* vortragen **2** *Probleme* aufwerfen; *Bedrohung* darstellen **C** *v/i* **1** *Model* posieren; **to ~ (in the) nude** für einen Akt posieren **2** **to ~ as** sich ausgeben als
poser ['pəʊzəʳ] *s* Angeber(in) *m(f)*
posh [pɒʃ] *umg adj* ⟨+*er*⟩ vornehm
position [pəˈzɪʃən] **A** *s* **1** Platz *m*, Standort *m*; *von Stadt, Haus* Lage *f*; *von Flugzeug, Schiff, a.* SPORT Position *f*; MIL Stellung *f*; **to be in/out of ~** an der richtigen/falschen Stelle sein; **what ~ do you play?** auf welcher Position spielst du?; **he was in fourth ~** er lag auf dem vierten Platz **2** Haltung *f*; *beim Sex* Stellung *f*; **in a sitting ~** sitzend **3** (≈ *Rang*) Position *f*; *beruflich* Stelle *f*; **a ~ of trust** eine Vertrauensstellung; **to be in a ~ of power** eine Machtposition innehaben **4** *fig* Lage *f*; **to be in a ~ to do sth** in der Lage sein, etw zu tun **5** *fig* Standpunkt *m*; **what is the government's ~ on …?** welchen Standpunkt vertritt die Regierung zu …? **B** *v/t Mikrofon, Wachen* aufstellen; *Soldaten* postieren; IT *Cursor* positionieren; **he ~ed himself where he could see her** er stellte/setzte sich so, dass er sie sehen konnte
positive ['pɒzɪtɪv] **A** *adj* **1** positiv; *Kritik* konstruktiv; **~ pole** Pluspol *m*; **he is a very ~ person** er hat eine sehr positive Einstellung zum Leben; **to take ~ action** positive Schritte unternehmen **2** *Beweis, Antwort* eindeutig; **to be ~ that …** sicher sein, dass …; **to be ~ about** *od* **of sth** sich (*dat*) einer Sache (*gen*) absolut sicher sein; **are you sure? — ~** bist du sicher? — ganz bestimmt; **this is a ~ disgrace** das ist wirklich eine Schande; **a ~ genius** ein wahres Genie **B** *adv* **1** MED **to test ~** einen positiven Befund haben **2** **to think ~** positiv denken
positive feedback *s* **to get ~ (about sb/sth)** eine positive Rückmeldung (zu j-m/etw) erhalten
positively ['pɒzɪtɪvlɪ] *adv* **1** positiv **2** definitiv; **to test ~ for drugs** positiv auf Drogen getestet werden **3** wirklich; *emph* eindeutig; **Jane doesn't mind being photographed, she ~ loves it** Jane hat nichts dagegen, fotografiert zu werden, im Gegenteil, sie hat es sehr gern

posse ['pɒsɪ] *US* s Aufgebot *n*; *fig* Gruppe *f*

possess [pə'zes] *v/t* besitzen; *form* Informationen verfügen über (+*akk*); **to be ~ed by demons** von Dämonen besessen sein; **like a man ~ed** wie ein Besessener; **whatever ~ed you to do that?** was ist bloß in Sie gefahren, so etwas zu tun?

possession [pə'zeʃən] *s* Besitz *m*; **to have sth in one's ~** etw in seinem Besitz haben; **to have/take ~ of sth** etw in Besitz haben/nehmen; **to get ~ of sth** in den Besitz von etw kommen; **to be in ~ of sth** im Besitz von etw sein; **all his ~s** sein gesamter Besitz

possessive [pə'zesɪv] **A** *adj* eigen; *Freundin* besitzergreifend; **to be ~ about sth** seine Besitzansprüche auf etw (*akk*) betonen **B** *s* GRAM Possessiv(um) *n*

possessively [pə'zesɪvlɪ] *adv* eigen; *in Bezug auf Menschen* besitzergreifend

possessiveness [pə'zesɪvnɪs] *s* eigene Art (**about** mit); *in Bezug auf Menschen* besitzergreifende Art (**towards** gegenüber)

possessive pronoun *s* GRAM Possessivpronomen *n*

possessor [pə'zesəʳ] *s* Besitzer(in) *m(f)*

possibility [ˌpɒsə'bɪlɪtɪ] *s* Möglichkeit *f*; **there's not much ~ of success** die Aussichten auf Erfolg sind nicht sehr groß; **the ~ of doing sth** die Möglichkeit, etw zu tun; **it's a distinct ~ that ...** es besteht eindeutig die Möglichkeit, dass ...; **there is a ~ that ...** es besteht die Möglichkeit, dass ...

possible ['pɒsəbl] **A** *adj* möglich; **anything is ~** möglich ist alles; **as soon as ~** so bald wie möglich; **the best ~ ...** der/die/das bestmögliche ...; **if (at all) ~** falls (irgend) möglich; **it's just ~ that I'll see you before then** eventuell sehe ich dich vorher noch; **no ~ excuse** absolut keine Entschuldigung; **the only ~ choice, the only choice ~** die einzig mögliche Wahl; **it will be ~ for you to return the same day** Sie haben die Möglichkeit, am selben Tag zurückzukommen; **to make sth ~** etw ermöglichen; **to make it ~ for sb to do sth** es j-m ermöglichen, etw zu tun; **where ~** wo möglich; **wherever ~** wo immer möglich **B** *s* **he is a ~ for the English team** er kommt für die englische Mannschaft infrage

possibly ['pɒsəblɪ] *adv* **1** **I couldn't ~ do that** das könnte ich unmöglich tun; **nobody could ~ tell the difference** es war unmöglich, einen Unterschied zu erkennen; **very** *od* **quite ~** durchaus möglich; **how could he ~ have known that?** wie konnte er das nur wissen?; **he did all he ~ could** er tat, was er nur konnte; **I made myself as comfortable as I ~ could** ich habe es mir so bequem wie möglich gemacht; **if I ~ can** wenn ich irgend kann **2** vielleicht, möglicherweise; **~ not** vielleicht nicht

post[1] [pəʊst] **A** *s* Pfosten *m*, Pfahl *m*, Mast *m*; **a wooden ~** ein Holzpfahl *m*; **finishing ~** Zielpfosten *m* **B** *v/t* (*a.* **post up**) anschlagen

post[2] **A** *s* **1** *Br* Stelle *f*; **to take up a ~** eine Stelle antreten; **to hold a ~** eine Stelle innehaben **2** MIL Posten *m*; **a border ~** ein Grenzposten *m* **B** *v/t* versetzen; MIL abkommandieren

post[3] **A** *s Br* Post *f*; **by ~** mit der Post; **it's in the ~** es ist in der Post; **to catch the ~** rechtzeitig zur Leerung kommen; **to miss the ~** die Leerung verpassen; **there is no ~ today** heute kommt keine Post, heute ist keine Post (für uns) gekommen; **has the ~ been?** war die Post schon da? **B** *v/t* **1** *Br* aufgeben; *in Briefkasten* einwerfen; (≈ *senden*) mit der Post schicken; IT per E-Mail mailen; *im Internet* posten; **I ~ed it to you on Monday** ich habe es am Montag an Sie abgeschickt/gemailt **2** **to keep sb ~ed** j-n auf dem Laufenden halten

▸ phrasal verbs mit post:

post off *v/t* ⟨*trennb*⟩ abschicken

post- [pəʊst-] *präf* nach-, post-

postage ['pəʊstɪdʒ] *s* Porto *n*; **~ and packing** Porto und Verpackung; **~ paid** Entgelt bezahlt, portofrei

postage stamp *s* Briefmarke *f*

postal ['pəʊstl] *adj* Post-

postal address *s* Postanschrift *f*

postal code *Br s* Postleitzahl *f*

postal order *Br s* ≈ Postanweisung *f*

postal service *s* Postdienst *m*

postal vote *s* **to have a ~** per Briefwahl wählen

postal worker *s* Postbeamte(r) *m*, Postbeamtin *f*

postbag *Br s* Postsack *m*

postbox *Br s* Briefkasten *m*

postcard *s* Postkarte *f*; (**picture**) **~** Ansichtskarte *f*

postcode *Br s* Postleitzahl *f*

postdate *v/t* vordatieren

postedit *v/t & v/i* IT redaktionell nachbearbeiten

poster ['pəʊstəʳ] *s* Plakat *n*

poste restante [ˌpəʊst'rɛstɒnt] *adv Br* postlagernd

posterior [pɒ'stɪərɪəʳ] *hum s* Allerwerteste(r) *m hum*

posterity [pɒ'sterɪtɪ] *s* die Nachwelt

post-free *adj & adv* portofrei

postgrad ['pəʊstgræd] *umg*, **postgraduate** [ˌpəʊst'grædjʊət] **A** *s* Postgraduierte(r) *m/f(m)* **B** *adj* weiterführend; **~uate course** Anschlusskurs *m*; **~uate degree** zweiter akademischer Grad; **~uate student** Postgraduierte(r) *m/f(m)*

posthumous *adj*, **posthumously** ['pɒstjʊməs, -lɪ] *adv* post(h)um
posting ['pəʊstɪŋ] *s* Versetzung *f*; **he's got a new ~** er ist wieder versetzt worden
Post-it®, **Post-it note** *s* Post-it® *n*, Haftnotiz *f*
postman *Br s* ⟨*pl* -men⟩ Briefträger *m*
postmark **A** *s* Poststempel *m* **B** *v/t* (ab)stempeln; **the letter is ~ed "Birmingham"** der Brief ist in Birmingham abgestempelt
postmodern *adj* postmodern
postmodernism *s* Postmodernismus *m*
postmortem [ˌpəʊstˈmɔːtəm] *s*, (*a.* **postmortem examination**) Obduktion *f*
postnatal *adj* nach der Geburt
post office *s* Postamt *n*; **the Post Office** die Post®; **~ box** Postfach *n*
post-paid **A** *adj* portofrei; *Umschlag* frankiert **B** *adv* portofrei
postpone [pəʊstˈpəʊn] *v/t* aufschieben; **it has been ~d till Tuesday** es ist auf Dienstag verschoben worden
postponement *s* Verschiebung *f*, Aufschub *m*
postscript(um) ['pəʊstskrɪpt(əm)] *s in Brief* Postskriptum *n*; *in Buch* Nachwort *n*
post-traumatic stress disorder *s* MED posttraumatische Belastungsstörung
posture ['pɒstʃə] **A** *s* Haltung *f*; *pej* Pose *f* **B** *v/i* sich in Positur *od* Pose werfen
post-war *adj* Nachkriegs-; **~ era** Nachkriegszeit *f*
postwoman *bes Br s* ⟨*pl* -women [-wɪmən]⟩ Briefträgerin *f*
pot [pɒt] **A** *s* **1** Topf *m*; *für Tee* Kanne *f*; **to go to pot** *umg* auf den Hund kommen *umg*; *Pläne etc* ins Wasser fallen *umg* **2** *umg* **to have pots of money** jede Menge Geld haben *umg* **3** *umg* (≈ *Marihuana*) Pot *n sl* **B** *v/t* **1** *Pflanze* eintopfen **2** *Billard*: *Kugel* einlochen
potassium [pəˈtæsɪəm] *s* Kalium *n*
potato [pəˈteɪtəʊ] *s* ⟨*pl* -es⟩ Kartoffel *f*, Erdapfel *m österr*
potato chip *s* **1** *bes US* → **potato crisp 2** *Br* Pomme frite *m*
potato crisp *s Br* Kartoffelchip *m*
potato masher *s* Kartoffelstampfer *m*
potato peeler *s* Kartoffelschäler *m*
potato salad *s* Kartoffelsalat *m*
potbellied ['pɒtˈbelɪd] *adj* spitzbäuchig; *durch Hunger* blähbäuchig
potbelly *s* Spitzbauch *m*; *durch Hunger* Blähbauch *m*
potency ['pəʊtənsɪ] *s von Medikament* Stärke *f*; *von Argument, Darstellung* Schlagkraft *f*
potent ['pəʊtənt] *adj* stark; *Argument etc* durchschlagend; *Appell* beeindruckend
potential [pəʊˈtenʃəl] **A** *adj* potenziell **B** *s* Potenzial *n*; **~ for growth** Wachstumspotenzial *n*; **to have ~** ausbaufähig sein *umg*; **he shows quite a bit of ~** es steckt einiges in ihm; **to achieve** *od* **fulfil** *od* **realize one's ~** die Grenze seiner Möglichkeiten verwirklichen; **to have great ~ (as/for)** große Möglichkeiten bergen (als/für); **to have the ~ to do sth** das Potenzial haben, um etw zu tun; **to have no/little ~** kein/kaum Potenzial haben; **she has management ~** sie hat das Zeug zur Managerin
potentially [pəʊˈtenʃəlɪ] *adv* potenziell; **~, these problems are very serious** diese Probleme könnten sich als gravierend herausstellen
pothole ['pɒthəʊl] *s* **1** Schlagloch *n* **2** GEOL Höhle *f*
potion ['pəʊʃən] *s* Trank *m*
pot luck *s* **to take ~** nehmen, was es gerade gibt; **we took ~ and went to the nearest pub** wir gingen aufs Geratewohl in die nächste Kneipe
pot plant *s* Topfpflanze *f*
potpourri [ˌpəʊˈpʊrɪ] *wörtl s* Duftsträußchen *n*
pot roast *s* Schmorbraten *m*
pot shot *s* **to take a ~ at sb/sth** aufs Geratewohl auf j-n/etw schießen
potted ['pɒtɪd] *adj* **1** *Fleisch* eingemacht; **~ plant** Topfpflanze *f* **2** gekürzt
potter[1] ['pɒtə] *s* Töpfer(in) *m(f)*
potter[2], **putter** ['pʌtə] *US a. v/i* herumwerkeln; (≈ *bummeln*) herumschlendern; **she ~s away in the kitchen for hours** sie hantiert stundenlang in der Küche herum; **to ~ round the house** im Haus herumwerkeln; **to ~ round the shops** einen Geschäftsbummel machen; **to ~ along the road** *Fahrer, Auto* dahinzuckeln
pottery ['pɒtərɪ] *s* Töpferei *f*; (≈ *Produkte*) Töpferwaren *pl*, Keramik *f*
potting compost *s* Pflanzerde *f*
potting shed *s* Schuppen *m*
potty[1] ['pɒtɪ] *s* Töpfchen *n*, Haferl *n österr*; **~-trained** *Br* sauber
potty[2] *Br umg adj* ⟨*komp* pottier⟩ verrückt; **to drive sb ~** j-n zum Wahnsinn treiben; **he's ~ about her** er ist verrückt nach ihr
pouch [paʊtʃ] *s* Beutel *m*
poultice ['pəʊltɪs] *s* Umschlag *m*
poultry ['pəʊltrɪ] *s* Geflügel *n*
poultry farm *s* Geflügelfarm *f*
poultry farmer *s* Geflügelzüchter(in) *m(f)*
pounce [paʊns] **A** *s* Satz *m* **B** *v/i Katze* einen Satz machen; *fig* zuschlagen; **to ~ on sb/sth** sich auf j-n/etw stürzen
pound[1] [paʊnd] *s* **1** (≈ *Gewicht*) ≈ Pfund *n*; **two ~s of apples** zwei Pfund Äpfel; **by the ~** pfundweise; **a three-pound ball** ein drei Pfund schwerer Ball **2** (≈ *Währung*) Pfund *n*; **~ sterling**

Pfund Sterling; **five ~s** fünf Pfund

pound[2] **A** v/t **1** hämmern; *Tisch* hämmern auf (+*akk*); *Tür* hämmern gegen; *Wellen* schlagen gegen; *Waffen* ununterbrochen beschießen **2** *Getreide etc* (zer)stampfen **B** v/i hämmern; *Herz* (wild) pochen; *Wellen* schlagen (**on, against** gegen); *Trommeln* dröhnen; *beim Gehen* stapfen

phrasal verbs mit pound:

pound away v/i hämmern; *Musik, Gewehre* dröhnen; **he was pounding away at the typewriter** er hämmerte auf der Schreibmaschine herum

pound[3] s städtischer Hundezwinger; *bes Br* Abstellplatz m (*für amtlich abgeschleppte Fahrzeuge*)

-pounder [-ˈpaʊndər] s ⟨*suf*⟩ -pfünder m; **quarter-pounder** Viertelpfünder m

pounding [ˈpaʊndɪŋ] **A** s Hämmern n; *von Herz* Pochen n; *von Musik* Dröhnen n; *von Wellen* Schlagen n; *von Füßen* Stampfen n; *von Granaten etc* Bombardement n; **the ship took a ~** das Schiff wurde stark mitgenommen **B** adj *Herz* klopfend; *Füße* trommelnd; *Trommeln, Wellen* donnernd; *Kopfschmerzen* pochend

pour [pɔːr] **A** v/t *Flüssigkeit* gießen; *Zucker* schütten; *Drink* eingießen; **to ~ sth for sb** j-m etw eingießen; **to ~ money into a project** Geld in ein Projekt pumpen *umg* **B** v/i **1** strömen; **the sweat ~ed off him** der Schweiß floss in Strömen an ihm herunter; **it's ~ing (with rain)** es gießt (in Strömen), es schüttet *umg* **2** eingießen; **this jug doesn't ~ well** dieser Krug gießt nicht gut

phrasal verbs mit pour:

pour away v/t ⟨*trennb*⟩ weggießen

pour in v/i hereinströmen; *Spenden* in Strömen eintreffen

pour out A v/i herausströmen (**of** aus); *Worte* heraussprudeln (**of** aus) **B** v/t ⟨*trennb*⟩ **1** Flüssigkeit ausgießen; *Zucker etc* ausschütten; *Drink* eingießen **2** *fig Sorgen* sich (*dat*) von der Seele reden; **to pour out one's heart (to sb)** (j-m) sein Herz ausschütten

pouring [ˈpɔːrɪŋ] adj ~ **rain** strömender Regen, Schnürlregen m österr

pout [paʊt] **A** s Schmollmund m **B** v/i **1** einen Schmollmund machen **2** schmollen

poverty [ˈpɒvətɪ] s Armut f

poverty level s, **poverty line** s Armutsgrenze f; **to be below the ~** od **line** unterhalb der Armutsgrenze leben

poverty-stricken [ˈpɒvətɪstrɪkən] adj Not leidend; **to be ~** Armut leiden

POW abk (= **prisoner of war**) Kriegsgefangene(r) m/f(m)

powder [ˈpaʊdər] **A** s **1** Pulver n; (≈ *Kosmetik*)

Puder m **2** Staub m **B** v/t *Gesicht* pudern; **to ~ one's nose** *euph* kurz verschwinden *euph*

powdered [ˈpaʊdəd] adj **1** *Gesicht* gepudert **2** löslich; **~ sugar** US Puderzucker m, Staubzucker m österr

powdered milk s Milchpulver n

powder keg s Pulverfass n

powder room s Damentoilette f

powdery [ˈpaʊdərɪ] adj **1** pulvrig **2** bröcklig

power [ˈpaʊər] **A** s **1** (≈ *kein pl*) Kraft f; *von Schlag* Stärke f, Wucht f; *fig von Argument* Überzeugungskraft f; **the ~ of love** die Macht der Liebe; **purchasing** od **spending ~** Kaufkraft f **2** Vermögen n kein pl; **his ~s of hearing** sein Hörvermögen n; **mental ~s** geistige Kräfte pl **3** (≈ *Kapazität, Nation*) Macht f; **he did everything in his ~** er tat alles, was in seiner Macht stand; **a naval ~** eine Seemacht **4** ⟨*kein pl*⟩ (≈ *Autorität*) Macht f; JUR elterliche Gewalt f kein pl; Befugnis f; **he has the ~ to act** er ist handlungsberechtigt; **the ~ of the police** die Macht der Polizei; **to be in sb's ~** in j-s Gewalt (*dat*) sein; **~ of attorney** JUR (Handlungs)vollmacht f; **~ of veto** Vetorecht n; **the party in ~** die Partei, die an der Macht ist; **to fall from ~** abgesetzt werden; **to come into ~** an die Macht kommen; **I have no ~ over her** ich habe keine Gewalt über sie **5** (≈ *Mensch, Institution*) Autorität f; **to be the ~ behind the throne** die graue Eminenz sein; **the ~s that be** *umg* die da oben *umg*; **the ~s of evil** die Mächte des Bösen **6** *Atomkraft etc* Energie f; **they cut off the ~** sie haben den Strom abgestellt **7** *von Maschine* Leistung f; **on full ~** bei voller Leistung **8** MATH Potenz f; **to the ~ (of) 2** hoch 2 **9** *umg* **that did me a ~ of good** das hat mir unheimlich gutgetan *umg* **B** v/t mit Motor antreiben; *mit Brennstoff* betreiben; **~ed by electricity** mit Elektroantrieb

phrasal verbs mit power:

power down v/t ⟨*trennb*⟩ herunterfahren

power up v/i & v/t ⟨*trennb*⟩ starten

power-assisted adj AUTO, TECH Servo-; **~ steering** Servolenkung f

power base s Machtbasis f

powerboat s Rennboot n

power cable s Stromkabel n

power cut s Stromsperre f, Stromausfall m

power drill s Bohrmaschine f

power-driven adj mit Motorantrieb

power failure s Stromausfall m

powerful [ˈpaʊəfʊl] adj **1** mächtig **2** stark; *Körperbau, Tritt* kräftig; *Schwimmer, Reinigungsmittel* kraftvoll; *Motor* leistungsfähig; *Sturm, Geruch* massiv **3** *fig Redner* mitreißend; *Film etc* ausdrucksvoll; *Argument* durchschlagend

powerfully ['paʊəfəlɪ] adv **1** mächtig; ~ **built** kräftig gebaut **2** fig kraftvoll; ~ **written** mitreißend geschrieben

powerhouse fig s treibende Kraft (**behind** hinter +dat)

powerless adj machtlos; **to be ~ to resist** nicht die Kraft haben, zu widerstehen; **the government is ~ to deal with inflation** die Regierung steht der Inflation machtlos gegenüber

power line s Stromleitung f

power outage ['paʊə‚aʊtɪdʒ] US s Stromausfall m

power pack s von Elektrogerät Netzteil n

power plant s → power station

power point s ELEK Steckdose f

power politics pl Machtpolitik f

power sharing s POL Machtteilung f

power-sharing adj Regierung, Abmachung mit geteilter Macht; Koalitions-

power station s Kraftwerk n

power steering s AUTO Servolenkung f

power structure s Machtstruktur f

power struggle s Machtkampf m

power supply s ELEK Stromversorgung f

power tool s Elektrowerkzeug n

power unit s Netzteil n

power walking s SPORT Walking n

powwow ['paʊwaʊ] s Powwow n (indianische Versammlung)

pp abk ⟨nur geschrieben⟩ (= pages) Seiten pl

PR [piːˈɑːr] abk (= public relations) PR f

practicability [‚præktɪkəˈbɪlɪtɪ] s Durchführbarkeit f

practicable ['præktɪkəbl] adj durchführbar

practical ['præktɪkəl] adj praktisch; **for (all) ~ purposes** in der Praxis; **to be of no ~ use** ohne (jeden) praktischen Nutzen sein

practicality [‚præktɪˈkælɪtɪ] s **1** ⟨kein pl⟩ von Plan Durchführbarkeit f **2** praktisches Detail

practical joke s Streich m

practical joker s Witzbold m umg

practically ['præktɪkəlɪ] adv praktisch; ~ **speaking** konkret gesagt

practice ['præktɪs] s Gewohnheit f, Brauch m; (≈ schlechte Angewohnheit) Unsitte f; geschäftlich Praktik f; **this is normal business ~** das ist im Geschäftsleben so üblich; **that's common ~** das ist allgemein üblich **2** ⟨kein pl⟩ Übung f, Probe f; SPORT Training n; im Lehrwerk Übungsteil m; ~ **makes perfect** sprichw Übung macht den Meister sprichw; ~ **matters** Übung macht den Meister sprichw; **this piece of music needs a lot of ~** für dieses (Musik)stück muss man viel üben; **to do 10 minutes' ~** 10 Minuten (lang) üben; **to be out of ~** aus der Übung sein; **to have a ~ session** üben; THEAT etc Probe haben; SPORT trainieren **3** (≈ nicht Theorie) von Arzt etc Praxis f, Ordination f österr; **in ~** in der Praxis; **that won't work in ~** das lässt sich praktisch nicht durchführen; **to put sth into ~** etw in die Praxis umsetzen US v/t & v/i → practise

practice teacher US s SCHULE Referendar(in) m(f)

practise ['præktɪs], **practice** US v/t **1** üben; Lied proben; Folter praktizieren; **to ~ the violin** Geige üben; **to ~ doing sth** etw üben; **I'm practising my German on him** ich probiere mein Deutsch an ihm aus **2** Beruf, Religion ausüben; **to ~ law** als Anwalt praktizieren v/i **1** üben **2** Arzt etc praktizieren

practised ['præktɪst] adj, **practiced** ['præktɪst] US adj geübt (**at, in** in +dat)

practising ['præktɪsɪŋ] adj, **practicing** US adj praktizierend

practitioner [prækˈtɪʃənər] s praktischer Arzt, praktische Ärztin

pragmatic adj, **pragmatically** [prægˈmætɪk, -əlɪ] adv pragmatisch

pragmatism ['prægmətɪzəm] s Pragmatismus m

pragmatist ['prægmətɪst] s Pragmatiker(in) m(f)

Prague [prɑːɡ] s Prag n

prairie ['prɛərɪ] s Grassteppe f; in Nordamerika Prärie f

praise [preɪz] v/t loben, rühmen; **to ~ sb for having done sth** j-n dafür loben, etw getan zu haben s Lob n kein pl; **a hymn of ~** eine Lobeshymne; **he made a speech in ~ of their efforts** er hielt eine Lobrede auf ihre Bemühungen; **to win ~** Lob ernten; **I have nothing but ~ for him** ich kann ihn nur loben; ~ **be!** Gott sei Dank!

praiseworthy ['preɪz‚wɜːðɪ] adj lobenswert

praline ['prɑːliːn] s Praline f mit Nuss-Karamellfüllung

pram [præm] Br s Kinderwagen m

prance [prɑːns] v/i tänzeln, herumtanzen

prank [præŋk] s Streich m; **to play a ~ on sb** j-m einen Streich spielen

prankster ['præŋkstər] s Schelm(in) m(f)

prat [præt] Br umg s Trottel m umg

prattle ['prætl] s Geplapper n v/i plappern

prawn [prɔːn] s Garnele f

pray [preɪ] v/i beten; **to ~ for sb/sth** für j-n/um etw beten; **to ~ for sth** fig stark auf etw (akk) hoffen

prayer [prɛər] s Gebet n, Andacht f; **to say one's ~s** beten

prayer book s Gebetbuch n

prayer meeting s Gebetsstunde f

precariat [prɪˈkeərɪət] s SOZIOL Prekariat n

preach [priːtʃ] **A** v/t predigen; **to ~ a sermon** eine Predigt halten; **to ~ the gospel** das Evangelium verkünden **B** v/i predigen; **to ~ to the converted** sprichw offene Türen einrennen

preacher ['priːtʃə^r] s Prediger(in) m(f)

preaching ['priːtʃɪŋ] s Predigen n

preamble [ˌpriːˈæmbl] s **1** von Buch etc Einleitung f, Vorwort n **2** JUR Präambel f

prearrange ['priːəˈreɪndʒ] v/t im Voraus vereinbaren

prearranged ['priːəˈreɪndʒd], **pre-arranged** adj Treffen im Voraus verabredet; Ort im Voraus bestimmt

precarious [prɪˈkɛərɪəs] adj unsicher; Situation prekär; **at a ~ angle** in einem gefährlich aussehenden Winkel

precariously [prɪˈkɛərɪəslɪ] adv unsicher; **to be ~ balanced** auf der Kippe stehen; **~ perched on the edge of the table** gefährlich nahe am Tischrand

precaution [prɪˈkɔːʃən] s Vorsichtsmaßnahme f, Vorkehrung f; **security ~s** Sicherheitsmaßnahmen pl; **fire ~s** Brandschutzmaßnahmen pl; **to take ~s against sth** Vorsichtsmaßnahmen pl gegen etw treffen; **do you take ~s?** euph zur Empfängnisverhütung nimmst du (irgend)etwas?; **to take the ~ of doing sth** vorsichtshalber etw tun

precautionary [prɪˈkɔːʃənərɪ] adj Vorsichts-; **~ measure** Vorsichtsmaßnahme f

precede [prɪˈsiːd] v/t vorangehen (+dat)

precedence ['presɪdəns] s vorrangige Stellung (**over** gegenüber); von Problem Vorrang m (**over** vor +dat); **to take ~ over sb/sth** vor j-m/etw Vorrang haben; **to give ~ to sb/sth** j-m/einer Sache Vorrang geben

precedent ['presɪdənt] s Präzedenzfall m; **without ~** noch nie da gewesen; **to establish** od **create** od **set a ~** einen Präzedenzfall schaffen

preceding [prɪˈsiːdɪŋ] adj vorhergehend

precinct ['priːsɪŋkt] s **1** Br Fußgängerzone f, Einkaufsviertel n; US von Polizei Revier n **2** **~s** pl Umgebung f

precious ['preʃəs] **A** adj kostbar, wertvoll **B** adv umg **~ little/few** herzlich wenig/wenige umg; **~ little else** herzlich wenig sonst

precious metal s Edelmetall n

precious stone s Edelstein m

precipice ['presɪpɪs] s Abgrund m

precipitate [prəˈsɪpɪteɪt] v/t beschleunigen

precipitation [prɪˌsɪpɪˈteɪʃən] s **1** METEO Niederschlag m **2** Hast f, Eile f

précis ['preɪsiː] s Zusammenfassung f

precise [prɪˈsaɪs] adj genau, präzise; **at that ~ moment** genau in dem Augenblick; **please be more ~** drücken Sie sich bitte etwas genauer aus; **18, to be ~** 18, um genau zu sein; **or, to be more ~,** ... oder, um es genauer zu sagen, ...

precisely [prɪˈsaɪslɪ] adv genau; **at ~ 7 o'clock, at 7 o'clock ~** Punkt 7 Uhr; **that is ~ why I don't want it** genau deshalb will ich es nicht; **or more ~** ... oder genauer ...

precision [prɪˈsɪʒən] s Genauigkeit f

preclude [prɪˈkluːd] v/t ausschließen

precocious [prɪˈkəʊʃəs] adj frühreif

preconceived [ˌpriːkənˈsiːvd] adj vorgefasst; **to have ~ ideas about sth** eine vorgefasste Meinung zu etw haben

preconception [ˌpriːkənˈsepʃən] s vorgefasste Meinung

precondition [ˌpriːkənˈdɪʃən] s (Vor)bedingung f

precook [priːˈkʊk] v/t vorkochen

precursor [priːˈkɜːsə^r] s Vorläufer(in) m(f), Vorbote m, Vorbotin f

predate [ˌpriːˈdeɪt] v/t zeitlich vorangehen (+dat); Scheck zurückdatieren

predator ['predətə^r] s **1** Raubtier n **2** Person pej Profiteur(in) m(f), Aasgeier m pej

predatory ['predətərɪ] adj Verhalten räuberisch

predecessor ['priːdɪsesə^r] s Vorgänger(in) m(f); (≈ Sache) Vorläufer(in) m(f)

predestine [priːˈdestɪn] v/t prädestinieren; **he was ~d to do sth** es war ihm vorherbestimmt, etw zu tun

predetermine [ˌpriːdɪˈtɜːmɪn] v/t vorherbestimmen

predetermined [ˌpriːdɪˈtɜːmɪnd] adj Ergebnis im Voraus festgelegt; Position vorherbestimmt

predicament [prɪˈdɪkəmənt] s Dilemma n

predicate ['predɪkət] s GRAM Prädikat n, Satzaussage f

predicative [prɪˈdɪkətɪv] adj GRAM prädikativ

predict [prɪˈdɪkt] v/t vorhersagen

predictability [prəˌdɪktəˈbɪlɪtɪ] s Vorhersagbarkeit f

predictable [prɪˈdɪktəbl] adj vorhersagbar; Mensch durchschaubar; **to be ~** vorhersagbar sein; **you're so ~** man weiß doch genau, wie Sie reagieren

predictably [prɪˈdɪktəblɪ] adv vorhersagbar; **~ (enough), he was late** wie vorauszusehen, kam er zu spät

prediction [prɪˈdɪkʃən] s Prophezeiung f

predispose [ˌpriːdɪˈspəʊz] v/t geneigt machen; **to ~ sb toward(s) sb/sth** j-n für j-n/etw einnehmen

predisposition [ˌpriːdɪspəˈzɪʃən] s Neigung f (**to** zu)

predominance [prɪˈdɒmɪnəns] s Überwiegen n; **the ~ of women in the office** die weibliche

Überzahl im Büro
predominant *adj Idee* vorherrschend; *Mensch, Tier* beherrschend
predominantly *adv* überwiegend
predominate [prɪˈdɒmɪneɪt] *v/i* vorherrschen, überwiegen
pre-election [ˌpriːɪˈlekʃən] *adj* vor der Wahl (durchgeführt); **~ promise** Wahlversprechen *n*
pre-eminent [priːˈemɪnənt] *adj* überragend
pre-empt [priːˈempt] *v/t* zuvorkommen (+*dat*)
pre-emptive [priːˈemptɪv] *adj* präventiv, Präventiv-; **~ attack** Präventivschlag *m*; **~ right** *US* FIN Vorkaufsrecht *n*
preen [priːn] **A** *v/t* putzen **B** *v/i Vogel* sich putzen **C** *v/r* **to ~ oneself** *Vogel* sich putzen
pre-existent [ˌpriːɪɡˈzɪstənt] *adj* vorher vorhanden
prefab [ˈpriːfæb] *umg s* Fertighaus *n*
prefabricated [ˌpriːˈfæbrɪkeɪtɪd] *adj* vorgefertigt; **~ building** Fertighaus *n*
preface [ˈprefɪs] *s* Vorwort *n*
prefect [ˈpriːfekt] *s Br* SCHULE Aufsichtsschüler(in) *m(f)*
prefer [prɪˈfɜːʳ] *v/t* vorziehen (**to** +*dat*), bevorzugen (**to** vor +*dat*), lieber haben (**to** als); **he ~s coffee to tea** er trinkt lieber Kaffee als Tee; **I ~ it that way** es ist mir lieber so; **which (of them) do you ~?** *in Bezug auf Menschen* wen ziehen Sie vor?, wen mögen Sie lieber?; *in Bezug auf Sachen* welche(n, s) finden Sie besser?; **to ~ to do sth** etw lieber tun; **I ~ not to say** ich sage es lieber nicht; **would you ~ me to drive?** soll ich lieber fahren?; **I would ~ you to do it today** *od* **that you did it today** mir wäre es lieber, wenn Sie es heute täten
preferable [ˈprefərəbl] *adj* **X is ~ to Y** X ist Y (*dat*) vorzuziehen; **anything would be ~ to sharing a flat with Sophie** alles wäre besser, als mit Sophie zusammen wohnen zu müssen; **it would be ~ to do it that way** es wäre besser, es so zu machen; **infinitely ~** hundertmal besser
preferably [ˈprefərəblɪ] *adv* am liebsten; **tea or coffee? — coffee, ~** Tee oder Kaffee? — lieber Kaffee; **but ~ not Tuesday** aber, wenn möglich, nicht Dienstag
preference [ˈprefərəns] *s* **1** Vorliebe *f*; **just state your ~** nennen Sie einfach Ihre Wünsche; **I have no ~** mir ist das eigentlich gleich **2** **to give ~ to sb/sth** j-n/etw bevorzugen (**over** gegenüber)
preferential [ˌprefəˈrenʃəl] *adj* bevorzugt; **to give sb ~ treatment** j-n bevorzugt behandeln; **to get ~ treatment** eine Vorzugsbehandlung bekommen
prefix [ˈpriːfɪks] *s* GRAM Präfix *n*

preg [preɡ] *adj umg* schwanger
pregnancy [ˈpreɡnənsɪ] *s* Schwangerschaft *f*; *von Tier* Trächtigkeit *f*
pregnancy test *s* Schwangerschaftstest *m*
pregnant [ˈpreɡnənt] *adj* **1** schwanger; *Tier* trächtig; **3 months ~** im vierten Monat schwanger; **Gill was ~ by her new boyfriend** Gill war von ihrem neuen Freund schwanger; **to become** *od* **get ~** schwanger werden **2** *fig Pause* bedeutungsschwer
preg test *s umg* Schwangerschaftstest *m*
preheat [priːˈhiːt] *v/t* vorheizen
prehistoric [ˌpriːhɪˈstɒrɪk] *adj* prähistorisch
prehistory [ˌpriːˈhɪstərɪ] *s* Vorgeschichte *f*
pre-installed *adj* IT vorinstalliert
prejudge [priːˈdʒʌdʒ] *v/t* im Voraus beurteilen; *negativ* im Voraus verurteilen
prejudice [ˈpredʒʊdɪs] **A** *s* Vorurteil *n*; **his ~ against ...** seine Voreingenommenheit gegen ...; **to have a ~ against sb/sth** gegen j-n/etw voreingenommen sein; **racial ~** Rassenvorurteile *pl* **B** *v/t* beeinflussen
prejudiced [ˈpredʒʊdɪst] *adj* voreingenommen (**against** gegen); **to be ~ in favour of sb/sth** für j-n/etw voreingenommen sein; **to be racially ~** Rassenvorurteile haben
prejudicial [predʒʊˈdɪʃl] *adj* abträglich; **to be ~ to sth** einer Sache schaden
preliminary [prɪˈlɪmɪnərɪ] **A** *adj Maßnahmen* vorbereitend; *Bericht, Test* vorläufig; *Stadium* früh; **~ hearing** *US* JUR gerichtliche Voruntersuchung; **~ round** Vorrunde *f* **B** *s* Vorbereitung *f*; SPORT Vorspiel *n*; **preliminaries** *pl a.* JUR Präliminarien *pl geh*; SPORT Vorrunde *f*
preliminary hearing *s* JUR Voruntersuchung *f*
pre-loaded [priːˈləʊdɪd] *adj* IT *Programm etc* vorinstalliert
prelude [ˈpreljuːd] *fig s* Auftakt *m*
premarital [priːˈmærɪtl] *adj* vorehelich
premature [ˈpremətʃʊəʳ] *adj* vorzeitig; *Entscheidung* verfrüht; **the baby was three weeks ~** das Baby wurde drei Wochen zu früh geboren; **~ baby** Frühgeburt *f*; **~ ejaculation** vorzeitiger Samenerguss
prematurely [ˈpremətʃʊəlɪ] *adv* vorzeitig; *handeln* voreilig; **he was born ~** er war eine Frühgeburt
premeditated [priːˈmedɪteɪtɪd] *adj* vorsätzlich
premenstrual syndrome, **premenstrual tension** *bes Br s* prämenstruelles Syndrom
premier [ˈpremɪəʳ] **A** *adj* führend **B** *s* Premierminister(in) *m(f)*
première [ˈpremɪeəʳ] **A** *s* Premiere *f* **B** *v/t* uraufführen
Premier League, **Premiership** [ˈpremɪəʃɪp] *s* FUSSB Erste Liga

premise ['premɪs] s **1** *bes Logik* Voraussetzung *f* **2** ~s *pl* Gelände *n*, Gebäude *n*, Räumlichkeiten *pl*; **business ~s** Geschäftsräume *pl*; **to live on the ~s** im Haus wohnen; **that's not allowed on these ~s** das ist hier nicht erlaubt

premium ['pri:mɪəm] **A** s Bonus *m*; (≈ *Aufpreis*) Zuschlag *m*; *für Versicherung* Prämie *f* **B** *adj* **1** erstklassig; **~ petrol** *Br*, **~ gas** *US* Superbenzin *n* **2** **~ price** Höchstpreis *m*; **callers are charged a ~ rate of £1.50 a minute** Anrufern wird ein Höchsttarif von £ 1,50 pro Minute berechnet

premium-rate ['pri:mɪəm,reɪt] *adj* TEL zum Höchsttarif

premonition [,pri:mə'nɪʃən] s **1** (böse) Vorahnung **2** Vorwarnung *f*

prenatal [pri:'neɪtl] *adj* pränatal

prenuptial agreement [pri:,nʌpʃlə'gri:mənt] *s* Ehevertrag *m*

preoccupation [pri:,ɒkjʊ'peɪʃən] *s* **her ~ with making money was such that ...** sie war so sehr mit dem Geldverdienen beschäftigt, dass ...; **that was his main ~** das war sein Hauptanliegen

preoccupied *adj* gedankenverloren; **to be ~ with sth** nur an etw (*akk*) denken; **he has been (looking) rather ~ recently** er sieht in letzter Zeit so aus, als beschäftige ihn etwas

preoccupy [pri:'ɒkjʊpaɪ] *v/t* (stark) beschäftigen

pre-order [,pri:'ɔːdə^r] *v/t* vorbestellen

prep [prep] *Br umg* s Hausaufgabe *f*, Hausaufgaben *pl*; **to do one's ~** seine Hausaufgaben machen

prepackaged [pri:'pækɪdʒd], **prepacked** [pri:'pækt] *adj* abgepackt

prepaid [pri:'peɪd] **A** *pperf* → prepay **B** *adj* vorausbezahlt; *Brief* freigemacht; **~ mobile phone** Prepaid-Handy *n*

preparation [,prepə'reɪʃən] *s* Vorbereitung *f*; *von Mahlzeit* Zubereitung *f*; **in ~ for sth** als Vorbereitung für etw; **~s for war/a journey** Kriegs-/Reisevorbereitungen *pl*; **to make ~s** Vorbereitungen treffen

preparatory [prɪ'pærətərɪ] *adj* vorbereitend; **~ work** Vorbereitungsarbeit *f*

preparatory school *s* → prep school

prepare [prɪ'pɛə^r] **A** *v/t* vorbereiten (**sb for sth** j-n auf etw *akk od* **sth for sth** etw für etw); *Mahlzeit* zubereiten; *Zimmer* zurechtmachen; **~ yourself for a shock!** mach dich auf einen Schock gefasst! **B** *v/i* **to ~ for sth** sich auf etw (*akk*) vorbereiten; **the country is preparing for war** das Land trifft Kriegsvorbereitungen; **to ~ to do sth** Anstalten machen, etw zu tun

prepared [prɪ'pɛəd] *adj* **1** (*a.* **ready ~**) vorbereitet (**for** auf +*akk*); **~ meal** Fertiggericht *n*; **~ for war** bereit zum Krieg **2** **to be ~ to do sth** bereit sein, etw zu tun

prepay [pri:'peɪ] *v/t* ⟨*prät, pperf* prepaid⟩ im Voraus bezahlen

pre-pay ['pri:peɪ] *adj* ⟨*attr*⟩ im Voraus zahlbar

preponderance [prɪ'pɒndərəns] *s* Übergewicht *n*

preposition [,prepə'zɪʃən] *s* Präposition *f*

prepossessing [,pri:pə'zesɪŋ] *adj* einnehmend

preposterous [prɪ'pɒstərəs] *adj* grotesk

preprinted ['pri:'prɪntɪd] *adj* vorgedruckt

preprogram ['pri:'prəʊɡræm] *v/t* vorprogrammieren

prep school *umg* s **1** *in GB* private Vorbereitungsschule auf eine weiterführende Privatschule (*Alter 8-13*) **2** *in US* private Vorbereitungsschule auf das College

prerecord [,pri:rɪ'kɔːd] *v/t* vorher aufzeichnen

prerequisite [,pri:'rekwɪzɪt] *s* Vorbedingung *f*

prerogative [prɪ'rɒɡətɪv] *s* Vorrecht *n*

Presbyterian [,prezbɪ'tɪərɪən] **A** *adj* presbyterianisch **B** *s* Presbyterianer(in) *m(f)*

preschool ['pri:'sku:l] *adj* ⟨*attr*⟩ vorschulisch; **of ~ age** im Vorschulalter; **~ education** Vorschulerziehung *f*

prescribe [prɪ'skraɪb] *v/t* **1** vorschreiben **2** MED verschreiben (**sth for sb** j-m etw)

prescription [prɪ'skrɪpʃən] *s* MED Rezept *n*; **on ~** auf Rezept; **only available on ~** verschreibungspflichtig

prescription charge *s* Rezeptgebühr *f*

prescription drugs *pl* verschreibungspflichtige Medikamente *pl*

preseason ['pri:'si:zn] *adj* SPORT vor der Saison

preselect [,pri:sɪ'lekt] *v/t* vorher auswählen

presence ['prezns] *s* **1** Anwesenheit *f*; **in sb's ~, in the ~ of sb** in j-s (*dat*) Anwesenheit; **to make one's ~ felt** sich bemerkbar machen; **a police ~** Polizeipräsenz *f* **2** (≈ *Haltung*) Auftreten *n*; (*a.* **stage ~**) Ausstrahlung *f*

presence of mind *s* Geistesgegenwart *f*

present[1] ['preznt] **A** *adj* **1** anwesend; **to be ~** anwesend sein; **all those ~** alle Anwesenden **2** vorhanden **3** gegenwärtig; *Jahr etc* laufend; **at the ~ moment** zum gegenwärtigen Zeitpunkt; **the ~ day** heutzutage; **until the ~ day** bis zum heutigen Tag; **in the ~ circumstances** unter den gegenwärtigen Umständen **4** GRAM **in the ~ tense** im Präsens; **~ participle** Partizip *n* Präsens; **~ perfect** Perfekt *n*; **~ progressive** Verlaufsform *f* der Gegenwart **B** *s* **1** Gegenwart *f*; **at ~** zurzeit; **up to the ~** bis jetzt; **there's no time like the ~** *sprichw* was du heute kannst besorgen, das verschiebe nicht auf morgen *sprichw*; **that will be all for the ~** das ist vorläufig alles **2** GRAM Präsens *n*; **~ continuous** erweitertes Präsens

present² **A** ['preznt] *s* Geschenk *n*; **I got it as a ~** das habe ich geschenkt bekommen **B** [prɪ'zent] *v/t* **1 to ~ sb with sth, to ~ sth to sb** *Preis* j-m etw übergeben; *Geschenk* j-m etw schenken **2** vorlegen **3** *Gelegenheit* bieten; **his action ~ed us with a problem** seine Tat stellte uns vor ein Problem **4** RADIO, TV präsentieren; THEAT aufführen; *Sendung* moderieren **5** vorstellen; **to ~ Mr X to Miss Y** Herrn X Fräulein Y (*dat*) vorstellen; **may I ~ Mr X?** form erlauben Sie mir, Herrn X vorzustellen *form* **C** [prɪ'zent] *v/r Gelegenheit etc* sich ergeben; **he was asked to ~ himself for interview** er wurde gebeten, zu einem Vorstellungsgespräch zu erscheinen

presentable [prɪ'zentəbl] *adj* präsentabel; **to look ~** präsentabel aussehen; **to make oneself ~** sich zurechtmachen

presentation [ˌprezən'teɪʃən] *s* **1** Vortrag *m*, Präsentation *f* **2** Überreichung *f*; *von Preis* Verleihung *f*; (≈ *Feier*) Verleihung(szeremonie) *f*; **to make the ~** die Preise/Auszeichnungen *etc* verleihen **3** *von Bericht* Vorlage *f*; JUR *von Beweisen* Darlegung *f* **4** Darbietung *f* **5** THEAT Inszenierung *f*; TV, RADIO Produktion *f*

present-day ['prezntdeɪ] *adj* ⟨*attr*⟩ heutig; **~ Britain** das heutige Großbritannien

presenter [prɪ'zentəʳ] *s bes Br* TV, RADIO Moderator(in) *m(f)*

presently ['prezntlɪ] *adv* **1** bald **2** derzeit

preservation [ˌprezə'veɪʃən] *s* **1** Erhaltung *f* **2** *von Bauwerk a.* Konservierung *f*; **to be in a good state of ~** gut erhalten sein

preservative [prɪ'zɜːvətɪv] *s* Konservierungsmittel *n*

preserve [prɪ'zɜːv] **A** *v/t* **1** erhalten; *Würde* wahren; *Erinnerung* aufrechterhalten **2** *Bauwerk* konservieren; *Holz* schützen **B** *s* **1 ~s** *pl* GASTR Eingemachte(s) *n*; **peach ~** Pfirsichmarmelade *f* **2** Ressort *n*; **this was once the ~ of the wealthy** dies war einst eine Domäne der Reichen

preserved *adj* **1** *Lebensmittel* konserviert **2** erhalten; **well-preserved** gut erhalten

preset [priː'set] *v/t* ⟨*prät, pperf* preset⟩ vorher einstellen

preside [prɪ'zaɪd] *v/i* den Vorsitz haben (**at** bei); **to ~ over an organization** *etc* eine Organisation *etc* leiten

presidency ['prezɪdənsɪ] *s* Präsidentschaft *f*

president ['prezɪdənt] *s* Präsident(in) *m(f)*; *bes US von Firma* Aufsichtsratsvorsitzende(r) *m/f(m)*

presidential [ˌprezɪ'denʃəl] *adj* POL des Präsidenten

presidential campaign *s* Präsidentschaftskampagne *f*

presidential candidate *s* Präsidentschaftskandidat(in) *m(f)*

presidential election *s* Präsidentenwahl *f*, Präsidentschaftswahl *f*

press [pres] **A** *s* **1** Presse *f*; **to get a bad ~** eine schlechte Presse bekommen **2** TYPO (Drucker)presse; **to go to ~** in Druck gehen **3** Druck *m* **B** *v/t* **1** drücken (**to** an +*akk*); *Knopf, Pedale* drücken auf (+*akk*) **2** bügeln, glätten *schweiz* **3** drängen; **to ~ sb hard** j-m (hart) zusetzen; **to ~ sb for an answer** auf j-s Antwort (*akk*) drängen; **to be ~ed for time** unter Zeitdruck stehen **C** *v/i* **1** drücken **2** drängen (**for** auf +*akk*) **3** sich drängen; **to ~ ahead (with sth)** *fig* (mit etw) weitermachen

phrasal verbs mit press:

press on *v/i* weitermachen; *auf Reisen* weiterfahren

press agency *s* Presseagentur *f*
press baron *s* Pressezar *m*
press box *s* Pressetribüne *f*
press clipping *bes US s* → press cutting
press conference *s* Pressekonferenz *f*
press cutting *bes Br s* Zeitungsausschnitt *m*
press-gang *bes Br umg v/t* **to ~ sb into (doing) sth** j-n drängen, etw zu tun
pressing ['presɪŋ] *adj Thema* brennend; *Aufgabe* dringend
press office *s* Pressestelle *f*
press officer *s* Pressesprecher(in) *m(f)*
press photographer *s* Pressefotograf(in) *m(f)*
press release *s* Pressemitteilung *f*
press stud *Br s* Druckknopf *m*
press-up *Br s* Liegestütz *m*
pressure ['preʃəʳ] *s* Druck *m*; **at high/full ~** unter Hochdruck; **parental ~** Druck vonseiten der Eltern; **to be under ~ to do sth** unter Druck (*dat*) stehen, etw zu tun; **to be under ~ from sb** von j-m gedrängt werden; **to put ~ on sb** j-n unter Druck (*dat*) setzen; **the ~s of modern life** die Belastungen *pl* des modernen Lebens

pressure cooker *s* Schnellkochtopf *m*
pressure gauge *s* Manometer *n*
pressure group *s* Pressuregroup *f*
pressurize ['preʃəraɪz] *v/t* **1** *Kabine* auf Normaldruck halten **2 to ~ sb into doing sth** j-n so unter Druck setzen, dass er schließlich etw tut

pressurized *adj* **1** *Behälter* mit Druckausgleich **2** *Gas* komprimiert **3 to feel ~** sich unter Druck (gesetzt) fühlen; **to feel ~ into doing sth** sich dazu gedrängt fühlen, etw zu tun

prestige [pre'stiːʒ] *s* Prestige *n*
prestigious [pre'stɪdʒəs] *adj* Prestige-; **to be ~** Prestigewert haben

presumably [prɪˈzjuːməblɪ] *adv* vermutlich; **~ he'll come later** er wird voraussichtlich später kommen

presume [prɪˈzjuːm] **A** *v/t* vermuten; **~d dead** mutmaßlich verstorben; **to be ~d innocent** als unschuldig gelten; **he is ~d to be living in Spain** es wird vermutet, dass er in Spanien lebt **B** *v/i* **1** vermuten **2 I didn't want to ~** ich wollte nicht aufdringlich sein

presumption [prɪˈzʌmpʃən] *s* Vermutung *f*

presumptuous [prɪˈzʌmptjʊəs] *adj* anmaßend; **it would be ~ of me to …** es wäre eine Anmaßung von mir, zu …

presuppose [ˌpriːsəˈpəʊz] *v/t* voraussetzen

presupposition [priːsʌpəˈzɪʃn] *s* Voraussetzung *f*

pre-tax [priːˈtæks] *adj* unversteuert; **~ profit** Gewinn *m* vor Abzug der Steuer

pretence [prɪˈtens] *s*, **pretense** US *s* **1 it's all a ~** das ist alles nur gespielt **2** Heuchelei *f*; **to make a ~ of doing sth** so tun, als ob man etw tut **3** Vorwand *m*; **on** *od* **under the ~ of doing sth** unter dem Vorwand, etw zu tun

pretend [prɪˈtend] **A** *v/t* so tun, als ob, vorgeben; **to ~ to be interested** so tun, als ob man interessiert wäre; **to ~ to be sick** eine Krankheit vortäuschen; **to ~ to be asleep** sich schlafend stellen **B** *v/i* so tun, als ob, sich verstellen; **he is only ~ing** er tut nur so (als ob); **let's stop ~ing** hören wir auf, uns (*dat*) etwas vorzumachen

pretension [prɪˈtenʃən] *s* Anspruch *m*

pretentious [prɪˈtenʃəs] *adj* anmaßend; *Stil, Buch* hochtrabend

pretentiously [prɪˈtenʃəslɪ] *adv* hochtrabend

pretentiousness *s* Anmaßung *f*

preterite [ˈpretərɪt] **A** *adj* **the ~ tense** das Imperfekt **B** *s* Imperfekt *n*

pretext [ˈpriːtekst] *s* Vorwand *m*; **on** *od* **under the ~ of doing sth** unter dem Vorwand, etw zu tun

prettily [ˈprɪtɪlɪ] *adv* nett

prettiness [ˈprɪtɪnɪs] *s* hübsches Aussehen; *von Ort* Schönheit *f*

pretty [ˈprɪtɪ] **A** *adj* ⟨*komp* prettier⟩ **1** hübsch, nett, fesch *österr*; *Rede* artig; **to be ~** hübsch sein; **she's not just a ~ face!** *umg* sie hat auch Köpfchen!; **it wasn't a ~ sight** das war kein schöner Anblick **2** *umg* hübsch; **it'll cost a ~ penny** das wird eine schöne Stange Geld kosten *umg* **B** *adv* ziemlich; **~ well finished** so gut wie fertig *umg*; **how's the patient? — ~ much the same** was macht der Patient? — immer noch so ziemlich gleich

prevail [prɪˈveɪl] *v/i* **1** sich durchsetzen (**over, against** gegenüber) **2** weitverbreitet sein

prevailing *adj Verhältnisse* derzeitig; *Meinung, Wind* vorherrschend

prevalence [ˈprevələns] *s* Vorherrschen *n*; *von Krankheit etc* Häufigkeit *f*

prevalent [ˈprevələnt] *adj* vorherrschend; *Meinung, Krankheit* weitverbreitet; *Verhältnisse* herrschend

prevaricate [prɪˈværɪkeɪt] *v/i* Ausflüchte machen

prevent [prɪˈvent] *v/t* verhindern; *Krankheit* vorbeugen (+*dat*); **to ~ sb (from) doing sth** j-n daran hindern, etw zu tun; **the gate is there to ~ them from falling down the stairs** das Gitter ist dazu da, dass sie nicht die Treppe hinunterfallen; **to ~ sb from coming** j-n am Kommen hindern; **to ~ sth (from) happening** verhindern, dass etw geschieht

preventable [prɪˈventəbl] *adj* vermeidbar

prevention [prɪˈvenʃən] *s* Verhinderung *f*; *von Krankheit* Vorbeugung *f* (**of** gegen)

preventive [prɪˈventɪv] *adj* präventiv

preview [ˈpriːvjuː] **A** *s* **1** *von Film* Vorpremiere *f*; *von Ausstellung* Vorbesichtigung *f*; **to give sb a ~ of sth** *fig* j-m eine Vorschau auf etw (*akk*) geben **2** FILM, TV Vorschau *f* (**of** auf +*akk*) **B** *v/t* vorher ansehen; *Film etc* vorher aufführen

previous [ˈpriːvɪəs] *adj* vorhergehend; vorherig; **the ~ page/year** die Seite/das Jahr davor; **the a ~ holder of the title** der vorherige/ein früherer Titelträger, die vorherige/eine frühere Titelträgerin; **in ~ years** in früheren Jahren; **he's already been the target of two ~ attacks** er war schon das Opfer von zwei früheren Angriffen; **on a ~ occasion** bei einer früheren Gelegenheit; **I have a ~ engagement** ich habe schon einen Termin; **~ experience** Vorkenntnisse *pl*; **no ~ experience necessary** Vorkenntnisse (sind) nicht erforderlich; **to have a ~ conviction** vorbestraft sein; **~ owner** Vorbesitzer(in) *m(f)*

previously [ˈpriːvɪəslɪ] *adv* vorher

pre-war [ˈpriːˈwɔː] *adj* Vorkriegs-

pre-writing exercise *s* Übung *f* vor dem Schreiben

prey [preɪ] **A** *s* Beute *f*; **bird of ~** Raubvogel *m*; **to fall ~ to sb/sth** *fig* ein Opfer von j-m/etw werden **B** *v/i* **to ~ (up)on** Beute machen auf (+*akk*); *Betrüger* als Opfer aussuchen; *Zweifel* nagen an (+*dat*); **it ~ed (up)on his mind** es ließ ihn nicht los

price [praɪs] **A** *s* **1** Preis *m*; **the ~ of coffee** die Kaffeepreise *pl*; **to go up** *od* **rise/to go down** *od* **fall in ~** teurer/billiger werden; **they range in ~ from £10 to £30** die Preise dafür bewegen sich zwischen £ 10 und £ 30; **what is the ~ of that?** was kostet das?; **at a ~** zum entsprechenden Preis; **the ~ of victory** der Preis des Sieges; **but at what ~!** aber zu welchem Preis!; **not at any ~** um keinen Preis; **to put a ~ on sth** einen Preis für etw nennen **2** *bei Wetten* Quote *f* **B** *v/t* den Preis festsetzen von; *mit Etikett* auszeichnen (**at** mit); **it was ~d at £5** es war mit £ 5 ausgezeichnet, es kostete £ 5; **tickets ~d at £20** Karten zum Preis von £ 20; **reasonably ~d** angemessen im Preis

price bracket *s* → price range
price-conscious *adj* preisbewusst
price cut *s* Preissenkung *f*
price freeze *s* Preisstopp *m*
price increase *s* Preiserhöhung *f*
priceless *adj* unschätzbar; *umg Witz* köstlich; *Mensch* unbezahlbar
price level *s* Preisniveau *n*
price limit *s* Preisgrenze *f*
price list *s* Preisliste *f*
price range *s* Preisklasse *f*
price reduction *s* Preisermäßigung *f*
price rise *s* Preiserhöhung *f*
price tag *s* Preisschild *n*
price war *s* Preiskrieg *m*
pricey ['praɪsɪ] *umg adj* kostspielig
pricing ['praɪsɪŋ] *s* Preisgestaltung *f*
prick [prɪk] **A** *s* **1** Stich *m*; **~ of conscience** Gewissensbisse *pl* **2** *sl* (≈ *Penis*) Schwanz *m sl* **3** *sl* (≈ *Mensch*) Arsch *m vulg* **B** *v/t* stechen; **to ~ one's finger** sich (*dat*) in den Finger stechen; **to ~ one's finger (on sth)** sich (*dat*) (an etw *dat*) den Finger stechen; **she ~ed his conscience** sie bereitete ihm Gewissensbisse
phrasal verbs mit prick:

prick up *v/t* ⟨*trennb*⟩ **to prick up its/one's ears** die Ohren spitzen
prickle ['prɪkl] **A** *s* **1** Stachel *m* **2** Stechen *n*, Prickeln *n* **B** *v/i* stechen, prickeln
prickly ['prɪklɪ] *adj* ⟨*komp* pricklier⟩ **1** stach(e)lig; *Gefühl* stechend; *nicht schmerzhaft* prickelnd **2** *fig Mensch* bissig
pricy ['praɪsɪ] *adj* ⟨*komp* pricier⟩ → pricey
pride [praɪd] **A** *s* Stolz *m*; *arrogant* Hochmut *m*; **to take (a) ~ in sth** auf etw (*akk*) stolz sein; **to take (a) ~ in one's appearance** Wert auf sein Äußeres legen; **her ~ and joy** ihr ganzer Stolz; **to have** *od* **take ~ of place** den Ehrenplatz einnehmen **B** *v/r* **to ~ oneself on sth** sich einer Sache (*gen*) rühmen
priest [priːst] *s* Priester(in) *m(f)*
priestess ['priːstɪs] *s* Priesterin *f*
priesthood *s* **1** Priesteramt *n*, Priesterwürde *f* **2** (≈ *die Priester*) Priesterschaft *f*
prim [prɪm] *adj* ⟨*komp* primmer⟩ *a.* **~ and proper** etepetete *präd umg*; *Auftreten* steif
primaeval *adj* → primeval

primal ['praɪməl] *adj* ursprünglich, Ur-
primarily ['praɪmərɪlɪ] *adv* hauptsächlich
primary ['praɪmərɪ] **A** *adj* Haupt-; **our ~ concern** unser Hauptanliegen; **of ~ importance** von größter Bedeutung **B** *s* **1** *bes Br* Grundschule *f* **2** *US* Vorwahl *f*
primary care physician *US s* Allgemeinarzt *m*, Allgemeinärztin *f*
primary colour *s*, **primary color** *US s* Grundfarbe *f*
primary education *s* Grundschul(aus)bildung *f*
primary election *US s* Vorwahl *f*
primary school *bes Br s* Grundschule *f*
primary school teacher *bes Br s* Grundschullehrer(in) *m(f)*
prime [praɪm] **A** *adj* **1** Haupt-, wesentlich; *Ziel, Grund* hauptsächlich; *Kandidat* erste(r, s); **~ suspect** Hauptverdächtige(r) *m/f(m)*; **of ~ importance** von größter Bedeutung; **my ~ concern** mein Hauptanliegen *n* **2** erstklassig **B** *s* **in the ~ of life** in der Blüte seiner Jahre; **he is in his ~** er ist in den besten Jahren
primed *adj Mensch* gerüstet
prime minister *s* Premierminister(in) *m(f)*
prime number *s* MATH Primzahl *f*
prime time *s* Hauptsendezeit *f*
primeval [praɪˈmiːvəl] *adj* urzeitlich, Ur-
primitive ['prɪmɪtɪv] *adj* primitiv
primly ['prɪmlɪ] *adv* sittsam
primrose ['prɪmrəʊz] *s* BOT Erdschlüsselblume *f*
primula ['prɪmjʊlə] *s* Primel *f*
prince [prɪns] *s* Prinz *m*, Fürst *m*
Prince Charming *s* **1** *im Märchen* Königssohn *m*, Prinz *m* **2** *fig* Märchenprinz *m*
princely ['prɪnslɪ] *adj* fürstlich
princess [prɪnˈses] *s* Prinzessin *f*
principal ['prɪnsɪpəl] **A** *adj* Haupt-, hauptsächlich; **my ~ concern** mein Hauptanliegen *n* **B** *s von Schule* Rektor(in) *m(f)*, Schulleiter(in) *m(f)*
principality [ˌprɪnsɪˈpælɪtɪ] *s* Fürstentum *n*
principally ['prɪnsɪpəlɪ] *adv* in erster Linie
principle ['prɪnsɪpl] *s* Prinzip *n kein pl*; Prinzipien *pl*; **in/on ~** im/aus Prinzip; **a man of ~(s)** ein Mensch mit Prinzipien; **it's a matter of ~**, **it's the ~ of the thing** es geht dabei ums Prinzip
principled ['prɪnsɪpld] *adj* mit Prinzipien
print [prɪnt] **A** *s* **1** Schrift *f*; (≈ *Produkt*) Gedruckte(s) *n*; **out of ~** vergriffen; **to be in ~** erhältlich sein; **in large ~** in Großdruck **2** (≈ *Bild*) Druck *m* **3** FOTO Abzug *m* **4** *von Fuß* Abdruck *m*; **a thumb ~** ein Daumenabdruck *m* **B** *v/t* **1** *Buch* drucken; IT (aus)drucken **2** in Druckschrift schreiben **C** *v/i* **1** drucken **2** in Druckschrift schreiben
phrasal verbs mit print:

print off v/t, **print out** v/t ⟨trennb⟩ IT ausdrucken

printed ['prɪntɪd] adj Druck-, gedruckt; (≈ leserlich) in Großbuchstaben; **~ matter/papers** Büchersendung f

printer ['prɪntə'] s **1** Gerät Drucker m **2** Person Drucker(in) m(f)

printer cartridge s Druckerpatrone f

printer driver s COMPUT Druckertreiber m

print head s COMPUT Druckkopf m

printing ['prɪntɪŋ] s Drucken n

printing press s Druckerpresse f

printmaking s Grafik f

printout s IT Ausdruck m

print queue s IT Druckerwarteschlange f

printwheel ['prɪntwiːl] s COMPUT Typenrad n

prior ['praɪə'] adj **1** vorherig, früher; **a ~ engagement** eine vorher getroffene Verabredung; **~ to sth** vor etw (dat); **~ to this/that** zuvor; **~ to going out** bevor ich/er etc ausging **2** Pflicht vorrangig

prioritize [praɪ'ɒrɪtaɪz] v/t **1** der Priorität nach ordnen, priorisieren **2** Priorität einräumen (+dat)

priority [praɪ'ɒrɪtɪ] s Priorität f, vorrangige Angelegenheit; **a top ~** eine Sache von höchster Priorität; **it must be given top ~** das muss vorrangig behandelt werden; **to give ~ to sth** einer Sache (dat) Priorität geben; **in order of ~** nach Dringlichkeit; **to get one's priorities right** seine Prioritäten richtig setzen; **high/low on the list of priorities** od **the ~ list** oben/unten auf der Prioritätenliste

prise [praɪz] v/t, **prize** US v/t **to ~ sth open** etw aufbrechen; **to ~ the lid off** den Deckel abbekommen

prism ['prɪzm] s Prisma n

prison ['prɪzn] **A** s Gefängnis n; **to be in ~** im Gefängnis sein; **to go to ~ for 5 years** für 5 Jahre ins Gefängnis gehen; **to send sb to ~** j-n ins Gefängnis schicken **B** adj ⟨attr⟩ Gefängnis-

prisoner ['prɪznə'] s Gefangene(r) m/f(m); **to hold sb ~** j-n gefangen halten; **to take sb ~** j-n gefangen nehmen; **~ of war** Kriegsgefangene(r) m/f(m)

prisoner swap s Gefangenenaustausch m

prison officer Br s Gefängnisaufseher(in) m/f(m)

prissy ['prɪsɪ] adj ⟨komp prissier⟩ umg (≈ prüde) zimperlich

pristine ['prɪstiːn] adj Zustand makellos

privacy ['prɪvəsɪ, 'praɪvəsɪ] s Privatleben n; **in the ~ of one's own home** im eigenen Heim; **in the strictest ~** unter strengster Geheimhaltung

private ['praɪvɪt] **A** adj **1** privat; Sache vertraulich, abgelegen; Hochzeit im engsten Kreis; Mensch reserviert; **~ and confidential** streng vertraulich; **to keep sth ~** etw für sich behalten; **his ~ life** sein Privatleben n **2** **~ address** Privatanschrift f; **~ education** Ausbildung f in Privatschulen; **~ individual** Einzelne(r) m/f(m); **~ limited company** ≈ Aktiengesellschaft f (die nicht an der Börse notiert ist); **~ tutor** Privatlehrer(in) m(f) **B** s **1** MIL Gefreite(r) m/f(m); **Private X** der Gefreite X **2** **~s** pl Geschlechtsteile pl **3** **in ~** privat; **we must talk in ~** wir müssen das unter uns besprechen

private company s Privatgesellschaft f

private detective s Privatdetektiv(in) m(f)

private enterprise s Privatunternehmen n; (≈ System) freies Unternehmertum

private health insurance scheme s private Krankenversicherung

private investigator s Privatdetektiv(in) m(f)

private lessons pl Einzelunterricht m; **to have ~** Einzelunterricht bekommen

privately ['praɪvɪtlɪ] adv **1** privat; sich operieren lassen auf eigene Kosten; **the meeting was held ~** das Treffen wurde in kleinem Kreis abgehalten; **~ owned** in Privatbesitz **2** persönlich

private parts pl Geschlechtsteile pl

private patient s Privatpatient(in) m(f)

private practice Br s Privatpraxis f; **he is in ~** er hat Privatpatienten

private property s **1** Privateigentum n **2** Privatgrundstück n

private room s Privatzimmer n; Einzelzimmer n

private school s bes US Privatschule f

private secretary s Privatsekretär(in) m(f)

private sector s Privatsektor m

private tuition s Privatunterricht m

privation [praɪ'veɪʃn] s Entbehrung f

privatisation [ˌpraɪvətaɪ'zeɪʃən] Br s, **privatization** s Privatisierung f

privatise ['praɪvətaɪz] Br v/t, **privatize** v/t privatisieren

privilege ['prɪvɪlɪdʒ] s Privileg n, Ehre f

privileged ['prɪvɪlɪdʒd] adj privilegiert; **for a ~ few** für wenige Privilegierte; **to be ~ to do sth** das Privileg genießen, etw zu tun; **I was ~ to meet him** ich hatte die Ehre, ihm vorgestellt zu werden

Privy Council [ˌprɪvɪ'kaʊnsəl] s Geheimer Rat

prize[1] [praɪz] **A** s Preis m **B** adj **1** preisgekrönt **2** **~ medal** (Sieger)medaille f **3** **~ competition** Preisausschreiben n **C** v/t (hoch) schätzen; **to ~ sth highly** etw sehr od hoch schätzen; **~d possession** wertvollster Besitz

prize[2] US v/t → **prise**

prize day s SCHULE (Tag m der) Preisverleihung f
prize draw s Lotterie f
prize money s Geldpreis m
prizewinner s (Preis)gewinner(in) m(f)
prizewinning adj preisgekrönt; **~ ticket** Gewinnlos n
pro¹ [prəʊ] s ⟨pl -s⟩ umg Profi m
pro² **A** präp für **B** s **the pros and cons** das Pro und Kontra
pro- präf pro-, Pro-; **~European** proeuropäisch
proactive [prəʊˈæktɪv] adj proaktiv
probability [ˌprɒbəˈbɪlɪtɪ] s Wahrscheinlichkeit f; **in all ~** aller Wahrscheinlichkeit nach; **what's the ~ of that happening?** wie groß ist die Wahrscheinlichkeit, dass das geschieht?
probable [ˈprɒbəbl] adj wahrscheinlich
probably [ˈprɒbəblɪ] adv wahrscheinlich; **most ~** höchstwahrscheinlich; **~ not** wahrscheinlich nicht
probation [prəˈbeɪʃən] s **1** JUR Bewährung f; **to put sb on ~ (for a year)** j-m (ein Jahr) Bewährung geben; **to be on ~** Bewährung haben **2** in Firma Probe f, Probezeit f
probationary [prəˈbeɪʃnərɪ] adj Probe-; **~ period** Probezeit f; JUR Bewährungsfrist f
probation officer s Bewährungshelfer(in) m(f)
probation period s Probezeit f
probe [prəʊb] **A** s Untersuchung f (**into** +gen) **B** v/t untersuchen **C** v/i forschen (**for** nach); **to ~ into sb's private life** in j-s Privatleben (dat) herumschnüffeln
probing [ˈprəʊbɪŋ] **A** s Untersuchung f; **all this ~ into people's private affairs** dieses Herumschnüffeln in den privaten Angelegenheiten der Leute **B** adj prüfend
problem [ˈprɒbləm] s Problem n; **what's the ~?** wo fehlt's?; **he's got a drink(ing) ~** er trinkt (zu viel); **I had no ~ in getting the money** ich habe das Geld ohne Schwierigkeiten bekommen; **no ~!** umg kein Problem!
problematic(al) [ˌprɒbləˈmætɪk(əl)] adj problematisch
problem-solving s Problemlösung f
probs [prɒbz] Br umg pl **no ~!** null problemo! umg, kein Problem!
procedure [prəˈsiːdʒəʳ] s Verfahren n; **what would be the correct ~ in such a case?** wie geht man in einem solchen Falle vor?
proceed [prəˈsiːd] **A** v/i **1** form **please ~ to gate 3** begeben Sie sich zum Ausgang 3 **2** form weitergehen; Auto weiterfahren **3** fortfahren (**with** mit); **can we now ~ to the next item on the agenda?** können wir jetzt zum nächsten Punkt der Tagesordnung übergehen?; **everything is ~ing smoothly** alles läuft bestens; **negotiations are ~ing well** die Verhandlungen kommen gut voran; **you may ~** bei Debatte Sie haben das Wort **4** (≈ verfahren) vorgehen **B** v/t **to ~ to do sth** (dann) etw tun
proceeding [prəˈsiːdɪŋ] s **1** Vorgehen n **2** **~s** pl Veranstaltung f **3** **~s** pl bes JUR Verfahren n; **to take ~s against sb** gegen j-n gerichtlich vorgehen
proceeds [ˈprəʊsiːdz] pl Ertrag m, Erlös m, Einnahmen pl
process [ˈprəʊses] **A** s Prozess m, Verfahren n; **in the ~** dabei; **in the ~ of learning** beim Lernen; **to be in the ~ of doing sth** dabei sein, etw zu tun **B** v/t Daten, Müll verarbeiten; Lebensmittel konservieren; Antrag bearbeiten; Film entwickeln
processing [ˈprəʊsesɪŋ] s von Daten, Müll Verarbeitung f; von Lebensmitteln Konservierung f; von Antrag Bearbeitung f; von Film Entwicklung f
processing language s IT Prozesssprache f
processing plant s Aufbereitungsanlage f
processing speed s IT Verarbeitungsgeschwindigkeit f
procession [prəˈseʃən] s Umzug m; (≈ Schlange) Reihe f; **carnival ~** Karnevalszug m
processor [ˈprəʊsesəʳ] s COMPUT Prozessor m
proclaim [prəˈkleɪm] v/t erklären; **the day had been ~ed a holiday** der Tag war zum Feiertag erklärt worden
proclamation [ˌprɒkləˈmeɪʃən] s Proklamation f
procrastinate [prəʊˈkræstɪneɪt] v/i zaudern; **he always ~s** er schiebt die Dinge immer vor sich (dat) her
procrastination [prəʊˌkræstɪˈneɪʃən] s Zaudern n
procreate [ˈprəʊkrɪeɪt] v/i sich fortpflanzen
procreation [ˌprəʊkrɪˈeɪʃən] s Fortpflanzung f
procure [prəˈkjʊəʳ] v/t beschaffen; (≈ veranlassen) herbeiführen; **to ~ sth for sb/oneself** j-m/sich etw beschaffen
prod [prɒd] **A** s **1** Stoß m; **to give sb a ~** j-m einen Stoß versetzen **2** fig **to give sb a ~** j-n anstoßen **B** v/t **1** stoßen; **he ~ded the hay with his stick** er stach mit seinem Stock ins Heu; **..., he said, ~ding the map with his finger** ..., sagte er und stieß mit dem Finger auf die Karte **2** fig anspornen (**into sth** zu etw) **C** v/i stoßen
prodigal [ˈprɒdɪgl] adj verschwenderisch; **the ~ son** REL, a. fig der verlorene Sohn
prodigiously [prəˈdɪdʒəslɪ] adv begabt etc außerordentlich
prodigy [ˈprɒdɪdʒɪ] s Wunder n; **child ~** Wunderkind n
produce **A** [ˈprɒdjuːs] s ⟨kein pl⟩ AGR Erzeugnisse pl; **~ of Italy** italienisches Erzeugnis **B**

produce [prəˈdjuːs] *v/t* **1** produzieren, herstellen; *Wärme* erzeugen; *Ernte* abwerfen; *Artikel* schreiben; *Ideen* hervorbringen; **the sort of environment that ~s criminal types** das Milieu, das Kriminelle hervorbringt **2** *Brieftasche* hervorholen **(from, out of** aus**)**, ziehen **(from, out of** aus**)**; *Beweise, Resultate* liefern; *Wirkung* erzielen; *Papiere* vorzeigen **3** *Stück* inszenieren; *Film* produzieren **4** hervorrufen **C** [prəˈdjuːs] *v/i* Fabrik produzieren; *Baum* tragen

producer [prəˈdjuːsə^r] *s* Produzent(in) *m(f)*, Hersteller(in) *m(f)*; THEAT Regisseur(in) *m(f)*

-producing [-prəˈdjuːsɪŋ] *adj* ⟨suf⟩ produzierend; **oil-producing country** Öl produzierendes Land; **wine-producing area** Weinregion *f*

product [ˈprɒdʌkt] *s* Produkt *n*, Erzeugnis *n*, Ware *f*; **food ~s** Nahrungsmittel *pl*; **~ range** IND Sortiment *n*

product design *s* Produktdesign *n*

product development *s* Produktentwicklung *f*

production [prəˈdʌkʃən] *s* **1** Produktion *f*, Herstellung *f*; *von Wärme* Erzeugung *f*; *von Getreide* Anbau *m*; *von Artikel* Schreiben *n*; *von Ideen* Hervorbringung *f*; **to increase ~** die Produktion erhöhen; **to put sth into ~** die Produktion von etw aufnehmen; **is it still in ~?** wird das noch hergestellt?; **to take sth out of ~** etw aus der Produktion nehmen **2** *von Ticket, Papieren* Vorzeigen *n*; *von Beweisen* Lieferung *f* **3** *von Stück* Inszenierung *f*; *von Film* Produktion *f*

production assistant *s* Produktionsassistent(in) *m(f)*

production costs *pl* Produktionskosten *pl*

production line *s* Fertigungsstraße *f*

productive [prəˈdʌktɪv] *adj* produktiv; *Land* fruchtbar; *Unternehmen* rentabel; **to lead a ~ life** ein aktives Leben führen

productively [prəˈdʌktɪvlɪ] *adv* produktiv

productivity [ˌprɒdʌkˈtɪvɪtɪ] *s* Produktivität *f*; *von Land* Fruchtbarkeit *f*; *von Unternehmen* Rentabilität *f*

product manager *s* Produktmanager(in) *m(f)*

product presentation *s* Produktvorstellung *f*

Prof *abk* (= **Professor**) Prof.

profess [prəˈfes] **A** *v/t Interesse* bekunden; *Zweifel* kundtun; *Unwissen* zugeben; **to ~ to be sth** behaupten, etw zu sein **B** *v/r* **to ~ oneself satisfied** seine Zufriedenheit bekunden **(with** über +*akk*)

professed [prəˈfest] *adj* angeblich; *Gegner etc* erklärt

profession [prəˈfeʃən] *s* **1** Beruf *m*; **the teaching ~** der Lehrberuf; **by ~** von Beruf **2** **the medical ~** die Ärzteschaft; **the whole ~** der gesamte Berufsstand **3** **~ of faith** Glaubensbekenntnis *n*

professional [prəˈfeʃənl] **A** *adj* **1** beruflich; *Meinung* fachlich; *Fußball* professionell; **~ army** Berufsarmee *m*; **our relationship is purely ~** unsere Beziehung ist rein geschäftlich(er Natur); **he's now doing it on a ~ basis** er macht das jetzt hauptberuflich; **in his ~ capacity as …** in seiner Eigenschaft als …; **to be a ~ singer** *etc* von Beruf Sänger *etc* sein; **to seek/take ~ advice** fachmännischen Rat suchen/einholen; **to turn ~** Profi werden **2** *Arbeit* fachgerecht; *Mensch* gewissenhaft; *Vorgehensweise* professionell; *Leistung* kompetent **B** *s* Profi *m*

professionalism [prəˈfeʃnəlɪzəm] *s* Professionalismus *m*

professionally [prəˈfeʃnəlɪ] *adv* beruflich; SPORT **he plays ~** er ist Profi; **to know sb ~** j-n beruflich kennen

professor [prəˈfesə^r] *s* Professor(in) *m(f)*; US Dozent(in) *m(f)*

proficiency [prəˈfɪʃənsɪ] *s* **her ~ as a secretary** ihre Fähigkeiten als Sekretärin; **his ~ in English** seine Englischkenntnisse; **her ~ in translating** ihr Können als Übersetzerin

proficient [prəˈfɪʃənt] *adj* tüchtig; **he is just about ~ in German** seine Deutschkenntnisse reichen gerade aus; **to be ~ in Japanese** Japanisch beherrschen

profile [ˈprəʊfaɪl] **A** *s* Profil *n*, Profilbild *n*; (≈ *Biografie*) Porträt *n*; *einer gesuchten Person* Steckbrief *m*; **in ~** im Profil; **to keep a low ~** sich zurückhalten **B** *v/t* porträtieren

profile photo *s*, **profile picture** *s* Profilfoto *n*

profit [ˈprɒfɪt] **A** *s* **1** HANDEL Gewinn *m*; **to make a ~ (out of** *od* **on sth)** (mit etw) ein Geschäft machen; **to show** *od* **yield a ~** einen Gewinn verzeichnen; **to sell sth at a ~** etw mit Gewinn verkaufen; **the business is now running at a ~** das Geschäft rentiert sich jetzt **2** *fig* Nutzen *m*; **you might well learn something to your ~** Sie können etwas lernen, was Ihnen von Nutzen ist **B** *v/i* profitieren **(by, from** von**)**, Nutzen ziehen **(by, from** aus**)**

profitability [ˌprɒfɪtəˈbɪlɪtɪ] *s* Rentabilität *f*

profitable [ˈprɒfɪtəbl] *adj* HANDEL gewinnbringend; *fig* nützlich

profit and loss account *Br s*, **profit and loss statement** *US s* Gewinn-und-Verlust-Rechnung *f*

profiteer [ˌprɒfɪˈtɪə(r)] *s pej* Profitmacher(in) *m(f)*

profiteering [ˌprɒfɪˈtɪərɪŋ] *s* Wucher *m*

profit-making *adj* **1** rentabel **2** auf Gewinn gerichtet

profit margin *s* Gewinnspanne *f*

profit-sharing *s* Gewinnbeteiligung *f*

profit warning s HANDEL Gewinnwarnung f

pro forma (invoice) [ˌprəʊˈfɔːmə(ɪnvɔɪs)] s Pro-forma-Rechnung f

profound [prəˈfaʊnd] adj Trauer tief; Idee tiefsinnig; Denker, Wissen, Bedauern tief (gehend); Hass, Ignoranz tief sitzend; Einfluss, Auswirkungen weitreichend

profoundly [prəˈfaʊndlɪ] adv verschieden zutiefst; **~ deaf** vollkommen taub

profusely [prəˈfjuːslɪ] adv bluten stark; danken überschwänglich; **he apologized ~** er bat vielmals um Entschuldigung

profusion [prəˈfjuːʒən] s Überfülle f

prognosis [prɒɡˈnəʊsɪs] s ⟨pl prognoses [prɒɡˈnəʊsiːz]⟩ Prognose f

program [ˈprəʊɡræm] **A** s **1** IT Programm n **2** US → programme **B** v/t programmieren

programmable [ˈprəʊɡræməbl] Br adj programmierbar

programme [ˈprəʊɡræm], **program** US **A** s Programm n; RADIO, TV a. Sendung f; **what's the ~ for tomorrow?** was steht für morgen auf dem Programm? **B** v/t programmieren

programmed [ˈprəʊɡræmd] adj programmiert

programmer [ˈprəʊɡræmə^r] s Programmierer(in) m(f)

programming [ˈprəʊɡræmɪŋ] s Programmieren n; **~ language** Programmiersprache f

progress A [ˈprəʊɡres] s **1** ⟨kein pl⟩ Vorwärtskommen n; **we made slow ~ through the mud** wir kamen im Schlamm nur langsam vorwärts; **in ~** im Gange; **"silence please, meeting in ~"** „Sitzung! Ruhe bitte"; **the work still in ~** die noch zu erledigende Arbeit **2** ⟨kein pl⟩ Fortschritt m; **to make (good/slow) ~** (gute/langsame) Fortschritte machen **B** [prəˈɡres] v/i **1** sich vorwärtsbewegen **2 as the work ~es** mit dem Fortschreiten der Arbeit; **as the game ~ed** im Laufe des Spiels; **while negotiations were actually ~ing** während die Verhandlungen im Gange waren **3** Fortschritte machen; **how far have you ~ed?** wie weit sind Sie gekommen?; **as you ~ through the ranks** bei Ihrem Aufstieg durch die Ränge

progression [prəˈɡreʃən] s Folge f, Entwicklung f; **his ~ from a junior clerk to managing director** sein Aufstieg vom kleinen Angestellten zum Direktor

progressive [prəˈɡresɪv] adj **1** zunehmend; Krankheit fortschreitend **2** GRAM Verlaufs-; **~ form** Verlaufsform f

progressively [prəˈɡresɪvlɪ] adv zunehmend

progress report s Fortschrittsbericht m

prohibit [prəˈhɪbɪt] v/t untersagen; **to ~ sb from doing sth** j-m untersagen, etw zu tun; **"smoking ~ed"** „Rauchen verboten"

prohibition [ˌprəʊɪˈbɪʃn] s Verbot n

prohibitive [prəˈhɪbɪtɪv] adj unerschwinglich; **the costs of producing this model have become ~** die Kosten für die Herstellung dieses Modells sind untragbar geworden

project¹ [ˈprɒdʒekt] s Projekt n, Vorhaben n; SCHULE, UNIV Referat n; in Grundschule Arbeit f; **to do a ~** ein Projekt machen od durchführen

project² [prəˈdʒekt] **A** v/t **1** Film, Gefühle projizieren (onto auf +akk); **to ~ one's voice** seine Stimme zum Tragen bringen **2** Vorhaben (voraus)planen; Kosten überschlagen **3** abschießen **B** v/i hervorragen (**from** aus)

projectile [prəˈdʒektaɪl] s Geschoss n

projection [prəˈdʒekʃən] s **1** von Film, Gefühlen Projektion f **2** von Vorhaben (Voraus)planung f; von Kosten Überschlagung f

projectionist [prəˈdʒekʃnɪst] s Filmvorführer(in) m(f)

projector [prəˈdʒektə^r] s FILM Projektor m

prole [prəʊl] Br umg s Prolet(in) m(f) umg

proletarian [ˌprəʊləˈtɛərɪən] adj proletarisch

proletariat [ˌprəʊləˈtɛərɪət] s Proletariat n

pro-life [ˌprəʊˈlaɪf] adj gegen Abtreibung präd

proliferate [prəˈlɪfəreɪt] v/i Anzahl sich stark erhöhen

proliferation [prəˌlɪfəˈreɪʃən] s von Anzahl starke Erhöhung; von Atomwaffen Weitergabe f

prolific [prəˈlɪfɪk] adj **1** fruchtbar; Schriftsteller produktiv **2** üppig

prologue [ˈprəʊlɒɡ] s, **prolog** US s Prolog m; in Buch Vorwort n

prolong [prəˈlɒŋ] v/t verlängern, hinauszögern

prom [prɒm] Br umg s Konzert n; US Studenten-/Schülerball m

promenade [ˌprɒmɪˈnɑːd] bes Br s (Strand)promenade f; US Studenten-/Schülerball m; **~ concert** Br Konzert n

prominence [ˈprɒmɪnəns] s von Ideen Beliebtheit f; von Politiker etc Bekanntheit f; **to rise to ~** bekannt werden

prominent [ˈprɒmɪnənt] adj **1** Backenknochen, Zähne vorstehend attr; **to be ~** vorstehen/-springen **2** Markierung auffällig; Gesichtszüge hervorstechend; Position, Politiker prominent; **put it in a ~ position** stellen Sie es deutlich sichtbar hin **3** Rolle führend; (≈ bedeutend) wichtig

prominently [ˈprɒmɪnəntlɪ] adv platzieren deutlich sichtbar; **he figured ~ in the case** er spielte in dem Fall eine bedeutende Rolle

promiscuity [ˌprɒmɪˈskjuːɪtɪ] s Promiskuität f

promiscuous [prəˈmɪskjʊəs] adj promisk; **to be ~** häufig den Partner wechseln; **~ behaviour** häufiger Partnerwechsel

promise ['promɪs] **A** s **1** Versprechen n; **their ~ of help** ihr Versprechen zu helfen; **is that a ~?** ganz bestimmt?; **to make sb a ~** j-m ein Versprechen geben; **I'm not making any ~s** versprechen kann ich nichts; **~s, ~s!** Versprechen, nichts als Versprechen! **2** Hoffnung f; **to show ~** zu den besten Hoffnungen berechtigen **B** v/t versprechen, hindeuten auf (+akk); **to ~ (sb) to do sth** (j-m) versprechen, etw zu tun; **to ~ sb sth, to ~ sth to sb** j-m etw versprechen; **to ~ sb the earth** j-m das Blaue vom Himmel herunter versprechen; **~ me one thing** versprich mir eins; **I won't do it again, I ~** ich werde es nie wieder tun, das verspreche ich; **it ~d to be another scorching day** der Tag versprach wieder heiß zu werden **C** v/i versprechen; **(do you) ~?** versprichst du es?; **~!** ehrlich!; **I'll try, but I'm not promising** ich werde es versuchen, aber ich kann nichts versprechen **D** v/r **to ~ oneself sth** sich (dat) etw versprechen; **I've ~d myself never to do it again** ich habe mir geschworen, dass ich das nicht noch einmal mache

promising adj, **promisingly** ['promɪsɪŋ, -lɪ] adv vielversprechend

promissory note ['promɪsərɪ] s Schuldschein m

promontory ['promɜntrɪ] s Vorgebirge n, Kap n

promote [prə'məʊt] v/t **1** befördern; **our team was ~d** FUSSB unsere Mannschaft ist aufgestiegen; **he has been ~d to headmaster** er wurde zum Direktor befördert **2** fördern **3** werben für

promoter [prə'məʊtə'] s Promoter(in) m(f)

promotion [prə'məʊʃən] s **1** Beförderung f; von Mannschaft Aufstieg m; **to get** od **win ~** befördert werden; Mannschaft aufsteigen **2** Förderung f **3** Werbung f (**of** für), Werbekampagne f

promotional gift [prəməʊʃnl'gɪft] s Werbegeschenk n

promotion prospects pl Aufstiegschancen pl

prompt [prompt] **A** adj ⟨+er⟩ prompt, unverzüglich; (= rechtzeitig) pünktlich **B** adv **at 8 o'clock ~** pünktlich um 8 Uhr **C** v/t **1** **to ~ sb to do sth** j-n (dazu) veranlassen, etw zu tun **2** Gefühle wecken **3** bei Rede vorsagen (**sb** j-m); THEAT soufflieren (**sb** j-m) **D** s IT Eingabeaufforderung f

prompter ['promptə'] s Souffleur m, Souffleuse f

promptly ['promptlɪ] adv **1** prompt; **they left ~ at 6** sie gingen Punkt 6 Uhr **2** unverzüglich

promptness ['promptnəs] s **1** Promptheit f **2** Pünktlichkeit f

prone [prəʊn] adj **1** **to be** od **lie ~** auf dem Bauch liegen; **in a ~ position** in Bauchlage **2** **to be ~ to sth** zu etw neigen; **to be ~ to do sth** dazu neigen, etw zu tun

proneness ['prəʊnnɪs] s Neigung f (**to** zu)

prong [proŋ] s Zacke f

-pronged [-proŋd] adj ⟨suf⟩ -zackig; **a three--pronged attack** ein Angriff mit drei Spitzen

pronoun ['prəʊnaʊn] s Pronomen n

pronounce [prə'naʊns] v/t **1** aussprechen; **Russian is hard to ~** die russische Aussprache ist schwierig **2** erklären für; **the doctors ~d him unfit for work** die Ärzte erklärten ihn für arbeitsunfähig; **to ~ oneself in favour of/against sth** sich für/gegen etw aussprechen

pronounced adj ausgesprochen; Akzent ausgeprägt; **he has a ~ limp** er hinkt sehr stark

pronouncement s Erklärung f; **to make a ~** eine Erklärung abgeben

pronto ['prontəʊ] umg adv fix umg; **I need it doing ~!** das muss sofort gemacht werden

pronunciation [prə,nʌnsɪ'eɪʃən] s Aussprache f

proof [pru:f] s **1** ⟨kein pl⟩ Beweis m (**of** für); **the police don't have any ~** die Polizei hat keine Beweise; **as ~ of** zum Beweis für; **that is ~ that ...** das ist der Beweis dafür, dass ...; **show me your ~** beweisen Sie (mir) das; **~ of purchase** Kaufbeleg m **2** Alkoholgehalt m; **70% ~** ≈ 40 Vol-%

proofread v/t & v/i Korrektur lesen

prop[1] [prop] **A** s **1** wörtl Stütze f; fig Halt m **2** THEAT Requisite f **B** v/t **to ~ the door open** die Tür offen halten; **to ~ oneself/sth against sth** sich/etw gegen etw lehnen

phrasal verbs mit prop:

prop up v/t ⟨trennb⟩ stützen; Wand abstützen; **to prop oneself/sth up against sth** sich/etw gegen etw lehnen; **to prop oneself up on sth** sich auf etw (akk) stützen

prop[2] abk (= **proprietor**) Inh.

propaganda [,propə'gændə] s Propaganda f

propagate ['propəgeɪt] v/t verbreiten

propagation [,propə'geɪʃən] s Verbreitung f

propane ['prəʊpeɪn] s Propan n

propel [prə'pel] v/t antreiben

propellant [prə'pelənt] s in Sprühdose Treibgas n

propeller [prə'pelə'] s Propeller m

proper ['propə'] adj **1** eigentlich; **a ~ job** ein richtiger Job **2** umg richtig; **in the ~ way** richtig; **it's only right and ~** es ist nur recht und billig; **to do the ~ thing** das tun, was sich gehört; **the ~ thing to do would be to apologize** es gehört sich eigentlich, dass man sich entschuldigt **3** anständig **4** im Benehmen korrekt

properly ['propəlɪ] adv **1** richtig **2** anständig

proper name, **proper noun** s Eigenname m

property ['prɒpətɪ] s **1** Eigenschaft f; **healing properties** heilende Kräfte **2** Eigentum n; **common ~** wörtl gemeinsames Eigentum; fig Gemeingut n **3** Haus n, Gebäude n, Besitztum n; (≈ Landgut) Besitz m kein pl; (≈ Wohnhäuser etc) Immobilien pl; **~ in London is dearer** die Preise auf dem Londoner Immobilienmarkt sind höher

property developer s Bauträger(in) m(f)
property market s Immobilienmarkt m
property tax s Vermögenssteuer f
prophecy ['prɒfɪsɪ] s Prophezeiung f
prophesy ['prɒfɪsaɪ] **A** v/t prophezeien **B** v/i Prophezeiungen machen
prophet ['prɒfɪt] s Prophet(in) m(f)
prophetic adj, **prophetically** [prə'fetɪk, -əlɪ] adv prophetisch
prophylactic [ˌprɒfɪ'læktɪk] s MED Prophylaktikum n, vorbeugendes Mittel
proponent [prə'pəʊnənt] s Befürworter(in) m(f)
proportion [prə'pɔːʃən] s **1** zahlenmäßig Verhältnis n (**of x to y** zwischen x und y); größenmäßig Proportionen pl; **~s** (≈ Größe) Ausmaß n; von Gebäude Proportionen pl; **to be in/out of ~ (to one another)** zahlenmäßig im richtigen/ nicht im richtigen Verhältnis zueinander stehen; größenmäßig, a. KUNST in den Proportionen stimmen/nicht stimmen; Leistungen etc im richtigen/in keinem Verhältnis zueinander stehen; **to be in/out of ~ to sth** im Verhältnis/in keinem Verhältnis zu etw stehen; größenmäßig in den Proportionen zu etw passen/nicht zu etw passen; a. KUNST etw proportional richtig darstellen; fig etw objektiv betrachten; **he has let it all get out of ~** fig er hat den Blick für die Proportionen verloren; **it's out of all ~!** das geht über jedes Maß hinaus!; **sense of ~** Sinn m für Proportionen **2** Teil m, Anteil m; **a certain ~ of the population** ein bestimmter Teil der Bevölkerung; **the ~ of drinkers in our society is rising constantly** der Anteil der Trinker in unserer Gesellschaft nimmt ständig zu

proportional [prə'pɔːʃənl] adj proportional (**to** zu)
proportionality [prəpɔːʃn'ælətɪ] s Proportionalität f; der Mittel Verhältnismäßigkeit f
proportional representation s POL Verhältniswahlrecht n
proportionate [prə'pɔːʃnɪt] adj proportional
proportionately [prə'pɔːʃnɪtlɪ] adv proportional; mehr, weniger entsprechend
proposal [prə'pəʊzl] s Vorschlag m (**on, about** zu); an Freundin (Heirats)antrag m; **to make sb a ~** j-m einen Vorschlag machen
propose [prə'pəʊz] **A** v/t **1** vorschlagen; **he ~d postponing the meeting** er schlug vor, die Sitzung zu vertagen; **to ~ marriage to sb** j-m einen (Heirats)antrag machen **2** ⟨+inf⟩ beabsichtigen; **they ~ to build an office block on this site** sie beabsichtigen, auf diesem Grundstück ein Bürogebäude zu errichten; **how do you ~ to pay for it?** wie wollen Sie das bezahlen? **B** v/i einen (Heirats)antrag machen (**to** +dat)

proposition [ˌprɒpə'zɪʃən] **A** s Vorschlag m, These f **B** v/t **he ~ed me** er hat mich gefragt, ob ich mit ihm schlafen würde
proprietor [prə'praɪətə^r] s von Gaststätte Inhaber(in) m(f); von Haus, Zeitung Besitzer(in) m(f)
propriety [prə'praɪətɪ] s Anstand m
propulsion [prə'pʌlʃən] s Antrieb m
pro rata ['prəʊ'rɑːtə] adj & adv anteil(s)mäßig; **on a ~ basis** auf einer proportionalen Basis
proscribe [prəʊ'skraɪb] v/t verbieten
prose [prəʊz] s **1** Prosa f **2** LIT Form der geschriebenen Sprache, die nicht in Versen organisiert ist, keine Reime aufweist und keinem bestimmten Rhythmus folgt **3** Stil m
prosecute ['prɒsɪkjuːt] **A** v/t strafrechtlich verfolgen (**for** wegen); **"trespassers will be ~d"** „widerrechtliches Betreten wird strafrechtlich verfolgt" **B** v/i Anzeige erstatten; **Mr Jones, prosecuting, said ...** Herr Jones, der Vertreter der Anklage, sagte ...
prosecution [ˌprɒsɪ'kjuːʃən] s JUR strafrechtliche Verfolgung; vor Gericht Anklage f (**for** wegen); **(the) counsel for the ~** die Anklage (-vertretung); **witness for the ~** Zeuge m/Zeugin f der Anklage
prosecutor ['prɒsɪkjuːtə^r] s Ankläger(in) m(f)
prospect ['prɒspekt] s Aussicht f (**of** auf +akk); **a job with no ~s** eine Stelle ohne Zukunft
prospective [prə'spektɪv] adj ⟨attr⟩ voraussichtlich; Schwiegersohn zukünftig; Käufer interessiert; **~ earnings** voraussichtliche Einkünfte pl
prospectus [prə'spektəs] s Prospekt m; SCHULE, UNIV Lehrprogramm n
prosper ['prɒspə^r] v/i blühen; finanziell florieren
prosperity [prɒs'perɪtɪ] s Wohlstand m
prosperous ['prɒspərəs] adj wohlhabend; Unternehmen florierend; Wirtschaft blühend
prosperously ['prɒspərəslɪ] adv leben im Wohlstand
prostate (gland) ['prɒsteɪt(ˌglænd)] s Prostata f
prostitute ['prɒstɪtjuːt] **A** s Prostituierte(r) m/f(m) **B** v/r sich prostituieren
prostitution [ˌprɒstɪ'tjuːʃən] s Prostitution f
prostrate ['prɒstreɪt] **A** adj ausgestreckt **B** [prɒ'streɪt] v/r sich niederwerfen (**before** vor +dat)
protagonist [prəʊ'tægənɪst] s **1** Protagonist(in) m(f), Hauptperson f **2** LIT zentrale Figur

einer Erzählung, eines Romans, eines Theaterstücks o. Ä.

pro˘tect [prə'tekt] **A** v/t schützen (**against** gegen *od* **from** vor +*dat*); j-n, Tier beschützen (**against** gegen *od* **from** vor +*dat*); IT sichern; **don't try to ~ the culprit** versuchen Sie nicht, den Schuldigen zu decken **B** v/i schützen (**against** vor +*dat*)

protection [prə'tekʃən] *s* Schutz *m* (**against** gegen *od* **from** vor +*dat*); **to be under sb's ~** unter j-s Schutz (*dat*) stehen

protectionism [prə'tekʃənɪzəm] *s* Protektionismus *m*

protection money *s* Schutzgeld *n*

protection racket *s* Schutzgelderpressung *f*

protective [prə'tektɪv] *adj* Schutz-; *Haltung* beschützend; *Schicht* schützend; **the mother is very ~ toward(s) her children** die Mutter ist sehr fürsorglich ihren Kindern gegenüber

protective clothing *s* Schutzkleidung *f*

protective custody *s* Schutzhaft *f*

protectively [prə'tektɪvlɪ] *adv* schützend, beschützend

protector [prə'tektəʳ] *s* **1** Beschützer(in) *m(f)* **2** (= *Kleidung*) Schutz *m*

protectorate [prə'tektərət] *s* POL Protektorat *n*

protégé, protégée ['prɒtəʒeɪ] *s* Schützling *m*

protein ['prəʊtiːn] *s* Protein *n*

protest A ['prəʊtest] *s* Protest *m*, Protestkundgebung *f*; **in ~** aus Protest; **to make a/one's ~** Protest erheben **B** [prəʊ'test] v/i protestieren, demonstrieren (**against, about** gegen) **C** [prəʊ'test] v/t **1** *Unschuld* beteuern **2** protestieren gegen

Protestant ['prɒtɪstənt] **A** *adj* protestantisch **B** *s* Protestant(in) *m(f)*

protestation [ˌprɒte'steɪʃən] *s* Protest *m*

protester [prə'testəʳ] *s* Protestierende(r) *m/f(m)*, Demonstrant(in) *m(f)*

protest march *s* Protestmarsch *m*

protocol ['prəʊtəkɒl] *s* Protokoll *n*

proton ['prəʊtɒn] *s* Proton *n*

prototype ['prəʊtəʊtaɪp] *s* Prototyp *m*

protracted [prə'træktɪd] *adj* langwierig; *Streit* längere(r, s)

protrude [prə'truːd] v/i vorstehen (**from** aus); *Ohren* abstehen

protruding [prə'truːdɪŋ] *adj* vorstehend; *Ohren* abstehend; *Kinn* vorspringend; *Rippen* hervortretend

proud [praʊd] **A** *adj* stolz (**of** auf +*akk*); **it made his parents feel very ~** das erfüllte seine Eltern mit Stolz; **to be ~ that ...** stolz (darauf) sein, dass ...; **to be ~ to do sth** stolz darauf sein, etw zu tun **B** *adv* **to do sb/oneself ~** j-n/sich verwöhnen

proudly ['praʊdlɪ] *adv* stolz

provable ['pruːvəbl] *adj* beweisbar, nachweisbar

prove [pruːv] ⟨*prät* proved; *pperf* proved *od* proven⟩ **A** v/t beweisen; **he ~d that ...** er wies nach, dass ...; **to ~ sb innocent** j-s Unschuld nachweisen; **he was ~d right** er hat recht behalten; **he did it just to ~ a point** er tat es nur der Sache wegen **B** v/i **to ~ (to be) useful** sich als nützlich erweisen; **if it ~s otherwise** wenn sich das Gegenteil herausstellt **C** v/r **1** sich bewähren **2 to ~ oneself to be sth** sich als etw erweisen

proven ['pruːvən] **A** *pperf* → prove **B** ['prəʊvən] *adj* bewährt

proverb ['prɒvɜːb] *s* Sprichwort *n*

proverbial [prə'vɜːbɪəl] *wörtl, fig adj* sprichwörtlich

provide [prə'vaɪd] **A** v/t zur Verfügung stellen; *Personal* vermitteln; *Geld* bereitstellen; *Nahrung etc* sorgen für; *Ideen, Strom* liefern; *Licht* spenden; **X ~d the money and Y (provided) the expertise** X stellte das Geld bereit und Y lieferte das Fachwissen; **candidates must ~ their own pens** die Kandidaten müssen ihr Schreibgerät selbst stellen; **to ~ sth for sb** etw für j-n stellen, j-m etw zur Verfügung stellen, j-m etw besorgen; **to ~ sb with sth** j-n mit etw versorgen, j-n mit etw ausstatten **B** v/r **to ~ oneself with sth** sich mit etw ausstatten

phrasal verbs mit provide:

provide against v/i ⟨+*obj*⟩ vorsorgen für

provide for v/i ⟨+*obj*⟩ sorgen für; *Notfall* vorsorgen für

provided (that) [prə'vaɪdɪd('ðæt)] *konj* vorausgesetzt(, dass)

providence ['prɒvɪdəns] *s* die Vorsehung

provider [prə'vaɪdəʳ] *s* **1** IT, TEL Provider *m*, Anbieter *m* **2** *von Familie* Ernährer(in) *m(f)*

providing (that) [prə'vaɪdɪŋ('ðæt)] *konj* vorausgesetzt(, dass)

province ['prɒvɪns] *s* **1** Provinz *f* **2 ~s** *pl* **the ~ss** die Provinz

provincial [prə'vɪnʃəl] *adj* Provinz-; *Akzent* ländlich; *pej* provinzlerisch

provision [prə'vɪʒən] *s* **1** Bereitstellung *f*, Beschaffung *f*; *von Nahrung, Wasser etc* Versorgung *f* (**of** mit *od* **to sb** j-s) **2** Vorrat *m* (**of** an +*dat*) **3 ~s** *pl* Lebensmittel *pl* **4** Vorkehrung *f*; Bestimmung *f*; **with the ~ that ...** mit dem Vorbehalt, dass ...; **to make ~ for sb** für j-n Vorsorge treffen; **to make ~ for sth** etw vorsehen

provisional [prə'vɪʒənl] *adj* provisorisch; *Angebot* vorläufig; **~ driving licence** *Br* vorläufige Fahrerlaubnis für Fahrschüler

provisionally [prə'vɪʒnəlɪ] *adv* vorläufig

proviso [prəˈvaɪzəʊ] s ⟨pl -s⟩ Vorbehalt m; **with the ~ that ...** unter der Bedingung, dass ...

provocation [ˌprɒvəˈkeɪʃən] s Provokation f; **he acted under ~** er wurde dazu provoziert; **he hit me without any ~** er hat mich geschlagen, ohne dass ich ihn dazu provoziert hätte

provocative [prəˈvɒkətɪv] adj provozierend, provokativ; *Bemerkung, Verhalten a.* herausfordernd

provocatively [prəˈvɒkətɪvli] adv provozierend; *etw sagen, sich verhalten a.* herausfordernd; **~ dressed** aufreizend gekleidet

provoke [prəˈvəʊk] v/t provozieren; *Tier* reizen; *Reaktion* hervorrufen; **to ~ an argument** Streit suchen; **to ~ sb into doing sth** j-n dazu treiben, dass er etw tut

provoking [prəˈvəʊkɪŋ] adj provozierend

prow [praʊ] s Bug m

prowess [ˈpraʊɪs] s Fähigkeiten pl; **his (sexual) ~** seine Manneskraft

prowl [praʊl] **A** s Streifzug m; **to be on the ~** Katze auf Streifzug sein; *Chef* herumschleichen **B** v/i (a. **prowl about** od **around**) herumstreichen; **he ~ed round the house** er schlich im Haus

prowl car US s Streifenwagen m

prowler [ˈpraʊləʳ] s Herumtreiber(in) m(f)

proximity [prɒkˈsɪmɪti] s Nähe f; **in close ~ to** in unmittelbarer Nähe (+gen)

proxy [ˈprɒksɪ] s **by ~** durch einen Stellvertreter

prude [pruːd] s **to be a ~** prüde sein

prudence [ˈpruːdəns] s Umsicht f; *von Maßnahme* Klugheit f

prudent adj umsichtig; *Maßnahme* klug

prudently adv wohlweislich; *handeln* umsichtig

prudish [ˈpruːdɪʃ] adj prüde

prune¹ [pruːn] s Backpflaume f

prune² v/t, (a. **prune down**) beschneiden; *fig Ausgaben* kürzen

pruning [ˈpruːnɪŋ] s Beschneiden n; *fig von Ausgaben* Kürzung f

Prussia [ˈprʌʃə] s Preußen n

Prussian [ˈprʌʃən] **A** adj preußisch **B** s Preuße m, Preußin f

pry¹ [praɪ] v/i neugierig sein, (herum)schnüffeln (**in** in +dat); **I don't mean to pry, but ...** es geht mich ja nichts an, aber ...; **to pry into sb's affairs** seine Nase in j-s Angelegenheiten (akk) stecken

pry² US v/t → **prise**

prying [ˈpraɪɪŋ] adj neugierig

PS abk (= **postscript**) PS

psalm [sɑːm] s Psalm m

pseudo [ˈsjuːdəʊ] adj pseudo

pseudonym [ˈsjuːdənɪm] s Pseudonym n

PST US abk (= **Pacific Standard Time**) pazifische Zeit (*minus 9 Stunden mitteleuropäischer Zeit*)

psych [saɪk] umg v/t **to ~ sb (out)** j-n durchschauen

phrasal verbs mit psych:

psych out umg v/t ⟨trennb⟩ psychologisch fertigmachen umg

psych up umg v/t ⟨trennb⟩ hochputschen umg; **to psych oneself up** sich hochputschen umg

psyche [ˈsaɪkɪ] s Psyche f

psychedelic [ˌsaɪkɪˈdelɪk] adj psychedelisch

psychiatric [ˌsaɪkɪˈætrɪk] adj psychiatrisch; *Krankheit* psychisch; **~ hospital** psychiatrische Klinik; **~ nurse** Psychiatrieschwester f

psychiatrist [saɪˈkaɪətrɪst] s Psychiater(in) m(f)

psychiatry [saɪˈkaɪətrɪ] s Psychiatrie f

psychic [ˈsaɪkɪk] **A** adj **1** übersinnlich; *Kräfte* übernatürlich; **you must be ~!** Sie müssen hellsehen können! **2** PSYCH psychisch **B** s Mensch m mit übernatürlichen Kräften

psycho [ˈsaɪkəʊ] s ⟨pl -s⟩ umg Verrückte(r) m/f(m)

psychoanalyse [ˌsaɪkəʊˈænəlaɪz] v/t, **psychoanalyze** US v/t psychoanalytisch behandeln

psychoanalysis [ˌsaɪkəʊəˈnælɪsɪs] s Psychoanalyse f

psychoanalyst [ˌsaɪkəʊˈænəlɪst] s Psychoanalytiker(in) m(f)

psychobabble [ˈsaɪkəʊˌbæbl] umg s Psychologenchinesisch n umg, Psychiaterchinesisch n umg

psychological [ˌsaɪkəˈlɒdʒɪkəl] adj psychologisch, psychisch; **he's not really ill, it's all ~** er ist nicht wirklich krank, das ist alles psychisch bedingt

psychologically [ˌsaɪkəˈlɒdʒɪkəlɪ] adv psychisch, psychologisch

psychological thriller s FILM, LIT Psychothriller m

psychologist [saɪˈkɒlədʒɪst] s Psychologe m, Psychologin f

psychology [saɪˈkɒlədʒɪ] s Psychologie f

psychopath [ˈsaɪkəʊpæθ] s Psychopath(in) m(f)

psychopathic [ˌsaɪkəʊˈpæθɪk] adj psychopathisch

psychosomatic [ˌsaɪkəʊsəʊˈmætɪk] adj psychosomatisch

psychotherapist [ˌsaɪkəʊˈθerəpɪst] s Psychotherapeut(in) m(f)

psychotherapy [ˌsaɪkəʊˈθerəpɪ] s Psychotherapie f

psychotic [saɪˈkɒtɪk] adj psychotisch

pt¹ abk (= **part**) Teil m

pt² abk (= **pint**) Pint n

pt³ abk (= **point**) Punkt m

PTA abk (= **parent-teacher association**) ≈ Elternbeirat m, ≈ Elternvertretung f

pto, PTO abk (= **please turn over**) b.w.

PTSD *abk* (= post-traumatic stress disorder) PTBS, posttraumatische Belastungsstörung

pub [pʌb] *bes Br s* Kneipe *f umg*, Gasthaus *n*; **let's go to the pub** komm, wir gehen in die Kneipe *umg*

pub-crawl ['pʌbkrɔːl] *bes Br umg s* **to go on a ~** einen Kneipenbummel machen *umg*

puberty ['pjuːbətɪ] *s* die Pubertät; **to reach ~** in die Pubertät kommen

pubic ['pjuːbɪk] *adj* Scham-; **~ hair** Schamhaar *n*

public ['pʌblɪk] **A** *adj* öffentlich; **to be ~ knowledge** allgemein bekannt sein; **to become ~** publik werden; **at ~ expense** aus öffentlichen Mitteln; **~ pressure** Druck *m* der Öffentlichkeit; **a ~ figure** eine Persönlichkeit des öffentlichen Lebens; **in the ~ eye** im Blickpunkt der Öffentlichkeit; **to make sth ~** etw publik machen, etw öffentlich bekannt machen; **~ image** Bild *n* in der Öffentlichkeit; **in the ~ interest** im öffentlichen Interesse **B** *s* ⟨+sg od pl v⟩ Öffentlichkeit *f*; **in ~** in der Öffentlichkeit; *etw zugeben* öffentlich; **the (general) ~** die (breite) Öffentlichkeit; **the viewing ~** das Fersehpublikum

public access channel *s* öffentlicher Fernsehkanal

public address system *s* Lautsprecheranlage *f*

publican ['pʌblɪkən] *Br s* Gastwirt(in) *m(f)*

publication [ˌpʌblɪˈkeɪʃən] *s* Veröffentlichung *f*

public company *s* Aktiengesellschaft *f*

public convenience *Br s* öffentliche Toilette

public defender *US s* Pflichtverteidiger(in) *m(f)*

public enemy *s* Staatsfeind(in) *m(f)*

public gallery *s* Besuchertribüne *f*

public health *s* die öffentliche Gesundheit

public holiday *s* gesetzlicher Feiertag

public housing *US s* Sozialwohnungen *pl*

public inquiry *s* öffentliche Untersuchung

publicist ['pʌblɪsɪst] *s* Publizist(in) *m(f)*

publicity [pʌbˈlɪsɪtɪ] *s* **1** Publicity *f* **2** HANDEL Werbung *f*

publicity campaign *s* Publicitykampagne *f*; HANDEL Werbekampagne *f*

publicity stunt *s* Werbegag *m*

publicity tour *s* Werbetour *f*

publicize ['pʌblɪsaɪz] *v/t* **1** bekannt machen **2** *Film, Produkt* Werbung machen für

public law *s* öffentliches Recht

public library *s* Stadtbibliothek *f*, Volksbücherei *f*

public life *s* öffentliches Leben

public limited company *s* Aktiengesellschaft *f*

publicly ['pʌblɪklɪ] *adv* öffentlich; **~ funded** durch öffentliche Mittel finanziert

public money *s* öffentliche Gelder *pl*

public opinion *s* die öffentliche Meinung

public ownership *s* staatlicher Besitz; **under** *od* **in ~** in staatlichem Besitz

public property *s* öffentliches Eigentum

public prosecutor *s* Staatsanwalt *m*/-anwältin *f*

public relations *s* **1** ⟨+sg od pl v⟩ Abteilung PR *f*; **~ exercise** PR-Kampagne *f* **2** ⟨pl⟩ *Arbeit* Öffentlichkeitsarbeit *f*

public school *Br s* Privatschule *f*; *US* staatliche Schule

public sector *s* öffentlicher Sektor

public servant *s* Arbeitnehmer(in) *m(f)* im öffentlichen Dienst

public service *s* öffentlicher Dienst

public speaking *s* Redenhalten *n*; **I'm no good at ~** ich kann nicht in der Öffentlichkeit reden

public spending *s* Ausgaben *pl* der öffentlichen Hand

public television *US s* öffentliches Fernsehen

public transport *s*, **public transportation** *US s* ⟨kein *pl*⟩ öffentlicher Nahverkehr; **by ~** mit öffentlichen Verkehrsmitteln

public utility *s* öffentlicher Versorgungsbetrieb

publish ['pʌblɪʃ] *v/t* veröffentlichen; **~ed by Langenscheidt** bei Langenscheidt erschienen; **"published monthly"** „erscheint monatlich"

publisher ['pʌblɪʃə'] *s* Verleger(in) *m(f)*; *a.* **~s** (≈ *Firma*) Verlag *m*

publishing ['pʌblɪʃɪŋ] *s* das Verlagswesen; **~ company** Verlagshaus *n*

puck [pʌk] *s* SPORT Puck *m*

pucker ['pʌkə'] **A** *v/t* (*a.* **pucker up**) *Lippen* spitzen **B** *v/i* (*a.* **pucker up**) *Lippen* sich spitzen

pud [pʊd] *Br umg s* → pudding

pudding ['pʊdɪŋ] *Br s* **1** Nachtisch *m*, Pudding *m*; **what's for ~?** was gibt es als Nachtisch? **2** **black ~** ≈ Blutwurst *f*

puddle ['pʌdl] *s* Pfütze *f*

pudgy ['pʌdʒɪ] *adj* ⟨komp pudgier⟩ → podgy

Puerto Rico [ˌpweətəʊˈriːkəʊ] *s* Puerto Rico *n*

puff [pʌf] **A** *s* **1** Schnaufen *n* ⟨*kein pl*⟩; *an Zigarette* Zug *m* (**at, of** an *+dat*); **a ~ of wind** ein Windstoß *m*; **a ~ of smoke** eine Rauchwolke; **our hopes vanished in a ~ of smoke** unsere Hoffnungen lösten sich in nichts auf; **to be out of ~** *Br umg* außer Puste sein *umg* **2** GASTR **cream ~** Windbeutel *m* **B** *v/t Rauch* ausstoßen **C** *v/i* schnaufen; **to ~ (away) on a cigar** an einer Zigarre paffen

phrasal verbs mit puff:

puff out *v/t* ⟨trennb⟩ **1** *Brust* herausstrecken; *Backen* aufblasen **2** ausstoßen

puff up A *v/t* ⟨trennb⟩ *Federn* (auf)plustern **B**

v/i Gesicht anschwellen

puffed [pʌft] *umg adj* außer Puste *umg*

puffin ['pʌfɪn] *s* Papageientaucher *m*

puffin crossing *s* sensorgesteuerter Ampelübergang

puffiness ['pʌfɪnɪs] *s* Verschwollenheit *f*

puff pastry *Br s*, **puff paste** *US s* Blätterteig *m*

puffy ['pʌfɪ] *adj* ‹komp puffier› Gesicht geschwollen

puke [pjuːk] *sl* **A** *v/i* kotzen *umg*; **he makes me ~** er kotzt mich an *sl* **B** *s* Kotze *f vulg*
phrasal verbs mit puke:
puke up *umg v/i* kotzen *umg*

pukka ['pʌkə] *sl adj* echt

pull [pʊl] **A** *s* Ziehen *n*, Ruck *m*; *von Magnet, Mensch* Anziehungskraft *f*; **he gave the rope a ~** er zog am Seil; **I felt a ~ at my sleeve** ich spürte, wie mich jemand am Ärmel zog **B** *v/t* **1** ziehen; *Zahn* herausziehen; *Bier* zapfen; **to ~ a gun on sb** j-n mit der Pistole bedrohen; **he ~ed the dog behind him** er zog den Hund hinter sich (*dat*) her; **to ~ a door shut** eine Tür zuziehen **2** *Griff, Seil* ziehen an (+*dat*); **he ~ed her hair** er zog sie an den Haaren; **to ~ sth to pieces** *fig* (≈ *kritisieren*) etw verreißen; **to ~ sb's leg** *fig umg* j-n auf den Arm nehmen *umg*, j-n pflanzen *österr*; **~ the other one(, it's got bells on)** *Br umg* das glaubst du ja selber nicht!; **she was the one ~ing the strings** sie war es, die alle Fäden in der Hand hielt **3** *Muskel* sich (*dat*) zerren **4** *Menge* anziehen **C** *v/i* **1** ziehen (**on, at an** +*dat*); **to ~ to the left** *Auto* nach links ziehen; **to ~ on one's cigarette** an seiner Zigarette ziehen **2** *Auto etc* fahren; **he ~ed across to the left-hand lane** er wechselte auf die linke Spur über; **he ~ed into the side of the road** er fuhr an den Straßenrand; **to ~ alongside** seitlich heranfahren; **to ~ off the road** am Straßenrand anhalten **3** *Br umg sexuell* jemanden rumkriegen *umg*
phrasal verbs mit pull:

pull ahead *v/i* **to pull ahead of sb/sth** einen Vorsprung vor j-m/etw gewinnen, j-m/einer Sache (*dat*) davonziehen

pull apart A *v/t* ‹trennb› **1** auseinanderziehen; *Gerät etc* auseinandernehmen **2** *fig umg* (≈ *durchsuchen*) auseinandernehmen *umg*; (≈ *kritisieren*) verreißen **B** *v/i* sich auseinandernehmen lassen

pull away A *v/t* ‹trennb› wegziehen; **she pulled it away from him** sie zog es von ihm weg, sie zog es ihm aus den Händen **B** *v/i Fahrzeug* wegfahren; **the car pulled away from the others** der Wagen setzte sich (von den anderen) ab

pull back ‹trennb› **A** *v/t* zurückziehen **B** *v/i* FUSSB **to pull back to 3 - 2 auf 3:2 verkürzen

pull down A *v/t* ‹trennb› **1** herunterziehen **2** *Haus* abreißen **B** *v/i Rollo* sich herunterziehen lassen

pull in A *v/t* ‹trennb› **1** *Seil, Bauch* einziehen; **to pull sb/sth in(to) sth** j-n/etw in etw (*akk*) ziehen **2** *Menge* anziehen **B** *v/i* **1** *in Bahnhof* einfahren (**into** in +*akk*) **2** anhalten

pull off *v/t* ‹trennb› **1** *Verpackung* abziehen; *Deckel* abnehmen; *Kleider* ausziehen **2** *umg* (≈ *Erfolg haben*) schaffen *umg*; *Geschäft* zuwege bringen *umg*

pull on *v/t* ‹trennb› *Mantel* sich (*dat*) überziehen

pull out A *v/t* ‹trennb› **1** herausziehen (**of** aus); *Zahn* ziehen; *Seite* heraustrennen (**of** aus); **to pull the rug out from under sb** *fig* j-m den Boden unter den Füßen wegziehen **2** zurückziehen; *Truppen* abziehen **B** *v/i* **1** sich herausziehen lassen **2** *Tisch etc* sich ausziehen lassen **3** aussteigen *umg* (**of** aus); *Truppen* abziehen **4** *Zug* herausfahren (**of** aus); **the car pulled out from behind the lorry** der Wagen scherte hinter dem Lastwagen aus

pull over A *v/t* ‹trennb› **1** herüberziehen (**sth über etw** *akk*) **2** umreißen **3** **the police pulled him over** die Polizei stoppte ihn am Straßenrand **B** *v/i Auto, Fahrer* zur Seite fahren

pull through A *v/t* ‹trennb› *wörtl* durchziehen; **to pull sb/sth through sth** *wörtl* j-n/etw durch etw ziehen; **to pull sb through a difficult time** j-m helfen, eine schwierige Zeit zu überstehen **B** *v/i fig* durchkommen; **to pull through sth** *fig* etw überstehen

pull together A *v/i fig* am gleichen Strang ziehen **B** *v/r* sich zusammenreißen

pull up A *v/t* ‹trennb› **1** hochziehen **2** herausreißen **3** *Stuhl* heranrücken **B** *v/i* anhalten

pull date *s US von Nahrungsmittel* Verfallsdatum *n*

pull-down ['pʊldaʊn] *adj Bett* Klapp-; **~ menu** IT Pull-down-Menü *n*

pulley ['pʊlɪ] *s* **1** Rolle *f* **2** Flaschenzug *m*

pull-out A *s* Abzug *m* **B** *adj* ‹attr› *Beilage* heraustrennbar

pullover *s* Pullover *m*

pulp [pʌlp] **A** *s* **1** Brei *m*; **to beat sb to a ~** *umg* j-n zu Brei schlagen *umg* **2** Fruchtfleisch *n* **B** *v/t Obst etc* zerdrücken; *Papier* einstampfen

pulpit ['pʊlpɪt] *s* Kanzel *f*

pulsate [pʌl'seɪt] *v/i* pulsieren

pulse [pʌls] **A** *s* ANAT Puls *m*; PHYS Impuls *m*; **to feel sb's ~** j-m den Puls fühlen; **he still has** *od* **keeps his finger on the ~ of economic affairs** er hat in Wirtschaftsfragen immer noch den Finger am Puls der Zeit **B** *v/i* pulsieren

pulverize [ˈpʌlvəraɪz] v/t pulverisieren
pummel [ˈpʌml] v/t eintrommeln auf (+akk)
pump[1] [pʌmp] **A** s Pumpe f; an Tankstelle Zapfsäule f **B** v/t pumpen; Magen auspumpen; **to ~ water out of sth** Wasser aus etw (heraus)pumpen; **to ~ money into sth** Geld in etw (akk) hineinpumpen; **to ~ sb (for information)** j-n aushorchen; **to ~ iron** umg Gewichte stemmen **C** v/i pumpen; Wasser, Blut herausschießen; **the piston ~ed up and down** der Kolben ging auf und ab
phrasal verbs mit pump:
 pump in v/t ⟨trennb⟩ hineinpumpen
 pump out v/t ⟨trennb⟩ herauspumpen
 pump up v/t ⟨trennb⟩ Reifen aufpumpen; Preise hochtreiben
pump[2] s Br Turnschuh m (aus Segeltuch); US Pumps m
pumpkin [ˈpʌmpkɪn] s Kürbis m
pun [pʌn] s [1] Wortspiel n [2] LIT Spiel mit der Doppeldeutigkeit oder dem Gleichklang verschiedener Wörter
Punch [pʌntʃ] Br s **~ and Judy show** Kasper(le)theater n; **to be (as) pleased as ~** umg sich wie ein Schneekönig freuen umg
punch[1] [pʌntʃ] **A** s [1] Schlag m [2] ⟨kein pl⟩ fig Schwung m **B** v/t boxen; schlagen; **I wanted to ~ him in the face** ich hätte ihm am liebsten ins Gesicht geschlagen
punch[2] **A** s Locher m **B** v/t Fahrkarte lochen, zwicken österr; Löcher stechen
phrasal verbs mit punch:
 punch in v/t ⟨trennb⟩ IT Daten eingeben
punch[3] s Bowle f; heiß Punsch m
punchbag s Sandsack m
punchbowl s Bowle f
punching bag [ˈpʌntʃɪŋˌbæg] US s Sandsack m
punch line s Pointe f
punch-up Br umg s Schlägerei f
punctual [ˈpʌŋktjʊəl] adj pünktlich; **to be ~** pünktlich kommen
punctuality [ˌpʌŋktjʊˈælɪti] s Pünktlichkeit f
punctually [ˈpʌŋktjʊˈəli] adv pünktlich
punctuate [ˈpʌŋktjʊeɪt] v/t [1] GRAM interpunktieren [2] unterbrechen
punctuation [ˌpʌŋktjʊˈeɪʃən] s Interpunktion f
punctuation mark s Satzzeichen n
puncture [ˈpʌŋktʃər] **A** s [1] in Reifen Loch n [2] Reifenpanne f **B** v/t stechen in (+akk); Reifen Löcher/ein Loch machen in (+akk)
pundit [ˈpʌndɪt] s Experte m, Expertin f
pungent [ˈpʌndʒənt] adj scharf; Geruch durchdringend
punish [ˈpʌnɪʃ] v/t [1] bestrafen; **he was ~ed by a fine** er wurde mit einer Geldstrafe belegt; **the other team ~ed us for that mistake** die andere Mannschaft ließ uns für diesen Fehler büßen [2] fig umg strapazieren; sich selbst schinden
punishable [ˈpʌnɪʃəbl] adj strafbar; **to be ~ by 2 years' imprisonment** mit 2 Jahren Gefängnis bestraft werden
punishing [ˈpʌnɪʃɪŋ] adj Tempo strapaziös; Arbeit erdrückend
punishment [ˈpʌnɪʃmənt] s [1] Strafe f, Bestrafung f; **you know the ~ for such offences** Sie wissen, welche Strafe darauf steht [2] fig umg **to take a lot of ~** Auto etc stark strapaziert werden
Punjabi [pʌnˈdʒɑːbi] **A** adj pandschabisch **B** s [1] Pandschabi m/f [2] LING Pandschabi n
punk [pʌŋk] **A** s [1] (a. **~ rocker**) Punker(in) m(f); (a. **~ rock**) Punkrock m [2] US umg Ganove m umg **B** adj Punk-
punter [ˈpʌntər] s [1] Br umg Wetter(in) m(f) [2] bes Br umg Kunde m, Kundin f
puny [ˈpjuːni] adj ⟨komp punier⟩ Mensch schwächlich; Bemühung kläglich
pup [pʌp] s Junge(s) n
pupil[1] [ˈpjuːpl] s SCHULE Br Schüler(in) m(f)
pupil[2] s ANAT Pupille f
puppet [ˈpʌpɪt] s Handpuppe f; an Fäden, a. fig Marionette f
puppeteer [ˌpʌpɪˈtɪər] s Puppenspieler(in) m(f)
puppet regime s Marionettenregime n
puppet show s Puppenspiel n
puppy [ˈpʌpi] s junger Hund
puppy fat Br umg s Babyspeck m umg
purchase [ˈpɜːtʃɪs] **A** s Kauf m; **to make a ~** einen Kauf tätigen **B** v/t kaufen
purchase order s Auftragsbestätigung f
purchase price s Kaufpreis m
purchaser [ˈpɜːtʃɪsər] s Käufer(in) m(f)
purchasing [ˈpɜːtʃɪsɪŋ] adj Abteilung Einkaufs-; Preis, Kraft Kauf-
pure [pjʊər] adj ⟨komp purer⟩ rein; **in ~ disbelief** ganz ungläubig; **by ~ chance** rein zufällig; **malice ~ and simple** reine Bosheit
purebred [ˈpjʊəbred] adj reinrassig
purée [ˈpjʊəreɪ] **A** s Püree n; **tomato ~** Tomatenmark n, Paradeismark n österr **B** v/t pürieren
purely [ˈpjʊəli] adv rein; **~ and simply** schlicht und einfach
purgatory [ˈpɜːgətəri] s REL das Fegefeuer
purge [pɜːdʒ] v/t reinigen
purification [ˌpjʊərɪfɪˈkeɪʃən] s Reinigung f
purification plant s Kläranlage f
purify [ˈpjʊərɪfaɪ] v/t reinigen
purist [ˈpjʊərɪst] s Purist(in) m(f)
puritan [ˈpjʊərɪtə] **A** adj puritanisch **B** s Puritaner(in) m(f)
puritanical [ˌpjʊərɪˈtænɪkəl] adj puritanisch
purity [ˈpjʊərɪti] s Reinheit f

purple ['pɜːpl] **A** adj violett; heller lila; Gesicht hochrot **B** s Lila n

purpose ['pɜːpəs] s **1** Absicht f, Zweck m; **on ~** absichtlich; **what was your ~ in doing this?** was haben Sie damit beabsichtigt?; **for our ~s** für unsere Zwecke; **for the ~s of this meeting** zum Zweck dieser Konferenz; **for all practical ~s** in der Praxis; **to no ~** ohne Erfolg **2** ⟨kein pl⟩ Entschlossenheit f; **to have a sense of ~** zielbewusst sein

purpose-built bes Br adj speziell angefertigt, speziell gebaut

purposeful adj, **purposefully** adv entschlossen

purposely ['pɜːpəslɪ] adv absichtlich

purr [pɜːʳ] **A** v/i schnurren; Motor surren **B** s Schnurren n kein pl; von Motor Surren n kein pl

purse [pɜːs] **A** s **1** Geldbeutel m; **to hold the ~ strings** Br fig über die Finanzen bestimmen **2** US Handtasche f **B** v/t **to ~ one's lips** einen Schmollmund machen

pursue [pəˈsjuː] v/t verfolgen; Erfolg nachjagen (+dat); Glück streben nach; Studium nachgehen (+dat); Thema weiterführen

pursuer [pəˈsjuːəʳ] s Verfolger(in) m(f)

pursuit [pəˈsjuːt] s **1** Verfolgung f (**of** +gen); nach Wissen, Glück Streben n (**of** nach); nach Vergnügen Jagd f (**of** nach); **he set off in ~** er rannte/fuhr hinterher; **to go in ~ of sb/sth** sich auf die Jagd nach j-m/etw machen; **in hot ~ of sb** hart auf j-s Fersen (dat); **to set /be in hot ~ of sb/sth** j-m/einer Sache nachjagen; **in (the) ~ of his goal** in Verfolgung seines Ziels **2** Beschäftigung f, Zeitvertreib m

pus [pʌs] s Eiter m

push [pʊʃ] **A** s **1** Schubs m umg; Stoß m; **to give sb/sth a ~** j-m/einer Sache einen Stoß versetzen; **to give a car a ~** einen Wagen anschieben; **he needs a little ~ now and then** fig den muss man mal ab und zu in die Rippen stoßen umg; **to get the ~** Br umg Angestellter (raus)fliegen umg (**from** aus); Freundin den Laufpass kriegen umg; **to give sb the ~** Br umg Angestellten j-n rausschmeißen umg; Freundin j-m den Laufpass geben umg; **at a ~** umg notfalls; **if/when ~ comes to shove** umg wenn der schlimmste Fall eintritt **2** Anstrengung f; MIL Offensive f **B** v/t **1** schieben, stoßen; Knopf drücken; **to ~ a door open/shut** eine Tür auf-/zuschieben; **he ~ed his way through the crowd** er drängte sich durch die Menge; **he ~ed the thought to the back of his mind** er schob den Gedanken beiseite **2** fig Produkt massiv Werbung machen für; Drogen schieben; **to ~ home one's advantage** seinen Vorteil ausnützen; **don't ~ your luck** treibs nicht zu weit!; **he's ~ing his luck trying to do that** er legt es wirklich darauf an, wenn er das versucht **3** fig drängen; **to ~ sb into doing sth** j-n dazu treiben, etw zu tun; **they ~ed him to the limits** sie trieben ihn bis an seine Grenzen; **that's ~ing it a bit** umg das ist ein bisschen übertrieben; **to be ~ed (for time)** umg mit der Zeit knapp dran sein; **to ~ oneself hard** sich schinden **C** v/i schieben, stoßen, drücken; in Menschenmenge drängeln umg, drängen

phrasal verbs mit push:

push ahead v/i sich ranhalten umg; **to push ahead with one's plans** seine Pläne vorantreiben

push around v/t ⟨trennb⟩ **1** wörtl herumschieben **2** fig umg Kind herumschubsen; Erwachsenen herumkommandieren

push aside v/t ⟨trennb⟩ beiseiteschieben, beiseitestoßen; fig einfach abtun

push away v/t ⟨trennb⟩ wegschieben, wegstoßen

push back v/t ⟨trennb⟩ zurückdrängen, zurückstoßen; Vorhang etc zurückschieben

push by v/i → push past

push down A v/t ⟨trennb⟩ **1** nach unten drücken **2** umstoßen **B** v/i hinunterdrücken

push for v/i ⟨+obj⟩ drängen auf (+akk)

push forward v/t → push ahead

push in A v/t ⟨trennb⟩ hineinschieben, hineinstoßen; **to push sb/sth in(to) sth** j-n/etw in etw (akk) schieben/stoßen; **to push one's way in** sich hineindrängen **B** v/i wörtl in Warteschlange sich hineindrängeln umg

push off A v/t ⟨trennb⟩ hinunterschieben, hinunterstoßen; **to push sb sth** j-n von etw schieben/stoßen **B** v/i Br umg abhauen umg; **push off!** zieh ab! umg

push on v/i weiterfahren/-gehen; mit Arbeit weitermachen

push out v/t ⟨trennb⟩ hinausschieben, hinausstoßen; **to push sb/sth out of sth** j-n/etw aus etw schieben/stoßen; **to push one's way out (of sth)** sich (aus etw) hinausdrängen

push over v/t ⟨trennb⟩ umwerfen

push past v/i sich vorbeidrängen (**sth an** etw dat)

push through A v/t ⟨trennb⟩ **1** durchschieben, durchstoßen; **to push sb/sth through sth** j-n/etw durch etw schieben/stoßen; **she pushed her way through the crowd** sie drängte sich durch die Menge **2** neues Gesetz durchpeitschen umg, durchstieren schweiz **B** v/i sich durchdrängen

push to v/t ⟨immer getrennt⟩ Tür anlehnen

push up v/t ⟨trennb⟩ **1** wörtl hinaufschieben, hinaufstoßen **2** fig hochdrücken

push-bike *Br umg* s Fahrrad *n*, Velo *n schweiz*
push-button s Druckknopf *m*
pushchair *Br* s Sportwagen *m*
pusher ['pʊʃəʳ] *umg* s Pusher(in) *m(f) umg*
pushover ['pʊʃəʊvə] s **1** *umg* (≈ *Arbeit*) Kinderspiel *n* **2** *Person* leichter Gegner, leichte Gegnerin
push-start *v/t* anschieben
push-up *US* s Liegestütz *m*
push-up bra s Push-up-BH *m*
pushy ['pʊʃɪ] *adj* ⟨*komp* pushier⟩ *umg* penetrant *pej*
pussy ['pʊsɪ] s **1** (≈ *Katze*) Mieze *f umg* **2** *sl* (≈ *Genitalien*) Muschi *f umg*
pussycat ['pʊsɪkæt] *kindersp* s Miezekatze *f kinderspr*
put [pʊt] *v/t* ⟨*prät, pperf* put [pʊt]⟩ **1** stellen, setzen, legen, stecken; **they put a plank across the stream** sie legten ein Brett über den Bach; **to put sth in a drawer** etw in eine Schublade legen; **he put his hand in his pocket** er steckte die Hand in die Tasche; **put the dog in the kitchen** tu den Hund in die Küche; **to put sugar in one's coffee** Zucker in den Kaffee tun; **to put sb in a good mood** j-n fröhlich stimmen; **to put a lot of effort into sth** viel Mühe in etw (*akk*) stecken; **to put money into sth** (sein) Geld in etw (*akk*) stecken; **put the lid on the box** tu den Deckel auf die Schachtel; **he put his head on my shoulder** er legte seinen Kopf auf meine Schulter; **her aunt put her on the train** ihre Tante setzte sie in den Zug; **to put money on a horse** auf ein Pferd setzen; **to put one's hand over sb's mouth** j-m die Hand vor den Mund halten; **he put his head (a)round the door** er steckte den Kopf zur Tür herein; **to put a glass to one's lips** ein Glas zum Mund(e) führen; **she put the shell to her ear** sie hielt (sich *dat*) die Muschel ans Ohr; **to put sb to bed** j-n ins Bett bringen; **to put sb to great expense** j-m große Ausgaben verursachen; **we'll each put £5 toward(s) it** jeder von uns gibt £ 5 (zum Betrag) dazu; **they put her to work on the new project** ihr wurde das neue Projekt als Arbeitsbereich zugewiesen; **to stay put** stehen *etc* bleiben; *Mensch* sich nicht von der Stelle rühren; **just stay put!** bleib, wo du bist! **2** schreiben; *Komma* machen; *Figur* zeichnen; **to put a cross/tick against sb's name** j-s Namen ankreuzen/abhaken **3** *Frage, Vorschlag* vorbringen; **I put it to you that …** ich behaupte, dass …; **it was put to me that …** es wurde mir nahegelegt, dass … **4** ausdrücken; **that's one way of putting it** so kann mans auch sagen; **how shall I put it?** wie soll ich (es) sagen?; **you know how to put it** Sie wissen, wie man es formuliert; **to put it bluntly** um es klipp und klar zu sagen **5** schätzen (**at** *auf* +*akk*); **he puts money before his family's happiness** er stellt Geld über das Glück seiner Familie

phrasal verbs mit put:

put across *v/t* ⟨*trennb*⟩ Ideen verständlich machen (**to sb** j-m); **to put oneself across** den richtigen Eindruck von sich geben

put aside *v/t* ⟨*trennb*⟩ **1** *Buch* beiseitelegen **2** für später zurücklegen **3** *fig* (≈ *zurücklassen*) ablegen; *Zorn* begraben; *Differenzen* vergessen

put away *v/t* ⟨*trennb*⟩ **1** einräumen; *Spielzeug* aufräumen, wegräumen; **to put the car away** das Auto wegstellen **2** (≈ *sparen*) zurücklegen **3** *umg beim Essen* schaffen *umg* **4** *Verbrecher* einsperren

put back *v/t* ⟨*trennb*⟩ **1** zurückstellen/-legen/-stecken **2** *bes Br* verschieben; *Pläne, Produktion* zurückwerfen; *Uhr* zurückstellen

put by *Br v/t* ⟨*trennb*⟩ zurücklegen

put down *v/t* ⟨*trennb*⟩ **1** wegstellen/-setzen/-legen; **put it down on the floor** stellen Sie es auf den Boden; **I couldn't put that book down** ich konnte das Buch nicht aus der Hand legen; **to put down the phone** (den Hörer) auflegen **2** *Schirm* zumachen; *Deckel* zuklappen **3** *Aufstand* niederschlagen **4** anzahlen; *Anzahlung* machen **5** *bes Br Tier* einschläfern **6** niederschreiben; *auf Formular* angeben; **to put one's name down for sth** sich (in eine Liste) für etw eintragen; **you can put me down for £10** für mich können Sie £ 10 eintragen; **put it down under sundries** schreiben Sie es unter Verschiedenes auf **7** zurückführen (**to** auf +*akk*)

put forward *v/t* ⟨*trennb*⟩ **1** *Vorschlag* vorbringen; j-n für *Job etc* vorschlagen; *als Kandidat* aufstellen **2** *bes Br Sitzung* vorverlegen (**to** auf +*akk*); *Uhr* vorstellen

put in **A** *v/t* ⟨*trennb*⟩ **1** hineinstellen/-legen/-stecken **2** *bei Rede* einfügen, hinzufügen **3** *Antrag* einreichen **4** *Zentralheizung* einbauen **5** *Zeit* zubringen (**with** mit); **to put in a few hours' work at the weekend** am Wochenende ein paar Stunden Arbeit einschieben; **to put in a lot of work on sth** eine Menge Arbeit in etw (*akk*) stecken **B** *v/i* **to put in for sth** *Job* sich um etw bewerben; *Gehaltserhöhung* etw beantragen

put inside *umg v/t* ⟨*trennb*⟩ einsperren *umg*

put off *v/t* ⟨*trennb*⟩ **1** verschieben; *Entscheidung* aufschieben; *Unangenehmes* hinauszögern; **to put sth off for 10 days/until January** etw um 10 Tage aufschieben/auf Januar verschieben **2** (≈ *ausweichend*) hinhalten **3** die

Lust nehmen (+*dat*); **to put sb off sth** j-m die Lust an etw (*dat*) nehmen; **don't let his rudeness put you off** störe dich nicht an seiner Flegelhaftigkeit; **are you trying to put me off?** versuchst du, mir das zu verleiden? *umg*; **to put sb off doing sth** j-n davon abbringen, etw zu tun **4** ablenken (**sth** von etw); **I'd like to watch you if it won't put you off** ich würde dir gern zusehen, wenn es dich nicht stört **5** ausschalten

put on *v/t* ⟨*trennb*⟩ **1** *Mantel* anziehen; *Hut* (sich *dat*) aufsetzen; *Make-up* auflegen; *Creme* auftragen; *fig Fassade* vortäuschen; **to put on one's make-up** sich schminken **2** **to put on weight** zunehmen; **to put on a pound** ein Pfund zunehmen; **ten pence was put on the price of petrol** *Br* der Benzinpreis wurde um zehn Pence erhöht **3** *Stück* aufführen; *Ausstellung etc* veranstalten; *Bus* einsetzen; *fig Show* abziehen *umg* **4** TEL **to put sb on to sb** j-n mit j-m verbinden; **would you put him on?** könnten Sie ihn mir geben? **5** *TV* einschalten; **to put the kettle on** das Wasser aufsetzen **6** **to put sb on to sth** j-m etw vermitteln **7** **to put sb on** *umg* j-n auf den Arm nehmen

put out *v/t* ⟨*trennb*⟩ **1** *Müll* hinausbringen; *Katze* vor die Tür setzen; **to put the washing out (to dry)** die Wäsche (zum Trocknen) raushängen; **to put sb out of business** j-n aus dem Markt drängen; **that goal put them out of the competition** mit diesem Tor waren sie aus dem Wettbewerb ausgeschieden; **she could not put him out of her mind** er ging ihr nicht aus dem Sinn **2** *Hand* ausstrecken; *Zunge* herausstrecken; **to put one's head out of the window** den Kopf zum Fenster hinausstrecken **3** *Besteck* auflegen **4** *Erklärung* abgeben; *Appell* durchgeben; *im Radio, Fernsehen* senden **5** *Feuer, Licht* löschen, ausmachen **6** **to be put out (by sth)** (über etw *akk*) verärgert sein **7** **to put sb out** j-m Umstände machen; **to put oneself out (for sb)** sich (*dat*) (wegen j-s) Umstände machen

put over *v/t* ⟨*trennb*⟩ → put across

put through *v/t* ⟨*trennb*⟩ **1** *Reformen* durchbringen; *mit Objekt* bringen durch **2** *mit Objekt* durchmachen lassen; **he has put his family through a lot (of suffering)** seine Familie hat seinetwegen viel durchgemacht **3** TEL j-n verbinden (**to** mit); *Anruf* durchstellen (**to** zu)

put together *v/t* ⟨*trennb*⟩ zusammentun, zusammensetzen; *Beträge* zusammenzählen; *Menü* zusammenstellen; *Sammlung* zusammentragen; **he's better than all the others put together** er ist besser als alle anderen zusammen

put up *v/t* ⟨*trennb*⟩ **1** *Hand* hochheben; *Schirm* aufklappen; *Haare* hochstecken **2** *Fahne* hissen; *Bild, Dekorationen* aufhängen; *Plakat* anbringen; *Haus, Zaun* errichten; *Leiter, Denkmal* aufstellen; *Zelt* aufschlagen, aufbauen **3** erhöhen **4** **to put sth up for sale** etw zum Verkauf anbieten; **to put one's child up for adoption** sein Kind zur Adoption freigeben; **to put up resistance** Widerstand leisten; **to put sb up to sth** j-n zu etw anstiften **5** unterbringen

put up with *v/i* ⟨+*obj*⟩ sich abfinden mit; **I won't put up with that** das lasse ich mir nicht gefallen

put-down *s* Abfuhr *f*
put-on *umg adj* vorgetäuscht
putrefy ['pju:trɪfaɪ] *v/i* verwesen
putrid ['pju:trɪd] *adj* verfault
putt [pʌt] **A** *s* Schlag *m* (*mit dem man einlocht*) **B** *v/t & v/i* putten
putter *US v/i* → potter²
putt-putt golf ['pʌtpʌt,gɒlf] *s US* Minigolf *n*
putty ['pʌtɪ] *s* Kitt *m*
put-up job *umg s* abgekartetes Spiel *umg*
put-upon *adj umg* ausgenutzt; **he feels ~** er fühlt sich von anderen ausgenutzt
puzzle ['pʌzl] **A** *s* **1** Rätsel *n* **2** Geduldsspiel *n* **B** *v/t* **1** verblüffen; **to be ~d about sth** sich über etw (*akk*) im Unklaren sein **2** **to ~ sth out** etw (her)austüfteln **C** *v/i* **to ~ over sth** sich (*dat*) über etw (*akk*) den Kopf zerbrechen
puzzled ['pʌzld] *adj Blick* verdutzt; *Mensch* verwirrt
puzzlement ['pʌzlmənt] *s* Verwirrung *f*
puzzling ['pʌzlɪŋ] *adj* rätselhaft; *Geschichte, Frage* verwirrend
PVC [pi:vi:'si:] *abk* (= polyvinyl chloride) PVC *n*
Pygmy, Pigmy ['pɪgmɪ] **A** *s* Pygmäe *m* **B** *adj* Pygmäen-
pyjamas [pə'dʒɑ:məz] *pl*, **pajamas** *US pl* Schlafanzug *m*, Pyjama *m bes österr, schweiz*
pylon ['paɪlən] *s* Mast *m*
pyramid ['pɪrəmɪd] *s* Pyramide *f*
pyramid system ['pɪrəmɪd] *s* WIRTSCH Schneeballsystem *n*
pyre [paɪəʳ] *s* Scheiterhaufen *m*
Pyrenean [pɪrə'ni:ən] *adj* pyrenäisch
Pyrenees [pɪrə'ni:z] *pl* Pyrenäen *pl*
Pyrex® ['paɪreks] *s* feuerfestes Glas
python ['paɪθən] *s* Python *m*

Q, q [kjuː] *s* Q *n*, q *n*
Q&A [kjuːənˈeɪ] *abk* (= questions and answers) Fragen und Antworten; **~ session** Frage- und Antwort-Sitzung *f*
Qatar [ˈkɑtɑːʳ] *s* GEOG Katar *n*
qigong [ˌtʃiːˈkʌŋ] *s* Qigong *n*
QR code® *s* (= Quick Response code) IT QR-Code® *m*
Q-tip® [ˈkjuːtɪp] *s* US Wattestäbchen *n*
qtr *abk* (= quarter) Viertel *n*
quack [kwæk] **A** *s* **1** Schnattern *n kein pl* **2** *pej* Quacksalber(in) *m(f)* **B** *v/i* schnattern
quad¹ *s abk* (= quadrangle) Viereck *n*
quad² *s abk* (= quadruplet) Vierling *m*
quad³, **quad bike** *Br s* Quad *n* (*vierrädriges Motorrad*)
quadrangle [ˈkwɒdræŋgl] *s* **1** MATH Viereck *n* **2** ARCH (viereckiger) (Innen)hof
quadruped [ˈkwɒdruped] *s* ZOOL Vierfüß(l)er *m*
quadruple [ˈkwɒdrʊpl] **A** *adj* vierfach **B** *v/t* vervierfachen **C** *v/i* sich vervierfachen
quadruplet [kwɒˈdruːplɪt] *s* Vierling *m*
quagmire [ˈkwæɡmaɪəʳ] *s* Sumpf *m*
quail [kweɪl] *s* ORN Wachtel *f*
quaint [kweɪnt] *adj* ⟨+er⟩ idyllisch; *Kneipe* urig; *Idee* kurios
quake [kweɪk] *v/i* zittern (**with** vor +*dat*); *Erde* beben
Quaker [ˈkweɪkəʳ] *s* Quäker(in) *m(f)*
qualification [ˌkwɒlɪfɪˈkeɪʃən] *s* **1** Qualifikation *f*; (≈ *Dokument*) Zeugnis *n*; (≈ *Fähigkeit*) Voraussetzung *f* **2** (≈ *Prüfung*) Abschluss *m*; **to leave school without any ~** von der Schule ohne Abschluss abgehen **3** Einschränkung *f*
qualified [ˈkwɒlɪfaɪd] *adj* **1** ausgebildet; *akademisch* Diplom-; **~ engineer** Diplomingenieur(in) *m(f)*; **highly ~** hoch qualifiziert; **to be ~ to do sth** qualifiziert sein, etw zu tun; **he is/is not ~ to teach** er besitzt die/keine Lehrbefähigung; **he was not ~ for the job** ihm fehlte die Qualifikation für die Stelle; **to be well ~ for sth** für etw hoch qualifiziert sein; **he is fully ~** er ist voll ausgebildet **2** berechtigt **3** nicht uneingeschränkt
qualify [ˈkwɒlɪfaɪ] **A** *v/t* **1** qualifizieren; **to ~ sb to do sth** j-n berechtigen, etw zu tun **2** *Äußerung* einschränken **B** *v/i* **1** seine Ausbildung abschließen; **to ~ as a lawyer/doctor** sein juristisches/medizinisches Staatsexamen bestehen; **to ~ as a teacher** die Lehrbefähigung erhalten **2** SPORT sich qualifizieren (**for** für) **3** infrage kommen (**for** für); **does he ~ for admission to the club?** erfüllt er die Bedingungen für die Aufnahme in den Klub?
qualifying [ˈkwɒlɪfaɪɪŋ] *adj* SPORT Qualifikations-; **~ match** *od* **game/group** Qualifikationsspiel *n*/-gruppe *f*
qualitative [ˈkwɒlɪtətɪv] *adj* qualitativ
quality [ˈkwɒlɪtɪ] **A** *s* **1** Qualität *f*; **of good/poor ~** von guter/schlechter Qualität; **they vary in ~** sie sind qualitativ verschieden **2** Eigenschaft *f* **3** *von Stimme etc* Klangfarbe *f* **B** *adj* ⟨*attr*⟩ **1** Qualitäts-; **~ goods** Qualitätsware *f* **2** *umg* erstklassig *umg*; **a ~ paper** eine seriöse (Tages)zeitung
quality control *s* Qualitätskontrolle *f*
quality management *s* Qualitätsmanagement *n*
quality time *s* intensiv genutzte Zeit
qualm [kwɑːm] *s* **1** Skrupel *m*; **without a ~** ohne jeden Skrupel **2** **~s** *pl* Bedenken *n*; **to have no ~s about doing sth** keine Bedenken haben, etw zu tun
quandary [ˈkwɒndərɪ] *s* Verlegenheit *f*; **he was in a ~ about what to do** er wusste nicht, was er tun sollte
quango [ˈkwæŋɡəʊ] *Br s abk* ⟨*pl* -s⟩ (= quasi-autonomous nongovernmental organization) (unabhängige) Nicht-Regierungs-Organisation
quantify [ˈkwɒntɪfaɪ] *v/t* quantifizieren
quantitative *adj*, **quantitatively** [ˈkwɒntɪtətɪv, -lɪ] *adv* quantitativ
quantity [ˈkwɒntɪtɪ] *s* **1** Quantität *f*, Menge *f*, Anteil *m* (**of** an +*dat*); **in ~, in large quantities** in großen Mengen; **in equal quantities** zu gleichen Teilen **2** MATH, *a. fig* Größe *f*
quantum leap [ˈkwɒntəm] *fig s* Riesenschritt *m*
quantum mechanics *s* ⟨+*sg v*⟩ Quantenmechanik *f*
quarantine [ˈkwɒrəntiːn] **A** *s* Quarantäne *f*; **to put sb in ~** j-n unter Quarantäne stellen **B** *v/t* unter Quarantäne stellen
quarrel [ˈkwɒrəl] **A** *s* Streit *m*, Auseinandersetzung *f*; **they have had a ~** sie haben sich gestritten; **I have no ~ with him** ich habe nichts gegen ihn **B** *v/i* **1** sich streiten (**with** mit *od* **about, over** über +*akk*) **2** etwas auszusetzen haben (**with** an +*dat*)
quarrelling [ˈkwɒrəlɪŋ] *s*, **quarreling** US *s* Streiterei *f*
quarrelsome [ˈkwɒrəlsəm] *adj* streitsüchtig
quarry¹ [ˈkwɒrɪ] **A** *s* Steinbruch *m* **B** *v/t* brechen
quarry² *s* Beute *f*
quarter [ˈkwɔːtəʳ] **A** *s* **1** Viertel *n*; **to divide sth into ~s** etw in vier Teile teilen; **a ~/three-**

quarters full viertel/drei viertel voll; **a mile and a ~** eineinviertel Meilen; **a ~ of a mile** eine viertel Meile; **for a ~ (of) the price** zu einem Viertel des Preises; **a ~ of an hour** eine Viertelstunde; **(a) ~ to seven, (a) ~ of seven** US (ein) Viertel vor sieben; **(a) ~ past six, (a) ~ after six** US (ein) Viertel nach sechs; **an hour and a ~** eineinviertel Stunden; **in these ~s** in dieser Gegend ◪ Vierteljahr n ◩ US Vierteldollar m ◪ Seite f, Stelle f; **he won't get help from that ~** von dieser Seite wird er keine Hilfe bekommen; **in various ~s** an verschiedenen Stellen; **at close ~s** aus der Nähe ◪ **~s** pl a. MIL Quartier n ◩ (≈ Gnade) Pardon m; **he gave no ~** er kannte kein Pardon ◪ adj Viertel-; **~ pound** Viertelpfund n ◪ v/t vierteln
quarterback US s FUSSB Quarterback m
quarterfinal s Viertelfinalspiel n
quarterfinalist s Viertelfinalist(in) m(f)
quarterly ['kwɔːtəlɪ] ◪ adj & adv vierteljährlich ◪ s Vierteljahresschrift f
quarter note US s MUS Viertelnote f
quarter-note rest s US Viertelpause f
quarter-pipe s SPORT Quarterpipe f
quarter-pounder s GASTR Viertelpfünder m
quartet(te) [kwɔːˈtet] s Quartett n
quartz ['kwɔːts] s Quarz m
quash [kwɒʃ] v/t ◪ JUR Urteil aufheben ◪ Aufstand unterdrücken
quaver ['kweɪvəʳ] ◪ s ◪ bes Br MUS Achtelnote f; **~ rest** Achtelpause f ◪ von Stimme Zittern n ◪ v/i zittern
quavering ['kweɪvərɪŋ], **quavery** ['kweɪvərɪ] adj Stimme zitternd; Ton, Akkord tremolierend
quay [kiː] s Kai m; **alongside the ~** am Kai
quayside ['kiːsaɪd] s Kai m
queasiness ['kwiːzɪnɪs] s Übelkeit f
queasy ['kwiːzɪ] adj ⟨komp queasier⟩ gereizt; **I feel ~** mir ist (leicht) übel
queen [kwiːn] s ◪ Königin f ◪ Schach, a. KART Dame f; **~ of spades** Pikdame
queen bee s Bienenkönigin f
queenly ['kwiːnlɪ] adj königlich
Queen Mother s Königinmutter f
queen's English [kwiːnz] s englische Hochsprache
Queen's Speech s Thronrede f
queer [kwɪəʳ] ◪ adj ⟨+er⟩ ◪ eigenartig, komisch; **he's a bit ~ in the head** umg er ist nicht ganz richtig im Kopf umg ◪ verdächtig; **there's something ~ about it** da ist etwas faul dran umg ◪ umg **I feel ~** mir ist nicht gut ◪ pej umg schwul ◪ s pej umg Schwule(r) m
quell [kwel] v/t Aufstand unterdrücken
quench [kwentʃ] v/t löschen
query ['kwɪərɪ] ◪ s Frage f; IT Abfrage f ◪ v/t ◪ bezweifeln; Behauptung infrage stellen; Rechnung reklamieren ◪ **to ~ sth with sb** etw mit j-m abklären ◪ IT abfragen
quest [kwest] s Suche f (**for** nach); nach Wissen etc Streben n (**for** nach)
question ['kwestʃən] ◪ s ◪ Frage f (**to an** +akk); **to ask sb a ~** j-m eine Frage stellen; **to ask ~s** Fragen stellen; **don't ask so many ~s** frag nicht so viel; **a ~ of time** eine Frage der Zeit; **it's a ~ of whether …** es geht darum, ob … ◪ ⟨kein pl⟩ Zweifel m; **without ~** ohne (jeden) Zweifel; **your sincerity is not in ~** niemand zweifelt an Ihrer Aufrichtigkeit; **to call sth into ~** etw infrage stellen ◪ ⟨kein pl⟩ **there's no ~ of a strike** von einem Streik kann keine Rede sein; **that's out of the ~** das kommt nicht infrage; **the person in ~** die fragliche Person ◪ v/t ◪ fragen (**about** nach); Polizei etc befragen (**about** zu); **my father started ~ing me about where I'd been** mein Vater fing an, mich auszufragen, wo ich gewesen war; **they were ~ed by the immigration authorities** ihnen wurden von der Einwanderungsbehörde viele Fragen gestellt ◪ bezweifeln, infrage stellen
questionable ['kwestʃənəbl] adj fragwürdig; Ziffern fraglich
questioner ['kwestʃənəʳ] s Frager(in) m(f)
questioning ['kwestʃənɪŋ] ◪ adj Blick fragend ◪ s Verhör n; von Kandidat Befragung f; **after hours of ~ by the immigration authorities** nach stundenlanger Befragung durch die Einwanderungsbehörde; **they brought him in for ~** sie holten ihn, um ihn zu vernehmen
questioningly ['kwestʃənɪŋlɪ] adv fragend
question mark s Fragezeichen n
questionnaire [ˌkwestʃəˈneəʳ] s Fragebogen m
question tag s LING Frageanhängsel n
queue [kjuː] ◪ s Br (Warte)schlange f; **to form a ~** eine Schlange bilden; **to stand in a ~** Schlange stehen; **to join the ~** sich (hinten) anstellen; **to jump the ~** sich vordrängeln; **a ~ of cars** eine Autoschlange; **a long ~ of people** eine lange Schlange ◪ v/i Br a. **~ up** Schlange stehen, eine Schlange bilden, sich anstellen; **they were queuing for the bus** sie standen an der Bushaltestelle Schlange; **to ~ for bread** nach Brot anstehen
queue-jumper s Vordrängler(in) m(f)
quibble ['kwɪbl] v/i kleinlich sein (**over, about** wegen), sich herumstreiten (**over, about** wegen); **to ~ over details** auf Einzelheiten herumreiten
quiche [kiːʃ] s Quiche f
quick [kwɪk] ◪ adj ⟨+er⟩ ◪ schnell; **be ~!** mach schnell!; **and be ~ about it** aber ein bisschen dalli umg; **you were ~** das war ja schnell; **he's**

a ~ worker er arbeitet schnell; **it's ~er by train** mit dem Zug geht es schneller; **what's the ~est way to the station?** wie komme ich am schnellsten zum Bahnhof? **2** *Kuss* flüchtig; *Rede, Pause* kurz; **let me have a ~ look** lass mich mal schnell sehen; **to have a ~ chat** ein paar Worte wechseln; **could I have a ~ word?** könnte ich Sie mal kurz sprechen?; **I'll just write him a ~ note** ich schreibe ihm mal kurz; **time for a ~ beer** genügend Zeit, um schnell ein Bierchen zu trinken **3** *Geist* wach; *Mensch mit Begriff* umg; *Temperament* hitzig; *Auge* scharf **B** *adv* ⟨+er⟩ schnell

quicken ['kwɪkən] **A** *v/t* (*a.* **quicken up**) beschleunigen **B** *v/i* (*a.* **quicken up**) sich beschleunigen

quick fix *s* Schnelllösung *f*

quickie ['kwɪkɪ] umg *s* **1** etwas Schnelles oder Kurzes, z. B. eine kurze Frage; **can I ask you a question, please? it's just a ~** kann ich dich was fragen? es geht ganz schnell; **I really need a teabreak; let's pop over to the café for a ~** ich brauche jetzt wirklich eine Teepause; lass uns auf die Schnelle ins Café rübergehen **2** (≈ *Sex*) Quickie *m* umg, schnelle Nummer umg

quickly ['kwɪklɪ] *adv* schnell

quickness ['kwɪknɪs] *s* Schnelligkeit *f*

quicksand *s* Treibsand *m*

quick-tempered *adj* hitzig; **to be ~** leicht aufbrausen

quick-witted *adj* geistesgegenwärtig; *Antwort* schlagfertig

quid [kwɪd] *Br umg s* ⟨*pl* -⟩ Pfund *n*; **20 ~** 20 Eier *sl*

quiet ['kwaɪət] **A** *adj* ⟨+er⟩ **1** still; *Mensch, Gegend* ruhig; *Musik, Stimme* leise; **she was as ~ as a mouse** sie war mucksmäuschenstill umg; (**be**) **~!** Ruhe!; **to keep ~** still sein, leise sein; **that book should keep him ~** das Buch sollte ihn beschäftigt halten; **to keep ~ about sth** über etw (*akk*) nichts sagen; **to go ~** still werden; *Musik* leise werden; **things are very ~ at the moment** im Augenblick ist nicht viel los; **business is ~** das Geschäft ist ruhig; **to have a ~ word with sb** mit j-m ein Wörtchen (im Vertrauen) reden; **he kept the matter ~** er behielt die Sache für sich **2** *Charakter* sanft; *Kind* ruhig **3** *Hochzeit* im kleinen Rahmen; *Essen* im kleinen Kreis **B** *s* Ruhe *f*; **in the ~ of the night** in der Stille der Nacht; **on the ~** heimlich **C** *v/t* → quieten

quieten ['kwaɪətn] *Br v/t* j-n zum Schweigen bringen

phrasal verbs mit quieten:

quieten down *Br* **A** *v/i* leiser werden, sich beruhigen; **quieten down, boys!** ein bisschen ruhiger, Jungens!; **things have quietened down a lot** es ist viel ruhiger geworden **B** *v/t* ⟨*trennb*⟩ j-n beruhigen; **to quieten things down** die Lage beruhigen

quietly ['kwaɪətlɪ] *adv* leise, ruhig; (≈ *insgeheim*) still und heimlich; **to live ~** ruhig leben; **he's very ~ spoken** er spricht sehr leise; **to be ~ confident** insgeheim sehr sicher sein; **I was ~ sipping my wine** ich trank in aller Ruhe meinen Wein; **he refused to go ~** er weigerte sich, unauffällig zu gehen; **he slipped off ~** er machte sich in aller Stille davon umg

quietness *s* **1** Stille *f* **2** Ruhe *f*

quill [kwɪl] *s zum Schreiben* Federkiel *m*

quilt [kwɪlt] *s* Steppdecke *f*

quilted ['kwɪltɪd] *adj Kleidung etc* Stepp-

quin [kwɪn] *s*, **quint** [kwɪnt] *US umg s* Fünfling *m*

quintet(te) [kwɪn'tet] *s* MUS Quintett *n*

quintuplet [kwɪn'tju:plɪt] *s* Fünfling *m*

quip [kwɪp] **A** *s* witzige Bemerkung **B** *v/t & v/i* witzeln

quirk [kwɜːk] *s* Schrulle *f*; *von Schicksal* Laune *f*; **by a strange ~ of fate** durch eine Laune des Schicksals

quirky ['kwɜːkɪ] *adj* ⟨*komp* quirkier⟩ schrullig

quit [kwɪt] ⟨*v: prät, pperf* quitted *od* quit⟩ **A** *v/t* **1** *Stadt, Armee* verlassen; *Stelle* aufgeben; **I've given her notice to ~ the flat** *form* ich habe ihr die Wohnung gekündigt **2** *umg* aufhören mit; **to ~ doing sth** aufhören, etw zu tun **B** *v/i* **1** kündigen; **notice to ~** Kündigung *f* **2** weggehen **3** aufgeben

quite [kwaɪt] *adv* **1** ganz; *emph* völlig; **I am ~ happy where I am** ich fühle mich hier ganz wohl; **it's ~ impossible to do that** das ist völlig unmöglich; **you're being ~ impossible** du bist einfach unmöglich; **are you ~ finished?** bist du jetzt fertig?; **I ~ agree with you** ich stimme völlig mit Ihnen überein; **that's ~ another matter** das ist doch etwas ganz anderes; **that's ~ enough for me** das reicht wirklich; **that's ~ enough of that** das reicht jetzt aber; **it was ~ some time ago** es war vor einiger Zeit; **not ~** nicht ganz; **not ~ tall enough** ein bisschen zu klein; **I don't ~ see what he means** ich verstehe nicht ganz, was er meint; **you don't ~ understand** Sie verstehen mich anscheinend nicht richtig; **it was not ~ midnight** es war noch nicht ganz Mitternacht; **sorry! — that's ~ all right** entschuldige! — das macht nichts; **I'm ~ all right, thanks** danke, mir gehts gut; **thank you — that's ~ all right** danke — bitte schön **2** ziemlich; **~ likely** sehr wahrscheinlich; **~ a few** ziemlich viele; **I ~ like this painting** dieses Bild gefällt mir ganz gut; **yes, I'd ~ like to** ja, eigentlich ganz gern **3** wirklich; **she's ~ a girl** *etc* sie ist ein tolles Mädchen *etc;* **it's ~ delightful** es ist entzückend; **it was ~ a shock** es war ein ziemlicher Schock; **it was ~ a party** das war vielleicht eine Party! *umg;* **it was ~ an experience** das war schon ein Erlebnis

quits [kwɪts] *adj* quitt; **to be ~ with sb** mit j-m quitt sein; **shall we call it ~?** lassen wirs (dabei bewenden)?; *bei Geldangelegenheit* sind wir quitt?

quitter ['kwɪtə^r] *umg s* **he's no ~** er gibt nicht so schnell auf

quiver ['kwɪvə^r] *v/i* zittern (**with** vor *+dat*); *Lippen, Augenlider* zucken

quiz [kwɪz] **A** *s* **1** Quiz *n* **2** *US* SCHULE *umg* Prüfung *f* **B** *v/t* **1** ausfragen (**about** über *+akk*) **2** *US* SCHULE *umg* abfragen

quizmaster *s* Quizmaster *m*

quiz show *s* Quizsendung *f*

quizzical ['kwɪzɪkəl] *adj Blick* fragend

quizzically ['kwɪzɪkəlɪ] *adv blicken* fragend; *lächeln* zweifelnd

Quorn® [kwɔːn] *s* Quorn® *n (Gemüsesubstanz als Fleischersatz)*

quota ['kwəʊtə] *s* **1** *von Arbeit* Pensum *n* **2** Quantum *n*, Quote *f; von Waren* Kontingent *n*, Quote *f*

quotation [kwəʊ'teɪʃən] *s* **1** Zitat *n* **2** FIN Notierung *f* **3** HANDEL Kostenvoranschlag *m*

quotation marks *pl* Anführungszeichen *pl*

quote [kwəʊt] **A** *v/t* **1** zitieren; **he was ~d as saying that …** er soll gesagt haben, dass … **2** *Beispiel* anführen **3** HANDEL *Preis* nennen; *Referenzen* angeben **B** *v/i* **1** zitieren; **~ … unquote** Zitat … Zitat Ende **2** HANDEL einen Kostenvoranschlag machen **C** *s* **1** Zitat *n* **2 in ~s** in Anführungszeichen **3** HANDEL Kostenvoranschlag *m*

R

R¹, r [ɑː^r] *s* R *n*, r *n*; **the three Rs** Lesen, Schreiben und Rechnen

R² *abk* (= **river**) Fluss *m*

rabbi ['ræbaɪ] *s* Rabbiner *m; als Titel* Rabbi *m*

rabbit ['ræbɪt] **A** *s* Kaninchen *n* **B** *v/i Br umg a.* **~ on** quasseln *umg*

rabbit hole *s* Kaninchenbau *m*

rabbitproof *adj* kaninchenfest

rabble ['ræbl] *s* lärmende Menge; *pej* Pöbel *m*

rabble-rouser ['ræbl,raʊzə^r] *s* Aufrührer(in) *m(f)*, Demagoge *m*, Demagogin *f*

rabble-rousing ['ræblraʊzɪŋ] *adj* aufwieglerisch, Hetz-

rabid ['ræbɪd] *adj* **1** *Tier* tollwütig **2** *fig Mensch* fanatisch

rabies ['reɪbiːz] *s* ⟨*kein pl*⟩ Tollwut *f*

RAC *abk* (= **Royal Automobile Club**) *britischer Automobilklub* ≈ ADAC *m*

raccoon *s* → racoon

race¹ [reɪs] **A** *s* Rennen *n*; **100 metres ~** 100-Meter-Lauf *m*; **to run** *od* **have a ~ (against sb)** (mit j-m um die Wette) laufen; **to have** *od* **hold a ~** ein Rennen veranstalten; **to go to the ~s** zum Pferderennen gehen; **a ~ against time** ein Wettlauf *m* mit der Zeit **B** *v/t* um die Wette laufen *etc* mit; SPORT laufen *etc* gegen; **I'll ~ you to school** ich mache mit dir ein Wettrennen bis zur Schule **C** *v/i* **1** laufen *etc;* **to ~ against sb** mit j-m um die Wette laufen *etc* **2** rasen; **to ~ after sb/sth** hinter j-m/etw herhetzen; **he ~d through his work** er jagte durch sein Arbeitspensum **3** *Maschine* durchdrehen; *Herz* rasen; *Puls, Gedanken* jagen

race² *s* Rasse *f*; **(of) mixed ~** gemischtrassig

racecourse *Br s* Rennbahn *f*

racehorse *s* Rennpferd *n*

race relations *pl* Rassenbeziehungen *pl*

race riot *s* Rassenunruhen *pl*

racetrack *s* Rennbahn *f*

racial ['reɪʃəl] *adj* rassisch, Rassen-; **~ discrimination** Rassendiskriminierung *f;* **~ equality** Rassengleichheit *f;* **~ harassment** rassistisch motivierte Schikanierung; **~ minority** rassische Minderheit

racially ['reɪʃəlɪ] *adv* in Bezug auf die Rasse; *beschimpfen etc* aufgrund seiner/ihrer Rasse; **a ~ motivated attack** ein ausländerfeindlicher Angriff

racing ['reɪsɪŋ] *s* Pferderennsport *m;* AUTO Motorrennen *pl*; **he often goes ~** er geht oft zu Pferderennen/Motorrennen

racing bicycle *s* Rennrad *n*

racing car *s* Rennwagen *m*

racing driver *s* Rennfahrer(in) *m(f)*

racing pigeon *s* Brieftaube *f*

racism ['reɪsɪzəm] *s* Rassismus *n*

racist ['reɪsɪst] **A** *s* Rassist(in) *m(f)* **B** *adj* rassistisch

rack¹ [ræk] **A** *s* **1** Ständer *m*, Gestell *n* **2** Gepäcknetz *n*, Gepäckträger *m* **B** *v/t* **1** quälen **2 to ~ one's brains** sich (*dat*) den Kopf zerbrechen

rack² *s* **to go to ~ and ruin** *Land* heruntergekommen

racket¹ ['rækɪt] *s* SPORT Schläger *m*

racket² *s* **1** Lärm *m*; **to make a ~** Lärm machen **2** *umg* Schwindelgeschäft *n umg;* **the drugs ~**

das Drogengeschäft

racketeering [ˌrækɪˈtɪərɪŋ] s **1** Gaunereien pl umg **2** organisiertes Verbrechen

raconteur [ˌrækɒnˈtɜːʳ] s Erzähler(in) m(f) von Anekdoten

racoon [rəˈkuːn] s Waschbär m

racquet [ˈrækɪt] Br s SPORT Schläger m

racquetball [ˈrækɪtˌbɔːl] s ⟨kein pl⟩ Racquetball m

racy [ˈreɪsɪ] adj ⟨komp racier⟩ gewagt

radar [ˈreɪdɑːʳ] s Radar n/m

radar trap s Radarfalle f

radiance [ˈreɪdɪəns] s Strahlen n

radiant [ˈreɪdɪənt] adj strahlend; **to be ~ with joy** vor Freude strahlen

radiantly [ˈreɪdɪəntlɪ] adv **1** strahlend **2** liter scheinen hell

radiate [ˈreɪdɪeɪt] **A** v/i Strahlen aussenden; Wärme, Licht ausgestrahlt werden **B** v/t ausstrahlen

radiation [ˌreɪdɪˈeɪʃən] s von Wärme (Aus)strahlung f; PHYS radioaktive Strahlung; **contaminated by** od **with ~** strahlenverseucht

radiation treatment s MED Bestrahlung

radiator [ˈreɪdɪeɪtəʳ] s Heizkörper m; AUTO Kühler m

radical [ˈrædɪkəl] **A** adj radikal; **~ Islamic** radikalislamisch **B** s POL Radikale(r) m/f(m)

radicalism [ˈrædɪkəlɪzm] s POL Radikalismus m

radically [ˈrædɪklɪ] adv radikal

radicchio [rəˈdɪkɪəʊ] s ⟨kein pl⟩ Radicchio m

radio [ˈreɪdɪəʊ] **A** s ⟨pl -s⟩ **1** Rundfunk m; (a. **~ set**) Radio n; **to listen to the ~** Radio hören; **on the ~** im Radio; **he was on the ~ yesterday** er kam gestern im Radio **2** in Taxi etc Funkgerät n; **over the ~** über Funk **B** v/t j-n über Funk verständigen; Meldung funken **C** v/i **to ~ for help** per Funk einen Hilferuf durchgeben

radioactive adj radioaktiv

radioactive waste s radioaktiver Müll

radioactivity s Radioaktivität f

radio alarm (clock) s Radiowecker m

radio broadcast s Radiosendung f

radio cassette recorder Br s Radiorekorder m

radio contact s Funkkontakt m

radio-controlled adj ferngesteuert

radiology [ˌreɪdɪˈɒlədʒɪ] s Radiologie f, Röntgenologie f

radio programme s Radioprogramm n

radio recorder s Radiorekorder m

radio show s Radiosendung f

radio station s (Radio)sender m

radio taxi s Funktaxi n

radio telephone s Funktelefon n

radiotherapy s Röntgentherapie f

radish [ˈrædɪʃ] s **1** Rettich m **2** Radieschen n

radius [ˈreɪdɪəs] s ⟨pl radii [ˈreɪdɪaɪ]⟩ MATH Radius m; **within a 6 km ~** in einem Umkreis von 6 km

radler [ˈrɑːdləʳ] s US Radlermaß f, Alsterwasser n

RAF abk (= **Royal Air Force**) Königliche Luftwaffe

raffle [ˈræfl] **A** s Verlosung f **B** v/t (a. **raffle off**) verlosen

raffle ticket s Los n

raft [rɑːft] **A** s **1** Floß n **2** Schlauchboot n **B** v/i mit dem Floß/Schlauchboot fahren

rafter [ˈrɑːftəʳ] s (Dach)sparren m

rafting [ˈrɑːftɪŋ] s Rafting n

rag [ræg] s **1** Lumpen m, Lappen m; **in rags** zerlumpt; **to go from rags to riches** vom armen Schlucker zum reichen Mann/zur reichen Frau werden, vom Tellerwäscher zum Millionär werden; **to lose one's rag** umg in die Luft gehen umg **2** pej umg (≈ Zeitung) Käseblatt n

ragbag fig s Sammelsurium n umg

rag doll s Flickenpuppe f

rage [reɪdʒ] **A** s Wut f; **to be in a ~** wütend sein; **to fly into a ~** einen Wutanfall bekommen; **fit of ~** Wutanfall m; **to send sb into a ~** j-n wütend od rasend machen; **to be all the ~** umg der letzte Schrei sein umg **B** v/i toben

ragged [ˈrægɪd] adj Mensch, Kleider zerlumpt; Bart zottig; Küste zerklüftet; Kante ausgefranst

raging [ˈreɪdʒɪŋ] adj wütend; Durst brennend; Zahnschmerzen rasend; Sturm tobend; **he was ~** er tobte

raid [reɪd] **A** s Überfall m; FLUG Luftangriff m; durch Polizei Razzia f **B** v/t **1** wörtl überfallen; Polizei eine Razzia durchführen in (+dat); Diebe einbrechen in (+akk) **2** fig hum plündern

raider [ˈreɪdəʳ] s Einbrecher(in) m(f), Bankräuber(in) m(f)

rail[1] [reɪl] s **1** an Treppe etc Geländer n; SCHIFF Reling f; für Vorhang Schiene f; in Badezimmer Handtuchhalter m **2** BAHN Schiene f; **to go off the ~s** Br fig zu spinnen anfangen umg **3** die (Eisen)bahn; **to travel by ~** mit der Bahn fahren

rail[2] v/i **to ~ at sb/sth** j-n/etw beschimpfen; **to ~ against sb/sth** über j-n/etw schimpfen

railcard Br s BAHN ≈ Bahncard® f

rail company s Bahngesellschaft f

railing [ˈreɪlɪŋ] s Geländer n; (a. **~s**) Zaun m

railroad US s (Eisen)bahn f; **~ car** Waggon m

railroad crossing US s Bahnübergang m

railroad engine US s Lokomotive f

railroad line US s (Eisen)bahnlinie f, Gleis n

railroad network US s Bahnnetz n

railroad station US s Bahnhof m

rail strike s Bahnstreik m

railway [ˈreɪlweɪ] Br s **1** (Eisen)bahn f **2** Gleis n

railway carriage s Eisenbahnwagen m

railway crossing s Bahnübergang m
railway engine s Lokomotive f
railway line s (Eisen)bahnlinie f, Gleis n
railway network s Bahnnetz n
railway station Br s Bahnhof m
rain [reɪn] **A** s **1** Regen m **2** fig von Schlägen etc Hagel m **B** v/i ⟨unpers⟩ regnen; **it is ~ing** es regnet; **it never ~s but it pours** Br sprichw, **when it ~s, it pours** US sprichw ein Unglück kommt selten allein sprichw **C** v/t ⟨unpers⟩ **it's ~ing cats and dogs** umg es gießt wie aus Kübeln umg
phrasal verbs mit rain:
rain down v/i Schläge etc niederprasseln (**upon** auf +akk)
rain off, rain out US v/t ⟨trennb⟩ **to be rained off** wegen Regen nicht stattfinden
rainbow ['reɪnbəʊ] s Regenbogen m
rainbow trout s Regenbogenforelle f
rain check bes US s **I'll take a ~ on that** fig umg das verschiebe ich auf ein andermal
rain cloud s Regenwolke f
raincoat s Regenmantel m
raindrop s Regentropfen m
rainfall s Niederschlag m
rainforest s Regenwald m
rainproof adj regendicht
rainstorm s schwere Regenfälle pl
rainswept ['reɪnswept] adj ⟨attr⟩ regengepeitscht
rainwater s Regenwasser n
rainy ['reɪnɪ] adj ⟨komp rainier⟩ regnerisch, Regen-; **~ season** Regenzeit f; **to save sth for a ~ day** fig etw für schlechte Zeiten aufheben
raise [reɪz] **A** v/t **1** heben, hochziehen; THEAT Vorhang hochziehen; **to ~ one's glass to sb** j-m zutrinken; **to ~ sb from the dead** j-n von den Toten erwecken; **to ~ one's voice** lauter sprechen; **to ~ sb's hopes** j-m Hoffnung machen **2** erhöhen, anheben (+akk **to** auf od **by** um) **3** Denkmal errichten **4** Problem aufwerfen; Einwand erheben; Verdacht (er)wecken; **to ~ a cheer** Beifall ernten; **to ~ a smile** ein Lächeln hervorrufen **5** Kind, Tier aufziehen; Vieh a. züchten; Getreide anbauen; **to ~ a family** Kinder großziehen **6** Armee aufstellen; Steuern erheben; **to ~ money** Geld aufbringen **B** s Gehaltserhöhung f, Lohnerhöhung f
phrasal verbs mit raise:
raise up v/t ⟨trennb⟩ heben; **he raised himself up on his elbow** er stützte sich auf den Ellbogen
raised [reɪzd] adj Arm angehoben; Stimme erhoben
raisin ['reɪzən] s Rosine f
rake [reɪk] **A** s Harke f **B** v/t harken **C** v/i **to ~ around** (herum)stöbern
phrasal verbs mit rake:
rake in umg v/t ⟨trennb⟩ Geld kassieren umg
rake up v/t ⟨trennb⟩ **1** Laub zusammenharken **2** fig **to rake up the past** in der Vergangenheit wühlen
rally ['rælɪ] **A** s **1** Versammlung f, Kundgebung f; AUTO Rallye f; **electoral ~** Wahlversammlung f; **peace ~** Friedenskundgebung f **2** Tennis etc Ballwechsel m **B** v/t versammeln; **to ~ one's strength** alle seine Kräfte sammeln; **~ing cry** Slogan m **C** v/i **1** Kranker Fortschritte machen; BÖRSE sich erholen **2** Truppen sich versammeln
phrasal verbs mit rally:
rally (a)round **A** v/i (+obj) Anführer sich scharen um **B** v/i sich seiner etc annehmen
RAM [ræm] s abk (= random access memory) COMPUT RAM m/n; **128 megabytes of RAM** 128 Megabyte RAM
ram [ræm] **A** s Widder m **B** v/t stoßen, rammen; in etw zwängen; **to ram home a message** eine Botschaft an den Mann bringen; **to ram sth down sb's throat** j-m etw eintrichtern umg; **the car rammed a lamppost** das Auto prallte gegen einen Laternenpfahl
phrasal verbs mit ram:
ram down v/t ⟨trennb⟩ Erde feststampfen
ramble ['ræmbl] **A** s bes Br Wanderung f; **to go on a ~** eine Wanderung machen **B** v/i **1** bes Br wandern **2** in Rede faseln umg; pej a. **~ on** schwafeln umg
rambler ['ræmblə] bes Br s Spaziergänger(in) m(f)
rambling ['ræmblɪŋ] **A** adj **1** Rede weitschweifig; Greis faselnd umg; Gartenanlage weitläufig **2** **~ club** bes Br Wanderklub m **B** s **1** bes Br Wandern n; **to go ~** wandern gehen **2** a. **~s** in Rede Gefasel n umg
ramification [ˌræmɪfɪ'keɪʃən] wörtl s Verzweigung f, Verästelung f
ramp [ræmp] s Rampe f
rampage [ræm'peɪdʒ] **A** s **to be/go on the ~** randalieren **B** v/i (a. **rampage about** od **around**) herumwüten
rampant ['ræmpənt] adj Wachstum üppig; Übel wild wuchernd attr; Inflation wuchernd; **to be ~** (wild) wuchern; **to run ~** um sich greifen
rampart ['ræmpɑːt] s Wall m
ramshackle ['ræmˌʃækl] adj Haus baufällig; Gruppe schlecht organisiert
ramsons ['ræmznz] s ⟨+sg v⟩ BOT Bärlauch m
ran [ræn] prät → run
ranch [rɑːntʃ] s Ranch f; **~ hand** Farmhelfer(in) m(f)
rancid ['rænsɪd] adj ranzig
R&B abk (= rhythm and blues) R&B m

R & D [ɑːrənˈdiː] *abk* (= research and development) Forschung und Entwicklung *f*

random [ˈrændəm] **A** *s* **at ~** aufs Geratewohl; *schießen* ziellos; *sich nehmen* wahllos; **a few examples taken at ~** ein paar willkürlich gewählte Beispiele; **I (just) chose one at ~** ich wählte einfach irgendeine (Beliebige) **B** *adj Auswahl* willkürlich; *Reihenfolge* zufällig; **~ drug test** Stichprobe *f* auf Drogen

random access *s* IT wahlfreier Zugriff

random access memory *s* COMPUT Direktzugriffsspeicher *m*

randomly [ˈrændəmlɪ] *adv* wahllos

random number *s* Zufallszahl *f*

random sample *s* Stichprobe *f*

randy [ˈrændɪ] *adj* ⟨*komp* randier⟩ *Br* geil

rang [ræŋ] *prät* → ring²

range [reɪndʒ] **A** *s* **1** *von Waffe* Reichweite *f*; **at a ~ of** auf eine Entfernung von; **at close ~** auf kurze Entfernung; **to be out of ~** außer Reichweite sein; *Waffe* außer Schussweite sein; **within (firing) ~** in Schussweite; **~ of vision** Gesichtsfeld *n* **2** Reihe *f*; *von Waren* Sortiment *n*, Angebot *n* (**of an** +*dat*); *von Fähigkeiten* Palette *f*; *von Bergen* Kette *f*; **a wide ~** eine große Auswahl; **in this price ~** in dieser Preisklasse; **a ~ of prices** unterschiedliche Preise *pl*; **we have the whole ~ of models** wir führen sämtliche Modelle; **we cater for the whole ~ of customers** wir sind auf alle Kundenkreise eingestellt **3** (*a.* **shooting ~**) MIL Schießplatz *m*, Schießstand *m* **B** *v/i* **1 to ~ (from ... to)** gehen (von ... bis); *Temperaturen, Messwerte* liegen (zwischen ... und); *Interessen* reichen (von ... bis) **2** *bei Wanderung* streifen

ranger [ˈreɪndʒəʳ] *s* **1** Förster(in) **2** *US* Ranger *m*

rank¹ [ræŋk] **A** *s* **1** MIL Rang *m*; **officer of high ~** hoher Offizier **2** Stand *m*; **a person of ~** eine hochgestellte Persönlichkeit **3** Reihe *f* **4** *Br* Taxistand *m* **5** MIL Glied *n*; **to break ~(s)** aus dem Glied treten; **the ~s** MIL die Mannschaften und die Unteroffiziere; **the ~ and file of the party** die Basis der Partei; **to rise from the ~s** aus dem Mannschaftsstand zum Offizier aufsteigen; *fig* sich hocharbeiten **B** *v/t* in eine Rangfolge einordnen; **to ~ sb among the best** j-n zu den Besten zählen; **where would you ~ Napoleon?** wie würden Sie Napoleon einstufen? **C** *v/i* **to ~ among** zählen zu; **to ~ above sb** bedeutender als j-d sein; **to ~ high among the world's statesmen** einer der großen Staatsmänner sein; **he ~s high among her friends** er hat eine Sonderstellung unter ihren Freunden; **to ~ 6th** den 6. Rang belegen

rank² *adj* ⟨+*er*⟩ **1** *Geruch* übel; **to be ~** stinken **2** ⟨*attr*⟩ *Ungerechtigkeit* schreiend; *Außenseiter* absolut

rankings [ˈræŋkɪŋz] *pl* SPORT **the ~** die Platzierungen *pl*

rankle [ˈræŋkl] *v/i* **to ~ (with sb)** j-n wurmen

ransack [ˈrænsæk] *v/t Schränke* durchwühlen; *Haus* plündern; *Stadt* herfallen über (+*akk*)

ransom [ˈrænsəm] **A** *s* Lösegeld *n*; **to hold sb to ~** *Br*, **to hold sb for ~** *US* j-n als Geisel halten **B** *v/t* gegen Lösegeld freilassen

ransom money *s* Lösegeld *n*

rant [rænt] **A** *v/i* eine Schimpfkanonade loslassen *umg*; *ohne Sinn* irres Zeug reden *umg*; **to ~ (and rave)** herumschimpfen; **what's he ~ing (on) about?** worüber lässt er sich denn da aus? *umg* **B** *s* Schimpfkanonade *f umg*

ranting [ˈræntɪŋ] *s* Geschimpfe *n*; *ohne Sinn* irres Zeug

rap¹ [ræp] **A** *s* Klopfen *k kein pl*; **he got a rap on the knuckles for that** dafür hat er eins auf die Finger bekommen *umg* **B** *v/t Tisch* klopfen auf (+*akk*); *Fenster* klopfen an (+*akk*); **to rap sb's knuckles** j-m auf die Finger klopfen **C** *v/i* klopfen; **to rap at** *od* **on the door** an die Tür klopfen

rap² **A** *s* MUS Rap *m* **B** *v/i* MUS rappen

rape¹ [reɪp] **A** *s* Vergewaltigung *f* **B** *v/t* vergewaltigen

rape² *s* BOT Raps *m*

rapid [ˈræpɪd] **A** *adj* schnell, rapide; *Abstieg* steil **B** *s* GEOG **~s** *pl* Stromschnellen *pl*

rapidity [rəˈpɪdɪtɪ] *s* Schnelligkeit *f*; *von Anstieg, Abstieg* Steilheit *f*

rapidly [ˈræpɪdlɪ] *adv* schnell, rapide

rapid response force *s* schnelle Eingreiftruppe

rapist [ˈreɪpɪst] *s* Vergewaltiger *m*

rappel [ræˈpel] *US v/i* → abseil

rapper [ˈræpəʳ] *s* Rapper(in) *m(f)*

rapport [ræˈpɔːʳ] *s* **the ~ I have with my father** das enge Verhältnis zwischen mir und meinem Vater

rapt [ræpt] *adj Aufmerksamkeit* höchste(r, s); *Publikum* hingerissen; **~ in thought** in Gedanken versunken

rapture [ˈræptʃəʳ] *s* Entzücken *n*, Verzückung *f*; **to be in ~s** entzückt sein (**over** über +*akk od* **about** von); **to go into ~s (about sb/sth)** (über j-n/etw) ins Schwärmen geraten

rapturous [ˈræptʃərəs] *adj Applaus* stürmisch

rare [rɛəʳ] *adj* ⟨*komp* rarer⟩ **1** selten; **with very ~ exceptions** mit sehr wenigen Ausnahmen; **it's ~ for her to come** sie kommt nur selten **2** *Steak* blutig

rarefied [ˈrɛərɪfaɪd] *adj Atmosphäre* dünn

rarely [ˈrɛəlɪ] *adv* selten

raring [ˈrɛərɪŋ] *adj* **to be ~ to go** *umg* in den

Startlöchern sein
rarity ['rɛərɪtɪ] s Seltenheit f
rascal ['rɑːskəl] s Gauner m, Bazi m österr; (≈ Kind) Schlingel m
rash[1] [ræʃ] s MED Ausschlag m; **to come out in a ~** einen Ausschlag bekommen
rash[2] adj ⟨+er⟩ voreilig; Mensch unbesonnen; **don't do anything ~** tu ja nichts Überstürztes
rasher ['ræʃə^r] s Streifen m; **~ of bacon** Speckstreifen m
rashly ['ræʃlɪ] adv voreilig
rashness ['ræʃnɪs] s Voreiligkeit f; von Mensch Unbesonnenheit f
rasp [rɑːsp] **A** s Raspel f; (≈ Geräusch) Kratzen n kein pl **B** v/i kratzen; Atem rasseln
raspberry ['rɑːzbərɪ] **A** s Frucht Himbeere f; Pflanze Himbeerstrauch m; **to blow a ~ (at sth)** umg (über etw) verächtlich schnauben **B** adj Himbeer-
rasping ['rɑːspɪŋ] **A** adj kratzend; Husten keuchend **B** s Kratzen n
rat [ræt] **A** s ZOOL Ratte f; pej umg (≈ Mensch a.) elender Verräter umg **B** v/t US umg verpfeifen umg, verpetzen umg
rate [reɪt] **A** s **1** Rate f, Tempo n; von Arbeitslosigkeit etc Quote f; **the failure ~ on this course** die Durchfallrate bei diesem Kurs; **the failure ~ for small businesses** die Zahl der Konkurse bei Kleinunternehmen; **at a ~ of 100 litres an hour** Br, **at a ~ of 100 liters an hour** US (in einem Tempo von) 100 Liter pro Stunde; **at a ~ of knots** umg in irrsinnigem Tempo umg; **at the ~ you're going you'll be dead before long** wenn du so weitermachst, bist du bald unter der Erde; **at any ~** auf jeden Fall **2** HANDEL, FIN Satz m; BÖRSE Kurs m; **~ of exchange** Wechselkurs m; **what's the ~ at the moment?** wie steht der Kurs momentan?; **what's the ~ of pay?** wie hoch ist der Satz (für die Bezahlung)?; **~ of interest** Zinssatz m; **~ of taxation** Steuersatz m; **insurance ~s** Versicherungsgebühren pl; **there is a reduced ~ for children** Kinderermäßigung wird gewährt; **to pay sb at the ~ of £10 per hour** jdn mit einem Stundenlohn von £ 10 bezahlen **B** v/t **1** (ein)schätzen; **to ~ sb/sth among ...** j-n/etw zu ... zählen; **how does he ~ that film?** was hält er von dem Film?; **to ~ sb/sth as sth** j-n/etw für etw halten; **to ~ sb/sth highly** j-n/etw hoch einschätzen **2** verdienen **3** umg gut finden umg; **I really/don't really ~ him** ich finde ihn wirklich gut/mag ihn nicht besonders **C** v/i **to ~ as ...** gelten als ...; **to ~ among ...** zählen zu ...
rather ['rɑːðə^r] adv **1** lieber; **I'd ~ ...** ich würde lieber ...; **I would ~ be happy than rich ich**

wäre lieber glücklich als reich; **I'd ~ not** lieber nicht; **I'd ~ not go** ich würde lieber nicht gehen; **~ than** anstatt, eher als; **it would be better to phone ~ than (to) write** es wäre besser zu telefonieren als zu schreiben **2** vielmehr; **he is, or ~ was, a soldier** er ist, beziehungsweise war, Soldat; **a car, or ~ an old banger** ein Auto, genauer gesagt eine alte Kiste **3** ziemlich, etwas; **it's ~ more difficult than you think** es ist um einiges schwieriger, als du denkst; **I ~ think ...** ich glaube fast, ...
ratification [ˌrætɪfɪ'keɪʃən] s Ratifizierung f
ratify ['rætɪfaɪ] v/t ratifizieren
rating ['reɪtɪŋ] s **1** (Ein)schätzung f, Rating n **2** (≈ Kategorie) Klasse f; **to boost ~s** TV die Werte stark verbessern **3** TV **~s** Einschaltquoten pl
rating agency s FIN Ratingagentur f
ratio ['reɪʃɪəʊ] s ⟨pl -s⟩ Verhältnis n; **the ~ of men to women** das Verhältnis von Männern zu Frauen; **in a ~ of 100 to 1** im Verhältnis 100 zu 1
ration ['ræʃən] **A** s Ration f; fig Quantum n; **~s** (≈ Essen) Rationen pl **B** v/t rationieren; **he ~ed himself to five cigarettes a day** er erlaubte sich (dat) nur fünf Zigaretten pro Tag
rational ['ræʃənl] adj rational; Lösung vernünftig
rationale [ræʃə'nɑːl] s Gründe pl
rationalism ['ræʃnəlɪzm] s Rationalismus m
rationalist ['ræʃnəlɪst] adj rationalistisch
rationality [ˌræʃə'nælɪtɪ] s Rationalität f
rationalization [ˌræʃnəlaɪ'zeɪʃn] s Rationalisierung f
rationalize ['ræʃnəlaɪz] v/t & v/i rationalisieren
rationally ['ræʃnəlɪ] adv rational
rationing ['ræʃənɪŋ] s Rationierung f
rat race s ständiger Konkurrenzkampf
rattle ['rætl] **A** v/i klappern; Ketten rasseln; Flaschen klirren **B** v/t **1** schütteln; Flaschen zusammenschlagen; Ketten rasseln mit; Fenster rütteln an (+dat) **2** umg j-n durcheinanderbringen **C** s **1** Klappern n kein pl; von Ketten Rasseln n kein pl; von Flaschen Klirren n kein pl **2** (≈ Spielzeug) Rassel f

phrasal verbs mit rattle:
rattle off v/t ⟨trennb⟩ herunterrasseln umg
rattle on umg v/i (unentwegt) quasseln umg (**about** über +akk)
rattle through v/i ⟨+obj⟩ Rede herunterrasseln; Arbeit rasen durch
rattlesnake ['rætlsneɪk] s Klapperschlange f
rattling ['rætlɪŋ] **A** s Klappern n; von Ketten Rasseln n; von Flaschen Klirren n **B** adj klappernd; Ketten rasselnd; Flaschen klirrend
ratty ['rætɪ] umg adj ⟨komp rattier⟩ **1** Br gereizt **2** US verlottert umg
raucous ['rɔːkəs] adj Stimme, Lachen heiser, Vo-

gelruf **rau**

raunchy ['rɔ:ntʃɪ] *umg adj* ⟨*komp* raunchier⟩ *Frau* sexy *umg*; *Film, Roman* erotisch

ravage ['rævɪdʒ] **A** *s* ~s Verheerung *f* (**of** durch), Zerstörung *f* (**of** durch) **B** *v/t* verwüsten

rave [reɪv] **A** *v/i* fantasieren; *vor Wut* toben; *umg begeistert* schwärmen (**about, over** von) **B** *s* **1** *Br umg* Rave *m sl* **2** *umg* **a ~ review** *umg* eine glänzende Kritik

raven ['reɪvən] *s* Rabe *m*

ravenous ['rævənəs] *adj* ausgehungert; *Hunger* gewaltig; **I'm ~** ich habe einen Bärenhunger *umg*

ravenously ['rævənəslɪ] *adv* essen wie ein Wolf; **to be ~ hungry** ausgehungert sein

ravine [rə'vi:n] *s* Schlucht *f*, Tobel *m österr*

raving ['reɪvɪŋ] **A** *adj* im Delirium; **a ~ lunatic** *umg* ein kompletter Idiot *umg* **B** *adv* **~ mad** *umg* total verrückt *umg*

ravishing ['rævɪʃɪŋ] *adj Frau, Anblick* atemberaubend; *Schönheit* hinreißend

ravishingly ['rævɪʃɪŋlɪ] *adv* schön hinreißend

raw [rɔ:] **A** *adj* ⟨+er⟩ **1** roh; *Abwasser* ungeklärt; **to get a raw deal** schlecht wegkommen *umg* **2** *Emotionen, Energie* nackt; *Talent* elementar; *Bericht* ungeschönt; **raw data** IT unaufbereitete Daten *pl* **3** Rekrut neu **4** *Haut* wund **5** *Wind* rau **B** *s* **in the raw** *umg* im Naturzustand

raw material *s* Rohmaterial *n*

ray [reɪ] *s* Strahl *m*; **a ray of hope** ein Hoffnungsschimmer *m*; **a ray of sunshine** *fig* ein kleiner Trost

raze [reɪz] *v/t* **to ~ sth to the ground** etw dem Erdboden gleichmachen

razor ['reɪzə'] *s* Rasierapparat *m*; **electric ~** Elektrorasierer *m*

razor blade *s* Rasierklinge *f*

razor-sharp *adj* scharf (wie ein Rasiermesser); *fig Verstand* messerscharf

razzamatazz ['ræzəmə'tæz] *bes Br s*, **razzmatazz** ['ræzmə'tæz] *umg s* Rummel *m*

RC *abk* (= Roman Catholic) r.-k.

Rd *abk* (= Road) Str.

re [ri:] *präp* ADMIN *etc* betreffs (+*gen*)

RE *abk* (= religious education) Religion *f*, Religionsunterricht *m*

reach [ri:tʃ] **A** *s* Reichweite *f*; *fig* Einflussbereich *m*; **within/out of sb's ~** in/außer j-s Reichweite (*dat*); **within arm's ~** in greifbarer Nähe; **keep out of ~ of children** von Kindern fernhalten; **within easy ~ of the sea** in unmittelbarer Nähe des Meers; **I keep it within easy ~** ich habe es in greifbarer Nähe **B** *v/t* **1** erreichen, ankommen an (+*dat*); *Stadt, Land* ankommen in (+*dat*); *Abkommen* erzielen; *Schluss* kommen zu; **when we ~ed him he was dead** als wir zu ihm kamen, war er tot; **to ~ the terrace you have to cross the garden** um auf die Terrasse zu kommen, muss man durch den Garten gehen; **this advertisement is geared to ~ a younger audience** diese Werbung soll junge Leute ansprechen; **you can ~ me at my hotel** Sie erreichen mich in meinem Hotel **2 to be able to ~ sth** an etw (*akk*) (heran)reichen können; **can you ~ it?** kommen Sie dran? **3** reichen bis zu **C** *v/i* **to ~ for sth** nach etw greifen; **can you ~?** kommen Sie dran?

phrasal verbs mit reach:

reach across *v/i* hinübergreifen

reach down *v/i Vorhang etc* herunterreichen (**to** bis); *Mensch* hinuntergreifen (**for** nach)

reach out **A** *v/t* ⟨*trennb*⟩ **he reached out his hand for the cup** er griff nach der Tasse **B** *v/i* die Hand/Hände ausstrecken; **to reach out for sth** nach etw greifen

reach over *v/i* → reach across

reach up *v/i* **1** (herauf)reichen (**to** bis) **2** hinaufgreifen (**for** nach)

reachable ['ri:tʃəbl] *adj* erreichbar

react [ri:'ækt] *v/i* reagieren (**to** auf +*akk*); **to ~ against** negativ reagieren auf (+*akk*)

reaction [rɪ'ækʃən] *s* Reaktion *f* (**to** auf +*akk od* **against** gegen)

reactionary [ri:'ækʃənrɪ] *s* POL Reaktionär(in) *m(f)*

reactivate [ri:'æktɪveɪt] *v/t* reaktivieren

reactor [ri:'æktə'] *s* PHYS Reaktor *m*

read[1] [ri:d] ⟨*v: prät, pperf* read [red]⟩ **A** *v/t* **1** lesen; *j-m* ansprechen; *fig*; (≈ *begreifen*) verstehen; **~ my lips!** *umg* höre meine Worte!; **to take sth as ~** *fig* etw als selbstverständlich voraussetzen; **to ~ sb's mind** j-s Gedanken lesen; **don't ~ too much into his words** interpretieren Sie nicht zu viel in seine Worte hinein **2** *Messwert* ablesen **3** (an)zeigen **B** *v/i* **1** lesen; *j-m* vorlesen (**to** +*dat*); **to ~ aloud** *od* **out loud** laut lesen **2** **this paragraph ~s well** dieser Abschnitt liest sich gut; **the letter ~s as follows** der Brief lautet folgendermaßen **C** *s* **she enjoys a good ~** sie liest gern; **to be a good ~** sich gut lesen

phrasal verbs mit read:

read along *v/i* mitlesen

read back *v/t* ⟨*trennb*⟩ j-m noch einmal vorlesen

read off *v/t* ⟨*trennb*⟩ ablesen; *ohne Pause* herunterlesen

read on *v/i* weiterlesen

read out *v/t* ⟨*trennb*⟩ vorlesen

read over, **read through** *v/t* ⟨*trennb*⟩ durchlesen

read up *v/i* nachlesen (**on** über +*akk*)

read² [red] **A** prät & pperf → read¹ **B** adj **he is well ~** er ist sehr belesen

readable ['riːdəbl] adj **1** lesbar **2** lesenswert

reader ['riːdə'] s **1** Leser(in) m(f) **2** Lesebuch n

readership ['riːdəʃɪp] s Leser pl

readily ['redɪlɪ] adv bereitwillig; (≈ einfach) leicht; **~ available** leicht erhältlich

readiness ['redɪnɪs] s Bereitschaft f

reading ['riːdɪŋ] s **1** Lesen n **2** Lektüre f **3** a. PARL Lesung f; **the Senate gave the bill its first ~** der Senat beriet das Gesetz in erster Lesung **4** Interpretation f **5** Zählerstand m

reading age s **a ~ of 7** die Lesefähigkeit eines 7-jährigen

reading book s Lesebuch n

reading glasses pl Lesebrille f

reading lamp s, **reading light** s Leselampe f

reading list s Leseliste f

reading matter s Lesestoff m

readjust [ˌriːə'dʒʌst] **A** v/t Instrument neu einstellen, nachstellen; Preise anpassen **B** v/i sich neu anpassen (**to an** +akk)

readjustment s von Instrument Neueinstellung f, Nachstellung f; von Preisen Anpassung f

read-only [riːd] adj Datei schreibgeschützt

read-only memory [riːd] s COMPUT Festwertspeicher m

readout s IT etc Anzeige f

read-write head [riːd] s COMPUT Schreib-/Lesekopf m

read-write memory s COMPUT Schreib-/Lesespeicher m

ready ['redɪ] **A** adj **1** fertig, bereit; Ausrede vorformuliert; Lächeln rasch; Vorräte griffbereit; **~ to do sth** bereit, etw zu tun; (≈ übereilig) schnell dabei, etw zu tun; **he was ~ to cry** er war den Tränen nahe; **~ to leave** abmarschbereit, abfahrtbereit; **~ to use** gebrauchsfertig; **~ to serve** tischfertig; **~ for action** bereit zum Angriff, klar zum Gefecht; **~ for anything** zu allem bereit; **"dinner's ~"** „essen kommen"; **are you ~ to go?** sind Sie so weit?; **are you ~ to order?** möchten Sie jetzt bestellen?; **well, I think we're ~** ich glaube, wir sind so weit; **I'm not quite ~ yet** ich bin noch nicht ganz fertig; **everything is ~ for his visit** alles ist für seinen Besuch vorbereitet; **~ for boarding** zum Einsteigen bereit; **I'm ~ for him!** er soll nur kommen; **to get (oneself) ~** sich fertig machen; **to get ~ to go out** sich zum Ausgehen fertig machen; **to get ~ for sth** sich auf etw (akk) vorbereiten; **to get sth/sb ~ (for sth)** etw/j-n fertig machen (für etw); **to get things ~** Dinge fertig machen; **~ and waiting** startbereit; **~ when you are** ich bin bereit; **~, steady, go!** Br auf die Plätze, fertig, los! **2** Antwort prompt, schlagfertig **3** **~ money** jederzeit verfügbares Geld; **~ cash** Bargeld n; **to pay in ~ cash** auf die Hand bezahlen **B** s **at the ~** fig fahrbereit etc; **with his pen at the ~** mit gezücktem Federhalter

ready-cooked adj vorgekocht

ready-made adj **1** Vorhänge fertig; Mahlzeit vorgekocht **2** Ersatz nahtlos; **~ solution** Patentlösung f

ready meal s Fertiggericht n

ready-to-eat adj tafelfertig

ready-to-serve adj tischfertig

ready-to-wear adj ⟨attr⟩, **ready to wear** adj ⟨präd⟩ von der Stange umg

reaffirm [ˌriːə'fɜːm] v/t **1** beteuern **2** Verdacht bestätigen

real [rɪəl] **A** adj **1** echt, richtig, wirklich; Idiot, Katastrophe komplett; **in ~ life** im wirklichen Leben; **the danger was very ~** das war eine ganz reale Gefahr; **it's the ~ thing** od **McCoy, this whisky!** dieser Whisky ist der echte; **it's not the ~ thing** das ist nicht das Wahre, das ist nicht echt; **it's a ~ shame** es ist wirklich schade; **he doesn't know what ~ contentment is** er weiß ja nicht, was Zufriedenheit wirklich ist; **that's what I call a ~ car** das nenne ich ein Auto; **in ~ trouble** in großen Schwierigkeiten **2** FIN Kosten tatsächlich; **in ~ terms** effektiv **B** adv bes US umg echt umg; **~ late** wirklich spät **C** s **for ~** echt umg

real coffee s Bohnenkaffee m

real estate s Immobilien pl

real estate agent s Immobilienmakler(in) m(f)

realise ['rɪəlaɪz] Br → realize

realism ['rɪəlɪzəm] s Realismus m

realist ['rɪəlɪst] s Realist(in) m(f)

realistic [rɪə'lɪstɪk] adj realistisch

realistically [rɪə'lɪstɪkəlɪ] adv realistischerweise

reality [riː'ælɪtɪ] s Realität f; **to become ~** sich verwirklichen; **in ~** in Wirklichkeit, eigentlich; **the realities of the situation** der wirkliche Sachverhalt

reality check s Realitätscheck m

reality show s Reality-Show f

realization [ˌrɪəlaɪ'zeɪʃən] s **1** Realisierung f; von Potenzial Verwirklichung f **2** Erkenntnis f

realize ['rɪəlaɪz] **A** v/t **1** erkennen, sich (dat) bewusst sein über (+akk); verstandesmäßig begreifen, (be)merken, feststellen; **I gradually ~d that …** es wurde mir allmählich bewusst, dass …; **does he ~ the problems?** sind ihm die Probleme bewusst?; **I've just ~d I won't be here** mir ist eben klar geworden, dass ich dann nicht hier sein werde; **he didn't ~ she was cheating him** er merkte nicht, dass sie ihn betrog; **I ~d I didn't have any money on me** ich

stellte fest, dass ich kein Geld dabei hatte; **I made her ~ that I was right** ich machte ihr klar, dass ich recht hatte; **yes, I ~ that** ja, das ist mir klar **2** *Hoffnungen* realisieren; *Potenzial* verwirklichen; *Preis* erzielen; *Zinsen* abwerfen; *Waren* einbringen **B** *v/i* **didn't you ~?** war Ihnen das nicht klar?, haben Sie das nicht gemerkt?; **I've just ~d** das ist mir eben klar geworden, das habe ich eben gemerkt; **I should have ~d** das hätte ich wissen müssen
real-life [ˈriːlˈlaɪf] *adj Ereignis* wirklich; *Mensch* real; *Geschichte* wahr, aus dem echten Leben
reallocate [rɪˈæləʊkeɪt] *v/t* umverteilen
really [ˈrɪəlɪ] *adv & int* wirklich; **I ~ don't know** das weiß ich wirklich nicht; **I don't ~ think so** das glaube ich eigentlich nicht; **well yes, I ~ think we should** ich finde eigentlich schon, dass wir das tun sollten; **before he ~ understood** bevor er wirklich verstand; **~ and truly** wirklich; **I ~ must say ...** ich muss schon sagen ...; **~!** *empört* also wirklich!; **not ~!** ach wirklich?
realm [relm] *liter s* Königreich *n; fig* Reich *n;* **within the ~s of possibility** im Bereich des Möglichen
real time *s* IT Echtzeit *f*
Realtor® [ˈrɪəltɔːʳ] *US s* Grundstücksmakler(in) *m(f)*
reap [riːp] *v/t* ernten; *Lohn* bekommen
reappear [ˌriːəˈpɪəʳ] *v/i* wieder erscheinen
reappearance [ˌriːəˈpɪərəns] *s* Wiedererscheinen *n*
reappoint [ˌriːəˈpɔɪnt] *v/t* wiedereinstellen (**to** als)
reappraisal [ˌriːəˈpreɪzəl] *s* Neubeurteilung *f*
reappraise [ˌriːəˈpreɪz] *v/t* von Neuem beurteilen
rear¹ [rɪəʳ] **A** *s* hinterer Teil; *umg* (≈ *Po*) Hintern *m umg;* **at the ~** hinten (**of** in +*dat*); **to(wards) the ~ of the plane** am hinteren Ende des Flugzeugs; **at** *od* **to the ~ of the building** hinter dem Haus; *innen* hinten im Haus; **from the ~** von hinten; **to bring up the ~** die Nachhut bilden **B** *adj* **1** Hinter-, hintere(r, s) **2** AUTO Heck-; **~ door** hintere Tür; **~ lights** Rücklichter *pl;* **~ wheel** Hinterrad *n*
rear² **A** *v/t* **1** *bes Br Tiere, Familie* großziehen **2** **racism ~ed its ugly head** der Rassismus kam zum Vorschein **B** *v/i a.* **~ up** *Pferd* sich aufbäumen
rear end *s umg von Mensch* Hintern *m*
rearm [ˌriːˈɑːm] **A** *v/t Land* wiederbewaffnen; *Truppen* neu ausrüsten **B** *v/i* wiederaufrüsten
rearmament [ˌriːˈɑːməmənt] *s von Land* Wiederaufrüstung *f*
rearmost [ˈrɪəməʊst] *adj* hinterste(r, s)

rear parking sensor *s* AUTO Rückfahrhilfe *f*
rearrange [ˌriːəˈreɪndʒ] *v/t Möbel* umstellen; *Pläne, Reihenfolge* ändern; *Termin* neu abmachen
rearrangement *s von Möbeln* Umstellung *f; von Plänen, Reihenfolge* Änderung *f; von Termin* Neuabmachung *f*
rear-view camera *s* Rückfahrkamera *f*
rear-view mirror [ˈrɪəˌvjuːˈmɪrəʳ] *s* Rückspiegel *m*
rear-wheel drive *s* AUTO Hinterradantrieb *m*
rear window *s* AUTO Heckscheibe *f*
rear wiper *s* Heckscheibenwischer *m*
reason [ˈriːzn] **A** *s* **1** Grund *m* (**for** für); **~ for living** Grund *m* zum Leben; **my ~ for going** (der Grund,) weshalb ich gehe/gegangen bin; **what's the ~ for this celebration?** aus welchem Anlass wird hier gefeiert?; **the ~ why** der Grund, warum; **I want to know the ~ why** ich möchte wissen, weshalb; **and that's the ~ why ...** und deshalb ...; **I have (good) ~/every ~ to believe that ...** ich habe (guten) Grund/allen Grund anzunehmen, dass ...; **there is ~ to believe that ...** es gibt Gründe zu glauben, dass ...; **for that very ~** eben deswegen; **for no ~ at all** ohne ersichtlichen Grund; **for no particular ~** ohne einen bestimmten Grund; **why did you do that? — no particular ~** warum haben Sie das gemacht? — einfach nur so; **for ~s best known to himself/myself** aus unerfindlichen/bestimmten Gründen; **for lots of ~s** aus vielen Gründen; **all the more ~ for doing it** umso mehr Grund, das zu tun; **by ~ of** wegen (+*gen*) **2** ⟨*kein pl*⟩ Verstand *m* **3** ⟨*kein pl*⟩ Vernunft *f;* **to listen to ~** auf die Stimme der Vernunft hören; **that stands to ~** das ist logisch; **we'll do anything within ~ to ...** wir tun alles, was in unserer Macht steht, um zu ...; **you can have anything within ~** Sie können alles haben, solange es sich in Grenzen hält **B** *v/i* **1** vernünftig denken **2** **to ~ (with sb)** vernünftig mit j-m reden **C** *v/t* (*a.* **reason out**) schließen
reasonable [ˈriːznəbl] *adj* **1** vernünftig; *Chance* reell; *Anspruch* berechtigt; *Betrag* angemessen; *Entschuldigung, Angebot* akzeptabel; (≈ *billig*) preiswert; **to be ~ about sth** angemessen auf etw (*akk*) reagieren; **beyond (all) ~ doubt** ohne (jeden) Zweifel; **it would be ~ to assume that ...** man könnte durchaus annehmen, dass ... **2** ganz gut; **with a ~ amount of luck** mit einigem Glück
reasonably [ˈriːznəblɪ] *adv* **1** vernünftig; **~ priced** preiswert **2** ziemlich
reasoned *adj Argument* durchdacht
reasoning [ˈriːznɪŋ] *s* **1** logisches Denken **2** Argumentation *f*

reassemble [ˌriːəˈsembl̩] **A** v/t **1** *Gruppe* wieder versammeln **2** *Maschine* wieder zusammenbauen **B** v/i *Truppen* sich wieder sammeln

reassert [ˌriːəˈsɜːt] v/t mit Nachdruck behaupten

reassess [ˌriːəˈses] v/t neu überdenken; *Vorschlag* neu abwägen

reassurance [ˌriːəˈʃʊərəns] s **1** Beruhigung f **2** Bestätigung f

reassure [ˌriːəˈʃʊəʳ] v/t **1** beruhigen, das Gefühl der Sicherheit geben (+*dat*) **2** *mit Worten* versichern (+*dat*)

reassuring adj, **reassuringly** [ˌriːəˈʃʊərɪŋ, -lɪ] adv beruhigend

reawaken [ˌriːəˈweɪkən] **A** v/t *j-n* wiedererwecken; *Interesse* neu erwecken **B** v/i wieder aufwachen; *Interesse* wieder erwachen

reawakening [ˌriːəˈweɪknɪŋ] s Wiederaufleben n

rebate [ˈriːbeɪt] s Rabatt m, Rückvergütung f

rebel A [ˈrebl̩] s Rebell(in) m(f) **B** [ˈrebl̩] adj ⟨attr⟩ rebellisch **C** [rɪˈbel] v/i rebellieren

rebellion [rɪˈbeljən] s Rebellion f

rebellious adj, **rebelliously** [rɪˈbeljəs, -lɪ] adv rebellisch

rebirth [ˌriːˈbɜːθ] s Wiedergeburt f

rebook A [riːˈbʊk] v/t umbuchen; neu buchen **B** [ˈriːbʊk] s Umbuchung f; Neubuchung f

reboot [ˌriːˈbuːt] v/t & v/i IT neu starten

reborn [ˌriːˈbɔːn] adj **to feel ~** sich wie neugeboren fühlen

rebound [rɪˈbaʊnd] **A** v/i *Ball* abprallen (**against, off** von) **B** [ˈriːbaʊnd] s *von Ball* Rückprall m; **she married him on the ~** sie heiratete ihn, um sich über einen anderen hinwegzutrösten

rebrand [rɪˈbrænd] v/t *Produkt* ein neues Markenimage geben (+*dat*)

rebuff [rɪˈbʌf] v/t schroff abweisen

rebuild [riːˈbɪld] v/t wiederaufbauen; *Beziehung* wiederherstellen

rebuilding [ˌriːˈbɪldɪŋ] s Wiederaufbau m; *von Beziehung* Wiederherstellung f

rebuke [rɪˈbjuːk] v/t rügen, tadeln (**for** wegen)

recall [rɪˈkɔːl] **A** v/t **1** zurückrufen; **Ferguson was ~ed to the Scotland squad** Ferguson wurde in die schottische Mannschaft zurückberufen **2** sich erinnern an (+*akk*) **3** IT *Datei* wieder aufrufen **B** s Rückruf m

recap [ˈriːkæp] **A** s kurze Zusammenfassung **B** v/t & v/i rekapitulieren

recapitulate [ˌriːkəˈpɪtjʊleɪt] v/t & v/i rekapitulieren, kurz zusammenfassen

recapture [ˌriːˈkæptʃəʳ] **A** v/t wieder einfangen; *Häftling* wieder ergreifen; *Gebiet* wiedererobern; *Meisterschaft etc* wiedergewinnen **B** s Wiedereinfangen n; *von Häftling* Wiederergreifung f; *von Gebiet* Wiedereroberung f; *von Meisterschaft etc* Wiedererlangung f

recede [rɪˈsiːd] v/i *Flut* zurückgehen; *Hoffnung* schwinden; **his hair is receding** er hat eine leichte Stirnglatze

receding [rɪˈsiːdɪŋ] adj *Kinn* fliehend; *Haaransatz* zurückweichend

receipt [rɪˈsiːt] s **1** ⟨kein pl⟩ Empfang m; **to pay on ~ (of the goods)** bei Empfang (der Waren) bezahlen **2** (≈ *Beleg*) Quittung f **3** HANDEL, FIN **~s** Einnahmen pl

receive [rɪˈsiːv] v/t **1** bekommen, erhalten; *Rückschlag* erfahren; *Anerkennung* finden **2** *Angebot, Nachricht etc* aufnehmen; **to ~ a warm welcome** herzlich empfangen werden **3** TEL, RADIO, TV empfangen; **are you receiving me?** hören Sie mich?

receiver [rɪˈsiːvəʳ] s **1** Empfänger(in) m(f) **2** FIN, JUR **to call in the ~** Konkurs anmelden **3** TEL Hörer m

receivership s **to go into ~** in Konkurs gehen

receiving end [rɪˈsiːvɪŋend] umg s **to be on the ~ (of it)/of sth** derjenige sein, der es/etw abkriegt umg

recent [ˈriːsənt] adj kürzlich; *Ereignis* jüngste(r, s); *Nachrichten* neueste(r, s); *Erfindung, Ergänzung* neu; **the ~ improvement** die vor Kurzem eingetretene Verbesserung; **a ~ decision** eine Entscheidung, die erst vor Kurzem gefallen ist; **a ~ publication** eine Neuveröffentlichung; **his ~ arrival** seine Ankunft vor Kurzem; **her ~ trip** ihre erst kurz zurückliegende Reise; **he is a ~ arrival** er ist erst kurz hier; **in ~ years** in den letzten Jahren; **in ~ times** in letzter Zeit

recently [ˈriːsəntlɪ] adv vor Kurzem, kürzlich, neulich; in letzter Zeit; **~ he has been doing it differently** seit Kurzem macht er das anders; **as ~ as** erst; **quite ~** erst kürzlich

receptacle [rɪˈseptəkl̩] s Behälter m

reception [rɪˈsepʃən] s ⟨kein pl⟩ RADIO, TV Veranstaltung Empfang m; *von Buch etc* Aufnahme f; **to give sb a warm ~** j-n herzlich empfangen; **at ~** *in Hotel etc* am Empfang, an der Rezeption

reception desk s Rezeption f

receptionist [rɪˈsepʃənɪst] s *in Hotel* Empfangschef m, Empfangsdame f; *in Firma* Herr m/Dame f am Empfang; *in Arztpraxis* Sprechstundenhilfe f, Ordinationshilfe f österr

receptive [rɪˈseptɪv] adj *Mensch* aufnahmefähig; *Publikum* empfänglich

recess [rɪˈses] s **1** *von Gericht* Ferien pl; US SCHULE Pause f; **during ~** in der Pause **2** Nische f

recession [rɪˈseʃən] s WIRTSCH Rezession f

recharge [ˌriːˈtʃɑːdʒ] **A** v/t *Batterie* aufladen; **to ~ one's batteries** fig auftanken **B** v/i sich wie-

rechargeable [ˌriːˈtʃɑːdʒəbl] *adj Batterie* wiederaufladbar

recipe [ˈresɪpɪ] *s* Rezept *n*; **that's a ~ for disaster** das führt mit Sicherheit in die Katastrophe

recipient [rɪˈsɪpɪənt] *s* Empfänger(in) *m(f)*

reciprocal [rɪˈsɪprəkəl] *adj* gegenseitig, als Gegenleistung

reciprocate [rɪˈsɪprəkeɪt] *v/i* sich revanchieren

recital [rɪˈsaɪtl] *s* Vortrag *m*; MUS *a.* Konzert *n*

recite [rɪˈsaɪt] *v/t & v/i* vortragen, rezitieren

reckless [ˈreklɪs] *adj* leichtsinnig; *Fahrer* rücksichtslos; *Versuch* gewagt

recklessly [ˈreklɪslɪ] *adv* leichtsinnig; *fahren* rücksichtslos; *versuchen* gewagt

recklessness *s* Leichtsinn *m*; *von Fahrer* Rücksichtslosigkeit *f*; *von Versuch* Gewagtheit *f*

reckon [ˈrekən] *v/t* **1** berechnen; **he ~ed the cost to be £40.51** er berechnete die Kosten auf £ 40,51 **2** zählen (**among** zu) **3** glauben, schätzen; **what do you ~?** was meinen Sie?; **I ~ he must be about forty** ich schätze, er müsste so um die vierzig sein

phrasal verbs mit reckon:

reckon on *v/i* ⟨+obj⟩ zählen auf (+*akk*); **I was reckoning on doing that tomorrow** ich wollte das morgen machen

reckon up **A** *v/t* ⟨trennb⟩ zusammenrechnen **B** *v/i* abrechnen (**with** mit)

reckon with *v/i* ⟨+obj⟩ rechnen mit

reckoning [ˈrekənɪŋ] *s* (Be)rechnung *f*; **the day of ~** der Tag der Abrechnung

reclaim [rɪˈkleɪm] **A** *v/t* **1** *Land* gewinnen **2** *Steuern* zurückverlangen; *Fundsache* abholen **B** *s* **baggage** *od* **luggage ~** Gepäckausgabe *f*

recline [rɪˈklaɪn] *v/i Mensch* zurückliegen; *Sitz* sich verstellen lassen; **she was reclining on the sofa** sie ruhte auf dem Sofa

recliner [rɪˈklaɪnə(r)] *s* Ruhesessel *m*

recluse [rɪˈkluːs] *s* Einsiedler(in) *m(f)*

recognise [ˈrekəgnaɪz] *Br* → recognize

recognition [ˌrekəgˈnɪʃən] *s* **1** Anerkennung *f*; **in ~ of** in Anerkennung (+*gen*) **2** Erkennen *n*; **it has changed beyond ~** es ist nicht wiederzuerkennen

recognizable *adj*, **recognizably** [ˈrekəgnaɪzəbl, -lɪ] *adv* erkennbar

recognize [ˈrekəgnaɪz] *v/t* **1** wiedererkennen; (≈ *identifizieren*) erkennen (**by** an +*dat*); (≈ *zugeben*) eingestehen **2** anerkennen (**as, to be** als)

recoil [rɪˈkɔɪl] *v/i* zurückweichen (**from** vor +*dat*); angewidert zurückschaudern (**from** vor +*dat*)

recollect [ˌrekəˈlekt] **A** *v/t* sich erinnern an (+*akk*) **B** *v/i* sich erinnern

recollection [ˌrekəˈlekʃən] *s* Erinnerung *f* (**of** an +*akk*); **I have no ~ of it** ich kann mich nicht daran erinnern

recommend [ˌrekəˈmend] *v/t* **1** empfehlen (**as** als); **what do you ~ for a cough?** was empfehlen Sie gegen Husten?; **to ~ sb/sth to sb** j-m j-n/etw empfehlen; **to ~ doing sth/against doing sth** empfehlen/davon abraten, etw zu tun **2** sprechen für; **this book has little to ~ it** das Buch ist nicht gerade empfehlenswert

recommendation [ˌrekəmenˈdeɪʃən] *s* Empfehlung *f*; **letter of ~** Empfehlung *f*

recommended price [ˌrekəˈmendɪdˈpraɪs] *s* unverbindliche Preisempfehlung

recompense [ˈrekəmpens] **A** *s* Entschädigung *f*; **in ~ for** als Entschädigung für **B** *v/t* **to ~ sb** j-m eine Entschädigung zahlen

reconcile [ˈrekənsaɪl] *v/t* versöhnen; *Differenzen* beilegen; **they became** *od* **were ~d** sie versöhnten sich; **to become ~d to sth** sich mit etw abfinden

reconciliation [ˌrekənˌsɪlɪˈeɪʃən] *s* Versöhnung *f*

reconfirm [riːkənˈfɜːm] *v/t* rückbestätigen

reconnaissance [rɪˈkɒnɪsəns] *s* FLUG, MIL Aufklärung *f*; **~ mission** Aufklärungseinsatz *m*

reconsider [ˌriːkənˈsɪdə(r)] **A** *v/t Entscheidung* noch einmal überdenken; *Tatsachen* neu erwägen **B** *v/i* **there's time to ~** es ist nicht zu spät, seine Meinung zu ändern

reconsideration [ˈriːkənˌsɪdəˈreɪʃən] *s* *von Entscheidung* Überdenken *n*; *von Tatsachen* erneute Erwägung

reconstruct [ˌriːkənˈstrʌkt] *v/t* rekonstruieren; *Stadt, Haus* wiederaufbauen

reconstruction [ˌriːkənˈstrʌkʃən] *s* Rekonstruktion *f*; *von Stadt, Haus* Wiederaufbau *m*

record **A** [rɪˈkɔːd] *v/t* aufzeichnen; *auf Band a.* aufnehmen; *in Liste* eintragen; *in Tagebuch etc* dokumentieren; *in Liste* eintragen; *Gedanken* festhalten **B** [rɪˈkɔːd] *v/i* (Tonband)aufnahmen machen **C** [ˈrekɔːd] *s* **1** Aufzeichnung *f*; *von Sitzung* Protokoll *n*; *offiziell* Akte *f*, Dokument *n*; **to keep a ~ of sth** über etw (*akk*) Buch führen; *offiziell* etw registrieren; **to keep a personal ~ of sth** sich (*dat*) etw notieren; **on ~** verzeichnet, dokumentiert; **it is on ~ that …** es gibt Belege dafür, dass …, es ist aktenkundig, dass …; **he's on ~ as having said …** es ist belegt, dass er gesagt hat, …; **to set the ~ straight** für klare Verhältnisse sorgen; **just to set the ~ straight** nur damit Klarheit herrscht; **for the ~** der Ordnung halber; **off the ~** inoffiziell **2** *polizeilich* Vorstrafen *pl*; **~s** (≈ *Dokumente*) Strafregister *n*; **he's got a ~** er ist vorbestraft **3** Vorgeschichte *f*; (≈ *Erreichtes*) Leistungen *pl*; **to have an excellent ~** ausgezeichnete Leistungen vorweisen

können; he has a good ~ of service er ist ein verdienter Mitarbeiter; **to have a good safety ~ in** Bezug auf Sicherheit einen guten Ruf haben **4** MUS (Schall)platte f **5** SPORT, a. fig Rekord m; **to hold the ~** den Rekord halten; **~ amount** Rekordbetrag m **6** IT Datensatz m

record-breaking ['rekɔːd] adj SPORT, a. fig rekordbrechend, Rekord-

record company ['rekɔːd] s Plattenfirma f

recorded [rɪˈkɔːdɪd] adj Musik aufgezeichnet; **~ message** Ansage f

recorded delivery Br s by ~ per Einschreiben

recorder [rɪˈkɔːdəʳ] s **1** cassette ~ Kassettenrekorder m; **tape ~** Tonbandgerät n **2** MUS Blockflöte f; **to play the ~** Blockflöte spielen

record holder ['rekɔːdhəʊldəʳ] s SPORT Rekordhalter(in) m(f)

recording [rɪˈkɔːdɪŋ] s Aufnahme f, Aufzeichnung f

recording studio s Aufnahmestudio n

record label s Plattenlabel n

record player ['rekɔːdpleɪəʳ] s Plattenspieler m

recount [rɪˈkaʊnt] v/t erzählen

re-count **A** [ˌriːˈkaʊnt] v/t nachzählen **B** [ˈriːˌkaʊnt] s Nachzählung f

recoup [rɪˈkuːp] v/t Summe wieder hereinbekommen; Verlust wiedergutmachen

recourse [rɪˈkɔːs] s Zuflucht f

recover [rɪˈkʌvəʳ] **A** v/t wiederfinden; Gleichgewicht wiedergewinnen; Besitz zurückgewinnen; Diebesgut sicherstellen; Leiche bergen; Verluste wiedergutmachen; IT Datei retten; **to ~ consciousness** wieder zu Bewusstsein kommen; **to ~ oneself** od **one's composure** seine Fassung wiedererlangen; **to be quite ~ed** sich ganz erholt haben **B** v/i sich erholen

recovery [rɪˈkʌvərɪ] s **1** Wiederfinden n; von Besitz Zurückgewinnung f; von Leiche Bergung f; von Verlusten Wiedergutmachung f **2** von Krankheit, a. BÖRSE, FIN Erholung f; **to be on the road to ~** auf dem Weg der Besserung sein; **he is making a good ~** er erholt sich gut

recovery vehicle s Abschleppwagen m

recreate [ˌriːkriːˈeɪt] v/t wiederschaffen; Szene nachstellen

recreation [ˌrekrɪˈeɪʃən] s Erholung f

recreational [ˌrekrɪˈeɪʃənəl] adj Freizeit-; **~ facilities** Freizeiteinrichtungen pl; **~ vehicle** Wohnmobil n

recreational drug s Freizeit- od Partydroge f

recreation center US s Freizeitzentrum n

recreation ground Br s Spielplatz m

recreation room s **1** Aufenthaltsraum m **2** US Hobbyraum m

recrimination [rɪˌkrɪmɪˈneɪʃən] s Gegenbeschuldigung f

recruit [rɪˈkruːt] **A** s MIL Rekrut(in) m(f) (**to** +gen); in Verein etc neues Mitglied (**to** in +dat); in Firma Neue(r) m/f(m) (**to** in +dat) **B** v/t Soldat rekrutieren; Mitglieder werben; Mitarbeiter einstellen **C** v/i MIL Rekruten anwerben; Firma neue Leute einstellen

recruitment s von Soldaten Rekrutierung f; von Mitgliedern (An)werbung f; von Mitarbeitern Einstellung f

recruitment agency s Personalagentur f

rectangle ['rek͵tæŋgl] s Rechteck n

rectangular [rekˈtæŋgjʊləʳ] adj rechteckig

rectify ['rektɪfaɪ] v/t korrigieren; Problem beheben

rector ['rektəʳ] s UNIV Rektor(in) m(f)

rectum ['rektəm] s ⟨pl -s od recta⟩ Mastdarm m

recuperate [rɪˈkuːpəreɪt] **A** v/i sich erholen **B** v/t Verluste wettmachen

recuperation [rɪˌkuːpəˈreɪʃən] s Erholung f; von Verlusten Wiedergutmachung f

recur [rɪˈkɜːʳ] v/i wiederkehren; Fehler, Ereignis sich wiederholen; Idee wieder auftauchen

recurrence [rɪˈkʌrəns] s Wiederkehr f; von Fehler, Ereignis Wiederholung f; von Idee Wiederauftauchen n

recurrent [rɪˈkʌrənt] adj Idee, Krankheit, Traum (ständig) wiederkehrend attr; Problem häufig (vorkommend)

recurring [rɪˈkɜːrɪŋ] adj ⟨attr⟩ → recurrent

recyclable [ˌriːˈsaɪkləbl] adj recycelbar

recycle [ˌriːˈsaɪkl] v/t wiederverwerten, wiederaufbereiten, recyceln; **~d** wiederverwertet, recycelt; **made from ~d paper** aus Altpapier (hergestellt)

recycling [ˌriːˈsaɪklɪŋ] s Recycling n, Wiederverwertung f; **~ site** Recycling- od Wertstoffhof m

recycling bin s Recyclingbehälter m

recycling campaign s Recyclingaktion f

red [red] **A** adj SPORT rot; **the lights are red** AUTO es ist rot; **red as a beetroot** rot wie eine Tomate; **to go red in the face** rot anlaufen; **she turned red with embarrassment** sie wurde rot vor Verlegenheit **B** s Rot n; **to go through the lights on red** bei Rot über die Ampel fahren; **to be (£100) in the red** (mit £ 100) in den roten Zahlen sein; **this pushed the company into the red** das brachte die Firma in die roten Zahlen; **to see red** fig rotsehen

red alert s Alarmstufe f rot; **to be on ~** in höchster Alarmbereitschaft sein

red cabbage s Rotkohl m

red card s FUSSB Rote Karte; **to show sb the ~** a. fig j-m die Rote Karte zeigen

red carpet s roter Teppich; **to roll out the ~ for sb, to give sb the ~ treatment** umg den roten Teppich für j-n ausrollen

Red Cross s Rotes Kreuz
redcurrant *Br* s Rote Johannisbeere, Rote Ribisel *österr*
red deer s Rothirsch *m*; *pl* Rotwild *n*
redden ['redn] *v/i Gesicht* sich röten; *Mensch* rot werden
reddish ['redɪʃ] *adj* rötlich
redecorate [ˌriː'dekəreɪt] *v/t & v/i* neu tapezieren; neu streichen
redeem [rɪ'diːm] *v/t* **1** *Gutschein* einlösen **2** ~ **oneself** sich rehabilitieren
redeemable [rɪ'diːməbl] *adj Gutschein* einlösbar
Redeemer [rɪ'diːməʳ] s Erlöser *m*, Heiland *m*
redeeming [rɪ'diːmɪŋ] *adj Eigenschaft* ausgleichend; ~ **feature** Lichtblick *m*
redefine [ˌriːdɪ'faɪn] *v/t* neu definieren
redemption [rɪ'dempʃən] s **beyond** *od* **past** ~ *fig* nicht mehr zu retten
redeploy [ˌriːdɪ'plɔɪ] *v/t Truppen* umverlegen; *Mitarbeiter* umsetzen
redeployment s *von Truppen* Umverlegung *f*; *von Mitarbeitern* Umsetzung *f*
redesign [ˌriːdɪ'zaɪn] *v/t* umgestalten
redevelop [ˌriːdɪ'veləp] *v/t Gebiet* sanieren
redevelopment s Sanierung *f*
red-eyed *adj* mit geröteten Augen
red-faced *adj* mit rotem Kopf
red-haired *adj* rothaarig
red-handed *adv* **to catch sb** ~ j-n auf frischer Tat ertappen
redhead s Rothaarige(r) *m/f(m)*
red-headed *adj* rothaarig
red herring *fig* s falsche Spur
red-hot *adj* **1** rot glühend; ~ **favourite** brandheißer Favorit **2** *fig* brandaktuell
redial [riː'daɪəl] *v/t & v/i* TEL nochmals wählen
redirect [ˌriːdaɪ'rekt] *v/t Brief* umadressieren; (≈ *schicken*) nachsenden; *Verkehr* umleiten
rediscover [ˌriːdɪ'skʌvəʳ] *v/t* wiederentdecken
rediscovery [ˌriːdɪ'skʌvəri] s Wiederentdeckung *f*
redistribute [ˌriːdɪ'strɪbjuːt] *v/t* neu verteilen; *Arbeit* neu zuteilen
redistribution [ˌriːdɪstrɪ'bjuːʃən] s Neuverteilung *f*; *von Arbeit* Neuzuteilung *f*
red kuri squash [redkuːri'skwɒʃ] s Hokkaidokurbis
red-letter day s besonderer Tag
red light *wörtl* s rotes Licht, Rotlicht *n*; **to go through the** ~ *Verkehr* bei Rot über die Ampel fahren; **the red-light district** das Rotlichtviertel
red meat s Rind-, Lamm- und Rehfleisch
redness ['rednɪs] s Röte *f*
redo [ˌriː'duː] *v/t* noch einmal machen
redouble [ˌriː'dʌbl] *v/t* verdoppeln

red pepper s rote Paprika
red rag s **it's like a** ~ **to a bull** das wirkt wie ein rotes Tuch
redress [rɪ'dres] *v/t Unzufriedenheit* beseitigen; *Gleichgewicht* wiederherstellen
Red Sea s Rotes Meer
red snapper [ˌred'snæpəʳ] s Schnapper(fisch) *m*
red tape *fig* s Papierkrieg *m umg*; Bürokratie *f*
reduce [rɪ'djuːs] **A** *v/t* reduzieren (**by** um); *Steuern, Kosten* senken, verringern, herabsetzen; *Stress, Tempo* vermindern; (≈ *kleiner machen*) verkürzen; *Warenpreis* heruntersetzen; **to** ~ **speed** AUTO langsamer fahren; **it has been ~d to nothing** es ist zu nichts zusammengeschmolzen; **to** ~ **sb to tears** j-n zum Weinen bringen **B** *v/i bes US bei Diät etc* abnehmen
reduced *adj* reduziert; *Waren* heruntergesetzt; *Verhältnisse* beschränkt; **at a** ~ **price** zu einem reduzierten Preis
reduction [rɪ'dʌkʃən] s **1** ⟨*kein pl*⟩ Reduzierung *f* (**in sth** *gen*); *von Steuern, Kosten* Senkung *f* (**in sth** *gen*); größenmäßig Verkleinerung *f* (**in sth** *gen*), Verkürzung *f*; *von Waren* Herabsetzung *f* **2** *von Temperatur* Rückgang *m* (**in sth** *gen*); *von Tempo* Verlangsamung *f* (**in sth** *gen*); *von Preis* Ermäßigung *f* (**in sth** *gen*)
redundancy [rɪ'dʌndənsɪ] s *Br* IND Arbeitslosigkeit *f*; **redundancies** Entlassungen *pl*
redundancy notice s Entlassungsschreiben *n*
redundancy payment s *Br* IND Abfindung *f*
redundant [rɪ'dʌndənt] *adj* **1** überflüssig **2** *Br* IND arbeitslos; **to make sb** ~ j-n entlassen; **to be made** ~ den Arbeitsplatz verlieren
red wine s Rotwein *m*
reed [riːd] s BOT Schilf(rohr) *n*
re-educate [ˌriː'edjʊkeɪt] *v/t* umerziehen
reef [riːf] s Riff *n*
reek [riːk] **A** s Gestank *m* **B** *v/i* stinken (**of** nach)
reel [riːl] **A** s Spule *f*; *Angeln* (Angel)rolle *f* **B** *v/i* taumeln; **the blow sent him ~ing** er taumelte unter dem Schlag; **the whole country is still ~ing from the shock** das ganze Land ist noch tief erschüttert von diesem Schock

phrasal verbs mit reel:
reel off *v/t* ⟨*trennb*⟩ *Liste* herunterrasseln *umg*

re-elect [ˌriːɪ'lekt] *v/t* wiederwählen
re-election [ˌriːɪ'lekʃən] s Wiederwahl *f*
re-emerge [ˌriːɪ'mɜːdʒ] *v/i* wieder auftauchen
re-enact [ˌriːɪ'nækt] *v/t Szene, Verbrechen* nachstellen
re-enactment s Nachstellen *n*
re-enter [ˌriː'entəʳ] *v/t* **1** *Zimmer* wieder betreten; *Land* wieder einreisen in (+*akk*); *Rennen* sich wieder beteiligen an (+*dat*) **2** *Namen* wieder eintragen

re-entry [ˌriːˈentrɪ] s a. RAUMF Wiedereintritt m; in Land Wiedereinreise f (**into** in +akk)

re-establish [ˌriːɪˈstæblɪʃ] v/t Ordnung wiederherstellen; Kontrolle wiedererlangen; Dialog wiederaufnehmen

re-establishment s von Ordnung Wiederherstellung f; von Kontrolle Wiedererlangen n; von Dialog Wiederaufnahme f; in Amt Wiedereinsetzung f

re-examination [ˈriːɪɡˌzæmɪˈneɪʃən] s erneute Prüfung, genaue Überprüfung

re-examine [ˌriːɪɡˈzæmɪn] v/t erneut prüfen

ref[1] [ref] s abk (= referee) SPORT umg Schiri m umg

ref[2] abk (= reference number) Nr.

refectory [rɪˈfektərɪ] s UNIV Mensa f

refer [rɪˈfɜːʳ] A v/t Sache weiterleiten (**to an** +akk); **to ~ sb to sb/sth** j-n an j-n/auf etw (akk) verweisen; **to ~ sb to a specialist** j-n an einen Spezialisten überweisen B v/i 1 **to ~ to** erwähnen; Worte sich beziehen auf (+akk); **I am not ~ring to you** ich meine nicht Sie; **what can he be ~ring to?** was meint er wohl? 2 **to ~ to** in Notizen nachschauen in (+dat)

phrasal verbs mit refer:

refer back A v/i 1 sich beziehen (**to** auf +akk) 2 (≈ nachschauen) zurückgehen (**to** zu) B v/t ⟨trennb⟩ Sache zurückverweisen; **he referred me back to you** er hat mich an Sie zurückverwiesen

referee [ˌrefəˈriː] A s 1 Schiedsrichter(in) m(f) 2 Br für Job Referenz f B v/t Schiedsrichter(in) sein bei C v/i Schiedsrichter(in) sein

reference [ˈrefrəns] s 1 Erwähnung f (**to sb/sth** j-s/einer Sache), Anspielung f (**to** auf +akk); **to make (a) ~ to sth** etw erwähnen; **in** od **with ~ to** was ... anbetrifft; HANDEL bezüglich (+gen), mit Bezug auf (+akk) 2 (a. **~s**) Referenz f mst pl, Empfehlung f, Zeugnis n 3 in Buch etc Verweis m 4 bes US → referee A 2

reference book s Nachschlagewerk n

reference library s Präsenzbibliothek f

reference number s Nummer f

referendum [ˌrefəˈrendəm] s ⟨pl -s; referenda [ˌrefəˈrendə]⟩ Referendum n; **to hold a ~** ein Referendum abhalten

refill A [ˌriːˈfɪl] v/t nachfüllen B [ˈriːfɪl] s für Feuerzeug Nachfüllpatrone f; für Kugelschreiber Ersatzmine f; **would you like a ~?** umg (≈ Drink) darf ich nachschenken?

refillable [ˌriːˈfɪləbl] adj nachfüllbar

refill pack s Nachfüllpackung f

refine [rɪˈfaɪn] v/t 1 Öl, Zucker raffinieren 2 Technik verfeinern

refined adj Geschmack fein; Mensch vornehm

refinement [rɪˈfaɪnmənt] s 1 ⟨kein pl⟩ von Mensch, Stil Vornehmheit f 2 von Technik etc Verfeinerung f (**in sth** gen)

refinery [rɪˈfaɪnərɪ] s Raffinerie f

reflect [rɪˈflekt] A v/t reflektieren; fig widerspiegeln; **to be ~ed in sth** sich in etw (dat) spiegeln; **I saw myself ~ed in the mirror** ich sah mich im Spiegel; **to ~ the fact that ...** die Tatsache widerspiegeln, dass ... B v/i nachdenken (**on, about** über +akk)

phrasal verbs mit reflect:

reflect (up)on v/i ⟨+obj⟩ etwas aussagen über (+akk)

reflection [rɪˈflekʃən] s 1 Spiegelbild n; fig Widerspiegelung f; **to see one's ~ in a mirror** sich im Spiegel sehen 2 ⟨kein pl⟩ Überlegung f, Reflexion f; **(up)on ~** wenn ich mir das recht überlege; **on further ~** bei genauerer Überlegung; **this is no ~ on your ability** damit soll gar nichts über Ihr Können gesagt sein

reflective [rɪˈflektɪv] adj Kleidung reflektierend

reflex [ˈriːfleks] A adj Reflex- B s Reflex m

reflexive [rɪˈfleksɪv] A adj GRAM reflexiv B s GRAM Reflexiv n

reflexology [ˌriːfleksˈɒlədʒɪ] s MED Reflexologie f; (≈ Technik) Reflexzonenmassage f

reflex reaction [ˈriːfleksrɪˌækʃn] s Reflex m

reform [rɪˈfɔːm] A s Reform f B v/t reformieren; j-n bessern C v/i Mensch sich bessern

reformat [riːˈfɔːmæt] v/t IT Diskette neu formatieren

Reformation [ˌrefəˈmeɪʃən] s **the ~** die Reformation

reformed [rɪˈfɔːmd] adj reformiert; Kommunist etc ehemalig; **he's a ~ character** er hat sich gebessert

reformer [rɪˈfɔːməʳ] s POL Reformer(in) m(f); REL Reformator m

refrain [rɪˈfreɪn] A v/i **he ~ed from comment** er enthielt sich eines Kommentars; **please ~ from smoking** bitte nicht rauchen! B s MUS, LIT Refrain m

refresh [rɪˈfreʃ] v/t 1 erfrischen; **to ~ oneself** sich erfrischen; **to ~ one's memory** sein Gedächtnis auffrischen; **let me ~ your memory** ich will Ihrem Gedächtnis nachhelfen 2 IT neu laden

refresher course [rɪˈfreʃəˌkɔːs] s Auffrischungskurs m

refreshing adj, **refreshingly** [rɪˈfreʃɪŋ, -lɪ] adv erfrischend

refreshment [rɪˈfreʃmənt] s **(light) ~s** (kleine) Erfrischungen pl

refrigerate [rɪˈfrɪdʒəreɪt] v/t kühlen; "**refrigerate after opening**" „nach dem Öffnen kühl aufbewahren"

refrigeration [rɪˌfrɪdʒəˈreɪʃən] s Kühlung f

refrigerator [rɪˈfrɪdʒəreɪtəʳ] s Kühlschrank m

refuel [ˌriːˈfjʊəl] v/t & v/i auftanken
refuge [ˈrefjuːdʒ] s Zuflucht f (**from** vor +dat); **a ~ for battered women** ein Frauenhaus n; **to seek ~** Zuflucht suchen; **to take ~** sich flüchten (**in** in +akk)
refugee [ˌrefjʊˈdʒiː] s Flüchtling m
refugee camp s Flüchtlingslager n
refugee status s Flüchtlingsstatus m
refund A [rɪˈfʌnd] v/t Betrag zurückerstatten; **to ~ the difference** die Differenz erstatten B [ˈriːfʌnd] s Rückerstattung f; **to get a ~ (on sth)** sein Geld (für etw) wiederbekommen; **they wouldn't give me a ~** man wollte mir das Geld nicht zurückgeben; **I'd like a ~ on this blouse, please** ich hätte gern mein Geld für diese Bluse zurück
refundable [rɪˈfʌndəbl] adj zurückzahlbar
refurbish [ˌriːˈfɜːbɪʃ] v/t renovieren
refurnish [ˌriːˈfɜːnɪʃ] v/t neu möblieren
refusal [rɪˈfjuːzəl] s Ablehnung f, Weigerung f; **to get a ~** eine Absage erhalten
refuse¹ [rɪˈfjuːz] A v/t ablehnen; Einladung absagen; Erlaubnis verweigern; **to ~ to do sth** sich weigern, etw zu tun; **I ~ to be blackmailed** ich lasse mich nicht erpressen; **they were ~d permission (to leave)** es wurde ihnen nicht gestattet (wegzugehen) B v/i ablehnen, sich weigern
refuse² [ˈrefjuːs] s Müll m, Abfall m
refuse collection s Müllabfuhr f
refuse dump s Müllabladeplatz m
refute [rɪˈfjuːt] v/t widerlegen
reg. [redʒ] abk (= registered) reg.
regain [rɪˈɡeɪn] v/t wiedererlangen, wiedergewinnen; **to ~ consciousness** das Bewusstsein wiedererlangen; **to ~ one's strength** wieder zu Kräften kommen; **to ~ one's balance** das Gleichgewicht wiederfinden; **to ~ possession of sth** wieder in den Besitz einer Sache (gen) gelangen; **to ~ the lead** SPORT wieder in Führung gehen
regal [ˈriːɡəl] adj königlich, fig hoheitsvoll
regale [rɪˈɡeɪl] v/t ergötzen geh
regard [rɪˈɡɑːd] A v/t 1 betrachten; **to ~ sb/sth as sth** j-n/etw für etw halten; **to be ~ed as ...** als ... angesehen werden; **he is highly ~ed** er ist hoch angesehen 2 **as ~s that** was das betrifft B s 1 Rücksicht f (**for** auf +akk); **to have some ~ for sb/sth** auf j-n/etw Rücksicht nehmen; **to show no ~ for sb/sth** keine Rücksichtnahme für j-n/etw zeigen 2 **in this ~** diesbezüglich; **with** od **in ~ to** in Bezug auf (+akk) 3 Achtung f; **to hold sb in high ~** j-n sehr schätzen 4 **~s** pl **to send sb one's ~s** j-n grüßen lassen; **give him my ~s** grüßen Sie ihn von mir; **(kindest) ~s** mit freundlichen Grüßen

regarding [rɪˈɡɑːdɪŋ] präp bezüglich (+gen)
regardless A adj **~ of** ohne Rücksicht auf (+akk); **~ of what it costs** egal, was es kostet B adv trotzdem
regatta [rɪˈɡætə] s Regatta f
regd abk (= registered) reg.
regenerate [rɪˈdʒenəreɪt] v/t erneuern; **to be ~d** sich erneuern
regeneration [rɪˌdʒenəˈreɪʃən] s Erneuerung f
regent [ˈriːdʒənt] s Regent(in) m(f)
reggae [ˈreɡeɪ] s MUS Reggae m
regime [reɪˈʒiːm] s POL Regime n
regiment [ˈredʒɪmənt] s MIL Regiment n
region [ˈriːdʒən] s Region f; fig Bereich m; **in the ~ of 5 kg** um die 5 kg
regional [ˈriːdʒənl] adj regional
register [ˈredʒɪstə^r] A s Register n; von Schülern Namensliste f, Klassenbuch n; in Hotel Gästebuch n; von Verein Mitgliedsbuch n; von Sprache Sprachebene f (der einer Sprechsituation angemessene Sprachstil, z. B. gehoben, umgangssprachlich, formal usw.); **the teacher took the ~** der Lehrer rief die Namen auf; **~ of births, deaths and marriages** Personenstandsbuch n B v/t registrieren; in Buch eintragen; Daten erfassen; Geburt, Firma, Fahrzeug anmelden; Student einschreiben; **he is ~ed (as) blind** er hat einen Sehbehindertenausweis C v/i sich eintragen; in Hotel sich anmelden; Student sich einschreiben; **to ~ with the police** sich polizeilich melden; **to ~ for a course** sich für einen Kurs anmelden; UNIV einen Kurs belegen
registered adj 1 Firma, Name eingetragen 2 Post eingeschrieben; **by ~ post** per Einschreiben
registered trademark s eingetragenes Warenzeichen
registrar [ˌredʒɪˈstrɑː^r] s Br ADMIN Standesbeamte(r) m/-beamtin f
registrar's office s Br ADMIN Standesamt n
registration [ˌredʒɪˈstreɪʃən] s 1 Registrierung f; von Firma Eintragung f; von Daten Erfassung f 2 HANDEL Anmeldung f; von Student Einschreibung f 3 US AUTO Fahrzeugbrief m
registration desk s bei Konferenz etc Anmeldung f
registration document s Br AUTO Fahrzeugbrief m
registration form s Anmeldeformular n
registration number s Br AUTO Kraftfahrzeugkennzeichen n
registration office s Meldebehörde f
registry [ˈredʒɪstrɪ] s 1 Sekretariat n 2 Br Standesamt n
registry office Br s Standesamt n; **to get married in a ~** standesamtlich heiraten

regress [rɪˈgres] *form v/i* sich rückwärts bewegen; *fig Gesellschaft* sich rückläufig entwickeln

regret [rɪˈgret] **A** *v/t* bedauern; *einer Gelegenheit* nachtrauern (+*dat*); **to ~ the fact that …** (die Tatsache) bedauern, dass …; **I ~ to say that …** ich muss Ihnen leider mitteilen, dass …; **we ~ any inconvenience caused** für eventuelle Unannehmlichkeiten bitten wir um Verständnis; **you won't ~ it!** Sie werden es nicht bereuen **B** *s* Bedauern *n kein pl*; **I have no ~s** ich bereue nichts; **he sends his ~s** er lässt sich entschuldigen

regretful [rɪˈgretfəl] *adj* bedauernd
regretfully [rɪˈgretfəlɪ] *adv* mit Bedauern
regrettable [rɪˈgretəbl] *adj* bedauerlich
regrettably [rɪˈgretəblɪ] *adv* bedauerlicherweise
regroup [ˌriːˈgruːp] *v/i* sich umgruppieren
regular [ˈregjʊləʳ] **A** *adj* **1** regelmäßig; *Rhythmus, Oberfläche* gleichmäßig; *Anstellung* fest; *Größe, Zeit* normal; **at ~ intervals** in regelmäßigen Abständen; **on a ~ basis** regelmäßig; **to be in ~ contact** regelmäßig Kontakt haben; **to eat ~ meals** regelmäßig essen; **he has a ~ place in the team** er ist ein ordentliches Mannschaftsmitglied; **~ customer** Stammkunde *m*/-kundin *f*; **his ~ pub** *Br* seine Stammkneipe *umg* **2** *bes US* gewöhnlich; **he's just a ~ guy** er ist ein ganz normaler Typ *umg* **B** *s* in *Geschäft etc* Stammkunde *m*/-kundin *f*; in *Lokal* Stammgast *m*

regularity [ˌregjʊˈlærɪtɪ] *s* Regelmäßigkeit *f*
regularly [ˈregjʊləlɪ] *adv* regelmäßig
regulate [ˈregjʊleɪt] *v/t* regulieren; *Verkehr* regeln
regulation [ˌregjʊˈleɪʃən] *s* **1** Regulierung *f*; *von Verkehr* Regelung *f* **2** Vorschrift *f*; **~s** *von Verein* Satzung *f*; **to be contrary to ~s** gegen die Vorschrift(en)/Satzung verstoßen
regulator [ˈregjʊleɪtəʳ] *s* Regler *m*
regulatory [regjʊˈleɪtərɪ] *adj* **~ authority** Regulierungsbehörde *f*
regurgitate [rɪˈgɜːdʒɪteɪt] *v/t* wieder hochbringen; *fig* wiederkäuen
rehab [ˈriːhæb] *s abk* (= **rehabilitation**) Reha *f*
rehabilitate [ˌriːəˈbɪlɪteɪt] *v/t* rehabilitieren; *Drogenabhängige* therapieren
rehabilitation [ˈriːəˌbɪlɪˈteɪʃən] *s* Rehabilitation *f*; *von Drogenabhängigen* Therapie *f*
rehearsal [rɪˈhɜːsəl] *s* THEAT, MUS Probe *f*
rehearse [rɪˈhɜːs] *v/t & v/i* THEAT, MUS proben; **to ~ what one is going to say** einüben, was man sagen will
reheat [ˌriːˈhiːt] *v/t* aufwärmen
rehouse [ˌriːˈhaʊz] *v/t* unterbringen
reign [reɪn] **A** *s* Herrschaft *f*; Regierungszeit *f* **B** *v/i* herrschen (**over** über +*akk*)
reigning [ˈreɪnɪŋ] *adj* ⟨*attr*⟩ regierend; *Weltmeister* amtierend
reimburse [ˌriːɪmˈbɜːs] *v/t* j-n entschädigen; *Kosten* erstatten
reimbursement [ˌriːɪmˈbɜːsmənt] *s* Entschädigung *f*; *von Verlust* Ersatz *m*; *von Kosten* (Rück)erstattung *f*
rein [reɪn] *s* Zügel *m*; **to keep a tight ~ on sb/sth** bei j-m/etw die Zügel kurz halten; **to give sb free ~ to do sth** j-m freie Hand lassen, etw zu tun

phrasal verbs mit rein:
rein in *v/t* ⟨*trennb*⟩ zügeln; *Ausgaben* in Schranken halten

reincarnate [ˌriːɪnˈkɑːneɪt] *v/t* reinkarnieren; **to be ~d** wiedergeboren werden
reincarnation [ˌriːɪnkɑːˈneɪʃən] *s* Reinkarnation *f*
reindeer [ˈreɪndɪəʳ] *s* ⟨*pl* -⟩ Ren(tier) *n*
reinforce [ˌriːɪnˈfɔːs] *v/t* verstärken; *Überzeugung* stärken; **to ~ the message** der Botschaft (*dat*) mehr Nachdruck verleihen
reinforced concrete [ˌriːɪnfɔːstˈkɒnkriːt] *s* Stahlbeton *m*
reinforcement *s* Verstärkung *f*; *von Überzeugung* Stärkung *f*; **~s** MIL, *a. fig* Verstärkung *f*
reinsert [ˌriːɪnˈsɜːt] *v/t* wieder einfügen; *Münze* wieder einwerfen; *Nadel* wieder einstecken
reinstate [ˌriːɪnˈsteɪt] *v/t* j-n wiedereinstellen (**in** in +*akk*); *Todesstrafe* wiedereinführen
reinstatement [ˌriːɪnˈsteɪtmənt] *s* Wiedereinstellung *f*; *von Todesstrafe* Wiedereinführung *f*
reintegrate [ˌriːˈɪntɪgreɪt] *v/t* wiedereingliedern (**into** in +*akk*)
reintegration [ˈriːˌɪntɪˈgreɪʃən] *s* Wiedereingliederung *f*
reintroduce [ˌriːɪntrəˈdjuːs] *v/t* Maßnahme wiedereinführen
reinvent [ˌriːɪnˈvent] *v/t* **to ~ the wheel** das Rad neu erfinden; **to ~ oneself** sich (*dat*) ein neues Image geben
reissue [ˌriːˈɪʃjuː] **A** *v/t* Buch neu auflegen; *Briefmarke, Musikaufnahme* neu herausgeben **B** *s von Buch* Neuauflage *f*; *von Briefmarke, Musikaufnahme* Neuausgabe *f*
reiterate [riːˈɪtəreɪt] *v/t* wiederholen
reject **A** [rɪˈdʒekt] *v/t* Bitte etc ablehnen, abweisen; MED nicht vetragen; *Organ* abstoßen; *Idee* verwerfen **B** [ˈriːdʒekt] *s* **1** HANDEL Ausschuss *m kein pl*; **~ goods** Ausschussware *f* **2** Person Außenseiter(in) *m(f)*
rejection [rɪˈdʒekʃən] *s von Bitte, Angebot* Ablehnung *f* Abweisung *f*; MED *von Organ* Abstoßung *f*; *von Idee* Verwerfen *n*
rejoice [rɪˈdʒɔɪs] *v/i* sich freuen

rejoicing [rɪˈdʒɔɪsɪŋ] s Jubel m
rejoin [ˌriːˈdʒɔɪn] v/t sich wieder anschließen (+dat); Verein wieder eintreten in (+akk)
rejuvenate [rɪˈdʒuːvɪneɪt] v/t verjüngen; fig erfrischen
rekindle [ˌriːˈkɪndl] fig v/t Leidenschaft wiederentzünden; Interesse wiedererwecken
relapse [rɪˈlæps] **A** s MED Rückfall m **B** v/i MED einen Rückfall haben
relate [rɪˈleɪt] **A** v/t **1** Geschichte erzählen; Einzelheiten aufzählen **2** in Verbindung bringen (**to, with** mit) **B** v/i **to ~** to zusammenhängen mit, sich beziehen auf (+akk); (≈ Verhältnis haben zu) eine Beziehung finden zu, sich identifizieren mit
related [rɪˈleɪtɪd] adj **1** verwandt (**to** mit); **to be ~ to sb** mit j-m verwandt sein; **~ by marriage** angeheiratet **2** zusammenhängend; Elemente, Themen verwandt; **to be ~ to sth** mit etw zusammenhängen, mit etw verwandt sein; **the two events are not ~** die beiden Ereignisse haben nichts miteinander zu tun; **two closely ~ questions** zwei eng miteinander verknüpfte Fragen; **health-related problems** gesundheitliche Probleme pl; **earnings-related pensions** einkommensabhängige Renten pl
relation [rɪˈleɪʃən] s **1** Verwandte(r) m/f(m); **he's a/no ~ (of mine)** er ist/ist nicht mit mir verwandt **2** Beziehung f; **to bear no ~ to** in keinerlei Beziehung stehen zu; **to bear little ~ to** wenig Beziehung haben zu; **in ~ to** in Bezug auf (+akk), im Verhältnis zu **3** **~s** pl Beziehungen pl; **to have business ~s with sb** geschäftliche Beziehungen zu j-m haben
relationship [rɪˈleɪʃənʃɪp] s **1** Verwandtschaft f (**to** mit); **what is your ~ (to him)?** wie sind Sie (mit ihm) verwandt? **2** Beziehung f, Verhältnis n; geschäftlich Verbindung f; **to have a (sexual) ~ with sb** ein Verhältnis n mit j-m haben; **to have a good ~ with sb** gute Beziehungen zu j-m haben; **to end a ~ with sb** mit j-m Schluss machen
relative [ˈrelətɪv] **A** adj **1** relativ; **in ~ terms** relativ gesehen **2** jeweilig **3** **~ to** sich beziehend auf (+akk) **4** GRAM Relativ-; **~ clause** Relativsatz m; **~ pronoun** Relativpronomen n **B** s → relation 1
relatively [ˈrelətɪvlɪ] adv relativ
relaunch A [ˌriːˈlɔːntʃ] v/t **1** WIRTSCH Produkt relaunchen, wieder einführen; Geschäft neu starten **2** Rakete erneut starten **B** [ˈriːlɔːntʃ] s **1** WIRTSCH von Produkt Relaunch m/n, Wiedereinführung f; von Geschäft Neustart m, Neubeginn m **2** von Rakete Zweitstart m, Wiederholungsstart m
relax [rɪˈlæks] **A** v/t lockern; Muskeln, Geist entspannen **B** v/i (sich) entspannen, (sich) ausruhen, sich beruhigen; **~!** immer mit der Ruhe!
relaxation [ˌriːlækˈseɪʃən] s Entspannung f; **reading is her form of ~** sie entspannt sich durch Lesen; **~ technique** Entspannungstechnik f
relaxed [rɪˈlækst] adj locker, entspannt; Atmosphäre zwanglos; **to feel ~** entspannt sein, sich wohlfühlen; **to feel ~ about sth** etw ganz gelassen sehen
relaxing [rɪˈlæksɪŋ] adj entspannend
relay [ˈriːleɪ] **A** s SPORT a. **~ race** Staffellauf m **B** v/t **1** RADIO, TV etc (weiter) übertragen **2** Nachricht ausrichten (**to sb** j-m)
release [rɪˈliːs] **A** v/t **1** freilassen; aus Gefängnis entlassen **2** loslassen; Handbremse lösen; FOTO Verschluss auslösen; **to ~ one's hold (on sth)** (etw) loslassen **3** Film, CD herausbringen **4** Pressemitteilung etc veröffentlichen **5** Energie freisetzen; Druck ablassen **B** s **1** Freilassung f, Freigabe f; aus Gefängnis Entlassung f **2** Loslassen n; (≈ Mechanismus) Auslöser m **3** von Film, CD Herausbringen n; (≈ Produkt) Film m, CD f; **on general ~** überall zu sehen **4** von Pressemitteilung etc Veröffentlichung f; durch Sprecher Verlautbarung f **5** von Energie Freisetzung f
relegate [ˈrelɪɡeɪt] v/t degradieren; SPORT absteigen lassen (**to** in +akk); **to be ~d** SPORT absteigen
relegation [ˌrelɪˈɡeɪʃən] s Degradierung f; SPORT Abstieg m
relent [rɪˈlent] v/i nachgeben
relentless adj **1** Haltung unnachgiebig **2** Schmerz, Kälte nicht nachlassend; Suche unermüdlich **3** erbarmungslos; Person a. unbarmherzig
relentlessly adv **1** unnachgiebig **2** unaufhörlich **3** erbarmungslos
relevance [ˈreləvəns], **relevancy** [ˈreləvənsɪ] s Relevanz f; **to be of particular ~ (to sb)** (für j-n) besonders relevant sein
relevant [ˈreləvənt] adj relevant (**to** für); Behörde etc zuständig; Zeit betreffend
reliability [rɪˌlaɪəˈbɪlɪtɪ] s Zuverlässigkeit f
reliable [rɪˈlaɪəbl] adj zuverlässig; Person a. verlässlich; Firma vertrauenswürdig
reliably [rɪˈlaɪəblɪ] adv zuverlässig; **I am ~ informed that ...** ich weiß aus zuverlässiger Quelle, dass ...
reliance [rɪˈlaɪəns] s Vertrauen n (**on** auf +akk)
reliant [rɪˈlaɪənt] adj angewiesen (**on, upon** auf +akk)
relic [ˈrelɪk] s Relikt n; REL Reliquie f
relief [rɪˈliːf] **A** s **1** Erleichterung f; **that's a ~!** mir fällt ein Stein vom Herzen; **it was a ~ to find it** ich etc war erleichtert, als ich etc es

fand; **it was a ~ to get out of the office** es war eine Wohltat, aus dem Büro wegzukommen **2** Hilfe *f* **3** Ablösung *f* **B** *adj* ⟨*attr*⟩ **1** Hilfs-; **the ~ drive/effort** die Hilfsaktion **2** *Fahrer etc* zur Entlastung

relief supplies *pl* Hilfsgüter *pl*

relief workers *pl* Rettungshelfer *pl*, Katastrophenhelfer *pl*

relieve [rɪˈliːv] *v/t* **1** erleichtern; **to feel ~d** erleichtert sein; **to be ~d at sth** bei etw erleichtert aufatmen; **to ~ sb of sth** *von Amt etc* j-n einer Sache (*gen*) entheben *geh* **2** *Schmerz* lindern, stillen; *Druck, Symptome* abschwächen; **to ~ oneself** *euph* sich erleichtern **3** ablösen

religion [rɪˈlɪdʒən] *s* Religion *f*; (≈ *Überzeugungen*) Glaube(n) *m*; **the Christian ~** der christliche Glaube

religious [rɪˈlɪdʒəs] *adj* **1** religiös; *Orden* geistlich; **~ leader** Religionsführer(in) *m(f)* **2** gläubig

religious education *s* SCHULE Religion *f*, Religionsunterricht *m*

religiously [rɪˈlɪdʒəslɪ] *fig adv* gewissenhaft

relinquish [rɪˈlɪŋkwɪʃ] *v/t* aufgeben; *Titel* ablegen; **to ~ one's hold on sb/sth** j-n/etw loslassen

relish [ˈrelɪʃ] **A** *s* **1 to do sth with ~** etw mit Genuss tun **2** GASTR **tomato ~** Tomatenrelish *n* **B** *v/t* genießen; *Idee, Aufgabe* großen Gefallen finden an (+*dat*); **I don't ~ the thought of getting up at 5 a.m.** der Gedanke, um 5 Uhr aufzustehen, behagt mir gar nicht

relive [ˌriːˈlɪv] *v/t* wieder erleben

reload [ˌriːˈləʊd] *v/t* neu beladen; *Waffe* nachladen

relocate [ˌriːləʊˈkeɪt] **A** *v/t* umsiedeln **B** *v/i* umziehen, zügeln *schweiz*; *Firma* den Standort wechseln

relocation [ˌriːləʊˈkeɪʃən] *s* Umzug *m*; *von Firma* Standortwechsel *m*

reluctance [rɪˈlʌktəns] *s* Widerwillen *m*; **to do sth with ~** etw widerwillig *od* ungern tun

reluctant *adj* widerwillig; **he is ~ to do it** es widerstrebt ihm, es zu tun; **he seems ~ to admit it** er scheint es nicht zugeben zu wollen

reluctantly *adv* widerwillig

rely [rɪˈlaɪ] *v/i* **to ~ (up)on sb/sth** sich auf j-n/etw verlassen, auf j-n/etw angewiesen sein; **I ~ on him for my income** ich bin finanziell auf ihn angewiesen

remain [rɪˈmeɪn] *v/i* bleiben, übrig bleiben; **all that ~s is for me to wish you every success** ich möchte Ihnen nur noch viel Erfolg wünschen; **that ~s to be seen** das bleibt abzuwarten; **to ~ silent** (weiterhin) schweigen

remainder [rɪˈmeɪndəʳ] *s* **1** Rest *m* **2 ~s** *pl* HANDEL Restbestände *pl*

remaining [rɪˈmeɪnɪŋ] *adj* restlich; **the ~ four** die vier Übrigen

remains [rɪˈmeɪnz] *pl* Reste *pl*; *Archäologie* Ruinen *pl*; **human ~** menschliche Überreste *pl*

remake [ˌriːˈmeɪk] *v/t* ⟨*prät, pperf* remade [ˌriːˈmeɪd]⟩ neu machen; **to ~ a film** ein Thema neu verfilmen

remand [rɪˈmɑːnd] **A** *v/t* JUR **he was ~ed in custody** er blieb in Untersuchungshaft **B** *s* **to be on ~** in Untersuchungshaft sein

remark [rɪˈmɑːk] **A** *s* Bemerkung *f* **B** *v/i* **to ~ (up)on sth** über etw (*akk*) eine Bemerkung machen; **nobody ~ed on it** niemand hat etwas dazu gesagt

remarkable [rɪˈmɑːkəbl] *adj* bemerkenswert, beachtlich; *Flucht* wundersam

remarkably [rɪˈmɑːkəblɪ] *adv* bemerkenswert; **~ little** erstaunlich wenig

remarry [ˌriːˈmærɪ] *v/i* wieder heiraten

remedial [rɪˈmiːdɪəl] *adj* ⟨*attr*⟩ Hilfs-; MED Heil-; **~ classes** SCHULE Förderunterricht *m*

remedy [ˈremədɪ] **A** *s* Mittel *n* (**for** gegen), Heilmittel *n* (**for** gegen) **B** *v/t fig Problem* beheben; *Situation* bessern

remember [rɪˈmembəʳ] **A** *v/t* **1** sich erinnern an (+*akk*), denken an (+*akk*); **we must ~ that he's only a child** wir müssen bedenken, dass er noch ein Kind ist; **to ~ to do sth** daran denken, etw zu tun; **I ~ doing it** ich erinnere mich daran, dass ich es getan habe; **I can't ~ the word** das Wort fällt mir nicht ein; **do you ~ when ...?** weißt du noch, als ...?, weißt du (noch), wann ...?; **I don't ~ a thing about it** ich kann mich überhaupt nicht daran erinnern, ich weiß nichts mehr davon; **I can never ~ phone numbers** ich kann mir Telefonnummern einfach nicht merken **2** *Br* **~ me to your mother** grüßen Sie Ihre Mutter von mir **B** *v/i* sich erinnern; **I can't ~** ich weiß das nicht mehr; **not as far as I ~** soweit ich mich erinnere, nicht!

remembrance [rɪˈmembrəns] *s* **in ~ of** zur Erinnerung an (+*akk*)

Remembrance Day *Br s* ≈ Volkstrauertag *m*

remind [rɪˈmaɪnd] *v/t* erinnern (**of** an +*akk*); **to ~ sb of sb/sth** j-n an j-n/etw (*akk*) erinnern; **you are ~ed that ...** wir weisen darauf hin, dass ...; **that ~s me!** da(bei) fällt mir was ein

reminder [rɪˈmaɪndəʳ] *s* Gedächtnisstütze *f*; **(letter of) ~** Mahnung *f*; **his presence was a ~ of ...** seine Gegenwart erinnerte mich *etc* an (+*akk*) ...

reminisce [ˌremɪˈnɪs] *v/i* sich in Erinnerungen ergehen (**about** über +*akk*)

reminiscences [remɪˈnɪsnsɪz] *pl* Erinnerungen

pl (**of an**)

reminiscent [ˌremɪˈnɪsənt] *adj* **to be ~ of sth** an etw (*akk*) erinnern

remission [rɪˈmɪʃən] *form s* **1** *Br* JUR (Straf)erlass *m* **2** MED Besserung *f*; **to be in ~** *Patient* sich auf dem Wege der Besserung befinden; *Krankheit* abklingen

remit [rɪˈmɪt] *v/t* ⟨-tt-⟩ Schulden, Strafe erlassen; *Sünden* vergeben; *form* Geld überweisen (**to** *dat or* **an**)

remittance [rɪˈmɪtəns] *s* Überweisung *f* (**to an** +*akk*)

remittance advice *s* Überweisungsbescheid *m*

remnant [ˈremnənt] *s* Rest *m*; *fig* Überrest *m*

remodel [ˌriːˈmɒdl] *v/t* umformen; *fig* umgestalten

remonstrate [ˈremənstreɪt] *v/i* protestieren (**with** bei *od* **against** gegen), sich beschweren (**with** bei *od* **about** über +*akk*)

remorse [rɪˈmɔːs] *s* Reue *f* (**at, over** über +*akk*); **without ~** *handeln* erbarmungslos

remorseful *adj* reumütig; **to feel ~** Reue spüren

remorseless *fig adj* unbarmherzig

remorselessly [rɪˈmɔːslɪslɪ] *adv* ohne Reue; *fig handeln* erbarmungslos

remote [rɪˈməʊt] **A** *adj* ⟨komp remoter⟩ **1** entfernt, entlegen; IT rechnerfern; **in a ~ spot** an einer entlegenen Stelle **2** unnahbar **3** *Gerät* zur Fernbedienung **B** *s* Fernbedienung *f*

remote access *s* TEL, IT Fernzugriff *m*

remote control *s* Fernsteuerung *f*; RADIO, TV Fernbedienung *f*

remote-controlled *adj* ferngesteuert

remotely [rɪˈməʊtlɪ] *adv* **1 it's just ~ possible** es ist gerade eben noch möglich; **he didn't say anything ~ interesting** er sagte nichts, was im Entferntesten interessant war; **I'm not ~ interested in her** ich bin nicht im Geringsten an ihr interessiert **2** *gelegen* entfernt

remoteness [rɪˈməʊtnɪs] *s* **1** Abgelegenheit *f* **2** Unnahbarkeit *f*

removable [rɪˈmuːvəbl] *adj* Verschluss abnehmbar; *aus Behälter* herausnehmbar

removal [rɪˈmuːvəl] *s* **1** Entfernung *f*, Beseitigung *f*; *von Truppen* Abzug *m*; *aus Behälter* Herausnehmen *n*; *von Hindernis* Ausräumung *f* **2** *Br* Umzug *m*

removal box *s* Umzugskarton *m*

removal firm *Br s* Spedition *f*

removal van *Br s* Möbelwagen *m*

remove [rɪˈmuːv] *v/t* entfernen; *Verband* abnehmen; *Kleider* ausziehen; *Fleck* beseitigen; *Truppen* abziehen; *aus Behälter* herausnehmen (**from aus**); *Wort* streichen; *Hindernis* aus dem Weg räumen; *Zweifel, Angst* zerstreuen; **to ~ sth from sb** j-m etw wegnehmen; **to ~ one's clothes** die Kleider ablegen; **to be far ~d from ...** weit entfernt sein von ...; **a cousin once ~d** ein Cousin *m* ersten Grades

remover [rɪˈmuːvəʳ] *s Mittel* Entferner *m*; **stain ~** Fleckentferner *m*

remunerate [rɪˈmjuːnəreɪt] *v/t* bezahlen, belohnen

remuneration [rɪˌmjuːnəˈreɪʃən] *s* Bezahlung *f*

Renaissance [rɪˈneɪsɑːns] *s* Renaissance *f*

rename [ˌriːˈneɪm] *v/t* umbenennen; **Leningrad was ~d St Petersburg** Leningrad wurde in St. Petersburg umbenannt

render [ˈrendəʳ] *v/t* **1** *form* Dienst leisten; **to ~ assistance** Hilfe leisten **2** *form* machen

rendering [ˈrendərɪŋ] *s* Wiedergabe *f*; *von Musik, Gedicht* Vortrag *m*

rendezvous [ˈrɒndɪvuː] *s* ⟨*pl* -⟩ **1** (≈ *Ort*) Treffpunkt *m* **2** Rendezvous *n*

rendition [renˈdɪʃən] *form s* → rendering

renegade [ˈrenɪgeɪd] **A** *s* Renegat(in) *m(f)* **B** *adj* abtrünnig

renegotiate [ˌriːnɪˈgəʊʃɪeɪt] *v/t* neu aushandeln

renew [rɪˈnjuː] *v/t* erneuern; *Vertrag, Pass etc* verlängern, verlängern lassen; *Angriff, Versuch* wiederaufnehmen

renewable [rɪˈnjuːəbl] *adj Energiequelle* erneuerbar; *Vertrag a.* verlängerbar

renewal [rɪˈnjuːəl] *s* Erneuerung *f*; *von Angriff, Versuch* Wiederaufnahme *f*

renewed *adj* erneut; **~ efforts** neue Anstrengungen; **~ strength** frische Kraft; **~ outbreaks of rioting** erneute Krawalle *pl*

renounce [rɪˈnaʊns] *v/t Rechte, Gewalt* verzichten auf (+*akk*); *dem Terrorismus etc* abschwören (+*dat*)

renovate [ˈrenəʊveɪt] *v/t* renovieren

renovation [ˌrenəʊˈveɪʃən] *s* Renovierung *f*

renown [rɪˈnaʊn] *s* guter Ruf; **of great ~** von hohem Ansehen

renowned [rɪˈnaʊnd] *adj* berühmt (**for** für)

rent [rent] **A** *s* Miete *f*, Zins *m österr*; Pacht *f* **B** *v/t* **1** mieten; *Bauernhof* pachten; *Auto* sich *dat* leihen; *DVD* ausleihen (**a. ~ out**) vermieten, verpachten, verleihen **C** *v/i* mieten, pachten

rental [ˈrentl] *s* Miete *f*, Zins *m österr*; **~ car** Mietwagen *m*; **~ library** *US* Leihbücherei *f*

rental agreement *s* Mietvertrag *m*

rent boy *Br umg s* Strichjunge *m umg*

rent collector *s* Mietkassierer(in) *m(f)*

rent-free *adj & adv* mietfrei

renunciation [rɪˌnʌnsɪˈeɪʃən] *s* von Rechten, Gewalt Verzicht *m* (**of** auf +*akk*); *von Terrorismus etc* Aufgabe *f*

reoffend [ˌriːəˈfend] *v/i* erneut straffällig werden

reopen [ˌriːˈəʊpən] **A** v/t wieder öffnen; *Schule, Geschäft* wiedereröffnen; *Debatte* wiederaufnehmen; JUR *Fall* wieder aufrollen **B** v/i wieder aufgehen; *Geschäft* wieder eröffnen

reopening [ˌriːˈəʊpnɪŋ] s von *Geschäft etc* Wiedereröffnung f

reorder [ˌriːˈɔːdə^r] v/t & v/i nachbestellen

reorganization [riːˌɔːɡənaɪˈzeɪʃən] s Neuorganisation f; *von Büchern* Umordnung f; *von Arbeit* Neueinteilung f

reorganize [ˌriːˈɔːɡənaɪz] v/t neu organisieren; *Bücher* umordnen; *Arbeit* neu einteilen; *Unternehmen* umstrukturieren

rep [rep] s abk (= representative) HANDEL Vertreter(in) m(f); **holiday** od **travel rep** Reiseleiter(in) m(f)

repaid [ˌriːˈpeɪd] prät & pperf → repay

repaint [ˌriːˈpeɪnt] v/t neu streichen

repair [rɪˈpɛə^r] **A** v/t reparieren; *fig Schaden* wiedergutmachen **B** s **1** wörtl Reparatur f; **to be under ~** *Maschine* in Reparatur sein; **beyond ~** nicht mehr zu reparieren; **closed for ~s** wegen Reparaturarbeiten geschlossen **2** ⟨kein pl⟩ **to be in bad ~** in schlechtem Zustand sein

repairable [rɪˈpɛərəbl] adj reparabel

repair shop s Reparaturwerkstatt f

reparation [ˌrepəˈreɪʃən] s Entschädigung f; *mst pl: nach Krieg* Reparationen pl

repartee [ˌrepɑːˈtiː] s Schlagabtausch m

repatriation [ˈriːˌpætrɪˈeɪʃən] s Repatriierung f

repay [ˌriːˈpeɪ] v/t ⟨prät, pperf repaid⟩ zurückzahlen; *Auslagen* erstatten; *Schulden* abzahlen; *Freundlichkeit* vergelten; **I'll ~ you on Saturday** ich zahle dir das Geld am Samstag zurück; **how can I ever ~ you?** wie kann ich das jemals wiedergutmachen?

repayable [ˌriːˈpeɪəbl] adj rückzahlbar

repayment [ˌriːˈpeɪmənt] s Rückzahlung f

repayment mortgage s Tilgungshypothek f

repeal [rɪˈpiːl] **A** v/t *Gesetz* aufheben **B** s Aufhebung f

repeat [rɪˈpiːt] **A** v/t wiederholen, weitersagen (**to sb** j-m); **to ~ oneself** sich wiederholen **B** v/i wiederholen; **~ after me** sprecht mir nach **C** s RADIO, TV Wiederholung f

repeated adj, **repeatedly** [rɪˈpiːtɪd, -lɪ] adv wiederholt

repeat function s IT Wiederholungsfunktion f

repeat order s WIRTSCH Nachbestellung f; **to place a ~ for sth** etw nachbestellen

repeat performance s **he gave a ~** fig er machte es noch einmal

repeat prescription s MED erneut verschriebenes Rezept

repel [rɪˈpel] v/t **1** *Angriff* zurückschlagen; *Insekten* abwehren **2** abstoßen

repellent [rɪˈpelənt] **A** adj abstoßend **B** s Insektenschutzmittel n

repent [rɪˈpent] **A** v/i Reue empfinden (**of** über +akk) **B** v/t bereuen

repentance [rɪˈpentəns] s Reue f

repentant [rɪˈpentənt] adj reuevoll

repercussion [ˌriːpəˈkʌʃən] s Auswirkung f (**on** auf +akk); **that is bound to have ~s** das wird Kreise ziehen; **to have ~s on sth** sich auf etw (akk) auswirken

repertoire [ˈrepətwɑː^r] s THEAT, MUS Repertoire n

repertory [ˈrepətərɪ] s **1** (a. **~ theatre**) Repertoire-Theater n **2** → repertoire

repetition [ˌrepɪˈtɪʃən] s **1** Wiederholung f **2** LIT Wiederholung einzelner Wörter oder Wortgruppen zur besonderen Hervorhebung der Aussage

repetitive [rɪˈpetɪtɪv] adj sich dauernd wiederholend; *Arbeit* monoton; **to be ~** sich dauernd wiederholen

rephrase [ˌriːˈfreɪz] v/t neu formulieren, umformulieren

replace [rɪˈpleɪs] v/t **1** zurücksetzen, zurückstellen, zurücklegen; **to ~ the receiver** TEL (den Hörer) auflegen **2** j-n, *Teile* ersetzen; **to ~ sb/sth with sb/sth** j-n/etw durch j-n/etw ersetzen

replaceable [rɪˈpleɪsəbl] adj ersetzbar

replacement s Ersatz m, Vertretung f; **~ part** Ersatzteil n

replacement bus service s Schienenersatzverkehr m (*für ausfallender Zug eingesetzter Bus*)

replay A [ˈriːpleɪ] s SPORT Wiederholung f **B** [ˌriːˈpleɪ] v/t SPORT wiederholen

replenish [rɪˈplenɪʃ] v/t wieder auffüllen; *Glas* auffüllen; *Regale* nachfüllen

replica [ˈreplɪkə] s *von Gemälde* Reproduktion f; *von Schiff, Gebäude* Nachbildung f

replicate [ˈreplɪkeɪt] v/t wiederholen

reply [rɪˈplaɪ] **A** s Antwort f; *gesprochen a.* Erwiderung f; **in ~ (als Antwort) darauf; in ~ to your letter** in Beantwortung Ihres Briefes form **B** v/t **to ~ (to sb) that ...** (j-m) antworten, dass ... **C** v/i antworten (**to sth** auf etw +akk); *gesprochen a.* erwidern (**to sth** auf etw +akk)

report [rɪˈpɔːt] **A** s **1** Bericht m (**on** über +akk); RADIO, TV Presse Reportage f (**on** über +akk); **to give a ~ on sth** Bericht über etw (akk) erstatten; RADIO, TV eine Reportage über etw (akk) machen; **an official ~ on the motor industry** ein Gutachten n über die Autoindustrie; **(school) ~** Zeugnis n **2** **there are ~s that ...** es wird gesagt, dass ... **B** v/t **1** Ergebnisse berichten über (+akk); offiziell melden; **he is ~ed as having said ...** er soll gesagt haben ... **2**

Unfall, Verbrechen melden (**to** sb j-m); **to ~ sb for sth** j-n wegen etw melden; **nothing to ~** keine besonderen Vorkommnisse! **C** v/i **1 to ~ for duty** sich zum Dienst melden; **to ~ sick** sich krankmelden; **to ~ to sb** sich bei j-m melden **2 to ~ on sth** über etw (akk) berichten od Bericht erstatten

phrasal verbs mit report:
report back v/i Bericht erstatten (**to** sb j-m)
report to v/i ⟨+obj⟩ *in Organisation* unterstellt sein (+dat), berichten an
report card s US Zeugnis n
reported [rɪˈpɔːtɪd] adj gemeldet
reportedly [rɪˈpɔːtɪdlɪ] adv angeblich
reported question s GRAM indirekte Frage
reported speech s GRAM indirekte Rede
reporter [rɪˈpɔːtə^r] s Presse, a. RADIO, TV Reporter(in) m(f), Korrespondent(in) m(f)
reposition [ˌriːpəˈzɪʃən] v/t anders aufstellen
repository [rɪˈpɒzɪtərɪ] s Lager n
repossess [ˌriːpəˈzes] v/t wieder in Besitz nehmen
repossession [ˌriːpəˈzeʃən] s Wiederinbesitznahme f
reprehensible [ˌreprɪˈhensɪbl] adj verwerflich
represent [ˌreprɪˈzent] v/t **1** darstellen, stehen für, repräsentieren **2** PARL, JUR vertreten, repräsentieren
representation [ˌreprɪzenˈteɪʃən] s Darstellung f; PARL, JUR Vertretung f, Repräsentation f
representative [ˌreprɪˈzentətɪv] **A** adj repräsentativ (**of** für); **a ~ body** eine Vertretung; **~ assembly** Abgeordnetenversammlung f **B** s HANDEL Vertreter(in) m(f); JUR Bevollmächtigte(r) m(f)(m); US POL Abgeordnete(r) m(f)(m), Mandatar(in) m(f) österr
repress [rɪˈpres] v/t unterdrücken; PSYCH verdrängen
repressed [rɪˈprest] adj unterdrückt; PSYCH verdrängt
repression [rɪˈpreʃən] s Unterdrückung f; PSYCH Verdrängung f
repressive adj repressiv
reprieve [rɪˈpriːv] **A** s JUR Begnadigung f; fig Gnadenfrist f **B** v/t **he was ~d** JUR er wurde begnadigt
reprimand [ˈreprɪmɑːnd] **A** s Tadel m; offiziell Verweis m **B** v/t tadeln
reprint A [ˌriːˈprɪnt] v/t nachdrucken **B** [ˈriːprɪnt] s Nachdruck m
reprisal [rɪˈpraɪzəl] s Vergeltungsmaßnahme f
reproach [rɪˈprəʊtʃ] **A** s Vorwurf m; **a look of ~** ein vorwurfsvoller Blick; **beyond ~** über jeden Vorwurf erhaben **B** v/t Vorwürfe machen (+dat); **to ~ sb for having done sth** j-m Vorwürfe dafür machen, dass er etw getan hat

reproachful adj, **reproachfully** adv vorwurfsvoll
reprocess [ˌriːˈprəʊses] v/t Abwasser, Atommüll wiederaufbereiten
reprocessing plant [ˌriːˈprəʊsesɪŋˈplɑːnt] s Wiederaufbereitungsanlage f
reproduce [ˌriːprəˈdjuːs] **A** v/t wiedergeben, reproduzieren **B** v/i BIOL sich fortpflanzen
reproduction [ˌriːprəˈdʌkʃən] s **1** Fortpflanzung f **2** Reproduktion f
reproductive [ˌriːprəˈdʌktɪv] adj Fortpflanzungs-
reptile [ˈreptaɪl] s Reptil n
republic [rɪˈpʌblɪk] s Republik f; **Republic of Ireland** Republik f Irland
republican [rɪˈpʌblɪkən] **A** adj republikanisch **B** s Republikaner(in) m(f); **Republican** US POL Republikaner(in) m(f) (*Mitglied bzw. Anhänger der republikanischen Partei*)
republicanism [rɪˈpʌblɪkənɪzəm] s Republikanismus m
repugnance [rɪˈpʌɡnəns] s Abneigung f (**towards, for** gegen)
repugnant [rɪˈpʌɡnənt] adj abstoßend
repulse [rɪˈpʌls] v/t MIL zurückschlagen; **sb is ~d by sth** fig etw stößt j-n ab
repulsion [rɪˈpʌlʃən] s Widerwille m (**for** gegen)
repulsive [rɪˈpʌlsɪv] adj abstoßend; **to be ~ to sb** für j-n abstoßend sein
reputable [ˈrepjʊtəbl] adj ehrenhaft; Firma seriös
reputation [ˌrepjʊˈteɪʃən] s Ruf m; negativ schlechter Ruf; **he has a ~ for being …** er hat den Ruf, … zu sein; **to have a ~ for honesty** als ehrlich gelten; **you don't want to get (yourself) a ~, you know** du willst dich doch sicherlich nicht in Verruf bringen
repute [rɪˈpjuːt] v/t **he is ~d to be …** man sagt, dass er … ist; **he is ~d to be the best** er gilt als der Beste
reputedly [rɪˈpjuːtɪdlɪ] adv angeblich; wie man annimmt
request [rɪˈkwest] **A** s Bitte f, Wunsch m; **at sb's ~** auf j-s Bitte (akk); **on ~** auf Wunsch **B** v/t bitten um; RADIO Lied sich (dat) wünschen; **to ~ sth of** od **from sb** j-n um etw bitten
request stop Br s Bedarfshaltestelle f
requiem mass [ˌrekwɪəmˈmæs] s Totenmesse f
require [rɪˈkwaɪə^r] v/t **1** benötigen, brauchen; *Maßnahme* erfordern; **what qualifications are ~d?** welche Qualifikationen sind erforderlich?; **if ~d** falls notwendig; **as ~d** nach Bedarf **2 to ~ sb to do sth** von j-m verlangen, dass er etw tut
required adj erforderlich; **the ~ amount** die benötigte Menge

requirement s ▌1▐ Bedürfnis n, Wunsch m; **to meet sb's ~s** j-s Wünschen (dat) entsprechen ▌2▐ Erfordernis n, Anforderung f
requisition [rekwɪˈzɪʃn] v/t beschlagnahmen, requirieren
reran [ˌriːˈræn] prät → rerun
reread [ˌriːˈriːd] v/t ⟨prät, pperf reread [ˌriːˈred]⟩ nochmals lesen
reroute [ˌriːˈruːt] v/t Bus umleiten
rerun [ˌriːˈrʌn] ⟨v: prät reran; pperf rerun⟩ **A** v/t Tonband wieder abspielen; Rennen, Programm wiederholen **B** [ˈriːrʌn] s von Rennen, Programm Wiederholung f
resat [ˌriːˈsæt] prät & pperf → resit
reschedule [ˌriːˈskedʒʊəl, bes Br ˌriːˈʃedjuːl] v/t Termin verlegen
rescue [ˈreskjuː] **A** s Rettung f; **to come to sb's ~** j-m zu Hilfe kommen; **it was Bob to the ~** Bob war unsere/seine etc Rettung; **~ attempt** Rettungsversuch m **B** v/t retten
rescue centre s, **rescue center** US s Tierheim n
rescuer [ˈreskjʊər] s Retter(in) m(f)
rescue services pl Rettungsdienst m, Rettung f schweiz
rescue worker s Rettungskraft f
resealable [rɪˈsiːləbl] adj wiederverschließbar
research [rɪˈsɜːtʃ] **A** s ⟨kein pl⟩ Forschung f, Recherche f (**into, on** über +akk); **to do ~** forschen; **to carry out ~ into the effects of sth** Forschungen über die Auswirkungen einer Sache (gen) anstellen **B** v/i forschen, recherchieren; **to ~ into sth** etw erforschen **C** v/t erforschen, recherchieren
research and development s Forschung und Entwicklung f
research assistant s wissenschaftlicher Assistent, wissenschaftliche Assistentin
researcher [rɪˈsɜːtʃər] s Forscher(in) m(f), Rechercheur(in) m(f)
research student s Forschungsstudent(in) m(f)
resemblance [rɪˈzembləns] s Ähnlichkeit f; **to bear a strong ~ to sb/sth** starke Ähnlichkeit mit j-m/etw haben
resemble [rɪˈzembl] v/t gleichen (+dat), ähneln (+dat); **they ~ each other** sie gleichen sich (dat)
resent [rɪˈzent] v/t Bemerkung übel nehmen; **to ~ sth** ein Ressentiment haben gegen; **he ~ed her for the rest of his life** er nahm ihr das sein Leben lang übel; **he ~ed the fact that …** er ärgerte sich darüber, dass …; **to ~ sb's success** j-m seinen Erfolg missgönnen; **I ~ that** das gefällt mir nicht
resentful adj verärgert; (≈ missgünstig) voller Ressentiments (**of** gegen); **to be ~ about sth/of sb** über etw/j-n verärgert sein; **to feel ~ toward(s) sb for doing sth** es j-m übel nehmen, dass er/sie etc etw getan hat
resentment s Ärger m kein pl (**of** über +akk)
reservation [ˌrezəˈveɪʃən] s ▌1▐ Vorbehalt m; **without ~** vorbehaltlos; **with ~s** unter Vorbehalt(en); **to have ~s about sb/sth** Bedenken in Bezug auf j-n/etw haben ▌2▐ Reservierung f; **to make a ~** ein Zimmer etc reservieren lassen; **to have a ~ (for a room)** ein Zimmer reserviert haben ▌3▐ (≈ Land) Reservat n
reserve [rɪˈzɜːv] **A** v/t ▌1▐ aufsparen; **to ~ judgement** mit einem Urteil zurückhalten; **to ~ the right to do sth** sich (dat) (das Recht) vorbehalten, etw zu tun ▌2▐ reservieren lassen **B** s ▌1▐ Vorrat m (**of an** +dat); FIN Reserve f; **to keep sth in ~** etw in Reserve halten ▌2▐ (≈ Land) Reservat n ▌3▐ Zurückhaltung f ▌4▐ SPORT Reservespieler(in) m(f)
reserved adj reserviert
reservist [rɪˈzɜːvɪst] s MIL Reservist(in) m(f)
reservoir [ˈrezəvwɑːr] wörtl s Reservoir n, Stausee m
reset [ˌriːˈset] v/t ⟨prät, pperf reset⟩ ▌1▐ Uhr neu stellen (**to auf** +akk); Maschine neu einstellen; IT rücksetzen; **~ switch** od **button** COMPUT Resettaste f ▌2▐ MED Knochen wieder einrichten
resettle [ˌriːˈsetl] v/t Flüchtlinge umsiedeln; Land wieder besiedeln
resettlement s von Flüchtlingen Umsiedlung f; von Land Neubesied(e)lung f
reshape [ˌriːˈʃeɪp] v/t Knetmasse etc umformen; Politik umstellen
reshuffle [ˌriːˈʃʌfl] **A** v/t Karten neu mischen; fig Kabinett umbilden **B** s fig Umbildung f
reside [rɪˈzaɪd] form v/i seinen Wohnsitz haben
residence [ˈrezɪdəns] s ▌1▐ Wohnhaus n; für Studenten Wohnheim n; von König etc Residenz f ▌2▐ ⟨kein pl⟩ **country of ~** Aufenthaltsland n; **place of ~** Wohnort m; **after 5 years' ~ in Britain** nach 5 Jahren Aufenthalt in Großbritannien
residence permit s Aufenthaltsgenehmigung f
residency [ˈrezɪdənsi] s ▌1▐ US → residence 2 ▌2▐ Br Residenz f
resident [ˈrezɪdənt] **A** s Bewohner(in) m(f), Einwohner(in) m(f); in Hotel Gast m; **"residents only"** „Anlieger frei", „Anrainer frei" österr **B** adj wohnhaft; Bevölkerung ansässig; **the ~ population** die ansässige Bevölkerung
residential [ˌrezɪˈdenʃəl] adj Wohn-; **~ property** Wohngebäude n; **~ street** Wohnstraße f
residential area s Wohngebiet n
residential home s Wohnheim n
residual [rɪˈzɪdjʊəl] adj restlich
residue [ˈrezɪdjuː] s Rest m; CHEM Rückstand m
resign [rɪˈzaɪn] **A** v/t ▌1▐ Amt abgeben ▌2▐ **to ~**

oneself to sth sich mit etw abfinden; **to ~ oneself to doing sth** sich damit abfinden, etw zu tun **B** v/i zurücktreten, kündigen; **to ~ from office** sein Amt niederlegen; **to ~ from one's job** (seine Stelle) kündigen

resignation [ˌrezɪgˈneɪʃən] s **1** Rücktritt m, Kündigung f, Amtsniederlegung f; **to hand in one's ~** seinen Rücktritt/seine Kündigung einreichen/sein Amt niederlegen **2** Resignation f (**to** gegenüber +dat)

resigned adj resigniert; **to become ~ to sth** sich mit etw abfinden; **to be ~ to one's fate** sich in sein Schicksal ergeben haben

resilience [rɪˈzɪlɪəns] s **1** von Material Federn n **2** fig von Mensch Unverwüstlichkeit f

resilient adj **1** Material federnd attr; **to be ~** federn **2** fig Mensch unverwüstlich

resin [ˈrezɪn] s Harz n

resist [rɪˈzɪst] **A** v/t **1** sich widersetzen (+dat); Angriff etc Widerstand leisten gegen **2** Versuchung etc widerstehen (+dat); **I couldn't ~ (eating) another piece of cake** ich konnte der Versuchung nicht widerstehen, noch ein Stück Kuchen zu essen **B** v/i **1** sich widersetzen, Widerstand leisten **2** bei Versuchung widerstehen

resistance [rɪˈzɪstəns] s Widerstand m (**to** gegen); **to meet with ~** auf Widerstand stoßen; **to offer no ~ (to sb/sth)** (j-m/gegen etw) keinen Widerstand leisten, sich (j-m/einer Sache) nicht widersetzen

resistant adj Material strapazierfähig; MED immun (**to** gegen)

resit [ˌriːˈsɪt] ⟨v: prät, pperf resat⟩ Br **A** v/t Prüfung wiederholen **B** [ˈriːsɪt] s Wiederholung (-sprüfung) f

reskill [ˌriːˈskɪl] **A** v/t weiterbilden, fortbilden; in neuem Beruf umschulen **B** v/i umgeschult werden, sich umschulen lassen

resolute [ˈrezəluːt] adj energisch; Weigerung entschieden

resolutely [ˈrezəlutlɪ] adv entschieden; **to be ~ opposed to sth** entschieden gegen etw sein

resolution [ˌrezəˈluːʃən] s **1** Beschluss m; bes POL Resolution f; bei Handlung Vorsatz m **2** ⟨kein pl⟩ Entschlossenheit f **3** ⟨kein pl⟩ von Problem Lösung f **4** IT Auflösung f

resolve [rɪˈzɒlv] **A** v/t **1** Problem lösen; Streit beilegen; Differenzen, Sache klären **2** **to ~ to do sth** beschließen, etw zu tun **B** s ⟨kein pl⟩ Entschlossenheit f

resolved [rɪˈzɒlvd] adj (fest) entschlossen

resonate [ˈrezəneɪt] v/i widerhallen

resort [rɪˈzɔːt] **A** s **1** **as a last ~** als Letztes; **you were my last ~** du warst meine letzte Rettung **2** Urlaubsort m; **seaside ~** Seebad n **B** v/i **to ~ to sth** zu etw greifen; **to ~ to violence** gewalt-

tätig werden

resound [rɪˈzaʊnd] v/i (wider)hallen (**with** von)

resounding [rɪˈzaʊndɪŋ] adj Geräusch widerhallend; Lachen schallend; fig Sieg gewaltig; Erfolg durchschlagend; Niederlage haushoch; **the response was a ~ "no"** die Antwort war ein überwältigendes „Nein"

resoundingly [rɪˈzaʊndɪŋlɪ] adv **to be ~ defeated** eine vernichtende Niederlage erleiden

resource [rɪˈsɔːs] **A** s **resources** pl Mittel pl, Ressourcen pl; **financial ~s** Geldmittel pl; **mineral ~s** Bodenschätze pl; **natural ~s** Rohstoffquellen pl, Bodenschätze pl; **human ~s** Arbeitskräfte pl; Personalabteilung f **B** v/t Br Projekt finanzieren

resourceful adj, **resourcefully** adv einfallsreich

resourcefulness s Einfallsreichtum m

respect [rɪˈspekt] **A** s **1** Respekt m, Achtung f (**for** vor +dat); **to have ~ for** Respekt haben vor (+dat); **I have the highest ~ for his ability** ich halte ihn für außerordentlich fähig; **to hold sb in (great) ~** j-n (sehr) achten **2** Rücksicht f (**for** auf +akk); **to treat with ~** j-n rücksichtsvoll behandeln; Kleidung etc schonend behandeln; **she has no ~ for other people** sie nimmt keine Rücksicht auf andere; **with (all due) ~** ... bei allem Respekt ... **3** **with ~ to** ... was ... anbetrifft **4** Hinsicht f; **in some/many ~s** in gewisser/vieler Hinsicht; **in this ~** in dieser Hinsicht **5** **~s** pl **to pay one's ~s to sb** j-m seine Aufwartung machen; **to pay one's last ~s to sb** j-m die letzte Ehre erweisen **B** v/t respektieren; Fähigkeiten anerkennen; **to ~ sb/sth for sth** j-n/etw wegen einer Sache respektieren; **a ~ed company** eine angesehene Firma

respectability [rɪˌspektəˈbɪlɪtɪ] s **1** Ehrbarkeit f, Anständigkeit f **2** Angesehenheit f, Seriosität f

respectable [rɪˈspektəbl] adj **1** ehrbar, anständig **2** angesehen, seriös; Kleidung, Verhalten korrekt; **in ~ society** in guter Gesellschaft; **a perfectly ~ way to earn one's living** eine völlig akzeptable Art und Weise, seinen Lebensunterhalt zu verdienen **3** Größe, Summe ansehnlich **4** Ergebnis, Leistung beachtlich

respectably [rɪˈspektəblɪ] adv anständig

respectful adj respektvoll (**towards** gegenüber); **to be ~ of sth** etw respektieren

respectfully adv respektvoll

respecting [rɪˈspektɪŋ] präp bezüglich (+gen)

respective [rɪˈspektɪv] adj jeweilig; **they each have their ~ merits** jeder von ihnen hat seine eigenen Vorteile

respectively [rɪˈspektɪvlɪ] adv **the girls' dresses are green and blue ~** die Mädchen haben

grüne beziehungsweise blaue Kleider
respiration [ˌrespɪ'reɪʃən] s Atmung f
respiratory [rɪ'spɪrətərɪ] adj Atem-; Erkrankung der Atemwege
respite ['respaɪt] s **1** Ruhepause f (**from** von); zeitweilig Nachlassen n **2** Aufschub m
resplendent [rɪ'splendənt] adj strahlend
respond [rɪ'spɒnd] v/i **1** antworten; **to ~ to a question** eine Frage beantworten **2** reagieren (**to** auf +akk); **the patient ~ed to treatment** der Patient sprach auf die Behandlung an
response [rɪ'spɒns] s **1** Antwort f; **in ~ (to)** als Antwort (auf +akk) **2** Reaktion f; **to meet with no ~** keine Resonanz finden
responsibility [rɪˌspɒnsə'bɪlɪtɪ] s **1** ⟨kein pl⟩ Verantwortung f; **to take ~ (for sth)** die Verantwortung (für etw) übernehmen; **that's his ~** dafür ist er verantwortlich **2** Verpflichtung f (**to** für)
responsible [rɪ'spɒnsbl] adj **1** verantwortlich, schuld (**for** an +dat); **to be ~ for sth** für etw verantwortlich sein; **what's ~ for the hold-up?** woran liegt die Verzögerung?; **who is ~ for breaking the window?** wer hat das Fenster eingeschlagen?; **to hold sb ~ for sth** j-n für etw verantwortlich machen; **she is ~ for popularizing the sport** Aufgabe sie ist dafür verantwortlich, die Sportart populärer zu machen; Verdienst es ist ihr zu verdanken, dass die Sportart populär geworden ist **2** Haltung verantwortungsbewusst; Job verantwortungsvoll
responsibly [rɪ'spɒnsblɪ] adv verantwortungsbewusst
responsive [rɪ'spɒnsɪv] adj Publikum interessiert; Steuerung, Bremsen leicht reagierend
rest[1] [rest] **A** s **1** Ruhe f, Pause f; im Urlaub Erholung f; **a day of ~** ein Ruhetag m; **I need a ~** ich muss mich ausruhen, ich brauche Urlaub; **to have a ~** (sich) ausruhen, (eine) Pause machen; **to have a good night's ~** sich ordentlich ausschlafen; **give it a ~!** umg hör doch auf!; **to lay to ~** euph zur letzten Ruhe betten; **to set at ~** Ängste, Zweifel beschwichtigen; **to put sb's mind at ~** j-n beruhigen; **to come to ~** Ball etc zum Stillstand kommen; Vogel sich niederlassen; **there's no ~ for the wicked** das ist für meine Sünden (humoristisch verwendet, um auszudrücken, dass man viel Arbeit hat und dass dies die Strafe für all das Schlechte sei, was man sich zuschulden hat kommen lassen) **2** (≈ Vorrichtung) Auflage f **B** v/i **1** ruhen geh, rasten, sich ausruhen; **she never ~s** sie arbeitet ununterbrochen; **to be ~ing** ruhen geh; **let the matter ~!** lass es dabei!; **may he ~ in peace** er ruhe in Frieden **2** Entscheidung liegen (**with** bei); **the**

matter must not ~ there man kann die Sache so nicht belassen; **(you may) ~ assured that ...** Sie können versichert sein, dass ... **3** lehnen (**on** an +dat od **against** gegen); Dach, Blick ruhen (**on** auf +dat); Argument sich stützen (**on** auf +akk); **her elbows were ~ing on the table** ihre Ellbogen waren auf den Tisch gestützt; **his head was ~ing on the table** ihr Kopf lag auf dem Tisch **C** v/t **1** ausruhen; **to feel ~ed** sich ausgeruht fühlen **2** Leiter lehnen (**against** gegen od **on** an +akk); Ellbogen stützen (**on** auf +akk); **to ~ one's hand on sb's shoulder** j-m die Hand auf die Schulter legen
rest[2] s Rest m; **the ~ of the boys** die übrigen Jungen; **she's no different from the ~** sie ist wie alle anderen; **all the ~ of the money** der ganze Rest des Geldes; **all the ~ of the books** alle übrigen Bücher
rest area s Rastplatz m
restart [ˌriː'stɑːt] **A** v/t neu starten; Motor wieder anlassen; Maschine wieder anschalten **B** v/i Maschine wieder starten; Motor wieder anspringen
restate [ˌriː'steɪt] v/t **1** Argument erneut vortragen; Fall erneut darstellen **2** umformulieren; Fall neu darstellen
restaurant ['restərɒnt] s Restaurant n
restaurant car s Br BAHN Speisewagen m
restful ['restfʊl] adj **1** Farbe ruhig; Ort friedlich **2** Zeit erholsam
rest home s Pflegeheim n
restive ['restɪv] adj rastlos
restless ['restlɪs] adj unruhig, rastlos
restlessness s Unruhe f, Rastlosigkeit f
restock [ˌriː'stɒk] v/t Regale wiederauffüllen
restoration [ˌrestə'reɪʃən] s von Ordnung Wiederherstellung f; in Amt Wiedereinsetzung f (**to** in +akk); von Kunstwerk Restaurierung f
restore [rɪ'stɔː] v/t **1** zurückgeben, zurückbringen; Ordnung wiederherstellen; **~d to health** wieder hergestellt **2** in Amt wiedereinsetzen (**to** in +akk); **to ~ to power** wieder an die Macht bringen **3** Gemälde etc restaurieren
restrain [rɪ'streɪn] v/t j-n zurückhalten; Gefangenen mit Gewalt festhalten; Tier etc bändigen; **to ~ sb from doing sth** j-n davon abhalten, etw zu tun; **to ~ oneself** sich beherrschen
restrained adj zurückhaltend; Verhalten beherrscht
restraint s **1** Beschränkung f; **without ~** unbeschränkt **2** Beherrschung f; **to show a lack of ~** wenig Beherrschung zeigen; **he said with great ~ that ...** er sagte sehr beherrscht, dass ...; **wage ~** Zurückhaltung f bei Lohnforderungen
restrict [rɪ'strɪkt] v/t beschränken (**to** auf +akk);

Freiheit einschränken

restricted *adj* beschränkt, eingeschränkt; *Information* geheim; **within a ~ area** auf begrenztem Gebiet

restricted area *s* Sperrgebiet *n*

restriction [rɪˈstrɪkʃən] *s* Beschränkung *f* (**on sth** *gen*), Einschränkung *f* (**on sth** *gen*); **to place ~s on sth** etw beschränken

restrictive [rɪˈstrɪktɪv] *adj* restriktiv

restroom *US s* Toilette *f*

restructure [ˌriːˈstrʌktʃəʳ] **A** *v/t* HANDEL, IND umstrukturieren **B** *v/i* HANDEL, IND sich umstrukturieren

restructuring [ˌriːˈstrʌktʃərɪŋ] *s* HANDEL, IND Umstrukturierung *f*

rest stop *s US* AUTO Rastplatz *m*; (≈ *Fahrtunterbrechung*) Rast *f*

result [rɪˈzʌlt] **A** *s* **1** Folge *f*; **as a ~** folglich, als Folge, infolgedessen; **as a ~ of this** und folglich, infolgedessen; **as a ~ of which he ...** was zur Folge hatte, dass er ...; **to be the ~ of** resultieren aus **2** *von Wahlen etc* Resultat *n*, Ergebnis *n*; **~s von Test** Werte *pl*; **to get ~s** Resultate erzielen; **as a ~ of my inquiry** auf meine Anfrage (hin); **what was the ~?** SPORT wie ist es ausgegangen? **B** *v/i* resultieren (**from** aus)

phrasal verbs mit result:

result in *v/i* ⟨+*obj*⟩ führen zu; **this resulted in his being late** das führte dazu, dass er zu spät kam

resume [rɪˈzjuːm] **A** *v/t* **1** wiederaufnehmen; *Reise* fortsetzen **2** *Kommando* wieder übernehmen **B** *v/i* wieder beginnen

résumé [ˈreɪzjuːmeɪ] *s* **1** Zusammenfassung *f* **2** *US* Lebenslauf *m*

resumption [rɪˈzʌmpʃən] *s* Wiederaufnahme *f*; *von Reise* Fortsetzung *f*; *von Unterricht* Wiederbeginn *m*

resurface [ˌriːˈsɜːfɪs] *v/i Taucher fig* wieder auftauchen

resurgence [rɪˈsɜːdʒəns] *s* Wiederaufleben *n*

resurrect [ˌrezəˈrekt] *fig v/t Brauch, Karriere* wiederbeleben

resurrection [ˌrezəˈrekʃən] *s* **1 the Resurrection** REL die Auferstehung **2** *fig von Brauch* Wiederbelebung *f*

resuscitate [rɪˈsʌsɪteɪt] *v/t* MED wiederbeleben

resuscitation [rɪˌsʌsɪˈteɪʃən] *s* MED Wiederbelebung *f*

retail [ˈriːteɪl] **A** *s* Einzelhandel *m* **B** *v/i* **to ~ at ...** im Einzelhandel ... kosten **C** *adv* im Einzelhandel

retailer [ˈriːteɪləʳ] *s* Einzelhändler(in) *m(f)*

retailing [ˈriːteɪlɪŋ] *s* der Einzelhandel

retail outlet *s* Einzelhandelsgeschäft *n*

retail park *Br s* Shoppingcenter *n*

retail price *s* Einzelhandelspreis *m*

retail therapy *hum s* Shopping- *od* Einkaufstherapie *f umg*

retail trade *s* Einzelhandel *m*

retain [rɪˈteɪn] *v/t* **1** behalten, zurück(be)halten; *Geschmack* beibehalten; *Feuchtigkeit* speichern **2** *Computer: Information* speichern

retainer [rɪˈteɪnə(r)] *s* WIRTSCH Vorschuss *m*

retake [ˌriːˈteɪk] *v/t* ⟨*prät* retook, *pperf* retaken [ˌriːˈteɪkən]⟩ **1** MIL zurückerobern **2** *Prüfung, a.* SPORT wiederholen

retaliate [rɪˈtælɪeɪt] *v/i* Vergeltung üben; *für Beleidigung etc* sich revanchieren (**against sb** an j-m); SPORT, *a. bei Streit* kontern; **he ~d by pointing out that ...** er konterte, indem er darauf hinwies, dass ...; **then she ~d by calling him a pig** sie revanchierte sich damit, dass sie ihn ein Schwein nannte

retaliation [rɪˌtælɪˈeɪʃən] *s* Vergeltung *f*; *bei Streit* Konterschlag *m*; **in ~** zur Vergeltung

retarded [rɪˈtɑːdɪd] *adj* politisch nicht korrekt **mentally ~** geistig zurückgeblieben

retch [retʃ] *v/i* würgen

retd *abk* (= **retired**) i. R., a. D.

retell [ˌriːˈtel] *v/t* ⟨*prät, pperf* retold⟩ wiederholen; LIT nacherzählen

retention [rɪˈtenʃən] *s* Beibehaltung *f*; *von Besitztum* Zurückhaltung *f*; *von Wasser* Speicherung *f*

rethink [ˌriːˈθɪŋk] ⟨*v: prät, pperf* rethought [ˌriːˈθɔːt]⟩ **A** *v/t* überdenken **B** [ˈriːˌθɪŋk] *s umg* Überdenken *n*; **we'll have to have a ~** wir müssen das noch einmal überdenken

reticence [ˈretɪsəns] *s* Zurückhaltung *f*

reticent [ˈretɪsənt] *adj* zurückhaltend

retina [ˈretɪnə] *s* ⟨*pl* -e *od* -s [ˈretɪniː]⟩ Netzhaut *f*

retinue [ˈretɪnjuː] *s* Gefolge *n*

retire [rɪˈtaɪəʳ] *v/i* **1** in Rente gehen, aufhören zu arbeiten; *Beamter* in den Ruhestand treten; *Fußballer* aufhören; **to ~ from business** sich zur Ruhe setzen **2** *a.* SPORT aufgeben; *Jury* sich zurückziehen; **to ~ from public life** sich aus dem öffentlichen Leben zurückziehen

retired *adj Arbeiter* aus dem Arbeitsleben ausgeschieden *form*; *Beamter* pensioniert; **he is ~** er arbeitet nicht mehr; **~ people** Rentner *mpl*, Rentnerinnen *fpl*; **a ~ worker** ein Rentner

retirement *s* **1** Ausscheiden *n* aus dem Arbeitsleben *form*; *von Beamten* Pensionierung *f*; **~ at 65** Altersgrenze *f* bei 65; **to come out of ~** wieder zurückkommen **2** SPORT Aufgabe *f*

retirement age *s* Rentenalter *n*; *von Beamten* Pensionsalter *n*

retirement home *s* Seniorenheim *n*

retirement pension *s* Altersruhegeld *n form*

retold [ˌriːˈtəʊld] *prät & pperf* → retell
retook [ˌriːˈtʊk] *prät* → retake
retort [rɪˈtɔːt] *v/t* (scharf) entgegnen
retouch [ˌriːˈtʌtʃ] *v/t* retuschieren
retouching [ˌriːˈtʌtʃɪŋ] *s* Retusche *f*, Retuschieren *n*
retrace [rɪˈtreɪs] *v/t* Vergangenheit zurückverfolgen; **to ~ one's steps** denselben Weg zurückgehen
retract [rɪˈtrækt] *v/t* Angebot zurückziehen; *Behauptung* zurücknehmen
retraction [rɪˈtrækʃən] *s* **1** *von Angebot* Rückzug *m*; *von Behauptung* Rücknahme *f* **2** Rückzieher *m*
retrain [ˌriːˈtreɪn] **A** *v/t* umschulen **B** *v/i* sich umschulen lassen
retraining [ˌriːˈtreɪnɪŋ] *s* Umschulung *f*
retreat [rɪˈtriːt] **A** *s* **1** MIL Rückzug *m*; **in ~** auf dem Rückzug; **to beat a (hasty) ~** *fig* (schleunigst) das Feld räumen **2** Zufluchtsort *m* **B** *v/i* MIL den Rückzug antreten
retrial [ˈriːtraɪəl] *s* JUR Wiederaufnahmeverfahren *n*
retribution [ˌretrɪˈbjuːʃən] *s* Vergeltung *f*
retrievable [rɪˈtriːvəbl] *adj* IT *Daten* abrufbar; *nach Absturz* wiederherstellbar
retrieval [rɪˈtriːvəl] *s* Heraus-/Herunterholen *etc n*; IT *von Information* Abrufen *n*; *nach Absturz* Wiederherstellen *n*
retrieve [rɪˈtriːv] *v/t* heraus-/herunterholen *etc*; *nach Unglück* retten; IT abrufen; *nach Absturz* wiederherstellen
retriever [rɪˈtriːvəʳ] *s* (≈ *Hund*) Retriever *m*
retro [ˈretrəʊ] *adj* retro
retro- *präf* rück-, Rück-
retroactive *adj*, **retroactively** [ˌretrəʊˈæktɪv, -lɪ] *adv* rückwirkend
retrograde [ˈretrəʊɡreɪd] *adj* rückläufig; **~ step** Rückschritt *m*
retrospect [ˈretrəʊspekt] *s* **in ~** im Nachhinein; **in ~, what would you have done?** was hätten Sie rückblickend gemacht?
retrospective [ˌretrəʊˈspektɪv] *adj* rückblickend; **a ~ look (at)** ein Blick *m* zurück (auf +*akk*)
retrospectively [ˌretrəʊˈspektɪvlɪ] *adv* rückblickend
retry [ˈriːˈtraɪ] *v/t* **1** noch mal versuchen; IT neu eingeben **2** JUR *Fall* neu verhandeln; **to ~ a case** einen Fall neu verhandeln, einen Prozess wieder aufnehmen; **to ~ sb** gegen j-n neu verhandeln
return [rɪˈtɜːn] **A** *v/i* zurückkommen, zurückgehen/-fahren; *Symptome, Ängste* wiederkommen; **to ~ to London/the group** nach London/zur Gruppe zurückkehren; **to ~ to school** wieder in die Schule gehen; **to ~ to (one's) work** wieder an seine Arbeit gehen; **to ~ to a subject** auf ein Thema zurückkommen; **to ~ home** nach Hause kommen/gehen **B** *v/t* **1** zurückgeben (**to sb** j-m), zurückbringen (**to sb** j-m), zurücksetzen *etc*; *Brief etc* zurückschicken (**to** an +*akk*); **to ~ sb's (phone) call** j-n zurückrufen; **to ~ a book to the shelf/box** ein Buch auf das Regal zurückstellen/in die Kiste zurücklegen; **to ~ fire** MIL das Feuer erwidern **2 to ~ a verdict of guilty (on sb)** JUR (j-n) schuldig sprechen **3** FIN *Gewinn* abwerfen **C** *s* **1** Rückkehr *f*; **on my ~** bei meiner Rückkehr; **~ home** Heimkehr *f*; **by ~ (of post)** Br postwendend; **many happy ~s (of the day)!** herzlichen Glückwunsch zum Geburtstag! **2** Rückgabe *f*, Zurückbringen *n*, Zurücksetzen *etc n* **3** Br a. **~ ticket** Rückfahrkarte *f* **4** *aus Investition* Ertrag *m* (**on** aus); *aus Kapital* Gewinn *m* (**on** aus); *fig* **in ~** dafür, als Gegenleistung; **in ~ for** für **5 tax ~** Steuererklärung *f* **6** Tennis Return *m*
returnable [rɪˈtɜːnəbl] *adj* Mehrweg-; **~ bottle** Mehrwegflasche *f*, Pfandflasche *f*
return fare Br *s* Preis *m* für eine Rückfahrkarte; FLUG Preis *m* ein Rückflugticket
return flight Br *s* (Hin- und) Rückflug *m*
return journey Br *s* Rückreise *f*
return key *s* COMPUT Returntaste *f*
return match *s* Rückspiel *n*
return ticket Br *s* Rückfahrkarte *f*; FLUG Rückflugticket *n*
return visit *s* zweiter Besuch; **to make a ~ (to a place)** (an einen Ort) zurückkehren
reunification [riːˌjuːnɪfɪˈkeɪʃən] *s* Wiedervereinigung *f*
reunify [riːˈjuːnɪfaɪ] *v/t* wiedervereinigen
reunion [rɪˈjuːnjən] *s* Zusammenkunft *f*
reunite [ˌriːjuːˈnaɪt] **A** *v/t* wiedervereinigen; **they were ~d at last** sie waren endlich wieder vereint **B** *v/i* Staaten sich wiedervereinigen
reusable [ˌriːˈjuːzəbl] *adj* wiederverwertbar
reuse [ˌriːˈjuːz] *v/t* wiederverwenden
Rev *abk* (= Reverend) Pfarrer *m*
rev [rev] **A** *v/i* den Motor auf Touren bringen **B** *v/t* Motor aufheulen lassen

phrasal verbs mit rev:
rev up *v/t & v/i* AUTO → rev

revalue [ˌriːˈvæljuː] *v/t* FIN aufwerten
revamp [ˌriːˈvæmp] *umg v/t* Buch, Image aufmotzen *umg*; Firma vor Vordermann bringen *umg*
rev counter *s* AUTO Drehzahlmesser *m*
Revd *abk* (= Reverend) Pfarrer *m*
reveal [rɪˈviːl] *v/t* **1** zum Vorschein bringen, zeigen **2** *Wahrheit* aufdecken; *Identität* enthüllen; *Namen, Einzelheiten* verraten, preisgeben; **he could never ~ his feelings for her** er konnte

seine Gefühle für sie nie zeigen; **what does this ~ about the motives of the hero?** was sagt das über die Motive des Helden aus?

revealing [rɪˈviːlɪŋ] *adj* aufschlussreich; *Rock etc* viel zeigend

revel [ˈrevl] **A** *v/i* **to ~ in sth** etw in vollen Zügen genießen; **to ~ in doing sth** seine wahre Freude daran haben, etw zu tun **B** *s* **revels** *pl* Feiern *n*

revelation [ˌrevəˈleɪʃən] *s* Enthüllung *f*

reveller [ˈrevləʳ] *s*, **reveler** *US s* Feiernde(r) *m*/*f*(m)

revelry [ˈrevlrɪ] *s* ⟨*mst pl*⟩ Festlichkeit *f*

revenge [rɪˈvendʒ] *s* Rache *f*; SPORT Revanche *f*; **to take ~ on sb (for sth)** sich an j-m (für etw) rächen; **to get one's ~** sich rächen; SPORT sich revanchieren; **in ~ for** als Rache für

revenue [ˈrevənjuː] *s* öffentliche Einnahmen *pl*, Steueraufkommen *n*

reverberate [rɪˈvɜːbəreɪt] *v/i* nachhallen

reverence [ˈrevərəns] *s* Ehrfurcht *f*; **to treat sth with ~** etw ehrfürchtig behandeln

reverend [ˈrevərənd] **A** *adj* **the Reverend Robert Martin** ≈ Pfarrer Robert Martin **B** *s umg* ≈ Pfarrer *m*

reverent [ˈrevərənt] *adj* ehrfürchtig

reverently [ˈrevərəntlɪ] *adv* ehrfürchtig

reversal [rɪˈvɜːsəl] *s von Reihenfolge* Umkehren *n*; *von Prozess* Umkehrung *f*; *von Politik* Umkrempeln *n*; *von Entscheidung* Rückgängigmachen *n*

reverse [rɪˈvɜːs] **A** *adj* umgekehrt **B** *s* **1** Gegenteil *n*; **quite the ~!** ganz im Gegenteil!; **in ~** rückwärts **2** Rückseite *f* **3** AUTO Rückwärtsgang *m*; **in ~** im Rückwärtsgang; **to put a/the car into ~** den Rückwärtsgang einlegen **C** *v/t* **1** *Reihenfolge, Prozess* umkehren; *Politik* umkrempeln; *Entscheidung* rückgängig machen; **to ~ the charges** *Br* TEL ein R-Gespräch führen **2** **to ~ one's car into a tree** *bes Br* rückwärts gegen einen Baum fahren **D** *v/i bes Br* mit Auto rückwärts fahren

reverse charge call *s Br* R-Gespräch *n*

reverse gear *s* AUTO Rückwärtsgang *m*

reversible [rɪˈvɜːsəbl] *adj Entscheidung* rückgängig zu machen *präd*, rückgängig zu machend *attr*; *Prozess* umkehrbar

reversible jacket *s* Wendejacke *f*

reversing camera *s* Rückfahrkamera *f*

reversing light [rɪˈvɜːsɪŋlaɪt] *s* Rückfahrscheinwerfer *m*

reversion [rɪˈvɜːʃən] *s* Umkehr *f* (**to** zu)

revert [rɪˈvɜːt] *v/i* zurückkehren (**to** zu)

review [rɪˈvjuː] **A** *s* **1** Rückblick *m* (**of** auf +*akk*); (≈ *Zusammenfassung*) Überblick *m* (**of** über +*akk*) **2** nochmalige Prüfung; **the agreement comes up for ~** *od* **comes under ~ next year** das Abkommen wird nächstes Jahr nochmals geprüft; **his salary is due for ~ in January** im Januar wird sein Gehalt neu festgesetzt **3** *von Buch etc* Kritik *f*, Rezension *f*; *im Internet* Bewertung *f* **B** *v/t* **1** *Vergangenheit* zurückblicken auf (+*akk*) **2** *Situation, Fall* erneut (über)prüfen **3** *Buch etc* besprechen **4** *US* für Prüfung wiederholen

reviewer [rɪˈvjuːəʳ] *s* Kritiker(in) *m*(*f*)

revise [rɪˈvaɪz] **A** *v/t* **1** revidieren, überarbeiten **2** *Br* SCHULE *etc* wiederholen **B** *v/i Br* (den Stoff) wiederholen, sich auf eine Prüfung vorbereiten

revised *adj* **1** revidiert; *Angebot* neu **2** *Ausgabe* überarbeitet

revision [rɪˈvɪʒən] *s* **1** *von Ansicht* Revidieren *n* **2** *Br* SCHULE *etc* Wiederholung *f* (des Stoffs); **to do some ~** (den Stoff) wiederholen **3** *von Buch* überarbeitete Ausgabe

revisit [ˌriːˈvɪzɪt] *v/t* wieder besuchen

revitalize [ˌriːˈvaɪtəlaɪz] *v/t* neu beleben, wiederbeleben

revival [rɪˈvaɪvəl] *s* **1** *von Stück* Wiederaufnahme *f* **2** *von Brauch etc* Wiederaufleben *n*; **an economic ~** ein wirtschaftlicher Aufschwung

revive [rɪˈvaɪv] **A** *v/t* wiederbeleben; *Wirtschaft* wieder ankurbeln; *Erinnerungen* wieder lebendig werden lassen; *Brauch* wieder aufleben lassen; *Karriere* wiederaufnehmen; **to ~ interest in sth** neues Interesse an etw (*dat*) wecken **B** *v/i Mensch* wieder zu sich kommen, wieder munter werden; *Geschäfte* wieder aufblühen

revoke [rɪˈvəʊk] *v/t Gesetz* aufheben; *Entscheidung* widerrufen; *Lizenz* entziehen

revolt [rɪˈvəʊlt] **A** *s* Revolte *f* **B** *v/i* revoltieren (**against** gegen) **C** *v/t* abstoßen; **I was ~ed by it** es hat mich abgestoßen

revolting [rɪˈvəʊltɪŋ] *adj* abstoßend; *Essen* ekelhaft; *umg Farbe, Kleid* scheußlich; *Mensch* widerlich

revolution [ˌrevəˈluːʃən] *s* **1** Revolution *f* **2** Umdrehung *f*

revolutionary [ˌrevəˈluːʃnərɪ] **A** *adj* revolutionär **B** *s* Revolutionär(in) *m*(*f*)

revolutionize [ˌrevəˈluːʃənaɪz] *v/t* revolutionieren

revolve [rɪˈvɒlv] **A** *v/t* drehen **B** *v/i* sich drehen

revolver [rɪˈvɒlvəʳ] *s* Revolver *m*

revolving door [rɪˈvɒlvɪŋ] *s* Drehtür *f*

revue [rɪˈvjuː] *s* THEAT Revue *f*; *satirisch* Kabarett *n*

revulsion [rɪˈvʌlʃən] *s* Ekel *m* (**at** vor +*dat*)

reward [rɪˈwɔːd] **A** *s* Belohnung *f*; **the ~s of this job** die Vorzüge dieser Arbeit **B** *v/t* belohnen

reward card s HANDEL Paybackkarte f
rewarding [rɪˈwɔːdɪŋ] adj lohnend, dankbar; **bringing up a child is ~** ein Kind großzuziehen ist eine lohnende Aufgabe
rewind [ˌriːˈwaɪnd] v/t ⟨prät, pperf rewound⟩ Band zurückspulen; **~ button** Rückspultaste f
reword [ˌriːˈwɜːd] v/t umformulieren
rewound [ˌriːˈwaʊnd] prät & pperf → rewind
rewritable [ˌriːˈraɪtəbl] adj CD, DVD wieder beschreibbar
rewrite [ˌriːˈraɪt] v/t ⟨prät rewrote [ˌriːˈrəʊt]; pperf rewritten [ˌriːˈrɪtn]⟩ neu schreiben; umschreiben; **to ~ the record books** einen neuen Rekord verzeichnen
Rhaeto-Romanic [ˈriːtəʊrəʊˈmænɪk] s Rätoromanisch n
rhapsody [ˈræpsədɪ] s MUS Rhapsodie f; fig Schwärmerei f
Rhenish [ˈrenɪʃ] adj rheinisch
rhetoric [ˈretərɪk] s Rhetorik f
rhetorical adj, **rhetorically** [rɪˈtɒrɪkəl, -ɪ] adv rhetorisch; **~ question** rhetorische Frage
rheumatic [ruːˈmætɪk] s, **rheumatics** ⟨sg⟩ Rheumatismus m
rheumatism [ˈruːmətɪzəm] s Rheuma n
Rhine [raɪn] s Rhein m
Rhineland [ˈraɪnlænd] s Rheinland n
rhino [ˈraɪnəʊ] ⟨pl -s⟩ umg, **rhinoceros** [raɪˈnɒsərəs] s Nashorn n
Rhodes [rəʊdz] s Rhodos n
rhododendron [ˌrəʊdəˈdendrən] s Rhododendron m/n
rhombus [ˈrɒmbəs] s Rhombus m
rhubarb [ˈruːbɑːb] s Rhabarber m
rhyme [raɪm] **A** s **1** Reim m; **there's no ~ or reason to it** das hat weder Sinn noch Verstand **2** Gedicht n; **in ~** in Reimen **B** v/i sich reimen
rhyme scheme s Reimschema n
rhythm [ˈrɪðm] s Rhythmus m
rhythmic(al) [ˈrɪðmɪk(əl)] adj, **rhythmically** [ˈrɪðmɪkəlɪ] adv rhythmisch
rib [rɪb] **A** s Rippe f; **to poke sb in the ribs** j-n in die Rippen stoßen **B** v/t umg necken
ribbed [rɪbd] adj gerippt
ribbon [ˈrɪbən] s **1** in Haar Band n; für Schreibmaschine Farbband n; fig Streifen m **2** **to tear sth to ~s** etw zerfetzen
rib cage s Brustkorb m
ribonucleic acid [ˈraɪbəʊnjuːˈkliːɪkˈæsɪd] s Ribonukleinsäure f
rice [raɪs] s Reis m
rice pudding bes Br s Milchreis m
rich [rɪtʃ] **A** adj ⟨+er⟩ reich; Stil prächtig; Essen schwer; Boden fruchtbar; Geruch stark; **that's ~!** iron das ist stark umg; **to be ~ in sth** reich an etw (dat) sein; **~ in protein** eiweißreich; **~ in minerals** reich an Bodenschätzen; **a ~ diet** reichhaltige Kost **B** s **1** **the ~** pl die Reichen pl **2** **~es** pl Reichtümer pl
richly [ˈrɪtʃlɪ] adv verzieren, sich kleiden prächtig; belohnen reichlich; **he ~ deserves it** er hat es mehr als verdient
richness s Reichtum m (**in** an +dat); von Stil Pracht f; von Essen Schwere f; von Boden Fruchtbarkeit f; **the ~ of his voice** seine volle Stimme
rickety [ˈrɪkɪtɪ] adj Möbel etc wack(e)lig
ricochet [ˈrɪkəʃeɪ] **A** s Abprall m **B** v/i abprallen (**off** von)
rid [rɪd] **A** adj **to get rid of sb/sth** j-n/etw loswerden; **to be rid of sb/sth** j-n/etw los sein; **get rid of it** sieh zu, dass du das loswirst; **you are well rid of him** ein Glück, dass du den los bist **B** v/t ⟨prät, pperf rid od ridded⟩ **to rid of** befreien von; **to rid oneself of sb/sth** j-n/etw loswerden; Ungeziefer a. sich von etw befreien
riddance [ˈrɪdəns] s **good ~!** umg ein Glück, dass wir das etc los sind
ridden [ˈrɪdn] **A** pperf → ride **B** adj **debt-ridden** hoch verschuldet; **disease-ridden** von Krankheiten befallen
riddle[1] [ˈrɪdl] v/t **~d with holes** völlig durchlöchert; **~d with woodworm** wurmzerfressen; **~d with corruption** von der Korruption zerfressen; **~d with mistakes** voller Fehler
riddle[2] s Rätsel n; **to speak in ~s** in Rätseln sprechen
ride [raɪd] ⟨v: prät rode; pperf ridden⟩ **A** v/i **1** SPORT reiten (**on** auf +dat); **to go riding** reiten gehen **2** fahren; **he was riding on a bicycle** er fuhr mit einem Fahrrad **B** v/t reiten; Rad fahren mit; **to ~ a motorbike** Motorrad fahren **C** s Fahrt f; mit Pferd Ritt m, Ausritt m; als Passagier Mitfahrgelegenheit f; **to go for** od **take** od **have a ~** eine Fahrt machen; mit Pferd reiten gehen; **cycle ~** Radfahrt f; **to go for a ~ in the car** mit dem Auto wegfahren; **I just went along for the ~** fig umg ich bin nur zum Vergnügen mitgegangen; **to take sb for a ~** umg j-n anschmieren umg; **he gave me a ~ into town in his car** er nahm mich im Auto in die Stadt mit; **can I have a ~ on your bike?** kann ich mal mit deinem Rad fahren?
phrasal verbs mit ride:
ride on v/i (+obj) Ruf hängen an (+dat)
ride up v/i Rock etc hochrutschen
rider [ˈraɪdə] s auf Pferd Reiter(in) m(f); auf Rad Fahrer(in) m(f)
ridge [rɪdʒ] s in Stoff etc Rippe f; von Berg Rücken m; **a ~ of hills** eine Hügelkette; **a ~ of mountains** ein Höhenzug m; **a ~ of high pressure** METEO ein Hochdruckkeil m

ridicule ['rɪdɪkjuːl] **A** s Spott m **B** v/t verspotten, verhöhnen

ridiculous [rɪ'dɪkjʊləs] adj lächerlich; **don't be ~ red** keinen Unsinn; **to make oneself (look) ~** sich lächerlich machen; **to be made to look ~** der Lächerlichkeit preisgegeben werden; **to go to ~ lengths (to do sth)** großen Aufwand betreiben(, um etw zu tun)

ridiculously [rɪ'dɪkjʊləslɪ] adv lächerlich

riding ['raɪdɪŋ] s Reiten n; **to go ~** reiten gehen; **I enjoy ~** ich reite gern

riding boots pl Reitstiefel pl

riding hat s Reitkappe f, Reiterhelm m

riding school s Reitschule f

rife [raɪf] adj weitverbreitet; **to be ~** grassieren; **~ with** voll von, voller +gen

riffraff ['rɪfræf] pl Gesindel n, Pack n

rifle[1] ['raɪfl] v/t, (a. **rifle through**) durchwühlen

rifle[2] s Gewehr n

rifle range s Schießstand m

rift [rɪft] s Spalt m; fig Riss m

rig [rɪg] **A** s (Öl)förderturm m, Ölbohrinsel f **B** v/t fig Wahlen etc manipulieren

rigging s SCHIFF Takelage f; von Wahlen Manipulation f

right [raɪt] **A** adj **1** richtig, korrekt; **he thought it ~ to warn me** er hielt es für richtig, mich zu warnen; **it seemed only ~ to give him the money** es schien richtig, ihm das Geld zu geben; **it's only ~ (and proper)** es ist nur recht und billig; **to be ~** recht haben; Antwort stimmen; **to get sth ~** etw richtig machen; **what's the ~ time?** wie viel Uhr ist es genau?; **you're quite ~** Sie haben ganz recht; **you were ~ to refuse** Sie hatten recht, als Sie ablehnten; **to put ~** Fehler korrigieren; Situation wieder in Ordnung bringen; **I tried to put things ~ after their quarrel** ich versuchte, nach ihrem Streit wieder einzulenken; **what's the ~ thing to do in this case?** was tut man da am besten?; **to do sth the ~ way** etw richtig machen; **Mr/Miss Right** umg der/die Richtige umg; **we will do what is ~ for the country** wir werden tun, was für das Land gut ist; **the medicine soon put him ~** die Medizin hat ihn schnell wiederhergestellt; **he's not ~ in the head** umg bei ihm stimmts nicht im Oberstübchen umg **2** **~!** okay! umg; **that's ~!** das stimmt!; **you need a new schoolbag, ~?** du brauchst eine neue Schultasche, oder?; **so they came in the end — is that ~?** und so kamen sie schließlich — wirklich?; **~ enough!** (das) stimmt! **3** rechte(r, s) **B** adv **1** direkt, genau; **~ in front of you** direkt vor Ihnen; **~ behind you** direkt hinter Ihnen; **~ away** sofort, gleich; **~ now** jetzt gleich, sofort; **~ here** genau hier; **~ in the middle** genau in der Mitte; **~ at the beginning** gleich am Anfang; **I'll be ~ with you** ich bin gleich da **2** (≈ völlig) ganz **3** richtig; **nothing goes ~ for them** nichts klappt bei ihnen umg **4** (nach) rechts; **to turn ~** (nach) rechts abbiegen; **to look ~** nach rechts schauen; **go ~** biege nach rechts ab **C** s **1** 〈kein pl〉 Recht n; **to be in the ~** im Recht sein; **(to have) a ~ to sth** einen Anspruch auf etw (akk) (haben); **he is within his ~s** das ist sein gutes Recht; **by ~s** rechtmäßig; **in one's own ~** selber **2** **~s** pl HANDEL Rechte pl **3** **to put** od **set sth to ~s** etw (wieder) in Ordnung bringen; **to put the world to ~s** die Welt verbessern **4** rechte Seite; **on the ~** rechts, auf der rechten Seite; **to drive on the ~** rechts fahren; **to keep to the ~** sich rechts halten; **to take a ~** US (nach) rechts abbiegen; **on my ~** rechts (von mir); **on** od **to the ~ of the church** rechts von der Kirche; **the Right** POL die Rechte **D** v/t **1** aufrichten **2** Unrecht wiedergutmachen

right angle s rechter Winkel; **at ~s (to)** rechtwinklig (zu)

right-angled adj rechtwinklig

right-click **A** v/i IT rechts klicken **B** v/t IT rechts klicken auf (+akk)

righteous ['raɪtʃəs] adj **1** rechtschaffen **2** Wut gerecht

rightful ['raɪtfʊl] adj rechtmäßig

rightfully ['raɪtfəlɪ] adv rechtmäßig; **they must give us what is ~ ours** sie müssen uns geben, was uns rechtmäßig zusteht

right-hand adj **~ drive** rechtsgesteuert; **on the ~ side** auf der rechten Seite

right-handed adj & adv rechtshändig; **to be ~** Rechtshänder(in) sein

right-hander s Rechtshänder(in) m(f)

right-hand man s 〈pl - men〉 rechte Hand

rightist ['raɪtɪst] adj POL rechts orientiert

rightly ['raɪtlɪ] adv richtig; **they are ~ regarded as …** sie werden zu Recht als … angesehen; **if I remember ~** wenn ich mich recht erinnere; **and ~ so** und zwar mit Recht

right-minded adj vernünftig

right of way s Durchgangsrecht n; Verkehr Vorfahrt f, Vortritt m schweiz

right wing s POL rechter Flügel

right-wing adj POL rechtsgerichtet; **~ extremist** Rechtsextremist(in) m(f)

right-winger s SPORT Rechtsaußen m; POL Rechte(r) m/f(m)

rigid ['rɪdʒɪd] adj starr; Disziplin streng; **~ with fear** starr vor Angst; **to be bored ~** sich zu Tode langweilen

rigidity [rɪ'dʒɪdɪtɪ] s Starrheit f; von Charakter Striktheit f; von Disziplin Strenge f

rigidly ['rɪdʒɪdlɪ] *adv* **1** *wörtl* starr **2** *fig* handeln strikt
rigmarole ['rɪgmərəʊl] *umg s* **1** Gelaber *n umg* **2** (≈ *Vorgang*) Theater *n umg*, Zirkus *m umg*
rigor *US s* → rigour
rigorous ['rɪgərəs] *adj* strikt; *Maßnahmen* rigoros; *Prüfung* gründlich
rigorously ['rɪgərəslɪ] *adv* anwenden rigoros; *prüfen* gründlich
rigour ['rɪgəʳ] *s*, **rigor** *US s* **~s** *des Klimas etc* Unbilden *pl*
rim [rɪm] *s* Rand *m*; *von Brille* Fassung *f*; *von Rad* Felge *f*, Radkranz *m*
rimmed [rɪmd] *adj* mit Rand; **gold-rimmed spectacles** Brille *f* mit Goldfassung
rind [raɪnd] *s* Rinde *f*; *von Speck* Schwarte *f*; *von Obst* Schale *f*
ring¹ [rɪŋ] **A** *s* Ring *m*; *in Zirkus* Manege *f*; **to run ~s round sb** *umg* j-n in die Tasche stecken *umg* **B** *v/t* umringen, einkreisen
ring² ⟨*v: prät* rang, *pperf* rung⟩ **A** *v/i* **1** klingen; *Glocke* läuten; *Wecker, Telefon* klingeln; **the (door)bell rang** es hat geklingelt **2** *bes Br TEL* anrufen **3** tönen; **to ~ true** wahr klingen **B** *v/t* **1** *Glocke* läuten; **to ~ the doorbell** (an der Tür) klingeln; **that ~s a bell** *fig umg* das kommt mir bekannt vor **2** *bes Br a.* **~ up** anrufen **C** *s* **1** Klang *m*; *von Klingel* Läuten *n*; *von Wecker, Telefon* Klingeln *n*; **there was a ~ at the door** es hat geklingelt **2** *bes Br TEL* **to give sb a ~** j-n anrufen
phrasal verbs mit ring:
ring back *bes Br v/i & v/t* ⟨*trennb*⟩ zurückrufen
ring off *v/i bes Br TEL* auflegen
ring out *v/i Glocke* ertönen; *Schuss* knallen
ring round *bes Br v/i* herumtelefonieren
ring up *v/t* ⟨*trennb*⟩ **1** *bes Br TEL* anrufen **2** *Kassiererin* eintippen
ring binder *s* Ringbuch *n*
ring finger *s* Ringfinger *m*
ringing ['rɪŋɪŋ] **A** *adj Glocke* läutend; **~ tone** *Br TEL* Rufzeichen *n* **B** *s von Glocke* Läuten *n*; *von Wecker, Telefon* Klingeln *n*; *in Ohren* Klingen *n*
ringleader *s* Anführer(in) *m(f)*
ringmaster *s* Zirkusdirektor *m*
ring-pull *s* Dosenring *m*
ring road *Br s* Umgehung(sstraße) *f*, Umfahrung (-sstraße) *f österr*
ring tone, ringtone *s TEL* Klingelton *m*
rink [rɪŋk] *s* **1** Eisbahn *f* **2** Rollschuhbahn *f*
rinse [rɪns] **A** *s* Spülung *f*; (≈ *Farbstoff*) Tönung *f*; **to give sth a ~** *Kleidung, Haare* etw spülen; *Geschirr* etw abspülen; *Tasse, Mund* etw ausspülen **B** *v/t Kleidung, Haare* spülen; *Geschirr* abspülen; *Tasse, Mund* ausspülen
phrasal verbs mit rinse:
rinse out *v/t* ⟨*trennb*⟩ auswaschen
riot ['raɪət] **A** *s POL* Aufruhr *m kein pl*, Krawall *m*; *fig* Orgie *f*; **to run ~** *Menge* randalieren; *Unkraut* wuchern **B** *v/i* randalieren
rioter ['raɪətəʳ] *s* Randalierer(in) *m(f)*
rioting ['raɪətɪŋ] *s* Krawalle *pl*
riotous ['raɪətəs] *adj Menge* randalierend; *Verhalten* wild
riot police *pl* Bereitschaftspolizei *f*
rip [rɪp] **A** *s* Riss *m* **B** *v/i* **1** reißen **2** *umg* **to let rip** loslegen *umg* **C** *v/t IT umg* Daten, Musik rippen *umg*, kopieren
phrasal verbs mit rip:
rip apart *v/t* ⟨*trennb*⟩ auseinanderreißen
rip off *v/t* ⟨*trennb*⟩ **1** *wörtl* abreißen (**sth von etw**); *Kleider* herunterreißen **2** *umg* j-n abzocken *umg*
rip up *v/t* ⟨*trennb*⟩ zerreißen
ripe [raɪp] *adj* ⟨*komp* riper⟩ **1** reif; **to live to a ~ old age** ein hohes Alter erreichen; **to be ~ for the picking** pflückreif sein **2** *umg Geruch* durchdringend
ripen ['raɪpən] **A** *v/t* reifen lassen **B** *v/i* reifen
ripeness ['raɪpnɪs] *s* Reife *f*
rip-off ['rɪpɒf] *umg s* Wucher *m*; *betrügerisch* Schwindel *m*; (≈ *Nachahmung*) Abklatsch *m*
ripple ['rɪpl] **A** *s* **1** kleine Welle **2 a ~ of laughter** ein kurzes Lachen **B** *v/i Wasser* sich kräuseln **C** *v/t Wasser* kräuseln; *Muskeln* spielen lassen
rise [raɪz] ⟨*v: prät* rose, *pperf* risen⟩ **A** *v/i* **1** aufstehen; **~ and shine!** *umg* raus aus den Federn! *umg* **2** steigen; *Vorhang* sich heben; *Sonne, Brot* aufgehen; *Stimme* sich erheben; **to ~ to the surface** an die Oberfläche kommen; **her spirits rose** ihre Stimmung hob sich; **to ~ to a crescendo** zu einem Crescendo anschwellen; **to ~ to fame** Berühmtheit erlangen; **he rose to be President** er stieg zum Präsidenten auf **3** *Weg* ansteigen **4** (*a.* **~ up**) (≈ *Aufstand*) sich erheben; **to ~ (up) in protest (at sth)** sich protestierend (gegen etw) erheben **B** *s* **1** Anstieg *m* (**in sth** einer Sache *gen*), Zunahme *f* (**in sth** einer Sache *gen*); **a (pay) ~** *Br* eine Gehaltserhöhung *f*; **there has been a ~ in the number of participants** die Zahl der Teilnehmer ist gestiegen **2** *von Sonne* Aufgehen *n*; *fig zu Ruhm etc* Aufstieg *m* (**to** zu) **3** (≈ *Hügel etc*) Erhebung *f*, Steigung *f* **4 to give ~ to sth** etw verursachen
phrasal verbs mit rise:
rise above *v/i* (+*obj*) *Inflationsrate* ansteigen um mehr als; *Beleidigungen etc* erhaben sein über (+*akk*)
rise up *v/i* aufstehen; *Berg* sich erheben
risen ['rɪzn] *pperf* → rise
riser ['raɪzəʳ] *s* **early ~** Frühaufsteher(in) *m(f)*;

late ~ Langschläfer(in) *m(f)*
rising ['raɪzɪŋ] **A** *s* **1** *von Rebellen* Aufstand *m* **2** *von Sonne* Aufgehen *n*; *von Preisen* (An)steigen *n* **B** *adj* **1** *Sonne* aufgehend; *Flut* steigend **2** steigend; *Kriminalität* zunehmend **3** *fig* **a ~ politician** ein kommender Politiker
risk [rɪsk] **A** *s* Risiko *n*; **health ~** Gesundheitsgefahr *f*; **to take ~s/a ~** Risiken/ein Risiko eingehen; **to run the ~ of doing sth** riskieren *od* Gefahr laufen, etw zu tun; **"cars parked at owners' ~"** „Parken auf eigene Gefahr"; **to be at ~** gefährdet sein; **to put sb at ~** j-n gefährden; **to put sth at ~** etw riskieren; **fire ~** Feuerrisiko **B** *v/t* riskieren; **you'll ~ losing your job** Sie riskieren dabei, Ihre Stelle zu verlieren
risk analysis *s* Risikoanalyse *f*
risk factor Risikofaktor *m*
risk management *s* Risikomanagement *n*
risky ['rɪskɪ] *adj* ⟨*komp* riskier⟩ riskant
risqué ['ri:skeɪ] *adj* gewagt
rite [raɪt] *s* Ritus *m*; **burial ~s** Bestattungsriten *pl*
ritual ['rɪtjʊəl] **A** *adj* **1** rituell **2** *Besuch* üblich **B** *s* Ritual *n*
rival ['raɪvəl] **A** *s* Rivale *m*, Rivalin *f* (**for** um *od* **to** für); HANDEL Konkurrent(in) *m(f)* **B** *adj* Gruppe rivalisierend; *Pläne* konkurrierend **C** *v/t* HANDEL konkurrieren mit; **his achievements ~ yours** seine Leistungen können sich mit deinen messen
rivalry ['raɪvəlrɪ] *s* Rivalität *f*; HANDEL Konkurrenzkampf *m*
river ['rɪvə^r] *s* Fluss *m*; **down ~** flussabwärts; **up ~** flussaufwärts; **the ~ Rhine** *Br*, **the Rhine ~** *US* der Rhein
riverbank *s* Flussufer *n*
riverbed *s* Flussbett *n*
riverside *s* Flussufer *n*; **on/by the ~** am Fluss
rivet ['rɪvɪt] **A** *s* Niete *f* **B** *v/t fig* Aufmerksamkeit fesseln; **his eyes were ~ed to the screen** sein Blick war auf die Leinwand geheftet
riveting ['rɪvɪtɪŋ] *adj* fesselnd
RNA *abk* (= **ribonucleic acid**) RNS *f*
road [rəʊd] *s* **1** Straße *f*; **by ~** schicken per Spedition; *reisen* mit dem Bus *etc*; **across the ~ (from us)** gegenüber (von uns); **my car is off the ~** *umg* ich kann mein Auto momentan nicht benutzen; **this vehicle shouldn't be on the ~** das Fahrzeug ist nicht verkehrstüchtig; **to take to the ~** sich auf den Weg machen; **to be on the ~** unterwegs sein; *Theaterensemble* auf Tournee sein; **is this the ~ to London?** geht es hier nach London?; **to have one for the ~** *umg* zum Abschluss noch einen trinken **2** *fig* Weg *m*; **you're on the right ~** Sie sind auf dem richtigen Weg; **on the ~ to ruin** auf dem Weg ins Verderben

road accident *s* Verkehrsunfall *m*
roadblock *s* Straßensperre *f*
road hog *umg s* Verkehrsrowdy *m umg*
roadhouse *US s* Rasthaus *n* (*außerhalb einer Ortschaft an einer Hauptverkehrsstraße*)
roadie ['rəʊdɪ] *umg s* Roadie *m umg*
road map *s* **1** Straßenkarte *f* **2** *fig* Leitfaden *m*, Plan *m*, Fahrplan *m*
road rage *s* Aggressivität *f* im Straßenverkehr
road safety *s* Verkehrssicherheit *f*
road show *s* THEAT Tournee *f*
roadside *s* Straßenrand *m*; **by the ~** am Straßenrand
roadsign *s* (Straßen)verkehrszeichen *n*
road tax *Br s* Kraftfahrzeugsteuer *f*
road test *s* Probefahrt *f*
road-test *v/t* eine Probefahrt machen mit, Probe fahren
road toll *s* Straßenbenutzungsgebühr *f*
road train *s* Lkw-Zug *m*
road transport *s* Straßengüterverkehr *m*
roadway *s* Fahrbahn *f*
roadworks *Br pl* Baustelle *f*; Straßenbauarbeiten *pl*
roadworthy *adj* verkehrstüchtig
roam [rəʊm] **A** *v/t* wandern durch; **to ~ the streets** (in den Straßen) herumstreunen **B** *v/i* (herum)wandern

phrasal verbs mit roam:

roam about *Br*, **roam around** *v/i* herumwandern

roaming ['rəʊmɪŋ] *s* TEL Roaming *n*
roar [rɔ:^r] **A** *v/i* brüllen (**with** vor +*dat*); *Wind* heulen; *Motor* dröhnen; **to ~ at sb** j-n anbrüllen **B** *v/t* (*a.* **roar out**) brüllen; **to ~ one's approval** zustimmend grölen **C** *s* ⟨*kein pl*⟩ Gebrüll *n*; *von Wind* Heulen *n*; *von Motor* Dröhnen *n*; *von Verkehr* Donnern *n*; **~s of laughter** brüllendes Gelächter; **the ~s of the crowd** das Brüllen der Menge
roaring **A** *adj Löwe etc* brüllend; **a ~ success** ein voller Erfolg; **to do a ~ trade (in sth)** ein Riesengeschäft *n* (mit etw) machen **B** *s* → roar C
roast [rəʊst] **A** *s* Braten *m* **B** *adj Fleisch* gebraten; *Kartoffeln* in Fett im Backofen gebraten; **~ chicken** Brathähnchen *n*; **~ beef** Roastbeef *n*; **~ pork** Schweinebraten *m* **C** *v/t Fleisch* braten; *Kaffee* rösten **D** *v/i Fleisch* braten; *umg Mensch* irrsinnig schwitzen *umg*
roasting *umg adj* knallheiß *umg*
roasting tin, **roasting tray** *s* Bräter *m*
rob [rɒb] *v/t* j-n bestehlen; *Bank* ausrauben; **to rob sb of sth** j-m etw rauben; **I've been robbed!** ich bin bestohlen worden!
robber ['rɒbə^r] *s* Räuber(in) *m(f)*
robbery ['rɒbərɪ] *s* Raub *m kein pl*, Einbruch *m*

(of in +akk); **armed ~** bewaffneter Raubüberfall; **bank ~** Bankraub m
robe [rəʊb] s Robe f; bes US im Haus Morgenrock m
robin ['rɒbɪn] s Rotkehlchen n
robot ['rəʊbɒt] s Roboter m
robotics [rəʊ'bɒtɪks] s ⟨+sg v⟩ Robotertechnik f
robust [rəʊ'bʌst] adj robust; Statur kräftig
rock¹ [rɒk] **A** v/t **1** schaukeln, wiegen **2** Gebäude erschüttern; fig umg **to ~ the boat** fig für Unruhe sorgen **B** v/i **1** schaukeln **2** Gebäude schwanken **3** MUS rocken **C** s MUS Rock m
rock² s **1** Stein m; von Berg Fels m; GEOL Gestein n **2** Fels(en) m, (großer) Stein; **the Rock (of Gibraltar)** der Felsen von Gibraltar; **as solid as a ~** massiv wie ein Fels; Unternehmen, Ehe unerschütterlich wie ein Fels; **on the ~s** umg mit Eis; Ehe etc kaputt umg
rock art s Felsmalerei f
rock bottom s **to be at ~** auf dem Tiefpunkt sein; **to hit ~** den Tiefpunkt erreichen
rock-bottom umg adj **~ prices** Niedrigstpreise pl
rock-climber s (Felsen)kletterer(in) m(f)
rock climbing s Klettern n (im Fels)
rockery ['rɒkərɪ] s Steingarten m
rocket¹ ['rɒkɪt] **A** s Rakete f **B** v/i Preise hochschießen
rocket² s GASTR Rucola m
rocket science wörtl s Raketentechnik f; **it's not ~** umg dazu muss man kein Genie sein
rock face s Felswand f
rock fall s Steinschlag m
rock garden s Steingarten m
Rockies ['rɒkɪz] pl **the ~** die Rocky Mountains pl
rocking chair ['rɒkɪŋ] s Schaukelstuhl m
rocking horse s Schaukelpferd n
rock pool s *Wasserlache zwischen Felsen*
rock star s MUS Rockstar m
rocky¹ ['rɒkɪ] adj wackelig
rocky² adj ⟨komp rockier⟩ felsig; Weg steinig
Rocky Mountains pl **the ~** die Rocky Mountains pl
rococo [rə'kəʊkəʊ] s Rokoko n
rod [rɒd] s Stab m, Stange f; zur Bestrafung, zum Angeln Rute f
rode [rəʊd] prät → ride
rodent ['rəʊdənt] s Nagetier n
rodeo ['rəʊdɪəʊ] s ⟨pl -s⟩ Rodeo n
roe¹ [rəʊ] s ⟨pl -(s)⟩ a. **roe deer** Reh n; **roebuck** Rehbock m; **roe deer** Reh n
roe² s ⟨pl -⟩ von Fisch Rogen m
roger ['rɒdʒəʳ] int verstanden
rogue [rəʊg] **A** s Gauner(in) m(f), Bazi m österr, Schlingel m **B** adj **1** einzelgängerisch **2** abnormal

role [rəʊl] s Rolle f
role model s PSYCH Rollenbild n, Vorbild n
role play s Rollenspiel n
role-play A v/i ein Rollenspiel durchführen **B** v/t als Rollenspiel durchführen
role-playing s ⟨kein pl⟩ Rollenspiel n
roll [rəʊl] **A** s **1** Rolle f; von Fett Wulst m **2** GASTR a. **bread ~** Brötchen n **3** von Donner Rollen n; (≈ Gymnastikübung) FLUG Rolle f; auf Trommel Wirbel m; **to be on a ~** umg eine Glückssträhne haben **4** Register n; **~ of honour** Br Ehrenliste f **B** v/i **1** rollen; Schiff schlingern; **to ~ down the hill** den Berg hinunterrollen; **tears were ~ing down her cheeks** Tränen rollten ihr über die Wangen; **to ~ in the mud** sich im Schlamm wälzen; **he's ~ing in it** umg er schwimmt im Geld umg **2** Kamera laufen **C** v/t rollen; Zigarette drehen; Teig ausrollen; **to ~ one's eyes** die Augen rollen; **he ~ed himself in a blanket** er wickelte sich in eine Decke; **kitchen and dining room ~ed into one** Küche und Esszimmer in einem

phrasal verbs mit roll:
roll about Br, **roll around** v/i herumrollen; Mensch, Hund sich herumwälzen; umg vor Lachen sich kugeln umg
roll back v/t & v/i ⟨trennb⟩ zurückrollen
roll down A v/i hinunterrollen **B** v/t ⟨trennb⟩ Fenster herunterlassen
roll in v/i Geld hereinströmen
roll on v/i **roll on, Saturday!** Br wenn es doch nur schon Samstag wäre!
roll out v/t ⟨trennb⟩ Teig ausrollen
roll over A v/i herumrollen; Fahrzeug umkippen; Mensch sich umdrehen **B** v/t ⟨trennb⟩ umdrehen
roll up A v/i **roll up!** treten Sie näher! **B** v/t ⟨trennb⟩ zusammenrollen; Ärmel hochkrempeln

roll call s Namensaufruf m
roller ['rəʊləʳ] s **1** für Rasen Walze f; im Haar (Locken)wickler m; **to put one's hair in ~s** sich (dat) die Haare aufdrehen **2** US Koffer Rollkoffer m
rollerball pen s Tintenroller m
roller blind s Springrollo n
roller coaster s Achterbahn f
roller skate s Rollschuh m
roller-skate v/i Rollschuh laufen
roller-skating s Rollschuhlaufen n
rolling ['rəʊlɪŋ] adj **1** Hügel gewellt; Landschaft wellig **2** Programm kontinuierlich
rolling pin s Nudelholz n
rollneck s Rollkragen m
rollneck(ed) adj Rollkragen-
roll-on s (Deo)roller m

rollover s Br im Lotto ~ **week** Woche mit Lotto-Jackpot, da es in der vorhergehenden Woche keinen Hauptgewinner gab; ~ **jackpot** Jackpot m

roll-up Br umg s Selbstgedrehte f

roly-poly ['rəʊlɪ'pəʊlɪ] umg adj kugelrund

ROM [rɒm] s abk (= read only memory) COMPUT ROM m/n

Roman ['rəʊmən] **A** s **1** Römer(in) m(f) **2** TYPO a. ~ **type** Magerdruck m **B** adj römisch; ~ **times** Römerzeit f

Roman Catholic **A** adj (römisch-)katholisch; **the ~ Church** die (römisch-)katholische Kirche **B** s Katholik(in) m(f)

Roman Catholicism s römisch-katholischer Glaube

romance [rəʊ'mæns] **A** s **1** Liebesgeschichte f; FILM Liebesfilm m **2** Romanze f **3** ⟨kein pl⟩ Romantik f; romantische Liebe; fig Zauber **B** adj **Romance** Sprache romanisch

Romanesque [,rəʊmə'nesk] adj romanisch

Romania [rəʊ'meɪnɪə] s Rumänien n

Romanian **A** adj rumänisch **B** s **1** Rumäne m, Rumänin f **2** (= Sprache) Rumänisch n

Roman numeral s römische Ziffer

romantic [rəʊ'mæntɪk] adj romantisch; ~ **comedy** Liebeskomödie f

romantically [rəʊ'mæntɪklɪ] adv **to be ~ involved with sb** eine Liebesbeziehung mit j-m haben

romanticism [rəʊ'mæntɪsɪzəm] s Romantik f

romanticize [rəʊ'mæntɪsaɪz] v/t romantisieren

Romany ['rəʊmənɪ] **A** s **1** Roma m/f **2** LING Romani n **B** adj Kultur der Roma

Rome [rəʊm] s Rom n; **when in ~ (do as the Romans do)** sprichw ≈ andere Länder, andere Sitten sprichw; **~ wasn't built in a day** Rom ist auch nicht an einem Tag erbaut worden sprichw

romp [rɒmp] **A** s Tollerei f **B** v/i Kinder herumtollen; **to ~ home** spielend gewinnen; **to ~ through sth** mit etw spielend fertig werden

phrasal verbs mit romp:

romp about [rɒmpə'baʊt] v/i herumtollen, herumtoben

roof [ruːf] s Dach n; von Tunnel Gewölbe n; **the ~ of the mouth** der Gaumen; **without a ~ over one's head** ohne Dach über dem Kopf; **to live under the same ~ as sb** mit j-m unter demselben Dach wohnen; **to go through the ~** umg vor Wut an die Decke gehen umg; Preise etc untragbar werden

roof box s Dachbox f

roofer ['ruːfə] s Dachdecker(in) m(f)

roof garden s Dachgarten m

roof rack s Dach(gepäck)träger m

rooftop s Dach n; **to shout sth from the ~s** fig etw überall herumposaunen umg

rook [rʊk] s **1** Saatkrähe f **2** Schach Turm m

rookie ['rʊkɪ] s bes MIL sl Grünschnabel m umg

room [ruːm] s **1** Zimmer n; groß, öffentlich Saal m **2** ⟨kein pl⟩ Platz m; fig Spielraum m; **there is ~ for two (people)** es ist genügend Platz für zwei (Leute); **to make ~ for sb/sth** für j-n/etw Platz machen; **there is ~ for improvement** es könnte um einiges besser sein; **~ for manoeuvre** Br, **~ for maneuver** US Spielraum m

roomer ['ruːmə] US s Untermieter(in) m(f)

roomful s **a ~ of people** ein Zimmer voll(er) Leute

roommate Br s Zimmergenosse m, Zimmergenossin f; US Mitbewohner(in) m(f)

room service s Zimmerservice m

room temperature s Zimmertemperatur f

roomy ['ruːmɪ] adj ⟨comp roomier⟩ geräumig

roost [ruːst] **A** s Stange f; **to come home to ~** fig auf den Urheber zurückfallen **B** v/i auf der Stange schlafen

rooster ['ruːstə] s Hahn m

root [ruːt] **A** s **1** Wurzel f; **by the ~s** mit der Wurzel; **to take ~** Wurzeln schlagen; **her ~s are in Scotland** sie ist in Schottland verwurzelt; **to put down ~s in a country** in einem Land Fuß fassen; **to get to the ~(s) of the problem** dem Problem auf den Grund gehen **2** LING Stamm m **B** v/i Wurzeln schlagen

phrasal verbs mit root:

root about Br, **root around** v/i herumwühlen (**for** nach)

root for v/i ⟨+obj⟩ **to root for sb** j-n anfeuern

root out fig v/t ⟨trennb⟩ mit der Wurzel ausreißen

root beer US s Art Limonade

rooted adj verwurzelt; **to stand ~ to the spot** wie angewurzelt dastehen

root vegetable s Wurzelgemüse n

rope [rəʊp] s Seil n; SCHIFF Tau n; **to know the ~s** umg sich auskennen; **to show sb the ~s** umg j-n in alles einweihen; **to learn the ~s** umg sich einarbeiten

phrasal verbs mit rope:

rope in bes Br fig v/t ⟨trennb⟩ rankriegen umg; **how did you get roped into that?** wie bist du denn da reingeraten? umg

rope off v/t ⟨trennb⟩ mit einem Seil abgrenzen

rope ladder s Strickleiter f

roping ['rəʊpɪŋ] s Einfangen der Rinder mit dem Lasso

rosary ['rəʊzərɪ] s REL Rosenkranz m

rose[1] [rəʊz] prät → rise

rose[2] **A** s Rose f; **everything's coming up ~s** umg alles läuft bestens umg; **to come up smell-**

ing of ~s *umg* gut dastehen; **that will put the ~s back in your cheeks** davon bekommst du wieder etwas Farbe im Gesicht; **bed of ~s** Zuckerschlecken *n* **B** *adj* rosarot

rosé ['rəʊzeɪ] **A** *adj* rosé **B** *s* Rosé *m*

rosebush *s* Rosenstrauch *m*

rosehip *s* Hagebutte *f*

rosemary ['rəʊzmərɪ] *s* Rosmarin *m*

rosette [rəʊ'zet] *s* Rosette *f*

roster ['rɒstə*] *s* Dienstplan *m*

rostrum ['rɒstrəm] *s* ⟨*pl* rostra ['rɒstrə]⟩ Rednerpult *n*

rosy ['rəʊzɪ] *adj* ⟨*komp* rosier⟩ rosarot; *Backen* rosig; **to paint a ~ picture of sth** etw in den rosigsten Farben ausmalen

rot [rɒt] **A** *s* **1** Fäulnis *f kein pl*; **to stop the rot** den Fäulnisprozess aufhalten; **then the rot set in** *fig* dann setzte der Fäulnisprozess ein **2** *umg* Quatsch *m umg* **B** *v/i* verrotten; *Zähne, Pflanzen* verfaulen; **to rot in jail** im Gefängnis verrotten **C** *v/t* verfaulen lassen

rota ['rəʊtə] *Br s* Dienstplan *m*

rotary ['rəʊtərɪ] *adj* rotierend, Dreh-

rotate [rəʊ'teɪt] **A** *v/t* rotieren lassen; *Feldfrüchte* im Wechsel anbauen **B** *v/i* **1** rotieren **2** sich (turnusmäßig) abwechseln

rotating [rəʊ'teɪtɪŋ] *adj* rotierend

rotation [rəʊ'teɪʃən] *s* Rotation *f*, turnusmäßiger Wechsel; **in ~** im Turnus; **crop ~** Fruchtwechsel *m*

rote [rəʊt] *s* **by ~** lernen auswendig

rotten ['rɒtn] *adj* **1** faul, verfault; *fig* korrupt; **~ to the core** *fig* durch und durch verdorben; **~ apple** *fig* schwarzes Schaf **2** *umg* mies *umg*, scheußlich *umg*; (≈ boshaft) gemein; **to be ~ at sth** in etw (*dat*) schlecht sein; **what ~ luck!** so ein Pech!; **that was a ~ trick** das war ein übler Trick; **that's a ~ thing to say** es ist gemein, so etwas zu sagen; **to feel ~** sich elend fühlen; **to look ~** schlecht aussehen; **to feel ~ about doing sth** sich (*dat*) mies vorkommen, etw zu tun *umg*; **to spoil sb ~** j-n nach Strich und Faden verwöhnen *umg*; *Br umg* **to fancy sb ~** total scharf auf j-n sein *umg*

rotting ['rɒtɪŋ] *adj* verfaulend, faulig

rotund [rəʊ'tʌnd] *adj Mensch* rundlich; *Objekt* rund

rouge [ru:ʒ] *s* Rouge *n*

rough [rʌf] **A** *adj* ⟨+er⟩ **1** *Boden* uneben; *Oberfläche, Haut, Stoff* rau **2** *Mensch* ungehobelt; *Benehmen, Schätzung* grob; **~ sketch** Faustskizze *f*; **at a ~ guess** grob geschätzt; **to have a ~ idea** eine ungefähre Ahnung haben **3** (≈ *gewalttätig*) grob; *Spiel* wild; *Sport* hart; *Nachbarschaft* rau; *See* stürmisch **4** *umg* **he had a ~ time (of it)** es ging ihm ziemlich dreckig *umg*; **to give sb a ~ time** j-n ganz schön rannehmen *umg*; **to get a ~ ride** Schwierigkeiten bekommen *umg*; **to give sb a ~ ride** j-m die Hölle heißmachen *umg*; **when the going gets ~ ...** wenn es hart wird, ...; **to feel ~** sich mies fühlen *umg* **B** *adv* wüst; **to sleep ~** im Freien übernachten; auf der Straße leben **C** *s* **1** **to take the ~ with the smooth** das Leben nehmen, wie es kommt **2** Rohentwurf *m*; **in ~** im Rohzustand

phrasal verbs mit rough:

rough up *v/t umg* zusammenschlagen

roughage ['rʌfɪdʒ] *s* ⟨*kein pl*⟩ Ballaststoffe *pl*

rough-and-ready *adj Verfahren* provisorisch; *Mensch* rau(beinig)

rough-and-tumble *s* Balgerei *f*, Keilerei *f*

rough copy *s* Konzept *n*

rough draft *s* Rohentwurf *m*

roughen ['rʌfn] *v/t* rau machen; *Oberfläche a.* aufrauen

roughly ['rʌflɪ] *adv* **1** grob; *spielen* rau **2** ungefähr; **~ (speaking)** grob gesagt; **~ half** ungefähr die Hälfte; **~ similar** in etwa ähnlich

roughness *s* **1** *von Boden* Unebenheit *f*; *von Oberfläche, Haut, Stoff* Rauheit *f* **2** *von Mensch* Ungehobeltheit *f*; *von Benehmen* Grobheit *f*

rough paper *s* Konzeptpapier *n*

roughshod *adv* **to ride ~ over sb/sth** rücksichtslos über j-n/etw hinweggehen

roulette [ru:'let] *s* Roulette *n*

round [raʊnd] **A** *adj* ⟨+er⟩ rund; **~ number** runde Zahl; **~ brackets** *pl* runde Klammern *pl* **B** *adv bes Br* **there was a wall right ~** *od* **all ~** rundherum war eine Mauer; **you'll have to go ~** Sie müssen außen herum gehen; **the long way ~** der längere Weg; **~ and ~** rundherum; **~ here** hier (in der Gegend); **I asked him ~ for a drink** ich lud ihn auf ein Glas Bier *etc* bei mir ein; **I'll be ~ at 8 o'clock** ich werde um 8 Uhr da sein; **for the second time ~** zum zweiten Mal; **all year ~** das ganze Jahr über; **all ~** *wörtl* ringsherum; *bes Br fig* für alle **C** *präp* **1** *bes Br* um (... herum); **all ~ the house** im ganzen Haus; außen um das ganze Haus herum; **to look ~ a house** sich (*dat*) ein Haus ansehen; **to show sb ~ a town** j-m eine Stadt zeigen; **they went ~ the cafés looking for him** sie gingen in alle Cafés, um nach ihm zu suchen **2** ungefähr; **~ 7 o'clock**, **~ about 7 o'clock** *bes Br* ungefähr um 7 Uhr; **~ £800**, **~ about £800** *bes Br* um die £ 800 **D** *s von Zusteller, Gespräch SPORT* Runde *f*; **~(s)** *von Polizist, Arzt* Runde *f*; **to do the ~s** *Geschichte a.* reihum gehen; **to do a paper ~** *Br* Zeitungen austragen; **a ~ (of drinks)** eine Runde; **~ of ammunition** Ladung *f*; **a ~ of applause** Applaus *m* **E** *v/t* Ecke gehen/fahren um

phrasal verbs mit round:

round down v/t ⟨trennb⟩ *Zahl* abrunden

round off v/t ⟨trennb⟩ *Serie* vollmachen; *Mahlzeit* abrunden; *Gespräch* abschließen

round up v/t ⟨trennb⟩ **1** *Menschen* zusammentrommeln *umg*; *Vieh* zusammentreiben; *Verbrecher* hochnehmen *umg* **2** *Zahl* aufrunden

roundabout ['raʊndəbaʊt] **A** *adj* Antwort umständlich; **~ route** Umweg *m*; **to say sth in a ~ way** etw auf Umwegen sagen **B** *s Br* Karussell *n*, Ringelspiel *n österr*; *Verkehr* Kreisverkehr *m*

round character *s* LIT runde Figur (*repräsentiert viele verschiedene, sich eventuell widersprechende Charakterzüge und ähnelt im Gegensatz zum flat character einer realen Person; ihr Verhalten ist oft nicht vorhersehbar*)

rounded *adj* rundlich; *Kanten* abgerundet

roundly ['raʊndlɪ] *adv* verurteilen rundum; *besiegen* klar

round-table conference *s* Konferenz *f* am runden Tisch

round-the-clock *Br adj* rund um die Uhr *nicht attr*

round-the-world *adj* **~ trip** eine Weltreise

round trip *s* Rundreise *f*

round-trip ticket *US s* Rückfahrkarte *f*; FLUG Hin- und Rückflugticket *n*

roundup *s von* Vieh Zusammentreiben *n*; *von Menschen* Zusammentrommeln *n umg*; *von Nachrichten* Zusammenfassung *f*

rouse [raʊz] v/t **1** *aus dem Schlaf* wecken **2** *emotional*: j-n bewegen; *Bewunderung, Interesse* wecken; *Hass, Verdacht* erregen

rousing ['raʊzɪŋ] *adj Rede* mitreißend; *Musik* schwungvoll

rout [raʊt] **A** *s* Schlappe *f* **B** *v/t* in die Flucht schlagen

route [ru:t *US* raʊt] **A** *s* **1** Strecke *f*, Route *f*; *von Bus* Linie *f*; *fig* Weg *m* **2** *US von Zusteller* Runde *f* **B** *v/t* Verkehrsverbindung legen; *Anruf* leiten; **my baggage was ~d through Amsterdam** mein Gepäck wurde über Amsterdam geschickt

router ['ru:tə*ʳ* *US* 'raʊtə*ʳ*] *s* COMPUT Router *m*

routine [ruː'tiːn] **A** *s* **1** Routine *f* **2** *Tanzen* Figur *f* **B** *adj* Routine-, routinemäßig; **~ examination** Routineuntersuchung *f*; **it was quite ~** es war eine reine Formsache; **reports of bloodshed had become almost ~** Berichte über Blutvergießen waren fast an der Tagesordnung

routine check *s* Routinekontrolle *f*

routinely [ruː'tiːnlɪ] *adv verwenden* regelmäßig; *testen* routinemäßig

roving ['rəʊvɪŋ] *adj* **he has a ~ eye** er riskiert gern ein Auge

row¹ [rəʊ] *s* **1** Reihe *f*; **4 failures in a row** 4 Misserfolge hintereinander; **arrange them in rows** stell sie in Reihen auf **2** Sträßchen *n*

row² [rəʊ] *v/t & v/i* rudern

row³ [raʊ] **A** *s bes Br umg* Lärm *m*; (≈ *Zank*) Streit *m*; **to make a row** Krach schlagen *umg*; **to have a row with sb** mit j-m Streit *od* Krach haben; **to get a row** Krach bekommen *umg* **B** *v/i* (sich) streiten

rowan ['raʊən] *s* Vogelbeere *f*

rowboat ['rəʊˌbəʊt] *US s* Ruderboot *n*

rowdy ['raʊdɪ] *adj* ⟨*komp* rowdier⟩ laut; *Fußballfans* randalierend; *Verhalten* grob

rower ['rəʊə*ʳ*] *s* **1** Ruderer *m*, Ruderin *f* **2** Rudergerät *n*

row house ['rəʊˌhaʊs] *US s* Reihenhaus *n*

rowing¹ ['rəʊɪŋ] *s* Rudern *n*

rowing² ['raʊɪŋ] *bes Br s* Streiterei *f*

rowing boat ['rəʊɪŋ-] *Br s* Ruderboot *n*

rowing machine ['rəʊɪŋ-] *s* Rudergerät *n*

royal ['rɔɪəl] **A** *adj* königlich; **the ~ family** die königliche Familie **B** *s umg* Angehörige(r) *m/f(m)* der königlichen Familie

Royal Air Force *Br s* Königliche Luftwaffe

royal-blue *adj* königsblau

Royal Highness *s* **Your ~** Eure Königliche Hoheit

Royal Mail *Br s* britischer Postdienst

Royal Marines *Br pl* britische Marineinfanterie

Royal Navy *Br s* Königliche Marine

royalty ['rɔɪəltɪ] *s* **1** *kollektiv* das Königshaus; **he's ~** er gehört zur königlichen Familie **2 royalties** *pl* Tantiemen *pl*

RP *abk* (= received pronunciation) hochsprachliche Aussprache

rpm *abk* (= revolutions per minute) U/min

RSVP *abk* (= répondez s'il vous plaît) u. A. w. g.

Rt Hon *Br abk* (= Right Honourable) **the ~ John Williams MP** der Abgeordnete John Williams

rub [rʌb] **A** *s* Reiben *n*; **to give sth a rub** etw reiben **B** *v/t* reiben; **to rub lotion into sth** etw mit einer Lotion einreiben; **to rub one's hands (together)** sich (*dat*) die Hände reiben; **to rub sb's nose in sth** *fig* j-m etw dauernd unter die Nase reiben; **to rub shoulders with all sorts of people** *bes Br*, **to rub elbows with all sorts of people** *bes US fig* mit allen möglichen Leuten in Berührung kommen; **to rub sb the wrong way** *US* bei j-m anecken **C** *v/i* reiben (against an +*dat*); *Kragen* scheuern (against an +*dat*); **the cat rubbed against my legs/the tree** die Katze strich mir um die Beine/scheuerte sich am Baum

phrasal verbs mit rub:

rub down v/t ⟨trennb⟩ j-n abrubbeln *umg*

rub in v/t ⟨trennb⟩ **1** Creme einreiben (sth, -to

sth in etw *akk*) **2** *fig* **don't rub it in!** reite nicht so darauf herum!
rub off *v/i* abgehen; **to rub off on sb** *fig* auf j-n abfärben
rub out *v/t* ⟨*trennb*⟩ ausradieren
rub up **A** *v/t* ⟨*trennb*⟩ **to rub sb up the wrong way** *Br* bei j-m anecken **B** *v/i* **the cat rubbed up against my leg** die Katze strich mir um die Beine
rubber ['rʌbə^r] **A** *s* Gummi *m*; *Br* (Radier)gummi *m*; *bes US sl* (≈ *Kondom*) Gummi *m umg* **B** *adj* Gummi-
rubber band *s* Gummiband *n*
rubber boot *s US* Gummistiefel *m*
rubber dinghy *s* Schlauchboot *n*
rubber gloves *pl* Gummihandschuhe *pl*
rubberneck *umg v/i* neugierig gaffen *umg*
rubber plant *s* Gummibaum *m*
rubber ring *s* Schwimmreifen *m*
rubber stamp *s* Stempel *m*
rubber-stamp *fig umg v/t* genehmigen
rubbery ['rʌbərɪ] *adj* gummiartig
rubbish ['rʌbɪʃ] *bes Br* **A** *s* **1** Müll *m*, Abfall *m*; *fig* (≈ *minderwertige Ware*) Mist *m*; **household ~** Hausmüll *m* **2** *umg* Quatsch *m umg*; **don't talk ~!** red keinen Quatsch! *umg* **B** *umg adj* ⟨*attr*⟩ **1** → rubbishy **2 I'm ~ at it** ich bin zu blöd dazu *umg*
rubbish bin *s* Mülleimer *m*, Mistkübel *m österr*
rubbish chute *s* Müllschlucker *m*
rubbish collection *s* Müllabfuhr *f*
rubbish dump *s* Müllablageplatz *m*
rubbish tip *s* Mülldeponie *f*
rubbishy ['rʌbɪʃɪ] *Br umg adj Waren* minderwertig; *Film* mies *umg*; *Ideen* blödsinnig
rubble ['rʌbl] *s* Trümmer *pl*; kleiner Schutt *m*
ruby ['ru:bɪ] **A** *s* Rubin *m* **B** *adj* Rubin-
ruck [rʌk] *s* Falte *f*

phrasal verbs mit ruck:
ruck up *v/i Hemd* sich hochschieben; *Teppich* Falten schlagen

rucksack ['rʌksæk] *bes Br s* Rucksack *m*
ruckus ['rʌkəs] *umg s* Krawall *m*
rudder ['rʌdə^r] *s* Ruder *n*
ruddy ['rʌdɪ] *adj* ⟨*komp* ruddier⟩ *Teint* rot
rude [ru:d] *adj* ⟨*komp* ruder⟩ **1** unhöflich, unverschämt, grob; **to be ~ to sb** unhöflich zu j-m sein; **it's ~ to stare** es gehört sich nicht, Leute anzustarren; **don't be so ~!** so was sagt man/tut man nicht! **2** unanständig; **a ~ gesture** eine anstößige Geste **3** *Erinnerung* unsanft
rudely ['ru:dlɪ] *adv* **1** unhöflich, unverschämt, grob **2** unanständig **3** *erinnern* unsanft
rudeness ['ru:dnɪs] *s* Unhöflichkeit *f*, Unverschämtheit *f*
rudimentary [ˌruːdɪˈmentərɪ] *adj Ausrüstung* primitiv; *System* rudimentär; **~ knowledge** Grundkenntnisse *pl*
rudiments ['ru:dɪmənts] *pl* Grundlagen *pl*
rueful ['ru:fʊl] *adj* reuevoll
ruffian ['rʌfɪən] *s* Rüpel *m*; *gewalttätig* Schläger *m*
ruffle ['rʌfl] *v/t* **1** *Haare, Federn* zerzausen; *Wasserfläche* kräuseln; **the bird ~d (up) its feathers** der Vogel plusterte sich auf **2** *fig* aus der Ruhe bringen; **to ~ sb's feathers** j-n aufregen
ruffled *adj* **1** aufgebracht **2** *Bettzeug* zerwühlt; *Haare* zerzaust **3** *Hemd* gekräuselt
rug [rʌg] *s* **1** Teppich *m*; **to pull the rug from under sb** *fig* j-m den Boden unter den Füßen wegziehen **2** (Woll)decke *f*
rugby ['rʌgbɪ] *s*, (*a.* **rugby football**) Rugby *n*; **~ boot** Rugbyschuh *m*, Stollenschuh *m*
rugged ['rʌgɪd] *adj* rau; *Berge* zerklüftet; *Gesichtszüge* markig
ruin ['ru:ɪn] **A** *s* **1** ⟨*kein pl*⟩ Untergang *m*; *von Ereignis* Ende *n*; *finanziell etc* Ruin *m*; **the palace was going to ~ od falling into ~** der Palast verfiel (zur Ruine); **to be the ~ of sb** j-n ruinieren **2** (≈ *Gebäude*) Ruine *f*; **~s** Ruinen *pl*; *von Hoffnungen* Trümmer *pl*; **to be od lie in ~s** *wörtl* eine Ruine sein; *fig* zerstört sein **B** *v/t* zerstören; *finanziell etc* ruinieren; *Gesundheit* verderben
ruined ['ru:ɪnd] *adj* **1** *Gebäude* in Ruinen *präd*, zerfallen **2** *Karriere* ruiniert
rule [ru:l] **A** *s* **1** Regel *f*; ADMIN Vorschrift *f*; **set of ~s** Regelwerk *n*; **to play by the ~s** die Spielregeln einhalten; **to bend the ~s** es mit den Regeln/Vorschriften nicht so genau nehmen; **to break a ~** gegen eine Regel verstoßen; **to be against the ~s** nicht erlaubt sein; **to do sth by ~** etw vorschriftsmäßig tun; **as a ~ in der Regel; as a ~ of thumb** als Faustregel **2** Herrschaft *f*, Regierungszeit *f*; **the ~ of law** die Rechtsstaatlichkeit **B** *v/t* **1** regieren; *fig Gefühle* beherrschen; **to ~ the roost** *fig* Herr im Haus sein *umg*; **to be ~d by emotions** sich von Gefühlen beherrschen lassen; **he let his heart ~ his head** er ließ sich von seinem Herzen und nicht von seinem Verstand leiten **2** JUR, ADMIN entscheiden **3** *Linie* ziehen; **~d paper** liniertes Papier **C** *v/i* **1** herrschen (**over** über +*akk*) **2** JUR entscheiden (**against** gegen *od* **in favour of** für *od* **on** in +*dat*)

phrasal verbs mit rule:
rule out *fig v/t* ⟨*trennb*⟩ ausschließen

ruler ['ru:lə^r] *s* **1** Lineal *n* **2** Herrscher(in) *m(f)*
ruling ['ru:lɪŋ] **A** *adj Elite* herrschend; **the ~ party** die Regierungspartei **B** *s* ADMIN, JUR Entscheidung *f*
rum [rʌm] *s* Rum *m*
Rumania *etc* [ru:'meɪnɪə] → Romania

rumble ['rʌmbl] **A** s *von Donner* Grollen n kein pl; *von Magen* Knurren n kein pl; *von Zug* Rumpeln n kein pl **B** v/i *Donner* grollen; *Magen* knurren; *Zug* rumpeln

ruminate ['ruːmɪneɪt] *fig* v/i grübeln (**over, about, on** über +akk)

rummage ['rʌmɪdʒ] **A** s **to have a good ~ in sth** etw gründlich durchwühlen **B** v/i, (a. **rummage about**, **rummage around**) herumwühlen (**among, in** in +dat od **for** nach)

rummage sale s US Flohmarkt m, Wohltätigkeitsbasar m

rummy ['rʌmɪ] s *Kartenspiel* Rommé n

rumour ['ruːmə'], **rumor** US **A** s Gerücht n; **~ has it that …** es geht das Gerücht, dass …; **there are ~s of war** es gehen Kriegsgerüchte um **B** v/t **it is ~ed that …** es geht das Gerücht, dass …; **he is ~ed to be in London** Gerüchten zufolge ist er in London; **he is ~ed to be rich** er soll angeblich reich sein

rump [rʌmp] s Hinterbacken pl; umg (≈ Po) Hinterteil n; **~ steak** Rumpsteak n

rumple ['rʌmpl] v/t, (a. **rumple up**) *Kleidung* zerknittern

rumpled adj *Kleidung* zerknittert; *Haar* zerzaust

rumpus ['rʌmpəs] umg s Krach m umg; **to make a ~** einen Heidenlärm machen umg; (≈ sich beschweren) Krach schlagen umg

rumpus room US s Spielzimmer n

run [rʌn] ⟨v: prät ran; pperf run⟩ **A** v/i **1** laufen, rennen; (≈ flüchten) wegrennen; **she came running out** sie kam herausgelaufen; **he's trying to run before he can walk** *fig* er sollte erst einmal langsam machen; **to run for the bus** zum Bus rennen; **she ran to meet him** sie lief ihm entgegen; **she ran to help him** sie kam ihm schnell zu Hilfe; **to run for one's life** um sein Leben rennen; **run for it!** rennt, was ihr könnt! **2** *Geschichte, Text* gehen; **he ran down the list** er ging die Liste durch; **a shiver ran down her spine** ein Schauer lief ihr über den Rücken; **to run in the family** in der Familie liegen **3** kandidieren; **to run for President** für die Präsidentschaft kandidieren **4** **I'm running late** ich bin spät dran; **all planes are running late** alle Flugzeuge haben Verspätung; **the project is running late/to schedule** das Projekt hat sich verzögert/geht ganz nach Plan voran; **supplies are running low** die Vorräte sind knapp; **his blood ran cold** das Blut fror ihm in den Adern; **to run dry** *Fluss* austrocknen; **to be running at** betragen; **interest rates are running at record levels/5%** die Zinssätze sind auf Rekordhöhe/stehen auf 5% **5** *Wasser, Tränen, Nase* laufen; *Fluss, Elektrizität* fließen; *Augen* tränen; *Farbe* zerfließen; *Farbstoff* färben; **where the river runs into the sea** wo der Fluss ins Meer mündet **6** *Spiel, Vertrag* laufen; **the expenditure runs into thousands of pounds** die Ausgaben gehen in die Tausende (von Pfund) **7** *Bus etc* fahren; **the train doesn't run on Sundays** der Zug fährt sonntags nicht **8** (≈ funktionieren), a. IT laufen; **to run on diesel** mit Diesel fahren; **the radio runs off batteries** das Radio läuft auf Batterie; **things are running smoothly** alles läuft glatt **9** *Straße* führen; **to run (a)round sth** *Mauer etc* sich um etw ziehen; **the railway line runs for 300 km** die Bahnlinie ist 300 km lang; **to run through sth** *Thema* sich durch etw ziehen **B** v/t **1** laufen; **to run errands** Botengänge machen; **to run its course** seinen Lauf nehmen; **to run a temperature** Fieber haben; **to run sb off his feet** umg j-n ständig auf Trab halten umg; **I'll run you a bath** ich lasse dir ein Bad einlaufen **2** *Auto* fahren; *Sonderbusse* einsetzen; **he ran the car into a tree** er fuhr das Auto gegen einen Baum; **this company runs a bus service** diese Firma unterhält einen Busdienst **3** *Maschine* betreiben; *Rechner* laufen lassen; *Software* benutzen; *Programm* laden; *Test* durchführen; **I can't afford to run a car** ich kann es mir nicht leisten, ein Auto zu unterhalten; **this car is cheap to run** dieses Auto ist billig im Unterhalt **4** leiten; *Geschäft* führen; *Wettbewerb* durchführen; **he runs a small hotel** er hat ein kleines Hotel; **I want to run my own life** ich möchte mein eigenes Leben leben; **she's the one who really runs everything** sie ist diejenige, die den Laden schmeißt umg **5** **to run one's fingers over sth** die Finger über etw (akk) gleiten lassen; **to run one's fingers through one's hair** sich (dat) mit den Fingern durch die Haare fahren **6** *Seil* führen; *Rohr* (ver)legen **7** *Presse: Artikel* bringen **8** *Film* zeigen **C** s **1** Lauf m; **to go for a run** laufen gehen; **to go for a 2-km run** einen 2-km-Lauf machen; **he set off at a run** er rannte los; **to break into a run** zu laufen anfangen; **to make a run for it** weglaufen; **on the run** auf der Flucht; **we've got them on the run!** wir haben sie in die Flucht geschlagen!; **to give sb a good run for his money** umg j-n auf Trab halten umg **2** Strecke f; **to go for a run in the car** eine Fahrt/einen Ausflug im Auto machen; **in the long run** auf die Dauer; **in the short run** kurzfristig **3** **to have the run of a place** einen Ort zur freien Verfügung haben **4** Folge f, Serie f; THEAT Spielzeit f; **a run of bad luck** eine Pechsträhne **5** **run on** Ansturm m auf (+akk) **6** *in Baseball, Cricket* Lauf m, Run m **7** **ski run** Abfahrt(sstrecke) f **8** *in Zoo etc* Gehege n **9**

US Laufmasche f [10] umg (≈ Durchfall) **the runs** der flotte Otto umg
phrasal verbs mit run:
run about Br, **run around** v/i herumlaufen
run across [A] v/i wörtl hinüberlaufen [B] v/i ⟨+obj⟩ j-n zufällig treffen; Objekt stoßen auf (+akk)
run after v/i ⟨+obj⟩ nachlaufen (+dat)
run along v/i laufen; **run along!** nun geht mal schön!
run around v/i → run about
run away v/i [1] weglaufen [2] Wasser auslaufen
run away with v/i ⟨+obj⟩ Preis spielend gewinnen; **he lets his enthusiasm run away with him** seine Begeisterung geht leicht mit ihm durch
run back [A] v/i wörtl zurücklaufen [B] v/t ⟨trennb⟩ j-n zurückfahren
run down [A] v/i wörtl hinunterrennen [2] Batterie leer werden [B] v/t ⟨trennb⟩ [1] umfahren, überfahren [2] Vorräte abbauen [3] schlechtmachen
run in wörtl v/i hineinlaufen
run into v/i ⟨+obj⟩ zufällig treffen; (≈ kollidieren) rennen/fahren gegen; **to run into trouble** Ärger bekommen; **to run into problems** auf Probleme stoßen
run off [A] v/i → run away 1 [B] v/t ⟨trennb⟩ Kopie abziehen
run on v/i [1] wörtl weiterlaufen [2] fig **it ran on for four hours** das zog sich über vier Stunden hin [3] Zeit weitergehen
run out v/i [1] hinauslaufen; Flüssigkeit herauslaufen, auslaufen [2] Zeit ablaufen; Vorräte ausgehen
run out of v/i ⟨+obj⟩ **he ran out of supplies** ihm gingen die Vorräte aus; **she ran out of time** sie hatte keine Zeit mehr; **we're running out of time** wir haben nicht mehr viel Zeit
run over [A] v/i [1] zu Nachbarn etc kurz hinübergehen [2] überlaufen [B] v/i ⟨+obj⟩ Einzelheiten durchgehen; Notizen durchsehen [C] v/t ⟨trennb⟩ überfahren
run through [A] v/i durchlaufen [B] v/i ⟨+obj⟩ [1] Aufführung durchspielen; Liste etc durchgehen [2] → run over B
run to v/i ⟨+obj⟩ **the poem runs to several hundred lines** das Gedicht geht über mehrere Hundert Zeilen
run up [A] v/i wörtl hinauflaufen, hinrennen (**to** zu); **to run up against difficulties** auf Schwierigkeiten stoßen [B] v/t ⟨trennb⟩ [1] Fahne hochziehen [2] **to run up a bill** eine Rechnung zusammenkommen lassen; **to run up a debt** Schulden machen
runabout umg s Kleinwagen m

runaround ['rʌnəraʊnd] umg s **to give sb the ~** j-n an der Nase herumführen umg
runaway ['rʌnəweɪ] [A] s Ausreißer(in) m(f) [B] adj [1] Mensch, Pferd ausgerissen; **a ~ train** ein Zug, der sich selbstständig gemacht hat [2] fig Sieger überragend; **a ~ success** ein Riesenerfolg m
rundown ['rʌndaʊn] umg s **to give sb a ~ on sth** j-n über etw (akk) informieren
run-down [ˌrʌn'daʊn] adj heruntergekommen; (≈ müde) abgespannt
rung[1] [rʌŋ] pperf → ring[2]
rung[2] s von Leiter Sprosse f
run-in ['rʌnɪn] umg s Streit m
runner ['rʌnər] s [1] Läufer(in) m(f) [2] an Schlitten Kufe f; von Schublade Laufschiene f [3] **to do a ~** Br umg die Fliege machen sl
runner bean Br s Stangenbohne f, Fisole f österr
runner-up ['rʌnər'ʌp] s Zweite(r) m/f(m); **the runners-up** die weiteren Plätze
running ['rʌnɪŋ] [A] s [1] Laufen n; **to be in the ~** im Rennen liegen; **out of the ~** aus dem Rennen [2] von Unternehmen Leitung f; von Land, Geschäft Führung f; von Lehrgang Durchführung f [3] von Maschine Unterhaltung f [B] adj Wasser fließend; Wasserhahn laufend [C] adv (**for**) **five days ~** fünf Tage hintereinander; **for the third year ~** im dritten Jahr hintereinander; **sales have fallen for the third year ~** die Verkaufszahlen sind seit drei Jahren rückläufig
running battle fig s Kleinkrieg m
running commentary s RADIO, TV fortlaufender Kommentar
running costs pl Betriebskosten pl; von Auto Unterhaltskosten pl
running mate s US POL Kandidat für die Vizepräsidentschaft
running shoe s Rennschuh m, Laufschuh m
running technique s SPORT Lauftechnik f
running total s laufende Summe; **to keep a ~ of sth** wörtl, fig etw fortlaufend festhalten
running track s Laufbahn f
runny ['rʌnɪ] adj ⟨komp runnier⟩ Ei flüssig; Nase laufend; Augen tränend; Soße dünnflüssig
run-of-the-mill adj gewöhnlich
run-through s **let's have a final ~** gehen wir das noch einmal durch
run-up s SPORT Anlauf m; fig Vorbereitungszeit f; **in the ~ to the election** in der Zeit vor der Wahl
runway s FLUG Start- und Landebahn f
rupture ['rʌptʃər] [A] s Bruch m [B] v/t & v/i brechen; **to ~ oneself** umg sich (dat) einen Bruch heben umg
ruptured adj Rohr geplatzt
rural ['rʊərəl] adj ländlich; Landschaft bäuerlich; **~ land** ländlicher Raum

rural life s Landleben n
rural population s Landbevölkerung f
ruse [ru:z] s List f
rush [rʌʃ] **A** s ‹kein pl› **1** Andrang m, Ansturm m; *von Luft* Stoß m; **they made a ~ for the door** sie drängten zur Tür; **there was a ~ for the seats** alles stürzte sich auf die Sitze; **there's been a ~ on these goods** diese Waren sind rasend weggegangen; **the Christmas ~** der Weihnachtsbetrieb; **a ~ of orders** eine Flut von Aufträgen; **a ~ of blood to the head** Blutandrang m im Kopf **2** Eile f, Hast f; **to be in a ~** in Eile sein; **I did it in a ~** ich habe es sehr hastig gemacht; **is there any ~ for this?** eilt das?; **it all happened in such a ~** das ging alles so plötzlich **B** v/i eilen, hasten, stürzen; *Wind* brausen; *Wasser* schießen; **they ~ed to help her** sie eilten ihr zu Hilfe; **I'm ~ing to finish it** ich beeile mich, es fertig zu machen; **don't ~, take your time** überstürzen Sie nichts, lassen Sie sich Zeit; **you shouldn't just go ~ing into things** Sie sollten die Dinge nicht so überstürzen; **to ~ through** *Stadt* hetzen durch; *Arbeit* hastig erledigen; **to ~ past** vorbeistürzen; *mit Fahrzeug* vorbeischießen; **to ~ in** *etc* hineinstürzen *etc*; **the ambulance ~ed to the scene** der Krankenwagen raste zur Unfallstelle; **the blood ~ed to his face** das Blut schoss ihm ins Gesicht **C** v/t **1** schnell machen; *mit Fehlern* schludern bei *pej*; (≈ *zur Eile antreiben*) hetzen; **to be ~ed off one's feet** dauernd auf Trab sein *umg*; **to ~ sb to hospital** j-n schnellstens ins Krankenhaus bringen **2** stürmen

phrasal verbs mit rush:

rush about *Br*, **rush around** v/i herumhasten

rush at *wörtl* v/i ‹+obj› losstürzen auf (+*akk*)

rush down v/i hinuntereilen; *Wasser etc* hinunterstürzen

rush out A v/i hinauseilen; **he rushed out and bought one** er kaufte sofort eines **B** v/t ‹trennb› *Truppen, Vorräte* eilends hintransportieren

rush through v/t ‹trennb› *Bestellung* durchjagen; *Gesetz* durchpeitschen

rushed [rʌʃt] adj **1** *Mahlzeit* hastig; *Entscheidung* überellt **2** gehetzt

rush hour(s) s(pl) Stoßzeit(en) f(pl); **rush-hour traffic** Stoßverkehr m

rush job s eiliger Auftrag; *pej* fehlerhaft Schluderarbeit f *umg*

Russia ['rʌʃə] s Russland n

Russian ['rʌʃən] **A** adj russisch **B** s **1** Russe m, Russin f **2** LING Russisch n

rust [rʌst] **A** s Rost m **B** v/t *wörtl* rosten lassen **C** v/i rosten

rusted ['rʌstɪd] *bes US* adj rostig

rustic ['rʌstɪk] adj bäuerlich; *Stil* rustikal

rustiness ['rʌstɪnɪs] s Rostigkeit f; *fig* eingerostete Kenntnisse pl (**of** in +*dat*)

rustle ['rʌsl] **A** s Rascheln n; *von Laub* Rauschen n **B** v/i *Laub, Papier* rascheln; *Bäume, Rock* rauschen

phrasal verbs mit rustle:

rustle up *umg* v/t ‹trennb› *Essen* improvisieren *umg*; *Geld* auftreiben *umg*; **can you rustle up a cup of coffee?** können Sie eine Tasse Kaffee beschaffen?

rustler ['rʌslər] s Viehdieb(in) m(f)

rustling ['rʌslɪŋ] **A** adj raschelnd **B** s **1** *von Laub, Papier* Rascheln n; *von Stoff* Rauschen n **2** Viehdiebstahl m

rustproof ['rʌstpru:f] adj rostfrei

rusty ['rʌstɪ] adj ‹komp **rustier**› *wörtl* rostig; **I'm a bit ~** ich bin etwas aus der Übung; **to get ~** *wörtl* verrosten; *fig Mensch* aus der Übung kommen

rut [rʌt] s *in Weg* Spur f; *fig* Trott m *umg*; **to be in a rut** *fig* im Trott sein *umg*; **to get into a rut** *fig* in einen Trott geraten *umg*

rutabaga [,ru:təˈbeɪgə] *US* s Steckrübe f

ruthless ['ru:θlɪs] adj rücksichtslos; *Behandlung* schonungslos

ruthlessly adv unterdrücken rücksichtlos; **~ ambitious** skrupellos ehrgeizig

ruthlessness s Rücksichtslosigkeit f; Schonungslosigkeit f

RV abk (= recreational vehicle) Wohnmobil n

Rwanda [rʊˈændə] s Ruanda n

rye [raɪ] s Roggen m

rye whisk(e)y s Ryewhisky m

S

S¹, **s** [es] s S n, s n

S² abk (= south) S

's **1** he's = he is/has er ist/hat; what's = what is/has/does? was ist/hat/tut? **2** John's book Johns Buch; my brother's car das Auto meines Bruders; at the butcher's beim Fleischer **3** let's = let us lass uns

Sabbath ['sæbəθ] s Sabbat m

sabbatical [səˈbætɪkl] s UNIV Forschungsjahr n

saber ['seɪbər] *US* s → sabre

sabotage ['sæbətɑ:ʒ] **A** s Sabotage f **B** v/t sabotieren

saboteur [,sæbəˈtɜ:r] s Saboteur(in) m(f)

sabre ['seɪbə^r] Br s, **saber** US s Säbel m

saccharin(e) ['sækərɪn] s Sacharin n

sachet ['sæʃeɪ] s Beutel m; mit Shampoo Briefchen n

sack [sæk] **A** s **1** Sack m; **2 ~s of coal** 2 Sack Kohlen **2** umg **to get the ~** rausfliegen umg; **to give sb the ~** j-n rausschmeißen umg **3** umg **to hit the ~** sich in die Falle hauen sl **B** v/t umg Angestellten rausschmeißen umg

sackful ['sækfʊl] s Sack m; **two ~s of potatoes** zwei Sack Kartoffeln

sacking ['sækɪŋ] umg s Entlassung f

sacrament ['sækrəmənt] s Sakrament n

sacred ['seɪkrɪd] adj heilig; Bau, Ritus sakral

sacrifice ['sækrɪfaɪs] **A** s Opfer n; **to make ~s** Opfer bringen **B** v/t opfern (**sth to sb** j-m etw)

sacrificial [ˌsækrɪ'fɪʃəl] adj Opfer-

sacrilege ['sækrɪlɪdʒ] s Sakrileg n

SAD abk (= seasonal affective disorder) MED Winterdepression f

sad [sæd] adj <komp sadder> **1** traurig; Verlust schmerzlich; **to feel sad** traurig sein; **he was sad to see her go** er war betrübt, dass sie wegging **2** umg bedauernswert

sadden ['sædn] v/t betrüben

saddle ['sædl] **A** s Sattel m **B** v/t **1** Pferd satteln **2** umg **to ~ sb/oneself with sb/sth** j-m/sich j-n/etw aufhalsen umg; **how did I get ~d with him?** wie kommt es (nur), dass ich ihn am Hals habe?

saddlebag s Satteltasche f

sadism ['seɪdɪzəm] s Sadismus m

sadist ['seɪdɪst] s Sadist(in) m(f)

sadistic adj, **sadistically** [sə'dɪstɪk, -əlɪ] adv sadistisch

sadly ['sædlɪ] adv **1** traurig; **she will be ~ missed** sie wird (uns/ihnen) allen sehr fehlen **2** leider **3** bedauerlicherweise; **to be ~ mistaken** sich arg täuschen

sadness s Traurigkeit f; **our ~ at his death** unsere Trauer über seinen Tod

s.a.e. abk (= stamped addressed envelope) frankierter Rückumschlag

safari [sə'fɑːrɪ] s Safari f; **to be/go on ~** auf Safari sein/gehen

safari park s Safaripark m

safe¹ [seɪf] s Safe m, Tresor m

safe² adj <komp safer> sicher, in Sicherheit (**from** vor +dat); Operation ungefährlich; Methode zuverlässig; **to keep sth ~** etw sicher aufbewahren; **to feel ~** sich sicher fühlen; **~ journey!** gute Fahrt/Reise!; **thank God you're ~** Gott sei Dank ist dir nichts passiert; **~ and sound** gesund und wohlbehalten; **the secret is ~ with me** bei mir ist das Geheimnis gut aufgehoben; **not ~** gefährlich; **is it ~ to light a fire?** ist es auch nicht gefährlich, ein Feuer anzumachen?; **it is ~ to eat** das kann man gefahrlos essen; **it is ~ to assume** od **a ~ assumption that ...** man kann mit ziemlicher Sicherheit annehmen, dass ...; **it's ~ to say that ...** man kann ruhig sagen, dass ...; **to be on the ~ side** um ganz sicher zu sein; **better ~ than sorry** Vorsicht ist besser als Nachsicht sprichw

safe-conduct s freies Geleit

safe-deposit box s Banksafe m/n

safeguard **A** s Schutz m **B** v/t (**against** +dat) Interessen wahrnehmen **C** v/i **to ~ against sth** sich gegen etw absichern

safe haven fig s sicherer Zufluchtsort

safe keeping s sichere Verwahrung; **to give sb sth for ~** j-m etw zur (sicheren) Aufbewahrung geben

safely ['seɪflɪ] adv wohlbehalten; (≈ ohne Risiko) gefahrlos, ungefährlich; **we were all ~ inside** wir waren alle sicher drinnen; **I think I can ~ say ...** ich glaube, ich kann ruhig sagen ...; **the election is now ~ out of the way** die Wahlen haben wir jetzt zum Glück hinter uns; **to put sth away ~** etw an einem sicheren Ort verwahren; **once the children are ~ tucked up in bed** wenn die Kinder erst mal im Bett sind

safe passage s sicheres Geleit

safe seat s POL ein sicherer Sitz

safe sex s Safer Sex m

safety ['seɪftɪ] s Sicherheit f; **~ at work** Arbeitssicherheit f; **for his (own) ~** zu seiner (eigenen) Sicherheit; **(there's) ~ in numbers** zu mehreren ist man sicherer; **to reach ~** in Sicherheit gelangen; **when we reached the ~ of the opposite bank** als wir sicher das andere Ufer erreicht hatten

safety belt s Sicherheitsgurt m

safety catch s an Waffe (Abzugs)sicherung f

safety-conscious adj sicherheitsbewusst

safety glass s Sicherheitsglas n

safety harness s Sicherheitsgurt m

safety helmet s Schutzhelm m

safety lock s Sicherheitsschloss n

safety margin s Sicherheitsmarge f

safety measure s Sicherheitsmaßnahme f

safety net s Sicherheitsnetz n

safety pin s Sicherheitsnadel f

safety precaution s Sicherheitsvorkehrung f

safety razor s (Sicherheits)Rasierapparat m

safety technology s Sicherheitstechnik f

saffron ['sæfrən] s Safran m

sag [sæg] v/i absacken, durchhängen; Schultern herabhängen; Mut sinken

saga ['sɑːgə] s Saga f; fig Geschichte f

sage [seɪdʒ] s BOT Salbei m
sagging [ˈsægɪŋ] adj **1** Dach, Seil durchhängend **2** Haut schlaff
saggy [ˈsægɪ] adj ⟨komp saggier⟩ Matratze durchgelegen; Hintern schlaff
Sagittarius [ˌsædʒɪˈtɛərɪəs] s ASTROL Schütze m; **to be (a) ~** (ein) Schütze sein
Sahara [səˈhɑːrə] s Sahara f; **the ~ Desert** die (Wüste) Sahara
said [sed] **A** prät & pperf → say **B** adj form besagt
sail [seɪl] **A** s **1** Segel n; von Windmühle Flügel m; **to set ~ (for ...)** losfahren (nach ...); in Jacht absegeln (nach ...) **2** Fahrt f; **to go for a ~** segeln gehen **B** v/t Schiff segeln mit; **to ~ the Atlantic** den Atlantik durchkreuzen **C** v/i **1** SCHIFF fahren; mit Jacht segeln; **are you flying? — no, ~ing** fliegen Sie? — nein, ich fahre mit dem Schiff **2** abfahren (**for** nach); in Jacht absegeln **3** fig Schwan etc gleiten; Mond ziehen; Ball fliegen; **she ~ed past/out of the room** sie rauschte vorbei/aus dem Zimmer umg; **she ~ed through all her exams** sie schaffte alle Prüfungen spielend
sailboard s Windsurfbrett n
sailboarding s Windsurfen n
sailboat US s Segelboot n
sailing [ˈseɪlɪŋ] s Segeln n
sailing boat Br s Segelboot n
sailing ship s Segelschiff n
sailor [ˈseɪləʳ] s Seemann m; MIL Matrose m, Matrosin f; in Jacht Segler(in) m(f)
saint [seɪnt] s Heilige(r) m/f(m); **St John** Sankt Johannes, St. Johannes; **St Mark's (Church)** die Markuskirche
saintly [ˈseɪntlɪ] adj ⟨komp saintlier⟩ heilig; fig pej frömmlerisch
Saint Valentine's Day [sənt'væləntaɪnz,deɪ] s Valentinstag m
sake [seɪk] s **for the ~ of ...** um (+gen) ... willen; **for my ~** meinetwegen, mir zuliebe; **for your own ~** dir selbst zuliebe; **for the ~ of your career** deiner Karriere zuliebe; **for heaven's ~!** umg um Gottes willen!; **for heaven's** od **Christ's ~** shut up umg nun halt doch endlich die Klappe umg; **for old times' ~** in Erinnerung an alte Zeiten; **for the ~ of those who ...** für diejenigen, die ...; **and all for the ~ of a few pounds** und alles wegen ein paar Pfund
salable US adj → saleable
salad [ˈsæləd] s Salat m
salad bar s Salatbüfett n
salad bowl s Salatschüssel f
salad cream s ≈ Mayonnaise f
salad dressing s Salatsoße f
salami [səˈlɑːmɪ] s Salami f
salaried [ˈsælərɪd] adj **~ post** Angestelltenposten m; **~ employee** Gehaltsempfänger(in) m(f)
salary [ˈsælərɪ] s Gehalt n; **what is his ~?** wie hoch ist sein Gehalt?
salary bracket s Gehaltsgruppe f
salary increase s Gehaltserhöhung f
salary scale s Gehaltsskala f
sale [seɪl] s **1** allg Verkauf m; Transaktion Geschäft n; (≈ mit Geboten) Auktion f; **for ~** zu verkaufen; **to put sth up for ~** etw zum Verkauf anbieten; **is it up for ~?** steht es zum Verkauf?; **not for ~** nicht verkäuflich; **to be on ~** verkauft werden; **~s** pl der Absatz **2** **~s** +sg v Verkaufsabteilung f **3** mit Preisnachlass Rabattaktion f, Schlussverkauf m; **in the ~, on ~** US im (Sonder)angebot
saleable [ˈseɪləbl] adj, **salable** US adj absatzfähig, verkäuflich; Fähigkeit vermarktbar
sales assistant s Verkäufer(in) m(f)
sales clerk US s Verkäufer(in) m(f)
sales conference s Vertretertagung f
sales department s Verkaufsabteilung f
sales figures pl Verkaufszahlen pl
salesgirl s Verkäuferin f
salesman s ⟨pl -men⟩ Verkäufer m, Vertreter m
sales manager s Verkaufsleiter(in) m(f)
salesperson s Verkäufer(in) m(f)
sales pitch s Verkaufstechnik f
sales rep umg s, **sales representative** s Vertreter(in) m(f)
salesroom s Verkaufsraum m
sales slip s US Kassenbon m
sales target s Umsatzziel n
sales tax US s Umsatzsteuer f
saleswoman s ⟨pl -women [-wɪmən]⟩ Verkäuferin f, Vertreterin f
saliva [səˈlaɪvə] s Speichel m
salivate [ˈsælɪveɪt] v/i Speichel produzieren
sallow [ˈsæləʊ] adj bleich, fahl
salmon [ˈsæmən] s ⟨pl -⟩ Lachs m; (≈ Farbe) Lachs(-rosa) n
salmonella [ˌsælməˈnelə] s Salmonellenvergiftung f
salon [ˈsælɒn] s Salon m
saloon [səˈluːn] s Br AUTO Limousine f
saloon bar Br s vornehmerer Teil eines Lokals
salt [sɔːlt] **A** s Salz n; für vereiste Straßen Streusalz n; **to take sth with a pinch of ~** Br, **to take sth with a grain of ~** US fig etw nicht ganz für bare Münze nehmen; **to rub ~ into sb's wounds** fig Salz in j-s Wunde streuen **B** adj **~ water** Salzwasser n **C** v/t **1** einsalzen, salzen **2** Straße mit Salz streuen
saltcellar [ˈsɔːltseləʳ] s Salzfässchen n, Salzstreuer m
salted adj gesalzen
salt shaker s Salzstreuer m
saltwater adj Salzwasser n; **~ fish** Meeresfisch

salty ['sɔːltɪ] *adj* ⟨*komp* saltier⟩ salzig; **~ water** Salzwasser *n*

salutation [ˌsæljuːˈteɪʃn] *s* **1** Begrüßung *f*, Gruß *m* **2** *im Brief* Anrede *f*

salute [səˈluːt] **A** *s* Gruß *m*; *mit Waffen* Salut *m*; **in ~ zum Gruß**; **a 21-gun ~** 21 Salutschüsse **B** *v/t* MIL Fahne grüßen; *j-n* salutieren vor (+*dat*) **C** *v/i* MIL salutieren

salvage ['sælvɪdʒ] **A** *s* **1** Bergung *f* **2** Bergungsgut *n* **B** *v/t* bergen (**from** aus); *fig* retten (**from** von)

salvage operation *s* Bergungsaktion *f*

salvation [sælˈveɪʃən] *s* Rettung *f*; *bes* REL Heil *n*

Salvation Army *s* Heilsarmee *f*

salve [sælv] *s* Salbe *f*

Samaritan [səˈmærɪtən] *s* Samariter(in) *m(f)*; **good ~** barmherziger Samariter

same [seɪm] **A** *adj* **the ~** der/die/das gleiche, der-/die-/dasselbe; **to be/look the ~** gleich sein/aussehen; **they were both wearing the ~ dress** sie hatten beide das gleiche Kleid an; **they both live in the ~ house** sie wohnen beide in demselben Haus; **they are all the ~** sie sind alle gleich; **that's the ~ tie as I've got** so eine Krawatte habe ich auch; **she just wasn't the ~ person** sie war ein anderer Mensch; **it's the ~ thing** das ist das Gleiche; **see you tomorrow, ~ time ~ place** bis morgen, gleicher Ort, gleiche Zeit; **we sat at the ~ table as usual** wir saßen an unserem üblichen Tisch; **how are you? — ~ as usual** wie gehts? — wie immer; **he is the ~ age as his wife** er ist (genau) so alt wie seine Frau; **(on) the very ~ day** genau am gleichen Tag; **in the ~ way** (genau) gleich **B** *pron* **1 the ~** der-/die-/dasselbe; **and I would do the ~ again** und ich würde es wieder tun; **he left and I did the ~** er ist gegangen, und ich auch; **and the ~ goes for his brother** und das Gleiche gilt für seinen Bruder; **another drink? — thanks, (the) ~ again** noch etwas zu trinken? — ja bitte, das Gleiche noch mal; **~ again, Joe** und noch einen, Joe; **she's much the ~** sie hat sich kaum geändert; *gesundheitlich* es geht ihr kaum besser; **he will never be the ~ again** er wird niemals mehr derselbe sein; **frozen chicken is not the ~ as fresh** tiefgefrorene Hähnchen sind kein Vergleich zu frischen; **it's always the ~** es ist immer das Gleiche; **it comes** *od* **amounts to the ~ thing** das kommt *od* läuft aufs Gleiche hinaus **2 to pay everybody the ~** alle gleich bezahlen; **things go on just the ~ (as always)** es ändert sich nichts; **it's not the ~ as before** es ist nicht wie früher; **I still feel the ~ about you** an meinen Gefühlen dir gegenüber hat sich nichts geändert; **if it's all the ~ to you** wenn es Ihnen egal ist; **all** *od* **just the ~** trotzdem; **thanks all the ~** trotzdem vielen Dank; **~ here** ich/wir auch; **~ to you** (danke) gleichfalls

same-day ['seɪmdeɪ] *adj* Lieferung am gleichen Tag

same-sex ['seɪmseks] *adj* gleichgeschlechtlich; **~ marriage** gleichgeschlechtliche Ehe, Homoehe *f umg*

same-sex relationship *s* gleichgeschlechtliche Beziehung

Samoa [səˈməʊə] *s* GEOG Samoa *n*

sample ['sɑːmpl] **A** *s* Beispiel *n* (**of** für); *von Speise, a. fig* Kostprobe *f*; HANDEL Warenprobe *f*; *von Stoff* Muster *n*; *von Blut* Probe *f*; *von Lied* Hörprobe *f*; **a ~ of the population** eine Auswahl aus der Bevölkerung **B** *adj* ⟨*attr*⟩ Probe-; **a ~ section of the population** eine Auswahl aus der Bevölkerung **C** *v/t* **1** *Essen* probieren; *Atmosphäre* testen; **to ~ wines** eine Weinprobe machen **2** MUS sampeln, samplen

sanatorium [ˌsænəˈtɔːrɪəm] *Br s* ⟨*pl* sanatoria [ˌsænəˈtɔːrɪə]⟩ Sanatorium *n*

sanction ['sæŋkʃən] **A** *s* **1** Zustimmung *f* **2** Sanktion *f* **B** *v/t* sanktionieren

sanctity ['sæŋktɪtɪ] *s* Heiligkeit *f*; *von Rechten* Unantastbarkeit *f*

sanctuary ['sæŋktjʊərɪ] *s* **1** Zuflucht *f* **2** *für Tiere* Schutzgebiet *n* **3** Heiligtum *n*

sand [sænd] **A** *s* Sand *m kein pl*; **~s** *in Wüste* Sand *m*; *am Meer* Sandstrand *m* **B** *v/t* **1** schmirgeln **2** streuen

phrasal verbs mit sand:

sand down *v/t* ⟨*trennb*⟩ (ab)schmirgeln

sandal ['sændl] *s* Sandale *f*

sandalwood ['sændlwʊd] *s* Sandelholz *n*

sandbag *s* Sandsack *m*

sandbank *s* Sandbank *f*

sandblast *v/t* sandstrahlen

sandbox US *s* Sandkasten *m*

sand castle *s* Sandburg *f*

sand dune *s* Sanddüne *f*

sandpaper **A** *s* Schmirgelpapier *n* **B** *v/t* schmirgeln

sandpit *s* Sandkasten *m*

sandstone **A** *s* Sandstein *m* **B** *adj* Sandstein-, aus Sandstein

sandstorm *s* Sandsturm *m*

sandwich ['sænwɪdʒ] **A** *s* Sandwich *n*; **open ~** belegtes Brot **B** *v/t a.* **~ in** hineinzwängen

sandwich bar *s* Snackbar *f*

sandwich board *s* Reklametafel *f*

sandy ['sændɪ] *adj* ⟨*komp* sandier⟩ **1** sandig; **~ beach** Sandstrand *m* **2** rötlich; *Haar* rotblond

sane [seɪn] *adj* ⟨*komp* saner⟩ *Mensch* normal;

PSYCH geistig gesund

sang [sæŋ] *prät* → sing

sanitarium [ˌsænɪˈtɛərɪəm] *US s* → sanatorium

sanitary [ˈsænɪtərɪ] *adj* hygienisch

sanitary napkin *US s* Damenbinde *f*

sanitary towel *s* Damenbinde *f*

sanitation [ˌsænɪˈteɪʃən] *s* Hygiene *f*; (≈ *Toiletten etc*) sanitäre Anlagen *pl*

sanitation man ⟨*US pl* - men⟩ Stadtreiniger *m*

sanity [ˈsænɪtɪ] *s* geistige Gesundheit, gesunder Verstand

sank [sæŋk] *prät* → sink¹

San Marino [ˌsænməˈriːnəʊ] *s* GEOG San Marino *n*

Sanskrit [ˈsænskrɪt] **A** *adj* sanskritisch **B** *s* Sanskrit *n*

Santa (Claus) [ˈsæntə(ˈklɔːz)] *s* der Weihnachtsmann

sap¹ [sæp] *s* BOT Saft *m*

sap² *fig v/t* untergraben; **to sap sb's strength** j-n entkräften

sapling [ˈsæplɪŋ] *s* junger Baum

sapphire [ˈsæfaɪəʳ] *s* Saphir *m*

sarcasm [ˈsɑːkæzəm] *s* **1** Sarkasmus *m* **2** LIT beißende, verletzende Ironie

sarcastic [sɑːˈkæstɪk] *adj* sarkastisch; **to be ~ about sth** über etw (*akk*) sarkastische Bemerkungen machen

sarcastically [sɑːˈkæstɪkəlɪ] *adv* sarkastisch

sardine [sɑːˈdiːn] *s* Sardine *f*; **packed (in) like ~s** wie die Sardinen

Sardinia [sɑːˈdɪnɪə] *s* Sardinien *n*

sardonic *adj*, **sardonically** [sɑːˈdɒnɪk, -əlɪ] *adv* süffisant

sarnie [ˈsɑːnɪ] *Br umg s* Sandwich *n*

SARS [sɑːz] *abk* (= severe acute respiratory syndrome) MED SARS *n*

SASE *US abk* (= self-addressed stamped envelope) frankierter Rückumschlag

sash [sæʃ] *s* Schärpe *f*

sashimi [sæˈʃiːmɪ] *s* GASTR Sashimi *n*

sash window *s* Schiebefenster *n*

Sat *abk* (= Saturday) Sa.

sat [sæt] *prät & pperf* → sit

SAT [sæt] *US abk* (= scholastic aptitude test) Aufnahmeprüfung für das College und die Universität Abitur *f*, Matura *f* österr, schweiz

Satan [ˈseɪtən] *s* Satan *m*

satanic [səˈtænɪk] *adj* satanisch

satchel [ˈsætʃəl] *s* Schultasche *f*

satellite [ˈsætəlaɪt] *s* Satellit *m*

satellite communications *pl* Satellitenfunk *m*

satellite dish *s* Satellitenschüssel *f*

satellite navigation system *s* Satellitennavigationssystem *n*

satellite television *s* Satellitenfernsehen *n*

satellite town *s* Satellitenstadt *f*

satellite TV *s* → satellite television

satiate [ˈseɪʃɪeɪt] *v/t Appetit* stillen *geh*; *j-n* sättigen

satin [ˈsætɪn] **A** *s* Satin *m* **B** *adj* Satin-; *Haut* samtig

satire [ˈsætaɪəʳ] *s* **1** Satire *f* (**on** auf +*akk*) **2** LIT überspitzte Darstellung von Personen, Institutionen oder Gesellschaftsklassen durch Übertreibung und Ironie

satirical [səˈtɪrɪkəl] *adj* satirisch; ironisch

satirically [səˈtɪrɪkəlɪ] *adv* satirisch, ironisch

satirist [ˈsætərɪst] *s* Satiriker(in) *m(f)*

satirize [ˈsætəraɪz] *v/t* satirisch darstellen

satisfaction [ˌsætɪsˈfækʃən] *s* **1** Befriedigung *f*; *von Bedingungen* Erfüllung *f* **2** Zufriedenheit *f* (**at** mit); **to feel a sense of ~ at sth** Genugtuung über etw (*akk*) empfinden; **she would not give him the ~ of seeing how annoyed she was** sie wollte ihm nicht die Genugtuung geben, ihren Ärger zu sehen; **we hope the meal was to your complete ~** wir hoffen, Sie waren mit dem Essen zufrieden; **to get ~ out of sth** Befriedigung in etw (*dat*) finden, Freude *f* an etw (*dat*) haben; **he gets ~ out of his job** seine Arbeit befriedigt ihn; **I get a lot of ~ out of listening to music** Musik gibt mir viel **3** Genugtuung *f*

satisfactorily [ˌsætɪsˈfæktərɪlɪ] *adv* zufriedenstellend; **does that answer your question ~?** ist damit Ihre Frage hinreichend beantwortet?; **was it done ~?** waren Sie damit zufrieden?

satisfactory [ˌsætɪsˈfæktərɪ] *adj* zufriedenstellend, ausreichend; *Erklärung* angemessen; (≈ *Prüfungsnote*) befriedigend; **to be in a ~ condition** MED sich in einem zufriedenstellenden Zustand befinden; **this is just not ~!** das geht so nicht!; (≈ *nicht genug*) das reicht einfach nicht (aus)!

satisfied [ˈsætɪsfaɪd] *adj* zufrieden; *mit Argumenten* überzeugt; **to be ~ with sth** mit etw zufrieden sein; **(are you) ~?** *iron* (bist du nun) zufrieden?

satisfy [ˈsætɪsfaɪ] **A** *v/t* **1** befriedigen; *Kunden* zufriedenstellen; *Hunger* stillen; *Bedingungen* erfüllen; *Anforderungen* genügen (+*dat*) **2** überzeugen **B** *v/r* **to ~ oneself that ...** sich davon überzeugen, dass ...

satisfying [ˈsætɪsfaɪɪŋ] *adj* befriedigend; *Mahlzeit* sättigend, währschaft *schweiz*

sat-nav [ˈsætnæv] *umg s abk* (= satellite navigation system) Navi *n umg*

satsuma [ˌsætˈsuːmə] *s* Satsuma *f*

saturate [ˈsætʃəreɪt] *v/t* **1** mit Flüssigkeit (durch)tränken, durchnässen **2** *fig Markt* sättigen

saturation point *fig* s **to reach ~** den Sättigungsgrad erreichen

Saturday ['sætədɪ] s Samstag m; → Tuesday

Saturn ['sætən] s *Mythologie, a.* ASTRON Saturn m

sauce [sɔːs] s Soße f, Sauce f; **white ~** Mehlsoße f

saucepan ['sɔːspən] s Kochtopf m

saucer ['sɔːsə^r] s Untertasse f

saucy ['sɔːsɪ] *adj* ⟨*komp* saucier⟩ frech, anzüglich

Saudi Arabia ['saʊdɪəˈreɪbɪə] s Saudi-Arabien n

sauerkraut ['saʊəkraʊt] s Sauerkraut n

sauna ['sɔːnə] s Sauna f; **to have a ~** in die Sauna gehen

saunter ['sɔːntə^r] *v/i* schlendern; **he ~ed up to me** er schlenderte auf mich zu

sausage ['sɒsɪdʒ] s Wurst f, Würstchen n; **not a ~** Br *umg* rein gar nichts *umg*

sausagemeat s Wurstbrät n

sausage roll s ≈ Bratwurst f im Schlafrock

sauté ['səʊteɪ] *v/t* Kartoffeln rösten; Fleisch (kurz) anbraten

savage ['sævɪdʒ] **A** *adj* wild; *Kampf, Streit* brutal; *Tier* gefährlich; *Maßnahmen* drastisch; **to make a ~ attack on sb** *fig* j-n scharf angreifen **B** s Wilde(r) *m/f(m)* **C** *v/t* **1** *Tier* anfallen **2** *fig* (≈ *kritisieren*) verreißen

savagely ['sævɪdʒlɪ] *adv* brutal; *kritisieren* schonungslos

savagery ['sævɪdʒərɪ] s Grausamkeit f; *von Angriff* Brutalität f

save [seɪv] **A** s FUSSB *etc* Ballabwehr f; **what a ~!** eine tolle Parade!; **to make a ~** (den Ball) abwehren **B** *v/t* **1** retten; **to ~ sb from sth** j-n vor *or* etw (*dat*) retten; **he ~d me from falling** er hat mich davor bewahrt hinzufallen; **to ~ sth from sth** etw aus etw retten; **to ~ the day** die Rettung sein; **God ~ the Queen** Gott schütze die Königin; **to be ~d by the bell** *umg* gerade noch einmal davonkommen; **to ~ one's neck, to ~ one's ass** *US sl*, **to ~ one's butt** *US umg* seinen Kopf retten; **to ~ sb's neck, to ~ sb's ass** *US sl*, **to ~ sb's butt** *US umg* j-n rauspauken *umg* **2** aufheben; *Zeit, Geld* sparen; *Kräfte* schonen; *Reserven etc* aufsparen; *Briefmarken* sammeln; **~ some of the cake for me** lass mir etwas Kuchen übrig; **~ me a seat** halte mir einen Platz frei; **~ it for later, I'm busy now** *umg* spar dirs für später auf, ich habe jetzt zu tun *umg*; **to ~ the best for last** das Beste bis zum Schluss aufheben; **going by plane will ~ you four hours on the train journey** der Flug spart dir vier Stunden Reisezeit im Vergleich zum Zug; **he's saving himself for the right woman** er spart sich für die Richtige auf **3** *it ~d us having to do it again* das hat es uns (*dat*) erspart, es noch einmal machen zu müssen **4** *Tor* verhindern; *Elfmeter* halten; **well ~d!** gut gehalten! **5** IT (ab)speichern; **to ~ sth to a stick** etw auf (einen) Stick abspeichern **C** *v/i* sparen; **to ~ for sth** für *od* auf etw (*akk*) sparen

phrasal verbs mit save:

save up A *v/i* sparen (**for** für, auf +*akk*) **B** *v/t* ⟨*trennb*⟩ sparen

saver ['seɪvə^r] s Sparer(in) *m(f)*

saving ['seɪvɪŋ] s **1** ⟨*kein pl*⟩ *a.* REL Rettung f **2** ⟨*kein pl*⟩ Sparen n **3** Einsparung f, Ersparnis f **4** **~s** *pl* Ersparnisse *pl*; *in Konto* Spareinlagen *pl*; **~s and loan association** genossenschaftliche Bausparkasse

savings account s Sparkonto n

savings bank s Sparkasse f

saviour ['seɪvjə^r] s, **savior** US s Retter(in) *m(f)*

savour ['seɪvə^r] *v/t*, **savor** US *v/t* **1** *form* kosten *geh* **2** *fig liter* genießen

savoury ['seɪvərɪ], **savory** US **A** *adj* (≈ *nicht süß*) pikant **B** s Br Häppchen n

saw¹ [sɔː] *prät* → see¹

saw² ⟨*v: prät* sawed, *pperf* sawed *od* sawn⟩ **A** *v/t & v/i* sägen; **to saw sth in two** etw entzweisägen **B** s Säge f

phrasal verbs mit saw:

saw off *v/t* ⟨*trennb*⟩ absägen

sawdust ['sɔːdʌst] s Sägemehl n

sawmill s Sägewerk n

sawn [sɔːn] *pperf* → saw²

sawn-off ['sɔːnˈɒf] *adj*, **sawed-off** ['sɔːdˈɒf] US *adj* **~ shotgun** Gewehr n mit abgesägtem Lauf

Saxon ['sæksn] **A** s Sachse m, Sächsin f; HIST (Angel)sachse *m/*-sächsin f **B** *adj* sächsisch; HIST (angel)sächsisch

Saxony ['sæksənɪ] s Sachsen n

saxophone ['sæksəfəʊn] s Saxofon n; **to play the ~** Saxofon spielen

say [seɪ] ⟨*v: prät, pperf* said⟩ **A** *v/t & v/i* **1** sagen; *Gebet* sprechen; *bestimmten Laut* aussprechen; **say after me ...** sprechen Sie mir nach ...; **you can say what you like (about it/me)** Sie können (darüber/über mich) sagen, was Sie wollen; **I never thought I'd hear him say that** ich hätte nie gedacht, dass er das sagen würde; **that's not for him to say** das kann er nicht entscheiden; **though I say it myself** wenn ich das mal selbst sagen darf; **well, all I can say is ...** na ja, da kann ich nur sagen ...; **who says?** wer sagt das?; **what does it mean? — I wouldn't like to say** was bedeutet das? — das kann ich auch nicht sagen; **having said that, I must point out ...** ich muss allerdings darauf hinweisen ...; **what have you got to**

say for yourself? was haben Sie zu Ihrer Verteidigung zu sagen?; **if you don't like it, say so** wenn Sie es nicht mögen, dann sagen Sie es doch; **if you say so** wenn Sie meinen 🔢 **it says (here)** ... hier steht ...; **it said** ... es lautete ...; **it says in the papers that** ... in den Zeitungen steht, dass ...; **the rules say that** ... in den Regeln heißt es, dass ...; **what does it say?** was steht da?; **what does it say in the dictionary?** was steht im Wörterbuch?; **what does the weather forecast say?** wie ist der Wetterbericht?; **that says a lot about his state of mind** das sagt viel über seinen Gemütszustand aus; **that's not saying much** das will nicht viel heißen; **there's no saying what might happen** was (dann) passiert, das kann keiner vorhersagen; **there's something to be said for being based in London** es spricht einiges/viel für ein Zuhause in London; *Firma* es spricht einiges/viel für einen Sitz in London 🔢 **if it happens on, say, Wednesday?** wenn es am, sagen wir mal, Mittwoch passiert? 🔢 *bei Vorschlägen* **what would you say to a whisky?** wie wärs mit einem Whisky?; **shall we say £50?** sagen wir £ 50?; **what do you say?** was meinen Sie?; **I wouldn't say no to a cup of tea** ich hätte nichts gegen eine Tasse Tee 🔢 **say, what a great idea!** *bes US* Mensch, tolle Idee!; **I should say so!** das möchte ich doch meinen!; **you don't say!** was du nicht sagst!; **you said it!** Sie sagen es!; **you can say that again!** das kann man wohl sagen!; **say no more!** ich weiß Bescheid!; **says you!** *umg* das meinst auch nur du! *umg*; **says who?** *umg* wer sagt das? 🔢 **(it's) easier said than done** das ist leichter gesagt als getan; **no sooner said than done** gesagt, getan; **when all is said and done** letzten Endes; **they say** ..., **it is said** ... es heißt ..., man sagt ...; **he is said to be very rich** er soll sehr reich sein; **to be said to do sth** etw (angeblich) tun sollen; **it goes without saying that** ... es versteht sich von selbst, dass ...; **that is to say** das heißt; **to say nothing of the costs** *etc* von den Kosten *etc* mal ganz abgesehen; **enough said!** genug! 🅱 *s* 🔢 **let him have his say** lass ihn mal seine Meinung äußern 🔢 **to have no/a say in sth** bei etw kein/ein Mitspracherecht haben; **to have the last** *od* **final say (in sth)** (etw) letztlich entscheiden

saying ['seɪɪŋ] *s* Redensart *f*, Sprichwort *n*; **as the ~ goes** wie man so sagt

scab [skæb] *s* Schorf *m*

scaffold ['skæfəld] *s* Gerüst *n*; *für Hinrichtung* Schafott *n*

scaffolding ['skæfəldɪŋ] *s* Gerüst *n*; **to put up ~** ein Gerüst aufbauen

scalawag ['skæləwæg] *US s* → scallywag

scald [skɔːld] *v/t* verbrühen

scalding ['skɔːldɪŋ] *adv* **~ hot** siedend heiß

scale¹ [skeɪl] *s von Fisch* Schuppe *f*

scale² *s* **(pair of) ~s** *pl* , **~ form** Waage *f*

scale³ *s* 🔢 Skala *f*, Tabelle *f* 🔢 Messgerät *n* 🔢 MUS Tonleiter *f*; **the ~ of G** die G(-Dur)-Tonleiter 🔢 *von Landkarte* Maßstab *m*; **on a ~ of 5 km to the cm** in einem Maßstab von 5 km zu 1 cm; **(drawn/true) to ~** maßstabgerecht 🔢 *fig* Ausmaß *n*; **to entertain on a small ~** Feste im kleineren Rahmen geben; **small in ~** von kleinem Umfang; **it's similar but on a smaller ~** es ist ähnlich, nur kleiner; **on a national ~** auf nationaler Ebene

phrasal verbs mit scale:

scale down *wörtl v/t ⟨trennb⟩* verkleinern; *fig* verringern

scale⁴ *v/t Mauer* erklettern

scallion ['skælɪən] *US s* → spring onion

scallop ['skɒləp] *s* ZOOL Kammmuschel *f*

scallywag ['skælɪwæg] *Br umg s* Schlingel *m umg*

scalp [skælp] *s* Kopfhaut *f*

scalpel ['skælpəl] *s* Skalpell *n*

scaly ['skeɪlɪ] *adj ⟨komp scalier⟩* schuppig

scam [skæm] *umg s* Betrug *m*

scamp [skæmp] *umg s* Frechdachs *m umg*

scamper ['skæmpəʳ] *v/i* tollen; *Maus* huschen

scampi ['skæmpɪ] *s ⟨sg⟩* Scampi *pl*

scan [skæn] 🅰 *v/t* schwenken über (+*akk*), seine Augen wandern lassen über (+*akk*); *Zeitung* überfliegen; *Horizont* absuchen; *Gepäck* durchleuchten; *mit Scanner* scannen; *mit Radar etc* scannen, abtasten; **to ~ a text** einen Text schnell nach bestimmten Wörtern/Informationen absuchen 🅱 *s* MED Scan *m*; *bei Schwangerschaft* Ultraschalluntersuchung *f*

phrasal verbs mit scan:

scan in *v/t ⟨trennb⟩* IT scannen

scandal ['skændl] *s* 🔢 Skandal *m*; **to cause/create a ~** einen Skandal verursachen, allgemeines Aufsehen erregen 🔢 *⟨kein pl⟩* Skandalgeschichten *pl*; **the latest ~** der neueste Klatsch

scandalize ['skændəlaɪz] *v/t* schockieren

scandalmongering ['skændl,mʌŋgərɪŋ] *s* Klatschsucht *f*

scandalous ['skændələs] *adj* skandalös

Scandinavia [,skændɪ'neɪvɪə] *s* Skandinavien *n*

Scandinavian 🅰 *adj* skandinavisch 🅱 *s* Skandinavier(in) *m(f)*

scanner ['skænəʳ] *s* COMPUT, MED Scanner *m*

scant [skænt] *adj ⟨+er⟩* wenig *inv*; *Erfolg* gering; **to pay ~ attention to sth** etw kaum beachten

scantily ['skæntɪlɪ] *adv* spärlich

scanty ['skæntɪ] *adj* ⟨*komp* scantier⟩ *Informationen* spärlich; *Kleidung* knapp

scapegoat ['skeɪpgəʊt] *s* Sündenbock *m*; **to use sb/sth as a ~, to make sb/sth one's ~** j-m/einer Sache die Schuld zuschieben

scar [skɑːʳ] **A** *s* Narbe *f*; *fig* Wunde *f* **B** *v/t* **he was ~red for life** *wörtl* er behielt bleibende Narben zurück; *fig* er war fürs Leben gezeichnet

scarce [skɛəs] *adj* ⟨*komp* scarcer⟩ knapp, selten; **to make oneself ~** *umg* sich rar machen *umg*

scarcely ['skɛəslɪ] *adv* kaum; wohl kaum; **~ anything** fast nichts; **I ~ know what to say** ich weiß nicht recht, was ich sagen soll

scarceness ['skɛəsnɪs], **scarcity** ['skɛəsɪtɪ] *s* Knappheit *f*, Seltenheit *f*

scare [skɛəʳ] **A** *s* Schreck(en) *m*; (≈ *Panik*) Hysterie *f* (**about** wegen); **to give sb a ~** j-m einen Schrecken einjagen; **to cause a ~** eine Panik auslösen; **a bomb ~** eine Bombendrohung **B** *v/t* einen Schrecken einjagen (+*dat*), Angst machen (+*dat*), erschrecken; **to be easily ~d** sehr schreckhaft sein, sich (*dat*) leicht Angst machen lassen; **to ~ sb to death** *umg* j-n zu Tode erschrecken *umg* **C** *v/i* **I don't ~ easily** ich bekomme nicht so schnell Angst

<u>phrasal verbs mit scare:</u>

scare away, **scare off** *v/t* ⟨*trennb*⟩ verscheuchen, verjagen

scarecrow *s* Vogelscheuche *f*

scared ['skɛəd] *adj* ängstlich, verängstigt; **to be ~ (of sb/sth)** (vor j-m/etw) Angst haben; **to be ~ to death** *umg* Todesängste ausstehen; **she was too ~ to speak** sie konnte vor Angst nicht sprechen; **he's ~ of telling her the truth** er getraut sich nicht, ihr die Wahrheit zu sagen

scaremonger ['skɛəmʌŋgə(r)] *s* Panikmacher(in) *m(f)*

scaremongering ['skɛə,mʌŋgərɪŋ] *s* Panikmache(rei) *f umg*

scare tactics *pl* Panikmache(rei) *f umg*

scarf [skɑːf] *s* ⟨*pl* scarves *od* -s⟩ Schal *m*; Halstuch *n*; Kopftuch *n*

scarlet ['skɑːlɪt] *adj* (scharlach)rot; **to go ~** rot anlaufen *umg*

scarlet fever *s* MED Scharlach *m*

scarred [skɑːd] *adj* narbig

scarves [skɑːvz] *pl* → scarf

scary ['skɛərɪ] *umg adj* ⟨*komp* scarier⟩ unheimlich; *Film* grus(e)lig *umg*; **it was pretty ~** da konnte man schon Angst kriegen *umg*; **that's a ~ thought** das ist ein beängstigender Gedanke

scathing ['skeɪðɪŋ] *adj* bissig; *Blick* vernichtend; **to be ~** bissige Bemerkungen *pl* machen (**about** über +*akk*); **to make a ~ attack on sb/sth** j-n/etw scharf angreifen

scatter ['skætəʳ] **A** *v/i* **1** verstreuen; *Samen* streuen (**on, onto** auf +*akk*) **2** auseinandertreiben **B** *v/i* sich zerstreuen (**to in** +*akk*)

scatterbrain *umg s* Schussel *m/f umg*

scatterbrained ['skætə,breɪnd] *umg adj* schuss(e)lig *umg*

scattered *adj* Bevölkerung weitverstreut; *Objekte* verstreut; *Regenschauer* vereinzelt

scavenge ['skævɪndʒ] **A** *v/t* ergattern **B** *v/i* Nahrung suchen; **to ~ for sth** nach etw suchen

scavenger ['skævɪndʒəʳ] *s* Aasfresser *m*; *fig* Aasgeier *m*

scenario [sɪ'nɑːrɪəʊ] *s* ⟨*pl* -s⟩ Szenario *n*

scene [siːn] *s* **1** Schauplatz *m*; *von Stück* Ort *m* der Handlung; **the ~ of the crime** der Tatort; **to set the ~** den Rahmen geben; **a change of ~** ein Tapetenwechsel *m*; **to appear on the ~** auf der Bildfläche erscheinen; **to be on the ~** zur Stelle sein, vor Ort sein; **the police were first on the ~** die Polizei war als erste zur Stelle **2** *a.* THEAT Szene *f*; **behind the ~s** hinter den Kulissen; **to make a ~** eine Szene machen **3** Anblick *m*; KUNST Szene *f* **4** *umg* Szene *f*; **the drug ~** die Drogenszene; **that's not my ~** das ist nicht mein Ding *umg*

scenery ['siːnərɪ] *s* ⟨*kein pl*⟩ **1** Landschaft *f*; **do you like the ~?** gefällt Ihnen die Gegend? **2** THEAT Bühnendekoration *f*

scenic ['siːnɪk] *adj* landschaftlich; (≈ *hübsch*) malerisch; **to take the ~ route** die landschaftlich schöne Strecke nehmen; *hum* einen kleinen Umweg machen; **~ presentation** LIT szenische Erzählung (*detaillierte Darstellung eines Ereignisses*)

scent [sent] *s* **1** Duft *m* **2** Parfüm *n* **3** *von Tier* Fährte *f*; **to put** *od* **throw sb off the ~** j-n von der Fährte abbringen

scented ['sentɪd] *adj* Seife parfümiert; *Blume* duftend; **~ candle** Duftkerze *f*

sceptic ['skeptɪk] *s*, **skeptic** *US s* Skeptiker(in) *m(f)*

sceptical ['skeptɪkəl] *adj*, **skeptical** *US adj* skeptisch; **to be ~ about** *od* **of sth** über etw (*akk*) skeptisch sein

scepticism ['skeptɪsɪzəm] *s*, **skepticism** *US s* Skepsis *f* (**about** gegenüber)

sceptre ['septəʳ] *s*, **scepter** *US s* Zepter *n*

schedule ['skedʒʊəl, *bes Br* 'ʃedjuːl] **A** *s* Programm *n*, Zeitplan *m*; *bes US* Fahr-/Flugplan *m*; *bes US* SCHULE Stundenplan *m*; **according to ~** planmäßig; **the train is behind ~** der Zug hat Verspätung; **the bus was on ~** der Bus war pünktlich; **the building will be opened on ~** das Gebäude wird wie geplant eröffnet werden; **the work is ahead of/behind ~** wir *etc* sind (mit der Arbeit) dem Zeitplan voraus/im Rückstand; **we are working to a very tight ~** unsere Termine sind sehr eng **B** *v/t* planen; **the work is ~d for completion in 3 months** die Arbeit soll (laut Zeitplan) in 3 Monaten fertig(gestellt) sein; **it is ~d to take place tomorrow** es soll morgen stattfinden; **she is ~d to speak tomorrow** ihre Rede ist für morgen geplant; **the plane is ~d to take off at 2 o'clock** planmäßiger Abflug ist 2 Uhr

scheduled ['skedʒʊəld, *bes Br* 'ʃedjuːld] *adj* geplant; *Abfahrt* planmäßig

scheduled flight *s* Linienflug *m*

schematic *adj*, **schematically** [skɪ'mætɪk, -əlɪ] *adv* schematisch

scheme [skiːm] **A** *s* **1** Plan *m*, Projekt *n*, Programm *n*; (≈ *Einfall*) Idee *f* **2** *kriminell etc* (raffinierter) Plan **3** *von Zimmer* Einrichtung *f* **B** *v/i* Pläne schmieden

scheming ['skiːmɪŋ] **A** *s* raffiniertes Vorgehen; *von Politiker* Machenschaften *pl* **B** *adj Methoden, Geschäftsmann* raffiniert; *Politiker* gewieft *umg*

schizophrenia [ˌskɪtsəʊ'friːnɪə] *s* Schizophrenie *f*

schizophrenic [ˌskɪtsəʊ'frenɪk] *s* Schizophrene(r) *m/f(m)*

schmaltzy ['ʃmɔːltsɪ] *adj* ⟨*komp* schmaltzier⟩ *umg* schmalzig *umg*

schnap(p)s [ʃnæps] *s* ⟨*kein pl*⟩ Schnaps *m*

scholar ['skɒləʳ] *s* Gelehrte(r) *m/f(m)*

scholarly ['skɒləlɪ] *adj* wissenschaftlich, gelehrt

scholarship *s* **1** Gelehrsamkeit *f* **2** Stipendium *n*; **~ holder** Stipendiat(in) *m(f)*

school[1] [skuːl] *s* **1** Schule *f*; *US* College *n*, Universität *f*; **at ~**, **in ~** *US* in der Schule; *US* im College, an der Universität; **from ~** von der Schule/vom College/von der Universität; **to go to ~** in die Schule/ins College *US*/zur Universität *US* gehen; **to leave ~** von der Schule abgehen; **to miss ~** in der Schule fehlen; **to start ~** in die Schule kommen; **how do you get to ~?** wie kommst du zur Schule?; **there's no ~ tomorrow** morgen ist schulfrei; **we've got a day off ~ on Friday** am Freitag haben wir frei **2** UNIV Fachbereich *m*, Fakultät *f*

school[2] *s von Fischen* Schule *f*

school age *s* Schulalter *n*

school bag *s* Schultasche *f*

schoolbook *s* Schulbuch *n*

schoolboy *s* Schüler *m*

school bus *s* Schulbus *m*

schoolchild *s* ⟨*pl* -ren⟩ Schulkind *n*

schoolchildren *pl* Schüler *pl*

school days *pl* Schulzeit *f*

school dinner *s* Schulessen *n*

school exchange *s* Schüleraustausch *m*; **to go on the ~ (visit) to Germany** beim Schüleraustausch mit Deutschland mitmachen

school fees *pl* Schulgeld *n*

schoolfriend *s* Schulfreund(in) *m(f)*

schoolgirl *s* Schülerin *f*

school holiday *Br s* Schulferien *pl*

schooling ['skuːlɪŋ] *s* Schulausbildung *f*

school-leaver *Br s* Schulabgänger(in) *m(f)*

school-leaving qualification [skuː'liːvɪŋ] *s* Schulabschluss *m*

school magazine *s* Schülerzeitung *f*

schoolmate *Br s* Schulkamerad(in) *m(f)*

school meals *pl* Schulessen *n*

school office *s* Sekretariat *n*

School of the Air *s* Fernunterricht per Internet *in Australien*

school report *s* Schulzeugnis *n*

school subject *s* Schulfach *n*

schoolteacher *s* Lehrer(in) *m(f)*

school uniform *s* Schuluniform *f*

school vacation *US s* Schulferien *pl*

schoolwork *s* ⟨*kein pl*⟩ Schulaufgaben *pl*, Schularbeiten *pl*

schoolyard *s* Schulhof *m*

sciatica [saɪ'ætɪkə] *s* Ischias *m*

science ['saɪəns] *s* Wissenschaft *f*, Naturwissenschaft *f*

science fiction *s* Science-Fiction *f*

science park *s* Technologiepark *m*

scientific [ˌsaɪən'tɪfɪk] *adj* naturwissenschaftlich; *Methoden* wissenschaftlich

scientifically [ˌsaɪən'tɪfɪkəlɪ] *adv* **~ proven** wissenschaftlich erwiesen

scientist ['saɪəntɪst] *s* (Natur)wissenschaftler(in) *m(f)*

sci-fi ['saɪfaɪ] *umg s* → science fiction

Scillies ['sɪlɪz], **Scilly Isles** ['sɪlɪˌaɪlz] *pl* Scillyinseln *pl*

scintillating ['sɪntɪleɪtɪŋ] *fig adj Geist, Vorführung* sprühend *attr*; *Mensch, Rede* vor Geist sprühend *attr*

scissors ['sɪzəz] *pl* Schere *f*; **a pair of ~** eine Schere

scoff[1] [skɒf] *v/i* spotten; **to ~ at sb/sth** sich abschätzig über j-n/etw äußern

scoff[2] *Br umg v/t* futtern *umg*, in sich (*akk*) hineinstopfen *umg*

scold [skəʊld] **A** *v/t* ausschimpfen (**for** wegen) **B** *v/i* schimpfen

scolding ['skəʊldɪŋ] *s* **1** Schelte *f kein pl* **2** Schimpferei *f*

scollop *s* → scallop

scone [skɒn] *Br s* brötchenartiges Buttergebäck

scoop [skuːp] **A** *s* Schaufel *f*; *für Eiscreme* Portionierer *m*; (≈ *Portion Eiscreme*) Kugel *f* **B** *v/t* **1**

schaufeln; *Flüssigkeit* schöpfen ❷ *Preis* gewinnen

phrasal verbs mit scoop:

scoop out v/t ⟨trennb⟩ ❶ herausschaufeln; *Flüssigkeit* herausschöpfen ❷ *Melone* aushöhlen

scoop up v/t ⟨trennb⟩ aufschaufeln; *Flüssigkeit* aufschöpfen; **she scooped the child up** sie raffte das Kind an sich (*akk*)

scooter ['skuːtəʳ] s (Tret)roller m, Trottinett n *schweiz;* (Motor)roller m

scope [skəʊp] s ❶ *von Wissen, Untersuchung* Umfang m; *von Gremium etc* Kompetenzbereich m; **sth is beyond the ~ of sth** etw geht über etw (*akk*) hinaus; **this project is more limited in ~** dieses Projekt ist auf einen engeren Rahmen begrenzt ❷ Möglichkeit(en) f(pl); **there is ~ for further growth in the tourist industry** die Tourismusindustrie ist noch ausbaufähig; **to give sb ~ to do sth** j-m den nötigen Spielraum geben, etw zu tun

scorch [skɔːtʃ] **A** s (*a.* **scorch mark**) Brandfleck m **B** v/t versengen

scorcher ['skɔːtʃəʳ] *umg* s glühend heißer Tag

scorching ['skɔːtʃɪŋ] *adj Sonne* glühend heiß; *Tag* brütend heiß

score [skɔːʳ] **A** s ❶ (Punkte)stand m, (Spiel)stand m; (≈ *Resultat*) Spielergebnis n; **the ~ was Rangers 3, Celtic 0** es stand 3:0 für Rangers (gegen Celtic); (≈ *Resultat*) Rangers schlug Celtic (mit) 3:0; **to keep ~** (mit)zählen; **what's the ~?** wie steht es?; **to know the ~** *fig* wissen, was gespielt wird *umg* ❷ (≈ *Groll*) Rechnung f; **to settle old ~s** alte Schulden begleichen; **to have a ~ to settle with sb** mit j-m eine alte Rechnung zu begleichen haben ❸ MUS Noten pl, Partitur f; *von Film* Musik f ❹ Kerbe f ❺ zwanzig; **~s of …** Hunderte von … ❻ **on that ~** deshalb **B** v/t ❶ erzielen; **I ~d ten points** ich habe zehn Punkte; **to ~ a goal** ein Tor schießen ❷ Kratzer/einen Kratzer machen in (+*akk*) **C** v/i ❶ einen Punkt erzielen; (≈ *Punkte sammeln*) punkten; FUSSB *etc* ein Tor schießen; **to ~ well/badly** gut/schlecht abschneiden ❷ (mit)zählen

phrasal verbs mit score:

score off v/t ⟨trennb⟩ ausstreichen

score out, **score through** v/t ⟨trennb⟩ durchstreichen

scoreboard s Anzeigetafel f; *im Fernsehen* Tabelle f der Spielergebnisse

scoreline ['skɔːlaɪn] s SPORT Spielstand m

scorer ['skɔːrəʳ] s ❶ FUSSB *etc* Torschütze m/-schützin f ❷ SPORT Anschreiber(in) m(f)

scorn ['skɔːn] **A** s Verachtung f; **to pour ~ on sb/sth** j-n/etw verächtlich abtun **B** v/t verachten, verächtlich behandeln

scornful *adj* verächtlich, spöttisch; **to be ~ of sb/sth** j-n/etw verachten; *mit Worten* j-n/etw verhöhnen

scornfully ['skɔːnfəlɪ] *adv* verächtlich

Scorpio ['skɔːpɪəʊ] s ⟨*pl* -s⟩ ASTROL Skorpion m; **to be (a) ~** (ein) Skorpion sein

scorpion ['skɔːpɪən] s Skorpion m

Scot [skɒt] s Schotte m, Schottin f

Scotch [skɒtʃ] **A** *adj* schottisch **B** s (≈ *Whisky*) Scotch m

Scotch tape® s ⟨kein pl⟩ Klebeband n

scot-free ['skɒt'friː] *adv* **to get off ~** ungeschoren davonkommen

Scotland ['skɒtlənd] s Schottland n

Scots [skɒts] **A** *adj* schottisch **B** s LING Schottisch n; **the ~** pl die Schotten pl

Scotsman s ⟨*pl* -men⟩ Schotte m

Scotswoman s ⟨*pl* -women [-wɪmɪn]⟩ Schottin f

Scottish ['skɒtɪʃ] *adj* schottisch; **the ~ Parliament** das schottische Parlament

scoundrel ['skaʊndrəl] s Bengel m, Bazi m *österr*

scour¹ ['skaʊəʳ] v/t scheuern, fegen *schweiz*

scour² v/t *Gebiet* absuchen (**for** nach); *Zeitung* durchkämmen (**for** nach)

scourer ['skaʊərəʳ] s Topfkratzer m, Scheuerschwamm m

scourge [skɜːdʒ] s Geißel f

scouring pad ['skaʊərɪŋpæd] s → scourer

Scouse [skaʊs] **A** *adj* Liverpooler **B** s ❶ Liverpooler(in) m(f) ❷ Liverpooler Dialekt m

scout [skaʊt] **A** s ❶ MIL Kundschafter(in) m(f) ❷ **to have a ~ (a)round for sth** sich nach etw umsehen ❸ **Scout** Pfadfinder m; *US* Pfadfinderin f ❹ Talentsucher(in) m(f) **B** v/i auskundschaften; **to ~ for sth** nach etw Ausschau halten **C** v/t *Gebiet, Land* erkunden

phrasal verbs mit scout:

scout around v/i sich umsehen (**for** nach)

scouting ['skaʊtɪŋ] s Suche f (**for** nach), Talentsuche f

scoutmaster ['skaʊtmɑːstəʳ] s Gruppenführer m

scowl [skaʊl] **A** s finsterer Blick **B** v/i ein finsteres Gesicht machen; **to ~ at sb** j-n böse ansehen

scrabble ['skræbl] v/i *a.* **~ around** *od* **about** *Br* (herum)tasten, (herum)wühlen

scraggly ['skræglɪ] *adj* ⟨komp **scragglier**⟩ *Bart, Haare* zottig; *Pflanze* kümmerlich

scraggy ['skrægɪ] *adj* ⟨komp **scraggier**⟩ dürr; *Fleisch* sehnig

scram [skræm] *umg* v/i abhauen *umg;* **~!** verschwinde!

scramble ['skræmbl] **A** s ❶ Kletterei f ❷ Gerangel n **B** v/t ❶ (untereinander) mischen ❷ *Eier* verquirlen ❸ TEL *Nachricht* verschlüsseln **C** v/i ❶ klettern; **to ~ out** herausklettern; **he ~d**

to his feet er rappelte sich auf *umg*; **to ~ up sth** auf etw (*akk*) hinaufklettern ☐ **to ~ for sth** sich um etw raufen; *um Ball etc* um etw kämpfen; *um Job, Standort* sich um etw drängeln

scrambled egg(s) [ˌskræmbldˈeg(z)] *s(pl)* Rührei(er) *n(pl)*

scrap [skræp] Ⓐ *s* ☐ Stückchen *n*; *fig* bisschen *kein pl*; *von Papier, Konversation* Fetzen *m*; **there isn't a ~ of food** es ist überhaupt nichts zu essen da; **a few ~s of information** ein paar magere Auskünfte; **not a ~ of evidence** nicht der geringste Beweis ☐ ⟨*mst pl*⟩ Rest *m* ☐ Altmaterial *n*; (≈ *Metall*) Schrott *m*; **to sell sth for ~** etw zum Verschrotten verkaufen Ⓑ *v/t Auto* verschrotten; *Idee* fallen lassen

scrapbook [ˈskræpbʊk] *s* Sammelalbum *n*

scrap car *s* Schrottauto *n umg*

scrape [skreɪp] Ⓐ *s* Schramme *f* Ⓑ *v/t* ☐ *Kartoffeln* schaben; *Teller, Schuhe* abkratzen; *Topf* auskratzen; **to ~ a living** gerade so sein Auskommen haben; **that's really scraping the (bottom of the) barrel** *fig* das ist wirklich das Letzte vom Letzten ☐ *Auto* schrammen; *Mauer* streifen; *Arm* aufschürfen ☐ kratzen an (+*dat*) Ⓒ *v/i* kratzen (**against** an +*dat*), streifen (**against** +*akk*); **the car just ~d past the gatepost** der Wagen fuhr um Haaresbreite am Torpfosten vorbei

phrasal verbs mit scrape:

scrape by *wörtl v/i* sich vorbeizwängen; *fig* sich durchwursteln *umg* (**on** mit)

scrape off *v/t* ⟨*trennb*⟩ abkratzen (**sth von etw**)

scrape out *v/t* ⟨*trennb*⟩ auskratzen

scrape through Ⓐ *v/i* in *Prüfung* durchrutschen *umg* Ⓑ *v/t* ⟨+*obj*⟩ *Öffnung* sich durchzwängen durch; *Prüfung* durchrutschen durch *umg*

scrape together *v/t* ⟨*trennb*⟩ *Geld* zusammenkratzen

scraper [ˈskreɪpəʳ] *s* Spachtel *m*

scrap heap *s* Schrotthaufen *m*; **to be thrown on the ~** *Mensch* zum alten Eisen geworfen werden; **to end up on the ~** *Mensch* beim alten Eisen landen

scrapings [ˈskreɪpɪŋz] *pl von Essen* Reste *pl*; *von Kartoffeln* Schalen *pl*

scrap merchant *s* Schrotthändler(in) *m(f)*

scrap metal *s* Schrott *m*

scrap paper *bes Br s* Schmierpapier *n*

scrappy [ˈskræpɪ] *adj* ⟨*komp* scrappier⟩ zusammengestückelt; *Spiel* orientierungslos

scrap value *s* Schrottwert *m*

scrapyard [ˈskræpjɑːd] *bes Br s* Schrottplatz *m*

scratch [skrætʃ] Ⓐ *s* Kratzer *m*; **to have a ~** sich kratzen; **to start from ~** (ganz) von vorn(e) anfangen; **to learn a language from ~** eine Sprache von Grund auf erlernen; **to be up to ~** *umg* den Anforderungen entsprechen Ⓑ *v/t* kratzen, zerkratzen; **she ~ed the dog's ear** sie kratzte den Hund am Ohr; **to ~ one's head** sich am Kopf kratzen; **to ~ the surface of sth** *fig* etw oberflächlich berühren Ⓒ *v/i* ☐ kratzen, sich kratzen ☐ MUS scratchen

phrasal verbs mit scratch:

scratch about *Br*, **scratch around** *fig umg v/i* sich umsehen (**for** nach)

scratchcard [ˈskrætʃkɑːd] *Br s* Rubbellos *n*

scratching [ˈskrætʃɪŋ] *s* MUS Scratching *n*

scratch pad *s* ☐ *US* Notizblock *m* ☐ IT (digitaler) Notizblock

scratch paper *US s* Notizpapier *n*

scratchy [ˈskrætʃɪ] *adj* ⟨*komp* scratchier⟩ kratzend *attr*; *Pullover* kratzig

scrawl [skrɔːl] Ⓐ *s* Krakelei *f*; (≈ *Handschrift*) Klaue *f umg* Ⓑ *v/t* hinkritzeln

scrawny [ˈskrɔːnɪ] *adj* ⟨*komp* scrawnier⟩ dürr

scream [skriːm] Ⓐ *s* ☐ Schrei *m*; *von Motor* Heulen *n*; **to give a ~** einen Schrei ausstoßen ☐ *fig umg* **to be a ~** zum Schreien sein *umg* Ⓑ *v/t* schreien; **to ~ sth at sb** j-m etw zuschreien; **to ~ one's head off** *umg* sich (*dat*) die Lunge aus dem Leib *od* Hals schreien Ⓒ *v/i* schreien; *Wind, Motor* heulen; **to ~ at sb** j-n anschreien; **to ~ for sth** nach etw schreien; **to ~ in** *od* **with pain** vor Schmerzen schreien; **to ~ with laughter** vor Lachen kreischen

screaming [ˈskriːmɪŋ] Ⓐ *adj* schreiend; *Reifen* kreischend; *Wind, Motor* heulend Ⓑ *s* **to have a ~ match** sich gegenseitig anbrüllen *umg*

screech [skriːtʃ] Ⓐ *s* Kreischen *n kein pl* Ⓑ *v/t* schreien; *in hohen Tönen* quietschen Ⓒ *v/i* kreischen; **to ~ with laughter** vor Lachen kreischen; **to ~ with delight** vor Vergnügen quietschen; **to ~ to a halt** mit quietschenden Reifen zum Stillstand kommen

screen [skriːn] Ⓐ *s* ☐ (≈ *Schutzvorrichtung*) Schirm *m*, Wandschirm *m*; *fig* Schutz *m* ☐ FILM Leinwand *f*; TV (Bild)schirm *m*; **stars of the ~** Filmstars *pl*; **the big ~** die Leinwand; **the small ~** die Mattscheibe ☐ COMPUT Bildschirm *m*; **on ~** auf Bildschirm (*dat*); **to work on ~** am Bildschirm arbeiten Ⓑ *v/t* ☐ verdecken, abschirmen; **he ~ed his eyes from the sun** er schützte die Augen vor der Sonne ☐ *TV-Programm* senden; *Film* vorführen ☐ *Bewerber* überprüfen; *Telefonate* überwachen; MED untersuchen Ⓒ *v/i* **to ~ for sth** MED auf etw (*akk*) untersuchen

phrasal verbs mit screen:

screen off *v/t* ⟨*trennb*⟩ abtrennen

screenager [ˈskriːneɪdʒəʳ] *umg s* Bildschirm--Teenie *m umg*

screening ['skri:nɪŋ] s **1** *von Bewerbern* Überprüfung f **2** *von Film* Vorführung f; TV Sendung f
screenplay s Drehbuch n
screen-printing s Siebdruck m
screensaver s IT Bildschirmschoner m
screenshot s IT Screenshot m
screenwriter s Drehbuchautor(in) m(f)
screw [skru:] **A** s MECH Schraube f; **he's got a ~ loose** *umg* bei dem ist eine Schraube locker *umg*; **to turn the ~ on sb** *umg* j-m die Daumenschrauben anlegen **B** v/t **1** schrauben (**to** an +akk od **onto** auf +akk); **she ~ed her handkerchief into a ball** sie knüllte ihr Taschentuch zu einem Knäuel zusammen **2** sl vögeln *umg*; **~ you!** sl leck mich am Arsch! *vulg*, du kannst mich mal! *umg* **C** v/i sl vögeln *umg*
phrasal verbs mit screw:
  screw down v/t ⟨trennb⟩ an- od festschrauben
  screw in A v/t ⟨trennb⟩ (hin)einschrauben (**sth, -to sth** in etw akk) **B** v/i (hin)eingeschraubt werden (**sth, -to sth** in etw akk)
  screw off A v/t ⟨trennb⟩ abschrauben (**sth von** etw) **B** v/i abgeschraubt werden (**sth von** etw)
  screw on A v/t ⟨trennb⟩ anschrauben; **to screw sth on(to) sth** etw an etw (akk) schrauben; *Deckel* etw auf etw (akk) schrauben **B** v/i aufgeschraubt werden, angeschraubt werden
  screw together A v/t ⟨trennb⟩ zusammenschrauben **B** v/i zusammengeschraubt werden
  screw up A v/t ⟨trennb⟩ **1** *Papier* zusammenknüllen; *Augen* zusammenkneifen; *Gesicht* verziehen; **to screw up one's courage** seinen ganzen Mut zusammennehmen **2** *umg* vermasseln *umg* **3** *umg* j-n neurotisch machen; **he's so screwed up** der hat einen Schaden *umg* **B** v/i *umg* Scheiße bauen *umg* (**on sth** bei etw)
screwball *bes US umg* s Spinner(in) m(f) *umg*
screwdriver ['skru:draɪvəʳ] s Schraubenzieher m
screw top s Schraubverschluss m
screwy ['skru:ɪ] *umg adj* ⟨komp screwier⟩ verrückt *umg*
scribble ['skrɪbl] **A** s Gekritzel n kein pl **B** v/t hinkritzeln; **to ~ sth on sth** etw auf etw (akk) kritzeln; **to ~ sth down** etw hinkritzeln **C** v/i kritzeln
scribe [skraɪb] s Schreiber(in) m(f)
scrimp [skrɪmp] v/i sparen, knausern; **to ~ and save** (geizen und) sparen
script [skrɪpt] s **1** Schrift f **2** THEAT Text m; *Film* Drehbuch n
scripture ['skrɪptʃəʳ] s **Scripture, the Scriptures** die (Heilige) Schrift

scriptwriter ['skrɪpt,raɪtəʳ] s Textautor(in) m(f); FILM Drehbuchautor(in) m(f)
scroll [skrəʊl] **A** s **1** Schriftrolle f; *dekorativ* Schnörkel m **2** IT Scrollen n **B** v/i IT scrollen
phrasal verbs mit scroll:
  scroll down v/t & v/i ⟨trennb⟩ vorscrollen
  scroll up v/t & v/i ⟨trennb⟩ zurückscrollen
scroll bar s IT Bildlaufleiste f
Scrooge [skru:dʒ] s Geizhals m
scrotum ['skrəʊtəm] s Hodensack m
scrounge [skraʊndʒ] *umg* **A** v/t & v/i schnorren *umg* (**off, from** bei) **B** s **to be on the ~** am Schnorren sein *umg*
scrounger ['skraʊndʒəʳ] *umg* s Schnorrer(in) m(f) *umg*
scrub[1] [skrʌb] s Gebüsch n
scrub[2] **A** s Schrubben n kein pl, Fegen n kein pl *schweiz*; **to give sth a ~** etw schrubben **B** v/t schrubben, fegen *schweiz*; *Gemüse* putzen
phrasal verbs mit scrub:
  scrub down v/t ⟨trennb⟩ abschrubben, abfegen *schweiz*
  scrub out v/t ⟨trennb⟩ *Topf* ausscheuern, ausfegen *schweiz*
scrubbing brush ['skrʌbɪŋ,brʌʃ] *Br* s, **scrub brush** *US* s Scheuerbürste f
scrubland ['skrʌblænd] s → scrub[1]
scruff[1] [skrʌf] s **by the ~ of the neck** am Genick
scruff[2] *umg* s (≈ *Frau*) Schlampe f pej *umg*; (≈ *Mann*) abgerissener Typ m
scruffily ['skrʌfɪlɪ] *umg adv* schlampig *umg*
scruffy ['skrʌfɪ] *umg adj* ⟨komp scruffier⟩ gammelig *umg*
scrum [skrʌm] s *a. Rugby* Gedränge n
scrumptious ['skrʌmpʃəs] *umg adj* lecker
scrunch [skrʌntʃ] **A** v/t **to ~ sth (up) into a ball** etw zusammenknüllen **B** v/i knirschen
scruple ['skru:pl] s Skrupel m; **~s** (moralische) Bedenken pl; **to have no ~s about sth** bei einer Sache keine Skrupel haben
scrupulous ['skru:pjʊləs] *adj* gewissenhaft; **he is not too ~ in his business dealings** er hat keine allzu großen Skrupel bei seinen Geschäften; **to be ~ about sth** mit etw sehr gewissenhaft sein
scrupulously ['skru:pjʊləslɪ] *adv* gewissenhaft, sorgfältig; *säubern* peinlich; *fair* äußerst
scrutinize ['skru:tɪnaɪz] v/t **1** (genau) untersuchen, genau prüfen **2** prüfend ansehen
scrutiny ['skru:tɪnɪ] s **1** Untersuchung f, (Über)prüfung f **2** *mit Augen* prüfender Blick
scuba diving ['sku:bə] s Sporttauchen n
scud [skʌd] v/i flitzen; *Wolken* jagen
scuff [skʌf] **A** v/t abwetzen **B** v/i schlurfen
scuffle ['skʌfl] **A** s Handgemenge n **B** v/i sich raufen

sculpt [skʌlpt] v/t → sculpture B
sculptor ['skʌlptə^r] s Bildhauer(in) m(f)
sculpture ['skʌlptʃə^r] **A** s Bildhauerkunst f, Bildhauerei f; (≈ Werk) Skulptur f, Plastik f **B** v/t formen; in Stein hauen
scum [skʌm] s **1** auf Flüssigkeit Schaum m; (≈ Rückstand) Rand m **2** pej umg Abschaum m; **the ~ of the earth** der Abschaum der Menschheit
scumbag ['skʌmbæg] umg s Schleimscheißer m umg
scupper ['skʌpə^r] v/t **1** SCHIFF versenken **2** Br umg zerschlagen
scurrilous ['skʌrɪləs] adj verleumderisch
scurry ['skʌrɪ] v/i hasten; Tier huschen; **they all scurried out of the classroom** sie hatten es alle eilig, aus dem Klassenzimmer zu kommen
scuttle[1] ['skʌtl] v/i trippeln; Tier hoppeln; Spinne krabbeln
scuttle[2] v/t SCHIFF versenken
scythe [saɪð] s Sense f
SE abk (= south-east) SO
sea [siː] s Meer n, See f; **by sea** auf dem Seeweg; **by the sea** am Meer; **at sea** auf See; **to be all at sea** fig nicht durchblicken (**with** bei) umg; **to go to sea** zur See gehen; **heavy seas** schwere See
sea anemone s Seeanemone f
seabed s Meeresboden m
sea bird s Seevogel m
seaboard US s Küste f
sea breeze s Seewind m
sea change s totale Veränderung
sea defences pl, **sea defenses** US pl Hochwasserschutzmaßnahmen pl
seafaring ['siːfeərɪŋ] adj Nation seefahrend
seafish s Meeresfisch m
seafood s ⟨kein pl⟩ Meeresfrüchte pl; **~ restaurant** Fischrestaurant n
seafront s Strandpromenade f
seagoing ['siːˌgəʊɪŋ] adj Jacht etc hochseetüchtig, Hochsee-
seagull s Möwe f
sea horse s Seepferdchen n
seal[1] [siːl] s ZOOL Seehund m, Robbe f
seal[2] **A** s **1** Siegel n; **~ of approval** offizielle Zustimmung **2** Verschluss m **B** v/t versiegeln; mit Wachs siegeln; Bereich abriegeln, abdichten; fig besiegeln; **~ed envelope** verschlossener Briefumschlag; **my lips are ~ed** meine Lippen sind versiegelt; **this ~ed his fate** dadurch war sein Schicksal besiegelt
phrasal verbs mit seal:
seal in v/t ⟨trennb⟩ einschließen
seal off v/t ⟨trennb⟩ abriegeln
seal up v/t ⟨trennb⟩ versiegeln; Paket zukleben
sea level s Meeresspiegel m

sea lion s Seelöwe m
seam [siːm] s Naht f; **to come apart at the ~s** aus den Nähten gehen; **to be bursting at the ~s** aus allen Nähten platzen umg
seaman [-mən] s ⟨pl -men⟩ Seemann m
seamstress ['semstrɪs] s Näherin f
seamy ['siːmɪ] adj ⟨komp seamier⟩ Klub, Mensch heruntergekommen; Gegend, Vergangenheit zwielichtig
séance ['seɪɑː̃s] s Séance f
seaplane s Wasserflugzeug n
seaport s Seehafen m, Hafenstadt f
sea power s Nation Seemacht f
search [sɜːtʃ] **A** s Suche f (**for** nach); von Gepäck etc Durchsuchung f (**of** +gen); IT Suchlauf m; **to go in ~ of sb/sth** auf die Suche nach j-m/etw gehen; **to carry out a ~ of a house** eine Haus(durch)suchung machen; **they arranged a ~ for the missing child** sie veranlassten eine Suchaktion nach dem vermissten Kind; **to do a ~ (and replace) for sth** IT etw suchen (und ersetzen) **B** v/t durchsuchen (**for** nach); Akten suchen in (+dat) (**for** nach); Gedächtnis durchforschen (**for** nach); **to ~ a place for sb/sth** einen Ort nach j-m/etw absuchen; **to ~ the internet** im Internet suchen **C** v/i suchen (**for** nach)
phrasal verbs mit search:
search around v/i herumstöbern (**in** in +dat)
search out v/t ⟨trennb⟩ heraussuchen; j-n aufspüren
search through v/i ⟨+obj⟩ durchsuchen; Papiere durchsehen
search engine s IT Suchmaschine f
searcher ['sɜːtʃə^r] s **the ~s** die Suchmannschaft f
search function s IT Suchfunktion f
searching ['sɜːtʃɪŋ] adj Blick forschend; Frage bohrend
searchlight s Suchscheinwerfer m
search party s Suchmannschaft f
search strategy s IT Suchstrategie f
search warrant s Durchsuchungsbefehl m
searing ['sɪərɪŋ] adj Hitze glühend
seashell s Muschel(schale) f
seashore s Strand m; **on the ~** am Strand
seasick adj seekrank
seasickness s Seekrankheit f
seaside **A** s (Meeres)küste f; **at the ~** am Meer; **to go to the ~** ans Meer fahren **B** adj ⟨attr⟩ See-; Stadt am Meer
seaside resort s Seebad n
season ['siːzn] **A** s **1** Jahreszeit f; **rainy ~** Regenzeit f **2** Saison f; **hunting ~** Jagdzeit f; **strawberries are in ~/out of ~ now** für Erdbeeren ist jetzt die richtige/nicht die richtige

Zeit; **their bitch is in ~** ihre Hündin ist läufig; **to go somewhere out of/in ~** an einen Ort fahren *od* gehen, wenn keine Saison/wenn Saison ist; **at the height of the ~** in der Hochsaison; **the ~ of good will** die Zeit der Nächstenliebe; **"Season's greetings"** „fröhliche Weihnachten und ein glückliches neues Jahr" **3** THEAT Spielzeit *f*; **a ~ of Dustin Hoffman films** eine Serie von Dustin-Hoffman-Filmen **B** *v/t* Essen würzen

seasonal ['si:zənl] *adj* jahreszeitlich bedingt; **~ affective disorder** Winterdepression *f*; **~ fruit** Früchte *pl* der Saison

seasonally ['si:zənəlı] *adv* **~ adjusted** saisonbereinigt

season creep *s* durch die globale Erwärmung bedingte Jahreszeitenverschiebung

seasoned *adj* **1** Essen gewürzt **2** Holz abgelagert **3** *fig* erfahren

seasoning ['si:znıŋ] *s* GASTR Gewürz *n*

season ticket *s* BAHN Zeitkarte *f*; Jahreskarte *f*; THEAT Abonnement *n*

seat [si:t] **A** *s* Sitz *m*, (Sitz)platz *m*; *mst pl* Sitzgelegenheit *f*; *von Hose* Hosenboden *m*; **will you keep my ~ for me?** würden Sie mir meinen Platz frei halten?; **the man in ~ 61** *umg* Otto Normalverbraucher *umg* **B** *v/t* setzen; **to ~ oneself** sich setzen; **to be ~ed** sitzen; **please be ~ed** bitte, setzen Sie sich; **the table/sofa ~s 4** am Tisch/auf dem Sofa ist Platz für 4 Personen; **the hall ~s 900** die Halle hat 900 Sitzplätze

seat belt *s* Sicherheitsgurt *m*; **to fasten one's ~** sich anschnallen

seat cushion *s* Sitzpolster *n*

seating ['si:tıŋ] *s* Sitzplätze *pl*

seating arrangements *pl* Sitzordnung *f*

seat selection *s* Platzwahl *f*

sea urchin *s* Seeigel *m*

sea view *s* Seeblick *m*

sea wasp *s* Seewespe *f*

sea water *s* Meerwasser *n*

seaweed *s* (See)tang *m*

seaworthy *adj* seetüchtig

sec [sek] *abk* (= **seconds**) Sek.; **wait a sec** *umg* Moment mal

secession [sı'seʃn] *s* Abspaltung *f*, Sezession *f* (**from** von)

secluded [sı'klu:dıd] *adj* Ort abgelegen

seclusion [sı'klu:ʒən] *s* Abgeschiedenheit *f*, Abgelegenheit *f*

second[1] ['sekənd] **A** *adj* zweite(r, s); **the ~ floor** *Br* der zweite Stock; *US* der erste Stock; **to be ~** Zweite(r, s) sein; **in ~ place** SPORT *etc* an zweiter Stelle; **to be** *od* **lie in ~ place** auf dem zweiten Platz sein *od* liegen; **to finish in ~ place** den zweiten Platz belegen; **a ~-half goal** ein Tor *n* in der zweiten Halbzeit; **to be ~ in command** MIL stellvertretender Kommandeur sein; **~ time around** beim zweiten Mal; **you won't get a ~ chance** die Möglichkeit kriegst du so schnell nicht wieder *umg* **B** *adv* **1** mit Adjektiv zweit-; *mit Verb* an zweiter Stelle; **the ~ largest house** das zweitgrößte Haus; **to come/lie ~** Zweite(r) werden/sein **2** zweitens **C** *v/t* Antrag unterstützen **D** *s* **1** Sekunde *f*; *umg* Augenblick *m*; **just a ~!** (einen) Augenblick!; **it won't take a ~** es dauert nicht lange; **I'll only be a ~** ich komme gleich, ich bin gleich wieder da **2** **the ~** der/die/das Zweite **3** AUTO **~ (gear)** der zweite Gang **4** **~s** *pl umg beim Essen* Nachschlag *m umg* **5** HANDEL **~s** *pl* Waren *pl* zweiter Wahl

second[2] [sı'kɒnd] *Br v/t* abordnen

secondary ['sekəndərı] *adj* **1** sekundär **2** *Bildung* höher; **~ school** höhere Schule, weiterführende Schule

secondary education *s* Schulbildung nach der Grundschule

second best A *s* Zweitbeste(r, s); **I won't settle for ~** ich gebe mich nicht mit dem Zweitbesten zufrieden **B** *adv* **to come off ~** den Kürzeren ziehen

second-best *adj* zweitbeste(r, s)

second biggest *adj* zweitgrößte(r, s)

second class *s* zweite Klasse

second-class A *adj* Fahrkarte *etc* zweiter Klasse *präd*; **~ stamp** Briefmarke für nicht bevorzugt beförderte Briefsendungen **B** *adv reisen* zweiter Klasse; **to send sth ~** etw mit nicht bevorzugter Post schicken

second cousin *s* Cousin *m*/Cousine *f* zweiten Grades

second-degree *adj* ⟨*attr*⟩ zweiten Grades

second-guess *v/t* **1** **to ~ sb** vorhersagen, was j-d machen/sagen wird **2** *US* im Nachhinein kritisieren

second hand *s* Sekundenzeiger *m*

second-hand A *adj* gebraucht; *Kleider* getragen; *fig Information* aus zweiter Hand; **~ shop** Gebrauchtwarenladen *m*; **a ~ car** ein Gebrauchtwagen *m*, eine Occasion *schweiz*; **~ bookshop** Antiquariat *n* **B** *adv* gebraucht

secondly ['sekəndlı] *adv* zweitens, an zweiter Stelle

secondment [sı'kɒndmənt] *Br s* Abordnung *f*; **to be on ~** abgeordnet sein

second name *s* Nachname *m*

second nature *s* **to become ~ (to sb)** (j-m) in Fleisch und Blut übergehen

second-rate *pej adj* zweitklassig

second sight *s* das Zweite Gesicht; **you must have ~** du musst hellsehen können

second thought s **without a ~** ohne lange darüber nachzudenken; **I didn't give it a ~** ich habe daran überhaupt keinen Gedanken verschwendet; **to have ~s about sth** sich (dat) etw anders überlegen; **on ~s maybe I'll do it myself** vielleicht mache ich es doch besser selbst

Second World War s **the ~** der Zweite Weltkrieg

secrecy ['siːkrəsɪ] s Geheimnistuerei f; von Ereignis Heimlichkeit f; **in ~** im Geheimen

secret ['siːkrɪt] **A** adj geheim; Bewunderer heimlich; **to keep sth ~ (from sb)** etw (vor j-m) geheim halten **B** s Geheimnis n; **to keep sb/sth a ~ (from sb)** j-n/etw (vor j-m) geheim halten; **to tell sb a ~** j-m ein Geheimnis anvertrauen; **in ~** im Geheimen; **they met in ~** sie trafen sich heimlich; **to let sb in on** od **into a ~** j-n in ein Geheimnis einweihen; **to keep a ~** ein Geheimnis für sich behalten; **can you keep a ~?** kannst du schweigen?; **to make no ~ of sth** kein Geheimnis od keinen Hehl aus etw machen; **the ~ of success** das Erfolgsgeheimnis

secret agent s Geheimagent(in) m(f)

secretarial [ˌsekrəˈtɛərɪəl] adj Stelle als Sekretärin/Sekretär; **~ work** Sekretariatsarbeit f; **~ staff** Sekretärinnen und Schreibkräfte pl

secretary ['sekrətrɪ] s Sekretär(in) m(f); von Verein Schriftführer(in) m(f); POL Minister(in) m(f)

secretary-general s ⟨pl secretaries-general; secretary-generals⟩ Generalsekretär(in) m(f)

Secretary of State Br s Minister(in) m(f); US Außenminister(in) m(f)

secrete [sɪˈkriːt] v/t & v/i MED absondern

secretion [sɪˈkriːʃən] s MED Sekret n

secretive ['siːkrətɪv] adj Mensch verschlossen, geheimnistuerisch; Organisation verschwiegen; **to be ~ about sth** mit etw geheimnisvoll tun

secretly ['siːkrətlɪ] adv im Geheimen, heimlich, im Stillen

secret police s Geheimpolizei f

secret service s Geheimdienst m

secret weapon s Geheimwaffe f

sect [sekt] s Sekte f

sectarian [sekˈtɛərɪən] adj sektiererisch; Differenzen konfessionell; **~ violence** Gewalttätigkeiten pl mit konfessionellem Hintergrund

section ['sekʃən] s **1** Teil m, Abschnitt m; von Lehrwerk (Themen)bereich m; von Dokument Absatz m; von Orange Stück n; **the string ~** die Streicher pl **2** a. MIL Abteilung f; von Akademie etc Sektion f **3** (≈ Zeichnung, Modell) Schnitt m
phrasal verbs mit section:
section off v/t ⟨trennb⟩ abteilen

sector ['sektə^r] s a. IT Sektor m

secular ['sekjʊlə^r] adj weltlich, säkular; Kunst profan

secure [sɪˈkjʊə^r] **A** adj ⟨komp securer⟩ sicher, geborgen; Einkommen, Tür gesichert; Griff, Knoten fest; **~ in the knowledge that ...** ruhig in dem Bewusstsein, dass ...; **to make sb feel ~** j-m das Gefühl der Sicherheit geben; **financially ~** finanziell abgesichert **B** v/t **1** festmachen; Tür fest zumachen; gegen Gefahr etc sichern (**from, against** gegen) **2** sich (dat) sichern; Stimmen, Auftrag erhalten; mit Geld erstehen; **to ~ sth for sb** j-m etw sichern

securely [sɪˈkjʊəlɪ] adv fest, sicher

security [sɪˈkjʊərɪtɪ] s **1** ⟨kein pl⟩ Sicherheit f, Geborgenheit f; (≈ Vorkehrungen) Sicherheitsmaßnahmen pl; (≈ Abteilung) Sicherheitsdienst m; (≈ Garant) Bürge m, Bürgin f; **for ~** zur Sicherheit **2** **securities** pl FIN (Wert)papiere pl; **securities market** Wertpapiermarkt m

security alert s Sicherheitsalarm m

security camera s Überwachungskamera f

security check s Sicherheitskontrolle f

security-conscious adj sicherheitsbewusst

security firm s Wach- und Sicherheitsdienst m

security forces pl Sicherheitskräfte pl

security gap s Sicherheitslücke f

security guard s Wache f

security lock s Sicherheitsschloss n

security man s ⟨pl - men⟩ Wache f, Wächter m; **one of the security men** einer der Sicherheitsleute

security measure s Sicherheitsmaßnahme f

security personnel s Sicherheitspersonal n

security risk s Sicherheitsrisiko n

security staff s Sicherheitspersonal n

sedan [sɪˈdæn] s **1** (a. **~ chair**) Sänfte f **2** US AUTO Limousine f

sedate [sɪˈdeɪt] **A** adj ⟨komp sedater⟩ gesetzt; Leben geruhsam **B** v/t Beruhigungsmittel geben (+dat); **he was heavily ~d** er stand stark unter dem Einfluss von Beruhigungsmitteln

sedation [sɪˈdeɪʃən] s Beruhigungsmittel pl; **to put sb under ~** j-m Beruhigungsmittel geben

sedative ['sedətɪv] s Beruhigungsmittel n

sedentary ['sednt(ə)rɪ] adj sitzend attr; **to lead a ~ life** sehr viel sitzen

sediment ['sedɪmənt] s (Boden)satz m; in Fluss Ablagerung f

seduce [sɪˈdjuːs] v/t verführen

seduction [sɪˈdʌkʃən] s Verführung f

seductive [sɪˈdʌktɪv] adj verführerisch; Angebot verlockend

see¹ [siː] ⟨prät saw, pperf seen⟩ **A** v/t **1** sehen, nachsehen; Film sich (dat) ansehen; **to see sb do sth** sehen, wie j-d etw macht; **I saw it happen** ich habe gesehen, wie es passiert ist; **I wouldn't like to see you unhappy** ich möchte doch nicht, dass du unglücklich bist; **see page 8** siehe Seite 8; **what does she see in him?** was findet sie an ihm?; **you must be seeing things** du siehst wohl Gespenster!; **worth seeing** sehenswert; **we'll see if we can help** mal sehen, ob wir helfen können; **that remains to be seen** das wird sich zeigen; **let's see what happens** wollen wir mal abwarten, was passiert; **I see you still haven't done that** wie ich sehe, hast du das immer noch nicht gemacht; **try to see it my way** versuchen Sie doch einmal, es aus meiner Sicht zu sehen; **I don't see it that way** ich sehe das anders ☐ besuchen; *geschäftlich* aufsuchen; **to call** *od* **go and see sb** j-n besuchen (gehen); **to see the doctor** zum Arzt gehen ☐ (≈ *treffen*) sehen, sprechen; *Besucher* empfangen; **the doctor will see you now** der Herr Doktor ist jetzt frei; **I'll have to see my wife about that** das muss ich mit meiner Frau besprechen; **see you (soon)!** bis bald!, servus! *österr*; **see you around!** bis dann!; **see you later!** bis später! ☐ befreundet sein mit; **I'm not seeing anyone** ich habe keinen Freund/keine Freundin ☐ **to see sb to the door** j-n zur Tür bringen ☐ sich *(dat)* vorstellen; **I can't see that working** ich kann mir kaum vorstellen, dass das klappt ☐ erleben; **I've never seen anything like it!** so etwas habe ich ja noch nie gesehen!; **it's seen a lot of hard wear** das ist schon sehr strapaziert worden ☐ verstehen, einsehen, erkennen; **I can see I'm going to be busy** ich sehe schon, ich werde viel zu tun haben; **I fail to** *od* **don't see how anyone could ...** ich begreife einfach nicht, wie jemand nur ... kann; **I see from this report that ...** ich ersehe aus diesem Bericht, dass ...; **(do you) see what I mean?** verstehst du(, was ich meine)?, siehst dus jetzt!; **I see what you mean** ich verstehe, was du meinst; *zustimmend* ja, du hast recht; **to make sb see sth** j-m etw klarmachen ☐ **see that it is done by tomorrow** sieh zu, dass es bis morgen fertig ist ☐ *v/i* ☐ sehen; **let me see, let's see** lassen Sie mich mal sehen; **who was it? — I couldn't/didn't see** wer war das? — ich konnte es nicht sehen; **as far as the eye can see** so weit das Auge reicht; **see for yourself!** sieh doch selbst!; **will he come? — we'll soon see** kommt er? — das werden wir bald sehen; **you'll see!** du wirst es (schon) noch sehen! ☐ nachsehen; **is he there? — I'll see** ist er da? — ich sehe mal nach *od* ich guck mal *umg*; **see for yourself!** sieh doch selbst (nach)! ☐ verstehen; **as far as I can see ...** so wie ich das sehe ...; **he's dead, don't you see?** er ist tot, begreifst du das denn nicht?; **as I see from your report** wie ich aus Ihrem Bericht ersehe; **you see it, you know it; it's too late, (you) see** siehst du, es ist zu spät!; **(you) see, it's like this** es ist nämlich so; **I see!** aha!, ach so!, ich verstehe ☐ **we'll see** mal sehen; **let me see, let's see** lassen Sie mich mal überlegen

phrasal verbs mit see:

see about *v/i ⟨+obj⟩* sich kümmern um; **he came to see about the rent** er ist wegen der Miete gekommen
see in ☐ *v/i* hineinsehen ☐ *v/t ⟨trennb⟩* **to see the New Year in** das neue Jahr begrüßen
see into *v/i ⟨+obj⟩* hineinsehen in (+*akk*)
see off *v/t ⟨trennb⟩* ☐ verabschieden; **are you coming to see me off (at the airport** *etc* **)?** kommt ihr mit mir (zum Flughafen *etc*)? ☐ (≈ *wegjagen*) Beine machen (+*dat*) *umg*
see out ☐ *v/i* hinaussehen; **I can't see out of the window** ich kann nicht zum Fenster hinaussehen ☐ *v/t ⟨trennb⟩ Besucher* hinausbegleiten (of aus); **I'll see myself out** ich finde (schon) alleine hinaus
see through ☐ *v/i wörtl* (hin)durchsehen (sth durch etw) ☐ *v/i ⟨+obj⟩ fig Täuschung* durchschauen ☐ *v/t ⟨immer getrennt⟩* ☐ beistehen (+*dat*); **he had £100 to see him through the term** er hatte £ 100 für das ganze Semester ☐ *Aufgabe* zu Ende bringen
see to *v/i ⟨+obj⟩* sich kümmern um
see up *v/i ⟨+obj⟩* hinaufsehen; **I could see up her skirt** ich konnte ihr unter den Rock sehen

see² *s* Bistum *n*
seed [siːd] ☐ *s* ☐ BOT Samen *m*, Korn *n*; *in Obst* (Samen)kern *m*; (≈ *Getreide*) Saatgut *n*; *fig von Idee* Keim *m* (of zu); **to sow the ~s of doubt (in sb's mind)** (bei j-m) Zweifel säen ☐ SPORT **the number one ~** der/die als Nummer eins Gesetzte ☐ *v/t* SPORT **~ed number one** als Nummer eins gesetzt

seedling [ˈsiːdlɪŋ] *s* Sämling *m*
seedy [ˈsiːdɪ] *adj ⟨komp* seedier⟩ zwielichtig
seeing [ˈsiːɪŋ] ☐ *s* Sehen *n*; **I'd never have thought it possible but ~ is believing** ich hätte es nie für möglich gehalten, aber ich habe es mit eigenen Augen gesehen ☐ *konj* **~ (that** *od* **as) da
Seeing Eye Dog *US s* Blindenhund *m*
seek [siːk] *v/t ⟨prät, pperf* sought⟩ suchen; *Ruhm* streben nach; **to ~ sb's advice** j-n um Rat fragen; **to ~ to do sth** sich bemühen, etw zu tun

phrasal verbs mit seek:

seek out *v/t ⟨trennb⟩* ausfindig machen
seem [siːm] *v/i* scheinen; **to ~ familiar** bekannt vorkommen; **he ~s younger than he is** er wirkt jünger, als er ist; **he doesn't ~ (to be) able to concentrate** er scheint sich nicht kon-

zentrieren zu können; **things aren't what they ~** Vieles ist anders, als es aussieht; **I ~ to have heard that before** das habe ich doch schon mal gehört; **what ~s to be the trouble?** worum geht es denn?; *Arzt* was kann ich für Sie tun?; **it ~s to me that ...** mir scheint, dass ...; **we are not welcome, it ~s** wir sind scheinbar nicht willkommen; **so it ~s** es sieht (ganz) so aus; **how does it ~ to you?** was meinen SIE?; **how did she ~ to you?** wie fandst du sie?; **it ~s a shame to leave now** es ist irgendwie schade, jetzt zu gehen; **it just doesn't ~ right** ich doch irgendwie nicht richtig; **I can't ~ to do it** ich kann das anscheinend *od* scheinbar *od* irgendwie nicht; **it only ~s like it** das kommt einem nur so vor; **I ~ to remember telling him that** es kommt mir so vor, als hätte ich ihm das schon gesagt

seeming ['siːmɪŋ] *adj* ⟨*attr*⟩ scheinbar

seemingly ['siːmɪŋli] *adv* scheinbar; anscheinend

seen [siːn] *pperf* → see¹

seep [siːp] *v/i* sickern; **to ~ through sth** durch etw durchsickern

seesaw ['siːsɔː] *s* Wippe *f*

seethe [siːð] *v/i* wimmeln (**with** von); *vor Wut* kochen *umg*

see-through ['siːθruː] *adj* durchsichtig

segment ['segmənt] *s* Teil *m*; *von Orange* Stück *n*; *von Kreis* Abschnitt *m*

segregate ['segrɪgeɪt] *v/t* absondern; *Bevölkerung* nach Rassen *etc* trennen

segregation [ˌsegrɪ'geɪʃən] *s* (Rassen)trennung *f*

seismic ['saɪzmɪk] *adj* seismisch; *fig Veränderungen* dramatisch; *Kräfte* ungeheuer

seismologist [ˌsaɪz'mɒlədʒɪst] *s* Seismologe *m*, Seismologin *f*

seize [siːz] *v/t* ergreifen; *Gelder etc* beschlagnahmen; *Stadt* einnehmen; *Macht* an sich (*akk*) reißen; *Gelegenheit* ergreifen; **to ~ sb's arm, to ~ sb by the arm** j-n am Arm packen; **to ~ the day** den Tag nutzen; **to ~ control of sth** etw unter Kontrolle bringen

phrasal verbs mit seize:

seize on, seize upon *v/i* ⟨+*obj*⟩ *Idee* sich stürzen auf (+*akk*)

seize up *v/i* **1** *Motor* sich verklemmen **2** *umg* **my back seized up** es ist mir in den Rücken gefahren *umg*

seizure ['siːʒəʳ] *s* **1** Beschlagnahmung *f*; *von Gebiet* Einnahme *f* **2** *MED* Anfall *m*, Schlaganfall *m*

seldom ['seldəm] *adv* selten

select [sɪ'lekt] **A** *v/t & v/i* (aus)wählen; *SPORT* auswählen; *für Spiel* aufstellen **B** *adj* exklusiv, auserwählt; **a ~ few** eine kleine Gruppe Auserwählter

selection [sɪ'lekʃən] *s* **1** (Aus)wahl *f* **2** Wahl *f*; **to make one's ~** seine Wahl treffen **3** (≈ *Spektrum*) Auswahl *f* (**of** an +*dat*)

selective [sɪ'lektɪv] *adj* wählerisch

selector [sɪ'lektəʳ] *s SPORT* j-d, der die Mannschaftsaufstellung vornimmt

self [self] *s* ⟨*pl* **selves**⟩ Ich *n*, Selbst *n kein pl*; **he showed his true ~** er zeigte sein wahres Ich *od* Gesicht; **he's quite his old ~ again, he's back to his usual ~** er ist wieder ganz der Alte *umg*

self-absorbed *adj* mit sich selbst beschäftigt

self-addressed *adj Umschlag* adressiert

self-addressed stamped envelope *US s* frankierter Rückumschlag

self-adhesive *adj* selbstklebend

self-adjusting *adj* sich selbst regulierend

self-appointed *adj* selbst ernannt

self-assertive *adj* selbstbewusst

self-assurance *s* Selbstsicherheit *f*

self-assured *adj* selbstsicher

self-awareness *s* Selbsterkenntnis *f*

self-belief *s* Glaube *m* an sich (*akk*) selbst

self-catering *Br* **A** *s* Selbstversorgung *f*; **to go ~** Urlaub *m* für Selbstversorger machen **B** *adj* für Selbstversorger

self-catering apartment *s* Apartment *n* für Selbstversorger

self-centred *adj*, **self-centered** *US adj* egozentrisch

self checkout *s* Selbstbedienungskasse *f*, SB--Kasse *f*

self-confessed *adj* erklärt *attr*

self-confidence *s* Selbstvertrauen *n*

self-confident *adj* selbstsicher, selbstbewusst

self-conscious *adj* gehemmt, befangen; **to be ~ about sth** sich (*dat*) einer Sache (*gen*) sehr bewusst sein

self-consciously *adv* verlegen

self-consciousness *s* Befangenheit *f*, Gehemmtheit *f*; *von Stil* Bewusstheit *f*

self-contained *adj* **1** *Wohnung* separat; *Gruppe* geschlossen **2** *Mensch* distanziert **3** selbstgenügsam

self-control *s* Selbstbeherrschung *f*

self-deception *s* Selbstbetrug *m*

self-defence *s*, **self-defense** *US s* Selbstverteidigung *f*; *JUR* Notwehr *f*

self-delusion *s* Selbsttäuschung *f*

self-denial *s* Selbstzucht *f*

self-deprecating *adj Mensch* bescheiden; *Bemerkung* sich selbst herabwürdigend *attr*; **to be ~** sich selbst abwerten

self-destruct **A** *v/i* sich selbst zerstören **B** *adj* ⟨*attr*⟩ **~ button** Knopf *m* zur Selbstzerstörung

self-destruction s Selbstzerstörung f
self-destructive adj selbstzerstörerisch
self-determination s a. POL Selbstbestimmung f
self-discipline s Selbstdisziplin f
self-doubt s Zweifel m an sich (dat) selbst
self-educated adj autodidaktisch
self-effacing adj zurückhaltend
self-employed adj selbstständig; *Journalist* freiberuflich; **~ person** Selbstständige(r) m/f(m)
self-employment s Selbstständigkeit f
self-esteem s Selbstachtung f, Selbstwertgefühl n; **to have high/low ~** sehr/wenig selbstbewusst sein
self-evident adj offensichtlich
self-explanatory adj unmittelbar verständlich
self-government s Selbstverwaltung f
self-help s Selbsthilfe f
self-help group s Selbsthilfegruppe f
self-important adj aufgeblasen
self-improvement s Weiterbildung f
self-indulgence s genießerische Art; *beim Essen* Maßlosigkeit f
self-indulgent adj genießerisch; *beim Essen* maßlos
self-inflicted adj *Verletzung* sich (dat) selbst zugefügt attr
self-interest s eigenes Interesse
selfish ['selfɪʃ] adj egoistisch; **for ~ reasons** aus selbstsüchtigen Gründen
selfishly ['selfɪʃlɪ] adv egoistisch
selfishness ['selfɪʃnɪs] s Egoismus m
self-justification s Rechtfertigung f
self-knowledge s Selbsterkenntnis f
selfless adj, **selflessly** ['selflɪs, -lɪ] adv selbstlos
selflessness ['selflɪsnɪs] s Selbstlosigkeit f
self-made adj **~ man** Selfmademan m; **he's a ~ millionaire** er hat es aus eigener Kraft zum Millionär gebracht
self-management s Selbstmanagement n
self-opinionated [,selfə'pɪnjəneɪtɪd] adj rechthaberisch
self-perception s Selbstwahrnehmung f
self-pity s Selbstmitleid n
self-portrait s Selbstporträt n
self-possessed adj selbstbeherrscht
self-preservation s Selbsterhaltung f
self-raising adj, **self-rising** US adj *Mehl* selbsttreibend (*mit bereits beigemischtem Backpulver*)
self-reliant adj selbstständig
self-respect s Selbstachtung f; **have you no ~?** schämen Sie sich gar nicht?
self-respecting adj anständig; **no ~ person would ...** niemand, der etwas auf sich hält, würde ...

self-restraint s Selbstbeherrschung f
self-righteous adj selbstgerecht
self-rising US adj → self-raising
self-sacrifice s Selbstaufopferung f
self-satisfied adj selbstgefällig
self-service, **self-serve** *bes US* **A** adj Selbstbedienungs- **B** s Selbstbedienung f
self-sufficiency s Selbstständigkeit f; *von Land* Autarkie f; *von Gemeinde* Selbstversorgung f
self-sufficient adj selbstständig; *emotional* selbstgenügsam; *Land* autark
self-supporting [selfsə'pɔːtɪŋ] adj finanziell unabhängig
self-taught adj **he is ~** er hat sich (dat) das selbst beigebracht
self timer s FOTO Selbstauslöser m
self-willed [self'wɪld] adj eigensinnig
self-worth s Selbstachtung f
sell [sel] 〈*prät, pperf* sold〉 **A** v/t **1** verkaufen ⟨sb sth, sth to sb⟩ j-m etw, etw an j-n; **what are you ~ing it for?** wie viel verlangen Sie dafür?; **to be sold on sb/sth** *umg* von j-m/etw begeistert sein **2** *Waren* führen, vertreiben **3** einen guten Absatz verschaffen (+dat); **to ~ oneself** sich verkaufen (**to** an +akk) **4** *fig* verraten; **to ~ sb down the river** *umg* j-n ganz schön verschaukeln *umg* **B** v/i verkaufen (**to sb** an j-n); *Artikel* sich verkaufen (lassen); **what are they ~ing for?** wie viel kosten sie?

phrasal verbs mit sell:
sell off v/t ⟨trennb⟩ verkaufen; *billig* abstoßen
sell out A v/t ⟨trennb⟩ ausverkaufen; **we're sold out of ice cream** das Eis ist ausverkauft **B** v/i **1** alles verkaufen; **the concert was sold out** das Konzert war ausverkauft; **we sold out in two days** wir waren in zwei Tagen ausverkauft **2** *umg* **he sold out to the enemy** er hat sich an den Feind verkauft
sell up *bes Br* v/i sein Haus *etc* verkaufen

sell-by date ['selbaɪ,deɪt] s ≈ Haltbarkeitsdatum n
seller ['selə] s **1** Verkäufer(in) m(f) **2** **this book is a good ~** das Buch verkauft sich gut
selling ['selɪŋ] s Verkauf m
selling point s Verkaufsanreiz m
selloff ['selɒf] s Verkauf m
Sellotape® ['seləʊteɪp] *Br* **A** s ⟨kein pl⟩ Klebeband n **B** v/t **to sellotape (down)** mit Klebeband festkleben
sellout ['selaʊt] s THEAT, SPORT **to be a ~** ausverkauft sein
selves [selvz] pl → self
semantics [sɪ'mæntɪks] s ⟨+sg v⟩ Semantik f
semaphore ['seməfɔː] s Signalsprache f
semblance ['sembləns] s Anschein m (**of** von), Anflug m (**of** von)

semen ['siːmən] s Sperma n
semester [sɪ'mestəʳ] s Semester n
semi ['semɪ] s **1** Br umg → semidetached **2** umg → semifinal
semi- präf halb-, Halb-
semibreve ['semɪbriːv] s Br ganze Note
semicircle s Halbkreis m
semicircular adj halbkreisförmig
semiconductor s ELEK Halbleiter m
semicolon s Semikolon n
semiconscious adj halb bewusstlos
semidetached Br **A** adj ~ **house** Doppelhaushälfte f **B** s Doppelhaushälfte f
semifinal(s) s Halbfinale n
semifinalist s Teilnehmer(in) m(f) am Halbfinale
seminar ['semɪnɑːʳ] s Seminar n
seminary ['semɪnərɪ] s Priesterseminar n
semiprecious adj ~ **stone** Halbedelstein m
semiquaver bes Br s Sechzehntel n, Sechzehntelnote f
semiskilled adj Arbeiter angelernt
semi-skimmed milk Br s Halbfettmilch f
semitrailer US s Sattelschlepper m, Sattelauflieger m
semolina [ˌsemə'liːnə] s Grieß m
sen abk (= senior) sen.
Sen US abk (= senator) Senator(in) m(f)
senate ['senɪt] s Senat m
senator ['senɪtəʳ] s Senator(in) m(f)
send [send] v/t ⟨prät, pperf sent⟩ **1** schicken; Brief, Signal senden; **it ~s the wrong signal** od **message** fig das könnte falsch verstanden werden; **to ~ sb for sth** j-n nach etw schicken; **she ~s her love** sie lässt grüßen; ~ **him my best wishes** grüßen Sie ihn von mir **2** Pfeil, Ball schießen; mit der Hand schleudern; **the blow sent him sprawling** der Schlag schleuderte ihn zu Boden; **to ~ sth off course** etw vom Kurs abbringen; **this sent him into a fury** das machte ihn wütend; **this sent him (off) into fits of laughter** das ließ ihn in einen Lachkrampf ausbrechen; **to ~ prices soaring** die Preise in die Höhe treiben

phrasal verbs mit send:

send away A v/t ⟨trennb⟩ wegschicken **B** v/i **to send away for sth** etw anfordern
send back v/t ⟨trennb⟩ zurückschicken; Essen zurückgehen lassen
send down v/t ⟨trennb⟩ **1** Temperatur, Preise fallen lassen; allmählich senken **2** Angeklagten verurteilen (**for** zu)
send for v/i (+obj) **1** j-n kommen lassen; Arzt rufen; Hilfe herbeirufen; Schüler zu sich bestellen; **I'll send for you when I want you** ich lasse Sie rufen, wenn ich Sie brauche **2** Katalog anfordern
send in v/t ⟨trennb⟩ einsenden; j-n hereinschicken; Truppen einsetzen
send off A v/t ⟨trennb⟩ **1** Paket abschicken **2** Kinder zur Schule wegschicken **3** SPORT vom Platz stellen (**for** wegen); **send him off, ref!** Platzverweis! **B** v/i → send away B
send on v/t ⟨trennb⟩ **1** Brief nachschicken **2** Gepäck vorausschicken **3** einsetzen
send out v/t ⟨trennb⟩ **1** aus Zimmer hinausschicken (**of** aus); **she sent me out to buy a paper** sie hat mich losgeschickt, um eine Zeitung zu kaufen **2** Signale aussenden; Licht ausstrahlen **3** Einladungen verschicken
send out for A v/i (+obj) holen lassen **B** v/t ⟨trennb⟩ **to send sb out for sth** j-n nach etw schicken
send up Br umg v/t ⟨trennb⟩ verulken umg
sender ['sendəʳ] s Absender(in) m(f)
sendoff s Verabschiedung f; **to give sb a good ~** j-n ganz groß verabschieden umg
senile ['siːnaɪl] adj senil
senior ['siːnɪəʳ] **A** adj älter; rangmäßig übergeordnet; Rang, Beamter höher; Offizier ranghöher; Redakteur leitend; **to be ~ to sb** j-m übergeordnet sein, ranghöher als j-d sein; **the ~ management** die Geschäftsleitung; ~ **consultant** Chefarzt m/-ärztin f, Primararzt m/-ärztin f österr; **my ~ officer** mein Vorgesetzter; **J. B. Schwartz, Senior** J. B. Schwartz senior **B** s **1** Senior(in) m(f), Rentner(in) m(f) **2** SCHULE Oberstufenschüler(in) m(f); US UNIV Student(in) m(f) im letzten Studienjahr; **Paul is a ~ this year** dies ist Pauls letztes Schuljahr; **he is two years my ~** er ist zwei Jahre älter als ich
senior citizen s Senior(in) m(f)
seniority [ˌsiːnɪ'ɒrɪtɪ] s (höhere) Position; MIL (höherer) Rang; von Beamten (höherer) Dienstgrad
senior moment umg s altersbedingte Gedächtnislücke
senior partner s Seniorpartner(in) m(f)
senior pupils Br pl Oberstufenschüler pl
senior school, **senior high school** US s Oberstufe f
senior year US s oberste Klasse
sensation [sen'seɪʃən] s **1** Gefühl n; von Kälte etc Empfindung f; **a ~ of falling** das Gefühl zu fallen **2** Sensation f; **to cause a ~** (großes) Aufsehen erregen
sensational adj **1** sensationell; Buch reißerisch aufgemacht **2** umg sagenhaft umg
sensationalism [sen'seɪʃnəlɪzəm] s **1** Sensationsgier f **2** Sensationsmache f
sense [sens] **A** s **1** Sinn m; ~ **of smell** Geruchssinn m **2** ~s pl Verstand m; **to come to one's**

~s zur Vernunft kommen 3 Gefühl *n*; **to have a ~ that ...** das Gefühl haben, dass ...; **~ of duty** Pflichtbewusstsein *n*; **a false ~ of security** ein falsches Gefühl der Sicherheit 4 (**common**) **~** gesunder Menschenverstand; **he had the (good) ~ to ...** er war so vernünftig und ...; **there is no ~ in doing that** es ist sinnlos, das zu tun; **to talk ~** vernünftig sein; **to make sb see ~s** j-n zur Vernunft bringen; **to make ~** (einen) Sinn ergeben, Sinn machen, sinnvoll sein; **it doesn't make ~ doing it that way** es ist doch Unsinn, es so zu machen; **he/his theory doesn't make ~** er/seine Theorie ist völlig unverständlich; **it all makes ~ now** jetzt wird einem alles klar; **to make ~ of sth** etw verstehen 5 Sinn *m kein pl*; **in every ~ of the word** in der vollen Bedeutung des Wortes 6 **in a ~** in gewisser Hinsicht; **in every ~** in jeder Hinsicht; **in what ~?** inwiefern? B *v/t* spüren, ahnen

senseless *adj* 1 bewusstlos 2 unsinnig, sinnlos

sensibility [ˌsensɪˈbɪlɪtɪ] *s* Empfindsamkeit *f*; **sensibilities** Zartgefühl *n*

sensible [ˈsensəbl] *adj* vernünftig

sensibly [ˈsensəblɪ] *adv* vernünftig; **he very ~ ignored the question** er hat die Frage vernünftigerweise ignoriert

sensitive [ˈsensɪtɪv] *adj* sensibel, empfindlich; (≈ *verständnisvoll*) einfühlsam; *Film* einfühlend; *fig Thema* heikel; **to be ~ about sth** in Bezug auf etw (*akk*) empfindlich sein; **she is very ~ to criticism** sie reagiert sehr empfindlich auf Kritik; **he has access to some highly ~ information** er hat Zugang zu streng vertraulichen Informationen

sensitively [ˈsensɪtɪvlɪ] *adv* einfühlsam

sensitivity [ˌsensɪˈtɪvɪtɪ] *s* Sensibilität *f*, Empfindlichkeit *f*; (≈ *Verständnis*) Einfühlsamkeit *f*; *fig von Thema* heikle Natur

sensor [ˈsensəʳ] *s* Sensor *m*

sensory [ˈsensərɪ] *adj* sensorisch; **~ organ** Sinnesorgan *n*

sensual [ˈsensjʊəl] *adj* sinnlich

sensuality [ˌsensjʊˈælɪtɪ] *s* Sinnlichkeit *f*

sensuous *adj*, **sensuously** [ˈsensjʊəs, -lɪ] *adv* sinnlich

sent [sent] *prät & pperf* → send

sentence [ˈsentəns] A *s* 1 GRAM Satz *m*; **~ structure** Satzbau *m*; **~ for ~** Satz um Satz 2 JUR Strafe *f*; **the judge gave him a 6-month ~** der Richter verurteilte ihn zu 6 Monaten Haft B *v/t* JUR **to ~ sb to sth** j-n zu etw verurteilen

sentient [ˈsentɪənt] *adj* empfindungsfähig

sentiment [ˈsentɪmənt] *s* 1 Gefühl *n* 2 Sentimentalität *f* 3 Meinung *f*

sentimental [ˌsentɪˈmentl] *adj* sentimental; *Wert* gefühlsmäßig; **for ~ reasons** aus Sentimentalität

sentimentality [ˌsentɪmenˈtælɪtɪ] *s* Sentimentalität *f*

sentry [ˈsentrɪ] *s* Wache *f*; **to be on ~ duty** auf Wache sein

SEO [esiːˈəʊ] *abk* (= search engine optimization) Suchmaschinenoptimierung *f*

Sep *abk* (= September) Sept.

separable [ˈsepərəbl] *adj* trennbar

separate A [ˈseprət] *adj* 1 gesondert (**from** von); *Bett, Kontoführung* getrennt; *Eingang* separat; **a ~ issue** eine andere Frage; **on two ~ occasions** bei zwei verschiedenen Gelegenheiten; **on a ~ occasion** bei einer anderen Gelegenheit; **they live ~ lives** sie gehen getrennte Wege; **to keep two things ~** zwei Dinge auseinanderhalten 2 einzeln; **everybody has a ~ task** jeder hat seine eigene Aufgabe B *s* **separates** *pl* Röcke, Blusen *etc* C [ˈsepəreɪt] *v/t* trennen, aufteilen (**into** in +*akk*); **he is ~d from his wife** er lebt von seiner Frau getrennt D [ˈsepəreɪt] *v/i* sich trennen

separated [ˈsepəreɪtɪd] *adj* getrennt; **the couple are ~** das Paar lebt getrennt

separately [ˈseprətlɪ] *adv* separat; *leben* getrennt 2 einzeln

separation [ˌsepəˈreɪʃən] *s* Trennung *f*; **~ of powers** POL Gewaltenteilung *f*

separatist [ˈsepərətɪst] A *adj* separatistisch B *s* Separatist(in) *m(f)*

Sept *abk* (= September) Sept.

September [sepˈtembəʳ] A *s* September *m*; **the first of ~** der erste September; **on 19th ~** *geschrieben* am 19. September; **on the 19th of ~** *gesprochen* am 19. September; **~ 3rd, 2014, 3rd ~ 2014** 3. September 2014; **in ~** im September; **at the beginning/end of ~** Anfang/Ende September B *adj* ⟨*attr*⟩ September-

septic [ˈseptɪk] *adj* **to turn ~** eitern

septic tank *s* Klärbehälter *m*

sepulchre [ˈsepəlkəʳ] *s*, **sepulcher** US *s* Grabstätte *f*

sequel [ˈsiːkwəl] *s* Folge *f* (**to** von); *von Buch, Film* Fortsetzung *f* (**to** von)

sequence [ˈsiːkwəns] *s* 1 (Reihen)folge *f*; **~ of words** Wortfolge *f*; **in ~** der Reihe nach 2 FILM Sequenz *f*

sequencer [ˈsiːkwənsəʳ] *s* IT Ablaufsteuerung *f*

sequin [ˈsiːkwɪn] *s* Paillette *f*

sequoia [sɪˈkwɔɪə] *s* Mammutbaum *m*

Serb [sɜːb] *s* Serbe *m*, Serbin *f*

Serbia [ˈsɜːbɪə] *s* Serbien *n*

Serbian [ˈsɜːbɪən] A *adj* serbisch B *s* 1 Serbe *m*, Serbin *f* 2 LING Serbisch *n*

Serbo-Croat [ˈsɜːbəʊˈkrəʊæt] *s* 1 LING Serbokroatisch *n* **2 the ~s** *pl* die Serben und Kroaten

serenade [ˌserəˈneɪd] **A** *s* Serenade *f* **B** *v/t* ein Ständchen bringen (+*dat*)

serene [səˈriːn] *adj* gelassen

serenity [sɪˈrenɪtɪ] *s* Gelassenheit *f*

serf [sɜːf] *s* Leibeigene(r) *m/f(m)*

sergeant [ˈsɑːdʒənt] *s* **1** MIL Feldwebel(in) *m(f)* **2** Polizeimeister(in) *m(f)*

sergeant major *s* Oberfeldwebel(in) *m(f)*

serial [ˈsɪərɪəl] **A** *adj* Serien-; IT seriell **B** *s* Fortsetzungsroman *m*; TV Serie *f*; RADIO Sendereihe *f* (in Fortsetzungen); **it was published as a ~** es wurde in Fortsetzungen veröffentlicht

serialize [ˈsɪərɪəlaɪz] *v/t* in Fortsetzungen veröffentlichen; RADIO, TV in Fortsetzungen senden; (≈ *editieren*) in Fortsetzungen umarbeiten

serial killer *s* Serienmörder(in) *m(f)*

serial number *s von Waren* Seriennummer *f*

serial port *s* COMPUT serielle Schnittstelle

series [ˈsɪərɪz] *s* ‹*pl* -› Serie *f*; *von Filmen, Gesprächen* Reihe *f*; RADIO Sendereihe *f*

serious [ˈsɪərɪəs] *adj* ernst; *Angebot* seriös; *Bewerber* ernst zu nehmend *attr*; *Unfall, Krankheit* schwer; **to be ~ about doing sth** etw im Ernst tun wollen; **I'm ~ (about it)** das ist mein Ernst; **he is ~ about her** er meint es ernst mit ihr; **you can't be ~!** das kann nicht dein Ernst sein!; **to give ~ thought** *od* **consideration to sth** sich (*dat*) etw ernsthaft *od* ernstlich überlegen; **to earn ~ money** *umg* das große Geld verdienen

seriously [ˈsɪərɪəslɪ] *adv* **1** ernst; *interessieren, bedrohen* ernsthaft; *etw sagen* im Ernst; *verletzt* schwer; *besorgt* ernstlich; **to take sb/sth ~** j-n/etw ernst nehmen; **to take oneself too ~** sich selbst zu wichtig nehmen; **~?** im Ernst?; **do you mean that ~?** ist das Ihr Ernst?; **there is something ~ wrong with that** irgendetwas ist damit überhaupt nicht in Ordnung **2** *umg* ehrlich *umg*; **~ rich** schwerreich

seriousness *s* Ernst *m*; *von Unfall, Verletzung* Schwere *f*

sermon [ˈsɜːmən] *s* **1** KIRCHE Predigt *f* **2** Moralpredigt *f*, Strafpredigt *f*

serotonin [ˌserəˈtəʊnɪn] *s* MED, BIOL Serotonin *n*

serrated [seˈreɪtɪd] *adj* gezackt; **~ knife** Sägemesser *n*

servant [ˈsɜːvənt] *s* Diener(in) *m(f)*

serve [sɜːv] **A** *v/t* **1** dienen (+*dat*); *Werkzeug etc* nützen (+*dat*); **if my memory ~s me right** wenn ich mich recht erinnere; **to ~ its purpose** seinen Zweck erfüllen; **it ~s a variety of purposes** es hat viele verschiedene Verwendungsmöglichkeiten; **it ~s no useful purpose** es hat keinen praktischen Wert; **it has ~d us well** es hat uns gute Dienste geleistet; **his knowledge of history ~d him well** seine Geschichtskenntnisse kamen ihm sehr zugute; **(it) ~s you right!** *umg* das geschieht dir (ganz) recht! **2** ableisten; *Amtszeit* durchlaufen; *Lehre* durchmachen; *Strafe* verbüßen **3** *Kunden* bedienen; *Essen* servieren; **are you being ~d?** werden Sie schon bedient?; **I'm being ~d, thank you** danke, ich werde schon bedient *od* ich bekomme schon *umg*; **dinner is ~d** darf ich zu Tisch bitten?; **"serves three"** „(ergibt) drei Portionen" **4** *Tennis etc* aufschlagen **B** *v/i* **1** dienen; **to ~ on a committee** einem Ausschuss angehören; **it ~s to show …** das zeigt … **2** *bei Tisch* aufgeben; *Kellner* servieren (**at table** bei Tisch) **3** *Tennis etc* aufschlagen **C** *s* *Tennis etc* Aufschlag *m*

phrasal verbs mit serve:

serve out *v/t* ‹*trennb*› *Zeit* ableisten; *Lehre* abschließen; *Amt* ausüben; *Strafe* absitzen

serve up *v/t* ‹*trennb*› *Essen* servieren

server [ˈsɜːvəʳ] *s* **1** *Tennis* Aufschläger(in) *m(f)* **2** COMPUT Server *m*

service [ˈsɜːvɪs] **A** *s* **1** Dienst *m*; **her ~s to industry/the country** ihre Verdienste in der Industrie/um das Land; **to be of ~** nützlich sein; **to be of ~ to sb** j-m nützen; **to be at sb's ~** j-m zur Verfügung stehen; **can I be of ~ to you?** kann ich Ihnen behilflich sein?; **out of ~** außer Betrieb **2** MIL Militärdienst *m* **3** *in Geschäft etc* Bedienung *f* **4** Bus-/Zug-/Flugverbindung *f*; **there's no ~ to Oban on Sundays** sonntags besteht kein Zug-/Busverkehr nach Oban **5** KIRCHE Gottesdienst *m* **6** *von Maschinen* Wartung *f*; AUTO Inspektion *f*; **my car is in for a ~** mein Auto wird gewartet/ist zur Inspektion **7** (≈ *Geschirr*) Service *n* **8** *Tennis* Aufschlag *m* **9** **~s** *pl* Dienstleistungen *pl*; *Gas etc* Versorgungsnetz *n* **B** *v/t* **1** *Maschine* warten; **to send a car to be ~d** ein Auto warten lassen, ein Auto zur Inspektion geben **2** FIN *Schulden* bedienen

service area *s* Tankstelle und Raststätte *f*

service charge *s* Bedienung *f*

service economy *s* Dienstleistungsgesellschaft *f*

service enterprise *s* Dienstleistungsunternehmen *n*

service industry *s* Dienstleistungsbranche *f*

serviceman *s* ‹*pl* -men› Militärangehörige(r) *m*

service provider *s* IT Provider *m*

service sector *s* Dienstleistungssektor *m*

service station *s* Tankstelle *f* (mit Reparaturwerkstatt); *Br an Autobahn* Tankstelle und Raststätte *f*

servicewoman *s* ‹*pl* -women [-wɪmən]› Militärangehörige *f*

serviette [ˌsɜːvɪˈet] *Br s* Serviette *f*
servile [ˈsɜːvaɪl] *adj pej* unterwürfig
serving [ˈsɜːvɪŋ] **A** *adj Politiker* amtierend **B** *s beim Essen* Portion *f*
serving dish *s* Servierplatte *f*
serving spoon *s* Vorlegelöffel *m*
sesame seed [ˈsesəmɪ] *s* Sesamkorn *n*
session [ˈseʃən] *s* Sitzung *f*; JUR, PARL Sitzungsperiode *f*; **to be in ~** eine Sitzung abhalten; JUR, POL tagen; **photo ~** Fotosession *f*; **training ~** Trainingsstunde *f*, Trainingseinheit *f*
set [set] ⟨*v: prät, pperf* set⟩ **A** *v/t* **1** stellen, setzen; **to set a value/price on sth** einen Wert/Preis für etw festsetzen; **to set sth in motion** etw in Bewegung bringen; **to set sth to music** etw vertonen; **to set a dog/the police on sb** einen Hund/die Polizei auf j-n ansetzen; **to set sth/things right** etw/die Dinge in Ordnung bringen; **to set sb right (about sth)** j-n (in Bezug auf etw *akk*) berichtigen; **to set sb straight** j-n berichtigen **2** *Regler* einstellen (**at** auf +*akk*); *Uhr* stellen (**by** nach *od* **to** auf +*akk*); *Falle, Rekord* aufstellen; **to set a trap for sb** *fig* j-m eine Falle stellen **3** *Aufgabe, Frage* stellen (**sb** j-m); *Hausaufgabe* aufgeben; *Prüfung* zusammenstellen; *Zeit, Termin* festsetzen; **to set a goal** ein Ziel setzen **4** *Edelstein* fassen (**in** in +*dat*); **to set the table** den Tisch decken **5** **a house set on a hillside** ein am Berghang gelegenes Haus; **to be set in Rome** *Buch, Stück* in Rom spielen; **he set the book in 19th century France** er wählte das Frankreich des 19. Jahrhunderts als Schauplatz für sein Buch **6** *Knochen* MED einrichten **B** *v/i* **1** *Sonne* untergehen **2** *Zement* fest werden; *Knochen* zusammenwachsen **C** *s* **1** Satz *m*; *2 Stück* Paar *n*; *von Besteck etc* Garnitur *f*; *von Untersetzern etc* Set *n*; **a set of tools** Werkzeug *n*; **a set of teeth** ein Gebiss *n* **2** *von Menschen* Kreis *m* **3** *Tennis* Satz *m* **4** THEAT Bühnenbild *n*; FILM Szenenaufbau *m* **5** (≈ *TV, Radio etc*) Apparat *m*; **set of headphones** Kopfhörer *m* **6** *von Schultern* Haltung *f* **D** *adj* **1** **he is set to become the new champion** ihm werden die besten Chancen auf den Meistertitel eingeräumt; **to be set to continue all week** voraussichtlich die ganze Woche über andauern **2** fertig, bereit; **are we all set?** sind wir jetzt startklar?; **all set?** alles klar?; **to be all set to do sth** sich darauf eingerichtet haben, etw zu tun, fest entschlossen sein, etw zu tun; **we're all set to go** wir sind startklar **3** starr; *Ausdruck* feststehend; **to be set in one's ways** in seinen Gewohnheiten festgefahren sein **4** festgesetzt; *Aufgabe* bestimmt; **set book(s)** Pflichtlektüre *f*; **set menu** Tageskarte *f*; **set meal** Tagesgericht *n* **5** entschlossen; **to be dead set on doing sth** etw auf Biegen oder Brechen tun wollen; **to be (dead) set against sth/doing sth/sb doing sth** (absolut) gegen etw sein/dagegen sein, etw zu tun/dagegen sein, dass j-d etw tut

<u>phrasal verbs mit set:</u>
set about *v/i* ⟨+*obj*⟩ **1** **to set about doing sth** sich daranmachen, etw zu tun **2** herfallen über (+*akk*)
set apart *v/t* ⟨trennb⟩ unterscheiden
set aside *v/t* ⟨trennb⟩ *Buch etc* zur Seite legen; *Geld* beiseitelegen; *Zeit* einplanen; *Land* reservieren; *Differenzen* beiseiteschieben
set back *v/t* ⟨trennb⟩ **1** **to be set back from the road** etwas von der Straße abliegen **2** verzögern, behindern **3** *umg* kosten
set down *v/t* ⟨trennb⟩ *Koffer* absetzen
set in *v/i* einsetzen; *Panik* ausbrechen; *Nacht* anbrechen
set off **A** *v/t* ⟨trennb⟩ **1** *Feuerwerk etc* losgehen lassen; *Alarm* auslösen **2** führen zu; **that set us all off laughing** das brachte uns (*akk*) alle zum Lachen **3** hervorheben **B** *v/i* aufbrechen; *mit Auto* losfahren; **to set off on a journey** eine Reise antreten; **to set off for Spain** nach Spanien abfahren; **the police set off in pursuit** die Polizei nahm die Verfolgung auf
set on *v/t* ⟨trennb +*obj*⟩ *Hunde* ansetzen auf (+*akk*)
set out **A** *v/t* ⟨trennb⟩ **1** ausbreiten, aufstellen **2** *Argument* darlegen **B** *v/i* **1** → set off **2** beabsichtigen; (≈ *beginnen*) sich daranmachen
set to *v/i* ⟨+*obj*⟩ **to set to work** sich an die Arbeit machen; **to set to work doing** *od* **to do sth** beginnen, etw zu tun
set up **A** *v/i* **to set up in business** sein eigenes Geschäft aufmachen **B** *v/t* ⟨trennb⟩ **1** *Denkmal* aufstellen; *Stand* aufbauen; *Treffen* vereinbaren; **to set sth up for sb** etw für j-n vorbereiten **2** gründen; *Schule, System* einrichten; **to set sb up in business** j-m zu einem Geschäft verhelfen; **to be set up for life** für sein ganzes Leben ausgesorgt haben; **to set up camp** das Lager aufschlagen; **they've set up home in Spain** sie haben sich in Spanien niedergelassen **3** *umg* **to set sb up** j-m etwas anhängen; **I've been set up** das will mir einer anhängen, das will mir einer in die Schuhe schieben *umg*
set upon *v/i* ⟨+*obj*⟩ überfallen

setback *s* Rückschlag *m*
set menu *s* Menü *n*
set piece *s* SPORT Standardsituation *f*
set square *Br s* Zeichendreieck *n*
settee [seˈtiː] *s* Sofa *n*
setting [ˈsetɪŋ] *s* **1** *von Sonne* Untergang *m* **2** Umgebung *f*; *von Roman etc* Schauplatz *m* **3** LIT Ort, an dem die Handlung spielt **4** *auf Skala*

etc Einstellung *f*

settle ['setl] **A** *v/t* **1** entscheiden, regeln; *Problem* klären; *Streit* beilegen; **to ~ one's affairs** seine Angelegenheiten in Ordnung bringen; **to ~ a case out of court** einen Fall außergerichtlich klären; **that's ~d then** das ist also klar; **that ~s it** damit wäre der Fall (ja wohl) erledigt **2** *Rechnung* begleichen; *Konto* ausgleichen **3** *Nerven* beruhigen **4** legen, stellen; **to ~ oneself comfortably in an armchair** es sich (*dat*) in einem Sessel bequem machen **5** *Land* besiedeln **B** *v/i* **1** sesshaft werden, sich niederlassen, sich ansiedeln **2** sich beruhigen **3** *Mensch, Vogel* sich niederlassen; *Staub* sich legen **4** JUR **to ~ (out of court)** sich vergleichen

phrasal verbs mit settle:

settle back *v/i* sich (gemütlich) zurücklehnen
settle down A *v/i* **1** → settle B 1 **2 it's time he settled down** es ist Zeit, dass er ein geregeltes Leben anfängt; **to marry and settle down** heiraten und sesshaft werden; **to settle down at school** sich an einer Schule einleben; **to settle down in a new job** sich in einer neuen Stellung eingewöhnen; **settle down, children!** ruhig, Kinder!; **to settle down to work** sich an die Arbeit machen; **to settle down to watch TV** es sich (*dat*) vor dem Fernseher gemütlich machen **3** → settle B 2 **B** *v/t* ⟨*trennb*⟩ beruhigen
settle for *v/i* ⟨+obj⟩ sich zufriedengeben mit
settle in *v/i* sich einleben, sich eingewöhnen; **how are you settling in?** haben Sie sich schon eingelebt/eingewöhnt?
settle on, **settle upon** *v/i* ⟨+obj⟩ sich entscheiden für
settle up *v/i* (be)zahlen; **to settle up with sb** mit j-m abrechnen

settled ['setld] *adj Wetter* beständig; *Leben* geregelt
settlement ['setlmənt] *s* **1** Erledigung *f*; *von Problem* Klärung *f*; *von Streit* Beilegung *f*; (≈ *Vertrag*) Übereinkunft *f*; **an out-of-court ~** JUR ein außergerichtlicher Vergleich; **to reach a ~** sich einigen **2** *von Geldbetrag* Überschreibung *f* (**on** auf +*akk*) **3** (≈ *Kolonie etc*) Siedlung *f*; (≈ *Akt*) Besiedlung *f*
settler ['setlə^r] *s* Siedler(in) *m(f)*
set-top box ['setɒp'bɒks] *s* TV Digitalreceiver *m*, d-box® *f*
setup ['setʌp] *s* **1** *umg* Umstände *pl* **2** Organisation *f* **3** IT Setup *n* **4** *umg* abgekartete Sache
seven ['sevn] **A** *adj* sieben **B** *s* Sieben *f*; → six
sevenfold ['sevnfəʊld] **A** *adj* siebenfach **B** *adv* um das Siebenfache
seventeen ['sevn'tiːn] **A** *adj* siebzehn **B** *s* Siebzehn *f*

seventeenth ['sevn'tiːnθ] **A** *adj* siebzehnte(r, s) **B** *s* **1** Siebzehntel *n* **2** Siebzehnte(r, s)
seventh ['sevnθ] **A** *adj* siebte(r, s) **B** *s* **1** Siebtel *n* **2** Siebte(r, s); → sixth
seventieth ['sevntɪɪθ] **A** *adj* siebzigste(r, s) **B** *s* **1** Siebzigstel *n* **2** Siebzigste(r, s)
seventy ['sevntɪ] **A** *adj* siebzig **B** *s* Siebzig *f*
sever ['sevə^r] **A** *v/t* durchtrennen, abtrennen; *fig Beziehungen* lösen, abbrechen **B** *v/i* (durch)reißen
several ['sevrəl] **A** *adj* einige, mehrere, verschiedene; **I've seen him ~ times already** ich habe ihn schon mehrmals gesehen **B** *pron* einige; **~ of the houses** einige (der) Häuser; **~ of us** einige von uns
severance pay ['sevərəns,peɪ] *s* Abfindung *f*
severe [sɪ'vɪə^r] *adj* ⟨*komp* severer⟩ *Schaden, Schlag* schwer; *Schmerz, Sturm* stark; *Strafe, Prüfung* hart; *Wetter* rau; *Winter* streng; *Gesichtsausdruck* ernst
severely [sɪ'vɪəlɪ] *adv beschädigt, behindert* schwer; *stören, eingrenzen* stark; *bestrafen* hart; *kritisieren* scharf
severity [sɪ'verɪtɪ] *s von Strafe, Prüfung* Härte *f*; *von Verletzung, Schlag, Sturm* Schwere *f*
sew [səʊ] *v/t & v/i* ⟨*prät* sewed; *pperf* sewn⟩ nähen; **to sew sth on** etw annähen

phrasal verbs mit sew:

sew up *v/t* ⟨*trennb*⟩ **1** *wörtl* nähen, zunähen **2** *fig* unter Dach und Fach bringen; **we've got the game all sewn up** das Spiel ist gelaufen *umg*

sewage ['sjuːɪdʒ] *s* Abwasser *n*
sewage plant *s* Kläranlage *f*
sewage works *s* ⟨+*sg od pl v*⟩ Kläranlage *f*
sewer[1] ['səʊə^r] *s* Näher(in) *m(f)*
sewer[2] ['sjʊə^r] *s* Abwasserkanal *m*
sewerage ['sjʊərɪdʒ] *s* Kanalisation *f*
sewing ['səʊɪŋ] *s* Nähen *n*, Näharbeit *f*
sewing machine *s* Nähmaschine *f*
sewn [səʊn] *pperf* → sew
sex [seks] **A** *s* **1** BIOL Geschlecht *n* **2** Sexualität *f*; (≈ *Akt*) Sex *m umg*, Geschlechtsverkehr *m form*; **to have sex** (Geschlechts)verkehr haben, sich lieben **B** *adj* ⟨*attr*⟩ Geschlechts-, Sexual-
sex appeal *s* Sex-Appeal *m*
sex change *s* Geschlechtsumwandlung *f*
sex discrimination *s* Diskriminierung *f* aufgrund des Geschlechts
sex drive *s* Sexualtrieb *m*
sex education *s* Sexualerziehung *f*
sexism ['seksɪzəm] *s* Sexismus *m*
sexist ['seksɪst] **A** *s* Sexist(in) *m(f)* **B** *adj* sexistisch
sex life *s* Geschlechtsleben *n*
sex maniac *s* **he is a ~** *umg* er ist ganz verrückt

nach Sex *umg*

sex offender *s* Sexualtäter(in) *m(f)*
sex shop *s* Sexshop *m*
sex symbol *s* Sexsymbol *n*
sextet(te) [seks'tet] *s* Sextett *n*
sexting ['sekstɪŋ] *s das Versenden von pornografischen Aufnahmen per MMS*
sex toy *s* Sexspielzeug *n*
sextuplet [seks'tjuːplɪt] *s* Sechsling *m*
sexual ['seksjʊəl] *adj* **1** sexuell **2** PHYSIOL Sexual-
sexual abuse *s* sexueller Missbrauch
sexual assault *s* sexueller Übergriff
sexual equality *s* Gleichberechtigung *f* (der Geschlechter)
sexual harassment *s* sexuelle Belästigung
sexual intercourse *s* Geschlechtsverkehr *m*
sexuality [ˌseksjʊ'ælɪtɪ] *s* Sexualität *f*
sexually ['seksjʊəlɪ] *adv* sexuell; **~ transmitted disease** Geschlechtskrankheit *f*; **to be ~ attracted to sb** sich zu j-m sexuell hingezogen fühlen
sexual organ *s* Geschlechtsorgan *n*
sexual partner *s* Sexualpartner(in) *m(f)*
sex worker *euph s* Prostituierte *f*
sexy ['seksɪ] *umg adj* ⟨*komp* sexier⟩ sexy *umg inv mst präd*
SF *abk* (= **science fiction**) SF
shabbily ['ʃæbɪlɪ] *wörtl, fig adv* schäbig
shabbiness ['ʃæbɪnɪs] *s* Schäbigkeit *f*
shabby ['ʃæbɪ] *adj* ⟨*komp* shabbier⟩ schäbig
shack [ʃæk] *s* Schuppen *m*
shackle ['ʃækl] **A** *s* ⟨*mst pl*⟩ Kette *f* **B** *v/t* in Ketten legen
shade [ʃeɪd] **A** *s* **1** Schatten *m*; **30° in the ~** 30 Grad im Schatten; **to provide ~** Schatten spenden **2** (Lampen)schirm *m*; *bes US* Jalousie *f*, Springrollo *n*; **~s** *umg* Sonnenbrille *f* **3** (Farb)ton *m*; *fig* (≈ *Bedeutungsunterschied*) Nuance *f* **4** (≈ *kleine Menge*) Spur *f*; **it's a ~ too long** es ist etwas *od* eine Spur zu lang **B** *v/t* **1** abschirmen; **he ~d his eyes with his hand** er hielt die Hand vor die Augen(, um nicht geblendet zu werden) **2 to ~ sth in** etw ausschraffieren
shading ['ʃeɪdɪŋ] *s* KUNST Schattierung *f*
shadow ['ʃædəʊ] **A** *s* **1** Schatten *m*; **in the ~s** im Dunkel; **to be in sb's ~** *fig* in j-s Schatten (*dat*) stehen; **to be just a ~ of one's former self** nur noch ein Schatten seiner selbst sein **2** Spur *f*; **without a ~ of doubt** ohne den geringsten Zweifel **B** *adj* ⟨*attr*⟩ *Br* POL Schatten- **C** *v/t* beschatten *umg*
shadow cabinet *s Br* POL Schattenkabinett *n*
shadowy ['ʃædəʊɪ] *adj* schattig; **a ~ figure** *fig* eine undurchsichtige Gestalt
shady ['ʃeɪdɪ] *adj* ⟨*komp* shadier⟩ **1** schattig; *Baum* Schatten spendend **2** *umg* zwielichtig

shaft [ʃɑːft] *s* **1** Schaft *m*, Stiel *m*; *von Licht* Strahl *m*; MECH Welle *f* **2** *von Aufzug* Schacht *m*
shag [ʃæg] *Br sl* **A** *s* Nummer *f umg*; **to have a ~** eine Nummer machen *umg* **B** *v/t* & *v/i* bumsen *umg*
shaggy ['ʃægɪ] *adj* ⟨*komp* shaggier⟩ zottig, zottelig
shake [ʃeɪk] ⟨*v: prät* shook; *pperf* shaken⟩ **A** *v/t* schütteln; *Gebäude* erschüttern; **to ~ one's head** den Kopf schütteln; **to ~ one's fist at sb** j-m mit der Faust drohen; **to ~ hands** sich (*dat*) die Hand geben; **to ~ hands with sb** j-m die Hand geben/schütteln; **it was a nasty accident, he's still rather badly ~n** es war ein schlimmer Unfall, der Schreck sitzt ihm noch in den Knochen; **she was badly ~n by the news** die Nachricht hatte sie sehr mitgenommen **B** *v/i* wackeln; *Hand, Stimme* zittern; *Erde* beben; **to ~ like a leaf** zittern wie Espenlaub; **he was shaking all over** er zitterte am ganzen Körper; **to ~ in one's shoes** *umg* das große Zittern kriegen *umg*; **~ (on it)!** *umg* Hand drauf! **C** *s* **1** Schütteln *n*; **to give a rug a ~** einen Läufer ausschütteln; **with a ~ of her head** mit einem Kopfschütteln; **to be no great ~s** *umg* nicht umwerfend sein (**at** in +*dat*) **2** Milchshake *m*

phrasal verbs mit shake:

shake off *v/t* ⟨*trennb*⟩ *Staub, Verfolger* abschütteln; *Krankheit, Gefühl* loswerden
shake out *wörtl v/t* ⟨*trennb*⟩ herausschütteln; *Tischdecke* ausschütteln
shake up *v/t* ⟨*trennb*⟩ **1** *Flasche, Flüssigkeit* schütteln **2** erschüttern; **he was badly shaken up by the accident** der Unfall hat ihm einen schweren Schock versetzt; **she's still a bit shaken up** sie ist immer noch ziemlich mitgenommen **3** *Geschäftsführung, Untergebene* auf Zack bringen *umg*; *System* umkrempeln *umg*; *Land, Industrie* wachrütteln; **to shake things up** die Dinge in Bewegung bringen

shaken ['ʃeɪkən] *pperf* → shake
shaker ['ʃeɪkə'] *s* **1** *für Cocktails* Shaker *m*, Mixbecher *m* **2** *für Salz, Mehl etc* Streuer *m*
shake-up ['ʃeɪkʌp] *umg s* Umbesetzung *f*
shakily ['ʃeɪkɪlɪ] *adv* wackelig; *einschenken* zitterig
shaking ['ʃeɪkɪŋ] *s* Zittern *n*
shaky ['ʃeɪkɪ] *adj* ⟨*komp* shakier⟩ *Stuhl* wackelig; *Stimme, Hände* zitt(e)rig; **to get off to a ~ start** *fig* einen holprigen Anfang nehmen; **to be on ~ ground** *fig* sich auf schwankendem *od* unsicherem Boden bewegen
shall [ʃæl] *v/aux* ⟨*prät* should⟩ **1** *Futur* **I think I'll** (*Kurzform zu* 'I ~') **go to France this year** ich fahre dieses Jahr nach Frankreich; **no, I ~ not** *od* **I shan't** nein, das tue ich nicht **2** **what ~ we**

do? was sollen wir machen?, was machen wir?; **~ we dance?** wollen wir tanzen?; **let's go in, ~ we?** komm, gehen wir hinein!; **I'll buy 3, ~ I?** soll ich 3 kaufen?

shallot [ʃəˈlɒt] s Schalotte f

shallow [ˈʃæləʊ] **A** adj flach; *Mensch* seicht; *Erdschicht* dünn **B** s **shallows** pl Untiefe f

shallowness [ˈʃæləʊnɪs] s Flachheit f; *von Mensch, Roman* Seichtheit f; *von Erdschicht* Dünne f

sham [ʃæm] **A** s **1** Heuchelei f; **their marriage had become a ~** ihre Ehe war zur Farce geworden **2** Scharlatan m **B** adj **a ~ marriage** eine Scheinehe **C** v/t vortäuschen **D** v/i so tun, simulieren

shamble [ˈʃæmbl] v/i trotten

shambles [ˈʃæmblz] s ⟨+sg v⟩ heilloses Durcheinander, Tohuwabohu n; **the room was a ~** im Zimmer herrschte das reinste Tohuwabohu; **the economy is in a ~** die Wirtschaft befindet sich in einem Chaos; **the game was a ~** das Spiel war das reinste Kuddelmuddel *umg*

shame [ʃeɪm] **A** s ⟨kein pl⟩ **1** Scham f, Schande f; **he hung his head in ~** er senkte beschämt den Kopf; *fig* er schämte sich; **to bring ~ upon sb/oneself** j-m/sich Schande machen; **have you no ~?** schämst du dich (gar) nicht?; **to put sb/sth to ~** *fig* j-n/etw in den Schatten stellen; **~ on you!** du solltest dich schämen! **2** **it's a ~ you couldn't come** schade, dass du nicht kommen konntest; **what a ~!** (das ist aber) schade! **B** v/t Schande machen (+dat)

shamefaced [ˈʃeɪmˈfeɪst] adj, **shamefacedly** [ˈʃeɪmˈfeɪsɪdlɪ] adv betreten

shameful [ˈʃeɪmfʊl] adj schändlich

shameless [ˈʃeɪmlɪs] adj schamlos

shampoo [ʃæmˈpuː] **A** s ⟨pl -s⟩ Shampoo n **B** v/t *Haare* waschen; *Teppich* reinigen

shamrock [ˈʃæmrɒk] s Klee m, Kleeblatt n

shandy [ˈʃændɪ] *Br* s Radlermaß n, Alsterwasser n, Bier n mit Limonade; **two shandies, please** zwei Radlermaß bitte

shan't [ʃɑːnt] *abk* (= shall not) **~!** *umg* will nicht! *umg*

shantytown [ˈʃæntɪˈtaʊn] s Slum(vor)stadt f

shape [ʃeɪp] **A** s **1** Form f, Gestalt f; **what ~ is it?** welche Form hat es?; **it's rectangular** etc **in ~** es ist rechteckig etc; **to take ~** *wörtl* Form bekommen; *fig* Konturen annehmen; **of all ~s and sizes** aller Art; **I don't accept gifts in any ~ or form** ich nehme überhaupt keine Geschenke an **2** *fig* **to be in good/bad ~** *Sportler* in Form/nicht in Form sein; *gesundheitlich* in guter/schlechter Verfassung sein; **to be out of ~** nicht in Form sein **B** v/t *wörtl* Ton formen (**into** zu); *fig Ideen* prägen; *Entwicklung* gestalten

phrasal verbs mit shape:

shape up v/i **to shape up well** sich gut entwickeln

shaped [ʃeɪpt] adj geformt; **~ like a ...** in der Form einer/eines ...

-shaped [-ʃeɪpt] adj ⟨suf⟩ -förmig

shapeless [ˈʃeɪplɪs] adj formlos

shapely [ˈʃeɪplɪ] adj ⟨komp shapelier⟩ *Figur* wohlproportioniert; *Beine* wohlgeformt

shard [ʃɑːd] s (Ton)scherbe f

share [ʃɛəʳ] **A** s **1** Anteil m (**in, of** an +dat); **I want my fair ~** ich will meinen (An)teil; **he didn't get his fair ~** er ist zu kurz gekommen; **to take one's ~ of the blame** sich mitschuldig erklären; **to do one's ~** das Seine tun **2** FIN (Geschäfts)anteil m, Aktie f **B** v/t teilen; **to ~ sth with sb** etw mit j-m teilen; *Geheimnis* j-m etw mitteilen **C** v/i teilen; **to ~ and ~ alike** (brüderlich) mit (den) anderen teilen; **to ~ in sth** sich an etw (dat) beteiligen; *an Erfolg* an etw (dat) Anteil nehmen

phrasal verbs mit share:

share out v/t ⟨trennb⟩ verteilen

share capital s Aktienkapital n

shareholder s Aktionär(in) m(f), Teilhaber(in) m(f)

share index s Aktienindex m

shareware s IT Shareware f

shark [ʃɑːk] s **1** Hai(fisch) m **2** *umg* (≈ *Schwindler*) Schlitzohr n *umg*; **loan ~** Kredithai m *umg*

sharp [ʃɑːp] **A** adj ⟨+er⟩ **1** scharf; *Nadel, Winkel* spitz; (≈ *intelligent*) schlau; *Rückgang* steil; *Schmerz* heftig; *Mensch* schroff; *Temperament* hitzig; **be ~ about it!** *umg* (ein bisschen) dalli! *umg* **2** *pej* raffiniert **3** MUS *Note* zu hoch, (um einen Halbton) erhöht; **F ~** fis n **B** adv ⟨+er⟩ **1** MUS zu hoch **2** pünktlich; **at 5 o'clock ~** Punkt 5 Uhr **3** **look ~!** dalli! *umg*; **to pull up ~** plötzlich anhalten

sharpen [ˈʃɑːpən] v/t *Messer* schleifen; *Bleistift* spitzen

sharpener [ˈʃɑːpnəʳ] s **1** Schleifgerät n **2** (Bleistift)spitzer m

sharp-eyed [ˌʃɑːpˈaɪd] adj scharfsichtig

sharpness s **1** Schärfe f; *von Nadel etc* Spitzheit f; (≈ *Intelligenz*) Schläue f **2** *von Schmerz* Heftigkeit f

sharp practice s unsaubere Geschäfte

sharpshooter s Scharfschütze m, -schützin f

sharp-sighted [ʃɑːpˈsaɪtɪd] adj scharfsichtig

sharp-tongued adj scharfzüngig

sharp-witted adj scharfsinnig

shat [ʃæt] *prät & pperf* → shit

shatter [ˈʃætəʳ] **A** v/t **1** *wörtl* zertrümmern; *Hoffnungen* zunichtemachen; **the blast ~ed all the windows** durch die Explosion zersplitterten alle Fensterscheiben **2** *Br fig umg* **I'm ~ed!** ich bin total kaputt *umg* **B** *v/i* zerbrechen; *Windschutzscheibe* (zer)splittern

shattering ['ʃætərɪŋ] *adj* **1** *Schlag* wuchtig; *Explosion* gewaltig; *Niederlage* vernichtend **2** *fig umg* erschöpfend **3** *umg Nachricht* erschütternd

shave [ʃeɪv] ⟨*v: prät* shaved; *pperf* shaved *od* shaven⟩ **A** *v/t* rasieren **B** *v/i* sich rasieren; *Apparat* rasieren **C** *s* Rasur *f*; **to have a ~** sich rasieren; **that was a close ~** das war knapp

phrasal verbs mit shave:

shave off *v/t* ⟨*trennb*⟩ sich (*dat*) abrasieren

shaven ['ʃeɪvn] *adj Kopf* kahl geschoren
shaver ['ʃeɪvəʳ] *s* Rasierapparat *m*
shaver point, shaver outlet *US s* Steckdose *f* für Rasierapparate
shaving ['ʃeɪvɪŋ] *s* **1** Rasieren *n* **2** **~s** *pl* Späne *pl*
shaving brush ['ʃeɪvɪŋ] *s* Rasierpinsel *m*
shaving foam *s* Rasierschaum *m*
shawl [ʃɔːl] *s* (Umhänge)tuch *n*
she [ʃiː] **A** *pron* sie; *bei Schiffen etc* es **B** *s* Sie *f*
she- *präf* weiblich; **~bear** Bärin *f*
sheaf [ʃiːf] *s* ⟨*pl* sheaves⟩ (≈ *Getreide*) Garbe *f*; (≈ *Papiere*) Bündel *n*
shear [ʃɪəʳ] *v/t* ⟨*prät* sheared, *pperf* shorn, sheared⟩ *Schaf* scheren

phrasal verbs mit shear:

shear off *v/i* abbrechen

shears [ʃɪəz] *pl* (große) Schere, Heckenschere *f*
sheath [ʃiːθ] *s* **1** *für Schwert* Scheide *f* **2** Kondom *n/m*
sheathe [ʃiːð] *v/t Schwert* in die Scheide stecken
sheaves [ʃiːvz] *pl* → sheaf
shed¹ [ʃed] *v/t* ⟨*prät, pperf* shed⟩ **1** *Haare* verlieren; **to ~ its skin** sich häuten; **to ~ a few pounds** ein paar Pfund abnehmen **2** *Tränen* vergießen **3** *Licht* verbreiten; **to ~ light on sth** *fig* Licht auf etw (*akk*) werfen
shed² *s* Schuppen *m*, Stall *m*
she'd [ʃiːd] *abk* (= she would, she had) → have → would
sheen [ʃiːn] *s* Glanz *m*
sheep [ʃiːp] *s* ⟨*pl* -⟩ Schaf *n*; **to separate the ~ from the goats** *fig* die Schafe von den Böcken trennen
sheepdog ['ʃiːpdɒg] *s* Hütehund *m*
sheep farming *s* Schafzucht *f*
sheepish ['ʃiːpɪʃ] *adj* verlegen
sheepskin ['ʃiːpskɪn] *s* Schaffell *n*
sheer [ʃɪəʳ] **A** *adj* ⟨+*er*⟩ **1** rein; **by ~ chance** rein zufällig; **by ~ hard work** durch nichts als harte Arbeit; **~ hell** die (reinste) Hölle *umg* **2** *Klippe* steil; **there is a ~ drop of 200 feet** es fällt 200 Fuß steil *od* senkrecht ab **3** *Stoff etc* (hauch)dünn **B** *adv* **1** steil **2** senkrecht
sheet [ʃiːt] *s* **1** (Bett)laken *n* **2** (≈ *Papier*) Blatt *n*; *größer* Bogen *m*; **a ~ of paper** ein Blatt Papier **3** (≈ *Metall*) Platte *f*; (≈ *Glas*) Scheibe *f*; *aus Eis* Fläche *f*; **a ~ of ice covered the lake** eine Eisschicht bedeckte den See

sheet ice *s* Glatteis *n*
sheeting ['ʃiːtɪŋ] *s* **plastic ~** Plastiküberzug *m*
sheet lightning *s* Wetterleuchten *n*
sheet metal *s* Walzblech *n*
sheet music *s* Notenblätter *pl*
sheik(h) [ʃeɪk] *s* Scheich *m*
shelf [ʃelf] *s* ⟨*pl* shelves⟩ Bord *n*, Bücherbord *n*; *in Laden* Regal(brett) *n*; **shelves** Regal *n*
shelf life *wörtl* ~s Lagerfähigkeit *f*; *fig* Dauer *f*
shell [ʃel] *s* **1** Schale *f*; *am Strand* Muschel *f* **2** (Schnecken)haus *n*; *von Schildkröte* Panzer *m*; **to come out of one's ~** *fig* aus seinem Schneckenhaus kommen **3** (≈ *Überzug*) Hülle *f* **4** *von Haus* Rohbau *m*; *von Auto* Karosserie *f* **5** MIL Granate *f*; *bes US* Patrone *f* **B** *v/t* **1** Erbsen enthülsen; *Ei, Nüsse* schälen **2** MIL (mit Granaten) beschießen

phrasal verbs mit shell:

shell out *umg* **A** *v/t* ⟨*trennb*⟩ blechen *umg* **B** *v/i* **to shell out for sth** für etw blechen *umg*

she'll [ʃiːl] *abk* (= she will, she shall) → will¹ → shall
shellfire *s* Granatfeuer *n*
shellfish *s* Schaltier(e) *n*(*pl*); GASTR Meeresfrüchte *pl*
shelling ['ʃelɪŋ] *s* Granatfeuer *n* (**of** auf +*akk*)
shell-shocked *adj* **to be ~** *wörtl* unter einer Kriegsneurose leiden; *fig* verstört sein
shell suit *s* modischer leichter Jogginganzug
shelter ['ʃeltəʳ] **A** *s* Schutz *m*; (≈ *Ort*) Unterstand *m*; *im Krieg* Luftschutzkeller *m*; *an Bushaltestelle* Wartehäuschen *n*; (≈ *Nachtlager*) Unterkunft *f*, Obdach *n*; **a ~ for homeless people** ein Obdachlosenheim *n*; **to take ~** sich in Sicherheit bringen; *bei Regen* sich unterstellen; **to run for ~** Zuflucht suchen; **to provide ~ for sb** j-m Schutz bieten, j-n beherbergen **B** *v/t* schützen (**from** vor +*dat*); *Verbrecher* verstecken **C** *v/i* **there was nowhere to ~** *bei Regen* man konnte sich nirgends unterstellen; **we ~ed in a shop doorway** wir stellten uns in einem Ladeneingang unter
sheltered ['ʃeltəd] *adj Ort* geschützt; *Leben* behütet
sheltered housing *s* Wohnungen *pl* für Senioren/Behinderte
shelve [ʃelv] *v/t Problem* aufschieben; *Plan* ad acta legen
shelves [ʃelvz] *pl* → shelf
shelving ['ʃelvɪŋ] *s* Regale *pl*, Stellagen *pl* *österr*; (≈ *Material*) Bretter *pl*
shepherd ['ʃepəd] **A** *s* Schäfer *m* **B** *v/t* führen

shepherd's pie s Auflauf aus Hackfleisch und Kartoffelbrei

sherbet ['ʃɜːbət] s **1** ⟨kein pl⟩ Brausepulver n **2** US Fruchteis n

sheriff ['ʃerɪf] s Sheriff m; schott Friedensrichter(in) m(f)

sherry ['ʃerɪ] s Sherry m

she's [ʃiːz] abk (= she is, she has) → be → have

Shetland ['ʃetlənd] s, **Shetland Islands** ['ʃetlənd'aɪləndz] pl, **Shetlands** ['ʃetləndz] pl Shetlandinseln pl

shiatsu [ʃiːˈætsuː] s Shiatsu n

shield [ʃiːld] **A** s Wappenkunde, a. MIL Schild m; an Maschine Schutzschild m; fig Schutz m **B** v/t schützen (sb from sth j-n vor etw dat); **she tried to ~ him from the truth** sie versuchte, ihm die Wahrheit zu ersparen

shift [ʃɪft] **A** s **1** Änderung f; bei Ortswechsel Verlegung f; **a ~ in public opinion** ein Meinungsumschwung m in der Bevölkerung **2** AUTO Schaltung f **3** IND Schicht f; **to work (in) ~s** in Schichten arbeiten; **on a/my ~** in einer/meiner Schicht **B** v/t **1** (von der Stelle) bewegen; Möbel verrücken; Arm wegnehmen; bei Ortswechsel verlagern; Schutt wegräumen; **to ~ the blame onto somebody else** die Verantwortung auf jemand anders schieben; **~ the table over to the wall** rück den Tisch an die Wand (rüber)! **2** US AUTO **to ~ gears** schalten **C** v/i sich bewegen; durch Rutschen verrutschen; **~ over!** rück mal rüber!; **he refused to ~** fig er war nicht umzustimmen

shift key s COMPUT Shifttaste f, Umschalttaste f, Hochstelltaste f

shift lock s an Schreibmaschine und Computer Feststelltaste f, Umschaltsperre f

shiftwork s Schichtarbeit f; **to do ~** Schicht arbeiten

shift worker s Schichtarbeiter(in) m(f)

shifty ['ʃɪftɪ] adj ⟨komp shiftier⟩ zwielichtig

shilling ['ʃɪlɪŋ] Br obs s Shilling m

shimmer ['ʃɪmə(r)] **A** s Schimmer m **B** v/i schimmern

shin [ʃɪn] **A** s Schienbein n; von Fleisch Hachse f; **to kick sb on the ~** j-n vors Schienbein treten **B** v/i **to ~ up** (geschickt) hinaufklettern

shinbone ['ʃɪnbəʊn] s Schienbein n

shine [ʃaɪn] ⟨v: prät, pperf shone od shined⟩ **A** v/t **1** ⟨prät, pperf mst shined⟩ blank putzen; Schuhe polieren **2 to ~ a light on sth** etw beleuchten **B** v/i leuchten; Metall, Schuhe glänzen; Sonne, Lampe scheinen; **to ~ at/in sth** fig bei/in etw (dat) glänzen **C** s Glanz m; **she's taken a real ~ to him** umg er hat es ihr wirklich angetan

phrasal verbs mit shine:

shine down v/i herabscheinen (**on** auf +akk)

shingle ['ʃɪŋgl] s ⟨kein pl⟩ Kiesel m

shingles ['ʃɪŋglz] s ⟨+sg v⟩ MED Gürtelrose f

shining ['ʃaɪnɪŋ] adj leuchtend; Licht strahlend; **a ~ light** fig eine Leuchte; **he's my knight in ~ armour** Br, **he's my knight in ~ armor** US er ist mein Märchenprinz

shiny ['ʃaɪnɪ] adj ⟨komp shinier⟩ glänzend

ship [ʃɪp] **A** s Schiff n; **on board ~** an Bord **B** v/t versenden; Getreide etc verfrachten; auf Seeweg verschiffen

phrasal verbs mit ship:

ship out v/t ⟨trennb⟩ versenden; Getreide etc verfrachten

shipbuilding s Schiffbau m

shipmate s Schiffskamerad(in) m(f)

shipment s Sendung f; von Getreide etc Transport m; auf Seeweg Verschiffung f

shipowner s Reeder(in) m(f)

shipper ['ʃɪpə(r)] s Spediteur(in) m(f)

shipping ['ʃɪpɪŋ] **A** s ⟨kein pl⟩ **1** Schifffahrt f; (≈ Transportmittel) Schiffe pl **2** Verschiffung f; per Bahn etc Versand m **B** adj ⟨attr⟩ **~ costs** Frachtkosten pl

shipping company s Reederei f

shipping lane s Schifffahrtsstraße f

shipping note s Verladeschein m

shipshape ['ʃɪpʃeɪp] adj & adv tipptopp umg

shipwreck **A** s Schiffbruch m **B** v/t **to be ~ed** schiffbrüchig sein

shipyard s (Schiffs)werft f

shirk [ʃɜːk] **A** v/t sich drücken vor (+dat) **B** v/i sich drücken

shirker ['ʃɜːkə(r)] s Drückeberger(in) m(f)

shirt [ʃɜːt] s (Ober)hemd n; FUSSB Trikot n, Leiberl n österr, Leibchen n österr, schweiz; für Frau Hemdbluse f; **keep your ~ on** Br umg reg dich nicht auf!

shirtsleeve ['ʃɜːtsliːv] s, **shirtsleeves** pl Hemdsärmel pl; **in his/their ~s** in Hemdsärmeln

shit [ʃɪt] ⟨v: prät, pperf shit od shat⟩ sl **A** v/i scheißen vulg **B** v/r **to ~ oneself** sich (dat) vor Angst in die Hosen scheißen vulg **C** int Scheiße umg **D** s **1** Scheiße f vulg; **to have a ~** scheißen vulg; **to have the ~s** Dünnschiss haben umg; **to be up ~ creek (without a paddle)** bis zum Hals in der Scheiße stecken vulg; **to be in deep ~** in der Scheiße stecken vulg; **I don't give a ~** das ist mir scheißegal umg; **tough ~!** Scheiße auch! umg **2** (≈ Mensch) Arschloch n vulg **E** adj ⟨attr⟩ beschissen umg

shitface, shithead sl s Scheißkerl m umg, Scheißtyp m umg

shit-hot Br sl adj geil sl, krass sl

shitless adj **to be scared ~** sl sich (dat) vor Angst in die Hosen scheißen vulg

shitstorm *umg s* INTERNET *starke Kritik in Form massenhafter Mails/Postings* Shitstorm *m*

shitty ['ʃɪtɪ] *umg adj* ⟨*komp* shittier⟩ beschissen *umg*

shiver ['ʃɪvəʳ] **A** *s* Schauer *m*; **a ~ ran down my spine** es lief mir kalt den Rücken hinunter; **his touch sent ~s down her spine** es durchzuckte sie bei seiner Berührung; **it gives me the ~s** *fig* ich kriege davon eine Gänsehaut **B** *v/i* zittern (**with** vor +*dat*)

shoal [ʃəʊl] *s von Fischen* Schwarm *m*

shock¹ [ʃɒk] **A** *s* **1** *von Explosion etc* Wucht *f* **2** ELEK Schlag *m*; MED (Elektro)schock *m* **3** Schock (-zustand) *m*; **to suffer from ~** einen Schock (erlitten) haben; **to be in (a state of) ~** unter Schock stehen; **a ~ to one's system** ein Kreislaufschock; **it comes as a ~ to hear that ...** mit Bestürzung höre ich/hören wir, dass ...; **to give sb a ~** j-n erschrecken; **it gave me a nasty ~** es hat mir einen bösen Schreck(en) eingejagt; **to get the ~ of one's life** den Schock seines Lebens kriegen; **he is in for a ~!** *umg* der wird sich wundern *umg* **B** *v/t* erschüttern, schockieren; **to be ~ed by sth** über etw (*akk*) erschüttert od bestürzt sein; *moralisch* über etw (*akk*) schockiert sein

shock² *s*, (*a.* **shock of hair**) (Haar)schopf *m*

shock absorber ['ʃɒkəb,zɔːbəʳ] *s* Stoßdämpfer *m*

shocked [ʃɒkt] *adj* erschüttert, schockiert

shocking ['ʃɒkɪŋ] *adj* **1** schockierend; **~ pink** knallrosa *umg*, pink **2** *umg* entsetzlich; **what a ~ thing to say!** wie kann man bloß so etwas Schreckliches sagen!

shock tactics *fig pl* Schocktherapie *f*

shock therapy *s* MED *fig* Schocktherapie *f*

shock troops *pl* Stoßtruppen *pl*

shock wave *wörtl s* Druckwelle *f*; *fig* Schock *m kein pl*

shod [ʃɒd] *prät & pperf* → shoe

shoddy ['ʃɒdɪ] *adj* ⟨*komp* shoddier⟩ schäbig; *Arbeit* schludrig; *Waren* minderwertig

shoe [ʃuː] **A** *s* **1** Schuh *m*; **I wouldn't like to be in his ~s** ich möchte nicht in seiner Haut stecken; **to put oneself in sb's ~s** sich in j-s Lage (*akk*) versetzen; **to step into** *od* **fill sb's ~s** an j-s Stelle (*akk*) treten *od* rücken **2** (Huf)eisen *n* **B** *v/t* ⟨*v: prät, pperf* shoed, shod⟩ *Pferd* beschlagen

shoe bag *s* Schuhbeutel *m*

shoebox *s* Schuhkarton *m*

shoehorn *s* Schuhlöffel *m*

shoelace *s* Schnürsenkel *m*

shoemaker *s* Schuster(in) *m(f)*

shoe polish *s* Schuhcreme *f*

shoe shop *s* Schuhgeschäft *n*

shoe size *s* Schuhgröße *f*; **what ~ are you?** welche Schuhgröße haben Sie?

shoestring *s* **1** US Schnürsenkel *m* **2** *fig* **to be run on a ~** ~ mit ganz wenig Geld finanziert werden

shoestring budget *s* Minibudget *n umg*

shoetree *s* (Schuh)spanner *m*

shone [ʃɒn] *prät & pperf* → shine

shoo [ʃuː] *v/t* **to ~ sb away** j-n verscheuchen

shook [ʃʊk] *prät* → shake

shoot [ʃuːt] ⟨*v: prät, pperf* shot⟩ **A** *s* **1** BOT Trieb *m* **2** Fotosession *f* **B** *v/t* **1** MIL *etc, a.* SPORT schießen **2** anschießen; (≈ *verletzen*) niederschießen; (≈ *töten*) erschießen; **to ~ sb dead** j-n erschießen; **he shot himself** er hat sich erschossen; **he shot himself in the foot** er schoss sich (*dat*) in den Fuß; *fig umg* er hat ein Eigentor geschossen *umg*; **he was shot in the leg** er wurde ins Bein getroffen **3** **to ~ sb a glance** j-m einen (schnellen) Blick zuwerfen; **to ~ the lights** eine Ampel (bei Rot) überfahren **4** FOTO *Film* drehen **5** *umg Drogen* drücken *sl* **C** *v/i* **1** schießen; JAGD jagen; **stop or I'll ~!** stehen bleiben oder ich schieße!; **to ~ at sb/sth** auf j-n/etw schießen **2** *Läufer etc* schießen *umg*; **to ~ into the lead** an die Spitze vorpreschen; **he shot down the stairs** er schoss od jagte die Treppe hinunter; **to ~ to fame** auf einen Schlag berühmt werden; **~ing pains** stechende Schmerzen *pl* **3** FOTO knipsen *umg*; FILM drehen

phrasal verbs mit shoot:

shoot down *v/t* ⟨*trennb*⟩ abschießen

shoot off *v/i* davonschießen

shoot out A *v/i* herausschießen (**of** aus) **B** *v/t* ⟨*trennb*⟩ *Hand etc* blitzschnell ausstrecken

shoot up A *v/i* **1** in die Höhe schnellen; *Kinder* in die Höhe schießen; *Bauten* aus dem Boden schießen **2** *umg mit Drogen* sich (*dat*) einen Schuss setzen *umg* **B** *v/t* ⟨*trennb*⟩ *umg Drogen* drücken *sl*

shooter ['ʃuːtə] *s* Schütze *m*, Schützin *f*

shooting ['ʃuːtɪŋ] *s* **1** Schießen *n* **2** (≈ *Mord*) Erschießung *f* **3** JAGD Jagd *f*; **to go ~** auf die Jagd gehen **4** FILM Drehen *n*

shooting gallery *s* Schießstand *m*

shooting range *s* Schießplatz *m*

shooting star *s* Sternschnuppe *f*

shoot-out ['ʃuːtaʊt] *s* Schießerei *f*

shop¹ [ʃɒp] **A** *s* **1** *bes Br* Geschäft *n*, Laden *m*; **to go to the ~s** einkaufen gehen; **to go to the ~s** einkaufen gehen; **to shut up** *od* **close up ~** zumachen, schließen; **to talk ~** fachsimpeln **2** *Br* **to do one's weekly ~** seinen wöchentlichen Einkauf erledigen **B** *v/i* einkaufen; **to go ~ping** einkaufen gehen; **to ~ for fish** Fisch kaufen gehen phrasal verbs mit shop:

shop around *v/i* sich umsehen (**for** nach)
shop² *v/t j-n* verpfeifen, verraten
shopaholic *s* Kaufsüchtige(r) *m/f(m)*
shop assistant *bes Br s* Verkäufer(in) *m(f)*
shop finder *s* IT Filialsucher *m*
shop floor *s* **on the ~** unter den Arbeitern
shop front *bes Br s* Ladenfassade *f*
shopkeeper *bes Br s* Ladenbesitzer(in) *m(f)*
shoplift ['ʃɒp,lɪft] *v/i* Ladendiebstahl begehen
shoplifter *s* Ladendieb(in) *m(f)*
shoplifting *s* Ladendiebstahl *m*
shopper ['ʃɒpə'] *s* Käufer(in) *m(f)*
shopping ['ʃɒpɪŋ] *s* Einkaufen *n*; (≈ *Waren*) Einkäufe *pl*; **to do one's** *od* **the ~** einkaufen (gehen)
shopping bag *s* Einkaufstasche *f*
shopping basket *s* Einkaufskorb *m*
shopping cart *US s* → shopping trolley
shopping centre *s*, **shopping center** *US s* Einkaufszentrum *n*
shopping channel *s* TV Teleshoppingsender *m*
shopping list *s* Einkaufszettel *m*
shopping mall *s* Shoppingcenter *n*, Einkaufszentrum *n*
shopping precinct *s* (autofreies) Einkaufsviertel
shopping spree *s* Einkaufsbummel *m*
shopping street *s* Einkaufsstraße *f*
shopping trolley *Br s* Einkaufswagen *m*
shopsoiled *Br adj* leicht beschädigt
shop steward *s* (gewerkschaftlicher) Vertrauensmann
shop window *s* Schaufenster *n*
shore¹ [ʃɔː'] *s* **1** Ufer *n*, Strand *m*; **a house on the ~s of the lake** ein Haus am Seeufer **2 on ~** an Land
shore² *v/t*, (*a.* **shore up**) (ab)stützen; *fig* stützen
shoreline *s* Uferlinie *f*
shorn [ʃɔːn] **A** *pperf* → shear **B** *adj* geschoren
short [ʃɔːt] **A** *adj* ‹+er› **1** kurz; *Mensch* klein; **a ~ time** kurz; **a ~ time ago** vor Kurzem; **in a ~ while** in Kürze; **time is ~** die Zeit ist knapp; **~ and sweet** kurz und ergreifend; **in ~** kurz gesagt; **she's called Pat for ~** sie wird einfach Pat genannt; **Pat is ~ for Patricia** Pat ist die Kurzform von Patricia **2** *Antwort* knapp, barsch; *Verhalten* schroff; **to have a ~ temper** unbeherrscht sein; **to be ~ with sb** j-n schroff behandeln **3** zu wenig *inv*; **to be in ~ supply** knapp sein; **we are (£3) ~** wir haben (£ 3) zu wenig; **we are seven ~** uns (*dat*) fehlen sieben; **we are not ~ of volunteers** wir haben genug Freiwillige; **to be ~ of time** wenig Zeit haben; **to be ~ of money** knapp bei Kasse sein *umg*; **I'm a bit ~ (of cash)** *umg* ich bin etwas knapp bei Kasse *umg*; **we are £2,000 ~ of our target** wir liegen £ 2.000 unter unserem Ziel; **not far** *od* **much ~ of £100** nicht viel weniger als £ 100 **B** *adv* **1 to fall ~** *Schuss* zu kurz sein; *Vorräte etc* nicht ausreichen; **to fall ~ of sth** etw nicht erreichen; **to go ~ (of food** *etc*) zu wenig (zu essen *etc*) haben; **we are running ~ (of time)** wir haben nicht mehr viel (Zeit); **water is running ~** Wasser ist knapp **2** plötzlich; **to pull up ~** abrupt anhalten; **to stop ~** *beim Sprechen* plötzlich innehalten; **I'd stop ~ of murder** vor Mord würde ich Halt machen; **to be caught ~** *umg* überrascht werden; *bei Geldmangel etc* zu knapp (dran) sein; (≈ *Toilette benötigen*) dringend mal müssen *umg* **3 ~ of** außer (+*dat*); **nothing ~ of a revolution can ...** nur eine Revolution kann ...; **it's little ~ of madness** das grenzt an Wahnsinn; **~ of telling him a lie ...** außer ihn zu belügen ... **C** *s umg* (≈ *Schnaps*) Kurze(r) *m umg*; FILM Kurzfilm *m*
shortage ['ʃɔːtɪdʒ] *s* Knappheit *f kein pl* (**of** an +*dat*), Mangel *m kein pl* (**of** an +*dat*); **a ~ of staff** ein Personalmangel *m*
shortbread *s* Shortbread *n*, ≈ Butterkeks *m*
short-change *v/t* **to ~ sb** *wörtl* j-m zu wenig Wechselgeld geben
short circuit *s* Kurzschluss *m*
short-circuit **A** *v/t* kurzschließen; *fig* umgehen **B** *v/i* einen Kurzschluss haben
shortcoming *s bes pl* Mangel *m*, Fehler *m*; *von System* Unzulänglichkeit *f*
shortcrust *s*, (*a.* **shortcrust pastry**) Mürbeteig *m*
short-cut *s* **1** Abkürzung *f*; *fig* Schnellverfahren *n* **2** IT Shortcut *m*
short-cut key *s* IT Shortcut *m*, Tastenkombination *f*
shorten ['ʃɔːtn] *v/t* verkürzen; *Namen* abkürzen; *Kleid, Programm* kürzen
shortfall *s* Defizit *n*
short-haired *adj* kurzhaarig
shorthand *s* Stenografie *f*; **to take sth down in ~** etw stenografieren
short-handed *adj* **to be ~** zu wenig Personal haben
shorthand typist *s* Stenotypist(in) *m(f)*
short haul *s* Nahtransport *m*
short-haul jet *s* Kurzstreckenflugzeug *n*
short list *bes Br s* **to be on the ~** in der engeren Wahl sein
short-list *bes Br v/t* **to ~ sb** j-n in die engere Wahl nehmen
short-lived *adj* kurzlebig; **to be ~** von kurzer Dauer sein
shortly ['ʃɔːtlɪ] *adv* bald; *vor, nach* kurz
shortness ['ʃɔːtnɪs] *s* Kürze *f*; *von Mensch* Klein-

heit f; **~ of breath** Kurzatmigkeit f
short-range ['ʃɔːtˈreɪndʒ] adj mit geringer Reichweite; **~ missile** Kurzstreckenrakete f
shorts [ʃɔːts] pl **1** Shorts pl **2** bes US Unterhose f
short-sighted adj kurzsichtig
short-sightedness wörtl, fig s Kurzsichtigkeit f
short-sleeved adj kurzärmelig
short-staffed adj **to be ~** zu wenig Personal haben
short-stay car park Br s Kurzzeitparkplatz m
short story s Kurzgeschichte f
short-tempered adj unbeherrscht
short term s **in the ~** auf kurze Sicht
short-term adj & adv kurzfristig; **on a ~ basis** kurzfristig
short-term contract s Kurzzeitvertrag m
short-term parking lot US s Kurzzeitparkplatz m
short time s **to be on ~** kurzarbeiten
short-wave adj **a ~ radio** ein Kurzwellenempfänger m
shot¹ [ʃɒt] **A** prät & pperf → shoot **B** s **1** ⟨kein pl⟩ Schuss m; mit der Hand Wurf m; Tennis, Golf Schlag m; **to take a ~ at goal** aufs Tor schießen; **to fire a ~ at sb/sth** einen Schuss auf j-n/etw abfeuern; **to call the ~s** fig das Sagen haben umg; **like a ~** umg weglaufen wie der Blitz umg; zustimmen sofort **2** ⟨kein pl⟩ für Flinte Schrot m **3** Schütze m, Schützin f **4** Versuch m; **to have a ~ (at it)** es (mal) versuchen; **to give sth one's best ~** umg sich nach Kräften um etw bemühen **5** Spritze f, Impfung f; von Alkohol Schuss m **6** FOTO Aufnahme f; in Film Einstellung f; **out of ~** nicht im Bild **7** SPORT **the ~** Kugelstoßen n; (≈ Gewicht) die Kugel
shot² adj **~ to pieces** völlig zerstört
shotgun s Schrotflinte f; **~ wedding** Mussheirat f
shot put s Kugelstoßen n
shot-putter s Kugelstoßer(in) m(f)
should [ʃʊd] v/aux ⟨prät⟩ **1** → shall **2** Pflicht **I ~ do that** ich sollte das tun; **I ~ have done it** ich hätte es tun sollen od müssen; **you ~ have asked** du hättest fragen sollen; **which is as it ~ be** und so soll(te) es auch sein; **you really ~ see that film** den Film sollten Sie wirklich sehen; **he's coming to apologize — I ~ think so** er will sich entschuldigen — das möchte ich auch meinen od hoffen; **... and I ~ know** ... und ich müsste es ja wissen; **how ~ I know?** woher soll ich das wissen? **3** Wahrscheinlichkeit **he ~ be there by now** er müsste eigentlich schon da sein; **this book ~ help you** dieses Buch wird Ihnen bestimmt helfen; **this ~ be good!** umg das wird bestimmt gut! **4** Vermutung etc **I ~ think there were about 40 there** ich würde schätzen, dass etwa 40 dort waren; **~ I open the window?** soll ich das Fenster aufmachen?; **I ~ like to know ...** ich möchte gern wissen ...; **I ~ like to apply for the job** ich würde mich gern um die Stelle bewerben **5** Überraschung **who ~ I see but Anne!** und wen sehe ich? Anne!; **why ~ he want to do that?** warum will er das denn machen? **6** Konjunktiv, Konditional **I ~ go if ...** ich würde gehen, wenn ...; **if they ~ send for me** falls sie nach mir schicken sollten; **I ~n't (do that) if I were you** ich würde das an Ihrer Stelle nicht tun
shoulder ['ʃəʊldə] **A** s **1** Schulter f; von Fleisch Bug m; **to shrug one's ~s** mit den Schultern zucken; **to cry on sb's ~** sich an j-s Brust (dat) ausweinen; **a ~ to cry on** jemand, bei dem man sich ausweinen kann; **~ to ~** Schulter an Schulter **2** US Seitenstreifen m **B** v/t fig Verantwortung auf sich (akk) nehmen
shoulder bag s Umhängetasche f
shoulder blade s Schulterblatt n
shoulder-length adj schulterlang
shoulder pad s Schulterpolster n
shoulder strap s an Tasche etc (Schulter)riemen m
shouldn't ['ʃʊdnt] abk (= should not) → should
should've ['ʃʊdəv] abk (= should have) → should
shout [ʃaʊt] **A** s Ruf m, Schrei m; **~s of laughter** Lachsalven pl; **to give sb a ~** einen Schrei ausstoßen; **to give sb a ~** j-n rufen; **give me a ~ when you're ready** umg sag Bescheid, wenn du fertig bist **B** v/t schreien, rufen; **to ~ a warning to sb** j-m eine Warnung zurufen **C** v/i rufen, schreien; von Wut brüllen; **to ~ for sb/sth** nach j-m/etw rufen; **she ~ed for Jane to come** sie rief, Jane solle kommen; **to ~ at sb** j-n anschreien; **to ~ to sb** j-m zurufen; **to ~ for help** um Hilfe rufen; **it was nothing to ~ about** umg es war nicht umwerfend **D** v/r **to ~ oneself hoarse** sich heiser schreien

phrasal verbs mit shout:
shout down v/t ⟨trennb⟩ niederbrüllen
shout out v/t ⟨trennb⟩ ausrufen

shouting ['ʃaʊtɪŋ] s Schreien n, Geschrei n
shove [ʃʌv] **A** s Stoß m; **to give sb a ~** j-n stoßen; **to give sth a ~** etw rücken; Tür gegen etw stoßen **B** v/t **1** schieben, stoßen, drängen **2** umg **to ~ sth on(to) sth** etw auf etw (akk) werfen; **to ~ sth in(to) sth** etw in etw (akk) stecken; **he ~d a book into my hand** er drückte mir ein Buch in die Hand **C** v/i drängeln

phrasal verbs mit shove:
shove back umg v/t ⟨trennb⟩ **1** Stuhl etc zurückschieben **2** zurücktun; in Tasche wieder hineinstecken

shove off v/i umg (≈ weggehen) abschieben umg
shove over umg v/i, (a. **shove up**) rutschen
shovel ['ʃʌvl] **A** s Schaufel f **B** v/t schaufeln
show [ʃəʊ] ⟨v: prät showed; pperf shown⟩ **A** v/t **1** zeigen; Film a. vorführen; in Museum etc ausstellen; Fahrkarte vorzeigen; Identität etc beweisen; Freundlichkeit erweisen; Respekt bezeigen; **~ me how to do it** zeigen Sie mir, wie man das macht; **it's been ~n on television** das kam im Fernsehen; **to ~ one's face** sich zeigen; **he has nothing to ~ for all his effort** seine ganze Mühe hat nichts gebracht; **I'll ~ him!** umg dem werd ichs zeigen! umg; **that ~ed him!** umg dem habe ichs aber gezeigt! umg; **it all** od **just goes to ~ that ...** das zeigt doch nur, dass ...; **it ~ed signs of having been used** man sah, dass es gebraucht worden war; **to ~ sb in/out** j-n hereinbringen/hinausbegleiten; **to ~ sb to the door** j-n zur Tür bringen; **they were ~n (a)round the factory** ihnen wurde die Fabrik gezeigt **2** (an)zeigen; Thermometer stehen auf (+dat); **as ~n in the illustration** wie in der Illustration dargestellt; **the roads are ~n in red** die Straßen sind rot (eingezeichnet) **B** v/i sichtbar sein; Film laufen; **the dirt doesn't ~** man sieht den Schmutz nicht; **it just goes to ~!** da sieht mans mal wieder! **C** s **1** ~ **of force** Machtdemonstration f; **~ of hands** Handzeichen n; **to put up a good/poor ~** bes Br umg eine gute/schwache Leistung zeigen **2** Schau f; von Hass, Zuneigung Kundgebung f; **it's just for ~** das ist nur zur Schau da **3** Ausstellung f; **fashion ~** Modenschau f; **to be on ~** zu sehen sein **4** THEAT Aufführung f; TV Show f; RADIO Sendung f; **to go to a ~** bes Br ins Theater gehen; **the ~ must go on** es muss trotz allem weitergehen **5** umg **he runs the ~** er schmeißt hier den Laden umg

phrasal verbs mit show:
show around v/t ⟨trennb⟩ herumführen
show in v/t ⟨trennb⟩ hereinführen
show off **A** v/i angeben (**to, in front of** vor +dat) **B** v/t ⟨trennb⟩ **1** Wissen, Orden angeben mit; neues Auto vorführen (**to sb** j-m) **2** Schönheit hervorheben; Figur betonen
show out v/t ⟨trennb⟩ hinausführen
show round v/t ⟨trennb⟩ herumführen
show up **A** v/i **1** zu erkennen sein; außergewöhnlich hervorstechen **2** umg auftauchen **B** v/t ⟨trennb⟩ **1** (deutlich) erkennen lassen **2** Mängel zum Vorschein bringen **3** blamieren; **he always gets drunk and shows her up** er betrinkt sich immer und bringt sie dadurch in eine peinliche Situation

show biz umg s → show business
show business s Showbusiness n; **to be in ~** im Showgeschäft (tätig) sein
showcase s Vitrine f; fig Schaufenster n
showdown umg s Kraftprobe f
shower ['ʃaʊəʳ] **A** s **1** Schauer m; von Kugeln Hagel m **2** Dusche f; **to take** od **have a ~** (sich) duschen **B** v/t **to ~ sb with sth** mit Lob etc j-n mit etw überschütten **C** v/i duschen
shower cap s Duschhaube f
shower cubicle s Duschkabine f
shower curtain s Duschvorhang m
shower gel s Duschgel n
showerhead s Brausekopf m
showery ['ʃaʊərɪ] adj regnerisch
showing ['ʃəʊɪŋ] s von Film Vorstellung f; von Programm Ausstrahlung f
showing-off ['ʃəʊɪŋ'ɒf] s Angeberei f
showjumping s Springreiten n
showmanship ['ʃəʊmənʃɪp] s Talent n für effektvolle Darbietung
shown [ʃəʊn] pperf → show
show-off umg s Angeber(in) m(f)
showpiece s Schaustück n
showroom s Ausstellungsraum m
show stopper umg s Publikumshit m umg; fig Clou m des Abends/der Party etc
show trial s Schauprozess m
showy ['ʃəʊɪ] adj ⟨komp showier⟩ protzig umg; Dekor bombastisch
shrank [ʃræŋk] prät → shrink
shrapnel ['ʃræpnl] s Schrapnell n
shred [ʃred] **A** s Fetzen m; fig Spur f; von Wahrheit a. Fünkchen n; **not a ~ of evidence** keinerlei Beweis; **his reputation was in ~s** sein (guter) Ruf war ruiniert; **to tear sth to ~s** etw in Stücke reißen; fig etw verreißen **B** v/t **1** Lebensmittel zerkleinern; Mohrrüben raspeln; Wirsing hobeln; Papier schreddern **2** in kleine Stücke reißen
shredder ['ʃredəʳ] s Schredder m; für Papierabfälle Reißwolf m
shrew [ʃruː] s Spitzmaus f; fig Xanthippe f
shrewd [ʃruːd] adj ⟨+er⟩ clever umg; Investition, Argument klug; Analyse, Geist scharf; Lächeln verschmitzt
shrewdness ['ʃruːdnɪs] s Cleverness f umg; von Investition, Argument Klugheit f
shriek [ʃriːk] **A** s (schriller) Schrei; **~s of laughter** kreischendes Lachen **B** v/t kreischen **C** v/i aufschreien; **to ~ with laughter** vor Lachen quietschen
shrift [ʃrɪft] s **to give sb/sth short ~** j-n/etw kurz abfertigen
shrill [ʃrɪl] **A** adj ⟨+er⟩ schrill **B** v/i schrillen
shrimp [ʃrɪmp] s Garnele f
shrine [ʃraɪn] s **1** Schrein m **2** Grabstätte f
shrink [ʃrɪŋk] ⟨v: prät shrank; pperf shrunk⟩ **A** v/t

einlaufen lassen **B** v/i **1** schrumpfen; *Kleidung* einlaufen; *fig Beliebtheit* abnehmen **2** *fig* zurückschrecken; **to ~ from doing sth** davor zurückschrecken, etw zu tun; **to ~ away from sb** vor j-m zurückweichen **C** *s umg* Seelenklempner(in) *m(f) umg*

shrinkage ['ʃrɪŋkɪdʒ] *s von Stoff* Einlaufen *n*; HANDEL Schwund *m*

shrink-wrap ['ʃrɪŋkræp] v/t einschweißen

shrink-wrapping *s* Vorgang Einschweißen *n*; *Material* Klarsichtfolie *f*

shrivel ['ʃrɪvl] **A** v/t *Pflanzen* welk werden lassen; *durch Hitze* austrocknen **B** v/i schrumpfen; *Pflanzen* welk werden; *durch Hitze* austrocknen; *Obst, Haut* runzlig werden

phrasal verbs mit shrivel:

shrivel up v/i & v/t ⟨trennb⟩ → shrivel

shrivelled ['ʃrɪvld] *adj*, **shriveled** *US adj* verwelkt; *Körperteil* runz(e)lig; *Obst* verschrumpelt

shroud [ʃraʊd] **A** *s* Leichentuch *n* **B** v/t *fig* hüllen; **to be ~ed in mystery** von einem Geheimnis umgeben sein

Shrove Tuesday [ˌʃrəʊv'tjuːzdɪ] *s* Fastnachtsdienstag *m*

shrub [ʃrʌb] *s* Busch *m*, Strauch *m*

shrubbery ['ʃrʌbərɪ] *s* Sträucher *pl*

shrug [ʃrʌɡ] **A** *s* Achselzucken *n kein pl*; **to give a ~** mit den Achseln zucken **B** v/t **to ~ (one's shoulders)** mit den Achseln zucken

phrasal verbs mit shrug:

shrug off v/t ⟨trennb⟩ mit einem Achselzucken abtun

shrunk [ʃrʌŋk] *pperf* → shrink

shrunken ['ʃrʌŋkən] *adj* (ein)geschrumpft; *alter Mensch* geschrumpft

shsh *int* psst

shuck [ʃʌk] v/t *US* schälen; *Erbsen* enthülsen

shudder ['ʃʌdər] **A** *s* Schau(d)er *m*; **to give a ~** *Mensch* erschaudern *geh*; *Erde* beben; **she realized with a ~ that ...** schaudernd erkannte sie, dass ... **B** v/i *Mensch* schau(d)ern; *Erde* beben; *Zug* geschüttelt werden; **the train ~ed to a halt** der Zug kam rüttelnd zum Stehen; **I ~ to think** mir graut, wenn ich nur daran denke

shuffle ['ʃʌfl] **A** *s* **1** Schlurfen *n kein pl* **2** Umstellung *f* **B** v/t **1** **to ~ one's feet** mit den Füßen scharren **2** *Karten* mischen; **he ~d the papers on his desk** er durchwühlte die Papiere auf seinem Schreibtisch **3** *fig Kabinett* umbilden **C** v/i **1** *beim Gehen* schlurfen, hatschen *österr* **2** KART mischen

shuffling ['ʃʌflɪŋ] *adj* schlurfend

shun [ʃʌn] v/t meiden; *Öffentlichkeit, Licht* scheuen

shunt [ʃʌnt] v/t BAHN rangieren

shut [ʃʌt] ⟨v: *prät, pperf* shut⟩ **A** v/t zumachen, schließen; *Buch* zuklappen; *Büro* schließen; **~ your mouth!** *umg* halt den Mund / die Klappe! *umg*; **to ~ sb/sth in(to) sth** j-n/etw in etw (*dat*) einschließen **B** v/i schließen; *Augen* sich schließen **C** *adj* geschlossen, zu *präd adj*; **sorry sir, we're ~** wir haben leider geschlossen; **the door swung ~** die Tür schlug zu

phrasal verbs mit shut:

shut away v/t ⟨trennb⟩ wegschließen, einschließen (**in** *in +dat*); **to shut oneself away** sich zurückziehen

shut down **A** v/t ⟨trennb⟩ *Laden, Fabrik* schließen **B** v/i *Laden, Fabrik* schließen; *Motor* sich ausschalten

shut in v/t ⟨trennb⟩ einschließen (**sth, -to sth** in etw *dat*)

shut off **A** v/t ⟨trennb⟩ **1** *Gas etc* abstellen; *Licht, Motor* ab- od ausschalten; **the kettle shuts itself off** der Wasserkessel schaltet von selbst ab **2** (ab)trennen **B** v/i abschalten

shut out v/t ⟨trennb⟩ **1** j-n aussperren (**of** aus); *Licht* nicht hereinlassen (**of** *in +akk*); **she closed the door to shut out the noise** sie schloss die Tür, damit kein Lärm hereinkam **2** *fig Erinnerung* unterdrücken; **to shut sb out of sth** j-n von etw ausschließen

shut up **A** v/t ⟨trennb⟩ **1** *Haus* verschließen **2** einsperren **3** *umg* zum Schweigen bringen; **that'll soon shut him up** das wird ihm schon den Mund stopfen *umg* **B** v/i *umg* den Mund halten; **shut up!** halt die Klappe! *umg*

shutdown *s einer Fabrik etc* Schließung *f*, Stilllegung *f*

shutter ['ʃʌtər] *s* (Fenster)laden *m*; FOTO Verschluss *m*

shutter release *s* FOTO Auslöser *m*

shuttle ['ʃʌtl] **A** *s* **1** *von Webstuhl* Schiffchen *n* **2** Pendelverkehr *m*; (≈ *Verkehrsmittel*) Pendelflugzeug *n etc*; RAUMF Spaceshuttle *m* **B** v/t hin- und hertransportieren **C** v/i pendeln; *Waren* hin- und hertransportiert werden

shuttle bus *s* Shuttlebus *m*

shuttlecock *s* Federball *m*

shuttle service *s* Pendelverkehr *m*

shy [ʃaɪ] **A** *adj* ⟨*komp* shier *od* shyer⟩ schüchtern, gschamig *österr*; *Tier* scheu; **don't be shy** nur keine Hemmungen! *umg*; **to be shy of/with sb** Hemmungen vor/gegenüber j-m haben; **to feel shy** schüchtern sein **B** v/i *Pferd* scheuen (**at** vor +*dat*)

phrasal verbs mit shy:

shy away v/i *Pferd* zurückscheuen; *Mensch* zurückweichen; **to shy away from sth** vor etw (*dat*) zurückschrecken

shyly ['ʃaɪlɪ] *adv* schüchtern, gschamig *österr*

shyness ['ʃaɪnɪs] *s* Schüchternheit *f*; *von Tier*

Scheu *f*

Siamese [ˌsaɪəˈmiːz] *adj* siamesisch
Siamese twins *pl* siamesische Zwillinge *pl*
Siberia [saɪˈbɪərɪə] *s* Sibirien *n*
sibling [ˈsɪblɪŋ] *s* Geschwister *n form*
Sicily [ˈsɪsɪlɪ] *s* Sizilien *n*
sick [sɪk] **A** *s* Erbrochene(s) *n* **B** *adj* ⟨+er⟩ **1** krank; **the ~** die Kranken *pl*; **to be (off) ~** (wegen Krankheit) fehlen; **to call in ~** sich (telefonisch) krankmelden; **she's off ~ with tonsillitis** sie ist wegen einer Mandelentzündung krankgeschrieben **2 to be ~** sich übergeben; *Katze, Baby* spucken; **he was ~ all over the carpet** er hat den ganzen Teppich vollgespuckt; **I think I'm going to be ~** ich glaube, ich muss mich übergeben; **I feel ~** mir ist übel *od* schlecht; **the smell makes me feel ~** bei dem Geruch wird mir übel; **it makes you ~ the way he's always right** *umg* es ist zum Weinen, dass er immer recht hat; **I am worried ~** mir ist vor Sorge ganz schlecht **3** *umg* **to be ~ of sth/sb** etw/j-n satthaben; **to be ~ of doing sth** es satthaben, etw zu tun; **I'm ~ and tired of it** ich habe davon die Nase (gestrichen) voll *umg*; **I'm ~ of the sight of her** ich habe ihren Anblick satt **4** *umg* geschmacklos; *Witz* makaber; *Mensch* pervers
sickbag *s* Spucktüte *f*
sickbay *s* Krankenrevier *n*
sickbed *s* Krankenlager *n*
sicken [ˈsɪkn] **A** *v/t* anwidern, krank machen *umg* **B** *v/i* krank werden; **he's definitely ~ing for something** er wird bestimmt krank
sickening [ˈsɪknɪŋ] *wörtl adj* ekelerregend; *emotional* erschütternd, ekelhaft
sickie [ˈsɪkɪ] *Br umg s* **to pull a ~** einen Tag blaumachen *umg*
sickle [ˈsɪkl] *s* Sichel *f*
sick leave *s* **to be on ~** krankgeschrieben sein; **employees are allowed six weeks' ~ per year** Angestellte dürfen insgesamt sechs Wochen pro Jahr wegen Krankheit fehlen
sickly [ˈsɪklɪ] *adj* ⟨komp **sicklier**⟩ *Erscheinung* kränklich; *Geruch, Farbe, Sentimentalität* ekelhaft; *Lächeln* matt
sickness *s MED* Krankheit *f*; **in ~ and in health** in guten und in schlechten Zeiten
sickness benefit *Br s* Krankengeld *n*
sick note *Br umg s* Krankmeldung *f*
sicko [ˈsɪkəʊ] *umg s* ⟨*pl* -s⟩ Perversling *m umg*
sick pay *s* Gehalts-/Lohnfortzahlung *f* im Krankheitsfall
side [saɪd] **A** *s* **1** Seite *f*; *von Berg* Hang *m*; *von Unternehmen* Zweig *m*; **this ~ up!** oben!; **by/at the ~ of sth** seitlich von etw; **the path goes down the ~ of the house** der Weg führt seitlich am Haus entlang; **it's this/the other ~ of London** *außerhalb* es ist auf dieser/auf der anderen Seite Londons; *innerhalb* es ist in diesem Teil/am anderen Ende von London; **the enemy attacked them on** *od* **from all ~s** der Feind griff sie von allen Seiten an; **he moved over** *od* **stood to one ~** er trat zur Seite; **he stood to one ~ and did nothing** *wörtl* er stand daneben und tat nichts; *fig* er hielt sich raus; **to put sth on one ~** etw beiseitelegen; *Ladeninhaber* etw zurücklegen; **I'll put that issue on** *od* **to one ~** ich werde diese Frage vorerst zurückstellen; **on the other ~ of the boundary** jenseits der Grenze; **this ~ of Christmas** vor Weihnachten; **from ~ to ~** hin und her; **by sb's ~** neben j-m; **~ by ~** Seite an Seite; **I'll be by your ~** *fig* ich werde Ihnen zur Seite stehen; **on one's father's ~** väterlicherseits; **your ~ of the story** Ihre Version (der Geschichte); **to look on the bright ~** zuversichtlich sein, die positive Seite betrachten **2** Rand *m*; **at the ~ of the road** am Straßenrand; **on the far ~ of the wood** am anderen Ende des Waldes **3 we'll take £50 just to be on the safe ~** wir werden vorsichtshalber £ 50 mitnehmen; **to get on the right ~ of sb** j-n für sich einnehmen; **on the right ~ of the law** auf dem Boden des Gesetzes; **to make a bit (of money) on the ~** *umg* sich (*dat*) etwas nebenbei verdienen *umg*; **(a bit) on the large ~** etwas (zu) groß **4** *SPORT etc* Mannschaft *f*; *fig* Seite *f*; **with a few concessions on the government ~** mit einigen Zugeständnissen vonseiten der Regierung; **to change ~s** sich auf die andere Seite schlagen; *SPORT* die Seiten wechseln; **to take ~s** parteiisch sein; **to take ~s with sb** für j-n Partei ergreifen; **to be on sb's ~** auf j-s Seite (*dat*) stehen **B** *adj* ⟨*attr*⟩ Seiten-, Neben-; **~ road** Seiten-/Nebenstraße *f* **C** *v/i* **to ~ with/against sb** Partei für/gegen j-n ergreifen
sideboard *s* Anrichte *f*
sideboards *Br*, **sideburns** *pl* Koteletten *pl*, Backenbart *m*
sidecar *s* Beiwagen *m*; *bes SPORT* Seitenwagen *m*
-sided [-saɪdɪd] *adj* ⟨*suf*⟩ -seitig; **one-sided** einseitig
side dish *s* Beilage *f*
side door *s* Seitentür *f*
side effect *s* Nebenwirkung *f*
sidekick *umg s* Handlanger(in) *m(f) pej*
sidelight *s Br AUTO* Parklicht *n*, Standlicht *n*
sideline **A** *s* Nebenerwerb *m* **B** *v/t* **to be ~d** aus dem Rennen sein
sidelines *pl* Seitenlinien *pl*; **to be on the ~** *fig* unbeteiligter Zuschauer sein
sidelong *adj* **to give sb a ~ glance** j-n kurz aus

den Augenwinkeln anblicken

side-on *adj* ~ **collision** Seitenaufprall *m*; ~ **view** Seitenansicht *f*

side order *s* GASTR Beilage *f*

side salad *s* Salat *m* (als Beilage)

sideshow *s* Nebenvorstellung *f*

sidesplitting ['saɪdˌsplɪtɪŋ] *adj* urkomisch, zum Totlachen

side step *s* Schritt *m* zur Seite; SPORT Ausfallschritt *m*

sidestep **A** *v/t* ausweichen (+*dat*) **B** *v/i* ausweichen

side street *s* Seitenstraße *f*

sidetrack *bes US s* → siding **B** *v/t* ablenken; **to be** *od* **get ~ed** abgelenkt werden

side view *s* Seitenansicht *f*

sidewalk *US s* Bürgersteig *m*

sidewalk café *US s* Straßencafé *n*

sideward *adj* → sidewards A

sidewards ['saɪdwədz] **A** *adj Bewegung* zur Seite; *Blick* von der Seite **B** *adv* gehen zur Seite

sideways ['saɪdweɪz] **A** *adj Bewegung* zur Seite; *Blick* von der Seite **B** *adv* **1** *gehen* zur Seite; **it goes in ~** es geht seitwärts hinein **2** *sitzen* seitlich; **~ on** seitlich (**to sth** zu etw) **3** *in Beruf* **to move ~** sich auf gleichem Niveau verändern

siding ['saɪdɪŋ] *s* Rangiergleis *n*, Abstellgleis *n*

sidle ['saɪdl] *v/i* **to ~ up to sb** sich an j-n heranschleichen

SIDS *s abk* (= sudden infant death syndrome) MED plötzlicher Kindstod

siege [siːdʒ] *s* Belagerung *f*; *durch Polizei* Umstellung *f*; **to be under ~** belagert werden; *von Polizei* umstellt sein; **to lay ~ to a town** eine Stadt belagern

Sierra Leone [sɪˌeraliˈəʊn] *s* GEOG Sierra Leone *n*

sieve [sɪv] **A** *s* Sieb *n* **B** *v/t* → sift A

sift [sɪft] **A** *v/t wörtl* sieben **B** *v/i fig* sieben; **to ~ through the evidence** das Beweismaterial durchgehen

phrasal verbs mit sift:

sift out *v/t* ⟨*trennb*⟩ *Steine, Bewerber* aussieben

sigh [saɪ] **A** *s* Seufzer *m*; **a ~ of relief** ein Seufzer *m* der Erleichterung **B** *v/i* seufzen; *Wind* säuseln; **to ~ with relief** erleichtert aufatmen **C** *v/t* seufzen

sight [saɪt] **A** *s* **1** Sehvermögen *n*; **to lose/regain one's ~** sein Augenlicht verlieren/wiedergewinnen **2** **it was my first ~ of Paris** das war das Erste, was ich von Paris gesehen habe; **to hate sb at first ~** j-n vom ersten Augenblick an nicht leiden können; **to shoot on ~** sofort schießen; **love at first ~** Liebe auf den ersten Blick; **to know sb by ~** j-n vom Sehen kennen; **to catch ~ of sb/sth** j-n/etw entdecken; **to lose ~ of sb/sth** j-n/etw aus den Augen verlieren **3** Anblick *m*; **the ~ of blood makes me sick** wenn ich Blut sehe, wird mir übel; **I hate the ~ of him** ich kann ihn (einfach) nicht ausstehen; **what a horrible ~!** das sieht ja furchtbar aus!; **it was a ~ for sore eyes** es war eine wahre Augenweide; **you're a ~ for sore eyes** es ist schön, dich zu sehen; **to be** *od* **look a ~** *umg* zum Schreien aussehen *umg*, fürchterlich aussehen **4** Sicht *f*; **to be in** *od* **within ~** in Sicht sein; **to keep out of ~** sich verborgen halten; **to keep sb/sth out of ~** j-n/etw nicht sehen lassen; **keep out of my ~!** lass dich bloß bei mir nicht mehr blicken; **to be out of ~** außer Sicht sein; **don't let it out of your ~** lass es nicht aus den Augen; **out of ~, out of mind** *sprichw* aus den Augen, aus dem Sinn *sprichw* **5** ⟨*mst pl*⟩ Sehenswürdigkeit *f*; **to see the ~s of a town** eine Stadt besichtigen **6** *von Teleskop etc* Visiereinrichtung *f*; *von Waffe* Visier *n*; **to set one's ~s too high** *fig* seine Ziele zu hoch stecken; **to lower one's ~s** *fig* seine Ansprüche herabsetzen *od* herunterschrauben; **to set one's ~s on sth** *fig* ein Auge auf etw (*akk*) werfen **B** *v/t* sichten; *Gestalt* ausmachen

-sighted *adj* ⟨*suf*⟩ MED *fig* -sichtig

sighting ['saɪtɪŋ] *s* Sichten *n*

sightless *adj* blind

sight-read *v/t* & *v/i* vom Blatt spielen *etc*

sightseeing **A** *s* ⟨*kein pl*⟩ Besichtigungen *pl*; **to go ~** auf Besichtigungstour gehen **B** *adj* **~ tour** Rundreise *f*, (Stadt)rundfahrt *f*

sightseer *s* Tourist(in) *m(f)*

sign [saɪn] **A** *s* **1** Zeichen *n* *a.* MED Anzeichen *n* (**of** für *od* +*gen*); (≈ *Beweis*) Zeichen *n* (**of** von *od* +*gen*); (≈ *Nuance*) Spur *f*; **a ~ of the times** ein Zeichen unserer Zeit; **it's a ~ of a true expert** daran erkennt man den wahren Experten; **there is no ~ of their agreeing** nichts deutet darauf hin, dass sie zustimmen werden; **to show ~s of sth** Anzeichen von etw erkennen lassen; **there was no ~ of life in the village** es gab keine Spur *od* kein Anzeichen von Leben im Dorf; **there was no ~ of him** von ihm war keine Spur zu sehen; **is there any ~ of him yet?** ist er schon zu sehen? **3** Schild *n* **B** *v/t* **1** *Brief, Vertrag* unterschreiben; *Buch* signieren; **to ~ the register** sich eintragen; **to ~ one's name** unterschreiben; **he ~s himself J.G. Jones** er unterschreibt mit J. G. Jones **2** *Fußballspieler etc* unter Vertrag nehmen **C** *v/i* unterschreiben; **Fellows has just ~ed for United** Fellows hat gerade bei United unterschrieben

phrasal verbs mit sign:

sign away *v/t* ⟨*trennb*⟩ verzichten auf (+*akk*)

sign for v/i ⟨+obj⟩ den Empfang (+gen) bestätigen

sign in A v/t ⟨trennb⟩ eintragen B v/i sich eintragen

sign off v/i RADIO, TV sich verabschieden; in Brief Schluss machen

sign on A v/t ⟨trennb⟩ → sign up A B v/i 1 → sign up B 2 Br **to sign on** sich arbeitslos melden; **he's still signing on** er ist immer noch arbeitslos

sign out A v/i sich austragen B v/t ⟨trennb⟩ austragen

sign up A v/t ⟨trennb⟩ verpflichten; *Mitarbeiter* anstellen B v/i sich verpflichten, unterschreiben; *für Kurs* sich einschreiben

signal ['sɪɡnl] A s 1 Zeichen n, Signal n 2 BAHN, TEL Signal n; **the ~ is at red** das Signal steht auf Rot B v/t anzeigen; *Ankunft* ankündigen; **to ~ sb to do sth** j-m ein Zeichen geben, etw zu tun C v/i 1 ein Zeichen geben; **he ~led to the waiter** Br, **he ~ed to the waiter** US er winkte dem Ober 2 US blinken

signal box s Stellwerk n

signalman s ⟨pl -men⟩ BAHN Stellwerkswärter m

signatory ['sɪɡnətərɪ] s Unterzeichner(in) m(f)

signature ['sɪɡnətʃəʳ] s Unterschrift f, Visum n *schweiz; von Künstler* Signatur f

signature tune Br s Erkennungsmelodie f

signet ring ['sɪɡnɪt,rɪŋ] s Siegelring m

significance [sɪɡ'nɪfɪkəns] s Bedeutung f; **what is the ~ of this?** welche Bedeutung hat das?; **of no ~** belanglos

significant adj 1 bedeutend, wichtig 2 bedeutungsvoll; **it is ~ that ...** es ist bezeichnend, dass ...

significantly adv 1 bedeutend; **it is not ~ different** da besteht kein wesentlicher Unterschied 2 bedeutungsvoll

signify ['sɪɡnɪfaɪ] v/t 1 bedeuten 2 andeuten

signing ['saɪnɪŋ] s 1 *von Dokument* Unterzeichnen n 2 *von Fußballspieler etc* Unterverträgnahme f; (≈ *Fußballspieler etc*) neu unter Vertrag Genommene(r) m/f(m)

sign language s Zeichensprache f

signpost s Wegweiser m

Sikh [siːk] s Sikh m/f(m)

silence ['saɪləns] A s Stille f, Schweigen n; *über bestimmtes Thema* (Still)schweigen n; **~!** Ruhe!; **in ~** still; **there was ~** alles war still; **there was a short ~** es herrschte für kurze Zeit Stille; **to break the ~** die Stille durchbrechen B v/t zum Schweigen bringen

silencer ['saɪlənsəʳ] s 1 Br AUTO Auspuff(topf) m; *Teil* Schalldämpfer m 2 *an Waffe* Schalldämpfer m

silent ['saɪlənt] adj still, schweigsam; **to fall ~** still werden; **be ~!** sei still!; **~ film** *bes Br*, **~ movie** *bes US* Stummfilm m; **~ letter** stummer od nicht gesprochener Buchstabe; **to be ~** schweigen; **to keep** od **remain ~** sich nicht äußern

silently ['saɪləntlɪ] adv lautlos, schweigend

silent partner s US HANDEL stiller Teilhaber od Gesellschafter

Silesia [saɪ'liːzɪə] s Schlesien n

silhouette [,sɪluː'et] A s Silhouette f B v/t **to be ~d against sth** sich (als Silhouette) gegen od von etw abzeichnen

silicon chip [,sɪlɪkən'tʃɪp] s Siliziumchip n

silicone ['sɪlɪkəʊn] s Silikon n

silk [sɪlk] A s Seide f B adj Seiden-, seiden

silken ['sɪlkən] adj seidig

silkiness ['sɪlkɪnɪs] s seidige Weichheit

silky ['sɪlkɪ] adj ⟨komp silkier⟩ seidig; *Stimme* samtig; **~ smooth** seidenweich

sill [sɪl] s Sims m/n

silliness ['sɪlɪnɪs] s Albernheit f

silly ['sɪlɪ] ⟨komp sillier⟩ A adj albern, dumm; **don't be ~** red keinen Unsinn; **it was a ~ thing to say** es war dumm, das zu sagen; **I hope he doesn't do anything ~** ich hoffe, er macht keine Dummheiten; **he was ~ to resign** es war dumm von ihm zurückzutreten; **I feel ~ in this hat** mit diesem Hut komme ich mir albern vor; **to make sb look ~** j-n lächerlich machen B s Dummkopf m

silt [sɪlt] A s Schwemmsand m, Schlick m B v/i (a. **silt up**) verschlammen

silver ['sɪlvəʳ] A s Silber n; (≈ *Münzen*) Silber(geld) n B adj Silber-, silbern

silver birch s Weißbirke f

silver foil s Alu(minium)folie f

silver jubilee s 25-jähriges Jubiläum

silver medal s Silbermedaille f

silver medallist s Silbermedaillengewinner(in) m(f)

silver paper s Silberpapier n

silver-plated [sɪlvəˈpleɪtɪd] adj versilbert

silverware s Silber n, Silberzeug n umg

silver wedding s Silberhochzeit f

silvery ['sɪlvərɪ] adj silbrig

SIM card ['sɪm,kɑːd] s abk (= Subscriber Identity Module card) TEL SIM-Karte f

similar ['sɪmɪləʳ] adj ähnlich (**to** dat); *Größe, Betrag* ungefähr gleich; **she and her sister are very ~, she is very ~ to her sister** ihre Schwester und sie sind sich sehr ähnlich; **they are very ~ in character** sie ähneln sich charakterlich sehr; **~ in size** fast gleich groß; **to taste ~ to sth** ähnlich wie etw schmecken

similarity [,sɪmɪ'lærɪtɪ] s Ähnlichkeit f (**to** mit)

similarly ['sɪmɪləlɪ] adv ähnlich, ebenso

simile ['sımılı] s Vergleich m (*direkter Vergleich, meist unter Verwendung von Vergleichswörtern wie "like"*)

simmer ['sımə^r] **A** v/t auf kleiner Flamme kochen lassen **B** v/i auf kleiner Flamme kochen

phrasal verbs mit simmer:

simmer down v/i sich beruhigen

simple ['sımpl] adj ⟨komp simpler⟩ **1** einfach; **the camcorder is ~ to use** der Camcorder ist einfach zu bedienen; **it's as ~ as ABC** es ist kinderleicht; **"chemistry made ~"** „Chemie leicht gemacht"; **in ~ terms** in einfachen Worten; **the ~ fact is …** es ist einfach so, dass … **2** einfältig

simple-minded ['sımpl'maındıd] adj einfältig

simple past s Präteritum n, einfache Vergangenheit

simple present s einfache Gegenwart, Präsens n

simplicity [sım'plısıtı] s Einfachheit f

simplification [ˌsımplıfı'keıʃən] s Vereinfachung f

simplified ['sımplıfaıd] adj vereinfacht

simplify ['sımplıfaı] v/t vereinfachen

simplistic [sım'plıstık] adj simpel

simply ['sımplı] adv einfach, nur, bloß

simulate ['sımjuleıt] v/t vortäuschen; *Krankheit etc* simulieren

simulation [ˌsımju'leıʃən] s **1** Vortäuschung f, Imitation f **2** *von Bedingungen etc* Simulation f

simultaneous adj, **simultaneously** [ˌsıməl'teınıəs, -lı] adv gleichzeitig

simultaneous interpreter s Simultandolmetscher(in) m(f)

sin [sın] **A** s Sünde f; **to live in sin** *umg* in wilder Ehe leben **B** v/i sich versündigen (**against** an +*dat*)

since [sıns] **A** adv inzwischen, seitdem; **ever ~** seither; **long ~** schon lange; **not long ~** erst vor Kurzem **B** *präp* seit; **~ September** seit September; **ever ~ 2001** (schon) seit 2001; **I've been coming here ~ 2012** ich komme schon seit 2012 hierher; **he left in June, ~ when we have not heard from him** er ging im Juni fort und seitdem haben wir nichts mehr von ihm gehört; **how long is it ~ the accident?** wie lange ist der Unfall schon her?; **~ when?** *umg* seit wann denn das? *umg* **C** *konj* **1** *seitlich* seit(dem); **ever ~ I've known him** seit(dem) ich ihn kenne **2** *begründend* da, weil

sincere [sın'sıə^r] adj aufrichtig

sincerely [sın'sıəlı] adv aufrichtig; **yours ~** *Br*, **~ yours** *US* mit freundlichen Grüßen

sincerity [sın'serıtı] s Aufrichtigkeit f

sinew ['sınju:] s Sehne f

sinful ['sınfʊl] adj sündig

sing [sıŋ] v/t & v/i ⟨*prät* sang; *pperf* sung⟩ singen; **to ~ sb a song** j-m ein Lied vorsingen; **to ~ the praises of sb/sth** ein Loblied auf j-n/etw singen

phrasal verbs mit sing:

sing along v/i mitsingen

Singapore [ˌsıŋə'pɔː^r] s Singapur n

singe [sınʤ] **A** v/t sengen; *Augenbrauen* absengen **B** v/i sengen

singer ['sıŋə^r] s Sänger(in) m(f)

singer-songwriter [ˌsıŋə'sɒŋraıtə^r] s Liedermacher(in) m(f)

singing ['sıŋıŋ] s ⟨*kein pl*⟩ Singen n, Gesang m

single ['sıŋgl] **A** adj **1** einzige(r, s); **every ~ day** jeder (einzelne) Tag; **not a ~ thing** überhaupt nichts; **not a ~ friend** kein einziger Freund; **in ~ figures** in einstelligen Zahlen **2** einzeln; **~ ticket** *Br* einfache Fahrkarte, Einzelfahrschein m; **~ bed** Einzelbett n **3** unverheiratet, ledig; *Mutter* alleinerziehend; **~ people** Ledige *pl*, Unverheiratete *pl* **B** s *Br* Einzelfahrschein m, einfache Fahrkarte; *in Hotel* Einzelzimmer n; MUS Single f; **two ~s to Ayr** *Br* zweimal einfach nach Ayr

phrasal verbs mit single:

single out v/t ⟨*trennb*⟩ auswählen; *Opfer* sich (*dat*) herausgreifen; (≈ *unterscheiden*) herausheben (**from** über +*akk*)

single bed s Einzelbett n

single-breasted [sıŋgl'brestıd] adj einreihig

single combat s Nahkampf m

single cream *Br* s Sahne f, Obers n *österr*, Nidel m/f *schweiz* (*mit geringem Fettgehalt*)

single currency s Einheitswährung f

single European market s Europäischer Binnenmarkt

single father s alleinerziehender Vater

single file s **in ~** im Gänsemarsch

single-handed A adj (ganz) allein *präd* **B** adv (a. **single-handedly**) ohne Hilfe

single-lane adj AUTO einspurig

single market s Binnenmarkt m

single-minded adj zielstrebig; **to be ~ about doing sth** zielstrebig darin sein, etw zu tun

single-mindedness s Zielstrebigkeit f

single mother s alleinerziehende Mutter

single parent s Alleinerziehende(r) m/f(m)

single-parent adj **a ~ family** eine Einelternfamilie

single room s Einzelzimmer n

singles ['sıŋglz] s ⟨+*sg v*⟩ SPORT Einzel n

single-sex adj **a ~ school** eine reine Jungen-/Mädchenschule

single-sided adj IT *Diskette* einseitig

single-storey adj, **single-story** *US* adj einstöckig

single-track *adj* BAHN eingleisig, einspurig; **~ road** einspurige Straße

singly ['sɪŋglɪ] *adv* einzeln

singsong ['sɪŋsɒŋ] *s* **we often have a ~** wir singen oft zusammen

singular ['sɪŋgjʊləʳ] **A** *adj* **1** GRAM im Singular **2** einzigartig **B** *s* Singular *m*; **in the ~** im Singular

singularly ['sɪŋgjʊləlɪ] *adv* außerordentlich

sinister ['sɪnɪstəʳ] *adj* unheimlich, finster; *Entwicklung* unheilvoll

sink[1] [sɪŋk] ⟨*prät* sank; *pperf* sunk⟩ **A** *v/t* **1** versenken; **to be sunk in thought** in Gedanken versunken sein **2** *fig Theorie* zerstören **3** senken; *Loch* ausheben; **to ~ money into sth** Geld in etw (*akk*) stecken **4** Zähne schlagen; **to ~ one's teeth into a juicy steak** in ein saftiges Steak beißen **B** *v/i* sinken; *Sonne* versinken; *Land* sich senken; *Mensch, Objekt* untergehen; **to ~ to the bottom** auf den Grund sinken; **he sank up to his knees in the mud** er sank bis zu den Knien im Schlamm ein; **the sun sank beneath the horizon** die Sonne versank am Horizont; **to ~ to one's knees** auf die Knie sinken

phrasal verbs mit sink:

sink in *v/i* **1** einsinken (**sth, -to sth** in etw *akk*) **2** *umg* kapiert werden *umg*; **it's only just sunk in that it really did happen** ich kapiere/er kapiert *etc* erst jetzt, dass das tatsächlich passiert ist *umg*

sink[2] *s* Ausguss *m*, Schüttstein *m schweiz*; *in Küche a.* Spülbecken *n*

sinking ['sɪŋkɪŋ] **A** *s von Schiff* Untergang *m*; *absichtlich* Versenkung *f*; *von Schaft* Senken *n*; *von Brunnen* Bohren *n* **B** *adj* **a ~ ship** ein sinkendes Schiff; **~ feeling** flaues Gefühl (im Magen) *umg*

sinner ['sɪnəʳ] *s* Sünder(in) *m(f)*

sinuous ['sɪnjʊəs] *adj* gewunden

sinus ['saɪnəs] *s* ANAT Sinus *m fachspr*; *in Kopf* Stirnhöhle *f*

sinusitis [ˌsaɪnəˈsaɪtɪs] *s* MED Nebenhöhlenentzündung *f*

sip [sɪp] **A** *s* Schluck *m*, Schlückchen *n* **B** *v/t* in kleinen Schlucken trinken; *vorsichtig* nippen an (+*dat*) **C** *v/i* **to sip at sth** an etw (*dat*) nippen

siphon ['saɪfən] *s* Heber *m*; *für Sodawasser* Siphon *m*

phrasal verbs mit siphon:

siphon off *v/t* ⟨*trennb*⟩ **1** *wörtl* absaugen; *Benzin* abzapfen; *in Behälter* (mit einem Heber) umfüllen **2** *fig Geld* abziehen

sir [sɜːʳ] *s* **1** *als Anrede* mein Herr *form*, Herr X; **no, sir** nein(, Herr X); MIL nein, Herr Leutnant *etc*; **Dear Sir (or Madam), ...** Sehr geehrte (Damen und) Herren! **2** **Sir** Sir *m* **3** SCHULE *umg* (≈ *Lehrer*) er *sl*; **please sir!** Herr X!

sire ['saɪəʳ] *v/t* zeugen

siren ['saɪərən] *s* Sirene *f*

sirloin ['sɜːlɔɪn] *s* GASTR Lendenfilet *n*

sirup *US s* → syrup

sissy ['sɪsɪ] *umg s* Waschlappen *m umg*

sister ['sɪstəʳ] *s* **1** Schwester *f* **2** *Br in Krankenhaus* Oberschwester *f*

sister city *US s* Partnerstadt *f*

sister-in-law *s* ⟨*pl* sisters-in-law⟩ Schwägerin *f*

sisterly ['sɪstəlɪ] *adj* schwesterlich

sit [sɪt] ⟨*v: prät, pperf* sat⟩ **A** *v/i* **1** sitzen (**in/on** in/auf +*dat*), sich setzen (**in/on** in/auf +*akk*); **a place to sit** ein Sitzplatz *m*; **sit by/with me** setz dich zu mir/neben mich; **to sit for a painter** für einen Maler Modell sitzen; **don't just sit there, do something!** sitz nicht nur tatenlos da (herum), tu (endlich) was! **2** *Versammlung* tagen; **to sit on a committee** einen Sitz in einem Ausschuss haben **3** *Objekt* stehen **B** *v/t* **1** (*a.* **sit down**) setzen (**in** in +*akk od* **on** auf +*akk*); *Objekt* stellen; **to sit a child on one's knee** sich (*dat*) ein Kind auf die Knie setzen **2** *Br Prüfung* ablegen *form* **C** *v/r* **to sit oneself down** sich gemütlich hinsetzen

phrasal verbs mit sit:

sit about *Br*, **sit around** *v/i* herumsitzen

sit back *v/i* sich zurücklehnen; *fig* die Hände in den Schoß legen

sit down *v/i* sich (hin)setzen; **to sit down in a chair** sich auf einen Stuhl setzen

sit in *v/i* dabeisitzen (**on sth** bei etw)

sit on *v/i* ⟨+*obj*⟩ Ausschuss sitzen in (+*dat*)

sit out *v/t* ⟨*trennb*⟩ **1** *Sitzung* bis zum Ende bleiben bei; *Sturm* auf das Ende (+*gen*) warten **2** *Tanz* auslassen

sit through *v/i* ⟨+*obj*⟩ durchhalten

sit up A *v/i* **1** aufrecht sitzen, sich aufsetzen **2** gerade sitzen; **sit up!** setz dich gerade hin!; **to make sb sit up (and take notice)** *fig umg* j-n aufhorchen lassen **B** *v/t* ⟨*trennb*⟩ aufsetzen

sitcom ['sɪtkɒm] *umg s* Situationskomödie *f*

sit-down ['sɪtdaʊn] **A** *s umg* Verschnaufpause *f umg* **B** *adj* ⟨*attr*⟩ **a ~ meal** eine richtige Mahlzeit

site [saɪt] **A** *s* **1** Stelle *f*, Platz *m*; *eines Unfalls* Schauplatz *m* **2** *Archäologie* Stätte *f* **3** Baustelle *f*, Gelände *n* **4** Campingplatz *m* **5** IT Site *f* **B** *v/t* anlegen; **to be ~d** liegen

sit-in *s* Sit-in *n*, Sitzblockade *f*

sits vac *pl abk* (= situations vacant) Stellenangebote *pl*

sitter ['sɪtəʳ] *s* **1** KUNST Modell *n* **2** Babysitter(in) *m(f)*

sitting ['sɪtɪŋ] **A** *adj* sitzend; **to be in a ~ position** aufsitzen; **to get into a ~ position** sich aufsetzen **B** *s von Ausschuss, Modell* Sitzung *f*; **they have two ~s for lunch** sie servieren das Mittagessen in zwei Schüben

sitting duck *fig s* leichte Beute

sitting room *bes Br s* Wohnzimmer *n*

situate ['sɪtjʊeɪt] *v/t* legen

situated *adj* gelegen; **it is ~ in the High Street** es liegt an der Hauptstraße; **a pleasantly ~ house** ein Haus in angenehmer Lage

situation [ˌsɪtjʊ'eɪʃən] *s* **1** Lage *f*, Situation *f* **2** Stelle *f*; **"situations vacant"** *Br* „Stellenangebote"; **"situations wanted"** *Br* „Stellengesuche"

situation comedy *s* Situationskomödie *f*

six [sɪks] **A** *adj* sechs; **she is six (years old)** sie ist sechs (Jahre alt); **at (the age of) six** im Alter von sechs Jahren; **it's six (o'clock)** es ist sechs (Uhr); **there are six of us** wir sind sechs; **six and a half** sechseinhalb **B** *s* Sechs *f*; **to divide sth into six** etw in sechs Teile teilen; **they are sold in sixes** sie werden in Sechserpackungen verkauft; **to knock sb for six** *Br umg* j-n umhauen *umg*

sixfold **A** *adj* sechsfach **B** *adv* um das Sechsfache

six hundred **A** *adj* sechshundert **B** *s* Sechshundert *f*

sixish ['sɪksɪʃ] *adj* um sechs herum

six million *adj & s* sechs Millionen

six-pack *s* **1** Sechserpackung *f* **2** Waschbrettbauch *m*

sixteen ['sɪks'tiːn] **A** *adj* sechzehn **B** *s* Sechzehn *f*

sixteenth ['sɪks'tiːnθ] **A** *adj* sechzehnte(r, s); **a ~ part** ein Sechzehntel *n*; **a ~ note** *bes US MUS* eine Sechzehntelnote **B** *s* **1** Sechzehntel *n* **2** Sechzehnte(r, s) **3** (*≈ Datum*) **the ~** der Sechzehnte

sixth [sɪksθ] **A** *adj* sechste(r, s); **a ~ part** ein Sechstel *n*; **he was** *od* **came ~** er wurde Sechster; **he was ~ from the left** er war der Sechste von links **B** *s* **1** Sechstel *n* **2** Sechste(r, s); **Charles the Sixth** Karl der Sechste **3** (*≈ Datum*) **the ~** der Sechste; **on the ~** am Sechsten; **the ~ of September, September the ~** der sechste September **C** *adv* **he did it ~** er hat es als Sechster gemacht; (*≈ vollbracht*) er hat es als Sechstes gemacht

sixth form *Br s* Abschlussklasse *f*, Oberstufe *f*

sixth form college *Br s* SCHULE Kollegstufe *f*, Oberstufe *f*

sixth grade *s US* SCHULE sechstes Schuljahr

six thousand **A** *adj* sechstausend **B** *s* Sechstausend *f*

sixtieth ['sɪkstɪɪθ] **A** *adj* sechzigste(r, s); **a ~ part** ein Sechzigstel *n* **B** *s* **1** Sechzigstel *n* **2** Sechzigste(r, s)

sixty ['sɪkstɪ] **A** *adj* sechzig; **~-one** einundsechzig **B** *s* Sechzig *f*; **the sixties** die Sechzigerjahre; **to be in one's sixties** in den Sechzigern sein; **to be in one's late/early sixties** Ende/Anfang sechzig sein; → **six**

sixtyish ['sɪkstɪɪʃ] *adj* um die Sechzig *umg*

six-year-old ['sɪksjɪərəʊld] **A** *adj* sechsjährig *attr*, sechs Jahre alt *präd* **B** *s* Sechsjährige(r) *m/f(m)*

size [saɪz] *s* Größe *f*; *von Problem a.* Ausmaß *n*; **waist ~** Taillenweite *f*; **dress ~** Kleidergröße *f*; **he's about your ~** er ist ungefähr so groß wie du; **to be the same ~** gleich groß sein; **what ~ do you take?** welche Größe haben Sie?; **I'm a ~ 36** ich habe Größe 36; **what ~ is it?** wie groß ist es?; *von Kleidung etc* welche Größe ist es?; **it's two ~s too big** es ist zwei Nummern zu groß; **do you want to try it for ~?** möchten Sie es anprobieren, ob es Ihnen passt?

phrasal verbs mit size:

size up *v/t* ⟨*trennb*⟩ abschätzen

sizeable ['saɪzəbl] *adj* ziemlich groß

size zero [ˌsaɪz 'zɪərəʊ] *s* Größe Null; **she's a ~** sie hat Größe Null

-size(d) [-saɪz(d)] *adj* ⟨*suf*⟩ -groß; **medium-size(d)** mittelgroß

sizzle ['sɪzl] *v/i* brutzeln

skate[1] [skeɪt] *s* (*≈ Fisch*) Rochen *m*

skate[2] **A** *s* Schlittschuh *m*; Rollschuh *m*; Inlineskate *m od n*; **get your ~s on** *fig umg* mach/macht mal ein bisschen dalli! *umg* **B** *v/i* Schlittschuh laufen; Rollschuh laufen; *auf Skateboard etc* skaten; **he ~d across the pond** er lief (auf Schlittschuhen) über den Teich

phrasal verbs mit skate:

skate (a)round, skate over *v/i* ⟨*+obj*⟩ links liegen lassen; *Problem* einfach übergehen

skateboard ['skeɪtbɔːd] *s* Skateboard *n*

skateboarder ['skeɪtbɔːdə{r}] *s* Skateboardfahrer(in) *m(f)*

skateboarding ['skeɪtbɔːdɪŋ] *s* Skateboardfahren *n*; **to go ~** Skateboard fahren

skateboard park *s* Skateboardanlage *f*

skater ['skeɪtə{r}] *s* Schlittschuhläufer(in) *m(f)*; Rollschuhläufer(in) *m(f)*; *auf Skateboard etc* Skater(in) *m(f)*

skating ['skeɪtɪŋ] *s* Schlittschuhlauf *m*; Rollschuhlauf *m*; Skaten *n*; **to go ~** Schlittschuh laufen gehen; Rollschuh fahren gehen; *auf Skateboard etc* skaten

skating rink *s* Eisbahn *f*; Rollschuhbahn *f*

skeletal ['skelɪtl] *adj Mensch* bis aufs Skelett abgemagert; *Bäume* skelettartig

skeleton ['skelɪtn] **A** *s* Skelett *n*; **a ~ in one's cupboard** *Br*, **a ~ in one's closet** *US* eine Leiche im Keller **B** *adj* Plan provisorisch; **~ service** Notdienst *m*

skeptic *etc* US → sceptic

sketch [sketʃ] **A** *s* Skizze *f*, Entwurf *m*; THEAT Sketch *m* **B** *v/t* skizzieren **C** *v/i* Skizzen machen
phrasal verbs mit sketch:
   sketch out *v/t* ⟨trennb⟩ grob skizzieren

sketchbook ['sketʃbʊk] *s* Skizzenbuch *n*

sketching ['sketʃɪŋ] *s* KUNST Skizzenzeichnen *n*

sketch pad *s* Skizzenblock *m*

sketchy ['sketʃɪ] *adj* ⟨komp sketchier⟩ Bericht lückenhaft, vage

skew [skjuː] *v/t* krümmen; *fig* verzerren

skewer ['skjʊəʳ] **A** *s* Spieß *m* **B** *v/t* aufspießen

ski [skiː] **A** *s* Ski *m* **B** *v/i* Ski laufen, Ski fahren; **they skied down the slope** sie fuhren (auf ihren Skiern) den Hang hinunter

ski boots *pl* Skistiefel *pl*

skid [skɪd] **A** *s* AUTO *etc* Schleudern *n* **B** *v/i* schleudern, ausrutschen

skidmark ['skɪdmɑːk] *s* Reifenspur *f*; **~s** Bremsspur *f*

skier ['skiːəʳ] *s* Skiläufer(in) *m(f)*

skiing ['skiːɪŋ] *s* Skilaufen *n*, Skifahren *n*; **to go ~** Ski laufen *od* Ski fahren gehen

ski(ing) instructor *s* Skilehrer(in) *m(f)*

ski-jumping *s* Skispringen *n*

skilful ['skɪlfʊl] *adj*, **skillful** US *adj* geschickt

skilfully ['skɪlfəlɪ] *adv*, **skillfully** US *adv* geschickt, gewandt; *malen etc* kunstvoll

ski lift *s* Skilift *m*

skill [skɪl] *s* **1** ⟨kein *pl*⟩ Geschick *n* **2** Fertigkeit *f*, Fähigkeit *f*; **~s file** Anhang *m* mit Lern- und Arbeitstechniken

skilled *adj* **1** geschickt (**at** in +*dat*) **2** ausgebildet, fachmännisch

skilled worker *s* Facharbeiter(in) *m(f)*

skillet ['skɪlɪt] *s* US Bratpfanne *f*

skillful *etc* US → skilful

skim [skɪm] *v/t* **1** abschöpfen; *Milch* entrahmen **2** streifen über (+*akk*) **3** *Buch etc* überfliegen
phrasal verbs mit skim:
   skim off *v/t* das Beste abschöpfen
   skim through *v/i* ⟨+*obj*⟩ *Buch etc* überfliegen

skimmed milk [ˌskɪmd'mɪlk] *s*, **skim milk** US *s* Magermilch *f*

skimp [skɪmp] *v/i* sparen (**on** an +*dat*)

skimpily ['skɪmpɪlɪ] *adv* bekleidet spärlich

skimpy ['skɪmpɪ] *adj* ⟨komp skimpier⟩ dürftig; *Kleidung* knapp

skin [skɪn] **A** *s* Haut *f*; (≈ *Pelz etc*) Fell *n*; *von Obst* Schale *f*; **to be soaked to the ~** bis auf die Haut nass sein; **that's no ~ off my nose** *bes Br umg* das juckt mich nicht *umg*; **to save one's own ~** die eigene Haut retten; **to jump out of one's ~** *umg* erschreckt hochfahren; **to get under sb's ~** j-m auf die Nerven gehen *umg*; *positiv* j-m unter die Haut gehen; *Mensch* j-n faszinieren; **to have a thick ~** *fig* ein dickes Fell haben *umg*; **to have a thin ~** *fig* eine dünne Haut haben; **by the ~ of one's teeth** *umg* mit Ach und Krach *umg* **B** *v/t* **1** *Tier* häuten **2** abschürfen

skin care *s* Hautpflege *f*

skin diving *s* Sporttauchen *n*

skinflint *umg s* Geizkragen *m umg*

skin graft *s* Hauttransplantation *f*

skinhead *s* Skin(head) *m*

skinny ['skɪnɪ] *umg adj* ⟨komp skinnier⟩ **1** dünn **2** *Kleidung* eng, hauteng, eng anliegend; **~ jeans** *pl* Röhrenjeans *f* **3** *Caffè latte* mit fettarmer Milch

skint [skɪnt] *Br umg adj* **to be ~** pleite sein *umg*

skintight ['skɪntaɪt] *adj* hauteng

skip¹ [skɪp] **A** *s* Hüpfer *m* **B** *v/i* hüpfen, seilspringen **C** *v/t* **1** *Schule* schwänzen *umg*; *Kapitel* überspringen; **my heart ~ped a beat** mein Herzschlag setzte für eine Sekunde aus; **to ~ lunch** das Mittagessen ausfallen lassen **2** US **to ~ rope** seilspringen **3** US *umg* **to ~ town** aus der Stadt verschwinden *umg*
phrasal verbs mit skip:
   skip over *v/i* ⟨+*obj*⟩ überspringen
   skip through *v/i* ⟨+*obj*⟩ *Buch* durchblättern

skip² *s* (Schutt)container *m*

ski pass *s* Skipass *m*

ski pole *s* Skistock *m*

skipper ['skɪpəʳ] **A** *s* Kapitän(in) *m(f)* **B** *v/t* anführen

skipping ['skɪpɪŋ] *s* Seilspringen *n*

skipping rope *Br s* Hüpf- *od* Sprungseil *n*

ski resort *s* Skiort *m*

skirmish ['skɜːmɪʃ] *s* MIL Gefecht *n*; *fig* Zusammenstoß *m*

skirt [skɜːt] **A** *s* Rock *m*, Kittel *m österr obs*, Jupe *m schweiz* **B** *v/t* (*a.* **skirt around**) umgehen

skirting (board) ['skɜːtɪŋ (ˌbɔːd)] *Br s* Fußleiste *f*

ski run *s* Skipiste *f*

ski slope *s* Skipiste *f*

ski stick *s* Skistock *m*

ski tow *s* Schlepplift *m*

skitter ['skɪtəʳ] *v/i* rutschen

skittish ['skɪtɪʃ] *adj* unruhig

skittle ['skɪtl] *s* Kegel *m*

skittles ['skɪtlz] *s* ⟨*sg*⟩ *Spiel* Kegeln *n*

skive [skaɪv] *v/i Br umg* blaumachen *umg*; SCHULE schwänzen *umg*
phrasal verbs mit skive:
   skive off *Br umg v/i* sich drücken *umg*

skulk [skʌlk] *v/i* schleichen, sich herumdrücken

skull [skʌl] *s* Schädel *m*; **~ and crossbones** Totenkopf *m*

skunk [skʌŋk] s Stinktier n
sky [skaɪ] s Himmel m; **in the sky** am Himmel
sky-blue adj himmelblau
skydiving s Fallschirmspringen n
sky-high **A** adj *Preise* schwindelnd hoch; *Vertrauen* unermesslich **B** adv zum Himmel; **to blow a bridge ~** umg eine Brücke in die Luft sprengen; **to blow a theory ~** eine Theorie zum Einsturz bringen
skyjack ['skaɪdʒæk] v/t umg *Flugzeug* entführen
skylight s Oberlicht n, Dachfenster n
skyline s Horizont m; *von Stadt* Skyline f
sky marshal s bes US FLUG Sky-Marshal m *(zur Verhinderung von Flugzeugentführungen mitfliegender Sicherheitsbeamter)*
skype® [skaɪp] v/t, v/i skypen®
Skype® [skaɪp] s IT *kostenlose Internettelefonie* Skype®; **to call sb on ~®** mit j-m skypen®, mit j-m über Skype® telefonieren
skyrocket v/i umg *Preis* in die Höhe schießen
skyscraper s Wolkenkratzer m
slab [slæb] s **1** *aus Holz* Tafel f; *aus Stein* Platte f **2** dicke Scheibe; *Kuchen* großes Stück
slack [slæk] **A** adj ⟨+er⟩ **1** locker **2** nachlässig **3** HANDEL *Saison* ruhig; **business is ~** das Geschäft geht schlecht **B** s durchhängendes Teil (des Seils etc); **to cut sb some ~** fig umg mit j-m nachsichtig sein **C** v/i bummeln
slacken ['slækn] **A** v/t **1** lockern **2** vermindern **B** v/i *Tempo* sich verringern; *Entwicklung* sich verlangsamen
phrasal verbs mit slacken:
slacken off v/i nachlassen; *Arbeit* abnehmen
slacker ['slækə(r)] s fauler Sack
slackness ['slæknɪs] s **1** *von Leinen etc* Schlaffheit f, Durchhängen n **2** *von Geschäft* Flaute f
slacks [slæks] pl Hose f
slag [slæg] s **1** Schlacke f **2** *Br sl* (≈ *Frau*) Schlampe f *pej umg*
phrasal verbs mit slag:
slag off *Br umg* v/t ⟨trennb⟩ runtermachen *umg*
slain [sleɪn] *pperf* → **slay**
slalom ['slɑːləm] s Slalom m
slam [slæm] **A** s *von Tür* Zuknallen n kein pl **B** v/t **1** *Tür* zuknallen; **to ~ the door in sb's face** j-m die Tür vor der Nase zumachen **2** umg (≈ *werfen*) knallen umg; **to ~ on the brakes, to ~ the brakes on** umg eine Vollbremsung hinlegen umg, voll auf die Bremse treten umg **3** umg (≈ *kritisieren*) verreißen; j-n herunterputzen umg **C** v/i zuknallen; **to ~ into sth** in etw (akk) knallen
phrasal verbs mit slam:
slam down v/t ⟨trennb⟩ hinknallen umg; *Telefonhörer* aufknallen umg
slammin ['slæmɪn] *US umg* adj endgeil sl, voll krass sl
slamster ['slæmstə*r*] s Teilnehmer(in) m(f) an einem Poetry Slam
slander ['slɑːndə*r*] **A** s Verleumdung f **B** v/t verleumden
slanderous ['slɑːndrəs] adj verleumderisch
slang [slæŋ] **A** s **1** Slang m **2** Jargon m **B** adj Slang-
slanging match ['slæŋɪŋmætʃ] *Br umg* s gegenseitige lautstarke Beschimpfung; **they were having a ~** sie warfen sich gegenseitig Beschimpfungen/Ausdrücke an den Kopf
slant [slɑːnt] **A** s Neigung f; **to put a ~ on sth** etw biegen; **to be on a ~** sich neigen **B** v/t verschieben **C** v/i sich neigen
slanting ['slɑːntɪŋ] adj schräg
slap [slæp] **A** s Schlag m; **a ~ across the face** wörtl eine Ohrfeige, eine Watsche *österr*; **a ~ in the face** fig ein Schlag m ins Gesicht; **to give sb a ~ on the back** j-m (anerkennend) auf den Rücken klopfen, fig j-n loben; **to give sb a ~ on the wrist** fig umg j-n zurechtweisen, j-m einem Anpfiff geben umg **B** adv umg direkt **C** v/t schlagen; **to ~ sb's face** j-m eine runterhauen umg; **to ~ sb on the back** j-m auf den Rücken klopfen
phrasal verbs mit slap:
slap down umg v/t ⟨trennb⟩ hinknallen
slap on umg v/t ⟨trennb⟩ **1** draufklatschen umg **2** fig *Steuern* etc draufhauen umg
slap-bang bes *Br umg* adv mit Karacho umg; **it was ~ in the middle** es war genau in der Mitte; **to run ~ into sb/sth** mit j-m/etw zusammenknallen umg
slapdash adj schludrig *pej*
slaphead *Br pej umg* s Glatzkopf m *pej*
slapper ['slæpə*r*] *Br umg* s Flittchen n umg
slapstick s Slapstick m, Klamauk m
slap-up meal *Br umg* s Schlemmermahl n umg
slash [slæʃ] **A** s **1** Streich m; (≈ *Wunde*) Schnitt m **2** TYPO Schrägstrich m **B** v/t **1** zerfetzen; *Gesicht, Reifen* aufschlitzen **2** umg *Preis* radikal herabsetzen
slat [slæt] s Leiste f
slate [sleɪt] **A** s Schiefer m; *auf Dach* Schieferplatte f; **put it on the ~** *Br umg* schreiben Sie es mir an; **to wipe the ~ clean** fig reinen Tisch machen **B** adj Schiefer- **C** v/t *Br umg* (≈ *kritisieren*) verreißen; j-n zusammenstauchen umg
slating ['sleɪtɪŋ] *Br umg* s Verriss m; **to get a ~** zusammengestaucht werden umg; *Stück, Vorstellung* verrissen werden
slaughter ['slɔːtə*r*] **A** s Schlachten n kein pl, Gemetzel n kein pl **B** v/t schlachten; *Menschen* wörtl abschlachten; fig fertigmachen umg
slaughtered ['slɔːtəd] *Br umg* adj stockbesoffen

slaughterhouse ['slɔːtəhaʊs] *s* Schlachthof *m*

Slav [slɑːv] **A** *adj* slawisch **B** *s* Slawe *m*, Slawin *f*

slave [sleɪv] **A** *s* Sklave *m*, Sklavin *f* **B** *v/i* sich abplagen; **to ~ (away) at sth** sich mit etw herumschlagen

slave-driver *s* Sklaventreiber(in) *m(f)*

slave labour *s*, **slave labor** *US s* **1** Sklavenarbeit *f* **2** Sklaven *pl*

slaver ['slævəʳ] *v/i* geifern; **to ~ over sb/sth** nach j-m/etw geifern

slavery ['sleɪvərɪ] *s* Sklaverei *f*

Slavic ['slɑːvɪk], **Slavonic** [sləˈvɒnɪk] **A** *adj* slawisch **B** *s* das Slawische

slay [sleɪ] *v/t* ⟨*prät* slew, *pperf* slain⟩ erschlagen

slaying ['sleɪɪŋ] *bes US s* Mord *m*

sleaze [sliːz] *umg s* Verderbtheit *f*; *bes* POL Skandalgeschichten *pl*

sleazy ['sliːzɪ] *umg adj* ⟨*komp* sleazier⟩ schäbig

sledge [sledʒ], **sled** [sled] *bes US* **A** *s* Schlitten *m*, Rodel *f österr* **B** *v/i* Schlitten fahren, schlitteln *schweiz*

sledge(hammer) ['sledʒ(ˌhæməʳ)] *s* Vorschlaghammer *m*

sleek [sliːk] *adj* ⟨+er⟩ *Pelz* geschmeidig; *Erscheinung* gepflegt

phrasal verbs mit sleek:

sleek down *v/t Haare* glätten

sleep [sliːp] ⟨*v: prät, pperf* slept⟩ **A** *v/t* unterbringen; **the house ~s 10** in dem Haus können 10 Leute übernachten **B** *v/i* schlafen; **to ~ like a log** wie ein Murmeltier schlafen; **to ~ late** lange schlafen; **I'll ~ easier now I know she's all right** jetzt bin ich ruhiger, wo ich weiß, dass es ihr gut geht **C** *s* Schlaf *m*; **to go to ~** einschlafen; **to drop off to ~** einschlafen; **to be able to get to ~** einschlafen können; **try and get some ~** versuche, etwas zu schlafen; **to have a ~** (etwas) schlafen; **to have a good night's ~** sich richtig ausschlafen; **to put sb to ~** j-n zum Schlafen bringen; *Droge* j-n einschläfern; **to put to ~** *euph Tier* einschläfern; **that film sent me to ~** bei dem Film bin ich eingeschlafen

phrasal verbs mit sleep:

sleep around *umg v/i* mit jedem schlafen *umg*

sleep in *v/i* ausschlafen; *umg* zu lang verschlafen

sleep off *umg v/t* ⟨*trennb*⟩ **to sleep it off** seinen Rausch ausschlafen

sleep on **A** *v/i* weiterschlafen **B** *v/t* ⟨+obj⟩ *Problem etc* **sleep on sth** etw überschlafen

sleep over *v/i* über Nacht bleiben, übernachten

sleep through *v/i* ⟨+obj⟩ weiterschlafen bei; **to sleep through the alarm (clock)** den Wecker verschlafen

sleep with *v/t Verkehr haben* schlafen mit

sleeper ['sliːpəʳ] *s* **1** Schläfer(in) *m(f)*; **to be a light ~** einen leichten Schlaf haben **2** *Br* BAHN Schlafwagen(zug) *m*

sleepily ['sliːpɪlɪ] *adv* verschlafen

sleeping bag *s* Schlafsack *m*

sleeping car *s* Schlafwagen *m*

sleeping partner *Br s* stiller Teilhaber *m*

sleeping pill *s* Schlaftablette *f*

sleeping policeman *s* Bodenschwelle *f*

sleepless *adj* schlaflos

sleepover *s* Übernachtung *f* (*bei Freunden etc*)

sleepwalk *v/i* schlafwandeln; **he was ~ing** er hat *od* ist geschlafwandelt

sleepwalker *s* Schlafwandler(in) *m(f)*

sleepwalking *s* Schlafwandeln *n*

sleepy ['sliːpɪ] *adj* ⟨*komp* sleepier⟩ **1** schläfrig, verschlafen **2** *Ort* verschlafen

sleepyhead *umg s* Schlafmütze *f umg*

sleet [sliːt] **A** *s* Schneeregen *m* **B** *v/i* **it was ~ing** es gab Schneeregen

sleeve [sliːv] *s* **1** Ärmel *m*; **to roll up one's ~s** *wörtl* sich (*dat*) die Ärmel hochkrempeln; **to have sth up one's ~** *fig umg* etw in petto haben **2** *Br von CD* Hülle *f*

sleeveless ['sliːvlɪs] *adj* ärmellos

sleigh [sleɪ] *s* (Pferde)schlitten *m*

slender ['slendəʳ] *adj* schlank; *Führung* knapp; *Chance* gering

slept [slept] *prät & pperf* → sleep

sleuth [sluːθ] *umg s* Spürhund *m umg*

slew [sluː] *prät* → slay

slice [slaɪs] **A** *s* **1** Scheibe *f* **2** *fig* Teil *m*; **a ~ of luck** eine Portion Glück **B** *v/t* **1** durchschneiden; *Brot* (in Scheiben) schneiden **2** *Ball* (an)schneiden **C** *v/i* schneiden; **to ~ through sth** etw durchschneiden

phrasal verbs mit slice:

slice off *v/t* ⟨*trennb*⟩ abschneiden

sliced *adj* (in Scheiben) geschnitten; *Brot, Wurst* (auf)geschnitten

slicer ['slaɪsəʳ] *s für Käse etc* Hobel *m*; (≈ *Maschine*) Brot(schneide)maschine *f*, ≈ Wurstschneidemaschine *f*

slick [slɪk] **A** *adj* ⟨+er⟩ **1** oft pej clever *umg*; *Antwort, Stil* glatt **2** *US* glatt **B** *s* (Öl)teppich *m*

phrasal verbs mit slick:

slick back *v/t* ⟨*trennb*⟩ **to slick one's hair back** sich (*dat*) die Haare anklatschen *umg*

slicker ['slɪkəʳ] *US s* Regenmantel *m*

slid [slɪd] *prät & pperf* → slide

slide [slaɪd] ⟨*v: prät, pperf* slid [slɪd]⟩ **A** *v/t* schieben, gleiten lassen **B** *v/i* **1** rutschen; **to let things ~** *fig* die Dinge schleifen lassen **2** sich schieben lassen **3** **he slid into the room** er kam ins Zimmer geschlichen **C** *s* **1** Rutschbahn *f*; *auf Spielplatz* Rutsche *f* **2** *fig* Abfall *m* **3** *bes Br im Haar* Spange *f* **4** FOTO Dia *n*; *an Mikroskop* Objektträger *m* **5** *in Power-Point®* Folie *f*

slide projector *s* Diaprojektor *m*

slide show *s* Diavortrag *m*

sliding door *s* Schiebetür *f*

slight [slaɪt] **A** *adj* ⟨+er⟩ **1** *Mensch* zierlich **2** (≈ *unbedeutend*) leicht; *Veränderung* geringfügig; *Problem* klein; **the wall's at a ~ angle** die Mauer ist leicht *od* etwas geneigt; **to have a ~ cold** eine leichte Erkältung haben; **just the ~est bit short** ein ganz kleines bisschen zu kurz; **it doesn't make the ~est bit of difference** es macht nicht den geringsten Unterschied; **I wasn't the ~est bit interested** ich war nicht im Geringsten interessiert; **he is upset by at the ~est thing** er ist wegen jeder kleinsten Kleinigkeit gleich verärgert; **I don't have the ~est idea (of) what he's talking about** ich habe nicht die geringste *od* leiseste Ahnung, wovon er redet **B** *s* Affront *m* (**on** gegen) **C** *v/t* kränken

slightly ['slaɪtlɪ] *adv* **1** **~ built** zierlich **2** ein klein(es) bisschen; *kennen* flüchtig; **~ injured** leicht verletzt; **he hesitated ever so ~** er zögerte fast unmerklich

slim [slɪm] **A** *adj* ⟨komp slimmer⟩ **1** schlank; *Hüfte* schmal; *Buch* dünn **2** *Chancen* gering; *Mehrheit* knapp **B** *v/i* eine Schlankheitskur machen

phrasal verbs mit slim:

slim down **A** *v/t* ⟨trennb⟩ *fig Unternehmen* verschlanken **B** *v/i Mensch* abnehmen

slime [slaɪm] *s* Schleim *m*

sliminess ['slaɪmɪnɪs] *s* Schleimigkeit *f*

slimline ['slɪmlaɪn] *adj* dünn; *Figur* schlank

slimming ['slɪmɪŋ] **A** *adj* schlank machend *attr*; **black is ~** schwarz macht schlank **B** *s* Abnehmen *n*

slimness ['slɪmnɪs] *s* Schlankheit *f*; *von Hüfte* Schmalheit *f*; *von Buch* Dünne *f*

slimy ['slaɪmɪ] *adj* ⟨komp slimier⟩ schleimig

sling [slɪŋ] ⟨*v: prät, pperf* slung⟩ **A** *v/t* schleudern; **he slung the box onto his back** er warf sich (*dat*) die Kiste auf den Rücken **B** *s* **1** Schlinge *f*; *für Kleinkind* (Baby)tragschlinge *f*; **to have one's arm in a ~** den Arm in der Schlinge tragen **2** (≈ *Waffe*) Schleuder *f*

phrasal verbs mit sling:

sling out *v/t* ⟨trennb⟩ *umg* rausschmeißen *umg*

slingshot *s US* Schleuder *f*

slink [slɪŋk] *v/i* ⟨*prät, pperf* slunk⟩ schleichen; **to ~ off** sich davonschleichen

slip [slɪp] **A** *s* **1** (≈ *Fehler*) Patzer *m*; **to make a (bad) ~** sich (übel) vertun *umg*; **a ~ of the tongue** ein Versprecher *m* **2** **to give sb the ~** *umg* j-m entwischen **3** Unterrock *m* **4** Zettel *m*; Beleg *m*; **~ of paper** Zettel *m* **B** *v/t* **1** schieben, gleiten lassen; **she ~ped the dress over her head** sie streifte sich (*dat*) das Kleid über den Kopf; **to ~ a disc** MED sich (*dat*) einen Bandscheibenschaden zuziehen **2** sich losreißen von; **it ~ped my mind** ich habe es vergessen **C** *v/i* **1** (aus)rutschen; *Füße* (weg)rutschen; *Messer* abrutschen; **it ~ped out of her hand** es rutschte ihr aus der Hand; **the beads ~ped through my fingers** die Perlen glitten durch meine Finger; **to let sth ~ through one's fingers** sich (*dat*) etw entgehen lassen; **to let (it) ~ that …** fallen lassen, dass … **2** (≈ *sich schnell bewegen*) schlüpfen, rutschen **3** *Niveau etc* fallen

phrasal verbs mit slip:

slip away *v/i* sich wegschleichen

slip back *v/i* **1** unbemerkt zurückgehen **2** schnell zurückgehen

slip behind *v/i* zurückfallen

slip by *v/i* sich vorbeischleichen (**sth an** etw *dat*); *Jahre nur so* dahinschwinden

slip down *v/i* **1** ausrutschen **2** hinunterlaufen

slip in **A** *v/i* (sich) hineinschleichen **B** *v/t* ⟨trennb⟩ **1** **to slip sth into sb's pocket** j-m etw in die Tasche gleiten lassen **2** *Bemerkung* einfließen lassen

slip off **A** *v/i* sich wegschleichen **B** *v/t* ⟨trennb⟩ *Schuhe* abstreifen

slip on *v/t* ⟨trennb⟩ schlüpfen in (+*akk*)

slip out *v/i* **1** kurz weggehen **2** *Geheimnis etc* herauskommen

slip past *v/i* → **slip by**

slip up *umg v/i* sich vertun *umg* (**over, in** bei)

slip-ons *pl*, (*a.* **slip-on shoes**) Slipper *pl*

slipped disc [,slɪpt'dɪsk] *s*, **slipped disk** *US s* Bandscheibenvorfall *m*

slipper ['slɪpə^r] *s* Hausschuh *m*

slippery ['slɪpərɪ] *adj* **1** schlüpfrig; *Boden, Schuhe* glatt; *Fisch* glitschig; **he's on the ~ slope** *fig* er ist auf der schiefen Bahn **2** *pej umg Mensch* glatt; **a ~ customer** ein aalglatter Kerl *umg*

slippy ['slɪpɪ] *adj* glatt

slip road ['slɪprəʊd] *Br s* (Autobahn)auffahrt *f*, (Autobahn)ausfahrt *f*

slipshod ['slɪpʃɒd] *adj* schludrig

slip-up ['slɪpʌp] *umg s* Schnitzer *m umg*

slit [slɪt] ⟨*v: prät, pperf* slit⟩ **A** *v/t* (auf)schlitzen; **to ~ sb's throat** j-m die Kehle aufschlitzen **B** *s* Schlitz *m*

slither ['slɪðə^r] *v/i* rutschen; *Schlange* gleiten

sliver ['slɪvə^r] *s* **1** *Holz etc* Splitter *m* **2** Scheibchen *n*

slob [slɒb] *umg s* Drecksau *f umg*
slobber ['slɒbəʳ] *v/i* sabbeln; *Hund* geifern
slog [slɒg] *umg* **A** *s* Schinderei *f* **B** *v/i* **to ~ away (at sth)** sich (mit etw) abrackern *umg*
slogan ['sləʊgən] *s* Slogan *m*
slop [slɒp] **A** *v/i* **to ~ over (into sth)** überschwappen (in etw *akk*) **B** *v/t* verschütten; (≈ *gießen*) schütten
slope [sləʊp] **A** *s* **1** Neigung *f*, Schräge *f* **2** (Ab)hang *m*; **on a ~** am Hang; **halfway up the ~** auf halber Höhe **B** *v/i* sich neigen; **the picture is sloping to the left/right** das Bild hängt schief; **his handwriting ~s to the left** seine Handschrift ist nach links geneigt

phrasal verbs mit slope:

slope down *v/i* sich neigen
slope up *v/i* ansteigen

sloping ['sləʊpɪŋ] *adj* **1** *Straße* ansteigend, abfallend; *Fußboden, Dach* schräg; *Garten* am Hang **2** schief
sloppiness ['slɒpɪnɪs] *umg s* Schlampigkeit *f umg*; *von Arbeit etc* Schlud(e)rigkeit *f umg*
sloppy ['slɒpɪ] *umg adj* ⟨*komp* sloppier⟩ **1** schlampig *umg*; *Arbeit etc* schlud(e)rig *umg* **2** rührselig
slosh [slɒʃ] *umg* **A** *v/t* klatschen **B** *v/i* **to ~ (around)** (herum)schwappen; **to ~ through mud/water** durch Matsch/Wasser waten
sloshed [slɒʃt] *umg adj* blau *umg*, besoffen *umg*; **to get ~** sich besaufen *umg*
slot [slɒt] *s* Schlitz *m*, Rille *f*; COMPUT Steckplatz *m*; TV (gewohnte) Sendezeit

phrasal verbs mit slot:

slot in **A** *v/t* ⟨*trennb*⟩ hineinstecken; **to slot sth into sth** etw in etw (*akk*) stecken **B** *v/i* sich einfügen lassen; **suddenly everything slotted into place** plötzlich passte alles zusammen
slot together **A** *v/i* Einzelteile sich zusammenfügen lassen **B** *v/t* ⟨*trennb*⟩ zusammenfügen

slot machine *s* Münzautomat *m*, Spielautomat *m*
slouch [slaʊtʃ] **A** *s* krumme Haltung **B** *v/i* herumhängen; *gehend* latschen, hatschen *österr*; **he was ~ed over his desk** er hing über seinem Schreibtisch

phrasal verbs mit slouch:

slouch off *v/i* weglatschen

Slovak ['sləʊvæk] **A** *adj* slowakisch **B** *s* **1** Slowake *m*, Slowakin *f* **2** LING Slowakisch *n*
Slovakia [sləʊ'vækɪə] *s* die Slowakei
Slovene ['sləʊviːn] **A** *adj* slowenisch **B** *s* **1** Slowene *m*, Slowenin *f* **2** LING Slowenisch *n*
Slovenia [sləʊ'viːnɪə] *s* Slowenien *n*
Slovenian [sləʊ'viːnɪən] *adj & s* → Slovene
slovenly ['slʌvnlɪ] *adj* schlud(e)rig *umg*
slow [sləʊ] **A** *adj* ⟨+er⟩ **1** langsam; (≈ *dumm*) begriffsstutzig; **it's ~ work** das braucht seine Zeit; **he's a ~ learner** er lernt langsam; **it was ~ going** es ging nur langsam voran; **to get off to a ~ start** schlecht vom Start kommen, nur langsam in Gang kommen; **to be ~ to do sth** sich (*dat*) mit etw Zeit lassen; **to be ~ in doing sth** sich (*dat*) Zeit damit lassen, etw zu tun; **he is ~ to make up his mind** er braucht lange, um sich zu entscheiden; **to be (20 minutes) ~** *Uhr* (20 Minuten) nachgehen **2** HANDEL flau; **business is ~** das Geschäft ist flau *od* geht schlecht **B** *adv* ⟨+er⟩ langsam **C** *v/i* sich verlangsamen, langsamer fahren/gehen

phrasal verbs mit slow:

slow down, slow up **A** *v/i* sich verlangsamen, langsamer fahren/gehen **B** *v/t* ⟨*trennb*⟩ verlangsamen; *fig* verzögern; **you just slow me up** *od* **down** du hältst mich nur auf

slowcoach *Br umg s* Trantüte *f umg*, lahme Ente
slowdown *s* Verlangsamung *f* (**in, of** +*gen*)
slow lane *s* AUTO Kriechspur *f*
slowly ['sləʊlɪ] *adv* langsam; **~ but surely** langsam aber sicher
slow motion *s* **in ~** in Zeitlupe
slow-moving *adj* sich (nur) langsam bewegend; *Verkehr* kriechend
slowness ['sləʊnɪs] *s* Langsamkeit *f*; **their ~ to act** ihr Zaudern
slowpoke ['sləʊpəʊk] *US umg s* → slowcoach
sludge [slʌdʒ] *s* Schlamm *m*; (≈ *Ablagerung*) schmieriger Satz
slug¹ [slʌg] *s* Nacktschnecke *f*
slug² *umg s* **a ~ of whisky** ein Schluck *m* Whisky
sluggish ['slʌgɪʃ] *adj* träge
sluice [sluːs] **A** *s* Schleuse *f*; *Bergbau* (Wasch)rinne *f* **B** *v/t Erz* waschen; **to ~ sth (down)** etw abspritzen **C** *v/i* **to ~ out** herausschießen
slum [slʌm] **A** *s* ⟨*mst pl*⟩ Slum *m*, Elendsquartier *n* **B** *v/t & v/i umg a.* **~ it**, **be ~ming it** primitiv leben; **you're staying in a hotel while we're ~ming it at Joe's** *umg oft hum* ihr übernachtet im Hotel, während wir es uns bei Joe auf dem Fußboden gemütlich machen *hum*
slumber ['slʌmbəʳ] *liter* **A** *s* Schlummer *m geh* **B** *v/i* schlummern *geh*
slump [slʌmp] **A** *s* (plötzliche) Abnahme, Rückgang *m* (**in sth** einer Sache *gen*); (≈ *Position*) Tiefstand *m*; FIN Sturz *m* **B** *v/i* **1** *a.* **~ off** *Preise* stürzen; *Verkaufszahlen* plötzlich zurückgehen; *fig Moral* sinken **2** *Person* sinken; **he was ~ed over the wheel** er war über dem Steuer zusammengesackt; **he was ~ed on the floor** er lag in sich (*dat*) zusammengesunken auf dem Fußboden
slung [slʌŋ] *prät & pperf* → sling
slunk [slʌŋk] *prät & pperf* → slink

slur [slɜːʳ] **A** s Beleidigung f **B** v/t undeutlich artikulieren; *Worte* (halb) verschlucken

slurp [slɜːp] **A** v/t & v/i umg schlürfen **B** s Schlürfen n

slurred [slɜːd] adj undeutlich

slush [slʌʃ] s (Schnee)matsch m

slush fund s Schmiergelder pl

slushy ['slʌʃi] adj ⟨komp slushier⟩ *Schnee* matschig

slut [slʌt] umg s Schlampe f pej umg

sly [slaɪ] **A** adj ⟨komp slier od slyer⟩ **1** gerissen **2** *Blick* verschmitzt **B** s **on the sly** heimlich, still und leise hum

smack [smæk] **A** s **1** (klatschender) Schlag, Klatschen n; **you'll get a ~** du fängst gleich eine umg **2** umg (≈ *Kuss*) **to give sb a ~ on the cheek** j-m einen Schmatz auf die Backe geben umg **B** v/t knallen umg; **to ~ a child** einem Kind eine runterhauen umg; **to feel ~** fig sich **I'll ~ your bottom!** ich versohl dir gleich den Hintern! umg **C** adv umg direkt; **to be ~ in the middle of sth** mittendrin in etw (dat) sein

phrasal verbs mit smack:
smack of fig v/i (+obj) riechen nach

small [smɔːl] **A** adj ⟨+er⟩ klein; *Vorrat* gering; *Summe* bescheiden; *Stimme* leise, klein; **a ~ number of people** eine geringe Anzahl von Leuten; **the ~est possible number of books** so wenig Bücher wie möglich; **to feel ~** sich (ganz) klein (und hässlich) vorkommen **B** s **the ~ of the back** das Kreuz **C** adv **to chop sth up ~** etw klein hacken

small ad umg s Kleinanzeige f

small arms pl Handfeuerwaffen pl

small business s Kleinunternehmen n

small change s Kleingeld n

small fry fig s kleine Fische pl umg

small hours pl früher Morgen; **in the (wee) ~** in den frühen Morgenstunden

smallish ['smɔːlɪʃ] adj (eher) kleiner; **he is ~** er ist eher klein

small letter s Kleinbuchstabe m

small-minded adj engstirnig

smallness s Kleinheit f; *von Summe* Bescheidenheit f

smallpox s Pocken pl

small print s **the ~** das Kleingedruckte

small-scale adj *Modell* in verkleinertem Maßstab; *Projekt* klein angelegt

small screen s TV **on the ~** auf dem Bildschirm

small-sized adj klein

small talk s Small Talk m; **to make ~** plaudern, Small Talk machen

small-time umg adj *Verbrecher* klein

small-town adj Kleinstadt-

smarmy ['smɑːmi] Br umg adj ⟨komp smarmier⟩ schmierig

smart [smɑːt] **A** adj ⟨+er⟩ **1** chic; *Mensch, Kleidung* modisch, fesch bes österr; *Äußeres* gepflegt; **the ~ set** die Schickeria umg **2** schlau, clever umg; bes US intelligent, vernünftig; IT, MIL intelligent; **that wasn't very ~ (of you)** das war nicht besonders intelligent (von dir) **3** (blitz)schnell; *Schritt* rasch **B** v/i brennen; **to ~ from sth** fig unter etw (dat) leiden

smart alec(k) umg s Schlauberger(in) m(f) umg

smartarse ['smɑːtɑːs] s, **smartass** ['smɑːtæs] US sl s Klugscheißer(in) m(f) umg

smart bomb s intelligente Bombe

smart card s Chipkarte f

smarten ['smɑːtn] (a. **smarten up**) **A** v/t *Haus* herausputzen; *Äußeres* aufmöbeln umg; **to ~ oneself up** sich schick machen umg; allg mehr Wert auf sein Äußeres legen; **you'd better ~ up your ideas** umg du solltest dich am Riemen reißen umg **B** v/i sich in Schale werfen umg, sich herausmachen

smartly ['smɑːtli] adv **1** chic **2** clever umg **3** (blitz)schnell

smart money s FIN Investitionsgelder pl; **the ~ is on him winning** Insider setzen darauf, dass er gewinnt

smartness ['smɑːtnɪs] s **1** Schick m, Gepflegtheit f **2** Cleverness f umg; Schlauheit f

smartphone ['smɑːtfəʊn] s TEL Smartphone n

smartwatch ['smɑːt,wɒtʃ] s Smartwatch f

smash [smæʃ] **A** v/t **1** zerschlagen; *Fenster* einschlagen; *Rekord* haushoch schlagen **2** schmettern **B** v/i **1** zerschlagen; **it ~ed into a thousand pieces** es (zer)sprang in tausend Stücke **2** prallen; **the car ~ed into the wall** das Auto krachte gegen die Mauer **C** s **1** Krachen n **2** Unfall m, Havarie f österr, Zusammenstoß m **3** Schlag m; *Tennis* Schmetterball m **4** umg a. **~ hit** Riesenhit m

phrasal verbs mit smash:
smash in v/t ⟨trennb⟩ einschlagen
smash up v/t ⟨trennb⟩ zertrümmern; *Auto* kaputt fahren

smashed [smæʃt] adj ⟨präd⟩ umg (≈ *betrunken*) total zu umg

smash hit umg s Superhit m umg

smashing ['smæʃɪŋ] bes Br umg adj klasse inv umg

smattering ['smætərɪŋ] s **a ~ of French** ein paar Brocken Französisch

SME abk (= **small and medium-sized enterprises**) kleine und mittlere Unternehmen pl, KMU pl

smear [smɪəʳ] **A** s verschmierter Fleck; fig Verleumdung f; MED Abstrich m **B** v/t **1** *Fett* schmieren; (≈ *Aufstrich*) verschmieren; *mit Schmutz* beschmieren; *Gesicht* einschmieren **2**

fig j-n verunglimpfen **C** *v/i Farbe, Tinte* verlaufen
smear campaign *s* Verleumdungskampagne *f*
smear test *s* MED Abstrich *m*
smell [smel] ⟨*v: prät, pperf* smelt; *bes Br* smelled⟩ **A** *v/t* **1** riechen; **can** *od* **do you ~ burning?** riechst du, dass etwas brennt; GASTR riechst du, dass etwas anbrennt? **2** *fig Gefahr* wittern; **to ~ trouble** Ärger kommen sehen, Stunk kommen sehen *umg*; **to ~ a rat** *umg* den Braten riechen **B** *v/i* riechen; **to ~ awful** furchtbar riechen; **to ~ of sth** nach etw riechen; **his breath ~s** er hat Mundgeruch **C** *s* **1** Geruch *m*; **it has a nice ~** es riecht gut; **there's a funny ~ in here** hier riecht es komisch; **to have a ~ at sth** an etw (*akk*) riechen **2** Riechen *n*
smelly ['smelɪ] *adj* ⟨*komp* smellier⟩ übel riechend; **it's ~ in here** hier drin stinkt es
smelt¹ [smelt] *bes Br prät & pperf* → **smell**
smelt² *v/t Erz* schmelzen; *in Raffinerie* verhütten
smile [smaɪl] **A** *s* Lächeln *n*; **to give a ~** lächeln; **she gave a little ~** sie lächelte schwach; **to give sb a ~** j-m zulächeln **B** *v/i* lächeln; **he's always smiling** er lacht immer; **to ~ at sb** j-n anlächeln; **to ~ at sth** über etw (*akk*) lächeln
smiley ['smaɪlɪ] **A** *adj Gesicht, Mensch* freundlich **B** *s* IT Smiley *m*
smiling *adj*, **smilingly** ['smaɪlɪŋ, -lɪ] *adv* lächelnd
smirk [smɜːk] **A** *s* Grinsen *n* **B** *v/i* grinsen
smirt [smɜːt, *US* smɜːrt] *umg v/i Zusammensetzung aus 'to smoke' (rauchen) und 'to flirt' (flirten) meist vor der Kneipe rauchen und flirten*
smith [smɪθ] *s* Schmied(in) *m(f)*
smithereens [ˌsmɪðəˈriːnz] *pl* **to smash sth to ~** etw in tausend Stücke schlagen
smithy ['smɪðɪ] *s* Schmiede *f*
smitten ['smɪtn] *adj* **he's really ~ with her** *umg* er ist wirklich vernarrt in sie
smock [smɒk] *s* Kittel *m*; *als Top* Hänger *m*
smog [smɒg] *s* Smog *m*
smoke [sməʊk] **A** *s* Rauch *m*; **to go up in ~** in Rauch (und Flammen) aufgehen; *fig* sich in Wohlgefallen auflösen; **there's no ~ without a fire** *sprichw* wo Rauch ist, ist auch Feuer *sprichw*; **to have a ~** eine rauchen **B** *v/t* **1** rauchen **2** *Fisch etc* räuchern, selchen *österr* **C** *v/i* rauchen
smoke alarm *s* Rauchmelder *m*
smoked *adj Fisch etc* geräuchert, geselcht *österr*
smoke detector *s* Rauchmelder *m*
smoke-free ['sməʊkfriː] *adj* rauchfrei
smokeless *adj Brennstoff* rauchlos
smoker ['sməʊkə^r] *s* Raucher(in) *m(f)*; **to be a heavy ~** stark rauchen
smoke screen *fig s* Vorwand *m*
smoke signal *s* Rauchzeichen *n*
smokestack *s* Schornstein *m*
smoking ['sməʊkɪŋ] *s* Rauchen *n*; **"no ~"** „Rauchen verboten"
smoking compartment *s*, **smoking car** *US s* Raucherabteil *n*
smoky ['sməʊkɪ] *adj* ⟨*komp* smokier⟩ *Feuer* rauchend; *Atmosphäre* verraucht; *Geschmack* rauchig
smolder *US v/i* → **smoulder**
smooch [smuːtʃ] *umg v/i* knutschen *umg*
smooth [smuːð] **A** *adj* ⟨+er⟩ **1** glatt; *Haar, Whisky* weich; *Oberfläche* eben; *Flug* ruhig; *Brei* sämig; *Geschmack* mild; **as ~ as silk** seidenweich; **worn ~** *Stufe* glatt getreten; *Messer* abgeschliffen; *Reifen* abgefahren **2** *Übergang, Beziehung* reibungslos **3** (= *höflich*), *a. pej* glatt **B** *v/t Oberfläche* glätten; *Kleid* glatt streichen; *fig Gefühle* beruhigen

<u>phrasal verbs mit smooth:</u>

smooth back *v/t* ⟨*trennb*⟩ *Haar* zurückstreichen
smooth down *v/t* ⟨*trennb*⟩ glatt machen, glatt streichen
smooth out *v/t* ⟨*trennb*⟩ glätten; *fig Probleme* aus dem Weg räumen
smooth over *fig v/t* ⟨*trennb*⟩ *Streit* geradebiegen *umg*

smoothie ['smuːðɪ] *s* Smoothie *m*, Fruchtdrink *m*
smoothly ['smuːðlɪ] *adv landen* weich; **to run ~** *Motor* ruhig laufen; **to go ~** glatt über die Bühne gehen; **to run ~** *Veranstaltung* reibungslos verlaufen
smoothness *s* **1** Glätte *f*; *von Oberfläche* Ebenheit *f* **2** *von Flug* Ruhe *f* **3** *von Übergang* Reibungslosigkeit *f*
smother ['smʌðə^r] **A** *v/t* **1** j-n, *Feuer* ersticken; *fig Gähnen* unterdrücken **2** bedecken; **fruit ~ed in cream** Obst, das in Sahne schwimmt **B** *v/i* ersticken
smoulder ['sməʊldə^r] *v/i*, **smolder** *US v/i* glimmen, schwelen
smouldering ['sməʊldərɪŋ] *adj*, **smoldering** *US adj* **1** *Feuer, Groll* schwelend **2** **a ~ look** ein glühender Blick
SMS *abk* (= Short Message Service) TEL SMS
smudge [smʌdʒ] **A** *s* Fleck *m*; *von Tinte* Klecks *m* **B** *v/t* verwischen **C** *v/i* verschmieren
smug [smʌg] *adj* ⟨*komp* smugger⟩ selbstgefällig
smuggle ['smʌgl] *v/t & v/i* schmuggeln; **to ~ sb/sth in** j-n/etw einschmuggeln; **to ~ sb/sth out** j-n/etw herausschmuggeln
smuggler ['smʌglə^r] *s* Schmuggler(in) *m(f)*
smuggling ['smʌglɪŋ] *s* Schmuggel *m*
smugly ['smʌglɪ] *adv* selbstgefällig
smugness ['smʌgnɪs] *s* Selbstgefälligkeit *f*

smut [smʌt] *fig s* Dreck *m*, Schmutz *m*
smutty ['smʌtɪ] *fig adj* ⟨*komp* smuttier⟩ schmutzig
snack [snæk] *s* Imbiss *m*, Snack *m*, Jause *f österr*; **to have a ~** eine Kleinigkeit essen, jausnen *österr*
snack bar *s* Imbissstube *f*
snag [snæg] **A** *s* **1** Haken *m*; **there's a ~** die Sache hat einen Haken; **to hit a ~** in Schwierigkeiten (*akk*) kommen **2** *in Stoff* gezogener Faden **B** *v/t* sich (*dat*) einen Faden ziehen; **I ~ged my tights** ich habe mir an der Strumpfhose einen Faden gezogen
snail [sneɪl] *s* Schnecke *f*; **at a ~'s pace** im Schneckentempo
snail mail *hum s* Schneckenpost *f umg*
snake [sneɪk] *s* Schlange *f*
snakebite *s* **1** Schlangenbiss *m* **2** *Getränk aus Cider und Bier*
snakeskin [sneɪkskɪn] *adj* Schlangenleder-, aus Schlangenleder
snap [snæp] **A** *s* **1** Schnappen *n*, Knacken *n* **2** FOTO Schnappschuss *m* **3** KART ≈ Schnippschnapp *n* **4 cold ~** Kälteeinbruch *m* **B** *adj* ⟨*attr*⟩ plötzlich **C** *int* **I bought a green one — ~!** *Br umg* ich hab mir ein grünes gekauft — ich auch! **D** *v/t* **1** *Finger* schnipsen mit **2** zerbrechen **3** FOTO knipsen **E** *v/i* **1** (zu)schnappen; (≈ *entzweigehen*) zerbrechen; **to ~ shut** zuschnappen **2** *beim Sprechen* schnappen *umg*; **to ~ at sb** j-n anschnauzen *umg* **3** *Hund etc, a. fig* schnappen (**at** nach) **4** *umg* **something ~ped (in him)** da hat (bei ihm) etwas ausgehakt *umg*

phrasal verbs mit snap:

snap off *v/t* ⟨*trennb*⟩ abbrechen
snap out A *v/t* ⟨*trennb*⟩ **to snap sb out of sth** j-n aus etw herausreißen **B** *v/i* **to snap out of sth** sich aus etw herausreißen; **snap out of it!** reiß dich zusammen!
snap up *v/t* ⟨*trennb*⟩ wegschnappen

snap fastener *s* Druckknopf *m*
snappy ['snæpɪ] *adj* ⟨*komp* snappier⟩ **1** *umg* **and make it ~!** und zwar ein bisschen dalli! *umg* **2** *umg Slogan* zündend
snapshot ['snæpʃɒt] *s* Schnappschuss *m*
snare [sneə*r*] *s* Falle *f*
snarl [snɑːl] **A** *s* Knurren *n kein pl* **B** *v/i* knurren; **to ~ at sb** j-n anknurren

phrasal verbs mit snarl:

snarl up *umg v/t* ⟨*trennb*⟩ *Verkehr* durcheinanderbringen

snatch [snætʃ] **A** *s* Stück *n*; *von Gespräch* Fetzen *m*; *von Musik* ein paar Takte **B** *v/t* **1** greifen, schnappen; **to ~ sth from sb** j-m etw entreißen; **to ~ sth out of sb's hand** j-m etw aus der Hand reißen **2** ergattern; **to ~ a quick meal** schnell etwas essen; **to ~ defeat from the jaws of victory** einen sicheren Sieg in eine Niederlage verwandeln **3** *umg* klauen *umg*; *Handtasche* aus der Hand reißen; *Kind* entführen **C** *v/i* greifen (**at** nach)

phrasal verbs mit snatch:

snatch away *v/t* ⟨*trennb*⟩ wegreißen (**sth from sb** j-m etw)

snazzy ['snæzɪ] *adj* ⟨-ier; -iest⟩ *umg* flott
sneak [sniːk] **A** *s* Schleicher(in) *m(f)*; *Br umg* Petzer *m umg* **B** *v/t* **to ~ sth into a room** etw in ein Zimmer schmuggeln; **to ~ a look at sb/sth** auf j-n/etw schielen **C** *v/i* **to ~ away** *od* **off** sich wegschleichen; **to ~ in** sich einschleichen; **to ~ on sb** *Br umg* j-n verpetzen *umg*; **to ~ past sb** (sich) an j-m vorbeischleichen; **to ~ up on sb** sich an j-n heranschleichen
sneakers ['sniːkəz] *bes US s* Freizeitschuhe *pl*, Turnschuhe *pl*
sneaker socks *US pl* Sneakersöckchen *pl*, Sneakersocken *pl*
sneaking ['sniːkɪŋ] *adj* ⟨*attr*⟩ **to have a ~ feeling that ...** ein schleichendes Gefühl haben, dass ...
sneak preview *s von Film* Vorpremiere *f*, Sneak Preview *f*
sneaky ['sniːkɪ] *pej umg adj* ⟨*komp* sneakier⟩ hinterhältig
sneer [snɪə*r*] **A** *s* höhnisches Lächeln **B** *v/i* spotten; *mit Blicken* höhnisch grinsen; **to ~ at sb** j-n verhöhnen
sneering *adj*, **sneeringly** ['snɪərɪŋ, -lɪ] *adv* höhnisch
sneeze [sniːz] **A** *s* Nieser *m* **B** *v/i* niesen; **not to be ~d at** nicht zu verachten
snicker ['snɪkə*r*] *v/i US* → snigger
snide [snaɪd] *adj* abfällig
sniff [snɪf] **A** *s* Schniefen *n kein pl umg*; *Hund* Schnüffeln *n kein pl*; **have a ~ at this** riech mal hieran **B** *v/t* riechen; *Luft* schnuppern **C** *v/i* schniefen; *Hund* schnüffeln; **to ~ at sth** *wörtl* an etw (*dat*) schnuppern; **not to be ~ed at** nicht zu verachten

phrasal verbs mit sniff:

sniff around *umg v/i* herumschnüffeln *umg*
sniff out *wörtl, fig umg v/t* ⟨*trennb*⟩ aufspüren

sniffle ['snɪfl] *s & v/i* → snuffle
snigger ['snɪgə*r*], **snicker** ['snɪkə*r*] *US* **A** *s* Gekicher *n* **B** *v/i* kichern (**at, about** wegen)
snip [snɪp] **A** *s* **1** Schnitt *m* **2** *bes Br umg* **at only £2 it's a real ~** für nur £ 2 ist es unheimlich günstig *umg* **B** *v/t* **to ~ sth off** etw abschnippeln *umg*
sniper ['snaɪpə*r*] *s* Heckenschütze *m*/-schützin *f*
snippet ['snɪpɪt] *s* Stückchen *n*, (Bruch)stück *n*;

~s of (a) conversation Gesprächsfetzen *pl*
snivel ['snɪvl] *v/i* heulen
snivelling ['snɪvlɪŋ] *adj*, **sniveling** *US adj* heulend, flennend *umg*
snob [snɒb] *s* Snob *m*
snobbery ['snɒbərɪ] *s* Snobismus *m*
snobbish ['snɒbɪʃ] *adj* snobistisch; **to be ~ about sth** bei etw wählerisch sein
snobby ['snɒbɪ] *adj* → snobbish
snog [snɒg] *Br umg* **A** *s* Knutscherei *f umg*; **to have a ~ with sb** mit j-m rumknutschen *umg* **B** *v/i* rumknutschen *umg* **C** *v/t* abknutschen *umg*
snooker ['snuːkə'] *s* Snooker *n*
snoop [snuːp] **A** *s* **1** Schnüffler(in) *m(f)* **2 I'll have a ~ around** ich gucke mich mal (ein bisschen) um **B** *v/i* schnüffeln; **to ~ around** *od* **about** *Br* herumschnüffeln
snooty ['snuːtɪ] *adj* ⟨*komp* snootier⟩, **snootily** ['snuːtɪlɪ] *umg adv* hochnäsig
snooze [snuːz] **A** *s* Nickerchen *n*; **to have a ~** ein Schläfchen machen **B** *v/i* ein Nickerchen machen
snore [snɔː'] **A** *s* Schnarchen *n kein pl* **B** *v/i* schnarchen
snoring ['snɔːrɪŋ] *s* Schnarchen *n*
snorkel ['snɔːkl] *s* Schnorchel *m*
snorkelling ['snɔːkəlɪŋ] *s*, **snorkeling** *US s* Schnorcheln *n*
snort [snɔːt] **A** *s* Schnauben *n kein pl*, Grunzen *n kein pl* **B** *v/i* schnauben, grunzen **C** *v/t* schnauben
snot [snɒt] *umg s* Rotz *m umg*
snotty ['snɒtɪ] *umg adj* ⟨*komp* snottier⟩ rotzig *umg*
snout [snaʊt] *s* Schnauze *f*
snow [snəʊ] **A** *s* Schnee *m*; **as white as ~** schneeweiß **B** *v/i* schneien

phrasal verbs mit snow:

snow in *v/t* ⟨*trennb, mst passiv*⟩ **to be** *od* **get snowed in** einschneien

snow under *v/t* ⟨*trennb, mst passiv*⟩ *umg* **to be snowed under** *mit Arbeit* reichlich eingedeckt sein

snowball A *s* Schneeball *m* **B** *v/i* eskalieren
snowball fight *s* Schneeballschlacht *f*
snowball system *s* WIRTSCH Schneeballsystem *n*
snowblower *s* Schneefräse *f*
snowboard A *s* Snowboard *n* **B** *v/i* Snowboard fahren
snowboarder *s* Snowboardfahrer(in) *m(f)*
snowboarding *s* Snowboarding *n*
snowbound *adj* eingeschneit
snowcapped *adj* schneebedeckt
snow chain *s* AUTO Schneekette *f*
snow-covered *adj* verschneit
snowdrift *s* Schneewehe *f*
snowdrop *s* Schneeglöckchen *n*
snowfall *s* Schneefall *m*
snowflake *s* Schneeflocke *f*
snowman *s* ⟨*pl* -men⟩ Schneemann *m*
snowmobile *s* Schneemobil *n*
snow pea *s*, **sweet pea** *s US* Zuckererbse *f*
snowplough *s*, **snowplow** *US s* Schneepflug *m*
snowstorm *s* Schneesturm *m*
snow-white *adj* schneeweiß
snowy ['snəʊɪ] *adj* ⟨*komp* snowier⟩ *Wetter* schneereich; *Berge* verschneit
SNP *abk* (= *Scottish National Party*) *schottische Partei, die sich für die Unabhängigkeit des Landes einsetzt*
snub [snʌb] **A** *s* Brüskierung *f* **B** *v/t* **1** j-n brüskieren **2** (≈ *nicht beachten*) schneiden
snub nose *s* Stupsnase *f*
snub-nosed ['snʌbnəʊzd] *adj Mensch* stupsnasig
snuff [snʌf] **A** *s* Schnupftabak *m* **B** *v/t a.* **~ out** *Kerze* auslöschen
snuffle ['snʌfl] **A** *s* Schniefen *n kein pl*; **to have the ~s** *umg* einen leichten Schnupfen haben **B** *v/i* schnüffeln; *bei Erkältung* schniefen *umg*
snug [snʌg] *adj* ⟨*komp* snugger⟩ gemütlich; *Kleidung* gut sitzend *attr*
snuggle ['snʌgl] *v/i* sich schmiegen; sich kuscheln; **to ~ with sb** mit j-m kuscheln; **I like to ~ up with a book** ich mache es mir gern mit einem Buch gemütlich

phrasal verbs mit snuggle:

snuggle down [snʌg'daʊn] *v/i* sich kuscheln (in in +*akk*)

snuggle up [snʌgl'ʌp] *v/i* **to snuggle up (to sb)** sich (an j-n) anschmiegen

snugly ['snʌglɪ] *adv* **1** gemütlich, behaglich **2** *schließen* fest; *passen* gut
so [səʊ] **A** *adv* **1** so; *erfreut* sehr; *lieben, hassen* so sehr; **so much tea** so viel Tee; **so many flies** so viele Fliegen; **so sweet** so süß; **he was so stupid (that)** er war so *od* dermaßen dumm(, dass); **not so … as** nicht so … wie; **I am not so stupid as to believe that** *od* **that I believe that** so dumm bin ich nicht, dass ich das glaube(n würde); **would you be so kind as to open the door?** wären Sie bitte so freundlich und würden die Tür öffnen?; **how are things? — not so bad!** wie gehts? — nicht schlecht!; **that's so kind of you** das ist wirklich sehr nett von Ihnen; **so it was that … so** kam es, dass …; **and so it was** und so war es auch; **by so doing he has …** indem er das tat, hat er …; **and so on** *od* **forth** und so weiter **2 I hope so** hoffentlich; *nachdrücklich* das hoffe ich doch

sehr; **I think so** ich glaube schon; **I don't think so** ich glaube nicht; **do you really think so?** glaubst du das wirklich?; **I never said so** das habe ich nie gesagt; **I told you so** ich habe es dir ja gesagt; **why? — because I say so** warum? — weil ich es sage; **I suppose so** (≈ *okay*) meinetwegen; (≈ *meiner Meinung nach*) ich glaube schon; **so I believe** ja, ich glaube schon; **so I see** ja, das sehe ich; **so be it** nun gut; **if so** wenn ja; **he said he would finish it this week, and so he did** er hat gesagt, er würde es diese Woche fertig machen und das hat er auch (gemacht); **how so?** wieso das?; **or so they say** oder so heißt es jedenfalls; **it is so!** doch!; **that is so** das stimmt; **is that so?** ja?; ❸ *unbestimmte Menge etc* **how high is it? — oh, about so high** wie hoch ist das? — oh, ungefähr so; **a week or so** ungefähr eine Woche; **50 or so** etwa 50 ❹ *auch* **so am/would** ich auch ❺ **he walked past and didn't so much as look at me** er ging vorbei, ohne mich auch nur anzusehen; **he didn't say so much as thank you** er hat nicht einmal Danke gesagt; **so much for that!** *umg* das wärs ja wohl gewesen! *umg*; **so much for his promises** und er hat solche Versprechungen gemacht ❸ *konj* ❶ **so (that)** damit; so dass; **we hurried so as not to be late** wir haben uns beeilt, um nicht zu spät zu kommen; **so, you see ...** wie du siehst ...; **so you're Spanish?** Sie sind also Spanier(in)?; **so there you are!** hier steckst du also!; **so what did you do?** und was haben Sie (da) gemacht?; **so (what)?** *umg* (na) und?; **I'm not going, so there!** *umg* ich geh nicht, fertig, aus!

soak [səʊk] 🅐 *v/t* ❶ durchnässen ❷ einweichen (**in** in +*dat*) 🅑 *v/i* **leave it to** ~ weichen Sie es ein; **to ~ in a bath** sich einweichen *umg*; **rain has ~ed through the ceiling** der Regen ist durch die Decke gesickert 🅒 *s* **I had a long ~ in the bath** ich habe lange in der Wanne gelegen

phrasal verbs mit soak:

soak up *v/t* ⟨*trennb*⟩ *Flüssigkeit* aufsaugen; *Sonne* genießen; *Atmosphäre* in sich (*akk*) hineinsaugen

soaked [səʊkt] *adj* durchnässt; **his T-shirt was ~ in sweat** sein T-Shirt war schweißgetränkt; **to be ~ to the skin** bis auf die Haut nass sein

soaking ['səʊkɪŋ] 🅐 *adj* klitschnass 🅑 *adv* **~ wet** triefend nass

so-and-so ['səʊənsəʊ] *umg s* ⟨*pl* -s⟩ ❶ **~ up at the shop** Herr/Frau Soundso im Laden ❷ *pej* **you old ~** du bist vielleicht einer/eine

soap [səʊp] 🅐 *s* Seife *f* 🅑 *v/t* einseifen

soapbox *s* **to get up on one's ~** *fig* Volksreden *pl* halten

soap opera *umg s* Seifenoper *f umg*
soap powder *s* Seifenpulver *n*
soapsuds *pl* Seifenschaum *m*
soapy ['səʊpɪ] *adj* ⟨*komp* soapier⟩ seifig; **~ water** Seifenwasser *n*

soar [sɔːʳ] *v/i* ❶ (*a.* **~ up**) aufsteigen ❷ *fig Gebäude* hochragen; *Kosten* hochschnellen, *Beliebtheit, Hoffnung* einen Aufschwung nehmen; *Zuversicht* einen Aufschwung bekommen

soaring ['sɔːrɪŋ] *adj Vogel* aufsteigend; *Preise* in die Höhe schnellend

sob [sɒb] 🅐 *s* Schluchzen *n kein pl*; **..., he said with a sob ...**, sagte er schluchzend 🅑 *v/t & v/i* schluchzen (**with** vor +*dat*)

phrasal verbs mit sob:

sob out *v/t* ⟨*trennb*⟩ **to sob one's heart out** sich (*dat*) die Seele aus dem Leib weinen

sobbing ['sɒbɪŋ] 🅐 *s* Schluchzen *n* 🅑 *adj* schluchzend

sober ['səʊbəʳ] *adj* nüchtern; *Anlass, Miene* ernst; *Farbe etc* dezent

phrasal verbs mit sober:

sober up 🅐 *v/t* ⟨*trennb*⟩ nüchtern machen 🅑 *v/i* nüchtern werden

sobering ['səʊbərɪŋ] *adj* ernüchternd
sob story *umg s* rührselige Geschichte
Soc. *abk* (= *society*) Ges.
so-called [ˌsəʊˈkɔːld] *adj* sogenannt, angeblich
soccer ['sɒkəʳ] *s* Fußball *m*; **~ player** Fußballer(in) *m(f)*, Fußballspieler(in) *m(f)*
sociability [ˌsəʊʃəˈbɪlətɪ] *s* Geselligkeit *f*
sociable ['səʊʃəbl] *adj* gesellig, freundlich
social ['səʊʃəl] *adj* ❶ sozial; *Leben, Ereignis* gesellschaftlich; *Besuch* privat; **~ reform** Sozialreform *f*; **~ justice** soziale Gerechtigkeit; **to be a ~ outcast/misfit** ein sozialer Außenseiter/eine soziale Außenseiterin sein; **a room for ~ functions** ein Gesellschaftsraum *m*; **there isn't much ~ life around here** hier in der Gegend wird gesellschaftlich nicht viel geboten; **how's your ~ life these days?** *umg* und was treibst du so privat? *umg*; **to have an active ~ life** ein ausgefülltes Privatleben haben; **to be a ~ smoker** nur in Gesellschaft rauchen; **a ~ acquaintance** ein Bekannter, eine Bekannte ❷ *Abend, Mensch* gesellig

social anthropology *s* Sozialanthropologie *f*
social climber *s* Emporkömmling *m pej*, sozialer Aufsteiger, soziale Aufsteigerin
social club *s* Verein *m*
social democracy *s* Sozialdemokratie *f*
social democrat *s* Sozialdemokrat(in) *m(f)*
socialism ['səʊʃəlɪzəm] *s* Sozialismus *m*
socialist ['səʊʃəlɪst] 🅐 *adj* sozialistisch 🅑 *s* Sozialist(in) *m(f)*
socialite ['səʊʃəlaɪt] *umg s* Angehörige(r) *m/f(m)*

der feinen Gesellschaft

socialize ['səʊʃəlaɪz] *v/i* unter die Leute kommen; **to ~ with sb** mit j-m gesellschaftlich verkehren

social jet lag *s* eine Art Jetlag mit ähnlichen Symptomen wie z. B. Müdigkeit und Antriebslosigkeit etc, der jedoch nicht durch das Fliegen, sondern durch unregelmäßige Schlafzeiten im Urlaub sowie zu wenig Schlaf hervorgerufen wird

social life *s* Privatleben *n*

socially ['səʊʃəlɪ] *adv* gesellschaftlich, sozial; **to know sb ~** j-n privat kennen

social network *s* soziales Netzwerk

social networking *s* soziales Netzwerken

social networking site *s* IT soziales Netzwerk

social science *s* Sozialwissenschaft *f*

social security *Br s* Sozialhilfe *f*; *US* Sozialversicherungsleistungen *pl*; (≈ *System*) Sozialversicherung *f*; **to be on ~** *Br* Sozialhilfeempfänger(in) sein; *US* Sozialversicherungsleistungen erhalten; **~ number** Sozialversicherungsnummer *f*

social services *pl* Sozialdienste *pl*

social studies *s* ⟨+*sg v*⟩ ≈ Gemeinschaftskunde *f*

social work *s* Sozialarbeit *f*

social worker *s* Sozialarbeiter(in) *m(f)*

society [sə'saɪətɪ] *s* **1** die Gesellschaft **2** Verein *m*; UNIV Klub *m*

sociologist [ˌsəʊsɪ'ɒlədʒɪst] *s* Soziologe *m*, Soziologin *f*

sociology [ˌsəʊsɪ'ɒlədʒɪ] *s* Soziologie *f*

sock[1] [sɒk] *s* Socke *f*; *länger* Kniestrumpf *m*; **to pull one's ~s up** *Br umg* sich am Riemen reißen *umg*; **put a ~ in it!** *Br umg* hör auf damit!; **to work one's ~s off** *umg* bis zum Umkippen arbeiten *umg*

sock[2] *umg v/t* hauen *umg*; **he ~ed her right in the eye** er verpasste ihr eins aufs Auge *umg*

sock away *US umg v/t* **to sock sth away** etw wegsparen, Geld auf die hohe Kante legen *umg*

socket ['sɒkɪt] *s* **1** Augenhöhle *f* **2** Gelenkpfanne *f*; **to pull sb's arm out of its ~** j-m den Arm auskugeln **3** ELEK Steckdose *f*; MECH Fassung *f*

sod[1] [sɒd] *s* Grassode *f*

sod[2] *Br umg* **A** *s* Sau *f umg*; **the poor sods** die armen Schweine *umg* **B** *v/t* **sod it!** verdammte Scheiße! *umg*; **sod him** der kann mich mal *umg*

phrasal verbs mit sod:

sod off *Br umg v/i* abhauen; **sod off!** zieh Leine! *umg*

soda ['səʊdə] *s* **1** CHEM Soda *n*, Ätznatron *n* **2** (≈ *Getränk*) Soda(wasser) *n*; *US* Limo *f od n umg*

soda bread *s* Sodabrot *n* (*mit Backpulver* (*anstatt Hefe*) *gebackenes Brot*)

sod all *Br umg s* rein gar nichts

soda siphon *s* Siphon *m*

soda water *s* Sodawasser *n*

sodden ['sɒdn] *adj* durchnässt

sodding ['sɒdɪŋ] *Br umg* **A** *adj* verflucht *umg*, Scheiß- *umg* **B** *adv* verdammt *umg*, verflucht *umg*

sodium ['səʊdɪəm] *s* Natrium *n*

sodium bicarbonate *s* Natron *n*

sodium chloride *s* Natriumchlorid *n*, Kochsalz *n*

sodomy ['sɒdəmɪ] *s* Analverkehr *m*

sofa ['səʊfə] *s* Sofa *n*; **~ bed** Schlafcouch *f*

soft [sɒft] *adj* ⟨+*er*⟩ **1** weich; *Haut* zart; *Haar* seidig; *Getränk* alkoholfrei; **~ cheese** Weichkäse *m*; **~ porn film** weicher Porno **2** sanft; *Licht, Musik* gedämpft **3** schwach; **to be ~ on sb** j-m gegenüber nachgiebig sein; **to go ~ on sb** sich in j-n verknallen **4** *Job, Leben* bequem **5** (≈ *freundlich*) *Lächeln* warm; **to have a ~ spot for sb** *umg* eine Schwäche für j-n haben

softball *s* Softball *m*

soft-boiled *adj* weich (gekocht)

soft-centred *adj* mit Cremefüllung

soft drink *s* alkoholfreies Getränk

soften ['sɒfn] **A** *v/t* weich machen; *Wirkung* mildern **B** *v/i* weich werden; *Stimme* sanft werden

phrasal verbs mit soften:

soften up A *v/t* ⟨*trennb*⟩ **1** *wörtl* weich machen **2** *fig* j-n milde stimmen; *durch Drohungen* einschüchtern **B** *v/i* Stoff weich werden

softener ['sɒfnə[r]] *s* *für Wäsche* Weichspüler *m*

soft focus *s* FILM, FOTO Weichzeichnung *f*

soft fruit *Br s* Beerenobst *n*

soft furnishings *Br pl* Vorhänge, Teppiche etc

soft-hearted *adj* weichherzig

softie ['sɒftɪ] *s umg* naiv gutmütiger Trottel *umg*; *rührselig* sentimentaler Typ *umg*; *feige* Weichling *m umg*

softly ['sɒftlɪ] *adv* sanft, leise; **to be ~ spoken** eine angenehme Stimme haben

softness *s* Weichheit *f*; *von Haut* Zartheit *f*

soft skills *pl* Soft Skills *pl*, Schlüsselqualifikationen *pl*, soziale und emotionale Kompetenz

soft-spoken *adj* leise sprechend *attr*; **to be ~** eine angenehme Stimme haben

soft target *s* leichte Beute

soft top *s bes US* AUTO Kabriolett *n*

soft toy *Br s* Stofftier *n*

software *s* Software *f*

software company *s* Softwarehaus *n*

software package *s* Softwarepaket *n*

softy *umg s* → softie

sogginess ['sɒgɪnɪs] *s* triefende Nässe; *von Lebensmitteln* Matschigkeit *f umg*; *von Brot* Klitschigkeit *f*

soggy ['sɒgɪ] *adj* ⟨*komp* soggier⟩ durchnässt; *Lebensmittel* matschig *umg*; *Brot* klitschig; **a ~ mess** eine Matsche

soil[1] [sɔɪl] *s* Erde *f*, Boden *m*; **native/British ~** heimatlicher/britischer Boden, heimatliche/britische Erde

soil[2] *wörtl vt* schmutzig machen; *fig* beschmutzen

soiled [sɔɪld] *adj* schmutzig, verschmutzt

solace ['sɒlɪs] *s* Trost *m*

solar ['səʊləʳ] *adj* Sonnen-, Solar-; **~ power** Sonnenkraft *f*

solar car *s* Solarauto *n*

solar eclipse *s* Sonnenfinsternis *f*

solar energy *s* Sonnenenergie *f*

solarium [səʊ'lɛərɪəm] *s* ⟨*pl* solaria [səʊ'lɛərɪə]⟩ Solarium *n*

solar panel *s* Sonnenkollektor *m*

solar-powered *adj* mit Sonnenenergie betrieben

solar power plant *s* Solarkraftwerk *n*

solar roof *s* Solardach *n*

solar shower *s* Solardusche *f*

solar system *s* Sonnensystem *n*

sold [səʊld] *prät & pperf* → sell

solder ['sɒldə(r)] *vt* (ver)löten

soldier ['səʊldʒəʳ] *s* Soldat(in) *m(f)*

phrasal verbs mit soldier:

soldier on *v/i* unermüdlich weitermachen

sold out *adj* ausverkauft

sole[1] [səʊl] *s* Sohle *f*

sole[2] *s* Seezunge *f*

sole[3] *adj Grund* einzig; *Verantwortung* alleinig; *Gebrauch* ausschließlich; **with the ~ exception of ...** mit alleiniger Ausnahme +*gen* ...; **for the ~ purpose of ...** einzig und allein zu dem Zweck +*gen* ...

sole earner *s* Alleinverdiener(in) *m(f)*

solely ['səʊllɪ] *adv* nur

solemn ['sɒləm] *adj* feierlich; *Mensch, Warnung* ernst; *Versprechen, Pflicht* heilig

solemnity [sə'lemnɪtɪ] *s* Feierlichkeit *f*

solemnly ['sɒləmlɪ] *adv* feierlich; *etw sagen* ernsthaft; *schwören* bei allem, was einem heilig ist

soliciting [sə'lɪsɪtɪŋ] *s* Aufforderung *f* zur Unzucht

solicitor [sə'lɪsɪtəʳ] *s Br* JUR Rechtsanwalt *m*/-anwältin *f*; *US* Justizbeamte(r) *m*/-beamtin *f*

solid ['sɒlɪd] **A** *adj* **1** fest; *Gold, Fels* massiv; *Verkehr* dicht; *Linie* ununterbrochen; *Mensch* stämmig; *Haus, Beziehung* stabil; *Arbeit, Charakter, Wissen* solide; **to be frozen ~** hart gefroren sein; **the square was packed ~ with cars** die Autos standen dicht an dicht auf dem Platz; **they worked for two ~ days** sie haben zwei Tage ununterbrochen gearbeitet **2** *Grund* handfest **3** *Unterstützung* voll **B** *adv* **1** völlig **2** **for eight hours** ~ acht Stunden lang ununterbrochen **C** *s* **1** fester Stoff **2** **~s** *pl* feste Nahrung *kein pl*

solidarity [ˌsɒlɪ'dærɪtɪ] *s* Solidarität *f*

solidify [sə'lɪdɪfaɪ] *v/i* fest werden

solidity [sə'lɪdɪtɪ] *s* **1** Festigkeit *f* **2** *von Unterstützung* Geschlossenheit *f*

solidly ['sɒlɪdlɪ] *adv* **1** fest; **~ built** *Haus* solide gebaut, währschaft *schweiz*; *Mensch* kräftig gebaut **2** *begründen* stichhaltig **3** (≈ *ohne Pause*) ununterbrochen **4** **to be ~ behind sb/sth** geschlossen hinter j-m/etw stehen

soliloquy [sə'lɪləkwɪ] *s* THEAT Monolog *m*

solitary ['sɒlɪtərɪ] *adj* **1** einsam; *Ort* abgelegen; **a few ~ houses** ein paar vereinzelte Häuser; **a ~ person** ein Einzelgänger *m*, eine Einzelgängerin *f* **2** *Beispiel, Treffer* einzig

solitary confinement *s* Einzelhaft *f*; **to be held in ~** in Einzelhaft gehalten werden

solitude ['sɒlɪtjuːd] *s* Einsamkeit *f*

solo ['səʊləʊ] **A** *s* ⟨*pl* -s⟩ Solo *n*; **piano ~** Klaviersolo *n* **B** *adj* Solo- **C** *adv* allein; MUS solo; **to go ~** eine Solokarriere einschlagen

soloist ['səʊləʊɪst] *s* Solist(in) *m(f)*

solstice ['sɒlstɪs] *s* Sonnenwende *f*

soluble ['sɒljʊbl] *adj* **1** löslich; **~ in water** wasserlöslich **2** *Problem* lösbar

solution [sə'luːʃən] *s* Lösung *f* (**to** +*gen*)

solvable ['sɒlvəbl] *adj Problem* lösbar

solve [sɒlv] *vt Problem* lösen; *Geheimnis* enträtseln; *Verbrechen* aufklären

solvent ['sɒlvənt] **A** *adj* FIN zahlungsfähig, solvent **B** *s* CHEM Lösungsmittel *n*

sombre ['sɒmbəʳ] *adj*, **somber** *US adj* düster; *Nachricht* traurig; *Musik* trist

sombrely ['sɒmbəlɪ] *adv*, **somberly** *US adv* düster; *blicken* finster

some [sʌm] **A** *adj* **1** *mit Plural* einige, ein paar; **did you bring ~ wine?** hast du Wein mitgebracht?; **~ records of mine** einige meiner Platten; **would you like ~ more biscuits?** möchten Sie noch (ein paar) Kekse? **2** *mit Singular* etwas, ein bisschen; **~ cheese/English** etwas Käse/Englisch; **there's ~ ink on your shirt** Sie haben Tinte auf dem Hemd; **~ more tea?** noch etwas Tee? **3** manche(r, s); **~ people say ...** manche Leute sagen ...; **~ people just don't care** es gibt Leute, denen ist das einfach egal; **in ~ ways** in gewisser Weise **4** irgendein; **~ book or other** irgendein Buch; **~ woman, whose name I forget ...** eine Frau, ich habe ihren Namen vergessen, ...; **in ~ way or another** irgendwie; **or ~ such** oder so etwas Ähnliches; **or ~ such name** oder so ein ähnlicher Name; **~ time or other** irgendwann einmal; **~ other time** ein andermal; **~ day** eines Tages; **~ day next week** irgendwann nächste Woche **5** *zur Verstärkung* ziemlich; *iron* vielleicht ein *umg*; **it took ~ courage** dazu brauchte man schon ziemlichen Mut; **(that was) ~ party!** das war vielleicht eine Party! *umg*; **this might take ~ time** das könnte einige Zeit dauern; **quite ~ time** ziemlich lange; **to speak at ~ length** ziemlich lange sprechen; **~ help you are** du bist mir vielleicht eine Hilfe *umg*; **~ people!** Leute gibts! **B** *pron* **1** *auf pl bezogen* einige, manche; *in Fragen* welche; **~ of these books** einige dieser Bücher; **~ are here** einige sind hier; **~ ..., others ...** manche ..., andere ...; **they're lovely, try ~** die schmecken gut, probieren Sie mal; **I've still got ~** ich habe noch welche **2** *auf sg bezogen* etwas, manches; *in Fragen* welche(r, s); **I drank ~ of the milk** ich habe (etwas) von der Milch getrunken; **have ~!** bedienen Sie sich; **it's lovely cake, would you like ~?** das ist ein sehr guter Kuchen, möchten Sie welchen?; **try ~ of this cake** probieren Sie doch mal diesen Kuchen; **would you like ~ money/tea?** — **no, I've got ~** möchten Sie Geld/Tee? — nein, ich habe Geld/ich habe noch; **have you got money?** — **no, but he has ~** haben Sie Geld? — nein, aber er hat welches; **~ of it had been eaten** einiges (davon) war gegessen worden; **he only believed ~ of it** er hat es nur teilweise geglaubt; **~ of the finest poetry in the English language** einige der schönsten Gedichte in der englischen Sprache **C** *adv* ungefähr

somebody ['sʌmbədɪ] **A** *pron* jemand; **~ else** jemand anders; **~ or other** irgendjemand; **~ knocked at the door** es klopfte jemand an die Tür; **we need ~ German** wir brauchen einen Deutschen; **you must have seen ~** Sie müssen doch irgendjemand(en) gesehen haben; **find/ask ~ who ...** finde/frage jemanden, der ... **B** *s* **to be (a) ~** wer sein *umg*, jemand sein

someday ['sʌmdeɪ] *adv* eines Tages

somehow ['sʌmhaʊ] *adv* irgendwie

someone ['sʌmwʌn] *pron* → somebody A

someplace ['sʌmpleɪs] *US umg adv* irgendwo; *gehen* irgendwohin; **~ else** woanders; *gehen* woandershin

somersault ['sʌməsɔːlt] **A** *s* Purzelbaum *m*; SPORT, *a. fig* Salto *m*; **to do a ~** einen Purzelbaum schlagen; SPORT einen Salto machen **B** *v/i* einen Purzelbaum schlagen; SPORT einen Salto machen

something ['sʌmθɪŋ] **A** *pron* **1** etwas; **~ nice** *etc* etwas Nettes *etc*; **~ or other** irgendetwas; **there's ~ I don't like about him** irgendetwas gefällt mir an ihm nicht; **well, that's ~** (das ist) immerhin etwas; **he's ~ to do with the Foreign Office** er ist irgendwie beim Außenministerium; **she's called Rachel ~** sie heißt Rachel Soundso; **three hundred and ~** dreihundert und ein paar Zerquetschte *umg*; **or ~** *umg* oder so (was); **are you drunk or ~?** *umg* bist du betrunken oder was? *umg*; **she's called Maria or ~ like that** sie heißt Maria oder so ähnlich **2** *umg* **it was ~ else** *od* **quite ~** *bes US* das war schon toll *umg* **B** *s* **a little ~** eine Kleinigkeit; **a certain ~** ein gewisses Etwas **C** *adv* **~ over 200** etwas über 200; **~ like 200** ungefähr 200; **you look ~ like him** du siehst ihn irgendwie ähnlich; **it's ~ of a problem** das ist schon ein Problem; **~ of a surprise** eine ziemliche Überraschung

-something [-sʌmθɪŋ] *suf* **he's twenty-something** er ist in den Zwanzigern

sometime ['sʌmtaɪm] *adv* irgendwann; **~ or other it will have to be done** irgendwann muss es gemacht werden; **write to me ~ soon** schreib mir (doch) bald (ein)mal; **~ before tomorrow** heute noch

sometimes ['sʌmtaɪmz] *adv* manchmal

someway *US adv* irgendwie

somewhat ['sʌmwɒt] *adv* ein wenig; **the system is ~ less than perfect** das System funktioniert irgendwie nicht ganz

somewhere ['sʌmweə*] *adv* **1** irgendwo; *gehen* irgendwohin; **~ else** irgendwo anders, irgendwo anders hin; **to take one's business ~ else** seine Geschäfte woanders machen; **from ~** irgendwoher; **I know ~ where ...** ich weiß, wo ...; **I needed ~ to live in London** ich brauchte irgendwo in London eine Unterkunft; **we just wanted ~ to go after school** wir wollten bloß einen Ort, wo wir nach der Schule eingehen können; **~ around here** irgendwo hier in der Nähe; **~ nice** irgendwo, wo es nett ist; **the ideal place to go is ~ like New York** am besten fährt man in eine Stadt wie New York; **don't I know you from ~?** kenne ich Sie nicht von irgendwoher? **2** *fig* **~ about 40° C** ungefähr 40° C; **~ about £50** um (die) £ 50 herum; **now we're getting ~** jetzt kommen wir voran

son [sʌn] *s* Sohn *m*; *als Anrede* mein Junge; **Son of God** Gottessohn *m*; **he's his father's son** er ist ganz der Vater; **son of a bitch** *bes US sl* Scheißkerl *m*

sonar ['səʊnɑː*] *s* Echolot *n*

sonata [sə'nɑːtə] *s* Sonate *f*

song [sɒŋ] *s* **1** Lied *n*, Gesang *m*; **to burst into ~** ein Lied anstimmen **2** *Br fig umg* **to make a ~ and dance about sth** eine Haupt- und Staats-

songbird s Singvogel m
songbook s Liederbuch n
songwriter s Texter(in) m(f) und Komponist(in) m(f)
sonic ['sɒnɪk] adj Schall-
son-in-law ['sʌnɪnlɔː] s ⟨pl sons-in-law⟩ Schwiegersohn m
sonnet ['sɒnɪt] s Sonett n
soon [suːn] adv bald, früh, schnell; **it will ~ be Christmas** bald ist Weihnachten; **~ after his death** kurz nach seinem Tode; **how ~ can you be ready?** wann kannst du fertig sein?; **we got there too ~** wir kamen zu früh an; **as ~ as** sobald; **as ~ as possible** so schnell wie möglich; **when can I have it? — as ~ as you like** wann kann ichs kriegen? — wann du willst; **I would (just) as ~ you didn't tell him** es wäre mir lieber, wenn du es ihm nicht erzählen würdest
sooner ['suːnə'] adv ▮ früher; **~ or later** früher oder später; **no ~ had we arrived than …** wir waren gerade angekommen, da …; **no ~ said than done** gesagt, getan ▮ lieber; **I would ~ not do it** ich würde es lieber nicht tun
soot [sʊt] s Ruß m
soothe [suːð] v/t beruhigen; Schmerz lindern
soothing ['suːðɪŋ] adj beruhigend, schmerzlindernd
sophisticated [səˈfɪstɪkeɪtɪd] adj ▮ kultiviert; Publikum anspruchsvoll; Kleid raffiniert; **she thinks she looks more ~ with a cigarette** sie glaubt, mit einer Zigarette mehr darzustellen ▮ hoch entwickelt; Verfahren durchdacht; Gerät ausgeklügelt ▮ subtil; System komplex
sophistication [sə,fɪstɪˈkeɪʃən] s ▮ Kultiviertheit f; von Publikum hohes Niveau ▮ hoher Entwicklungsgrad; von Verfahren Durchdachtheit f; von Gerät Ausgeklügeltheit f ▮ Subtilität f; von System Komplexheit f
sophomore ['sɒfəmɔː'] US s Student(in) im zweiten Jahr
sopping ['sɒpɪŋ] adj, (a. **sopping wet**) durchnässt, klitschnass
soppy ['sɒpɪ] Br umg adj Buch, Lied schmalzig umg; Mensch sentimental
soprano [səˈprɑːnəʊ] ▮ s ⟨pl -s⟩ Sopran m ▮ adj Sopran-
sorbet ['sɔːbeɪ] s Sorbet n/m
sorcerer ['sɔːsərə'] s Hexenmeister m
sorceress ['sɔːsərəs] s Hexe f
sorcery ['sɔːsərɪ] s Hexerei f
sordid ['sɔːdɪd] adj eklig; Bedingungen erbärmlich; Affäre schmutzig; **spare me the ~ details** erspar mir die schmutzigen Einzelheiten
sore [sɔː'] ▮ adj ⟨komp sorer⟩ ▮ weh; (≈ geschwollen etc) entzündet; **to have a ~ throat** Halsschmerzen haben; **my eyes are ~** mir tun die Augen weh; **my wrist feels ~** mein Handgelenk tut weh; **to have ~ muscles** Muskelkater haben; **a ~ point** fig ein wunder Punkt; **to be in ~ need of sth** etw unbedingt od dringend brauchen ▮ bes US umg verärgert (**about sth** über etw akk od **at sb** über j-n) ▮ s MED wunde Stelle
sorely ['sɔːlɪ] adv versucht sehr; benötigt dringend; vermisst schmerzlich; **he has been ~ tested** od **tried** seine Geduld wurde auf eine sehr harte Probe gestellt; **to be ~ lacking** bedauerlicherweise fehlen
soreness ['sɔːnɪs] s Schmerz m
sorority [səˈrɒrɪtɪ] s US UNIV Studentinnenvereinigung f
sorrow ['sɒrəʊ] s ⟨kein pl⟩ Traurigkeit f; kein pl Trauer f; (≈ Kummer) Sorge f; **to drown one's ~s** seine Sorgen ertränken
sorrowful adj, **sorrowfully** adv traurig
sorry ['sɒrɪ] adj ⟨komp sorrier⟩ traurig; Ausrede faul; **I was ~ to hear that** es tat mir leid, das zu hören; **we were ~ to hear about your mother's death** es tat uns leid, dass deine Mutter gestorben ist; **I can't say I'm ~ he lost** es tut mir wirklich nicht leid, dass er verloren hat; **this work is no good, I'm ~ to say** diese Arbeit taugt nichts, das muss ich leider sagen; **to be** od **feel ~ for sb/oneself** j-n/sich selbst bemitleiden; **I feel ~ for the child** das Kind tut mir leid; **you'll be ~ (for this)!** das wird dir noch leidtun!; **(I'm) ~!** Entschuldigung!; **I'm/he's ~** es tut mir/ihm leid; **can you lend me £5? — ~** kannst du mir £ 5 leihen? — bedaure, leider nicht; **~?** wie bitte?; **he's from England, ~ Scotland** er ist aus England, nein, Entschuldigung, aus Schottland; **to say ~ (to sb for sth)** sich (bei j-m für etw) entschuldigen; **to be** od **feel ~ about sth** etw bedauern; **I'm ~ about that vase** es tut mir leid um die Vase; **I'm ~ about (what happened on) Thursday** es tut mir leid wegen Donnerstag; **to be in a ~ state** Mensch in einer jämmerlichen Verfassung sein; Sache in einem jämmerlichen Zustand sein
sort [sɔːt] ▮ s ▮ Art f, Sorte f; **a ~ of car** eine Art Auto; **an odd ~ of novel** ein komischer Roman; **what ~ of (a) man is he?** was für ein Mensch ist er?; **he's not the ~ of man to do that** er ist nicht der Mensch, der das täte; **this ~ of thing** so etwas; **all ~s of things** alles Mögliche; **something of the ~** (irgend) so (et)was; **he's some ~ of administrator** er hat ir-

gendwie in der Verwaltung zu tun; **he's got some ~ of job with …** er hat irgendeinen Job bei …; **you'll do nothing of the ~!** von wegen!, das wirst du schön bleiben lassen!; **that's the ~ of person I am** ich bin nun mal so!; **I'm not that ~ of girl** ich bin nicht so eine; **he's a good ~** er ist ein prima Kerl; **he's not my ~** er ist nicht mein Typ; **I don't trust his ~** solchen Leuten traue ich nicht; **to be out of ~s** *Br* nicht ganz auf der Höhe sein, nicht ganz auf dem Damm sein *umg* **2** IT Sortiervorgang *m* **B** *adv* **~ of** *umg* irgendwie; **is it tiring?** — **~ of** ist das anstrengend? — irgendwie schon; **it's ~ of finished** es ist eigentlich schon fertig; **aren't you pleased?** — **~ of** freust du dich nicht? — doch, eigentlich schon; **is this how he did it?** — **well, ~ of** hat er das so gemacht? — ja, so ungefähr **C** *v/t* **1** sortieren **2 to get sth ~ed** etw auf die Reihe bekommen; **everything is ~ed** es ist alles (wieder) in Ordnung **D** *v/i* **1 to ~ through sth** etw durchsehen **2** IT sortieren

phrasal verbs mit sort:

sort out *v/t ⟨trennb⟩* **1** sortieren, aussortieren **2** *Problem* lösen; *Situation* klären; **the problem will sort itself out** das Problem wird sich von selbst lösen *od* erledigen; **to sort oneself out** sich (*dat*) über sich (*akk*) selbst klar werden **3** *bes Br* **to sort sb out** sich (*dat*) j-n vorknöpfen *umg*

sort code *s* FIN Bankleitzahl *f*
sorting office ['sɔːtɪŋˌɒfɪs] *Br s* Sortierstelle *f*
SOS *s* SOS *n*
so-so ['səʊˈsəʊ] *umg adv & adj ⟨präd⟩* soso, so la la
soufflé ['suːfleɪ] *s* Soufflé *n*
sought [sɔːt] *prät & pperf* → **seek**
sought-after ['sɔːtɑːftə*r*] *adj* begehrt
soul [səʊl] *s* **1** Seele *f*; **All Souls' Day** Allerseelen *n*; **God rest his ~!** Gott hab ihn selig!; **poor ~!** *umg* Ärmste(r)!; **he's a good ~** er ist ein guter Mensch; **not a ~** keine Menschenseele **2** Wesen *n*; **he loved her with all his ~** er liebte sie von ganzem Herzen **3** Herz *n*, Gefühl *n* **4** MUS Soul *m*
soul-destroying ['səʊldɪˌstrɔɪɪŋ] *adj* geisttötend
soulful *adj* seelenvoll
soulless *adj Mensch* seelenlos; *Ort* gottverlassen
soul mate *s* Seelenfreund(in) *m(f)*; **they are ~s** sie sind seelenverwandt
soul-searching *s* Gewissensprüfung *f*
sound[1] [saʊnd] **A** *adj ⟨+er⟩* **1** *Verfassung* gesund; *Zustand* einwandfrei; **to be of ~ mind** *bes JUR* im Vollbesitz seiner geistigen Kräfte sein **2** solide; *Argument* fundiert; *Mensch* verlässlich; *Rat* ver-

nünftig **3** gründlich **4** *Schlaf* tief, fest **B** *adv* ⟨+*er*⟩ **to be ~ asleep** fest schlafen
sound[2] **A** *s* Geräusch *n*; PHYS Schall *m*; MUS Klang *m*; FILM *etc* Ton *m*; **don't make a ~** still!; **not a ~ was to be heard** man hörte keinen Ton; **I don't like the ~ of it** das klingt gar nicht gut; **from the ~ of it if he had a hard time** es hört sich so an *od* es klingt, als sei es ihm schlecht gegangen **B** *v/t* **~ your horn** hupen!; **to ~ the alarm** Alarm schlagen; **to ~ the retreat** zum Rückzug blasen **C** *v/i* **1** erklingen **2** klingen; **he ~s angry** es hört sich so an, als wäre er wütend; **he ~s French (to me)** er hört sich (für mich) wie ein Franzose an; **he ~s like a nice man** er scheint ein netter Mensch zu sein; **it ~s like a sensible idea** das klingt ganz vernünftig; **how does it ~ to you?** wie findest du das?

phrasal verbs mit sound:

sound off *umg v/i* sich auslassen (**about** über +*akk*)

sound out *v/t ⟨trennb⟩* **to sound sb out about sth** bei j-m in Bezug auf etw (*akk*) vorfühlen
sound barrier *s* Schallmauer *f*
sound bite *s* kurzer, prägnanter Soundclip/ Spruch (*z.B. eines Politikers*)
sound card *s* COMPUT Soundkarte *f*
sound check *s* Tonprobe *f*, Soundcheck *m*
sound effects *pl* Toneffekte *pl*
sound engineer *s* Toningenieur(in) *m(f)*
sound file *s* Tondatei *f*, Soundfile *f*
sounding board ['saʊndɪŋˌbɔːd] *fig s* Resonanzboden *m*; **he used the committee as a ~ for his ideas** er benutzte den Ausschuss, um die Wirkung seiner Vorschläge zu sondieren
soundlessly ['saʊndlɪslɪ] *adv* geräuschlos
soundly ['saʊndlɪ] *adv gebaut* solide, wahrscheinlich *schweiz*; *schlagen* vernichtend; *verankert* fest; **our team was ~ beaten** unsere Mannschaft wurde klar geschlagen; **to sleep ~** (tief und) fest schlafen
soundness ['saʊndnɪs] *s* **1** *von Mensch* gesunder Zustand; *von Haus* guter Zustand **2** Solidität *f*; *von Argument, Analyse* Fundiertheit *f*; *von Wirtschaft, Währung* Stabilität *f*; *von Idee, Rat, Politik* Vernünftigkeit *f*
sound practice *s* Hör- *od* Ausspracheübung *f*
soundproof *adj* schalldicht
sound system *s* Musikanlage *f*
soundtrack *s* Filmmusik *f*
soup [suːp] *s* Suppe *f*

phrasal verbs mit soup:

soup up *umg v/t Motor* aufmotzen *umg*, frisieren *umg*

soup bowl *s* Suppenteller *m*

soup kitchen s Volksküche f
soup plate s Suppenteller m
soup spoon s Suppenlöffel m
sour ['saʊə] **A** adj ⟨+er⟩ **1** sauer; *Wein, Geruch* säuerlich; **to go** od **turn ~** wörtl sauer werden **2** fig *Miene* griesgrämig; **it's just ~ grapes** die Trauben hängen zu hoch **B** v/i fig *Beziehungen* sich verschlechtern
source [sɔːs] **A** s Quelle f; *von Problem etc* Ursache f; **he is a ~ of embarrassment to us** er bringt uns ständig in Verlegenheit; **I have it from a good ~ that …** ich habe es aus sicherer Quelle, dass …; **to give a ~** eine Quelle angeben **B** v/t HANDEL beschaffen
source code s IT Quellcode m
source file s IT Quelldatei f
source language s **1** *bei Übersetzungen etc* Ausgangssprache f **2** IT Quellsprache f
sour(ed) cream [ˌsaʊə(d)'kriːm] s saure Sahne
sourness ['saʊənɪs] s *von Zitrone, Milch* saurer Geschmack; *von Geruch* Säuerlichkeit f; fig *von Miene* Griesgrämigkeit f
sous chef ['suːʃef] s Souschef(in) m(f) (*Stellvertreter des Küchenchefs*)
south [saʊθ] **A** s Süden m; **in the ~ of** im Süden +gen; **to the ~ of** südlich von; **from the ~** aus dem Süden; *Wind* aus Süden; **the wind is in the ~** es ist Südwind; **the South of France** Südfrankreich n; **which way is ~?** in welcher Richtung ist Süden?; **down ~** unten im Süden; *reisen* runter in den Süden **B** adj südlich, Süd-; **South German** süddeutsch **C** adv im Süden; (≈ *reisen*) nach Süden; **to be further ~** weiter südlich sein; **~ of** südlich von
South Africa s Südafrika n
South African A adj südafrikanisch; **he's ~** er ist Südafrikaner **B** s Südafrikaner(in) m(f)
South America s Südamerika n
South American A adj südamerikanisch; **he's ~** er ist Südamerikaner **B** s Südamerikaner(in) m(f)
southbound adj (in) Richtung Süden
southeast A s Südosten m; **from the ~** aus dem Südosten; *Wind* von Südosten **B** adj südöstlich, Südost- **C** adv nach Südosten; **~ of** südöstlich von
Southeast Asia s Südostasien n
southeasterly adj südöstlich
southeastern adj südöstlich; **~ England** Südostengland n
southerly ['sʌðəlɪ] adj südlich; *Wind* aus Süden
southern ['sʌðən] adj südlich, Süd-, südländisch
southerner ['sʌðənə'] s Bewohner(in) m(f) des Südens, Südengländer(in) m(f) etc; US Südstaatler(in) m(f)

southernmost ['sʌðənməʊst] adj südlichste(r, s)
south-facing adj *Fassade* nach Süden gerichtet; *Garten* nach Süden gelegen
South Korea s Südkorea n
South Korean A adj südkoreanisch **B** s Südkoreaner(in) m(f)
South Pacific s Südpazifik m
South Pole s Südpol m
South Seas pl Südsee f
south-south-east A adj südsüdöstlich **B** adv nach Südsüdost(en)
south-south-west A adj südsüdwestlich **B** adv nach Südsüdwest(en); **~ of** südsüdwestlich von
southward(s) A adj südlich **B** adv nach Süden
southwest A s Südwesten m; **from the ~** aus dem Südwesten; *Wind* von Südwesten **B** adj südwestlich **C** adv nach Südwest(en); **~ of** südwestlich von
southwesterly adj südwestlich
southwestern adj südwestlich
souvenir [ˌsuːvə'nɪə'] s Souvenir n (**of** an +akk)
sovereign ['sɒvrɪn] **A** s Herrscher(in) m(f) **B** adj höchste(r, s); *Staat* souverän
sovereignty ['sɒvrəntɪ] s **1** Oberhoheit f **2** Souveränität f
soviet ['səʊvɪət] **A** s HIST Sowjet m **B** adj ⟨attr⟩ HIST sowjetisch, Sowjet-
Soviet Union s HIST Sowjetunion f
sow[1] [səʊ] v/t ⟨prät **sowed**; pperf **sown** od **sowed**⟩ säen, aussäen; **this field has been sown with barley** auf diesem Feld ist Gerste gesät; **to sow (the seeds of) hatred/discord** Hass/Zwietracht säen
sow[2] [saʊ] s Sau f
sowing ['səʊɪŋ] s Aussaat f
sown [səʊn] pperf → **sow**[1]
soya ['sɔɪə], **soy** [sɔɪ] s Soja f
soya bean s Sojabohne f
soya milk s Sojamilch f
soya sauce s Sojasoße f
soybean ['sɔɪbiːn] US s → **soya bean**
soy sauce s Sojasoße f
spa [spɑː] s Kurort m; Wellness-Center n
space [speɪs] **A** s **1** Raum m; RAUMF der Weltraum; **to stare into ~** ins Leere starren **2** ⟨kein pl⟩ Platz m; **to take up a lot of ~** viel Platz wegnehmen; **to clear/leave some ~ for sb/sth** für j-n/etw Platz schaffen/lassen; **parking ~** Platz m zum Parken **3** (≈ *Abstand*) Platz m ohne art; *zwischen Objekten, Zeilen* Zwischenraum m; *zum Parken* Lücke f; **to leave a ~ for sb/sth** für j-n/etw Platz lassen **4** Zeitraum m; **in a short ~ of time** in kurzer Zeit; **in the ~ of …** innerhalb … (gen) **B** v/t (a. **space out**) in Abstän-

den verteilen; **~ them further out** *od* **further apart** lassen Sie etwas mehr Zwischenraum *od* Abstand (dazwischen)

space-bar *s* TYPO Leertaste *f*

space capsule *s* (Welt)Raumkapsel *f*

space centre *s*, **space center** *US s* Raumfahrtzentrum *n*

spacecraft *s* ⟨*pl* -⟩ Raumfahrzeug *n*

spaced out [ˌspeɪstˈaʊt] *umg adj* geistig weggetreten *umg*; *durch Drogen* high *umg*; *sl appearance* irre *umg*; *music* abgefahren *umg*

space flight *s* Weltraumflug *m*

space heater *bes US s* Heizgerät *n*

spaceman *s* ⟨*pl* -men⟩ (Welt)raumfahrer *m*

space probe *s* (Welt)Raumsonde *f*

space rocket *s* Weltraumrakete *f*

space-saving *adj* platzsparend

spaceship *s* Raumschiff *n*

space shuttle *s* Raumfähre *f*

space sickness *s* Weltraumkrankheit *f*

space station *s* (Welt)raumstation *f*

spacesuit *s* Raumanzug *m*

space travel *s* die Raumfahrt

space walk *s* Weltraumspaziergang *m*

spacewoman *s* ⟨*pl* -women [-wɪmən]⟩ (Welt)raumfahrerin *f*

spacing [ˈspeɪsɪŋ] *s* Abstände *pl*, Abstand *m*; (*a.* **~ out**) Verteilung *f*; **single ~** TYPO einzeiliger Abstand

spacious [ˈspeɪʃəs] *adj* geräumig

spaciousness [ˈspeɪʃəsnɪs] *s* Geräumigkeit *f*; *von Garten, Park* Weitläufigkeit *f*

spade [speɪd] *s* **1** Spaten *m*; (≈ *Spielzeug*) Schaufel *f* **2** KART Pik *n*; **the Queen of Spades** die Pikdame

spaghetti [spəˈɡeti] *s* ⟨+*sg v*⟩ Spaghetti *pl*

spa hotel *s* Wellnesshotel *n*

Spain [speɪn] *s* Spanien *n*

spam [spæm] **A** *s* **1 ~®** *spiced ham* (in Gelee eingelegtes) Frühstücksfleisch **2** IT Spam *n* (*unverlangt zugesandter Werbemüll via E-Mail*) **B** *v/t* IT mit Werbung bombardieren *od* zumüllen

spam filter *s* Spamfilter *m*

spammer [ˈspæməʳ] *s* IT Spammer(in) *m(f)*

spamming [ˈspæmɪŋ] *s* IT Spamming *n*, Bombardierung *f* mit Werbung

span¹ [spæn] **A** *s* **1** *von Hand* Spanne *f*; *von Brücke* Spannweite *f* **2** Zeitspanne *f* **3** Umfang *m* **B** *v/t* **1** *Seil* sich spannen über (+*akk*) **2** umfassen **3** *zeitlich* sich erstrecken über (+*akk*)

span² *obs prät* → **spin**

Spanglish [ˈspæŋɡlɪʃ] *s* Spanglisch *n* (*Mischung aus Spanisch und Englisch*)

Spaniard [ˈspænjəd] *s* Spanier(in) *m(f)*

spaniel [ˈspænjəl] *s* Spaniel *m*

Spanish [ˈspænɪʃ] **A** *adj* spanisch; **he is ~** er ist Spanier **B** *s* **1 the ~** die Spanier *pl* **2** LING Spanisch *n*

spank [spæŋk] **A** *s* Klaps *m* **B** *v/t* versohlen; **to ~ sb's bottom** j-m den Hintern versohlen

spanking [ˈspæŋkɪŋ] *s* Tracht *f* Prügel

spanner [ˈspænəʳ] *Br s* Schraubenschlüssel *m*; **to throw a ~ in the works** *fig* j-m einen Knüppel zwischen die Beine werfen

spar [spɑːʳ] *v/i Boxen* sparren; *fig* sich kabbeln *umg* (**about** um)

spare [speəʳ] **A** *adj* übrig *präd*, überzählig; **~ bed** Gästebett *n*; **have you any ~ string?** kannst du mir (einen) Bindfaden geben?; **I have a ~ one** ich habe noch einen/eine/eins; **take a ~ pen** nehmen Sie noch einen Stift mit; **take some ~ clothes** nehmen Sie Kleider zum Wechseln mit; **when you have a few minutes ~** wenn Sie mal ein paar freie Minuten haben **B** *s* Ersatzteil *n*; *von Auto* Reserverad *n* **C** *v/t* **1** ⟨*mst mit Verneinung*⟩ Ausgaben, Anstrengung scheuen; **no expense ~d** es wurden keine Kosten gescheut *od* gespart **2** *Geld* übrig haben; *Zimmer* frei haben; *Zeit* (übrig) haben; **to ~ sb sth** j-m etw überlassen *od* geben; *Geld* j-m etw geben; **can you ~ the time to do it?** haben Sie Zeit, das zu machen?; **there is none to ~** es ist keine(r, s) übrig; **to have a few minutes to ~** ein paar Minuten Zeit haben; **I got to the airport with two minutes to ~** ich war zwei Minuten vor Abflug am Flughafen **3** entbehren; **can you ~ this?** brauchst du das?; **to ~ a thought for sb/sth** an j-n/etw denken **4** verschonen; **to ~ sb's life** j-s Leben verschonen **5** **to ~ sb/oneself sth** j-m/sich etw ersparen; **~ me the details** verschone mich mit den Einzelheiten

spare part *s* Ersatzteil *n*

spare ribs *pl* GASTR Spareribs *pl*

spare room *s* Gästezimmer *n*

spare time *s* Freizeit *f*

spare tyre *s*, **spare tire** *US s* Reserveifen *m*

sparing [ˈspeərɪŋ] *adj* sparsam

sparingly [ˈspeərɪŋli] *adv* sparsam; *trinken, essen* in Maßen; **to use sth ~** mit etw sparsam umgehen

spark [spɑːk] **A** *s* Funke *m*; **a bright ~** *iron* ein Intelligenzbolzen *m iron* **B** *v/t* (*a.* **spark off**) entzünden; *Explosion* verursachen; *fig* auslösen; *Streit* entfachen

sparkle [ˈspɑːkl] **A** *s* Funkeln *n* **B** *v/i* funkeln (**with** vor +*dat*); **her eyes ~d with excitement** ihre Augen blitzten vor Erregung

sparkler [ˈspɑːkləʳ] *s* Wunderkerze *f*

sparkling [ˈspɑːklɪŋ] *adj* funkelnd; *Wein* perlend; **~ (mineral) water** Selterswasser *n*; **~ wine** Sekt *m*, Perlwein *m*; **in ~ form** in glänzender Form

spark plug s Zündkerze f
sparring partner ['spɑːrɪŋpɑːtnəʳ] s Sparringpartner(in) m(f)
sparrow ['spærəʊ] s Sperling m, Spatz m
sparse [spɑːs] adj spärlich; *Haar* schütter; *Mobiliar, Ressourcen* dürftig
sparsely ['spɑːsli] adv spärlich; *besiedelt* dünn
sparseness ['spɑːsnɪs] s Spärlichkeit f; *von Bevölkerung* geringe Dichte
Spartan ['spɑːtən] adj, **spartan** adj spartanisch
spasm ['spæzəm] s MED Krampf m
spasmodic [spæz'mɒdɪk] adj MED krampfartig; *fig* sporadisch
spastic ['spæstɪk] *neg!* **A** adj spastisch **B** s Spastiker(in) m(f) *neg!*
spat [spæt] *prät & pperf* → spit¹
spate [speɪt] s *von Fluss* Hochwasser n; *fig von Aufträgen etc* Flut f; *von Einbrüchen* Serie f
spatter ['spætəʳ] **A** v/t bespritzen; **to ~ sb with water** j-n nass spritzen **B** v/i **it ~ed all over the room** es verspritzte im ganzen Zimmer **C** s **a ~ of rain** ein paar Tropfen Regen
spatula ['spætjʊlə] s **1** Spachtel m; MED Spatel m **2** GASTR Teigschaber m
spawn [spɔːn] **A** s *von Frosch* Laich m **B** v/i laichen **C** v/t *fig* hervorbringen
speak [spiːk] ⟨*prät* spoke; *pperf* spoken⟩ **A** v/t **1** sagen; *Gedanken* äußern; **to ~ one's mind** seine Meinung sagen **2** *Sprache* sprechen **B** v/i **1** sprechen, reden (**about** über +*akk* von *od* **on** zu), reden, sich unterhalten (**with** mit); *zu Thema* sich äußern (**on, to** zu); **to ~ to** *od* **with sb** mit j-m sprechen; **did you ~?** haben Sie etwas gesagt?; **I'm not ~ing to you** mit dir rede *od* spreche ich nicht mehr; **I'll ~ to him about it** *euph* ermahnend ich werde ein Wörtchen mit ihm reden; **~ing of X** … da wir gerade von X sprechen …; **it's nothing to ~ of** es ist nicht weiter erwähnenswert; **to ~ well of sb/sth** j-n/etw loben; **so to ~** sozusagen; **roughly ~ing** grob gesagt; **strictly ~ing** genau genommen; **generally ~ing** im Allgemeinen; **~ing personally** … wenn Sie mich fragen …; **~ing as a member** … als Mitglied …; **to ~ in public** in der Öffentlichkeit reden **2** TEL **~ing!** am Apparat!; **Jones ~ing!** (hier) Jones!; **who is ~ing?** wer ist da, bitte?; **it's Jim ~ing** hier spricht Jim **C** s ⟨*suf*⟩ **Euro-speak** Eurojargon m

phrasal verbs mit speak:

speak for v/i (+*obj*) **to speak for sb** in j-s Namen (*dat*) sprechen; **speaking for myself** … was mich angeht …; **speak for yourself!** du vielleicht!; **to speak for itself** für sich sprechen
speak out v/i seine Meinung deutlich vertreten; **to speak out against sth** sich gegen etw aussprechen
speak up v/i **1** lauter sprechen **2** *fig* **to speak up for sb/sth** für j-n/etw eintreten; **what's wrong? speak up!** was ist los? heraus mit der Sprache!
speaker ['spiːkəʳ] s **1** *von Sprache* Sprecher(in) m(f); **all German ~s** alle, die Deutsch sprechen **2** Redner(in) m(f); **Speaker** PARL Speaker(in) m(f) **3** Lautsprecher m; *von Hi-Fi* Box f
speaker dock s IT Dockingstation f, Docking Station f
speaking ['spiːkɪŋ] s Sprechen n
-speaking adj ⟨*suf*⟩ -sprechend; **English-speaking** englischsprachig
speaking terms *pl* **to be on ~ with sb** mit j-m reden
spear [spɪəʳ] s Speer m
spearmint ['spɪəmɪnt] s Grüne Minze
spec [spek] *umg* s **on ~** auf gut Glück
special ['speʃəl] **A** adj besondere(r, s), Sonder-; *Freund, Gelegenheit* speziell; **I have no ~ person in mind** ich habe eigentlich an niemanden Bestimmtes gedacht; **did you do anything ~?** habt ihr irgendetwas Besonderes gemacht?; **nothing ~** nichts Besonderes; **to be ~ to sb** j-m viel bedeuten; **what's so ~ about her?** was ist denn an ihr so besonders?; **what's so ~ about that?** das ist doch nichts Besonderes!; **to feel ~** sich als etwas ganz Besonderes vorkommen; **~ character** IT Sonderzeichen n; **~ discount** Sonderrabatt m; **~ effects** FILM Spezialeffekte pl **B** s Sonderangebot n; TV, RADIO Sonderprogramm n; GASTR Tagesgericht n; **chef's ~** Spezialität f des Küchenchefs
special agent s Agent(in) m(f)
special delivery s Eilzustellung f; **by ~** per Eilboten
specialist ['speʃəlɪst] **A** s Spezialist(in) m(f); MED Facharzt m/-ärztin f **B** adj ⟨*attr*⟩ Fach-
speciality [ˌspeʃɪ'ælɪtɪ] s, **specialty** ['speʃəltɪ] *US* s Spezialität f
specialization [ˌspeʃəlaɪ'zeɪʃən] s Spezialisierung f (**in** auf +*akk*); (≈ *Fach*) Spezialgebiet n
specialize ['speʃəlaɪz] v/i sich spezialisieren (**in** auf +*akk*)
specially ['speʃəlɪ] adv besonders, extra; **don't go to the post office ~ for me** gehen Sie meinetwegen nicht extra zur Post
special needs *Br pl* **~ children** Kinder pl mit Behinderungen
special offer s Sonderangebot n
special school *Br* s Sonderschule f
specialty ['speʃəltɪ] *US* s → speciality
species ['spiːʃiːz] s ⟨*pl* -⟩ Art f
specific [spə'sɪfɪk] adj bestimmt, genau; *Beispiel* ganz bestimmt; **9.3, to be ~** 9,3, um genau zu

sein; **can you be a bit more ~?** können Sie sich etwas genauer äußern?; **he was quite ~ on that point** er hat sich zu diesem Punkt recht spezifisch geäußert

specifically [spəˈsɪfɪkəlɪ] *adv* **1** *erwähnen* ausdrücklich; *konstruiert* speziell **2** genau, im Besonderen

specification [ˌspesɪfɪˈkeɪʃən] *s* **1** **~s** *pl* genaue Angaben *pl*; *von Auto, Maschine* technische Daten *pl* **2** Bedingung *f*

specified *adj* bestimmt

specify [ˈspesɪfaɪ] *v/t* angeben; *zwingend* vorschreiben

specimen [ˈspesɪmɪn] *s* Exemplar *n*, Probe *f*, Muster *n*; **a beautiful** *od* **fine ~** ein Prachtexemplar *n*

speck [spek] *s* Fleck *m*; *von Staub* Körnchen *n*

speckle [ˈspekl] **A** *s* Tupfer *m* **B** *v/t* sprenkeln

speckled [ˈspekld] *adj* gesprenkelt

specs [speks] *umg pl* Brille *f*

spectacle [ˈspektəkl] *s* **1** Schauspiel *n*; **to make a ~ of oneself** unangenehm auffallen **2** **~s** *pl* (*a.* **pair of ~s**) Brille *f*

spectacle case *s* Brillenetui *n*

spectacular [spekˈtækjʊləʳ] *adj* sensationell; *Landschaft* atemberaubend

spectacularly [spekˈtækjʊləlɪ] *adv* sensationell; *toll* unglaublich

spectate [spekˈteɪt] *umg v/i* zuschauen (**at** bei)

spectator [spekˈteɪtəʳ] *s* Zuschauer(in) *m(f)*

spectre [ˈspektəʳ] *s*, **specter** *US s* Gespenst *n*

spectrum [ˈspektrəm] *s* ⟨*pl* spectra⟩ Spektrum *n*

speculate [ˈspekjʊleɪt] *v/i* **1** spekulieren (**about, on** über +*akk*) **2** FIN spekulieren (**in** mit *od* **on** an +*dat*)

speculation [ˌspekjʊˈleɪʃən] *s* Spekulation *f* (**on** über +*akk*)

speculative [ˈspekjʊlətɪv] *adj* spekulativ; FIN *a.* Spekulations-

speculator [ˈspekjʊleɪtəʳ] *s* Spekulant(in) *m(f)*

sped [sped] *prät & pperf* → speed

speech [spiːtʃ] *s* **1** ⟨*kein pl*⟩ (≈ *Sprechvermögen*) Sprache *f*; **freedom of ~** Redefreiheit *f* **2** Rede *f* (**on, about** über +*akk*); **to give** *od* **make a ~** eine Rede halten **3** *Br* GRAM **direct/indirect** *od* **reported ~** direkte/indirekte Rede

speech bubble *s* Sprechblase *f*

speech day *Br s* SCHULE (Jahres)abschlussfeier *f*

speech defect *s* Sprachfehler *m*

speechless *adj* sprachlos (**with** vor +*dat*); **his remark left me ~** seine Bemerkung verschlug mir die Sprache

speech recognition *s* IT Spracherkennung *f*; **~ software** Spracherkennungssoftware *f*

speech therapist *s* Logopäde *m*, Logopädin *f*

speech therapy *s* Logopädie *f*

speed [spiːd] **A** *v/i* **1** ⟨*prät, pperf* sped⟩ flitzen; **the years sped by** die Jahre vergingen wie im Fluge **2** ⟨*prät, pperf* speeded⟩ AUTO die Geschwindigkeitsbegrenzung überschreiten **B** *s* **1** Geschwindigkeit *f*, Tempo *n*; **at ~** äußerst schnell; **at high/low ~** mit hoher/niedriger Geschwindigkeit; **at full** *od* **top ~** mit Höchstgeschwindigkeit; **at a ~ of ...** mit einer Geschwindigkeit *od* einem Tempo von ...; **to gather ~** schneller werden; *fig* sich beschleunigen; **to bring sb up to ~** *umg* j-n auf den neuesten Stand bringen; **full ~ ahead!** SCHIFF volle Kraft voraus! **2** AUTO, TECH Gang *m*

phrasal verbs mit **speed**:

speed off *v/i* ⟨*prät, pperf* speeded *od* sped off⟩ davonjagen

speed up ⟨*prät, pperf* speeded up⟩ **A** *v/i* Auto beschleunigen; *Mensch* schneller machen; *Arbeitstempo* schneller werden **B** *v/t* ⟨*trennb*⟩ beschleunigen

speed awareness course *Br s* AUTO *nach Geschwindigkeitsüberschreitung* Nachschulung *f*, Aufbauseminar *n*

speedboat *s* Rennboot *n*

speed bump *s* Bodenschwelle *f*

speed camera *s an Straße* Blitzgerät *n*

speed dial(ing) *s bes US* TEL Kurzwahl *f*; **~ button** Kurzwahltaste *f*

speedily [ˈspiːdɪlɪ] *adv* schnell; *antworten* prompt

speeding [ˈspiːdɪŋ] *s* Geschwindigkeitsüberschreitung *f*; **to get a ~ fine** eine Geldstrafe wegen Geschwindigkeitsüberschreitung bekommen

speed limit *s* Geschwindigkeitsbegrenzung *f*; **a 30 mph ~** eine Geschwindigkeitsbegrenzung von 50 km/h

speedometer [spɪˈdɒmɪtəʳ] *s* Tachometer *m*

speed ramp *s Verkehr* Bodenschwelle *f*

speed skating *s* Eisschnelllauf *m*

speed trap *s* Radarfalle *f umg*

speedway *s* **1** SPORT Speedway-Rennen *n* **2** *US* Schnellstraße *f*

speedy [ˈspiːdɪ] *adj* ⟨*komp* speedier⟩ schnell; **we wish Joan a ~ recovery** wir wünschen Joan eine rasche Genesung

spell[1] [spel] *s* Zauber *m*, Zauberspruch *m*; **to be under a ~** *wörtl* verhext sein; *fig* wie verzaubert sein; **to put a ~ on sb** *wörtl* j-n verhexen; *fig* j-n in seinen Bann ziehen; **to be under sb's ~** *fig* in j-s Bann (*dat*) stehen; **to break the ~** den Zauber lösen

spell[2] *s* Weile *f*; **for a ~** eine Weile; **cold ~** Kältewelle *f*; **dizzy ~** Schwächeanfall *m*; **a short ~ of sunny weather** eine kurze Schönwetterperiode; **they're going through a bad ~** sie machen eine schwierige Zeit durch

spell³ ⟨prät, pperf spelt; bes Br spelled⟩ **A** v/i (orthografisch) richtig schreiben; **she can't ~** sie kann keine Rechtschreibung **B** v/t **1** schreiben; *laut* buchstabieren; **how do you ~ "onyx"?** wie schreibt man „Onyx"?; **how do you ~ your name?** wie schreibt sich Ihr Name?; **what do these letters ~?** welches Wort ergeben diese Buchstaben? **2** bedeuten

phrasal verbs mit spell:

spell out v/t ⟨trennb⟩ buchstabieren; *lesend* entziffern; (≈ *erklären*) verdeutlichen

spellbinding ['spelbaɪndɪŋ] adj fesselnd
spellbound ['spelbaʊnd] fig adj & adv gebannt
spellcheck s IT Rechtschreibprüfung f; **to do a ~** die Rechtschreibung überprüfen
spellchecker s IT Rechtschreibprüfung f
speller ['spelə^r] s **to be a good ~** in Rechtschreibung gut sein
spelling ['spelɪŋ] s Rechtschreibung f; *von Wort* Schreibweise f
spelling mistake s (Recht)schreibfehler m
spelt [spelt] *bes Br* prät & pperf → spell³
spend [spend] v/t ⟨prät, pperf spent⟩ **1** *Geld* ausgeben (**on** für); *Energie* verbrauchen; *Zeit* brauchen **2** *Zeit, Abend* verbringen (**on** mit); **to ~ the night** übernachten; **he ~s his time reading** er verbringt seine Zeit mit Lesen
spending ['spendɪŋ] s ⟨kein pl⟩ Ausgaben pl; **~ cuts** Kürzungen pl
spending money s Taschengeld n
spending power s Kaufkraft f
spending spree s Großeinkauf m; **to go on a ~** groß einkaufen gehen
spendthrift s Verschwender(in) m(f)
spent [spent] **A** prät & pperf → spend **B** adj *Patrone* verbraucht; *Mensch* erschöpft
sperm [spɜːm] s Samenfaden m; (≈ *Flüssigkeit*) Sperma n
sperm bank s Samenbank f
sperm count s Spermienzahl f
spermicide ['spɜːmɪsaɪd] s Spermizid n
spew [spjuː] **A** v/i **1** *umg* brechen, spucken **2** (*a.* **~ out**) sich ergießen *geh,* hervorsprudeln **B** v/t **1** (*a.* **~ up**) *umg* erbrechen **2** *a.* **~ out** *Lava* auswerfen; *Wasser* ablassen
sphere [sfɪə^r] s **1** Kugel f **2** fig Sphäre f, Bereich m; *von Wissen etc* Gebiet n; **his ~ of influence** sein Einflussbereich
spherical ['sferɪkəl] adj kugelförmig
sphincter ['sfɪŋktə^r] s ANAT Schließmuskel m
Sphone ['esfəʊn] s Smartphone n
spice [spaɪs] s **1** Gewürz n **2** fig Würze f

phrasal verbs mit spice:

spice up fig v/t würzen

spiced adj GASTR würzig; **~ wine** Glühwein m; **highly ~** pikant (gewürzt)

spick-and-span [ˌspɪkən'spæn] adj blitzsauber
spicy ['spaɪsɪ] adj ⟨komp spicier⟩ würzig, scharf gewürzt; *fig Geschichte* pikant
spider ['spaɪdə^r] s Spinne f; **~'s web** Spinnwebe f
spider veins pl MED Besenreiser pl
spiderweb ['spaɪdəweb] US s Spinnwebe f
spidery ['spaɪdərɪ] adj *Handschrift* krakelig
spike [spaɪk] **A** s Spitze f; *von Pflanze* Stachel m; *an Schuh* Spike m **B** v/t *Drink* einen Schuss zusetzen (+*dat*)
spiky ['spaɪkɪ] adj ⟨komp spikier⟩ *Blatt* spitz; *Haare* hochstehend
spill [spɪl] ⟨v: prät, pperf spilt; bes Br spilled⟩ **A** v/t verschütten; **to ~ the beans** alles ausplaudern; **to ~ the beans about sth** etw ausplaudern **B** v/i verschüttet werden, sich ergießen **C** s Lache f; **oil ~** Ölkatastrophe f

phrasal verbs mit spill:

spill out v/i *Flüssigkeit* herausschwappen (**of** aus); *Geld* herausfallen (**of** aus); fig *Menschen* (heraus)strömen (**of** aus)

spill over v/i überlaufen

spilt [spɪlt] *bes Br* prät & pperf → spill
spin [spɪn] ⟨v: prät spun; obs span; pperf spun⟩ **A** v/t **1** spinnen **2** drehen, herumwirbeln; *Wäsche* schleudern; SPORT *Ball* einen Drall geben (+*dat*) **B** v/i **1** spinnen **2** sich drehen, (herum)wirbeln; *Flugzeug* trudeln; *in Waschmaschine* schleudern; **to ~ round and round** sich im Kreis drehen; **the car spun out of control** der Wagen begann, sich unkontrollierbar zu drehen; **to send sb/sth ~ning** j-n/etw umwerfen; **my head is ~ning** mir dreht sich alles **C** s **1** Drehung f; *von Waschmaschine* Schleudern n *kein pl* **2** *von Ball* Drall m; **to put ~ on the ball** dem Ball einen Drall geben; *mit Schläger* den Ball anschneiden **3** *politisch* der richtige Dreh *umg;* **to put a different ~ on sth** etw anders interpretieren **4** FLUG Trudeln n *kein pl;* **to go into a ~** zu trudeln anfangen

phrasal verbs mit spin:

spin around, spin round A v/i sich drehen, (herum)wirbeln **B** v/t ⟨trennb⟩ (schnell) drehen, herumwirbeln

spin out *umg* v/t ⟨trennb⟩ *Geld* strecken *umg;* *Urlaub* in die Länge ziehen; *Geschichte* ausspinnen

spinach ['spɪnɪtʃ] s Spinat m
spinal column ['spaɪnl] s Wirbelsäule f
spinal cord s Rückenmark n
spindle ['spɪndl] s Spindel f
spindly ['spɪndlɪ] adj ⟨komp spindlier⟩ spindeldürr *umg,* zaundürr *österr*
spin doctor s POL *umg* PR-Berater(in) m(f)
spin-drier Br s (Wäsche)schleuder f

spin-dry v/t & v/i schleudern
spin-dryer s → spin-drier
spine [spaɪn] s **1** ANAT Rückgrat n **2** (Buch)rücken m **3** Stachel m
spine-chilling ['spaɪntʃɪlɪŋ] umg adj schaurig
spineless ['spaɪnlɪs] fig adj ohne Rückgrat; Kompromiss feige
spine-tingling ['spaɪntɪŋglɪŋ] adj schaurig, schaudererregend
spinning wheel ['spɪnɪŋwiːl] s Spinnrad n
spin-off ['spɪnɒf] s Nebenprodukt n
spinster ['spɪnstəʳ] s Unverheiratete f; pej alte Jungfer pej
spiny ['spaɪnɪ] adj ⟨komp spinier⟩ stach(e)lig
spiral ['spaɪərəl] **A** adj spiralförmig **B** s Spirale f **C** v/i (a. **spiral up**) sich (hoch)winden
spiral staircase s Wendeltreppe f
spire [spaɪəʳ] s Turm m
spirit ['spɪrɪt] **A** s **1** Geist m; (≈ Atmosphäre) Stimmung f; **I'll be with you in ~** im Geiste werde ich bei euch sein; **to enter into the ~ of sth** bei etw mitmachen; **that's the ~!** umg so ists recht! umg; **to take sth in the right/wrong ~** etw richtig/falsch auffassen **2** ⟨kein pl⟩ Mut m; (≈ Enthusiasmus) Elan m, Schwung m **3** **~s** pl Laune f; (≈ Courage) Mut m; **to be in high ~s** bester Laune sein; **to be in good/low ~s** guter/schlechter Laune sein; **to keep up one's ~s** den Mut nicht verlieren; **my ~s rose** ich bekam (neuen) Mut; **her ~s fell** ihr sank der Mut **4** **~s** pl Spirituosen pl **B** v/t **to ~ sb/sth away** j-n/etw wegzaubern
spirited adj **1** temperamentvoll **2** mutig
spirit level s Wasserwaage f
spiritual ['spɪrɪtjʊəl] adj geistig, spirituell; KIRCHE geistlich; **~ life** Seelenleben n
spirituality [,spɪrɪtjʊ'ælɪtɪ] s Geistigkeit f
spit¹ [spɪt] ⟨v: prät, pperf spat⟩ **A** v/t spucken **B** v/i spucken; Fett spritzen; **to ~ at sb** j-n anspucken; **it is ~ting (with rain)** Br es tröpfelt **C** s Spucke f

phrasal verbs mit spit:
spit out v/t ⟨trennb⟩ ausspucken; Worte ausstoßen; **spit it out!** fig umg spucks aus! umg, heraus mit der Sprache!

spit² s **1** GASTR (Brat)spieß m **2** Landzunge f
spite [spaɪt] **A** s **1** Gehässigkeit f **2** **in ~ of** trotz (+gen); **it was a success in ~ of him** dennoch war es ein Erfolg; **in ~ of the fact that ...** obwohl ... **B** v/t ärgern
spiteful ['spaɪtfʊl] adj boshaft
spitting image [,spɪtɪŋ'ɪmɪdʒ] umg s **to be the ~ of sb** j-m wie aus dem Gesicht geschnitten sein
spittle ['spɪtl] s Speichel m
splash [splæʃ] **A** s **1** Spritzen n kein pl; (≈ Geräusch) Platschen n kein pl; **to make a ~** fig Furore machen; Nachricht wie eine Bombe einschlagen **2** Spritzer m; von Farbe etc Tupfen m, Fleck m **B** v/t spritzen, gießen; j-n, etw bespritzen **C** v/i spritzen; Regen klatschen; beim Spielen planschen

phrasal verbs mit splash:
splash about Br, **splash around** v/i herumspritzen; in Wasser herumplanschen
splash out Br umg v/i **to splash out on sth** sich (dat) etw spendieren umg

splat [splæt] s Platschen n
splatter ['splætəʳ] **A** s Fleck m; von Farbe Klecks m **B** v/t spritzen **C** v/t besprützen; mit Farbe beklecksen
splay [spleɪ] **A** v/t Finger spreizen; Füße nach außen stellen **B** v/i **he was ~ed out on the ground** er lag auf der Erde und hatte alle viere von sich gestreckt
spleen [spliːn] s ANAT Milz f; fig Zorn m
splendid ['splendɪd] adj **1** hervorragend, glänzend **2** herrlich
splendidly ['splendɪdlɪ] adv **1** prächtig **2** hervorragend
splendour ['splendəʳ] s, **splendor** US s Pracht f kein pl
splint [splɪnt] s Schiene f; **to put a ~ on sth** etw schienen
splinter ['splɪntəʳ] s Splitter m
splinter group s Splittergruppe f
split [splɪt] ⟨v: prät, pperf split⟩ **A** s **1** Riss m (**in** in +dat), Spalt m (**in** in +dat) **2** fig Bruch m (**in** in +dat); POL, KIRCHE Spaltung f (**in** +gen); **a three-way ~ of the profits** eine Drittelung des Gewinns **3** umg eines Paars, einer Band Trennung f **4** ⟨pl⟩ **to do the ~s** (einen) Spagat machen **B** adj gespalten (**on, over** in +dat) **C** v/t (zer)teilen; Holz, Atom spalten; Arbeit, Kosten (sich dat) teilen; **to ~ hairs** umg Haarspalterei treiben; **to ~ sth open** etw aufbrechen; **to ~ one's head open** sich (dat) den Kopf aufschlagen; **to ~ sth into three parts** etw in drei Teile aufteilen; **to ~ sth three ways** etw in drei Teile teilen; **to ~ the difference** wörtl Geld etc sich (dat) die Differenz teilen **D** v/i **1** Holz, Stein (entzwei)brechen; POL, KIRCHE sich spalten (**on, over** gegen); Naht platzen; Zellen, Wolken sich teilen; Menschen sich aufteilen; **to ~ open** aufplatzen; **my head is ~ting** fig mir platzt der Kopf **2** umg abhauen umg

phrasal verbs mit split:
split off v/i abbrechen; fig sich trennen (**from** von)
split up A v/t ⟨trennb⟩ (auf)teilen; Partei spalten; zwei Menschen trennen; Menge zerstreuen **B** v/i zerbrechen; Zellen etc sich teilen; Menschenmenge sich spalten; Partner sich voneinan-

der trennen
split ends *pl* Spliss *m*
split personality *s* PSYCH gespaltene Persönlichkeit
split screen *s* IT geteilter Bildschirm
split second *s* Sekundenbruchteil *m*; **in a ~** in Sekundenschnelle
split-second *adj* **~ timing** Abstimmung *f* auf die Sekunde
splitting ['splɪtɪŋ] *adj Kopfschmerzen* rasend
splodge [splɒdʒ] *s*, **splotch** [splɒtʃ] *US s* Klecks *m*; *Sahne etc* Klacks *m*
splurge (out) on ['splɜːdʒ('aʊt)ɒn] *umg v/i ⟨+obj⟩* sich in Unkosten stürzen mit
splutter ['splʌtə^r] **A** *s von Motor* Stottern *n* **B** *v/i* stottern; *Fett* zischen **C** *v/t* (hervor)stoßen
spoil [spɔɪl] ⟨*v: prät, pperf* spoilt; *Br* spoiled⟩ **A** *s* ⟨*mst pl*⟩ Beute *f kein pl* **B** *v/t* **1** verderben; *Stadt, Aussehen* verschandeln; *Leben* ruinieren; **to ~ sth for sb** j-m etw verderben; **to ~ sb's fun** j-m den Spaß verderben; **it ~ed our evening** das hat uns (*dat*) den Abend verdorben **2** *Kinder* verwöhnen; **to be ~ed for choice** die Qual der Wahl haben **C** *v/i* **1** *Lebensmittel* verderben **2** **to be ~ing for a fight** Streit suchen
spoiler ['spɔɪlə^r] *s* **1** AUTO Spoiler *m* **2** *Presse* Publikation, die zur gleichen Zeit wie ein Konkurrenzprodukt erscheint
spoilsport ['spɔɪlspɔːt] *s umg* Spielverderber(in) *m(f) umg*
spoilt [spɔɪlt] *Br* **A** *prät & pperf* → spoil **B** *adj Kind* verwöhnt
spoke¹ [spəʊk] *s* Speiche *f*
spoke² *prät* → speak
spoken ['spəʊkən] **A** *pperf* → speak **B** *adj* gesprochen; **his ~ English is better than …** er spricht Englisch besser als …
spokesman ['spəʊksmən] *s* ⟨*pl* -men⟩ Sprecher *m*
spokesperson ['spəʊkspɜːsən] *s* Sprecher(in) *m(f)*
spokeswoman ['spəʊkswʊmən] *s* ⟨*pl* -women [-wɪmɪn]⟩ Sprecherin *f*
sponge [spʌndʒ] **A** *s* **1** Schwamm *m* **2** GASTR *a.* **~ cake** Rührkuchen *m* **B** *v/t umg* schnorren *umg* (**from** bei)

phrasal verbs mit sponge:
sponge down *v/t* ⟨*trennb*⟩ j-n (schnell) waschen; *Wand* abwaschen; *Pferd* abreiben
sponge off¹ *v/t* ⟨*trennb*⟩ *Fleck etc* abwischen
sponge off², **sponge on** *umg v/i* ⟨+*obj*⟩ **to sponge off sb** j-m auf der Tasche liegen *umg*

sponge bag *Br s* Waschbeutel *m*
sponge cake *s* Rührkuchen *m*
sponge finger *s* GASTR Löffelbiskuit *n*
sponge pudding *s* Mehlpudding *m*

sponger ['spʌndʒə^r] *umg s* Schmarotzer(in) *m(f) pej*
spongy ['spʌndʒɪ] *adj* ⟨*komp* spongier⟩ weich
sponsor ['spɒnsə^r] **A** *s* Förderer *m*, Förderin *f*; *von Veranstaltung* Schirmherr(in) *m(f)*; TV, SPORT Sponsor(in) *m(f)*; *bei Spendenaktion* Spender(in) *m(f)* **B** *v/t* unterstützen; *finanziell* fördern; TV, SPORT sponsern
sponsored *Br adj* gesponsert
sponsored walk *s* Wohltätigkeitslauf *m*
sponsorship ['spɒnsəʃɪp] *s* Unterstützung *f*; TV, SPORT Finanzierung *f*
spontaneity [ˌspɒntə'neɪətɪ] *s* Spontaneität *f*
spontaneous [spɒn'teɪnɪəs] *adj* spontan
spontaneously [spɒn'teɪnɪəslɪ] *adv* spontan, von sich aus, von selbst
spoof [spuːf] *umg s* Parodie *f* (**of** auf *+akk*)
spook [spuːk] *umg* **A** *s* Gespenst *n* **B** *v/t bes US* einen Schrecken einjagen (+*dat*)
spooky ['spuːkɪ] *umg adj* ⟨*komp* spookier⟩ **1** gespenstisch **2** sonderbar; **it was really ~** das war really ein sonderbares *od* eigenartiges Gefühl
spool [spuːl] *s* Spule *f*
spoon [spuːn] **A** *s* Löffel *m* **B** *v/t* löffeln

phrasal verbs mit spoon:
spoon out *v/t* ⟨*trennb*⟩ (löffelweise) ausschöpfen

spoon-feed ['spuːnfiːd] *v/t* ⟨*prät, pperf* spoon-fed ['spuːnfed]⟩ *Baby* füttern; *fig* gängeln
spoonful ['spuːnfʊl] *s* Löffel *m*
sporadic [spə'rædɪk] *adj* sporadisch
sporadically [spə'rædɪkəlɪ] *adv* sporadisch, gelegentlich
spore [spɔː^r] *s* Spore *f*
sporran ['spɒrən] *s* über dem Schottenrock getragene Felltasche
sport [spɔːt] **A** *s* **1** Sport *m kein pl*; (≈ *Disziplin*) Sportart *f*; **to be good at ~(s)** sportlich sein; **to do ~(s)** Sport treiben **2** **~s** *pl* (*a.* **~s meeting**) Sportveranstaltung *f* **3** Spaß *m*, Hetz *f österr* **4** *umg* **to be a (good) ~** alles mitmachen; **be a good ~ and …** sei doch so lieb und …; **be a ~!** sei kein Spielverderber! **B** *v/t Krawatte* anhaben; *Bart* herumlaufen mit *umg* **C** *US adj* ⟨*attr*⟩ → sports
sporting ['spɔːtɪŋ] *adj* sportlich; *fig* fair, anständig; **~ events** Wettkämpfe *pl*
sports [spɔːts] *zssgn*, **sport** *US* Sport-
sportsbag *s* Sporttasche *f*
sports bra *s* Sport-BH *m*
sports car *s* Sportwagen *m*
sports centre, **sports center** *US s* Sportzentrum *n*
sports day *Br s* SCHULE Schulsportfest *n*
sports field *s* Sportplatz *m*

sports gear s ⟨kein pl⟩ Sportausrüstung f
sports ground Br s Sportplatz m
sports hall s Sporthalle f
sports jacket s Sakko m/n
sportsman [-mən] s ⟨pl -men⟩ Sportler m
sportsmanlike adj sportlich; fig fair
sportsmanship s Sportlichkeit f
sports news s ⟨sg⟩ Sportnachrichten pl
sports pages pl Sportteil m
sportspeople pl Sportler pl
sportsperson s Sportler(in) m(f)
sports programme s, **sports program** US s Sportsendung f
sports shop s, **sports store** US s Sportgeschäft n
sportswear s **1** Sportkleidung f **2** Freizeitkleidung f
sportswoman s ⟨pl -women [-wɪmən]⟩ Sportlerin f
sport-utility vehicle s Sport-Utility-Fahrzeug n, geländegängige Limousine
sporty ['spɔːtɪ] umg adj ⟨komp sportier⟩ sportbegeistert; Auto sportlich
spot [spɒt] **A** s **1** Punkt m; ZOOL Fleck m; (≈ Ort) Stelle f; **~s of blood** Blutflecken pl; **a pleasant ~** ein schönes Fleckchen umg; **on the ~** an Ort und Stelle, sofort **2** MED etc Fleck m; (≈ Akne) Pickel m, Wimmerl n österr, Bibeli n schweiz; **to break out** od **come out in ~s** Flecken/Pickel bekommen **3** Br umg **a ~ of** ein bisschen; **we had a ~ of rain/a few ~s of rain** wir hatten ein paar Tropfen Regen; **a ~ of bother** etwas Ärger; **we're in a ~ of bother** wir haben Schwierigkeiten **4** **to be in a (tight) ~** in der Klemme sitzen umg; **to put sb on the ~** j-n in Verlegenheit bringen **B** v/t entdecken; Unterschied, Gelegenheit erkennen; Fehler finden
spot check s Stichprobe f
spotless adj tadellos sauber
spotlessly adv ~ **clean** blitzsauber
spotlight s **1** Scheinwerfer m, Strahler m **2** Rampenlicht n; **to be in the ~** wörtl im Scheinwerferlicht od Rampenlicht stehen; fig im Rampenlicht der Öffentlichkeit stehen
spot-on Br umg adj exakt
spotted adj gefleckt, getüpfelt; **~ with blood** blutbespritzt
spotty ['spɒtɪ] adj ⟨komp spottier⟩ Haut pick(e)lig
spouse [spaʊs] form s Gatte m, Gattin f
spout [spaʊt] **A** s **1** Ausguss m; von Wasserhahn Ausflussrohr n; von Gießkanne Rohr n; **up the ~** Br umg Pläne etc im Eimer umg **2** Wasser Fontäne f **B** v/t **1** Brunnen (heraus)spritzen **2** umg Unsinn von sich geben **C** v/i Wasser spritzen (**from** aus); **to ~ out (of sth)** (aus etw) hervorspritzen
sprain [spreɪn] **A** s Verstauchung f **B** v/t verstauchen; **to ~ one's ankle** sich (dat) den Fuß verstauchen
sprained [spreɪnd] adj verstaucht
sprang [spræŋ] prät → spring
sprawl [sprɔːl] **A** s auf Sofa Flegeln n kein pl umg; von Siedlungen etc Ausbreitung f; **urban ~** wild wuchernde Ausbreitung des Stadtgebietes **B** v/i auf Sofa sich hinlümmeln umg; Siedlungen (wild) wuchern; **to send sb ~ing** j-n zu Boden werfen **C** v/t **to be ~ed over sth/on sth** ausgestreckt auf etw (dat) liegen
sprawling ['sprɔːlɪŋ] adj Siedlungen wild wuchernd; Haus großflächig; Mensch hingeflegelt
spray¹ [spreɪ] s (≈ Blumen) Strauß m
spray² **A** s **1** Sprühregen m; von Meer Gischt m **2** Sprühdose f **3** für Haar etc Spray m/n **B** v/t Pflanzen besprühen; mit Insektizid spritzen; Haare sprayen; Parfüm (ver)sprühen **C** v/i sprühen; Wasser spritzen
spray can s Sprühdose f
sprayer ['spreɪə^r] s → spray² A 2
spray gun s Spritzpistole f
spread [spred] ⟨v: prät, pperf spread⟩ **A** v/t **1** (a. **~ out**) Decke, Arme ausbreiten; Waren auslegen; Hände, Beine spreizen; **he was lying with his arms and legs ~ out** er lag mit ausgestreckten Armen und Beinen da **2** Brot, Fläche bestreichen; Butter (ver- od auf)streichen; Tisch decken; **~ the paint evenly** verteilen Sie die Farbe gleichmäßig; **to ~ a cloth over sth** ein Tuch über etw (akk) breiten **3** (a. **~ out**) verteilen (**over** über +akk); Sand streuen **4** Nachricht, Panik, Seuche verbreiten; **she doesn't want it ~ around** sie will nicht, dass es überall (herum)erzählt wird **B** v/i sich erstrecken (**over**, **across** über +akk); Flüssigkeit, Lächeln sich ausbreiten (**over**, **across** über +akk); Städte sich ausdehnen; Geruch, Seuche, Feuer sich verbreiten; **to ~ to sth** etw erreichen **C** s **1** von Flügeln Spannweite f; von Interessen Spektrum n; **middle-age ~** Altersspeck m umg **2** Ausbreitung f, Ausdehnung f **3** umg Festessen n **4** (Brot)aufstrich m; **cheese ~** Streichkäse m **5** Presse, a. TYPO Doppelseite f; **a full-page/double ~** ein ganz-/zweiseitiger Bericht, eine ganz-/zweiseitige Anzeige

phrasal verbs mit spread:

spread about Br, **spread around** v/t ⟨trennb⟩ Spielzeug verstreuen

spread out A v/t ⟨trennb⟩ → spread **B** v/i **1** Landschaft sich ausdehnen **2** Läufer sich verteilen

spread-eagle ['spred,iːgl] v/t **to lie ~d** alle viere von sich (dat) strecken umg
spreadsheet ['spredʃiːt] s IT Tabellenkalkulation f
spree [spriː] s **spending** od **shopping ~** Großein-

kauf m; **drinking ~** Zechtour f umg; **to go on a ~** in Kneipen eine Zechtour machen; in Warenhaus groß einkaufen gehen
sprig [sprɪg] s Zweig m
sprightly ['spraɪtlɪ] adj ⟨komp sprightlier⟩ Melodie lebhaft; Greis rüstig
spring [sprɪŋ] ⟨v: prät sprang; US sprung; pperf sprung⟩ **A** v/i **to ~ a leak** Rohr (plötzlich) undicht werden; Schiff (plötzlich) ein Leck bekommen; **to ~ sth on sb** fig j-n mit etw konfrontieren **B** v/i **1** springen; **to ~ open** aufspringen; **to ~ to one's feet** aufspringen; **tears sprang to her eyes** ihr schossen die Tränen in die Augen; **to ~ into action** in Aktion treten; **to ~ to mind** einem einfallen; **to ~ to sb's defence** j-m zu Hilfe eilen; **to ~ (in)to life** (plötzlich) lebendig werden **2** a. **~ forth** fig Idee entstehen (**from** aus); Interesse herrühren (**from** von) **C** s **1** Quelle f; **~ fountain** Quelle f **2** Frühling m; **in (the) ~** im Frühling **3** Sprung m **4** MECH Feder f **5** ⟨kein pl⟩ **with a ~ in one's step** mit federnden Schritten **D** adj ⟨attr⟩ **1** Frühlings- **2** **~ mattress** Federkernmatratze f
phrasal verbs mit spring:
spring up v/i Pflanze hervorsprießen; Unkraut, Bauten aus dem Boden schießen; Mensch aufspringen; fig Firma entstehen
spring binder s Klemmhefter m
springboard s Sprungbrett n
spring break US s Frühjahrsferien pl
spring-clean A v/t gründlich putzen **B** v/i Frühjahrsputz machen
spring-cleaning s Frühjahrsputz m
spring-loaded adj mit einer Sprungfeder
spring onion Br s Frühlingszwiebel f
spring roll s Frühlingsrolle f
springtime s Frühlingszeit f
spring water s Quellwasser n
springy ['sprɪŋɪ] adj ⟨komp springier⟩ federnd; Gummi elastisch
sprinkle ['sprɪŋkl] v/t Wasser sprenkeln; Zucker streuen; Kuchen bestreuen
sprinkler ['sprɪŋklər] s Berieselungsapparat m; bei Brand Sprinkler m
sprinkling ['sprɪŋklɪŋ] s von Regen ein paar Tropfen; von Zucker Prise f; **a ~ of people** ein paar vereinzelte Leute
sprint [sprɪnt] **A** s Sprint m; **a ~ finish** ein Endspurt m **B** v/i sprinten, rennen
sprinter ['sprɪntər] s Sprinter(in) m(f)
spritzer ['sprɪtsər] s Weinschorle f, Gespritzte(r) m
sprout [spraʊt] **A** s **1** von Pflanze Trieb m, Keim m **2** (Rosenkohl)röschen n; **~s** pl Rosenkohl m, Kohlsprossen pl österr **B** v/t Blätter treiben; Hörner etc entwickeln; umg Bart sich (dat) wachsen lassen **C** v/i **1** sprießen, keimen; Kartoffeln Triebe pl bekommen **2** a. **~ up** Pflanzen sprießen; Bauten aus dem Boden schießen
spruce¹ [spruːs] s, (a. **spruce fir**) Fichte f
spruce² adj ⟨komp␣spruceʳ⟩ gepflegt
phrasal verbs mit spruce:
spruce up v/t ⟨trennb⟩ Haus auf Vordermann bringen umg; **to spruce oneself up** sein Äußeres pflegen
sprung [sprʌŋ] **A** pperf → spring **B** adj gefedert
spud [spʌd] umg s Kartoffel f, Erdapfel m österr
spun [spʌn] prät & pperf → spin
spur [spɜːʳ] **A** s Sporn m; fig Ansporn m (**to** für); **on the ~ of the moment** ganz spontan; **a ~-of-the-moment decision** ein spontaner Entschluss **B** v/t fig a. **~ on** anspornen
spurious ['spjʊərɪəs] adj Anspruch unberechtigt; Bericht falsch; Interesse nicht echt; Argument fadenscheinig
spurn [spɜːn] v/t verschmähen
spurt [spɜːt] **A** s **1** Strahl m **2** Spurt m; **a final ~** ein Endspurt m; **to put a ~ on** einen Spurt vorlegen; **to work in ~s** (nur) sporadisch arbeiten **B** v/i **1** (a. **~ out**) (heraus)spritzen (**from** aus) **2** spurten **C** v/t **the wound ~ed blood** aus der Wunde spritzte Blut
sputter ['spʌtər] v/i zischen; Fett spritzen; Motor stottern; in Rede sich ereifern (**about** über +akk)
spy [spaɪ] **A** s Spion(in) m(f), Spitzel m **B** v/t erspähen geh **C** v/i spionieren; **to spy on sb** j-n bespitzeln
phrasal verbs mit spy:
spy out v/t ⟨trennb⟩ ausfindig machen; **to spy out the land** fig die Lage peilen
spy hole s Guckloch n, Spion m
spyware ['spaɪweəʳ] s IT Spyware f (Programme, die PCs ausspionieren)
sq abk (= **square**) **1** **sq m** qm, m² **2** Platz m
squabble ['skwɒbl] **A** s Zank m **B** v/i (sich) zanken (**about, over** um)
squabbling ['skwɒblɪŋ] s Zankerei f
squad [skwɒd] s MIL Korporalschaft f; (≈ Sondereinheit) Kommando n; von Polizei Dezernat n; SPORT Mannschaft f
squad car s (Funk)Streifenwagen m
squadron ['skwɒdrən] s FLUG Staffel f; SCHIFF Geschwader n
squalid ['skwɒlɪd] adj Haus schmutzig und verwahrlost; Bedingungen elend
squalor ['skwɒləʳ] s Schmutz m; **to live in ~** in unbeschreiblichen Zuständen leben
squander ['skwɒndəʳ] v/t verschwenden; Gelegenheit vertun
square [skweəʳ] **A** s **1** Quadrat n; auf Spielbrett Feld n; auf Papier Kästchen n; **cut it in ~s** schneiden Sie es quadratisch zu; **to go back**

to ~ one, **to start (again) from ~ one** *fig* noch einmal von vorne anfangen; **we're back to ~ one** jetzt sind wir wieder da, wo wir angefangen haben **2** *in Stadt* Platz *m* **3 the ~ of two is four** MATH zwei im Quadrat ist vier **B** *adj* ⟨*komp* squarer⟩ **1** quadratisch; *Block* vierkantig; **to be a ~ peg in a round hole** am falschen Platz sein **2** *Kinn* kantig **3** MATH Quadrat-; **~ kilometre, ~ kilometer** US Quadratkilometer *n*; **3 metres ~, 3 meters ~** US 3 Meter im Quadrat **4** ⟨*attr*⟩ *Mahlzeit* ordentlich **5** *fig* **we are (all) ~** SPORT wir stehen beide/alle gleich; *fig* jetzt sind wir quitt **C** *v/t* **1** MATH **to ~ the match** (in einem Spiel) gleichziehen **2** MATH quadrieren; **3 ~d is 9** 3 hoch 2 ist 9, 3 im Quadrat ist 9

phrasal verbs mit square:

square up *v/i Boxer etc* in Kampfstellung gehen; **to square up to sb** sich vor j-m aufpflanzen *umg*; *fig* j-m die Stirn bieten

square bracket *s* eckige Klammer

squared *adj Papier* kariert

squarely ['skwɛəlɪ] *adv* direkt, genau; *fig* fest; **to hit sb ~ in the stomach** j-n voll in den Magen treffen; **to place the blame for sth ~ on sb** j-m voll und ganz die Schuld an etw *(dat)* geben

square root *s* Quadratwurzel *f*

squash[1] [skwɒʃ] **A** *s* **1** *Br* Fruchtsaftkonzentrat *n*; *verdünnt* Fruchtnektar *m* **2 it's a bit of a ~** es ist ziemlich eng **B** *v/t* **1** zerdrücken **2** quetschen; **to be ~ed up against sb** gegen j-n gequetscht werden **C** *v/i* **could you ~ up?** könnt ihr etwas zusammenrücken?; *an Einzelnen* kannst du dich etwas kleiner machen?

squash[2] *s* ⟨*kein pl*⟩ SPORT Squash *n*

squash[3] US *s* ⟨*kein pl*⟩ (Pâtisson)kürbis *m*

squat [skwɒt] **A** *adj* ⟨*komp* squatter⟩ gedrungen **B** *v/i* **1** hocken **2** (*a.* **~ down**) sich (hin)kauern **3 to ~ (in a house)** ein Haus besetzt haben **C** *s umg* Unterschlupf *m* (*für Hausbesetzer*)

squatter ['skwɒtəʳ] *s* Hausbesetzer(in) *m(f)*

squawk [skwɔːk] **A** *s* heiserer Schrei; **he let out a ~** er kreischte auf **B** *v/i* schreien

squeak [skwiːk] **A** *s von Tür etc* Quietschen *n kein pl*; *von Mensch* Quiekser *m*; *von Tier* Quieken *n kein pl*; *von Maus* Piepsen *n kein pl*; *fig umg* Pieps *m umg* **B** *v/i Tür etc* quietschen; *Mensch* quieksen; *Tier* quieken; *Maus* piepsen

phrasal verbs mit squeak:

squeak by, **squeak through** *umg v/i* gerade so durchkommen *umg*

squeaky ['skwiːkɪ] *adj* ⟨*komp* squeakier⟩ quietschend; *Stimme* piepsig

squeaky-clean [ˌskwiːkɪ'kliːn] *umg adj* blitzsauber *umg*

squeal ['skwiːl] **A** *s* Kreischen *n kein pl*; *von Schwein* Quieken *n kein pl*; **with a ~ of brakes** mit kreischenden Bremsen; **~s of laughter** schrilles Gelächter **B** *v/i* kreischen; *Schwein* quieksen; **to ~ with delight** vor Wonne quietschen

squeamish ['skwiːmɪʃ] *adj* empfindlich; **I'm not ~** mir wird nicht so schnell schlecht; (≈ *hartgesotten*) ich bin nicht so empfindlich

squeeze [skwiːz] **A** *s* Drücken *n kein pl*; zärtlich Umarmung *f*; **to give sth a ~** etw drücken; **it was a tight ~** es war fürchterlich eng **B** *v/t* drücken; *Tube* ausdrücken; *Orange* auspressen; **to ~ clothes into a case** Kleider in einen Koffer zwängen; **I'll see if we can ~ you in** vielleicht können wir Sie noch unterbringen; **we ~d another song in** wir schafften noch ein Lied **C** *v/i* **you should be able to ~ through** wenn du dich klein machst, kommst du durch; **to ~ in** sich hineinzwängen; **to ~ past sb** sich an j-m vorbeidrücken; **to ~ onto the bus** sich in den Bus hineinzwängen; **to ~ up a bit** ein bisschen zusammenrücken

phrasal verbs mit squeeze:

squeeze out *v/t* ⟨*trennb*⟩ **1** *Schwamm etc* ausdrücken **2** *Saft etc* auspressen (**of** aus)

squeezer ['skwiːzəʳ] *s* (Zitronen)presse *f*

squelch [skwɛltʃ] **A** *s* quatschendes Geräusch *umg* **B** *v/i Schuhe, Schlamm* quatschen

squid [skwɪd] *s* Tintenfisch *m*

squiggle ['skwɪgl] *s* Schnörkel *m*

squiggly ['skwɪglɪ] *adj* ⟨*komp* squigglier⟩ schnörkelig

squint [skwɪnt] **A** *s* MED Schielen *n kein pl*; **to have a ~** leicht schielen **B** *v/i* schielen; *bei hellem Licht* blinzeln **C** *adj* schief

squirm [skwɜːm] *v/i* sich winden

squirrel ['skwɪrəl] *s* Eichhörnchen *n*

squirt [skwɜːt] **A** *s* **1** Spritzer *m* **2** *pej umg* (≈ *Kind*) Pimpf *m umg* **B** *v/t* spritzen; *j-n* bespritzen **C** *v/i* spritzen

squishy ['skwɪʃɪ] *umg adj* ⟨*komp* squishier⟩ matschig *umg*

Sri Lanka [ˌsriː'læŋkə] *s* Sri Lanka *n*

St[1] *abk* (= **Street**) Str.

St[2] *abk* (= **Saint**) hl., St.

stab [stæb] **A** *s* **1** Stich *m*; **~ wound** Stichwunde *f*; **a ~ of pain** ein stechender Schmerz; **she felt a ~ of jealousy** plötzlich durchfuhr sie Eifersucht; **a ~ in the back** *fig* ein Dolchstoß *m* **2** *umg* **to have a ~ at sth** etw probieren **B** *v/t* einen Stich versetzen (+*dat*); *mehrfach* einstechen auf (+*akk*); **to ~ sb (to death)** j-n erstechen; **he was ~bed through the arm/heart** der Stich traf ihn am Arm/ins Herz; **to ~ sb in the back** j-m in den Rücken fallen

stabbing ['stæbɪŋ] **A** *s* Messerstecherei *f* **B** *adj Schmerz* stechend

stability [stəˈbɪlɪtɪ] s Stabilität f
stabilize [ˈsteɪbəlaɪz] **A** v/t stabilisieren **B** v/i sich stabilisieren
stable[1] [ˈsteɪbl] adj ⟨komp stabler⟩ stabil; *Stelle* dauerhaft; *Charakter* gefestigt
stable[2] s Stall m; **riding ~s** Reitstall m
stablelad [ˈsteɪblæd] Br, **stableman** [ˈsteɪblmən] s Stallbursche m
stack [stæk] **A** s **1** Haufen m, Stapel m **2** *umg* **~s** jede Menge *umg* **B** v/t stapeln; *Regale* einräumen; **to ~ up** aufstapeln; **the cards** *od* **odds are ~ed against us** *fig* wir haben keine großen Chancen
stadium [ˈsteɪdɪəm] s ⟨pl -s *od* stadia [ˈsteɪdɪə]⟩ Stadion n
staff [stɑːf] **A** s **1** Personal n; SCHULE, UNIV Kollegium n; *von Firma etc* Mitarbeiterstab m; **we don't have enough ~ to complete the project** wir haben nicht genügend Mitarbeiter, um das Projekt zu beenden; **a member of ~, a ~ member** *US* ein Mitarbeiter m, eine Mitarbeiterin; SCHULE ein Kollege m, eine Kollegin; **to be on the ~** zum Personal/Kollegium/Mitarbeiterstab gehören **2** ⟨pl -s; obs staves⟩ Stab m **3** MIL Stab m **B** v/t mit Personal besetzen; **the kitchens are ~ed by foreigners** das Küchenpersonal besteht aus Ausländern
staffed adj **to be well ~** ausreichend Personal haben
staffing [ˈstɑːfɪŋ] s Stellenbesetzung f
staff meeting s Personalversammlung f
staff nurse Br s (voll) ausgebildete Krankenschwester
staffroom s Lehrerzimmer n
stag [stæg] s ZOOL Hirsch m
stage [steɪdʒ] **A** s **1** THEAT, *a. fig* Bühne f; **the ~** (≈ *Berufszweig*) das Theater, die Bühne; **to be on/go on the ~** *beruflich* beim Theater sein/zum Theater gehen; **to go on ~** *Schauspieler* die Bühne betreten; **to leave the ~** von der Bühne abtreten; **the ~ was set** *fig* alles war vorbereitet; **to set the ~ for sth** *fig* den Weg für etw bereiten **2** Podium n **3** Stadium n, Phase f; **at this ~ such a thing is impossible** zum gegenwärtigen Zeitpunkt ist das unmöglich; **at this ~ in the negotiations** an diesem Punkt der Verhandlungen; **in the final ~(s)** im Endstadium; **what ~ is your thesis at?** wie weit sind Sie mit Ihrer Dissertation?; **we have reached a ~ where ...** wir sind an einem Punkt angelangt, wo ...; **to be at the experimental ~** im Versuchsstadium sein **4** *von Rennen* Etappe f; **in (easy) ~s** etappenweise **B** v/t *Stück* aufführen; *Veranstaltung* durchführen; *Unfall* inszenieren; *Protestaktion* veranstalten
stagecoach s Postkutsche f
stage directions pl Regieanweisungen pl
stage door s Bühneneingang m
stage fright s Lampenfieber n
stage manager s Inspizient(in) m(f)
stage set s Bühnenbild n
stagger [ˈstægə] **A** v/i schwanken, wanken; *Betrunkener* torkeln **B** v/t **1** *fig durch Überraschung etc* umhauen *umg* **2** *Urlaubstage* staffeln; *Sitzplätze* versetzen
staggered [ˈstægəd] adj **1** verblüfft **2** *Arbeitsstunden* gestaffelt
staggering [ˈstægərɪŋ] adj **1** **to be a ~ blow (to sb/sth)** ein harter *od* schwerer Schlag (für j-n/etw) sein **2** umwerfend
stagnant [ˈstægnənt] adj (still)stehend attr; *Wasser* abgestanden; *Luft* verbraucht
stagnate [stægˈneɪt] v/i stagnieren; *Wasser* abstehen
stagnation [stægˈneɪʃən] s Stagnieren n
stag night *umg* s Junggesellenabschied m
stag party *umg* s Junggesellenabschied m
staid [steɪd] adj ⟨+er⟩ seriös, gesetzt; *Farbe* gedeckt
stain [steɪn] **A** s **1** Fleck m; *fig* Makel m; **a blood ~** ein Blutfleck m **B** v/t beflecken; *mit Lack etc* einfärben; *Holz* beizen
stained adj gefärbt; *Kleidung* fleckig; *Glas* bunt; **~-glass window** farbiges Glasfenster; **~ with blood** blutbefleckt
stainless steel [ˌsteɪnlɪsˈstiːl] s rostfreier (Edel-)stahl
stain remover s Fleckenentferner m
stair [steə^r] s **1** Stufe f **2** ⟨mst pl⟩ Treppe f, Stiege f *österr*; **at the top of the ~s** oben an der Treppe
staircase s Treppe f, Stiege f *österr*
stairlift s Treppenlift m, Stiegenlift m *österr*
stairway s Treppe f, Stiege f *österr*
stairwell s Treppenhaus n, Stiegenhaus n *österr*
stake [steɪk] **A** s **1** Pfosten m; *für Pflanzen* Stange f **2** Scheiterhaufen m **3** *bei Wette* Einsatz m; FIN Anteil m; **to be at ~** auf dem Spiel stehen; **he has a lot at ~** er hat viel zu verlieren; **to have a ~ in sth** einen Anteil an etw (dat) haben **4** **~s** pl Gewinn m; **to raise the ~s** den Einsatz erhöhen **B** v/t **1** (a. **~ up**) *Pflanze* hochbinden; *Zaun* abstützen **2** (≈ *riskieren*) setzen (**on** auf +akk); **to ~ one's reputation on sth** sein Wort für etw verpfänden; **to ~ a claim to sth** sich (dat) ein Anrecht auf etw (akk) sichern
stakeholder [ˈsteɪkhəʊldə^r] s Teilhaber(in) m(f)
stalactite [ˈstæləktaɪt] s Stalaktit m
stalagmite [ˈstæləgmaɪt] s Stalagmit m
stale [steɪl] adj ⟨komp staler⟩ alt; *Kuchen* trocken; *Brot* altbacken; *übel riechend* muffig; *Luft* verbraucht; **to go ~** *Nahrung* verderben

stalemate ['steɪlmeɪt] s Patt n; **to reach ~** fig in eine Sackgasse geraten

stalk[1] [stɔːk] v/t Wild sich anpirschen an (+akk); Tier sich heranschleichen an (+akk)

stalk[2] s von Pflanze Stiel m; von Wirsing Strunk m

stalker ['stɔːkəʳ] s Stalker(in) m(f)

stall [stɔːl] **A** s **1** in Stall Box f **2** auf Markt Stand m, Standl n österr **3** **~s** pl Br THEAT, FILM Parkett n **B** v/t **1** AUTO abwürgen; FLUG überziehen **2** j-n hinhalten; Prozess hinauszögern **C** v/i **1** Motor absterben; FLUG überziehen **2** Zeit schinden umg; **to ~ for time** versuchen, Zeit zu schinden umg

stallholder s Stallbesitzer(in) m(f)

stallion ['stæljən] s Hengst m

stalwart ['stɔːlwət] s (getreuer) Anhänger

stamina ['stæmɪnə] s Durchhaltevermögen n

stamina training s Ausdauertraining n

stammer ['stæməʳ] **A** s Stottern n; **he has a bad ~** er stottert stark **B** v/t (a. **stammer out**) stammeln **C** v/i stottern

stamp [stæmp] **A** s **1** (Brief)marke f **2** Stempel m **B** v/t **1** **to ~ one's foot** (mit dem Fuß) (auf)stampfen **2** **a ~ed addressed envelope** ein frankierter Rückumschlag **3** stempeln **C** v/i beim Gehen sta(m)pfen

phrasal verbs mit stamp:

stamp on A v/t ⟨trennb⟩ Muster etc aufprägen; **to stamp one's authority on sth** einer Sache (dat) seine Autorität aufzwingen **B** v/i ⟨+obj⟩ treten auf (+akk)

stamp out v/t ⟨trennb⟩ Feuer austreten; fig Verbrechen ausrotten

stamp album s Briefmarkenalbum n

stamp collection s Briefmarkensammlung f

stamp collector s Briefmarkensammler(in) m(f)

stamp duty Br s Stempelgebühr f

stampede [stæm'piːd] **A** s von Vieh wilde Flucht; von Menschen Massenansturm m (**on** auf +akk) **B** v/i durchgehen; Menge losstürmen (**for** auf +akk)

stamp tax US s Stempelgebühr f

stance [stæns] s Haltung f

stand [stænd] ⟨v: prät, pperf stood⟩ **A** v/t **1** stellen **2** Druck etc standhalten (+dat); bes Mensch gewachsen sein (+dat); Test bestehen; Hitze ertragen **3** umg aushalten; **I can't ~ it** ich kann es nicht aushalten; **I can't ~ being kept waiting** ich kann es nicht leiden, wenn man mich warten lässt **4** **to ~ trial** vor Gericht stehen **B** v/i **1** stehen, aufstehen; Angebot gelten; **don't just ~ there!** stehen Sie nicht nur (dumm) rum, tun Sie was! umg; **to ~ as a candidate** kandidieren **2** (≈ messen) Baum etc hoch sein **3** Rekord stehen (**at** auf +dat) **4** fig **we ~ to gain a lot** wir können sehr viel gewinnen; **what do we ~ to gain by it?** was springt für uns dabei heraus? umg; **I'd like to know where I ~ (with him)** ich möchte wissen, woran ich (bei ihm) bin; **where do you ~ on this issue?** welchen Standpunkt vertreten Sie in dieser Frage?; **as things ~** nach Lage der Dinge; **as it ~s** so wie die Sache aussieht; **to ~ accused of sth** einer Sache (gen) angeklagt sein; **to ~ firm** festbleiben; **nothing now ~s between us** es steht nichts mehr zwischen uns **C** s **1** fig Standpunkt m (**on** zu); **to take a ~** einen Standpunkt vertreten **2** MIL Widerstand m; **to make a ~** Widerstand leisten **3** auf Marktplatz Stand m, Standl n österr **4** für Notenheft Ständer m **5** Br SPORT Tribüne f; **to take the ~** JUR in den Zeugenstand treten

phrasal verbs mit stand:

stand about Br, **stand around** v/i herumstehen

stand apart wörtl v/i abseitsstehen; fig sich fernhalten

stand aside wörtl v/i zur Seite treten

stand back v/i zurücktreten

stand by A v/i **1 to stand by and do nothing** tatenlos zusehen **2** sich bereithalten **B** v/i ⟨+obj⟩ **to stand by sb** zu j-m halten

stand down v/i zurücktreten

stand for v/i ⟨+obj⟩ **1 to stand for election** (in einer Wahl) kandidieren **2** stehen für **3** sich (dat) gefallen lassen

stand in v/i einspringen

stand out v/i hervorstechen; **to stand out against sth** sich gegen etw od von etw abheben

stand over v/i ⟨+obj⟩ (≈ beaufsichtigen) auf die Finger sehen (+dat)

stand up A v/i **1** aufstehen, stehen; **stand up straight!** stell dich gerade hin **2** Argument überzeugen; JUR bestehen **3 to stand up for sb/sth** für j-n/etw eintreten; **to stand up for oneself** sich behaupten; **to stand up to sb** sich j-m gegenüber behaupten **B** v/t ⟨trennb⟩ **1** hinstellen **2** umg Freundin versetzen

standard ['stændəd] **A** s **1** Norm f, Maßstab m; mst pl (sittliche) Maßstäbe pl; **to be up to ~** den Anforderungen genügen; **he sets himself very high ~s** er stellt hohe Anforderungen an sich (akk) selbst; **by any ~(s)** egal, welche Maßstäbe man anlegt; **by today's ~(s)** aus heutiger Sicht **2** Niveau n; **~ of living** Lebensstandard m **3** Flagge f **B** adj **1** üblich, durchschnittlich, Standard-; **to be ~ practice** üblich sein **2** LING (allgemein) gebräuchlich; **~ English** korrektes Englisch; **~ German** Hochdeutsch n

standard class s BAHN zweite Klasse

standardization [ˌstændədaɪ'zeɪʃən] s Verein-

heitlichung f, Standardisierung f
standardize ['stændədaɪz] v/t vereinheitlichen, standardisieren
standard lamp s Stehlampe f
standard time s US Winterzeit f
stand-by ['stændbaɪ] **A** s **1** Ersatzperson f; (≈Objekt) Reserve f; FLUG Stand-by-Ticket n **2** **on ~** in Bereitschaft **B** adj ⟨attr⟩ Reserve-, Ersatz-; **~ ticket** Stand-by-Ticket n
stand-in ['stændɪn] s Ersatz m
standing ['stændɪŋ] **A** s **1** Rang m, Stellung f, Position f **2** Ruf m **3** Dauer f; **her husband of five years' ~** ihr Mann, mit dem sie seit fünf Jahren verheiratet ist **B** adj ⟨attr⟩ **1** ständig; Heer stehend; **it's a ~ joke** das ist schon zu einem Witz geworden **2** aus dem Stand; **~ room only** nur Stehplätze; **to give sb a ~ ovation** j-m eine stehende Ovation darbringen
standing charge s Grundgebühr f
standing leg s FUSSB Standbein n
standing order s Br FIN Dauerauftrag m; **to pay sth by ~** etw per Dauerauftrag bezahlen
standing stone s Menhir m
standoff s Patt n
standoffish adj, **standoffishly** [ˌstænd'ɒfɪʃ, -lɪ] umg adv distanziert
standpoint s Standpunkt m; **from the ~ of the teacher** vom Standpunkt des Lehrers (aus) gesehen
standstill s Stillstand m; **to be at a ~** Verkehr stillstehen; Fabrik ruhen; **to bring production to a ~** die Produktion lahmlegen od zum Erliegen bringen; **to come to a ~** stehen bleiben; Fahrzeug zum Stehen kommen; Verkehr zum Stillstand kommen; Industrie zum Erliegen kommen
stand-up adj ⟨attr⟩ **~ comedian** Stand-up-Comedian m/f, Alleinunterhalter(in) m(f); **~ comedy** Stand-up-Comedy f
stank [stæŋk] prät → **stink**
stanza ['stænzə] s Strophe f
staple¹ ['steɪpl] **A** s Klammer f, Heftklammer f **B** v/t heften
staple² **A** adj Haupt-; **~ diet** Hauptnahrungsmittel n **B** s **1** Hauptartikel m **2** Hauptnahrungsmittel n
stapler ['steɪplə] s Heftgerät n, Tacker m
star [stɑː] **A** s **1** Stern m; **the Stars and Stripes** das Sternenbanner; **you can thank your lucky ~s that …** Sie können von Glück sagen, dass … **2** Hauptdarsteller(in) m(f); berühmt Star m **B** adj ⟨attr⟩ Haupt-; **~ player** Star m **C** v/t FILM etc **to ~ sb** j-n in der Hauptrolle zeigen; **a film ~ring Greta Garbo** ein Film mit Greta Garbo (in der Hauptrolle) **D** v/i FILM etc die Hauptrolle spielen

starboard ['stɑːbəd] **A** s Steuerbord n **B** adj Steuerbord- **C** adv (nach) Steuerbord
starch [stɑːtʃ] **A** s Stärke f **B** v/t stärken
stardom ['stɑːdəm] s Ruhm m
stare [steə] **A** s (starrer) Blick; **to give sb a hard ~** j-m einen bösen Blick zuwerfen **B** v/t **the answer was staring us in the face** die Antwort lag klar auf der Hand; **to ~ defeat in the face** der Niederlage ins Auge blicken **C** v/i (vor sich hin) starren; überrascht große Augen machen; **to ~ at sb/sth** j-n/etw anstarren
starfish ['stɑːfɪʃ] s Seestern m
star fruit s Sternfrucht f
staring ['steərɪŋ] adj starrend attr; **~ eyes** starrer Blick
stark [stɑːk] **A** adj ⟨+er⟩ Unterschied krass; Tatsache nackt; Wahl hart; Landschaft kahl **B** adv **~ raving mad** umg total verrückt umg; **~ naked** splitter(faser)nackt
starkers ['stɑːkəz] Br umg adj splitter(faser)nackt umg
starlight ['stɑːlaɪt] s Sternenlicht n
starling ['stɑːlɪŋ] s Star m
starlit adj stern(en)klar
starry ['stɑːrɪ] adj ⟨komp starrier⟩ Nacht stern(en)klar; **~ sky** Sternenhimmel m; **~-eyed** umg blauäugig
star sign s Sternzeichen n
star-spangled banner s **The Star-spangled Banner** das Sternenbanner (Nationalhymne der USA)
star-studded ['stɑːstʌdɪd] fig adj **~ cast** Starbesetzung f
start¹ [stɑːt] **A** s zusammenfahren; **to give sb a ~** j-n erschrecken; **to wake with a ~** aus dem Schlaf hochschrecken **B** v/i zusammenfahren
start² **A** s **1** Beginn m, Anfang m; bei Reise Aufbruch m, Start m; von Problemen etc Ausgangspunkt m; **for a ~** fürs Erste, zunächst einmal; **from the ~** von Anfang an; **from ~ to finish** von Anfang bis Ende; **to get off to a good ~** gut vom Start wegkommen; fig einen glänzenden Start haben; **to make a ~ (on sth)** (mit etw) anfangen **2** a. SPORT Vorsprung m (**over** vor +dat) **B** v/t **1** anfangen mit, beginnen; neuen Job, Reise antreten; **to ~ work** anfangen zu arbeiten; **to ~ school** in die Schule kommen **2** Rennen, Maschine starten; Gespräch, Streit anfangen; Motor anlassen; Feuer legen; **to ~ a family/business** eine Familie/ein Unternehmen gründen **C** v/i anfangen, beginnen; Motor starten; **~ing from Tuesday** ab Dienstag; **to ~ (off) with** erstens, zunächst; **I'd like soup to ~ (off) with** ich möchte erst mal eine Suppe; **let's ~** lass uns anfangen; **to get ~ed** anfangen; zu

Reise aufbrechen; **to get sth ~ed** etw in Gang bringen; **to ~ on a task/journey** sich an eine Aufgabe/auf eine Reise machen; **to ~ talking** *od* **to talk** zu sprechen beginnen; **he ~ed by saying ...** er sagte zunächst ...

`phrasal verbs mit start:`

start back *v/i* sich auf den Rückweg machen

start for *v/i* ⟨+obj⟩ sich auf den Weg machen nach

start off **A** *v/i* anfangen; *zu Reise* aufbrechen; **to start off with** → start² C **B** *v/t* ⟨*trennb*⟩ anfangen; **that started the dog off (barking)** da fing der Hund an zu bellen; **to start sb off on sth** j-n auf etw (*akk*) bringen; **a few stamps to start you off** ein paar Briefmarken für den Anfang

start out *v/i* anfangen; *zu Reise* aufbrechen (**for** nach)

start up **A** *v/i* anfangen; *Maschine* angehen *umg*; *Motor* anspringen **B** *v/t* ⟨*trennb*⟩ **1** *Gerät, Motor* anmachen *umg* **2** eröffnen; *Gespräch* anknüpfen

starter ['stɑːtə^r] *s* **1** SPORT Starter(in) *m(f)* **2** *Br umg* Vorspeise *f* **3** **for ~s** *umg* für den Anfang *umg*

starting gun *s* Startpistole *f*

starting point *s* Ausgangspunkt *m*

starting salary *s* Anfangsgehalt *n*

startle ['stɑːtl] *v/t* erschrecken

startled ['stɑːtld] *adj* verblüfft, alarmiert

startling ['stɑːtlɪŋ] *adj Nachricht* überraschend; *negativ* alarmierend; *Zufall* erstaunlich; *Entdeckung* sensationell

start-up ['stɑːtʌp] *s* **1** WIRTSCH Neugründung *f*; Start-up-Unternehmen *n*; **~ costs** Startkosten *pl* **2** COMPUT Hochfahren *n*, Start *m* **3** TECH Start *m*, Inbetriebnahme *f*

start-up capital *s* Startkapital *n*

start-up funds *pl* WIRTSCH Anschubfinanzierung *f*

starvation [stɑːˈveɪʃən] *s* Hunger *m*; **to die of ~** verhungern

starve [stɑːv] **A** *v/t* **1** hungern lassen; (*a.* **~ out**) aushungern; (*a.* **~ to death**) verhungern lassen; **to ~ oneself** hungern **2** *fig* **to ~ sb of sth** j-m etw vorenthalten **B** *v/i* hungern; (*a.* **~ to death**) verhungern; **you must be starving!** du musst doch halb verhungert sein! *umg*

starving ['stɑːvɪŋ] *wörtl adj* hungernd *attr*; *fig* hungrig

stash [stæʃ] *v/t umg a.* **~ away** bunkern *sl*; *Geld* beiseiteschaffen

state¹ [steɪt] **A** *s* **1** Zustand *m*; **~ of mind** Geisteszustand *m*; **the present ~ of the economy** die gegenwärtige Wirtschaftslage; **~ of emergency** Notstand *m*; **he's in no (fit) ~ to do that** er ist auf gar keinen Fall in der Verfassung, das zu tun; **what a ~ of affairs!** was sind das für Zustände!; **look at the ~ of your hands!** guck dir bloß mal deine Hände an!; **the room was in a terrible ~** im Zimmer herrschte ein fürchterliches Durcheinander; **to get into (such) a ~ (about sth)** *umg* wegen etw durchdrehen *umg*; **to be in a terrible ~** *umg* in heller Aufregung sein, ganz durchgedreht sein *umg*; **to lie in ~** (feierlich) aufgebahrt sein **2** POL Staat *m*; *von Republik etc* (Bundes)staat *m*, (Bundes)land *n*; **the States** die (Vereinigten) Staaten; **the State of Florida** der Staat Florida **B** *v/t* darlegen; *Namen, Absicht* angeben; **to ~ that ...** erklären, dass ...; **to ~ one's case** seine Sache vortragen; **as ~d in my letter I ...** wie in meinem Brief erwähnt, ... ich ...

state² *zssgn* Staats-, staatlich; *US etc* bundesstaatlich

stated *adj* **1** genannt **2** fest(gesetzt)

State Department *US s* Außenministerium *n*

state education *s* staatliche Erziehung

state-funded *adj* staatlich finanziert

state funding *s* staatliche Finanzierung

statehouse *US s* Parlamentsgebäude *n*

stateless *adj* staatenlos

stately ['steɪtlɪ] *adj* ⟨*komp* statelier⟩ würdevoll; **~ home** herrschaftliches Anwesen

statement ['steɪtmənt] *s* **1** Darstellung *f*, Darlegung *f* **2** Behauptung *f*; *offiziell* Erklärung *f*; *polizeilich* Aussage *f*; **to make a ~ to the press** eine Presseerklärung abgeben **3** FIN *a.* **bank ~** Kontoauszug *m*

state-of-the-art [ˌsteɪtəvðiːˈɑːt] *adj* hochmodern; **~ technology** Spitzentechnologie *f*

state-owned *adj* staatseigen

state school *Br s* öffentliche Schule

state secret *s* Staatsgeheimnis *n*

stateside *US umg* **A** *adj* in den Staaten *umg* **B** *adv* nach Hause

statesman ['steɪtsmən] *s* ⟨*pl* -men⟩ Staatsmann *m*

statesmanlike *adj* staatsmännisch

statesmanship *s* Staatskunst *f*

stateswoman ['steɪtswʊmən] *s* ⟨*pl* -women [-wɪmən]⟩ Staatsmännin *f*

state visit *s* Staatsbesuch *m*

static ['stætɪk] **A** *adj* statisch, konstant; **~ electricity** statische Aufladung **B** *s* PHYS Reibungselektrizität *f*

station ['steɪʃən] *s* **1** Station *f*; *von Polizei* Wache *f*, Wachzimmer *n* österr **2** Bahnhof *m* **3** RADIO, TV Sender *m* **4** (≈ *Position*) Platz *m* **5** (≈ *Stellung*) Rang *m* **6** *in Australien* große Farm

stationary ['steɪʃənərɪ] *adj* parkend *attr*; haltend *attr*; **to be ~** *Verkehr* stillstehen

stationer ['steɪʃənəʳ] s Schreibwarenhändler(in) m(f)

stationer's ['steɪʃənərz] s Schreibwarenhandlung f

stationery ['steɪʃənərɪ] s Schreibwaren pl

station house US s (Polizei)wache f, Wachzimmer n österr

stationmaster s Bahnhofsvorsteher(in) m(f)

station wagon US s Kombi(wagen) m

statistic [stə'tɪstɪk] s Statistik f

statistical adj, **statistically** adv statistisch

statistician [stætɪs'tɪʃn] s Statistiker(in) m(f)

statistics s **1** ⟨+sg v⟩ Statistik f **2** ⟨pl⟩ (≈ Daten) Statistiken pl

statue ['stætjuː] s Statue f; **Statue of Liberty** Freiheitsstatue f

statuesque [ˌstætjʊ'esk] adj standbildhaft

stature ['stætʃəʳ] s **1** Wuchs m, Statur f; **of short ~** von kleinem Wuchs **2** fig Format n

status ['steɪtəs] s Stellung f; **equal ~** Gleichstellung f; **marital ~** Familienstand m

status bar s IT Statuszeile f

status quo [ˌsteɪtəs'kwəʊ] s ⟨kein pl⟩ Status quo m

status symbol s Statussymbol n

statute ['stætjuːt] s Gesetz n; von Organisation Satzung f

statute book bes Br s Gesetzbuch n

statutory ['stætjʊtərɪ] adj gesetzlich; in Organisation satzungsgemäß; Rechte verbrieft

staunch[1] [stɔːntʃ] adj ⟨+er⟩ Verbündeter unerschütterlich; Katholik überzeugt; Unterstützung standhaft

staunch[2] v/t stauen; Blutung stillen

staunchly ['stɔːntʃlɪ] adv treu; verteidigen standhaft; katholisch streng

stave [steɪv] s **1** Knüppel m **2** MUS Notenlinien pl
phrasal verbs mit stave:
stave off v/t ⟨trennb⟩ Angriff zurückschlagen; Bedrohung abwehren; Niederlage abwenden

stay [steɪ] **A** s Aufenthalt m **B** v/t **to ~ the night** übernachten **C** v/i **1** bleiben; **to ~ for** od **to supper** zum Abendessen bleiben **2** wohnen; in Herberge etc übernachten; **to ~ at a hotel** im Hotel übernachten; **I ~ed in Italy for a few weeks** ich habe mich ein paar Wochen in Italien aufgehalten; **when I was ~ing in Italy** als ich in Italien war; **he is ~ing at Chequers for the weekend** er verbringt das Wochenende in Chequers; **my brother came to ~** mein Bruder ist zu Besuch gekommen
phrasal verbs mit stay:
stay away v/i wegbleiben (**from** von); von j-m sich fernhalten (**from** von)

stay back v/i zurückbleiben, Abstand halten

stay behind v/i zurückbleiben; SCHULE zur Strafe nachsitzen

stay down v/i unten bleiben; SCHULE wiederholen

stay in v/i zu Hause bleiben; in Position drinbleiben

stay off v/i ⟨+obj⟩ **to stay off school** nicht zur Schule gehen

stay on v/i Deckel etc draufbleiben; Licht anbleiben; (≈ nicht weggehen) dableiben; **to stay on at school** (in der Schule) weitermachen

stay out v/i draußen bleiben, wegbleiben; **to stay out of sth** sich aus etw heraushalten; **he never managed to stay out of trouble** er war dauernd in Schwierigkeiten

stay up v/i **1** aufbleiben; **to stay up late** lange aufbleiben **2** Zelt stehen bleiben; Bild hängen bleiben; **his trousers won't stay up** seine Hosen rutschen immer

stay with v/i ⟨+obj⟩ vorübergehend wohnen bei

staycation [steɪ'keɪʃən] umg s Urlaub m zu Hause, Ferien pl zu Hause, Urlaub m auf Balkonien umg

staying power ['steɪɪŋˌpaʊəʳ] s Ausdauer f

St Bernard [sənt'bɜːnəd] s Bernhardiner m

STD[1] abk (= subscriber trunk dialling Br) TEL der Selbstwählferndienst

STD[2] abk (= sexually transmitted disease) sexuell übertragbare Krankheit, Geschlechtskrankheit f

STD code [estiː'diːkəʊd] s Vorwahl(nummer) f

stead [sted] s **to stand sb in good ~** j-m zugutekommen

steadfast ['stedfəst] adj fest

steadily ['stedɪlɪ] adv **1** ruhig **2** ständig; Regen ununterbrochen; **the atmosphere in the country is getting ~ more tense** die Stimmung im Land wird immer gespannter **3** zuverlässig **4** gleichmäßig

steady ['stedɪ] **A** adj ⟨komp steadier⟩ **1** Hand ruhig; Stimme, Job, Freund fest; **to hold sth ~** etw ruhig halten; Leiter etw festhalten **2** Fortschritt kontinuierlich; Regen ununterbrochen; Einkommen geregelt; **at a ~ pace** in gleichmäßigem Tempo **3** zuverlässig **B** adv **~!** vorsichtig!; **to go ~ (with sb)** umg mit j-m (fest) gehen umg **C** v/t Nerven beruhigen; **to ~ oneself** festen Halt finden

steak [steɪk] s Steak n; (≈ Fisch) Filet n

steal [stiːl] ⟨v: prät stole; pperf stolen⟩ **A** v/t stehlen; **to ~ sth from sb** j-m etw stehlen; **to ~ the show** die Schau stehlen; **to ~ a glance at sb** verstohlen zu j-m hinschauen **B** v/i **1** stehlen **2 to ~ away** od **off** sich weg- od davonstehlen; **to ~ up on sb** sich an j-n heranschleichen

stealth [stelθ] s List f; **by ~** durch List

stealth bomber s Tarnkappenbomber m

stealthily ['stelθɪlɪ] *adv* verstohlen
stealthy ['stelθɪ] *adj* ⟨komp stealthier⟩ verstohlen
steam [stiːm] **A** *s* Dampf *m*; **full ~ ahead** SCHIFF volle Kraft voraus; **to get pick up ~** *fig* in Schwung kommen; **to let off ~** Dampf ablassen; **to run out of ~** *fig* Schwung verlieren **B** *v/t* dämpfen **C** *v/i* dampfen

phrasal verbs mit steam:
steam up **A** *v/t* ⟨trennb⟩ Fenster beschlagen lassen; **to be (all) steamed up** (ganz) beschlagen sein; *fig umg* (ganz) aufgeregt sein **B** *v/i* beschlagen
steamboat *s* Dampfschiff *n*
steam engine *s* Dampflok *f*
steamer ['stiːmə'] *s* **1** Dampfer *m* **2** GASTR Dampf(koch)topf *m*
steam iron *s* Dampfbügeleisen *n*
steamroller *s* Dampfwalze *f*
steamship *s* Dampfschiff *n*
steamy ['stiːmɪ] *adj* ⟨komp steamier⟩ dampfig; *fig* Affäre heiß
steel [stiːl] **A** *s* Stahl *m* **B** *adj* ⟨attr⟩ Stahl- **C** *v/t* **to ~ oneself** sich wappnen (**for** gegen); **to ~ oneself to do sth** allen Mut zusammennehmen, um etw zu tun
steel band *s* Steelband *f*
steel drum *s* Steeldrum *f*
steel drummer *s* Trommler(in) auf einer Steeldrum
steely ['stiːlɪ] *adj* ⟨komp steelier⟩ Gesichtsausdruck hart
steep¹ [stiːp] *adj* ⟨+er⟩ **1** steil; **it's a ~ climb** es geht steil hinauf **2** *fig umg* Preis unverschämt (teuer)
steep² *v/t* **1** eintauchen; *Wäsche* einweichen **2** *fig* **to be ~ed in sth** von etw durchdrungen sein; **~ed in history** geschichtsträchtig
steepen ['stiːpən] *v/i* Abhang steiler werden; Boden ansteigen
steeple ['stiːpl] *s* Kirchturm *m*
steeplechase ['stiːpltʃeɪs] *s* Hindernisrennen *n*, Hindernislauf *m*
steeply ['stiːplɪ] *adv* **to climb ~** Weg *etc* steil ansteigen; Preis *etc* stark in die Höhe gehen
steepness ['stiːpnɪs] *s* Steilheit *f*
steer¹ [stɪə'] **A** *v/t* lenken; *Schiff* steuern **B** *v/i* lenken; SCHIFF steuern
steer² *s* junger Ochse
steering ['stɪərɪŋ] *s* Lenkung *f*
steering wheel *s* Steuer(rad) *n*
stein [ʃtaɪn] *s* Maßkrug *m*, Bierkrug *m*
stellar ['stelə'] *adj* stellar
stem [stem] **A** *s* von Pflanze, Glas Stiel *m*; von Strauch, Wort Stamm *m*; von Getreide Halm *m* **B** *v/t* aufhalten **C** *v/i* **to ~ from sth** von etw herrühren, aus etw (her)stammen
stem cell *s* BIOL, MED Stammzelle *f*
stem ginger *s* kandierter Ingwer
stench [stentʃ] *s* Gestank *m*
stencil ['stensl] *s* Schablone *f*
step [step] **A** *s* **1** Schritt *m*; **to take a ~** einen Schritt machen; **~ by ~** Schritt für Schritt; **to take sth one** *od* **a ~ at a time** etw Schritt für Schritt machen; **to watch one's ~** achtgeben; **to be one ~ ahead of sb** *fig* j-m einen Schritt voraus sein; **to be in ~** *wörtl* im Gleichschritt sein; *fig* im Gleichklang sein; **to be out of ~** *wörtl* nicht im Tritt sein; *fig* nicht im Gleichklang sein; **the first ~ is to form a committee** als Erstes muss ein Ausschuss gebildet werden; **that would be a ~ back/in the right direction for him** das wäre für ihn ein Rückschritt/ein Schritt in die richtige Richtung; **to take ~s to do sth** Maßnahmen ergreifen, (um) etw zu tun **2** Stufe *f*; *in Prozess* Abschnitt *m*; **~s** Treppe *f*, Stiege *f* österr; **mind the ~** Vorsicht Stufe **3** **~s** *pl Br* Trittleiter *f* **B** *v/i* gehen; **to ~ into/out of sth** in etw (*akk*)/aus etw treten; **to ~ on(to) sth** Zug in etw (*akk*) steigen; *Plattform* auf etw (*akk*) steigen; **to ~ on sth** auf etw (*akk*) treten; **he ~ped on my foot** er ist mir auf den Fuß getreten; **to ~ inside/outside** hinein-/hinaustreten; **~ on it!** *in Auto* gib Gas!

phrasal verbs mit step:
step aside *v/i* **1** *wörtl* zur Seite treten **2** *fig* Platz machen
step back *wörtl v/i* zurücktreten
step down *v/i* **1** hinabsteigen **2** *fig* zurücktreten
step forward *v/i* vortreten; *fig* sich melden
step in *v/i* **1** *wörtl* eintreten (**sth**, **-to sth** in etw *akk*) **2** *fig* eingreifen
step off *v/i* ⟨+obj⟩ aus Bus aussteigen (**sth** aus etw); **to step off the pavement** vom Bürgersteig treten
step up **A** *v/t* ⟨trennb⟩ steigern; *Kampagne, Suche* verstärken; *Tempo* erhöhen **B** *v/i* **to step up to sb** auf j-n zugehen/zukommen; **he stepped up onto the stage** er trat auf die Bühne
step- *präf* Stief-
stepbrother *s* Stiefbruder *m*
stepdad *s* Stiefvater *m*
stepdaughter *s* Stieftochter *f*
stepfather *s* Stiefvater *m*
stepladder ['step,lædə'] *s* Trittleiter *f*
step machine *s* SPORT Stepper *m*
stepmother *s* Stiefmutter *f*
stepping stone ['stepɪŋ,stəʊn] *s* (Tritt)stein *m*; *fig* Sprungbrett *n*
stepsister *s* Stiefschwester *f*

stepson s Stiefsohn m

stereo ['steriəʊ] **A** s ⟨pl -s⟩ Stereo n, Stereoanlage f **B** adj Stereo-

stereotype ['steriə,taip] **A** s fig Klischee n, Klischeevorstellung f **B** adj ⟨attr⟩ stereotyp

stereotyped adj, **stereotypical** [,stiəriə'tipikl] adj stereotyp

sterile ['sterail] adj steril; Boden unfruchtbar

sterility [ste'riliti] s von Tier, Boden Unfruchtbarkeit f; von Mensch a. Sterilität f

sterilization [,sterilai'zeiʃən] s Sterilisation f

sterilize ['sterilaiz] v/t sterilisieren

sterling ['stɜːliŋ] **A** adj **1** FIN Sterling-; **in pounds ~** in Pfund Sterling **2** fig gediegen **B** s ⟨ohne art⟩ das Pfund Sterling; **in ~** in Pfund Sterling

stern[1] [stɜːn] s SCHIFF Heck n

stern[2] adj ⟨+er⟩ streng; Test hart

sternly ['stɜːnli] adv ernsthaft; blicken streng

steroid ['stiərɔid] s Steroid n

stethoscope ['steθəskəʊp] s Stethoskop n

stevia ['stiːviə] s BOT Stevia f

stew [stjuː] **A** s **1** Eintopf m **2** umg **to be in a ~ (over sth)** über etw (akk) od wegen etw) (ganz) aufgeregt sein **B** v/t Fleisch schmoren; Obst dünsten **C** v/i **to let sb ~** j-n (im eigenen Saft) schmoren lassen

steward ['stjuːəd] s Steward m; von Landgut Verwalter(in) m(f); bei Versammlung Ordner(in) m(f)

stewardess [,stjuːə'des] s Stewardess f

stick[1] [stik] s **1** Stock m, Stecken m bes österr, schweiz; von Strauch Zweig m; SPORT Schläger m; COMPUT Stick m, USB-Stick m; **to give sb/ sth some/a lot of ~** Br umg j-n/etw heruntermachen umg, j-n/etw herunterputzen umg; **to get the wrong end of the ~** fig umg etw falsch verstehen; **in the ~s** in der hintersten Provinz **2** von Sellerie Stange f

stick[2] ⟨prät, pperf stuck⟩ **A** v/t **1** kleben, picken österr **2** stecken **3** Messer stoßen; **he stuck a knife into her arm** er stieß ihr ein Messer in den Arm **4** umg tun umg; in etw stecken umg; **~ it on the shelf** tus ins Regal; **he stuck his head round the corner** er steckte seinen Kopf um die Ecke **B** v/i **1** kleben (**to** an +dat), picken österr (**to** an +dat); **the name seems to have stuck** der Name scheint ihm/ihr geblieben zu sein **2** stecken bleiben; Schublade klemmen **3** stecken (**in** in +dat); **it stuck in my foot** das ist mir im Fuß stecken geblieben **4** **his toes are ~ing through his socks** seine Zehen kommen durch die Socken **5** bleiben; **to ~ in sb's mind** j-m im Gedächtnis bleiben

phrasal verbs mit stick:

stick around umg v/i dableiben; **stick around!** warts ab!

stick at v/i ⟨+obj⟩ bleiben an (+dat) umg; **to stick at it** dranbleiben umg

stick by v/i ⟨+obj⟩ halten zu; Regeln sich halten an

stick down v/t ⟨trennb⟩ **1** ankleben; Umschlag zukleben **2** umg abstellen

stick in v/t ⟨trennb⟩ hineinstecken; Messer hineinstechen; **to stick sth in(to) sth** etw in etw (akk) stecken; Messer mit etw in etw (akk) stechen

stick on v/t ⟨trennb⟩ **1** Etikett aufkleben (**sth auf etw** akk) **2** auf Preis draufschlagen; mit Objekt aufschlagen auf (+akk)

stick out **A** v/i vorstehen (**of** aus); Ohren abstehen; fig auffallen **B** v/t ⟨trennb⟩ herausstrecken

stick to v/i ⟨+obj⟩ **1** bleiben bei; Prinzipien etc treu bleiben (+dat); Regeln, Diät sich halten an (+akk) **2** Aufgabe bleiben an (+dat)

stick together fig v/i zusammenhalten

stick up **A** v/t ⟨trennb⟩ **1** zukleben **2** umg **stick 'em up!** Hände hoch!; **three pupils stuck up their hands** drei Schüler meldeten sich **B** v/i Nagel etc vorstehen; Haare abstehen; Kragen hochstehen

stick up for v/i ⟨+obj⟩ eintreten für; **to stick up for oneself** sich behaupten

stick with v/i ⟨+obj⟩ bleiben bei

sticker ['stikə] s Aufkleber m, Pickerl n österr

sticking plaster ['stikiŋ,plɑːstə] Br s Heftpflaster n

stickler ['stiklə] s **to be a ~ for sth** es mit etw peinlich genau nehmen

stick-on adj **~ label** Aufklebeetikett n

stick-up umg s Überfall m

sticky ['stiki] adj ⟨komp stickier⟩ **1** klebrig; Atmosphäre schwül; Hände verschwitzt; **~ tape** Br Klebeband n **2** fig umg Lage heikel; **to go through a ~ patch** eine schwere Zeit durchmachen; **to come to a ~ end** ein böses Ende nehmen

stiff [stif] adj ⟨+er⟩ steif; Masse fest; Opposition, Drink stark; Bürste, Wettbewerb hart; Prüfung schwierig; Preis hoch; Tür klemmend; **to be (as) ~ as a board** od **poker** steif wie ein Brett sein

stiffen ['stifn], (a. **stiffen up**) **A** v/t steif machen **B** v/i steif werden

stiffly ['stifli] adv a. fig steif

stiffness ['stifnəs] s Steifheit f

stifle ['staifl] **A** v/t ersticken; fig unterdrücken **B** v/i ersticken

stifling ['staifliŋ] adj **1** Hitze drückend; **it's ~ in here** es ist ja zum Ersticken hier drin umg **2** fig beengend

stigma ['stigmə] s ⟨pl -s⟩ Stigma n

stigmatize ['stigmətaiz] v/t **to ~ sb as sth** j-n als etw brandmarken

stile [staɪl] s (Zaun)übertritt m

stiletto [stɪˈletəʊ] s ⟨pl -s⟩ Schuh m mit Pfennigabsatz

still[1] [stɪl] **A** adj & adv ⟨+er⟩ **1** bewegungslos; *Gewässer* ruhig; **to keep ~** stillhalten; **to hold sth ~** etw ruhig halten; **to lie ~** still od reglos daliegen; **time stood ~** die Zeit stand still **2** still; **be ~!** US sei still! **B** adj *Getränk* ohne Kohlensäure **C** s FILM Standfoto n

still[2] **A** adv **1** noch, immer noch; **is he ~ coming?** kommt er noch?; **do you mean you ~ don't believe me?** willst du damit sagen, dass du mir immer noch nicht glaubst?; **it ~ hasn't come** es ist immer noch nicht gekommen; **there are ten weeks ~ to go** es bleiben noch zehn Wochen; **worse ~, ...** schlimmer noch, ... **2** *umg* trotzdem; **~, it was worth it** es hat sich trotzdem gelohnt; **~, he's not a bad person** na ja, er ist eigentlich kein schlechter Mensch **B** konj (und) dennoch

stillbirth s Totgeburt f, Fehlgeburt f

stillborn adj tot geboren; **the child was ~** das Kind kam tot zur Welt

still life s ⟨pl still lifes⟩ Stillleben n

stillness [ˈstɪlnɪs] s **1** Unbewegtheit f, Reglosigkeit f **2** Stille f

stilt [stɪlt] s Stelze f

stilted [ˈstɪltɪd] adj gestelzt

stimulant [ˈstɪmjʊlənt] s Anregungsmittel n

stimulate [ˈstɪmjʊleɪt] v/t anregen; *sexuell* erregen; *fig* j-n animieren; *Wachstum* stimulieren; *Wirtschaft* ankurbeln

stimulating [ˈstɪmjʊleɪtɪŋ] adj anregend; *Musik* belebend; *geistig* stimulierend

stimulation [ˌstɪmjʊˈleɪʃən] s **1** Anregung f, Stimulation f; *sexuell* Erregung f **2** von Wirtschaft Ankurbelung f (**to** +gen)

stimulus [ˈstɪmjʊləs] s ⟨pl stimuli [ˈstɪmjʊlaɪ]⟩ Anreiz m; PHYSIOL Reiz m

sting [stɪŋ] ⟨v: prät, pperf stung⟩ **A** v/t stechen; *Qualle* verbrennen; **she was stung by the nettles** sie hat sich an den Nesseln verbrannt; **to ~ sb into action** j-n aktiv werden lassen **B** v/i **1** stechen, brennen **2** *Worte* schmerzen **C** s **1** Stachel m; **to take the ~ out of sth** etw entschärfen; **to have a ~ in its tail** Geschichte etc ein unerwartet fatales Ende nehmen; *Bemerkung* gesalzen sein **2** Stich m **3** (≈ *Schmerz*) Stechen n, Brennen n

stinger suit s Quallen-Schutzanzug m

stinging [ˈstɪŋɪŋ] adj stechend, brennend; *Regen* peitschend; *Angriff* scharf

stinging nettle s Brennnessel f

stingy [ˈstɪndʒɪ] *umg* adj ⟨komp stingier⟩ *Mensch* knauserig *umg*; *Summe* popelig *umg*

stink [stɪŋk] ⟨v: prät stank; pperf stunk⟩ **A** v/i stinken **B** s **1** Gestank m (**of** nach) **2** *umg* Stunk m *umg*; **to kick up** od **make a ~** Stunk machen *umg*

stinking [ˈstɪŋkɪŋ] **A** adj **1** *wörtl* stinkend **2** *umg* beschissen *umg* **B** adv *umg* **~ rich** Br stinkreich *umg*

stinky [ˈstɪŋkɪ] *umg* adj ⟨komp stinkier⟩ stinkend

stint [stɪnt] **A** s Aufgabe f, Anteil m (**of an** +dat); **a 2-hour ~** eine 2-Stunden Schicht; **he did a five-year ~ on the oil rigs** er hat fünf Jahre auf Ölplattformen gearbeitet; **would you like to do a ~ at the wheel?** wie wärs, wenn du auch mal fahren würdest? **B** v/i **to ~ on sth** mit etw sparen od knausern

stipend [ˈstaɪpend] *bes Br* s Gehalt n; *US* UNIV Stipendium n

stipulation [stɪpjʊˈleɪʃn] s Bedingung f

stipulate [ˈstɪpjʊleɪt] v/t **1** zur Auflage machen **2** *Betrag, Preis* festsetzen; *Menge* vorschreiben

stir [stɜː] **A** s **1** *wörtl* Rühren n; **to give sth a ~** etw rühren; *Kaffee* etw umrühren **2** *fig* Aufruhr m; **to cause a ~** Aufsehen erregen **B** v/t **1** *Kaffee* umrühren; *Teig* rühren **2** bewegen **3** *fig* Gefühle aufwühlen; *Fantasie* anregen **C** v/i sich regen, sich bewegen

phrasal verbs mit stir:

stir up v/t ⟨trennb⟩ **1** umrühren **2** *fig* erregen; *Vergangenheit* wachrufen; *Widerstand* entfachen; **to stir up trouble** Unruhe stiften

stir-fry [ˈstɜːˌfraɪ] **A** s Stirfrygericht n **B** v/t (unter Rühren) kurz anbraten

stirring [ˈstɜːrɪŋ] adj bewegend, aufwühlend

stirrup [ˈstɪrəp] s Steigbügel m

stitch [stɪtʃ] **A** s **1** Stich m; *beim Stricken* Masche f, Muster n; **to need ~es** MED genäht werden müssen **2** Seitenstiche pl; **to be in ~es** *umg* sich schieflachen *umg* **B** v/t Handarbeiten, a. MED nähen **C** v/i nähen (**at an** +dat)

phrasal verbs mit stitch:

stitch up v/t ⟨trennb⟩ **1** *Saum, Wunde* nähen **2** *Br umg* **I've been stitched up** man hat mich reingelegt *umg*

stitching [ˈstɪtʃɪŋ] s **1** Naht f **2** Stickerei f

stoat [stəʊt] s Wiesel n

stock [stɒk] **A** s **1** Vorrat m (**of an** +dat); HANDEL Bestand m (**of an** +dat); **to have sth in ~** etw vorrätig haben; **to be in ~/out of ~** vorrätig/nicht vorrätig sein; **to keep sth in ~** etw auf Vorrat haben; **to take ~ of sth** Bilanz aus etw ziehen **2** Viehbestand m **3** GASTR Brühe f **4** FIN **~s and shares** (Aktien und) Wertpapiere pl **B** adj ⟨attr⟩ HANDEL, a. fig Standard- **C** v/t **1** Waren führen **2** Schrank füllen; Laden ausstatten

phrasal verbs mit stock:

stock up **A** v/i sich eindecken (**on** mit); **I must**

stock up on rice, I've almost run out mein Reis ist fast alle, ich muss meinen Vorrat auffüllen **B** v/t ⟨trennb⟩ *Laden etc* auffüllen
stockbroker s Börsenmakler(in) m(f)
stock company s FIN Aktiengesellschaft f
stock control s Lager(bestands)kontrolle f
stock cube s Brühwürfel m
stock exchange s Börse f
stockholder *US* s Aktionär(in) m(f)
stockily ['stɒkɪlɪ] adv **~ built** stämmig
stocking ['stɒkɪŋ] s Strumpf m, Kniestrumpf m; **in one's ~(ed) feet** in Strümpfen
stocking filler s kleines Geschenk (für den Weihnachtsstrumpf); zusätzliche Kleinigkeit (als Weihnachtsgeschenk)
stocking stuffer *US* s kleines Geschenk (für den Weihnachtsstrumpf); zusätzliche Kleinigkeit (als Weihnachtsgeschenk)
stockist ['stɒkɪst] *Br* s (Fach)händler(in) m(f); (≈ Laden) Fachgeschäft n
stock market s Börse f
stock-market crash s Börsenkrach m
stockpile A s Vorrat m (**of** an +dat); *von Waffen* Lager n **B** v/t Vorräte an (+dat) ... anlegen
stock room s Lager n
stock-still adv **to stand ~** regungslos stehen
stocktaking s Inventur f
stocky ['stɒkɪ] adj ⟨komp stockier⟩ stämmig
stockyard ['stɒkjɑːd] s Schlachthof m
stodgy ['stɒdʒɪ] adj ⟨komp stodgier⟩ *Essen* schwer
stoical adj, **stoically** ['stəʊɪkəl I, -lɪ] adv stoisch
stoicism ['stəʊɪsɪzəm] *fig* s stoische Ruhe, Gleichmut m
stoke [stəʊk] v/t *Feuer* schüren
stole¹ [stəʊl] s Stola f
stole² prät → **steal**
stolen ['stəʊlən] **A** pperf → **steal B** adj gestohlen; **to receive ~ goods** Hehler m sein
stomach ['stʌmək] s Magen m, Bauch m; *fig* Lust f (**for** auf +akk); **to lie on one's ~** auf dem Bauch liegen; **to have a pain in one's ~** Magen-/Bauchschmerzen haben; **on an empty ~** auf leeren Magen
stomach ache s, **stomachache** s Magenschmerzen pl
stomach upset s Magenverstimmung f
stomp [stɒmp] v/i stapfen
stone [stəʊn] **A** s **1** Stein m; **a ~'s throw from** ... nur einen Katzensprung von ...; **to leave no ~ unturned** nichts unversucht lassen **2** *Br britische Gewichtseinheit = 6,35 kg* **B** adj Stein-, aus Stein **C** v/t **1** steinigen **2** *umg* **to be ~d** total zu sein *umg*
Stone Age s Steinzeit f
stone-broke *US umg* adj völlig abgebrannt *umg*
stone circle *Br* s Steinkreis m
stone-cold A adj eiskalt **B** adv **~ sober** stocknüchtern *umg*
stone-dead adj ⟨präd⟩ mausetot *umg*
stone-deaf adj stocktaub *umg*
stonemason s Steinmetz m
stonewall *fig* v/i ausweichen
stonework s Mauerwerk n
stony ['stəʊnɪ] adj ⟨komp stonier⟩ steinig; *fig Schweigen* eisern; *Gesicht* undurchdringlich
stony-broke *Br umg* adj völlig abgebrannt *umg*
stony-faced ['stəʊnɪ'feɪst] adj mit steinerner Miene
stood [stʊd] prät & pperf → **stand**
stool [stuːl] s **1** Hocker m, Stockerl n *österr*; **to fall between two ~s** sich zwischen zwei Stühle setzen **2** *bes* MED Stuhl m
stoop¹ [stuːp] **A** s Gebeugtheit f **B** v/i sich beugen (**over** über +akk); (a. **~ down**) sich bücken; **to ~ to sth** *fig* sich zu etw herablassen
stoop² *US* s Treppe f, Stiege f *österr*
stop [stɒp] **A** s **1 to come to a ~** anhalten; *Verkehr* stocken; *fig Projekt* eingestellt werden; *Unterhaltung* verstummen; **to put a ~ to sth** einer Sache (dat) einen Riegel vorschieben **2** Aufenthalt m; (≈ Unterbrechung) Pause f; **we made three ~s** wir haben dreimal haltgemacht **3** *für Bus etc* Haltestelle f **4 to pull out all the ~s** *fig* alle Register ziehen **B** v/t **1** anhalten; *Motor* abstellen; *Angriff, Verkehr* aufhalten; *Lärm* auffangen; **~ thief!** haltet den Dieb! **2** Aktivitäten ein Ende machen (+dat); *Unsinn, Lärm* unterbinden; *Spiel, Arbeit* beenden; *Produktion* zum Stillstand bringen **3** aufhören mit; **to ~ smoking** mit dem Rauchen aufhören; **I'm trying to ~ smoking** ich versuche, das Rauchen aufzugeben; **~ it!**, **~ that!** lass das!, hör auf! **4** stoppen; *Produktion, Kämpfe* einstellen; *Scheck* sperren; *Ermittlungen* abbrechen **5** verhindern; *j-n* abhalten; **to ~ oneself** sich beherrschen; **there's no ~ping him** *umg* er ist nicht zu bremsen *umg*; **there's nothing ~ping you** *od* **to ~ you** es hindert Sie nichts; **to ~ sb (from) doing sth** j-n davon abhalten *od* daran hindern, etw zu tun; **to ~ oneself from doing sth** sich zurückhalten und etw nicht tun **C** v/i **1** (an)halten; *Fahrer* haltmachen, stehen bleiben; *Maschine* nicht mehr laufen; **no ~ping** Halteverbot n; **~ (right there)!** halt!, stopp!; **we ~ped for a drink at the pub** wir machten in der Kneipe Station, um etwas zu trinken; **to ~ at nothing (to do sth)** *fig* vor nichts haltmachen(, um etw zu tun); **to ~ dead** *od* **in one's tracks** plötzlich stehen bleiben **2** aufhören; *Herz* stehen bleiben; *Produktion, Zahlung* eingestellt werden; **to ~ doing sth** aufhören, etw zu

tun; **he ~ped in mid sentence** er brach mitten im Satz ab; **if you had ~ped to think** wenn du nur einen Augenblick nachgedacht hättest; **he never knows when** *od* **where to ~** er weiß nicht, wann er aufhören muss **3** *Br umg* bleiben (**at** in +*dat od* **with** bei)

phrasal verbs mit stop:

stop by *v/i* kurz vorbeischauen

stop off *v/i* (kurz) haltmachen (**at sb's place** bei j-m)

stop over *v/i* Zwischenstation machen (**in** in +*dat*); FLUG zwischenlanden

stop up *v/t* ⟨*trennb*⟩ verstopfen

stopcock *s* Absperrhahn *m*

stopgap *s* Notlösung *f*

stoplight *bes US s* rotes Licht

stopover *s* Zwischenstation *f*; FLUG Zwischenlandung *f*

stoppage ['stɒpɪdʒ] *s* **1** Unterbrechung *f* **2** Streik *m*

stoppage time *s* beim Fußball Nachspielzeit *f*

stopper ['stɒpə^r] *s* Stöpsel *m*

stop sign *s* Stoppschild *n*

stopwatch *s* Stoppuhr *f*

storage ['stɔːrɪdʒ] *s von Waren* Lagerung *f*; *von Wasser, Daten* Speicherung *f*; **to put sth into ~** etw (ein)lagern

storage capacity *s* IT Speicherkapazität *f*

storage device *s* COMPUT Speichereinheit *f*

storage heater *s* (Nachtstrom)speicherofen *m*

storage space *s in Haus* Schränke und Abstellräume *pl*

store [stɔː^r] **A** *s* **1** Vorrat *m* (**of an** +*dat*); *fig* Fülle *f* (**of an** +*dat*); **~s** *pl* Vorräte *pl*; **to have** *od* **keep sth in ~** etw auf Lager *od* etw vorrätig haben; **to be in ~ for sb** j-m bevorstehen; **what has the future in ~ for us?** was wird uns (*dat*) die Zukunft bringen? **2** Lager *n* **3** *bes US* Geschäft *n*, Kaufhaus *n* **4** COMPUT Speicher *m* **B** *v/t* lagern; *Möbel* unterstellen; *auf länger* einlagern; *Information, Strom* speichern; **to ~ sth away** etw verwahren; **to ~ sth up** einen Vorrat an etw (*dat*) anlegen; *fig* etw anstauen

store card *s* Kundenkreditkarte *f*

store detective *s* Kaufhausdetektiv(in) *m(f)*

storehouse *s* Lager(haus) *n*

storekeeper *bes US s* Ladenbesitzer(in) *m(f)*

store locator *s* IT Filialfinder *m*

storeroom *s* Lagerraum *m*

storey ['stɔːrɪ] *s*, **story** *bes US s* ⟨*pl* stories⟩ Stock *m*, Etage *f*; **a nine-storey building** ein neunstöckiges Gebäude; **he fell from the third-storey window** er fiel aus dem Fenster des dritten Stock(werk)s *od* der dritten Etage; *US* er fiel aus dem Fenster des zweiten Stock(werk)s *od* der zweiten Etage

storeyed ['stɔːrɪd] *adj*, **storied** *US adj* **a six-storeyed building** *Br* ein sechsstöckiges Gebäude; *US* ein fünfstöckiges Gebäude

stork [stɔːk] *s* Storch *m*

storm [stɔːm] **A** *s* **1** Unwetter *n*, Gewitter *n*; (≈ *Wind*) Sturm *m* **2** *fig von Beschimpfungen* Flut *f* (**of** von); *von Kritik* Sturm *m* (**of** +*gen*); **to take sth/sb by ~** etw/j-n im Sturm erobern **B** *v/t* stürmen **C** *v/i* **1** wüten (**at** gegen) **2** **to ~ out of a room** aus einem Zimmer stürmen

storm cloud *s* Gewitterwolke *f*

storm troopers *pl* (Sonder)einsatzkommando *n*

stormy ['stɔːmɪ] *adj* ⟨*komp* stormier⟩ stürmisch

story¹ ['stɔːrɪ] *s* **1** Geschichte *f*; *bes* LIT Erzählung *f*; **the ~ goes that …** man erzählt sich, dass …; **to cut a long ~ short** um es kurz zu machen; **it's the same old ~** es ist das alte Lied **2** *Presse* Artikel *m* **3** *umg* **to tell stories** Märchen erzählen

story² *US s* → storey

storyboard *s* Storyboard *n* (*gezeichnete Version eines Drehbuchs*)

storybook *s* Geschichtenbuch *n*

story line *s* Handlung *f*, Handlungsverlauf *m*

storyteller *s* Geschichtenerzähler(in) *m(f)*

stout [staʊt] **A** *adj* ⟨+*er*⟩ **1** *Mann* korpulent; *Frau* füllig **2** *Stock* kräftig; *Schuhe* fest **3** *Widerstand* hartnäckig **B** *s Br* Stout *m* (*dunkles, obergäriges Bier*); *süß* Malzbier *n*

stove [stəʊv] *s* Ofen *m*; *bes US zum Kochen* Herd *m*; **gas ~** Gasherd *m*

stow [stəʊ] *v/t*, (*a*. **stow away**) verstauen (**in** in +*dat*)

phrasal verbs mit stow:

stow away *v/i* als blinder Passagier fahren

stowaway ['stəʊəweɪ] *s* blinder Passagier

straddle ['strædl] *v/t* breitbeinig stehen über (+*dat*); *Stuhl* rittlings sitzen auf (+*dat*); *fig Grenze* überspannen

straggle ['strægl] *v/i* **1** *Häuser, Bäume* verstreut liegen; *Pflanze* (in die Länge) wuchern **2** **to ~ behind** hinterherzockeln

straggler ['stræglə^r] *s* Nachzügler(in) *m(f)*

straggly ['stræglɪ] *adj* ⟨*komp* stragglier⟩ *Haar* struppig

straight [streɪt] **A** *adj* ⟨+*er*⟩ **1** gerade; *Antwort* direkt; *Haar* glatt; *Rock* gerade geschnitten; *Mensch, Handel* ehrlich; **to be ~ with sb** offen und ehrlich zu j-m sein; **your tie isn't ~** deine Krawatte sitzt schief; **the picture isn't ~** das Bild hängt schief; **is my hat on ~?** sitzt mein Hut gerade?; **to keep a ~ face** ernst bleiben; **with a ~ face** ohne die Miene zu verziehen **2** klar; **to get things ~ in one's mind** sich (*dat*) der Dinge klar werden **3** *Drink* pur; *Wahl* einfach **4** **for the third ~ day** US drei Tage ohne Unterbrechung; **to have ten ~ wins** zehnmal hintereinander gewinnen **5** ⟨präd⟩ Zimmer ordentlich; **to put things ~** alles klären; **let's get this ~** das wollen wir mal klarstellen; **to put** od **set sb ~ about sth** j-m etw klarmachen; **if I give you a fiver, then we'll be ~** umg wenn ich dir einen Fünfer gebe, sind wir quitt **6** umg (≈ nicht schwul) hetero umg **B** adv **1** gerade, direkt; **~ through sth** glatt durch etw; **it went ~ up in the air** es flog senkrecht in die Luft; **~ ahead** geradeaus; **to drive ~ on** geradeaus weiterfahren **2** sofort; **~ away** sofort; **to come ~ to the point** sofort od gleich zur Sache kommen **3** klar **4** offen; **~ out** umg unverblümt **5** trinken pur **C** s von Rennbahn Gerade f

straightaway [ˌstreɪtəˈweɪ] US adv → straight B 2

straighten [ˈstreɪtn] **A** v/t **1** Beine gerade machen; Bild gerade hinhängen; Krawatte gerade ziehen **2** in Ordnung bringen **B** v/i Straße gerade werden; Mensch sich aufrichten **C** v/r **to ~ oneself** sich aufrichten

phrasal verbs mit straighten:

straighten out A v/t ⟨trennb⟩ **1** Beine gerade machen **2** Problem klären; **to straighten oneself out** ins richtige Gleis kommen; **to straighten things out** die Sache in Ordnung bringen **B** v/i Straße gerade werden; Haar glatt werden

straighten up A v/i sich aufrichten **B** v/t ⟨trennb⟩ **1** gerade machen **2** aufräumen

straight-faced [ˈstreɪtˈfeɪst] adj **to be ~** keine Miene verziehen

straightforward adj Mensch aufrichtig; Erklärung natürlich; Wahl, Anweisungen einfach; Prozess unkompliziert

straight-laced [ˌstreɪtˈleɪst] adj prüde

straight-out umg adv unverblümt

strain[1] [streɪn] **A** s **1** MECH, a. fig Belastung f (on für); (≈ Mühe) Anstrengung f; beruflich etc Beanspruchung f (of durch); **to take the ~ off sth** etw entlasten; **to be under a lot of ~** großen Belastungen ausgesetzt sein; **I find it a ~** ich finde das anstrengend **2** to put a ~ on sb/sth j-n/etw stark belasten **3** (Muskel)zerrung f; der Augen etc Überanstrengung f (on +gen) **B** v/t **1** spannen **2** Seil belasten; Nerven, Ressourcen strapazieren; zu sehr überlasten; **to ~ one's ears to ...** angestrengt lauschen, um zu ...; **don't ~ yourself!** iron umg reiß dir bloß kein Bein aus! umg **3** MED Muskel zerren; Rücken, Augen strapazieren **4** (durch)sieben; Gemüse abgießen **C** v/i zerren; fig sich bemühen

strain[2] s **1** Hang m, Zug m; erblich Veranlagung f **2** von Tieren Rasse f; von Pflanzen Sorte f; von Viren etc Art f

strained adj Gesichtsausdruck gekünstelt; Unterhaltung gezwungen; Beziehung angespannt; Atmosphäre gespannt

strainer [ˈstreɪnə(r)] s GASTR Sieb n

strait [streɪt] s **1** GEOG Straße f **2** fig **to be in dire ~s** in großen Nöten sein

straitjacket s Zwangsjacke f

strait-laced [ˌstreɪtˈleɪst] adj prüde

strand[1] [strænd] v/t **to be ~ed** gestrandet sein; **to be (left) ~ed** Mensch festsitzen; **to leave sb ~ed** j-n seinem Schicksal überlassen

strand[2] s Strang m; von Haar Strähne f; von Garn Faden m

strange [streɪndʒ] adj ⟨komp stranger⟩ **1** seltsam; **to think/find it ~ that ...** es seltsam finden, dass ... **2** fremd; Betätigung ungewohnt; **don't talk to ~ men** sprich nicht mit fremden Männern; **I felt rather ~ at first** zuerst fühlte ich mich ziemlich fremd; **I feel ~ in a skirt** ich komme mir in einem Rock komisch vor umg

strangely [ˈstreɪndʒlɪ] adv seltsam, merkwürdig, komisch umg; **~ enough** seltsamerweise, merkwürdigerweise

strangeness s **1** Seltsamkeit f **2** Fremdheit f; von Betätigung Ungewohntheit f

stranger [ˈstreɪndʒə(r)] s Fremde(r) m/f(m); **I'm a ~ here myself** ich bin selbst fremd hier; **he is no ~ to London** er kennt sich in London aus; **hullo, ~!** umg hallo, lange nicht gesehen

strangle [ˈstræŋgl] v/t erwürgen; fig ersticken

strangled adj Schrei erstickt

stranglehold [ˈstræŋglhəʊld] fig s absolute Machtposition (on gegenüber)

strangulation [ˌstræŋgjʊˈleɪʃn] s Erwürgen n

strap [stræp] **A** s Riemen m, Gurt m; in Bus etc Schlaufe f; von Uhr Band n; über Schulter Träger m **B** v/t **1** festschnallen (**to** an +dat); **to ~ sb/sth down** j-n/etw festschnallen; **to ~ sb/oneself in** j-n/sich anschnallen **2** MED (a. **~ up**) bandagieren **3** **to be ~ped (for cash)** pleite od blank sein umg

strapless adj trägerlos

strapping [ˈstræpɪŋ] umg adj stramm

Strasbourg [ˈstræzbɜːg] s Straßburg n

strata [ˈstrɑːtə] pl → stratum

strategic [strəˈtiːdʒɪk] adj strategisch

strategically [strəˈtiːdʒɪkəlɪ] adv strategisch; fig a. taktisch; **to be ~ placed** eine strategisch günstige Stellung haben

strategist [ˈstrætɪdʒɪst] s Stratege m, Strategin f

strategy [ˈstrætɪdʒɪ] s Strategie f

stratosphere [ˈstrætəʊsfɪə(r)] s Stratosphäre f

stratum [ˈstrɑːtəm] s ⟨pl strata⟩ Schicht f

straw [strɔː] **A** s **1** Strohhalm m; allg Stroh n kein pl; **that's the final ~!** umg das ist der Gipfel!

umg; **to clutch at ~s** sich an einen Strohhalm klammern; **to draw the short ~** den Kürzeren ziehen [2] Trinkhalm *m* [B] *adj ⟨attr⟩* Stroh-
strawberry ['strɔːbərɪ] *s* Erdbeere *f*
straw poll, straw vote *s* Probeabstimmung *f*; *bei Wahl* Wählerbefragung *f*
stray [streɪ] [A] *v/i* (*a.* **~ away**) sich verirren; (*a.* **~ about**) (umher)streunen; *fig Gedanken* abschweifen; **to ~ (away) from sth** von etw abkommen [B] *adj Kugel* verirrt; *Hund* streunend *attr; Haare* vereinzelt [C] *s* streunendes Tier
streak [striːk] [A] *s* Streifen *m*; *fig* Spur *f*; **~s** *in Haar* Strähnchen *pl*; **~ of lightning** Blitz(strahl) *m*; **a winning ~** eine Glückssträhne; **a mean ~** ein gemeiner Zug [B] *v/t* streifen; **the sky was ~ed with red** der Himmel hatte rote Streifen; **hair ~ed with grey** Haar mit grauen Strähnchen [C] *v/i* [1] *Blitz* zucken; *umg Läufer* flitzen *umg* [2] *Nackter* flitzen
streaker ['striːkər] *s* Flitzer(in) *m(f)*
streaky ['striːkɪ] *adj* ⟨*komp* streakier⟩ streifig; **~ bacon** *Br* durchwachsener Speck
stream [striːm] [A] *s* [1] Bach *m*, Strömung *f* [2] *von Flüssigkeit, Menschen* Strom *m*; *von Worten* Schwall *m* [B] *v/i* [1] strömen; *Augen* tränen; **the walls were ~ing with water** die Wände trieften vor Nässe; **her eyes were ~ing with tears** Tränen strömten ihr aus den Augen [2] *Fahne, Haare* wehen

phrasal verbs mit stream:
stream down *v/i* in Strömen fließen; *mit Objekt* herunterströmen; **tears streamed down her face** Tränen strömten über ihr Gesicht
stream in *v/i* hereinströmen
stream out *v/i* hinausströmen (**of** aus), herausfließen (**of** aus)
streamer ['striːmər] *s* Luftschlange *f*
streaming ['striːmɪŋ] *adj Fenster* triefend; *Augen* tränend; **I have a ~ cold** *Br* ich habe einen fürchterlichen Schnupfen
streamline *v/t Organisation* rationalisieren
streamlined ['striːmlaɪnd] *adj* stromlinienförmig; *fig* rationalisiert
street [striːt] *s* Straße *f*; **in** *od* **on the ~** auf der Straße; **to live in** *od* **on a ~** in einer Straße wohnen; **it's right up my ~** *Br fig umg* das ist genau mein Fall *umg*; **to be ~s ahead of sb** *fig umg* j-m haushoch überlegen sein *umg*; **to take to the ~s** *Demonstranten* auf die Straße gehen
street battle *s* Straßenschlacht *f*
streetcar *US s* Straßenbahn *f*, Tram *n schweiz*
street index *s* Straßenverzeichnis *n*
street lamp, street light *s* Straßenlaterne *f*
street map *s* Stadtplan *m*
street party *s* Straßenfest *n*
street people *pl* Obdachlose *pl*
street performer *s* Straßenkünstler(in) *m(f)*
street plan *s* Stadtplan *m*
street sweeper *s* [1] Straßenkehrer(in) *m(f)* [2] Kehrmaschine *f*
street value *s von Drogen* (Straßen)verkaufswert *m*
streetwalker *s umg* Straßenmädchen *n*
streetwear *s Kleidung* Streetwear *f*
streetwise *adj* clever *umg*; raffiniert
streetworker *s* Streetworker(in) *m(f)*, Straßensozialarbeiter(in) *m(f)*
strength [streŋθ] *s* [1] Stärke *f*, Kraft *f*; *von Beweisen* Überzeugungskraft *f*; **on the ~ of sth** aufgrund einer Sache (*gen*); **to save one's ~** mit seinen Kräften haushalten; **to go from ~ to ~** einen Erfolg nach dem anderen haben; **to be at full ~** vollzählig sein; **to turn out in ~** zahlreich erscheinen [2] *von Konstitution* Robustheit *f*; **when she has her ~ back** wenn sie wieder bei Kräften ist [3] CHEM *von Lösung* Konzentration *f*
strengthen ['streŋθən] [A] *v/t* stärken [B] *v/i* stärker werden
strenuous ['strenjʊəs] *adj* [1] anstrengend [2] *Versuche* unermüdlich; *Anstrengungen* hartnäckig
strenuously ['strenjʊəslɪ] *adv* [1] anstrengend [2] *abstreiten* entschieden
stress [stres] [A] *s* [1] Stress *m*; MECH Belastung *f*; MED Überlastung *f*; *allg* Druck *m*, Spannung *f*; **to be under ~** großen Belastungen ausgesetzt sein; *beruflich* im Stress sein [2] Betonung *f*; *fig* (Haupt)gewicht *n*; **to put** *od* **lay (great) ~ on sth** einer Sache (*dat*) großes Gewicht beimessen, etw (besonders) betonen [B] *v/t* betonen
stress ball *s* (Anti)stressball *m*
stressed *adj* gestresst
stressed out *adj* gestresst; **to get ~ about** *od* **over sb/sth** von j-m/etw) völlig gestresst sein
stressful *adj* stressig
stress mark *s* LING Betonungszeichen *n*
stress test *s* Stresstest *m*
stretch [stretʃ] [A] *s* [1] Strecken *n*; **to have a ~** sich strecken; **to be at full ~** *wörtl* bis zum Äußersten gedehnt sein; *fig Mensch* mit aller Kraft arbeiten; *Fabrik etc* auf Hochtouren arbeiten *umg*; **by no ~ of the imagination** beim besten Willen nicht; **not by a long ~** bei Weitem nicht [2] Stück *n*; *von Straße etc* Strecke *f*; *von Reise* Abschnitt *m* [3] Zeitraum *m*; **for hours at a ~** stundenlang; **three days at a ~** drei Tage an einem Stück *od* ohne Unterbrechung [B] *adj* ⟨*attr*⟩ **~ trousers** Stretchhose *f* [C] *v/t* [1] strecken; *Gummiband, Schuhe* dehnen; *Flügel* ausbreiten; *Seil* spannen; *Sportler* fordern; **to ~ sth tight** etw

straffen; *Decke etw* stramm ziehen; **to ~ one's legs** sich (*dat*) die Beine vertreten *umg*; **to ~ sb/sth to the limit(s)** j-n/etw bis zum äußersten belasten; **to be fully ~ed** *bes Br* voll ausgelastet sein **2** *Wahrheit, Regeln* es nicht so genau nehmen mit; **that's ~ing it too far** das geht zu weit **D** *v/i nach Schlaf* sich strecken; *Band* dehnbar sein; *Gebiet, Befugnis* sich erstrecken (**to** bis *od* **over** über +*akk*); *Vorrat, Geld* reichen (**to** für); *Kleidung etc* weiter werden; **to ~ to reach sth** sich recken, um etw zu erreichen; **he ~ed across and touched her cheek** er reichte herüber und berührte ihre Wange; **the fields ~ed away into the distance** die Felder dehnten sich bis in die Ferne aus; **our funds won't ~ to that** das lassen unsere Finanzen nicht zu **E** *v/r nach Schlaf* sich strecken

phrasal verbs mit stretch:

stretch out **A** *v/t* ⟨*trennb*⟩ Arme ausbreiten; *Hand* ausstrecken; *Diskussion* ausdehnen **B** *v/i umg* sich hinlegen; *Landschaft* sich ausbreiten

stretcher ['stretʃə⁽ʳ⁾] *s MED* Trage *f*

stretch limo *s* Stretchlimo *f*

stretchy ['stretʃi] *adj* ⟨*komp* stretchier⟩ elastisch

strew [struː] *v/t* ⟨*prät* strewed; *pperf* strewed *od* strewn [struːn]⟩ verstreuen; *Blumen, Sand* streuen; *Boden* bestreuen

stricken ['strɪkən] *liter adj* leidgeprüft; *Schiff* in Not; **to be ~ by drought** von Dürre heimgesucht werden

-stricken *adj* ⟨*suf*⟩ mit Gefühlen -erfüllt; durch Unglück von ... heimgesucht; **grief-stricken** schmerzerfüllt

strict [strɪkt] *adj* ⟨+*er*⟩ streng; *Katholik* strenggläubig; **in the ~ sense of the word** genau genommen; **in (the) ~est confidence** in strengster Vertraulichkeit; **there is a ~ time limit on that** das ist zeitlich genau begrenzt

strictly ['strɪktlɪ] *adv* streng, genau; **~ forbidden** streng verboten; **~ business** rein geschäftlich; **~ personal** privat; **~ speaking** genau genommen; **not ~ true** nicht ganz richtig; **~ between ourselves** ganz unter uns; **unless ~ necessary** wenn nicht unbedingt erforderlich; **the car park is ~ for the use of residents** der Parkplatz ist ausschließlich für Anwohner vorgesehen

strictness ['strɪktnɪs] *s* Strenge *f*

stride [straɪd] ⟨*v: prät* strode; *pperf* stridden ['strɪdn]⟩ **A** *v/i* schreiten *geh* **B** *s* Schritt *m*; *fig* Fortschritt *m*; **to take sth in one's ~** *Br*, **to take sth in ~** *US* mit etw spielend fertig werden; **to put sb off his/her ~** j-n aus dem Konzept bringen

strident ['straɪdnt] *adj* schrill; *fig Forderungen* lautstark

strife [straɪf] *s* Unfriede *m*

strike [straɪk] ⟨*v: prät* struck; *pperf* struck⟩ **A** *v/t* **1** schlagen; *Tisch* schlagen auf (+*akk*); *Schicksalsschlag* treffen; *Note* anschlagen; **to be struck by lightning** vom Blitz getroffen werden; **to ~ the hour** die volle Stunde schlagen; **to ~ 4** 4 schlagen **2** stoßen gegen; *Auto* fahren gegen; *Boden* auftreffen auf (+*akk*) **3** in den Sinn kommen (+*dat*); **that ~s me as a good idea** das kommt mir sehr vernünftig vor; **it struck me how ...** mir ging plötzlich auf, wie ...; (≈ *sehen etc*) mir fiel auf, wie ... **4** beeindrucken; **how does it ~ you?** wie finden Sie das?; **she struck me as being very competent** sie machte auf mich einen sehr fähigen Eindruck **5** *fig Abkommen* sich einigen auf (+*akk*); *Stellung* einnehmen; **to ~ a match** ein Streichholz anzünden; **to be struck dumb** mit Stummheit geschlagen werden *geh* **6** *Öl, Weg* finden; **to ~ gold** fig auf eine Goldgrube stoßen **B** *v/i* **1** treffen; *Blitz* einschlagen; *MIL etc* angreifen; **to be/come within striking distance of sth** einer Sache (*dat*) nahe sein **2** *Uhr* schlagen **3** *Arbeiter* streiken **C** *s* **1** Streik *m*; **to be on ~** streiken; **to come out on ~, to go on ~** in den Streik treten **2** *von Öl etc* Fund *m* **3** *MIL* Angriff *m*

phrasal verbs mit strike:

strike back *v/i & v/t* ⟨*trennb*⟩ zurückschlagen

strike off *v/t* ⟨*trennb*⟩ **1** *Ast etc* abschlagen **2** *von Liste* streichen

strike out **A** *v/i* schlagen; **to strike out at sb** j-n angreifen; **to strike out on one's own** *wörtl* allein losziehen; *fig* eigene Wege gehen **B** *v/t* ⟨*trennb*⟩ (aus)streichen

strike up *v/t* ⟨*untrennb*⟩ **1** *Melodie* anstimmen **2** *Freundschaft* schließen; *Gespräch* anfangen

strike ballot *s* Urabstimmung *f*

strikebound *adj* bestreikt

striker ['straɪkə⁽ʳ⁾] *s* **1** Streikende(r) *m/f(m)* **2** *FUSSB* Stürmer(in) *m(f)*

striking ['straɪkɪŋ] *adj* auffallend; *Mensch* bemerkenswert

striking distance *s von Rakete etc* Reichweite *f*

strikingly ['straɪkɪŋlɪ] *adv* auffallend; *attraktiv* bemerkenswert

Strimmer® ['strɪmə⁽ʳ⁾] *s* Rasentrimmer *m*

string [strɪŋ] ⟨*v: prät, pperf* strung⟩ **A** *s* **1** Schnur *f*; *von Marionette* Faden *m*; *von Fahrzeugen* Schlange *f*; *fig* Reihe *f*; *von Lügen* Haufen *m*; **to pull ~s** *fig* Beziehungen spielen lassen; **with no ~s attached** ohne Bedingungen **2** *von Instrument, Tennisschläger* Saite *f*; **to have two ~s** *od* **a second ~** *od* **more than one ~ to one's bow** zwei Eisen im Feuer haben **3** **~s** *pl* **the ~s** die Streichinstrumente *pl*; (≈ *Musiker*) die Streicher *pl* **B** *v/t Geige* (mit Saiten) bespannen

phrasal verbs mit string:
string along *umg v/t* ⟨*trennb*⟩ **to string sb along** j-n hinhalten
string together *v/t* ⟨*trennb*⟩ Sätze aneinanderreihen
string up *v/t* ⟨*trennb*⟩ aufhängen

string bean *bes US s* grüne Bohne, Fisole *f österr*
stringed [strɪŋd] *adj* **~ instrument** Saiteninstrument *n*
stringent ['strɪndʒənt] *adj* Ansprüche, Gesetze streng; *Regeln, Test* hart
string instrument *s* Saiteninstrument *n*
string vest *s* Netzhemd *n*
stringy ['strɪŋɪ] *adj* ⟨*komp* stringier⟩ *Fleisch* sehnig
strip [strɪp] **A** *s* **1** Streifen *m*, Band *n* **2** *Br SPORT* Trikot *n*, Leiberl *n österr*, Leibchen *n österr, schweiz* **B** *v/t* **1** j-n ausziehen; *Bett, Tapete* abziehen; *Lack* abbeizen **2** *fig* berauben (**of** +*gen*) **C** *v/i* sich ausziehen; *bei Arzt* sich frei machen; *Tänzerin* strippen *umg*; **to ~ naked** sich bis auf die Haut ausziehen

phrasal verbs mit strip:
strip down **A** *v/t* ⟨*trennb*⟩ *Motor* zerlegen **B** *v/i* **to strip down to one's underwear** sich bis auf die Unterwäsche ausziehen
strip off **A** *v/t* ⟨*trennb*⟩ *Kleider* ausziehen; *Papier* abziehen (**sth von etw**) **B** *v/i* sich ausziehen; *bei Arzt* sich frei machen

strip cartoon *Br s* Comic(strip) *m*
strip club *s* Stripteaseklub *m*
stripe [straɪp] *s* Streifen *m*
striped [straɪpt] *adj* gestreift
strip lighting *bes Br s* Neonlicht *n*
stripper ['strɪpə'] *s* **1** Stripperin *f*; **male ~** Stripper *m* **2** Farbentferner *m*
strip scanner *s umg am Flughafen* Nacktscanner *m*
strip-search **A** *s* Leibesvisitation *f* **B** *v/t* einer Leibesvisitation (*dat*) unterziehen
striptease *s* Striptease *m/n*; **to do a ~** strippen *umg*
stripy ['straɪpɪ] *umg adj* gestreift
strive [straɪv] *v/i* ⟨*prät* strove; *pperf* striven ['strɪvn]⟩ **to ~ to do sth** bestrebt *od* bemüht sein, etw zu tun; **to ~ for** nach etw streben
strobe [strəʊb] *s* stroboskopische Beleuchtung
strode [strəʊd] *prät* → stride
stroke [strəʊk] **A** *s a. MED* Schlag *m*; *Schwimmen* Zug *m*, Stil *m*; *mit Pinsel* Strich *m*; **he doesn't do a ~** (**of work**) er tut keinen Schlag *umg*; **a ~ of genius** ein genialer Einfall; **a ~ of luck** ein Glücksfall *m*; **we had a ~ of luck** wir hatten Glück; **at a** *od* **one ~** mit einem Schlag; **on the ~ of twelve** Punkt zwölf (Uhr); **to have a ~** *MED* einen Schlag(anfall) bekommen **B** *v/t* streicheln

stroll [strəʊl] **A** *s* Spaziergang *m*; **to go for** *od* **take a ~** einen Spaziergang machen **B** *v/i* spazieren; **to ~ around the town** durch die Stadt bummeln; **to ~ up to sb** auf j-n zuschlendern
stroller ['strəʊlə'] *s US für Babys* Sportwagen *m*
strong [strɒŋ] **A** *adj* ⟨+*er*⟩ **1** stark, kräftig; *Wand* stabil; *Konstitution* robust; *Zähne, Herz* gut; *Charakter etc* fest; *Kandidat* aussichtsreich; *Argument* überzeugend; *Lösung* konzentriert; **there is a ~ possibility that …** es ist überaus wahrscheinlich, dass …; **a group 20 ~** eine 20 Mann starke Gruppe; **a ~ drink** ein harter Drink **2** begeistert; *Anhänger* überzeugt **B** *adv* ⟨+*er*⟩ *umg* **to be going ~** gut in Schuss sein *umg*
strongbox *s* (Geld)kassette *f*
stronghold *fig s* Hochburg *f*
strongly ['strɒŋlɪ] *adv* stark, kräftig; *gebaut* stabil; *glauben* fest; *protestieren* energisch; **to feel ~ about sth** in Bezug auf etw (*akk*) stark engagiert sein; **I feel very ~ that …** ich vertrete entschieden die Meinung, dass …; **to be ~ in favour of sth** etw stark befürworten; **to be ~ opposed to sth** etw scharf ablehnen
strong-minded [ˌstrɒŋ'maɪndɪd] *adj* willensstark
strong point *s* Stärke *f*
strongroom *s* Stahlkammer *f*
strong-willed [ˌstrɒŋ'wɪld] *adj* willensstark; *pej* eigensinnig
stroppy ['strɒpɪ] *Br umg adj* ⟨*komp* stroppier⟩ **1** fuchtig *umg*; *Antwort, Kind* pampig *umg* **2** aggressiv
strove [strəʊv] *prät* → strive
struck [strʌk] **A** *prät & pperf* → strike **B** *adj* ⟨*präd*⟩ **to be ~ with sb/sth** von j-m/etw angetan sein
structural ['strʌktʃərəl] *adj* Struktur-; *Veränderungen, Schäden* strukturell, baulich
structurally ['strʌktʃərəlɪ] *adv* strukturell; **~ sound** sicher
structure ['strʌktʃə'] **A** *s* Struktur *f*; *TECH* Konstruktion *f* **B** *v/t* strukturieren; *Argument* aufbauen
structured ['strʌktʃəd] *adj* strukturiert; *Vorgehensweise* durchdacht
struggle ['strʌgl] **A** *s* Kampf *m* (**for** um); *fig* Anstrengung *f*; **to put up a ~** sich wehren; **it is a ~** es ist mühsam **B** *v/i* **1** kämpfen, sich wehren; *finanziell* in Schwierigkeiten sein; *fig* sich sehr anstrengen; **to ~ with sth** *mit Problem* sich mit etw herumschlagen; *mit Verletzung, Gefühlen* mit etw zu kämpfen haben; *mit Gepäck, Hausaufgaben* sich mit etw abmühen; **this firm is struggling** diese Firma hat (schwer) zu kämpfen; **are you struggling?** hast du Schwierigkei-

struggling – stun ▪ 673

ten? **2 to ~ to one's feet** mühsam auf die Beine kommen; **to ~ on** wörtl sich weiterkämpfen; fig weiterkämpfen

struggling ['strʌglɪŋ] adj Künstler etc am Hungertuch nagend attr

strum [strʌm] v/t Melodie klimpern; Gitarre klimpern auf (+dat)

strung [strʌŋ] prät & pperf → string

strut¹ [strʌt] v/i stolzieren

strut² s Strebe f, Pfeiler m

stub [stʌb] **A** s von Bleistift, Schwanz Stummel m; von Zigarette Kippe f; von Ticket Abschnitt m **B** v/t **to ~ one's toe** (on od against sth) sich (dat) den Zeh (an etw dat) stoßen; **to ~ out a cigarette** eine Zigarette ausdrücken

stubble ['stʌbl] s ⟨kein pl⟩ Stoppeln pl

stubborn ['stʌbən] adj **1** stur, störrisch; **to be ~ about sth** stur auf etw (dat) beharren **2** Widerstand, Fleck hartnäckig

stubbornly ['stʌbənlɪ] adv **1** stur, trotzig **2** hartnäckig

stubbornness ['stʌbənnɪs] s Sturheit f, störrische Art

stubby ['stʌbɪ] adj ⟨komp stubbier⟩ Schwanz stummelig

stuck [stʌk] **A** prät & pperf → stick² **B** adj **1 to be ~** nicht zurechtkommen (**on, over** mit); **to get ~** nicht weiterkommen (**on, over** mit) **2 to be ~** Tür etc verkeilt sein, festklemmen; **to get ~** stecken bleiben **3** in Falle etc **to be ~** festsitzen **4** umg **she is ~ for sth** es fehlt ihr an etw (dat); **to be ~ with sb/sth** j-n/etw am Hals haben umg **5** Br umg **to get ~ into sth** sich in etw (akk) richtig reinknien umg

stuck-up [‚stʌk'ʌp] umg adj hochnäsig

stud¹ [stʌd] **A** s **1** Ziernagel m; Br an Fußballschuh Stollen m **2** Ohrstecker m **B** v/t ⟨mst passiv⟩ übersäen

stud² s (≈ Pferde) Gestüt n; einzelnes Tier (Zucht)hengst m; umg (≈ Mann) geiler Typ, Sexprotz m umg

student ['stjuːdənt] **A** s UNIV Student(in) m(f); bes US SCHULE Schüler(in) m(f); **he is a French ~** UNIV er studiert Französisch **B** adj ⟨attr⟩ Studenten-; **~ nurse** Krankenpflegeschüler(in) m(f)

student loan s Studentendarlehen n

student teacher s Referendar(in) m(f)

stud farm s Gestüt n

studio ['stjuːdɪəʊ] s ⟨pl -s⟩ Studio n

studio apartment s, **studio flat** Br s Studiowohnung f

studious ['stjuːdɪəs] adj fleißig

studiously ['stjuːdɪəslɪ] adv fleißig; vermeiden gezielt

study ['stʌdɪ] **A** s **1** bes UNIV Studium n; SCHULE Lernen n; von Beweismaterial Untersuchung f; **studies** pl Studium n; Lernen n; **African studies** UNIV Afrikanistik f **2** Studie f (**of** über +akk) **3** Arbeitszimmer n **B** v/t studieren; SCHULE lernen; Text sich befassen mit; wissenschaftlich etc erforschen, untersuchen **C** v/i studieren; bes SCHULE lernen; **to ~ to be a teacher** ein Lehrerstudium machen; **to ~ for an exam** sich auf eine Prüfung vorbereiten

study hall US s Zeit zum selbstständigen Lernen in der Schule

study skills pl Lern- und Arbeitstechniken pl

stuff [stʌf] **A** s **1** Zeug n, Sachen pl; **there is some good ~ in that book** in dem Buch stecken ein paar gute Sachen; **it's good ~** das ist gut; **this book is strong ~** das Buch ist starker Tobak; **he brought me some ~ to read** er hat mir etwas zum Lesen mitgebracht; **books and ~** Bücher und so umg; **and ~ like that** und so was umg; **all that ~ about how he wants to help us** all das Gerede, dass er uns helfen will; **~ and nonsense** Quatsch m umg **2** umg **that's the ~!** so ists richtig!; **to do one's ~** seine Nummer abziehen umg; **to know one's ~** wissen, wovon man redet **B** v/t **1** Behälter vollstopfen; Loch zustopfen; Bücher etc (hinein)stopfen (**into** in +akk); **to ~ one's face** umg sich vollstopfen umg; **to be ~ed up** verschnupft sein **2** Kissen, Pastete füllen; **a ~ed toy** ein Stofftier n **3** Br umg **get ~ed!** du kannst mich mal! umg; **you can ~ your job** etc du kannst deinen blöden Job etc behalten umg **C** v/r **to ~ oneself** sich vollstopfen umg

stuffed animal US s Stofftier n

stuffing ['stʌfɪŋ] s von Kissen, Pastete Füllung f; in Spielzeug Füllmaterial n

stuffy ['stʌfɪ] adj ⟨komp stuffier⟩ **1** Zimmer stickig **2** spießig

stumble ['stʌmbl] v/i stolpern; in Rede stocken; **to ~ on sth** fig auf etw (akk) stoßen

phrasal verbs mit stumble:

stumble across v/t stoßen auf +akk

stumble over v/t stolpern über +akk

stumbling block ['stʌmblɪŋblɒk] fig s **to be a ~ to sth** einer Sache (dat) im Weg stehen

stump [stʌmp] **A** s von Baum, Bein Stumpf m; von Bleistift, Schwanz Stummel m **B** v/t fig umg **you've got me ~ed** da bin ich überfragt

phrasal verbs mit stump:

stump up Br umg **A** v/t ⟨untrennb⟩ springen lassen umg **B** v/i blechen umg (**for sth** für etw)

stumpy ['stʌmpɪ] adj ⟨komp stumpier⟩ stämmig, untersetzt; Beine kurz

stun [stʌn] v/t betäuben, benommen machen; fig fassungslos machen, verblüffen; **he was ~ned by the news** negativ er war über die Nachricht fassungslos; positiv die Nachricht hat ihn überwältigt

stung [stʌŋ] *prät & pperf* → sting

stunk [stʌŋk] *pperf* → stink

stunned [stʌnd] *adj* betäubt, benommen; *fig* fassungslos, sprachlos; **there was a ~ silence** benommenes Schweigen breitete sich aus

stunning ['stʌnɪŋ] *fig adj* Nachricht toll *umg*; *Kleid, Aussicht* atemberaubend

stunningly ['stʌnɪŋlɪ] *adv* atemberaubend; *schön* überwältigend

stunt[1] [stʌnt] *s* **1** Kunststück *n*; Stunt *m*; *in Werbung etc* Gag *m* **2** Nummer *f umg*; **after the ~ you just pulled?** nach der Nummer, die du dir gerade geleistet hast?, nach der Nummer, die du gerade abgezogen hast?

stunt[2] *v/t Wachstum* hemmen

stunted ['stʌntɪd] *adj Pflanze* verkümmert; *Kind* unterentwickelt

stuntman ['stʌntmæn] *s* ⟨*pl* -men [-mən]⟩ Stuntman *m*, Double *n*

stunt performer *s* Stuntman *m*; Stuntwoman *f*

stuntwoman *s* ⟨*pl* -women [-wɪmɪn]⟩ Stuntwoman *f*, Double *n*

stupendous [stju:'pendəs] *adj* fantastisch

stupid ['stju:pɪd] *adj* **1** dumm, blöd(e) *umg*; **don't be ~** sei nicht so blöd *umg*; **that was a ~ thing to do** das war dumm; **to make sb look ~** j-n blamieren **2** **to bore sb ~** j-n zu Tode langweilen

stupidity [stju:'pɪdɪtɪ] *s* Dummheit *f*

stupidly ['stju:pɪdlɪ] *adv* dumm, blöd *umg*; *etw sagen* dummerweise; *grinsen* albern

stupor ['stju:pə[r]] *s* Benommenheit *f*; **to be in a drunken ~** sinnlos betrunken sein

sturdily ['stɜ:dɪlɪ] *adv* stabil; **~ built** kräftig *od* stämmig gebaut

sturdy ['stɜ:dɪ] *adj* ⟨*komp* sturdier⟩ kräftig, stämmig; *Material* robust; *Bau, Auto* stabil

stutter ['stʌtə[r]] **A** *s* Stottern *n kein pl*; **he has a ~** er stottert **B** *v/t & v/i* stottern

sty [staɪ] *s* Schweinestall *m*

sty(e) [staɪ] *s* MED Gerstenkorn *n*

style [staɪl] **A** *s* **1** Stil *m*; **~ of management** Führungsstil *m*; **that house is not my ~** so ein Haus ist nicht mein Stil; **the man has ~** der Mann hat Format; **to do things in ~** alles im großen Stil tun; **to celebrate in ~** groß feiern **2** Art *f*; **a new ~ of car** *etc* ein neuer Autotyp *etc* **3** Mode Stil *m kein pl*; *von Haar* Schnitt *m*, Frisur *f* **B** *v/t Haar* stylen

-style [staɪl] *adj* ⟨*suf*⟩ nach ... Art

styli ['staɪlaɪ] *pl* → stylus

styling ['staɪlɪŋ] *s* **~ mousse** Schaumfestiger *m*

stylish ['staɪlɪʃ] *adj* **1** elegant; *Film* stilvoll **2** *Kleidung* modisch

stylishly ['staɪlɪʃlɪ] *adv* **1** elegant; *eingerichtet* stilvoll **2** modisch

stylist ['staɪlɪst] *s* Friseur *m*, Friseuse *f*

stylistic [staɪ'lɪstɪk] *adj* stilistisch, Stil-; **~ device** Stilmittel *n*

stylized ['staɪlaɪzd] *adj* stilisiert

stylus ['staɪləs] *s* ⟨*pl* -es *od* styli ['staɪlaɪ]⟩ COMPUT (Eingabe)stift *m*

Styria ['stɪrɪə] *s* Steiermark *f*

Styrofoam® ['staɪərəfəʊm] *s* US Styropor® *n*

suave *adj*, **suavely** ['swɑ:v, -lɪ] *adv* weltmännisch; , aalglatt *pej*

sub [sʌb] *umg s* **1** U-Boot *n* **2** SPORT Auswechselspieler(in) *m(f)* **3** WIRTSCH Vorschuss *m* **4** US GASTR Jumbo-Sandwich (*mit Fleisch, Käse, Tomaten etc*) **5** US Abo *n umg* **6** **subs** *pl* für Klub Beitrag *m*

subcategory *s* Subkategorie *f*

subcommittee *s* Unterausschuss *m*

subconscious **A** *adj* unterbewusst **B** *s* **the ~** das Unterbewusstsein

subconsciously *adv* im Unterbewusstsein

subcontinent *s* Subkontinent *m*

subcontract *v/t* (vertraglich) weitervergeben (**to** +*akk*)

subcontractor *s* Subunternehmer(in) *m(f)*

subculture *s* Subkultur *f*

subdivide *v/t* unterteilen

subdivision *s* **1** *Vorgang* Unterteilung *f* **2** (≈ *Untergruppe*) Unterabteilung *f*

subdue [səb'dju:] *v/t Rebellen* unterwerfen; *Randalierer* überwältigen; *fig* unterdrücken

subdued *adj Licht, Stimme* gedämpft; *Mensch* ruhig, still; *Atmosphäre* gedrückt

subhead *s*, **subheading** *s* Untertitel *m*

subhuman *adj* unmenschlich

subject **A** ['sʌbdʒɪkt] *s* **1** POL Staatsbürger(in) *m(f)*; *von Monarch* Untertan(in) *m(f)* **2** GRAM Subjekt *n* **3** Thema *n*; **to change the ~** das Thema wechseln; **on the ~ of ...** zum Thema (+*gen*) ...; **while we're on the ~** da wir gerade beim Thema sind **4** SCHULE, UNIV Fach *n* **B** ['sʌbdʒɪkt] *adj* **to be ~ to sth** einer Sache (*dat*) unterworfen sein; *j-s Zustimmung* von etw abhängig sein; **all trains are ~ to delay** bei allen Zügen muss mit Verspätung gerechnet werden; **~ to flooding** überschwemmungsgefährdet; **to be ~ to taxation** besteuert werden; **offers are ~ to availability** Angebote nur so weit verfügbar **C** [səb'dʒekt] *v/t* **to ~ sb to sth** j-n einer Sache (*dat*) unterziehen

subjective [səb'dʒektɪv] *adj* **1** subjektiv **2** GRAM **~ case** Nominativ *m*

subjectively [səb'dʒektɪvlɪ] *adv* subjektiv

subject matter ['sʌbdʒɪktmætə[r]] *s* Stoff *m*, Inhalt *m*

subjugate ['sʌbdʒʊgeɪt] *v/t* unterwerfen

subjunctive [səbˈdʒʌŋktɪv] **A** adj konjunktivisch; **the ~ mood** der Konjunktiv **B** s Konjunktiv m

sublet [ˌsʌbˈlet] v/t & v/i ⟨prät, pperf sublet⟩ untervermieten ⟨to an +akk⟩

sublime [səˈblaɪm] adj erhaben

submachine gun [ˌsʌbməˈʃiːngʌn] s Maschinenpistole f

submarine [ˈsʌbməˌriːn] s U-Boot n

submarine sandwich US s GASTR Jumbo-Sandwich n (mit Fleisch, Käse, Tomaten etc)

submenu [ˈsʌbˌmenjuː] s IT Untermenü n

submerge [səbˈmɜːdʒ] **A** v/t untertauchen; Flut überschwemmen; **to ~ sth in water** etw in Wasser (ein)tauchen **B** v/i tauchen

submerged adj unter Wasser; Wrack gesunken; **the house was completely ~** das Haus stand völlig unter Wasser

submission [səbˈmɪʃən] s **1** **to force sb into ~** j-n zwingen, sich zu ergeben **2** Eingabe f; von Arbeit etc Abgabe f

submission deadline s Abgabetermin m

submissive [səbˈmɪsɪv] adj unterwürfig pej ⟨to gegenüber⟩

submit [səbˈmɪt] **A** v/t vorlegen ⟨to +dat⟩; Antrag einreichen ⟨to bei⟩ **B** v/i sich beugen, nachgeben; **to ~ to sth** sich einer Sache (dat) beugen od unterwerfen; Druck einer Sache (dat) nachgeben; **to ~ to blackmail** sich erpressen lassen **C** v/r **to ~ oneself to sth** sich einer Sache (dat) unterziehen

subnormal [ˌsʌbˈnɔːməl] adj Temperatur unterdurchschnittlich; Mensch minderbegabt

subordinate [səˈbɔːdɪnɪt] **A** adj Offizier rangniedriger; Rang, Rolle untergeordnet; **to be ~ to sb/sth** j-m/einer Sache untergeordnet sein **B** s Untergebene(r) m/f(m)

subordinate clause s GRAM Nebensatz m

subplot [ˈsʌbˌplɒt] s Nebenhandlung f

subpoena [səˈpiːnə] **A** s JUR Vorladung f **B** v/t JUR vorladen

sub-post office Br s Poststelle f

subroutine s IT Unterprogramm n

subscribe [səbˈskraɪb] v/i **1** **to ~ to a magazine** eine Zeitschrift abonnieren **2** **to ~ to sth** Meinung, Theorie sich einer Sache (dat) anschließen

subscriber [səbˈskraɪbə] s von Zeitung Abonnent(in) m/f; TEL Teilnehmer(in) m/f

subscription [səbˈskrɪpʃən] s (≈ Geld) Beitrag m; von Zeitung Abonnement n ⟨to +gen⟩; **to take out a ~** eine Zeitung abonnieren

subsection [ˈsʌbˌsekʃən] s Unterabteilung f; JUR Paragraf m

subsequent [ˈsʌbsɪkwənt] adj (nach)folgend, anschließend

subsequently [ˈsʌbsɪkwəntlɪ] adv anschlie-
ßend, von da an

subservient [səbˈsɜːvɪənt] pej adj unterwürfig ⟨to gegenüber⟩

subside [səbˈsaɪd] v/i Hochwasser, Fieber sinken; Land, Haus sich senken; Sturm abflauen; Lärm nachlassen

subsidence [səbˈsaɪdəns] s Senkung f

subsidiarity [ˌsʌbsɪdɪˈærətɪ] s POL Subsidiarität f

subsidiary [səbˈsɪdɪərɪ] **A** adj untergeordnet; **~ role** Nebenrolle f; **~ subject** Nebenfach n; **~ company** Tochtergesellschaft f **B** s Tochtergesellschaft f

subsidize [ˈsʌbsɪdaɪz] v/t subventionieren; Wohnungsbau finanziell unterstützen

subsidized [ˈsʌbsɪdaɪzd] adj subventioniert; Wohnungsbau finanziell unterstützt

subsidy [ˈsʌbsɪdɪ] s Subvention f

subsist [səbˈsɪst] form v/i sich ernähren ⟨on von⟩

subsistence [səbˈsɪstəns] s (Lebens)unterhalt m

subsistence level s Existenzminimum n

subsoil s Untergrund m

substance [ˈsʌbstəns] s **1** Substanz f **2** ⟨kein pl⟩ Gewicht n; **a man of ~** ein vermögender Mann

substance abuse s Drogen- und Alkoholmissbrauch m

substandard [ˌsʌbˈstændəd] adj minderwertig

substantial [səbˈstænʃəl] adj **1** Mensch kräftig; Bau solide, währschaft schweiz; Buch umfangreich; Mahlzeit reichhaltig, währschaft schweiz **2** Verlust, Betrag beträchtlich; Teil, Verbesserung wesentlich **3** bedeutend; Beweis überzeugend

substantially [səbˈstænʃəlɪ] adv **1** beträchtlich **2** im Wesentlichen

substation [ˈsʌbˌsteɪʃən] s ELEK Umspann(ungs)-werk n

substitute [ˈsʌbstɪtjuːt] **A** s Ersatz m kein pl; SPORT Ersatzspieler(in) m/f, Auswechselspieler(in) m/f; **to find a ~ for sb** für j-n Ersatz finden; **to use sth as a ~** etw als Ersatz benutzen **B** adj ⟨attr⟩ Ersatz- **C** v/t **to ~ A for B** B durch A ersetzen **D** v/i **to ~ for sb** j-n vertreten

substitute teacher US s Aushilfslehrer(in) m/f

substitution [ˌsʌbstɪˈtjuːʃən] s Ersetzen n ⟨of X for Y von Y durch X⟩; SPORT Austausch m ⟨of X for Y von X gegen Y⟩

subtenant s Untermieter(in) m/f

subterfuge [ˈsʌbtəfjuːdʒ] s List f, Trick m

subterranean [ˌsʌbtəˈreɪnɪən] adj unterirdisch

subtitle [ˈsʌbˌtaɪtl] **A** s a. FILM Untertitel m **B** v/t Film mit Untertiteln versehen

subtle [ˈsʌtl] adj **1** fein; Aroma, Andeutung zart **2** subtil; Bemerkung scharfsinnig; Druck sanft

subtlety [ˈsʌtltɪ] s Feinheit f

subtly [ˈsʌtlɪ] adv fein; sich ändern geringfügig; **~ different** auf subtile Weise unterschiedlich

subtotal [ˈsʌbˌtəʊtl] s Zwischensumme f

subtract [səbˈtrækt] v/t & v/i subtrahieren (**from** von)
subtraction [səbˈtrækʃən] s Subtraktion f
subtropical [ˌsʌbˈtrɒpɪkəl] adj subtropisch
suburb [ˈsʌbɜːb] s Vorort m; **in the ~s** am Stadtrand
suburban [səˈbɜːbən] adj vorstädtisch; **~ street** Vorortstraße f
suburbia [səˈbɜːbɪə] mst pej s die Vororte pl; **to live in ~** am Stadtrand wohnen
subversion [səbˈvɜːʃən] s ⟨kein pl⟩ Subversion f
subversive [səbˈvɜːsɪv] adj subversiv
subway [ˈsʌbweɪ] s Unterführung f; US BAHN U-Bahn f
subzero [ˌsʌbˈzɪərəʊ] adj unter dem Nullpunkt
succeed [səkˈsiːd] **A** v/i **1** erfolgreich sein, Erfolg haben; **I ~ed in doing it** es gelang mir, es zu tun **2 to ~ to the throne** die Thronfolge antreten **B** v/t folgen (+dat); **to ~ sb in a post/in office** j-s Stelle/Amt (akk) übernehmen
succeeding [səkˈsiːdɪŋ] adj folgend; **~ generations** spätere od nachfolgende Generationen pl
success [səkˈses] s Erfolg m; **without ~** erfolglos; **to make a ~ of sth** mit etw Erfolg haben; **to meet with ~** Erfolg haben
successful [səkˈsesfʊl] adj erfolgreich; **to be ~ at doing sth** etw erfolgreich tun
successfully [səkˈsesfəli] adv erfolgreich, mit Erfolg
succession [səkˈseʃən] s **1** Folge f; **in ~** hintereinander; **in quick** od **rapid ~** in rascher Folge **2** Thronfolge f; **her ~ to the throne** ihre Thronbesteigung
successive [səkˈsesɪv] adj aufeinanderfolgend attr; **for the third ~ time** zum dritten Mal hintereinander
successor [səkˈsesə(r)] s Nachfolger(in) m(f) (**to** +gen); von Monarch Thronfolger(in) m(f)
succinct [səkˈsɪŋkt] adj knapp
succinctly [səkˈsɪŋktli] adv kurz und bündig; schreiben in knappem Stil
succulent [ˈsʌkjʊlənt] adj saftig
succumb [səˈkʌm] v/i erliegen (**to** +dat)
such [sʌtʃ] **A** adj solche(r, s); **~ a person** so od solch ein Mensch, ein solcher Mensch; **~ a thing** so etwas; **I said no ~ thing** das habe ich nie gesagt; **you'll do no ~ thing** du wirst dich hüten; **there's no ~ thing** so etwas gibt es nicht; **~ as** wie (zum Beispiel); **writers ~ as Agatha Christie, ~ writers as Agatha Christie** (solche) Schriftsteller wie Agatha Christie; **I'm not ~ a fool as to believe that** ich bin nicht so dumm, dass ich das glaube; **he did it in ~ a way that …** er machte es so, dass …; **~ beauty!** welche Schönheit! **B** adv so, solch geh; **it's ~ a long time ago** es ist so lange her; **~ a nice person** so ein netter Mensch; **~ good books** so gute Bücher **C** pron **~ is life!** so ist das Leben!; **as ~** an sich; **~ as?** (wie) zum Beispiel?; **~ as it is** so, wie es nun mal ist

such-and-such [ˈsʌtʃənˈsʌtʃ] umg adj **~ a town** die und die Stadt
suchlike [ˈsʌtʃˌlaɪk] umg **A** adj solche **B** pron dergleichen
suck [sʌk] **A** v/t saugen; Bonbon lutschen; Lutscher, Daumen lutschen an (+dat) **B** v/i **1** saugen (**at** an +dat) **2** US umg **this city ~s** diese Stadt ist echt Scheiße umg; US umg **it ~s that …** es ist ätzend, dass …; US umg **that ~s!** das ist ätzend!

phrasal verbs mit suck:
suck in v/t ⟨trennb⟩ Luft ansaugen; Bauch einziehen
suck up A v/t ⟨trennb⟩ aufsaugen **B** v/i umg **to suck up to sb** vor j-m kriechen

sucker [ˈsʌkə(r)] s **1** aus Gummi, a. ZOOL Saugnapf m **2** umg Trottel m umg; **to be a ~ for sth** (immer) auf etw (akk) hereinfallen
suckle [ˈsʌkl] **A** v/t Baby stillen; Tierjunges säugen **B** v/i saugen
suction [ˈsʌkʃən] s Saugwirkung f
sudden [ˈsʌdn] **A** adj plötzlich; Kurve unerwartet; **this is all so ~** das kommt alles so plötzlich **B** s **all of a ~** (ganz) plötzlich
suddenly [ˈsʌdnli] adv plötzlich, auf einmal
suddenness [ˈsʌdnnəs] s Plötzlichkeit f
sudoku [suˈdɒku] s Sudoku n
suds [sʌdz] pl Seifenlauge f
sue [suː] **A** v/t JUR verklagen; **to sue sb for sth** j-n auf etw (akk) verklagen **B** v/i JUR klagen; **to sue for divorce** die Scheidung einreichen
suede [sweɪd] **A** s Wildleder n **B** adj Wildleder-
suet [ˈsuːɪt] s Nierenfett n
Suez Canal s Suezkanal m
suffer [ˈsʌfə(r)] **A** v/t erleiden; Kopfschmerzen, Auswirkungen leiden unter od an (+dat) **B** v/i leiden (**from** unter +dat od **from illness** an +dat); **he was ~ing from shock** er hatte einen Schock (erlitten); **you'll ~ for this!** das wirst du büßen!
sufferer [ˈsʌfərə(r)] s MED Leidende(r) m/f(m) (**from** an +dat)
suffering [ˈsʌfərɪŋ] s Leiden n
suffice [səˈfaɪs] form **A** v/i genügen, (aus)reichen **B** v/t **~ it to say …** es reicht wohl, wenn ich sage, …
sufficiency [səˈfɪʃənsi] s Hinlänglichkeit f
sufficient [səˈfɪʃənt] adj ausreichend; Grund hinreichend; **to be ~** ausreichen
sufficiently [səˈfɪʃəntli] adv genug; **a ~ large number** eine ausreichend große Anzahl
suffix [ˈsʌfɪks] s LING Suffix n
suffocate [ˈsʌfəkeɪt] v/t & v/i ersticken

suffocating ['sʌfəkeɪtɪŋ] *wörtl adj* erstickend *attr;* Hitze drückend *attr;* Zimmer stickig; *fig* Atmosphäre erdrückend *attr;* **it's ~ in here** es ist stickig hier drinnen

suffocation [ˌsʌfə'keɪʃən] *s* Ersticken *n*

suffrage ['sʌfrɪdʒ] *s* Wahlrecht *n*

sugar ['ʃʊɡəʳ] *s* Zucker *m;* **he takes two ~s in his tea** er nimmt zwei Löffel Zucker in seinen Tee

sugar bowl *s* Zuckerdose *f*

sugar candy *s* Kandis(zucker) *m;* US Bonbon *n/m,* Zuckerl *n österr*

sugar cane *s* Zuckerrohr *n*

sugar-coated *adj* mit Zucker überzogen; *Ansicht, Meinung* sentimental; *pej* naiv; *Angebot* vielversprechend, verheißungsvoll

sugar cube *s* Zuckerwürfel *m*

sugar-free *adj* ohne Zucker

sugar pea *s* US Zuckererbse *f*

sugar snap *s* Zuckererbse *f*

sugar snap pea *s* Zuckererbse *f*

sugary ['ʃʊɡərɪ] *adj* süß, zuckerig

suggest [sə'dʒest] *v/t* **1** vorschlagen; **are you ~ing I should tell a lie?** soll das heißen, dass ich lügen soll? **2** *Erklärung* vorbringen **3** andeuten; **what are you trying to ~?** was wollen Sie damit sagen?

suggestion [sə'dʒestʃən] *s* **1** Vorschlag *m;* **Rome was your ~** Rom war deine Idee; **I'm open to ~s** Vorschläge sind *od* jeder Vorschlag ist willkommen **2** Andeutung *f* **3** Spur *f*

suggestive [sə'dʒestɪv] *adj Bemerkung* anzüglich

suicidal [ˌsʊɪ'saɪdl] *adj* selbstmörderisch; **she was ~** sie war selbstmordgefährdet

suicide ['sʊɪsaɪd] *s* Selbstmord *m;* **to commit ~** Selbstmord begehen

suicide attack *s* Selbstmordanschlag *m*

suicide attacker *s,* **suicide bomber** *s* Selbstmordattentäter(in) *m(f)*

suicide note *s* Abschiedsbrief *m*

suit [suːt] **A** *s* **1** Anzug *m;* von Frau Kostüm *n;* **~ of armour** Rüstung *f* 2 KART Farbe *f;* **to follow ~** *fig* j-s Beispiel (*dat*) folgen **B** *v/t* **1** passen (+*dat*); *Klima* bekommen (+*dat*); *Job etc* gefallen (+*dat*), zufriedenstellen; **~s me!** *umg* ist mir recht *umg;* **that would ~ me nicely** das würde mir gut passen; **when would it ~ you to come?** wann würde es Ihnen passen?; **to be ~ed for/to** geeignet sein für; **he is not ~ed to be a doctor** er eignet sich nicht zum Arzt; **they are well ~ed (to each other)** sie passen gut zusammen; **you can't ~ everybody** man kann es nicht jedem recht machen **2** *Kleidung* (gut) stehen (+*dat*) **C** *v/r* **he ~s himself** er tut, was er will *od* was ihm passt; **you can ~ yourself whether you come or not** du kannst kommen oder nicht, ganz wie du willst; **~ yourself!** wie du willst!

suitability [ˌsuːtə'bɪlɪtɪ] *s* Angemessenheit *f;* für Job Eignung *f*

suitable ['suːtəbl] *adj* geeignet, angemessen; **to be ~ for sb** j-m passen; *Film, Job* für j-n geeignet sein; **to be ~ for sth** sich für etw eignen; **none of the dishes is ~ for freezing** keines der Rezepte eignet sich zum Einfrieren; **the most ~ man for the job** der am besten geeignete Mann für den Posten

suitably ['suːtəblɪ] *adv* angemessen; **~ impressed** gehörig beeindruckt

suit bag *s* Kleidersack *m*

suitcase ['suːtkeɪs] *s* Koffer *m*

suite [swiːt] *s* (≈ *Zimmer*) MUS Suite *f;* **3-piece ~** dreiteilige Sitzgarnitur

suitor ['suːtəʳ] *s* **1** *obs* Freier *m obs* **2** JUR Kläger(in) *m(f)*

sulk [sʌlk] **A** *v/i* schmollen **B** *s* **to have a ~** schmollen

sulkily ['sʌlkɪlɪ] *adv* beleidigt

sulky ['sʌlkɪ] *adj* ⟨*komp* sulkier⟩ eingeschnappt

sullen ['sʌlən] *adj* mürrisch

sullenly ['sʌlənlɪ] *adv* mürrisch

sullenness ['sʌlənnɪs] *s* Verdrießlichkeit *f*

sulphate ['sʌlfeɪt] *s,* **sulfate** US *s* Sulfat *n*

sulphur ['sʌlfəʳ] *s,* **sulfur** US *s* Schwefel *m*

sulphuric acid [sʌlˌfjʊərɪk'æsɪd] *s,* **sulfuric acid** US *s* Schwefelsäure *f*

sultan ['sʌltən] *s* Sultan *m*

sultana [sʌl'tɑːnə] *s Br* Sultanine *f*

sultry ['sʌltrɪ] *adj Atmosphäre* schwül; *Stimme, Blick* erotisch, sexy

sum [sʌm] *s* **1** Summe *f,* Betrag *m* **2** *bes Br* Rechenaufgabe *f;* **to do sums** rechnen; **that was the sum (total) of his achievements** das war alles, was er geschafft hatte

phrasal verbs mit sum:

sum up **A** *v/t* ⟨*trennb*⟩ **1** zusammenfassen **2** einschätzen **B** *v/i* zusammenfassen; **to sum up ... Zusammenfassend: ...**

summarize ['sʌməraɪz] *v/t* zusammenfassen

summary ['sʌmərɪ] *s* Zusammenfassung *f*

summer ['sʌməʳ] **A** *s* Sommer *m;* **in (the) ~** im Sommer **B** *adj* ⟨*attr*⟩ Sommer-; **~ fair** Sommerfest *n*

summer camp *s* Ferienlager *n*

summer holidays *bes Br pl* Sommerferien *pl*

summer hours *pl* **to work ~, to be on ~** in den Sommermonaten weniger lang am Arbeitsplatz sein, besonders am Freitagnachmittag

Summer Olympics *pl* Sommerolympiade *f,* Olympische Sommerspiele *pl*

summer school *s* Sommerkurs *m*

summertime *s* Jahreszeit Sommer *m*

summer time *Br s bei Zeitumstellung* Sommerzeit *f*
summer vacation *s US* Sommerferien *pl*
summery ['sʌməri] *adj* sommerlich
summing-up [ˌsʌmɪŋ'ʌp] *s JUR* Resümee *n*
summit ['sʌmɪt] *s* Gipfel *m*
summon ['sʌmən] *v/t* **1** (herbei)rufen; *Hilfe* holen; *Versammlung* einberufen **2** *JUR* vorladen
phrasal verbs mit summon:
summon up *v/t* ⟨*trennb*⟩ *Mut* zusammennehmen; *Kraft* aufbieten
summons ['sʌmənz] *s* ⟨*pl* -⟩ *JUR* Vorladung *f*
sumptuous ['sʌm*p*tjʊəs] *adj* luxuriös; *Essen* üppig
Sun *abk* (= Sunday) So.
sun [sʌn] *s* Sonne *f*; **you've caught the sun** dich hat die Sonne erwischt; **he's tried everything under the sun** er hat alles Menschenmögliche versucht
sunbathe *v/i* sonnenbaden
sunbathing *s* Sonnenbaden *n*
sunbeam *s* Sonnenstrahl *m*
sun bed *s*, **sunbed** *s* Sonnenbank *f*
sun block *s* Sonnenschutzcreme *f*
sunburn *s* Sonnenbrand *m*
sunburned, **sunburnt** *adj* **to get ~** (einen) Sonnenbrand bekommen
sundae ['sʌndeɪ] *s* Eisbecher *m*
Sunday ['sʌndɪ] **A** *s* Sonntag *m*; → Tuesday **B** *adj* ⟨*attr*⟩ Sonntags-
Sunday school *s* Sonntagsschule *f*
sundial *s* Sonnenuhr *f*
sundown *US s* Sonnenuntergang *m*; **at/before ~** bei/vor Sonnenuntergang
sun-drenched *adj* sonnenüberflutet
sun-dried *adj* sonnengetrocknet
sundries ['sʌndrɪz] *pl* Verschiedene(s) *n*
sundry ['sʌndrɪ] **A** *adj* diverse, verschiedene **B** *s* **all and ~** jedermann
sunflower *s* Sonnenblume *f*
sung [sʌŋ] *pperf* → sing
sunglasses *pl* Sonnenbrille *f*
sunhat *s* Sonnenhut *m*
sunk [sʌŋk] *pperf* → sink¹
sunken ['sʌŋkən] *adj Schatz* versunken; *Garten* abgesenkt
sun lamp *s* Höhensonne® *f*
sunlight *s* Sonnenlicht *n*; **in the ~** in der Sonne
sunlit *adj* sonnig
sun lounger *s* Sonnenliege *f*
sunnies ['sʌnɪz] *bes australisches und neuseeländisches Englisch umg pl* Sonnenbrille *f*
sunny ['sʌnɪ] *adj* ⟨*komp* sunnier⟩ sonnig; **to look on the ~ side (of things)** die Dinge von der angenehmen Seite nehmen; **~ side up** *Spiegelei* nur auf einer Seite gebraten

sunrise *s* Sonnenaufgang *m*; **at ~** bei Sonnenaufgang
sunrise industry *s* Zukunftsindustrie *f*, aufstrebende Industrie
sunroof *s* Schiebedach *n*
sunscreen *s* Sonnenschutzmittel *n*, Sonnencreme *f*
sunset *s Br* Sonnenuntergang *m*; **at ~** bei Sonnenuntergang
sunshade *s* Sonnenschirm *m*
sunshine *s* Sonnenschein *m*
sun spray *s* Sonnenspray *n*
sunstroke *s* **to get ~** einen Sonnenstich bekommen
suntan *s* Sonnenbräune *f*; **to get a ~** braun werden; **to have a ~** sonnengebräunt sein; **~ lotion** Sonnenöl *n*
suntanned *adj* braun gebrannt
sunup *US s* Sonnenaufgang *m*; **at ~** bei Sonnenaufgang
super ['suːpəʳ] *bes Br umg adj* klasse *inv umg*
superb *adj*, **superbly** [suː'pɜːb, -lɪ] *adv* großartig
supercilious *adj*, **superciliously** ['suːpə'sɪlɪəs, -lɪ] *adv* hochnäsig
superficial [ˌsuːpə'fɪʃəl] *adj* oberflächlich; *Ähnlichkeit* äußerlich
superficially [ˌsuːpə'fɪʃəlɪ] *adv* oberflächlich; *ähnlich* äußerlich
superfluous [sʊ'pɜːfluəs] *adj* überflüssig
superglue® *s* Sekundenkleber *m*
superhighway *US s* ≈ Autobahn *f*; **the information ~** die Datenautobahn
superhuman *adj* übermenschlich
superimpose [ˌsuːpərɪm'pəʊz] *v/t* **to ~ sth on sth** etw auf etw (*akk*) legen; *FOTO* etw über etw (*akk*) fotografieren
superintendent [ˌsuːpərɪn'tendənt] *US s* Hausmeister(in) *m(f)*, Abwart(in) *m(f) schweiz*; (≈ *Polizist*) *Br* ≈ Kommissar(in) *m(f)*; *US* ≈ Polizeipräsident(in) *m(f)*
superior [sʊ'pɪərɪəʳ] **A** *adj* **1** besser (**to** als); *Können* überlegen (**to sb/sth** j-m/einer Sache); **he thinks he's so ~** er hält sich für so viel besser **2** großartig **3** *rangmäßig* höher; **~ officer** Vorgesetzte(r) *m/f(m)*; **to be ~ to sb** j-m übergeordnet sein **4** *Kraft* stärker (**to** als) **5** überheblich **B** *s* rangmäßig Vorgesetzte(r) *m/f(m)*
superiority [sʊˌpɪərɪ'ɒrɪtɪ] *s* **1** Überlegenheit *f* **2** Großartigkeit *f* **3** *rangmäßig* höhere Stellung
superlative [sʊ'pɜːlətɪv] **A** *adj* überragend; *GRAM* superlativisch **B** *s* Superlativ *m*
supermarket ['suːpəˌmɑːkɪt] *s* Supermarkt *m*
supermarket trolley *s Br* Einkaufswagen *m*
supermodel *s* Supermodel *n*
supernatural [ˌsuːpə'nætʃərəl] *adj* überna-

türlich **B** s **the ~** das Übernatürliche
supernumerary [suːpəˈnjuːmərərɪ] *adj* zusätzlich
superpower [ˈsuːpəˌpaʊəʳ] *s* POL Supermacht *f*
superscript [ˈsuːpəˌskrɪpt] *adj* hochgestellt
supersede [ˌsuːpəˈsiːd] *v/t* ablösen
supersonic [ˌsuːpəˈsɒnɪk] *adj* Überschall-
superstar [ˈsuːpəstɑːʳ] *s* (Super)star *f*
superstition [ˌsuːpəˈstɪʃən] *s* Aberglaube *m kein pl*
superstitious [ˌsuːpəˈstɪʃəs] *adj* abergläubisch; **to be ~ about sth** in Bezug auf etw (akk) abergläubisch sein
superstore [ˈsuːpəstɔːʳ] *s* Verbrauchermarkt *m*
superstructure [ˈsuːpəˌstrʌktʃəʳ] *s* Überbau *m*
supertanker [ˈsuːpəˌtæŋkəʳ] *s* Supertanker *m*
supervise [ˈsuːpəvaɪz] **A** *v/t* beaufsichtigen **B** *v/i* Aufsicht führen
supervision [ˌsuːpəˈvɪʒən] *s* Aufsicht *f*, Beaufsichtigung *f*; *bei Arbeit* Überwachung *f*
supervisor [ˈsuːpəvaɪzəʳ] *s* Aufseher(in) *m(f)*; Br UNIV ≈ Tutor(in) *m(f)*
supervisory board *s* HANDEL, IND Aufsichtsrat *m*
supper [ˈsʌpəʳ] *s* Abendessen *n*, Nachtmahl *n österr*, Nachtessen *n schweiz*; *am späten Abend* (später) Imbiss; **to have ~** zu Abend essen
suppertime [ˈsʌpətaɪm] *s* Abendessenszeit *f*; **at ~** zur Abendbrotzeit
supplant [səˈplɑːnt] *v/t* ersetzen
supple [ˈsʌpl] *adj* ⟨*komp* **suppler**⟩ geschmeidig, beweglich
supplement [ˈsʌplɪmənt] **A** *s* **1** Ergänzung *f* (**to** +gen); (≈ *Vitaminpräparat etc*) Zusatz *m* **2** *von Zeitung* Beilage *f* **B** *v/t* ergänzen
supplementary [ˌsʌplɪˈmentərɪ] *adj* ergänzend
suppleness [ˈsʌplnɪs] *s* Geschmeidigkeit *f*, Beweglichkeit *f*
supplier [səˈplaɪəʳ] *s* HANDEL Lieferant(in) *m(f)*
supply [səˈplaɪ] **A** *s* **1** Versorgung *f*, Lieferung *f* (**to** an +akk); WIRTSCH Angebot *n*; **electricity ~** Stromversorgung *f*; **~ and demand** Angebot und Nachfrage; **to cut off the ~** das Gas/Wasser abstellen **2** Vorrat *m*; **supplies** *pl* Vorräte *pl*; **to get** *od* **lay in supplies of a ~ of sth** sich (dat) einen Vorrat an etw (dat) anlegen *od* zulegen; **a month's ~** ein Monatsbedarf *m*; **to be in short ~** knapp sein; **to be in good ~** reichlich vorhanden sein; **medical supplies** Arzneimittel *pl* **B** *v/t* **1** Nahrung *etc* sorgen für, liefern; *kostenlos* stellen; **accommodation is supplied by the firm** Unterkunft wird von der Firma gestellt **2** versorgen (**with** mit); HANDEL beliefern (**with** mit)
supply teacher *Br s* Aushilfslehrer(in) *m(f)*
support [səˈpɔːt] **A** *s* ⟨*kein pl*⟩ Stütze *f*; *fig* Unterstützung *f*; **to give ~ to sb/sth** j-n/etw stützen; **to lean on sb for ~** sich auf j-n stützen; **in ~ of** zur Unterstützung (+gen) **B** *adj* ⟨*attr*⟩ Hilfs- **C** *v/t* **1** *wörtl* stützen; *Gewicht* tragen **2** *fig* unterstützen; *Plan* befürworten; *moralisch* beistehen (+dat); *Theorie* untermauern; *Familie* unterhalten; **to ~ a team** eine Mannschaft unterstützen; **he ~s Arsenal** er ist Arsenal-Anhänger *m*; **which team do you ~?** für welche Mannschaft bist du?; **without his family to ~ him** ohne die Unterstützung seiner Familie **D** *v/r* sich stützen (**on** auf +akk); *finanziell* seinen Unterhalt (selbst) bestreiten
support band *s* Vorgruppe *f*
supporter [səˈpɔːtəʳ] *s* Anhänger(in) *m(f)*; SPORT Fan *m*
support group *s* Unterstützungsgruppe *f*
supporting [səˈpɔːtɪŋ] *adj* **1** ~ **role** Nebenrolle *f* **2** TECH stützend
supporting actor *s* FILM, THEAT Nebendarsteller *m*
supporting actress *s* FILM, THEAT Nebendarstellerin *f*
supportive [səˈpɔːtɪv] *fig adj* unterstützend *attr*; **if his parents had been more ~** wenn seine Eltern ihn mehr unterstützt hätten
suppose [səˈpəʊz] *v/t* **1** sich (*dat*) vorstellen, annehmen; **let us ~ we are living in the 8th century** stellen wir uns einmal vor, wir lebten im 8. Jahrhundert; **let us ~ that X equals 3** angenommen, X sei gleich 3; **I don't ~ he'll come** ich glaube kaum, dass er kommt; **I ~ that's the best thing, that's the best thing, I ~** das ist *od* wäre vermutlich das Beste; **you're coming, I ~?** ich nehme an, du kommst?; **I don't ~ you could lend me a pound?** Sie könnten mir nicht zufällig ein Pfund leihen?; **will he be coming? — I ~ so** kommt er? — ich denke *od* glaube schon; **you ought to be leaving — I ~ so** du solltest jetzt gehen — stimmt wohl; **don't you agree with me? — I ~ so** bist du da nicht meiner Meinung? — na ja, schon; **I don't ~ so** ich glaube kaum; **so you see, it can't be true — I ~ not** da siehst du selbst, es kann nicht stimmen — du wirst wohl recht haben; **he can't refuse, can he? — I ~ not** er kann nicht ablehnen, oder? — eigentlich nicht; **he's ~d to be coming** er soll (angeblich) kommen; **no one is ~d to know** keiner soll es wissen; **~ you have a wash?** wie wärs, wenn du dich mal wäschst? **2 to be ~d to do sth** etw tun sollen; **he's the one who's ~d to do it** er müsste es eigentlich tun; **he isn't ~d to find out** er darf es nicht erfahren
supposed [səˈpəʊzd] *adj* vermutet; *Beleidigung*

angeblich
supposedly [səˈpəʊzɪdlɪ] *adv* angeblich
supposing [səˈpəʊzɪŋ] *konj* angenommen; **but ~ ... aber wenn ...; ~ he can't do it?** und wenn er es nicht schafft?
supposition [sʌpəˈzɪʃn] *s* Annahme *f*, Vermutung *f*
suppository [səˈpɒzɪtrɪ] *s* MED Zäpfchen *n*
suppress [səˈpres] *v/t* unterdrücken; *Informationen* zurückhalten
suppression [səˈpreʃən] *s* Unterdrückung *f*; *von Appetit* Zügelung *f*; *von Informationen* Zurückhalten *n*
supremacy [sʊˈpreməsɪ] *s* Vormachtstellung *f*; *fig* Suprematie *n/m*
supreme [sʊˈpriːm] *adj* ◳ höchste(r, s); *Gericht* oberste(r, s) ◳ *Gleichgültigkeit* äußerste(r, s)
supreme commander *s* Oberbefehlshaber(in) *m(f)*
Supreme Court *s* Oberster Gerichtshof
supremely [sʊˈpriːmlɪ] *adv* zuversichtlich äußerst; *wichtig* überaus; **she does her job ~ well** sie macht ihre Arbeit außerordentlich gut
surcharge [ˈsɜːtʃɑːdʒ] *s* Zuschlag *m*
sure [ʃʊəʳ] ◳ *adj* ⟨*komp* surer⟩ sicher; *Methode* zuverlässig; **it's ~ to rain** es regnet ganz bestimmt; **be ~ to turn the gas off** vergiss nicht, das Gas abzudrehen; **be ~ to go and see her** du musst sie unbedingt besuchen; **to make ~** nachsehen; sichergehen; **make ~ the window's closed** achten Sie darauf, dass das Fenster zu ist; **make ~ you take your keys** denk daran, deine Schlüssel mitzunehmen; **I've made ~ that there's enough coffee** ich habe dafür gesorgt, dass genug Kaffee da ist; **I'll find out for ~** ich werde das genau herausfinden; **do you know for ~?** wissen Sie das ganz sicher?; **I'm ~ she's right** ich bin sicher, sie hat recht; **do you want to see that film? — I'm not ~** willst du diesen Film sehen? — ich bin mir nicht sicher; **I'm not so ~ about that** da bin ich nicht so sicher; **to be ~ of oneself** selbstsicher sein ◳ *adv* ◳ *umg* **will you do it? — ~!** machst du das? — klar! *umg* ◳ **and ~ enough he did come** und er ist tatsächlich gekommen
surely [ˈʃʊəlɪ] *adv* ◳ bestimmt, sicher; **~ not!** das kann doch nicht stimmen!; **~ someone must know** irgendjemand muss es doch wissen; **but ~ you can't expect us to believe that** Sie können doch wohl nicht erwarten, dass wir das glauben! ◳ zweifellos ◳ mit sicherer Hand; **slowly but ~** langsam aber sicher
surf [sɜːf] ◳ *s* Brandung *f* ◳ *v/i* surfen ◳ *v/t* **to ~ the Net** *umg* im (Inter)net surfen *umg*
surface [ˈsɜːfɪs] ◳ *s* ◳ Oberfläche *f*; **on the ~** oberflächlich, nach außen hin ◳ *Bergbau* **on the ~** über Tage ◳ *adj* ⟨*attr*⟩ ◳ oberflächlich ◳ auf dem Land-/Seeweg ◳ *v/i* auftauchen
surface area *s* Fläche *f*
surface mail *s* **by ~** auf dem Land-/Seeweg
surface-to-air *adj* ⟨*attr*⟩ **~ missile** Boden-Luft--Rakete *f*
surfboard [ˈsɜːfbɔːd] *s* Surfbrett *n*
surfeit [ˈsɜːfɪt] *s* Übermaß *n* (**of** an +*dat*)
surfer [ˈsɜːfəʳ] *s* Surfer(in) *m(f)*
surfing [ˈsɜːfɪŋ] *s* Surfen *n*; **to go ~** surfen gehen
surf instructor *s* Surflehrer(in) *m(f)*
surge [sɜːdʒ] ◳ *s* *von Wasser* Schwall *m*; ELEK Spannungsstoß *m*; **he felt a sudden ~ of rage** er fühlte, wie die Wut in ihm aufstieg; **a ~ in demand** ein rascher Nachfrageanstieg ◳ *v/i* *Fluss* anschwellen; **they ~d toward(s) him** sie drängten an ihn zu; **to ~ ahead/forward** vorpreschen
surgeon [ˈsɜːdʒən] *s* Chirurg(in) *m(f)*
surgery [ˈsɜːdʒərɪ] *s* ◳ Chirurgie *f*; **to have ~** operiert werden; **to need (heart) ~** (am Herzen) operiert werden müssen; **to undergo ~** sich einer Operation unterziehen ◳ *Br* Sprechzimmer *n*, Ordination *f österr*; (= *Beratung*) Sprechstunde *f*; **~ hours** Sprechstunden *pl*, Ordination *f österr*
surgical [ˈsɜːdʒɪkəl] *adj* operativ; *Technik* chirurgisch
surgically [ˈsɜːdʒɪkəlɪ] *adv* operativ
surgical mask *s* OP-Maske *f*
surimi [sʊəˈriːmɪ] *s* GASTR Surimi *n*
Suriname [sʊərɪˈnæm] *s* GEOG Suriname *n*
surly [ˈsɜːlɪ] *adj* ⟨*komp* surlier⟩ verdrießlich
surmise [sɜːˈmaɪz] *v/t* vermuten, mutmaßen
surmount [sɜːˈmaʊnt] *v/t* überwinden
surname [ˈsɜːneɪm] *s* Nachname *m*
surpass [sɜːˈpɑːs] ◳ *v/t* übertreffen ◳ *v/r* sich selbst übertreffen
surplus [ˈsɜːpləs] ◳ *s* Überschuss *m* (**of** an +*dat*) ◳ *adj* überschüssig, überzählig
surprise [səˈpraɪz] ◳ *s* Überraschung *f*; **in ~** überrascht; **it came as a ~ to us** wir waren überrascht; **to give sb a ~** j-n überraschen; **to take sb by ~** j-n überraschen; **~, ~, it's me!** rate mal, wer hier ist?; **~, ~!** *iron* was du nicht sagst! ◳ *adj* ⟨*attr*⟩ Überraschungs-, überraschend ◳ *v/t* überraschen; **to be ~d at** *od* **by** überrascht sein über +*akk*; **I wouldn't be ~d if ...** es würde mich nicht wundern, wenn ...; **go on, ~ me!** ich lass mich überraschen!
surprised [səˈpraɪzd] *adj* überrascht (**at, about** über +*akk*)
surprising [səˈpraɪzɪŋ] *adj* überraschend

surprisingly [sə'praɪzɪŋli] *adv* überraschend; **not ~ it didn't work** wie zu erwarten (war), hat es nicht geklappt

surreal [sə'rɪəl] *adj* unwirklich

surrealism [sə'rɪəlɪzəm] *s* Surrealismus *m*

surrealist [sə'rɪəlɪst] *adj* surrealistisch

surrender [sə'rendə^r] **A** *v/i* sich ergeben (**to** +*dat*); *der Polizei* sich stellen (**to** +*dat*); **I ~!** ich ergebe mich! **B** *v/t* MIL übergeben; *Titel, Führung* abgeben **C** *s* **1** MIL Kapitulation *f* (**to** vor +*dat*) **2** Übergabe *f* (**to** an +*akk*); *von Titel, Führung* Abgabe *f*

surrogate ['sʌrəgɪt] *adj* ⟨*attr*⟩ Ersatz-

surrogate mother *s* Leihmutter *f*

surround [sə'raʊnd] **A** *s bes Br* **the ~s** die Umgebung **B** *v/t* umgeben; MIL umzingeln; **to be ~ed by sth** von etw umgeben sein

surrounding [sə'raʊndɪŋ] *adj* umliegend; **in the ~ area** in der Umgebung

surroundings [sə'raʊndɪŋz] *pl* Umgebung *f*

surround sound *s* Surround-Sound *m*, Surround-Sound-System *n*

surround-sound *adj* ⟨*attr*⟩ *Lautsprecher* Surround-Sound-

surveillance [sɜː'veɪləns] *s* Überwachung *f*; **to be under ~** überwacht werden; **to keep sb under ~** j-n überwachen *od* observieren *form*

survey **A** ['sɜːveɪ] *s* **1** *von Land* Vermessung *f*; *von Haus* Begutachtung *f*; (≈ *Schriftstück*) Gutachten *n* **2** Untersuchung *f* (**of, on** über +*akk*); *durch Meinungsforscher etc* Umfrage *f* (**of, on** über +*akk*) **B** [sɜː'veɪ] *v/t* **1** betrachten **2** untersuchen; befragen **3** *Land* vermessen; *Haus* inspizieren

surveyor [sə'veɪə^r] *s* **1** Landvermesser(in) *m(f)* **2** Bauinspektor(in) *m(f)*

survival [sə'vaɪvəl] *s* Überleben *n*

survive [sə'vaɪv] **A** *v/i* überleben; *Kunstschätze* erhalten bleiben; *Brauch* weiterleben; **only five copies ~** *od* **have ~d** nur fünf Exemplare sind erhalten **B** *v/t* überleben; *Feuer etc* überstehen

surviving [sə'vaɪvɪŋ] *adj* **1** noch lebend **2** noch existierend

survivor [sə'vaɪvə^r] *s* Überlebende(r) *m/f(m)*; JUR Hinterbliebene(r) *m/f(m)*; **he's a ~** *fig* er ist ein Überlebenskünstler

susceptible [sə'septəbl] *adj* **~ to sth** für etw empfänglich; *für Krankheit* für etw anfällig

suspect **A** ['sʌspekt] *adj* verdächtig **B** ['sʌspekt] *s* Verdächtige(r) *m/f(m)* **C** [sə'spekt] *v/t* verdächtigen (**of sth** einer Sache *gen*); (≈ *denken*) vermuten; **I ~ her of having stolen it** ich habe sie im Verdacht *od* ich verdächtige sie, es gestohlen zu haben; **the ~ed bank robber** *etc* der mutmaßliche Bankräuber *etc*; **he ~s nothing** er ahnt nichts; **does he ~ anything?** hat er Verdacht geschöpft?; **I ~ed as much** das habe ich mir doch gedacht; **he was taken to hospital with a ~ed heart attack** er wurde mit dem Verdacht auf Herzinfarkt ins Krankenhaus eingeliefert

suspend [sə'spend] *v/t* **1** (auf)hängen (**from** an +*dat*) **2** *Zahlungen* (zeitweilig) einstellen; *Gespräche* aussetzen; *Flüge* verschieben; **he was given a ~ed sentence** seine Strafe wurde zur Bewährung ausgesetzt **3** j-n suspendieren; SPORT sperren

suspender [sə'spendə^r] *s* ⟨*mst pl*⟩ **1** *Br* Strumpfhalter *m*; **~ belt** Strumpf(halter)gürtel *m* **2** *US* **~s** *pl* Hosenträger *pl*

suspense [sə'spens] *s* Spannung *f*; **the ~ is killing me** ich bin gespannt wie ein Flitzebogen *hum umg*; **to keep sb in ~** j-n auf die Folter spannen *umg*

suspension [sə'spenʃən] *s* **1** *von Zahlungen* zeitweilige Einstellung; *von Flügen* Aufschub *m*; *von Gesprächen* Aussetzung *f* **2** Suspendierung *f*; SPORT Sperrung *f* **3** AUTO Federung *f*

suspension bridge *s* Hängebrücke *f*

suspicion [sə'spɪʃən] *s* Verdacht *m kein pl*; **to arouse sb's ~s** j-s Verdacht erregen; **to have one's ~s about sth/sb** seine Zweifel bezüglich einer Sache/Person (*gen*) haben; **to be under ~** unter Verdacht stehen; **on ~ of** wegen Verdachts auf (+*akk*); **to arrest sb on ~ of murder** j-n wegen Mordverdachts festnehmen

suspicious [sə'spɪʃəs] *adj* **1** misstrauisch (**of** gegenüber); **to be ~ about sth** etw mit Misstrauen betrachten **2** verdächtig

suspiciously [sə'spɪʃəsli] *adv* **1** argwöhnisch, misstrauisch **2** verdächtig

suss [sʌs] *Br umg v/t* **to ~ sb out** j-m auf den Zahn fühlen *umg*; **I can't ~ him out** bei ihm blicke ich nicht durch *umg*; **I've got him ~ed (out)** ich habe ihn durchschaut; **to ~ sth out** etw herausbekommen

sustain [sə'steɪn] *v/t* **1** *Last* aushalten; *Leben* erhalten; *Körper* bei Kräften halten **2** *Bemühungen* aufrechterhalten; *Wachstum* beibehalten; JUR **objection ~ed** Einspruch stattgegeben **3** *Verletzung, Schaden* erleiden

sustainable [sə'steɪnəbl] *adj* aufrechtzuerhalten *präd*, aufrechtzuerhaltend *attr*; *Entwicklung* nachhaltig; *Energie etc* erneuerbar; *Niveau* haltbar

sustained [sə'steɪnd] *adj* anhaltend

sustenance ['sʌstɪnəns] *s* Nahrung *f*

SUV *abk* (= sport utility vehicle) Sport-Utility--Fahrzeug *n*, geländegängige Limousine

SW[1] *abk* (= south-west) SW

SW[2] *abk* (= short wave) KW

swab [swɒb] *s* MED Tupfer *m*

Swabia ['sweɪbɪə] s Schwaben n
swag [swæg] umg s Beute f
swagger ['swægə'] v/i **1** stolzieren **2** angeben
swallow[1] ['swɒləʊ] **A** s Schluck m **B** v/t & v/i schlucken

phrasal verbs mit swallow:
swallow down v/t ⟨trennb⟩ hinunterschlucken
swallow up fig v/t ⟨trennb⟩ verschlingen

swallow[2] s Schwalbe f
swam [swæm] prät → swim
swamp [swɒmp] **A** s Sumpf m **B** v/t überschwemmen
swampy ['swɒmpɪ] adj ⟨+er⟩ sumpfig
swan [swɒn] **A** s Schwan m **B** Br umg v/i **to ~ off** abziehen umg; **to ~ around (the house)** zu Hause herumschweben umg
swanky ['swæŋkɪ] umg adj ⟨komp swankier⟩ piekfein umg
swap [swɒp] **A** s Tausch m; **to do a ~ (with sb)** (mit j-m) tauschen **B** v/t tauschen; Geschichten etc austauschen; **to ~ sth for sth** etw für etw eintauschen; **to ~ places with sb** mit j-m tauschen; **to ~ sides** die Seiten wechseln **C** v/i tauschen
swarm [swɔːm] **A** s Schwarm m **B** v/i schwärmen; **to ~ with** wimmeln von
swarthy ['swɔːðɪ] adj ⟨komp swarthier⟩ dunkel
swastika ['swɒstɪkə] s Hakenkreuz n
swat [swɒt] **A** v/t Fliege totschlagen **B** s Fliegenklatsche f
swathe [sweɪð] v/t wickeln (**in** in +akk)
sway [sweɪ] **A** s **1** mit Hüften Wackeln n **2** **to hold ~ over sb** j-n beherrschen **B** v/i Bäume sich wiegen; Arme schwingen; Haus, Mensch schwanken; **she ~s as she walks** sie wiegt beim Gehen die Hüften **C** v/t **1** Hüften wiegen **2** beeinflussen
Swaziland ['swɑːzɪlænd] s Swasiland n
swear [sweə'] ⟨v: prät swore; pperf sworn⟩ **A** v/t schwören; Eid leisten; **I ~ it!** ich kann das beschwören!; **to ~ sb to secrecy** j-n schwören lassen, dass er nichts verrät **B** v/i **1** schwören; **to ~ on sth** auf etw (akk) schwören; **to ~ to sth** etw beschwören; **I ~ to God** ich schwöre bei Gott **2** fluchen (**about** über +akk); **to ~ at sb/sth** j-n/etw beschimpfen

phrasal verbs mit swear:
swear by umg v/i ⟨+obj⟩ schwören auf (+akk)
swear in v/t ⟨trennb⟩ Zeugen vereidigen

swearing ['sweərɪŋ] s Fluchen n
swearword ['sweəwɜːd] s Fluch m, Kraftausdruck m
sweat [swet] **A** s Schweiß m kein pl **B** v/i schwitzen (**with** vor +dat); **to ~ like a pig** umg wie ein Affe schwitzen umg

phrasal verbs mit sweat:
sweat out v/t ⟨trennb⟩ **to sweat it out** fig umg durchhalten; geduldig abwarten

sweatband ['swetbænd] s Schweißband n
sweater ['swetə'] s Pullover m
sweat pants bes US pl Jogginghose f
sweatshirt s Sweatshirt n
sweatshop pej s Ausbeuterbetrieb m pej
sweatsuit s US Trainingsanzug m
sweaty ['swetɪ] adj ⟨komp sweatier⟩ schweißig; Körper, Strümpfe verschwitzt
Swede [swiːd] s Schwede m, Schwedin f
swede [swiːd] bes Br s Kohlrübe f
Sweden ['swiːdn] s Schweden n
Swedish ['swiːdɪʃ] **A** adj schwedisch; **he is ~** er ist Schwede **B** s **1** LING Schwedisch n **2** **the ~** die Schweden pl
sweep [swiːp] ⟨v: prät, pperf swept⟩ **A** s **1** **to give sth a ~** etw kehren, etw wischen schweiz **2** Schornsteinfeger(in) m(f) **3** mit Arm Schwung m; **to make a clean ~** fig gründlich aufräumen **4** von Fluss Bogen m **B** v/t **1** Boden fegen, wischen schweiz; Schornstein fegen; Schnee wegfegen; **to ~ sth under the carpet** fig etw unter den Teppich kehren **2** absuchen (**for** nach) **3** Wind fegen über (+akk); Wellen, Gewalt überrollen; Seuche um sich greifen in (+dat) **C** v/i **1** kehren, wischen schweiz **2** (≈ sich bewegen) Mensch rauschen; Fahrzeug schießen; elegant gleiten; Fluss in weitem Bogen führen; **the disease swept through Europe** die Krankheit breitete sich in Europa aus

phrasal verbs mit sweep:
sweep along v/t ⟨trennb⟩ mitreißen
sweep aside v/t ⟨trennb⟩ wegfegen
sweep away v/t ⟨trennb⟩ Blätter wegfegen; Lawine wegreißen; Flut wegschwemmen
sweep off v/t ⟨trennb⟩ **he swept her off her feet** fig sie hat sich Hals über Kopf in ihn verliebt umg
sweep out **A** v/i hinausrauschen **B** v/t ⟨trennb⟩ Zimmer ausfegen, wischen schweiz; Staub hinausfegen
sweep up **A** v/i zusammenfegen **B** v/t ⟨trennb⟩ zusammenfegen

sweeper ['swiːpə'] s Teppichkehrer m
sweeping ['swiːpɪŋ] adj **1** Kurve weit ausholend; Treppe geschwungen **2** fig Veränderung radikal
sweet [swiːt] **A** adj ⟨+er⟩ süß; (≈ nett) lieb; **to have a ~ tooth** gern Süßes essen **B** Br s **1** Bonbon n, Süßigkeit f, Zuckerl n österr **2** Nachtisch m

sweet-and-sour adj süßsauer
sweetcorn s Mais m
sweeten ['swiːtn] v/t süßen; **to ~ the pill** die bittere Pille versüßen

sweetener ['swi:tnə'] s GASTR Süßstoff m
sweetheart ['swi:tha:t] s Schatz m
sweetie ['swi:tɪ] umg s **1** Br kinderspr Bonbon m/n **2** Kind **to be a ~** süß sein
sweetly ['swi:tlɪ] adv süßlich; lächeln süß
sweetness s Süße f
sweet potato s Süßkartoffel f
sweet shop Br s Süßwarenladen m
sweet-talk umg v/t **to ~ sb into doing sth** j-n mit süßen Worten dazu bringen, etw zu tun
swell [swel] ⟨v: prät swelled; pperf swollen od swelled⟩ **A** s von Meer Wogen n kein pl **B** adj bes US obs klasse umg **C** v/t Segel blähen; Zahlen anwachsen lassen **D** v/i **1** (a. **~ up**) Knöchel etc (an)schwellen **2** Fluss anschwellen; Anzahl anwachsen; (a. **~ out**) Segel sich blähen
swelling ['swelɪŋ] **A** s **1** Verdickung f; MED Schwellung f **2** von Bevölkerung Anwachsen n **B** adj ⟨attr⟩ Zahlen anwachsend
swelter ['sweltə'] v/i (vor Hitze) vergehen
sweltering ['sweltərɪŋ] adj glühend heiß; Hitze glühend; **it's ~ in here** umg hier verschmachtet man ja! umg
swept [swept] prät & pperf → sweep
swerve [swɜ:v] **A** s Bogen m **B** v/i einen Bogen machen; Auto ausschwenken; Ball im Bogen fliegen; **the road ~s (round) to the right** die Straße schwenkt nach rechts; **the car ~d in and out of the traffic** der Wagen schoss im Slalom durch den Verkehrsstrom **C** v/t Auto herumreißen; Ball anschneiden
swift [swɪft] adj ⟨+er⟩ schnell
swiftly ['swɪftlɪ] adv schnell; reagieren prompt
swiftness ['swɪftnəs] s Schnelligkeit f
swig [swɪg] umg **A** s Schluck m; **to have** od **take a ~ of beer** einen Schluck Bier trinken **B** v/t (a. **swig down**) herunterkippen umg
swill [swɪl] **A** s **1** (Schweine)futter n **2 to give sth a ~ (out)** → swill B 1 **B** v/t **1** bes Br (a. **~ out**) auswaschen; Tasse ausschwenken **2** umg Bier etc kippen umg
swim [swɪm] ⟨v: prät swam, pperf swum⟩ **A** v/t schwimmen; Fluss durchschwimmen **B** v/i schwimmen; **my head is ~ming** mir dreht sich alles **C** s **that was a nice ~** das Schwimmen hat Spaß gemacht!; **to have a ~** schwimmen
swimmer ['swɪmə'] s Schwimmer(in) m(f)
swimming ['swɪmɪŋ] s Schwimmen n; **do you like ~?** schwimmen Sie gern?; **to go ~** schwimmen gehen
swimming bath Br s ⟨mst pl⟩ Schwimmbad n
swimming cap Br s Badekappe f
swimming costume Br s Badeanzug m
swimming instructor s Schwimmlehrer(in) m(f)
swimming pool s Schwimmbad n
swimming trunks Br pl Badehose f
swimsuit ['swɪmsu:t] s Badeanzug m
swindle ['swɪndl] **A** s Schwindel m, Pflanz m österr **B** v/t betrügen; **to ~ sb out of sth** j-m etw abschwindeln
swindler ['swɪndlə'] s Schwindler(in) m(f)
swine [swaɪn] s **1** ⟨pl -⟩ obs, form Schwein n **2** ⟨pl -s⟩ pej umg (≈ Mann) (gemeiner) Hund umg
swine flu s MED Schweinegrippe f
swing [swɪŋ] ⟨v: prät, pperf swung⟩ **A** v/t **1** schwingen, hin und her schwingen; auf Spielplatz schaukeln; Arme schwingen (mit); Beine baumeln mit; **he swung himself over the wall** er schwang sich über die Mauer **2** Wahlen beeinflussen; **to ~ opinion** die Meinung umschlagen lassen; **his speech swung the decision in our favour** seine Rede ließ die Entscheidung zu unseren Gunsten ausfallen **B** v/i (hin und her) schwingen; auf Spielplatz schaukeln; Beine baumeln; **to ~ open** aufschwingen; **to ~ shut** zuschlagen; **to ~ into action** in Aktion treten **C** s **1** Schwung m; hin u. her Schwingen n; fig, a. POL (Meinungs)umschwung m; **to go with a ~** fig ein voller Erfolg sein; **to be in full ~** voll im Gang sein; **to get into the ~ of sth** sich an etw (akk) gewöhnen; **to get into the ~ of things** umg reinkommen umg **2** Schaukel f

phrasal verbs mit swing:
swing (a)round A v/i Mensch sich umdrehen; Auto, Flugzeug herumschwenken **B** v/t ⟨trennb⟩ herumschwenken
swing back v/i zurückschwingen
swing to v/i Tür zuschlagen
swing door Br s Pendeltür f
swinging ['swɪŋɪŋ] adj **~ door** US Pendeltür f
swipe [swaɪp] **A** s Schlag m; **to take a ~ at sb/sth** nach j-m/etw schlagen **B** v/t **1** schlagen **2** umg klauen umg **3 to ~ a card** Kundenkarte eine Karte durchziehen
swipe card s Magnetstreifenkarte f
swirl [swɜ:l] **A** s Wirbel m **B** v/t & v/i wirbeln
swish[1] [swɪʃ] **A** s von Stock Zischen n; von Rock, Wasser Rauschen n **B** v/t Stock zischen lassen; Schwanz schlagen mit; Rock rauschen mit; Wasser schwenken **C** v/i Stock zischen; Rock, Wasser rauschen
swish[2] adj umg feudal, schick
Swiss [swɪs] **A** adj Schweizer, schweizerisch; **he is ~** er ist Schweizer; **the ~-German part of Switzerland** die deutsch(sprachig)e Schweiz **B** s ⟨pl -⟩ Schweizer(in) m(f); **the ~** pl die Schweizer pl
Swiss army knife s Schweizermesser n
Swiss franc s Schweizer Franken m
Swiss French s **1** Welschschweizer(in) m(f) **2**

LING Schweizer Französisch *n*
Swiss German *s* **1** Deutschschweizer(in) *m(f)* **2** LING Schweizerdeutsch *n*, Schwyzerdütsch *n*
Swiss roll *Br s* Biskuitrolle *f*
switch [swɪtʃ] **A** *s* **1** ELEK *etc* Schalter *m* **2** Wechsel *m*; *von Plänen* Änderung *f* (**in** *+gen*); *gegenseitig* Tausch *m* **3** *US* BAHN **~es** Weichen *pl* **B** *v/t* **1** wechseln; *Pläne* ändern; *Loyalität* übertragen (**to** auf *+akk*); *Aufmerksamkeit, Gespräch* lenken (**to** auf *+akk*); **to ~ sides** die Seiten wechseln; **to ~ channels** auf einen anderen Kanal umschalten **2** *Produktion* verlegen; *Objekt* umstellen **3** tauschen; (*a.* **~ over, ~ round**) vertauschen **4** ELEK (um)schalten **C** *v/i* (*a.* **switch over**) (über)wechseln (**to** zu); TV umschalten (**to** auf *+akk*); (*a.* **~ round, ~ over**) tauschen

phrasal verbs mit switch:

switch (a)round A *v/t* ⟨trennb⟩ vertauschen; *Möbel etc* umstellen **B** *v/i* → **switch C**
switch back A *v/i* TV zurückschalten (**to** zu) **B** *v/t* ⟨trennb⟩ **to switch the light back on** das Licht wieder anschalten
switch off A *v/t* ⟨trennb⟩ ausschalten; *Maschine* abschalten; *Wasser* abstellen **B** *v/i* ausschalten; *Maschine, a. umg Mensch* abschalten
switch on A *v/t* ⟨trennb⟩ *Gas* anstellen; *Maschine* anschalten; *TV, Licht* einschalten; *Motor* anlassen **B** *v/i* Maschine anschalten; *Licht* einschalten
switch over A *v/i* → **switch C B** *v/t* ⟨trennb⟩ → **switch B 3**

switchblade *s US* Klappmesser *n*
switchboard *s* TEL Vermittlung *f*; *in Büro* Zentrale *f*
Switch card® *Br s* Switch Card® *f*, Switch-Karte® *f*
switchover *s* auf neues System Umstellung *f*
Switzerland ['swɪtsələnd] *s* die Schweiz; **to ~ in** die Schweiz
swivel ['swɪvl] **A** *attr* Dreh- **B** *v/t* (*a.* **swivel round**) (herum)drehen **C** *v/i* (*a.* **swivel round**) sich drehen; *Mensch* sich herumdrehen
swivel chair *s* Drehstuhl *m*
swollen ['swəʊlən] **A** *pperf* → **swell B** *adj* (an)geschwollen; *Fluss* angestiegen
swoon [swuːn] *fig v/i* beinahe ohnmächtig werden (**over sb/sth** wegen j-m/einer Sache)
swoop [swuːp] **A** *v/i Vogel* (*a.* **~ down**) herabstoßen (**on** auf *+akk*); *fig Polizei* einen Überraschungsangriff machen (**on** auf *+akk*) **B** *s von Vogel* Sturzflug *m*; **at** *od* **in one ~** auf einen Schlag
swop *s & v/t & v/i* → **swap**
sword [sɔːd] *s* Schwert *n*
swordfish *s* Schwertfisch *m*

swore [swɔːʳ] *prät* → **swear**
sworn [swɔːn] **A** *pperf* → **swear B** *adj Gegner* eingeschworen; **~ statement** JUR Aussage *f* unter Eid
swot [swɒt] *Br umg* **A** *v/i* büffeln *umg*; **to ~ up (on) one's maths** Mathe pauken *umg* **B** *s pej* Streber(in) *m(f)*
SWOT [swɒt] *abk* (= **strengths, weaknesses, opportunities and threats**) WIRTSCH in einem Unternehmen Stärken, Schwächen, Chancen und Risiken
swum [swʌm] *pperf* → **swim**
swung [swʌŋ] *pperf & pperf* → **swing**
sycamore ['sɪkəmɔːʳ] *s* Bergahorn *m*; *US* nordamerikanische Platane
syllable ['sɪləbl] *s* Silbe *f*
syllabus ['sɪləbəs] *s* ⟨*pl* **-es** *od* **syllabi** ['sɪləbaɪ]⟩ *bes Br* SCHULE, UNIV Lehrplan *m*
symbol ['sɪmbəl] *s* **1** Symbol *n* (**of** für) **2** LIT Gegenstand, der eine Idee, eine Eigenschaft o. Ä. repräsentiert; z. B. Ring für die Unendlichkeit der Ehe
symbolic(al) [sɪm'bɒlɪk(əl)] *adj* symbolisch (**of** für); **to be ~ of sth** etw symbolisieren
symbolism ['sɪmbəlɪzəm] *s* Symbolik *f*
symbolize ['sɪmbəlaɪz] *v/t* symbolisieren
symmetrical *adj*, **symmetrically** [sɪ'metrɪkəl, -lɪ] *adv* symmetrisch
symmetry ['sɪmɪtrɪ] *s* Symmetrie *f*
sympathetic [ˌsɪmpə'θetɪk] *adj* mitfühlend, verständnisvoll, wohlwollend; **to be** *od* **feel ~ to(wards) sb** mit j-m mitfühlen, j-m Verständnis entgegenbringen, mit j-m sympathisieren; **he was most ~ when I told him all my troubles** er zeigte sehr viel Mitgefühl für all meine Sorgen
sympathetically [ˌsɪmpə'θetɪkəlɪ] *adv* mitfühlend, verständnisvoll, wohlwollend
sympathize ['sɪmpəθaɪz] *v/i* Mitleid haben (**with** mit), Verständnis haben (**with** für), sympathisieren (**with** mit); POL sympathisieren (**with** mit); **to ~ with sb over sth** mit j-m in einer Sache mitfühlen können; **I really do ~** das tut mir wirklich leid; *einsichtig* ich habe wirklich vollstes Verständnis
sympathizer ['sɪmpəθaɪzəʳ] *s* Sympathisant(in) *m(f)*
sympathy ['sɪmpəθɪ] *s* **1** Mitleid *n* (**for** mit); **to feel ~ for sb** Mitleid mit j-m haben; **my/our deepest sympathies** herzliches Beileid **2** Verständnis *n*, Sympathie *f*; **to be in ~ with sb/sth** mit j-m/etw einhergehen; **to come out** *od* **strike in ~** IND in Sympathiestreik treten
symphony ['sɪmfənɪ] *s* Sinfonie *f*
symphony orchestra *s* Sinfonieorchester *n*
symptom ['sɪmptəm] *wörtl, fig s* Symptom *n*

symptomatic [ˌsɪmptəˈmætɪk] *adj* symptomatisch (**of** für)

synagogue [ˈsɪnəgɒg] *s* Synagoge *f*

sync [sɪŋk] *s abk* (= **synchronization**) **in** ~ FILM, TV *umg* synchron; **out of** ~ FILM, TV *umg* nicht synchron

synchronization [ˌsɪŋkrənaɪˈzeɪʃən] *s* Abstimmung *f*; FILM Synchronisation *f*; *von Uhren* Gleichstellung *f*

synchronize [ˈsɪŋkrənaɪz] **A** *v/t* abstimmen (**with** auf +*akk*); *Bewegungen* aufeinander abstimmen (**with** mit); IT, FILM synchronisieren (**with** mit); *Uhren* gleichstellen (**with** mit) **B** *v/i* FILM synchron sein (**with** mit); *Uhren* gleich gehen; *Bewegungen* in Übereinstimmung sein (**with** mit)

syndicate [ˈsɪndɪkɪt] *s* Interessengemeinschaft *f*; HANDEL Syndikat *n*; *Presse* (Presse)zentrale *f*; *von Verbrechern* Ring *m*

syndrome [ˈsɪndrəʊm] *s* MED Syndrom *n*; *fig, a.* SOZIOL Phänomen *n*

synod [ˈsɪnəd] *s* Synode *f*

synonym [ˈsɪnənɪm] *s* Synonym *n*

synonymous [sɪˈnɒnɪməs] *adj* synonym

synopsis [sɪˈnɒpsɪs] *s* ⟨*pl* **synopses** [sɪˈnɒpsiːz]⟩ Abriss *m* der Handlung; *von Buch, Artikel* Zusammenfassung *f*

syntax [ˈsɪntæks] *s* Syntax *f*

synthesis [ˈsɪnθəsɪs] *s* ⟨*pl* **syntheses** [ˈsɪnθəsiːz]⟩ Synthese *f*

synthesize [ˈsɪnθəsaɪz] *v/t* synthetisieren

synthesizer [ˈsɪnθəˌsaɪzəʳ] *s* MUS Synthesizer *m*

synthetic [sɪnˈθetɪk] **A** *adj* synthetisch; ~ **fibre** Kunstfaser *f* **B** *s* Kunststoff *m*; ~**s** Synthetik *f*

syphon *s* → **siphon**

Syria [ˈsɪrɪə] *s* Syrien *n*

syringe [sɪˈrɪndʒ] *s* MED Spritze *f*

syrup [ˈsɪrəp] *s*, **sirup** US *s* Sirup *m*

system [ˈsɪstəm] *s* System *n*; **digestive** ~ Verdauungsapparat *m*; **it was a shock to his** ~ er hatte schwer damit zu schaffen; **to get sth out of one's** ~ *fig umg* sich (*dat*) etw von der Seele schaffen; ~ **disk** Systemdiskette *f*; ~ **software** Systemsoftware *f*

systematic [ˌsɪstəˈmætɪk] *adj* systematisch

systematize [ˈsɪstəmətaɪz] *v/t* systematisieren

systems administrator *s* IT Systemadministrator(in) *m(f)*

systems analyst *s* Systemanalytiker(in) *m(f)*

systems disk *s* COMPUT Systemdiskette *f*

systems engineer *s* Systemtechniker(in) *m(f)*

systems software *s* Systemsoftware *f*

T

T, t [tiː] *s* T *n*, t *n*

ta [tɑː] *Br umg int* danke

tab¹ [tæb] *s* **1** Aufhänger *m* **2** Namensschild *n*, Etikett *n*; **to keep tabs on sb/sth** *umg* j-n/etw genau im Auge behalten **3** **to pick up the tab** die Rechnung übernehmen

tab² *s* COMPUT *etc* Tab *m*; *von Schreibmaschine* Tabulator *m*

tabby [ˈtæbɪ] *s*, ⟨*a.* **tabby cat**⟩ getigerte Katze

tab key *s* Tabtaste *f*; *von Schreibmaschine* Tabulatortaste *f*

table [ˈteɪbl] **A** *s* **1** Tisch *m*; **at the** ~ am Tisch; **to sit at** ~ sich zu Tisch setzen; **to sit down at a** ~ sich an einen Tisch setzen; **to turn the** ~**s (on sb)** (gegenüber j-m) den Spieß umdrehen **2** Tischrunde *f* **3** Tabelle *f*; **(multiplication)** ~**s** Einmaleins *n*; ~ **of contents** Inhaltsverzeichnis *n* **B** *v/t* **1** *Antrag etc* einbringen **2** *US Gesetzentwurf* zurückstellen

tablecloth *s* Tischdecke *f*

table lamp *s* Tischlampe *f*

table manners *pl* Tischmanieren *pl*

tablemat *s* für heiße Gefäße Untersetzer *m*

tablespoon *s* Esslöffel *m*

tablespoonful *s* Esslöffel(voll) *m*

tablet [ˈtæblɪt] *s* **1** MED Tablette *f* **2** *von Seife* Stückchen *n* **3** IT Tablet *m*, Tablet-Computer *m*

tablet computer *s* IT Tablet *m*, Tablet-Computer *m*

table tennis *s* Tischtennis *n*

table tennis bat *s* Tischtennisschläger *m*

tabletop *s* Tischplatte *f*

tablet PC *s* IT Tablet *m*, Tablet-PC *m*

tableware *s* Geschirr und Besteck *n*

tabloid [ˈtæblɔɪd] *s*, ⟨*a.* **tabloid newspaper**⟩ bebilderte, kleinformatige Zeitung; *pej* Boulevardzeitung *f*

tabloid press *s* Boulevardpresse *f*

taboo, tabu [təˈbuː] **A** *s* ⟨*pl* **-s**⟩ Tabu *n*; **to be a** ~ tabu sein **B** *adj* tabu

tab stop *s* → **tab**²

tabular [ˈtæbjʊləʳ] *adj* tabellarisch; **in** ~ **form** tabellarisch

tachograph [ˈtækəʊgrɑːf] *s* AUTO Fahrt(en)schreiber *m*

tachometer [tæˈkɒmɪtəʳ] *s* Drehzahlmesser *m*

tacit *adj*, **tacitly** [ˈtæsɪt, -lɪ] *adv* stillschweigend

taciturn [ˈtæsɪtɜːn] *adj* wortkarg

tack [tæk] **A** *s* **1** kleiner Nagel; *bes US* Reißzwecke *f* **2** SCHIFF Schlag *m*; **to try another** ~ *fig* es anders versuchen **3** *für Pferd* Sattel- und Zaumzeug *n* **B** *v/t* **1** annageln (**to** an +*dat od akk*), feststecken (**to** an +*dat*) **2** *Br Handarbeiten* heften **C** *v/i* SCHIFF aufkreuzen

phrasal verbs mit tack:

tack on *fig v/t* ⟨*trennb*⟩ anhängen (**-to** +*dat*)

tackle ['tækl] **A** *s* **1** Ausrüstung *f* **2** SPORT Angriff *m*, Tackling *n* **B** *v/t* **1** SPORT angreifen; *Rugby* fassen; *mit Worten* zur Rede stellen (**about** wegen) **2** *Problem* angehen, bewältigen; *Feuer* bekämpfen

tacky[1] ['tækɪ] *adj* ⟨*komp* tackier⟩ klebrig

tacky[2] *umg adj* ⟨*komp* tackier⟩ billig; *Viertel* heruntergekommen; *Kleidung* geschmacklos

tact [tækt] *s* ⟨*kein pl*⟩ Takt *m*

tactful ['tæktfʊl] *adj* taktvoll; **to be ~ about sth** etw mit Feingefühl behandeln

tactfully ['tæktfəlɪ] *adv* taktvoll

tactic ['tæktɪk] *s* Taktik *f*

tactical *adj*, **tactically** ['tæktɪkəl, -ɪ] *adv* taktisch

tactician [tæk'tɪʃən] *s* Taktiker(in) *m(f)*

tactics ['tæktɪks] *pl* Taktik *f*

tactless *adj*, **tactlessly** ['tæktlɪs, -lɪ] *adv* taktlos

tadpole ['tædpəʊl] *s* Kaulquappe *f*

taffeta ['tæfɪtə] *s* Taft *m*

taffy ['tæfɪ] *US s* Toffee *n*

tag [tæg] **A** *s* **1** Schild(chen) *n*, Etikett *n* **2** Aufhänger *m* **B** *v/t* WAREN auszeichnen

phrasal verbs mit tag:

tag along *v/i* **why don't you tag along?** *umg* warum kommst/gehst du nicht mit?

tag on *v/t* ⟨*trennb*⟩ anhängen (**to** an +*akk*)

tahini [tə'hiːnɪ] *s* ⟨*kein pl*⟩ Sesampaste *f*

t'ai chi [ˌtaɪ'tʃiː] *s* Tai-Chi *n*

tail [teɪl] **A** *s* **1** Schwanz *m*; **to turn ~** die Flucht ergreifen; **he was right on my ~** er saß mir direkt im Nacken **2** **~s** *pl von Münze* Rückseite *f* **3** **~s** *pl* Frack *m* **B** *v/t* j-n beschatten *umg*; *Auto etc* folgen (+*dat*)

phrasal verbs mit tail:

tail back *Br v/i* sich gestaut haben

tail off *v/i* abnehmen; *Geräusch* schwächer werden; *Satz* mittendrin abbrechen

tailback *Br s* Rückstau *m*

tail end *s* Ende *n*

tailgate *v/t* AUTO zu dicht auffahren auf +*akk*

tail-light *s* AUTO Rücklicht *n*

tailor ['teɪlə'] **A** *s* Schneider(in) *m(f)* **B** *v/t* **1** schneidern **2** *fig Urlaub, Politik* zuschneiden (**to** auf +*akk*); *Produkte* abstimmen (**to** auf +*akk*)

tailor-made [ˌteɪlə'meɪd] *adj* maßgeschneidert

tailpipe *US s* Auspuffrohr *n*

tailwind *s* Rückenwind *m*

taint [teɪnt] **A** *s fig* Makel *m* **B** *v/t fig* j-s Ruf beschmutzen

tainted ['teɪntɪd] *adj* **1** *fig Ruf* beschmutzt **2** *Lebensmittel* verdorben; *Luft* verpestet

Taiwan [taɪ'wɑːn] *s* Taiwan *n*

Tajikistan [tɑːˈdʒiːkɪstɑːn] *s* Tadschikistan *n*

take [teɪk] ⟨*v: prät* took; *pperf* taken⟩ **A** *v/t* **1** nehmen, wegnehmen; **to ~ sth from sb** j-m etw wegnehmen **2** bringen, mitnehmen; **let me ~ your case** komm, ich nehme *od* trage deinen Koffer; **I'll ~ you to the station** ich bringe Sie zum Bahnhof; **this bus will ~ you into town** der Bus fährt in die Stadt; **this road will ~ you to Paris** diese Straße führt nach Paris **3** fangen; *Stadt etc* einnehmen; **to ~ sb prisoner** j-n gefangen nehmen **4** nehmen; *Job* annehmen; *Kommando* übernehmen; *Anruf* entgegennehmen; **I'll ~ it** *beim Einkaufen* ich nehme es; **~ that!** da!; **~ it from me** das können Sie mir glauben; **let's ~ it from the beginning of Act 2** fangen wir mit dem Anfang vom zweiten Akt an; **to be ~n ill** krank werden; **(you can) ~ it or leave it** ja oder nein(, ganz wie Sie wollen) **5** sich (*dat*) nehmen; **~ a seat** nehmen Sie Platz!; **this seat is ~n** dieser Platz ist besetzt **6** *Test, Kurs, Foto, Spaziergang* machen; *Examen* ablegen; *Reise* unternehmen; *Gottesdienst* (ab)halten **7** unterrichten; *Unterrichtsstunde* geben; **who ~s you for Latin?** *Br*, **who are you taking for Latin?** *US* wer unterrichtet *od* gibt bei euch Latein?; **to ~ (the chair at) a meeting** den Vorsitz bei einer Versammlung führen **8** *Taxi, Zug* nehmen; *Kurve* fahren um; **to ~ the plane** fliegen; **we took a wrong turning** *Br*, **we took a wrong turn** *US* wir sind falsch abgebogen **9** *Drogen* nehmen; **to ~ a sip** in Schlückchen trinken; **do you ~ sugar?** nehmen Sie Zucker? **10** *Einzelheiten* (sich *dat*) notieren; **to ~ notes** sich (*dat*) Notizen machen **11** **to ~ the measurements of a room** ein Zimmer ausmessen; **to ~ sb's temperature** bei j-m Fieber messen **12** *Klima* vertragen; *Last* aushalten; **I can ~ it** ich werde damit fertig; **I just can't ~ any more** ich bin am Ende; **I just can't ~ it any more** das halte ich nicht mehr aus **13** *Nachricht* reagieren auf (+*akk*); **she never knows how to ~ him** sie weiß nie, woran sie bei ihm ist; **she took his death badly** sein Tod hat sie mitgenommen **14** **I would ~ that to mean ...** ich würde das so auffassen *od* verstehen ... **15** annehmen; **to ~ sb/sth for** *od* **to be ...** j-n/etw für ... halten **16** entnehmen (**from** +*dat*) **17** brauchen; *Kleidergröße* haben; **the journey ~s 3 hours** die Fahrt dauert 3 Stunden; **it ~s 5 hours ...** man braucht 5 Stunden ...; **it took ten men to complete it** es wurden zehn Leute benötigt, um es zu erledigen; **it took a lot of courage** dazu gehörte viel Mut; **to ~ sb an**

hour to do sth j-n eine Stunde kosten, etw zu tun; it ~s time es braucht (seine) Zeit; it took a long time es hat lange gedauert; it took me a long time ich habe lange gebraucht; it won't ~ long das dauert nicht lange; she's got what it ~s umg sie ist nicht ohne umg; whatever it ~s alles, was nötig ist **18** Platz haben für **19** GRAM stehen mit; *Präposition* gebraucht werden mit; verbs that ~ "haben" Verben, die mit „haben" konjugiert werden **B** s FILM Aufnahme *f*

phrasal verbs mit take:

take aback v/t ⟨trennb⟩ überraschen; **I was completely taken aback** ich war völlig perplex

take after v/i (+obj) nachschlagen (+dat); äußerlich ähnlich sein (+dat)

take along v/t ⟨trennb⟩ mitnehmen

take apart wörtl, fig umg v/t ⟨trennb⟩ auseinandernehmen

take (a)round v/t ⟨trennb⟩ herumführen

take away v/t ⟨trennb⟩ **1** abziehen; **6 take away 2** 6 weniger 2 **2** wegnehmen (**from sb** j-m), wegbringen (**from** von); *von einem Ort* abholen; **to take sb/sth away (with one)** j-n/etw mitnehmen **3** *Proviant* mitnehmen; **pizza to take away** Pizza zum Mitnehmen

take back v/t ⟨trennb⟩ **1** sich (*dat*) zurückgeben lassen; *Spielzeug etc* wieder wegnehmen; *fig* zurücknehmen **2** zurückbringen; **that takes me back** das ruft Erinnerungen wach **3** *Mitarbeiter* wiedereinstellen

take down v/t ⟨trennb⟩ **1** wörtl herunternehmen; *Vorhänge* abnehmen; **to take one's trousers down** seine Hose herunterlassen **2** *Zelt* abbauen **3** schriftlich (sich *dat*) notieren

take home v/t ⟨trennb⟩ **1** nach Hause bringen **2** *Gehalt* netto verdienen *od* bekommen

take in v/t ⟨trennb⟩ **1** hereinbringen; **I'll take the car in(to work) on Monday** ich fahre am Montag mit dem Auto (zur Arbeit) **2** *herrenloses Tier* zu sich nehmen; **she takes in lodgers** sie vermietet (Zimmer) **3** *Kleid* enger machen **4** *Umgebung* wahrnehmen; *Bedeutung* begreifen; *Sehenswürdigkeiten* aufnehmen; *Situation* erfassen **5** (= *täuschen*) hereinlegen; **to be taken in by sb/sth** auf j-n/etw hereinfallen

take off A v/i **1** *Flugzeug* starten; *fig Projekt* anlaufen; *Karriere* abheben **2** *umg* sich davonmachen *umg* **B** v/t ⟨trennb⟩ **1** *Hut, Deckel* abnehmen (**sth von etw**); *Betrag* abziehen (**sth von etw**); *von Preis* nachlassen; *Mantel etc* (sich *dat*) ausziehen; **to take sth off sb** j-m etw abnehmen; **to take 10 cents off** 10 Cent abziehen; **he took his clothes off** er zog sich aus; **to take sb's mind off sth** j-n von etw ablenken; **to take the weight off one's feet** seine Beine ausruhen; **to take sb/sth off sb's hands** j-m j-n/etw abnehmen **2** *Tag* freinehmen; **to take time off (work)** sich (*dat*) freinehmen; **to take some time off** sich freinehmen; sich eine Auszeit nehmen **3** *Br* nachahmen

take on v/t ⟨trennb⟩ **1** *Stelle* annehmen; *Verantwortung* übernehmen; *Mitarbeiter* einstellen; **when he married her he took on more than he bargained for** als er sie heiratete, hat er sich (*dat*) mehr aufgeladen, als er gedacht hatte **2** *Gegner* antreten gegen

take out v/t ⟨trennb⟩ **1** (hinaus)bringen (**of** aus); **to take out the rubbish** *Br*, **to take out the garbage** *US* den Müll hinausbringen **2** *ins Theater etc* ausgehen mit; **to take the dog out (for a walk)** mit dem Hund spazieren gehen; **to take sb out to** *od* **for dinner** j-n zum Essen einladen **3** herausnehmen; *Zahn* ziehen; *Nagel* herausziehen (**of** aus); **to take sth out of sth** etw aus etw (heraus)nehmen; **to take time out from sth** von etw (eine Zeit lang) Urlaub nehmen; **to take time out from doing sth** etw eine Zeit lang nicht tun; **to take sth out on sb** etw an j-m auslassen *umg*; **to take it out on sb** sich an j-m abreagieren; **to take it out of sb** j-n ziemlich schlauchen *umg* **4** *von Konto* abheben **5** *Versicherung* abschließen; *Hypothek* aufnehmen **6** *US* → take away 3

take over A v/i *nach Wahlen etc* an die Macht kommen; *in Firma* die Leitung übernehmen; *Touristen etc* sich breitmachen *umg*; **to take over (from sb)** j-n ablösen; **he's ill so I have to take over** da er krank ist, muss ich (für ihn) einspringen **B** v/t ⟨trennb⟩ *Kontrolle etc* übernehmen

take round *bes Br* v/t ⟨trennb⟩ **1 I'll take it round (to her place)** ich bringe es zu ihr **2** führen (**sth durch etw**)

take to v/i (+obj) **1** j-n sympathisch finden; **sb takes to a place** ein Ort sagt j-m zu; **I don't know how she'll take to him** ich weiß nicht, wie sie auf ihn reagieren wird; **to take to doing sth** anfangen, etw zu tun; **to take to drink** zu trinken anfangen **2** *Berge etc* sich flüchten in (+*akk*)

take up v/t ⟨trennb⟩ **1** aufnehmen; *Teppich* hochnehmen; *Kleid* kürzen; *Gespräch* weiterführen **2** *in oberes Stockwerk: Besucher* (mit) hinaufnehmen; *Objekt* hinauftragen **3** *Zeit* in Anspruch nehmen **4** *Golf, Bridge* zu seinem Hobby machen; **to take up painting** anfangen zu malen **5** *Sache* sich einsetzen für; **to take up a position** wörtl eine Stellung einnehmen; **to be taken up with sb/sth** mit j-m/etw sehr beschäftigt sein **6** *Einladung, Herausforderung* annehmen; *neue Stelle* antreten; **he left to take up a job as a headmaster** er ist gegangen, um eine Stelle als Schulleiter zu übernehmen; **to take up residence** sich niederlassen (**at, in** in +*dat*); **to take sb up on his/her invitation/offer** von j-s Einladung/Angebot Gebrauch machen; **I'll take you up on that** ich werde davon Gebrauch machen

take upon *v/t* ⟨+*obj*⟩ **he took it upon himself to answer for me** er meinte, er müsse für mich antworten

takeaway *bes Br* **A** *s* **1** Essen *n* zum Mitnehmen; **let's get a ~** wir können uns ja etwas (zu essen) holen *od* mitnehmen **2** Imbissstube *f* **B** *adj* ⟨*attr*⟩ Essen zum Mitnehmen

take-home pay *s* Nettolohn *m*

taken ['teɪkən] **A** *pperf* → **take** **B** *adj* **to be ~ with sb/sth** von j-m/etw angetan sein

takeoff *s* **1** FLUG Start *m*, Abheben *n*; **ready for ~** startbereit **2** *Br* **to do a ~ of sb** j-n nachahmen

takeout *US* **A** *s* Essen *n* zum Mitnehmen; **let's get a ~** wir können uns ja etwas (zu essen) holen *od* mitnehmen **B** *adj* ⟨*attr*⟩ Essen zum Mitnehmen

takeover *s* HANDEL Übernahme *f*

takeover bid *s* Übernahmeangebot *n*

taker ['teɪkə^r] *s* **any ~s?** *fig* wer ist daran interessiert?; **there were no ~s** *fig* niemand war daran interessiert

taking ['teɪkɪŋ] *s* **1** **it's yours for the ~** das können Sie (umsonst) haben **2** **~s** *pl* HANDEL Einnahmen *pl*

talc [tælk], **talcum** ['tælkəm], **talcum powder** *s* Talkumpuder *m*

tale [teɪl] *s* **1** Geschichte *f*; LIT Erzählung *f*; **at least he lived to tell the ~** zumindest hat er die Sache überlebt; **thereby hangs a ~** das ist eine lange Geschichte **2** **to tell ~s** petzen *umg* (**to** +*dat*); **to tell ~s about sb** j-n verpetzen *umg* (**to** bei)

talent ['tælənt] *s* Talent *n*; **to have a ~ for languages** sprachbegabt sein

talented ['tæləntɪd] *adj* talentiert

talent scout *s* Talentsucher(in) *m(f)*

talisman ['tælɪzmən] *s* ⟨*pl* -s⟩ Talisman *m*

talk [tɔːk] **A** *s* **1** Gespräch *n*; **to have a ~** sich unterhalten (**with sb about sth** mit j-m über etw *akk*); **could I have a ~ with you?** könnte ich Sie mal sprechen?; **to hold** *od* **have ~s** Gespräche führen **2** ⟨*kein pl*⟩ Reden *n*, Gerede *n*; **he's all ~** der führt bloß große Reden; **there is some ~ of his returning** es heißt, er kommt zurück; **it's the ~ of the town** es ist Stadtgespräch **3** Vortrag *m*; **to give a ~** einen Vortrag halten (**on** über +*akk*) **B** *v/i* **1** reden (**of** von *od* **about** über +*akk*), sprechen (**of** von *od* **about** über +*akk*), sich unterhalten (**of, about** über +*akk*); **to ~ to od with sb** mit j-m sprechen *od* reden (**about** über +*akk*); **could I ~ to Mr Smith please?** kann ich bitte Herrn Smith sprechen?; **what are you ~ing about?** wovon redest du?; **it's easy** *od* **all right for you to ~** *umg* du hast gut reden *umg*; **don't ~ to me like that!** wie redest du denn mit mir?; **that's no way to ~ to your parents** so redet man doch nicht mit seinen Eltern!; **to get ~ing to sb** mit j-m ins Gespräch kommen; **you can ~!** *umg* du kannst gerade reden!; **to ~ to oneself** Selbstgespräche führen; **now you're ~ing!** das lässt sich schon eher hören!; **he's been ~ing of going abroad** er hat davon gesprochen *od* geredet, dass er ins Ausland fahren will; **~ing of films ...** da wir gerade von Filmen sprechen ...; **~ about rude!** so was von unverschämt! *umg*; **to make sb ~** j-n zum Reden bringen; **we're ~ing about at least £2,000** es geht um mindestens £ 2.000 **2** schwatzen; **stop ~ing!** sei/seid ruhig! **3** klatschen **C** *v/t* eine Sprache sprechen; *Unsinn* reden; *Geschäftliches* reden über (+*akk*); **we're ~ing big money** *etc* **here** *umg* hier gehts um große Geld *etc umg*; **to ~ sb/oneself into doing sth** j-n/sich dazu bringen, etw zu tun; **to ~ sb out of sth** j-n von etw abbringen

phrasal verbs mit talk:

talk back *v/i* frech antworten (**to sb** j-m)

talk down *v/i* **to talk down to sb** mit j-m herablassend reden

talk over *v/t* ⟨*trennb*⟩ besprechen

talk round *Br v/t* ⟨*immer getrennt*⟩ umstimmen

talk through *v/t* ⟨*trennb*⟩ besprechen; **to talk sb through sth** j-m etw erklären

talkative ['tɔːkətɪv] *adj* gesprächig

talker ['tɔːkə^r] *s* Redner(in) *m(f)*

talkie ['tɔːkɪ] *s* Tonfilm *m*

talking ['tɔːkɪŋ] *s* Sprechen *n*; **no ~ please!** bitte Ruhe!; **his constant ~** sein dauerndes Gerede

talking point *s* Gesprächsthema *n*

talking-to *umg* *s* ⟨*kein pl*⟩ **to give sb a good ~** j-m eine Standpauke halten *umg*

talk show *s* Talkshow *f*

talk time *s auf Handy* Gesprächszeit *f*

tall [tɔːl] *adj* ⟨+*er*⟩ **1** *Mensch* groß; **how ~ are you?** wie groß sind Sie?; **6 ft ~** 1,80 m groß **2** *Haus, Baum* hoch **3** **that's a ~ order** das ist ganz schön viel verlangt

tall story *s* unglaubwürdig Märchen *n*

tally ['tælɪ] **A** *s* **to keep a ~ of** Buch führen über (+*akk*) **B** *v/t* (*a.* **tally up**) zusammenzählen

talon ['tælən] *s* Kralle *f*

tambourine [ˌtæmbəˈriːn] *s* Tamburin *n*; **to play the ~** Tamburin spielen

tame [teɪm] **A** *adj* ⟨*komp* tamer⟩ **1** zahm **2** *Witz etc* lahm *umg* **B** *v/t Tier* zähmen

Tampax® [ˈtæmpæks] *s* Tampon *m*
phrasal verbs mit Tampax®:
tamper with *v/i* ⟨+*obj*⟩ sich (*dat*) zu schaffen machen an (+*dat*) *umg*, herumpfuschen an (+*dat*)

tampon [ˈtæmpən] *s* Tampon *m*

tan [tæn] **A** *s* **1** Bräune *f*; **to get a tan** braun werden; **she's got a lovely tan** sie ist schön braun **2** (≈ *Farbe*) Hellbraun *n* **B** *adj* hellbraun **C** *v/i* braun werden

TAN *abk* (= transaction number) TAN *f*

tandem [ˈtændəm] *s* Tandem *n*; **in ~ (with)** *fig* zusammen (mit)

tang [tæŋ] *s* **1** scharfer Geruch **2** starker Geschmack

tangent [ˈtændʒənt] *s* **to go off at a ~** *fig* (plötzlich) vom Thema abschweifen

tangerine [ˌtændʒəˈriːn] *s* Mandarine *f*

tangible [ˈtændʒəbl] *fig adj Resultat* greifbar; *Beweis* handfest

tangle [ˈtæŋgl] **A** *s* Gewirr *n*; *fig* Wirrwarr *m*; **to get into a ~** sich verheddern **B** *v/t* **to get ~d** sich verheddern
phrasal verbs mit tangle:
tangle up *v/t* ⟨*trennb*⟩ **to get tangled up** durcheinandergeraten

tangy [ˈtæŋɪ] *adj* ⟨*komp* tangier⟩ scharf

tank [tæŋk] *s* **1** Tank *m*; *bes für Wasser* Wasserspeicher *m*; *für Sauerstoff* Flasche *f* **2** MIL Panzer *m*

tankard [ˈtæŋkəd] *s* (Bier)humpen *m*

tanker [ˈtæŋkəʳ] *s* **1** SCHIFF Tanker *m* **2** Tankwagen *m*

tankful [ˈtæŋkfʊl] *s* Tank(voll) *m*

tankini [tæŋˈkiːnɪ] *s* Tankini *m*

tank top *s* **1** *Br* Pullunder *m* **2** *US* Trägertop *n*

tanned [tænd] *adj* braun (gebrannt)

tannin [ˈtænɪn] *s* Tannin *n*

tanning studio [ˈtænɪŋ] *s* Sonnenstudio *n*

Tannoy® [ˈtænɔɪ] *s* Lautsprecheranlage *f*

tantalizing [ˈtæntəlaɪzɪŋ] *adj* verführerisch

tantamount [ˈtæntəmaʊnt] *adj* **to be ~ to sth** auf etw +*akk* hinauslaufen

tantrum [ˈtæntrəm] *s* **to have a ~** einen Wutanfall bekommen

Taoiseach [ˈtiːʃæx] *Ir s* Premierminister(in) *m(f)*

Taoism [ˈdaʊɪzm] *s* Taoismus *m*

Taoist [ˈdaʊɪst] **A** *s* Taoist(in) *m(f)* **B** *adj* taoistisch

tap¹ [tæp] **A** *s bes Br* Wasserhahn *m*; **on tap** *Bier* vom Fass **B** *v/t fig Markt* erschließen; **to tap telephone wires** Telefonleitungen anzapfen
phrasal verbs mit tap:
tap into *v/i* ⟨+*obj*⟩ *System* anzapfen; *Ängste* ausnutzen

tap² **A** *s* **1** Klopfen *n* **2** (≈ *Berührung*) Klaps *m* **B** *v/t* & *v/i* klopfen; **he tapped me on the shoulder** er tippte mir auf die Schulter; **to tap at the door** sachte an die Tür klopfen

tap dance *s* Stepptanz *m*

tap-dance *v/i* steppen

tap-dancing *s* Stepptanz *m*, Steppen *n*

tape [teɪp] **A** *s* **1** Band *n*; *haftend* Klebeband *n*, Kleb(e)streifen *m* **2** (Ton)band *n*; **on ~** auf Band **B** *v/t* (auf Band) aufnehmen, (auf Video) aufnehmen
phrasal verbs mit tape:
tape down *v/t* ⟨*trennb*⟩ (mit Klebeband *etc*) festkleben
tape over **A** *v/i* ⟨+*obj*⟩ überspielen **B** *v/t* ⟨*trennb*⟩ **to tape A over B** B mit A überspielen
tape up *v/t* ⟨*trennb*⟩ *Paket* mit Klebeband *etc* verkleben

tape deck *s* Tapedeck *n*

tape drive *s* COMPUT Bandlaufwerk *n*

tape measure *s* Maßband *n*

taper [ˈteɪpə] *v/i* sich zuspitzen
phrasal verbs mit taper:
taper off *fig v/i* langsam aufhören

tape-record *v/t* auf Band aufnehmen

tape recorder *s* Tonbandgerät *n*, Kassettenrekorder *m*

tape recording *s* Bandaufnahme *f*

tapestry [ˈtæpɪstrɪ] *s* Wandteppich *m*

tapeworm [ˈteɪpwɜːm] *s* Bandwurm *m*

tapioca [ˌtæpɪˈəʊkə] *s* Tapioka *f*

tap water *s* Leitungswasser *n*

tar [tɑːʳ] **A** *s* Teer *m* **B** *v/t* teeren

tarantula [təˈræntjʊlə] *s* Tarantel *f*

tardy [ˈtɑːdɪ] *US adj* ⟨*komp* tardier⟩ **to be ~** zu spät kommen

target [ˈtɑːgɪt] **A** *s* Ziel *n*; SPORT, *a. fig* Zielscheibe *f*; **to be off/on ~** *Rakete* danebengehen/treffen; *Torschuss* ungenau/sehr genau sein; **production is above/on/below ~** das Produktionssoll ist überschritten/erfüllt/nicht erfüllt; **to be on ~** *Projekt* auf Kurs sein **B** *v/t* sich (*dat*) zum Ziel setzen; *Publikum* als Zielgruppe haben

target audience *s* Zielgruppe *f*

target date *s* angestrebter Termin

target figure *s* angestrebte Zahl

target group *s* Zielgruppe *f*

target language *s in Wörterbuch, Übersetzung* Zielsprache *f*

target market *s* Zielmarkt *m*

tariff [ˈtærɪf] *s* **1** *bes Br von Hotel etc* Preisliste *f* **2** (≈ *Steuer*) Zoll *m*

tarmac [ˈtɑːmæk] **A** *s* **Tarmac®** Asphalt *m* **B** *v/t* asphaltieren

tarnish ['tɑːnɪʃ] **A** v/t **1** *Metall* stumpf werden lassen **2** *fig Ruf* beflecken **B** v/i *Metall* anlaufen

tarot card ['tærəʊkɑːd] s Tarockkarte f

tarpaulin [tɑːˈpɔːlɪn] s Plane f; SCHIFF Persenning f

tarragon ['tærəgən] s Estragon m

tart[1] [tɑːt] *adj* ⟨+er⟩ *Geschmack* herb, sauer *pej*; *Obst* sauer

tart[2] s GASTR Obstkuchen m, Obsttörtchen n

tart[3] *Br umg* s Nutte f *umg*

phrasal verbs mit tart:

tart up *bes Br umg* v/t ⟨trennb⟩ aufmachen *umg*; sich aufdonnern *umg*

tartan ['tɑːtən] **A** s Schottenkaro n; Schottenstoff m **B** *adj* im Schottenkaro

tartar ['tɑːtə(r)] s Zahnstein m; CHEM Weinstein m

tartar(e) sauce [ˌtɑːtəˈsɔːs] s ≈ Remouladensoße f

taser® ['teɪzər] s Elektroschockpistole f

task [tɑːsk] s Aufgabe f; **to set sb a ~** j-m eine Aufgabe stellen; **to take sb to ~** j-n ins Gebet nehmen (**for, about** wegen)

task bar s IT Taskleiste f

task force s Taskforce f; *beruflich* Arbeitsgruppe f

taskmaster s **he's a hard ~** er ist ein strenger Meister

Tasmania [tæsˈmeɪnɪə] s Tasmanien n

tassel ['tæsəl] s Quaste f

taste [teɪst] **A** s Geschmack m, Geschmackssinn m; (≈ *geringe Menge*) Kostprobe f; **I don't like the ~** das schmeckt mir nicht; **to have a ~ (of sth)** *wörtl* (etw) probieren; *fig* eine Kostprobe (von etw) bekommen; **to acquire a ~ for sth** Geschmack an etw (*dat*) finden; **it's an acquired ~** das ist etwas für Kenner; **my ~ in music** mein musikalischer Geschmack; **to be to sb's ~** nach j-s Geschmack sein; **it is a matter of ~** das ist Geschmack(s)sache; **for my ~ …** für meinen Geschmack …; **she has very good ~** sie hat einen sehr guten Geschmack; **a man of ~** ein Mann mit Geschmack; **to be in good ~** geschmackvoll sein; **to be in bad ~** geschmacklos sein **B** v/t **1** schmecken **2** probieren, kosten **3** *Wein* verkosten **4** *fig Freiheit* erleben **C** v/i schmecken; **to ~ good** *od* **nice** (gut) schmecken; **it ~s all right to me** ich schmecke nichts; (≈ *wohlschmeckend*) ich finde, das schmeckt nicht schlecht; **to ~ of sth** nach etw schmecken

tasteful *adj*, **tastefully** *adv* geschmackvoll

tasteless *adj* geschmacklos

tasting ['teɪstɪŋ] s (Wein)Probe f

tasty ['teɪstɪ] *adj* ⟨*komp* tastier⟩ schmackhaft; **pizza is tastier** Pizza schmeckt besser; **his new girlfriend is very ~** *umg* seine neue Freundin ist zum Anbeißen *umg*

tattered ['tætəd] *adj Kleider* zerlumpt; *Laken* zerfleddert

tatters ['tætəz] *pl* **to be in ~** *Kleider* in Fetzen sein; *Selbstvertrauen* (sehr) angeschlagen sein

tattoo [təˈtuː] **A** v/t tätowieren **B** s ⟨*pl* -s⟩ Tattoo m od n, Tätowierung f

tatty ['tætɪ] *bes Br umg adj* ⟨*komp* tattier⟩ schmuddelig; *Kleider* schäbig

taught [tɔːt] *prät* & *pperf* → teach

taunt [tɔːnt] **A** s Spöttelei f **B** v/t verspotten (**about** wegen)

Taurus ['tɔːrəs] s ASTROL Stier m; **to be (a) ~** (ein) Stier sein

taut [tɔːt] *adj* ⟨+er⟩ straff; *Muskeln* stramm; **to pull sth ~** etw stramm ziehen

tauten ['tɔːtn] **A** v/t *Seil* spannen; *Muskeln* anspannen **B** v/i sich spannen

tavern ['tævən] *obs* s Taverne f

tawdry ['tɔːdrɪ] *adj* ⟨*komp* tawdrier⟩ **1** *Kleidung etc* billig und geschmacklos **2** *Person* aufgedonnert *umg*

tax [tæks] **A** s Steuer f (**on** auf +*dat*); **before tax** brutto; **after tax** netto; **to put a tax on sb/sth** j-n/etw besteuern **B** v/t **1** besteuern **2** *fig Geduld* strapazieren

taxable ['tæksəbl] *adj* **~ income** zu versteuerndes Einkommen

tax allowance s Steuervergünstigung f, Steuerfreibetrag m

taxation [tækˈseɪʃən] s Besteuerung f

tax bill s Steuerbescheid m

tax bracket s Steuergruppe f *od* -klasse f

tax code s Steuerkennziffer f

tax consultant s Steuerberater(in) m(f)

tax-deductible *adj* (steuerlich) absetzbar

tax demand s Steuerbescheid m

tax disc *Br* s Steuerplakette f

tax evasion s Steuerhinterziehung f

tax-exempt *US adj Einkommen* steuerfrei

tax exemption s Steuerbefreiung f

tax-free *adj* & *adv* steuerfrei

tax-free allowance s Steuerfreibetrag m

tax haven s Steuerparadies n

taxi ['tæksɪ] **A** s Taxi n; **to go by ~** mit dem Taxi fahren **B** v/i FLUG rollen

taxicab ['tæksɪkæb] *bes US* s Taxi n

taxidermist ['tæksɪdɜːmɪst] s Tierpräparator(in) m(f)

taxi driver s Taxifahrer(in) m(f)

taxing ['tæksɪŋ] *adj* anstrengend

tax inspector *Br* s Finanzbeamte(r) m, Finanzbeamtin f

taxi rank *Br* s, **taxi stand** *bes US* s Taxistand m

taxman s ⟨pl -men⟩ **the ~ gets 35%** das Finanzamt bekommt 35%

tax official s Finanzbeamte(r) m, Finanzbeamtin f

taxpayer s Steuerzahler(in) m(f)

tax rebate s Steuerrückzahlung f

tax relief s Steuervergünstigung f

tax return s Steuererklärung f

tax year s Steuerjahr n

TB abk (= tuberculosis) Tb f, Tbc f

t.b.a., TBA abk (= to be announced) wird/werden noch bekannt gegeben

T-bone steak ['tiːbəʊnˈsteɪk] s T-Bone-Steak n

tea [tiː] s **1** Tee m; **a cup of tea** eine Tasse Tee; **to have (some) tea** Tee trinken **2** Br Nachmittagstee m; (≈ Mahlzeit) Abendbrot n; **to have tea** den Nachmittagstee einnehmen; zu Abend essen

tea bag s Teebeutel m

tea break bes Br s Pause f

tea caddy bes Br s Teedose f

teacake Br s Rosinenbrötchen n

teach [tiːtʃ] ⟨v: prät, pperf taught⟩ **A** v/t unterrichten, lehren geh; **to ~ sb sth** j-m etw beibringen, j-n in etw (dat) unterrichten; **to ~ sb to do sth** j-m beibringen, etw zu tun; **the accident taught me to be careful** durch diesen Unfall habe ich gelernt, vorsichtiger zu sein; **who taught you to drive?** bei wem haben Sie Fahren gelernt?; **that'll ~ her** das wird ihr eine Lehre sein; **that'll ~ you to break the speed limit** das hast du (nun) davon, dass du die Geschwindigkeitsbegrenzung überschritten hast **B** v/i unterrichten; **he can't ~** er gibt keinen guten Unterricht

teacher ['tiːtʃəʳ] s Lehrer(in) m(f); **English ~s** Englischlehrer(innen) pl

teacher's pet [ˌtiːtʃəz'pet] s Lieblingsschüler(in) m(f)

teacher-training [ˌtiːtʃə'treɪnɪŋ] s Lehrer(aus)bildung f; **~ college** pädagogische Hochschule, Studienseminar n

tea chest Br s Kiste f

teaching ['tiːtʃɪŋ] s **1** das Unterrichten; der Lehrberuf; **she enjoys ~** sie unterrichtet gern **2** (a. **~s**) Lehre f

teaching time s Unterrichtszeit f

tea cloth Br s Geschirrtuch n

tea cosy s, **tea cozy** US s Teewärmer m

teacup s Teetasse f

teak [tiːk] s Teak(holz) n

tea leaf s Teeblatt n

team [tiːm] s Team n; SPORT Mannschaft f; **to be on a ~** Mitglied eines Teams sein

phrasal verbs mit team:

team up v/i sich zusammentun (**with** mit)

team effort s Teamarbeit f

team game s Mannschaftsspiel n

team-mate s Mannschaftskamerad(in) m(f)

team member s Teammitglied n

team player s **1** SPORT Mannschaftsspieler(in) m(f) **2** fig Teamarbeiter(in) m(f)

team spirit s Gemeinschaftsgeist m; SPORT Mannschaftsgeist m

teamster ['tiːmstər] s US Lkw-Fahrer(in) m(f)

teamwork ['tiːmwɜːk] s Teamwork n

tea party s Teegesellschaft f

teapot s Teekanne f

tear¹ [teəʳ] ⟨v: prät tore; pperf torn⟩ **A** v/t zerreißen; Loch reißen; **to ~ sth in two** etw (in zwei Stücke) zerreißen; **to ~ sth to pieces** etw in Stücke reißen; fig Film etc etw verreißen; **to ~ sth open** etw aufreißen; **to ~ one's hair (out)** sich (dat) die Haare raufen; **to be torn between two things** fig zwischen zwei Dingen hin und her gerissen sein **B** v/i **1** (zer)reißen; **~ along the dotted line** an der gestrichelten Linie abtrennen **2** rasen **C** s Riss m

phrasal verbs mit tear:

tear along v/i entlangrasen

tear apart v/t ⟨trennb⟩ Haus völlig durcheinanderbringen; Land zerreißen; **it tore me apart to leave you** es hat mir schier das Herz zerrissen, dich zu verlassen

tear at v/i ⟨+obj⟩ zerren an (+dat)

tear away v/t ⟨trennb⟩ **if you can tear yourself away** wenn du dich losreißen kannst

tear down v/t ⟨trennb⟩ Plakat herunterreißen; Haus abreißen

tear into v/i ⟨+obj⟩ mit Worten abkanzeln; Kritiker keinen guten Faden lassen an (+dat)

tear off A v/i **1** wegrasen **2** Formular sich abtrennen lassen **B** v/t ⟨trennb⟩ abreißen; Kleider herunterreißen

tear out A v/i hinausrasen, wegrasen **B** v/t ⟨trennb⟩ (her)ausreißen (of aus)

tear up¹ v/t ⟨trennb⟩ **1** Papier zerreißen **2** Pfosten (her)ausreißen **3** Boden aufwühlen **4** Übereinkommen aufkündigen

tear² [tɪəʳ] s Träne f; **in ~s** in Tränen aufgelöst; **there were ~s in her eyes** ihr standen Tränen in den Augen; **the news brought ~s to her eyes** als sie das hörte, stiegen ihr die Tränen in die Augen; **the ~s were running down her cheeks** ihr Gesicht war tränenüberströmt

phrasal verbs mit tear:

tear up² v/i umg Tränen in den Augen haben, anfangen zu heulen umg

tearaway ['teərəweɪ] Br umg s Rabauke m umg

teardrop s Träne f

tearful ['tɪəfʊl] adj Gesicht tränenüberströmt; Abschied tränenreich; **to become ~** zu weinen anfangen

tearfully ['tɪəfəlɪ] *adv* mit Tränen in den Augen; *etw sagen* unter Tränen

tear gas *s* Tränengas *n*

tearjerker ['tɪəˌdʒɜːkəʳ] *s* (≈ sentimentaler Film etc) Schnulze *f umg*

tearoom ['tiːruːm] *Br s* Teestube *f*, Café *n*, Kaffeehaus *n österr*

tear-stained ['tɪəsteɪnd] *adj* verweint

tease [tiːz] **A** *v/t j-n* necken, hänseln (**about** wegen) **B** *v/i* Spaß machen **C** *s umg* Scherzbold *m umg*

tea service, **tea set** *s* Teeservice *n*

teashop *s* Teestube *f*

teasing ['tiːzɪŋ] *adj* neckend

teaspoon *s* **1** Teelöffel *m* **2** (a. **~ful**) Teelöffel *m* (voll)

tea strainer *s* Teesieb *n*

teat [tiːt] *s von Tier* Zitze *f*; *Br an Babyflasche* (Gummi)sauger *m*

teatime *Br s nachmittags* Teestunde *f*; (≈ Mahlzeit) Abendessen *n*, Nachtmahl *n österr*, Nachtessen *n schweiz*; **at ~** am späten Nachmittag

tea towel *Br s* Geschirrtuch *n*

tea trolley *s*, **tea wagon** *US s* Teewagen *m*

technical ['teknɪkəl] *adj* **1** technisch **2** fachlich, Fach-; *Probleme* fachspezifisch; **~ dictionary** Fachwörterbuch *n*; **~ term** Fachausdruck *m*, Fachbegriff

technical college *bes Br s* technische Fachschule

technical drawing *s* technische Zeichnung

technicality [ˌteknɪˈkælɪtɪ] *s* technische Einzelheit *f*; *fig, a.* JUR Formsache *f*

technically ['teknɪkəlɪ] *adv* **1** technisch **2** **~ speaking** streng genommen

technical school *US s* technische Fachschule

technical support *s* IT technische Unterstützung

technician [tekˈnɪʃən] *s* Techniker(in) *m(f)*

technique [tekˈniːk] *s* Technik *f*, Methode *f*

techno ['teknəʊ] *s* MUS Techno *m/n*

technocrat ['teknəkræt] *s* Technokrat(in) *m(f)*

technological [ˌteknəˈlɒdʒɪkəl] *adj* technologisch, technisch

technologically [ˌteknəˈlɒdʒɪklɪ] *adv* technologisch

technologist [tekˈnɒlədʒɪst] *s* Technologe *m*, Technologin *f*

technology [tekˈnɒlədʒɪ] *s* Technologie *f*, Technik *f*; **communications ~** Kommunikationstechnik *f*

technophobia [ˌteknəˈfəʊbɪə] *s* Technologiefeindlichkeit *f*

teddy (bear) ['tedɪ(ˌbeəʳ)] *s* Teddy(bär) *m*

tedious ['tiːdɪəs] *adj* langweilig, fad *österr*

tedium ['tiːdɪəm] *s* Lang(e)weile *f*

tee [tiː] *s Golf* Tee *n*

teem [tiːm] *v/i* **1** wimmeln (**with** von) **2** **it's ~ing with rain** es gießt in Strömen *umg*

teeming ['tiːmɪŋ] *adj Regen* strömend

teen [tiːn] **A** *adj Film etc* für Teenager; **~ idol** Teenie-Idol *n* **B** *s* Teenager(in) *m(f)*

teenage ['tiːneɪdʒ] *adj* Teenager-; *Jugendlicher* im Teenageralter; **~ boy** Teenager *m*; **~ girl** Teenagerin *f*; **~ idol** Teenie-Idol *n*

teenaged ['tiːneɪdʒd] *adj* im Teenageralter; **~ boy/girl** Teenager *m*

teenager ['tiːnˌeɪdʒəʳ] *s* Teenager *m*

teens [tiːnz] *pl* Teenageralter *n*; **to be in one's ~** im Teenageralter sein

teeny(weeny) ['tiːnɪ(ˈwiːnɪ)] *umg adj* klitzeklein *umg*; **a ~ bit …** ein ganz klein bisschen …

tee shirt *s* → T-shirt

teeter ['tiːtəʳ] *v/i* taumeln; **to ~ on the brink** *od* **edge of sth** *wörtl* am Rand von etw taumeln; *fig* am Rand von etw sein

teeth [tiːθ] *pl* → tooth

teethe [tiːð] *v/i* zahnen

teething ring ['tiːðɪŋ] *s* Beißring *m*

teething troubles *Br fig pl* Kinderkrankheiten *pl*

teetotal [ˌtiːˈtəʊtl] *adj* abstinent

teetotaller [ˌtiːˈtəʊtləʳ] *s*, **teetotaler** *US s* Abstinenzler(in) *m(f)*

TEFL *abk* (= Teaching of English as a Foreign Language) Unterrichten *n* von Englisch als Fremdsprache

tel *abk* (= telephone number) Tel.

telebanking ['telɪˌbæŋkɪŋ] *s* Telebanking *n*

telecast ['telɪkɑːst] *s* Fernsehsendung *f*

telecommunications [ˌtelɪkəmjuːnɪˈkeɪʃənz] *s* **1** ⟨+pl v⟩ Fernmeldewesen *n* **2** ⟨+sg v⟩ Fernmeldetechnik *f*, Telekommunikation *f*

telecommuter ['telɪkəˌmjuːtəʳ] *s* Telearbeiter(in) *m(f)*

telecommuting ['telɪkəmˌjuːtɪŋ] *s* Telearbeit *f*

teleconference ['telɪˌkɒnfrəns] *s* Telekonferenz *f*

teleconferencing ['telɪˌkɒnfrənsɪŋ] *s* Telekonferenz *f*, Konferenzschaltung *f*

telegram ['telɪgræm] *s* Telegramm *n*

telegraph ['telɪgrɑːf] *v/t* telegrafisch übermitteln

telegraph pole *Br s* Telegrafenmast *m*

telemarketing ['telɪmɑːkətɪŋ] *s* Telefonmarketing *n*, Telemarketing *n*, Telefonverkauf *m*

telepathic [ˌtelɪˈpæθɪk] *adj* telepathisch; **you must be ~!** du musst ja ein Hellseher sein!

telepathy [tɪˈlepəθɪ] *s* Telepathie *f*

telephone ['telɪfəʊn] **A** *s* Telefon *n*; **there's somebody on the ~ for you** Sie werden am

Telefon verlangt; **have you got a ~?** haben Sie Telefon?; **he's on the ~** er telefoniert gerade; **by ~** telefonisch; **I've just been on the ~ to him** ich habe eben mit ihm telefoniert; **I'll get on the ~ to her** ich werde sie anrufen **B** v/t anrufen **C** v/i telefonieren; **to ~ for an ambulance** einen Krankenwagen rufen

telephone banking s Telefonbanking n
telephone bill s Telefonrechnung f
telephone book s Telefonbuch n
telephone box s, **telephone booth** US s Telefonzelle f
telephone call s Telefongespräch n
telephone conversation s Telefongespräch n
telephone directory s Telefonbuch n
telephone exchange bes Br s Fernsprechamt n
telephone kiosk s Telefonzelle f
telephone line s Telefonleitung f
telephone message s telefonische Nachricht
telephone number s Telefonnummer f
telephone operator bes US s Telefonist(in) m(f)
telephone pole US s Telegrafenmast m
telephoto (lens) ['telɪˌfəʊtəʊ('lenz)] s Teleobjektiv n
telesales ['telɪseɪlz] s ⟨+sg v⟩ Verkauf m per Telefon
telescope ['telɪskəʊp] s Teleskop n
telescopic [ˌtelɪ'skɒpɪk] adj Antenne etc ausziehbar
telescopic lens s Fernrohrlinse f
teleshopping ['telɪˌʃɒpɪŋ] s Teleshopping n
Teletext® ['telɪtekst] s Teletext m, Videotext m
televise ['telɪvaɪz] v/t (im Fernsehen) übertragen
television ['telɪˌvɪʒən] s Fernsehen n; (≈ Gerät) Fernseher m; **to watch ~** fernsehen; **to be on ~** im Fernsehen kommen; **what's on ~?** was gibt es im Fernsehen?
television audience s Fernsehzuschauer pl
television camera s Fernsehkamera f
television licence Br s ≈ Fernsehgebühren pl; Bescheinigung über die Entrichtung der Fernsehgebühren; **I've got to pay my TV licence this month** ich muss diesen Monat meine Fernsehgebühren bezahlen
television programme, **television program** US s Fernsehsendung f, Fernsehprogramm n
television screen s Bildschirm m
television set s Fernseher m
television studio s Fernsehstudio n
teleworker ['telɪwɜːkəʳ] s Telearbeiter(in) m(f)
teleworking ['telɪwɜːkɪŋ] s Telearbeit f
telex ['teleks] **A** s Telex n **B** v/t Nachricht per Telex mitteilen; j-m ein Telex schicken (+dat)
tell [tel] ⟨prät, pperf told⟩ **A** v/t **1** erzählen (**sb sth, sth to sb** j-m etw), sagen (**sb sth** j-m etw); **to ~ lies** lügen; **to ~ tales** petzen umg; **to ~ sb's fortune** j-m wahrsagen; **to ~ sb a secret** j-m ein Geheimnis anvertrauen; **to ~ sb about sth** j-m von etw erzählen; **~ me your names** sagt mir eure Namen; **I can't ~ you how pleased I am** ich kann Ihnen gar nicht sagen, wie sehr ich mich freue; **could you ~ me the way to the station, please?** könn(t)en Sie mir bitte sagen, wie ich zum Bahnhof komme?; **(I'll) ~ you what, let's go to the cinema** weißt du was, gehen wir doch ins Kino!; **don't ~ me you can't come!** sagen Sie bloß nicht, dass Sie nicht kommen können!; **I won't do it, I ~ you!** und ich sage dir, das mache ich nicht!; **I told you so** ich habe es (dir) ja gesagt; **we were told to bring sandwiches with us** es wurde uns gesagt, dass wir belegte Brote mitbringen sollten; **don't you ~ me what to do!** Sie haben mir nicht zu sagen, was ich tun soll!; **do as** od **what you are told!** tu, was man dir sagt! **2** erkennen; **to ~ the time** die Uhr kennen; **to ~ the difference** den Unterschied sehen; **you can ~ that he's clever** man sieht od merkt, dass er intelligent ist; **you can't ~ whether it's moving** man kann nicht sagen od sehen, ob es sich bewegt; **to ~ sb/sth by sth** j-n/etw an etw (dat) erkennen; **I can't ~ butter from margarine** ich kann Butter nicht von Margarine unterscheiden; **to ~ right from wrong** Recht von Unrecht unterscheiden **3** wissen; **how can I ~ that?** wie soll ich das wissen? **B** v/i ⟨+indirektes Objekt⟩ es sagen (+dat); **I promised not to ~** ich habe versprochen, es nicht weiterzuerzählen; **I won't ~ you again** ich sage es dir nicht noch einmal; **you're ~ing me!** wem sagen Sie das! **C** v/i **1** wissen; **as** od **so far as one can ~** soweit man weiß; **who can ~?** wer weiß?; **you never can ~, you can never ~, you can never** man kann nie wissen **2** sprechen; **promise you won't ~** du musst versprechen, dass du nichts sagst

phrasal verbs mit tell:
tell apart v/t **I can't tell them apart** ich kann sie nicht auseinanderhalten
tell off umg v/t ⟨trennb⟩ ausschimpfen (**for** wegen); **he told me off for being late** er schimpfte (mich aus), weil ich zu spät kam
tell on umg v/i ⟨+obj⟩ verpetzen umg
teller ['teləʳ] s in Bank Kassierer(in) m(f)
telling ['telɪŋ] **A** adj **1** wirkungsvoll **2** aufschlussreich **B** s **1** Erzählen n **2** **there is no ~ what he may do** man kann nicht sagen, was er tut
telling-off [ˌtelɪŋ'ɒf] Br umg **s** **to give sb a good ~** j-m eine (kräftige) Standpauke halten umg

telltale ['telteɪl] Br s Petze f

telly ['telɪ] Br umg s Fernseher m; **on ~** im Fernsehen; **to watch ~** fernsehen; → television

temerity [tɪ'merɪtɪ] s Kühnheit f, Unerhörtheit f pej

temp [temp] **A** s Aushilfskraft m **B** v/i als Aushilfskraft arbeiten

temper ['tempəʳ] s Wut f; **to be in a ~** wütend sein; **to be in a good/bad ~** guter/schlechter Laune sein; **she's got a quick ~** sie kann sehr jähzornig sein; **she's got a terrible ~** sie kann sehr unangenehm werden; **to lose one's ~** die Beherrschung verlieren (**with sb** bei j-m); **to keep one's ~** sich beherrschen (**with sb** bei j-m); **to fly into a ~** einen Wutanfall bekommen; **he has quite a ~** er kann ziemlich aufbrausen

temperament ['tempərəmənt] s Veranlagung f, Temperament n

temperamental [ˌtempərə'mentl] adj **1** Mensch launisch; **~ outburst** Temperamentsausbruch m **2** Auto voller Mucken, launisch hum; **to be ~** seine Mucken haben

temperate ['tempərɪt] adj Klima gemäßigt

temperature ['temprɪtʃəʳ] s Temperatur f; **to take sb's ~** bei j-m Fieber messen; **to have a ~** Fieber haben; **he has a ~ of 39° C** er hat 39° Fieber

-tempered [-'tempəd] adj ⟨suf⟩ ... gelaunt

tempestuous [ˌtem'pestjʊəs] fig adj stürmisch

temping agency ['tempɪŋˌeɪdʒənsɪ] s Zeitarbeitsfirma f

template, templet ['templɪt] s Schablone f

temple¹ ['templ] s REL Tempel m

temple² s ANAT Schläfe f

tempo ['tempəʊ] s ⟨pl -s od tempi ['tempɪ]⟩ MUS fig Tempo n

temporarily ['tempərərɪlɪ] adv vorübergehend

temporary ['tempərərɪ] adj vorübergehend; Adresse vorläufig; Stelle befristet; **~ work** Zeitarbeit f; **she is a ~ resident here** sie wohnt hier nur vorübergehend

tempt [tempt] v/t in Versuchung führen, verführen; **to ~ sb to do** od **into doing sth** j-n dazu verführen, etw zu tun; **I am ~ed to accept** ich bin versucht anzunehmen; **may I ~ you to have a little more wine?** kann ich Sie noch zu etwas Wein überreden?; **to ~ fate** od **providence** fig sein Schicksal herausfordern; **mit Prophezeiung** den Teufel an die Wand malen

temptation [temp'teɪʃən] s Versuchung f; **to yield to** od **to give way to ~** der Versuchung erliegen

tempting adj, **temptingly** ['temptɪŋ, -lɪ] adv verlockend

ten [ten] **A** adj zehn **B** s **1** Zehn f **2** → six

tenacious [tɪ'neɪʃəs] adj hartnäckig

tenacity [tɪ'næsɪtɪ] s Hartnäckigkeit f

tenancy ['tenənsɪ] s **conditions of ~** Mietbedingungen pl; von Bauernhof Pachtbedingungen pl

tenant ['tenənt] s Mieter(in) m(f); von Bauernhof Pächter(in) m(f)

tend¹ [tend] v/t sich kümmern um; Schafe hüten; Maschine bedienen

tend² v/i **1 to ~ to be/do sth** gewöhnlich etw sein/tun; **the lever ~s to stick** der Hebel bleibt oft hängen; **that would ~ to suggest that ...** das würde gewissermaßen darauf hindeuten, dass ... **2 to ~ toward(s)** Maßnahmen führen zu; Ansichten etc tendieren zu

tendency ['tendənsɪ] s Tendenz f; **artistic tendencies** künstlerische Neigungen pl; **to have a ~ to be/do sth** gewöhnlich etw sein/tun

tender¹ ['tendəʳ] **A** v/t Geld, Dienstleistung (an)bieten; Kündigung einreichen **B** s HANDEL Angebot n

tender² adj **1** Stelle empfindlich; Pflanze, Fleisch zart; **at the ~ age of 7** im zarten Alter von 7 Jahren **2** liebevoll; Kuss zärtlich; **~ loving care** Liebe und Zuneigung f

tenderhearted [ˌtendə'hɑːtɪd] adj gutherzig

tenderloin ['tendəlɔɪn] s zartes Lendenstück

tenderly ['tendəlɪ] adv liebevoll

tenderness ['tendənɪs] s **1** Empfindlichkeit f **2** Zärtlichkeit f

tendon ['tendən] s Sehne f

tenement ['tenɪmənt] s, ⟨a. **tenement house**⟩ ≈ Mietshaus n

Tenerife [ˌtenə'riːf] s Teneriffa n

tenfold ['tenfəʊld] **A** adj zehnfach **B** adv um das Zehnfache; **to increase ~** sich verzehnfachen

tenner ['tenəʳ] Br umg s Zehner m umg

tennis ['tenɪs] s Tennis n

tennis ball s Tennisball m

tennis court s Tennisplatz m

tennis elbow s MED Tennisarm m

tennis player s Tennisspieler(in) m(f)

tennis racket, tennis racquet s Tennisschläger m

tennis shoe US s Turnschuh m (auch für die Straße)

tenor ['tenəʳ] **A** s Tenor m **B** adj MUS Tenor-

tenpin bowling [ˌtenpɪn'bəʊlɪŋ] s, **tenpins** ['tenpɪnz] US s ⟨+sg v⟩ Bowling n

tense¹ [tens] s GRAM Zeit f; **present ~** Gegenwart f; **past ~** Vergangenheit f; **future ~** Zukunft f; **which ~ is this verb in?** in welcher Zeit steht dieses Verb?

tense² **A** adj ⟨komp **tenser**⟩ Atmosphäre gespannt; Muskeln, Lage (an)gespannt; Beziehungen angespannt; **to grow ~** nervös werden **B** v/t

anspannen C v/i sich (an)spannen
phrasal verbs mit tense:
tense up v/i sich anspannen
tension ['tenʃən] wörtl s Spannung f; nervlich Anspannung f
tent [tent] s Zelt n
tentacle ['tentəkl] s ZOOL Tentakel m/n fachspr
tentative ['tentətɪv] adj vorläufig; *Angebot* unverbindlich; *Vorschlag* vorsichtig; *Lächeln* zögernd; **we've a ~ arrangement to play tennis tonight** wir haben halb abgemacht, heute Abend Tennis zu spielen
tentatively ['tentətɪvlɪ] adv lächeln zögernd; *vorgehen* vorsichtig; *zustimmen* vorläufig
tenterhooks ['tentəhʊks] pl **to be on ~** wie auf glühenden Kohlen sitzen umg; **to keep sb on ~** j-n zappeln lassen
tenth [tenθ] A adj zehnte(r, s); **a ~ part** ein Zehntel n B s 1 Zehntel n 2 Zehnte(r, s); → sixth
tent peg s Zeltpflock m, Hering m
tent pole s Zeltstange f
tenuous ['tenjʊəs] fig adj *Verbindung* schwach; *Position* unsicher; **to have a ~ grasp of sth** etw nur ansatzweise verstehen
tenure ['tenjʊə^r] s 1 Anstellung f, Amtszeit f 2 **during her ~ of the farm** während sie die Farm innehatte
tepee ['tiːpiː] s (≈ *Indianerzelt*) Tipi n
tepid ['tepɪd] adj lau(warm)
term [tɜːm] A s 1 Zeitraum m; *begrenzt* Frist f; **~ of office** Amtszeit f; **~ of imprisonment** Gefängnisstrafe f; **elected for a three-year ~** auf od für drei Jahre gewählt; **in the short ~** auf kurze Sicht 2 SCHULE 3 Abschnitte Trimester n; 2 Abschnitte Halbjahr n; UNIV Semester n 3 Ausdruck m; **in simple ~s** in einfachen Worten 4 **in ~s of** bezüglich + gen; **in ~s of production we are doing well** was die Produktion betrifft, stehen wir gut da 5 **~s** pl Bedingungen pl; **~s and conditions** Allgemeine Geschäftsbedingungen pl; **~s of surrender/payment** Kapitulations-/Zahlungsbedingungen pl; **~s of use** Nutzungsbedingungen pl; **on equal ~s** auf gleicher Basis; **to come to ~s with sb** sich mit j-m einigen; **to come to ~s with sth** mit etw fertig werden, mit etw zurechtkommen 6 **~s** pl **to be on good/bad ~s with sb** gut/nicht (gut) mit j-m auskommen; **they're not on speaking ~s** sie sprechen nicht miteinander B v/t bezeichnen
terminal ['tɜːmɪnl] A adj End-; MED unheilbar; **to be in ~ decline** sich in unaufhaltsamem Niedergang befinden B s 1 BAHN Endbahnhof m; *von Straßenbahn, Bus* Endstation f; **air** od **airport ~** (Flughafen)terminal m; **railway ~** Br,

railroad ~ US Zielbahnhof m 2 ELEK Pol m 3 COMPUT Terminal n
terminally ['tɜːmɪnəlɪ] adv **~ ill** unheilbar krank
terminal station s BAHN Endbahnhof m
terminate ['tɜːmɪneɪt] A v/t beenden; *Vertrag etc* lösen; *Schwangerschaft* unterbrechen B v/i enden
termination [ˌtɜːmɪ'neɪʃən] s Beendigung f; *von Vertrag etc* Lösung f; **~ of pregnancy** Schwangerschaftsabbruch m
terminology [ˌtɜːmɪ'nɒlədʒɪ] s Terminologie f
terminus ['tɜːmɪnəs] s BAHN etc Endstation f
termite ['tɜːmaɪt] s Termite f
terrace ['terəs] s 1 Terrasse f 2 Br Häuserreihe f
terraced ['terəst] adj 1 *Hang* terrassenförmig angelegt 2 bes Br **~ house** Reihenhaus n
terrain [te'reɪn] s Terrain n
terrestrial [tɪ'restrɪəl] adj terrestrisch
terrestrial TV s Antennenfernsehen n, terrestrisches Fernsehen
terrible ['terəbl] adj furchtbar, schrecklich; **I feel ~** mir ist fürchterlich schlecht; (≈ *Schuldgefühl*) es ist mir furchtbar peinlich
terribly ['terəblɪ] adv schrecklich; *enttäuscht* furchtbar; *singen* fürchterlich; *wichtig* schrecklich umg; **I'm not ~ good with money** ich kann nicht besonders gut mit Geld umgehen
terrier ['terɪə^r] s Terrier m
terrific [tə'rɪfɪk] adj wunderbar, großartig; *Tempo* unwahrscheinlich umg, unglaublich; **that's ~ news** das sind tolle Nachrichten umg; **~!** super! umg
terrified ['terɪfaɪd] adj verängstigt; **to be ~ of sth** vor etw schreckliche Angst haben; **he was ~ in case ...** er hatte fürchterliche Angst davor, dass ...
terrify ['terɪfaɪ] v/t in Angst versetzen
terrifically [tə'rɪfɪklɪ] adv umg unheimlich
terrifying ['terɪfaɪɪŋ] adj *Film* grauenerregend; *Gedanke, Anblick* entsetzlich; *Tempo* angsterregend
territorial [ˌterɪ'tɔːrɪəl] adj territorial; **~ waters** Hoheitsgewässer pl
Territorial Army Br s Territorialheer n
territory ['terɪtərɪ] s Territorium n; *von Tieren* Revier n; fig Gebiet n
terror ['terə^r] s 1 ⟨kein pl⟩ Terror m; (≈ *Furcht*) panische Angst (**of** vor +dat) 2 (≈ *furchterregendes Ereignis*) Schrecken m
terrorism ['terərɪzəm] s Terrorismus m; **an act of ~** ein Terrorakt m
terrorist ['terərɪst] A s Terrorist(in) m(f) B adj ⟨attr⟩ terroristisch; **~ attack** Terroranschlag m
terrorist suspect s Terrorverdächtige(r) m/f(m)
terrorize ['terəraɪz] v/t terrorisieren
terror network s, **terrorist network** s Terror-

netz n, Terrornetzwerk n

terse [tɜːs] adj ⟨komp terser⟩ knapp

tersely ['tɜːslɪ] adv knapp, kurz; *Antwort* kurz (angebunden)

TESL abk (= Teaching of English as a Second Language) Unterrichten n von Englisch als Zweitsprache

TESOL abk (= Teaching of English as a Second or Other Language) Unterrichten n von Englisch als Zweit- oder weitere Sprache

test [test] **A** s Test m; SCHULE Klassenarbeit f; UNIV Klausur f; AUTO (Fahr)prüfung f; *zur Kontrolle* Untersuchung f; **he gave them a vocabulary ~** er ließ eine Vokabelarbeit schreiben; *mündlich* er hat sie Vokabeln abgefragt; **to put sb/sth to the ~** j-n/etw auf die Probe stellen **B** adj ⟨attr⟩ Test- **C** v/t **1** testen; SCHULE prüfen; *mündlich* abfragen; *fig* auf die Probe stellen **2** *chemisch* untersuchen; **to ~ sth for sugar** etw auf seinen Zuckergehalt untersuchen **D** v/i Tests/einen Test machen

phrasal verbs mit test:

test out v/t ⟨trennb⟩ ausprobieren (**on** bei, an +dat)

testament ['testəmənt] s BIBEL **Old/New Testament** Altes/Neues Testament

test ban s Atomteststopp m

test case s Musterfall m

test drive s Probefahrt f

test-drive v/t Probe fahren

tester ['testə*ʳ*] s **1** (≈ *Person*) Tester(in) m(f), Prüfer(in) m(f) **2** (≈ *Gerät*) Testgerät n, Prüfgerät n

testicle ['testɪkl] s Hoden m

testify ['testɪfaɪ] **A** v/t **to ~ that ...** JUR bezeugen, dass ... **B** v/i JUR aussagen

testimonial [ˌtestɪ'məʊnɪəl] s **1** (≈ *Empfehlung*) Referenz f **2** SPORT Gedenkspiel n

testimony ['testɪmənɪ] s Aussage f; **to bear ~ to sth** etw bezeugen

testing ['testɪŋ] adj hart

test match s Br SPORT Testmatch n

testosterone [te'stɒstərəʊn] s Testosteron n

test results pl Testwerte pl

test tube s Reagenzglas n

test-tube baby s Retortenbaby n

testy ['testɪ] adj ⟨komp testier⟩ gereizt

tetanus ['tetənəs] s Tetanus m

tether ['teðə*ʳ*] **A** s *wörtl* Strick m; **he was at the end of his ~** Br fig umg er war am Ende umg **B** v/t (a. **tether up**) anbinden

text [tekst] **A** s **1** Text m **2** Textnachricht f, SMS f; **to send sb a ~** j-m eine Textnachricht od eine SMS schicken **B** v/t **to ~ sb** j-m eine Textnachricht od eine SMS schicken

textbook ['tekstbʊk] **A** s Lehrbuch n **B** adj **~ case** Paradefall m

textile ['tekstaɪl] s Stoff m; **~s** Textilien pl

textile factory s Textilfabrik f

textile industry s Textilindustrie f

texting ['tekstɪŋ] s SMS-Messaging n, Simsen n

text message s Textnachricht f, SMS f; **to send sb a ~** j-m eine Textnachricht od eine SMS schicken

text messaging s TEL SMS-Messaging n

textual ['tekstjʊəl] adj Text-

texture ['tekstʃə*ʳ*] s (stoffliche) Beschaffenheit; *von Nahrung* Substanz f; *von Stoff* Griff m und Struktur

Thai [taɪ] **A** adj thailändisch **B** s **1** Thailänder(in) m(f) **2** (≈ *Sprache*) Thai n

Thailand ['taɪlænd] s Thailand n

Thames [temz] s Themse f; **the (river) ~** die Themse

than [ðæn] konj als; **I'd rather do anything ~ that** das wäre das Letzte, was ich tun wollte; **no sooner had I sat down ~ he began to talk** kaum hatte ich mich hingesetzt, als er auch schon anfing zu reden; **who better to help us ~ he?** wer könnte uns besser helfen als er?

thank [θæŋk] v/t danken (+dat); **he has his brother/he only has himself to ~ for this** das hat er seinem Bruder zu verdanken/sich selbst zuzuschreiben; **to ~ sb** j-m danken, sich bei j-m bedanken; **~ you** danke (schön); **~ you very much** vielen Dank; **no ~ you** nein, danke; **yes, ~ you** ja, bitte od danke; **~ you for coming — not at all, ~ YOU!** vielen Dank, dass Sie gekommen sind — ICH habe zu danken; **to say ~ you** Danke sagen (**to sb** j-m); **~ goodness** od **heavens** od **God** umg Gott sei Dank! umg

thankful adj dankbar (**to sb** j-m); **to be ~ to sb for sth** j-m für etw dankbar sein

thankfully adv **1** dankbar **2** zum Glück

thankless adj undankbar

thanks [θæŋks] **A** pl Dank m; **to accept sth with ~** etw dankend od mit Dank annehmen; **and that's all the ~ I get** und das ist jetzt der Dank dafür; **to give ~** feierlich danksagen; **to give ~ to God** Gott danksagen; **~ to** wegen (+gen); **it's all ~ to you that we're so late** bloß deinetwegen kommen wir so spät; **it was no ~ to him that ...** ich hatte/wir hatten etc es nicht ihm zu verdanken, dass ... **B** int umg danke (**for** für); **many ~** herzlichen Dank (**for** für); **~ a lot, ~ very much** vielen Dank; **~ for nothing!** iron vielen Dank auch!

Thanksgiving (Day) ['θæŋksɡɪvɪŋ(deɪ)] US s Thanksgiving Day m (*amerikanisches Erntedankfest*)

thank you s Dankeschön n; **thank-you letter** Dankschreiben n

that[1] [ðæt] **A** *dem pr* ⟨*pl* those⟩ **1** das; **what is ~?** was ist das?; **~ is Joe (over there)** das (dort) ist Joe; **if she's as stupid as (all) ~** wenn sie so dumm ist; **... and all ~** ... und so *umg*; **like ~** so; **~ is (to say)** das heißt; **oh well, ~'s ~** nun ja, damit ist der Fall erledigt; **you can't go and ~'s ~** du darfst nicht gehen, und damit hat sichs *umg*; **well, ~'s ~ then** das wärs dann also; **~'s it!** das ist es!, gut so!; *verzweifelt* jetzt reichts!; **~'ll be £10** das macht dann 10 Pfund; **after/before ~** danach/davor; **you can get it in any supermarket and quite cheaply at ~** man kann es in jedem Supermarkt, und zwar ganz billig, bekommen; **what do you mean by ~?** was wollen Sie damit sagen?, was soll (denn) das heißen?; **as for ~** was das betrifft *od* angeht **2** *im Gegensatz zu* "this", "these" das (da), jenes *obs, geh*; **~'s the one I like, not this one** das (dort) mag ich, nicht dies (hier) **3** *von Relativpron* **this theory is different from ~ which ...** diese Theorie unterscheidet sich von derjenigen, die ...; **~ which we call ...** das, was wir ... nennen **B** *adj* ⟨*pl* those⟩ der/die/das, jene(r, s); **what was ~ noise?** was war das für ein Geräusch?; **~ dog!** dieser Hund!; **~ poor girl!** das arme Mädchen!; **I like ~ one** ich mag das da; **I'd like ~ one, not this one** ich möchte das da, nicht dies hier; **~ dog of yours!** Ihr Hund, dieser Hund von Ihnen *umg* **C** *adv umg* so; **it's not ~ good** *etc* so gut *etc* ist es auch wieder nicht

that[2] *rel pr* der/die/das, die; **all ~ ...** alles, was ...; **the best** *etc* **~ ...** das Beste *etc*, das *od* was ...; **the girl ~ I told you about** das Mädchen, von dem ich Ihnen erzählt habe

that[3] *konj* dass; **she promised ~ she would come** sie versprach zu kommen; **~ things** *od* **it should come to this!** dass es so weit kommen konnte!

thatched [θætʃt] *adj* strohgedeckt, reetgedeckt; **~ roof** Stroh-/Reetdach *n*

thaw [θɔː] **A** *v/t* auftauen (lassen) **B** *v/i* auftauen; *Schnee* tauen **C** *s* Tauwetter *n*

phrasal verbs mit thaw:
thaw out A *v/i* auftauen **B** *v/t* ⟨*trennb*⟩ *wörtl* auftauen (lassen)

the [ðə *vor Vokallaut, betont* ðiː] **A** *best art* der/die/das; **in the room** im *od* in dem Zimmer; **to play the piano** Klavier spielen; **all the windows** all die *od* alle Fenster; **have you invited the Browns?** haben Sie die Browns *od* die Familie Brown eingeladen?; **Henry the Eighth** Heinrich der Achte; **by the hour** pro Stunde; **the car does thirty miles to the gallon** das Auto verbraucht 11 Liter auf 100 Kilometer **B** *adv mit Komparativ* **all the more** umso mehr; **the more he has the more he wants** je mehr er hat, desto mehr will er; **the sooner the better** je eher, desto besser

theatre [ˈθɪətəʳ] *s*, **theater** *US s* **1** Theater *n*; **to go to the ~** ins Theater gehen; **what's on at the ~?** was wird im Theater gegeben? **2** *Br* Operationssaal *m*

theatre company *s* Theaterensemble *n*

theatregoer *s* Theaterbesucher(in) *m(f)*

theatrical [θɪˈætrɪkəl] *adj* Theater-

theft [θeft] *s* Diebstahl *m*

their [ðɛəʳ] *poss adj* **1** ihr **2** ⟨*sg*⟩ *umg* seine(r, s) **3** → my

theirs [ðɛəz] *poss pr* **1** ihre(r, s) **2** ⟨*sg*⟩ *umg* seine(r, s) **3** → mine[1]

them [ðem] *pers pr pl* **1** ⟨*akk obj, mit präp +akk*⟩ *emph* sie; **it's ~** sie sinds **2** ⟨*dat obj, mit präp +dat*⟩ ihnen; **both of ~** beide; **neither of ~** keiner von beiden; **a few of ~** einige von ihnen; **none of ~** keiner (von ihnen)

theme [θiːm] *s* Thema *n*

theme music *s* FILM Titelmusik *f*; TV Erkennungsmelodie *f*

theme park *s* Themenpark *m*

theme song *s* Titelsong *m*

theme tune *s* → theme music

themselves [ðəmˈselvz] *pers pr pl* **1** *reflexiv* sich **2** *emph* selbst; → myself

then [ðen] **A** *adv* **1** dann; (= *darüber hinaus*) außerdem; **~ what?** was dann?; **I don't want that — ~ what DO you want?** ich will das nicht — was willst du denn?; **but ~ that means that ...** das bedeutet ja aber dann, dass ...; **all right — ~ also** meinetwegen; **(so) I was right — ~** ich hatte also recht; **but ~ ...** aber ... auch; **but ~ again ...** aber andererseits ...; **now ~, what's the matter?** na, was ist denn los?; **come on ~** nun komm doch **2** (≈ *zu dieser Zeit*) da, damals; **there and ~** auf der Stelle; **from ~ on(wards)** von da an; **before ~** vorher; **they had gone by ~** da waren sie schon weg; **we'll be ready by ~** bis dahin sind wir fertig; **since ~** seitdem; **until ~** bis dahin **B** *adj* ⟨*attr*⟩ damalig

theocracy [θɪˈɒkrəsɪ] *s* Theokratie *f*

theologian [ˌθɪəˈləʊdʒɪən] *s* Theologe *m*, Theologin *f*

theological [ˌθɪəˈlɒdʒɪkəl] *adj* theologisch

theology [θɪˈɒlədʒɪ] *s* Theologie *f*

theoretic(al) [θɪəˈretɪk(əl)] *adj*, **theoretically** [θɪəˈretɪkəlɪ] *adv* theoretisch

theorize [ˈθɪəraɪz] *v/i* theoretisieren

theory [ˈθɪərɪ] *s* Theorie *f*; **in ~** theoretisch

therapeutic(al) [ˌθerəˈpjuːtɪk(əl)] *adj* therapeutisch

therapist [ˈθerəpɪst] *s* Therapeut(in) *m(f)*

therapy ['θerəpɪ] s Therapie f; **to be in ~** sich einer Therapie unterziehen

there [ðɛəʳ] **A** adv dort, da; *mit Bewegung* dorthin, dahin; **look, ~'s Joe** guck mal, da ist Joe; **it's under ~** es liegt da drunter; **put it in ~** stellen Sie es dort hinein; **~ and back** hin und zurück; **is Gordon ~ please?** ist Gordon da?; **you've got me ~** da bin ich überfragt; **~ is/are** es *od* da ist/sind, es gibt; **~ isn't/aren't** es ist/gibt kein(e); **~ were three of us** wir waren zu dritt; **~ is a mouse in the room** es ist eine Maus im Zimmer; **is ~ any beer?** ist Bier da?; **afterwards ~ was coffee** anschließend gab es Kaffee; **~ seems to be no-one at home** es scheint keiner zu Hause zu sein; **hi ~!** hallo!, servus! *österr,* grüezi! *schweiz;* **so ~!** ätsch!; **~ you are** hier(, bitte)!; *(= gefunden)* da sind Sie ja!; **~ you are, you see** na, sehen Sie **B** *int* **~!** na, na!; **stop crying now, ~'s a good boy** hör auf zu weinen, na komm; **now ~'s a good boy, don't tease your sister** komm, sei ein braver Junge und ärgere deine Schwester nicht; **hey, you ~!** *umg* he, Sie da!

thereabouts [,θɛərə'baʊts] adv **fifteen or ~** so um fünfzehn (herum)

thereafter [,ðɛər'ɑːftəʳ] *form* adv danach

thereby [,ðɛə'baɪ] adv dadurch

therefore ['ðɛəfɔːʳ] adv daher, deshalb; **so ~ I was wrong** ich hatte also unrecht

there's [ðɛəz] *abk* (= there is, there has) → be → have

thereupon [,ðɛərə'pɒn] adv darauf(hin)

thermal ['θɜːməl] **A** adj **1** PHYS Wärme-; **~ imaging camera** FOTO Wärmebildkamera f **2** *Kleidung* Thermo- **B** s **thermals** *umg pl* Thermounterwäsche f

thermal spring s Thermalquelle f

thermometer [θə'mɒmɪtəʳ] s Thermometer n

Thermos® ['θɜːməs] s, a. **Thermos flask,** a. **Thermos bottle** *US* Thermosflasche® f

thermostat ['θɜːməstæt] s Thermostat m

thesaurus [θɪ'sɔːrəs] s Thesaurus m

these [ðiːz] adj & pron diese; → this

thesis ['θiːsɪs] s ⟨pl theses ['θiːsiːz]⟩ **1** UNIV Dissertation f **2** UNIV Diplomarbeit f

thespian ['θespɪən] *liter, hum* **A** adj dramatisch **B** s Mime m, Mimin f

they [ðeɪ] *pers pr pl* **1** sie; **~ are very good people** es sind sehr gute Leute; **~ who** diejenigen, die *od* welche, wer (+sg v) **2** **~ say that ...** man sagt, dass ...; **~ are thinking of changing the law** es ist beabsichtigt, das Gesetz zu ändern; **if anyone looks at this closely, ~ will notice ...** *umg* wenn sich das jemand näher ansieht, wird er bemerken ...

they'd [ðeɪd] *abk* (= they had, they would) → have → would

they'll [ðeɪl] *abk* (= they will) → will¹

they're [ðɛəʳ] *abk* (= they are) → be

they've [ðeɪv] *abk* (= they have) → have

thick [θɪk] **A** adj ⟨+er⟩ **1** dick; *Lippen* voll; *Haar, Nebel, Rauch, Wald* dicht; *Flüssigkeit* dick(flüssig); *Akzent* breit; **a wall three feet ~** eine drei Fuß starke Wand **2** *Br umg* dumm, doof *umg*; **to get sth into** *od* **through sb's ~ head** etw in j-s dicken Schädel bekommen *umg* **B** s **in the ~ of it** mittendrin; **through ~ and thin** durch dick und dünn **C** adv ⟨+er⟩ geschnitten dick; **the snow lay ~** es lag eine dichte Schneedecke; **the jokes came ~ and fast** die Witze kamen Schlag auf Schlag

thicken ['θɪkən] **A** v/t *Soße etc* eindicken **B** v/i **1** *Nebel, Menschenmenge, Wald* dichter werden; *Rauch* sich verdichten; *Soße* dick werden **2** *fig Rätsel* immer undurchsichtiger werden; **aha, the plot ~s!** aha, jetzt wirds interessant!

thicket ['θɪkɪt] s Dickicht n

thickly ['θɪklɪ] adv geschnitten dick; *bevölkert* dicht

thickness ['θɪknɪs] s **1** Dicke f **2** Schicht f

thicko ['θɪkəʊ] *Br umg* s ⟨pl -s⟩ Dummkopf m *umg,* Blödmann m *umg*

thickset adj gedrungen

thick-skinned *fig* adj dickfellig

thief [θiːf] s ⟨pl thieves [θiːvz]⟩ Dieb(in) m(f)

thieve [θiːv] v/t & v/i stehlen

thigh [θaɪ] s (Ober)schenkel m

thigh-length adj *Stiefel* übers Knie reichend

thimble ['θɪmbl] s Fingerhut m

thin [θɪn] **A** adj ⟨komp thinner⟩ **1** dünn, schmal; *Haar* schütter; **he's a bit ~ on top** bei ihm lichtet es sich oben schon ein wenig; **to be ~ on the ground** *fig* dünn gesät sein; **to vanish into ~ air** *fig* sich in Luft auflösen **2** *fig Lächeln* schwach **B** adv ⟨komp thinner⟩ geschnitten dünn; *verteilt* spärlich **C** v/t *Farbe* verdünnen; *Bäume* lichten; *Blut* dünner werden lassen **D** v/i *Nebel, Menschenmenge* sich lichten

phrasal verbs mit thin:

thin down v/t ⟨trennb⟩ Farbe verdünnen

thin out A v/i *Menschenmenge* kleiner werden; *Bäume* sich lichten **B** v/t ⟨trennb⟩ ausdünnen; *Wald* lichten

thing [θɪŋ] s **1** Ding n; **a ~ of beauty** etwas Schönes; **she likes sweet ~s** sie mag Süßes; **what's that ~?** was ist das?; **I don't have a ~ to wear** ich habe nichts zum Anziehen; **poor little ~** das arme (kleine) Ding!; **you poor ~!** du Arme(r)! **2** **~s** *pl* Sachen *pl*; **have you got your swimming ~s?** hast du dein Badezeug *od* deine Badesachen dabei? **3** Sache f; **the odd ~ about it is ...** das Seltsame daran ist, ...; **it's a good ~ I came** nur gut, dass ich gekommen bin; **he's on to** od **onto a good ~** umg er hat da was Gutes aufgetan umg; **what a (silly) ~ to do** wie kann man nur so was (Dummes) tun!; **there is one/one other ~ I want to ask you** eines/und noch etwas möchte ich Sie fragen; **I must be hearing ~s!** ich glaube, ich höre nicht richtig!; **~s are going from bad to worse** es wird immer schlimmer; **as ~s stand at the moment, as ~s are ...** so wie die Dinge im Moment liegen; **how are ~s (with you)?** wie gehts (bei) Ihnen?; **it's been one ~s after the other** es kam eins zum anderen; **if it's not one ~ it's the other** es ist immer irgendetwas; **(what) with one ~ and another I haven't had time to do it** ich bin einfach nicht dazu gekommen; **it's neither one ~ nor the other** es ist weder das eine noch das andere; **one ~s led to another** eins führte zum anderen; **for one ~ it doesn't make sense** erst einmal ergibt das überhaupt keinen Sinn; **not to understand a ~** (absolut) nichts verstehen; **he knows a ~ or two about cars** er kennt sich mit Autos aus; **it's just one of those ~s** so was kommt eben vor umg; **the latest ~ in ties** der letzte Schrei in der Krawattenmode; **the postman comes first ~ in the morning** der Briefträger kommt früh am Morgen; **I'll do that first ~ in the morning** ich werde das gleich morgen früh tun; **last ~ at night** vor dem Schlafengehen; **the ~ is to know when ...** man muss wissen, wann ...; **yes, but the ~ is ...** ja, aber ...; **the ~ is we haven't got any money** die Sache ist die, wir haben kein Geld; **to do one's own ~** umg tun, was man will; **she's got this ~ about Sartre** umg negativ sie kann Sartre einfach nicht ausstehen; positiv sie hat einen richtigen Sartrefimmel umg

thingamajig ['θɪŋəmɪ,dʒɪɡ] s Dingsbums n; Mensch Dingsbums m/f

think [θɪŋk] ⟨v: prät, pperf thought⟩ **A** v/i denken; **to ~ to oneself** sich (dat) denken; **to act without ~ing** unüberlegt handeln; **it makes you ~** es stimmt einen nachdenklich; **I need time to ~** ich brauche Zeit zum Nachdenken; **it's so noisy you can't hear yourself ~** bei so einem Lärm kann doch kein Mensch denken; **now let me ~** lass (mich) mal überlegen; **it's a good idea, don't you ~?** es ist eine gute Idee, meinst du nicht auch?; **just ~** stellen Sie sich (dat) bloß vor; **listen, I've been ~ing, ...** hör mal, ich habe mir überlegt ...; **sorry, I just wasn't ~ing** Entschuldigung, da habe ich geschlafen umg **B** v/t **1** denken, glauben, meinen; **what do you ~?** was meinen Sie?; **I ~ you'd better go** ich denke, Sie gehen jetzt besser; **I ~ so** ich denke schon; **I ~ so too** das meine ich auch; **I don't ~ so, I shouldn't ~ so** ich glaube nicht; **I should ~ so!** das will ich (aber) auch gemeint haben; **I should ~ not!** das will ich auch nicht hoffen; **what do you ~ I should do?** was soll ich Ihrer Meinung nach tun?; **do you really ~ so?** meinst du wirklich?; **I ~ I'll go for a walk** ich glaube, ich mache einen Spaziergang; **do you ~ you can manage?** glauben Sie, dass Sie es schaffen?; **I never thought to ask you** ich habe gar nicht daran gedacht, Sie zu fragen; **I thought so** das habe ich mir schon gedacht **2 you must ~ me very rude** Sie müssen mich für sehr unhöflich halten **3** sich (dat) vorstellen; **I don't know what to ~** ich weiß nicht, was ich davon halten soll; **that's what you ~!** denkste! umg; **that's what he ~s** hat der eine Ahnung! umg; **who do you ~ you are!** für wen hältst du dich eigentlich?; **anyone would ~ he was dying** man könnte beinahe glauben, er läge im Sterben; **who would have thought it?** wer hätte das gedacht?; **to ~ that she's only ten!** wenn man bedenkt, dass sie erst zehn ist **C** s **have a ~ about it** denken Sie mal darüber nach; **to have a good ~** gründlich nachdenken

phrasal verbs mit think:

think about v/i ⟨+obj⟩ **1** nachdenken über (+akk); **I'll think about it** ich überlege es mir; **what are you thinking about?** woran denken Sie gerade?; **to think twice about sth** sich (dat) etw zweimal überlegen; **that'll give him something to think about** das wird ihm zu denken geben **2** daran denken, vorhaben **3** → think of

think ahead v/i vorausdenken

think back v/i sich zurückversetzen (**to** in +akk)

think of v/i ⟨+obj⟩ **1** denken an (+akk); **he thinks of nobody but himself** er denkt bloß an sich; **to think of doing sth** daran denken od erwägen, etw zu tun; **what was I thinking of!** umg was habe ich mir da(bei) bloß gedacht?; **come to think of it** wenn ich es mir recht überlege; **I can't think of her name** ich komme nicht auf ihren Namen **2** sich (dat) vorstellen **3** Lösung, Idee sich (dat) ausdenken; **who thought of that idea?** wer ist auf diese Idee gekommen? **4** halten von; **to think highly of sb/sth** viel von j-m/etw halten; **to think little** od **not to think much of sb/sth** wenig od nicht viel von j-m/etw halten; **I told him what I thought of him** ich habe ihm gründlich die od meine Meinung gesagt

think over v/t ⟨trennb⟩ nachdenken über (+akk)

think through v/t ⟨trennb⟩ (gründlich) durchdenken

think up v/t ⟨trennb⟩ sich (dat) ausdenken; **who thought up that idea?** wer ist auf die Idee gekommen?

thinker ['θɪŋkə'] s Denker(in) m(f)

thinking ['θɪŋkɪŋ] **A** adj denkend **B** s **to my way of ~** meiner Meinung nach

think-tank ['θɪŋktæŋk] s Expertenkommission f

thinly ['θɪnlɪ] adv **1** dünn **2** fig kaschiert dürftig

thinner ['θɪnə'] s Verdünnungsmittel n

thinness ['θɪnnɪs] s Dünnheit f; von Stoff Leichtheit f; von Papier Feinheit f; von Mensch Magerkeit f

thin-skinned ['θɪnskɪnd] fig adj empfindlich

third [θɜːd] **A** adj **1** dritte(r, s); **to be ~** Dritte(r, s) sein; **in ~ place** SPORT etc an dritter Stelle; **she came ~ in her class** sie war die Drittbeste in der Klasse; **he came ~ in the race** er belegte den dritten Platz beim Rennen; **~ time lucky** beim dritten Anlauf gelingt's! **2** **a ~ part** ein Drittel n **B** s **1** Dritte(r, s) **2** Drittel n; → sixth

third-class adv & adj dritter Klasse; **~ degree** Br UNIV Abschluss m mit „Befriedigend"

third country s Drittstaat m

third-degree adj ⟨attr⟩ **~ burn** MED Verbrennung f dritten Grades

thirdly ['θɜːdlɪ] adv drittens

third-party Br adj ⟨attr⟩ **~ insurance** Haftpflichtversicherung f

third person **A** adj in der dritten Person **B** s **the ~ singular** GRAM die dritte Person Singular

third-person narrator s alleinwissender od personaler Erzähler, alleinwissende od personale Erzählerin (*Der Erzähler ist nicht am Geschehen beteiligt und erzählt die Geschichte in der dritten Person (he, she, they). Dabei kann der Erzähler allwissend sein (omniscient narrator), d. h. er kann zwischen verschiedenen Perspektiven wechseln und er weiß, was in den beteiligten Personen vorgeht (unlimited point of view). Oder der Erzähler beobachtet die Geschichte zwar von außen und spricht von den Charakteren in der dritten Person, schildert die Ereignisse aber aus der Sicht eines einzelnen Charakters (personaler Erzähler; limited point of view).*)

third-rate adj drittklassig

Third World **A** s Dritte Welt **B** adj ⟨attr⟩ der Dritten Welt

thirst [θɜːst] s Durst m; **to die of ~** verdursten

thirsty ['θɜːstɪ] adj ⟨komp thirstier⟩ durstig; **to be/feel ~** Durst haben

thirteen [θɜː'tiːn] **A** adj dreizehn **B** s Dreizehn f

thirteenth [θɜː'tiːnθ] **A** adj dreizehnte(r, s); **a ~ part** ein Dreizehntel n **B** s **1** Dreizehnte(r, s) **2** Dreizehntel n; → sixth

thirtieth ['θɜːtɪɪθ] **A** adj dreißigste(r, s); **a ~ part** ein Dreißigstel n **B** s **1** Dreißigste(r, s) **2** Dreißigstel n; → sixth

thirty ['θɜːtɪ] **A** adj dreißig; **a ~-second note** US MUS ein Zweiunddreißigstel n **B** s Dreißig f; **the thirties** die Dreißigerjahre; **one's thirties** die Dreißiger; → sixty

thirty-first **A** adj einunddreißigste(r, s) **B** s Einunddreißigste(r, s)

this [ðɪs] **A** dem pr ⟨pl these⟩ dies, das; **what is ~?** was ist das (hier)?; **~ is John** das ist John; **these are my children** das sind meine Kinder; **~ is where I live** hier wohne ich; **under ~** darunter; **it ought to have been done before ~** es hätte schon vorher getan werden sollen; **what's all ~?** was soll das?; **~ and that** mancherlei; **~, that and the other** alles Mögliche; **it was like ~** es war so; **~ is Mary (speaking)** hier (ist) Mary; **~ is it!** jetzt!; *auf etw zeigend* das da!; (≈ *richtig*) genau! **B** adj ⟨pl these⟩ diese(r, s); **~ month** diesen Monat; **~ morning/afternoon/evening** heute Morgen/Nachmittag/Abend; **~ time last week** letzte Woche um diese Zeit; **~ time** diesmal; **these days** heutzutage; **to run ~ way and that** hin und her rennen; **I met a ~ guy who ...** umg ich habe (so) einen getroffen, der ...; **~ friend of hers** dieser Freund von ihr umg, ihr Freund **C** adv so; **it was ~ long** es war so lang

thistle ['θɪsl] s Distel f

thong [θɒŋ] s **1** Lederriemen m **2** Tangaslip m **3** **~s** pl US, australisch Gummilatschen pl, Flip-Flops® pl

thorn [θɔːn] s Dorn m; **to be a ~ in sb's flesh** od **side** fig j-m ein Dorn im Auge sein

thorny ['θɔːnɪ] adj ⟨komp thornier⟩ wörtl dornig; fig haarig

thorough ['θʌrə] adj gründlich; **she's a ~ nuisance** sie ist wirklich eine Plage

thoroughbred **A** s reinrassiges Tier, Vollblut(-pferd) n **B** adj reinrassig

thoroughfare s Durchgangsstraße f

thoroughly ['θʌrəlɪ] adv **1** gründlich **2** durch und durch; *überzeugt* völlig; **we ~ enjoyed our meal** wir haben unser Essen von Herzen genossen; **I ~ enjoyed myself** es hat mir aufrichtig Spaß gemacht; **I ~ agree** ich stimme voll und ganz zu

thoroughness ['θʌrənɪs] s Gründlichkeit f

those [ðəʊz] **A** dem pr pl **1** → that¹ **2** das (da) sg; **what are ~?** was ist das (denn) da?; **whose are ~?** wem gehören diese da?; **above ~** darüber; **~ who want to go, may** wer möchte, kann gehen; **there are ~ who say ...** einige sagen ... **B** *adj* diese *od* die (da), jene *obs, liter*; **it was just one of ~ days** das war wieder so ein Tag; **he is one of ~ people who ...** er ist einer von den denjenigen, die ...

though [ðəʊ] **A** *konj* obwohl; **even ~** obwohl; **strange ~ it may seem ...** so seltsam es auch scheinen mag ...; **~ I say it** *od* **so myself** auch wenn ich es selbst sage; **as ~ als ob B** *adv* **1** doch; **he didn't do it ~** er hat es aber (doch) nicht gemacht; **nice day — rather windy ~** schönes Wetter! — aber ziemlich windig! **2 but will he ~?** wirklich?

thought [θɔːt] **A** *prät & pperf* → think **B** *s* **1** ⟨*kein pl*⟩ Denken *n*; **to be lost in ~** ganz in Gedanken sein **2** Gedanke *m*, Einfall *m*; **that's a ~!** das ist wahr!, das ist ein guter Gedanke; **it's the ~ that counts, not how much you spend** es kommt nur auf die Idee an, nicht auf den Preis **3** ⟨*kein pl*⟩ Überlegung *f*; **to give some ~ to sth** sich (*dat*) Gedanken über etw (*akk*) machen; **I never gave it a moment's ~** ich habe mir nie darüber Gedanken gemacht

thought bubble *s* Denkblase *f*

thoughtful *adj* **1** *Miene, Mensch* nachdenklich; *Geschenk* gut ausgedacht **2** rücksichtsvoll, aufmerksam

thoughtfully *adv* **1** nachdenklich **2** rücksichtsvoll, aufmerksam

thoughtfulness *s* **1** Nachdenklichkeit *f* **2** Rücksicht(nahme) *f*, Aufmerksamkeit *f*

thoughtless *adj* rücksichtslos

thoughtlessly ['θɔːtlɪslɪ] *adv* rücksichtslos

thoughtlessness ['θɔːtlɪsnɪs] *s* Rücksichtslosigkeit *f*

thought-provoking ['θɔːtprəvəʊkɪŋ] *adj* zum Nachdenken anregend

thousand ['θaʊzənd] **A** *adj* tausend; **a ~** (ein)tausend; **a ~ times** tausendmal; **a ~ and one** tausend(und)eins; **two ~** zweitausend; **I have a ~ and one things to do** *umg* ich habe tausend Dinge zu tun **B** *s* Tausend *n*; **people arrived in their ~s** die Menschen kamen zu Tausenden

thousandth ['θaʊzəntθ] **A** *adj* tausendste(r, s); **a** *od* **one ~ part** ein Tausendstel *n* **B** *s* **1** Tausendstel(r, s) **2** Tausendstel *n*; → sixth

thrash [θræʃ] **A** *v/t* **1** verprügeln **2** *umg Gegner* (vernichtend) schlagen **3** *Arme* fuchteln mit; *Beine* strampeln mit **B** *v/i* **to ~ around** *od* **about** um sich schlagen

phrasal verbs mit thrash:
thrash out *v/t* ausdiskutieren

thrashing ['θræʃɪŋ] *s* Prügel *pl*; **to give sb a good ~** j-m eine ordentliche Tracht Prügel verpassen

thread [θred] **A** *s* **1** Faden *m*; *Handarbeiten* Garn *n*, Zwirn *m*; **to hang by a ~** *fig* an einem (seidenen *od* dünnen) Faden hängen **2** *fig* **von Geschichte** (roter) Faden; **he lost the ~ of what he was saying** er hat den Faden verloren **3** INTERNET *Folge von Nachrichten* Thread *m* **B** *v/t* **1** *Nadel* einfädeln; *Perlen* auffädeln (**on** auf *+akk*) **2 to ~ one's way through the crowd** *etc* sich durch die Menge *etc* hindurchschlängeln

threadbare ['θredbeəʳ] *adj* abgewetzt

threat [θret] *s* **1** Drohung *f*; **to make a ~** drohen (**against sb** j-m); **under ~ of sth** unter Androhung von etw **2** Gefahr *f* (**to** für)

threaten ['θretn] **A** *v/t* drohen; *Gewalt* androhen; **don't you ~ me!** von Ihnen lasse ich mir nicht drohen!; **to ~ to do sth** (an)drohen, etw zu tun; **to ~ sb with sth** j-m etw androhen; **the rain ~ed to spoil the harvest** der Regen drohte, die Ernte zu zerstören **B** *v/i* drohen

threatened ['θretnd] *adj* **1** **he felt ~** er fühlte sich bedroht **2** gefährdet

threatening ['θretnɪŋ] *adj* drohend; **a ~ letter** ein Drohbrief *m*; **~ behaviour** Drohungen *pl*

three [θriː] **A** *adj* drei **B** *s* Drei *f*; **~'s a crowd** drei Leute sind schon zu viel; → six

three-D A *s* **to be in ~** dreidimensional sein **B** *adj* dreidimensional

three-dimensional *adj* dreidimensional

threefold *adj & adv* dreifach

three-fourths *US s* → three-quarters

three-piece suite *bes Br s* dreiteilige Sitzgarnitur

three-quarter *adj* ⟨*attr*⟩ Dreiviertel-

three-quarters A *s* ⟨*+sg v*⟩ drei Viertel *pl*; **~ of an hour** eine Dreiviertelstunde **B** *adv* drei viertel

threesome *s* Trio *n*; **in a ~** zu dritt

thresh [θreʃ] *v/t Getreide* dreschen

threshold ['θreʃhəʊld] *s* Schwelle *f*

threw [θruː] *prät* → throw

thrifty ['θrɪftɪ] *adj* ⟨*komp* thriftier⟩ sparsam

thrill [θrɪl] **A** *s* Erregung *f*; **it was quite a ~ for me** es war ein richtiges Erlebnis **B** *v/t Geschichte* fesseln; *Erlebnis* eine Sensation sein für; **I was ~ed to get your letter** ich habe mich riesig über deinen Brief gefreut; **to be ~ed to bits** *umg* sich freuen wie ein Kind; *Kind* ganz aus dem Häuschen sein vor Freude

thriller ['θrɪləʳ] *s* Reißer *m umg*, Krimi *m*, Thriller *m*

thrilling ['θrɪlɪŋ] *adj* aufregend; *Buch* fesselnd; *Erlebnis* überwältigend

thrive [θraɪv] *v/i* (gut) gedeihen; *Unternehmen* blühen

phrasal verbs mit thrive:
thrive on *v/i* ⟨*+obj*⟩ **the baby thrives on milk** mit Milch gedeiht das Baby prächtig; **he**

thrives on praise Lob bringt ihn erst zur vollen Entfaltung
thriving ['θraɪvɪŋ] *adj Pflanze* prächtig gedeihend; *Mensch, Gemeinschaft* blühend
thro' [θruː] *abk* → through
throat [θrəʊt] *s* Kehle *f*, Rachen *m*; **to cut sb's ~** j-m die Kehle durchschneiden; **to clear one's ~** sich räuspern; **to ram** *od* **force one's ideas down sb's ~** *umg* j-m seine eigenen Ideen aufzwingen
throat lozenge *s* Halstablette *f*
throb [θrɒb] *v/i* klopfen; *Wunde* pochen, hämmern; *fig* mit Leben pulsieren (**with** vor *+dat od* mit); **my head is ~bing** ich habe rasende Kopfschmerzen
throbbing **A** *s von Motor* Klopfen *n*; *von Puls* Pochen *n* **B** *adj Schmerz, Leben* pulsierend; *Kopfschmerz* pochend
throes [θrəʊz] *fig pl* **we are in the ~ of moving** wir stecken mitten im Umzug
thrombosis [θrɒmˈbəʊsɪs] *s* Thrombose *f*
throne [θrəʊn] *s* Thron *m*; **to come to the ~** den Thron besteigen
throng [θrɒŋ] **A** *s* Scharen *pl* **B** *v/i* sich drängen **C** *v/t* belagern; **to be ~ed with** wimmeln von
throttle ['θrɒtl] **A** *v/t* j-n erwürgen **B** *s von Motor* Drossel *f*; AUTO *etc* Gaspedal *n*; **at full ~** mit Vollgas

phrasal verbs mit throttle:

throttle back *v/i* den Motor drosseln
through [θruː], **thru** US **A** *präp* **1** durch; **to get ~ a hedge** durch eine Hecke durchkommen; **to get ~ a red light** bei Rot durchfahren; **to be halfway ~ a book** ein Buch zur Hälfte durchhaben *umg*; **that happens halfway ~ the book** das passiert in der Mitte des Buches; **all ~ his life** sein ganzes Leben lang; **he won't live ~ the night** er wird die Nacht nicht überleben; **~ the post** *Br*, **~ the mail** US mit der Post **2** US **Monday ~ Friday** von Montag bis (einschließlich) Freitag **B** *adv* durch; **~ and ~** durch und durch; **to let sb ~** j-n durchlassen; **to be wet ~** bis auf die Haut nass sein; **to read sth ~** etw durchlesen; **he's ~ in the other office** er ist (drüben) im anderen Büro; **the train goes ~ to Cardiff** der Zug fährt bis Cardiff **C** *adj* ⟨*präd*⟩ **1** **to be ~ with sb/sth** mit j-m/etw fertig sein *umg*; **I'm ~ with him** der ist für mich gestorben *umg* **2** *Br* TEL **to be ~ (to sb/London)** mit j-m/London verbunden sein; **to get ~ (to sb/London)** zu j-m/nach London durchkommen
through flight *s* Direktflug *m*
throughout [θruːˈaʊt] **A** *präp* **1** örtlich überall in (*+dat*); **~ the world** in der ganzen Welt **2** zeitlich den ganzen/die ganze/das ganze ... über; **~ October** den ganzen Oktober hindurch; **~ his life** sein ganzes Leben lang **B** *adv* **1** **to be carpeted ~** ganz mit Teppichboden ausgelegt sein **2** die ganze Zeit hindurch
through ticket *s* **can I get a ~ to London?** kann ich bis London durchlösen?
through traffic *s* Durchgangsverkehr *m*
through train *s* durchgehender Zug
throughway US *s* Schnellstraße *f*
throw [θrəʊ] ⟨*v: prät* threw; *pperf* thrown⟩ **A** *s* **1** Wurf *m*; **it's your ~** du bist dran; **have another ~** werfen Sie noch einmal **2** *für Möbel* Überwurf *m* **B** *v/t* **1** *Wasser* schütten; **to ~ the dice** würfeln; **to ~ sth to sb** j-m etw zuwerfen; **to ~ sth at sb** etw nach j-m werfen; *Eier etc* j-n mit etw bewerfen; **to ~ a ball 20 metres** einen Ball 20 Meter weit werfen; **to ~ oneself into the job** sich in die Arbeit stürzen; **to ~ doubt on sth** etw in Zweifel ziehen **2** *Schalter* betätigen **3** *umg* aus dem Konzept bringen **4** *Party* geben, schmeißen *umg*; *Anfall* kriegen *umg* **C** *v/i* werfen

phrasal verbs mit throw:

throw about *Br*, **throw around** *v/t* ⟨*immer getrennt*⟩ **1** verstreuen; *fig Geld* um sich werfen mit **2** herumwerfen
throw away *v/t* ⟨*trennb*⟩ **1** wegwerfen **2** verschenken; *Geld* verschwenden (**on sth** auf, für etw *od* **on sb** an j-n)
throw back *v/t* ⟨*trennb*⟩ zurückwerfen
throw down *v/t* ⟨*trennb*⟩ herunterwerfen; **it's throwing it down** *umg* es gießt (in Strömen)
throw in *v/t* ⟨*trennb*⟩ **1** (gratis) dazugeben **2** *fig* **to throw in the towel** das Handtuch werfen *umg*
throw off *v/t* ⟨*trennb*⟩ *Kleider* abwerfen; *Verfolger* abschütteln; *Erkältung* loswerden
throw on *v/t* ⟨*trennb*⟩ *Kleider* sich (*dat*) überwerfen
throw open *v/t* ⟨*trennb*⟩ *Tür* aufreißen
throw out *v/t* ⟨*trennb*⟩ **1** wegwerfen **2** *Gesetz* ablehnen; *Fall* verwerfen **3** j-n hinauswerfen (**of** aus) **4** *Pläne etc* über den Haufen werfen *umg*
throw together *v/t* ⟨*trennb*⟩ **1** hinhauen **2** *Menschen* zusammenwerfen
throw up **A** *v/i umg* sich übergeben; **it makes you want to throw up** da kann einem schlecht werden **B** *v/t* ⟨*trennb*⟩ **1** *Bann, Arme* hochwerfen **2** erbrechen **3** hervorbringen; *Fragen* aufwerfen

throwaway *adj* ⟨*attr*⟩ **1** *Bemerkung* beiläufig **2** *Flasche, Packung etc* Wegwerf-
throwback *fig s* Rückkehr *f* (**to** zu)
thrower ['θrəʊə*r*] *s* Werfer(in) *m(f)*
throw-in *s* SPORT Einwurf *m*

thrown [θrəʊn] *pperf* → throw

thru *US präp & adv & adj* → through

thrush¹ [θrʌʃ] *s* ORN Drossel *f*

thrush² [θrʌʃ] *s* MED Schwämmchen *n*, Pilzkrankheit *f*

thrust [θrʌst] ⟨*v: prät, pperf* thrust⟩ **A** *s* **1** Stoß *m*; *mit Messer* Stich *m* **2** TECH Druckkraft *f* **B** *v/t* **1** stoßen; **to ~ one's hands into one's pockets** die Hände in die Tasche stecken **2** *fig* **I had the job ~ upon me** die Arbeit wurde mir aufgedrängt; **to ~ one's way through a crowd** sich durch die Menge schieben **C** *v/i* stoßen (**at** nach); *mit Messer* stechen (**at** nach)

phrasal verbs mit thrust:
 thrust aside *v/t* ⟨*trennb*⟩ beiseiteschieben

thruway ['θruːweɪ] *US s* Schnellstraße *f*

thud [θʌd] **A** *s* dumpfes Geräusch; **he fell to the ground with a ~** er fiel mit einem dumpfen Aufschlag zu Boden **B** *v/i* dumpf aufschlagen

thug [θʌg] *s* Schlägertyp *m*

thumb [θʌm] **A** *s* Daumen *m*; **to be under sb's ~** unter j-s Pantoffel (*dat*) stehen; **she has him under her ~** sie hat ihn unter ihrer Fuchtel; **the idea was given the ~s up/down** für den Vorschlag wurde grünes/rotes Licht gegeben **B** *v/t* **to ~ a ride** *umg* per Anhalter fahren

phrasal verbs mit thumb:
 thumb through *v/i* ⟨+*obj*⟩ *Buch* durchblättern

thumb index *s* Daumenregister *n*

thumbnail *s* IT Thumbnail *n*, Miniaturansicht *f* (*einer Grafik oder Datei*)

thumbtack *US s* Reißzwecke *f*

thump [θʌmp] **A** *s* Schlag *m*; (≈ *Geräusch*) (dumpfes) Krachen **B** *v/t Tisch* schlagen auf (+*akk*); *bes Br umg j-n* verhauen *umg*; **he ~ed his fist on the desk** er donnerte die Faust auf den Tisch; **he ~ed the box down on my desk** er knallte die Schachtel auf meinen Tisch **C** *v/i Herz* heftig schlagen; **he ~ed on the door** er schlug gegen die Tür

thunder ['θʌndə^r] **A** *s* Donner *m* **B** *v/i* donnern **C** *v/t* brüllen

thunderbolt *wörtl s* Blitz *m*

thunderclap *s* Donnerschlag *m*

thundercloud *s* Gewitterwolke *f*

thunderous ['θʌndərəs] *adj* stürmisch

thunderstorm *s* Gewitter *n*

thunderstruck *fig adj* wie vom Donner gerührt

Thur, Thurs *abk* (= Thursday) Do.

Thuringia [θjʊəˈrɪndʒɪə] *s* Thüringen *n*

Thursday ['θɜːzdɪ] *s* Donnerstag *m*; → Tuesday

thus [ðʌs] *adv* **1** so, auf diese Art **2** folglich **3** ⟨+*adj*⟩ **~ far** so weit

thwack [θwæk] **A** *s* Schlag *m*; (≈ *Geräusch*) Klatschen *n* **B** *v/t* schlagen

thwart [θwɔːt] *v/t* vereiteln

thyme [taɪm] *s* Thymian *m*

thyroid ['θaɪrɔɪd] *s*, (*a.* **thyroid gland**) Schilddrüse *f*

tic [tɪk] *s* MED Tick *m*

tick¹ [tɪk] **A** *s* **1** *von Uhr* Ticken *n* **2** *Br umg* Augenblick *m*; **I'll be ready in a ~** *od* **two ~s** bin sofort fertig *umg* **3** *bes Br* (≈ *Zeichen*) Häkchen *n* **B** *v/i* **1** *Uhr* ticken **2** *umg* **what makes him ~?** was geht in ihm vor? **C** *v/t Br* abhaken; *Kästchen* ankreuzen

phrasal verbs mit tick:
 tick off *Br v/t* ⟨*trennb*⟩ **1** *Namen etc* abhaken **2** *umg* ausschimpfen
 tick over *v/i* **1** *Motor* im Leerlauf sein **2** *fig* ganz ordentlich laufen; *pej* auf Sparflamme sein *umg*

tick² *s* ZOOL Zecke *f*

tick³ *s umg* **on ~** auf Pump

ticket ['tɪkɪt] *s* **1** Fahrkarte *f*, Billett *n schweiz*, Ticket *n*; THEAT *etc* (Eintritts)karte *f*, Billett *n schweiz*; Etikett Abschnitt *m*; *bei Glücksspiel etc* Los *n*, Lottoschein *m*; *an Waren* Preisschild *n* **2** JUR Strafzettel *m*

ticket collector *s* Schaffner(in) *m(f)*, Kondukteur(in) *m(f) schweiz*

ticket counter *s* Fahrkartenschalter *m*

ticket inspector *s* (Fahrkarten)kontrolleur(in) *m(f)*, Kondukteur(in) *m(f) schweiz*

ticketless *adj* ticketlos, ohne Ticket

ticket machine *s* **1** Fahrkartenautomat *m* **2** Parkscheinautomat *m*

ticket office *s* BAHN Fahrkartenschalter *m*; THEAT Kasse *f*, Kassa *f* österr

ticking ['tɪkɪŋ] *s von Uhr* Ticken *n*

ticking-off [ˌtɪkɪŋˈɒf] *Br umg s* Rüffel *m*

tickle ['tɪkl] **A** *v/t* **1** kitzeln; *Tier* kraulen **2** *fig umg* amüsieren **B** *v/i* kitzeln; *Wolle* kratzen **C** *s* Kitzeln *n*; **to have a ~ in one's throat** einen Hustenreiz haben

ticklish ['tɪklɪʃ] *adj* kitz(e)lig; **~ cough** Reizhusten *m*

tidal ['taɪdl] *adj* Gezeiten-

tidal energy *s* ÖKOL Gezeitenenergie *f*

tidal wave *s* Flutwelle *f*

tidbit ['tɪdbɪt] *US s* → titbit

tiddlywinks ['tɪdlɪwɪŋks] *s* ⟨+*sg v*⟩ Floh(hüpf)spiel *n*

tide [taɪd] **A** *s* **1** Gezeiten *pl*; (**at**) **high ~** (bei) Flut *f*; (**at**) **low ~** (bei) Ebbe *f*; **the ~ is in/out** es ist Flut/Ebbe; **the ~ comes in very fast** die Flut kommt sehr schnell **2** *fig* **the ~ of public opinion** der Trend der öffentlichen Meinung; **to swim against/with the ~** gegen den/mit dem Strom schwimmen; **the ~ has turned** das Blatt hat sich gewendet

phrasal verbs mit tide:

tide over v/t ⟨immer getrennt⟩ **is that enough to tide you over?** reicht Ihnen das vorläufig?

tidiness ['taɪdɪnɪs] s *von Zimmer* Aufgeräumtheit f; *auf Schreibtisch* Ordnung f

tidy ['taɪdɪ] **A** adj ⟨komp tidier⟩ **1** ordentlich; *Äußeres* gepflegt; *Zimmer* aufgeräumt; **to keep sth ~** etw in Ordnung halten **2** *umg* (≈ *beträchtlich*) ordentlich *umg* **B** v/t in Ordnung bringen; *Schublade, Schreibtisch* aufräumen

phrasal verbs mit tidy:

tidy away v/t ⟨trennb⟩ wegräumen

tidy out v/t ⟨trennb⟩ entrümpeln

tidy up A v/i Ordnung machen **B** v/t ⟨trennb⟩ aufräumen; *Aufsatz* in Ordnung bringen

tie [taɪ] **A** s **1** (a. **neck tie**) Krawatte f **2** *fig* (Ver)bindung f; **family ties** familiäre Bindungen pl **3** Belastung f (**on** für) **4** SPORT Unentschieden n; **the match was a tie** das Spiel ging unentschieden aus; **there was a tie for second place** es gab zwei zweite Plätze **B** v/t **1** binden (**to** an +akk), befestigen (**to** an +dat); **to tie a knot in sth** einen Knoten in etw (akk) machen; **my hands are tied** *fig* mir sind die Hände gebunden **2** *fig* verbinden **3** **the match was tied** das Spiel ging unentschieden aus **C** v/i SPORT unentschieden spielen; *in Wettkampf* gleichstehen; **they tied for first place** sie teilten sich den ersten Platz

phrasal verbs mit tie:

tie back v/t ⟨trennb⟩ zurückbinden

tie down v/t ⟨trennb⟩ **1** *wörtl* festbinden (**to** an +dat) **2** *fig* (≈ *beschränken*) binden (**to** an +akk)

tie in v/i **to tie in with sth** zu etw passen

tie on v/t ⟨trennb⟩ **to tie sth on(to) sth** etw an etw (dat) anbinden

tie up v/t ⟨trennb⟩ **1** Paket verschnüren; *Schnürsenkel* binden **2** *Boot* festmachen; *Tier* festbinden (**to** an +dat); *Gefangenen* fesseln **3** FIN *Kapital* (fest) anlegen **4** **to be tied up with sth** mit etw zusammenhängen **5** beschäftigen

tie-break, **tie-breaker** s Tiebreak m

tier [tɪəʳ] s *von Torte* Etage f; *von Stadion* Rang m; *fig* Stufe f

tiff [tɪf] *umg* s Krach m *umg*

tiger ['taɪɡəʳ] s Tiger m

tight [taɪt] **A** adj ⟨+er⟩ **1** *Kleider, Raum* eng; **~ curls** kleine Locken **2** unbeweglich; *Schraube* fest angezogen; *Deckel, Umarmung* fest; *Bewachung* streng; **to have/keep a ~ hold of sth** *wörtl* etw gut festhalten **3** *Seil* straff; *Knoten* fest (angezogen) **4** *Rennen, Geld* knapp; *Zeitplan* knapp bemessen **5** *Situation* schwierig; **in a ~ spot** *fig* in der Klemme *umg* **6** *Stimme* fest; *Lächeln* verkrampft **7** *umg* knick(e)rig *umg* **B** adv ⟨+er⟩ halten, schließen fest; *dehnen* straff; **to hold sb/sth ~** j-n/etw festhalten; **to pull sth ~** etw festziehen; **sleep ~!** schlaf(t) gut!; **to hold on ~** sich festhalten; **hold ~!** festhalten! **C** adj ⟨suf⟩ -dicht; **watertight** wasserdicht

tighten ['taɪtn], (a. **tighten up**) **A** v/t **1** *Knoten* fester machen; *Schraube* anziehen, nachziehen; *Muskeln* anspannen; *Seil* straffen; **to ~ one's grip on sth** *wörtl* etw fester halten; *fig* etw besser unter Kontrolle bringen **2** *fig* *Bewachung* verschärfen **B** v/i *Seil* sich straffen; *Knoten* sich zusammenziehen

phrasal verbs mit tighten:

tighten up A v/i **1** → tighten B **2** **to tighten up on security** die Sicherheitsvorkehrungen verschärfen **B** v/t ⟨trennb⟩ **1** → tighten A 1 **2** *Organisation* straffen

tightfisted [ˌtaɪt'fɪstɪd] adj knick(e)rig *umg*

tight-fitting adj eng anliegend

tightknit adj *Gemeinschaft* eng (miteinander) verbunden

tight-lipped adj **1** verschwiegen **2** (≈ *zornig*) verbissen; *Lächeln* verkniffen

tightly ['taɪtlɪ] adv **1** fest, eng; *dehnen* straff; **~ fitting** eng anliegend **2** **~ packed** dicht gedrängt **3** streng

tightness ['taɪtnɪs] s **1** *von Kleidung* enges Anliegen **2** *von Seil, Haut* Straffheit f **3** *in Brust* Beengtheit f

tightrope ['taɪtrəʊp] s Seil n; **to walk a ~** *fig* einen Balanceakt vollführen

tightrope walker s Seiltänzer(in) m(f)

tights [taɪts] Br pl Strumpfhose f; **a pair of ~** eine Strumpfhose

tile [taɪl] **A** s (Dach)ziegel m; (≈ *Bodenbelag*) Fliese f; *an Wand* Kachel f, Plättli n *schweiz*; Linoleum etc Platte f **B** v/t *Dach* (mit Ziegeln) decken; *Boden* mit Fliesen/Platten auslegen; *Wand* kacheln, plätteln *schweiz*

tiled [taɪld] adj *Fußboden* gefliest, geplättet *schweiz*; *Wand* gekachelt, geplättet *schweiz*; **~ roof** Ziegeldach n

till[1] [tɪl] *präp & konj* → until

till[2] Br s Kasse f, Kassa f *österr*

tilt [tɪlt] **A** s Neigung f **B** v/t kippen; *Kopf* (seitwärts) neigen **C** v/i sich neigen

phrasal verbs mit tilt:

tilt back A v/i sich nach hinten neigen **B** v/t ⟨trennb⟩ nach hinten neigen

tilt forward A v/i sich nach vorne neigen **B** v/t ⟨trennb⟩ nach vorne neigen

tilt up A v/i nach oben kippen **B** v/t ⟨trennb⟩ *Flasche* kippen

timber ['tɪmbəʳ] s **1** Holz n, (Bau)holz n **2** Balken m

timber-framed ['tɪmbə'freɪmd] adj **~ house** Fachwerkhaus n

time [taɪm] **A** s **1** Zeit f; **how ~ flies!** wie die

Zeit vergeht!; **only ~ will tell whether ...** es muss sich erst herausstellen, ob ...; **it takes ~ to do that** das braucht (seine) Zeit; **to take (one's) ~ (over sth)** sich (dat) (bei etw) Zeit lassen; **in (the course of) ~** mit der Zeit; **in (next to) no ~** im Nu; **at this moment in ~** zum gegenwärtigen Zeitpunkt; **to have a lot of/no ~ for sb/sth** viel/keine Zeit für j-n/etw haben; *fig* viel/nichts für j-n/etw übrig haben; **to make ~ (for sb/sth)** sich (dat) Zeit (für j-n/etw) nehmen; **in** *od* **given ~** mit der Zeit; **don't rush, do it in your own ~** nur keine Hast, tun Sie es, wie Sie es können; **for some ~ past** seit einiger Zeit; **I don't know what she's saying half the ~** *umg* meistens verstehe ich gar nicht, was sie sagt; **in two weeks' ~** in zwei Wochen; **for a ~** eine Zeit lang; **not before ~** *Br* das wurde auch (langsam) Zeit; **this is hardly the ~ or the place to ...** dies ist wohl kaum die rechte Zeit oder der rechte Ort, um ...; **this is no ~ to quarrel** jetzt ist nicht die Zeit, sich zu streiten; **there are ~s when ...** es gibt Augenblicke, wo ...; **at the** *od* **that ~** zu der Zeit; **at the present ~** zurzeit; **sometimes ..., (at) other ~s ...** (manch)mal ..., (manch)mal ...; **this ~ last year** letztes Jahr um diese Zeit; **~'s up** die Zeit ist um; **it happened before my ~** das war vor meiner Zeit; **of all ~** aller Zeiten; **he is ahead of his ~** er ist seiner Zeit (weit) voraus; **in Victorian ~s** im Viktorianischen Zeitalter; **~s are hard** die Zeiten sind hart *od* schwer; **to be behind the ~s** rückständig sein, nicht auf dem Laufenden sein; **all the ~** immer, die ganze Zeit; **to be in good ~** rechtzeitig dran sein; **all in good ~** alles zu seiner Zeit; **he'll let you know in his own good ~** er wird Ihnen Bescheid sagen, wenn er so weit ist; **(for) a long ~** lange; **I'm going away for a long ~** ich fahre auf längere Zeit weg; **it's a long ~ (since ...)** es ist schon lange her(, seit ...); **(for) a short ~** kurz; **a short/long ~ ago** vor Kurzem/langer Zeit; **for the ~ being** vorläufig, vorübergehend; **when the ~ comes** wenn es so weit ist; **at ~s** manchmal; **at all ~s** jederzeit; **by the ~ it finished** es ist zu Ende war; **by the ~ we arrive** bis wir ankommen; **by that ~ we knew** inzwischen wussten wir es; **by that ~ we'll know** bis dahin wissen wir es; **by this ~** inzwischen; **by this ~ tomorrow** morgen um diese Zeit; **from ~ to ~** von Zeit zu Zeit; **this ~ of the year** diese Jahreszeit; **now's the ~ to do it** jetzt ist der richtige Zeitpunkt *od* die richtige Zeit, es zu tun **2** **what ~ is it?, what's the ~?** wie spät ist es?, wie viel Uhr ist es?; **what ~ do you make it?** wie spät haben Sies?; **the ~ is 2.30** es ist 2.30 Uhr; **(at) what ~ ...?** (um) wie viel Uhr ...?; **local ~** Ortszeit *f*; **it's ~ (for me) to go, it's ~ I was going, it's ~ I went** es wird Zeit, dass ich gehe; **to tell the ~** die Uhr kennen; **to make good ~** gut vorankommen; **it's about ~ he was here** er ist hier es wird (aber) auch Zeit, dass er kommt; *er ist noch nicht hier* es wird langsam Zeit, dass er kommt; **(and) about ~ too!** das wird aber auch Zeit!; **ahead of ~** zu früh; **behind ~** zu spät; **at any ~ during the day** zu jeder Tageszeit; **not at this ~ of night!** nicht zu dieser nachtschlafenden Zeit *od* Stunde!; **at one ~** früher; **at any ~** jederzeit; **at no ~** niemals; **at the same ~** *wörtl* gleichzeitig; **they arrived at the same ~ as us** sie kamen zur gleichen Zeit an wie wir; **but at the same ~, you must admit that ...** aber andererseits müssen Sie zugeben, dass ...; **in/on ~** rechtzeitig; **to be in ~ for sth** rechtzeitig zu etw kommen; **on ~** pünktlich **3** Mal *n*; **this ~** diesmal; **every** *od* **each ~ ...** jedes Mal, wenn ...; **for the first/last ~** zum ersten/letzten Mal; **and he's not very bright at the best of ~s** und er ist ohnehin *od* sowieso nicht sehr intelligent; **~ and (time) again, ~ after ~** immer wieder; **a hundred ~s** hundertmal; **I've told you a dozen ~s ...** ich habe dir schon x-mal gesagt ...; **nine ~s out of ten ...** neun von zehn Malen ...; **three ~s a week** dreimal pro Woche; **they came in one/three** etc **at a ~** sie kamen einzeln/immer zu dritt *etc* herein; **four at a ~** vier auf einmal; **for weeks at a ~** wochenlang; **(the) next ~** nächstes Mal, das nächste Mal; **(the) last ~** letztes Mal, das letzte Mal **4** MATH **2 ~s 3 is 6** 2 mal 3 ist 6; **it was ten ~s the size of ...** es war zehnmal so groß wie ... **5** **to have the ~ of one's life** sich glänzend amüsieren; **what a ~ we had** *od* **that was!** das war eine Zeit!; **to have a hard ~** es schwer haben; **to give sb a bad/rough** *etc* **~ (of it)** j-m das Leben schwer machen; **we had a good ~** es hat uns (dat) gut gefallen; **have a good ~!** viel Spaß! **6** MUS Takt *m*; **to keep ~** den Takt angeben **B** v/t **1 to ~ sth perfectly** genau den richtigen Zeitpunkt für etw wählen **2** *mit Stoppuhr* stoppen; *Tempo* messen; **to ~ sb (over 1000 metres)** j-n (auf 1000 Meter) stoppen; **~ how long it takes you, ~ yourself** sieh auf die Uhr, wie lange du brauchst; *mit Stoppuhr* stopp, wie lange du brauchst

time bomb *s* Zeitbombe *f*
time card *s in Fabrik etc* Stechkarte *f*
time clock *s in Fabrik etc* Stechuhr *f*
time-consuming *adj* zeitraubend
time difference *s* Zeitunterschied *m*
time frame, timeframe *s* Zeitrahmen *m*

time-honoured adj, **time-honored** US adj althergebracht
time-lag s Zeitverschiebung f
time-lapse adj ~ **photography** Zeitraffertechnik f
timeless ['taɪmlɪs] adj zeitlos, immerwährend
time limit s zeitliche Begrenzung, Frist f
timeline s Zeitstrahl m
timely ['taɪmlɪ] adj rechtzeitig
time management s Zeitmanagement n
time off s Freizeit f
time-out US s **1** FUSSB Auszeit f **2 to take ~** Pause machen
timer ['taɪməʳ] s Zeitmesser m, Schaltuhr f
timesaving s Zeitersparnis f
time-saving adj zeitsparend
timescale s zeitlicher Rahmen
timeshare **A** s Wohnung f etc auf Timesharingbasis **B** adj ⟨attr⟩ Timesharing-
time sheet s Stundenzettel m
time signal Br s Zeitzeichen n
time signature s Taktvorzeichnung f
time span s Zeitspanne f
time switch s Schaltuhr f
timetable s bes Br Fahrplan m; SCHULE Stundenplan m; **to have a busy ~** ein volles Programm haben
time zone s Zeitzone f
timid ['tɪmɪd] adj scheu
timidly ['tɪmɪdlɪ] adv zaghaft; hereinkommen schüchtern
timing ['taɪmɪŋ] s Timing n; **bad ~** schlechtes Timing; **the ~ of the statement was wrong** die Erklärung kam zum falschen Zeitpunkt
tin [tɪn] s **1** Blech n; CHEM Zinn n **2** bes Br Dose f
tin can s (Blech)dose f
tinder ['tɪndəʳ] s Zunder m
tinfoil ['tɪnfɔɪl] s Aluminiumfolie f
tinge [tɪndʒ] **A** s Spur f; von Farbe Hauch m **B** v/t **1** (leicht) tönen **2** fig **~d with** ... mit einer Spur von ...
tingle ['tɪŋgl] **A** v/i prickeln (**with** vor +dat) **B** s Prickeln n
tingling ['tɪŋglɪŋ] **A** s Prickeln n **B** adj prickelnd
tingly ['tɪŋglɪ] adj prickelnd; **my arm feels (all) ~** mein Arm kribbelt umg
tinker ['tɪŋkəʳ] **A** Br pej **you little ~!** umg du kleiner Stromer! umg **B** v/i **1** herumbasteln (**with, on** an +dat) **2** herumpfuschen (**with** an +dat)
tinkle ['tɪŋkl] **A** v/i **1** Glocken klingen **2** umg pinkeln umg **B** s Klingen n kein pl; von Glas Klirren n kein pl
tinkling ['tɪŋklɪŋ] **A** s von Glocken Klingen n; von Glas Klirren n **B** adj Glocken klingend
tinned [tɪnd] bes Br adj aus der Dose; **~ food** Dosennahrung f
tinnitus ['tɪnɪtəs] s MED Tinnitus m, Ohrenpfeifen n
tinny ['tɪnɪ] adj ⟨komp tinnier⟩ Klang blechern
tin-opener bes Br s Dosenöffner m
tinsel ['tɪnsəl] s Girlanden pl aus Rauschgold etc
tint [tɪnt] **A** s Ton m; für Haare Tönung f, Tönungsmittel n **B** v/t Haare tönen
tinted ['tɪntɪd] adj getönt
tiny ['taɪnɪ] adj ⟨komp tinier⟩ winzig, ganz klein; **~ little** winzig klein
tip¹ [tɪp] **A** s Spitze f; von Zigarette Filter m; **on the tips of one's toes** auf Zehenspitzen; **it's on the tip of my tongue** es liegt mir auf der Zunge; **the tip of the iceberg** fig die Spitze des Eisbergs **B** v/t **steel-tipped** mit Stahlspitze
tip² **A** s **1** Trinkgeld n **2** Tipp m **B** v/t **1** Kellner Trinkgeld geben (+dat) **2 to be tipped to win** der Favorit sein
⟨phrasal verbs mit tip:⟩
tip off v/t ⟨trennb⟩ einen Tipp geben +dat (**about** über +akk)
tip³ **A** v/t kippen, schütten, umkippen; **to tip sth backwards/forwards** etw nach hinten/vorne kippen; **to tip the balance** fig den Ausschlag geben **B** v/i kippen **C** s Br Müllkippe f; für Kohle Halde f; umg (≈ unaufgeräumtes Zimmer etc) Saustall m umg
⟨phrasal verbs mit tip:⟩
tip back **A** v/i Stuhl nach hinten (weg)kippen **B** v/t ⟨trennb⟩ nach hinten kippen; Kopf nach hinten neigen
tip out **A** v/t ⟨trennb⟩ auskippen; Müll etc abladen **B** v/i herauskippen; Flüssigkeit herauslaufen
tip over v/i & v/t ⟨trennb⟩ umkippen
tip up v/i & v/t ⟨trennb⟩ kippen, umkippen; Sitz hochklappen
tip-off ['tɪpɒf] umg s Tipp m
Tipp-Ex® ['tɪpeks] **A** s Tipp-Ex® n **B** v/t **to ~®** (**out**) mit Tipp-Ex® löschen
tipsy ['tɪpsɪ] adj ⟨komp tipsier⟩ beschwipst
tiptoe **A** v/i auf Zehenspitzen gehen **B** s **on ~** auf Zehenspitzen
tip-top umg adj erstklassig; **to be in ~ condition** tipptopp in Ordnung sein umg
tip-up truck s Kipplaster m
tirade [taɪ'reɪd] s Schimpfkanonade f
tire¹ [taɪəʳ] **A** v/t müde machen **B** v/i müde werden; **to ~ of sb/sth** j-n/etw satthaben; **she never ~s of talking about her son** sie wird es nie müde, über ihren Sohn zu sprechen
⟨phrasal verbs mit tire:⟩
tire out v/t ⟨trennb⟩ (völlig) erschöpfen
tire² US s → tyre
tired ['taɪəd] adj müde; **~ out** völlig erschöpft;

tiredness s Müdigkeit f
tireless adj unermüdlich
tiresome ['taɪəsəm] adj lästig
tiring ['taɪərɪŋ] adj anstrengend
Tirol [tɪ'rəʊl] s → Tyrol
tissue ['tɪʃuː] s **1** ANAT, a. fig Gewebe n **2** Papier-(taschen)tuch n **3** (a. **~ paper**) Seidenpapier n
tit[1] [tɪt] s Meise f
tit[2] s **tit for tat** wie du mir, so ich dir
tit[3] sl s Titte f sl; **he gets on my tits** er geht mir auf den Sack sl
titanic [taɪ'tænɪk] adj gigantisch
titbit ['tɪtbɪt] s, **tidbit** ['tɪdbɪt] US s **1** Leckerbissen m **2** (≈ Information) Pikanterie f
titillate ['tɪtɪleɪt] v/t j-n, Sinne anregen; Interesse erregen
title ['taɪtl] s **1** Titel m, Überschrift f; FILM Untertitel m **2** Anrede f
title deed s Eigentumsurkunde f
titleholder s SPORT Titelträger(in) m(f)
title page s TYPO Titelseite f
title role s Titelrolle f
titter ['tɪtə] **A** v/t & v/i kichern **B** s Gekicher n
T-junction ['tiː,dʒʌŋkʃən] Br s T-Kreuzung f
tl;dr [,tiːeldiː'ɑː] abk (= **too long; didn't read**) Internet, SMS abgekürzte Form von 'zu lange; nicht gelesen'
TM abk (= **trademark**) Markenzeichen n
to [tuː] **A** präp **1** zu; **to go to the station/doctor's** zum Bahnhof/Arzt gehen; **to go to Jenny's** zu Jenny gehen; **to go to the opera** etc in die Oper etc gehen; **to go to France/London** nach Frankreich/London fahren; **to the left/west** nach links/Westen; **I have never been to India** ich war noch nie in Indien **2** bis; **to count (up) to 20** bis 20 zählen; **it's 90 kms to Paris** nach Paris sind es 90 km; **8 years ago to the day** auf den Tag genau vor 8 Jahren **3** he nailed it to the wall/floor etc er nagelte es an die Wand/auf den Boden etc; **they tied him to the tree** sie banden ihn am Baum fest **4** mit Dativobjekt **to give sth to sb** j-m etw geben; **I said to myself ...** ich habe mir gesagt ...; **to mutter to oneself** vor sich hin murmeln; **he is kind to everyone** er ist zu allen freundlich; **it's a great help to me** das ist eine große Hilfe für mich; **he has been a good friend to us** er war uns (dat) ein guter Freund; **to Lottie** Trinkspruch auf Lottie (akk); **to drink to sb** j-m zutrinken **5** Positionsangabe **close to sb/sth** nahe bei j-m/etw; **at right angles to the wall** im rechten Winkel zur Wand; **to the west (of)/the left (of)** westlich/links (von) **6** zeitlich vor; **20 (minutes) to 2** 20 (Minuten) vor 2 **7** Relation zu; **they won by four goals to two** sie haben mit vier zu zwei Toren gewonnen; **3 to the power of 4** 3 hoch 4 **8** pro **9** **what would you say to a beer?** was hältst du von einem Bier?; **there's nothing to it** es ist nichts dabei; **that's all there is to it** das ist alles; **to the best of my knowledge** nach bestem Wissen; **it's not to my taste** das ist nicht nach meinem Geschmack **10** Infinitiv **to try to do sth** versuchen, etw zu tun; **he decided to come** er beschloss zu kommen; **I want to do it** ich will es tun; **I want him to do it** ich will, dass er es tut; **to work to live** arbeiten, um zu leben; **to get to the point, ...** um zur Sache zu kommen, ...; **I arrived to find she had gone** als ich ankam, war sie weg **11** anstelle von Verb **I don't want to do it** ich will nicht; **I'll try to do it** ich werde es versuchen; **you have to do it** du musst; **I'd love to** sehr gerne; **buy it, it would be silly not to** kaufe es, es wäre dumm, es nicht zu tun **12** **there's no-one to help us** es ist niemand da, der uns helfen könnte; **he was the first to arrive** er kam als Erster an; **who was the last to see her?** wer hat sie zuletzt gesehen?; **what is there to do here?** was gibt es hier zu tun?; **to be ready to do sth** bereit sein, etw zu tun; **it's hard to understand** es ist schwer zu verstehen **B** adj Tür zu **C** adv **to and fro** hin und her; gehen auf und ab
toad [təʊd] s Kröte f
toadstool ['təʊdstuːl] s (nicht essbarer) Pilz
toast[1] [təʊst] **A** s Toast m; **a piece of ~** ein Toast m **B** v/t toasten
toast[2] **A** s Toast m, Trinkspruch m; **to drink a ~ to sb** auf j-n trinken; **to propose a ~** einen Toast ausbringen (**to** auf +akk); **she was the ~ of the town** sie war die gefeierte Star der Stadt **B** v/t **to ~ sb/sth** auf j-s Wohl trinken
toaster ['təʊstə] s Toaster m
toast rack s Toastständer m
tobacco [tə'bækəʊ] s ⟨pl -s⟩ Tabak m
tobacconist [tə'bækənɪst] s Tabak(waren)-händler(in) m(f), Trafikant(in) m(f) österr; Tabak(waren)laden m
to-be [tə'biː] adj **the bride-to-be** die zukünftige Braut; **the mother-to-be** die werdende Mutter
toboggan [tə'bɒgən] **A** s Schlitten m, Rodel f österr **B** v/i **to go ~ing** Schlitten fahren, schlitteln schweiz
today [tə'deɪ] adv & s **1** heute; **a week/fortnight ~** heute in einer Woche/zwei Wochen; **a year ago ~** heute vor einem Jahr; **from ~** ab heute; **later ~** später (am Tag); **~'s paper** die Zeitung von heute; **what's ~'s date?** der Wievielte ist heute?; **here ~ and gone tomorrow** fig heute

hier und morgen da ❷ heutzutage; **the youth of ~** die Jugend von heute

toddle ['tɒdl] v/i ❶ *Kleinkind* wackelnd laufen ❷ *umg (a. ~ off)* abzwitschern *umg*

toddler ['tɒdlə] s Kleinkind *n*

to-do [tə'duː] *umg* s ⟨*kein pl*⟩ Theater *n umg*

toe [təʊ] ❶ s Zehe *f; von Strumpf* Spitze *f;* **to tread** *od* **step on sb's toes** *wörtl* j-m auf die Zehen treten; *fig* j-m ins Handwerk pfuschen *umg;* **to be on one's toes** *fig* auf Zack sein *umg* ❷ v/t **to toe the line** sich einfügen, spuren *umg*

TOEFL *abk* (= Test of English as a Foreign Language) TOEFL-Test *m (englische Sprachprüfung für ausländische Studenten)*

toehold s Halt *m* für die Fußspitzen; *fig* Einstieg *m*

toenail s Zehennagel *m*

toff [tɒf] *Br umg* s feiner Pinkel *umg*

toffee ['tɒfɪ] *Br* s (Sahne)karamell *m*, Toffee *n*

tofu ['təʊfuː] s Tofu *n*

together [tə'geðə] ❶ *adv* zusammen; **to do sth ~** etw zusammen tun; *diskutieren, spielen a.* etw miteinander tun; **to go ~** zusammenpassen; **all ~ now** jetzt alle zusammen ❷ *adj umg* cool *umg*

toggle ['tɒgl] ❶ s Knebel *m; an Kleidung* Knebelknopf *m* ❷ v/i IT hin- und herschalten

toggle key s IT Umschalttaste *f*

toggle switch s Kipp(hebel)schalter *m*

Togo ['təʊgəʊ] s GEOG Togo *n*

togs [tɒgz] *umg pl* Sachen *pl*, Klamotten *pl umg*

toil [tɔɪl] ❶ v/i *liter* sich plagen (**at, over** mit) ❷ s *liter* Plage *f geh*

toilet ['tɔɪlɪt] s *bes Br* Toilette *f;* **to go to the ~** auf die Toilette gehen; **she's in the ~** sie ist auf der Toilette

toilet bag *Br* s Kulturbeutel *m*

toilet brush s Klosettbürste *f*

toilet paper s Toilettenpapier *n*

toiletries ['tɔɪlɪtrɪz] *pl* Toilettenartikel *pl*

toilet roll s Rolle *f* Toilettenpapier

toilet seat s Toilettensitz *m*

toilet tissue s Toilettenpapier *n*

toilet water s Eau de Toilette *n*

to-ing and fro-ing [ˌtuːɪŋən'frəʊɪŋ] *bes Br* s Hin und Her *n*

token ['təʊkən] ❶ s ❶ Zeichen *n;* **by the same ~** ebenso, aber auch ❷ Spielmarke *f* ❸ *Br* Gutschein *m* ❷ *adj* ⟨*attr*⟩ Schein-; **~ gesture** leere Geste

Tokyo ['təʊkɪəʊ] s Tokio *n*

told [təʊld] *prät & pperf* → tell

tolerable ['tɒlərəbl] *adj* erträglich

tolerance ['tɒlərəns] s Toleranz *f* (**of, for, towards** gegenüber)

tolerant ['tɒlərənt] *adj* ❶ tolerant (**of, towards, with** gegenüber) ❷ TECH **to be ~ of heat** hitzebeständig sein

tolerate ['tɒləreɪt] v/t ❶ Lärm ertragen ❷ j-n, Verhalten tolerieren

toleration [ˌtɒlə'reɪʃən] s Tolerierung *f*

toll[1] [təʊl] ❶ v/t & v/i läuten ❷ s Läuten *n*

toll[2] s *für Brücke etc* Maut *f*

toll[3] s *Tote* Zahl *f* der Todesopfer; **the death ~ on the roads** die Zahl der Verkehrstoten

tollbooth s Mautstelle *f*

toll bridge s Mautbrücke *f*

toll-free *adj & adv US* TEL gebührenfrei

toll road s Mautstraße *f*

tomahawk ['tɒməhɔːk] s Tomahawk *m*

tomato [tə'mɑːtəʊ *US* tə'meɪtəʊ] s ⟨*pl* -es⟩ Tomate *f*, Paradeiser *m österr*

tomato ketchup s (Tomaten)ketchup *n od m*

tomato purée, tomato puree s Tomatenmark *n*, Paradeismark *n österr*

tomato sauce s Tomatensoße *f;* Ketchup *n od m*

tomb [tuːm] s Grab *n*, Grabmal *n*

tomboy ['tɒmbɔɪ] s Wildfang *m*

tombstone ['tuːmstəʊn] s Grabstein *m*

tomcat ['tɒmkæt] s Kater *m*

tomfoolery [ˌtɒm'fuːlərɪ] s Unsinn *m*, Blödsinn *m umg*

tomography [tə'mɒgrəfɪ] s MED Tomografie *f*

tomorrow [tə'mɒrəʊ] *adv & s* morgen; (≈ *Zukunft*) Morgen *n;* **a week ~** morgen in einer Woche; **a fortnight ~** morgen in zwei Wochen; **a year ago ~** morgen vor einem Jahr; **the day after ~** übermorgen; **~ morning/evening** morgen früh/Abend; **early ~** morgen früh; **(as) from ~** ab morgen; **see you ~!** bis morgen!; **~'s paper** die Zeitung von morgen

ton [tʌn] s ❶ (britische) Tonne; *US* (amerikanische) Tonne; **metric ton** Tonne *f;* **it weighs a ton** *fig umg* das wiegt ja eine Tonne ❷ **tons of** *pl umg* jede Menge *umg*

tone [təʊn] ❶ s *a.* MUS Ton *m; US* Note *f; von Musik* Klang *m; farblich* (Farb)ton *m;* **... he said in a friendly ~** ... sagte er in freundlichem Ton; **~ of voice** Ton(fall) *m;* **the new people have lowered the ~ of the neighbourhood** die neuen Leute haben dem Ruf des Viertels geschadet ❷ v/t Muskeln in Form bringen

phrasal verbs mit tone:

tone down v/t ⟨*trennb*⟩ abmildern; *Forderungen* mäßigen

tone up v/t ⟨*trennb*⟩ Muskeln kräftigen

tone-deaf [təʊn'def] *adj* **he's ~** er hat kein Gehör für Tonhöhen

toner ['təʊnə] s ❶ *für Kopierer* Toner *m* ❷ *zur Hautpflege* Gesichtswasser *n*, Toner *m*

toner cartridge s Tonerpatrone f

tongs [tɒŋz] pl **1** Zange f; **a pair of ~** eine Zange **2** Lockenstab m

tongue [tʌŋ] s **1** Zunge f; **to put** od **stick one's ~ out at sb** j-m die Zunge herausstrecken; **to hold one's ~** den Mund halten **2** Sprache f

tongue in cheek adj ⟨präd⟩ Bemerkung ironisch gemeint

tongue-tied adj **to be ~** keinen Ton herausbringen

tongue twister s Zungenbrecher m

tonic ['tɒnɪk] s **1** MED Tonikum n **2** **~ (water)** Tonic(water) n

tonight [tə'naɪt] **A** adv heute Abend; heute Nacht; **see you ~!** bis heute Abend! **B** s der heutige Abend; die heutige Nacht; **~'s party** die Party heute Abend

tonne [tʌn] s Tonne f

tonsil ['tɒnsl] s Mandel f

tonsillitis [ˌtɒnsɪ'laɪtɪs] s Mandelentzündung f

too [tuː] adv **1** ⟨+adj od adv⟩ zu; **too much** zu viel inv; **too big** zu groß; **too many** zu viele; **he's had too much to drink** er hat zu viel getrunken; **don't worry too much** mach dir nicht zu viel Sorgen; **too right!** umg das kannste laut sagen umg; **all too ...** allzu ...; **he wasn't too interested** er war nicht allzu interessiert; **I'm not too sure** ich bin nicht ganz sicher **2** auch; **me too!** ich auch! **3** auch noch

took [tʊk] prät → take

tool [tuːl] s Werkzeug n

toolbar s IT Symbolleiste f

toolbox s Werkzeugkasten m

toolkit s Werkzeug n, Werkzeugausrüstung f

tool shed s Geräteschuppen m

toot [tuːt] **A** v/t **to ~ a horn** hupen **B** v/i hupen

tooth [tuːθ] s ⟨pl **teeth**⟩ Zahn m; **to have a ~ out** sich (dat) einen Zahn ziehen lassen; **to get one's teeth into sth** fig sich in etw (dat) festbeißen; **to fight ~ and nail** bis aufs Blut kämpfen; **to lie through** od **in one's teeth** das Blaue vom Himmel herunterlügen; **I'm fed up to the (back) teeth with that** umg es hängt mir zum Hals heraus umg

toothache s Zahnschmerzen pl

toothbrush s Zahnbürste f

tooth decay s Karies f

toothless ['tuːθləs] adj zahnlos

toothpaste s Zahnpasta f

toothpick s Zahnstocher m

top [tɒp] **A** s **1** oberer Teil; von Turm, a. fig von Liga etc Spitze f; von Berg Gipfel m, Krone f; von Straße oberes Ende; von Tisch Kopfende n; **at the top** oben; **at the top of the page** oben auf der Seite; **at the top of the league/stairs** oben in der Tabelle/an der Treppe; **at the top of the table** am oberen Ende des Tisches; **to be top of the class** Klassenbeste(r) sein; **to the top** nach oben; **near the top** (ziemlich) weit oben; **five lines from the top** in der fünften Zeile von oben; **from top to toe** von Kopf bis Fuß; **from top to bottom** von oben bis unten; **at the top of one's voice** aus vollem Hals; **off the top of my head** grob gesagt; **to go over the top** zu viel des Guten tun; **that's a bit over the top** das geht ein bisschen zu weit **2** Oberfläche f; **to be on top** oben sein od liegen; fig obenauf sein; **it was on top of/on the top of the cupboard** etc es war auf/oben auf dem Schrank etc; **on top of** zusätzlich zu; **things are getting on top of me** die Dinge wachsen mir über den Kopf; **and, on top of that ...** und außerdem ...; **he felt he was on top of the situation** er hatte das Gefühl, die Situation unter Kontrolle zu haben; **to come out on top** sich durchsetzen **3** umg Oberkörper m; **to blow one's top** an die Decke gehen umg **4** Arbeitsfläche f **5** von Bikini Oberteil n; Kleidungsstück Top n; von Glas Deckel m; von Flasche Verschluss m; von Füller Hülle f; von Auto Dach n **B** adj obere(r, s), oberste(r, s), Spitzen-; Benotung beste(r, s); **today's top story** die wichtigste Meldung von heute; **on the top floor** im obersten Stockwerk; **at top speed** mit Höchstgeschwindigkeit; **in top form** in Höchstform **C** adv **1** **to come top** SCHULE Beste(r) werden **2** **tops** umg höchstens, maximal **D** v/t **1** bedecken; **fruit topped with cream** Obst mit Sahne darauf **2** anführen; **to top the list** ganz oben auf der Liste stehen **3** fig übersteigen; **and to top it all ...** umg und um das Maß vollzumachen ...

phrasal verbs mit top:

top off v/t ⟨trennb⟩ **1** abrunden **2** US → top up

top up Br v/t ⟨trennb⟩ auffüllen; Einkommen ergänzen; **can I top you up?** umg darf ich dir nachschenken?

top-class adj Spitzen-, erstklassig; **a ~ restaurant** ein Restaurant der Spitzenklasse

top gear s höchster Gang

top hat s Zylinder m

top-heavy adj kopflastig

topic ['tɒpɪk] s Thema n; **~ of conversation** Gesprächsthema n; **~ sentence** Satz, der in das Thema eines Absatzes einführt

topical ['tɒpɪkəl] adj aktuell

topless ['tɒpləs] **A** adj oben ohne, Oben-ohne- **B** adv oben ohne

top-level adj Spitzen-; Verhandlungen auf höchster Ebene

top management s Spitzenmanagement n

topmost *adj* oberste(r, s)

top-of-the-range *adj* ⟨*attr*⟩ Spitzen-, der Spitzenklasse

top performer *s* HANDEL Testsieger *m*

topping ['tɒpɪŋ] *s* Belag *m*; **with a ~ of cream** *etc* mit Sahne *etc* (oben) darauf

topple ['tɒpl] **A** *v/i* **1** herunterpurzeln *umg* **2** *Preise* fallen **B** *v/t fig Regierung* stürzen

phrasal verbs mit topple:

topple down *v/i* ⟨+obj⟩ hinunterfallen

topple over *v/i* schwanken und fallen (**sth** über etw *akk*)

top-quality *adj* ⟨*attr*⟩ Spitzen-; **~ product** Spitzenprodukt *n*

top-ranking *adj* von hohem Rang; *Sportler* der Spitzenklasse

top-secret *adj* streng geheim

topsoil *s* AGR Ackerkrume *f*

topsy-turvy [ˌtɒpsɪˈtɜːvɪ] *umg adj wörtl* kunterbunt durcheinander *präd*; *fig* auf den Kopf gestellt

top-up ['tɒpʌp] *Br* **A** *s umg* **would you like a ~?** darf man dir noch nachschenken? **B** *adj* Zusatz-

top-up card *s für Handy* (wieder aufladbare) Prepaidkarte *f*

torch [tɔːtʃ] *s* Fackel *f*; *Br* Taschenlampe *f*

torchlight *s* **by ~** bei Fackelschein; *Br* beim Schein einer Taschenlampe

tore [tɔːr] *prät* → tear¹

torment **A** ['tɔːment] *s* Qual *f*; **to be in ~** Qualen leiden **B** [tɔːˈment] *v/t* quälen, plagen

torn [tɔːn] *pperf* → tear¹

tornado [tɔːˈneɪdəʊ] *s* ⟨*pl* -(e)s⟩ Tornado *m*

torpedo [tɔːˈpiːdəʊ] **A** *s* ⟨*pl* -es⟩ Torpedo *m* **B** *v/t* torpedieren

torpor ['tɔːpər] *s* Trägheit *f*, Abgestumpftheit *f*

torrent ['tɒrənt] *s* reißender Strom; *fig von Worten* Schwall *m*; **a ~ of abuse** ein Schwall *m* von Beschimpfungen

torrential [tɒˈrenʃəl] *adj Regen* sintflutartig

torso ['tɔːsəʊ] *s* ⟨*pl* -s⟩ Körper *m*

tortoise ['tɔːtəs] *s* Schildkröte *f*

tortoiseshell ['tɔːtəsʃel] *s* Schildpatt *m*

tortuous ['tɔːtjʊəs] *wörtl adj Pfad* gewunden; *fig* verwickelt

torture ['tɔːtʃər] **A** *s* Folter *f*; *fig* Qual *f* **B** *v/t* **1** *wörtl* foltern **2** *fig* quälen

torture chamber *s* Folterkammer *f*

torturer ['tɔːtʃərər] *wörtl s* Folterknecht *m*

Tory ['tɔːrɪ] **A** *s* POL Tory *m*, Konservative(r) *m/f(m)* **B** *adj* konservativ, Tory-

toss [tɒs] **A** *s* **1** Wurf *m* **2** Münzwurf *m*; **to win the ~** die Seitenwahl gewinnen **B** *v/t* **1** werfen; *Salat* anmachen; *Pfannkuchen* wenden; **to ~ sth to sb** j-m etw zuwerfen; **to ~ a coin** eine Münze (zum Losen) hochwerfen; **to ~ sb for sth** mit j-m (durch Münzenwerfen) um etw knobeln **2** schütteln; **to ~ one's head** den Kopf zurückwerfen **C** *v/i* **1** *Schiff* rollen; **to ~ and turn** sich hin und her wälzen **2** (durch Münzenwerfen) knobeln; **to ~ for sth** um etw knobeln

phrasal verbs mit toss:

toss about *Br*, **toss around** *v/t* ⟨*trennb*⟩ durchschütteln; *Ball* herumwerfen; *fig Ideen* zur Debatte stellen

toss away *v/t* ⟨*trennb*⟩ wegwerfen

toss out *v/t* ⟨*trennb*⟩ *Abfall* wegwerfen; *j-n* hinauswerfen

toss up *v/t* ⟨*trennb*⟩ werfen

toss-up ['tɒsʌp] *s* **it was a ~ whether …** *umg* es war völlig offen, ob …

tot [tɒt] *s* **1** Knirps *m umg* **2** *bes Br* alkoholisch Schlückchen *n*

phrasal verbs mit tot:

tot up *bes Br umg v/t* ⟨*trennb*⟩ zusammenzählen

total ['təʊtl] **A** *adj* völlig; *Betrag* Gesamt-; *Sonnenfinsternis* total; **what is the ~ number of rooms you have?** wie viele Zimmer haben Sie (insgesamt)?; **to be in ~ ignorance (of sth)** (von etw) überhaupt nichts wissen **B** *s* Gesamtmenge *f*; (≈ *Zahlen*) Endsumme *f*; **a ~ of 50 people** insgesamt 50 Leute; **this brings the ~ to £100** das bringt die Gesamtsumme auf £ 100; **in ~** insgesamt **C** *v/t* **1** sich belaufen auf (+*akk*) **2** (*a.* **~ up**) zusammenzählen

totalitarian [ˌtəʊtælɪˈteərɪən] *adj* totalitär

totally ['təʊtəlɪ] *adv* total, völlig

tote bag ['təʊtbæg] *US s* (Einkaufs)tasche *f*

totem pole ['təʊtəmpəʊl] *s* Totempfahl *m*

totter ['tɒtər] *v/i* schwanken

toucan ['tuːkən] *s* Tukan *m*

toucan crossing *Br s* Fußgänger- und Radfahrerübergang *m*

touch [tʌtʃ] **A** *s* **1** (Tast)gefühl *n*; **to be cold to the ~** sich kalt anfühlen **2** Berührung *f*; **at the ~ of a button** auf Knopfdruck **3** (≈ *Geschick*) Hand *f*, Stil *m*; **he's losing his ~** er wird langsam alt; **a personal ~** eine persönliche Note **4** *fig* Einfall *m*; **to put the finishing ~es to sth** letzte Hand an etw (*akk*) legen **5** Spur *f*; **a ~ of flu** eine leichte Grippe **6** **to be in ~ with sb** mit j-m in Verbindung stehen; **to keep in ~ with sb** mit j-m in Verbindung bleiben; **to keep in ~ with developments** auf dem Laufenden bleiben; **I'll be in ~!** ich melde mich!; **keep in ~!** lass wieder einmal von dir hören!; **to be out of ~** nicht auf dem Laufenden sein; **you can get in ~ with me at this number** Sie können mich unter dieser Nummer erreichen; **to get in ~ with sb** sich mit j-m in Verbindung setzen; **to lose ~ (with sb)** den Kontakt (zu j-m) verlieren; **to put sb in ~ with sb** j-n mit j-m in Verbindung bringen **7** FUSSB Aus *n*; **in ~** im Aus **B** *v/t* **1** berühren, anfassen; **her feet hardly ~ed the ground** *fig* sie schwebte in den Wolken **2** *Alkohol, Problem* anrühren, antasten; **the police can't ~ me** die Polizei kann mir nichts anhaben **3** *emotional* rühren, berühren **C** *v/i* sich berühren; **don't ~!** Finger weg!

phrasal verbs mit touch:

touch down *v/i Flugzeug* aufsetzen
touch up *v/t* ⟨*trennb*⟩ *Anstrich* ausbessern
touch (up)on *v/i* ⟨+*obj*⟩ *Thema* antippen; **he barely touched on the question** er hat die Frage kaum berührt

touch-and-go [ˌtʌtʃənˈɡəʊ] *adj* **to be ~** sehr riskant sein; **it's ~ whether ...** es steht auf Messers Schneide, ob ...
touchdown [ˈtʌtʃdaʊn] *s* **1** FLUG, RAUMF Aufsetzen *n* **2** *US* SPORT Versuch *m* (*Niederlegen des Balls in der Endzone des Gegners*)
touched [tʌtʃt] *adj* ⟨*präd*⟩ gerührt
touching *adj*, **touchingly** [ˈtʌtʃɪŋ, -lɪ] *adv* rührend
touchline *s bes Br* SPORT Seitenlinie *f*
touchpad *s* COMPUT Touchpad *n*
touchpaper *s* Zündpapier *n*
touch screen *s* COMPUT Touchscreen *m*
touch-sensitive *adj* **~ screen** Touch-Screen *m*
touch-tone *adj* Tonwahl-
touch-type *v/i* blindschreiben
touchy [ˈtʌtʃɪ] *adj* empfindlich (**about** in Bezug auf +*akk*); *Thema* heikel
touchy-feely [ˌtʌtʃɪˈfiːlɪ] *adj umg* sentimental; **she's very ~** sie fasst einen beim Reden immer an
tough [tʌf] *adj* ⟨+*er*⟩ zäh, widerstandsfähig; *Stoff* strapazierfähig; *Gegner, Problem* hart; *Stadt* rau; *Reise* anstrengend; *Wahl* schwierig; **(as) ~ as old boots** *Br hum umg*, **(as) ~ as shoe leather** *US hum umg* zäh wie Leder *umg*; **he'll get over it, he's ~** er wird schon darüber hinwegkommen, er ist hart im Nehmen *umg*; **to get ~ (with sb)** *fig* hart durchgreifen (gegen j-n); **it was ~ going** es war eine Strapaze; **to have a ~ time of it** nichts zu lachen haben; **I had a ~ time controlling my anger** es fiel mir schwer, meinen Zorn unter Kontrolle zu halten; **she's a ~ customer** sie ist zäh wie Leder *umg*; **~ guy** knallharter Bursche; **it was ~ on the others** *umg* das war hart für die andern; **~ (luck)!** *umg* Pech!
toughen [ˈtʌfn] *v/t Glas* härten

phrasal verbs mit toughen:

toughen up **A** *v/t* ⟨*trennb*⟩ j-n stählen *geh*; *Richtlinien* verschärfen **B** *v/i* hart werden; **to toughen up on sth** härter gegen etw vorgehen
toughness [ˈtʌfnɪs] *s* Zähheit *f*, Zähigkeit *f*, Widerstandsfähigkeit *f*; *von Gegner, Kampf, Verhandlungen* Härte *f*
toupee [ˈtuːpeɪ] *s* Toupet *n*
tour [tʊəʳ] **A** *s* **1** Tour *f*; *durch Stadt, Ausstellung* Rundgang *m* (**of** durch); (*a*. **guided ~**) Führung *f* (**of** durch); *mit Bus* Rundfahrt *f* (**of** durch); **to go on a ~ of Scotland** auf eine Schottlandreise gehen **2** (*a*. **~ of inspection**) Runde *f* (**of** durch) **3** THEAT Tournee *f* (**of** durch); **to go on ~** auf Tournee gehen; **to take a play on ~** mit einem Stück auf Gastspielreise *od* Tournee gehen **B** *v/t* **1** *Land* fahren durch, bereisen; **to ~ the world** um die Welt reisen **2** *Stadt, Ausstellung* einen Rundgang machen durch **3** *Band* auf Tournee sein in *dat*; THEAT eine Tournee machen durch **C** *v/i* **1** eine Reise *od* Tour machen; **we're ~ing (around)** wir reisen herum **2** THEAT eine Tournee machen; **to be ~ing** auf Tournee sein
tour de force [ˌtʊədəˈfɔːs] *s* Glanzleistung *f*
tour guide *s* Reiseleiter(in) *m(f)*
touring [ˈtʊərɪŋ] *s* (Herum)reisen *n*
tourism [ˈtʊərɪzəm] *s* Tourismus *m*
tourist [ˈtʊərɪst] **A** *s* Tourist(in) *m(f)* **B** *adj* ⟨*attr*⟩ Touristen-; **~ season** Reisesaison *od* -zeit *f*
tourist attraction *s* Touristenattraktion *f*
tourist-class *adj* der Touristenklasse
tourist guide *s* Fremdenführer(in) *m(f)*
tourist industry *s* Tourismusindustrie *f*
tourist information (centre) *Br s* Fremdenverkehrsamt *n*
tourist office *s* Fremdenverkehrsbüro *n*
tournament [ˈtʊənəmənt] *s* Turnier *n*
tourniquet [ˈtʊənɪkeɪ] *s* Aderpresse *f*
tour operator *s* Reiseveranstalter *m*
tousled [ˈtaʊzld] *adj Haare* zerzaust
tout [taʊt] *umg* **A** *s* (Karten)schwarzhändler(in) *m(f)* **B** *v/i* **to ~ for business** (aufdringlich) Reklame machen; **to ~ for customers** auf Kundenfang sein *umg*
tow [təʊ] **A** *s* **to give sb a tow** j-n abschleppen; **in tow** *fig* im Schlepptau **B** *v/t* schleppen; *Anhänger* ziehen

phrasal verbs mit tow:

tow away *v/t* ⟨*trennb*⟩ *Auto* (gebührenpflichtig) abschleppen
toward(s) [təˈwɔːd(z)] *präp* **1** auf (+*akk*) ... zu; **~ Mr Green** auf Mr Green zu, in Mr Greens Richtung; **to sail ~ China** in Richtung China segeln; **it's further north, ~ Dortmund** es liegt weiter im Norden, Richtung Dortmund; **~ the south** nach Süden; **he turned ~ her** er wandte sich ihr zu; **with his back ~ the wall**

mit dem Rücken zur Wand; **they are working ~ a solution** sie arbeiten auf eine Lösung hin; **to get some money ~ sth** etwas Geld als Beitrag zu etw bekommen **2** ... (*dat*) gegenüber; **what are your feelings ~ him?** was empfinden Sie für ihn? **3 ~ ten o'clock** gegen zehn Uhr; **~ the end of the year** gegen Ende des Jahres

towbar ['təʊbɑːʳ] *s* Anhängerkupplung *f*
towel ['taʊəl] *s* Handtuch *n*
  phrasal verbs mit towel:
  towel down *v/t* ⟨*trennb*⟩ (ab)trocknen
towelling ['taʊəlɪŋ] *s* Frottee(stoff) *m*
tower ['taʊəʳ] **A** *s* **1** Turm *m* **2** *fig* **a ~ of strength** ein starker (Rück)halt **3** COMPUT Tower *m* **B** *v/i* ragen
  phrasal verbs mit tower:
  tower above, tower over *v/i* ⟨+*obj*⟩ **1** Häuser *etc* emporragen über (+*akk*) **2** j-n überragen
tower block *Br s* Hochhaus *n*
towering ['taʊərɪŋ] *fig adj* Leistung überragend
town [taʊn] *s* Stadt *f*; **in ~** in der Stadt; **to go into ~** in die Stadt gehen; **he's out of ~** er ist nicht in der Stadt; **the centre of ~** *Br* die Mitte der Stadt; **to go to ~ on sth** *fig umg* sich (*dat*) bei etw einen abbrechen *umg*
town centre *Br s* Stadtmitte *f*, (Stadt)zentrum *n*
town council *s* Stadtrat *m*
town councillor *s*, **town councilor** *US s* Stadtrat *m*, Stadträtin *f*
town hall *s* Rathaus *n*
town house *s* Stadthaus *n*; *in Siedlung* Reihenhaus *n*
town planner *s* Stadtplaner(in) *m(f)*
town planning *s* Stadtplanung *f*
townsfolk ['taʊnzfəʊk] *pl* Bürger *pl*
township ['taʊnʃɪp] *US s* Verwaltungsbezirk *m*; *in Südafrika* Township *f*
townspeople ['taʊnzpiːpl] *pl* Bürger *pl*
town twinning [ˌtaʊn'twɪnɪŋ] *Br s* Städtepartnerschaft *f*
towpath *s* Treidelpfad *m*
towrope *s* AUTO Abschleppseil *n*
tow truck *US s* Abschleppwagen *m*
toxic ['tɒksɪk] *adj* giftig, Gift-
toxic waste *s* Giftmüll *m*
toxic waste dump *s* Giftmülldeponie *f*
toxin ['tɒksɪn] *s* Giftstoff *m*
toy [tɔɪ] **A** *s* Spielzeug *n* **B** *v/i* **to toy with an idea** *etc* mit einer Idee *etc* spielen
toy boy *umg s* jugendlicher Liebhaber
toyshop *s* Spielwarenladen *m*
trace [treɪs] **A** *s* Spur *f*; **I can't find any ~ of your file** Ihre Akte ist spurlos verschwunden; **to sink without ~** spurlos versinken **B** *v/t* **1** (≈ *kopieren*) nachziehen, durchpausen **2** Fortschritt verfolgen; *Schritten* folgen (+*dat*); **to ~ a phone call** einen Anruf zurückverfolgen; **she was ~d to ...** ihre Spur führte zu ... **3** ausfindig machen; **I can't ~ your file** ich kann Ihre Akte nicht finden
  phrasal verbs mit trace:
  trace back *v/t* ⟨*trennb*⟩ zurückverfolgen; *Problem* zurückführen (**to** auf +*akk*)
tracing paper ['treɪsɪŋpeɪpəʳ] *s* Pauspapier *n*
track [træk] **A** *s* **1** Spur *f*; **to be on sb's ~** j-m auf der Spur sein; **to keep ~ of sb/sth** j-n/etw im Auge behalten; (≈ *informiert*) über j-n/etw auf dem Laufenden bleiben; **how do you keep ~ of the time without a watch?** wie können Sie wissen, wie spät es ist, wenn Sie keine Uhr haben?; **I can't keep ~ of your girlfriends** du hast so viele Freundinnen, da komme ich nicht mit *umg*; **to lose ~ of sb/sth** j-n/etw aus den Augen verlieren; (≈ *nicht informiert*) über j-n/etw nicht mehr auf dem Laufenden sein; **to lose ~ of time** die Zeit ganz vergessen; **to lose ~ of what one is saying** den Faden verlieren **2** *fig* **we must be making ~s** *umg* wir müssen uns auf die Socken machen *umg*, wir müssen uns auf den Weg machen; **he stopped dead in his ~s** er blieb abrupt stehen **3** Weg *m*; **to be on ~** *fig* auf Kurs sein; **to be on the right/wrong ~** *fig* auf der richtigen/falschen Spur sein; **to get sth back on ~** wieder auf Kurs bringen **4** BAHN Gleise *pl*; *US* Bahnsteig *m* **5** SPORT Rennbahn *f*; Leichtathletik Bahn *f* **6** MUS Stück *n* **B** *v/t Tier* verfolgen
  phrasal verbs mit track:
  track down *v/t* ⟨*trennb*⟩ aufspüren (**to** in +*dat*), aufstöbern
track and field *US s* Leichtathletik *f*
track-and-field *adj US* Leichtathletik-
trackball *s* COMPUT Trackball *m*; *von Maus* Rollkugel *f*
tracker dog ['trækədɒg] *s* Spürhund *m*
track event *s* Laufwettbewerb *m*
trackpad *s* COMPUT Touchpad *n*
track record *fig s* **to have a good ~** gute Leistungen vorweisen können
tracksuit *s* Trainingsanzug *m*
tract [trækt] *s* Fläche *f*, Gebiet *n*
tractor ['træktəʳ] *s* Traktor *m*
trade [treɪd] **A** *s* **1** Gewerbe *n*, Handel *m*; **how's ~?** wie gehen die Geschäfte?; **to do a good ~** gute Geschäfte machen **2** Branche *f* **3** Handwerk *n*; **he's a bricklayer by ~** er ist Maurer von Beruf **B** *v/t* tauschen; **to ~ sth for sth else** etw gegen etw anderes (ein)tauschen **C** *v/i* HANDEL Handel treiben; **to ~ in sth** mit etw handeln
  phrasal verbs mit trade:

trade in v/t ⟨trennb⟩ in Zahlung geben (**for** für)
trade barrier s Handelsschranke f
trade deficit s Handelsdefizit n
trade fair s Handelsmesse f
trademark s Marke f; Markenzeichen n
trade name s Markenname m
trade-off s **there's always a ~** etwas geht immer verloren
trader ['treɪdə'] s Händler(in) m(f)
trade route s Handelsweg m
trade school s Gewerbeschule f
trade secret s Betriebsgeheimnis n
tradesman s ⟨pl -men⟩ **1** Handwerker m **2** Händler m
tradespeople pl Geschäftsleute pl
trades union Br s → trade union
trade union Br s Gewerkschaft f
trade unionist Br s Gewerkschaft(l)er(in) m(f)
trading ['treɪdɪŋ] s Handel m (**in** mit)
trading estate s Industriegelände n
trading links pl Handelsverbindungen pl
trading partner s Handelspartner(in) m(f)
tradition [trə'dɪʃən] s Tradition f
traditional [trə'dɪʃənl] adj traditionell; **it's ~ for us to …** es ist bei uns Brauch, dass …
traditionalist [trə'dɪʃnəlɪst] s Traditionalist(in) m(f)
traditionally [trə'dɪʃnəlɪ] adv traditionell, üblicherweise; **turkey is ~ eaten at Christmas** es ist Tradition od ein Brauch, Weihnachten Truthahn zu essen
traffic ['træfɪk] **A** s **1** Verkehr m **2** mst pej Handel m (**in** mit) **B** v/i mst pej handeln (**in** mit)
traffic calming s Verkehrsberuhigung f; **~ measures** verkehrsberuhigende Maßnahmen
traffic circle US s Kreisverkehr m
traffic cone s Pylon m, Leitkegel m
traffic cop s umg Verkehrspolizist(in) m(f)
traffic island s Verkehrsinsel f
traffic jam s Verkehrsstauung f, Stau m
trafficker ['træfɪkə'] mst pej s Händler(in) m(f)
trafficking ['træfɪkɪŋ] s Handel m (**in** mit)
traffic lights pl, **traffic light** US s Verkehrsampel f
traffic news s ⟨sg⟩ Verkehrsmeldung f
traffic police pl Verkehrspolizei f
traffic policeman s Verkehrspolizist m
traffic regulation s Verkehrsregel f
traffic sign s Verkehrsschild n
traffic signals pl → traffic lights
traffic warden Br s ≈ Verkehrspolizist(in) m(f) ohne polizeiliche Befugnisse, Politesse f
tragedy ['trædʒɪdɪ] s Tragödie f; kein pl Tragische(s) n
tragic ['trædʒɪk] adj tragisch
tragically ['trædʒɪkəlɪ] adv **her career ended ~ at the age of 19** ihre Karriere endete tragisch, als sie 19 Jahre alt war; **her husband's ~ early death** der tragisch frühe Tod ihres Mannes
trail [treɪl] **A** s **1** Spur f; **to be on sb's ~** j-m auf der Spur sein **2** Weg m **B** v/t **1** schleppen; US ziehen **2** Gegner zurückliegen hinter (+dat) **C** v/i **1** schleifen **2** trotten **3** in Wettbewerb weit zurückliegen; **to ~ by 3 points** mit 3 Punkten im Rückstand sein

phrasal verbs mit trail:

trail away, **trail off** v/i Stimme sich verlieren (**into** in +dat)

trail behind v/i hinterhertrotten (**sth** hinter etw dat); in Wettbewerb zurückgefallen sein (**sth** hinter etw akk)

trailer ['treɪlə'] s **1** AUTO Anhänger m; bes US von Lkw Sattelauflieger m **2** US Wohnwagen m **3** FILM, TV Trailer m, Vorschau f
train¹ [treɪn] s **1** BAHN Zug m; **to go by ~** mit dem Zug fahren; **to take the 11 o'clock ~** den Elfuhrzug nehmen; **to change ~s** umsteigen; **on the ~** im Zug **2** Kolonne f **3** von Ereignissen Folge f; **~ of thought** Gedankengang m **4** von Kleid Schleppe f
train² **A** v/t **1** j-n ausbilden; Mitarbeiter weiterbilden; Tier abrichten; SPORT trainieren; **this dog has been ~ed to kill** dieser Hund ist aufs Töten abgerichtet **2** Waffe richten (**on** auf +akk) **3** Pflanze wachsen lassen (**over** über +akk) **B** v/i **1** bes SPORT trainieren (**for** für) **2** ausgebildet werden; **he ~ed as a teacher** er hat eine Lehrerausbildung gemacht
train driver s Zugführer(in) m(f)
trained [treɪnd] adj gelernt; Krankenschwester ausgebildet; **to be highly ~** hoch qualifiziert sein
trainee [treɪ'niː] s Auszubildende(r) m/f(m), Praktikant(in) m(f); für Management Trainee m
trainee teacher s ≈ Praktikant(in) m(f); in höherer Schule ≈ Referendar(in) m(f)
trainer ['treɪnə'] s **1** SPORT Trainer(in) m(f); für Tiere Dresseur(in) m(f) **2** Br Turnschuh m
trainer socks Br pl Sneakersöckchen pl, Sneakersocken pl
training ['treɪnɪŋ] s **1** Ausbildung f, Schulung f **2** SPORT Training n; **to be in ~** im Training stehen od sein
training centre s, **training center** US s Ausbildungszentrum n
training course s Ausbildungskurs m
training ground s Trainingsgelände n
training program US s, **training programme** Br s Schulungsprogramm n, Ausbildungsplan m, Ausbildungsprogramm n; SPORT Trainingsprogramm n
training scheme s Ausbildungsprogramm n

training session s Trainingsstunde f
training shoes Br pl Turnschuhe pl
trainload s Zugladung f; **~s of holidaymakers** Br, **~s of vacationers** US ganze Züge voller Urlauber
train ride s Zugfahrt f
train service s Zugverkehr m, (Eisen)bahnverbindung f
train set s (Spielzeug)eisenbahn f
trainspotting s Hobby, bei dem Züge begutachtet und deren Nummern notiert werden
train station s Bahnhof m
traipse [treɪps] umg v/i latschen umg, hatschen österr
trait [treɪt, treɪ] s Eigenschaft f
traitor ['treɪtə'] s Verräter(in) m(f)
trajectory [trə'dʒektərɪ] s Flugbahn f
tram [træm] bes Br s Straßenbahn f, Tram n schweiz; **to go by ~** mit der Straßenbahn fahren
tramp [træmp] **A** v/i stapfen **B** v/t Straßen latschen durch umg **C** s **1** Obdachlose(r) m/f(m); Landstreicher(in) m(f), Stadtstreicher(in) m(f) **2** (≈ Geräusch) Stapfen n **3** umg Schlampe f pej
trample ['træmpl] v/t niedertrampeln; **to ~ sth underfoot** auf etw (dat) herumtrampeln
phrasal verbs mit trample:
trample down v/t ⟨trennb⟩ niedertreten
trample on v/i ⟨+obj⟩ herumtreten auf (+dat)
trampoline ['træmpəlɪn] s Trampolin n
trance [trɑːns] s Trance f; **to go into a ~** in Trance verfallen
tranquil ['træŋkwɪl] adj still; Leben friedlich
tranquillity [træŋ'kwɪlɪtɪ] s, **tranquility** US s Stille f
tranquillize ['træŋkwɪlaɪz] v/t, **tranquilize** US v/t beruhigen
tranquillizer ['træŋkwɪlaɪzə'] s, **tranquilizer** US s Beruhigungsmittel n
transact [træn'zækt] v/t abwickeln; Geschäft abschließen
transaction [træn'zækʃən] s Geschäft n; FIN, BÖRSE Transaktion f
transaction number s FIN Transaktionsnummer f
transatlantic ['trænsət'læntɪk] adj transatlantisch, Transatlantik-
transcend [træn'send] v/t übersteigen
transcontinental [ˌtrænskɒntɪ'nentl] adj transkontinental
transcribe [træn'skraɪb] v/t transkribieren; Rede niederschreiben
transcript ['trænskrɪpt] s Protokoll n; (≈ Kopie) Abschrift f
transcription [træn'skrɪpʃn] s **1** Vorgang Abschreiben n, Niederschreiben n **2** (≈ Kopie) Abschrift f, Niederschrift f **3** phonetische Umschrift

transfer A [træns'fɜː'] v/t übertragen (**to** auf +akk); Gefangenen überführen (**to in** +akk); Konto verlegen (**to in** +akk); Mitarbeiter versetzen (**to in** +akk od **to town** nach); Spieler transferieren (**to zu**); Geld überweisen (**to auf** +akk); **he ~red the money from the box to his pocket** er nahm das Geld aus der Schachtel und steckte es in die Tasche **B** [træns'fɜː'] v/i überwechseln (**to zu**) **C** ['trænsfɜː'] s Übertragung f; von Gefangenen Überführung f; von Konto Verlegung f; von Mitarbeiter Versetzung f; von Spieler Transfer m; von Geld Überweisung f
transferable [træns'fɜːrəbl] adj übertragbar
transfer fee s FUSSB Transfersumme f, Ablöse(-summe) f
transfer list s FUSSB Transferliste f
transfer passenger s bes FLUG Transitreisende(r) m/f(m)
transfer speed s IT Übertragungsgeschwindigkeit f
transfix [træns'fɪks] fig v/t **he stood as though ~ed** er stand da wie angewurzelt
transform [træns'fɔːm] v/t umwandeln (**into** zu); Ideen (von Grund auf) verändern; j-n, j-s Leben verwandeln
transformation [ˌtrænsfə'meɪʃən] s Umwandlung f; von Mensch Verwandlung f
transfusion [træns'fjuːʒən] s, (a. **blood transfusion**) (Blut)transfusion f; (**blood**) **~ service** Blutspendedienst m
transgenic [trænz'dʒenɪk] adj transgen
transgression [trænz'greʃən] s **1** gegen Gesetz Verstoß m **2** Sünde f
transient ['trænzɪənt] **A** adj Leben kurz; Freude vorübergehend **B** s US Durchreisende(r) m/f(m)
transistor [træn'zɪstə'] s ELEK Transistor m
transit ['trænzɪt] s Durchfahrt f; von Waren Transport m; **the books were damaged in ~** die Bücher wurden auf dem Transport beschädigt
transit camp s Durchgangslager n
transition [træn'zɪʃən] s Übergang m (**from … to** von … zu); **period of ~, ~ period** Übergangsperiode od -zeit f
transitional [træn'zɪʃənl] adj Übergangs-
transitive ['trænzɪtɪv] adj transitiv
transit lounge s Warteraum m
transitory ['trænzɪtərɪ] adj Leben kurz; Freude vorübergehend; **the ~ nature of sth** die Kurzlebigkeit von etw
transit passenger s Durchgangsreisende(r) m/f(m)
Transit (van)® Br s Transporter m
transit visa s Transitvisum n
translatable [trænz'leɪtəbl] adj übersetzbar

translate [trænz'leɪt] **A** v/t **1** übersetzen; **to ~ sth from German (in)to English** etw aus dem Deutschen ins Englische übersetzen; **it is ~d as ...** es wird mit ... übersetzt **2** *fig* übertragen **B** v/i **1** übersetzen **2** *fig* übertragbar sein

translation [trænz'leɪʃən] s Übersetzung f (**from** aus); *fig* Übertragung f; **to do a ~ of sth** von etw eine Übersetzung machen *od* anfertigen; **it loses (something) in ~** es verliert (etwas) bei der Übersetzung

translation agency s Übersetzungsbüro n, Übersetzungsdienst m

translation software s IT Übersetzungssoftware f

translator [trænz'leɪtəʳ] s Übersetzer(in) m(f)

translucent [trænz'luːsnt] adj lichtdurchlässig; *Haut* durchsichtig

transmission [trænz'mɪʃən] s **1** Übertragung f; *von Wärme* Leitung f; TV *etc* Sendung f; **~ rate** TEL Übertragungsgeschwindigkeit f **2** AUTO Getriebe n

transmit [trænz'mɪt] **A** v/t *Nachricht* übermitteln; *Krankheit* übertragen; *Wärme* leiten; *Fernsehprogramm* senden **B** v/i senden

transmitter [trænz'mɪtəʳ] s TECH Sender m

transparency [træns'pærənsɪ] s **1** Transparenz f **2** FOTO Dia(positiv) n **3** Overheadfolie f

transparent [træns'pærənt] adj **1** transparent **2** *fig* Lüge durchschaubar; **you're so ~** du bist so leicht zu durchschauen

transpire [træn'spaɪəʳ] v/i **1** sich herausstellen **2** passieren *umg*

transplant A [træns'plɑːnt] v/t **1** *Gartenbau* umpflanzen **2** transplantieren *fachspr* **B** ['trænsplɑːnt] s Transplantation f

transport A ['trænspɔːt] s **1** Transport m; **have you got your own ~?** bist du motorisiert?; **public ~** öffentliche Verkehrsmittel pl; **~ will be provided** für An- und Abfahrt wird gesorgt **2** US (Schiffs)fracht f **B** [træn'spɔːt] v/t befördern, transportieren

transportation [ˌtrænspɔː'teɪʃən] s Transport m; (≈ *Fahrzeug*) Beförderungsmittel n; öffentlich Verkehrsmittel n

transport café Br s Fernfahrerlokal n

transport costs, **transportation costs** pl Transportkosten pl

transport management system s Verkehrsmanagementsystem n

transport plane s Transportflugzeug n

transport system s Verkehrswesen n

transsexual [trænz'seksjʊəl] s Transsexuelle(r) m/f(m)

transverse ['trænzvɜːs] adj Quer-

transvestite [trænz'vestaɪt] s Transvestit(in) m(f)

trap [træp] **A** s **1** Falle f; **to set a ~ for sb** *fig* j-m eine Falle stellen; **to fall into a ~** in die Falle gehen **2** *umg* **shut your ~!** (halt die) Klappe! *umg* **B** v/t **1** *Tier* (mit einer Falle) fangen **2** *fig* j-n in die Falle locken **3 to be ~ped** in der Falle sitzen; *Bergleute* eingeschlossen sein; **to be ~ped in the snow** im Schnee festsitzen; **my arm was ~ped behind my back** mein Arm war hinter meinem Rücken eingeklemmt; **to ~ one's finger in the door** sich (*dat*) den Finger in der Tür einklemmen

trap door s Falltür f; THEAT Versenkung f

trapeze [trə'piːz] s Trapez n

trappings ['træpɪŋz] *fig pl* äußere Aufmachung; **~ of office** Amtsinsignien pl

trash [træʃ] **A** s **1** US Müll m, Abfall m **2** Schund m; (≈ *Film etc*) Mist m *umg* **3** *pej umg* Gesindel n **B** v/t *umg* Zimmer verwüsten

trash can US s Abfalleimer m, Mistkübel m österr; Abfallkorb m, Abfalltonne f

trash-can liner s US Mülltüte f

trash collector s US Müllmann m

trashy ['træʃɪ] adj ⟨*komp* trashier⟩ Waren minderwertig; **~ novel** Schundroman m

trauma ['trɔːmə] s Trauma n

traumatic [trɔː'mætɪk] adj traumatisch

traumatize ['trɔːmətaɪz] v/t traumatisieren

travel ['trævl] **A** v/i **1** reisen; **he ~s to work by car** er fährt mit dem Auto zur Arbeit; **they have ~led a long way**, **they have ~ed a long way** US sie haben eine weite Reise hinter sich (*dat*); **to ~ (a)round the world** eine Reise um die Welt machen; **to ~ around a country** ein Land bereisen **2** sich bewegen; *Klang, Licht* sich fortpflanzen; **to ~ at 80 kph** 80 km/h fahren; **his eye ~led over the scene** Br, **his eye ~ed over the scene** US seine Augen wanderten über die Szene **B** v/t *Gebiet* bereisen; *Strecke* zurücklegen **C** s **1** ⟨*kein pl*⟩ Reisen n **2** **~s** pl Reisen pl; **if you meet him on your ~s** wenn Sie ihn auf einer Ihrer Reisen begegnen; **he's off on his ~s tomorrow** er verreist morgen

travel agency s Reisebüro n

travel agent s Reisebürokaufmann m/-kauffrau f; **~('s)** Reisebüro n

travel bag s Reisetasche f

travel brochure s Reiseprospekt m

travel bureau s Reisebüro n

travel card s *für öffentliche Verkehrsmittel* Zeitkarte f; *je nach Gültigkeit* Wochenkarte f, Monatskarte f, Jahreskarte f

travel company s Reiseunternehmen n

travel documents pl Reiseunterlagen pl

travel expenses *bes* US pl Reisekosten pl

travel guide s Reiseführer m

traveling s US → travelling

traveling baby bag s US Babytragetasche f

travel insurance s Reiseversicherung f
travelled ['trævld] adj, **traveled** US adj **well--travelled** Mensch weit gereist; Strecke viel befahren
traveller ['trævlə^r] s, **traveler** US s Reisende(r) m/f(m)
traveller's cheque s, **traveler's check** US s Reisescheck m
travelling ['trævlɪŋ] s, **traveling** US s Reisen n
travelling expenses pl Reisekosten pl; geschäftlich Reisespesen pl
travelling salesman s Vertreter m
travel-sick adj reisekrank
travel-sickness s Reisekrankheit f
travel warning s Reisewarnung f
travesty ['trævɪstɪ] s LIT Travestie f; **a ~ of justice** ein Hohn m auf die Gerechtigkeit
trawl [trɔːl] **A** v/i **to ~ (for fish)** mit dem Schleppnetz fischen; US mit einer Grundleine fischen **B** v/t bes Br das Internet etc durchkämmen
trawler ['trɔːlə^r] s Trawler m
tray [treɪ] s Tablett n; für Papiere Ablage f
treacherous ['tretʃərəs] adj **1** verräterisch **2** trügerisch, tückisch; Ecke gefährlich; Reise gefahrvoll
treachery ['tretʃərɪ] s Verrat m
treacle ['triːkl] Br s Sirup m
tread [tred] ‹v: prät trod; pperf trodden› **A** s **1** Schritt m **2** von Reifen Profil n **B** v/i **1** gehen **2** treten (**on** auf +akk); **he trod on my foot** er trat mir auf den Fuß; **to ~ carefully** fig vorsichtig vorgehen **C** v/t treten, gehen; **to ~ a fine line between ...** sich vorsichtig zwischen ... bewegen; **it got trodden underfoot** es wurde zertreten; **to ~ water** Wasser treten; fig auf der Stelle treten
treadle ['tredl] s Pedal n, Fußhebel m
treadmill ['tredmɪl] fig s Tretmühle f; SPORT Laufband n
treason ['triːzn] s Verrat m (**to an** +dat)
treasure ['treʒə^r] **A** s Schatz m **B** v/t zu schätzen wissen; **I shall ~ this memory** ich werde das in lieber Erinnerung behalten
treasure hunt s Schatzsuche f
treasurer ['treʒərə^r] s von Verein Kassenwart(in) m(f); in Stadtverwaltung Stadtkämmerer m/-kämmerin f
treasure trove s Schatzfund m; (≈ Markt) Fundgrube f
treasury ['treʒərɪ] s **1** POL **the Treasury** Br, **the Treasury Department** US das Finanzministerium **2** von Verein Kasse f
treat [triːt] **A** v/t **1** behandeln, umgehen mit; Abwasser klären; **the doctor is ~ing him for nervous exhaustion** er ist wegen Nervenüberlastung in Behandlung **2** betrachten (**as** als); **to ~ sth seriously** etw ernst nehmen **3** einladen; **to ~ sb to sth** j-m etw spendieren; **to ~ oneself to sth** sich (dat) etw gönnen **B** s besondere Freude; **I thought I'd give myself a ~** ich dachte, ich gönne mir mal etwas; **I'm taking them to the circus as** od **for a ~** ich mache ihnen eine Freude und lade sie in den Zirkus ein; **it's my ~** das geht auf meine Rechnung
treatable ['triːtəbl] adj MED behandelbar
treatise ['triːtɪz] s Abhandlung f (**on** über +akk)
treatment ['triːtmənt] s Behandlung f; von Abwasser Klärung f, Aufbereitung f; **their ~ of foreigners** ihre Art, Ausländer zu behandeln; **to be having ~ for sth** wegen etw in Behandlung sein
treaty ['triːtɪ] s Vertrag m; **the Treaty of Rome** die Römischen Verträge pl
treble¹ ['trebl] **A** adj dreifach **B** v/t verdreifachen **C** v/i sich verdreifachen
treble² s MUS (Knaben)sopran m, Oberstimme f
treble clef s MUS Violinschlüssel m
tree [triː] s Baum m; **an oak ~** eine Eiche; **money doesn't grow on ~s** das Geld fällt nicht vom Himmel
tree house s Baumhaus n
tree line s Baumgrenze f
tree-lined adj baumbestanden
tree structure s IT Baumstruktur f
treetop s Baumkrone f
tree trunk s Baumstamm m
trek [trek] **A** v/i trecken; umg latschen umg; **they ~ked across the desert** sie zogen durch die Wüste **B** s Treck m; umg anstrengender Marsch
trekking ['trekɪŋ] s Trekking n
trekking bike s SPORT Trekkingrad n
trekking boot s SPORT Trekkingschuh m
trekking shoe s SPORT Trekkingschuh m
trellis ['trelɪs] s Gitter n
tremble ['trembl] v/i zittern (**with** vor +dat)
trembling ['tremblɪŋ] **A** adj zitternd **B** s Zittern n
tremendous [trə'mendəs] adj **1** gewaltig, riesig; **a ~ success** ein Riesenerfolg m **2** toll umg; **she has done a ~ job** sie hat fantastische Arbeit geleistet
tremendously [trə'mendəslɪ] adv enorm; dankbar, schwierig äußerst; **they enjoyed themselves ~** sie haben sich prächtig od fantastisch amüsiert umg
tremor ['tremə^r] s Zittern n; MED Tremor m; (≈ Erdstoß) Beben n
trench [trentʃ] s Graben m; MIL Schützengraben m

trench warfare s Stellungskrieg m

trend [trend] s **1** Tendenz f; **upward ~** Aufwärtstrend m; **to set a ~** richtungweisend sein **2** modisch Trend m; **the latest ~** der letzte Schrei umg

trendily ['trendɪli] adv modern

trendsetter ['trendsetə'] s Trendsetter(in) m(f)

trendy ['trendɪ] adj ⟨komp trendier⟩ modern, in präd umg; Image modisch; **to be ~** große Mode sein; **it's no longer ~ to smoke** Rauchen ist nicht mehr in umg

trepidation [ˌtrepɪ'deɪʃən] s Ängstlichkeit f

trespass ['trespəs] v/i unbefugt betreten (**on sth** etw akk); **"no ~ing"** „Betreten verboten"

trespasser ['trespəsə'] s Unbefugte(r) m/f(m); **"trespassers will be prosecuted"** „widerrechtliches Betreten wird strafrechtlich verfolgt"

trestle table [ˌtresl'teɪbl] s auf Böcken stehender Tisch

trial ['traɪəl] s **1** JUR Prozess m, (Gerichts)verhandlung f; **to be on ~ for theft** des Diebstahls angeklagt sein; **at the ~** bei od während der Verhandlung; **to bring sb to ~** j-n vor Gericht stellen; **~ by jury** Schwurgerichtsverfahren n **2** Versuch m; **~s** von Maschine Test(s) m(pl); **to give sth a ~** etw ausprobieren; **on ~** auf Probe; **by ~ and error** durch Ausprobieren **3** Widrigkeit f; lästig Plage f (**to** für); **~s and tribulations** Schwierigkeiten pl

trial offer s Einführungsangebot n

trial period s Probezeit f

trial run s Generalprobe f; von Maschine Probelauf m

trial separation s (Ehe)trennung f auf Probe

triangle ['traɪæŋgl] s Dreieck n; MUS Triangel m

triangular [traɪ'æŋgjʊlə'] adj MATH dreieckig

triathlete [traɪ'æθliːt] s SPORT Triathlet(in) m(f)

triathlon [traɪ'æθlən] s SPORT Triathlon n

tribal ['traɪbəl] adj Stammes-

tribe [traɪb] s Stamm m

tribulation [ˌtrɪbjʊ'leɪʃən] s Kummer m kein pl; **~s** Sorgen pl

tribunal [traɪ'bjuːnl] s Gericht n; (≈Kommission) Untersuchungsausschuss m

tribune ['trɪbjuːn] s Tribüne f

tributary ['trɪbjʊtərɪ] s Nebenfluss m

tribute ['trɪbjuːt] s Tribut m; **to pay ~ to sb/sth** j-m/einer Sache (den schuldigen) Tribut zollen; **to be a ~ to sb** j-m Ehre machen

tribute band s Tribute Band f; (Band, die eine berühmte Popgruppe etc nachahmt)

trice [traɪs] Br s **in a ~** im Nu

triceps ['traɪseps] s ⟨pl -(es)⟩ Trizeps m

trick [trɪk] **A** s **1** Trick m, Falle f; **it's a ~ of the light** da täuscht das Licht **2** Streich m; **to play a ~ on sb** j-m einen Streich spielen; **unless my eyes are playing ~s on me** wenn meine Augen mich nicht täuschen; **he's up to his (old) ~s again** jetzt macht er wieder seine (alten) Mätzchen umg **3** Kunststück n; **to do ~s** Kunststücke machen; **that should do the ~** umg das müsste eigentlich hinhauen umg **4** to have a **~ of doing sth** die Eigenart haben, etw zu tun **B** adj ⟨attr⟩ Zigarre etc als Scherzartikel **C** v/t hereinlegen umg; **to ~ sb into doing sth** j-n (mit List) dazu bringen, etw zu tun; **to ~ sb out of sth** j-m etw abtricksen umg

trickery ['trɪkərɪ] s Tricks pl umg

trickiness ['trɪkɪnɪs] s Schwierigkeit f

trickle ['trɪkl] **A** v/i **1** tröpfeln; **tears ~d down her cheeks** Tränen kullerten ihr über die Wangen; **the sand ~d through his fingers** der Sand rieselte ihm durch die Finger **2** fig **to ~ in** vereinzelt hereinkommen, langsam eintrudeln umg **B** s **1** Tröpfeln n, Rinnsal n **2** fig **there is a ~ of people** es kommen vereinzelt Leute

trick or treat s Süßes, sonst gibts Saures

trick question s Fangfrage f

trickster ['trɪkstə'] s Betrüger(in) m(f), Schwindler(in) m(f)

tricky ['trɪkɪ] adj ⟨komp trickier⟩ **1** schwierig, knifflig **2** Situation, Problem heikel **3** **a ~ customer** ein schwieriger Typ

tricycle ['traɪsɪkl] s Dreirad n

tried [traɪd] prät & pperf → try

tried-and-tested ['traɪdənd'testɪd], **tried and tested** adj bewährt

trifle ['traɪfl] s **1** Kleinigkeit f; **a ~ hot** etc ein bisschen heiß etc **2** Br GASTR Trifle n

phrasal verbs mit trifle:

trifle with v/i (+obj) Gefühle spielen mit; **he is not a person to be trifled with** mit ihm ist nicht zu spaßen

trifling ['traɪflɪŋ] adj unbedeutend

trigger ['trɪgə'] **A** s von Waffe Abzug(shahn) m; **to pull the ~** abdrücken **B** v/t (a. **trigger off**) auslösen

trigger-happy adj schießwütig

trigonometry [ˌtrɪgə'nɒmɪtrɪ] s Trigonometrie f

trilby ['trɪlbɪ] s weicher Filzhut

trill [trɪl] **A** s **1** von Vogel Trillern n; von Stimme Tremolo n **2** MUS Triller m **3** Phonetik rollende Aussprache **B** v/t trällern **C** v/i trillern, trällern

trillion ['trɪljən] s Billion f; Br obs Trillion f

trilogy ['trɪlədʒɪ] s Trilogie f

trim [trɪm] **A** adj ⟨komp trimmer⟩ **1** Äußeres gepflegt **2** Mensch schlank; **to stay ~** in Form bleiben **B** s **1** Br **to get into ~** sich trimmen **2** **to give sth a ~** etw schneiden **3** von Kleidungsstück Rand m **C** v/t **1** Haare nachschneiden; *Hecke* stutzen **2** *fig Aufsatz* kürzen **3** *Weihnachtsbaum* schmücken

phrasal verbs mit trim:

trim back v/t ⟨trennb⟩ *Hecke, Rosen* zurückschneiden; *Kosten* senken; *Personal* reduzieren

trim down v/t ⟨trennb⟩ *Aufsatz* kürzen (**to** auf +*akk*)

trim off v/t ⟨trennb⟩ abschneiden

trimmings ['trɪmɪŋz] *pl* Zubehör *n*; **roast beef with all the ~** Roastbeef mit allen Beilagen

Trinity ['trɪnɪtɪ] *s* Dreieinigkeit *f*

trinket ['trɪŋkɪt] *s* Schmuckstück *n*

trio ['triːəʊ] *s* ⟨*pl* -s⟩ Trio *n*

trip [trɪp] **A** *s* **1** Reise *f*, Ausflug *m*; *kurz* Trip *m*; **let's go on a ~ to the seaside** machen wir doch einen Ausflug ans Meer!; **he is away on a ~** er ist verreist; **to go on** *od* **take a ~ (to)** einen Ausflug/eine Reise machen (nach) **2** *umg im Drogenrausch* Trip *m umg* **B** v/i stolpern (**on, over** über +*akk*); **a phrase which ~s off the tongue** ein Ausdruck, der einem leicht von der Zunge geht **C** v/t stolpern lassen, ein Bein stellen (+*dat*)

phrasal verbs mit trip:

trip over v/i stolpern (**sth** über etw *akk*)

trip up A v/i **1** *wörtl* stolpern **2** *fig* sich vertun **B** v/t ⟨trennb⟩ **1** stolpern lassen, zu Fall bringen **2** *fig* eine Falle stellen (+*dat*)

tripartite [ˌtraɪˈpɑːtaɪt] *adj* dreiseitig

tripe [traɪp] **1** *GASTR* Kaldaunen *pl*, Kutteln *pl österr, schweiz* **2** *fig umg* Quatsch *m*, Stuss *m umg*

trip hop *s* MUS Trip-Hop *m* (*relaxte Tanzmusik, die eine Mischung aus Reggae und Hip-Hop darstellt*)

triple ['trɪpl] **A** *adj* dreifach **B** *adv* dreimal so viel **C** v/t verdreifachen **D** v/i sich verdreifachen

triple jump *s* Dreisprung *m*

triplet ['trɪplɪt] *s* Drilling *m*

triplicate ['trɪplɪkɪt] *s* **in ~** in dreifacher Ausfertigung

tripod ['traɪpɒd] *s* FOTO Stativ *n*

trip switch *s* ELEK Sicherheitsschalter *m*

tripwire *s* Stolperdraht *m*

trite [traɪt] *adj* banal

triumph ['traɪʌmf] **A** *s* Triumph *m*; **in ~** triumphierend **B** v/i den Sieg davontragen (**over** über +*akk*)

triumphant [traɪˈʌmfənt] *adj* triumphierend; **to emerge ~** triumphieren

triumphantly [traɪˈʌmfəntlɪ] *adv* triumphierend

trivia ['trɪvɪə] *pl* bangloses Zeug

trivial ['trɪvɪəl] *adj* trivial; *Verlust, Fehler* belanglos

triviality [ˌtrɪvɪˈælətɪ] *s* Belanglosigkeit *f*

trivialize ['trɪvɪəlaɪz] v/t trivialisieren

trod [trɒd] *prät* → tread

trodden ['trɒdn] *pperf* → tread

Trojan ['trəʊdʒən], **Trojan horse** *s* IT Trojaner *m*, trojanisches Pferd

trolley ['trɒlɪ] *s* **1** *Br in Supermarkt* Einkaufswagen *m*; *am Bahnhof* Kofferkuli *m*; *in Fabrik etc* Sackkarre *f* **2** *Br* Teewagen *m*

trolleybus *s* Obus *m*

trolley car *US s* Straßenbahn *f*, Tram *n schweiz*

trolley case *Br s* Rollkoffer *m*

trombone [trɒmˈbəʊn] *s* MUS Posaune *f*; **to play the ~** Posaune spielen

troop [truːp] **A** *s* **1** MIL Trupp *m*, Schwadron *f* **2** **~s** *pl* MIL Truppen *pl*; **200 ~s** 200 Soldaten **3** Schar *f* **B** v/i **to ~ out** hinausströmen; **to ~ past sth** an etw (*dat*) vorbeiziehen

troop carrier ['truːpˌkærɪəʳ] *s* Truppentransporter *m*

trooper ['truːpəʳ] *s* MIL Kavallerist *m*; *US* Staatspolizist(in) *m(f)*

trophy ['trəʊfɪ] *s* Trophäe *f*

tropic ['trɒpɪk] *s* **1 Tropic of Cancer/Capricorn** Wendekreis *m* des Krebses/Steinbocks **2** **~s** *pl* Tropen *pl*

tropical ['trɒpɪkəl] *adj* tropisch, Tropen-

tropical rainforest *s* tropischer Regenwald

trot [trɒt] **A** *s* **1** Trab *m* **2** *umg* **for five days on the ~** fünf Tage lang in einer Tour; **he won three games on the ~** er gewann drei Spiele hintereinander **B** v/i traben

trotter ['trɒtəʳ] *s von Tier* Fuß *m*

trouble ['trʌbl] **A** *s* **1** ⟨*kein pl*⟩ Schwierigkeiten *pl*, Ärger *m*; **to be in ~** in Schwierigkeiten sein; **to be in ~ with sb** mit j-m Schwierigkeiten haben; **to get into ~** in Schwierigkeiten geraten, Ärger bekommen (**with** mit); **to keep** *od* **stay out of ~** nicht in Schwierigkeiten kommen; **to make ~** Krach schlagen *umg*; **that's/you're asking for ~** das kann ja nicht gut gehen; **to look for ~, to go around looking for ~** sich (*dat*) Ärger einhandeln; **there'll be ~ if he finds out** wenn er das erfährt, gibts Ärger; **what's the ~?** was ist los?; **the ~ is that …** das Problem ist, dass …; **money ~s** Geldsorgen *pl*; **the child is nothing but ~ to his parents** das Kind macht seinen Eltern nur Sorgen; **he's been no ~ at all** *Kind* er war ganz lieb **2** Mühe *f*; **it's no ~ (at all)!** das mache ich doch gern; **thank you — (it was) no ~** vielen Dank — gern geschehen; **it's not worth the ~** das ist nicht der Mühe wert; **it's more ~ than it's worth** es macht mehr Ärger *od* Umstände als es wert ist; **to take the ~ (to do sth)** sich (*dat*) die Mühe machen(, etw zu tun); **to go to a lot of ~ (over** *od* **with sth)** sich (*dat*) (mit etw) viel Mühe geben; **to put sb to a**

lot of ~ j-m viel Mühe machen ③ MED Leiden n; fig Schaden m; **heart ~** Herzleiden n; **engine ~** (ein) Motorschaden m ④ Unruhe f; **there's ~ at the factory/in Iran** in der Fabrik/im Iran herrscht Unruhe **B** v/t ① beunruhigen, bekümmern; **to be ~d by sth** wegen etw gen besorgt od beunruhigt/bekümmert sein ② bemühen, belästigen; **I'm sorry to ~ you, but ...** entschuldigen Sie die Störung, aber ...

troubled ['trʌbld] adj unruhig; (≈ sorgenvoll) bekümmert; Beziehung gestört

trouble-free adj Entwicklung, Reise problemlos; Gegend ruhig; TECH störungsfrei

troublemaker s Unruhestifter(in) m(f)

troubleshooter s Troubleshooter m; Krisenmanager(in) m(f); Mediator Vermittler(in) m(f)

troubleshooting s in Bedienungsanleitung Fehlerbehebung f

troublesome adj lästig; Mensch, Problem schwierig

trouble spot s Unruheherd m

trough [trɒf] s Trog m

trounce [traʊns] v/t SPORT vernichtend schlagen

troupe [truːp] s THEAT Truppe f

trouser leg ['traʊzəʳ] s Hosenbein n

trousers ['traʊzɪz] pl, (a. **pair of trousers**) Br Hose f; **she was wearing ~** sie hatte Hosen od eine Hose an; **to wear the ~** fig umg die Hosen anhaben umg

trouser suit Br s Hosenanzug m

trout [traʊt] s Forelle f

trowel ['traʊəl] s Kelle f

truancy ['truːənsɪ] s (Schule)schwänzen n

truant ['truːənt] s (Schul)schwänzer(in) m(f); **to play ~ (from sth)** (etw) schwänzen umg

truce [truːs] s Waffenstillstand m

truck [trʌk] s ① bes Br BAHN Güterwagen m ② bes US Last(kraft)wagen m

truck driver s Lastwagenfahrer(in) m(f)

trucker ['trʌkəʳ] bes US s Lastwagenfahrer(in) m(f)

truck farm US s Gemüsefarm f

truckie ['trʌkɪ] australisch s Lastwagenfahrer(in) m(f)

trucking ['trʌkɪŋ] bes US s Transport m

truckload s Wagenladung f

truckstop US s Fernfahrerlokal n

trudge [trʌdʒ] v/i **to ~ out** hinaustrotten

true [truː] **A** adj ① wahr, echt; **to come ~** Traum wahr werden; Prophezeiung sich verwirklichen; **that's ~** das stimmt; **~! richtig!**; **we mustn't generalize, (it's) ~, but ...** wir sollten natürlich nicht verallgemeinern, aber ...; **the reverse is ~** ganz im Gegenteil; **the frog is not a ~ reptile** der Frosch ist kein echtes Reptil; **spoken like a ~ football fan** so spricht ein wahrer Fußballfan; **~ love** die wahre Liebe; (≈ Mensch) Schatz m; **to be ~ of sb/sth** auf j-n/etw zutreffen ② Beschreibung wahrheitsgetreu; Ähnlichkeit (lebens)getreu; **in the ~ sense (of the word)** im wahren Sinne (des Wortes) ③ treu; **to be ~ to sb** j-m treu sein/bleiben; **to be ~ to one's word** (treu) zu seinem Wort stehen; **~ to life** lebensnah; KUNST lebensecht ④ Wand gerade ⑤ **~ north** der geografische Norden ⑥ MUS Note richtig **B** s **out of ~** schief

true-life [,truː'laɪf] adj ⟨attr⟩ aus dem Leben gegriffen

truffle ['trʌfl] s Trüffel f/m

truly ['truːlɪ] adv ① wirklich, (really and) ~? wirklich und wahrhaftig?; **I am ~ sorry** es tut mir aufrichtig leid; **yours ~** US in Briefen mit freundlichen Grüßen ② dienen treu

trump [trʌmp] **A** s Trumpf m; **to come up ~s** Br umg sich als Sieger erweisen **B** v/t KART stechen; fig übertrumpfen

trump card s Trumpf m; **to play one's ~** wörtl, fig seinen Trumpf ausspielen

trumpet ['trʌmpɪt] s MUS Trompete f; **to play the ~** Trompete spielen

truncate [trʌŋ'keɪt] v/t kürzen

truncheon ['trʌntʃən] s (Gummi)knüppel m, Schlagstock m

trundle ['trʌndl] **A** v/t ① rollen ② ziehen **B** v/i **to ~ along** entlangzockeln

trunk [trʌŋk] s ① von Baum Stamm m; von Körper Rumpf m ② von Elefant Rüssel m ③ Schrankkoffer m ④ US AUTO Kofferraum m ⑤ **~s** pl Badehose f; **a pair of ~s** eine Badehose

trunk call s Br TEL Ferngespräch n

trunk road Br s Fernstraße f

truss [trʌs] s MED Bruchband n

phrasal verbs mit truss:

truss up v/t ⟨trennb⟩ GASTR dressieren; umg j-n fesseln

trust [trʌst] **A** s ① Vertrauen n (**in** zu); **to put one's ~ in sb** Vertrauen in j-n setzen; **position of ~** Vertrauensstellung f ② JUR, FIN Treuhand (-schaft) f ③ HANDEL (a. **~ company**) Trust m **B** v/t ① trauen (+dat); j-m (ver)trauen (+dat); **to ~ sb to do sth** j-m zutrauen, dass er etw tut; **to ~ sb with sth** j-m etw anvertrauen; **can he be ~ed not to lose it?** kann man sich darauf verlassen, dass er es nicht verliert? ② iron umg **~ you!** typisch!; **~ him to break it!** er muss es natürlich kaputt machen ③ hoffen **C** v/i vertrauen; **to ~ in sb** j-m vertrauen; **to ~ to luck** sich auf sein Glück verlassen

trusted ['trʌstɪd] adj Methode bewährt; Freund getreu

trustee [trʌs'tiː] s ① Treuhänder(in) m(f) ② Verwalter(in) m(f); **~s** Vorstand m

trustful ['trʌstfʊl] *adj* vertrauensvoll
trust fund *s* Treuhandvermögen *n*
trusting ['trʌstɪŋ] *adj* gutgläubig
trustworthy ['trʌst,wɜːðɪ] *adj* vertrauenswürdig
truth [truːθ] *s* ⟨*pl* -s [truːðz]⟩ Wahrheit *f*; **to tell the ~** ... um ehrlich zu sein ...; **the ~ of it is that** ... die Wahrheit ist, dass ...; **there's some ~ in that** da ist etwas Wahres dran *umg*; **in ~** in Wahrheit
truthful *adj* ehrlich
truthfulness *s* Ehrlichkeit *f*
try [traɪ] **A** *s* Versuch *m*; **to have a try, to give it a try** es versuchen; **let me have a try** lass mich mal versuchen!; **to have a try at doing sth** (sich daran) versuchen, etw zu tun; **to give sth a try** etw einmal ausprobieren; **it was a good try** das war schon ganz gut **B** *v*/*t* **1** versuchen; **to try to do sth, to try and do sth** versuchen, etw zu tun; **to try one's best** sein Bestes versuchen; **to try one's hand at sth** etw probieren; **I'll try anything once** ich probiere alles einmal **2** ausprobieren; *Händler* es versuchen (bei); **try sitting on it** setz dich doch mal drauf! **3** *Speise* probieren **4** *Geduld* auf die Probe stellen **5** JUR vor Gericht stellen; **to be tried for theft** wegen Diebstahls vor Gericht stehen **C** *v*/*i* versuchen; **try and arrive on time** versuch mal, pünktlich zu sein; **try as he might, he didn't succeed** sosehr er es auch versuchte, er schaffte es einfach nicht; **he didn't even try** er hat sich (*dat*) überhaupt keine Mühe gegeben, er hat es überhaupt nicht versucht

phrasal verbs mit try:

try for *v*/*i* ⟨+*obj*⟩ sich bemühen um
try on *v*/*t* ⟨*trennb*⟩ *Kleidung* anprobieren
try out *v*/*t* ⟨*trennb*⟩ ausprobieren (**on** bei, an +*dat*)

trying ['traɪɪŋ] *adj* anstrengend
tryout ['traɪaʊt] *US s* Auswahlverfahren *n*
tsar [zɑːʳ] *s* Zar *m*
T-shirt ['tiːʃɜːt] *s* T-Shirt *n*
tsp(s) *abk* (= teaspoonfuls, teaspoons) Teel.
tsunami [tsuːˈnɑːmɪ] *s* Tsunami *m*
tub [tʌb] *s* **1** Kübel *m*, Tonne *f*, Bottich *m*; *mit Margarine* Becher *m* **2** *umg zum Baden* Wanne *f*
tuba ['tjuːbə] *s* Tuba *f*; **to play the ~** Tuba spielen
tubby ['tʌbɪ] *umg adj* ⟨*komp* tubbier⟩ dick
tube [tjuːb] *s* **1** Rohr *n*; *aus Gummi* Schlauch *m* **2** *mit Zahnpasta* Tube *f*; *mit Süßigkeiten* Rolle *f* **3** **the ~** *Br in London* U-Bahn *f* **4** ANAT, TV Röhre *f*
tubeless ['tjuːblɪs] *adj tyres* schlauchlos
tuber ['tjuːbəʳ] *s* BOT Knolle *f*
tuberculosis [tjʊˌbɜːkjʊˈləʊsɪs] *s* Tuberkulose *f*
tube station *Br s* U-Bahnstation *f*
tubing ['tjuːbɪŋ] *s* Schlauch *m*

TUC *Br abk* (= Trades Union Congress) ≈ DGB *m*
tuck [tʌk] **A** *s Handarbeiten* Saum *m* **B** *v*/*t* stecken; **to ~ sth under one's arm** sich (*dat*) etw unter den Arm stecken

phrasal verbs mit tuck:

tuck away *v*/*t* ⟨*trennb*⟩ wegstecken; **he tucked it away in his pocket** er steckte es in die Tasche
tuck in A *v*/*i Br umg* zulangen; **tuck in!** langt zu!, haut rein! *umg*; **to tuck into sth** sich (*dat*) etw schmecken lassen **B** *v*/*t* ⟨*trennb*⟩ hineinstecken; **to tuck one's shirt in(to) one's trousers, to tuck one's shirt in** sich das Hemd in die Hose stecken; **to tuck sb in** *im Bett* j-n zudecken
tuck up *Br v*/*t* ⟨*trennb*⟩ **to tuck sb up (in bed)** j-n zudecken

tuck shop *Br s* Bonbonladen *m*
Tue, Tues *abk* (= Tuesday) Di.
Tuesday ['tjuːzdɪ] *s* Dienstag *m*; **on ~** (am) Dienstag; **on ~s, on a ~** dienstags; **on ~ morning/evening** (am) Dienstagmorgen/-abend; **on ~ mornings** dienstagmorgens; **last/next/this ~** letzten/nächsten/diesen Dienstag; **a year (ago) last ~** letzten Dienstag vor einem Jahr; **~'s newspaper** die Zeitung vom Dienstag; **~ December 5th** Dienstag, den 5. Dezember
tuft [tʌft] *s* Büschel *n*; **a ~ of hair** ein Haarbüschel *n*
tug [tʌg] **A** *v*/*t* zerren, ziehen; **she tugged his sleeve** sie zog an seinem Ärmel **B** *v*/*i* zerren (**at** an +*dat*) **C** *s* **1** **to give sth a tug** an etw (*dat*) ziehen **2** (*a*. tugboat) Schleppkahn *m*
tug-of-war *s* Tauziehen *n*
tuition [tjʊˈɪʃən] *s* Unterricht *m*
tulip ['tjuːlɪp] *s* Tulpe *f*
tumble ['tʌmbl] **A** *s* Sturz *m* **B** *v*/*i* straucheln; *fig Preise* fallen; **to ~ over sth** über etw (*akk*) stolpern

phrasal verbs mit tumble:

tumble down *v*/*i Mensch* hinfallen; *Objekt* herunterfallen; **to tumble down the stairs** die Treppe hinunterfallen
tumble over *v*/*i* umfallen

tumbledown *adj* baufällig
tumble drier, tumble dryer *s* Wäschetrockner *m*
tumbler ['tʌmbləʳ] *s* (Becher)glas *n*
tummy ['tʌmɪ] *umg s* Bauch *m*
tummy ache *s umg* Bauchschmerzen *pl*, Bauchweh *n*
tumour ['tjuːməʳ] *s*, **tumor** *US s* Tumor *m*
tumult ['tjuːmʌlt] *s* Tumult *m*; **his mind was in a ~** sein Inneres befand sich in Aufruhr
tumultuous [tjuːˈmʌltjʊəs] *adj* stürmisch
tuna (fish) ['tjuːnə(ˈfɪʃ)] *s* Thunfisch *m*, Thon *m schweiz*

tundra ['tʌndrə] s Tundra f
tune [tjuːn] **A** s **1** Melodie f; **to change one's ~** fig seine Meinung ändern; **to call the ~** fig den Ton angeben; **to the ~ of £100** in Höhe von £ 100 **2 to sing in ~/out of ~** richtig/falsch singen; **the piano is out of ~** das Klavier ist verstimmt; **to be in ~ with sb/sth** fig mit j-m/etw harmonieren **B** v/t **1** MUS Instrument stimmen **2** RADIO, TV, AUTO einstellen; **to ~ a radio to a station** ein Radio auf einen Sender einstellen; **you're ~d to Radio Bristol** Sie hören gerade Radio Bristol

phrasal verbs mit tune:

tune in A v/i RADIO einschalten; **to tune in to Radio London** Radio London hören **B** v/t ⟨trennb⟩ Radio einschalten (**to** +akk)
tune up v/i MUS (sein Instrument) stimmen
tuneful adj, **tunefully** ['tjuːnfʊl, -fəli] adv melodisch
tuner ['tjuːnə(r)] s von Stereoanlage Tuner m
tune-up s **the engine needs a ~** der Motor muss neu eingestellt werden
tungsten ['tʌŋstən] s Wolfram n
tunic ['tjuːnɪk] s **1** Kasack m, Tunika f **2** Uniformrock m
Tunisia [tjuːˈnɪziə] s Tunesien n
tunnel ['tʌnl] **A** s Tunnel m; Bergbau Stollen m; **at last we can see the light at the end of the ~** fig endlich sehen wir wieder Licht **B** v/i einen Tunnel bauen (**into** in +akk od **through** durch)
tunnel vision s MED Gesichtsfeldeinengung f; fig Engstirnigkeit f
tuppence ['tʌpəns] Br s zwei Pence
turban ['tɜːbən] s Turban m
turbine ['tɜːbaɪn] s Turbine f
turbo-charged ['tɜːbəʊˌtʃɑːdʒd] adj mit Turboaufladung
turbot ['tɜːbət] s Steinbutt m
turbulence ['tɜːbjʊləns] s Turbulenz f; **air ~** Turbulenzen pl
turbulent ['tɜːbjʊlənt] adj stürmisch; Karriere, Zeit turbulent
turd [tɜːd] sl s Haufen m umg
tureen [təˈriːn] s (Suppen)terrine f
turf [tɜːf] s ⟨pl -s od **turves**⟩ ⟨kein pl⟩ Rasen m; (≈ Grasstück) Sode f
turgid ['tɜːdʒɪd] fig adj schwülstig
Turk [tɜːk] s Türke m, Türkin f
Turkey ['tɜːki] s die Türkei
turkey ['tɜːki] s Truthahn m/-henne f
Turkish ['tɜːkɪʃ] **A** adj türkisch; **she is ~** sie ist Türkin **B** s LING Türkisch n
Turkish delight s Lokum n
Turkmenistan [tɜːkˌmenɪˈstɑːn] s Turkmenistan n
turmeric ['tɜːmərɪk] s Kurkuma f, Gelbwurz f
turmoil ['tɜːmɔɪl] s Aufruhr m, Durcheinander n; **her mind was in a ~** sie war völlig verwirrt
turn [tɜːn] **A** s **1** Drehung f; **to give sth a ~** etw drehen **2** in Straße Kurve f; SPORT Wende f; **take the left-hand ~** biegen Sie links ab; **"no left ~"** „Linksabbiegen verboten"; **things took a ~ for the worse** die Dinge wendeten sich zum Schlechten; **at the ~ of the century** um die Jahrhundertwende; **~ of phrase** Ausdrucksweise f; **he was thwarted at every ~** ihm wurde auf Schritt und Tritt ein Strich durch die Rechnung gemacht **3 it's your ~** du bist an der Reihe, du bist dran; **it's your ~ to wash the dishes** du bist mit (dem) Abwaschen an der Reihe od dran; **it's my ~ next** ich komme als Nächste(r) an die Reihe od dran; **my ~ had come** ich war an der Reihe; **wait your ~** warten Sie, bis Sie an der Reihe sind; **to miss a ~** eine Runde aussetzen; **take another ~** beim Spielen würfel noch einmal; **to take (it in) ~s** sich abwechseln; **to take (it in) ~s to do sth** etw abwechselnd tun; **to answer in ~** der Reihe nach antworten, abwechselnd antworten; **out of ~** außer der Reihe **4 to do sb a good ~** j-m einen guten Dienst erweisen; **one good ~ deserves another** sprichw eine Hand wäscht die andere sprichw **B** v/t **1** drehen; **to ~ the key in the lock** den Schlüssel im Schloss herumdrehen; **he ~ed his head toward(s) me** er wandte mir den Kopf zu; **as soon as his back is ~ed** sobald er den Rücken kehrt; **the sight of all that food quite ~ed my stomach** beim Anblick des vielen Essens drehte sich mir regelrecht der Magen um; **he can ~ his hand to anything** er kann alles **2** wenden; Seite umblättern; Stuhl umdrehen **3 to ~ one's attention to sth** seine Aufmerksamkeit einer Sache (dat) zuwenden; **to ~ a gun on sb** ein Gewehr auf j-n richten **4 to ~ sth into etw** in etw (akk) verwandeln; **to ~ the lights down low** das Licht herunterdrehen; **to ~ a profit** bes US einen Gewinn machen; **to ~ sth into a film** etw verfilmen; **to ~ sb loose** j-n loslassen **C** v/i **1** sich drehen; **to ~ to sb** sich j-m zuwenden; **he ~ed to me and smiled** er drehte sich mir zu und lächelte; **to ~ upside down** umkippen **2** (≈ Richtung wechseln) Mensch, Auto abbiegen; um 180 Grad wenden; Mensch sich umdrehen; Gezeiten wechseln; **to ~ (to the) left/right** links/rechts abbiegen **3 I don't know which way to ~** ich weiß nicht, was ich machen soll; **to ~ to sb** sich an j-n wenden; **our thoughts ~ to those who ...** wir gedenken derer, die ...; **to ~ to sth** sich einer Sache (dat) zuwenden; **~ to page 306** blättern Sie weiter bis Seite 306;

the conversation ~ed to the accident das Gespräch kam auf den Unfall **4** *Blätter* sich (ver)färben; *Wetter* umschlagen; **to ~ to stone** zu Stein werden; **his admiration ~ed to scorn** seine Bewunderung verwandelte sich in Verachtung; **to ~ into sth** sich in etw (*akk*) verwandeln, sich zu etw entwickeln; **the whole thing ~ed into a nightmare** die ganze Sache wurde zum Albtraum **5** werden; **to ~ violent** gewalttätig werden; **to ~ red** *Blätter* sich rot färben; *Mensch* rot werden; *Ampel* auf Rot umspringen; **he has just ~ed 18** er ist gerade 18 geworden; **it has ~ed 2 o'clock** es ist 2 Uhr vorbei

phrasal verbs mit turn:

turn against **A** *v/i* ⟨+*obj*⟩ sich wenden gegen **B** *v/t* ⟨*trennb* +*obj*⟩ **to turn sb against sb** j-n gegen j-n aufbringen

turn around **A** *v/t* ⟨*trennb*⟩ wenden; *Argument* umdrehen; *Firma* aus der Krise führen **B** *v/i* ⟨+*obj*⟩ *Ecke* biegen um **C** *v/i* sich umdrehen; *Auto* wenden

turn away **A** *v/i* sich abwenden **B** *v/t* ⟨*trennb*⟩ **1** *Kopf* abwenden **2** j-n abweisen

turn back **A** *v/i* **1** umkehren, sich umdrehen; **there's no turning back now** *fig* jetzt gibt es kein Zurück mehr **2** *in Buch* zurückblättern (**to** auf +*akk*) **B** *v/t* ⟨*trennb*⟩ **1** *Bettdecke* zurückschlagen **2** j-n zurückschicken; **they were turned back at the frontier** sie wurden an der Grenze zurückgewiesen **3** *Uhr* zurückstellen; **to turn the clock back fifty years** *fig* die Uhr um fünfzig Jahre zurückdrehen

turn down **A** *v/t* ⟨*trennb*⟩ **1** *Bettdecke* zurückschlagen; *Buchseite* herunterklappen; *Buchseite* umknicken **2** *Heizung* kleiner stellen; *Lautstärke* leiser stellen; *Licht* herunterdrehen **3** *Angebot* ablehnen; *Einladung* ausschlagen **B** *v/i* ⟨+*obj*⟩ **he turned down a side street** er bog in eine Seitenstraße ab

turn in **A** *v/i* **1** **the car turned in at the top of the drive** das Auto bog in die Einfahrt ein **2** *umg* zum Schlafen sich hinhauen *umg* **B** *v/t* ⟨*trennb*⟩ *umg* **to turn sb in** j-n anzeigen *od* verpfeifen *umg*; **to turn oneself in** sich (der Polizei) stellen

turn into *v/t & v/i* ⟨+*obj*⟩ → turn

turn off **A** *v/i* abbiegen (**for** nach *od* **sth** von etw) **B** *v/t* ⟨*trennb*⟩ **1** *Licht, Radio* ausmachen; *Gas* abdrehen; *Wasserhahn* zudrehen; *Fernsehprogramm* abschalten; *Strom, Maschine* abstellen **2** *umg* **to turn sb off** j-m die Lust verderben

turn on **A** *v/t* ⟨*trennb*⟩ **1** *Gas, Maschine* anstellen; *Fernseher* einschalten; *Licht* anmachen; *Wasserhahn* aufdrehen **2** *umg* **sth turns sb on** etw macht j-n an *umg*; **whatever turns you on** wenn du das gut findest *umg* **3** *umg* sexuell anmachen *umg*; **she really turns me on** auf sie kann ich voll abfahren *umg* **B** *v/i* ⟨+*obj*⟩ sich wenden gegen; (= *attackieren*) angreifen

turn out **A** *v/i* **1** erscheinen **2** *Polizei* ausrücken **3** **the car turned out of the drive** das Auto bog aus der Einfahrt **4** sich herausstellen; **to turn out to be sth** sich als etw herausstellen; **he turned out to be the murderer** es stellte sich heraus, dass er der Mörder war **5** sich entwickeln; **how did it turn out?** was ist daraus geworden?; *Kuchen etc* wie ist er *etc* geworden?; **as it turned out** wie sich herausstellte; **everything will turn out all right** es wird sich schon alles ergeben; **it turned out nice in the afternoon** *Br* am Nachmittag wurde es noch schön **B** *v/t* ⟨*trennb*⟩ **1** *Licht* ausmachen **2** produzieren **3** vertreiben (**of** aus); *Mieter* kündigen (+*dat*) **4** *Taschen* (aus)leeren **5** ⟨*mst passiv*⟩ **well turned-out** gut gekleidet

turn over **A** *v/i* **1** sich umdrehen; *Auto* sich überschlagen; **he turned over on(to) his stomach** er drehte sich auf den Bauch **2** **please turn over** *beim Lesen* bitte wenden **3** *AUTO Motor* laufen **4** *TV, RADIO* umschalten (**to** auf +*akk*) **B** *v/t* ⟨*trennb*⟩ **1** umdrehen; *Matratze* wenden; *Kinderwagen* umkippen; *Seite* umblättern **2** übergeben (**to** +*dat*)

turn round *bes Br* **A** *v/i* sich umdrehen, umkehren; **one day she'll just turn round and leave you** eines Tages wird sie dich ganz einfach verlassen **B** *v/i* ⟨+*obj*⟩ **we turned round the corner** wir bogen um die Ecke **C** *v/t* ⟨*trennb*⟩ **1** *Kopf* drehen; *Kiste* umdrehen **2** → turn around A

turn to *v/i* ⟨+*obj*⟩ **to turn to sb/sth** → turn C 3

turn up **A** *v/i* **1** erscheinen, auftauchen; **I was afraid you wouldn't turn up** ich hatte Angst, du würdest nicht kommen **2** sich (an)finden **3** passieren **4** **a turned-up nose** eine Stupsnase; **to turn up at the ends** sich an den Enden hochbiegen **B** *v/t* ⟨*trennb*⟩ **1** *Kragen* hochklappen; *Saum* umnähen; **to turn up one's nose at sth** *fig* die Nase über etw (*akk*) rümpfen **2** *Heizung, Lautstärke* aufdrehen; *Radio* lauter drehen

turnaround ['tɜːnəraʊnd], **turnround** ['tɜːnraʊnd] *s* **1** (*a.* **turnabout**) Kehrtwendung *f* **2** Umschwung *m*

turncoat ['tɜːnkəʊt] *s* Überläufer(in) *m(f)*

turning ['tɜːnɪŋ] *s in Straße* Abzweigung *f*; **the second ~ on the left** die zweite Abfahrt links

turning circle *s* AUTO Wendekreis *m*

turning lane *s US* Abbiegespur *f*

turning point *s* Wendepunkt *m*

turnip ['tɜːnɪp] *s* Rübe *f*, Steckrübe *f*

turn-off s **1** Abzweigung f; *auf Autobahn* Abfahrt f **2** *umg* **it was a real ~** das hat einem die Lust verdorben

turnout ['tɜːnaʊt] s Beteiligung f; **there was a good ~** das Spiel *etc* war gut besucht

turnover ['tɜːnəʊvəʳ] s Umsatz m; *von Kapital* Umlauf m; *von Personal* Fluktuation f

turnpike *US* s gebührenpflichtige Autobahn

turnround s → turnaround

turn signal s *US* AUTO Fahrtrichtungsanzeiger m

turnstile s Drehkreuz n

turntable s *von Plattenspieler* Plattenteller m

turn-up *Br* s **1** *von Hose* Aufschlag m **2** *umg* **a ~ for the books** eine echte Überraschung

turpentine ['tɜːpəntaɪn] s Terpentin(öl) n

turquoise ['tɜːkwɔɪz] **A** s Türkis n **B** *adj* türkis(-farben)

turret ['tʌrɪt] s ARCH Mauerturm m; *von Panzer* Turm m

turtle ['tɜːtl] s Wasserschildkröte f; *US auch* Schildkröte

turtleneck (pullover) s Rollkragenpullover m

turves [tɜːvz] pl → turf

Tuscany ['tʌskənɪ] s die Toskana

tusk [tʌsk] s Stoßzahn m

tussle ['tʌsl] **A** s Gerangel n **B** v/i sich rangeln (**with sb for sth** mit j-m um etw)

tutor ['tjuːtəʳ] **A** s **1** Privatlehrer(in) m(f) **2** *Br* UNIV Tutor(in) m(f) **B** v/t privat unterrichten

tutor group s *Br* SCHULE Klasse f

tutorial [tjuːˈtɔːrɪəl] **A** s *Br* UNIV Kolloquium n **B** *adj* Tutoren-; **~ group** Seminargruppe f

tutu ['tuːtuː] s Tutu n

tux [tʌks] *umg*, **tuxedo** [tʌkˈsiːdəʊ] *bes US* s ⟨pl -s⟩ Smoking m

TV [tiːˈviː] s *abk* (= television) *umg* Fernsehen n; (≈ *Apparat*) Fernseher m *umg*; **on TV** im Fernsehen; **to watch TV** fernsehen; **TV programme** *Br*, **TV program** *US* Fernsehsendung f; → television

TV dinner *US* s Fertiggericht n

TV guide s Fernsehzeitschrift f

TV programme, TV program *US* s Fernsehsendung f

TV studio s ⟨pl -s⟩ Fernsehstudio n

twang [twæŋ] v/i *Gitarre* einen scharfen Ton von sich geben; *Gummiband* pitschen *umg*

tweak [twiːk] **A** v/t kneifen, zwicken *österr* **B** s **to give sth a ~** an etw (*dat*) (herum)zupfen

twee [twiː] *Br umg adj* ⟨komp tweer⟩ niedlich

tweed [twiːd] **A** s Tweed m **B** *adj* Tweed-

tweet [twiːt] **A** s **1** *von Vogel* Piepsen n *kein pl* **2** *Beitrag auf Twitter®* Tweet m, Update n **B** v/i piepsen **C** v/t & v/i *Textnachricht über Twitter®* versenden twittern

tweetable ['twiːtəbl] *adj* IT twitterbar

tweezers ['twiːzəz] *pl*, (*a.* **pair of tweezers**) Pinzette f

twelfth [twelfθ] **A** *adj* zwölfte(r, s); **a ~ part** ein Zwölftel n **B** s **1** Zwölfte(r, s) **2** Zwölftel n; → sixth

Twelfth Night s Dreikönige, Dreikönigsabend m

twelve [twelv] **A** *adj* zwölf; **~ noon** zwölf Uhr (mittags) **B** s Zwölf f; → six

twentieth ['twentɪɪθ] **A** *adj* zwanzigste(r, s); **a ~ part** ein Zwanzigstel n **B** s **1** Zwanzigste(r, s) **2** Zwanzigstel n; → sixth

twenty ['twentɪ] **A** *adj* zwanzig **B** s Zwanzig f; → sixty

twenty-eighth **A** *adj* achtundzwanzigste(r, s) **B** s Achtundzwanzigste(r, s)

twenty-fifth **A** *adj* fünfundzwanzigste(r, s) **B** s Fünfundzwanzigste(r, s)

twenty-first **A** *adj* einundzwanzigste(r, s) **B** s Einundzwanzigste(r, s)

twenty-four seven, 24/7 **A** s Geschäft, das sieben Tage die Woche und 24 Stunden am Tag geöffnet hat **B** *adj* ⟨*attr*⟩ rund um die Uhr; **~ service** Service, der rund um die Uhr zur Verfügung steht

twenty-fourth **A** *adj* vierundzwanzigste(r, s) **B** s Vierundzwanzigste(r, s)

twenty-ninth **A** *adj* neunundzwanzigste(r, s) **B** s Neunundzwanzigste(r, s)

twenty-one **A** *adj* einundzwanzig **B** s Einundzwanzig f

twenty-second **A** *adj* zweiundzwanzigste(r, s) **B** s Zweiundzwanzigste(r, s)

twenty-seventh **A** *adj* siebenundzwanzigste(r, s) **B** s Siebenundzwanzigste(r, s)

twenty-sixth **A** *adj* sechsundzwanzigste(r, s) **B** s Sechsundzwanzigste(r, s)

twenty-third **A** *adj* dreiundzwanzigste(r, s) **B** s Dreiundzwanzigste(r, s)

twenty-two **A** *adj* zweiundzwanzig **B** s Zweiundzwanzig f

twerp [twɜːp] *umg* s Einfaltspinsel m *umg*

twice [twaɪs] *adv* zweimal; **~ as much/many** doppelt so viel/so viele; **~ as long as ...** doppelt *od* zweimal so lange wie ...; **~ a week** zweimal wöchentlich; **I'd think ~ before trusting him with it** ihm würde ich das nicht so ohne Weiteres anvertrauen

twiddle ['twɪdl] v/t herumdrehen an (+*dat*); **to ~ one's thumbs** Däumchen drehen

twig [twɪg] s Zweig m

twilight ['twaɪlaɪt] s Dämmerung f; **at ~** in der Dämmerung

twin [twɪn] **A** s Zwilling m; **her ~** ihr Zwillingsbruder/ihre Zwillingsschwester **B** *adj* ⟨*attr*⟩ **1** Zwillings-; **~ boys/girls** Zwillingsjungen pl/-

mädchen *pl* **2** ~ **peaks** Doppelgipfel *pl* **C** *v/t Br Stadt* verschwistern; **to be ~ned with** Partnerstadt sein von; **Oxford was ~ned with Bonn** Oxford und Bonn wurden zu Partnerstädten/waren Partnerstädte

twin beds *pl* zwei (gleiche) Einzelbetten *pl*
twin brother *s* Zwillingsbruder *m*
twine [twaɪn] **A** *s* Schnur *f* **B** *v/t* winden **C** *v/i* sich winden (**around** um)
twinge [twɪndʒ] *s* Zucken *n*; **a ~ of pain** ein zuckender Schmerz
twinkle ['twɪŋkl] **A** *v/i* funkeln **B** *s* Funkeln *n*; **with a ~ in his/her eye** augenzwinkernd
twinkling ['twɪŋklɪŋ] *s* **in the ~ of an eye** im Handumdrehen
twin room *s* Zweibettzimmer *n*
twin sister *s* Zwillingsschwester *f*
twin town *Br s* Partnerstadt *f*
twirl [twɜːl] **A** *v/t* (herum)wirbeln **B** *v/i* wirbeln **C** *s* Wirbel *m*; *in Tanz* Drehung *f*; **give us a ~** dreh dich doch mal
twist [twɪst] **A** *s* **1** **to give sth a ~** etw (herum)drehen **2** Kurve *f*; *fig in Geschichte* Wendung *f* **3** *Br umg* **to drive sb round the ~** j-n wahnsinnig machen **B** *v/t* **1** drehen, wickeln (**into** zu); **to ~ the top off a jar** den Deckel von einem Glas abdrehen; **to ~ sth (a)round sth** etw um etw *(akk)* wickeln **2** verbiegen; *Worte* verdrehen; **to ~ sth out of shape** etw verbiegen; **she had to ~ my arm** *fig* sie musste mich sehr überreden; **to ~ one's ankle** sich *(dat)* den Fuß vertreten; **his face was ~ed with pain** sein Gesicht war verzerrt vor Schmerz **C** *v/i Wind* sich drehen; *Pflanze* sich ranken; *Straße, Fluss* sich schlängeln

phrasal verbs mit twist:

twist around *v/t* ⟨*trennb*⟩ → twist round B
twist off **A** *v/i* **the top twists off** der Deckel lässt sich abschrauben **B** *v/t* ⟨*trennb*⟩ abdrehen; *Deckel* abschrauben
twist round *bes Br* **A** *v/i* sich umdrehen; *Straße* eine Biegung machen **B** *v/t* ⟨*trennb*⟩ herumdrehen

twisted ['twɪstɪd] *adj Seil* (zusammen)gedreht; (≈ *verformt*) verbogen; *fig pej* verdreht; *Knöchel* verrenkt; **bitter and ~** verbittert und verwirrt
twister ['twɪstəʳ] *US umg s* Tornado *m*
twit [twɪt] *bes Br umg s* Trottel *m umg*
twitch [twɪtʃ] **A** *s* Zucken *n* **B** *v/i Muskeln* zucken **C** *v/t Nase* zucken mit
twitter ['twɪtəʳ] **A** *v/i* zwitschern **B** *v/t & v/i Textnachricht über Twitter®* versenden **twittern** **C** *s* Zwitschern *n*
Twitter® ['twɪtə(r)] *s Internetdienst zum Versand von Textnachrichten* Twitter® *m*
two [tuː] **A** *adj* zwei; **to cut sth in two** etw in zwei Teile schneiden; **two by two, in twos** zu zweien; **in twos and threes** immer zwei oder drei (Leute) auf einmal; **2:1** zwei zu eins; **to put two and two together** *fig* zwei und zwei zusammenzählen; **two's company, three's a crowd** ein Dritter stört nur; **two can play at that game** *umg* den Spieß kann man auch umdrehen; → **six** **B** *s* Zwei *f*; **the two of them** die beiden; alle beide; **just the two of us** nur wir beide

two-dimensional *adj* zweidimensional; *fig* flach
two-door *adj* zweitürig
two-edged *adj* **a ~ sword** *fig* ein zweischneidiges Schwert
two-faced *fig adj* falsch
twofold *adj* zweifach, doppelt; **a ~ increase** ein Anstieg um das Doppelte; **the advantages are ~** das hat einen doppelten Vorteil
two-handed *adj* beidhändig
two-legged *adj* zweibeinig; **a ~ animal** ein Zweibeiner *m*
two-percent milk *US s* Halbfettmilch *f*
two-piece *adj* zweiteilig
two-pin plug *s* Stecker *m* mit zwei Kontakten
two-seater *adj* zweisitzig
twosome *s* Paar *n*
two-storey *adj*, **two-story** *US adj* zweistöckig
two-time *umg v/t Freundin* betrügen
two-way *adj Beziehung* wechselseitig; **~ traffic** Gegenverkehr *m*
two-way radio *s* Funksprechgerät *n*
tycoon [taɪ'kuːn] *s* Magnat(in) *m(f)*
type¹ [taɪp] **A** *s* **1** Art *f*; *von Produkt* Sorte *f*; (≈ *Charakter*) Typ *m*; **different ~s of roses** verschiedene Rosensorten *pl*; **what ~ of car is it?** was für ein Auto(typ) ist das?; **Cheddar-type cheese** eine Art Cheddar; **they're totally different ~s of person** sie sind vom Typ her völlig verschieden; **that ~ of behaviour** *Br*, **that ~ of behavior** *US* ein solches Benehmen; **it's not my ~ of film** diese Art Film gefällt mir nicht; **he's not my ~** er ist nicht mein Typ **2** *umg* (≈ *Mann*) Typ *m*
type² **A** *s* TYPO Type *f*; **large ~** große Schrift **B** *v/t* tippen **C** *v/i* tippen *umg*

phrasal verbs mit type:

type in *v/t* ⟨*trennb*⟩ eintippen; *bes* IT eingeben
type out *v/t* ⟨*trennb*⟩ tippen *umg*

typecast *v/t* ⟨*prät, pperf* typecast⟩ THEAT (auf eine bestimmte Rolle) festlegen
typeface *s* Schrift *f*
typescript *s* Typoskript *n geh*
typewriter *s* Schreibmaschine *f*
typewritten *adj* maschinengeschrieben
typhoid ['taɪfɔɪd] *s*, (*a.* **typhoid fever**) Typhus

m

typhoon [taɪˈfuːn] *s* Taifun *m*

typhus [ˈtaɪfəs] *s* Fleckfieber *n*

typical [ˈtɪpɪkəl] *adj* typisch (**of** für); **~ male!** typisch Mann!

typically [ˈtɪpɪklɪ] *adv* typischerweise; **~ English** typisch englisch

typify [ˈtɪpɪfaɪ] *v/t* typisch sein für, kennzeichnen

typing [ˈtaɪpɪŋ] *s* Tippen *n umg*

typing error *s* Tippfehler *m*

typist [ˈtaɪpɪst] *s* Schreibkraft *f*

tyrannic(al) *adj*, **tyrannically** [tɪˈrænɪk(əl), tɪˈrænɪkəlɪ] *adv* tyrannisch

tyrannize [ˈtɪrənaɪz] *v/t* tyrannisieren

tyranny [ˈtɪrənɪ] *s* Tyrannei *f*

tyrant [ˈtaɪərənt] *s* Tyrann(in) *m(f)*

tyre [taɪəʳ] *s*, **tire** *US s* Reifen *m*, Pneu *m schweiz*

Tyrol [tɪˈrəʊl] *s* **the ~** Tirol *n*

Tyrolean [ˌtɪrəˈliːən] A *adj* tirol(er)isch B *s* Tiroler(in) *m(f)*

tzar *s* → tsar

U

U, u [juː] *s* U *n*, u *n*

UAE *abk* (= United Arab Emirates) VAE *pl*, Vereinigte Arabische Emirate *pl*

ubiquitous [juːˈbɪkwɪtəs] *adj* allgegenwärtig

udder [ˈʌdəʳ] *s* Euter *n*

UFO [ˌjuːefˈəʊ, ˈjuːfəʊ] *s abk* (= unidentified flying object) UFO *n*

ugh [ʌɡ, ɜː] *int* igitt

ugliness [ˈʌɡlɪnɪs] *s* Hässlichkeit *f*

ugly [ˈʌɡlɪ] *adj* ⟨*komp* uglier⟩ hässlich, übel; *Lage* bedrohlich; **to turn ~** *umg* gemein werden

UHF *abk* (= ultrahigh frequency) UHF

UHT *abk* (= ultra heat treated) ultrahocherhitzt; **UHT milk** H-Milch *f*

UK *abk* (= United Kingdom) UK *n*

Ukraine [juːˈkreɪn] *s* **the ~** die Ukraine

Ukrainian [juːˈkreɪnɪən] A *adj* ukrainisch B *s* 1 Ukrainer(in) *m(f)*; **he is ~** er ist Ukrainer 2 LING Ukrainisch *n*

ulcer [ˈʌlsəʳ] *s* MED Geschwür *n*

ulterior [ʌlˈtɪərɪəʳ] *adj* *Absicht etc* verborgen; **~ motive** Hintergedanke *m*

ultimata [ˌʌltɪˈmeɪtə] *pl* → ultimatum

ultimate [ˈʌltɪmɪt] A *adj* 1 letzte(r, s); *Entscheidung* endgültig; *Herrschaft* oberste(r, s); **~ goal** Endziel *n*; **what is your ~ ambition in life?** was streben Sie letzten Endes im Leben an? 2 vollendet, perfekt; **the ~ insult** der Gipfel der Beleidigung B *s* Nonplusultra *n*; **that is the ~ in comfort** das ist das Höchste an Komfort

ultimately [ˈʌltɪmɪtlɪ] *adv* letzten Endes

ultimatum [ˌʌltɪˈmeɪtəm] *s* ⟨*pl* -s *od* ultimata⟩ Ultimatum *n*; **to deliver an ~ to sb** j-m ein Ultimatum stellen

ultra- [ˈʌltrə] *präf* ultra-

ultrahigh frequency *s* Ultrahochfrequenz *f*

ultrasonic [ˌʌltrəˈsɒnɪk] *adj* Ultraschall-

ultrasound *s* 1 Ultraschall *m* 2 Ultraschalluntersuchung *f*

ultraviolet *adj* ultraviolett; **~ rays** *pl* ultraviolette Strahlen *pl*

umbilical cord [ʌmˌbɪlɪkəlˈkɔːd] *s* Nabelschnur *f*

umbrella [ʌmˈbrelə] *s* 1 (Regen)schirm *m* 2 Sonnenschirm *m*

umbrella organization *s* Dachorganisation *f*

umbrella stand *s* Schirmständer *m*

umpire [ˈʌmpaɪəʳ] A *s* Schiedsrichter(in) *m(f)* B *v/t* Schiedsrichter(in) sein bei C *v/i* Schiedsrichter(in) sein (**in** bei)

umpteen [ˈʌmpˈtiːn] *umg adj* zig *umg*

umpteenth [ˈʌmpˈtiːnθ] *umg adj* x-te(r, s) *umg*; **for the ~ time** zum x-ten Mal *umg*

UN *abk* (= United Nations) UNO *f*, UN *pl*

unabated [ˌʌnəˈbeɪtɪd] *adj* unvermindert; **the storm continued ~** der Sturm ließ nicht nach

unable [ʌnˈeɪbl] *adj* ⟨*präd*⟩ unfähig; **to be ~ to do sth** etw nicht tun können

unabridged [ˌʌnəˈbrɪdʒd] *adj* ungekürzt

unacceptable [ˌʌnəkˈseptəbl] *adj* unannehmbar; *Entschuldigung, Angebot* nicht akzeptabel; *Bedingungen* untragbar; **it's quite ~ that we should be expected to …** es kann doch nicht von uns verlangt werden, dass …; **it's quite ~ for young children to …** es kann nicht zugelassen werden, dass kleine Kinder …

unacceptably [ˌʌnəkˈseptəblɪ] *adv* untragbar, unannehmbar, unzumutbar

unaccompanied [ˌʌnəˈkʌmpənɪd] *adj* ohne Begleitung

unaccountable [ˌʌnəˈkaʊntəbl] *adj* unerklärlich

unaccountably [ˌʌnəˈkaʊntəblɪ] *adv* unerklärlicherweise; *verschwinden* auf unerklärliche Weise

unaccounted for [ˌʌnəˈkaʊntɪdˈfɔːʳ] *adj* ungeklärt; **£30 is still ~** es ist noch ungeklärt, wo die £ 30 geblieben sind; **three passengers are still ~** drei Passagiere werden noch vermisst

unaccustomed [ˌʌnəˈkʌstəmd] *adj* **to be ~ to sth** etw nicht gewohnt sein; **to be ~ to doing**

sth es nicht gewohnt sein, etw zu tun
unacquainted [ˌʌnəˈkweɪntɪd] *adj* ⟨*präd*⟩ **to be ~ with sth** etw nicht kennen
unadulterated [ˌʌnəˈdʌltəreɪtɪd] *adj* **1** unverfälscht **2** *fig Unsinn* schier; *Glück* ungetrübt
unadventurous [ˌʌnəd'ventʃərəs] *adj Leben* wenig abenteuerlich; *Stil* einfallslos; *Mensch* wenig unternehmungslustig
unaffected [ˌʌnəˈfektɪd] *adj* **1** (≈ *unbeschadet*) nicht angegriffen **2** unbeeinflusst, nicht betroffen; *gefühlsmäßig* ungerührt; **he remained quite ~ by all the noise** der Lärm berührte *od* störte ihn überhaupt nicht
unafraid [ˌʌnəˈfreɪd] *adj* **to be ~ of sb/sth** vor j-m/etw keine Angst haben
unaided [ʌnˈeɪdɪd] *adv* ohne fremde Hilfe
unalike [ˌʌnəˈlaɪk] *adj* ⟨*präd*⟩ ungleich
unalterable [ʌnˈɒltərəbl] *adj Tatsache* unabänderlich; *Gesetze* unveränderlich
unaltered [ʌnˈɒltəd] *adj* unverändert
unambiguous *adj*, **unambiguously** [ˌʌnæmˈbɪgjʊəs, -lɪ] *adv* eindeutig
unambitious [ˌʌnæmˈbɪʃəs] *adj Mensch, Plan* nicht ehrgeizig (*genug*); *Inszenierung* anspruchslos
unamused [ˌʌnəˈmjuːzd] *adj* **she was ~ (by this)** sie fand es *od* das überhaupt nicht lustig
unanimous [juːˈnænɪməs] *adj* einmütig; *Entscheidung* einstimmig; **they were ~ in their condemnation of him** sie haben ihn einmütig verdammt; **by a ~ vote** einstimmig
unanimously [juːˈnænɪməslɪ] *adv* einmütig; *wählen* einstimmig
unannounced [ˌʌnəˈnaʊnst] *adj & adv* unangemeldet
unanswered [ʌnˈɑːnsəd] *adj* unbeantwortet
unapologetic [ˌʌnəˌpɒləˈdʒetɪk] *adj* unverfroren; **he was so ~ about it** es schien ihm überhaupt nicht leidzutun
unappealing [ˌʌnəˈpiːlɪŋ] *adj* nicht ansprechend; *Aussicht* nicht verlockend
unappetizing [ʌnˈæpɪtaɪzɪŋ] *adj* unappetitlich; *Aussicht* wenig verlockend
unappreciated [ˌʌnəˈpriːʃɪeɪtɪd] *adj* nicht geschätzt *od* gewürdigt; **she felt she was ~ by him** sie hatte den Eindruck, dass er sie nicht zu schätzen wusste
unappreciative [ˌʌnəˈpriːʃɪətɪv] *adj* undankbar; *Publikum* verständnislos
unapproachable [ˌʌnəˈprəʊtʃəbl] *adj* unzugänglich
unarmed [ʌnˈɑːmd] *adj & adv* unbewaffnet
unashamed [ˌʌnəˈʃeɪmd] *adj* schamlos
unashamedly [ˌʌnəˈʃeɪmdlɪ] *adv* unverschämt, ohne Scham; *romantisch, parteiisch* unverhohlen
unassisted [ˌʌnəˈsɪstɪd] *adv* ohne (fremde) Hilfe, (ganz) allein
unassuming [ˌʌnəˈsjuːmɪŋ] *adj* bescheiden
unattached [ˌʌnəˈtætʃt] *adj* **1** unbefestigt **2** *emotional* ungebunden
unattainable [ˌʌnəˈteɪnəbl] *adj* unerreichbar
unattended [ˌʌnəˈtendɪd] *adj Kinder* unbeaufsichtigt; *Gepäck* unbewacht; **to leave sth ~** etw unbewacht lassen; *Laden* etw unbeaufsichtigt lassen; **to be** *od* **go ~ to** *Verletzung* nicht behandelt werden
unattractive [ˌʌnəˈtræktɪv] *adj Ort* wenig reizvoll; *Angebot, Frau* unattraktiv
unauthorized [ʌnˈɔːθəraɪzd] *adj* unbefugt
unavailable [ˌʌnəˈveɪləbl] *adj* nicht erhältlich; *Mensch* nicht zu erreichen *präd*; **the minister was ~ for comment** der Minister war für eine Stellungnahme nicht verfügbar
unavoidable [ˌʌnəˈvɔɪdəbl] *adj* unvermeidlich
unavoidably [ˌʌnəˈvɔɪdəblɪ] *adv* notgedrungen; **to be ~ detained** verhindert sein
unaware [ˌʌnəˈwɛəʳ] *adj* ⟨*präd*⟩ **to be ~ of sth** sich (*dat*) einer Sache (*gen*) nicht bewusst sein; **I was ~ of his presence** ich hatte nicht bemerkt, dass er da war; **I was ~ that there was a meeting going on** ich wusste nicht, dass da gerade eine Besprechung stattfand
unawares [ˌʌnəˈwɛəz] *adv* **to catch** *od* **take sb ~** j-n überraschen
unbalanced [ʌnˈbælənst] *adj* **1** unausgewogen; *Bericht* einseitig **2** (*a.* **mentally ~**) nicht ganz normal
unbearable *adj*, **unbearably** [ʌnˈbɛərəbl, -lɪ] *adv* unerträglich
unbeatable [ʌnˈbiːtəbl] *adj* unschlagbar
unbeaten [ʌnˈbiːtn] *adj* ungeschlagen; *Rekord* ungebrochen
unbecoming [ˌʌnbɪˈkʌmɪŋ] *adj Verhalten, Sprache* unschicklich, unziemlich *geh*; *Kleidung* unvorteilhaft
unbeknown(st) [ˌʌnbɪˈnəʊn(st)] *adv* **~ to sb** ohne j-s Wissen
unbelievable [ˌʌnbɪˈliːvəbl] *adj* unglaublich
unbelievably [ˌʌnbɪˈliːvəblɪ] *adv* unglaublich; *gut, hübsch a.* sagenhaft *umg*
unbeliever [ˌʌnbɪˈliːvəʳ] *s* Ungläubige(r) *m/f(m)*
unbias(s)ed [ʌnˈbaɪəst] *adj* unvoreingenommen
unblemished [ʌnˈblemɪʃt] *adj* makellos
unblock [ʌnˈblɒk] *v/t* frei machen; *Rohr* die Verstopfung beseitigen in (+*dat*)
unbolt [ʌnˈbəʊlt] *v/t* aufriegeln; **he left the door ~ed** er verriegelte die Tür nicht
unborn [ʌnˈbɔːn] *adj* ungeboren
unbowed [ʌnˈbaʊd] *fig adj* ungebrochen; *Stolz* ungebeugt
unbreakable [ʌnˈbreɪkəbl] *adj Glas* unzerbrech-

lich; *Regel* unumstößlich
unbridgeable [ʌnˈbrɪdʒəbl] *adj* unüberbrückbar
unbridled [ʌnˈbraɪdld] *adj Leidenschaft* ungezügelt
unbroken [ʌnˈbrəʊkən] *adj* **1** unbeschädigt **2** ununterbrochen **3** *Rekord* ungebrochen
unbuckle [ʌnˈbʌkl] *v/t* aufschnallen
unburden [ʌnˈbɜːdn] *fig v/t* **to ~ oneself to sb** j-m sein Herz ausschütten
unbutton [ʌnˈbʌtn] *v/t* aufknöpfen
uncalled-for [ʌnˈkɔːldfɔːʳ] *adj* unnötig
uncannily [ʌnˈkænɪli] *adv* unheimlich; **to look ~ like sb/sth** j-m/einer Sache auf unheimliche Weise ähnlich sehen
uncanny [ʌnˈkænɪ] *adj* unheimlich; **to bear an ~ resemblance to sb** j-m auf unheimliche Weise ähnlich sehen
uncared-for [ʌnˈkɛədfɔːʳ] *adj* ungepflegt; *Kind* vernachlässigt
uncaring [ʌnˈkɛərɪŋ] *adj* gleichgültig; *Eltern* lieblos
unceasing *adj*, **unceasingly** [ʌnˈsiːsɪŋ, -lɪ] *adv* unaufhörlich
uncensored [ʌnˈsensəd] *adj* unzensiert
unceremoniously [ˌʌnserɪˈməʊnɪəslɪ] *adv* ohne Umschweife
uncertain [ʌnˈsɜːtn] *adj* **1** unsicher; **to be ~ of** *od* **about sth** sich (*dat*) einer Sache (*gen*) nicht sicher sein **2** *Wetter* unbeständig **3** **in no ~ terms** klar und deutlich
uncertainty [ʌnˈsɜːtntɪ] *s* Ungewissheit *f*, Unbestimmtheit *f*; *gedanklich* Zweifel *m*, Unsicherheit *f*; **there is still some ~ as to whether ...** es besteht noch Ungewissheit, ob ...
unchallenged [ʌnˈtʃælɪndʒd] *adj* unangefochten
unchanged [ʌnˈtʃeɪndʒd] *adj* unverändert
unchanging [ʌnˈtʃeɪndʒɪŋ] *adj* unveränderlich
uncharacteristic [ˌʌnkærəktəˈrɪstɪk] *adj* untypisch (**of** für)
uncharacteristically [ˌʌnkærəktəˈrɪstɪklɪ] *adv* auf untypische Weise
uncharitable [ʌnˈtʃærɪtəbl] *adj Bemerkung* unfreundlich; *Mensch* herzlos; *Haltung* hartherzig
uncharted [ʌnˈtʃɑːtɪd] *adj* **to enter ~ territory** *fig* sich in unbekanntes Terrain begeben
unchecked [ʌnˈtʃekt] *adj* ungehemmt; **to go ~** *Vormarsch* nicht gehindert werden
uncircumcised [ʌnˈsɜːkəmsaɪzd] *adj* MED, REL unbeschnitten
uncivil [ʌnˈsɪvɪl] *adj* unhöflich
uncivilized [ʌnˈsɪvɪlaɪzd] *adj* unzivilisiert
unclaimed [ʌnˈkleɪmd] *adj Preis* nicht abgeholt
unclassified [ʌnˈklæsɪfaɪd] *adj* **1** nicht klassifiziert **2** nicht geheim

uncle [ˈʌŋkl] *s* Onkel *m*
unclean [ʌnˈkliːn] *adj* unsauber
unclear [ʌnˈklɪəʳ] *adj* unklar; **to be ~ about sth** sich (*dat*) über etw (*akk*) im Unklaren sein
unclog [ʌnˈklɒg] *v/t* die Verstopfung beseitigen in (+*dat*)
uncoil [ʌnˈkɔɪl] **A** *v/t* abwickeln **B** *v/i & v/r Schlange* sich langsam strecken
uncollected [ˌʌnkəˈlektɪd] *adj* nicht abgeholt; *Steuer* nicht eingezogen
uncombed [ʌnˈkəʊmd] *adj* ungekämmt
uncomfortable [ʌnˈkʌmfətəbl] *adj* **1** unbequem **2** *Gefühl* ungut; *Schweigen* peinlich; **to feel ~** sich unbehaglich fühlen; **I felt ~ about it/about doing it** ich hatte ein ungutes Gefühl dabei; **to put sb in an ~ position** j-n in eine heikle Lage bringen **3** *Tatsache, Lage* unerfreulich
uncomfortably [ʌnˈkʌmfətəblɪ] *adv* **1** unbequem **2** unbehaglich **3** unangenehm
uncommon [ʌnˈkɒmən] *adj* **1** ungewöhnlich **2** außergewöhnlich
uncommunicative [ˌʌnkəˈmjuːnɪkətɪv] *adj* verschlossen
uncomplaining [ˌʌnkəmˈpleɪnɪŋ] *adj* duldsam
uncomplicated [ʌnˈkɒmplɪkeɪtɪd] *adj* unkompliziert
uncomplimentary [ˌʌnkɒmplɪˈmentərɪ] *adj* unschmeichelhaft
uncomprehending *adj*, **uncomprehendingly** [ˌʌnkɒmprɪˈhendɪŋ, -lɪ] *adv* verständnislos
uncompromising [ʌnˈkɒmprəmaɪzɪŋ] *adj* kompromisslos; *Engagement* hundertprozentig
unconcerned [ˌʌnkənˈsɜːnd] *adj* unbekümmert, gleichgültig; **to be ~ about sth** sich nicht um etw kümmern; **to be ~ by sth** von etw unberührt sein
unconditional [ˌʌnkənˈdɪʃənl] *adj* vorbehaltlos; *Kapitulation* bedingungslos; *Unterstützung* uneingeschränkt
unconfirmed [ˌʌnkənˈfɜːmd] *adj* unbestätigt
unconnected [ˌʌnkəˈnektɪd] *adj* **the two events are ~** es besteht keine Beziehung zwischen den beiden Ereignissen
unconscious [ʌnˈkɒnʃəs] **A** *adj* **1** MED bewusstlos; **the blow knocked him ~** durch den Schlag wurde er bewusstlos **2** ⟨*präd*⟩ **to be ~ of sth** sich (*dat*) einer Sache (*gen*) nicht bewusst sein; **I was ~ of the fact that ...** ich war mir *od* es war mir nicht bewusst, dass ... **3** PSYCH unbewusst; **at** *od* **on an ~ level** auf der Ebene des Unbewussten **B** *s* PSYCH **the ~** das Unbewusste
unconsciously [ʌnˈkɒnʃəslɪ] *adv* unbewusst
unconsciousness [ʌnˈkɒnʃəsnəs] *s* Bewusstlo-

sigkeit f
unconstitutional adj, **unconstitutionally** [ˌʌnkɒnstɪˈtjuːʃnəl, -lɪ] adv verfassungswidrig
uncontaminated [ˌʌnkənˈtæmɪneɪtɪd] adj nicht verseucht; fig unverdorben
uncontested [ˌʌnkənˈtestɪd] adj unbestritten; Wahl ohne Gegenkandidat
uncontrollable [ˌʌnkənˈtrəʊləbl] adj unkontrollierbar; Wut unbezähmbar; Verlangen unwiderstehlich
uncontrollably [ˌʌnkənˈtrəʊləblɪ] adv unkontrollierbar; weinen hemmungslos; lachen unkontrolliert
uncontrolled [ˌʌnkənˈtrəʊld] adj Gefühlsäußerung unkontrolliert
unconventional [ˌʌnkənˈvenʃənl] adj unkonventionell
unconvinced [ˌʌnkənˈvɪnst] adj nicht überzeugt (**of** von); **his arguments leave me ~** seine Argumente überzeugen mich nicht
unconvincing [ˌʌnkənˈvɪnsɪŋ] adj nicht überzeugend; **rather ~** wenig überzeugend
unconvincingly [ˌʌnkənˈvɪnsɪŋlɪ] adv wenig überzeugend
uncooked [ʌnˈkʊkt] adj ungekocht, roh
uncool adj nicht cool uncool; **that's totally ~!** das ist ja voll uncool!
uncooperative [ˌʌnkəʊˈɒpərətɪv] adj Haltung stur; Zeuge wenig hilfreich
uncoordinated [ˌʌnkəʊˈɔːdɪneɪtɪd] adj unkoordiniert
uncork [ʌnˈkɔːk] v/t entkorken
uncorroborated [ˌʌnkəˈrɒbəreɪtɪd] adj unbestätigt; Beweise nicht bekräftigt
uncountable [ʌnˈkaʊntəbl] adj GRAM unzählbar
uncouple [ʌnˈkʌpl] v/t abkoppeln
uncouth [ʌnˈkuːθ] adj Mensch ungehobelt; Verhalten unflätig
uncover [ʌnˈkʌvəʳ] v/t aufdecken
uncritical adj, **uncritically** [ʌnˈkrɪtɪkəl, -lɪ] adv unkritisch (**of**, **about** in Bezug auf +akk)
uncross [ʌnˈkrɒs] v/t **he ~ed his legs** er nahm das Bein vom Knie; **she ~ed her arms** sie löste ihre verschränkten Arme
uncrowded [ʌnˈkraʊdɪd] adj nicht überlaufen
uncrowned [ʌnˈkraʊnd] wörtl, fig adj ungekrönt
uncultivated [ʌnˈkʌltɪveɪtɪd] adj unkultiviert
uncurl [ʌnˈkɜːl] v/i glatt werden; Schlange sich langsam strecken
uncut [ʌnˈkʌt] adj **1** ungeschnitten; **~ diamond** Rohdiamant m **2** ungekürzt **3** MED, REL Mann unbeschnitten
undamaged [ʌnˈdæmɪdʒd] adj unbeschädigt; fig makellos
undated [ʌnˈdeɪtɪd] adj Brief undatiert, ohne Datum

undaunted [ʌnˈdɔːntɪd] adj unverzagt
undecided [ˌʌndɪˈsaɪdɪd] adj unentschlossen; **he is ~ as to whether he should go or not** er ist (sich) noch unschlüssig, ob er gehen soll oder nicht; **to be ~ about sth** sich (dat) über etw (akk) im Unklaren sein
undefeated [ˌʌndɪˈfiːtɪd] adj Mannschaft unbesiegt; Weltmeister ungeschlagen
undelete [ˈʌndɪˈliːt] v/t **to ~ sth** das Löschen von etw rückgängig machen
undemanding [ˌʌndɪˈmɑːndɪŋ] adj anspruchslos; Aufgabe wenig fordernd
undemocratic adj, **undemocratically** [ˌʌndeməˈkrætɪk, -əlɪ] adv undemokratisch
undemonstrative [ˌʌndɪˈmɒnstrətɪv] adj zurückhaltend
undeniable [ˌʌndɪˈnaɪəbl] adj unbestreitbar
undeniably [ˌʌndɪˈnaɪəblɪ] adv zweifellos, unbestreitbar
under [ˈʌndəʳ] **A** präp **1** unter (+dat); mit Richtungsangabe unter (+akk); **~ it** darunter; **to come out from ~ the bed** unter dem Bett hervorkommen; **it's ~ there** es ist da drunter umg; **~ an hour** weniger als eine Stunde; **there were ~ 50 of them** es waren weniger als 50; **he died ~ the anaesthetic** Br, **he died ~ the anesthetic** US er starb in der Narkose; **~ construction** im Bau; **the matter ~ discussion** der Diskussionsgegenstand; **to be ~ the doctor** in (ärztlicher) Behandlung sein; **~ an assumed name** unter falschem Namen **2** gemäß (+dat) **B** adv **1** Position unten; bei Ohnmacht bewusstlos; **to go ~** untergehen **2** (≈ weniger) darunter
under- präf Unter-; **for the ~twelves** für Kinder unter zwölf
underachieve v/i hinter den Erwartungen zurückbleiben
underachiever s **Johnny is an ~** Johnnys Leistungen bleiben hinter den Erwartungen zurück
underage adj ⟨attr⟩ minderjährig
underarm **A** adj **1** Unterarm- **2** werfen von unten **B** adv von unten
underbid v/t ⟨-dd-; underbid; underbid⟩ unterbieten
undercarriage s FLUG Fahrwerk n
undercharge v/t **he ~d me by 50p** er berechnete mir 50 Pence zu wenig
underclass s Unterklasse f
underclothes pl Unterwäsche f
undercoat s Grundierfarbe f, Grundierung f
undercook v/t nicht durchgaren
undercover **A** adj geheim; **~ agent** Geheimagent(in) m(f) **B** adv **to work ~** als verdeckter Ermittler/verdeckte Ermittlerin arbeiten

undercurrent s Unterströmung f
undercut v/t ⟨prät, pperf undercut⟩ (im Preis) unterbieten
underdeveloped adj unterentwickelt
underdog s Außenseiter(in) m(f), Underdog m
underdone adj nicht gar; *Steak* nicht durchgebraten
underestimate [ˌʌndərˈestɪmeɪt] **A** v/t unterschätzen **B** [ˌʌndərˈestɪmɪt] s Unterschätzung f
underfloor adj ~ **heating** Fußbodenheizung f
underfoot adv am Boden; **it is wet** ~ der Boden ist nass; **to trample sb/sth** ~ auf j-m/etw herumtrampeln
underfunded adj unterfinanziert
underfunding s Unterfinanzierung f
undergo v/t ⟨prät underwent; pperf undergone⟩ *Entwicklung* durchmachen; *Ausbildung* mitmachen; *Test, Operation* sich unterziehen (+dat); **to** ~ **repairs** in Reparatur sein
undergrad umg, **undergraduate** **A** s Student(in) m(f) **B** adj ⟨attr⟩ *Kurs* für nicht graduierte Studenten
underground [ˈʌndəɡraʊnd] **A** adj **1** *Gang, See* unterirdisch **2** *fig* (≈ *geheim*) Untergrund- **3** (≈ *alternativ*) Underground- **B** adv **1** unterirdisch; *Bergbau* unter Tage; **3 m** ~ 3 m unter der Erde **2** *fig* **to go** ~ untertauchen **C** s **1** *Br* BAHN U-Bahn f **2** Untergrundbewegung f; (≈ *Subkultur*) Underground m
underground station s *Br* BAHN U-Bahnhof m
undergrowth s Gestrüpp n
underhand adj hinterhältig
underinvestment s mangelnde od unzureichende Investitionen pl
underlie *fig* v/t ⟨prät underlay; pperf underlain⟩ zugrunde liegen (+dat)
underline v/t unterstreichen
underlying adj **1** *Felsen* tiefer liegend **2** *Grund* eigentlich; *Problem* zugrunde liegend; *Spannungen* unterschwellig
undermine v/t **1** schwächen **2** *fig* unterminieren
underneath [ˌʌndəˈniːθ] **A** präp unter (+dat); *mit Richtungsangabe* unter (+akk); ~ **it** darunter; **to come out from** ~ **sth** unter etw (dat) hervorkommen **B** adv darunter **C** s Unterseite f
undernourished adj unterernährt
underpaid adj unterbezahlt
underpants pl *Br* Unterhose f; **a pair of** ~ eine Unterhose
underpass s Unterführung f
underpay v/t ⟨prät, pperf underpaid⟩ zu wenig zahlen +dat, unterbezahlen
underperform v/i *Firma, Person, Team etc* hinter den Erwartungen zurückbleiben, ein gestecktes Ziel nicht erreichen

underpin *fig* v/t *Argument etc* untermauern; *Wirtschaft* (ab)stützen
underpopulated adj unterbevölkert
underprivileged adj unterprivilegiert
underqualified adj unterqualifiziert
underrated adj unterschätzt
undersea adj Unterwasser-
undersecretary s **1** POL *Br* Staatssekretär(in) m(f) **2** POL *US* Unterstaatssekretär(in) m(f)
undershirt *US* s Unterhemd n, Leiberl n österr, Leibchen n schweiz
undershorts *US* pl Unterhose(n) f(pl)
underside s Unterseite f
undersigned s **we the** ~ wir, die Unterzeichneten
undersized adj (zu) klein, unterdimensioniert
underskirt s Unterrock m
understaffed adj unterbesetzt; *Krankenhaus* mit zu wenig Personal
understand [ˌʌndəˈstænd] ⟨prät, pperf understood⟩ **A** v/t **1** verstehen; **I don't** ~ **Russian** ich verstehe kein Russisch; **what do you** ~ **by "pragmatism"?** was verstehen Sie unter „Pragmatismus"? **2 I** ~ **that you are going to Australia** ich höre, Sie gehen nach Australien; **I understood (that) he was abroad** ich dachte, er sei im Ausland; **am I to** ~ **that …?** soll das etwa heißen, dass …?; **as I** ~ **it,** … soweit ich weiß, … **B** v/i **1** verstehen; **but you don't** ~**, I must have the money now** aber verstehen Sie doch, ich brauche das Geld jetzt! **2 so I** ~ es scheint so
understandable [ˌʌndəˈstændəbl] adj verständlich
understandably [ˌʌndəˈstændəbli] adv verständlicherweise
understanding [ˌʌndəˈstændɪŋ] **A** adj verständnisvoll **B** s **1** Auffassungsgabe f; (≈ *Wissen*) Kenntnisse pl; (≈ *Sinn*) Verständnis n; **my** ~ **of the situation is that …** ich verstehe die Situation so, dass …; **it was my** ~ **that …** ich nahm an, dass … **2** Abmachung f; **to come to an** ~ **with sb** eine Abmachung mit j-m treffen; **Susie and I have an** ~ Susie und ich haben unsere Abmachung **3 on the** ~ **that …** unter der Voraussetzung, dass …
understate [ˌʌndəˈsteɪt] v/t herunterspielen
understated [ˌʌndəˈsteɪtɪd] adj *Film etc* subtil; *Farben* gedämpft; *Darbietung* zurückhaltend
understatement [ˈʌndəˌsteɪtmənt] s **1** Untertreibung f **2** LIT *Darstellung eines Sachverhalts als unwichtig; z. B. als Mittel der Ironie oder zur Betonung*
understood [ˌʌndəˈstʊd] **A** prät & pperf → understand **B** adj **1** klar; **to make oneself** ~ sich verständlich machen; **do I make myself** ~**?** ist

das klar?; **I thought that was ~!** ich dachte, das sei klar ❷ angenommen; **he is ~ to have left** es heißt, dass er gegangen ist

understudy ['ʌndəˌstʌdɪ] s THEAT zweite Besetzung

undertake [ˌʌndə'teɪk] v/t ⟨prät undertook [ˌʌndə'tʊk], pperf undertaken [ˌʌndə'teɪkn]⟩ ❶ Job etc übernehmen ❷ sich verpflichten

undertaker ['ʌndəˌteɪkəʳ] s (Leichen)bestatter(in) m(f); (≈ Firma) Bestattungsinstitut n

undertaking [ˌʌndə'teɪkɪŋ] s Vorhaben n, Projekt n

undertone s ❶ **in an ~** mit gedämpfter Stimme ❷ fig **an ~ of racism** ein rassistischer Unterton

undertook prät → undertake

undertow s Unterströmung f

undervalue v/t j-n zu wenig schätzen

underwater Ⓐ adj Unterwasser- Ⓑ adv unter Wasser

underwear s Unterwäsche f

underweight adj untergewichtig; **to be ~** Untergewicht haben

underwent prät → undergo

underwired bra s Bügel-BH m

underworld s Unterwelt f

underwrite v/t ⟨prät underwrote, pperf underwritten⟩ bürgen für; Versicherungswesen versichern

undeserved [ˌʌndɪ'zɜːvd] adj unverdient

undeservedly [ˌʌndɪ'zɜːvɪdlɪ] adv unverdient(ermaßen)

undeserving [ˌʌndɪ'zɜːvɪŋ] adj unwürdig

undesirable [ˌʌndɪ'zaɪərəbl] Ⓐ adj unerwünscht; Einfluss übel Ⓑ s unerfreuliches Element

undetected [ˌʌndɪ'tektɪd] adj unentdeckt; **to go ~** nicht entdeckt werden

undeterred [ˌʌndɪ'tɜːd] adj keineswegs entmutigt; **the teams were ~ by the weather** das Wetter schreckte die Mannschaften nicht ab

undeveloped [ˌʌndɪ'veləpt] adj unentwickelt; Land ungenutzt

undid [ʌn'dɪd] prät → undo

undies ['ʌndɪz] umg pl (Unter)wäsche f

undignified [ʌn'dɪgnɪfaɪd] adj unwürdig, unelegant

undiluted [ˌʌndaɪ'luːtɪd] adj unverdünnt; fig Wahrheit unverfälscht

undiminished [ˌʌndɪ'mɪnɪʃt] adj unvermindert

undiplomatic adj, **undiplomatically** [ˌʌndɪplə'mætɪk, -əlɪ] adv undiplomatisch

undisciplined [ʌn'dɪsɪplɪnd] adj undiszipliniert

undisclosed [ˌʌndɪs'kləʊzd] adj geheim gehalten; Grund ungenannt

undiscovered [ˌʌndɪ'skʌvəd] adj unentdeckt

undisputed [ˌʌndɪ'spjuːtɪd] adj unbestritten

undisturbed [ˌʌndɪ'stɜːbd] adj Dorf, Papiere unberührt; Schlaf ungestört

undivided [ˌʌndɪ'vaɪdɪd] adj Aufmerksamkeit ungeteilt; Unterstützung voll; Treue absolut

undo [ʌn'duː] v/t ⟨prät undid, pperf undone⟩ ❶ aufmachen, öffnen; Knoten lösen ❷ Entscheidung rückgängig machen; IT Befehl rückgängig machen

undoing [ʌn'duːɪŋ] s Verderben n

undone [ʌn'dʌn] Ⓐ pperf → undo Ⓑ adj ❶ offen; **to come ~** aufgehen ❷ Aufgabe unerledigt; **to leave sth ~** etw ungetan lassen

undoubted [ʌn'daʊtɪd] adj unbestritten

undoubtedly [ʌn'daʊtɪdlɪ] adv zweifellos

undreamt-of [ʌn'dremtɒv], **undreamed-of** [ʌn'driːmdɒv] US adj ungeahnt

undress [ʌn'dres] Ⓐ v/t ausziehen; **to get ~ed** sich ausziehen Ⓑ v/i sich ausziehen

undrinkable [ʌn'drɪŋkəbl] adj ungenießbar

undue [ʌn'djuː] adj übertrieben; Benehmen ungehörig

undulating ['ʌndjʊleɪtɪŋ] adj Landschaft hügelig; Weg auf und ab führend

unduly [ʌn'djuːlɪ] adv übermäßig; optimistisch zu; **you're worrying ~** Sie machen sich (dat) unnötige Sorgen

undying [ʌn'daɪɪŋ] adj Liebe unsterblich

unearth [ʌn'ɜːθ] v/t ausgraben; fig Beweise zutage bringen

unearthly [ʌn'ɜːθlɪ] adj Stille unheimlich; umg Lärm schauerlich

unease [ʌn'iːz] s Unbehagen n

uneasily [ʌn'iːzɪlɪ] adv unbehaglich; schlafen unruhig

uneasiness [ʌn'iːzɪnɪs] s Beklommenheit f, Unruhe f

uneasy [ʌn'iːzɪ] adj Stille unbehaglich; Frieden unsicher; Bündnis instabil; Gefühl beklemmend; **to be ~** beklommen sein, beunruhigt sein; **I am** od **feel ~ about it** mir ist nicht wohl dabei; **to make sb ~** j-n beunruhigen; **to grow** od **become ~ about sth** sich über etw (akk) beunruhigen

uneatable [ʌn'iːtəbl] adj ungenießbar

uneconomic(al) [ʌnˌiːkə'nɒmɪk(əl)] adj unwirtschaftlich

uneducated [ʌn'edjʊkeɪtɪd] adj ungebildet

unemotional [ˌʌnɪ'məʊʃənl] adj nüchtern

unemployed [ˌʌnɪm'plɔɪd] Ⓐ adj arbeitslos Ⓑ pl **the ~** pl die Arbeitslosen pl

unemployment [ˌʌnɪm'plɔɪmənt] s Arbeitslosigkeit f

unemployment benefit s, **unemployment compensation** US s Arbeitslosengeld n

unending [ʌn'endɪŋ] adj ewig, endlos

unenthusiastic [ˌʌnɪnθjuːˈzɪˈæstɪk] *adj* wenig begeistert

unenthusiastically [ˌʌnɪnθjuːˈzɪˈæstɪkəlɪ] *adv* ohne Begeisterung

unenviable [ʌnˈenvɪəbl] *adj* wenig beneidenswert

unequal [ʌnˈiːkwəl] *adj* ungleich; **~ in length** unterschiedlich lang; **to be ~ to a task** einer Aufgabe (*dat*) nicht gewachsen sein

unequalled *adj*, **unequaled** US *adj* unübertroffen

unequivocal [ˌʌnɪˈkwɪvəkəl] *adj* **1** unmissverständlich; *Beweis* unzweifelhaft **2** *Unterstützung* rückhaltlos

unequivocally [ˌʌnɪˈkwɪvəkəlɪ] *adv* unmissverständlich, eindeutig; *unterstützen* rückhaltlos

unerring [ʌnˈɜːrɪŋ] *adj* unfehlbar

unethical [ʌnˈeθɪkəl] *adj* unmoralisch

uneven [ʌnˈiːvən] *adj* uneben; *Zahl* ungerade; *Wettkampf* ungleich

unevenly [ʌnˈiːvənlɪ] *adv* unregelmäßig; *verteilen* ungleichmäßig

unevenness [ʌnˈiːvənnɪs] *s* Unebenheit *f*; *von Farbe, Verteilung* Ungleichmäßigkeit *f*; *von Qualität* Unterschiedlichkeit *f*; *von Wettkampf* Ungleichheit *f*

uneventful [ˌʌnɪˈventfʊl] *adj Tag* ereignislos; *Leben* ruhig

unexceptional [ˌʌnɪkˈsepʃənl] *adj* alltäglich, durchschnittlich

unexciting [ˌʌnɪkˈsaɪtɪŋ] *adj* nicht besonders aufregend, langweilig, fad *österr*

unexpected [ˌʌnɪkˈspektɪd] *adj* unerwartet

unexpectedly [ˌʌnɪkˈspektɪdlɪ] *adv* unerwartet, unvorhergesehen

unexplained [ˌʌnɪkˈspleɪnd] *adj* ungeklärt; *Rätsel* unaufgeklärt

unexplored [ˌʌnɪkˈsplɔːd] *adj* unerforscht

unfailing [ʌnˈfeɪlɪŋ] *adj* unerschöpflich; *Unterstützung, Präzision* beständig

unfair [ʌnˈfɛər] *adj* unfair; **to be ~ to sb** j-m gegenüber unfair sein

unfair dismissal *s* ungerechtfertigte Entlassung

unfairly [ʌnˈfɛəlɪ] *adv* unfair; *anklagen, entlassen* zu Unrecht

unfairness [ʌnˈfɛənɪs] *s* Ungerechtigkeit *f*

unfaithful [ʌnˈfeɪθfʊl] *adj* untreu

unfaithfulness [ʌnˈfeɪθfʊlnɪs] *s* Untreue *f*

unfamiliar [ˌʌnfəˈmɪljər] *adj* ungewohnt, fremd; **~ territory** *fig* Neuland *n*; **to be ~ with sth** mit etw nicht vertraut sein, sich mit etw nicht auskennen

unfamiliarity [ˌʌnfəmɪlɪˈærɪtɪ] *s* Ungewohntheit *f*, Fremdheit *f*; **because of my ~ with ...** wegen meiner mangelnden Vertrautheit mit ...

unfashionable [ʌnˈfæʃnəbl] *adj* unmodern; *Stadtviertel* wenig gefragt; *Thema* nicht in Mode

unfasten [ʌnˈfɑːsn] **A** *v/t* aufmachen; *Etikett, Pferd* losbinden **B** *v/i* aufgehen

unfavourable [ʌnˈfeɪvərəbl] *adj*, **unfavorable** US *adj* ungünstig

unfavourably [ʌnˈfeɪvərəblɪ] *adv*, **unfavorably** US *adv reagieren* ablehnend; *einschätzen* ungünstig; **to compare ~ with sth** im Vergleich mit etw schlecht abschneiden

unfeasible [ʌnˈfiːzəbl] *adj* nicht machbar

unfeeling [ʌnˈfiːlɪŋ] *adj* gefühllos

unfinished [ʌnˈfɪnɪʃt] *adj* unfertig; *Kunstwerk* unvollendet; **~ business** unerledigte Geschäfte *pl*

unfit [ʌnˈfɪt] *adj* **1** ungeeignet, unfähig; **to be ~ to do sth** nicht fähig sein, etw zu tun, außerstande sein, etw zu tun; **~ to drive** fahruntüchtig; **he is ~ to be a lawyer** er ist als Jurist untauglich; **to be ~ for (human) consumption** nicht zum Verzehr geeignet sein **2** SPORT nicht fit, schlecht in Form; **~ (for military service)** (dienst)untauglich; **to be ~ for work** arbeitsunfähig sein

unflagging [ʌnˈflægɪŋ] *adj Begeisterung* unerschöpflich; *Interesse* unverändert stark

unflappable [ʌnˈflæpəbl] *umg adj* unerschütterlich; **to be ~** die Ruhe weghaben *umg*

unflattering [ʌnˈflætərɪŋ] *adj* wenig schmeichelhaft

unflinching [ʌnˈflɪntʃɪŋ] *adj* unerschrocken; *Unterstützung* unbeirrbar

unfocus(s)ed [ʌnˈfəʊkəst] *adj Augen* unkoordiniert; *Debatte* weitschweifig; *Kampagne* zu allgemein angelegt

unfold [ʌnˈfəʊld] **A** *v/t* auseinanderfalten; *Flügel* ausbreiten; *Arme* lösen **B** *v/i Geschichte* sich abwickeln

unforced [ʌnˈfɔːst] *adj* ungezwungen

unforeseeable [ˌʌnfɔːˈsiːəbl] *adj* unvorhersehbar

unforeseen [ˌʌnfɔːˈsiːn] *adj* unvorhergesehen; **due to ~ circumstances** aufgrund unvorhergesehener Umstände

unforgettable [ˌʌnfəˈgetəbl] *adj* unvergesslich

unforgivable *adj*, **unforgivably** [ˌʌnfəˈgɪvəbl, -lɪ] *adj* unverzeihlich

unforgiving [ˌʌnfəˈgɪvɪŋ] *adj* unversöhnlich

unformatted [ʌnˈfɔːmætɪd] *adj* IT unformatiert

unforthcoming [ˌʌnfɔːˈθkʌmɪŋ] *adj* nicht sehr mitteilsam; **to be ~ about sth** sich nicht zu etw äußern wollen

unfortunate [ʌnˈfɔːtʃnɪt] *adj* unglücklich; *Mensch* glücklos; *Ereignis, Fehler* unglückselig; **to be ~** Pech haben; **it is ~ that ...** es ist bedauerlich, dass ...

unfortunately [ʌnˈfɔːtʃnɪtlɪ] *adv* leider, unglücklicherweise

unfounded [ʌnˈfaʊndɪd] *adj* unbegründet; *Beschuldigung* aus der Luft gegriffen

unfriend [ʌnˈfrend] *v/t* **to ~ sb** zu j-m den Kontakt wieder löschen (*im sozialen Netzwerk*)

unfriendliness [ʌnˈfrendlɪnɪs] *s* Unfreundlichkeit *f*

unfriendly [ʌnˈfrendlɪ] *adj* unfreundlich (**to sb** zu j-m)

unfulfilled [ˌʌnfʊlˈfɪld] *adj* unerfüllt; *Mensch, Leben* unausgefüllt

unfurl [ʌnˈfɜːl] **A** *v/t Fahne* aufrollen; *Segel* losmachen **B** *v/i* sich entfalten

unfurnished [ʌnˈfɜːnɪʃt] *adj* unmöbliert

ungainly [ʌnˈɡeɪnlɪ] *adj* unbeholfen

ungenerous [ʌnˈdʒenərəs] *adj* kleinlich

ungodly [ʌnˈɡɒdlɪ] *umg adj Stunde* unchristlich *umg*

ungraceful [ʌnˈɡreɪsfʊl] *adj* nicht anmutig

ungracious [ʌnˈɡreɪʃəs] *adj* unhöflich; *Ablehnung* schroff; *Antwort* rüde

ungraciously [ʌnˈɡreɪʃəslɪ] *adv* antworten schroff

ungrammatical *adj*, **ungrammatically** [ˌʌnɡrəˈmætɪkəl, -ɪ] *adv* grammatikalisch falsch

ungrateful *adj*, **ungratefully** [ʌnˈɡreɪtfʊl, -fəlɪ] *adv* undankbar (**to** gegenüber)

unguarded [ʌnˈɡɑːdɪd] *adj* **1** unbewacht **2** *fig* unachtsam; **in an ~ moment he … at an einen Augenblick nicht aufpasste, … er …**

unhampered [ʌnˈhæmpəd] *adj* ungehindert

unhappily [ʌnˈhæpɪlɪ] *adv* unglücklich

unhappiness [ʌnˈhæpɪnɪs] *s* **1** Traurigkeit *f* **2** Unzufriedenheit *f*

unhappy [ʌnˈhæpɪ] *adj* ⟨*komp* **unhappier**⟩ **1** unglücklich; *Blick* traurig **2** unzufrieden (**about** mit), unwohl; **to be ~ with sb/sth** mit j-m/etw unzufrieden sein; **to be ~ about doing sth** nicht glücklich darüber sein, etw zu tun; **if you feel ~ about it** wenn Ihnen dabei nicht wohl ist

unharmed [ʌnˈhɑːmd] *adj* unverletzt

unhealthy [ʌnˈhelθɪ] *adj* **1** nicht gesund; *Lebensstil, Klima* ungesund **2** *Interesse* krankhaft; **it's an ~ relationship** das ist eine verderbliche Beziehung

unheard [ʌnˈhɜːd] *adj* **to go ~** ungehört bleiben

unheard-of *adj* gänzlich unbekannt; (≈ *einmalig*) noch nicht da gewesen

unheeded [ʌnˈhiːdɪd] *adj* **to go ~** auf taube Ohren stoßen

unhelpful [ʌnˈhelpfʊl] *adj* nicht hilfreich, wenig hilfreich; **you are being very ~** du bist aber wirklich keine Hilfe

unhelpfully [ʌnˈhelpfəlɪ] *adv* wenig hilfreich

unhesitating [ʌnˈhezɪteɪtɪŋ] *adj* prompt

unhesitatingly [ʌnˈhezɪteɪtɪŋlɪ] *adv* ohne Zögern

unhindered [ʌnˈhɪndəd] *adj* unbehindert, ungehindert

unhitch [ʌnˈhɪtʃ] *v/t Pferd* losbinden, ausspannen; *Anhänger* abkoppeln

unholy [ʌnˈhəʊlɪ] *adj* ⟨*komp* **unholier**⟩ REL Bündnis übel; *Durcheinander* heillos; *Stunde* unchristlich *umg*

unhook [ʌnˈhʊk] **A** *v/t* loshaken; *Kleid* aufhaken **B** *v/i* sich aufhaken lassen

unhoped-for [ʌnˈhəʊptfɔː(r)] *adj* unverhofft

unhurried [ʌnˈhʌrɪd] *adj* gelassen

unhurriedly [ʌnˈhʌrɪdlɪ] *adv* in aller Ruhe

unhurt [ʌnˈhɜːt] *adj* unverletzt

unhygienic [ˌʌnhaɪˈdʒiːnɪk] *adj* unhygienisch

uni [ˈjuːnɪ] *Br umg s* Uni *f*

unicorn [ˈjuːnɪˌkɔːn] *s* Einhorn *n*

unidentifiable [ˈʌnaɪˈdentɪˌfaɪəbl] *adj* unidentifizierbar, nicht identifizierbar

unidentified [ˌʌnaɪˈdentɪfaɪd] *adj* unbekannt; *Leiche* nicht identifiziert

unification [ˌjuːnɪfɪˈkeɪʃən] *s* Einigung *f*

uniform [ˈjuːnɪfɔːm] **A** *adj* einheitlich; *Temperatur* gleichbleibend **B** *s* Uniform *f*; **in ~** in Uniform; **out of ~** in Zivil

uniformed [ˈjuːnɪfɔːmd] *adj* in Uniform

uniformity [ˌjuːnɪˈfɔːmɪtɪ] *s* Einheitlichkeit *f*; *von Temperatur* Gleichmäßigkeit *f*

uniformly [ˈjuːnɪfɔːmlɪ] *adv* einheitlich; *erwärmen* gleichmäßig; *behandeln* gleich; *pej* einförmig *pej*

unify [ˈjuːnɪfaɪ] *v/t* einigen

unilateral [ˌjuːnɪˈlætərəl] *adj* einseitig

unilaterally [ˌjuːnɪˈlætərəlɪ] *adv* einseitig; POL *a.* unilateral

unilingual [ˌjuːnɪˈlɪŋɡwəl] *adj* einsprachig

unimaginable [ˌʌnɪˈmædʒɪnəbl] *adj* unvorstellbar

unimaginative *adj*, **unimaginatively** [ˌʌnɪˈmædʒɪnətɪv, -lɪ] *adv* fantasielos

unimpaired [ˌʌnɪmˈpɛəd] *adj* unbeeinträchtigt

unimpeachable [ˌʌnɪmˈpiːtʃəbl] *adj Ruf, Charakter* untadelig; *Beweis* unanfechtbar; *Mensch* über jeden Zweifel erhaben

unimpeded [ˌʌnɪmˈpiːdɪd] *adj* ungehindert

unimportant [ˌʌnɪmˈpɔːtənt] *adj* unwichtig

unimposing [ˌʌnɪmˈpəʊzɪŋ] *adj* unscheinbar

unimpressed [ˌʌnɪmˈprest] *adj* unbeeindruckt; **I was ~ by his story** seine Geschichte hat mich überhaupt nicht beeindruckt

unimpressive [ˌʌnɪmˈpresɪv] *adj* wenig beeindruckend

uninformed [ˌʌnɪnˈfɔːmd] *adj* nicht informiert

(**about** über +akk), unwissend; Kritik blindwütig; Gerücht unfundiert; **to be ~ about sth** über etw (akk) nicht Bescheid wissen
uninhabitable [ˌʌnɪnˈhæbɪtəbl] adj unbewohnbar
uninhabited [ˌʌnɪnˈhæbɪtɪd] adj unbewohnt
uninhibited [ˌʌnɪnˈhɪbɪtɪd] adj ohne Hemmungen
uninitiated [ˌʌnɪˈnɪʃɪeɪtɪd] **A** adj nicht eingeweiht **B** s **the ~** pl Nichteingeweihte pl
uninjured [ʌnˈɪndʒəd] adj unverletzt
uninspired [ˌʌnɪnˈspaɪəd] adj fantasielos
uninspiring [ˌʌnɪnˈspaɪərɪŋ] adj trocken; Idee nicht gerade aufregend
uninstall [ˌʌnɪnˈstɔːl] v/t IT deinstallieren
uninsured [ˌʌnɪnˈʃʊəd] adj unversichert
unintelligent [ˌʌnɪnˈtelɪdʒənt] adj unintelligent
unintelligible [ˌʌnɪnˈtelɪdʒɪbl] adj nicht zu verstehen, unverständlich
unintended [ˌʌnɪnˈtendɪd] adj unabsichtlich
unintentional [ʌnɪnˈtenʃnl] adj unbeabsichtigt, unabsichtlich
unintentionally [ˌʌnɪnˈtenʃnəlɪ] adv unabsichtlich, unbeabsichtigt; komisch unfreiwillig
uninterested [ʌnˈɪntrɪstɪd] adj desinteressiert; **to be ~ in sth** an etw (dat) nicht interessiert sein
uninteresting [ʌnˈɪntrɪstɪŋ] adj uninteressant
uninterrupted [ˌʌnɪntəˈrʌptɪd] adj ununterbrochen; Aussicht ungestört
uninvited [ˌʌnɪnˈvaɪtɪd] adj Gast ungeladen
uninviting [ˌʌnɪnˈvaɪtɪŋ] adj Aussichten nicht (gerade) verlockend
union [ˈjuːnjən] **A** s Vereinigung f; IND Gewerkschaft f; UNIV Studentenklub m **B** adj ⟨attr⟩ IND Gewerkschafts-
unionist [ˈjuːnjənɪst] **A** s **1** IND Gewerkschaftler(in) m(f) **2** POL Unionist(in) m(f) **B** adj POL unionistisch
Union Jack s Union Jack m
unique [juːˈniːk] adj einzig attr, einzigartig; **such cases are not ~ to Britain** solche Fälle sind nicht nur auf Großbritannien beschränkt
uniquely [juːˈniːklɪ] adv einzig und allein, nur, einmalig umg
unisex [ˈjuːnɪseks] adj für Männer und Frauen
unison [ˈjuːnɪzn] s MUS Einklang m; **in ~** einstimmig; **to act in ~ with sb** fig in Übereinstimmung mit j-m handeln
unit [ˈjuːnɪt] s Einheit f; (≈ Geräte) Anlage f; von Maschine Teil n; in Lehrbuch Lektion f; **~ of length** Längeneinheit f
unite [juːˈnaɪt] **A** v/t vereinigen, (ver)einen **B** v/i sich zusammenschließen; **to ~ in doing sth** gemeinsam etw tun; **to ~ in grief/opposition to sth** gemeinsam trauern/gegen etw Opposition machen
united [juːˈnaɪtɪd] adj verbunden; Front geschlossen; Volk, Nation einig; **a ~ Ireland** ein vereintes Irland; **to be ~ in the** od **one's belief that …** einig sein in seiner Überzeugung, dass …
United Arab Emirates pl Vereinigte Arabische Emirate pl
United Kingdom s Vereinigtes Königreich (Großbritannien und Nordirland)
United Nations (Organization) s Vereinte Nationen pl
United States (of America) pl ⟨+sg v⟩ Vereinigte Staaten pl (von Amerika)
unity [ˈjuːnɪtɪ] s Einheit f; **national ~** (nationale) Einheit
universal [ˌjuːnɪˈvɜːsəl] adj universell; Zustimmung, Frieden allgemein
universally [ˌjuːnɪˈvɜːsəlɪ] adv allgemein
universe [ˈjuːnɪvɜːs] s Universum n
university [ˌjuːnɪˈvɜːsɪtɪ] **A** s Universität f; **which ~ does he go to?** wo studiert er?; **to be at/go to ~** studieren; **to be at/go to London University** in London studieren **B** adj ⟨attr⟩ Universitäts-; Ausbildung akademisch; **~ teacher** Hochschullehrer(in) m(f)
unjust [ʌnˈdʒʌst] adj ungerecht (**to** gegen)
unjustifiable [ʌnˈdʒʌstɪfaɪəbl] adj nicht zu rechtfertigend attr, nicht zu rechtfertigen präd
unjustifiably [ʌnˈdʒʌstɪfaɪəblɪ] adv ungerechtfertigt; entlassen zu Unrecht
unjustified [ʌnˈdʒʌstɪfaɪd] adj ungerechtfertigt
unjustly [ʌnˈdʒʌstlɪ] adv zu Unrecht; behandeln, beurteilen ungerecht
unkempt [ʌnˈkempt] adj ungepflegt; Haar ungekämmt
unkind [ʌnˈkaɪnd] adj ⟨+er⟩ unfreundlich, gemein; **don't be (so) ~!** das ist aber gar nicht nett (von dir)!
unkindly [ʌnˈkaɪndlɪ] adv unfreundlich, gemein
unkindness s Unfreundlichkeit f, Gemeinheit f
unknowingly [ʌnˈnəʊɪŋlɪ] adv unwissentlich
unknown [ʌnˈnəʊn] **A** adj unbekannt; **~ territory** Neuland n **B** s **the ~** das Unbekannte; **a journey into the ~** eine Fahrt ins Ungewisse **C** adv **~ to me** ohne dass ich es wusste
unlawful [ʌnˈlɔːfʊl] adj gesetzwidrig
unlawfully [ʌnˈlɔːfəlɪ] adv gesetzwidrig, illegal; gefangen halten ungesetzlich
unleaded [ʌnˈledɪd] **A** adj bleifrei **B** s bleifreies Benzin
unlearn [ʌnˈlɜːn] v/t ⟨unlearned; unlearned or unlearnt; unlearnt⟩ Gewohnheit etc ablegen, aufgeben
unleash [ʌnˈliːʃ] fig v/t entfesseln
unleavened [ʌnˈlevnd] adj ungesäuert

unless [ənˈles] *konj* es sei denn; *am Satzanfang* wenn ... nicht; **don't do it ~ I tell you to** mach das nicht, es sei denn, ich sage es dir; **~ I tell you to, don't do it** wenn ich es dir nicht sage, mach das nicht; **~ I am mistaken ...** wenn *od* falls ich mich nicht irre ...

unlicensed [ʌnˈlaɪsənst] *adj Lokal* ohne (Schank)konzession

unlike [ʌnˈlaɪk] *präp* **1** im Gegensatz zu **2 to be quite ~ sb** j-m (gar) nicht ähnlichsehen **3 this house is ~ their former one** dieses Haus ist ganz anders als ihr früheres

unlikeable [ʌnˈlaɪkəbl] *adj* unsympathisch

unlikely [ʌnˈlaɪklɪ] *adj* ⟨*komp* unlikelier⟩ unwahrscheinlich; **to be ~** unwahrscheinlich sein; **it is (most) ~/not ~ that ...** es ist (höchst) unwahrscheinlich/es kann durchaus sein, dass ...; **she is ~ to come** sie kommt höchstwahrscheinlich nicht; **he's ~ to be chosen** es ist unwahrscheinlich, dass er gewählt wird; **in the ~ event of war** im unwahrscheinlichen Fall eines Krieges

unlimited [ʌnˈlɪmɪtɪd] *adj* unbegrenzt; *Zugang* uneingeschränkt

unlisted [ʌnˈlɪstɪd] *adj Firma etc* nicht verzeichnet; **the number is ~** *US TEL* die Nummer steht nicht im Telefonbuch

unlit [ˌʌnˈlɪt] *adj* unbeleuchtet; *Lampe* nicht angezündet; *Zigarette* unangezündet

unload [ʌnˈləʊd] **A** *v/t* entladen; *Auto* ausladen; *Fracht* löschen **B** *v/i Schiff* löschen; *Lkw* abladen

unlock [ʌnˈlɒk] *v/t* aufschließen; **the door is ~ed** die Tür ist nicht abgeschlossen; **to leave a door ~ed** eine Tür nicht abschließen

unloved [ʌnˈlʌvd] *adj* ungeliebt

unluckily [ʌnˈlʌkɪlɪ] *adv* unglücklicherweise; leider; **~ for him** zu seinem Pech

unlucky [ʌnˈlʌkɪ] *adj* ⟨*komp* unluckier⟩ *Handlung* unglückselig; *Verlierer, Zufall* unglücklich; **to be ~** Pech haben; *Objekt* Unglück bringen; **it was ~ for her that she was seen** Pech für sie, dass man sie gesehen hat; **~ number** Unglückszahl *f*

unmade [ʌnˈmeɪd] *adj Bett* ungemacht

unmanageable [ʌnˈmænɪdʒəbl] *adj Größe* unhandlich; *Zahl* nicht zu bewältigen; *Mensch, Haare* widerspenstig; *Situation* unkontrollierbar

unmanly [ʌnˈmænlɪ] *adj* unmännlich

unmanned [ʌnˈmænd] *adj* unbemannt

unmarked [ʌnˈmɑːkt] *adj* **1** ohne Flecken, ungezeichnet; *Streifenwagen* nicht gekennzeichnet; *Grab* anonym **2** *SPORT Spieler* ungedeckt **3** *SCHULE Arbeiten* unkorrigiert

unmarried [ʌnˈmærɪd] *adj* unverheiratet; **~ mother** ledige Mutter

unmask [ʌnˈmɑːsk] *wörtl v/t* demaskieren; *fig* entlarven

unmatched [ʌnˈmætʃt] *adj* unübertroffen (**for** in Bezug auf +*akk*); **~ by anyone** von niemandem übertroffen

unmentionable [ʌnˈmenʃnəbl] *adj* tabu *präd*

unmerciful [ʌnˈmɜːsɪfl] *adj* erbarmungslos, unbarmherzig

unmissable [ˈʌnˈmɪsəbl] *Br umg adj* **to be ~** ein Muss sein

unmistak(e)able [ˌʌnmɪˈsteɪkəbl] *adj* unverkennbar, unverwechselbar

unmistak(e)ably [ˌʌnmɪˈsteɪkəblɪ] *adv* unverkennbar

unmitigated [ʌnˈmɪtɪgeɪtɪd] *umg adj Katastrophe* vollkommen; *Erfolg* total

unmotivated [ʌnˈməʊtɪveɪtɪd] *adj* unmotiviert, grundlos

unmoved [ʌnˈmuːvd] *adj* ungerührt; **they were ~ by his playing** sein Spiel(en) ergriff sie nicht

unnamed [ʌnˈneɪmd] *adj* ungenannt

unnatural [ʌnˈnætʃrəl] *adj* unnatürlich; **to die an ~ death** keines natürlichen Todes sterben

unnaturally [ʌnˈnætʃrəlɪ] *adv* unnatürlich; *laut* ungewöhnlich

unnecessarily [ʌnˈnesɪsərɪlɪ] *adv* unnötigerweise; *streng* unnötig

unnecessary [ʌnˈnesɪsərɪ] *adj* unnötig, nicht nötig

unnerve [ʌnˈnɜːv] *v/t* entnerven, zermürben, entmutigen; **~d by their reaction** durch ihre Reaktion aus der Ruhe gebracht

unnerving [ʌnˈnɜːvɪŋ] *adj* entnervend

unnoticed [ʌnˈnəʊtɪst] *adj* unbemerkt

unobservant [ˌʌnəbˈzɜːvənt] *adj* unaufmerksam; **to be ~** ein schlechter Beobachter sein

unobserved [ˌʌnəbˈzɜːvd] *adj* unbemerkt

unobstructed [ˌʌnəbˈstrʌktɪd] *adj Blick* ungehindert

unobtainable [ˌʌnəbˈteɪnəbl] *adj* nicht erhältlich; *Ziel* unerreichbar

unobtrusive *adj*, **unobtrusively** [ˌʌnəbˈtruːsɪv, -lɪ] *adv* unauffällig

unoccupied [ʌnˈɒkjʊpaɪd] *adj Mensch* unbeschäftigt; *Haus* leer stehend; *Platz* frei

unofficial [ˌʌnəˈfɪʃl] *adj* inoffiziell

unofficially [ˌʌnəˈfɪʃəlɪ] *adv* inoffiziell

unopened [ʌnˈəʊpənd] *adj* ungeöffnet

unorganized [ʌnˈɔːgənaɪzd] *adj* unsystematisch, unmethodisch; *Leben* ungeregelt

unoriginal [ˌʌnəˈrɪdʒɪnəl] *adj* wenig originell

unorthodox [ʌnˈɔːθədɒks] *adj* unkonventionell

unpack [ʌnˈpæk] *v/t & v/i* auspacken

unpaid [ʌnˈpeɪd] *adj* unbezahlt

unparalleled [ʌnˈpærəleld] *adj* beispiellos

unpatriotic [ˌʌnpætrɪˈɒtɪk] *adj* unpatriotisch

unpaved [ʌnˈpeɪvd] *adj* nicht gepflastert

unperfumed [ʌnˈpɜːfjuːmd] adj nicht parfümiert

unperturbed [ˌʌnpəˈtɜːbd] adj nicht beunruhigt (**by** von, durch)

unpick [ʌnˈpɪk] v/t auftrennen

unpin [ʌnˈpɪn] v/t Kleid, Haar die Nadeln entfernen aus

unplanned [ʌnˈplænd] adj ungeplant

unplayable [ʌnˈpleɪəbl] adj unspielbar; Fußballplatz unbespielbar

unpleasant [ʌnˈpleznt] adj unangenehm; Mensch, Bemerkung unfreundlich; **to be ~ to sb** unfreundlich zu j-m sein

unpleasantly [ʌnˈplezntlɪ] adv antworten unfreundlich; warm unangenehm

unpleasantness [ʌnˈplezntnɪs] s ◼ Unangenehmheit f; von Mensch Unfreundlichkeit f ◼ (≈ Streit) Unstimmigkeit f

unplug [ʌnˈplʌg] v/t Stecker etc rausziehen

unplugged [ʌnˈplʌgd] adj ◼ **the TV is ~** der Fernseher ist nicht eingesteckt ◼ ® MUS ohne Verstärker, unplugged®

unpolluted [ˌʌnpəˈluːtɪd] adj unverschmutzt

unpopular [ʌnˈpɒpjʊlə] adj unbeliebt (**with sb** bei j-m); Beschluss unpopulär

unpopularity [ʌnˌpɒpjʊˈlærɪtɪ] s Unbeliebtheit f; von Beschluss geringe Popularität

unpractical [ʌnˈpræktɪkəl] adj unpraktisch

unprecedented [ʌnˈpresɪdəntɪd] adj noch nie da gewesen; Profit unerhört

unpredictable [ˌʌnprɪˈdɪktəbl] adj ◼ Zwischenfall unvorhersehbar ◼ Person unberechenbar

unprejudiced [ʌnˈpredʒʊdɪst] adj unvoreingenommen

unprepared [ˌʌnprɪˈpeəd] adj unvorbereitet; **to be ~ for sth** auf etw (akk) nicht gefasst sein

unprepossessing [ˌʌnpriːpəˈzesɪŋ] adj wenig einnehmend

unpretentious [ˌʌnprɪˈtenʃəs] adj schlicht

unprincipled [ʌnˈprɪnsɪpld] adj skrupellos

unprintable [ʌnˈprɪntəbl] adj nicht druckfähig

unproductive [ˌʌnprəˈdʌktɪv] adj Gespräch unergiebig; Betrieb unproduktiv

unprofessional [ˌʌnprəˈfeʃənl] adj unprofessionell

unprofitable [ʌnˈprɒfɪtəbl] adj Firma unrentabel; fig nutzlos; **the company was ~** die Firma machte keinen Profit od warf keinen Profit ab

unpromising [ʌnˈprɒmɪsɪŋ] adj nicht sehr vielversprechend; **to look ~** nicht sehr hoffnungsvoll od gut aussehen

unpronounceable [ˌʌnprəˈnaʊnsɪbl] adj unaussprechbar; **that word is ~** das Wort ist nicht auszusprechen

unprotected [ˌʌnprəˈtektɪd] adj schutzlos; Haut, Sex ungeschützt

unproven [ʌnˈpruːvən], **unproved** [ʌnˈpruːvd] adj unbewiesen

unprovoked [ˌʌnprəˈvəʊkt] adj grundlos

unpublished [ʌnˈpʌblɪʃt] adj unveröffentlicht

unpunctual [ʌnˈpʌŋkʧʊəl] adj unpünktlich

unpunctuality [ˌʌnpʌŋkʧʊˈælɪtɪ] s Unpünktlichkeit f

unpunished [ʌnˈpʌnɪʃt] adj **to go ~** ohne Strafe bleiben

unqualified [ʌnˈkwɒlɪfaɪd] adj ◼ unqualifiziert; **to be ~** nicht qualifiziert sein; **he is ~ to do it** er ist dafür nicht qualifiziert ◼ Erfolg voll(-ständig)

unquenchable [ʌnˈkwenʧəbl] adj Durst, Verlangen unstillbar; Optimismus unerschütterlich

unquestionable [ʌnˈkwesʧənəbl] adj unbestritten

unquestionably [ʌnˈkwesʧənəblɪ] adv zweifellos

unquestioning [ʌnˈkwesʧənɪŋ] adj bedingungslos

unquestioningly [ʌnˈkwesʧənɪŋlɪ] adv bedingungslos; gehorchen blind

unquote [ʌnˈkwəʊt] v/i **quote ... ~** Zitat ... Zitat Ende

unravel [ʌnˈrævəl] **A** v/t Gestricktes aufziehen; Durcheinander entwirren; Rätsel lösen **B** v/i Gestricktes sich aufziehen; fig sich entwirren

unreadable [ʌnˈriːdəbl] adj unleserlich; Buch schwer lesbar

unreal [ʌnˈrɪəl] adj unwirklich; **this is just ~!** umg das gibts doch nicht! umg; **he's ~** er ist unmöglich

unrealistic [ˌʌnrɪəˈlɪstɪk] adj unrealistisch

unrealistically [ˌʌnrɪəˈlɪstɪkəlɪ] adv unrealistisch; optimistisch unangemessen

unreasonable [ʌnˈriːznəbl] adj unzumutbar; Erwartungen übertrieben; Mensch uneinsichtig; **to be ~ about sth** in Bezug auf etw (akk) zu viel verlangen; **it is ~ to ...** es ist zu viel verlangt, zu ...; **you are being very ~!** das ist wirklich zu viel verlangt!; **an ~ length of time** übermäßig od übertrieben lange

unreasonably [ʌnˈriːznəblɪ] adv lang, streng übertrieben; **you must prove that your employer acted ~** Sie müssen nachweisen, dass Ihr Arbeitgeber ungerechtfertigt gehandelt hat; **not ~** nicht ohne Grund

unrecognizable [ʌnˈrekəgnaɪzəbl] adj nicht wiederzuerkennen präd, nicht wiederzuerkennend attr

unrecognized [ʌnˈrekəgnaɪzd] adj unerkannt; **to go ~** nicht anerkannt werden

unrefined [ˌʌnrɪˈfaɪnd] adj Petroleum nicht raffiniert

unregulated [ʌnˈregjʊleɪtɪd] adj unkontrolliert

unrehearsed [ˌʌnrɪˈhɜːst] *adj* spontan

unrelated [ˌʌnrɪˈleɪtɪd] *adj* **1** ohne Beziehung (**to** zu); **the two events are ~** die beiden Ereignisse stehen in keinem Zusammenhang miteinander **2** nicht verwandt

unrelenting [ˌʌnrɪˈlentɪŋ] *adj* **1** *Druck* unablässig; *Kampf, Person* unerbittlich; *Schmerz, Tempo* unvermindert; *Hitze* unbarmherzig **2** *ununterbrochen* unaufhörlich

unreliability [ˈʌnrɪˌlaɪəˈbɪlɪtɪ] *s* Unzuverlässigkeit *f*

unreliable [ˌʌnrɪˈlaɪəbl] *adj* unzuverlässig

unremarkable [ˌʌnrɪˈmɑːkəbl] *adj* nicht sehr bemerkenswert

unremitting [ˌʌnrɪˈmɪtɪŋ] *adj Bemühungen* unaufhörlich, unablässig

unrepeatable [ˌʌnrɪˈpiːtəbl] *adj* nicht wiederholbar

unrepentant [ˌʌnrɪˈpentənt] *adj* reu(e)los

unreported [ˌʌnrɪˈpɔːtɪd] *adj Geschehnis* nicht berichtet; *Verbrechen* nicht angezeigt

unrepresentative [ˌʌnreprɪˈzentətɪv] *adj* **~ of sth** nicht repräsentativ für etw

unrequited [ˌʌnrɪˈkwaɪtɪd] *adj Liebe* unerwidert

unreserved [ˌʌnrɪˈzɜːvd] *adj Entschuldigung, Unterstützung* uneingeschränkt

unresolved [ˌʌnrɪˈzɒlvd] *adj* ungelöst

unresponsive [ˌʌnrɪˈspɒnsɪv] *adj* nicht reagierend *attr*; *emotional* unempfänglich; **to be ~** nicht reagieren (**to** auf +*akk*); **an ~ audience** ein Publikum, das nicht mitgeht

unrest [ʌnˈrest] *s* Unruhen *pl*

unrestrained [ˌʌnrɪˈstreɪnd] *adj* unkontrolliert; *Freude* ungezügelt

unrestricted [ˌʌnrɪˈstrɪktɪd] *adj* **1** uneingeschränkt; *Zugang* ungehindert **2** *Blick* ungehindert

unrewarded [ˌʌnrɪˈwɔːdɪd] *adj* unbelohnt; **to go ~** unbelohnt bleiben

unrewarding [ˌʌnrɪˈwɔːdɪŋ] *adj* undankbar

unripe [ʌnˈraɪp] *adj* unreif

unrivalled [ʌnˈraɪvld] *adj*, **unrivaled** *US adj* unerreicht, unübertroffen

unroadworthy [ʌnˈrəʊdwɜːðɪ] *adj* nicht verkehrssicher

unroll [ʌnˈrəʊl] **A** *v/t* aufrollen **B** *v/i* sich aufrollen

unruffled [ʌnˈrʌfld] *adj* gelassen

unruly [ʌnˈruːlɪ] *adj* ⟨*komp* unrulier⟩ wild

unsaddle [ʌnˈsædl] *v/t Pferd* absatteln

unsafe [ʌnˈseɪf] *adj* nicht sicher, gefährlich; *Sex* ungeschützt; **this is ~ to eat/drink** das ist nicht genießbar/trinkbar; **it is ~ to walk there at night** es ist gefährlich, dort nachts spazieren zu gehen; **to feel ~** sich nicht sicher fühlen

unsaid [ʌnˈsed] *adj* **to leave sth ~** etw unausgesprochen lassen

unsaleable [ʌnˈseɪləbl] *adj*, **unsalable** *US adj* unverkäuflich; **to be ~** sich nicht verkaufen lassen

unsalted [ʌnˈsɔːltɪd] *adj* ungesalzen

unsanitary [ʌnˈsænɪtrɪ] *adj* unhygienisch

unsatisfactory [ˌʌnsætɪsˈfæktərɪ] *adj* unbefriedigend; *Gewinne* nicht ausreichend; SCHULE mangelhaft; **this is highly ~** das lässt sehr zu wünschen übrig

unsatisfied [ʌnˈsætɪsfaɪd] *adj* unzufrieden; **the book's ending left us ~** wir fanden den Schluss des Buches unbefriedigend

unsatisfying [ʌnˈsætɪsfaɪɪŋ] *adj* unbefriedigend; *Mahlzeit* unzureichend

unsaturated [ʌnˈsætʃəreɪtɪd] *adj* CHEM ungesättigt

unsavoury [ʌnˈseɪvərɪ] *adj*, **unsavory** *US adj Geruch* widerwärtig; *Äußeres* abstoßend; *Thema* unerfreulich; *Gestalt* zwielichtig

unscathed [ʌnˈskeɪðd] *adj* unversehrt; *fig* unbeschadet

unscented [ʌnˈsentɪd] *adj* geruchlos

unscheduled [ʌnˈʃedjuːld] *adj Flug, Halt* außerfahrplanmäßig; *Treffen* außerplanmäßig

unscientific [ˌʌnsaɪənˈtɪfɪk] *adj* unwissenschaftlich

unscramble [ʌnˈskræmbl] *v/t* entwirren; TEL entschlüsseln

unscrew [ʌnˈskruː] *v/t* losschrauben

unscrupulous [ʌnˈskruːpjʊləs] *adj* skrupellos

unsealed [ʌnˈsiːld] *adj* unverschlossen

unseasonable [ʌnˈsiːznəbl] *adj* nicht der Jahreszeit entsprechend *attr*

unseasonably [ʌnˈsiːznəblɪ] *adv* (für die Jahreszeit) ungewöhnlich *od* außergewöhnlich

unseat [ʌnˈsiːt] *v/t Reiter* abwerfen

UN Security Council *s* UN-Sicherheitsrat *m*

unseeded [ʌnˈsiːdɪd] *adj* unplatziert

unseeing [ʌnˈsiːɪŋ] *adj* blind; *Blick* leer

unseemly [ʌnˈsiːmlɪ] *adj* ungebührlich

unseen [ʌnˈsiːn] *adj* ungesehen, unbemerkt

unselfconscious *adj*, **unselfconsciously** [ˌʌnselfˈkɒnʃəs, -lɪ] *adv* unbefangen

unselfish *adj*, **unselfishly** [ʌnˈselfɪʃ, -lɪ] *adv* selbstlos

unsentimental [ˌʌnsentɪˈmentl] *adj* unsentimental

unsettle [ʌnˈsetl] *v/t* aufregen, beunruhigen

unsettled *adj* **1** *Frage* ungeklärt **2** *Wetter, Markt* unbeständig; **to be ~** durcheinander sein, aus dem Gleis geworfen sein; **to feel ~** sich nicht wohlfühlen

unsettling [ʌnˈsetlɪŋ] *adj Lebensstil* aufreibend; *Gedanke, Nachricht* beunruhigend

unshak(e)able adj, **unshak(e)ably** [ʌnˈʃeɪkəbl, -lɪ] adv unerschütterlich

unshaken [ʌnˈʃeɪkən] adj unerschüttert

unshaven [ʌnˈʃeɪvn] adj unrasiert

unsightly [ʌnˈsaɪtlɪ] adj unansehnlich

unsigned [ʌnˈsaɪnd] adj Gemälde unsigniert; Brief nicht unterzeichnet

unskilled [ʌnˈskɪld] adj Arbeiter ungelernt; **~ labour** Br, **~ labor** US Hilfsarbeiter pl

unsociable [ʌnˈsəʊʃəbl] adj ungesellig

unsocial [ʌnˈsəʊʃəl] adj **to work ~ hours** außerhalb der normalen Arbeitszeiten arbeiten

unsold [ʌnˈsəʊld] adj unverkauft; **to be left ~** nicht verkauft werden

unsolicited [ˌʌnsəˈlɪsɪtɪd] adj unerbeten

unsolved [ʌnˈsɒlvd] adj Problem ungelöst; Verbrechen a. unaufgeklärt

unsophisticated [ˌʌnsəˈfɪstɪkeɪtɪd] adj einfach; Geschmack schlicht

unsound [ʌnˈsaʊnd] adj **1** Konstruktion unsolide; **structurally ~** Gebäude bautechnische Mängel aufweisend attr **2** Argument nicht stichhaltig; Rat unvernünftig; JUR Verurteilung ungesichert; **of ~ mind** JUR unzurechnungsfähig; **environmentally ~** umweltschädlich; **the company is ~** die Firma steht auf schwachen Füßen

unsparing [ʌnˈspeərɪŋ] adj **1** großzügig, verschwenderisch; **to be ~ in one's efforts** keine Kosten und Mühen scheuen **2** Kritik schonungslos; **the report was ~ in its criticism** der Bericht übte schonungslos Kritik

unspeakable adj, **unspeakably** [ʌnˈspiːkəbl, -lɪ] adv unbeschreiblich

unspecified [ʌnˈspesɪfaɪd] adj Zeit, Betrag nicht genau angegeben; Ort unbestimmt

unspectacular [ˌʌnspekˈtækjʊləʳ] adj wenig eindrucksvoll

unspoiled [ʌnˈspɔɪld], **unspoilt** [ʌnˈspɔɪlt] adj unberührt

unspoken [ʌnˈspəʊkən] adj unausgesprochen; Vereinbarung stillschweigend

unsporting [ʌnˈspɔːtɪŋ], **unsportsmanlike** [ʌnˈspɔːtsmənlaɪk] adj unsportlich

unstable [ʌnˈsteɪbl] adj instabil; PSYCH labil

unsteadily [ʌnˈstedɪlɪ] adv unsicher

unsteady [ʌnˈstedɪ] adj Hand, Treppe unsicher; Leiter wack(e)lig

unstinting [ʌnˈstɪntɪŋ] adj Unterstützung uneingeschränkt; **to be ~ in one's efforts** keine Kosten und Mühen scheuen

unstoppable [ʌnˈstɒpəbl] adj nicht aufzuhalten

unstressed [ʌnˈstrest] adj Phonetik unbetont

unstructured [ʌnˈstrʌktʃəd] adj unstrukturiert

unstuck [ʌnˈstʌk] adj **to come ~** Briefmarke sich lösen; umg Plan schiefgehen umg; **where they came ~ was ...** sie sind daran gescheitert, dass ...

unsubstantiated [ˌʌnsəbˈstænʃɪeɪtɪd] adj Gerücht unbegründet; **these reports remain ~** diese Berichte sind weiterhin unbestätigt

unsubtle [ʌnˈsʌtl] adj plump

unsuccessful [ˌʌnsəkˈsesfʊl] adj erfolglos; Kandidat abgewiesen; Versuch vergeblich; **to be ~ in doing sth** keinen Erfolg damit haben, etw zu tun; **to be ~ in one's efforts to do sth** erfolglos in seinem Bemühen sein, etw zu tun

unsuccessfully [ˌʌnsəkˈsesfəlɪ] adv erfolglos, vergeblich; sich bewerben ohne Erfolg

unsuitability [ˌʌnsuːtəˈbɪlɪtɪ] s Ungeeignetsein n; **his ~ for the job** seine mangelnde Eignung für die Stelle

unsuitable [ʌnˈsuːtəbl] adj unpassend; Kandidat ungeeignet; **~ for children** für Kinder ungeeignet; **she is ~ for him** sie ist nicht die Richtige für ihn

unsuitably [ʌnˈsuːtəblɪ] adv gekleidet unzweckmäßig, unpassend

unsuited [ʌnˈsuːtɪd] adj **to be ~ for** od **to sth** für etw untauglich sein; **to be ~ to sb** nicht zu j-m passen

unsure [ʌnˈʃʊəʳ] adj unsicher; **to be ~ of oneself** unsicher sein; **to be ~ (of sth)** sich (dat) (einer Sache gen) nicht sicher sein; **I'm ~ of him** ich bin mir bei ihm nicht sicher

unsurpassed [ˌʌnsəˈpɑːst] adj unübertroffen

unsurprising adj, **unsurprisingly** [ˌʌnsəˈpraɪzɪŋ, -lɪ] adv wenig überraschend

unsuspected [ˌʌnsəˈspektɪd] adj **1** unvermutet **2** Person unverdächtig

unsuspecting adj, **unsuspectingly** [ˌʌnsəˈspektɪŋ, -lɪ] adv nichts ahnend

unsuspicious [ˌʌnsəˈspɪʃəs] adj unverdächtig, harmlos; ohne Verdacht arglos

unsweetened [ˌʌnˈswiːtnd] adj ungesüßt

unswerving [ʌnˈswɜːvɪŋ] adj Treue unerschütterlich

unsympathetic [ˌʌnsɪmpəˈθetɪk] adj **1** gefühllos **2** unsympathisch

unsympathetically [ˌʌnsɪmpəˈθetɪkəlɪ] adv ohne Mitgefühl, gefühllos

unsystematic adj, **unsystematically** [ˌʌnsɪstɪˈmætɪk, -əlɪ] adv unsystematisch

untalented [ʌnˈtælɪntɪd] adj unbegabt

untamed [ʌnˈteɪmd] adj ungezähmt; Dschungel, Schönheit wild

untangle [ʌnˈtæŋgl] v/t entwirren

untapped [ʌnˈtæpt] adj Quellen ungenutzt; Märkte unerschlossen

unteachable [ʌnˈtiːtʃəbl] adj Mensch unbelehrbar; Fach nicht lehrbar

untenable [ʌnˈtenəbl] adj unhaltbar

untested [ʌnˈtestɪd] *adj* unerprobt
unthinkable [ʌnˈθɪŋkəbl] *adj* undenkbar
unthinking [ʌnˈθɪŋkɪŋ] *adj* unbedacht, gedankenlos, blind
unthinkingly [ʌnˈθɪŋkɪŋli] *adv* unbedacht
untidily [ʌnˈtaɪdɪli] *adv* unordentlich
untidiness [ʌnˈtaɪdɪnɪs] *s* Unordnung *f*, Unordentlichkeit *f*
untidy [ʌnˈtaɪdɪ] *adj* ⟨komp untidier⟩ unordentlich
untie [ʌnˈtaɪ] *v/t* Knoten lösen; *Paket* aufknoten; *j-n, Schürze* losbinden
until [ənˈtɪl] **A** *präp* bis; **from morning ~ night** von morgens bis abends; **~ now** bis jetzt; **~ then** bis dahin; **not ~** nicht vor (+*dat*), erst; **I didn't leave him ~ the following day** ich bin bis zum nächsten Tag bei ihm geblieben **B** *konj* bis; **not ~** erst wenn, erst als; **he won't come ~ you invite him** er kommt erst, wenn Sie ihn einladen; **they did nothing ~ we came** bis wir kamen, taten sie nichts
untimely [ʌnˈtaɪmli] *adj* Tod vorzeitig; **to come to** *od* **meet an ~ end** ein vorzeitiges Ende finden
untiring *adj*, **untiringly** [ʌnˈtaɪərɪŋ, -li] *adv* unermüdlich
untitled [ʌnˈtaɪtld] *adj* ohne Titel
untold [ʌnˈtəʊld] *adj* Geschichte nicht erzählt; Schaden, Leid unermesslich; **this story is better left ~** über diese Geschichte schweigt man besser; **~ thousands** unzählig viele
untouchable [ʌnˈtʌtʃəbl] *adj* unantastbar
untouched [ʌnˈtʌtʃt] *adj* **1** unberührt; Flasche nicht angebrochen **2** unversehrt
untrained [ʌnˈtreɪnd] *adj* Mensch unausgebildet; Stimme ungeschult; **to the ~ eye** dem ungeschulten Auge
untranslatable [ˌʌntrænzˈleɪtəbl] *adj* unübersetzbar
untreated [ʌnˈtriːtɪd] *adj* unbehandelt
untried [ʌnˈtraɪd] *adj* Mensch unerprobt; Methode ungetestet
untroubled [ʌnˈtrʌbld] *adj* **to be ~ by the news** eine Nachricht gleichmütig hinnehmen; **he seemed ~ by the heat** die Hitze schien ihm nichts auszumachen
untrue [ʌnˈtruː] *adj* falsch
untrustworthy [ʌnˈtrʌstˌwɜːði] *adj* nicht vertrauenswürdig
untruth [ʌnˈtruːθ] *s* Unwahrheit *f*
untruthful [ʌnˈtruːθfʊl] *adj* Behauptung unwahr; Mensch unaufrichtig
untruthfully [ʌnˈtruːθfəli] *adv* fälschlich
untypical [ʌnˈtɪpɪkl] *adj* untypisch (**of** für)
unusable [ʌnˈjuːzəbl] *adj* unbrauchbar
unused[1] [ʌnˈjuːzd] *adj* ungebraucht, ungenutzt
unused[2] [ʌnˈjuːst] *adj* **to be ~ to sth** etw (*akk*) nicht gewohnt sein; **to be ~ to doing sth** es nicht gewohnt sein, etw zu tun
unusual [ʌnˈjuːʒʊəl] *adj* ungewöhnlich, außergewöhnlich; **it's ~ for him to be late** er kommt normalerweise nicht zu spät; **that's ~ for him** das ist sonst nicht seine Art; **that's not ~ for him** das wundert mich überhaupt nicht; **how ~!** das kommt selten vor; *iron* welch Wunder!
unusually [ʌnˈjuːʒʊəli] *adv* ungewöhnlich; **~ for her, she was late** ganz gegen ihre Gewohnheit kam sie zu spät
unvarnished [ʌnˈvɑːnɪʃt] *adj* Wahrheit ungeschminkt
unvarying [ʌnˈveərɪɪŋ] *adj* gleichbleibend
unveil [ʌnˈveɪl] *v/t* Statue, Plan enthüllen
unverified [ʌnˈverɪfaɪd] *adj* unbewiesen
unvoiced [ʌnˈvɔɪst] *adj* Laut stimmlos
unwaged [ʌnˈweɪdʒd] *adj* ohne Einkommen
unwanted [ʌnˈwɒntɪd] *adj* **1** unerwünscht **2** überflüssig
unwarranted [ʌnˈwɒrəntɪd] *adj* ungerechtfertigt
unwavering [ʌnˈweɪvərɪŋ] *adj* Glaube unerschütterlich; Kurs beharrlich
unwaxed [ʌnˈwækst] *adj* Zahnseide ungewachst
unwelcome [ʌnˈwelkəm] *adj* Besucher unerwünscht; Nachricht unerfreulich; Erinnerung unwillkommen; **to make sb feel ~** sich j-m gegenüber abweisend verhalten
unwelcoming [ʌnˈwelkəmɪŋ] *adj* Verhalten abweisend; Ort ungastlich
unwell [ʌnˈwel] *adj* ⟨präd⟩ unwohl, nicht wohl; **he's rather ~** es geht ihm gar nicht gut
unwholesome [ʌnˈhəʊlsəm] *adj* ungesund; Lebensmittel minderwertig; Verlangen schmutzig
unwieldy [ʌnˈwiːldɪ] *adj* unhandlich, sperrig; Körper, System schwerfällig
unwilling [ʌnˈwɪlɪŋ] *adj* widerwillig; Komplize unfreiwillig; **to be ~ to do sth** nicht bereit sein, etw zu tun; **to be ~ for sb to do sth** nicht wollen, dass j-d etw tut
unwillingness [ʌnˈwɪlɪŋnɪs] *s* Widerwillen *n*
unwind [ʌnˈwaɪnd] ⟨prät, pperf unwound⟩ **A** *v/t* abwickeln **B** *v/i* umg abschalten umg
unwise *adj*, **unwisely** [ʌnˈwaɪz, -li] *adv* unklug
unwitting [ʌnˈwɪtɪŋ] *adj* Komplize unbewusst; Opfer ahnungslos; Beteiligung unabsichtlich
unwittingly [ʌnˈwɪtɪŋli] *adv* unbewusst
unworkable [ʌnˈwɜːkəbl] *adj* undurchführbar
unworldly [ʌnˈwɜːldli] *adj* Leben weltabgewandt
unworried [ʌnˈwʌrɪd] *adj* unbekümmert
unworthy [ʌnˈwɜːði] *adj* nicht wert (**of** +*gen*)
unwound [ʌnˈwaʊnd] prät & pperf → unwind
unwrap [ʌnˈræp] *v/t* auswickeln

unwritten [ʌnˈrɪtn] *adj* ungeschrieben; *Vereinbarung* stillschweigend

unwritten law *s* JUR *fig* ungeschriebenes Gesetz

unyielding [ʌnˈjiːldɪŋ] *adj* unnachgiebig

unzip [ʌnˈzɪp] *v/t* **1** *Reißverschluss* aufmachen; *Hose* den Reißverschluss aufmachen an (+*dat*) **2** IT *Datei* entzippen

up [ʌp] **A** *adv* **1** oben; (≈ *Richtung*) nach oben; **up there** dort oben; **on your way up** auf dem Weg hinauf; **to climb all the way up** den ganzen Weg hochklettern; **halfway up** auf halber Höhe; **5 floors up** 5 Stockwerke hoch; **I looked up** ich schaute nach oben; **this side up** diese Seite oben!; **a little further up** ein bisschen weiter oben; **to go a little further up** ein bisschen höher hinaufgehen; **from up on the hill** vom Berg oben; **up on top (of the cupboard)** ganz oben (auf dem Schrank); **up in the sky** oben am Himmel; **the temperature was up in the thirties** die Temperatur war über dreißig Grad; **the sun is up** die Sonne ist aufgegangen; **to move up into the lead** nach vorn an die Spitze kommen **2** **to be up** *Haus* stehen; *Bekanntmachung* angeschlagen sein; *Vorhang* hängen; **the new houses went up very quickly** die neuen Häuser sind sehr schnell gebaut worden *od* hochgezogen, die neuen Häuser sind sehr schnell hochgezogen worden *umg*; **to be up (and running)** *Computersystem etc* in Betrieb sein; **to be up and running** laufen; *Kommission etc* in Gang sein; **to get sth up and running** etw zum Laufen bringen; *Kommission etc* etw in Gang setzen **3** (≈ *nicht im Bett*) auf; **to be up (and about)** auf sein **4** (≈ *im Norden*) oben; **up in Inverness** oben in Inverness; **to go up to Aberdeen** nach Aberdeen (hinauf)fahren; **to live up north** im Norden wohnen; **to go up north** in den Norden fahren **5** *im Preis* gestiegen (**on** gegenüber) **6** **to be 3 goals up** mit 3 Toren führen (**on** gegenüber) **7** *umg* **what's up?** was ist los?; **something is up** da stimmt irgendetwas nicht, da ist irgendetwas im Gange **8** (≈ *bewandert*) firm; **to be well up on sth** sich in etw (*dat*) auskennen **9** **time's up** die Zeit ist um; **to eat sth up** etw aufessen **10** **it was up against the wall** es war an die Wand gelehnt; **to be up against an opponent** einem Gegner gegenüberstehen; **I fully realize what I'm up against** mir ist völlig klar, womit ich es hier zu tun habe; **they were really up against it** sie hatten wirklich schwer zu schaffen; **to walk up and down** auf und ab gehen; **to be up for sale** zu verkaufen sein; **to be up for discussion** zur Diskussion stehen; **to be up for election** zur Wahl aufgestellt sein, zur Wahl stehen; **up to** bis; **up to now/here** bis jetzt/hier; **to count up to 100** bis 100 zählen; **up to £100** bis zu £ 100; **what page are you up to?** bis zu welcher Seite bist du gekommen?; **I don't feel up to it** ich fühle mich dem nicht gewachsen; *gesundheitlich* ich fühle mich nicht wohl genug dazu; **it isn't up to much** damit ist nicht viel los *umg*; **it isn't up to his usual standard** das ist nicht sein sonstiges Niveau; **to be up to sb** bei j-m liegen; von j-m abhängen; j-m überlassen sein; **it's up to us to help him** wir sollten ihm helfen; **if it were up to me** wenn es nach mir ginge; **it's up to you whether you go or not** es bleibt dir überlassen, ob du gehst oder nicht; **it isn't up to me** das hängt nicht von mir ab; **that's up to you** das müssen Sie selbst wissen; **what colour shall I choose? — (it's) up to you** welche Farbe soll ich nehmen? — das ist deine Entscheidung; **it's up to the government to do it** es ist Sache der Regierung, das zu tun; **to be up to sth** etw machen; *in der Zukunft* etw vorhaben; **what's he up to?** was macht er da?; *in der Zukunft* was hat er vor?; **what have you been up to?** was hast du angestellt?; **he's up to no good** er führt nichts Gutes im Schilde **B** *präp* oben auf (+*dat*); *Richtung* hinauf (+*akk*); **further up the page** weiter oben auf der Seite; **to live up the hill** am Berg wohnen; **to go up the hill** den Berg hinaufgehen; **they live further up the street** sie wohnen weiter die Straße entlang; **he lives up a dark alley** er wohnt am Ende einer dunklen Gasse; **up the road from me** (von mir) die Straße entlang; **he went off up the road** er ging (weg) die Straße hinauf; **the water goes up this pipe** das Wasser geht durch dieses Rohr; **to go up to sb** auf j-n zugehen **C** *s* **ups and downs** gute und schlechte Zeiten *pl* **D** *adj* Rolltreppe nach oben **E** *v/t umg Preis* hinaufsetzen

up-and-coming [ˈʌpənˈkʌmɪŋ] *adj* **an ~ star** ein Star, der im Kommen ist

up-and-down [ˈʌpənˈdaʊn] *adj* **1** *wörtl* **~ movement** Auf- und Abbewegung *f* **2** *fig Karriere* wechselhaft

up arrow *s* IT Aufwärtspfeil *m*

upbeat [ˈʌpbiːt] *umg adj* fröhlich, optimistisch; **to be ~ about sth** über etw (*akk*) optimistisch gestimmt sein

upbringing [ˈʌpbrɪŋɪŋ] *s* Erziehung *f*; **we had a strict ~** wir hatten (als Kinder) eine strenge Erziehung

upcoming [ʌpˈkʌmɪŋ] *adj* kommend

update **A** [ʌpˈdeɪt] *v/t* aktualisieren; **to ~ sb on sth** j-n über etw (*akk*) auf den neuesten Stand bringen **B** [ˈʌpdeɪt] *s* **1** Aktualisierung *f* **2** Be-

richt *m*
upend [ʌpˈend] *v/t Kiste* hochkant stellen
upfront [ˈʌpˈfrʌnt] **A** *adj* **1** offen; **to be ~ about sth** sich offen über etw *(akk)* äußern **2 an ~ fee** eine Gebühr, die im Voraus zu entrichten ist **B** *adv* zahlen im Voraus; **we'd like 20% ~** wir hätten gern 20 % (als) Vorschuss
upgrade A [ˈʌpˌɡreɪd] *s* **1** IT, FLUG Upgrade *n* **2** *US* Steigung *f* **B** [ʌpˈɡreɪd] *v/t Mitarbeiter* befördern; *Einrichtungen* verbessern; *Rechner* nachrüsten; IT, FLUG *Passagier etc* upgraden
upgrad(e)able [ʌpˈɡreɪdəbl] *adj Rechner* nachrüstbar (**to auf** +*akk*)
upheaval [ʌpˈhiːvəl] *fig s* Aufruhr *m*; **social/political ~s** soziale/politische Umwälzungen *pl*
upheld [ʌpˈheld] *prät & pperf* → uphold
uphill [ˈʌpˈhɪl] **A** *adv* bergauf; **to go ~** bergauf gehen; *Straße* bergauf führen; *Auto* den Berg hinauffahren **B** *adj* bergauf (führend); *fig Kampf* mühsam
uphold [ʌpˈhəʊld] *v/t* ⟨*prät, pperf* upheld⟩ *Tradition* wahren; *Gesetz* hüten; *Rechte* schützen; *Entscheidung* (unter)stützen; JUR *Urteil* bestätigen
upholster [ʌpˈhəʊlstəʳ] *v/t* polstern, beziehen; **~ed furniture** Polstermöbel *pl*
upholstery [ʌpˈhəʊlstərɪ] *s* Polsterung *f*
upkeep [ˈʌpkiːp] *s* Unterhalt *m*, Instandhaltung *f*; *von Garten* Pflege *f*
upland [ˈʌplənd] **A** *s* ⟨*mst pl*⟩ Hochland *n kein pl* **B** *adj* Hochland-
uplift [ˈʌplɪft] *v/t* **with ~ed arms** mit erhobenen Armen; **to feel ~ed** sich erbaut fühlen
uplifting [ʌpˈlɪftɪŋ] *adj Erlebnis* erhebend; *Geschichte* erbaulich
upload [ˈʌpləʊd] *v/t* IT hochladen
up-market [ˈʌpˈmɑːkɪt] **A** *adj Mensch* vornehm; *Image, Hotel* exklusiv **B** *adv* **his shop has gone ~** in seinem Laden verkauft er jetzt Waren der höheren Preisklasse
upon [əˈpɒn] *präp* → on
upper [ˈʌpəʳ] **A** *adj* obere(r, s); ANAT, GEOG Ober-; **temperatures in the ~ thirties** Temperaturen hoch in den dreißig; **~ body** Oberkörper *m* **B** *s* **uppers** *pl von Schuh* Obermaterial *n*
upper-case *adj* groß
upper circle *s Br* THEAT zweiter Rang
upper class *s* **the ~es** die Oberschicht
upper-class *adj* vornehm; *Sport, Benehmen* der Oberschicht
Upper House *s* PARL Oberhaus *n*
uppermost [ˈʌpəˈməʊst] **A** *adj* oberste(r, s); **safety is ~ in my mind** Sicherheit steht für mich an erster Stelle **B** *adv* **face ~** mit dem Gesicht nach oben
upper school *s* Oberschule *f*
upright [ˈʌpraɪt] **A** *adj* aufrecht, rechtschaffen; *Pfosten* senkrecht **B** *adv* aufrecht; *vertikal* senkrecht; **to pull sb/oneself ~** j-n/sich aufrichten **C** *s* Pfosten *m*
uprising [ˈʌpraɪzɪŋ] *s* Aufstand *m*
upriver [ˈʌpˈrɪvəʳ] *adv* flussaufwärts
uproar [ˈʌprɔːʳ] *s* Aufruhr *m*; **the whole room was in ~** der ganze Saal war in Aufruhr
uproariously [ʌpˈrɔːrɪəslɪ] *adv* lärmend; *lachen* brüllend
uproot [ʌpˈruːt] *v/t* entwurzeln; **he ~ed his whole family (from their home) and moved to New York** er riss seine Familie aus ihrer gewohnten Umgebung und zog nach New York
upset A [ʌpˈset] *v/t* ⟨*v: prät, pperf* upset⟩ **1** umstoßen **2** bestürzen, aus der Fassung bringen; *Erlebnis etc* mitnehmen *umg*, wehtun (+*dat*); (≈ *erzürnen*) ärgern; **don't ~ yourself** regen Sie sich nicht auf **3** *Planung* durcheinanderbringen; **the rich food ~ his stomach** das schwere Essen ist ihm nicht bekommen **B** [ʌpˈset] *adj* nach Unfall etc mitgenommen *umg* (**about** von); *bei Todesfall, schlechter Nachricht etc* bestürzt (**about** über +*akk*), betrübt (**about** über +*akk*), aufgeregt (**about** wegen); *vor Wut* aufgebracht (**about** über +*akk*); (≈ *verletzt*) gekränkt (**about** über +*akk*); **she was pretty ~ about it** das ist ihr ziemlich nahegegangen; (≈ *besorgt*) sie hat sich deswegen ziemlich aufgeregt; (≈ *wütend*) das hat sie ziemlich geärgert; (≈ *verletzt*) das hat sie ziemlich gekränkt; **she was ~ about something** irgendetwas hatte sie aus der Fassung gebracht; **she was ~ about the news** es hat sie ziemlich mitgenommen, als sie das hörte *umg*; **would you be ~ if I decided not to go after all?** wärst du traurig, wenn ich doch nicht ginge?; **to get ~** sich aufregen (**about** über +*akk*); **don't get ~ about it, you'll find another** nimm das doch nicht so tragisch, du findest bestimmt einen anderen; **to feel ~** gekränkt sein; **to sound/look ~** verstört klingen/aussehen **C** [ˈʌpset] *adj* **to have an ~ stomach** sich (*dat*) den Magen verdorben haben **D** [ˈʌpset] *s* Störung *f*; *emotional* Aufregung *f*; *umg* (≈ *Niederlage etc*) böse Überraschung; **stomach ~** Magenverstimmung *f*
upsetting [ʌpˈsetɪŋ] *adj* traurig; *stärker* bestürzend; *Lage* schwierig, ärgerlich; **that must have been very ~ for you** das war bestimmt nicht einfach für Sie; **it is ~ (for them) to see such terrible things** es ist schlimm (für sie), so schreckliche Dinge zu sehen; **the divorce was very ~ for the child** das Kind hat unter der Scheidung sehr gelitten
upshot [ˈʌpʃɒt] *s* **the ~ of it all was that …** es lief darauf hinaus, dass …
upside down [ˈʌpsaɪdˈdaʊn] *adv* verkehrt her-

um; **to turn sth ~** *wörtl* etw umdrehen; *fig* etw auf den Kopf stellen *umg*

upside-down [ˈʌpsaɪdˈdaʊn] *adj* **to be ~** *Bild* verkehrt herum hängen; *Welt* kopfstehen

upstage [ʌpˈsteɪdʒ] *v/t* **to ~ sb** *fig* j-m die Schau stehlen *umg*

upstairs [ʌpˈsteəz] **A** *adv* oben; *Richtung* nach oben; **the people ~** die Leute über uns; **to run ~** die Treppe hinaufrennen **B** *adj* im oberen Stock(werk) **C** *s ‹+sg v›* oberes Stockwerk

upstanding [ʌpˈstændɪŋ] *adj* rechtschaffen

upstart [ˈʌpstɑːt] *s* **1** Emporkömmling *m* **2** *Firma etc* Aufsteiger-; **~ company** Unternehmen, das innerhalb kurzer Zeit sehr erfolgreich ist

upstate [ˈʌpsteɪt] *US* **A** *adj* im Norden (des Bundesstaates); **to live in ~ New York** im Norden des Staates New York wohnen **B** *adv* im Norden (des Bundesstaates); *Richtung* in den Norden (des Bundesstaates)

upstream [ˈʌpstriːm] *adv* flussaufwärts

upsurge [ˈʌpsɜːdʒ] *s* Zunahme *f*; *von Kämpfen* Eskalation *f pej*

upswing [ˈʌpswɪŋ] *s* Aufschwung *m*

uptake [ˈʌpteɪk] *umg s* **to be quick on the ~** schnell verstehen; **to be slow on the ~** eine lange Leitung haben *umg*

uptight [ˈʌpˈtaɪt] *umg adj* nervös, verklemmt *umg*; *vor Wut* sauer *umg*; **to get ~ (about sth)** sich (wegen etw) aufregen, (auf etw *akk*) verklemmt reagieren *umg*; (wegen etw) sauer werden *umg*

up-to-date [ˈʌptəˈdeɪt] *adj ‹attr›*, **up to date** *adj ‹präd›* auf dem neuesten Stand; *Information* aktuell; **to keep ~ with the news** mit den Nachrichten auf dem Laufenden bleiben; **to keep sb up to date** j-n auf dem Laufenden halten; **to bring sb up to date on developments** j-n über den neuesten Stand der Dinge informieren

up-to-the-minute [ˈʌptəðəˈmɪnɪt] *adj* allerneuste(r, s)

uptown [ˈʌptaʊn] *US* **A** *adj* im Villenviertel; *Kaufhaus* vornehm **B** *adv* im Villenviertel; *Richtung* ins Villenviertel; **~ Manhattan** im Norden Manhattans

uptrend [ˈʌptrend] *s WIRTSCH* Aufwärtstrend *m*

upturn [ˈʌptɜːn] *fig s* Aufschwung *m*

upturned *adj Kiste* umgedreht; *Gesicht* nach oben gewandt; *Kragen* aufgeschlagen; **~ nose** Stupsnase *f*

upward [ˈʌpwəd] **A** *adj* Aufwärts-, nach oben **B** *bes US adv* → upwards

upwards [ˈʌpwədz] *bes Br adv* **1** aufwärts, nach oben; **to look ~** nach oben sehen; **face ~** mit dem Gesicht nach oben **2** *prices from £4 ~* Preise ab £ 4; **~ of 3000** über 3000

upwind [ˈʌpwɪnd] *adj & adv* im Aufwind; **to be ~ of sb** gegen den Wind zu j-m sein

uranium [jʊəˈreɪniəm] *s* Uran *n*

Uranus [jʊəˈreɪnəs] *s ASTRON* Uranus *m*

urban [ˈɜːbən] *adj* städtisch; **~ decay** Verfall *m* der Städte

urban development *s* Stadtentwicklung *f*

urbanization [ˌɜːbənaɪˈzeɪʃən] *s* Urbanisierung *f*

urbanize [ˈɜːbənaɪz] *v/t* urbanisieren, verstädtern *pej*

urchin [ˈɜːtʃɪn] *s* Gassenkind *n*

Urdu [ˈɜːduː] *s* Urdu *n*

urge [ɜːdʒ] **A** *s* Verlangen *n*, Drang *m kein pl*; *sexuell* Trieb *m*; **to feel the ~ to do sth** das Bedürfnis verspüren, etw zu tun; **I resisted the ~ (to contradict him)** ich habe mich beherrscht (und ihm nicht widersprochen) **B** *v/t* **1 to ~ sb to do sth** j-n eindringlich bitten, etw zu tun, darauf dringen, dass j-d etw tut; **to ~ sb to accept** j-n drängen, anzunehmen; **to ~ sb onward** j-n vorwärtstreiben **2** *Maßnahme* drängen auf (+*akk*); **to ~ caution** zur Vorsicht mahnen

phrasal verbs mit urge:

urge on *v/t ‹trennb›* antreiben

urgency [ˈɜːdʒənsɪ] *s* Dringlichkeit *f*; **it's a matter of ~** es ist dringend

urgent [ˈɜːdʒənt] *adj* dringend; **is it ~?** ist es dringend?, eilt es?, pressiert es? *österr*; **the letter was marked "urgent"** der Brief trug einen Dringlichkeitsvermerk

urgently [ˈɜːdʒəntlɪ] *adv* dringend; *sprechen* eindringlich; **he is ~ in need of help** er braucht dringend Hilfe

urinal [ˈjʊərɪnl] *s* Pissoir *n*, Urinal *n*

urinate [ˈjʊərɪneɪt] *v/i* urinieren *geh*

urine [ˈjʊərɪn] *s* Urin *m*

urine sample *s* Urinprobe *f*

URL *abk* (= uniform resource locator) *IT* URL *f od m*

urn [ɜːn] *s* **1** Urne *f* **2** (*a.* tea urn) Kessel *m*

US *abk ‹+sg v›* (= United States) **A** *s* USA *pl* **B** *adj* US-amerikanisch

us [ʌs] *pers pr* uns; **give it (to) us** gib es uns; **who, us?** wer, wir?; **younger than us** jünger als wir; **it's us** wir sinds; **us and them** wir und die

USA *abk ‹+sg v›* (= United States of America) USA *pl*

usable [ˈjuːzəbl] *adj* verwendbar

usage [ˈjuːzɪdʒ] *s* **1** Brauch *m*; **it's common ~** es ist allgemein üblich **2** *LING* Gebrauch *m kein pl*

USB *abk* (= universal serial bus) *IT* USB *m*; **USB interface** USB-Schnittstelle *f*

USB cable *s IT* USB-Kabel *n*

USB connection *s IT* USB-Anschluss *m*

USB drive s IT USB-Stick m
USB flash drive s IT USB-Stick m
USB port s IT USB-Port m, USB-Anschluss m
USB stick s IT USB-Stick m
use[1] **A** [juːz] v/t **1** benutzen, verwenden; *Worte* gebrauchen; *Methode, Gewalt* anwenden; *Drogen* einnehmen; **I have to use the toilet before I go** ich muss noch einmal zur Toilette, bevor ich gehe; **to use sth for sth** etw zu etw verwenden; **what did you use the money for?** wofür haben Sie das Geld verwendet?; **what sort of fuel do you use?** welchen Treibstoff verwenden Sie?; **why don't you use a hammer?** warum nehmen Sie nicht einen Hammer dazu?; **to use sb's name** j-s Namen verwenden *od* benutzen; **use your imagination!** zeig mal ein bisschen Fantasie!; **I'll have to use some of your men** ich brauche ein paar Ihrer Leute; **I could use a drink** umg ich könnte etwas zu trinken vertragen umg **2** *Information, Gelegenheit* (aus)nutzen; *Abfall* verwerten; **you can use the leftovers to make a soup** Sie können die Reste zu einer Suppe verwerten **3** verbrauchen **4** pej ausnutzen; **I feel (I've just been) used** ich habe das Gefühl, man hat mich ausgenutzt; *sexuell* ich komme mir missbraucht vor **B** [juːs] s **1** Benutzung f, Gebrauch m; *von Methode, Gewalt* Anwendung f; *von Personal* Einsatz m; *von Drogen* Einnahme f; **directions for use** Gebrauchsanweisung f; **for the use of** für; **for external use** zur äußerlichen Anwendung; **ready for use** gebrauchsfertig; *Maschine* einsatzbereit; **to make use of sth** von etw Gebrauch machen; **can you make use of that?** können Sie das brauchen?; **in use/out of use** in *od* im/außer Gebrauch **2** Nutzung f; *von Abfall* Verwertung f, Verwendung f; **to make use of sth** etw nutzen; **to put sth to good use** etw gut nutzen; **it has many uses** es ist vielseitig verwendbar; **to find a use for sth** für etw Verwendung finden; **to have no use for** keine Verwendung haben für **3** Nutzen m; **to be of use to sb** für j-n von Nutzen sein; **is this (of) any use to you?** können Sie das brauchen?; **he's no use as a goalkeeper** er ist als Torhüter nicht zu gebrauchen; **it's no use you** *od* **your protesting** es hat keinen Sinn *od* es nützt nichts, wenn du protestierst; **what's the use of telling him?** was nützt es, wenn man es ihm sagt?; **what's the use in trying?** wozu überhaupt versuchen?; **it's no use (doing that)** es hat keinen Zweck(, das zu tun); **ah, what's the use!** ach, was solls! **4** JUR Nutznießung f; **to have the use of a car** ein Auto zur Verfügung haben; **to give sb the use of sth** j-n etw benutzen lassen, j-m etw zur Verfügung stellen; **to have lost the use of one's arm** seinen Arm nicht mehr benutzen können

phrasal verbs mit use:

use up v/t ⟨trennb⟩ verbrauchen; *Reste* verwerten; **the butter is all used up** die Butter ist alle umg

use[2] [juːs] v/aux **I didn't use to smoke** ich habe früher nicht geraucht

use-by-date [ˈjuːzbaɪˌdeɪt] s Mindesthaltbarkeitsdatum n

used[1] [juːzd] adj gebraucht; *Handtuch* benutzt

used[2] [juːst] v/aux **I ~ to swim every day** ich bin früher täglich geschwommen; **he ~ to be a singer** er war einmal ein Sänger; **there ~ to be a field here** hier war (früher) einmal ein Feld; **things aren't what they ~ to be** es ist alles nicht mehr (so) wie früher; **life is more hectic than it ~ to be** das Leben ist hektischer als früher

used[3] [juːst] adj **to be ~ to sb** an j-n gewöhnt sein; **to be ~ to sth** etw gewohnt sein; **to be ~ to doing sth** es gewohnt sein, etw zu tun; **I'm not ~ to it** ich bin das nicht gewohnt; **to get ~ to sb/sth** sich an j-n/etw gewöhnen; **to get ~ to doing sth** sich daran gewöhnen, etw zu tun

useful [ˈjuːsfʊl] adj **1** nützlich; *Werkzeug, Sprache* praktisch; *Mensch, Beitrag* wertvoll; *Diskussion* fruchtbar; **to make oneself ~** sich nützlich machen; **to come in ~** sich als nützlich erweisen; **that's a ~ thing to know** es ist gut das zu wissen **2** umg *Spieler* fähig; *Sieg* wertvoll

usefulness s Nützlichkeit f

useless [ˈjuːslɪs] adj **1** nutzlos, unbrauchbar; **to be ~ to sb** für j-n ohne Nutzen sein; **it is ~ (for you) to complain** es hat keinen Sinn, sich zu beschweren; **he's ~ as a goalkeeper** er ist als Torwart nicht zu gebrauchen; **to be ~ at doing sth** ganz schlecht in etw sein; **I'm ~ at languages** Sprachen kann ich überhaupt nicht; **to feel ~** sich unnütz fühlen **2** sinnlos

uselessness [ˈjuːslɪsnɪs] s Nutzlosigkeit f, Unbrauchbarkeit f

user [ˈjuːzəʳ] s Benutzer(in) m(f)

user account s IT Benutzerkonto n

user-friendly adj benutzerfreundlich

user-generated adj IT nutzergeneriert; *von Webinhalten etc* **~ content** nutzergenerierter Content, nutzergenerierter Inhalt

user group s Nutzergruppe f; IT Anwendergruppe f

user ID s IT Benutzerkennung f

user identification s IT Benutzerkennung f

user-interface s bes IT Benutzerschnittstelle f

user name s IT Benutzername m

user profile s IT Benutzerprofil n

usher ['ʌʃə'] **A** s Platzanweiser(in) m(f) **B** v/t **to ~ sb into a room** j-n in ein Zimmer bringen
phrasal verbs mit usher:
usher in v/t ⟨trennb⟩ hineinführen
usherette [,ʌʃə'ret] s Platzanweiserin f
USSR abk (= Union of Soviet Socialist Republics) HIST UdSSR f
usual ['juːʒʊəl] **A** adj üblich, normal; **beer is his ~ drink** er trinkt gewöhnlich Bier; **when shall I come? — oh, the ~ time** wann soll ich kommen? — oh, zur üblichen Zeit; **as is ~ with second-hand cars** wie gewöhnlich bei Gebrauchtwagen; **it wasn't ~ for him to arrive early** es war nicht typisch für ihn, zu früh da zu sein; **to do sth in the** od **one's ~ way** od **manner** etw auf die einem übliche Art und Weise tun; **as ~** wie üblich; **business as ~** normaler Betrieb; in Laden Verkauf geht weiter; **to carry on as ~** weitermachen wie immer; **later/less than ~** später/weniger als sonst **B** s umg der/die/das Übliche; **what sort of mood was he in? — the ~** wie war er gelaunt? — wie üblich
usually ['juːʒʊəlɪ] adv gewöhnlich, normalerweise; **is he ~ so rude?** ist er sonst auch so unhöflich?
usurp [juː'zɜːp] v/t sich (dat) widerrechtlich aneignen; Thron sich bemächtigen (+gen) geh; j-n verdrängen
usurper [juː'zɜːpə'] s unrechtmäßiger Machthaber, unrechtmäßige Machthaberin; fig Eindringling m
usury ['juːʒʊrɪ] s Wucher m
utensil [juː'tensl] s Utensil n
uterus ['juːtərəs] s Gebärmutter f
utility [juː'tɪlɪtɪ] s **1** **public ~** Versorgungsbetrieb m; (≈ Service) Leistung f der Versorgungsbetriebe **2** IT Hilfsprogramm n
utility company s Versorgungsbetrieb m
utility program s IT Hilfsprogramm n
utility room s Allzweckraum m
utilization [,juːtɪlaɪ'zeɪʃən] s Verwendung f; von Rohstoffen etc Verwertung f
utilize ['juːtɪlaɪz] v/t verwenden; Altpapier etc verwerten
utmost ['ʌtməʊst] **A** adj größte(r, s), äußerste(r, s); **with the ~ speed** so schnell wie nur möglich **B** s **to do one's ~ (to do sth)** sein Möglichstes tun(, um etw zu tun)
utopia [juː'təʊpɪə] s Utopie f
utter¹ ['ʌtə'] adj total; Elend grenzenlos
utter² v/t von sich (dat) geben; Wort sagen; Schrei ausstoßen
utterance ['ʌtrəns] s Äußerung f
utterly ['ʌtəlɪ] adv total, völlig
uttermost ['ʌtəməʊst] s & adj → utmost

U-turn ['juːtɜːn] s Wende f; **to do a ~** fig seine Meinung völlig ändern
UV [,juː'viː] UV
UV filter [,juː'viː'fɪltə'] s UV-Filter m
UV protection s UV-Schutz m
UV rays pl UV-Strahlen pl

v. abk ⟨nur geschrieben⟩ (= against, versus Latein) bes SPORT, JUR gegen
V¹, v [viː] s V n, v n
V², v abk (= versus) gegen
vacancy ['veɪkənsɪ] s **1** (freies) Zimmer; **have you any vacancies for August?** haben Sie im August noch Zimmer frei?; **"no vacancies"** „belegt"; **"vacancies"** „Zimmer frei" **2** offene Stelle; **we have a ~ in our personnel department** in unserer Personalabteilung ist eine Stelle zu vergeben; **vacancies** pl offene Stellen pl
vacant ['veɪkənt] adj **1** Stelle offen; WC, Platz frei; Haus leer stehend; **~ lot** unbebautes Grundstück **2** Blick leer
vacantly ['veɪkəntlɪ] adv ansehen abwesend
vacate [və'keɪt] v/t Platz frei machen; Posten aufgeben; Wohnung räumen
vacation [və'keɪʃən] **A** s **1** UNIV Semesterferien pl; US SCHULE Schulferien pl **2** US Urlaub m; **on ~** im Urlaub sein, Urlaub machen; **to take a ~** Urlaub machen; **where are you going for your ~?** wohin fahren Sie in Urlaub?; **to go on ~** in Urlaub gehen; in Urlaub fahren **B** v/i US Urlaub machen
vacationer [veɪ'keɪʃənə'], **vacationist** [veɪ'keɪʃənɪst] US s Urlauber(in) m(f)
vaccinate ['væksɪneɪt] v/t impfen
vaccination [,væksɪ'neɪʃən] s (Schutz)impfung f
vaccine ['væksiːn] s Impfstoff m
vacillate ['væsɪleɪt] wörtl, fig v/i schwanken
vacuum ['vækjʊəm] s **A** s **1** Vakuum n **2** Staubsauger m **B** v/t (staub)saugen
vacuum bottle US s Thermosflasche® f
vacuum cleaner s Staubsauger m
vacuum flask Br s Thermosflasche® f
vacuum-packed adj vakuumverpackt
vagabond ['vægəbɒnd] s Vagabund m
vagina [və'dʒaɪnə] s Scheide f, Vagina f
vagrant ['veɪgrənt] s Landstreicher(in) m(f), Stadtstreicher(in) m(f)
vague [veɪg] adj ⟨komp **vaguer**⟩ **1** vage; Bericht

ungenau; *Umriss* verschwommen; **I haven't the ~st idea** ich habe nicht die leiseste Ahnung; **there's a ~ resemblance** es besteht eine entfernte Ähnlichkeit [2] geistesabwesend

vaguely ['veɪglɪ] *adv* vage; *verstehen* in etwa; *interessiert* flüchtig; *überrascht* leicht; **to be ~ aware of sth** ein vages Bewusstsein von etw haben; **they're ~ similar** sie haben eine entfernte Ähnlichkeit; **it sounded ~ familiar** es kam einem irgendwie bekannt vor

vain [veɪn] *adj* [1] ⟨+*er*⟩ eitel, eingebildet [2] vergeblich; **in ~** umsonst, vergeblich

vainly ['veɪnlɪ] *adv* vergeblich

valedictory [ˌvælɪ'dɪktərɪ] [A] *adj form* Abschieds- [B] *s US* SCHULE Entlassungsrede *f*

valentine ['væləntaɪn] *s* **(card)**, **~'s card** Valentinskarte *f*; **(St) Valentine's Day** Valentinstag *m*

valet ['væleɪ] *s* Kammerdiener *m*; **~ parking** Einparkservice *m*; **~ service** Reinigungsdienst *m*

valiant ['væljənt] *adj* **she made a ~ effort to smile** sie versuchte tapfer zu lächeln

valid ['vælɪd] *adj* gültig; *Anspruch* berechtigt; *Argument* stichhaltig; *Grund etc* einleuchtend; **that's a ~ point** das ist ein wertvoller Hinweis

validate ['vælɪdeɪt] *v/t* [1] *Dokument* für gültig erklären; *Anspruch* bestätigen [2] IT validieren

validity [və'lɪdɪtɪ] *s* Gültigkeit *f*; *von Anspruch* Berechtigung *f*; *von Argument* Stichhaltigkeit *f*

valley ['vælɪ] *s* Tal *n*, Niederung *f*; **to go up/down the ~** talaufwärts/talabwärts gehen/fließen *etc*; **~ floor** Talboden *m*

valour ['vælə'] *s*, **valor** *US liter* Heldenmut *m liter*

valuable ['væljʊəbl] [A] *adj* wertvoll; *Zeit a.* kostbar; *Hilfe* nützlich [B] *s* **valuables** *pl* Wertsachen *pl*

valuation [ˌvæljʊ'eɪʃən] *s* Schätzung *f*

value ['væljuː] [A] *s* [1] Wert *m*, Nutzen *m*; **to be of ~** wertvoll/nützlich sein; **of no ~** wert-/nutzlos; **what's the ~ of your house?** wie viel ist Ihr Haus wert?; **it's good ~** es ist preisgünstig; **to get ~ for money** etwas für sein Geld bekommen; **this TV was good ~** dieser Fernseher ist sein Geld wert; **to the ~ of £ 500** im Wert von £ 500 [2] **~s** *pl* (sittliche) Werte *pl* [B] *v/t* schätzen; **to be ~d at £100** auf £ 100 geschätzt werden; **I ~ her (highly)** ich weiß sie (sehr) zu schätzen

value-added tax [ˌvæljuː'ædɪdtæks] *Br s* Mehrwertsteuer *f*

valued ['væljuːd] *adj* (hoch) geschätzt

valve [vælv] *s* ANAT Klappe *f*; TECH Absperrhahn *m*

vampire ['væmpaɪə'] *s* Vampir(in) *m(f)*

van [væn] *s* [1] *Br* AUTO Transporter *m* [2] *Br* BAHN Waggon *m*

vandal ['vændəl] *fig s* Vandale *m*, Vandalin *f*; **it was damaged by ~s** es ist mutwillig beschädigt worden

vandalism ['vændəlɪzəm] *s* Vandalismus *m*

vandalize ['vændəlaɪz] *v/t* mutwillig beschädigen; *Gebäude* verwüsten

vanguard ['vænɡɑːd] *s* Vorhut *f*

vanilla [və'nɪlə] [A] *s* Vanille *f* [B] *adj* Vanille-

vanilla essence *s* Vanilleextrakt *m/n*

vanish ['vænɪʃ] *v/i* verschwinden; *Hoffnungen* schwinden

vanity ['vænɪtɪ] *s* Eitelkeit *f*

vanity case *s* Kosmetikkoffer *m*

vantage point ['vɑːntɪdʒpɔɪnt] *s* MIL (günstiger) Aussichtspunkt

vaporize ['veɪpəraɪz] *v/t* verdampfen, verdunsten

vapour ['veɪpə'] *s*, **vapor** *US s* Dunst *m*, Dampf *m*

vapour trail *s* Kondensstreifen *m*

variability [ˌveərɪə'bɪlɪtɪ] *s von Wetter, Laune* Unbeständigkeit *f*

variable ['veərɪəbl] [A] *adj* [1] veränderlich, variabel; *Wetter, Laune* unbeständig [2] *Geschwindigkeit* regulierbar [B] *s* Variable *f*

variance ['veərɪəns] *s* **to be at ~ with sth** nicht mit etw übereinstimmen

variant ['veərɪənt] [A] *s* Variante *f* [B] *adj* andere(r, s)

variation [ˌveərɪ'eɪʃən] *s* [1] Veränderung *f*; *von Temperatur* Schwankung(en) *f(pl)*; *von Preisen* Schwankung *f* [2] Variante *f*

varicose veins [ˌværɪkəʊs'veɪnz] *pl* Krampfadern *pl*

varied ['veərɪd] *adj* unterschiedlich; *Leben* bewegt; *Auswahl* reichhaltig; *Interessen* vielfältig; *Ernährung* abwechslungsreich; **a ~ group of people** eine gemischte Gruppe

variety [və'raɪətɪ] *s* [1] Abwechslung *f* [2] Vielfalt *f*; HANDEL Auswahl *f* (**of** an +*dat*); **in a ~ of colours** *Br*, **in a ~ of colors** *US* in den verschiedensten Farben; **for a ~ of reasons** aus verschiedenen Gründen [3] Art *f*, Sorte *f*

variety show *s* THEAT Varietévorführung *f*; TV Fernsehshow *f*

various ['veərɪəs] *adj* [1] verschieden [2] mehrere

variously ['veərɪəslɪ] *adv* verschiedentlich

varnish ['vɑːnɪʃ] [A] *s* Lack *m*; *auf Gemälde* Firnis *m* [B] *v/t* lackieren; *Gemälde* firnissen

vary ['veərɪ] [A] *v/i* [1] sich unterscheiden (**from** von); **opinions ~ on this point** in diesem Punkt gehen die Meinungen auseinander [2] unterschiedlich sein; **the price varies from shop to shop** der Preis ist von Geschäft zu Geschäft verschieden; **it varies** es ist unterschiedlich **3** sich (ver)ändern; *Preise* schwanken **B** *v/t* abwandeln, abwechslungsreich(er) gestalten

varying ['veərɪŋ] *adj* veränderlich, unterschiedlich; **of ~ sizes/abilities** unterschiedlich groß/begabt

vase [vɑːz *US* veɪz] *s* Vase *f*

vasectomy [væˈsektəmɪ] *s* Sterilisation *f* (*des Mannes*)

vassal [ˈvæsəl] *s* Vasall *m*

vast [vɑːst] *adj* ‹+*er*› gewaltig, riesig; *Wissen, Verbesserung* enorm; *Mehrheit* überwältigend; *Reichtum* unermesslich; **a ~ expanse** eine weite Ebene

vastly [ˈvɑːstlɪ] *adv* erheblich; *erfahren* äußerst; **he is ~ superior to her** er ist ihr haushoch überlegen

vastness [ˈvɑːstnɪs] *s* gewaltiges Ausmaß; *von Gebiet* riesige Weite; *von Wissen* gewaltiger Umfang

VAT [ˈviːeɪˈtiː, væt] *Br abk* (= value-added tax) MwSt.

vat [væt] *s* Fass *n*, Bottich *m*

Vatican [ˈvætɪkən] *s* Vatikan *m*

vault[1] [vɔːlt] *s* **1** (Keller)gewölbe *n* **2** Gruft *f* **3** *in Bank* Tresor(raum) *m* **4** ARCH Gewölbe *n*

vault[2] **A** *s* Sprung *m* **B** *v/i* springen **C** *v/t* springen über (+*akk*)

VCR *abk* (= video cassette recorder) Videorekorder *m*

VD *abk* (= venereal disease) Geschlechtskrankheit *f*

VDU *abk* (= visual display unit) Sichtgerät *n*

veal [viːl] *s* Kalbfleisch *n*; **~ cutlet** Kalbsschnitzel *n*

veer [vɪəʳ] *v/i Wind* (sich) drehen (**to** nach); *Schiff* abdrehen; *Auto* ausscheren; *Straße* scharf abbiegen; **the car ~ed to the left** das Auto scherte nach links aus; **the car ~ed off the road** das Auto kam von der Straße ab; **to ~ off course** vom Kurs abkommen; **he ~ed away from the subject** er kam (völlig) vom Thema ab

veg[1] [vedʒ] *bes Br s abk* ‹*kein pl*› (= vegetable) Gemüse *n*

veg[2], **veg out** [vedʒ, vedʒ ˈaʊt] *umg v/i* abhängen *umg*

vegan [ˈviːgən] **A** *s* Veganer(in) *m(f)* **B** *adj* vegan; **to be ~** Veganer(in) *m(f)* sein

vegetable [ˈvedʒ/təbl] *s* Gemüse *n*

vegetable marrow *s US* Gartenkürbis *m*

vegetable oil *s* GASTR Pflanzenöl *n*

vegetarian [ˌvedʒɪˈteərɪən] **A** *s* Vegetarier(in) *m(f)* **B** *adj* vegetarisch; **~ cheese** Käse *m* für Vegetarier; **to go ~** Vegetarier(in) *m(f)* werden

vegetarianism [vedʒɪˈteərɪənɪzm] *s* Vegetarismus *m*

vegetate [ˈvedʒɪteɪt] *fig v/i* dahinvegetieren

vegetation [ˌvedʒɪˈteɪʃən] *s* Vegetation *f*

veggie [ˈvedʒɪ] *umg* **A** *s* **1** Vegetarier(in) *m(f)* **2** *US* **~s** *pl* Gemüse *npl* **B** *adj* vegetarisch

veggieburger [ˈvedʒɪˌbɜːgəʳ] *s* Gemüseburger *m*

vehemence [ˈviːməns] *s* Vehemenz *f geh*

vehement [ˈviːmənt] *adj* vehement *geh*; *Gegner* scharf; *Anhänger* leidenschaftlich

vehemently [ˈviːməntlɪ] *adv* vehement *geh*, heftig; *lieben, hassen* leidenschaftlich; *protestieren* mit aller Schärfe; *angreifen* scharf

vehicle [ˈviːɪkl] *s* **1** Fahrzeug *n* **2** *fig* Mittel *n*

vehicle registration document *s* Fahrzeugschein *m*

veil [veɪl] **A** *s* Schleier *m*; **to draw** *od* **throw a ~ over sth** den Schleier des Vergessens über etw (*akk*) breiten; **under a ~ of secrecy** unter dem Mantel der Verschwiegenheit **B** *v/t fig* **the town was ~ed by mist** die Stadt lag in Nebel gehüllt

veiled [veɪld] *adj Drohung etc* versteckt

vein [veɪn] *s* **1** Ader *f*; **~s and arteries** Venen und Arterien *pl*; **the ~ of humour which runs through the book** *Br*, **the ~ of humor which runs through the book** *US* ein humorvoller Zug, der durch das ganze Buch geht **2** *fig* Stimmung *f*; **in the same ~** in derselben Art

Velcro® [ˈvelkrəʊ] *s* Klettband *n*

velocity [vɪˈlɒsɪtɪ] *s* Geschwindigkeit *f*

velvet [ˈvelvɪt] **A** *s* Samt *m* **B** *adj* Samt-

vendetta [venˈdetə] *s* Fehde *f*; *von Gangstern* Vendetta *f*

vending machine [ˈvendɪŋməˌʃiːn] *s* Automat *m*

vendor [ˈvendɔːʳ] *s* Verkäufer(in) *m(f)*; **street ~** Straßenhändler(in) *m(f)*

veneer [vəˈnɪəʳ] *wörtl s* Furnier *n*; *fig* Politur *f*; **he had a ~ of respectability** nach außen hin machte er einen sehr ehrbaren Eindruck

venerable [ˈvenərəbl] *adj* ehrwürdig

venerate [ˈvenəreɪt] *v/t* verehren; *j-s Erinnerung* ehren

veneration [ˌvenəˈreɪʃn] *s* Verehrung *f*; *von Erinnerung* Ehrung *f*

venereal disease [vɪˈnɪərɪəldɪˌziːz] *s* Geschlechtskrankheit *f*

Venetian blind [vəˌniːʃən ˈblaɪnd] *s* Jalousie *f*

vengeance [ˈvendʒəns] *s* Rache *f*; **with a ~** *umg* ganz gewaltig *umg*

vengeful [ˈvendʒfʊl] *adj* rachsüchtig

Venice [ˈvenɪs] *s* Venedig *n*

venison [ˈvenɪszən] *s* Reh(fleisch) *n*

Venn diagram [ˈvenˌdaɪəgræm] *s* Schnittmengendiagramm *n*

venom ['venəm] *wörtl s* Gift *n*; *fig* Gehässigkeit *f*
venomous ['venəməs] *adj* giftig; **~ snake** Giftschlange *f*
venous ['viːnəs] *adj* venös; **~ thrombosis** Venenthrombose *f*
vent [vent] **A** *s* Öffnung *f*; *für Gefühle* Ventil *n*; **to give ~ to one's feelings** seinen Gefühlen freien Lauf lassen **B** *v/t Gefühle* abreagieren (**on** +*dat*); **to ~ one's spleen** sich (*dat*) Luft machen
ventilate ['ventɪleɪt] *v/t* belüften
ventilation [ˌventɪ'leɪʃən] *s* Belüftung *f*
ventilation shaft *s* Luftschacht *m*
ventilator ['ventɪleɪtə^r] *s* **1** Ventilator *m* **2** MED Beatmungsgerät *n*; **to be on a ~** künstlich beatmet werden
ventriloquist [ven'trɪləkwɪst] *s* Bauchredner(in) *m(f)*
venture ['ventʃə^r] **A** *s* Unternehmung *f*; **mountain-climbing is his latest ~** seit Neuestem hat er sich aufs Bergsteigen verlegt; **the astronauts on their ~ into the unknown** die Astronauten auf ihrer abenteuerlichen Reise ins Unbekannte **B** *v/t* **1** *Leben, Geld* riskieren (**on** bei) **2** *Prognose* wagen; *Meinung* zu äußern wagen; **I would ~ to say that …** ich wage sogar zu behaupten, dass … **C** *v/i* sich wagen; **to ~ out of doors** sich vor die Tür wagen

phrasal verbs mit venture:

venture out *v/i* sich hinauswagen
venture capital *s* Risikokapital *n*
venue ['venjuː] *s* Treffpunkt *m*; SPORT Austragungsort *m*
Venus ['viːnəs] *s* Venus *f*
veracity [və'ræsɪtɪ] *s von Bericht* Richtigkeit *f*
veranda(h) [və'rændə] *s* Veranda *f*
verb [vɜːb] *s* Verb *n*
verbal ['vɜːbəl] *adj* **1** mündlich; **~ abuse** Beschimpfung *f*; **~ attack** Verbalattacke *f* **2** *Fertigkeiten* sprachlich
verbally ['vɜːbəlɪ] *adv* mündlich; *bedrohen* verbal; **to ~ abuse sb** j-n beschimpfen
verbatim [vɜː'beɪtɪm] **A** *adj* wörtlich **B** *adv* wortwörtlich
verbose [vɜː'bəʊs] *adj* wortreich, langatmig
verdant ['vɜːdənt] *liter adj* grün
verdict ['vɜːdɪkt] *s* Urteil *n*; **a ~ of guilty/not guilty** ein Schuldspruch *m*/Freispruch *m*; **what's the ~?** wie lautet das Urteil?; **what's your ~ on this wine?** wie beurteilst du diesen Wein?; **to give one's ~ about** *od* **on sth** sein Urteil über etw (*akk*) abgeben

verge [vɜːdʒ] *s fig Br wörtl* Rand *m*; **to be on the ~ of ruin** am Rande des Ruins stehen; **to be on the ~ of tears** den Tränen nahe sein; **to be on the ~ of doing sth** im Begriff sein, etw zu tun

phrasal verbs mit verge:

verge on *v/i* ⟨+*obj*⟩ grenzen an (+*akk*); **she was verging on madness** sie stand am Rande des Wahnsinns
verification [ˌverɪfɪ'keɪʃn] *s* Überprüfung *f*; Bestätigung *f*
verify ['verɪfaɪ] *v/t* (über)prüfen; *als wahr* bestätigen
veritable ['verɪtəbl] *adj* wahr; **a ~ disaster** die reinste Katastrophe
vermin ['vɜːmɪn] *s* ⟨*kein pl*⟩ Schädlinge *pl*, Ungeziefer *n*
vermouth ['vɜːməθ] *s* Wermut *m*
vernacular [və'nækjʊlə^r] *s* **1** Mundart *f* **2** Landessprache *f*
verruca [ve'ruːkə] *s* Warze *f*
versatile ['vɜːsətaɪl] *adj* vielseitig
versatility [ˌvɜːsə'tɪlɪtɪ] *s* Vielseitigkeit *f*
verse [vɜːs] *s* **1** Strophe *f*, Vers *m* **2** LIT *Zeile einer Dichtung in gebundener Rede mit Metrum, Rhythmus und häufig Reim am Zeilenende* **3** ⟨*kein pl*⟩ Dichtung *f*; **in ~** in Versform **4** *von Bibel* Vers *m*
versed [vɜːst] *adj*, (*a*. **well versed**) bewandert (**in** *in* +*dat*); **he's well ~ in the art of judo** er beherrscht die Kunst des Judos
version ['vɜːʃən] *s* Version *f*, Fassung *f*
versus ['vɜːsəs] *präp* gegen (+*akk*)
vertebra ['vɜːtɪbrə] *s* ⟨*pl* -e ['vɜːtɪbriː]⟩ Rückenwirbel *m*
vertebrate ['vɜːtɪbrət] *s* Wirbeltier *n*
vertical ['vɜːtɪkəl] *adj* senkrecht; **~ cliffs** senkrecht abfallende Klippen; **~ stripes** Längsstreifen *pl*; **there is a ~ drop from the cliffs into the sea below** die Klippen fallen steil *od* senkrecht ins Meer ab
vertically ['vɜːtɪkəlɪ] *adv* senkrecht
vertigo ['vɜːtɪɡəʊ] *s* ⟨*kein pl*⟩ Schwindel *m*; MED Gleichgewichtsstörung *f*; **he suffers from ~** ihm wird leicht schwindlig
verve [vɜːv] *s* Schwung *m*
very ['verɪ] **A** *adv* **1** sehr; **I'm ~ sorry** es tut mir sehr leid; **that's not ~ funny** das ist überhaupt nicht lustig; **I'm not ~ good at maths** ich bin in Mathe nicht besonders gut; **~ little** sehr wenig; **~ much** sehr; **thank you ~ much** vielen Dank; **to like sth ~ much** etw sehr mögen; **~ much bigger** sehr viel größer **2** aller-; **~ best** allerbeste(r, s); **~ last** allerletzte(r, s); **~ first** allererste(r, s); **at the ~ latest** allerspätestens; **to do one's ~ best** sein Äußerstes tun; **at the ~ most** allerhöchstens; **at the ~ least** allerwenigstens; **to be in the ~ best of health** sich bester Gesundheit erfreuen; **they are the ~ best of friends** sie sind die dicksten Freunde **3** **the ~ same hat** genau der gleiche

Hut; **we met again the ~ next day** wir trafen uns am nächsten Tag schon wieder; **my ~ own car** mein eigenes Auto; **~ well, if that's what you want** nun gut, wenn du das willst; **I couldn't ~ well say no** ich konnte schlecht Nein sagen **B** *adj* **1** genau; **that ~ day** genau an diesem Tag; **at the ~ heart of the organization** direkt im Zentrum der Organisation; **before my ~ eyes** direkt vor meinen Augen; **the ~ thing I need** genau das, was ich brauche; **the ~ thing!** genau das Richtige! **2** äußerste(r, s); **in the ~ beginning** ganz am Anfang; **at the ~ end** ganz am Ende; **at the ~ back** ganz hinten; **go to the ~ end of the road** gehen Sie die Straße ganz entlang *od* durch **3 the ~ thought of it** allein schon der Gedanke daran; **the ~ idea!** nein, so etwas!

vessel ['vesl] *s* **1** SCHIFF Schiff *n* **2** für *Flüssigkeit form* Gefäß *n*

vest¹ [vest] *s* **1** Br Unterhemd *n*, Leiberl *n* österr, Leibchen *n* österr, schweiz **2** US Weste *f*

vest² [vest] *form v/t* **to have a ~ed interest in sth** ein persönliches Interesse an etw (*dat*) haben

vestibule ['vestɪbjuːl] *s* Vorhalle *f*; *von Hotel* Foyer *n*

vestige ['vestɪdʒ] *s* Spur *f*

vestment ['vestmənt] *s* Ornat *m*, Robe *f*

vestry ['vestrɪ] *s* Sakristei *f*

vet¹ [vet] *s abk* (= veterinary surgeon) Tierarzt *m*, Tierärztin *f*

vet² [vet] *v/t* überprüfen

veteran ['vetərən] *s* Veteran(in) *m(f)*

Veterans' Day *s US* ≈ Volkstrauertag *m*

veterinarian [ˌvetərɪˈneərɪən] *US s* Tierarzt *m/* -ärztin *f*

veterinary ['vetərɪnərɪ] *adj* Veterinär-

veterinary medicine *s* Veterinärmedizin *f*

veterinary practice *s* Tierarztpraxis *f*

veterinary surgeon *s* Tierarzt *m/*-ärztin *f*

veto ['viːtəʊ] **A** *s* ⟨*pl* -es⟩ Veto *n*; **power of ~** Vetorecht *n* **B** *v/t* sein Veto einlegen gegen

vetting ['vetɪŋ] *s* Überprüfung *f*

vex [veks] *v/t* ärgern, irritieren

vexed [vekst] *adj Frage* schwierig

vexing ['veksɪŋ] *adj* ärgerlich

VHF *abk* (= very high frequency) RADIO UKW

via ['vaɪə] *präp* über (+*akk*); **they got in via the window** sie kamen durchs Fenster herein

viability [ˌvaɪəˈbɪlɪtɪ] *s von Plan, Projekt* Durchführbarkeit *f*, Realisierbarkeit *f*; *von Firma* Rentabilität *f*

viable ['vaɪəbl] *adj Firma* rentabel; *Plan* machbar; *Alternative* gangbar; *Möglichkeit* realisierbar; **the company is not economically ~** die Firma ist unrentabel; **a ~ form of government** eine funktionsfähige Regierungsform

viaduct ['vaɪədʌkt] *s* Viadukt *m*

via ferrata [ˌviːəfəˈrɑːtə] *s* ⟨*pl* vie ferrate⟩ Klettersteig *m*

vibes [vaɪbz] *umg pl* Schwingungen *pl*; **good ~** eine positive Ausstrahlung; **this town is giving me bad ~** diese Stadt macht mich ganz einfach fertig *umg*

vibrant ['vaɪbrənt] *adj* **1** *Persönlichkeit* dynamisch; *Gemeinschaft* lebendig; *Wirtschaft* boomend **2** *Farbe* leuchtend

vibrate [vaɪˈbreɪt] **A** *v/i* beben (**with** vor +*dat*); *Maschine, Faden* vibrieren **B** *v/t* zum Vibrieren bringen; *Faden* zum Schwingen bringen

vibration [vaɪˈbreɪʃən] *s von Faden* Schwingung *f*; *von Maschine* Vibrieren *n*

vibrator [vaɪˈbreɪtə] *s* Vibrator *m*

vicar ['vɪkə] *s* Pfarrer(in) *m(f)*

vicarage ['vɪkərɪdʒ] *s* Pfarrhaus *n*

vice¹ [vaɪs] *s* Laster *n*

vice² *s*, **vise** *US s* Schraubstock *m*

vice-chairman *s* stellvertretender Vorsitzender

vice-chairwoman *s* stellvertretende Vorsitzende

vice chancellor *s Br* UNIV ≈ Rektor(in) *m(f)*

vice-president *s* Vizepräsident(in) *m(f)*; Direktor(in) *m(f)*

vice squad *s* Sittenpolizei *f*

vice versa [ˌvaɪsˈvɜːsə] *adv* umgekehrt

vicinity [vɪˈsɪnɪtɪ] *s* Umgebung *f*; **in the ~** in der Nähe (**of** von *od* +*gen*); **in the ~ of £500** um die £ 500 (herum)

vicious ['vɪʃəs] *adj* **1** bösartig; *Schlag, Angriff* brutal; **to have a ~ temper** jähzornig sein **2** gemein

vicious circle *s* Teufelskreis *m*

viciously ['vɪʃəslɪ] *adv* bösartig; *ermorden* auf grauenhafte Art

victim ['vɪktɪm] *s* Opfer *n*; **to fall ~ to sth** einer Sache (*dat*) zum Opfer fallen

victimize ['vɪktɪmaɪz] *v/t* ungerecht behandeln, schikanieren

victor ['vɪktə] *s* Sieger(in) *m(f)*

Victorian [vɪkˈtɔːrɪən] **A** *s* Viktorianer(in) *m(f)* **B** *adj* viktorianisch

victorious [vɪkˈtɔːrɪəs] *adj Armee* siegreich; *Kampagne* erfolgreich; **to be ~ over sb/sth** j-n/etw besiegen

victory ['vɪktərɪ] *s* Sieg *m*; **to win a ~ over sb/ sth** einen Sieg über j-n/etw erringen

victory speech *s nach Wahl etc* Siegesrede *f*

video ['vɪdɪəʊ] **A** *s* ⟨*pl* -s⟩ **1** Video *n* **2** Videorekorder *m* **B** *v/t* (auf Video) aufnehmen

video call *s* IT, TEL Videoanruf *m*

video camera *s* Videokamera *f*

video card *s* COMPUT Grafikkarte *f*

video cassette s Videokassette f
video clip s Videoclip m
video conference s TEL, IT Videokonferenz f
video conferencing s TEL, IT Videokonferenzschaltung f
video disc s Bildplatte f
video game s Videospiel n
video library s Videothek f
video nasty Br s Horrorvideo n
videophone s Fernsehtelefon n
video recorder s Videorekorder m
video-recording s Videoaufnahme f
video rental s Videoverleih m; **~ shop** bes Br, **~ store** Videothek f
video shop s Videothek f
video tape s Videoband n
video-tape v/t (auf Video) aufzeichnen
vie [vaɪ] v/i wetteifern; **to vie with sb for sth** mit j-m um etw wetteifern
Vienna [vɪˈenə] **A** s Wien n **B** adj Wiener
Vietnam [ˌvjetˈnæm] s Vietnam n
Vietnamese [ˌvjetnəˈmiːz] **A** adj vietnamesisch **B** s ⟨pl -⟩ **1** Vietnamese m, Vietnamesin f **2** LING Vietnamesisch n
view [vjuː] **A** s **1** Sicht f; **to come into ~** in Sicht kommen; **to keep sth in ~** etw im Auge behalten; **the house is within ~ of the sea** vom Haus aus ist das Meer zu sehen; **hidden from ~** verborgen **2** Aussicht f; **a good ~ of the sea** ein schöner Blick auf das Meer; **a room with a ~** ein Zimmer mit schöner Aussicht; **he stood up to get a better ~** er stand auf, um besser sehen zu können **3** Ansicht f **4** Ansicht f; **in my ~** meiner Meinung nach; **to have ~s on sth** Ansichten über etw (akk) haben; **what are his ~s on this?** was meint er dazu?; **I have no ~s on that** ich habe keine Meinung dazu; **to take the ~ that ...** die Ansicht vertreten, dass ...; **an overall ~ of a problem** ein umfassender Überblick über ein Problem; **in ~ of** angesichts (+gen) **5** Absicht f; **with a ~ to doing sth** mit der Absicht, etw zu tun **B** v/t **1** betrachten **2** Haus besichtigen **3** Problem sehen **C** v/i fernsehen
viewer [ˈvjuːə^r] s TV Zuschauer(in) m(f)
viewfinder [ˈvjuːˌfaɪndə^r] s Sucher m
viewing [ˈvjuːɪŋ] s **1** von Haus etc Besichtigung f **2** TV Fernsehen n
viewing figures pl TV Zuschauerzahlen pl
viewpoint [ˈvjuːpɔɪnt] s **1** Standpunkt m; **from the ~ of economic growth** unter dem Gesichtspunkt des Wirtschaftswachstums; **to see sth from sb's ~** etw aus j-s Sicht sehen **2** für Panoramablick Aussichtspunkt m
vigil [ˈvɪdʒɪl] s (Nacht)wache f
vigilance [ˈvɪdʒɪləns] s Wachsamkeit f
vigilant [ˈvɪdʒɪlənt] adj wachsam; **to be ~ about sth** auf etw (akk) achten
vigilante [ˌvɪdʒɪˈlænti] **A** s Mitglied einer Selbstschutzorganisation **B** adj ⟨attr⟩ Selbstschutz-
vigor US s → vigour
vigorous [ˈvɪɡərəs] adj energisch; Aktivität dynamisch; Gegner, Befürworter engagiert
vigorously [ˈvɪɡərəslɪ] adv energisch; verteidigen engagiert; ablehnen heftig
vigour [ˈvɪɡə^r] s, **vigor** US s Energie f
Viking [ˈvaɪkɪŋ] **A** s Wikinger(in) m(f) **B** adj Wikinger-
vile [vaɪl] adj abscheulich; Wetter, Essen scheußlich
villa [ˈvɪlə] s Villa f
village [ˈvɪlɪdʒ] s Dorf n
village hall s Gemeindesaal m
villager [ˈvɪlɪdʒə^r] s Dorfbewohner(in) m(f); Dörfler(in) m(f) pej
villain [ˈvɪlən] s Schurke m, Schurkin f; umg kriminell Ganove m umg, Ganovin f umg; in Roman Bösewicht m
vim [vɪm] umg s Schwung m
vinaigrette [ˌvɪnɪˈɡret] s GASTR Vinaigrette f, Salatsoße f
vindicate [ˈvɪndɪkeɪt] v/t **1** Aktion rechtfertigen **2** j-n rehabilitieren
vindication [ˌvɪndɪˈkeɪʃən] s **1** von Meinung, Aktion Rechtfertigung f **2** Rehabilitation f
vindictive [vɪnˈdɪktɪv] adj rachsüchtig
vindictiveness s **1** Rachsucht f **2** Unversöhnlichkeit f
vine [vaɪn] s Rebe f
vinegar [ˈvɪnɪɡə^r] s Essig m
vinegrower s Winzer(in) m(f)
vine leaf s Rebenblatt n
vineyard [ˈvɪnjəd] s Weinberg m
vineyard peach s Weinbergpfirsich m
vintage [ˈvɪntɪdʒ] **A** s von Wein, a. fig Jahrgang m **B** adj ⟨attr⟩ uralt; (≈ hochwertig) glänzend
vintage car s Vorkriegsmodell n
vintage wine s edler Wein
vintage year s **a ~ for wine** ein besonders gutes Weinjahr
vinyl [ˈvaɪnɪl] s Vinyl n
viola [vɪˈəʊlə] s MUS Bratsche f; **to play the ~** Bratsche spielen
violate [ˈvaɪəleɪt] v/t **1** Vertrag brechen, verletzen; Gesetz verstoßen gegen; Rechte verletzen **2** Heiligtum entweihen
violation [ˌvaɪəˈleɪʃən] s **1** von Gesetz Verstoß m (of gegen); von Rechten Verletzung f; **a ~ of a treaty** ein Vertragsbruch m; **traffic ~** Verkehrsvergehen n **2** von Heiligtum Entweihung f; von Privatsphäre Eingriff m (of in +akk)

violence ['vaɪələns] s **1** Heftigkeit f **2** Gewalt f, Gewalttätigkeit f; *von Handlung* Brutalität f; **act of ~** Gewalttat f; **was there any ~?** kam es zu Gewalttätigkeiten?

violent ['vaɪələnt] adj brutal; *Verbrechen* Gewalt-; *Angriff, Protest* heftig; *Film* gewalttätig; *Aufprall* gewaltig; *Sturm, Hass* stark; **to have a ~ temper** jähzornig sein; **to turn ~** gewalttätig werden

violently ['vaɪələntlɪ] adv schlagen, angreifen brutal; schütteln heftig; ablehnen scharf; **to be ~ against sth** *od* **opposed to sth** ein scharfer Gegner/eine scharfe Gegnerin einer Sache *(gen)* sein; **to be ~ ill** *od* **sick** sich furchtbar übergeben; **to cough ~** gewaltig husten

violet ['vaɪəlɪt] **A** s BOT Veilchen n; (≈ Farbe) Violett n **B** adj lila; dunkler violett

violin [ˌvaɪə'lɪn] s Geige f; **to play the ~** Geige spielen

violinist [ˌvaɪə'lɪnɪst], **violin player** s Geiger(in) m(f)

VIP s Promi m hum umg; **he got/we gave him VIP treatment** er wurde/wir haben ihn als Ehrengast behandelt

viral ['vaɪərəl] **A** adj Virus-; **~ infection** Virusinfektion f **B** adv **to go ~** sich (im Internet) virusartig verbreiten / viral; wie ein Lauffeuer verbreiten

virgin ['vɜːdʒɪn] **A** s Jungfrau f; **the Virgin Mary** die Jungfrau Maria; **he's still a ~** er ist noch unschuldig **B** adj fig Wald etc unberührt; **~ olive oil** natives Olivenöl

virginity [vɜː'dʒɪnɪtɪ] s Unschuld f

Virgo ['vɜːɡəʊ] s ⟨pl -s⟩ ASTROL Jungfrau f; **to be (a) ~** (eine) Jungfrau sein

virile ['vɪraɪl] *wörtl* adj männlich

virility [vɪ'rɪlɪtɪ] *wörtl* s Männlichkeit f, Potenz f

virtual ['vɜːtjʊəl] adj ⟨attr⟩ **1** fast völlig; **she was a ~ prisoner** sie war so gut wie eine Gefangene; **it was a ~ admission of guilt** es war praktisch ein Schuldgeständnis **2** IT virtuell

virtually ['vɜːtjʊəlɪ] adv **1** praktisch; **to be ~ certain** sich *(dat)* so gut wie sicher sein **2** IT virtuell

virtual reality s virtuelle Realität

virtue ['vɜːtjuː] s **1** Tugend f **2** Keuschheit f **3** Vorteil m; **by ~ of** aufgrund +gen

virtuoso [ˌvɜːtjʊ'əʊzəʊ] **A** s ⟨pl -s *od* virtuosi [ˌvɜːtjʊ'əʊzi]⟩ bes MUS Virtuose m, Virtuosin f **B** adj virtuos

virtuous ['vɜːtjʊəs] adj **1** tugendhaft **2** pej selbstgerecht

virtuously ['vɜːtjʊəslɪ] pej adv selbstgerecht

virulent ['vɪrʊlənt] adj **1** MED bösartig **2** fig Angriff scharf

virus ['vaɪərəs] s MED, IT Virus n/m; **polio ~** Polioerreger m; **she's got a ~** umg sie hat sich *(dat)* was eingefangen umg

virus protection s IT Virenschutz m, Virenschutzprogramm n

virus scanner s IT Virensuchprogramm n

visa ['viːzə] s Visum n

vis-à-vis ['viːzəviː] präp in Anbetracht (+gen)

viscose ['vɪskəʊs] s Viskose f

viscount ['vaɪkaʊnt] s Viscount m

viscountess ['vaɪkaʊntɪs] s Viscountess f

vise [vaɪs] US s → vice²

visibility [ˌvɪzɪ'bɪlɪtɪ] s **1** Sichtbarkeit f **2** METEO Sichtweite f; **poor ~** schlechte Sicht

visible ['vɪzəbl] adj **1** sichtbar; **~ to the naked eye** mit dem bloßen Auge zu erkennen; **to be ~ from the road** von der Straße aus zu sehen sein; **with a ~ effort** mit sichtlicher Mühe **2** sichtlich; **at management level women are becoming increasingly ~** auf Führungsebene treten Frauen immer deutlicher in Erscheinung

visibly ['vɪzəblɪ] adv sichtbar, sichtlich

vision ['vɪʒən] s **1** Sehvermögen n; **within ~** in Sichtweite **2** Weitblick m **3** in Traum Vision f **4** Vorstellung f

visionary ['vɪʒənərɪ] **A** adj visionär **B** s Visionär(in) m(f)

visit ['vɪzɪt] **A** s Besuch m; *von Arzt* Hausbesuch m; **to pay sb/sth a ~** j-n/etw besuchen; **to pay a ~** *euph* mal verschwinden (müssen); **to have a ~ from sb** von j-m besucht werden; **to be on a ~ to London** zu einem Besuch in London sein **B** v/t **1** besuchen; *Arzt* aufsuchen **2** inspizieren **C** v/i einen Besuch machen; **come and ~ some time** komm mich mal besuchen; **I'm only ~ing** ich bin nur auf Besuch; **to ~ with sb** US mit j-m plaudern

visiting ['vɪzɪtɪŋ] adj Redner Gast-; Würdenträger der/die zu Besuch ist

visiting card s Visitenkarte f

visiting hours pl Besuchszeiten pl

visiting team s SPORT **the ~** die Gäste pl, die Gastmannschaft

visiting time s Besuchszeit f

visitor ['vɪzɪtə^r] s Besucher(in) m(f); in Hotel Gast m; **to have ~s/a ~** Besuch haben

visor ['vaɪzə^r] s an Helm Visier n; an Kappe Schirm m; AUTO Blende f

vista ['vɪstə] s Aussicht f

visual ['vɪzjʊəl] adj Seh-; Bild visuell

visual aids pl Anschauungsmaterial n

visual arts pl **the ~** die darstellenden Künste pl

visual display unit s Sichtgerät n

visualize ['vɪzjʊəlaɪz] v/t sich (dat) vorstellen

visually ['vɪzjʊəlɪ] adv visuell; **~ attractive** attraktiv anzusehen

visually handicapped adj sehbehindert

visually impaired adj sehbehindert

vital ['vaɪtl] *adj* **1** vital, lebenswichtig **2** unerlässlich; **of ~ importance** von größter Wichtigkeit; **this is ~** das ist unbedingt notwendig; **how ~ is this?** wie wichtig ist das? **3** entscheidend; *Fehler* schwerwiegend

vitality [vaɪ'tælɪtɪ] *s* Vitalität *f*

vitally ['vaɪtəlɪ] *adv* wichtig äußerst

vital signs *pl* MED Lebenszeichen *pl*

vital statistics *pl* Bevölkerungsstatistik *f*; *umg von Frau* Maße *pl*

vitamin ['vɪtəmɪn] *s* Vitamin *n*

vitamin pill *s* Vitamintablette *f*

vitro ['vi:trəʊ] → in vitro

viva ['vaɪvə] *Br s* → viva voce

vivacious [vɪ'veɪʃəs] *adj* lebhaft

vivaciously [vɪ'veɪʃəslɪ] *adv* lachen munter

vivacity [vɪ'væsətɪ] *s* Lebhaftigkeit *f*

viva voce ['vaɪvə'vəʊtʃɪ] *Br s* mündliche Prüfung

vivid ['vɪvɪd] *adj Licht* hell; *Farbe* kräftig; *Fantasie* lebhaft; *Beschreibung* lebendig; *Beispiel* deutlich; **in ~ detail** in allen plastischen Einzelheiten; **the memory of that day is still quite ~** der Tag ist mir noch in lebhafter Erinnerung; **to be a ~ reminder of sth** lebhaft an etw (*akk*) erinnern

vividly ['vɪvɪdlɪ] *adv* bunt lebhaft; *scheinen* leuchtend; *porträtieren* anschaulich; *demonstrieren* klar und deutlich; **the red stands out ~ against its background** das Rot hebt sich stark vom Hintergrund ab

vividness ['vɪvɪdnɪs] *s von Farbe, Fantasie* Lebhaftigkeit *f*; *von Licht* Helligkeit *f*; *von Stil* Lebendigkeit *f*; *von Beschreibung, Bild* Anschaulichkeit *f*

vivisection [ˌvɪvɪ'sekʃən] *s* Vivisektion *f*

viz [vɪz] *adv* nämlich

V-neck *s* V-Ausschnitt *m*

V-necked *adj* mit V-Ausschnitt

vocabulary [vəʊ'kæbjʊlərɪ] *s* ⟨*kein pl*⟩ Wortschatz *m*

vocal ['vəʊkəl] **A** *adj* **1** Stimm- **2** lautstark; **to be/become ~** sich (lautstark) zu Wort melden **B** *s* **~s**: Van Morrison *Gesang*: Van Morrison; **featuring** Madonna **on ~s** mit Madonna als Sängerin; **backing ~s** Hintergrundgesang *m*; **lead ~s** ... Leadsänger(in) *m(f)* ...

vocal cords *pl* Stimmbänder *pl*

vocalist ['vəʊkəlɪst] *s* Sänger(in) *m(f)*

vocation [vəʊ'keɪʃən] *s* REL *etc* Berufung *f*

vocational [vəʊ'keɪʃənl] *adj* Berufs-, beruflich

vocational school *US s* ≈ Berufsschule *f*

vocational training *s* Berufsausbildung *f*; **to do ~** eine Berufsausbildung machen

vociferous [vəʊ'sɪfərəs] *adj* lautstark

vodka ['vɒdkə] *s* Wodka *m*

vogue [vəʊg] *s* Mode *f*; **to be in ~** (in) Mode sein

voice [vɔɪs] **A** *s* **1** Stimme *f*; **I've lost my ~** ich habe keine Stimme mehr; **in a deep ~** mit tiefer Stimme; **in a low ~** mit leiser Stimme; **to like the sound of one's own ~** sich gern(e) reden hören; **his ~ has broken** er hat den Stimmbruch hinter sich; **to give ~ to sth** einer Sache (*dat*) Ausdruck verleihen **2** GRAM Genus *n*; **the passive ~** das Passiv **B** *v/t* zum Ausdruck bringen

voice-activated *adj* IT sprachgesteuert

voiced [vɔɪst] *adj Laut* stimmhaft

voice double *s* Synchronsprecher(in) *m(f)*

voiceless ['vɔɪsləs] *adj Laut* stimmlos

voice mail *s* Voicemail *f*

voice-operated *adj* sprachgesteuert

voice-over *s* Filmkommentar *m*

voice recognition *s* Spracherkennung *f*

void [vɔɪd] **A** *s* Leere *f* **B** *adj* **1** leer; **~ of any sense of decency** ohne jegliches Gefühl für Anstand **2** JUR ungültig

vol *abk* (= *volume*) Bd.

volatile ['vɒlətaɪl] *adj* **1** CHEM flüchtig **2** *Mensch* impulsiv; *Beziehung* wechselhaft; *Lage* brisant

vol-au-vent ['vɒləʊvɑ̃:] *s* (Königin)pastetchen *n*

volcanic [vɒl'kænɪk] *wörtl adj* Vulkan-, vulkanisch

volcanic ash cloud *s* nach Vulkanausbruch Vulkanwolke *f*, Aschewolke *f*

volcano [vɒl'keɪnəʊ] *s* ⟨*pl* -es⟩ Vulkan *m*

vole [vəʊl] *s* **1** Wühlmaus *f* **2** Feldmaus *f*

Volga ['vɒlgə] *s* Wolga *f*

volition [vəʊ'lɪʃən] *s* Wille *m*; **of one's own ~** aus freiem Willen

volley ['vɒlɪ] **A** *s* **1** Salve *f* **2** *Tennis* Volley *m*; *Fußball* Direktabnahme *f* **B** *v/t* **to ~ a ball** *Tennis* einen Volley spielen **C** *v/i Tennis* einen Volley schlagen

volleyball ['vɒlɪˌbɔ:l] *s* Volleyball *m*

volt [vəʊlt] *s* Volt *n*

voltage ['vəʊltɪdʒ] *s* Spannung *f*

volume ['vɒlju:m] *s* **1** Band *m*; **a six-volume dictionary** ein sechsbändiges Wörterbuch; **that speaks ~s** *fig* das spricht Bände (**for** für) **2** *von Behälter* Volumen *n* **3** (≈ *Größe*) Ausmaß *n* (**of** an +*dat*); **the ~ of traffic** das Verkehrsaufkommen **4** Lautstärke *f*; **turn the ~ up/down** stell (das Gerät) lauter/leiser

volume control *s* RADIO, TV Lautstärkeregler *m*

voluminous [və'lu:mɪnəs] *adj* voluminös *geh*

voluntarily ['vɒləntərɪlɪ] *adv* freiwillig; (≈ *ohne Bezahlung*) ehrenamtlich

voluntary ['vɒləntərɪ] *adj* **1** freiwillig; **~ worker** freiwilliger Helfer, freiwillige Helferin; *in Übersee* Entwicklungshelfer(in) *m(f)* **2** *Organisation* karitativ; **a ~ organization for social work** ein freiwilliger Wohlfahrtsverband

voluntary redundancy s freiwilliges Ausscheiden; **to take ~** sich abfinden lassen

volunteer [ˌvɒlənˈtɪə^r] **A** s Freiwillige(r) m/f(m); ehrenamtlicher Mitarbeiter, ehrenamtliche Mitarbeiterin; **any ~s?** wer meldet sich freiwillig? **B** v/t Hilfe anbieten; Informationen geben **C** v/i **1** sich freiwillig melden; ehrenamtliche Arbeit leisten; **to ~ for sth** sich freiwillig für etw zur Verfügung stellen; **to ~ to do sth** sich anbieten, etw zu tun; **who will ~ to clean the windows?** wer meldet sich freiwillig zum Fensterputzen? **2** MIL sich freiwillig melden (**for** zu) **D** adj freiwillig

volunteering [ˌvɒlənˈtɪərɪŋ] s ehrenamtliche Arbeit

volunteer work s Arbeit f als Freiwillige(r)

voluptuous [vəˈlʌptjʊəs] adj Frau sinnlich; Körper verlockend

vomit [ˈvɒmɪt] **A** s Erbrochene(s) n **B** v/t spucken; Gegessenes erbrechen **C** v/i sich übergeben

phrasal verbs mit vomit:

vomit up v/t erbrechen

voracious [vəˈreɪʃəs] adj gefräßig; Sammler besessen; **she is a ~ reader** sie verschlingt die Bücher geradezu

vote [vəʊt] **A** s Stimme f; (≈Abgabe) Abstimmung f; (≈Resultat) Abstimmungsergebnis n; als Grundrecht Wahlrecht n; **to put sth to the ~** über etw (akk) abstimmen lassen; **to take a ~ on sth** über etw (akk) abstimmen; **to case one's ~** seine Stimme abgeben; **he won by 22 ~s** er gewann mit einer Mehrheit von 22 Stimmen; **the Labour ~** die Labourstimmen pl **B** v/t **1** wählen; **he was ~d chairman** er wurde zum Vorsitzenden gewählt **2** umg wählen zu; **I ~ we go back** ich schlage vor, dass wir umkehren **C** v/i wählen; abstimmen; **to ~ for/against sb/sth** für/gegen j-n/etw stimmen

phrasal verbs mit vote:

vote in v/t ⟨trennb⟩ Gesetz beschließen; j-n wählen

vote on v/i (+obj) abstimmen über (+akk); voten um

vote out v/t ⟨trennb⟩ abwählen; Antrag ablehnen

voter [ˈvəʊtə^r] s Wähler(in) m(f)

voting [ˈvəʊtɪŋ] s Wahl f; **a system of ~** ein Wahlsystem n; **~ was heavy** die Wahlbeteiligung war hoch

voting age s Wahlalter n

voting booth s Wahlkabine f

voting paper s Stimmzettel m

voting right s POL Wahlrecht n, Stimmrecht n

voting system s POL Wahlsystem n

vouch [vaʊtʃ] v/i **to ~ for sb/sth** sich für j-n/etw verbürgen, für j-n/etw bürgen

voucher [ˈvaʊtʃə^r] s Gutschein m

vow [vaʊ] **A** s Gelöbnis n; REL Gelübde n; **to make a vow to do sth** geloben, etw zu tun; **to take one's vows** sein Gelübde ablegen **B** v/t geloben

vowel [ˈvaʊəl] s Vokal m; **~ sound** Vokal(laut) m

voyage [ˈvɔɪɪdʒ] s Reise f; mit Schiff Seereise f; **to go on a ~** auf eine Reise etc gehen

voyeur [vwɑːˈjɜː^r] s Voyeur(in) m(f)

VP [ˌviːˈpiː] abk (= **vice-president**) Berufsbezeichnung **VP Sales** Vizepräsident(in) m(f) Vertrieb, Vertriebsdirektor(in) m(f)

vs abk (= **versus**) gegen

V-shaped [ˈviːʃeɪpt] adj V-förmig

V-sign [ˈviːsaɪn] Br s Victoryzeichen n; beleidigend ≈ Stinkefinger m umg; **he gave me the ~** ≈ er zeigte mir den Stinkefinger umg

vulgar [ˈvʌlɡə^r] pej adj vulgär; Witz ordinär, geschmacklos

vulnerability [ˌvʌlnərəˈbɪlɪtɪ] s Verwundbarkeit f, Verletzlichkeit f; fig Verletzbarkeit f; von Festung Ungeschütztheit f

vulnerable [ˈvʌlnərəbl] adj verwundbar, verletzlich; fig verletzbar; Festung ungeschützt; **to be ~ to disease** anfällig für Krankheiten sein; **to be ~ to attack** Angriffen schutzlos ausgesetzt sein

vulture [ˈvʌltʃə^r] s Geier m

vulva [ˈvʌlvə] s Vulva f geh

W¹, **w** [ˈdʌbljuː] s W n, w n

W² abk (= **west**) W

wacko US umg **A** adj durchgedreht umg, durchgeknallt umg **B** s Spinner(in) m(f) umg; **he's a real ~** der ist völlig durchgeknallt umg

wacky [ˈwækɪ] umg adj ⟨komp wackier⟩ verrückt umg

wad [wɒd] s von Watte etc Bausch m; von Papieren, Geldscheinen Bündel n

wadding [ˈwɒdɪŋ] s Material n zum Ausstopfen

waddle [ˈwɒdl] v/i watscheln

wade [weɪd] v/i waten

phrasal verbs mit wade:

wade in v/i **1** wörtl hineinwaten **2** fig umg sich hineinknien umg

wade into fig umg v/i (+obj) **to wade into sb**

auf j-n losgehen; **to wade into sth** etw in Angriff nehmen

wade through v/i ⟨+obj⟩ waten durch

waders ['weɪdəz] s pl Watstiefel pl

wading pool ['weɪdɪŋpuːl] US s Planschbecken n

wafer ['weɪfə^r] s **1** Waffel f **2** KIRCHE Hostie f

wafer-thin ['weɪfə'θɪn] adj hauchdünn

waffle¹ ['wɒfl] s GASTR Waffel f

waffle² Br umg **A** s Geschwafel n umg **B** v/i (a. **waffle on**) schwafeln umg

waffle iron s Waffeleisen n

waft [wɑːft] **A** s Hauch m **B** v/t & v/i wehen; **a delicious smell ~ed up from the kitchen** ein köstlicher Geruch zog aus der Küche herauf

wag¹ [wæg] **A** v/t Schwanz wedeln mit; **to wag one's finger at sb** j-m mit dem Finger drohen **B** v/i Schwanz wedeln

wag² s Witzbold m umg

wage¹ [weɪdʒ] s ⟨mst pl⟩ Lohn m

wage² v/t **to ~ (a) war** (einen) Krieg führen; **to ~ war against sth** fig gegen etw einen Feldzug führen

wage claim s Lohnforderung f

wage earner bes Br s Lohnempfänger(in) m(f)

wage freeze s Lohnstopp m

wage increase s Lohnerhöhung f

wage negotiations s Tarifverhandlungen pl

wage packet bes Br s Lohntüte f

wager ['weɪdʒə^r] s Wette f (**on** auf +akk); **to make a ~** eine Wette abschließen

wage rise bes Br s Lohnerhöhung f

wages ['weɪdʒɪz] pl Lohn m

wage settlement s Tarifabschluss m

waggle ['wægl] **A** v/t wackeln mit **B** v/i wackeln

waggon ['wægən] Br s → wagon

wagon ['wægən] s **1** Fuhrwerk n, Planwagen m **2** Br BAHN Waggon m

wagonload ['wægənləʊd] s Wagenladung f

wail [weɪl] **A** s von Baby Geschrei n; von Trauernden Klagen n; von Sirene, Wind Heulen n **B** v/i Baby, Katze schreien; Trauernder klagen; Sirene, Wind heulen

waist [weɪst] s Taille f

waistband s Rock-/Hosenbund m

waistcoat Br s Weste f

waist-deep adj hüfthoch; **we stood ~ in …** wir standen bis zur Hüfte in …

waist-high adj hüfthoch

waistline s Taille f

wait [weɪt] **A** v/i **1** warten (**for** auf +akk); **to ~ for sb to do sth** darauf warten, dass j-d etw tut; **it was definitely worth ~ing for** es hat sich wirklich gelohnt, darauf zu warten; **well, what are you ~ing for?** worauf wartest du denn (noch)?; **this work is still ~ing to be done** diese Arbeit muss noch erledigt werden; **~ a minute** od **moment** od **second** (einen) Augenblick od Moment (mal); **(just) you ~!** warte nur ab!, warte nur!; **I can't ~** ich kanns kaum erwarten, ich bin gespannt; **I can't ~ to see his face** da bin ich (aber) auf sein Gesicht gespannt; **I can't ~ to try out my new boat** ich kann es kaum noch erwarten, bis ich mein neues Boot ausprobiere; **"repairs while you ~"** „Sofortreparaturen"; **~ and see!** abwarten und Tee trinken! umg **2 to ~ at table** Br servieren **B** v/t **1 to ~ one's turn** (ab)warten, bis man an der Reihe ist **2** US **to ~ a table** servieren **C** s Wartezeit f; **to have a long ~** lange warten müssen; **to lie in ~ for sb/sth** j-m/einer Sache auflauern

phrasal verbs mit wait:

wait about Br, **wait around** v/i warten (**for** auf +akk)

wait on v/i ⟨+obj⟩ **1** (a. **wait upon**) bedienen **2** US **to wait on table** servieren **3** warten auf (+akk)

wait up v/i aufbleiben (**for** wegen, für)

waiter ['weɪtə^r] s Kellner m, Ober m; **~!** (Herr) Ober!

waiting ['weɪtɪŋ] s Warten n; **all this ~ (around)** diese ewige Warterei umg

waiting list s Warteliste f

waiting room s Warteraum m; in Arztpraxis Wartezimmer n; BAHN Wartesaal m

waitress ['weɪtrɪs] **A** s Kellnerin f, Serviertochter f schweiz; **~!** Fräulein! **B** v/i kellnern

waitressing ['weɪtrɪsɪŋ] s Kellnern n

waive [weɪv] v/t Rechte, Honorar verzichten auf (+akk); Regeln außer Acht lassen

waiver ['weɪvə^r] s JUR Verzicht m (**of** auf +akk); (≈ Dokument) Verzichterklärung f

wake¹ [weɪk] s SCHIFF Kielwasser n; **in the ~ of** fig im Gefolge (+gen)

wake² ⟨prät **woke** od **waked**, pperf **woken** od **waked**⟩ **A** v/t (auf)wecken **B** v/i aufwachen; **he woke to find himself in prison** als er aufwachte, fand er sich im Gefängnis wieder

phrasal verbs mit wake:

wake up A v/i aufwachen; **to wake up to sth** fig sich (dat) einer Sache (gen) bewusst werden **B** v/t ⟨trennb⟩ wörtl aufwecken

waken ['weɪkən] **A** v/t (auf)wecken **B** v/i liter, a. schott erwachen geh

wake-up call s Weckruf m; fig Alarmzeichen n

waking ['weɪkɪŋ] adj **one's ~ hours** von früh bis spät

Wales [weɪlz] s Wales n; **Prince of ~** Prinz m von Wales

walk [wɔːk] **A** s **1** Spaziergang m, Wanderung f; SPORT Gehen n; **it's a ten-minute ~ away from here** es ist 10 Minuten zu Fuß von hier entfernt; **it's a long ~ to the shops** zu den Läden ist es weit zu Fuß; **to go for a ~** einen Spaziergang machen; **to take sb/the dog for a ~** j-n/den Hund spazieren führen; **to go on a ~** eine Wanderung/einen Spaziergang machen **2** Gang m **3** Weg m, Wander-/Spazierweg m; **he knows some good ~s in the Lake District** er kennt ein paar gute Wanderungen im Lake District **4** **from all ~s of life** aus allen Schichten und Berufen **B** v/t Hund ausführen; Strecke gehen; **to ~ the dog** den Hund ausführen; **to ~ sb home** j-n nach Hause bringen; **to ~ the streets** Prostituierte auf den Strich gehen umg; ziellos durch die Straßen streichen **C** v/i **1** gehen; **to learn to ~** laufen lernen; **to ~ in one's sleep** schlaf- od nachtwandeln; **to ~ with a stick** am Stock gehen **2** zu Fuß gehen, spazieren gehen, wandern; **you can ~ there in 5 minutes** da ist man in 5 Minuten zu Fuß; **to ~ home** nach Hause laufen umg

phrasal verbs mit walk:

walk about Br, **walk around** v/i herumlaufen umg

walk away v/i weggehen; **to walk away with a prize** etc einen Preis etc kassieren

walk in v/i hineingehen, hereinkommen

walk in on v/i ⟨+obj⟩ hereinplatzen bei umg

walk into v/i ⟨+obj⟩ Zimmer hereinkommen in (+akk); j-n anrempeln; Wand laufen gegen; **to walk into a trap** in eine Falle gehen; **he just walked into the first job he applied for** er hat gleich die erste Stelle bekommen, um die er sich beworben hat; **to walk right into sth** wörtl mit voller Wucht gegen etw rennen

walk off A v/t ⟨trennb⟩ **to walk off one's lunch** etc einen Verdauungsspaziergang machen **B** v/i weggehen

walk off with umg v/i ⟨+obj⟩ **1** (≈ mitnehmen) unabsichtlich abziehen mit umg; absichtlich abhauen mit umg **2** Preis kassieren umg

walk on A v/i ⟨+obj⟩ betreten **B** v/i weitergehen

walk out v/i **1** gehen; **to walk out of a meeting** ein Meeting verlassen; **to walk out on sb** j-n verlassen; Partner j-n sitzen lassen umg **2** streiken

walk over v/i ⟨+obj⟩ **to walk all over sb** umg j-n unterbuttern umg, j-n fertigmachen umg

walk up v/i **1** hinaufgehen **2** zugehen (**to** auf +akk); **a man walked up to me/her** ein Mann kam auf mich zu/ging auf sie zu

walkabout s bes Br von Herrscher etc **to go on a ~** ein Bad in der Menge nehmen

walkaway US s → walkover

walker ['wɔːkə^r] s **1** Spaziergänger(in) m(f), Wanderer m, Wanderin f; SPORT Geher(in) m(f); **to be a fast ~** schnell gehen **2** Gehhilfe f, Gehwagen m

walkie-talkie ['wɔːkɪ'tɔːkɪ] s Sprechfunkgerät n

walk-in ['wɔːkɪn] adj **a ~ cupboard** ein begehbarer Wandschrank

walking ['wɔːkɪŋ] **A** s Gehen n, Spazierengehen n, Wandern n; **we did a lot of ~ while we were in Wales** als wir in Wales waren, sind wir viel gewandert **B** adj ⟨attr⟩ Lexikon etc wandelnd; **at (a) ~ pace** im Schritttempo; **the ~ wounded** die Leichtverwundeten pl; **it's within ~ distance** dahin kann man zu Fuß gehen

walking boots pl Wanderstiefel pl

walking frame s Gehwagen m

walking holiday Br s Wanderurlaub m

walking shoes pl Wanderschuhe pl

walking stick s Spazierstock m

walking tour s Wanderung f

walking vacation US s Wanderurlaub m

Walkman® ['wɔːkmən] s ⟨pl -s⟩ Walkman® m

walk-on adj **~ part** THEAT Statistenrolle f

walkout s Streik m; **to stage a ~** demonstrativ den Saal verlassen

walkover s leichter Sieg, Spaziergang m; SPORT Kantersieg m

walkway s Fußweg m

wall [wɔːl] s Mauer f, Wand f; **the Great Wall of China** die Chinesische Mauer; **to go up the ~** umg die Wände hochgehen umg; **I'm climbing the ~s** umg ich könnte die Wände hochgehen umg; **he drives me up the ~** umg er bringt mich auf die Palme umg; **this constant noise is driving me up the ~** umg bei diesem ständigen Lärm könnte ich die Wände hochgehen umg; **to go to the ~** umg kaputtgehen umg

phrasal verbs mit wall:

wall off v/t ⟨trennb⟩ durch eine Mauer (ab)trennen

wall calendar s Wandkalender m

wall chart s Wandkarte f

wall clock s Wanduhr f

wallet ['wɒlɪt] s **1** Brieftasche f **2** US Geldbeutel m

wallop ['wɒləp] bes Br umg v/t schlagen

wallow ['wɒləʊ] v/i **1** wörtl Tier sich suhlen **2** fig **to ~ in self-pity** etc im Selbstmitleid etc schwelgen

wall painting s Wandmalerei f

wallpaper A s ⟨kein pl⟩ Tapete f **B** v/t tapezieren

wallpaper border s Tapetenbordüre f, Tapetenborte f

wall socket s Steckdose f

wall-to-wall *adj* ~ **carpeting** Teppichboden *m*
wally ['wɒlɪ] *Br umg s* Trottel *m umg*
walnut ['wɔːlnʌt] *s* **1** Walnuss *f* **2** (Wal)nussbaum *m*
walrus ['wɔːlrəs] *s* Walross *n*
waltz [wɔːls] **A** *s* Walzer *m* **B** *v/i* Walzer tanzen
  phrasal verbs mit waltz:
  waltz in *umg v/i* hereintanzen *umg*; **to come waltzing in** angetanzt kommen *umg*
  waltz off *umg v/i* abtanzen *umg*
  waltz off with *umg v/i* ⟨+obj⟩ Preise abziehen mit *umg*
wan [wɒn] *adj* bleich; *Licht, Lächeln* matt
wand [wɒnd] *s* Zauberstab *m*
wander ['wɒndəʳ] **A** *s* Spaziergang *m*; **to go for a ~** (a)round the shops einen Ladenbummel machen **B** *v/t* **to ~ the streets** durch die Straßen wandern **C** *v/i* **1** herumlaufen, umherwandern (**through, about** in +*dat*); *gemächlich* schlendern; **he ~ed past me in a dream** er ging wie im Traum an mir vorbei; **he ~ed over to me** er kam zu mir herüber; **the children had ~ed out onto the street** die Kinder waren auf die Straße gelaufen **2** *fig* schweifen; **to let one's mind ~** seine Gedanken schweifen lassen; **during the lecture his mind ~ed a bit** während der Vorlesung schweiften seine Gedanken ab; **to ~ off the subject** vom Thema abschweifen
  phrasal verbs mit wander:
  wander about *Br*, **wander around** *v/i* umherwandern
  wander in *v/i* ankommen
  wander off *v/i* weggehen; **he must have wandered off somewhere** er muss (doch) irgendwohin verschwunden sein
wandering ['wɒndərɪŋ] *adj Flüchtlinge* umherziehend; *Gedanken* (ab)schweifend; *Pfad* gewunden; **to have ~ hands** *hum* seine Finger nicht bei sich behalten können
wane [weɪn] **A** *s* **to be on the ~** *fig* im Schwinden sein **B** *v/i Mond* abnehmen; *fig* schwinden
wangle ['wæŋgl] *umg v/t* organisieren *umg*; **to ~ money out of sb** j-m Geld abluchsen *umg*
wank [wæŋk] *Br vulg v/i*, (*a.* **wank off**) wichsen *sl*
wanker ['wæŋkəʳ] *Br vulg s* Wichser *m sl*; (≈ *Idiot*) Schwachkopf *m umg*
wanna ['wɒnə] *abk* (= want to) **I ~ go** ich will gehen
wannabe ['wɒnə,biː] *umg* **A** *s* Möchtegern *m umg* **B** *adj* Möchtegern- *umg*
want [wɒnt] **A** *s* **1** Mangel *m* (**of** an +*dat*); **for ~ of** aus Mangel an (+*dat*); **though it wasn't for ~ of trying** nicht, dass er sich/ich mich *etc* nicht bemüht hätte **2** Bedürfnis *n*, Wunsch *m*; **to be in ~ of sth** etw benötigen **B** *v/t* **1** wollen, mögen; **to ~ to do sth** etw tun wollen; **to ~ sb to do sth** wollen, dass j-d etw tut; **to ~ sth (to be) done** wollen, dass etw getan wird; **I ~ it done now** ich will *od* möchte das sofort erledigt haben; **what does he ~ with me?** was will er von mir?; **I don't ~ strangers coming in** ich wünsche *od* möchte nicht, dass Fremde (hier) hereinkommen **2** brauchen; **you ~ to see a lawyer** Sie sollten zum Rechtsanwalt gehen; **he ~s to be more careful** *umg* er sollte etwas vorsichtiger sein; "**wanted**" "gesucht"; **he's a ~ed man** er wird (polizeilich) gesucht; **to feel ~ed** das Gefühl haben, gebraucht zu werden; **you're ~ed on the phone** Sie werden am Telefon verlangt; **all the soup ~s is a little salt** das Einzige, was an der Suppe fehlt, ist etwas Salz **C** *v/i* **1** wollen, mögen; **you can go if you ~** (**to**) wenn du willst *od* möchtest, kannst du gehen; **I don't ~ to** ich will *od* möchte nicht; **do as you ~** tu, was du willst **2** **they ~ for nothing** es fehlt ihnen an nichts
want ad *s* Kaufgesuch *n*
wanting ['wɒntɪŋ] *adj* **it's good, but there is something ~** es ist gut, aber irgendetwas fehlt; **his courage was found ~** sein Mut war nicht groß genug
wanton ['wɒntən] *adj Zerstörung* mutwillig
WAP [wæp] *s abk* (= Wireless Application Protocol) IT WAP *n*
war [wɔːʳ] *s* Krieg *m*; **this is war!** *fig* das bedeutet Krieg!; **the war against disease** der Kampf gegen die Krankheit; **war of words** Wortgefecht *n*; **to be at war** sich im Krieg(szustand) befinden; **to declare war** den Krieg erklären (**on** +*dat*); **to go to war** (einen) Krieg anfangen (**against** mit); **to make war** Krieg führen (**on, against** gegen); **I hear you've been in the wars recently** *umg* ich höre, dass du zurzeit ganz schön angeschlagen bist *umg*
warble ['wɔːbl] **A** *s* Trällern *n* **B** *v/t & v/i* trällern
war correspondent *s* Kriegsberichterstatter(in) *m(f)*
war crime *s* Kriegsverbrechen *n*
war criminal *s* Kriegsverbrecher(in) *m(f)*
ward [wɔːd] *s* **1** *in Krankenhaus* Station *f*; (≈ *Zimmer*) (Kranken)saal *m* **2** JUR Mündel *n*; **~ of court** Mündel *n* unter Amtsvormundschaft **3** ADMIN Stadtbezirk *m*, Wahlbezirk *m*
  phrasal verbs mit ward:
  ward off *v/t* ⟨*trennb*⟩ abwehren
warden ['wɔːdn] *s* Herbergsvater *m*, Herbergsmutter *f*; *von Revier* Jagdaufseher(in) *m(f)*; UNIV Heimleiter(in) *m(f)*; *US* Gefängnisdirektor(in) *m(f)*
warder ['wɔːdəʳ] *Br s* Wärter(in) *m(f)*

wardrobe ['wɔːdrəʊb] s **1** bes Br (Kleider)schrank m, (Kleider)kasten m österr, schweiz **2** (≈ Kleidung) Garderobe f

warehouse ['wɛəhaʊs] s Lager(haus) n

wares [wɛəz] pl Waren pl

warfare ['wɔːfɛəʳ] s Krieg m; Krieg(s)führung f

war game s Kriegsspiel n

warhead s Sprengkopf m

war hero s Kriegsheld m

warhorse wörtl, fig s Schlachtross n

warily ['wɛərɪlɪ] adv vorsichtig, misstrauisch; **to tread ~** sich vorsehen

wariness ['wɛərɪnɪs] s Vorsicht f, Misstrauen n

warlike adj kriegerisch

warlord s Kriegsherr m

warm [wɔːm] **A** adj ‹+er› **1** warm; (≈ liebenswürdig) herzlich; **I am** od **feel ~** mir ist warm; **come and get ~** komm und wärm dich **2** bei Versteckspiel etc **am I ~?** ist es (hier) warm? **B** s **to get into the ~** ins Warme kommen; **to give sth a ~** etw wärmen **C** v/t wärmen **D** v/i **the milk was ~ing on the stove** die Milch wurde auf dem Herd angewärmt; **I ~ed to him** er wurde mir sympathischer

phrasal verbs mit warm:

warm up A v/i warm werden; Spiel in Schwung kommen; SPORT sich aufwärmen **B** v/t ‹trennb› Motor warm laufen lassen; Essen aufwärmen

warm-blooded ['wɔːm'blʌdɪd] adj warmblütig

warm-hearted ['wɔːm'hɑːtɪd] adj warmherzig

warmly ['wɔːmlɪ] adv warm; begrüßen herzlich; empfehlen wärmstens

warmth [wɔːmθ] s Wärme f

warm-up ['wɔːmʌp] s SPORT Aufwärmen n; **the teams had a ~ before the game** die Mannschaften wärmten sich vor dem Spiel auf; **~ exercise** Aufwärmübung f

warn [wɔːn] v/t warnen (**of, about, against** vor +dat); polizeilich verwarnen; **to ~ sb not to do sth** j-n davor warnen, etw zu tun; **I'm ~ing you** ich warne dich!; **you have been ~ed!** sag nicht, ich hätte dich nicht gewarnt; **to ~ sb that ...** j-n darauf hinweisen, dass ...; **you might have ~ed us that you were coming** du hättest uns ruhig vorher Bescheid sagen können, dass du kommst

phrasal verbs mit warn:

warn off v/t ‹trennb› warnen; **he warned me off** er hat mich davor gewarnt

warning ['wɔːnɪŋ] **A** s Warnung f; polizeilich Verwarnung f; **without ~** ohne Vorwarnung; **they had no ~ of the enemy attack** der Feind griff sie ohne Vorwarnung an; **he had plenty of ~** er wusste früh genug Bescheid; **to give sb a ~** j-n warnen; polizeilich j-m eine Verwarnung geben; **let this be a ~ to you** lassen Sie sich (dat) das eine Warnung sein!; **please give me a few days' ~** bitte sagen od geben Sie mir ein paar Tage vorher Bescheid **B** adj Warn-, warnend

warning light s Warnleuchte f

warp [wɔːp] **A** v/t Holz wellen **B** v/i Holz sich verziehen

war paint s von Indianern etc Kriegsbemalung f

warpath s **on the ~** auf dem Kriegspfad

warped [wɔːpt] adj **1** wörtl verzogen **2** fig Humor abartig; Urteilsvermögen verzerrt

warrant ['wɒrənt] **A** s Durchsuchungsbefehl m; bei Todesurteil Hinrichtungsbefehl m; **a ~ of arrest** ein Haftbefehl m **B** v/t **1** rechtfertigen **2** verdienen

warranted adj berechtigt

warranty ['wɒrəntɪ] s HANDEL Garantie f; **it's still under ~** darauf ist noch Garantie

warren ['wɒrən] s Kaninchenbau m; fig Labyrinth n

warring ['wɔːrɪŋ] adj Parteien gegnerisch; Gruppen sich bekriegend

warrior ['wɒrɪəʳ] s Krieger(in) m(f)

Warsaw ['wɔːsɔː] s Warschau n; **~ Pact** Warschauer Pakt m

warship ['wɔːʃɪp] s Kriegsschiff n

wart [wɔːt] s Warze f

wartime A s Kriegszeit f; **in ~** in Kriegszeiten **B** adj Kriegs-; **in ~ England** in England während des Krieges

war-torn adj vom Krieg erschüttert

wary ['wɛərɪ] adj ‹komp warier› vorsichtig; **to be ~ of sb/sth** vor j-m/einer Sache auf der Hut sein; **to be ~ of** od **about doing sth** seine Zweifel haben, ob man etw tun soll; **be ~ of talking to strangers** hüte dich davor, mit Fremden zu sprechen

war zone s Kriegsgebiet n

was [wɒz] prät → **be**

wasabi [wəˈsɑːbɪ] s GASTR Wasabi n

wash [wɒʃ] **A** s **1 to give sb/sth a ~** j-n/etw waschen; **to have a ~** sich waschen **2** Wäsche f **B** v/t **1** waschen; Geschirr abwaschen; Fußboden aufwaschen; Hände, Füße sich (dat) waschen; **I am ~ing my hands** ich wasche mir die Hände; **to ~ one's hands of sb/sth** mit j-m/etw nichts mehr zu tun haben wollen **2** spülen; **to be ~ed downstream** flussabwärts getrieben werden; **to ~ ashore** anschwemmen **C** v/i **1** sich waschen; Br abwaschen; **a material that ~es well** ein Stoff, der sich gut wäscht **3** Meer etc schlagen; **the sea ~ed over the promenade** das Meer überspülte die Strandpromenade

phrasal verbs mit wash:

wash away wörtl v/t ‹trennb› (hin)wegspülen

wash down v/t ⟨trennb⟩ **1** Wände abwaschen **2** Essen runterspülen umg
wash off **A** v/i sich rauswaschen lassen **B** v/t ⟨trennb⟩ abwaschen; **wash that grease off your hands** wasch dir die Schmiere von den Händen (ab)!
wash out **A** v/i sich (r)auswaschen lassen **B** v/t ⟨trennb⟩ **1** auswaschen; Mund ausspülen **2** Spiel etc ins Wasser fallen lassen umg
wash over v/i ⟨+obj⟩ **he lets everything just wash over him** er lässt alles einfach ruhig über sich ergehen
wash up **A** v/i **1** Br abwaschen **2** US sich waschen **B** v/t ⟨trennb⟩ **1** Br Geschirr abwaschen **2** Meer etc anschwemmen
washable ['wɒʃəbl] adj waschbar
washbag US s Kulturbeutel m
washbasin s Waschbecken n, Lavabo n schweiz
washcloth US s Waschlappen m
washed out adj ⟨präd⟩, **washed-out** [ˌwɒʃt'aʊt] umg adj ⟨attr⟩ erledigt umg; **to look ~** mitgenommen aussehen
washer ['wɒʃə^r] s **1** TECH Dichtungsring m **2** Waschmaschine f
washing ['wɒʃɪŋ] s Waschen n; (= Kleidungsstücke) Wäsche f; **to do the ~** Wäsche waschen
washing line s Wäscheleine f
washing machine s Waschmaschine f
washing powder s Waschpulver n
washing-up Br s Abwasch m; **to do the ~** den Abwasch machen, abspülen
washing-up liquid Br s Spülmittel n
washout umg s Reinfall m umg
washroom s **1** Waschraum m **2** US Toilette f
wasn't ['wɒznt] abk (= was not) → be
wasp [wɒsp] s Wespe f
wastage ['weɪstɪdʒ] s Schwund m, Verschwendung f
waste [weɪst] **A** adj überschüssig, ungenutzt; Land brachliegend; **~ material** Abfallstoffe pl **B** s **1** Verschwendung f; **it's a ~ of time** es ist Zeitverschwendung; **it's a ~ of effort** das ist nicht der Mühe (gen) wert; **to go to ~** Lebensmittel umkommen; Geld, Ausbildung ungenutzt sein/bleiben; Talent verkümmern **2** Abfallstoffe pl, Abfall m, Müll m **3** (≈ Land) Wildnis f kein pl **4** Exkremente pl **C** v/t verschwenden (**on** an +akk od für); Zeit, sein Leben vergeuden; Gelegenheit vertun; **you're wasting your time** das ist reine Zeitverschwendung; **don't ~ my time** stiehl mir nicht meine Zeit; **you didn't ~ much time getting here!** umg da bist du ja schon, du hast ja nicht gerade getrödelt! umg; **all our efforts were ~d** all unsere Bemühungen waren umsonst; **I wouldn't ~ my breath talking to him** ich würde doch nicht für den meine Spucke vergeuden! umg; **Beethoven is ~d on him** Beethoven ist an den verschwendet

phrasal verbs mit waste:

waste away v/i dahinschwinden geh
wastebasket ['weɪstbɑːskɪt] s, **wastebin** ['weɪstbɪn] bes US s Papierkorb m
wasted ['weɪstɪd] adj **1** **I've had a ~ journey** ich bin umsonst hingefahren **2** geschwächt
waste disposal s Abfallentsorgung f
waste disposal unit s Müllschlucker m
wasteful ['weɪstfʊl] adj verschwenderisch; Verfahren aufwendig
wastefulness s verschwenderische Art; von Verfahren etc Aufwendigkeit f
wasteland s Ödland n
wastepaper s Papierabfall m
wastepaper basket s Papierkorb m
waste pipe s Abflussrohr n
waste product s Abfallprodukt n
watch[1] [wɒtʃ] s (Armband)uhr f
watch[2] **A** s Wache f; **to be on the ~ for sb/sth** nach j-m/etw Ausschau halten; **to keep ~** Wache halten; **to keep a close ~ on sb/sth** j-n/etw scharf bewachen; **to keep ~ over sb/sth** bei j-m/etw wachen od Wache halten **B** v/t **1** aufpassen auf (+akk); Polizei etc überwachen **2** beobachten; Spiel zuschauen bei; Film sich (dat) ansehen; **to ~ TV** fernsehen; **to ~ sb doing sth** j-m bei etw zuschauen; **I'll come and ~ you play** ich komme und sehe dir beim Spielen zu; **he just stood there and ~ed her drown** er stand einfach da und sah zu, wie sie ertrank; **I ~ed her coming down the street** ich habe sie beobachtet, wie od als sie die Straße entlang kam; **~ the road!** pass auf die Straße auf!; **~ this!** pass auf!; **just ~ me!** guck od schau mal, wie ich das mache!; **we are being ~ed** wir werden beobachtet **3** aufpassen auf (+akk); Zeit achten auf (+akk); **(you'd better) ~ it!** umg pass (bloß) auf! umg; **~ yourself** sieh dich vor!; **~ your language!** drück dich bitte etwas gepflegter aus!; **~ how you go!** machs gut!; bei Glatteis etc pass beim Gehen/Fahren auf! **C** v/i zusehen; **to ~ for sb/sth** nach j-m/etw Ausschau halten; **they ~ed for a signal from the soldiers** sie warteten auf ein Signal von den Soldaten; **to ~ for sth to happen** darauf warten, dass etw geschieht

phrasal verbs mit watch:

watch out v/i **1** Ausschau halten (**for sb/sth** nach j-m/etw) **2** achtgeben (**for** auf +akk); **watch out!** Achtung!
watch over v/i ⟨+obj⟩ wachen über (+akk)
watchdog wörtl s Wachhund m; fig Aufpasser m

umg

watchful ['wɒtʃfʊl] *adj* wachsam; **to keep a ~ eye on sb/sth** ein wachsames Auge auf j-n/etw werfen

watchmaker *s* Uhrmacher(in) *m(f)*

watchman *s* ⟨*pl* -men⟩, (*a.* **night watchman**) Nachtwächter(in) *m(f)*

watchstrap *s* Uhrarmband *n*

watchtower *s* Wachturm *m*

watchword *s* Parole *f*

water ['wɔːtə*ʳ*] **A** *s* **1** Wasser *n*; **to be under ~** unter Wasser stehen; **to take in ~** *Schiff* lecken; **to hold ~** wasserdicht sein; **~s** Gewässer *pl*; **to pass ~** Wasser lassen **2** *to* **keep one's head above ~** sich über Wasser halten; **to pour cold ~ on sb's idea** j-s Idee miesmachen *umg*; **to get (oneself) into deep ~(s)** ins Schwimmen kommen; **a lot of ~ has flowed under the bridge since then** seitdem ist so viel Wasser den Berg *od* den Bach hinuntergeflossen; **to get into hot ~** *umg* in Teufels Küche geraten *umg* (**over** wegen) **B** *v/t* **1** *Rasen* sprengen; *Pflanze* (be)gießen **2** *Pferde* tränken **C** *v/i* *Mund* wässern; *Augen* tränen; **the smoke made his eyes ~** ihm tränten die Augen vom Rauch; **my mouth ~ed** mir lief das Wasser im Mund zusammen; **to make sb's mouth ~** j-m den Mund wässerig machen

phrasal verbs mit water:

water down *v/t* ⟨*trennb*⟩ verwässern, (mit Wasser) verdünnen

water bed *s* Wasserbett *n*

waterborne *adj* **a ~ disease** eine Krankheit, die durch das Wasser übertragen wird

water bottle *s* Wasserflasche *f*

water butt *s* Regentonne *f*

water cannon *s* Wasserwerfer *m*

water closet *bes Br s* Wasserklosett *n*

watercolour, watercolor *US* **A** *s* Aquarellfarbe *f*; (≈ *Bild*) Aquarell *n* **B** *adj* ⟨*attr*⟩ Aquarell-; **a ~ painting** ein Aquarell *n*

water cooler *s* Wasserspender *m*

watercourse *s* **1** Wasserlauf *m*; *künstlich* Kanal *m* **2** Flussbett *n*

watercress *s* (Brunnen)kresse *f*

water dispenser *s* Wasserspender *m*

watered-down [ˌwɔːtəd'daʊn] *adj* verwässert

waterfall *s* Wasserfall *m*

waterfowl *pl* Wassergeflügel *n*

waterfront **A** *s* Hafenviertel *n*; **we drove down to the ~** wir fuhren hinunter zum Wasser **B** *adj* ⟨*attr*⟩ am Wasser

water gun *bes US s* → water pistol

water heater *s* Heißwassergerät *n*

watering can ['wɔːtərɪŋ] *s* Gießkanne *f*

watering hole *s* Wasserstelle *f*

water jump *s* Wassergraben *m*

water level *s* Wasserstand *m*

water lily *s* Seerose *f*

water line *s* Wasserlinie *f*

waterlogged *adj* **the fields are ~** die Felder stehen unter Wasser

water main *s* Haupt(wasser)leitung *f*, Hauptwasserrohr *n*

watermark *s* Wasserzeichen *n*

watermelon *s* Wassermelone *f*

water meter *s* Wasseruhr *f*

water mill *s* Wassermühle *f*

water pipe *s* Wasserrohr *n*

water pistol *s*, **water gun** *US s* Wasserpistole *f*

water pollution *s* Wasserverschmutzung *f*

water polo *s* ⟨*kein pl*⟩ Wasserball *m*

water power *s* Wasserkraft *f*

waterproof **A** *adj Uhr* wasserdicht; *Kleidung, Dach* wasserundurchlässig **B** *s* **~s** *bes Br* Regenhaut® **C** *v/t* wasserundurchlässig machen

water-repellent *adj* Wasser abstoßend

water-resistant *adj* wasserbeständig; *Sonnenschutzmittel* wasserfest

watershed *fig s* Wendepunkt *m*

waterside **A** *s* Ufer *n* **B** *adj* ⟨*attr*⟩ am Wasser

water-ski **A** *s* Wasserski *m* **B** *v/i* Wasserski laufen

water-skiing *s* Wasserskilaufen *n*

water slide *s* Wasserrutsche *f*

water softener *s* Wasserenthärter *m*

water-soluble *adj* wasserlöslich

water sports *pl* Wassersport *m*

water supply *s* Wasserversorgung *f*

water table *s* Grundwasserspiegel *m*

water tank *s* Wassertank *m*

watertight *adj* wasserdicht

water tower *s* Wasserturm *m*

water treatment plant *s* Wasseraufbereitungsanlage *f*

waterway *s* Wasserstraße *f*

water wings *pl* Schwimmflügel *pl*

waterworks *s* ⟨*pl* -⟩ Wasserwerk *n*

watery ['wɔːtərɪ] *adj* wäss(e)rig; *Auge* tränend; *Sonne* blass

watt [wɒt] *s* Watt *n*

wave [weɪv] **A** *s* **1** *a.* PHYS, *a. fig* Welle *f*; **a ~ of strikes** eine Streikwelle; **to make ~s** *fig umg* Unruhe stiften **2 to give sb a ~** j-m (zu)winken; **with a ~ of his hand** mit einer Handbewegung **B** *v/t* winken mit (**at, to sb** j-m); *Objekt* schwenken; **to ~ sb goodbye** j-m zum Abschied winken; **he ~d his hat** er schwenkte seinen Hut; **he ~d me over** er winkte mich zu sich herüber **C** *v/i* **1** winken; **to ~ at** *od* **to sb** j-m (zu)winken **2** *Fahne* wehen; *Äste* sich hin und her bewegen

phrasal verbs mit wave:

wave aside fig v/t ⟨trennb⟩ Vorschlag etc zurückweisen

wave on v/t ⟨trennb⟩ **the policeman waved us on** der Polizist winkte uns weiter

wavelength ['weɪvleŋθ] s Wellenlänge f; **we're not on the same ~** fig wir haben nicht dieselbe Wellenlänge

waver ['weɪvəʳ] v/i **1** Flamme flackern; Stimme zittern **2** Mut wanken; Unterstützung nachlassen **3** schwanken (**between** zwischen +dat)

wavering ['weɪvərɪŋ] adj **1** Stimme bebend **2** Treue unsicher; Entschlossenheit wankend; Unterstützung nachlassend

wavy ['weɪvɪ] adj ⟨komp wavier⟩ wellig; **~ line** Schlangenlinie f

wax[1] [wæks] **A** s **1** Wachs n **2** Ohrenschmalz n **B** adj Wachs-; **wax crayon** Wachsmalstift m **C** v/t Auto wachsen; Fußboden bohnern; Beine mit Wachs behandeln

wax[2] v/i Mond zunehmen; **to wax and wane** fig kommen und gehen

waxed adj Zahnseide gewachst

waxwork s **1** Wachsfigur f **2** ⟨+sg v⟩ **~s** pl Wachsfigurenkabinett n

way [weɪ] **A** s **1** Weg m; **across** od **over the way** gegenüber; mit Richtungsangabe rüber; **to ask sb the way** j-n nach dem Weg fragen; **along the way** etw lernen nebenbei; **to go the wrong way** sich verlaufen, sich verfahren; **to go down the wrong way** Nahrung in die falsche Kehle kommen; **there's no way out** fig es gibt keinen Ausweg; **to find a way in** hineinfinden; **the way up** der Weg nach oben; **the way there/back** der Hin-/Rückweg; **prices are on the way up/down** die Preise steigen/fallen; **to bar the way** den Weg versperren; **to be** od **stand in sb's way** j-m im Weg stehen; **to get in the way** in den Weg kommen; fig stören; **he lets nothing stand in his way** er lässt sich durch nichts aufhalten od beirren; **get out of the/my way!** (geh) aus dem Weg!; **to get sth out of the way** etw hinter sich (akk) bringen; Probleme etw aus dem Weg räumen; **to stay out of sb's/the way** j-m nicht in den Weg kommen, (j-m) aus dem Weg gehen; **stay out of my way!** komm mir nicht mehr über den Weg!; **to make way for sb/sth** wörtl, fig für j-n/etw Platz machen; **the way to the station** der Weg zum Bahnhof; **to tell sb the way** j-n den Weg beschreiben; **can you tell me the way to the town hall, please?** können Sie mir bitte sagen, wie ich zum Rathaus komme?; **what's the best way to get there?** wie komme ich am besten dahin?; **the shop is on the way** der Geschäft liegt auf dem Weg; **to stop on the way** unterwegs anhalten; **on the way (here)** auf dem Weg (hierher); **to be on the/one's way to ...** auf dem Weg nach/zu ... sein; **they're on their way** sie sind unterwegs; **if it is out of your way** wenn es ein Umweg für Sie ist; **to go out of one's way to do sth** fig sich besonders anstrengen, um etw zu tun; **please, don't go out of your way for us** fig machen Sie sich (dat) bitte unsertwegen keine Umstände; **to get under way** in Gang kommen; **to be well under way** in vollem Gang sein; **the way in** der Eingang; **on the way in** beim Hineingehen; **the way out** der Ausgang; **please show me the way out** bitte zeigen Sie mir, wie ich hinauskomme; **can you find your own way out?** finden Sie selbst hinaus?; **on the way out** beim Hinausgehen; **to be on the way out** fig umg am Aussterben sein; **I know my way around the town** ich kenne mich in der Stadt aus; **can you find your way home?** finden Sie nach Hause?; **to make one's way to somewhere** sich an einen Ort begeben; **I made my own way there** ich ging allein dorthin; **to make one's way home** nach Hause gehen; **to push one's way through the crowd** sich einen Weg durch die Menge bahnen; **to go one's own way** fig eigene Wege gehen; **they went their separate ways** ihre Wege trennten sich; **to pay one's way** für sich selbst bezahlen; Unternehmen, Maschine sich rentieren **2** Richtung f; **which way are you going?** in welche Richtung gehen Sie?; **which way?** wohin?; **look both ways** schau nach beiden Seiten; **to look the other way** fig wegsehen; **if a good job comes my way** wenn ein guter Job für mich auftaucht; **to split sth three/ten ways** etw dritteln/in zehn Teile teilen; **it's the wrong way up** es steht verkehrt herum; **"this way up"** „hier oben"; **wrong way (a)round** falsch herum; **it's the other way (a)round** es ist (genau) umgekehrt; **put it the other way (a)round** stellen Sie es andersherum hin; **put it the right way up** stellen Sie es richtig (herum) hin; **this way, please** hier entlang, bitte; **look this way** schau hierher!; **he went this way** er ging in diese Richtung; **this way and that** hierhin und dorthin; **every which way** ungeordnet, durcheinander **3** Weg m, Strecke f; **a little way away** od **off** nicht weit weg; **all the way there** auf der ganzen Strecke; **I'm behind you all the way** fig ich stehe voll (und ganz) hinter Ihnen; **a long way (from)** weit entfernt (von); **that's a long way away** bis dahin ist es weit; zeitlich bis dahin ist es noch lange; **a long way out of town** weit von der Stadt weg; **he's come a long way since then** fig er hat sich seitdem sehr gebessert; **he'll go a long way** *fig* er wird es weit bringen; **to have a long way to go** weit vom Ziel entfernt sein; **it should go a long way toward(s) solving the problem** das sollte *od* müsste bei dem Problem schon ein gutes Stück weiterhelfen; **not by a long way** bei Weitem nicht **4** Art *f*, Weise *f*; **that's his way of saying thank you** das ist seine Art, sich zu bedanken; **the French way of doing it** (die Art,) wie man es in Frankreich macht; **to learn the hard way** aus dem eigenen Schaden lernen; **way of life** Lebensweise *f*; **way of thinking** Denkweise *f*; **what a way to live!** (≈ *negativ*) so möchte ich nicht leben; **to get one's (own) way** seinen Willen durchsetzen; **have it your own way!** wie du willst!; **one way or another/the other** so oder so; **it does not matter (to me) one way or the other** es macht (mir) so oder so nichts aus; **either way** so oder so; **no way!** *umg* ausgeschlossen!; **there's no way I'm going to agree** *umg* auf keinen Fall werde ich zustimmen; **that's no way to speak to your mother** so spricht man nicht mit seiner Mutter; **you can't have it both ways** du kannst nicht beides haben; **he wants it both ways** er will das eine haben und das andere nicht lassen; **this/that way** (≈ *auf diese Weise*) so; **the way (that) ...** wie; **the way you walk** (so) wie du gehst; **that's not the way we do things here** so *od* auf die Art machen wir das hier nicht; **you could tell by the way he was dressed** das merkte man schon an seiner Kleidung; **that's the way it goes!** so ist das eben; **the way things are going** so, wie die Dinge sich entwickeln; **do it the way I do** machen Sie es so wie ich; **to show sb the way to do sth** j-m zeigen, wie etw gemacht wird; **show me the way to do it** zeig mir, wie (ich es machen soll); **that's not the right way to do it** so geht das nicht **5** (≈ *Methode*) Art *f*; **there are many ways of solving it** es gibt viele Wege, das zu lösen; **the best way is to wash it** am besten wäscht man es; **he has a way with children** er versteht es, mit Kindern umzugehen; **way of life** Lebensstil *m*; *von Volk* Lebensart *f* **6** Hinsicht *f*; **in a way** in gewisser Weise; **in no way** in keiner Weise; **in many/some ways** in vieler/gewisser Hinsicht; **in more ways than one** in mehr als nur einer Hinsicht **7** Zustand *m*; **he's in a bad way** er ist in schlechter Verfassung **B** *adv umg* **way up** weit oben; **it's way too big** das ist viel zu groß; **that was way back** das ist schon lange her; **his guess was way out** seine Annahme war weit gefehlt

way in *s* Eingang *m*

waylay *v/t* ⟨*prät, pperf* **waylaid**⟩ abfangen
way-out *umg adj* extrem *obs sl*
way out *s* Ausgang *m*; *fig* Ausweg *m*
wayside *s* Wegrand *m*, Straßenrand *m*; **to fall by the ~** *fig* auf der Strecke bleiben
wayward ['weɪwəd] *adj* eigensinnig
WC *bes Br abk* (= water closet) WC *n*
we [wiː] *pron* wir
weak [wiːk] *adj* ⟨+er⟩ schwach; *Charakter* labil; *Tee* dünn; **he was ~ from hunger** ihm war schwach vor Hunger; **to go ~** schwach werden; **to go ~ at the knees** weiche Knie bekommen; **what are his ~ points?** wo liegen seine Schwächen?
weaken ['wiːkən] **A** *v/t* schwächen; *Mauerwerk* angreifen; *Griff* lockern **B** *v/i* nachlassen; *Mensch* schwach werden
weakling ['wiːklɪŋ] *s* Schwächling *m*
weakly ['wiːklɪ] *adv* schwach
weakness *s* Schwäche *f*, schwacher Punkt; **to have a ~ for sth** für etw eine Schwäche *od* Vorliebe haben
weak-willed ['wiːkwɪld] *adj* willensschwach
wealth [welθ] *s* **1** Reichtum *m*, Vermögen *n* **2** *fig* Fülle *f*
wealthy ['welθɪ] **A** *adj* ⟨*komp* **wealthier**⟩ reich **B** *s* **the ~** *pl* die Reichen *pl*
wean [wiːn] *v/t Kind* abstillen; **to ~ sb off sb/sth** j-n j-m/einer Sache entwöhnen *geh*
weapon ['wepən] *wörtl, fig s* Waffe *f*; **~s *pl* of mass destruction** Massenvernichtungswaffen *pl*
weaponry ['wepənrɪ] *s* Waffen *pl*
wear [weə^r] ⟨*v: prät* **wore**; *pperf* **worn**⟩ **A** *v/t* **1** tragen; **what shall I ~?** was soll ich anziehen?; **I haven't a thing to ~!** ich habe nichts anzuziehen **2** abnutzen; *Stufen* austreten; *Reifen* abfahren; **to ~ holes in sth** etw durchwetzen; *Schuhe* etw durchlaufen; **to ~ smooth** abgreifen; *Kanten* glatt machen **B** *v/i* **1** halten **2** kaputtgehen; *Stoff* sich abnutzen; **to ~ smooth** *durch Wasser* glatt gewaschen sein; *durch Witterung* verwittern; **my patience is ~ing thin** meine Geduld geht langsam zu Ende **C** *s* **1** (≈ *Gebrauch*) **to get a lot of ~ out of a jacket** eine Jacke viel tragen; **there isn't much ~ left in this carpet** dieser Teppich hält nicht mehr lange; **for everyday ~** für jeden Tag **2** Kleidung *f*, Gewand *n* österr **3** (*a.* **~ and tear**) Verschleiß *m*; **to show signs of ~** *wörtl* anfangen, alt auszusehen; **to look the worse for ~** *wörtl* Vorhang *etc* verschlissen aussehen; *Kleider* abgetragen aussehen; *Möbel* abgenutzt aussehen; *fig* verbraucht aussehen; **I felt a bit the worse for ~** *umg* ich fühlte mich etwas angeknackst *umg*

phrasal verbs mit wear:

wear away **A** v/t ⟨trennb⟩ Stufen austreten; Fels abtragen; Inschrift verwischen **B** v/i sich abschleifen; Inschrift verwittern

wear down **A** v/t ⟨trennb⟩ **1** abnutzen; Absatz ablaufen **2** fig Opposition zermürben; j-n fix und fertig machen umg **B** v/i sich abnutzen; Absätze sich ablaufen

wear off v/i **1** nachlassen; **don't worry, it'll wear off!** keine Sorge, das gibt sich **2** abgehen

wear on v/i sich hinziehen; Jahr voranschreiten; **as the evening** etc **wore on** im Laufe des Abends etc

wear out **A** v/t ⟨trennb⟩ **1** wörtl kaputt machen; Teppich abtreten; Kleider kaputt tragen; Maschinen abnutzen **2** fig erschöpfen; nervlich fertigmachen umg; **to be worn out** erschöpft od erledigt sein; nervlich am Ende sein umg; **to wear oneself out** sich kaputtmachen umg **B** v/i kaputtgehen; Kleider, Teppich verschleißen

wear through v/i sich durchwetzen; Schuhe sich durchlaufen

wearable ['wɛərəbl] adj tragbar

wearer ['wɛərə^r] s Träger(in) m(f)

wearily ['wɪərɪlɪ] adv etw sagen müde; lächeln matt

weariness s Müdigkeit f; Erschöpfung Lustlosigkeit f

wearing ['wɛərɪŋ] adj anstrengend

weary ['wɪərɪ] adj ⟨komp wearier⟩ müde; (≈ erschöpft) lustlos; Lächeln matt; **to grow ~ of sth** etw leid werden

weasel ['wiːzl] s Wiesel n

weather ['weðə^r] **A** s Wetter n; **in cold ~** bei kaltem Wetter; **what's the ~ like?** wie ist das Wetter?; **to be under the ~** umg angeschlagen sein umg **B** v/t **1** Stürme etc angreifen **2** (a. **~ out**) Krise überstehen; **to ~ the storm** den Sturm überstehen **C** v/i Felsen etc verwittern

weather-beaten adj Gesicht vom Wetter gegerbt; Stein verwittert

weather chart s Wetterkarte f

weathercock s Wetterhahn m

weather conditions pl Witterungsverhältnisse pl

weathered ['weðəd] adj verwittert

weather forecast s Wettervorhersage f

weathergirl s Wetteransagerin f

weatherman s ⟨pl -men⟩ Wettermann m umg

weatherproof adj wetterfest

weather report s Wetterbericht m

weather vane s Wetterfahne f

weave [wiːv] ⟨v: prät **wove**; pperf **woven**⟩ **A** v/t **1** weben (**into** zu); Rohr flechten (**into** zu) **2** fig Handlung erfinden; Einzelheiten einflechten (**into** in +akk) **3** ⟨prät a. **weaved**⟩ **to ~ one's way through sth** sich durch etw schlängeln **B** v/i **1** weben **2** ⟨prät a. **weaved**⟩ sich schlängeln

weaver ['wiːvə^r] s Weber(in) m(f)

web [web] s **1** Netz n **2** IT **the Web** das (World Wide) Web; **on the Web** im Internet

web address s Webadresse f

web-based adj webbasiert

webbed [webd] adj **~ feet** Schwimmfüße pl

web browser s IT Browser m

webcam s COMPUT Webcam f

webcast s IT Webcast m

web design s IT Webdesign n, Webgestaltung f

web designer s IT Webdesigner(in) m(f)

web-enabled ['webeneɪbld] adj internetfähig

web forum s Internetforum n, Webforum n

webhead s IT umg Computerfreak m umg; im engeren Sinne Internetfreak m umg

webinar ['webɪnɑː^r] s (≈ Online-Seminar) Webinar n

webmaster s IT Webmaster(in) m(f)

web page s IT Webseite f

web portal s IT Onlineportal n

website s IT Website f

website address s IT Website-Adresse f

web video s IT Internetvideo n

Wed abk (= Wednesday) Mi.

wed [wed] obs v/i ⟨prät, pperf **wed** od **wedded**⟩ heiraten

we'd [wiːd] abk (= **we would, we had**) → **have** → **would**

wedding ['wedɪŋ] s Hochzeit f, Trauung f; **to have a registry office** Br/**church ~** sich standesamtlich/kirchlich trauen lassen; **to go to a ~** zu einer od auf eine Hochzeit gehen

wedding anniversary s Hochzeitstag m

wedding cake s Hochzeitskuchen m

wedding day s Hochzeitstag m

wedding dress s Hochzeitskleid n

wedding reception s Hochzeitsempfang m

wedding ring s Ehering m; Trauring m

wedding vows pl Ehegelübde n

wedge [wedʒ] **A** s **1** von Holz, a. fig Keil m **2** von Kuchen etc Stück n; von Käse Ecke f **B** v/t **1** verkeilen; **to ~ a door open/shut** eine Tür festklemmen **2** fig **to ~ oneself/sth** sich/etw zwängen (**in** in +akk); **to be ~d between two people** zwischen zwei Personen eingekeilt sein

phrasal verbs mit wedge:

wedge in v/t ⟨trennb⟩ **to be wedged in** eingekeilt sein

Wednesday ['wenzdɪ] s Mittwoch m; → **Tuesday**

Weds abk (= Wednesday) Mi.

wee[1] [wiː] umg adj ⟨komp **weer**⟩ winzig; schott

klein

wee² *Br umg* **A** *s* **to have** *od* **do a wee** Pipi machen *umg* **B** *v/i* Pipi machen *umg*

weed [wiːd] **A** *s* **1** Unkraut *n kein pl* **2** *US* (≈ Marihuana) Gras *n* **3** *umg* Schwächling *m* **B** *v/t & v/i* jäten

phrasal verbs mit weed:
weed out *fig v/t* ⟨*trennb*⟩ aussondern

weeding ['wiːdɪŋ] *s* **to do some ~** Unkraut *n* jäten

weedkiller ['wiːdkɪlə'] *s* Unkrautvernichter *m*

weedy ['wiːdɪ] *umg adj* ⟨*komp* weedier⟩ schmächtig

week [wiːk] *s* Woche *f*; **it'll be ready in a ~** in einer Woche *od* in acht Tagen ist es fertig; **my husband works away during the ~** mein Mann arbeitet die Woche über auswärts; **~ in, ~ out** pro Woche; **twice a ~** zweimal pro Woche; **a ~ today** heute in einer Woche; **a ~ on Tuesday** Dienstag in acht Tagen; **a ~ (ago) last Monday** letzten Montag vor einer Woche; **for ~s** wochenlang; **a ~'s holiday** *Br*, **a ~'s vacation** *US* ein einwöchiger Urlaub; **two ~s' holiday** *Br*, **two ~s' vacation** *US* zwei Wochen Ferien; **a three-week holiday** *Br*, **a three-week vacation** *US* ein dreiwöchiger Urlaub; **a 40-hour ~** eine Vierzigstundenwoche

weekday **A** *s* Wochentag *m* **B** *adj* ⟨*attr*⟩ Morgen eines Werktages

weekend **A** *s* Wochenende *n*; **to go/be away for the ~** am Wochenende verreisen/nicht da sein; **at the ~** *Br*, **on the ~** *bes US* am Wochenende; **to take a long ~** ein langes Wochenende machen **B** *adj* ⟨*attr*⟩ Wochenend-; **~ bag** Reisetasche *f*

weekly ['wiːklɪ] **A** *adj* Wochen-, wöchentlich; *Besuch* allwöchentlich; **B** *adv* wöchentlich; **twice ~** zweimal die Woche **C** *s* Wochenzeitschrift *f*

weep [wiːp] *v/t & v/i* ⟨*prät, pperf* wept⟩ weinen (**over** über *+akk*); **to ~ with** *od* **for joy** vor *od* aus Freude weinen

weepy ['wiːpɪ] *umg adj* ⟨*komp* weepier⟩ weinerlich; *umg Film* rührselig

wee-wee ['wiːwiː] *kinderspr s & v/i* → wee²

weigh [weɪ] **A** *v/t* **1** wiegen; **could you ~ these bananas for me?** könnten Sie mir diese Bananen abwiegen? **2** *fig Worte* abwägen **B** *v/i* **1** wiegen **2** *fig* lasten (**on** auf *+dat*) **3** *fig* gelten; **his age ~ed against him** sein Alter wurde gegen ihn in die Waagschale geworfen

phrasal verbs mit weigh:
weigh down *v/t* ⟨*trennb*⟩ **1** niederbeugen; **she was weighed down with packages** sie war mit Paketen überladen **2** *fig* niederdrücken

weigh on *v/t* **to weigh on sb's mind** j-n belasten

weigh out *v/t* ⟨*trennb*⟩ abwiegen

weigh up *v/t* ⟨*trennb*⟩ abwägen; *j-n* einschätzen

weighing scales *pl* Waage *f*

weight [weɪt] **A** *s* **1** Gewicht *n*; SPORT Gewichtsklasse *f*; **3 kilos in ~** 3 Kilo Gewicht; **the branches broke under the ~ of the snow** die Zweige brachen unter der Schneelast; **to gain** *od* **put on ~** zunehmen; **to lose ~** abnehmen; **it's worth its ~ in gold** das ist Gold(es) wert; **to lift ~s** Gewichte heben; **she's quite a ~** sie ist ganz schön schwer **2** *fig* Last *f*; **that's a ~ off my mind** mir fällt ein Stein vom Herzen **3** *fig* Bedeutung *f*; **to carry ~** Gewicht haben; **to add ~ to sth** einer Sache (*dat*) zusätzliches Gewicht geben *od* verleihen; **to pull one's ~** seinen Beitrag leisten; **to throw** *od* **chuck one's ~ around** *od* **about** *Br umg* seinen Einfluss geltend machen **B** *v/t* **1** beschweren **2** *fig* **to be ~ed in favour of sb/sth** *Br*, **to be ~ed in favor of sb/sth** *US* so angelegt sein, dass es zugunsten einer Person/Sache ist

phrasal verbs mit weight:
weight down *v/t* beschweren

weightless ['weɪtləs] *adj* schwerelos

weightlessness *s* Schwerelosigkeit *f*

weightlifter *s* Gewichtheber(in) *m(f)*

weightlifting *s* Gewichtheben *n*

weight loss *s* ⟨*kein pl*⟩ Gewichtsverlust *m*

weight training *s* Krafttraining *n*

weight vest *s*, **weighted vest** *s* SPORT ärmellose Jacke mit Taschen für Gewichte (, *die den Trainingseffekt maximieren sollen*)

weighty ['weɪtɪ] *adj* ⟨*komp* weightier⟩ *fig Argument* gewichtig; *Verantwortung* schwerwiegend

weir [wɪə'] *s* Wehr *n*

weird [wɪəd] *adj* ⟨*+er*⟩ unheimlich; *umg* seltsam

weirdo ['wɪədəʊ] *umg s* ⟨*pl* -s⟩ verrückter Typ *umg*

welcome ['welkəm] **A** *s* Willkommen *n*; **to give sb a warm ~** j-m einen herzlichen Empfang bereiten **B** *adj* willkommen; *Nachricht* angenehm; **the money is very ~** das Geld kommt sehr gelegen; **to make sb ~** j-n sehr freundlich aufnehmen; **you're ~!** nichts zu danken!; **to be ~ to do sth** gerne etw tun können; **you're ~ to use my room** Sie können gerne mein Zimmer benutzen **C** *v/t* begrüßen, willkommen heißen; **they ~d him home with a big party** sie veranstalteten zu seiner Heimkehr ein großes Fest **D** *int* **~ home/to Scotland!** willkommen daheim/in Schottland!; **~ back!** willkommen zurück!

welcoming ['welkəmɪŋ] *adj* zur Begrüßung; *Lä-*

cheln, Zimmer einladend

weld [weld] *v/t* TECH schweißen

welder ['weldəʳ] *s* Schweißer(in) *m(f)*

welfare ['welfeəʳ] *s* **1** Wohl *n* **2** Fürsorge *f* **3** US Sozialhilfe *f*; **to be on ~** Sozialhilfeempfänger(in) *m(f)* sein

welfare benefits US *pl* Sozialhilfe *f*

welfare services *pl* soziale Einrichtungen *pl*

welfare state *s* Wohlfahrtsstaat *m*

well¹ [wel] **A** *s* Brunnen *m*; (*a.* **oil ~**) Ölquelle *f* **B** *v/i* quellen; **tears ~ed in her eyes** Tränen stiegen *od* schossen ihr in die Augen

phrasal verbs mit well:

well up *v/i* emporquellen; *fig* aufsteigen; *Lärm* anschwellen; **tears welled up in her eyes** Tränen schossen ihr in die Augen

well² ⟨*komp* better; *sup* best⟩ **A** *adv* **1** gut; **to do ~ at school** gut in der Schule sein; **to do ~ in an exam** in einer Prüfung gut abschneiden; **his business is doing ~** sein Geschäft geht gut; **the patient is doing ~** dem Patienten geht es gut; **if you do ~ you'll be promoted** wenn Sie sich bewähren, werden Sie befördert; **~ done!** gut gemacht!; **~ played!** gut gespielt!; **everything went ~** es ging alles gut; **you looked after them ~** du hast dich gut um sie gekümmert; **to speak/think ~ of sb** von j-m positiv sprechen/denken; **to do ~ out of sth** von etw ordentlich profitieren; **you might as ~ go** du könntest eigentlich ebenso gut gehen; **are you coming? — I might as ~** kommst du? — ach, warum nicht; **we were ~ beaten** wir sind gründlich geschlagen worden; **only too ~** nur (all)zu gut; **~ and truly** (ganz) gründlich; **it was ~ worth the trouble** das hat sich sehr gelohnt; **~ out of sight** weit außer Sichtweite; **~ past midnight** lange nach Mitternacht; **it continued ~ into 2014/the night** es zog sich bis weit ins Jahr 2014/in die Nacht hin; **he's ~ over fifty** er ist weit über fünfzig **2** ohne Weiteres; **I may ~ be late** es kann leicht *od* ohne Weiteres sein, dass ich spät komme; **it may ~ be that ...** es ist ohne Weiteres möglich, dass ...; **you may ~ be right** Sie mögen wohl recht haben; **you may ~ ask!** *iron* das kann man wohl fragen; **I couldn't very ~ stay** ich konnte schlecht bleiben **3 as ~** auch; **x as ~ as y** sowohl x als auch y **B** *adj* **1** gesund; **to get ~** gesund werden; **get ~ soon!** gute Besserung; **are you ~?** geht es Ihnen gut?; **I'm very ~** es geht mir sehr gut; **she's not been ~ lately** ihr ging es in letzter Zeit (gesundheitlich) gar nicht gut; **I don't feel at all ~** ich fühle mich gar nicht wohl **2** gut; **that's all very ~, but ...** das ist ja alles schön und gut, aber ...; **it's all very ~ for you to suggest ...** Sie können leicht vorschlagen ...; **it's all very ~ for you** Sie haben gut reden; **it would be as ~ to ask first** es wäre wohl besser, sich erst mal zu erkundigen; **it's just as ~ he came** es ist gut, dass er gekommen ist; **all's ~ that ends ~** Ende gut, alles gut **C** *int* also, na, na ja; **oh ~** na gut; **~, ~!**, **~ I never!** also, so was!; **very ~ then!** also gut!, also bitte (sehr)! **D** *s* Gute(s) *n*; **to wish sb ~** j-m alles Gute wünschen

we'll [wi:l] *abk* (= **we shall, we will**) → **shall** → **will**¹

well-adjusted *adj* ⟨*attr*⟩, **well adjusted** *adj* ⟨*präd*⟩ PSYCH gut angepasst

well-advised *adj* ⟨*attr*⟩, **well advised** *adj* ⟨*präd*⟩ **to be well advised to ...** wohlberaten sein zu ...

well-balanced *adj* ⟨*attr*⟩, **well balanced** *adj* ⟨*präd*⟩ **1** *Mensch* ausgeglichen **2** *Ernährung* (gut) ausgewogen

well-behaved *adj* ⟨*attr*⟩, **well behaved** *adj* ⟨*präd*⟩ *Kind* artig; *Tier* gut erzogen

wellbeing *s* Wohl *n*

well-bred *adj* ⟨*attr*⟩, **well bred** *adj* ⟨*präd*⟩ *Mensch* wohlerzogen

well-built *adj* ⟨*attr*⟩, **well built** *adj* ⟨*präd*⟩ *Mensch* kräftig

well-connected *adj* ⟨*attr*⟩, **well connected** *adj* ⟨*präd*⟩ **to be well connected** Beziehungen in höheren Kreisen haben

well-deserved *adj* ⟨*attr*⟩, **well deserved** *adj* ⟨*präd*⟩ wohlverdient

well-disposed *adj* ⟨*attr*⟩, **well disposed** *adj* ⟨*präd*⟩ **to be well disposed toward(s) sb/sth** j-m/einer Sache freundlich gesonnen sein

well-done *adj* ⟨*attr*⟩, **well done** *adj* ⟨*präd*⟩ *Steak* durchgebraten

well-dressed *adj* ⟨*attr*⟩, **well dressed** *adj* ⟨*präd*⟩ gut gekleidet

well-earned *adj* ⟨*attr*⟩, **well earned** *adj* ⟨*präd*⟩ wohlverdient

well-educated *adj* ⟨*attr*⟩, **well educated** *adj* ⟨*präd*⟩ gebildet

well-equipped *adj* ⟨*attr*⟩, **well equipped** *adj* ⟨*präd*⟩ *Büro etc* gut ausgestattet; *Armee* gut ausgerüstet

well-established *adj* ⟨*attr*⟩, **well established** *adj* ⟨*präd*⟩ *Brauch* fest; *Firma* bekannt

well-fed *adj* ⟨*attr*⟩, **well fed** *adj* ⟨*präd*⟩ wohlgenährt

well-founded *adj* ⟨*attr*⟩, **well founded** *adj* ⟨*präd*⟩ wohlbegründet

well-informed *adj* ⟨*attr*⟩, **well informed** *adj* ⟨*präd*⟩ gut informiert

wellington (boot) ['welɪŋtən('buːt)] *Br s* Gummistiefel *m*

well-kept adj ⟨attr⟩, **well kept** adj ⟨präd⟩ Garten, Haare gepflegt; Geheimnis streng gehütet

well-known adj ⟨attr⟩, **well known** adj ⟨präd⟩ bekannt; berühmt; **it's well known that ...** es ist allgemein bekannt, dass ...

well-loved adj ⟨attr⟩, **well loved** adj ⟨präd⟩ viel geliebt

well-made adj solide hergestellt

well-mannered adj ⟨attr⟩, **well mannered** adj ⟨präd⟩ mit guten Manieren

well-meaning adj ⟨attr⟩, **well meaning** adj ⟨präd⟩ wohlmeinend

well-meant adj ⟨attr⟩, **well meant** adj ⟨präd⟩ Rat etc gut gemeint, wohlgemeint

wellness ['welnəs] s Wellness f; Wohlbefinden n

wellness center US, **wellness centre** Br s Wellnesscenter n; Wellnessbereich m

wellness hotel s Wellnesshotel n

well-nigh adv ~ **impossible** nahezu unmöglich

well-off adj ⟨attr⟩, **well off** adj ⟨präd⟩ reich

well-paid adj ⟨attr⟩, **well paid** adj ⟨präd⟩ gut bezahlt

well-read adj ⟨attr⟩, **well read** adj ⟨präd⟩ belesen

well-spoken adj ⟨attr⟩, **well spoken** adj ⟨präd⟩ **to be well spoken** gutes Deutsch etc sprechen

well-stocked adj ⟨attr⟩, **well stocked** adj ⟨präd⟩ gut bestückt

well-structured adj ⟨attr⟩, **well structured** adj ⟨präd⟩ gut aufgebaut

well-timed adj ⟨attr⟩, **well timed** adj ⟨präd⟩ zeitlich günstig

well-to-do adj wohlhabend

well-wisher s **cards from ~s** Karten von Leuten, die ihm/ihr etc alles Gute wünschten

well-worn adj ⟨attr⟩, **well worn** adj ⟨präd⟩ Teppich abgelaufen; Pfad ausgetreten

welly ['welɪ] Br umg s Gummistiefel m

Welsh [welʃ] **A** adj walisisch **B** s **1** LING Walisisch n **2** **the ~** pl die Waliser pl

Welsh Assembly s **the ~** die walisische Versammlung (das Parlament für Wales)

Welshman s ⟨pl -men⟩ Waliser m

Welsh rabbit, **Welsh rarebit** s überbackene Käseschnitte

Welshwoman s ⟨pl -women [-wɪmən]⟩ Waliserin f

wend [wend] v/t **to ~ one's way home** sich auf den Heimweg begeben

wendy house ['wendɪhaʊs] s Br Spielhaus n

went [went] prät → go

wept [wept] prät & pperf → weep

were [wɜː] ⟨2. Person sg, 1., 2., 3. Person pl prät⟩ → be

we're [wɪər] abk (= we are) → be

weren't [wɜːnt] abk (= were not) → be

werewolf ['wɪəwʊlf] s Werwolf m

west [west] **A** s **the ~**, **the West** der Westen; **in the ~** im Westen; **to the ~** nach Westen; **to the ~ of** westlich von; **to come from the ~** aus dem Westen kommen; Wind von West(en) kommen **B** adj West- **C** adv nach Westen, westwärts; **it faces ~** es geht nach Westen; **~ of** westlich von

West Asian **A** adj westasiatisch **B** s Westasiate(r) m, Westasiatin f

westbound ['westbaʊnd] adj Verkehr (in) Richtung Westen; **to be ~** nach Westen unterwegs sein

westerly ['westəlɪ] adj westlich; **~ wind** Westwind m; **in a ~ direction** in westlicher Richtung

western ['westən] **A** adj westlich; **Western Europe** Westeuropa n **B** s Western m

Western Isles pl **the ~** die Hebriden pl

westernize ['westənaɪz] pej v/t verwestlichen

westernmost ['westənməʊst] adj westlichste(r, s)

West Germany s Westdeutschland n

West Indian **A** adj westindisch **B** s Westindier(in) m(f)

West Indies pl Westindische Inseln pl

Westminster ['west‚mɪnstər] s, (a. **City of Westminster**) Westminster n (Londoner Stadtbezirk)

Westphalia [west'feɪlɪə] s Westfalen n

westward ['westwəd], **westwardly** ['westwədlɪ] **A** adj Richtung westlich **B** adv (a. **westwards**) westwärts

wet [wet] **A** adj ⟨komp wetter⟩ **1** nass; Klima feucht; **to be wet** Farbe feucht sein; **to be wet through** völlig durchnässt sein; **to get wet** nass werden; **wetter and wetter** immer nasser; **"wet paint"** bes Br „Vorsicht, frisch gestrichen"; **to be wet behind the ears** umg noch feucht od noch nicht trocken hinter den Ohren sein umg; **yesterday was wet** gestern war es regnerisch **2** Br umg weichlich **B** s **1** Feuchtigkeit f **2** (≈ Regen) Nässe f **C** v/t ⟨v: prät, pperf wet od wetted⟩ nass machen; Lippen befeuchten; **to wet the bed/oneself** das Bett/sich nass machen; **I nearly wet myself** umg ich habe mir fast in die Hose gemacht umg

wet blanket umg s Miesmacher(in) m(f) umg

wet dream umg s feuchter Traum

wetness ['wetnɪs] s Nässe f

wet nurse s Amme f

wetsuit s Neoprenanzug m, Taucheranzug m

we've [wiːv] abk (= we have) → have

whack [wæk] **A** s umg (knallender) Schlag; **to give sth a ~** auf etw (akk) schlagen **B** v/t umg hauen umg

whacked [wækt] *adj Br umg* (≈ *erschöpft*) kaputt *umg*

whacking ['wækɪŋ] *Br umg adj* Mords- *umg*; ~ **great** riesengroß

whacky ['wækɪ] *umg adj* ⟨*komp* whackier⟩ → wacky

whale [weɪl] *s* **1** Wal *m* **2** *umg* **to have a ~ of a time** sich prima amüsieren

whaling ['weɪlɪŋ] *s* Walfang *m*

wharf [wɔːf] *s* ⟨*pl* -s *od* wharves [wɔːvz]⟩ Kai *m*

what [wɒt] **A** *pron* **1** was; ~ **is this called?** wie heißt das?; ~**'s the weather like?** wie ist das Wetter?; **you need (a) ~?** WAS brauchen Sie?; ~ **is it now?** was ist denn?; ~**'s that to you?** was geht dich das an?; ~ **for?** wozu?; ~**'s that tool for?** wofür ist das Werkzeug?; ~ **did you do that for?** warum hast du das gemacht?; ~ **about …?** wie wärs mit …?; **you know that restaurant?** — ~ **about it?** kennst du das Restaurant? — was ist damit?; ~ **of** *od* **about it?** na und? *umg*; ~ **if …?** was ist, wenn …?; **so ~?** *umg* ja *od* na und?; ~ **does it matter?** was macht das schon?; **you ~?** *umg* wie bitte?; ~**-d'you-call-him/-it** *umg* wie heißt er/es gleich **2** *relativ* was; **that's exactly ~ I want** genau das möchte ich; **do you know ~ you are looking for?** weißt du, wonach du suchst?; **they didn't know ~ to do** sie wussten nicht, was sie tun sollten; **he didn't know ~ he was objecting to** er wusste nicht, was er ablehnte; ~ **I'd like is a cup of tea** was ich jetzt gerne hätte, (das) wäre ein Tee; ~ **with one thing and the other** wie das so ist; **and ~'s more** und außerdem; **he knows ~'s ~** *umg* der weiß Bescheid *umg*; **(I'll) tell you ~** *umg* weißt du was? **B** *adj* **1** welche(r, s), was für (ein/eine) *umg*; ~ **age is he?** wie alt ist er?; ~ **good would that be?** *umg* wozu sollte das gut sein?; ~ **sort of** was für ein/eine; ~ **else was noch**; ~ **more could a girl ask for?** was könnte sich ein Mädchen sonst noch wünschen **2** *relativ* der/die/das; ~ **little I had** das wenige, das ich hatte; **buy ~ food you like** kauf das Essen, das du willst **3** *in Interj* was für (ein/eine); ~ **a week!** was für eine Woche!; ~ **a laugh!** wie lustig!; ~ **luck!** so ein Glück!; ~ **a fool I am!** ich Idiot!; **C** *int* was; **is he good-looking, or ~?** sieht der aber gut aus! *umg*

whatever [wɒt'evə^r] **A** *pron* was (auch) (immer), egal was; ~ **you like** was (immer) du (auch) möchtest; **shall we go?** — ~ **you say** gehen wir? — ganz wie du willst; ~ **it's called** egal wie es heißt; ~ **the movie** egal, in welchem Film; **… or** ~ **they're called** … oder wie sie sonst heißen; ~ **does he want?** was will er wohl?; ~ **do you mean?** was meinst du denn bloß? **B** *adj* **1** egal welche(r, s); ~ **book you choose** welches Buch Sie auch wählen; ~ **else you do** was immer du auch sonst machst **2** **it's of no use** ~ es hat absolut keinen Zweck

what'll ['wɒtl] *abk* (= **what will, what shall**) → will¹ → shall

what's [wɒts] *abk* (= **what is, what has**) → be → have

whatsit ['wɒtsɪt] *umg s* Dingsbums *n umg*, Dingsda *n umg*

whatsoever [ˌwɒtsəʊ'evə^r] *pron & adj* → whatever

what've ['wɒtəv] *abk* (= **what have**) → have

wheat [wiːt] *s* Weizen *m*

wheat flour *s* Weizenmehl *n*

wheat germ *s* Weizenkeim *m*

wheedle ['wiːdl] *v/t* **to ~ sth out of sb** j-m etw abschmeicheln

wheel [wiːl] **A** *s* Rad *n*; *zur Steuerung* Lenkrad *n*; **at the ~** am Steuer **B** *v/t* schieben; *Rollstuhl* fahren **C** *v/i* drehen; *Vögel* kreisen

phrasal verbs mit wheel:

wheel (a)round *v/i* sich (rasch) umdrehen

wheelbarrow *s* Schubkarre *f*

wheelchair *s* Rollstuhl *m*

wheelchair football *Br s* Rollstuhlfußball *m*

wheel clamp *Br s* (Park)kralle *f*

-wheeled *adj* ⟨*suf*⟩ -räd(e)rig

wheelie bin ['wiːlɪˌbɪn] *Br umg s* Mülltonne *f* auf Rollen

wheeling and dealing ['wiːlɪŋən'diːlɪŋ] *s* Geschäftemacherei *f*

wheels *umg pl* fahrbarer Untersatz *umg*, Wagen *m*

wheeze [wiːz] *v/i* pfeifend atmen; *Asthmatiker* keuchen

wheezy ['wiːzɪ] *adj* ⟨*komp* wheezier⟩ *alter Mann* mit pfeifendem Atem; *Husten* keuchend

when [wen] **A** *adv* **1** wann **2** *relativ* **on the day ~** an dem Tag, als **B** *konj* **1** wenn, als; **you can go ~ I have finished** du kannst gehen, sobald *od* wenn ich fertig bin **2** ⟨+*Gerundium*⟩ beim; *relativ* wobei **3** wo … und

whenever [wen'evə^r] *adv* **1** jedes Mal wenn **2** wann (auch) immer, sobald; ~ **you like!** wann du willst!

when'll ['wenl] *abk* (= **when will, when shall**) → will¹ → shall

when's [wenz] *abk* (= **when has, when is**) → be → have

when've ['wenəv] *abk* (= **when have**) → have

where [weə^r] *adv & konj* wo; ~ **are you going (to)?** wohin gehst du?; ~ **… from?** woher …?; ~ **are you from?** woher kommen Sie?; **the bag is ~ you left it** die Tasche ist da, wo du sie liegen gelassen hast; **he had no idea ~ to go** er hatte keine Ahnung, wo er gehen sollte; **that's ~** I used to live da habe ich (früher) gewohnt; **this is ~ we got to** bis hierhin sind wir gekommen

whereabouts **A** [ˌwɛərəˈbaʊts] *adv* wo **B** [ˈwɛərəbaʊts] *s* ⟨+sg od pl v⟩ Verbleib *m*

whereas [wɛərˈæz] *konj* während, wohingegen

whereby [wɛəˈbaɪ] *adv* wonach, wodurch

where'd [wɛəd] *abk* (= where did, where had, where would) → do → have → would

where'll [wɛəl] *abk* (= where will, where shall) → will¹ → shall

where's [wɛəz] *abk* (= where is) → be

where've [wɛərəv] *abk* (= where have) → have

wherever [wɛərˈevəʳ] **A** *konj* **1** wo (auch) immer **2** wohin; **~ that is** *od* **may be** wo auch immer das sein mag **3** überall wo **B** *adv* wo nur; **~ did you get that hat?** wo haben Sie nur diesen Hut her?

whet [wet] *v/t* Appetit anregen

whether [ˈweðəʳ] *konj* ob; (≈ egal) ganz gleich, ob

which [wɪtʃ] **A** *adj* welche(r, s); **~ one?** welche(r, s)?; **to tell ~ key is ~** die Schlüssel auseinanderhalten; **... by ~ time I was asleep** ... und zu dieser Zeit schlief ich (bereits) **B** *pron* **1** welche(r, s); **~ picture?** welches Bild?; **~ of the children** welches Kind; **~ is ~?** wer ist wer?, welche(r, s) ist welche(r, s)? **2** *relativ nach s* der/die/das, welche(r, s) *geh*; *nach Teilsatz* was; **the bear ~ I saw** der Bär, den ich sah; **it rained, ~ upset her plans** es regnete, was ihre Pläne durcheinanderbrachte; **~ reminds me ...** dabei fällt mir ein, ...; **the shelf on ~ I put it** das Brett, auf das *od* worauf ich es gelegt habe

whichever [wɪtʃˈevəʳ] **A** *adj* welche(r, s) auch immer, ganz egal welche(r, s) **B** *pron* welche(r, s) auch immer; **~ (of you) has the money** wer immer (von euch) das Geld hat

whiff [wɪf] *s* Hauch *m*; *angenehm* Duft *m*; *fig* Spur *f*

while [waɪl] **A** *s* Weile *f*; **for a ~** eine Zeit lang; **a good** *od* **long ~** eine ganze Weile; **for quite a ~** recht lange; **a little** *od* **short ~** ein Weilchen *umg*; **it'll be ready in a short ~** es wird bald fertig sein; **a little ~ ago** vor Kurzem; **a long ~ ago** vor einer ganzen Weile; **to be worth (one's) ~ to ...** sich (für j-n) lohnen, zu ... **B** *konj* während, solange; **she fell asleep ~ reading** sie schlief beim Lesen ein; **he became famous ~ still young** er wurde berühmt, als er noch jung war; **~ one must admit there are difficulties ...** man muss zwar zugeben, dass es Schwierigkeiten gibt, trotzdem ...

phrasal verbs mit while:

while away *v/t* ⟨trennb⟩ Zeit sich (*dat*) vertreiben

whilst [waɪlst] *konj* → while B

whim [wɪm] *s* Laune *f*; **on a ~** aus Jux und Tollerei *umg*

whimper [ˈwɪmpəʳ] **A** *s von Hund* Winseln *n kein pl*; *von Mensch* Wimmern *n kein pl* **B** *v/i Hund* winseln; *Mensch* wimmern

whimsical [ˈwɪmzɪkəl] *adj* wunderlich; *Geschichte* schnurrig

whine [waɪn] **A** *s* Heulen *n kein pl*; *von Hund* Jaulen *n kein pl* **B** *v/i* **1** heulen; *Hund* jaulen **2** jammern; *Kind* quengeln

whinge [wɪndʒ] *Br umg v/i* jammern, raunzen *österr*

whining [ˈwaɪnɪŋ] **A** *s von Hund* Gejaule *n*, Gejammer *n* **B** *adj* **1** *Stimme* weinerlich **2** *Geräusch* wimmernd; *Hund* jaulend

whinny [ˈwɪnɪ] **A** *s* Wiehern *n kein pl* **B** *v/i* wiehern

whip [wɪp] **A** *s* **1** Peitsche *f* **2** Reitgerte *f* **B** *v/t* **1** auspeitschen; *Pferd* peitschen; GASTR schlagen; **to ~ sb/sth into shape** *fig* j-n/etw zurechtschleifen *fig* **he ~ped his hand out of the way** er zog blitzschnell seine Hand weg **C** *v/i Mensch* schnell (mal) laufen

phrasal verbs mit whip:

whip off *v/t* ⟨trennb⟩ Kleider herunterreißen; Tischdecke wegziehen

whip out *v/t* ⟨trennb⟩ Kamera zücken

whip up *umg v/t* ⟨trennb⟩ Mahlzeit hinzaubern; *fig* Interesse entfachen; Unterstützung finden

whiplash [ˈwɪplæʃ] *s*, **whiplash injury** *s* MED Peitschenschlagverletzung *f*

whipped cream [wɪptˈkriːm] *s* Schlagsahne *f*, Schlagobers *n österr*, (geschwungener) Nidel *schweiz*

whipping [ˈwɪpɪŋ] *s* Tracht *f* Prügel

whipping cream *s* Schlagsahne *f*

whirl [wɜːl] **A** *s* Wirbeln *n kein pl*; **to give sth a ~** *fig umg* etw ausprobieren **B** *v/t* wirbeln; **to ~ sb/sth round** j-n/etw herumwirbeln **C** *v/i* wirbeln; **to ~ (a)round** herumwirbeln; *Wasser* strudeln; *Mensch* herumfahren; **my head is ~ing** mir schwirrt der Kopf

whirlpool® [ˈwɜːlpuːl] *s* Strudel *m*; *in Schwimmbad* Whirlpool® *m*

whirlwind [ˈwɜːlwɪnd] *s* Wirbelwind *m*; *fig* Trubel *m*; **a ~ romance** eine stürmische Romanze

whirr [wɜːʳ] **A** *s* Schwirren *n*; *von Maschine* Surren *n*, Brummen *n* **B** *v/i Flügel* schwirren; *Maschine* surren, brummen

whisk [wɪsk] **A** *s* GASTR Schneebesen *m*; elektrisch Rührgerät *n* **B** *v/t* **1** GASTR schlagen; Eier verquirlen **2** **she ~ed it out of my hand** sie riss

es mir aus der Hand
phrasal verbs mit whisk:
whisk away, whisk off v/t ⟨trennb⟩ **he whisked her away to the Bahamas** er entführte sie auf die Bahamas

whisker ['wɪskə'] s Schnurrhaar n; *von Mensch* Barthaar n; **~s** Schnurrbart m, Schnauz m *schweiz*; *seitlich* Backenbart m; **by a ~** um Haaresbreite

whisky s, **whiskey** ['wɪskɪ] *US, Ir* s Whisky m

whisper ['wɪspə'] **A** s Geflüster n kein pl; **to talk in ~s** im Flüsterton sprechen **B** v/t flüstern; **to ~ sth to sb** j-m etw zuflüstern **C** v/i flüstern

whispering ['wɪspərɪŋ] s Geflüster n kein pl

whist [wɪst] s Whist n

whistle ['wɪsl] **A** s **1** Pfiff m; *von Wind* Pfeifen n **2** Pfeife f; **to blow a ~** (auf einer Trillerpfeife) pfeifen **B** v/t & v/i pfeifen; **to ~ at sb** j-m nachpfeifen

whistle-blower ['wɪslbləʊə(r)] s *umg* j-d, der über etw auspackt

whistleblowing platform s INTERNET Enthüllungsplattform f

whistle-stop ['wɪsl,stɒp] adj ⟨attr⟩ **~ tour** POL Wahlreise f; *fig* Reise mit Kurzaufenthalten an allen Orten

white [waɪt] **A** adj ⟨komp whiter⟩ weiß; **as ~ as a sheet** leichenblass **B** s Weiß n; (≈ Mensch) Weiße(r) m/f(m); *von Ei* Eiweiß n; *von Auge* Weiße(s) n

whiteboard s Weißwandtafel f

white coffee s *Br* s Kaffee m mit Milch

white-collar adj **~ worker** Schreibtischarbeiter(in) m(f); **~ job** Schreibtisch- *od* Büroposten m

white elephant stall s Trödelstand m

white goods pl HANDEL Haushaltsgeräte pl

white-haired adj weißhaarig

Whitehall s Whitehall *ohne art*

white horses pl *fig* Schaumkronen pl

white-hot adj weiß glühend

White House s **the ~** das Weiße Haus

white lie s Notlüge f

white meat s helles Fleisch

whiten ['waɪtn] **A** v/t weiß machen **B** v/i weiß werden

whiteness ['waɪtnɪs] s Weiße f; *von Haut* Helligkeit f

White-Out® *US* s Korrekturflüssigkeit f

whiteout s starkes Schneegestöber

white sauce s helle Soße

white spirit *Br* s Terpentinersatz m

white stick s Blindenstock m

white tie s **a ~ occasion** eine Veranstaltung mit Frackzwang

white trash *US pej umg* s weißes Pack *pej umg*

whitewash **A** s Tünche f; *fig* Augenwischerei f **B** v/t tünchen; *fig* schönfärben

whitewater s Wildwasser n

whitewater rafting s Rafting n, Wildwasserfahren n

white wedding s Hochzeit f in Weiß

white wine s Weißwein m

whitish ['waɪtɪʃ] adj weißlich

Whit Monday [ˌwɪt'mʌndɪ] *Br* s Pfingstmontag m

Whitsun ['wɪtsən] *Br* s Pfingsten n

Whit Sunday [ˌwɪt'sʌndɪ] *Br* s Pfingstsonntag m

Whitsuntide ['wɪtsəntaɪd] *Br* s Pfingstzeit f

whittle ['wɪtl] v/t schnitzen
phrasal verbs mit whittle:
whittle away v/t ⟨trennb⟩ allmählich abbauen; *Rechte* nach und nach beschneiden
whittle down v/t ⟨trennb⟩ reduzieren (**to** auf +*akk*)

whiz(z) [wɪz] **A** s *umg* Kanone f *umg*; **a computer ~** ein Computergenie n *umg* **B** v/i Pfeil schwirren
phrasal verbs mit whiz(z):
whiz(z) by, whiz(z) past v/i vorbeizischen

whiz(z) kid s *umg* s Senkrechtstarter(in) m(f); **computer whizz kid** Computergenie n

who [huː] pron **1** wer; *akk* wen; *dat* wem; **who do you think you are?** für wen hältst du dich eigentlich?; **who did she talk to?** mit wem hat sie geredet? **2** *relativ* der/die/das, welche(r, s); **any man who ...** jeder (Mensch), der ...; **he had no idea who to ask** er hatte keine Ahnung, wen er fragen sollte

who'd [huːd] *abk* (= **who had, who would**) → **have** → **would**

whodun(n)it [huːˈdʌnɪt] *umg* s Krimi m *umg*

whoever [huːˈevə'] pron wer (auch immer); *akk* wen (auch immer); *dat* wem (auch immer); (≈ *egal*) ganz gleich wer/wen/wem

whole [həʊl] **A** adj ganz, gesamt; *Wahrheit* voll; **the ~ lot** das Ganze; *auf Menschen bezogen* alle; **a ~ lot better** *umg* ein ganzes Stück besser *umg*; **the ~ thing** das Ganze; **the figures don't tell the ~ story** die Zahlen sagen nicht alles **B** s Ganze(s) n; **the ~ of the month** der ganze *od* gesamte Monat; **the ~ of 2015** das ganze Jahr 2015; **the ~ of the time** die ganze Zeit; **the ~ of London** ganz London; **as a ~** als Ganzes; **on the ~** im Großen und Ganzen

wholefood *bes Br* adj ⟨attr⟩ Vollwert(kost)-; **~ shop** Bioladen m

wholegrain adj *US* Vollkorn-

wholehearted adj uneingeschränkt

wholeheartedly adv voll und ganz

wholemeal *Br* adj Vollkorn-

wholemeal bread s Vollkornbrot n

whole note s *US* ganze Note

wholesale ['həʊlseɪl] **A** s Großhandel m **B** adj ⟨attr⟩ **1** HANDEL Großhandels- **2** fig umfassend **C** adv **1** im Großhandel **2** fig massenhaft
wholesaler ['həʊlseɪləʳ] s Großhändler(in) m(f)
wholesale trade s Großhandel m
wholesome ['həʊlsəm] adj **1** gesund **2** Zeitvertreib erbaulich
whole-wheat ['həʊlwi:t] s Voll(korn)weizen m
who'll [hu:l] abk (= who will, who shall) → will¹ → shall
wholly ['həʊlɪ] adv völlig
whom [hu:m] pron **1** akk wen; dat wem **2** relativ, akk den/die/das; dat dem/der/den; ..., **all of ~ were drunk** ..., die alle betrunken waren; **none/all of ~** von denen keine(r, s)/alle
whoop [hu:p] v/i jauchzen
whooping cough ['hu:pɪŋ‚kɒf] s Keuchhusten m
whoops [wʊps, wu:ps] int ups, hoppla
whoosh [wʊʃ] **A** s von Wasser Rauschen n; von Luft Zischen n **B** v/i rauschen; Luft zischen
whopper ['wɒpəʳ] umg s **1** Mordsding n umg **2** faustdicke Lüge umg
whopping ['wɒpɪŋ] umg adj Riesen-
whore [hɔːʳ] s Hure f
whorl [wɜːl] s Kringel m; von Muschel (Spiral)windung f
who's [hu:z] abk (= who has, who is) → have → be
whose [hu:z] poss pr **1** wessen; **~ are these?** wem gehören diese?; **~ car did you go in?** bei wem sind Sie gefahren? **2** relativ dessen, deren; **the man ~ statue ...** der Mann, dessen Statue ...
why [waɪ] **A** adv warum, weshalb; Zweck erfragend wozu, wieso; **why not ask him?** warum fragst du/fragen wir etc ihn nicht?; **why wait?** warum od wozu (noch) warten?; **why me?** warum ich?; **why do it this way?** warum denn so?; **that's why** darum, deshalb **B** int **why, of course, that's right!** ja doch, das stimmt so!; **why, if it isn't Charles!** na so was, das ist doch (der) Charles!
why'd [waɪd] abk (= why did, why had, why would) → do → have → would
why's [waɪz] abk (= why is, why has) → be → have
why've [waɪv] abk (= why have) → have
wick [wɪk] s Docht m
wicked ['wɪkɪd] adj **1** böse, schlecht; Satire bissig, scharf; Lächeln frech; **that was a ~ thing to do** das war aber gemein (von dir/ihm etc); **it's ~ to tell lies** Lügen ist hässlich **2** sl (≈ toll) geil sl
wickedly ['wɪkɪdlɪ] adv blicken, grinsen frech
wickedness ['wɪkɪdnɪs] s **1** Schlechtigkeit f, Verderbtheit f **2** Boshaftigkeit f
wicker ['wɪkəʳ] adj ⟨attr⟩ Korb-
wicker basket s (Weiden)korb m
wickerwork **A** s Korbwaren pl **B** adj Korb-
wide [waɪd] **A** adj ⟨komp wider⟩ **1** breit; Rock weit; Augen, Auswahl groß; Erfahrung, Auswahl reich; **it is three feet ~** es ist drei Fuß breit; **the big ~ world** die (große) weite Welt **2** **it was ~ of the target** es ging daneben **B** adv **1** weit; **~ apart** weit auseinander; **open ~!** bitte weit öffnen; **the law is ~ open to abuse** das Gesetz öffnet dem Missbrauch Tür und Tor **2** **to go ~ of sth** an etw (dat) vorbeigehen
-wide [-waɪd] adj ⟨suf⟩ in dem/der gesamten; **Europe-wide** europaweit
wide-angle (lens) s FOTO Weitwinkel m, Weitwinkelobjektiv n
wide area network s IT Weitverkehrsnetz n
wide-awake adj ⟨attr⟩, **wide awake** adj ⟨präd⟩ hellwach
wide-eyed adj mit großen Augen
widely ['waɪdlɪ] adv weit; (≈ generell) allgemein; variieren stark; verschieden völlig; erhältlich fast überall; **his remarks were ~ publicized** seine Bemerkungen fanden weite Verbreitung; **a ~ read student** ein sehr belesener Student
widen ['waɪdn] **A** v/t Straße verbreitern; Wissen, Umfang erweitern; Reiz erhöhen **B** v/i breiter werden; Interessen sich ausweiten
phrasal verbs mit widen:
 widen out v/i sich erweitern (**into** zu)
wideness ['waɪdnɪs] s Breite f
wide-open adj ⟨attr⟩, **wide open** adj ⟨präd⟩ **1** Fenster weit offen; Augen weit aufgerissen **2** Wettbewerb völlig offen
wide-ranging, **wide-reaching** adj weitreichend
widescreen adj FILM Breitwand-; **~ television set** Breitbildfernseher m
widespread adj weitverbreitet attr; **to become ~** weite Verbreitung erlangen
widow ['wɪdəʊ] **A** s Witwe f **B** v/t zur Witwe/ zum Witwer machen; **she was twice ~ed** sie ist zweimal verwitwet
widowed ['wɪdəʊd] adj verwitwet
widower ['wɪdəʊəʳ] s Witwer m
width [wɪdθ] s Breite f; von Rock Weite f; **six feet in ~** sechs Fuß breit; **what is the ~ of the material?** wie breit liegt dieser Stoff?
widthways ['wɪdθweɪz] adv der Breite nach
wield [wi:ld] v/t Schwert, Feder führen; Axt schwingen; Macht ausüben
wife [waɪf] s ⟨pl wives⟩ (Ehe)frau f
wi-fi, **WiFi®** ['waɪfaɪ] s abk (= wireless fidelity) WLAN n, Wi-Fi n
wi-fi hotspot s (WLAN-)Hotspot m,

(Wi-Fi-)Hotspot m
wig [wɪg] s Perücke f
wiggle ['wɪgl] **A** v/t wackeln mit **B** v/i wackeln
wiggly ['wɪglɪ] adj wackelnd; **~ line** Schlangenlinie f, Wellenlinie f
wiggy ['wɪgɪ] adj umg durchgeknallt umg, schräg umg
wigwam ['wɪgwæm] s Wigwam m
wild [waɪld] **A** adj ⟨+er⟩ **1** wild; Menschen unzivilisiert; Blumen wild wachsend; **~ animals** Tiere pl in freier Wildbahn; **a lion is a ~ animal** der Löwe lebt in freier Wildbahn **2** Wetter, See stürmisch **3** (≈ erregt) wild (**with** vor +dat); Verlangen unbändig; **to be ~ about sb/sth** umg auf j-n/etw wild sein umg **4** umg wütend (**with, at** mit, auf +akk); **it drives me ~** das macht mich ganz wild od rasend **5** verrückt; Übertreibung maßlos; Fantasie kühn; **never in my ~est dreams** auch in meinen kühnsten Träumen nicht **6** (≈ daneben) Fehl-; **~ throw** Fehlwurf m; **it was just a ~ guess** es war nur so (wild) draufgeraten **B** adv wild; **to let one's imagination run ~** seiner Fantasie in freien Lauf lassen; **he lets his kids run ~** pej er lässt seine Kinder auf der Straße aufwachsen **C** s **in the ~** in freier Wildbahn; **the ~s** die Wildnis
wild card s SPORT Wildcard f; IT a. Jokerzeichen n
wildcat strike s wilder Streik
wildebeest ['wɪldəbiːst] s ⟨pl - od -s⟩ Gnu n
wilderness ['wɪldənɪs] s Wildnis f; fig Wüste f
wildfire s Lauffeuer n; **to spread like ~** sich wie ein Lauffeuer ausbreiten
wildfowl s ⟨kein pl⟩ Wildgeflügel n
wild-goose chase s fruchtloses Unterfangen
wildlife s die Tierwelt; **~ sanctuary** Wildschutzgebiet n
wildly ['waɪldlɪ] adv wild; reden aufgeregt; übertrieben maßlos
wildness ['waɪldnɪs] s Wildheit f
wile [waɪl] s ⟨mst pl⟩ List f
wilful ['wɪlfʊl] adj, **willful** US adj **1** eigensinnig **2** Schaden mutwillig
will[1] [wɪl] ⟨prät would⟩ **A** v/aux **1** zur Bildung des Futurs werden; **I'm sure that he ~ come** ich bin sicher, dass er kommt; **you'll be cold on** wirst frieren; **you'll have arrived** du wirst angekommen sein; **you ~ come to see us, won't you?** Sie kommen uns doch besuchen, ja?; **you won't lose it, ~ you?** du wirst es doch nicht verlieren, oder? **2** emph **~ you be quiet!** willst du jetzt wohl ruhig sein!; **he says he ~ go and I say he won't** er sagt, er geht, und ich sage, er geht nicht; **he ~ interrupt all the time** er muss ständig dazwischenreden **3** Wunsch ausdrückend wollen; **he won't sign** er unterschreibt nicht; **he wouldn't help me** er wollte mir nicht helfen; **wait a moment, ~ you?** jetzt warte doch mal einen Moment!; **the door won't open** die Tür lässt sich nicht öffnen od geht nicht auf umg **4** in Fragen **~ you have some more tea?** möchten Sie noch Tee?; **~ you accept these conditions?** akzeptieren Sie diese Bedingungen?; **there isn't any tea, ~ coffee do?** es ist kein Tee da, darf es auch Kaffee sein? **5** Tendenz **sometimes he ~ go to the pub** manchmal geht er auch in die Kneipe **B** v/i wollen; **as you ~!** wie du willst!

will[2] **A** s **1** Wille m; **to have a ~ of one's own** einen eigenen Willen haben; hum so seine Mucken haben umg; **the ~ to live** der Wille, zu leben, der Lebenswille; **against one's ~** gegen seinen Willen; **at ~** nach Lust und Laune; **of one's own free ~** aus freien Stücken; **with the best ~ in the world** beim od mit (dem) (aller)besten Willen **2** Testament n **B** v/t (durch Willenskraft) erzwingen; **to ~ sb to do sth** j-n durch die eigene Willensanstrengung dazu bringen, dass er etw tut
willful US adj → wilful
willie ['wɪlɪ] Br umg s Pimmel m umg
willies ['wɪlɪz] umg pl **it/he gives me the ~** da/bei dem wird mir ganz anders umg
willing ['wɪlɪŋ] adj **1 to be ~ to do sth** bereit sein, etw zu tun; **he was ~ for me to take it** es war ihm recht, dass ich es nahm **2** Helfer bereitwillig
willingly ['wɪlɪŋlɪ] adv bereitwillig
willingness ['wɪlɪŋnɪs] s Bereitschaft f
willow ['wɪləʊ] s, (a. **willow tree**) Weide f
willowy ['wɪləʊɪ] adj gertenschlank
willpower ['wɪlpaʊəʳ] s Willenskraft f
willy ['wɪlɪ] Br umg s → willie
willy-nilly ['wɪlɪ'nɪlɪ] adv **1** wählen aufs Geratewohl **2** wohl oder übel
wilt [wɪlt] v/i **1** Blumen welken **2** Mensch matt werden
wily ['waɪlɪ] adj ⟨komp wilier⟩ listig, hinterlistig pej
wimp [wɪmp] umg s Waschlappen m umg
win [wɪn] ⟨v: prät, pperf won⟩ **A** v/t gewinnen; Vertrag bekommen; Sieg erringen **B** v/i siegen; **OK, you win, I was wrong** okay, du hast gewonnen, ich habe mich geirrt; **whatever I do, I just can't win** egal, was ich mache, ich machs immer falsch **C** s Sieg m

[phrasal verbs mit win]
win back v/t ⟨trennb⟩ zurückgewinnen
win over v/t ⟨trennb⟩ für sich gewinnen
win round bes Br v/t ⟨trennb⟩ → win over
win through v/i sich durchsetzen
wince [wɪns] v/i zusammenzucken
winch [wɪntʃ] **A** s Winde f **B** v/t winschen

wind[1] [wɪnd] **A** s **1** Wind m; **the ~ is from the east** der Wind kommt aus dem Osten; **to put the ~ up sb** *Br umg* j-n ins Bockshorn jagen; **to get ~ of sth** von etw Wind bekommen; **to throw caution to the ~s** Bedenken in den Wind schlagen **2** Blähung f; **to break ~** einen Wind streichen lassen **B** v/t *Br* **he was ~ed by the ball** der Ball nahm ihm den Atem

wind[2] [waɪnd] ⟨prät, pperf wound⟩ **A** v/t **1** *Verband* wickeln; *Turban etc* winden; *Band etc* spulen **2** kurbeln; *Uhr, Spielzeug* aufziehen **3** **to ~ one's way** sich schlängeln **B** v/i *Fluss* sich winden

<u>phrasal verbs mit wind:</u>

wind around A v/t ⟨trennb +obj⟩ wickeln um; **wind it twice around the post** wickele es zweimal um den Pfosten; **to wind itself around sth** sich um etw schlingen **B** v/i *Straße* sich winden **C** v/i ⟨+obj⟩ *Straße* sich schlängeln durch

wind back v/t ⟨trennb⟩ *Band* zurückspulen

wind down A v/t ⟨trennb⟩ **1** *Fenster* herunterkurbeln **2** *Aktionen* reduzieren **B** v/i *umg* entspannen

wind forward, **wind on** v/t ⟨trennb⟩ *Film* weiterspulen

wind round *bes Br* v/t & v/i ⟨trennb⟩ → **wind around**

wind up A v/t ⟨trennb⟩ **1** *Fenster* hinaufkurbeln **2** *Mechanismus Br fig umg* j-n aufziehen; **to be wound up about sth** *fig* über etw (*akk*) erregt sein **3** zu Ende bringen **B** v/i *umg* enden; **to wind up in hospital** im Krankenhaus landen; **to wind up doing sth** am Ende etw tun

wind-bag s *umg* Schwätzer(in) m(f)
windbreak ['wɪnd] s Windschutz m
Windbreaker® *US* s, **windcheater** *Br* s Windjacke f
wind-chill factor s Wind-Kälte-Faktor m
winded ['wɪndɪd] adj atemlos, außer Atem
wind energy s Windenergie f
windfall ['wɪndfɔːl] s Fallobst n; *fig* unerwartetes Geschenk
wind farm ['wɪndfɑːm] s Windfarm f
winding ['waɪndɪŋ] adj gewunden
winding staircase s Wendeltreppe f
winding-up s *von Projekt* Abschluss m; *von Firma etc* Auflösung f
wind instrument ['wɪnd] s Blasinstrument n
windmill s Windmühle f
window ['wɪndəʊ] s a. IT Fenster n; *von Laden* (Schau)fenster n
window box s Blumenkasten m
window cleaner s Fensterputzer(in) m(f)
window display s (Schaufenster)auslage f
window-dressing s Auslagen- *od* Schaufensterdekoration f; *fig* Mache f *umg*, Schau f *umg*; **that's just ~** das ist alles nur Mache *umg*
window envelope s Fensterumschlag m
window ledge s → **windowsill**
windowpane s Fensterscheibe f
window seat s *im Flugzeug etc* Fensterplatz m; *im Haus* Fensterbank f
window-shopping s **to go ~** einen Schaufensterbummel machen
windowsill s Fensterbank f
windpipe ['wɪnd] s Luftröhre f
wind power s Windkraft f
windproof adj winddicht
windscreen s, **windshield** *US* s Windschutzscheibe f
windscreen washer s, **windshield washer** *US* s Scheibenwaschanlage f
windscreen wiper s, **windshield wiper** *US* s Scheibenwischer m
windsurf v/i windsurfen
windsurfer s **1** Windsurfer(in) m(f) **2** Windsurfbrett n
windsurfing s Windsurfen n
windswept adj *Strand* über den/die/das der Wind fegt; *Mensch* (vom Wind) zerzaust
wind tunnel s Windkanal m
wind turbine s Windturbine f
wind-up ['waɪndʌp] *Br umg* s Witz m
windy ['wɪndɪ] adj ⟨komp **windier**⟩ windig
wine [waɪn] **A** s Wein m; **cheese and ~ party** Party, bei der Wein und Käse gereicht wird **B** adj *Farbe* burgunderrot
wine bar s Weinlokal n
wine bottle s Weinflasche f
wine cellar s Weinkeller m
wineglass s Weinglas n
wine growing adj Wein(an)bau-; **~ region** Wein(an)baugebiet n
wine list s Weinkarte f
winemaker s Winzer(in) m(f)
winemaking s Weinherstellung f
winery ['waɪnərɪ] s Weingut n
wine tasting s Weinprobe f
wing [wɪŋ] **A** s **1** Flügel m; *Br* AUTO Kotflügel m; **to take sb under one's ~** *fig* j-n unter seine Fittiche nehmen; **to spread one's ~s** *fig* flügge werden; **to play on the (left/right) ~** SPORT auf dem (linken/rechten) Flügel spielen **2** **~s** pl THEAT Kulisse f; **to wait in the ~s** in den Kulissen warten **B** v/t **to ~ one's way** fliegen **C** v/i fliegen
winger ['wɪŋə] s SPORT Flügelspieler(in) m(f)
wing nut s Flügelmutter f
wingspan s Flügelspannweite f
wink [wɪŋk] **A** s Zwinkern n; **I didn't sleep a ~**

umg ich habe kein Auge zugetan **B** *v/t* zwinkern mit (+*dat*) **C** *v/i* zwinkern; **to ~ at sb** j-m zuzwinkern

winker *s Br umg* Blinker *m*

winkle ['wɪŋkl] *Br s* Strandschnecke *f*

winner ['wɪnər] *s* Sieger(in) *m(f)*, Gewinner(in) *m(f)*; **to be onto a ~** *umg* das große Los gezogen haben *umg*

winning ['wɪnɪŋ] **A** *adj* **1** *Teilnehmer etc* der/die gewinnt; *Mannschaft* siegreich; *Tor* Sieges-; **the ~ goal** der Siegtreffer **2** *Lächeln* gewinnend **B** *s* **winnings** *pl* Gewinn *m*

winning post *s* Zielpfosten *m*

wino ['waɪnəʊ] *umg s* ⟨*pl* -s⟩ Saufbruder *m umg*

winter ['wɪntər] **A** *s* Winter *m* **B** *adj* ⟨*attr*⟩ Winter-

Winter Olympics *pl* Winterolympiade *f*, Olympische Winterspiele *pl*

winter sports *pl* Wintersport *m*

wintertime *s* Jahreszeit Winter *m*

winter time *s bei Zeitumstellung* Winterzeit *f*

wintery ['wɪntərɪ], **wintry** ['wɪntrɪ] *adj* winterlich

wipe [waɪp] **A** *s* Wischen *n*; **to give sth a ~** etw abwischen **B** *v/t* wischen; *Fußboden* aufwischen; *Hände* abwischen; **to ~ sb/sth dry** j-n/etw abtrocknen; **to ~ sb/sth clean** j-n/etw sauber wischen; **to ~ one's eyes** sich (*dat*) die Augen wischen; **to ~ one's nose** sich (*dat*) die Nase putzen; **to ~ one's feet** sich (*dat*) die Füße abtreten; **to ~ the floor with sb** *fig umg* j-n fertigmachen *umg*

phrasal verbs mit wipe:

wipe away *v/t* ⟨*trennb*⟩ wegwischen

wipe off *v/t* ⟨*trennb*⟩ abwischen; **wipe that smile off your face** *umg* hör auf zu grinsen *umg*; **to be wiped off the map** *od* **the face of the earth** von der Landkarte *od* Erdoberfläche getilgt werden

wipe out *v/t* ⟨*trennb*⟩ **1** *Schüssel* auswischen **2** *Geschriebenes* (aus)löschen **3** *Krankheit, Volk* ausrotten; *feindliche Truppen* aufreiben

wipe up *v/t* ⟨*trennb*⟩ *Flüssigkeit* aufwischen; *Geschirr* abtrocknen **B** *v/i* abtrocknen

wiper ['waɪpər] *s AUTO* (Scheiben)wischer *m*

wire [waɪər] **A** *s* **1** Draht *m*, Leitung *f*; *isoliert* Schnur *f*; **you've got your ~s crossed there** *umg* Sie verwechseln da etwas; **I think we've got our ~s crossed** *umg* ich glaube, wir reden aneinander vorbei **2** *TEL* Telegramm *n* **3** (≈ *Mikrofon*) Wanze *f umg* **B** *v/t* **1** *Stecker* anschließen; *Wohnung* die (elektrischen) Leitungen verlegen in (+*dat*) **2** *TEL* telegrafieren **3** mit Draht zusammenbinden

phrasal verbs mit wire:

wire up *v/t* ⟨*trennb*⟩ anschließen

wireless ['waɪəlɪs] **A** *s bes Br obs* Radio *n* **B** *adj Programm* Radio-; *Technologie* drahtlos; **~ phone** schnurloses Telefon

Wireless Application Protocol *s IT* WAP-Protokoll *n*

wireless hotspot *s IT* WLAN-Hotspot *m*

wireless network *s IT* drahtloses Netzwerk

wire netting *s* Maschendraht *m*

wiretap *v/t Gespräch* abhören; *Gebäude* abhören in (+*dat*)

wiring ['waɪərɪŋ] *s* elektrische Leitungen *pl*

wiry ['waɪərɪ] *adj* ⟨*komp* wirier⟩ drahtig

wisdom ['wɪzdəm] *s* Weisheit *f*

wisdom tooth *s* Weisheitszahn *m*

wise [waɪz] *adj* ⟨*komp* wiser⟩ weise, klug; **the Three Wise Men** die drei Weisen; **I'm none the ~r** *umg* ich bin nicht klüger als vorher; **nobody will be any the ~r** *umg* niemand wird das spitzkriegen *umg*; **you'd be ~ to …** du tätest gut daran, …; **to get ~ to sb/sth** *umg* j-n/etw spitzkriegen *umg*; **to be ~ to sb/sth** *umg* j-n/etw kennen; **he fooled her twice, then she got ~ to him** zweimal hat er sie hereingelegt, dann ist sie ihm auf die Schliche gekommen

-wise *adv* ⟨*suf*⟩ -mäßig, in Bezug auf (+*akk*)

wisecrack *s* Stichelei *f*; **to make a ~ (about sb/sth)** witzeln (über j-n/etw)

wise guy *umg s* Klugscheißer *m umg*

wisely ['waɪzlɪ] *adv* weise, klugerweise

wish [wɪʃ] **A** *s* Wunsch *m* (**for** nach); **I have no great ~ to see him** ich habe keine große Lust, ihn zu sehen; **to make a ~** sich (*dat*) etwas wünschen; **best ~es** alles Gute; *in Brief* viele Grüße; **he sends his best ~es** er lässt (vielmals) grüßen **B** *v/t* wünschen; **he ~es to be alone** er möchte allein sein; **how he ~ed that his wife was** *od* **were there** wie sehr er sich (*dat*) wünschte, dass seine Frau hier wäre; **~ you were here** ich wünschte, du wärest hier; **I ~ I had …** ich wünschte, ich hätte …; **to ~ sb good luck** j-m viel Glück wünschen; **you ~!** das hättest du wohl gerne!

phrasal verbs mit wish:

wish for *v/i* (+*obj*) **to wish for sth** sich (*dat*) etw wünschen

wish on, **wish upon** *umg v/t* ⟨*trennb* +*obj*⟩ **to wish sb/sth on** *od* **upon sb** j-m j-n/etw aufhängen *umg*

wishful ['wɪʃfʊl] *adj* **that's just ~ thinking** das ist reines Wunschdenken

wish list *s* Wunschliste *f*, Wunschzettel *m*

wishy-washy ['wɪʃɪˌwɒʃɪ] *adj Mensch* farblos; *Farbe* verwaschen; *Argument* schwach *umg*

wisp [wɪsp] *s von Stroh etc* kleines Büschel; *von Wolke* Fetzen *m*; *von Rauch* Wölkchen *n*

wispy ['wɪspɪ] *adj* ⟨*komp* wispier⟩ ~ **clouds** Wolkenfetzen *pl*; ~ **hair** dünne Haarbüschel

wistful ['wɪstfʊl] *adj*, **wistfully** ['wɪstfəlɪ] *adv* wehmütig

wit [wɪt] *s* **1** Verstand *m*; **to be at one's wits' end** mit seinem Latein am Ende sein *hum umg*; **to be scared out of one's wits** zu Tode erschreckt sein; **to have one's wits about one** seine (fünf) Sinne beisammenhaben **2** Geist *m*, Witz *m* **3** (≈ *Mensch*) geistreicher Kopf

witch [wɪtʃ] *s* Hexe *f*

witchcraft *s* Hexerei *f*

witch doctor *s* Medizinmann *m*

witch-hunt ['wɪtʃhʌnt] *s* Hexenjagd *f*

with [wɪð, wɪθ] *präp* **1** mit; **are you pleased ~ it?** bist du damit zufrieden?; **bring a book ~ you** bring ein Buch mit; **~ no ...** ohne ...; **to walk ~ a stick** am *od* mit einem Stock gehen; **put it ~ the rest** leg es zu den anderen; **how are things ~ you?** wie gehts?; **to be ~ sb** mit j-m zusammen sein; **it varies ~ the temperature** es verändert sich je nach Temperatur; **is he ~ us or against us?** ist er für oder gegen uns? **2** bei; **I'll be ~ you in a moment** einen Augenblick bitte, ich bin gleich da; **10 years ~ the company** 10 Jahre bei *od* in der Firma; **sit ~ me** setz dich zu mir **3** *Grund angebend* vor (+*dat*); **to shiver ~ cold** vor Kälte zittern **4** (≈ *während*) wo; **you can't go ~ your mother ill** wo deine Mutter krank ist, kannst du nicht gehen; **~ the window open** bei offenem Fenster **5** *umg* **I'm not ~ you** da komm ich nicht mit *umg*; **to be ~ it** bei der Sache sein

withdraw [wɪð'drɔː] ⟨*prät* withdrew; *pperf* withdrawn⟩ **A** *v/t* zurückziehen; *Geld* abheben; *Behauptung* widerrufen **B** *v/i* sich zurückziehen, zurücktreten

withdrawal [wɪθ'drɔːəl] *s* Zurückziehen *n*; *von Geld* Abheben *n*; *von Behauptung* Zurücknehmen *n*; *von Truppen* Rückzug *m*; *von Drogen* Entzug *m*; **to make a ~ from a bank** von einer Bank Geld abheben

withdrawal symptoms *pl* Entzugserscheinungen *pl*

withdrawn [wɪθ'drɔːn] **A** *pperf* → withdraw **B** *adj Mensch* verschlossen

withdrew [wɪθ'druː] *prät* → withdraw

wither ['wɪðə^r] *v/i* **1** verdorren; *Körperglied* verkümmern **2** *fig* welken

phrasal verbs mit wither:

wither away *v/i* → wither

withered ['wɪðəd] *adj* verdorrt

withering ['wɪðərɪŋ] *adj Hitze* ausdörrend; *Blick* vernichtend

withhold [wɪð'həʊld] *v/t* ⟨*prät, pperf* withheld [wɪθ'held]⟩ vorenthalten, verweigern; **to ~ sth from sb** j-m etw vorenthalten/verweigern

within [wɪð'ɪn] **A** *präp* innerhalb (+*gen*); **to be ~ 100 feet of the finish** auf den letzten 100 Fuß vor dem Ziel sein; **we came ~ 50 feet of the summit** wir kamen bis auf 50 Fuß an den Gipfel heran **B** *adv obs, liter* innen; **from ~** von drinnen

without [wɪð'aʊt] **A** *präp* ohne; **~ speaking** ohne zu sprechen, wortlos; **~ my noticing it** ohne dass ich es bemerkte **B** *adv obs, liter* außen; **from ~** von draußen

withstand [wɪθ'stænd] *v/t* ⟨*prät, pperf* withstood [wɪθ'stʊd]⟩ standhalten (+*dat*)

witless ['wɪtlɪs] *adj* **to be scared ~** zu Tode erschreckt sein

witness ['wɪtnɪs] **A** *s* **1** Zeuge *m*, Zeugin *f* (**to** von); **~ for the defence** *Br*, **~ for the defense** *US* Zeuge *m*/Zeugin *f* der Verteidigung **2** Zeugnis *n*; **to bear ~ to sth** Zeugnis über etw (*akk*) ablegen **B** *v/t* **1** *Unfall etc* Zeuge/Zeugin sein bei *od* +*gen*; *Szenen* (mit)erleben; *Veränderungen* erleben **2** *Unterschrift* bestätigen

witness box *s*, **witness stand** *US s* Zeugenstand *m*

witty ['wɪtɪ] *adj* ⟨*komp* wittier⟩ witzig, geistreich

wives [waɪvz] *pl* → wife

wizard ['wɪzəd] *s* **1** Zauberer *m* **2** *umg* Genie *n* **3** IT Assistent *m*

wizened ['wɪznd] *adj* verschrumpelt

wk *abk* (= week) Wo.

WMD *abk* (= weapons of mass destruction) Massenvernichtungswaffen *pl*

wobble ['wɒbl] **A** *s* Wackeln *n* **B** *v/i* wackeln; *Radfahrer* schwanken; *Pudding* schwabbeln **C** *v/t* rütteln an (+*dat*)

wobbly ['wɒblɪ] *adj* ⟨*komp* wobblier⟩ wackelig; *Pudding* (sch)wabbelig; **to feel ~** wackelig auf den Beinen sein *umg*

woe [wəʊ] *s* **1** *liter, hum* Jammer *m*; **woe (is me)!** weh mir!; **woe betide him who ...!** wehe dem, der ...! **2** ⟨*bes pl*⟩ Kummer *m*

woeful ['wəʊfʊl] *adj* traurig; *Mangel* bedauerlich; (≈ *sehr schlecht*) katastrophal

wok [wɒk] *s* GASTR Wok *m*

woke [wəʊk] *prät* → wake¹

woken ['wəʊkn] *pperf* → wake¹

wolf [wʊlf] **A** *s* ⟨*pl* wolves⟩ Wolf *m*; **to cry ~** blinden Alarm schlagen **B** *v/t umg* (*a.* ~ **down**) *Essen* hinunterschlingen

wolf whistle *umg s* bewundernder Pfiff

wolves ['wʊlvz] *pl* → wolf

woman ['wʊmən] **A** *s* ⟨*pl* women ['wɪmən]⟩ Frau *f*; **cleaning ~** Putzfrau *f* **B** *adj* ⟨*attr*⟩ **~ doctor** Ärztin *f*; **~ driver** Frau *f* am Steuer

womanhood ['wʊmənhʊd] *s* **to reach ~** (zur) Frau werden

womanize ['wʊmənaɪz] v/i hinter den Frauen her sein

womanizer ['wʊmənaɪzə^r] s Schürzenjäger m

womanly ['wʊmənlɪ] adj fraulich; *Eigenschaften* weiblich

womb [wuːm] s Gebärmutter f

women ['wɪmɪn] pl → woman

women's football ['wɪmɪnz] s Frauenfußball m

women's lib *umg* s Frauen(rechts)bewegung f

women's refuge s Frauenhaus n

women's room *US* s Damentoilette f

won [wʌn] *prät & pperf* → win

wonder ['wʌndə^r] **A** s **1** Staunen n; **in ~** voller Staunen **2** Wunder n; **it is a ~ that ...** es ist ein Wunder, dass ...; **no ~ (he refused)!** kein Wunder(, dass er abgelehnt hat)!; **to do** *od* **work ~s** Wunder wirken; **~s will never cease!** es geschehen noch Zeichen und Wunder! **B** v/t **I ~ what he'll do now** ich bin gespannt, was er jetzt tun wird; **I ~ why he did it** ich wüsste zu gern, warum er das getan hat; **I was ~ing if you'd like to come too** möchten Sie nicht vielleicht auch kommen? **C** v/i **1** sich fragen; **why do you ask?** — **oh, I was just ~ing** warum fragst du? — ach, nur so; **to ~ about sth** sich (*dat*) über etw (*akk*) Gedanken machen; **I expect that will be the end of the matter** — **I ~!** ich denke, damit ist die Angelegenheit erledigt — da habe ich meine Zweifel; **to ~ about doing sth** daran denken, etw zu tun; **John, I've been ~ing, is there really any point?** John, ich frage mich, ob es wirklich (einen) Zweck hat **2** sich wundern; **I ~ (that) he ...** es wundert mich, dass er ...

wonderful adj, **wonderfully** ['wʌndəfəl, -ɪ] adv wunderbar

wondrous ['wʌndrəs] *obs, liter* adj wunderbar

wonky ['wɒŋkɪ] *Br umg* adj ⟨*komp* wonkier⟩ *Stuhl, Ehe, Grammatik* wackelig; *Maschine* nicht (ganz) in Ordnung; **your collar's all ~** dein Kragen sitzt ganz schief

won't [wəʊnt] *abk* (= will not) → will¹

woo [wuː] v/t j-n umwerben, *fig Publikum* für sich zu gewinnen versuchen

wood [wʊd] **A** s **1** Holz n; **touch ~!** *bes Br*, **knock on ~!** *bes US* dreimal auf Holz geklopft! **2** (*a.* **~s**) Wald m; **we're not out of the ~s yet** *fig* wir sind noch nicht über den Berg *od* aus dem Schneider *umg*; **he can't see the ~ for the trees** *Br sprichw* er sieht den Wald vor (lauter) Bäumen nicht *sprichw* **B** adj ⟨*attr*⟩ Holz-

wood carving s (Holz)schnitzerei f

woodcut s KUNST Holzschnitt m

woodcutter s **1** Holzfäller(in) m(f), Holzhacker(in) m(f) **2** KUNST Holzschnitzer(in) m(f)

wooded ['wʊdɪd] adj bewaldet

wooden ['wʊdn] adj **1** Holz- **2** *fig* hölzern

wooden spoon *wörtl* s Holzlöffel m; *fig* Trostpreis m

woodland s Waldland n

woodpecker s Specht m

wood pellet s Holzpellet n

woodpile s Holzhaufen m

woodwind s Holzblasinstrument n; **the ~ section** die Holzbläser pl

woodwork s **1** Holzarbeit f; (≈ Handwerk) Tischlerei f **2** Holzteile pl; **to come out of the ~** *fig* aus dem Unterholz *od* der Versenkung hervorkommen

woodworm s Holzwurm m

woody ['wʊdɪ] adj ⟨*komp* woodier⟩ holzig

woof [wʊf] **A** s (≈ Hundelaut) Wuff n **B** v/i **~, ~!** wau, wau!

wool [wʊl] **A** s Wolle f, Wollstoff m; **to pull the ~ over sb's eyes** *umg* j-m Sand in die Augen streuen *umg* **B** adj Woll-

woollen ['wʊlən], **woolen** *US* **A** adj Woll- **B** s **woollens** pl Wollsachen pl, Wollwaren pl

woolly ['wʊlɪ] adj ⟨*komp* woollier⟩, **wooly** *US* adj ⟨*komp* woolier⟩ wollig; **~ hat** Wollmütze f; **winter woollies** *bes Br* dicke Wollsachen pl *umg*; *bes US* (≈ *Unterwäsche*) Wollene pl *umg*

woozy ['wuːzɪ] *umg* adj ⟨*komp* woozier⟩ duselig *umg*

Worcester sauce ['wʊstə'sɔːs] s Worcestersoße f

word [wɜːd] **A** s **1** Wort n; **foreign ~s** Fremdwörter pl; **~ for ~** Wort für Wort; **~s cannot describe it** so etwas kann man mit Worten gar nicht beschreiben; **too funny for ~s** unbeschreiblich komisch; **to put one's thoughts into ~s** seine Gedanken in Worte fassen; **to put sth into ~s** etw in Worte fassen; **in a ~** kurz gesagt; **in other ~s** mit anderen Worten; **in one's own ~s** mit eigenen Worten; **the last ~** *fig* der letzte Schrei (in +*dat*); **a ~ of advice** ein Rat(schlag) m; **by ~ of mouth** durch mündliche Überlieferung; **to say a few ~s** ein paar Worte sprechen; **to be lost for ~s** nicht wissen, was man sagen soll; **to take sb at his ~** j-n beim Wort nehmen; **to have a ~ with sb** mit j-m sprechen (**about** über +*akk*; (≈ *ermahnend*) j-n ins Gebet nehmen; **John, could I have a ~?** John, kann ich dich mal sprechen?; **you took the ~s out of my mouth** du hast mir das Wort aus dem Mund genommen; **to put in** *od* **say a (good) ~ for sb** für j-n ein gutes Wort einlegen; **don't say a ~ about it** sag aber bitte keinen Ton davon; **to have ~s with sb** mit j-m eine Auseinandersetzung haben; **~ of honour** *Br*, **~ of honor** *US* Ehrenwort n; **a man of his ~** ein Mann, der zu seinem

Wort steht; **to keep one's ~** sein Wort halten; **take my ~ for it** das kannst du mir glauben; it's his ~ against mine Aussage steht gegen Aussage; **just say the ~** sag nur ein Wort **2** **~s** *pl* Text *m* **3** ⟨*kein pl*⟩ Nachricht *f*; **is there any ~ from John yet?** schon von John gehört?; **to send ~** Nachricht geben; **to send ~ to sb** j-n benachrichtigen; **to spread the ~** umg es allen sagen umg **B** *v/t* formulieren

wordbank *s* Wortfeld *n*
word building *s* Wortbildung *f*
word field *s* Wortfeld *n*
word game *s* Buchstabenspiel *n*
wording ['wɜːdɪŋ] *s* Formulierung *f*
word order *s* Satzfolge *f*
word-perfect *adj* **to be ~** den Text perfekt beherrschen
wordplay *s* Wortspiel *n*
word power *s* besondere Wortschatzübung
word processing *s* Textverarbeitung *f*
word processor *s* Text(verarbeitungs)system *n*
word web *s* Wortnetz *n*
wordy ['wɜːdɪ] *adj* ⟨*komp* wordier⟩ wortreich
wore [wɔː^r] *prät* → wear
work [wɜːk] **A** *s* **1** Arbeit *f*; KUNST, LIT Werk *n*; he doesn't like ~ er arbeitet nicht gern; **that's a good piece of ~** das ist gute Arbeit; **is this all your own ~?** haben Sie das alles selbst gemacht?; **when ~ begins on the new bridge** wenn die Arbeiten an der neuen Brücke anfangen; **to be at ~ (on sth)** (an etw *dat*) arbeiten; **nice ~!** gut gemacht!; **you need to do some more ~ on your accent** Sie müssen noch an Ihrem Akzent arbeiten; **to get to ~ on sth** sich an etw (*akk*) machen; **to get some ~ done** to put a lot of ~ into sth eine Menge Arbeit in etw (*akk*) stecken; **to get on with one's ~** sich (wieder) an die Arbeit machen; **to be (out) at ~** arbeiten sein; **to go out to ~** arbeiten gehen; **to be out of ~** arbeitslos sein; **to be in ~** eine Stelle haben; **how long does it take you to get to ~?** wie lange brauchst du, um zu deiner Arbeitsstelle zu kommen?; **at ~** am Arbeitsplatz; **to be off ~** (am Arbeitsplatz) fehlen; **a ~ of art** ein Kunstwerk *n*; **a fine piece of ~** eine schöne Arbeit **2** **~s** +*sg od pl v Br* Betrieb *m*; **steel ~s** Stahlwerk *n* **3** *umg* the **~s** *pl* alles Drum und Dran **B** *v/i* **1** arbeiten (**at** an +*dat*) **2** funktionieren; *Medizin, Zauber* wirken; (≈ erfolgreich sein) klappen *umg*; **it won't ~** das klappt nicht; **to get sth ~ing** etw in Gang bringen **3** **to ~ loose** sich lockern; **OK, I'm ~ing** (a)round to it okay, das mache ich schon noch **C** *v/t* **1** **to ~ sb hard** j-n nicht schonen **2** *Maschine* bedienen **3** **to ~ it (so that …)** *umg* es so deicheln(, dass …) *umg* **4** Land bearbeiten; **~ the flour in gradually** mischen Sie das Mehl allmählich unter **5** **to ~ sth loose** etw losbekommen; **to ~ one's way to the top** sich nach oben arbeiten; **to ~ one's way up from nothing** sich von ganz unten hocharbeiten

phrasal verbs mit work:

work in *v/t* ⟨*trennb*⟩ einarbeiten
work off *v/t* ⟨*trennb*⟩ Fett abarbeiten; Energie loswerden
work on *v/i* ⟨+*obj*⟩ **1** arbeiten an (+*dat*); *Fall* bearbeiten; **we haven't solved it yet but we're still working on it** wir haben es noch nicht gelöst, aber wir sind dabei **2** *Annahme* ausgehen von; *Prinzip* ausgehen von, arbeiten nach
work out A *v/i* **1** *Rätsel* aufgehen **2** **that works out at £105** das macht £ 105; **it works out more expensive** es kommt teurer **3** funktionieren, klappen; **things didn't work out for him** es ist ihm alles schiefgegangen; **things didn't work out that way** es kam ganz anders **4** in Fitnessstudio trainieren **B** *v/t* ⟨*trennb*⟩ **1** Gleichung etc lösen; *Problem* fertig werden mit; *Summe* ausrechnen; **work it out for yourself** das kannst du dir (doch) selbst denken **2** *Plan* (sich *dat*) ausdenken **3** schlau werden aus (+*dat*), herausfinden; **I can't work out why it went wrong** ich kann nicht verstehen, wieso es nicht geklappt hat
work through *v/i* ⟨+*obj*⟩ sich (durch)arbeiten durch
work up *v/t* ⟨*trennb*⟩ *Interesse* aufbringen; *Appetit* sich (*dat*) holen; *Mut* sich (*dat*) machen; **to work up a sweat** richtig ins Schwitzen kommen; **to get worked up** sich aufregen
work up to *v/i* ⟨+*obj*⟩ *Entscheidung etc* zusteuern auf (+*akk*)

workable ['wɜːkəbl] *adj* Plan durchführbar; Lösung machbar
workaholic [ˌwɜːkəˈhɒlɪk] *umg s* Arbeitstier *n* *umg*, Arbeitssüchtige(r) *m/f(m)*
workbench *s* Werkbank *f*
workbook *s* Arbeitsheft *n*
workday *bes US s* Arbeitstag *m*
worker ['wɜːkə^r] *s* Arbeiter(in) *m(f)*
work ethic *s* Arbeitsmoral *f*
work experience *s* **1** Berufserfahrung *f* **2** als Teil der Ausbildung Praktikum *n*
workforce *s* Arbeitskräfte *pl*
workhorse *wörtl*, *fig s* Arbeitspferd *n*
working ['wɜːkɪŋ] **A** *adj* **1** Bevölkerung, Frau berufstätig; **~ man** Arbeiter *m* **2** Arbeits-; **~ hours** Arbeitszeit *f*; **in good ~ order** voll funktionsfähig; **~ knowledge** Grundkenntnisse *pl* **3** *Bauernhof* in Betrieb **B** *s* **workings** *pl* Arbeitsweise *f*; **in order to understand the ~s**

of this machine um zu verstehen, wie die Maschine funktioniert

working class s, ⟨a. **working classes**⟩ Arbeiterklasse f

working-class adj der Arbeiterklasse; **to be ~** zur Arbeiterklasse gehören

working conditions pl Arbeitsbedingungen pl

working day s → workday

working environment s Arbeitsumfeld n

working lunch s Arbeitsessen n

working mother s berufstätige Mutter

working party s (Arbeits)ausschuss m

working relationship s **to have a good ~ with sb** mit j-m gut zusammenarbeiten

working visa s Arbeitserlaubnis f

workload s Arbeit(slast) f

workman s ⟨pl **-men**⟩ Handwerker m

workmanship ['wɜːkmənʃɪp] s Arbeit(squalität) f

workmate s Arbeitskollege m, -kollegin f

workout s, **work-out** s SPORT Workout n, Training n

work permit s Arbeitserlaubnis f

workplace s Arbeitsplatz m; **in the ~** am Arbeitsplatz

work placement ['wɜːk.pleɪsmənt] s Praktikum n; Praktikumsstelle f

workroom s Arbeitszimmer n

works [wɜːks] pl → work

works council s Br s Betriebsrat m

worksheet s Arbeitsblatt n

workshop s Werkstatt f; **a music ~** ein Musik-Workshop m

work station s *Schreibtisch* Arbeitsplatz m

work surface s Arbeitsfläche f

worktop Br s Arbeitsfläche f

work-to-rule s Dienst m nach Vorschrift

world [wɜːld] s Welt f; **in the ~** auf der Welt; **all over the ~** auf der ganzen Welt; **from all over the ~** aus der ganzen Welt; **he jets all over the ~** er jettet in der Weltgeschichte herum; **to go (a)round the ~** eine Weltreise machen; **to feel** od **be on top of the ~** munter und fidel sein; **the best view in the ~** die beste Aussicht der Welt; **it's not the end of the ~!** umg davon geht die Welt nicht unter! umg; **it's a small ~** wie klein doch die Welt ist; **to live in a ~ of one's own** in seiner eigenen (kleinen) Welt leben; **the Third World** die Dritte Welt; **the business ~** die Geschäftswelt; **woman of the ~** Frau f von Welt; **to go down in the ~** herunterkommen; **to go up in the ~** es (in der Welt) zu etwas bringen; **he had the ~ at his feet** die ganze Welt lag ihm zu Füßen; **to lead the ~ in sth** in etw (dat) in der Welt führend sein; **to come into the ~** zur Welt kommen; **to have the best of both ~s** das eine tun und das andere nicht lassen; **out of this ~** umg fantastisch; **to bring sb into the ~** j-n zur Welt bringen; **nothing in the ~** nichts auf der Welt; **who in the ~** wer in aller Welt; **to do sb a ~ of good** j-m (unwahrscheinlich) guttun; **to mean the ~ to sb** j-m alles bedeuten; **to think the ~ of sb** große Stücke auf j-n halten

world champion s Weltmeister(in) m(f)

world championship s Weltmeisterschaft f

world-class adj Weltklasse-, der Weltklasse

World Cup s Fußballweltmeisterschaft f

world-famous adj weltberühmt

world leader s ❶ POL **the ~s** die führenden Regierungschefs der Welt ❷ HANDEL weltweiter Marktführer

worldly ['wɜːldlɪ] adj ⟨komp **wordlier**⟩ ❶ *Erfolg* materiell ❷ weltlich; *Mensch* weltlich gesinnt; *Auftreten* weltmännisch

world music s Weltmusik f

world peace s Weltfrieden m

world power s Weltmacht f

world record s Weltrekord m

world record holder s Weltrekordinhaber(in) m(f)

world trade s Welthandel m

world-view s Weltbild n

world war s Weltkrieg m

World War One, **World War I** s Erster Weltkrieg

World War Two, **World War II** s Zweiter Weltkrieg

world-weary adj lebensmüde

worldwide adj & adv weltweit

World Wide Web s World Wide Web n

worm [wɜːm] ❶ s ❶ Wurm m; **~s** MED Würmer pl; **to open a can of ~s** in ein Wespennest stechen ❷ IT Wurm m ❷ v/t zwängen; **to ~ one's way through sth** sich durch etw (akk) durchschlängeln; **to ~ one's way into a group** sich in eine Gruppe einschleichen

worn [wɔːn] ❶ pperf → wear ❷ adj *Mantel* abgetragen; *Teppich* abgetreten; *Reifen* abgefahren

worn-out ['wɔːn.aʊt] adj ⟨attr⟩, **worn out** adj ⟨präd⟩ *Teppich* abgetreten; *Mensch* erschöpft

worried ['wʌrɪd] adj besorgt (about, by wegen)

worry ['wʌrɪ] ❶ s Sorge f; **no worries!** umg kein Problem! ❷ v/t ❶ Sorgen machen (+dat); **to ~ sb** j-m Sorgen machen; **to ~ oneself sick** od **silly (about** od **over sth)** umg sich krank machen vor Sorge (um od wegen etw) umg ❷ stören; **to ~ sb with sth** j-n mit etw stören ❸ v/i sich (dat) Sorgen machen (**about**, **over** um, wegen); **to ~ about doing sth** sich (dat) darüber Sorgen machen, etw zu tun od tun zu müssen; **don't ~!, not to ~!** keine Sorge!; **don't ~, I'll do it** lass mal, das mach ich schon; **don't ~ about letting me know** es macht nichts, wenn du mich nicht benachrichtigen kannst

worrying ['wʌriɪŋ] *adj* beunruhigend; **it's very ~** es macht mir große Sorge

worse [wɜːs] **A** *adj* ⟨*komp*⟩ **1** → **bad¹ 2** schlechter, schlimmer; **the patient is getting ~** der Zustand des Patienten verschlechtert sich; **and to make matters ~** und zu allem Übel; **it could have been ~** es hätte schlimmer kommen können; **~ luck!** (so ein) Pech! **B** *adv* ⟨*komp*⟩ **1** → **badly 2** schlechter; **to be ~ off than ...** schlechter dran sein als ... *umg* **C** *s* Schlechtere(s) *n*, Schlimmere(s) *n*; **there is ~ to come** es kommt noch schlimmer

worsen ['wɜːsn] **A** *v/t* verschlechtern **B** *v/i* sich verschlechtern

worship ['wɜːʃɪp] **A** *s* **1** Verehrung *f*; **place of ~** Andachtsstätte *f* **2** *Br* **Your Worship** *an Richter* Euer Ehren/Gnaden; *an Stadtoberhaupt* (verehrter) Herr Bürgermeister **B** *v/t* anbeten

worst [wɜːst] **A** *adj* ⟨*sup*⟩ **1** → **bad¹ 2** schlechteste(r, s), schlimmste(r, s); **the ~ possible time** die ungünstigste Zeit **B** *adv* ⟨*sup*⟩ **1** → **badly 2** am schlechtesten **C** *s* der/die/das Schlimmste; **the ~ is over** das Schlimmste ist vorbei; **at ~** schlimmstenfalls; **if the ~ comes to the ~, if ~ comes to ~** *US* wenn alle Stricke reißen *umg*

worst-case scenario ['wɜːstkeɪsɪ'nɑːrɪəʊ] *s* Schlimmstfall *m*

worth [wɜːθ] **A** *adj* wert; **to be ~ sth** etw wert sein; **it's ~ £5** es ist £ 5 wert; **it's not ~ £5** es ist keine £ 5 wert; **what's this ~?** was *od* wie viel ist das wert?; **it's ~ a great deal to me** es bedeutet mir sehr viel; **will you do this for me? — what's it ~ to you?** tust du das für mich? — was ist es dir wert?; **he's ~ all his brothers put together** er ist so viel wert wie all seine Brüder zusammen; **for all one is ~** so sehr man nur kann; **you need to exploit the idea for all it's ~** du musst aus der Idee machen, was du nur kannst; **for what it's ~, I personally don't think ...** wenn mich einer fragt, ich persönlich glaube nicht, dass ...; **to be ~ it** sich lohnen; **it's not ~ it** es lohnt sich nicht; **it's not ~ the trouble** es ist der Mühe nicht wert; **to be ~ a visit** einen Besuch wert sein; **it is ~ doing** es lohnt sich, das zu tun; **to be ~ reading** wert sein, dass man es liest; **is there anything ~ seeing?** gibt es etwas Sehenswertes?; **hardly ~ mentioning** kaum der Rede wert **B** *s* Wert *m*; **hundreds of pounds' ~ of books** Bücher im Werte von hunderten von Pfund

worthless ['wɜːθlɪs] *adj* wertlos

worthwhile ['wɜːθ'waɪl] *adj* lohnend *attr*; **to be ~ sich lohnen

worthy ['wɜːðɪ] *adj* ⟨*komp* worthier⟩ **1** ehrenwert; *Gegner* würdig; *Sache* löblich **2** ⟨*präd*⟩ **to be ~ of sb/sth** j-s/einer Sache würdig sein *geh*

would [wʊd] *v/aux* ⟨*prät*⟩ **1** → **will¹ 2** *konditional* **if you asked him he ~ do it** wenn du ihn fragtest, würde er es tun; **if you had asked him he ~ have done it** wenn du ihn gefragt hättest, hätte er es getan; **you ~ think ...** man sollte meinen ... **3** *emph* **I ~n't know** keine Ahnung; **you ~!** das sieht dir ähnlich!; **you ~ say that, ~n't you!** von dir kann man ja nichts anderes erwarten; **it ~ have to rain** es muss auch ausgerechnet regnen!; **he ~n't listen** er wollte partout nicht zuhören **4** *Vermutung* **it ~ seem so** es sieht wohl so aus; **you ~n't have a cigarette, ~ you?** Sie hätten nicht zufällig eine Zigarette? **5** (= *Wunsch*) möchten; **what ~ you have me do?** was soll ich tun? **6** *in Fragen* **~ he come?** würde er vielleicht kommen?; **~ you mind closing the window?** würden Sie bitte das Fenster schließen?; **~ you care for some tea?** hätten Sie gerne etwas Tee? **7** *Gewohnheit* **he ~ paint it each year** er strich es jedes Jahr; **in the evenings I ~ write letters** am Abend pflegte ich Briefe zu schreiben

would-be ['wʊdbiː] *adj* ⟨*attr*⟩ **~ poet** Möchtegerndichter(in) *m(f)*

wouldn't ['wʊdnt] *abk* (= **would not**) → **would**

would've ['wʊdəv] *abk* (= **would have**) → **would**

wound¹ [wuːnd] **A** *s* Wunde *f*; **to open** *od* **re-open old ~s** *fig* alte Wunden öffnen **B** *v/t wörtl* verwunden; *fig* verletzen **C** *s* **the ~ed** *pl* die Verwundeten *pl*

wound² [waʊnd] *prät & pperf* → **wind²**

wove [wəʊv] *prät* → **weave**

woven ['wəʊvən] *pperf* → **weave**

wow [waʊ] *umg int* Mann *umg*, Wahnsinn *umg*

wow factor *umg s* Wow-Faktor *m umg*; **your dance routine was good but it lacked any ~** deine Schrittfolgen waren gut, aber nichts Außergewöhnliches

WPC *Br abk* (= Woman Police Constable) Polizistin *f*

wrack [ræk] *s & v/t* **rack¹** → **rack²**

wrangle ['ræŋgl] **A** *s* Gerangel *n kein pl* **B** *v/i* rangeln (**about** um)

wrap [ræp] **A** *s* **1** Umhangtuch *n* **2** *zum Essen* Wrap *m,n* **3** **under ~s** *fig* geheim verhüllt **B** *v/t* einwickeln; **shall I ~ it for you?** soll ich es Ihnen einwickeln?; **to ~ sth (a)round sth** etw um etw wickeln; **to ~ one's arms (a)round sb** j-n in die Arme schließen

phrasal verbs mit wrap:

wrap up A v/t ⟨trennb⟩ **1** einwickeln **2** umg Vertrag unter Dach und Fach bringen; **that wraps things up for today** das wärs für heute B v/i sich warm einpacken umg

wrapper ['ræpə^r] s Verpackung f; von Bonbon Papier(chen) n

wrapping s Verpackung f (**round** +gen od von)

wrapping paper s Packpapier n; dekorativ Geschenkpapier n

wrath [rɒθ] s Zorn m

wreak [riːk] v/t anrichten

wreath [riːθ] s ⟨pl -s [riːðz]⟩ Kranz m

wreathe [riːð] v/t (um)winden; Nebel umhüllen

wreck [rek] A s Wrack n; **car ~** US Autounfall m, Havarie f österr; **I'm a ~, I feel a ~** ich bin ein (völliges) Wrack, ich bin vollkommen fertig od erledigt B v/t **1** Schiff, Zug einen Totalschaden verursachen an (+dat); Auto zu Schrott fahren umg; Maschine kaputt machen umg; Mobiliar zerstören **2** fig Pläne, Chancen zunichtemachen; Ehe zerrütten; Karriere, j-s Leben ruinieren; Party verderben

wreckage ['rekɪdʒ] s Trümmer pl

wrecker ['rekə^r] US s Abschleppwagen m

wren [ren] s Zaunkönig m

wrench [rentʃ] A s **1** Ruck m; **to be a ~** fig wehtun **2** Schraubenschlüssel m B v/t **1** winden; **to ~ a door open** eine Tür aufzwingen **2** MED **to ~ one's ankle** sich (dat) den Fuß verrenken

wrest [rest] v/t **to ~ sth from sb/sth** j-m/einer Sache etw abringen; Führung, Titel j-m etw entreißen

wrestle ['resl] A v/t ringen mit B v/i **1** wörtl ringen (**for sth** um etw) **2** fig ringen (**with** mit)

wrestler ['reslə^r] s Ringkämpfer m, Ringer(in) m(f)

wrestling ['reslɪŋ] s Ringen n

wretch [retʃ] s **1** armer Schlucker umg **2** Blödmann m umg; (≈ Kind) Schlingel m

wretched ['retʃɪd] adj **1** elend; Bedingungen erbärmlich **2** (tod)unglücklich **3** Wetter miserabel umg

wriggle ['rɪgl] A v/t Zehen wackeln mit; **to ~ one's way through sth** sich durch etw (hin)durchwinden B v/i (a. **wriggle about** od **around**) Wurm sich schlängeln; Fisch, Mensch zappeln; **to ~ free** sich loswinden

phrasal verbs mit wriggle:

wriggle out v/i sich herauswinden (**of** aus); **he's wriggled (his way) out of it** er hat sich gedrückt

wring [rɪŋ] v/t ⟨v: prät, pperf wrung⟩ **1** (a. **~ out**) Kleider auswringen; **to ~ sth out of sb** etw aus j-m herausquetschen **2** Hände ringen; **to ~ sb's neck** j-m den Hals umdrehen

wringing ['rɪŋɪŋ] adj, (a. **wringing wet**) tropfnass

wrinkle ['rɪŋkl] A s in Kleidung, Papier Knitter m; auf Haut, in Strumpf Falte f B v/t verknittern; **to ~ one's nose** die Nase rümpfen; **to ~ one's brow** die Stirne runzeln C v/i Stoff (ver)knittern; Haut faltig werden

wrinkled ['rɪŋkld] adj Rock zerknittert; Haut faltig; Augenbraue gerunzelt; Apfel, Greis schrumpelig

wrinkly ['rɪŋklɪ] adj ⟨komp wrinklier⟩ schrumpelig

wrist [rɪst] s Handgelenk n

wristband ['rɪst,bænd] s SPORT Schweißband n

wristwatch s Armbanduhr f

wrist weights pl SPORT Gewichte für die Handgelenke(, um den Trainingseffekt zu maximieren)

writ [rɪt] s JUR Verfügung f

write [raɪt] ⟨prät wrote; pperf written⟩ A v/t schreiben; Scheck ausstellen; Notizen sich (dat) machen; **he wrote me a letter** er schrieb mir einen Brief; **he wrote himself a note so that he wouldn't forget** er machte sich (dat) eine Notiz, um sich zu erinnern; **how is that written?** wie schreibt man das?; **to ~ sth to disk** etw auf Diskette schreiben; **it was written all over his face** es stand ihm im od auf dem Gesicht geschrieben B v/i schreiben; **to ~ to sb** j-m schreiben; **we ~ to each other** wir schreiben uns; **that's nothing to ~ home about** umg das ist nichts Weltbewegendes

phrasal verbs mit write:

write back v/i zurückschreiben

write down v/t ⟨trennb⟩ aufschreiben, niederschreiben

write in v/i schreiben (**to** an +akk); **to write in for sth** etw anfordern

write off A v/i → **write in** B v/t ⟨trennb⟩ **1** FIN, a. fig abschreiben **2** Auto etc zu Schrott fahren umg

write out v/t ⟨trennb⟩ **1** Notizen ausarbeiten; Namen ausschreiben **2** Scheck ausstellen

write up v/t ⟨trennb⟩ Notizen ausarbeiten; Bericht schreiben

write-off s (≈ Auto etc) Totalschaden m; umg (≈ Urlaub etc) Katastrophe f umg

write-protected ['raɪtprə,tektɪd] adj IT schreibgeschützt

writer ['raɪtə^r] s Schreiber(in) m(f); als Beruf Schriftsteller(in) m(f)

write-up ['raɪtʌp] s Pressebericht m; von Film Kritik f

writhe [raɪð] v/i sich winden (**with, in** vor +dat)

writing ['raɪtɪŋ] s Schrift f, Schreiben n; auf Grabstein etc Inschrift f; **in ~** schriftlich; **his ~s** seine

Werke od Schriften; **the ~ is on the wall for them** ihre Stunde hat geschlagen
writing desk s Schreibtisch m
writing pad s Notizblock m
writing paper s Schreibpapier n
written ['rɪtn] **A** pperf → write **B** adj Prüfung, Erklärung schriftlich; Sprache Schrift-; Wort geschrieben
wrong [rɒŋ] **A** adj **1** falsch; **to be ~** nicht stimmen; Mensch unrecht haben; Uhr falsch gehen; **it's** od **this is all ~** das ist völlig verkehrt od falsch, das stimmt alles nicht; **I was ~ about him** da habe mich in ihm getäuscht; **to dial the ~ number** sich verwählen; **to take a ~ turning** eine falsche Abzweigung nehmen; **to do the ~ thing** das Falsche tun; **the ~ side of the fabric** die linke Seite des Stoffes; **you've come to the ~ man** od **person/place** da sind Sie an den Falschen/an die Falsche/an die falsche Adresse geraten; **to do sth the ~ way** etw verkehrt machen; **something is ~** (irgend)etwas stimmt nicht (**with** mit); **is anything ~?** ist was? umg; **there's nothing ~** (es ist) alles in Ordnung; **what's ~?** was ist los?; **what's ~ with you?** was fehlt Ihnen?; **I hope there's nothing ~ at home** ich hoffe, dass zu Hause alles in Ordnung ist **2** moralisch schlecht, unrecht; (= nicht fair) ungerecht; **it's ~ to steal** es ist unrecht zu stehlen; **that was ~ of you** das war nicht richtig von dir; **it's ~ that he should have to ask** es ist unrecht od falsch, dass er überhaupt fragen muss; **what's ~ with working on Sundays?** was ist denn schon dabei, wenn man sonntags arbeitet?; **I don't see anything ~** od **with that** ich finde nichts daran auszusetzen **B** adv falsch; **to get sth ~** etw falsch machen; **he got the answer ~** er hat die falsche Antwort gegeben; MATH er hat sich verrechnet; **you've got him (all) ~** Sie haben sich in ihm getäuscht; **to go ~** falsch gehen/fahren; in Rechnung einen Fehler machen; Plan schiefgehen; **you can't go ~** du kannst gar nichts verkehrt machen **C** s Unrecht n kein pl; **to be in the ~** im Unrecht sein; **he can do no ~** er macht natürlich immer alles richtig **D** v/t **to ~ sb** j-m unrecht tun
wrongdoer ['rɒŋduːə(r)] s Missetäter(in) m(f), Übeltäter(in) m(f)
wrong-foot [ˌrɒŋ'fʊt] v/t auf dem falschen Fuß erwischen
wrongful ['rɒŋfʊl] adj ungerechtfertigt
wrongfully ['rɒŋfəli] adv zu Unrecht
wrongly ['rɒŋli] adv unrecht, falsch; anklagen zu Unrecht
wrote [rəʊt] prät → write

wrought [rɔːt] v/t **the accident ~ havoc with his plans** der Unfall durchkreuzte alle seine Pläne; **the storm ~ great destruction** der Sturm richtete große Verheerungen an
wrought-iron [ˌrɔːt'aɪən] adj schmiedeeisern attr, aus Schmiedeeisen; **~ gate** schmiedeeisernes Tor
wrung [rʌŋ] prät & pperf → wring
wry [raɪ] adj ironisch
wt abk (= weight) Gew.
WTO abk (= World Trade Organization) Welthandelsorganisation f
WWW abk (= World Wide Web) IT WWW

X, x [eks] s **1** X n, x n **2** MATH, a. fig x; **Mr X** Herr X; **X marks the spot** die Stelle ist mit einem Kreuzchen gekennzeichnet
xenophobia [ˌzenə'fəʊbɪə] s Fremdenfeindlichkeit f
xenophobic [ˌzenə'fəʊbɪk] adj fremdenfeindlich
Xerox® ['zɪərɒks] **A** s Xerokopie f **B** v/t xerokopieren
XL abk (= extra large) XL
Xmas ['eksməs, 'krɪsməs] s **1** → Christmas **2** Weihnachten n
X-ray ['eksreɪ] **A** s Röntgenstrahl m; (a. **~ photograph**) Röntgenbild n; **to take an ~ of sth** etw röntgen **B** v/t j-n röntgen; Gepäck durchleuchten
xylophone ['zaɪləfəʊn] s Xylofon n; **to play the ~** Xylofon spielen

Y, y [waɪ] s Y n, y n
yacht [jɒt] **A** s Jacht f **B** v/i **to go ~ing** segeln gehen
yachting ['jɒtɪŋ] s Segeln n
yachtsman ['jɒtsmən] s ⟨pl -men⟩ Segler m
yachtswoman ['jɒtswʊmən] s ⟨pl -women [-wɪmɪn]⟩ Seglerin f
Yale lock® ['jeɪlˌlɒk] s Sicherheitsschloss n
Yank [jæŋk] umg s Ami m umg

yank [jæŋk] **A** s Ruck m **B** v/t **to ~ sth** mit einem Ruck an etw (dat) ziehen
phrasal verbs mit yank:
yank out v/t ⟨trennb⟩ ausreißen
Yankee ['jæŋkɪ] umg s Yankee m umg
yap [jæp] **A** v/i **1** Hund kläffen **2** quatschen umg **B** s von Hund Kläffen n
yard¹ [jɑːd] s Maß Yard n (0.91 m)
yard² s **1** von Haus Hof m; **in the ~** auf dem Hof **2** **builder's ~** Bauhof m; **shipbuilding ~** Werft f; **goods ~, freight ~** US Güterbahnhof m **3** US Garten m
yardstick ['jɑːdstɪk] fig s Maßstab m
yarn [jɑːn] s **1** (= Faden) Garn n **2** Seemannsgarn n; **to spin a ~** Seemannsgarn spinnen
yawn [jɔːn] **A** v/t & v/i gähnen **B** s Gähnen n
yawning ['jɔːnɪŋ] **A** adj Abgrund gähnend **B** s Gähnen n
yd abk (= yard) Yard
yea [jeɪ] s POL Jastimme f; **the yeas and the nays** die Jastimmen und die Neinstimmen
yeah [jɛə] umg adv ja
year [jɪəʳ] s **1** Jahr n; **last ~** letztes Jahr; **every other ~** jedes zweite Jahr; **three times a ~** dreimal pro od im Jahr; **in the ~ 1989** im Jahr(e) 1989; **~ after ~** Jahr für Jahr; **~ by ~, from ~ to ~** von Jahr zu Jahr; **~ in, ~ out** jahrein, jahraus; **all (the) ~ round** das ganze Jahr über; **as (the) ~s go by** mit den Jahren; **~s (and ~s) ago** vor (langen) Jahren; **a ~ last January** (im) Januar vor einem Jahr; **it'll be a ~ in** od **next January** es wird nächsten Januar ein Jahr (her) sein; **a ~ from now** nächstes Jahr um diese Zeit; **a hundred-year-old tree** ein hundert Jahre alter Baum, ein hundertjähriger Baum; **I'm sixteen ~s old** od **sixteen ~s of age** ich bin sechzehn Jahre (alt); **he is in his fortieth ~** er ist im vierzigsten Lebensjahr; **I haven't laughed so much in ~s** ich habe schon lange nicht mehr so gelacht; **to get on in ~s** in die Jahre kommen **2** UNIV, SCHULE, a. von Wein Jahrgang m; **the academic ~** das akademische Jahr; **first-year student, first ~** Student(in) m(f) im ersten Jahr; **she was in my ~ at school** sie war im selben Schuljahrgang wie ich
yearbook s Jahrbuch n
yearlong ['jɪəˈlɒŋ] adj einjährig
yearly ['jɪəlɪ] adj & adv jährlich
yearn [jɜːn] v/i sich sehnen (**after, for** nach)
yearning ['jɜːnɪŋ] s Sehnsucht f, Verlangen n (**for** nach)
yeast [jiːst] s ⟨kein pl⟩ Hefe f, Germ m österr
yell [jel] **A** s Schrei m **B** v/t & v/i (a. **yell out**) schreien (**with** vor +dat); **he ~ed at her** er schrie od brüllte sie an; **just ~ if you need help** ruf, wenn du Hilfe brauchst

yellow ['jeləʊ] **A** adj ⟨+er⟩ **1** gelb **2** umg feige **B** s Gelb n **C** v/i gelb werden; *Seiten* vergilben
yellow card s FUSSB Gelbe Karte
yellow fever s Gelbfieber n
yellow line Br s Halteverbot n; **double ~** absolutes Halteverbot; **to be parked on a (double) ~** im (absoluten) Halteverbot stehen
Yellow Pages® s ⟨+sg v⟩ **the ~®** die Gelben Seiten® pl
yelp [jelp] **A** s von Tier Jaulen n kein pl; von Mensch Aufschrei m; **to give a ~** Tier (auf)jaulen; Mensch aufschreien **B** v/i Tier (auf)jaulen; Mensch aufschreien
yep [jep] umg adv ja
yes [jes] **A** adv ja; Antwort auf Verneinung doch; **to say yes** Ja sagen; **he said yes to all my questions** er hat alle meine Fragen bejaht od mit Ja beantwortet; **if they say yes to an increase** wenn sie eine Lohnerhöhung bewilligen; **to say yes to 35%** 35% akzeptieren; **she says yes to everything** sie kann nicht Nein sagen; **yes indeed** allerdings **B** s Ja n
yesman s pej Jasager m
yesterday ['jestədeɪ] **A** s Gestern n **B** adv gestern; **~ morning/afternoon/evening** gestern Morgen/Nachmittag/Abend; **he was at home all (day) ~** er war gestern den ganzen Tag zu Hause; **the day before ~** vorgestern; **a week ago ~** gestern vor einer Woche
yet [jet] **A** adv **1** noch, bis jetzt; **they haven't yet returned** od **returned yet** sie sind noch nicht zurückgekommen; **not yet** noch nicht; **not just yet** jetzt noch nicht; **we've got ages yet** wir haben noch viel Zeit; **I've yet to learn how to do it** ich muss erst noch lernen, wie man es macht; **yet again** und noch einmal; **another arrived and yet another** es kam noch einer und noch einer **2** bei Fragen schon; **has he arrived yet?** ist er schon angekommen?; **do you have to go just yet?** müssen Sie jetzt schon gehen? **B** konj doch, trotzdem
yew [juː] s, (a. **yew tree**) Eibe f
Y-fronts® ['waɪfrʌnts] bes Br pl (Herren-)Slip m
Yiddish ['jɪdɪʃ] **A** adj jiddisch **B** s LING Jiddisch n
yield [jiːld] **A** v/t **1** Ernte hervorbringen; Frucht tragen; Gewinn abwerfen; Ergebnisse (hervor)bringen; Gelegenheit ergeben; **this ~ed a weekly increase of 20%** das brachte eine wöchentliche Steigerung von 20% **2** aufgeben; **to ~ sth to sb** etw an j-n abtreten; **to ~ ground to sb** vor j-m zurückstecken **B** v/i nachgeben; **he ~ed to her requests** er gab ihren Bitten nach; **to ~ to temptation** der Versuchung erliegen; **to ~ under pressure** fig dem Druck weichen; **to ~ to oncoming traffic** den Gegenverkehr vorbeilassen; **"yield"** US, Ir

Verkehr „Vorfahrt beachten!", „Vortritt beachten!" *schweiz* **C** *s von Land, Geschäft* Ertrag *m*; (≈ *Profit*) Gewinne *pl*

yippee [jɪ'piː] *int umg* hurra!

yob [jɒb], **yobbo** ['jɒbəʊ] *Br umg s* Rowdy *m*

yodel ['jəʊdl] *v/t & v/i* jodeln

yoga ['jəʊgə] *s* Yoga *n*

yoghourt, **yog(h)urt** ['jɒgət] *s* Joghurt *m/n*

yoghurt drink *s* Joghurtdrink *m*

yoke [jəʊk] *s* Joch *n*

yokel ['jəʊkəl] *pej s* Bauerntölpel *m*

yolk [jəʊk] *s* Eigelb *n*

you [juː] *pron s 1 sg Nominativ* du; *akk* dich; *dat* dir; *pl Nominativ* ihr; *akk, dat* euch; *Höflichkeitsform, Nominativ, akk* Sie; *dat* Ihnen; **all of you** ihr alle/Sie alle; **you two** ihr zwei; **if I were you** an deiner/Ihrer Stelle; **it's you** du bist es/ihr seids/Sie sinds!; **now there's a woman for you!** das ist mal eine (tolle) Frau!; **that hat just isn't you** *umg* der Hut passt einfach nicht zu dir/zu Ihnen **2** *unbestimmt, Nominativ* man; *akk* einen; *dat* einem; **you never know** man kann nie wissen; **it's not good for you** es ist nicht gut

you'd [juːd] *abk* (= **you would, you had**) → **would** → **have**

you'd've ['juːdəv] *abk* (= **you would have**) → **would**

you'll [juːl] *abk* (= **you will, you shall**) → **will** → **shall**

young [jʌŋ] **A** *adj* <+er> jung; **they have a ~ family** sie haben kleine Kinder; **he is ~ at heart** er ist innerlich jung geblieben; **at a ~ age** in frühen Jahren **B** *adv* heiraten jung **C** *pl* **1 the ~** die jungen Leute **2** (≈ *Tiere*) Junge *pl*

young apprentice *s* minderjähriger Auszubildender, minderjährige Auszubildende

youngest ['jʌŋɡɪst] **A** *adj* <attr sup> **1** → **young 2** jüngste(r, s) **B** *s* **the ~** der/die/das Jüngste; *pl* die Jüngsten *pl*

youngish ['jʌŋɪʃ] *adj* ziemlich jung

young offender *s* jugendlicher Straftäter

youngster ['jʌŋstəʳ] *s* Kind *n*; **he's just a ~** er ist eben noch jung *od* ein Kind

your [jɔːʳ, jəʳ] *poss adj sg* dein/deine/dein; *pl* euer/eure/euer; *Höflichkeitsform* Ihr/Ihre/Ihr; **one of ~ friends** einer deiner/Ihrer Freunde; **the climate here is bad for ~ health** das Klima hier ist ungesund

you're [jʊəʳ, jɔːʳ] *abk* (= **you are**) → **be**

yours [jɔːz] *poss pr sg* deiner/deine/deins; *pl* eurer/eure/euers; *Höflichkeitsform* Ihrer/Ihre/Ihr(e)s; **this is my book and that is ~** dies ist mein Buch und das (ist) deins/Ihres; **a cousin of ~** eine Cousine von dir; **that is no business of ~** das geht dich/Sie nichts an; **~** *in Brief* Ihr/Ihre; **~ faithfully** *in Brief* mit freundlichen Grüßen; Hochachtungsvoll

yourself [jɔː'self, jə'self] *pron* <pl **yourselves** [jɔː'selvz, jə'selvz]> **1** *sg akk* dich; *dat* dir; *pl* euch; *Höflichkeitsform* sich; **have you hurt ~?** hast du dir/haben Sie sich wehgetan?; **you never speak about ~** du redest nie über dich (selbst)/Sie reden nie über sich (selbst) **2** *emph* selbst; **you ~ told me, you told me ~** du hast/Sie haben mir selbst gesagt; **you are not quite ~ today** du bist heute gar nicht du selbst; **you will see for ~** du wirst/Sie werden selbst sehen; **did you do it by ~?** hast du/haben Sie das allein gemacht?

youth [juːθ] *s* **1** <kein *pl*> Jugend *f*; **in my ~** in meiner Jugend(zeit) **2** <*pl* -s [juːðz]> junger Mann, Jugendliche(r) *m* **3 ~** *pl* Jugend *f*

youth centre *s*, **youth center** *US s* Jugendzentrum *n*

youth club *s* Jugendklub *m*

youthful ['juːθfʊl] *adj* jugendlich

youthfulness ['juːθfʊlnɪs] *s* Jugendlichkeit *f*

youth group *s* Jugendgruppe *f*

youth hostel *s* Jugendherberge *f*

youth worker *s* Jugendarbeiter(in) *m(f)*

you've [juːv] *abk* (= **you have**) → **have**

yowl [jaʊl] *v/i* heulen; *Hund* jaulen; *Katze* kläglich miauen

yuck [jʌk] *int* igitt

yucky ['jʌkɪ] *adj* <-ier, -iest> *umg* eklig, ekelhaft

Yugoslav ['juːɡəʊ'slɑːv] **A** *adj* HIST jugoslawisch **B** *s* HIST Jugoslawe *m*, Jugoslawin *f*

Yugoslavia ['juːɡəʊ'slɑːvɪə] *s* HIST Jugoslawien *n*

Yugoslavian ['juːɡəʊ'slɑːvɪən] *adj* HIST jugoslawisch

yuk [jʌk] *int* → **yuck**

yukky ['jʌkɪ] *adj* → **yucky**

Yuletide ['juːltaɪd] *s* Weihnachtszeit *f*

yummy ['jʌmɪ] *umg adj* <komp **yummier**> *Essen* lecker

yuppie, **yuppy** ['jʌpɪ] **A** *s* Yuppie *m* **B** *adj* yuppiehaft

Z

Z, z [zed US ziː] s Z n, z n
zap [zæp] umg **A** v/t **1** IT löschen **2** to zap sth etw kaputt machen; US to zap sth etw in der Mikrowelle aufwärmen **B** v/i düsen, sausen; TECH, IT umschalten; TV umg zappen
zapper ['zæpə(r)] s TV umg Fernbedienung f
zeal [ziːl] s ⟨kein pl⟩ Eifer m
zealot ['zelət] s Fanatiker(in) m(f)
zealous adj, **zealously** ['zeləs, -lɪ] adv eifrig
zebra ['zebrə] s Zebra n
zebra crossing Br s Zebrastreifen m
zenith ['zenɪθ] s ASTRON fig Zenit m
zero ['zɪərəʊ] **A** s ⟨pl -(e)s⟩ Null f; auf Skala Nullpunkt m; **below ~** unter null; **the needle is at** od **on ~** der Zeiger steht auf null **B** adj **~ degrees** null Grad; **~ growth** Nullwachstum n
> phrasal verbs mit zero:

zero in on v/t Schwäche, Lösung ausfindig machen, identifizieren; Hauptproblem sich konzentrieren auf

zero-emission adj emissionsfrei
zero gravity s Schwerelosigkeit f
zero growth s POL Nullwachstum n
zero hour s MIL fig die Stunde X
zero tolerance s Nulltoleranz f
zest [zest] s **1** Begeisterung f; **~ for life** Lebensfreude f **2** modisch etc Pfiff m umg **3** Zitronen-/Orangenschale f
zigzag ['zɪɡzæɡ] **A** s Zickzack m/n; **in a ~** im Zickzack **B** adj Zickzack- **C** v/i im Zickzack laufen/fahren etc
zilch [zɪltʃ] s umg nix, null Komma nichts
zillions ['zɪljənz] pl obs Br zig Milliarden
Zimbabwe [zɪm'bɑːbwɪ] s Simbabwe n
Zimmer® ['zɪmə^r] s, **Zimmer frame** Br s Gehwagen m
zinc [zɪŋk] s Zink n
Zionism ['zaɪənɪzəm] s Zionismus m
zip [zɪp] **A** s **1** Br Reißverschluss m **2** umg Schwung m **B** v/t IT Datei zippen; **zipped file** gezippte Datei **C** v/i umg flitzen umg; **to zip past** vorbeiflitzen umg
> phrasal verbs mit zip:

zip up A v/t ⟨trennb⟩ **to zip up a dress** den Reißverschluss eines Kleides zumachen; **will you zip me up please?** kannst du mir bitte den Reißverschluss zumachen? **B** v/i **it zips up at the back** der Reißverschluss ist hinten

zip code US s Postleitzahl f
zip fastener Br s Reißverschluss m
zip file s IT Zip-Datei f
zipper ['zɪpə^r] US s Reißverschluss m
zit [zɪt] umg s Pickel m, Wimmerl n österr, Bibeli n schweiz
zodiac ['zəʊdɪæk] s Tierkreis m; **signs of the ~** Tierkreiszeichen pl
zombie ['zɒmbɪ] fig s Zombie m pej umg, Untote(r) m/f(m), Idiot(in) m(f) umg, Schwachkopf m umg; **like ~s/a ~** wie im Tran
zone [zəʊn] s Zone f; US Post(zustell)bezirk m; **no-parking ~** Parkverbot n
zonked [zɒŋkt] umg adj ⟨präd⟩ total geschafft umg
zoo [zuː] s ⟨pl -s⟩ Zoo m
zoo keeper s Tierpfleger(in) m(f)
zoological [ˌzʊə'lɒdʒɪkəl] adj zoologisch
zoologist [zʊ'ɒlədʒɪst] s Zoologe m, Zoologin f
zoology [zʊ'ɒlədʒɪ] s Zoologie f
zoom [zuːm] **A** s FOTO (a. **~ lens**) Zoom(-objektiv) n **B** v/i **1** umg sausen umg; **we were ~ing along at 90** wir sausten mit 90 daher umg **2** FLUG steil (auf)steigen
> phrasal verbs mit zoom:

zoom in v/i FOTO hinzoomen; **to zoom in on sth** etw heranholen

zucchini [zuːˈkiːnɪ] bes US s Zucchini pl
Zulu ['zuːluː] **A** s Zulu m, f; Sprache Zulu n **B** adj Zulu-
zumba® ['zʌmbə] s SPORT Tanzfitnessprogramm Zumba® n
Zurich ['zjʊərɪk] s Zürich n

Deutsch – Englisch

A[1], **a** n A, a; **das A und (das) O** fig the be-all and end-all; *eines Wissensgebietes* the basics pl; **von A bis Z** fig umg from A to Z; **wer A sagt, muss auch B sagen** sprichw in for a penny, in for a pound bes Br sprichw

A[2] abk (= Austria) A, Austria

à präp bes HANDEL at

@ abk (= at) IT @

Aal m eel

aalglatt pej **A** adj slippery (as an eel), slick **B** adv slickly

Aargau m der ~ Aargau

Aas n **1** (= *Tierleiche*) carrion, rotting carcass **2** umg (= *Luder*) bugger Br umg, jerk sl; **kein Aas** not a single soul

Aasgeier m vulture

ab A adv off, away; THEAT exit sg, exeunt pl; **die nächste Straße rechts ab** the next street on the right; **ab Hamburg** after Hamburg; **München ab 12.20 Uhr** BAHN leaving Munich 12.20; **ab wann?** from when?, as of when?; **ab nach Hause** go home; **ab und zu** od **an** dial now and again, now and then **B** präp räumlich from; zeitlich from, as of, as from; **Kinder ab 14 Jahren** children from (the age of) 14 up; **ab Werk** HANDEL ex works; **ab sofort** as of now

AB m abk (= Anrufbeantworter) answering machine

abändern v/t to alter (**in** +akk to); *Gesetzentwurf* to amend (**in** +akk to); *Strafe, Urteil* to revise (**in** +akk to)

abarbeiten A v/t *Schuld* to work off; *Vertragszeit* to work **B** v/r to slave (away); → abgearbeitet

Abart f a. BIOL variety

abartig adj abnormal, unnatural, (≈ *widersinnig*) perverse; **das tut ~ weh** that hurts like hell umg

Abb. abk (= Abbildung) ill.

Abbau m **1** (≈ *Förderung über Tage*) quarrying; *unter Tage* mining **2** (≈ *Demontage*) dismantling **3** CHEM decomposition; *im Körper* breakdown **4** (≈ *Verringerung*) reduction (+gen of)

abbaubar adj CHEM degradable; **biologisch ~** biodegradable

abbauen A v/t **1** (≈ *fördern*) *über Tage* to quarry; *unter Tage* to mine **2** (≈ *demontieren*) to dismantle; *Kulissen, Zelt* to take down **3** CHEM to break down **4** (≈ *verringern*) to cut back **B** v/i *Patient* to deteriorate

abbeißen v/t to bite off

abbekommen v/t (≈ *erhalten*) to get; **etwas ~** to get some (of it); (≈ *beschädigt werden*) to get damaged; (≈ *verletzt werden*) to get hurt; **sein(en) Teil ~** wörtl, fig to get one's fair share

abberufen v/t to recall

Abberufung f recall

abbestellen v/t to cancel

Abbestellung f cancellation

abbezahlen v/t to pay off

abbiegen v/i to turn off (**in** +akk into); *Straße* to veer; **nach links/rechts ~** to turn left/right

Abbiegespur f Verkehr filter lane Br, turning lane US

Abbild n image; (≈ *Nachahmung, Kopie*) copy; (≈ *Spiegelbild*) reflection

abbilden wörtl, fig v/t to depict, to portray

Abbildung f (≈ *das Abbilden*) depiction, portrayal; (≈ *Illustration*) illustration

abbinden v/t **1** (≈ *abmachen*) to undo, to untie **2** MED *Arm, Bein etc* to ligature

Abbitte f apology; **(bei j-m wegen etw) ~ tun** od **leisten** to make od offer one's apologies (to sb for sth)

abblasen v/t umg (≈ *absagen*) to call off

abblättern v/i to flake (off)

abblenden A v/t/i AUTO to dip Br, to dim bes US **B** v/i AUTO to dip one's headlights Br, to dim one's headlights bes US

Abblendlicht n AUTO dipped headlights pl Br, dimmed headlights pl bes US

abblitzen umg v/i to be sent packing umg (**bei** by); **j-n ~ lassen** to send sb packing umg

abblocken A v/t SPORT fig to block; *Gegner* to stall **B** v/i to stall

abbrechen A v/t to break off; *Zelt* to take down; (≈ *niederreißen*) to demolish; IT *Operation* to abort; *Veranstaltung, Verfahren* to stop; *Streik, Suche, Mission* to call off; *Schwangerschaft* to terminate; **die Schule ~** to stop going to school, to drop out; **sich** (dat) **einen ~** umg (≈ *Umstände machen*) to make a fuss about it; (≈ *sich sehr anstrengen*) to go to a lot of bother **B** v/i to break off; IT to abort

abbremsen v/t *Auto* to brake, to slow down

abbrennen v/t & v/i to burn down; *Feuerwerk, Rakete* to let off; → abgebrannt

abbringen v/t **j-n davon ~, etw zu tun** to stop sb (from) doing sth; **sich von etw ~ lassen** to be dissuaded from sth

abbröckeln v/i to crumble away; *Farbe* to flake (off), *fig* to fall off

Abbruch m (≈ *das Niederreißen*) demolition; *von Schwangerschaft* termination; *von Beziehungen, Reise* breaking off; *von Veranstaltung* stopping

abbruchreif adj only fit for demolition

abbuchen v/t to debit (**von** to, against)

Abbuchung f debit; *durch Dauerauftrag* (payment by) standing order

Abbuchungsauftrag m direct debit

abbürsten v/t to brush; *Staub* to brush off (**von etw** sth)

abbüßen v/t *Strafe* to serve

Abc *wörtl*, *fig* n ABC

abchecken v/t *sl* to check out

Abc-Schütze m, **Abc-Schützin** *hum* f school-beginner

ABC-Waffen pl nuclear, biological and chemical weapons pl

abdanken v/i to resign; *König etc* to abdicate

Abdankung f (≈ *Thronverzicht*) abdication; (≈ *Rücktritt*) resignation

abdecken v/t to cover; *Dach* to take off; *Haus* to take the roof off; *Tisch* to clear

Abdeckstift m *Kosmetik* concealer, blemish stick

abdichten v/t (≈ *isolieren*) to insulate; *Loch, Leck, Rohr* to seal (up)

abdrängen v/t to push away (**von** from)

abdrehen **A** v/t *Gas, Wasser, Hahn* to turn off **B** v/i (≈ *Richtung ändern*) to change course

abdriften *a. fig* v/i to drift off

Abdruck¹ m imprint, impression; (≈ *Fingerabdruck, Fußabdruck*) print

Abdruck² m (≈ *Nachdruck*) reprint

abdrucken v/t to print

abdrücken **A** v/t **1** *Gewehr* to fire **2** *Vene* to constrict **B** v/i to pull *od* squeeze the trigger **C** v/r to leave an imprint *od* impression

abdunkeln v/t *Lampe* to dim; *Zimmer, Farbe* to darken

abduschen v/t to give a shower; **sich ~** to have *od* take a shower

Abend m evening; *später* night; **am ~** in the evening; (≈ *jeden Abend*) in the evening(s); **an diesem ~** that evening; **heute/gestern/morgen/Mittwoch ~** this/yesterday/tomorrow/Wednesday evening, tonight/last night/tomorrow night/Wednesday night; **guten ~** good evening; **zu ~ essen** to have supper *od* dinner; **es ist noch nicht aller Tage ~** it's early days still *od* yet; **man soll den Tag nicht vor dem ~ loben** *sprichw* don't count your chickens before they're hatched *sprichw*

Abendbrot n supper, dinner, tea *schott, nordenglisch*; **~ essen** to have dinner; **zum ~** for dinner

Abenddämmerung f dusk, twilight

Abendessen n supper, evening meal, dinner; **zum ~** for supper

abendfüllend adj *Film, Stück* full-length

Abendgesellschaft f soirée

Abendkasse f THEAT box office

Abendkleid n evening dress *od* gown

Abendkurs m evening classes pl

Abendland *geh* n West

abendländisch *geh* adj western, occidental *liter*

abendlich adj evening *attr*

Abendmahl n KIRCHE Communion, Lord's Supper; **das (Letzte) ~** the Last Supper

Abendprogramm n RADIO, TV evening('s) programmes pl *Br*, evening('s) programs pl *US*

Abendrot n sunset

abends adv in the evening; *hinter Uhrzeit* pm; (≈ *jeden Abend*) in the evening(s); **spät ~** late in the evening

Abendstunde f evening (hour)

Abendvorstellung f evening performance; *Film a.* evening showing

Abendzeitung f evening paper

Abenteuer n adventure

Abenteuerin f adventuress

abenteuerlich **A** adj adventurous; *Erzählung* fantastic; *umg Preis* outrageous; *Argument* ludicrous **B** adv klingen, sich anhören bizarre; gekleidet bizarrely

Abenteuerlust f thirst for adventure

abenteuerlustig adj adventurous

Abenteuerspielplatz m adventure playground

Abenteuerurlaub m adventure holiday *bes Br*, adventure vacation *US*

Abenteurer m adventurer

aber **A** konj but; (≈ *jedoch*) however, though; **~ dennoch** *od* **trotzdem** but still; **oder ~** or else; **~ ja!** oh, yes!; (≈ *sicher*) but of course; **~ klar!** you bet!; **~ nein!** oh, no!; (≈ *selbstverständlich nicht*) of course not!; **~, ~!** now, now!; **das ist ~ schrecklich!** but that's awful!; **das ist ~ heiß/schön!** that's really hot/nice **B** adv *liter* **~ und ~mals** again and again, time and again; → Abertausend

Aber n but; **die Sache hat ein ~** there's just one problem *od* snag

Aberglaube(n) m superstition; *fig a.* myth

abergläubisch adj superstitious

aberkennen v/t **j-m etw ~** to deprive *od* strip sb of sth

abermals geh adj once again od more

Abertausend num thousands upon thousands of; **Tausend und ~** thousands and od upon thousands

Abf. abk (= Abfahrt) departure, dep.

abfahrbereit adj ready to leave

abfahren **A** v/i **1** Bus, Zug, Auto, Reisende to leave, to depart; SKI (≈ zu Tal fahren) to ski down **2** umg **auf j-n/etw ~** to be into sb/sth umg **B** v/t **1** (≈ Strecke bereisen) to cover, to do umg; (≈ überprüfen) to go over **2** (≈ abnutzen) Schienen, Reifen to wear out; (≈ benutzen) Fahrkarte to use

Abfahrt f von Zug, Bus etc departure **2** SKI (≈ Talfahrt) descent; (≈ Abfahrtsstrecke) (ski) run **3** umg (≈ Autobahnabfahrt) exit

Abfahrtslauf m SKI downhill

Abfahrtsläufer(in) m(f) SKI downhill racer od skier

Abfahrtszeit f departure time

Abfall m **1** (≈ Müll) refuse kein pl; (≈ Hausabfall) rubbish Br kein pl, garbage US kein pl; (≈ Rückstand) waste kein pl; **Abfälle** rubbish Br, trash US; **Abfälle zurücklassen** to litter **2** (≈ Rückgang) drop (+gen in); (≈ Verschlechterung) deterioration

Abfallaufbereitung f waste processing

Abfallbeseitigung f waste disposal

Abfalleimer m rubbish bin Br, garbage can US, trash can US

abfallen v/i **1** (≈ herunterfallen) to fall od drop off **2** Gelände to fall od drop away; Druck, Temperatur to fall, to drop **3** fig (≈ übrig bleiben) to be left (over) **4** (≈ schlechter werden) to fall od drop off **5** **alle Unsicherheit/Furcht fiel von ihm ab** all his uncertainty/fear left him; **vom Glauben ~** to break with the faith; **wie viel fällt bei dem Geschäft für mich ab?** umg how much do I get out of the deal?

Abfallentsorgung f waste disposal

abfällig **A** adj Bemerkung, Kritik disparaging, derisive; Urteil adverse **B** adv **über j-n ~ reden** od **sprechen** to be disparaging of od about sb

Abfallkorb m litter bin

Abfallmanagement n waste management

Abfallprodukt n waste product; von Forschung by-product, spin-off

Abfallverwertung f waste utilization, waste recovery, recycling

abfälschen v/t & v/i SPORT to deflect

abfangen v/t Flugzeug, Funkspruch, Brief, Ball to intercept; Menschen to catch umg; Schlag to block

Abfangjäger m MIL interceptor

abfärben v/i **1** Wäsche to run **2** fig **auf j-n ~** to rub off on sb

abfassen v/t (≈ verfassen) to write; (≈ aufsetzen) to draw up

abfedern **A** v/t Sprung, Stoß to cushion; fig Krise, Verluste to cushion the impact of **B** v/i to absorb the shock; **er ist** od **hat gut/schlecht abgefedert** SPORT he landed smoothly/hard

abfertigen v/t **1** Pakete, Waren to prepare for dispatch; Gepäck to check (in) **2** (≈ bedienen) Kunden, Antragsteller, Patienten to attend to; SPORT umg Gegner to deal with; **j-n kurz** od **schroff ~** umg to snub sb **3** (≈ kontrollieren) Waren, Reisende to clear

Abfertigung f von Paketen, Waren getting ready for dispatch; von Gepäck checking; von Kunden service; von Antragstellern dealing with; **die ~ an der Grenze** customs clearance

Abfertigungshalle f im Flughafen terminal

Abfertigungsschalter m dispatch counter; im Flughafen check-in desk

abfeuern v/t to fire, to let off

abfinden **A** v/t to pay off; (≈ entschädigen) to compensate **B** v/r **sich mit j-m/etw ~** to come to terms with sb/sth; **er konnte sich nie damit ~, dass …** he could never accept the fact that …

Abfindung f **1** von Gläubigern paying off; (≈ Entschädigung) compensation **2** (≈ Summe) payment; (≈ Entschädigung) compensation kein pl; **bei Entlassung** severance pay

abflauen v/i Wind to drop, to die down; Empörung, Interesse to fade; Börsenkurse to fall, to drop; Geschäfte to fall od drop off

abfliegen **A** v/i FLUG to take off (**nach** for) **B** v/t Gelände to fly over

abfließen v/i (≈ wegfließen) to drain od run away; Verkehr to flow away

Abflug m takeoff; auf Anzeigetafel departures pl

abflugbereit adj ready for takeoff

Abflughalle f departure lounge

Abflugtag m day of departure, departure day

Abflugterminal m departures pl, departure terminal

Abflugzeit f departure time

Abfluss m **1** (≈ Abfließen) draining away **2** (≈ Abflussstelle) drain **3** (≈ Abflussrohr) drainpipe

Abfolge geh f sequence, succession

abfordern v/t **j-m etw ~** to demand sth from sb

Abfrage f IT query

abfragen v/t **1** IT Information to call up; Datenbank to query, to interrogate **2** bes SCHULE **j-n** od **j-m etw ~** to question sb on sth

abfressen v/t Blätter, Gras to eat

abfrieren **A** v/i to get frostbitten; **abgefroren sein** Körperteil to be frostbitten **B** v/t **sich** (dat) **einen ~** sl to freeze to death umg

Abfuhr f **1** (≈ Abtransport) removal **2** umg (≈ Zurückweisung) snub, rebuff; **j-m eine ~ erteilen** to snub od rebuff sb

abführen Ⓐ v/t ① (≈ wegführen) to take away ② Betrag to pay (**an** +akk to) Ⓑ v/i ① **der Weg führt hier (von der Straße) ab** the path leaves the road here; **das würde vom Thema ~** that would take us off the subject ② (≈ den Darm anregen) to have a laxative effect

Abführmittel n laxative

abfüllen v/t in Flaschen to bottle; Flasche to fill; **in Flaschen abgefüllt** bottled

Abgabe f ① (≈ Abliefern) handing od giving in; von Gepäck depositing ② (≈ Verkauf) sale ③ von Wärme etc giving off, emission ④ von Schuss, Salve firing ⑤ (≈ Geldbetrag) fee; (≈ Steuer) tax; (≈ soziale Abgabe) contribution ⑥ von Erklärung etc giving; von Stimme casting ⑦ SPORT (≈ Abspiel) pass

Abgabetermin m closing date

Abgang m ① (≈ Absendung) dispatch ② aus einem Amt, von Schule leaving; **seit seinem ~ von der Schule** since he left school ③ THEAT, a. fig exit ④ MED (≈ Ausscheidung) passing

abgängig adj österr (≈ vermisst) missing (**aus** from)

Abgangszeugnis n (school-)leaving certificate, diploma US

Abgas n exhaust kein pl, exhaust fumes pl

abgasarm adj low-emission

abgasfrei adj exhaust-free

Abgasgrenzwert m exhaust emission standard

Abgas(sonder)untersuchung f AUTO emissions test

abgearbeitet adj (≈ verbraucht) work-worn; (≈ erschöpft) worn out; → abarbeiten

abgeben Ⓐ v/t ① (≈ abliefern) to hand od give in; (≈ hinterlassen) to leave; (≈ übergeben) to hand over, to deliver; (≈ weggeben) to give away; (≈ verkaufen) to sell ② (≈ abtreten) Posten to relinquish (**an** +akk to) ③ SPORT Punkte, Rang to concede; (≈ abspielen) to pass ④ (≈ ausströmen) Wärme, Sauerstoff to give off, to emit ⑤ (≈ abfeuern) Schuss, Salve to fire ⑥ (≈ äußern) Erklärung to give; Stimme to cast ⑦ (≈ verkörpern) to make; **er würde einen guten Schauspieler ~** he would make a good actor Ⓑ v/r **sich mit j-m/etw ~** (≈ sich beschäftigen) to concern oneself with sb/sth

abgebrannt adj umg (≈ pleite) broke umg; → abbrennen

abgebrüht umg adj callous

abgedroschen umg adj hackneyed Br, well-worn

abgefahren sl adj wacky; mega

abgefuckt sl adj Person, Gegenstand wrecked umg

abgegriffen adj (well-)worn

abgehackt adj Sprechweise clipped; → abhacken

abgehärtet adj tough, hardy; fig hardened; → abhärten

abgehen Ⓐ v/i ① (≈ abfahren) to leave, to depart (**nach** for) ② THEAT (≈ abtreten) to exit; **von der Schule ~** to leave school ③ (≈ sich lösen) to come off ④ (≈ abgesondert werden) to pass out; Fötus to be aborted ⑤ (≈ abgesandt werden) to be sent od dispatched ⑥ umg (≈ fehlen) **j-m geht Verständnis/Taktgefühl ab** sb lacks understanding/tact ⑦ (≈ abgezogen werden vom Preis) to be taken off; von Verdienst to be deducted; **davon gehen 5 % ab** 5% is taken off that ⑧ (≈ abzweigen) to branch off ⑨ (≈ abweichen) **von einem Plan/einer Forderung ~** to give up od drop a plan/demand ⑩ (≈ verlaufen) to go; **gut/glatt/friedlich ~** to go well/smoothly/peacefully; **es ging nicht ohne Streit ab** there was an argument Ⓑ v/t (≈ entlanggehen) to go od walk along; MIL to patrol

abgekämpft adj exhausted, worn-out

abgekartet adj **ein ~es Spiel** a fix umg

abgeklärt adj Mensch worldly-wise; Urteil well-considered; Sicht detached; → abklären

abgelegen adj (≈ entfernt) Dorf, Land remote, far-away; (≈ einsam) isolated; → abliegen

abgelten v/t Ansprüche to satisfy

Abgeltung(s)steuer BRD f FIN auf Kapitalerträge capital gains compensation tax (a flat-rate tax on income from capital investments)

abgemacht Ⓐ int OK, that's settled; bei Kauf it's a deal, done Ⓑ adj **eine ~e Sache** a fix umg; → abmachen

abgemagert adj (≈ sehr dünn) skin and bone; (≈ ausgemergelt) emaciated; → abmagern

abgeneigt adj averse präd (+dat to); **ich wäre gar nicht ~** umg actually I wouldn't mind

abgenutzt adj Möbel, Teppich worn; Reifen worn-down; → abnutzen

Abgeordnete(r) m/f(m) (elected) representative; von Nationalversammlung member of parliament

abgepackt adj prepacked

Abgesandte(r) m/f(m) envoy

abgeschieden adj geh (≈ einsam) secluded; **~ wohnen** to live in seclusion

Abgeschiedenheit f seclusion

abgeschlafft adj umg (≈ erschöpft) exhausted; → abschlaffen

abgeschlagen adj (≈ zurück) behind; **weit ~ liegen** to be way behind; → abschlagen

abgeschlossen adj (≈ geschlossen) Wohnung self-contained; Grundstück, Hof enclosed; → abschließen

abgeschmackt adj outrageous; Witz corny

abgesehen Ⓐ pperf **es auf j-n ~ haben** to have it in for sb umg; (≈ interessiert sein) to have one's eye on sb Ⓑ adv **~ von j-m/etw** apart from sb/

abgespannt adj weary, tired

abgestanden adj Luft, Wasser stale; Bier, Limonade etc flat; → abstehen

abgestorben adj Glieder numb; Pflanze, Ast, Gewebe dead; → absterben

abgestumpft adj Mensch insensitive; Gefühle, Gewissen dulled; → abstumpfen

abgetan adj (≈ erledigt) finished od done with; → abtun

abgetragen adj worn; **~e Kleider** old clothes; → abtragen

abgewinnen v/t **j-m etw ~** wörtl to win sth from sb; **einer Sache etwas/nichts ~ können** fig to be able to see some/no attraction in sth; **dem Meer Land ~** to reclaim land from the sea

abgewirtschaftet pej adj rotten; Firma run-down; → abwirtschaften

abgewogen adj Urteil, Worte balanced; → abwägen

abgewöhnen v/t **j-m etw ~** to cure sb of sth; das Rauchen, Trinken to get sb to give up sth; **sich** (dat) **etw ~** to give sth up; **zum Abgewöhnen sein** to be a turn-off

abgießen v/t Flüssigkeit to pour off od away; Kartoffeln, Gemüse to strain

Abglanz m a. fig reflection

abgleichen v/t to coordinate; Dateien, Einträge to compare

abgleiten geh v/i (≈ abrutschen) to slip; Gedanken to wander; FIN Kurs to drop, to fall

abgöttisch adj **~e Liebe** blind adoration; **j-n ~ lieben/verehren** to idolize sb

abgrenzen v/t Grundstück, Gelände to fence off; fig to delimit (**gegen, von** from)

Abgrenzung f von Gelände fencing off; fig delimitation

Abgrund m precipice; (≈ Schlucht), a. fig abyss; **sich am Rande eines ~es befinden** fig to be on the brink (of disaster)

abgründig A adj Humor, Ironie cryptic B adv lächeln cryptically

abgrundtief A adj Hass, Verachtung profound B adv hassen, verachten profoundly

abgucken v/t & v/i to copy; **j-m etw ~** to copy sth from sb

abhaben umg v/t 1 (≈ abgenommen haben) Brille, Hut to have off 2 (≈ abbekommen) to have sth

abhacken v/t to hack off; → abgehackt

abhaken v/t (≈ markieren) to tick off Br, to check off bes US; fig to cross off

abhalten v/t 1 (≈ hindern) to stop, to prevent (**von** from); (≈ fernhalten) to keep off; **lass dich nicht ~!** don't let me/us etc stop you 2 (≈ veranstalten) to hold

abhandeln v/t 1 Thema to treat, to deal with 2 (≈ abkaufen) **j-m etw ~** to do od strike a deal with sb for sth

abhandenkommen v/i to get lost; **j-m ist etw abhandengekommen** sb has lost sth

Abhandlung f treatise, discourse (**über** +akk upon)

Abhang m slope

abhängen A v/t 1 Bild to take down; (**gut**) **abgehangen** Fleisch well-hung 2 umg (≈ hinter sich lassen) j-n to shake off umg B v/i 1 **von etw ~** to depend (up)on sth; **das hängt ganz davon ab** it all depends 2 umg (≈ sich aufhalten) to hang out

abhängig adj 1 (≈ bedingt durch) dependent; **etw von etw ~ machen** to make sth conditional (up)on sth 2 (≈ angewiesen auf) dependent (**von** on); **~ Beschäftigte(r)** employee 3 (≈ süchtig) addicted, hooked umg 4 GRAM Satz subordinate; Rede indirect

Abhängigkeit f 1 (≈ Bedingtheit) dependency kein pl (**von** on) 2 euph (≈ Sucht) addiction, dependence (**von** on)

abhärten A v/t to toughen up B v/r **sich gegen etw ~** to toughen oneself against sth; → abgehärtet

Abhärtung f toughening up; fig hardening

abhauen A v/i umg to clear out, to get away; **hau ab!** get lost! umg B v/t to chop od cut off

abheben A v/t (≈ anheben) to lift (up), to raise; (≈ abnehmen) to take off; Telefonhörer to pick up; Geld to withdraw B v/i 1 Flugzeug to take off; Rakete to lift off 2 (≈ ans Telefon gehen) to answer 3 KART to cut C v/r **sich gegen j-n/etw ~** to stand out against sb/sth

Abhebung f von Geld withdrawal

abheften v/t Rechnungen to file away

abhelfen v/i to remedy

abhetzen v/r to wear od tire oneself out

Abhilfe f remedy, cure; **~ schaffen** to find a solution, to take remedial action

abholen v/t to collect (**bei** from), to come for; j-n to pick up; Fundsache to claim (**bei** from); **etw ~ lassen** to have sth collected

abholzen v/t Wald to clear; Baumreihe to fell, to cut down

Abholzung f deforestation

abhorchen v/t to sound, to listen to; Brust a., Patienten to auscultate form

abhören v/t 1 (≈ überwachen) Raum, Gespräch to bug; (≈ mithören) to listen in on; Telefon to tap; **abgehört werden** umg to be bugged 2 MED to sound 3 SCHULE (≈ abfragen) **kannst du mir mal Vokabeln ~?** can you test my vocabulary?

Abhörgerät n bugging device

abhörsicher adj Raum bug-proof; Telefon tapproof

Abi *n* (= *Abitur*) SCHULE *umg* → Abitur

Abistreich *m umg* trick played on teachers by pupils after their school-leaving exams

Abitur *n* school-leaving exam and university entrance qualification ≈ A levels *pl Br*, ≈ Highers *pl schott*, ≈ high-school diploma *US*; **das ~ machen** to do one's A levels

Abiturient(in) *m(f)* person who is doing/has done the Abitur

Abiturklasse *f* ≈ sixth form *Br*, senior grade *US*

Abiturzeugnis *n* certificate for having passed the Abitur ≈ A level certificate *Br*, ≈ Highers certificate *schott*, ≈ high-school diploma *US*

Abk. *abk* (= *Abkürzung*) abbreviation, abbr

abkapseln *fig v/r* to shut *od* cut oneself off

abkassieren *v/i* (≈ *großes Geld machen*) to make a killing *umg*; **darf ich mal (bei Ihnen) ~?** could I ask you to pay now?

abkaufen *v/t* **j-m etw ~** to buy sth from sb *od* off sb *umg*; *umg* (≈ *glauben*) to buy sth *umg*

abkehren **A** *v/t geh* (≈ *abwenden*) *Blick, Gesicht* to turn away **B** *v/r fig* to turn away (**von** from); *von einer Politik* to give up

abklappern *umg v/t Läden, Gegend, Straße* to scour, to comb (**nach** for)

abklären *v/t Angelegenheit* to clear up, to clarify; → abgeklärt

Abklatsch *fig pej m* poor imitation *od* copy

abklemmen *v/t* to clamp

abklingen *v/i* **1** (≈ *leiser werden*) to die *od* fade away **2** (≈ *nachlassen*) to abate

abklopfen *v/t* **1** (≈ *herunterklopfen*) to knock off; *Teppich, Polstermöbel* to beat **2** (≈ *beklopfen*) to tap; MED to sound

abknabbern *umg v/t* to nibble off; *Knochen* to gnaw at

abknallen *umg v/t* to shoot down *umg*

abknicken **A** *v/t* (≈ *abbrechen*) to break *od* snap off; (≈ *einknicken*) to break **B** *v/i* (≈ *abzweigen*) to fork *od* branch off; **~de Vorfahrt** priority for traffic turning left/right

abknöpfen *v/t* **1** (≈ *abnehmen*) to unbutton **2** *umg* (≈ *ablisten*) **j-m etw ~** to get sth off sb

abknutschen *umg v/t* to canoodle with *Br umg*, to cuddle with

abkochen *v/t* to boil; (≈ *keimfrei machen*) to sterilize (by boiling)

abkommandieren *v/t* MIL *zu anderer Einheit* to post; *zu bestimmtem Dienst* to detail (**zu** for)

abkommen *v/i* **1 von etw ~** (≈ *abweichen*) to leave sth; (≈ *abirren*) to wander off sth; **vom Kurs ~** to deviate from one's course; **(vom Thema) ~** to digress **2** (≈ *aufgeben*) **von etw ~** to give sth up; **von einer Meinung ~** to revise one's opinion

Abkommen *n a.* POL agreement; **ein ~ treffen** to make a deal

abkömmlich *adj* available; **nicht ~ sein** to be unavailable

abkönnen *v/t umg* (≈ *mögen*) **das kann ich überhaupt nicht ab** I can't stand *od* abide it; **ich kann ihn einfach nicht ab** I just can't stand *od* abide him

abkoppeln *v/t* BAHN to uncouple; *Raumfähre* to undock

abkratzen **A** *v/t Schmutz etc* to scratch off; *mit einem Werkzeug* to scrape off **B** *v/i umg* (≈ *sterben*) to kick the bucket *umg*

abkühlen **A** *v/i* to cool down; *fig Freundschaft etc* to cool off **B** *v/r* to cool down *od* off; *Wetter* to become cool(er); *fig* to cool

Abkühlung *f* cooling

abkupfern *umg v/t* to crib *umg*

abkürzen *v/t* (≈ *verkürzen*) to cut short; *Verfahren* to shorten; (≈ *verkürzt schreiben*) *Namen* to abbreviate; **den Weg ~** to take a short cut

Abkürzung *f* **1** *Weg* short cut **2** *von Wort* abbreviation

Abkürzungsverzeichnis *n* list of abbreviations

abladen *v/t Last, Wagen* to unload; *Schutt* to dump; *fig umg Kummer, Ärger* to vent (**bei j-m** on sb)

Abladeplatz *m* unloading area; *für Schrott, Müll etc* dump

Ablage *f* **1** (≈ *Gestell*) place to put sth; (≈ *Ablagekorb*) filing tray **2** (≈ *Aktenordnung*) filing **3** *schweiz* → Annahmestelle → Zweigstelle

ablagern **A** *v/t* **1** (≈ *anhäufen*) to deposit **2** (≈ *deponieren*) to leave, to store; **abgelagert** *Wein* mature; *Holz, Tabak* seasoned **B** *v/r* to be deposited

ablassen *v/t* **1** *Wasser, Luft* to let out; *Dampf* to let off **2** *Teich, Schwimmbecken* to drain, to empty **3** (≈ *ermäßigen*) to knock off *umg*

Ablauf *m* **1** (≈ *Abfluss*) drain; (≈ *Ablaufstelle*) outlet **2** (≈ *Verlauf*) course; *von Empfang, Staatsbesuch* order of events (+*gen* in) **3** *von Frist etc* expiry **4** *von Zeitraum* passing; **nach ~ von 4 Stunden** after 4 hours (have/had gone by *od* passed)

ablaufen **A** *v/t* **1** (≈ *abnützen*) *Schuhsohlen, Schuhe* to wear out; *Absätze* to wear down **2** (≈ *entlanglaufen*) *Strecke* to go *od* walk over; *Stadt, Straßen, Geschäfte* to comb, to scour **B** *v/i* **1** *Flüssigkeit* to drain *od* run away *od* off **2** (≈ *vonstattengehen*) to go off; **wie ist das bei der Prüfung abgelaufen?** how did the exam go (off)? **3** *Pass, Visum, Frist etc* to expire; *Zeit* to run out

ablecken *v/t* to lick; *Blut, Marmelade* to lick off

ablegen **A** *v/t* **1** (≈ *niederlegen*) to put down; ZOOL *Eier* to lay **2** (≈ *abheften*) to file (away); IT

Daten to store **3** (≈ *ausziehen*) to take off **4** (≈ *aufgeben*) to lose; *schlechte Gewohnheit* to give up **5** (≈ *ableisten, machen*) *Schwur, Eid* to swear; *Gelübde, Geständnis* to make; *Prüfung* to take, to sit; *erfolgreich* to pass **6** KART to discard **B** *v/i* **1** (≈ *abfahren*) *Schiff* to cast off **2** (≈ *Garderobe ablegen*) to take one's things off

Ableger *m von Pflanze* shoot

ablehnen **A** *v/t* to decline, to refuse; *Angebot, Bewerber, Stelle* to turn down, to reject; PARL *Gesetzentwurf* to throw out; **jede Form von Gewalt ~** to be against any form of violence **B** *v/i* to decline, to refuse; **eine ~de Antwort** a negative answer

Ablehnung *f* **1** refusal; *von Antrag, Bewerber etc* rejection **2** (≈ *Missbilligung*) disapproval

ableiten *v/t* **1** (≈ *herleiten*) to derive; (≈ *logisch folgern*) to deduce (**aus** from) **2** *Bach, Fluss* to divert

Ableitung *f* **1** (≈ *das Herleiten*) derivation; (≈ *Folgerung*) deduction **2** (≈ *Wort*), *a.* MATH derivative

ablenken **A** *v/t* **1** (≈ *ab-, wegleiten*), *a.* PHYS to deflect; *Katastrophe* to avert **2** (≈ *zerstreuen*) to distract **3** (≈ *abbringen*) *Verdacht* to avert **B** *v/i* **1** (≈ *ausweichen*) (**vom Thema**) **~** to change the subject **2** (≈ *zerstreuen*) to create a distraction **C** *v/r* to take one's mind off things

Ablenkung *f* (≈ *Zerstreuung*) diversion; (≈ *Störung*) distraction

Ablenkungsmanöver *n* diversionary tactic

ablesen *v/t* **1** to read; *Barometerstand* to take **2** (≈ *erkennen*) to see; **das konnte man ihr vom Gesicht ~** it was written all over her face; **j-m jeden Wunsch an** *od* **von den Augen ~** to anticipate sb's every wish

abliefern *v/t bei einer Person* to hand over (**bei** to); *bei einer Dienststelle* to hand in (**bei** to); *j-n* to drop off

abliegen *v/i* (≈ *entfernt sein*) to be at a distance; **das Haus liegt weit ab** the house is a long way off *od* away; → **abgelegen**

Ablöse *f* (≈ *Ablösesumme*) transfer fee

ablösen **A** *v/t* **1** (≈ *abmachen*) to take off; (≈ *tilgen*) *Schuld, Hypothek* to pay off, to redeem **2** (≈ *ersetzen*) *Wache* to relieve; *Kollegen* to take over from **B** *v/r* **1** (≈ *abgehen*) to come off **2** *a.* **einander ~** to take turns

Ablösesumme *f* SPORT transfer fee

Ablösung *f* **1** *von Hypothek, Schuld* paying off, redemption **2** (≈ *Wache*) relief; (≈ *Entlassung*) replacement; **er kam als ~** he came as a replacement

ABM *abk* (= *Arbeitsbeschaffungsmaßnahme*) job creation scheme

abmachen *v/t* **1** *umg* (≈ *entfernen*) to take off **2** (≈ *vereinbaren*) to agree (on); **wir haben abgemacht, dass wir uns um drei Uhr treffen** we arranged to meet at three o'clock; → **abgemacht**

Abmachung *f* agreement, deal; **eine ~ treffen** to make a deal

abmagern *v/i* to get thinner, to lose weight; → **abgemagert**

Abmagerungskur *f* diet; **eine ~ machen** to be on a diet

abmahnen *form v/t* to caution

Abmahnung *form f* caution

abmalen *v/t* (≈ *abzeichnen*) to paint; (≈ *kopieren*) to copy

Abmarsch *m* departure

abmarschbereit *adj* ready to move off

abmarschieren *v/i* to move off

abmelden **A** *v/t* **1** *Zeitungen etc* to cancel; *Telefon* to have disconnected; *sein Auto* to take one's car off the road **2** *umg* **abgemeldet sein** SPORT to be out of the game; **er/sie ist bei mir abgemeldet** I don't want anything to do with him/her **B** *v/r* **sich bei j-m ~** to tell sb that one is leaving; **sich bei einem Verein ~** to cancel one's membership of a club

Abmeldung *f von Zeitungen etc* cancellation; *von Telefon* disconnection; *beim Einwohnermeldeamt* cancellation of one's registration

abmessen *v/t* to measure

Abmessung *f* measurement; (≈ *Ausmaß*) dimension

abmontieren *v/t Räder, Teile* to take off (**von etw** sth)

abmühen *v/r* to struggle (away)

abmurksen *v/t umg* **j-n ~** to do sb in *umg*

abnabeln **A** *v/t* **ein Kind ~** to cut a baby's umbilical cord **B** *v/r* to cut oneself loose

abnagen *v/t* to gnaw off; *Knochen* to gnaw

Abnäher *m* dart

Abnahme *f* **1** (≈ *Wegnahme*) removal **2** (≈ *Verringerung*) decrease (+*gen* in) **3** *von Neubau, Fahrzeug etc* inspection **4** HANDEL purchase; **gute ~ finden** to sell well

abnehmbar *adj* removable, detachable

abnehmen **A** *v/t* **1** (≈ *herunternehmen*) to take off, to remove; *Hut* to take off; *Hörer* to pick up; *Vorhang, Bild, Wäsche* to take down; *Bart* to take *od* shave off; (≈ *amputieren*) to amputate; KART *Karte* to take from the pile **2** (≈ *an sich nehmen*) **j-m etw ~** to take sth from sb; *fig Arbeit, Sorgen* to relieve sb of sth; **j-m den Ball ~** to steal the ball from sb; **j-m die Beichte ~** to hear confession from sb **3** (≈ *wegnehmen*) to take away (**j-m** from sb); (≈ *rauben, abgewinnen*) to take (**j-m** off sb) **4** (≈ *begutachten*) to inspect; (≈ *abhalten*) *Prüfung* to hold **5** (≈ *abkaufen*) to buy (+*dat* from, off) **6** *Fingerabdrücke* to take **7** *fig* *umg* (≈ *glauben*) to buy *umg*; **dieses Märchen nimmt dir keiner ab!** *umg* nobody will buy that tale! *umg* **B** *v/i* **1** (≈ *sich verringern*) to decrease; *Aufmerksamkeit* to flag; *Mond* to wane; **(an Gewicht) ~** to lose weight **2** TEL to answer

Abnehmer(in) *m(f)* HANDEL buyer, customer; **viele/wenige ~ finden** to sell well/badly

Abneigung *f* dislike (**gegen** of); (≈ *Widerstreben*) aversion (**gegen** to)

abnicken *umg v/t* **etw ~** to nod sth through, to rubber-stamp sth

abnorm, abnormal **A** *adj* abnormal **B** *adv* abnormally

abnutzen, abnützen *bes österr, schweiz, südd v/t & v/r* to wear out; → abgenutzt

Abnutzung *f*, **Abnützung** *bes österr, schweiz, südd f* wear (and tear)

Abo *n abk umg* → Abonnement

Abonnement *n* subscription; THEAT season ticket

Abonnent(in) *m(f)* subscriber; THEAT season-ticket holder

abonnieren *v/t* to subscribe to; THEAT to have a season ticket for

abordnen *v/t* to delegate

Abordnung *f* delegation

Aborigine *m/f* Aborigine; **der ~s** Aboriginal

abpacken *v/t* to pack

abpassen *v/t* **1** (≈ *abwarten*) *Gelegenheit, Zeitpunkt* to wait for; (≈ *ergreifen*) to seize **2** (≈ *auf j-n warten*) to catch; (≈ *j-m auflauern*) to waylay

abpfeifen *v/t* SPORT **das Spiel ~** to blow the whistle for the end of the game

Abpfiff *m* SPORT final whistle

abprallen *v/i Ball* to bounce off; *Kugel* to ricochet (off); **an j-m ~** *fig* to make no impression on sb; *Beleidigungen* to bounce off sb

abputzen *v/t* to clean; **sich** (*dat*) **die Nase/den Mund/die Hände ~** to wipe one's nose/mouth/hands

abrackern *umg v/r* to struggle; **sich für j-n ~** to slave away for sb

abrasieren *v/t* to shave off

abraten *v/t & v/i* **j-m (von) etw ~** to advise sb against sth

abräumen **A** *v/t Geschirr, Frühstück* to clear up *od* away; **den Tisch ~** to clear the table; **etw von etw ~** to get sth off sth **B** *v/i* **1** (≈ *den Tisch abräumen*) to clear up **2** *umg* (≈ *sich bereichern, erfolgreich sein*) to clean up

abreagieren **A** *v/t Spannung, Wut* to work off **B** *v/r* to work it off

abrechnen **A** *v/i* **1** (≈ *Kasse machen*) to cash up **2** **mit j-m ~** to settle up with sb; *fig* to settle the score with sb **B** *v/t* (≈ *abziehen*) to deduct

Abrechnung *f* **1** (≈ *Aufstellung*) statement (**über** +*akk* for); (≈ *Rechnung*) bill, invoice; *fig* (≈ *Rache*) revenge **2** (≈ *Abzug*) deduction

Abrechnungszeitraum *m* accounting period

abregen *v/r umg* **reg dich ab!** cool it! *umg*, take it easy! *umg*

abreiben *v/t Schmutz* to rub off; *trocken reiben* to rub down; *Schuhe* to wipe

Abreise *f* departure (**nach** for); **bei der ~** on departure

abreisen *v/i* to leave (**nach** for)

Abreisetag *m* day of departure

abreißen **A** *v/t* to tear *od* rip off; *Plakat* to tear *od* rip down; *Gebäude* to pull down **B** *v/i* to tear *od* come off; *fig* (≈ *unterbrochen werden*) to break off

abrichten *v/t* (≈ *dressieren*) to train

abriegeln *v/t Tür* to bolt; *Straße, Gebiet* to seal *od* cordon off

abringen *v/t* **j-m etw ~** to wring sth out of sb; **sich** (*dat*) **ein Lächeln ~** to force a smile

Abriss *m* **1** (≈ *Abbruch*) demolition **2** (≈ *Übersicht*) outline, summary

Abruf *m* **sich auf ~ bereithalten** to be on call, to be ready to be called (for); **etw auf ~ bestellen/kaufen** HANDEL to order/buy sth (to be delivered) on call

abrufbar *adj* **1** IT *Daten* retrievable **2** FIN ready on call **3** *fig* accessible

abrufen *v/t* **1** HANDEL to request delivery of **2** *Daten, Informationen* to call up, to retrieve

abrunden *wörtl, fig v/t* to round off; **eine Zahl nach oben/unten ~** to round a number up/down

abrupt **A** *adj* abrupt **B** *adv* abruptly

abrüsten *v/t & v/i* MIL, POL to disarm

Abrüstung *f* MIL, POL disarmament

Abrüstungsgespräche *pl* disarmament talks *pl*

abrutschen *v/i* (≈ *abgleiten*) to slip; *nach unten* to slip down; *Wagen* to skid; *Leistungen* to go downhill

ABS *n abk* (= Antiblockiersystem) AUTO ABS

Abs.[1] *abk* (= Absatz) paragraph

Abs.[2] *abk* (= Absenderin) sender

absacken *v/i* (≈ *sinken*) to sink; *Flugzeug, Blutdruck* to drop, to fall; *umg* (≈ *verkommen*) to go to pot *umg*

Absacker *umg m vor dem Nachhauseweg* one for the road *umg*; (≈ *Schlummertrunk*) nightcap

Absage *f* refusal; **j-m/einer Sache eine ~ erteilen** to reject sb/sth

absagen **A** *v/t Veranstaltung, Besuch* to cancel **B** *v/i* to cry off *Br*, to cancel; **j-m ~** to tell sb that one can't come

absägen *v/t* **1** (≈ *abtrennen*) to saw off **2** *fig* to chuck *od* sling out *umg*

absahnen *fig umg* **A** *v/t Geld* to rake in **B** *v/i in Bezug auf Geld* to clean up *umg*

Absatz *m* **1** (≈ *Abschnitt*) paragraph; JUR section **2** (≈ *Schuhabsatz*) heel **3** (≈ *Verkauf*) sales *pl*; (≈ *Umsatz*) turnover

Absatzgebiet *n* sales area

Absatzlage *f* sales situation

Absatzmarkt *m* market

Absatzrückgang *m* decline *od* decrease in sales

Absatzsteigerung *f* increase in sales

absaugen *v/t* to suck out *od* off; *Teppich, Sofa* to hoover® *Br*, to vacuum

abscannen *v/t Kode etc* to scan

abschaben *v/t* to scrape off

abschaffen *v/t* **1** *Gesetz, Regelung* to abolish **2** (≈ *nicht länger halten*) to get rid of; *Auto etc* to give up

Abschaffung *f von Gesetz, Regelung* abolition

abschalten **A** *v/t* to switch *od* turn off **B** *v/i fig* to unwind

abschätzen *v/t* to assess

abschätzig **A** *adj* disparaging **B** *adv* disparagingly; **sich ~ über j-n äußern** to make disparaging remarks about sb

abschauen *v/t* österr, schweiz, südd to copy; **etw bei** *od* **von j-m ~** to copy sth from sb

Abschaum *m* scum

Abscheu *m* repulsion (**vor** +*dat* at); **vor j-m/etw ~ haben** *od* **empfinden** to loathe *od* detest sb/sth

abscheulich **A** *adj* atrocious, loathsome; *umg* awful, terrible *umg* **B** *adv behandeln, zurichten* atrociously; **das tut ~ weh** it hurts terribly

abschicken *v/t* to send; *Brief* to post

abschieben *v/t* **1** (≈ *ausweisen*) to deport **2** *fig Verantwortung, Schuld* to push *od* shift (**auf** +*akk* onto)

Abschiebung *f* (≈ *Ausweisung*) deportation

Abschied *m* farewell, parting; **von j-m/etw ~ nehmen** to say goodbye to sb/sth; **beim ~ meinte er, ...** as he was leaving he said ...

Abschiedsbrief *m* farewell letter

Abschiedsfeier *f* farewell party

Abschiedsgeschenk *n* für Kollegen etc leaving present; für Freund going-away present

Abschiedskuss *m* goodbye kiss

abschießen *v/t* to fire; *Pfeil* to shoot (off); *Rakete* to launch; *Flugzeug, Pilot* to shoot down

Abschirmdienst *m* MIL counterespionage service

abschirmen **A** *v/t* to shield **B** *v/r* to shield oneself (**gegen** from)

abschlachten *v/t* to slaughter

abschlaffen *umg v/i* to flag; → **abgeschlafft**

Abschlag *m* **1** (≈ *Preisnachlass*) reduction; (≈ *Abzug*) deduction **2** (≈ *Zahlung*) part payment (**auf** +*akk* of) **3** *beim Golf* tee-off

abschlagen *v/t* **1** *mit Hammer etc* to knock off; (≈ *herunterschlagen*) to knock down **2** (≈ *ablehnen*) to refuse; **j-m etw ~** to refuse sb sth **3** *beim Golf* to tee off **4** → **abgeschlagen**

abschlägig **A** *adj* negative; **~er Bescheid** rejection; *bei Sozialamt, Kredit etc* refusal **B** *adv* **j-n/etw ~ bescheiden** *form* to turn sb/sth down

Abschlag(s)zahlung *f* part payment

abschleifen *v/t* to grind down; *Holz, Holzboden* to sand (down)

Abschleppdienst *m* breakdown *od* recovery service

abschleppen *v/t* **1** *Fahrzeug, Schiff* to tow; *Behörde* to tow away **2** *umg Menschen* to drag along; (≈ *aufgabeln*) to pick up *umg*

Abschleppseil *n* towrope

Abschleppstange *f* tow bar

Abschleppwagen *m* breakdown lorry *od* truck *Br*, wrecker (truck) *US*

abschließbar *adj* (≈ *verschließbar*) lockable

abschließen **A** *v/t* **1** (≈ *zuschließen*) to lock **2** (≈ *beenden*) to bring to a close; *Kurs* to complete; **sein Studium ~** to graduate **3** (≈ *vereinbaren*) *Geschäft, Vertrag* to conclude; *Versicherung* to take out; *Wette* to place **4** HANDEL (≈ *abrechnen*) *Bücher* to balance; *Konto* to settle; → **abgeschlossen** **B** *v/i* **1** (≈ *zuschließen*) to lock up **2** (≈ *Schluss machen*) to finish, to end; **mit der Vergangenheit ~** to break with the past

abschließend **A** *adj* concluding **B** *adv* in conclusion

Abschluss *m* **1** (≈ *Beendigung*) end, closing; *einer Geschichte, eines Films* ending; UNIV degree; *schulisch, der Ausbildung* qualification; **zum ~ möchte ich ...** finally *od* to conclude I would like ...; **etw zum ~ bringen** to finish sth **2** (≈ *Vereinbarung*) conclusion; *von Wette* placing; *von Versicherung* taking out **3** HANDEL *der Bücher* balancing; *von Konto* settlement

Abschlussball *m* von Tanzkurs final ball

Abschlussfeier *f in der Schule* prize *od* speech day *Br*, commencement *US*

Abschlussprüfung *f* SCHULE, UNIV final exam; **die ~ bestehen** to graduate

Abschlusszeugnis *n* SCHULE leaving certificate *Br*, diploma *US*

abschmecken *v/t* (≈ *kosten*) to taste; (≈ *würzen*) to season

abschmieren *v/t* TECH *Auto* to lubricate

abschminken **A** *v/t* **1** *Gesicht, Haut* to remove the make-up from **2** *umg* (≈ *aufgeben*) **sich** (*dat*) **etw ~** to get sth out of one's head **B** *v/r* to take off *od* remove one's make-up

abschnallen *v/i sl* (≈ *nicht mehr folgen können*) to

give up

abschneiden A v/t wörtl, fig to cut off; **j-m die Rede** od **das Wort ~** to cut sb short B v/i **bei etw gut/schlecht ~** umg to come off well/badly in sth

Abschnitt m section; MATH segment; MIL sector, zone; (≈ Zeitabschnitt) period; (≈ Stadium) stage; (≈ Kontrollabschnitt) counterfoil; (≈ Paragraf) paragraph

abschnittweise adv section by section

abschöpfen v/t to skim off; fig Kaufkraft to absorb; **den Gewinn ~** to siphon off the profits

abschotten v/r **sich gegen etw ~** fig to cut oneself off from sth

abschrauben v/t to unscrew

abschrecken A v/t **1** (≈ fernhalten) to deter, to put off; (≈ verjagen) to scare off, to frighten away; (≈ entmutigen) to discourage **2** GASTR to rinse with cold water B v/i Strafe to act as a deterrent

abschreckend adj (≈ warnend) deterrent; **ein ~es Beispiel** a warning

Abschreckung f deterrent; MIL deterrence

Abschreckungsmittel n deterrent

Abschreckungswaffe f deterrent weapon

abschreiben A v/t **1** (≈ kopieren) to copy out; (≈ plagiieren), a. SCHULE to copy (**bei, von** from) **2** HANDEL to deduct; (≈ im Wert mindern) to depreciate **3** (≈ verloren geben) to write off; **er ist bei mir abgeschrieben** I'm through od finished with him B v/i SCHULE to copy

Abschreibung f HANDEL deduction; (≈ Wertminderung) depreciation

Abschrift f copy

abschrubben umg v/t Rücken, Kleid, Fußboden to scrub (down)

abschuften umg v/r to slog one's guts out umg

abschürfen v/t to graze

Abschürfung f (≈ Wunde) graze

Abschuss m firing; von Pfeil shooting; von Rakete launch(ing); **j-n zum ~ freigeben** fig to throw sb to the wolves

abschüssig adj sloping

Abschussliste umg f **j-n auf die ~ setzen** to put sb on the hit list umg

Abschussrampe f launch(ing) pad

abschütteln v/t a. fig to shake off

abschwächen A v/t to weaken; Behauptung, Formulierung, Kontrast to tone down; Stoß, Eindruck to soften B v/r to drop od fall off; METEO Hoch, Tief to disperse; BÖRSE Kurse to weaken

Abschwächung f weakening; von Behauptung, Formulierung toning down; von Eindruck softening; METEO von Hoch, Tief dispersal

abschweifen v/i to stray; **er schweifte vom Thema ab** he wandered off the subject

abschwellen v/i to go down; Lärm to die away

abschwören v/i to renounce (+dat sth); **dem Alkohol ~** umg to give up drinking

Abschwung m HANDEL downward trend

absegnen umg v/t Vorschlag, Plan to give one's blessing to

absehbar adj foreseeable; **in ~er/auf ~e Zeit** in/for the foreseeable future

absehen A v/t (≈ voraussehen) to foresee; **das Ende lässt sich noch nicht ~** the end is not yet in sight B v/i **davon ~, etw zu tun** to refrain from doing sth; → abgesehen

abseilen v/r Bergsteiger to abseil (down) Br, to rappel US; fig umg to skedaddle umg

abseits A adv to one side; SPORT offside B präp away from; **~ des Weges** off the beaten track

Abseits n SPORT offside; **im ~ stehen** to be offside; **ins politische ~ geraten** to end up on the political scrapheap

Abseitsfalle f offside trap

abseitshalten fig v/r to keep to oneself

abseitsliegen v/i to be out of the way

abseitsstehen fig v/i to stand apart; SPORT to be offside

Abseitstor n offside goal

absenden v/t to send

Absender(in) m(f) sender

Absenz f österr SCHULE absence

abservieren umg v/t **j-n ~** to get rid of sb; SPORT sl (≈ besiegen) to thrash sb umg

absetzbar adj Ware saleable; **steuerlich ~** tax-deductible

absetzen A v/t **1** (≈ abnehmen) to take off, to remove; (≈ hinstellen) to set od put down **2** (≈ aussteigen lassen) to drop **3** Theaterstück, Oper to take off; Versammlung, Termin to cancel **4** (≈ entlassen) to dismiss; König, Kaiser to depose **5** MED Medikament, Tabletten to come off; Behandlung to discontinue **6** HANDEL Waren to sell; **sich gut ~ lassen** to sell well **7** (≈ abziehen) to deduct; **das kann man (von der Steuer) ~** that is tax-deductible B v/r umg (≈ weggehen) to get od clear out umg (**aus** of); **sich nach Brasilien ~** to clear off to Brazil umg

Absetzung f **1** (≈ Entlassung) dismissal; von König deposition **2** von Theaterstück etc withdrawal; von Termin etc cancellation

absichern A v/t to safeguard; Bauplatz to make safe; (≈ schützen) to protect B v/r (≈ sich schützen) to protect oneself; (≈ sich versichern) to cover oneself

Absicht f (≈ Vorsatz) intention; (≈ Zweck) purpose; JUR intent; **die ~ haben, etw zu tun** to intend to do sth; **das war doch keine ~!** umg it wasn't deliberate od intentional

absichtlich A adj deliberate B adv deliberately

Absichtserklärung f declaration of intent

absinken v/i to fall; *Boden* to subside

absitzen **A** v/t (≈ *verbringen*) *Zeit* to sit out; (≈ *verbüßen*) *Strafe* to serve **B** v/i (**vom Pferd**) ~ to dismount (from a horse)

absolut **A** adj absolute **B** adv absolutely; **ich sehe ~ nicht ein, warum ...** I just don't understand why ...

Absolvent(in) m(f) UNIV graduate; **die ~en eines Lehrgangs** the students who have completed a course

absolvieren v/t (≈ *durchlaufen*) *Studium, Probezeit* to complete; *Schule* to finish, to graduate from US; *Prüfung* to pass

absonderlich adj peculiar, strange

absondern **A** v/t **1** to separate; (≈ *isolieren*) to isolate **2** (≈ *ausscheiden*) to secrete; *Gase etc* to emit **B** v/r *Mensch* to cut oneself off

Absonderung f separation; (≈ *Isolierung*) isolation; (≈ *Ausscheidung*) secretion

absorbieren v/t to absorb

abspalten v/t & v/r to split off; CHEM to separate (off)

Abspaltung f separation; WIRTSCH demerger; *naturwissenschaftlich* splitting; *politisch* secession

Abspann m TV, FILM final credits pl

absparen v/t **sich** (dat) **etw vom Munde ~** to scrimp and save for sth

abspecken umg **A** v/t to shed **B** v/i to lose weight

abspeichern v/t *Daten* to save, to store (away)

abspeisen v/t **j-n mit etw ~** to fob sb off with sth bes Br

abspenstig adj **j-m j-n/etw ~ machen** to lure sb/sth away from sb; **j-m die Freundin ~ machen** to steal sb's girlfriend umg

absperren v/t **1** (≈ *abriegeln*) to block *od* close off **2** (≈ *abdrehen*) *Wasser, Strom, Gas etc* to turn *od* shut off **3** (≈ *verschließen*) to lock

Absperrung f (≈ *Sperre*) barrier; (≈ *Kordon*) cordon

abspielen **A** v/t to play; SPORT *Ball* to pass **B** v/r (≈ *sich ereignen*) to happen; (≈ *stattfinden*) to take place

absplittern v/i *Farbe* to drip off; *fig Gruppe* to break away

Absprache f arrangement

absprechen **A** v/t **1** **j-m etw ~** *Recht* to deny *od* refuse sb sth; *Begabung* to deny *od* dispute sb's sth **2** (≈ *verabreden*) *Termin* to arrange **B** v/r **sich mit j-m ~** to make an arrangement with sb; **die beiden hatten sich vorher abgesprochen** they had agreed on what to do/say *etc* in advance

abspringen v/i **1** to jump down (**von** from); FLUG to jump (**von** from); *bei Gefahr* to bale out **2** (≈ *sich lösen*) to come off **3** *fig umg* (≈ *sich zurückziehen*) to get out

Absprung m a. FLUG jump

abspülen **A** v/t to rinse; *Fett etc* to rinse off **B** v/i to wash *od* do the dishes, to wash up

abstammen v/i to be descended (**von** from); LING to be derived (**von** from)

Abstammung f descent; LING origin, derivation

Abstammungslehre f theory of evolution

Abstand m distance; (≈ *Zeitabstand*) interval; (≈ *Punkteabstand*) gap; **mit ~** by far; **~ halten** to keep one's distance; **mit großem ~ führen/gewinnen** to lead/win by a wide margin; **davon ~ nehmen, etw zu tun** to refrain from doing sth

abstatten form v/t **j-m einen Besuch ~** to pay sb a visit

abstauben v/t & v/i **1** *Möbel etc* to dust **2** umg (≈ *wegnehmen*) to pick up

abstechen v/t **ein Tier ~** to cut an animal's throat; **j-n ~** umg to knife sb umg

Abstecher m (≈ *Ausflug*) excursion, trip

abstecken v/t **1** *Gelände* to mark out; *fig* to work out **2** *Kleid, Naht* to pin

abstehen v/i (≈ *entfernt stehen*) to stand away; **~de Ohren** ears that stick out; → **abgestanden**

Absteige umg f cheap hotel

absteigen v/i **1** (≈ *heruntersteigen*) to get off (**von etw sth**) **2** (≈ *abwärtsgehen*) to make one's way down; *bes Bergsteiger* to climb down; **auf dem ~den Ast sein** umg to be going downhill **3** SPORT *Mannschaft* to be relegated

Absteiger m SPORT relegated team

abstellen v/t **1** (≈ *hinstellen*) to put down **2** (≈ *unterbringen*) to put; AUTO (≈ *parken*) to park **3** (≈ *ausrichten auf*) **etw auf j-n/etw ~** to gear sth to sb/sth **4** (≈ *abdrehen*) to turn off; *Geräte, Licht* to switch *od* turn off; *Gas, Strom* to cut off; *Telefon* to disconnect **5** (≈ *unterbinden*) *Mangel, Unsitte etc* to bring to an end

Abstellgleis n siding; **j-n aufs ~ schieben** fig to push *od* cast sb aside

Abstellkammer f boxroom

Abstellplatz m für Auto parking space

Abstellraum m storeroom

abstempeln v/t to stamp; *Post* to postmark

absterben v/i to die; *fig Gefühle* to die; **mir sind die Zehen abgestorben** my toes have gone numb; → **abgestorben**

Abstieg m descent; (≈ *Niedergang*) decline; **vom ~ bedroht** SPORT threatened by relegation

abstillen **A** v/t to wean **B** v/i to stop breast-feeding

abstimmen **A** v/i to take a vote, to vote; **über etw** (akk) **~ lassen** to put sth to the vote **B** v/t

Farben, Kleidung to match (**auf** +*akk* with); *Termine* to coordinate (**auf** +*akk* with); **(aufeinander) abgestimmt** *Pläne, Strategien* mutually agreed **C** *v/r* **sich ~** to come to an agreement

Abstimmung *f* **1** (≈ *Stimmabgabe*) vote; **eine ~ durchführen** *od* **vornehmen** to take a vote **2** *von Terminen* coordination

abstinent *adj* teetotal

Abstinenz *f* abstinence

Abstoß *m* FUSSB goal kick

abstoßen **A** *v/t* **1** (≈ *wegstoßen*) *Boot* to push off *od* out; (≈ *abschlagen*) *Ecken* to knock off **2** (≈ *zurückstoßen*) to repel; HANDEL *Ware, Aktien* to sell off; MED *Organ* to reject; *fig* (≈ *anwidern*) to repulse, to repel; **dieser Stoff stößt Wasser ab** this material is water-repellent **B** *v/r* PHYS to repel; **die beiden Pole stoßen sich ab** the two poles repel each other

abstoßend *adj* repulsive; **~ aussehen/riechen** to look/smell repulsive

Abstoßung *f* PHYS repulsion; MED *von Organ* rejection

abstottern *umg v/t* to pay off

abstrahieren *v/t & v/i* to abstract (**aus** from)

abstrahlen *v/t* to emit

abstrakt *adj* abstract

Abstraktion *f* abstraction

abstreifen *v/t Schuhe, Füße* to wipe; *Schmutz* to wipe off; *Kleidung, Schmuck* to take off; *Haut* to cast, to shed; *fig Gewohnheit, Fehler* to get rid of

abstreiten *v/t* (≈ *leugnen*) to deny

Abstrich *m* **1** (≈ *Kürzung*) cutback; **~e machen** to cut back (**an** +*dat* on) **2** MED swab; (≈ *Gebärmutterabstrich*) smear

abstrus *geh adj* abstruse

abstufen *v/t Gelände* to terrace; *Farben* to shade; *Gehälter, Steuern, Preise* to grade

abstumpfen **A** *v/i fig Geschmack etc* to become dulled **B** *v/t Menschen, Sinne* to deaden; *Gewissen, Urteilsvermögen* to dull; → **abgestumpft**

Absturz *m* crash; *sozial* ruin; *von Politiker etc* downfall; IT crash

abstürzen *v/i* **1** *Flugzeug* to crash; *Bergsteiger* to fall **2** *umg sozial* to go to ruin **3** *sl* (≈ *betrunken werden*) *Br umg*, to go on a binge *umg* **4** IT to crash

abstützen **A** *v/t a. fig* to support **B** *v/r* to support oneself

absuchen *v/t* to search; (≈ *überfliegen*) *Text* to scan

absurd *adj* absurd

Absurdität *f* absurdity

Abt *m* abbot

abtanzen *umg v/i* to dance one's socks off *umg*

abtasten *v/t* to feel; ELEK to scan

abtauchen *v/i* **1** *U-Boot* to dive **2** *umg* to go underground

abtauen **A** *v/t* to thaw out; *Kühlschrank* to defrost **B** *v/i* to thaw

Abtei *f* abbey

Abteil *n* compartment

abteilen *v/t* (≈ *einteilen*) to divide up

Abteilung *f* department; *in Krankenhaus* section; MIL unit, section

Abteilungsleiter(in) *m(f)* head of department

abtippen *v/t* to type up

Äbtissin *f* abbess

abtörnen *umg v/t* to turn off *umg*

abtörnend *adj* **~ sein** to be a turn-off *umg*

abtragen *v/t* **1** *Geschirr, Speisen* to clear away **2** *Boden, Gelände* to level **3** *Kleider, Schuhe* to wear out; → **abgetragen**

abträglich *adj Bemerkung, Kritik etc* unfavourable *Br*, unfavorable *US*; **einer Sache** (*dat*) **~ sein** to be detrimental *od* harmful to sth

Abtransport *m* transportation

abtransportieren *v/t Waren* to transport; *Personen* to take away

abtreiben **A** *v/t Kind* to abort **B** *v/i* **1** (**vom Kurs**) **~** to be carried off course **2** (≈ *Abort vornehmen lassen*) to have an abortion

Abtreibung *f* abortion

Abtreibungsbefürworter(in) *m(f)* pro-abortionist

Abtreibungsgegner(in) *m(f)* anti-abortionist, pro-lifer *umg*

Abtreibungsklinik *f* abortion clinic

abtrennen *v/t* **1** (≈ *lostrennen*) to detach; *Knöpfe, Besatz etc* to remove; *schneiden* to cut off; *Bein, Finger etc: durch Unfall* to sever **2** (≈ *abteilen*) to separate off

abtreten **A** *v/t* **1** (≈ *überlassen*) *Rechte, Summe* to transfer (**j-m** to sb) **2** *Teppich* to wear; **sich** (*dat*) **die Füße** *od* **Schuhe ~** to wipe one's feet **B** *v/i* THEAT to go off (stage); MIL to dismiss; *umg* (≈ *zurücktreten*) to resign

Abtretung *f* transfer (**an** +*akk* to)

abtrocknen *v/t & v/i* to dry

abtrünnig *adj* renegade; (≈ *rebellisch*) rebel

abtun *v/t fig* (≈ *beiseiteschieben*) to dismiss; **etw kurz ~** to brush sth aside; → **abgetan**

abtupfen *v/t Tränen, Blut* to dab away; *Wunde* to swab

abverlangen *v/t* → **abfordern**

abwägen *v/t Worte* to weigh; → **abgewogen**

abwählen *v/t* to vote out (of office); SCHULE *Fach* to give up

abwälzen *v/t Schuld, Verantwortung* to shift (**auf** +*akk* onto); *Arbeit* to unload (**auf** +*akk* onto); *Kosten* to pass on (**auf** +*akk* to)

abwandeln *v/t* to modify, to alter

abwandern v/i to move (away) (**aus** from); *Kapital* to be transferred (**aus** out of)
Abwärme f waste heat
Abwart(in) m(f) *schweiz* concierge, caretaker
abwarten Ⓐ v/t to wait for; **das Gewitter ~** to wait till the storm is over; **das bleibt abzuwarten** that remains to be seen; **warts ab!** wait and see! Ⓑ v/i to wait; **eine ~de Haltung einnehmen** to adopt a policy of wait-and-see
abwärts adv down; **den Fluss/Berg ~** down the river/mountain
abwärtsgehen fig v/i **mit ihm/dem Land geht es abwärts** he/the country is going downhill
Abwärtstrend m downwards trend
Abwasch m **den ~ machen** to wash the dishes; **... dann kannst du das auch machen, das ist (dann) ein ~** umg ... then you could do that as well and kill two birds with one stone
abwaschbar adj *Tapete* washable
abwaschen Ⓐ v/t *Gesicht, Geschirr* to wash; *Farbe, Schmutz* to wash off; **das Geschirr ~** to do the dishes Ⓑ v/i to wash the dishes, to wash up
Abwasser n sewage *kein pl*
Abwasseraufbereitung f sewage treatment
Abwasserkanal m sewer
abwechseln v/i & v/r to alternate; *turnusmäßig* to rotate; **sich mit j-m ~** to take turns with sb; **sich ~, etw zu tun** to take turns to do sth
abwechselnd adv alternately; **er war ~ fröhlich und traurig** he alternated between being happy and sad
Abwechslung f change; (≈ *Zerstreuung*) diversion; **zur ~** for a change
abwechslungsreich adj varied
Abweg fig v/i **auf ~e geraten** od **kommen** to go astray
abwegig adj absurd
Abwehr f ❶ BIOL, PSYCH, MED, SPORT defence Br, defense US; **der ~ von etw dienen** to give protection against sth ❷ (≈ *Spionageabwehr*) counterintelligence (service)
abwehren Ⓐ v/t *Gegner* to fend off; *Angriff, Feind* to repulse; *Flugzeug, Rakete* to repel; *Ball* to clear; *Schlag* to parry; *Gefahr, Krise* to avert Ⓑ v/i SPORT to clear; *Torwart* to save
Abwehrkräfte pl PHYSIOL (the body's) defences pl Br, (the body's) defenses pl US
Abwehrmechanismus m PSYCH defence mechanism Br, defense mechanism US
Abwehrrakete f anti-aircraft missile
Abwehrspieler(in) m(f) defender
Abwehrstoff m BIOL antibody
abweichen v/i (≈ *sich unterscheiden*) to differ; **vom Kurs ~** to deviate *od* depart from one's course; **vom Thema ~** to digress
abweichend adj differing

Abweichler(in) m(f) deviant
Abweichung f *von Kurs etc* deviation; (≈ *Unterschied*) difference
abweisen v/t to turn down; (≈ *wegschicken*) to turn away; JUR *Klage* to dismiss
abweisend Ⓐ adj *Ton, Blick, Mensch* cold Ⓑ adv negatively
abwenden Ⓐ v/t ❶ (≈ *verhindern*) to avert ❷ (≈ *zur Seite wenden*) to turn away Ⓑ v/r to turn away
abwerben v/t to woo away (+*dat* from)
abwerfen Ⓐ v/t to throw off; *Reiter* to throw; *Bomben, Flugblätter etc* to drop; *Geweih, Blätter, Nadeln* to shed; KART to throw away; SPORT *Ball, Speer* to throw; HANDEL *Gewinn, Zinsen* to yield Ⓑ v/i FUSSB to throw
abwerten v/t to devalue; *Ideale, Sprache, Kultur* to debase
abwertend adj derogatory, pejorative
Abwertung f devaluation; *fig* debasement
abwesend adj absent; *Blick* absent-minded; **die Abwesenden** the absentees
Abwesenheit f absence; **durch ~ glänzen** *iron* to be conspicuous by one's absence
Abwesenheitsnotiz f *in E-Mail* out-of-office reply
abwickeln Ⓐ v/t ❶ (≈ *abspulen*) to unwind; *Verband* to take off ❷ *fig* (≈ *erledigen*) to deal with; *Geschäft* to conclude; HANDEL (≈ *liquidieren*) to wind up Ⓑ v/r to unwind
Abwicklung f (≈ *Erledigung*) completion, conclusion; HANDEL (≈ *Liquidation*) winding up
abwiegen v/t to weigh out
abwimmeln *umg* v/t *j-n* to get rid of *umg*
abwinken *umg* v/i *abwehrend* to wave it/him *etc* aside; *fig* (≈ *ablehnen*) to say no
abwirtschaften *umg* v/i to go downhill; → **abgewirtschaftet**
abwischen v/t to wipe off *od* away; *Hände, Nase* to wipe; *Augen, Tränen* to dry
Abwrackprämie f *für Auto* scrappage allowance Br, CARS US (= *car allowance rebate scheme*) cash for clunkers US *umg*
Abwurf m throwing off; *von Bomben etc* dropping; **ein ~ vom Tor** a goal throw
abwürgen *umg* v/t to scotch; *Motor* to stall
abzahlen v/t to pay off
abzählen v/t to count
Abzahlung f ❶ repayment ❷ (≈ *Ratenzahlung*) hire purchase Br, HP Br, installment plan US
abzapfen v/t to tap, to draw (off)
Abzeichen n badge; MIL insignia *pl*
abzeichnen Ⓐ v/t ❶ (≈ *abmalen*) to draw; (≈ *kopieren*) to copy ❷ (≈ *signieren*) to initial Ⓑ v/r (≈ *sichtbar sein*) to stand out; *fig* (≈ *deutlich werden*) to emerge; (≈ *drohend bevorstehen*) to loom

Abziehbild n transfer

abziehen A v/t **1** *Tier* to skin; *Fell, Haut* to remove **2** *Bett* to strip; *Bettzeug* to strip off **3** *Schlüssel* to take out **4** (≈ *zurückziehen*) *Truppen, Kapital* to withdraw **5** (≈ *subtrahieren*) *Zahlen* to take away; *Steuern* to deduct; **10 Cent ~** to take 10 cents off; **2 Euro vom Preis ~** to take 2 euros off the price **6** TYPO (≈ *vervielfältigen*) to run off; FOTO *Bilder* to make prints of B v/i **1** *Rauch, Dampf* to escape; *Sturmtief etc* to move away **2** *Soldaten* to pull out (**aus** of); **zieh ab!** *umg* beat it! *umg*

abzielen v/i **auf etw** (akk) **~** *Mensch* to aim at sth; *in Rede* to get at sth

abzischen v/i *umg* (≈ *abhauen*) to beat it *umg*

Abzocke f *umg* **~ sein** to be a rip-off *umg*

abzocken *umg* v/t **j-n ~** to rip sb off *umg*

Abzug m **1** *von Truppen, Kapital etc* withdrawal **2** *vom Lohn etc* deduction; (≈ *Rabatt*) discount; **ohne ~** HANDEL net terms only **3** TYPO copy; (≈ *Korrekturfahne*) proof; FOTO print **4** *am Gewehr* trigger

abzüglich *präp* HANDEL minus, less

Abzugshaube f extractor hood

abzweigen A v/i to branch off B v/t *umg* to put on one side

Abzweigung f turn-off; (≈ *Gabelung*) fork

Account m/n INTERNET, IT account

Acerolakirsche f acerola (cherry)

ach *int* oh; **ach nein!** oh no!; *überrascht* no!, really!; **ach nein, ausgerechnet der!** well, well, him of all people; **ach so!** I see!, aha!; (≈ *ja richtig*) of course!; **ach was** *od* **wo!** of course not

Ach n **mit Ach und Krach** *umg* by the skin of one's teeth *umg*

Achat m agate

Achillesferse f Achilles heel

Achillessehne f Achilles tendon

Achse f axis; TECH axle; **auf (der) ~ sein** *umg* to be out (and about)

Achsel f shoulder; **die ~n** *od* **mit den ~n zucken** to shrug (one's shoulders)

Achselhemd n vest *Br*, sleeveless undershirt *US*

Achselhöhle f armpit

Achselshirt n *umg* vest *Br*, sleeveless undershirt *US*

Achselzucken n shrug

achselzuckend *adv* **er stand ~ da** he stood there shrugging his shoulders

Achsenbruch m broken axle

Achsenkreuz n MATH coordinate system

acht *num* eight; **in ~ Tagen** in a week('s time); **heute/morgen in ~ Tagen** a week today/tomorrow; **heute vor ~ Tagen war ich ...** a week ago today I was ...; → **vier**

Acht[1] f eight

Acht[2] f **sich in ~ nehmen** to be careful, to take care; (≈ *aufpassen*) to watch out; **sich vor j-m/etw in ~ nehmen** to beware of sb/sth; **etw außer ~ lassen** to leave sth out of consideration; **~ geben** → **achtgeben**

achtbar *adj Gesinnung, Person* worthy; *Firma* reputable; *Platzierung* respectable

Achteck n octagon

achteckig *adj* octagonal, eight-sided

Achtel n eighth; → **Viertel**[1]

Achtelfinale n round before the quarterfinal; **ein Platz im ~** a place in the last sixteen

Achtelnote f quaver

achten A v/t to respect B v/i **auf etw** (akk) **~** to pay attention to sth; *beim Zuhören* to listen for sth; **auf die Kinder ~** to keep an eye on the children, to watch the children; **darauf ~, dass ...** to be careful that ..., to make sure that ...

ächten v/t HIST to outlaw; *fig* to ostracize

achtens *adv* eighth(ly), in the eighth place

achtenswert *adj* worthy

Achter m *Rudern* eight

achte(r, s) *adj* eighth; → **vierter, s**

Achterbahn f roller coaster

achtfach A *adj* eightfold; **die ~e Menge** eight times the amount B *adv* eightfold, eight times

achtgeben v/i to take care (**auf** +akk of); (≈ *aufmerksam sein*) to pay attention (**auf** +akk to)

achthundert *num* eight hundred

achtjährig *adj* **1** *acht Jahre alt* eight-year-old *attr*; **ein ~es Kind** an eight-year-old child, a child of eight **2** *acht Jahre dauernd* eight-year *attr*; **~es Gymnasium** high-school education at a Gymnasium lasting eight rather than the traditional nine years

achtlos A *adj* careless, thoughtless B *adv durchblättern* casually; *wegwerfen* thoughtlessly; *sich verhalten* carelessly

achtstufig *adj* **~es Gymnasium** → **achtjährig**

Achtstundentag m eight-hour day

achttägig *adj* week-long

Achtung f **1** (≈ *Vorsicht*) **~!** watch *od* look out!; MIL *Befehl* attention!; **~, ~!** (your) attention please!; **„Achtung Stufe!"** "mind the step"; **~, fertig, los!** ready, steady *od* get set, go! **2** (≈ *Wertschätzung*) respect (**vor** +dat for); **sich** (dat) **~ verschaffen** to make oneself respected; **alle ~!** good for you/him *etc* !

Achtungserfolg m succès d'estime

achtzehn *num* eighteen

achtzehnte(r, s) *adj* eighteenth

achtzig *num* eighty; **auf ~ sein** *umg* to be livid; → **vierzig**

achtzigste(r, s) *adj* eightieth

ächzen v/i to groan (**vor** +dat with)

Acker m (≈ *Feld*) field

Ackerbau *m* agriculture, arable farming; **~ betreiben** to farm the land; **~ und Viehzucht** farming
Ackergaul *pej m* farm horse, old nag *pej*
Ackerland *n* arable land
ackern *umg v/i* to slog away *umg*
a conto *adv* HANDEL on account
Acryl *n* acrylic
Acrylglas *n* acrylic glass
Act *m* **1** *sl* MUS *Gruppe, Musik* act **2** *umg großer Aufwand* palaver *umg*
Action *f* action
Actionfilm *m* action film
a. D. *abk* (= außer Dienst) ret(d)
ad absurdum *adv* **~ führen** to reduce to absurdity
ADAC *m abk* (= Allgemeiner Deutscher Automobil-Club) ≈ AA *Br*, ≈ AAA *US*
ad acta *adv* **~ legen** *fig Frage, Problem* to consider sth closed
Adamsapfel *umg m* Adam's apple
Adapter *m* adapter, adaptor
adäquat **A** *adj* adequate; *Stellung, Verhalten* suitable **B** *adv* adequately
adden *v/t* INTERNET *umg* to add (**zu** to); **ich habe Felix geaddet** I added Felix
addieren *v/i* to add (**zu** to)
Addition *f* addition
Adel *m* nobility
adeln *v/t* to ennoble; (≈ *den Titel „Sir" verleihen*) to knight
Adelstitel *m* title
Ader *f* BOT, GEOL vein; PHYSIOL blood vessel; **eine/keine ~ für etw haben** to have feeling/no feeling for sth
Aderlass *m* blood-letting
ad hoc *geh adv* ad hoc
ADHS *abk* (= Aufmerksamkeits-Defizit-Hyperaktivitäts-Syndrom) ADHD (*attention-deficit hyperactivity disorder*)
Adjektiv *n* adjective
adjektivisch **A** *adj* adjectival **B** *adv* adjectivally
Adjutant(in) *m(f)* adjutant; *von General* aide(-de--camp)
Adler *m* eagle
Adlerauge *fig n* eagle eye; **~n haben** to have eyes like a hawk
Adlernase *f* aquiline nose
adlig *adj* **~ sein** to be of noble birth
Adlige(r) *m/f(m)* nobleman/-woman
Administrator(in) *m(f)* IT administrator
Admiral(in) *m(f)* admiral
adoptieren *v/t* to adopt
Adoption *f* adoption; **zur ~ freigeben** to give up for adoption
Adoptiveltern *pl* adoptive parents *pl*
Adoptivkind *n* adopted child
Adr. *abk* (= Adresse) address
Adrenalin *n* adrenalin
Adrenalinschub *m* surge of adrenalin
Adrenalinstoß *m* surge of adrenalin
Adressanhänger *m* luggage label, baggage label, luggage tag, baggage tag
Adressat(in) *m(f)* addressee
Adressbuch *n* directory; *privat* address book
Adresse *f* address; **da sind Sie bei mir an der falschen ~** *umg* you've come to the wrong person
Adressenverwaltung *f* IT address filing system
Adressenverzeichnis *n* IT address list; *von Kunden* mailing list
adressieren *v/t* to address (**an** +*akk* to)
Adria *f* Adriatic (Sea)
ADS *abk* (= Aufmerksamkeitsdefizit-Syndrom) ADD
Advent *m* Advent; **erster/vierter ~** first/fourth Sunday in Advent; **im ~** at Advent
Adventskalender *m* Advent calendar
Adventskranz *m* Advent wreath
Adventszeit *f* Advent
Adverb *n* adverb
adverbial **A** *adj* adverbial **B** *adv* adverbially
Advokat(in) *m(f) schweiz* lawyer
Aerobic *n* aerobics *sg*
aerodynamisch **A** *adj* aerodynamic **B** *adv* aerodynamically
Affäre *f* affair; **sich aus der ~ ziehen** *umg* to get (oneself) out of it *umg*
Affe *m* **1** monkey; (≈ *Menschenaffe*) ape **2** *sl* (≈ *Kerl*) clown *umg*; **ein eingebildeter ~** a conceited ass *umg*
Affekt *m* emotion; **im ~ handeln** to act in the heat of the moment
Affekthandlung *f* act committed under the influence of emotion
affektiert *pej* **A** *adj* affected **B** *adv* affectedly
Affektiertheit *f* affectation
affenartig *adj* **mit ~er Geschwindigkeit** *umg* like greased lightning *umg*
Affenhitze *umg f* sweltering heat *umg*
Affenliebe *f* blind adoration (**zu** of)
Affentempo *umg n* breakneck speed *Br umg*, neck-breaking speed *US umg*
Affentheater *umg n* carry-on *umg*, fuss
Affenzahn *umg m* → Affentempo
affig *umg adj* (≈ *eitel*) stuck-up *umg*; (≈ *geziert*) affected; (≈ *lächerlich*) ridiculous
Äffin *f* female monkey; (≈ *Menschenäffin*) female ape
Afghane *m*, **Afghanin** *f* Afghan
afghanisch *adj* Afghan

Afghanistan *n* Afghanistan
Afrika *n* Africa
Afrikaner(in) *m(f)* African
afrikanisch *adj* African
Afroamerikaner(in) *m(f)* African American
afroamerikanisch *adj* African American
After *form m* anus
Aftershave *n* aftershave
AG *f abk* (= **Aktiengesellschaft**) ≈ plc *Br*, ≈ corp. *US*, ≈ inc. *US*, ≈ incorporated company *US*
Ägäis *f* Aegean (Sea)
ägäisch *adj* Aegean
Agave *f* agave
Agenda *f* agenda; **~ 2000** Agenda 2000
Agent(in) *m(f)* agent; (≈ *Spion*) secret agent
Agentur *f* agency; **~ für Arbeit** job centre *Br*, employment office *US*
Agenturmeldung *f* (news) agency report
Aggregat *n* GEOL aggregate; TECH unit, set of machines
Aggregatzustand *m* state
Aggression *f* aggression (**gegen** towards)
aggressiv [A] *adj* aggressive [B] *adv* aggressively
Aggressivität *f* aggressivity
Aggressor(in) *m(f)* aggressor
agieren *v/i* to act
Agitation *f* POL agitation
agitatorisch *adj* POL agitational; *Rede, Inhalt* inflammatory; **sich ~ betätigen** to be an agitator
agitieren *v/i* to agitate
Agrarfabrik *f* agro industrial plant
Agrarmarkt *m* agricultural market
Agrarpolitik *f* agricultural policy
Agrikultur *f* agriculture
Ägypten *n* Egypt
Ägypter(in) *m(f)* Egyptian
ägyptisch *adj* Egyptian
aha *int* aha; *verstehend a.* I see
Aha-Effekt *m* aha effect
Aha-Erlebnis *n* light bulb moment; sudden insight
ahnden *v/t Übertretung, Verstoß* to punish
ähneln *v/i* to resemble; **sich ~, einander ~** *geh* to be alike, to be similar
ahnen *v/t* to foresee; *Gefahr, Tod* to have a premonition of; (≈ *fühlen*) to sense; (≈ *vermuten*) to suspect; (≈ *erraten*) to guess; **das kann ich doch nicht ~!** I couldn't be expected to know that!; **nichts Böses ~** to be unsuspecting; **(ach), du ahnst es nicht!** *umg* would you believe it! *umg*
Ahnenforschung *f* genealogy
Ahnengalerie *f* ancestral portrait gallery
ähnlich [A] *adj* similar (+*dat* to); **~ wie er/sie** like him/her; **~ wie vor 10 Jahren** as 10 years ago; **sie sind sich ~** they are similar *od* alike; **(etwas) Ähnliches** something similar [B] *adv* **~ kompli-**

ziert/intelligent just as complicated/intelligent; **ich denke ~** I feel the same way (about it); **j-m ~ sehen** to resemble sb [C] *präp* similar to, like
Ähnlichkeit *f* similarity (**mit** to)
ähnlichsehen *v/i* **das sieht ihm (ganz) ähnlich!** *umg* that's just like him!
Ahnung *f* [1] (≈ *Vorgefühl*) presentiment; *düster* premonition [2] (≈ *Vorstellung, Wissen*) idea; (≈ *Vermutung*) suspicion, hunch; **eine ~ von etw vermitteln** to give an idea of sth; **keine ~!** *umg* no idea! *umg*; **hast du eine ~, wo er sein könnte?** have you any idea where he could be?
ahnungslos [A] *adj* (≈ *nichts ahnend*) unsuspecting; (≈ *unwissend*) clueless *umg* [B] *adv* unsuspectingly
Ahorn *m* maple
Ähre *f* (≈ *Getreideähre*) ear
Aids *n* Aids
Aidshilfe *f* Aids centre *Br*, Aids center *US*
aidsinfiziert *adj* Aids-infected, infected with Aids
aidskrank *adj* suffering from Aids
Aidskranke(r) *m/f(m)* Aids sufferer
Aidstest *m* Aids test
Aidstote(r) *m/f(m)* person/man/woman who died of Aids; **2000 ~ pro Jahr** 2000 Aids deaths per year
Aikido *n* aikido
Airbag *m* AUTO airbag
Akademie *f* academy; (≈ *Fachschule*) college, school
Akademiker(in) *m(f)* (≈ *Hochschulabsolvent*) (university) graduate; (≈ *Universitätslehrkraft*) academic
akademisch *adj* academic; **die ~e Jugend** (the) students *pl*; **~ gebildet sein** to have (had) a university education
Akazie *f* acacia
akklimatisieren *v/r* to become acclimatized (**in** +*dat* to)
Akkord *m* [1] MUS chord [2] (≈ *Stücklohn*) piece rate; **im ~ arbeiten** to do piecework
Akkordarbeit *f* piecework
Akkordarbeiter(in) *m(f)* pieceworker
Akkordeon *n* accordion
Akkordlohn *m* piece wages *pl*, piece rate
akkreditieren *v/t Botschafter, Journalisten* to accredit (**bei** to, at)
Akkreditiv *n* FIN letter of credit
Akku *m abk umg* → Akkumulator
Akkubohrer *m* battery-operated drill, cordless drill
Akkulaufzeit *f* battery life
Akkumulator *m* accumulator
akkumulieren *v/t & v/i & v/r* to accumulate

akkurat Ⓐ *adj* precise, accurate Ⓑ *adv* precisely, exactly
Akkusativ *m* accusative
Akkusativobjekt *n* accusative object
Akne *f* acne
Akontozahlung *f* payment on account
Akribie *f* meticulousness
akribisch *geh* Ⓐ *adj* meticulous, precise Ⓑ *adv* meticulously
Akrobat(in) *m(f)* acrobat
akrobatisch *adj* acrobatic
Akronym *n* acronym
Akt *m* **1** act; (≈ *Zeremonie*) ceremony **2** KUNST (≈ *Aktbild*) nude **3** (≈ *Geschlechtsakt*) sexual act
Aktbild *n* nude (picture *od* portrait)
Akte *f* file, record; **etw zu den ~n legen** to file sth away; *fig Fall etc* to drop sth
Aktendeckel *m* folder
Aktenkoffer *m* attaché case
aktenkundig *adj* on record; **~ werden** to be put on record
Aktenmappe *f* (≈ *Tasche*) briefcase, portfolio; (≈ *Umschlag*) folder, file
Aktennotiz *f* memo(randum)
Aktenordner *m* file
Aktenschrank *m* filing cabinet
Aktentasche *f* briefcase
Aktenzeichen *n* reference
Aktfoto *n* nude (photograph)
Aktie *f* share; **die ~n fallen/steigen** share prices are falling/rising; **wie stehen die ~n?** *hum umg* how are things?
Aktienfonds *m* equity fund
Aktiengesellschaft *f* ≈ public limited company *Br*, ≈ corporation *US*
Aktienindex *m* FIN share index
Aktienkapital *n* share capital
Aktienkurs *m* share price
Aktienmarkt *m* stock market
Aktienmehrheit *f* majority holding; **die ~ besitzen** to hold the controlling interest
Aktion *f* action; (≈ *Kampagne*) campaign; (≈ *Werbeaktion*) promotion; **in ~ treten** to go into action
Aktionär(in) *m(f)* shareholder, stockholder *bes US*
Aktionismus *m pej* übertriebener Betätigungsdrang **blinder ~** doing things for the sake of it; **in blinden ~ verfallen** to start doing things for the sake of it
Aktionsprogramm *n* POL programme of action, program of action *US*
Aktionsradius *m* FLUG, SCHIFF range, radius; *fig* (≈ *Wirkungsbereich*) scope (for action)
aktiv Ⓐ *adj* active; (≈ *tatkräftig*) energetic; WIRTSCH *Bilanz* positive Ⓑ *adv* actively; **sich ~ an etw** (*dat*) **beteiligen** to take an active part in sth
Aktiv *n* GRAM active
Aktiva *pl* assets *pl*
aktivieren *v/t* to activate; *fig Mitarbeiter* to get moving
Aktivist(in) *m(f)* activist
Aktivität *f* activity
Aktivkohlefilter *f* activated carbon filter
Aktivposten *wörtl, fig m* asset
Aktivurlaub *m* activity holiday *bes Br*, activity vacation *US*
Aktmodell *n* nude model
Aktstudie *f* nude study
aktualisieren *v/t* to make topical; *Datei* to update
Aktualisierung *f* update
Aktualität *f* topicality
aktuell *adj Thema* topical; *Problem, Theorie* current; *Mode, Stil* latest *attr*; (≈ *gegenwärtig*) present; **von ~er Bedeutung** of relevance to the present situation; **eine ~e Sendung** a current affairs programme *Br*, a current affairs program *US*
Akupressur *f* acupressure
akupunktieren *v/t* to acupuncture
Akupunktur *f* acupuncture
Akustik *f von Gebäude etc* acoustics *pl*
akustisch Ⓐ *adj* acoustic Ⓑ *adv* acoustically; **ich habe dich rein ~ nicht verstanden** I simply didn't catch what you said (properly)
akut Ⓐ *adj* MED, *a. fig* acute Ⓑ *adv* acutely
AKW *n abk* (= Atomkraftwerk) nuclear power station
Akzent *m* accent; (≈ *Betonung*), *a. fig* stress; **den ~ auf etw** (*akk*) **legen** to stress sth
akzentfrei *adj & adv* without any *od* an accent
akzeptabel *adj* acceptable
Akzeptanz *f* acceptance
akzeptieren *v/t* to accept
Alabaster *m* alabaster
Alarm *m* alarm; (≈ *Alarmsignal*) alert; **~ schlagen** to give *od* raise *od* sound the alarm
Alarmanlage *f* alarm system
Alarmbereitschaft *f* alert; **in ~ sein** *od* **stehen** to be on the alert
alarmieren *v/t Polizei etc* to alert; *fig* (≈ *beunruhigen*) to alarm; **~d** *fig* alarming
alarmiert *adj* startled
Alarmstufe *f* alert stage
Alarmzustand *m* alert; **im ~ sein** to be on the alert
Alaska *n* Alaska
Albaner(in) *m(f)* Albanian
Albanien *n* Albania
albanisch *adj* Albanian
Albatros *m* albatross

albern **A** *adj* silly, stupid; **~es Zeug** (silly) nonsense **B** *adv* **klingen** silly; **sich ~ benehmen** to act silly **C** *v/i* to fool around
Albernheit *f* **1** (≈ *albernes Wesen*) silliness **2** (≈ *Tat*) silly prank; (≈ *Bemerkung*) inanity
Albino *m* albino
Albtraum *m* nightmare
Album *n* album
Alge *f* alga
Algebra *f* algebra
algebraisch *adj* algebraic(al)
Algensalat *m* seaweed salad
Algenteppich *m* algae slick
Algerien *n* Algeria
Algerier(in) *m(f)* Algerian
algerisch *adj* Algerian
alias *adv* alias, also *od* otherwise known as
Alibi *n* JUR, *a. fig* alibi
Alibifrau *f* token woman
Alibifunktion *f* **~ haben** *fig* to be used as an alibi
Alimente *pl* maintenance *sg*
alkalisch *adj* alkaline
Alki *sl m* alkie *umg*
Alkohol *m* alcohol; **unter ~ stehen** to be under the influence (of alcohol *od* drink)
alkoholabhängig *adj* alcohol-dependent; **~ sein** to be an alcoholic
alkoholarm *adj* low in alcohol (content)
Alkoholeinfluss *m* influence of alcohol *od* drink; **unter ~** under the influence of alcohol
alkoholfrei *adj* nonalcoholic; **~es Getränk** soft drink
Alkoholgehalt *m* alcohol(ic) content
Alkoholgenuss *m* consumption of alcohol
alkoholhaltig *adj* alcoholic
Alkoholiker(in) *m(f)* alcoholic
alkoholisch *adj* alcoholic
alkoholisiert *adj* (≈ *betrunken*) inebriated
Alkoholismus *m* alcoholism
Alkoholkonsum *m* consumption of alcohol
Alkoholkontrolle *f* roadside breath test
alkoholkrank *adj* alcoholic; **~ sein** to be an alcoholic
Alkoholmissbrauch *m* alcohol abuse
Alkoholproblem *n* **er hat ein ~** he's got a drink problem, he has got a drinking problem *US*
Alkoholspiegel *m* **j-s ~** the level of alcohol in sb's blood
alkoholsüchtig *adj* addicted to alcohol
Alkoholsünder(in) *umg m(f)* drunk(en) driver
Alkoholtest *m* breath test
Alkoholverbot *n* ban on alcohol
Alkoholvergiftung *f* alcohol(ic) poisoning
All *n* Naturwissenschaft, *a.* RAUMF space *ohne art*

allabendlich *adj* (which takes place) every evening; **der ~e Spaziergang** the regular evening walk
alle **A** *pron* → **aller, s** **B** *adv umg* all gone; **die Milch ist ~** there's no milk left; **etw/j-n ~ machen** *umg* to finish sth/sb off
alledem *pron* **trotz ~** in spite of all that
Allee *f* avenue
Allegorie *f* LIT allegory
allein **A** *adj* alone; (≈ *einsam*) lonely; **ganz ~, für sich ~** on one's own; **~ auskommen** to fend for oneself; **von ~** by oneself/itself; **auf sich** (*akk*) **~ angewiesen sein** to be left to cope on one's own **B** *adv* (≈ *nur*) alone; *ohne andere* on one's own; **es ~ schaffen** to go it alone; **~ schon der Gedanke** the very *od* mere thought ...; → **alleinerziehend** → **alleinstehend**
Allein- *zssgn* solo
Alleinerbe *m*, **Alleinerbin** *f* sole heir
alleinerziehend *adj* Mutter, Vater single
Alleinerziehende(r) *m/f(m)* single parent
Alleingang *m* **etw im ~ machen** to do sth on one's own; **einen ~ starten** to go it alone
alleinig *adj* sole, only
Alleinsein *n* being on one's own *kein best art*, solitude; (≈ *Einsamkeit*) loneliness
alleinstehend *adj* living alone *od* on one's own; (≈ *unverheiratet*) single
Alleinstehende(r) *m/f(m)* single person
Alleinunterhalter(in) *m(f)* solo entertainer
Alleinverdiener(in) *m(f)* sole (wage) earner
allemal *adv* every *od* each time; (≈ *ohne Schwierigkeit*) without any problem; → **Mal**[2]
allenfalls *adv* (≈ *nötigenfalls*) if need be; (≈ *höchstens*) at most; (≈ *bestenfalls*) at best
aller- *zssgn zur Verstärkung* by far
alle(r, s) **A** *indef pr* **1** all; **~ Anwesenden/Beteiligten/Betroffenen** all those present/taking part/affected; **~ Schüler müssen mindestens neun Jahre in die Schule gehen** all schoolchildren have to go to school for at least nine years; **~ Schüler unserer Schule** all the pupils at our school; **ich habe ~ Schallplatten verschenkt** I've given away all my records; **trotz ~r Mühe** in spite of every effort; **ohne ~n Grund** for no reason at all **2** **~s** *sg* everything; *in Fragen, Verneinung* anything; **das ~s** all that; **~s Schöne** everything beautiful; **(ich wünsche dir) ~s Gute** (I wish you) all the best; **~s, was wir jetzt (noch) tun müssen** all we have to do now; **~s in ~m** all in all; **trotz ~m** in spite of everything; **über ~s** above all else; (≈ *mehr als alles andere*) more than anything else; **vor ~m** above all; **das ist ~s** that's all, that's it *umg*; **das ist ~s andere als ...** that's anything

allerbeste(r, s) – allzu • 799

but ...; **was soll das ~s?** what's all this supposed to mean?; **was er (nicht) ~s weiß/kann!** the things he knows/can do!; **~s klar** all right **3** ~ *pl* all; (≈ *alle Menschen*) everybody, everyone; **die haben mir ~ nicht gefallen** I didn't like any of them; **~ beide** both of them, the two of them; **sie kamen ~** all of them came; **~ fünf Minuten** every five minutes **B** *adv* → alle

allerbeste(r, s) *adj* very best; **der/die/das Allerbeste** the best of all

allerdings *adv einschränkend* though; **~!** (most) certainly!

allererste(r, s) *adj* very first

Allergen *n* MED allergen

Allergie *f* MED allergy; *fig* aversion (**gegen** to); **eine ~ gegen etw haben** *a. fig hum* to be allergic to sth

Allergiepass *m* allergy ID

Allergietest *m* allergy test

Allergiker(in) *m(f)* person suffering from an allergy

allergisch **A** *adj* MED, *a. fig* allergic (**gegen** to) **B** *adv* **auf etw** (*akk*) **~ reagieren** to have an allergic reaction to sth

allerhand *adj* all kinds of things; **das ist ~!** *zustimmend* that's quite something!; **das ist ja** *od* **doch ~!** *empört* that's too much!

Allerheiligen *n* All Saints' Day

allerhöchstens *adv* at the very most

allerlei *adj* all sorts *od* kinds of

allerletzte(r, s) *adj* very last; (≈ *allerneueste*) very latest; **der/das ist (ja) das Allerletzte** *umg* he's/it's the absolute end! *umg*

allerliebste(r, s) *adj* (≈ *Lieblings-*) most favourite *attr Br*, most favorite *attr US*

allermeiste(r, s) *adj* most ... of all

allernächste(r, s) *adj* very next; **in ~r Zeit** in the very near future

allerneueste(r, s) *adj* very latest

Allerseelen *n* All Souls' Day

allerseits *adv* on all sides; **guten Abend ~!** good evening everybody

Allerwelts- *zssgn* (≈ *Durchschnitts-*) ordinary; (≈ *nichtssagend*) general

allerwenigste(r, s) *adj* least ... of all; *pl* fewest of all, fewest ... of all

alles *indef pr* → **aller, s**

allesamt *adv* all (of them/us *etc*), to a man

Alleskleber *m* all-purpose adhesive *od* glue

Allesschneider *m* food-slicer

allg. *abk* (= *allgemein*) general(ly)

allgegenwärtig *adj* omnipresent

allgemein **A** *adj* general; *Feiertag* public; *Regelungen, Wahlrecht* universal; *insgesamt* overall; *Wehrpflicht* compulsory; **im Allgemeinen** in general, generally; **im ~en Interesse** in the common interest; **von ~em Interesse** of general interest **B** *adv* generally; (≈ *ausnahmslos von allen*) universally; **es ist ~ bekannt** it's common knowledge; **~ verständlich** generally intelligible; **~ verbreitet** widespread; **~ zugänglich** open to all; → *allgemeinbildend*

Allgemeinarzt *m*, **Allgemeinärztin** *f* ≈ general practitioner, family practitioner *US*

Allgemeinbefinden *n* general condition

allgemeinbildend *adj* providing (a) general education

Allgemeinbildung *f* general education

Allgemeingut *fig n* common property

Allgemeinheit *f* (≈ *Öffentlichkeit*) general public

Allgemeinmedizin *f* general medicine

Allgemeinmediziner(in) *m(f)* MED ≈ general practitioner, ≈ GP, ≈ family practitioner *US*

allgemeinverständlich *adj* → *allgemein*

Allgemeinwissen *n* general knowledge

Allgemeinwohl *n* public welfare

Allheilmittel *n* cure-all

Allianz *f* **1** alliance **2** (≈ *NATO*) Alliance

Alligator *m* alligator

alliiert *adj* allied; **im 2. Weltkrieg** Allied

Alliierte(r) *m/f(m)* ally

All-inclusive-Urlaub *m* all-inclusive holiday *Br*, all-inclusive vacation *US*

Alliteration *f* LIT alliteration

alljährlich **A** *adj* annual, yearly **B** *adv* annually, yearly

Allmacht *f bes von Gott* omnipotence

allmächtig *adj* all-powerful; *Gott a.* almighty

allmählich **A** *adj* gradual **B** *adv* gradually; **es wird ~ Zeit** *umg* it's about time

allmonatlich *adj & adv* monthly

Allradantrieb *m* AUTO four-wheel drive

Allround- *zssgn* all-round *Br*, all-around *US*

allseitig *adj* (≈ *allgemein*) general; (≈ *ausnahmslos*) universal

allseits *adv* (≈ *überall*) everywhere; (≈ *in jeder Beziehung*) in every respect; **~ beliebt/unbeliebt** universally popular/unpopular

Alltag *fig m* **im ~** in everyday life

alltäglich *adj* daily; (≈ *üblich*) ordinary, everyday; **es ist ganz ~** it's nothing unusual

Alltags- *zssgn* everyday

Alltagsleben *n* everyday life, daily life

Allüren *pl* (≈ *geziertes Verhalten*) affectations *pl*; *eines Stars etc* airs and graces *pl*

allwissend *adj* omniscient; **~er Erzähler** LIT third-person narrator, omniscient narrator

allwöchentlich **A** *adj* weekly **B** *adv* every week

allzu *adv* all too; **~ viele Fehler** far too many mistakes; **~ früh** far too early; **~ sehr** too

much; *mögen* all too much; *sich ärgern, enttäuscht sein* too; **~ viel** too much; **~ viel ist ungesund** *sprichw* you can have too much of a good thing *sprichw*
Allzweckreiniger *m* multipurpose cleaner
Alm *f* alpine pasture
Almosen *n* **1** *geh* (≈ *Spende*) alms *pl obs* **2** (≈ *geringer Lohn*) pittance
Alp *f* (≈ *Alm*) alpine pasture
Alpen *pl* Alps *pl*
Alpenland *n* alpine country
Alpenrose *f* Alpine rose *od* rhododendron
Alpenveilchen *n* cyclamen
Alpenvorland *n* foothills *pl* of the Alps
Alphabet *n* alphabet
alphabetisch **A** *adj* alphabetical **B** *adv* alphabetically
Alphabetisierung *f* literacy
alphanumerisch *adj* alphanumeric
alpin *adj a.* SKI alpine
Alpinist(in) *m(f)* alpinist
Alptraum *m* → **Albtraum**
als *konj* **1** than; **ich kam später als er** I came later than he (did) *od* him **2** *bei Vergleichen* **so … als …** as … as …; **so viel/so weit als möglich** as much/far as possible; **eher** *od* **lieber … als** rather … than; **alles andere als** anything but **3** **als ob ich das nicht wüsste!** as if I didn't know! **4** *zeitlich* when; **damals, als** (in the days) when; **gerade, als** just as **5** **als Beweis** as proof; **als Antwort/Warnung** as an answer/a warning; **als Kind/Mädchen** *etc* as a child/girl *etc*
also **A** *konj* (≈ *folglich*) so, therefore **B** *adv* so; **~ doch** so … after all; **du machst es ~?** so you'll do it then? **C** *int* well; **~ doch!** so he/they *etc* did!; **na ~!** there you are!, you see?; **~ gut** *od* **schön** well all right then; **~ so was!** well (I never)!
Alsterwasser *nordd n* shandy *Br*, radler *US*, beer and lemonade
alt *adj* **1** old; *Mythos, Griechen* ancient; *Sprachen* classical; **das alte Rom** ancient Rome; **Alt und Jung** (everybody) old and young; **ein drei Jahre altes Kind** a three-year-old child; **wie alt bist du?** how old are you?; **hier werde ich nicht alt** *umg* this isn't my scene *umg*; **in alter Freundschaft, Dein …** yours as ever …; **alt aussehen** *umg* (≈ *dumm dastehen*) to look stupid **2** (≈ *dieselbe, gewohnt*) same old
Alt¹ *m* MUS alto
Alt² *n* (≈ *Bier*) top-fermented German dark beer
Altar *m* altar
altbacken *adj* **1** stale **2** *fig* old-fashioned
Altbau *m* old building
Altbauwohnung *f* flat in an old building *Br*, apartment in an old building
Altbundeskanzler(in) *m(f)* former German/Austrian Chancellor
altdeutsch *adj* old German
Alte *f* (≈ *alte Frau*) old woman; *umg* (≈ *Vorgesetzte*) boss
Alteisen *n* scrap metal
altenglisch *adj* old English
Altenheim *n* old people's home, retirement home
Altenhilfe *f* old people's welfare
Altenpfleger(in) *m(f)* old people's nurse
Alte(r) *m* (≈ *alter Mann*) old man; *umg* (≈ *Vorgesetzter*) boss; **die ~n** (≈ *Eltern*) the folk(s) *pl umg*
Alter *n* age; **das ~, in dem man legal Sex haben darf** the age of consent; **im ~** in one's old age; **im ~ von** aged, at the age of; **im ~ von 18 Jahren** at the age of 18; **in deinem ~** at your age; **er ist in deinem ~** he's your age
älter *adj* older; (≈ *nicht ganz jung*) elderly; **die ~en Herrschaften** the older members of the party
altern *v/i* to age; *Wein* to mature; **~d** ageing
alternativ *adj* alternative
Alternative *f* alternative
Alternativenergie *f* alternative energy
alternativlos *adv* with no alternative; **~ sein** to be the only alternative; **diese Politik ist nicht ~** there are alternatives to this policy
Alternativmedizin *f* alternative medicine
Altersarmut *f* poverty in old age
altersbedingt *adj* age-related
Altersbeschwerden *pl* complaints *pl* of old age
altersdement *adj* MED suffering from senile dementia
Altersdemenz *f* senile dementia
Altersdiskriminierung *f* ageism
Alterserscheinung *f* sign of old age
Altersgenosse *m*, **Altersgenossin** *f* contemporary
Altersgrenze *f* age limit; (≈ *Rentenalter*) retirement age
Altersgründe *pl* **aus ~n** for reasons of age
Altersgruppe *f* age group
Altersheim *n* old people's home
Altersklasse *f* age group
Altersrente *f* old age pension
altersschwach *adj Mensch* old and infirm; *Auto, Möbel etc* decrepit
Altersschwäche *f von Mensch* infirmity
Altersteilzeit *f* semi-retirement
Altersunterschied *m* age difference
Altersversorgung *f* provision for (one's) old age; **betriebliche ~** ≈ company pension scheme
Altersvorsorge *f* old-age provision; **private ~**

personal pension plan
Altertum *n* antiquity *ohne art*
altertümlich *adj* (≈ *aus dem Altertum*) ancient; (≈ *veraltet*) antiquated
Ältestenrat *m* council of elders
älteste(r, s) *adj* oldest
Altglas *n* glass for recycling
Altglascontainer *m* bottle bank
altgriechisch *adj* ancient Greek
althergebracht *adj* traditional; *Tradition* long-established
althochdeutsch *adj* Old High German
Altistin *f* MUS alto
altjüngferlich *adj* old-maidish, spinsterish
Altkanzler(in) *m(f)* former chancellor
Altkleidersammlung *f* collection of old clothes; **etw in die ~ geben** to put sth in the old clothes collection
altklug *adj* precocious
Altlast *f* Ökologie dangerous waste (*accumulated over the years*); (≈ *Fläche*) contaminated area; *fig* legacy (of the past), inherited problem
Altlastensanierung *f* redevelopment *od* clean-up of contaminated sites
Altmaterial *n* scrap
Altmetall *n* scrap metal
altmodisch *adj* old-fashioned, outdated; (≈ *unattraktiv*) frumpy
Altöl *n* used oil
Altpapier *n* wastepaper
Altpapiercontainer *m* paper bank
Altsein *n* being old *ohne art*
altsprachlich *adj* classical; **~e Abteilung** classics department
Altstadt *f* old town
Altstimme *f* MUS alto
Alt-Taste *f* COMPUT Alt key
Altweibersommer *m* Indian summer
Aludose *f* aluminium can *Br*, aluminum can *US*, tin can
Alufolie *f* tin *od* kitchen foil
Aluminium *n* aluminium *Br*, aluminum *US*
Alzheimerkrankheit *f* Alzheimer's (disease)
am *präp* **1 er war am tapfersten** he was (the) bravest; **am besten/liebsten/meisten** *der* **am seltsamsten war** ... the strangest thing was ... **2** *als Zeitangabe* on; **am letzten Sonntag** last Sunday; **am 8. Mai** on 8(th) May, on May 8(th); **am Morgen/Abend** in the morning/evening; **am nächsten Morgen/Tag** the next morning/day; **am Wochenende** at the weekend **3 am Ende (von)** at the end (of); **am Bahnhof** at the station; **am Telefon** on the phone
Amaryllis *f* amaryllis
Amateur(in) *m(f)* amateur
amateurhaft *adj* amateurish

Ambiente *geh n* ambience
Ambition *f* ambition; **~en auf etw** (*akk*) **haben** to have ambitions of getting sth
ambivalent *adj* ambivalent
Amboss *m* anvil
ambulant **A** *adj* MED outpatient *attr*; **~e Patienten** outpatients **B** *adv* **~ behandelt werden** *Patient* to be treated as an outpatient
Ambulanz *f* **1** (≈ *Klinikstation*) outpatient department **2** (≈ *Ambulanzwagen*) ambulance
Ameise *f* ant
Ameisenbär *m* anteater; *größer* giant anteater
Ameisenhaufen *m* anthill
amen *int* amen
Amen *n* amen; **das ist so sicher wie das ~ in der Kirche** *sprichw* you can bet your bottom dollar on that *umg*
Amerika *n* America
Amerikaner(in) *m(f)* American
amerikanisch *adj* American; **~e Ureinwohner** Native Americans
Amerikanismus *m* Americanism
Ami *umg m* Yank *umg*
Aminosäure *f* amino acid
amisch *adj* Amish; **die Amischen** the Amish
Ammann *m schweiz* mayor
Ammenmärchen *n* fairy tale *od* story
Amnestie *f* amnesty
amnestieren *v/t* to grant an amnesty to
Amöbe *f* amoeba
Amok *m* **~ laufen** to run amok *bes Br*, to run amuck; **~ fahren** to drive like a madman *od* lunatic
Amokfahrt *f* mad *od* crazy ride
Amokschütze *m* crazed gunman
amortisieren *v/r* to pay for itself
Ampel *f* (≈ *Verkehrsampel*) (traffic) lights *pl*
Ampelanlage *f* (set of) traffic lights *pl*
Ampelphase *f* traffic light sequence
Amphetamin *n* amphetamine
Amphibie *f* ZOOL amphibian
Amphibienfahrzeug *n* amphibious vehicle
Ampulle *f* (≈ *Behälter*) ampoule
Amputation *f* amputation
amputieren *v/t* to amputate
Amputierte(r) *m/f(m)* amputee
Amsel *f* blackbird
Amt *n* **1** (≈ *Stelle*) post *Br*, position; **öffentlich offices**; **von Amts wegen** (≈ *aufgrund von j-s Beruf*) because of one's job **2** (≈ *Aufgabe*) duty, task **3** (≈ *Behörde*) office; **zum zuständigen Amt gehen** to go to the relevant authority; **von Amts wegen** (≈ *auf behördliche Anordnung hin*) officially
amtieren *v/i* to be in office; **~d** incumbent; **der ~de Weltmeister** the reigning world champion; **er amtiert als Bürgermeister** he is acting

mayor

amtlich *adj* official; **~es Kennzeichen** registration (number), license number *US*

Amtsantritt *m* assumption of office

Amtsblatt *n* (official) gazette

Amtsdauer *f* term of office

Amtsgeheimnis *n* (≈ *geheime Sache*) official secret; (≈ *Schweigepflicht*) official secrecy

Amtsgericht *n* ≈ county court *Br*, district court *US*

Amtsgewalt *f* authority

Amtshandlung *f* official duty; **seine erste ~ bestand darin, ...** the first thing he did in office was ...

Amtshilfe *f* cooperation between authorities

Amtsmissbrauch *m* abuse of one's position

Amtsperiode *f* term of office

Amtsperson *f* official

Amtsrichter(in) *m(f)* ≈ county court judge *Br*, district court judge *US*

Amtsschimmel *hum m* officialdom

Amtssprache *f* official language

Amtsvorgänger(in) *m(f)* predecessor (in office)

Amtsweg *m* official channels *pl*; **den ~ beschreiten** to go through the official channels

Amtszeichen *n* TEL dialling tone *Br*, dial tone *US*

Amtszeit *f* period of office

Amtszimmer *n* chamber

Amulett *n* amulet, charm

amüsant **A** *adj* amusing **B** *adv* amusingly

amüsieren **A** *v/t* to amuse; **was amüsiert dich denn so?** what do you find so amusing *od* funny? **B** *v/r* to enjoy oneself, to have a good time, to have fun; **sich über etw** (*akk*) **~** to find sth funny; *unfreundlich* to make fun of sth; **amüsiert euch gut** have fun

Amüsierviertel *n* nightclub district

an **A** *präp* **1** *räumlich: wo?* at; (≈ *an etw dran*) on; **an der Tür/Wand** on the door/wall; **an dem Tisch (dort)** at that table; **an der Tafel** on the board; **am Himmel** in the sky; **an der Spitze** at the top; **am oberen Ende (von)** at the top (of); **Frankfurt an der Oder** Frankfurt on (the) Oder; **zu nahe an etw stehen** to be too near to sth; **unten am Fluss** down by the river; **an der See** by the sea; **Haus an Haus** one house after the other; **an etw vorbeigehen** to go past sth **2** *zeitlich* on; **am Abend** in the evening; **an diesem Abend** (on) that evening; **am Tag zuvor** the day before, the previous day; **→ am** **3** *fig* **was haben Sie an Weinen da?** what wines do you have?; **unübertroffen an Qualität** unsurpassed in quality; **das Beste an ...** the best thing about; **es ist an ihm, etwas zu tun** it's up to him to do something **B** *präp* **1** *räumlich: wohin?* to; **etw an die Wand/Tafel schreiben** to write sth on the wall/blackboard; **an den Tisch (dort)** at that table; **er ging ans Fenster** he went (over) to the window; **an j-n schreiben** to write to sb; **bis an mein Lebensende** to the end of my days **2** *fig* **ich habe eine Bitte/Frage an Sie** I have a request to make of you/a question to ask you; **an (und für) sich** actually **C** *adv* **1** (≈ *ungefähr*) **an (die) hundert** about a hundred **2** *Ankunftszeit* **Frankfurt an: 18.30 Uhr** arriving Frankfurt 18.30 **3** **von heute an** from today onwards **4** *umg* (≈ *angeschaltet, angezogen*) on; **Licht an!** lights on!; **ohne etwas an** with nothing on

Anabolikum *n* anabolic steroid

anal *adj* PSYCH, ANAT anal

analog **A** *adj* **1** analogous (+*dat od* **zu** to) **2** TEL analogue *Br*, analog *US* **3** IT analog **B** *adv* TEL, IT in analogue format *Br*, in an analog format *US*

Analogie *f* LIT analogy

Analphabet(in) *m(f)* illiterate (person)

Analphabetismus *m* illiteracy

Analverkehr *m* anal intercourse

Analyse *f a.* PSYCH analysis

analysieren *v/t* to analyze

Analyst(in) *m(f)* BÖRSE investment analyst

Analytiker(in) *m(f)* analyst; (≈ *analytisch Denkender*) analytical thinker

analytisch *adj* analytical

Anämie *f* anaemia *Br*, anemia *US*

Ananas *f* pineapple

Anapher *f* LIT anaphora

Anarchie *f* anarchy

Anarchismus *m* anarchism

Anarchist(in) *m(f)* anarchist

anarchistisch *adj* anarchistic

Anästhesie *f* anaesthesia *Br*, anesthesia *US*

Anästhesist(in) *m(f)* anaesthetist *Br*, anesthesiologist *US*

Anatomie *f* anatomy

anatomisch *adj* anatomical

anbaggern *umg v/t* to chat up *Br umg*, to hit on *US umg*

anbahnen **A** *v/t* to initiate **B** *v/r* (≈ *sich andeuten*) to be in the offing; *Unangenehmes* to be looming

Anbau[1] *m* (≈ *Anpflanzung*) cultivation; **ökologischer ~** organic cultivation; **Tomaten aus ökologischem ~** organic tomatoes

Anbau[2] *m* (≈ *Nebengebäude*) extension

anbauen *v/t* **1** to cultivate; (≈ *anpflanzen*) to plant, to grow **2** *Hoch- und Tiefbau* to add, to build on

Anbaufläche *f* (area of) cultivable land; (≈ *bebaute Ackerfläche*) area under cultivation

Anbaugebiet *n* cultivable area

Anbaumöbel pl unit furniture
Anbauschrank m cupboard unit
anbehalten v/t to keep on
anbei form adv enclosed; **~ schicken wir Ihnen ...** please find enclosed ...
anbeißen A v/i Fisch to bite; fig to take the bait B v/t Apfel etc to bite into; **ein angebissener Apfel** a half-eaten apple; **sie sieht zum Anbeißen aus** umg she looks good enough to eat
anbeten v/t to worship
Anbetracht m **in ~** (+gen) in consideration od view of
Anbetung f worship
anbiedern pej v/r **sich (bei j-m) ~** to try to get pally (with sb) umg
anbieten A v/t to offer B v/r Mensch to offer one's services; Gelegenheit to present itself
Anbieter(in) m(f) supplier; IT provider
anbinden v/t (≈ festbinden) to tie (up) (**an** +dat or akk to); **j-n** ~ fig to tie sb down; → angebunden
anblaffen umg v/t to snap at
Anblick m sight; **beim ersten ~** at first sight; **beim ~ des Hundes** when he etc saw the dog
anblicken v/t to look at
anblinzeln v/t 1 (≈ blinzelnd ansehen) to squint at 2 (≈ zublinzeln) to wink at
anbraten v/t to brown; Steak etc to sear
anbrechen A v/t Packung, Flasche etc to open; Vorrat to broach; Ersparnisse to break into; → angebrochen B v/i Epoche etc to dawn; Nacht to fall; Jahreszeit to begin
anbrennen v/i Essen to get burned; Stoff to get scorched; **nichts ~ lassen** (≈ sich nichts entgehen lassen) not to miss out on anything; umg (≈ keine Zeit verschwenden) to be quick; SPORT to be in control throughout the match; → angebrannt
anbringen v/t 1 (≈ befestigen) to fix, to fasten (**an** +dat onto); (≈ anheften) to attach; (≈ aufstellen, aufhängen) to put up 2 (≈ äußern) to make (**bei** to); Kenntnisse, Wissen to display; Argument to use; → angebracht 3 (≈ hierherbringen) to bring (with one)
Anbruch m geh (≈ Anfang) beginning; **von Zeitalter, Epoche** dawn(ing)
anbrüllen v/t umg Mensch to shout od bellow at
Andacht f (≈ Gottesdienst) prayers pl
andächtig A adj 1 im Gebet in prayer 2 (≈ versunken) rapt B adv (≈ inbrünstig) raptly
andauern v/i to continue, to go on; (≈ anhalten) to last
andauernd A adj (≈ ständig) continuous; (≈ anhaltend) continual B adv constantly
Anden pl Andes pl
Andenken n 1 memory; **zum ~ an j-n** in memory of sb 2 (≈ Reiseandenken) souvenir (**an** +akk of); (≈ Erinnerungsstück) memento (**an** +akk from)

anderenfalls adv otherwise
andere(r, s) indef pr 1 different; **das machen wir ein ~s Mal** we'll do that another time; **~r Meinung sein (als)** to disagree (with); **er ist ein ~r Mensch geworden** he is a changed od different man 2 (≈ folgend) next, following 3 (≈ Ding) **ein ~r** a different one; (≈ noch einer) another one; **etwas ~s** something else; jedes, in Fragen anything else; **alle ~n** all the others; **ja, das ist etwas ~s** yes, that's a different matter; **das ist etwas ganz ~s** that's something quite different; **nichts ~s** nothing else; **nichts ~s als ...** nothing but ...; **es blieb mir nichts ~s übrig, als selbst hinzugehen** I had no alternative but to go myself; **alles ~** (= alle anderen Dinge) everything else; **alles ~ als zufrieden** anything but pleased; **unter ~m** among other things; **von einem Tag zum ~n** overnight; **eines besser als das ~** each one better than the next 4 (≈ Person) **ein ~r/eine ~** a different person; (≈ noch einer) another person; **es war kein ~r als ...** it was none other than ...; **niemand ~s** no-one else; **jemand ~s** südd somebody else; in Fragen anybody else; **die ~n** the others; **jeder ~, alle ~n** everyone else; **einer nach dem ~n** one after the other
andererseits adv on the other hand, then again
andermal adv **ein ~** some other time
ändern A v/t to change; Kleidungsstück to alter; **das ist nicht zu ~** nothing can be done about it; **das ändert nichts an der Tatsache, dass ...** that doesn't alter the fact that ... B v/r to change; **wenn sich das nicht ändert ...** if things don't improve ...; **sich immer** od **stetig ~d** ever-changing
anders adv 1 (≈ sonst) else; **jemand ~** somebody else; in Fragen anybody else; **niemand ~** nobody else 2 (≈ verschieden) differently; (≈ andersartig) different (**als** to); **~ denkend** → andersdenkend; **~ als** unlike; **~ als j-d aussehen** to look different from sb; **~ ausgedrückt** in other words; **etw ~ ausdrücken** to paraphrase sth; **sie ist ~ geworden** she has changed; **es geht nicht ~** there's no other way; **ich kann nicht ~** (≈ kann es nicht lassen) I can't help it; (≈ muss leider) I have no choice; **~ herum** the other way round; **es sich** (dat) **~ überlegen** to change one's mind
andersartig adj different
andersdenkend adj of a different opinion
Andersdenkende(r) m/f(m) person of a different opinion; (≈ Dissident) dissident, dissenter
andersgeartet adj **~ sein als j-d** to be different from od to sb
andersgläubig adj **~ sein** to have a different

faith
andersherum *adv* the other way (a)round
anderslautend *adj* contrary
andersrum *adv* the other way round
anderswo *adv* elsewhere, in other places
anderswohin *adv* elsewhere
anderthalb *num* one and a half; **~ Stunden** an hour and a half
Änderung *f* change; *an Kleidungsstück, Gebäude* alteration (**an** +*dat* to)
Änderungsvorschlag *m* **einen ~ machen** to suggest a change *od* an alteration
anderweitig A *adj* other B *adv* (≈ *anders*) otherwise; (≈ *an anderer Stelle*) elsewhere; **~ vergeben/besetzt werden** to be given to/filled by someone else
andeuten A *v/t* (≈ *zu verstehen geben*) to hint, to intimate (**j-m etw** sth to sb); (≈ *kurz erwähnen*) *Problem* to mention briefly B *v/r* to be indicated; *Gewitter* to be looming
Andeutung *f* (≈ *Anspielung, Anzeichen*) hint; (≈ *flüchtiger Hinweis*) brief mention; **eine ~ machen** to drop a hint
andeutungsweise *adv* by way of a hint; **j-m ~ zu verstehen geben, dass ...** to hint to sb that ...
Andorra *n* Andorra
Andrang *m* (≈ *Gedränge*) crowd, crush; *von Blut* rush
andrehen *v/t* 1 (≈ *anstellen*) to turn on 2 *umg* **j-m etw ~** to palm sth off on sb
androgyn *adj* androgynous
androhen *v/t* to threaten (**j-m etw** sb with sth)
Androhung *f* threat; **unter ~** JUR under penalty (**von** *od* +*gen* of)
anecken *umg v/i* (**bei j-m/allen**) **~** to rub sb/everyone up the wrong way *umg*
aneignen *v/t* **sich** (*dat*) **etw ~** (≈ *etw erwerben*) to acquire sth; (≈ *etw wegnehmen*) to appropriate sth; (≈ *sich mit etw vertraut machen*) to learn sth
aneinander *adv* **~ denken** to think of each other; **sich ~ gewöhnen** to get used to each other; **~ vorbeigehen** to go past each other; **die Häuser stehen zu dicht ~** the houses are built too close together
aneinandergeraten *v/i* to come to blows (**mit** with); (≈ *streiten*) to have words (**mit** with)
aneinandergrenzen *v/i* to border on each other
aneinanderreihen *v/t* to string together
Anekdote *f* anecdote
anekeln *v/t* to disgust; → **angeekelt**
Anemone *f* anemone
anerkannt *adj* recognized; *Experte* acknowledged
anerkennen *v/t Staat, König, Rekord* to recognize; *Vaterschaft* to acknowledge; *Leistung, Bemühung* to appreciate; *Meinung* to respect; (≈ *gutheißen*) to approve; (≈ *loben*) to praise
anerkennend *adj* **~e Worte** words of praise
anerkennenswert *adj* commendable
Anerkennung *f* recognition; *von Vaterschaft* acknowledgement; (≈ *Würdigung*) appreciation; *von Meinung* respect; (≈ *Lob*) praise
anfahren A *v/i* (≈ *losfahren*) to start (up) B *v/t* 1 (≈ *ansteuern*) *Ort, Hafen* to stop *od* call at 2 *Passanten, Baum etc* to hit; *fig* (≈ *ausschelten*) to shout at
Anfahrt *f* (≈ *Weg, Zeit*) journey; (≈ *Zufahrt*) approach; (≈ *Einfahrt*) drive
Anfall *m* attack; (≈ *Wutanfall, epileptischer Anfall*) fit; **einen ~ haben/bekommen** to have a fit
anfallen A *v/t* (≈ *überfallen*) to attack B *v/i* (≈ *sich ergeben*) to arise; *Zinsen* to accrue; (≈ *sich anhäufen*) to accumulate
anfällig *adj* delicate; *Motor, Maschine* temperamental; **für etw ~ sein** to be susceptible to sth
Anfang *m* (≈ *Beginn*) beginning, start; (≈ *Ursprung*) beginnings *pl*, origin; **am ~** at the beginning; **zu** *od* **am ~** to start with; (≈ *anfänglich*) at first; **~ fünfzig** in one's early fifties; **~ Juni/2014** *etc* at the beginning of June/2014 *etc*; **von ~ an** (right) from the beginning *od* start; **von ~ bis Ende** from start to finish; **den ~ machen** to start *od* begin; (≈ *den ersten Schritt tun*) to make the first move
anfangen A *v/t* 1 (≈ *beginnen*) to start 2 (≈ *anstellen, machen*) to do; **damit kann ich nichts ~** (≈ *nützt mir nichts*) that's no good to me; (≈ *verstehe ich nicht*) it doesn't mean a thing to me; **mit dir ist heute (aber) gar nichts anzufangen!** you're no fun at all today! B *v/i* to begin, to start; **wer fängt an?** who's going to start *od* begin?; **du hast angefangen!** you started it!; **es fing zu regnen an** it started raining *od* to rain; **mit etw ~** to start sth
Anfänger(in) *m(f)* beginner; AUTO learner; *umg* (≈ *Nichtskönner*) amateur *pej*
Anfängerkurs *m* beginners' course
anfänglich A *adj* initial B *adv* at first, initially
anfangs *adv* at first, initially
Anfangs- *zssgn* initial
Anfangsbuchstabe *m* first letter; **kleine/große ~n** small/large *od* capital initials
Anfangsgehalt *n* initial *od* starting salary
Anfangsstadium *n* initial stage
Anfangszeit *f* starting time
anfassen A *v/t* 1 (≈ *berühren*) to touch 2 (≈ *bei der Hand nehmen*) **j-n ~** to take sb's hand; **angefasst gehen** to walk holding hands 3 *fig* (≈ *anpacken*) *Problem* to tackle; (≈ *behandeln*) *Menschen* to treat B *v/i* 1 (≈ *berühren*) to feel; **nicht**

~! don't touch! ☒ (≈ *mithelfen*) **mit ~** to lend a hand ☒ *fig zum Anfassen* accessible

anfauchen *v/t Katze* to spit at; *fig umg* to snap at

anfechtbar *adj* contestable; *moralisch* questionable *form*

anfechten *v/t* (≈ *nicht anerkennen*) to contest; *Urteil, Entscheidung* to appeal against

Anfechtung *f* ☒ (≈ *das Nichtanerkennen*) contesting; *von Urteil, Entscheidung* appeal (+*gen* against) ☒ (≈ *Versuchung*) temptation

anfeinden *v/t* to treat with hostility

Anfeindung *f* hostility

anfertigen *v/t etw.; Schriftstück* to draw up; *Hausaufgaben, Protokoll* to do

Anfertigung *f* making; *von Schriftstück* drawing up; *von Protokoll, Hausaufgaben* doing

anfeuchten *v/t* to moisten

anfeuern *v/t fig* (≈ *ermutigen*) to spur on; *Team* to cheer

anflehen *v/t* to implore (**um** for)

anfliegen Ⓐ *v/i* (*a.* **angeflogen kommen**) *Flugzeug* to come in to land; *Vogel, Geschoss* to come flying up Ⓑ *v/t Flugzeug* to approach; **diese Fluggesellschaft fliegt Bali an** this airline flies to Bali

Anflug *m* ☒ (≈ *das Heranfliegen*) approach; **wir befinden uns im ~ auf Paris** we are now approaching Paris ☒ (≈ *Spur*) trace

anfordern *v/t* to request, to ask for, to require

Anforderung *f* ☒ (≈ *Anspruch*) requirement; (≈ *Belastung*) demand; **hohe/zu hohe ~en stellen** to demand a lot/too much (**an** +*akk* of) ☒ (≈ *das Anfordern*) request (+*gen od* **von** for)

Anfrage *f a.* IT inquiry; PARL question; (≈ *Bitte*) request

anfragen *v/i* to ask (**bei j-m** sb)

anfreunden *v/r* to become friends; **sich mit j-m ~** to make friends with sb; **sich mit etw ~** *fig* to get to like sth

anfügen *v/t* to add; *an Datei* to attach

anfühlen *v/t & v/r* to feel; **es fühlt sich weich an** it feels soft

anführen *v/t* ☒ (≈ *vorangehen, befehligen*) to lead ☒ (≈ *an der Spitze stehen*) to top ☒ (≈ *zitieren*) to quote; *Einzelheiten, Grund, Beweis* to give; *Umstand* to cite ☒ **j-n ~** *umg* to have sb on *umg*

Anführer(in) *m(f)* (≈ *Führer*) leader; *pej* (≈ *Anstifter*) ringleader

Anführungsstrich *m*, **Anführungszeichen** *n* quotation mark, inverted comma

Angabe *f* ☒ (≈ *Aussage*) statement; (≈ *Zahl, Detail*) detail; **~n über etw** (*akk*) **machen** to give details about sth; **persönliche ~n** data; **laut ~n** (+*gen*) according to; **nach Ihren eigenen ~n** by your own account; **nach ~n des Zeugen** according to (the testimony of) the witness ☒ (≈ *Nennung*) giving; **wir bitten um ~ der Einzelheiten/Preise** please give details/prices ☒ *umg* (≈ *Prahlerei*) showing off ☒ SPORT (≈ *Aufschlag*) service, serve

angaffen *pej v/t* to gape at

angeben Ⓐ *v/t* ☒ (≈ *nennen*) to give; (≈ *erklären*) to explain; *beim Zoll* to declare; (≈ *anzeigen*) *Preis, Temperatur etc* to indicate; (≈ *aussagen*) to state; (≈ *behaupten*) to maintain ☒ (≈ *bestimmen*) *Tempo, Kurs* to set Ⓑ *v/i* (≈ *prahlen*) to show off, to boast

Angeber(in) *m(f)* (≈ *Prahler*) show-off

Angeberei *umg f* ☒ (≈ *Prahlerei*) showing off (**mit** about) ☒ (≈ *Äußerung*) boast

angeberisch *adj Reden* boastful; *Aussehen, Benehmen, Tonfall* pretentious

angeblich Ⓐ *adj* alleged Ⓑ *adv* supposedly, allegedly; **er ist ~ Musiker** he says he's a musician

angeboren *adj* innate; MED, *a. fig umg* congenital (**bei** to)

Angebot *n* offer; (≈ *Handel*) deal; HANDEL, FIN supply (**an** +*dat od* **von** of); (≈ *Sortiment*) range; **im ~** *preisgünstig* on special offer; **~ und Nachfrage** supply and demand

angebracht *adj* appropriate; (≈ *sinnvoll*) reasonable; → **anbringen**

angebrannt *adj* burned; → **anbrennen**

angebrochen *adj Packung, Flasche* open(ed); → **anbrechen**

angebunden *adj* **kurz ~ sein** *umg* to be abrupt *od* curt; → **anbinden**

angeekelt *adv* in disgust, disgusted; → **anekeln**

angegossen *adv* **wie ~ sitzen** *od* **passen** to fit like a glove

angegraut *adj* grey *Br*, gray *US*

angegriffen *adj Gesundheit* weakened; *Mensch, Aussehen* frail; (≈ *erschöpft*) exhausted; → **angreifen**

angehaucht *adj* **links/rechts ~ sein** to have *od* show left-wing/right-wing tendencies; → **anhauchen**

angeheitert *adj* tipsy

angehen Ⓐ *v/i* ☒ *umg* (≈ *beginnen*) to start; *Feuer* to start burning; *Radio, Licht* to come on, to go on ☒ (≈ *entgegentreten*) **gegen j-n/etw ~** to fight sb/sth Ⓑ *v/t* ☒ (≈ *anpacken*) to tackle; *Gegner* to attack; **etw ~** to go for sth ☒ (≈ *betreffen*) to concern; **was mich angeht** for my part; **was geht das ihn an?** *umg* what's that got to do with him? Ⓒ *v/i* **das geht nicht an** that's not on

angehend *adj Musiker etc* budding; *Lehrer, Vater* prospective

angehören *v/i* to belong to

Angehörige(r) *m/f(n)* ☒ (≈ *Mitglied*) member ☒ (≈ *Familienangehörige*) relative; **der nächste ~** the next of kin

Angeklagte(r) m/f(m) accused, defendant
angeknackst adj Wirbel damaged; umg Selbstbewusstsein weakened; → anknacksen
Angel f **1** (≈ Türangel) hinge; **die Welt aus den ~n heben** fig to turn the world upside down **2** (≈ Fischfanggerät) (fishing) rod and line Br, fishing pole US
Angelegenheit f matter; politisch, persönlich affair; **sich um seine eigenen ~en kümmern** to mind one's own business; **in einer dienstlichen ~** on official business; **er möchte dich in dieser ~ sprechen** he would like to talk to you about this matter
angelernt adj Arbeiter semiskilled; → anlernen
Angelhaken m fish-hook
angeln **A** v/i to fish **B** v/t Fisch to fish for; (≈ fangen) to catch; **sich** (dat) **einen Mann ~** umg to catch (oneself) a man umg
Angeln n fishing
Angelpunkt m crucial od central point; (≈ Frage) key od central issue
Angelrute f fishing rod
Angelsachse m, **Angelsächsin** f Anglo-Saxon
angelsächsisch adj Anglo-Saxon
Angelschein m fishing permit
Angelschnur f fishing line
angemessen **A** adj appropriate (+dat to, for); (≈ adäquat) adequate (+dat for); Preis reasonable **B** adv appropriately
angenehm adj pleasant, nice, agreeable; **~e Reise!** have a pleasant journey; **(sehr) ~!** form delighted (to meet you)
angenommen **A** adj assumed; Kind adopted **B** konj assuming; → annehmen
angeregt **A** adj animated **B** adv **sie unterhielten sich ~** they had an animated conversation; → anregen
angesagt adj sl trendy
angeschlagen umg adj shattered umg; Gesundheit poor umg; Ruf tarnished; → anschlagen
angeschrieben umg adj **bei j-m gut/schlecht ~ sein** to be in sb's good/bad books umg; → anschreiben
angesehen adj respected; → ansehen
angesichts präp in the face of; (≈ im Hinblick auf) in view of
angespannt **A** adj Nerven strained; Aufmerksamkeit close; politische Lage tense **B** adv zuhören attentively; → anspannen
angestellt adj **~ sein** to be an employee (**bei** of); → anstellen
Angestelltenverhältnis n **im ~** in non-tenured employment
Angestellte(r) m/f(m) (salaried) employee
angestrengt **A** adj Gesicht strained **B** adv diskutieren carefully; nachdenken a. hard; → anstrengen
angetan adj **von j-m/etw ~ sein** to be taken with sb/sth; **es j-m ~ haben** to have made quite an impression on sb; → antun
angetrunken adj inebriated; → antrinken
angewidert adj disgusted
angewiesen adj **auf j-n/etw ~ sein** to be dependent on sb/sth; **auf sich selbst ~ sein** to have to fend for oneself; → anweisen
angewöhnen v/t **j-m etw ~** to get sb used to sth; **sich** (dat) **etw ~** to get into the habit of sth
Angewohnheit f habit
Angina f MED tonsillitis; **~ Pectoris** angina (pectoris)
angleichen **A** v/t to bring into line (+dat od **an** +akk with) **B** v/r to grow closer together
Angler(in) m/f(m) angler bes Br, fisherman
Anglikaner(in) m/f(m) Anglican
anglikanisch adj Anglican
Anglist(in) m/f(m) (≈ Student) student of English
Anglistik f (≈ Studienfach) English (language and literature)
Anglizismus m anglicism
anglotzen umg v/t to gawk at umg
Angola n Angola
angreifbar adj open to attack
angreifen **A** v/t **1** to attack; im Sport to tackle; **j-n ~** zu Pferd to charge at sb **2** (≈ schwächen) Organismus to weaken; Gesundheit to affect; (≈ ermüden, anstrengen) to strain; → angegriffen **3** österr (≈ anfassen) to touch **B** v/i MIL, SPORT, a. fig to attack
Angreifer(in) m/f(m) a. SPORT fig attacker
angrenzen v/i **an etw** (akk) **~** to border on sth
angrenzend adj adjacent (**an** +akk to)
Angriff m attack (**gegen, auf** +akk on); auf den ballführenden Spieler tackle; **etw in ~ nehmen** to tackle sth
Angriffsfläche f target; **eine ~ bieten** to present a target
Angriffskrieg m war of aggression
angriffslustig adj aggressive
Angriffswaffe f offensive weapon
angrinsen v/t to grin at
angst adj **ihr wurde ~ (und bange)** she became worried od anxious
Angst f (≈ innere Unruhe) anxiety (**um** about); (≈ Sorge) worry (**um** about); (≈ Furcht) fear (**um** for od **vor** +dat of); **(vor j-m/etw) ~ haben** to be afraid or scared or frightened (of sb/sth); **schreckliche ~ haben vor** to be terrified of; **die ~ vor der Arbeitslosigkeit** the fear of unemployment; **~ um j-n/etw haben** to be worried od anxious about sb/sth; **~ bekommen** od **kriegen** to get scared; (≈ erschrecken) to take

fright; **das machte ihm ~** that worried *od* scared him; **aus ~, etw zu tun** for fear of doing sth; **keine ~!** don't be afraid; **j-m ~ machen** to scare sb; **j-n in ~ und Schrecken versetzen** to terrify sb; **in tausend Ängsten schweben** to be terribly worried *od* anxious
Angsthase *umg m* scaredy-cat *umg*
ängstigen **A** *v/t* to frighten, to worry **B** *v/r* to be afraid; (≈ *sich sorgen*) to worry
ängstlich **A** *adj* (≈ *verängstigt*) anxious; (≈ *schüchtern*) timid **B** *adv* **~ darauf bedacht sein, etw zu tun** to be at pains to do sth
Ängstlichkeit *f* anxiety; (≈ *Schüchternheit*) timidity
Angstschrei *m* cry of fear
Angstschweiß *m* **mir brach der ~ aus** I broke out in a cold sweat
Angstzustand *m* state of panic; **Angstzustände bekommen** to get into a state of panic
angucken *umg v/t* to look at
angurten *v/r* to fasten one's seatbelt
Anh. *abk* (= **Anhang**) appendix; *von E-Mail* attachment
anhaben *v/t* **1** (≈ *angezogen haben*) to have on, to wear **2** (≈ *zuleide tun*) **j-m etwas ~ wollen** to want to harm sb; **die Kälte kann mir nichts ~** the cold doesn't bother me
anhalten **A** *v/i* **1** (≈ *stehen bleiben*) to stop **2** (≈ *fortdauern*) to last **3** (≈ *werben*) **um die Hand eines Mädchens ~** to ask for a girl's hand in marriage **B** *v/t* **1** (≈ *stoppen*) to stop; **den Atem ~** to hold one's breath **2** (≈ *anleiten*) to urge, to encourage
Anhalten *n* stop
anhaltend *adj* continuous
Anhalter(in) *m(f)* hitchhiker; **per ~ fahren** to hitchhike
Anhaltspunkt *m* (≈ *Vermutung*) clue (**für** about); *für Verdacht* grounds *pl*
anhand, an Hand *präp* **~ eines Beispiels** with an example; **~ dieses Berichts** from this report
Anhang *m* **1** (≈ *Nachtrag*) appendix **2** *von E-Mail* attachment; **im ~ finden Sie ...** please find attached ... **3** (≈ *Gefolgschaft*) following; (≈ *Angehörige*) family
anhängen **A** *v/t* **1** (≈ *ankuppeln*) to attach (**an** +*akk* to); BAHN to couple on (**an** +*akk* to); *fig* (≈ *anfügen*) to add (+*dat od* **an** +*akk* to); *an E-Mail* to attach **2** *umg* **j-m etw ~** (≈ *nachsagen, anlasten*) to blame sth on sb; *Verdacht, Schuld* to pin sth on sb **B** *v/r fig* to tag along (+*dat*), (**an** +*akk* to)
Anhänger *m* **1** (≈ *Wagen*) trailer **2** (≈ *Schmuckstück*) pendant **3** (≈ *Kofferanhänger etc*) label
Anhänger(in) *m(f)* supporter
Anhängerkupplung *f* tow hitch *Br*, trailer hitch *US*

anhänglich *adj* **mein Sohn/Hund ist sehr ~** my son/dog is very attached to me
Anhängsel *n* (≈ *Überflüssiges, Mensch*) appendage (**an** +*dat* to)
anhauchen *v/t* to breathe on; → **angehaucht**
anhauen *v/t umg* (≈ *ansprechen*) to accost (**um** for)
anhäufen **A** *v/t* to accumulate; *Vorräte, Geld* to hoard **B** *v/r* to accumulate
anheben *v/t* (≈ *erhöhen*) to raise; (≈ *hochheben*) to lift
anheizen *v/t* **1** *Ofen* to light **2** *fig umg Wirtschaft* to stimulate; *Inflation* to fuel
anheuern *v/t & v/i* SCHIFF, *a. fig* to sign on *od* up
Anhieb *m* **auf ~** *umg* straight *od* right away; **das kann ich nicht auf ~ sagen** I can't say offhand
anhimmeln *umg v/t* to worship
Anhöhe *f* hill
anhören **A** *v/t* to hear; *Konzert* to listen to; **sich** (*dat*) **etw ~** to listen to sth; **ich kann das nicht mehr mit ~** I can't listen to that any longer; **das hört man ihm aber nicht an!** you can't tell that from hearing him speak **B** *v/r* (≈ *klingen*) to sound; **das hört sich ja gut an** *umg* that sounds good
Anhörung *f* hearing; **~ des Europäischen Parlaments** consultation of the European Parliament
animalisch *adj* animal; *pej a.* bestial
Animateur(in) *m(f)* entertainments officer
Animation *f* FILM animation
Animationsfilm *m* animated film
Animierdame *f* nightclub hostess
animieren *v/t* (≈ *anregen*) to encourage
animiert *adj* animated; **~er Manga** animé
Animosität *f* hostility (**gegen** towards)
Anis *m* (≈ *Gewürz*) aniseed
Ank. *abk* (= **Ankunft**) arr.
ankämpfen *v/i* **gegen etw ~** to fight sth; **gegen j-n ~** to fight (against) sb
Ankauf *m* purchase
Anker *m* anchor; **vor ~ gehen** to drop anchor; **vor ~ liegen** to lie at anchor
ankern *v/i* (≈ *Anker werfen*) to anchor; (≈ *vor Anker liegen*) to be anchored
anketten *v/t* to chain up (**an** +*akk od dat* to)
Anklage *f* **1** JUR charge; (≈ *Anklagevertretung*) prosecution; **gegen j-n ~ erheben** to bring *od* prefer charges against sb; **(wegen etw) unter ~ stehen** to have been charged (with sth) **2** *fig* (≈ *Beschuldigung*) accusation
Anklagebank *f* dock; **auf der ~ (sitzen)** (to be) in the dock
anklagen *v/t* **1** JUR to charge; **j-n wegen etw ~** to charge sb with sth **2** *fig* **j-n ~, etw getan zu haben** to accuse sb of having done sth

anklagend **A** *adj Ton* accusing **B** *adv* reproachfully
Anklagepunkt *m* charge
Ankläger(in) *m(f)* JUR prosecutor
Anklageschrift *f* indictment
Anklagevertreter(in) *m(f)* counsel for the prosecution
Anklang *m* (≈ *Beifall*) approval; **~ (bei j-m) finden** to meet with (sb's) approval; **keinen ~ finden** to be badly received
ankleben *v/t* to stick up (**an** +*akk od dat* on)
Ankleidekabine *f* changing cubicle
anklicken *v/t* IT to click on
anklopfen *v/i* to knock (**an** +*akk od dat* at, on); **fest ~** to bang; **Anklopfen** TEL call waiting
anknabbern *umg v/t* to nibble (at)
anknacksen *umg v/t* **1** *Knochen* to crack; *Fuß, Gelenk etc* to crack a bone in **2** *fig Gesundheit* to affect; → **angeknackst**
anknüpfen **A** *v/t* to tie on (**an** +*akk od dat* -to); *Beziehungen* to establish; *Gespräch* to start up **B** *v/i* **an etw** (*akk*) **~** to take sth up
ankommen **A** *v/i* **1** (≈ *eintreffen*) to arrive; *an bestimmtem Ort* to get (**in** +*dat* to) **2** (≈ *Anklang finden*) to go down well; *Mode* to catch on; **mit deinem dummen Gerede kommst du bei ihm nicht an!** you won't get anywhere with him with your stupid talk! **3** (≈ *sich durchsetzen*) **gegen etw ~** *gegen Gewohnheit, Sucht etc* to be able to fight sth; **gegen j-n ~** to be able to cope with sb **B** *v/i* **1 es kommt darauf an, dass wir …** what matters is that we …; **auf eine halbe Stunde kommt es jetzt nicht mehr an** it doesn't matter about the odd half-hour; **darauf soll es mir nicht ~** that's not the problem; **es kommt darauf an** it (all) depends; **es käme auf einen Versuch an** we'd have to give it a try **2** *umg* **es darauf ~ lassen** to take a chance; **lassen wirs darauf ~** let's chance it
ankoppeln *v/t* to hitch up (**an** +*akk* to), to couple on (**an** +*akk* -to); RAUMF to link up (**an** +*akk* with, to)
ankotzen *v/t sl* (≈ *anwidern*) to make sick *umg*
ankratzen *v/t* to scratch; *fig j-s Ruf etc* to damage
ankreiden *fig v/t* **j-m etw ~** to hold sth against sb
ankreuzen *v/t Stelle, Fehler, Antwort* to put a cross beside
ankündigen *v/t* to announce; *in Zeitung etc* to advertise
Ankündigung *f* announcement
Ankunft *f* arrival; *auf Anzeigetafel* arrivals *pl*
Ankunftshalle *f* arrivals lounge
Ankunftszeit *f* time of arrival
ankurbeln *v/t Maschine* to wind up; *fig Konjunktur* to reflate
Anl. *abk* (= *Anlage*) encl.
anlächeln *v/t* to smile at
anlachen *v/t* to smile at; **sich** (*dat*) **j-n ~** *umg* to pick sb up *umg*
Anlage *f* **1** (≈ *Fabrikanlage*) plant **2** (≈ *Parkanlage*) (public) park **3** (≈ *Einrichtung*) installation(s) (*pl*); (≈ *sanitäre Anlagen*) sanitary installations *pl form*; (≈ *Sportanlage etc*) facilities *pl* **4** *umg* (≈ *Stereoanlage*) (stereo) system *od* equipment; (≈ *EDV-Anlage*) system **5** (≈ *Veranlagung*) talent (**zu** for); (≈ *Neigung*) tendency (**zu** to) **6** (≈ *Kapitalanlage*) investment **7** (≈ *Beilage zu einem Schreiben*) enclosure; **in der ~ erhalten Sie …** please find enclosed …
Anlageberater(in) *m(f)* investment advisor
Anlagekapital *n* investment capital
Anlagengeschäft *n Branche* investment banking; *einzelnes* investment deal
Anlagevermögen *n* fixed assets *pl*
Anlass *m* **1** (≈ *Veranlassung*) (immediate) cause (**zu** for); **welchen ~ hatte er, das zu tun?** what prompted him to do that?; **es besteht ~ zur Hoffnung** there is reason for hope; **etw zum ~ nehmen, zu …** to use sth as an opportunity to …; **beim geringsten ~** for the slightest reason; **bei jedem ~** at every opportunity **2** (≈ *Gelegenheit*) occasion; **aus gegebenem ~** in view of the occasion
anlassen **A** *v/t* **1** *Motor, Wagen* to start (up) **2** *umg Schuhe, Mantel* to keep on; *Licht* to leave on **B** *v/r* **sich gut/schlecht ~** to get off to a good/bad start
Anlasser *m* AUTO starter
anlässlich *präp* on the occasion of
anlasten *v/t* **j-m etw ~** to blame sb for sth
Anlauf *m* **1** SPORT run-up; **mit ~** with a run-up; **ohne ~** from standing; **~ nehmen** to take a run-up **2** *fig* (≈ *Versuch*) attempt, try
anlaufen **A** *v/i* **1** (≈ *beginnen*) to begin, to start; *Film* to open **2** *Brille, Spiegel etc* to mist up; *Metall* to tarnish; **rot/blau ~** to turn *od* go red/blue **B** *v/t* SCHIFF *Hafen etc* to put into
Anlaufphase *f* initial stage
Anlaufstelle *f* shelter, refuge
anläuten *v/t & v/i dial* (≈ *anrufen*) **j-n** *od* **bei j-m ~** to call *od* phone sb
anlegen **A** *v/t* **1** *Leiter* to put up (**an** +*akk* against); *Lineal* to position; **das Gewehr ~** to raise the gun to one's shoulder **2** *Kartei, Akte* to start; *Vorräte* to lay in; *Garten, Bericht* to lay out; *Liste, Plan* to draw up **3** *Geld, Kapital* to invest **4 es darauf ~, dass …** to be determined that … **B** *v/i* SCHIFF to berth, to dock **C** *v/r* **sich mit j-m ~** to pick a fight with sb
Anlegeplatz *m* berth

Anleger(in) m(f) FIN investor
Anlegestelle f mooring
anlehnen **A** v/t to lean od rest (**an** +akk against); **angelehnt sein** Tür, Fenster to be ajar **B** v/r wörtl to lean (**an** +akk against); **sich an etw** (akk) **~** fig to follow sth
Anlehnung f (≈ Imitation) **in ~ an j-n/etw** following sb/sth
anleiern umg v/t to get going
Anleihe f FIN loan
anleinen v/t **den Hund ~** to put the dog on the lead bes Br, to put the dog on a leash
anleiten v/t to teach; **j-n zu etw ~** to teach sb sth
Anleitung f instructions pl, direction; **unter der ~ seines Vaters** under his father's guidance
anlernen v/t to train; → angelernt
anlesen v/t **1** Buch, Aufsatz to begin od start reading **2** (≈ aneignen) **sich** (dat) **etw ~** to learn sth by reading
anliefern v/t to deliver
anliegen v/i **1** (≈ anstehen) to be on **2** Kleidung to fit tightly (**an etw** dat sth)
Anliegen n (≈ Bitte) request; Angelegenheit concern
Anlieger(in) m(f) neighbour Br, neighbor US; (≈ Anwohner) (local) resident; **~ frei** residents only
Anliegerstaat m **die ~en des Schwarzen Meers** the countries bordering (on) the Black Sea
Anliegerverkehr m (local) residents' vehicles pl
anlocken v/t to attract
anlügen v/t to lie to
Anmache f **1** umg (≈ pick-up line umg, chat-up line Br umg **2** Belästigung harassment; **was soll die ~? Ich habe Ihnen doch nichts getan** umg why are you getting at me? I haven't done anything to you
anmachen v/t **1** umg (≈ befestigen) to put up (**an** +akk od dat on); **2** Salat to dress **3** Radio, Licht etc to put od turn on; am Schalter to switch on; Feuer to light **4** umg (≈ reizen, verlocken) to tempt **5** umg (≈ ansprechen) to chat up Br umg, to put the moves on US umg; (≈ scharfmachen) to turn on umg; sl (≈ belästigen) to harass; **mach mich nicht an** leave me alone
anmailen v/t to e-mail
anmalen **A** v/t to paint **B** v/r pej (≈ schminken) to paint one's face
anmaßen v/t **sich** (dat) **etw ~** Recht to claim sth (for oneself); Macht to assume sth; **sich** (dat) **~, etw zu tun** to presume to do sth
anmaßend adj presumptuous
Anmaßung f **es ist eine ~ zu meinen, ...** it is presumptuous to maintain that ...
Anm. d. Red. abk (= Anmerkung der Redaktion) editor's note
Anmeldeformular n application od entry form; zu Kurs registration form
Anmeldefrist f registration period
Anmeldegebühr f registration fee
anmelden **A** v/t **1** Besuch to announce **2** bei Schule, Kurs etc to enrol Br, to enroll US (**bei** at od **zu** for) **3** Patent to apply for; Wohnsitz, Auto to register (**bei** at); Fernseher to get a licence for Br, to get a license for US **4** (≈ vormerken lassen) to make an appointment for **5** Ansprüche to declare; Zweifel to register; Wünsche to make known **B** v/r **1** Besucher to announce one's arrival; **sich bei j-m ~** to tell sb one is coming **2** an Schule, zu Kurs etc to enrol (oneself) Br, to enroll (oneself) US (**an** +dat at od **zu** for) **3** (≈ sich bewerben) to apply (**zu** for) **4** beim Einwohnermeldeamt to register **5** IT to log on
Anmeldeschluss m deadline od closing date for registration(s)
Anmeldung f **1** von Besuch announcement; an Schule, zu Kurs etc enrolment Br, enrollment US (**an** +dat at, **zu** for); bei Einwohnermeldeamt registration; **nur nach vorheriger ~** by appointment only **2** von Patent application (**von** od +gen for); von Auto registration
anmerken v/t (≈ sagen) to say; (≈ anstreichen) to mark; als Fußnote to note; **j-m seine Verlegenheit** etc **~** to notice sb's embarrassment etc; **sich** (dat) **etw ~ lassen** to let sth show; **man merkt ihm nicht an, dass ...** you can't tell that he ...
Anmerkung f (≈ Erläuterung) note; (≈ Fußnote) (foot)note; (≈ Bemerkung) remark; **~der Redaktion** editor's comment
Anmut f grace; (≈ Schönheit) beauty
anmuten v/i **es mutet sonderbar an** it seems curious
anmutig geh adj graceful; (≈ hübsch) lovely
annähen v/t to sew on (**an** +akk od dat -to)
annähern **A** v/t to bring closer (+dat od **an** +akk to) **B** v/r (≈ sich angleichen) to come closer (+dat od **an** +akk to)
annähernd **A** adj (≈ ungefähr) approximate, rough **B** adv (≈ etwa) roughly; (≈ fast) almost; **nicht ~ so viel** not nearly od nothing like as much
Annäherung f von Standpunkten convergence (+dat od **an** +akk with)
Annäherungsversuch m overtures pl
Annahme f **1** (≈ Vermutung) assumption; **in der ~, dass ...** on the assumption that ...; **gehe ich recht in der ~, dass ...?** am I right in assuming that ...? **2** (≈ das Annehmen) acceptance; von Ar-

beit acceptance; *von Angebot* taking up; (≈ *Billigung*) approval; *von Gesetz* passing; *von Resolution* adoption

Annahmeschluss *m* closing date

Annahmestelle *f für Pakete* counter; *für Wetten, Lotto, Toto etc* place where bets *etc* are accepted

Annalen *pl* annals *pl*; **in die ~ eingehen** *fig* to go down in the annals *od* in history

annehmbar *adj* acceptable; (≈ *nicht schlecht*) reasonable

annehmen **A** *v/t* **1** (≈ *entgegennehmen, akzeptieren*) to accept; *Arbeit* to take on **2** (≈ *billigen*) to approve; *Gesetz* to pass; *Resolution* to adopt **3** (≈ *sich aneignen*) to adopt; *Gestalt, Namen* to take on; **ein angenommener Name** an assumed name; **j-n an Kindes statt ~** to adopt sb **4** (≈ *voraussetzen*) to assume; **wir wollen ~, dass** ... let us assume that ...; → angenommen **5** (≈ *vermuten*) to suppose **6** SPORT to take **B** *v/r* **sich j-s ~** to look after sb; **sich einer Sache** (*gen*) **~** to see to a matter

Annehmlichkeit *f* (≈ *Bequemlichkeit*) convenience; **~en** *pl* comforts *pl*

annektieren *v/t* to annex

anno *adv* in (the year); **~ dazumal** in those days

Annonce *f* advertisement

annoncieren *v/t & v/i* to advertise

annullieren *v/t* JUR to annul

Anode *f* anode

anöden *umg v/t* to bore stiff *umg*

Anomalie *f* anomaly

anonym *adj* anonymous

Anonymität *f* anonymity

Anorak *m* anorak

anordnen *v/t* **1** (≈ *befehlen*) to order **2** (≈ *aufstellen*) to arrange **3** *nach Wichtigkeit* to rank

Anordnung *f* **1** (≈ *Befehl*) order; **auf ~ des Arztes** on doctor's orders **2** (≈ *Aufstellung*) arrangement

Anorexie *f* anorexia (nervosa)

anorganisch *adj* CHEM inorganic

anpacken *umg* **A** *v/t* **1** (≈ *anfassen*) to grab (hold of) **2** *Problem, Thema* to tackle **B** *v/i* (≈ *helfen*) to lend a hand

anpassen **A** *v/t* (≈ *angleichen*) **etw einer Sache** (*dat*) **~** to bring sth into line with sth **B** *v/r* to adapt (oneself) (+*dat* to); *gesellschaftlich* to conform

Anpassung *f* adaptation (**an** +*akk* to); *an Gesellschaft* conformity (**an** +*akk* to)

anpassungsfähig *adj* adaptable; flexible

Anpassungsfähigkeit *f* adaptability; flexibility

Anpassungsschwierigkeiten *pl* difficulties *pl* in adapting

anpeilen *v/t* (≈ *ansteuern*) to steer *od* head for; *mit Funk etc* to take a bearing on; **etw ~** *fig umg* to set *od* have one's sights on sth

anpfeifen *v/t* SPORT **das Spiel ~** to start the game (by blowing one's whistle)

Anpfiff *m* **1** SPORT (starting) whistle; FUSSB (≈ *Spielbeginn*) kickoff **2** *umg* bawling out *umg*

anpflanzen *v/t* to plant; (≈ *anbauen*) to grow

anpinnen *v/t umg* **etw (an etw** *akk***) ~** to pin sth (on sth)

anpöbeln *umg v/t* to be rude to

anprangern *v/t* to denounce

anpreisen *v/t* to extol (**j-m etw** sth to sb)

Anprobe *f* fitting

anprobieren **A** *v/t* to try on **B** *v/i* **kann ich mal ~?** can I try this/it *etc* on?

anpumpen *umg v/t* **j-n um 50 Euro ~** to borrow 50 euros from sb

Anrainer(in) *m(f)* neighbour *Br*, neighbor *US*

anrechnen *v/t* (≈ *in Rechnung stellen*) to charge for (**j-m** sb); **j-m etw hoch ~** to think highly of sb for sth; **j-m etw als Fehler ~** *Lehrer* to count sth as a mistake for sb; *fig* to consider sth as a fault on sb's part; **ich rechne es ihr als Verdienst an, dass** ... I think it is greatly to her credit that ...

Anrecht *n* (≈ *Anspruch*) right; **ein ~ auf etw** (*akk*) **haben** *od* **besitzen** to be entitled to sth

Anrede *f* form of address

anreden *v/t* to address

anregen *v/t* **1** (≈ *ermuntern*) to prompt (**zu** to) **2** (≈ *vorschlagen*) *Verbesserung* to propose **3** (≈ *beleben*) to stimulate; (≈ *inspirieren*) to inspire; (≈ *motivieren*) to motivate; *Appetit* to sharpen; → angeregt

anregend *adj* stimulating; **ein ~es Mittel** a stimulant; **~ wirken** to have a stimulating effect

Anregung *f* **1** (≈ *Vorschlag*) idea; **auf ~ von** *od* +*gen* at *od* on the suggestion of **2** (≈ *Belebung*) stimulation

anreichern *v/t* to enrich; (≈ *vergrößern*) *Sammlung* to increase; **hoch angereichertes Uran** high enriched uranium

Anreise *f* (≈ *Anfahrt*) journey there/here

anreisen *v/i* (≈ *eintreffen*) to come

Anreisetag *m* day of arrival

anreißen *v/t* **1** (≈ *einreißen*) to tear, to rip **2** (≈ *kurz zur Sprache bringen*) to touch on

Anreiz *m* incentive

anrempeln *v/t absichtlich* to jostle

anrennen *v/i* **gegen etw ~** *gegen Wind etc* to run against sth; *fig* (≈ *bekämpfen*) to fight against sth; **angerannt kommen** *umg* to come running

Anrichte *f* (≈ *Schrank*) dresser; (≈ *Büfett*) sideboard

anrichten *v/t* **1** *Speisen* to prepare; *Salat* to dress;

es ist angerichtet form dinner etc is served form ② fig Schaden, Unheil to bring about

anrüchig adj Geschäfte, Lokal disreputable

anrücken v/i Truppen to advance; Polizei etc to move in

Anruf m TEL (phone) call; **der ~ ist für dich** it's for you

Anrufbeantworter m answering machine, answerphone

anrufen Ⓐ v/t ① TEL to phone, to call; **ich habe sie von meinem Handy aus angerufen** I called her on my mobile Br, I called her on my cell (-phone) US ② fig (≈ appellieren an) to appeal to Ⓑ v/i (≈ telefonieren) to phone; **bei j-m ~** to phone sb; **ins Ausland ~** to phone abroad

Anrufer(in) m(f) caller

Anruferkennung f caller ID

anrühren v/t ① to touch; fig Thema to touch upon ② (≈ mischen) Farben to mix; Sauce to blend

ans präp mit art (= **an das**) → **an**

Ansage f announcement; KART bid; **eine ~ auf dem Anrufbeantworter** an answerphone message

ansagen v/t ① (≈ ankündigen) to announce; **j-m den Kampf ~** to declare war on sb ② KART to bid ③ umg **angesagt sein** (≈ beliebt sein) to be in; (≈ modisch sein) to be all the rage; (≈ erforderlich sein) to be called for; (≈ auf dem Programm stehen) to be the order of the day

Ansager(in) m(f) RADIO etc announcer

ansammeln Ⓐ v/t ① (≈ anhäufen) to accumulate; Reichtümer to amass; Vorräte to build up Ⓑ v/r ① (≈ sich versammeln) to gather ② (≈ sich aufhäufen) to accumulate; Staub to collect; fig Wut to build up

Ansammlung f (≈ Auflauf) gathering

ansässig form adj resident; Firma based; **sich in London ~ machen** to settle in London

Ansatz m ① von Hals etc base ② (≈ Anzeichen) first sign(s) (pl); (≈ Versuch) attempt (**zu etw** at sth); **Ansätze zeigen, etw zu tun** to show signs of doing sth; **die ersten Ansätze** the initial stages; **im ~** basically

Ansatzpunkt m starting point

ansatzweise adv to some extent; **etw nicht mal ~ verstehen** to not even begin to understand sth

ansaugen v/t to suck od draw in

anschaffen Ⓐ v/t (**sich** dat) **etw ~** to get oneself sth; (≈ kaufen) to buy sth; **sich** (dat) **Kinder ~** umg to have children Ⓑ v/i **~ gehen** sl durch Prostitution to be on the game umg

Anschaffung f acquisition; gekaufter Gegenstand purchase, buy

Anschaffungskosten pl cost sg of purchase

Anschaffungspreis m purchase price

anschalten v/t to switch on

anschauen v/t → **ansehen**

anschaulich Ⓐ adj clear; (≈ lebendig) vivid; Beispiel concrete Ⓑ adv clearly; (≈ lebendig) vividly

Anschauung f (≈ Meinung) opinion

Anschauungsmaterial n illustrative material

Anschein m appearance; (≈ Eindruck) impression; **dem ~ nach** apparently; **den ~ erwecken, als …** to give the impression that …; **es hat den ~, als ob …** it appears that …

anscheinend Ⓐ adv apparently Ⓑ adj apparent

anschieben v/t Fahrzeug to push

anschießen v/t (≈ verletzen) to shoot (and wound)

Anschiss umg m bollocking Br sl, ass-kicking US sl

Anschlag m ① (≈ Plakat) poster; (≈ Notiz) notice ② (≈ Überfall) attack (**auf** +akk on); (≈ Attentat) attempt on sb's life; **einen ~ auf j-n verüben** to make an attempt on sb's life; **einem ~ zum Opfer fallen** to be assassinated ③ (≈ Kostenanschlag) estimate; bei Dateneingabe touch; **200 Anschläge in der Minute** ≈ 40 words per minute ④ TECH stop; **etw bis zum ~ drehen** to turn sth as far as it will go

anschlagen Ⓐ v/t ① (≈ befestigen) to fix on (**an** +akk to); Plakat to put up (**an** +akk on) ② Taste to strike; **eine schnellere Gangart ~** fig to speed up ③ (≈ beschädigen) Geschirr to chip; **sich** (dat) **den Kopf** etc **~** to knock one's head etc; → **angeschlagen** Ⓑ v/i ① Welle to beat (**an** +akk against) ② beim Schwimmen to touch ③ Hund to give a bark ④ (≈ wirken) Arznei etc to take effect ⑤ umg (≈ dick machen) **bei j-m ~** to make sb put on weight

Anschlagtafel f bulletin board US, notice board

anschleichen v/r **sich an j-n/etw ~** to creep up on sb/sth

anschleppen umg v/t (≈ mitbringen) to bring along

anschließen Ⓐ v/t ① (≈ verbinden) to connect; in Steckdose to plug in ② fig (≈ hinzufügen) to add; **angeschlossen** Organisation etc associated (+dat with) Ⓑ v/r **sich j-m** od **an j-n ~** (≈ folgen) to follow sb; (≈ zugesellen) to join sb; (≈ beipflichten) to side with sb; **an den Vortrag schloss sich ein Film an** the lecture was followed by a film Ⓒ v/i **an etw** (akk) **~** to follow sth

anschließend Ⓐ adv afterwards Ⓑ adj following

Anschluss m ① (≈ Verbindung) connection; **den ~ verpassen** BAHN etc to miss one's connection; fig to miss the boat od bus; **~ bekommen** TEL to get through; **kein ~ unter dieser Nummer** TEL number unobtainable Br, this number is not in service US **im ~ an** (+akk) (≈ nach) subsequent to, following **3** fig (≈ Kontakt) contact (**an** +akk with); **~ finden** to make friends (**an** +akk with); **er sucht ~** he wants to make friends

Anschlussflug m connecting flight

Anschlusszug m BAHN connection

anschmiegen v/r **sich an j-n/etw ~** Kind, Hund to snuggle up to sb/sth

anschmiegsam adj Wesen affectionate; Material smooth

anschnallen **A** v/r AUTO, FLUG to fasten one's seat belt; **bitte ~!** fasten your seat belts, please! **B** v/t Skier to clip on

Anschnallpflicht f mandatory wearing of seat belts

anschnauzen umg v/t to yell od snap at

anschneiden v/t **1** Brot etc to (start to) cut **2** fig Thema to touch on **3** AUTO Kurve to cut; SPORT Ball to cut

anschrauben v/t to screw on (**an** +akk -to)

anschreiben **A** v/t **1** Behörde etc to write to; → angeschrieben **2** umg (≈ in Rechnung stellen) to chalk up umg **B** v/i umg **sie lässt immer ~** she always buys on tick Br umg, she always buys on credit

anschreien v/t to shout od yell at

Anschrift f address

Anschriftenliste f list of addresses

Anschubfinanzierung f WIRTSCH start-up funds pl

Anschuldigung f accusation

anschwärzen fig umg v/t **j-n ~** to blacken sb's name (**bei** with); (≈ denunzieren) to run sb down (**bei** to)

anschweigen v/t **sich gegenseitig ~** to say nothing to each other

anschwellen v/i to swell (up); Lärm to rise

anschwemmen v/t to wash up

anschwindeln umg v/t **j-n ~** to tell sb fibs umg

ansehen v/t **1** (≈ betrachten) to look at; **sieh mal einer an!** umg well, I never! umg **2** fig to regard (**als, für** as); **ich sehe es als meine Pflicht an** I consider it to be my duty; → angesehen **3** (sich dat) **etw ~** (≈ besichtigen) to (have a) look at sth; Fernsehsendung to watch sth; Film, Stück, Sportveranstaltung to see sth; **sich** (dat) **etw genauer ~** to have a closer look at sth **4** **das sieht man ihm an** he looks it; **das sieht man ihm nicht an** he doesn't look it; **man sieht ihm sein Alter nicht an** he doesn't look his age; **jeder konnte ihm sein Glück ~** everyone could see that he was happy **5** **etw** (**mit**) **~** to watch sth; **ich kann das nicht länger mit ~** I can't stand it anymore

Ansehen n (≈ guter Ruf) (good) reputation; **großes ~ genießen** to enjoy a good reputation; **an ~ verlieren** to lose credit od standing

ansehnlich adj (≈ beträchtlich) considerable; Leistung impressive

anseilen v/t **j-n/sich ~** to rope sb/oneself up

ansetzen **A** v/t **1** (≈ anfügen) to attach (**an** +akk to) **2** (≈ in Stellung bringen) to place in position; **das Glas ~** to raise the glass to one's lips; **an welcher Stelle muss man den Wagenheber ~?** where should the jack be put? **3** (≈ festlegen) Kosten, Termin to fix; (≈ veranschlagen) Zeitspanne to estimate **4** (≈ einsetzen) **j-n auf j-n/etw ~** to put sb on(to) sb/sth; **Hunde (auf j-n/j-s Spur) ~** to put dogs on sb/sb's trail **5** **Fett ~** to put on weight; **Rost ~** to get rusty **6** GASTR (≈ vorbereiten) to prepare **B** v/i (≈ beginnen) to start, to begin; **zur Landung ~** FLUG to come in to land; **zum Sprung/Start ~** to get ready to jump/start

Ansicht f **1** view **2** (≈ das Prüfen) inspection; **zur ~** HANDEL for (your/our etc) inspection **3** (≈ Meinung) opinion, view; **meiner ~ nach** in my opinion od view; **ich bin der ~, dass …** I am of the opinion that …; **ich bin ganz Ihrer ~** I entirely agree with you

Ansichtskarte f (picture) postcard

Ansichtssache f **das ist ~** that is a matter of opinion

ansiedeln **A** v/t to settle; Tierart to introduce; Industrie to establish **B** v/r to settle; Industrie etc to get established

ansonsten adv otherwise

anspannen v/t **1** (≈ straffer spannen) to tighten; Muskeln to tense **2** (≈ anstrengen) to strain, to tax; **alle seine Kräfte ~** to exert all one's energy; → angespannt

Anspannung fig f strain; nervöse tension

Anspiel n SPORT start of play

anspielen **A** v/t SPORT to play the ball etc to; Spieler to pass to **B** v/i **1** (≈ Spiel beginnen) to start; FUSSB to kick off; KART to lead; Schach to open **2** **auf j-n/etw ~** to allude to sb/sth

Anspielung f a. LIT allusion (**auf** +akk to); böse insinuation (**auf** +akk regarding)

anspitzen v/t Bleistift etc to sharpen

Anspitzer m (pencil) sharpener

Ansporn m incentive

anspornen v/t to spur (on)

Ansprache f address, speech; **eine ~ halten** to give an address

ansprechbar adj approachable; (≈ gut gelaunt) amenable; Patient responsive; **er ist zurzeit nicht ~** no-one can talk to him just now

ansprechen **A** v/t **1** (≈ anreden) to speak to; (≈ mit Titel, Vornamen etc) to address; **damit sind Sie alle angesprochen** this is directed at all of you **2** (≈ gefallen) to appeal to **3** (≈ erwähnen) to mention **B** v/i **1** (≈ reagieren) to respond (**auf**

+akk to) **2** (≈ Anklang finden) to go down well
ansprechend adj (≈ reizvoll) attractive; (≈ angenehm) pleasant
Ansprechpartner(in) m(f) contact
anspringen **A** v/t (≈ anfallen) to jump; Raubtier to pounce (up)on; Hund to jump up at **B** v/i Motor to start
Anspruch m **1** claim; (≈ Recht) right (**auf** +akk to); **~ auf etw** (akk) **haben** to be entitled to sth; **~ auf Schadenersatz erheben** to make a claim for damages; **hohe Ansprüche stellen** to be very demanding **2** **etw in ~ nehmen** Recht to claim sth; j-s Hilfe, Dienste to enlist sth; Zeit, Kräfte to take up sth; **j-n völlig in ~ nehmen** to take up all of sb's time
anspruchslos adj undemanding; geistig lowbrow; **~ leben** to lead a modest life
anspruchsvoll adj demanding; (≈ wählerisch) discriminating; Geschmack highbrow; (≈ kultiviert) sophisticated
anspucken v/t to spit at od on
anstacheln v/t to spur (on)
Anstalt f ~en/keine ~en machen, etw zu tun to make a/no move to do sth
Anstand m (≈ Schicklichkeit) decency, propriety; (≈ Manieren) (good) manners pl
anständig **A** adj decent; (≈ ehrbar) respectable; umg (≈ beträchtlich) sizeable; **eine ~e Tracht Prügel** umg a good hiding **B** adv decently; **sich ~ benehmen** to behave oneself; **j-n ~ bezahlen** umg to pay sb well; **~ essen/ausschlafen** umg to have a decent meal/sleep
Anstandsbesuch m formal call; aus Pflichtgefühl duty visit
anstandshalber adv out of politeness
anstandslos adv without difficulty
Anstandswauwau m umg chaperon
anstarren v/t to stare at
anstatt **A** präp instead of **B** konj **~ zu arbeiten** instead of working, rather than work
anstechen v/t Fass to tap
anstecken **A** v/t **1** (≈ befestigen) to pin on; Ring to put on **2** (≈ anzünden) to light **3** MED, a. fig to infect; **ich will dich nicht ~** I don't want to give it to you **B** v/r **sich (mit etw) ~** to catch sth (**bei** from); (a. fig to be infectious
ansteckend adj MED, a. fig infectious
Ansteckung f MED infection
Ansteckungsgefahr f risk of infection
anstehen v/i **1** in Schlange to queue (up) Br, to stand in line (**nach** for) **2** Verhandlungspunkt to be on the agenda; **~de Probleme** problems facing us/them etc
ansteigen v/i to rise; (≈ zunehmen) to increase
anstelle präp instead of, in place of
anstellen **A** v/t **1** (≈ anlehnen) to lean (**an** +akk against) **2** (≈ beschäftigen) to employ; (≈ einstellen) to hire; → **angestellt** **3** (≈ anmachen) to turn on; (≈ in Gang setzen) to start **4** Vermutung, Vergleich to make **5** (≈ machen) to do **6** umg (≈ Unfug treiben) to get up to; **was hast du da wieder angestellt?** what have you been up to now? **B** v/r **1** (≈ Schlange stehen) to queue (up) Br, to stand in line **2** umg **sich dumm/ungeschickt ~** to be stupid/clumsy; **stell dich nicht so an!** don't make such a fuss!; (≈ sich dumm anstellen) don't act so stupid!
Anstellung f employment
Anstellungsverhältnis n **im ~ sein** to be under contract
Anstieg m (≈ Aufstieg) ascent; von Temperatur, Kosten rise (+gen in); (≈ Zunahme) increase
anstiften v/t (≈ anzetteln) to instigate; **j-n zu etw ~** to incite sb to (do) sth
Anstifter(in) m(f) instigator (+gen od **zu** of); (≈ Anführer) ringleader
anstimmen v/t **1** singen to begin singing; Kapelle to strike up **2** fig **ein Geschrei/Proteste** etc **~** to start crying/protesting etc
Anstoß m **1** **den (ersten) ~ zu etw geben** to initiate sth; **j-m den ~ geben, etw zu tun** to induce sb to do sth **2** SPORT kickoff **3** (≈ Ärgernis) annoyance (**für** to); **~ erregen** to cause offence Br od offense US (**bei** to); **ein Stein des ~es** a bone of contention
anstoßen **A** v/i **1** **an etw** (akk) **~** to bump into sth **2** (**mit den Gläsern**) **~** to clink glasses; **auf j-n/etw ~** to drink to sb/sth **3** SPORT to kick off **B** v/t j-n to knock (into); (≈ in Bewegung setzen) to give a push; **sich** (dat) **den Kopf/Fuß** etc **~** to bang one's head/foot etc
Anstößer(in) m(f) schweiz (≈ Anwohner) (local) resident
anstößig **A** adj offensive; Kleidung indecent **B** adv offensively; gekleidet shockingly
anstrahlen v/t to floodlight; im Theater to spotlight; (≈ strahlend ansehen) to beam at
anstreben v/t to strive for
anstreichen v/t **1** mit Farbe etc to paint **2** (≈ markieren) to mark; **(j-m) etw als Fehler ~** to mark sth wrong (for sb)
Anstreicher(in) m(f) (house) painter
anstrengen **A** v/t **1** Augen to strain; Muskel, Gehirn to exert; j-n to tire out; → **angestrengt** **2** JUR **eine Klage/einen Prozess ~** to institute proceedings **B** v/r to make an effort; (≈ kämpfen) to struggle; **du könntest dich ruhig etwas mehr ~** you could make a bit more of an effort
anstrengend adj körperlich strenuous; geistig demanding; (≈ erschöpfend) exhausting; (≈ aufreibend) stressful
Anstrengung f effort; (≈ Kampf) struggle; (≈ Stra-

paze) strain; **große ~en machen** to make every effort; **mit äußerster/letzter ~** with very great/one last effort

Anstrich *m* painting; **ein zweiter ~** a second coat of paint

Ansturm *m* onslaught; (≈ *Andrang*) rush

Antagonismus *m* antagonism

Antarktis *f* Antarctic

antarktisch *adj* antarctic

antasten *v/t* **1** *Ehre, Würde* to offend; *Rechte* to infringe **2** (≈ *berühren*) to touch

Anteil *m* **1** *a.* FIN share **2** (≈ *Beteiligung*) **~ an etw** (*dat*) **haben** (≈ *beitragen*) to make a contribution to sth **3** (≈ *Teilnahme*) sympathy (**an** +*dat* with); **an etw** (*dat*) **~ nehmen** *an Leid etc* to be deeply sympathetic over sth; *an Freude etc* to share in sth **4** (≈ *Interesse*) interest (**an** +*dat* in); **regen ~ an etw** (*dat*) **nehmen** to take a lively interest in sth

anteilig, anteilmäßig *adv* proportionately

Anteilnahme *f* (≈ *Beileid*) sympathy (**an** +*dat* with)

Anteilschein *m* FIN share certificate

Anteilseigner(in) *m(f)* FIN shareholder

Antenne *f* RADIO aerial *Br*, antenna *US*; ZOOL feeler

Antennenkabel *n* aerial cable *od* lead, antenna cable *od* lead *bes US*

Anthrax *n* BIOL anthrax

Anthropologe *m*, **Anthropologin** *f* anthropologist

Anti- *zssgn*, **anti-** *zssgn* anti-

Antialkoholiker(in) *m(f)* teetota(l)ler

antiautoritär *adj* anti-authoritarian

Antibabypille *umg f* contraceptive pill

antibakteriell *adj* **A** *adj* antibacterial **B** *adv* antibacterially; **~ wirken** to work as an antibacterial agent

Antibiotikum *n* antibiotic

Antiblockier(brems)system *n* AUTO antilock braking system

Antidepressivum *n* antidepressant

Antifaltencreme *f* anti-wrinkle cream

Antifaschismus *m* antifascism

Antifaschist(in) *m(f)* antifascist

antifaschistisch *adj* antifascist

Antiglobalisierungsbewegung *f* anti-globalization movement

Antihistamin *n* antihistamine

antik *adj* **1** HIST ancient **2** HANDEL *umg* antique

Antike *f* antiquity; **die Kunst der ~** the art of the ancient world

Antiklimax *m* LIT anticlimax

Antikörper *m* MED antibody

Antillen *pl* **die ~** the Antilles

Antilope *f* antelope

Antipathie *f* antipathy (**gegen** to)

Antipode *m* antipodean

antippen *v/t* to touch

Antiquar(in) *m(f)* antiquarian bookseller; *von modereneren Büchern* second-hand bookseller

Antiquariat *n* (≈ *Laden*) antiquarian bookshop; *modererer Bücher* second-hand bookshop; **moderneres ~** remainder bookshop

antiquarisch *adj* antiquarian; *von modereneren Büchern* second-hand

antiquiert *pej adj* antiquated

Antiquität *f* antique

Antiquitätenhändler(in) *m(f)* antique dealer

Antiquitätenladen *m* antique shop

Antisemit(in) *m(f)* antisemite

antisemitisch *adj* anti-Semitic

Antisemitismus *m* antisemitism

antiseptisch *adj* antiseptic

antistatisch *adj* antistatic

Antiterror- *zssgn* antiterrorist

Antithese *f* LIT antithesis

Antivirenprogramm *n* IT anti-virus program, virus checker

Antonym *n* antonym

antörnen *sl* **A** *v/t* to turn on *umg* **B** *v/i* **das törnt an** it turns you on *umg*

Antrag *m* **1** application; (≈ *Gesuch*) request; **einen ~ auf etw** (*akk*) **stellen** to make an application for sth; **auf ~** +*gen* at the request of **2** JUR petition; (≈ *Forderung bei Gericht*) claim; **einen ~ auf etw** (*akk*) **stellen** to file a petition/claim for sth **3** PARL motion **4** (≈ *Heiratsantrag*) **j-m einen ~ machen** to propose (marriage) to sb

Antragsformular *n* application form

Antragsteller(in) *m(f)* claimant, applicant

antreffen *v/t* to find

antreiben *v/t* to drive; *fig* to urge

antreten **A** *v/t Reise, Strafe* to begin; *Stellung* to take up; *Erbe* to come into; **den Beweis ~, dass ...** to prove that ...; **seine Amtszeit ~** to take office **B** *v/i* **1** (≈ *sich aufstellen*) to line up **2** (≈ *erscheinen*) to assemble; *zum Dienst* to report **3** *zum Wettkampf* to compete; **gegen j-n ~** to take sb on

Antrieb *m* **1** impetus *kein pl*; *innerer* drive; **j-m ~ geben, etw zu tun** to give sb the impetus to do sth; **aus eigenem ~** on one's own initiative **2** (≈ *Triebkraft*) drive; **Auto mit elektrischem ~** electrically powered car

Antriebsaggregat *n* TECH drive unit

Antriebsschwäche *f* MED lack of drive

Antriebswelle *f* drive shaft

antrinken *umg v/t* to start drinking; **sich** (*dat*) **einen ~** to get (oneself) drunk; **sich** (*dat*) **Mut ~** to give oneself Dutch courage; → **angetrunken**

Antritt m (≈ *Beginning*) beginning; **bei ~ der Reise** when beginning one's journey; **nach ~ der Stellung/des Amtes** after taking up the position/assuming office

Antrittsbesuch m bes POL (formal) first visit

antun v/t **j-m etw ~** (≈ *erweisen*) to do sth for sb; (≈ *zufügen*) to do sth to sb; **sich** (dat) **etwas ~** euph to do away with oneself; **tu mir das nicht an!** don't do this to me!; → angetan

Antwerpen n GEOG Antwerp

Antwort f **1** answer (**auf** +akk to); (≈ *Erwiderung*) reply; **etw zur ~ bekommen** to receive sth as a response **2** (≈ *Reaktion*) response; **als ~ auf etw** (akk) in response to sth

antworten v/i **1** to answer, to reply; **auf etw** (akk) **~** to answer sth, to reply to sth; **j-m auf eine Frage ~** to reply to od answer sb's question; **mit Ja/Nein ~** to answer yes/no **2** (≈ *reagieren*) to respond

Antwortschein m (international) reply coupon

anvertrauen **A** v/t **j-m etw ~** to entrust sth to sb; (≈ *vertraulich erzählen*) to confide sth to sb **B** v/r **sich j-m ~** (≈ *sich mitteilen*) to confide in sb; (≈ *sich in j-s Schutz begeben*) to entrust oneself to sb

anwachsen v/i **1** (≈ *festwachsen*) to grow on; *Pflanze etc* to take root **2** (≈ *zunehmen*) to increase (**auf** +akk to)

Anwalt m, **Anwältin** f **1** → Rechtsanwalt **2** fig (≈ *Fürsprecher*) advocate

Anwaltskammer f professional association of lawyers ≈ Law Society Br

Anwaltskanzlei f lawyer's office, solicitor's office Br

Anwaltskosten pl legal expenses pl

Anwaltspraxis f legal practice

Anwandlung f (≈ *Laune*) mood; **aus einer ~ heraus** on (an) impulse; **in einer ~ von Freigebigkeit** etc in a fit of generosity etc

anwärmen v/t to warm up

Anwärter(in) m(f) (≈ *Kandidat*) candidate (**auf** +akk for); SPORT contender (**auf** +akk for)

Anwartschaft f candidature; SPORT contention

anweisen v/t **1** (≈ *befehlen*) to instruct **2** (≈ *zeigen*) to direct **3** (≈ *zuweisen*) to allocate; **j-m einen Platz ~** to show sb to a seat **4** *Geld* to transfer; → angewiesen

Anweisung f **1** FIN payment; *auf Konto etc* transfer **2** (≈ *Anordnung*) instruction, order; (≈ *Instruktion*) direction; **~ haben, etw zu tun** to have instructions to do sth; **~en befolgen** to follow instructions **3** (≈ *Zuweisung*) allocation

anwendbar adj *Theorie, Regel* applicable (**auf** +akk to); **das ist in der Praxis nicht ~** that is not practicable

anwenden v/t *Methode, Gewalt* to use (**auf** +akk on); *Theorie, Regel* to apply (**auf** +akk to)

Anwender(in) m(f) IT user

Anwendersoftware f user software

Anwendung f **1** (≈ *Gebrauch*) use (**auf** +akk on) **2** *von Theorie, Regel* application (**auf** +akk to) **3** IT application

Anwendungsbeispiel n example

anwerben v/t to recruit (**für** to)

anwerfen v/t TECH to start up

Anwesen geh n estate

anwesend adj present

Anwesende(r) m/f(m) **die ~n** those present; **alle ~n** all those present; **~ ausgenommen** present company excepted

Anwesenheit f presence; (≈ *Teilnahme*) attendance; *an einem Ort* stay; **in ~** +gen od **von** in the presence of

Anwesenheitskontrolle f (≈ *Namensaufruf*) roll call

Anwesenheitsliste f attendance list

anwidern v/t **j-n ~** to make sb feel sick

Anwohner(in) m(f) resident

Anzahl f number

anzahlen v/t **100 Euro ~** to pay 100 euros as a deposit

Anzahlung f deposit (**für, auf** +akk on); **eine ~ machen** to pay a deposit

anzapfen v/t *Fass* to broach; *Telefon, elektrische Leitung* to tap

Anzeichen n sign; **alle ~ deuten darauf hin, dass …** all the signs are that …

Anzeige f **1** *bei Behörde* report (**wegen** of); **gegen j-n ~ erstatten** to report sb to the authorities; **das hatte eine ~ zur Folge** that resulted in him etc being taken to court **2** *in Zeitung* notice; (≈ *Reklame*) advert(isement), ad

anzeigen v/t **1** (≈ *angeben*) to show **2** (≈ *bekannt geben*) to announce; *Richtung* to indicate **3** IT to display **4** **j-n ~** *bei der Polizei* to report sb (to the police)

Anzeigenblatt n advertiser, freesheet

Anzeigenteil m advertisement section

Anzeigenvertreter(in) m(f) advertising agent

Anzeiger m TECH indicator

Anzeigetafel f indicator board; SPORT scoreboard

anzetteln v/t to instigate

anziehen **A** v/t **1** *Kleidung* to put on; **sich** (dat) **etw ~** to put sth on; **angezogen** dressed **2** (≈ *straffen*) to pull (tight); *Bremse* to put on; *Schraube* to tighten **3** *Magnet, a. fig* to attract; **sich von etw angezogen fühlen** to feel drawn by sth **B** v/i (≈ *beschleunigen*) to accelerate; FIN *Preise, Aktien* to rise **C** v/r **1** (≈ *sich kleiden*) to get dressed, to dress **2** fig *Gegensätze* to attract

anziehend adj (≈ *ansprechend*) attractive

Anziehung f attraction
Anziehungskraft f PHYS force of attraction; fig attraction
Anziehungspunkt m (≈ Attraktion) centre of attraction Br, center of attraction US
Anzug m **1** (≈ Herrenanzug) suit **2 im ~ sein** to be coming; MIL to be advancing; fig Gewitter, Gefahr to be imminent
anzüglich adj suggestive; **~ werden** to start making suggestive remarks
anzünden v/t Feuer to light; **das Haus** etc **~** to set fire to the house, to set the house on fire etc
Anzünder m lighter
anzweifeln v/t to question
Aorta f aorta
apart **A** adj distinctive **B** adv (≈ chic) stylishly
Apartheid f apartheid
Apartment n flat Br, apartment
Apartmenthaus n block of flats Br, apartment house bes US
Apartmentwohnung f flat Br, apartment
Apathie f apathy; von Patienten listlessness
apathisch **A** adj apathetic **B** adv apathetically
aper adj österr, schweiz, südd snowless
Aperitif m aperitif
Apfel m apple; **in den sauren ~ beißen** fig umg to bite the bullet
Apfelbaum m apple tree
Apfelkuchen m apple cake; **gedeckter ~** apple pie
Apfelmus n apple purée; als Beilage apple sauce
Apfelsaft m apple juice
Apfelschorle f apple spritzer (drink made from apple juice and sparkling mineral water)
Apfelsine f orange
Apfelstrudel m apple strudel
Apfeltasche f apple turnover
Apfelwein m cider
Aphorismus m aphorism
Apokalypse f apocalypse
Apostel m apostle
Apostelbrief m epistle
Apostelgeschichte f Acts of the Apostles pl
Apostroph m apostrophe
Apotheke f (dispensing) chemist's Br, pharmacy
apothekenpflichtig adj available only at a chemist's shop Br, available only at a pharmacy
Apotheker(in) m(f) pharmacist, (dispensing) chemist Br; **beim ~** at the chemist's
App f IT kurz für Applikation bzw. engl. application app
App. abk (= Apparat) (≈ Anschluss) ext.
Apparat m **1** apparatus kein pl, appliance; (≈ Gerät) gadget; machine **2** (≈ Radio) radio; (≈ Fernseher) set; (≈ Rasierapparat) razor; (≈ Fotoapparat) camera **3** (≈ Telefon) (tele)phone; (≈ Anschluss) extension; **am ~** on the phone; als Antwort speaking; **bleiben Sie am ~!** hold the line; **wer ist am ~?** (can I ask) who's calling od speaking, please?
Apparatur f apparatus kein pl
Appartement n **1** (≈ Wohnung) flat Br, apartment **2** (≈ Zimmerflucht) suite
Appell m **1** (≈ Aufruf) appeal (**an** +akk to od **zu** for) **2** MIL roll call
appellieren v/i to appeal (**an** +akk to)
App-Entwickler(in) m(f) IT app developer
Appenzell n Appenzell; **~-Ausserrhoden** Appenzell Outer Rhodes; **~-Innerrhoden** Appenzell Inner Rhodes
Appetit m appetite; **~ auf etw** (akk) **haben** to feel like sth; **guten ~!** enjoy your meal; **j-m den ~ verderben** to spoil sb's appetite; **mir ist der ~ vergangen** I've lost my appetite
appetitanregend adj Speise etc appetizing; **~ wirken** to stimulate the appetite
appetitlich adj (≈ lecker) appetizing; fig Mädchen, Anblick attractive
Appetitlosigkeit f lack of appetite
Appetitzügler m appetite suppressant
applaudieren v/i to applaud
Applaus m applause
apportieren v/t & v/i to retrieve
Approbation f von Arzt certificate (enabling a doctor to practise)
approbiert adj Arzt registered
Après-Ski n après-ski
Aprikose f apricot
April m April; **~, ~!** April fool!; **j-n in den ~ schicken** to make an April fool of sb; → März
Aprilscherz m April fool's trick
Aprilwetter n April weather
apropos adv by the way; **~ Afrika** talking about Africa
Aquabiking n, **Aquacycling** n aquacycling
Aquädukt n aqueduct
Aquajogging n aquajogging
Aquamarin n aquamarine
Aquanudel f aqua noodle, swimming noodle, water noodle, water log
Aquaplaning n AUTO aquaplaning
Aquarell n watercolour (painting) Br, watercolor (painting) US
Aquarellfarbe f watercolour Br, watercolor US
Aquarium n aquarium
Äquator m equator
Äquivalent n equivalent
Ära f era
Araber m (≈ Pferd) Arab

Araber(in) m(f) Arab
Arabien n Arabia
arabisch adj Arab; *Ziffer, Sprache* Arabic; **Arabische Emirate** Arabian Emirates; **Arabischer Frühling** POL *Oppositionsbewegung in arabischen Ländern* Arab spring
Arabisch n Arabic; → Deutsch
Arbeit f **1** work; POL, WIRTSCH labour Br, labor US; **Tag der ~** Labo(u)r Day; **bei der ~** at work; **bei der ~ mit Kindern** when working with children; **~ als Freiwilliger** volunteer work; **~ sparend** labour-saving Br, labor-saving US; **viel ~ machen** to be a lot of work (j-m für sb); **gute ~ leisten** to do a good job; **bei der ~ sein** to be working / at work; **sich an die ~ machen** to get down to work; **etw ist in ~** work on sth is in progress **2** (≈ *Mühe*) trouble; **j-m ~ machen** to put sb to trouble **3** (≈ *Berufstätigkeit*) work *kein unbest art*; (≈ *Arbeitsverhältnis*) employment; (≈ *Position*) job; **ohne ~ sein** to be out of work; **zur ~ gehen** *umg* to go to work **4** (≈ *Produkt*) work; *Prüfungsarbeit, wissenschaftlich* paper; SCHULE (≈ *Klassenarbeit*) test; (≈ *Aufgabe*) assignment; **eine ~ schreiben** to sit *od* take a test; **~en korrigieren** to mark test papers Br, to grade test papers US
arbeiten **A** v/i to work (**an** +dat on); **er arbeitet für zwei** *umg* he does the work of two; **die Anlage arbeitet elektrisch/mit Kohle** the plant runs *od* operates on electricity/coal; **~ gehen** (≈ *zur Arbeit gehen*) to go to work **B** v/r **sich krank/müde ~** to make oneself ill/tire oneself out with work; **sich zu Tode ~** to work oneself to death; **sich an die Spitze ~** *fig* to work one's way (up) to the top
Arbeiter(in) m(f) worker; *im Gegensatz zum Angestellten* blue-collar worker; *auf Bau, Bauernhof* labourer Br, laborer US
Arbeiterbewegung f labour movement Br, labor movement US
Arbeiterkammer österr f Chamber of Labour
Arbeiterklasse f working class(es) (pl)
Arbeiterschaft f workforce
Arbeiterviertel n working-class area
Arbeitgeber(in) m(f) employer
Arbeitgeberanteil m employer's contribution
Arbeitgeberverband m employers' federation
Arbeitnehmer(in) m(f) employee
Arbeitnehmeranteil m employee's contribution
Arbeitnehmerschaft f employees pl
Arbeitnehmervertreter(in) m(f) employees' representative
Arbeitnehmervertretung f empoyee representatives pl

Arbeitsablauf m work routine; *von Fabrik* production *ohne art*
Arbeitsagentur f (State) Department of Employment, job centre Br, unemployment office US
arbeitsam adj industrious
Arbeitsamt n, österr job centre Br, unemployment office US; → Arbeitsagentur
Arbeitsaufwand m **mit geringem/großem ~** with little/a lot of work
Arbeitsbedingungen pl working conditions pl
Arbeitsbeginn m start of work
Arbeitsbeschaffungsmaßnahme f ADMIN job creation scheme
Arbeitsbeschaffungsprogramm n job creation scheme, job creation program US
Arbeitsbescheinigung f certificate of employment
Arbeitsblatt n worksheet
Arbeitsbuch n workbook
Arbeitseifer m enthusiasm for one's work
Arbeitseinstellung f (≈ *Arbeitsauffassung*) attitude to work
Arbeitserlaubnis f (≈ *Bescheinigung*) work permit; *für ein Land* working visa
Arbeitsessen n *mittags* working lunch; *abends* working dinner
arbeitsfähig adj *Person* able to work; (≈ *gesund*) fit for work; *Regierung etc* viable
Arbeitsfläche f work surface
Arbeitsgang m (≈ *Arbeitsablauf*) work routine; *von Fabrik* production *ohne art*
Arbeitsgebiet n field of work
Arbeitsgemeinschaft f team; SCHULE, UNIV study group, club; *in Namen* association
Arbeitsgericht n industrial tribunal Br, labor court US
Arbeitsgruppe f team, work group; POL working party
arbeitsintensiv adj labour-intensive Br, labor-intensive US
Arbeitskampf m industrial action
Arbeitskleidung f working clothes pl
Arbeitsklima n work(ing) atmosphere
Arbeitskollege m, **Arbeitskollegin** f colleague
Arbeitskraft f **1** capacity for work **2** (≈ *Arbeiter*) worker
Arbeitskräfte pl workforce
Arbeitskräftemangel m labor shortage US, labour shortage Br
Arbeitskreis m team; SCHULE, UNIV study group
Arbeitslager n labor camp US, labour camp Br
Arbeitsleistung f *quantitativ* output, performance; *qualitativ* performance

Arbeitslohn m wages pl, earnings pl
arbeitslos adj Mensch unemployed; **~ sein** to be out of a job od out of work
Arbeitslosengeld n earnings-related unemployment benefit; **~ I** earnings-related unemployment benefit paid for first year of unemployment; **~ II** welfare benefit for longer-term unemployed
Arbeitslosenhilfe obs f unemployment benefit
Arbeitslosenquote f rate of unemployment
Arbeitslosenunterstützung obs f unemployment benefit, dole (money) Br umg
Arbeitslosenversicherung f ≈ National Insurance Br, ≈ social insurance US
Arbeitslosenzahl f unemployment figures pl, number of unemployed
Arbeitslose(r) m/f(m) unemployed person/man/woman etc; **die ~n** the unemployed
Arbeitslosigkeit f unemployment
Arbeitsmangel m lack of work
Arbeitsmappe f IT folder
Arbeitsmarkt m labour market Br, labor market US
Arbeitsmoral f work ethic
Arbeitsniederlegung f walkout
arbeitsparend adj → Arbeit
Arbeitspensum n workload
Arbeitsplatz m **1** (≈ Arbeitsstätte) workplace; **am ~** at work **2** in Fabrik work station; in Büro workspace **3** (≈ Stelle) job; **freie Arbeitsplätze** vacancies
Arbeitsplatzabbau m job cuts pl
Arbeitsplatzsicherung f safeguarding of jobs
Arbeitsplatzteilung f job sharing
Arbeitsplatzverlust m job loss
Arbeitsproduktivität f labour efficiency Br, labor efficiency US
Arbeitsprozess m work process
Arbeitsraum m workroom; für geistige Arbeit study
Arbeitsrecht n industrial law
arbeitsreich adj busy
arbeitsscheu adj workshy
Arbeitssicherheit f safety at work
Arbeitssitzung f working session
Arbeitsspeicher m COMPUT main memory
Arbeitssprache f bes EU working language
Arbeitsstätte f workplace
Arbeitsstelle f **1** place of work **2** (≈ Stellung) job
Arbeitsstunde f man-hour
Arbeitssuche f **auf ~ sein** to be looking for work od a job
arbeitssuchend adj looking for work präd
Arbeitstag m working day
Arbeitsteilung f division of labour Br, division of labor US
Arbeitstempo n rate of work
Arbeitstier fig umg n workaholic umg
Arbeitsuchende(r) m/f(m) person/man/woman etc looking for work od a job
Arbeits- und Lerntechniken pl study skills pl
arbeitsunfähig adj unable to work; (≈ krank) unfit for work
Arbeitsunfall m workplace accident, accident at work
Arbeitsverbot n prohibition from employment; **er wurde mit ~ belegt** he has been banned from working
Arbeitsverfahren n technique
Arbeitsverhältnis n **1** employee-employer relationship; **ein ~ eingehen** to enter employment **2** **~se** pl working conditions pl
Arbeitsvermittler m **privater ~** employment agent
Arbeitsvermittlung f (≈ Amt) employment exchange; privat employment agency
Arbeitsvertrag m contract of employment
Arbeitsweise f (≈ Praxis) working method; von Maschine mode of operation
Arbeitszeit f working hours pl; **eine wöchentliche ~ von 35 Stunden** a working week of 35 hours
Arbeitszeitmodell n working hours model od scheme
Arbeitszeitverkürzung f reduction in working hours
Arbeitszeugnis n reference from one's employer
Arbeitszimmer n study
Archäologe m, **Archäologin** f archaeologist Br, archeologist US
Archäologie f archaeology Br, archeology US
archäologisch adj archaeological Br, archeological US
Arche f **die ~ Noah** Noah's Ark
Archipel m archipelago
Architekt(in) m(f) architect
architektonisch adj architectural
Architektur f architecture
Archiv n archives pl
Archivbild n photo from the archives
archivieren v/t to archive
Areal n area
Arena f arena; (≈ Zirkusarena, Stierkampfarena) ring
arg **A** adj (≈ schlimm) bad; Verlust terrible; Enttäuschung bitter; **sein ärgster Feind** his worst enemy; **etw liegt im Argen** sth is at sixes and sevens **B** adv (≈ schlimm) badly; **es zu arg treiben** to go too far
Argentinien n Argentina

Argentinier(in) m(f) Argentine, Argentinian
argentinisch adj Argentine, Argentinian
Ärger m **1** annoyance; *stärker* anger; **zu j-s ~ to sb's annoyance** **2** (≈ *Unannehmlichkeiten*) trouble; (≈ *Sorgen*) worry; **j-m ~ machen** *od* **bereiten** to cause sb a lot of trouble; **~ bekommen** *od* **kriegen** *umg* to get into trouble; **es gibt ~** *umg* there'll be trouble
ärgerlich adj **1** (≈ *verärgert*) annoyed; *Tonfall* angry; **über j-n/etw ~ werden** to get annoyed with sb/about sth **2** (≈ *unangenehm*) annoying
ärgern A v/t (≈ *ärgerlich machen*) to annoy; *stärker* to make angry; (≈ *kränken*) to upset; (≈ *herumhacken auf*) to pick on **B** v/r (≈ *ärgerlich sein/werden*) to be/get annoyed; *stärker* to be/get angry (**über j-n/etw** with sb/about sth)
Ärgernis n (≈ *Anstoß*) offence *Br*, offense *US*; **~ erregen** to cause offence *Br*, to cause offense *US*; **wegen Erregung öffentlichen ~ses angeklagt werden** to be charged with offending public decency
arglistig A adj cunning, crafty; (≈ *böswillig*) malicious; **~e Täuschung** fraud **B** adv cunningly, craftily; (≈ *böswillig*) maliciously
Argument n argument
Argumentation f reasoning
argumentieren v/i to argue
Argwohn m suspicion
argwöhnisch A adj suspicious **B** adv suspiciously
Arie f MUS aria
Aristokrat(in) m(f) aristocrat
Aristokratie f aristocracy
aristokratisch adj aristocratic
Arithmetik f arithmetic
arithmetisch adj arithmetic
Arktis f Arctic
arktisch adj arctic
arm adj poor; **die Armen** the poor pl; **arm an etw** (dat) **sein** to be somewhat lacking in sth; **arm an Vitaminen** low in vitamins; **um 10 Euro ärmer sein** to be 10 euros poorer; **arm dran sein** *umg* to have a hard time of it
Arm m ANAT, TECH, *a. fig* arm; *von Fluss, Baum* branch; (≈ *Ärmel*) sleeve; **j-n in die Arme nehmen** to take sb in one's arms; **sich in den Armen liegen** to lie in each other's arms; **j-n auf den Arm nehmen** *fig umg* to pull sb's leg *umg*; **j-m unter die Arme greifen** *fig* to help sb out; **mit offenen Armen** with open arms
Armaturenbrett n instrument panel; AUTO dashboard
Armband n bracelet; *von Uhr* (watch)strap
Armbanduhr f (wrist)watch
Armbinde f armband; MED sling
Armbruch m MED broken *od* fractured arm

Armee f MIL, *a. fig* army; (≈ *Gesamtheit der Streitkräfte*) (armed) forces pl
Ärmel m sleeve; **etw aus dem ~ schütteln** to produce sth just like that
Ärmelkanal m (English) Channel
ärmellos adj sleeveless
Armenien n Armenia
Armenviertel n poor district
Armgelenk n elbow joint
Armlehne f armrest
Armleuchter m **1** chandelier **2** *pej umg* twerp *umg*
ärmlich A adj poor; *Kleidung* shabby; **aus ~en Verhältnissen** from a poor family **B** adv poorly; **~ leben** to live in poor conditions
Armreif m bangle
armselig adj miserable; (≈ *jämmerlich*) pathetic; **für ~e zwei Euro** for two paltry euros
Armut f poverty
Armutsgrenze f poverty line
Armutsrisiko n poverty risk
Armutszeugnis *fig* n **j-m/sich (selbst) ein ~ ausstellen** to show sb's/one's (own) shortcomings
Armvoll m armful; **zwei ~ Holz** two armfuls of wood
Aroma n **1** (≈ *Geruch*) aroma **2** (≈ *Geschmack*) flavour *Br*, flavor *US*
Aromatherapie f MED aromatherapy
aromatisch adj **1** (≈ *wohlriechend*) aromatic **2** (≈ *wohlschmeckend*) savoury *Br*, savory *US*
Arrangement n arrangement
arrangieren A v/t & v/i to arrange (**j-m** for sb); **arrangierte Hochzeit** arranged marriage **B** v/r **sich mit j-m ~** to come to an arrangement with sb
Arrest m detention
arrogant A adj arrogant **B** adv arrogantly
Arroganz f arrogance
Arsch m **1** *vulg* arse *Br sl*, ass *US sl*; **j-m** *od* **j-n in den ~ treten** to give sb a kick up the arse *Br sl*, to give sb a kick up the ass *US sl*; **leck mich am ~!** (≈ *lass mich in Ruhe*) fuck off! *vulg*; (≈ *verdammt noch mal*) bugger! *Br sl*, fuck it! *vulg*; *sl überrascht* fuck me! *vulg*; **j-m in den ~ kriechen** *umg* to lick sb's arse *Br sl*, to lick sb's ass *US sl*; **am ~ der Welt** *umg* in the back of beyond; **im** *od* **am ~ sein** *sl* to be screwed up *sl* **2** *sl* (≈ *Mensch*) bastard *sl*
Arschgeweih *umg* n butt antlers pl *umg*
arschkalt *umg* adj bloody cold *Br umg*, damn cold *umg*
Arschkarte f sl **die ~ ziehen** *Unangenehmes tun müssen* to get the short straw *umg*; *etwas ausbaden müssen* to take the rap *umg*
Arschkriecher(in) *vulg* m(f) ass-kisser *sl*

Arschloch *vulg n* **1** arsehole *Br vulg*, asshole *US vulg* **2** → Arsch 2
Arsen *n* arsenic
Arsenal *wörtl, fig n* arsenal
Art *f* **1** kind, sort; **diese Art Leute/Buch** that kind *od* sort of person/book; **aus der Art schlagen** not to take after anyone in the family **2** BIOL species **3** (≈ *Methode*) way; **auf diese Art und Weise** in this way **4** (≈ *Wesen*) nature; **auf die eine oder andere Art** either way; **das ist eigentlich nicht seine Art** it's not like him; **nach bayrischer Art** Bavarian style **5** (≈ *Benehmen*) behaviour *Br*, behavior *US*; **das ist doch keine Art!** that's no way to behave!
Artenreichtum *m* BIOL diversity of species
Artenschutz *m* protection of species
Arterie *f* artery
Arteriosklerose *f* arteriosclerosis
Artgenosse *m*, **Artgenossin** *f* (≈ *Tier/Pflanze*) animal/plant of the same species; (≈ *Mensch*) person of the same type
artgerecht *adj* appropriate to the species
Arthritis *f* arthritis
Arthrose *f* arthrosis
artig *adj Kind, Hund etc* good; **sei schön ~** be good!
Artikel *m* article; (≈ *Gegenstand*) item
artikulieren **A** *v/t & v/i* to articulate **B** *v/r* to express oneself
Artillerie *f* artillery
Artischocke *f* (globe) artichoke
Artist(in) *m(f)* (circus) performer; *im Varieté* variety performer
artistisch *adj* **eine ~e Glanzleistung** *in Zirkus* a miraculous feat of circus artistry
artverwandt *adj* of the same type; BIOL species-related
Arznei *f* medicine
Arzneimittel *n* drug
Arzneimittelmissbrauch *m* drug abuse
Arzt *m*, **Ärztin** *f* doctor; (≈ *Facharzt*) specialist; **praktischer ~** general practitioner, GP; **Ärzte ohne Grenzen** *internationale Hilfsorganisation* Doctors Without Borders; **beim/zum ~** at/to the doctor's; **zum ~ gehen** to go to the doctor's *Br*, to see a doctor
Ärzteschaft *f* medical profession
Arzthelfer(in) *m(f)* (≈ *Sprechstundenhilfe*) (doctor's) receptionist; *mit medizinischen Aufgaben betraut* medical assistant
Ärztin *f* → Arzt
Arztkosten *pl* doctor's *od* medical fees *pl*
ärztlich **A** *adj* medical **B** *adv* beraten, untersuchen medically; **er ließ sich ~ behandeln** he went to a doctor for treatment
Arztpraxis *f* doctor's practice
Arzttermin *m* doctor's appointment
Arztwahl *f* choice of doctor
As *n* → Ass
Asbest *n* asbestos
asbestfrei *adj* free from *od* of asbestos, asbestos-free
asbesthaltig *adj* containing asbestos *präd*
Asbestose *f* asbestosis
Asche *f* ashes *pl*; *von Zigarette, Vulkan* ash; **glimmende ~** embers *pl*
Aschenbahn *f* cinder track
Aschenbecher *m* ashtray
Aschenplatz *m* FUSSB cinder pitch; *Tennis* clay court
Aschenputtel *n* Cinderella
Aschermittwoch *m* Ash Wednesday
ASCII-Code *m* ASCII code
ASCII-Datei *f* ASCII file
aseptisch **A** *adj* aseptic **B** *adv* aseptically
Aserbaidschan *n* Azerbaijan
Asiat(in) *m(f)* Asian
asiatisch *adj* Asian, Asiatic
Asien *n* Asia
Asket(in) *m(f)* ascetic
asketisch **A** *adj* ascetic **B** *adv* ascetically
Askorbinsäure *f* ascorbic acid
asozial **A** *adj* asocial **B** *adv* asocially
Asoziale(r) *pej m/f(m)* antisocial person/man/woman *etc*
Aspekt *m* aspect
Asphalt *m* asphalt
asphaltieren *v/t* to asphalt
Aspik *österr m/n* aspic
Aspirin® *n* aspirin
Ass *n* ace
Assessor(in) *m(f)* *graduate civil servant who has completed his/her traineeship*
Assistent *m* assistant; IT wizard
Assistentin *f* assistant
Assistenzarzt *m*, **Assistenzärztin** *f* junior doctor *Br*, intern *US*
assistieren *v/i* to assist (**j-m** sb)
Assonanz *f* LIT assonance
Assoziation *f* association
assoziieren *geh v/t* to associate
assoziiert *adj* associated; *Mitglied, Mitgliedschaft, Partner* associate
Assoziierung *f* association
Ast *m* branch
AStA *abk* (= Allgemeiner Studentenausschuss) general students' committee
Aster *f* aster
Astgabel *f* fork (of a branch)
Ästhet(in) *m(f)* aesthete
ästhetisch *adj* aesthetic, esthetic *US*
Asthma *n* asthma

Asthmaanfall *m* asthma attack
Asthmatiker(in) *m(f)* asthmatic
asthmatisch *adj* asthmatic
astrein *adj* ❶ *fig umg* (≈ *moralisch einwandfrei*) above board; (≈ *echt*) genuine ❷ *obs sl* (≈ *prima*) fantastic *umg*
Astrologe *m*, **Astrologin** *f* astrologer
Astrologie *f* astrology
astrologisch *adj* astrological
Astronaut(in) *m(f)* astronaut
Astronomie *f* astronomy
astronomisch *adj* astronomical
Astrophysik *f* astrophysics *sg*
ASU *f abk* (= *Abgassonderuntersuchung*) emissions test
Asyl *n* (≈ *politisches Asyl*) (political) asylum *ohne art*; **j-m ~ gewähren** to grant sb (political) asylum
Asylant(in) *oft neg. m(f)* asylum seeker
Asylantenwohnheim *oft neg.* n hostel for asylum seekers
Asylantrag *m* application for asylum; **einen ~ stellen** to apply for asylum
Asylbewerber(in) *m(f)* asylum seeker
Asylpolitik *f* policy on asylum
Asylrecht *n* POL right of (political) asylum
Asylsuchende(r) *m/f(m)* asylum seeker
asymmetrisch *adj* asymmetric(al)
Atelier *n* studio
Atem *m* (≈ *Atemluft*) breath; **~ holen** *wörtl* to take a breath; *fig* to get one's breath back; **den ~ anhalten** to hold one's breath; **außer ~ sein** to be out of breath; **wieder zu ~ kommen** to get one's breath back; **j-n in ~ halten** to keep sb in suspense; **das verschlug mir den ~** that took my breath away
atemberaubend ⓐ *adj* breathtaking; (≈ *großartig*) spectacular ⓑ *adv* breathtakingly
Atembeschwerden *pl* trouble *sg* in breathing
Atemgerät *n* breathing apparatus; MED respirator
atemlos *wörtl, fig adj* breathless
Atemnot *f* difficulty in breathing
Atempause *fig f* breathing space
Atemschutzmaske *f* breathing mask
Atemstillstand *m* respiratory standstill, apnoea *Br*, apnea *US*
Atemübung *f* MED breathing exercise
Atemwege *pl* ANAT respiratory tracts *pl*
Atemzug *m* breath; **in einem/im selben ~** *fig* in one/the same breath
Atheismus *m* atheism
Atheist(in) *m(f)* atheist
atheistisch *adj* atheist(ic)
Athen *n* Athens
Äther *m* ether; RADIO air
ätherisch *adj* CHEM essential

Äthiopien *n* Ethiopia
äthiopisch *adj* Ethiopian
Athlet(in) *m(f)* athlete
Athletik *f* athletics *sg*
athletisch *adj* athletic
Atlantik *m* Atlantic
atlantisch *adj* Atlantic; **der Atlantische Ozean** the Atlantic Ocean
Atlas *m* atlas
atmen *v/t & v/i* to breathe
Atmosphäre *f* PHYS, *a. fig* atmosphere
atmosphärisch *adj* atmospheric; **~e Störungen** atmospherics *pl*
Atmung *f* breathing; MED respiration
atmungsaktiv *adj* Material, Stoff breathable
Atmungsorgane *pl* respiratory organs *pl*
Ätna *m* GEOG Mount Etna
Atoll *n* atoll
Atom *n* atom
Atom- *zssgn Reaktor, Waffen etc* nuclear
Atomantrieb *m* **ein U-Boot mit ~** a nuclear--powered submarine
atomar ⓐ *adj* atomic; *Drohung* nuclear ⓑ *adv* **~ angetrieben** nuclear-powered
Atomausstieg *m* abandonment of nuclear energy
atombetrieben *adj* nuclear-powered
Atombombe *f* atomic bomb, atom bomb *bes Br*
atombombensicher *adj* nuclear blast-proof
Atombunker *m* nuclear blast-proof bunker
Atomenergie *f* nuclear energy
Atomforscher(in) *m(f)* nuclear scientist
Atomforschung *f* nuclear research
Atomgegner(in) *m(f)* anti-nuclear protester
atomgetrieben *adj* nuclear-powered
Atomgewicht *n* atomic weight
atomisieren *v/t* to atomize
Atomkern *m* atomic nucleus
Atomkraft *f* nuclear power *od* energy
Atomkraftgegner(in) *m(f)* anti-nuclear (power) protester
Atomkraftwerk *n* nuclear power station
Atomkrieg *m* nuclear war
Atommacht *f* nuclear power
Atommüll *m* nuclear waste
Atommülltransport *m* transport of nuclear *od* radioactive waste
Atomphysik *f* nuclear physics *sg*
Atomreaktor *m* nuclear reactor
Atomspaltung *f* nuclear fission
Atomsperrvertrag *m* nuclear weapons non-proliferation treaty
Atomsprengkopf *m* nuclear warhead
Atomstopp *m* nuclear ban
Atomstrom *umg m* electricity generated by nu-

clear power
Atomtest *m* nuclear test
Atomteststoppabkommen *n* nuclear test ban treaty
Atom-U-Boot *n* nuclear submarine
Atomversuch *m* nuclear test
Atomwaffe *f* nuclear weapon
atomwaffenfrei *adj* nuclear-free
Atomwaffensperrvertrag *m* nuclear weapons nonproliferation treaty
Atomwende *f* POL, ÖKOL nuclear U-turn, U-turn on nuclear power
Atrium *n* ARCH, ANAT atrium
ätsch *umg int* ha-ha
Attachment *n* IT attachment
Attacke *f* attack
attackieren *v/t* to attack
Attentat *n* assassination; (≈ *Attentatsversuch*) assassination attempt; **ein ~ auf j-n verüben** to assassinate sb; *bei gescheitertem Versuch* to make an attempt on sb's life
Attentäter(in) *m(f)* assassin
Attest *n* certificate
attestieren *form v/t* to certify
Attraktion *f* attraction
attraktiv *adj* attractive; *Vorstellung* appealing
Attraktivität *f* attractiveness
Attrappe *f* dummy
Attribut *n* attribute
attributiv *adj* GRAM attributive
atypisch *geh adj* atypical
At-Zeichen *n* @ at sign
ätzen *v/t & v/i Säure* to corrode
ätzend *adj* **1** *wörtl Säure* corrosive; MED caustic **2** *Geruch* pungent; *Rauch* choking; *Spott, Kritik* caustic **3** *umg* (≈ *furchtbar*) lousy *umg*
au *int* ow, ouch
AU *f abk* (= *Abgasuntersuchung*) emissions test
Aubergine *f* aubergine, eggplant *bes US*
auch *adv* **1** (≈ *gleichfalls*) also, too; (≈ *ebenso*) as well; **das ist ~ möglich** that's also possible; **ja, das ~** yes, that too; **~ gut** that's OK too; **du ~?** you too?; **~ nicht** not ... either; **das ist ~ nicht richtig** that's not right either; **ich/wir ~** same here; **er kommt — ich ~** he's coming — am I *od* me too; **er kommt nicht — ich ~ nicht** he's not coming — nor *od* neither am I; **~ aus Bristol** from Bristol too; **~ das noch!** that's all I needed!; **du siehst müde aus — das bin ich ~** you look tired — (so) I am **2** (≈ *sogar*) even; **ohne ~ nur zu fragen** without even asking; **~ wenn** even though **3** *emph* **so was Ärgerliches aber ~!** it's really too annoying!; **wozu ~?** whatever for? **4** (≈ *a. immer*) **wie dem ~ sei** be that as it may; **was er ~ sagen mag** whatever he might say

Audienz *f* audience
Audio-CD *f* audio disc *od* CD
Audiodatei *f* audio file
Audioguide *m* audio guide
Audiokassette *f* audio cassette
audiovisuell **A** *adj* audiovisual **B** *adv* audiovisually; *gestalten* using audiovisual aids
Auditor(in) *m(f)* FIN auditor
Auditorium *n* **1** (≈ *Hörsaal*) lecture hall; **~ maximum** UNIV main lecture hall **2** (≈ *Zuhörerschaft*) audience
Auerhahn *m* capercaillie
auf **A** *präp* on; **auf einem Stuhl sitzen** to sit on a chair; **auf dem Bild/Foto** in the picture/photo; **auf den Orkneyinseln** in the Orkney Islands; **auf See** at sea; **auf der Bank** at the bank; **mein Geld ist auf der Bank** my money is in the bank; **auf dem Land** in the country; **auf der Straße** on *od* in the street; **auf dem Feld** in the field; **auf dem Hof** in the yard; **auf welcher Seite sind wir?** what page are we on?; **auf Englisch** in English; **etw auf dem Klavier spielen** to play sth on the piano; **auf einem Ohr taub sein** to be deaf in one ear; **auf dem Weg (zu/nach)** on the way (to); **auf der Welt** in the world; **auf der ganzen Welt** all over the world; **was hat es damit auf sich?** what does it mean? **B** *präp* **1** *Ort* on; **etw auf etw stellen** to put sth on(to) sth; **auf ... zu** towards; **er ist auf die Orkneyinseln gefahren** he has gone to the Orkney Islands; **auf sein Zimmer/die Post gehen** to go to one's room/the post office; **auf eine Party/eine Hochzeit gehen** to go to a party/wedding **2** *Zeit* **auf drei Tage** for three days; **auf morgen/bald!** see you tomorrow/soon! **3** (≈ *für*) **auf 10 km** for 10 km; **auf eine Tasse Kaffee** for a cup of coffee **4** (≈ *pro*) **auf jeden kamen zwei Flaschen Bier** there were two bottles of beer (for) each **5** **auf ein glückliches Gelingen!** here's to a great success!; **auf deine Gesundheit!** (your very) good health!; **auf seinen Vorschlag/seine Bitte (hin)** at his suggestion/request **C** *adv* **1** (≈ *offen*) open; **Mund auf!** open your mouth **2** **Helm auf!** helmets on!; **auf nach Chicago!** let's go to Chicago!; **auf gehts!** let's go!; **auf und ab** up and down; **sie ist auf und davon** she has disappeared; **auf einmal** at once, suddenly **3** → **auf sein**
Auf *n* **das Auf und Ab** the up and down; *fig* the ups and downs
aufarbeiten *v/t* **1** *Vergangenheit* to reappraise **2** (≈ *erledigen*) *Korrespondenz etc* to catch up with **3** (≈ *erneuern*) to do up; *Möbel etc* to recondition **4** PHYS *Brennelemente* to reprocess
aufatmen *v/i* to breathe a sigh of relief; **ein Aufatmen** a sigh of relief

aufbacken v/t to crisp up

aufbahren v/t *Sarg* to lay on the bier; *Leiche* to lay out

Aufbau m ⓵ (≈ *das Aufbauen*) construction; *von Netzwerk, System* setting up; **der ~ Ost** the rebuilding of East Germany ⓶ (≈ *Aufgebautes*) top; *von Auto, Lkw* body ⓷ (≈ *Struktur*) structure

aufbauen Ⓐ v/t ⓵ (≈ *errichten*) to put up; *Verbindung, System* to set up ⓶ *fig* (≈ *gestalten*) *Geschäft* to build up; *Zerstörtes* to rebuild; *Plan* to construct; **sich** (*dat*) **eine (neue) Existenz ~** to build (up) a new life for oneself ⓷ *fig Star, Politiker* to promote; *Beziehung* to build; **j-n/etw zu etw ~** to build sb/sth up into sth ⓸ (≈ *strukturieren*) to construct; *Aufsatz, Rede, Organisation* to structure Ⓑ v/i (≈ *sich gründen*) to be based *od* founded (**auf** +*dat od akk* on) Ⓒ v/r ⓵ *umg* (≈ *sich postieren*) to take up position; **sich vor j-m drohend ~** to plant oneself in front of sb *umg* ⓶ (≈ *bestehen aus*) **sich aus etw ~** to be composed of sth

Aufbauhelfer(in) m(f) *bei Veranstaltung* set-up crew member; *in Entwicklungsland* development worker; *nach Katastrophe* reconstruction worker

Aufbauhilfe f development(al) aid *od* assistance

aufbäumen v/r *Tier* to rear; **sich gegen j-n/etw ~** *fig* to rebel *od* revolt against sb/sth

aufbauschen v/t & v/r to blow out; *fig* to blow up

Aufbaustudium n UNIV course of further study

aufbegehren *geh* v/i to revolt (**gegen** against)

aufbehalten v/t *Hut, Brille etc* to keep on

aufbekommen *umg* v/t ⓵ (≈ *öffnen*) to get open ⓶ *Aufgabe* to get as homework

aufbereiten v/t to process; *Daten* to edit; *Text etc* to work up

Aufbereitung f processing; *von chemischen Stoffen* treatment; *von Daten* editing; *von Texten* working up

aufbessern v/t to improve

aufbewahren v/t to keep

Aufbewahrung f (≈ *das Aufbewahren*) keeping; *von Lebensmitteln* storage; **j-m etw zur ~ übergeben** to give sth to sb for safekeeping

aufbieten v/t *Menschen, Mittel* to summon (up); *Kräfte, Fähigkeiten* to summon (up); *Militär, Polizei* to call in

Aufbietung f **unter** *od* **bei ~ aller Kräfte ...** summoning (up) all his/her *etc* strength ...

aufbinden v/t ⓵ (≈ *öffnen*) *Schuh etc* to undo ⓶ **lass dir doch so etwas nicht ~** *fig* don't fall for that

aufblähen Ⓐ v/t *fig* to inflate Ⓑ v/r to blow out; MED to become swollen

aufblasbar adj inflatable

aufblasen Ⓐ v/t *Ballon* to blow up Ⓑ v/r *fig pej* to puff oneself up; → **aufgeblasen**

aufbleiben v/i ⓵ (≈ *nicht schlafen gehen*) to stay up ⓶ (≈ *geöffnet bleiben*) to stay open

aufblenden Ⓐ v/i FOTO to open up the lens; FILM to fade in; AUTO to turn the headlights on full (beam) Ⓑ v/t AUTO *Scheinwerfer* to turn on full (beam)

aufblicken v/i to look up; **zu j-m/etw ~** to look up to sb/sth

Aufblinken n flash

aufblitzen v/i ⓵ *Licht, Augen* to flash ⓶ *fig Emotion* to flare up

aufblühen v/i ⓵ *Blume* to bloom ⓶ *fig Mensch* to blossom out; **das ließ die Stadt ~** it allowed the town to flourish

aufbocken v/t *Auto* to jack up

aufbrauchen v/t to use up

aufbrausen v/i ⓵ *Brandung etc* to surge; *fig Beifall, Jubel* to break out ⓶ *fig Mensch* to flare up

aufbrausend adj irascible

aufbrechen Ⓐ v/t to break open; *Auto* to break into; *Asphalt, Oberfläche* to break up Ⓑ v/i ⓵ (≈ *sich öffnen*) to open; *Knospen, Wunde* to open ⓶ (≈ *sich auf den Weg machen*) to set off

aufbrezeln v/r *sl* to get dressed up; *Frau a.* to get dolled up *umg*, to do oneself up *US*

aufbringen v/t ⓵ (≈ *beschaffen*) to find; *Geld* to raise ⓶ (≈ *erzürnen*) to make angry; **j-n gegen j-n/etw ~** to set sb against sb/sth; → **aufgebracht**

Aufbruch m departure; **das Zeichen zum ~ geben** to give the signal to set off

Aufbruch(s)stimmung f **hier herrscht schon ~** *bei Party etc* it's (all) breaking up; **in ~ sein** to be* getting ready to go

aufbrühen v/t to brew up

aufbürden *geh* v/t **j-m etw ~** *wörtl* to load sth onto sb; *fig* to encumber sb with sth

aufdecken v/t to uncover; *Spielkarten* to show; *Verbrechen* to expose; *Schwäche* to lay bare

aufdonnern *pej umg* v/r to get tarted up *Br pej umg*, to deck oneself out *US umg*; → **aufgedonnert**

aufdrängen Ⓐ v/t **j-m etw ~** to impose *od* force sth on sb Ⓑ v/r to impose; **dieser Gedanke drängte sich mir auf** I couldn't help thinking that

aufdrehen Ⓐ v/t *Wasser etc* to turn on; *Ventil* to open; *Lautstärke* to turn up Ⓑ v/i *umg* (≈ *beschleunigen*) to put one's foot down hard; *fig* (≈ *loslegen*) to get going; → **aufgedreht**

aufdringlich adj *Mensch* pushy *umg*; *Farbe* loud; *Geruch* overpowering

Aufdruck m (≈ *Aufgedrucktes*) imprint

aufdrucken v/t **etw auf etw** (*akk*) **~** to print sth on sth

aufdrücken v/t **1** etw auf etw (akk) ~ to press sth on sth; (≈ aufdrucken) to stamp sth on sth **2** (≈ öffnen) Tür etc to push open

aufeinander adv on (top of) each other; ~ **zufahren** to drive toward(s) each other

Aufeinanderfolge f sequence; **in schneller ~** in quick succession

aufeinanderfolgen v/i to follow each other; **~d** zeitlich successive

aufeinandertreffen v/i Gruppen etc to meet; Meinungen to clash

Aufenthalt m stay; bes BAHN stop; bei Anschluss wait; **der Zug hat 20 Minuten ~** the train stops for 20 minutes; **wie lange haben wir ~?** how long do we stop for?

Aufenthaltserlaubnis f, **Aufenthaltsgenehmigung** f residence permit

Aufenthaltsort m whereabouts sg od pl; JUR abode, residence

Aufenthaltsraum m day room; auf Flughafen lounge

auferlegen geh v/t to impose (j-m on sb)

auferstehen v/i to rise from the dead; **Christus ist auferstanden** Christ is (a)risen

Auferstehung f resurrection

aufessen v/t to eat up

auffädeln v/t to thread od string (together)

auffahren **A** v/i **1** (≈ aufprallen) **auf j-n/etw ~** to run into sb/sth **2** (≈ näher heranfahren) to drive up; **zu dicht ~** to drive too close behind (the car in front) **3** (≈ aufschrecken) to start; **aus dem Schlaf ~** to awake with a start **B** v/t umg Getränke etc to serve up; Speisen, Argumente to dish up umg

Auffahrt f (≈ Zufahrt) approach (road); bei Haus etc drive; (≈ Rampe) ramp

Auffahrunfall m von zwei Autos collision; von mehreren Autos pile-up

auffallen v/i (≈ sich abheben) to stand out; (≈ unangenehm auffallen) to attract attention; **angenehm/unangenehm ~** to make a good/bad impression; **so etwas fällt doch nicht auf** that will never be noticed; **das muss dir doch aufgefallen sein!** surely you must have noticed (it)!

auffallend **A** adj noticeable; Ähnlichkeit, Kleider striking **B** adv noticeably; schön strikingly; **stimmt ~!** hum too true!

auffällig **A** adj conspicuous; Kleidung striking **B** adv conspicuously; **sich ~ verhalten** to get oneself noticed

auffangen v/t to catch; Aufprall etc to cushion; Verluste to offset

Auffänger m collector

Auffanglager n reception camp

auffassen **A** v/t (≈ interpretieren) to interpret; **etw falsch/richtig ~** to take sth the wrong way/in the right way **B** v/i to understand

Auffassung f (≈ Meinung) opinion; (≈ Begriff) conception; **nach meiner ~** in my opinion

Auffassungsgabe f **er hat eine leichte** od **schnelle ~** he is quick on the uptake

auffindbar adj **es ist nicht ~** it can't be found; **es ist schwer ~** it's hard to find

auffinden v/t to find

auffischen v/t to fish up; umg Schiffbrüchige to fish out

aufflackern v/i to flare up

aufflammen v/i Feuer, Unruhen etc to flare up

auffliegen v/i **1** (≈ hochfliegen) to fly up; (≈ sich öffnen) to fly open **2** fig umg Rauschgiftring to be busted umg; **eine Konferenz ~ lassen** to break up a meeting

auffordern v/t to ask, to invite; (≈ zum Tanz bitten) to ask to dance

Aufforderung f request; nachdrücklicher demand; (≈ Einladung) invitation

aufforsten v/t Gebiet to reafforest; Wald to retimber

auffressen v/t to eat up; **er wird dich deswegen nicht gleich ~** umg he's not going to eat you umg

auffrischen **A** v/t to freshen (up); fig Erinnerungen to refresh; Kenntnisse to polish up; persönliche Beziehungen to renew **B** v/i Wind to freshen

Auffrischungskurs m refresher course

aufführen **A** v/t **1** Drama, Oper to stage; Szene, Dialog to act; Musikwerk to perform **2** (≈ auflisten) to list; **einzeln ~** to itemize **B** v/r to behave

Aufführung f von Drama, Oper staging; (≈ Vorstellung) performance

auffüllen v/t **1** (≈ vollständig füllen) to fill up; (≈ nachfüllen) to refill, to top up Br, to top off US **2** (≈ ergänzen) Vorräte to replenish

Aufgabe f **1** (≈ Arbeit, Pflicht) job, task, duty; (≈ Auftrag) task, mission; **sich** (dat) **etw zur ~ machen** to make sth one's business, to commit oneself to doing sth **2** (≈ Funktion) purpose **3** bes SCHULE zur Übung exercise; (≈ Hausaufgabe) mst pl homework kein pl; (≈ Referat etc) assignment; **hast du deine ~n schon gemacht?** have you done your homework yet? **4** von Koffer, Gepäck registering; FLUG checking (in); von Anzeige placing kein pl **5** MIL etc surrender **6** von Geschäft giving up

aufgabeln fig umg v/t j-n to pick up umg

Aufgabenbereich m area of responsibility

Aufgang m **1** von Sonne, Mond rising **2** (≈ Treppenaufgang) stairs pl

aufgeben **A** v/t **1** Hausaufgaben to give; Problem to pose (j-m for sb) **2** Koffer, Gepäck to register;

aufgeblasen – aufhören ▪ **825**

Fluggepäck to check in; *Brief, Paket* to post *Br,* to mail *bes US; Anzeige, Bestellung* to place [3] *Kampf, Hoffnung etc* to give up [B] *v/i* (≈ *sich geschlagen geben*) to give up *od* in, to quit; MIL to surrender

aufgeblasen *fig adj* self-important; → aufblasen

Aufgebot *n* [1] *das* ~ **bestellen** to give notice of one's intended marriage; KIRCHE to post the banns [2] (≈ *Ansammlung von Menschen*) contingent; *von Material etc* array

aufgebracht *adj* outraged, worked up; (≈ *bestürzt*) upset (**wegen** about); → aufbringen

aufgedonnert *pej umg adj* tarted-up *Br pej umg*, decked-out *US umg;* → aufdonnern

aufgedreht *umg adj* in high spirits; → aufdrehen

aufgedunsen *adj* bloated

aufgehen *v/i* [1] *Sonne, Mond* to come up [2] (≈ *sich öffnen*) to open; *Knopf etc* to come undone [3] GASTR to rise [4] (≈ *klar werden*) **j-m geht etw auf** sth dawns on sb [5] MATH *Rechnung etc* to work out [6] (≈ *seine Erfüllung finden*) **in etw** (*dat*) ~ to be taken up with sth

aufgehoben *adj* (**bei j-m**) **gut/schlecht ~ sein** to be/not to be in good hands (with sb); → aufheben

aufgeilen *v/r umg* **sich an etw** (*dat*) ~ to be *od* get turned on by sth *umg*

aufgeklärt *adj* enlightened; ~ **sein** *sexualkundlich* to know the facts of life; → aufklären

aufgekratzt *umg adj* in high spirits; → aufkratzen

aufgelegt *adj* **gut/schlecht** *etc* ~ in a good/bad *etc* mood; (**dazu**) ~ **sein, etw zu tun** to feel like doing sth; → auflegen

aufgelöst *adj* (≈ *außer sich*) distraught; (≈ *bestürzt*) upset; **in Tränen ~** in tears; → auflösen

aufgeregt [A] *adj* (≈ *erregt*) excited; (≈ *nervös*) nervous; (≈ *aufgebracht*) worked up; **~ sein** (≈ *bestürzt*) to be upset [B] *v/r* excitedly; → aufregen

aufgeschlossen *adj* (≈ *nicht engstirnig*) open-minded; *gegenüber anderen* outgoing; (≈ *empfänglich*) open (**für, gegenüber** to); → aufschließen

Aufgeschlossenheit *f* open-mindedness; (≈ *Empfänglichkeit*) openness (**für, gegenüber** to)

aufgeschmissen *umg adj* stuck *umg*

aufgeweckt *adj* bright; → aufwecken

aufgewühlt *geh adj* agitated; *Wasser, Meer* turbulent; → aufwühlen

aufgießen *v/t Kaffee, Tee* to make

aufgliedern [A] *v/t* to split up [B] *v/r* to break down (**in** +*akk* into)

aufgraben *v/t* to dig up

aufgreifen *v/t* [1] (≈ *festnehmen*) to pick up [2] *Thema, Gedanken* to take up

aufgrund *präp* on the basis of; **~ einer Verwechslung** because of a mistake

Aufguss *m* brew, infusion; *fig pej* rehash

Aufgussbeutel *m* (≈ *Teebeutel*) tea bag

aufhaben [A] *v/t* [1] *Hut, Brille* to have on [2] SCHULE *als Hausaufgabe* **etw ~** to have sth to do for homework; **was haben wir als Hausaufgabe auf?** what's for homework? [B] *v/i Laden etc* to be open

aufhalsen *umg v/t* **j-m/sich etw ~** to land sb/oneself with sth *umg*

aufhalten [A] *v/t* [1] to stop; (≈ *verlangsamen*) to hold up; (≈ *verzögern*) to delay; (≈ *stören*) to hold back (**bei** from); **ich will dich nicht länger ~** I don't want to hold you back any longer [2] *umg* (≈ *offen halten*) to keep open; **die Hand ~** to hold one's hand out [B] *v/r* [1] (≈ *an einem Ort bleiben*) to stay [2] *bei der Arbeit etc* to take a long time (**bei** over) [3] (≈ *sich befassen*) **sich bei etw ~** to dwell on sth

aufhängen [A] *v/t* [1] *Kleidung, Bild* to hang up; AUTO *Rad* to suspend [2] (≈ *töten*) to hang (**an** +*dat* from) [B] *v/r* (≈ *sich töten*) to hang oneself (**an** +*dat* from)

Aufhängung *f* TECH suspension

aufhäufen *v/t & v/r* to accumulate

aufheben [A] *v/t* [1] *vom Boden* to pick up [2] (≈ *nicht wegwerfen*) to keep; *für später* to save; → aufgehoben [3] (≈ *ungültig machen*) to abolish; *Vertrag* to cancel; *Urteil* to quash; *Verlobung* to break off [4] (≈ *beenden*) *Blockade* to lift [5] (≈ *ausgleichen*) to offset [B] *v/r* (≈ *sich ausgleichen*) to offset each other

Aufheben *n* fuss; **viel ~(s) machen** to make a lot of fuss (**von, um** about)

Aufhebung *f* [1] (≈ *Abschaffung*) abolition; *von Vertrag* cancellation; *von Urteil* quashing; *von Verlobung* breaking off [2] (≈ *Beendigung von Blockade etc*) lifting

aufheitern [A] *v/t j-n* to cheer up [B] *v/r Himmel* to clear; *Wetter* to clear up

aufhellen [A] *v/t* to brighten (up); *Haare* to lighten; *fig* (≈ *klären*) to shed light upon [B] *v/r* to brighten (up), to clear up

aufhetzen *v/t* to stir up; **j-n zu etw ~** to incite sb to (do) sth

aufheulen *v/i* to howl (**vor** +*dat* with); *Sirene* to (start to) wail; *Motor, Menge* to (give a) roar

aufholen [A] *v/t* to make up; **Versäumtes ~** to make up for lost time [B] *v/i* to catch up

aufhorchen *v/i* to sit up (and take notice)

aufhören *v/i* to stop, to quit *umg; bei Arbeitsstelle* to finish; **hör doch endlich auf!** (will you) stop it!; **jetzt hör aber auf!** come on!; **mit etw ~** to stop sth; **sie hörte nicht auf zu reden** she wouldn't stop talking

aufkaufen v/t to buy up

aufklappen v/t to open up; *Klappe* to lift up; *Verdeck* to fold back

aufklaren v/i *Wetter* to brighten (up); *Himmel* to clear

aufklären **A** v/t **1** to clear up; *Verbrechen, Rätsel* to solve **2** *j-n* to enlighten; **Kinder ~** *sexualkundlich* to tell children the facts of life; **j-n über etw** (akk) **~** to inform sb about sth; → **aufgeklärt** **B** v/r *Irrtum etc* to resolve itself; *Himmel* to clear

Aufklärung f **1** *Philosophie* **die ~** the Enlightenment **2** *von Missverständnis* clearing up; *von Verbrechen, Rätsel* solution **3** **(sexuelle) ~** *in Schulen* sex education **4** MIL reconnaissance

Aufklärungsfilm m sex education film

Aufklärungsflugzeug n reconnaissance plane; *klein* scout (plane)

Aufklärungsquote f *in Kriminalstatistik* percentage of cases solved

Aufklärungssatellit m spy satellite

aufkleben v/t to stick on

Aufkleber m sticker

aufknöpfen v/t (≈ öffnen) to unbutton, to undo; **aufgeknöpft** *Hemd* unbuttoned

aufkochen **A** v/t to bring to the boil *Br*, to bring to a boil *US*; (≈ erneut kochen lassen) to boil up again **B** v/i **etw ~ lassen** to bring sth to the boil *Br*, to bring sth to a boil *US*

aufkommen v/i **1** (≈ entstehen) to arise; *Wind* to get up; *Mode etc* to appear (on the scene); **etw ~ lassen** *fig Zweifel, Kritik* to give rise to sth **2** **~ für** (≈ Kosten tragen) to bear the costs of; (≈ Haftung tragen) to be liable for; **für den Schaden ~** to pay for the damage **3** (≈ auftreffen) to land (**auf** +dat on)

Aufkommen n **1** (≈ das Auftreten) appearance **2** *von Steuern* revenue (**aus** od +gen from)

aufkratzen v/t to scratch; *Wunde* to scratch open; → **aufgekratzt**

aufkreuzen v/i umg (≈ erscheinen) to show up umg

aufkriegen umg v/t → **aufbekommen**

Aufl. abk (= **Auflage**) ed.

auflachen v/i to (give a) laugh

Aufladegerät n → **Ladegerät**

aufladen **A** v/t **1** **etw (auf etw** akk**) ~** to load sth on(to) sth; **j-m/sich etw ~** *fig* to saddle sb/oneself with sth **2** *elektrisch* to charge; (≈ neu aufladen) to recharge; *Geldkarte* to reload; *Karte von Prepaidhandy* to top up **B** v/r *Batterie etc* to be charged; *neu* to be recharged

Aufladung f **elektrische ~** static (electricity)

Auflage f **1** (≈ Ausgabe) edition; *von Zeitung* circulation **2** (≈ Bedingung) condition; **j-m etw zur ~ machen** to impose sth on sb as a condition

Auflage(n)höhe f *von Buch* number of copies published; *von Zeitung* circulation

auflassen v/t umg (≈ offen lassen) to leave open; (≈ aufbehalten) *Hut* to keep on; **das Kind länger ~ lassen** to let the child stay up (longer)

auflauern v/i to lie in wait for

Auflauf m **1** (≈ Menschenauflauf) crowd **2** GASTR (baked) pudding

auflaufen v/i **1** *Schiff* to run aground; **j-n ~ lassen** to drop sb in it umg **2** (≈ aufprallen) **auf j-n/etw ~** to run into sb/sth

Auflaufform f GASTR ovenproof dish

aufleben v/i (≈ munter werden) to liven up; **Erinnerungen wieder ~ lassen** to revive memories

auflegen **A** v/t **1** *Tischdecke, CD* to put on; *Gedeck* to set; *Hörer* to replace **2** (≈ herausgeben) *Buch* to bring out **3** FIN *Aktien* to issue; *Fonds* to set up **4** → **aufgelegt** **B** v/i **1** (≈ Telefonhörer auflegen) to hang up **2** *als DJ in der Disco* to DJ

auflehnen v/r **sich gegen j-n/etw ~** to rebel against sb/sth

auflesen v/t to pick up

aufleuchten v/i to light up

aufliegen v/i (≈ auf etw sein) to lie on top; *Hörer* to be on

auflisten v/t to list

auflockern **A** v/t **1** *Boden* to loosen (up); **die Muskeln ~** to loosen up (one's muscles) **2** (≈ abwechslungsreicher machen) to make less monotonous **3** (≈ entspannen) *Verhältnis, Atmosphäre* to ease; **in aufgelockerter Stimmung** in a relaxed mood **B** v/r **1** SPORT to limber up **2** *Bewölkung* to disperse

auflodern v/i to flare up; (≈ lodernd brennen) to blaze

auflösen **A** v/t **1** *in Flüssigkeit* to dissolve; → **aufgelöst** *Widerspruch* to clear up; *Rätsel* to solve **3** *Wolken, Versammlung* to disperse **4** (≈ aufheben), a. PARL to dissolve; *Einheit, Gruppe* to disband; *Firma* to wind up; *Verlobung* to break off; *Konto* to close; *Haushalt* to break up **B** v/r **1** *in Flüssigkeit* to dissolve **2** (≈ sich zerstreuen) to disperse **3** *Firma* to cease trading; *bes* PARL (≈ sich formell auflösen) to dissolve **4** **sich in etw** (akk) **~** (≈ verwandeln) to turn into sth

Auflösung f **1** *in Bestandteile* resolution; *von Firma* winding up; *von Parlament* dissolution **2** (≈ Lösung von Problem etc) resolution; *von Rätsel* solution (+gen od **von** to) **3** *von Bildschirm, a.* FOTO resolution

aufmachen **A** v/t **1** (≈ öffnen) to open; (≈ lösen) to undo; *Haar* to loosen **2** (≈ eröffnen, gründen) to open (up) **3** **der Prozess wurde groß aufgemacht** the trial was given a big spread **B** v/i (≈ Tür öffnen) to open up; **es hat niemand**

aufgemacht nobody answered the door C v/r (≈ *aufbrechen*) to set out

Aufmacher m *Presse* lead

Aufmachung f 1 (≈ *Kleidung*) getup; **in großer ~** in full dress 2 (≈ *Gestaltung*) presentation; *von Seite, Zeitschrift* layout

aufmarschieren v/i (≈ *heranmarschieren*) to march up; (≈ *vorbeimarschieren*) to march past

aufmerksam A adj 1 *Zuhörer, Schüler* attentive; (≈ *scharf beobachtend*) observant; **j-n auf etw** (*akk*) **~ machen** to draw sb's attention to sth, to point sth out to sb; **auf j-n/etw ~ werden** to become aware of sb/sth 2 (≈ *zuvorkommend*) attentive; (≈ *rücksichtsvoll*) thoughtful, considerate; **(das ist) sehr ~ von Ihnen** (that's) most kind of you B adv zusehen carefully; zuhören attentively

Aufmerksamkeit f 1 attention; **das ist meiner ~ entgangen** that escaped my notice; **~ erregen** to attract attention 2 (≈ *Zuvorkommenheit*) attentiveness 3 (≈ *Geschenk*) **kleine ~en** little gifts

Aufmerksamkeitsdefizit-Syndrom n Attention Deficit Disorder

aufmischen umg v/t (≈ *in Unruhe versetzen*) to stir up; (≈ *verprügeln*) to beat up

aufmöbeln umg v/t *Gegenstand* to do up umg

aufmotzen umg v/t *Person* to doll up umg, to tart up Br umg; *Auto* to do up, to pimp sl; *Motor* to soup up umg

aufmuntern v/t (≈ *aufheitern*) to cheer up; (≈ *beleben*) to liven up; **ein ~des Lächeln** an encouraging smile

Aufmunterung f cheering up; (≈ *Belebung*) livening up

aufmüpfig umg adj rebellious

aufnähen v/t to sew on (**auf** +*akk* -to)

Aufnahme f 1 (≈ *Empfang*) reception; **die ~ in ein Krankenhaus** admission (in)to hospital 2 *in Verein* admission (**in** +*akk* to) 3 *von Kapital* raising 4 *von Protokoll* taking down 5 *von Gespräch etc* start; *von Tätigkeit* taking up; *von Beziehung* establishment 6 (≈ *das Filmen*) filming, shooting umg; (≈ *Bild*) shot; **Achtung, ~!** action! 7 (≈ *Fotografie*) photo(graph); *auf Smartphone etc* recording

Aufnahmebedingungen pl terms pl of admission

aufnahmefähig adj **für etw ~ sein** to be able to take sth in

Aufnahmegebühr f enrolment fee Br, enrollment fee US; *in Verein* admission fee

Aufnahmeprüfung f entrance examination

aufnehmen v/t 1 *vom Boden* to pick up; (≈ *heben*) to lift up 2 (≈ *empfangen*) to receive 3 (≈ *unterbringen*) to take (in); (≈ *fassen*) to take 4 *in Verein, Schule etc* to admit (**in** +*akk* to) 5 *in Liste* to include 6 (≈ *absorbieren*) to absorb; **etw in sich** (*dat*) **~** to take sth in 7 (≈ *beginnen*) to begin; *Tätigkeit, Studium* to take up; *Beziehung* to establish; **mit j-m Kontakt ~** to contact sb 8 *Kapital* to borrow; *Kredit* to take out 9 *Protokoll* to take down 10 (≈ *fotografieren*) to take (a photo (-graph) of); (≈ *filmen*) to film, to shoot umg; *auf Smartphone etc* to record; **es mit j-m/etw ~** to take sb/sth on; **es mit j-m nicht ~ können** to be no match for sb

aufnötigen v/t **j-m etw ~** to force sth on sb

aufopfern v/r to sacrifice oneself

aufopfernd adj *Mensch* self-sacrificing; *Liebe, Arbeit* devoted

aufpäppeln umg v/t *mit Nahrung* to feed up

aufpassen v/i 1 (≈ *beaufsichtigen*) **auf j-n/etw ~** to keep an eye on sb/sth, to look after sb/sth 2 (≈ *achtgeben*) to pay attention; **auf etw** (*akk*) **~** (≈ *achten auf*) to look out for sth; **pass auf!** look, watch; (≈ *Vorsicht*) watch out

Aufpasser(in) m(f) *pej* (≈ *Spitzel*) spy *pej*; *für VIP etc* minder; (≈ *Wächter*) guard

aufplatzen v/i to burst open; *Wunde* to open up

aufplustern v/r *Vogel* to puff itself up; *Mensch* to puff oneself up

aufpolieren v/t to polish up

aufpoppen v/i IT *Popup-Fenster etc* to pop up

Aufprall m impact, crash

aufprallen v/i **auf etw** (*akk*) **~** to strike sth; *Fahrzeug* to collide with sth

Aufpreis m extra charge; **gegen ~** for an extra charge

aufpumpen v/t *Reifen, Ballon* to inflate; *Fahrrad* to pump up the tyres of Br, to pump up the tires of US

aufputschen v/t 1 (≈ *aufwiegeln*) to rouse; *Gefühle* to stir up 2 *durch Reizmittel* to stimulate; **~de Mittel** stimulants

Aufputschmittel n stimulant

aufraffen v/r **sich zu etw ~** umg to rouse oneself to do sth

aufragen v/i to rise

aufräumen A v/t to tidy up; **sein Zimmer ~** to tidy one's room; **aufgeräumt** *Zimmer* tidy B v/i **mit etw ~** to do away with sth

aufrechnen v/t 1 **j-m etw ~** to charge sth to sb *od* to sb's account 2 **etw gegen etw ~** to offset sth against sth

aufrecht A adj upright B adv upright; **~ sitzen** to sit up(right)

aufrechterhalten v/t to maintain; *Kontakte* to keep up

Aufrechterhaltung f maintenance; *von Kontakten* keeping up

aufregen A v/t (≈ *ärgerlich machen*) to annoy;

(≈ *nervös machen*) to make nervous; (≈ *beunruhigen*) to agitate; (≈ *erregen*) to excite **B** v/r **1** to get upset, to get worked up *umg* (**über** +*akk* about) **2** → aufgeregt

aufregend *adj* exciting

Aufreger *m umg Skandal* scandal; *Sensation* sensation

Aufregung *f* excitement *kein pl*; (≈ *Aufheben*) fuss; (≈ *Beunruhigung*) agitation *kein pl*; **nur keine ~!** don't get excited; **j-n in ~ versetzen** to get sb in a state *umg*

aufreiben v/t **1** (≈ *wund reiben*) *Haut etc* to chafe **2** *fig* (≈ *zermürben*) to wear down

aufreibend *fig adj* wearing; *stärker* stressful

aufreihen **A** v/t *in Linie* to line up; *Perlen* to string **B** v/r to line up

aufreißen **A** v/t **1** (≈ *aufbrechen*) to tear open; *Straße* to tear up **2** *Tür, Fenster* to fling open; *Augen, Mund* to open wide **3** *umg Mädchen* to pick up *umg* **B** v/i *Naht* to split; *Wunde* to tear open; *Wolkendecke* to break up

aufreizen v/t **1** (≈ *herausfordern*) to provoke **2** (≈ *erregen*) to excite

aufreizend *adj* provocative

aufrichten **A** v/t **1** *Gegenstand* to set upright; *Oberkörper* to raise (up) **2** *fig moralisch* to lift **B** v/r (≈ *gerade stehen*) to stand up (straight); *aus liegender Position* to lean up; **sich im Bett ~** to sit up in bed

aufrichtig **A** *adj* sincere (**zu, gegen** towards) **B** *adv* sincerely; *hassen* truly

Aufrichtigkeit *f* sincerity (**zu, gegen** towards)

aufrollen v/t **1** (≈ *zusammenrollen*) to roll up; *Kabel* to wind up **2** (≈ *entrollen*) to unroll; *Fahne* to unfurl; *Kabel* to unwind **3** *fig* **einen Fall/Prozess wieder ~** to reopen a case/trial

aufrücken v/i to move up; (≈ *befördert werden*) to be promoted

Aufruf *m* appeal (**an** +*akk* to); **einen ~ an j-n richten** to appeal to sb; **letzter ~ für Flug LH 1615** last call for flight LH 1615

aufrufen **A** v/t **1** to call **2** (≈ *auffordern*) **j-n ~, etw zu tun** to appeal to sb to do sth; **Arbeiter zum Streik ~** to call upon workers to strike **3** JUR *Zeugen* to summon **B** v/i **zum Streik ~** to call for a strike

Aufruhr *m* **1** (≈ *Auflehnung*) rebellion, riot **2** (≈ *Erregung*) turmoil; **j-n in ~ versetzen** to throw sb into turmoil

Aufrührer(in) *m(f)* rabble-rouser

aufrührerisch *adj* **1** (≈ *aufwiegelnd*) *Rede* rabble--rousing **2** (≈ *in Aufruhr*) rebellious; (≈ *meuternd*) mutinous

aufrunden v/t to round up (**auf** +*akk* to)

aufrüsten v/t **1** MIL to arm; **ein Land atomar ~** to give a country nuclear arms; **wieder ~** to rearm **2** TECH *Gerät, Computer* to upgrade

Aufrüstung *f* MIL arming

aufrütteln v/t to rouse (**aus** from)

aufs *präp mit art* (= *auf das*) → **auf**

aufsagen v/t *Gedicht etc* to recite

aufsammeln v/t to pick up

aufsässig *adj* rebellious

Aufsatz *m* **1** essay **2** (≈ *oberer Teil*) top part

Aufsatzthema *n* essay topic, theme *US*

aufsaugen v/t *Flüssigkeit* to soak up; *fig* to absorb; **etw mit dem Staubsauger ~** to vacuum sth up

aufschauen v/i → **aufsehen**

aufschichten v/t to stack

aufschieben v/t *Fenster, Tür* to slide open; *fig* (≈ *verschieben*) to put off

Aufschlag *m* **1** (≈ *das Aufschlagen*) impact; (≈ *Geräusch*) crash **2** *Tennis etc* serve; **wer hat ~?** whose serve is it? **3** (≈ *Preisaufschlag*) surcharge **4** (≈ *Ärmelaufschlag*) cuff

aufschlagen **A** v/i **1** (≈ *auftreffen*) **auf etw** (*dat*) **~** to hit sth; **gegen etw ~** to crash into sth **2** *Preise* to go up (**um** by) **3** *Tennis etc* to serve **B** v/t **1** (≈ *öffnen*) to crack; *Eis* to crack a hole in; **j-m/sich den Kopf ~** to crack open sb's/one's head **2** (≈ *aufklappen*) to open; *Bett* to turn back; *Kragen etc* to turn up; **schlagt Seite 111 auf** open your books at page 111 **3** (≈ *aufbauen*) *Zelt* to pitch, to put up; *Nachtlager* to set up **4** HANDEL **10 % auf etw** (*akk*) **~** to put 10% on sth

aufschließen **A** v/t (≈ *öffnen*) to unlock **B** v/i **1** (≈ *öffnen*) (**j-m**) **~** to unlock the door (for sb) **2** (≈ *heranrücken*) to close up; SPORT to catch up (**zu** with); → **aufgeschlossen**

aufschlitzen v/t to rip (open)

Aufschluss *m* (≈ *Aufklärung*) information *kein pl*; **~ über etw** (*akk*) **verlangen** to demand an explanation of sth

aufschlüsseln v/t to break down (**nach** into); (≈ *klassifizieren*) to classify (**nach** according to)

aufschlussreich *adj* informative

aufschnappen v/t to catch; *umg Wort etc* to pick up

aufschneiden **A** v/t **1** to cut open; *Braten* to carve; MED *Geschwür* to lance **2** (≈ *in Scheiben schneiden*) to slice **B** v/i *umg* (≈ *prahlen*) to boast

Aufschneider(in) *umg m(f)* boaster

Aufschnitt *m* (assorted) sliced cold meat, cold cuts *pl US*

aufschnüren v/t (≈ *lösen*) to untie

aufschrauben v/t to unscrew; *Flasche etc* to take the top off

aufschrecken **A** v/t to startle; **j-n aus dem Schlaf ~** to rouse sb from sleep **B** v/i to be startled; **aus dem Schlaf ~** to wake up with a start

Aufschrei *m* yell; *schriller Aufschrei* scream
aufschreiben *v/t* **etw ~** to write sth down; **sich** (*dat*) **etw ~** to make a note of sth
aufschreien *v/i* to yell out; *schrill* to scream out
Aufschrift *f* (≈ *Beschriftung*) inscription; (≈ *Etikett*) label
Aufschub *m* (≈ *Verzögerung*) delay; (≈ *Vertagung*) postponement
aufschürfen *v/t* **sich** (*dat*) **die Haut/das Knie ~** to graze oneself/one's knee
aufschütten *v/t* **1** *Flüssigkeit* to pour on; **Kaffee ~** to make coffee **2** (≈ *nachfüllen*) *Kohle* to put on (the fire)
aufschwatzen *umg v/t* **j-m etw ~** to talk sb into taking sth
Aufschwung *m* **1** (≈ *Antrieb*) lift; *der Wirtschaft etc* upturn (+*gen* in); **das gab ihr (einen) neuen ~** that gave her a lift **2** *beim Turnen* swing-up
aufsehen *v/i* to look up
Aufsehen *n* **~ erregend** sensational; **großes ~ erregen** to cause a sensation; **ohne großes ~** without any fuss
aufsehenerregend *adj* sensational
Aufseher(in) *m(f)* supervisor; *von Tieren* keeper; *bei Prüfung* invigilator; (≈ *Gefängnisaufseher*) warder *Br*, guard *US*; *im Park* ranger
auf sein *v/i* **1** (≈ *aufgestanden*) to be up **2** (≈ *geöffnet*) to be open
aufseiten *präp* on the part of
aufsetzen **A** *v/t* **1** (≈ *setzen setzen*) to put on; *Fuß* to put down; *fig Lächeln, Miene etc* to put on **2** (≈ *aufrichten*) *Kranken etc* to sit up **3** (≈ *verfassen*) to draft, to draw up **B** *v/r* to sit up **C** *v/i Flugzeug* to touch down
aufseufzen *v/i* **(tief/laut) ~** to heave a (deep/loud) sigh
Aufsicht *f* **1** (≈ *Überwachung*) supervision (**über** +*akk* of); (≈ *Obhut*) charge; **~ über j-n/etw führen** to be in charge of sb/sth; **bei einer Prüfung ~ führen** to invigilate an exam **2** (≈ *Aufseher*) supervisor
Aufsichtsbehörde *f* supervisory authority
Aufsichtsperson *f* supervisor
Aufsichtsrat[1] *m* (supervisory) board; **im ~ einer Firma sitzen** to be on the board of a firm
Aufsichtsrat[2] *m*, **Aufsichtsrätin** *f* member of the board
aufsitzen *v/i* **1** *auf Fahrzeug* to get on; **aufs Pferd ~** to mount the horse **2** *umg* (≈ *hereinfallen*) **j-m/einer Sache ~** to be taken in by sb/sth
aufspalten *v/t & v/r* to split
aufsparen *v/t* to save (up)
aufsperren *v/t* **1** *umg* (≈ *aufreißen*) *Tür, Schnabel* to open wide; **die Ohren ~** to prick up one's ears **2** *österr, südd* (≈ *aufschließen*) *Tür etc* to unlock

aufspielen *v/r umg* (≈ *sich wichtigtun*) to give oneself airs; **sich als Boss ~** to play the boss
aufspießen *v/t* to spear; *mit Hörnern* to gore; *Fleisch mit Spieß* to skewer; *mit Gabel* to prong
aufsprechen *v/t TEL auf Anrufbeantworter* to record; **eine Nachricht auf den Anrufbeantworter ~** to leave a message on the answering machine; **eine Nachricht auf die Mailbox ~** to leave a voicemail message
aufspringen *v/i* **1** to jump up; **auf etw** (*akk*) **~** to jump onto sth **2** (≈ *sich öffnen*) *Tür* to burst open; (≈ *platzen*) to burst; *Haut, Lippen etc* to crack
aufspüren *v/t* to track down, to trace
aufstacheln *v/t* to spur (on)
aufstampfen *v/i* to stamp; **mit dem Fuß ~** to stamp one's foot
Aufstand *m* rebellion
Aufständische(r) *m/f(m)* rebel
aufstapeln *v/t* to stack up
aufstauen **A** *v/t Wasser* to dam; **etw in sich** (*dat*) **~** *fig* to bottle sth up inside (oneself) **B** *v/r* to accumulate; *fig Ärger* to become bottled up
aufstechen *v/t* to puncture; *Geschwür* to lance
aufstehen *v/i* **1** (≈ *sich erheben*) to get up, to stand up; *aus dem Bett* to get up, to get out of bed **2** *umg* (≈ *offen sein*) to be open
aufsteigen *v/i* **1** *auf Berg, Leiter* to climb (up); *Vogel* to soar (up); *Flugzeug* to climb; *Nebel, Gefühl* to rise; **auf ein Fahrrad/Motorrad ~** to get on(to) a bicycle/motorbike; **auf ein Pferd ~** to mount a horse **2** *fig im Rang etc* to rise (**zu** to); SPORT to be promoted (**in** +*akk* to)
Aufsteiger(in) *m(f)* SPORT *in höhere Liga* promoted team; **(sozialer) ~** social climber
aufstellen **A** *v/t* **1** (≈ *aufbauen*) to put up (**auf** +*dat* on); *Zelt* to pitch; *Maschine* to install; *Ausrüstung* to set up **2** *fig* (≈ *zusammenstellen*) *Truppe* to raise; SPORT *Mannschaft* to draw up **3** (≈ *benennen*) *Kandidaten* to nominate **4** (≈ *erzielen*) *Rekord* to set (up) **5** *Forderung* to put forward; *Liste* to make; **gut aufgestellt sein** *fig* (≈ *in guter Ausgangsposition, Lage sein*) to be in a good position, to be well set up **B** *v/r* to stand; *hintereinander* to line up; **sich im Karree/Kreis etc ~** to form a square/circle etc
Aufstellung *f* **1** (≈ *das Aufstellen*) putting up; *von Zelt* pitching; *von Maschine* installation **2** *von Truppen* raising; *von Mannschaft* drawing up **3** *von Kandidaten* nominating; *von Rekord* setting **4** *von Forderung* putting forward; *von Liste* drawing up **5** (≈ *Liste*) list; (≈ *Tabelle*) table; (≈ *Inventar*) inventory **6** (≈ *Mannschaft*) line-up *umg*, team
Aufstieg *m* **1** *auf Berg, von Flugzeug* climb **2** *fig* rise; *beruflich, politisch, sozial* advancement; SPORT rise; *in höhere Liga* promotion (**in** +*akk* to)

3 (≈ *Weg*) way up (**auf etw** *akk* sth)
Aufstiegschance *f* prospect of promotion
Aufstiegsrunde *f* SPORT qualifying round, round to decide promotion
aufstocken *v/t* **1** *Haus* to build another storey onto *Br*, to build another story onto *US* **2** *Kapital* to increase (**um** by)
aufstoßen **A** *v/t* (≈ *öffnen*) to push open **B** *v/i* **1** **auf etw** (*akk*) **~** to hit (on *od* against) sth **2** (≈ *rülpsen*) to burp **3** **Radieschen stoßen mir auf** radishes repeat on me
aufstrebend *fig adj Land, Volk* aspiring; *Volkswirtschaft* rising
Aufstrich *m auf Brot* spread
aufstützen **A** *v/t Kranken etc* to prop up **B** *v/r* to support oneself
aufstylen *v/r umg* to get dressed up; *Frau a.* to get dolled up *umg*, to do oneself up *US umg*; **aufgestylt sein** to be all dressed up; *Frau a.* to be all dolled up *umg*, to be all done up *US umg*
aufsuchen *v/t Bekannten* to call on, to see; *Arzt, Ort, Toilette* to go to
auftakeln *v/t* SCHIFF to rig up; **sich ~** *pej umg* to tart oneself up *Br pej umg*, to do oneself up *US umg*
Auftakt *m* (≈ *Beginn*) start; **den ~ von** *od* **zu etw bilden** to mark the beginning of sth
auftanken *v/t & v/i* to fill up; FLUG to refuel
auftauchen *v/i* **1** *aus dem Wasser* to surface **2** *fig* to appear; *Zweifel, Problem* to arise **3** *sich zeigen* to turn up; **sie ist bei meiner Party aufgetaucht** she turned up at my party
auftauen *v/t & v/i* to thaw
aufteilen **A** *v/t* **1** (≈ *aufgliedern*) to divide up (**in** +*akk* into) **2** (≈ *verteilen*) to share out **B** *v/r* **sich ~** (**in**) to divide (into)
auftischen *v/t* to serve up; **j-m Lügen** etc **~** *umg* to tell sb a lot of lies *etc*
Auftrag *m* **1** (≈ *Anweisung*) orders *pl*; (≈ *zugeteilte Arbeit*) job; (≈ *Aufgabe*) mission, task; JUR brief; **j-m den ~ geben, etw zu tun** to instruct sb to do sth; **in j-s ~** (*dat*) (≈ *für j-n*) on sb's behalf; (≈ *auf j-s Anweisung*) on sb's instructions **2** HANDEL order (**über** +*akk* for); **etw in ~ geben** to order sth (**bei** from)
auftragen **A** *v/t* **1** (≈ *servieren*) to serve **2** *Farbe, Schminke* to apply (**auf** +*akk* to); *Make-up* to put on **3** **j-m etw ~** to instruct sb to do sth **B** *v/i* (≈ *übertreiben*) **dick** *od* **stark ~** *umg* to lay it on thick *umg*
Auftraggeber(in) *m(f)* client; *von Firma* customer
Auftragnehmer(in) *m(f)* HANDEL firm accepting the order; *Hoch- und Tiefbau* contractor
Auftragsbestätigung *f* confirmation of order
Auftragsbuch *n* order book
Auftragseingang *m* **bei ~** on receipt of order
auftragsgemäß *adj & adv* as instructed; HANDEL as per order
Auftragslage *f* order situation
auftreffen *v/i* **auf etw** (*dat od akk*) **~** to hit sth
auftreiben *umg v/t* (≈ *beschaffen*) to get hold of; (≈ *ausfindig machen*) to find
auftrennen *v/t* to undo
auftreten **A** *v/i* **1** *wörtl* to tread **2** (≈ *erscheinen*) to appear; *als Schauspieler* to perform; **in einem Film ~** to star; **als Zeuge/Kläger ~** to appear as a witness/as plaintiff; **er tritt zum ersten Mal in Köln auf** he is appearing in Cologne for the first time; **gegen j-n/etw ~** to stand up against sb/sth **3** *fig* (≈ *eintreten*) to occur; *Schwierigkeiten etc* to arise **4** (≈ *sich benehmen*) to behave **5** (≈ *handeln*) to act; **als Vermittler ~** to act as (an) intermediary **B** *v/t Tür etc* to kick open
Auftreten *n* **1** (≈ *Erscheinen*) appearance **2** (≈ *Benehmen*) manner
Auftrieb *m* **1** PHYS buoyancy (force); FLUG lift **2** *fig* (≈ *Aufschwung*) impetus; **das wird ihm ~ geben** that will give him a lift
Auftritt *m* **1** (≈ *Erscheinen*) entrance **2** THEAT (≈ *Szene*) scene **3** (≈ *Konzert*) gig; **einen ~ haben** to do a gig
auftrumpfen *v/i* to be full of oneself *umg*; **~d sagte er …** *…*, he crowed
auftun **A** *v/t* **1** *umg* (≈ *ausfindig machen*) to find **2** (≈ *öffnen*) to open **3** *umg* (≈ *servieren*) **j-m etw ~** to help sb to sth **B** *v/r* to open up; *Möglichkeiten, Probleme* to arise
auftürmen **A** *v/t* to pile up **B** *v/r Gebirge etc* to tower up; *Schwierigkeiten* to mount up
aufwachen *v/i* to wake up
aufwachsen *v/i* to grow up
aufwallen *v/i* to bubble up; GASTR to boil up; *Leidenschaft etc* to surge up
Aufwand *m* **1** *Geld* expenditure (**an** +*dat* of); **ein großer ~** (**an Zeit/Energie/Geld**) a lot of time/energy/money **2** (≈ *Luxus*) extravagance; (**großen**) **~ treiben** to be (very) extravagant
aufwändig *adj & adv* → aufwendig
Aufwandsentschädigung *f* expense allowance
aufwärmen **A** *v/t* to heat *od* warm up; *umg* (≈ *wieder erwähnen*) to drag up *umg* **B** *v/r* to warm oneself up; SPORT to warm up
Aufwärmübung *f* warm-up exercise
aufwärts *adv* up, upward(s)
aufwärtsgehen *v/i* **mit seinen Leistungen geht es aufwärts** he's doing better
Aufwärtstrend *m* upward trend
Aufwasch *dial m* → Abwasch
aufwaschen *dial* **A** *v/t Geschirr* to wash **B** *v/i* to

wash the dishes

aufwecken v/t to wake (up); *fig* to rouse; → aufgeweckt

aufweichen A v/t to make soft; *Doktrin, Gesetz* to water down B v/i to get soft

aufweisen v/t to show; *etw aufzuweisen haben* to have sth to show for oneself

aufwenden v/t to use; *Zeit, Energie* to expend; *Mühe* to take; *Geld* to spend

aufwendig A *adj* (≈ *teuer*) costly; (≈ *üppig*) lavish B *adv* extravagantly

Aufwendungen *pl* (≈ *Ausgaben*) expenditure

aufwerfen v/t *Frage, Verdacht* to raise

aufwerten v/t 1 *Währung* to revalue 2 *fig* to increase the value of

Aufwertung f *von Währung* revaluation; *fig* increase in value

aufwickeln v/t (≈ *aufrollen*) to roll up

auf Wiedersehen *int* goodbye

aufwiegeln v/t to stir up; *j-n zum Streik* ~ to incite sb to strike

aufwiegen *fig* v/t to offset

Aufwind m FLUG upcurrent; METEO upwind; *einer Sache* (*dat*) ~ *geben* fig to give sth impetus

aufwirbeln v/t to swirl up; *Staub a.* to raise; (**viel**) **Staub** ~ *fig* to cause a (big) stir

aufwischen v/t *Wasser etc* to wipe up; *Fußboden* to wipe

aufwühlen *wörtl* v/t *Erde, Meer* to churn (up); *Leidenschaften* to rouse; → aufgewühlt

aufzählen v/t to list

Aufzählung f list; (≈ *das Aufzählen*) enumeration

aufzehren v/t to exhaust; *fig* to sap

aufzeichnen v/t 1 *Plan etc* to draw 2 (≈ *notieren*), *a.* RADIO, TV to record

Aufzeichnung f 1 (≈ *Notiz*) note; (≈ *Niederschrift*) record 2 (≈ *Filmaufzeichnung etc*) recording

aufzeigen v/t to show

aufziehen A v/t 1 (≈ *hochziehen*) to pull up; *Flagge, Segel* to hoist 2 (≈ *öffnen*) *Reißverschluss* to undo; *Schublade* to (pull) open; *Gardinen* to draw (back) 3 (≈ *aufspannen*) *Foto etc* to mount; *Saite, Reifen* to fit 4 (≈ *spannen*) *Uhr etc* to wind up 5 *Kind* to bring up, to raise; *Tier* to rear 6 (≈ *verspotten*) *j-n* ~ *umg* to tease sb (*mit* about) B v/i *dunkle Wolke* to come up; *Gewitter* to gather

Aufzucht f rearing

Aufzug m 1 (≈ *Fahrstuhl*) lift *Br*, elevator *US* 2 THEAT act 3 *pej umg* (≈ *Kleidung*) get-up *umg*

aufzwingen v/t *j-m etw* ~ to force sth on sb

Augapfel m eyeball; *j-n/etw wie seinen* ~ *hüten* to cherish sb/sth like life itself

Auge n 1 eye; *auf einem* ~ *blind* blind in one eye; *gute/schlechte* ~n *haben* to have good/bad eyesight; *er hatte nur* ~n *für sie* he only had eyes for her; *ein* ~ *auf j-n/etw (geworfen) haben* to have one's eye on sb/sth; *da blieb kein* ~ *trocken hum vor Lachen* everyone laughed till they cried; *große* ~n *machen* to be wide-eyed; *j-m schöne od verliebte* ~n *machen* to make eyes at sb; *j-m die* ~n *öffnen fig* to open sb's eyes; *so weit das* ~ *reicht* as far as the eye can see; *ein* ~ *riskieren hum* to have a peep *umg*; *sie traute ihren* ~n *kaum* she couldn't believe her eyes; *die* ~n *vor etw* (*dat*) *verschließen* to close one's eyes to sth; *ein* ~ *od beide* ~n *zudrücken umg* to turn a blind eye; *ich habe kein* ~ *zugetan* I didn't sleep a wink 2 *mit Präposition* *geh mir aus den* ~n! get out of my sight!; *sie ließen ihn nicht aus den* ~n they didn't let him out of their sight; *j-n im* ~ *behalten* (≈ *beobachten*) to keep an eye on sb; ~ *in* ~ face to face; *dem Tod ins* ~ *sehen* to look death in the eye; *etw ins* ~ *fassen* to contemplate sth; *das springt od fällt einem gleich ins* ~ it strikes one immediately; *das kann leicht ins* ~ *gehen fig umg* it might easily go wrong; *in den* ~n *der Öffentlichkeit* in the eyes of the public; *etw mit eigenen* ~n *gesehen haben* to have seen sth with one's own eyes; *mit bloßem od nacktem* ~ with the naked eye; *j-m etw vor* ~n *führen fig* to make sb aware of sth; *vor aller* ~n in front of everybody 3 (≈ *Knospenansatz*) eye 4 (≈ *Fettauge*) little globule of fat

Augenarzt m, **Augenärztin** f ophthalmologist

Augenbinde f (≈ *Augenklappe*) eye patch

Augenblick m moment; *alle* ~e constantly; *jeden* ~ any minute; *einen* ~, *bitte* one moment please!; *im* ~ at the moment; *in diesem* ~ right now; *im selben* ~ ... at that moment ...; *im letzten* ~ at the last moment; *im ersten* ~ for a moment

augenblicklich A *adj* 1 (≈ *sofortig*) immediate 2 (≈ *gegenwärtig*) present 3 (≈ *vorübergehend*) temporary B *adv* 1 (≈ *sofort*) immediately 2 (≈ *zurzeit*) at the moment

Augenbraue f eyebrow

Augenfarbe f colour of eyes *Br*, color of eyes *US*

Augenheilkunde f ophthalmology

Augenhöhe f *in* ~ at eye level; *auf* ~ *fig Gespräch, Partnerschaft* on an equal footing

Augenklappe f 1 eye patch 2 *für Pferde* blinker, blinder *US*

Augenleiden n eye complaint

Augenlicht n (eye)sight

Augenlid n eyelid

Augen-Make-up-Entferner m eye make-up remover

Augenmaß n eye; *ein* ~ *für etw haben fig* to

have an eye for sth
Augenmerk n (≈ Aufmerksamkeit) attention; **sein ~ auf etw** (akk) **lenken** od **richten** to direct sb's/one's attention to sth
Augenschein m **1** (≈ Anschein) appearance; **dem ~ nach** by all appearances **2 j-n/etw in ~ nehmen** to look closely at sb/sth
augenscheinlich adv obviously
Augentropfen pl eye drops pl
Augenweide f feast for the eyes
Augenwischerei fig f eyewash
Augenzeuge m, **Augenzeugin** f eyewitness (**bei** to)
Augenzeugenbericht m eyewitness account
Augenzwinkern n winking
augenzwinkernd adv with a wink
August m August; → März
Auktion f auction
Auktionator(in) m(f) auctioneer
Auktionshaus n auction house, auctioneers pl
auktorial adj **~er Erzähler** LIT intrusive narrator
Aula f SCHULE, UNIV etc (assembly) hall
Au-pair-Junge m male au pair
Au-pair-Mädchen n au pair (girl); **als ~ arbeiten** to work (as an) au pair
Au-pair-Stelle f au pair job
AU-Plakette f emissions-test badge
aus **A** präp **1** Herkunft from; **aus ... heraus** out of; **ich komme** od **bin aus** I'm from; **aus dem Zug/Bus aussteigen** to get off the train/bus; **aus guter Familie** from a good family **2** Ursache out of; **aus Hass/Gehorsam/Mitleid** out of hatred/obedience/sympathy; **aus vielen Gründen** for lots of reasons; **aus Furcht vor/Liebe zu** for fear/love of; **aus Spaß** for a laugh umg; **aus Versehen** by mistake **3** zeitlich from; **aus dem Barock** from the Baroque period **4** (≈ beschaffen aus) (made out) of **5 einen anständigen Menschen aus j-m machen** to make sb into a decent person; **was ist aus ihm/dieser Sache geworden?** what has become of him/this?; **aus der Mode** out of fashion **B** adv **1** → aus sein **2** SPORT out **3** umg (≈ zu Ende) over; **aus jetzt!** that's enough! **4** an Geräten off; **Licht aus!** lights out! **5 vom Fenster aus** from the window; **von München aus** from Munich; **von sich aus** of one's own accord; **von ihm aus** as far as he's concerned
Aus n **1 ins Aus gehen** to go out of play; **ins politische Aus geraten** to end up in the political wilderness **2** (≈ Ende) end
ausarbeiten v/t to work out; (≈ formulieren) to formulate; Vertrag to draw up
ausarten v/i Party etc to get out of control; **~ in** (+akk) od **zu** to degenerate into
ausatmen v/t & v/i to breathe out, to exhale

ausbaden fig umg v/t to take the rap for umg
ausbalancieren wörtl, fig v/t to balance (out)
Ausbau m (≈ das Ausbauen) removal; (≈ Erweiterung) extension (**zu** into); (≈ Umbau) conversion (**zu** into); (≈ Festigung: von Position) consolidation
ausbauen v/t **1** (≈ herausmontieren) to remove (**aus** from) **2** (≈ erweitern) to extend (**zu** into); (≈ umbauen) to convert (**zu** into); (≈ festigen) Position to consolidate
ausbaufähig adj Geschäft, Markt expandable; Beziehungen that can be built up
Ausbaustrecke f Verkehr section of improved road; „Ende der ~" ≈ "road narrows"
ausbedingen v/t **sich** (dat) **etw ~** to make sth a condition; **sich** (dat) **das Recht ~, etw zu tun** to reserve the right to do sth
ausbessern v/t to repair; Fehler to correct
ausbeulen v/t **ausgebeult** Kleidung baggy; Hut battered; TECH to beat out
Ausbeute f (≈ Gewinn) profit; (≈ Ertrag einer Grube etc) yield (**an** +dat in); fig result(s) (pl); (≈ Einnahmen) proceeds pl
ausbeuten v/t to exploit
Ausbeuter(in) m(f) exploiter
Ausbeutung f exploitation
ausbezahlen v/t Geld to pay out; Arbeitnehmer to pay off; (≈ abfinden) Erben etc to buy out
ausbilden **A** v/t to train; akademisch to educate **B** v/r **sich in etw** (dat) **~ (lassen)** to train in sth; (≈ studieren) to study sth
Ausbilder(in) m(f) instructor
Ausbildung f training kein pl; akademisch education; (≈ Lehre) apprenticeship; **in der ~ sein** to be a trainee; **eine ~ als Maler machen** to be training to become a painter
Ausbildungsbeihilfe f (education) grant
Ausbildungsgang m training
Ausbildungsplan m training programme Br, training program US
Ausbildungsplatz m place to train; (≈ Stelle) training vacancy
Ausbildungsprogramm n training programme Br, training program US
Ausbildungszeit f period of training
ausblasen v/t to blow out
ausbleiben v/i (≈ fortbleiben) to stay out; Schneefall to fail to appear; Erwartung to fail to materialize; **es konnte nicht ~, dass ...** it was inevitable that ...
Ausbleiben n (≈ Fehlen) absence; (≈ das Nichterscheinen) nonappearance; **bei ~ der Periode** if your period doesn't come
Ausblick m **1** view (**auf** +akk of) **2** fig prospect, outlook (**auf** +akk for)
ausbooten umg v/t **j-n** to kick od boot out umg
ausborgen v/t **1 sich** (dat) **etw ~** to borrow sth

2 j-m etw ~ to lend sb sth, to lend sth (out) to sb

ausbrechen A v/i **1** *Krieg, Feuer* to break out; *Gewalt, Unruhen, Jubel* to erupt; **in Gelächter/Tränen ~** to burst out laughing/into tears; **in Schweiß ~** to break out in a sweat; **aus dem Gefängnis ~** to escape from prison **2** *Vulkan* to erupt **3** *Auto* to swerve B v/t to break off; **sich** (*dat*) **einen Zahn ~** to break a tooth

ausbreiten A v/t to spread; *Arme* to stretch out; (≈ *ausstellen*) to display B v/r (≈ *sich verbreiten*) to spread; (≈ *sich erstrecken*) to extend; *umg* (≈ *sich breitmachen*) to spread oneself out; **sich über etw** (*akk*) **~** *fig* to dwell on sth

Ausbreitung f spreading

ausbrennen v/i (≈ *zu Ende brennen*) to burn out; **ausgebrannt** *Brennstab* spent; → ausgebrannt

Ausbruch m **1** escape **2** (≈ *Beginn*) outbreak; *von Vulkan* eruption **3** *fig* outburst

ausbrüten v/t to hatch; *fig umg Plan etc* to cook up *umg*

ausbuddeln *umg* v/t to dig up *a. fig umg*

ausbügeln v/t to iron out

ausbürgern v/t to expatriate

Ausbürgerung f expatriation

ausbürsten v/t to brush out (**aus** of); *Anzug* to brush

auschecken v/i *Flug, Hotel etc* to check out (**aus** of)

Ausdauer f stamina; *im Ertragen* endurance; (≈ *Beharrlichkeit*) persistence

ausdauernd *adj Mensch* with stamina; *im Ertragen* with endurance; (≈ *beharrlich*) tenacious; (≈ *hartnäckig*) persistent

Ausdauertraining n endurance *od* stamina training

ausdehnen A v/t (≈ *vergrößern*) to expand; (≈ *dehnen*) to stretch B v/r **1** (≈ *größer werden*) to expand; *durch Dehnen* to stretch; (≈ *sich erstrecken*) to extend (**bis** as far as) **2** *fig* to extend (**über** +*akk* over); → ausgedehnt

Ausdehnung f **1** (≈ *das Vergrößern*) expansion; *fig zeitlich* extension **2** (≈ *Umfang*) expanse

ausdenken v/t **sich** (*dat*) **etw ~** (≈ *erfinden*) to think *od* make sth up; *Überraschung* to plan sth; (≈ *sich vorstellen*) to imagine sth; **ausgedacht** made-up; **das ist nicht auszudenken** (≈ *unvorstellbar*) it's inconceivable; (≈ *zu schrecklich etc*) it doesn't bear thinking about

ausdiskutieren v/t *Thema* to discuss fully

ausdörren v/t *Kehle* to parch

Ausdruck[1] m (≈ *Gesichtsausdruck, Wort*) expression; (≈ *Fachausdruck*), *a.* MATH term; (≈ *Wendung*) phrase; **etw zum ~ bringen** to express sth

Ausdruck[2] m *von Computer etc* printout

ausdrucken v/t IT to print out

ausdrücken A v/t **1** (≈ *zum Ausdruck bringen*) to express (j-m to sb); **anders ausgedrückt** in other words; **einfach ausgedrückt** put simply; **Sie wissen, wie man es ausdrückt** you know how to put it **2** *Frucht, Schwamm* to squeeze out; *Tube, Pickel* to squeeze; *Zigarette* to stub out B v/r *Mensch* to express oneself

ausdrücklich A *adj Wunsch* express B *adv* expressly; (≈ *besonders*) particularly

ausdruckslos *adj* expressionless

Ausdrucksvermögen n expressiveness; *Gewandtheit* articulateness

ausdrucksvoll *adj* expressive

Ausdrucksweise f way of expressing oneself; (≈ *Formulierung*) wording

Ausdünstung f (≈ *Geruch*) fume; *von Tier* scent; *von Mensch* smell

auseinander *adv* apart; **weit ~** far apart; *Augen, Beine etc* wide apart; *Meinungen* very different; **wir sind ~** *umg* (≈ *getrennt*) we've split *od* broken up *umg*, we're no longer together

auseinanderbrechen v/i to break up

auseinanderfalten v/t to unfold

auseinandergehen v/i **1** to part; *Menge* to disperse; *Versammlung, Ehe etc* to break up **2** *fig Ansichten etc* to differ **3** *umg* (≈ *dick werden*) to get fat

auseinanderhalten v/t to keep apart; (≈ *unterscheiden*) to tell apart

auseinanderjagen v/t to scatter

auseinanderleben v/r to drift apart

auseinanderliegen v/i **1** *räumlich* **die beiden Dörfer liegen zwei Kilometer auseinander** the two villages are two kilometres apart **2** *zeitlich* **die Ereignisse lagen nur einige Monate auseinander** the events were only a few months apart

auseinandernehmen v/t to take apart; *kritisch* to tear to pieces

auseinanderschreiben v/t *Wörter* to write as two words

auseinandersetzen A v/t **1** **zwei Kinder ~** to separate two children; **sich ~** to sit apart **2** *fig* to explain (j-m to sb) B v/r **sich mit etw ~** (≈ *sich befassen*) to have a good look at sth; **sich kritisch mit etw ~** to have a critical look at sth

Auseinandersetzung f **1** (≈ *Diskussion*) discussion (**über** +*akk* about, on); (≈ *Streit*) argument; (≈ *Konfrontation*) confrontation; **eine ~ haben** to have an argument **2** (≈ *das Befassen*) examination (**mit** of)

auserwählen *geh* v/t to choose

auserwählt *geh adj* chosen; (≈ *ausgesucht*) select

ausfahrbar *adj* extendable; *Antenne, Fahrgestell, Klinge* retractable

ausfahren v/t **1** *im Kinderwagen, Rollstuhl* to take

Ausfahrt – ausgehen

for a walk; *im Auto* to take for a drive **2** (≈ *ausliefern*) *Waren* to deliver **3** (≈ *abnutzen*) *Weg* to wear out **4** **ein Auto** *etc* (**voll**) ~ to drive a car *etc* at full speed **5** TECH to extend; *Fahrgestell etc* to lower

Ausfahrt *f* **1** (≈ *Spazierfahrt*) drive, ride **2** (≈ *Autobahnausfahrt*) exit; "**Ausfahrt frei halten**" "keep clear"

Ausfall *m* **1** (≈ *Verlust*), *a.* MIL loss; TECH, MED failure; *von Motor* breakdown; **bei ~ des Stroms** … in case of a power failure … **2** *von Sitzung etc* cancellation

ausfallen *v/i* **1** (≈ *herausfallen*) to fall out; **mir fallen die Haare aus** my hair is falling out **2** (≈ *nicht stattfinden*) to be cancelled *Br*, to be canceled *US* **3** (≈ *nicht funktionieren*) to fail; *Motor* to break down **4** **gut/schlecht** *etc* ~ to turn out well/badly *etc* **5** → *ausgefallen*

ausfallend *adj* abusive; **~ werden** to become abusive

ausfechten *fig v/t* to fight (out)

ausfertigen *v/t Dokument* to draw up; *Rechnung* to make out; *Pass* to issue

Ausfertigung *form f* **1** *von Dokument* drawing up; *von Rechnung* making out; *von Pass* issuing **2** (≈ *Abschrift*) copy; **in doppelter/dreifacher ~** in duplicate/triplicate

ausfindig *adj* **~ machen** to find, to trace

ausfliegen **A** *v/i aus Gebiet etc* to fly out (**aus** of); **ausgeflogen sein** *fig umg* to be out **B** *v/t* FLUG *Verwundete etc* to evacuate (by air) (**aus** from)

ausfließen *v/i* (≈ *herausfließen*) to flow out (**aus** of)

ausflippen *umg v/i* to go crazy, to freak out *umg*; → *ausgeflippt*

Ausflucht *f* excuse

Ausflug *m* trip, excursion; (≈ *Schulausflug*) outing; **einen ~ machen** to go on a trip

Ausflugsdampfer *m* pleasure steamer

Ausfluss *m* **1** (≈ *das Herausfließen*) outflow **2** (≈ *Ausflussstelle*) outlet **3** MED discharge

ausforschen *v/t* (≈ *erforschen*) to investigate

ausfragen *v/t* to question (**nach** about); *strenger* to interrogate

ausfransen *v/t & v/i* to fray

ausfressen *v/t umg* (≈ *anstellen*) **etwas ~** to do something wrong; **was hat er denn wieder ausgefressen?** what's he (gone and) done now? *umg*

Ausfuhr *f* (≈ *das Ausführen*) export; (≈ *Ausfuhrhandel*) exports *pl*

ausführbar *adj Plan* feasible; **schwer ~** difficult to carry out

Ausfuhrbestimmungen *pl* export regulations *pl*

ausführen *v/t* **1** *ins Theater etc* to take out; *Hund* to take for a walk **2** (≈ *durchführen*) to carry out; *Befehl* to execute; SPORT *Freistoß etc* to take **3** (≈ *erklären*) to explain **4** HANDEL *Waren* to export

Ausfuhrgenehmigung *f* HANDEL export licence *Br*, export license *US*

Ausfuhrgüter *pl* export goods *pl*

Ausfuhrhandel *m* export trade

Ausfuhrland *n* exporting country

ausführlich **A** *adj* detailed **B** *adv* in detail

Ausfuhrsperre *f* export ban

Ausführung *f* **1** (≈ *Durchführung*) carrying out; *von Freistoß* taking **2** (≈ *Erklärung*) explanation **3** *von Waren* design; (≈ *Qualität*) quality; (≈ *Modell*) model

ausfüllen *v/t* to fill; *Platz* to take up; *Formular* to fill in *Br*, to fill out; **j-n** (**voll** *od* **ganz**) **~** (≈ *befriedigen*) to satisfy sb (completely); **ein ausgefülltes Leben** a full life

Ausgabe *f* **1** (≈ *Austeilung*) distribution; *von Dokumenten etc* issuing; *von Essen* serving **2** *von Buch, Zeitung, Sendung* edition; *von Aktien* issue **3** (≈ *Ausführung*) version **4** **~n** *pl* (≈ *Kosten*) expenses *pl*; *des Staates* spending

Ausgang *m* **1** (≈ *Weg nach draußen*) exit (**+gen** *od* **von** from); FLUG gate **2** **~ haben** to have the day off **3** (≈ *Ende*) end; *von Roman, Film* ending; (≈ *Ergebnis*) outcome; **ein Unfall mit tödlichem ~** a fatal accident

Ausgangsbasis *f* starting point

Ausgangsposition *f* initial position

Ausgangspunkt *m* starting point

Ausgangssperre *f* ban on going out; *bes bei Belagerungszustand* curfew

ausgeben *v/t* **1** (≈ *austeilen*) to distribute; (≈ *aushändigen*) to issue; *Essen* to serve **2** *Geld* to spend (**für** on); **eine Runde ~** to stand a round *umg*; **ich gebe heute Abend einen aus** *umg* it's my treat this evening **3** **sich als j-d/etw ~** to pass oneself off as sb/sth

ausgebildet *adj* trained, skilled; **gut ~** educated; **voll ~** fully qualified

ausgebrannt *fig adj* burned-out *umg*; → *ausbrennen*

ausgebucht *adj* booked up

ausgedehnt *adj* extensive; *räumlich* vast; *zeitlich* lengthy; *Spaziergang* long; → *ausdehnen*

ausgefallen *adj* (≈ *ungewöhnlich*) unusual; (≈ *übertrieben*) extravagant; (≈ *schockierend*) outrageous; → *ausfallen*

ausgeflippt *umg adj* freaky *umg*; → *ausflippen*

ausgefuchst *umg adj* clever; (≈ *listig*) crafty *umg*

ausgeglichen *adj* balanced; *Spiel, Klima* even; → *ausgleichen*

Ausgeglichenheit *f* balance

ausgehen *v/i* **1** (≈ *weggehen*) to go out; (≈ *unter Leute kommen*) to socialize; **er geht selten aus**

he doesn't go out much; **mit j-m ~** (≈ *befreundet sein*) to date sb ◊ (≈ *herrühren*) to come (**von** from); **gehen wir einmal davon aus, dass ...** let us assume that ... ◊ *bes* SPORT to end; (≈ *ausfallen*) to turn out; **gut/schlecht ~** to turn out well/badly; *Film etc* to end happily/unhappily; *Abend, Spiel* to end well/badly; **straffrei ~** to receive no punishment; **leer ~** *umg* to come away empty-handed ◊ (≈ *zu Ende sein*) *Vorräte, Zeit etc* to run out; **mir ging die Geduld aus** I lost (my) patience; **mir ging das Geld aus** I ran out of money

ausgehend *adj* ◊ **im ~en Mittelalter** toward(s) the end of the Middle Ages; **das ~e 20. Jahrhundert** the end of the 20th century ◊ **die ~e Post** the outgoing mail

ausgehungert *adj* starved

ausgekocht *pej umg adj* (≈ *durchtrieben*) cunning; → **auskochen**

ausgelassen A *adj* (≈ *heiter*) lively; *Stimmung* happy; (≈ *wild*) *Kinder* boisterous B *adv* wildly; → **auslassen**

ausgelastet *adj Mensch* fully occupied; *Maschine, Anlage* working to capacity; → **auslasten**

ausgemacht *adj* ◊ (≈ *abgemacht*) agreed; **es ist eine ~e Sache, dass ...** it is agreed that ... ◊ *umg* (≈ *vollkommen*) complete; → **ausmachen**

ausgenommen A *konj* except; **täglich ~ sonntags** daily except for Sundays B *adj* (≈ *befreit*) exempt; → **ausnehmen**

ausgepowert *umg adj* worn out *umg*

ausgeprägt *adj* distinctive; *Interesse* marked

ausgerechnet *adv* **~ du** you of all people; **~ heute** today of all days; → **ausrechnen**

ausgeschlossen *adj* (≈ *unmöglich*) impossible; (≈ *nicht infrage kommend*) out of the question; **es ist nicht ~, dass ...** it's just possible that ...; → **ausschließen**

ausgeschnitten *adj Bluse, Kleid* low-cut; → **ausschneiden**

ausgespielt *adj* **~ haben** to be finished; → **ausspielen**

ausgesprochen A *adj Schönheit, Qualität, Vorliebe* definite; *Ähnlichkeit* marked; **~es Pech haben** to be really unlucky B *adv* really; → **aussprechen**

ausgestorben *adj Tierart* extinct; **der Park war wie ~** the park was deserted; → **aussterben**

ausgesucht A *adj* (≈ *erlesen*) select B *adv* (≈ *überaus, sehr*) extremely; → **aussuchen**

ausgewachsen *adj* fully grown; *Skandal* huge

ausgewogen *adj* balanced; *Maß* equal

Ausgewogenheit *f* balance

ausgezeichnet A *adj* excellent B *adv* excellently; **es geht mir ~** I'm feeling marvellous *Br*, I'm feeling marvelous *US*; → **auszeichnen**

ausgiebig A *adj Mahlzeit etc* substantial; *Gebrauch* extensive B *adv* **~ frühstücken** to have a substantial breakfast; **~ schlafen** to have a (good) long sleep

ausgießen *v/t aus einem Behälter* to pour out; *Behälter* to empty

Ausgleich *m* (≈ *Gleichgewicht*) balance; *von Konto* balancing; *von Verlust* compensation; SPORT equalizer; **zum** *od* **als ~ für etw** in order to compensate for sth; **er treibt zum ~ Sport** he does sport for exercise

ausgleichen A *v/t Unterschiede* to even out; *Konto* to balance; *Verlust, Fehler* to make good; *Mangel* to compensate for; **~de Gerechtigkeit** poetic justice; → **ausgeglichen** B *v/i* SPORT to equalize C *v/r* to balance out

Ausgleichssport *m* keep-fit activity; **als ~** to keep fit

Ausgleichstor *n*, **Ausgleichstreffer** *m* equalizer *Br*, tying goal *US*

ausgliedern *v/t Produktion etc* to outsource

ausgraben *v/t* to dig up; *Grube, Loch* to dig out; *Altertümer* to excavate

Ausgrabung *f* excavation

ausgrenzen *v/t* to exclude, to segregate

Ausgrenzung *f* exclusion

Ausguss *m* (≈ *Becken*) sink; (≈ *Abfluss*) drain

aushaben *umg v/t Buch, Essen etc* to have finished; (≈ *ausgezogen haben*) to have taken off

aushaken *umg v/i* **es hat bei ihm ausgehakt** something in him snapped *umg*

aushalten *v/t* ◊ (≈ *ertragen können*) to bear; *Druck* to stand; (≈ *leiden*) to suffer; **hier lässt es sich ~** this is not a bad place; **das ist nicht auszuhalten** it's unbearable; **er hält viel aus** he can take a lot; **ich kann es nicht ~** I can't stand it; **ich halts aus, ich kanns ~** I can take it ◊ *umg* **sich von j-m ~ lassen** to be kept by sb

aushandeln *v/t* to negotiate

aushändigen *v/t* **j-m etw ~** to hand sth over to sb

Aushang *m* notice

aushängen A *v/t* ◊ (≈ *bekannt machen*) to put up ◊ *Tür* to unhinge B *v/i* **am Schwarzen Brett ~** to be on the notice board *Br*, to be on the bulletin board *US*

Aushängeschild *n* sign; *fig* (≈ *Reklame*) advertisement

ausharren *geh v/i* to wait

aushebeln *v/t fig Gesetz etc* to annul, to cancel

ausheben *v/t* ◊ *Tür etc* to take off its hinges ◊ *Graben, Grab* to dig ◊ *fig Diebesnest* to raid

aushecken *umg v/t Plan* to cook up *umg*

ausheilen *v/i Krankheit* to be cured; *Organ, Wunde* to heal

aushelfen *v/i* to help out (**j-m** sb)

Aushilfe f **1** help **2** *Mensch* temporary worker; *bes im Büro* temp *umg*
Aushilfsjob m temporary job; *im Büro* temping job
Aushilfskraft f temporary worker; *bes im Büro* temp *umg*
aushilfsweise adv on a temporary basis
aushöhlen v/t to hollow out; *Ufer, Steilküste* to erode
ausholen v/i *zum Schlag* to raise one's hand/arm etc; *zum Wurf* to reach back; **weit ~** *fig Redner* to go far afield; **zum Gegenschlag ~** to prepare for a counterattack
aushorchen *umg* v/t to sound out
aushungern v/t to starve
auskennen v/r *an einem Ort* to know one's way around; *auf einem Gebiet* to know a lot (**auf** *od* **in** +dat about)
auskippen v/t to dump, to tip
ausklammern v/t *Problem* to leave aside
ausklappbar adj folding
ausklappen v/t to open out
ausklingen v/i *Lied* to finish; *Abend, Feier etc* to end (**in** +dat with)
ausklopfen v/t *Teppich* to beat; *Pfeife* to knock out
auskochen v/t **1** GASTR *Knochen* to boil **2** MED *Instrumente* to sterilize (*in boiling water*); → **ausgekocht**
auskommen v/i **1** (≈ *genügend haben*) to get by (**mit** on); **ohne j-n/etw ~** to manage without sb/sth **2** **mit j-m (gut) ~** to get on (well) with sb
Auskommen n (≈ *Einkommen*) livelihood; **sein ~ haben/finden** to get by; **mit ihr ist kein ~** she's impossible to get on with
auskosten v/t (≈ *genießen*) to make the most of; *Leben* to enjoy to the full
auskratzen v/t to scrape out
auskugeln v/t **sich** (dat) **den Arm/die Schulter ~** to dislocate one's arm/shoulder
auskühlen v/i to cool down; *Körper, Menschen* to chill through
auskundschaften v/t *Weg, Lage* to find out; *Versteck* to spy out
Auskunft f **1** (≈ *Mitteilung*) information *kein pl*; **j-m eine ~ erteilen** to give sb some information **2** (≈ *Schalter*) information desk; TEL directory inquiries *ohne art*
Auskunftsbüro n enquiry *od* information office
Auskunftsschalter m information desk
auskurieren *umg* v/t to cure
auslachen v/t *j-n* to laugh at
ausladen v/t **1** *Ware, Ladung* to unload **2** *umg* **j-n ~** to tell sb not to come, to disinvite sb
ausladend adj *Dach* projecting; *Bewegung* sweeping
Auslage f **1** *von Waren* display; (≈ *Schaufenster*) (shop) window; (≈ *Schaukasten*) showcase **2** expense
auslagern v/t *Produktion* to outsource
Auslagerung f *von Produktion* outsourcing
Ausland n foreign countries *pl*; **ins/im ~** abroad; **aus dem** *od* **vom ~** from abroad; **Handel mit dem ~** foreign trade
Ausländer(in) m(f) foreigner; ADMIN, JUR alien
Ausländerbeauftragte(r) m/f(m) official with special responsibility for foreigners
Ausländerbehörde f ≈ immigration authority
ausländerfeindlich **A** adj xenophobic; *Anschlag* on foreigners **B** adv **~ motivierte Straftaten** crimes with a racist motive
Ausländerfeindlichkeit f xenophobia
ausländerfreundlich adj foreigner-friendly; **sie sind sehr ~** they are very friendly to foreigners
Ausländergesetz n JUR law on immigrants
Ausländerpolitik f policy on immigrants
ausländisch adj foreign, alien
Auslandsaufenthalt m stay abroad
Auslandseinsatz m *von Soldaten, Journalisten etc* deployment abroad
Auslandsgespräch n international call
Auslandskorrespondent(in) m(f) foreign correspondent
Auslandskrankenschein m international health insurance document
Auslandsreise f journey *od* trip abroad
Auslandsschutzbrief m international travel cover
Auslandsvertretung f agency abroad; *von Firma* foreign branch
auslassen **A** v/t **1** (≈ *weglassen*) to leave out; (≈ *versäumen*) *Chance* to miss **2** (≈ *abreagieren*) to vent (**an** +dat on) **3** *Butter, Fett* to melt; *Speck* to render (down) **4** → **ausgelassen** **B** v/r to talk (**über** +akk about)
Auslassung f (≈ *Weglassen*) omission
auslasten v/t **1** *Maschine* to make full use of **2** *j-n* to occupy fully; → **ausgelastet**
Auslastung f capacity utilization
Auslauf m (≈ *Bewegung*) exercise; *für Kinder* room to run about
auslaufen v/i **1** *Flüssigkeit* to run out (**aus** of); (≈ *undicht sein*) to leak **2** *Schiff* to sail **3** *Modell, Serie* to be discontinued **4** *Farbe, Stoff* to run
Ausläufer m **1** METEO *von Hoch* ridge; *von Tief* trough **2** (≈ *Vorberge*) foothill *mst pl*
Auslaufmodell n discontinued model
ausleben v/r *Mensch* to live it up
auslecken v/t to lick out

ausleeren v/t to empty

auslegen v/t [1] (≈ ausbreiten) to lay out; *Waren etc* to display; *Kabel, Minen* to lay [2] (≈ bedecken) to cover; (≈ auskleiden) to line; **den Boden (mit Teppichen) ~** to carpet the floor [3] (≈ deuten) to interpret [4] *Geld* to lend; **sie hat die 5 Euro ausgelegt** she paid the 5 euros

Ausleger m *von Kran etc* jib, boom

Auslegung f (≈ Deutung) interpretation

ausleiern v/i to wear out

ausleihen v/t (≈ verleihen) to lend (**j-m, an j-n** to sb); (≈ von j-m leihen) to borrow, to loan; **sich** (*dat*) **etw ~** to borrow sth (**bei, von** from)

auslernen v/i **man lernt nie aus** *sprichw* you live and learn *sprichw*

Auslese f [1] (≈ Auswahl) selection [2] (≈ Elite) **die ~** the elite [3] (≈ Wein) *high-quality wine made from selected grapes*

auslesen [A] v/t (≈ auswählen) to select [2] *Buch etc* to finish reading [B] v/i (≈ zu Ende lesen) to finish reading

ausliefern v/t [1] *Waren* to deliver [2] *j-n* to hand over (**an** +akk to); *an anderen Staat* to extradite (**an** +akk to); **sich der Polizei ~** to give oneself up to the police; **j-m ausgeliefert sein** to be at sb's mercy

Auslieferung f [1] *von Ware* delivery [2] *von Menschen* handing over; *von Gefangenen* extradition

Auslieferungsantrag m JUR application for extradition

ausliegen v/i *Waren* to be displayed; *Zeitschriften, Liste etc* to be available (to the public)

auslöffeln v/t *Teller* to empty; **etw ~ müssen** *umg* to have to take the consequences of sth

ausloggen v/r IT to log out

auslöschen v/t *Feuer, Licht* to extinguish; *Erinnerung* to blot out

auslosen v/t to draw lots for; *Gewinner* to draw

auslösen v/t *Alarm, Reaktion* to trigger, to set off; *Bombe* to release; *fig Wirkung* to produce; *Konflikt* to spark; *Begeisterung* to arouse

Auslöser m trigger; *für Bombe* release button; FOTO shutter release

Auslosung f draw

ausloten fig v/t to plumb; **die Sache muss ich doch mal ~** *umg* I'll have to try to get to the bottom of the matter

ausmachen v/t [1] *Feuer, Kerze* to put out; *Licht, Radio* to turn off [2] (≈ sichten) to make out; (≈ ausfindig machen) to locate [3] (≈ vereinbaren) to agree; **einen Termin ~** to agree (on) a time; → **ausgemacht** [4] (≈ betragen) to come to [5] (≈ bedeuten) **viel ~** to make a big difference; **das macht nichts aus** that doesn't matter [6] (≈ stören) to matter (**j-m** to); **macht es Ihnen etwas aus, wenn ...?** would you mind if ...?; **es macht mir nichts aus** I don't mind

ausmalen v/t (*dat*) **sich etw ~** to imagine sth

Ausmaß n *von Fläche* size; *von Katastrophe, Liebe* extent; **ein Verlust in diesem ~** a loss on this scale; **erschreckende ~e annehmen** to assume alarming proportions

ausmergeln v/t *Körper etc* to emaciate; *Boden* to exhaust

ausmerzen v/t to eradicate

ausmessen v/t to measure (out)

ausmisten v/t *Stall* to muck out *Br*, to clear *US*; *fig umg Zimmer etc* to clean out

ausmustern v/t *Fahrzeug etc* to take out of service; MIL (≈ entlassen) to discharge

Ausnahme f exception; **mit ~ von** *od* +*gen* with the exception of; **ohne ~** without exception

Ausnahmefall m exceptional case

Ausnahmezustand m POL **den ~ verhängen** to declare a state of emergency

ausnahmslos adv without exception

ausnahmsweise adv **darf ich das machen? — ~ may I do that? —** just this once

ausnehmen v/t [1] *Fisch* to gut; *Geflügel* to draw [2] (≈ ausschließen) *j-n* to make an exception of; (≈ befreien) to exempt; → **ausgenommen** [3] *umg finanziell, j-n* to fleece *umg*

ausnüchtern v/t & v/i & v/r to sober up

Ausnüchterungszelle f drying-out cell

ausnutzen v/t to use; (≈ zu seinem Vorteil nutzen) to take advantage of; (≈ ausbeuten) to exploit; *Gelegenheit* to make the most of; **er fühlt sich von anderen ausgenutzt** he feels put-upon

Ausnutzung f use; (≈ Ausbeutung) exploitation

auspacken [A] v/t & v/i *Koffer* to unpack; *Geschenk* to unwrap [B] v/i *umg* (≈ alles sagen) to talk *umg*

auspeitschen v/t to whip

auspfeifen v/t to boo at

auspflanzen v/t to plant

ausplaudern v/t to let out

ausplündern v/t *Dorf etc* to pillage

ausposaunen *umg* v/t to broadcast *umg*

auspressen v/t *Zitrone etc* to squeeze

ausprobieren v/t to try out

Auspuff m exhaust

Auspuffgase pl exhaust fumes pl

Auspuffrohr n exhaust pipe

Auspufftopf m silencer; *US* muffler

auspumpen v/t (≈ leeren) to pump out

Ausputzer(in) m(f) FUSSB sweeper

ausquartieren v/t to move out

ausquetschen v/t *Saft etc* to squeeze out; *umg* (≈ ausfragen) to grill *umg*

ausradieren v/t to rub out, to erase; *fig* (≈ vernichten) to wipe out

ausrangieren *umg* v/t *Kleider* to throw out; *Maschine, Auto* to scrap

ausrasten v/i hum umg (≈ zornig werden) to do one's nut Br umg
ausrauben v/t to rob
ausräuchern v/t Zimmer to fumigate; Tiere, Bande to smoke out
ausräumen v/t to clear out; Möbel to move out; fig Missverständnisse to clear up
ausrechnen v/t to work out, to figure out; **sich** (dat) **große Chancen ~** to reckon that one has a good chance; → ausgerechnet
Ausrede f excuse
ausreden A v/i to finish speaking B v/t **j-m etw ~** to talk sb out of sth
ausreichen v/i to be sufficient; für bestimmte Zeit to last
ausreichend A adj sufficient, enough; (≈ angemessen) adequate; SCHULE satisfactory B adv sufficiently
Ausreise f **bei der ~** on leaving the country
Ausreiseerlaubnis f exit permit
ausreisen v/i to leave (the country); **nach Frankreich ~** to go to France
Ausreisevisum n exit visa
ausreißen A v/t Haare, Blatt to tear out; Unkraut, Zahn to pull out B v/i umg (≈ davonlaufen) to run away
Ausreißer(in) umg m(f) runaway
ausreiten v/i to go for a ride
ausrenken v/t to dislocate; **sich/j-m den Arm ~** to dislocate one's/sb's arm
ausrichten v/t 1 (≈ aufstellen) to line up 2 (≈ veranstalten) to organize 3 (≈ erreichen) to achieve; **ich konnte bei ihr nichts ~** I couldn't get anywhere with her 4 (≈ übermitteln) to tell; **kann ich etwas ~?** can I give him/her etc a message?
Ausrichtung f direction
Ausritt m ride (out)
ausrollen v/t Teig, Teppich to roll out; Kabel to run out
ausrotten v/t to wipe out; (≈ ausmerzen) to eradicate; Ideen to stamp out
ausrücken v/i 1 MIL to move out; Polizei, Feuerwehr to turn out 2 umg (≈ ausreißen) to make off
Ausruf m cry
ausrufen v/t to exclaim; (≈ verkünden) to call out; Streik to call; **j-n zum** od **als König ~** to proclaim sb king; **j-n ~ (lassen)** über Lautsprecher etc to put out a call for sb; im Hotel to page sb
Ausrufezeichen n exclamation mark Br, exclamation point US
ausruhen v/i & v/r to rest; Mensch to have a rest
ausrüsten v/t to equip; Fahrzeug, Schiff to fit out; liefern to supply
Ausrüstung f equipment; (≈ bes Kleidung) outfit
ausrutschen v/i to slip
Ausrutscher umg m slip; (≈ schlechte Leistung) slip-up
Aussaat f 1 (≈ das Säen) sowing 2 (≈ Saat) seed
aussäen v/t to sow
Aussage f statement; eines Beschuldigten, Angeklagten statement, testimony; **hier steht ~ gegen ~** it's one person's word against another's; **nach ~ seines Chefs** according to his boss; **die ~ verweigern** JUR to refuse to give od make a statement; vor Gericht to refuse to give testimony od evidence
aussagen A v/t to say (**über** +akk about); (≈ behaupten) to state B v/i JUR to give evidence; **unter Eid ~** to give evidence under oath
Aussätzige(r) m/f(m) leper
aussaugen v/t to suck out
ausschaben v/t to scrape out; MED to curette
ausschaffen v/t form to deport
ausschalten v/t 1 (≈ abstellen) to switch off, to turn off 2 fig to eliminate
Ausschank m (≈ Schankraum) bar, pub Br; (≈ Schanktisch) bar
Ausschau f **~ halten nach** to look out for
ausschauen v/i 1 geh to look out (**nach** for) 2 dial → aussehen
ausscheiden A v/t (≈ aussondern) to take out; PHYSIOL to excrete B v/i aus einem Amt to retire (**aus** from); aus Klub, Firma to leave (**aus etw** sth); SPORT to be eliminated; **das/er scheidet aus** that/he has to be ruled out
Ausscheidung f 1 PHYSIOL excretion 2 SPORT elimination
Ausscheidungskampf m SPORT preliminary (round)
ausschenken v/t & v/i to pour (out); am Ausschank to serve
ausscheren v/i to swerve; zum Überholen to pull out; fig to step out of line
ausschiffen A v/t to disembark; Ladung, Waren to unload B v/r to disembark
ausschildern v/t to signpost
ausschimpfen v/t to tell off; **schimpf ihn nicht aus, weil er zu spät kommt** don't tell him off for being late
ausschlachten v/t 1 Tier, Beute to dress 2 fig Fahrzeuge, Maschinen etc to cannibalize 3 fig umg (≈ ausnutzen) to exploit
ausschlafen A v/t Rausch etc to sleep off B v/i & v/r to have a good sleep
Ausschlag m 1 MED rash; **(einen) ~ bekommen** to come out in od get a rash 2 von Zeiger etc swing; von Kompassnadel deflection; **den ~ geben** fig to be the decisive factor
ausschlagen A v/t 1 **j-m die Zähne ~** to knock sb's teeth out 2 (≈ verkleiden) to line 3 (≈ ablehnen) to turn down B v/i 1 Baum, Strauch to start to bud 2 Pferd to kick 3 Zeiger, Nadel to swing;

Kompassnadel to be deflected

ausschlaggebend *adj* decisive

ausschließen *v/t* **1** (≈ *aussperren*) to lock out (≈ *entfernen*) to exclude; *aus Gemeinschaft* to expel, to ban; SPORT to disqualify; **die Öffentlichkeit ~** JUR to exclude the public; → **ausgeschlossen**

ausschließlich **A** *adj* exclusive; *Rechte a.* sole **B** *adv* exclusively **C** *präp* excluding

Ausschluss *m* (≈ *Entfernung*) exclusion; *aus Gemeinschaft* expulsion; SPORT disqualification; **unter ~ der Öffentlichkeit stattfinden** to be closed to the public

ausschmücken *v/t* to decorate; *fig Erzählung* to embellish

ausschneiden *v/t* **1** to cut out **2** IT to cut; **~ und einfügen** to cut and paste; → **ausgeschnitten**

Ausschnitt *m* **1** (≈ *Zeitungsausschnitt*) cutting **2** (≈ *Kleidausschnitt*) neck; **ein tiefer ~** a low neckline **3** *aus einem Bild* detail; *aus einem Film* clip

ausschöpfen *v/t* **1** *Wasser etc* to ladle out (**aus** of); *aus Boot* to bale out (**aus** of) **2** *fig* to exhaust

ausschreiben *v/t* **1** to write out; *Rechnung etc* to make out **2** (≈ *bekannt machen*) to announce; *Wahlen* to call; *Stellen* to advertise; *Projekt* to invite tenders for

Ausschreitung *f* riot, rioting *kein pl*

Ausschuss *m* **1** HANDEL rejects *pl*; *fig umg* trash **2** (≈ *Komitee*) committee

Ausschusssitzung *f* committee meeting

Ausschussware *f* HANDEL rejects *pl*

ausschütteln *v/t* to shake out

ausschütten **A** *v/t* **1** (≈ *auskippen*) to tip out; *Eimer* to empty; **j-m sein Herz ~** *fig* to pour out one's heart to sb **2** (≈ *verschütten*) to spill **3** FIN *Dividende etc* to pay **B** *v/r* **sich (vor Lachen) ~** *umg* to split one's sides laughing

ausschweifend *adj Leben* dissipated; *Fantasie* wild

Ausschweifung *f* (≈ *Maßlosigkeit*) excess; *in Lebensweise* dissipation

ausschweigen *v/r* to remain silent

aussehen *v/i* to look; **gut ~** to look good; **hübsch ~** to be good looking; *gesund* to look well; **gleich ~** to look the same; **es sieht nach Regen aus** it looks like rain; **wie siehst du denn (bloß) aus?** just look at you!; **es soll nach etwas ~** it's got to look good; **es sieht so aus, als ob ...** it looks as if ...; **so siehst du (gerade) aus!** *umg* that's what you think!

Aussehen *n* appearance, look

aus sein **A** *umg v/i* **1** *Schule* to have finished; *Krieg, Stück* to have ended; *Feuer, Ofen* to be out; *Radio, Fernseher etc* to be off **2** **auf etw** (*akk*) **~** to be (only) after sth; **auf j-n ~** to be after sb *umg* **B** *v/i* **es ist aus (und vorbei) zwischen uns** it's (all) over between us; **es ist aus mit ihm** he is finished

außen *adv* outside; **von ~ sieht es gut aus** on the outside it looks good; **nach ~ hin** *fig* outwardly; **~ stehend** *Beobachter etc* outside *attr*

Außen- *zssgn* outdoor

Außenantenne *f* outdoor aerial *Br*, outdoor antenna *bes US*

Außenaufnahme *f* outdoor shot

Außenbahn *f* outside lane

Außenbezirk *m* outlying district

Außenbordmotor *m* outboard motor

Außendienst *m* **im ~ sein** to be a rep, to be on the road

Außendienstmitarbeiter(in) *m(f)* field representative

Außenhandel *m* foreign trade

Außenminister(in) *m(f)* foreign secretary *Br*, secretary of state *US*

Außenministerium *n* Foreign Office *Br*, State Department *US*

Außenpolitik *f Gebiet* foreign politics *sg*; *bestimmte* foreign policy

außenpolitisch *adj Debatte* on foreign affairs; **~e Angelegenheiten** foreign affairs

Außenseite *f* outside

Außenseiter(in) *m(f)* outsider

Außenspiegel *m* AUTO outside mirror

Außenstände *pl bes* HANDEL outstanding debts *pl*

außenstehend *adj* → **außen**

Außenstelle *f* branch

Außenstürmer(in) *m(f)* FUSSB wing, winger

Außentemperatur *f* outside temperature

Außenübertragung *f* TV outside broadcast

Außenverteidiger(in) *m(f)* **linker/rechter ~** left/right back

Außenwand *f* outer wall

Außenwelt *f* outside world

Außenwinkel *m* exterior angle

Außenwirtschaft *f* foreign trade

außer **A** *präp* **1** *räumlich* out of; **~ sich** (*dat*) **sein** to be beside oneself **2** (≈ *ausgenommen*) except (for); (≈ *abgesehen von*) apart from **3** (≈ *zusätzlich zu*) in addition to **B** *konj* except; **~ wenn ...** except when..., unless ...

außerdem *adv* besides; (≈ *dazu*) in addition; *des Weiteren* furthermore

äußere(r, s) *adj* outer; *Schein, Eindruck* outward; **die Äußeren Hebriden** the Outer Hebrides

Äußere(s) *n* exterior

außergerichtlich *adj & adv* out of court

außergewöhnlich **A** *adj* unusual, extraordinary **B** *adv* (≈ *sehr*) extremely

außerhalb **A** *präp* outside; **~ der Stadt** outside

the town; **~ seines Zimmers** outside his room **B** *adv* (≈ *außen*) outside; (≈ *außerhalb der Stadt*) out of town; **von ~** from outside/out of town

außerirdisch *adj* extraterrestrial

Außerirdische(r) *m*|*f*(*m*) extraterrestrial, alien

äußerlich **A** *adj* **1** external; **„nur zur ~en Anwendung!"** for external use only **2** *fig* (≈ *oberflächlich*) superficial **B** *adv* externally; **rein ~ betrachtet** on the face of it

Äußerlichkeit *fig f* triviality; (≈ *Oberflächlichkeit*) superficiality

äußern **A** *v*|*t* (≈ *sagen*) to say; *Wunsch etc* to express; *Kritik* to voice; **seine Meinung ~** to give one's opinion **B** *v*|*r Mensch* to speak; (≈ *einen Kommentar abgeben*) to comment; *Krankheit* to show itself; **ich will mich dazu nicht ~** I don't want to say anything about that

außerordentlich **A** *adj* extraordinary; (≈ *ungewöhnlich*) remarkable; **Außerordentliches leisten** to achieve some remarkable things **B** *adv* (≈ *sehr*) exceptionally, extremely

außerparlamentarisch *adj* extraparliamentary

außerplanmäßig *adj* unscheduled; *Defizit* unplanned

außerschulisch *adj* extracurricular, private

außersinnlich *adj* **~e Wahrnehmung** extrasensory perception

äußerst *adv* extremely

außerstande *adv* (≈ *unfähig*) incapable; (≈ *nicht in der Lage*) unable

äußerste(r, s) *adj räumlich* furthest; *Schicht* outermost; *Norden etc* extreme; *zeitlich* latest possible; *fig* utmost; **mein ~s Angebot** my final offer; **im ~n Falle** if the worst comes to the worst; **mit ~r Kraft** with all one's strength; **von ~r Dringlichkeit** of (the) utmost urgency

Äußerste(s) *n* **bis zum ~n gehen** to go to extremes; **er hat sein ~s gegeben** he gave his all; **ich bin auf das ~ gefasst** I'm prepared for the worst

Äußerung *f* (≈ *Bemerkung*) remark; (≈ *Kommentar*) statement

aussetzen **A** *v*|*t* **1** *Kind, Haustier* to abandon; *Pflanzen* to plant out; SCHIFF *Boot* to lower **2** **j-m/einer Sache ausgesetzt sein** (≈ *ausgeliefert*) to be at the mercy of sb/sth **3** *Belohnung* to offer; **auf j-s Kopf** (*akk*) **1000 Dollar ~** to put 1,000 dollars on sb's head **4** (≈ *unterbrechen*) to interrupt; *Prozess* to adjourn; *Zahlung* to break off **5** **an j-m/etw etwas auszusetzen haben** to find fault with sb/sth; **daran ist nichts auszusetzen** there is nothing wrong with it **B** *v*|*i* (≈ *aufhören*) to stop; *bei Spiel* to sit out; (≈ *versagen*) to give out; **einmal ~** miss a turn; **mit etw ~** to stop sth

Aussetzer *m umg geistig* (mental) blank

Aussicht *f* **1** (≈ *Blick*) view (**auf** +*akk* of); **ein Zimmer mit ~ auf den Park** a room overlooking the park **2** *fig* prospect (**auf** +*akk* of); (≈ *Chance*) chance; **etw in ~ haben** to have good prospects of sth; **j-m etw in ~ stellen** to promise sb sth

aussichtslos *adj* hopeless; (≈ *zwecklos*) pointless; **eine ~e Sache** a lost cause

Aussichtsplattform *f* viewing *od* observation platform *od* deck; observatory

Aussichtspunkt *m* vantage point

aussichtsreich *adj* promising; *Stellung* with good prospects

Aussichtsturm *m* observation *od* lookout tower

Aussiedler(in) *m*(*f*) (≈ *Auswanderer*) emigrant

aussitzen *v*|*t Problem* to sit out

aussöhnen *v*|*r* **sich mit j-m/etw ~** to become reconciled with sb/to sth

Aussöhnung *f* reconciliation

aussondern *v*|*t* (≈ *auslesen*) to select; *Schlechtes* to pick out

aussortieren *v*|*t* to sort out

ausspannen **A** *v*|*t* **1** (≈ *ausschirren*) to unharness **2** *fig umg* **j-m die Freundin** *etc* **~** to steal sb's girlfriend *etc* **B** *v*|*i* (≈ *sich erholen*) to have a break

aussparen *fig v*|*t* to omit

aussperren *v*|*t* to lock out

Aussperrung *f* IND lockout

ausspielen **A** *v*|*t* **1** *Karte* to play; *am Spielanfang* to lead with **2** *fig* **j-n gegen j-n ~** to play sb off against sb **B** *v*|*i* KART to play a card; *als Erster* to lead; → **ausgespielt**

ausspionieren *v*|*t* to spy out; **j-n ~** to spy on sb

Aussprache *f* **1** pronunciation; (≈ *Akzent*) accent **2** (≈ *Meinungsaustausch*) discussion; (≈ *Gespräch*) talk

aussprechen **A** *v*|*t Wort, Urteil etc* to pronounce; *Scheidung* to grant **B** *v*|*r* **sich mit j-m (über etw** *akk***) ~** to have a talk with sb (about sth); **sich gegen etw ~** to declare oneself against sth **C** *v*|*i* (≈ *zu Ende sprechen*) to finish (speaking); → **ausgesprochen**

Ausspruch *m* remark; (≈ *geflügeltes Wort*) saying

ausspucken **A** *v*|*t* to spit out **B** *v*|*i* to spit

ausspülen *v*|*t* to rinse (out)

ausstaffieren *umg v*|*t* to equip; **j-n ~** to rig out

Ausstand *m* **1** (≈ *Streik*) strike; **im ~ sein** to be on strike; **in den ~ treten** to (go on) strike **2** **seinen ~ geben** to throw a leaving party

ausstatten *v*|*t* to equip; (≈ *versorgen*) to provide; (≈ *möblieren*) to furnish

Ausstattung *f* equipment; *von Zimmer etc* furnishings *pl*; THEAT décor and costumes *pl*

ausstechen v/t **1** *Pflanzen* to dig up; *Plätzchen* to cut out **2** *Augen: bes als Strafe* to gouge out **3** *fig* (≈ *übertreffen*) to outdo

ausstehen **A** v/t (≈ *ertragen*) to endure; *Angst* to go through; **ich kann ihn nicht ~** I can't bear him; **ich kann es nicht ~** I can't stand it, I hate it **B** v/i (≈ *fällig sein*) to be due; *Antwort* to be still to come; *Entscheidung* to be still to be taken

aussteigen v/i to get out (**aus** of); *fig aus Gesellschaft* to opt out; **aus etw ~** to get off sth; **an der nächsten Haltestelle ~** to get out at the next stop; **aus einem Projekt ~** to pull out of a project

Aussteiger(in) m(f) *aus Gesellschaft* person who opts out; *aus Terroristenszene, Sekte* dropout

ausstellen **A** v/t **1** (≈ *zur Schau stellen*) to display; *in Museum etc* to exhibit; **ausgestellt sein** to be on display **2** (≈ *behördlich ausgeben*) to issue; **eine Rechnung über 500 Euro ~** to make out a bill for 500 euros **3** (≈ *ausschalten*) to turn off **B** v/i to exhibit

Aussteller(in) m(f) **1** *auf Messe* exhibitor **2** *von Dokument* issuer

Ausstellung f **1** (≈ *Messe*) exhibition; (≈ *Blumenausstellung etc*) show **2** *von Rezept, Rechnung* making out; *behördlich* issuing

Ausstellungsdatum n date of issue
Ausstellungsgelände n exhibition site
Ausstellungshalle f exhibition hall
Ausstellungsraum m exhibition room; *von Autohändler* showroom
Ausstellungsstück n exhibit

ausstempeln v/i *bei Arbeitsende* to clock out *od* off, to check out

aussterben v/i to die out; → ausgestorben
Aussterben n extinction; **im ~ begriffen** dying out

Aussteuer f dowry

Ausstieg m **1** *aus Bus, Zug etc* getting off; *fig aus Gesellschaft* opting out (**aus** of); **der ~ aus der Kernenergie** abandoning nuclear energy **2** (*a.* **~luke**) escape hatch

ausstopfen v/t to stuff

Ausstoß m **1** (≈ *Produktion*) output **2** *von Gas* emission

ausstoßen v/t **1** (≈ *äußern*) to utter; *Schrei* to give; *Seufzer* to heave **2** (≈ *ausschließen*) to expel (**aus** from); **j-n aus der Gesellschaft ~** to banish sb from society **3** (≈ *herausstoßen*) to eject; *Gas etc* to give off, to emit; (≈ *herstellen*) to turn out

ausstrahlen v/t to radiate; RADIO, TV to broadcast

Ausstrahlung f radiation; RADIO, TV broadcast(-ing); *von Mensch* charisma

ausstrecken **A** v/t to extend (**nach** towards); **die Hand ~** to reach out **B** v/r to stretch (oneself) out

ausstreichen v/t *Geschriebenes* to cross out

ausströmen v/i (≈ *herausfließen*) to stream out (**aus** of); (≈ *entweichen*) to escape (**aus** from)

aussuchen v/t (≈ *auswählen*) to choose; (≈ *herauspicken*) to pick out; **sich** (*dat*) **etw ~** to choose sth; → ausgesucht

Austausch m exchange; (≈ *Ersatz*) replacement; SPORT substitution; **im ~ für** *od* **gegen** in exchange for

austauschbar adj exchangeable

austauschen v/t to exchange (**gegen** for); (≈ *ersetzen*) to replace (**gegen** with); *Neuigkeiten* to share

Austauschmotor m replacement engine, reconditioned engine

Austauschschüler(in) m(f) exchange pupil *Br*, exchange student *US*

Austauschstudent(in) m(f) exchange student

austeilen v/t to distribute (**unter** +*dat od* **an** +*akk* among); (≈ *geben*) to hand out; *Spielkarten* to deal (out); *Prügel* to administer

Auster f oyster
Austernbank f oyster bed
Austernpilz m oyster mushroom

austesten v/t to test; IT *Programm etc* to debug

austoben v/r *Mensch* to let off steam; (≈ *sich müde machen*) to tire oneself out

austragen **A** v/t **1** *Wettkampf etc* to hold; **einen Streit mit j-m ~** to have it out with sb **2** *Post etc* to deliver **3** **ein Kind ~** to carry a child (through) to full term **B** v/r to sign out

Austragungsort m SPORT venue

Australien n Australia; **in ~** in Australia, down under

Australier(in) m(f) Australian

australisch adj Australian; **~e Ureinwohner** Aborigines

austreiben v/t (≈ *vertreiben*) to drive out; *Teufel etc* to exorcise

austreten **A** v/i **1** (≈ *herauskommen*) to come out (**aus** of); *Gas etc* to escape (**aus** from, through) **2** (≈ *ausscheiden*) to leave (**aus etw** sth) **3** (≈ *zur Toilette gehen*) to go to the toilet *bes Br* **B** v/t *Spur, Feuer etc* to tread out; *Schuhe* to wear out of shape

austricksen *umg* v/t to trick

austrinken v/t & v/i to finish

Austritt m **1** *von Flüssigkeit* outflow; (≈ *das Entweichen*) escape **2** (≈ *das Ausscheiden*) leaving *ohne art* (**aus etw** sth)

austrocknen **A** v/i to dry out; *Fluss etc* to dry up **B** v/t (≈ *trockenlegen*) *Sumpf* to drain

austüfteln *umg* v/t to work out

ausüben v/t **1** *Beruf* to practise *Br*, to practice *US*; *Funktion* to perform; *Amt* to hold **2** *Druck,*

Einfluss to exert (**auf** +*akk* on); *Macht* to exercise; **einen Reiz auf j-n ~** to have an attraction for sb

ausufern *fig v/i* to get out of hand

Ausverkauf *m* (clearance) sale; **etw im ~ kaufen** to buy sth at the sale(s)

ausverkauft *adj* sold out; **vor ~em Haus spielen** to play to a full house

Auswahl *f* selection (**an** +*dat* of); (≈ *Wahl*) choice; (≈ *Sortiment*) range; SPORT representative team; **drei Bewerber stehen zur ~** there are three applicants to choose from; **eine ~ treffen** to make a selection

auswählen *v/t* to select, to choose (**unter** +*dat* from among); **sich** (*dat*) **etw ~** to select sth (for oneself)

Auswahlmöglichkeit *f* option

Auswahlverfahren *n* selection process; SPORT tryout *US*

Auswanderer *m*, **Auswanderin** *f* emigrant

auswandern *v/i* to emigrate (**nach**, **in** +*akk* to)

Auswanderung *f* emigration

auswärtig *adj* ◨ (≈ *nicht ansässig*) nonlocal ◨ POL foreign; **der ~e Dienst** the foreign service; **das Auswärtige Amt** the Foreign Office *Br*, the State Department *US*

auswärts *adv* ◨ (≈ *nach außen*) outwards ◨ (≈ *außerhalb der Stadt*) out of town; SPORT away; **~ essen** to eat out

Auswärtsniederlage *f* SPORT away defeat

Auswärtssieg *m* SPORT away win *od* victory

Auswärtsspiel *n* SPORT away (game)

Auswärtstor *n* away goal

auswechseln *v/t* to change; *bes gegenseitig* to exchange; (≈ *ersetzen*) to replace; SPORT to substitute (**gegen** for); **sie ist wie ausgewechselt** she's a different person

Auswechselspieler(in) *m(f)* substitute

Auswechs(e)lung *f* exchange; (≈ *Ersatz*) replacement; SPORT substitution

Ausweg *m* way out; **der letzte ~** a last resort

ausweglos *fig adj* hopeless

Ausweglosigkeit *f* hopelessness

ausweichen *v/i* to get out of the way (+*dat* of); (≈ *Platz machen*) to make way (+*dat* for); *Auto* to swerve; **einer Sache** (*dat*) *wörtl* to avoid sth; *fig* to evade sth; **eine ~de Antwort** an evasive answer

Ausweichmanöver *n* evasive action *od* manoeuvre *Br*, evasive maneuver *US*

ausweinen ◬ *v/r* to have a (good) cry; **sich bei j-m ~** to have a cry on sb's shoulder ◪ *v/t* **sich** (*dat*) **die Augen ~** to cry one's eyes *od* heart out (**nach** over)

Ausweis *m* card; (≈ *Personalausweis*) identity card, identification; **~, bitte** your papers please

ausweisen ◬ *v/t* **aus dem Lande** to expel ◪ *v/r* **mit Ausweis** to identify oneself; **können Sie sich ~?** do you have any means of identification?

Ausweiskontrolle *f* identity check

Ausweispapiere *pl* identity papers *pl*

Ausweisung *f* expulsion

ausweiten ◬ *v/t* to widen; *fig* to expand (**zu** into) ◪ *v/r* to widen; *fig* to expand (**zu** into); (≈ *sich verbreiten*) to spread

auswendig *adv* by heart; **etw ~ können/lernen** to know/learn sth (off) by heart

auswerfen *v/t* *Anker, Netz* to cast; *Lava, Asche* to throw out

auswerten *v/t* (≈ *bewerten*) to evaluate; (≈ *analysieren*) to analyse

Auswertung *f* (≈ *Bewertung*) evaluation; (≈ *Analyse*) analysis

auswickeln *v/t* to unwrap

auswirken *v/r* to have an effect (**auf** +*akk* on); **sich auf etw ~** to affect sth; **sich günstig/negativ ~** to have a favourable/negative effect *Br*, to have a favorable/negative effect *US*

Auswirkung *f* (≈ *Folge*) consequence; (≈ *Wirkung*) effect; (≈ *Bedeutung*) impact

auswischen *v/t* to wipe out; **j-m eins ~** *umg aus Rache* to get back at sb

auswringen *v/t* to wring out

Auswuchs *m* (out)growth; *fig* product

auswuchten *v/t* *Räder* to balance

auszahlen ◬ *v/t* *Geld etc* to pay out; *Gläubiger* to pay off; *Miterben* to buy out ◪ *v/r* (≈ *sich lohnen*) to pay (off)

auszählen *v/t* *Stimmen* to count (up); *beim Boxen* to count out

Auszahlung *f* *von Geld* paying out, payment; *von Gläubiger* paying off

Auszählung *f* *von Stimmen etc* counting (up)

auszeichnen ◬ *v/t* ◨ *Waren* to label ◨ (≈ *ehren*) to honour *Br*, to honor *US*; **j-n mit einem Orden ~** to decorate sb (with a medal) ◨ (≈ *hervorheben*) to distinguish ◪ *v/r* to stand out (**durch** due to); → **ausgezeichnet**

Auszeichnung *f* ◨ *von Waren* labelling *Br*, labeling *US*; *mit Preisschild* pricing ◨ (≈ *Ehrung*) honour *Br*, honor *US*; (≈ *Orden*) decoration; (≈ *Preis*) award; **mit ~ bestehen** to pass with distinction

Auszeit *f* ◨ SPORT time-out ◨ *beruflich* break; **eine ~ nehmen** to take some time out; **sich für ein paar Monate eine ~ nehmen** take a few months off, take a break for a few months

ausziehen ◬ *v/t* ◨ *Kleider, Schuhe* to take off; **j-n** to undress; **sich** (*dat*) **etw ~** to take off sth ◨ (≈ *herausziehen*) to pull out ◪ *v/r* to undress, to get undressed ◯ *v/i aus einer Wohnung* to move (**aus** out of); **auf Abenteuer ~** to set off in

search of adventure
Auszubildende(r) *m/f(m)* trainee, apprentice; **minderjähriger ~r** young apprentice
Auszug *m* **1** (≈ *das Weggehen*) departure; zeremoniell procession; *aus der Wohnung* move **2** (≈ *Ausschnitt*) excerpt; *aus Buch* extract; (≈ *Kontoauszug*) statement
auszugsweise *adv* in extracts
autark *adj* self-sufficient; WIRTSCH autarkic
authentisch *adj* authentic
Autismus *m* autism
Autist(in) *m(f)* autistic child/person
autistisch **A** *adj* autistic **B** *adv* autistically
Auto *n* car; **~ fahren** *selbst* to drive (a car); **mit dem ~ fahren** to go by car
Auto- *zssgn* car
Autoabgase *pl* car emissions *pl*
Autoatlas *m* road atlas
Autobahn *f* motorway *Br*, interstate (highway *od* freeway) *US*; *bes in Deutschland* autobahn
Autobahnauffahrt *f* motorway *etc* access road, freeway on-ramp *US*
Autobahnausfahrt *f* motorway *etc* exit
Autobahndreieck *n* motorway *etc* merging point
Autobahngebühr *f* toll
Autobahnkreuz *n* motorway *etc* intersection
Autobahnraststätte *f* motorway service area *Br*, rest area *US*
Autobahnzubringer *m* feeder road
Autobiografie *f* autobiography
autobiografisch **A** *adj* autobiographical **B** *adv* autobiographically
Autobombe *f* car bomb
Autobus *m* bus; (≈ *Reiseomnibus*) coach *Br*, bus
Autodach *n* car roof
Autodidakt(in) *m(f)* self-educated person
autodidaktisch *adj* self-taught *kein adv*; **er hat die Kenntnisse ~ erworben** he is self-taught, he taught himself
Autodieb(in) *m(f)* car thief
Autodiebstahl *m* car theft
Autofähre *f* car ferry
Autofahren *n* driving (a car); *als Mitfahrer* driving in a car
Autofahrer(in) *m(f)* (car) driver
Autofahrt *f* drive
autofrei *adj* car-free
Autofriedhof *umg m* car dump
autogen *adj* autogenous; **~es Training** PSYCH autogenic training
Autogramm *n* autograph
Autogrammjäger(in) *m(f)* autograph hunter
Autohändler(in) *m(f)* car dealer, automobile dealer *US*
Autoimmunerkrankung *f* MED autoimmune disease
Autokarte *f* road map
Autokino *n* drive-in cinema *Br*, drive-in movie theater *US*
Autoknacker(in) *m(f) umg* car burglar
Autokolonne *f* line of cars, convoy
Automat *m* machine; (≈ *Verkaufsautomat*) vending machine; (≈ *Roboter*) robot; (≈ *Spielautomat*) slot machine
Automatik¹ *m* AUTO automatic
Automatik² *f* **1** automatic mechanism **2** (≈ *Gesamtanlage*) automatic system; AUTO automatic transmission
Automatikwagen *m* automatic
automatisch **A** *adj* automatic **B** *adv* automatically
automatisiert *adj* **~e Viehhaltung** factory farming
Automechaniker(in) *m(f)* car mechanic
Automobilausstellung *f* motor show
Automobilindustrie *f* automotive industry
autonom *adj* autonomous
Autonome(r) *m/f(m)* POL independent
Autonomie *f a. fig* autonomy
Autonummer *f* (car) number
Autopanne *f* breakdown
Autopilot *m* FLUG autopilot
Autopsie *f* MED autopsy
Autor *m* author
Autoradio *n* car radio
Autoreifen *m* car tyre *Br*, car tire *US*
Autoreisezug *m* motorail train
Autorennen *n* (motor) race
Autoreparaturwerkstatt *f* garage, car repair shop *US*
Autoreverse-Funktion *f* auto-reverse (function)
Autorin *f* author, authoress
autorisieren *v/t* to authorize
autoritär **A** *adj* authoritarian **B** *adv* in an authoritarian manner
Autorität *f* authority
Autoschlange *f* queue of cars *Br*, line of cars
Autoschlosser(in) *m(f)* panel beater
Autoschlüssel *m* car key
Autoskooter *m* bumper car
Autosport *m* motor sport
Autostopp *m* hitchhiking
Autostrich *umg m* prostitution to car drivers
Autostunde *f* hour's drive
Autounfall *m* car accident
Autoverkehr *m* road traffic
Autoverleih *m*, **Autovermietung** *f* car hire *bes Br*, car rental *bes US*; (≈ *Firma*) car hire firm *bes Br*, car rental firm *bes US*
Autovermietung *f* car hire company; *US* car

rental firm
Autoversicherung f car insurance
Autowaschanlage f car wash
Autowerkstatt f garage, car repair shop US
Autowrack n wrecked car
autsch int ouch
Auwald m riverside woods pl od forest
auweia int oh no
Avantgarde geh f KUNST avant-garde; POL vanguard
avantgardistisch adj avant-garde
Avatar m avatar
Aversion f aversion (**gegen** to)
Avocado f avocado
Axt f axe Br, ax US
Ayatollah m ayatollah
Azalee f azalea
Azoren pl GEOG Azores pl
Azorenhoch n METEO high over the Azores
Azteke m, **Aztekin** f Aztec
Azubi m abk (= Auszubildender) trainee

B

B¹, b n B, b
B² abk (= Bundesstraße) Federal road
Baby n baby; **ein ~ bekommen** to have a baby
Babyausstattung f layette
Babyjahr n maternity leave (for one year)
Babyklappe f anonymous drop-off point for unwanted babies
Babynahrung f baby food
Babypause f der Mutter maternity leave; des Vaters paternity leave; **eine ~ einlegen** to take od go on maternity/paternity leave
Babyfon® n baby monitor
babysitten v/i to babysit
Babysitter(in) m(f) babysitter
Babytragetasche f carrycot Br, traveling baby bed US
Babywippe f (baby) bouncer Br, bouncy chair
Bach m stream; **den ~ heruntergehen** umg Firma etc to go down the tubes umg
Bachelor m UNIV bachelor's (degree)
Bachelorabschluss m UNIV bachelor's (degree)
Bachelorarbeit f bachelor's thesis, dissertation
Bachelorstudiengang m UNIV bachelor's (degree)
Backblech n baking tray Br, baking pan US
Backbord n SCHIFF port (side)
backbord(s) adv SCHIFF on the port side
Backe f 🔟 (≈ Wange) cheek 🔁 umg (≈ Hinterbacke) buttock
backen 🅐 v/t to bake; **gebackener Fisch** fried fish; im Ofen baked fish 🅑 v/i to bake
Backenzahn m molar
Bäcker(in) m(f) baker; **zum ~ gehen** to go to the baker's
Bäckerei f 🔟 (≈ Bäckerladen) baker's (shop); (≈ Backstube) bakery 🔁 (≈ Gewerbe) baking trade
backfertig adj oven-ready
Backfett n cooking fat
Backform f baking tin Br, baking pan US
Backhähnchen n, **Backhendl** österr, südd n roast chicken
Backmischung f cake mix
Backobst n dried fruit
Backofen m oven
Backpflaume f prune
Backpulver n baking powder
Backrohr n österr (≈ Backofen) oven
Backslash m IT backslash
Backstein m brick
Backwaren pl bread, cakes and pastries pl
Bad n 🔟 bath; im Meer etc swim; **ein Bad nehmen** to have a bath 🔁 (≈ Badezimmer) bathroom; **Zimmer mit Bad** room with (private) bath 🔠 (≈ Schwimmbad) (swimming) pool 🔢 (≈ Heilbad) spa
Badeanzug m swimsuit, bathing suit bes US
Badehose f (swimming od bathing) trunks pl
Badekappe f swimming cap
Badelatschen pl umg flip-flops® pl Br, thongs pl US
Bademantel m bathrobe, dressing gown Br
Bademeister(in) m(f) im Schwimmbad (pool) attendant; (≈ Rettungsschwimmer) lifeguard
Bademütze f swimming cap
baden 🅐 v/i in der Badewanne to have od take a bath; im Meer, Schwimmbad etc to swim; **warm/kalt ~** to have a hot/cold bath; **~ gehen** to go swimming; umg to come a cropper umg 🅑 v/t 🔟 Kind etc to bath Br, to bathe US; **in Schweiß gebadet** bathed in sweat 🔁 Augen, Wunde etc to bathe
Baden-Württemberg n Baden-Württemberg
Badeort m (≈ Kurort) spa; (≈ Seebad) (seaside) resort
Badesachen pl swimming gear
Badesalz n bath salts pl
Badeschaum m bubble bath
Badeschlappen pl flip-flops® pl Br, thongs pl US
Badeschuhe pl geschlossen pool shoes pl; (≈ Schlappen) flip-flops pl Br, thongs pl US
Badetuch n bath towel
Badewanne f bath(tub)

Badewasser n bath water
Badezeug n swimming gear
Badezimmer n bathroom
Badminton n badminton
baff umg adj ~ **sein** to be flabbergasted umg
BAföG n abk (= Bundesausbildungsförderungsgesetz) student financial assistance scheme; **er kriegt ~** he gets a grant
Bagatelle f trifle
Bagatellsache f JUR petty case
Bagatellschaden m minor damage
Bagel m bagel
Bagger m excavator
baggern A v/t & v/i Graben to excavate B v/i sl (≈ anmachen) to pick up umg
Baggersee m artificial lake in quarry etc
Baguette n baguette
Bahamas pl Bahamas pl
Bahn f ◳ (≈ Weg) path; (≈ Fahrbahn) carriageway; **~ frei!** make way!; **die ~ ist frei** fig the way is clear; **von der rechten ~ abkommen** to stray from the straight and narrow; **j-n aus der ~ werfen** fig to shatter sb ◲ (≈ Eisenbahn) railway Br, railroad US; (≈ Zug) train; (≈ Straßenbahn) tram bes Br, streetcar US; **mit der** od **per ~** by train od rail/tram bes Br, by train od rail/streetcar US; **Deutsche ~®** German Railways ◳ SPORT track; in Schwimmbecken lane; (≈ Kegelbahn) (bowling) alley ◰ PHYS, ASTRON orbit; (≈ Geschossbahn) trajectory ◵ (≈ Stoffbahn, Tapetenbahn) length
Bahnarbeiter(in) m(f) rail worker, railroader US
bahnbrechend adj pioneering
BahnCard® f ≈ railcard
Bahndamm m railway embankment Br, railroad embankment US
bahnen v/t Pfad to clear; **j-m einen Weg ~** to clear a way for sb; fig to pave the way for sb
Bahnfahrt f rail journey
Bahnfracht f rail freight
Bahnhof m (railway) station Br, (railroad) station US; **auf dem ~, am ~** at the station; **ich verstehe nur ~** hum umg it's as clear as mud (to me) Br umg
Bahnhofshalle f (station) concourse; **in der ~** in the station
Bahnhofsmission f charitable organization for helping needy passengers
Bahnhofsrestaurant n station restaurant
bahnlagernd adj & adv HANDEL **etw ~ schicken** to send sth to be picked up at the station bes Br
Bahnlinie f railway line Br, railroad line US
Bahnpolizei f railway police Br, railroad police US
Bahnstation f railway station Br, railroad station US
Bahnsteig m platform
Bahnübergang m level crossing Br, grade crossing US
Bahnverbindung f train service
Bahrain n Bahrain
Bahre f (≈ Krankenbahre) stretcher; (≈ Totenbahre) bier
bairisch adj Dialekt Bavarian
Baiser n meringue
Baisse f BÖRSE fall; plötzliche slump
Bakterie f germ; **~n** pl bacteria pl
bakteriologisch adj bacteriological; Krieg biological
Balance f balance
Balanceakt m balancing act
balancieren v/t & v/i to balance
bald adv ◳ soon; **~ darauf** soon afterwards; **möglichst ~** as soon as possible; **bis ~!** see you (soon) ◲ (≈ fast) almost
Baldachin m canopy
baldig adj quick; Antwort early
baldmöglichst adv as soon as possible
Baldrian m valerian
Balearen pl **die ~** the Balearic Islands pl
Balg¹ m (≈ Tierhaut) pelt
Balg² m/n pej umg (≈ Kind) brat pej umg
balgen v/r to scrap (**um** over)
Balgerei f scrap
Balkan m **der ~** the Balkans pl; **auf dem ~** in the Balkans
Balkanländer pl Balkan States
Balken m ◳ beam; (≈ Querbalken) joist ◲ (≈ Strich) bar ◳ an Waage beam
Balkendiagramm n bar chart
Balkon m balcony
Balkonien n umg Urlaub **auf ~** staycation
Balkontür f balcony door, French windows pl
Ball¹ m ball; **am ~ bleiben** wörtl to keep (possession of) the ball; fig to stay on the ball
Ball² m (≈ Tanzfest) ball
Ballabgabe f pass
Ballade f ballad
Ballast m ballast; fig burden
Ballaststoffe pl MED roughage sg
ballaststoffreich adj **~e Nahrung** high-fibre food od diet Br, high-fiber food od diet US
ballen A v/t Faust to clench; Lehm etc to press (into a ball); → **geballt** B v/r Menschenmenge to crowd; Wolken to gather; Verkehr to build up
Ballen m ◳ bale ◲ ANAT ball
Ballerina f ballerina
ballern umg v/i to shoot; **gegen die Tür ~** to hammer on the door
Ballett n ballet
Ballettänzer(in) m(f) ballet dancer
Ballistik f ballistics sg
ballistisch adj ballistic

Balljunge m Tennis ball boy
Ballkleid n ball dress
Ballkönigin f homecoming queen
Ballmädchen n Tennis ball girl
Ballon m balloon
Ballsaal m ballroom
Ballspiel n ball game
Ballungsgebiet n, **Ballungsraum** m conurbation
Ballwechsel m SPORT rally
Balsam m balsam; fig balm
Balsamico m, **Balsamicoessig** m, **Balsamessig** m balsamic vinegar
Baltikum n **das ~** the Baltic States pl
baltisch adj Baltic attr
Balz f courtship display; (≈ Paarungszeit) mating season
balzen v/i to perform the courtship display
Bambus m bamboo
Bambusrohr n bamboo cane
Bambussprossen pl bamboo shoots pl
Bammel umg m **(einen) ~ vor j-m/etw haben** to be scared of sb/sth
banal adj banal
Banalität f **1** banality **2** Äußerung platitude
Banane f banana
Bananenrepublik f POL pej banana republic
Bananenschale f banana skin
Banause m, **Banausin** pej f peasant umg
Bancomat m schweiz cash machine Br, cash dispenser, ATM US
Band¹ n **1** (≈ Seidenband etc) ribbon; (≈ Maßband, Zielband) tape; (≈ Haarband) band **2** (≈ Tonband) tape; **etw auf ~ aufnehmen** to tape sth **3** (≈ Fließband) conveyor belt; (≈ Montageband) assembly line; **am laufenden ~** fig nonstop **4** RADIO wavelength **5** ANAT ligament
Band² m (≈ Buchband) volume; **das spricht Bände** that speaks volumes
Band³ f MUS band
Bandage f bandage; **mit harten ~n kämpfen** fig umg to fight with no holds barred
bandagieren v/t to bandage (up)
Bandbreite f **1** RADIO waveband **2** fig range
Bande¹ f gang; umg (≈ Gruppe) bunch umg
Bande² f SPORT barrier; Billard cushion
Bänderriss m torn ligament
Bänderzerrung f pulled ligament
bändigen v/t (≈ zähmen) to tame; (≈ niederhalten) to subdue; (≈ zügeln) to control; Naturgewalten to harness
Bandit(in) m(f) bandit; **einarmiger ~** one-armed bandit
Bandmaß n tape measure
Bandnudeln pl ribbon noodles pl
Bandscheibe f ANAT (intervertebral) disc

Bandscheibenschaden m damaged disc
Bandscheibenvorfall m slipped disc
Bandwurm m tapeworm
bang(e) adj (≈ ängstlich) scared; Augenblicke a. anxious
Bange bes nordd f **j-m ~ machen** to scare sb; **nur keine ~!** umg don't worry
bangen v/i to worry (**um** about); **um j-s Leben ~** to fear for sb's life
Bangladesch n Bangladesh
Banjo n banjo; **~ spielen** to play the banjo
Bank¹ f (≈ Sitzbank) bench; (≈ Kirchenbank) pew; (≈ Parlamentsbank) bench; **(alle) durch die ~ (weg)** umg the whole lot (of them) umg; **etw auf die lange ~ schieben** umg to put sth off
Bank² f FIN bank; **Geld auf der ~ (liegen) haben** to have money in the bank; **die ~ sprengen** to break the bank
Bankangestellte(r) m/f(m) bank employee
Bankautomat m cash dispenser Br, ATM US
Bankdrücken n SPORT bench press
Bankeinzug m direct debit; **per ~ zahlen** to pay by direct debit
Bänkelsänger m ballad singer
Bankenaufsicht f banking regulatory authority, banking watchdog; Kontrolle banking regulation
Bankenkrise f banking crisis
Bankenrettungsfonds m bank bailout fund, bank rescue fund
Banker(in) m(f) banker
Bankett¹ n (≈ Festessen) banquet
Bankett² n, **Bankette** f an Straßen verge Br, shoulder US; an Autobahnen (hard) shoulder; **„Bankette nicht befahrbar"** "soft verges" Br, "soft shoulder" US
Bankfach n **1** (≈ Beruf) banking **2** (≈ Schließfach) safety-deposit box
Bankgebühr f bank charge
Bankgeheimnis n confidentiality in banking
Bankhalter(in) m(f) bei Glücksspielen banker
Bankier m banker
Bankkarte f bank card
Bankkauffrau f, **Bankkaufmann** m (qualified) bank clerk
Bankkonto n bank account
Bankleitzahl f (bank) sort code Br
Banknote f banknote, bill US
Bankomat m österr cash machine, ATM US
Bankraub m bank robbery
Bankräuber(in) m(f) bank robber
bankrott adj bankrupt; Mensch, Politik discredited
Bankrott m bankruptcy; fig breakdown; **~ machen** to go bankrupt
bankrottgehen v/i to go bankrupt

Bankschließfach n safe-deposit od safety-deposit box
Banküberfall m bank raid
Bankverbindung f banking arrangements pl; **geben Sie bitte Ihre ~ an** please give your account details
Bankwesen n **das ~** banking
Bann m 1 spell; **im ~ eines Menschen stehen** to be under sb's spell 2 HIST (≈ Kirchenbann) excommunication, ban
bannen v/t 1 geh (≈ bezaubern) to bewitch 2 böse Geister to exorcize; Gefahr to avert
Banner n a. INTERNET banner
Bantamgewicht n bantamweight
Baptist(in) m(f) Baptist
bar adj 1 cash; **bares Geld** cash; **(in) bar bezahlen** to pay (in) cash; **etw für bare Münze nehmen** fig to take sth at face value 2 (≈ rein) Unsinn utter
Bar f 1 (≈ Nachtlokal) nightclub 2 (≈ Theke) bar
Bär m bear; **der Große/Kleine Bär** ASTRON Ursa Major/Minor, the Big/Little Dipper; **j-m einen Bären aufbinden** umg to have sb on Br umg, to put sb on US umg
Baracke f shack
Barbar(in) pej m(f) barbarian
Barbarei pej f 1 (≈ Unmenschlichkeit) barbarity 2 (≈ Kulturlosigkeit) barbarism
barbarisch A adj pej (≈ unmenschlich) barbarous; (≈ ungebildet) barbaric B adv quälen brutally
Barbestand m HANDEL cash; in Buchführung cash in hand
Barbiturat n barbiturate
Barcode m barcode
Bardame f barmaid
Bareinzahlung f cash deposit
Bärenhunger umg m **einen ~ haben** to be famished umg
bärenstark adj 1 strapping 2 umg terrific
barfuß adj & adv, **barfüßig** adj barefoot(ed)
Bargeld n cash
Bargeldautomat m cash dispenser Br, automated teller machine US, ATM
bargeldlos A adj cashless; **~er Zahlungsverkehr** payment by money transfer B adv without using cash
Barhocker m (bar) stool
bärig österr umg A adj tremendous B adv tremendously
Bärin f bear
Bariton m baritone
Barkeeper m barman, bartender
Barkode m barcode
Bärlauch m BOT, GASTR bear's garlic
Barmann m barman
barmherzig adj merciful; (≈ mitfühlend) compassionate
Barmherzigkeit f mercy, mercifulness; (≈ Mitgefühl) compassion
Barmixer m barman, bartender
barock adj baroque; Einfälle bizarre
Barock n/m baroque
Barometer n barometer
Barometerstand m barometer reading
Baron m baron
Baronin f baroness
Barren m 1 (≈ Metallbarren) bar; (≈ bes Goldbarren) ingot 2 SPORT parallel bars pl
Barreserve f FIN cash reserve
Barriere f barrier
barrierefrei adj barrier-free, accessible
Barriereriff n **Großes ~** Great Barrier Reef
Barrikade f barricade; **auf die ~n gehen** to go to the barricades
barsch A adj brusque; Worte harsh B adv brusquely
Barsch m bass; (≈ Flussbarsch) perch
Barscheck m uncrossed cheque Br, open check US
Bart m 1 beard; von Katze, Robbe etc whiskers pl; **sich** (dat) **einen ~ wachsen** od **stehen lassen** to grow a beard 2 fig umg **j-m um den ~ gehen** to butter sb up umg; **der Witz hat einen ~** that's an old chestnut 3 (≈ Schlüsselbart) bit
bärtig adj bearded
Bartstoppeln pl stubble sg
Barverkauf m cash sales pl; **ein ~** a cash sale
Barvermögen n liquid assets pl
Barzahlung f payment in cash; (Verkauf) **nur gegen ~** cash (sales) only
Basar m bazaar; **auf dem ~** in the bazaar
Base f CHEM base
Baseball m baseball
Baseballmütze f baseball cap
Baseballschläger m baseball bat
Basejumper(in) m(f) SPORT basejumper
Basel n Basle, Basel; **~-Landschaft** Basel District; **~-Stadt** Basel City
basieren A v/i to be based (**auf** +dat on) B v/t to base (**auf** +akk on)
Basilika f basilica
Basilikum n basil
Basis f basis; **auf breiter ~** on a broad basis; **die ~** umg the grass roots (level)
Basisdemokratie f grass-roots democracy
Basislager n base camp
Basisstation f TEL base station
Baskenland n Basque region
Baskenmütze f beret
Basketball m basketball
baskisch adj Basque
Bass m bass; **~ spielen** to play the bass

Bassgitarre f bass guitar; ~ **spielen** to play the bass guitar
Bassin n (≈ Schwimmbassin) pool
Bassist m (≈ Sänger) bass (singer)
Bassist(in) m(f) im Orchester etc bass player
Bassschlüssel m bass clef
Bassstimme f bass (voice); (≈ Partie) bass (part)
Bast m zum Binden, Flechten raffia; BOT bast
basta int (**und damit**) ~! (and) that's that
Bastard m 1 pej bastard 2 BIOL (≈ Kreuzung, Pflanze) hybrid; (≈ Tier) cross(breed)
Bastelei umg f handicraft
basteln A v/i 1 als Hobby to make things with one's hands; (≈ Handwerksarbeiten herstellen) to do handicrafts; **sie kann gut ~** she is good with her hands 2 **an etw** (dat) ~ to make sth; (≈ herumbasteln) to mess around with sth B v/t to make
Basteln n handicrafts pl
Bastion f bastion
Bastler(in) m(f) von Möbeln etc do-it-yourselfer; **ein guter ~ sein** to be good with one's hands
Bataillon n MIL, a. fig battalion
Batik f batik
Batist m batiste
Batterie f battery
batteriebetrieben adj battery-powered
Batterieladegerät n battery charger
Bau m 1 (≈ das Bauen) building; **sich im Bau befinden** to be under construction; **mit dem Bau beginnen** to begin building 2 (≈ Aufbau) structure 3 (≈ Baustelle) building site; **auf dem Bau arbeiten** to work on a building site 4 (≈ Gebäude) building; (≈ Bauwerk) construction 5 (≈ Erdhöhle) burrow; (≈ Fuchsbau) den; (≈ Dachsbau) set(t)
Bau- zssgn construction
Bauarbeiten pl building work sg; (≈ Straßenbau) roadworks pl Br, road construction US
Bauarbeiter(in) m(f) building worker Br, construction worker US
Baubranche f building trade
Bauch m 1 von Mensch stomach, tummy umg; ANAT abdomen; von Tier belly; (≈ Fettbauch) paunch; **ihm tat der ~ weh** he had stomachache; **sich** (dat) **den ~ vollschlagen** umg to stuff oneself umg; **ein voller ~ studiert nicht gern** sprichw you can't study on a full stomach; **einen dicken ~ haben** sl (≈ schwanger sein) to have a bun in the oven umg; **etw aus dem ~ heraus entscheiden** to decide sth according to (a gut) instinct; **mit etw auf den ~ fallen** umg to fall flat on one's face with sth umg 2 (≈ Wölbung, Hohlraum) belly
Bauchansatz m beginning(s) of a paunch
Bauchbinde f 1 um Buch belly band, jacket band, publisher's band 2 für Schwangere belly band, maternity band
Bauchfell n ANAT peritoneum
Bauchfellentzündung f peritonitis
bauchfrei adj ~**es Shirt** od **Top** crop(ped) top
Bauchgrimmen umg n tummy ache umg
Bauchhöhle f abdominal cavity
Bauchhöhlenschwangerschaft f ectopic pregnancy
bauchig adj Gefäß bulbous
Bauchklatscher m umg belly flop
Bauchlandung f umg FLUG belly landing; bei Sprung ins Wasser belly flop umg
Bauchmuskel m stomach muscle
Bauchmuskulatur f stomach muscles pl
Bauchnabel m navel, bellybutton umg
Bauchpressen pl SPORT crunches pl
Bauchredner(in) m(f) ventriloquist
Bauchschmerzen pl stomachache; fig anguish; **j-m ~ bereiten** fig to cause sb major problems
Bauchspeicheldrüse f pancreas
Bauchtanz m belly dancing; einzelner Tanz belly dance
Bauchtänzerin f belly dancer
Bauchweh n stomachache
Baudenkmal n historical monument
Baud-Rate f IT baud rate
bauen A v/t 1 to build; **sich** (dat) **ein Haus ~** to build oneself a house; → gebaut 2 umg (≈ verursachen) Unfall to cause B v/i 1 to build; **wir haben neu gebaut** we built a new house; **hier wird viel gebaut** there is a lot of building going on around here 2 (≈ vertrauen) **auf j-n/etw ~** to rely on sb/sth
Bauen n building
Bauer¹ m 1 (≈ Landwirt) farmer; pej (country) bumpkin 2 Schach pawn; KART jack, knave
Bauer² n/m (≈ Käfig) (bird)cage
Bäuerin f 1 (≈ Frau des Bauern) farmer's wife 2 (≈ Landwirtin) farmer
bäuerlich adj rural; (≈ ländlich) country attr
Bauernbrot n coarse rye bread
Bauernfänger(in) umg m(f) con man/woman umg
Bauernhaus n farmhouse
Bauernhof m farm
Bauernregel f country saying
Bauersfrau f farmer's wife
Bauerwartungsland n potential development land
Baufachmann m, **Baufachfrau** f builder
baufällig adj dilapidated; Decke unsound
Baufälligkeit f dilapidation
Baufirma f building contractor Br, construction company US

Baugenehmigung f planning and building permission
Baugerüst n scaffolding
Baugewerbe n building and construction trade
Bauherr(in) m(f) client (*for whom sth is being built*)
Bauholz n building timber
Bauindustrie f building and construction industry
Bauingenieur(in) m(f) civil engineer
Baujahr n year of construction; *von Auto* year of manufacture; **VW ~ 98** 1998 VW
Baukasten m building kit
Baukastensystem n TECH modular construction system
Bauklotz m (building) brick
Baukosten pl building costs pl
Bauland n building land; *für Stadtplanung* development area
Bauleiter(in) m(f) (building) site manager Br, construction site manager US
baulich A adj structural; **in gutem/schlechtem ~em Zustand** structurally sound/unsound B adv structurally
Baulücke f empty site
Baum m tree; **auf dem ~** in the tree
Baumarkt m property market; (≈ *Geschäft für Heimwerker*) DIY superstore
Baumaterial n building material
Baumeister(in) m(f) builder
baumeln v/i to dangle (**an** +*dat* from)
Baumgrenze f tree line
baumhoch adj tree-high
Baumkrone f treetop
baumlos adj treeless
Baumschere f (tree) pruning shears pl
Baumschule f tree nursery
Baumstamm m tree trunk
Baumsterben n ◻1 tree die-back ◻2 (≈ *Waldsterben*) forest dieback
Baumwollanbau m cotton farming
Baumwolle f cotton; **ein Hemd aus ~** a cotton shirt
baumwollen adj cotton
Baumwollhemd n cotton shirt
Bauplan m building plan; BIOL *genetischer, biologischer etc* blueprint
Bauplatz m site (for building)
Baupolizei f building control department Br, Board of Works US
Bausatz m kit
Bausch m (≈ *Wattebausch*) ball; **in ~ und Bogen** lock, stock and barrel
bauschen A v/r ◻1 (≈ *sich aufblähen*) to billow (out) ◻2 *Kleidungsstück* to puff out B v/t *Segel, Vorhänge* to fill, to swell
bauschig adj *Rock, Vorhänge* full; *Watte* fluffy
bausparen v/i to save with a building society Br, to save with a building and loan association US
Bausparer(in) m(f) saver with a building society Br, saver with a building and loan association US
Bausparkasse f building society Br, building and loan association US
Bausparvertrag m savings contract with a building society Br, savings contract with a building and loan association US
Baustein m stone; *Spielzeug* brick; (≈ *elektronischer Baustein*) chip; *fig* (≈ *Bestandteil*) building block; TECH module
Baustelle f building site Br, construction site US; *bei Straßenbau* roadworks pl Br, road construction US
Baustil m architectural style
Baustoff m building material
Baustopp m **einen ~ verordnen** to impose a halt on building (projects)
Bausubstanz f fabric; **die ~ ist gut** the house is structurally sound
Bauteil n (≈ *Bauelement*) component
Bauten pl ◻1 buildings pl ◻2 FILM set
Bauunternehmer(in) m(f) building contractor
Bauweise f type of construction; (≈ *Stil*) style
Bauwerk n construction; (≈ *Gebäude a.*) edifice
Bauwirtschaft f building and construction industry
Bauzaun m hoarding, fence
Bauzeichner(in) m(f) architectural draughtsman/draughtswoman Br, architectural draftsman/draftswoman US
Bayer(in) m(f) Bavarian
bay(e)risch adj Bavarian
Bayern n Bavaria
Bazi m *österr umg* rascal
Bazille f *umg* (≈ *Bazillus*) bacillus; (≈ *Krankheitserreger*) germ, bug
Bazillenträger(in) m(f) carrier
Bazillus m germ, bug
beabsichtigen v/t to intend; (≈ *abzielen auf*) to aim; **das hatte ich nicht beabsichtigt** I didn't mean it to happen; **die beabsichtigte Wirkung** the desired effect
Beachball m beach ball
beachten v/t ◻1 (≈ *befolgen*) to heed; *Vorschrift, Verkehrszeichen* to comply with; *Regel* to follow ◻2 (≈ *berücksichtigen*) **es ist zu ~, dass …** it should be taken into consideration that … ◻3 (≈ *zur Kenntnis nehmen*) to take note of; **j-n nicht ~** to ignore sb; **von der Öffentlichkeit kaum beachtet** scarcely noticed by the public

beachtenswert *adj* remarkable

beachtlich *adj* considerable; *Erfolg* notable; *Talent* remarkable; *Ereignis* significant

Beachtung *f* **1** *von Vorschrift, Verkehrszeichen* compliance (+*gen* with) **2** (≈ *Berücksichtigung*) consideration **3** **j-m/einer Sache ~ schenken** to pay attention to sb/sth; **j-m keine ~ schenken** to ignore sb

Beachvolleyball *m* beach volleyball

Beamer *m* TECH, COMPUT digital *od* LCD projector

Beamtenapparat *m* bureaucracy

Beamtenschaft *f* civil servants *pl*

Beamtenverhältnis *n* **im ~ stehen** to be a civil servant

Beamte(r) *m*, **Beamtin** *f* official; (≈ *Staatsbeamte*) civil servant; (≈ *Zollbeamte*) official; (≈ *Polizeibeamte*) officer

beängstigen *geh v/t* to alarm, to scare

beängstigend *adj* alarming, frightening

beanspruchen *v/t* **1** (≈ *fordern*) to claim **2** (≈ *erfordern*) to take; *Aufmerksamkeit* to demand; (≈ *benötigen*) to need **3** (≈ *ausnützen*) to use; *j-s Hilfe* to ask for **4** **ihr Beruf beansprucht sie ganz** her job is extremely demanding

beanstanden *v/t* to query; **er hat an allem etwas zu ~** he has complaints about everything

Beanstandung *f* complaint (+*gen* about); **zu ~en Anlass geben** *form* to give cause for complaint

beantragen *v/t* to apply for (**bei** to); JUR *Strafe* to demand; (≈ *vorschlagen*) *in Debatte etc* to move

beantworten *v/t* to answer; **j-m eine Frage ~** to answer sb's question; **beantwortet die Fragen zum Text** answer the questions on the text

Beantwortung *f* answer (+*gen* to); *von Anfrage, Brief a.* reply (+*gen* to)

bearbeiten *v/t* **1** (≈ *behandeln*) to work on; *Stein, Holz* to work **2** (≈ *sich befassen mit*) to deal with; *Fall* to handle; *Antrag, Bewerbung* to process **3** (≈ *redigieren*) to edit; (≈ *neu bearbeiten*) to revise; *Musikstück* to arrange **4** *umg* (≈ *einreden auf*) *j-n* to work on

Bearbeitung *f* **1** (≈ *Behandlung*) working (on); *von Stein, Holz* dressing **2** *von Antrag etc* dealing with; *von Fall* handling **3** (≈ *Redigieren*) editing; (≈ *Neubearbeitung*) revising; *von Musik* arrangement; (≈ *bearbeitete Ausgabe etc*) edition, revision, arrangement

Bearbeitungsgebühr *f* handling charge

Bearbeitungszeit *f* process(ing) time; **die ~ beträgt drei Wochen** processing will take three weeks, it takes three weeks to process

beatmen *v/t* **j-n künstlich ~** to keep sb breathing artificially

Beatmung *f* artificial respiration

beaufsichtigen *v/t* to supervise; *Kind* to look after

beauftragen *v/t* **1** (≈ *heranziehen*) to engage; *Firma* to hire; *Architekten* to commission **2** (≈ *anweisen*) **wir sind beauftragt, das zu tun** we have been instructed to do that

Beauftragte(r) *m/f(m)* representative

bebauen *v/t* **1** *Grundstück* to develop **2** AGR to cultivate; *Land* to farm

beben *v/i* to shake

Beben *n* (≈ *Zittern*) shaking; (≈ *Erdbeben*) earthquake

bebildern *v/t* to illustrate

Becher *m* cup; (≈ *bes aus Porzellan, mit Henkel*) mug; (≈ *Joghurtbecher etc*) carton; (≈ *Eisbecher*) tub

Becherglas *n* tumbler

Becken *n* **1** basin; (≈ *Abwaschbecken*) sink; (≈ *Schwimmbecken*) pool; (≈ *Fischbecken*) pond; (≈ *großes Wasserbecken*) tank **2** ANAT pelvis; **ein breites ~** broad hips **3** MUS cymbal

bedacht *adj* **1** (≈ *überlegt*) prudent **2** **auf etw** (*akk*) **~ sein** to be concerned about sth; → bedenken

Bedacht *geh m* **mit ~** (≈ *vorsichtig*) prudently; (≈ *absichtlich*) deliberately

bedächtig *adj* deliberate; (≈ *besonnen*) thoughtful

bedanken *v/r* to say thank you; **sich bei j-m (für etw) ~** to thank sb (for sth); **ich bedanke mich herzlich** thank you very much; **dafür** *od* **für dergleichen wird er sich ~** *iron umg* he'll just love that *iron*

Bedarf *m* **1** (≈ *Bedürfnis*) need (**an** +*dat* for); **bei ~** as required; **alles für den häuslichen ~** all household requirements; **an etw** (*dat*) **~ haben** to need sth; **danke, kein ~** *iron umg* no thank you **2** HANDEL (≈ *Nachfrage*) demand (**an** +*dat* for); (**je**) **nach ~** according to demand

Bedarfsgüter *pl* consumer goods *pl*

Bedarfshaltestelle *f* request (bus) stop, flag stop *US*

bedauerlich *adj* regrettable, sad

bedauerlicherweise *adv* regrettably

bedauern *v/t* to regret; **wir ~, Ihnen mitteilen zu müssen, …** we regret to have to inform you …; **(ich) bedau(e)re!** I am sorry **2** (≈ *bemitleiden*) to feel sorry for; **sie ist zu ~** one *od* you should feel sorry for her

Bedauern *n* regret; **(sehr) zu meinem ~** (much) to my regret; **mit ~ habe ich …** it is with regret that I …

bedauernswert *adj Mensch* pitiful; *Zustand* deplorable

bedecken **A** *v/t* (≈ *zudecken*) to cover **B** *v/r Himmel* to become overcast

bedeckt *adj* **1** (≈ *bewölkt*) overcast, cloudy **2** **sich**

~ halten *fig* to keep a low profile

bedenken *v/t* **1** (≈ *überlegen*) to consider; **wenn man es recht bedenkt, ...** if you think about it properly ... **2** (≈ *in Betracht ziehen*) to take into consideration; **ich gebe zu ~, dass ...** I would ask you to consider that ... **3** *in Testament* to remember; → **bedacht**

Bedenken *n* (≈ *Zweifel*) doubt; **~ haben** to have one's doubts (**bei** about); **ihm kommen ~** he is having second thoughts

bedenkenlos **A** *adj* (≈ *skrupellos*) heedless of others; (≈ *unüberlegt*) thoughtless **B** *adv* (≈ *ohne Zögern*) unhesitatingly; (≈ *skrupellos*) unscrupulously; **etw ~ tun** (≈ *unüberlegt*) to do sth without thinking

bedenkenswert *adj* worth thinking about

bedenklich **A** *adj* **1** (≈ *zweifelhaft*) dubious **2** (≈ *besorgniserregend*) alarming; *Gesundheitszustand* serious **3** (≈ *besorgt*) apprehensive **B** *adv* **~ zunehmen** to rise alarmingly; **j-n ~ stimmen** to make sb (feel) apprehensive

Bedenkzeit *f* **j-m zwei Tage ~ geben** to give sb two days to think about it

bedeuten *v/t* to mean; MATH, LING to stand for; **was soll das ~?** what does that mean?; **das hat nichts zu ~** it doesn't mean anything; (≈ *macht nichts aus*) it doesn't matter; **Geld bedeutet mir nichts** money means nothing to me

bedeutend **A** *adj* **1** (≈ *wichtig*) important **2** (≈ *groß*) *Summe, Erfolg* considerable **B** *adv* (≈ *beträchtlich*) considerably

bedeutsam *adj* **1** (≈ *wichtig*) important; (≈ *folgenschwer*) significant (**für** for) **2** (≈ *vielsagend*) meaningful

Bedeutung *f* **1** (≈ *Sinn*) meaning; *wörtlich, übertragen* sense **2** (≈ *Wichtigkeit*) importance; (≈ *Tragweite*) significance; **von ~ sein** to be important, to matter; **ohne ~** of no importance; **an ~ gewinnen/verlieren** to gain/lose in importance

bedeutungslos *adj* **1** (≈ *unwichtig*) insignificant **2** (≈ *nichts besagend*) meaningless

bedeutungsvoll *adj* → **bedeutsam**

bedienen **A** *v/t* **1** *Verkäufer* to serve; *Kellner* to wait on; **werden Sie schon bedient?** are you being served?; **damit sind Sie sehr gut bedient** that should serve you very well; **ich bin bedient!** *umg* I've had enough **2** (≈ *handhaben*) to operate; *Telefon* to answer **B** *v/i in Geschäft, bei Tisch* to serve **C** *v/r bei Tisch* **bitte ~ Sie sich** please help yourself

Bedienstete(r) *m/f(m)* servant

Bedienung *f in Restaurant etc* service; (≈ *Kellner*) waiter; (≈ *Kellnerin*) waitress; *von Maschinen* operation; **kommt denn hier keine ~?** isn't anyone serving here?

Bedienungsanleitung *f* operating instructions *pl*

bedienungsfreundlich *adj* user-friendly

bedingen *v/t* (≈ *bewirken*) to cause; (≈ *notwendig machen*) to necessitate; PSYCH, PHYSIOL to condition; **sich gegenseitig ~** to be mutually dependent

bedingt **A** *adj* **1** (≈ *eingeschränkt*) limited **2** (≈ *an Bedingung geknüpft*) *Straferlass* conditional **B** *adv* (≈ *eingeschränkt*) partly; **~ tauglich** MIL fit for limited duties; (**nur**) **~ gelten** to be (only) partly valid

Bedingung *f* **1** (≈ *Voraussetzung*) condition; **unter der ~, dass ...** on condition that ...; **unter keiner ~** under no circumstances; **etw zur ~ machen** to make sth a condition **2** **zu günstigen ~en** HANDEL on favourable terms *Br*, on favorable terms *US* **3** **~en** *pl* (≈ *Umstände*) conditions *pl*

Bedingungsform *f* GRAM conditional

bedingungslos **A** *adj Kapitulation* unconditional; *Gehorsam* unquestioning **B** *adv* unconditionally

Bedingungssatz *m* conditional clause

bedrängen *v/t Feind* to attack; (≈ *belästigen*) to plague; *Schuldner* to press (for payment); *Passanten, Mädchen* to pester; (≈ *bedrücken*) *Sorgen* to beset; (≈ *heimsuchen*) to haunt

bedrohen *v/t* to threaten; (≈ *gefährden*) to endanger; **~d** threatening; **vom Aussterben bedroht** in danger of becoming extinct

bedrohlich **A** *adj* (≈ *gefährlich*) alarming; (≈ *Unheil verkündend*) menacing **B** *adv* dangerously; **sich ~ verschlechtern** to deteriorate alarmingly

bedroht *adj* threatened

Bedrohung *f* threat (+*gen* to)

bedrucken *v/t* to print on; **bedruckter Stoff** printed fabric

bedrücken *v/t* to depress; **was bedrückt dich?** what is (weighing) on your mind?

bedrückend *adj Anblick, Nachrichten* depressing; *Not* pressing

bedrückt *adj* depressed

bedürfen *geh v/i* to need; (≈ *benötigen*) to require; **das bedarf keiner weiteren Erklärung** there's no need for any further explanation

Bedürfnis *n* need; (≈ *Bedarf a.*) necessity; *form* (≈ *Anliegen*) wish; **es war ihm ein ~, ...** it was his wish to ...; **besondere ~se** special needs

bedürftig *adj* needy; **einer Sache** (*gen*) **~ sein** *geh* to be in need of sth

Beefsteak *n* steak

beeiden *v/t Aussage* to swear to

beeidigen *v/t* **1** (≈ *beeiden*) to swear to **2** JUR (≈ *vereidigen*) to swear in; **beeidigte Dolmet-**

scherin sworn interpreter
beeilen v/r to hurry (up); **beeil dich!** hurry up!
beeindrucken v/t to impress; **der Eiffelturm hat mich sehr beeindruckt** I was very impressed with the Eiffel Tower
beeindruckend adj impressive
beeindruckt adj impressed
beeinflussen v/t to influence; *Ereignisse* to affect; **er ist schwer zu ~** he is hard to influence
Beeinflussung f influencing; (≈ *Einfluss*) influence (**durch** of)
beeinträchtigen v/t **1** (≈ *stören*) *Rundfunkempfang* to interfere with **2** (≈ *schädigen*) to damage; *Gesundheit* to impair, to affect; *Appetit, Wert* to reduce **3** (≈ *einschränken*) *Freiheit* to restrict
Beeinträchtigung f **1** *von Rundfunkempfang* interference (+gen with) **2** *von Appetit* reduction (+gen of, in); *von Gesundheit, Leistung* impairment
beenden v/t to end; *Arbeit etc* to finish; (≈ *aufhören mit*) to stop; IT *Anwendung* to close; *Studium* to complete; **etw vorzeitig ~** to cut sth short
Beendigung f ending; (≈ *Ende*) end; (≈ *Fertigstellung*) completion; (≈ *Schluss*) conclusion
beengen *wörtl* v/t *Bewegung* to restrict; *fig* to stifle, to inhibit
beengt **A** adj cramped, confined **B** adv **~ wohnen** to live in cramped conditions
beerben v/t **j-n ~** to inherit sb's estate
beerdigen v/t to bury
Beerdigung f burial; (≈ *Beerdigungsfeier*) funeral
Beere f berry; (≈ *Weinbeere*) grape
Beerenauslese f (≈ *Wein*) wine made from specially selected grapes
Beet n (≈ *Blumenbeet*) bed; (≈ *Gemüsebeet*) patch
befähigen v/t *Ausbildung* to qualify
befähigt adj **~ sein** to qualify
Befähigung f *durch Ausbildung* qualifications pl; (≈ *Können, Eignung*) capability
befahrbar adj *Weg* passable; *Fluss* navigable; **nicht ~ sein** *Straße* to be closed (to traffic)
befahren[1] v/t *Straße* to use; **diese Straße wird stark/wenig ~** this road is used a lot/isn't used much
befahren[2] adj **eine stark/wenig ~e Straße** *etc* a busy/quiet road *etc*
befallen v/t (≈ *infizieren*) to affect; *Schädlinge* to infest; *Angst* to grip
befangen adj **1** *Mensch* diffident; *Stille* awkward **2** *bes* JUR (≈ *voreingenommen*) prejudiced; **j-n als ~ ablehnen** JUR to object to sb on grounds of suspected bias
Befangenheit f **1** (≈ *Verlegenheit*) diffidence **2** (≈ *Voreingenommenheit*) bias, prejudice
befassen v/r **sich mit j-m/etw ~** to deal with sb/sth; **sich eingehend mit etw ~** to study sth
Befehl m **1** (≈ *Anordnung*) order (**an** +akk to od **von** from); IT command; **er gab (uns) den ~, ... he** ordered us to ...; **auf seinen ~ (hin)** on his orders; **~ ausgeführt!** mission accomplished; **~ ist ~** orders are orders; **dein Wunsch ist mir ~** *hum* your wish is my command **2** (≈ *Befehlsgewalt*) command
befehlen **A** v/t to order **B** v/i (≈ *Befehle erteilen*) to give orders
befehligen v/t MIL to command
Befehlsform f GRAM imperative
Befehlshaber(in) m(f) commander
Befehlston m peremptory tone
Befehlsverweigerung f MIL refusal to obey orders
befestigen v/t **1** (≈ *anbringen*) to fasten, to fix (**an** +dat to); **etw an der Wand/Tür ~** to attach sth to the wall/door **2** *Böschung* to reinforce; *Straße* to make up
Befestigung f **1** fastening **2** MIL fortification
befeuchten v/t to moisten
befinden **A** v/r (≈ *sein*) to be; (≈ *seinen Standort haben*) to be located od based; **sich auf Reisen ~** to be away **B** v/t *form* (≈ *erachten*) to deem *form*; **etw für nötig ~** to deem sth (to be) necessary; **j-n für schuldig ~** to find sb guilty **C** v/i *geh* (≈ *entscheiden*) to decide; **über etw** (akk) **~** to pass judgement on sth
Befinden n (state of) health; *eines Kranken* condition
befindlich adj *form* an einem Ort situated; *in Behälter* contained; **alle in der Bibliothek ~en Bücher** all the books in the library
beflecken v/t **1** *wörtl* to stain **2** *fig geh Ruf, Ehre* to cast a slur on
beflügeln *geh* v/t to inspire; **der Gedanke an Erfolg beflügelte ihn** the thought of success spurred him on
befolgen v/t *Befehl etc* to obey; *Regel* to follow; *Ratschlag* to take
Befolgung f compliance (+gen with); *von Regel* following; *von Ratschlag* taking; **~ der Vorschriften** obeying the rules
befördern v/t **1** *Waren* to transport; *Personen* to carry; *Post* to handle **2** *dienstlich* to promote; **er wurde zum Major befördert** he was promoted to (the rank of) major
Beförderung f **1** (≈ *Transport*) transportation; *von Personen* carriage; *von Post* handling **2** *beruflich* promotion
befrachten v/t to load
befragen v/t **1** to question (**über** +akk od **zu** od, **nach** about); to interview; **auf Befragen** when questioned **2** (≈ *um Stellungnahme bitten*) to consult (**über** +akk od **nach** about)
Befragung f **1** (≈ *das Befragen*) questioning **2** *von Fachmann* consultation (+gen with, of) **3**

(≈ *Umfrage*) survey

befreien **A** v/t **1** to free; *Volk, Land* to liberate; *Gefangenen, Tier* to set free **2** *von Militärdienst, Steuern* to exempt **3** (≈ *erlösen*) *von Schmerz etc* to release **4** *von Ungeziefer etc* to rid (**von** of) **B** v/r to free oneself; (≈ *entkommen*) to escape (**von, aus** from)

Befreier(in) m(f) liberator

befreit *adv* **~ aufatmen** to breathe a sigh of relief

Befreiung f **1** freeing; *von Volk, Land* liberation; *von Gefangenen, Tieren* setting free **2** *von Militärdienst, Steuern* exemption

Befreiungsbewegung f liberation movement

Befreiungsfront f liberation front

Befreiungskampf m struggle for liberation

Befreiungskrieg m war of liberation

Befreiungsorganisation f liberation organization

befremden v/t to disconcert; **es befremdet mich, dass ...** I'm rather taken aback that ...

Befremden n disconcertment

befreunden v/r **1** (≈ *sich anfreunden*) to make *od* become friends **2** *fig* **sich mit etw ~** to get used to sth

befreundet *adj* **wir/sie sind schon lange (miteinander) ~** we/they have been friends for a long time; **gut** *od* **eng ~ sein** to be good *od* close friends; **ein uns ~er Staat** a friendly nation

befriedigen **A** v/t to satisfy; **er ist leicht/schwer zu ~** he's easily/not easily satisfied **B** v/r **sich (selbst) ~** to masturbate

befriedigend *adj* satisfactory; *als Schulnote* fair **B** *adv* satisfactorily

befriedigt **A** *adj* satisfied **B** *adv* with satisfaction

Befriedigung f satisfaction; **zur ~ deiner Neugier ...** to satisfy your curiosity ...

befristen v/t to limit (**auf** +akk to); *Projekt* to put a time limit on

befristet *adj Genehmigung* restricted (**auf** +akk to); *Anstellung* temporary; **auf zwei Jahre ~ sein** *Visum etc* to be valid for two years

Befristung f limitation (**auf** +akk to)

befruchten v/t **1** *wörtl Eizelle* to fertilize; *Blüte* to pollinate; **künstlich ~** to inseminate artificially **2** *fig* (≈ *geistig anregen*) to stimulate

Befruchtung f fertilization; *von Blüte* pollination; **künstliche ~** artificial insemination

Befugnis *form* f authority *kein pl*, (≈ *Erlaubnis*) authorization *kein pl*

befugt *form adj* **~ sein(, etw zu tun)** to have the authority (to do sth)

Befund m results *pl*; **ohne ~** MED (results) negative

befürchten v/t to fear; **es ist** *od* **steht zu ~, dass ...** it is (to be) feared that ...

Befürchtung f fear *mst pl*

Befürworten v/t to approve

Befürworter(in) m(f) supporter

begabt *adj* talented; **für etw ~ sein** to be talented at sth

Begabtenförderung f **1** *finanziell* educational grant **2** *Unterricht* extra *od* specialized tuition for gifted students

Begabung f (≈ *Anlage*) talent; *geistig, musisch* gift; (≈ *Fähigkeit*) ability; **er hat ~ zum Lehrer** he has a gift for teaching

Begattung f *bes* ZOOL mating, copulation

begeben v/r **sich nach Hause ~** to make one's way home; **sich auf eine Reise ~** to undertake a journey; **sich an die Arbeit ~** to commence work; **sich in Gefahr ~** to expose oneself to danger

Begebenheit f occurrence, event

begegnen v/i **1** (≈ *treffen*) to meet; **sich ~, einander ~** *geh* to meet **2** (≈ *stoßen auf*) **einer Sache** (*dat*) **~** to encounter sth **3** (≈ *widerfahren*) **j-m ist etw begegnet** sth has happened to sb

Begegnung f **1** (≈ *Treffen*) meeting **2** SPORT encounter, match

begehbar *adj Weg* passable; *Schrank, Skulptur* walk-in *attr*

begehen v/t **1** (≈ *verüben*) to commit; *Fehler* to make; **einen Mord an j-m ~** to murder sb; **eine Dummheit ~** to do something stupid **2** (≈ *entlanggehen*) *Weg* to use **3** *geh* (≈ *feiern*) to celebrate

begehren *geh* v/t to desire

begehrenswert *adj* desirable

begehrt *adj* much sought-after; *Ferienziel* popular

begeistern **A** v/t **j-n** to fill with enthusiasm; (≈ *inspirieren*) to inspire **B** v/r to be enthusiastic (**an** +dat *od* **für** about)

begeistert **A** *adj* enthusiastic (**von** about); (≈ *aufgeregt*) excited **B** *adv* enthusiastically

Begeisterung f enthusiasm (**über** +akk about *od* **für** for); **in ~ geraten** to become enthusiastic; **etw mit ~ tun** to be keen on doing sth

Begierde *geh* f desire (**nach** for); (≈ *Sehnsucht*) longing, yearning

begierig **A** *adj* (≈ *voll Verlangen*) greedy; (≈ *gespannt*) eager; **auf etw** (*akk*) **~ sein** to be eager for sth **B** *adv* (≈ *verlangend*) greedily; (≈ *gespannt*) eagerly

begießen v/t **1** *mit Wasser* to pour water on; *Blumen, Beet* to water **2** *fig umg Ereignis* to celebrate; **das muss begossen werden!** that calls for a drink!

Beginn *m* beginning, start; **zu ~** at the beginning

beginnen A *v/i* to start; **mit der Arbeit ~** to start work; **es beginnt zu regnen** it's starting to rain B *v/t* to start, to begin

beglaubigen *v/t Testament, Unterschrift* to witness; *Zeugnisabschrift* to authenticate; *Echtheit* to attest (to); **etw notariell ~ lassen** to have sth witnessed *etc* by a notary

Beglaubigung *f von Testament, Unterschrift* witnessing; *von Zeugnisabschrift* authentication; *von Echtheit* attestation

Beglaubigungsschreiben *n* credentials *pl*

begleichen *v/t* (≈ *bezahlen*) to settle; *fig Schuld* to pay (off)

Begleitbrief *m* covering letter *Br*, cover letter *US*

begleiten *v/t* to accompany

Begleiter(in) *m(f)* companion; *zum Schutz* escort; MUS accompanist

Begleiterscheinung *f* concomitant *form*; MED side effect

Begleitperson *f* escort; (≈ *Anstandswauwau*) chaperon

Begleitschreiben *n* covering letter *Br*, cover letter *US*

Begleitumstände *pl* attendant circumstances *pl*

Begleitung *f* 1 company; **in ~ seines Vaters** accompanied by his father; **ich bin in ~ hier** I'm with someone; **ohne ~** unaccompanied 2 MUS accompaniment

beglücken *v/t* **j-n ~** to make sb happy; **beglückt lächeln** to smile happily

beglückwünschen *v/t* to congratulate (**zu** on)

begnadigen *v/t* to reprieve; (≈ *Strafe erlassen*) to pardon

Begnadigung *f* reprieve; (≈ *Straferlass*) pardon

begnügen *v/r* **sich mit etw ~** to be content with sth

Begonie *f* begonia

begraben *v/t* 1 to bury 2 *Hoffnung* to abandon; *Streit* to end

Begräbnis *n* burial; (≈ *Begräbnisfeier*) funeral

begradigen *v/t* to straighten

begreifen A *v/t* 1 (≈ *verstehen*) to understand; **~, dass …** (≈ *einsehen*) to realize that …; **ich begreife das nicht** I don't get it; **hast du mich begriffen?** did you understand what I said?; **es ist kaum zu ~** it's almost incomprehensible 2 (≈ *auffassen*) to view, to see B *v/i* to understand; **leicht/schwer ~** to be quick/slow on the uptake; → begreifen

begreiflich *adj* understandable; **ich habe ihm das ~ gemacht** I've made it clear to him

begreiflicherweise *adv* understandably

begrenzen *v/t* to restrict, to limit (**auf** +*akk* to)

begrenzt A *adj* (≈ *beschränkt*) restricted; (≈ *geistig beschränkt*) limited; **eine genau ~e Aufgabe** a clearly defined task B *adv zeitlich* for a limited time

Begrenzung *f* 1 (≈ *das Begrenzen von Gebiet, Straße etc*) demarcation; *von Geschwindigkeit, Redezeit* restriction; *Grenzwert* limit 2 (≈ *Grenze*) boundary

Begriff *m* 1 (≈ *Bedeutungsgehalt*) concept; (≈ *Terminus*) term; **sein Name ist mir ein/kein ~** his name means something/doesn't mean anything to me 2 (≈ *Vorstellung*) idea; **sich** (*dat*) **einen ~ von etw machen** to imagine sth; **du machst dir keinen ~ (davon)** *umg* you've no idea (about it) *umg*; **für meine ~e** in my opinion 3 **im ~ sein, etw zu tun** to be on the point of doing sth *od* about to do sth 4 **schwer/schnell von ~ sein** *umg* to be slow/quick on the uptake

begriffen *adj* **in etw** (*dat*) **~ sein** *form* to be in the process of doing sth; → begreifen

begriffsstutzig *umg adj* thick *umg*

begründen *v/t* 1 (≈ *Gründe anführen für*) to give reasons for; *rechtfertigend* to justify; *Verdacht* to substantiate 2 (≈ *gründen*) to establish

begründet *adj* well-founded; (≈ *berechtigt*) justified; **es besteht ~e Hoffnung, dass …** there is reason to hope that …

Begründung *f* 1 grounds *pl* (**für** *od* +*gen* for); (≈ *Grund*) reason; **etwas zur** *od* **als ~ sagen** to say something in explanation 2 (≈ *Gründung*) establishment 3 (≈ *Veranlassung*) motivation

begrünen *v/t Hinterhöfe, Plätze* to green up

begrüßen *v/t* 1 *j-n* to greet; **j-n herzlich ~** to give sb a hearty welcome 2 (≈ *gut finden*) to welcome

begrüßenswert *adj* welcome; **es wäre ~, wenn …** it would be desirable if …

Begrüßung *f* greeting; *der Gäste* welcoming; (≈ *Zeremonie*) welcome

begünstigen *v/t* to favour *Br*, to favor *US*, to benefit; *Wachstum* to encourage

Begünstigte(r) *m/f(m)* beneficiary

Begünstigung *f* 1 JUR aiding and abetting 2 (≈ *Bevorzugung*) preferential treatment 3 (≈ *Förderung*) favouring *Br*, favoring *US*; *von Wachstum* encouragement

begutachten *v/t* to give expert advice about; *Kunstwerk, Stipendiaten* to examine; *Leistung* to judge; **etw ~ lassen** to get expert advice about sth

behaart *adj* hairy

Behaarung *f* hairs *pl*

behäbig *adj Mensch* portly; *fig Sprache, Ton* complacent

behagen *v/i* **er behagt ihr nicht** she doesn't

like him
Behagen n contentment; **mit sichtlichem ~** with obvious pleasure
behaglich **A** adj cosy Br, cozy US; (≈ bequem) comfortable; (≈ zufrieden) contented **B** adv (≈ gemütlich) comfortably; (≈ genussvoll) contentedly
Behaglichkeit f cosiness; (≈ Bequemlichkeit) comfort; (≈ Zufriedenheit) contentment
behalten v/t **1** to keep; **etw für sich ~** to keep sth to oneself; **etw/j-n bei sich ~** to keep sth/sb with one **2** (≈ nicht vergessen) to remember
Behälter m container; für Flüssigkeit tank
behandelbar adj treatable
behandeln v/t to treat; (≈ verfahren mit) to handle; Thema, Problem to deal with
Behandlung f treatment; MED therapy; von Angelegenheit handling; **bei wem sind Sie in ~?** who's treating you?
behängen v/t mit Stoffen etc to drape
beharren v/i (≈ hartnäckig sein) to insist (**auf** +dat on); (≈ nicht aufgeben) to persist (**bei** in)
beharrlich **A** adj (≈ hartnäckig) insistent; (≈ ausdauernd) persistent **B** adv (≈ hartnäckig) insistently; (≈ ausdauernd) persistently
Beharrlichkeit f (≈ Hartnäckigkeit) insistence; (≈ Ausdauer) persistence
behaupten **A** v/t **1** (≈ sagen) to claim; **steif und fest ~** to insist; **es wird behauptet, dass ...** it is said that ... **2** Recht to maintain; Meinung to assert **3** Tabellenplatz to maintain; **Schalke konnte seinen Tabellenplatz ~** Schalke were able to maintain their position in the table **B** v/r to assert oneself; bei Diskussion to hold one's own; **er kann sich bei seinen Schülern nicht ~** he can't assert his authority over his pupils
Behauptung f claim; (≈ bes unerwiesene Behauptung) assertion
Behausung f dwelling
beheben v/t (≈ beseitigen) to remove; Mängel to rectify; Schaden to repair; Störung to clear
beheizbar adj heatable; Heckscheibe heated
beheizen v/t to heat
Behelf m (≈ Ersatz) substitute; (≈ Notlösung) makeshift
behelfen v/r to manage; **er weiß sich allein nicht zu ~** he can't manage alone
behelfsmäßig **A** adj makeshift **B** adv temporarily; **etw ~ reparieren** to make makeshift repairs to sth
behelligen v/t to bother
beherbergen v/t to house; Gäste to accommodate
beherrschen **A** v/t **1** (≈ herrschen über) to rule **2** fig Stadtbild, Markt to dominate **3** (≈ zügeln) to control **4** (≈ gut können) to master **B** v/r to control oneself; **ich kann mich ~!** iron umg not

likely! umg
beherrscht fig adj self-controlled
Beherrschung f control; (≈ Selbstbeherrschung) self-control; des Markts domination; **die ~ verlieren** to lose one's temper
beherzigen v/t to heed
behilflich adj helpful; **j-m (bei etw) ~ sein** to help sb (with sth)
behindern v/t to hinder; Sicht to impede; bei Sport, im Verkehr to obstruct
behindert neg! adj disabled; **geistig/körperlich ~** mentally/physically disabled
Behindertenausweis m disabled person card or ID
behindertengerecht adj suitable for disabled people; **~e Toiletten** disabled toilets; **~e Hotels** hotels with disabled facilities; **etw ~ gestalten** to design sth to fit the needs of the disabled
Behindertenolympiade f Paralympics pl
Behindertensport m disabled sport
Behinderte(r) m/f(m) disabled person; **die ~n** disabled people
Behinderung f hindrance; im Sport, Verkehr obstruction; körperlich disability
Behörde f authority mst pl, agency; **die ~n** the authorities
behüten v/t to look after
behutsam **A** adj cautious; (≈ zart) gentle **B** adv carefully; streicheln gently
bei präp **1** Nähe near; **ich stand/saß bei ihm** I stood/sat beside him; **ich bleibe bei den Kindern** I'll stay with the children **2** Aufenthalt at; **ich war bei meiner Tante** I was at my aunt's; **er wohnt bei seinen Eltern** he lives with his parents; **bei Gillian (zu Hause)** at Gillian's; **bei Müller** auf Briefen care of od c/o Müller; **bei uns zu Hause** im Haus at our house; **bei den Shaws zu Hause** at the Shaws' house; **bei j-m arbeiten** to work for sb; **Englisch bei Mr Kingsley** English with Mr Kingsley; **er ist** od **arbeitet bei der Post** he works for the post office; **beim Friseur** at the hairdresser's; **hast du Geld bei dir?** have you any money with you? **3** Teilnahme at; **bei einer Hochzeit sein** to be at a wedding **4** Zeit **bei meiner Ankunft** on my arrival; **beim Erscheinen der Königin** when the queen appeared; **bei Nacht** by night; **bei der Arbeit** at work **5** Umstand **bei Kerzenlicht essen** to eat by candlelight; **bei offenem Fenster schlafen** to sleep with the window open; **bei zehn Grad unter null** when it's ten degrees below zero **6** Bedingung in case of; **bei Feuer Scheibe einschlagen** in case of fire break glass **7** Grund with; **bei seinem Talent** with his talent; **bei solcher Hitze** when it's

as hot as this **8** *Einschränkung* in spite of, despite; **beim besten Willen** with the best will in the world
beibehalten v/t to keep; *Richtung* to keep to; *Gewohnheit* to keep up; (≈ *aufrechterhalten*) to maintain
beibringen v/t **1** **j-m etw ~** (≈ *mitteilen*) to break sth to sb; (≈ *unterweisen in*) to teach sb sth; (≈ *zufügen*) to inflict sth on sb **2** (≈ *herbeischaffen*) to produce; *Beweis, Geld etc* to supply
Beichte f confession; **zur ~ gehen** to go to confession
beichten v/t & v/i to confess (**j-m etw** sth to sb)
Beichtgeheimnis n seal of confession *od* of the confessional
Beichtstuhl m confessional
beide *pron* both; **alle ~n Teller** both plates; **seine ~n Brüder** both his brothers; **ihr ~(n)** the two of you; **wer von uns ~n** which of us (two); **alle ~** both (of them); **die ~n** the two of them
beiderlei *adj* both
beiderseitig *adj* on both sides; (≈ *gegenseitig*) *Abkommen etc* bilateral; *Einverständnis etc* mutual
beiderseits **A** *adv* on both sides **B** *präp* on both sides of
beides *pron* both; **~ ist schön** both are nice; **ich mag ~ nicht** I don't like either of them
beidhändig *adj* (≈ *gleich geschickt*) ambidextrous; (≈ *mit beiden Händen zugleich*) two-handed
beidrehen v/i SCHIFF to heave to
beidseitig *adj* (≈ *auf beiden Seiten*) on both sides; (≈ *gegenseitig*) mutual
beieinander *adv* together
beieinanderbleiben v/i to stay together
beieinander sein *umg* v/i *gesundheitlich* to be in good shape *umg*; *geistig* to be all there *umg*
Beifahrer(in) m(f) AUTO (front-seat) passenger; SPORT co-driver
Beifahrerairbag m AUTO passenger airbag
Beifahrersitz m passenger seat
Beifall m (≈ *Zustimmung*) approval; (≈ *das Händeklatschen*) applause; **~ spenden** to applaud; **~ klatschen** to cheer
beifällig **A** *adj* approving; **~e Worte** words of approval **B** *adv* approvingly; **er nickte ~ mit dem Kopf** he nodded his head in approval
Beifallsruf m cheer
Beifallssturm m storm of applause
beifügen v/t (≈ *mitschicken*) to enclose (+*dat* with)
Beigabe f addition; (≈ *Beilage*) side dish; HANDEL (≈ *Zugabe*) free gift
beige *adj* beige
beigeben **A** v/t to add (+*dat* to) **B** v/i **klein ~** *umg* to give in
Beigeschmack m aftertaste; *fig von Worten* flavour *Br*, flavor *US*

Beiheft n **1** supplement **2** *zu einer CD* (accompanying) booklet
Beihilfe f **1** financial assistance *kein unbest art*; (≈ *Zuschuss*) allowance; (≈ *Studienbeihilfe*) grant; (≈ *Subvention*) subsidy **2** JUR abetment; **wegen ~ zum Mord** for acting as an accessory to the murder
Beijing n Beijing, Peking
beikommen v/i **j-m** (≈ *zu fassen bekommen*) to get hold of sb; **einer Sache** (*dat*) **~** (≈ *bewältigen*) to deal with sth
Beil n axe *Br*, ax *US*; *kleiner* hatchet
Beilage f **1** (≈ *Gedrucktes*) insert; (≈ *Beiheft*) supplement **2** GASTR side dish; (≈ *Gemüsebeilage*) vegetables *pl*; (≈ *Salatbeilage*) side salad
Beilagensalat m side salad
beiläufig **A** *adj* casual **B** *adv erwähnen* in passing
beilegen v/t **1** (≈ *hinzulegen*) to insert (+*dat* in); *einem Brief, Paket* to enclose (+*dat* with, in); (≈ *befestigen*) to attach **2** (≈ *schlichten*) to settle
Beilegung f settlement
beileibe *adv* **~ nicht!** certainly not; **~ kein ...** by no means a ...
Beileid n condolence(s), sympathy; **j-m sein ~ aussprechen** to offer sb one's condolences; **(mein) herzliches ~!** please accept my deepest condolences
Beileidsbekundung f expression of sympathy
Beileidskarte f condolence card
beiliegen v/i to be enclosed (+*dat* with, in); *einer Zeitschrift etc* to be inserted (+*dat* in)
beiliegend *adj & adv* enclosed; **~ senden wir Ihnen ...** please find enclosed ...
beim *präp mit art* (= *bei dem*) → **bei**
beimengen v/t to add (+*dat* to)
beimessen v/t **j-m/einer Sache Bedeutung ~** to attach importance to sb/sth
Bein n leg; **sich kaum auf den ~en halten können** to be hardly able to stay on one's feet; **j-m ein ~ stellen** to trip sb up; **auf den ~en sein** (≈ *in Bewegung*) to be on one's feet; (≈ *unterwegs*) to be out and about; **j-m ~e machen** *umg* (≈ *antreiben*) to make sb get a move on *umg*; (≈ *wegjagen*) to make sb clear off *umg*; **mit einem ~ im Gefängnis stehen** to be likely to end up in jail; **auf eigenen ~en stehen** *fig* to be able to stand on one's own two feet; **wieder auf die ~e kommen** *fig* to get back on one's feet again; **etw auf die ~e stellen** *fig* to get sth off the ground
beinah(e) *adv* almost, nearly
Beinbruch m fracture of the leg; **das ist kein ~** *fig umg* it could be worse *umg*
Beinfreiheit f legroom
beinhalten v/t to comprise, to include; (≈ *um-*

fassen, mit sich bringen) to involve
Beinpresse *f* leg press
Beipackzettel *m* instruction leaflet
beipflichten *v/i* **j-m/einer Sache (in etw** (*dat*)) **~** to agree with sb/sth (on sth)
Beiried *n österr* (≈ *Rostbraten*) ≈ roast
beirren *v/t* to disconcert; **sich nicht in etw** (*dat*) **~ lassen** not to let oneself be swayed in sth; **er lässt sich nicht ~** he won't be put off
beisammen *adv* together
beisammenbleiben *v/i* to stay *od* remain together
Beisammensein *n* get-together
Beischlaf *m* JUR sexual intercourse
Beisein *n* presence; **in j-s ~** in sb's presence; **ohne j-s ~** without sb being present
beiseite *adv* aside; **Spaß ~!** joking aside!
beiseitegehen *v/i* to step aside
beiseitelegen *v/t* to put aside; (≈ *weglegen*) to put away
beiseiteschaffen *v/t* **j-n/etw ~** to get rid of sb/ hide sth away
beiseiteschieben *v/t* **1** (≈ *verdrängen*) to suppress **2** (≈ *abtun*) to push aside; *Warnung* to dismiss
Beisel *österr umg n* bar
beisetzen *v/t* to bury
Beisetzung *f* funeral
Beispiel *n* example; (≈ *Fall*) instance; **ein ~ für etw** an example of sth; **zum ~** for example; **wie zum ~?** like what?; **j-m ein ~ geben** to set sb an example; **sich** (*dat*) **ein ~ an j-m nehmen** to take a leaf out of sb's book; **mit gutem ~ vorangehen** to set a good example
beispielhaft **A** *adj* exemplary **B** *adv* exemplarily
beispiellos *adj* unprecedented; (≈ *unerhört*) outrageous
Beispielsatz *m* example (sentence)
beispielsweise *adv* for example
beißen **A** *v/t & v/i* to bite; (≈ *brennen*) to sting; **er wird dich schon nicht ~** *fig* he won't bite you; **etwas zu ~** *umg* (≈ *essen*) something to eat; **an etw** (*dat*) **zu ~ haben** *fig* to have sth to chew over on **B** *v/r Farben* to clash
beißend *adj* biting; *Bemerkung* cutting; *Geruch* pungent; *Ironie* bitter
Beißzange *f* (pair of) pincers *pl*; *pej umg* shrew
Beistand *m* (≈ *Hilfe*) help, aid; (≈ *Unterstützung*) support; **j-m ~ leisten** to give sb help, to lend sb one's support
beistehen *v/i* **j-m ~** to stand by sb
Beistelltisch *m* occasional table
beisteuern *v/t* to contribute
Beitrag *m* contribution; (≈ *Wettbewerbseinsendung*) entry; (≈ *Versicherungsbeitrag*) premium; (≈ *Mitgliedsbeitrag*) fee *Br*, dues *pl*; **einen ~ zu etw leisten** to make a contribution to sth; **einen ~ verfassen** *im Internet* to post
beitragen *v/t & v/i* to contribute (**zu** to)
Beitragserhöhung *f* increase in contributions
beitragsfrei *adj* noncontributory; *Person* not liable to pay contributions
beitragspflichtig *adj* **~ sein** *Mensch* to have to pay contributions
Beitragszahler(in) *m(f)* contributor
beitreten *v/i* to join; *einem Vertrag* to accede to
Beitritt *m* joining (**zu etw** sth); *zu einem Vertrag, zur EU* accession (**zu** to); **seinen ~ erklären** to become a member
Beitrittsbedingungen *pl zur EU* conditions *pl* of accession
Beitrittsdatum *n zur EU* date of accession
Beitrittskandidat(in) *m(f) zur EU* candidate country, accession *od* acceding country
Beitrittskriterien *pl* accession criteria *pl*
Beitrittsland *n* POL *zur EU etc* candidate country, accession *od* acceding country
Beitrittsverhandlungen *pl* accession negotiations *pl*
beitrittswillig *adj zur EU* **~e Staaten** candidate countries
Beize *f* (≈ *Beizmittel*) corrosive fluid; (≈ *Holzbeize*) stain; *zum Gerben* lye; GASTR marinade
beizeiten *adv* in good time
beizen *v/t Holz* to stain; *Häute* to bate; GASTR to marinate
bejahen *v/t & v/i* to answer in the affirmative; (≈ *gutheißen*) to approve of
bejahend **A** *adj* positive **B** *adv* affirmatively
bejubeln *v/t* to cheer; *Ereignis* to rejoice at
bejubelt *adj* acclaimed
bekämpfen *v/t* to fight; *Ungeziefer* to control
Bekämpfung *f* fight (**von** *od* +*gen* against); *von Ungeziefer* controlling; **~ der Geldwäsche** measures *pl* to combat money laundering; **~ des Terrorismus** fight against terrorism; **zur ~ der Terroristen** to fight the terrorists
bekannt *adj* well-known (**wegen** for); (≈ *vertraut*) familiar; **die ~eren Spieler** the better-known players; **er ist ~ dafür, dass er seine Schulden nicht bezahlt** he is well-known for not paying his debts; **das ist mir ~** I know about that; **sie ist mir ~** I know her; **j-n mit j-m ~ machen** to introduce sb to sb; **j-n mit etw ~ machen** *mit Aufgabe etc* to show sb how to do sth; *mit Gebiet, Fach etc* to introduce sb to sth; **sich mit etw ~ machen** to familiarize oneself with sth; → **bekennen**
Bekanntenkreis *m* circle of acquaintances
Bekannte(r) *m(f(m))* friend; (≈ *entfernter Bekannter*) acquaintance

Bekanntgabe f announcement; *in Zeitung etc* publication

bekannt geben v/t to announce; *in Zeitung etc* to publish

bekanntlich adv ~ **gibt es ...** it is known that there is/are ...

bekannt machen v/t to announce; (≈ *der Allgemeinheit mitteilen*) to publicize; → bekannt

Bekanntmachung f announcement; (≈ *Veröffentlichung*) publicizing

Bekanntschaft f acquaintance; **j-s ~ machen** to make sb's acquaintance; **mit etw ~ machen** to come into contact with sth; **bei näherer ~** on closer acquaintance; **meine ganze ~** all my acquaintances

bekannt werden v/i to become known; *Geheimnis* to leak out

bekehren v/t to convert (**zu** to)

Bekehrung f conversion

bekennen **A** v/t to confess; *Wahrheit* to admit **B** v/r **sich (als** od **für) schuldig ~** to admit od confess one's guilt; **sich zum Christentum ~** to profess Christianity; **sich zu j-m/etw ~** to declare one's support for sb/sth

Bekennerbrief m, **Bekennerschreiben** n letter claiming responsibility

Bekenntnis n **1** (≈ *Geständnis*) confession (**zu** of); **sein ~ zum Sozialismus** his declared belief in socialism **2** REL (≈ *Konfession*) denomination

beklagen **A** v/t to lament; *Tod, Verlust* to mourn; **Menschenleben sind nicht zu ~** there are no casualties **B** v/r to complain (**über** +akk od **wegen** about)

beklagenswert adj *Mensch* pitiful; *Zustand* lamentable; *Vorfall* regrettable

Beklagte(r) m/f(m) JUR defendant

beklauen *umg* v/t *j-n* to rob

bekleben v/t **etw (mit Plakaten** etc **) ~** to stick posters *etc* on(to) sth

bekleckern *umg* **A** v/t **v/r sich (mit Saft** etc **) ~** to spill juice *etc* all down od over oneself; **er hat sich nicht gerade mit Ruhm bekleckert** *umg* he didn't exactly cover himself with glory

bekleidet adj dressed (**mit** in)

Bekleidung f (≈ *Kleider*) clothes pl; (≈ *Aufmachung*) dress

beklemmen *fig* v/t to oppress

beklemmend adj (≈ *beengend*) constricting; (≈ *beängstigend*) oppressive

Beklemmung f feeling of oppressiveness; (≈ *Gefühl der Angst*) feeling of apprehension

beklommen adj apprehensive; *Schweigen* uneasy

bekloppt *umg* adj *Mensch* mad *umg*

beknackt *sl* adj *Mensch, Idee* stupid

beknien *umg* v/t *j-n* to beg

bekommen **A** v/t to get; (≈ *erhalten*) to receive; (≈ *erlangen*) to gain; *ein Kind, Besuch* to have; **ein Jahr Gefängnis ~** to be given one year in prison; **ich bekomme bitte ein Glas Wein** I'll have a glass of wine, please; **was ~ Sie dafür?** how much is that?; **was ~ Sie von mir?** how much do I owe you?; **j-n dazu ~, etw zu tun** to get sb to do sth; **Heimweh ~** to get homesick; **Hunger/Durst ~** to get hungry/thirsty; **Angst ~** to get afraid; **es mit j-m zu tun ~** to get into trouble with sb; **etw geschenkt ~** to be given sth (as a present); **Lust ~, etw zu tun** to feel like doing sth; **es mit der Angst/Wut zu tun ~** to become afraid/angry; **Ärger ~** to get into trouble **B** v/i (≈ *zuträglich sein*) **j-m (gut) ~** to do sb good; *Essen* to agree with sb; **j-m nicht** od **schlecht ~** not to do sb any good; *Essen* not to agree with sb; **wohl bekomms!** your health!

bekömmlich adj *Speisen* (easily) digestible; *Luft, Klima* beneficial

bekräftigen v/t to confirm; *Vorschlag* to back up

bekreuzigen v/r to cross oneself, to make the sign of the cross

bekriegen v/t to wage war on; *fig* to fight

bekümmern v/t to worry

bekümmert adj worried (**über** +akk about)

bekunden v/t to show; JUR (≈ *bezeugen*) to testify to

belächeln v/t to smile at

beladen v/t *Schiff, Zug* to load (up); *fig mit Sorgen etc, j-n* to burden

Belag m coating; (≈ *Schicht*) layer; *auf Zahn* film; *auf Pizza, Brot* topping; *auf Tortenboden, zwischen zwei Brotscheiben* filling; (≈ *Zungenbelag*) fur; (≈ *Fußbodenbelag*) covering; (≈ *Straßenbelag*) surface

belagern v/t to besiege

Belagerung f siege

Belagerungszustand m state of siege

belämmert adj (≈ *betreten*) sheepish; (≈ *niedergeschlagen*) miserable

Belang m importance; **von/ohne ~ (für j-n/etw) sein** to be of importance/of no importance (to sb/for od to sth); **~e** interests

belangen v/t JUR to prosecute (**wegen** for); *wegen Beleidigung* to sue

belanglos adj inconsequential; **das ist für das Ergebnis ~** that is irrelevant to the result

Belanglosigkeit f triviality

belassen v/t to leave; **wir wollen es dabei ~** let's leave it at that

belastbar adj **1 bis zu 50 Tonnen ~ sein** to have a load-bearing capacity of 50 tons; **weiter waren seine Nerven nicht ~** his nerves could take no more **2** (≈ *beanspruchbar*), *a.*

MED resilient **3** **wie hoch ist mein Konto ~?** what is the limit on my account?; **der Etat ist nicht unbegrenzt ~** the budget is not unlimited

Belastbarkeit f **1** von Brücke, Aufzug load-bearing capacity **2** von Menschen, Nerven ability to cope with stress

belasten A v/t **1** mit Gewicht to put weight on; mit Last to load; **etw mit 50 Tonnen ~** to put a 50 ton load on sth **2** fig **j-n mit etw ~** mit Arbeit to load sb with sth; mit Sorgen to burden sb with sth; **j-n ~** (≈ anstrengen) to put a strain on sb; nervlich to stress sb; Schuld etc to weigh upon sb's mind; **j-s Gewissen ~** to weigh upon sb's conscience **3** (≈ beanspruchen) Stromnetz etc to put pressure on; Atmosphäre to pollute; MED to put a strain on; Nerven to strain; Steuerzahler to burden **4** JUR Angeklagten to incriminate; **~des Material** incriminating evidence **5** FIN Konto to charge; steuerlich: j-n to burden; **das Konto mit einem Betrag ~** to debit a sum from the account; **j-n mit den Kosten ~** to charge the costs to sb **B** v/r **1 sich mit etw ~** mit Arbeit to take sth on; mit Verantwortung to take sth upon oneself; mit Sorgen to burden oneself with sth **2** JUR to incriminate oneself

belastet adj **1** seelisch, physisch under strain; **stark ~ mit** under great strain od pressure from **2** Umwelt polluted, contaminated

belästigen v/t to bother; (≈ zudringlich werden) to pester, to harass; körperlich to molest

Belästigung f annoyance; (≈ Zudringlichkeit) pestering; **etw als eine ~ empfinden** to find sth a nuisance; **sexuelle ~** sexual harassment

Belastung f **1** (≈ Last, Gewicht) weight; in Fahrzeug, Fahrstuhl etc load; **maximale ~ des Fahrstuhls** maximum load of the lift **2** fig (≈ Anstrengung) strain; (≈ Last, Bürde) burden **3** (≈ Beeinträchtigung) pressure (+gen on); von Atmosphäre pollution (+gen of); von Kreislauf, Magen strain (+gen on) **4** JUR incrimination **5** FIN von Konto charge (+gen on); steuerlich burden (+gen on); **außergewöhnliche ~en** Steuer extraordinary expenses

Belastungsmaterial n JUR incriminating evidence

Belastungsprobe f endurance test

Belastungszeuge m, **Belastungszeugin** f JUR witness for the prosecution

belaufen v/r **sich auf etw** (akk) **~** to come to sth

belauschen v/t to eavesdrop on; Gespräch to overhear

beleben v/t **1** (≈ anregen) to liven up; Absatz, Konjunktur to stimulate **2** (≈ lebendiger gestalten) to brighten up

belebend adj invigorating

belebt adj Straße, Stadt etc busy

Beleg m **1** (≈ Beweis) piece of evidence; (≈ Quellennachweis) reference **2** (≈ Quittung) receipt, slip

belegen v/t **1** (≈ bedecken) to cover; Brote, Tortenboden to fill; **etw mit Fliesen/Teppich ~** to tile/carpet sth **2** (≈ besetzen) Wohnung, Hotelbett to occupy; UNIV Fach to take; Vorlesung to enrol for Br, to enroll for US; **den fünften Platz ~** to take fifth place **3** (≈ beweisen) to verify, to prove

Belegschaft f (≈ Beschäftigte) staff; bes in Fabriken etc workforce

belegt adj Zunge furred; Stimme hoarse; Bett, Wohnung occupied; **~e Brote** open sandwiches Br, open-faced sandwiches US

belehren v/t to teach; (≈ aufklären) to inform (**über** +akk of); **j-n eines anderen ~** to teach sb otherwise

Belehrung f explanation, lecture umg

beleidigen v/t j-n to insult; Anblick etc to offend; JUR mündlich to slander; schriftlich to libel

beleidigend adj insulting; Anblick etc offending; JUR mündlich slanderous; schriftlich libellous Br, libelous US

beleidigt A adj insulted; (≈ gekränkt) offended; Miene hurt; **jetzt ist er ~** now he's in a huff umg **B** adv in a huff umg, offended

Beleidigung f insult; JUR mündliche slander; schriftliche libel

belesen adj well-read

beleuchten v/t to light up; Straße, Bühne etc to light; fig (≈ betrachten) to examine

Beleuchtung f **1** (≈ das Beleuchten) lighting; (≈ das Bestrahlen) illumination **2** (≈ Licht) light; (≈ Lichter) lights pl

Belgien n Belgium

Belgier(in) m(f) Belgian

belgisch adj Belgian

Belgrad n Belgrade

belichten v/t FOTO to expose

Belichtung f FOTO exposure

Belichtungsmesser m light meter

Belieben n **nach ~** any way you etc want (to); **das steht** od **liegt in Ihrem ~** that is up to you

beliebig A adj any; **(irgend)eine/jede ~e Zahl** any number at all od you like; **jeder Beliebige** anyone at all; **in ~er Reihenfolge** in any order whatever **B** adv as you etc like; **Sie können ~ lange bleiben** you can stay as long as you like

beliebt adj popular (**bei** with); **sich bei j-m ~ machen** to make oneself popular with sb

Beliebtheit f popularity

beliefern v/t to supply

bellen v/i to bark

Bellen n bark

Belletristik f fiction and poetry

belobigen v/t to commend
Belobigung form f commendation
belohnen v/t to reward
Belohnung f reward; **zur** od **als ~ (für)** as a reward (for)
belügen v/t to lie to; **sich selbst ~** to deceive oneself
belustigen **A** v/t to amuse **B** v/r geh **sich über j-n/etw ~** to make fun of sb/sth
belustigt **A** adj amused **B** adv in amusement
Belustigung f amusement; **zur allgemeinen ~** to everybody's amusement
bemächtigen geh v/r **sich eines Menschen/einer Sache ~** to seize hold of sb/sth
bemalen v/t to paint
Bemalung f painting
bemängeln v/t to find fault with
bemannen v/t U-Boot, Raumschiff to man
Bemannung f manning
bemerkbar adj noticeable; **sich ~ machen** (≈ sich zeigen) to become noticeable; (≈ auf sich aufmerksam machen) to draw attention to oneself
bemerken v/t **1** (≈ wahrnehmen) to notice **2** (≈ äußern) to remark (**zu** on); **er hatte einiges zu ~** he had quite a few comments to make
bemerkenswert **A** adj remarkable **B** adv remarkably
bemerkenswerterweise adv remarkably enough
Bemerkung f remark (**zu** on), comment
bemessen v/t (≈ zuteilen) to allocate; (≈ einteilen) to calculate; **reichlich ~** generous; **meine Zeit ist knapp ~** my time is limited
bemitleiden v/t to pity; **er ist zu ~** he is to be pitied
bemühen **A** v/t to bother; **j-n zu sich ~** to call in sb **B** v/r (≈ sich Mühe geben) to try hard; **sich um j-n ~** um Kranken etc to look after sb; um j-s Gunst to court sb; **bitte ~ Sie sich nicht** please don't trouble yourself; **sich zu j-m ~** to go to sb
bemüht adj **~ sein, etw zu tun** to try hard to do sth
Bemühung f effort
bemuttern v/t to mother
benachbart adj neighbouring attr Br, neighboring attr US
benachrichtigen v/t to inform (**von** of)
Benachrichtigung f (≈ Nachricht) notification; HANDEL advice note
benachteiligen v/t to put at a disadvantage; wegen Rasse, Glauben etc to discriminate against; **benachteiligt sein** to be at a disadvantage
Benachteiligung f wegen Rasse, Glauben discrimination (+gen against)

Benchmarking n benchmarking
benebeln umg v/t **j-n** od **j-s Sinne ~** to make sb's head swim; **benebelt sein** to be feeling dazed; **von Alkohol** to be feeling woozy umg
Benefizkonzert n charity concert od performance
Benefizspiel n benefit match
Benefizvorstellung f charity performance
benehmen v/r to behave; **benimm dich!** behave yourself!; **sich schlecht ~** to misbehave; → benommen
Benehmen n behaviour Br, behavior US; **kein ~ haben** to have no manners
beneiden v/t to envy; **j-n um etw ~** to envy sb sth; **er ist nicht zu ~** I don't envy him
beneidenswert adj enviable
Beneluxländer pl Benelux countries pl
benennen v/t to name
Bengel m boy; (≈ frecher Junge) rascal
Benimm umg m manners pl
Benin n GEOG Benin
benommen adj dazed; → benehmen
Benommenheit f daze
benoten v/t to mark Br, to grade bes US; **benoteter Schein** SCHULE credit
benötigen v/t to need; (≈ bedürfen) to require
Benotung f mark Br, grade bes US; (≈ das Benoten) marking Br, grading bes US
benutzbar adj usable
benutzen v/t to use
Benutzer(in) m(f) user
benutzerfreundlich **A** adj user-friendly **B** adv **etw ~ gestalten** to make sth user-friendly
Benutzerfreundlichkeit f user-friendliness
Benutzerhandbuch n user's guide
Benutzerkonto n user account
Benutzername m user name, username
Benutzeroberfläche f IT user interface
Benutzerprofil n user profile
Benutzung f use
Benutzungsgebühr f charge; (≈ Leihgebühr) hire charge Br, rental fee US; in Büchereien lending fee; **die ~ für etw** the charge for using sth
Benzin n für Auto petrol Br, gas US; (≈ Reinigungsbenzin) benzine; (≈ Feuerzeugbenzin) lighter fuel
Benzinfeuerzeug n petrol lighter Br, gasoline lighter US
Benzinkanister m petrol can Br, gasoline can US
Benzinpreis m, **Benzinpreise** pl petrol prices pl Br, gas prices pl US
Benzinpumpe f AUTO fuel pump; an Tankstellen petrol pump Br, gasoline pump US
Benzinuhr f fuel gauge
Benzinverbrauch m fuel consumption

beobachten v/t to observe; (≈ *zusehen*) to watch; **etw an j-m ~** to notice sth in sb; **j-n ~ lassen** *Polizei etc* to put sb under surveillance
Beobachter(in) m(f) observer
Beobachterstatus m POL observer status
Beobachtung f observation; *polizeilich* surveillance
Beobachtungsgabe f talent for observation
bepflanzen v/t to plant
Bepflanzung f (≈ *das Bepflanzen*) planting; (≈ *Pflanzen*) plants pl
bequatschen *umg* v/t **1** *etw* to talk over **2** (≈ *überreden*) *j-n* to persuade
bequem **A** adj (≈ *angenehm*) comfortable; (≈ *leicht, mühelos*) easy; **es ~ haben** to have an easy time of it; **es sich** (dat) **~ machen** to make oneself comfortable **B** adv (≈ *leicht*) easily; (≈ *angenehm*) comfortably
Bequemlichkeit f (≈ *Behaglichkeit*) comfort
beraten **A** v/t **j-m ~** to advise sb; **j-n gut/schlecht ~** to give sb good/bad advice **B** v/r (≈ *sich besprechen*) to discuss, to debate; **sich mit j-m ~** to consult (with) sb (**über** +*akk* about)
beratend adj advisory; **~es Gespräch** consultation
Berater(in) m(f) consultant, adviser, counsellor *Br*, counselor *US*
Beratertätigkeit f consultancy work
Beratervertrag m consultancy contract
Beratung f **1** advice; *bei Rechtsanwalt etc* consultation; *durch Ratgeber* guidance **2** (≈ *Besprechung*) discussion
Beratungsdienst m **telefonischer ~** helpline
Beratungsgespräch n consultation
berauben v/t to rob; **j-n einer Sache** (gen) **~** to rob sb of sth; *seiner Freiheit* to deprive sb of sth
berauschen **A** v/t to intoxicate **B** v/r **sich an etw** (dat) **~** *an Wein, Drogen* to become intoxicated with sth; *an Geschwindigkeit* to be exhilarated by sth
berauschend adj intoxicating; **das war nicht sehr ~** *iron* that wasn't very enthralling
berechenbar adj *Kosten* calculable; *Verhalten etc* predictable
berechnen v/t **1** (≈ *ausrechnen*) to calculate; (≈ *schätzen*) to estimate **2** (≈ *in Rechnung stellen*) to charge; **das ~ wir Ihnen nicht** we will not charge you for it
berechnend *pej* adj calculating
Berechnung f **1** (≈ *das Berechnen*) calculation; (≈ *Schätzung*) estimation **2** *pej* **aus ~ handeln** to act in a calculating manner
berechtigen v/t & v/i to entitle; **(j-n) zu etw ~** to entitle sb to sth; **das berechtigt zu der Annahme, dass …** this justifies the assumption that …

berechtigt adj justifiable; *Frage, Anspruch* legitimate; **~ sein, etw zu tun** to be entitled to do sth
Berechtigung f (≈ *Befugnis*) entitlement; (≈ *Recht*) right
bereden **A** v/t **1** (≈ *besprechen*) to discuss **2** (≈ *überreden*) **j-n zu etw ~** to talk sb into sth **B** v/r **sich mit j-m über etw** (akk) **~** to talk sth over with sb
Bereich m **1** area **2** (≈ *Einflussbereich*) sphere; (≈ *Sektor*) sector, section; (≈ *Zone*) zone; **im ~ des Möglichen liegen** to be within the realms of possibility
bereichern **A** v/t to enrich; (≈ *vergrößern*) to enlarge **B** v/r to make a lot of money (**an** +*dat* out of)
Bereicherung f enrichment; (≈ *Vergrößerung*) enlargement
Bereifung f AUTO set of tyres *Br*, set of tires *US*
bereinigen v/t to clear up
bereinigt adj *Statistik* adjusted
bereisen v/t *ein Land* to travel around; HANDEL *Gebiet* to cover
bereit adj **1** (≈ *fertig*) ready **2** (≈ *willens*) willing; **zu Verhandlungen ~ sein** to be prepared to negotiate; **~ sein, etw zu tun** to be willing to do sth; **sich ~ erklären, etw zu tun** to agree to do sth; (≈ *freiwillig machen*) to volunteer to do sth
bereiten v/t **1** (≈ *zubereiten*) to prepare **2** (≈ *verursachen*) *Freude, Kopfschmerzen* to give; **das bereitet mir Schwierigkeiten** it causes me difficulties
bereithaben v/t **eine Antwort/Ausrede ~** to have an answer/excuse ready
bereithalten **A** v/t *Fahrkarten etc* to have ready; *Überraschung* to have in store **B** v/r **sich ~** to be ready
bereitlegen v/t to lay out ready
bereitliegen v/i to be ready
bereit machen v/t to get ready
bereits adv already; **~ damals/damals, als …** even then/when …
Bereitschaft f readiness; **in ~ sein** to be ready; *Polizei, Soldaten etc* to be on stand-by; *Arzt* to be on call; *im Krankenhaus* to be on duty
Bereitschaftsdienst m emergency service
Bereitschaftspolizei f riot police
bereitstehen v/i to be ready; *Truppen* to stand by
bereitstellen v/t to get ready; *Material, Fahrzeug* to supply, to provide
Bereitstellung f preparation; *von Auto, Material* supply
bereitwillig **A** adj willing; (≈ *eifrig*) eager **B** adv willingly
Bereitwilligkeit f willingness; (≈ *Eifer*) eager-

ness

bereuen v/t to regret; *Schuld, Sünden* to repent of; **das wirst du noch ~!** you will be sorry (for that)!

Berg m hill; *größer* mountain; **in die ~e fahren** to go to the mountains; **mit etw hinterm ~ halten** *fig* to keep sth to oneself; **über den ~ sein** *umg* to be out of the woods; **über alle ~e sein** *umg* to be long gone; **da stehen einem ja die Haare zu ~e** it's enough to make your hair stand on end

bergab *adv* downhill; **es geht mit ihm ~** *fig* he is going downhill

Bergarbeiter(in) m(f) miner

bergauf *adv* uphill; **mit ihm geht es ~** *fig* things are looking up for him

bergauf(wärts) *adv* uphill; **es geht wieder ~** *fig* things are looking up

Bergbahn f mountain railway; (≈ *Seilbahn*) funicular *od* cable railway

Bergbau m mining

bergen v/t ① (≈ *retten*) *Menschen* to save; *Leichen* to recover; *Ladung, Fahrzeug* to salvage ② *geh* (≈ *enthalten*) to hold; → **geborgen**

Bergführer(in) m(f) mountain guide

Berghütte f mountain hut

bergig *adj* hilly; (≈ *mit hohen Bergen*) mountainous

Bergkamm m mountain crest

Bergkette f mountain range

Bergmann m miner

Bergnot f **in ~ sein/geraten** to be in/get into difficulties while climbing

Bergrücken m mountain ridge

Bergrutsch m landslide

bergsteigen v/i to go mountaineering; **(das) Bergsteigen** mountaineering

Bergsteiger(in) m(f) mountaineer

Bergtour f trip round the mountains

Berg-und-Tal-Bahn f roller coaster

Bergung f *von Menschen* rescue; *von Leiche* recovery; *von Ladung, Fahrzeug* salvage

Bergungsarbeit f rescue work; *bei Schiffen, Gütern* salvage operation

Bergungstrupp m rescue team

Bergwacht f mountain rescue service

Bergwand f mountain face

Bergwanderung f walk in the mountains

Bergwelt f mountains *pl*

Bergwerk n mine

Bericht m report (**über** +*akk* about, on); **der ~ eines Augenzeugen** an eyewitness account; **(über etw** *akk*) **~ erstatten** to report (on sth)

berichten v/t & v/i to report; **j-m über etw** (*akk*) **~** (≈ *erzählen*) to tell sb about sth; **gibt es Neues zu ~?** has anything new happened?; **sie hat bestimmt viel(es) zu ~** she is sure to have a lot to tell us; **~des Erzählen** LIT telling

Berichterstatter(in) m(f) reporter; (≈ *Korrespondent*) correspondent

Berichterstattung f reporting

berichtigen v/t to correct

Berichtigung f correction

beriechen v/t to sniff at, to smell

berieseln v/t ① *mit Flüssigkeit* to spray with water *etc*; *durch Sprinkleranlage* to sprinkle ② *fig umg* **von etw berieselt werden** *fig* to be exposed to a constant stream of sth

Berieselungsanlage f sprinkler (system)

Beringstraße f Bering Strait(s) (*pl*)

Berlin n Berlin

Berliner[1] *adj* Berlin

Berliner[2] m, (*a.* **Berliner Pfannkuchen**) doughnut *Br*, donut *US*

Bermudadreieck n Bermuda triangle

Bermudainseln *pl* Bermuda *sg, kein best art*

Bermudashorts *pl* Bermuda shorts *pl*

Bern n Bern(e)

Bernhardiner m Saint Bernard (dog)

Bernstein m amber

bersten *geh* v/i to crack; (≈ *zerbrechen*) to break; *fig vor Wut etc* to burst (**vor** +*dat* with)

berüchtigt *adj* notorious

berücksichtigen v/t to take into account; *Antrag, Bewerber* to consider

Berücksichtigung f consideration; **unter ~ der Tatsache, dass …** in view of the fact that …

Beruf m (≈ *Tätigkeit*) occupation; *akademisch* profession; *handwerklicher* trade; (≈ *Stellung*) job; (≈ *Karriere*) career; **er ist Lehrer von ~** he's a teacher (by profession); **was sind Sie von ~?** what do you do for a living?; **einen ~ ausüben** to be in a line of work; **von ~s wegen** on account of one's job

berufen[1] **A** v/t ① (≈ *ernennen*) to appoint; **j-n zum Vorsitzenden ~** to appoint sb chairman ② *umg* **ich will es nicht ~, aber …** I don't want to tempt fate, but … **B** v/r **sich auf j-n/etw ~** to refer to sb/sth

berufen[2] *adj* ① (≈ *befähigt*) *Kritiker* competent; **von ~er Seite** from an authoritative source ② (≈ *ausersehen*) **zu etw ~ sein** to have a vocation for sth

beruflich **A** *adj* professional; **meine ~en Probleme** my problems at work; **~e Richtung** line of work **B** *adv* professionally; **er ist ~ viel unterwegs** he is away a lot on business; **was machen Sie ~?** what do you do for a living?

Berufsanfänger(in) m(f) first-time employee

Berufsausbildung f training *kein pl*; *für Handwerk* vocational training *kein pl*; **eine ~ machen**

to do vocational training
Berufsaussichten *pl* job prospects *pl*
Berufsberater(in) *m(f)* careers adviser
Berufsberatung *f* careers guidance *od* advice
Berufsbildung *f* vocational training
Berufschancen *pl* job *od* career prospects *pl*
Berufserfahrung *f* (professional) experience, work experience
Berufsfachschule *f* training college (*attended full-time*)
Berufsfeuerwehr *f* fire service
Berufsgeheimnis *n* professional secret
Berufskolleg *n* vocational college (*offering two-year vocational courses for students on completing their 'mittlere Reife' exam or their tenth school year*)
Berufskrankheit *f* occupational disease
Berufsleben *n* working life; **im ~ stehen** to be working
Berufsperspektive *f* job *od* career prospects *pl*
Berufsrisiko *n* occupational hazard
Berufsschule *f* vocational school, ≈ technical college *Br*
Berufsschüler(in) *m(f)* student at a vocational school *od* technical college *Br*
Berufssoldat(in) *m(f)* professional soldier
Berufsspieler(in) *m(f)* professional player
berufstätig *adj* working; **~ sein** to be working, to have a job
Berufstätige(r) *m/f(m)* working person
Berufstätigkeit *f* occupation
berufsunfähig *adj* occupationally disabled
Berufsverbot *n* **j-m ~ erteilen** to ban sb from a profession
Berufsverkehr *m* commuter traffic
Berufung *f* **1** JUR appeal; **~ einlegen** to appeal (**bei** to) **2** *in ein Amt etc* appointment (**auf** *od* **an** +*akk* to) **3** (≈ *innerer Auftrag*) vocation **4** *form* **unter ~ auf etw** (*akk*) with reference to sth
beruhen *v/i* to be based (**auf** +*dat* on); **etw auf sich ~ lassen** to let sth rest
beruhigen **A** *v/t* to calm (down); (≈ *trösten*) to comfort; **~d** *körperlich* soothing; (≈ *tröstlich*) reassuring; **~d wirken** to have a calming effect **B** *v/r* to calm down; *Verkehr* to subside; *Meer* to become calm; *Sturm* to die down; **beruhige dich doch!** calm down!
Beruhigung *f* (≈ *das Beruhigen*) calming (down); (≈ *das Trösten*) comforting; **zu Ihrer ~ kann ich sagen …** you'll be reassured to know that …
Beruhigungsmittel *n* sedative
Beruhigungsspritze *f* sedative (injection)
Beruhigungstablette *f* tranquillizer *Br*, tranquilizer *US*, downer *umg*
berühmt *adj* famous; **~e Persönlichkeit** celebrity; **für etw ~ sein** to be famous for sth
berühmt-berüchtigt *adj* notorious
Berühmtheit *f* **1** fame; **~ erlangen** to become famous **2** (≈ *Mensch*) celebrity
berühren **A** *v/t* **1** to touch; *Thema, Punkt* to touch on; **Berühren verboten** do not touch **2** (≈ *seelisch bewegen*) to move; (≈ *auf j-n wirken*) to affect; (≈ *betreffen*) to concern; **das berührt mich gar nicht!** that's nothing to do with me **B** *v/r* to touch
berührend *adj* touching
Berührung *f* touch; (≈ *menschlicher Kontakt*) contact; (≈ *Erwähnung*) mention; **mit j-m/etw in ~ kommen** to come into contact with sb/sth
Berührungsangst *f* reservation (**mit** about)
Berührungspunkt *m a. fig* point of contact
besagen *v/t* to say; (≈ *bedeuten*) to mean; **das besagt nichts** that does not mean anything
besagt *form adj* said *form*
besänftigen *v/t* to calm down; *Erregung* to soothe
Besänftigung *f* calming (down); *von Erregung* soothing
Besatzer *m* occupying forces *pl*
Besatzung *f* **1** (≈ *Mannschaft*) crew **2** (≈ *Besatzungsarmee*) occupying army
Besatzungsmacht *f* occupying power
besaufen *umg v/r* to get plastered *umg*; → **besoffen**
Besäufnis *umg n* booze-up *umg*
beschädigen *v/t* to damage
Beschädigung *f* damage (**von** to)
beschaffen¹ *v/t* to get (hold of); (≈ *liefern*) to supply; **j-m etw ~** to get (hold of) sth for sb; **(sich** *dat*) **etw ~** to get sth; *Geld* raise sth
beschaffen² *form adj* **mit j-m/damit ist es gut/schlecht ~** sb/it is in a good/bad way; **so ~ sein wie …** to be the same as …
Beschaffenheit *f* composition; *körperlich* constitution; *seelisch* nature
Beschaffung *f* obtaining; **~ von Geldmitteln** fund-raising
beschäftigen **A** *v/r* **sich mit etw ~** to occupy oneself with sth; (≈ *sich befassen*) to deal with sth; **sich mit j-m ~** to devote one's attention to sb **B** *v/t* **1** (≈ *innerlich beschäftigen*) **j-n ~** to be on sb's mind **2** (≈ *anstellen*) to employ **3** (≈ *eine Tätigkeit geben*) to occupy; **j-n mit etw ~** to give sb sth to do
beschäftigt *adj* **1** busy; **mit seinen Problemen ~ sein** to be preoccupied with one's problems **2** (≈ *angestellt*) employed (**bei, an** at)
Beschäftigte(r) *m/f(m)* employee
Beschäftigung *f* **1** (≈ *berufliche Arbeit*) work *kein unbest art*, job; (≈ *Anstellung*) employment; **einer ~ nachgehen** *form* to be employed; **ohne ~ sein** to be unemployed **2** (≈ *Tätigkeit*) activity

beschäftigungslos *adj* unoccupied; (≈ *arbeitslos*) unemployed
Beschäftigungspolitik *f* employment policy
Beschäftigungstherapie *f* occupational therapy
beschämen *v/t* to shame; **es beschämt mich, zu sagen …** I feel ashamed to have to say …; **beschämt** ashamed
beschämend *adj* (≈ *schändlich*) shameful; (≈ *demütigend*) humiliating
Beschämung *f* shame
beschatten *v/t* (≈ *überwachen*) to tail; **j-n ~ lassen** to have sb tailed
Beschattung *f* tailing
beschaulich *adj* Leben, Abend quiet; Charakter pensive
Bescheid *m* **1** (≈ *Auskunft*) information; (≈ *Nachricht*) notification; (≈ *Entscheidung*) decision; **ich warte noch auf ~** I am still waiting to hear; **j-m ~ sagen** to let sb know; **j-m ordentlich ~ sagen** *umg* to tell sb where to get off *umg* **2 ~ wissen** to know (**über** *akk* about); **ich weiß hier nicht ~** I don't know about things around here; **er weiß gut ~** he is well informed
bescheiden **A** *adj* modest; **in ~en Verhältnissen leben** to live modestly **B** *adv leben* modestly
Bescheidenheit *f* modesty; **falsche ~** false modesty
bescheinigen *v/t* to certify; Empfang to confirm; **können Sie mir ~, dass …** can you give me written confirmation that …; **hiermit wird bescheinigt, dass …** this is to certify that …
Bescheinigung *f* certification; (≈ *Schriftstück*) certificate
bescheißen *umg v/t & v/i* to cheat; → beschissen
beschenken *v/t j-n* to give presents/a present to; **j-n mit etw ~** to give sb sth (as a present)
bescheren **A** *v/t* **1** (≈ *schenken*) **j-m etw ~** to give sb sth; **j-n mit etw ~** to give sb sth; **was hat dir das Christkind beschert?** what did Santa Claus bring you? **2** *fig* (≈ *zukommen lassen*) **j-m etw ~** to bring sb sth; Positives to bless sb with sth; **das hat uns viel Ärger beschert** this caused us a lot of trouble; **was uns wohl die Zukunft ~ wird?** what does the future hold? **B** *v/i* **wann wird bei euch beschert?** when do you open your (Christmas) presents?
Bescherung *f* **1** (≈ *Feier*) giving out of Christmas presents **2** *iron umg* **das ist ja eine schöne ~!** this is a nice mess; **da haben wir die ~!** what did I tell you!
bescheuert *umg adj* stupid
beschichten *v/t* TECH to coat; **PVC-beschichtet** PVC-coated

beschießen *v/t* to shoot at; **mit Geschützen** to bombard
beschildern *v/t* to put a sign *od* notice on; **mit Schildchen** to label; **mit Verkehrsschildern** to signpost
Beschilderung *f* **mit Schildchen** labelling *Br*, labeling *US*; **mit Verkehrsschildern** signposting; (≈ *Schildchen*) labels *pl*; (≈ *Verkehrsschilder*) signposts *pl*
beschimpfen *v/t j-n* to swear at, to abuse; **j-n ~ a.** to call sb names; **j-n als Nazi ~** to accuse sb of being a Nazi
Beschimpfung *f* (≈ *Schimpfwort*) insult
Beschiss *umg m* rip-off *umg*; **das ist ~** it's a swindle
beschissen *umg* **A** *adj* lousy *umg*, shitty *umg* **B** *adv* **das schmeckt ~** that tastes lousy *umg*; **mir gehts ~** I feel shitty *sl*; → bescheißen
Beschlag *m* **1** an Koffer, Truhe (ornamental) fitting; an Tür, Möbelstück (ornamental) mounting; von Pferd shoes *pl* **2** auf Metall tarnish; auf Glas, Spiegel etc condensation **3 j-n/etw mit ~ belegen, j-n/etw in ~ nehmen** to monopolize sb/sth
beschlagen[1] **A** *v/t* Truhe, Möbel, Tür to put (metal) fittings on; Huftier to shoe **B** *v/i & v/r* Brille, Glas to get steamed up; Silber etc to tarnish
beschlagen[2] *adj* (≈ *erfahren*) well-versed; **in etw** (*dat*) **(gut) ~ sein** to be well-versed in sth
beschlagnahmen *v/t* (≈ *konfiszieren*) to confiscate; Vermögen, Drogen to seize; Kraftfahrzeug to impound
beschleunigen *v/t & v/i & v/r* to accelerate
Beschleunigung *f* acceleration
beschließen **A** *v/t* **1** (≈ *Entschluss fassen*) to decide on; Gesetz to pass; **~, etw zu tun** to decide to do sth **2** (≈ *beenden*) to end **B** *v/i* **über etw** (*akk*) **~** to decide on sth
beschlossen *adj* decided; **das ist ~e Sache** that's settled
Beschluss *m* (≈ *Entschluss*) decision; **einen ~ fassen** to pass a resolution; **auf ~ des Gerichts** by order of the court
beschlussfähig *adj* **~ sein** to have a quorum
beschlussunfähig *adj* **~ sein** not to have a quorum
beschmieren **A** *v/t* **1 Brot mit Butter ~** to butter bread **2** Kleidung, Wand to smear **B** *v/r* to get (all) dirty
beschmutzen *v/t* to (make *od* get) dirty; *fig* Ruf, Namen to sully; Ehre to stain
beschneiden *v/t* **1** (≈ *stutzen*) to trim; Bäume to prune; Flügel to clip **2** MED, REL to circumcise **3** *fig* (≈ *beschränken*) to curtail
Beschneidung *f* MED, REL circumcision
beschnitten *adj* Mann circumcised, cut

beschnüffeln **A** v/t to sniff at; (≈ bespitzeln) to spy out **B** v/r Hunde to have a sniff at each other; fig to size each other up

beschnuppern v/t & v/r → beschnüffeln

beschönigen v/t to gloss over

beschränken **A** v/t to limit, to restrict (**auf** +akk to) **B** v/r (≈ sich einschränken) to restrict oneself

beschrankt adj Bahnübergang with gates

beschränkt **A** adj limited; **wir sind finanziell ~** we have only a limited amount of money **B** adv **~ leben** to live on a limited income; **~ wohnen** to live in cramped conditions

Beschränkung f restriction (**auf** +akk to); Grenzwert limit; **j-m ~en auferlegen** to impose restrictions on sb

beschreiben v/t **1** (≈ darstellen) to describe; (≈ charakterisieren) to characterize; **nicht zu ~** indescribable; **j-m den Weg ~** to tell sb the way **2** (≈ vollschreiben) to write on

Beschreibung f description

beschreiten fig v/t to follow

beschriften v/t to write on; Grabstein to inscribe; mit Aufschrift to label; Umschlag to address

Beschriftung f (≈ Aufschrift) writing; auf Grabstein inscription; (≈ Etikett) label

beschuldigen v/t to accuse; (≈ die Schuld geben) to blame

Beschuldigung f accusation; bes JUR charge

beschummeln umg v/t & v/i to cheat

Beschuss m MIL fire; **j-n/etw unter ~ nehmen** MIL (to start to) bombard od shell sb/sth; fig to attack sb/sth; **unter ~ geraten** MIL, a. fig to come under fire

beschützen v/t to protect (**vor** +dat from)

beschützend adj protective

Beschützer(in) m(f) protector

beschwatzen umg v/t **1** (≈ überreden) to talk over; **sich zu etw ~ lassen** to get talked into sth **2** (≈ bereden) to chat about

Beschwerde f **1** (≈ Klage) complaint; JUR appeal **2** **~n** pl (≈ Leiden) trouble; **das macht mir immer noch ~n** it's still giving me trouble

beschweren **A** v/t mit Gewicht to weigh(t) down; fig (≈ belasten) to weigh on **B** v/r (≈ sich beklagen) to complain

beschwerlich adj arduous

beschwichtigen v/t to appease

beschwindeln v/t umg (≈ belügen) **j-n ~** to tell sb a lie od a fib umg

beschwingt adj elated; Musik vibrant

beschwipst umg adj tipsy

beschwören v/t **1** (≈ beeiden) to swear to **2** (≈ anflehen) to implore, to beseech **3** (≈ erscheinen lassen) to conjure up; Schlangen to charm

besehen v/t a. **sich** dat **~** to take a look at

beseitigen v/t **1** (≈ entfernen) to remove; Abfall, Schnee to clear (away); Atommüll to dispose of; Fehler to eliminate; Missstände to do away with; (≈ abschaffen) to abolish **2** euph (≈ umbringen) to get rid of

Beseitigung f (≈ das Entfernen) removal; von Abfall, Schnee clearing (away); von Atommüll disposal; von Fehlern elimination; von Missständen doing away with

Besen m broom; **ich fresse einen ~, wenn das stimmt** umg if that's right, I'll eat my hat umg; **neue ~ kehren gut** sprichw a new broom sweeps clean sprichw

besenrein adv **eine Wohnung ~ verlassen** to leave an apartment in a clean and tidy condition (for the next tenant)

Besenschrank m broom cupboard

Besenstiel m broomstick

besessen adj von bösen Geistern possessed (**von** by); von einer Idee etc obsessed (**von** with); **wie ~** like a thing possessed; → besitzen

Besessenheit f von Idee etc obsession

besetzen v/t **1** (≈ belegen) to occupy; (≈ reservieren) to reserve; (≈ füllen) Plätze to fill; **ist dieser Platz besetzt?** is this place taken? **2** THEAT Rolle to cast; **eine Stelle** etc **neu ~** to find a new person to fill a job **3** bes MIL to occupy; Hausbesetzer to squat in

besetzt adj Telefon engaged Br, busy bes US; WC occupied, engaged; Abteil, Tisch taken; Gebiet occupied; (≈ voll) Bus etc full (up)

Besetztzeichen n TEL engaged tone Br, busy tone bes US

Besetzung f **1** (≈ das Besetzen von Stelle) filling; von Rolle casting; THEAT (≈ Schauspieler) cast; SPORT (≈ Mannschaft) team, side; **zweite ~** THEAT understudy **2** durch Hausbesetzer, a. MIL occupation

besichtigen v/t Kirche, Stadt to visit; Betrieb to have a look (a)round; zur Prüfung to view

Besichtigung f von Sehenswürdigkeiten sightseeing tour; von Museum, Kirche, Betrieb tour; zur Prüfung von Wohnung viewing; **~en** sightseeing sg

besiedeln v/t to settle; (≈ kolonisieren) to colonize; **dicht/dünn besiedelt** densely/thinly populated

Besied(e)lung f settlement; (≈ Kolonisierung) colonization

besiegen v/t (≈ schlagen) to defeat; SPORT to beat; (≈ überwinden) to overcome

besinnen v/r (≈ überlegen) to reflect; (≈ erinnern) to remember (**auf j-n/etw** sb/sth); **sich anders** od **eines anderen ~** to change one's mind; **ohne langes Besinnen** without a moment's thought; → besonnen

besinnlich adj contemplative; Texte, Worte reflective

Besinnlichkeit f reflection

Besinnung f ▮ (≈ *Bewusstsein*) consciousness; **bei/ohne ~ sein** to be conscious/unconscious; **die ~ verlieren** to lose consciousness; **wieder zur ~ kommen** to regain consciousness; *fig* to come to one's senses; **j-n zur ~ bringen** to bring sb to his senses ▮ (≈ *das Nachdenken*) reflection
besinnungslos *adj* unconscious; *fig Wut* blind
Besitz m ▮ (≈ *das Besitzen*) possession; **im ~ von etw sein** to be in possession of sth; **etw in ~ nehmen** to take possession of sth; **von etw ~ ergreifen** to seize possession of sth ▮ (≈ *Eigentum*) property; (≈ *Landgut*) estate
besitzanzeigend *adj* GRAM possessive
besitzen *v/t* to possess; *als Eigentum* to own; *Wertpapiere, grüne Augen* to have; → besessen
Besitzer(in) m(f) owner; *von Führerschein etc* holder; **den ~ wechseln** to change hands
besoffen *umg adj* smashed *umg*; → besaufen
Besoffene(r) *umg m/f(m)* drunk
besohlen *v/t* to sole; (≈ *neu besohlen*) to resole
Besoldung f pay
besondere(r, s) *adj* special; (≈ *bestimmt*) particular; (≈ *hervorragend*) exceptional; **ohne ~ Begeisterung** without any particular enthusiasm; **in diesem ~n Fall** in this particular case
Besondere(s) n **etwas/nichts ~s** something/nothing special; **er möchte etwas ~s sein** he thinks he's something special; **im ~n** (≈ *vor allem*) in particular
Besonderheit f unusual quality; (≈ *besondere Eigenschaft*) peculiarity; (≈ *Charaktereigenschaft*) characteristic
besonders *adv gut, teuer etc* particularly; (≈ *speziell anfertigen etc*) (e)specially; (≈ *im Speziellen*) in particular; **das Essen/der Film war nicht ~** *umg* the food/film was nothing special; **wie gehts dir? — nicht ~** *umg* how are you? — not too hot *umg*
besonnen ⓐ *adj* level-headed ⓑ *adv* in a careful and thoughtful manner; → besinnen
Besonnenheit f level-headedness
besorgen *v/t* ▮ (≈ *beschaffen*) to get; **j-m/sich etw ~** to get sth for sb/oneself ▮ (≈ *erledigen*) to see to
Besorgnis f anxiety, worry; **~ erregend** → besorgniserregend
besorgniserregend ⓐ *adj* alarming, worrying ⓑ *adv* alarmingly
besorgt ⓐ *adj* anxious, worried (**wegen** about); **um j-n/etw ~ sein** to be concerned about sb/sth ⓑ *adv* anxiously
Besorgung f ▮ (≈ *das Kaufen*) purchase ▮ (≈ *Einkauf*) errand; **~en machen** to do some shopping
bespaßen *umg v/t* to entertain, to keep amused; **am Nachmittag musste er seine Eltern ~** he had to entertain his parents for the afternoon
bespielen *v/t Tonband* to record on
bespitzeln *v/t* to spy on
besprechen *v/t* (≈ *über etw sprechen*) to discuss; (≈ *rezensieren*) to review; **wie besprochen** as arranged
Besprechung f ▮ (≈ *Unterredung*) discussion; (≈ *Konferenz*) meeting ▮ (≈ *Rezension*) review
Besprechungsraum m meeting room
bespritzen *v/t* to spray; (≈ *beschmutzen*) to splash
besprühen *v/t* to spray
besser ⓐ *adj* better; **er ist in Englisch ~ als ich** he's better at English than I am; **du willst wohl etwas Besseres sein!** *umg* I suppose you think you're better than other people; **~ werden** to improve; **das ist auch ~ so** it's better that way; **das wäre noch ~** iron no way; **j-n eines Besseren belehren** to teach sb otherwise ⓑ *adv* ▮ better; **~ ist ~** (it is) better to be on the safe side; **umso ~!** *umg* so much the better!; **~ (gesagt)** or rather; **sie will immer alles ~ wissen** she always thinks she knows better; **es ~ wissen** to know better; **es ~ haben** to have a better life ▮ (≈ *lieber*) **das solltest du ~ nicht tun** you had better not do that; **du tätest ~ daran ...** you would do better to ...
besser gehen *v/i* **es geht j-m besser** sb is feeling better; **jetzt gehts der Firma wieder besser** the firm is doing better again now
bessergestellt *adj* better-off
bessern ⓐ *v/t* (≈ *besser machen*) to improve ⓑ *v/r* ▮ to mend one's ways ▮ (≈ *sich verbessern*) to improve
Besserung f improvement; (≈ *Genesung*) recovery; **(ich wünsche dir) gute ~!** I hope you get better soon; **auf dem Wege der ~ sein** to be on the mend; *bei Krebs etc* to be in remission
Besserverdienende(r) *m/f(m)* **die ~n** *pl* those earning more *od* on higher incomes
Besserwisser(in) *umg m(f)* know-all *Br umg*, know-it-all *US umg*
besserwisserisch *umg adj* know(-it)-all *attr umg*
Bestand m ▮ (≈ *Fortdauer*) continued existence; **von ~ sein, ~ haben** to be permanent ▮ (≈ *vorhandene Menge*) stock (**an** +*dat* of), supply; **~ aufnehmen** to take stock
beständig ⓐ *adj* ▮ constant; *Wetter* settled ▮ (≈ *widerstandsfähig*) resistant (**gegen** to); (≈ *dauerhaft*) lasting ⓑ *adv* ▮ (≈ *dauernd*) constantly ▮ (≈ *gleichbleibend*) consistently
Beständigkeit f ▮ (≈ *gleichbleibende Qualität*) constant standard; *von Wetter* settledness ▮ (≈ *Widerstandsfähigkeit*) resistance; (≈ *Dauerhaftig-*

keit) durability

Bestandsaufnahme f stocktaking; *Situation abwägen* review of the situation

Bestandteil m component; (≈ *Zutat*) ingredient; *fig* integral part; **etw in seine ~e zerlegen** to take sth to pieces

bestärken v/t to confirm; **j-n in seinem Wunsch ~** to make sb's desire stronger

bestätigen A v/t to confirm; JUR *Urteil* to uphold; HANDEL *Empfang, Brief* to acknowledge (receipt of); **hiermit wird bestätigt, dass ...** this is to certify that ... B v/r to be confirmed, to be proved true

Bestätigung f confirmation; JUR *von Urteil* upholding; (≈ *Beurkundung*) certification

bestatten v/t to bury

Bestattung f burial; (≈ *Feuerbestattung*) cremation; (≈ *Feier*) funeral

Bestattungsinstitut n undertakers pl, funeral home US

Bestattungsunternehmen n undertakers pl, funeral home US

bestäuben v/t to dust; BOT to pollinate

Bestäubung f dusting; BOT pollination

bestaunen v/t to gaze at in admiration

beste adj → **bester, s**

bestechen A v/t 1 *mit Geld etc* to bribe; **ich lasse mich nicht ~** I'm not open to bribery 2 (≈ *beeindrucken*) to captivate B v/i (≈ *Eindruck machen*) to be impressive (**durch** because of)

bestechend A adj *Schönheit, Eindruck* captivating; *Angebot* tempting B adv (≈ *beeindruckend*) impressively

bestechlich adj bribable, corruptible

Bestechlichkeit f corruptibility

Bestechung f bribery

Bestechungsgeld n bribe

Bestechungsversuch m attempted bribery

Besteck n 1 (≈ *Essbesteck*) knives and forks pl Br, silverware US; **ein silbernes ~** a set of silver cutlery Br, a set of silver flatware US 2 **chirurgisches ~** (set of) surgical instruments

bestehen A v/t 1 *Examen, Probe* to pass; **j-m zur bestandenen Prüfung gratulieren** to congratulate sb on passing his *od* her exam 2 (≈ *durchstehen*) *Schicksalsschläge* to withstand; *Gefahr* to overcome B v/i 1 (≈ *existieren*) to exist; **~ bleiben** *Frage, Hoffnung etc* to remain; **es besteht die Aussicht, dass ...** there is a prospect that ... 2 (≈ *Bestand haben*) to continue to exist 3 (≈ *sich zusammensetzen*) to consist (**aus** of); **aus etw ~** to be comprised of sth, to consist of sth; **in etw** (*dat*) **~** to consist in sth; *Aufgabe* to involve sth 4 **auf etw** (*dat*) **~** to insist on sth; **ich bestehe darauf** I insist

Bestehen n 1 (≈ *Vorhandensein, Dauer*) existence; **seit ~ der Firma** ever since the firm came into existence 2 (≈ *Beharren*) insistence (**auf** +*dat* on) 3 *von Prüfung* passing

bestehen bleiben v/i to last; *Hoffnung* to remain

bestehend adj existing; *Preise* current

bestehlen v/t to rob; **j-n um etw ~** to rob sb of sth

besteigen v/t *Berg, Turm, Leiter* to climb (up); *Fahrrad, Pferd* to get on(to); *Bus, Flugzeug* to get on; *Flugzeug* to board; *Schiff* to go aboard; *Thron* to ascend

bestellen A v/t 1 (≈ *anfordern*) *in Restaurant* to order; **sich** (*dat*) **etw ~** to order sth 2 (≈ *reservieren*) to book 3 (≈ *ausrichten*) **bestell ihm (von mir), dass ...** tell him (from me) that ...; **soll ich irgendetwas ~?** can I take a message?; **er hat nichts zu ~** he doesn't have any say here 4 (≈ *kommen lassen*) *j-n* to send for, to summon; **ich bin um** *od* **für 10 Uhr bestellt** I have an appointment for *od* at 10 o'clock 5 *fig* **es ist schlecht um ihn bestellt** he is in a bad way; **damit ist es schlecht bestellt** that's rather difficult B v/i to order

Besteller(in) m(f) customer

Bestellformular n order form

Bestellkarte f order form

Bestellnummer f order number

Bestellschein m order form

Bestellung f 1 (≈ *Anforderung*) order 2 (≈ *Nachricht*) message

Bestellzettel m order form

bestenfalls adv at best

bestens adv (≈ *sehr gut*) very well; **sie lässt ~ grüßen** she sends her best regards

beste(r, s) A adj 1 best; **im ~n Fall** at (the) best; **im ~n Alter** in the prime of (one's) life; **mit (den) ~n Wünschen** with best wishes; **in ~n Händen** in the best of hands 2 **der/die/das Beste** the best; **ich will nur dein Bestes** I've your best interests at heart; **sein Bestes tun** to do one's best; **wir wollen das Beste hoffen** let's hope for the best; **das Beste wäre, wir ...** the best thing would be for us to ...; **es steht nicht zum Besten** it does not look too promising; **etw zum Besten geben** (≈ *erzählen*) to tell sth B adv **am ~n** best; **am ~n gehe ich jetzt** I'd best be going now

besteuern v/t to tax

Besteuerung f taxation; (≈ *Steuersatz*) tax; **~ von Zinserträgen** taxation of interest earnings

Bestform f *bes* SPORT top form

bestialisch A adj bestial; *umg* awful B adv *umg* terribly; *stinken, zurichten* dreadfully

Bestie f beast; *fig* animal

bestimmen A v/t 1 (≈ *festsetzen*) to determine;

sie will immer alles ~ she always wants to decide the way things are to be done ☑ (≈ *prägen*) *Landschaft* to characterize; (≈ *beeinflussen*) *Preis, Anzahl* to determine ☒ (≈ *vorsehen*) to intend, to mean (**für** for); **wir waren füreinander bestimmt** we were meant for each other **B** *v/i* ☑ (≈ *entscheiden*) to decide (**über** +*akk* on); **du hast hier nicht zu ~** you don't make the decisions here ☒ (≈ *verfügen*) **er kann über sein Geld allein ~** it is up to him what he does with his money

bestimmt A *adj* ☑ (≈ *gewiss*) certain; (≈ *speziell*) particular, specific; *Preis, Tag* fixed; GRAM *Artikel* definite; **suchen Sie etwas Bestimmtes?** are you looking for anything in particular? ☒ (≈ *entschieden*) firm, decisive **B** *adv* ☑ (≈ *sicher*) definitely; (≈ *gewiss*) certainly; **ich weiß ganz ~, dass ...** I know for sure that ...; **er schafft es ~ nicht** he definitely won't manage it ☒ (≈ *wahrscheinlich*) no doubt; **das hat er ~ verloren** he's bound to have lost it

Bestimmtheit *f* (≈ *Sicherheit*) certainty; **ich kann mit ~ sagen, dass ...** I can say definitely that ...

Bestimmung *f* ☑ (≈ *Vorschrift*) regulation ☒ (≈ *Zweck*) purpose ☒ (≈ *Schicksal*) destiny

Bestimmungshafen *m* (port of) destination

Bestimmungsland *n* (country of) destination

Bestleistung *f bes* SPORT best performance; **seine persönliche ~** his personal best

bestmöglich *adj* best possible; **wir haben unser Bestmögliches getan** we did our best, we did our level best *Br*

Best.-Nr. *abk* (= *Bestellnummer*) ord. no.

bestrafen *v/t* to punish; JUR *j-n* to sentence (**mit** to); SPORT *Spieler, Foul* to penalize; **bestraft werden** *Schüler* to get it

Bestrafung *f* punishment; JUR sentencing; SPORT penalization

bestrahlen *v/t* to shine on; MED to give radiotherapy to; *Lebensmittel* to irradiate

Bestrahlung *f* MED radiotherapy, radiation treatment; (≈ *von Lebensmitteln*) irradiation

Bestreben *n* endeavour *Br*, endeavor *US*

bestrebt *adj* **~ sein, etw zu tun** to endeavour to do sth *Br*, to endeavor to do sth *US*

Bestrebung *f* endeavour *Br*, endeavor *US*, effort

bestreichen *v/t mit Salbe, Flüssigkeit* to spread; *mit Butter* to butter; *mit Farbe* to paint; **etw mit Butter/Salbe ~** to spread butter/ointment on sth

bestreiken *v/t* to boycott, to go out *od* be on strike against; **bestreikt** strikebound; **diese Fabrik wird bestreikt** there's a strike on at this factory

bestreitbar *adj* disputable, contestable

bestreiten *v/t* ☑ (≈ *abstreiten*) to dispute; (≈ *leugnen*) to deny ☒ (≈ *finanzieren*) to pay for; *Kosten* to carry

bestreuen *v/t* to cover (**mit** with); GASTR to sprinkle

Bestseller *m* bestseller

Bestsellerautor(in) *m(f)* bestselling author

Bestsellerliste *f* bestseller list

bestücken *v/t* to fit, to equip; MIL to arm; *Lager* to stock

bestürmen *v/t* to storm; *mit Fragen, Bitten* to bombard; *mit Briefen, Anrufen* to inundate

bestürzen *v/t* to shake

bestürzend A *adj* alarming **B** *adv hoch, niedrig* alarmingly

bestürzt A *adj* filled with consternation, upset **B** *adv* in consternation

Bestürzung *f* consternation

Bestzeit *f bes* SPORT best time

Besuch *m* ☑ visit; *von Schule, Veranstaltung* attendance (+*gen* at); **ein ~ im Museum** a visit to the museum; **bei j-m auf** *od* **zu ~ sein** to be visiting sb; **j-m einen ~ abstatten** to pay sb a visit ☒ (≈ *Besucher*) visitor, visitors *pl*; **er bekommt viel ~** he has a lot of visitors

besuchen *v/t j-n* to visit, to see; *Schule, Gottesdienst* to attend; *Kino, Theater* to go to; **die Schule ~** to go to school; **die Messe ~** to go to mass

Besucher(in) *m(f)* visitor; *von Kino, Theater* patron *form*

Besuchszeit *f* visiting hours *pl*, visiting time

besucht *adj* **gut/schlecht ~ sein** to be well/badly attended

Betablocker *m* MED beta-blocker

betagt *geh adj* aged

betanken *v/t Fahrzeug* to fill up; *Flugzeug* to refuel

betasten *v/t* to feel

betätigen A *v/t Muskeln, Gehirn* to activate; *Bremse* to apply; *Hebel* to operate; *Taste* to press; *Schalter* to turn on **B** *v/r* to busy oneself; *körperlich* to get some exercise; **sich politisch ~** to be active in politics; **sich sportlich ~** to do sport; **sich geistig und körperlich ~** to stay active in body and mind

Betätigung *f* ☑ (≈ *Tätigkeit*) activity ☒ (≈ *Aktivierung*) operation; *von Muskel, Gehirn* activation; *von Bremsen* applying; *von Knopf* pressing; *von Schalter* turning on

betatschen *v/t umg* to paw *umg*; *sexuell* to grope *umg*; **hör auf, den Bildschirm zu ~** get your dirty paws *od* mitts off the monitor *umg*

betäuben *v/t Körperteil* to (be)numb; *Nerv* to deaden; *Schmerzen* to kill; *durch Narkose* to anaesthetize; *durch Schlag* to stun; **ein ~der Duft** an overpowering smell

Betäubung f ◨ (≈ *das Betäuben*) (be)numbing; *von Nerv, Schmerz* deadening; *von Schmerzen* killing; *durch Narkose* an(a)esthetization ◩ (≈ *Narkose*) an(a)esthetic; **örtliche** *od* **lokale ~** local an(a)esthetic

Betäubungsmittel n anaesthetic; (≈ *Droge*) narcotic

Betäubungsmittelgesetz n *law concerning drug abuse* narcotics law *US*

Betaversion f IT beta release *od* version

Bete f beet; **Rote ~** beetroot

beteiligen A v/r to participate (**an** +dat in) B v/t to involve

beteiligt adj **an etw** (dat) **~ sein/werden** to be involved in sth; *finanziell* to have a share in sth; *am Gewinn* to have a slice of sth

Beteiligte(r) m/f(m) person involved; (≈ *Teilhaber*) partner; JUR party; **an alle ~n** to all concerned

Beteiligung f (≈ *Teilnahme*) participation (**an** +dat in); *finanziell* share; *an Unfall* involvement

beten v/i to pray

beteuern v/t to declare; *Unschuld* to protest

Beteuerung f declaration; *von Unschuld* protestation

betiteln v/t to entitle

Beton m concrete

betonen v/t ◨ (≈ *hervorheben*) to emphasize; → betont ◩ LING to stress

betonieren v/t to concrete

Betonklotz *pej* m concrete block

Betonmischmaschine f concrete mixer

betont A adj *Höflichkeit* emphatic; *Kühle, Sachlichkeit* pointed B adv knapp, kühl pointedly; **sich ~ einfach kleiden** to dress with marked simplicity; → betonen

Betonung f ◨ emphasis ◩ (≈ *Akzent*) stress

betören v/t to bewitch, to beguile

Betr. *abk* (= *Betreff*) re

betr. *abk* (= *betreffend*) *in Briefen* re

Betracht m **etw außer ~ lassen** to leave sth out of consideration; **in ~ kommen** to be considered; **nicht in ~ kommen** to be out of the question; **etw in ~ ziehen** to take sth into consideration *od* account

betrachten v/t to look at; **bei näherem Betrachten** on closer examination; **als j-n/etw ~** (≈ *halten für*) to regard as sb/sth

Betrachter(in) m/f(m) observer

beträchtlich A adj considerable B adv considerably

Betrachtung f (≈ *das Betrachten*) contemplation; **bei näherer ~** on closer examination

Betrag m amount

betragen A v/t to be B v/r to behave

Betragen n behaviour *Br*, behavior *US*

betrauen v/t **j-n mit etw ~** to entrust sb with sth

betrauern v/t to mourn

Betreff m *in E-Mails* subject; *form* **~: Ihr Schreiben vom ...** re your letter of ...

betreffen v/t (≈ *angehen*) to concern; (≈ *sich auswirken auf*) to affect; **was mich betrifft ...** as far as I'm concerned ...; **betrifft re**; → betroffen

betreffend adj (≈ *erwähnt*) in question; (≈ *zuständig*) relevant

Betreffende(r) m/f(m) person concerned; **die ~n** those concerned

Betreffzeile f *in E-Mail etc* subject line

betreiben v/t *Gewerbe* to carry on; *Geschäft* to conduct, to run; *Sport* to do; *Studium* to pursue; **auf j-s Betreiben** (akk) **hin** at sb's instigation; **betrieben werden mit** (≈ *fahren mit*) to run on

Betreiber(in) m/f(m) operating authority

betreten¹ v/t (≈ *hineingehen in*) to enter; *Rasen, Spielfeld etc* to walk on; **„Betreten verboten!"** "keep off"

betreten² A adj embarrassed B adv with embarrassment

betreuen v/t to look after; **betreutes Wohnen** assisted living

Betreuer(in) m/f(m) carer, caregiver *US*; person who is in charge of *od* looking after sb; (≈ *Kinderbetreuer*) child minder *Br*, babysitter *US*; *von alten Leuten, Kranken* nurse; *schulisch, akademisch* supervisor; (≈ *Lehrer*) instructor; (≈ *Berater*) counsellor *Br*, counselor *US*

Betreuung f looking after; *von Patienten etc* care

Betrieb m ◨ (≈ *Firma*) business; (≈ *Fabrik*) factory, works *sg od pl* ◩ (≈ *Tätigkeit*) work; *von Maschine, Fabrik* operation; **außer ~** out of order; **die Maschinen sind in ~** the machines are running; **eine Maschine in ~ setzen** to start a machine up ◪ (≈ *Betriebsamkeit*) bustle; **in den Geschäften herrscht großer ~** the shops *od* stores *US* are very busy

betrieblich adj **~e Altersversorgung** employee pension scheme; **~e Mitbestimmung** worker participation

betriebsam adj busy, bustling *kein adv*; **in der Stadt ging es ~ zu** it was busy in the town, the town was busy

Betriebsamkeit f bustle

Betriebsangehörige(r) m/f(m) employee

Betriebsanleitung f, **Betriebsanweisung** f operating instructions *pl*; (≈ *Handbuch*) operating *od* user's manual

Betriebsausflug m (annual) works outing *Br*, (annual) company outing *US*

betriebsbereit adj operational

betriebsblind adj blind to the shortcomings of one's (own) company

Betriebsergebnis n FIN trading result

Betriebsferien *pl* (annual) holiday *bes Br*, vacation close-down *US*
Betriebsgeheimnis *n* trade secret
Betriebsklima *n* atmosphere at work
Betriebskosten *pl von Firma etc* overheads *pl*; *von Maschine* running costs *pl*
Betriebskrankenkasse *f company* healthe insurance scheme
Betriebsleiter(in) *m(f)* (works *od* factory) manager
Betriebsleitung *f* management
Betriebsrat[1] *m* (≈ *Gremium*) works *od* factory council
Betriebsrat[2] *m*, **Betriebsrätin** *f* works *od* factory council member
Betriebsstörung *f* breakdown
Betriebssystem *n* IT operating system
Betriebsunfall *m* industrial accident; *hum umg* accident
Betriebsvereinbarung *f* agreement between works council and management
Betriebsversammlung *f* company meeting
Betriebswirt(in) *m(f)* management expert
Betriebswirtschaft *f*, **Betriebswirtschaftslehre** *f* business management
betrinken *v/r* to get drunk; → betrunken
betroffen **A** *adj* **1** affected (**von** by) **2** (≈ *bestürzt*) sad **B** *adv* (≈ *bestürzt*) in consternation; (≈ *betrübt*) in dismay; → betreffen
Betroffene(r) *m/f(m)* person affected
Betroffenheit *f* sadness
betrüben *v/t* to sadden, to distress
betrüblich **A** *adj* sad, distressing; *Zustände* deplorable **B** *adv* **die Lage sieht ~ aus** things look bad
betrübt *adj* saddened
Betrug *m* deceit, deception; JUR fraud
betrügen **A** *v/t* to deceive; *Freund, Ehepartner* to be unfaithful to; JUR to defraud; **j-n um etw ~** to cheat sb out of sth; JUR to defraud sb of sth; **sie betrügt mich mit meinem besten Freund** she is having an affair with my best friend **B** *v/r* to deceive oneself
Betrüger(in) *m(f) beim Spiel* cheat; *geschäftlich* swindler; JUR defrauder
betrügerisch *adj* deceitful; JUR fraudulent; **in ~er Absicht** with intent to defraud
Betrugsbekämpfung *f* fight against fraud
betrunken *adj* drunk *kein adv*, drunken *attr*; **~ Auto fahren** to drive while over the limit, to drive while under the influence of alcohol; → betrinken
Betrunkene(r) *m/f(m)* drunk
Betrunkenheit *f* drunkenness
Bett *n* bed; **das ~ machen** to make the bed; **im ~** in bed; **ins** *od* **zu ~ gehen** to go to bed; **j-n ins** *od* **zu ~ bringen** to put sb to bed
Bettbezug *m* duvet cover
Bettcouch *f* bed settee *Br*, pullout couch *US*
Bettdecke *f* blanket; *gesteppt* quilt
Bettelei *f* begging
betteln *v/i* to beg
Bettflasche *f österr, südd* hot-water bottle
Bettgestell *n* bedstead
bettlägerig *adj* bedridden
Bettlaken *n* sheet
Bettler(in) *m(f)* beggar
Bettnässer(in) *m(f)* bed-wetter
Bettruhe *f* confinement to bed, bed rest; **der Arzt hat ~ verordnet** the doctor ordered him *etc* to stay in bed
Betttuch *n* sheet
Bettvorleger *m* bedside rug
Bettwäsche *f* bed linen
Bettzeug *n* bedding
betucht *umg adj* well-to-do
betupfen *v/t* to dab; MED to swab
Beuge *f* bend
beugen **A** *v/t* **1** (≈ *krümmen*) to bend; **das Recht ~** to pervert the course of justice; **von Kummer gebeugt** bowed down with grief; → gebeugt **2** GRAM to decline; *Verb* to conjugate **B** *v/r* to bend; *fig* to submit (+*dat* to); **sich aus dem Fenster ~** to lean out of the window
Beule *f von Stoß etc* bump; (≈ *Delle*) dent
beunruhigen **A** *v/t* to worry **B** *v/r* to worry (oneself) (**über** +*akk od* **um** *od* **wegen** about)
beunruhigend *adj* unsettling, worrying, disconcerting; *Ereignisse etc* disturbing; *stärker* alarming; **es ist ~** it's worrying
beunruhigt *adj* concerned; **~ sein** to be worried (**wegen** about)
Beunruhigung *f* concern, disquiet
beurkunden *v/t* to certify; *Vertrag* to record
beurlauben *v/t* to give leave (of absence); **beurlaubt sein** to be on leave; (≈ *suspendiert sein*) to have been relieved of one's duties
Beurlaubung *f* leave (of absence); **seine ~ vom Dienst** (≈ *Suspendierung*) his being relieved of his duties
beurteilen *v/t* to judge (**nach** by, from); (≈ *bewerten*) to assess; **etw falsch ~** to misjudge sth; **du kannst das doch gar nicht ~** you are not in a position to judge
Beurteilung *f* (≈ *das Beurteilen*) judging; (≈ *Urteil*) assessment
Beute *f* (≈ *Kriegsbeute*) spoils *pl*; (≈ *Diebesbeute*) haul; *von Raubtieren etc* prey; (≈ *Jagdbeute*) bag
Beutekunst *f* work of art taken by the occupying forces during a war
Beutel *m* (≈ *Behälter*) bag; (≈ *Tragetasche*) carrier bag; ZOOL pouch

Beuteltier n marsupial
Beuteschema n prey scheme; **der ist total mein ~, der fällt total in mein ~** umg he's totally my kind of guy umg
bevölkern v/t (≈ bewohnen) to inhabit; (≈ besiedeln) to populate; **schwach/stark bevölkert** sparsely/densely populated
Bevölkerung f population
Bevölkerungsdichte f population density
Bevölkerungsexplosion f population explosion
Bevölkerungsrückgang m decline in population
Bevölkerungsschicht f social class
Bevölkerungszunahme f population growth, increase in population
bevollmächtigen v/t to authorize (**zu etw** to do sth)
Bevollmächtigte(r) m/f(m) authorized representative
bevor konj before; **~ Sie (nicht) die Rechnung bezahlt haben** until you pay the bill
bevormunden v/t **j-n ~** to make sb's decisions (for him/her)
bevorstehen v/i to be imminent; Winter etc to approach; **j-m ~** to be in store for sb
bevorstehend adj forthcoming; Gefahr, Krise imminent; Winter approaching
bevorzugen v/t to prefer; (≈ begünstigen) to favour Br, to favor US
bevorzugt **A** adj preferred; Behandlung preferential; (≈ privilegiert) privileged **B** adv **j-n ~ abfertigen/bedienen** etc to give sb preferential treatment
Bevorzugung f preference (+gen for); (≈ vorrangige Behandlung) preferential treatment (**bei in**)
bewachen v/t to guard
bewacht adj guarded; **~er Parkplatz** supervised car park Br, guarded parking lot US
Bewachung f guarding; (≈ Wachmannschaft) guard
bewaffnen **A** v/t to arm **B** v/r to arm oneself
bewaffnet adj armed (**mit** with)
Bewaffnete(r) m gunman
Bewaffnung f **1** (≈ das Bewaffnen) arming **2** (≈ Waffen) weapons pl
bewahren v/t **1** (≈ beschützen) to protect (**vor** +dat from) **2** **j-n/etw in guter Erinnerung ~** to have happy memories of sb/sth **3** (≈ beibehalten) to keep
bewähren v/r Mensch to prove oneself; Gerät etc to prove its worth; Methode, Fleiß to pay off
bewahrheiten v/r to prove (to be) well-founded; Prophezeiung to come true
bewährt adj proven; Rezept tried and tested; **seit Langem ~** well-established

Bewahrung f conservation
Bewährung f JUR probation; **eine Strafe zur ~ aussetzen** to impose a suspended sentence; **ein Jahr Gefängnis mit ~** a suspended sentence of one year; **er hat noch ~** he is still on probation
Bewährungsfrist f JUR probation(ary) period
Bewährungshelfer(in) m(f) probation officer
Bewährungsprobe f test; **etw einer ~** (dat) **unterziehen** to put sth to the test
Bewährungsstrafe f JUR suspended sentence
bewaldet adj wooded, tree-covered
bewältigen v/t Problem to cope with; Strecke to manage; Erlebnis etc to get over, to come to terms with
Bewältigung f **die ~ der Probleme** coping with the problems; **die ~ eines Erlebnisses** getting over an experience
bewandert adj experienced; **in etw** (dat) **~ sein** to be familiar with od well-versed in sth
Bewandtnis f reason; **damit hat es** od **das hat eine andere ~** there's another reason for that
bewässern v/t to irrigate; mit Sprühanlage to water
Bewässerung f irrigation
Bewässerungssystem n irrigation system
bewegen¹ **A** v/t **1** to move; **~d** moving **2** (≈ bewirken, ändern) to change **B** v/r **1** to move **2** (≈ Bewegung haben) to get some exercise **3** fig (≈ variieren, schwanken) to vary (**zwischen** +dat between) **4** (≈ sich ändern) to change
bewegen² v/t **j-n zu etw ~** to persuade sb to do sth
Beweggrund m motive
beweglich adj movable; (≈ wendig) agile; Fahrzeug manoeuvrable Br, maneuverable US
bewegt adj **1** Wasser, See choppy; Zeiten, Leben eventful **2** Stimme, Worte emotional
Bewegung f **1** movement, motion; **keine ~!** freeze! umg; **in ~ sein** Fahrzeug to be moving; Menge to mill around; **sich in ~ setzen** to start moving; **etw in ~ setzen** od **bringen** to set sth in motion **2** (≈ körperliche Bewegung) exercise **3** (≈ Entwicklung) progress **4** (≈ Ergriffenheit) emotion **5** POL, KUNST etc movement
Bewegungsfreiheit f freedom of movement; fig freedom of action
bewegungslos **A** adj motionless **B** adv without moving; liegen, sitzen, stehen motionless
Bewegungsmelder m motion sensor
bewegungsunfähig adj unable to move
beweinen v/t to mourn (for)
Beweis m proof kein pl (**für** of); (≈ Zeugnis) evidence kein pl; **die Polizei hat noch keine ~e** the police still don't have any proof; **ein eindeutiger ~** clear evidence; **etw unter ~ stellen**

to prove sth
Beweisaufnahme f JUR hearing of evidence
beweisbar adj provable
beweisen v/t **1** (≈ *nachweisen*) to prove **2** (≈ *erkennen lassen*) to show
Beweisführung f JUR presentation of one's case; (≈ *Argumentation*) line of argument
Beweislage f JUR body of evidence
Beweismaterial n (body of) evidence
Beweismittel n evidence; **ein ~** a piece of evidence
Beweisstück n exhibit
bewenden v/t **es bei** od **mit etw ~ lassen** to leave it at that
bewerben **A** v/r to apply (**um** for); **sich bei einer Firma ~** to apply to a firm (for a job) **B** v/t to promote, to advertise
Bewerber(in) m(f) applicant
Bewerbung f application
Bewerbungsanschreiben n cover letter
Bewerbungsformular n application form
Bewerbungsfrist f application deadline, deadline for applications
Bewerbungsgespräch n (job) interview
Bewerbungsmappe f application documents pl
Bewerbungsschreiben n (letter of) application
Bewerbungsunterlagen pl application documents pl
bewerfen v/t **j-n/etw mit etw ~** to throw sth at sb/sth
bewerkstelligen v/t to manage
bewerten v/t *j-n* to judge; *Schularbeit* to assess; *Gegenstand* to value; **etw zu hoch/niedrig ~** to overvalue/undervalue sth
Bewertung f judgement; *von Schularbeit* assessment; *von Gegenstand* valuation; (≈ *Kritik, im Internet*) review
bewilligen v/t to allow; *Etat etc* to approve; *Stipendium* to award
Bewilligung f allowing; *von Etat* approval; *von Stipendium* awarding
bewirken v/t (≈ *verursachen*) to cause; **~, dass etw passiert** to cause sth to happen
bewirten v/t **j-n ~** to feed sb; *bei offiziellem Besuch etc* to entertain sb
bewirtschaften v/t **1** *Betrieb etc* to manage **2** *Land* to farm
Bewirtschaftung f **1** *von Betrieb* management **2** *von Land* farming
Bewirtung f (≈ *das Bewirten*) hospitality; *im Hotel* (food and) service
bewohnbar adj habitable
bewohnen v/t to live in; *Volk* to inhabit
Bewohner(in) m(f) *von Land, Gebiet* inhabitant; (≈ *Anlieger*) resident; *von Haus etc* occupier
bewohnt adj inhabited
bewölken v/r to cloud over; **bewölkt** cloudy
Bewölkung f (≈ *das Bewölken*) clouding over; **wechselnde ~** METEO variable amounts of cloud
Bewunderer m, **Bewunderin** f admirer
bewundern v/t to admire (**wegen** for); **~d** admiring
bewundernswert **A** adj admirable **B** adv admirably
Bewunderung f admiration
bewusst **A** adj **1** conscious; **sich** (dat) **einer Sache** (gen) **~ sein/werden** to be/become aware of sth; **j-m etw ~ machen** to make sb aware of sth; **es wurde ihm allmählich ~, dass ...** he gradually realized (that) ... **2** (≈ *willentlich*) deliberate **3** (≈ *besagt*) in question **B** adv consciously; (≈ *willentlich*) deliberately
bewusstlos **A** adj unconscious **B** adv **j-n ~ schlagen** to beat sb unconscious od senseless
Bewusstlosigkeit f unconsciousness; **bis zur ~** umg ad nauseam
bewusst machen, bewusstmachen v/t **j-m etw ~** to make sb aware od conscious of sth, to make sb realize sth
Bewusstsein n consciousness; (≈ *Wissen*) awareness; **etw kommt j-m zu(m) ~** sb becomes aware of sth; **im ~, dass ...** in the knowledge that ...; **das ~ verlieren/wiedererlangen** to lose/regain consciousness; **bei ~ sein** to be conscious; **zu(m) ~ kommen** to regain consciousness; **bei vollem ~** fully conscious
Bewusstseinsstrom m LIT stream of consciousness
bezahlen **A** v/t to pay; *Leistung, Schaden* to pay for; **er hat seinen Fehler mit dem Leben bezahlt** he paid for his mistake with his life **B** v/i to pay
Bezahlfernsehen n pay TV
Bezahlschranke f COMPUT, INTERNET pay wall
bezahlt adj paid; **sich ~ machen** to be worth it
Bezahlung f payment; (≈ *Lohn, Gehalt*) pay; **gegen ~** for payment
bezaubern fig v/t to charm
bezaubernd adj enchanting, charming
bezeichnen v/t (≈ *kennzeichnen*) to mark; (≈ *genau beschreiben*) to describe; **ich weiß nicht, wie man das bezeichnet** I don't know what that's called
bezeichnend adj characteristic (**für** of); (≈ *bedeutsam*) significant
Bezeichnung f **1** (≈ *Kennzeichnung*) marking; (≈ *Beschreibung*) description; (≈ *Titel*) title **2** (≈ *Ausdruck*) expression; (≈ *Begriff*) term
bezeugen v/t to testify to; **~, dass ...** to testify

that ...
bezichtigen v/t to accuse; **j-n einer Sache** (gen) ~ to accuse sb of sth
beziehen A v/t 1 Polster to (re)cover; Kissen to put a cover on; **die Betten frisch ~** to change the beds 2 (≈ einziehen) in Wohnung to move into 3 Posten, Stellung to take up 4 (≈ erhalten) to get 5 (≈ in Beziehung setzen) **etw auf j-n/etw ~** to apply sth to sb/sth B v/r 1 Himmel to cloud over 2 (≈ sich berufen) **sich auf j-n/etw ~** to refer to sb/sth
Beziehung f 1 (≈ Verhältnis) relationship 2 (≈ Kontakt) relations pl; **diplomatische ~en** diplomatic relations; **menschliche ~en** human relations; **seine ~en spielen lassen** to pull strings; **~en haben** to have connections 3 (≈ Zusammenhang) connection (**zu** with); **etw zu etw in ~ setzen** to relate sth to sth; **in keiner ~ zueinander stehen** to have no connection 4 (≈ Hinsicht) **in einer/keiner ~** in one/no respect; **in jeder ~** in every respect
Beziehungskiste umg f relationship
beziehungsweise konj 1 (≈ oder aber) or 2 (≈ im anderen Fall) and ... respectively 3 (≈ genauer gesagt) or rather
beziffern A v/t (≈ mit Ziffern versehen) to number; (≈ angeben) to estimate (**auf** +akk od **mit** at) B v/r **sich ~ auf** (+akk) Verluste, Gewinn to amount to; Teilnehmer to number
Bezirk m (≈ Gebiet) district; von Stadt ≈ district, borough; von Land ≈ region
Bezug m 1 für Kissen etc cover; für Kopfkissen pillowcase 2 (≈ Erwerb) von Waren etc buying 3 **Bezüge** pl (≈ Einkünfte) income 4 (≈ Zusammenhang) → Beziehung 3 5 form (≈ Berufung) reference; ~ **nehmen auf** (+akk) to make reference to; **mit** od **unter ~ auf** (+akk) with reference to 6 (≈ Hinsicht) **in ~ auf** (+akk) regarding
bezüglich form präp regarding, concerning; HANDEL
Bezugnahme form f reference; **unter ~ auf** (+akk) with reference to
bezugsfertig adj Haus etc ready to move into
Bezugsperson f **die wichtigste ~ des Kleinkindes** the person to whom the small child relates most closely
bezuschussen v/t to subsidize
bezwecken v/t to aim at; **etw mit etw ~** Mensch to intend sth by sth
bezweifeln v/t to doubt; **das ist nicht zu ~** that's beyond question
bezwingen v/t to conquer; SPORT to beat; Strecke to do
BfA f abk (= Bundesagentur für Arbeit) (State) Department of Employment
BGB abk (= Bürgerliches Gesetzbuch) Civil Code

BH m abk (= Büstenhalter) bra
Bhf. abk (= Bahnhof) station
Bhutan n GEOG Bhutan
Biathlon n SPORT biathlon
Bibel wörtl f Bible; fig bible
bibelfest adj well versed in the Bible
Bibeli n schweiz (≈ Pickel) pimple, spot Br; (≈ Mitesser) blackhead
Bibelwort n biblical saying
Biber m beaver
Biberbetttuch n flannelette sheet bes Br
Biberpelz m beaver (fur)
Bibliografie f bibliography
Bibliothek f library
Bibliothekar(in) m(f) librarian
biblisch adj biblical; **ein ~es Alter** a great age
Bidet n bidet
bieder adj 1 (≈ rechtschaffen) honest 2 pej conventional
biegen A v/t to bend; Glieder to flex; **auf Biegen und Brechen** umg by hook or by crook umg, come hell or high water umg B v/i Wagen to turn C v/r to bend; **sich vor Lachen ~** fig to double up with laughter
biegsam adj flexible; Glieder, Körper supple; fig pliable
Biegung f bend
Biene f bee
Bienenhaus n apiary
Bienenhonig m real honey
Bienenkönigin f queen bee
Bienenschwarm m swarm (of bees)
Bienenstich m GASTR *cake coated with sugar and almonds and filled with custard or cream*
Bienenstock m (bee)hive
Bienenvolk n bee colony
Bienenwachs n beeswax
Bier n beer; **zwei ~, bitte!** two beers, please; **dunkles/helles ~** dark/light beer; **~ vom Fass** draught beer Br, draft beer US; **das ist mein** etc **~** fig umg that's my etc business
Bierbauch umg m beer belly umg
Bierdeckel m beer mat Br, beer coaster US
Bierdose f beer can
Bierfass n keg
Bierflasche f beer bottle
Biergarten m beer garden
Bierglas n beer glass
Bierkeller m (≈ Lager) beer cellar; (≈ Gaststätte a.) bierkeller
Bierkrug m tankard bes Br; aus Steingut (beer) stein
Bierwurst f ham sausage
Bierzelt n beer tent
Biest pej umg n 1 (≈ Tier) creature; (≈ Insekt) bug 2 (≈ Mensch) (little) wretch; (≈ Frau) bitch sl

bieten A v/t [1] (≈ *anbieten*) to offer (**j-m etw** sb sth, sth to sb); *bei Auktion* to bid; **diese Stadt hat nichts zu ~** this town has nothing to offer [2] (≈ *haben*) to have; *Problem* to present [3] (≈ *darbieten*) *Anblick, Bild* to present; *Film* to show [4] (≈ *zumuten*) **sich** (*dat*) **etw ~ lassen** to stand for sth; → **geboten** B v/i KART to bid C v/r *Gelegenheit, Anblick etc* to present itself (**j-m** to sb)
Bieter(in) m(f) bidder
Bigamie f bigamy
Bike n (≈ *Rad, Mountainbike, Motorrad*) bike
Biker(in) m/g umg m(f) biker
Bikini m bikini
Bikinihöschen n bikini bottom
Bikinihose f bikini bottoms *pl*
Bikinioberteil n bikini top
bikonvex adj biconvex
Bilanz f [1] HANDEL (≈ *Lage*) balance; (≈ *Abrechnung*) balance sheet; **eine ~ aufstellen** to draw up a balance sheet; **~ machen** *fig umg* to check one's finances [2] *fig* (≈ *Ergebnis*) end result; **(die) ~ ziehen** to take stock (**aus** of)
Bilanzbuchhalter(in) m(f) company accountant (*who balances end-of-year accounts*)
Bilanzgewinn m HANDEL, FIN declared profit
bilanzieren v/t & v/i to balance; *fig* to assess
Bilanzverlust m HANDEL, FIN accumulated loss
Bilanzwert m HANDEL, FIN book value
bilateral adj bilateral
Bild n [1] picture; (≈ *Zeichnung*) drawing; (≈ *Gemälde*) painting; **auf dem ~** in the picture; **ein ~ von Picasso** a picture by Picasso; **ein ~ vom Dom** a picture of the cathedral; **ein ~ machen** to take a photo; **~er machen** to take photos; **ein ~ des Elends** a picture of misery [2] (≈ *Abbild*) image [3] (≈ *Erscheinungsbild*) character; **das Äußere ~ der Stadt** the appearance of the town [4] *fig* (≈ *Vorstellung*) image, picture; **im ~e sein** to be in the picture (**über** +akk about); **j-n ins ~ setzen** to put sb in the picture (**über** +akk about); **sich** (*dat*) **von j-m/etw ein ~ machen** to get an idea of sb/sth [5] (≈ *Metapher*) image
Bildausfall m TV loss of vision
Bildband m illustrated book, coffee-table book
bilden A v/t [1] to form; *Körper, Figur* to shape; (≈ *hervorbringen*) to generate; **sich** (*dat*) **ein Urteil ~** to form a judg(e)ment [2] (≈ *ausmachen*) *Gefahr etc* to constitute; **die Teile ~ ein Ganzes** the parts make up a whole [3] (≈ *erziehen*) to educate B v/r [1] (≈ *entstehen*) to form [2] (≈ *lernen*) to educate oneself; → **gebildet** C v/i to be educational
bildend adj **die ~e Kunst** art; **die ~en Künste** the fine arts
Bilderbuch n picture book
Bilderbuch- *fig zssgn* perfect
Bilderrahmen m picture frame
Bilderrätsel n picture puzzle
Bilderstrecke f photo gallery
Bildfläche *fig umg* f **auf der ~ erscheinen** to appear on the scene; **von der ~ verschwinden** to disappear (from the scene)
bildhaft A adj pictorial; *Beschreibung, Sprache* vivid; **~e Figuren** LIT figurative images B adv vividly
Bildhauer(in) m(f) sculptor
Bildhauerei f sculpture
bildhübsch adj *Mädchen* (as) pretty as a picture; *Kleid, Garten etc* really lovely
bildlich A adj pictorial; *Ausdruck etc* metaphorical B adv pictorially; *verwenden* metaphorically
Bildmaterial n [1] (≈ *Illustrationen*) illustrations *pl* [2] (≈ *Fotos*) photos *pl*
Bildqualität f TV, FILM picture quality
Bildschärfe f definition, sharpness
Bildschirm m TV, COMPUT screen; *ganzes Gerät* monitor
Bildschirmarbeit f screen work
Bildschirmarbeitsplatz m workstation
Bildschirmschoner m IT screen saver
Bildschirm-Teenie m screenager
Bildschirmtext m Viewdata® *sg*, Prestel®
bildschön adj beautiful
Bildstörung f TV interference (on the picture)
Bildtelefon n videophone
Bildung f [1] (≈ *Erziehung*) education; (≈ *Kultur*) culture; **höhere ~** higher education; **politische ~** *Fach* social studies *pl*; **~ haben** to be educated; **zur ~ des Passivs** to form the passive [2] (≈ *Entstehung*) *von Rost etc* formation
Bildungs- *zssgn Reform etc* educational
Bildungschancen *pl* educational opportunities *pl*
Bildungsgang m school (and university) career
Bildungsgrad m level of education
Bildungslücke f gap in one's education
Bildungspolitik f education policy
Bildungspolitiker(in) m(f) *politician with responsibility for education policy*
Bildungsreform f educational reform
Bildungsstufe f level of education
Bildungsurlaub m educational holiday *bes Br*, educational vacation *US*
Bildungsweg m **j-s ~** the course of sb's education; **auf dem zweiten ~** through night school
Bildungswesen n education system
Bildunterschrift f caption
bilingual adj bilingual
Billard n (≈ *Spiel*) billiards *sg*
Billardkugel f billiard ball
Billardtisch m billiard table

Billett *schweiz n* **1** (≈ *Fahrschein, Eintrittskarte*) ticket **2** → **Führerschein**
Billiarde *f* million billion *Br*, thousand trillion *US*
billig *adj* cheap; *Preis* low; **~ abzugeben** going cheap; **~ davonkommen** *umg* to get off lightly
Billiganbieter(in) *m(f)* supplier of cheap goods
Billigangebot *n* cut-price offer
billigen *v/t* to approve
Billigflagge *f* SCHIFF flag of convenience
Billigflieger *m* low-cost airline
Billigflug *m* cheap flight
Billigjob *m* low-paid job
Billiglohnland *n* low-wage country
Billigmarke *f* cheap brand; *umg* cheapo
Billigung *f* approval; **j-s ~ finden** to meet with sb's approval
Billigware *f* cut-price goods *pl*
Billion *f* thousand billion *Br*, trillion *US*
bimmeln *umg v/i* to ring
Bimsstein *m* pumice stone
binär *adj* binary
Binärcode *m* binary code
Binde *f* **1** MED bandage; (≈ *Schlinge*) sling **2** (≈ *Armbinde*) armband; (≈ *Augenbinde*) blindfold **3** (≈ *Monatsbinde*) (sanitary) towel, (sanitary) napkin *bes US*
Bindegewebe *n* ANAT connective tissue
Bindeglied *n* connecting link
Bindehaut *f* ANAT conjunctiva
Bindehautentzündung *f* conjunctivitis
binden **A** *v/t* **1** (≈ *zusammenbinden*) to tie; (≈ *festbinden*) to bind **2** *Strauß, Kranz* to make up; *Knoten etc* to tie **3** (≈ *zubinden*) *Schal* to tie; *Krawatte* to knot **4** *fig Menschen* to tie; *Geldmittel* to tie up; *Versprechen, Vertrag, Eid etc* to bind; **mir sind die Hände gebunden** *fig* my hands are tied; → **gebunden** **5** *Farbe, Soße* to bind **B** *v/i Mehl, Zement, Soße etc* to bind; *Klebstoff* to bond; *fig Erlebnisse* to create a bond **C** *v/r* (≈ *sich verpflichten*) to commit oneself (**an** +*akk* to)
bindend *adj* binding (**für** on); *Zusage* definite
Bindestrich *m* hyphen
Bindewort *n* GRAM conjunction, linking word
Bindfaden *m* string; **ein (Stück) ~** a piece of string; **es regnet Bindfäden** *umg* it's sheeting down *Br umg*, it's coming down in buckets *US umg*
Bindung *f* **1** (≈ *Beziehung*) relationship (**an** +*akk* with); (≈ *Verbundenheit*) tie, bond (**an** +*akk* with); (≈ *Verpflichtung*) commitment (**an** +*akk* to) **2** (≈ *Skibindung*) binding
Bindungsangst *f* fear of commitment *kein pl*
Bingo *n* bingo
binnen *präp form* within; **~ Kurzem** shortly
Binnengewässer *n* inland water
Binnenhafen *m* river port

Binnenhandel *m* domestic trade
Binnenmarkt *m* home market; **der europäische ~** the single European market
Binnennachfrage *f* domestic demand
Binnenschifffahrt *f* inland navigation
Binnenwährung *f* internal currency
Binse *f* rush; **in die ~n gehen** *fig umg* (≈ *misslingen*) to be a washout *umg*
Binsenweisheit *f* truism
Bio *f* SCHULE *umg* biol *umg*, bio *bes US umg*
Bio- *zssgn* **1** (≈ *das Leben betreffend*) bio-, biological **2** *Bauer, Kost* organic
bio *umg adj Nahrungsmittel, Anbau* organic
Bioabfall *m* biological waste
bioaktiv *adj Waschmittel* biological
Biobauer *m*, **Biobäuerin** *f* organic farmer; **Gemüse vom ~n** organic vegetables *pl*
Biobrot *n* organic bread
Biochemie *f* biochemistry
biochemisch **A** *adj* biochemical **B** *adv* biochemically
Biodiesel *m* biodiesel
Biodiversität *f* biodiversity
biodynamisch **A** *adj* biodynamic **B** *adv* biodynamically
Bioei *n* organic egg
Biogas *n* methane gas
Biogasanlage *f* ÖKOL biogas plant
Biogemüse *n* organic vegetables *pl*
Biograf(in) *m(f)* biographer
Biografie *f* biography
biografisch **A** *adj* biographical **B** *adv* biographically
Biokost *f* organic food
Biokraftstoff *m* biofuel
Bioladen *m* wholefood shop, health food shop *od* store
Biologe *m*, **Biologin** *f* biologist
Biologie *f* biology
biologisch **A** *adj* biological; *Anbau* organic; **die ~e Uhr** the biological clock; **Gemüse aus kontrolliert ~em Anbau** certified organic vegetables *pl* **B** *adv* biologically; *anbauen* organically; **~ angebaut** organic
Biomasse *f* CHEM organic substances *pl*, biomass
biometrisch *adj* biometric
Biomüll *m* organic waste
Biophysik *f* biophysics *sg*
Bioprodukt *n Lebensmittel* organic product
Biopsie *f* MED biopsy
Biorhythmus *m* biorhythm
Biosiegel *n* seal certifying organic product, organic label
Biosphäre *f* biosphere
Biosphärenreservat *n* biosphere reserve

Biosprit m biofuel
Biosynthese f biosynthesis
Biotechnik f bioengineering
biotechnisch adj biotechnological
Biotechnologie f biotechnology
Biotonne f organic waste bin
Biotop n biotope
Biotreibstoff m biofuel
BIP abk (= Bruttoinlandsprodukt) GDP, gross domestic product
Birke f birch
Birma n Burma
birmanisch adj Burmese
Birnbaum m Baum pear tree; Holz pear wood
Birne f **1** pear **2** (≈ Glühlampe) (light) bulb
bis **A** präp **1** zeitlich until, till; (≈ bis spätestens) by; **bis zu diesem Zeitpunkt** up to this time; **Montag bis Freitag** Monday to Friday, Monday through Friday US; **bis einschließlich 5. Mai** up to and including 5th May; **bis bald/später/morgen!** see you soon/later/tomorrow!; **bis dann!** see you then!; **bis wann bleibt ihr hier?** how long are you staying here?; **bis wann ist das fertig?** when will it be finished?; **bis wann können Sie das machen?** when can you do it by?; **bis auf Weiteres** until further notice; **bis dahin** od **dann muss die Arbeit fertig sein** the work must be finished by then; **bis jetzt/hierher** so far; **von … bis …** from … to …, from … through … US; mit Uhrzeiten from … till …; **(spätestens) bis zum Ende des Lieds** by the end of the song **2** räumlich to; **bis an unsere Mauer** up to our wall; **bis wo/wohin?** how far?; **bis dort** od **dorthin** od **dahin** (to) there; **bis hierher** this far **3** **Kinder bis sechs Jahre** children up to the age of six **4** **es sind alle gekommen, bis auf Sandra** they all came, except Sandra **B** konj **1** to; **zehn bis zwanzig Stück** ten to twenty; **bewölkt bis bedeckt** cloudy or overcast **2** zeitlich until, till; **ich warte noch, bis es dunkel wird** I'll wait until it gets dark; **bis das einer merkt!** it'll be ages before anyone realizes umg
Bischof m, **Bischöfin** f bishop
bischöflich adj episcopal
Biscuit n (≈ Keks) biscuit Br, cookie US
bisexuell adj bisexual
bisher adv until now, so far; (≈ und immer noch) up to now; **~ nicht** not until now
bisherig adj (≈ vorherig) previous; (≈ momentan) present
Biskaya f **die ~** (the) Biscay; **Golf von ~** Bay of Biscay
Biskuit n/m (fatless) sponge
Biskuitgebäck n sponge cake/cakes
Biskuitteig m sponge mixture

bislang adv → bisher
Biss m bite; fig vigour Br, vigor US; **~ haben** umg to have punch
bisschen **A** adj **ein ~ Geld/Liebe** a bit of money/love; **kein ~ …** not one (little) bit; **das ~ Geld** that little bit of money **B** adv **ein ~ a** bit, a little; **ein ~ wenig** not very much; **ein ~ viel** a bit much
Bissen m mouthful; (≈ Imbiss) bite (to eat)
bissfest adj firm; Nudeln al dente
bissig adj **1** vicious; „**Vorsicht, ~er Hund**" "beware of the dog" **2** (≈ übellaunig) waspish
Bisswunde f bite
Bistro n bistro
Bistum n diocese
Bit n IT bit
Bitcoin f bitcoin
bitte int **1** please; **~ nicht!** no, please!, please don't!; **ja ~?** yes?; **aber ~!** please do; **na ~!** there you are!; **~ schön** od **sehr!** etwas überreichend here you are! **2** Dank erwidernd **~ sehr** od **schön** you're welcome, not at all Br **3** nachfragend (**wie**) **~?** sorry?, (I beg your) pardon? a. iron
Bitte f request; inständig plea; **auf seine ~ hin** at his request; **ich habe eine große ~ an dich** I have a (great) favour to ask you Br, I have a (great) favor to ask you US
bitten **A** v/t **1** j-n to ask; inständig (≈ auffordern) to invite; **j-n um etw ~** to ask/beg sb for sth; **aber ich bitte dich!** not at all!; **wenn ich ~ darf** form if you wouldn't mind; **ich muss doch (sehr) ~!** well I must say! **2** (≈ bestellen) **j-n zu sich ~** to ask sb to come and see one **B** v/i **1** (≈ eine Bitte äußern) to ask; inständig to plead, to beg; **um etw ~** to ask (for) od request sth; inständig to plead for sth **2** (≈ einladen) **ich lasse ~** he/she can come in now
bitter **A** adj bitter; Schokolade plain; fig Wahrheit, Lehre, Verlust painful; Zeit, Schicksal hard; Unrecht grievous; Ernst, Feind deadly; Spott cruel; **bis zum ~en Ende** to the bitter end **B** adv (≈ sehr bereuen) bitterly; bezahlen, büßen dearly; **etw ~ nötig haben** to be in dire need of sth
bitterböse **A** adj furious **B** adv furiously
bitterernst adj Situation etc extremely serious
bitterkalt adj bitterly cold
Bitter Lemon n bitter lemon
Biwak n bivouac
bizarr **A** adj bizarre **B** adv bizarrely
Bizeps m biceps
BKK f abk (= Betriebskrankenkasse) company health insurance scheme
blabla umg int blah blah blah umg
Black-out n/m blackout
blähen **A** v/t & v/r to swell; Nüstern to flare **B** v/i

to cause flatulence *od* wind
Blähung *f* MED wind *kein pl*
blamabel *adj* shameful
Blamage *f* disgrace
blamieren **A** *v/t* to disgrace **B** *v/r* to make a fool of oneself; *durch Benehmen* to disgrace oneself
blanchieren *v/t* GASTR to blanch
blank **A** *adj* **1** shiny **2** (≈ *nackt*) bare; *umg* (≈ *ohne Geld*) broke **3** (≈ *rein*) pure; *Hohn* utter **B** *adv* scheuern, polieren till it shines; **~ poliert** brightly polished
Blankoscheck *m* blank cheque *Br*, blank check *US*
Blankovollmacht *f* carte blanche
Blankvers *m* LIT blank verse
Bläschen *n* MED small blister
Blase *f* **1** (≈ *Seifenblase, Luftblase*) bubble; (≈ *Sprechblase*) balloon; **~n ziehen** *Farbe* to blister **2** MED blister **3** ANAT bladder
Blasebalg *m* (pair of) bellows
blasen **A** *v/i* to blow **B** *v/t Melodie, Posaune etc* to play
Blasenentzündung *f* cystitis
Blasenleiden *n* bladder trouble *ohne art*
Blasenschwäche *f* weakness of the bladder; **an ~ leiden** to suffer from a weak bladder
Bläser(in) *m(f)* MUS wind player; **die ~** the wind (section)
blasiert *pej geh adj* blasé
Blasiertheit *pej geh f* blasé attitude
Blasinstrument *n* wind instrument
Blaskapelle *f* brass band
Blasmusik *f* brass band music
blass *adj* **1** *Haut, Licht* pale; **vor Neid werden** to go green with envy **2** *fig* faint; **ich habe keinen ~en Schimmer** *umg* I haven't a clue *umg*
Blässe *f* paleness; *von Haut* pallor
Blatt *n* **1** BOT leaf **2** *Papier etc* sheet; **ein ~ Papier** a sheet *od* piece of paper **3** (≈ *Seite*) page; **das steht auf einem anderen ~** *fig* that's another story; **vom ~ singen/spielen** to sight-read **4** (≈ *Zeitung*) paper **5** *von Messer, Ruder* blade **6** KART hand; **das ~ hat sich gewendet** *fig* the tables have been turned
blättern *v/i* **in etw** (*dat*) **~** to leaf through sth; *schnell* to flick through sth
Blätterteig *m* puff pastry
Blattgemüse *n* greens *pl form*, leaf vegetables *pl*
Blattgold *n* gold leaf
Blattgrün *n* chlorophyll
Blattlaus *f* greenfly
Blattsalat *m* green salad
Blattspinat *m* leaf spinach
Blattwerk *n* foliage

blau *adj* **1** blue; **Forelle** *etc* **~** GASTR trout *etc* au bleu; **ein ~es Auge** *umg* a black eye; **mit einem ~en Auge davonkommen** *fig* to get off lightly; **ein ~er Brief** SCHULE letter informing parents that their child must repeat a year; *von Hauswirt* notice to quit; **ein ~er Fleck** a bruise **2** *umg* (≈ *betrunken*) drunk
Blau *n* blue
blauäugig *adj* blue-eyed; *fig* naïve
Blaubeere *f* bilberry, blueberry *bes US*
blaublütig *adj* blue-blooded
Blaue(s) *n* **1** **das ~ vom Himmel (herunter) lügen** *umg* to tell a pack of lies **2** *ohne Ziel* **ins ~ hinein** *umg* at random; **eine Fahrt ins ~** a mystery tour
blaugrün *adj* blue-green
Blauhelm(soldat) *m* UN soldier, blue helmet
Blaukraut *österr, südd n* red cabbage
bläulich *adj* bluish
Blaulicht *n von Polizei etc* flashing blue light; **mit ~** with its blue light flashing
blaumachen *umg* **A** *v/i* to skip work **B** *v/t* **den Freitag ~** to skip work on Friday
Blaumeise *f* bluetit
Blaupause *f* blueprint
Blausäure *f* prussic acid
Blauwal *m* blue whale
Blazer *m*, **Blazerjacke** *f* blazer
Blech *n* **1** (sheet) metal **2** (≈ *Blechstück*) metal plate **3** (≈ *Backblech*) baking sheet **4** *umg* (≈ *Unsinn*) rubbish *ohne art umg*
Blechblasinstrument *n* brass instrument
Blechdose *f* tin container; *bes für Konserven* tin *Br*, can
blechen *umg v/t & v/i* to cough up *umg*
Blechlawine *f umg* endless stream of traffic
Blechschaden *m* damage to the bodywork
Blechtrommel *f* tin drum
Blei *n* **1** lead **2** (≈ *Lot*) plumb
Bleibe *f* **eine/keine ~ haben** to have somewhere/nowhere to stay
bleiben *v/i* **1** to stay, to remain; **länger ~** to stay on; **in Verbindung ~** to keep in touch; **unbeantwortet ~** to be left unanswered; **ruhig/still ~** to keep calm/quiet; **wach ~** to stay awake; **sitzen ~** to remain seated; **wo bleibt er so lange?** *umg* where has he got to?; **das bleibt unter uns** that's (just) between ourselves **2** (≈ *übrig bleiben*) to be left; **es blieb keine andere Wahl** there was no other choice; **und was bleibe ich?** and what about me?; **sieh zu, wo du bleibst!** you're on your own! *umg*
bleibend *adj Erinnerung etc* lasting; *Schaden* permanent
bleiben lassen *v/t umg* (≈ *unterlassen*) **etw ~** to give sth a miss *umg*; **das wirst du ganz schön ~**

you'll do nothing of the sort!
bleich *adj* pale
bleichen *v/t* to bleach
Bleichgesicht *n* paleface
Bleichmittel *n* bleach
bleiern *adj* (≈ *aus Blei*) lead; *fig* leaden
bleifrei *adj Benzin etc* unleaded
bleihaltig *adj* containing lead; *Benzin etc* leaded
Bleikristall *n* lead crystal
Bleistift *m* pencil
Bleistiftabsatz *m* stiletto heel
Bleistift(an)spitzer *m* pencil sharpener
Bleivergiftung *f* lead poisoning
Blende *f* **1** (≈ *Lichtschutz*) shade, screen; AUTO (sun) visor; *an Fenster* blind **2** FOTO (≈ *Öffnung*) aperture
blenden A *v/t* to dazzle; (≈ *blind machen*) to blind **B** *v/i Licht* to be dazzling; **~d weiß** dazzling white
blendend A *adj* splendid; *Stimmung* sparkling **B** *adv* splendidly; **es geht mir ~** I feel wonderful
blendfrei *adj* dazzle-free *bes Br*
Blendschutz *m* (≈ *Vorrichtung*) antidazzle device *Br*, antiglare device *US*
Blick *m* **1** look; (≈ *flüchtiger Blick*) glance; **auf den ersten ~** at first glance; **Liebe auf den ersten ~** love at first sight; **mit einem ~** at a glance; **~e miteinander wechseln** to exchange glances; **einen ~ auf etw** (akk) **tun** *od* **werfen** to throw a glance at sth, to have a look at sth; **j-m einen vernichtenden ~ zuwerfen** to give sb a dirty look **2** (≈ *Ausblick*) view; **ein Zimmer mit ~ auf den Park** a room overlooking the park; **etw aus dem ~ verlieren** to lose sight of sth **3** (≈ *Verständnis*) **einen (guten) ~ für etw haben** to have an eye *od* a good eye for sth
blicken *v/i* to look (**auf** +*akk* at); *flüchtig* to glance (**auf** +*akk* at); **sich ~ lassen** to put in an appearance; **lass dich hier ja nicht mehr ~!** don't show your face here again!
Blickfeld *n* horizon
Blickkontakt *m* eye contact
Blickpunkt *m* **im ~ der Öffentlichkeit stehen** to be in the public eye
Blickwinkel *m* angle of vision; *fig* viewpoint
blind A *adj* **1** blind (**für** to); *Alarm* false; **~ werden** to go blind; **~ für etw sein** *fig* to be blind to sth; **~ geboren** blind from birth; **ein ~er Passagier** a stowaway **2** (≈ *getrübt*) dull; *Spiegel* clouded **B** *adv* **1** (≈ *wahllos*) at random **2** (≈ *ohne zu überlegen*) blindly **3** (≈ *ohne zu sehen*) **~ landen** FLUG to make a blind landing
Blindbewerbung *f* unsolicited *od* speculative application
Blinddarm *m* appendix
Blinddarmentzündung *f* appendicitis
Blinddarmoperation *f* appendectomy
Blind Date *n* blind date
Blindenhund *m* guide dog
Blindenschrift *f* braille
Blinde(r) *m/f(m)* blind person/man/woman *etc*; **die ~n** the blind; **das sieht doch ein ~r** *hum umg* any fool can see that
Blindflug *m* blind flight
Blindgänger *m* MIL dud (shot)
Blindheit *f* blindness; **mit ~ geschlagen sein** *fig* to be blind
Blindlandung *f* blind landing
blindlings *adv* blindly
Blindschleiche *f* slowworm
blindwütig *adj* in a blind rage
blinken *v/i* (≈ *funkeln*) to gleam; *Leuchtturm* to flash; AUTO to indicate
Blinker *m* AUTO indicator *bes Br*, blinker *US*
Blinklicht *n* flashing light; *umg* (≈ *Blinkleuchte*) indicator *bes Br*, turn signal *US*
Blinkzeichen *n* signal
blinzeln *v/i* to blink; (≈ *zwinkern*) to wink; *geblendet* to squint
Blitz *m* **1** lightning *kein pl, kein unbest art*; (≈ *Blitzstrahl*) flash of lightning; **vom ~ getroffen werden** to be struck by lightning; **wie vom ~ getroffen** *fig* thunderstruck; **wie ein ~ aus heiterem Himmel** *fig* like a bolt from the blue; **wie der ~** *umg* like lightning **2** FOTO *umg* flash
Blitzableiter *m* lightning conductor
blitzartig A *adj* lightning *attr* **B** *adv reagieren* like lightning; *verschwinden* in a flash
Blitzbesuch *umg m* flying *od* lightning visit
blitzen A *v/i* **es blitzt** there is lightning; *Radarfalle* **hier wird geblitzt** there's a speed trap here **B** *v/i* (≈ *strahlen*) to flash; *Gold, Zähne* to sparkle; **vor Sauberkeit ~** to be sparkling clean **C** *v/t umg in Radarfalle* to flash
Blitzen *n* flash
Blitzer *m umg* (≈ *Radarfalle*) speed camera
Blitzgerät *n* FOTO (electronic) flash
Blitzkrieg *m* blitzkrieg
Blitzlicht *n* FOTO flash(light)
blitzsauber *adj* spick and span
Blitzschlag *m* flash of lightning; **vom ~ getroffen** struck by lightning
blitzschnell A *adj* lightning *attr* **B** *adv* like lightning; *verschwinden* in a flash
Blitzstrahl *m* flash of lightning
Block *m* **1** block **2** (≈ *Papierblock*) pad; *von Fahrkarten* book **3** POL (≈ *Staatenblock*) bloc
Blockade *f* (≈ *Absperrung*) blockade
Blockbuchstabe *m* block capital
Blockflöte *f* recorder; **~ spielen** to play the recorder

blockfrei adj nonaligned
Blockhaus n log cabin
Blockhütte f log cabin
blockieren A v/t (≈ sperren) to block; Verkehr to obstruct; Rad, Lenkung to lock B v/i to jam; Bremsen, Rad etc to lock
Blocksatz m justified setting
Blockschrift f block capitals pl
Blockstunde f SCHULE double period
blöd umg A adj (≈ dumm) stupid; Wetter terrible B adv (≈ dumm) stupidly; **~ fragen** to ask stupid questions
Blödelei umg f (≈ Albernheit) messing around umg; (≈ dumme Streiche) pranks pl
blödeln umg v/i to mess around umg; (≈ Witze machen) to make jokes
Blödheit f (≈ Dummheit) stupidity
Blödmann umg m stupid fool umg
Blödsinn m (≈ Unsinn) nonsense; (≈ Unfug) stupid tricks pl; **~ machen** to mess around
blödsinnig adj (≈ dumm) stupid, idiotic
Blog n/m INTERNET blog
bloggen v/i to blog
Blogger(in) m(f) blogger
Blogosphäre f blogosphere
blöken v/i Schaf to bleat
blond adj Frau blonde; Mann blond, fair(-haired)
blondieren v/t to bleach
Blondine f blonde
bloß A adj 1 (≈ unbedeckt) bare; **mit ~en Füßen** barefoot 2 (≈ alleinig) mere; Neid sheer; Gedanke, Anblick very B adv only; **wie kann so etwas ~ geschehen?** how on earth can something like that happen?; **geh mir ~ aus dem Weg** just get out of my way
Blöße geh f bareness; (≈ Nacktheit) nakedness; **sich** (dat) **eine ~ geben** fig to show one's ignorance
bloßstellen v/t j-n to show up; Betrüger to expose
Blouson m/n bomber jacket
Bluejeans f od pl (pair of) (blue) jeans pl
Blues m blues
Bluetoothtechnologie® f Bluetooth® technology
Bluff m bluff
bluffen v/t & v/i to bluff
blühen v/i Blume to (be in) bloom; Bäume to (be in) blossom; fig (≈ gedeihen) to flourish, to thrive; **das kann mir auch noch ~** umg that may happen to me too
blühend adj blossoming, fig Aussehen radiant; Geschäft, Stadt flourishing, thriving; Fantasie vivid; Unsinn absolute; **~e Landschaften** green pastures
Blume f 1 flower; **~n pflücken** to pick flowers 2 von Wein bouquet
Blumenbeet n flowerbed
Blumenerde f potting compost
Blumengeschäft n florist's
Blumenhändler(in) m(f) florist
Blumenkohl m cauliflower
blumenreich fig adj Stil etc flowery
Blumenstrauß m bouquet od bunch of flowers
Blumentopf m flowerpot
Blumenvase f vase
Blumenzwiebel f bulb
blumig adj flowery
Blu-ray-Disc® f Blu-ray Disc®
Bluse f blouse
Blut n blood; **er kann kein ~ sehen** he can't stand the sight of blood; **böses ~** bad blood; **blaues ~ haben** (≈ adelig sein) to have blue blood; **etw im ~ haben** to have sth in one's blood; **(nur) ruhig ~** keep your shirt on umg; **j-n bis aufs ~ reizen** umg to make sb's blood boil; **frisches ~** fig new blood; **~ und Wasser schwitzen** umg to sweat blood; **~ stillend** → blutstillend
Blutalkohol(gehalt) m blood alcohol level
blutarm adj anaemic Br, anemic US
Blutarmut f anaemia Br, anemia US
Blutbad n bloodbath
Blutbank f blood bank
Blutbild n blood count
Blutdruck m blood pressure
blutdrucksenkend adj Mittel antihypertensive
Blüte f 1 von Blume flower, bloom; von Baum blossom; **in (voller) ~ stehen** to be in (full) bloom; Bäume to be in (full) blossom; Kultur, Geschäft to be flourishing 2 umg (≈ gefälschte Note) dud umg
Blutegel m leech
bluten v/i to bleed (**an** +dat od **aus** from); **mir blutet das Herz** my heart bleeds
Blütenblatt n petal
Blütenstaub m pollen
Bluter m MED haemophiliac Br, hemophiliac US
Bluterguss m haematoma Br fachspr, hematoma US fachspr; (≈ blauer Fleck) bruise
Bluterkrankheit f haemophilia Br, hemophilia US
Blütezeit fig f heyday
Blutfleck m bloodstain
Blutgefäß n blood vessel
Blutgerinnsel n blood clot
Blutgruppe f blood group
Bluthochdruck m high blood pressure
blutig adj 1 bloody 2 umg Anfänger absolute; Ernst unrelenting
blutjung adj very young
Blutkonserve f unit of stored blood
Blutkörperchen n blood corpuscle

Blutkrebs m leukaemia Br, leukemia US
Blutkreislauf m blood circulation
Blutorange f blood orange
Blutplasma n blood plasma
Blutprobe f blood test; (≈ entnommenes Blut) blood sample
blutrünstig adj bloodthirsty
Blutsauger(in) m(f) bloodsucker
Blutsbruder m blood brother
Blutschande f incest
Blutsenkung f MED sedimentation of the blood
Blutspende f blood donation
Blutspender(in) m(f) blood donor
Blutspur f trail of blood; **~en** traces of blood
blutstillend **A** adj styptic **B** adv **~ wirken** to have a styptic effect
Bluttropfen m drop of blood
blutsverwandt adj related by blood
Blutsverwandte(r) m/f(m) blood relation
Bluttat f bloody deed
Bluttransfusion f blood transfusion
Blutübertragung f blood transfusion
Blutung f bleeding kein pl; starke haemorrhage Br, hemorrhage US; monatliche period
blutunterlaufen adj suffused with blood; Augen bloodshot
Blutvergießen n bloodshed kein unbest art
Blutvergiftung f blood poisoning kein unbest art
Blutverlust m loss of blood
Blutwurst f blood sausage
Blutzucker m blood sugar od glucose
Blutzuckermessgerät n blood glucose od sugar monitor
Blutzuckerspiegel m blood glucose od sugar level
BLZ f abk (= Bankleitzahl) (bank) sort code Br
BMI abk (= Body-Mass-Index) BMI
BMX-Rad n BMX bike
BND m abk (= Bundesnachrichtendienst) Federal Intelligence Service
Bö f gust (of wind); stärker, mit Regen squall
boarden v/i sl to go* snowboarding
Bob m bob(sleigh) Br, bobsled
Bock[1] m **1** buck; (≈ Schafsbock) ram; (≈ Ziegenbock) billy goat; **sturer ~** umg stubborn old devil umg **2** (≈ Gestell) stand; (≈ Sägebock) sawhorse **3** sl (≈ Lust, Spaß) **null ~!** I don't feel like it; **~ auf etw** (akk) **haben** to fancy sth bes Br umg; **~ haben, etw zu tun** to fancy doing sth bes Br umg
Bock[2] n/m bock (beer) (type of strong beer)
bocken v/i **1** Pferd to refuse **2** umg (≈ trotzen) to act up umg
bockig umg adj awkward
Bockmist umg m (≈ dummes Gerede) bullshit sl; **~ machen** to make a big blunder umg

Bockshorn n **sich von j-m ins ~ jagen lassen** to let sb upset one
Bockspringen n leapfrog; SPORT vaulting
Bockwurst f bockwurst (type of sausage)
Boden m **1** (≈ Erde) ground; (≈ Erdreich) soil; (≈ Fußboden) floor; (≈ Grundbesitz) land; **auf spanischem ~** on Spanish soil; **festen ~ unter den Füßen haben** to be on firm ground; **am ~ zerstört sein** umg to be devastated; **(an) ~ gewinnen/verlieren** fig to gain/lose ground; **etw aus dem ~ stampfen** fig to conjure sth up out of nothing; **auf fruchtbaren ~ fallen** fig to fall on fertile ground; **auf dem ~ der Tatsachen bleiben** to stick to the facts **2** von Behälter bottom **3** (≈ Dachboden) loft
Bodenbelag m floor covering
Bodenfrost m ground frost
bodengestützt adj Flugkörper ground-launched
Bodenhaftung f AUTO road holding kein unbest art
Bodenhaltung f AGR **„aus ~"** "free-range"
Bodenkontrolle f RAUMF ground control
bodenlos adj bottomless; umg (≈ unerhört) incredible
Bodennebel m ground mist
Bodenpersonal n FLUG ground personnel pl
Bodenprobe f soil sample
Bodenschätze pl mineral resources pl
Bodensee m **der ~** Lake Constance
bodenständig adj (≈ lang ansässig) long-established; fig (≈ unkompliziert) down-to-earth
Bodenstation f **1** FLUG ground control **2** für Satellit etc tracking od earth station
Bodenturnen n floor exercises pl
Body m body
Bodybuilding n bodybuilding; **~ machen** to do bodybuilding exercises
Bodyguard m (≈ Leibwächter) bodyguard
Body-Mass-Index m body mass index
Bogen m **1** (≈ gekrümmte Linie) curve; (≈ Kurve) bend; MATH arc; SKI turn; **einen ~ machen** Fluss etc to curve; **einen großen ~ um j-n/etw machen** (≈ meiden) to keep well clear of sb/sth **2** ARCH arch **3** (≈ Waffe, Geigenbogen) bow; **den ~ überspannen** fig to go too far **4** (≈ Papierbogen) sheet (of paper)
Bogengang m ARCH arcade
Bogenschießen n archery
Bogenschütze m, **Bogenschützin** f archer
Bohle f (thick) board; BAHN sleeper
Böhmen n Bohemia
böhmisch adj Bohemian; **das sind für mich ~e Dörfer** umg that's all Greek to me umg
Bohne f bean; **dicke/grüne ~n** broad/green od French od runner beans; **weiße ~n** haricot beans Br, string od navy beans US; **nicht die**

~ *umg* not one little bit
Bohneneintopf *m* bean stew
Bohnenkaffee *m* real coffee; **gemahlener ~** ground coffee
Bohnenstange *f* bean support; *fig umg* beanpole *umg*
bohren **A** *v/t* to bore; *mit Bohrer* to drill **B** *v/i* **1** to drill (**nach** for); **in der Nase ~** to pick one's nose **2** *fig* (≈ *drängen*) to keep on; *Schmerz, Zweifel etc* to gnaw **C** *v/r* **sich in/durch etw** (*akk*) **~** to bore its way into/through sth
bohrend *fig adj Blick* piercing; *Schmerz, Zweifel* gnawing; *Frage* probing
Bohrer *m* drill
Bohrinsel *f* drilling rig
Bohrloch *n* borehole; *in Holz, Metall etc* drill hole
Bohrmaschine *f* drill
Bohrturm *m* derrick
Bohrung *f* **1** (≈ *das Bohren*) boring; *mit Bohrer* drilling **2** (≈ *Loch*) bore(hole); *in Holz, Metall etc* drill hole
böig *adj* gusty; *stärker, mit Regen* squally
Boiler *m* (hot-water) tank
Boje *f* buoy
Bolivien *n* Bolivia
Bolzen *m* TECH pin; (≈ *Geschoss*) bolt
Bolzplatz *m piece of ground where children play football*
bombardieren *v/t* to bomb; *fig* to bombard
Bombardierung *f* bombing; *fig* bombardment
bombastisch **A** *adj Sprache* bombastic; *Aufwand* ostentatious **B** *adv* (≈ *schwülstig*) bombastically; (≈ *pompös*) ostentatiously
Bombe *f* bomb; **wie eine ~ einschlagen** to come as a (real) bombshell
Bombenalarm *m* bomb scare
Bombenangriff *m* bomb attack
Bombenanschlag *m* bomb attack
Bombenattentat *n* bomb attempt
Bombendrohung *f* bomb threat *od* scare
Bombenerfolg *umg m* smash hit *umg*
Bombengeschäft *umg n* **ein ~ machen** to do a roaring trade (**mit** in)
Bombenleger(in) *m(f)* bomber
bombensicher *adj* **1** MIL bombproof **2** *umg* dead certain
Bombenstimmung *f umg* terrific atmosphere
Bombenteppich *m* **einen ~ legen** to blanket--bomb an/the area
Bombentrichter *m* bomb crater
Bomber *m* bomber
Bomberjacke *f* bomber jacket
bombig *adj umg* terrific, great
Bon *m* voucher, coupon; (≈ *Kassenzettel*) receipt
Bonbon *n/m* sweet *Br*, candy *US*
Bond *m* FIN bond; **festverzinsliche ~s** *pl* fixed-income bonds *pl*
Bonus *m* bonus
Bonusmeile *f* FLUG bonus *od* air mile
Bonuspunkt *m* **1** (≈ *Pluspunkt*) plus point **2** *bei Rabattsystem* bonus point
Bonustrack *m* bonus track
Bonuszahlung *f für Manager* bonus (payment)
Bonze *pej m* bigwig *umg*
bookmarken *v/t* IT to bookmark
Boom *m* boom
boomen *v/i* to boom
Boot *n* boat; **~ fahren** to go boating; **wir sitzen alle in einem ~** *fig* we're all in the same boat
booten *v/i* IT to boot up
Boots *pl Stiefel* ankle boots *pl*
Bootsfahrt *f* boat trip
Bootsflüchtlinge *pl* boat people
Bootshaus *n* boathouse
Bootsverleih *m* boat hire *Br*, boat rental *US*
Bord[1] *m* **an ~** on board; **alle Mann an ~!** all aboard!; **an ~ gehen** to go on board; **Mann über ~!** man overboard!; **über ~ werfen** to throw overboard
Bord[2] *n* (≈ *Wandbrett*) shelf
Bordbistro *n* BAHN buffet (car) *Br*, lounge *od* dinette car *US*
Bordbuch *n* log(book)
Bordcomputer *m* on-board computer
Bordell *n* brothel
Bordfunker(in) *m(f)* SCHIFF, FLUG radio operator
Bordkante *f* kerb *Br*, curb *US*
Bordkarte *f* boarding pass
Bordpersonal *n* FLUG flight crew; **das ~ wartet auf Anweisungen des Kapitäns** the flight crew are *od* (*seltener*) is waiting for instructions from the captain
Bordrestaurant *n* BAHN dining car *Br*, restaurant car
Bordstein *m* kerb *Br*, curb *US*
borgen *v/t & v/i* **1** (≈ *erhalten*) to borrow (**von** from) **2** (≈ *geben*) to lend (**j-m etw** sb sth, sth to sb)
Borke *f* bark
borniert *adj* bigoted
Börse *f* (≈ *Wertpapierhandel*) stock market; *Ort* stock exchange; **an die ~ gehen** to be floated on the stock exchange
Börsenaufsicht *f Behörde* stock market regulator
Börsenbericht *m* stock market report
Börsengang *m* stock market flotation
Börsengeschäft *n* (≈ *Wertpapierhandel*) stockbroking; (≈ *Transaktion*) stock market transaction
Börsenkrach *m* stock market crash
Börsenkurs *m* stock market price

Börsenmakler(in) m(f) stockbroker
Börsenspekulation f speculation on the stock market
Börsentendenz f stock market trend
Börsenverkehr m stock market dealings pl
Börsianer(in) umg m(f) (≈ Makler) broker; (≈ Spekulant) speculator
Borste f bristle
borstig adj bristly; fig snappish
Borte f braid trimming
bösartig adj Mensch, Wesen malicious; Tier vicious; MED Geschwür malignant
Böschung f embankment; von Fluss bank
böse **A** adj **1** bad; (≈ moralisch schlecht) evil; umg (≈ unartig) naughty; Überraschung nasty; **das war keine ~ Absicht** there was no harm intended; **~ Folgen** dire consequences **2** (≈ verärgert) angry (+dat od **auf** +akk od **mit** with), mad; **j-m einen ~n Blick zuwerfen** to give sb a hard stare **B** adv nastily; verprügeln badly; **es sieht ~ aus** it looks bad
Böse(r) m/f(m) wicked od evil person; FILM, THEAT villain, baddy umg
Böse(s) n evil; (≈ Schaden, Leid) harm; **ich habe mir gar nichts ~s dabei gedacht** I didn't mean any harm
Bösewicht hum m villain
boshaft **A** adj malicious **B** adv grinsen maliciously
Bosheit f malice; von Bemerkung venom; Bemerkung malicious remark
Bosnien n Bosnia; **~ und Herzegowina** Bosnia-Herzegovina
Bosnier(in) m(f) Bosnian
bosnisch adj Bosnian
Bosporus m **der ~** the Bosporus
Boss umg m boss umg
böswillig **A** adj malicious; **in ~er Absicht** with malicious intent **B** adv maliciously
Botanik f botany
Botaniker(in) m(f) botanist
botanisch adj botanic
Bote m, **Botin** f messenger; (≈ Kurier) courier
Botschaft f **1** (≈ Mitteilung) message; (≈ Neuigkeit) (piece of) news **2** POL (≈ Vertretung) embassy
Botschafter(in) m(f) ambassador
Botsuana n Botswana
Böttcher m cooper
Bottich m tub
Botulismus m MED botulism
Bougainvillea f BOT bougainvillea
Bouillon f bouillon
Bouillonwürfel m bouillon cube
Boulevard m boulevard, avenue
Boulevardblatt umg n a. pej tabloid
Boulevardpresse umg f popular press
Boulevardtheater n light theatre Br, light theater US
Boulevardzeitung f popular daily Br, tabloid a. pej
Boutique f boutique
Bowle f (≈ Getränk) punch
Bowling n (tenpin) bowling
Bowlingbahn f bowling alley
Bowlingkugel f bowling ball
Box f **1** (≈ abgeteilter Raum) compartment; für Pferde box; in Großgarage (partitioned-off) parking place; für Rennwagen pit **2** (≈ Behälter) box **3** (≈ Lautsprecherbox) speaker (unit)
boxen **A** v/i SPORT to box; **gegen j-n ~** to fight sb **B** v/t (≈ schlagen) to punch; **sich nach oben ~** fig umg to fight one's way up
Boxen n SPORT boxing
Boxenstopp m pit stop
Boxer m (≈ Hund) boxer
Boxer(in) m(f) (≈ Sportler) boxer
Boxershorts pl boxer shorts pl
Boxhandschuh m boxing glove
Boxkampf m fight, bout
Boxring m boxing ring
Boygroup f boy band, boy group bes US
Boykott m boycott
boykottieren v/t to boycott
BPOL f abk (= Bundespolizei) Federal Police
Brachland n fallow (land)
brachliegen v/i to lie fallow; fig to be left unexploited
brainstormen v/i to brainstorm
Brainstorming n brainstorming; Sitzung brainstorming session
Branche f (≈ Fach) field; (≈ Gewerbe) trade; (≈ Geschäftszweig) area of business; (≈ Wirtschaftszweig) (branch of) industry
Branchenbuch n classified directory, Yellow Pages® sg
Branchenführer(in) m(f) market leader
branchenübergreifend adj multisector; **~ einsetzbar** suitable for all sectors
Branchenverzeichnis n classified directory, Yellow Pages® sg
Brand m **1** (≈ Feuer) fire; **in ~ geraten** to catch fire; **etw in ~ setzen** od **stecken** to set fire to sth; **einen ~ legen** to set a fire **2** fig umg (≈ großer Durst) raging thirst
brand- zssgn brand
brandaktuell adj latest; **~e Themen** the latest topics
Brandanschlag m arson attack
Brandblase f (burn) blister
Brandbombe f firebomb, incendiary device
branden v/i a. fig to surge; **an** od **gegen etw** (akk) **~** to break against sth

Brandenburg n Brandenburg
Brandfleck m burn
Brandgefahr f danger of fire
Brandherd m source of the fire; *fig* source
brandmarken v/t to brand; *fig* to denounce
Brandnarbe f burn scar, scar from a burn
brandneu *umg adj* brand-new
Brandrodung f slash-and-burn clearance
Brandschutz m protection against fire
Brandstifter(in) m(f) fire raiser *bes Br*; *bes JUR* arsonist
Brandstiftung f arson
Brandung f surf
Brandursache f cause of (the) fire
Brandwunde f burn; *durch Flüssigkeit* scald
Brandzeichen n brand
Branntwein m spirits *pl*
Branntweinbrennerei f distillery
Branntweinsteuer f tax on spirits
Brasilianer(in) m(f) Brazilian
brasilianisch *adj* Brazilian
Brasilien n Brazil
Bratapfel m baked apple
braten A v/t & v/i to roast; *im Ofen* to bake; *in der Pfanne* to fry B v/i *umg in der Sonne* to roast *umg*
Braten m ≈ pot roast meat *kein unbest art, kein pl*; *im Ofen gebraten* joint *Br*, roast; **kalter ~** cold meat; **den ~ riechen** *umg* to smell a rat *umg*
Bratensoße f gravy
bratfertig *adj* oven-ready
Bratfisch m fried fish
Brathähnchen n, **Brathendl** *österr, südd* n roast chicken
Brathering m fried herring (*sold cold*)
Brathuhn n roast chicken; (≈ *Huhn zum Braten*) roasting chicken
Bratkartoffeln pl sauté potatoes *pl*
Bratofen m oven
Bratpfanne f frying pan
Bratröhre f oven
Bratrost m grill
Bratsche f viola; **~ spielen** to play the viola
Bratspieß m skewer; (≈ *Teil des Grills*) spit; (≈ *Gericht*) kebab
Bratwurst f, **Bratwürstchen** n (fried) sausage
Brauch m custom, tradition; **etw ist ~** sth is traditional
brauchbar *adj* (≈ *benutzbar*) us(e)able; *Plan* workable; (≈ *nützlich*) useful
brauchen A v/t 1 (≈ *nötig haben*) to need (**für, zu** for); (≈ *erfordern*) to require; **Zeit ~** to need time; **wie lange braucht man, um ...?** how long does it take to ...? 2 *umg* (≈ *nützlich finden*) **das könnte ich ~** I could do with that 3 (≈ *benutzen*), *a. umg* (≈ *verbrauchen*) to use; → gebraucht B v/aux to need; **du brauchst das nicht tun** you don't have *od* need to do that

Brauchtum n customs *pl*, traditions *pl*
Braue f (eye)brow
brauen v/t *Bier* to brew
Brauer(in) m(f) brewer
Brauerei f brewery
braun *adj* brown; **~ gebrannt** (sun)tanned
Bräune f (≈ *braune Färbung*) brown(ness); *von Sonne* (sun)tan
bräunen A v/t *GASTR* to brown; *Sonne etc* to tan B v/i **sich in der Sonne ~ lassen** to get a (sun)tan
braungebrannt *adj* → braun
braunhaarig *adj* brown-haired; *Frau a.* brunette
Braunkohle f brown coal
bräunlich *adj* brownish
Braunschweig n Brunswick
Brause f 1 (≈ *Dusche*) shower 2 *an Gießkanne* rose 3 (≈ *Getränk*) pop, soda *US*; (≈ *Limonade*) (fizzy) lemonade; (≈ *Brausepulver*) sherbet
brausen v/i (≈ *tosen*) to roar; *Beifall* to thunder 2 (≈ *rasen*) to race 3 (≈ *duschen*) to (have a) shower
Brausepulver n sherbet
Brausetablette f effervescent tablet
Braut f 1 bride 2 *sl* (≈ *Frau*) bird *bes Br umg*, chick *bes US umg*
Bräutigam m (bride)groom
Brautjungfer f bridesmaid
Brautkleid n wedding dress
Brautpaar n bride and (bride)groom
brav A *adj* 1 (≈ *gehorsam*) good; **sei schön ~!** be a good boy/girl 2 (≈ *bieder*) plain B *adv* **~ seine Pflicht tun** to do one's duty without complaining
bravo *int* well done; *für Künstler* bravo
Bravoruf m cheer
BRD f *abk* (= **Bundesrepublik Deutschland**) FRG
Break n/m *Tennis* break
Breakdance m break dance; **~ tanzen** to break-dance
Brechbohnen pl French beans *pl*
Brecheisen n crowbar
brechen A v/t 1 to break; *Widerstand* to overcome; *Licht* to refract; **sich/j-m den Arm ~** to break one's/sb's arm 2 (≈ *erbrechen*) to bring up B v/i 1 to break; **mir bricht das Herz** it breaks my heart; **~d voll sein** to be full to bursting 2 **mit j-m/etw ~** to break with sb/sth 3 (≈ *sich erbrechen*) to be sick C v/r *Wellen* to break; *Lichtstrahl* to be refracted
Brechmittel n emetic; **er/das ist das reinste ~ (für mich)** he/it makes me feel sick
Brechreiz m nausea
Brechstange f crowbar

Brei *m* mush, paste; (≈ *Haferbrei*) porridge; (≈ *Grießbrei*) semolina; **j-n zu ~ schlagen** *umg* to beat sb to a pulp *umg*; **um den heißen ~ herumreden** *umg* to beat about the bush *Br umg*, to beat around the bush *umg*

breit **A** *adj* **1** broad; *bei Maßangaben* wide; *Publikum, Angebot* wide; **die ~e Masse** the masses *pl*; **die ~e Öffentlichkeit** the public at large **2** *umg betrunken* high **B** *adv* **~ gebaut** sturdily built; **ein ~ gefächertes Angebot** a wide range

Breitband- *zssgn* broadband

Breitbandanschluss *m* broadband (connection); **wir haben zu Hause ~** we have broadband at home

Breitbandkabel *n* broadband cable

Breitbandnetz *n* TEL broadband (communications) network

breitbeinig *adv* with one's legs apart

Breite *f* **1** breadth; *bes bei Maßangaben* width; *von Angebot* breadth; **in die ~ gehen** *umg* (≈ *dick werden*) to put on weight **2** GEOG latitude; **in südlichere ~n fahren** *umg* to travel to more southerly climes; **20° nördlicher ~** 20° north

breiten *v/t & v/r* to spread

Breitengrad *m* (degree of) latitude

Breitenkreis *m* parallel

Breitensport *m* popular sport

breitgefächert *adj* → breit

breitmachen *v/r umg Mensch* to make oneself at home; *Gefühl etc* to spread; **mach dich doch nicht so breit!** don't take up so much room

breitschlagen *umg v/t* **j-n (zu etw) ~** to talk sb round (to sth) *Br*, to talk sb around (to sth) *US*; **sich ~ lassen** to let oneself be talked round *Br*, to let oneself be talked around *US*

breitschult(e)rig *adj* broad-shouldered

Breitseite *f* SCHIFF, *a. fig* broadside

breitspurig **A** *adj Bahn* broad-gauge *attr*; *Straße* wide-laned **B** *adv fig* **~ reden** to speak in a showy manner

breittreten *umg v/t* to go on about *umg*

Breitwandfilm *m* wide-screen film

Bremen *n* Bremen

Bremsbelag *m* brake lining

Bremse[1] *f bei Fahrzeugen* brake

Bremse[2] *f* (≈ *Insekt*) horsefly

bremsen **A** *v/i* **1** to brake **2** *umg* (≈ *zurückstecken*) **mit etw ~** to cut down (on) sth **B** *v/t* **1** *Fahrzeug* to brake **2** *fig* to restrict; *Entwicklung* to slow down; **er ist nicht zu ~** *umg* there's no stopping him

Bremsflüssigkeit *f* brake fluid

Bremskraft *f* braking power

Bremskraftverstärker *m* servo brake

Bremslicht *n* brake light

Bremspedal *n* brake pedal

Bremsscheibe *f* brake disc

Bremsspur *f* skid mark *mst pl*

Bremsung *f* braking

Bremsweg *m* braking distance

brennbar *adj* inflammable

Brennelement *n* fuel element

brennen **A** *v/i* to burn; *Glühbirne etc* to be on; *Zigarette* to be alight; *Stich* to sting; (≈ *in Flammen stehen*) to be on fire; **in den Augen ~** to sting the eyes; **das Licht ~ lassen** to leave the light on; **es brennt!** fire, fire!; **wo brennts denn?** *umg* what's the panic?; **darauf ~, etw zu tun** to be dying to do sth **B** *v/t* to burn; *Branntwein* to distil *Br*, to distill *US*; *Kaffee* to roast; *Ton* to fire; **eine CD ~** to burn a CD

brennend **A** *adj* burning; *Zigarette* lighted **B** *adv umg* (≈ *sehr*) terribly; *interessieren* really

Brenner *m* TECH burner; *für CDs* CD burner

Brennerei *f* distillery

Brennholz *n* firewood

Brennmaterial *n* fuel

Brennnessel *f* stinging nettle

Brennofen *m* kiln

Brennpunkt *m Optik, a.* MATH focus; **im ~ des Interesses stehen** to be the focal point

Brennpunktschule *f* problem school

Brennspiritus *m* methylated spirits *sg*

Brennstab *m* fuel rod

Brennstoff *n* fuel; **fossiler ~** fossil fuel

Brennstoffzelle *f* fuel cell

brenzlig *umg adj Situation* precarious; **die Sache wurde ihm zu ~** things got too hot for him *umg*

Bretagne *f* **die ~** Brittany

Brett *n* **1** board; (≈ *Regalbrett*) shelf; **Schwarzes ~** notice board *Br*, bulletin board *US*; **ich habe heute ein ~ vor dem Kopf** *umg* I can't think straight today **2** **~er** *pl fig* (≈ *Bühne*) stage, boards *pl*; (≈ *Skier*) planks *pl umg*

brettern *umg v/i* to race (along)

Bretterzaun *m* wooden fence

Brettspiel *n* board game

Brezel *f* pretzel

Brief *m* letter (**an** *akk* to); BIBEL epistle

Briefbogen *m* sheet of writing paper

Briefbombe *f* letter bomb

briefen *v/t* (≈ *informieren*) to brief

Brieffreund(in) *m(f)* pen friend; *im Internet* e--friend

Briefkasten *m am Haus* letter box *Br*, mailbox *US*; *der Post* postbox *Br*, mailbox *US*; **elektronischer ~** IT electronic mailbox

Briefkastenfirma *f umg* fictitious company

Briefkastentante *f* agony aunt

Briefkopf *m* letterhead

brieflich *adj & adv* by letter

Briefmarke f stamp
Briefmarkenalbum n stamp album
Briefmarkensammler(in) m(f) stamp collector
Briefmarkensammlung f stamp collection
Brieföffner m letter opener
Briefpapier n writing paper
Brieftasche f **1** wallet, billfold US **2** österr (≈ Geldbörse) purse Br, wallet US
Brieftaube f carrier pigeon
Briefträger m postman Br, mail carrier US, mailman US
Briefträgerin f postwoman Br, mailwoman US, mail carrier US
Briefumschlag m envelope
Briefwaage f letter scales pl
Briefwahl f postal vote
Briefwechsel m correspondence
Brigade f MIL brigade
Brikett n briquette
brillant **A** adj brilliant **B** adv brilliantly
Brillant m diamond
Brillantring m diamond ring
Brille f **1** Optik glasses pl; (≈ Schutzbrille) goggles pl; **eine ~** a pair of glasses; **eine ~ tragen** to wear glasses **2** (≈ Klosettbrille) (toilet) seat
Brillenetui n glasses case
Brillenglas n lens
Brillenträger(in) m(f) **~ sein** to wear* glasses
bringen v/t **1** (≈ herbringen) to bring; **sich** (dat) **etw ~ lassen** to have sth brought to one; **j-m etw ~** to get sb sth; **was kann/darf ich euch/Ihnen ~?** what can I get you?; **etw an sich** (akk) **~** to acquire sth **2** (≈ woanders hinbringen) to take; **j-n nach Hause ~** to take sb home; **etw hinter sich** (akk) **~** to get sth over and done with **3** (≈ einbringen) Gewinn to bring in, to make; **(j-m) Glück/Unglück ~** to bring (sb) luck/bad luck; **das bringt nichts** umg it's pointless **4** **j-n zum Lachen/Weinen ~** to make sb laugh/cry; **j-n dazu ~, etw zu tun** to get sb to do sth, to make sb do sth **5** Zeitung to print; (≈ senden) Bericht etc to broadcast; (≈ aufführen) Stück to do **6** sl (≈ schaffen, leisten) **das bringt er nicht** he's not up to it; **das Auto bringt 220 km/h** umg the car can do 220 km/h; **der Motor bringts nicht mehr** the engine has had it umg **7** **es zu etwas/nichts ~** to get somewhere/nowhere; **es weit ~** to go far; **er hat es bis zum Direktor gebracht** he made it to director; **j-n um etw ~** to do sb out of sth; **das bringt mich noch um den Verstand** it's driving me crazy
Bringer umg m Sache the cat's whiskers umg; Person the bee's knees umg; **das ist auch nicht gerade der ~** it's not exactly brilliant; **er ist auch nicht der ~** he's hardly the bee's knees (himself)
brisant adj explosive
Brisanz fig f explosive nature; **ein Thema von äußerster ~** an extremely explosive subject
Brise f breeze
Brite m, **Britin** f Briton, Brit umg; **er ist ~** he is British; **die ~n** the British
Britenrabatt m EU British rebate
britisch adj British; **die Britischen Inseln** the British Isles; **Britisches Weltreich** British Empire
bröckelig adj crumbly
bröckeln v/i Haus, Fassade to crumble; Preise, Kurse to tumble
Brocken m lump, chunk; umg Person lump umg; **ein paar ~ Spanisch** a smattering of Spanish; **ein harter ~** (≈ Person) a tough cookie umg; (≈ Sache) a tough nut to crack
brodeln v/i to bubble; Dämpfe to swirl; **es brodelt** fig there is seething unrest
Brokat m brocade
Broker(in) m(f) BÖRSE (stock)broker
Brokkoli pl broccoli sg
Brom n bromine
Brombeere f blackberry, bramble
Brombeergestrüpp n bramble
Bronchialkatarrh m bronchial catarrh
Bronchie f bronchial tube
Bronchitis f bronchitis
Bronze f bronze
Bronzemedaille f bronze medal
Bronzezeit f Bronze Age
Brosche f brooch
Broschüre f brochure, booklet
Brösel m crumb
Brot n bread kein pl; (≈ Laib) loaf (of bread); (≈ Scheibe) slice (of bread); (≈ Butterbrot) (slice of) bread and butter ohne art, kein pl; (≈ Stulle) sandwich; **belegte ~e** open sandwiches Br, open-face sandwiches US
Brotaufstrich m spread
Brotbackautomat m, **Brotbackmaschine** f breadmaker, bread machine
Brotbelag m topping (for bread)
Brötchen n roll; (sich dat) **seine ~ verdienen** umg to earn one's living
Brotkorb m bread basket
Brotmesser n bread knife
Brotrinde f crust
Brotschneidemaschine f bread slicer
Brotzeit f südd (≈ Pause) tea break Br, snack break US
browsen v/i IT to browse
Browser m IT browser
Bruch m **1** (≈ Bruchstelle) break; in Porzellan etc

crack; **zu ~ gehen** to get broken **2** *fig von Vertrag, Eid etc* breaking; *mit Vergangenheit, Partei* break; *des Vertrauens* breach; **in die Brüche gehen** *Ehe, Freundschaft* to break up **3** MED fracture; (≈ *Eingeweidebruch*) hernia **4** MATH fraction **5** *sl* (≈ *Einbruch*) break-in
Bruchbude *pej f* hovel
brüchig *adj Material, Knochen* brittle; *Mauerwerk* crumbling; *fig Stimme* cracked
Bruchlandung *f* crash-landing; **eine ~ machen** to crash-land
bruchrechnen *v/i* to do fractions
Bruchrechnung *f* fractions *sg od pl*
Bruchschaden *m* HANDEL breakage
Bruchstelle *f* break
Bruchstrich *m* MATH line (of a fraction)
Bruchstück *n* fragment
bruchstückhaft **A** *adj* fragmentary **B** *adv* in a fragmentary way
Bruchteil *m* fraction; **im ~ einer Sekunde** in a split second
Bruchzahl *f* fraction
Brücke *f* **1** bridge; **alle ~n hinter sich** (*dat*) **abbrechen** *fig* to burn one's bridges **2** (≈ *Zahnbrücke*) bridge **3** (≈ *Teppich*) rug
Brückenjahr *n* gap year
Brückenkopf *m* bridgehead
Brückenpfeiler *m* (bridge) pier
Brückentag *m* extra day off (*taken between two public holidays or a public holiday and a weekend*)
Bruder *m* **1** brother; **unter Brüdern** *umg* between friends **2** (≈ *Mönch*) friar, brother **3** *umg* (≈ *Mann*) guy *umg*
brüderlich **A** *adj* fraternal **B** *adv* like brothers; **~ teilen** to share and share alike
Brüderschaft *f* (≈ *Freundschaft*) close friendship; **mit j-m ~ trinken** to agree over a drink to use the familiar "du"
Brühe *f* (≈ *Suppe*) (clear) soup; *als Suppengrundlage* stock; *pej* (≈ *schmutzige Flüssigkeit*) sludge; (≈ *Getränk*) muck *umg*
brühwarm *umg adv* **er hat das sofort ~ weitererzählt** he promptly went away and spread it around
Brühwürfel *m* stock cube
brüllen **A** *v/i* to shout, to roar; *pej* (≈ *laut weinen*) to bawl; **er brüllte vor Schmerzen** he screamed with pain; **vor Lachen ~** to roar with laughter; **das ist zum Brüllen** *umg* it's a scream *umg* **B** *v/t* to shout, to roar
Brüller *umg m* **ein ~ sein** *Witz, Film etc* to be a scream *umg*, to be a hoot *umg*; *Schlager* to be brilliant *od* wicked *Br sl*
brummen **A** *v/i* **1** *Insekt* to buzz; *Motor* to drone; **mir brummt der Kopf** my head is throbbing **2** *Wirtschaft, Geschäft* to boom **B** *v/t* (≈ *brummeln*) to mumble, to mutter
Brummer *m* (≈ *Schmeißfliege*) bluebottle
Brummi *m umg* (≈ *Lastwagen*) lorry *Br*, truck
brummig *adj* grumpy
Brummschädel *umg m* thick head *umg*
Brunch *m* brunch
brünett *adj* dark(-haired); **sie ist ~** she is (a) brunette
Brunft *f* JAGD rut
Brunftschrei *m* mating call
Brunnen *m* well; (≈ *Springbrunnen*) fountain; **Wasser am ~ holen** to fetch water from the well
Brunnenkresse *f* watercress
Brunnenschacht *m* well shaft
brünstig *adj männliches Tier* rutting; *weibliches Tier* on heat *Br*, in heat *bes US*
brüsk **A** *adj* brusque, abrupt **B** *adv* brusquely, abruptly
brüskieren *v/t* to snub
Brüssel *n* Brussels
Brust *f* **1** (≈ *Körperteil*) chest; **sich** (*dat*) **j-n zur ~ nehmen** to have a word with sb; **schwach auf der ~ sein** *umg* to have a weak chest **2** (≈ *weibliche Brust*) breast; **einem Kind die ~ geben** to breast-feed a baby **3** GASTR breast
Brustbein *n* ANAT breastbone
Brustbeutel *m* neck pouch, neck wallet
Brustdrüse *f* mammary gland
brüsten *v/r* to boast (**mit** about)
Brustfell *n* ANAT pleura
Brustfellentzündung *f* pleurisy
Brustkasten *umg m* ANAT thorax
Brustkorb *m* chest; ANAT thorax
Brustkrebs *m* breast cancer
Brustschwimmen *n* breaststroke
Bruststück *n* GASTR breast
Brustton *m* **im ~ der Überzeugung** in a tone of utter conviction
Brustumfang *m* chest measurement; *von Frau* bust measurement
Brüstung *f* parapet; (≈ *Fensterbrüstung*) breast
Brustwarze *f* nipple
Brustweite *f* chest measurement; *von Frau* bust measurement
Brut *f* **1** (≈ *das Brüten*) incubating **2** (≈ *die Jungen*) brood; *pej* mob *umg*
brutal **A** *adj* brutal; (≈ *gewalttätig*) violent **B** *adv zuschlagen* brutally; *behandeln* cruelly
Brutalität *f* brutality; (≈ *Gewalttat*) act of brutality
brüten *v/i* to incubate; *fig* to ponder (**über** +*dat* over); **~de Hitze** stifling heat
Brüter *m* TECH breeder (reactor); **schneller ~** fast-breeder (reactor)
Brutkasten *m* MED incubator

Brutstätte f breeding ground (+gen for)
brutto adv gross
Bruttoeinkommen n gross income
Bruttogehalt n gross salary
Bruttogewicht n gross weight
Bruttoinlandsprodukt n gross domestic product
Bruttolohn m gross wage(s) pl
Bruttoregistertonne f register ton
Bruttosozialprodukt n gross national product, GNP
Bruttoverdienst m gross earnings pl
Brutzeit f incubation (period)
brutzeln umg v/i to sizzle (away)
BSE abk (= bovine spongiforme Enzephalopathie) BSE
BSE-Krise f BSE crisis
Bub m österr, schweiz, südd boy
Bube m KART jack
Buch n **1** book; **schlagt eure Bücher auf Seite 35 auf** open your books at page 35; **er redet wie ein ~** umg he never stops talking; **ein Tor, wie es im ~e steht** a textbook goal **2** HANDEL books pl; **über etw** (akk) **~ führen** to keep a record of sth
Buchbesprechung f book review
Buchdruck m letterpress (printing)
Buchdrucker(in) m(f) printer
Buchdruckerei f (≈ Betrieb) printing works sg od pl; (≈ Handwerk) printing
Buche f (≈ Baum) beech (tree); (≈ Holz) beech (-wood)
buchen v/t **1** HANDEL to enter; **etw als Erfolg ~** to put sth down as a success **2** (≈ vorbestellen) to book
Bücherbrett n bookshelf
Bücherbus m mobile library Br, bookmobile US
Bücherei f (lending) library
Bücherregal n bookshelf
Bücherschrank m bookcase
Bücherwand f wall of book shelves; als Möbelstück (large) set of book shelves
Bücherwurm a. hum m bookworm
Buchfink m chaffinch
Buchführung f book-keeping, accounting
Buchhalter(in) m(f) book-keeper, accountant
Buchhaltung f **1** book-keeping, accounting **2** Abteilung einer Firma accounts department
Buchhandel m book trade; **im ~ erhältlich** available in bookshops
Buchhändler(in) m(f) bookseller
Buchhandlung f bookshop, bookstore US
Buchladen m bookshop, bookstore US
Buchmacher(in) m(f) bookmaker, bookie umg
Buchmesse f book fair
Buchprüfer(in) m(f) auditor

Buchprüfung f audit
Buchrücken m spine
Buchse f ELEK socket; TECH von Zylinder liner; von Lager bush
Büchse f **1** tin; (≈ Konservenbüchse) can; (≈ Sammelbüchse) collecting box **2** (≈ Gewehr) rifle, (shot)gun
Büchsenfleisch n canned meat, tinned meat Br
Büchsenmilch f condensed milk
Büchsenöffner m can opener, tin opener Br
Buchstabe m letter; **kleiner ~** small letter; **großer ~** capital (letter)
buchstabieren v/t to spell
buchstäblich **A** adj literal **B** adv literally
Buchstütze f book end
Bucht f im Meer bay; kleiner cove
Buchtitel m (book) title
Buchumschlag m dust jacket
Buchung f HANDEL entry; (≈ Reservierung) booking
Buchungsbestätigung f confirmation (of booking)
Buchungssystem n booking system
Buchvorstellung f book presentation; (≈ Markteinführung) book launch
Buchweizen m buckwheat
Buchweizenmehl n buckwheat flour
Buchwert m HANDEL book value
Buckel m **1** hump(back), hunchback; umg (≈ Rücken) back; **einen ~ machen** Katze to arch its back; Mensch to hunch one's shoulders; **seine 80 Jahre auf dem ~ haben** umg to be 80 (years old) **2** von Skipiste mogul
buckelig adj hunchbacked, humpbacked
Buckelpiste f mogul field
bücken v/r to bend (down); **sich nach etw ~** to bend down to pick sth up; → gebückt
bucklig adj etc → buckelig
Bucklige(r) m/f(m) hunchback
Bückling m GASTR smoked herring
buddeln umg v/i to dig
Buddhismus m Buddhism
Buddhist(in) m(f) Buddhist
buddhistisch adj Buddhist(ic)
Bude f **1** (≈ Bretterbau) hut; (≈ Baubude) (workmen's) hut; (≈ Verkaufsbude) stall; (≈ Zeitungsbude) kiosk **2** pej umg (≈ Lokal etc) dump umg **3** umg (≈ Zimmer) room; (≈ Wohnung) pad umg
Budget n budget
Bufdi m od f umg (= Bundesfreiwilligendienstleistender) person doing federal volunteer service
Büfett n **1** (≈ Geschirrschrank) sideboard **2** **kaltes ~** cold buffet
Büffel m buffalo
büffeln umg **A** v/i to cram umg **B** v/t Lernstoff to

swot up *Br umg*, to bone up on *US umg*

Bug *m* IT (≈ *Fehler in Hard-/Software*) bug; (≈ *Schiffsbug*) bow *mst pl*; (≈ *Flugzeugbug*) nose

Bügel *m* **1** (≈ *Kleiderbügel*) (coat) hanger **2** (≈ *Steigbügel*) stirrup **3** (≈ *Brillenbügel*) side piece

Bügel-BH *m* underwired bra

Bügelbrett *n* ironing board

Bügeleisen *n* iron

Bügelfalte *f* crease in one's trousers *bes Br*, crease in one's pants *bes US*

bügelfrei *adj* noniron

bügeln *v/t & v/i Wäsche* to iron; *Hose* to press

Buggy *m* buggy

bugsieren *umg v/t Möbelstück etc* to manoeuvre *Br*, to maneuver *US*; **j-n aus dem Zimmer ~** to steer sb out of the room

buh *int* boo

buhen *umg v/i* to boo

buhlen *pej v/i* **um j-n/j-s Gunst ~** to woo sb/sb's favour *Br*, to woo sb/sb's favor *US*

Buhmann *umg m* bogeyman *umg*

Bühne *f* **1** stage; **über die ~ gehen** *fig umg* to go off; **hinter der ~** behind the scenes **2** (≈ *Theater*) theatre *Br*, theater *US*

Bühnenanweisung *f* stage direction

Bühnenautor(in) *m(f)* playwright

Bühnenbearbeitung *f* stage adaptation

Bühnenbild *n* (stage) set

Bühnenbildner(in) *m(f)* set designer

bühnenreif *adj* ready for the stage

Buhruf *m* boo

Bulette *dial f* meat ball; **ran an die ~n** *umg* go right ahead!

Bulgare *m*, **Bulgarin** *f* Bulgarian

Bulgarien *n* Bulgaria

bulgarisch *adj* Bulgarian

Bulgur *m* GASTR bulgur (wheat)

Bulimie *f* MED bulimia

Bullauge *n* SCHIFF porthole

Bulldogge *f* bulldog

Bulldozer *m* bulldozer

Bulle *m* **1** bull **2** *pej sl* (≈ *Polizist*) cop *umg*

Bulletin *n* bulletin

bullig *umg adj* beefy *umg*

Bumerang *wörtl, fig m* boomerang

bumm *int* crash

Bummel *m* stroll; *durch Lokale* tour (**durch** of); **einen ~ machen** to go for a stroll

Bummelant(in) *umg m(f)* **1** (≈ *Trödler*) dawdler **2** (≈ *Faulenzer*) loafer *umg*

bummeln *v/i* **1** (≈ *spazieren gehen*) to stroll **2** (≈ *trödeln*) to dawdle **3** (≈ *faulenzen*) to fritter one's time away

Bummelstreik *m* go-slow

Bummelzug *umg m* slow train

Bums *m umg* (≈ *Schlag*) bang, thump

bumsen **A** *v/i unpers umg* (≈ *dröhnen*) **...**, **dass es bumste ...** with a bang; **es hat gebumst** *von Fahrzeugen* there's been a crash **B** *v/i* **1** (≈ *schlagen*) to thump **2** (≈ *prallen, stoßen*) to bump, to bang **3** *umg* (≈ *koitieren*) to do it *umg* **C** *v/t umg* **j-n ~** to lay sb *sl*

Bund[1] *m* **1** (≈ *Vereinigung*) bond; (≈ *Bündnis*) alliance; **den ~ der Ehe eingehen** to enter (into) the bond of marriage; **den ~ fürs Leben schließen** to take the marriage vows **2** (≈ *Organisation*) association; (≈ *Staatenbund*) league, alliance **3** POL **~ und Länder** the Federal Government and the/its Länder **4** *umg* (≈ *Bundeswehr*) **der ~** the army **5** *an Kleidern* waistband

Bund[2] *n* bundle; *von Radieschen, Spargel etc* bunch

Bündel *n* bundle, sheaf; *von Banknoten* wad; *von Briefen* pile, bundle; *von Karotten etc* bunch

bündeln *v/t Zeitungen etc* to bundle up

Bundes- *zssgn* federal

Bundesagentur *f* **~ für Arbeit** Federal Employment Agency

Bundesanstalt *f* **~ für Arbeit** Federal Institute of Labour *Br*, Federal Institute of Labor *US*

Bundesausbildungsförderungsgesetz *n* law regarding grants for higher education

Bundesbahn *f* Federal Railways *pl*; **Österreichische/Schweizer ~en** Austrian/Swiss Railways

Bundesbank D *f* Federal Bank

Bundesbehörde *f* Federal authority

Bundesbürger(in) D *m(f)* German, citizen of Germany

bundesdeutsch *adj* German

Bundesebene *f* **auf ~** at a national level

bundeseinheitlich **A** *adj* Federal, national **B** *adv* nationally; **etw ~ regeln** to regulate sth at national level

Bundesfreiwilligendienst *m* federal volunteer service

Bundesgebiet D *n* Federal territory

Bundesgenosse *m*, **Bundesgenossin** *f* ally

Bundesgerichtshof D *m* Federal Supreme Court

Bundesgeschäftsführer(in) *m(f) von Partei, Verein* general secretary

Bundesgrenzschutz D *m* Federal Border Guard

Bundeshauptstadt *f* Federal capital

Bundesheer *n österr* services *pl*, army

Bundeskanzler(in) *m(f)* **1** D, *österr* Chancellor **2** *schweiz* Head of the Federal Chancellery

Bundesland *n* state; **die neuen Bundesländer** the former East German states; **die alten Bundesländer** the former West German states

Bundesliga *f* D SPORT national league

Bundesminister(in) D, *österr m(f)* Federal Minister

Bundesministerium n ministry
Bundesmittel pl Federal funds pl
Bundesnachrichtendienst D m Federal Intelligence Service
Bundespolizei D f Federal Police; *Verfassungsschutz* federal agency for internal security
Bundespräsident(in) m(f) D, österr (Federal) President; *schweiz* President of the Federal Council
Bundesrat¹ D m Bundesrat (*upper house of the German Parliament*); *schweiz* Council of Ministers
Bundesrat² m, **Bundesrätin** *schweiz* f Minister of State
Bundesregierung f D, österr Federal Government
Bundesrepublik f Federal Republic; **~ Deutschland** Federal Republic of Germany
Bundesstaat m federal state
Bundesstraße f *etwa* A road; *US* state highway
Bundestag D m Bundestag (*lower house of the German Parliament*)
Bundestagsabgeordnete(r) m/f(m) member of the Bundestag
Bundestagsfraktion f group *od* faction in the Bundestag
Bundestagspräsident(in) m(f) President of the Bundestag
Bundestrainer(in) m(f) D SPORT national coach
Bundesverdienstkreuz D n order of the Federal Republic of Germany, ≈ OBE *Br*
Bundesverfassungsgericht D n Federal Constitutional Court
Bundesversammlung f **1** D, österr Federal Convention **2** *schweiz* Federal Assembly
Bundeswehr f D services pl, army
bundesweit adj & adv nationwide
Bundfaltenhose f pleated trousers pl *bes Br*, pleated pants pl *bes US*
bündig adj **1** (≈ *kurz, bestimmt*) succinct **2** (≈ *in gleicher Ebene*) flush präd, level
Bündnis n alliance; *von Staaten* league; (≈ *Nato*) (NATO) Alliance; **~ für Arbeit** informal alliance between employers and unions to help create jobs alliance for jobs; **~ 90/Die Grünen** Alliance '90/The Greens; **~ Zukunft Österreich** Alliance for the future of Austria
Bündnispartner m POL ally
Bundweite f waist measurement
Bungalow m bungalow
Bungee-Jumping n bungee jumping
Bunker m **1** MIL bunker; (≈ *Luftschutzbunker*) air--raid shelter **2** *beim Golf* bunker
Bunsenbrenner m Bunsen burner
bunt A adj **1** (≈ *farbig*) coloured *Br*, colored *US*; (≈ *mehrfarbig*) colo(u)rful; (≈ *vielfarbig*) multicolo(u)red **2** *fig* (≈ *abwechslungsreich*) varied; **ein ~er Abend** a social; RADIO, TV a variety programme *Br*, a variety program *US* **B** adv **1** (≈ *farbig*) colourfully *Br*, colorfully *US*; *bemalt* in bright colo(u)rs; **~ gemischt** *Programm* varied; *Team* diverse **2** (≈ *ungeordnet*) **es geht ~ durcheinander** it's all a complete mess **3** *umg* (≈ *wild*) **jetzt wird es mir zu ~** I've had enough of this; **es zu ~ treiben** to overstep the mark
Buntpapier n coloured paper *Br*, colored paper *US*
Buntstift m coloured pencil *Br*, colored pencil *US*, crayon
Buntwäsche f coloureds pl *Br*, coloreds pl *US*
Bürde geh f load, weight; *fig* burden
Burg f castle
Bürge m, **Bürgin** f guarantor
bürgen v/i **für etw ~** to guarantee sth; **für j-n ~** FIN to stand surety for sb; *fig* to vouch for sb
Burgenland n Burgenland
Bürger(in) m(f) citizen; **die ~ von Ulm** the townsfolk of Ulm
Bürger- zssgn civil
Bürgerbeauftragte(r) m/f(m) **Europäischer ~r** European Ombudsman
Bürgerbüro n office for issuing identity cards, driving licences etc, and for registering businesses and changes of residence etc
bürgerfreundlich adj citizen-friendly
Bürgerinitiative f citizens' action group
Bürgerkrieg m civil war
bürgerkriegsähnlich adj **~e Zustände** civil war conditions
bürgerlich adj **1** *Ehe, Recht etc* civil; *Pflicht* civic; **Bürgerliches Gesetzbuch** Civil Code **2** (≈ *dem Bürgerstand angehörend*) middle-class
Bürgerliche(r) m/f(m) commoner
Bürgermeister(in) m(f) mayor
Bürgernähe f populism
Bürgerpflicht f civic duty
Bürgerrecht n civil rights pl; **j-m die ~e aberkennen** to strip sb of his/her civil rights
Bürgerrechtler(in) m(f) civil rights campaigner
Bürgerrechtsbewegung f civil rights movement
Bürgerschaft f citizens pl
Bürgersteig m pavement *Br*, sidewalk *US*
Bürgertum n HIST bourgeoisie
Bürgin f → Bürge
Bürgschaft f JUR *gegenüber Gläubigern* surety; (≈ *Haftungssumme*) penalty; **~ für j-n leisten** to act as guarantor for sb
Burgund n Burgundy
burgunderrot adj burgundy (red)
Burka f REL burqa
Burkina Faso n GEOG Burkina Faso

Burma n früherer Name von Myanmar Burma
burmesisch adj Burmese
Burnout-Syndrom n burnout syndrome
Büro n office
Büroangestellte(r) m/f(m) office worker
Büroarbeit f office work
Büroartikel m item of office equipment; pl office supplies pl
Bürobedarf m office supplies pl
Bürogebäude n office building
Bürokauffrau f, **Bürokaufmann** m office administrator
Büroklammer f paper clip
Bürokraft f (office) clerk
Bürokrat(in) m(f) bureaucrat
Bürokratie f bureaucracy
bürokratisch A adj bureaucratic B adv bureaucratically
Büromaterial n office supplies pl; (≈ Schreibwaren) stationery kein pl
Büromöbel pl office furniture
Büroschluss m **nach ~** after office hours
Bürostunden pl office hours pl
Bürozeit f office hours pl
Bursche m umg (≈ Kerl) fellow; **ein übler ~** a shady character
Burschenschaft f student fraternity
burschikos adj 1 (≈ jungenhaft) (tom)boyish 2 (≈ unbekümmert) casual
Bürste f brush
bürsten v/t to brush
Bürsten(haar)schnitt m crew cut
Burundi n GEOG Burundi
Bus¹ m 1 (≈ Stadtbus) bus; **im Bus** on the bus; **mit dem Bus fahren** to go by bus, to take the bus; **Bus in Richtung Stadtzentrum** downtown bus US 2 (≈ Reisebus) coach Br, bus US
Bus² m COMPUT bus
Busbahnhof m bus station
Busch m bush; **etwas ist im ~** umg there's something up, there's something in the offing; **mit etw hinter dem ~ halten** umg to keep sth quiet
Buschbrand m wildfire
Büschel n von Gras, Haaren tuft; von Heu, Stroh bundle
Buschfeuer wörtl n bush fire; **sich wie ein ~ ausbreiten** to spread like wildfire
buschig adj bushy
Buschmann m bushman
Buschmesser n machete
Buschwerk n bushes pl
Busen m von Frau bust
Busenfreund(in) iron m(f) bosom friend
Busfahrer(in) m(f) bus driver
Busfahrt f bus ride; **eine ~ machen** to take a bus trip
Bushaltestelle f bus stop
Businessplan m WIRTSCH business plan
Buslinie f bus route
Busmonatskarte f bus pass
Busreise f coach trip od tour Br, bus trip od tour US
Bussard m buzzard
Buße f 1 REL (≈ Reue) repentance; (≈ Bußauflage) penance; **~ tun** to do penance 2 JUR (≈ Schadenersatz) damages pl; (≈ Geldstrafe) fine; **j-n zu einer ~ verurteilen** to fine sb
busseln, bussen v/t & v/i österr, südd to kiss
büßen A v/t to pay for; Sünden to atone for; **das wirst du mir ~** I'll make you pay for that B v/i **für etw ~** to atone for sth; für Leichtsinn etc to pay for sth
busserln v/t & v/i österr to kiss
Bußgeld n fine
Bußgeldbescheid m notice of payment due (for traffic violation etc)
Bußgeldverfahren n fining system
Bussi südd umg n kiss
Busspur f bus lane
Buß- und Bettag m day of prayer and repentance
Büste f bust; (≈ Schneiderbüste) tailor's dummy
Büstenhalter m bra
Bustier n ohne Träger bustier; mit Trägern camisole; (≈ Top) halter-top
Busverbindung f bus connection
Butan(gas) n butane (gas)
Butt m flounder, butt
Bütten(papier) n handmade paper (with deckle edge)
Butter f butter; **alles (ist) in ~** umg everything is hunky-dory umg
Butterberg m butter mountain
Butterblume f buttercup
Butterbrot n (slice of) bread and butter ohne art, kein pl; umg (≈ Sandwich) sandwich
Butterbrotpapier n greaseproof paper
Butterdose f butter dish
Butterfly(stil) m butterfly (stroke)
Butterkeks m ≈ rich tea biscuit Br, ≈ butter cookie US
Buttermilch f buttermilk
buttern v/t 1 Brot to butter 2 umg (≈ investieren) to put (**in** +akk into)
Butternusskürbis m butternut squash
butterweich A adj Frucht, Landung beautifully soft; SPORT umg gentle B adv landen softly
Button m badge, button bes US
b. w. abk (= bitte wenden) pto, PTO
BWL f abk (= Betriebswirtschaftslehre) business management

Bypass *m* MED bypass
Bypass-Operation *f* bypass operation
Byte *n* byte
bzgl. *abk* (= bezüglich) re
BZÖ *abk* (= Bündnis Zukunft Österreich) Alliance for the future of Austria
bzw. *abk* → beziehungsweise

C

C¹ *abk* (= Celsius) C, Celsius, centigrade
C², **c** *n* C, c; **das hohe C** top C
ca. *abk* (= circa) approx
Cabrio *n* AUTO *umg* convertible
Café *n* café
Cafeteria *f* cafeteria
Caffè Latte *m* (caffè) latte
Caffè macchiato *m* caffè macchiato
Caipi *umg m* caipirinha
Caipirinha *m* caipirinha
Callboy *m* male prostitute
Callcenter *n* call centre *Br*, call center *US*
Callgirl *n* call girl
Camcorder *m* camcorder
Camembert *m* Camembert
Camion *m schweiz* lorry *Br*, truck
Camp *n* camp
campen *v|i* to camp
Camper(in) *m(f)* camper
campieren *v|i* **1** to camp (out) **2** *österr, schweiz* to camp
Camping *n* camping *ohne art*
Campingartikel *pl* camping equipment *sg*
Campingausrüstung *f* camping gear
Campingbus *m* camper
Campinggas *n* camping gas
Campingplatz *m* camp site
Campus *m* UNIV campus
canceln *v|t Flug, Buchung* to cancel
Cannabis *m* cannabis
Canyon *m* canyon
Cape *n* cape
Cappuccino *m* cappuccino
Caravan *m* caravan *Br*, trailer *US*
Cargo *m* cargo
Cargohose *f* cargo(e)s *pl*; **eine ~** a pair of cargo(e)s
Carport *m* carport
Carsharing *n* car sharing
Cartoon *m|n* cartoon
Cashewnuss *f* cashew (nut)

Casino *n* casino
Cäsium *n* caesium *Br*, cesium *US*
Casting *n für Filmrolle etc* casting session
Castingshow *f* talent show
Castor® *m* spent fuel rod container
catchen *v|i* to do catch wrestling, to do all-in wrestling *bes Br*
Catcher(in) *m(f)* catch(-as-catch-can) wrestler, all-in wrestler *bes Br*
Catering *n* catering
Cateringservice *m* caterer
Cayennepfeffer *m* cayenne (pepper)
CB-Funk *m* Citizens' Band, CB (radio)
CD *f abk* (= Compact Disc) CD
CD-Brenner *m* CD burner
CD-Laufwerk *n* CD drive
CD-Player *m* CD player
CD-Regal *n* CD shelves *pl*
CD-Rohling *m* blank CD
CD-ROM *f* CD-ROM
CD-ROM-Laufwerk *n* CD-ROM drive
CD-Spieler *m* CD player
CD-Ständer *m* CD rack; *Turm* CD tower
CDU *f abk* (= Christlich-Demokratische Union) Christian Democratic Union
C-Dur *n* MUS C major
Cellist(in) *m(f)* cellist
Cello *n* cello; **~ spielen** to play the cello
Cellophan® *n* cellophane
Cellophanpapier *umg n* cellophane® (paper)
Cellulite *f*, **Cellulitis** *f* MED cellulite
Celsius *ohne Artikel* Celsius, centigrade
Cembalo *n* harpsichord; **~ spielen** to play the harpsichord
Cent *m* cent
Center *n* (= *Einkaufscenter*) shopping centre *Br*, shopping center *US*
Centmünze *f* cent
Centstück *n* cent; *in GB* p, penny, pence
Ceramid *n* CHEM ceramide
Chai Latte *m* chai latte
Chalet *n* chalet
Chamäleon *wörtl, fig n* chameleon
Champagner *m* champagne
Champignon *m* mushroom
Champion *m* champion
Chance *f* **1** chance; (= *Möglichkeit*) opportunity; *bei Wetten* odds *pl*; **keine ~ haben** not to stand a chance; **die ~n stehen nicht schlecht, dass ...** there's a good chance that ... **2** **~n** *pl* (= *Aussichten*) prospects *pl*; **im Beruf ~n haben** to have good career prospects; **(bei j-m) ~n haben** *umg* to stand a chance (with sb)
Chancengleichheit *f* equal opportunities *pl*
chancenlos *adj* **die Mannschaft ist ~** the team's got no chance

Chanson *n* (political/satirical) song
Chansonnier *m* singer of political/satirical songs
Chaos *n* chaos; **ein einziges ~ sein** to be in utter chaos
Chaot(in) *m(f)* POL *pej* anarchist *pej*; (≈ *unordentlicher Mensch*) scatterbrain
chaotisch *adj* chaotic; (≈ *unordentlich*) messy; **~e Zustände** a state of (utter) chaos; **es geht ~ zu** there is utter chaos
Charakter *m* character; **er ist ein Mann von ~** he is a man of character; **der vertrauliche ~ dieses Gespräches** the confidential nature of this conversation; **~ haben** to have strength of character
Charakterdarsteller(in) *m(f)* character actor/actress
Charaktereigenschaft *f* character trait, characteristic
charakterfest *adj* of strong character; **~ sein** to have strength of character
charakterisieren *v/t* to characterize
Charakterisierung *f* characterization; **explizite/implizite ~** LIT explicit (direct)/implicit (indirect) characterization
Charakteristik *f* description; (≈ *typische Eigenschaften*) characteristics *pl*
charakteristisch *adj* characteristic (**für** of), typical; **~es Merkmal** characteristic
charakterlich **A** *adj* **~e Stärke** strength of character; **~e Mängel** character defects **B** *adv* in character; **sie hat sich ~ sehr verändert** her character has changed a lot
charakterlos *adj* **1** (≈ *niederträchtig*) unprincipled **2** (≈ *ohne Prägung*) characterless
Charakterschauspieler(in) *m(f)* character actor/actress
Charakterschwäche *f* weakness of character
Charakterstärke *f* strength of character
Charakterzug *m* characteristic
Charge *f* **1** MIL, *a. fig* (≈ *Dienstgrad, Person*) rank; **die unteren ~n** the lower ranks **2** THEAT minor character part
Charisma *n* REL, *a. fig* charisma
charismatisch *adj* charismatic
charmant **A** *adj* charming **B** *adv* charmingly
Charme *m* charm
Charta *f* charter; **Magna ~** Magna Carta; **~ der Grundrechte** EU Charter of Fundamental Rights
Charterflug *m* charter flight
Chartergesellschaft *f* charter company
Chartermaschine *f* charter plane
chartern *v/t* to charter
Charts *pl umg* charts *pl*; **in die ~ kommen** to get into the charts
Chassis *n* chassis, frame
Chat *m* INTERNET *umg* chat
Chatforum *n* chat(room) forum
Chatgroup *f* IT chat group
Chatline *f* IT chat line
Chatpartner(in) *m(f)* INTERNET chat partner
Chatroom *m* chatroom
chatten *v/i* INTERNET *umg* to chat (**mit** to, with)
Chauffeur(in) *m(f)* chauffeur
Chauvi *umg m* male chauvinist pig *pej umg*
Chauvinismus *m* chauvinism; (≈ *männlicher Chauvinismus*) male chauvinism
Chauvinist *m* (≈ *männlicher Chauvinist*) male chauvinist (pig)
chauvinistisch *adj* **1** POL chauvinist(ic) **2** (≈ *männlich-chauvinistisch*) male chauvinist(ic)
checken *v/t* **1** (≈ *überprüfen*) to check **2** *umg* (≈ *verstehen*) to get *umg* **3** *umg* (≈ *merken*) to catch on to *umg*
Check-in *n* check-in
Checkliste *f* checklist
Check-up *m/n* MED checkup
Cheerleader *m* cheerleader
Cheerleading *n* cheerleading
Chef *m* boss; *von Bande, Delegation etc* leader; *von Organisation* head; *der Polizei* chief
Chefarzt *m*, **Chefärztin** *f* senior consultant
Chefin *f* boss; *von Delegation etc* head
Chefkoch *m*, **Chefköchin** *f* chef
Chefredakteur(in) *m(f)* editor in chief; *einer Zeitung* editor
Chefsache *f* **das ist ~** it's a matter for the boss
Chefsekretär(in) *m(f)* personal assistant
Chemie *f* chemistry
Chemiefaser *f* synthetic fibre *Br*, synthetic fiber *US*
Chemikalie *f* chemical
Chemiker(in) *m(f)* chemist
Chemiekonzern *m* chemical manufacturer
chemisch **A** *adj* chemical **B** *adv* chemically; **etw ~ reinigen** to dry-clean sth
Chemo *umg f* MED chemo
Chemotherapie *f* chemotherapy
Chiasmus *m* LIT chiasmus
chic *adj* smart; *Kleidung* chic, trendy; *umg* (≈ *prima*) great
Chic *m* style
Chicorée *f* chicory
Chiffre *f* *in Zeitung* box number
Chiffreanzeige *f* advertisement with a box number
chiffrieren *v/t & v/i* to encipher; **chiffriert** coded
Chile *n* Chile
Chilene *m*, **Chilenin** *f* Chilean
chilenisch *adj* Chilean
Chili *m* chilli (pepper) *Br*, chili (pepper) *US*

Chilisoße f chilli sauce Br, chili sauce US
chillen v/i umg to chill (out) umg; **nach der Schule erst mal ~** to chill out after school
China n China
Chinakohl m Chinese cabbage
Chinarestaurant n Chinese restaurant
Chinese m, **Chinesin** f Chinese
chinesisch adj Chinese; **die Chinesische Mauer** the Great Wall of China
Chinglisch n (≈ Mischung aus Chinesisch und Englisch) Chinglish
Chinin n quinine
Chip m **1** (≈ Kartoffelchip) (potato) crisp Br, potato chip US **2** COMPUT chip
Chipkarte f smart card
Chiropraktiker(in) m(f) chiropractor
Chirurg(in) m(f) surgeon
Chirurgie f surgery; **er liegt in der ~** he's in surgery
chirurgisch **A** adj surgical; **ein ~er Eingriff** surgery **B** adv surgically
Chlor n chlorine
chloren v/t to chlorinate
chlorfrei adj chlorine-free
Chloroform n chloroform
Chlorophyll n chlorophyll
Cholera f cholera
Choleriker(in) m(f) choleric person; fig irascible person
cholerisch adj choleric, short-tempered
Cholesterin n cholesterol
cholesterinfrei adj Lebensmittel cholesterol-free
cholesterinsenkend adj cholesterol-reducing, cholesterol-busting umg, cholesterol-lowering
Cholesterinspiegel m cholesterol level
Chor m **1** (≈ Sängerchor) choir; **im ~** in chorus **2** THEAT chorus **3** ARCH (≈ Altarraum) chancel
Choreograf(in) m(f), **Choreograph(in)** m(f) choreographer
Choreografie f, **Choreographie** f choreography
Chorknabe m choirboy
Chorleiter m choir master
Chorleiterin f choir mistress
Christ(in) m(f) Christian
Christbaum m Christmas tree
Christbaumschmuck m Christmas tree decorations pl
Christdemokrat(in) m(f) Christian Democrat
Christentum n Christianity
Christkind n baby Jesus; **das Geschenke bringt** ≈ Father Christmas; **ans ~ glauben** to believe in Father Christmas
Christkindl dial n **1** → Christkind **2** bes österr (≈ Geschenk) Christmas present

christlich **A** adj Christian; **Christlicher Verein Junger Männer** Young Men's Christian Association **B** adv like od as a Christian; **~ handeln** to act like a Christian
Christmesse f, **Christmette** f Christmas mass
Christus m Christ; **vor ~** BC; **vor Christi Geburt** before Christ, BC; **nach ~** AD; **nach Christi Geburt** AD, Anno Domini; **Christi Himmelfahrt** the Ascension of Christ; (≈ Himmelfahrtstag) Ascension Day
Chrom n chrome; CHEM chromium
Chromosom n chromosome
Chronik f chronicle
chronisch **A** adj chronic; **die Bronchitis ist bei ihm ~** he has a chronic case of bronchitis **B** adv chronically; **ein ~ kranker Mensch** a chronically ill person
Chronologie f (≈ zeitliche Abfolge) sequence; (≈ Zeitrechnung) chronology
chronologisch **A** adj chronological **B** adv chronologically
Chrysantheme f chrysanthemum
circa adv about, approximately
City f city centre Br, city center US
Clan m clan
clean umg adj clean umg
Clematis f BOT clematis
clever **A** adj clever; (≈ gewieft) streetwise; (≈ raffiniert) sharp; (≈ gerissen) crafty **B** adv (≈ raffiniert) sharply; (≈ gerissen) craftily
Cleverness f cleverness; (≈ Raffiniertheit) sharpness; (≈ Gerissenheit) craftiness
Clinch m Boxen fig clinch; **mit j-m im ~ liegen** fig to be at loggerheads with sb
Clip m (≈ Videoclip) video; (≈ Ohrclip) clip-on earring; (≈ Klammer) clip
Clique f **1** (≈ Freundeskreis) group, set; **Thomas und seine ~** Thomas and his mates **2** pej clique
Clou m von Geschichte (whole) point; von Show highlight; (≈ Witz) real laugh umg; (≈ Pointe) punch line
Cloud f IT cloud
Cloud-Computing n IT cloud computing
Clown(in) m(f) clown; **den ~ spielen** to play the clown
Club m club
Cluburlaub m club holiday Br, club vacation US
cm abk (= Zentimeter) cm
CMS abk (= Content-Management-System) IT content management system, CMS
Coach m **1** SPORT coach **2** für Firmen business consultant; privat career coach od consultant; Lebensberater life coach
Coaching n, **Coachen** n coaching
Coca f coca

Cockpit n cockpit
Cocktail m (≈ *Getränk*) fig cocktail; (≈ *Empfang*) reception
Cocktailbar f cocktail bar
Cocktailkleid n cocktail dress
Cocktailparty f cocktail party
Cocktailtomate f cherry tomato
Code m code
codieren v/t to (en)code
Codierung f (en)coding
Cognac® m cognac
Coiffeur m, **Coiffeuse** f *schweiz* hairdresser
Cola f/n *umg* Coke® *umg*
Coladose f Coke® can
Collage f collage
College n college
Collier n necklet
Comeback n comeback; **ein ~ erleben/feiern** to stage *od* make a comeback
Comedy f comedy
Comedyshow f comedy
Comic m comic (strip)
Comicheft n comic
Coming-out n, **Comingout** n coming-out
Commonwealth n Commonwealth
Compact Disc f, **Compact Disk** f compact disc
Computer m computer; **per ~** by computer
Computerarbeitsplatz m computer work station
Computerbefehl m computer command
Computerfreak m computer nerd, computer freak
computergeneriert *adj* computer-generated
computergesteuert *adj* controlled by computer
computergestützt *adj* computer-based; **~es Design** computer-aided design
Computergrafik f computer graphics *pl*
computerisieren v/t to computerize
Computerkriminalität f [1] computer crime [2] *im Netz* cybercrime
computerlesbar *adj* machine-readable
Computerprogramm n computer program
Computersatz m computer typesetting
Computersicherheit f IT security, computer security
Computerspiel n computer game
Computersprache f computer language
Computersystem n computer system
Computertechnik f computing, computer technology
Computertisch m computer desk
Computertomografie f, **Computertomographie** f computer tomography
computerunterstützt *adj* Fertigung, Kontrolle computer-aided
Computervirus n/m computer virus
Computerwissenschaft f computer science
Conférencier m compère
Container m container; (≈ *Bauschuttcontainer*) skip *Br*, Dumpster® *US*; (≈ *Wohncontainer*) prefabricated hut
Containerbahnhof m container depot
Containerhafen m container port
Containerschiff n container ship
Containerterminal m container terminal
Content-Management-System n IT content management system
Contergankind *umg neg!* n thalidomide victim; thalidomide child
Controller(in) m(f) WIRTSCH financial controller
Controlling n financial control
Cookie n IT cookie
cool *umg adj* cool *umg*; **die Party war ~** the party was (real) cool *umg*
Copilot(in) m(f) co-pilot
Copyright n copyright
Copyshop m copy shop
Cord m *Textilien* cord, corduroy
Cordhose f corduroy trousers *pl bes Br*, corduroy pants *pl bes US*, cords *pl umg*
Cordjacke f cord(uroy) jacket
Cordjeans f/pl cord(uroy) jeans *pl*
Corner m *österr, schweiz* SPORT corner
Cornflakes *pl* cornflakes *pl*
Cornichon n gherkin
Cornwall n Cornwall; **aus ~** Cornish
Corps n → Korps
Costa Rica n Costa Rica
Côte d'Ivoire f Côte d'Ivoire; Ivory Coast
Couch f couch
Couchgarnitur f three-piece suite
Couchpotato f couch potato
couchsurfen v/i to couchsurf
Couchtisch m coffee table
Countdown m countdown
Countrymusik f country
Coup m coup; **einen ~ landen** to pull off a coup *umg*
Coupon m [1] (≈ *Zettel*) coupon [2] FIN (interest) coupon
couragiert [A] *adj* bold [B] *adv* boldly
Court m SPORT court
Cousin m, **Cousine** f cousin
Couvert n *bes* envelope
Cover n [1] *von CD etc* cover *Br*, sleeve [2] (≈ *Titelseite*) cover, front page
Cowboy m cowboy
CO₂-Ausstoß m ÖKOL *eines Autos etc* CO_2 emission
CO₂-Bilanz f ÖKOL carbon footprint

CO₂-neutral adj ÖKOL carbon-neutral
Crack n 1 (≈ Droge) crack 2 (≈ ausgezeichneter Spieler) ace
Cracker m (≈ Keks) cracker
Cranberry f BOT, GASTR cranberry
Crash m umg (≈ Unfall), a. IT crash
Crashkurs m crash course
Crashtest m AUTO crash test
Creme f cream
Cremetorte f cream gateau
cremig A adj creamy B adv like cream; rühren until creamy
Creutzfeldt-Jakob-Krankheit f Creutzfeldt--Jakob disease
Crew f crew
Croissant n croissant
Cromargan® n stainless steel
Croupier m croupier
Crux f → Krux
C-Schlüssel m alto clef
CSU f abk (= Christlich-Soziale Union) Christian Social Union
ct abk (= Cents) ct(s)
CT n abk (= Computertomografie) CT
Cup m SPORT cup
Cupfinale n cup final
Curry m/n curry
Currygericht n curry
Currypulver n curry powder
Currysoße f curry sauce
Currywurst f curried sausage
Cursor m IT cursor
Cursortaste f cursor key
Cutter(in) m(f) editor
CVJM m abk (= Christlicher Verein Junger Menschen) YMCA
CVP f abk (= Christlichdemokratische Volkspartei) Christian Democratic People's Party
Cyberbullying n cyberbullying
Cybercafé n cybercafé
Cyberkriminalität f INTERNET cybercrime
Cybermobbing n cyberbullying
Cyberspace m cyberspace
Cyberstalking n cyberbullying

D

D, d n D, d
da A adv 1 örtlich (≈ dort) there; (≈ hier) here; **hier und da, da und dort** here and there; **da drüben** over there; **die Frau da** that woman (over) there; **da ist/sind** there is/are; **da bin ich** here I am; **da bist du ja!** there you are!; **da kommt er ja** here he comes; **wir sind gleich da** we'll soon be there; **da hast du dein Geld!** (there you are,) there's your money; **da, nimm schon!** here, take it! 2 zeitlich (≈ dann, damals) then; **da siehst du, was du angerichtet hast** now see what you've done 3 umg (≈ in diesem Fall) there; **da haben wir aber Glück gehabt!** we were lucky there!; **was gibts denn da zu lachen?** what's funny about that?; **da kann man nur lachen** you can't help laughing; **da fragt man sich (doch), ob ...** it makes you wonder if ...; **da fällt mir gerade ein ...** it's just occurred to me ... B konj (≈ weil) as, since
DAAD abk (= Deutscher Akademischer Austauschdienst) German Academic Exchange Service
dabehalten v/t 1 Unterlagen to hold onto 2 im Krankenhaus **sie behielten ihn gleich da** they kept him in
dabei adv 1 örtlich with it; **ein Häuschen mit einem Garten ~** a little house with a garden (attached to it); **nahe ~** nearby 2 (≈ gleichzeitig) at the same time; **er aß weiter und blätterte ~ in dem Buch** he went on eating, leafing through the book at the same time 3 (≈ außerdem) as well; **sie ist schön und ~ auch noch klug** she's pretty, and clever as well 4 während man etw tut in the process; ertappen at it; **die ~ entstehenden Kosten** the expenses arising from this/that 5 **~ sein, etw zu tun** to be doing sth; **er war ~, sein Zimmer aufzuräumen** he was tidying his room 6 (≈ in dieser Angelegenheit) **das Schwierigste ~** the most difficult part of it; **wichtig ~ ist ...** the important thing here od about it is ...; **~ kann man viel Geld verdienen** there's a lot of money in that 7 (≈ einräumend doch) (and) yet; **er hat mich geschlagen, ~ hatte ich gar nichts gemacht** he hit me and I hadn't even done anything 8 **ich bleibe ~** I'm not changing my mind; **lassen wir es ~** let's leave it at that!; **was ist schon ~?** so what? umg, what of it? umg; **ich finde gar nichts ~** I don't see any harm in it; **was hast du dir denn ~ gedacht?** what were you think-

dabeibleiben v/i to stay with it; → dabei 8
dabeihaben umg v/t to have with one
dabei sein v/i **1** (≈ anwesend sein) to be there (bei at); (≈ mitmachen) to be involved (bei in); **ich bin dabei!** count me in! **2** (≈ im Begriff sein) **~, etw zu tun** to be just doing sth
dabeisitzen v/i **bei einer Besprechung ~** to sit in on a discussion
dabeistehen v/i **er stand dabei und sagte nichts** he stood there and said nothing
dableiben v/i to stay (on)
Dach n **1** roof; **mit j-m unter einem ~ wohnen** to live under the same roof as sb; **unter ~ und Fach sein** (≈ abgeschlossen) to be all wrapped up **2** fig umg **j-m eins aufs ~ geben** (≈ schlagen) to smash sb on the head umg; (≈ ausschimpfen) to give sb a (good) talking-to
Dachboden m attic; von Scheune loft
Dachbox f AUTO roof box
Dachdecker(in) m(f) roofer
Dachfenster n skylight
Dachfirst m ridge of the roof
Dachgarten m roof garden
Dachgepäckträger m AUTO roof rack
Dachgeschoss n, **Dachgeschoß** österr n attic storey Br, attic story US, loft; (≈ oberster Stock) top floor
Dachgiebel m gable
Dachluke f skylight
Dachpappe f roofing paper
Dachrinne f gutter
Dachs m ZOOL badger
Dachschaden umg m **einen (kleinen) ~ haben** to have a slate loose umg
Dachterrasse f roof terrace
Dachverband m umbrella organization
Dachwohnung f attic apartment
Dachziegel m roofing tile
Dackel m dachshund
daddeln sl v/i to play the fruit machines; IT to play (computer games)
dadurch adv **1** örtlich through there **2** kausal (≈ auf diese Weise) in this/that way; **~, dass er das tat, hat er …** (≈ durch diesen Umstand, diese Tat) by doing that he …; (≈ deswegen, weil) because he did that he …
dafür adv **1** for that/it; **der Grund ~ ist, dass …** the reason for that is (that) …; **~ stimmen** to vote for it **2** als Ersatz instead; bei Tausch in exchange; als Gegenleistung in return; **… ich mache dir ~ deine Hausaufgaben …** and I'll do your homework in return; **~, dass er erst drei Jahre ist, ist er sehr klug** considering that he's only three he's very clever **3** **er interessiert sich nicht ~** he's not interested in that/it; **ein Beispiel ~ wäre …** an example of that would be …
dafürkönnen v/t **er kann nichts dafür, dass es kaputtgegangen ist** it's not his fault that it broke
dag österr abk (= Dekagramm) decagram(me)
dagegen **A** adv **1** against it; **~ sein** to be against it; **etwas ~ haben** to object; **ich habe nichts ~** I don't mind; **~ lässt sich nichts machen** nothing can be done about it **2** (≈ verglichen damit) in comparison **B** konj (≈ im Gegensatz dazu) on the other hand
dagegenhalten v/t (≈ vergleichen) to compare it/them with
dagegensprechen v/i to be against it; **was spricht dagegen?** what is there against it?
daheim adv bes österr, schweiz, südd at home; **bei uns ~** back home (where I/we come from)
Daheim n bes österr, schweiz, südd home
daher **A** adv **1** (≈ von dort) from there; **von ~** from there **2** (≈ durch diesen Umstand) that is why; **~ weiß ich das** that's how od why I know that; **~ kommt es, dass …** that is (the reason) why … **B** konj (≈ deshalb) that is why, so
dahergelaufen adj **jeder ~e Kerl** any Tom, Dick or Harry
daherreden **A** v/i **red doch nicht so (dumm) daher!** don't talk such nonsense! **B** v/t **was er alles daherredet** the things he comes out with! umg
dahin **A** adv **1** räumlich there; (≈ hierhin) here; **bis ~** as far as there, up to that point; **bis ~ dauert es noch zwei Stunden** it'll take us another two hours to get there **2** fig (≈ so weit) **~ kommen** to come to that; **es ist ~ gekommen, dass …** things have got to the stage where … **3** (≈ in dem Sinne) **er äußerte sich ~ gehend, dass …** he said something to the effect that … **4** zeitlich then **B** adj **~ sein** to have gone; **das Auto ist ~** hum umg the car has had it umg
dahingegen adv on the other hand
dahingestellt adj **~ sein lassen, ob …** to leave it open whether …; **es bleibt** od **sei ~, ob …** it is an open question whether …
dahinten adv over there; hinter Sprecher back there
dahinter adv behind (it/that/him etc.); **was sich wohl ~ verbirgt?** I wonder what's behind that?
dahinterklemmen umg v/r to get one's finger out umg
dahinterkommen umg v/i to find out; (≈ langsam verstehen) to get it umg
dahinterstecken umg v/i to be behind it/that
dahinvegetieren v/i to vegetate
Dahlie f dahlia

Dakapo *n* MUS encore
dalassen *v/t* to leave (here/there)
daliegen *v/i* to lie there
dalli *umg adv* **~, ~!** on the double! *umg*
Dalmatiner *m Hund* dalmatian
damalig *adj* at that time
damals *adv* at that time; **seit ~** since then
Damast *m* damask
Dame *f* **1** lady; **meine ~n und Herren!** ladies and gentlemen!; **Sehr geehrte ~n und Herren** *Briefanrede* Dear Sir or Madam *Br*, To whom it may concern *US*; „**Damen**" (≈ *Toilette*) "Ladies", Ladies' room; **Hundertmeterstaffel der ~n** women's hundred metre relay *Br*, women's hundred meter relay *US* **2** *Spiel* draughts *sg Br*, checkers *sg US*; (≈ *Doppelstein*) king; *Schach, a.* KART queen
Damebrett *n* draughtboard *Br*, checkerboard *US*
Damenbart *m* facial hair
Damenbinde *f* sanitary towel *Br*, sanitary napkin *US*
Damendoppel *n Tennis etc* ladies' doubles *sg*
Dameneinzel *n Tennis etc* ladies' singles *sg*
damenhaft A *adj* ladylike **B** *adv* in a ladylike way
Damenmannschaft *f* SPORT women's team
Damenmode *f* ladies' fashion
Damenrasierer *m* Ladyshave®
Damenschneider(in) *m(f)* dressmaker
Damentoilette *f* (≈ *WC*) ladies' toilet *od* restroom *US*
Damenwahl *f* ladies' choice
Damespiel *n* draughts *sg Br*, checkers *sg US*
damit A *adv* **1** with it/that; **was will er ~?** what does he want with that?; **was soll ich ~?** what am I meant to do with that?; **ist Ihre Frage ~ beantwortet?** does that answer your question?; **weißt du, was er ~ meint?** do you know what he means by that?; **wie wäre es ~?** how about it?; **das/er hat gar nichts ~ zu tun** that/he has nothing to do with it; **was willst du ~ sagen?** what's that supposed to mean?; **weg ~!** away with it; **Schluss ~!** that's enough (of that)! **2** **~ kommen wir zum Ende des Programms** that brings us to the end of our programmes *Br*, that brings us to the end of our programs *US* **B** *konj* so that; **~ er nicht fällt** so that he does not fall
dämlich *umg* **A** *adj* stupid **B** *adv* stupidly; **~ fragen** to ask dumb questions *umg*
Damm *m* **1** (≈ *Deich*) dyke *Br*, dike *bes US*; (≈ *Staudamm*) dam; (≈ *Uferdamm, Bahndamm*) embankment; *Verkehrsverbindung zu Insel* causeway; *fig* barrier **2** *fig umg* **wieder auf dem ~ sein** to be back to normal; **nicht recht auf dem ~ sein** not to be up to the mark *umg*
dämmen *v/t* TECH *Wärme* to keep in; *Schall* to absorb; (≈ *isolieren*) to insulate
dämmerig *adj Licht* dim; *Zimmer* gloomy
Dämmerlicht *n* twilight; (≈ *Halbdunkel*) half-light
dämmern A *v/i* (≈ *im Halbschlaf sein*) to doze **B** *v/i* **es dämmert** *morgens* dawn is breaking; *abends* dusk is falling; **es dämmerte ihm, dass …** *umg* he began to realize that …
Dämmerung *f* twilight; (≈ *Halbdunkel*) half-light
Dämmung *f* insulation
Dämon *m* demon
dämonisch *adj* demonic
Dampf *m* vapour *Br*, vapor *US*; (≈ *Wasserdampf*) steam; **~ ablassen** to let off steam; **j-m ~ machen** *umg* to make sb get a move on *umg*
Dampfbad *n* steam bath
Dampfbügeleisen *n* steam iron
dampfen *v/i* to steam
dämpfen *v/t* **1** (≈ *abschwächen*) to muffle; *Farbe* to mute; *Licht* to lower; *Stimmung* to dampen; *Aufprall* to deaden; → **gedämpft** **2** GASTR to steam
Dampfer *m* steamer; **auf dem falschen ~ sein** *od* **sitzen** *fig umg* to have got the wrong idea
Dämpfer *m* **einer Sache** (*dat*) **einen ~ aufsetzen** *umg* to put a damper on sth *umg*
Dampferfahrt *f* steamer trip
Dampfkochtopf *m* pressure cooker
Dampflok *umg f* steam engine
Dampfmaschine *f* steam(-driven) engine
Dampfreiniger *m für Teppiche etc* steam cleaner
Dampfschiff *n* steamship
Dampfwalze *f* steamroller
danach *adv* **1** *zeitlich* after that/it, afterwards; **zehn Minuten ~** ten minutes later **2** *örtlich* behind (that/it/him/them) *etc* **3** (≈ *dementsprechend*) accordingly; (≈ *laut diesem*) according to that; (≈ *im Einklang damit*) in accordance with that/it; **sie sieht nicht ~ aus** she doesn't look (like) it; **~ zu urteilen** judging by that; **mir war nicht ~ (zumute)** I didn't feel like it **4** **sie sehnte sich ~** she longed for that/it; **~ kann man nicht gehen** you can't go by that
Dancehall *m Musikrichtung* dancehall
dancen *sl v/i* to dance, to boogie
Däne *m* Dane
daneben *adv* **1** *räumlich* next to him/her/that/it *etc*; **wir wohnen im Haus ~** we live in the house next door **2** (≈ *verglichen damit*) in comparison **3** (≈ *außerdem*) besides that; (≈ *gleichzeitig*) at the same time **4** **~ sein** *umg* to be off
danebenbenehmen *umg v/r* to make an exhibition of oneself
danebengehen *v/i* **1** *Schuss etc* to miss; **der Ball**

ging daneben the ball went just wide **2** *umg* (≈ *scheitern*) to go wrong

danebengreifen *v/i* **1** *beim Fangen* to miss **2** *fig umg mit Schätzung etc* to be wide of the mark; **im Ton ~** to strike the wrong note; **im Ausdruck ~** to put things the wrong way

danebenhalten *v/t* **j-n/etw ~** to compare him/her/it *etc* with sb/sth

danebenliegen *v/i umg* (≈ *sich irren*) to be quite wrong

danebenschießen, **danebenschlagen** *v/i* to miss

daneben sein *v/i umg* (≈ *unpassend sein*) to be inappropriate

danebentreffen *v/i* to miss

Dänemark *n* Denmark

Dänin *f* Dane

dänisch *adj* Danish

dank *präp* thanks to

Dank *m ausgedrückt* thanks *pl*; (≈ *Gefühl der Dankbarkeit*) gratitude; **vielen ~** thank you very much, thanks a lot; **als ~ für seine Dienste** in grateful recognition of his service; **zum ~ (dafür)** as a way of saying thank you

dankbar *adj* **1** (≈ *dankerfüllt*) grateful; (≈ *erleichtert*) thankful; (≈ *froh*) glad; *Publikum* appreciative; **j-m ~ sein** to be grateful to sb (**für** for); **sich ~ zeigen** to show one's gratitude (**gegenüber** to); **ich wäre dir ~, wenn du ...** I would appreciate it if you ... **2** (≈ *lohnend Aufgabe, Rolle*) rewarding

Dankbarkeit *f* gratitude

danke *int* **1** thank you, thanks *umg*; *ablehnend* no thank you; **nein, ~** no thank you; **~ schön** *od* **sehr** thanks very much *umg*; **~ vielmals** many thanks; *iron* thanks a million *umg* **2** *umg* **mir gehts ~** I'm OK *umg*

danken **A** *v/i* **j-m ~** to thank sb (**für** for); *feierlich danksagen* to give thanks to sb; **nichts zu ~** don't mention it; **na, ich danke** *iron* no thank you; **etw ~d annehmen/ablehnen** to accept/decline sth with thanks **B** *v/t* (≈ *dankbar sein für*) **man wird es dir nicht ~** you won't be thanked for it

dankenswert *adj Bemühung* commendable; *Hilfe* kind; (≈ *lohnenswert Aufgabe*) rewarding

Dankeschön *n* thank you

Dankschreiben *n* letter of thanks

dann *adv* **1** then; **~ und wann** now and then; **gerade ~, wenn ...** just when ... **2** then; **wenn ..., ~** if ..., (then); **erst ~, wenn ...** only when ...; **~ eben nicht** well, in that case (there's no more to be said); **was ~?** then what?; **also ~ bis morgen** see you tomorrow then **3** (≈ *außerdem*) **~ ... noch** on top of that ...

daran *adv* **1** *räumlich* on it/that; *lehnen, stellen* against it/that; *legen* next to it/that; *befestigen* to it/that; **nahe** *od* **dicht ~** right up against it; **nahe ~ sein, etw zu tun** to be on the point of doing sth; **~ vorbei** past it **2** *zeitlich* **im Anschluss ~, ~ anschließend** following that/this **3** **ich zweifle nicht ~** I don't doubt it; **wird sich etwas ~ ändern?** will that change at all?; **~ sieht man, wie ...** there you (can) see how ...; **das Beste** *etc* **~** the best *etc* thing about it; **es ist nichts ~** (≈ *ist nicht fundiert*) there's nothing in it; (≈ *ist nichts Besonderes*) it's nothing special; → **dran**

darangehen *v/i* **~, etw zu tun** to set about doing sth

daranmachen *umg v/r* to get down to it; **sich ~, etw zu tun** to set about doing sth

daransetzen *v/t* **seine ganzen Kräfte ~, etw zu tun** to spare no effort to do sth

darauf *adv* **1** *räumlich* on it/that/them *etc* **2** *Reihenfolge* after that; **~ zu** towards; **~ folgte ... that** was followed by ...; **~ folgend** *Tag etc* following; *Wagen etc* behind *präd*; **am Tag ~** the next day **3** (≈ *infolgedessen*) because of that; **~ antworten** to answer that; **eine Antwort ~** an answer to that; **~ steht die Todesstrafe** that carries the death penalty; **~ freuen wir uns schon** we're looking forward to it already

darauffolgend *adj* → darauf 2

daraufhin *adv* **1** (≈ *deshalb*) as a result (of that/this); (≈ *danach*) after that **2** (≈ *im Hinblick darauf*) with regard to that/this

daraus *adv* **1** *räumlich* out of that/it/them **2** **~ kann man Wein herstellen** you can make wine from that; **~ ergibt sich/folgt, dass ...** it follows from that that ...

darbieten *geh v/t* **1** (≈ *vorführen*) to perform **2** (≈ *anbieten*) to offer; *Speisen* to serve

Darbietung *f* performance

darin *adv* **1** *räumlich* in there **2** (≈ *in dieser Beziehung*) in that respect; **~ ist er ganz groß** *umg* he's very good at that; **der Unterschied liegt ~, dass ...** the difference is that ...

darlegen *v/t* to explain (**j-m** to sb)

Darlegung *f* explanation

Darlehen *n* loan

Darlehensgeber(in) *m(f)* lender

Darlehensnehmer(in) *m(f)* borrower

Darm *m* intestine(s) (*pl*), bowel(s) (*pl*); *für Wurst* (sausage) skin; *für Saiten etc* gut

Darmausgang *m* anus

Darmgrippe *f* gastric flu

Darmkrebs *m* cancer of the intestine

Darmleiden *n* intestinal trouble *ohne art*

Darmsaite *f* gut string

Darmspiegelung *f* enteroscopy; *des Dickdarms* colonoscopy

darstellen A v/t **1** (≈ abbilden) to show; THEAT to portray; (≈ beschreiben) to describe; **die ~den Künste** (≈ Theater) the dramatic arts; (≈ Malerei, Plastik) the visual arts; **sie stellt nichts dar** fig she doesn't have much of an air about her **2** (≈ bedeuten) to constitute B v/r to pose

Darsteller m THEAT actor; **der ~ des Hamlet** the actor playing Hamlet

Darstellerin f THEAT actress

darstellerisch adj dramatic; **eine ~e Höchstleistung** a magnificent piece of acting

Darstellung f portrayal; durch Diagramm etc representation; (≈ Beschreibung) description; (≈ Bericht) account

darüber adv **1** räumlich over that/it/them; **quer ~** across; **~ hinweg sein** fig to have got over it; **~ hinaus** apart from this/that, moreover **2** (≈ deswegen) about that/it; **wir wollen nicht ~ streiten, ob ...** we don't want to argue about whether ... **3** (≈ mehr) **21 Jahre und ~** 21 years and above; **~ hinaus** over and above that

darüberliegen fig v/i to be higher

darüberstehen fig v/i to be above such things

darum adv **1** räumlich (a)round that/it/him/her/them **2** **es geht ~, dass ...** the thing is that ...; **~ geht es gar nicht** that isn't the point; **~ geht es mir** that's my point; **~ geht es mir nicht** that's not the point for me **3** (≈ deshalb) that's why, because ...; **ach ~!** so that's why!; **warum willst du nicht mitkommen? — ~!** umg why don't you want to come? — (just) 'cos! umg

darunter adv **1** räumlich under that/it/them, below **2** (≈ weniger) under that; **Leute im Alter von 35 Jahren und ~** people aged 35 and under **3** (≈ dabei) among them **4** **was verstehen Sie ~?** what do you understand by that/it?; → drunter

das best art → der

da sein v/i to be there; **ist Post für mich da?** is there any mail for me?; **war der Briefträger schon da?** has the postman been yet? Br, has the mailman been yet? US; **voll ~** umg to be all there umg; **so etwas ist noch nie da gewesen** it's quite unprecedented

Dasein n existence

Daseinsberechtigung f right to exist

dasitzen v/i to sit there; **ohne Hilfe ~** umg to be left without any help

dasjenige dem pr → derjenige

dass konj that; **er sagt, ~ ihm das gefällt** he says that he likes it; **das kommt daher, ~ ...** that comes because ...; **das liegt daran, ~ ...** that is because ...

dasselbe dem pr → derselbe

dastehen v/i **1** (≈ da sein) to stand there; **steh nicht so dumm da!** don't just stand there looking stupid **2** fig **gut/schlecht ~** to be in a good/bad position; **allein ~** to be on one's own; **jetzt stehe ich ohne Mittel da** now I'm left with no money

Date n umg (≈ Verabredung, Person) date; **ein ~ haben** to go out on a date

Datei f IT file; **~ mit Informationen** fact file (**über** +akk on)

Dateianhang m IT file attachment

Dateiformat n file format

Dateimanager m file manager

Dateiname m file name

Dateiverwaltung f file management

Daten pl IT data sg; **~ eingeben** od **erfassen** to enter data

Datenabgleich m data comparison; (≈ Synchronisation) data synchronization

Datenaustausch m data exchange

Datenautobahn f information highway

Datenbank f database; (≈ Zentralstelle) data bank

Datenbestand m database

Datendiebstahl m data theft

Dateneingabe f data input

Datenerfassung f data capture

Datenklau m WIRTSCH umg data theft

Datenkompressionsprogramm n data compression program

Datenleitung f data line or link

Datenmissbrauch m misuse of data

Datennetz n data network

Datensatz m record

Datenschutz m data protection

Datenschutzbeauftragte(r) m/f(m) data protection official

Datenschützer(in) m(f) data protectionist

Datensicherheit f data security

Datenspeicher m data memory; (≈ Speichermedium) data storage medium

Datenspionage f data spying

Datenträger m data carrier

Datentransfer m data transfer

Datentypistin f keyboarder, data typist

Datenübertragung f data transmission

Datenverarbeitung f data processing

Datenverkehr m data traffic

datieren v/t & v/i to date (**aus** from)

Dativ m GRAM dative (case)

Dativobjekt n GRAM indirect object

dato adv **bis ~** HANDEL, a. umg to date

Dattel f date

Datum n date; **was für ein ~ haben wir heute?** what's the date today?; **das heutige ~** today's date; **~ des Poststempels** date as postmark; **ein Nachschlagewerk neueren/älteren ~s** a recent/an old reference work

Datumsgrenze f dateline
Dauer f (≈ *das Andauern*) duration; (≈ *Zeitspanne*) period; (≈ *Länge*) *einer Sendung etc* length; **für die ~ eines Monats** for a period of one month; **von ~ sein** to be long-lasting; **keine ~ haben** to be short-lived; **von langer ~ sein** to last a long time; **auf die ~** in the long term; **auf ~** permanently
Dauerarbeitslose(r) m/f(m) **die ~n** the long-term unemployed
Dauerarbeitslosigkeit f long-term unemployment
Dauerauftrag m FIN standing order
Dauerbelastung f continual pressure *kein unbest art*; *von Maschine* constant load
Dauerbetrieb m continuous operation
Dauerbrenner *umg* m (≈ *Dauererfolg*) long runner; (≈ *Dauerthema*) long-running issue
Dauerfrost m freeze-up
Dauergast m permanent guest; (≈ *häufiger Gast*) regular visitor
dauerhaft **A** adj *Zustand* permanent; *Bündnis, Frieden* lasting *attr*, long-lasting **B** adv (≈ *für immer*) permanently
Dauerkarte f season ticket
Dauerlauf m SPORT jog; (≈ *das Laufen*) jogging
Dauerlutscher m lollipop
dauern v/i **1** (≈ *andauern*) to last **2** (≈ *Zeit benötigen*) to take (a while); **das dauert noch** *umg* it'll be a while yet; **das dauert mir zu lange** it takes too long for me; **das dauert nicht lang** it doesn't take long
dauernd **A** adj *Frieden, Regelung* lasting; *Wohnsitz* permanent; (≈ *fortwährend*) constant **B** adv *etw* **~ tun** to keep doing sth
Dauerparker(in) m(f) long-stay parker *Br*, long-term parker *US*
Dauerregen m continuous rain
Dauerstellung f permanent position
Dauerstress m **im ~ sein** to be in a state of permanent stress
Dauerthema n long-running issue
Dauerwelle f perm
Dauerwurst f German salami
Dauerzustand m permanent state of affairs
Daumen m thumb; **am ~ lutschen** to suck one's thumb; **j-m die ~ drücken** to keep one's fingers crossed for sb
Daumenlutscher(in) m(f) thumb-sucker
Daumennagel m thumbnail
Daumenregister n thumb index
Daune f down feather; **~n** down *sg*
Daunendecke f (down-filled) duvet *Br*, (down-filled) quilt
Daunenjacke f quilted jacket
davon adv **1** *räumlich* from there **2** *fig* **es unterscheidet sich ~** it differs from it; **... und ~ kommt das hohe Fieber** ... and that's where the high temperature comes from; **das kommt ~!** that's what you get; **~ stirbst du nicht** it won't kill you; **was habe ICH denn ~?** what do I get out of it? **3** **~ betroffen werden** *od* **sein** to be affected by that/it/them; **nehmen Sie doch noch etwas ~!** do have some more! **4** (≈ *darüber hören, sprechen*) about that/it/them; *verstehen, halten* of that/it/them; **genug ~!** enough of this!; **nichts ~ halten** not to think much of it; **ich halte viel ~** I think it is quite good
davonfahren v/i *Fahrer, Fahrzeug* to drive away; *Zug* to pull away
davonfliegen v/i to fly away
davonjagen v/t to chase off *od* away
davonkommen v/i (≈ *entkommen*) to get away; (≈ *nicht bestraft werden*) to get away with it; **mit dem Schrecken/dem Leben ~** to escape with no more than a shock/with one's life; **mit einer Geldstrafe ~** to get off with a fine
davonlassen v/t **die Hände** *od* **Finger ~** *umg* to leave it/them well alone
davonlaufen v/i (≈ *weglaufen*) to run away (**j-m/vor j-m** from sb); (≈ *verlassen*) to walk out (**j-m** on sb)
davonmachen v/r to make off
davontragen v/t *Sieg, Ruhm* to win; *Schaden, Verletzung* to suffer
davor adv **1** *räumlich* in front (of that/it/them) **2** *zeitlich* before that **3** **ich habe Angst ~, das zu tun** I'm afraid of doing that; **ich warne Sie ~!** I warn you!
davorstehen v/i to stand in front of it/them
davorstellen v/r to stand in front of it/them
DAX®, Dax m *abk* (= Deutscher Aktienindex) DAX index
dazu adv **1** (≈ *dabei, damit*) with it; **noch ~** as well, too **2** (≈ *dahin*) to that/it; **er ist auf dem besten Wege ~** he's well on the way to it; **wie konnte es nur ~ kommen?** how could that happen?; **wie komme ich ~?** *empört* why on earth should I?; **... aber ich bin nicht ~ gekommen** ... but I didn't get (a)round to it **3** (≈ *dafür, zu diesem Zweck*) for that/it; **ich habe ihm ~ geraten** I advised him to (do that); **~ bereit sein, etw zu tun** to be prepared to do sth; **~ gehört viel Geld** that takes a lot of money; **~ ist er da** that's what he's there for **4** (≈ *darüber, zum Thema*) about that/it; **was sagst du ~?** what do you say to that? **5** **im Gegensatz ~** in contrast to that; **im Vergleich ~** in comparison with that
dazugehören v/i to belong (to it/us *etc*); (≈ *eingeschlossen sein*) to be included (in it/them); **das**

gehört mit dazu it's all part of it; **es gehört schon einiges dazu** that takes a lot

dazugehörig *adj* which goes/go with it/them, concomitant

dazukommen *v/i* **1** *Person* to join them/us; **möchtest du nicht ~?** wouldn't you like to join us? **2** *Sache, Umstand* **dazu kommt noch, dass ...** on top of that ...

dazulernen *v/t* **viel/nichts ~** to learn a lot more/nothing new; **man kann immer was ~** there's always something to learn

dazusetzen *v/r* to join him/us *etc*

dazutun *umg v/t* to add

Dazutun *n* **ohne dein ~** without your doing/ saying anything

dazuverdienen *v/t & v/i* to earn something extra

dazwischen *adv räumlich, zeitlich* in between

dazwischenkommen *v/i* (≈ *störend erscheinen*) to get in the way; **... wenn nichts dazwischenkommt!** ... if all goes well; **mir ist leider etwas dazwischengekommen** something has come up

dazwischenreden *v/i* (≈ *unterbrechen*) to interrupt (**j-m** sb)

DB® *abk* (= Deutsche Bahn AG) *German Railways*

DDR *f abk* (= Deutsche Demokratische Republik) HIST GDR

deaktivieren *v/t* IT to disable; *Kontrollkästchen* to uncheck

Deal *umg m* deal

dealen *umg* **A** *v/i* **mit etw ~** to deal in sth **B** *v/t* to deal in; *Drogen* to push

Dealer(in) *m(f)* (drug) dealer

Debakel *n* debacle

Debatte *f* debate; **etw zur ~ stellen** to put sth up for discussion; PARL to put sth up for debate; **das steht hier nicht zur ~** that's not the issue

debattieren *v/t & v/i* to debate; **über etw** (*akk*) **~** to discuss sth

Debet *n* FIN debits *pl*

Debetseite *f* FIN debit side

debil *adj* MED feeble-minded

debitieren *v/t* FIN to debit

Debüt *n* debut; **sein ~ als etw geben** to make one's debut as sth

dechiffrieren *v/t* to decode

Deck *n* deck; **alle Mann an ~!** all hands on deck!

Deckbett *n* feather quilt

Deckblatt *n einer Seminararbeit etc* cover page

Deckchen *n* mat; *auf Tablett* tray cloth; (≈ *Tortendeckchen*) doily

Decke *f* **1** cloth; (≈ *Wolldecke*) blanket; *kleiner* rug; (≈ *Steppdecke*) quilt; (≈ *Bettdecke*) cover; **mit j-m unter einer ~ stecken** *fig* to be in league with sb **2** (≈ *Zimmerdecke*) ceiling; **an die ~ gehen** *umg* to hit the roof *umg*; **mir fällt die ~ auf den Kopf** *fig umg* I don't like my own company

Deckel *m* lid; *von Flasche* top; **j-m eins auf den ~ geben** *umg* (≈ *schlagen*) to hit sb on the head; (≈ *ausschimpfen*) to give sb a (good) talking-to *umg*

decken **A** *v/t* **1** (≈ *zudecken*) to cover; **ein Dach mit Ziegeln ~** to roof a building with tiles; → gedeckt **2** *Tisch, Tafel* to set; **den Tisch ~** to set *od* lay *Br* the table **3** (≈ *schützen*) to cover; FUSSB *Spieler* to mark; *Komplizen* to cover up for **4** *Kosten, Bedarf* to cover, to meet; **mein Bedarf ist gedeckt** *fig umg* I've had enough (to last me some time) **5** HANDEL, FIN (≈ *absichern*) *Scheck* to cover; *Defizit* to offset **B** *v/i* to cover; FUSSB (≈ *Spieler decken*) to mark **C** *v/r Interessen, Begriffe* to coincide; *Aussagen* to correspond; MATH *Figur* to be congruent

Deckenfluter *m* uplighter

Deckfarbe *f* opaque watercolour *Br*, opaque watercolor *US*

Deckmantel *fig m* mask; **unter dem ~ von ...** under the guise of ...

Deckname *m* assumed name; MIL code name

Deckung *f* **1** (≈ *Schutz*) cover; *Schach, a.* FUSSB defence *Br*, defense *US*; *beim Boxen, Fechten* guard; **in ~ gehen** to take cover; **j-m ~ geben** to cover sb **2** HANDEL, FIN *von Scheck* cover; *von Darlehen* security; **zur ~ seiner Schulden** to cover his debts; **eine ~ der Nachfrage ist unmöglich** demand cannot possibly be met **3** (≈ *Übereinstimmung*) congruence

deckungsgleich *adj* MATH congruent; **~ sein** *fig* to coincide; *Aussagen* to agree

Deckweiß *n* opaque white

Decoder *m* decoder

decodieren *v/t* to decode

de facto *adv* de facto

Defätismus *m* defeatism

defekt *adj Gerät etc* faulty; *gen* defective

Defekt *m* fault; (≈ *Mangel*) flaw; **geistiger ~** mental deficiency

defensiv **A** *adj* defensive; *Fahrweise* non-aggressive **B** *adv* defensively

Defensive *f* defensive; **in der ~ bleiben** to remain on the defensive

Defibrillator *m* defibrillator

definierbar *adj* definable; **schwer/leicht ~** hard/easy to define

definieren *v/t* to define

Definition *f* definition

definitiv **A** *adj* definite **B** *adv* (≈ *bestimmt*) definitely

Defizit *n* (= *Fehlbetrag*) deficit; (≈ *Mangel*) deficien-

cy (**an** +*dat* of)
Defizitverfahren *n EU* excessive deficit procedure
Deflation *f* WIRTSCH deflation
Deformation *f* deformation; (≈ *Missbildung*) deformity
deformieren *v/t* to deform
Defroster *m* AUTO heated windscreen *Br*, defroster *US*
deftig *adj Mahlzeit* substantial; *Humor* ribald; *Lüge* huge; *Ohrfeige* cracking *umg*; *Preis* extortionate
Degen *m* rapier; SPORT épée
Degeneration *f* degeneration
degenerieren *v/i* to degenerate (**zu** into)
degeneriert *adj* degenerate
degradieren *v/t* MIL to demote (**zu** to); *fig* (≈ *herabwürdigen*) to degrade
Degradierung *f* MIL demotion (**zu** to); *fig* degradation
dehnbar *adj* elastic; *fig* flexible
dehnen *v/t & v/r* to stretch; *Laut* to lengthen
Dehnung *f* stretching; *von Laut* lengthening
dehydrieren *v/t* CHEM to dehydrate
Deich *m* dyke *Br*, dike *bes US*
Deichsel *f* shaft, whiffletree *US*
deichseln *umg v/t* to wangle *umg*
dein *poss pr* your; **herzliche Grüße, Deine Elke** with best wishes, yours, Elke; *herzlicher* love Elke
deiner *pers pr* of you; **wir werden ~ gedenken** we will remember you
deine(r, s) *poss pr substantivisch* yours; **der/die/das Deine** *geh* yours; **die Deinen** *geh* your family, your people; **das Deine** *geh* (≈ *Besitz*) what is yours
deinerseits *adv* (≈ *auf deiner Seite*) for your part; (≈ *von deiner Seite*) on your part
deinesgleichen *pron* people like you
deinetwegen *adv* (≈ *wegen dir*) because of you; (≈ *dir zuliebe*) for your sake
deinetwillen *adv* **um ~** for your sake
deinstallieren *v/t Programm* to uninstall
Deka *österr n* → **Dekagramm**
dekadent *adj* decadent
Dekadenz *f* decadence
Dekagramm *n* decagram(me)
Dekan(in) *m(f)* UNIV, KIRCHE dean
Dekanat *n* (≈ *Amtssitz*) UNIV office of the dean; KIRCHE deanery
Deklaration *f* declaration
deklarieren *v/t* to declare
Deklination *f* GRAM declension
deklinierbar *adj* GRAM declinable
deklinieren *v/t* GRAM to decline
Deko *f abk* (= *Dekoration*) *umg* decoration, deco *umg*; *im Schaufenster* window display; *Einrichtung* décor
dekodieren *v/t* to decode
Dekolleté *n*, **Dekolletee** *n* low-cut neckline
dekolletiert *adj Kleid* low-cut
Dekompression *f* decompression
dekomprimieren *v/t* IT to decompress
dekontaminieren *v/t* to decontaminate
Dekor *m/n* decoration; (≈ *Muster*) pattern
Dekorateur(in) *m(f)* (≈ *Schaufensterdekorateur*) window-dresser; *von Innenräumen* interior designer
Dekoration *f* **1** (≈ *das Ausschmücken*) decorating **2** (≈ *Einrichtung*) décor *kein pl*; (≈ *Fensterdekoration*) window-dressing; **zur ~ dienen** to be decorative
dekorativ **A** *adj* decorative **B** *adv* decoratively
dekorieren *v/t* to decorate; *Schaufenster* to dress
Dekostoff *m* furnishing fabric
Dekret *n* decree
Delegation *f* delegation
delegieren *v/t* to delegate (**an** +*akk* to)
Delegierte(r) *m/f(m)* delegate
Delfin[1] *m* ZOOL dolphin
Delfin[2] *n* (≈ *Delfinschwimmen*) butterfly (stroke)
delikat *adj* **1** (≈ *wohlschmeckend*) exquisite, delicious **2** (≈ *behutsam, heikel*) delicate
Delikatesse *f* (≈ *Leckerbissen*), *a. fig* delicacy
Delikatessengeschäft *n* delicatessen
Delikatesssenf *m* (top-)quality mustard
Delikt *n* JUR offence *Br*, offense *US*
Delinquent(in) *geh m(f)* offender
Delirium *n* delirium; **im ~ sein** to be delirious; **~ tremens** the DT's
Delle *umg f* dent
Delphin *m* → **Delfin**[1]
Delta *n* GEOG delta
dem **A** *best art* to the; **wenn dem so ist** if that is the way it is; **wie dem auch sei** be that as it may **B** *dem pr* to that **C** *rel pr* to whom, that *od* who(m) ... to; *von Sachen* to which, which *od* that ... to
Demagoge *m*, **Demagogin** *f* demagogue
Demagogie *f* demagoguery
demagogisch *adj Rede etc* demagogic
demaskieren *v/t* to unmask, to expose; **j-n als etw ~** to expose sb as sth
Dementi *n* denial
dementieren **A** *v/t* to deny **B** *v/i* to deny it
dementsprechend **A** *adv* correspondingly; (≈ *demnach*) accordingly **B** *adj* appropriate; *Gehalt* commensurate
Demenz *f* MED dementia
demenzkrank *adj* suffering from dementia
Demenzkranke(r) *m/f(m)* dementia sufferer
demnach *adv* therefore; (≈ *dementsprechend*) accordingly

demnächst *adv* soon
Demo *umg* f **demo** *umg*
Demodiskette f COMPUT demo disk
Demografie f demography
demografisch *adj* demographic
Demokrat(in) m(f) democrat; US POL Democrat
Demokratie f democracy
Demokratiedefizit n democratic deficit
demokratisch A *adj* democratic B *adv* democratically
demolieren v/t to wreck
Demonstrant(in) m(f) demonstrator; (≈ Gegner) protester
Demonstration f demonstration
Demonstrationsverbot n ban on demonstrations
demonstrativ A *adj* demonstrative; *Beifall* acclamatory; *Protest* pointed B *adv* pointedly; ~ **Beifall spenden** to make a point of applauding
Demonstrativpronomen n demonstrative pronoun
demonstrieren v/t & v/i to demonstrate
Demontage f dismantling
demontieren v/t to dismantle; *Räder* to take off
demoralisieren v/t (≈ entmutigen) to demoralize
Demoskopie f (public) opinion research
demoskopisch *adj Daten, Erkenntnisse* opinion poll *attr*; **~es Institut** (public) opinion research institute; **eine ~e Untersuchung** a (public) opinion poll
demotivieren v/t to discourage
Demoversion f IT demo version
Demut f humility
demütig A *adj* humble B *adv* humbly
demütigen v/t to humiliate
Demütigung f humiliation; **j-m eine ~ zufügen** to humiliate sb
demzufolge *adv* therefore
Den Haag n The Hague
Denkanstoß m something to start one thinking; **j-m Denkanstöße geben** to give sb something to think about
Denkaufgabe f brain-teaser
denkbar A *adj* conceivable; **es ist durchaus ~, dass er kommt** it's very possible that he'll come B *adv* extremely; (≈ ziemlich) rather; **den ~ schlechtesten Eindruck machen** to make the worst possible impression
denken A v/i **1** to think; (≈ annehmen) to suppose; (≈ vermuten) to guess; **das gibt einem zu ~** it makes you think; **solange ich ~ kann** (for) as long as I can remember; **wo ~ Sie hin!** what an idea!; **wie ~ Sie darüber?** what do you think about it?; **ich denke genauso** I think the same (way); **ich denke schon** I think so; **ich denke nicht** I don't think so **2** ~ **an** (+akk) to think of *od* about; **das Erste, woran ich dachte** the first thing I thought of; **daran ist gar nicht zu ~** that's (quite) out of the question; **ich denke nicht daran!** no way! *umg*; **daran ~** (≈ nicht vergessen) to remember; **denk daran!** don't forget! B v/t to think; **sagen was man denkt** to say what one thinks; **was denkst du jetzt?** what are you thinking (about)?; **was denkst du über …?** what do you think about *od* of …?; **für j-n/etw gedacht sein** (≈ vorgesehen) to be intended for sb/sth; **so war das nicht gedacht** that wasn't what I/he *etc* had in mind; **wer hätte das (von ihr) gedacht!** who'd have thought it (of her)!; **ich habe mir nichts Böses dabei gedacht** I meant no harm (by it); **das kann ich mir ~** I can imagine; **das habe ich mir gleich gedacht** I thought that from the first; **das habe ich mir gedacht** I thought so; **ich denke mir mein Teil** I have my own thoughts on the matter; **sie denkt sich nichts dabei** she thinks nothing of it; → gedacht
Denken n (≈ Gedankenwelt) thought; (≈ Denkweise) thinking
Denker(in) m(f) thinker
Denkfähigkeit f ability to think
denkfaul *adj* (mentally) lazy; **sei nicht so ~!** get your brain working!
Denkfehler m flaw in the/one's reasoning
Denkmal n (≈ Gedenkstätte) monument (**für** to); (≈ Standbild) statue
denkmalgeschützt *adj Gebäude, Monument* listed; *Baum etc* protected; **das ist ein ~es Haus** this house is a listed building
Denkmal(s)pflege f preservation of historical monuments
Denkmal(s)schutz m **unter ~ stehen** to be listed, to be classified as a historical monument
Denkmodell n (≈ Entwurf) plan for further discussion
Denkpause f break, adjournment; **eine ~ einlegen** to have a break to think things over
Denkprozess m thought-process
Denkschrift f memo *umg*
Denkvermögen n capacity for thought
Denkweise f way of thinking
denkwürdig *adj* memorable
Denkzettel *umg* m warning; **j-m einen ~ verpassen** to give sb a warning
denn A *konj* **1** *kausal* because **2** *geh vergleichend* than; **schöner ~ je** more beautiful than ever **3** *konzessiv* **es sei ~, (dass)** unless B *adv verstärkend* **wann/wo ~?** when/where?; **warum ~ nicht?** why not?; **was soll das ~?** what's all this then?
dennoch *adv* nevertheless, still
Dental(laut) m LING dental

Denunziant(in) *pej m(f)* informer
denunzieren *v/t* to denounce
Deo *n abk* (= *Deodorant*) deodorant
Deodorant *n* deodorant
Deoroller *m* roll-on (deodorant)
Deospray *n/m* deodorant spray
Departement *n bes* department
deplatziert *adj* out of place
Deponie *f* dump
deponieren *geh v/t* to deposit
Deportation *f* deportation
deportieren *v/t* to deport
Deportierte(r) *m/f(m)* deportee
Depot *n* **1** (≈ *Wertpapierdepot*) depository; (≈ *Schließfach*) safety deposit box **2** (≈ *Pfand*) deposit
Depp *pej m* twit *umg*
Depression *f* depression; **~en haben** to suffer from depression
depressiv *adj* depressive; WIRTSCH depressed
deprimieren *v/t* to depress
deprimierend *adj* depressing
deprimiert *adj* depressed; **~ sein** to feel low
der, die, das **A** *best art* the; **der/die Arme!** the poor man/woman *od* girl; **die Engländer** the English *pl*; **der Hans** *umg* Hans; **der Rhein** the Rhine; **er nimmt den Hut ab** he takes his hat off; **der und der Wissenschaftler** such and such a scientist **B** *best art Genitiv von die* of the; **der Hund der Nachbarin** the neighbour's dog *Br*, the neighbor's dog *US*; **die Eltern der Schüler** the pupils' parents **C** *best art Dativ von die* to the; **gib der Frau das Buch** give the book to the woman, give the woman the book; **sag der Frau, ich komme** tell the woman I'm coming **D** *dem pr substantivisch* he/she/it; *pl* those, them *umg*; **das bin ich** that's me; **der/die war es** it was him/her; **der/die mit der großen Nase** the one with the big nose, him/her with the big nose *umg*; **der und schwimmen?** him, swimming?; **hat dir der Film gefallen? - ja, der war gut** did you like the film? - yes, it was good; **der/die da** *von Menschen* he/she, that man/woman *etc*; *von Gegenständen* that (one); **die hier/da** *pl* these/those; **der/die/das dort** that; **der/die/das hier** this; *Plural* these; **die so etwas tun, ...** those who do that sort of thing ... **E** *rel pr Mensch* who, that; *Gegenstand, Tier* which, that
derart *adv Art und Weise* in such a way; **er hat sich ~ benommen, dass ...** he behaved so badly that ...; **ein ~ unzuverlässiger Mensch** such an unreliable person
derartig **A** *adj* such; **(etwas) Derartiges** something like that **B** *adv* → derart
derb *adj* **1** (≈ *kräftig*) strong **2** (≈ *grob*) coarse; *Sprache* crude
Derby *n* horse race for three-year-olds, derby *US*
deregulieren *v/t* WIRTSCH to deregulate
deren *rel pr* **1** *sg* whose **2** *pl* whose, of whom; *von Sachen* of which
derentwegen *adv* because of whom; *von Sachen* because of which
dergleichen *dem pr* **1** *adjektivisch* of that kind; **~ Dinge** things of that kind **2** *substantivisch* that sort of thing; **nichts ~** nothing of that kind
Derivat *n* derivative
derjenige, diejenige, dasjenige *dem pr substantivisch* the one; *pl* those
dermaßen *adv mit Adjektiv* so; *mit Verb* so much; **ein ~ dummer Kerl** such a stupid fellow
Dermatologe *m*, **Dermatologin** *f* dermatologist
Dermatologie *f* dermatology
derselbe, dieselbe, dasselbe *dem pr* the same; **noch mal dasselbe, bitte!** *umg* same again, please; **ein und ~ Mensch** one and the same person
derzeit *adv* (≈ *jetzt*) at present
derzeitig *adj* (≈ *jetzig*) present, current
Desaster *n* disaster
Deserteur(in) *m(f)* deserter
desertieren *v/i* to desert
desgleichen *adv* (≈ *ebenso*) likewise
deshalb *adv & konj* therefore, that's why; (≈ *aus diesem Grunde*) because of that; **~ bin ich hergekommen** that is what I came here for; **~ also!** so that's why!; **~ frage ich ja** that's exactly why I'm asking
Design *n* design
designen *v/t* to design
Designer(in) *m(f)* designer
Designerbaby *n umg* designer baby
Designerdroge *f* designer drug
Designermöbel *pl* designer furniture *sg*
Designermode *f* designer fashion
designiert *adj* **der ~e Vorsitzende** the chairman elect
Desinfektion *f* disinfection
Desinfektionsmittel *n* disinfectant
desinfizieren *v/t Zimmer, Bett etc* to disinfect; *Spritze, Gefäß etc* to sterilize
Desinformation *f* POL disinformation *kein pl*
Desinteresse *n* lack of interest (**an** +*dat* in)
desinteressiert *adj* uninterested; *Gesicht* bored
deskriptiv *adj* descriptive
Desktop-Publishing *n* desktop publishing
desolat *geh adj* desolate; *Zustand* desperate
Despot(in) *m(f)* despot
despotisch *adj* despotic
dessen *rel pr* whose; *von Sachen* of which, which

... of
Dessert *n* dessert
Dessin *n Textilien* pattern
Dessous *pl* underwear *kein pl*; *elegant* lingerie *kein pl*
destabilisieren *v/t* to destabilize
Destabilisierung *f* destabilization
destillieren *v/t* to distil *Br*, to distill *US*
desto *konj* ~ **mehr/besser** all the more/better; ~ **schneller** all the faster; → je
destruktiv *adj* destructive
deswegen *adv* → deshalb
Detail *n* detail; **ins ~ gehen** to go into detail(s); **im ~** in detail; **bis ins kleinste ~** (right) down to the last detail
Detailfrage *f* question of detail
detailgenau, detailgetreu *adj* accurate in every detail
detailliert A *adj* detailed B *adv* in detail; **~er** in greater detail
Detektiv(in) *m(f)* private investigator, detective
Detektivroman *m* detective novel
Detektor *m TECH* detector
Detonation *f* explosion
detonieren *v/i* to explode
Deut *m* **um keinen ~** not one iota
deuten A *v/t* (≈ *auslegen*) to interpret; **etw falsch ~** to misinterpret sth B *v/i* (**mit dem Finger**) **auf etw** (*akk*) ~ to point (one's finger) at sth; **alles deutet darauf, dass ...** all the indications are that ...
deutlich A *adj* clear; **~ werden** to make oneself clear; **das war ~!** (≈ *taktlos*) that was clear enough; **muss ich ~er werden?** have I not made myself clear enough? B *adv* clearly; **~ zu sehen/hören** easy to see/hear; **j-m ~ zu verstehen geben, dass ...** to make it clear to sb that ...
Deutlichkeit *f* clarity; **etw mit aller ~ sagen** to make sth perfectly clear
deutsch *adj* German; **Deutsche Demokratische Republik** *HIST* German Democratic Republic; **Deutsche Mark** *HIST* German mark; **mit j-m ~ reden** *fig umg deutlich* to speak bluntly with sb
Deutsch *n* German; **~ sprechend** German-speaking; **sich auf ~ unterhalten** to speak (in) German; **wie sagt man das auf ~?** how do you say that in German?; **auf gut ~ (gesagt)** *fig umg* in plain English
deutsch-englisch *adj POL* Anglo-German; *LING* German-English
Deutsche(r) *m/f(m)* **er ist ~r** he is (a) German; **eine ~ wurde verletzt** a German woman was injured; **die ~n** the Germans
deutschfeindlich *adj* anti-German
deutschfreundlich *adj* pro-German
Deutschland *n* Germany; **warst du schon mal in ~?** have you ever been to Germany?
Deutschlehrer(in) *m(f)* German teacher
deutschsprachig *adj Bevölkerung, Gebiete* German-speaking; *Zeitung* German language; *Literatur, Ausgabe* German
Deutschstunde *f* German lesson
Deutschunterricht *m* German lessons *pl*; (≈ *das Unterrichten*) teaching German
Deutung *f* interpretation
Devise *f* 1 (≈ *Wahlspruch*) motto 2 *FIN* **~n** *pl* foreign exchange
Devisenbestimmungen *pl* foreign exchange control regulations *pl*
Devisenbörse *f* foreign exchange market
Devisengeschäft *n* foreign exchange dealing
Devisenhandel *m* foreign exchange dealings *pl*
Devisenhändler(in) *m(f)* foreign exchange dealer
Devisenkontrolle *f* (foreign) exchange control
Devisenkurs *m* exchange rate
Dezember *m* December; → März
dezent A *adj* discreet, unobtrusive; *Kleidung* subtle; *Einrichtung* refined B *adv andeuten* discreetly
dezentral A *adj* decentralized B *adv verwalten* decentrally
Dezentralisierung *f* decentralization
Dezernat *n ADMIN* department
Dezibel *n* decibel
Dezigramm *n* decigram(me)
Deziliter *m/n* decilitre *Br*, deciliter *US*
dezimal *adj* decimal
Dezimalbruch *m* decimal fraction
Dezimalrechnung *f* decimals *pl*
Dezimalstelle *f* decimal place
Dezimalsystem *n* decimal system
Dezimalzahl *f* decimal number
Dezimeter *m/n* decimetre *Br*, decimeter *US*
dezimieren *v/t* to decimate
DFB *m abk* (= *Deutscher Fußball-Bund*) German Football Association
DGB *m abk* (= *Deutscher Gewerkschaftsbund*) Federation of German Trade Unions
d. h. *abk* (= *das heißt*) i. e.
Dia *n FOTO* slide
Diabetes *m* diabetes
Diabetiker(in) *m(f)* diabetic
diabetisch *adj* diabetic
Diabolo *n Spiel* diabolo
Diagnose *f* diagnosis; **eine ~ stellen** to make a diagnosis
diagnostisch *adj* diagnostic
diagnostizieren *v/t & v/i MED, a. fig* to diagnose
diagonal A *adj* diagonal B *adv* diagonally

Diagonale f diagonal
Diagramm n diagram, chart
Dialekt m dialect
Dialektik f *Philosophie* dialectics *sg od pl*
dialektisch *adj Philosophie* dialectic(al)
Dialog m dialogue *Br*, dialog *US*
Dialogmarketing n dialog(ue) marketing; **Kauffrau/Kaufmann für ~** (qualified) dialog(ue) marketing officer
Dialyse f *MED* dialysis
Dialysegerät n dialysis machine
Diamant m diamond
diamanten *adj* diamond; **~e Hochzeit** diamond wedding
diametral **A** *adj* diametral **B** *adv* **~ entgegengesetzt sein** to be diametrically opposite
Diaphragma n *TECH, MED* diaphragm
Diapositiv n slide
Diaprojektor m slide projector
Diarahmen m slide frame
Diät f *MED* diet; **~ kochen** to cook according to a diet; **~ halten** to keep to a diet; **eine ~ machen** to go on a diet; **j-n auf ~ setzen** *umg* to put sb on a diet
Diätassistent(in) m(f) dietician
Diäten *pl PARL* parliamentary allowance
Diätkost f dietary foods *pl*
Diavortrag m slide presentation
dich **A** *pers pr* you **B** *refl pr* yourself; **wie fühlst du ~?** how do you feel?
dicht **A** *adj* **1** *Haar, Hecke* thick; *Wald, Gewühl* dense; *Verkehr* heavy; *Gewebe* close; **in ~er Folge** in rapid succession **2** (≈ *wasserdicht*) watertight; (≈ *luftdicht*) airtight; **~ machen** to seal; **er ist nicht ganz ~** *umg* he's nuts *umg* **B** *adv* **1** (≈ *nahe*) closely; (**dicht an**) **~ stehen** to stand close together **2** (≈ *sehr stark bevölkert*) densely; **~ behaart** very hairy; **~ bewölkt** heavily overcast; **~ gedrängt** closely packed; *Programm* packed **3** **~ an/bei** close to; **~ dahinter** right behind; **~ daneben** close beside it; **~ hintereinander** close(ly) behind one another
Dichte f **1** *von Haar, Hecke* thickness; *von Verkehr* heaviness **2** *PHYS* density
dichten **A** *v/t* to write **B** *v/i* to write poems/a poem
Dichter(in) m(f) poet; (≈ *Schriftsteller*) writer
dichterisch *adj* poetic; (≈ *schriftstellerisch*) literary; **~e Freiheit** poetic licence *Br*, poetic license *US*
dichtgedrängt *adj* → **dicht**
dichthalten *umg v/i* to keep one's mouth shut *umg*
Dichtkunst f art of poetry; (≈ *Schriftstellerei*) creative writing
dichtmachen *umg v/t & v/i Fabrik, Betrieb etc* to close down; (**den Laden**) **~** to shut up shop (and go home) *umg*
Dichtung¹ f **1** (≈ *Dichtkunst*) literature; *in Versform* poetry; **~ und Wahrheit** *fig* fact and fiction **2** (≈ *Dichtwerk*) poem, literary work
Dichtung² f *TECH* seal; *in Wasserhahn etc* washer
Dichtungsring m seal; *in Wasserhahn* washer
dick **A** *adj* **1** thick; *Mensch, Buch, Brieftasche* fat; **3 m ~e Wände** walls 3 metres thick *Br*, walls 3 meters thick *US*; **~ machen** *Speisen* to be fattening; **~ werden** *Mensch* (≈ *zunehmen*) to get fat; **durch ~ und dünn** through thick and thin **2** *umg Fehler* big; **das ist ein ein ~es Lob** that's high praise; **das ist ein ~er Hund** *umg* (≈ *unerhört*) that's a bit much *umg* **3** (≈ *geschwollen*) swollen **4** *umg* (≈ *herzlich*) *Freundschaft* close **B** *adv* **1** (≈ *reichlich*) thickly; **etw ~ mit Butter bestreichen** to spread butter thickly on sth; **er hat es ~(e)** *umg* (≈ *hat es satt*) he's had enough of it; (≈ *hat viel*) he's got enough and to spare **2** *umg* (≈ *eng*) **mit j-m ~ befreundet sein** to be thick with sb *umg*
dickbäuchig *adj Mensch* potbellied
Dickdarm m *ANAT* colon
Dicke f **1** (≈ *Stärke, Durchmesser*) thickness **2** *von Menschen, Körperteilen* fatness
Dicke(r) *umg m/f(m)* fatso *umg*
Dickerchen *umg n* chubby
dickfellig *umg adj* thick-skinned
dickflüssig *adj* thick; *TECH* viscous
Dickhäuter m pachyderm; *fig* thick-skinned person
Dickicht n (≈ *Gebüsch*) thicket; *fig* jungle
Dickkopf m **1** (≈ *Starrsinn*) obstinacy; **einen ~ haben** to be obstinate **2** (≈ *Mensch*) mule *umg*
dickköpfig *fig adj* stubborn
Dickköpfigkeit f stubbornness
dicklich *adj* plump
Dickmilch f *GASTR* sour milk
Dickschädel *umg m* → **Dickkopf**
Didaktik f didactics *sg form*, teaching methods *pl*
didaktisch **A** *adj* didactic **B** *adv* didactically
die *best art* → **der**
Dieb(in) m(f) thief; **haltet den ~!** stop thief!
Diebesbande f gang of thieves
Diebesgut n stolen property
diebisch *adj* **1** thieving *attr* **2** *umg Freude* mischievous
Diebstahl m theft; **bewaffneter ~** armed robbery; **geistiger ~** plagiarism
Diebstahlsicherung f *AUTO* antitheft device
Diebstahlversicherung f theft insurance
diejenige *dem pr* → **derjenige**
Diele f **1** (≈ *Fußbodenbrett*) floorboard **2** (≈ *Vorraum*) hall

dienen v/i to serve (**j-m/einer Sache** sb/sth); (≈ *Militärdienst leisten*) to do (one's) military service; **als/zu etw ~** to serve as/for sth; **es dient einem guten Zweck** it serves a useful purpose; **damit kann ich leider nicht ~** I'm afraid I can't help you there; **damit ist mir wenig gedient** that's no use to me

Diener m **1** (≈ *Mensch*) servant **2** *umg* (≈ *Verbeugung*) bow

Dienerin f maid, servant

dienlich adj useful; **j-m/einer Sache ~ sein** to be of use *od* help to sb/sth

Dienst m service; **diplomatischer/öffentlicher ~** diplomatic/civil service; **den ~ quittieren, aus dem ~ (aus)scheiden** to resign one's post; MIL to leave the service; **~ mit der Waffe** MIL armed service; **~ haben** *Arzt etc* to be on duty; *Apotheke* to be open; **~ habend** → diensthabend; **außer ~** (≈ *im Ruhestand*) retired; **außer ~ sein** (≈ *keinen Dienst haben*) to be off duty; **~ nach Vorschrift** work to rule; **sich in den ~ der Sache stellen** to embrace the cause; **j-m einen schlechten ~ erweisen** to do sb a bad turn; **j-m gute ~e leisten** to serve sb well; **~ am Kunden** customer service

Dienstag m Tuesday; **am ~** on Tuesday; **hast du ~ Zeit?** have you time on Tuesday?; **jeden ~** every Tuesday; **ab nächsten ~** from next Tuesday; **~ in einer Woche** a week on Tuesday; **~ vor einer Woche** a week (ago) last Tuesday

Dienstagabend m Tuesday evening; **am ~** on Tuesday evening

dienstagabends adv on Tuesday evenings

Dienstagmorgen m Tuesday morning; **am ~** on Tuesday morning

Dienstagnachmittag m Tuesday afternoon

Dienstagnacht f on Tuesday night

dienstagnachts adv on Tuesday nights

dienstags adv (on) Tuesdays, on a Tuesday; **~ abends** (on) Tuesday evenings

Dienstalter n length of service

Dienstauto n company car

dienstbeflissen adj zealous

dienstbereit adj *Apotheke* open *präd*; *Arzt* on call *präd*

Dienstbote m, **Dienstbotin** f servant

dienstfrei adj free; **~er Tag** day off, free day; **~ haben** to have a day off

Dienstgeheimnis n official secret

Dienstgrad m MIL (≈ *Rangstufe*) rank

diensthabend adj *Arzt, Offizier etc* duty *attr*, on duty

Dienstherr(in) m(f) employer

Dienstleister m (≈ *Firma*) service company

Dienstleistung f service

Dienstleistungsbetrieb m service company

Dienstleistungsgesellschaft f service economy

Dienstleistungsgewerbe n services trade

Dienstleistungssektor m service sector

Dienstleistungsunternehmen n service enterprise

dienstlich **A** adj *Angelegenheiten* business *attr*; *Schreiben* official **B** adv on business

Dienstmädchen n maid

Dienstplan m duty roster

Dienstreise f business trip

Dienstschluss m end of work; **nach ~** after work

Dienststelle f ADMIN department

Dienststunden pl working hours pl

diensttauglich adj MIL fit for duty

diensttuend adj *Arzt* duty *attr*, on duty

Dienstwagen m company car

Dienstweg m **den ~ einhalten** to go through the proper channels pl

dies *dem pr* this; pl these; **~ sind** these are; **~ und das** this and that

diesbezüglich *form* adj regarding this

diese *dem pr* → dieser

Diesel *umg* m diesel

dieselbe *dem pr* → derselbe

Dieselmotor m diesel engine

Dieselöl n diesel oil

dieser, diese, dieses *dem pr* this; pl these; **diese(r, s) hier** this (one); **diese(r, s) da** that (one); **diese dort** those; **diese hier** these; **dieses und jenes** this and that; **~ und jener** this person and that; **am 5. dieses Monats** on the 5th of this month; **an diesem Abend** that evening; **(nur) dieses eine Mal** just this/that once

diesig adj *Wetter, Luft* hazy

diesjährig adj this year's

diesmal adv this time

diesseits *präp* on this side of

Dietrich m skeleton key

diffamieren v/t to defame

Diffamierung f (≈ *das Diffamieren*) defamation (of character); (≈ *Bemerkung etc*) defamatory statement

Differential n → Differenzial

Differenz f **1** difference **2** (≈ *Meinungsverschiedenheit*) difference (of opinion)

Differenzial n MATH, AUTO differential

differenzieren v/i to make distinctions (**bei** in); (≈ *den Unterschied verstehen*) to differentiate (**bei** in)

differenziert adv *gestalten* in a sophisticated manner; **ich sehe das etwas ~er** I think it's a bit more complex than that

differieren v/i to differ, to vary (**um** by)

diffus adj *Gedanken* confused; *Rechtslage* unclear

digital **A** *adj* digital; **~er Bilderrahmen** digital picture frame; **~er Fotorahmen** digital photo frame **B** *adv* digitally
Digitalanzeige *f* digital display
Digitalfernsehen *n* digital television
digitalisieren *v/t* to digitalize
Digitalisierung *f* digitalization
Digitalkamera *f* digital camera
Digitalreceiver *m*, **Digitaldecoder** *m*, **Digitalempfänger** *m* TV digital receiver
Digitalrechner *m* COMPUT digital calculator
Digitaltechnik *f* IT digital technology
Digitaluhr *f* digital clock; (≈ *Armbanduhr*) digital watch
Digitalzeitalter *n* digital age
Diktat *n* dictation; **ein ~ schreiben** SCHULE to do (a) dictation; **etw nach ~ schreiben** to write sth from dictation
Diktator(in) *m(f)* dictator
diktatorisch *adj* dictatorial
Diktatur *f* dictatorship
diktieren *v/t* to dictate
Dilemma *n* dilemma
Dilettant(in) *m(f)* amateur
dilettantisch **A** *adj* amateurish **B** *adv* amateurishly
Dill *m* BOT, GASTR dill
Dimension *f* dimension
Dimmer *m* dimmer (switch)
DIN® *f abk* (= *Deutsche Industrie-Norm*) German Industrial Standard; **DIN**® **A4** A4
Ding *n* **1** thing; **guter ~e sein** *geh* to be in good spirits; **berufliche ~e** professional matters; **so wie die ~e liegen** as things are; **vor allen ~en** above all (things) **2** *umg* **das ist ein ~!** now there's a thing! *umg*; **ein tolles ~!** *umg* great! *umg*; **das war vielleicht ein ~** *umg* that was quite something *umg*
Dingo *m* (≈ *australischer Wildhund*) dingo
Dings *n*, **Dingsbums** *umg n* (≈ *Sache*) whatsit *umg*
Dinkel *m* BOT spelt
Dinosaurier *m* dinosaur
Diode *f* diode
Dioxid *n* dioxide
Dioxin *n* dioxin
dioxinhaltig *adj* dioxinated
Diözese *f* diocese
Diphtherie *f* diphtheria
Diphthong *m* diphthong
Diplom *n* diploma
Diplomarbeit *f* dissertation (*submitted for a diploma*)
Diplomat(in) *m(f)* diplomat
Diplomatie *f* diplomacy
diplomatisch **A** *adj* POL *fig* diplomatic **B** *adv* diplomatically; **sie hat sich nicht sehr ~ verhalten** she wasn't very diplomatic
diplomiert *adj* qualified
Diplom-Ingenieur(in) *m(f)* qualified engineer
Diplom-Kauffrau *f*, **Diplom-Kaufmann** *m* business school graduate
DIP-Schalter *m* COMPUT dip switch
dir *pers pr* to you; *reflexiv* yourself
direkt **A** *adj* **1** direct; **~e Rede** direct speech; **eine ~e Verbindung** *mit Zug* a through train; *mit Flugzeug* a direct flight **2** (≈ *genau*) Antwort, Auskunft clear **B** *adv* **1** (≈ *unmittelbar*) directly; **~ von/zu** straight from/to; **~ neben/unter** right next to/under; **~ hinter dir** right behind you; **~ übertragen** *od* **senden** to transmit live **2** (≈ *unverblümt*) bluntly; **j-m etw ~ ins Gesicht sagen** to tell sb sth (straight) to his face **3** *umg* (≈ *geradezu*) really; **nicht ~** not exactly
Direktflug *m* direct flight
Direktion *f* (≈ *Leitung*) management
Direktive *geh f* directive
Direktkandidat(in) *m(f)* POL candidate seeking a direct mandate
Direktmandat *n* POL direct mandate
Direktor(in) *m(f)* director; *von Schule* headmaster/-mistress *bes Br*, principal *bes US*
Direktorium *n* board of directors
Direktübertragung *f* RADIO, TV live transmission
Direktverbindung *f* BAHN through train; FLUG direct flight
Direktvertrieb *m* direct marketing
Direktwerbung *f* direct advertising
Dirigent(in) *m(f)* MUS conductor
dirigieren *v/t* **1** MUS to conduct **2** (≈ *leiten*) Verkehr *etc* to direct
Dirndl *n* **1** (*a.* **~kleid**) dirndl **2** *österr* (≈ *Mädchen*) girl
Dirne *f* prostitute
Discjockey *m* disc jockey
Disco *f* disco
Discounter *m* **1** WIRTSCH discount retailer, cut-price retailer, discounter **2** (≈ *Billigfluganbieter*) no-frolls airline
Discountladen *m* discount shop
Diskette *f* disk, diskette, floppy (disk)
Diskettenlaufwerk *n* disk drive
Diskjockey *m* → Discjockey
Disko *f* → Disco
Diskont *m* FIN discount
diskontieren *v/t* FIN to discount
Diskontsatz *m* FIN discount rate *Br*, bank rate *US*
Diskothek *f* discotheque
diskreditieren *geh v/t* to discredit
Diskrepanz *f* discrepancy
diskret **A** *adj* discreet; (≈ *vertraulich*) confidential

B *adv* discreetly
Diskretion *f* discretion; (≈ *vertrauliche Behandlung*) confidentiality; **~ üben** to be discreet
diskriminieren *v/t* to discriminate against
diskriminierend *adj* discriminatory
Diskriminierung *f* discrimination
Diskriminierungsverbot *n* non-discrimination principle, ban on discrimination
Diskurs *geh m* discourse
Diskus *m* discus
Diskussion *f* discussion; **zur ~ stehen** to be under discussion
Diskussionsbedarf *m* need for discussion
Diskussionsleiter(in) *m(f)* moderator
Diskussionsrunde *f* round of discussions; (≈ *Personen*) discussion group
Diskussionsteilnehmer(in) *m(f)* participant (in a discussion)
Diskussionsthema *n* discussion topic
Diskuswerfen *n* throwing the discus
Diskuswerfer(in) *m(f)* discus thrower
diskutabel *adj* worth discussing
diskutieren *v/t & v/i* to discuss; **über etw** (*akk*) **~** to discuss sth; **darüber lässt sich ~** that's debatable
Display *n* display
disponieren *geh v/i* **1** (≈ *verfügen*) **über j-n ~** to command sb's services *form*; **über etw ~ können** (≈ *zur Verfügung haben*) to have sth at one's disposal **2** (≈ *planen*) to make arrangements *od* plans
Disposition *geh f* **zur ~ stehen** to be up for consideration
Disput *geh m* dispute
Disqualifikation *f* disqualification
disqualifizieren *v/t* to disqualify
dissen *sl v/t* to slag off *Br umg*, to diss *bes US umg*
Dissertation *f* dissertation; (≈ *Doktorarbeit*) (doctoral) thesis
Dissident(in) *m(f)* dissident
Dissonanz *f* MUS dissonance; *fig* (note of) discord
Distanz *f* distance; (≈ *Zurückhaltung*) reserve; **~ halten** *od* **wahren** to keep one's distance; **auf ~ gehen** *fig* to distance oneself
distanzieren *v/r* **sich von j-m/etw ~** to distance oneself from sb/sth
distanziert **A** *adj Verhalten* distant **B** *adv* **~ wirken** to seem distant
Distel *f* thistle
Disziplin *f* discipline; **~ halten** *Klasse* to behave in a disciplined manner
disziplinarisch **A** *adj* disciplinary **B** *adv* **j-n ~ bestrafen** to take disciplinary action against sb
Disziplinarstrafe *f* punishment
Disziplinarverfahren *n* disciplinary proceedings *pl*
disziplinieren *v/t* to discipline
diszipliniert **A** *adj* disciplined **B** *adv* in a disciplined manner
disziplinlos *adj* undisciplined
Disziplinlosigkeit *f* lack *kein pl* of discipline
dito *adv* HANDEL *hum* ditto
Diva *f* star
Divergenz *f* divergence
divergieren *v/i* to diverge
divers *adj* various; **„Diverses"** "miscellaneous"
diversifizieren *v/t & v/i* to diversify
Diversifizierung *f* diversification
Dividende *f* FIN dividend
dividieren *v/t & v/i* to divide (**durch** by)
Division *f* MATH, MIL division
DJ *m abk* (= *Discjockey*) DJ
DM *abk* (= *Deutsche Mark*) HIST German mark; **50 DM** 50 German marks, 50 Deutschmarks, 50 marks
DNS *f abk* (= *Desoxyribonukleinsäure*) DNA
DNS-Code *m* DNA code
doch **A** *konj* (≈ *aber*) but; **und ~ hat er es getan** but he still did it **B** *adv* **1** (≈ *trotzdem*) anyway; **du weißt es ja ~ besser** you always know better than I do anyway; **und ~, ...** and yet ...; **ja ~!** of course!; **nein ~!** of course not!; **also ~!** so it IS/so he DID! *etc* **2** *als bejahende Antwort* yes I do/it does *etc*; **hat es dir nicht gefallen? — (doch,) ~!** didn't you like it? — (oh) yes I did! *etc* **3 komm ~** do come; **lass ihn ~!** just leave him!; **nicht ~!** don't (do that)!; **du hast ~ nicht etwa ...?** you haven't ..., have you?; **hier ist es ~ ganz nett** it's actually quite nice here; **Sie wissen ~, wie das ist** (well,) you know how it is, don't you?; **das müsstest du ~ wissen** you should know that
Docht *m* wick
Dock *n* dock
Dogge *f* mastiff; **Deutsche ~** Great Dane
Dogma *n* dogma
Dogmatiker(in) *m(f)* dogmatist
dogmatisch *adj* dogmatic
Dohle *f* ORN jackdaw
Dojo *n* SPORT dojo
Doktor(in) *m(f)* doctor; **sie ist ~** she has a doctorate; **seinen ~ machen** to do a doctorate
Doktorand(in) *m(f)* PhD student, graduate student studying for a doctorate
Doktorarbeit *f* doctoral *od* PhD thesis
Doktorprüfung *f* examination for a/one's doctorate
Doktortitel *m* doctorate
Doktorvater *m* UNIV supervisor
Doktrin *f* doctrine
Doku *f abk* (= *Dokumentation, Dokumentarbe-*

richt, Dokumentarfilm) documentation; *Bericht, Film* documentary
Dokudrama *n* docudrama
Dokument *n* document; *fig* (≈ *Zeugnis*) record
Dokumentarfilm *m* documentary (film)
dokumentarisch **A** *adj* documentary **B** *adv* etw ~ **festhalten** to document sth
Dokumentation *f* documentation
dokumentieren *v/t* to document
dokumentiert *adj* on record
Dokumentvorlage *f* IT template
Doku-Soap *f* docusoap
Dolch *m* dagger
Dolchstoß *bes fig m* stab *a. fig*
Dole *f* (≈ *Gully*) drain
Dollar *m* dollar; **hundert ~** a hundred dollars
Dollarkurs *m* dollar rate
Dollarzeichen *n* dollar sign
dolmetschen *v/t & v/i* to interpret; **j-m** *od* **für j-n ~** to interpret for sb
Dolmetscher(in) *m(f)* interpreter
Dolomiten *pl* GEOG **die ~** the Dolomites *pl*
Dom *m* cathedral
Domain *f* INTERNET domain
Domäne *f* domain
dominant *adj* dominant
dominieren **A** *v/i* to be (pre)dominant; *Mensch* to dominate **B** *v/t* to dominate
dominierend *adj* dominating
dominikanisch *adj* GEOG **die Dominikanische Republik** the Dominican Republic
Domino *n* (≈ *Spiel*) dominoes *sg*
Dominoeffekt *m* domino effect
Dominospiel *n* dominoes *sg*
Dominostein *m* domino
Domizil *n* domicile *form*
Dompfaff *m* ORN bullfinch
Dompteur(in) *m(f)* trainer; *von Raubtieren* tamer
Donau *f* **die ~** the (river) Danube; **an der ~ liegen** to be on the river Danube
Döner *m* doner kebab
Dönerbude *f umg* doner kebab shop
Donner *m* thunder *kein unbest art, kein pl*; (≈ *Donnerschlag*) clap of thunder; **wie vom ~ gerührt** *fig umg* thunderstruck
donnern **A** *v/i* to thunder; **es donnerte in der Ferne** there was (the sound of) thunder in the distance **B** *v/i* to thunder; **gegen etw ~** (≈ *prallen*) to crash into sth
donnernd *fig adj* thunderous
Donnerschlag *m* clap of thunder
Donnerstag *m* Thursday; → *Dienstag*
donnerstags *adv* (on) Thursdays, on a Thursday; → *dienstags*
Donnerwetter *n fig umg* (≈ *Schelte*) row; **~!** *umg anerkennend* my word!; **(zum) ~!** *umg zornig* damn (it)! *umg*
doof *umg adj* dumb *umg*; **~ fragen** to ask a dumb question
Doofmann *umg m* blockhead *umg*
dopen **A** *v/t* SPORT to dope **B** *v/i & v/r* SPORT to take drugs; → *gedopt*
Doping *n* SPORT drug-taking; *bei Pferden* doping
Dopingkontrolle *f* SPORT drug(s) test
Dopingtest *m* SPORT drug(s) test
Dopingverdacht *m* SPORT **bei ihm besteht ~** he is suspected of having taken drugs
Doppel *n* ◼ (≈ *Duplikat*) duplicate (copy) ◼ *Tennis etc* doubles *sg*
Doppel- *zssgn Agent, Bett, Kinn etc* double
Doppelagent(in) *m(f)* double agent
Doppelbett *n* double bed; (≈ *zwei Betten*) twin beds *pl*
Doppel-CD *f* double CD
Doppeldecker *m* ◼ FLUG biplane ◼ (*a.* **~bus**) double-decker (bus)
doppeldeutig *adj* ambiguous
Doppeldeutigkeit *f a.* LIT ambiguity
Doppelfehler *m Tennis* double fault
Doppelfenster *n* **~ haben** to have double glazing
Doppelfunktion *f* dual function
Doppelgänger(in) *m(f)* double
Doppelhaus *n* semi *Br umg*, duplex (house) *US*
Doppelhaushälfte *f* semidetached house *Br*, duplex (house) *US*
Doppelkinn *n* double chin
Doppelklick *m* IT double click (**auf** +*akk* on)
doppelklicken *v/i* IT to double-click (**auf** +*akk* on)
Doppelleben *n* double life
Doppelmoral *f* double (moral) standard(s) (*pl*)
Doppelmord *m* double murder
Doppelname *m* (≈ *Nachname*) double-barrelled name *Br*, double-barreled name *US*
Doppelpack *m* twin pack
Doppelpass *m* ◼ FUSSB one-two ◼ *für doppelte Staatsbürgerschaft* second passport
Doppelpunkt *m* colon
Doppelrolle *f* THEAT double role; *fig* dual capacity
doppelseitig *adj* two-sided; *Lungenentzündung* double; **~e Anzeige** double page spread; **~e Lähmung** diplegia
Doppelsieg *m* double victory
Doppelspiel *n* ◼ *Tennis* (game of) doubles *sg* ◼ *fig* double game
Doppelstecker *m* two-way adaptor
doppelstöckig *adj Haus* two-storey *Br*, two-story *US*; *Bus* double-decker *attr*; **ein ~es Bett** bunk beds *pl*
Doppelstunde *f bes* SCHULE double period

doppelt A *adj* double; *Staatsbürgerschaft* dual; **die ~e Freude** double the pleasure; **~er Boden** *von Koffer* false bottom; **~e Moral** double standards *pl*; **ein ~es Spiel spielen** *od* **treiben** to play a double game B *adv* double; (≈ *zweimal*) twice; **~ so viel/viele** twice as much/many; **~ so schön** twice as nice; **die Karte habe ich ~** I have two of these cards; **~ verglast** double-glazed; **~ gemoppelt** *umg* saying the same thing twice over; **~ und dreifach** *sich entschuldigen* profusely; *prüfen* thoroughly; **~ (genäht) hält besser** *sprichw* ≈ better safe than sorry *sprichw*

Doppelte(s) *n* double; **um das ~ größer** twice as large; **das ~ bezahlen** to pay twice as much

Doppelverdiener(in) *m(f)* person with two incomes; (≈ *Paar*) *pl* double-income couple

Doppelzentner *m* 100 kilos

Doppelzimmer *n* double room

Dorade *f* gilt-head (sea) bream

Dorf *n* village; **auf dem ~(e)** (≈ *auf dem Land*) in the country

Dorfbewohner(in) *m(f)* villager

Dörfchen *n* small village

dörflich *adj* village *attr*; (≈ *ländlich*) rural

Dorfplatz *m* village square

Dorftrottel *umg m* village idiot

Dorn *m* 1 BOT, *a. fig* thorn; **das ist mir ein ~ im Auge** *fig* that is a thorn in my side *bes Br* 2 (≈ *Sporn*) spike; *von Schnalle* tongue

Dornenhecke *f* thorn(y) hedge

dornenreich *adj* thorny; *fig* fraught with difficulty

dornig *adj* thorny

Dornröschen *n* Sleeping Beauty

Dornwarze *f* MED plantar wart, verruca

dörren *v/t & v/i* to dry

Dörrfleisch *n* dried meat

Dörrobst *n* dried fruit

Dorsch *m* (≈ *Kabeljau*) cod(fish)

dort *adv* there; **~ drinnen** in there; **~ drüben** over there; **~ unten** down there; **~ zu Lande** → dortzulande

dortbehalten *v/t* to keep there

dortbleiben *v/i* to stay there

dorther *adv* **von ~** from there

dorthin *adv* there

dorthinaus *adv* **frech bis ~** *umg* really cheeky *Br umg*, really fresh *US umg*

dortig *adj* there (*nachgestellt*)

dortzulande *adv* in that country

Dose *f* 1 (≈ *Blechdose*) tin; (≈ *Konservendose, Bierdose*) can; *für Schmuck, aus Holz* box; **in ~n Konserven** canned 2 ELEK socket

dösen *umg v/i* to doze

Dosenbier *n* canned beer

Dosencontainer *m* can bank

Dosenfutter *n für Tiere* tinned; *od US* canned pet food

Dosenmilch *f* canned milk, tinned milk *Br*, condensed milk

Dosenöffner *m* can-opener

Dosenpfand *n* deposit on drink cans

Dosieraerosol *n* metered dose inhaler

dosieren *v/t Arznei* to measure into doses; *Menge* to measure out

Dosierung *f* (≈ *Dosis*) dose

Dosis *f* dose; **in kleinen Dosen** in small doses

Dossier *n* dossier

Dotcom *f* HANDEL *sl* (≈ *Internetfirma*) dotcom

dotieren *v/t Posten* to remunerate (**mit** with); *Preis* to endow (**mit** with); **eine gut dotierte Stellung** a remunerative position

Dotierung *f* endowment; *von Posten* remuneration

Dotter *m/n* yolk

dottergelb *adj* golden yellow

doubeln A *v/t j-n* to stand in for; *Szene* to shoot with a stand-in B *v/i* to stand in; (≈ *als Double arbeiten*) to work as a stand-in

Double *n* FILM *etc* stand-in

down *umg adj* **~ sein** to be (feeling) down

Download *n* INTERNET download

downloaden *v/t & v/i* INTERNET to download

Downloadshop *m* INTERNET download store

Downsyndrom *n* MED Down's syndrome; **ein Kind mit ~** a Down's (syndrome) child

Dozent(in) *m(f)* lecturer *US* (**für** in), (assistant) professor (**für** of)

Dr. *abk* (= *Doktor*) Dr *Br*, Dr. *US*

Drache *m Mythologie* dragon

Drachen *m* 1 (≈ *Papierdrachen*) kite; SPORT (≈ *Fluggerät*) hang-glider; **einen ~ steigen lassen** to fly a kite 2 *pej umg* dragon *umg*

Drachenfliegen *n* SPORT hang-gliding

Drachenflieger(in) *m(f)* SPORT hang-glider

Dragee *n*, **Dragée** *n* dragee; (≈ *Bonbon*) sugar--coated chocolate sweet

Draht *m* wire; **auf ~ sein** *umg* to be on the ball *umg*

Drahtbürste *f* wire brush

Drahtgitter *n* wire netting

Drahthaardackel *m* wire-haired dachshund

drahtig *adj Haar, Mensch* wiry

drahtlos *adj* wireless; *Telefon* cordless

Drahtschere *f* wire cutters *pl*

Drahtseil *n* wire cable; **Nerven wie ~e** *umg* nerves of steel

Drahtseilakt *m* balancing act

Drahtseilbahn *f* cable railway

Drahtzaun *m* wire fence

Drahtzieher(in) *fig m(f)* wirepuller *bes US*

drakonisch *adj* Draconian
drall *adj Mädchen, Arme* strapping; *Busen* ample
Drall *m von Kugel, Ball* spin; **einen ~ nach links haben** *Auto* to pull to the left
Drama *n* drama
Dramatik *f* drama
Dramatiker(in) *m(f)* dramatist, playwright
dramatisch **A** *adj* dramatic **B** *adv* dramatically
dramatisieren *v/t* to dramatize
Dramaturg(in) *m(f)* literary manager
dramaturgisch *adj* dramatic
dran *umg adv* **1** (≈ *an der Reihe*) **jetzt bist du ~** it's your turn now; (**wenn er erwischt wird,**) **dann ist er ~** (if he gets caught) he'll be for it *umg* **2 schlecht ~ sein** to be in a bad way; **gut ~ sein** to be well off; *gesundheitlich* to be well; **früh/spät ~ sein** to be early/late; **an den Gerüchten ist nichts ~** there's nothing in those rumours; → **daran**
dranbleiben *v/i umg am Apparat* to hang on; **an der Arbeit ~** to stick at one's work
Drang *m* (≈ *Antrieb*) urge, impulse; (≈ *Sehnsucht*) yearning (**nach** for)
drangeben *v/t umg* (≈ *opfern*) to give up
Drängelei *umg f* pushing; *im Verkehr* jostling; (≈ *Bettelei*) pestering
drängeln *umg* **A** *v/i* to push; *im Verkehr* to jostle **B** *v/t & v/i* (≈ *betteln*) to pester **C** *v/r* **sich nach vorne ~** *etc* to push one's way to the front *etc*
drängen **A** *v/i* to press; **darauf ~, eine Antwort zu erhalten, auf Antwort ~** to press for an answer; **darauf ~, dass etw getan wird** to press for sth to be done; **die Zeit drängt** time is pressing; **es drängt nicht** it's not pressing **B** *v/t* **1** to push **2** (≈ *auffordern*) to urge **C** *v/r Menge* to throng; **sich nach vorn ~** to push one's way to the front; → **gedrängt**
Drängen *n* urging; (≈ *Bitten*) requests *pl*
drängend *adj* pressing
Drängler(in) *m(f)* AUTO tailgater
drangsalieren *v/t* (≈ *plagen*) to pester; (≈ *schikanieren*) to harass; *Mitschüler* to bully; (≈ *unterdrücken*) to oppress
dranhalten *v/r umg* (≈ *sich beeilen*) to get a move on *umg*
drankommen *v/i umg* (≈ *an die Reihe kommen*) to have one's turn
drankriegen *umg v/t* **j-n ~** to get sb *umg*
drannehmen *umg v/t Schüler* to ask
drapieren *v/t* to drape
drastisch **A** *adj* (≈ *derb*) drastic; (≈ *deutlich*) graphic **B** *adv* (≈ *energisch*) *kürzen* drastically; (≈ *deutlich*) explicitly; **~ vorgehen** to take drastic measures; **sich ~ ausdrücken** to use strong language
drauf *umg adv* **~ und dran sein, etw zu tun** to be on the verge of doing sth; → **darauf** → **drauf sein**
Draufgänger(in) *m(f)* daredevil; (≈ *Mann*) *bei Frauen* predator
draufgängerisch *adj* daring; *negativ* reckless
draufgehen *umg v/i* (≈ *sterben*) to bite the dust *umg*; *Geld* to disappear
draufhaben *umg v/t Sprüche* to come out with; **zeigen, was man draufhat** to show what one is made of; **schwer was ~** *sl* to know one's stuff *umg*
draufkommen *v/i* **1** *umg* (≈ *gelegt werden*) **das kommt da (oben) drauf** that goes up there **2** *umg* (≈ *sich erinnern*) to remember; (≈ *begreifen*) to catch on; **ich bin einfach nicht draufgekommen** it didn't occur to me; (≈ *konnte mich nicht erinnern*) I just couldn't think of it; **ich komm nicht drauf** I can't think of it
draufkriegen *umg v/t* **eins ~** to be told off; (≈ *geschlagen werden*) to be given a smack; (≈ *besiegt werden*) to be given a thrashing *umg*
drauflegen *umg* **A** *v/t* **20 Euro ~** to lay out an extra 20 euros *umg* **B** *v/i* (≈ *mehr bezahlen*) to pay more
drauflos *adv* **(nur) immer feste** *od* **munter ~!** (just) keep at it!
drauflosgehen *umg v/i auf ein Ziel* to make straight for it; *ohne Ziel* to set off
drauflosreden *umg v/i* to talk away
drauflosschlagen *umg v/i* to hit out
draufmachen *umg v/t* **einen ~** to make a night of it *umg*
drauf sein *umg v/i* **schlecht/gut ~** to be in a bad/good mood
draufsetzen *fig umg v/t* **eins** *od* **einen ~** to go one step further
draufzahlen *umg v/t & v/i* → **drauflegen**
draußen *adv* outside; (≈ *im Freien*) outdoors; **~ bleiben** to stay out; **~ auf dem Lande/im Garten** out in the country/in the garden; **nach ~** outside
Dreadlocks *pl* dreadlocks
Drechselbank *f* wood(turning) lathe
drechseln *v/t* to turn (*on a wood lathe*)
Drechslerei *f* (≈ *Werkstatt*) (wood)turner's workshop
Dreck *m* dirt; *bes ekelhaft* filth; *fig* (≈ *Schund*) rubbish; **mit ~ und Speck** (≈ *ungewaschen*) unwashed; **j-n wie den letzten ~ behandeln** *umg* to treat sb like dirt; **der letzte ~ sein** *umg Mensch* to be the lowest of the low; **~ am Stecken haben** *fig* to have a skeleton in the cupboard; **etw in den ~ ziehen** *fig* to drag sth through the mud; **sich einen ~ um j-n/etw kümmern** *od* **scheren** not to give a damn about sb/sth *umg*

Dreckarbeit umg f dirty work
Dreckfinger umg pl dirty fingers pl
dreckig **A** adj dirty; stärker filthy **B** adv umg **es geht mir ~** I'm in a bad way; finanziell I'm badly off
Dreckloch pej n hole umg, dump
Drecknest n pej umg dump pej umg, hole pej umg
Drecksack pej umg m dirty bastard sl
Drecksau vulg f filthy swine umg
Dreckschwein umg n dirty pig umg
Dreckskerl umg m dirty swine umg
Dreckspatz umg m (≈ Kind) grubby kid
Dreh m (≈ List) dodge; (≈ Kunstgriff) trick; **den ~ heraushaben, etw zu tun** to have got the knack of doing sth
Dreharbeiten pl FILM shooting sg
Drehbank f lathe
Drehbuch n FILM (film) script
Drehbuchautor(in) m(f) scriptwriter
drehen **A** v/t to turn; Zigaretten to roll; Film to shoot; umg (≈ schaffen) to fix umg; **ein Ding ~** sl to play a prank; Verbrecher to pull a job umg; **wie man es auch dreht und wendet** no matter how you look at it **B** v/i to turn; Wind to change; um die eigene Achse to pivot; **an etw** (dat) **~** to turn sth; **daran ist nichts zu ~** fig there are no two ways about it **C** v/r **1** to turn (um about); sehr schnell: Kreisel to spin; Wind to change; **sich um etw ~** to revolve around sth; **mir dreht sich alles im Kopf** my head is spinning; **sich ~ und winden** fig to twist and turn **2** (≈ betreffen) **sich um etw ~** to concern sth; um zentrale Frage to centre on sth Br, to center on sth US; **es dreht sich darum, dass ...** the point is that ...
Dreher(in) m(f) lathe operator
Dreherlaubnis f FILM filming permission
Drehkreuz n turnstile
Drehmoment n torque
Drehorgel f barrel organ
Drehort m FILM location
Drehschalter m rotary switch
Drehscheibe f **1** BAHN turntable **2** (≈ Töpferscheibe) potter's wheel
Drehstrom m three-phase current
Drehstuhl m swivel chair
Drehtag m FILM day of shooting
Drehtür f revolving door
Drehung f turn; **eine ~ um 180°** a 180° turn
Drehzahl f number of revolutions; pro Minute revs pl per minute
Drehzahlmesser m rev counter
drei num three; **aller guten Dinge sind ~!** sprichw all good things come in threes!; nach zwei missglückten Versuchen third time lucky!; **sie sieht aus, als ob sie nicht bis ~ zählen könnte** umg she looks pretty empty-headed; → vier
Drei f three
dreibändig adj three-volume
dreibeinig adj three-legged
Dreibettzimmer n three-bed room
Drei-D- zssgn 3-D
dreidimensional adj three-dimensional, 3D
Dreieck n triangle
dreieckig adj triangular
Dreiecksverhältnis n (eternal) triangle
dreieinhalb num three and a half
Dreieinigkeit f Trinity
Dreierkonferenz f TEL three-way calling
Dreierpack n three-pack
dreifach **A** adj triple; **die ~e Menge** three times the amount **B** adv three times; → vierfach
Dreifache(s) n **das ~** three times as much; **auf das ~ steigen** to treble
dreifarbig adj three-coloured Br, three-colored US
Dreifuß m tripod
Dreigangschaltung f three-speed gear
dreihundert num three hundred
Dreikäsehoch umg m tiny tot umg
Dreiklang m MUS triad
Dreikönigsfest n (feast of) Epiphany
dreimal adv three times
Dreimeterbrett n three-metre board Br, three--meter board US
dreinblicken v/i **traurig** etc **~** to look sad etc
dreinreden umg v/i (≈ dazwischenreden) to interrupt
Dreirad n tricycle
Dreisatz m MATH rule of three
Dreisprung m triple jump
dreispurig adj Fahrbahn three-lane attr
dreißig num thirty; → vierzig
dreißigjährig adj (≈ dreißig Jahre alt) thirty years old, thirty-year-old attr
dreist adj brazen, bold
dreistellig adj three-digit attr, with three digits
Dreistigkeit f boldness
dreistufig adj Rakete three-stage attr, with three stages
Dreitagebart m designer stubble
dreitägig adj three-day attr, three-day-long
Dreiteiler m **1** Anzug, Kostüm three-piece suit **2** TV three-parter
dreiteilig adj Kostüm etc three-piece attr
drei viertel adj & adv; viertel → Viertel¹
Dreiviertel n three-quarters
Dreivierteljahr n nine months pl
Dreiviertelstunde f three-quarters of an hour kein unbest art

Dreivierteltakt *m* three-four time
Dreiweg- *zssgn* ELEK three-way
Dreiwegekatalysator *m* AUTO three-way catalytic converter
dreiwöchig *adj* three-week
dreizehn *num* thirteen; **jetzt schlägts aber ~** *umg* that's a bit much; → **vierzehn**
dreizehnte(r, s) *adj* thirteenth
Dreizimmerwohnung *f* three-room flat *Br*, three-room apartment
Dresche *umg f* thrashing
dreschen *v/t* **1** *Korn* to thresh; *umg Phrasen* to bandy; **Skat ~** *umg* to play skat **2** *umg* (≈ *prügeln*) to thrash
Dress *m* SPORT (sports) kit; *für Fußball a.* strip
Dresscode *m* dress code
dressieren *v/t* to train; **zu etw dressiert sein** to be trained to do sth
Dressing *n* GASTR dressing
Dressman *m* male model
Dressur *f* training; *für Dressurreiten* dressage
dribbeln *v/i* to dribble
driften *v/i* to drift
Drill *m* drill
Drillbohrer *m* drill
drillen *v/t & v/i* to drill; **auf etw** (*akk*) **gedrillt sein** *fig umg* to be practised at doing sth *Br*, to be practiced at doing sth *US*
Drilling *m* triplet
drin *adv* **1** → **darin 2** (≈ *innen drin*) in it; **er/es ist da ~** he/it is in there **3** *umg* **bis jetzt ist noch alles ~** everything is still quite open; **das ist doch nicht ~** (≈ *geht nicht*) that's not on *umg*
dringen *v/i* **1** to penetrate; *fig Nachricht* to get through (**an** *od* **in** +*akk* to); *an od* **in die Öffentlichkeit ~** to leak out **2 auf etw** (*akk*) **~** to insist on sth
dringend **A** *adj* (≈ *eilig*) urgent; (≈ *nachdrücklich*) strong; *Gründe* compelling **B** *adv* (≈ *unbedingt*) urgently; *warnen, empfehlen* strongly; (≈ *verzweifelt*) desperately; **~ notwendig** urgently needed; **~ verdächtig** strongly suspected
dringlich *adj* urgent
Dringlichkeit *f* urgency
Dringlichkeitsstufe *f* priority; **~ 1** top priority
Drink *m* drink
drinnen *adv* inside; (≈ *im Haus*) indoors; **hier/dort ~** in here/there
drinstecken *umg v/i* to be (contained); **da steckt eine Menge Geld/Arbeit** *etc* **drin** a lot of money/work *etc* has gone into it; **er steckt bis über die Ohren drin** he's up to his ears in it
dritt *adv* **wir kommen zu ~** three of us are coming together
Drittel *n* third; → **Viertel**[1]
dritteln *v/t* to divide into three (parts)
drittens *adv* third(ly), in the third place
Dritte(r) *m/f(m)* third person/man/woman *etc*; (≈ *Unbeteiligter*) third party
dritte(r, s) *adj* third; **Menschen ~r Klasse** third-class citizens; → **vierter, s**
Dritte Welt *f* **die ~** the Third World
Dritte-Welt- *zssgn* Third World
Dritte-Welt-Laden *m* Third World shop
drittgrößte(r, s) *adj* third-biggest
dritthöchste(r, s) *adj* third-highest
drittklassig *adj* third-rate *pej*, third-class
Drittländer *pl* POL third countries *pl*; *aus EU-Sicht* non-member countries *pl*
drittletzte(r, s) *adj* third from last
Drittmittel *pl* FIN external funds *pl*
drittrangig *adj* third-rate
Drittstaat *m* third country; *aus EU-Sicht* non-member state
Drittstaatsangehörige(r) *m/f(m)* third-country national; *aus EU-Sicht* national of a non-member state
DRK *abk* (= *Deutsches Rotes Kreuz*) German Red Cross
Droge *f* drug
drogenabhängig *adj* addicted to drugs; **er ist ~** he's a drug addict
Drogenabhängige(r) *m/f(m)* drug addict
Drogenabhängigkeit *f* drug addiction *ohne art*
Drogenbekämpfung *f* fight against drugs
Drogenberatung *f*, **Drogenberatungsstelle** *f* drugs advice centre *Br*, drugs advice center *US*
Drogenberatungsstelle *f* drugs advice centre; *od US* center
Drogenfahnder(in) *m(f)* drugs squad officer *Br*, narcotics officer *US*
Drogenhandel *m* drug trade *od* trafficking
Drogenhändler(in) *m(f)* drug trafficker *od* dealer
Drogenkonsum *m* drug consumption
Drogenmissbrauch *m* drug abuse *ohne art*
Drogenopfer *n* drug(s) victim
Drogensucht *f* drug addiction
drogensüchtig *adj* addicted to drugs; **er ist ~** he's a drug addict
Drogensüchtige(r) *m/f(m)* drug addict
Drogenszene *f* drugs scene
Drogentote(r) *m/f(m)* **200 ~ pro Jahr** 200 drug deaths per year
Drogerie *f nondispensing* chemist's (shop), drugstore *US*
Drogist(in) *m(f)* chemist, druggist *US*
Drohbrief *m* threatening letter
drohen *v/i* to threaten (**j-m** sb); *Streik, Krieg* to be

drohend – Duckmäuser(in) · 915

looming; **(j-m) mit etw ~** to threaten (sb with) sth; **j-m droht etw** sb is being threatened by sth; **es droht Gefahr** there is the threat of danger; **das Schiff drohte zu sinken** the ship was in danger of sinking

drohend *adj* threatening; *Gefahr, Krieg* imminent

Drohne *f* **1** drone; *fig pej a.* parasite **2** MIL drone

dröhnen *v/i* **1** *Motor, Straßenlärm* to roar; *Donner* to rumble; *Lautsprecher, Stimme* to boom **2** *Raum etc* to resound; **mir dröhnt der Kopf** my head is ringing

dröhnend *adj Lärm, Applaus* resounding; *Stimme* booming

Drohung *f* threat

drollig *adj* **1** funny **2** (≈ *seltsam*) odd

Dromedar *n* dromedary

Drops *m/n* fruit drop

Drossel *f* ORN thrush

drosseln *v/t Motor* to throttle; *Heizung* to turn down; *Strom* to reduce; *Tempo, Produktion etc* to cut down

drüben *adv* over there; (≈ *auf der anderen Seite*) on the other side; **da** *od* **dort ~** over there; **nach ~** over there; **von ~** from over there

Druck[1] *m* pressure; (≈ *Belastung*) stress; **unter ~ stehen** to be under pressure; **j-n unter ~ setzen** *fig* to put pressure on sb; **~ machen** *umg* to put the pressure on *umg*; **durch einen ~ auf den Knopf** by pressing the button

Druck[2] *m* (≈ *das Drucken*) printing; (≈ *Schriftart, Kunstdruck*) print; **das Buch ist im ~** the book is being printed; **etw in ~ geben** to send sth to be printed

Druckabfall *m* drop in pressure

Druckanstieg *m* increase *od* rise in pressure

Druckausgleich *m* pressure balance

Druckbuchstabe *m* printed character; **in ~n schreiben** to print

Drückeberger(in) *pej* m(f) shirker; (≈ *Feigling*) coward

drucken *v/t & v/i* to print; → **gedruckt**

drücken A *v/t* **1** to press; *Obst* to squeeze; *schiebend* to push; **j-n ~** (≈ *umarmen*) to hug sb; **j-n zur Seite ~** to push sb aside **2** *Schuhe etc* to pinch; **j-n im Magen ~** *Essen* to lie heavily on sb's stomach **3** (≈ *verringern*) to force down; *Leistung, Niveau* to lower; *umg Stimmung* to dampen **B** *v/i* to press; *Schuhe etc* to pinch; „**bitte ~**" "push"; **auf die Stimmung ~** to dampen one's mood; → **gedrückt C** *v/r* (≈ *sich quetschen*) to squeeze; *Schutz suchend* to huddle; (≈ *kneifen*) to shirk; *vor Militärdienst* to dodge; **sich vor etw** (*dat*) **~** to shirk sth; **sich (um etw) ~** to get out of sth

drückend *adj Last, Steuern* heavy; *Probleme* serious; *Hitze, Atmosphäre* oppressive

Drucker *m* printer

Drücker *m* (≈ *Knopf*) (push) button; *von Klingel* push; **am ~ sein** *od* **sitzen** *fig umg* to be in a key position; **auf den letzten ~** *fig umg* at the last minute

Druckerei *f* printing works *pl*; (≈ *Firma*) printer's

Druckerpatrone *f* printer cartridge

Druckerschwärze *f* printer's ink

Druckertreiber *m* COMPUT printer driver

Druckfehler *m* misprint, typographical error

Druckkabine *f* pressurized cabin

Druckknopf *m* **1** *Handarbeiten* press stud **2** TECH push button

Druckluft *f* compressed air

Druckluftbremse *f* air brake

Druckmesser *m* pressure gauge

Druckmittel *fig n* means of exerting pressure

druckreif *adj* ready for printing, passed for press; *fig* polished

Drucksache *f Post* business letter; (≈ *Werbematerial*) circular; *als Portoklasse* printed matter

Druckschrift *f* **in ~ schreiben** to print

Druckstelle *f auf Pfirsich, Haut* bruise

Drucktaste *f* push button

Druckverband *m* MED pressure bandage

Druckverlust *m* TECH loss of pressure

Druckverminderung *f* decompression

Druckwasserreaktor *m* pressurized water reactor

Druckwelle *f* shock wave

drum *umg adv* (a)round; **~ (he)rum** all (a)round; **mit allem Drum und Dran** with all the bits and pieces *umg*; *Mahlzeit* with all the trimmings *pl*; → **darum**

drunter *adv* under(neath); **~ und drüber** upside down; **es ging alles ~ und drüber** everything was upside down; → **darunter**

Drüse *f* gland

Drüsenfieber *n* glandular fever

Dschungel *m* jungle

Dschungelkrieg *m* jungle warfare

Dschunke *f* SCHIFF junk

DTP *n abk* (= *Desktop-Publishing*) DTP

du *pers pr* you; **mit j-m auf Du und Du stehen** to be pals with sb; **mit j-m per du sein** to be on familiar terms with sb; **du selbst** yourself; **du bist es** it's you; **du bist dran** it's your turn; **du Glücklicher!** lucky you; **du Idiot!** you idiot

dual *adj* dual

Dualsystem *n* MATH binary system

Dübel *m* Rawlplug®; (≈ *Holzdübel*) dowel

dubios *geh adj* dubious

Dublette *f* duplicate

ducken *v/r Kopf einziehen* to duck; *fig pej* to cringe

Duckmäuser(in) *pej m(f)* moral coward

Dudelsack *m* bagpipes *pl*; **~ spielen** to play the bagpipes

Duell *n* duel (**um** over); **j-n zum ~ (heraus)fordern** to challenge sb to a duel

Duellant(in) *m(f)* dueller

duellieren *v/r* to (fight a) duel

Duett *n* MUS, *a. fig* duet; **im ~ singen** to sing a duet

Duft *m* smell, odo(u)r

dufte *obs umg adj & adv* great *umg*

duften *v/i* to smell; **nach etw ~** to smell of sth; **das duftet!** it smells good

duftend *adj* Parfüm, Blumen *etc* fragrant

duftig *adj* Kleid, Stoff gossamery

Duftkerze *f* scented candle

Duftkissen *n* scented sachet

Duftmarke *f* scent mark

Duftnote *f von Parfüm* scent; *von Mensch* smell

Duftstoff *m* scent; *für Parfüm etc* fragrance

dulden *v/t* to tolerate; **ich dulde das nicht** I won't tolerate that; **etw stillschweigend ~** to connive at sth

duldsam **A** *adj* tolerant (**gegenüber** of); (≈ *geduldig*) forbearing **B** *adv* tolerantly; (≈ *geduldig*) with forbearance

Duldsamkeit *f* tolerance; (≈ *Geduld*) forbearance

Duldung *f* toleration

dumm **A** *adj* **1** stupid; (≈ *albern*) silly; (≈ *unintelligent*) thick; **~es Zeug (reden)** (to talk) nonsense; **j-n für ~ verkaufen** *umg* to think sb is stupid; **das ist gar nicht (so) ~** that's not a bad idea; **jetzt wirds mir zu ~** I've had enough **2** (≈ *ärgerlich*) annoying; **es ist zu ~, dass er nicht kommen kann** it's too bad that he can't come; **so etwas Dummes** what a nuisance **B** *adv* **sich ~ anstellen** to behave stupidly; **sich ~ stellen** to act stupid; **~ fragen** to ask a silly question; **sich ~ und dämlich reden** *umg* to talk till one is blue in the face *umg*; **j-m ~ kommen** to get funny with sb *umg*; **das ist ~ gelaufen** *umg* that hasn't gone to plan; **~ gelaufen!** *umg* that's life!

Dumme(r) *umg m/f(m)* fool; **der/die ~ sein** to be left to carry the can

dummerweise *adv* unfortunately; (≈ *aus Dummheit*) stupidly

Dummheit *f* **1** stupidity **2** (≈ *dumme Handlung*) stupid thing; **mach bloß keine ~en!** just don't do anything stupid

Dummkopf *umg m* idiot

Dummschwätzer(in) *m(f)* hot-air merchant, bullshitter *umg*; **ein ~ sein** to be full of hot air

dumpf *adj* **1** Ton muffled **2** Geruch *etc* musty **3** Gefühl, Erinnerung vague; Schmerz dull; (≈ *bedrückend*) gloomy **4** (≈ *stumpfsinnig*) dull

Dumpfbacke *sl f* nerd *umg*

Dumpingpreis *m* giveaway price

Düne *f* (sand) dune

Dung *m* dung

Düngemittel *n* fertilizer

düngen *v/t* to fertilize

Dünger *m* fertilizer

dunkel **A** *adj* **1** dark; **im Dunkeln** in the dark; **im Dunkeln tappen** *fig* to grope (about) in the dark **2** (≈ *tief*) Stimme, Ton deep **3** *pej* (≈ *zwielichtig*) shady *umg* **B** *adv* (≈ *in dunklen Farben*) in dark colours *Br*, in dark colors *US*; **~ gefärbt sein** to be a dark colo(u)r; **sich ~ erinnern** to remember vaguely

Dunkel *n* darkness

Dünkel *pej geh m* conceit

dunkelblau *adj* dark blue

dunkelblond *adj* light brown

dunkelbraun *adj* dark brown

dunkelgrau *adj* dark grey *Br*, dark gray *US*

dunkelgrün *adj* dark green

dunkelhaarig *adj* dark-haired

dunkelhäutig *adj* dark-skinned

Dunkelheit *f* darkness; **bei Einbruch der ~** at nightfall; **nach Einbruch der ~** after dark

Dunkelkammer *f* FOTO darkroom

dunkelrot *adj* dark red

Dunkelziffer *f* estimated number of unreported/undetected cases

dünn **A** *adj* thin; Kaffee, Tee weak; Strümpfe fine; (≈ *mager*) skinny; **sich ~ machen** *hum* to breathe in; → **dünnmachen** **B** *adv* bevölkert sparsely; **~ gesät** *fig* few and far between

Dünndarm *m* small intestine

Dünne *f* thinness

dünnflüssig *adj* thin; Honig runny

dünnhäutig *adj* thin-skinned

dünnmachen *v/r umg* (≈ *weglaufen*) to make oneself scarce

Dünnpfiff *umg m* the runs *umg*

Dünnsäure *f* dilute acid

Dunst *m* (≈ *leichter Nebel*) haze; (≈ *Dampf*) steam; **j-m blauen ~ vormachen** *umg* to throw dust in sb's eyes

Dunstabzugshaube *f* extractor hood (*over a cooker*)

dünsten *v/t* to steam; Obst to stew

Dunstglocke *f*, **Dunsthaube** *f* (≈ *Nebel*) haze; (≈ *Smog*) pall of smog

dunstig *adj* hazy

Dunstkreis *m* atmosphere; *von Mensch* society

Dunstwolke *f* cloud of smog

Duo *n* duo

Duplikat *n* duplicate (copy)

duplizieren *geh v/t* to duplicate

Dur *n* MUS major; **in G-Dur** in G major

durch **A** *präp* **1** through; (≈ *in ... umher*) around; **~ den Fluss waten** to wade across the river; **quer ~** across; **~ die Stadt** *umher* around the town; **~ die ganze Welt reisen** to travel all over the world **2** (≈ *mittels*) by; **Tod ~ Ertrinken** death by drowning; **Tod ~ Herzschlag** *etc* death from a heart attack *etc*; **neun (geteilt) ~ drei** nine divided by three; **~ Zufall** by chance **3** (≈ *aufgrund*) due to **B** *adv* **1** (≈ *hindurch*) through; **es ist 4 Uhr ~** it's gone 4 o'clock; **~ und ~** through and through; *überzeugt* completely; **~ und ~ nass** wet through **2** GASTR *umg Steak* well-done

durcharbeiten **A** *v/t Buch, Stoff etc* to work through **B** *v/i* to work through **C** *v/r* **sich durch etw ~** to work one's way through sth

durchatmen *v/i* to take deep breaths; *fig* to catch one's breath

durchaus *adv* **1** *bekräftigend* quite; *korrekt, möglich* perfectly; *passen* perfectly well; **ich hätte ~ Zeit** I would have time; **es ist ~ anzunehmen, dass sie kommt** it's highly likely that she'll be coming **2** **~ nicht** *als Verstärkung* by no means; *als Antwort* not at all; *stärker* absolutely not; **das ist ~ kein Witz** that's no joke at all

durchbeißen **A** *v/t in zwei Teile* to bite through **B** *v/r umg* to struggle through; **mit Erfolg** to win through

durchbekommen *umg v/t* to get through

durchblättern *v/t Buch etc* to leaf through

Durchblick *m* (≈ *Ausblick*) view (**auf** +*akk* of); *fig umg* (≈ *Überblick*) knowledge; **den ~ haben** *umg* to know what's what *umg*

durchblicken *v/i* **1** *wörtl* to look through **2** *fig* **etw ~ lassen** to hint at sth **3** *fig umg* (≈ *verstehen*) to understand; **blickst du da durch?** do you get it? *umg*

durchbluten *v/t* to supply with blood

Durchblutung *f* circulation (of the blood) (+*gen* to)

Durchblutungsstörung *f* circulatory disturbance

durchbohren *v/t Wand, Brett* to drill through; *Kugel* to go through; **j-n mit Blicken ~** *fig* to look piercingly at sb; *hasserfüllt* to look daggers at sb

durchbohrend *adj* piercing

durchboxen *fig umg v/r* to fight one's way through

durchbraten *v/t & v/i* to cook through; → **durchgebraten**

durchbrechen¹ **A** *v/t in zwei Teile* to break (in two) **B** *v/i in zwei Teile* to break (in two)

durchbrechen² *v/t Schallmauer* to break; *Mauer etc* to break through

durchbrennen *v/i Sicherung, Glühbirne* to blow; *umg* (≈ *davonlaufen*) to run away

durchbringen **A** *v/t* **1** *durch Prüfung* to get through; *durch Krankheit* to pull through; (≈ *für Unterhalt sorgen*) to provide for **2** *Geld* to get through **B** *v/r* to get by

Durchbruch *m* **1** *von Blinddarm etc* perforation; **zum ~ kommen** *fig Gewohnheit etc* to assert itself; *Natur* to reveal itself **2** *fig* breakthrough; **j-m zum ~ verhelfen** to help sb on the road to success **3** (≈ *Öffnung*) opening

durchchecken *v/t* **1** (≈ *überprüfen*) to check through **2** *medizinisch* **sich ~ lassen** to have a complete checkup

durchdacht *adj* **gut/schlecht ~** well/badly thought-out

durchdenken *v/t* to think through

durchdiskutieren *v/t* to talk through

durchdrehen **A** *v/t Fleisch etc* to mince **B** *v/i umg nervlich* to crack up *umg*; **ganz durchgedreht sein** *umg* to be really uptight *umg*

durchdringen¹ *v/i* **1** (≈ *hindurchkommen*) to penetrate; *Sonne* to come through; **bis zu j-m ~** *fig* to get as far as sb **2** (≈ *sich durchsetzen*) to get through; **zu j-m ~** to get through to sb

durchdringen² *v/t Materie, Dunkelheit etc* to penetrate; *Gefühl, Idee* to pervade; → **durchdrungen**

durchdringend *adj* piercing; *Geruch* pungent

durchdrücken *v/t* **1** *fig Reformen etc* to push through **2** *Knie, Ellbogen etc* to straighten

durchdrungen *adj* imbued (**von** with); → **durchdringen²**

durchdürfen *v/i* **1** **sie durfte durch** she was allowed through **2** **darf ich mal durch?** excuse me, please

durcheinander **A** *adv* mixed up **B** *adj* **~ sein** *umg Mensch* to be confused; (≈ *aufgeregt*) to be in a state *umg*; *Zimmer, Papier* to be in a mess

Durcheinander *n* (≈ *Unordnung*) mess; (≈ *Wirrwarr*) confusion, chaos

durcheinanderbringen *v/t* to muddle *od* mess up; (≈ *verwirren*) *j-n* to confuse; *seelisch* to upset; **alles ~** to make a mess

durcheinanderessen *v/t* **alles ~** to eat indiscriminately

durcheinandergeraten *v/i* to get mixed up

durcheinanderliegen *v/i* **in seinem Zimmer lag alles durcheinander** his room was (in) a mess

durcheinanderreden *v/i* to all speak at once

durcheinandertrinken *v/t* **alles ~** to drink indiscriminately

durcheinanderwerfen *v/t fig umg* (≈ *verwechseln*) to mix up

durchfahren¹ *v/i* **1** (≈ *nicht anhalten*) to go through **2** (≈ *nicht anhalten*) to go straight through; **die Nacht ~** to

travel through the night
durchfahren² *v/t* to travel through; *fig Schreck etc* to shoot through
Durchfahrt *f* **1** (≈ *Durchreise*) way through; **auf der ~ sein** to be passing through **2** (≈ *Passage*) thoroughfare
Durchfall *m* MED diarrhoea *ohne art Br*, diarrhea *ohne art US*
durchfallen *v/i* **1** to fall through **2** *umg* (≈ *nicht bestehen*) to fail; **sie ist in der neunten Klasse durchgefallen** she failed the ninth year, she failed ninth grade *US*; **j-n ~ lassen** to fail sb; **beim Publikum ~** to be a flop with the public
Durchfallquote *f* SCHULE failure rate
durchfeiern *v/i* to stay up all night celebrating
durchfinden *v/i & v/r* to find one's way through (**durch etw** sth); **ich finde (mich) hier nicht mehr durch** *fig* I am simply lost
durchfliegen¹ *v/i* **1** *mit Flugzeug* to fly through; *ohne Landung* to fly nonstop **2** *umg durch Prüfung* to fail (**durch etw, in etw** *dat* in sth)
durchfliegen² *v/t Luft, Wolken* to fly through; *Strecke* to cover; (≈ *flüchtig lesen*) to skim through
durchfließen *v/i* to flow through
durchfluten *geh v/t Fluss* to flow through; *fig Licht, Sonne* to flood; *Wärme, Gefühl* to flow *od* flood through
durchforschen *v/t Gegend* to search
durchforsten *v/t Wald* to thin out; *fig Bücher* to go through
durchfragen *v/r* to ask one's way
Durchfuhr *f* transit
durchführbar *adj* feasible
Durchführbarkeit *f* feasibility
durchführen A *v/t* **1** (≈ *durchleiten*) to lead through; **j-n durch ein Haus ~** to show sb (a)round a house **2** (≈ *verwirklichen*) to carry out; *Plan, Befehl* to execute; *Gesetz* to implement; *Test, Kurs* to run; *Reise* to undertake; *Wahl, Prüfung* to hold; (≈ *Umfrage*) to conduct; **ein Projekt ~** to do a project **B** *v/i* to lead through; **unter etw** (*dat*) **~** to go under sth
Durchführung *f* (≈ *das Verwirklichen*) carrying out; *von Plan, Befehl* execution; *von Gesetz* implementation; *von Reise* undertaking; *von Kurs, Test* running; *von Wahl, Prüfung* holding
durchfüttern *umg v/t* to feed
Durchgabe *f* announcement; *telefonisch* message
Durchgang *m* **1** (≈ *Weg*) way; *schmal* passage (-way); **~ verboten!** no right of way **2** *bei Arbeit, a.* PARL stage **3** *von Wahl, Sport* round; *beim Rennen* heat
durchgängig A *adj* universal **B** *adv* generally
Durchgangslager *n* transit camp
Durchgangsstraße *f* through road

Durchgangsverkehr *m* through traffic
durchgeben *v/t* **1** (≈ *durchreichen*) to pass through **2** RADIO, TV *Nachricht* to announce; **j-m etw telefonisch ~** to let sb know sth by telephone
durchgebraten *adj Fleisch etc* well-done *attr*, well done *präd*; → durchbraten
durchgefroren *adj Mensch* frozen stiff
durchgehen A *v/i* **1** to go through; **bitte ~!** *im Bus* move right down (the bus) please! **2** (≈ *toleriert werden*) to be tolerated; **j-m etw ~ lassen** to let sb get away with sth **3** *Pferd etc* to bolt; *umg* (≈ *sich davonmachen*) to run off; **seine Frau ist ihm durchgegangen** his wife has run off and left him **4 mit j-m ~** *Temperament, Nerven* to get the better of sb **B** *v/t* (≈ *durchsprechen etc*) to go through
durchgehend A *adj Straße* straight; *Zug* direct **B** *adv* (≈ *ohne Unterbrechung*) non-stop; **~ geöffnet** open 24 hours
durchgeknallt *adj sl* crazy *umg*, whacky *sl*
durchgeschwitzt *adj Mensch* bathed in sweat; *Kleidung* soaked in sweat
durchgreifen *fig v/i* to resort to drastic measures
durchgreifend *adj Maßnahme* drastic; (≈ *weitreichend*) *Änderung* far-reaching
durchhaben *v/t* **hast du das Buch schon durch?** have you finished the book?
durchhalten A *v/t* (≈ *durchstehen*) *Kampf etc* to survive; *Streik* to see through; *Belastung* to (with)stand; SPORT *Strecke* to stay; *Tempo* to keep up **B** *v/i* to stick it out *umg*; **eisern ~** to hold out grimly
Durchhalteparole *f* rallying call
Durchhaltevermögen *n* staying power
durchhängen *v/i* to sag; *fig umg* (≈ *deprimiert sein*) to be down (in the mouth) *umg*
Durchhänger *m umg* (≈ *schlechte Phase*) bad patch; *am Nachmittag etc* low
durchhauen *v/t* (≈ *spalten*) to split
durchkämmen *v/t* (≈ *absuchen*) to comb (through)
durchkämpfen *v/r* to fight one's way through; *fig* to struggle through
durchkauen *v/t umg* **etw ~** to go over sth again and again
durchkommen *v/i* **1** to get through; *Sonne etc* to come through; *Charakterzug* to show through **2** (≈ *durchfahren*) to come through **3** (≈ *überleben*) to come through; **mit etw ~** *mit Forderungen etc* to succeed with sth; **damit kommt er bei mir nicht durch** he won't get away with that with me
durchkreuzen *fig v/t Pläne etc* to thwart
durchkriechen *v/i* to crawl through

durchkriegen umg v/t **1** etw (durch etw) ~ to get sth through (sth) **2** Kranken **ich hoffe, wir kriegen ihn durch** I hope we can pull him through

durchladen v/t & v/i Gewehr to reload

Durchlass m (≈ Durchgang) passage; für Wasser duct

durchlassen v/t (≈ passieren lassen) to allow through; Licht, Wasser etc to let through

durchlässig adj Material permeable; (≈ porös) porous; Grenze open; **eine ~e Stelle** fig a leak

Durchlauf m **1** (≈ das Durchlaufen) flow **2** TV, IT run **3** SPORT heat

durchlaufen¹ **A** v/t Sohlen to wear through **B** v/i Flüssigkeit to run through

durchlaufen² v/t Gebiet to run through; Strecke to cover; Lehrzeit, Schule to pass od go through; **es durchlief mich heiß** I felt hot all over

durchlaufend adj continuous

Durchlauferhitzer m continuous-flow water heater

durchleben v/t to go through

durchleiten v/t to lead through

durchlesen v/t to read through

durchleuchten v/t Patienten to X-ray; fig Angelegenheit etc to investigate

durchliegen v/t Matratze, Bett to wear down (in the middle)

durchlöchern v/t to make holes in; fig to undermine completely

durchlüften v/t & v/i to air thoroughly

durchmachen **A** v/t **1** (≈ erdulden) to go through; Krankheit to have; Operation, Entwicklung to undergo; **sie hat viel durchgemacht** she has been through a lot **2** umg **eine ganze Nacht ~** to make a night of it umg **B** v/i umg (≈ durchfeiern) to keep going all night

Durchmarsch m march(ing) through

durchmarschieren v/i to march through

Durchmesser m diameter; **im ~** across

durchmogeln umg v/r to wangle one's way through umg

durchmüssen umg v/i to have to go through

durchnässen v/t to soak; **völlig durchnässt** soaking wet

durchnehmen v/t SCHULE to do umg

durchnummerieren v/t to number consecutively

durchorganisiert adj well-organized

durchpeitschen v/t to flog; fig to rush through

durchqueren v/t to cross

durchrasseln umg v/i to flunk umg

durchrechnen v/t to calculate

durchregnen v/i **1** (≈ durchkommen) **hier regnet es durch** the rain is coming through here **2** **es hat die Nacht durchgeregnet** it rained all night long

Durchreiche f (serving) hatch, pass-through US

Durchreise f journey through; **auf der ~ sein** to be passing through

durchreisen v/t to travel through

durchreißen v/t & v/i to tear in two

durchringen v/r **sich zu einem Entschluss ~** to force oneself to make a decision; **sich dazu ~, etw zu tun** to bring oneself to do sth

durchrosten v/i to rust through

durchrutschen v/i to slip through

durchrütteln v/t to shake about

Durchsage f message; im Radio announcement

durchsagen v/t RADIO, TV Nachricht to announce; **j-m etw telefonisch ~** to let sb know sth by telephone

durchsägen v/t to saw through

Durchsatz m IND, IT throughput

durchschaubar fig adj Hintergründe, Plan clear; **eine leicht ~e Lüge** a lie that is easy to see through; **schwer ~er Mensch** inscrutable person

durchschauen v/t j-n, Spiel to see through; Sachlage to see clearly; **du bist durchschaut!** I've/we've seen through you

durchscheinen v/i to shine through

durchscheinend adj transparent

durchscheuern v/t & v/r to wear through

durchschieben v/t to push through

durchschießen v/t mit Kugeln to shoot through; **ein Gedanke durchschoss mich** a thought flashed through my mind

durchschimmern v/i to shimmer through

durchschlafen v/i to sleep through

Durchschlag m **1** (≈ Kopie) carbon (copy) **2** (≈ Küchengerät) sieve

durchschlagen **A** v/t etw ~ (≈ entzweischlagen) to chop through sth; GASTR to sieve sth **B** v/i **1** (≈ durchkommen) to come through; **bei ihm schlägt der Vater durch** you can see his father in him **2** (≈ Wirkung haben) to catch on; **auf etw** (akk) ~ to make one's/its mark on sth; **auf j-n ~** to rub off on sb **C** v/r to fight one's way through

durchschlagend adj Sieg, Erfolg sweeping; Maßnahmen effective; Argument, Beweis conclusive; **eine ~e Wirkung haben** to be totally effective

Durchschlagpapier n copy paper; (≈ Kohlepapier) carbon paper

Durchschlagskraft f von Geschoss penetration; fig von Argument decisiveness, conclusiveness

durchschleusen v/t (≈ durchschmuggeln) to smuggle through; **ein Schiff ~** to pass a ship through a lock

durchschlüpfen v/i to slip through

durchschmuggeln v/t to smuggle through
durchschneiden v/t to cut through; **etw mitten ~** to cut sth in two
Durchschnitt m average; **im ~** on average; **im ~ 100 km/h fahren** to average 100 kmph; **im ~ betragen** to average; **über/unter dem ~** above/below average
durchschnittlich **A** adj average **B** adv on (an) average; **~ begabt/groß** etc of average ability/height etc
Durchschnittsnote f average mark Br, average grade US
Durchschnittswert m average value
Durchschrift f (carbon) copy
durchschwimmen v/t to swim through; Strecke to swim
durchschwitzen v/t **ich habe mein Hemd durchgeschwitzt, mein Hemd ist durchgeschwitzt** my shirt's soaked with sweat
durchsehen **A** v/i (≈ hindurchschauen) to look through **B** v/t **1** (≈ überprüfen) **etw ~** to look sth through **2** durch etw hindurch to see through
durchsetzen[1] **A** v/t Maßnahmen, Plan to carry through; Forderung to push through; Ziel to achieve; **etw bei j-m ~** to get sb to agree to sth; **seinen Willen (bei j-m) ~** to get one's (own) way (with sb) **B** v/r **1** Neuheit to be (generally) accepted **2** Mensch to assert oneself; Partei etc to win through; **sich mit etw ~** to be successful with sth
durchsetzen[2] v/t **etw mit etw ~** to intersperse sth with sth
Durchsetzung f von Maßnahmen, Plan carrying through; von Forderung pushing through; von Ziel achievement
Durchsetzungsvermögen n ability to assert oneself
Durchseuchung f spread of infection
Durchsicht f examination; **bei ~ der Bücher** on checking the books
durchsichtig adj transparent; Stoff, Kleid see-through
durchsickern v/i to trickle through; fig to leak out; **Informationen ~ lassen** to leak information
durchspielen v/t Szene to play through; Rolle to act through; fig to go through
durchsprechen v/t Problem to talk over
durchstarten **A** v/i AUTO beim Anfahren to rev up **B** v/t Motor, Auto to rev (up)
durchstechen v/t Ohren to pierce
durchstecken v/t to put through
durchstehen v/t Zeit, Prüfung to get through; Krankheit to pull through; Qualen to (with)stand; Situation to get through, to survive

durchsteigen v/i **1** (≈ hindurchsteigen) to climb through (**durch etw** sth) **2** umg (≈ verstehen) to get umg; **da steigt doch kein Mensch durch** you couldn't expect anyone to get that
durchstellen v/t to put through
durchstieren v/t (≈ durchdrücken) to push through
durchstöbern v/t to rummage through (**nach** for); Bücher, Internet to browse
durchstoßen[1] v/t to break through
durchstoßen[2] v/t **etw (durch etw) ~** to push sth through (sth)
durchstreichen v/t to cross out
durchstreifen geh v/t to roam od wander through
durchsuchen v/t to search (**nach** for); Internet to browse; **nach Details ~** to scan
Durchsuchung f search
Durchsuchungsbefehl m search warrant
durchtrainieren v/t to get fit; **(gut) durchtrainiert** Sportler completely fit
durchtrennen v/t Stoff to tear (through); (≈ schneiden) to cut (through); Nerv, Sehne to sever
durchtreten **A** v/t Pedal to step on **B** v/i AUTO (≈ Gas geben) to step on the accelerator; Radfahrer to pedal (hard)
durchtrieben adj cunning
durchwachsen adj **1** Speck streaky; Schinken with fat running through (it) **2** hum umg (≈ mittelmäßig) so-so umg
Durchwahl f TEL direct dialling
durchwählen v/i to dial direct; **nach London ~** to dial London direct
Durchwahlnummer f dialling code Br, dial code US; **in Firma** extension
durchwandern v/t Gegend to walk through
durchweg adv (≈ ausnahmslos) without exception; (≈ in jeder Hinsicht) in every respect
durchweichen v/t Kleidung, j-n to soak; Boden, Karton to make soggy
durchwühlen v/t to rummage through
durchzählen **A** v/i to count od number off **B** v/t to count through od up
durchziehen[1] **A** v/t **1** to pull through **2** umg (≈ erledigen) to get through **B** v/i (≈ durchkommen) to pass through; Truppe to march through **C** v/r to run through (**durch etw** sth)
durchziehen[2] v/t (≈ durchwandern) to pass through; fig Thema to run through; Geruch to fill
durchzucken v/t Blitz to flash across; fig Gedanke to flash through
Durchzug m (≈ Luftzug) draught Br, draft US; **~ machen** zur Lüftung to get the air moving
durchzwängen v/r to force one's way through
dürfen v/i & v/aux **1** **etw tun ~** to be allowed to

do sth; **darf ich? — ja, Sie ~** may I? — yes, you may; **darf ich jetzt fernsehen?** can od may I watch TV now?; **nein, das darfst du nicht** no you can't od may not; **nicht ~** mustn't; **hier darf man nicht rauchen** smoking is prohibited here; **die Kinder ~ hier nicht spielen** the children aren't allowed to play here; **das darf doch nicht wahr sein!** that can't be true! 2 **darf ich Sie bitten, das zu tun?** could I ask you to do that?; **was darf es sein?** can I help you?; *vom Gastgeber gesagt* what can I get you?; **darf es noch etwas sein?** anything else?; **ich darf wohl sagen, dass …** I think I can say that …; **man darf doch wohl fragen** one can ask, surely?; **das dürfte Emil sein** that must be Emil; **das dürfte reichen** that should be enough

dürftig A *adj* 1 (≈ *ärmlich*) wretched; *Essen* meagre *Br*, meager *US* 2 *pej* (≈ *unzureichend*) *Kenntnisse* sketchy; *Ersatz* poor *attr*; *Bekleidung* skimpy B *adv* (≈ *kümmerlich beleuchtet*) poorly; *gekleidet* scantily

dürr *adj* 1 (≈ *trocken*) dry; *Boden* arid 2 *pej* (≈ *mager*) scrawny 3 *fig* (≈ *knapp*) *Auskunft* meagre *Br*, meager *US*

Dürre *f* drought

Dürreperiode *f* (period of) drought; *fig* barren period

Durst *m* thirst (**nach** for); **~ haben** to be thirsty; **~ bekommen** to get thirsty; **das macht ~** that makes you thirsty; **ein Glas über den ~ getrunken haben** *umg* to have had one too many *umg*

dürsten *geh v/t & v/i* **es dürstet ihn nach …** he thirsts for …

durstig *adj* thirsty

durstlöschend *adj* thirst-quenching

Durststrecke *f* hard times *pl*

Durtonleiter *f* major scale

Dusche *f* shower; **unter der ~ sein** od **stehen** to be in the shower

duschen *v/i & v/r* to have od take a shower; **(sich) kalt ~** to have a cold shower

Duschgel *n* shower gel

Duschkabine *f* shower (cubicle)

Duschvorhang *m* shower curtain

Düse *f* nozzle

Dusel *m umg* (≈ *Glück*) luck; **~ haben** to be lucky

düsen *umg v/i* to dash; *mit Flugzeug* to jet

Düsenantrieb *m* jet propulsion

Düsenflugzeug *n* jet

Düsenjäger *m MIL* jet fighter

Düsentriebwerk *n* jet power-unit

Dussel *umg m* dope *umg*

duss(e)lig *umg adj* stupid; **sich ~ verdienen** to make a killing *umg*; **sich ~ arbeiten** to work like a horse

düster *adj* gloomy; *Miene, Stimmung* dark

Dutzend *n* dozen; **zwei/drei ~** two/three dozen; **~(e) Mal** dozens of times

dutzendfach *adv* in dozens of ways

Dutzendware *pej f ~n* (cheap) mass-produced goods

dutzendweise *adv* by the dozen

duzen *v/t* to address with the familiar "du"--form; **wir ~ uns** we use "du" (to each other)

DV *f abk* (= Datenverarbeitung) DP, data processing

DVD *f abk* (= Digital Versatile Disc) DVD

DVD-Brenner *m* DVD recorder od writer

DVD-Laufwerk *n* DVD drive

DVD-Player *m* DVD player

DVD-Rekorder, DVD-Recorder *m* DVD recorder

DVD-Rohling *m* blank DVD

DVD-Spieler *m* DVD player

Dynamik *f PHYS* dynamics *sg*; *fig* dynamism

Dynamiker(in) *m(f)* go-getter

dynamisch A *adj* dynamic; (≈ *voller Energie*) energetic; *Renten* ≈ index-linked B *adv* (≈ *schwungvoll*) dynamically

Dynamit *n* dynamite

Dynamo *m(f)* dynamo

Dynastie *f* dynasty

D-Zug *m* express train

E, e *n* E, e

Ebbe *f* low tide; **~ und Flut** the tides; **es ist ~** it's low tide, the tide is out; **in meinem Geldbeutel ist ~** my finances are at a pretty low ebb at the moment

eben A *adj* (≈ *glatt*) smooth; (≈ *gleichmäßig*) even; (≈ *gleich hoch*) level; (≈ *flach*) flat B *adv* 1 (≈ *soeben*) just; **ich gehe ~ zur Bank** I'll just pop to the bank *Br umg*, I'll just pop by the bank *US umg* 2 **(na) ~!** exactly!; **das ist es ja ~!** that's just it!; **nicht ~ billig/viel** *etc* not exactly cheap/a lot *etc*; **das reicht so ~ aus** it's only just enough 3 (≈ *nun einmal, einfach*) just; **dann bleibst du ~ zu Hause** then you'll just have to stay at home

Ebenbild *n* image; **dein ~** the image of you; **das genaue ~ seines Vaters** the spitting image of his father

ebenbürtig *adj* (≈ *gleichwertig*) equal; *Gegner*

evenly matched; **j-m an Kraft ~ sein** to be sb's equal in strength; **wir sind einander ~** we are equal(s)

Ebene f (≈ *Tiefebene*) plain; (≈ *Hochebene*) plateau; MATH, PHYS plane; *fig* level; **auf höchster ~** *fig* at the highest level

ebenerdig *adj* at ground level

ebenfalls *adv* likewise; *bei Verneinungen* either; **danke, ~!** thank you, the same to you!

Ebenholz n ebony

ebenso *adv* (≈ *genauso*) just as, equally; (≈ *auch, ebenfalls*) as well, likewise; **ich mag sie ~ gern** I like her just as much; **~ ... wie** just as ... as; **~ gut** (just) as well; **~ oft** just as often; **~ sehr** just as much

Eber m boar

Eberesche f rowan

E-Bike n e-bike

ebnen v/t to level (off); **j-m den Weg ~** *fig* to smooth the way for sb

E-Book-Reader m *Lesegerät für E-Books* e-book reader

EC® m *abk* (= Eurocityzug) eurocity (train)

E-Card, e-card f ◻1 (≈ *elektronische Grußkarte*) e-card ◻2 *österr* (≈ *Europäische Krankenversicherungskarte*) *electronic health insurance card which confirms that the holder has health insurance cover*

Echo n echo; **ein lebhaftes ~ finden** *fig* to meet with a lively *od* positive response (**bei** from)

Echolot n SCHIFF echo sounder; FLUG sonic altimeter

Echse f ZOOL lizard

echt ◻A *adj & adv* real; *Unterschrift, Geldschein* genuine; **das Gemälde war nicht ~** the painting was a forgery; **ein ~er Bayer** a real Bavarian ◻B *adv* ◻1 (≈ *typisch*) typically ◻2 *umg* (≈ *wirklich*) really, truly; **der spinnt doch ~** he must be out of his mind; **~ spät** really late *Br*, real late *US umg*

echtgolden *adj Ring* real gold *präd*

Echtheit f genuineness

echtsilbern *adj Ring* real silver *präd*

Echtzeit f IT real time

EC-Karte, ec-karte f *abk* (= Eurochequekarte) Eurocheque card

Eckball m SPORT corner; **einen ~ geben** to give a corner

Eckbank f corner seat

Eckdaten pl key figures pl

Ecke f ◻1 corner; (≈ *Kante*) edge; **Kantstraße ~ Goethestraße** at the corner of Kantstraße and Goethestraße; **er wohnt gleich um die ~** he lives just (a)round the corner; **an der ~** at the corner; **an allen ~n und Enden sparen** to pinch and scrape *umg*; **j-n um die ~ bringen** *umg* to bump sb off *umg*; **~n und Kanten** *fig*

rough edges ◻2 *umg* (≈ *Gegend*) corner; *von Stadt* area; **eine ganze ~ entfernt** quite a (long) way away ◻3 (≈ *Eckball*) corner

Eckfahne f SPORT corner flag

eckig *adj* angular; *Tisch, Klammer* square; (≈ *spitz*) sharp

-eckig *adj fünf- und mehreckig* -cornered

Ecklohn m basic rate of pay

Eckpfeiler m corner pillar; *fig* cornerstone

Eckpfosten m corner post

Eckstoß m SPORT corner

Eckzahn m canine tooth

Eckzins m FIN base rate

E-Commerce m e-commerce

Economyklasse f economy class

Ecstasy n (≈ *Droge*) ecstasy

Ecuador n Ecuador

Edamer (Käse) m Edam (cheese)

edel *adj* noble; (≈ *hochwertig*) precious; *Speisen, Wein* fine

Edelgas n rare gas

Edelkitsch *iron* m pretentious rubbish

Edelmetall n precious metal

Edelstahl m high-grade steel

Edelstein m precious stone

Edelweiß n edelweiss

editieren v/t to edit

Editor m IT editor

Edutainment n edutainment

EDV f *abk* (= elektronische Datenverarbeitung) EDP

EDV-Anlage f EDP system

EEG n *abk* (= Elektroenzephalogramm) EEG

Efeu m ivy

Effeff *umg* n **etw aus dem ~ können** to be able to do sth standing on one's head *umg*; **etw aus dem ~ kennen** to know sth inside out

Effekt m effect

Effekten pl FIN stocks and bonds pl

Effektenbörse f stock exchange

Effektenhandel m stock dealing

Effektenmakler(in) m(f) stockbroker

Effektenmarkt m stock market

Effekthascherei *umg* f cheap showmanship

effektiv ◻A *adj* effective; (≈ *tatsächlich*) actual ◻B *adv* (≈ *bestimmt*) actually

Effektivität f effectiveness

Effektivlohn m actual wage

effektvoll *adj* effective

effizient ◻A *adj* efficient ◻B *adv* efficiently

Effizienz f efficiency

EG f *abk* (= Europäische Gemeinschaft) HIST EC

egal *adj & adv* **das ist ~** that doesn't matter; **das ist mir ganz ~** it's all the same to me, it makes no difference to me; (≈ *es kümmert mich nicht*) I don't care; **Geld ist mir ~** I don't care about money; **ist doch ~!** who cares?; **~ ob/wo/wie** no matter whether/where/how; **~ wann** whenever; **~ wer/wen/wem** whoever; **~ welche** whatever; **~ in welchem Film** whatever movie; **~ wo(hin)** wherever; **ihm ist alles ~** he doesn't care about anything

Egel m ZOOL leech
Egge f AGR harrow
Ego n PSYCH ego
Egoismus m ego(t)ism
Egoist(in) m(f) ego(t)ist
egoistisch A adj ego(t)istical, selfish B adv ego(t)istically
Egotrip umg m ego trip umg
egozentrisch adj egocentric
eh A int hey B konj → ehe C adv 1 (≈ früher, damals) **seit eh und je** for ages umg; **wie eh und je** just as before 2 (≈ sowieso) anyway
ehe konj (≈ bevor) before
Ehe f marriage; **er versprach ihr die Ehe** he promised to marry her; **eine glückliche Ehe führen** to have a happy marriage; **die Ehe brechen** form to commit adultery; **sie hat drei Kinder aus erster Ehe** she has three children from her first marriage; **Ehe ohne Trauschein** common-law marriage
eheähnlich form adj **in einer ~en Gemeinschaft leben** to cohabit form; **in einem ~en Verhältnis leben** to live together as man and wife
Eheberater(in) m(f) marriage guidance counsellor Br, marriage guidance counselor US
Eheberatung f (≈ Stelle) marriage guidance council
Ehebett n marital bed
ehebrechen v/i to commit adultery
Ehebrecher m adulterer
Ehebrecherin f adulteress
Ehebruch m adultery; **~ begehen** to commit adultery
Ehefrau f wife
Ehekrach m marital row
Ehekrise f marital crisis
Eheleute form pl married couple
ehelich adj marital; Kind legitimate
ehemalig adj former; **ein ~er Häftling** an ex-convict; **mein Ehemaliger/meine Ehemalige** hum umg my ex umg
ehemals form adv formerly
Ehemann m husband
Ehepaar n (married) couple
Ehepartner(in) m(f) (≈ Ehemann) husband; (≈ Ehefrau) wife; **beide ~** both partners (in the marriage)
eher adv 1 (≈ früher) earlier; **je ~, desto lieber** the sooner the better 2 (≈ lieber) rather; (≈ wahrscheinlicher) more likely; (≈ leichter) more easily; **alles ~ als das!** anything but that!; **umso ~, als** (all) the more because 3 (≈ vielmehr) more; **er ist ~ faul als dumm** he's more lazy than stupid

Ehering m wedding ring
Eheschließung f marriage ceremony
Ehestand m matrimony
eheste(r, s) adv **am ~n** (≈ am liebsten) best of all; (≈ am wahrscheinlichsten) most likely; (≈ am leichtesten) the easiest; (≈ zuerst) first
Ehestreit m marital row
Ehevertrag m prenuptial agreement
ehrbar adj (≈ achtenswert) respectable; (≈ ehrenhaft) honourable Br, honorable US; Beruf reputable
Ehre f honour Br, honor US; **j-m ~ machen** to do sb credit; **sich** (dat) **etw zur ~ anrechnen** to count sth an hono(u)r; **mit wem habe ich die ~?** iron, form with whom do I have the pleasure of speaking? form; **es ist mir eine besondere ~, ...** form it is a great hono(u)r for me ...; **zu ~n** (+gen) in hono(u)r of
ehren v/t to honour Br, to honor US; **etw ehrt j-n** sth does sb credit; **Ihr Vertrauen ehrt mich** I am hono(u)red by your trust
Ehrenamt n honorary office
ehrenamtlich A adj honorary; Helfer, Tätigkeit voluntary; **~e Arbeit** volunteering; **~er Mitarbeiter** volunteer B adv in an honorary capacity
Ehrenbürger(in) m(f) honorary citizen; **er wurde zum ~ der Stadt ernannt** he was given the freedom of the city
Ehrendoktor(in) m(f) honorary doctor
Ehrengast m guest of honour Br, guest of honor US
ehrenhaft adj honourable Br, honorable US; Geste noble
Ehrenmal n memorial
Ehrenmann m man of honour Br, man of honor US
Ehrenmitglied n honorary member
Ehrenplatz m place of honour Br, place of honor US
Ehrenrechte pl JUR civil rights pl; **bürgerliche ~** civil rights
Ehrenrettung f retrieval of one's honour Br, retrieval of one's honor US
Ehrenrunde f SPORT lap of honour Br, lap of honor US
Ehrensache f matter of honour Br, matter of honor US
Ehrentag m 1 (≈ Geburtstag) birthday 2 (≈ großer Tag) big od great day
Ehrentitel m honorary title
Ehrenwache f guard of honour Br, guard of

honor *US*

ehrenwert *adj* honourable *Br*, honorable *US*

Ehrenwort *n* word of honour *Br*, word of honor *US*; (**großes**) **~!** *umg* cross my heart (and hope to die)! *umg*

ehrerbietig *adj* respectful, deferential

Ehrfurcht *f* great respect (**vor** +*dat* for); (≈ *fromme Scheu*) reverence (**vor** +*dat* for); **vor j-m ~ haben** to respect/revere sb; **~ gebietend** awe-inspiring

ehrfürchtig *adj* reverent; *Distanz* respectful

Ehrgefühl *n* sense of honour *Br*, sense of honor *US*

Ehrgeiz *m* ambition

ehrgeizig *adj* ambitious

ehrlich **A** *adj* honest; *Absicht* sincere; **ein ~er Mensch** an honest person; **~ währt am längsten** *sprichw* honesty is the best policy *sprichw* **B** *adv* **1** **~ verdientes Geld** hard-earned money; **~ teilen** to share fairly; **~ gesagt ...** quite frankly ...; **er meint es ~ mit uns** he is being honest with us **2** (≈ *wirklich*) honestly; **ich bin ~ begeistert** I'm really thrilled; **~!** honestly!

Ehrlichkeit *f* honesty; *von Absicht* sincerity

ehrlos *adj* dishonourable *Br*, dishonorable *US*

Ehrung *f* honour *Br*, honor *US*

ehrwürdig *adj* venerable

Ei *n* **1** egg; **j-n wie ein rohes Ei behandeln** *fig* to handle sb with kid gloves; **wie auf Eiern gehen** *umg* to step gingerly; **sie gleichen sich wie ein Ei dem anderen** they are as alike as two peas (in a pod) **2 Eier** *pl sl* (≈ *Hoden*) balls *pl sl*

Eibe *f* BOT yew

Eiche *f* oak

Eichel *f* **1** BOT acorn **2** ANAT glans

Eichelhäher *m* jay

eichen *v/t* to calibrate

Eichenholz *n* oak

Eichenlaub *n* oak leaves *pl*

Eichhörnchen *n* squirrel

Eichstrich *m* official calibration; *an Gläsern* line measure

Eichung *f* calibration

Eid *m* oath; **einen Eid ablegen** *od* **schwören** to take *od* swear an oath; **unter Eid** under oath

Eidechse *f* ZOOL lizard

eidesstattlich **A** *adj* **eine ~e Erklärung abgeben** to make a declaration in lieu of an oath **B** *adv* **etw ~ erklären** to declare sth in lieu of an oath

Eidgenosse *m*, **Eidgenossin** *f* confederate; (≈ *Schweizer Eidgenosse*) Swiss citizen

Eidgenossenschaft *f* confederation; **Schweizerische ~** Swiss Confederation

eidgenössisch *adj* confederate; (≈ *erisch*) Swiss

eidlich **A** *adj* **~e Erklärung** declaration under oath **B** *adv* under oath

Eidotter *m/n* egg yolk

Eierbecher *m* eggcup

Eierkocher *m* egg boiler

Eierkopf *m hum umg* (≈ *Intellektueller*) egghead *umg*, boffin *bes Br umg*

Eierkuchen *m* pancake

Eierlaufen *n* egg and spoon race

Eierlikör *m* advocaat

Eierlöffel *m* eggspoon

eiern *umg v/i* to wobble

Eierschale *f* eggshell

eierschalenfarben *adj* off-white

Eierschwamm *m*, **Eierschwammerl** *n österr, schweiz* (≈ *Pfifferling*) chanterelle

Eierspeise *f* egg dish

Eierstich *m* GASTR garnish of pieces of cooked egg

Eierstock *m* ANAT ovary

Eieruhr *f* egg timer

Eifer *m* (≈ *Begeisterung*) enthusiasm; (≈ *Eifrigkeit*) eagerness; **mit ~** enthusiastically; **im ~ des Gefechts** *fig umg* in the heat of the moment

Eifersucht *f* jealousy (**auf** +*akk* of); **aus/vor ~** out of/for jealousy

eifersüchtig *adj* jealous (**auf** +*akk* of)

eiförmig *adj* egg-shaped

eifrig **A** *adj* eager; *Leser, Sammler* keen **B** *adv* *üben* religiously; *an die Arbeit gehen* enthusiastically; **~ bemüht sein** to make a sincere effort

Eigelb *n* egg yolk

eigen *adj* **1** own; (≈ *selbstständig*) separate; **Zimmer mit ~em Eingang** room with its own entrance; **ich hätte gern ein ~es Zimmer** I'd like a room of my own *od* my own room; **sich** (*dat*) **etw zu ~ machen** to adopt sth; (≈ *zur Gewohnheit machen*) to make a habit of sth **2** (≈ *typisch*) typical; **das ist ihm ~** that is typical of him **3** (≈ *seltsam*) strange **4** (≈ *übergenau*) fussy; **in Gelddingen ist er sehr ~** he is very particular about money matters

Eigenart *f* (≈ *Besonderheit*) peculiarity; (≈ *Eigenschaft*) characteristic

eigenartig **A** *adj* peculiar **B** *adv* peculiarly; **~ aussehen** to look strange

eigenartigerweise *adv* strangely *od* oddly enough

Eigenbedarf *m von Mensch* personal use; *von Staat* domestic requirements *pl*

Eigenbeteiligung *f Versicherungswesen* own share, excess *Br*

Eigenbrötler(in) *umg m(f)* loner; (≈ *komischer Kauz*) queer fish *umg*

Eigendynamik *f* **das Projekt hat eine ~ entwickelt** the project developed a dynamic of its own, the project developed its own dynamic

Eigenfinanzierung f self-financing
Eigengewicht n von Lkw etc unladen weight; HANDEL net weight; Naturwissenschaft dead weight
eigenhändig **A** adj Brief, Unterschrift etc in one's own hand; Übergabe personal **B** adv oneself
Eigenheim n one's own home
Eigenheimbesitzer(in) m(f) homeowner
Eigenheit f → Eigenart
Eigeninitiative f initiative of one's own
Eigeninteresse n **aus ~** out of self-interest
Eigenkapital n von Person personal capital; von Firma company capital
Eigenleben n one's own life
Eigenlob n self-praise
eigenmächtig **A** adj (≈ selbstherrlich) high-handed; (≈ eigenverantwortlich) taken/done etc on one's own authority; (≈ unbefugt) unauthorized **B** adv high-handedly, (entirely) on one's own authority, without any authorization
Eigenmittel pl WIRTSCH own resources od funds pl
Eigenname m proper name
Eigennutz m self-interest
eigennützig adj selfish
eigens adv (e)specially
Eigenschaft f (≈ Attribut) quality; CHEM, PHYS etc property; (≈ Merkmal) characteristic, feature; (≈ Charakterzug) trait; (≈ Funktion) capacity
Eigenschaftswort n adjective
Eigensinn m stubbornness
eigensinnig adj stubborn
eigenständig adj original; (≈ unabhängig) independent
Eigenständigkeit f originality; (≈ Unabhängigkeit) independence
eigentlich **A** adj (≈ wirklich, tatsächlich) real; Wert true; **im ~en Sinne des Wortes** ... in the original meaning of the word ... **B** adv actually; (≈ tatsächlich, wirklich) really; **was willst du ~ hier?** what do you want here anyway?; **~ müsstest du das wissen** you should really know that
Eigentor n SPORT, a. fig own goal; **ein ~ schießen** to score an own goal
Eigentum n property
Eigentümer(in) m(f) owner
eigentümlich adj (≈ sonderbar, seltsam) strange
Eigentümlichkeit f **1** (≈ Besonderheit) characteristic **2** (≈ Eigenheit) peculiarity
Eigentumsdelikt n JUR offence against property
Eigentumsrecht n right of ownership
Eigentumsverhältnisse pl distribution sg of property
Eigentumswohnung f owner-occupied flat Br, ≈ condominium US
eigenverantwortlich **A** adj autonomous **B** adv on one's own authority
Eigenverantwortung f autonomy; **in ~ entscheiden** etc on one's own responsibility
eigenwillig adj with a mind of one's own; (≈ eigensinnig) self-willed; (≈ unkonventionell) unconventional
eignen v/r to be suitable (**für, zu** for od **als** as); (≈ passen) to fit; (≈ befähigt sein) to qualify; **er würde sich nicht zum Lehrer ~** he wouldn't make a good teacher; → geeignet
Eigner(in) m(f) owner
Eignung f suitability; (≈ Befähigung) aptitude; (≈ Qualifikation) qualification
Eignungstest m aptitude test
Eilauftrag m rush order
Eilbote m, **Eilbotin** f messenger; **per** od **durch ~n** express
Eilbrief m express letter
Eile f hurry; (≈ Schnelligkeit) speed; **in ~ sein** to be in a hurry; **damit hat es keine ~** it's not urgent; **in der ~** in the hurry; **nur keine ~!** don't rush!
Eileiter m ANAT Fallopian tube
eilen **A** v/i **1** to rush, to hurry; **eile mit Weile** sprichw more haste less speed sprichw **2** (≈ dringlich sein) to be urgent; **eilt!** auf Briefen etc urgent **B** v/i **es eilt** it's urgent
eilends adv hurriedly
eilig adj **1** (≈ schnell) hurried; **es ~ haben** to be in a hurry **2** (≈ dringend) urgent
Eilpaket n express parcel
Eilsendung f express delivery; **~en** pl express mail
Eiltempo n **etw im ~ machen** to do sth in a real rush
Eimer m bucket; (≈ Mülleimer) (rubbish) bin Br, garbage can US; **ein ~ (voll) Wasser** a bucket(-ful) of water; **im ~ sein** umg to be up the spout Br umg, to be down the drain US umg
eimerweise adv by the bucket(ful)
ein[1] adv an Geräten **Ein/Aus** on/off; **ein und aus gehen** to come and go; **ich weiß nicht mehr ein noch aus** I'm at my wits' end
ein[2], **eine**, **ein** **A** num one; **ein Uhr** one (o'clock); **ein für alle Mal** once and for all; **ein und derselbe** one and the same; **er ist ihr Ein und Alles** he means everything to her; → eins **B** unbest art a; vor Vokallauten an; **ein anderer, eine andere** another; **ein paar** some; → einer, s
Einakter m THEAT one-act play
einander pron one another, each other
einarbeiten **A** v/r to get used to the work **B** v/t **1** j-n to train **2** (≈ einfügen) to incorporate

Einarbeitungszeit f **1** *in der Ausbildung* training period **2** (≈ *Gewöhnungszeit*) settling-in period
einarmig *adj* one-armed
einäschern *v/t Leichnam* to cremate
Einäscherung f *von Leichnam* cremation
einatmen *v/t & v/i* to breathe in
einäugig *adj* one-eyed
Einbahnstraße f one-way street
einbalsamieren *v/t* to embalm
Einband m book cover
einbändig *adj* one-volume *attr*, in one volume
Einbau m (≈ *das Einbauen*) installation
einbauen *v/t* to install; *umg* (≈ *einfügen*) *Zitat etc* to work in; **eingebaut** built-in
Einbauküche f (fully-)fitted kitchen
Einbaumöbel *pl* fitted furniture
Einbauschrank m fitted cupboard
einbegriffen *adj* included
einbehalten *v/t* to keep back
einberufen *v/t Parlament* to summon; *Versammlung* to convene; MIL to call up, to draft *US*
Einberufung f **1** *einer Versammlung* convention; *des Parlaments* summoning **2** MIL conscription
Einberufungsbescheid m, **Einberufungsbefehl** m MIL call-up papers *pl*, draft papers *pl US*
einbetonieren *v/t* to cement in (**in** +*akk* -to)
einbetten *v/t* to embed (**in** +*akk* in); → **eingebettet**
Einbettzimmer n single room
einbeziehen *v/t* to include (**in** +*akk* in); (≈ *beteiligen*) to involve
einbiegen *v/i* to turn (off) (**in** +*akk* into); **du musst hier links ~** you have to turn (off to the) left here
einbilden *v/t* **1** (≈ *sich vorstellen*) **sich** (*dat*) **etw ~** to imagine sth; **das bildest du dir nur ein** that's just your imagination; **bilde dir (doch) nichts ein!** don't kid yourself! *umg*; **was bildest du dir eigentlich ein?** what's got into you? *Br*, what's gotten into you? *US* **2** (≈ *stolz sein*) **sich** (*dat*) **viel auf etw** (*akk*) **~** to be conceited about sth; **darauf können Sie sich etwas ~!** that's something to be proud of!; **darauf brauchst du dir nichts einzubilden!** that's nothing to be proud of; → **eingebildet**
Einbildung f **1** (≈ *Vorstellung*) imagination; (≈ *irrige Vorstellung*) illusion; **das ist alles nur ~** it's all in the mind **2** (≈ *Dünkel*) conceit
Einbildungskraft f (powers *pl* of) imagination
einbinden *v/t Buch* to bind; *fig* (≈ *einbeziehen*) to integrate
einbläuen *umg v/t* **j-m etw ~** *durch Schläge* to beat sth into sb; (≈ *einschärfen*) to drum sth into sb
einblenden *v/t* FILM, TV, RADIO to insert; *allmählich* to fade in
Einblick m *fig* (≈ *Kenntnis*) insight; **~ in etw** (*akk*) **gewinnen** to gain an insight into sth
einbrechen **A** *v/t Tür, Wand etc* to break down **B** *v/i* **1** (≈ *einstürzen*) to fall in **2** (≈ *Einbruch verüben*) to break in; **bei mir ist eingebrochen worden** I've had a break-in **3** *Nacht* to fall; *Winter* to set in
Einbrecher(in) *m(f)* burglar
einbringen *v/t* **1** PARL *Gesetz* to introduce **2** (≈ *Ertrag bringen*) *Geld, Nutzen* to bring in; *Ruhm* to bring; *Zinsen* to earn; **das bringt nichts ein** *fig* it's not worth it **3** (≈ *beteiligen*) **sich in etw** (*akk*) **~** to play a part in sth; INTERNET **von den Benutzern eingebracht** user-generated
einbrocken *v/t* **j-m/sich etwas ~** *umg* to land sb/oneself in it *umg*
Einbruch m **1** (≈ *Einbruchdiebstahl*) burglary (**in** +*akk* in); **der ~ in die Bank** the bank break-in **2** *von Wasser* penetration **3** **~ der Kurse/der Konjunktur** FIN stock exchange/economic crash **4** *der Nacht* fall; *des Winters* onset; **bei ~ der Nacht/Dämmerung** at nightfall/dusk
einbruchsicher *adj* burglar-proof
einbuchten *v/t sl* to put away *sl*
einbürgern **A** *v/t Person* to naturalize **B** *v/r Brauch, Fremdwort* to become established
Einbürgerung f *von Menschen* naturalization
Einbürgerungstest m citizenship test *Br*, naturalization test *US*
Einbuße f loss (**an** +*dat* to)
einbüßen **A** *v/t* to lose; *durch eigene Schuld* to forfeit **B** *v/i* **an Klarheit** (*dat*) **~** to lose some of its clarity
einchecken *v/t & v/i* to check in (**an** +*dat* at)
eincremen **A** *v/t* to put cream on **B** *v/r* **sich mit etw ~** to put sth on
eindämmen *v/t Fluss* to dam; *fig* (≈ *vermindern*) to check; (≈ *im Zaum halten*) to contain
eindecken **A** *v/r* **sich (mit etw) ~** to stock up (with sth) **B** *v/t umg* (≈ *überhäufen*) to inundate; **mit Arbeit eingedeckt sein** to be snowed under with work
eindeutig **A** *adj* clear; (≈ *nicht zweideutig*) unambiguous; *Witz* explicit **B** *adv* (≈ *klar*) clearly; (≈ *unmissverständlich*) unambiguously; (≈ *bestimmt*) definitely
Eindeutigkeit f clearness; (≈ *Unzweideutigkeit*) unambiguity
eindeutschen *v/t* to Germanize
eindimensional *adj* one-dimensional
eindösen *umg v/i* to doze off
eindringen *v/i* **1** (≈ *einbrechen*) **in etw** (*akk*) **~** to force one's way into sth **2** (≈ *hineindringen*) **in etw** (*akk*) **~** to go into sth **3** (≈ *bestürmen*) **auf**

eindringlich – einflussreich • 927

j-n ~ to go for sb (mit with); *mit Fragen, Bitten etc* to besiege sb
eindringlich **A** *adj* (≈ *nachdrücklich*) insistent; *Schilderung* vivid **B** *adv warnen* urgently
Eindringling *m* intruder
Eindruck *m* impression; **den ~ erwecken, als ob** *od* **dass ...** to give the impression that ...; **ich habe den ~, dass ...** I have the impression that ...; **großen ~ auf j-n machen** to make a great impression on sb; **er will ~ (bei ihr) machen** he's out to impress (her)
eindrücken *v/t Fenster* to break; *Tür, Mauer* to push down; (≈ *einbeulen*) to dent
eindrucksvoll *adj* impressive, grand
eine → **ein²** ○ **einer, s**
einebnen *v/t* to level
eineiig *adj Zwillinge* identical
eineinhalb *num* one and a half; → **anderthalb**
Eineltern(teil)familie *f* single-parent family
einengen *wörtl v/t* to constrict; *fig Begriff, Freiheit* to restrict; **j-n in seiner Freiheit ~** to curb sb's freedom
Einer *m* **1** MATH unit **2** (≈ *Ruderboot*) single scull
eine(r, s) *indef pr* **1** one; (≈ *jemand*) somebody; **und das soll ~r glauben!** *umg* and we're meant to believe that! **2** **~s** (a. **eins**) one thing; **~s sag ich dir** I'll tell you one thing; **~s von beiden** either of these
einerlei *adj* (≈ *gleichgültig*) all the same; **das ist mir ganz ~** it's all the same to me
Einerlei *n* monotony
einerseits *adv* **~ ... andererseits ...** on the one hand ... on the other hand ...
Ein-Euro-Job *m work for unemployed person paying low hourly wage on top of benefit payments*
einfach **A** *adj* simple; *Fahrkarte, Fahrt* one-way, single *Br*; *Essen* plain; (≈ *leicht*) easy; **~e Vergangenheit** simple past; **das ist nicht so ~ zu verstehen** that is not so easy to understand **B** *adv* **1** (≈ *schlicht*) simply **2** (≈ *nicht doppelt*) once **3** *verstärkend* (≈ *geradezu*) simply **4** (≈ *ohne Weiteres*) just; **~ nur** just
Einfachheit *f* simplicity; **der ~ halber** for the sake of simplicity
einfädeln **A** *v/t* **1** *Nadel, Faden* to thread (**in** +*akk* through) **2** *umg Intrige, Plan etc* to set up *umg* **B** *v/r* **sich in eine Verkehrskolonne ~** to filter into a stream of traffic
einfahren **A** *v/i Zug, Schiff* to come in (**in** +*akk* -to) **B** *v/t* **1** *Fahrgestell* to retract **2** (≈ *gewöhnen*) to break in; *Wagen* to run in *Br*, to break in *US* **3** *Gewinne, Verluste* to make
Einfahrt *f* **1** (≈ *das Einfahren*) entry (**in** +*akk* to); **Vorsicht bei (der) ~ des Zuges!** stand well back, the train is arriving **2** (≈ *Eingang*) entrance; (≈ *Toreinfahrt*) entry; **„Einfahrt frei halten"** "keep clear"
Einfall *m* **1** (≈ *Gedanke*) idea **2** MIL invasion (**in** +*akk* of)
einfallen *v/i* **1** *Gedanke* **j-m ~** to occur to sb, to come to sb's mind; **jetzt fällt mir ein, wie/warum ...** I've just thought of how/why ...; **das fällt mir nicht im Traum ein!** I wouldn't dream of it!; **sich** (*dat*) **etw ~ lassen** to think of sth; **was fällt Ihnen ein!** what are you thinking of! **2** (≈ *in Erinnerung kommen*) **j-m ~** to come to sb; **es fällt mir jetzt nicht ein** I can't think of it at the moment **3** (≈ *einstürzen*) to collapse; → **eingefallen** **4** (≈ *eindringen*) **in ein Land ~** to invade a country **5** *Lichtstrahlen* to fall **6** (≈ *mitreden*) to join in
einfallslos *adj* unimaginative
Einfallslosigkeit *f* unimaginativeness
einfallsreich *adj* imaginative; creative
Einfallsreichtum *m* imaginativeness
Einfallswinkel *m* PHYS angle of incidence
einfältig *adj* (≈ *arglos*) simple; (≈ *dumm*) simple(-minded)
Einfaltspinsel *umg m* simpleton
Einfamilienhaus *n* single-family house
einfangen *v/t* to catch, to capture; **Einfangen der Rinder mit dem Lasso** roping
einfarbig *adj* all one colour *Br*, single colour *Br*, all one color *US*, single color *US*
einfassen *v/t Beet, Grab* to border; *Kleid* to trim
einfetten *v/t* to grease; *Haut, Gesicht* to rub cream into
einfinden *v/r* to come; (≈ *eintreffen*) to arrive
einflechten *v/t fig ins Gespräch etc* to introduce (**in** +*akk* in, into); **darf ich kurz ~, dass ...** I would just like to say that ...
einfliegen **A** *v/t* **1** *Flugzeug* to test-fly **2** *Proviant, Truppen* to fly in (**in** +*akk* -to) **B** *v/i* to fly in (**in** +*akk* -to)
einfließen *v/i* to flow in; **er ließ nebenbei ~, dass ...** he let it drop that ...
einflößen *v/t* **j-m etw ~** *Medizin* to give sb sth; *Mut etc* to instil sth into sb *Br*, to instill sth into sb *US*
Einflugschneise *f* FLUG approach path
Einfluss *m* influence; (≈ *Auswirkung*) impact; **unter dem ~ von j-m/etw** under the influence of sb/sth; **~ auf j-n ausüben** to exert an influence on sb; **seine Freunde haben einen schlechten ~ auf ihn** his friends are a bad influence on him; **darauf habe ich keinen ~** I can't influence that
Einflussbereich *m* sphere of influence
Einflussnahme *f* exertion of influence
einflussreich *adj* influential; (≈ *bedeutend*) important

einfordern v/t to claim
einförmig adj uniform; (≈ eintönig) monotonous
einfrieren **A** v/i to freeze; *Wasserleitung* to freeze up **B** v/t to freeze; POL *Beziehungen* to suspend
Einfügemodus m IT insert mode
einfügen **A** v/t to fit (**in** +akk into); IT to insert (**in** +akk in) **B** v/r to fit in (**in** +akk -to); (≈ sich anpassen) to adapt (**in** +akk to)
Einfügetaste f COMPUT insert key
einfühlen v/r **sich in j-n ~** to empathize with sb; **sich in etw** (akk) **~** to understand sth
einfühlsam **A** adj sensitive **B** adv sensitively
Einfühlungsvermögen n capacity for understanding, empathy
Einfuhr f import; (≈ das Einführen) importing
Einfuhrartikel m import
Einfuhrbeschränkung f import restriction
einführen v/t **1** (≈ hineinstecken) to insert (**in** +akk into) **2** (≈ bekannt machen) to introduce (**in** +akk into); HANDEL *Firma, Artikel* to establish; (≈ auf den Markt bringen) to launch; **j-n in sein Amt ~** to install sb (in office) **3** als Neuerung to introduce **4** HANDEL *Waren* to import
Einfuhrgenehmigung f import permit
Einfuhrland n importing country
Einfuhrlizenz f import licence Br, import license US
Einfuhrstopp m import ban (**für** on)
Einführung f introduction (**in** +akk to); (≈ Markteinführung) launch
Einführungskurs m UNIV etc introductory course
Einführungspreis m introductory price
Einfuhrverbot n ban on imports
einfüllen v/t to pour in; **etw in Flaschen ~** to put sth into bottles, to bottle sth
Eingabe f **1** form (≈ Gesuch) petition (**an** +akk to) **2** IT input
Eingabedaten pl IT input data pl
Eingabefehler m IT input error
Eingabetaste f COMPUT enter key
Eingang m **1** entrance (**in** +akk to); (≈ Zutritt, Aufnahme) entry; „**kein ~!**" "no entrance" **2** HANDEL (≈ Wareneingang) delivery; (≈ Erhalt) receipt; **den ~ od die Eingänge bearbeiten** to deal with the incoming mail
eingängig adj *Melodie, Spruch* catchy
eingangs adv at the start
Eingangsdatum n date of receipt
Eingangshalle f entrance hall; *von Hotel* foyer, lobby bes US
Eingangsstempel m HANDEL date stamp
Eingangstür f entrance
eingeben v/t **1** (≈ verabreichen) to give **2** IT *Text, Befehl* to enter

eingebettet adj embedded; → einbetten
eingebildet adj **1** (≈ hochmütig) conceited **2** (≈ imaginär) imaginary; → einbilden
eingeboren adj (≈ einheimisch) native, indigenous; *in Australien* Aboriginal
Eingeborene(r) neg! m/f(m) native
Eingebung f inspiration
eingefallen adj *Wangen* hollow; *Augen* deep-set; → einfallen
eingefleischt adj (≈ überzeugt) confirmed; (≈ unverbesserlich) dyed-in-the-wool; **~er Junggeselle** hum confirmed bachelor
eingehen **A** v/i **1** *Briefe, Waren etc* to arrive; *Spenden, Bewerbungen* to come in; **~de Post/Waren** incoming mail/goods; **eingegangene Post/Spenden** mail/donations received **2** (≈ sterben) *Tiere, Pflanze* to die (**an** +dat of); umg *Firma etc* to fold **3** **auf etw** (akk) **~** *auf Frage, Punkt etc* to go into sth; **auf j-n/etw ~** (≈ sich widmen) to give (one's) time and attention to sb/sth; **auf einen Vorschlag/Plan ~** (≈ zustimmen) to agree to a suggestion/plan **B** v/t (≈ abmachen) to enter into; *Risiko* to take; *Wette* to make
eingehend **A** adj (≈ ausführlich) detailed; (≈ gründlich) thorough; *Untersuchungen* in-depth attr **B** adv (≈ ausführlich) in detail; (≈ gründlich) thoroughly
eingeklammert adj in brackets, in parentheses bes US; → einklammern
eingeklemmt adj **1** stuck **2** *Nerv* trapped; → einklemmen
eingelegt adj *in Essig* pickled; → einlegen
Eingemachte(s) n bottled fruit/vegetables; (≈ Marmelade) preserves pl; **ans ~ gehen** fig umg to dig deep into one's reserves
eingemeinden v/t to incorporate (**in** +akk od **nach** into)
eingenommen adj **für j-n/etw ~ sein** to be taken with sb/sth; **gegen j-n/etw ~ sein** to be prejudiced against sb/sth; → einnehmen
eingerahmt adj **1** *Bild* framed **2** fig **~ von** framed by; → einrahmen
eingerückt adj *Zeile* indented; → einrücken
eingeschaltet adj (switched) on; → einschalten
eingeschlossen adj **1** (≈ umgeben) *Grundstück, Haus etc* enclosed **2** (≈ umzingelt) surrounded, encircled **3** **im Preis ~** included in the price; → einschließen
eingeschnappt umg adj cross; **~ sein** to be in a huff; → einschnappen
eingeschränkt adj (≈ eingeengt) restricted; **in ~en Verhältnissen leben** to live in straitened circumstances; → einschränken
eingeschrieben adj *Brief* registered; → einschreiben
eingesessen adj *Familie etc* old-established; →

einsitzen

eingespielt *adj* **aufeinander ~ sein** to be used to one another; → einspielen

Eingeständnis *n* admission, confession

eingestehen *v/t* to admit

eingestellt *adj* **links/rechts ~ sein** to have leanings to the left/right; **ich bin im Moment nicht auf Besuch ~** I'm not prepared for visitors; → einstellen

eingetragen *adj Warenzeichen, Verein* registered; → eintragen

Eingeweide *n* entrails *pl*

Eingeweidebruch *m* MED hernia

Eingeweihte(r) *m/f(m)* insider

eingewöhnen *v/r* to settle down (**in** +*dat* in)

eingießen *v/t* (≈ *einschenken*) to pour (out)

eingleisig **A** *adj* single-track **B** *adv* **er denkt sehr ~** he's completely single-minded

eingliedern **A** *v/t Firma, Gebiet* to incorporate (+*dat* into, with); *j-n* to integrate (**in** +*akk* into) **B** *v/r* to fit in (**in** +*akk* -to, in)

Eingliederung *f von Firma, Gebiet* incorporation; *von Behinderten, Straffälligen* integration

eingraben **A** *v/t Pfahl, Pflanze* to dig in (**in** +*akk* -to) **B** *v/r a.* MIL to dig oneself in

eingravieren *v/t* to engrave (**in** +*akk* in)

eingreifen *v/i* (≈ *einschreiten*), *a.* MIL to intervene; **in j-s Rechte** (*akk*) **~** to intrude (up)on sb's rights; **Eingreifen** intervention

Eingreiftruppe *f* strike force; **schnelle ~** rapid response force

eingrenzen *wörtl v/t* to enclose; *fig Problem* to delimit

Eingriff *m* 1 MED operation 2 (≈ *Übergriff*) intervention

einhaken **A** *v/t* to hook (**in** +*akk* into), fasten **B** *v/r* **sie hakte sich bei ihm ein** she linked arms with him **C** *v/i* **hier möchte ich mal ~** if I could just take up that point

Einhalt *m* **j-m/einer Sache ~ gebieten** to stop sb/sth

einhalten *v/t* (≈ *beachten*) to keep; *Spielregeln* to follow; *Diät, Vertrag* to keep to; *Verpflichtungen* to carry out

Einhaltung *f* (≈ *Beachtung*) keeping (+*gen* of); *von Spielregeln* following (+*gen* of); *von Diät, Vertrag* keeping (+*gen* to); *von Verpflichtungen* carrying out (+*gen* of)

einhämmern *v/t* **j-m etw ~** *fig* to hammer *od* drum sth into sb

einhandeln *v/t* to trade (**gegen, für** for); **sich** (*dat*) **etw ~** *umg* to get sth

einhändig *adj* one-handed

einhängen **A** *v/t Tür* to hang; *Telefon* to hang up **B** *v/r* **sich bei j-m ~** to slip one's arm through sb's

einheften *v/t Akten, Unterlagen* to file

einheimisch *adj Mensch, Tier, Pflanze* native; *Industrie* local

Einheimische(r) *m/f(m)* local

einheimsen *umg v/t* to collect

Einheit *f* 1 *von Land etc* unity; **eine geschlossene ~ bilden** to form an integrated whole; **die (deutsche) ~** (German) unity 2 *Naturwissenschaften, a.* MIL, TEL unit; SCHULE session

einheitlich **A** *adj* (≈ *gleich*) the same *präd*, uniform; (≈ *in sich geschlossen*) unified **B** *adv* uniformly; **~ gekleidet** dressed alike

Einheitlichkeit *f* (≈ *Gleichheit*) uniformity; (≈ *innere Geschlossenheit*) unity

Einheitsbrei *pej umg m* **es ist so ein ~** it's all so samey *umg*

Einheitspreis *m* standard price

einheizen *v/i* **j-m (tüchtig) ~** *umg* (≈ *die Meinung sagen*) to haul sb over the coals; (≈ *zu schaffen machen*) to make things hot for sb

einhellig **A** *adj* unanimous **B** *adv* unanimously

einher- *präf* (≈ *entlang*) along; (≈ *hin und her*) up and down

einhergehen *v/i* **mit etw ~** *fig* to be accompanied by sth

einholen *v/t* 1 (≈ *einziehen*) *Boot, Netz* to pull in; *Fahne, Segel* to lower 2 *Erlaubnis* to obtain; **bei j-m Rat ~** to obtain advice from sb 3 (≈ *erreichen*) *Laufenden* to catch up (with); *Vorsprung* to make up 4 *dial* → einkaufen

Einhorn *n* unicorn

einhüllen *v/t* to wrap (up); **in Nebel eingehüllt** shrouded in mist

einhundert *form num* → hundert

einig *adj* (≈ *geeint*) united 2 (≈ *einer Meinung*) agreed; **sich** (*dat*) **über etw** (*akk*) **~ werden** to agree on sth

einigen **A** *v/t* to unite **B** *v/r* to reach (an) agreement (**über** +*akk* about); **sich auf etw** (*akk*) **~** to agree on sth; **sich auf einen Kompromiss ~** to agree to a compromise

einige(r, s) *indef pr* 1 (≈ *etwas*) some; (≈ *ziemlich viel*) (quite) some; **nach ~r Zeit** after a while; **das wird ~s kosten** that will cost something; **dazu gehört schon ~r Mut** that takes some courage 2 some; (≈ *mehrere*) several; (≈ *ein paar*) a few, some; **~ Mal(e)** a few times, a couple of times; **an ~n Stellen** in some places; **in ~n Tagen** in a few days

einigermaßen *adv* (≈ *ziemlich*) rather; *vor adj* fairly; (≈ *ungefähr*) to some extent; **wie gehts dir? — ~** how are you? — all right

Einigkeit *f* (≈ *Eintracht*) unity; (≈ *Übereinstimmung*) agreement; **in diesem Punkt herrschte ~** there was agreement on this point

Einigung *f* 1 POL unification 2 (≈ *Übereinstim-*

mung) agreement; JUR (≈ *Vergleich*) settlement; **über etw** (*akk*) **~ erzielen** to come to an agreement on sth
einjagen *v/t* **j-m einen Schrecken ~** to give sb a fright
einjährig *adj* one-year-old; *Pflanze* annual; *Amtszeit, Studium* one-year *attr*
einkalkulieren *v/t* to reckon with; *Kosten* to include
Einkauf *m* **1** purchase; **Einkäufe machen** to go shopping; **sie packte ihre Einkäufe aus** she unpacked her shopping **2** HANDEL (≈ *Abteilung*) purchasing (department)
einkaufen **A** *v/t* to buy **B** *v/i* to shop; HANDEL to buy; **~ gehen** to go shopping, to do the shopping
Einkaufen *n* shopping
Einkäufer(in) *m(f)* HANDEL buyer
Einkaufsabteilung *f* purchasing department
Einkaufsbummel *m* **einen ~ machen** to go on a shopping trip
Einkaufskorb *m* shopping basket
Einkaufsliste *f* shopping list
Einkaufsmeile *f* shopping street
Einkaufspassage *f* shopping arcade *Br*, shopping mall *US*
Einkaufsstraße *f* shopping precinct
Einkaufstasche *f* shopping bag
Einkaufstüte *f* shopping bag; (≈ *Plastiktüte*) plastic bag
Einkaufsviertel *n* shopping precinct
Einkaufswagen *m* shopping trolley *Br*, shopping cart *US*
Einkaufszentrum *n* shopping centre *Br*, shopping center *US*, mall
Einkaufszettel *m* shopping list
einkehren *v/i* **1** *in Gasthof* to stop off (**in** +*dat* at) **2** *Ruhe* to come (**bei** to)
einkeilen *v/t* to hem in
einkerben *v/t* to notch; (≈ *schnitzen*) to cut
Einkerbung *f* notch
einkesseln *v/t* to encircle
einklagen *v/t Schulden* to sue for (the recovery of)
einklammern *v/t* to put in brackets
Einklang *m* **1** MUS unison **2** *fig* harmony; **in ~ bringen** to bring into line; **im ~ mit etw stehen** to be in accord with sth
einkleben *v/t* to stick in; **etw in etw** (*akk*) **~** to stick sth into sth
einkleiden *v/t Soldaten* to fit out (with a uniform); **sich neu ~** to buy oneself a new wardrobe
einklemmen *v/t* (≈ *quetschen*) to jam; *Finger etc* to catch
einkochen *v/t Gemüse* to preserve; *Marmelade* to make
Einkommen *n* income
Einkommensgrenze *f* income limit
Einkommensklasse *f* income bracket
einkommensschwach *adj* low-income *attr*
einkommensstark *adj* high-income *attr*
Einkommen(s)steuer *f* income tax
Einkommen(s)steuerbescheid *m* income tax assessment
Einkommen(s)steuererklärung *f* income tax return
einkreisen *v/t* to surround; *fig Problem* to consider from all sides; POL to isolate
Einkünfte *pl* income *sg*
einladen *v/t* **1** *Waren* to load (**in** +*akk* into) **2** *j-n* to invite; **j-n zu einer Party ~** to invite sb to a party; **j-n ins Kino ~** to ask sb to the cinema; **lass mal, ich lade dich ein** come on, this one's on me
einladend *adj* inviting; *Speisen* appetizing
Einladung *f* invitation (**zu** to)
Einlage *f* **1** (≈ *Zahneinlage*) temporary filling **2** (≈ *Schuheinlage*) insole; *zum Stützen* (arch) support **3** (≈ *Zwischenspiel*) interlude **4** FIN (≈ *Kapitaleinlage*) investment
einlagern *v/t* to store
Einlass *m* (≈ *Zutritt*) admission; **j-m ~ gewähren** to admit sb; **sich** (*dat*) **~ in etw** (*akk*) **verschaffen** to gain entry to sth
einlassen **A** *v/t* **1** (≈ *eintreten lassen*) to let in **2** (≈ *einlaufen lassen*) *Wasser* to run (**in** +*akk* into) **B** *v/r* **sich auf etw** (*akk*) **~** to get involved in sth; **sich auf einen Kompromiss ~** to agree to a compromise; **darauf lasse ich mich nicht ein!** I don't want anything to do with it; **da habe ich mich aber auf etwas eingelassen!** I've let myself in for something there!; **sich mit j-m ~** *pej* to get involved with sb
Einlauf *m* **1** SPORT *am Ziel* finish **2** MED enema
einlaufen **A** *v/i* **1** (≈ *hineinlaufen*) to come in (**in** +*akk* to); *durchs Ziel* to finish **2** *Wasser* to run in (**in** +*akk* -to) **3** *Stoff* to shrink **B** *v/t Schuhe* to wear in **C** *v/r* SPORT to warm up
einläuten *v/t* to ring in; SPORT *Runde* to sound the bell for
einleben *v/r* to settle down (**in** *od* **an** +*dat* in *od* at)
Einlegearbeit *f* inlay work *kein pl*
einlegen *v/t* **1** *in Holz etc* to inlay **2** (≈ *hineintun*) to insert (**in** +*akk* in); *Film* to load (**in** +*akk* into) **3** AUTO *Gang* to engage **4** *Protest* to register; **ein gutes Wort für j-n ~** to put in a good word for sb (**bei** with) **5** GASTR *Heringe, Gurken etc* to pickle
Einlegesohle *f* insole
einleiten *v/t* **1** (≈ *in Gang setzen*) to initiate; *Schritte* to introduce; JUR *Verfahren* to institute;

MED *Geburt* to induce ◳ (≈ *beginnen*) to start ◳ *Abwässer etc* to discharge (**in** +*akk* into)
einleitend ◰ *adj* introductory ◱ *adv* **er sagte ~, dass ...** he said by way of introduction that ...
Einleitung *f* ◳ (≈ *Vorwort*) introduction ◳ (≈ *das Einleiten*) initiation; *von Schritten* introduction; *von Verfahren* institution; *von Geburt* induction ◳ *von Abwässern* discharge (**in** +*akk* into)
Einleitungs- *zssgn* introductory
einlenken *v/i* (≈ *nachgeben*) to yield
einlesen ◰ *v/r* **sich in ein Gebiet** *etc* **~** to get into a subject *etc* ◱ *v/t Daten* to read in (**in** +*akk* -to)
einleuchten *v/i* to be clear (**j-m** to sb); **das will mir nicht ~** I just don't understand that
einleuchtend *adj* reasonable
einliefern *v/t Waren* to deliver; **j-n ins Krankenhaus ~** to admit sb to hospital
Einlieferung *f ins Krankenhaus* admission (**in** +*akk* to); *ins Gefängnis* committal (**in** +*akk* to)
Einlieferungsschein *m* certificate of posting *Br*, certificate of mailing *bes US*
Einliegerwohnung *f* granny annexe *Br*, granny flat *Br*, in-law apartment *US*
einlochen *v/t* ◳ *beim Golf* to putt ◳ *umg* **j-n ~** to put sb away *umg*, to put sb in the slammer *US umg*
einloggen *v/i* IT to log in *od* on
einlösen *v/t Pfand* to redeem; *Scheck* to cash (in); *fig Versprechen* to keep
einmachen *v/t Obst* to preserve
Einmachglas *n* bottling jar
einmal *adv* ◳ (≈ *ein einziges Mal*) once; (≈ *erstens*) first of all, for a start; **~ im Jahr pro Jahr** once a year; **~ sagt er dies, ~ das** sometimes he says one thing, sometimes another; **auf ~** (≈ *plötzlich*) suddenly; (≈ *zugleich*) at once; **~ und nie wieder** once and never again; **noch ~** again; **noch ~ so groß wie** as big again as; **~ ist keinmal** *sprichw* once doesn't count ◳ (≈ *früher*) once; (≈ *in Zukunft*) one day; **waren Sie schon ~ in Rom?** have you ever been to Rome?; **es war ~ ...** once upon a time there was ...; **besuchen Sie mich doch ~!** come (and) visit me some time! ◳ **nicht ~** not even; **auch ~** also, too; **wieder ~** again; **die Frauen sind nun ~ so** that's the way women are
Einmaleins *n* (multiplication) tables *pl; fig* ABC, basics *pl*; **das kleine/große ~** (multiplication) tables up to/over ten
Einmalhandtuch *n* disposable towel
einmalig *adj* ◳ *Gelegenheit* unique ◳ (≈ *nur einmal erforderlich*) single; *Zahlung* one-off *attr* ◳ *umg* (≈ *hervorragend*) fantastic
Einmalzahlung *f* one-off payment

Einmarsch *m in ein Land* invasion (**in** +*akk* of)
einmarschieren *v/i* to march in (**in** +*akk* -to); **in ein Land ~** to invade a country
Einmeterbrett *n* one-metre (diving) board *Br*, one-meter (diving) board *US*
einmischen *v/r* to interfere (**in** +*akk* in)
Einmischung *f* interference (**in** +*akk* in)
einmotorig *adj Flugzeug* single-engine(d)
einmotten *v/t* to mothball
einmünden *v/i Fluss* to flow in (**in** +*akk* -to); *Straße* to run in (**in** +*akk* -to); **in etw** (*akk*) **~** *fig* to end up in sth
einmütig ◰ *adj* unanimous ◱ *adv* unanimously
Einmütigkeit *f* unanimity
Einnahme *f* ◳ MIL seizure ◳ (≈ *Ertrag*) receipt; **~n** *pl* income *sg*; (≈ *Geschäftseinnahmen*) takings *pl; eines Staates* revenue *sg*; **~n und Ausgaben** income and expenditure
Einnahmequelle *f* source of income; *eines Staates* source of revenue
einnehmen *v/t* ◳ *Geld* to take; *Freiberufler* to earn; *Steuern* to collect ◳ MIL (≈ *erobern*) to take ◳ *Platz etc* to take (up) ◳ *Mahlzeit, Arznei* to take ◳ **j-n gegen sich ~** to set sb against oneself; → **eingenommen**
einnicken *umg v/i* to doze *od* nod off
einnisten *wörtl v/r* to nest; *fig* to park oneself (**bei** on)
einölen *v/t* to oil
einordnen ◰ *v/t* ◳ *Bücher etc* to (put in) order; *Akten* to file ◳ (≈ *klassifizieren*) to classify ◱ *v/r* ◳ *in Gemeinschaft etc* to fit in (**in** +*akk* -to) ◳ AUTO **sich links/rechts ~** to get into the left/right lane
einpacken ◰ *v/t* ◳ (≈ *einwickeln*) to wrap (up) (**in** +*akk* in) ◳ (≈ *hineintun*) to pack (**in** +*akk* in) ◱ *v/i* to pack; **dann können wir ~** *umg* in that case we may as well pack it all in *umg*
einparken *v/t & v/i* (**in eine Parklücke**) **~** to get into a parking space
Einparkhilfe *f* **elektronische ~** (electronic) parking sensor, park distance control system
einpassen *v/t* to fit in (**in** +*akk* -to)
Einpeitscher(in) *m(f)* POL whip *Br*, floor leader *US*
einpendeln *fig v/r* to settle down
einpennen *sl v/i* to drop off *umg*
Einpersonenhaushalt *m* single-person household
einpflanzen *v/t* to plant (**in** +*dat* in); MED to implant (**j-m** into sb)
einphasig *adj* single-phase
einplanen *v/t* to plan (on); *Verluste* to allow for
einpolig *adj* single-pole
einprägen ◰ *v/t Inschrift* to stamp; **sich** (*dat*)

etw ~ to remember sth; (≈ *auswendig lernen*) to memorize sth **B** *v/r* **sich j-m ~** to make an impression on sb
einprägsam *adj* catchy
einprogrammieren *v/t Daten* to feed in
einprügeln *umg v/i* **auf j-n ~** to lay into sb *umg*
einquartieren **A** *v/t* to quarter **B** *v/r* to be quartered (**bei** with); *Gäste* to stay (**bei** with), to stop *umg* (**bei** with) *Br*
einquetschen *v/t* → einklemmen
Einrad *n* unicycle
Einradfahren *n* unicycling
einrahmen *v/t* to frame
einrasten *v/t & v/i* to engage
einräumen *v/t* **1** *Wäsche, Bücher etc* to put away; *Wohnung, Zimmer* to arrange; *Spülmaschine* to load **2** (≈ *zugestehen*) to concede; *Recht* to give
einrechnen *v/t* to include
einreden **A** *v/t* **j-m etw ~** to talk sb into believing sth; **er will mir ~, dass ...** he wants me to believe that ...; **das redest du dir nur ein!** you're only imagining it **B** *v/i* **auf j-n ~** to keep on and on at sb
einreiben *v/t* **er rieb sich** (*dat*) **das Gesicht mit Creme ein** he rubbed cream into his face
einreichen *v/t Antrag* to submit (**bei** to); (≈ *abgeben*) to hand in; JUR *Klage* to file
einreihen *v/r* **sich in etw** (*akk*) **~** to join sth
Einreiher *m* (≈ *Anzug*) single-breasted suit
Einreise *f* entry (**in** +*akk* into, to); **bei der ~ in die Schweiz** when entering Switzerland
Einreisebewilligung *f* visa
Einreisegenehmigung *f* entry permit
einreisen *v/i* to enter the country; **in ein Land ~** to enter a country
Einreisevisum *n* entry visa
einreißen **A** *v/t* **1** *Papier, Stoff* to tear **2** *Gebäude, Zaun* to tear *od* break down **B** *v/i Papier* to tear; *fig umg Unsitte etc* to catch on *umg*
einreiten *v/t Pferd* to break in
einrenken **A** *v/t Gelenk* to put back in place; *fig umg* to sort out **B** *v/r fig umg* to sort itself out
einrichten **A** *v/t* **1** (≈ *möblieren*) to furnish; (≈ *ausstatten*) to fit out **2** (≈ *eröffnen*) to set up; *Konto* to open **3** *fig* (≈ *arrangieren*) to arrange; **das lässt sich ~** that can be arranged; **auf Tourismus eingerichtet sein** to be geared to tourism **B** *v/r* **1** (≈ *sich möblieren*) **sich ~** to furnish one's house/one's apartment *od* flat *Br* **2** (≈ *sich einstellen*) **sich auf etw** (*akk*) **~** to prepare oneself for sth
Einrichtung *f* **1** (≈ *Wohnungseinrichtung*) furnishings *pl*; (≈ *Geschäftseinrichtung etc*) fittings *pl*; (≈ *Laboreinrichtung etc*) equipment *kein pl* **2** (≈ *Eröffnung*) setting-up; *von Konto* opening **3** *behördlich* institution; (≈ *Schwimmbäder, Transportmittel etc*) facility
Einrichtungsgegenstand *m* item of furniture; (≈ *Geschäftseinrichtung*) fixture
einrollen *v/r* to roll up
einrosten *v/i* to rust up; *fig Glieder* to stiffen up
einrücken **A** *v/t Zeile* to indent **B** *v/i* **1** MIL **in ein Land** to move in (**in** +*akk* -to) **2** MIL (≈ *eingezogen werden*) to report for duty
einrühren *v/t* to stir in (**in** +*akk* -to)
eins *num* one; **~ zu ~** SPORT one all; **~ mit j-m sein** to be one with sb; (≈ *übereinstimmen*) to be in agreement with sb; **das ist doch alles ~** *umg* it's all one; **~ a** *umg* A 1 *umg*, first-rate *umg*; → ein² → einer, s → vier
Eins *f* one; SCHULE *a.* A; **eine ~ schreiben/bekommen** to get an A *od* a one
einsacken *v/t* **1** (≈ *in Säcke füllen*) to put in sacks **2** *umg* (≈ *erbeuten*) to grab *umg*; *Geld* to rake in *umg*
einsam **A** *adj* **1** (≈ *allein*) lonely; (≈ *einzeln*) solitary **2** (≈ *abgelegen*) *Haus, Insel* secluded **3** *umg* **~e Klasse** *od* **Spitze** absolutely fantastic *umg* **B** *adv* **1** (≈ *allein*) lonely **2** (≈ *abgelegen*) isolated; **~ liegen** to be secluded
Einsamkeit *f* (≈ *Verlassenheit*) loneliness; (≈ *das Einzelnsein*) solitariness; **er liebt die ~** he likes solitude
einsammeln *v/t* to collect (in)
Einsatz *m* **1** (≈ *Einsatzteil*) inset **2** (≈ *Spieleinsatz*) stake; **den ~ erhöhen** to raise the stakes **3** MUS entry **4** (≈ *Verwendung*) use; *bes* MIL deployment; (≈ *Auftrag*) mission; **im ~** in use; **unter ~ aller Kräfte** by making a supreme effort **5** (≈ *Aktion*) operation; **im ~** in action **6** (≈ *Hingabe*) commitment; **etw unter ~ seines Lebens tun** to risk one's life to do sth
Einsatzbefehl *m* order to go into action
einsatzbereit *adj* ready for use; MIL ready for action; *Rakete etc* operational
Einsatzkommando *n* task force
Einsatzleiter(in) *m(f)* head of operations
Einsatzort *m* place of action; *der Polizei* location; *von Diplomat etc* posting
Einsatzwagen *m von Polizei* police car; *von Feuerwehr* fire engine
einscannen *v/t* to scan in
einschalten **A** *v/t* **1** *Licht, Radio, Gerät* to switch on; *Computer a.* to turn on; *Sender* to tune in to **2** **j-n ~** to call sb in **B** *v/r* to intervene; (≈ *teilnehmen*) to join in
Einschaltquote *f* RADIO, TV viewing figures *pl*
einschärfen *v/t* **j-m etw ~** to impress sth (up)on sb
einschätzen *v/t* to assess; **falsch ~** to misjudge; **j-n nach etw ~** to judge sb by sth; **wie ich die Lage einschätze** as I see the situation

Einschätzung f assessment; **nach meiner ~ in my estimation**

einschenken v/t to pour (out)

einschicken v/t to send in (**an** +akk to)

einschieben v/t (≈ einfügen) to put in; **eine Pause ~** to have a break

einschießen A v/t 1 (≈ zertrümmern) Fenster to shoot in; mit Ball etc to smash (in) 2 Fußball to kick in B v/i SPORT to score; **er schoss zum 1:0 ein** he scored to make it 1-0

einschiffen v/r to embark

einschl. abk (= **einschließlich**) incl., including

einschlafen v/i to fall asleep; Bein, Arm to go to sleep; euph (≈ sterben) to pass away; fig Gewohnheit to peter out; **ich kann nicht ~** I can't get to sleep

einschläfern v/t 1 (≈ zum Schlafen bringen) to send to sleep 2 (≈ narkotisieren) to give a soporific 3 (≈ töten) Tier to put down

einschläfernd adj soporific; (≈ langweilig) monotonous

Einschlag m 1 von Geschoss impact; von Blitz striking 2 AUTO des Lenkrads lock 3 **einen südländischen ~ haben** to have more than a hint of the Mediterranean about it/him etc

einschlagen A v/t 1 Nagel to hammer in; Pfahl to drive in 2 (≈ zertrümmern) to smash (in); Tür to smash down; Zähne to knock out; **mit eingeschlagenem Schädel** with one's head bashed in umg 3 (≈ einwickeln) Ware to wrap up 4 AUTO Räder to turn 5 Weg to take; Kurs wörtl to follow; fig to pursue B v/i (**in etw** akk) **~** Geschoss, Blitz to strike (sth); **auf j-n/etw ~** to hit out at sb/sth; **gut ~** umg to be a big hit umg

einschlägig A adj appropriate B adv **er ist ~ vorbestraft** JUR he has a previous conviction for a similar offence Br, he has a previous conviction for a similar offense US

einschleichen v/r to creep in (**in** +akk -to); **sich in j-s Vertrauen ~** fig to worm one's way into sb's confidence

einschleimen v/r umg **sich bei j-m ~** to suck up to sb umg

einschleusen v/t to smuggle in (**in** +akk od **nach** to)

einschließen v/t 1 (≈ wegschließen) to lock up (**in** +akk in) 2 (≈ umgeben) to surround 3 fig (≈ beinhalten) to include; → eingeschlossen

einschließlich A präp including B adv **vom 1. bis ~ 31. Oktober** from 1st to 31st October inclusive Br, October 1st through 31st US

einschmeicheln v/r **sich bei j-m ~** to ingratiate oneself with sb; **~de Stimme** silky voice

einschmieren v/t mit Fett to grease; mit Öl to oil; mit Creme to put cream on

einschmuggeln v/t to smuggle in (**in** +akk -to)

einschnappen v/i 1 Schloss, Tür to click shut 2 umg (≈ beleidigt sein) to go into a huff umg; → eingeschnappt

einschneiden v/t Stoff, Papier to cut

einschneidend fig adj drastic; Folgen far-reaching

einschneien v/i **eingeschneit sein** to be snowed up

Einschnitt m cut; MED incision; (≈ Zäsur) break; im Leben decisive point

einschränken A v/t to reduce; Recht to restrict; Wünsche to moderate; Behauptung to qualify; **~d möchte ich sagen, dass ...** I'd like to qualify that by saying ...; **das Rauchen ~** to cut down on smoking B v/r (≈ sparen) to economize; → eingeschränkt

einschränkend adj limiting

Einschränkung f reduction; von Recht restriction; von Behauptung qualification; (≈ Vorbehalt) reservation

einschrauben v/t to fit

Einschreibebrief m registered letter

einschreiben v/r in Verein etc to enrol Br, to enroll US; für Kurs to sign up; UNIV to register; → eingeschrieben

Einschreiben n recorded letter/parcel Br, certified letter/parcel US; **etw per ~ schicken** to send sth recorded delivery Br, to send sth certified mail US

Einschreibung f enrolment Br, enrollment US; UNIV registration

einschreiten v/i to take action (**gegen** against); (≈ dazwischentreten) to intervene

Einschreiten n intervention

Einschub m insertion

einschüchtern v/t to intimidate; Mitschüler etc to bully

Einschüchterung f intimidation

einschulen v/t **eingeschult werden** Kind to start school

Einschulung f first day at school

Einschuss m (≈ Einschussstelle) bullet hole

einschweißen v/t TECH to weld in (**in** +akk -to); Buch to shrink-wrap

einschwenken v/i **links ~** MIL to wheel left; **auf etw** (akk) **~** fig to fall in with sth

einschwören v/t **j-n auf etw** (akk) **~** to swear sb to sth

Einsegnung f 1 (≈ Konfirmation) confirmation 2 (≈ Einweihung) consecration

einsehbar adj (≈ verständlich) understandable

einsehen A v/t to see; **das sehe ich nicht ein** I don't see why; **es ist nicht einzusehen, warum ...** it is incomprehensible why ... B v/i 1 **in etw** (akk) **~** to see sth 2 (≈ prüfen) to look (**in** +akk at)

Einsehen n **ein ~ haben** to have some under-

standing (**mit, für** for); (≈ *Vernunft*) to see reason
einseifen v/t to soap; *umg* (≈ *betrügen*) to con *umg*
einseitig **A** *adj* **1** on one side; JUR, POL unilateral; **~e Lähmung** paralysis of one side of the body **2** *Zuneigung, Ausbildung* one-sided; *Bericht* biased; *Ernährung* unbalanced **B** *adv* **1** (≈ *auf einer Seite*) on one side **2** (≈ *unausgewogen*) **sich ~ ernähren** to have an unbalanced diet; **etw ~ schildern** to portray sth one-sidedly
einsenden v/t to send in (**an** +*akk* to)
Einsender(in) m(f) sender; *bei Preisausschreiben* competitor
Einsendeschluss m closing date
Einsendung f (≈ *das Einsenden*) submission; *zu einem Wettbewerb* entry
Einser m SCHULE *bes südd umg* A (grade), one
einsetzen **A** v/t **1** (≈ *einfügen*) to put in (**in** +*akk* -to); *in Text* to fill in **2** (≈ *ernennen*) to appoint; *Ausschuss* to set up; *Erben* to name **3** (≈ *verwenden*) to use; *Truppen, Polizei* to deploy; *Sonderzüge* to put on **4** *beim Glücksspiel* to stake **B** v/i (≈ *beginnen*) to start; (≈ *ausbrechen*) to set in; MUS to come in **C** v/r **sich (voll) ~** to show (complete) commitment (**in** +*dat* to); **sich für j-n ~** to fight for sb; *für Kandidaten* to campaign for sb; **sich für etw ~** to support sth
Einsicht f **1** *in Akten, Bücher* **~ in etw** (*akk*) **nehmen** to take a look at sth; **sie legte ihm die Akte zur ~ vor** she gave him the file to look at **2** (≈ *Vernunft*) sense; (≈ *Erkenntnis*) insight; (≈ *Verständnis*) understanding; **zur ~ kommen** to come to one's senses; **j-n zur ~ bringen** to bring sb to his/her senses
einsichtig *adj* (≈ *vernünftig*) reasonable; (≈ *verständnisvoll*) understanding
Einsichtnahme *form* f inspection
Einsiedler(in) m(f) hermit
einsilbig *adj* **1** monosyllabic **2** *fig Mensch* uncommunicative
einsinken v/i to sink in (**in** +*akk od dat* -to); *Boden etc* to subside
einsitzen *form* v/i to serve a prison sentence
einspannen v/t **1** *in Schraubstock* to clamp in (**in** +*akk* -to) **2** *Pferde* to harness **3** *fig* (≈ *arbeiten lassen*) to rope in (**für etw** to do sth)
Einspänner m **1** one-horse carriage **2** *österr* black coffee served in a glass with whipped cream
einsparen v/t to save; *Posten* to dispense with; (≈ *einschränken*) to cut down on
Einsparung f economy; (≈ *das Einsparen*) saving (**von** of); *von Posten* elimination
einspeichern v/t IT to store
einspeisen v/t to feed in (**in** +*akk* -to)
einsperren v/t to lock in (**in** +*akk od dat* -to); *ins Gefängnis* to lock up
einspielen **A** v/r MUS, SPORT to warm up; *Regelung* to work out; **sich aufeinander ~** to become attuned to one another; → **eingespielt** **B** v/t FILM, THEAT to bring in; *Kosten* to recover
Einsprache *schweiz* f → **Einspruch**
einsprachig *adj* monolingual, unilingual
einspringen v/i *umg* (≈ *aushelfen*) to stand in; *mit Geld etc* to help out
einspritzen v/t AUTO, MED to inject
Einspritzmotor m AUTO fuel injection engine
Einspruch m a. JUR objection; (≈ *Veto*) veto; **~ einlegen** ADMIN to file an objection; **gegen etw ~ erheben** to object to sth; **~ abgelehnt!** JUR objection overruled!
einspurig *adj* BAHN single-track; AUTO single-lane
einst *adv* **1** (≈ *früher*) once **2** *geh* (≈ *in Zukunft*) one day
einstampfen v/t *Papier* to pulp
Einstand m **1** **er hat seinen ~ gegeben** he celebrated starting his new job **2** *Tennis* deuce
einstecken v/t **1** (≈ *in etw stecken*) to put in (**in** +*akk* -to); *Gerät* to plug in **2** *in die Tasche etc* (**sich** *dat*) **etw ~** to take sth; **ich habe kein Geld eingesteckt** I haven't any money on me **3** *umg Kritik etc* to take; *Beleidigung* to swallow; *Geld, Profit* to pocket *umg*
einstehen v/i **für j-n ~** (≈ *sich verbürgen*) to vouch for sb; **für etw ~** (≈ *Ersatz leisten*) to make good sth
Einsteigekarte f FLUG boarding pass
einsteigen v/i **1** *in ein Fahrzeug etc* to get in (**in** +*akk* -to); *in Bus* to get on (**in** +*akk* -to); **~!** BAHN *etc* all aboard! **2** *in ein Haus etc* to climb in (**in** +*akk* -to) **3** *umg* **in die Politik ~** to go into politics
Einsteiger(in) *umg* m(f) beginner; **ein Modell für PC-Einsteiger** an entry-level PC
einstellbar *adj* adjustable
einstellen **A** v/t **1** (≈ *hineinstellen*) to put in **2** (≈ *anstellen*) *Arbeitskräfte* to take on, to hire, to employ **3** (≈ *beenden*) to stop; *Suche* to call off; MIL *Feuer* to cease; JUR *Verfahren* to abandon; **die Arbeit ~** *Kommission etc* to stop work; (≈ *in den Ausstand treten*) to withdraw one's labour *Br*, to withdraw one's labor *US* **4** (≈ *regulieren*) to adjust (**auf** +*akk* to); *Wecker* to set (**auf** +*akk* for); *Radio* to tune (in) (**auf** +*akk* to) **5** SPORT *Rekord* to equal **B** v/r **1** *Besucher etc, Folgen* to appear; *Fieber, Regen* to set in **2** **sich auf j-n/etw ~** (≈ *sich richten nach*) to adapt oneself to sb/sth; (≈ *sich vorbereiten auf*) to prepare oneself for sb/sth; → **eingestellt**
einstellig *adj Zahl* single-digit
Einstellknopf m control (knob)
Einstellplatz m parking space

Einstellung f **1** (≈ *Anstellung*) employment **2** (≈ *Beendigung*) stopping; MIL cessation; JUR abandonment **3** (≈ *Regulierung*) adjustment; *von Wecker* setting; *von Radio* tuning (in); FILM (≈ *Szene*) take **4** (≈ *Gesinnung*) attitude; *politisch etc* views *pl*; **das ist doch keine ~!** what kind of attitude is that!
Einstellungsgespräch n interview
Einstellungsstopp m halt in recruitment
einstempeln v/i *bei Arbeitsantritt* to clock in *od* on
Einstieg m **1** (≈ *das Einsteigen*) getting in; *in Bus* getting on **2** *von Bahn, von Bus* door
Einstiegsdroge f starter drug
einstig adj former
einstimmen v/i *in ein Lied* to join in; *fig* (≈ *zustimmen*) to agree (**in** +*akk* to)
einstimmig adj **1** *Lied* for one voice **2** (≈ *einmütig*) unanimous
Einstimmigkeit f unanimity
einstöckig adj *Haus* one-storey *Br*, one-story *US*
einstöpseln v/t ELEK to plug in (**in** +*akk* -to)
einstreichen *umg* v/t *Geld, Gewinn* to pocket *umg*
einstreuen v/t to sprinkle in (**in** +*akk* -to); *fig Bemerkung etc* to slip in (**in** +*akk* -to)
einströmen v/i to pour in (**in** +*akk* -to); **~de Kaltluft** a stream of cold air
einstudieren v/t *Lied, Theaterstück* to rehearse
einstufen v/t to classify, to rank
einstufig adj single-stage
Einstufung f classification; *des Niveaus eines Schülers* placement; **der EU ~ der Ausgaben** classification of expenditure
Einstufungstest m SCHULE placement test, entry-level test
einstündig adj one-hour
einstürmen v/i **auf j-n ~** MIL to storm sb; *fig* to assail sb; **mit Fragen auf j-n ~** to bombard sb with questions
Einsturz m collapse
einstürzen v/i to collapse; **auf j-n ~** *fig* to overwhelm sb
Einsturzgefahr f danger of collapse
einstweilen adv in the meantime; (≈ *vorläufig*) temporarily
einstweilig adj temporary; **~e Verfügung** JUR temporary injunction
eintägig adj one-day
Eintagsfliege f ZOOL mayfly; *fig* nine-day wonder
eintauchen **A** v/t to dip (**in** +*akk* in, into); *völlig* to immerse (**in** +*akk* in); *U-Boot* to dive in; **B** v/i *Schwimmer* to dive in; *U-Boot* to dive
eintauschen v/t to exchange (**gegen, für** for); **etw für** *od* **gegen etw ~** to swap sth for sth
eintausend *form num* → **tausend**

einteilen v/t **1** (≈ *aufteilen*) to divide (up) (**in** +*akk* into); *Zeit, Arbeit* to plan (out); *Geld* to budget **2** (≈ *dienstlich verpflichten*) to detail (**zu** for)
einteilig adj *Badeanzug* one-piece *attr*
Einteilung f **1** (≈ *das Aufteilen*) division; *von Zeit, Arbeit* planning; *von Geld* budgeting **2** (≈ *dienstliche Verpflichtung*) assignment
eintippen v/t to type in (**in** +*akk* -to)
eintönig **A** adj monotonous **B** adv monotonously
Eintönigkeit f monotony
Eintopf m stew
Eintracht f harmony
einträchtig **A** adj peaceable **B** adv peaceably
Eintrag m *schriftlich* entry (**in** +*akk* in)
eintragen **A** v/t to enter; *in Liste, Tabelle etc* to fill in; (≈ *amtlich registrieren*) to register; **j-m Hass ~** to bring sb hatred; → **eingetragen B** v/r to sign; (≈ *sich vormerken lassen*) to put one's name down; (≈ *sich registrieren lassen*) to register; **er trug sich ins Gästebuch ein** he signed the visitors' book
einträglich adj profitable
Eintragung f entry (**in** +*akk* in)
eintreffen v/i **1** (≈ *ankommen*) to arrive **2** *fig* (≈ *Wirklichkeit werden*) to come true
eintreiben v/t to collect; *Schulden* to recover
eintreten **A** v/i **1** *ins Zimmer etc* to go/come in (**in** +*akk* -to), to enter; *in Verein etc* to join (**in etw** *akk* sth); **in eine Firma ~** to join a firm; **in Verhandlungen ~** *form* to enter into negotiations; **bitte treten Sie ein!** *form* (please) do come in **2** **auf j-n ~** to kick sb **3** (≈ *sich ereignen*) *Tod* to occur; *Zeitpunkt* to come; **bei Eintreten der Dunkelheit** at nightfall; **es ist eine Besserung eingetreten** there has been an improvement **4** **für j-n/etw ~** to stand up for sb/sth **B** v/t (≈ *zertrümmern*) to kick in
eintrichtern *umg* v/t **j-m etw ~** to drum sth into sb
Eintritt m **1** (≈ *das Eintreten*) entry (**in** +*akk* into), entrance; *in Verein etc* joining *kein pl* (**in** +*akk* of); **seit seinem ~ in die Armee** since joining the army **2** (≈ *Eintrittsgeld*) admission (**in** +*akk* to); **~ frei!** admission free; **„Eintritt verboten"** "no admittance", "keep out" **3** *von Winter* onset; **der ~ des Todes** the moment when death occurs
Eintrittsgeld n entrance money
Eintrittskarte f ticket (of admission)
Eintrittspreis m admission charge
eintrocknen v/i to dry up
eintrüben v/r METEO to cloud over
eintrudeln *umg* v/i to drift in *umg*
einüben v/t to practise *Br*, to practice *US*; *Rolle etc* to rehearse

einverleiben v/t *Gebiet, Land* to annex (+*dat* to)
Einvernahme *bes österr, schweiz* f → **Vernehmung**
einvernehmen v/t *bes österr, schweiz* JUR → **vernehmen**
Einvernehmen n (≈ *Eintracht*) harmony; **in beiderseitigem ~** by mutual agreement
einvernehmlich form **A** adj *Regelung, Lösung* consensual **B** adv consensually
einverstanden adj **~!** agreed!; **~ sein** to agree; **mit j-m/etw ~ sein** to agree to sb/sth; (≈ *übereinstimmen*) to agree with sb/sth
Einverständnis n agreement; (≈ *Zustimmung*) consent; **in gegenseitigem ~** by mutual consent
Einwahl f TEL *ins Internet* dial-up
einwählen v/r TEL to dial in (**in** +*akk* -to); **sich in ein Telefonnetz ~** to dial into a telephone network
Einwahlknoten m TEL, IT point of presence, POP
Einwand m objection; **einen ~ erheben** form to raise an objection
Einwanderer m, **Einwanderin** f immigrant
einwandern v/i to immigrate
Einwanderung f immigration (**nach, in** +*akk* to)
Einwanderungsland n immigration country
Einwanderungspolitik f immigration policy
einwandfrei **A** adj **1** (≈ *ohne Fehler*) perfect; *Benehmen* impeccable **2** (≈ *unzweifelhaft*) indisputable **B** adv **1** (≈ *fehlerlos*) perfectly; *sich verhalten* impeccably **2 etw ~ beweisen** to prove sth beyond doubt; **es steht ~ fest, dass ...** it is quite indisputable that ...
einwärts adv inwards
einwechseln v/t *Geld* to change (**in** +*akk od* **gegen** into)
Einweg- zssgn *Rasierer, Spritze* disposable
Einwegflasche f non-returnable bottle
Einwegpfand n deposit on drink cans and disposable bottles
Einwegrasierer m disposable razor
Einwegspritze f disposable syringe
Einwegverpackung f disposable packaging
einweichen v/t to soak
einweihen v/t **1** (≈ *eröffnen*) to open (officially); *fig* to christen **2 j-n in etw** (*akk*) **~** to initiate sb into sth; **er ist eingeweiht** he knows all about it
Einweihung f (official) opening
Einweihungsfeier f **1** (≈ *Eröffnungsfeier*) opening ceremony **2** *für Haus* housewarming party
einweisen v/t **1** *in Krankenhaus etc* to admit (**in** +*akk* to) **2** (≈ *in Arbeit unterweisen*) **j-n ~** to introduce sb to his/her job **3** AUTO to guide in (**in** +*akk* -to)

Einweisung f **1** *in Krankenhaus etc* admission (**in** +*akk* in) **2 die ~ der neuen Mitarbeiter** introducing new employees to their jobs
einwenden v/t **nichts gegen etw einzuwenden haben** to have no objection to sth; **dagegen lässt sich ~, dass ...** one objection to this is that ...
einwerfen v/t **1** *Fensterscheibe etc* to break **2** SPORT *Ball* to throw in **3** *Brief* to post *Br*, to mail *bes US*; *Münze* to insert **4** *fig Bemerkung* to make; **er warf ein, dass ...** he made the point that ...
einwickeln v/t **1** (≈ *einpacken*) to wrap (up) **2** *umg* (≈ *überlisten*) to fool *umg*; *durch Schmeicheleien* to butter up *umg*
einwilligen v/i to consent (**in** +*akk* to)
Einwilligung f consent (**in** +*akk* to)
einwirken v/i **auf j-n/etw ~** to have an effect on sb/sth; (≈ *beeinflussen*) to influence sb/sth; **etw ~ lassen** MED to let sth take effect
Einwirkung f influence; **unter (der) ~ von Drogen** *etc* under the influence of drugs *etc*
einwöchig adj one-week *attr*
Einwohner(in) m(f) inhabitant
Einwohnermeldeamt n *residents' registration office*; **sich beim ~ (an)melden** ≈ to register with the police
Einwohnerschaft f population
Einwohnerzahl f population
Einwurf m **1** *von Münze* insertion; *von Brief* posting *Br*, mailing *bes US* **2** SPORT throw-in **3** (≈ *Schlitz*) slot **4** *fig* interjection; (≈ *Einwand*) objection
Einzahl f singular
einzahlen v/t to pay in; **Geld auf ein Konto ~** to pay money into an account
Einzahlung f payment
Einzahlungsbeleg m pay-in *od* paying-in slip
Einzahlungsschein m *schweiz* giro transfer form
einzäunen v/t to fence in
einzeichnen v/t to draw in; **ist der Ort eingezeichnet?** is the place marked?
Einzel n *beim Tennis* singles *sg*
Einzelbeispiel n isolated *od* one-off example
Einzelbett n single bed
Einzelfahrkarte f single ticket *Br*; one-way ticket
Einzelfahrschein m single-trip ticket; one-way ticket
Einzelfall m individual case; (≈ *Sonderfall*) isolated case
Einzelgänger(in) m(f) loner
Einzelhaft f solitary confinement
Einzelhandel m retail trade
Einzelhandelsgeschäft n retail shop *Br*, retail store *US*

Einzelhandelspreis *m* retail price

Einzelhändler(in) *m(f)* retailer, retail trader

Einzelhaus *n* detached house *Br*, self-contained house *US*

Einzelheit *f* detail; **auf ~en eingehen** to go into detail(s); **etw in allen ~en schildern** to describe sth in great detail

Einzelkämpfer(in) *m(f)* **1** MIL, SPORT single *od* solo combatant **2** *fig* lone wolf, loner

Einzelkind *n* only child

Einzeller *m* BIOL single-cell(ed) *od* unicellular organism

einzellig *adj* single-cell(ed) *attr*

einzeln **A** *adj* **1** individual; (≈ getrennt) separate **2** (≈ alleinstehend) Haus single; **~ stehend** solitary **3** *eines Paars* odd; **ein ~er Strumpf** an odd sock **4** (≈ einige) some; METEO Schauer scattered **B** *adv* (≈ separat) separately; (≈ nicht zusammen) individually; **wir kamen ~** we came separately

Einzelne(r) *m/f(m)* **ein ~r** an individual

Einzelne(s) *n* **~s** some; **jedes ~** each one; **etw im ~n besprechen** to discuss sth in detail; **bis ins ~** right down to the last detail

Einzelperson *f* single person; (≈ Individuum) individual

Einzelpreis *m* price; HANDEL unit price

Einzelstück *n* **ein schönes ~** a beautiful piece; **~e verkaufen wir nicht** we don't sell them singly

Einzelteil *n* individual part; **etw in seine ~e zerlegen** to take sth to pieces

Einzeltherapie *f* individual therapy

Einzelunterricht *m* private lessons *pl*; **sie bekommt ~** she has private lessons

Einzelzelle *f* single cell

Einzelzimmer *n* single room

Einzelzimmerzuschlag *m* single-room supplement

einziehen **A** *v/t* **1** Gummiband to thread; Kopiergerät: Papier to take in **2** (≈ zurückziehen) Krallen, Antenne to retract; Bauch to pull in; Periskop to lower; **den Kopf ~** to duck (one's head); **die Luft ~** to sniff **3** MIL Personen to conscript, to draft *US*; Fahrzeuge etc to requisition **4** (≈ kassieren) Steuern to collect; *fig* Erkundigungen to make (**über** +*akk* about) **5** (≈ aus dem Verkehr ziehen) Banknoten to withdraw (from circulation); Führerschein to take away **B** *v/i* **1** in Wohnung, Haus to move in; **ins Parlament ~** Abgeordneter to take one's seat (in parliament) **2** (≈ einkehren) to come (**in** +*dat* to); **Ruhe und Ordnung zogen wieder ein** law and order returned

einzig **A** *adj* **1** only; **ich sehe nur eine ~e Möglichkeit** I can see only one (single) possibility; **kein ~es Mal** not once; **das Einzige** the only thing **2** (≈ einzigartig) unique; **es ist ~ in seiner Art** it is quite unique **B** *adv* (≈ allein) only; **die ~ mögliche Lösung** the only possible solution; **~ und allein** solely; **~ und allein deshalb hat er gewonnen** he owes his victory solely to that

einzigartig *adj* unique; **die Landschaft war ~ schön** the scenery was astoundingly beautiful

Einzige(r) *m/f(m)* **der/die ~** the only one; **kein ~r wusste es** not a single person knew

Einzimmerwohnung *f* one-room apartment *od* flat *Br*

Einzug *m* **1** *in Haus etc* move (**in** +*akk* into) **2** (≈ Einmarsch) entry (**in** +*akk* into) **3** *von Steuern* collection

Einzugsbereich *m* catchment area *Br*, service area *US*

Einzugsermächtigung *f* FIN direct debit instruction

Einzugsgebiet *n* einer Stadt hinterland; für Arbeitende commuter belt

Einzugsverfahren *n* FIN direct debit

Eis *n* **1** ice; (≈ Glatteis) black ice; **zu Eis gefrieren** to freeze; **das Eis brechen** *fig* to break the ice; **etw auf Eis legen** *fig umg* to put sth on ice **2** (≈ Speiseeis) ice (cream); **Eis am Stiel** ice(d) lolly *Br*, Popsicle® *US*; → **eislaufen**

Eisbahn *f* ice rink

Eisbär *m* polar bear

Eisbecher *m* sundae

Eisbein *n* GASTR knuckle of pork (*boiled and served with sauerkraut*)

Eisberg *m* iceberg

Eisbergsalat *m* iceberg lettuce

Eisbeutel *m* ice pack

Eisbombe *f* bombe glacée

Eiscafé *n* ice-cream parlour *Br*, ice-cream parlor *US*

Eischnee *m* GASTR beaten white of egg

Eiscreme *f* ice (cream)

Eisdiele *f* ice-cream parlour *Br*, ice-cream parlor *US*

Eisen *n* iron; **~ verarbeitend** iron-processing; **zum alten ~ gehören** *fig* to be on the scrap heap; **man muss das ~ schmieden, solange es heiß ist** *sprichw* one must strike while the iron is hot *sprichw*

Eisenbahn *f* railway *Br*, railroad *US*; *umg* (≈ Zug) train; **mit der ~ fahren** to go by train

Eisenbahner(in) *m(f)* railway employee *Br*, railroader *US*

Eisenbahnnetz *n* railway network *Br*, railroad network *US*

Eisenbahnschiene *f* railway track *Br*, railroad track *US*

Eisenbahnstrecke *f* railway line *Br*, railroad *US*

Eisenbahnüberführung *f* (railway) foot-

bridge Br, (railroad) footbridge US
Eisenbahnunterführung f railway underpass Br, railroad underpass US
Eisenbahnwagen m railway carriage Br, railroad car US
Eisenerz n iron ore
eisenhaltig adj **das Wasser ist ~** the water contains iron
Eisenhütte f ironworks pl od sg
Eisenindustrie f iron industry
Eisenmangel m iron deficiency
Eisenoxid n ferric oxide
Eisenspäne pl iron filings pl
Eisenträger m iron girder
Eisenwaren pl hardware sg
Eisenwarenhandlung f hardware store
Eisenzeit f HIST Iron Age
eisern A adj 1 iron; **~e Gesundheit** iron constitution; **in etw** (dat) **~ sein/bleiben** to be/remain resolute about sth 2 (≈ unantastbar) Reserve emergency B adv resolutely; **er schwieg ~** he remained resolutely silent
Eiseskälte f icy cold
Eisfach n freezer compartment
eisfrei adj ice-free attr, free of ice präd
eisgekühlt adj chilled
Eisglätte f black ice
Eishockey n ice hockey, hockey US
eisig A adj Lächeln, Empfang frosty B adv (≈ abweisend) icily; **~ lächeln** to give a frosty smile
Eiskaffee m iced coffee
eiskalt A adj 1 icy-cold 2 fig icy; (≈ kalt und berechnend) cold-blooded; (≈ dreist) cool B adv 1 → eisig 2 (≈ kalt und berechnend) cold-blooded
Eiskappe f icecap
Eiskrem f ice cream
Eiskunstlauf m figure skating
Eiskunstläufer(in) m(f) figure skater
Eislauf m ice-skating
eislaufen v/i to ice-skate
Eislaufen n ice-skating
Eisläufer(in) m(f) ice-skater
Eismeer n polar sea; **Nördliches/Südliches ~** Arctic/Antarctic Ocean
Eispickel m ice axe Br
Eisprung m PHYSIOL ovulation ohne art
Eisrevue f ice show
Eisriegel m ice-cream bar
Eissalat m iceberg lettuce
Eisschießen n curling
Eisschnelllauf m speed skating
Eisschnellläufer(in) m(f) speed skater
Eisscholle f ice floe
Eisschrank m refrigerator
Eis(sport)stadion n ice rink
Eisstockschießen n curling
Eistanz m ice-dancing
Eistee m iced tea
Eisverkäufer(in) m(f) ice-cream seller; Mann a. ice-cream man umg
Eiswein m sweet wine made from grapes which have been exposed to frost
Eiswürfel m ice cube
Eiszapfen m icicle
Eiszeit f Ice Age
eitel adj Mensch vain
Eitelkeit f von Mensch vanity
Eiter m pus
Eiterbeule f boil; fig canker
eitrig adj Ausfluss purulent; Wunde festering
eitern v/i to fester
Eiweiß n (egg) white; CHEM protein
eiweißarm adj low in protein; **~e Kost** a low-protein diet
Eiweißbedarf m protein requirement
Eiweißmangel m protein deficiency
eiweißreich adj rich in protein; **~e Ernährung** high-protein diet
Eizelle f BIOL egg cell
Ejakulation f ejaculation
Ekel[1] m disgust; (≈ Übelkeit) nausea; **diese Heuchelei ist mir ein ~** I find this hypocrisy nauseating
Ekel[2] umg n obnoxious person
ekelerregend adj disgusting
ekelhaft, ekelig adj & adv disgusting; Essen, Anblick yucky
ekeln A v/t & v/i **es ekelt mich vor diesem Geruch** this smell is disgusting B v/r to be od feel disgusted; **sich vor etw** (dat) **~** to find sth disgusting
EKG n abk (= Elektrokardiogramm) ECG
Eklat geh m (≈ Aufsehen) sensation, stir; (≈ Zusammenstoß) row; **mit großem ~** causing a great stir od sensation
eklatant adj Fall sensational; Verletzung flagrant
Ekstase f ecstasy; **in ~ geraten** to go into ecstasies
Ekzem n MED eczema
Elan m zest
Elast(h)an f elastane
elastisch adj elastic; Binde elasticated
Elastizität f elasticity
Elbe f (river) Elbe; **an der ~ liegen** to be on the river Elbe
Elch m elk, moose bes US
Elchtest umg m AUTO high-speed swerve (to test a car's roadholding); fig (≈ entscheidender Test) make-or-break test
Eldorado n eldorado
Elefant m elephant; **wie ein ~ im Porzellanladen** umg like a bull in a china shop sprichw

Elefantenbaby *umg n a. fig hum* baby elephant
Elefantenhochzeit *f* HANDEL *umg* mega-merger *umg*
elegant A *adj* elegant B *adv* elegantly
Eleganz *f* elegance
elektrifizieren *v/t* to electrify
Elektrifizierung *f* electrification
Elektrik *f* (≈ *Anlagen*) electrical equipment
Elektriker(in) *m(f)* electrician
elektrisch A *adj* electric; *Entladung, Feld* electrical; **~e Geräte** electrical appliances; **~er Strom** electric current; **der ~e Stuhl** the electric chair B *adv* electrically; *kochen, heizen* with electricity; **~ betrieben** electric-powered
elektrisieren *v/t* to electrify
Elektrizität *f* electricity
Elektrizitätswerk *n* (electric) power station
Elektro- *zssgn* electric
Elektroantrieb *m* electric drive
Elektroartikel *m* electrical appliance
Elektroauto *n* electric car
Elektrobohrer *m* electric *od* power drill
Elektrode *f* electrode
Elektroenzephalogramm *n* MED electroencephalogram, EEG
Elektrofahrrad *n* electric bike, e-bike
Elektrogerät *n* electrical appliance
Elektrogeschäft *n* electrical shop *Br*, electrical store *US*
Elektroherd *m* electric cooker
Elektroingenieur(in) *m(f)* electrical engineer
Elektrokardiogramm *n* MED electrocardiogram, ECG
Elektrolyse *f* electrolysis
Elektromagnet *m* electromagnet
elektromagnetisch *adj* electromagnetic
Elektromobilität *f* AUTO electromobility
Elektromotor *m* electric motor
Elektron *n* electron
Elektronenblitzgerät *n* FOTO electronic flash
Elektronenmikroskop *n* electron microscope
Elektronik *f* electronics *sg*; (≈ *elektronische Teile*) electronics *pl*
elektronisch A *adj* electronic; **~er Briefkasten** electronic mailbox; **~e Datenverarbeitung** electronic data processing B *adv* **~ gesteuert** electronically controlled
Elektroofen *m* (≈ *Heizofen*) electric heater
Elektrorad *n* electric bike, e-bike
Elektrorasierer *m* electric shaver
Elektroschock *m* MED electric shock
Elektroschockbehandlung *f* electric shock treatment
Elektrosmog *m* electronic smog
elektrostatisch A *adj* electrostatic B *adv* electrostatically

Elektrotechnik *f* electrical engineering
Elektrotechniker(in) *m(f)* electrician; (≈ *Ingenieur*) electrical engineer
Elektrotherapie *f* MED electrotherapy
Element *n* element; ELEK cell, battery; *von Sonnenkollektor* panel; **kriminelle ~e** *pej* criminal elements; **in seinem ~ sein** to be in one's element
elementar *adj* elementary; (≈ *naturhaft*) *Trieb* elemental
Elementarteilchen *n* PHYS elementary particle
elend A *adj* (≈ *jämmerlich*), *a. pej* (≈ *gemein*) wretched; **mir ist ganz ~** I feel really awful *umg*; **mir wird ganz ~, wenn ich daran denke** I feel quite ill when I think about it B *adv* (≈ *schlecht*) wretchedly; **sich ~ fühlen** to feel awful *umg*
Elend *n* (≈ *Unglück, Not*) misery; (≈ *Armut*) poverty; **ein Bild des ~s** a picture of misery; **j-n/sich (selbst) ins ~ stürzen** to plunge sb/oneself into misery/poverty; **es ist ein ~ mit ihm** *umg* he makes you want to weep *umg*
elendig(lich) *geh adv* miserably; **~ zugrunde gehen** to come to a wretched end
Elendsviertel *n* slums *pl*
elf *num* eleven; → **vier**
Elf[1] *f* SPORT team, eleven
Elf[2] *m*, **Elfe** *f* elf
Elfenbein *n* ivory
elfenbeinern A *adj* ivory B *adv* ivory-like
elfenbeinfarben *adj* ivory-coloured *Br*, ivory-colored *US*
Elfenbeinküste *f* Ivory Coast
Elfenbeinturm *fig m* ivory tower
Elfmeter *m* FUSSB penalty (kick); **einen ~ schießen** to take a penalty
Elfmeterschießen *n* FUSSB penalty shoot-out; **durch ~ entschieden** decided on penalties
elfte(r, s) *adj* eleventh; → **vierter, s**
eliminieren *v/t* to eliminate
elitär A *adj* elitist B *adv* in an elitist fashion
Elite *f* elite
Eliteeinheit *f* MIL crack troops *pl*, crack unit
Elitetruppe *f* MIL elite troops *pl*
Elixier *n* tonic
Ellbogen *m* → **Ellenbogen**
Ellbogengesellschaft *f* dog-eat-dog society
Elle *f* **1** ANAT ulna *fachspr* **2** *Längenmaß* yard (*0,914 m*)
Ellenbogen *m* elbow; **die ~ gebrauchen** *fig* to use one's elbows
Ellenbogenfreiheit *fig f* elbow room
Ellenbogenschützer *m* elbow pad
ellenlang *fig umg adj* incredibly long *umg*
Ellipse *f* MATH ellipse; LIT ellipsis
elliptisch *adj* MATH elliptic(al)

eloquent geh A adj eloquent B adv eloquently
El Salvador n El Salvador
Elsass n **das ~** Alsace
elsässisch adj Alsatian
Elsass-Lothringen n Alsace-Lorraine
Elster f magpie; **eine diebische ~ sein** fig to be a thief
elterlich adj parental
Eltern pl parents pl; **nicht von schlechten ~ sein** umg to be quite something umg
Elternabend m SCHULE parents' evening
Elternausschuss m ≈ PTA, parent teacher association
Elternbeirat m ≈ PTA, parent-teacher association
Elterngeld n parental allowance od benefit
Elternhaus n (parental) home; **aus gutem ~ stammen** to come from a good home
elternlos A adj orphaned B adv **~ aufwachsen** to grow up an orphan
Elternpflegschaft f ≈ PTA, parent teacher association
Elternschaft f parents pl
Elternsprechtag m open day (for parents)
Elternteil m parent
Elternurlaub m parental leave
Elternvertretung f ≈ PTA, parent teacher association
Elternzeit f (extended) parental leave
Email n enamel
E-Mail f IT email, e-mail; **per ~** by email, by e--mail; **j-m eine ~ schicken** to send sb an email, to e-mail sb
E-Mail-Account m email od e-mail account
E-Mail-Adresse f IT email od e-mail address
Emanze f mst pej f women's libber umg
Emanzipation f emancipation
emanzipatorisch adj emancipatory
emanzipieren A v/t to emancipate B v/r to emancipate oneself
emanzipiert adj emancipated
Embargo n embargo
Embolie f MED embolism
Embryo österr a. m/n embryo
embryonal adj BIOL, a. fig embryonic
emeritieren v/t UNIV **emeritierter Professor** emeritus professor
Emigrant(in) m(f) emigrant
Emigration f emigration; **in die ~ gehen** to emigrate
emigrieren v/i to emigrate
eminent geh A adj Person eminent; **von ~er Bedeutung** of the utmost significance B adv eminently; **~ wichtig** of the utmost importance
Emirat n emirate
Emission f **1** FIN issue **2** PHYS emission

emissionsarm adj low-emission, low in emissions
Emissionshandel m emissions trading
Emissionsrechte pl emission rights
Emissionsrechtehandel m emissions trading
Emissionswerte pl emission levels pl
Emmentaler m (≈ Käse) Emment(h)aler
Emoticon n IT emoticon
Emotion f emotion
emotional A adj emotional; Ausdrucksweise emotive B adv emotionally
emotionalisieren v/t to emotionalize
Emotionalität f emotionality
emotionell adj → emotional
emotionsfrei adj & adv → emotionslos
emotionsgeladen adj emotionally charged
emotionslos A adj unemotional B adv unemotionally
Empfang m reception; von Brief, Ware etc receipt; **einen ~ geben** to give od hold a reception; **etw in ~ nehmen** to receive sth, HANDEL to take delivery of sth; **(zahlbar) nach/bei ~** (payable) on receipt (of)
empfangen v/t to receive; (≈ begrüßen) to greet; herzlich to welcome
Empfänger m RADIO receiver
Empfänger(in) m(f) recipient; (≈ Adressat) addressee
empfänglich adj (≈ aufnahmebereit) receptive (**für** to); (≈ anfällig) susceptible (**für** to)
Empfängnis f conception
empfängnisverhütend adj contraceptive; **~e Mittel** pl contraceptives pl
Empfängnisverhütung f contraception
Empfangsbereich m RADIO, TV reception area
Empfangsbescheinigung f (acknowledgment of) receipt
Empfangschef(in) m(f) von Hotel receptionist; oberster head porter
Empfangsdame f receptionist
Empfangshalle f reception hall
Empfangsmitarbeiter(in) m(f) receptionist
empfehlen A v/t to recommend; **(j-m) etw/j-n ~** to recommend sth/sb (to sb); → **empfohlen** B v/r **es empfiehlt sich, das zu tun** it is advisable to do that
empfehlenswert adj to be recommended präd, recommendable
Empfehlung f recommendation; (≈ Referenz) reference; **auf ~ von** on the recommendation of
Empfehlungsschreiben n letter of recommendation
empfinden v/t to feel; **etw als kränkend ~** to find sth insulting; **viel/nichts für j-n ~** to feel a lot/nothing for sb

Empfinden n feeling; **meinem ~ nach** to my mind

empfindlich **A** adj **1** sensitive; *Gesundheit, Stoff* delicate; *Magen* queasy; (≈ *leicht reizbar*) touchy *umg*; **~e Stelle** sensitive spot; **gegen etw ~ sein** to be sensitive to sth **2** (≈ *spürbar*) *Verlust, Strafe, Niederlage* severe **B** adv **1** (≈ *sensibel*) sensitively; **~ reagieren** to be sensitive (**auf** +*akk* to) **2** (≈ *spürbar*) severely; **deine Kritik hat ihn ~ getroffen** your criticism cut him to the quick *bes Br*, your criticism cut him to the bone *US*; **es ist ~ kalt** it is bitterly cold

Empfindlichkeit f sensitivity; *von Gesundheit, Stoff* delicateness; (≈ *leichte Reizbarkeit*) touchiness *umg*

empfindsam adj *Mensch, Seele, Musik* sensitive; (≈ *gefühlvoll*) sentimental

Empfindung f feeling

empfohlen adj recommended; → empfehlen

emphatisch *geh* **A** adj emphatic **B** adv emphatically

Empiriker(in) m(f) empiricist

empirisch adj empirical

Empore f ARCH gallery

empören **A** v/t to fill with indignation; *stärker* to incense; → empört **B** v/r to be indignant (**über** +*akk* at); *stärker* to be incensed (**über** +*akk* at)

empörend adj outrageous

emporkommen *geh* v/i to rise (up); *fig* (≈ *aufkommen*) to come to the fore

Emporkömmling *pej* m upstart

emporragen *geh* v/i to tower (**über** +*akk* above)

empört **A** adj outraged (**über** +*akk* at) **B** adv indignantly; → empören

Empörung f (≈ *Entrüstung*) indignation (**über** +*akk* at)

emsig **A** adj busy; (≈ *eifrig*) eager **B** adv busily; (≈ *eifrig*) eagerly

Emu m emu

Emulator m IT emulator

Emulsion f emulsion

E-Musik f serious music

End- *zssgn* final

Endabnehmer(in) m(f) end buyer

Endabrechnung f final account

Endbenutzer(in) m(f) end user

Endbetrag m final amount

Ende n end; (≈ *Ausgang*) outcome; *eines Films etc* ending; **~ Mai/der Woche** at the end of May/the week; **~ der Zwanzigerjahre** in the late twenties; **er ist ~ vierzig** he is in his late forties; **am ~ von** at the end of; **oberes ~** top; **am oberen ~** at the top; **unteres ~** bottom; **am unteren ~ (von)** at the bottom (of); **das ~ vom Lied** the final outcome; **Probleme ohne ~** endless problems; **letzten ~s** when all is said and done; (≈ *am Ende*) in the end; **damit muss es jetzt ein ~ haben** this must stop now; **das nimmt gar kein ~** *umg* there's no end to it; **ein böses ~ nehmen** to come to a bad end; **... und kein ~** ... without end; **es ist noch ein gutes** *od* **ganzes ~** *umg* there's still quite a way to go (yet); **am ~** at the end; (≈ *schließlich*) in the end; *umg* (≈ *möglicherweise*) perhaps; **am ~ sein** *fig* to be at the end of one's tether *Br*, to be at the end of one's rope *US*; **mit etw am ~ sein** to have reached the end of sth; *Vorrat* to have run out of sth; **meine Geduld ist am ~** my patience is at an end; **zu ~** finished; **etw zu ~ bringen** *od* **führen** to finish (off) sth, to follow sth through, to complete sth; **zu ~ machen** to finish; **zu ~ gehen** to come to an end; *Vorräte* to run out; **zu ~ sein** to be over; **~ gut, alles gut** *sprichw* all's well that ends well *sprichw*

Endeffekt m **im ~** *umg* in the end

enden v/i to end, to finish; **es endete damit, dass ...** the outcome was that ...; **er endete im Gefängnis** he ended up in prison; **wie wird das noch mit ihm ~?** what will become of him?; **das wird böse ~!** no good will come of it!

Endergebnis n final result

Endgehalt n final salary

endgeil adj *sl* totally mint *Br sl*, totally awesome *US sl*

Endgerät n TEL *etc* terminal

endgültig **A** adj final; *Antwort* definite **B** adv finally; **damit ist die Sache ~ entschieden** that settles the matter once and for all; **sie haben sich jetzt ~ getrennt** they've separated for good

Endgültigkeit f finality

Endhaltestelle f terminus, final stop *US*

Endivie f endive

Endkunde m end customer *od* consumer

Endlager n *für Atommüll etc* permanent (waste) disposal site

endlagern v/t *Atommüll etc* to dispose of permanently

Endlagerung f **~ von radioaktivem Material** final disposal of nuclear waste

endlich **A** adv finally; **na ~!** at (long) last!; **hör ~ damit auf!** will you stop that!; **~ kam er doch** he eventually came after all **B** adj MATH finite

endlos **A** adj endless **B** adv forever; **ich musste ~ lange warten** I had to wait for ages *umg*

endogen adj endogenous

Endoskop n MED endoscope

Endoskopie f MED endoscopy

Endphase f final stage(s) (*pl*)

Endprodukt n end product

Endrunde f SPORT finals pl
Endsilbe f final syllable
Endspiel n SPORT final; *Schach* end game
Endspurt m SPORT, *a. fig* final spurt
Endstadium n final stage; MED terminal stage
Endstand m SPORT final score
Endstation f BAHN *etc* terminus, terminal; *fig* end of the line
Endung f GRAM ending
Endverbraucher(in) m(f) end user
Endziel n final objective, ultimate goal
Energie f energy; **~ sparend** energy-saving; **mit aller** *od* **ganzer ~** with all one's energy
Energieausweis m energy performance certificate
Energiebedarf m energy requirement
energiebewusst adj energy-conscious
Energieeinsparung f energy saving
energiegeladen adj full of energy, energetic
Energiekrise f energy crisis
energielos adj lacking in energy
Energielosigkeit f lack of energy
Energiemix m range of energy sources
Energiepass m energy performance certificate
Energiepolitik f energy policy
Energiequelle f energy source
Energiesparen n energy saving *od* conservation
energiesparend adj energy-saving
Energiesparlampe f energy-saving bulb
Energieverbrauch m energy consumption
Energieverschwendung f waste of energy
Energieversorgung f supply of energy
Energiewende f POL, ÖKOL BRD energy U-turn
Energiewirtschaft f (≈ *Wirtschaftszweig*) energy industry
energisch **A** adj (≈ *voller Energie*) energetic; *Maßnahmen* firm; *Worte* strong; (≈ *aggressiv*) aggressive; (≈ *heftig*) vigorous; **~ werden** to assert oneself **B** adv *dementieren* strongly; *verteidigen* vigorously; **~ durchgreifen** to take firm action
eng **A** adj **1** narrow; *Kleidung* tight; **im engeren Sinne** in the narrow sense **2** (≈ *nah, dicht*) close; **eine Feier im engsten Kreise** a small party for close friends **B** adv **eng anliegend** tight (-fitting); **eng zusammengedrängt sein** to be crowded together; **eng beschrieben** closely written; **eng nebeneinander** close together; **eng befreundet sein** to be close friends; **das darfst du nicht so eng sehen** *fig umg* don't take it so seriously
Engagement n **1** THEAT engagement **2** (≈ *politisches Engagement*) commitment (**für** to)
engagieren **A** v/t to engage **B** v/r to be/become committed (**für** to); *im Wahlkampf* to campaign

engagiert adj committed, dedicated
enganliegend adj → eng
Enge f **1** *von Straße etc* narrowness; *von Kleid etc* tightness **2** (≈ *Meerenge*) strait; (≈ *Engpass*) pass; **j-n in die ~ treiben** *fig* to drive sb into a corner
Engel m angel
Engelsgeduld f **sie hat eine ~** she has the patience of a saint
England n England
Engländer m **1** Englishman, English boy; **die ~** *pl* the English, the Brits *umg*; **er ist ~** he's English **2** TECH monkey wrench
Engländerin f Englishwoman, English girl
englisch adj English; *Steak* rare; → *deutsch*
Englisch n English; **wie sagt man das auf ~?** how do you say that in English?; → *Deutsch*
Englischlehrer(in) m(f) English teacher
englischsprachig adj *Gebiet, Person* English-speaking; *Zeitung* English-language *attr*; *Ausgabe* English
Englischunterricht m **1** English lessons pl **2** *das Unterrichten* teaching of English; *Privatunterricht* English language tuition
engmaschig adj close-meshed; *fig* close
Engpass m (narrow) pass; *fig* bottleneck
en gros adv wholesale; *fig* en masse
engstirnig adj narrow-minded
Engstirnigkeit f narrow-mindedness
Enjambement n LIT enjambement
Enkel m grandson; *Junge oder Mädchen* grandchild; **seine ~** his grandchildren
Enkelin f granddaughter
Enkelkind n grandchild
Enklave f enclave
en masse adv en masse
enorm **A** adj (≈ *riesig*) enormous; *umg* (≈ *herrlich, kolossal*) tremendous *umg* **B** adv (≈ *riesig*) enormously; *umg* (≈ *herrlich, kolossal*) tremendously
en passant adv en passant
Ensemble n ensemble; (≈ *Besetzung*) cast
entarten v/i to degenerate (**zu** into)
entartet adj degenerate
entbehren v/t (≈ *vermissen*) to miss; (≈ *zur Verfügung stellen*) to spare; (≈ *verzichten*) to do without; **wir können ihn heute nicht ~** we cannot spare him/it today
entbehrlich adj dispensable
Entbehrung f privation
entbinden **A** v/t **1** *Frau* to deliver **2** (≈ *befreien*) to release (**von** from) **B** v/i *Frau* to give birth
Entbindung f delivery; *von Amt etc* release
Entbindungsklinik f maternity clinic
Entbindungsstation f maternity ward
entblöden *geh* v/r **sich nicht ~, etw zu tun** to have the effrontery to do sth
entblößen *form* v/t *Körperteil* to bare; *fig sein In-*

nenleben to lay bare

entdecken *v/t* (≈ *finden*) to discover; *in der Ferne, einer Menge* to spot

Entdecker(in) *m(f)* discoverer; (≈ *Forscher*) explorer

Entdeckung *f* discovery; (≈ *Ergebnis*) finding

Ente *f* duck; *Presse umg* canard

entehren *v/t* to dishonour *Br*, to dishonor *US*; (≈ *entwürdigen*) to degrade; **~d** degrading

enteignen *v/t* to expropriate; *Besitzer* to dispossess

Enteignung *f* expropriation; *von Besitzer* dispossession

enteisen *v/t* to de-ice; *Kühlschrank* to defrost

Entenbraten *m* roast duck

Entenei *n* duck's egg

Entente *f* POL entente

enterben *v/t* to disinherit

Enterich *m* drake

entern *v/t* (≈ *stürmen*) *Schiff, Haus* to storm

Entertainer(in) *m(f)* entertainer

Entertaste *f* COMPUT enter key

entfachen *v/t a. fig Begeisterung etc* to kindle; *Krieg, Streit* to spark off

entfallen *v/i* **1** *fig aus dem Gedächtnis* **j-m ~** to slip sb's mind **2** (≈ *wegfallen*) to be dropped **3 auf j-n/etw ~** *Geld, Kosten* to be allotted to sb/sth

entfalten **A** *v/t* to unfold; *fig Kräfte, Begabung* to develop; *Plan* to set out **B** *v/r Blüte* to open; *fig* to develop; **hier kann ich mich nicht ~** I can't make full use of my abilities here

Entfaltung *f* unfolding; (≈ *Entwicklung*) development; *eines Planes* setting out; **zur ~ kommen** to develop

Entfaltungsmöglichkeiten *pl* opportunities *pl* for development

entfernen **A** *v/t* to remove (**von, aus** from); IT to delete; **j-n aus der Schule ~** to expel sb from school **B** *v/r* **1 sich** (**von** *od* **aus etw**) **~** to go away (from sth); **sich von seinem Posten ~** to leave one's post **2** *fig von j-m* to become estranged; *von Thema* to digress

entfernt **A** *adj Ort, Verwandter* distant; (≈ *abgelegen*) remote; (≈ *gering*) *Ähnlichkeit* vague; **10 km ~ von 10 km** (away) from; **das Haus liegt 2 km ~** the house is 2 km away **B** *adv* remotely; **~ verwandt** distantly related; **nicht im Entferntesten!** not in the slightest!

Entfernung *f* **1** distance; **aus kurzer ~ (schießen)** (to fire) at *od* from close range; **in einer ~ von zehn Kilometern** at a distance of ten kilometres *Br*, at a distance of ten kilometers *US*; **in acht Kilometern ~** eight kilometres away *Br*, eight kilometers away *US* **2** (≈ *das Entfernen*) removal

Entfernungsmesser *m* MIL, FOTO rangefinder

entfesseln *fig v/t* to unleash

entfesselt *adj* unleashed; *Leidenschaft* unbridled; *Naturgewalten* raging

entfetten *v/t* to remove the grease from

entflammbar *adj* inflammable

entflammen **A** *v/t fig* to (a)rouse; *Begeisterung* to fire **B** *v/i* to burst into flames; *fig Zorn, Streit* to flare up

entflechten *v/t Konzern, Kartell etc* to break up

entfliehen *v/i* to escape (+*dat od* **aus** from)

entfremden **A** *v/t* to alienate **B** *v/r* to become alienated (+*dat* from)

Entfremdung *f* estrangement; SOZIOL alienation

entfrosten *v/t* to defrost

Entfroster *m* defroster

entführen *v/t j-n* to kidnap; *Flugzeug* to hijack

Entführer(in) *m(f)* kidnapper; *von Flugzeug* hijacker

Entführung *f* kidnapping; *von Flugzeug* hijacking

entgegen **A** *präp* contrary to; **~ allen Erwartungen** contrary to all expectation(s) **B** *adv geh* **neuen Abenteuern ~!** on to new adventures!

entgegenbringen *v/t* **j-m etw ~** *fig Freundschaft etc* to show sth for sb

entgegengehen *v/i* to go toward(s); **dem Ende ~** *Leben, Krieg* to draw to a close; **seinem Untergang ~** to be heading for disaster

entgegengesetzt *adj* opposite; **einander ~e Interessen/Meinungen** *etc* opposing interests/views *etc*; → entgegensetzen

entgegenhalten *v/t* **j-m etw ~** *wörtl* to hold sth out toward(s) sb; **einer Sache ~, dass ...** *fig* to object to sth that ...

entgegenkommen *v/i* to come toward(s); *fig* to accommodate; **j-m auf halbem Wege ~** to meet sb halfway; **das kommt unseren Plänen sehr entgegen** that fits in very well with our plans

Entgegenkommen *n* (≈ *Gefälligkeit*) kindness; (≈ *Zugeständnis*) concession

entgegenkommend *adj* **1** *Fahrzeug* oncoming **2** *fig* obliging; (≈ *aufmerksam*) considerate

entgegenlaufen *v/i* to run toward(s) *od* up to

entgegennehmen *v/t* (≈ *empfangen*) to receive; (≈ *annehmen*) to accept

entgegensehen *fig v/i* **einer Sache** (*dat*) **~** to await sth; *freudig* to look forward to sth; **einer Sache ~ müssen** to have to face sth

entgegensetzen *v/t* **etw einer Sache ~** to set sth against sth; **dem habe ich entgegenzusetzen, dass ...** against that I'd like to say that ...; → entgegengesetzt

entgegenstellen A v/t → entgegensetzen B v/r **sich j-m/einer Sache ~** to oppose sb/sth
entgegentreten v/i to step up to; *einer Politik* to oppose; *Behauptungen* to counter; *einer Gefahr* to take steps against
entgegenwirken v/i to counteract
entgegnen v/t & v/i to reply; *kurz, barsch* to retort (**auf** +*akk* to)
Entgegnung f reply
entgehen v/i **1** (≈ *entkommen*) *Verfolgern* to elude; *dem Schicksal, der Gefahr, Strafe* to escape **2** *fig* (≈ *nicht bemerkt werden*) **dieser Fehler ist mir entgangen** I failed to notice this mistake; **ihr entgeht nichts** she doesn't miss a thing; **sich** (*dat*) **etw ~ lassen** to miss sth
entgeistert *adj* thunderstruck
Entgelt *form* n **1** (≈ *Bezahlung*) remuneration *form*; (≈ *Anerkennung*) reward **2** (≈ *Gebühr*) fee
entgiften v/t to decontaminate; MED to detoxicate
entgleisen v/i **1** BAHN to be derailed **2** *fig Mensch* to make a slip *od* faux-pas
Entgleisung f derailment; *fig* faux pas
entgleiten v/i to slip; **j-m ~** to slip from sb's grasp; *fig* to slip away from sb
entgräten v/t *Fisch* to fillet
enthaaren v/t to remove unwanted hair from
Enthaarungsmittel n depilatory
enthalten A v/t to contain; (**mit**) **~ sein in** (+*dat*) to be included in B v/r **sich einer Sache** (*gen*) **~** *geh* to abstain from sth; **sich (der Stimme) ~** to abstain
enthaltsam A *adj* abstemious; *sexuell* chaste B *adv* **~ leben** to be abstinent; (≈ *sexuell*) to be celibate
Enthaltsamkeit f abstinence; *sexuell* chastity
Enthaltung f abstinence; (≈ *Stimmenthaltung*) abstention
enthärten v/t *Wasser* to soften
enthaupten v/t to decapitate
Enthauptung f decapitation
entheben v/t **j-n einer Sache** (*gen*) **~** to relieve sb of sth
enthemmen v/t & v/i **j-n ~** to make sb lose his inhibitions
enthüllen v/t to uncover; *Denkmal* to unveil; *Geheimnis* to reveal
Enthüllung f uncovering; *von Denkmal* unveiling
Enthüllungsjournalismus m investigative journalism
Enthüllungsplattform f whistleblowing platform
Enthusiasmus m enthusiasm
enthusiastisch A *adj* enthusiastic B *adv* enthusiastically

entjungfern v/t to deflower
entkalken v/t to decalcify
Entkalker m descaler
entkernen v/t *Kernobst* to core; *Steinobst* to stone
entkoffeiniert *adj* decaffeinated
entkommen v/i to escape (+*dat od* **aus** from)
Entkommen n escape
entkorken v/t *Flasche* to uncork
entkräften v/t to weaken; (≈ *erschöpfen*) to exhaust; *fig* (≈ *widerlegen*) to refute
Entkräftung f weakening; (≈ *Erschöpfung*) exhaustion; *fig* (≈ *Widerlegung*) refutation
entkrampfen *fig* v/t to relax; *Lage* to ease
entladen A v/t to unload; *Batterie etc* to discharge B v/r *Gewitter* to break; *Schusswaffe* to go off; *Batterie etc* to discharge; *fig Emotion* to vent itself
entlang A *präp* along; **den Fluss ~** along the river; **~ der Straße, die Straße ~** along the street B *adv* along; **hier ~** this way
entlanggehen v/t & v/i to walk along
entlarven *fig* v/t *Spion* to unmask; *Betrug etc* to uncover
entlassen v/t (≈ *kündigen*) to dismiss; *aus dem Krankenhaus* to discharge; *aus dem Gefängnis* to release
Entlassung f dismissal; *aus dem Krankenhaus* discharge; *aus dem Gefängnis* release
entlasten v/t to relieve; *Verkehr* to ease; JUR *Angeklagten* to exonerate; HANDEL *Vorstand* to approve the activities of
Entlastung f relief; JUR exoneration; HANDEL *von Vorstand* approval; **zu seiner ~ führte der Angeklagte an, dass ...** in his defence the defendant stated that ... *Br*, in his defense the defendant stated that ... *US*
Entlastungsmaterial n JUR evidence for the defence *Br*, evidence for the defense *US*
Entlastungszeuge m, **Entlastungszeugin** f JUR witness for the defence *Br*, witness for the defense *US*
Entlastungszug m relief train
Entlaubung f defoliation
Entlaubungsmittel n defoliant
entlaufen v/i to run away (+*dat od* **von** from); **ein ~es Kind** a runaway child; **ein ~er Sträfling** an escaped convict; „**Hund ~**" "dog missing"
entledigen *form* v/r **sich j-s/einer Sache ~** to rid oneself of sb/sth; **sich seiner Kleidung ~** to remove one's clothes
entleeren v/t to empty
Entleerung f emptying
entlegen *adj* out-of-the-way
entlehnen *fig* v/t to borrow (+*dat od* **von** from)
entleihen v/t **etw ~** (≈ *sich ausleihen*) to borrow

sth
Entlein n duckling
entlieben v/r **sich (von j-m) ~** umg to fall out of love (with sb)
entlocken v/t **j-m/einer Sache etw ~** to elicit sth from sb/sth
entlohnen v/t to pay; fig to reward
Entlohnung f pay(ment); fig reward
entlüften v/t to ventilate; Bremsen, Heizung to bleed
Entlüftung f ventilation; von Bremsen, Heizung bleeding
entmachten v/t to deprive of power
Entmachtung f deprivation of power
entmilitarisieren v/t to demilitarize
Entmilitarisierung f demilitarization
entmündigen v/t JUR to (legally) incapacitate
Entmündigung f (legal) incapacitation
entmutigen v/t to discourage; **sich nicht ~ lassen** not to be discouraged
Entmutigung f discouragement
Entnahme form f removal; von Blut extraction; von Geld withdrawal
Entnazifizierung f denazification
entnehmen v/t to take (from); fig (≈ erkennen) to gather (from)
entnerven v/t to unnerve; **~d** unnerving; (≈ nervtötend) nerve-racking; **entnervt** enervated
entpacken v/t IT to unzip
entpolitisieren v/t to depoliticize
entpuppen v/r **sich als Betrüger** etc **~** to turn out to be a cheat etc
entrahmen v/t Milch to skim
enträtseln v/t to solve; Sinn to work out; Schrift to decipher
entrechten v/t **j-n ~** to deprive sb of his rights
entreißen v/t **j-m etw ~** to snatch sth (away) from sb
entrichten form v/t to pay
entriegeln v/t to unbolt; IT etc Tastatur to unlock
entrinnen geh v/i to escape from; **es gibt kein Entrinnen** there is no escape
entrosten v/t to derust
Entroster m deruster
entrückt geh adj (≈ verzückt) enraptured; (≈ versunken) lost in reverie
entrümpeln v/t to clear out
entrüsten **A** v/t to outrage **B** v/r **sich ~ über** (+akk) to be outraged at
entrüstet **A** adj outraged **B** adv indignantly, outraged
Entrüstung f indignation
entsaften v/t to extract the juice from
Entsafter m juice extractor
entsalzen v/t to desalinate

entschädigen v/t to compensate (**für** for); für Dienste etc to reward; bes mit Geld to remunerate; (≈ Kosten erstatten) to reimburse
Entschädigung f compensation; für Dienste reward; mit Geld remuneration; (≈ Kostenerstattung) reimbursement
entschärfen v/t Bombe, Krise to defuse; Argument to neutralize
Entscheid schweiz form m → Entscheidung
entscheiden **A** v/t to decide; **das kannst/musst du (selbst) ~** that's up to you; **das Spiel ist entschieden** the game has been decided; **den Kampf für sich ~** to secure victory in the struggle; **es ist noch nichts entschieden** nothing has been decided (as yet); → entschieden **B** v/i to decide (**über** +akk on); **darüber habe ich nicht zu ~** that is not for me to decide **C** v/r Mensch to decide, to make up one's mind; (≈ wählen) to choose (**für etw** sth); Angelegenheit to be decided; **sich für j-n/etw ~** to decide in favour of sb/sth Br, to decide in favor of sb/sth US; **sich gegen j-n/etw ~** to decide against sb/sth

entscheidend **A** adj decisive; (≈ wichtig) essential; (≈ kritisch) critical; **die ~e Stimme** bei Wahlen etc the deciding vote; **das Entscheidende** the decisive factor **B** adv schlagen, schwächen decisively
Entscheidung f decision
Entscheidungskampf m decisive encounter; SPORT deciding round/game etc
Entscheidungsprozess m decision-making process
Entscheidungsspiel n SPORT deciding match, decider; bei gleichem Rang play-off
Entscheidungsträger(in) m(f) decision-maker
entschieden **A** adj **1** (≈ entschlossen) determined; Befürworter staunch; Ablehnung firm **2** (≈ eindeutig) decided **B** adv **1** (≈ strikt ablehnen) firmly; bekämpfen resolutely; zurückweisen staunchly **2** (≈ eindeutig) definitely; **das geht ~ zu weit** that's definitely going too far; → entscheiden
Entschiedenheit f (≈ Entschlossenheit) determination; **etw mit aller ~ dementieren** to deny sth categorically
entschlacken v/t Metallurgie to remove the slag from; MED Körper to purify
entschließen v/r to decide (**für, zu** on); **sich anders ~** to change one's mind; **zu allem entschlossen sein** to be ready for anything; → entschlossen
Entschließung f resolution
entschlossen **A** adj determined; **ich bin fest ~** I am absolutely determined **B** adv resolutely; **kurz ~** without further ado; → entschließen

Entschlossenheit f determination
Entschluss m (≈ *Entscheidung*) decision; **seinen ~ ändern** to change one's mind
entschlüsseln v/t to decipher
entschlussfreudig adj decisive
Entschlusskraft f decisiveness
entschuldbar adj excusable
entschulden v/t to free of debt
entschuldigen A v/t to excuse; **das lässt sich nicht ~!** that is inexcusable!; **einen Schüler ~ lassen** od **~ to** ask for a pupil od student to be excused; **ich bitte mich zu ~** I ask to be excused B v/i **~ Sie (bitte)!** (do od please) excuse me!, sorry!; *bei Bitte, Frage etc* excuse me (please), pardon me *US* C v/r **sich ~** to say sorry; **sich bei j-m ~** (≈ *um Verzeihung bitten*) to apologize (to sb); (≈ *sich abmelden*) to excuse oneself
Entschuldigung f (≈ *Grund*) excuse; (≈ *Bitte um Entschuldigung*) apology; SCHULE (≈ *Brief*) note; **~!** excuse me!; **~, wie komme ich zum Flughafen?** excuse me, how do I get to the airport?; **~, dass ich zu spät komme** sorry I'm late; **~, könnten Sie das noch einmal sagen?** pardon, could you say that again?; **zu seiner ~ sagte er …** he said in his defence that … *Br*, he said in his defense that … *US*; **(j-n) um ~ bitten** to apologize (to sb)
Entschwefelungsanlage f desulphurization plant
entschwinden v/i to vanish (+dat from od **in** +akk into)
entsetzen A v/t to horrify B v/r **sich über j-n/etw ~** to be horrified at od by sb/sth; → entsetzt
Entsetzen n horror; (≈ *Erschrecken*) terror; **mit ~ sehen, dass …** to be horrified/terrified to see that …
Entsetzensschrei m cry of horror
entsetzlich A adj dreadful B adv 1 (≈ *schrecklich*) dreadfully 2 umg (≈ *sehr*) awfully
entsetzt A adj horrified (**über** +akk at, by), shocked B adv in horror; **j-n ~ anstarren** to give sb a horrified look; → entsetzen
entseuchen v/t to decontaminate
Entseuchung f decontamination
entsichern v/t **eine Pistole ~** to release the safety catch of a pistol
entsinnen v/r to remember (**einer Sache** gen od **an etw** akk sth); **wenn ich mich recht entsinne** if my memory serves me correctly
entsorgen v/t *Abfälle etc* to dispose of
Entsorgung f waste disposal
entspannen A v/t to relax; *fig Lage* to ease (up) B v/r to relax; (≈ *ausruhen*) to rest; *Lage etc* to ease
entspannend adj relaxing

entspannt adj relaxed
Entspannung f relaxation; *von Lage, a.* FIN an der Börse easing(-up); POL easing of tension (+gen in), détente
Entspannungspolitik f policy of détente
Entspannungsübungen pl MED etc relaxation exercises pl
entsperren v/t to unlock
entsprechen v/i to correspond to; *der Wahrheit* to be in accordance with; *Anforderungen* to fulfil *Br*, to fulfill *US*; *Erwartungen* to live up to; *einer Bitte etc* to meet
entsprechend A adj corresponding; (≈ *zuständig*) relevant; (≈ *angemessen*) appropriate B adv accordingly; (≈ *ähnlich, gleich*) correspondingly; **er wurde ~ bestraft** he was suitably punished C präp in accordance with; **er wird seiner Leistung ~ bezahlt** he is paid according to performance
Entsprechung f (≈ *Äquivalent*) equivalent; (≈ *Gegenstück*) counterpart
entspringen v/i *Fluss* to rise; (≈ *sich herleiten von*) to arise from
entstammen v/i to come from
entstehen v/i to come into being; (≈ *seinen Ursprung haben*) to originate; (≈ *sich bilden*) to form; (≈ *sich entwickeln*) to arise (**aus, durch** from); **hier entsteht eine neue Schule** a new school is being built here; **im Entstehen begriffen sein** to be emerging
Entstehen n, **Entstehung** f (≈ *das Werden*) genesis; (≈ *das Hervorkommen*) emergence; (≈ *Ursprung*) origin
entsteinen v/t to stone
entstellen v/t (≈ *verunstalten*) *Gesicht* to disfigure; (≈ *verzerren*) to distort
entstellt adj 1 *Gesicht etc* disfigured 2 *Tatsachen, Wahrheit* distorted
entstören v/t *Radio, Telefon* to free from interference
entstört adj ELEK interference-free
enttarnen v/t *Spion* to blow the cover of umg; fig (≈ *entlarven*) to expose
Enttarnung f exposure
enttäuschen A v/t to disappoint; (≈ *nicht unterstützen*) to let down; **enttäuscht sein über** (+akk)/**von** to be disappointed at/by od in B v/i **unsere Mannschaft hat sehr enttäuscht** our team were very disappointing
enttäuschend adj disappointing
enttäuscht adj disappointed
Enttäuschung f disappointment
entthronen v/t to dethrone
entvölkern v/t to depopulate
entwaffnen v/t to disarm
entwaffnend fig adj disarming

entwarnen v/i to sound the all-clear
Entwarnung f sounding of the all-clear; (≈ Signal) all-clear
entwässern v/t Keller to drain; Gewebe, Körper to dehydrate
Entwässerung f drainage; CHEM dehydration
Entwässerungsanlage f drainage system
entweder konj ~ ... oder ... either ... or ...; ~ oder! yes or no
entweichen v/i to escape (+dat od **aus** from)
entwenden form v/t **j-m etw/etw aus etw** ~ to steal sth from sb/sth
entwerfen v/t 1 (≈ gestalten) to sketch; Modell etc to design 2 (≈ ausarbeiten) Gesetz to draft; Plan to devise 3 fig (≈ darstellen) Bild to depict
entwerten v/t 1 (≈ im Wert mindern) to devalue 2 Briefmarke, Fahrschein to cancel
Entwerter m (ticket-)cancelling machine Br, (ticket-)canceling machine US
Entwertung f des Geldes devaluation
entwickeln A v/t to develop; (≈ bilden) to form; (≈ entwerfen) to design; Mut, Energie to show B v/r to develop (**zu** into); **sie hat sich ganz schön entwickelt** umg she's turned out really nicely
Entwickler m FOTO developer
Entwicklung f development; FOTO developing; (≈ Trend) trend; **das Flugzeug ist noch in der** ~ the plane is still in the development stage
Entwicklungsdienst m voluntary service overseas, VSO Br, Peace Corps US
entwicklungsfähig adj capable of development
Entwicklungsfonds m development fund
Entwicklungshelfer(in) m(f) VSO worker Br, Peace Corps worker US
Entwicklungshilfe f foreign aid
Entwicklungskosten pl development costs pl
Entwicklungsland n developing country
Entwicklungsprozess m development process
Entwicklungsstadium n, **Entwicklungsstufe** f stage of development; der Menschheit etc evolutionary stage
Entwicklungszeit f period of development; BIOL, PSYCH developmental period; FOTO developing time
entwirren v/t to untangle
entwischen umg v/i to get away (+dat od **aus** from)
entwöhnen v/t to wean (+dat od **von** from)
entwürdigen v/t to degrade
entwürdigend adj degrading
Entwürdigung f degradation
Entwurf m 1 (≈ Skizze, Abriss) outline; (≈ Design) design; ARCH, a. fig blueprint 2 von Plan, Gesetz etc draft (version); PARL (≈ Gesetzentwurf) bill

entwurzeln v/t to uproot
entziehen A v/t to withdraw (+dat from); CHEM to extract; **j-m die Rente** etc ~ to stop sb's pension etc; **dem Redner das Wort** ~ to ask the speaker to stop B v/r **sich j-m/einer Sache** ~ to evade sb/sth; **sich seiner Verantwortung** ~ to shirk one's responsibilities; **sich den** od **j-s Blicken** ~ to be hidden from sight
Entziehung f withdrawal
Entziehungskur f rehabilitation program(me), rehab umg
entziffern v/t to decipher; Geheimschrift, DNS--Struktur to decode
entzippen v/t IT to unzip
entzücken v/t to delight
Entzücken n delight; schadenfroh glee; **in** ~ **geraten** to go into raptures
entzückend adj delightful
entzückt adj delighted (**über, von** with)
Entzug m withdrawal; **er ist auf** ~ MED umg Drogenabhängiger he is being treated for drug addiction; Alkoholiker he is being dried out umg
Entzugserscheinung f withdrawal symptom
entzünden A v/t Feuer to light; fig Streit etc to spark off; Hass to inflame B v/r 1 (≈ zu brennen anfangen) to catch fire; bes TECH to ignite; fig Streit to be sparked off; Hass to be inflamed 2 MED to become inflamed; **entzündet** inflamed
entzündlich adj Gase inflammable
Entzündung f MED inflammation
entzündungshemmend adj anti-inflammatory
Entzündungsherd m focus of inflammation
entzwei adj in two (pieces); (≈ kaputt) broken
entzweibrechen v/t & v/i to break in two
entzweien A v/t to turn against each other B v/r **sich (mit j-m)** ~ to fall out (with sb)
Enzephalogramm n MED encephalogram
Enzian m gentian
Enzyklopädie f encyclop(a)edia
enzyklopädisch adj encyclop(a)edic
Enzym n enzyme
E-Pass m biometric passport, e-passport
Epidemie f epidemic
Epidemiologe m, **Epidemiologin** f epidemiologist
epidemisch adj epidemic
Epik f epic poetry
Epiker(in) m(f) epic poet
Epilation f hair removal, epilation
Epilepsie f epilepsy
Epileptiker(in) m(f) epileptic
epileptisch adj epileptic
epilieren v/t to epilate
Epiliergerät n epilator, depilator

Epilog m epilogue
episch wörtl, fig adj epic
Episode f episode
Epizentrum n epicentre Br, epicenter US
epochal adj epochal
Epoche f epoch, era
epochemachend adj epoch-making
Epos n epic (poem)
E-Postbrief m digital letter, online letter
er pers pr he; von Dingen it; **er selbst** himself; **wenn ich er wäre** if I were him; **er ist es** it's him
erachten geh v/t **j-n/etw für** od **als etw ~** to consider sb/sth (to be) sth
Erachten n **meines ~s** in my opinion
erarbeiten v/t Vermögen etc to work for; Wissen etc to acquire; (≈ entwickeln) to develop
Erarbeitung f von Wissen acquisition
Erbanlage f hereditary factor(s) (pl)
erbarmen Ⓐ v/t **j-n ~** to arouse sb's pity; **das ist zum Erbarmen** it's pitiful Ⓑ v/r to have pity (on)
Erbarmen n (≈ Mitleid) pity (mit on); (≈ Gnade) mercy (mit on); **kein ~ kennen** to show no mercy
erbarmenswert adj pitiable
erbärmlich Ⓐ adj wretched; (≈ schlecht) pathetic Ⓑ adv sich verhalten abominably; umg (≈ furchtbar) frieren, wehtun terribly
erbarmungslos Ⓐ adj pitiless Ⓑ adv pitilessly
erbauen v/t 🚺 (≈ errichten) to build 🚹 fig (≈ seelisch bereichern) to uplift; **wir waren von der Nachricht nicht gerade erbaut** umg we weren't exactly delighted by the news
Erbauer(in) m(f) builder
Erbe¹ m heir; **j-n zum ~n einsetzen** to appoint sb as one's heir
Erbe² n inheritance; fig heritage
erben v/t to inherit (**von** from)
Erbengemeinschaft f community of heirs
erbetteln v/t to get by begging
erbeuten v/t Tier to carry off; Dieb to get away with; im Krieg to capture
Erbfaktor m BIOL (hereditary) factor
Erbfolge f (line of) succession
Erbgut n BIOL genetic make-up
Erbin f heiress; → Erbe¹
erbitten v/t to ask for
erbittert Ⓐ adj Widerstand, Gegner bitter Ⓑ adv bitterly
Erbkrankheit f hereditary disease
erblassen v/i to (turn) pale
Erblasser(in) m(f) person who leaves an inheritance
Erblast f negative inheritance od heritage; (≈ Probleme) inherited problems pl

erblich adj hereditary; **etw ist ~ bedingt** sth is an inherited condition
erblicken geh v/t to see; (≈ erspähen) to spot
erblinden v/i to go blind
Erblindung f loss of sight
erblühen geh v/i to bloom
Erbmasse f estate; BIOL genetic make-up
Erbonkel umg m rich uncle
erbosen geh Ⓐ v/t **erbost sein über** (+akk) to be infuriated at Ⓑ v/r **sich ~ über** (+akk) to become furious od infuriated about
erbrechen v/t & v/i & v/r (**sich**) **~** MED to vomit, to be sick; **etw bis zum Erbrechen tun** fig to do sth ad nauseam
erbringen v/t to produce
Erbrochene(s) n vomit
Erbschaft f inheritance; **eine ~ machen** od **antreten** to come into an inheritance
Erbschaftssteuer f death duties pl, inheritance tax Br
Erbse f pea
Erbsensuppe f pea soup
Erbstück n heirloom
Erbtante umg f rich aunt
Erbteil n/m JUR (portion of an/the) inheritance
Erd- zssgn global
Erdachse f earth's axis
erdacht adj Geschichte made-up
Erdanziehung f gravitational pull of the earth
Erdanziehungskraft f (earth's) gravity
Erdapfel m bes österr potato
Erdarbeiter(in) m(f) digger
Erdatmosphäre f earth's atmosphere
Erdbahn f earth's orbit
Erdball m globe
Erdbeben n earthquake
Erdbebengebiet n earthquake area
erdbebensicher adj Gebäude etc earthquake-proof
Erdbeere f strawberry
Erdbeertorte f strawberry cake od gateau
Erdbestattung f burial
Erdbewohner(in) m(f) inhabitant of the earth
Erdboden m ground; **etw dem ~ gleichmachen** to raze sth to the ground, to flatten sth; **vom ~ verschwinden** to disappear off the face of the earth
Erde f 🚺 (≈ Welt) earth, world; **es gibt viel Armut auf der ~** there's a lot of poverty in the world; **auf der ganzen ~** all over the world; **die ~** (≈ Planet) the earth, (the) Earth 🚹 (≈ Boden) ground; **unter der ~** underground; **über der ~** above ground 🚻 (≈ Erdreich) soil, earth; CHEM earth 🚼 ELEK (≈ Erdung) earth, ground US
erden v/t ELEK to earth, to ground US
erdenklich adj conceivable; **alles Erdenkliche**

tun to do everything conceivable
Erderwärmung f global warming
Erdgas n natural gas
Erdgeschichte f geological history
Erdgeschoss n, **Erdgeschoß** österr n ground floor Br, first floor US; **im ~ wohnen** to live on the ground floor Br, to live on the first floor US
erdichten v/t to invent
erdig adj earthy
Erdinnere(s) n bowels pl of the earth
Erdkreis m globe
Erdkrümmung f curvature of the earth
Erdkugel f globe
Erdkunde f geography
Erdleitung f ELEK earth (connection, ground (connection) US; (≈ Kabel) underground wire
Erdmittelpunkt m centre of the earth Br, center of the earth US
Erdnuss f peanut
Erdnussbutter f peanut butter
Erdoberfläche f surface of the earth
Erdöl n (mineral) oil; **~ exportierend** oil-exporting
erdolchen v/t to stab (to death)
Erdölleitung f oil pipeline
Erdreich n soil
erdreisten v/r **sich ~, etw zu tun** to have the audacity to do sth
erdrosseln v/t to strangle
erdrücken v/t to crush (to death); fig (≈ überwältigen) to overwhelm
Erdrutsch m landslide
Erdrutschsieg m landslide (victory)
Erdschicht f layer (of the earth)
Erdstoß m (seismic) shock
Erdteil m continent
erdulden v/t to suffer
Erdumdrehung f rotation of the earth
Erdumkreisung f durch Satelliten orbit(ing) of the earth
Erdumlaufbahn f earth orbit
Erdumrundung f durch Satelliten orbit(ing) of the earth
Erdung f ELEK earth(ing), ground(ing) US
Erdwärme f geothermal energy
ereifern v/r to get excited (**über** +akk about)
ereignen v/r to occur
Ereignis n event, occurrence; (≈ Vorfall) incident; besonderes occasion
ereignislos adj uneventful
ereignisreich adj eventful
Erektion f PHYSIOL erection
Eremit m hermit
erfahren[1] **A** v/t **1** Nachricht etc to find out; (≈ hören) to hear (**von** about, of); **etw über etw** (akk) **~** to learn sth about sth **2** (≈ erleben) to experience **B** v/i to hear (**von** about, of)
erfahren[2] adj experienced
Erfahrung f experience; **aus ~** from experience; **nach meiner ~** in my experience; **~en sammeln** to gain experience; **etw in ~ bringen** to learn sth; **ich habe die ~ gemacht, dass ...** I have found that ...; **mit dieser neuen Maschine haben wir nur gute ~en gemacht** we have found this new machine (to be) completely satisfactory; **durch ~ wird man klug** sprichw one learns by experience
Erfahrungsaustausch m POL exchange of experiences
erfahrungsgemäß adv **~ ist es ...** experience shows ...
erfassen v/t **1** (≈ mitreißen) Auto, Strömung to catch; **Angst erfasste sie** she was seized by fear **2** (≈ begreifen) to grasp **3** (≈ registrieren) to record, to register; Daten to capture
Erfassung f registration, recording; von Daten capture
erfinden v/t to invent; **das hat sie glatt erfunden** she made it all up
Erfinder(in) m(f) inventor
erfinderisch adj inventive
Erfindung f invention; (≈ erfundene Geschichte) fiction
erfindungsreich adj → erfinderisch
Erfindungsreichtum m ingenuity
Erfolg m success; (≈ Ergebnis, Folge) result; **mit ~** successfully; **ohne ~** unsuccessfully; **viel ~!** good luck!; **~ haben** to be successful, to succeed; **keinen ~ haben** to be unsuccessful; **~ versprechend** promising; **ein voller ~** a great success
erfolgen v/i form (≈ sich ergeben) to result; (≈ stattfinden) to take place; **nach erfolgter Zahlung** after payment has been made
erfolglos **A** adj unsuccessful **B** adv unsuccessfully
Erfolglosigkeit f lack of success
erfolgreich **A** adj successful; **mit** od **bei etw ~ sein** to succeed in sth **B** adv successfully
Erfolgsaussicht f prospect of success
Erfolgserlebnis n feeling of success
Erfolgsgeheimnis n **ihr ~ ist ...** the secret behind her success is ...
Erfolgskurs m **auf ~ liegen** to be on course for success
Erfolgsquote f success rate
Erfolgsrezept n recipe for success
Erfolgsstory f success story, tale of success
erfolgversprechend adj → Erfolg
erforderlich adj necessary; **unbedingt ~** (absolutely) essential

erfordern v/t to require
Erfordernis n requirement
erforschen v/t to explore; *Thema etc* to research
Erforscher(in) m(f) *eines Landes* explorer; *in der Wissenschaft* researcher
Erforschung f *von Thema* researching
erfragen v/t *Weg* to ask; *Einzelheiten etc* to obtain
erfreuen **A** v/t to please; **über j-n/etw erfreut sein** to be pleased about sb/sth **B** v/r **sich an etw** (*dat*) **~** to enjoy sth
erfreulich adj pleasant; *Besserung etc* welcome; (≈ *befriedigend*) gratifying
erfreulicherweise adv happily
erfreut adj pleased (**über** +*akk* at, about), delighted (**über** +*akk* with, at, about); **sehr ~!** pleased to meet you, how do you do?
erfrieren **A** v/i to freeze to death; *Pflanzen* to be killed by frost; **erfrorene Glieder** frostbitten limbs **B** v/t **sich** (*dat*) **die Füße ~** to suffer frostbite in one's feet
Erfrierung f frostbite *kein pl*
erfrischen **A** v/t to refresh **B** v/i to be refreshing **C** v/r to refresh oneself; (≈ *sich waschen*) to freshen up
erfrischend **A** adj refreshing **B** adv refreshingly
Erfrischung f refreshment
Erfrischungsgetränk n refreshment
Erfrischungsraum m cafeteria
Erfrischungstuch n refreshing towel
erfüllen **A** v/t **1** *Raum etc* to fill; **Hass erfüllte ihn** he was filled with hate; **ein erfülltes Leben** a full life **2** (≈ *einhalten*) to fulfil *Br*, to fulfill *US*; *Soll* to achieve; *Zweck* to serve **B** v/r *Wunsch etc* to be fulfilled
Erfüllung f fulfilment *Br*, fulfillment *US*; **in ~ gehen** to be fulfilled
erfunden adj fictitious, made-up; **das ist alles ~!** he's *etc* made it all up; → **erfinden**
ergänzen v/t to supplement; (≈ *vervollständigen*) to complete; (≈ *zufügen*) to add; **seine Sammlung ~** to add to one's collection; **einander** *od* **sich ~** to complement one another
Ergänzung f **1** (≈ *das Ergänzen*) supplementing; (≈ *Vervollständigung*) completion **2** (≈ *Zusatz*) *zu Buch etc* supplement
Ergänzungsspieler(in) m(f) FUSSB squad player
ergattern *umg* v/t to get hold of
ergeben¹ **A** v/t to yield; (≈ *zum Ergebnis haben*) to result in; *Betrag, Summe* to amount to **B** v/r **1** (≈ *kapitulieren*) to surrender (+*dat* to) **2** (≈ *sich hingeben*) **sich einer Sache** (*dat*) **~** to give oneself up to sth **3** (≈ *folgen*) to result (**aus** from) **4** (≈ *sich herausstellen*) to come to light
ergeben² adj (≈ *treu*) devoted; (≈ *demütig*) humble

Ergebnis n result; (≈ *Auswirkung*) outcome; (≈ *Fazit*) conclusion; **~se** *einer Untersuchung* findings; **zu einem ~ kommen** to come to a conclusion
ergebnislos **A** adj unsuccessful **B** adv **~ bleiben** to come to nothing
ergehen **A** v/i **1** form (≈ *erlassen werden*) to go out; *Einladung* to be sent **2** (≈ *erdulden*) **etw über sich** (*akk*) **~ lassen** to endure sth **B** v/i **es ist ihm schlecht/gut ergangen** he fared badly/well **C** v/r *fig* **sich in etw** (*dat*) **~** to indulge in sth
ergiebig adj productive; *Geschäft* lucrative; (≈ *sparsam im Verbrauch*) economical
ergo *konj* therefore
ergonomisch **A** adj ergonomic **B** adv ergonomically
Ergotherapeut(in) m(f) ergotherapist
ergötzen v/r **sich an etw** (*dat*) **~** to take delight in sth
ergreifen v/t **1** (≈ *packen*) to seize; *Verbrecher* to catch **2** fig *Gelegenheit, Macht* to seize; *Beruf* to take up; *Maßnahmen* to take; **von Furcht ergriffen werden** to be seized with fear
ergreifend fig adj a. iron touching
ergriffen fig adj moved
Ergriffenheit f emotion
ergründen v/t *Sinn etc* to fathom; *Ursache* to discover
Erguss m effusion; (≈ *Samenerguss*) ejaculation; *fig* outpouring
erhaben **A** adj **1** *Druck* embossed **2** *fig Stil* lofty; *Anblick* sublime **3** (≈ *überlegen*) superior; **über etw** (*akk*) **~ (sein)** (to be) above sth **B** adv **~ lächeln** to smile in a superior way
Erhalt m receipt
erhalten **A** v/t **1** (≈ *bekommen*) to get, to receive **2** (≈ *bewahren*) *Gebäude, Natur* to preserve; **j-n am Leben ~** to keep sb alive; **er hat sich** (*dat*) **seinen Optimismus ~** he kept up his optimism; **gut ~** *a. hum umg* well preserved **B** v/r *Brauch etc* to be preserved, to remain
erhältlich adj available; **schwer ~** hard to come by
Erhaltung f (≈ *Bewahrung*) preservation
erhängen v/t to hang
erhärten **A** v/t to harden **B** v/r *fig Verdacht* to harden
erhaschen v/t to catch
erheben **A** v/t **1** (≈ *hochheben*) to raise; **den Blick ~** to look up **2** *Gebühren* to charge **B** v/r to rise; *Wind etc* to arise; (≈ *sich auflehnen*) to rise (up) (in revolt); **sich über andere ~** to place oneself above others
erhebend adj elevating; (≈ *erbaulich*) edifying
erheblich **A** adj considerable; (≈ *relevant*) relevant **B** adv considerably; *verletzen* severely

Erhebung f ① (≈ Bodenerhebung) elevation ② (≈ Aufstand) uprising ③ von Gebühren levying ④ (≈ Umfrage) survey; **~en machen über** (+akk) to make inquiries about od into
erheitern v/t to cheer (up)
Erheiterung f amusement; **zur allgemeinen ~** to the general amusement
erhellen A v/t to light up; Geheimnis to shed light on B v/r to brighten
erhitzen A v/t to heat (up) (**auf** +akk to); **die Gemüter ~** to inflame passions B v/r to get hot; fig (≈ sich erregen) to become heated (**an** +dat over); **die Gemüter erhitzten sich** feelings were running high
erhoffen v/t to hope for; **sich** (dat) **etw ~** to hope for sth (**von** from)
erhöhen A v/t to raise; Produktion to increase; Wirkung to heighten; Spannung to increase; **erhöhte Temperatur haben** to have a temperature B v/r to rise, to increase
Erhöhung f ① (≈ das Erhöhen) raising; von Preis, Produktion increase; von Wirkung heightening; von Spannung intensification ② (≈ Lohnerhöhung) rise Br, raise US
erholen v/r to recover (**von** from); **du siehst sehr erholt aus** you look very rested
erholsam adj restful
Erholung f recovery; (≈ Entspannung) relaxation; in der Freizeit recreation; **sie braucht dringend ~** she badly needs a break
erholungsbedürftig adj in need of a rest
Erholungsgebiet n recreation area
Erholungsort m health resort
Erholungspause f break
Erholungsurlaub m holiday Br, vacation US
erhören v/t to hear
erigiert adj erect
Erika f BOT heather
erinnern A v/t **j-n an etw** (akk) **~** to remind sb of sth B v/r **sich an j-n/etw ~** to remember sb/sth; **soviel ich mich ~ kann** as far as I remember C v/i **~ an** (+akk) to be reminiscent of
Erinnerung f memory; (≈ Andenken) memento; **zur ~ an** (+akk) in memory of; an Ereignis in commemoration of; **j-n in guter ~ behalten** to have pleasant memories of sb; **~en** pl LIT memoirs pl; **~en austauschen** to reminisce; **in ~en schwelgen** to reminisce
Erinnerungsstück n keepsake (**an** +akk from)
Eritrea n GEOG Eritrea
erkalten v/i to cool (down od off), to go cold
erkälten v/r to catch a cold
erkältet adj (**stark**) **~ sein** to have a (bad) cold
Erkältung f cold; **starke ~** bad cold; **eine ~ haben** to have a cold
Erkältungsmittel n cold remedy

erkämpfen v/t to win; **sich** (dat) **etw ~** to win sth; **hart erkämpft** hard-won
erkennbar adj recognizable; (≈ sichtbar) visible
erkennen A v/t to recognize (**an** +dat by); (≈ merken) to realise; (≈ wahrnehmen) to see; (≈ identifizieren) to identify; **j-n für schuldig ~** JUR to find sb guilty; **j-m zu ~ geben, dass ...** to give sb to understand that ...; **sich zu ~ geben** to reveal oneself (**als** to be); **~ lassen** to show B v/i **~ auf** (+akk) JUR auf Freispruch to grant; auf Strafe to impose; SPORT auf Freistoß etc to award
erkenntlich adj **sich (für etw) ~ zeigen** to show one's gratitude (for sth)
Erkenntnis f (≈ Wissen) knowledge kein pl; (≈ das Erkennen) recognition; (≈ Einsicht) insight; **zu der ~ gelangen, dass ...** to come to the realization that ...
Erkennung f recognition
Erkennungsdienst m police records department
erkennungsdienstlich adv **j-n ~ behandeln** to fingerprint and photograph sb
Erkennungszeichen n identification; MIL (≈ Abzeichen) badge
Erker m bay
Erkerfenster n bay window
erklärbar adj explicable, explainable; **schwer ~** hard to explain; **nicht ~** inexplicable
erklären A v/t ① (≈ erläutern) to explain (**j-m etw** sth to sb); **ich kann mir nicht ~, warum ...** I can't understand why ... ② (≈ äußern) to declare (**als** to be); Rücktritt to announce; **einem Staat den Krieg ~** to declare war on a country; **j-n für schuldig ~** to pronounce sb guilty B v/r Sache to be explained; **sich für/gegen j-n ~** to declare oneself for/against sb; → **erklärt**
erklärend adj explanatory
erklärlich adj ① → erklärbar ② (≈ verständlich) understandable
erklärt adj professed; → erklären
erklärtermaßen, erklärterweise adv avowedly
Erklärung f ① explanation; eines Worts definition ② (≈ Mitteilung) declaration; **eine ~ abgeben** to make a statement
erklärungsbedürftig adj in need of (an) explanation
Erklärungsversuch m attempted explanation
erklettern v/t to climb
erklingen geh v/i to ring out
erkranken v/i (≈ krank werden) to be taken ill Br, to get sick bes US (**an** +dat with); Organ, Pflanze, Tier to become diseased (**an** with); **erkrankt sein** (≈ krank sein) to be ill
Erkrankung f illness; von Organ, Pflanze, Tier disease

erkunden v/t bes MIL to reconnoitre Br, to reconnoiter US, to explore; (≈ feststellen) to find out

erkundigen v/r **sich ~** to inquire; **sich nach j-m ~** to ask after sb Br, to ask about sb; **sich bei j-m (nach etw) ~** to ask sb (about sth); **ich werde mich ~** I'll find out

Erkundigung f inquiry

Erkundung f MIL reconnaissance

Erlagschein m österr giro transfer form

erlahmen v/i to tire; fig Eifer to flag

erlangen v/t to achieve; (≈ erwerben) to acquire; Bedeutung, Eintritt to gain

Erlass m **1** (≈ Verfügung) decree; der Regierung enactment **2** (≈ das Erlassen) remission

erlassen v/t **1** Verfügung to pass; Gesetz to enact **2** Strafe, Schulden etc to remit; Gebühren to waive; **j-m etw ~** Schulden etc to release sb from sth

erlauben v/t **1** (≈ gestatten) to allow; **j-m etw ~** to allow sb (to do) sth; **es ist mir nicht erlaubt** I am not allowed; **~ Sie?** form may I?; **~ Sie mal!** do you mind!; **soweit es meine Zeit erlaubt** form time permitting **2** **sich** (dat) **etw ~** (≈ sich gönnen) to allow oneself sth; (≈ sich leisten) to afford sth; **sich** (dat) **Frechheiten ~** to take liberties; **was ~ Sie sich (eigentlich)!** how dare you!

Erlaubnis f permission; (≈ Schriftstück) permit; (≈ Lizenz) licence

erläutern v/t to explain; **etw anhand von Beispielen ~** to illustrate sth with examples

Erläuterung f explanation

Erle f alder

erleben v/t to experience; schwere Zeiten, Sturm to go through; Niederlage to suffer; **wieder** od **noch einmal ~** to relive; **im Ausland habe ich viel erlebt** I had an eventful time abroad; **etwas Angenehmes** etc **~** to have a pleasant etc experience; **das werde ich nicht mehr ~** I won't live to see that; **sie möchte mal etwas ~** she wants to have a good time; **na, der kann was ~!** umg he's going to be (in) for it! umg

Erlebnis n experience; (≈ Abenteuer) adventure

erlebnisreich adj eventful

erledigen **A** v/t **1** Angelegenheit to deal with; Auftrag to carry out; (≈ beenden) Arbeit to finish off; Sache to settle; **ich habe noch einiges zu ~** I've still got a few things to do; **er ist für mich erledigt** I'm finished with him; **das ist (damit) erledigt** that's settled; **schon erledigt!** I've already done it **2** umg (≈ ermüden) to wear out; (≈ k.o. schlagen) to knock out **B** v/r **das hat sich erledigt** that's all settled; **sich von selbst ~** to take care of itself

erledigt umg adj (≈ erschöpft) shattered Br umg, all in umg; (≈ ruiniert) finished

Erledigung f einer Sache settlement; **einige ~en in der Stadt** a few things to do in town; **die ~ meiner Korrespondenz** dealing with my correspondence

erlegen v/t Wild to shoot

erleichtern v/t to make easier; fig (≈ beruhigen, lindern) to relieve; Gewissen to unburden; **j-m etw ~** to make sth easier for sb; **j-n um etw ~** hum to relieve sb of sth; **erleichtert sein** to be relieved; **erleichtert aufatmen** to breathe a sigh of relief

erleichtert adj relieved

Erleichterung f (≈ Beruhigung) relief

erleiden v/t to suffer

erlernen v/t to learn

erlesen adj exquisite; **ein ~er Kreis** a select circle

erleuchten v/t to light (up), to illuminate; fig to enlighten; **hell erleuchtet** brightly lit

Erleuchtung f (≈ Eingebung) inspiration

erliegen wörtl, fig v/i to succumb to; einem Irrtum to be the victim of; **zum Erliegen kommen** to come to a standstill

erlogen adj not true präd; (≈ erfunden) made-up attr, made up präd; **das ist erstunken und ~** umg that's a rotten lie umg

Erlös m proceeds pl

erloschen adj Vulkan extinct

erlöschen v/i Feuer to go out; Gefühle to die; Vulkan to become extinct; Garantie to expire

erlösen v/t (≈ retten) to save (**aus, von** from); REL to redeem

Erlöser(in) m(f) **1** (≈ Retter) rescuer **2** (≈ Befreier) liberator **3** REL **der ~** the Redeemer

Erlösung f release; (≈ Erleichterung) relief; REL redemption

ermächtigen v/t to authorize

ermächtigt adj authorized

Ermächtigung f authorization

ermahnen v/t to admonish; warnend to warn; JUR to caution

Ermahnung f admonition; warnend warning; JUR caution

Ermangelung geh f **in ~** +gen because of the lack of

ermäßigen v/t to reduce

ermäßigt adj reduced; **zu ~en Preisen** at reduced prices

Ermäßigung f reduction

ermessen v/t (≈ einschätzen) to gauge; (≈ begreifen können) to appreciate

Ermessen n (≈ Urteil) judgement; (≈ Gutdünken) discretion; **nach meinem ~** in my estimation; **nach menschlichem ~** as far as anyone can judge

Ermessensfrage f matter of discretion

ermitteln **A** v/t to determine, to ascertain; Per-

Ermittler(in) *m(f)* investigator
Ermittlung *f bes* JUR investigation; **~en anstellen** to make inquiries (**über** +*akk* about)
Ermittlungsverfahren *n* JUR preliminary proceedings *pl*
ermöglichen *v/t* to facilitate; **j-m etw ~** to make sth possible for sb
ermorden *v/t* to murder; *bes aus politischen Gründen* to assassinate
Ermordete(r) *m/f(m)* (murder) victim
Ermordung *f* murder; *bes politisch* assassination
ermüden *v/t & v/i* to tire
ermüdend *adj* tiring
Ermüdung *f* fatigue
ermuntern *v/t* (≈ *ermutigen*) to encourage (**j-n zu etw** sb to do sth)
Ermunterung *f* **1** (≈ *Ermutigung*) encouragement **2** (≈ *Aufmunterung*) cheering up
ermutigen *v/t* (≈ *ermuntern*) to encourage
ermutigend *adj* encouraging
Ermutigung *f* encouragement
ernähren **A** *v/t* to feed; (≈ *unterhalten*) to support; **gut ernährt** well-nourished **B** *v/r* to eat; **sich gesund ~** to have a healthy diet; **sich von etw ~** to live on sth
Ernährer(in) *m(f)* breadwinner
Ernährung *f* (≈ *das Ernähren*) feeding; (≈ *Nahrung*) food; (≈ *Ernährungslehre*) nutrition; **falsche ~** the wrong diet
Ernährungs- *zssgn* nutritional
ernährungsbewusst *adj* nutrition-conscious
Ernährungslehre *f* nutrition, food technology
Ernährungspolitik *f* nutrition *od* food policy
Ernährungsweise *f* eating habits *pl*
ernennen *v/t* to appoint; **j-n zum Vorsitzenden ~** to appoint sb chairman
Ernennung *f* appointment (**zu** as)
erneuerbar *adj* renewable
erneuern *v/t* to renew; (≈ *auswechseln*) *Öl* to change; *Maschinenteile* to replace
Erneuerung *f* renewal; (≈ *Auswechslung von Öl*) changing; *von Maschinenteil* replacement
erneuerungsbedürftig *adj* in need of renewal; *Maschinenteil* in need of replacement
erneut **A** *adj* renewed **B** *adv* (once) again
erniedrigen *v/t* (≈ *demütigen*) to humiliate; (≈ *herabsetzen*) to degrade
Erniedrigung *f* humiliation; (≈ *Herabsetzung*) degradation; MUS flattening
ernst **A** *adj* serious; (≈ *ernsthaft*) *Mensch* earnest; (≈ *feierlich*) solemn; **~e Absichten haben** *umg* to have honourable intentions *Br*, to have honorable intentions *US*; **es ist nichts Ernstes** it's nothing serious **B** *adv* seriously; **es (mit etw) ~ meinen** to be serious (about sth); **~ gemeint** serious; **j-n/etw ~ nehmen** to take sb/sth seriously
Ernst *m* seriousness; (≈ *Ernsthaftigkeit*) earnestness; **im ~** seriously; **(ganz) im ~?** no kidding?; **allen ~es** quite seriously; **das kann doch nicht dein ~ sein!** you can't be serious!; **das ist doch nicht dein ~!** you're kidding!; **das meinst du doch nicht im ~!** you must be joking!; **mit etw ~ machen** to put sth into action; **damit wird es jetzt ~** now it's serious
Ernstfall *m* **im ~** in case of emergency
ernstgemeint *adj* → *ernst*
ernsthaft **A** *adj* serious **B** *adv* seriously
Ernsthaftigkeit *f* seriousness
ernstlich **A** *adj* serious **B** *adv* **~ besorgt um** seriously concerned about
Ernte *f* **1** (≈ *das Ernten*) harvest(ing) **2** (≈ *Ertrag*) harvest (**an** +*dat* of); *von Äpfeln, a. fig* crop
Ernte(dank)fest *n* harvest festival
ernten *v/t Getreide* to harvest; *Äpfel* to pick; *fig* to reap; *Undank, Spott* to get
Erntezeit *f* harvest (time)
ernüchtern *fig v/t* to bring down to earth; **~d** sobering
Ernüchterung *fig f* disillusionment
Eroberer *m*, **Eroberin** *f* conqueror
erobern *v/t* to conquer; *fig Sympathie etc* to win
Eroberung *f* conquest; **eine ~ machen** *fig umg* to make a conquest
Eroberungskrieg *m* war of conquest
eröffnen *v/t* **1** (≈ *beginnen*) to open; **eröffnet werden** to open **2** *hum* **j-m etw ~** to disclose sth to sb
Eröffnung *f* **1** (≈ *Beginn*) opening; *von Konkursverfahren* institution **2** *hum* disclosure; **j-m eine ~ machen** to disclose sth to sb
Eröffnungsfeier *f* opening ceremony
Eröffnungsrede *f* opening speech *od* address
erogen *adj* erogenous
erörtern *v/t* to discuss (in detail); (≈ *besprechen*) to debate
Erörterung *f* discussion
Erosion *f* erosion
Erotik *f* eroticism
erotisch *adj* erotic
erpicht *adj* **auf etw** (*akk*) **~ sein** to be keen on sth, to be keen to do sth
erpressbar *adj* **~ sein** to be susceptible to blackmail
erpressen *v/t Geld etc* to extort (**von** from); *j-n* to blackmail
Erpresser(in) *m(f)* blackmailer
Erpressung *f von Geld* extortion; *eines Menschen* blackmail
erproben *v/t* to test

erprobt *adj* tried and tested; (≈ *erfahren*) experienced

Erprobung *f* testing

Erprobungsstufe *f* SCHULE *first two years in a Gymnasium during which pupils are assessed in order to establish whether they are suited to this type of school*

erraten *v/t* to guess

errechnen *v/t* to work out, to calculate

erregbar *adj* excitable

erregen **A** *v/t* **1** to excite; (≈ *erzürnen*) to infuriate **2** (≈ *hervorrufen*) to arouse; *Aufsehen, Heiterkeit* to cause; *Aufmerksamkeit* to attract **B** *v/r* to get excited (**über** +*akk* about); (≈ *sich ärgern*) to get annoyed (**über** +*akk* at)

Erreger *m* MED cause; (≈ *Bazillus etc*) pathogene *fachspr*

erregt *adj* **1** excited **2** sexuell aroused **3** (≈ *verärgert*) annoyed; → erregen

Erregung *f* **1** (≈ *Erzeugung*) arousing; *von Aufsehen, Heiterkeit* causing **2** (≈ *Zustand*) excitement; (≈ *Wut*) rage; **in ~ geraten** to get excited/into a rage

erreichbar *adj* reachable; (≈ *nicht weit*) within reach; *Ziel* attainable; **zu Fuß ~** within walking distance; **sind Sie zu Hause ~?** can I get in touch with you at home?

erreichen *v/t* to reach; *bestimmten Ort* to get to; *Zug* to catch; *Absicht* to achieve; (≈ *schaffen*) to accomplish; (≈ *einholen*) to catch up with; **wann kann ich Sie morgen ~?** when can I get in touch with you tomorrow?; **wir haben nichts erreicht** we achieved nothing

errichten *v/t* to put up; *fig* (≈ *gründen*) to establish

erringen *v/t* to gain; **ein hart errungener Sieg** a hard-won victory

erröten *v/i* to flush; *bes aus Verlegenheit* to blush

Errungenschaft *f* achievement

Ersatz *m* substitute; *für Altes* replacement; **als ~ für j-n einspringen** to stand in for sb

Ersatzbank *f* SPORT substitutes' bench

Ersatzbrille *f* spare glasses *pl*

Ersatzdienst *m* MIL alternative service

Ersatzdroge *f* substitute drug

Ersatzkasse *f* state health insurance scheme

ersatzlos **A** *adj* **~e Streichung** *von Stelle* abolition **B** *adv* **etw ~ streichen** *Stelle* to abolish sth

Ersatzmann *m* replacement; SPORT substitute

Ersatzmine *f* *für Kugelschreiber* refill

Ersatzreifen *m* AUTO spare tyre *Br*, spare tire *US*

Ersatzspieler(in) *m(f)* SPORT substitute

Ersatzteil *n* spare (part)

ersaufen *umg v/i* (≈ *ertrinken*) to drown

ersäufen *v/t* to drown

erschaffen *v/t* to create

Erschaffung *f* creation

erscheinen *v/i* to appear; (≈ *auftauchen*) to turn up; *Buch* to come out; **es erscheint (mir) wünschenswert** it seems desirable (to me)

Erscheinen *n* appearance; *von Buch* publication

Erscheinung *f* **1** (≈ *das Erscheinen*) appearance; **in ~ treten** *Merkmale* to appear; *Gefühle* to show themselves **2** (≈ *Alterserscheinung*) symptom **3** (≈ *Gestalt*) figure; **seiner äußeren ~ nach** judging by his appearance **4** (≈ *Geistererscheinung*) apparition

Erscheinungsform *f* manifestation

erschießen **A** *v/t* to shoot (dead) **B** *v/r* to shoot oneself; → erschossen

Erschießung *f* shooting; JUR *als Todesstrafe* execution; **Tod durch ~** JUR death by firing squad

Erschießungskommando *n* firing squad

erschlaffen *v/i* (≈ *ermüden*) to tire; (≈ *schlaff werden*) to go limp; *Interesse, Eifer* to wane

erschlagen[1] *v/t* to kill; **vom Blitz ~ werden** to be struck (dead) by lightning

erschlagen[2] *adj* **~ sein** *umg* (≈ *todmüde*) to be worn out

erschließen *v/t* *Gebiet, Absatzmarkt* to develop

Erschließung *f* development; *von Markt* opening up

Erschließungskosten *pl* development costs *pl*

erschöpfen *v/t* to exhaust; **erschöpft** exhausted; **meine Geduld ist (endgültig) erschöpft** I've (finally) run out of patience

erschöpfend **A** *adj* **1** (≈ *ermüdend*) exhausting **2** (≈ *ausführlich*) exhaustive **B** *adv* exhaustively

Erschöpfung *f* exhaustion; **bis zur ~ arbeiten** to work to the point of exhaustion

Erschöpfungszustand *m* state of exhaustion *kein pl*

erschossen *umg adj* (**völlig**) **~ sein** to be dead beat *Br umg*, to be beat *bes US umg*; → erschießen

erschrecken **A** *v/t* to frighten, to scare; (≈ *bestürzen*) to startle **B** *v/i & v/r* to be frightened (**vor** +*dat* by); (≈ *bestürzt sein*) to be startled

erschreckend *adj* alarming; **~ aussehen** to look dreadful

erschrocken *adj* frightened; (≈ *bestürzt*) startled; (≈ *verängstigt*) terrified

erschüttern *v/t* *Gebäude, Vertrauen etc* to shake; **j-n in seinem Glauben ~** to shake sb's faith; **über etw** (*akk*) **erschüttert sein** to be shattered by sth *umg*; **ihn kann nichts ~** he always keeps his cool *umg*

erschütternd *adj* shattering *umg*, upsetting

Erschütterung *f* *des Bodens etc* tremor; (≈ *seelische Ergriffenheit*) emotion

erschweren *v/t* to make more difficult; **es kommt noch ~d hinzu, dass …** to compound

matters, ...
erschwinglich *adj* **das Haus ist für uns nicht ~** the house is not within our means
ersehen *form v/t* **etw aus etw ~** to see sth from sth
ersehnt *adj* longed-for
ersetzbar *adj* replaceable
ersetzen *v/t* to replace; *durch Gleichwertiges* to substitute; **ersetzt das Substantiv durch ein Pronomen** replace the noun with a pronoun
ersichtlich *adj* obvious; **ohne ~en Grund** for no apparent reason
ersinnen *v/t* to devise; (≈ *erfinden*) to invent
ersparen *v/t Kosten, Zeit* to save; **j-m/sich etw ~** to spare sb/oneself sth; **ihr blieb auch nichts erspart** she was spared nothing; **das Ersparte** the savings *pl*
Ersparnis *f* ◻ *an Zeit etc* saving (**an** +*dat* of) ◻ savings *pl*
erst *adv* ◻ first; (≈ *anfänglich*) at first; **mach ~ (ein)mal die Arbeit fertig** finish your work first ◻ (≈ *bloß*) only; (≈ *nicht früher als*) not until; **eben** *od* **gerade ~** just; **~ gestern** only yesterday; **~ jetzt** only just; **~ morgen** not until *od* before tomorrow; **~ später** only until later; **~ wenn** only if *od* when, not until ◻ **da fange ich gar nicht an** I simply won't (bother to) begin; **das macht es ~ recht schlimm** that makes it even worse
erstarren *v/i Finger* to grow stiff; *Flüssigkeit* to solidify; *Zement etc* to set; *Blut, Fett etc* to congeal; *fig Blut* to run cold; *Lächeln* to freeze; *vor Schrecken etc* to be paralyzed (**vor** +*dat* with)
erstatten *v/t* ◻ *Unkosten* to refund ◻ *form* **(Straf-)anzeige gegen j-n ~** to report sb (to the police); **Bericht ~** to (give a) report (**über** +*akk* on)
Erstattung *f von Unkosten* refund
Erstaufführung *f* THEAT first performance, premiere
erstaunen *v/t & v/i* to astonish
Erstaunen *n* astonishment
erstaunlich ◻ *adj* astonishing, amazing ◻ *adv* astonishingly
erstaunlicherweise *adv* astonishingly, much to my/his *etc* surprise
erstaunt ◻ *adj* astonished (**über** +*akk* about), surprised ◻ *adv* in astonishment
Erstausgabe *f* first edition
erstbeste(r, s) *adj* **er hat das ~ Auto gekauft** he bought the first car he saw
erstechen *v/t* to stab to death
erstehen *v/t umg* (≈ *kaufen*) to buy
Erste-Hilfe-Kurs *m* first-aid course
Erste-Hilfe-Leistung *f* administering of first aid; **in ~ ausgebildet sein** to be trained in first aid; **jede ~ muss schriftlich festgehalten werden** a written report must be made every time first aid is administered
ersteigen *v/t* to climb
ersteigern *v/t* to buy at an auction
erstellen *v/t* ◻ (≈ *bauen*) to construct ◻ *Liste etc* to draw up
erstens *adv* first(ly), in the first place
Erste(r) *m/f(m)* first; **der/die ~ sein** to be first; **die drei ~n** the first three; **der ~ des Monats** the first (day) of the month; **vom nächsten ~n an** as of the first of next month; **er kam als ~r** he was the first to come
erste(r, s) *adj* first; **der ~ Tag** the first day; **~r Stock,** **~ Etage** first floor, second floor *US*; **zum ~n Mal** for the first time; **~ Qualität** top quality; **Erste Hilfe** first aid; **die Ersten Nationen** (≈ *Indianer*) the First Nations; **an ~r Stelle** in the first place; **in ~r Linie** first and foremost; → **vierter, s**
Erste(s) *n* **das ~** the first thing; **als ~s** first of all
ersticken ◻ *v/t j-n* to suffocate; *Feuer* to smother; *Geräusche* to stifle; *Aufruhr etc* to suppress ◻ *v/i* to suffocate; *Feuer* to die; **an einer Gräte ~** to choke (to death) on a fish bone; **in der Arbeit ~** *umg* to be up to one's neck in work *umg*
Erstickung *f* suffocation
erstklassig ◻ *adj* first-class ◻ *adv spielen* excellently; **~ schmecken** to taste excellent
Erstkläss(l)er(in) *m(f)* first-year pupil *Br*, first-grader *US*
erstmalig ◻ *adj* first ◻ *adv* for the first time
erstmals *adv* for the first time
erstrangig *adj* first-rate; *Problem* top-priority
erstreben *v/t* to strive for
erstrebenswert *adj* desirable
erstrecken *v/r* to extend (**auf, über** +*akk* over), to stretch
Erstschlag *m mit Atomwaffen* first strike
Erstsemester *n* first-year student
Erststimme *f* first vote
ersuchen *form v/t* to request (**j-n um etw** sth of sb)
ertappen *v/t* to catch; **ich habe ihn dabei ertappt** I caught him at it
erteilen *v/t* to give; *Lizenz* to issue; **Unterricht ~** to teach
ertönen *geh v/i* to sound, to ring out
Ertrag *m von Acker* yield; (≈ *Ernte*) harvest; (≈ *Einnahmen*) proceeds *pl*; **~ abwerfen** to bring in a return
ertragen *v/t* to bear; (≈ *erleiden*) to suffer; **ich kann es nicht ~** I can't stand it; **das ist nicht mehr zu ~** it's unbearable
erträglich *adj* bearable
Ertragslage *f* profit situation
ertränken *v/t* to drown

erträumen v/t to dream of; **sich** (dat) **etw ~** to dream of sth
ertrinken v/i to drown
Ertrinken n drowning
erübrigen **A** v/t Zeit, Geld to spare **B** v/r to be superfluous
eruieren form v/t Sachverhalt to investigate
erwachen v/i to awake; aus Ohnmacht etc to come to (**aus** from); fig Gefühle to be aroused; **ein böses Erwachen** fig a rude awakening
erwachsen[1] v/i geh to arise; Vorteil, Kosten etc to result
erwachsen[2] adj grown-up, adult; **~ werden** to grow up
Erwachsenenbildung f adult education
Erwachsene(r) m/f(m) adult, grown-up; **das Leben als ~r** adult life
erwägen v/t to consider
Erwägung f consideration; **etw in ~ ziehen** to consider sth
erwähnen v/t to mention; **erwähnt werden** to come up
erwähnenswert adj worth mentioning
Erwähnung f mention (+gen of)
erwärmen **A** v/t to warm, to heat **B** v/r to warm up; **sich für j-n/etw ~** fig to take to sb/sth
Erwärmung f warming; **globale ~, ~ der Erdatmosphäre** global warming
erwarten v/t Gäste, Ereignis to expect; **etw von j-m/etw ~** to expect sth from od of sb/sth; **~, dass j-d etw tut** to expect sb to do sth; **ein Kind ~** to be expecting a child; **das war zu ~** that was to be expected; **sie kann den Sommer kaum noch ~** she can hardly wait for the summer; **ich kann es kaum ~, ... zu sehen** I can't wait to see ...; **es steht zu ~, dass ...** form it is to be expected that ...
Erwartung f expectation; (≈ Ungeduld) anticipation; **den ~en gerecht werden** to come up to expectations; (≈ Voraussetzung erfüllen) to meet the requirements; **hinter den ~en zurückbleiben** not to come up to expectations
erwartungsgemäß adv as expected
Erwartungshaltung f expectations pl
erwartungsvoll adj expectant
erwecken fig v/t Hoffnungen, Zweifel to raise; Erinnerungen to bring back
erweichen v/t to soften; **j-s Herz ~** to touch sb's heart; **sich nicht ~ lassen** to be unmoved
erweisen **A** v/t **1** (≈ nachweisen) to prove; **eine erwiesene Tatsache** a proven fact **2** **j-m einen Dienst ~** to do sb a service **B** v/r **sich als etw ~** to prove to be sth; **es hat sich erwiesen, dass ...** it turned out that ...
erweitern v/t & v/r to widen; Geschäft to expand; MED to dilate; fig Kenntnisse etc to broaden
Erweiterung f widening; von Geschäft expansion; MED dilation; fig von Kenntnissen etc broadening
Erweiterungssteckkarte f COMPUT expansion od add-on board
Erwerb m acquisition; (≈ Kauf) purchase
erwerben v/t to acquire; Vertrauen to earn; Achtung, Ehre to gain; Titel, Pokal to win; käuflich to purchase; **er hat sich** (dat) **große Verdienste um die Firma erworben** he has done great service for the firm
erwerbsfähig form adj capable of gainful employment
Erwerbsleben n working life
erwerbslos adj → arbeitslos
erwerbstätig adj (gainfully) employed
Erwerbstätige(r) m/f(m) person in gainful employment
Erwerbstätigkeit f gainful employment
erwerbsunfähig form adj incapable of gainful employment
Erwerbszweig m line of business
Erwerbung f acquisition
erwidern v/t **1** (≈ antworten) to reply (**auf** +akk to); **auf meine Frage erwiderte sie, dass ...** in reply to my question, she said that ... **2** Feuer, Besuch to return
Erwiderung f (≈ Antwort) reply
erwirtschaften v/t Gewinne ~ to make profits
erwischen umg v/t (≈ erreichen, ertappen) to catch; **j-n beim Stehlen ~** to catch sb stealing; **du darfst dich nicht ~ lassen** you mustn't get caught; **erwischt werden** to get caught; **ihn hats erwischt!** verliebt he's got it bad umg; krank he's got it; gestorben he's had it umg
erwünscht adj Wirkung etc desired; Eigenschaft desirable; **du bist hier nicht ~!** you're not welcome here!
erwürgen v/t to strangle
Erz n ore
erzählen **A** v/t **1** to tell; **j-m etw ~** to tell sth to sb; **nochmals ~** to retell; **man erzählt sich, dass ...** people say that ...; **erzähl mal, was/wie ...** tell me/us what/how ...; **das kannst du einem anderen ~** umg tell that to the marines umg **2** LIT to narrate; **~de Dichtung** narrative fiction; **erzählte Zeit** LIT narrated time **B** v/i **1** to tell (**von** about); **er kann gut ~** he's a good storyteller **2** LIT to narrate
Erzähler(in) m(f) narrator; (≈ Geschichtenerzähler) storyteller; (≈ Schriftsteller) narrative writer
Erzählerstandpunkt m LIT point of view
Erzähltechnik f LIT narrative technique
Erzählung f LIT story; (≈ Schilderung) account; LIT **berichtende ~** panoramic presentation

Erzählzeit f LIT narrative time
Erzbergwerk n ore mine
Erzbischof m archbishop
Erzengel m archangel
erzeugen v/t CHEM, ELEK, PHYS to generate; HANDEL *Produkt* to manufacture; *Wein etc* to produce; *fig* (≈ *bewirken*) to cause
Erzeuger(in) m(f) HANDEL manufacturer; *von Naturprodukten* producer
Erzeugerland n country of origin
Erzeugerpreis m manufacturer's price
Erzeugnis n product; AGR produce *kein unbest art, kein pl*
Erzeugung f CHEM, ELEK, PHYS generation
Erzfeind(in) m(f) arch-enemy
Erzherzog m archduke
erziehbar *adj Kind* educable; *Tier* trainable; **schwer ~** *Kind* difficult; *Hund* difficult to train
erziehen v/t *Kind* to bring up; *Tier* to train; (≈ *ausbilden*) to educate; **ein gut/schlecht erzogenes Kind** a well-brought-up/badly-brought-up child
Erzieher(in) m(f) educator; *in Kindergarten* nursery school teacher
erzieherisch *adj* educational
Erziehung f upbringing; (≈ *Ausbildung*) education; (≈ *das Erziehen*) bringing up; *von Tieren* training; (≈ *Manieren*) (good) breeding
Erziehungsberatung f educational guidance
erziehungsberechtigt *adj* having parental authority
Erziehungsberechtigte(r) m/f(m) parent or (legal) guardian
Erziehungsgeld n ≈ child benefit
Erziehungsurlaub m parental leave
Erziehungswissenschaft f education
erzielen v/t *Erfolg, Ergebnis* to achieve; *Einigung* to reach; *Gewinn* to make; *Preis* to fetch; SPORT *Tor, Punkte* to score; *Rekord* to set; **einen Treffer ~** to score a goal
erzkonservativ *adj* ultraconservative
erzürnen *geh* v/t to anger
erzwingen v/t to force; *gerichtlich* to enforce
es *pers pr* it; *auf männliches Wesen bezogen, im Nominativ* he; *im Akkusativ* him; *auf weibliches Wesen bezogen, im Nominativ* she; *im Akkusativ* her; **es selbst** itself; **es ist kalt/8 Uhr/Sonntag** it's cold/8 o'clock/Sunday; **ich hoffe es** I hope so; **es gefällt mir** I like it; **es klopft** somebody's knocking (at the door); **es regnet** it's raining; **es geschah ein Unglück** there was an accident; **es gibt viel Arbeit** there's a lot of work; **es kamen viele Leute** a lot of people came; **es sei denn, dass** unless
Escapetaste f COMPUT escape key
Esche f ash-tree; (≈ *Holz*) ash
Esel m donkey; *umg* (≈ *Dummkopf*) (silly) ass; **ich ~!** silly (old) me!; **störrisch wie ein ~** as stubborn as a mule
Eselsbrücke f (≈ *Gedächtnishilfe*) mnemonic
Eselsohr *fig* n dog-ear
Eskalation f escalation
eskalieren v/t & v/i to escalate
Eskapade *fig* f escapade
Eskimo m Eskimo
Eskorte f MIL escort
eskortieren v/t to escort
ESL-Milch f *abk* (= extended shelf life) ESL milk
Esoterik f esotericism
Esoteriker(in) m(f) esoteric
esoterisch *adj* esoteric
Espe f aspen
Espenlaub n **zittern wie ~** to shake like a leaf
Esperanto n Esperanto
Espresso m espresso
Esprit m wit; **ein Mann mit ~** a witty man
Essay m/n LIT essay
essbar *adj* edible; **nicht ~** inedible
Essbesteck n cutlery (set) *Br*, flatware *US*, knife, fork and spoon
Essecke f eating area
essen v/t & v/i to eat; **da isst es sich gut** the food is good there; **warm/kalt ~** to have a hot/cold meal; **sich satt ~** to eat one's fill; **zu viel ~** to overeat; **~ Sie gern Äpfel?** do you like apples?; **j-m zu ~ geben** to feed sb; **Toast zum Frühstück ~** to have toast for breakfast; **Abendbrot ~** to have dinner; **beim Essen sein** to be in the middle of eating; **~ gehen** *auswärts* to eat out; **das Thema ist schon lange gegessen** *fig umg* the subject is dead and buried
Essen n (≈ *Mahlzeit*) meal; (≈ *Nahrung*) food; (≈ *Küche*) cooking; (≈ *Mittagessen*) lunch; (≈ *Abendessen*) dinner; **das ~ kochen** *umg* to cook the meal; **j-n zum ~ einladen** to invite sb for a meal; **~ zum Mitnehmen** takeaway
Essen(s)marke f meal voucher *Br*, meal ticket *US*
Essensrest m, **Essensreste** pl leftovers pl
Essen(s)zeit f mealtime
essentiell *adj* → essenziell
Essenz f essence
essenziell *adj* essential
Essgewohnheiten pl eating habits pl
Essig m vinegar
Essiggurke f (pickled) gherkin
Essigsäure f acetic acid
Esskastanie f sweet chestnut
Esslöffel m *für Suppe* soup spoon; *in Rezept* tablespoon
Essstäbchen pl chopsticks pl
Essstörung f eating disorder

Esstisch *m* dining table
Esszimmer *n* dining room
Establishment *n* Presse, a. SOZIOL establishment
Este *m*, **Estin** *f* Estonian
Estland *n* Estonia
estnisch *adj* Estonian
Estragon *m* tarragon
Estrich *m* **1** stone floor **2** schweiz (≈ Dachboden) attic
ESZB *abk* (= Europäisches System der Zentralbanken) European System of Central Banks
etablieren *v/r* to establish oneself
etabliert *adj* established
Etablissement *n* establishment
Etage *f* floor; **in** *od* **auf der 2. ~** on the 2nd floor, on the 3rd floor US
Etagenbett *n* bunk bed
Etagenheizung *f* heating system which covers one floor of a building
E-Tailer(in) *m(f)* IT e-tailer
Etappe *f* stage
Etappensieg *m* SPORT stage win
etappenweise *adv* stage by stage
Etat *m* budget
Etatjahr *n* financial year
etatmäßig *adj* ADMIN budgetary
Etatposten *m* item in the budget
et cetera *adv* etc.
etepetete *umg adj* fussy
Ethik *f* ethics *pl*; (≈ Fach) ethics *sg*
Ethikkommission *f* ethics committee
Ethikunterricht *m* SCHULE (teaching of) ethics
ethisch *adj* ethical
ethnisch *adj* ethnic; **~e Säuberung** *euph* ethnic cleansing
Ethnologe *m*, **Ethnologin** *f* ethnologist
Ethnologie *f* ethnology
Ethos *n* ethos; (≈ Berufsethos) professional ethics *pl*
E-Ticket *n* (≈ elekronisches Ticket) e-ticket
Etikett *n* label
Etikette *f* etiquette
etikettieren *v/t* to label
Etikettierung *f* labelling Br, labeling US
etliche(r, s) *indef pr* **1** quite a lot of; **~ Mal** quite a few times **2** **~** *pl* quite a few **3** **~s** *sg substantivisch* quite a lot
Etüde *f* MUS étude
Etui *n* case
etwa *adv* **1** (≈ ungefähr) about; **~ so** more or less like this **2** (≈ zum Beispiel) for instance; **wie ~** such as **3** in Fragen by any chance; **hast du das ~ vergessen?** you haven't forgotten that by any chance, have you?; **du bist doch nicht ~ krank?** surely you're not ill, are you? **4** empört, vorwurfsvoll **soll das ~ heißen, dass …?** is that supposed to mean …?; **willst du ~ schon gehen?** (surely) you don't want to go already!; **sind Sie ~ nicht einverstanden?** do you mean to say that you don't agree?; **ist das ~ wahr?** (surely) it's not true!; **war sie ~ da?** don't tell me she was there
etwaig *adj* possible; **bei ~en Beschwerden** in the event of (any) complaints
etwas *indef pr* **1** *substantivisch* something; fragend, verneinend anything; Teil einer Menge some, any; **kannst du mir ~ (davon) leihen?** can you lend me some (of it)?; **~ trinken** to have a drink; **~ anderes** something else; **aus ihm wird nie ~** *umg* he'll never become anything; **da ist ~ Wahres dran** there is some truth in that **2** *adjektivisch* some; **~ Salz?** some salt?; **~ Nettes** something nice
Etwas *n* something; **das gewisse ~** that certain something
Etymologie *f* etymology
etymologisch *adj* etymological
Et-Zeichen *n* ampersand
EU *f abk* (= Europäische Union) EU
EU-Außenbeauftragte(r) *m/f(m)* EU Representative for Foreign Affairs
EU-Beitritt *m* EU accession, accession to the EU, entry into the EU
EU-Beitrittsland *n* EU accession country
EU-Bestimmung *f* EU regulation
euch *pers pr* you; *reflexiv* yourselves; **ein Freund von ~** a friend of yours; **setzt ~!** sit down, sit yourselves down *umg*; **~ selbst** yourselves
Eucharistie *f* KIRCHE Eucharist
euer *poss pr* your; **viele Grüße, Euer Hans** best wishes, yours, Hans; **das sind eure Bücher** those are your books
euere(r, s) *poss pr* → eurer, s
EU-Erweiterung *f* EU expansion
EuK *f abk* (= Europäische Kommission) EC
Eukalyptus *m* (≈ Baum) eucalyptus (tree); (≈ Öl) eucalyptus oil
EU-Kommissar(in) *m(f)* EU commissioner
EU-Kommission *f* EU commission
EU-Konvent *m* European Convention
EU-Land *n* EU country *od* member state
Eule *f* owl
EU-Mitglied *n* EU member (state)
Eunuch *m* eunuch
EU-Organ *n* EU institution
EU-Osterweiterung *f* EU expansion into Eastern Europe
euphemistisch **A** *adj* euphemistic **B** *adv* euphemistically
Euphorie *f* euphoria
euphorisch *adj* euphoric
EUR *abk* (= Euro) EUR, euro

EURATOM *abk* (= Europäische Atomgemeinschaft) EURATOM

eure(r, s) *poss pr* **1** *substantivisch* yours; **der/die/das ~** *od* **Eure** *geh* yours; **tut ihr das ~** *od* **Eure** *geh* you do your bit *Br*, you do your part *US* **2** *adjektivisch* → euer

eurerseits *adv* for your part

euresgleichen *pron* people like you

euretwegen *adv* (≈ *wegen euch*) because of you

euretwillen *adv* **um ~** for your sake

EU-Richtlinie *f* EU directive

Euro¹ *m* (≈ *Währung*) euro; **das kostet zehn ~** that's ten euros; **mit jedem ~ rechnen müssen** to have to count every penny

Euro² *f* (≈ *Europameisterschaft*) European championship

Eurocent *m* euro cent

Eurocityzug *m* European Inter-City train

Eurogruppe *f* Eurogroup, Euro group

Eurokorps *n* Eurocorps, European Corps

Eurokrat(in) *m(f)* Eurocrat

Euroland *n* **1** *umg* (≈ *Eurozone*) Euroland *umg* **2** (≈ *EWU-Mitgliedsstaat*) euro country

Euronorm *f* European standard

Europa *n* Europe

Europaabgeordnete(r) *m/f(m)* member of the European Parliament

Europacup *m* European cup

Europäer(in) *m(f)* European

europäisch *adj* European; **~e Schule** European school; **Europäische Gemeinschaft** HIST European Community; **Europäisches Parlament** European Parliament; **Europäische Union** European Union; **Europäisches Währungssystem** European Monetary System; **Europäische Währungsunion** European Monetary Union; **Europäische Zentralbank** European Central Bank

Europameister(in) *m(f)* SPORT European champion; (≈ *Team, Land*) European champions *pl*

Europameisterschaft *f* European championship

Europaminister(in) *m(f)* Minister for Europe *od* European Affairs, Europe Minister

Europaministerkonferenz *f* Conference of Ministers for European Affairs

Europaparlament *n* European Parliament

Europapokal *m* SPORT European cup

Europapolitik *f* policy toward(s) Europe

Europarat *m* Council of Europe

Europaschule *f* type of school in Germany in which emphasis is placed on the learning of foreign languages and the understanding of foreign cultures

Europastraße *f* European route, E-route

Europatag *m* Europe Day

Europawahlen *pl* European elections *pl*

europaweit **A** *adj* Europe-wide **B** *adv* throughout Europe

Europol *f* Europol

Eurorettung *f* FIN rescue of the euro

Eurorettungsschirm *m* European stability mechanism

Euroskeptiker(in) *m(f)* Eurosceptic

Eurostar® *m* BAHN Eurostar®

Eurostat *ohne Artikel statistisches Amt der EU* Eurostat

Eurotunnel *m* Channel Tunnel

Eurovision *f* Eurovision

Eurowährung *f* eurocurrency

Eurozeichen *n* euro symbol

Eurozone *f* euro zone

Euter *n* udder

Euthanasie *f* euthanasia

EU-Verfassung *f* EU constitution

EU-Verordnung *f* EU regulation

EU-Vertrag *m* EU treaty

EU-weit *adj, adv* EU-wide, across the EU

evakuieren *v/t* to evacuate

Evakuierung *f* evacuation

evangelisch *adj* Protestant

Evangelist(in) *m(f)* evangelist

Evangelium *n* Gospel; *fig* gospel

Event *n* (≈ *Veranstaltung*) event

Eventagentur *f* event (marketing) agency

Eventmanager(in) *m(f)* event manager

Eventualität *f* eventuality

eventuell **A** *adj* possible **B** *adv* possibly; **~ rufe ich Sie später an** I may possibly call you later

Evolution *f* evolution

EWI *abk* (= Europäisches Währungsinstitut) EMI, European Monetary Institute

ewig **A** *adj* eternal; *Eis, Schnee* perpetual; *umg Nörgelei etc* never-ending **B** *adv* forever, for ever *Br*; **auf ~** forever, for ever *Br*; **das dauert ja ~, bis ...** it'll take ages until ... *umg*

Ewigkeit *f* eternity; *umg* ages; **bis in alle ~** for ever; **es dauert eine ~, bis ...** *umg* it'll take absolutely ages until ... *umg*

EWR *abk* (= Europäischer Wirtschaftsraum) EEA, European Economic Area

EWS *abk* (= Europäisches Währungssystem) EMS

EWU *f abk* (= Europäische Währungsunion) EMU

ex *adv* **er trank ex** he emptied his glass in one go; **ex!** bottoms up!

Ex *umg m/f* ex *umg*

exakt **A** *adj* exact **B** *adv* exactly; (≈ *ganz genau*) **~ arbeiten** to work accurately

Exaktheit *f* exactness

Examen *n* exam; UNIV final examinations *pl*; **~ machen** to do one's exams *od* finals

Examensarbeit *f* piece of written work submit-

ted as part of an exam
exekutieren *v/t* to execute
Exekution *f* execution
Exekutiv- *zssgn* executive
Exekutive *f*, **Exekutivgewalt** *f* executive
Exempel *geh n* **die Probe aufs ~ machen** to put it to the test
Exemplar *n* specimen; (≈ *Buchexemplar, Zeitschriftenexemplar*) copy
exemplarisch *adj* exemplary; **j-n ~ bestrafen** to punish sb as an example (to others)
exerzieren *v/t & v/i* to drill
Exfrau *f* ex-wife
Exfreund(in) *m(f)* ex-boyfriend/girlfriend
Exhibitionist(in) *m(f)* exhibitionist
Exil *n* exile; **im ~ leben** to live in exile
Exilregierung *f* government in exile
existent *geh adj* existing
Existenz *f* existence; (≈ *Auskommen*) livelihood; **eine gescheiterte ~** *umg* a failure; **sich** (*dat*) **eine (neue) ~ aufbauen** to make a (new) life for oneself
Existenzangst *f Philosophie* angst; *wirtschaftlich* fear for one's livelihood
Existenzberechtigung *f* right to exist
Existenzgründer(in) *m(f)* founder of a (new) business
Existenzgrundlage *f* basis of one's livelihood
Existenzgründung *f* **1** establishing one's livelihood; WIRTSCH founding of a new business **2** WIRTSCH (≈ *neu gegründete Firma*) start-up (business)
Existenzialismus *m* existentialism
Existenzialist(in) *m(f)* existentialist
existenziell *geh adj* existential; **von ~er Bedeutung** of vital significance
Existenzkampf *m* struggle for survival
Existenzminimum *n* subsistence level; (≈ *Lohn*) minimal living wage
existieren *v/i* to exist; **nicht mehr ~** to be no more
existierend *adj* existing
exklusiv *adj* exclusive
exklusive *präp* excluding
Exklusivität *f* exclusiveness
Exkrement *geh n* excrement *kein pl*
Exkursion *f* (study) trip
Exmann *m* ex-husband
Exmatrikulation *f* UNIV being taken off the university register
exmatrikulieren *v/t* UNIV to take off the university register
Exodus *m* BIBEL, *a. fig* exodus
Exorzist(in) *m(f)* exorcist
Exot(in) *m(f)* exotic animal/plant *etc*; *Mensch* exotic foreigner

exotisch *adj* exotic
Expander *m* SPORT chest expander
expandieren *v/i* to expand
Expansion *f* PHYS, POL expansion
Expedition *f* expedition
Experiment *n* experiment; **~e machen** to carry out experiments
Experimentalfilm *m* experimental film
experimentell *adj* experimental
experimentieren *v/i* to experiment (**mit** with)
Experte *m*, **Expertin** *f* expert (**für** in)
Expertenkommission *f* think tank
Expertenmeinung *f* expert opinion
explizit *geh* **A** *adj* explicit **B** *adv* explicitly
explodieren *v/i* to explode; *Bombe* to go off
Explosion *f* explosion; **etw zur ~ bringen** to detonate sth
explosionsartig **A** *adj* explosive; *Wachstum* phenomenal **B** *adv* **das Gerücht verbreitete sich ~** the rumour spread like wildfire *Br*, the rumor spread like wildfire *US*
Explosionsgefahr *f* danger of explosion
explosiv *adj* explosive
Exponent *m* MATH exponent
exponieren *v/t* to expose
Export *m* export (**an** +*dat* of); (≈ *Exportwaren*) exports *pl*
Exportabteilung *f* export department
Exportartikel *m* export
Exporteur(in) *m(f)* exporter
Exportgeschäft *n* export business
Exporthandel *m* export business
exportieren *v/t & v/i* to export
Exportkauffrau *f*, **Exportkaufmann** *m* exporter
Exportland *n* exporting country
Exportüberschuss *m* export surplus
Exportware *f* export
Exportzoll *m* export duty
Expressgut *n* express goods *pl*
Expressionismus *m* expressionism
Expressionist(in) *m(f)* expressionist
expressionistisch *adj* expressionist *kein adv*, expressionistic
expressiv *adj* expressive
extern *adj* external
Externgespräch *n* TEL external call
extra **A** *adj umg* extra **B** *adv* (e)specially; (≈ *gesondert*) separately; (≈ *zusätzlich*) extra; *umg* (≈ *absichtlich*) on purpose
Extra *n* extra
extrahieren *v/t* to extract
Extrakt *m* extract
Extratour *fig umg f* special favour *Br*, special favor *US*
extravagant **A** *adj* extravagant **B** *adv* extrav-

agantly
Extravaganz f extravagance
extravertiert adj PSYCH extrovert
Extrawurst umg f **j-m eine ~ braten** to make an exception for sb
extrem **A** adj extreme **B** adv extremely; *sich verbessern, sich verschlechtern* radically
Extrem n extreme
Extremfall m extreme (case)
Extremismus m extremism
Extremist(in) m(f) extremist
extremistisch adj extremist
Extremität f extremity
Extremsituation f extreme situation
Extremsport m extreme sport
extrovertiert adj PSYCH extrovert
exzellent adj excellent
Exzellenz f Excellency
exzentrisch adj eccentric
Exzess m excess; **bis zum ~** excessively
exzessiv adj excessive
Eyeliner m eyeliner
EZB f abk (= Europäische Zentralbank) ECB

F

F, f n F, f
Fabel f fable; LIT plot
fabelhaft **A** adj splendid, fabulous **B** adv splendidly
Fabeltier n mythical creature
Fabelwesen n mythical creature
Fabrik f factory
Fabrikanlage f factory premises pl
Fabrikant(in) m(f) (≈ *Fabrikbesitzer*) industrialist; (≈ *Hersteller*) manufacturer
Fabrikarbeiter(in) m(f) factory worker
Fabrikat n (≈ *Marke*) make; (≈ *Produkt*) product; (≈ *Ausführung*) model
Fabrikation f manufacture
Fabrikationsfehler m manufacturing fault
Fabrikbesitzer(in) m(f) factory owner
Fabrikgelände n factory site
Fabrikverkauf m (≈ *Center*) factory outlet
fabrizieren umg v/t to make; *Alibi, Lügen* to concoct
Facebook® n IT Facebook®; **bei/auf ~® sein** to be on Facebook®
Facette f facet
facettenartig adj facet(t)ed
Facettenauge n compound eye

Fach n **1** compartment; *in Regal etc* shelf; *für Briefe etc* pigeonhole **2** (≈ *Sachgebiet*) subject; (≈ *Gebiet*) field; (≈ *Handwerk*) trade; **ein Mann vom ~** an expert
Fach- zssgn specialist
Fachabitur n *examination entitling the successful candidate to study at a Fachhochschule or certain subjects at a university*
Facharbeit f SCHULE extended essay
Facharbeiter(in) m(f) skilled worker
Facharzt m, **Fachärztin** f specialist (**für** in)
fachärztlich adj specialist attr; *Behandlung* by a specialist
Fachausdruck m, **Fachbegriff** m technical term
Fachausschuss m committee of experts, technical committee
Fachbereich m (≈ *Fachgebiet*) (special) field; (≈ *Abteilung*) department; UNIV faculty
Fachbuch n reference book
Fachbuchhandlung f specialist bookshop
Fächer m fan; *fig* range
fächerförmig **A** adj fan-shaped **B** adv like a fan
fächern **A** v/t to fan (out); *fig* to diversify; **gefächert** diverse **B** v/r to fan out
fächerübergreifend **A** adj interdisciplinary **B** adv across the disciplines
Fachfrau f expert
Fachgebiet n (special) field
fachgerecht **A** adj expert; *Ausbildung* specialist attr **B** adv expertly
Fachgeschäft n specialist shop, specialty store US
Fachhandel m specialist shops pl, specialty stores pl US
Fachhochschule f *higher education institution*
Fachidiot(in) umg m(f) *person who can think of nothing but his/her subject*
Fachjargon m technical jargon
Fachkenntnisse pl specialized knowledge
Fachkompetenz f hard skill
Fachkonferenz f SCHULE *conference held twice a year in a school involving all the teachers of a particular subject along with parent and pupil representatives*
Fachkraft f qualified employee
Fachkräftemangel m lack of qualified personnel
Fachkreise pl **in ~n** among experts
fachkundig **A** adj informed; (≈ *fachmännisch*) proficient **B** adv **j-n ~ beraten** to give sb informed advice
Fachlehrer(in) m(f) specialist subject teacher
fachlich adj technical; *Ausbildung* specialist attr;

(≈ *beruflich*) professional
Fachliteratur *f* specialist literature
Fachmann *m* expert
fachmännisch **A** *adj* expert **B** *adv* expertly; **~ ausgeführt** expertly done
Fachoberschule *f* College of Further Education
Fachrichtung *f* subject area
Fachschule *f* technical college
Fachsimpelei *f umg* shop talk
fachsimpeln *umg v/i* to talk shop
Fachsprache *f* technical terminology
Fachwelt *f* experts *pl*
Fachwerkhaus *n* half-timbered house
Fachwissen *n* (specialized) knowledge of the/ one's subject
Fachwort *n* specialist term
Fachwörterbuch *n* specialist dictionary
Fachzeitschrift *f* specialist journal; *für Berufe* trade journal
Fackel *f* torch
fackeln *umg v/i* **nicht lange gefackelt!** no shilly-shallying! *bes Br umg*
Fackelzug *m* **einen ~ veranstalten** to hold a torchlight procession
fad *bes österr, schweiz adj* → fade
fade **A** *adj* **1** *Geschmack* insipid; *Essen* tasteless **2** *fig* (≈ *langweilig*) dull **B** *adv* **~ schmecken** to have not much of a taste
Faden *m* thread, yarn; *an Marionetten* string; MED stitch; **den ~ verlieren** *fig* to lose the thread; **er hält alle Fäden (fest) in der Hand** he holds the reins; **keinen guten ~ an j-m/etw lassen** *umg* to tear sb/sth to shreds *umg*
Fadenkreuz *n* crosshair
Fadennudeln *pl* vermicelli *pl*
fadenscheinig *wörtl adj* threadbare; *fig Argument* flimsy; *Ausrede* transparent
fadisieren *österr v/r* → langweilen
Fagott *n* bassoon; **~ spielen** to play the bassoon
fähig *adj* **1** (≈ *tüchtig*) capable **2** (**dazu**) **~ sein, etw zu tun** to be capable of doing sth, to be able to do sth; **zu allem ~ sein** to be capable of anything
Fähigkeit *f* (≈ *Begabung*) ability; (≈ *praktisches Können*) skill; **die ~ haben, etw zu tun** to be capable of doing sth
fahl *adj* pale
Fahlheit *f* paleness
fahnden *v/i* to search (**nach** for)
Fahnder(in) *m(f)* investigator
Fahndung *f* search
Fahndungsliste *f* **er steht auf der ~** he's wanted by the police
Fahne *f* **1** flag; **etw auf seine ~ schreiben** *fig* to take up the cause of sth; **mit fliegenden ~n untergehen** to go down with all flags flying **2** *umg* **eine ~ haben** to reek of alcohol **3** TYPO galley (proof)
Fahnenflucht *f* desertion
Fahnenmast *m*, **Fahnenstange** *f* flagpole
Fahrausweis *m* ticket
Fahrbahn *f* roadway; (≈ *Fahrspur*) lane
fahrbar *adj* mobile; **~er Untersatz** *hum* wheels *pl hum*
Fähre *f* ferry; **mit der ~ fahren** to go by ferry
Fahreigenschaft *f* handling characteristic; **der Wagen hat hervorragende ~en** the car handles excellently
fahren **A** *v/i* **1** (≈ *sich fortbewegen*) to go; *Autofahrer* to drive; *Zweiradfahrer* to ride; *Schiff* to sail; (≈ *reisen*) to travel; **mit dem Auto/Zug ~** to go by car/train; **mit dem Rad ~** to cycle; **mit dem Aufzug ~** to take the lift *Br*, to ride the elevator *US*; **links/rechts ~** to drive on the left/right; **zweiter Klasse ~** to travel second class; **gegen einen Baum ~** to drive into a tree; **der Wagen fährt sehr ruhig** the car is very quiet **2** (≈ *verkehren*) **da keine Züge?** don't any trains go there?; **der Bus fährt alle fünf Minuten** there's a bus every five minutes **3 was ist (denn) in dich gefahren?** what's got (-ten) into you?; **(mit j-m) gut ~** to get on well (with sb); **(bei etw) gut/schlecht ~** to do well/ badly (with sth) **4** (≈ *streichen*) **j-m/sich durchs Haar ~** to run one's fingers through sb's/one's hair; **mit dem Finger über etw** (*akk*) **~** to run a finger over sth **B** *v/t* **1** *Auto, Bus, Zug etc* to drive; *Fahrrad, Motorrad* to ride; **Ski ~** to ski; **Snowboard ~** to go snowboarding; **Rollschuh ~** to rollerskate; **Inliner/Skateboard ~** to skate; **Rad ~** to ride a bike **2** (≈ *benutzen*) *Straße, Strecke etc* to take; **ich fahre lieber Autobahn** I prefer (driving on) motorways *Br*, I prefer (driving on) freeways *US* **3** (≈ *befördern*) to take; (≈ *hierherfahren*) to bring; *Personen* to drive; **ich fahre dich nach Hause** I'll take you home **4** *Geschwindigkeit* to do; **in der Stadt darf man nur Tempo 50 ~** in town the speed limit is 50 km/h **C** *v/r* **mit diesem Wagen fährt es sich gut** it's good driving this car; **der neue Wagen fährt sich gut** the new car is nice to drive
fahrend *adj* itinerant; *Zug, Auto* in motion
Fahrenheit *ohne Artikel* Fahrenheit
Fahrer(in) *m(f)* driver
Fahrerei *f* driving
Fahrerflucht *f* hit-and-run driving; **~ begehen** to fail to stop after causing an accident
fahrerflüchtig *form adj* hit-and-run *attr*
Fahrerhaus *n* (driver's) cab
Fahrerlaubnis *form f* driving licence *Br*, driver's

license *US*
Fahrersitz *m* driver's seat
Fahrgast *m* passenger
Fahrgeld *n* fare
Fahrgemeinschaft *f* carpool
Fahrgestell *n* AUTO chassis; FLUG undercarriage *bes Br*
fahrig *adj* nervous; (≈ *unkonzentriert*) distracted
Fahrkarte *f* ticket
Fahrkartenautomat *m* ticket machine
Fahrkartenentwerter *m* ticket-cancelling machine *Br*, ticket-canceling machine *US*
Fahrkartenkontrolle *f* ticket inspection
Fahrkartenschalter *m* ticket office *od* counter
fahrlässig **A** *adj a.* JUR negligent **B** *adv* negligently; **~ handeln** to be guilty of negligence
Fahrlässigkeit *f a.* JUR negligence
Fahrlehrer(in) *m(f)* driving instructor
Fahrplan *m* timetable *bes Br*, schedule *US*; *fig* schedule
Fahrplanänderung *f* change in (the) timetable *bes Br*, change in (the) schedule *US*
fahrplanmäßig **A** *adj* scheduled *attr, präd* **B** *adv verkehren* on schedule; **es verlief alles ~** everything went according to schedule
Fahrpraxis *f* driving experience
Fahrpreis *m* fare
Fahrpreiserhöhung *f* fare increase, increase in fares
Fahrpreisermäßigung *f* fare reduction
Fahrprüfung *f* driving test
Fahrrad *n* bicycle, bike *umg*; **mit dem ~** by bike
Fahrradfahrer(in) *m(f)* cyclist
Fahrradhelm *m* cycle helmet
Fahrradkurier(in) *m(f)* cycle courier
Fahrradriksha *f* cycle rikshaw, trishaw, pedicab
Fahrradtaxi *n* cycle cab
Fahrradweg *m* cycle path
Fahrrinne *f* SCHIFF shipping channel
Fahrschein *m* ticket
Fahrscheinautomat *m* ticket machine
Fahrscheinentwerter *m* ticket-cancelling machine *Br*, ticket-canceling machine *US*
Fahrscheinheft *n* book of tickets
Fahrschule *f* driving school
Fahrschüler(in) *m(f) bei Fahrschule* learner (driver) *Br*, student (driver) *US*
Fahrschullehrer(in) *m(f)* driving instructor
Fahrspur *f*, **Fahrstreifen** *m* lane
Fahrstuhl *m* lift *Br*, elevator *US*
Fahrstunde *f* driving lesson
Fahrt *f* **1** journey; *mit dem Bus, Fahrrad a.* ride; **nach zwei Stunden ~** after travelling for two hours *Br*, after traveling for two hours *US*; **gute ~!** safe journey! **2** **j-n in ~ bringen** to get sb going; **in ~ kommen** to get going **3** (≈ *Ausflug*) trip; **eine ~ machen** to go on a trip **4** SCHIFF voyage; (≈ *Überfahrt*) crossing
Fahrtdauer *f* time for the journey
Fährte *f* tracks *pl*; (≈ *Witterung*) scent; (≈ *Spuren*) trail; **auf der richtigen/falschen ~ sein** *fig* to be on the right/wrong track
Fahrtenbuch *n* (≈ *Kontrollbuch*) driver's log
Fahrtenschreiber *m* tachograph *Br*, trip recorder
Fahrtkosten *pl* travelling expenses *pl Br*, travel expenses *pl US*
Fahrtrichtung *f* direction of travel; **entgegen der ~** facing backwards; **in ~** facing the front
Fahrtrichtungsanzeiger *m* AUTO indicator *Br*, turn signal *US*
fahrtüchtig *adj* fit to drive; *Wagen etc* roadworthy
Fahrtüchtigkeit *f* fitness to drive; *von Wagen etc* roadworthiness
Fahrtunterbrechung *f* break in the journey
Fahrtwind *m* airstream
Fahrverbot *n* driving ban; **j-n mit ~ belegen** to ban sb from driving
Fahrwasser *n* **1** SCHIFF shipping channel **2** *fig* **in ein gefährliches ~ geraten** to get onto dangerous ground
Fahrweise *f* **seine ~** his driving
Fahrwerk *n* FLUG undercarriage *bes Br*; AUTO chassis
Fahrzeit *f* → Fahrtdauer
Fahrzeug *n* vehicle; (≈ *Luftfahrzeug*) aircraft; (≈ *Wasserfahrzeug*) vessel
Fahrzeug- *zssgn* automotive
Fahrzeugbrief *m* registration document
Fahrzeughalter(in) *m(f)* keeper of the vehicle
Fahrzeugpapiere *pl* vehicle documents *pl*
Fahrzeugpark *form m* fleet
Fahrzeugschein *m* vehicle registration document
Faible *geh n* liking
fair **A** *adj* fair (**gegen** to); **~er Handel** fair trade; **das ist nicht ~!** that's not fair! **B** *adv* fairly
Fairness *f* fairness
Fäkalien *pl* faeces *pl Br*, feces *pl US*
Fakir *m* fakir
Fakt *n/m* fact
faktisch **A** *adj* actual **B** *adv* in actual fact
Faktor *m* factor
Fakultät *f* UNIV faculty
fakultativ *adj* optional
Falke *m* falcon; *fig* hawk
Falklandinseln *pl* **die ~** the Falkland Islands
Fall[1] *m* (≈ *das Fallen*) fall; *fig von Regierung* downfall; **zu ~ kommen** *wörtl geh* to fall; **über die Affäre ist er zu ~ gekommen** *fig* the affair was his

downfall; **zu ~ bringen** *wörtl geh* to trip up; *fig Menschen* to cause the downfall of; *Regierung* to bring down

Fall[2] *m* **1** (≈ *Umstand*) **gesetzt den ~** assuming (that); **für den ~, dass ich …** in case I …; **für alle Fälle** just in case; **auf jeden ~** at any rate; **auf keinen ~** on no account; **auf keinen ~!** no way!; **auf alle Fälle** in any case; **für solche Fälle** for such occasions; **im günstigsten/schlimmsten ~(e)** at best/worst **2** (≈ *Sachverhalt*), *a.* JUR, MED, GRAM case; **klarer ~!** *umg* you bet! *umg*; **ein hoffnungsloser ~** a hopeless case; **der erste/zweite/dritte/vierte ~** the nominative/genitive/dative/accusative case; **welcher ~ steht nach „mit"?** which case does "mit" take?

Falle *f* trap; **~n legen** *od* **stellen** to set traps; **j-m eine ~ stellen** to set a trap for sb; **j-m in die ~ gehen** to walk *od* fall into sb's trap; **in der ~ sitzen** to be trapped **2** *umg* (≈ *Bett*) bed

fallen *v/i* **1** (≈ *hinabfallen, umfallen*) to fall; *Gegenstand* to drop; **etw ~ lassen** to drop sth; **über etw** (*akk*) **~** to trip over sth; **durch eine Prüfung** *etc* **~** to fail an exam *etc*; → **fallen lassen 2** (≈ *sinken*) to drop; **im Kurs ~** to go down **3** to fall; **gefallen** killed in action **4** *Weihnachten, Datum etc* to fall (**auf** +*akk* on) **5** *Entscheidung* to be made; *Urteil* to be passed; *Schuss* to be fired; SPORT *Tor* to be scored **6** (≈ *sein*) **das fällt ihm leicht/schwer** he finds that easy/difficult

fällen *v/t* **1** (≈ *umschlagen*) to fell, to cut down **2** *fig Entscheidung* to make; *Urteil* to pass

fallen lassen *v/t* **1** (≈ *aufgeben*) *Plan* to drop **2** (≈ *äußern*) *Bemerkung* to let drop; → **fallen**

fällig *adj* due *präd*; **längst ~** long overdue; **~ werden** to become due

Fallobst *n* windfalls *pl*

Fallrückzieher *m* FUSSB overhead kick

falls *konj* (≈ *wenn*) if; (≈ *für den Fall, dass*) in case; **~ möglich** if possible

Fallschirm *m* parachute

Fallschirmjäger(in) *m(f)* MIL paratrooper

Fallschirmspringen *n* parachuting, skydiving

Fallschirmspringer(in) *m(f)* parachutist

Fallstrick *fig m* trap

Fallstudie *f* case study

Falltür *f* trapdoor

falsch **A** *adj* **1** wrong; **wahr oder ~** true or false; **~er Alarm** false alarm; **in die ~e Richtung** the wrong way; **Sie sind hier ~** you're in the wrong place **2** (≈ *unecht*) *Zähne etc* false; *Pass etc* forged; *Geld* counterfeit **3** **eine ~e Schlange** *umg* a snake-in-the-grass; **ein ~es Spiel (mit j-m) treiben** to play (sb) false **B** *adv* (≈ *nicht richtig*) wrongly; **etw ~ machen** to get sth wrong; **alles ~ machen** to do everything wrong; **j-n ~ verstehen** to misunderstand sb; **j-n ~ informieren** to misinform sb; **die Uhr geht ~** the clock is wrong; **~ spielen** MUS to play off key; **~ verbunden sein** to have the wrong number; → **falschliegen** → **falschspielen**

Falschaussage *f* JUR (**uneidliche**) **~** false statement

fälschen *v/t* to forge; *Dokument a.* to doctor; HANDEL *Bücher* to falsify; **gefälscht** forged

Fälscher(in) *m(f)* forger

Falschfahrer(in) *m(f)* wrong-way driver, ghost-driver *bes US umg*

Falschgeld *n* counterfeit money

fälschlich **A** *adj* false **B** *adv* wrongly, falsely

fälschlicherweise *adv* wrongly, falsely

falschliegen *umg v/i* to be wrong (**bei, in** +*dat* about *od* **mit** in)

Falschmeldung *f Presse* false report

Falschparker(in) *m(f)* parking offender

falschspielen *v/i* KART *etc* to cheat

Falschspieler(in) *m(f)* KART cheat; *professionell* cardsharp(er)

Fälschung *f* forgery

fälschungssicher *adj* forgery-proof; *Fahrtenschreiber* tamper-proof

Faltblatt *n* leaflet

Faltboot *n* collapsible boat

Falte *f* **1** *in Stoff, Papier* fold; (≈ *Bügelfalte*) crease **2** *in Haut* wrinkle

falten *v/t & v/r* to fold

Faltenrock *m* pleated skirt

Falter *m* (≈ *Tagfalter*) butterfly; (≈ *Nachtfalter*) moth

faltig *adj* (≈ *zerknittert*) creased; *Gesicht, Stirn, Haut* wrinkled

Faltkarte *f* folding map

Falz *m* (≈ *Kniff, Faltlinie*) fold

familiär *adj* **1** family *attr* **2** (≈ *zwanglos*) informal; (≈ *freundschaftlich*) close

Familie *f* family; **~ Müller** the Müller family; **die ganze ~** all the family; **eine ~ gründen** to start a family; **~ haben** *umg* to have a family; **das liegt in der ~** it runs in the family; **zur ~ gehören** to be one of the family

Familienangehörige(r) *m/f(m)* family member

Familienangelegenheit *f* family matter; **dringende ~en** urgent family business *kein pl*

Familienausflug *m* family getaway, family outing

Familienbetrieb *m* family business

Familienfest *n* family party

Familienkalender *m* family caledar, family (activity) planner

Familienkreis *m* family circle

Familienleben n family life
Familienmensch m family man
Familienmitglied n member of the family
Familienname m surname, family name US
Familienpackung f family(-size) pack
Familienplaner m family caledar, family (activity) planner
Familienplanung f family planning
Familienstammbaum m family tree
Familienstand m marital status
Familienunternehmen n family business
Familienvater m father (of a family)
Familienverhältnisse pl family background sg
Familienzusammenführung f reuniting of families
Fan m fan; FUSSB a. supporter; **Fan einer Mannschaft sein** to support a team
Fanartikel m piece of fan merchandise; pl fan merchandise
Fanatiker(in) m(f) fanatic
fanatisch A adj fanatical B adv fanatically
Fanatismus m fanaticism
Fanclub m fan club
Fanfare f MUS fanfare
Fang m 1 (≈ das Fangen) hunting; (≈ Fischen) fishing 2 (≈ Beute) catch; **einen guten ~ machen** to make a good catch 3 JAGD (≈ Kralle) talon; (≈ Reißzahn) fang
Fangarm m ZOOL tentacle
Fangemeinde f fan club od community
fangen A v/t to catch B v/i to catch C v/r 1 in einer Falle to get caught 2 (≈ das Gleichgewicht wiederfinden) to steady oneself; seelisch to get on an even keel again
Fänger(in) m(f) SPORT catcher
Fangfrage f trick question
Fangquote f (fishing) quota
Fangschaltung f TEL interception circuit
Fanklub m fan club
Fanmeile f supporter area
Fantasie f 1 (≈ Einbildung) imagination; **seiner ~ freien Lauf lassen** to give free rein to one's imagination 2 (≈ Trugbild) fantasy
fantasielos adj lacking in imagination
fantasiereich adj & adv → fantasievoll
fantasieren A v/i to fantasize (von about); MED to be delirious B v/t Geschichte to dream up
fantasievoll A adj highly imaginative B adv reden, antworten imaginatively
Fantast(in) m(f) dreamer, visionary
fantastisch A adj fantastic, fabulous B adv fantastically; **~ klingen** to sound fantastic
Fantasyfilm m fantasy film
Farbaufnahme f colo(u)r photo(graph)
Farbband n (typewriter) ribbon

Farbbild n FOTO colo(u)r photo(graph)
Farbdisplay n COMPUT colo(u)r display
Farbdruck m colo(u)r print
Farbdrucker m colo(u)r printer
Farbe f 1 colour Br, color US; **welche ~ hat euer Auto?** which colo(u)r is your car?; **in ~** in colo(u)r 2 (≈ Malerfarbe) paint; (≈ Druckfarbe) ink 3 KART suit; **~ bekennen** fig to nail one's colo(u)rs to the mast
farbecht adj colourfast Br, colorfast US
färben A v/t to colour Br, to color US; Stoff, Haar to dye; → gefärbt B v/r to change colo(u)r; **sich grün/blau** etc **~** to turn green/blue etc
farbenblind adj colo(u)r-blind
Farbenblindheit f colo(u)r-blindness
farbenfreudig adj, **farbenfroh** adj colourful Br, colorful US
farbenprächtig adj gloriously colo(u)rful
Farbfernsehen n colo(u)r television
Farbfernseher umg m, **Farbfernsehgerät** colo(u)r television (set)
Farbfilm m colo(u)r film
Farbfoto n colo(u)r photo(graph)
farbig A adj coloured Br, colored US; fig Schilderung vivid B adv (≈ in Farbe) in a colo(u)r
Farbige(r) m/f(m) coloured man/woman/person etc Br, colored man/woman/person etc US; **die ~n** colo(u)red people pl
Farbkasten m paintbox
Farbkombination f colo(u)r combination; (≈ Farbzusammenstellung) colo(u)r scheme
Farbkopie f colo(u)r copy
Farbkopierer m colo(u)r copier
farblich adj colo(u)r attr
farblos adj colo(u)rless
Farbmonitor m colo(u)r monitor od screen
Farbstift m colo(u)red pen; (≈ Buntstift) crayon, colo(u)red pencil
Farbstoff m (≈ Lebensmittelfarbstoff) (artificial) colo(u)ring; (≈ Hautfarbstoff) pigment; für Textilien etc dye
Farbton m shade, hue; (≈ Tönung) tint
Färbung f colouring Br, coloring US; (≈ Tönung) tinge; fig slant
Farce f 1 THEAT, a. fig farce 2 GASTR stuffing
Farm f farm; **große ~** station Aus
Farmer(in) m/f(m) farmer
Farn m, **Farnkraut** n fern
Fasan m pheasant
faschieren v/t österr GASTR to mince; **Faschiertes** mince
Fasching m carnival
Faschingszeit f carnival period
Faschismus m fascism
Faschist(in) m/f(f) fascist
faschistisch adj fascist

faseln *pej v/i* to drivel *umg*
Faser *f* fibre *Br*, fiber *US*
faserig *adj* fibrous; *Fleisch, Spargel* stringy *pej*
fasern *v/i* to fray
Faserschreiber *m* (≈ *Stift*) felt-tip pen
Fass *n* barrel; (≈ *kleines Bierfass*) keg; *zum Gären, Einlegen* vat; *für Öl, Benzin, Chemikalien* drum; **vom ~** *Bier* on draught *Br*, on draft *US*; **ein ~ ohne Boden** *fig* a bottomless pit; **das schlägt dem ~ den Boden aus** *umg* that beats everything!
Fassade *f* façade
fassbar *adj* comprehensible; **das ist doch nicht ~!** that's incomprehensible!
Fassbier *n* draught beer *Br*, draft beer *US*
Fässchen *n* cask
fassen **A** *v/t* **1** (≈ *ergreifen*) to take hold of; *kräftig* to grab; (≈ *festnehmen*) *Einbrecher etc* to apprehend *form*; **j-n beim** *od* **am Arm ~** to take/grab sb by the arm; **fass!** seize! **2** *fig Entschluss* to make; *Mut* to take; **den Vorsatz ~, etw zu tun** to make a resolution to do sth **3** (≈ *begreifen*) to grasp; **es ist nicht zu ~** it's unbelievable **4** (≈ *enthalten*) to hold **5** (≈ *einfassen*) *Edelsteine* to set; *Bild* to frame; **in Worte ~** to put into words **B** *v/i* **1** (≈ *nicht abrutschen*) to grip; *Zahnrad* to bite **2** (≈ *greifen*) **an/in etw** (*akk*) **~** to feel sth; (≈ *berühren*) to touch sth **C** *v/r* (≈ *sich beherrschen*) to compose oneself; → **gefasst**
Fassette *etc f* → Facette
Fasson *f von Kleidung* style; *von Frisur* shape; **aus der ~ geraten** *wörtl* to go out of shape
Fassung *f* **1** *von Juwelen* setting; *von Bild* frame; ELEK holder **2** (≈ *Bearbeitung, Wortlaut*) version **3** (≈ *Besonnenheit*) composure; **die ~ bewahren** to maintain one's composure; **die ~ verlieren** to lose one's composure; **j-n aus der ~ bringen** to throw *od* upset sb *umg*
fassungslos **A** *adj* stunned **B** *adv* in bewilderment
Fassungsvermögen *n* capacity
fast *adv* almost, nearly; **~ nie** hardly ever; **~ nichts** hardly anything
fasten *v/i* to fast
Fastenzeit *f* period of fasting; KIRCHE Lent
Fast Food *n* fast food
Fastfood-Restaurant *n* burger bar
Fastnacht *f* (≈ *Fasching*) Shrovetide carnival
Fasttag *m* day of fasting
Faszination *f* fascination
faszinieren *v/t & v/i* to fascinate (**an** +*dat* about); **~d** fascinating; **fasziniert** fascinated
fatal *geh adj* (≈ *verhängnisvoll*) fatal; (≈ *peinlich*) embarrassing
Fata Morgana *f* mirage
fauchen *v/t & v/i* to hiss; *Katze* to spit

faul *adj* **1** (≈ *verfault*) bad; *Lebensmittel* off *präd Br*, bad *präd*; *Eier, Obst, Holz* rotten; *Geschmack, Geruch, Wasser* foul **2** (≈ *verdächtig*) fishy *umg*, suspicious; *Ausrede* flimsy; *Kompromiss* uneasy; **hier ist etwas ~** *umg* there's something fishy here *umg* **3** (≈ *träge*) lazy
faulen *v/i* to rot; *Zahn* to decay; *Lebensmittel* to go bad
faulenzen *v/i* to laze around
Faulenzer(in) *m(f)* layabout
Faulheit *f* laziness
faulig *adj* going bad; *Wasser* stale; *Geruch, Geschmack* foul
Fäulnis *f* rot; *von Zahn* decay
fäulniserregend *adj* putrefactive
Faulpelz *umg m* lazybones *sg umg*
Faultier *n* sloth; *umg* (≈ *Mensch*) lazybones *sg umg*
Fauna *f* fauna
Faust *f* fist; **die (Hand zur) ~ ballen** to clench one's fist; **das passt wie die ~ aufs Auge** (≈ *passt nicht*) it's all wrong; (≈ *passt gut*) it's just the thing *umg*; **auf eigene ~** *fig* on one's own initiative; *reisen* under one's own steam
Fäustchen *n* **sich** (*dat*) **ins ~ lachen** to laugh up one's sleeve *Br*, to laugh in one's sleeve *US*
faustdick *umg* **A** *adj* **eine ~e Lüge** a whopping (great) lie *umg* **B** *adv* **er hat es ~ hinter den Ohren** he's a sly one *umg*; **~ auftragen** to lay it on thick *umg*
faustgroß *adj* the size of a fist
Fausthandschuh *m* mitt(en)
Faustregel *f* rule of thumb
Faustschlag *m* punch
Fauteuil *n österr* (≈ *Sessel*) armchair
favorisieren *v/t* to favour *Br*, to favor *US*
Favorit *m* IT bookmark; INTERNET **als ~en ablegen** to bookmark, to add to favo(u)rites
Favorit(in) *m(f)* favourite *Br*, favorite *US*
Fax *n* fax; **j-m ein Fax schicken** to send sb a fax, to fax sb; **etw per Fax bestellen** to order sth by fax
Faxabruf *m* fax polling
Faxanschluss *m* fax connection
faxen *v/t* to fax
Faxen *pl umg* (≈ *Alberei*) fooling around; **~ machen** to fool around
Faxgerät *n* fax machine
Faxnummer *f* fax number
Fazit *n* conclusion; **das ~ war …** on balance the result was …; **das ~ ziehen** to take stock
FC *abk* (= *Fußballclub*) football club
FCKW *m abk* (= Fluorchlorkohlenwasserstoff) CFC
FCKW-frei *adj* CFC-free
FDP[1] *abk* (= *Freie Demokratische Partei*) *D* Liberal Democratic Party

FDP² *abk* (= Freisinnig-Demokratische Partei) *schweiz* Liberal Democratic Party

Feber *m österr* February; → März

Februar *m* February; → März

fechten *v/i* SPORT to fence; *geh* (≈ *kämpfen*) to fight

Fechten *n* fencing

Fechter(in) *m(f)* fencer

Fechtsport *m* fencing

Feder *f* **1** feather; (≈ *lange Hutfeder*) plume; **~n lassen müssen** *umg* not to escape unscathed; **raus aus den ~n!** *umg* rise and shine! *umg* **2** TECH spring

Federball *m* (≈ *Ball*) shuttlecock; (≈ *Spiel*) badminton

Federballschläger *m* badminton racket

Federbett *n* continental quilt

federführend *adj Behörde etc* in overall charge (**für** of)

Federführung *f* **unter der ~ von** under the overall control of

Federgewicht *n* SPORT featherweight (class)

Federhalter *m* (dip) pen; (≈ *Füllfederhalter*) (fountain) pen

federleicht *adj* light as a feather

Federlesen *n* **nicht viel ~s mit j-m/etw machen** to make short work of sb/sth

Federmäppchen *n* pencil case

federn **A** *v/i* **1** *Eigenschaft* to be springy **2** (≈ *zurückfedern*) to spring back; *Springer, Turner* to bounce **B** *v/t* to spring; *Auto* to fit with suspension

Federung *f* springs *pl*; AUTO *a.* suspension

Federvieh *n* poultry

Federweiße(r) *dial m* new wine

Fee *f* fairy

Feedback *n*, **Feed-back** *n* feedback

Fegefeuer *n* **das ~** purgatory

fegen **A** *v/t* to sweep; (≈ *auffegen*) to sweep up **B** *v/i* **1** (≈ *ausfegen*) to sweep (up) **2** *umg* (≈ *jagen*) to sweep

fehl *adj* **~ am Platz(e)** out of place

Fehlanzeige *umg f* dead loss *umg*; **~!** wrong!

fehlbar *adj* fallible; *schweiz* guilty

Fehlbesetzung *f* miscasting

Fehlbestand *m* deficiency

Fehlbetrag *form m* deficit

Fehldiagnose *f* wrong diagnosis

Fehleinschätzung *f* misjudgement

fehlen **A** *v/i* **1** (≈ *mangeln*) to be lacking; (≈ *nicht vorhanden sein*) to be missing; *in der Schule nicht* to be absent (**in** +*dat* from); **etwas fehlt** there's something missing; **j-m fehlt etw** sb lacks sth; (≈ *wird schmerzlich vermisst*) sb misses sth; **mir ~ 20 Cent am Fahrgeld** I'm 20 cents short for my fare; **mir ~ die Worte** words fail me; **der/das hat mir gerade noch gefehlt!** *umg* he/that was all I needed *iron* **2** (≈ *los sein*) **fehlt dir (et)was?** is something the matter (with you)?; **was fehlt dir?** *bei Krankheit* what's wrong with you? **B** *v/i* **es fehlt etw** *od* **an etw** (*dat*) there is a lack of sth; *völlig* there is no sth; **es fehlt j-m an etw** (*dat*) sb lacks sth; **wo fehlt es?** what's the trouble?; **es fehlte nicht viel, und ich hätte ihn verprügelt** I almost hit him **C** *v/t* **weit gefehlt!** *fig* you're way out! *umg*; *ganz im Gegenteil* far from it!

Fehlen *n* absence (**bei, in** +*dat* from); (≈ *Mangel*) lack (**von** of)

Fehlentscheidung *f* wrong decision

Fehlentwicklung *f* mistake; **~en vermeiden** to stop things taking a wrong turn

Fehler *m* **1** mistake; SPORT fault; **einen ~ machen** to make a mistake **2** TYPO, IT error **3** (≈ *Defekt*), *a.* TECH fault; (≈ *Mangel*) flaw; **das ist nicht mein ~** that's not my fault

fehlerfrei *adj* perfect; *Rechnung* correct

fehlerhaft *adj* MECH, TECH faulty; *Ware* substandard; *Messung, Rechnung* incorrect

fehlerlos *adj* → fehlerfrei

Fehlermeldung *f* IT error message

Fehlerquelle *f* cause of the fault; *in Statistik* source of error

Fehlerquote *f* error rate

Fehlersuche *f* troubleshooting

Fehlgeburt *f* miscarriage

Fehlgriff *m* mistake; **einen ~ tun** to make a mistake

Fehlinvestition *f* bad investment

Fehlkonstruktion *f* bad design; **der Stuhl ist eine ~** this chair is badly designed

Fehlleistung *f* slip, mistake; **freudsche ~** Freudian slip

Fehlschlag *fig m* failure

fehlschlagen *v/i* to go wrong, to fail

Fehlschluss *m* false conclusion

Fehlstart *m* false start

Fehltritt *fig m* (≈ *Vergehen*) slip; (≈ *Affäre*) indiscretion

Fehlurteil *n* miscarriage of justice

Fehlverhalten *n* inappropriate behaviour *Br*, inappropriate behavior *US*

Fehlzeiten *pl* working hours *pl* lost

Fehlzündung *f* misfiring *kein pl*; **eine ~** a backfire

Feier *f* celebration; (≈ *Party*) party; (≈ *Zeremonie*) ceremony; **zur ~ des Tages** in honour of the occasion *Br*, in honor of the occasion *US*

Feierabend *m* (≈ *Arbeitsschluss*) finishing time; **~ machen** to finish work; **nach ~** after work; **schönen ~!** have a nice evening!

feierlich *adj* (≈ *ernsthaft*) solemn; (≈ *festlich*) festive; (≈ förmlich) ceremonial; **~ danksagen** to give thanks

Feierlichkeit f (≈ Veranstaltungen) celebrations pl

feiern **A** v/t **1** Ereignis to celebrate; Party to hold, to have; **das muss gefeiert werden!** that calls for a celebration **2** (≈ umjubeln) to fête; → gefeiert **B** v/i (≈ eine Feier abhalten) to celebrate

Feierstunde f ceremony

Feiertag m holiday; **schöne ~e!** enjoy the holidays!

feiertags adv **sonntags und ~** on Sundays and public holidays

feige adj cowardly

Feige f fig

Feigenbaum m fig tree

Feigenblatt n fig leaf

Feigheit f cowardice

Feigling m coward

Feile f file

feilen v/t & v/i to file

feilschen pej v/i to haggle (**um** over)

fein **A** adj **1** (≈ nicht grob) fine; Humor delicate; Unterschied subtle **2** (≈ erlesen) excellent; Geschmack delicate; (≈ prima) great umg; iron fine; **vom Feinsten sein** to be first-rate **3** (≈ scharf) Gehör, Gefühl acute **4** (≈ vornehm) refined; **dazu ist sie sich** (dat) **zu ~** that's beneath her **B** adv **1** (≈ nicht grob) finely **2** (≈ gut) **~ säuberlich** (nice and) neat **3** (≈ elegant) **sie hat sich ~ gemacht** she's all dolled up umg

Feind(in) m(f) enemy; **sich** (dat) **~e schaffen** to make enemies

Feindbild n concept of an/the enemy

feindlich **A** adj **1** MIL enemy **2** (≈ feindselig) hostile **B** adv **j-m ~ gegenüberstehen** to be hostile to sb

Feindschaft f hostility

feindselig adj hostile

Feindseligkeit f hostility

feinfühlig adj sensitive; (≈ taktvoll) tactful

Feingefühl n sensitivity; (≈ Takt) tact(fulness)

Feingold n refined gold

Feinheit f **1** (≈ Zartheit) fineness **2** (≈ Erlesenheit) excellence **3** (≈ Schärfe) keenness **4** (≈ Vornehmheit) refinement **5** **~en** pl niceties pl; (≈ Nuancen) subtleties pl

Feinkostgeschäft n delicatessen

Feinmechanik f precision engineering

Feinmotorik f fine motor skills pl

feinmotorisch adj fine motor skills; **~e Entwicklung** fine-motor development

Feinschmecker(in) m(f) gourmet; fig connoisseur

Feinsilber n refined silver

Feinstaub m particulate matter, fine dust, (fine) particulates

Feinstaubbelastung f particulate matter od particulates air pollution

Feinstaubplakette f emissions sticker

Feinwäsche f delicates pl

Feinwaschmittel n mild(-action) detergent

feist adj fat

feixen v/i umg to smirk

Feld n field; auf Spielbrett square; an Zielscheibe ring; **auf dem ~** in the field; **geh ein ~ vor/zurück** bei Spiel move on/back one space; **gegen j-n/etw zu ~e ziehen** fig to crusade against sb/sth; **das ~ räumen** fig to bow out

Feldarbeit f AGR work in the fields; Naturwissenschaft, a. SOZIOL fieldwork

Feldflasche f water bottle; MIL canteen

Feldforschung f field work od research

Feldfrucht f crop

Feldhase m European hare

Feldherr(in) m(f) commander

Feldmaus f field mouse

Feldsalat m lamb's lettuce

Feldstecher m (pair of) binoculars

Feldversuch m field test

Feld-Wald-und-Wiesen- umg zssgn run-of--the-mill

Feldwebel(in) m(f) sergeant

Feldweg m track across the fields

Feldzug m campaign

Felge f **1** TECH (wheel) rim **2** SPORT circle

Felgenbremse f calliper brake

Fell n **1** fur; von Schaf fleece; von toten Tieren skin **2** fig umg (≈ Menschenhaut) skin; **ein dickes ~ haben** to be thick-skinned; **j-m das ~ über die Ohren ziehen** to pull the wool over sb's eyes

Fels m rock; (≈ Klippe) cliff

Felsblock m boulder

Felsen m rock; (≈ Klippe) cliff

felsenfest **A** adj firm **B** adv **~ überzeugt sein** to be absolutely convinced

felsig adj rocky

Felsspalte f crevice

Felswand f rock face

feminin adj feminine

Feminismus m feminism

Feminist(in) m(f) feminist

feministisch adj feminist; **~ orientiert sein** to have feminist tendencies

Fenchel m fennel

Fenster n a. COMPUT window; **weg vom ~** umg out of the game umg, finished

Fensterbank f, **Fensterbrett** n windowsill, window ledge

Fensterglas n window glass

Fensterladen m shutter

Fensterleder n chamois od shammy (leather)

fensterln v/i österr, südd to climb through one's

sweetheart's bedroom window
Fensterplatz m window seat
Fensterputzer(in) m(f) window cleaner
Fensterrahmen m window frame
Fensterscheibe f window pane
Fensterumschlag m window envelope
Ferien pl holidays pl bes Br, vacation US; UNIV vacation sg; (≈ Parlamentsferien), a. JUR recess sg; **die großen ~** the summer holidays bes Br, the long vacation US; UNIV the long vacation, the summer break; **~ auf dem Bauernhof** farmstay bes Br, farmhouse holiday bes Br, farmhouse vacation US; **~ haben** to be on holiday, to be on vacation US; **~ machen** to have od take a holiday bes Br, to have od take a vacation US; **in die ~ fahren** to go on holiday bes Br, to go on vacation US; **schöne ~!** have a nice holiday bes Br, have a nice vacation US
Feriendorf n holiday village bes Br, vacation village US
Ferienhaus n holiday home bes Br, vacation house US
Ferienjob m holiday job bes Br, vacation job US
Ferienkurs m holiday course bes Br, vacation course US; **im Sommer** summer course
Ferienlager n holiday camp bes Br, vacation camp US
Ferienort m holiday resort bes Br, vacation resort US
Ferienwohnung f holiday flat bes Br, vacation apartment US
Ferienzeit f holiday period bes Br, vacation period US
Ferkel n piglet; fig unsauber pig, mucky pup Br umg; unanständig dirty pig umg
Fermentation f fermentation
fermentieren v/t to ferment
fern A adj 1 räumlich distant, faraway; (≈ entlegen) remote; **~ von hier** far away from here; **der Ferne Osten** the Far East 2 zeitlich entfernt far-off; **in nicht (all)zu ~er Zeit** in the not-too--distant future B präp far (away) from
fernab adv far away
Fernabfrage f TEL remote control facility
Fernbedienung f remote control
Fernbeziehung f long-distance relationship
fernbleiben v/i to stay away (+dat od **von** from)
Fernbleiben n absence (**von** from); (≈ Nichtteilnahme) non-attendance
Fernblick m good view
Fernbus m intercity bus
Ferne f 1 räumlich distance; **in der ~** in the distance; **aus der ~** from a distance 2 (≈ Zukunft) future; **in weiter ~ liegen** to be a long time off
ferner A adj further B adv further, moreover; **unter ~ liefen rangieren** umg to be among the also-rans
Fernfahrer(in) m(f) long-distance lorry driver Br, long-distance truck driver US, trucker US
Fernflug m long-distance od long-haul flight
Ferngespräch n trunk call Br, long-distance call
ferngesteuert adj remote-controlled
Fernglas n (pair of) binoculars pl
fernhalten v/t & v/r to keep away
Fernheizung f municipal heating system, district heating
Fernkurs m correspondence course
Fernlaster m long-distance lorry Br, long-distance truck; (≈ Gigaliner) road train
Fernlastverkehr m long-distance goods traffic
Fernlicht n AUTO full beam, high beam bes US
fernliegen fig v/i (**j-m**) **~** to be far from sb's mind; **es liegt mir fern, das zu tun** far be it from me to do that
Fernmeldesatellit m communications satellite
Fernmeldetechnik f telecommunications engineering; (≈ Telefontechnik) telephone engineering
fernmündlich form A adj telephone attr B adv by telephone
Fernost ohne Artikel **aus/in/nach ~** from/in/to the Far East
Fernreise f long-haul journey
Fernrohr n telescope
Fernschreiben n telex
Fernsehansager(in) m(f) television announcer
Fernsehansprache f television speech
Fernsehantenne f television od TV aerial od antenna
Fernsehapparat m television od TV set
Fernsehduell n TV duel, TV debate
fernsehen v/i to watch television od TV
Fernsehen n television, TV, telly Br umg; **vom ~ übertragen werden** to be televised; **im ~ on** television etc
Fernseher m umg Gerät television, TV, telly Br umg
Fernseher(in) m(f) umg (≈ Zuschauer) (television) viewer
Fernsehgebühr f television od TV licence fee Br
Fernsehgerät n television od TV set
Fernsehglotzer(in) m(f) umg couch potato
Fernsehhandy n TV phone
Fernsehkamera f television od TV camera
Fernsehprogramm n 1 (≈ Sendung) programme Br, program US 2 (≈ Fernsehzeitschrift) (television) program(me) guide, TV guide
Fernsehpublikum n viewers pl, viewing public
Fernsehsatellit m TV satellite

Fernsehsender *m* television transmitter; (≈ *Anstalt*) station
Fernsehsendung *f* television programme *Br*, television program *US*
Fernsehspiel *n* television play, drama
Fernsehstudio *n* TV studio
Fernsehteilnehmer(in) *form m(f)* television viewer
Fernsehturm *m* television tower
Fernsehübertragung *f* television broadcast
Fernsehwerbung *f* television advertising; *einzelne* commercial
Fernsehzeitschrift *f* TV guide
Fernsehzuschauer(in) *m(f)* (television) viewer
Fernsicht *f* clear view
Fernsprechamt *n* telephone exchange
Fernsprechnetz *n* telephone system
Fernsprechverkehr *m* telephone traffic
fernstehen *v/i* **j-m/einer Sache ~** to have no connection with sb/sth
Fernsteuerung *f* remote control
Fernstraße *f* trunk *od* major road, highway *US*
Fernstudium *n* correspondence degree course, ≈ Open University course *Br*
Ferntourismus *m* long-haul tourism
Fernüberwachung *f* remote monitoring
Fernverkehr *m* long-distance traffic
Fernwärme *f* district heating *fachspr*
Fernweh *n* wanderlust
Fernziel *n* long-term goal
Ferse *f* heel; **j-m (dicht) auf den ~n sein** to be hard *od* close on sb's heels
fertig **A** *adj* **1** (≈ *vollendet*) finished; (≈ *ausgebildet*) qualified; (≈ *reif*) *Mensch, Charakter* mature; **mit der Ausbildung ~ sein** to have completed one's training **2** (≈ *zu Ende*) finished; **mit etw ~ sein** to have finished sth; **mit j-m ~ sein** *fig* to be finished with sb; **mit j-m/etw ~ werden** to cope with sb/sth **3** (≈ *bereit*) ready **4** *umg* (≈ *erschöpft*) shattered *Br umg*, all in *umg*; (≈ *ruiniert*) finished; (≈ *erstaunt*) knocked for six *US umg*, knocked for a loop *Br umg*; **mit den Nerven ~ sein** to be at the end of one's tether *Br*, to be at the end of one's rope *US* **B** *adv* **etw ~ kaufen** to buy sth ready-made; *Essen* to buy sth ready-prepared; **~ ausgebildet** fully qualified
Fertigbau *m Hoch- und Tiefbau* prefabricated building, prefab
fertig bringen, fertigbringen *v/t* (≈ *vollenden*) to get done
fertigbringen *v/t* (≈ *imstande sein*) to manage; *iron* to be capable of
fertigen *form v/t* to manufacture
Fertiggericht *n* ready-to-serve meal, TV dinner *US*

Fertighaus *n* prefabricated house
Fertigkeit *f* skill
fertig kriegen, fertigkriegen *v/t* (≈ *beenden*) to finish off
fertigkriegen *v/t* **sie kriegt es fertig, ihn rauszuschmeißen** she's capable of throwing him out
fertig machen, fertigmachen *v/t* **1** (≈ *vollenden*) to finish **2** (≈ *bereit machen*) to get ready; **sich ~ (für)** to get ready (for)
fertigmachen *umg v/t* **j-n ~** (≈ *erledigen*) to do for sb *umg*; (≈ *ermüden*) to take it out of sb; (≈ *deprimieren*) to get sb down; (≈ *abkanzeln*) to lay into sb *umg*
Fertigprodukt *n* finished product
fertigstellen, fertig stellen *v/t* to complete; IT *Installation* to finish
Fertigstellung *f* completion
Fertigung *f* production; *von Waren a.* manufacturing
Fertigungskosten *pl* production costs *pl*
fesch *adj* **1** *bes österr umg* (≈ *modisch*) smart; (≈ *hübsch*) attractive **2** *österr* (≈ *nett*) nice; **sei ~!** (≈ *sei brav*) be good
Fessel *f* fetter, shackle; (≈ *Kette*) chain
fesseln *v/t* **1** to tie (up), to bind; *mit Handschellen* to handcuff; *mit Ketten* to chain (up); **j-n ans Bett ~** *fig* to confine sb to (his/her) bed **2** (≈ *faszinieren*) to grip
fesselnd *adj* gripping
fest **A** *adj* **1** (≈ *hart*) solid **2** (≈ *stabil*) solid; *Schuhe* tough, sturdy; HANDEL, FIN stable **3** (≈ *entschlossen*) firm; *Plan* firm, definite; **eine ~e Meinung von etw haben** to have definite views on sth **4** (≈ *nicht locker*) tight; *Griff* firm; *fig Schlaf* sound **5** (≈ *ständig*) regular; *Freundin* steady; *Stellung, Mitarbeiter* permanent **B** *adv* **1** (≈ *kräftig*) anpacken firmly; *drücken* tightly **2** (≈ *nicht locker*) anziehen, schließen tight; **die Handbremse ~ anziehen** to put the handbrake on firmly; **er hat schon ~ geschlafen** he was sound asleep **3** *versprechen* faithfully; *zusagen* definitely; **~ entschlossen sein** to be absolutely determined **4** (≈ *dauerhaft*) permanently; **~ befreundet sein** to be good friends; **~ angestellt** employed on a regular basis; **Geld ~ anlegen** to tie up money
Fest *n* **1** (≈ *Feier*) celebration; (≈ *Party*) party **2** *kirchlich* feast, festival; (≈ *Weihnachtsfest*) Christmas; **frohes ~!** Merry Christmas, Happy Christmas! *bes Br*
Festakt *m* ceremony
festangestellt *adj* → fest
Festbeleuchtung *f* festive lighting *od* lights *pl*; *umg im Haus* blazing lights *pl*
festbinden *v/t* to tie up; **j-n/etw an etw** (*dat*) **~**

to tie sb/sth to sth
festbleiben v/i to remain firm
festdrehen v/t to tighten
Festessen n banquet
festfahren fig v/r to get bogged down
festfressen v/r to seize up
Festgeld n FIN time deposit
Festhalle f festival hall
festhalten **A** v/t **1** mit den Händen to hold on to **2** (≈ inhaftieren) to hold, to detain **3** etw schriftlich ~ to put sth in writing **B** v/i an etw (dat) ~ to hold to sth, to stick to sth umg **C** v/r to hold on (an +dat to); **halt dich fest!** hold tight!
festhängen v/i to be stuck (**an** +dat on od **in** +dat in)
festigen **A** v/t to strengthen; → gefestigt **B** v/r to become stronger
Festiger m setting lotion
Festigkeit f von Material strength; fig steadfastness
Festigung f strengthening
Festival n festival
festklammern **A** v/t to clip on (**an** +dat to) **B** v/r to cling (**an** +dat to), to hold on tight
festkleben v/t & v/i to stick (**an** +dat to)
festklemmen v/t to wedge fast; mit Klammer to clip
Festkörper m PHYS solid
Festland n nicht Insel mainland; nicht Meer dry land
festlegen **A** v/t **1** (≈ festsetzen) to fix (**auf** +akk od **bei** for); Regelung, Arbeitszeiten to lay down **2** j-n auf etw (akk) ~ to tie sb (down) to sth **B** v/r **1** (≈ sich verpflichten) to commit oneself (**auf** +akk to) **2** (≈ sich entschließen) to decide (**auf** +akk on)
festlich **A** adj festive; (≈ feierlich) solemn **B** adv geschmückt festively; **etw ~ begehen** to celebrate sth
Festlichkeiten pl festivities pl
festliegen v/i **1** (≈ festgesetzt sein) to have been fixed **2** (≈ nicht weiterkönnen) to be stuck
festmachen v/t **1** (≈ befestigen) to fix on (**an** +dat -to); (≈ festbinden) to fasten (**an** +dat onto); SCHIFF to moor **2** (≈ vereinbaren) to arrange
festnageln v/t **1** Gegenstand to nail (down/up/on) **2** fig umg j-n to tie down (**auf** +akk to)
Festnahme f arrest
festnehmen v/t to arrest; **vorläufig ~** to take into custody; **Sie sind festgenommen** you are under arrest
Festnetz n TEL fixed-line network; (a. **~anschluss**) landline; **ruf mich auf dem ~ an** call me on the landline
Festnetzanschluss m TEL landline
Festnetznummer f landline number
Festnetztelefon n landline (telephone)
Festplatte f COMPUT hard disk
Festplattenlaufwerk n hard disk drive
Festpreis m HANDEL fixed price
Festrede f speech
Festredner(in) m(f) (main) speaker
Festsaal m hall; (≈ Speisesaal) banqueting hall; (≈ Tanzsaal) ballroom
festschrauben v/t to screw (in/on/down/up) tight
festsetzen **A** v/t **1** (≈ bestimmen) to fix (**bei, auf** +akk at) **2** (≈ inhaftieren) to detain **B** v/r Staub, Schmutz to collect; Rost to get a foothold
Festsetzung f **1** fixing; von Frist setting **2** (≈ Inhaftierung) detention
festsitzen v/i **1** (≈ klemmen, haften) to be stuck **2** umg (≈ nicht wegkommen) to be stuck
Festspeicher m COMPUT read-only memory, ROM
Festspiele pl festival sg
feststecken **A** v/i to be stuck **B** v/t etw an etw (dat) ~ to pin sth on(to) sth
feststehen v/i (≈ sicher sein) to be certain; (≈ unveränderlich sein) to be definite; **so viel steht fest** this od so much is certain
feststehend adj (≈ bestimmt) definite; Redewendung set; Brauch (well-)established
feststellen v/t **1** MECH to lock (fast) **2** (≈ ermitteln) to ascertain, to find out, to determine; Personalien, Sachverhalt to establish; Schaden to assess **3** (≈ erkennen) to tell (**an** +dat from); Fehler, Unterschied to find, to detect; (≈ bemerken) to discover **4** (≈ aussprechen) to stress, to emphasize
Feststelltaste f von Tastatur caps lock
Feststellung f **1** (≈ Ermittlung) ascertainment; von Personalien, Sachverhalt establishment; von Schaden assessment **2** (≈ Erkenntnis) conclusion **3** (≈ Wahrnehmung) observation; **die ~ machen, dass ...** to realize that ... **4** (≈ Bemerkung) remark, comment
Feststoffrakete f solid fuel rocket
Festtag m **1** (≈ Ehrentag) special od red-letter day **2** (≈ Feiertag) holiday; KIRCHE feast (day)
festtreten v/t to tread down; **das tritt sich fest** hum it's good for the carpet
Festung f fortress
Festungsanlagen pl fortifications pl
festverzinslich adj fixed-interest attr
festwachsen v/i **an etw** (dat) **~** to grow onto sth
Festwertspeicher m COMPUT read-only memory
Festwoche f festival week
Festzelt n carnival marquee
festziehen v/t to pull tight; Schraube to tighten (up)

Festzins *m* fixed interest
Festzug *m* carnival procession
Fete *f* party
Fetisch *m* fetish
Fetischismus *m* fetishism
Fetischist(in) *m(f)* fetishist
fett **A** *adj* **1** *Speisen* fatty **2** (≈ *dick*) fat; TYPO bold; **er ist ~ geworden** he's grown fat **3** (≈ *üppig*) *Beute, Gewinn* fat **B** *adv* **1** **~ essen** to eat fatty food **2** **~ gedruckt** TYPO in bold(face)
Fett *n* fat; *zum Schmieren* grease; **tierische/pflanzliche ~e** animal/vegetable fats; **~ ansetzen** to get fat; **sein ~ bekommen** *umg* to get what is coming to one *umg*
Fettabsaugung *f* MED liposuction
fettarm **A** *adj Speisen* low-fat **B** *adv* **~ essen** to eat foods which are low in fat
Fettauge *n* globule of fat
Fettbauch *m* paunch
Fettcreme *f* skin cream with oil
Fettdruck *m* TYPO bold type
fetten *v/t* to grease
Fettfilm *m* greasy film
Fettfleck *m* grease spot, greasy mark
fettfrei *adj* fat-free; *Milch* non-fat; *Kost* non-fatty
fettgedruckt *adj* → fett
Fettgehalt *m* fat content
fetthaltig *adj* fatty
fettig *adj* greasy
fettleibig *geh adj* obese, corpulent
Fettleibigkeit *geh f* obesity, corpulence
fettlos *adj* fat-free
Fettnäpfchen *umg n* **ins ~ treten** to put one's foot in it (**bei j-m** with sb)
Fettpolster *hum umg n* padding *kein pl*
fettreduziert *adj* fat-reduced
Fettsack *umg m* fatso *umg*
Fettschicht *f* layer of fat
Fettstift *m für die Lippen* chapstick
Fettsucht *f* MED obesity
fettsüchtig *adj* MED obese
Fettwanst *pej m* potbelly; (≈ *Mensch*) fatso *umg*
Fettzelle *f* PHYSIOL fat cell, adipose cell *fachspr*
Fetzen *m abgerissen* shred; (≈ *Stofffetzen, Papierfetzen*) scrap; (≈ *Kleidung*) rag; **..., dass die ~ fliegen** *umg* ... like crazy *umg*
feucht *adj* damp; (≈ *schlüpfrig*) moist; (≈ *feuchtheiß*) *Klima* humid; *Hände* sweaty; *Tinte, Farbe* wet
Feuchtbiotop *n* wetland
feuchtfröhlich *hum adj* merry, convivial
feuchtheiß *adj* hot and damp, muggy
Feuchtigkeit *f* **1** dampness; *von Klima* humidity **2** (≈ *Flüssigkeit*) moisture; (≈ *Luftfeuchtigkeit*) humidity
Feuchtigkeitscreme *f* moisturizer, moisturizing cream

feudal *adj* **1** POL, HIST feudal **2** *umg* (≈ *prächtig*) plush *umg*; *Mahlzeit* lavish
Feudalherrschaft *f* feudalism
Feudalismus *m* feudalism
feudalistisch *adj* feudalistic
Feuer *n* **1** fire; **~!** fire!; **~ legen** to start a fire; **~ fangen** to catch fire; **ein ~ löschen** to put out a fire; **~ machen** to light a fire; **~ frei!** open fire!; **das ~ einstellen** to cease firing; **mit dem ~ spielen** *fig* to play with fire **2** (≈ *Funkfeuer*) beacon; *von Leuchtturm* light **3** *für Zigarette etc* light; **haben Sie ~?** do you have a light? **4** (≈ *Schwung*) passion; **~ und Flamme sein** *umg* to be very enthusiastic (**für** about)
Feueralarm *m* fire alarm
feuerbeständig *adj* fire-resistant
Feuerbestattung *f* cremation
Feuereifer *m* zeal; **mit ~ diskutieren** to discuss with zest
feuerfest *adj* fireproof; *Geschirr* heat-resistant
Feuergefahr *f* fire hazard *od* risk
feuergefährlich *adj* (highly) (in)flammable *od* combustible
Feuergefecht *n* gun fight, shoot-out *umg*
Feuerleiter *f am Haus* fire escape
Feuerlöscher *m* fire extinguisher
Feuermelder *m* fire alarm
feuern *v/t* **1** *Ofen* to light **2** *umg* (≈ *werfen*) to fling *umg*; FUSSB *Ball* to slam *umg* **3** *umg* (≈ *entlassen*) to fire *umg*, to sack *umg*
Feuerpause *f* break in the firing; *vereinbart* ceasefire
Feuerprobe *f fig* ordeal; **die ~ bestehen** to pass the (acid) test; **das war seine ~** that was the acid test for him
Feuerqualle *f* lion's mane jellyfish
feuerrot *adj* fiery red
Feuerschutz *m* **1** (≈ *Vorbeugung*) fire prevention **2** MIL (≈ *Deckung*) covering fire
Feuerstein *m* flint
Feuerstelle *f* campfire site; (≈ *Herd*) fireplace
Feuertaufe *f* baptism of fire
Feuertreppe *f* fire escape
Feuertür *f* fire door
Feuerversicherung *f* fire insurance
Feuerwache *f* fire station
Feuerwaffe *f* firearm
Feuerwechsel *m* exchange of fire
Feuerwehr *f* fire brigade *Br*, fire department *US*; **bei der ~ sein** to be in the fire brigade *Br*, to be in the fire department *US*; **~ spielen** *fig* (≈ *Schlimmes verhindern*) to act as a troubleshooter
Feuerwehrauto *n* fire engine
Feuerwehrfrau *f* firefighter, firewoman
Feuerwehrleute *pl* firemen *pl*, firefighters *pl*

Feuerwehrmann *m* firefighter, fireman
Feuerwerk *n* fireworks *pl*; *fig* cavalcade
Feuerwerkskörper *m* firework
Feuerzange *f* fire tongs *pl*
Feuerzangenbowle *f* red wine punch
Feuerzeug *n* (cigarette) lighter
Feuilleton *n Presse* feature section
feurig *adj* fiery
FH *abk* (= *Fachhochschule*) higher education institution
Fiaker *österr m* ① (≈ *Kutsche*) (hackney) cab ② (≈ *Kutscher*) cab driver, cabby *umg*
Fiasko *umg n* fiasco
Fibel *f SCHULE* primer
Fiber *f* fibre *Br*, fiber *US*
Fichte *f BOT* spruce
Fichtenzapfen *m* spruce cone
ficken *vulg v/t & v/i* to fuck *vulg*; **mit j-m ~** to fuck sb *vulg*
fidel *adj* jolly, merry
Fidschiinseln *pl* **die ~** the Fiji Islands
Fieber *n* temperature; *sehr hoch* fever; **~ haben** to have a temperature, to be feverish; **(j-m) das ~ messen** to take sb's temperature
Fieberanfall *m* bout of fever
fieberfrei *adj* free of fever
fieberhaft Ⓐ *adj* feverish Ⓑ *adv* feverishly
Fieberkurve *f* temperature curve
Fiebermittel *n* anti-fever drug
fiebern *v/i* ① *Kranker* to have a temperature; *schwer* to be feverish ② *fig* **nach etw ~** to long feverishly for sth; **vor Erregung** (*dat*) **~** to be in a fever of excitement
fiebersenkend *adj* fever-reducing
Fieberthermometer *n* (clinical) thermometer
Fiedel *f* fiddle
fies *umg* Ⓐ *adj* nasty, horrible, mean Ⓑ *adv* (≈ *gemein*) in a nasty way; **~ aussehen** to look horrible
Fiesling *umg m* nasty piece of work
fifty-fifty *adv* **~ machen** to go fifty-fifty; **es steht ~** it's fifty-fifty
Figur *f* ① figure; *umg* (≈ *Mensch*) character; **auf seine ~ achten** to watch one's figure ② (≈ *Romanfigur etc*) character
figurativ Ⓐ *adj* figurative Ⓑ *adv* figuratively
figürlich *adj* figurative
Fiktion *f* fiction
fiktiv *adj* fictitious
Filet *n GASTR* fillet; (≈ *Rinderfilet*) fillet steak; **zum Braten** piece of sirloin *od* tenderloin *US*
filetieren *v/t* to fillet
Filetstück *n GASTR* piece of sirloin *od* tenderloin *US*
Filiale *f* branch
Filialfinder *m INTERNET* store locator, shop finder
Filialleiter(in) *m(f)* branch manager/manageress
Filialsuche *f INTERNET* store locating
Film *m* film; (≈ *Spielfilm a.*) movie *bes US*; **in einen ~ gehen** to go and see a film *od* movie; **zum ~ gehen** to go into films *od* movies *bes US*; **in einem ~ auftreten** to star
Filmaufnahme *f Einzelszene* shot, take; **~n** shooting
Filmbericht *m* film report
Filmemacher(in) *m(f)* filmmaker, moviemaker *bes US*
filmen *v/t & v/i* to film; *beim Film a.* to shoot
Filmfestival *n*, **Filmfestspiele** *pl* film festival
Filmgeschäft *n* film industry, movie industry *bes US*
Filmindustrie *f* film industry, movie industry *bes US*
filmisch Ⓐ *adj* cinematic Ⓑ *adv* cinematically
Filmkamera *f* film camera, movie camera *bes US*
Filmkritik *f* (≈ *Artikel*) film review, movie review *bes US*
Filmkunst *f* cinematic art
Filmmusik *f* film music, movie soundtrack *bes US*
Filmpreis *m* film award, movie award *bes US*
Filmproduzent(in) *m(f)* film producer, movie producer *bes US*
Filmregisseur(in) *m(f)* film director, movie director *bes US*
filmreif *adj* **die Situation war ~** the situation could have come straight out of a film *od* movie *US*
Filmriss *fig umg m* mental blackout *umg*
Filmschauspieler *m* film actor, movie actor *bes US*
Filmschauspielerin *f* film actress, movie actress *bes US*
Filmstar *m* filmstar, movie star *bes US*
Filmstudio *n* film studio, movie studio *bes US*
Filmverleih *m* film distributors *pl*, movie distributors *pl bes US*
Filter *n/m* filter; **eine Zigarette mit ~** a (filter-)tipped cigarette
Filterkaffee *m* filter coffee, drip coffee *US*
filtern *v/t & v/i* to filter
Filterpapier *n* filter paper
Filtertüte *f* filter bag
Filterung *f* filtering
Filterzigarette *f* tipped *od* filter(-tipped) cigarette
Filtrat *n* filtrate
filtrieren *v/t* to filter
Filz *m* ① *Textilien* felt; **grüner ~** green baize ②

umg (≈ *Korruption*) corruption; POL *pej* sleaze *umg*
filzen **A** *v/i Textilien* to felt, to go felty **B** *v/t umg* (≈ *durchsuchen*) to search; (≈ *berauben*) to do over *umg*
Filzhut *m* felt hat
Filzokratie *f* POL *pej* web of patronage and nepotism, spoils system *US*
Filzpantoffel *m* (carpet) slipper
Filzschreiber felt-tip (pen)
Filzstift *m* felt-tip (pen)
Fimmel *umg m* **1** (≈ *Tick*) mania **2** (≈ *Spleen*) obsession (**mit** about)
Finale *n* MUS finale; SPORT final, finals *pl*
Finalgegner *m* SPORT opponent in the final
Finanz- *zssgn* finance
Finanzamt *n* tax office, taxman *umg*
Finanzausgleich *m* financial compensation; POL *zwischen Regionen* redistribution of revenue
Finanzbeamte(r) *m*, **Finanzbeamtin** *f* tax official
Finanzbehörde *f* tax authority
Finanzbuchhalter(in) *m(f)* financial accountant
Finanzdelikt *n* financial malpractice
Finanzdienste, **Finanzdienstleistungen** *pl* financial services *pl*
Finanzen *pl* finances *pl*
Finanzhilfe *f* financial assistance
finanziell **A** *adj* financial **B** *adv* financially
finanzierbar *adj* **es ist nicht ~** it cannot be funded
finanzieren *v/t* to finance, to fund
Finanzierung *f* financing
Finanzierungsgesellschaft *f* finance company
Finanzjahr *n* financial year
finanzkräftig *adj* financially strong
Finanzkrise *f* financial crisis
Finanzlage *f* financial situation
Finanzmärkte *pl* financial *od* finance markets *pl*
Finanzminister(in) *m(f)* ≈ Chancellor of the Exchequer *Br*, ≈ Secretary of the Treasury *US*, finance minister
Finanzministerium *n* Ministry of Finance, Treasury *Br*, Department of the Treasury *US*
Finanzpolitik *f* financial policy; (≈ *Wissenschaft, Disziplin*) politics of finance
finanzschwach *adj* financially weak
finanzstark *adj* financially strong
Finanztransaktionssteuer *f* financial transactions tax, tax on financial transactions
Finanzwelt *f* financial world
Finanzwesen *n* financial system, finance
finden **A** *v/t* **1** to find; **Freunde ~** to make friends; **es ließ sich niemand ~** there was nobody to be found; **etwas an j-m ~** to see something in sb; **nichts dabei ~** to think nothing of it; → **gefunden 2** (≈ *betrachten*) to think; **es kalt ~** to find it cold; **etw gut ~** to think (that) sth is good; **das finde ich gut** I like that; **das finde ich nicht** I don't think so; **j-n nett ~** to think (that) sb is nice; **wie findest du das?** what do you think? **B** *v/i* **er findet nicht nach Hause** he can't find his *od* the way home; **zu sich selbst ~** to sort oneself out **C** *v/t & v/i* (≈ *meinen*) to think; **~ Sie (das)?** do you think so?; **ich finde (das) nicht** I don't think so; **ich finde, das ist Unsinn** I think *od* believe that's rubbish **D** *v/r* **1** (≈ *zum Vorschein kommen*) to be found; **das wird sich (alles) ~** it will (all) turn up; (≈ *sich herausstellen*) it'll all come out *umg* **2** Mensch (≈ *zu sich finden*) to sort oneself out **3** (≈ *sich treffen*) *wörtl* to find each other; *fig* to meet
Finder(in) *m(f)* finder
Finderlohn *m* reward for the finder
findig *adj* resourceful
Finesse *f* (≈ *Feinheit*) refinement; (≈ *Kunstfertigkeit*) finesse; **mit allen ~n** with every refinement
Finger *m* finger; **mit ~n auf j-n zeigen** *fig* to look askance at sb; **j-m eins auf die ~ geben** to give sb a rap across the knuckles; **(nimm/lass die) ~ weg!** (get/keep your) hands off!; **er hat überall seine ~ drin** *umg* he has a finger in every pie *umg*; **die ~ von j-m/etw lassen** *umg* to keep away from sb/sth; **sich** (*dat*) **an etw** (*dat*) **die ~ verbrennen** to get one's fingers burned in sth; **j-m (scharf) auf die ~ sehen** to keep an eye *od* a close eye on sb; **sich** (*dat*) **etw aus den ~n saugen** to dream sth up; **keinen ~ krumm machen** *umg* not to lift a finger *umg*; **j-n um den kleinen ~ wickeln** to twist sb (a)round one's little finger
Fingerabdruck *m* fingerprint; **genetischer ~** genetic fingerprint
Fingerfertigkeit *f* dexterity
Fingerfood *n*, **Finger-Food** *n* finger food
Fingergelenk *n* finger joint
Fingerhakeln *n* finger-wrestling
Fingerhandschuh *m* glove
Fingerhut *m* **1** *Handarbeiten* thimble **2** BOT foxglove
Fingerkuppe *f* fingertip
fingern **A** *v/i* **an** *od* **mit etw** (*dat*) **~** to fiddle with sth; **nach etw ~** to fumble (around) for sth **B** *v/t* (≈ *manipulieren*) to fiddle *umg*
Fingernagel *m* fingernail
Fingerspitze *f* fingertip, tip of one's finger
Fingerspitzengefühl *n* (≈ *Einfühlungsgabe*) instinctive feel; *im Umgang mit Menschen* tact and sensitivity
Fingerzeig *m* hint; **etw als ~ Gottes/des**

Schicksals empfinden to regard sth as a sign from God/as meant

fingieren v/t (≈ *vortäuschen*) to fake; (≈ *erdichten*) to fabricate

fingiert adj (≈ *vorgetäuscht*) bogus; (≈ *erfunden*) fictitious

Finish n **1** (≈ *Endverarbeitung*) finish **2** SPORT (≈ *Endspurt*) final spurt

finit adj GRAM finite

Fink m finch

Finne[1] f (≈ *Rückenflosse*) fin

Finne[2] m Finn, Finnish man/boy

Finnin f Finn, Finnish woman/girl

finnisch adj Finnish

Finnland n Finland

Finnwal m finback

finster **A** adj **1** dark; **im Finstern** in the dark **2** (≈ *dubios*) shady **3** (≈ *mürrisch, düster*) grim **4** (≈ *unheimlich*) sinister **B** adv (≈ *mürrisch*) grimly; **es sieht ~ aus** fig things look bleak

Finsternis f **1** darkness **2** ASTRON eclipse

Firewall f IT firewall

Firlefanz umg m **1** (≈ *Kram*) frippery **2** (≈ *Albernheit*) clowning od fooling around

firm adj **in einem Fachgebiet ~ sein** to have a sound knowledge of an area

Firma f company, firm; (≈ *Kleinbetrieb*) business

Firmament liter n heavens pl liter

Firmenchef(in) m(f) head of the company, (company) president bes US

Firmeninhaber(in) m(f) owner of the company

firmenintern **A** adj internal; *Kurs, Seminar a.* in-house **B** adv internally, within the company

Firmenleitung f (company) management

Firmenname m company name

Firmenregister n register of companies

Firmensitz m company headquarters sg od pl

Firmenstempel m company stamp

Firmenwagen m company car

Firmenzeichen n trademark; logo

firmieren v/i **als** od **mit ... ~** HANDEL, *a. fig* to trade under the name of ...

Firmung f REL confirmation

Firn m névé, firn

Firnis m (≈ *Ölfirnis*) oil; (≈ *Lackfirnis*) varnish

First m (≈ *Dachfirst*) (roof) ridge

Fis n, **fis** n MUS F sharp

Fisch m **1** fish; **~e/drei ~e fangen** to catch fish/three fish(es); **ein großer** od **dicker ~** fig umg a big fish; **ein kleiner ~** one of the small fry; **weder ~ noch Fleisch** neither fish nor fowl **2** ASTROL **~e** pl Pisces pl; **(ein) ~ sein** to be (a) Pisces

fischarm adj *Gewässer* low in fish

Fischbecken n fishpond

Fischbestand m fish population

fischen v/t & v/i to fish; **(auf) Heringe ~** to fish for herring; **mit dem Netz ~** to trawl

Fischen n fishing

Fischer(in) m(f) fisherman/-woman

Fischerboot n fishing boat

Fischerdorf n fishing village

Fischerei f **1** (≈ *das Fangen*) fishing **2** (≈ *Fischereigewerbe*) fishing industry

Fischereigrenze f fishing limit

Fischereihafen m fishing port

Fischereipolitik f fisheries policy

Fischernetz n fishing net

Fischfang m **vom ~ leben** to live by fishing

Fischfarm f fish farm

Fischfilet n fish fillet

Fischfrikadelle f fishcake

Fischfutter n fish food

Fischgeruch m fishy smell, smell of fish

Fischgeschäft n fishmonger's (shop) Br, fish shop Br, fish dealer US

Fischgräte f fish bone

Fischgrätenmuster n herringbone (pattern)

Fischhändler(in) m(f) fishmonger Br, fish dealer US

Fischkutter m fishing cutter

Fischmarkt m fish market

Fischmehl n fish meal

Fischotter m otter

fischreich adj *Gewässer* rich in fish

Fischreiher m heron

Fischschwarm m school

Fischstäbchen n fish finger Br, fish stick US

Fischsterben n death of fish

Fischsuppe f GASTR fish soup

Fischvergiftung f MED fish poisoning

Fischwirtschaft f fishing industry

Fischzucht f fish-farming

fiskalisch adj fiscal

Fiskalunion f POL, FIN fiscal union

Fiskus m fig (≈ *Staat*) Treasury

Fisolen pl österr green beans pl

Fistelstimme f falsetto (voice)

fit adj fit; **sich fit halten/machen** to keep/get fit; **in Englisch ist sie fit** she's good at English

Fitness f physical fitness

Fitnesscenter n fitness centre Br, fitness center US

Fitnesslehrer(in) m(f) fitness instructor od trainer, personal trainer

Fitnessraum m fitness room, gym

Fitnessstudio n gym

Fitnesstrainer(in) m(f) fitness instructor od trainer, personal trainer

Fitnesstraining n **~ machen** to work out in the gym

Fittich m **j-n unter seine ~e nehmen** hum to take sb under one's wing fig

fix **A** adj **1** umg (≈ flink) quick; (≈ intelligent) bright, smart **2** umg **fix und fertig sein** (≈ nervös) to be at the end of one's tether Br, to be at the end of one's rope US; (≈ erschöpft) to be done in umg, to be all in umg; emotional to be shattered **3** (≈ feststehend) fixed; **fixe Idee** obsession, idée fixe **B** adv umg (≈ schnell) quickly; **das geht ganz fix** that won't take long at all

fixen v/i umg (≈ Drogen spritzen) to fix umg, to shoot (up) umg

Fixer(in) m(f) junkie umg

Fixerstube umg f junkies' centre Br umg, junkies' center US umg

fixieren v/t **1** (≈ anstarren) **j-n/etw (mit seinen Augen) ~** to fix one's eyes on sb/sth **2** (≈ festlegen) to specify, to define; Gehälter etc to set (auf +akk for); (≈ schriftlich niederlegen) to record; **er ist zu stark auf seine Mutter fixiert** PSYCH he has a mother fixation

Fixierung f PSYCH fixation

Fixing n FIN fixing

Fixkosten pl fixed costs pl

Fixpunkt m fixed point

Fixstern m fixed star

Fjord m fiord

FKK abk (= Freikörperkultur) **FKK-Anhänger(in) sein** to be a nudist od naturist

FKK-Strand m nudist beach

FKK-Urlaub m nudist holiday(s pl) od US vacation

flach **A** adj **1** flat; Abhang gentle; **auf dem ~en Land** in the middle of the country **2** (≈ untief, oberflächlich) shallow **B** adv **~ atmen** to take shallow breaths; **sich ~ hinlegen** to lie down

Flachbau m low building

Flachbildfernseher m flat-screen TV

Flachbildschirm m TV flat screen

flachbrüstig adj flat-chested

Flachdach n flat roof

Fläche f area; (≈ Oberfläche) surface; in der Geometrie plane surface

Flächenbrand m extensive fire

flächendeckend adj extensive

Flächeninhalt m area

Flächenmaß n unit of square measure

Flächenstilllegung f set-aside

flachfallen umg v/i not to come off; Regelung to end

Flachheit f flatness; (≈ Oberflächlichkeit) shallowness

Flachland n lowland; (≈ Tiefland) plains pl

flachliegen v/i umg **er liegt seit einer Woche flach** he's been laid up (in bed) for a week

Flachmann umg m hip flask

Flachpfirsich m flat peach

Flachs m **1** Textilien, a. BOT flax **2** umg (≈ Witzelei) kidding umg; (≈ Bemerkung) joke

flachsen umg v/i to kid around umg

flackern v/i to flicker

Flackern n flickering

Fladen m **1** GASTR round flat dough-cake **2** umg (≈ Kuhfladen) cowpat Br, cow dung

Fladenbrot n unleavened bread

Flädlisuppe f schweiz pancake soup

Flagge f flag

flaggen v/i to fly flags/a flag

Flaggschiff n flagship

Flair geh n/(selten) m aura; bes schweiz (≈ Gespür) flair

Flak f **1** anti-aircraft gun **2** (≈ Einheit) anti-aircraft unit

Flakon n/m bottle, flacon

flambieren v/t GASTR to flambé; **flambierte Bananen** bananas flambés, flambéed bananas

Flamingo m flamingo

flämisch adj Flemish

Flamme f flame; **in ~n aufgehen** to go up in flames; **in (hellen) ~n stehen** to be ablaze; **etw auf kleiner ~ kochen** to cook sth on a low flame

Flammenmeer n sea of flames

Flammenwerfer m flame-thrower

Flanell m flannel

Flanke f **1** flank; von Bus etc side **2** SPORT flank-vault; FUSSB cross

flanken v/i FUSSB to centre Br, to center US

flankieren v/t to flank; **~de Maßnahmen** supporting measures

Flansch m flange

flapsig umg adj Benehmen cheeky Br, fresh US; Bemerkung offhand

Fläschchen n bottle

Flasche f **1** bottle; **in ~n abgefüllt** bottled; **mit der ~ aufziehen** to bottle-feed; **eine ~ Wein/Bier** etc a bottle of wine/beer etc; **aus der ~ trinken** to drink (straight) out of od from the bottle **2** umg (≈ Versager) complete loser umg

Flaschenbier n bottled beer

flaschengrün adj bottle-green

Flaschenhals m neck of a bottle; fig bottleneck

Flaschenkind n bottle-fed baby

Flaschenöffner m bottle opener

Flaschenpfand n deposit on bottles

Flaschenpost f message in a/the bottle

Flaschenwein m bottled wine

Flaschenzug m block and tackle

Flashmob m flashmob

Flatrate f TEL flat rate

Flatrateparty, Flatrate-Party f umg all-you-can-drink party

Flatratesaufen, **Flatrate-Saufen** umg n, **Flatratetrinken**, **Flatrate-Trinken** n consumption of unlimited alcohol on payment of cover charge
flatterhaft adj fickle
flattern v/i to flutter; *Fahne, Segel* to flap; *Haar* to stream
Flattersatz m ragged right
flau adj **1** *Wind* slack **2** *Geschmack* insipid; *Stimmung* flat **3** (≈ *übel*) queasy; *vor Hunger* faint; **mir ist ~ (im Magen)** I feel queasy **4** HANDEL *Markt* slack
Flaum m (≈ *Flaumfedern*) *auf Obst* down
flauschig adj fleecy; (≈ *weich*) soft
Flausen umg pl (≈ *Unsinn*) nonsense; (≈ *Illusionen*) fancy ideas pl umg
Flaute f **1** METEO calm **2** HANDEL, *a. fig* lull, slack period
Flechte f BOT, MED lichen
flechten v/t *Haar* to plait Br, to braid bes US; *Kranz, Korb* to weave; *Seil* to make
Fleck m **1** (≈ *Schmutzfleck*) stain, mark **2** (≈ *Farbfleck*) splotch; *auf Obst* blemish **3** (≈ *Flicken*) patch **4** (≈ *Stelle*) spot, place; **sich nicht vom ~ rühren** not to move *od* budge umg; **nicht vom ~ kommen** not to get any further; **vom ~ weg** right away
Fleckchen n **ein schönes ~ (Erde)** a lovely little spot
fleckenlos adj spotless
Fleckentferner m stain-remover
fleckig adj marked; *Obst* blemished
Fledermaus f bat
Fleece n, **Fleecejacke** f fleece
Flegel m **1** (≈ *Lümmel*) lout, yob Br umg; (≈ *Kind*) brat umg **2** (≈ *Dreschflegel*) flail
Flegelalter n awkward adolescent phase
flegelhaft adj uncouth
Flegeljahre pl **er ist in den ~n** he's at an awkward age
flegeln v/r to loll, to sprawl
flehen geh v/i to plead (**um** for *od* **zu** with)
flehentlich **A** adj imploring, pleading **B** adv imploringly, pleadingly; **j-n ~ bitten** to plead with sb
Fleisch n **1** (≈ *Gewebe*) flesh; **sich** (dat *od* akk) **ins eigene ~ schneiden** to cut off one's nose to spite one's face; **sein eigen ~ und Blut** geh his own flesh and blood; **j-m in ~ und Blut übergehen** to become second nature to sb **2** (≈ *Nahrungsmittel*) meat; (≈ *Fruchtfleisch*) flesh; **~ fressend** → fleischfressend; **~ verarbeitend** meat-processing
Fleischbällchen n meatball
Fleischbrühe f (≈ *Gericht*) bouillon; (≈ *Fond*) meat stock
Fleischer(in) m(f) butcher
Fleischerei f butcher's (shop) Br, butcher (shop) US
fleischfarben adj flesh-coloured Br, flesh-colored US
fleischfressend adj carnivorous; **~e Tiere** carnivores, carnivorous animals
Fleischgericht n meat dish
Fleischhauer(in) m(f) österr butcher
Fleischhauerei österr f → Fleischerei
fleischig adj fleshy
Fleischkäse m meat loaf
Fleischkloß m meatball
Fleischklößchen n meatball
Fleischkonserven pl canned meat, tinned meat Br
Fleischküchle südd n, **Fleischlaiberl** n österr (≈ *Frikadelle*) meatball
fleischlich adj *Speisen, Kost* meat
fleischlos **A** adj (≈ *ohne Fleisch*) meatless; *Kost, Ernährung* vegetarian **B** adv **~ essen** to eat no meat
Fleischpflanzerl n südd (≈ *Frikadelle*) meatball
Fleischsalat m diced meat salad with mayonnaise
Fleischtomate f beef tomato
Fleischvergiftung f food poisoning (*from meat*)
Fleischwaren pl meat products pl
Fleischwolf m mincer Br, meat grinder bes US; **j-n durch den ~ drehen** umg to put sb through the mill
Fleischwunde f flesh wound
Fleischwurst f pork sausage
Fleiß m diligence; (≈ *Beharrlichkeit*) application; *als Charaktereigenschaft* industriousness; **mit ~ kann es jeder zu etwas bringen** anybody can succeed if they work hard; **mit ~ bei der Sache sein** to work hard; **ohne ~ kein Preis** sprichw no pain, no gain
Fleißarbeit f hard work
fleißig **A** adj **1** (≈ *arbeitsam*) hard-working kein adv, industrious **2** (≈ *Fleiß zeigend*) diligent, painstaking **B** adv **~ studieren/arbeiten** to study/work hard
flektieren v/t to inflect form; *Substantiv, Adjektiv* to decline; *Verb* to conjugate
flennen pej umg v/i to blub(ber) umg
fletschen v/t **die Zähne ~** to bare one's teeth
flexibel **A** adj flexible **B** adv flexibly
flexibilisieren v/t *Bestimmungen, Arbeitszeit* to make more flexible; **die Arbeitszeit ~** to change to (more) flexible working hours
Flexibilität f flexibility
Flexion f GRAM inflection
flicken v/t to mend; *mit Flicken* to patch

Flicken *m* patch
Flickenteppich *m* rag rug
Flickflack *m* SPORT backflip
Flickwerk *n* **die Reform war reinstes ~** the reform had been carried out piecemeal
Flickzeug *n* Handarbeiten sewing kit; *für Reifen* (puncture) repair kit
Flieder *m* lilac
Fliege *f* **1** fly; **wie die ~n** like flies; **er tut keiner ~ etwas zuleide** *fig* he wouldn't hurt a fly; **zwei ~n mit einer Klappe schlagen** *sprichw* to kill two birds with one stone *sprichw*; **die ~ machen** *sl* to beat it *umg* **2** (≈ *Schlips*) bow tie
fliegen **A** *v|i* **1** to fly; **die Zeit fliegt** time flies; **auf j-n/etw ~** *umg* to be crazy about sb/sth *umg* **2** *umg* **von der Leiter ~** to fall off the ladder; **durchs Examen ~** to fail one's exam, to flunk one's exam *umg*; **aus der Firma ~** to get the sack *umg*; **von der Schule ~** to be chucked out of school *umg* **3 geflogen kommen** to come flying; **in den Papierkorb ~** to go into the wastepaper basket **B** *v|t* to fly
Fliegen *n* flying
fliegend *adj* flying; **~er Händler** travelling hawker *Br*, traveling hawker *US*; **~er Teppich** flying carpet; **~e Hitze** hot flushes *pl Br*, hot flashes *pl US*
Fliegenfänger *m* (≈ *Klebestreifen*) flypaper
Fliegengewicht *n* flyweight
Fliegengitter *n* fly screen
Fliegenklatsche *f* fly swat
Fliegenpilz *m* fly agaric
Flieger *m* **1** (≈ *Pilot*) airman; MIL *Rang* aircraftman *Br*, airman basic *US* **2** *umg* (≈ *Flugzeug*) plane
Fliegeralarm *m* MIL air-raid warning
Fliegerangriff *m* MIL air raid
Fliegerin *f* (≈ *Pilotin*) airwoman
Fliegerjacke *f* bomber jacket
fliehen *v|i* to flee (**vor** +*dat* from); (≈ *entkommen*) to escape (**aus** from); **vor j-m ~** to flee from sb; **aus dem Lande ~** to flee the country
fliehend *adj* Kinn receding; Stirn sloping
Fliese *f* tile; **~n legen** to lay tiles
fliesen *v|t* to tile
Fliesenleger(in) *m(f)* tiler
Fließband *n* conveyor belt; *als Einrichtung* assembly *od* production line; **am ~ arbeiten** to work on the assembly *od* production line
Fließbandfertigung *f* assembly-line production
fließen *v|i* to flow; *Tränen* to run; **es ist genug Blut geflossen** enough blood has been shed
fließend **A** *adj* flowing; *Leitungswasser* running; *Verkehr* moving; *Rede*, *Sprache* fluent; *Grenze*, *Übergang* fluid **B** *adv sprechen* fluently
Fließheck *n* fastback

Fließtext *m* IT continuous text
flimmerfrei *adj* Optik, *a.* FOTO flicker-free
flimmern *v|i* to shimmer; FILM, TV to flicker
flink **A** *adj* (≈ *geschickt*) nimble; (≈ *schnell*) quick **B** *adv arbeiten* quickly; *springen* nimbly; **ein bisschen ~!** *umg* get a move on! *umg*
Flinte *f* (≈ *Schrotflinte*) shotgun; **die ~ ins Korn werfen** *fig* to throw in the towel
Flipchart, **Flip Chart** *f* flip chart
Flipflops, **Flip-Flops®** *pl* flip-flops *pl Br*, thongs *pl US*
Flipper *m* pinball machine
flippern *v|i* to play pinball
Flirt *m* (≈ *Flirten*) flirtation
flirten *v|i* to flirt
Flittchen *pej umg n* slut
Flitterwochen *pl* honeymoon *sg*; **in die ~ fahren/in den ~ sein** to go/be on one's honeymoon
flitzen *umg v|i* **1** (≈ *sich schnell bewegen*) to dash **2** (≈ *nackt rennen*) to streak; **(das) Flitzen** streaking
floaten *v|t & v|i* FIN to float; **~ (lassen)** to float
Flocke *f* flake; (≈ *Schaumflocke*) blob (of foam); (≈ *Staubflocke*) ball (of fluff)
flockig *wörtl adj* fluffy; *fig* lively
Floh *m* ZOOL flea; **j-m einen ~ ins Ohr setzen** *umg* to put an idea into sb's head; **die Flöhe husten hören** *umg* to imagine things
Flohmarkt *m* flea market
Flohzirkus *m* flea circus
Flop *m* flop *umg*
floppen *v|i umg scheitern* to be* a flop
Floppy *f* COMPUT floppy (disk)
Flora *f* flora
Florenz *n* Florence
Florett *n* (≈ *Waffe*) foil
florieren *v|i* to flourish; **ein ~des Geschäft** a flourishing business
Florist(in) *m(f)* florist
Floskel *f* set *od* empty phrase
floskelhaft *adj Stil*, *Rede* cliché-ridden; *Ausdrucksweise* stereotyped
Floß *n* raft; **mit einem ~ fahren** to raft
Flosse *f* **1** (≈ *Fischflosse*) fin; (≈ *Walflosse*, *Robbenflosse*, *Taucherflosse*) flipper **2** FLUG, SCHIFF (≈ *Leitwerk*) fin
Floßfahrt *f* raft trip
Flöte *f* **1** pipe; (≈ *Querflöte*, *Orgelflöte*) flute; (≈ *Blockflöte*) recorder; **~ spielen** to play the flute/recorder **2** (≈ *Kelchglas*) flute glass
flöten **A** *v|i* MUS to play the flute; (≈ *Blockflöte spielen*) to play the recorder **B** *v|t & v|i Vogel*, *a. fig umg* to warble
flöten gehen *umg v|i* to go to the dogs *umg*
Flötenkessel *m* whistling kettle
Flötist(in) *m(f)* piper; *von Querflöte* flautist

flott A *adj* **1** (≈ *zügig*) *Fahrt* quick; *Tempo* brisk; *Bedienung* speedy *umg*; (≈ *schwungvoll*) *Musik* lively **2** (≈ *chic*) smart **3** **wieder ~ sein** *Schiff* to be afloat again; *Mensch: finanziell* to be in funds again; *Unternehmen* to be back on its feet B *adv* **1** (≈ *zügig*) quickly, speedily; **ich komme ~ voran** I'm making speedy progress **2** (≈ *chic*) stylishly

Flotte *f* SCHIFF, FLUG fleet

Flottenstützpunkt *m* naval base

flottmachen *v/t* **etwas ~** to get sth going

Flöz *n Bergbau* seam

Fluch *m* curse; **Flüche** bad language

fluchen *v/i* to curse (and swear); **auf** *od* **über j-n/etw ~** to curse sb/sth

Flucht *f* **1** flight (**vor** +*dat* from); (≈ *Entkommen*) escape; **die ~ ergreifen** to take flight; **auf der ~ sein** to be fleeing; *Gesetzesbrecher* to be on the run; **j-m zur ~ verhelfen** to help sb to escape **2** (≈ *Häuserflucht*) row; (≈ *Fluchtlinie*) alignment

fluchtartig A *adj* hasty, hurried B *adv* hastily, hurriedly

Fluchtauto *n* getaway car

flüchten *v/i* (≈ *davonlaufen*) to flee (**vor** +*dat* from); (≈ *entkommen*) to escape; **vor der Wirklichkeit ~** to escape reality; **sich in (den) Alkohol ~** to take refuge in alcohol; **sich in Ausreden ~** to resort to excuses

Fluchtfahrzeug *n* escape vehicle; *von Gesetzesbrecher* getaway vehicle

Fluchtgefahr *f* risk of escape, risk of an escape attempt

Fluchthelfer(in) *m(f)* escape helper

flüchtig A *adj* **1** (≈ *geflüchtet*) fugitive; **~ sein** to be still at large **2** (≈ *kurz*) fleeting, brief; *Gruß* brief **3** (≈ *oberflächlich*) cursory, sketchy B *adv* **1** (≈ *kurz*) fleetingly, briefly; **~ erwähnen** to mention in passing **2** (≈ *oberflächlich*) cursorily, superficially; **etw ~ lesen** to skim through sth; **j-n ~ kennen** to have met sb briefly

Flüchtigkeitsfehler *m* careless mistake

Flüchtling *m* refugee

Flüchtlingslager *n* refugee camp

Flüchtlingsstatus *m* refugee status

Fluchtversuch *m* escape attempt *od* bid

Fluchtwagen *m* getaway car

Fluchtweg *m* escape route

Flug *m* flight; **im ~(e)** in the air; **wie im ~(e)** *fig* in a flash

Flugabwehr *f* air defence *Br*, air defense *US*

Flugabwehrrakete *f* anti-aircraft missile

Flugangst *f* fear of flying

Flugbahn *f* flight path; (≈ *Kreisbahn*) orbit

Flugbegleiter(in) *m(f)* flight attendant

flugbereit *adj* ready for takeoff

Flugblatt *n* leaflet, flyer

Flugdatenschreiber *m* flight recorder

Flugdauer *f* flying time

Flügel *m* **1** wing; *von Hubschrauber, Ventilator* blade; (≈ *Fensterflügel*) casement *form*, side; (≈ *Lungenflügel*) lung; (≈ *Nasenflügel*) nostril; **einem Vogel/j-m die ~ stutzen** to clip a bird's/sb's wings **2** (≈ *Konzertflügel*) grand piano, grand *umg*

Flügelhorn *n* MUS flugelhorn

Flügelkampf *m* POL factional dispute

Flügelspanne *f* wing span

Flügelspieler(in) *m(f)* SPORT winger

Flügelstürmer *m* SPORT wing forward

Flügeltür *f* leaved door *form*; **mit zwei Flügeln** double door

Flugente *f* GASTR muscovy duck

Fluggast *m* (airline) passenger

flügge *adj* fully-fledged; **~ werden** *wörtl* to be able to fly; *fig* to leave the nest

Fluggepäck *n* baggage

Fluggesellschaft *f* airline (company)

Flughafen *m* airport; **auf dem ~** at the airport

Flughafenbus *m* airport bus

Flughafengebäude *n* (air) terminal

Flughafensteuer *f* airport tax

Flughöhe *f* FLUG altitude

Flugkapitän(in) *m(f)* captain (of an/the aircraft)

Flugkörper *m* flying object

Fluglärm *m* aircraft noise

Fluglehrer(in) *m(f)* flying instructor

Fluglinie *f* (≈ *Fluggesellschaft*) airline (company)

Fluglotse *m*, **Fluglotsin** *f* air traffic *od* flight controller

Flugmeile *f* air mile; **~n sammeln** to collect air miles

Flugnummer *f* flight number

Flugobjekt *n* **ein unbekanntes ~** an unidentified flying object

Flugpersonal *n* flight personnel *pl*

Flugplan *m* flight schedule

Flugplatz *m* airfield; *größer* airport

Flugpreis *m* air fare

Flugreise *f* flight

Flugrettungsdienst *m* air rescue service

Flugroute *f* air route

Flugschau *f* air show

Flugschein *m* **1** pilot's licence *Br*, pilot's license *US* **2** (≈ *Flugticket*) plane *od* air ticket

Flugschreiber *m* flight recorder

Flugschrift *f* pamphlet

Flugschüler(in) *m(f)* trainee pilot

Flugsicherheit *f* air safety

Flugsicherung *f* air traffic control

Flugsimulator *m* flight simulator

Flugsocke *f* flight sock

Flugsteig m gate
Flugstrecke f **1** (≈ Route) (air) route **2** zurückgelegte distance flown
Flugstunde f **1** flying hour; **zehn ~n entfernt** ten hours away by air **2** (≈ Unterricht) flying lesson
flugtauglich adj Pilot fit to fly; Flugzeug airworthy
Flugticket n plane od air ticket
flugtüchtig adj airworthy
Flugüberwachung f air traffic control
fluguntauglich adj Pilot unfit to fly; Flugzeug not airworthy
Flugunterbrechung f stop
fluguntüchtig adj not airworthy
Flugverbindung f air connection
Flugverbot n flying ban
Flugverkehr m air traffic
Flugzeit f flying time
Flugzeug n aircraft, (aero)plane Br, (air)plane US; **im ~** on the plane; **mit dem ~** by air od plane
Flugzeugabsturz m plane crash
Flugzeugbau m aircraft construction
Flugzeugbesatzung f air crew, plane crew
Flugzeugentführer(in) m(f) hijacker, skyjacker
Flugzeugentführung f hijacking, skyjacking
Flugzeughalle f (aircraft) hangar
Flugzeugindustrie f aircraft industry
Flugzeugkatastophe f air(line) disaster
Flugzeugträger m aircraft carrier
Flugzeugunglück n plane crash
Flugziel n destination
Fluidum fig n aura; von Städten, Orten atmosphere
Fluktuation f fluctuation (+gen in)
fluktuieren v/i to fluctuate
Flunder f flounder
flunkern umg **A** v/i to tell stories umg **B** v/t to make up
Fluor n fluorine; (≈ Fluorverbindung) fluoride
Fluorchlorkohlenwasserstoff m chlorofluorocarbon
fluoreszieren v/i to be luminous
Flur m corridor; (≈ Hausflur) hall
Flurschaden m damage to an agricultural area; fig damage
Fluse f bit of fluff; (≈ Wollfluse) bobble
Fluss m **1** (≈ Gewässer) river; **am ~** by the river **2** (≈ Verlauf) flow; **etw kommt in ~** sth gets underway; **im ~ sein** (≈ sich verändern) to be in a state of flux
flussab(wärts) adv downstream, downriver
Flussarm m arm of a/the river
flussaufwärts adv upstream, upriver
Flussbett n riverbed

Flüsschen n little river
Flussdiagramm n flow chart od diagram
flüssig **A** adj **1** (≈ nicht fest) liquid; Honig, Lack runny; (≈ geschmolzen) Metall molten **2** (≈ fließend) Stil, Spiel fluid; Sprechen fluent **3** (≈ verfügbar) Geld available; **ich bin im Moment nicht ~ umg** I'm out of funds at the moment **B** adv **1** **~ ernährt werden** to be fed on liquids **2** (≈ fließend) fluently; **~ lesen/schreiben** to read/write fluently
Flüssiggas n liquid gas
Flüssigkeit f **1** (≈ flüssiger Stoff) liquid **2** von Metall etc liquidity; von Geldern availability; von Stil fluidity
Flüssigkeitsbehälter m tank
Flüssigkristall m liquid crystal
Flüssigkristallanzeige f liquid-crystal display
Flüssigkristallbildschirm m LCD od liquid crystal display screen
Flüssigseife f liquid soap
Flusskrebs m crayfish Br, crawfish US
Flusslauf m course of a/the river
Flussmündung f river mouth; von Gezeitenfluss estuary
Flusspferd n hippopotamus
Flussufer n riverbank; **am ~** on the riverbank
flüstern v/t & v/i to whisper
Flüsterpropaganda f underground rumours pl Br, underground rumors pl US
Flut f **1** (≈ ansteigender Wasserstand) incoming od flood tide; (≈ angestiegener Wasserstand) high tide; **es ist ~** the tide is in; **die ~ geht zurück** the tide has turned od started to go out **2** (≈ Wassermasse) waters pl **3** fig (≈ Menge) flood
flutartig adj **~e Überschwemmung** flash flood
fluten v/t Schleuse, Tank to flood
Flutkatastrophe f flood disaster
Flutlicht n floodlight
Flutopfer n flood victim
Flutwelle f tidal wave
Flyer m flyer
föderal adj federal
Föderalismus m federalism
föderalistisch adj federalist
Föderation f federation
föderativ adj federal
Fohlen n foal
Föhn m **1** (≈ Wind) foehn, föhn **2** (≈ Haartrockner) hairdryer
föhnen v/t to dry
Föhre f Scots pine (tree)
Fokus m focus
Folge f **1** (≈ Reihenfolge) order; (≈ Aufeinanderfolge) succession; MATH sequence; (≈ Fortsetzung) instalment Br, installment US; TV, RADIO episode; (≈ Serie) series **2** (≈ Ergebnis) consequence; (≈ un-

mittelbare Folge) result; (≈ *Auswirkung*) effect; **als ~ davon** as a result (of that); **etw zur ~ haben** to result in sth; **dies hatte zur ~, dass ...** the consequence *od* result of this was that ...; **an den ~n eines Unfalls sterben** to die as a result of an accident ▮ *form* **einem Befehl ~ leisten** to comply with an order

Folgeerscheinung *f* result, consequence
Folgekosten *pl* subsequent costs *pl*
folgen *v/i* to follow; **auf etw** (*akk*) **~** to follow sth, to come after sth; **~ Sie mir (bitte)!** come with me please; **wie folgt** as follows; **können Sie mir ~?** (≈ *verstehen*) do you follow (me)?; **was folgt daraus für die Zukunft?** what are the consequences of this for the future?
folgend *adj* following; **Folgendes** the following; **im Folgenden** in the following; **es handelt sich um Folgendes** it's like this; *schriftlich* it concerns the following
folgendermaßen *adv* like this
folgenlos *adj* without consequences; (≈ *wirkungslos*) ineffective
folgenreich *adj* (≈ *bedeutsam*) momentous; (≈ *folgenschwer*) serious
folgenschwer *adj* serious
folgerichtig *adj* (logically) consistent
folgern *v/t* to conclude
Folgerung *f* conclusion
Folgeschaden *m* consequential damages
Folgezeit *f* following period, period following
folglich *adv & konj* consequently, therefore
folgsam *adj* obedient
Folie *f* (≈ *Plastikfolie*) film; *für Projektor* transparency; *in Power-Point®* slide; (≈ *Metallfolie*), *a.* GASTR foil
Folienkartoffel *f* GASTR jacket potato *Br* (*baked in foil*) baked potato
Folienschreiber *m* marker pen (*for overhead projector transparencies*)
Folklore *f* folklore; (≈ *Volksmusik*) traditional music
folkloristisch *adj* folkloric; **~e Musik** folk music
Folsäure *f* CHEM folic acid
Folter *f* torture; **j-n auf die ~ spannen** *fig* to keep sb on tenterhooks
Folterbank *f* rack
Folterer *m*, **Folterin** *f* torturer
Folterinstrument *n* instrument of torture
Folterkammer *f* torture chamber
foltern Ⓐ *v/t* to torture Ⓑ *v/i* to use torture
Folterung *f* torture
Folterwerkzeug *n* instrument of torture
Fon *n* phon
Fön® *m* hairdryer
Fond *m* ▮ *geh* (≈ *Wagenfond*) back, rear ▮ GASTR (≈ *Fleischsaft*) meat juices *pl*

Fonds *m* ▮ (≈ *Geldreserve*) fund ▮ FIN (≈ *Schuldverschreibung*) government bond
Fondsmanager(in) *m(f)* FIN fund manager
Fondue *n* fondue
fönen *v/t* → **föhnen**
Font *m* TYPO font
Fontäne *f* jet; *geh* (≈ *Springbrunnen*) fountain
Football *m* American football
foppen *umg v/t* **j-n ~** to pull sb's leg *umg*
forcieren *v/t* to push; *Tempo* to force; *Produktion* to push *od* force up
forciert *adj* forced
Förderband *n* conveyor belt
Förderer *m*, **Förderin** *f* sponsor; (≈ *Gönner*) patron
Förderkorb *m* mine cage
Förderkurs *m* SCHULE special classes *pl*
förderlich *adj* beneficial (+*dat* to)
Fördermittel *pl* aid *sg*
fordern *v/t* ▮ (≈ *verlangen*) to demand ▮ *fig* (≈ *kosten*) *Opfer* to claim ▮ (≈ *herausfordern*) to challenge
fördern *v/t* ▮ (≈ *unterstützen*) to support; (≈ *propagieren*) to promote; *finanziell: Projekt* to sponsor; *j-s Talent* to encourage, to foster; *Verdauung* to aid; *Appetit* to stimulate ▮ (≈ *steigern*) *Wachstum* to promote; *Umsatz* to boost, to increase ▮ *Bodenschätze* to extract; *Kohle, Erz* to mine
Förderschule *f* special school
Förderschüler(in) *m(f)* special-needs pupil
Förderturm *m* *Bergbau* winding tower; *auf Bohrstelle* derrick
Forderung *f* ▮ (≈ *Verlangen*) demand (**nach** for); **~en an j-n stellen** to make demands on sb ▮ HANDEL (≈ *Anspruch*) claim (**an** +*akk od* **gegen** on, against) ▮ (≈ *Herausforderung*) challenge
Förderung *f* ▮ (≈ *Unterstützung*) support; *finanziell* sponsorship; *von Talent* encouragement, fostering; *von Verdauung* aid (+*gen* to) ▮ *umg* (≈ *Förderungsbetrag*) grant ▮ (≈ *Gewinnung*) extraction
Förderunterricht *m* special instruction *bes US*, remedial classes *pl*, tutoring
Forelle *f* trout
forensisch *adj* forensic
Form *f* ▮ form; (≈ *Gestalt, Umriss*) shape; **in eines Dreiecks** in the shape of a triangle; **aus der ~ geraten** to lose its shape; **feste ~ annehmen** *fig* to take shape ▮ **~en** *pl* (≈ *Umgangsformen*) manners *pl*; **die ~ wahren** to observe the proprieties; **in aller ~** formally ▮ (≈ *Kondition*) form; **in ~ bleiben** to keep (oneself) fit *od* in condition; *Sportler* to keep in form; **er war nicht in ~** he wasn't on form ▮ (≈ *Gießform*) mould *Br*, mold *US*; (≈ *Kuchenform, Backform*) baking tin *Br*, baking pan *US*
formal Ⓐ *adj* formal Ⓑ *adv* formally

Formaldehyd *m* formaldehyde
Formalie *f* formality
formalistisch *adj* formalistic
Formalität *f* formality
Format *n* **1** size; *von Zeitung, Buch* format; **im ~ DIN A4** in A4 (format) **2** (≈ *Rang*) stature **3** *fig* (≈ *Niveau*) class *umg*, quality
formatieren *v/t & v/i* IT to format
Formatierung *f* IT formatting
Formation *f* formation; (≈ *Gruppe*) group
Formatvorlage *f* IT style (sheet)
Formblatt *n* form
Formel *f* formula; *von Eid etc* wording; (≈ *Floskel*) set phrase
Formel-1-Rennen *n* Formula-1 race
formell **A** *adj* formal **B** *adv* (≈ *offiziell*) formally, officially
formen *v/t* to form, to shape; *Eisen* to mould *Br*, to mold *US*
Formfehler *m* irregularity
formgerecht *adj* correct, proper
formieren *v/r* to form up
förmlich **A** *adj* **1** (≈ *formell*) formal **2** (≈ *regelrecht*) positive **B** *adv* **1** (≈ *formell*) formally **2** (≈ *regelrecht*) positively
Förmlichkeit *f* **1** *von Benehmen* formality **2** (≈ *Äußerlichkeit*) social convention
formlos *adj* **1** (≈ *ohne Form*) shapeless **2** (≈ *zwanglos*) informal, casual **3** ADMIN *Antrag* unaccompanied by a form/any forms
Formsache *f* matter of form
formschön *adj* elegant, elegantly proportioned
Formschwäche *f* poor form; **~n zeigen** to be on poor form
Formtief *n* loss of form; **sich in einem ~ befinden** to be badly off form
Formular *n* form
formulieren *v/t* to phrase, to formulate; **Sie wissen, wie man es formuliert** you know how to put it
Formulierung *f* wording, formulation
Formung *f* (≈ *Formen*) forming, shaping; *von Eisen* moulding *Br*, molding *US*
formvollendet *adj* perfect; *Gedicht* perfectly structured
forsch **A** *adj* brash **B** *adv* brashly
forschen *v/i* **1** (≈ *suchen*) to search (**nach** for) **2** (≈ *Forschung betreiben*) to research; **über etw** (*akk*) **~** to research into sth
forschend **A** *adj Blick* searching **B** *adv* searchingly; **j-n ~ ansehen** to give sb a searching look
Forscher(in) *m(f)* **1** researcher; *in Naturwissenschaften* research scientist **2** (≈ *Forschungsreisender*) explorer
Forschheit *f* brashness
Forschung *f* research *kein pl*; **~ und Lehre** research and teaching; **~ und Entwicklung** research and development, R&D
Forschungsauftrag *m* research assignment
Forschungsgebiet *n* field of research
Forschungsprojekt *n* research project
Forschungsreise *f* expedition
Forschungsreisende(r) *m/f(m)* explorer
Forschungssatellit *m* research satellite
Forschungszentrum *n* research centre *Br*, research center *US*
Forst *m* forest
Forstamt *n* forestry office
Förster(in) *m(f)* forest warden
Forsthaus *n* forester's lodge
Forstrevier *n* forestry district
Forstschaden *m* forest damage *kein pl*
Forstwirtschaft *f* forestry
Forsythie *f* forsythia
fort *adv* **1** (≈ *weg*) away; (≈ *verschwunden*) gone; **es war plötzlich ~** it suddenly disappeared; **er ist ~** he has left *od* gone; **von zu Hause ~** away from home **2** (≈ *weiter*) on; **und so ~** and so on, and so forth; **das ging immer so weiter und so ~ und so ~** *umg* that went on and on and on; **in einem ~** incessantly
Fort *n* fort
Fortbestand *m* continuance; *von Institution* continued existence; *von Gattung etc* survival
fortbestehen *v/i* to continue; *Institution* to continue in existence
fortbewegen **A** *v/t* to move away **B** *v/r* to move
Fortbewegung *f* locomotion
Fortbewegungsmittel *n* means *sg* of locomotion
fortbilden *v/t* **j-n/sich ~** to continue sb's/one's education
Fortbildung *f* further education; **berufliche ~** further vocational training
Fortbildungskurs *m* in-service training course
fortbleiben *v/i* to stay away
Fortbleiben *n* absence
Fortdauer *f* continuation
fortdauern *v/i* to continue
fortdauernd **A** *adj* continuing **B** *adv* constantly, continuously
fortfahren *v/i* **1** (≈ *abfahren*) to leave, to go **2** (≈ *weitermachen*) to continue; **~, etw zu tun** to continue doing sth *od* to do sth
fortfallen *v/i* to cease to exist, to be discontinued; (≈ *abgeschafft werden*) to be abolished
fortführen *v/t* (≈ *fortsetzen*) to continue, to carry on
Fortführung *f* continuation

Fortgang m (≈ Verlauf) progress; **seinen ~ nehmen** to progress
fortgehen v/i (≈ weggehen) to leave
fortgeschritten adj advanced
Fortgeschrittene(r) m/f(m) advanced student
Fortgeschrittenenkurs m advanced course
fortgesetzt adj continual, constant; Betrug repeated; → fortsetzen
fortjagen v/t Menschen to throw out (**aus, von** of); Tier, Kinder to chase out (**aus, von** of)
fortkommen v/i to get away; **mach, dass du fortkommst** get out of here
fortlaufen v/i to run away
fortlaufend **A** adj Handlung ongoing; Zahlungen regular; (≈ andauernd) continual **B** adv (≈ andauernd) continually; **~ nummeriert** Geldscheine serially numbered; Seiten consecutively numbered
fortmüssen v/i **ich muss fort** I've got to go, I must be off; **das muss fort** it's got to go
fortpflanzen v/r to reproduce; Schall, Wellen to travel; Gerücht to spread
Fortpflanzung f reproduction; von Pflanzen propagation
Fortpflanzungsorgan n reproductive organ
Fortpflanzungstrieb m reproductive instinct
fortrennen v/i to race off od away
Fortsatz m ANAT process
fortschaffen v/t to remove, to take off
fortschreiten v/i to progress; (≈ weitergehen) to continue
fortschreitend adj progressive; Alter advancing
Fortschritt m advance; bes POL progress kein pl; **gute ~e machen** to make good progress; **~e in der Medizin** advances in medicine; **dem ~ dienen** to further progress
fortschrittlich **A** adj progressive **B** adv progressively
fortschrittsfeindlich adj anti-progressive
fortsetzen **A** v/t to continue; → fortgesetzt **B** v/r zeitlich to continue; räumlich to extend
Fortsetzung f **1** (≈ das Fortsetzen) continuation **2** RADIO, TV episode; eines Romans instalment Br, installment US; **„Fortsetzung folgt"** "to be continued"
Fortsetzungsroman m serialized novel
fortwährend **A** adj constant, continual **B** adv constantly, continually
fortziehen v/i to move away
Forum n forum
fossil adj fossilized; Brennstoff fossil attr
Fossil n fossil
Foto n photo(graph); **auf dem ~** in the photo; **ein ~ machen** to take a photo(graph); **~s machen** to take pictures od photos
Fotoalbum n photograph album

Fotoapparat m camera
Fotoausrüstung f photographic equipment
Fotoautomat m für Passfotos photo booth
Fotobuch n photobook
Fotodrucker m photo printer
Fotofinish n SPORT photo finish
Fotogalerie f, **Fotostrecke** f bes INTERNET photo gallery
fotogen adj photogenic
Fotograf(in) m(f) photographer
Fotografie f photography; (≈ Bild) photo(graph)
fotografieren **A** v/t to photograph **B** v/i to take photos od photographs od pictures
fotografisch **A** adj photographic **B** adv photographically
Fotohandy n camera phone
Fotokopie f photocopy
fotokopieren v/t to photocopy
Fotokopierer m photocopier
Fotolabor n photo lab
Fotomodell n photographic model
Fotomontage f photomontage
Fotoreportage f photo reportage
Fotosoftware f photographic od photography software
Fotosynthese f photosynthesis
Fototermin m photo call
Fötus m foetus Br, fetus US
fotzen v/t österr (≈ ohrfeigen) **j-n ~** to give sb a smack on the ear
Foul n SPORT foul
Foulelfmeter m FUSSB penalty (kick)
foulen v/t & v/i SPORT to foul
Foulspiel n SPORT foul play
Foyer n foyer
FPÖ f abk (= Freiheitliche Partei Österreichs) Freedom Party of Austria
Fracht f freight kein pl
Frachtbrief m consignment note, waybill
Frachter m freighter
Frachtflugzeug n cargo od freight plane
frachtfrei adj & adv carriage paid od free
Frachtgut n (ordinary) freight kein pl
Frachtkosten pl freight charges pl
Frachtraum m hold; (≈ Ladefähigkeit) cargo space
Frachtschiff n cargo ship, freighter
Frachtverkehr m goods traffic
Frack m tails pl, tail coat
Fracking n GEOL fracking
Frage f question; (≈ Angelegenheit) matter, issue; **drei ~n zum Text** three questions on the text; **j-m eine ~ stellen** to ask sb a question; **~n stellen** to ask questions; **sind noch ~n?** are there any further questions?; **das steht außer ~** there's no question od doubt about it; **ohne**

~ without question *od* doubt; **eine ~ des Geldes** a question *od* matter of money; **in ~ kommen/stellen** → infrage
Fragebogen *m* questionnaire; (≈ *Formular*) form
Fragefürwort *n* GRAM interrogative (pronoun)
fragen **A** *v/t & v/i* to ask; **nach j-m ~** to ask after sb; *in Hotel etc* to ask for sb; **nach etw ~** to ask about sth; **nach dem Weg ~** to ask the way; **er fragte nicht danach, ob …** he didn't bother *od* care whether …; **wegen etw ~** to ask about sth; **frag nicht so dumm!** don't ask silly questions; **du fragst zu viel** you ask too many questions; **da fragst du mich zu viel** *umg* I really couldn't say; **man wird ja wohl noch ~ dürfen** *umg* I was only asking *umg*; **wenn ich (mal) ~ darf** if I may *od* might ask; **ohne lange zu ~** without asking a lot of questions; → **gefragt** **B** *v/r* to wonder; **das frage ich mich** I wonder; **es fragt sich, ob …** it's debatable *od* questionable whether *od* if …; **ich frage mich, wie/wo …** I'd like to know how/where …
fragend **A** *adj Blick* questioning **B** *adv* **j-n ~ ansehen** to give sb a questioning look
Fragerei *f* questions *pl*
Fragesatz *m* GRAM interrogative sentence; (≈ *Nebensatz*) interrogative clause
Fragestellung *f* **das ist eine falsche ~** the question is wrongly formulated
Fragestunde *f* PARL question time *ohne art Br*
Fragewort *n* interrogative (particle)
Fragezeichen *n* question mark
fraglich *adj* **1** (≈ *zweifelhaft*) uncertain; (≈ *fragwürdig*) doubtful, questionable **2** (≈ *betreffend*) in question; *Angelegenheit* under discussion
fraglos *adv* undoubtedly, unquestionably
Fragment *n* fragment
fragmentarisch *adj* fragmentary
fragwürdig *adj* dubious
Fragwürdigkeit *f* dubious nature
Fraktion *f* **1** POL ≈ parliamentary party, congressional party *US*; (≈ *Sondergruppe*) group, faction **2** CHEM fraction
Fraktionsführer(in) *m/f(m)* party whip, floor leader *US*
fraktionslos *adj Abgeordneter* independent
Fraktionssitzung *f* party meeting
Fraktionsvorsitzende(r) *m/f(m)* party whip, floor leader *US*
Fraktionszwang *m* requirement to vote in accordance with party policy
Fraktur *f* **1** TYPO Gothic print; **(mit j-m) ~ reden** *umg* to be blunt (with sb) **2** MED fracture
Franken[1] *n* Franconia
Franken[2] *m* **(Schweizer) ~** (Swiss) franc
frankieren *v/t* to stamp; *mit Maschine* to frank
franko *adv* HANDEL carriage paid

Frankreich *n* France
Franse *f lose* (loose) thread
fransen *v/i* to fray (out)
Franzose *m* Frenchman/French boy; **die ~n** the French
Französin *f* Frenchwoman/French girl
französisch *adj* French; **die ~e Schweiz** French-speaking Switzerland; **~es Bett** double bed; → **deutsch**
Französisch *n* French
Fräse *f* (≈ *Werkzeug*) milling cutter; *für Holz* moulding cutter *Br*, molding cutter *US*
fräsen *v/t* to mill; *Holz* to mould *Br*, to mold *US*
Fraß *m* grub; (≈ *ungesundes Essen*) junk food; *pej umg* muck *kein unbest art umg*; **j-n den Kritikern zum ~ vorwerfen** to throw sb to the critics
Fratze *f* **1** grotesque face **2** (≈ *Grimasse*) grimace; *umg* (≈ *Gesicht*) face
Frau *f* **1** woman **2** (≈ *Ehefrau*) wife **3** (≈ *Anrede*) madam; *mit Namen* Mrs *Br*, Mrs. *US*; *für eine junge unverheiratete Frau* Miss; *für eine unverheiratete Frau* Ms
Frauchen *n von Hund* mistress
Frauenarzt *m*, **Frauenärztin** *f* gynaecologist *Br*, gynecologist *US*
Frauenbeauftragte(r) *m/f(m)* women's representative
Frauenberuf *m* career for women
Frauenbewegung *f* feminist movement; *a.* HIST women's movement
Frauenfeind *m* misogynist
frauenfeindlich *adj* anti-women *präd*
Frauenfußball *m* women's football
Frauenhaus *n* women's refuge
Frauenheilkunde *f* gynaecology *Br*, gynecology *US*
Frauenheld *m* lady-killer
Frauenkrankheit *f*, **Frauenleiden** *n* gynaecological disorder *Br*, gynecological disorder *US*
Frauenquote *f* quota for women
Frauenrechtler(in) *m(f)* feminist
Frauenzeitschrift *f* women's magazine
Fräulein *obs n* **1** young lady **2** (≈ *Anrede*) Miss **3** (≈ *Verkäuferin*) assistant; (≈ *Kellnerin*) waitress; **~!** Miss!
fraulich *adj* feminine; (≈ *reif*) womanly *kein adv*; **sie wirkt schon sehr ~** she already comes across like a grown woman
Freak *umg m* freak *umg*
freakig *adj* freaky *umg*
frech **A** *adj* **1** (≈ *unverschämt*) cheeky *bes Br*, fresh *präd bes US*; *Lüge* bare-faced *kein adv* **2** (≈ *herausfordernd*) *Kleidung, Texte etc* saucy *umg* **B** *adv* **lachen** impudently; *anlügen* brazenly
Frechdachs *umg m* cheeky monkey *Br*, smart

aleck

Frechheit f impudence; **die ~ haben** od **besitzen, ... zu ...** to have the cheek to ..., bes Br, to have the impudence to ...

Fregatte f frigate

frei A adj ❶ free; **~ von etw** free of sth; **die Straße ~ machen** to clear the road; **ich bin so ~** form may I?; **j-m ~e Hand lassen** to give sb free rein; **~er Mann** HIST freeman; **aus ~en Stücken** of one's own free will; **~er Zutritt** unrestricted access ❷ **~er Beruf** independent profession; **~er Mitarbeiter** freelancer; **~e Stelle** vacancy; **die ~e Wirtschaft** private enterprise; **~e Zeit** free time; **Mittwoch ist ~** Wednesday is a holiday; **Eintritt ~** admission free ❸ (≈ unbesetzt) Zimmer, Toilette vacant; **ist dieser Platz noch ~?** is anyone sitting here?, is this seat free?; **"frei"** an Taxi "for hire"; an Toilettentür "vacant"; **"Zimmer ~"** "vacancies"; **haben Sie noch etwas ~?** in Hotel do you have any vacancies?; **einen Platz für j-n ~ lassen** to keep a seat for sb B adv ❶ (≈ ungehindert) freely; sprechen openly; **~ beweglich** free-moving; **~ erfunden** purely fictional; **der Verbrecher läuft immer noch ~ herum** the criminal is still at large; **~ laufend** Hunde, Katzen feral; Huhn free-range; **Eier von ~ laufenden Hühnern** free-range eggs; **~ stehen** Haus to stand by itself; (≈ leer stehen) to stand empty; **ein ~ stehendes Gebäude** a free-standing building; **~ nach** based on ❷ (≈ ohne Hilfsmittel) unaided, without help; **~ sprechen** to speak without notes

Freibad n open-air (swimming) pool

freibekommen v/t ❶ (≈ befreien) **j-n ~** to get sb freed od released ❷ **einen Tag ~** to get a day off

Freiberufler(in) m(f) freelancer

freiberuflich A adj freelance B adv **~ arbeiten** to work freelance

Freibetrag m tax allowance

Freibier n free beer

Freiburg n in der Schweiz: Kanton, Stadt Fribourg

Freier m umg von Dirne (prostitute's) client, john US umg

Freie(s) n **im ~n** in the open (air), outdoors; **im ~n übernachten** to sleep out in the open

Freiexemplar n free copy

Freigabe f release; von Wechselkursen lifting of control (+gen on); von Straße, Strecke opening

Freigang m von Strafgefangenen day release

freigeben A v/t to release (an +akk to); Wechselkurse to decontrol; Straße, Strecke, Flugbahn to open; Film to pass; **j-m den Weg ~** to let sb past od by; **j-m zwei Tage ~** to give sb two days off B v/i **j-m ~** to give sb time off (work)

freigebig adj generous

Freigebigkeit f generosity

Freigepäck n baggage allowance, luggage allowance

Freigrenze f bei Steuer tax exemption limit

freihaben v/i to have a holiday Br, to be on vacation US; **ich habe heute frei** I have today off

Freihafen m free port

frei halten v/t ❶ (≈ nicht besetzen) to keep free ❷ (≈ reservieren) to keep

Freihandelsabkommen n **Zentraleuropäisches ~** Central European Free Trade Agreement

Freihandelszone f free trade area

freihändig adj & adv Zeichnung freehand; Radfahren (with) no hands

Freiheit f freedom kein pl; (≈ persönliche Freiheit als politisches Ideal) liberty; **in ~** (dat) **sein** to be free; **in ~ leben** Tier to live in the wild; **sich** (dat) **zu viele ~en erlauben** to take too many liberties

freiheitlich adj liberal; Demokratie free; **die ~-demokratische Grundordnung** the free democratic constitutional structure; **Freiheitliche Partei Österreichs** Austrian Freedom Party

Freiheitsberaubung f JUR wrongful deprivation of personal liberty

Freiheitsbewegung f liberation movement

Freiheitsentzug m imprisonment

Freiheitskampf m fight for freedom

Freiheitskämpfer(in) m(f) freedom fighter

Freiheitsstatue f Statue of Liberty

Freiheitsstrafe f prison sentence

freiheraus adv candidly, frankly

Freikarte f free od complimentary ticket

freikaufen v/t **j-n/sich ~** to buy sb's/one's freedom

Freiklettern n free climbing

freikommen v/i (≈ entkommen) to get out (**aus** of)

Freikörperkultur f nudism, naturism

Freilandhaltung f **Eier/Hühner aus ~** free-range eggs/chickens

freilassen v/t to set free, to free

Freilassung f release

freilegen v/t to expose; Ruinen to uncover; fig to lay bare

freilich adv ❶ (≈ allerdings) admittedly ❷ (≈ selbstverständlich) of course

Freilichtbühne f open-air theatre Br, open-air theater US

Freilichtmuseum n living-history museum

Freilos n ❶ SPORT bye; **in der ersten Pokalrunde haben 10 Vereine ein ~** 10 teams have a bye in the first round of the cup ❷ in der Lotterie free (lottery) ticket

Freiluft- zssgn outdoor

frei machen v/r ❶ (≈ freie Zeit einplanen) to ar-

range to be free ☑ (≈ *sich entkleiden*) to take one's clothes off
freimachen *v/t Brief* to stamp
Freimaurer *m* Mason, Freemason
Freimaurerloge *f* Masonic Lodge
Freimut *m* frankness
freimütig ☒ *adj* frank ☑ *adv* frankly
freinehmen *v/t* **einen Tag ~** to take a day off
Freiraum *fig m* freedom *ohne art, kein pl* (**zu** for)
freischaffend *adj* freelance
Freischaffende(r) *m/f(m)* freelancer
Freischaltcode *m* unlock(ing) code, connecting *od* enabling code
freischalten *v/t* TEL *Leitung* to clear; *Handy* to connect, to enable
Freischärler(in) *m(f)* guerrilla
freischwimmen *v/r* SPORT *to pass a test by swimming for 15 minutes*
freisetzen *v/t* to release, to set free; *euph Arbeitskräfte* to make redundant; *vorübergehend* to lay off
freispielen ☒ *v/r* SPORT to get into space ☑ *v/t* SPORT **j-n ~** to play sb clear, to create space for sb
Freisprechanlage *f* hands-free (headset); *im Auto* hands-free (car kit)
freisprechen *v/t Angeklagten* to acquit; **j-n von einer Schuld ~** JUR to find sb not guilty; **j-n von einem Verdacht ~** to clear sb of suspicion
Freispruch *m* acquittal
Freistaat *m* free state
freistehen *v/i* (≈ *überlassen sein*) **es steht j-m frei, etw zu tun** sb is free *od* at liberty to do sth; **das steht Ihnen völlig frei** that is completely up to you; → **frei**
freistellen *v/t* (≈ *anheimstellen*) **j-m etw ~** to leave sth (up) to sb
Freistellung *f* exemption; **~ bestimmter horizontaler/vertikaler Vereinbarungen** exemption for certain horizontal/vertical agreements
Freistil *m* freestyle
Freistoß *m* FUSSB free kick (**für** to, for)
Freistunde *f* free hour; SCHULE free period
Freitag *m* Friday; → **Dienstag**
freitags *adv* (on) Fridays, on a Friday; → **dienstags**
Freitod *m* suicide; **den ~ wählen** to decide to put an end to one's life
Freitreppe *f* (flight of) steps (+*gen* leading up to)
Freiumschlag *m* stamped addressed envelope, s.a.e.
Freiwild *fig n* fair game
freiwillig ☒ *adj* voluntary; (≈ *freigestellt*) *Unterricht* optional ☑ *adv* voluntarily; **sich ~ melden** to volunteer (**zu, für** for)
Freiwillige(r) *m/f(m)* volunteer, **Arbeit als ~r** volunteer work
Freiwilligkeit *f* voluntary nature, voluntariness
Freizeichen *n* TEL ringing tone
Freizeit *f* spare *od* leisure *od* free time, time off
Freizeit- *zssgn* leisure
Freizeitaktivitäten *pl* free-time activities *pl*, recreation
Freizeitangebot *n* range of leisure activities
Freizeitausgleich *m* time off in lieu *Br*, time off instead of pay *US*
Freizeitbeschäftigung *f* leisure pursuit *od* activity
Freizeitdroge *f* recreational drug
Freizeiteinrichtungen *pl* leisure facilities *pl*
Freizeitgestaltung *f* organization of one's leisure time
Freizeitpark *m* amusement park; (≈ *Themenpark*) theme park
Freizeitverhalten *n* recreational behaviour *Br*, recreational behavior *US*, recreational patterns *pl*
Freizeitzentrum *n* leisure centre, leisure center *US*
freizügig ☒ *adj* ☑ (≈ *reichlich*) liberal ☑ *in moralischer Hinsicht* permissive ☑ *adv* ☑ (≈ *reichlich*) freely, liberally ☑ (≈ *moralisch locker*) **~ gekleidet** provocatively dressed
Freizügigkeit *f* ☑ (≈ *Großzügigkeit*) liberality ☑ *in moralischer Hinsicht* permissiveness ☑ (≈ *Beweglichkeit*) freedom of movement
fremd *adj* ☑ (≈ *andern gehörig*) someone else's; *Bank, Firma* different; **ohne ~e Hilfe** without help from anyone else/outside; **~es Eigentum** someone else's property ☑ (≈ *fremdländisch*) foreign; (≈ *ausländisch a.*) alien ☑ (≈ *andersartig, unvertraut*) strange; **j-m ~ sein** (≈ *unbekannt*) to be unknown to sb; (≈ *unverständlich*) to be alien to sb; **ich bin hier ~** I'm a stranger here; **sich** *od* **einander** (*dat*) **~ werden** to grow apart; **sich ~ fühlen** to feel like a stranger; **~ tun** to be reserved
Fremdarbeiter(in) *neg! m(f)* foreign worker
fremdartig *adj* strange; (≈ *exotisch*) exotic
fremdenfeindlich *adj* hostile to strangers; (≈ *ausländerfeindlich*) hostile to foreigners, xenophobic
Fremdenfeindlichkeit *f* xenophobia
Fremdenführer(in) *m(f)* (tourist) guide
Fremdenhass *m* xenophobia
Fremdenlegion *f* Foreign Legion
Fremdenverkehr *m* tourism *kein best art*
Fremdenverkehrsamt *n* tourist office
Fremdenzimmer *n* **~ (zu vermieten)** room(s) to let
Fremde(r) *m/f(m)* (≈ *Unbekannter*) stranger; (≈ *Ausländer*) foreigner; (≈ *Tourist*) visitor

Fremdfinanzierung f outside financing
fremdgehen umg v/i to be unfaithful
Fremdkörper m foreign body; fig alien element
fremdländisch adj exotic
Fremdsprache f foreign language
Fremdsprachenkenntnisse pl a knowledge of foreign languages
Fremdsprachenkorrespondent(in) m(f), **Fremdsprachensekretär(in)** m(f) bilingual secretary
Fremdsprachensekretärin f bilingual secretary
Fremdsprachenunterricht m language teaching
fremdsprachig adj in a foreign language
fremdsprachlich adj foreign; **~er Unterricht** language teaching
Fremdwort n borrowed od foreign word
frenetisch A adj frenetic, frenzied; Beifall wild B adv wildly
frequentieren geh v/t to frequent
Frequenz f 1 (≈ Häufigkeit) frequency; MED (pulse) rate 2 (≈ Stärke) numbers pl; (≈ Verkehrsdichte) volume of traffic
Frequenzbereich m RADIO frequency range
Freske f, **Fresko** n fresco
Fressalien umg pl grub sg sl
Fresse vulg f (≈ Mund) trap umg, gob umg; (≈ Gesicht) mug umg; **die ~ halten** to shut one's trap umg
fressen A v/i to feed, to eat; sl Menschen to eat; gierig to guzzle umg B v/t 1 to eat; (≈ sich ernähren von) to feed od live on; sl (≈ gierig essen) to guzzle umg 2 Kilometer ~ to take up the kilometres Br, to burn up the kilometers US; **ich habe dich zum Fressen gern** umg you're good enough to eat umg; **j-n/etw gefressen haben** umg to have had one's fill of sb/sth 3 (≈ verbrauchen) to eat od gobble up; Zeit to take up C v/r (≈ sich bohren) to eat one's way (**in** +akk into od **durch** through)
Fressen n food; sl grub sl; sl (≈ Schmaus) blow-out umg
Fressnapf m feeding bowl
Fresssucht umg f gluttony; krankhaft craving for food
Frettchen n ferret
Freude f pleasure; innig joy (**über** +akk at); **~ an etw** (dat) **haben** to get od derive pleasure from sth; **~ am Leben haben** to enjoy life; **vor ~** with joy; **es ist mir eine ~, zu ...** it's a real pleasure for me to ...; **j-m ~ machen** to give sb pleasure; **j-m eine ~ machen** to make sb happy; **zu meiner großen ~** to my great delight; **aus ~ an der Sache** for the love of it

Freudenfest n celebration
Freudensprung m **einen ~ machen** to jump for joy
Freudentränen pl tears pl of joy
freudestrahlend adj & adv beaming with delight
freudig A adj 1 (≈ froh gestimmt) joyful; (≈ begeistert) enthusiastic 2 (≈ beglückend) happy; **~e Nachricht** some good news; **ein ~es Ereignis** euph a happy event euph B adv happily, joyfully; **~ überrascht sein** to be pleasantly surprised
freuen A v/r 1 (≈ froh sein) to be glad od pleased (**über** +akk about); **er hat sich über die Ergebnisse gefreut** he was pleased about the results; **sie hat sich über das Geschenk/den Sieg gefreut** she was pleased with the present/the victory; **sich riesig ~** umg to be delighted (**über** +akk about); **sich für j-n ~** to be glad od pleased for sb 2 **sich ~ auf** (akk) to look forward to + -ing; **sich darauf ~, etw zu tun** to look forward to doing sth; **sich auf j-n/etw ~** to look forward to seeing sb/sth B v/t to please; **es freut mich, dass ...** I'm pleased od glad that ...; **das freut mich** I'm really pleased; **freut mich, dich/euch/Sie kennenzulernen** pleased od nice to meet you

Freund m 1 friend; (≈ Liebhaber) boyfriend; (≈ Kumpel) mate; **~e finden** to make friends 2 fig (≈ Anhänger) lover; **ein ~ der Kunst** an art-lover; **ich bin kein ~ von so etwas** I'm not one for that sort of thing
Freundeskreis m circle of friends; **etw im engsten ~ feiern** to celebrate sth with one's closest friends
Freundin f 1 friend; (≈ Liebhaberin) girlfriend 2 fig (≈ Anhängerin) → Freund 2
freundlich A adj 1 (≈ wohlgesinnt) friendly kein adv; (≈ liebenswürdig) kind; **bitte recht ~!** say cheese! umg, smile please!; **mit ~en Grüßen** (with) best wishes, sincerely yours US, yours sincerely Br, yours truly US 2 (≈ liebenswürdig) kind (**zu** to); **würden Sie bitte so ~ sein und das tun?** would you be so kind od good as to do that? 3 (≈ ansprechend) Aussehen, Wetter etc pleasant; Farben cheerful B adv bitten, fragen nicely; **j-n ~ behandeln** to be friendly toward(s) sb
freundlicherweise adv kindly
Freundlichkeit f 1 (≈ Wohlgesonnenheit) friendliness; (≈ Liebenswürdigkeit) kindness 2 (≈ Gefälligkeit) kindness, favour Br, favor US; (≈ freundliche Bemerkung) kind remark
Freundschaft f friendship; **mit j-m ~ schließen** to make od become friends with sb; **~en schließen** to make friends; **da hört die ~**

auf *umg* friendship doesn't go that far

freundschaftlich **A** *adj* friendly **kein** *adv* **B** *adv* **j-m ~ verbunden sein** to be friends with sb; **j-m ~ gesinnt sein** to feel friendly toward(s) sb

Freundschaftsbesuch *m* POL goodwill visit

Freundschaftspreis *m* (special) price for a friend

Freundschaftsspiel *n* SPORT friendly game *od* match, friendly *umg*

Friede(n) *m* peace; **im ~n** in peacetime; **~n schließen** to make one's peace; POL to conclude peace *form*, to make peace; **sozialer ~n** social harmony; **j-n in ~n lassen** to leave sb in peace; **um des lieben ~ns willen** *umg* for the sake of peace and quiet

Friedensabkommen *n* peace agreement *od* accord

Friedensappell *m* call for peace

Friedensbewegung *f* peace movement

friedenserhaltend *adj* peacekeeping

Friedensforschung *f* peace research, peace studies *pl*

Friedensinitiative *f* peace initiative

Friedenskonferenz *f* peace conference

Friedensnobelpreis *m* Nobel peace prize

Friedenspfeife *f* peace pipe; **die ~ rauchen** to smoke the pipe of peace

Friedensplan *m* POL peace plan; *in der Nachrichtensprache* peace roadmap

Friedenspolitik *f* policy of peace

Friedenstaube *f* dove of peace

Friedenstruppen *pl* peacekeeping forces *pl*

Friedensverhandlungen *pl* peace negotiations *pl*

Friedensvertrag *m* peace treaty

friedfertig *adj Mensch* peaceable

Friedhof *m* (≈ *Kirchhof*) graveyard; (≈ *Stadtfriedhof etc*) cemetery

friedlich **A** *adj* peaceful; (≈ *friedfertig*) *Mensch* peaceable **B** *adv* (≈ *in Frieden*) peacefully; **~ sterben** to die peacefully

friedliebend *adj* peace-loving

frieren **A** *v/i* **1** (≈ *sich kalt fühlen*) to be cold; **ich friere, mich friert** I'm cold **2** (≈ *gefrieren*) to freeze **B** *v/i* **heute Nacht hat es gefroren** it was below freezing last night

Fries *m Textilien, a.* ARCH frieze

friesisch *adj* Fri(e)sian; → **deutsch**

frigid, frigide *adj* frigid

Frigidität *f* frigidity

Frikadelle *f* GASTR rissole

Frikassee *n* GASTR fricassee

Frisbee® *n* Frisbee®; **~® spielen** to play Frisbee®

Frisbeescheibe *f* Frisbee®

frisch **A** *adj* **1** (≈ *neu*) fresh; *Kleidung* clean; (≈ *feucht*) *Farbe* wet; **~es Obst** fresh fruit; **~e Eier** new-laid eggs *Br*, freshly-laid eggs; **sich ~ machen** to freshen up; **mit ~en Kräften** with renewed vigour *Br*, with renewed vigor *US*; **~e Luft schöpfen** to get some fresh air **2** (≈ *munter*) *Wesen, Art* bright, cheery; *Farbe* cheerful; *Gesichtsfarbe* fresh; **~ und munter sein** *umg* to be bright-eyed and bushy-tailed **3** (≈ *kühl*) cool, chilly; **es weht ein ~er Wind** *wörtl* there's a fresh wind **B** *adv* (≈ *neu*) freshly; **Bier ~ vom Fass** beer (straight) from the tap; **~ gestrichen** newly *od* freshly painted; *auf Schild* wet paint; **das Bett ~ beziehen** to change the bed

Frische *f von Wesen* brightness, cheeriness; *von Farbe* cheerfulness; (≈ *gesundes Aussehen*) freshness; **in alter ~** *umg* as always

Frischei *n* new-laid egg *Br*, freshly-laid egg

Frischfisch *m* fresh fish

Frischfleisch *n* fresh meat

frischgebacken *adj umg Ehepaar* newly-wed; *Diplom-Ingenieur etc* newly-qualified

Frischhaltebeutel *m* food bag

Frischhaltefolie *f* clingfilm

Frischhaltepackung *f* airtight pack

Frischkäse *m* cream cheese

Frischluft *f* fresh air

Frischmilch *f* fresh milk

Frischzelle *f* MED live cell

Frischzellentherapie *f* MED cellular *od* live-cell therapy

Friseur(in) *m(f)* hairdresser; (≈ *Geschäft*) hairdresser's; **beim ~** at the hairdresser's

Friseursalon *m* hairdressing salon

Friseuse *f* (female) hairdresser

frisieren **A** *v/t* **1** (≈ *kämmen*) **j-n ~** to do sb's hair **2** *umg* (≈ *abändern*) *Abrechnung* to fiddle; *Bericht* to doctor *umg*; **die Bilanzen ~** to cook the books *umg* **3** *umg Auto, Motor* to soup up *umg* **B** *v/r* to do one's hair

Frisieren *n* hairdressing

Frist *f* **1** (≈ *Zeitraum*) period; **innerhalb kürzester ~** without delay **2** (≈ *Zeitpunkt*) deadline (**zu** for); *bei Rechnung* last date for payment **3** (≈ *Aufschub*) extension, period of grace

fristen *v/t* **sein Leben** *od* **Dasein ~** to eke out an existence

fristgemäß, fristgerecht *adj & adv* within the period stipulated; **fristgerecht kündigen** to give proper notice

fristlos *adj & adv* without notice

Frisur *f* hairstyle

Frittatensuppe *f österr* pancake soup

Fritten *umg pl* chips *pl Br*, fries *pl bes US umg*

Frittenbude *umg f* chip shop *Br*, ≈ hotdog stand

Fritteuse *f* chip pan *Br*, deep-fat fryer

frittieren *v/t* to (deep-)fry

frittiert *adj* deep-fried

frivol *adj* (≈ *leichtfertig*) frivolous; (≈ *anzüglich*) *Witz, Bemerkung* suggestive

Frivolität *f* ▌1▐ (≈ *Leichtfertigkeit*) frivolity ▌2▐ (≈ *Bemerkung*) risqué remark

froh *adj* happy; (≈ *dankbar, erfreut*) glad, pleased; **(darüber) ~ sein, dass ...** to be glad *od* pleased that ...

fröhlich ▌A▐ *adj* happy, cheerful ▌B▐ *adv* (≈ *unbekümmert*) merrily

Fröhlichkeit *f* happiness; (≈ *gesellige Stimmung*) merriment

fromm *adj* (≈ *gläubig*) religious; (≈ *scheinheilig*) pious, sanctimonious; **das ist ja wohl nur ein ~er Wunsch** that's just a pipe dream

frönen *geh v/i* to indulge in

Fronleichnam *m, meist ohne Artikel* (the Feast of) Corpus Christi

Front *f* front; **~ gegen j-n/etw machen** to make a stand against sb/sth

frontal ▌A▐ *adj Angriff* frontal; *Zusammenstoß* head-on ▌B▐ *adv angreifen* MIL from the front; *fig* head-on; *zusammenstoßen* head-on

Frontalzusammenstoß *m* head-on collision

Frontantrieb *m* AUTO front-wheel drive

Frontlader *m* (≈ *Waschmaschine*) front loader

Frosch *m* frog; (≈ *Feuerwerkskörper*) (fire)cracker; **einen ~ in der Kehle haben** *umg* to have a frog in one's throat

Froschlaich *m* frogspawn

Froschmann *m* frogman

Froschperspektive *f* **etw aus der ~ sehen** to have a worm's eye view of sth

Froschschenkel *m* frog's leg

Frost *m* frost; **~ vertragen (können)** to be able to stand (the) frost

frostbeständig *adj* frost-resistant

Frostbeule *f* chilblain

frösteln ▌A▐ *v/i* to shiver ▌B▐ *v/t* **es fröstelte mich** I shivered

frostig ▌A▐ *adj* frosty ▌B▐ *adv* **j-n ~ empfangen** to give sb a frosty reception

Frostschaden *m* frost damage

Frostschutzmittel *n* AUTO antifreeze

Frottee *n/m* terry towelling *Br*, terry-cloth toweling *US*

Frotteehandtuch *n* (terry) towel *Br*, terry-cloth towel

frottieren *v/t Haut* to rub; *j-n, sich* to rub down

Frotzelei *f* teasing; **hör auf mit der ~** stop teasing

frotzeln *v/t* to tease, to make fun of

Frucht *f* fruit; (≈ *Getreide*) crops *pl*; **Früchte** (≈ *Obst*) fruit *sg*; **Früchte tragen** to bear fruit

fruchtbar *adj* ▌1▐ fertile ▌2▐ *fig* (≈ *viel schaffend*) prolific ▌3▐ *fig* (≈ *nutzbringend*) fruitful

Fruchtbarkeit *f* ▌1▐ fertility ▌2▐ *fig* (≈ *Nutzen*) fruitfulness

Fruchtbecher *m* fruit sundae; BOT cupule *fachspr*, cup

Fruchtblase *f von Embryo* amniotic sac

fruchten *v/i* to bear fruit; **nichts ~** to be fruitless

Früchtetee *m* fruit tea

Fruchtfleisch *n* flesh, pulp

fruchtig *adj* fruity

Fruchtkapsel *f* BOT capsule

fruchtlos *fig adj* fruitless

Fruchtsaft *m* fruit juice

Fruchtsalat *m* fruit salad

Fruchtwasser *n* PHYSIOL amniotic fluid

Fruchtzucker *m* fructose

früh ▌A▐ *adj* early; **am ~en Morgen** early in the morning, in the early morning; **der ~e Goethe** the young Goethe ▌B▐ *adv* ▌1▐ early; (≈ *in jungen Jahren*) young; *in Entwicklung* early on; **von ~ auf** from an early age; **von ~ bis spät** from morning till night; **zu ~ starten** to start too soon ▌2▐ **morgen ~** tomorrow morning; **heute ~** this morning

Frühaufsteher(in) *m(f)* early riser, early bird *umg*

Frühbucher(in) *m(f)* early booker

Frühbucherrabatt *m* early booking discount

Frühe *f* (early) morning; **in aller ~** early in the morning, first thing in the morning

früher ▌A▐ *adj* ▌1▐ earlier ▌2▐ (≈ *ehemalig*) former; (≈ *vorherig*) *Besitzer* previous ▌B▐ *adv* earlier; **~ oder später** sooner or later; **ich habe ihn ~ mal gekannt** I used to know him; **~ war alles besser** things were better in the old days; **genau wie ~** just as it/he *etc* used to be; **Erinnerungen an ~** memories of times gone by; **ich kenne ihn von ~** I've known him some time; **meine Freunde von ~** my old friends

Früherkennung *f* MED early diagnosis

frühestens *adv* at the earliest

früheste(r, s) *adj* earliest

Frühgeburt *f* premature birth; (≈ *Kind*) premature baby

Frühjahr *n* spring

Frühjahrsmüdigkeit *f* springtime lethargy

Frühjahrsputz *m* spring-cleaning

Frühling *m* spring; **im ~** in spring

Frühlingsanfang *m* first day of spring

frühlingshaft *adj* springlike

Frühlingsrolle *f* GASTR spring roll

Frühlingswetter *n* spring weather

Frühlingszwiebel *f* spring onion *Br*, green onion *US*

frühmorgens *adv* early in the morning

Frühnebel *m* early morning mist

frühreif *adj* precocious
Frührentner(in) *m(f)* person who has retired early
Frühschicht *f* early shift
Frühschoppen *m* morning drinking; *mittags* lunchtime drinking
Frühsport *m* early morning exercise
Frühstück *n* breakfast; **was isst du zum ~?** what do you have for breakfast?
frühstücken **A** *v/i* to have breakfast, to breakfast **B** *v/t* to breakfast on
Frühstücksbüfett *n* breakfast buffet
Frühstücksfernsehen *n* breakfast television
Frühstückspause *f* morning *od* coffee break
Frühstückspension *f* bed and breakfast
Frühstücksraum *m* breakfast room
Frühstückszerealien *pl* cereal *sg*
Frühwarnsystem *n* early warning system
frühzeitig *adj & adv* early
Fruktose *f* fructose
fruktosefrei *adj* fructose-free
Fruktoseunverträglichkeit *f* fructose intolerance
Frust *umg m* frustration *ohne art*
Frustessen *umg n* comfort eating
Frustkauf *umg m* retail therapy *kein pl umg*
Frustration *f* frustration
frustrieren *v/t* to frustrate
frustriert *adj* frustrated
FU *f abk* (= *Freie Universität*) Free University
Fuchs *m* **1** (≈ *Tier*) fox; **er ist ein schlauer ~** *umg* he's a cunning old devil *umg*, he's a cunning old fox *umg* **2** (≈ *Pferd*) chestnut
Fuchsbau *m* fox's den
fuchsen *umg v/t* to annoy
Fuchsie *f* BOT fuchsia
fuchsig *adj umg* (≈ *wütend*) mad *umg*
Füchsin *f* vixen
Fuchsjagd *f* fox-hunting; (≈ *einzelne Jagd*) fox hunt
Fuchspelz *m* fox fur
fuchsrot *adj Fell* red; *Pferd* chestnut; *Haar* ginger
Fuchsschwanz *m* **1** fox's tail **2** TECH (≈ *Säge*) handsaw
fuchsteufelswild *umg adj* hopping mad *umg*
Fuchtel *fig umg f* **unter j-s** (*dat*) **~** under sb's thumb
fuchteln *umg v/i* (**mit den Händen**) **~** to wave one's hands about *umg*
Fudschijama *m* Fujiyama
Fug *geh m* **mit Fug und Recht** with complete justification
Fuge *f* **1** joint; (≈ *Ritze*) gap, crack; **die Welt ist aus den ~n geraten** *geh* the world is out of joint *liter* **2** MUS fugue
fugen *v/t* to joint

fügen **A** *v/t* (≈ *einfügen*) to put, to place; **der Zufall fügte es, dass ...** fate decreed that ... **B** *v/r* (≈ *sich unterordnen*) to be obedient, to obey; **sich dem Schicksal ~** to accept one's fate
fügsam *adj* obedient
Fügung *f* (≈ *Bestimmung*) chance, stroke of fate; **eine glückliche ~** a stroke of good fortune
fühlbar *adj* (≈ *spürbar*) perceptible; (≈ *beträchtlich*) marked
fühlen **A** *v/t & v/i* to feel; *Puls* to take **B** *v/r* to feel; **sich verantwortlich ~** to feel responsible; **wie ~ Sie sich?** how are you feeling?, how do you feel?
Fühler *m* ZOOL feeler, antenna; **seine ~ ausstrecken** *fig umg* to put out feelers (**nach** towards)
Fühlung *f* contact; **mit j-m in ~ bleiben** to remain *od* stay in contact *od* touch with sb
Fuhre *f* (≈ *Ladung*) load
führen **A** *v/t* **1** (≈ *geleiten*) to take; (≈ *vorangehen, -fahren*) to lead; **er führte uns durch das Schloss** he showed us (a)round the castle; **geführte Tour** guided tour **2** (≈ *leiten*) *Betrieb etc* to run; *Gruppe etc* to lead, to head **3** **was führt Sie zu mir?** *form* what brings you to me?; **ein Land ins Chaos ~** to reduce a country to chaos **4** *Kraftfahrzeug* to drive; *Flugzeug* to fly; *Kran* to operate **5** (≈ *transportieren*) to carry; (≈ *haben*) *Namen, Titel* to have **6** (≈ *im Angebot haben*) to stock; **ein Telefongespräch ~** to make a call **B** *v/i* **1** (≈ *in Führung liegen*) to lead; **die Mannschaft führt mit 10 Punkten Vorsprung** the team has a lead of *od* is leading by 10 points **2** (≈ *verlaufen*) *Straße* to go (**nach** to); *Kabel etc* to run; *Spur* to lead **3** (≈ *als Ergebnis haben*) **zu etw ~** to lead to sth, to result in sth; **das führt zu nichts** that will come to nothing
führend *adj* leading *attr*
Führer *m* (≈ *Buch*) guide
Führer(in) *m(f)* **1** (≈ *Leiter*) leader; (≈ *Oberhaupt*) head **2** (≈ *Fremdenführer*) guide **3** *form* (≈ *Lenker*) driver; *von Flugzeug* pilot; *von Kran* operator
Führerausweis *schweiz m* → Führerschein
Führerhaus *n* cab
Führerschein *m für Auto* driving licence *Br*, driver's license *US*; **den ~ machen** AUTO to learn to drive; (≈ *die Prüfung ablegen*) to take one's (driving) test; **j-m den ~ entziehen** to disqualify sb from driving
Fuhrpark *m* fleet (of vehicles)
Führung *f* **1** guidance, direction; *von Partei, Expedition etc* leadership; MIL command; *eines Unternehmens etc* management **2** (≈ *die Führer*) leaders *pl*, leadership *sg*; MIL commanders *pl*; *eines Unternehmens etc* directors *pl* **3** (≈ *Besichtigung*) guided tour (**durch** of) **4** (≈ *Vorsprung*) lead; **in ~ gehen/liegen** to go into/be in the

lead [5] (≈ *Betragen*) conduct [6] MECH guide, guideway
Führungsaufgabe *f* executive duty
Führungskraft *f* executive
Führungsqualitäten *pl* leadership qualities *pl*
Führungsriege *f* leadership; *von Firma* management team
Führungsschwäche *f* weak leadership
Führungsspitze *f eines Unternehmens etc* top management
Führungsstärke *f* strong leadership
Führungsstil *m* style of leadership; HANDEL *a.* management style
Führungswechsel *m* change in leadership
Führungszeugnis *n* → polizeilich
Fuhrwerk *n* wagon; (≈ *Pferdefuhrwerk*) horse and cart
Fülle *f* [1] (≈ *Körpermasse*) portliness [2] (≈ *Stärke*) fullness; **eine ~ von Fragen** a whole host of questions; **in ~** in abundance
füllen [A] *v/t* to fill; GASTR to stuff; **etw in Flaschen ~** to bottle sth; **etw in Säcke ~** to put sth into sacks; → **gefüllt** [B] *v/r* to fill up
Füller *m*, **Füllfederhalter** *m* fountain pen
füllig *adj Mensch* portly; *Figur* generous
Füllung *f* filling; (≈ *Fleischfüllung etc*) stuffing; *von Pralinen* centre *Br*, center *US*
Füllwort *n* filler (word)
fummeln *umg v/i* to fiddle; (≈ *hantieren*) to fumble; *erotisch* to pet, to grope *umg*
Fund *m* find; (≈ *das Entdecken*) discovery; **einen ~ machen** to make a find
Fundament *n* foundation (*mst pl*)
fundamental [A] *adj* fundamental [B] *adv* fundamentally
Fundamentalismus *m* fundamentalism
Fundamentalist(in) *m(f)* fundamentalist
fundamentalistisch *adj* fundamentalist
Fundbüro *n* lost property office *Br*, lost and found *US*
Fundgrube *fig f* treasure trove
fundieren *fig v/t* to back up
fundiert *adj* sound; **schlecht ~** unsound
fündig *adj* **~ werden** *fig* to strike it lucky
Fundort *m* **der ~ von etw** (the place) where sth was found
Fundstelle *f* site of discovery; *in elektronischem Wörterbuch* hit; **die ~ von etw** the place where sth was found
Fundus *m* → **Funke**
fünf *num* five; **seine ~ Sinne beieinanderhaben** to have all one's wits about one; → **vier**
Fünf *f* five
Fünfeck *n* pentagon
fünfeckig *adj* pentagonal, five-cornered
fünffach *adj* fivefold; → **vierfach**

Fünfgangschaltung *f* five-speed gears *pl*
fünfhundert *num* five hundred
Fünfjahresplan *m* five-year plan
fünfjährig *adj Amtszeit etc* five-year; *Kind* five-year-old; → **vierjährig**
Fünfkampf *m* SPORT pentathlon
Fünfkämpfer(in) *m(f)* pentathlete
Fünfling *m* quintuplet
fünfmal *adv* five times
Fünfprozentklausel *f* five-percent rule
fünfstellig *adj* five-digit
Fünftagewoche *f* five-day (working) week
fünftägig *adj* five-day *attr*
fünftausend *num* five thousand
Fünftel *n* fifth; → **Viertel**[1]
fünftens *adv* fifth(ly), in the fifth place
fünfte(r, s) *adj* fifth; → **vierter, s**
fünfzehn *num* fifteen
fünfzehnte(r, s) *adj* fifteenth
fünfzig *num. adj* fifty; → **vierzig**
Fünfziger *umg m* (≈ *Fünfzigeuroschein*) fifty-euro note *Br*, fifty-dollar bill *US*; (≈ *Fünfzigcentstück*) fifty-cent piece
fünfzigjährig *adj Person* fifty-year-old *attr*
fungieren *v/i* to function (**als** as a/an)
Funk[1] *m* radio; **per ~** by radio
Funk[2] *m Musikrichtung* funk
Fünkchen *n* **ein ~ Wahrheit** a grain of truth
Funke *m* [1] spark; **~n sprühen** to spark, to emit sparks; **arbeiten, dass die ~n fliegen** *od* **sprühen** *umg* to work like crazy *umg* [2] *von Hoffnung* gleam, glimmer
funkeln *v/i* to sparkle; *Augen vor Freude* to twinkle; *vor Zorn* to glitter
funkelnagelneu *umg adj* brand-new
funken [A] *v/t Signal* to radio; **SOS ~** to send out an SOS [B] *v/i* **endlich hat es bei ihm gefunkt** *umg* it finally clicked (with him) *umg*
Funken *m* → **Funke**
Funker(in) *m(f)* radio *od* wireless operator
Funkfrequenzen *pl* radio frequencies *pl*
Funkgerät *n* (≈ *Sprechfunkgerät*) radio set, walkie-talkie
Funkhaus *n* broadcasting centre *Br*, broadcasting center *US*
Funkkontakt *m* radio contact
Funkloch *n* TEL dead spot
Funkruf *m* TEL (radio) paging
Funksprechgerät *n* radio telephone; *tragbar* walkie-talkie, two-way radio
Funksprechverkehr *m* radiotelephony
Funkspruch *m* (≈ *Mitteilung*) radio message
Funkstation *f* radio station
Funkstille *f* radio silence; *fig* silence
Funkstreife *f* police radio patrol
Funktelefon *n* radio telephone

Funktion f function; (≈ *Tätigkeit*) functioning; (≈ *Amt*) office; (≈ *Stellung*) position; **in ~ sein** to be in operation
Funktionär(in) m(f) functionary
funktionell adj functional
funktionieren v/i to work
funktionsfähig adj able to work; *Maschine* in working order
Funktionskleidung f functional clothes pl, functional wear
Funktionsleiste f IT toolbar
Funktionsstörung f MED malfunction
Funktionstaste f COMPUT function key
Funkturm m radio tower
Funkuhr f radio-controlled clock
Funkverbindung f radio contact
Funkverkehr m radio communication *od* traffic
für präp for; **für mich** for me; (≈ *meiner Ansicht nach*) in my opinion *od* view; **für zwei arbeiten** fig to do the work of two people; **für einen Deutschen ...** for a German ...; **sich für etw entscheiden** to decide in favo(u)r of sth; **das hat was für sich** it's not a bad thing; **für j-n einspringen** to stand in for sb; **was für ein Auto?** what kind of car?; **Tag für Tag** day after day; **Schritt für Schritt** step by step; **etw für sich behalten** to keep sth to oneself
Für n **das Für und Wider** the pros and cons pl
Furche f furrow; (≈ *Wagenspur*) rut
Furcht f fear; **aus ~ vor j-m/etw** for fear of sb/sth; **~ vor j-m/etw haben** to fear sb/sth; **j-m ~ einflößen** to frighten *od* scare sb; **~ erregend** terrifying, frightening
furchtbar A adj terrible, awful, horrible; **ich habe einen ~en Hunger** I'm terribly hungry umg B adv terribly umg, awfully umg
fürchten A v/t **j-n/etw ~** to be afraid of sb/sth, to fear sb/sth; **das Schlimmste ~** to fear the worst; → **gefürchtet** B v/r to be afraid (**vor** +dat of) C v/i **um j-s Leben ~** to fear for sb's life; **zum Fürchten aussehen** to look frightening *od* terrifying; **j-n das Fürchten lehren** to put the fear of God into sb
fürchterlich adj & adv → furchtbar
furchterregend adj terrifying
furchtlos adj fearless
Furchtlosigkeit f fearlessness
furchtsam adj timorous
füreinander adv for each other, for one another
Furie f Mythologie fury; fig hellcat bes Br, termagant
furios adj high-energy, dynamic
Furnier n veneer
Furore f sensation; **~ machen** umg to cause a sensation
Fürsorge f 1 (≈ *Betreuung*) care; (≈ *Sozialfürsorge*) welfare 2 umg (≈ *Sozialamt*) welfare services pl 3 umg (≈ *Sozialunterstützung*) social security Br, social welfare US; **von der ~ leben** to live on social security Br, to live on social welfare US
fürsorglich adj caring; (≈ *aufmerksam*) thoughtful
Fürsprache f recommendation; **auf ~ von j-m** on sb's recommendation
Fürsprecher(in) m(f) advocate
Fürst m prince; (≈ *Herrscher*) ruler
Fürstentum n principality
fürstlich A adj princely kein adv B adv **j-n ~ bewirten** to entertain sb right royally; **j-n ~ belohnen** to reward sb handsomely; **~ leben** to live like a king *od* lord
Furunkel n/m boil
Fürwort n GRAM pronoun
Furz umg m fart umg
furzen umg v/i to fart umg
Fusel pej m rotgut umg, hooch bes US umg
Fusion f amalgamation; *von Unternehmen* merger; *von Atomkernen, Zellen* fusion
fusionieren v/t & v/i to amalgamate; *Unternehmen* to merge
Fuß m 1 foot; **zu Fuß** on *od* by foot; **er ist gut/schlecht zu Fuß** he is steady/not so steady on his feet; **das Publikum lag ihr zu Füßen** she had the audience at her feet; **kalte Füße bekommen** to get cold feet; **bei Fuß!** heel!; **j-n mit Füßen treten** fig to walk all over sb; **etw mit Füßen treten** fig to treat sth with contempt; **(festen) Fuß fassen** to gain a foothold; (≈ *sich niederlassen*) to settle down; **auf eigenen Füßen stehen** fig to stand on one's own two feet; **j-n auf freien Fuß setzen** to release sb, to set sb free 2 *von Gegenstand* base; (≈ *Tisch-, Stuhlbein*) leg; **auf schwachen Füßen stehen** to be built on sand 3 *in der Dichtung* foot 4 *Längenmaß* foot; **12 Fuß lang** 12 foot *od* feet long
Fußabdruck m footprint; **ökologischer ~** *auf CO_2 bezogen* carbon footprint
Fußabstreifer m doormat
Fußangel *wörtl* f mantrap; fig catch, trap
Fußbad n foot bath
Fußball m 1 (≈ *Fußballspiel*) football bes Br, soccer 2 (≈ *Ball*) football bes Br, soccer ball
Fußballer(in) umg m(f) footballer bes Br, soccer player
Fußballfeld n football pitch
Fußball-Länderspiel n international football match bes Br, international soccer match
Fußballmannschaft f football team bes Br, soccer team

Fußballplatz m football pitch bes Br, soccer field US
Fußballschuhe pl football boots pl
Fußballspiel n soccer match, football match Br
Fußballspieler(in) m(f) football player bes Br, soccer player
Fußballstadion n football stadium bes Br, soccer stadium US
Fußballstar n football star bes Br, soccer star
Fußballstiefel pl football boots pl
Fußballtrikot n football shirt
Fußballverein m football club bes Br, soccer club
Fußballweltmeister m World Cup holders pl
Fußballweltmeisterschaft f World Cup
Fußboden m floor
Fußbodenbelag m floor covering
Fußbodenheizung f (under)floor heating
Fußbremse f foot brake
Fussel f fluff kein pl; **ein(e) ~** a bit of fluff
fusselig adj covered in fluff, linty US; **sich** (dat) **den Mund ~ reden** to talk till one is blue in the face
fusseln v/i to give off fluff
fußen v/i to rest (**auf** +dat on)
Fußende n von Bett foot
Fußfessel f **~n** pl shackles pl; **elektronische ~** electronic tag
Fußgänger(in) m(f) pedestrian
Fußgängerampel f pedestrian lights pl
Fußgängerbrücke f footbridge
Fußgängerüberweg m pedestrian crossing Br, pedestrian crosswalk US
Fußgängerunterführung f underpass, pedestrian subway Br
Fußgängerzone f pedestrian precinct od zone
Fußgeher(in) m(f) österr pedestrian
Fußgelenk n ankle
Füßling m footliner, footsie
Fußmarsch m walk; MIL march
Fußmatte f doormat
Fußnagel m toenail
Fußnote f footnote
Fußpflege f chiropody
Fußpfleger(in) m(f) chiropodist
Fußpilz m MED athlete's foot
Fußsohle f sole of the foot
Fußspur f footprint
Fußstapfe f, **Fußstapfen** m footprint; **in j-s** (akk) **~n treten** fig to follow in sb's footsteps
Fußstütze f footrest
Fußtritt m footstep; (≈ Stoß) kick; **einen ~ bekommen** fig to be kicked out umg
Fußvolk n fig rank and file
Fußweg m 1 (≈ Pfad) footpath 2 (≈ Entfernung) **es sind nur 15 Minuten ~** it's only 15 minutes' walk
futsch umg adj 1 (≈ kaputt) broken 2 (≈ zerschlagen) smashed 3 (≈ weg, verloren) gone
Futter n 1 (animal) food od feed; bes für Kühe, Pferde etc fodder 2 (≈ Kleiderfutter) lining
Futteral n case
futtern hum umg A v/i to stuff oneself umg B v/t to scoff Br umg, to chow US umg
füttern v/t 1 to feed; „**Füttern verboten**" "do not feed the animals" 2 Kleidungsstück to line
Futternapf m bowl
Futterneid fig m green-eyed monster hum, jealousy
Fütterung f feeding
Fütterungszeit f feeding time
Futur n GRAM future (tense)
futuristisch adj (≈ zukunftsweisend) futuristic
Futurologie f futurology

G, g n G, g; **G 8** (≈ Wirtschaftsgipfel) G 8; SCHULE high-school education at a Gymnasium lasting eight years rather than the traditional nine years
g abk (= Gramm) gram(me)
Gabe f (≈ Begabung) gift
Gabel f fork; (≈ Heugabel, Mistgabel) pitchfork; TEL rest, cradle
Gabelflug m open-jaw flight
gabeln v/r to fork
Gabelstapler m fork-lift truck
Gabelung f fork
Gabentisch m table for Christmas or birthday presents
Gabun n Gabon
gackern v/i to cackle
gaffen v/i to gape (**nach** at), to rubberneck umg (**nach** at)
Gaffer(in) m(f) gaper, rubberneck(er)
Gag m (≈ Filmgag) gag; (≈ Werbegag) gimmick; (≈ Witz) joke; umg (≈ Spaß) laugh
Gage f bes THEAT fee; (≈ regelmäßige Gage) salary
gähnen v/i to yawn; **~de Leere** total emptiness; **ein ~des Loch** a gaping hole
GAL abk (= Grüne Alternative Liste) association of ecology-oriented parties
Gala f formal od evening od gala dress; MIL full od ceremonial od gala dress
Galaabend m gala evening
Galaempfang m formal reception
galaktisch adj galactic

galant obs **A** adj gallant **B** adv gallantly
Galauniform f MIL full dress uniform
Galavorstellung f THEAT gala performance
Galaxis f ASTRON galaxy; (≈ Milchstraße) Galaxy, Milky Way
Galeere f galley
Galerie f gallery; **auf der ~** in the gallery
Galgen m gallows pl, gibbet; FILM boom
Galgenfrist umg f reprieve
Galgenhumor m gallows humour Br, gallows humor US
Galgenmännchen n Spiel hangman
Galionsfigur f figurehead
gälisch adj Gaelic
Galle f ANAT (≈ Organ) gall bladder; (≈ Flüssigkeit) bile; Tiermedizin, a. BOT gall; fig (≈ Bosheit) virulence; **bitter wie ~** bitter as gall; **j-m kommt die ~ hoch** sb's blood begins to boil
Gallenblase f gall bladder
Gallenkolik f gallstone colic
Gallenstein m gallstone
Gallier(in) m(f) Gaul
gallisch adj Gallic
Gallone f gallon
Galopp m gallop; **im ~** wörtl at a gallop; fig at top speed; **langsamer ~** canter
galoppieren v/i to gallop; **~de Inflation** galloping inflation
Gamasche f gaiter; (≈ Wickelgamasche) puttee
Gambe f viola da gamba
Gambia n Gambia
Gameboy® m Gameboy®
Gameshow f game show
Gammastrahlen pl gamma rays pl
Gammelfleisch umg n dodgy meat umg
gammelig umg adj Lebensmittel old; Kleidung tatty umg
gammeln umg v/i to loaf around umg
Gammler(in) m(f) long-haired layabout Br, long-haired bum umg
Gamsbart m tuft of hair from a chamois worn as a hat decoration shaving brush hum umg
Gamsbock m chamois buck
Gämse f chamois
gang adj **~ und gäbe sein** to be quite usual
Gang¹ m **1** (≈ Gangart) walk, gait **2** (≈ Besorgung) errand; (≈ Spaziergang) walk; **einen ~ zur Bank machen** to pay a visit to the bank **3** (≈ Ablauf) course; **der ~ der Ereignisse/der Dinge** the course of events/things; **seinen (gewohnten) ~ gehen** fig to run its usual course; **etw in ~ bringen** od **setzen** to get od set sth going; **etw in ~ halten** to keep sth going; **in ~ kommen** to get going; **in ~ sein** to be going; fig to be under way; **in vollem ~** in full swing; **es ist etwas im ~(e)** umg something's up umg **4** (≈ Arbeitsgang) operation; eines Essens course; **ein Essen mit vier Gängen** a four-course meal **5** (≈ Verbindungsgang) passage(way); in Gebäuden corridor; (≈ Hausflur) hallway; zwischen Sitzreihen aisle **6** MECH gear; **den ersten ~ einlegen** to engage first (gear); **in die Gänge kommen** fig to get started od going
Gang² f (≈ Bande) gang
Gangart f walk; von Pferd gait, pace; **eine harte ~** fig a tough stance od line
gangbar wörtl adj Weg, Brücke etc passable; fig Lösung, Weg practicable
gängeln fig v/t **j-n ~** to treat sb like a child; Mutter to keep sb tied to one's apron strings
gängig adj (≈ üblich) common; (≈ aktuell) current
Gangplatz m aisle seat
Gangschaltung f gears pl
Gangster(in) m(f) gangster
Gangsterbande f gang of criminals
Gangstermethoden pl strong-arm tactics pl
Gangway f SCHIFF gangway; FLUG steps pl
Ganove umg m crook; hum (≈ listiger Kerl) sly old fox
Gans f goose; **wie die Gänse schnattern** to cackle away
Gänseblümchen n daisy
Gänsebraten m roast goose
Gänsefüßchen umg pl inverted commas pl Br, quotation marks pl
Gänsehaut fig f goose pimples pl Br od flesh, goose bumps pl; **eine ~ bekommen** od **kriegen** umg to get goose pimples etc
Gänseleberpastete f pâté de foie gras, goose-liver pâté
Gänsemarsch m **im ~** in single od Indian file
Gänserich m gander
Gänseschmalz n goose fat
ganz **A** adj **1** whole, entire; (≈ vollständig) complete; **~ England/London** the whole of England/London Br, all (of) England/London; **aus der ~en Welt** from all over the world; **die ~e Zeit** all the time, the whole time; **den ~en Tag (lang)** all day; **das ~e Jahr 2014** the whole of 2014; **sein ~es Geld** all his money; **seine ~e Kraft** all his strength; **ein ~er Mann** a real man; **im (Großen und) Ganzen** on the whole **2** umg (≈ unbeschädigt) intact; **etw wieder ~ machen** to mend sth **B** adv (≈ völlig) quite; (≈ vollständig) completely; (≈ ausschließlich) entirely; (≈ ziemlich) quite; (≈ sehr) really; (≈ genau) exactly, just; **~ hinten/vorn** right at the back/front; **das ist ~ falsch** this is all wrong; **nicht ~** not quite; **~ schön** pretty; **~ gewiss!** most certainly, absolutely; **ein ~ billiger Trick** a really cheap trick; **~ allein** all alone; **~ wie Sie meinen** just as you think (best); **~**

und gar completely, utterly; **~ und gar nicht** not at all; **ein ~ klein wenig** just a little *od* tiny bit; **das mag ich ~ besonders gerne** I'm particularly *od* especially fond of that

Ganze(s) *n* whole; **etw als ~s sehen** to see sth as a whole; **das ~ kostet …** altogether it costs …; **aufs ~ gehen** *umg* to go all out; **es geht ums ~** everything's at stake

Ganzheit *f* (≈ *Einheit*) unity; (≈ *Vollständigkeit*) entirety; **in seiner ~** in its entirety

ganzheitlich *adj* (≈ *umfassend einheitlich*) integral; *Lernen* integrated; *Medizin* holistic

ganzjährig *adj & adv* all (the) year round

Ganzkörperscanner *m am Flughafen* full-body scanner

gänzlich *adv* completely, totally

ganzseitig *adj Anzeige etc* full-page

ganztägig *adj all-day*; *Arbeit, Stelle* full-time; **~ geöffnet** open all day

ganztags *adv arbeiten* full-time

Ganztags- *zssgn* full-time

Ganztagsbeschäftigung *f* full-time occupation

Ganztagsbetreuung *f* all-day care

Ganztagsschule *f* all-day school

gar **A** *adv* **gar keines** none at all *od* whatsoever; **gar nichts** nothing at all *od* whatsoever; **gar nicht schlecht** not bad at all **B** *adj Speise* done *präd*, cooked

Garage *f* garage

Garant(in) *m(f)* guarantor

Garantie *f* guarantee; *auf Auto* warranty; **die Uhr hat ein Jahr ~** the watch is guaranteed for a year; **unter ~** under guarantee

garantieren **A** *v/t* to guarantee (**j-m etw** sb sth) **B** *v/i* to give a guarantee; **für etw ~** to guarantee sth

garantiert *adv* guaranteed; *umg* I bet *umg*; **er kommt ~ nicht** I bet he won't come *umg*

Garantieschein *m* guarantee, certificate of guarantee *form*; *für Auto* warranty

Garbe *f* (≈ *Korngarbe*) sheaf

Gardasee *m* Lake Garda

Garde *f* guard; **die alte/junge ~** *fig* the old/young guard

Garderobe *f* **1** (≈ *Kleiderbestand*) wardrobe **2** (≈ *Kleiderablage*) hall stand; *im Theater, Kino etc* cloakroom *Br*, checkroom *US* **3** THEAT (≈ *Umkleideraum*) dressing room

Garderobenfrau *f* cloakroom attendant *Br*, checkroom attendant *US*

Garderobenmarke *f* cloakroom ticket *Br*, checkroom ticket *US*

Garderobenständer *m* hat stand *Br*, hat tree *US*

Gardine *f* curtain *Br*, drape *US*; (≈ *Scheibengardine*) net curtain *Br*, café curtain *US*

Gardinenpredigt *umg f* talking-to *umg*; **j-m eine ~ halten** to give sb a talking-to

Gardinenstange *f* curtain rail; *zum Ziehen* curtain rod

garen *v/t & v/i* GASTR to cook; **auf kleiner Flamme** to simmer

gären *v/i* to ferment; **in ihm gärt es** he is in a state of inner turmoil

Garn *n* thread, yarn; **ein ~ spinnen** *fig* to spin a yarn

Garnele *f* ZOOL prawn; (≈ *Granat*) shrimp

garnieren *v/t* to decorate; *Gericht Reden etc* to garnish

Garnison *f* MIL garrison

Garnitur *f* **1** (≈ *Satz*) set; **die erste ~** *fig* the pick of the bunch; **erste/zweite ~ sein** to be first--rate *od* first-class/second-rate **2** (≈ *Besatz*) trimming

garstig *adj* nasty

Garten *m* garden; (≈ *Obstgarten*) orchard; **botanischer ~** botanic(al) gardens *pl*

Gartenarbeit *f* gardening *kein pl*, yard work *US*

Gartenbau *m* horticulture

Gartengerät *n* gardening tool *od* implement

Gartengestaltung *f* gardening

Gartenhaus *n* summer house

Gartenlokal *n* beer garden; (≈ *Restaurant*) garden café

Gartenmöbel *pl* garden furniture

Gartenschere *f* secateurs *pl Br*, pruning shears *pl*; (≈ *Heckenschere*) shears *pl*

Gartenschlauch *m* garden hose

Gartenzaun *m* garden fence

Gartenzwerg *m* garden gnome

Gärtner(in) *m(f)* gardener

Gärtnerei *f* **1** market garden *Br*, truck farm *US* **2** (≈ *Gartenarbeit*) gardening

gärtnern *v/i* to garden

Gärtnern *n* gardening

Gärung *f* fermentation

Garzeit *f* cooking time

Gas *n* gas; AUTO (≈ *Gaspedal*) accelerator, gas pedal *bes US*; **Gas geben** AUTO to accelerate, to step on the gas; *auf höhere Touren bringen* to rev up

Gasbehälter *m* gas holder, gasometer

Gasexplosion *f* gas explosion

Gasfeuerzeug *n* gas lighter

Gasflasche *f* bottle of gas, gas canister

gasförmig *adj* gaseous, gasiform

Gashahn *m* gas tap

Gasheizung *f* gas (central) heating

Gasherd *m* gas cooker

Gaskammer *f* gas chamber

Gaskocher *m* camping stove

Gasleitung *f* (≈ *Rohr*) gas pipe; (≈ *Hauptrohr*) gas

main
Gasmann *m* gasman
Gasmaske *f* gas mask
Gasofen *m* *Heizung* gas fire; *Backofen* gas oven
Gasometer *m* gasometer
Gaspedal *n* AUTO accelerator (pedal), gas pedal *bes US*
Gasrohr *n* gas pipe; (≈ *Hauptrohr*) gas main
Gasse *f* lane; (≈ *Durchgang*) alley(way)
Gassenjunge *pej m* street urchin
Gassi *umg adv* **~ gehen** to go walkies *Br umg*, to go for a walk
Gast *m* guest; (≈ *Tourist*) visitor; *in einer Gaststätte* customer; **wir haben heute Abend Gäste** we're having company this evening; **bei j-m zu ~ sein** to be sb's guest(s)
Gastarbeiter(in) *neg! m(f)* immigrant *od* foreign worker
Gastdozent(in) *m(f)* visiting *od* guest lecturer
Gästebett *n* spare *od* guest bed
Gästebuch *n* visitors' book
Gästehandtuch *n* guest towel
Gästehaus *n* guest house
Gästeliste *f* guest list
Gäste-WC *n* guest toilet
Gästezimmer *n* guest *od* spare room
Gastfamilie *f* host family
gastfreundlich *adj* hospitable
Gastfreundlichkeit *f* hospitality
Gastfreundschaft *f* hospitality
gastgebend *adj Land, Theater* host *attr*; *Mannschaft* home *attr*
Gastgeber *m* host
Gastgeberin *f* hostess
Gasthaus *n*, **Gasthof** *m* inn
Gasthörer(in) *m(f)* UNIV observer, auditor *US*
gastieren *v/i* to guest
Gastland *n* host country
gastlich *adj* hospitable
Gastlichkeit *f* hospitality
Gastmannschaft *f* visiting team
Gastrecht *n* right to hospitality
Gastritis *f* gastritis
Gastronom(in) *m(f)* (≈ *Gastwirt*) restaurateur; (≈ *Koch*) cuisinier, cordon bleu cook *bes Br*
Gastronomie *f form* (≈ *Gaststättengewerbe*) catering trade; *geh* (≈ *Kochkunst*) gastronomy
gastronomisch *adj* gastronomic
Gastspiel *n* THEAT guest performance; SPORT away match
Gaststätte *f* (≈ *Restaurant*) restaurant; (≈ *Trinklokal*) pub *Br*, bar
Gaststättengewerbe *n* catering trade
Gaststube *f* lounge
Gasturbine *f* gas turbine
Gastwirt *m Besitzer* restaurant owner *od* proprietor; *Pächter* restaurant manager; *von Kneipe* landlord
Gastwirtin *f Besitzerin* restaurant owner *od* proprietress; *Pächterin* restaurant manageress; *von Kneipe* landlady
Gastwirtschaft *f* → Gaststätte
Gasuhr *f* gas meter
Gasvergiftung *f* gas poisoning
Gasversorgung *f* (≈ *System*) gas supply (+*gen* to)
Gaswerk *n* gasworks *sg od pl*
Gaszähler *m* gas meter
Gate *n* (≈ *Flugsteig*) gate
Gatte *form m* husband, spouse *form*
Gatter *n* (≈ *Tür*) gate; (≈ *Zaun*) fence; (≈ *Rost*) grating, grid
Gattin *form f* wife, spouse *form*
Gattung *f* BIOL genus; LIT, MUS, KUNST genre; *fig* (≈ *Sorte*) type, kind
Gattungsbegriff *m* generic concept
GAU *m abk* (= *größter anzunehmender Unfall*) MCA, maximum credible accident; *fig umg* worst-case scenario
Gaudi *umg n* fun
Gaukler(in) *liter m(f)* travelling entertainer *Br*, traveling entertainer *US*; *fig* storyteller
Gaul *pej m* nag, hack
Gaumen *m* palate
Gauner *m* rogue, scoundrel; (≈ *Betrüger*) crook; *umg* (≈ *gerissener Kerl*) cunning devil *umg*
Gaunerin *f* (≈ *Betrügerin*) crook
Gaunersprache *f* underworld jargon
Gazastreifen *m* Gaza Strip
Gaze *f* gauze
Gazelle *f* gazelle
GB[1] *abk* (= *Großbritannien*) GB
GB[2] *abk* (= *Gigabyte*) GB
geachtet *adj* respected; → achten
geartet *adj* **gutmütig ~ sein** to be good-natured; **freundlich ~ sein** to have a friendly nature
Geäst *n* branches *pl*
geb. *abk* (= *geboren*) born, b.
Gebäck *n* (≈ *Kekse*) biscuits *pl Br*, cookies *pl US*; (≈ *süße Teilchen*) pastries *pl*
Gebälk *n* timbers *pl*
geballt *adj* (= *konzentriert*) concentrated; **die Probleme treten jetzt ~ auf** the problems are piling up now; → ballen
gebannt *adj* **(wie) ~** fascinated; → bannen
Gebärde *f* gesture
gebärden *v/r* to behave
Gebärdensprache *f* gestures *pl*; (≈ *Zeichensprache*) sign language
Gebaren *n* behaviour *Br*, behavior *US*; HANDEL (≈ *Geschäftsgebaren*) conduct
gebären A *v/t* to give birth to; **geboren wer-**

den to be born; **wo sind Sie geboren?** where were you born?; → geboren **B** v/i to give birth
Gebärmutter f ANAT womb, uterus
Gebärmutterhals m cervix
Gebärmutterkrebs m cervical cancer
Gebarung f HANDEL österr (≈ Geschäftsgebaren) conduct
Gebäude n building; fig (≈ Gefüge) structure
Gebäudekomplex m building complex
gebaut adj built; **gut ~ sein** to be well-built; → bauen
Gebeine pl bones pl, (mortal) remains pl
Gebell n barking
geben **A** v/t **1** to give; (≈ überreichen a.) to hand; **was darf ich Ihnen ~?** what can I get you?; **~ Sie mir bitte zwei Flaschen Bier** I'd like two bottles of beer, please; **~ Sie mir bitte Herrn Lang** TEL can I speak to Mr Lang please?; **ich gäbe viel darum, zu …** I'd give a lot to …; **gibs ihm (tüchtig)!** umg let him have it! umg; **das Buch hat mir viel gegeben** I got a lot out of the book; → gegeben **2** (≈ übergeben) **ein Auto in Reparatur ~** to have a car repaired; **ein Kind in Pflege ~** to put a child in care **3** (≈ veranstalten) Konzert, Fest to give; **was wird heute im Theater gegeben?** what's on at the theatre today? Br, what's on at the theater today? US **4** (≈ unterrichten) to teach; **er gibt Nachhilfeunterricht** he does tutoring **5 viel/nicht viel auf etw** (akk) **~** to set great/little store by sth; **ich gebe nicht viel auf seinen Rat** I don't think much of his advice; **etw von sich ~** Laut, Worte, Flüche to utter sth; Meinung to express sth **B** v/i **1** KART to deal; **wer gibt?** whose turn is it to deal? **2** SPORT (≈ Aufschlag haben) to serve **C** v/i **es gibt** there is; mit Plural there are; **gibt es einen Gott?** is there a God?; **es wird noch Ärger ~** there'll be trouble (yet); **was gibts zum Mittagessen?** what's for lunch?; **es gibt gleich Mittagessen!** it's nearly time for lunch!; **was gibts?** what's the matter?, what is it?; **das gibts doch nicht!** I don't believe it!; **das hat es ja noch nie gegeben!** it's unbelievable!; **so was gibts bei uns nicht!** umg that's just not on! umg; **gleich gibts was!** umg there's going to be trouble! **D** v/r **sich ~** (≈ nachlassen) Regen to ease off; Schmerzen to ease; Begeisterung to cool; freches Benehmen to lessen; (≈ sich erledigen) to sort itself out; (≈ aufhören) to stop; **das wird sich schon ~** it'll all work out; **nach außen gab er sich heiter** outwardly he seemed quite cheerful
Geber(in) m(f) giver; KART dealer
Gebet n prayer; **j-n ins ~ nehmen** fig to take sb to task; iron bei Polizeiverhör etc to put pressure on sb

Gebetbuch n prayer book
gebeugt adj Haltung stooped; Kopf bowed; → beugen
Gebiet n **1** area, region; (≈ Staatsgebiet) territory; (≈ Bezirk) district **2** fig (≈ Fach) field; (≈ Teilgebiet) branch; **auf diesem ~** in this field
gebieten geh **A** v/t (≈ verlangen) to demand; **j-m etw ~** to command sb to do sth **B** v/i **über etw** (akk) **~ über Geld etc** to have sth at one's disposal; → geboten
Gebietsanspruch m territorial claim
Gebietskörperschaft f regional authority
gebietsweise adv in some areas
Gebilde n (≈ Ding) thing; (≈ Gegenstand) object; (≈ Bauwerk) construction
gebildet adj educated; (≈ gelehrt) learned; (≈ kultiviert) cultured; → bilden
Gebinde n (≈ Blumengebinde) arrangement; (≈ Blumenkranz) wreath
Gebirge n mountains pl, mountain range
gebirgig adj mountainous
Gebirgskette f mountain range
Gebirgslandschaft f (≈ Gegend) mountainous region; (≈ Ausblick) mountain scenery
Gebirgszug m mountain range
Gebiss n (≈ die Zähne) (set of) teeth pl; (≈ künstliches Gebiss) dentures pl, false teeth pl
Gebläse n blower
geblümt adj flowered
Geblüt geh n (≈ Abstammung) descent; fig (≈ Blut) blood; **von edlem ~** of noble blood
gebogen adj bent; (≈ geschwungen, rund) curved; → biegen
gebongt umg adj **das ist ~** okey-doke umg
geboren adj born; **er ist blind ~** he was born blind; **~er Engländer sein** to be English by birth; **er ist der ~e Erfinder** he's a born inventor; **Hanna Schmidt ~e Müller** Hanna Schmidt, née Müller; → gebären
geborgen adj **sich ~ fühlen** to feel secure; → bergen
Geborgenheit f security
Gebot n **1** (≈ Gesetz) law; (≈ Vorschrift) rule; BIBEL commandment **2** geh (≈ Erfordernis) requirement; **das ~ der Stunde** the needs of the moment **3** HANDEL bei Auktionen bid
geboten geh adj (≈ ratsam) advisable; (≈ notwendig) necessary; (≈ dringend geboten) imperative; → bieten → gebieten
Gebotsschild n sign giving orders
Gebr. abk (= Gebrüder) Bros.
gebrannt adj **~e Mandeln** pl burnt almonds pl Br, baked almonds pl US; **~er Ton** fired clay; **~es Kind scheut das Feuer** sprichw once bitten, twice shy sprichw; → brennen
Gebrauch m (≈ Benutzung) use; eines Wortes us-

age; (≈ *Anwendung*) application; (≈ *Brauch*) custom; **von etw ~ machen** to make use of sth; **in ~ sein** to be in use

gebrauchen v/t (≈ *benutzen*) to use; (≈ *anwenden*) to apply; **sich zu etw ~ lassen** to be useful for sth; (≈ *missbrauchen*) to be used as sth; **nicht mehr zu ~ sein** to be useless; **er/das ist zu nichts zu ~** he's/that's absolutely useless; **das kann ich gut ~** I can really use that; **ich könnte ein neues Kleid ~** I could use a new dress

gebräuchlich adj (≈ *verbreitet*) common; (≈ *gewöhnlich*) usual, customary

Gebrauchsanweisung f für *Arznei* directions pl; für *Geräte etc* instructions pl (for use)

Gebrauchsartikel m article for everyday use; pl bes HANDEL basic consumer goods pl

gebrauchsfertig adj ready for use

Gebrauchsgegenstand m commodity; (≈ *Werkzeug, Küchengerät*) utensil

Gebrauchsgut n consumer item

Gebrauchsmuster n registered pattern od design

gebraucht **A** adj second-hand; *Verpackung* used **B** adv **etw ~ kaufen** to buy sth second-hand; → **brauchen**

Gebrauchtwagen m used od second-hand car

Gebrauchtwagenhändler(in) m(f) used od second-hand car dealer

gebräunt adj (≈ *braun gebrannt*) (sun-)tanned; → **bräunen**

Gebrechen geh n affliction

gebrechlich adj frail; (≈ *altersschwach*) infirm

gebrochen **A** adj broken; **~e Zahl** MATH fraction; **mit ~em Herzen** broken-hearted **B** adv **~ Deutsch sprechen** to speak broken German; → **brechen**

Gebrüder pl HANDEL Brothers pl; **~ Müller** Müller Brothers

Gebrüll n von *Löwe* roar; von *Mensch* yelling

gebückt **A** adj **eine ~e Haltung** a stoop **B** adv **~ gehen** to stoop; → **bücken**

Gebühr f **1** charge; (≈ *Postgebühr*) postage kein pl; (≈ *Studiengebühr*) fees pl; (≈ *Vermittlungsgebühr*) commission; (≈ *Straßenbenutzungsgebühr*) toll; (≈ *Steuer*) tax; **~en erheben** to make a charge; **~ (be)zahlt Empfänger** postage to be paid by addressee **2** (≈ *Angemessenheit*) **nach ~** suitably, properly; **über ~** excessively

gebühren geh **A** v/i **das gebührt ihm** (≈ *steht ihm zu*) it is his (just) due; (≈ *gehört sich für ihn*) it befits him **B** v/r **wie es sich gebührt** as is proper

gebührend **A** adj (≈ *verdient*) due; (≈ *angemessen*) suitable; (≈ *geziemend*) proper **B** adv duly, suitably; **etw ~ feiern** to celebrate sth in a fitting manner

Gebühreneinheit f TEL (tariff) unit

Gebührenerhöhung f increase in charges

gebührenfrei **A** adj free of charge; *Telefonnummer* Freefone® Br, toll-free US **B** adv free of charge

Gebührenordnung f scale of charges

gebührenpflichtig **A** adj subject to a charge; *Autobahnbenutzung* subject to a toll; **~e Verwarnung** JUR fine; **~e Autobahn** toll road Br, turnpike US **B** adv **j-n ~ verwarnen** to fine sb

gebunden adj tied (**an** +akk to); durch *Verpflichtungen etc* tied down; *Kapital* tied up; LING, PHYS, CHEM bound; *Buch* cased, hardback; *Wärme* latent; MUS legato; **vertraglich ~ sein** to be bound by contract; → **binden**

Geburt f birth; **von ~** by birth; **von ~ an** from birth; (≈ *gebürtig*) natural-born; **bei der ~ sterben** *Mutter* to die in childbirth; *Kind* to die at birth; **das war eine schwere ~!** fig umg that took some doing umg

Geburtendefizit n birth deficit

Geburtenkontrolle f, **Geburtenregelung** f birth control

Geburtenrate f birthrate

Geburtenrückgang m drop in the birthrate

geburtenschwach adj *Jahrgang* with a low birthrate

geburtenstark adj *Jahrgang* with a high birthrate

Geburtenüberschuss m excess of births over deaths

Geburtenziffer f birthrate

gebürtig adj natural-born, native; **ich bin ~er Londoner** I was born in London

Geburtsanzeige f birth announcement

Geburtsdatum n date of birth

Geburtshaus n **das ~ Kleists** the house where Kleist was born

Geburtshelfer(in) m(f) MED (≈ *Arzt*) obstetrician; (≈ *Hebamme*) midwife

Geburtsjahr n year of birth

Geburtsland n native country

Geburtsname m birth name; von *Frau a.* maiden name

Geburtsort m birthplace; im *Pass* place of birth

Geburtstag m birthday; auf *Formularen* date of birth; **j-m zum ~ gratulieren** to wish sb (a) happy birthday; **zu seinem ~** for his birthday; **ich habe im Mai/am 13. Juni ~** my birthday is in May/on 13th June; **heute habe ich ~** it's my birthday today; **wann hast du ~?** when's your birthday?; **herzlichen Glückwunsch zum ~, alles Gute zum ~!** happy birthday!

Geburtstagsfeier f birthday party

Geburtstagsgeschenk n birthday present

Geburtstagskind n birthday boy/girl
Geburtsurkunde f birth certificate
Gebüsch n bushes pl; (≈ *Unterholz*) undergrowth, brush
gedacht adj *Linie, Fall* imaginary; → **denken**
Gedächtnis n memory; **etw aus dem ~ hersagen** to recite sth from memory; **j-m im ~ bleiben** to stick in sb's mind; **etw im ~ behalten** to remember sth
Gedächtnislücke f gap in one's memory
Gedächtnisschwund m amnesia
Gedächtnistraining n memory training
gedämpft adj **1** (≈ *vermindert*) *Geräusch* muffled; *Farben, Stimmung* muted; *Optimismus* cautious; *Licht, Freude* subdued; **mit ~er Stimme** in a low voice **2** GASTR steamed; → **dämpfen**
Gedanke m thought (**über** +*akk* on, about); (≈ *Idee, Plan*) idea; (≈ *Konzept*) concept; **der bloße ~ an …** the mere thought of …; **in ~n vertieft sein** to be deep in thought; **j-n auf andere ~n bringen** to take sb's mind off things; **sich** (*dat*) **~n machen** (≈ *sich fragen*) to wonder; **sich** (*dat*) **über etw** (*akk*) **~n machen** to think about sth; (≈ *sich sorgen*) to worry about sth; **etw ganz in ~n** (*dat*) **tun** to do sth (quite) without thinking; **j-s ~n lesen** to read sb's mind *od* thoughts; **auf dumme ~n kommen** *umg* to get up to mischief; **mit dem ~n spielen, etw zu tun** to toy with the idea of doing sth
Gedankenaustausch m POL exchange of ideas
Gedankenfreiheit f freedom of thought
gedankenlos adj (≈ *unüberlegt*) unthinking; (≈ *zerstreut*) absent-minded; (≈ *rücksichtslos*) thoughtless
Gedankenlosigkeit f (≈ *Unüberlegtheit*) lack of thought; (≈ *Zerstreutheit*) absent-mindedness; (≈ *Rücksichtslosigkeit*) thoughtlessness
Gedankenspiel n intellectual game; *als psychologische Taktik* mind game
Gedankenstrich m dash
Gedankenübertragung f telepathy
gedanklich adj intellectual; (≈ *vorgestellt*) imaginary
Gedärme pl bowels pl, intestines pl
Gedeck n **1** (≈ *Tischgedeck*) cover; **ein ~ auflegen** to lay a place *Br*, to set a place **2** (≈ *Menü*) set meal, table d'hôte **3** *im Nachtklub* cover charge
gedeckt adj *Farben* muted; *Tisch* set for a meal, laid for a meal *Br*; → **decken**
Gedeih m **auf ~ und Verderb** for better or (for) worse
gedeihen v/i to thrive; *geh* (≈ *sich entwickeln*) to develop; *fig* (≈ *vorankommen*) to make progress
gedenken v/i **1** *geh* (≈ *denken an*) to remember **2** (≈ *feiern*) to commemorate

Gedenken n memory (**an** +*akk* of); **zum** *od* **im ~ an j-n** in memory of sb
Gedenkfeier f commemoration
Gedenkgottesdienst m memorial service
Gedenkminute f minute's silence
Gedenkmünze f commemorative coin
Gedenkstätte f memorial
Gedenkstunde f hour of commemoration
Gedenktafel f plaque
Gedenktag m commemoration day
Gedicht n poem; **der Nachtisch ist ein ~** *umg* the dessert is sheer poetry
Gedichtband m book of poems *od* poetry
Gedichtinterpretation f *eines Gedichtes* interpretation of a poem; *von Dichtung* interpretation of poetry
gediegen adj **1** *Metall* pure **2** *von guter Qualität* high-quality; (≈ *geschmackvoll*) tasteful; (≈ *rechtschaffen*) upright; *Kenntnisse* sound
gedopt adj **er war ~** he had taken drugs; → **dopen**
Gedränge n (≈ *Menschenmenge*) crowd, crush; (≈ *Drängeln*) jostling; *beim Rugby* scrum(mage); **ins ~ kommen** *fig* to get into a fix *umg*
Gedrängel *umg* n (≈ *Drängeln*) shoving *umg*
gedrängt A adj packed; *fig Stil* terse **B** adv **~ voll** packed full; **~ stehen** to be crowded together; → **drängen**
gedruckt adj printed; **lügen wie ~** *umg* to lie right, left and centre *Br umg*, to lie right, left and center *US umg*; → **drucken**
gedrückt adj *Stimmung* depressed; **~er Stimmung sein** to feel depressed; → **drücken**
gedrungen adj *Gestalt* stocky
Geduld f patience; **mit j-m/etw ~ haben** to be patient with sb/sth; **ich verliere die ~** my patience is wearing thin
gedulden v/r to be patient
geduldig A adj patient **B** adv patiently
Geduldspiel n *fig* test of patience
Geduldsprobe f **das war eine harte ~** it was enough to try anyone's patience
geehrt adj honoured *Br*, honored *US*; **sehr ~e Damen und Herren** Ladies and Gentlemen; *in Briefen* Dear Sir or Madam *Br*, To whom it may concern *US*; → **ehren**
geeignet adj (≈ *passend*) suitable; (≈ *richtig*) right; **er ist zu dieser Arbeit nicht ~** he's not suited to this work; **er wäre zum Lehrer gut ~** he would make a good teacher; → **eignen**
geerdet adj grounded; → **erden**
Gefahr f **1** danger (**für** to, for); (≈ *Bedrohung*) threat (**für** to, for); **in ~ sein** to be in danger; (≈ *bedroht*) to be threatened; **außer ~** out of danger; **sich einer ~ aussetzen** to put oneself in danger **2** (≈ *Risiko*) risk (**für** to, for); **auf eige-**

ne ~ at one's own risk; *stärker* at one's own peril; **auf die ~ hin, etw zu tun** at the risk of doing sth; **~ laufen, etw zu tun** to run the risk of doing sth

gefährden v/t to endanger; (≈ *bedrohen*) to threaten; (≈ *aufs Spiel setzen*) to put at risk; **gefährdet** threatened

Gefährder(in) m(f) potential terrorist

gefährdet adj *Tierart* endangered; *Ehe, Bevölkerungsgruppe, Gebiet* at risk präd

Gefährdung f ❶ (≈ *das Gefährden*) endangering; (≈ *das Riskieren*) risking ❷ (≈ *Gefahr*) danger (+gen to)

Gefahrenherd m danger area

Gefahrenquelle f safety hazard

Gefahrenstelle f danger spot

Gefahrenzone f danger zone

Gefahrenzulage f danger money

gefährlich Ⓐ adj dangerous; (≈ *nicht sicher*) unsafe Ⓑ adv dangerously

Gefährlichkeit f dangerousness

gefahrlos Ⓐ adj safe; (≈ *harmlos*) harmless Ⓑ adv safely; (≈ *harmlos*) harmlessly

Gefährte m, **Gefährtin** geh f companion

Gefälle n ❶ *von Fluss* drop, fall; *von Land, Straße* slope; (≈ *Neigungsgrad*) gradient; **ein ~ von 10%** a gradient of 10% ❷ fig (≈ *Unterschied*) difference; **das Nord-Süd-Gefälle** the north-south divide

gefallen v/i to please (j-m sb); **es gefällt mir (gut)** I like it (very much od a lot); **das gefällt mir gar nicht** I don't like it at all; **das gefällt mir schon besser** umg that's more like it umg; **er gefällt mir gar nicht** umg *gesundheitlich* I don't like the look of him umg; **sich** (dat) **etw ~ lassen** (≈ *dulden*) to put up with sth

Gefallen¹ geh n pleasure; **an etw** (dat) **~ finden** to get pleasure from sth

Gefallen² m favour Br, favor US; **j-n um einen ~ bitten** to ask sb a favo(u)r; **j-m einen ~ tun** to do sb a favo(u)r

Gefallene(r) m/f(m) soldier killed in action

gefällig adj ❶ (≈ *hilfsbereit*) obliging; **j-m ~ sein** to oblige sb ❷ (≈ *ansprechend*) pleasing; (≈ *freundlich*) pleasant ❸ **Zigarette ~?** form would you care for a cigarette?

Gefälligkeit f ❶ (≈ *Gefallen*) favour Br, favor US; **j-m eine ~ erweisen** to do sb a favo(u)r ❷ **etw aus ~ tun** to do sth out of the kindness of one's heart

gefälligst umg adv kindly; **sei ~ still!** kindly keep your mouth shut! umg

gefangen adj captive; *im Gefängnis* imprisoned

Gefangene(r) m/f(m) captive; (≈ *Sträfling*), a. fig prisoner; (≈ *Zuchthäusler*) convict

Gefangenenlager n prison camp

gefangen halten v/t to hold prisoner; *Geiseln* to hold; *Tiere* to keep in captivity; fig to captivate

Gefangennahme f capture; (≈ *Verhaftung*) arrest

gefangen nehmen v/t to take captive; (≈ *verhaften*) to arrest; MIL to take prisoner; fig to captivate

Gefangenschaft f captivity; **in ~ geraten** to be taken prisoner

Gefängnis n prison, jail; (≈ *Gefängnisstrafe*) imprisonment; **im ~** in prison; **im ~ wegen Mordes** in prison for murder; **zwei Jahre ~ bekommen** to get two years in prison

Gefängnisstrafe f prison sentence; **eine ~ von zehn Jahren** ten years' imprisonment

Gefängniswärter(in) m(f) warder Br, prison officer od guard

Gefängniszelle f prison cell

gefärbt adj dyed; *Lebensmittel* artificially coloured Br, artificially colored US; **konservativ ~ sein** to have a conservative bias; → **färben**

Gefasel pej n drivel umg

Gefäß n a. ANAT, BOT vessel; (≈ *Behälter*) receptacle

gefasst Ⓐ adj (≈ *ruhig*) composed, calm; *Stimme* calm; **sich auf etw** (akk) **~ machen** to prepare oneself for sth; **er kann sich auf etwas ~ machen** umg I'll give him something to think about umg Ⓑ adv (≈ *beherrscht*) calmly; → **fassen**

Gefecht n battle; **j-n außer ~ setzen** to put sb out of action; **im Eifer des ~s** fig in the heat of the moment

gefechtsbereit adj ready for battle; (≈ *einsatzfähig*) (fully) operational

Gefechtskopf m warhead

gefeiert adj celebrated, acclaimed; → **feiern**

gefeit adj **gegen etw ~ sein** to be immune to sth

gefestigt adj established; *Charakter* steady; *Kenntnisse* grounded; → **festigen**

Gefieder n plumage

gefiedert adj feathered; *Blatt* pinnate

Geflecht n network; (≈ *Gewebe*) weave; (≈ *Rohrflecht*) wickerwork

gefleckt adj spotted; *Vogel* speckled; *Haut* blotchy

Geflügel n poultry kein pl

Geflügelfleisch n poultry

Geflügelpest f bird flu, avian influenza

Geflügelsalat m chicken salad

Geflügelschere f poultry shears pl

geflügelt adj winged; **~e Worte** standard quotations

Geflügelzucht f poultry farming

Geflüster n whispering

Gefolge n retinue, entourage; (≈ *Trauergefolge*)

cortege; *fig* wake; **im ~** in the wake (+*gen* of)
Gefolgschaft *f* 1 (≈ *die Anhänger*) following 2 (≈ *Treue*) allegiance
Gefolgsmann *m* follower
gefragt *adj Waren, Sänger etc* popular *attr*, in demand *präd*; → **fragen**
gefräßig *adj* gluttonous; *fig geh* voracious
Gefräßigkeit *f* gluttony; *fig geh* voracity
Gefreite(r) *m/f(m)* MIL private; FLUG aircraftman first class *Br*, airman first class *US*
gefreut *adj schweiz* (≈ *angenehm*) pleasant; → **freuen**
Gefrierbeutel *m* freezer bag
gefrieren *v/i* to freeze
Gefrierfach *n* freezer compartment, icebox *bes US*
gefriergetrocknet *adj* freeze-dried
Gefrierkost *f* frozen food
Gefrierpunkt *m* freezing point; *von Thermometer* zero; **auf dem ~ stehen** to be at freezing point/zero
Gefrierschrank *m* (upright) freezer
Gefriertruhe *f* freezer
gefroren *adj* frozen; → **gefrieren** → **frieren**
gefrustet *umg adj* frustrated; **ich bin total ~** I'm totally frustrated, I'm at my wits' end
Gefüge *n* structure
gefügig *adj* (≈ *willfährig*) submissive; (≈ *gehorsam*) obedient; **j-n ~ machen** to make sb bend to one's will
Gefühl *n* feeling; (≈ *Emotionalität*) sentiment; (≈ *Emotion*) emotion; (≈ *Gespür*) sense; **j-m das ~ geben, klein zu sein** to make sb feel small; **etw im ~ haben** to have a feel for sth; **ich habe das ~, dass ...** I have the feeling that ...; **j-s ~e verletzen** to hurt sb's feelings; **ein ~ für Gerechtigkeit** a sense of justice
gefühllos *adj* insensitive; (≈ *mitleidlos*) callous; *Glieder* numb
Gefühllosigkeit *f* insensitivity; (≈ *Mitleidlosigkeit*) callousness; *von Gliedern* numbness
gefühlsarm *adj* unemotional
Gefühlsausbruch *m* emotional outburst
gefühlsbedingt *adj* emotional
gefühlsbetont *adj* emotional
Gefühlsduselei *f pej* mawkishness
Gefühlslage *f* emotional state
Gefühlsleben *n* emotional life
gefühlsmäßig A *adj* instinctive B *adv* instinctively
Gefühlsmensch *m* emotional person
Gefühlssache *f* matter of feeling
gefühlvoll A *adj* 1 (≈ *empfindsam*) sensitive; (≈ *ausdrucksvoll*) expressive 2 (≈ *liebevoll*) loving B *adv* with feeling; (≈ *ausdrucksvoll*) expressively
gefüllt *adj Paprikaschoten etc* stuffed; *Brieftasche* full; **~e Pralinen** chocolates with soft centres *Br*, candies with soft centers *US*; → **füllen**
gefunden *adj* **das war ein ~es Fressen für ihn** that was handing it to him on a plate; → **finden**
gefürchtet *adj* dreaded *mst attr*; → **fürchten**
gegeben *adj* given; **bei der ~en Situation** given this situation; **etw als ~ voraussetzen** to assume sth; **zu ~er Zeit** in due course; → **geben**
gegebenenfalls *adv* should the situation arise; (≈ *wenn nötig*) if need be; (≈ *eventuell*) possibly; ADMIN if applicable
Gegebenheit *f* (actual) fact; (≈ *Realität*) actuality; (≈ *Zustand*) condition; **sich mit den ~en abfinden** to come to terms with the facts as they are
gegen *präp* 1 (≈ *wider*) against; **X ~ Y** SPORT, JUR X versus Y; **haben Sie ein Mittel ~ Schnupfen?** do you have anything for colds?; **etwas/nichts ~ j-n/etw haben** to have something/nothing against sb/sth; **etwas ~ etw unternehmen** *od* **tun** to do something about sth 2 (≈ *in Richtung auf*) towards, toward *US*; (≈ *nach*) to; **~ einen Baum rennen** to run into a tree 3 (≈ *ungefähr*) round about, around; **~ 5 Uhr** around 5 o'clock 4 (≈ *gegenüber*) towards, to; **sie ist immer fair ~ mich gewesen** she's always been fair to me 5 (≈ *im Austausch für*) for; **~ bar** for cash; **~ Quittung** against a receipt 6 (≈ *verglichen mit*) compared with
gegen- *zssgn* anti
Gegenangebot *n* counteroffer
Gegenangriff *m* counterattack
Gegenanzeige *f* MED contraindication
Gegenargument *n* counterargument
Gegenbeispiel *n* counterexample
Gegenbewegung *f* countermovement
Gegenbeweis *m* counterevidence *kein unbest art, kein pl*; **den ~ zu etw antreten** to produce evidence to counter sth
Gegend *f* area; (≈ *geografisches Gebiet*) region; **hier in der ~** (a)round here
Gegendarstellung *f* reply
Gegendemonstration *f* counterdemonstration
gegeneinander *adv* against each other *od* one another
gegeneinanderprallen *v/i* to collide
gegeneinanderstellen *fig v/t* to compare
Gegenfahrbahn *f* oncoming lane
Gegenfrage *f* counterquestion
Gegengewicht *n* counterbalance
Gegengift *n* antidote (**gegen** to)
Gegenkandidat(in) *m(f)* rival candidate
Gegenleistung *f* service in return; **als ~ für etw** in return for sth

Gegenlicht n **bei ~ Auto fahren** to drive with the light in one's eyes; **etw bei** od **im ~ aufnehmen** FOTO to take a backlit photo(graph) of sth

Gegenliebe f fig (≈ Zustimmung) approval

Gegenmaßnahme f countermeasure

Gegenmittel n MED antidote (**gegen** to)

Gegenoffensive f counteroffensive

Gegenpol m counterpole; fig antithesis (**zu** of, to)

Gegenprobe f crosscheck

Gegenrichtung f opposite direction

Gegensatz m contrast; (≈ Gegenteil) opposite; (≈ Unvereinbarkeit) conflict; **Gegensätze** (≈ Meinungsverschiedenheiten) differences pl; **im ~ zu** unlike, in contrast to; **einen krassen ~ zu etw bilden** to contrast sharply with sth; **im ~ zu etw stehen** to conflict with sth

gegensätzlich **A** adj (≈ konträr) contrasting; (≈ widersprüchlich) opposing; (≈ unterschiedlich) different; (≈ unvereinbar) conflicting **B** adv **sie verhalten sich völlig ~** they behave in totally different ways

Gegenschlag m MIL reprisal; fig retaliation kein pl; **zum ~ ausholen** to prepare to retaliate

Gegenseite f other side

gegenseitig **A** adj mutual **B** adv each other, one another; **sich ~ ausschließen** to be mutually exclusive

Gegenseitigkeit f mutuality; **ein Vertrag auf ~** a reciprocal treaty; **das beruht auf ~** the feeling is mutual

Gegenspieler(in) m(f) opponent; LIT antagonist

Gegensprechanlage f (two-way) intercom

Gegenstand m (≈ Ding) object, thing; WIRTSCH (≈ Artikel) article; (≈ Thema) subject; **~ unseres Gesprächs war …** the subject of our conversation was …; **~ des Gespötts** object of ridicule

gegenständlich adj concrete; KUNST representational; (≈ anschaulich) graphic(al)

gegenstandslos adj (≈ überflüssig) redundant, unnecessary; (≈ grundlos) unfounded; (≈ hinfällig) irrelevant; KUNST abstract

gegensteuern v/i AUTO to steer in the opposite direction; fig to take countermeasures

Gegenstimme f PARL vote against; **der Antrag wurde ohne ~n angenommen** the motion was carried unanimously

Gegenstück n opposite; (≈ passendes Gegenstück) counterpart

Gegenteil n opposite (**von** of); **im ~!** on the contrary!; **ganz im ~** quite the reverse; **ins ~ umschlagen** to swing to the other extreme

gegenteilig **A** adj Ansicht, Wirkung opposite, contrary; **eine ~e Meinung** a contrary opinion **B** adv **sich ~ entscheiden** to come to a different decision

Gegentor n bes FUSSB, SPORT **ein ~ hinnehmen müssen** to concede a goal; **ein ~ erzielen** to score

gegenüber **A** präp **1** örtlich opposite; **er saß mir genau ~** he sat directly opposite me **2** (≈ zu) to; (≈ in Bezug auf) with regard to, as regards; (≈ angesichts, vor) in the face of; (≈ im Vergleich zu) compared with; **mir ~ hat er das nicht geäußert** he didn't say that to me **B** adv opposite; **der Park ~** the park opposite

Gegenüber n bei Kampf opponent; bei Diskussion opposite number; **mein ~ am Tisch** the person (sitting) opposite me at (the) table

gegenüberliegen v/i to be opposite, to face; **sich** (dat) **~** to face each other

gegenüberliegend adj opposite

gegenübersehen v/r **sich einer Aufgabe ~** to be faced with a task

gegenüberstehen v/i to be opposite, to face; j-m to stand opposite; **j-m feindlich ~** to have a hostile attitude toward(s) sb

gegenüberstellen v/t (≈ konfrontieren mit) to confront (+dat with); fig (≈ vergleichen) to compare (+dat with)

Gegenüberstellung f confrontation; fig (≈ Vergleich) comparison

gegenübertreten v/i **j-m ~** to face sb

Gegenverkehr m oncoming traffic

Gegenvorschlag m counterproposal

Gegenwart f **1** present; **die Literatur der ~** contemporary literature; **das Verb steht in der ~** the verb is in the present **2** (≈ Anwesenheit) presence; **in ~** +gen in the presence of

gegenwärtig **A** adj (≈ jetzig) present; **der ~e Preis** the current price **2** geh (≈ anwesend) present präd **B** adv (≈ augenblicklich) at present

Gegenwartsliteratur f contemporary literature

gegenwartsnah adj relevant (to the present)

Gegenwehr f resistance

Gegenwert m equivalent

Gegenwind m headwind

gegenzeichnen v/t to countersign

Gegenzug m countermove; **im ~ zu etw** as a countermove to sth

gegliedert adj jointed; fig structured; (≈ organisiert) organized; → gliedern

Gegner(in) m(f) opponent; (≈ Rivale) rival; (≈ Feind) enemy; **ein ~ der Todesstrafe sein** to be against capital punishment

gegnerisch adj opposing; MIL (≈ feindlich) enemy attr

Gehabe umg n affected behaviour Br, affected behavior US

Gehackte(s) n mince Br, ground meat US

Gehalt[1] *m* **1** (≈ *Anteil*) content **2** *fig* (≈ *Inhalt*) content; (≈ *Substanz*) substance
Gehalt[2] *österr n/m* salary, pay
gehalten *adj* **~ sein, etw zu tun** *form* to be required to do sth; → **halten**
gehaltlos *fig adj* empty; (≈ *oberflächlich*) shallow
Gehaltsabrechnung *f* salary statement
Gehaltsanspruch *m* salary claim
Gehaltsempfänger(in) *m(f)* salary-earner; **~ sein** to receive a salary
Gehaltserhöhung *f* salary increase; *regelmäßig* increment
Gehaltsforderung *f* salary claim
Gehaltsfortzahlung *f* continued payment of salary
Gehaltsgruppe *f* pay *od* salary bracket
Gehaltskonto *n* current account, checking account *US*
Gehaltskürzung *f* pay cut
Gehaltsliste *f* payroll
Gehaltszettel *umg m* payslip
Gehaltszulage *f* (≈ *Gehaltserhöhung*) salary increase; (≈ *Extrazulage*) salary bonus
gehaltvoll *adj Speise* nourishing; *fig* rich in content
gehandicapt *adj* handicapped (**durch** by)
geharnischt *adj Brief, Abfuhr etc* strong; *Antwort* sharp, sharply-worded
gehässig **A** *adj* spiteful **B** *adv* spitefully
Gehässigkeit *f* spite(fulness); **j-m ~en sagen** to be spiteful to sb
gehäuft **A** *adj Löffel* heaped **B** *adv* in large numbers; → **häufen**
Gehäuse *n* **1** *von Gerät* case; (≈ *Lautsprechergehäuse*) box; (≈ *Radiogehäuse*) cabinet **2** (≈ *Schneckengehäuse*) shell **3** (≈ *Obstgehäuse*) core
gehbehindert *adj* unable to walk properly
Gehbehinderte(r) *m/f(m)* person who has difficulty walking
Gehbock *m* walking frame
Gehege *n* reserve; *im Zoo* enclosure; (≈ *Wildgehege*) preserve; **j-m ins ~ kommen** *fig umg* to get under sb's feet *umg*
geheim **A** *adj* secret; (≈ *vertraulich*) confidential; **seine ~sten Gedanken** his innermost thoughts; **streng ~** top secret; **Geheime Staatspolizei** HIST secret state police; **im Geheimen** in secret, secretly **B** *adv* secretly; **~ abstimmen** to vote by secret ballot
Geheimagent(in) *m(f)* secret agent
Geheimakte *f* classified document
Geheimdienst *m* secret service
Geheimfach *n* secret compartment; (≈ *Schublade*) secret drawer
geheim halten *v/t* **etw (vor j-m) ~** to keep sth a secret (from sb)
Geheimhaltung *f* secrecy
Geheimhaltungspflicht *f* obligation to maintain confidentiality
Geheimkonto *n* private *od* secret account
Geheimnis *n* secret; *rätselhaft* mystery; **ein offenes ~** an open secret
Geheimniskrämerei *f umg* secretiveness
Geheimnisträger(in) *m(f)* bearer of secrets
geheimnisvoll *adj* mysterious; **~ tun** to be mysterious
Geheimnummer *f a.* TEL secret number; (≈ *PIN*) PIN (number)
Geheimpolizei *f* secret police
Geheimratsecken *pl* receding hairline; **er hat ~** his hair is receding at the temples
Geheimtipp *m* (personal) tip
Geheimtür *f* secret door
Geheimzahl *f* PIN (number)
gehemmt *adj Mensch* inhibited; *Benehmen* self-conscious; → **hemmen**
gehen **A** *v/i* **1** to go; (≈ *weggehen*) to leave; **~ wir!** let's go!; **schwimmen/tanzen/einkaufen ~** to go swimming/dancing/shopping; **schlafen ~, ins Bett ~** to go to bed; **nach Hause ~** to go home **2** (≈ *zu Fuß gehen*) to walk; **das Kind lernt ~** the baby is learning to walk; **am Stock ~** to walk with a stick; **er ging im Zimmer auf und ab** he walked up and down the room **3** *mit Präposition* **er ging an den Tisch** he went to the table; **sie gingen auf den Berg** they went up the mountain; **sie ging auf die Straße** she went out into the street; **das Fenster geht auf den Hof** the window overlooks the yard; **diese Tür geht auf den Balkon** this door leads onto the balcony; **das Bier geht auf mich** *umg* the beer's on me; **sie ging aus dem Zimmer** she went out of the room; **das geht gegen meine Überzeugung** it's against my principles; **geh mal in die Küche** go into the kitchen; **in die Industrie/Politik ~** to go into industry/politics; **in diesen Saal ~ 300 Leute** this hall holds 300 people; **in die Tausende ~** to run into (the) thousands; **in sich** (*akk*) **~** to stop and think; **mit j-m ~** to go with sb; (≈ *befreundet sein*) to go out with sb, to date sb; **er ging nach München** he went to Munich; **über die Straße ~** to cross the road; **nichts geht über** (+*akk*) ... there's nothing to beat ...; **unter Menschen ~** to mix with people; **~ zu/nach** to go to; (≈ *aufbrechen*) to be off to; **er ging bis zur Straße** he went as far as the street; **zur Post ~** to go to the post office; **zur Schule ~** to go to school; **zum Militär ~** to join the army; **zum Theater ~** to go on the stage **4** (≈ *funktionieren*) to work; *Auto, Uhr* to go; **die Uhr geht falsch/richtig** the clock is

wrong/right; **so geht das** this is the way to do it **5** (≈ *florieren*) *Geschäft* to do well; (≈ *verkauft werden*) to sell; **Wie ~ die Geschäfte?** how's business? **6** (≈ *dauern*) to go on; **wie lange geht das denn noch?** how much longer is it going to go on? **7** (≈ *aufgehen*) *Hefeteig* to rise **8** (≈ *betreffen*) **das Buch ging um ...** the book was about ...; **die Wette geht um 100 Euro** the bet is for 100 euros **9** (≈ *möglich, gut sein*) to be all right, to be OK *umg*; **Montag geht** Monday's all right; **das geht doch nicht** that's not on *Br*, that's not OK *umg* **10 was geht?** *sl wie geht's/was macht ihr so?* what's up?, what's happening? **B** *v/t* **er ging eine Meile** he walked a mile; **ich gehe immer diesen Weg** I always go this way **C** *v/i* **1** (≈ *ergehen*) **wie geht es Ihnen?** how are you?; *zu Patient* how are you feeling?; **wie gehts?** how are things?; *bei Arbeit etc* how's it going?; **danke, es geht** *umg* all right, thanks, not too bad, thanks *umg*; **es geht ihm gut/schlecht** he's fine/not well; **sonst gehts dir gut?** *iron* are you sure you're feeling all right? *iron*; **mir ist es genauso gegangen** it was just the same for me; **lass es dir gut ~** take care of yourself; **auf gehts!** let's go **2** (≈ *möglich sein*) **es geht** it is possible; (≈ *funktioniert*) it works; **geht es?** *ohne Hilfe* can you manage?; **es geht nicht** (≈ *ist nicht möglich*) it's impossible; (≈ *kommt nicht infrage*) it's not on; **so geht es nicht** that's not the way to do it; *entrüstet* it just won't do; **morgen geht es nicht** tomorrow's no good **3 es geht das Gerücht** the rumour is going (a)round *Br*, the rumor is going (a)round *US*; **es geht auf 9 Uhr** it is approaching 9 o'clock; **worum gehts denn?** what's it about?; **es geht um Mr Green** this is about Mr Green; **es geht um Leben und Tod** it's a matter of life and death; **es geht um meinen Ruf** my reputation is at stake; **darum geht es mir nicht** (≈ *habe ich nicht gemeint*) that's not my point; (≈ *spielt keine Rolle für mich*) that doesn't matter to me; **wenn es nach mir ginge** ... if it were *od* was up to me ...

Gehen *n* walking

gehen lassen *v/r* (≈ *sich nicht beherrschen*) to lose control of oneself

Geher(in) *m(f)* SPORT walker

gehetzt *adj* harassed; → **hetzen**

geheuer *adj* **nicht ~** (≈ *beängstigend*) scary *umg*; (≈ *spukhaft*) eerie, creepy *umg*; (≈ *verdächtig*) dubious; (≈ *unwohl*) uneasy; **mir ist es hier nicht ~** this place gives me the creeps *umg*

Geheul *n* howling

Gehhilfe *f Gestell etc* walking aid

Gehilfe *m*, **Gehilfin** *f* **1** (≈ *kaufmännischer Gehilfe*) trainee **2** JUR accomplice

Gehirn *n* brain; (≈ *Geist*) mind

Gehirnblutung *f* brain haemorrhage *Br*, brain hemorrhage *US*

Gehirnerschütterung *f* concussion

Gehirnhautentzündung *f* MED meningitis

Gehirnschlag *m* stroke

Gehirnschwund *m* atrophy of the brain

Gehirntod *m* MED brain death

Gehirntumor *m* MED brain tumour *Br*, brain tumor *US*

Gehirnwäsche *f* brainwashing *kein pl*; **j-n einer ~ unterziehen** to brainwash sb

gehoben *adj Sprache* elevated; (≈ *anspruchsvoll*) sophisticated; *Stellung* senior; *Stimmung* elated; **~er Dienst** professional and executive levels of the civil service; → **heben**

Gehöft *n* farm(stead)

Gehör *n* **1** (≈ *Hörvermögen*) hearing; MUS ear; **nach dem ~ singen/spielen** to sing/play by ear; **absolutes ~** perfect pitch **2 j-m kein ~ schenken** not to listen to sb; **sich** (*dat*) **~ verschaffen** to obtain a hearing; (≈ *Aufmerksamkeit*) to gain attention

gehorchen *v/i* to obey (**j-m** sb); **j-m nicht ~** to disobey sb

gehören **A** *v/i* **1 j-m ~** (≈ *j-s Eigentum sein*) to belong to sb, to be sb's; **das Haus gehört ihm** he owns the house; **das gehört nicht hierher** *Gegenstand* it doesn't go here; *Vorschlag* it is irrelevant here; **das gehört nicht zum Thema** that is off the point; **er gehört ins Bett** he should be in bed **2 ~ zu** (≈ *zählen zu*) to be amongst, to be one of; (≈ *Bestandteil sein von*) to be part of; (≈ *Mitglied sein von*) to belong to; (≈ *passen zu*) to go with; **zur Familie ~** to be one of the family; **dazu gehört Mut** that takes courage; **dazu gehört nicht viel** it doesn't take much **B** *v/r* to be (right and) proper; **das gehört sich einfach nicht** that's just not done

gehörig **A** *adj* **1 geh j-m/zu etw ~** belonging to sb/sth **2** (≈ *gebührend*) proper; *umg* (≈ *beträchtlich*) good *attr*; **eine ~e Tracht Prügel** a good thrashing **B** *adv umg* (≈ *ordentlich*) **ausschimpfen** severely; **j-n ~ verprügeln** to give sb a good beating; **da hast du dich ~ getäuscht!** you're badly mistaken

gehörlos *form adj* deaf

Gehörlose(r) *form m/f(m)* deaf person

gehorsam **A** *adj* obedient **B** *adv* obediently

Gehorsam *m* obedience; **j-m den ~ verweigern** to refuse to obey sb

Gehörsinn *m* sense of hearing

Gehörsturz *m* (temporary) loss of hearing

Gehsteig *m* pavement *Br*, sidewalk *US*

Gehtnichtmehr *n* **bis zum ~** *umg* ad nauseam; *erklären* till you're blue in the face *umg*; *anhören*

till you can't stand it any more; *tanzen, trinken* till you drop; **an j-m bis zum ~ festhalten** to cling on to sb till the bitter end; **banal bis zum ~** incredibly banal

Gehversuch *m* attempt at walking

Gehwagen *m* walking frame; *mit Rädern* rollator, wheeled walker

Gehweg *m* pavement *Br*, sidewalk *US*

Geier *m* vulture; **weiß der ~!** *umg* God knows!

geifern *v/i* **gegen j-n/etw ~** to revile sb/sth

Geige *f* violin, fiddle *umg*; **~ spielen** to play the violin; **die erste/zweite ~ spielen** *wörtl* to play first/second violin; *fig* to call the tune/play second fiddle

geigen **A** *v/i* to play the violin, to (play the) fiddle *umg* **B** *v/t Lied* to play on a/the violin *od* fiddle *umg*

Geigenbauer(in) *m(f)* violin-maker

Geigenbogen *m* violin bow

Geigenkasten *m* violin case

Geiger(in) *m(f)* violinist, fiddler *umg*

Geigerzähler *m* Geiger counter

geil **A** *adj* **1** horny; *pej* (≈ *lüstern*) lecherous; **auf j-n ~ sein** to be lusting after sb **2** *sl* (≈ *prima*) brilliant *umg*, wicked *sl* **B** *adv* (≈ *prima*) **spielen**, *tanzen* brilliantly; **~ aussehen** to look cool *umg*

Geisel *f* hostage; **j-n als ~ nehmen** to take sb hostage; **~n stellen** to produce hostages

Geiselbefreiung *f* freeing of (the) hostages

Geiseldrama *n* hostage crisis

Geiselhaft *f* captivity (as a hostage)

Geiselnahme *f* hostage-taking

Geiselnehmer(in) *m(f)* hostage-taker

Geiß *f österr, schweiz, südd* (≈ *Ziege*) (nanny-)goat

Geißbock *m österr, schweiz, südd* (≈ *Ziegenbock*) billy goat

Geißel *f* scourge; (≈ *Peitsche*) whip

geißeln *v/t* **1** (≈ *peitschen*) to whip **2** *fig* (≈ *anprangern*) to castigate

Geist *m* **1** REL (≈ *Seele*) spirit; (≈ *Gespenst*) ghost; **~ und Körper** mind and body; **seinen ~ aufgeben** to give up the ghost; **der Heilige ~** the Holy Ghost *od* Spirit; **gute/böse ~er** good/evil spirits; **von allen guten ~ern verlassen sein** *umg* to have taken leave of one's senses *umg*; **j-m auf den ~ gehen** *umg* to get on sb's nerves **2** (≈ *Intellekt*) intellect, mind; *fig* (≈ *Denker, Genie*) mind; **das geht über meinen ~** *umg* that's beyond me *umg*; **hier scheiden sich die ~er** this is the parting of the ways **3** (≈ *Wesen, Sinn, Gesinnung*) spirit; **in j-s** (*dat*) **~ handeln** to act in the spirit of sb **4** (≈ *Vorstellung*) mind; **etw im ~(e) vor sich** (*dat*) **sehen** to see sth in one's mind's eye; **im ~e bin ich bei euch** I am with you in spirit

Geisterbahn *f* ghost train

Geisterfahrer(in) *umg m(f)* wrong-way driver, ghost-driver *US umg*

geisterhaft *adj* ghostly *kein adv*; (≈ *übernatürlich*) supernatural; **es war ~ still** it was eerily quiet

Geisterhand *f* **wie von ~** as if by magic

Geisterhaus *n* (≈ *Spukhaus*) haunted house

Geisterstadt *f* ghost town

Geisterstunde *f* witching hour

geistesabwesend **A** *adj* absent-minded **B** *adv* absent-mindedly; **j-n ~ ansehen** to give sb an absent-minded look

Geistesabwesenheit *f* absent-mindedness

Geistesblitz *m* brainwave *Br*, brainstorm *US*

Geistesgegenwart *f* presence of mind

geistesgegenwärtig **A** *adj* quick-witted **B** *adv* quick-wittedly

geistesgestört *adj* mentally disturbed; *stärker* metally deranged

Geistesgestörte(r) *m/f(m)* mentally disturbed *od* deranged person

geisteskrank *adj* mentally ill

Geisteskranke(r) *m/f(m)* mentally ill person

Geisteskrankheit *f* mental illness; (≈ *Wahnsinn*) insanity

Geisteswissenschaft *f* arts subject; **die ~en** the arts; *als Studium* the humanities

Geisteswissenschaftler(in) *m(f)* arts scholar; (≈ *Student*) arts student

geisteswissenschaftlich *adj Fach, Fakultät* arts *attr*

Geisteszustand *m* mental condition; **j-n auf seinen ~ untersuchen** to give sb a psychiatric examination

geistig **A** *adj* **1** (≈ *unkörperlich*) spiritual **2** (≈ *intellektuell*) intellectual; PSYCH mental; **~er Diebstahl** plagiarism *kein pl*; **~es Eigentum** intellectual property **3** (≈ *imaginär*) **etw vor seinem ~en Auge sehen** to see sth in one's mind's eye **B** *adv* (≈ *intellektuell*) intellectually; MED mentally; **~ behindert/zurückgeblieben** *neg!* mentally handicapped/retarded; → **entwicklungsverzögert**

geistlich *adj* spiritual; (≈ *religiös*) religious; (≈ *kirchlich*) ecclesiastical

Geistliche *f* woman priest; *von Freikirchen* woman minister

Geistliche(r) *m* clergyman; (≈ *Priester*) priest; (≈ *Pastor*) *von Freikirchen* minister

Geistlichkeit *f* clergy; (≈ *Priester*) priesthood

geistlos *adj* (≈ *dumm*) stupid; (≈ *einfallslos*) unimaginative; (≈ *trivial*) inane

Geistlosigkeit *f* **1** (≈ *Dummheit*) stupidity; (≈ *Einfallslosigkeit*) unimaginativeness; (≈ *Trivialität*) inanity **2** (≈ *geistlose Äußerung*) inane remark

geistreich *adj* (≈ *witzig*) witty; (≈ *klug*) intelligent; (≈ *einfallsreich*) ingenious; (≈ *schlagfertig*) quick-witted

geisttötend *adj* soul-destroying

Geiz *m* meanness *bes Br*, stinginess *umg*

geizen *v/i* to be mean *bes Br*, to be stingy *umg*; *mit Worten, Zeit* to be sparing; **mit etw ~** to be mean *etc* with sth

Geizhals *m* miser

geizig *adj* mean *bes Br*, stingy *umg*

Geizkragen *umg m* skinflint *umg*

Gejammer *n* moaning (and groaning)

Gejohle *n umg* hooting, howling

Gekicher *n* giggling; *spöttisch* sniggering, snickering

Gekläff *n a. fig pej* yapping

Geklapper *n* clatter(ing)

Geklimper *n auf dem Klavier* tinkling

Geklirr *n* clinking; *von Fensterscheiben* rattling

geknickt *umg adj* dejected; → **knicken**

gekocht *adj* boiled; → **kochen**

gekonnt **A** *adj* masterly **B** *adv* in a masterly fashion; → **können**

gekränkt *adj* hurt, offended; **sie war sehr ~** she was very hurt; **wegen etw ~** upset about; → **kränken**

Gekritzel *n* scribbling, scrawling

gekühlt **A** *adj Getränke* chilled **B** *adv* **etw ~ servieren** to serve sth chilled; → **kühlen**

gekünstelt **A** *adj* artificial **B** *adv* affectedly; **er spricht sehr ~** his speech is very affected

Gel *n* gel

Gelaber *umg n* jabbering *umg*, prattling *umg*

Gelächter *n* laughter; **in ~ ausbrechen** to burst into laughter

geladen *adj* **1** loaded; PHYS *fig Atmosphäre* charged; *umg* (≈ *wütend*) mad, hopping mad *umg*; **mit Spannung ~** charged with tension **2** → **laden**¹

Gelage *n* feast, banquet; (≈ *Zechgelage*) carouse

gelagert *adj* **ähnlich ~** similar; **in anders ~en Fällen** in different cases; **anders ~ sein** to be different; → **lagern**

gelähmt *adj* paralysed; **er ist an beiden Beinen ~** he is paralysed in both legs; **vor Angst wie ~ sein** to be petrified; → **lähmen**

Gelände *n* **1** (≈ *Land*) open country; MIL (≈ *Terrain*) ground; **offenes ~** open country; **schwieriges ~** difficult terrain **2** (≈ *Gebiet*) area **3** (≈ *Schulgelände etc*) grounds *pl*; (≈ *Baugelände*) site

Geländefahrzeug *n* off-roader

geländegängig *adj Fahrzeug* off-road

Geländer *n* railing(s) (*pl*); (≈ *Treppengeländer*) banister(s) (*pl*)

Geländewagen *m* off-roader

gelangen *v/i* (≈ *hinkommen*) to get; **an/auf etw** (*akk*)/**zu etw ~** to reach sth; (≈ *erwerben*) to acquire sth; **zum Ziel ~** to reach one's goal; **in j-s Besitz** (*akk*) **~** to come into sb's possession; **in die falschen Hände ~** to fall into the wrong hands; **zu Ruhm ~** to acquire fame; **an die Macht ~** to come to power

gelangweilt **A** *adj* bored **B** *adv* **die Zuschauer saßen ~ da** the audience sat there looking bored; → **langweilen**

gelassen **A** *adj* calm **B** *adv* calmly

Gelassenheit *f* calmness

Gelatine *f* gelatine

geläufig *adj* (≈ *üblich*) common; (≈ *vertraut*) familiar; **das ist mir nicht ~** I'm not familiar with that

Geläufigkeit *f* (≈ *Häufigkeit*) frequency; (≈ *Leichtigkeit*) ease

gelaunt *adj* **gut/schlecht ~** in a good/bad mood; **wie ist er ~?** what sort of mood is he in?

gelb *adj* yellow; *bei Verkehrsampel* amber *Br*, yellow *US*; **Gelbe Karte** FUSSB yellow card; **die Gelben Seiten®** the Yellow Pages®; **~ vor Neid** green with envy

Gelb *n* yellow; *von Verkehrsampel* amber; **die Ampel stand auf ~** the lights were (at) amber

Gelbe(s) *n vom Ei* yolk; **das ist nicht gerade das ~ vom Ei** *umg* it's not exactly brilliant

gelblich *adj* yellowish; *Gesichtsfarbe* sallow

Gelbsucht *f* jaundice

gelbsüchtig *adj* jaundiced

Geld *n* **1** money; **bares ~** cash; **zu ~ machen** to sell off; *Aktien* to cash in; **~ ausgeben (für)** to spend money (on); **(mit etw) ~ machen** *umg* to make money (from sth); **um ~ spielen** to play for money; **~ sammeln für, ~ auftreiben für** to raise money for; **im ~ schwimmen** *umg* to be rolling in it *umg*; **~ verdienen** to make money; **er hat ~ wie Heu** *umg* he's got stacks of money *umg*; **mit ~ um sich werfen** *umg* to chuck one's money around *umg*; **sie/das ist nicht mit ~ zu bezahlen** *umg* she/that is priceless **2** **~er** *pl* (≈ *Geldsummen*) money; **öffentliche ~er** public funds *pl*

Geldangelegenheit *f* financial matter

Geldanlage *f* (financial) investment

Geldautomat *m* cash machine, ATM

Geldbetrag *m* amount *od* sum (of money)

Geldbeutel *m* purse *Br*, wallet *US*

Geldbörse *f* wallet, billfold *US*; *für Münzen* purse *Br*, wallet *US*

Geldbuße *f* JUR fine; **eine hohe ~** a heavy fine

Geldeinwurf *m* (≈ *Schlitz*) slot

Geldentwertung *f* (≈ *Inflation*) currency depreciation; (≈ *Abwertung*) currency devaluation

Geldgeber(in) *m(f)* financial backer; *bes* RADIO, TV sponsor

Geldgeschäft *n* financial transaction

Geldgeschenk n gift of money
Geldgier f avarice
geldgierig adj avaricious
Geldgürtel m money belt
Geldhahn m **j-m den ~ zudrehen** to cut off sb's money supply
Geldinstitut n financial institution
Geldkarte f pre-paid debit card which can be reloaded with amounts up to 200 euros
Geldmangel m lack of money
Geldmarkt m money market
Geldmenge f money supply
Geldmittel pl funds pl
Geldnot f (≈ *Geldmangel*) lack of money; (≈ *Geldschwierigkeiten*) financial difficulties pl
Geldpolitik f financial policy
Geldprämie f **1** bonus **2** (≈ *Belohnung*) reward
Geldquelle f source of income
Geldschein m banknote *bes Br*, bill *US*
Geldschrank m safe
Geldschwierigkeiten pl financial difficulties pl; **er hat ~** he's in financial difficulty *od* difficulties
Geldsorgen pl financial *od* money worries pl
Geldspende f donation
Geldspielautomat m slot machine
Geldstrafe f fine; **j-n zu einer ~ verurteilen** to fine sb
Geldstück n coin
Geldumtausch m currency exchange
Geldverlegenheit f financial embarrassment *kein pl*; **in ~ sein** to be short of money
Geldverschwendung f waste of money
Geldwaschanlage f money-laundering outfit
Geldwäsche f money laundering
Geldwechsel m exchange of money; „**Geldwechsel**" "bureau de change" *Br*, "exchange counter" *US*
Geldwert m cash value; FIN (≈ *Kaufkraft*) (currency) value
Gelee m/n jelly
gelegen **A** adj **1** (≈ *befindlich*) Haus, Ort situated; **~ sein** to be located **2** (≈ *passend*) opportune; **zu ~er Zeit** at a convenient time **3** (≈ *wichtig*) **mir ist viel daran ~** it matters a great deal to me **B** adv **es kommt mir sehr ~** it comes just at the right time; → *liegen*
Gelegenheit f **1** opportunity; (≈ *Chance*) chance; **bei passender ~** when the opportunity arises; **bei der ersten (besten) ~** at the first opportunity **2** (≈ *Anlass*) occasion; **bei dieser ~** on this occasion
Gelegenheitsarbeit f casual work *kein pl*
Gelegenheitsarbeiter(in) m(f) casual labourer *Br*, casual laborer *US*
Gelegenheitsjob m casual job

Gelegenheitskauf m bargain
gelegentlich **A** adj occasional **B** adv (≈ *manchmal*) occasionally; (≈ *bei Gelegenheit*) some time (or other)
gelehrig adj quick and eager to learn
gelehrt adj Mensch learned, erudite; → *lehren*
Gelehrte(r) m/f(m) scholar
Geleise n geh österr → *Gleis*
Geleit n MIL, SCHIFF escort; **freies** od **sicheres ~** safe-conduct; **j-m das ~ geben** to escort sb
Geleitschutz m escort
Gelenk n joint; (≈ *Kettengelenk*) link
Gelenkbus m articulated bus
Gelenkentzündung f arthritis
gelenkig adj agile; (≈ *geschmeidig*) supple
Gelenkigkeit f agility; (≈ *Geschmeidigkeit*) suppleness
gelernt adj trained; Arbeiter skilled; → *lernen*
geliebt adj dear; → *lieben*
Geliebte f sweetheart; (≈ *Mätresse*) mistress
Geliebte(r) m sweetheart; (≈ *Liebhaber*) lover
geliefert adj **~ sein** *umg* to have had it *umg*; **jetzt sind wir ~** that's the end *umg*; → *liefern*
gelieren v/i to gel
Geliermittel n gelling agent
Gelierzucker m preserving sugar
gelinde adv **~ gesagt** to put it mildly
gelingen v/i (≈ *glücken*) to succeed; (≈ *erfolgreich sein*) to be successful; **es gelang ihm, das zu tun** he succeeded in doing it; **es gelang ihm nicht, das zu tun** he failed to do it; **das Bild ist ihr gut gelungen** her picture turned out well; → *gelungen*
Gelingen n (≈ *Glück*) success
gellend adj piercing
geloben geh v/t to vow, to pledge; **das Gelobte Land** BIBEL the Promised Land
Gelöbnis geh n vow; **ein ~ ablegen** to take a vow
gelt int österr, südd right
gelten **A** v/i **1** (≈ *gültig sein*) to be valid; Gesetz to be in force; **die Wette gilt!** the bet's on!; **was ich sage, gilt!** what I say goes!; **das gilt nicht!** that doesn't count!; (≈ *ist nicht erlaubt*) that's not allowed! **2** (≈ *bestimmt sein für*) to be meant for **3** (≈ *zutreffen*) **das Gleiche gilt auch für ihn** the same goes for him too **4** **~ als** *selten* to be regarded as; **es gilt als sicher, dass ...** it seems certain that ...; **~ lassen** to accept; **das lasse ich ~!** I accept that! **B** v/t & v/i geh **es gilt, ... zu ...** it is necessary to ... **C** v/t (≈ *wert sein*) to be worth
geltend adj Preise, Tarife current; Gesetz in force; Meinung etc prevailing; **~ machen** form to assert; **~es Recht sein** to be the law of the land
Geltung f (≈ *Gültigkeit*) validity; (≈ *Wert*) value,

worth; (≈ *Einfluss*) influence; (≈ *Ansehen*) prestige; **an ~ verlieren** to lose prestige; **einer Sache** (*dat*) **~ verschaffen** to enforce sth; **zur ~ kommen** to show to advantage; *durch Kontrast* to be set off

Geltungsbedürfnis *n* need for admiration

geltungsbedürftig *adj* desperate for admiration

Geltungsdauer *f einer Fahrkarte etc* period of validity

Gelübde *n* vow

gelungen *adj* **1** (≈ *geglückt*) successful **2** *umg* (≈ *drollig*) priceless *umg*; → gelingen

Gelüst *n* desire; (≈ *Sucht*) craving (**auf** +*akk od* **nach** for)

gemächlich A *adj* leisurely; *Mensch* unhurried **B** *adv* leisurely

gemacht *adj* made; **für etw ~ sein** to be made for sth; **ein ~er Mann sein** to be made; → machen

Gemahl *form m* spouse *obs, form*, husband

gemahlen *adj Kaffee* ground; → mahlen

Gemahlin *form f* spouse *obs, form*, wife

Gemälde *n* painting

Gemäldegalerie *f* picture gallery

gemäß A *präp* in accordance with; (≈ *laut*) according to; **~ § 209** under § 209 **B** *adj* appropriate (+*dat* to)

gemäßigt *adj* moderate; *Klima* temperate; → mäßigen

Gemäuer *geh n* walls *pl*; (≈ *Ruine*) ruins *pl*

Gemecker *n*, **Gemeckere** *n* **1** *von Ziegen* bleating **2** (≈ *Lachen*) cackling **3** *umg* (≈ *Nörgelei*) moaning, whingeing *Br umg*

gemein A *adj* **1** (≈ *gemeinsam*) **etw ~ mit j-m/etw haben** to have sth in common with sb/sth; **nichts mit j-m ~ haben wollen** to want nothing to do with sb; **das ist beiden ~** it is common to both of them **2** (≈ *üblich*) **das ~e Volk** the common people **3** (≈ *niederträchtig*) mean, nasty; *Lüge* contemptible; **das war ~ von dir!** that was mean of you **B** *adv behandeln* meanly; *betrügen* despicably; **das hat ~ wehgetan** it hurt terribly

Gemeinde *f* **1** (≈ *Kommune*) municipality; (≈ *Gemeindebewohner*) community **2** (≈ *Pfarrgemeinde*) parish; *beim Gottesdienst* congregation

Gemeindehalle *f* community hall

Gemeinderat[1] *m* local council

Gemeinderat[2] *m*, **Gemeinderätin** *f* local councillor *Br*, councilman/woman *US*

Gemeindesaal *m* community hall

Gemeindewahl *f* local election

gemeingefährlich *adj* dangerous to the public; **ein ~er Verbrecher** a dangerous criminal

Gemeingut *n* common property

Gemeinheit *f* **1** (≈ *Niedertracht*) nastiness **2** (≈ *Tat*) dirty trick; **das war eine ~** (≈ *Bemerkung*) that was a mean thing to say

gemeinhin *adv* generally

Gemeinkosten *pl* overheads *pl*

gemeinnützig *adj* of benefit to the public *präd*, public *attr*; (≈ *nicht gewinnorientiert*) non-profit; (≈ *wohltätig*) charitable

Gemeinplatz *m* commonplace

gemeinsam A *adj* common; *Konto, Nutzung* joint; *Freund* mutual; **sie haben vieles ~** they have a great deal in common; **der Gemeinsame Markt** the Common Market; **mit j-m ~e Sache machen** to make common cause with sb **B** *adv* together; **etw ~ haben** to have sth in common; **etw mit j-m ~ haben/nutzen** to share sth with sb

Gemeinsamkeit *f* (≈ *gemeinsame Interessen etc*) common ground *kein pl*

Gemeinschaft *f* community; (≈ *Gruppe*) group; **~ Unabhängiger Staaten** Commonwealth of Independent States; **in ~ mit** jointly *od* together with

gemeinschaftlich *adj* → gemeinsam

Gemeinschaftsantenne *f* block *od* party aerial *Br*, block *od* party antenna *US*

Gemeinschaftsarbeit *f* teamwork

Gemeinschaftshalle *f* community hall

Gemeinschaftskunde *f* social studies *pl*

Gemeinschaftspraxis *f* joint practice

Gemeinschaftsproduktion *f* RADIO, TV, FILM co-production

Gemeinschaftsrecht *n der EU* Community law

Gemeinschaftssaal *m* community hall

Gemeinschaftswährung *f* common *od* single currency; *in EU* single European currency

Gemeinsinn *m* public spirit

Gemeinwesen *n* community; (≈ *Staat*) polity

Gemeinwohl *n* public welfare; **das dient dem ~** it is in the public interest

Gemenge *n* (≈ *Gewühl*) bustle

gemessen *adj* measured; → messen

Gemetzel *n* bloodbath

Gemisch *n* mixture (**aus** of); *aus Flüssigkeiten a.* cocktail

gemischt *adj* mixed; **mit ~en Gefühlen** with mixed feelings; **~es Doppel** SPORT mixed doubles *pl*; → mischen

gemischtrassig *adj* coloured

Gemse *f* → Gämse

Gemurmel *n* murmuring

Gemüse *n* vegetables *pl*; **ein ~** a vegetable

Gemüse(an)bau *m* vegetable-growing

Gemüsebanane *f* plantain

Gemüsebeilage *f* vegetables *pl*

Gemüsebrühe *f* vegetable broth; (≈ *Brühwürfel*)

vegetable stock

Gemüseburger m veggie burger

Gemüseeintopf m vegetable stew

Gemüsegarten m vegetable od kitchen garden

Gemüsehändler(in) m(f) greengrocer bes Br, vegetable salesman/saleswoman US

Gemüseladen m greengrocer's bes Br, vegetable store US; **im ~** at the greengrocer's bes Br, at the vegetable store US

Gemüsesuppe f vegetable soup

Gemüsezwiebel f Spanish onion

gemustert adj patterned; → mustern

Gemüt n (≈ Geist) mind; (≈ Charakter) nature, disposition; (≈ Seele) soul; (≈ Gefühl) feeling; **sich** (dat) **etw zu ~e führen** hum umg Glas Wein, Speise, Buch etc to indulge in sth

gemütlich **A** adj **1** (≈ behaglich) comfortable; (≈ freundlich) friendly kein adv; (≈ zwanglos) informal; Beisammensein etc cosy Br, cozy US; **wir verbrachten einen ~en Abend** we spent a very pleasant evening **2** Mensch pleasant; (≈ gelassen) easy-going kein adv **3** (≈ gemächlich) leisurely **B** adv **1** (≈ behaglich) einrichten comfortably; **es sich ~ machen** to make oneself comfortable **2** (≈ gemächlich) leisurely

Gemütlichkeit f **1** (≈ Behaglichkeit) comfort; (≈ Freundlichkeit) friendliness; (≈ Zwanglosigkeit) informality; (≈ Intimität) cosiness Br, coziness US **2** von Mensch pleasantness; (≈ Gelassenheit) easy-going nature **3** (≈ Gemächlichkeit) leisureliness; **in aller ~** at one's leisure

Gemütsart f disposition, nature

Gemütsbewegung f emotion

gemütskrank adj emotionally disturbed

Gemütskrankheit f emotional disorder

Gemütslage f mood; **je nach ~** as the mood takes me/him etc

Gemütsmensch m good-natured, phlegmatic person

Gemütsruhe f calmness; **in aller ~** umg (as) cool as a cucumber umg; (≈ gemächlich) at a leisurely pace; (≈ aufreizend langsam) as if there were all the time in the world

Gemütszustand m frame od state of mind

Gen n gene

Gen- zssgn genetic; (≈ genmanipuliert) genetically modified od engineered

genannt adj **~ werden** to be called; → nennen

genau **A** adj exact; (≈ bestimmt) specific; **Genaueres** further details pl; **man weiß nichts Genaues über ihn** no-one knows anything definite about him **B** adv **~!** umg exactly!, precisely!; **~ dasselbe** just od exactly the same; **~ in der Mitte** right in the middle; **~ hinter dir** right behind you; **~ in dem Moment** just then; **~ wie du** just like you; **etw ~ wissen** to know sth for certain; **etw ~ nehmen** to take sth seriously; **~ genommen** strictly speaking, in fact; **er nimmt es sehr ~** he's very particular (**mit etw** about sth); **etw ~ anschauen** to look closely at sth; **sich** (dat) **j-n/etw ~er ansehen** to have a closer look at sb/sth; **~estens, aufs Genaueste** (right) down to the last (little) detail; **~ entgegengesetzt** diametrically opposed

Genauigkeit f (≈ Exaktheit) exactness; (≈ Richtigkeit) accuracy; (≈ Präzision) precision; (≈ Sorgfalt) meticulousness

genauso adv vor Adjektiv just as; alleinstehend just od exactly the same

Genbank f gene bank

Gendatei f DNA profile

genehm geh adj acceptable

genehmigen v/t to approve; (≈ erlauben) to sanction; Aufenthalt to authorize; (≈ zugestehen) to grant; **sich** (dat) **etw ~** to indulge in sth

Genehmigung f (≈ Erlaubnis) approval; (≈ Lizenz) licence Br, license US; (≈ Berechtigungsschein) permit; **mit freundlicher ~ von** by kind permission of

genehmigungspflichtig adj requiring official approval

geneigt geh adj Publikum willing; **~ sein, etw zu tun** to be inclined to do sth; → neigen

General(in) m(f) general

Generalamnestie f general amnesty

Generaldirektion f top management; der EU Directorate-General

Generaldirektor(in) m(f) chairman/-woman, president US, CEO, chief executive officer

Generalkonsulat n consulate general

Generalleutnant m MIL lieutenant-general Br, lieutenant general US; FLUG air marshal Br, lieutenant general US

Generalmajor(in) m(f) MIL major-general Br, major general US; FLUG air vice marshal Br, major general US

Generalprobe f THEAT, a. fig dress rehearsal; MUS final rehearsal

Generalsekretär(in) m(f) secretary-general

Generalstab m general staff

generalstabsmäßig adv planen with military precision

Generalstreik m general strike

generalüberholen v/t **etw ~** to give sth a general overhaul

Generalvertretung f sole agency

Generation f generation

Generationenvertrag m WIRTSCH system whereby old people receive a pension from contributions being made by current working population

Generationskonflikt *m* generation gap
Generationsproblem *n* generation gap
Generator *m* generator
generell **A** *adj* general **B** *adv* in general, generally; (≈ *normalerweise*) normally
generieren *v/t* to generate
genesen *geh v/i* to convalesce
Genesung *f* convalescence, recovery
Genesungskarte *f* get-well card
Genetik *f* genetics *sg*
Genetiker(in) *m(f)* geneticist
genetisch **A** *adj* genetic; *Vater* biological **B** *adv* genetically
Genf *n* Geneva
Genfer *adj* Genevan; **der ~ See** Lake Geneva; **~ Konvention** Geneva Convention
Genfood *n* GM foods *pl*
Genforscher(in) *m(f)* genetic researcher
Genforschung *f* genetic research
genial *adj* brilliant; (≈ *erfinderisch*) ingenious; **ein ~es Werk** a work of genius; **das war eine ~e Idee** that idea was a stroke of genius
Genialität *f* genius; *von Idee, Lösung etc* brilliance; (≈ *Erfindungsreichtum*) ingenuity
Genick *n* neck; **sich** (*dat*) **das ~ brechen** to break one's neck; *fig* to kill oneself
Genickschuss *m* shot in the neck
Genie *n* genius
genieren **A** *v/r* to be embarrassed; **~ Sie sich nicht!** don't be shy!; **ich geniere mich, das zu sagen** I don't like to say it **B** *v/t* **j-n ~** (≈ *peinlich berühren*) to embarrass sb; **das geniert mich wenig!** that doesn't bother me
genießbar *adj* (≈ *essbar*) edible; (≈ *trinkbar*) drinkable
genießen *v/t* **1** (≈ *sich erfreuen an*) to enjoy; **er ist heute nicht zu ~** *umg* he is unbearable today **2** (≈ *essen*) to eat; (≈ *trinken*) to drink; **kaum zu ~** scarcely edible
Genießer(in) *m(f)* connoisseur; (≈ *Feinschmecker*) gourmet
Genitalbereich *m* genital area
Genitalien *pl* genitals *pl*, genitalia *pl form*
Genitiv *m* genitive; **im ~** in the genitive
Genmais *m* GM maize
Genmanipulation *f* genetic manipulation
genmanipuliert *adj* genetically engineered *od* modified
Genom *n* genome
Genosse *m*, **Genossin** *f* comrade; *pej* (≈ *Kumpan*) pal *umg*
Genossenschaft *f* cooperative
genossenschaftlich *adj* cooperative
genötigt *adj* **sich ~ sehen, etw zu tun** to feel (oneself) obliged to do sth
Genozid *geh m/n* genocide

Genre *n* genre
Gentechnik *f* genetic engineering
gentechnikfrei *adj Lebensmittel etc* GM-free
gentechnisch **A** *adj Fortschritte etc* in genetic engineering **B** *adv manipulieren* genetically; *produzieren* by means of genetic engineering; **~ veränderte Organismen** genetically manipulated organisms
Gentechnologie *f* genetic engineering
Gentest *m* DNA test
Gentherapie *f* gene therapy
Genua *n* Genoa
genug *adv* enough; **~ davon** enough of that; **(von etw) ~ haben** to have enough (of sth); (≈ *einer Sache überdrüssig sein*) to have had enough (of sth), to be tired of sth
Genüge *f* **zur ~** enough
genügen *v/i* **1** (≈ *ausreichen*) to be enough *od* sufficient (+*dat* for); **das genügt (mir)** that's enough *od* sufficient (for me) **2** **den Anforderungen** to satisfy; *j-s Wünschen* to fulfil *Br*, to fulfill *US*
genügend **A** *adj* **1** (≈ *ausreichend*) enough, sufficient **2** (≈ *befriedigend*) satisfactory **B** *adv* (≈ *reichlich*) enough
genügsam **A** *adj* undemanding **B** *adv leben* modestly; **sich ~ ernähren** to have a simple diet
Genugtuung *f* satisfaction (**über** +*akk* at); **ich hörte mit ~, dass ...** it gave me great satisfaction to hear that ...
Genus *n BIOL* genus; *GRAM* gender
Genuss *m* **1** (≈ *das Zusichnehmen*) consumption; *von Drogen* use; *von Tabak* smoking; **nach dem ~ der Pilze** after eating the mushrooms **2** (≈ *Vergnügen*) pleasure; **etw mit ~ essen** to eat sth with relish **3** (≈ *Nutznießung*) **in den ~ von etw kommen** to enjoy sth; *von Rente etc* to be in receipt of sth
genüsslich *adv* with pleasure
Genussmittel *n* semi-luxury foods and tobacco
genusssüchtig *adj* pleasure-seeking
Geodreieck® *n* set square *Br*, triangle *US*
geöffnet *adj* open; **wie lange haben Sie ~?** what time do you close?; → **öffnen**
Geografie, **Geographie** *f* geography
geografisch, **geographisch** *adj* geographic(al)
Geologe *m*, **Geologin** *f* geologist
Geologie *f* geology
geologisch *adj* geological
Geometrie *f* geometry
geometrisch *adj* geometric
Geophysik *f* geophysics *sg*
geopolitisch *adj* geopolitical
geordnet *adj Zustände* well-ordered; **in ~en Verhältnissen leben** to live a well-ordered life; →

ordnen
Georgien n Georgia
Geothermie f, **Geothermik** f geothermy; (≈ *Erdwärme*) geothermal energy
geothermisch adj geothermal
Gepäck n luggage *kein pl Br*, baggage *kein pl*
Gepäckabfertigung f (≈ *Vorgang am Bahnhof*) luggage *etc* processing; *am Flughafen* checking-in of luggage *etc*; (≈ *Stelle am Bahnhof*) luggage *etc* office; *am Flughafen* luggage *etc* check-in
Gepäckablage f luggage *od* baggage rack
Gepäckanhänger m baggage label *od* tag, luggage label *od* tag
Gepäckannahme f (≈ *Vorgang*) checking-in of luggage *Br etc*; (a. **~stelle**) *am Bahnhof, zur Beförderung* luggage office *Br*, baggage office; *zur Aufbewahrung* left-luggage office *Br*, baggage checkroom *US*; *am Flughafen* luggage *etc* check-in
Gepäckaufbewahrung f, (a. **Gepäckaufbewahrungsstelle**) left-luggage office *Br*, baggage checkroom *US*
Gepäckaufgabe f check-in
Gepäckausgabe f, (a. **Gepäckausgabestelle**) *am Bahnhof* luggage *etc* office; *am Flughafen* luggage *etc* reclaim
Gepäckermittlung f baggage tracing
Gepäckfach n luggage compartment; *im Flugzeug* overhead compartment
Gepäckgurt m luggage strap
Gepäckkontrolle f luggage *etc* control *od* check
Gepäcknetz n luggage *etc* rack
Gepäckschein m luggage *etc* ticket
Gepäckschließfach n luggage locker, baggage locker *US*
Gepäckstück n piece *od* item of luggage *etc*
Gepäckträger m *am Fahrrad* carrier
Gepäckträger(in) m(f) porter *Br*, baggage handler *Br*, baggage carrier
Gepäckwaage f luggage scales *pl*
Gepäckwagen m *für Reisende* trolley; *Waggon* luggage van *Br*, baggage car *US*
Gepard m cheetah
gepfeffert *umg adj* (≈ *hoch*) *Preise* steep; (≈ *schwierig*) *Fragen* tough; (≈ *hart*) *Kritik* biting; → pfeffern
gepflegt A adj 1 (≈ *nicht vernachlässigt*) well-looked-after; *Äußeres* well-groomed, neat; → pflegen 2 (≈ *kultiviert*) civilized; *Atmosphäre* sophisticated; *Sprache, Stil* cultured; *Umgangsformen* refined; (≈ *angenehm*) *Abend* pleasant 3 (≈ *erstklassig*) *Speisen, Weine* excellent B adv (≈ *kultiviert*) **sich ~ unterhalten** to have a civilized conversation; **sehr ~ wohnen** to live in style
Gepflogenheit *geh* f (≈ *Gewohnheit*) habit; (≈ *Verfahrensweise*) practice; (≈ *Brauch*) custom, tradition
gepierced adj pierced; → piercen
Geplänkel n skirmish; *fig* squabble
Geplapper n babbling
Geplauder n chat
Gepolter n (≈ *Krach*) din; *an Tür etc* banging
gepunktet adj *Linie* dotted; *Stoff, Kleid* spotted; → punkten
gequält adj *Lächeln* forced; *Miene* pained; *Stimme* strained; → quälen
Gequassel *pej umg* n chattering
gerade A adj straight; *Zahl* even; (≈ *aufrecht*) *Haltung* upright B adv 1 just; **wo Sie ~ da sind** just while you're here; **er wollte ~ aufstehen** he was just about to get up; **~ dann** just then; **jetzt ~** right now; **~ erst** only just; **~ noch** only just; **~ noch zur rechten Zeit** just in time; **~ deshalb** that's just why; **das ist es ja ~!** that's just it! 2 (≈ *speziell*) especially; **~, weil ...** just because ...; **sie ist nicht ~ eine Schönheit** she's not exactly a beauty; **warum ~ das?** why that of all things?; **warum ~ heute?** why today of all days?; **warum ~ ich?** why me of all people?
Gerade f 1 MATH straight line 2 SPORT *von Rennbahn* straight; *beim Boxen* straight left/right
geradeaus adv straight ahead; **~ weiter** straight on
geradeheraus *umg adv* frankly; **~ gesagt** quite frankly
gerädert *umg adj* **sich wie ~ fühlen** to be *od* feel (absolutely) whacked *umg*
geradestehen v/i **für j-n/etw ~** *fig* to be answerable for sb/sth
geradewegs adv **er ging ~ auf sie zu** he went straight up to her
geradezu adv (≈ *beinahe*) virtually; (≈ *wirklich*) really; **das ist ja ~ lächerlich!** that is absolutely ridiculous!
geradlinig adj straight; *Entwicklung etc* linear
gerammelt adv **~ voll** *umg* chock-a-block *umg*; → rammeln
Gerangel n (≈ *Balgerei*) scrapping; *fig* (≈ *zäher Kampf*) wrangling
Geranie f geranium
Gerät n piece of equipment; (≈ *Vorrichtung*) device; (≈ *Apparat*) gadget; (≈ *elektrisches Gerät*) appliance; (≈ *Maschine*) machine; (≈ *Radiogerät, Fernsehgerät, Telefon*) set; (≈ *Messgerät*) instrument; (≈ *Werkzeug*) tool; (≈ *Turngerät*) piece of apparatus
geraten v/i 1 **an j-n ~** to come across sb; **an etw** (akk) **~** to come by sth; **an den Richtigen/Falschen ~** to come to the right/wrong person; **in Bewegung ~** to begin to move;

ins Stocken ~ to come to a halt; **in Brand ~** to catch fire; **in Angst/Schwierigkeiten ~** to get scared/into difficulties; **aus der Form ~** to lose one's shape **2** (≈ *sich entwickeln*) to turn out; **ihm gerät einfach alles** everything he does turns out well; **nach j-m ~** to take after sb

Geräteschuppen *m* tool shed

Geräteturnen *n* apparatus gymnastics *kein pl*

Geratewohl *n* **aufs ~** on the off chance; *auswählen etc* at random

geraum *adj* **vor ~er Zeit** some time ago; **seit ~er Zeit** for some time

geräumig *adj* spacious, roomy

Geräusch *n* sound; *bes unangenehm* noise

geräuscharm *adj* quiet

geräuschlos A *adj* silent **B** *adv* silently, without a sound

Geräuschpegel *m* sound level

geräuschvoll A *adj* (≈ *laut*) loud; (≈ *lärmend*) noisy **B** *adv* (≈ *laut*) loudly; (≈ *lärmend*) noisily

gerben *v/t* to tan

Gerbera *f* BOT gerbera

gerecht A *adj* just, fair; **~ gegen j-n sein** to be fair *or* just to sb; **j-m/einer Sache ~ werden** to do justice to sb/sth **B** *adv* fairly; (≈ *rechtgemäß*) justly

gerechterweise *adv* to be fair

gerechtfertigt *adj* justified

Gerechtigkeit *f* justice; (≈ *Unparteilichkeit*) fairness

Gerede *n* talk; (≈ *Klatsch*) gossip(ing); **ins ~ kommen** to get oneself talked about

geregelt *adj* regular; *Leben* well-ordered; → *regeln*

gereizt *adj* (≈ *verärgert*) irritated; (≈ *reizbar*) irritable, touchy; (≈ *nervös*) edgy; → *reizen*

Gereiztheit *f* (≈ *Verärgertheit*) irritation; (≈ *Reizbarkeit*) irritability, touchiness; (≈ *Nervosität*) edginess

Geriatrie *f* geriatrics *sg*

Gericht¹ *n* (≈ *Speise*) dish

Gericht² *n* **1** (≈ *Behörde*) court (of justice); (≈ *Gebäude*) court(house), law courts *pl*; (≈ *die Richter*) court, bench; **vor ~ aussagen** to testify in court; **vor ~ stehen** to stand trial; **mit etw vor ~ gehen** to take legal action about sth **2** **das Jüngste ~** the Last Judgement; **über j-n zu ~ sitzen** *fig* to sit in judgement on sb; **mit j-m (scharf) ins ~ gehen** *fig* to judge sb harshly

gerichtlich A *adj* judicial; **~e Schritte gegen j-n einleiten** to initiate legal proceedings against sb **B** *adv* **~ gegen j-n vorgehen** to take legal action against sb; **~ angeordnet** ordered by the courts

Gerichtsbarkeit *f* jurisdiction

Gerichtsbeschluss *m* court decision

Gerichtshof *m* court (of justice), law court; **Oberster ~** Supreme Court (of Justice)

Gerichtskosten *pl* court costs *pl*

Gerichtsmedizin *f* forensic medicine

Gerichtsmediziner(in) *m(f)* forensic doctor

Gerichtssaal *m* courtroom

Gerichtsschreiber(in) *m(f)* clerk of the court *Br*, registrar *US*

Gerichtsstand *form m* place of jurisdiction

Gerichtsurteil *n* verdict

Gerichtsverfahren *n* court *od* legal proceedings *pl*; (≈ *Verhandlung*) trial

Gerichtsverhandlung *f* trial; *zivil* hearing

Gerichtsvollzieher(in) *m(f)* bailiff

Gerichtsweg *m* **auf dem ~** through the courts

gerieben *adj* GASTR grated; **~er Käse** grated cheese; **~e Zitronenschale** grated lemon peel *Br*, grated lemon zest *US*; **~e Orangenschale** grated orange peel *Br*, grated orange zest *US*; → *reiben*

gering A *adj* **1** (≈ *niedrig*) low; *Menge, Vorrat, Betrag, Entfernung* small; *Wert* little *attr*; (≈ *kurz*) *Zeit, Entfernung* short **2** (≈ *unerheblich*) slight; *Chance* slim; *Rolle* minor; **das ist meine ~ste Sorge** that's the least of my worries; **nicht das Geringste** nothing at all; **nicht im Geringsten** not in the least *od* slightest **3** (≈ *unzulänglich*) *Kenntnisse* poor **B** *adv* (≈ *abschätzig*) **~ von j-m sprechen** to speak badly of sb

geringfügig A *adj* (≈ *unwichtig*) insignificant; *Unterschied* slight; *Verletzung* minor; *Betrag* small; **~e Beschäftigung** part-time employment **B** *adv* slightly

gering schätzen *v/t* (≈ *verachten*) to think little of; *Erfolg, menschliches Leben* to place little value on; (≈ *missachten*) *Gefahr* to disregard

geringschätzig A *adj* contemptuous **B** *adv* contemptuously

Geringschätzung *f* (≈ *Ablehnung*) disdain; (≈ *schlechte Meinung*) low opinion (**für** *od* +*gen* of)

Geringverdiener(in) *m(f)* person on low-income, low-wage earner

gerinnen *v/i* to coagulate; *Blut* to clot; *Milch* to curdle

Gerinnsel *n* (≈ *Blutgerinnsel*) clot

Gerinnung *f* coagulation

Gerippe *n* skeleton

gerippt *adj* ribbed *kein adv*

gerissen *adj* cunning; → *reißen*

Gerissenheit *f* cunning

Germ *m/f österr* baker's yeast

Germane *m*, **Germanin** *f* Teuton

germanisch *adj* Germanic

Germanist(in) *m(f)* Germanist

Germanistik *f* German (studies *pl*)

Germknödel *m österr, südd* jam-filled dumpling
gern, gerne *adv* (≈ *freudig*) with pleasure; (≈ *bereitwillig*) with pleasure, willingly; **(aber) ~!** of course!; **ja, ~!** (yes) please; **kommst du mit? — ja, ~** are you coming too? — oh yes, I'd like to; **~ geschehen!** you're welcome! *bes US*, not at all!; **etw ~ tun** to like doing sth *od* to do sth *bes US*; **ich schwimme/tanze ~** I like swimming/dancing; **~ mögen** to love; **etw ~ sehen** to like sth; **das wird nicht ~ gesehen** that's frowned (up)on; **ein ~ gesehener Gast** a welcome visitor; **das glaube ich ~** I can well believe it; **ich hätte** *od* **möchte ~ ...** I would like ...; **wie hätten Sies (denn) ~?** how would you like it?; **ich würde ~ gehen** I'd like to go; **ich würde nicht ~ gehen** I wouldn't like to go; → **gernhaben**
Gernegroß *hum m* **er war schon immer ein kleiner ~** he always did like to act big *umg*
gernhaben *v/t* to like; **er kann mich mal ~!** *umg* he can go to hell! *umg*, screw him *sl*
Geröll *n* detritus *kein pl*; **im Gebirge** scree *kein pl*; **größeres** boulders *pl*
Gerste *f* barley
Gerstenkorn *n* **1** barleycorn **2** MED stye
Gerte *f* switch
gertenschlank *adj* slim and willowy
Geruch *m* smell, odour *Br*, odor *US* (**nach** of); unangenehm stench (**nach** of); (≈ *Duft*) fragrance, perfume (**nach** of)
geruchlos *adj* odourless *Br*, odorless *US*
geruchsempfindlich *adj* sensitive to smell
Geruchsnerv *m* olfactory nerve
Geruchssinn *m* sense of smell
Gerücht *n* rumour *Br*, rumor *US*; **es geht das ~, dass ...** there's a rumo(u)r (going (a)round) that ...
gerührt *adj* touched, moved; **zu Tränen ~** moved to tears; → **rühren**
geruhsam **A** *adj* peaceful; *Spaziergang etc* leisurely **B** *adv* leisurely
Gerümpel *n* junk
Gerundium *n* gerund
Gerüst *n* scaffolding *kein pl*; (≈ *Gestell*) trestle; *fig* (≈ *Gerippe*) framework (**zu** of)
gerüttelt **A** *adj* **ein ~es Maß von** *od* **an etw** (*dat*) a fair amount of sth **B** *adv* **~ voll** jam-packed *umg*; → **rütteln**
gesalzen *fig umg adj Preis* steep; → **salzen**
gesammelt *adj Kraft* collective; *Werke* collected; → **sammeln**
gesamt *adj* whole, entire; **die ~en Kosten** the total costs; **aus dem ~en Vereinigten Königreich** from all over the United Kongdom
Gesamt- *zssgn Ergebnis, Gewicht etc* total
Gesamtausgabe *f* complete edition

Gesamtbetrag *m* total (amount)
Gesamteindruck *m* general impression
Gesamteinkommen *n* total income
Gesamtergebnis *n* overall result
Gesamtgewicht *n* total weight
Gesamtgewinn *m* total profit
Gesamtheit *f* totality; **die ~ der ...** all the ...; (≈ *die Summe*) the totality of ...; **die ~ (der Bevölkerung)** the population (as a whole)
Gesamthochschule *f* ≈ polytechnic *Br*, ≈ college
Gesamtkosten *pl* total costs *pl*
Gesamtnote *f* SCHULE overall mark *Br*, overall grade *US*
Gesamtschule *f* comprehensive school *Br*
Gesamtsumme *f* total amount
Gesamtwerk *n* complete works *pl*
Gesamtwert *m* total value
Gesamtwertung *f* SPORT overall placings *pl*
Gesamtzahl *f* total number
Gesandte(r) *m*, **Gesandtin** *f* envoy, legate; (≈ *Botschafter*) ambassador
Gesandtschaft *f* legation
Gesang *m* **1** (≈ *Lied*) song **2** (≈ *das Singen*) singing
Gesangbuch *n* KIRCHE hymnbook
Gesangsunterricht *m* singing lessons *pl*, singing classes *pl*
Gesäß *n* seat, bottom
Gesäßbacke *f* buttock, cheek
Gesäßtasche *f* back pocket
Geschäft *n* **1** (≈ *Gewerbe, Handel*) business *kein pl*; (≈ *Geschäftsabschluss*) (business) deal *od* transaction; **~ ist ~** business is business; **wie geht das ~?** how's business?; **mit j-m ~e machen** to do business with sb; **ein gutes/schlechtes ~ machen** to make a good/bad deal; **dabei hat er ein ~ gemacht** he made a profit by it **2** (≈ *Firma*) business; (≈ *Laden*) shop *Br*, store; *umg* (≈ *Büro*) office; **im ~** at work, in the office; (≈ *im Laden*) in the shop
Geschäftemacher(in) *pej m(f)* profiteer
geschäftig *adj* (≈ *betriebsam*) busy; **~es Treiben** hustle and bustle
Geschäftigkeit *f* busyness; (≈ *geschäftiges Treiben*) (hustle and) bustle
geschäftlich **A** *adj* business *attr* **B** *adv* (≈ *in Geschäften*) on business; (≈ *wegen Geschäften*) because of business; **sie hat morgen ~ in Berlin zu tun** she has to be in Berlin on business tomorrow; **~ verreist** away on business
Geschäftsabschluss *m* business deal
Geschäftsadresse *f* business address
Geschäftsaufgabe *f* Räumungsverkauf wegen **~** closing-down sale
Geschäftsbedingungen *pl* terms *pl* of business

Geschäftsbereich *m* PARL responsibilities *pl*; **Minister ohne ~** minister without portfolio

Geschäftsbericht *m* report; *einer Gesellschaft* company report

Geschäftsbeziehungen *pl* business connections *pl* (**zu** with)

Geschäftsbrief *m* business letter

Geschäftsessen *n* business lunch/dinner

geschäftsfähig *adj* JUR capable of contracting *form*, competent *form*

Geschäftsfähigkeit *f* JUR (legal) competence

Geschäftsfrau *f* businesswoman

Geschäftsfreund(in) *m(f)* business associate

geschäftsführend *adj* executive; (≈ *stellvertretend*) acting

Geschäftsführer(in) *m(f) von Laden* manager/manageress; *von Unternehmen* managing director, CEO; *von Verein* secretary

Geschäftsführung *f* management

Geschäftsidee *f* business idea

Geschäftsinhaber(in) *m(f)* owner (of a business); *von Laden, Restaurant* proprietor/proprietress

Geschäftsjahr *n* financial year; **das laufende ~** the current financial year

Geschäftskosten *pl* business expenses *pl*; **das geht alles auf ~** it's all on expenses

Geschäftslage *f* (≈ *Wirtschaftslage*) business situation

Geschäftsleitung *f* management

Geschäftsmann *m* businessman

geschäftsmäßig *adj & adv* businesslike

Geschäftsordnung *f* standing orders *pl*; **eine Frage zur ~** a question on a point of order

Geschäftspartner(in) *m(f)* business partner; (≈ *Geschäftsfreund*) business associate

Geschäftsplan *m* business plan

Geschäftsräume *pl* business premises *pl*

Geschäftsreise *f* business trip; **auf ~ sein** to be on a business trip

geschäftsschädigend *adj* bad for business

Geschäftsschädigung *f* conduct *ohne art* injurious to the interests of the company *form*

Geschäftsschluss *m* close of business; *von Läden* closing time; **nach ~** out of office *od* working hours/after closing time

Geschäftssitz *m* place of business

Geschäftsstelle *f* offices *pl*

Geschäftsstraße *f* shopping street

Geschäftsstrategie *f* business strategy

Geschäftsstunden *pl* office *od* working hours *pl*; *von Läden* opening hours *pl*

Geschäftsträger *m* POL chargé d'affaires

geschäftstüchtig *adj* business-minded, enterprising

Geschäftsverbindung *f* business connection

Geschäftsverkehr *m* business *ohne art*

Geschäftszeiten *pl* business hours *pl*; *von Büros* office hours *pl*

geschätzt *adj* ◨ *in etwa berechnet* estimated ◨ *Mensch* respected ◨ *Freund* valued; → **schätzen**

geschehen *v/i* to happen (**j-m** to sb); **es wird ihm nichts ~** nothing will happen to him; **das geschieht ihm (ganz) recht** it serves him right; **er wusste nicht, wie ihm geschah** he didn't know what was going on; **was soll mit ihm/damit ~?** what is to be done with him/it?; **es muss etwas ~** something must be done

Geschehen *selten n* events *pl*

Geschehnis *geh n* event

gescheit *adj* clever; *Mensch, Idee* bright; (≈ *vernünftig*) sensible

Geschenk *n* present, gift; **j-m ein ~ machen** to give sb a present; **j-m etw zum ~ machen** to give sb sth (as a present); **ein ~ seiner Mutter** a present from his mother

Geschenkartikel *m* gift

Geschenkgutschein *m* gift voucher

Geschenkpackung *f* gift pack *od* box

Geschenkpapier *n* wrapping paper; **etw in ~ einwickeln** to giftwrap sth

Geschichte *f* ◨ (≈ *Historie*) history; **~ machen** to make history ◨ (≈ *Erzählung*) story, tale; **~n erzählen** to tell stories ◨ *umg* (≈ *Sache*) affair, business *kein pl*; **die ganze ~** the whole business; **eine schöne ~!** *iron* a fine how-do-you-do! *umg*

geschichtlich ◨ *adj* (≈ *historisch*) historical; (≈ *bedeutungsvoll*) historic ◨ *adv* historically

Geschichtsbuch *n* history book

Geschichtsforscher(in) *m(f)* historian

Geschichtskenntnis *f* knowledge of history *kein pl*

Geschichtslehrer(in) *m(f)* history teacher

Geschichtsschreibung *f* historiography

geschichtsträchtig *adj Ort, Stadt* steeped in history; *Ereignis* historic

Geschichtsunterricht *m* history lessons *pl*

Geschick¹ *geh n* (≈ *Schicksal*) fate

Geschick² *n* (≈ *Geschicklichkeit*) skill

Geschicklichkeit *f* skill, skilfulness *Br*, skillfulness *US*; (≈ *Beweglichkeit*) agility

geschickt ◨ *adj* skilful *Br*, skillful *US*; (≈ *beweglich*) agile ◨ *adv* (≈ *clever*) cleverly; **~ agieren** to be clever

Geschicktheit *f* → **Geschicklichkeit**

geschieden *adj* divorced; → **scheiden**

Geschiedene(r) *m/f(m) Mann* divorced man; *Frau* divorced woman

Geschirr *n* ◨ crockery *Br*, tableware; (≈ *Küchengeschirr*) pots and pans *pl*, kitchenware; (≈ *Teller*

etc) china; *zu einer Mahlzeit benutzt* dishes *pl*; **(das) ~(ab)spülen** *od* **abwaschen** to wash up, to do the dishes ② *von Zugtieren* harness
Geschirrschrank *m* china cupboard *Br*, china cabinet *US*
Geschirrspülen *n* washing-up
Geschirrspüler *m* dishwasher
Geschirrspülmaschine *f* dishwasher
Geschirrspülmittel *n* washing-up liquid *Br*, dishwashing liquid *US*
Geschirrtuch *n* tea towel *Br*, dishtowel *US*
Geschlecht *n* sex; GRAM gender; **das andere ~** the opposite sex
geschlechtlich Ⓐ *adj* sexual Ⓑ *adv* **mit j-m ~ verkehren** to have sexual intercourse with sb
Geschlechtsakt *m* sex(ual) act
Geschlechtsgenosse *m*, **Geschlechtsgenossin** *f* person of the same sex; **j-s ~n** those *od* people of the same sex as sb
Geschlechtshormon *n* sex hormone
geschlechtskrank *adj* suffering from a sexually transmitted disease
Geschlechtskrankheit *f* sexually transmitted disease
Geschlechtsleben *n* sex life
geschlechtslos *adj* asexual, sexless; BIOL asexual
Geschlechtsmerkmal *n* sex(ual) characteristic
Geschlechtsorgan *n* sex(ual) organ
geschlechtsreif *adj* sexually mature
Geschlechtsteil *n* genitals *pl*
Geschlechtstrieb *m* sex(ual) drive
Geschlechtsumwandlung *f* sex change
Geschlechtsverkehr *m* sexual intercourse; **~ haben** to have sex
Geschlechtswort *n* GRAM article
geschliffen *adj Manieren, Ausdrucksweise* polished; → **schleifen**²
geschlossen Ⓐ *adj* closed; (≈ *vereint*) united, unified; **in sich** (*dat*) **~** self-contained; *Systeme* closed; **ein ~es Ganzes** a unified whole; **~e Gesellschaft** closed society; (≈ *Fest*) private party Ⓑ *adv* **~ für etw sein/stimmen** to be/vote unanimously in favour of sth *Br*, to be/vote unanimously in favor of sth *US*; **~ hinter j-m stehen** to stand solidly behind sb; → **schließen**
Geschlossenheit *f* unity
Geschmack *m* taste; (≈ *Geschmackssinn*) sense of taste; **je nach ~** to one's own taste; **an etw** (*dat*) **~ finden** to acquire a taste for sth; **auf den ~ kommen** to acquire a taste for it; **sie hat einen guten ~** *fig* she has good taste; **für meinen ~** for my taste; **das ist nicht nach meinem ~** that's not to my taste; **über ~ lässt sich (nicht) streiten** *sprichw* there's no accounting for taste(s) *sprichw*

geschmacklich *adj* as regards taste
geschmacklos *adj* tasteless; **~ sein** to be in bad taste
Geschmacklosigkeit *f* ① tastelessness, lack of taste ② (≈ *Bemerkung*) remark in bad taste; **das ist eine ~!** that is the most appalling bad taste!
Geschmacksfrage *f* question of (good) taste
Geschmacksrichtung *f* flavour *Br*, flavor *US*
Geschmackssache *f* matter of taste; **das ist ~** it's (all) a matter of taste
Geschmackssinn *m* sense of taste
Geschmacksverirrung *f* **unter ~ leiden** *iron* to have no taste
Geschmacksverstärker *m* CHEM, GASTR flavour enhancer *Br*, flavor enhancer *US*
geschmackvoll Ⓐ *adj* tasteful; **~ sein** to be in good taste Ⓑ *adv* tastefully
geschmeidig *adj Leder, Haut, Bewegung* supple; (≈ *weich*) smooth; *Fell* sleek; *Handtuch, Haar* soft
Geschnatter *wörtl n* cackle, cackling; *fig* jabber, jabbering
geschockt *adj* shocked; → **schocken**
Geschöpf *n* (≈ *Lebewesen*) creature
Geschoss *n*, **Geschoß** *österr n* ① projectile *form*; (≈ *Rakete etc a.*) missile; (≈ *Kugel*) bullet ② (≈ *Stockwerk*) floor, storey *Br*, story *US*
Geschrei *n* shouts *pl*, shouting; *von Babys, Popfans* screams *pl*, screaming; **viel ~ um etw machen** to make a big fuss about sth
Geschütz *n* gun; **schweres ~** heavy artillery; **schweres ~ auffahren** *fig* to bring up one's big guns
geschützt *adj Winkel, Ecke* sheltered; *Pflanze, Tier* protected; → **schützen**
Geschwader *n* squadron
Geschwafel *umg n* waffle *Br umg*, blather *umg*
Geschwätz *pej n* prattle; (≈ *Klatsch*) gossip
geschwätzig *adj* garrulous; (≈ *klatschsüchtig*) gossipy
Geschwätzigkeit *f* garrulousness; (≈ *Klatschsucht*) constant gossiping
geschweige *konj* **~ (denn)** let alone, never mind
Geschwindigkeit *f* speed; **mit einer ~ von ...** at a speed of ...; **mit höchster ~** at top speed
Geschwindigkeitsbegrenzung *f*, **Geschwindigkeitsbeschränkung** *f* speed limit
Geschwindigkeitsüberschreitung *f* speeding
Geschwister *pl* brothers and sisters *pl*, siblings *pl*; **haben Sie noch ~?** do you have any brothers or sisters?
geschwisterlich Ⓐ *adj* brotherly/sisterly Ⓑ *adv* in a brotherly/sisterly way

Geschwisterpaar n brother and sister pl
geschwollen pej **A** adj pompous **B** adv pompously; → schwellen
Geschworenenbank f jury box; (≈ *die Geschworenen*) jury
Geschworenengericht n → Schwurgericht
Geschworene(r) m/f(m) juror; **die ~n** the jury sg od pl
Geschwulst f growth
geschwungen adj curved; **~e Klammer** TYPO curly bracket; → schwingen
Geschwür n ulcer; (≈ *Furunkel*) boil
gesegnet geh adj **mit etw ~ sein** to be blessed with sth; → segnen
Geselchte(s) n österr, südd salted and smoked meat
Geselle m (≈ *Handwerksgeselle*) journeyman
gesellen v/r **sich zu j-m ~** to join sb
gesellig adj sociable; *Tier* gregarious; **~es Beisammensein** social gathering
Geselligkeit f sociability, conviviality; *von Tieren* gregariousness; **die ~ lieben** to be sociable
Gesellin f (≈ *Handwerksgesellin*) journeyman
Gesellschaft f **1** SOZIOL society; **die ~ verändern** to change society **2** (≈ *Vereinigung*) society; HANDEL company; **~ mit beschränkter Haftung** limited liability company **3** (≈ *Abendgesellschaft*) party; **eine erlesene ~** a select group of people **4** (≈ *Begleitung*) company; **da befindest du dich in guter ~** then you're in good company; **j-m ~ leisten** to keep sb company
Gesellschafter(in) m(f) HANDEL (≈ *Teilhaber*) shareholder, stockholder US; (≈ *Partner*) partner
gesellschaftlich adj social
Gesellschaftsanzug m formal dress
gesellschaftsfähig adj socially acceptable
Gesellschaftsform f social system
Gesellschaftsordnung f social system
Gesellschaftspolitik f social policy
gesellschaftspolitisch adj sociopolitical
Gesellschaftsrecht n company law, corporate law US
Gesellschaftsschicht f social stratum
Gesellschaftsspiel n party game
Gesellschaftssystem n social system
Gesellschaftstanz m ballroom dance
gesettelt adj sl (≈ *sesshaft, etabliert*) settled
Gesetz n law; (≈ *Gesetzbuch*) statute book; PARL (≈ *Vorlage*) bill; *nach Verabschiedung* act; **nach dem ~** under the law (**über** +akk on); **vor dem ~** in (the eyes of the) law; **ein ungeschriebenes ~** an unwritten rule
Gesetzblatt n law gazette
Gesetzbuch n statute book
Gesetzentwurf m (draft) bill
Gesetzesänderung f change in the law

Gesetzesbrecher(in) m(f) law-breaker
Gesetzeskraft f the force of law; **~ erlangen** to become law; **~ haben** to be law
Gesetzeslage f legal position
gesetzestreu adj *Person* law-abiding
gesetzgebend adj legislative; **die ~e Gewalt** the legislature
Gesetzgeber m legislative body
Gesetzgebung f legislation *kein pl*
gesetzlich **A** adj *Verpflichtung* legal; *Feiertag* statutory; **~es Mindestalter** legal age **B** adv legally
gesetzlos adj lawless
gesetzmäßig adj (≈ *gesetzlich*) legal; (≈ *rechtmäßig*) lawful
gesetzt **A** adj (≈ *reif*) sedate, sober; **ein Herr im ~en Alter** a man of mature years; → setzen **B** konj **~ den Fall, …** assuming (that) …
gesetzwidrig **A** adj illegal; *unrechtmäßig* unlawful **B** adv illegally; (≈ *unrechtmäßig*) unlawfully
gesichert adj *Existenz* secure; *Fakten* definite; → sichern
Gesicht n face; **ein trauriges/wütendes ~ machen** to look sad/angry; **ein langes ~ machen** to make a long face; **j-m ins ~ sehen** to look sb in the face; **den Tatsachen ins ~ sehen** to face facts; **j-m etw ins ~ sagen** to tell sb sth to his face; **sein wahres ~ zeigen** to show (oneself in) one's true colours *Br*, to show (oneself in) one's true colors *US*; **j-m wie aus dem ~ geschnitten sein** to be the spitting image of sb; **das ~ verlieren** to lose face; **das ~ wahren** to save face; **das gibt der Sache ein neues ~** that puts a different complexion on the matter *od* on things; **etw aus dem ~ verlieren** to lose sight of sth; **j-n/etw zu ~ bekommen** to set eyes on sb/sth
Gesichtsausdruck m (facial) expression
Gesichtscreme f face cream
Gesichtsfarbe f complexion
Gesichtskontrolle f umg face check
Gesichtskreis m **1** obs (≈ *Umkreis*) field of vision; **j-n aus dem ~ verlieren** to lose sight of sb **2** fig horizons pl, outlook
Gesichtsmaske f face mask
Gesichtsmuskel m facial muscle
Gesichtspackung f face pack
Gesichtspunkt m (≈ *Betrachtungsweise*) point of view, standpoint; (≈ *Einzelheit*) point, aspect
Gesichtsverlust m loss of face
Gesichtswasser n (cleansing) toner
Gesichtszüge pl features pl
Gesindel pej n riffraff pl
gesinnt adj **j-m freundlich/feindlich ~ sein** to be friendly/hostile to(wards) sb; **sozial ~ sein** to be socially minded
Gesinnung f (≈ *Charakter*) cast of mind; (≈ *Ansich-*

ten) views pl, way of thinking; **eine liberale ~** liberal-mindedness; **seiner ~ treu bleiben** to remain loyal to one's basic convictions

Gesinnungsgenosse m, **Gesinnungsgenossin** f like-minded person

gesinnungslos adj pej unprincipled

Gesinnungswandel m, **Gesinnungswechsel** m conversion

gesittet adj **1** (≈ *wohlerzogen*) well-mannered **2** (≈ *kultiviert*) civilized

Gesöff umg n muck umg

gesondert A adj separate **B** adv separately

gesonnen adj **~ sein, etw zu tun** to be of a mind to do sth; → sinnen

gespalten adj *Bewusstsein* split; *Zunge* forked; *Gesellschaft* divided; **die Meinungen sind ~** opinions are divided; → spalten

Gespann n **1** (≈ *Zugtiere*) team **2** (≈ *Pferdegespann*) horse and cart; **ein gutes ~ abgeben** to make a good team

gespannt A adj **1** *Seil* taut **2** *fig* tense; (≈ *neugierig*) curious; **ich bin ~, wie er darauf reagiert** I wonder how he'll react to that; **da bin ich aber ~!** I'm looking forward to that; *iron* (oh really?) that I'd like to see! **B** adv intently; **~ zuhören/zusehen** to be engrossed with what's going on; → spannen

Gespanntheit f tension; (≈ *Neugierde*) eager anticipation

Gespenst n ghost; *fig* (≈ *Gefahr*) spectre *Br*, specter *US*

Gespenstergeschichte f ghost story

gespensterhaft adj ghostly *kein adv*; *fig* eerie, eery; **es war ~ still** it was eerily quiet

gespenstisch adj & adv **1** → gespensterhaft **2** *fig* (≈ *bizarr, unheimlich*) eerie, eery

gesperrt adj **1** closed; **für den Verkehr ~** closed to traffic **2 einige Wörter sind ~ gedruckt** some of the words are spaced (out); → sperren

gespielt adj feigned; → spielen

Gespött n mockery; (≈ *Gegenstand des Spotts*) laughing stock; **zum ~ werden** to become a laughing stock

Gespräch n **1** (≈ *Unterhaltung*) conversation; (≈ *Diskussion*) discussion; (≈ *Dialog*) dialogue *Br*, dialog *US*; **~e** POL talks; **das ~ auf etw** (*akk*) **bringen** to steer the conversation *etc* (a)round to sth; **im ~ sein** to be being talked about; **mit j-m ins ~ kommen** to get into conversation with sb; *fig* to establish a dialogue with sb *Br*, to establish a dialog with sb *US* **2** TEL (≈ *Anruf*) (telephone) call; **ein ~ für dich** a call for you

gesprächig adj talkative; (≈ *mitteilsam*) communicative

gesprächsbereit adj *bes* POL ready to talk

Gesprächsbereitschaft f *bes* POL readiness to talk

Gesprächseinheit f TEL unit

Gesprächsgegenstand m topic

Gesprächsguthaben n TEL *von Prepaidhandy* credit, (credit) minutes pl

Gesprächspartner(in) m(f) interlocutor *form*; **mein ~ bei den Verhandlungen** my opposite number at the talks; **wer war dein ~?** who did you talk with?

Gesprächsrunde f discussion(s) (pl); POL round of talks

Gesprächsstoff m topics pl

gespreizt *fig* adj affected; → spreizen

gesprenkelt adj speckled; → sprenkeln

Gespür n feel(ing)

gest. *abk* (= **gestorben**) died, d

Gestalt f **1** form; **in ~ von** *fig* in the form of; **(feste) ~ annehmen** to take shape **2** (≈ *Wuchs*) build **3** (≈ *Person*) figure; *pej* (≈ *Mensch*) character

gestalten A v/t *Text, Wohnung* to lay out; *Gegenstand* to design; *Programm, Abend* to arrange; *Freizeit* to organize; (≈ *schaffen*) to create; *Zukunft, Gesellschaft, Politik* to shape **B** v/r (≈ *werden*) to become; (≈ *sich entwickeln*) to turn (**zu** into); **sich schwierig ~** *Verhandlungen etc* to run into difficulties

gestalterisch adj creative

Gestaltung f (≈ *das Gestalten*) shaping, forming (**zu** into); (≈ *Design*) design; *von Wohnung* layout; *von Abend, Programm* arrangement; *von Freizeit* structuring

gestanden adj *Fachmann etc* experienced; **ein ~er Mann** a mature and experienced man; → gestehen, → stehen

geständig adj **~ sein** to have confessed

Geständnis n confession; **ein ~ ablegen** to make a confession; **j-m ein ~ machen** to make a confession to sb

Gestank m stink

Gestapo f *abk* (= **Geheime Staatspolizei**) HIST secret state police

gestatten A v/t to allow; **j-m etw ~** to allow sb sth **B** v/i **~ Sie, dass ich …?** may I …?, would you mind if I …?; **wenn Sie ~ …** with your permission …

Geste f gesture; **sich mit ~n verständigen** to communicate by gestures

Gesteck n flower arrangement

gestehen v/t & v/i to confess (**j-m etw** sth to sb); **offen gestanden …** to be frank …

Gestein n rock(s) (pl); (≈ *Schicht*) rock stratum

Gestell n stand; (≈ *Regal*) shelf; (≈ *Ablage*) rack; (≈ *Rahmen, Brillengestell*) frame; **auf Böcken** trestle

gestelzt adj stilted

gestern adv yesterday; **ich habe ihn ~ getrof-**

fen I met him yesterday; **~ Abend** yesterday evening; *spät* last night; **~ Nacht** last night; **die Zeitung von ~** yesterday's paper; **er ist nicht von ~** *umg* he wasn't born yesterday
Gestik *f* gestures *pl*
gestikulieren *v/i* to gesticulate
gestimmt *adj* **froh ~** in a cheerful mood; → stimmen
Gestirn *n* heavenly body
Gestöber *n leicht* snow flurry; *stark* snowstorm
gestochen A *adj Handschrift* clear, neat B *adv* **~ scharfe Fotos** needle-sharp photographs; **wie ~ schreiben** to write clearly; → stechen
gestohlen *adj* **der/das kann mir ~ bleiben** *umg* he/it can go hang *umg*; → stehlen
gestört *adj* disturbed; **geistig ~ sein** to be (mentally) disturbed; → stören
Gestotter *n* stuttering, stammering
gestrandet *adj* stranded; → stranden
gestreift *adj* striped; → streifen
gestrichen A *adj* **ein ~er Teelöffel voll** a level teaspoon(ful) B *adv* **~ voll** level; (≈ *sehr voll*) full to the brim; → streichen
gestrig *adj* yesterday's; **unser ~es Gespräch** our conversation (of) yesterday
Gestrüpp *n* undergrowth; *fig* jungle
gestuft *adj* (≈ *in Stufen*) terraced; *Haarschnitt* layered; *zeitlich* staggered; → stufen
Gestüt *n* stud
Gesuch *n* petition (**auf** +*akk od* **um** for); (≈ *Antrag*) application (**auf** +*akk od* **um** for)
gesucht *adj* (≈ *begehrt*) sought after; *Verbrecher* wanted; **sehr ~** (very) much sought after; → suchen
gesund A *adj* healthy; **~ werden** to get well; **wieder ~ werden** to get better; **Äpfel sind ~** apples are good for you; **bleib ~!** look after yourself B *adv* **~ leben** to have a healthy lifestyle; **sich ~ ernähren** to have a healthy diet; **~ essen** to eat healthily; **j-n ~ pflegen** to nurse sb back to health
Gesundheit *f* health; (≈ *Zuträglichkeit*) healthiness; **bei guter ~** in good health; **~!** bless you; **auf Ihre ~!** your (very good) health
gesundheitlich A *adj* **~e Schäden** damage to one's health; **sein ~er Zustand** (the state of) his health; **aus ~en Gründen** for health reasons B *adv* **wie geht es Ihnen ~?** how is your health?
Gesundheitsamt *n* public health department
Gesundheitsapostel *iron m* health freak *umg*
gesundheitsbewusst *adj* health-conscious
Gesundheitsdienst *m* health service
Gesundheitsfarm *f* health farm
Gesundheitsfürsorge *f* health care
gesundheitshalber *adv* for health reasons

Gesundheitslehre *f* health
Gesundheitsminister(in) *m(f)* health minister, Health Secretary *Br*, Secretary of Health *US*
Gesundheitspolitik *f* health policy
Gesundheitsreform *f* reform of the health-care system
gesundheitsschädlich *adj* harmful (to [your] health); (≈ *ungesund*) unhealthy
Gesundheitssystem *n* health (care) system
Gesundheitsversorgung *f* health care
Gesundheitswesen *n* health service *od* care
Gesundheitszeugnis *n* certificate of health
Gesundheitszustand *m* state of health
gesundschreiben *v/t* **j-n ~** to certify sb (as) fit
gesundschrumpfen A *v/t fig* to streamline B *v/r* to be streamlined
gesundstoßen *sl v/r* to line one's pockets *umg*
Gesundung *f* recovery; (≈ *Genesung*) convalescence, recuperation
getan *adj* **nach ~er Arbeit** when the day's work is done; → tun
getigert *adj* **mit Streifen** striped; **~e Katze** tabby (cat)
getönt *adj Glas, Brille* tinted; → tönen²
Getöse *n* din; *von Auto, Beifall etc* roar
Getränk *n* drink
Getränkeautomat *m* drinks machine *Br*, beverage machine *US*
Getränkekarte *f in Café* list of beverages; *in Restaurant* wine list
Getränkemarkt *m* drinks cash-and-carry *Br*, beverage store *US*
getrauen *v/r* to dare; **getraust du dich das?** *umg* do you dare do that?
Getreide *n* grain; (≈ *Korn*) corn
Getreide(an)bau *m* cultivation of grain *od* cereals
Getreideflocke *f* cereal
Getreidesilo *n/m* silo
Getreidesorte *f* cereal
getrennt A *adj* separate; **voneinander ~** apart B *adv* **~ wohnen** not to live together; **~ leben** *örtlich getrennt* to live apart; **als Paar getrennt** to be separated; → trennen
getreu A *adj* (≈ *entsprechend*) faithful, true *kein adv* B *präp* true to
Getriebe *n* **1** TECH gears *pl*; (≈ *Getriebekasten*) gearbox **2** (≈ *lebhaftes Treiben*) bustle
Getriebeschaden *m* gearbox trouble *kein unbest art*
getrost *adv* confidently; **... kann man ~ vergessen** you can forget ...; **~ behaupten, dass ...** to safely say that ...; **du kannst dich ~ auf ihn verlassen** you need have no fears about relying on him
getrübt *adj* **ein ~es Verhältnis zu j-m haben** to

have an unhappy relationship with sb; → trüben

Getto n ghetto

Gettoblaster umg m ghetto blaster umg, boom box bes US umg

Getue pej n to-do umg

Getümmel n tumult; **sich ins ~ stürzen** to enter the fray

geübt adj Auge, Ohr practised Br, practiced US; Fahrer etc proficient; **~ sein** to be experienced; → üben

Gewächs n **1** (≈ Pflanze) plant **2** MED growth

gewachsen adj **1** (≈ von allein entstanden) evolved **2** **j-m ~ sein** to be a match for sb; **einer Sache** (dat) **~ sein** to be up to sth; → wachsen¹

Gewächshaus n greenhouse; (≈ Treibhaus) hothouse

gewachst adj Zahnseide waxed

gewagt adj **1** (≈ kühn) daring; (≈ gefährlich) risky **2** (≈ anzüglich) risqué; → wagen

gewählt **A** adj Sprache elegant **B** adv **sich ~ ausdrücken** to express oneself elegantly; → wählen

Gewähr f guarantee; **keine ~ für etw bieten** to offer no guarantee for sth; **die Angabe erfolgt ohne ~** this information is supplied without liability; **für etw ~ leisten** to guarantee sth

gewähren v/t to grant; Rabatt, Schutz to give; **j-n ~ lassen** geh not to stop sb

gewährleisten v/t (≈ sicherstellen) to ensure (j-m etw sb sth); (≈ garantieren) to guarantee (j-m etw sb sth)

Gewahrsam m **1** (≈ Verwahrung) safekeeping; **etw in ~ nehmen** to take sth into safekeeping **2** (≈ Haft) custody

Gewährung f granting; von Rabatt giving; von Schutz affording

Gewalt f **1** (≈ Macht) power; **die gesetzgebende/richterliche ~** the legislature/judiciary; **elterliche ~** parental authority; **j-n/etw in seine ~ bringen** to bring sb/sth under one's control; **j-n in seiner ~ haben** to have sb in one's power; **in j-s ~** (dat) **sein** od **stehen** to be in sb's power; **die ~ über etw** (akk) **verlieren** to lose control of sth **2** (≈ Zwang, Heftigkeit) force; (≈ Gewalttätigkeit) violence; **die ~ an Schulen nimmt zu** violence in schools is on the increase; **~ anwenden** to use force; **höhere ~** acts/an act of God; **mit ~** by force; **mit aller ~** umg for all one is worth

Gewaltakt m act of violence

Gewaltanwendung f use of force

gewaltbereit adj ready to use violence

Gewaltbereitschaft f propensity for violence

Gewaltenteilung f separation of powers

gewaltfrei adj & adv → gewaltlos

Gewaltherrschaft f tyranny

gewaltig **A** adj **1** (≈ heftig) Sturm etc violent **2** (≈ riesig) colossal; Anblick tremendous; Stimme powerful; Summe huge **B** adv umg (≈ sehr) enormously; **sich ~ irren** to be very much mistaken

gewaltlos **A** adj non-violent **B** adv (≈ ohne Gewaltanwendung) without violence

Gewaltlosigkeit f non-violence

gewaltsam **A** adj forcible; Tod violent **B** adv forcibly, by force

Gewalttat f act of violence

Gewalttäter(in) m(f) violent criminal

gewalttätig adj violent

Gewalttätigkeit f (≈ Brutalität) violence; (≈ Handlung) act of violence

Gewaltverbrechen n crime of violence

gewaltverherrlichend adj **ein ~er Film** a film which glorifies violence

Gewaltverzicht m non-violence

Gewand n **1** geh (≈ Kleidungsstück) garment; weites, langes robe, gown **2** österr (≈ Kleidung) clothes pl

gewandt **A** adj skilful Br, skillful US; körperlich nimble; (≈ geschickt) deft; Auftreten, Stil elegant **B** adv elegantly

Gewäsch n umg twaddle umg

Gewässer n stretch of water

Gewässerschutz m prevention of water pollution

Gewebe n (≈ Stoff) fabric, material; (≈ Gewebeart) weave; BIOL tissue; fig web

Gewebeprobe f MED tissue sample

Gewehr n (≈ Flinte) rifle; (≈ Schrotbüchse) shotgun

Gewehrlauf m von Flinte rifle barrel; von Schrotbüchse barrel of a shotgun

Geweih n antlers pl; **das ~** the antlers

Gewerbe n trade; **ein ~ ausüben** to practise a trade Br, to practice a trade US

Gewerbeaufsicht f ≈ health and safety control

Gewerbebetrieb m commercial enterprise

Gewerbefreiheit f freedom of trade, freedom to conduct business

Gewerbegebiet n industrial area; eigens angelegt trading estate bes Br

Gewerbepark m industrial estate, business park US, trading estate

Gewerbeschein m trading licence Br, trading license US

Gewerbesteuer f trade tax

Gewerbetreibende(r) m/f(m) trader

gewerblich **A** adj commercial; Genossenschaft trade attr; (≈ industriell) industrial **B** adv **~ genutzt** used for commercial purposes

gewerbsmäßig **A** adj professional **B** adv pro-

fessionally, for gain
Gewerkschaft f (trade od trades) union, labor union US
Gewerkschafter(in) m(f) trade od labor US unionist
gewerkschaftlich **A** adj (trade) union attr, (labor) union US attr; **~er Vertrauensmann** im Betrieb shop steward bes Br **B** adv **~ organisierter Arbeiter** union member; **~ tätig sein** to be active in the union
Gewerkschaftsbund m federation of trade unions, federation of labor unions US, ≈ Trades Union Congress Br, ≈ Federation of Labor US
Gewerkschaftsführer(in) m(f) trade union leader, labor union leader US
Gewicht n weight; **dieser Stein hat ein ~ von 100 kg** this rock weighs 100 kg; **spezifisches ~** specific gravity; **~ haben** wörtl to be heavy; fig to carry weight; **ins ~ fallen** to be crucial; **nicht ins ~ fallen** to be of no consequence; **auf etw** (akk) **~ legen** to set (great) store by sth
gewichten v/t in der Statistik to weight; fig to evaluate
Gewichtheben n SPORT weightlifting
Gewichtheber(in) m(f) weightlifter
gewichtig fig adj weighty
Gewichtsklasse f SPORT weight (category)
Gewichtsverlust m weight loss
Gewichtszunahme f increase in weight
gewieft umg adj crafty (**in** +dat at); Jugendlicher streetwise
gewillt adj **~ sein, etw zu tun** to be willing to do sth
Gewimmel n swarm; (≈ Menge) crush
Gewinde n TECH thread
Gewinn m **1** (≈ Ertrag) profit; **~ abwerfen** od **bringen** to make a profit; **~ bringend** → gewinnbringend; **etw mit ~ verkaufen** to sell sth at a profit **2** (≈ Preis) prize; bei Wetten winnings pl **3** fig (≈ Vorteil) gain
Gewinnanteil m HANDEL dividend
Gewinnausschüttung f prize draw
Gewinnbeteiligung f **1** IND profit-sharing **2** (≈ Dividende) dividend
gewinnbringend **A** adj wörtl, fig profitable **B** adv profitably; **~ wirtschaften** to make a profit
Gewinnchance f chance of winning; **~n** beim Wetten odds
Gewinneinbruch m slump in profits
gewinnen **A** v/t **1** to win; **j-n (für etw) ~** to win sb over (to sth); **j-n dafür ~, etw zu tun** to make sb do sth; **Zeit ~** to gain time; **was ist damit gewonnen?** what good is that? **2** (≈ erzeugen) to produce, to obtain; Erze etc to mine, to extract; **aus Altmaterial** to reclaim **B** v/i **1** (≈ Sieger sein) to win (**bei, in** +dat at) **2**
(≈ profitieren) to gain; **an Bedeutung ~** to gain (in) importance; **an Geschwindigkeit ~** to pick up od gain speed
gewinnend fig adj winning, winsome
Gewinner(in) m(f) winner
Gewinnmaximierung f maximization of profit(s)
Gewinnmitnahme f profit taking
Gewinnschwelle f WIRTSCH breakeven point
Gewinnspanne f profit margin
Gewinnspiel n competition; TV game show
Gewinn-und-Verlust-Rechnung f profit and loss account
Gewinnung f von Kohle, Öl extraction; von Energie, Plutonium production
Gewinnwarnung f HANDEL profit warning
Gewinnzahl f winning number
Gewinnzone f **in der ~ sein** to be in profit; **in die ~ kommen** to move into profit
Gewirr n tangle; fig (≈ Durcheinander) jumble; von Straßen maze
gewiss **A** adj certain (+gen of); **ich bin dessen ~** geh I'm certain of it; **nichts Gewisses** nothing certain; **in ~em Maße** to some od a certain extent; **eins ist (ganz) ~** one thing is certain **B** adv geh certainly; **(ja) ~!** certainly, sure bes US; **(aber) ~ (doch)!** (but) of course
Gewissen n conscience; **ein schlechtes ~** a guilty conscience; **j-n/etw auf dem ~ haben** to have sb/sth on one's conscience; **j-m ins ~ reden** to have a serious talk with sb
gewissenhaft **A** adj conscientious **B** adv conscientiously
Gewissenhaftigkeit f conscientiousness
gewissenlos adj unscrupulous; (≈ verantwortungslos) irresponsible
Gewissenlosigkeit f unscrupulousness; (≈ Verantwortungslosigkeit) irresponsibility
Gewissensbisse pl pangs pl of conscience; **~ bekommen** to get a guilty conscience
Gewissensentscheidung f question of conscience
Gewissensfrage f matter of conscience
Gewissensfreiheit f freedom of conscience
Gewissensgründe pl **aus ~n** for reasons of conscience
Gewissenskonflikt m moral conflict
gewissermaßen adv (≈ sozusagen) so to speak
Gewissheit f certainty; **mit ~** with certainty
Gewitter n thunderstorm; fig storm
Gewitterfront f METEO storm front
gewittern v/i **es gewittert** it's thundering
Gewitterschauer m thundery shower
Gewitterwolke f thundercloud; fig umg storm cloud
gewittrig adj thundery

gewitzt *adj* crafty, cunning
gewogen *geh adj* well-disposed (+*dat* towards)
gewöhnen A *v/t* **j-n an etw** (*akk*) **~** to accustom sb to sth; **an j-n/etw gewöhnt sein** to be used to sb/sth; **daran gewöhnt sein, etw zu tun** to be used to doing sth; **das bin ich gewöhnt** I'm used to it B *v/r* **sich an j-n/etw ~** to get used to sb/sth
Gewohnheit *f* habit; **aus (lauter) ~** from (sheer) force of habit; **die ~ haben, etw zu tun** to have a habit of doing sth; **sich** (*dat*) **etw zur ~ machen** to make a habit of sth
gewohnheitsmäßig *adj* habitual
Gewohnheitsmensch *m* creature of habit
Gewohnheitsrecht *n* customary right; *als Rechtssystem* common law
Gewohnheitssache *f* question of habit
Gewohnheitstäter(in) *m(f)* habitual *od* persistent offender
Gewohnheitstier *n* **der Mensch ist ein ~** *umg* man is a creature of habit
gewöhnlich A *adj* 1 (≈ *üblich*) usual; (≈ *normal*) normal; (≈ *durchschnittlich*) ordinary; (≈ *alltäglich*) everyday 2 *pej* (≈ *ordinär*) common B *adv* normally, usually; **wie ~** as usual
gewohnt *adj* usual; **etw ~ sein** to be used to sth
Gewöhnung *f* (≈ *das Sichgewöhnen*) habituation (**an** +*akk* to); (≈ *das Angewöhnen*) training (**an** +*akk* in); (≈ *Sucht*) habit, addiction
gewöhnungsbedürftig *adj* **die neue Software ist ~** the new software takes some time to get used to
Gewölbe *n* vault
gewölbt *adj Stirn* domed; *Decke* vaulted; → **wölben**
gewollt *adj* 1 (≈ *gekünstelt*) forced 2 (≈ *erwünscht*) desired; → **wollen**²
Gewühl *n* (≈ *Gedränge*) crowd, throng; (≈ *Verkehrsgewühl*) chaos, snarl-up *Br umg*
gewunden *adj Weg, Fluss etc* winding; *Erklärung* tortuous; → **winden**
Gewürz *n* spice; (≈ *Pfeffer, Salz*) condiment
Gewürzbord *n* spice rack
Gewürzgurke *f* pickled gherkin
Gewürzkraut *n* herb
Gewürzmischung *f* mixed herbs *pl*; (≈ *Gewürzsalz*) herbal salt
Gewürznelke *f* clove
gewürzt *adj scharf* **~** spicy; → **würzen**
Geysir *m* geyser
gezackt *adj Fels* jagged; → **zacken**
gezahnt, **gezähnt** *adj a.* BOT serrated; TECH cogged; *Briefmarke* perforated
gezeichnet *adj* marked; **vom Tode ~ sein** to have the mark of death on one; → **zeichnen**

Gezeiten *pl* tides *pl*
Gezeitenenergie *f* tidal energy
Gezeitenkraftwerk *n* tidal power plant
Gezeitenwechsel *m* turn of the tide
gezielt A *adj* purposeful; *Schuss* well-aimed; *Frage, Maßnahme etc* specific; *Indiskretion* deliberate B *adv vorgehen* directly; *planen* specifically; **~ schießen** to shoot to kill; **er hat sehr ~ gefragt** he asked very specific questions; → **zielen**
geziert A *adj* affected B *adv* affectedly; → **zieren**
Gezwitscher *n* chirping, twittering
gezwungen A *adj* (≈ *nicht entspannt*) forced; *Atmosphäre* strained; *Stil, Benehmen* stiff B *adv* stiffly; **~ lachen** to give a forced *od* strained laugh; → **zwingen**
gezwungenermaßen *adv* of necessity; **etw ~ tun** to be forced to do sth
Ghana *n* Ghana
Ghetto *n* ghetto
Gibraltar *n* GEOG Gibraltar
Gicht *f* MED, BOT gout
Giebel *m* gable
Giebeldach *n* gabled roof
Gier *f* greed (**nach** for)
gierig A *adj* greedy; *nach Geld* avaricious; **~ nach etw sein** to be greedy for sth B *adv* greedily
gießen A *v/t* 1 *Flüssigkeit* to pour; *Pflanzen* to water; **die Blumen ~** (≈ *Topfpflanzen*) to water the plants 2 *Glas* to found (**zu** into); *Metall* to cast (**zu** into) B *v/i* to pour; **es gießt in Strömen** it's pouring down
Gießerei *f* (≈ *Werkstatt*) foundry
Gießkanne *f* watering can
Gift *n* poison; (≈ *Bakteriengift*) toxin; *von Schlangen, Insekten* venom; *fig* (≈ *Bosheit*) venom; **darauf kannst du ~ nehmen** *umg* you can bet your life on that *umg*
Giftfass *n* toxic waste drum
giftfrei *adj* non-toxic
Giftgas *n* poison gas
Giftgaswolke *f* cloud of poison gas
giftgrün *adj* bilious green
giftig *adj* 1 (≈ *Gift enthaltend*) poisonous; *Chemikalien* toxic 2 *fig* (≈ *boshaft, hasserfüllt*) venomous
Giftmischer(in) *fig m(f)* troublemaker, stirrer *umg*; *hum* (≈ *Apotheker*) chemist
Giftmord *m* poisoning
Giftmüll *m* toxic waste
Giftpilz *m* poisonous toadstool
Giftschlange *f* poisonous snake
Giftstoff *m* poisonous substance
Giftzahn *m* fang
Gig *m umg* gig
Gigabyte *n* IT gigabyte

Gigant(in) m(f) giant
gigantisch adj gigantic
Gilde f guild
Gin m gin; **Gin Tonic** gin and tonic
Ginseng m BOT ginseng
Ginsengwurzel f BOT ginseng root
Ginster m BOT broom; (≈ *Stechginster*) gorse
Gipfel m **1** (≈ *Bergspitze*) peak **2** fig (≈ *Höhepunkt*) height; **das ist der ~!** umg that's the limit **3** (≈ *Gipfelkonferenz*) summit
Gipfelkonferenz f POL summit conference
gipfeln v/i to culminate (**in** +dat in)
Gipfelpunkt wörtl m zenith; fig high point
Gipfeltreffen n POL summit (meeting)
Gips m plaster
Gipsabdruck m plaster cast
Gipsbein umg n leg in a cast
gipsen v/t to plaster; *Arm, Bein* to put in plaster
Gipsverband m MED plaster cast
Giraffe f giraffe
Girlande f garland (**aus** of)
Girokonto n current account
Giroverkehr m giro system; (≈ *Girogeschäft*) giro transfer (business)
Gischt m spray
Gitarre f guitar; **~ spielen** to play the guitar
Gitarrist(in) m(f) guitarist
Gitter n bars pl; *vor Türen, Schaufenstern* grille; *für Gewächse etc* lattice, trellis; (≈ *feines Drahtgitter*) (wire-)mesh; ELEK, GEOG, IT grid; **hinter ~n** fig umg behind bars
Gitterfenster n barred window
Gitternetz n GEOG grid
Gitterrost m grid, grating
Gitterstab m bar
Glace schweiz f ice (cream)
Glacéhandschuh m kid glove; **j-n mit ~en anfassen** fig to handle sb with kid gloves
Gladiator m gladiator
Gladiole f BOT gladiolus
Glamour m glamour Br, glamor US
glamourös adj glamorous
Glanz m gleam; (≈ *Funkeln*) sparkle, glitter; *von Haaren, Seide* sheen; *von Farbe* gloss; fig *von Ruhm, Erfolg* glory; (≈ *Pracht*) splendour Br, splendor US
Glanzabzug m FOTO glossy print
glänzen v/i to shine; (≈ *glitzern*) to glisten; (≈ *funkeln*) to sparkle
glänzend **A** adj shining; (≈ *strahlend*) radiant; (≈ *blendend*) dazzling; (≈ *glitzernd*) glistening; (≈ *funkelnd*) sparkling, glittering; *Papier* glossy, shiny; fig brilliant; (≈ *erstklassig*) marvellous Br, marvelous US **B** adv (≈ *sehr gut*) brilliantly; **wir haben uns ~ amüsiert** we had a great time umg; **mir geht es ~** I'm just fine

Glanzlack m gloss (paint)
Glanzleistung f brilliant achievement
Glanzlicht n KUNST, a. fig highlight
glanzlos adj dull; *Lack, Oberfläche* matt
Glanznummer f big number, pièce de résistance
Glanzpapier n glossy paper
Glanzstück n pièce de résistance
glanzvoll fig adj brilliant; (≈ *prachtvoll*) glittering
Glanzzeit f heyday
Glarus n Glarus
Glas n **1** glass; (≈ *Konservenglas*) jar; **ein ~ Wasser** a glass of water **2** (≈ *Brillenglas*) lens sg
Glasbläser(in) m(f) glass-blower
Glascontainer m bottle bank
Glaser(in) m(f) glazier
Glaserei f (≈ *Werkstatt*) glazier's workshop
gläsern adj glass; fig (≈ *durchschaubar*) transparent
Glasfaser f fibreglass Br, fiberglass US
Glasfaserkabel n optical fibre cable Br, optical fiber cable US
Glasfiber f glass fibre Br, glass fiber US
Glasfiberstab m SPORT glass fibre pole Br, glass fiber pole US
Glashaus n **wer (selbst) im ~ sitzt, soll nicht mit Steinen werfen** sprichw people who live in glass houses shouldn't throw stones sprichw
glasieren v/t to glaze; *Kuchen* to ice Br, to frost bes US
glasig adj *Blick* glassy; GASTR *Kartoffeln* waxy; *Speck, Zwiebeln* transparent
Glaskeramikkochfeld n glass hob
glasklar adj wörtl clear as glass; fig crystal-clear
Glasmalerei f glass painting
Glasnudel f glass noodle
Glasperle f glass bead
Glasreiniger m (≈ *Reinigungsmittel*) glass cleaner
Glasscheibe f sheet of glass; *von Fenster* pane of glass
Glasscherbe f fragment of glass; **~n** broken glass
Glassplitter m splinter of glass
Glasur f glaze; *Metallurgie* enamel; (≈ *Zuckerguss*) icing Br, frosting bes US
glatt **A** adj **1** (≈ *eben*) smooth; *Haar* straight; MED *Bruch* clean; *Stoff* (≈ *faltenlos*) uncreased **2** (≈ *schlüpfrig*) slippery **3** fig *Landung, Ablauf* smooth **B** adv **1** (≈ *eben*) bügeln, hobeln (till) smooth; *polieren* highly; **~ rasiert** Mann, Kinn clean-shaven **2** (≈ *problemlos*) smoothly **3** umg (≈ *einfach*) completely; *leugnen, ablehnen* flatly; *vergessen* clean; **das ist doch ~ gelogen** that's a downright lie
Glätte f **1** (≈ *Ebenheit*) smoothness **2** (≈ *Schlüpfrigkeit*) slipperiness

Glatteis *n* ice; „Vorsicht ~!" "danger, black ice"; **j-n aufs ~ führen** *fig* to take sb for a ride
Glatteisgefahr *f* danger of black ice
glätten **A** *v/t* (≈ *glatt machen*) to smooth out; *bes schweiz* (≈ *bügeln*) to iron; *fig* (≈ *stilistisch glätten*) to polish up **B** *v/r* to smooth out; *Meer, a. fig* to subside
glattgehen *v/i* to go smoothly
glattweg *umg adv* simply, just like that *umg*
Glatze *f* bald head; **eine ~ bekommen/haben** to go/be bald
Glatzkopf *m* bald head; *umg* (≈ *Mann mit Glatze*) baldie *umg*
glatzköpfig *adj* bald(-headed)
Glaube *m* faith (**an** +*akk* in); (≈ *Überzeugung*) belief (**an** +*akk* in); (≈ *Religion*) religion; **in gutem ~n** in good faith; **den ~n an j-n/etw verlieren** to lose faith in sb/sth; **j-m ~n schenken** to believe sb
glauben *v/t & v/i* to believe (**an** +*akk* in); (≈ *meinen, vermuten*) to think; (≈ *spüren*) to feel; **j-m ~** to believe sb; **das glaube ich dir gerne/nicht** I quite/don't believe you; **das glaube ich nicht, ich glaube nicht** I don't think so; **d(a)ran ~ müssen** (≈ *sterben*) to cop it *Br umg*, to bite the dust *US umg*; **glaubst du das wirklich?** do you really think so?; **das glaubst du doch selbst nicht!** you can't be serious; **wers glaubt, wird selig** *iron* a likely story *iron*; **wer hätte das je geglaubt!** who would have thought it?; **es ist nicht** *od* **kaum zu ~** it's unbelievable; **ich glaube, ja** I think so; **ich glaube, nein** I don't think so
Glaubensbekenntnis *n* creed
Glaubensfreiheit *f* freedom of worship, religious freedom
Glaubensgemeinschaft *f* religious sect; *christliche a.* denomination
Glaubensrichtung *f* (religious) persuasion, religious orientation
glaubhaft **A** *adj* credible; (≈ *einleuchtend*) plausible; **(j-m) etw ~ machen** to substantiate sth (to sb) **B** *adv* credibly
gläubig *adj* Katholik *etc* devout, religious
Gläubige(r) *m/f(m)* believer; **die ~n** the faithful
Gläubiger(in) *m(f)* HANDEL creditor
glaubwürdig *adj* credible
Glaubwürdigkeit *f* credibility
gleich **A** *adj* **1** (≈ *identisch*) same; **der/die/das ~e ... wie** the same ... as; **der/die/das Gleiche** the same; **es ist genau das Gleiche** it's exactly the same; **j-m ist es ~** sb doesn't care; **es ist mir (alles** *od* **ganz) ~** it's all the same to me; **Gleiches mit Gleichem vergelten** to pay sb back in kind; **ganz ~ wer/was** *etc* no matter who/what *etc* **2** (≈ *gleichwertig*) equal; **~e Rechte** equal rights; **zu ~en Teilen** in equal parts; **zwei mal zwei (ist) ~ vier** two twos are four; **j-m (an etw** *dat*) **~ sein** to be sb's equal (in sth) **B** *adv* **1** (≈ *ohne Unterschied*) equally; (≈ *auf gleiche Weise*) alike, the same; **~ gekleidet** dressed alike; **sie ist ~ gut wie ich** she is just as good as me; **sie sind ~ groß/alt** they are the same size/age; **~ aussehen** to look the same **2** *räumlich* right, just; **~ hinter dem Haus** just behind the house **3** *zeitlich* (≈ *sofort*) immediately, straightaway, right away; (≈ *bald*) in a minute; **ich komme ~** I'm just coming; **ich komme ~ wieder** I'll be right back; **es muss nicht ~ sein** there's no hurry; **es ist ~ drei Uhr** it's almost three o'clock; **~ danach** straight afterwards; **das habe ich mir ~ gedacht** I thought that straight away; **warum nicht ~ so?** why didn't you say/do that in the first place?; **wann machst du das?** — **~!** when are you going to do it? — right away; **bis ~!** see you later
Gleich- *zssgn* equal
gleichaltrig *adj* (of) the same age
Gleichaltrige(r) *m/f(m)* peer
gleichartig **A** *adj* of the same kind (+*dat* as); (≈ *ähnlich*) similar (+*dat* to) **B** *adv* in the same way, similarly
gleichauf *adv bes* SPORT equal
gleichbedeutend *adj* synonymous (**mit** with); (≈ *so gut wie*) tantamount (**mit** to)
Gleichbehandlung *f* equal treatment
gleichberechtigt *adj* **~ sein** to have equal rights
Gleichberechtigung *f* equal rights *sg od pl*, equality (+*gen* for)
gleich bleiben *v/i* to stay the same; **das bleibt sich gleich** it doesn't matter
gleichbleibend *adj* Kurs constant; *Temperatur* steady; **~ gute Qualität** consistent(ly) good quality
gleichen *v/i* **j-m/einer Sache ~** to be like sb/sth; **sich ~** to be alike; **j-m an Schönheit ~** to equal sb in beauty
gleichermaßen *adv* equally
gleichfalls *adv* (≈ *ebenfalls*) likewise; (≈ *auch*) also; **danke ~!** thank you, (and) the same to you; **viel Spaß! — danke ~!** enjoy yourself! — thanks, you too!
gleichfarbig *adj* (of) the same colour *Br*, (of) the same color *US*
gleichförmig *adj* uniform
Gleichförmigkeit *f* uniformity
gleichgeschlechtlich *adj* **1** (≈ *homosexuell*) same-sex; **~e Ehe** same-sex marriage **2** BIOL, ZOOL of the same sex, same-sex *attr*; BOT homomogamous
Gleichgewicht *n* balance; (≈ *seelisches Gleichgewicht*) equilibrium; **das ~ verlieren, aus dem**

~ kommen *a. fig* to lose one's balance *od* equilibrium; **j-n aus dem ~ bringen** to throw sb off balance; **das ~ der Kräfte** the balance of power

Gleichgewichtsstörung *f* impaired balance

gleichgültig *adj* indifferent (**gegen** to, towards); (≈ *uninteressiert*) apathetic (**gegenüber, gegen** towards); (≈ *unwesentlich*) unimportant; **~, was er tut** no matter what he does; **es ist mir ~, was er tut** I don't care what he does

Gleichgültigkeit *f* indifference (**gegen** to, towards)

Gleichheit *f* (≈ *gleiche Stellung*) equality; (≈ *Übereinstimmung*) correspondence

Gleichheitsgrundsatz *m*, **Gleichheitsprinzip** *n* principle of equality before the law

Gleichheitszeichen *n* MATH equals sign

gleichkommen *v/i* **1** (≈ *die gleiche Leistung etc erreichen*) to equal (**an** +*dat* for), to match (**an** +*dat* for, in) **2** (≈ *gleichbedeutend sein mit*) to amount to

gleichlautend *adj* identical

Gleichmacherei *f pej* egalitarianism

gleichmäßig **A** *adj* regular; *Proportionen* symmetrical; *Tempo* measured **B** *adv* **1** (≈ *regelmäßig*) regularly **2** (≈ *in gleicher Stärke*) evenly

Gleichmäßigkeit *f* regularity; *von Proportionen* symmetry

Gleichmut *m* equanimity, serenity, composure

gleichmütig *adj* serene, composed; *Stimme* calm

gleichnamig *adj* of the same name

Gleichnis *n* LIT simile; (≈ *Allegorie*) allegory; BIBEL parable

gleichrangig *adj Beamte etc* equal in rank (**mit** to); *Probleme etc* equally important

Gleichrichter *m* ELEK rectifier

gleichsam *geh adv* as it were

gleichschenklig *adj Dreieck* isosceles

Gleichschritt *m* MIL marching in step; **im ~, marsch!** forward march!

gleichsehen *v/i* **das sieht ihr gleich** that's just like her

gleichseitig *adj Dreieck* equilateral

gleichsetzen *v/t* **1** (≈ *als dasselbe ansehen*) to equate (**mit** with); (≈ *als gleichwertig ansehen*) to treat as equivalent (**mit** to)

Gleichsetzung *f* **die ~ der Arbeiter mit den Angestellten** treating workers as equivalent to office employees

Gleichstand *m* SPORT **den ~ erzielen** to draw level

gleichstellen *v/t* **1** *rechtlich etc* to treat as equal **2** → gleichsetzen

Gleichstellung *f rechtlich etc* equality (+*gen* of, for), equal status (+*gen* of, for); **~ von Frauen und Männern** equal rights for men and women

Gleichstrom *m* ELEK direct current, DC

gleichtun *v/t* **es j-m ~** to equal sb

Gleichung *f* equation

gleichwertig *adj* of the same value; *Leistung, Qualität* equal (+*dat* to); *Gegner* evenly matched

gleichzeitig **A** *adj* simultaneous **B** *adv* at the same time

gleichziehen *umg v/i* to catch up (**mit** with)

Gleis *n* BAHN line, track, rails *pl*; (≈ *einzelne Schiene*) rail; (≈ *Bahnsteig*) platform; *fig* rut; **~ 6** platform 6, track 6 *US*; **aus dem ~ kommen** *fig* to go off the rails *Br umg*, to get off the track *US umg*

Gleitcreme *f* lubricant

gleiten *v/i* to glide; *Hand* to slide; **ein Lächeln glitt über ihr Gesicht** a smile flickered across her face; **sein Auge über etw** (*akk*) **~ lassen** to cast an eye over sth

gleitend *adj* **~e Löhne** *od* **Lohnskala** sliding wage scale; **~e Arbeitszeit** flex(i)time; **~er Übergang** gradual transition

Gleitflug *m* glide

Gleitflugzeug *n* glider

Gleitgel *n* lubricant

Gleitklausel *f* HANDEL escalator clause

Gleitkomma *n* floating point

Gleitmittel *n* MED lubricant

Gleitschirm *m* paraglider

Gleitschirmfliegen *n* paragliding

Gleitschirmflieger(in) *m(f)* paraglider

Gleitsegeln *n* hang-gliding

Gleitsegler *m Fluggerät* hang-glider

Gleitsegler(in) *m(f)* hang-glider

Gleitsichtbrille *f* varifocals *pl*, multifocals *pl*

Gleitsichtgläser *pl* varifocals *pl*, multifocals *pl*

Gleittag *m* flexiday

Gleitzeit *f* flex(i)time

Gletscher *m* glacier

Gletscherspalte *f* crevasse

Glied *n* **1** (≈ *Körperteil*) limb; (≈ *Fingerglied, Zehenglied*) joint; **an allen ~ern zittern** to be shaking all over **2** (≈ *Penis*) penis, organ **3** (≈ *Kettenglied*), *a. fig* link

gliedern **A** *v/t* **1** (≈ *ordnen*) to structure **2** (≈ *unterteilen*) to (sub)divide (**in** +*akk* into); → gegliedert **B** *v/r* (≈ *zerfallen in*) **sich ~ in** (+*akk*) to (sub)divide into; (≈ *bestehen aus*) to consist of

Gliederreißen *n* rheumatic pains *pl*

Gliederung *f* (≈ *Aufbau*) structure; *von Aufsatz* outline; (≈ *Unterteilung*) *von Organisation* subdivision

Gliedmaßen *pl* limbs *pl*

Gliedsatz *m österr* subordinate clause

Gliedstaat *m* member *od* constituent state

glimmen *v/i* to glow

Glimmer *m Mineral* mica
Glimmstängel *obs umg m* fag *Br umg*, cigarette, butt *US umg*
glimpflich **A** *adj* (≈ *mild*) mild, light; *Folgen* negligible **B** *adv bestrafen* mildly; **~ davonkommen** to get off lightly; **mit j-m ~ umgehen** to treat sb leniently; **~ ablaufen** to pass (off) without serious consequences
glitschig *umg adj* slippy *umg*
glitzern *v/i* to glitter; *Stern a.* to twinkle
global **A** *adj* **1** (≈ *weltweit*) global; **~e Erwärmung** global warming **2** (≈ *pauschal*) general **B** *adv* (≈ *weltweit*) world-wide
globalisieren *v/t* to globalize
Globalisierung *f* globalization
Globalisierungsgegner(in) *m(f)* anti-globalization protester, antiglobalist; *der/die sich für eine andere Globalisierung einsetzt* alter-globalization protester, alterglobalist
Globalisierungskritiker(in) *m(f)* anti-globalization protester, antiglobalist; *der/die sich für eine andere Globalisierung einsetzt* alter-globalization protester, alterglobalist
Globetrotter(in) *m(f)* globetrotter
Globuli *pl MED* globuli
Globus *m* globe
Glöckchen *n* (little) bell
Glocke *f* bell; **etw an die große ~ hängen** *umg* to shout sth from the rooftops
Glockenblume *f* bellflower, campanula
glockenförmig *adj* bell-shaped
Glockengeläut *n* (peal of) bells *pl*
Glockenschlag *m* stroke (of a/the bell); **es ist mit dem ~ 6 Uhr** on the stroke it will be 6 o'clock; **auf den ~** on the stroke of eight/nine *etc*; (≈ *genau pünktlich*) on the dot
Glockenspiel *n in Turm* chimes *pl*; (≈ *Instrument*) glockenspiel
Glockenturm *m* bell tower
Glöckner(in) *m(f)* bell-ringer
Gloria *n KIRCHE* gloria, Gloria
glorifizieren *v/t* to glorify
glorios *adj* glorious
glorreich **A** *adj* glorious **B** *adv* **~ siegen** to have a glorious victory
Glossar *n* glossary
Glosse *f Presse etc* commentary; **~n** *pl umg* snide *od* sneering comments
Glotzauge *n umg* goggle eye *umg*; **~n machen** to gawp
Glotze *f umg* (≈ *Fernseher*) gogglebox *Br umg*, boob tube *US umg*
glotzen *pej umg v/i* to gawp (**auf** +*akk* at)
Glück *n* **1** luck; **~/kein ~ haben** to be lucky/unlucky; **auf gut ~** (≈ *aufs Geratewohl*) on the off chance; (≈ *unvorbereitet*) trusting to luck; (≈ *wahl*-*los*) at random; **ein ~, dass ...** it is/was lucky that ...; **du hast ~ im Unglück gehabt** it could have been a great deal worse (for you); **viel ~ (bei ...)!** good luck (with ...)!; **~ bei Frauen haben** to be successful with women; **j-m zum Geburtstag ~ wünschen** to wish sb (a) happy birthday; **zum ~** luckily; **mehr ~ als Verstand haben** to have more luck than brains; **sein ~ machen** to make one's fortune; **sein ~ versuchen** to try one's luck; **er kann von ~ sagen, dass ...** he can count himself lucky that ... **2** (≈ *Freude*) happiness
Glucke *f* (≈ *Bruthenne*) broody hen; **mit Jungen** mother hen
glucken *v/i* (≈ *brüten*) to brood; (≈ *brüten wollen*) to go broody; *fig umg* to sit around
glücken *v/i* to be a success; **ihm glückt alles/nichts** everything/nothing he does is a success; **geglückt** successful; *Überraschung* real; **es wollte nicht ~** it wouldn't go right
gluckern *v/i* to glug
glücklich **A** *adj* **1** (≈ *erfolgreich*) lucky; **er kann sich ~ schätzen(, dass ...)** he can count himself lucky (that ...) **2** (≈ *froh*) happy, glad; **~ machen** to bring happiness; **j-n ~ machen** to make sb happy **B** *adv* **1** (≈ *mit Glück*) by *od* through luck **2** (≈ *froh*) happily
glücklicherweise *adv* luckily
glücklos *adj* hapless
Glücksbringer *m* lucky charm
glückselig *adj* blissfully happy, blissful
Glückseligkeit *f* bliss
Glücksfall *m* stroke of luck
Glücksfee *fig hum f* good fairy, fairy godmother
Glücksgefühl *n* feeling of happiness
Glücksgöttin *f* goddess of luck
Glückspilz *m* lucky devil *umg*
Glückssache *f* **das ist ~** it's a matter of luck
Glücksspiel *n* game of chance
Glücksspieler(in) *m(f)* gambler
Glückssträhne *f* lucky streak; **eine ~ haben** to be on a lucky streak
Glückstag *m* lucky day
glückstrahlend *adj* beaming with happiness
Glückstreffer *m* stroke of luck; *beim Schießen, a. FUSSB* fluke *umg*
Glückszahl *f* lucky number
Glückwunsch *m* congratulations *pl* (**zu** on); **herzlichen ~** congratulations; **herzlichen ~ zum Geburtstag!** happy birthday
Glückwunschkarte *f* greetings card
Glühbirne *f* (electric) light bulb
glühen *v/i* to glow
glühend **A** *adj* glowing; (≈ *heiß glühend*) *Metall* red-hot; *Hitze* blazing; *fig* (≈ *leidenschaftlich*) ardent; *Hass* burning **B** *adv* **~ heiß** scorching;

j-n ~ verehren to worship sb
Glühlampe form f electric light bulb
Glühwein m mulled wine, glogg US
Glühwürmchen n glow-worm; *fliegend* firefly
Glukose f glucose
Glut f (≈ *glühende Masse, Kohle*) embers pl; (≈ *Tabaksglut*) burning ash; (≈ *Hitze*) heat
Gluten n CHEM gluten
glutenfrei adj *Lebensmittel* gluten-free
glutenhaltig adj *Lebensmittel* gluten-containing, containing gluten präd
Glutenintoleranz f, **Glutenunverträglichkeit** f gluten intolerance
Gluthitze f sweltering heat
Glyzerin n CHEM glycerin(e)
GmbH f abk (= Gesellschaft mit beschränkter Haftung) limited liability company
Gnade f mercy; (≈ *Gunst*) favour Br, favor US; (≈ *Verzeihung*) pardon; **um ~ bitten** to ask for mercy; **~ vor Recht ergehen lassen** to temper justice with mercy
Gnadenbrot n **j-m das ~ geben** to keep sb in his/her old age
Gnadenfrist f (temporary) reprieve; **eine ~ von 24 Stunden** a 24 hour(s') reprieve, 24 hours' grace
Gnadengesuch n plea for clemency
gnadenlos A adj merciless B adv mercilessly
Gnadenstoß m coup de grâce
gnädig A adj (≈ *barmherzig*) merciful; (≈ *gunstvoll, herablassend*) gracious; *Strafe* lenient; **~e Frau** form madam, ma'am B adv (≈ *milde urteilen*) leniently; (≈ *herablassend lächeln*) graciously; **es ~ machen** to be lenient
Gnom m gnome
Gnu n ZOOL gnu, wildebeest
Gobelin m tapestry, Gobelin
Gokart m go-cart
Golanhöhen pl Golan Heights pl
Gold n gold; **nicht mit ~ zu bezahlen sein** to be worth one's weight in gold; **es ist nicht alles ~, was glänzt** sprichw all that glitters is not gold sprichw
Goldader f vein of gold
Goldbarren m gold ingot
Goldbarsch m (≈ *Rotbarsch*) redfish
golden A adj golden; (≈ *aus Gold*) gold; **die ~e Mitte wählen** to strike a happy medium; **~e Hochzeit** golden wedding (anniversary) B adv like gold
Goldfisch m goldfish
goldgelb adj golden brown
Goldgräber(in) m(f) gold-digger
Goldgrube f gold mine
Goldhamster m (golden) hamster
goldig fig umg adj sweet
Goldklumpen m gold nugget
Goldküste f GEOG Gold Coast
Goldmedaille f gold medal
Goldmedaillengewinner(in) m(f) gold medallist Br, gold medalist US
Goldmine f gold mine
Goldmünze f gold coin
Goldpreis m gold price
Goldrand m gold edge
Goldrausch m gold fever
Goldregen m BOT laburnum
Goldreserve f FIN gold reserves pl
goldrichtig umg A adj absolutely right B adv exactly right; **sich verhalten** perfectly
Goldschmied(in) m(f) goldsmith
Goldschnitt m gilt edging
Goldstück n piece of gold; (≈ *Münze*) gold coin; *fig umg* treasure
Goldsucher(in) m(f) gold-hunter
Goldwaage f **jedes Wort auf die ~ legen** to weigh one's words
Goldwährung f gold standard
Goldzahn m gold tooth
Golf¹ m (≈ *Meerbusen*) gulf; **der (Persische) ~** the (Persian) Gulf
Golf² n SPORT golf
Golfer(in) umg m(f) golfer
Golfklub m golf club
Golfkrieg m Gulf War
Golfplatz m golf course
Golfschläger m golf club
Golfspiel n **das ~** golf
Golfspieler(in) m(f) golfer
Golfstaaten pl **die ~** the Gulf States pl
Golfstrom m GEOG Gulf Stream
Gondel f gondola
Gong m gong; *bei Boxkampf etc* bell
gongen A v/i **es hat gegongt** the gong has gone *od* sounded B v/i to ring *od* sound the gong
Gongschlag m stroke of the gong
gönnen v/t **j-m etw ~** not to (be)grudge sb sth; **j-m etw nicht ~** to (be)grudge sb sth; **sich** (dat) **etw ~** to allow oneself sth; **das sei ihm gegönnt** I don't (be)grudge him that
Gönner(in) m(f) patron
gönnerhaft pej A adj patronizing B adv patronizingly
Gönnermiene pej f patronizing air
Gonorrhö(e) f MED gonorrhoea Br, gonorrhea US
googeln® v/i to google®
Göre f (≈ *kleines Mädchen*) little miss
Gorgonzola m gorgonzola (cheese)
Gorilla m gorilla
Gosche pej f gob sl, mouth

Goschen österr, südd pej f → Gosche
Gosse f gutter; **in der ~ landen** to end up in the gutter
Gotik f KUNST Gothic (style); (≈ Epoche) Gothic period
gotisch adj Gothic
Gott m **1** god; als Name God; **der liebe ~** the good Lord; **er ist ihr ~** she worships him like a god; **ein Anblick** od **Bild für die Götter** hum umg a sight for sore eyes; **das wissen die Götter** umg God (only) knows; **er hat ~ weiß was erzählt** umg he said God knows what umg; **ich bin weiß ~ nicht prüde, aber ...** God knows I'm no prude but ...; **dann mach es eben in ~es Namen** just do it then; **leider ~es** unfortunately **2** in Ausrufen **grüß ~!** bes österr, südd hello, good morning/afternoon/evening; **ach (du lieber) ~!** umg oh Lord! umg; **mein ~!** (my) God!; **großer ~!** good Lord!; **um ~es willen!** for God's sake!; **~ sei Dank!** thank God od goodness!
Götterspeise f GASTR jelly Br, Jell-O® US
Gottesdienst m KIRCHE service
Gotteshaus n place of worship
Gotteskrieger(in) m(f) religious terrorist
Gotteslästerer m, **Gotteslästerin** f blasphemer
gotteslästerlich A adj blasphemous B adv blasphemously
Gotteslästerung f blasphemy
Gottesmutter f REL Mother of God
Gottheit f **1** (≈ Göttlichkeit) divinity **2** bes heidnisch deity
Göttin f goddess
göttlich adj divine
gottlob int thank God
gottlos adj godless; (≈ verwerflich) ungodly
Gottvater m God the Father
gottverdammt umg adj goddamn(ed) umg
gottverlassen adj godforsaken
Gottvertrauen n faith in God
Götze m idol
Götzenbild n idol; BIBEL graven image
Gourmet m gourmet
Gouverneur(in) m(f) governor
GPS¹ abk (= Global Positioning System) GPS
GPS² abk (= Grüne Partei der Schweiz) Green Party of Switzerland
Grab n grave; (≈ Gruft) tomb; **er würde sich im ~e umdrehen, wenn ...** he would turn in his grave if ...; **du bringst mich noch ins ~!** you'll be the death of me yet umg; **mit einem Bein im ~e stehen** fig to have one foot in the grave; **sich** (dat) **selbst sein eigenes ~ graben** fig to dig one's own grave
graben A v/t to dig B v/i to dig; **nach Gold/Erz ~ to dig for gold/ore** C v/r **sich in etw** (akk) **~** Zähne, Krallen to sink into sth; **sich durch etw ~** to dig one's way through sth
Graben m ditch; MIL trench; (≈ Burggraben) moat
Grabenkrieg m MIL trench warfare kein pl, kein unbest art
Gräberfeld n cemetery
Grabgewölbe n vault; von Kirche, Dom crypt
Grabinschrift f epitaph
Grabkammer f burial chamber
Grabmal n monument; (≈ Grabstein) gravestone
Grabrede f funeral oration
Grabschändung f defilement of graves
grabschen v/i → grapschen
Grabstätte f grave; (≈ Gruft) tomb
Grabstein m gravestone
Grabung f Archäologie excavation
Gracht f canal
Grad m Naturwissenschaft, a. UNIV, a. fig degree; MIL rank; **4 ~ Kälte** 4 degrees below freezing; **20 ~ Celsius** 20 (degrees) centigrade; **heute waren es 30 ~** it was 30 degrees today; **ein Verwandter zweiten/dritten ~es** a relative once/twice removed; **Verbrennungen ersten/zweiten ~es** MED first/second-degree burns; **bis zu einem gewissen ~** up to a certain point; **in hohem ~** to a great extent; **im höchsten ~** extremely
Gradeinteilung f calibration
Gradmesser m fig gauge (+gen od **für** of)
graduell A adj (≈ allmählich) gradual; (≈ gering) slight B adv (≈ geringfügig) slightly; (≈ allmählich) gradually
graduieren A v/t **1** (≈ in Grade einteilen) to calibrate **2** UNIV **graduierter Ingenieur** engineering graduate B v/i UNIV to graduate
Graduierte(r) m/f(m) graduate
Graf m count; britischer Graf earl
Graffiti n graffiti; Malerei mural
Graffitikünstler(in) m(f) graffer umg
Grafik f **1** KUNST graphic arts pl od design; (≈ Technik) graphics sg **2** KUNST (≈ Darstellung) graphic; (≈ Druck) print; (≈ Schaubild) illustration; (≈ technisches Schaubild) diagram; (≈ Diagramm) chart
Grafikdesign n graphic design
Grafiker(in) m(f) graphic artist; (≈ Illustrator) illustrator; (≈ Gestalter) (graphic) designer
grafikfähig adj IT **~ sein** to be able to do graphics
Grafikkarte f COMPUT graphics card
Grafikmodus m IT graphics mode
Grafiksoftware f graphics software
Gräfin f countess
grafisch adj graphic
Grafit m graphite
Grafschaft f earldom; ADMIN county
Gram geh m grief, sorrow

grämen v/r **sich über j-n/etw ~** to grieve over sb/sth
Gramm n gram(me); **100 ~ Mehl** 100 gram(me)s of flour
Grammatik f grammar; **die englische ~** English grammar
grammatikalisch, **grammatisch** **A** adj grammatical **B** adv grammatically
Grammel österr, südd f → Griebe
Grammofon n gramophone
Granatapfel m pomegranate
Granate f MIL (≈ Geschoss) shell; (≈ Handgranate) grenade
Granatsplitter m shell/grenade splinter
Granatwerfer m mortar
grandios adj magnificent; hum fantastic umg
Granit m granite
Grant m österr, südd umg **einen ~ haben** to be cross (**wegen** about od **auf j-n** at sb)
granteln österr, südd umg v/i **1** (≈ schlechte Laune haben) to be grumpy **2** (≈ meckern) to grumble
grantig adj umg grumpy
Grantler(in) m(f) österr, südd umg (old) grouch
Granulat n granules pl
Grapefruit f grapefruit
Grapefruitsaft n grapefruit juice
Graphik etc → Grafik
grapschen v/i **1** (≈ zugreifen) to grab (**nach** at) **2** (≈ fummeln) to grope
Gras n grass; **ins ~ beißen** umg to bite the dust umg; **das ~ wachsen hören** to be highly perceptive; (≈ zu viel hineindeuten) to read too much into things; **über etw** (akk) **~ wachsen lassen** fig to let the dust settle on sth
grasbedeckt adj grassy
Grasbüschel n tuft of grass
grasen v/i to graze
Grasfläche f grassland; (≈ Rasen) patch of grass
grasgrün adj grass-green
Grashalm m blade of grass
Grashüpfer umg m grasshopper
grasig adj grassy
Grasnarbe f turf
Grassamen m grass seed
grassieren v/i to be rife
grässlich **A** adj **1** hideous **2** (≈ unangenehm) dreadful, nasty; Mensch horrible **B** adv **1** (≈ schrecklich) horribly **2** umg (≈ äußerst) dreadfully
Grat m (≈ Berggrat) ridge; TECH burr; ARCH hip (of roof)
Gräte f (fish) bone
Gratifikation f bonus
gratinieren v/t GASTR to brown (the top of)
gratis adv free; HANDEL free (of charge)
Gratisprobe f free sample
Grätsche f SPORT straddle
grätschen **A** v/i to do a straddle (vault) **B** v/t Beine to straddle
Gratulant(in) m(f) well-wisher
Gratulation f congratulations pl
gratulieren v/i **j-m** (**zu etw**) **~** to congratulate sb (on sth); **j-m zum Geburtstag ~** to wish sb many happy returns (of the day); (**ich**) **gratuliere!** congratulations!
Gratwanderung wörtl f ridge walk; fig tightrope walk
grau **A** adj grey Br, gray US; (≈ trostlos) gloomy; **~ werden** to go grey Br, to go gray US; **er malte die Lage ~ in ~** fig he painted a gloomy picture of the situation; **der ~e Alltag** the daily grind **B** adv anstreichen grey Br, gray US; sich kleiden in grey Br, in gray US; **~ meliert** Haar greying Br, graying US
Graubrot n bread made from more than one kind of flour
Graubünden n GEOG the Grisons
Gräuel m (≈ Abscheu) horror; (≈ Gräueltat) atrocity; **es ist mir ein ~** I loathe it; **es ist mir ein ~, das zu tun** I loathe doing that
Gräuelmärchen n horror story
Gräueltat f atrocity
grauen v/i **es graut mir vor etw** (dat) I dread sth; **mir graut vor ihm** I'm terrified of him
Grauen n horror (**vor** +dat of)
grauenerregend adj atrocious
grauenhaft, **grauenvoll** adj atrocious, horrible; Schmerz terrible
grauhaarig adj grey-haired Br, gray-haired US
gräulich[1] adj → grässlich
gräulich[2] adj (≈ Grauton) greyish Br, grayish US
Graupel f (small) hailstone
graupelig adj Schauer of soft hail
Graupen pl pearl barley sg
Graus m horror
grausam **A** adj **1** (≈ gefühllos) cruel (**gegen**, **zu** to) **2** umg terrible **B** adv **1** (≈ auf schreckliche Weise) cruelly; **sich ~ für etw rächen** to take (a) cruel revenge for sth **2** umg (≈ furchtbar) terribly
Grausamkeit f **1** cruelty **2** (≈ grausame Tat) (act of) cruelty; stärker atrocity
Grauschleier m von Wäsche grey(ness) Br, gray(-ness) US; fig veil
grausen v/i **mir graust vor der Prüfung** I am dreading the exam
grausig adj & adv → grauenhaft
Grauton m grey colour Br, gray color US
Grauwal m grey whale Br, gray whale US
Grauzone fig f grey area Br, gray area US
Graveur(in) m(f) engraver
gravieren v/t to engrave

gravierend adj serious
Gravierung f engraving
Gravitation f gravitational pull
Gravur f engraving
graziös **A** adj graceful; (≈ lieblich) charming **B** adv gracefully
Greencard f, **Green Card** f green card
greifbar adj (≈ konkret) tangible; (≈ erhältlich) available; **~ nahe** within reach
greifen **A** v/t (≈ packen) to take hold of; (≈ grapschen) to seize, to grab; **diese Zahl ist zu hoch/zu niedrig gegriffen** fig this figure is too high/low; **zum Greifen nahe sein** Sieg to be within reach; **aus dem Leben gegriffen** taken from life **B** v/i **1** (≈ fassen) **hinter sich** (akk) **~** to reach behind one; **um sich ~** fig to spread; **in etw** (akk) **~** to put one's hand into sth; **~ nach** to reach for; **zu etw ~** zu Pistole to reach for sth; **zu Methoden to turn to sth 2** (≈ einrasten) to grip; fig (≈ wirksam werden) to take effect; (≈ zum Ziel/Erfolg führen) to achieve its ends; (≈ zutreffen) Gesetz to apply
Greifer m TECH grab
Greifvogel m bird of prey
Greifzange f (pair of) tongs pl
Greis m old man
Greisenalter n extreme old age
greisenhaft adj aged attr
Greisin f old lady
grell **A** adj Schrei, Ton shrill; Licht, Sonne dazzling; Farbe garish **B** adv (≈ sehr hell) scheinen brightly; (≈ schrill) shrilly; **~ erleuchtet** dazzlingly bright
Gremium n body; (≈ Ausschuss) committee
Grenada n GEOG Grenada
Grenzbereich m border zone; fig limits pl; **im ~ liegen** fig to lie at the limits
Grenzbewohner(in) m(f) inhabitant of the/a border zone
Grenze f border; zwischen Grundstücken boundary; (≈ Barriere) barrier; fig zwischen Begriffen dividing line; (≈ Schranke) limits pl; **die ~ zu Österreich** the Austrian border; **über die ~ gehen** to cross the border; **(bis) zur äußersten ~ gehen** fig to go as far as one can; **einer Sache** (dat) **~n setzen** to set a limit od limits to sth; **seine ~n kennen** to know one's limitations; **sich in ~n halten** fig to be limited; **die oberste/unterste ~** fig the upper/lower limit
grenzen v/i **an etw** (akk) **~** to border on sth
grenzenlos adj boundless
Grenzfall m borderline case
Grenzfluss m river forming a/the border od frontier
Grenzgänger(in) m(f) (≈ Arbeiter) international commuter (across a local border); (≈ heimlicher Grenzgänger) illegal border crosser
Grenzgebiet n border zone; fig border(ing) area
Grenzkonflikt m border dispute
Grenzkontrolle f border control
Grenzlinie f border; SPORT line
Grenzposten m border guard
Grenzschutz m **1** protection of the border(s) **2** (≈ Truppen) border guard(s)
Grenzstadt f border town
Grenzstein m boundary stone
Grenzübergang m (≈ Stelle) border crossing (-point)
grenzüberschreitend adj HANDEL, JUR cross--border
Grenzübertritt m crossing of the border
Grenzverkehr m border traffic
Grenzverlauf m boundary line (between countries)
Grenzwert m limit
grenzwertig umg adj dubious; **~ sein** Bemerkung, Humor, Darbietung to border on bad taste; (≈ gefährlich) Sportanlage to border on dangerous
Grenzzwischenfall m border incident
Greuel m → Gräuel
greulich adj & adv → gräulich¹
Griebe f ≈ crackling kein unbest art, kein pl Br, ≈ cracklings pl US
Grieche m, **Griechin** f Greek; **zum ~n gehen** to go to a/the Greek restaurant
Griechenland n Greece
griechisch adj Greek; **~-römisch** Graeco-Roman, Greco-Roman bes US; → deutsch
Griesgram m grouch umg
griesgrämig adj grumpy
Grieß m semolina
Grießbrei m semolina
Grießklößchen n semolina dumpling
Grießnockerl n österr, südd GASTR semolina dumpling
Griff m **1 der ~ nach etw** reaching for sth; **der ~ nach der Macht** the bid for power **2** (≈ Handgriff) grip, grasp; beim Ringen hold; beim Turnen grip; **mit festem ~** firmly; **j-n/etw im ~ haben** fig to have sb/sth under control; **j-n/etw in den ~ bekommen** fig to gain control of sb/sth; geistig to get a grasp of sth; **einen guten ~ tun** to make a wise choice **3** (≈ Stiel, Knauf) handle; (≈ Pistolengriff) butt
griffbereit adj handy; **etw ~ halten** to keep sth handy
Griffel m slate pencil; BOT style
griffig adj Boden, Fahrbahn etc that has a good grip; Rad, Sohle, Profil that grips well; fig Slogan pithy
Grill m grill

Grillabend m barbecue od BBQ night
Grille f ZOOL cricket
grillen **A** v/t to grill **B** v/i to have a barbecue
Grillfest n barbecue party
Grillkohle f charcoal
Grillparty f barbecue; **eine ~ feiern** to have a barbecue
Grillstube f grillroom
Grimasse f grimace; **~n schneiden** to grimace
grimmig **A** adj **1** (≈ zornig) furious; Gegner fierce; Miene, Humor grim **2** (≈ heftig) Kälte, Spott etc severe **B** adv furiously, grimly; **~ lächeln** to smile grimly
grinsen v/i to grin
Grinsen n grin
grippal adj MED **~er Infekt** influenza infection
Grippe f flu; **die neue ~** swine flu; **die saisonale ~** seasonal flu
Grippeimpfung f flu vaccination, flu jab Br
grippekrank adj **sie ist ~** she's down with flu, she has the flu
Grippekranke(r) m/f(m) flu sufferer
Grippe(schutz)impfung f influenza vaccination, flu jab Br
Grippevirus n/m flu virus
Grippewelle f wave of flu
Grips umg m brains pl umg
grob **A** adj **1** (≈ nicht fein) coarse; Arbeit dirty attr **2** (≈ ungefähr) rough; **in ~en Umrissen** roughly **3** (≈ schlimm, groß), a. JUR gross; **ein ~er Fehler** a bad mistake; **wir sind aus dem Gröbsten heraus** we're out of the woods (now); **~e Fahrlässigkeit** gross negligence **4** (≈ brutal, derb) rough; fig (≈ derb) coarse; Antwort rude; (≈ unhöflich) ill-mannered; **~ gegen j-n werden** to become offensive (towards sb) **B** adv **1** (≈ nicht fein) coarsely **2** (≈ ungefähr) **~ geschätzt** approximately, roughly; **etw ~ umreißen** to give a rough idea of sth **3** (≈ schlimm) **~ fahrlässig handeln** to commit an act of gross negligence **4** (≈ brutal) roughly; (≈ unhöflich) rudely
Grobheit f **1** (≈ Beschimpfung) foul language kein pl **2** von Material coarseness
Grobian m brute
grobkörnig adj coarse-grained
grobmaschig adj large-meshed; (≈ grob gestrickt) loose-knit attr
grobschlächtig adj coarse; Mensch heavily built; fig unrefined
Grog m grog
groggy adj umg (≈ erschöpft) all-in umg
grölen pej v/t & v/i to bawl; **~de Menge** raucous crowd
Groll m (≈ Zorn) anger; (≈ Erbitterung) resentment
grollen geh v/i **1** (≈ dröhnen) to rumble **2** (≈ böse sein) **(j-m) ~** to be annoyed (with sb)

Grönland n Greenland
grooven v/i MUS sl **das groovt** it's grooving
Gros n (≈ Mehrzahl) major part
Groschen m **1** österr HIST groschen **2** fig penny, cent US; **der ~ ist gefallen** hum umg the penny has dropped umg
Groschenroman pej m cheap novel, dime-store novel US
groß **A** adj **1** big; Fläche, Raum, Packung etc large; TYPO Buchstabe capital; **die Wiese ist 10 Hektar ~** the field measures 10 hectares; **~es Geld** notes pl Br, bills pl US; **im Großen und Ganzen** by and large **2** (≈ hochgewachsen) tall; **wie ~ bist du?** how tall are you?; **du bist ~ geworden** you've grown; **größer werden** to grow **3** (≈ älter) Bruder, Schwester big; **mit etw ~ geworden sein** to have grown up with sth **4** (≈ wichtig, bedeutend) great; Katastrophe terrible; Summe large; Geschwindigkeit high; **er hat Großes geleistet** he has achieved great things; **~en Durst haben** to be very thirsty; **ich bin kein ~er Redner** umg I'm no great speaker; **j-s ~e Stunde** sb's big moment; **eine größere Summe** a biggish sum; **~e Worte** big words **5** in Eigennamen Great; **Friedrich der Große** Frederick the Great **B** adv **~ gewachsen** tall; **~ gemustert** with a large print; **~ daherreden** umg to talk big umg; **~ einkaufen gehen** to go on a spending spree; **~ feiern** to have a big celebration; **~ aufgemacht** elaborately dressed; **~ angelegt** large-scale; **~ und breit** fig umg at great length; **j-n ~ anblicken** to give sb a hard stare; **~ in Mode sein** to be all the rage umg; **ganz ~ rauskommen** umg to make the big time umg
Großabnehmer(in) m(f) HANDEL bulk purchaser
Großaktionär(in) m(f) major shareholder, stakeholder US
großartig **A** adj wonderful, fantastic, great; Erfolg tremendous **B** adv wonderfully
Großaufnahme f FOTO, FILM close-up
Großbaustelle f construction site
Großbetrieb m large concern
Großbildleinwand f big screen
Großbildschirm m large screen
Großbrand m major od big fire
Großbritannien n (Great) Britain
Großbuchstabe m capital (letter); TYPO upper case letter
Größe f **1** size; **er hat ~ 48** he takes od is size 48 **2** (≈ Körpergröße) height **3** MATH, PHYS quantity; **eine unbekannte ~** an unknown quantity **4** (≈ Ausmaß) extent; (≈ Bedeutsamkeit) significance **5** (≈ bedeutender Mensch) important figure
Großeinkauf m bulk purchase

Großeinsatz *m* ~ **der Feuerwehr/Polizei** *etc* large-scale operation by the fire brigade/police *etc*
Großeltern *pl* grandparents *pl*
Großenkel *m* great-grandchild; (≈ *Junge*) great-grandson
Großenkelin *f* great-granddaughter
Größenordnung *f* scale; (≈ *Größe*) magnitude; MATH order (of magnitude); **in einer ~ von** in *od* on US the order of
großenteils *adv* mostly
Größenunterschied *m* difference in size; *im Wuchs* difference in height
Größenverhältnis *n* proportions *pl* (+*gen* between); (≈ *Maßstab*) scale; **im ~ 1:100** on the scale 1:100
Größenwahn(sinn) *m* megalomania
größenwahnsinnig *adj* megalomaniac(al)
Großfahndung *f* large-scale manhunt
Großfamilie *f* extended family
großflächig *adj* extensive; *Gemälde, Muster etc* covering a large area
Großformat *n* large size
großformatig *adj* large-size
großgewachsen *adj* tall
Großgrundbesitzer(in) *m(f)* big landowner
Großhandel *m* wholesale trade; **etw im ~ kaufen** to buy sth wholesale
Großhandelskaufmann *m* wholesaler
Großhandelspreis *m* wholesale price
Großhändler(in) *m(f)* wholesaler
Großhandlung *f* wholesale business
großherzig *adj* generous, magnanimous
Großherzog *m* grand duke
Großhirn *n* cerebrum
Grossist(in) *m(f)* wholesaler
Großkapitalist(in) *m(f)* big capitalist
Großkaufmann *m* wholesale merchant
großkotzig *pej umg adj* swanky *umg*
Großküche *f* canteen kitchen
Großkunde *m*, **Großkundin** *f* HANDEL major client
Großkundgebung *f* mass rally
Großmacht *f* POL great power
Großmarkt *m* hypermarket *Br*, large supermarket
Großmaul *pej umg n* bigmouth *umg*
Großmut *f* magnanimity
großmütig **A** *adj* magnanimous **B** *adv* magnanimously
Großmutter *f* grandmother
Großonkel *m* great-uncle
Großraum *m einer Stadt* **der ~ München** the Munich area; **der ~ Manchester** Greater Manchester
Großraumbüro *n* open-plan office
Großraumflugzeug *n* large-capacity aircraft
großräumig **A** *adj* **1** (≈ *mit großen Räumen*) with large rooms; **~ sein** to have large rooms **2** (≈ *mit viel Platz, geräumig*) roomy **3** (≈ *über große Flächen*) extensive **B** *adv* **Ortskundige sollten den Bereich ~ umfahren** local drivers should find an alternative route well away from the area
Großrechner *m* mainframe (computer)
Großreinemachen *n* ≈ spring-cleaning
groß schreiben *v/t* **groß geschrieben werden** *fig umg* to be stressed
großschreiben *v/t* **ein Wort ~** to write a word with a capital/in capitals
Großschreibung *f* capitalization
großsprecherisch *pej adj* boastful
großspurig *pej* **A** *adj* flashy *umg* **B** *adv* **~ reden** to speak flamboyantly; **sich ~ benehmen** to be flashy
Großstadt *f* city
Großstädter(in) *m(f)* city dweller
großstädtisch *adj* big-city *attr*
Großstadtmensch *m* city dweller
größt- *zssgn* capital
Großtante *f* great-aunt
Großtat *f* great feat; **eine medizinische ~** a great medical feat
Großteil *m* large part; **zum ~** in the main
größtenteils *adv* in the main, mostly
größte(r, s) → **groß**
größtmöglich *adj* greatest possible
großtun *pej* **A** *v/i* to show off **B** *v/r* **sich mit etw ~** to boast about sth
Großvater *m* grandfather
Großveranstaltung *f* big event; (≈ *Großkundgebung*) mass rally
Großverdiener(in) *m(f)* big earner
Großwetterlage *f* general weather situation; **die politische ~** the general political climate
Großwild *n* big game
großziehen *v/t* to raise, to bring up; *Tier* to rear
großzügig **A** *adj* generous; (≈ *weiträumig*) spacious **B** *adv* generously; (≈ *spendabel*) magnanimously; **~ gerechnet** at a generous estimate
Großzügigkeit *f* generosity; (≈ *Weiträumigkeit*) spaciousness
grotesk *adj* grotesque
Grotte *f* (≈ *Höhle*) grotto
Grübchen *n* dimple
Grube *f* pit; *klein* hole; *Bergbau* mine
Grübelei *f* brooding *kein pl*
grübeln *v/i* to brood (**über** +*akk* about, over)
Grubenunglück *n* mining accident *od* disaster
Grübler(in) *m(f)* brooder
grüblerisch *adj* pensive
grüezi *int schweiz* hello, hi *umg*

Gruft f tomb, vault; *in Kirchen* crypt
Grufti m **1** *umg* (≈ *älterer Mensch*) old fogey *umg* **2** *sl* (≈ *Okkultist*) ≈ goth
grün **A** *adj* green; **~er Salat** lettuce; **ein ~er Junge** *umg* a greenhorn *umg*; **~es Licht (für etw) geben/haben** *fig* to give/have got the green light (for sth); **im ~en Bereich** *fig* all clear; **vom ~en Tisch aus** from a bureaucratic ivory tower; **Grüne Alternative Liste** *association of ecology-oriented parties*; **~e Minna** *umg* Black Maria *Br umg*, paddy wagon *US umg*; **Grüner Punkt** *symbol for recyclable packaging*; **~er Tee** green tea; **die ~e Tonne** container for recyclable waste; **~e Welle** phased traffic lights; **auf keinen ~en Zweig kommen** *fig umg* to get nowhere; **die beiden sind sich gar nicht ~** *umg* there's no love lost between them **B** *adv* **gekleidet (in)** green; *streichen* green; **sich ~ und gelb ärgern** *umg* to be furious; **j-n ~ und blau schlagen** *umg* to beat sb black and blue

Grün n green; (≈ *Grünflächen*) green spaces *pl*; **die Ampel steht auf ~** the light is green, the light is at green *Br*; **das ist dasselbe in ~** *umg* it's (one and) the same (thing)
Grünanlage f green space
Grünbuch n *POL* Green Paper
Grund m **1** (≈ *Erdboden*) ground; **~ und Boden** land; **in ~ und Boden** *fig* *sich blamieren, schämen* utterly; *verdammen* outright **2** *von Gefäßen* bottom; (≈ *Meeresgrund*) (sea)bed **3** (≈ *Fundament*) foundation(s) (*pl*); **von ~ auf** completely; *ändern* fundamentally; *neu gebaut* from scratch; **den ~ zu etw legen** to lay the foundations of *od* for sth; **einer Sache** (*dat*) **auf den ~ gehen** *fig* to get to the bottom of sth; **im ~e seines Herzens** in one's heart of hearts; **im ~e (genommen)** basically **4** (≈ *Ursache*) reason; (≈ *Anlass*) cause; (≈ *Absicht*) purpose; **der ~, warum** the reason why; **das ist der ~, warum** that's why; **aus gesundheitlichen** *etc* **Gründen** for health *etc* reasons; **aus vielen Gründen** for lots of reasons; **einen ~ zum Feiern haben** to have good cause for (a) celebration; **der ~ unseres Besuchs** the purpose of our visit; **j-m ~ (zu etw) geben** to give sb good reason (for sth); **aus diesem ~** for this reason; **mit gutem ~** with good reason; **aus Gründen** +*gen* for reasons of; **auf ~** → **aufgrund**; **zu ~e** → **zugrunde**
Grund- *zssgn Regel, Wortschatz etc* basic
grundanständig *adj* thoroughly decent
Grundanstrich m first coat
Grundausbildung f *MIL* basic training
Grundausstattung f basic equipment
Grundbedeutung f *LING* primary *od* basic meaning

Grundbegriff m basic concept
Grundbesitz m land
Grundbesitzer(in) m(f) landowner
Grundbuch n land register
grundehrlich *adj* thoroughly honest
gründen **A** *v/t* to found; *Argument etc* to base (**auf** +*akk* on); *Geschäft* to set up; **gegründet 1857** founded in 1857; **eine Familie ~** to get married (and have a family) **B** *v/r* **sich auf etw** (*akk*) **~** to be based on sth
Gründer(in) m(f) founder
grundfalsch *adj* utterly wrong
Grundfarbe f primary colour *Br*, primary color *US*
Grundfläche f **1** *eines Zimmers* (floor) area **2** *MATH* base
Grundform f basic form
Grundfreiheiten *pl EU* fundamental freedoms *pl*
Grundgebühr f basic charge
Grundgedanke m basic idea
Grundgesetz n **das ~** the (German) Constitution
Grundidee f main idea
grundieren *v/t* to undercoat
Grundierfarbe f undercoat
Grundierung f (≈ *Farbe*) undercoat
Grundkapital n share capital; (≈ *Anfangskapital*) initial capital
Grundkenntnisse *pl* basic knowledge (**in** +*dat* of), basics *pl*
Grundkurs m *SCHULE, UNIV* basic course
Grundlage f basis; **auf der ~ von** *od* +*gen* on the basis of; **jeder ~ entbehren** to be completely unfounded
grundlegend **A** *adj* fundamental (**für** to); (≈ *wesentlich*) basic; *Textbuch* standard **B** *adv* fundamentally
gründlich **A** *adj* thorough; *Arbeit* painstaking; (≈ *sorgfältig*) careful **B** *adv* thoroughly; (≈ *sorgfältig*) carefully; **j-m ~ die Meinung sagen** to give sb a real piece of one's mind; **da haben Sie sich ~ getäuscht** you're completely mistaken there
Gründlichkeit f thoroughness
Grundlinie f *MATH, SPORT* baseline
Grundlohn m basic pay
grundlos **A** *adj fig* (≈ *unbegründet*) unfounded **B** *adv fig* without reason
Grundmauer f foundation wall
Grundnahrungsmittel n basic food(stuff)
Gründonnerstag m Maundy Thursday
Grundprinzip n basic principle
Grundrechenart f basic arithmetical operation
Grundrecht n basic *od* fundamental right

Grundrechtecharta f EU Charter of Fundamental Rights
Grundregel f basic rule; *fürs Leben etc* maxim
Grundriss m *von Gebäude* ground *od* floor plan; (≈ *Abriss*) outline, sketch
Grundsatz m principle
Grundsatzentscheidung f decision of general principle
grundsätzlich A *adj* fundamental; *Verbot* absolute; *Frage* of principle B *adv* (≈ *im Prinzip*) in principle; (≈ *aus Prinzip*) on principle; **das ist ~ verboten** it is absolutely forbidden
Grundschule f primary school *Br*, elementary school
Grundschüler(in) m(f) primary(-school) pupil *Br*, elementary(-school) pupil
Grundschullehrer(in) m(f) primary school teacher *Br*, elementary school teacher *US*
Grundsicherung f POL guaranteed minimum income, basic provision
Grundstein m foundation stone; **den ~ zu etw legen** *fig* to lay the foundations of *od* for sth
Grundsteuer f (local) property tax
Grundstock m basis, foundation
Grundstoff m basic material; (≈ *Rohstoff*) raw material; CHEM element
Grundstück n plot (of land); *bebaut* property; (≈ *Anwesen*) estate
Grundstückspreis m land price
Grundstudium n UNIV basic course
Grundstufe f first stage; SCHULE ≈ junior school *Br*, grade school *US*
Grundton m MUS *eines Akkords* root; *einer Tonleiter* tonic keynote
Grundübel n basic *od* fundamental evil; (≈ *Nachteil*) basic problem
Gründung f founding; *von Geschäft* setting up; **die ~ einer Familie** getting married (and having a family)
grundverkehrt *adj* completely wrong
grundverschieden *adj* totally different
Grundwasser n ground water
Grundwasserspiegel m water table
Grundwehrdienst m national service *Br*, selective service *US*
Grundwissen n basic knowledge (**in** +*dat* of)
Grundwortschatz m basic vocabulary
Grundzahl f cardinal number
Grundzug m essential feature
Grüne(r) m/f(m) POL Green; **die ~n** The Greens
Grüne(s) n (≈ *Farbe*) green; (≈ *Gemüse*) greens pl; **ins ~ fahren** to go to the country
Grünfläche f green space
Grünfutter n green fodder
Grüngürtel m green belt
Grünkohl m (curly) kale

grünlich *adj* greenish
Grünschnabel *umg* m (little) whippersnapper *umg*; (≈ *Neuling*) greenhorn *umg*
Grünspan m verdigris
Grünspecht m green woodpecker
Grünstreifen m central reservation *Br*, median (strip) *US, Aus*; *am Straßenrand* grass verge
grunzen v/t & v/i to grunt
Grünzeug n greens pl
Gruppe f group; *von Arbeitern* party; (≈ *Musikgruppe*) band; **in ~n** in groups
Gruppenarbeit f teamwork
Gruppenbild n group portrait
Gruppenführer(in) m(f) group leader; MIL squad leader
Gruppenreise f group tour, group travel *kein pl*
Gruppensex m group sex
Gruppentherapie f group therapy
Gruppenunterricht m group learning
gruppenweise *adv* in groups
gruppieren A *v/t* to group B *v/r* to form a group/groups
Gruppierung f grouping; (≈ *Gruppe*) group; POL faction
Gruselfilm m horror film
gruselig *adj* horrifying; *Geschichte, Film* spine-chilling, scary; *Ort* creepy
gruseln A *v/t & v/i* **mich** *od* **mir gruselt auf Friedhöfen** cemeteries give me the creeps B *v/r* **es gruselt sich vor Schlangen** snakes give her the creeps
Gruß m 1 greeting; (≈ *Grußgeste*), *a.* MIL salute; **viele** *od* **beste Grüße** best wishes (**an** +*akk* to); **sag ihm einen schönen ~** say hello to him (from me) 2 *als Briefformel* **mit besten Grüßen** yours; **mit freundlichen Grüßen** *bei Anrede* Mr/Mrs/Miss X Yours sincerely, Yours truly *bes US*; *bei Anrede* Sirs/Madam Yours faithfully, Yours truly *bes US*; **liebe** *od* **herzliche Grüße** love
grüßen A *v/t* to greet; MIL to salute; **grüß dich!** *umg* hi! *umg*; **Otto lässt dich (schön) ~** Otto sends his regards; **ich soll Sie von ihm ~** he sends his regards *etc*; **grüß deine Mutter von mir!** give my regards to your mother; **grüß Thomas von mir** say hello to Thomas from me, say hi to Thomas for me B *v/i* to say hello; MIL to salute; **Otto lässt ~** Otto sends his regards; → **Gott**
Grußformel f form of greeting; *am Briefanfang* salutation; *am Briefende* complimentary close
Grußwort n greeting
Grütze f 1 (≈ *Brei*) gruel; **rote ~** type of red fruit jelly 2 *umg* (≈ *Verstand*) brains pl *umg*
gschamig *adj österr umg* bashful
Guatemala n Guatemala
gucken A *v/i* (≈ *sehen*) to look (**zu** at); (≈ *hervor-*

schauen) to peep (**aus** out of); **lass mal ~!** let's have a look B *v/t umg* **Fernsehen ~** to watch television
Guckloch *n* peephole
Guerilla *m* (≈ *Guerillakämpfer*) guerilla
Guerillakämpfer(in) *m(f)* guerilla
Guerillakrieg *m* guerilla war
Gugelhupf *österr, südd m*, **Gugelhopf** *schweiz m* GASTR gugelhupf
Guillotine *f* guillotine
Guinea *n* GEOG Guinea
Gulasch *n/m* goulash
Gulaschsuppe *f* goulash soup
Gülle *f schweiz, südd* liquid manure
Gully *m/n* drain
gültig *adj* valid; **~ werden** to become valid; *Gesetz, Vertrag* to come into force
Gültigkeit *f* validity; *von Gesetz* legal force
Gummi *n/m* (≈ *Material*) rubber; (≈ *Gummiarabikum*) gum; (≈ *Radiergummi*) rubber *Br*, eraser; (≈ *Gummiband*) rubber band; *in Kleidung etc* elastic; *umg* (≈ *Kondom*) rubber *bes US umg*, Durex®
gummiartig A *adj* rubbery B *adv* like rubber
Gummiband *n* rubber band; *in Kleidung* elastic
Gummibärchen *n* ≈ jelly baby *Br*, gummi bear
Gummibaum *m* rubber plant
Gummiboot *n* rubber dinghy
Gummierung *f* (≈ *gummierte Fläche*) gum
Gummihandschuh *m* rubber glove
Gummiknüppel *m* rubber truncheon
Gummiparagraf, Gummiparagraph *umg m* ambiguous clause
Gummireifen *m* rubber tyre *Br*, rubber tire *US*
Gummisohle *f* rubber sole
Gummistiefel *m* rubber boot, wellington (boot) *Br*
Gummistrumpf *m* elastic stocking
Gummizelle *f* padded cell
Gummizug *m* (piece of) elastic
Gunst *f* favour *Br*, favor *US*; **zu meinen/deinen ~en** in my/your favo(u)r; **zu ~en** → zugunsten
günstig A *adj* favourable *Br*, favorable *US*; *zeitlich* convenient; **bei ~er Witterung** weather permitting; **im ~sten Fall(e)** with luck B *adv kaufen, verkaufen* for a good price; **die Stadt liegt ~ (für)** the town is well situated (for)
günstigenfalls *adv* at best
günstigstenfalls *adv* at the very best
Günstling *pej m* favourite *Br*, favorite *US*
Gurgel *f* throat; (≈ *Schlund*) gullet; **j-m die ~ zuschnüren** to strangle sb
gurgeln *v/i* (≈ *den Rachen spülen*) to gargle
Gurke *f* cucumber; (≈ *Essiggurke*) gherkin; **saure ~n** pickled gherkins
Gurkensalat *m* cucumber salad
gurren *v/i* to coo

Gurt *m* belt; (≈ *Riemen*) strap
Gürtel *m* belt; (≈ *Absperrkette*) cordon; **den ~ enger schnallen** to tighten one's belt
Gürtellinie *f* waist; **ein Schlag unter die ~** *wörtl* a blow below the belt
Gürtelreifen *m* radial tyre *Br*, radial tire *US*
Gürtelrose *f* MED shingles *sg od pl*
Gürtelschnalle *f* belt buckle
Gürteltasche *f* belt bag
Gürteltier *n* armadillo
Gurtpflicht *f*, **Gurtzwang** *m* **es besteht ~** the wearing of seat belts is compulsory
Guru *m* guru
GUS *f abk* (= *Gemeinschaft Unabhängiger Staaten*) CIS, Commonwealth of Independent States
Guss *m* 1 (≈ *das Gießen*) casting; (≈ *Gussstück*) cast; **(wie) aus einem ~** *fig* a unified whole 2 (≈ *Strahl*) stream; *umg* (≈ *Regenguss*) downpour
Gusseisen *n* cast iron
gusseisern *adj* cast-iron
Gussform *f* mould *Br*, mold *US*
gut A *adj* good; **sie ist gut in Physik** she's good at physics; **das ist gut gegen Husten** it's good for coughs; **wozu ist das gut?** *umg* what's that for?; **würden Sie so gut sein und …** would you be good enough to …; **dafür ist er sich zu gut** he wouldn't stoop to that sort of thing; **sind die Bilder gut geworden?** did the pictures turn out all right?; **es wird alles wieder gut!** everything will be all right; **wie gut, dass …** it's good that …; **lass mal gut sein!** (≈ *ist genug*) that's enough; (≈ *ist erledigt*) just leave it; **jetzt ist aber gut!** *umg* that's enough; **guten Appetit!** enjoy your meal!; **gute Besserung!** get well soon; **guten Morgen!** good morning!; **guten Tag** hello; *nachmittags* good afternoon; **gut!** (≈ *okay*) OK; (≈ *in Ordnung*) all right; **schon gut!** (it's) all right; **du bist gut!** *umg* you're a fine one! B *adv* well; **gut schmecken/riechen** to taste/smell good; **gut mit … umgehen können** to be good with …; **etw gut können** to be good at sth; **du hast es gut!** you've got it made; **das kann gut sein** that may well be; **so gut wie nichts** next to nothing; **der Film dauert gut(e) drei Stunden** the film *od* movie lasts a good three hours; **gut aussehend** good-looking; **gut bezahlt** *Person, Job* well-paid; **gut gebaut** well-built; **gut gehend** flourishing; **gut gekleidet** well-dressed; **gut gelaunt** cheerful; **gut gemeint** well-meaning, well-meant; **gut verdienend** with a good salary; **gut und gern** easily; **machs gut!** *umg* cheers! *Br*, see you *US*; *stärker* take care; **gut gemacht!** well done!
Gut *n* 1 (≈ *Eigentum*) property; (≈ *Besitztum*) possession 2 (≈ *Ware*) item; **Güter** goods 3 (≈ *Land-*

gut) estate
Gutachten *n* report
Gutachter(in) *m(f)* expert; JUR *in Prozess* expert witness
gutartig *adj Kind, Hund etc* good-natured; *Geschwulst* benign
gutaussehend *adj* → gut
gutbürgerlich *adj* solid middle-class; *Küche* good plain
Gutdünken *n* discretion; **nach (eigenem) ~** as one sees fit
Güte *f* **1** goodness; **ein Vorschlag zur ~** a suggestion; **ach du liebe ~!** *umg* oh my goodness!; **du meine ~!** oh dear! **2** *einer Ware* quality
Gute-Besserungs-Karte *f* get-well card
Güteklasse *f* HANDEL grade
Gutenachtkuss *m* goodnight kiss
Güterbahnhof *m* freight depot
Gütergemeinschaft *f* JUR community of property; **in ~ leben** to have joint property *od* community of property
Gütertrennung *f* JUR separation of property; **in ~ leben** to have separate property
Güterverkehr *m* freight traffic
Güterwagen *m* BAHN freight car
Güterzug *m* freight train
Gute(s) *n* **~s tun** to do good; **alles ~!** all the best!; **des ~n zu viel** too much of a good thing; **das ~ daran** the good thing about it; **das ~ im Menschen** the good in man; **im ~n sich trennen** amicably
Gütesiegel *n* HANDEL stamp of quality
Gütezeichen *n* mark of quality
gut gehen **A** *v|i* **es geht ihm gut** he is doing well; (≈ *er ist gesund*) he is well; **es geht uns gut** we're OK; **lass es dir ~** take care of yourself **B** *v|i* to go (off) well; **das ist noch einmal gut gegangen** it turned out all right; **das konnte ja nicht ~** it was bound to go wrong
gutgehend *adj* → gut
gutgläubig *adj* trusting
Gutgläubigkeit *f* trusting nature
guthaben *v|t* **du hast noch 10 Euro gut** I still owe you 10 euros; **du hast bei mir noch ein Essen gut** I still owe you a meal
Guthaben *n* FIN (≈ *Bankguthaben*) credit
gutheißen *v|t* to approve of; (≈ *genehmigen*) to approve
gutherzig *adj* kind-hearted
gütig *adj* kind; (≈ *edelmütig*) generous
gütlich **A** *adj* amicable **B** *adv* amicably; **sich ~ einigen** to come to an amicable agreement
gutmachen *v|t Fehler* to put right; *Schaden* to make good
gutmütig *adj* good-natured

Gutmütigkeit *f* good nature
Gutsbesitzer(in) *m(f)* lord/lady of the manor; *als Klasse* landowner
Gutschein *m* voucher
gutschreiben *v|t* to credit (+*dat* to)
Gutschrift *f* (≈ *Bescheinigung*) credit note; (≈ *Betrag*) credit
Gutsherr *m* squire
Gutsherrin *f* lady of the manor
Gutshof *m* estate
Gutsverwalter(in) *m(f)* steward
guttun *v|i* **j-m** to do sb good; **das tut gut** that's good
gutunterrichtet *adj* → unterrichtet
gutwillig *adj* willing; (≈ *entgegenkommend*) obliging; (≈ *wohlwollend*) well-meaning
Gutwilligkeit *f* willingness; (≈ *Entgegenkommen*) obliging ways *pl*; (≈ *Wohlwollen*) well-meaningness
Guyana *n* GEOG Guyana
GVO *abk* (= *genetisch veränderte Organismen*) GMO
Gy 8 *n* SCHULE → achtjährig
gymnasial *adj* **die ~e Oberstufe** ≈ the sixth form *Br*, ≈ the twelfth grade *US*
Gymnasiallehrer(in) *m(f)* teacher at a 'Gymnasium'
Gymnasiast(in) *m(f)* ≈ grammar school pupil *Br*, ≈ high school student *US*
Gymnasium *n* SCHULE ≈ grammar school *Br*, ≈ high school *US*
Gymnastik *f* keep-fit exercises *pl*; (≈ *Turnen*) gymnastics *sg*
Gymnastikanzug *m* leotard
Gymnastikball *m* exercise ball
Gymnastiklehrer(in) *m(f)* gymnastics teacher
gymnastisch *adj* gymnastic
Gynäkologe *m*, **Gynäkologin** *f* gynaecologist *Br*, gynecologist *US*
Gynäkologie *f* gynaecology *Br*, gynecology *US*
gynäkologisch *adj* gynaecological *Br*, gynecological *US*
Gyros *n* ≈ doner kebab

H, h n H, h
ha int ha
Haar n hair; **sich** (dat) **die ~e schneiden lassen** to get one's hair cut; **j-m kein ~ krümmen** not to harm a hair on sb's head; **darüber lass dir keine grauen ~e wachsen** don't worry your head about it; **sie gleichen sich** (dat) **aufs ~** they are the spitting image of each other; **das ist an den ~en herbeigezogen** that's rather far-fetched; **an j-m/etw kein gutes ~ lassen** to pull sb/sth to pieces; **sich** (dat) **in die ~e geraten** to quarrel; **um kein ~ besser** not a bit better; **um ein ~** very nearly
Haarausfall m hair loss
Haarbürste f hairbrush
haaren v/i Tier to moult Br, to molt US; Pelz etc to shed (hair)
Haaresbreite f (nur) **um ~** very nearly; verfehlen by a hair's breadth
Haareschneiden n haircut
Haarewaschen n shampoo, wash
Haarfarbe f hair colour Br, hair color US
Haarfestiger m (hair) setting lotion
Haargel n hair gel
haargenau A adj exact; Übereinstimmung total B adv exactly
Haargummi n hair band; aus Stoff scrunchie
haarig adj hairy
Haarklammer f (≈ Klemme) hairgrip Br, bobby pin US; (≈ Spange) hair slide Br, barrette US
haarklein umg A adj Beschreibung detailed B adv in great detail
Haarkur f conditioning treatment
Haarnadelkurve f hairpin bend
Haarpflege f hair care
Haarriss m hairline crack
haarscharf A adj Beschreibung exact; Beobachtung very close B adv treffen exactly; folgern precisely; **der Stein flog ~ an uns vorbei** the stone missed us by a whisker
Haarschleife f hair ribbon
Haarschnitt m haircut
Haarspalterei f splitting hairs kein unbest art, kein pl
Haarspange f hair slide Br, barrette US
Haarspliss m split ends pl
Haarspray n/m hairspray
Haarspülung f (hair) conditioner
haarsträubend adj hair-raising; (≈ empörend) shocking; Frechheit incredible
Haarteil n hairpiece
Haartönung f tinting
Haartrockner m hairdryer
Haarwäsche f washing one's hair ohne art
Haarwaschmittel n shampoo
Haarwasser n hair lotion
Haarwuchs m growth of hair
Hab n **Hab und Gut** possessions pl, worldly goods pl
Habe geh f belongings pl
haben A v/aux **ich habe / hatte gerufen** I have/had called; **du hättest den Brief früher schreiben können** you could have written the letter earlier B v/t 1 to have (got); **wir ~ ein Haus/Auto** we've got a house/car Br, we have a house/car US; **ich habe keinen Stuhl** I haven't got a chair; **sie hatte blaue Augen** she had blue eyes; **er hat eine große Nase** he's got a big nose; **etw ~ wollen** to want sth; **was möchten sie ~?** what would you like?; **ich hätte gern …** I would like …; **da hast du 10 Euro** there's 10 euros; **wie hätten Sie es gern?** how would you like it?; **Schule/Unterricht ~** to have school/lessons; **heute ~ wir 10°** it's 10° today; **wie viel Uhr ~ wir?** what's the time?; **was für ein Datum ~ wir heute?** what's today's date?; **Zeit ~, etw zu tun** to have the time to do sth; **was hat er denn?** what's the matter with him?; **hast du was?** is something the matter? I'm all right; **ein Meter hat 100 cm** there are 100 cm in a metre Br, meter US 2 mit Präposition **das hat er/sie/es so an sich** (dat) that's just the way he/she/it is; **es am Herzen ~** umg to have heart trouble; **das hat etwas für sich** there's something to be said for that; **etwas gegen j-n/etw ~** to have something against sb/sth; **es in den Beinen ~** umg (≈ leiden) to have trouble with one's legs; **das hat es in sich** umg (≈ schwierig) that's a tough one; **etwas mit j-m ~** euph to have a thing with sb umg; **etwas von etw ~** umg to get something out of sth; **das hast du jetzt davon!** now see what's happened!; **das hat er von seinem Leichtsinn** that's what comes of his foolishness; **nichts von etw ~** to get nothing out of sth; **sie hat viel von ihrem Vater** she's very like her father 3 **es gut/bequem ~** to have it good/easy; **es schlecht ~** to have a bad time; **er hat es nicht leicht mit ihr** he has a hard time with her; **nichts mehr zu essen ~** to have nothing left to eat; **du hast zu gehorchen** you have to obey; **etw ist zu ~** (≈ erhältlich) sth is to be had; **j-d ist zu ~** (≈ nicht verheiratet) sb is single; sexuell sb is available; **für etw zu ~ sein** to be ready for sth; **ich habs!** umg I've got it!; **wie gehabt** as before C v/unpers

damit hat es noch Zeit it can wait; **und damit hat es sich** umg and that's that **D** v/r **sich ~** umg (≈ sich anstellen) to make a fuss

Haben n credit

Habenichts m have-not

Habenseite f credit side

Habenzinsen pl interest sg on deposits

Habgier f greed

habgierig adj greedy

Habicht m hawk

Habilitation f postdoctoral lecturing qualification

habilitieren v/r to qualify as a professor

Habitat n ZOOL habitat

Habseligkeiten pl belongings pl

Habsucht f greed, acquisitiveness

habsüchtig adj greedy, acquisitive

Hachse f GASTR leg (joint); südd umg (≈ Fuß) foot; (≈ Bein) leg

Hackbraten m meat loaf

Hacke[1] f MIL dial (≈ Absatz) heel; **die ~n zusammenschlagen** MIL to click one's heels

Hacke[2] f (≈ Pickel) pickaxe Br, pickax US; (≈ Gartenhacke) hoe

hacken A v/t 1 (≈ zerkleinern) to chop 2 Erdreich to hoe 3 mit spitzem Gegenstand: Loch to hack; Vogel to peck B v/i 1 mit dem Schnabel to peck; mit spitzem Gegenstand to hack; **nach j-m/etw ~** to peck at sth/sb 2 IT to hack (**in** +akk into)

Hacken m (≈ Ferse) heel

Hacker(in) m(f) IT hacker

Hackerangriff m hacker attack

Hackfleisch n mince Br, ground meat US; **aus j-m ~ machen** umg to make mincemeat of sb umg; (≈ verprügeln) to beat sb up

Hackordnung f pecking order

Hacksteak n beefburger, hamburger

Hafen m harbour Br, harbor US; (≈ Handelshafen) port; (≈ Jachthafen) marina; (≈ Hafenanlagen) docks pl

Hafenanlagen pl docks pl

Hafenarbeiter(in) m(f) dockworker

Hafengebühren pl harbo(u)r dues pl

Hafenpolizei f port police pl

Hafenrundfahrt f (boat-)trip round the harbo(u)r

Hafenstadt f port

Hafenviertel n docklands pl Br, waterfront US

Hafer m oats pl; **ihn sticht der ~** umg he's feeling his oats umg

Haferbrei m porridge

Haferflocken pl rolled oats pl

Haferl n, **Häferl** n österr (≈ große Tasse) mug

Haferschleim m gruel

Haft f vor dem Prozess custody; (≈ Haftstrafe) imprisonment; politisch detention; **sich in ~ befinden** to be in custody/prison/detention; **in ~ nehmen** to take into custody

Haftanstalt f detention centre Br, detention center US

haftbar adj für j-n legally responsible; für etw (legally) liable; **j-n für etw ~ machen** to make sb liable for sth

Haftbefehl m warrant; **einen ~ gegen j-n ausstellen** to issue a warrant for sb's arrest

Haftcreme f für Zahnprothesen denture fixative

haften[1] v/i JUR **für j-n ~** to be (legally) responsible for sb; **für etw ~** to be (legally) liable for sth; (≈ verantwortlich sein) to be responible for sth

haften[2] v/i 1 (≈ kleben) to stick (**an** +dat to); **an j-m ~** fig Makel etc to stick to sb 2 Erinnerung to stick (in one's mind); Blick to become fixed

haften bleiben v/i to stick (**an, auf** +dat to)

Häftling m prisoner

Haftnotiz f Post-it®

Haftpflicht f (legal) liability

haftpflichtig adj liable

haftpflichtversichert adj **~ sein** to have personal liability insurance, to have public liability insurance US; Autofahrer ≈ to have third-party insurance

Haftpflichtversicherung f personal liability insurance kein unbest art, public liability insurance kein unbest art US; von Autofahrer ≈ third-party insurance

Haftstrafe f prison sentence; **lebenslängliche ~** life sentence

Haftung f 1 JUR (legal) liability; für Personen (legal) responsibility 2 TECH, PHYS von Reifen adhesion

Hafturlaub m parole

Hagebutte f rose hip

Hagel m hail; von Vorwürfen stream

Hagelkorn n hailstone

hageln v/i **es hagelt** it's hailing

Hagelschauer m hailstorm

hager adj gaunt

Häher m jay

Hahn m 1 (≈ Vogel) cock, rooster US; **~ im Korb sein** (≈ Mann unter Frauen) to be cock of the walk; **danach kräht kein ~ mehr** umg no one cares two hoots about that any more umg 2 TECH tap, faucet US 3 (≈ Abzug) trigger

Hähnchen n chicken

Hähnchenflügel m chicken wing

Hahnenfuß m BOT buttercup

Hai m, **Haifisch** m shark

Häkchen n 1 Handarbeiten (small) hook 2 (≈ Zeichen) tick Br, check US; auf Buchstaben accent

Häkelarbeit f crochet (work) kein unbest art; (≈ Gegenstand) piece of crochet (work)

häkeln v/t & v/i to crochet
Häkelnadel f crochet hook
haken **A** v/i **es hakt** fig there are sticking points **B** v/t (≈ befestigen) to hook (**an** +akk to); **das kannst du ~!** umg das ist zu spät, das funktioniert jetzt nicht mehr, das kannst du vergessen you can forget it!
Haken m **1** hook; **~ und Öse** hook and eye **2** umg (≈ Schwierigkeit) snag; **die Sache hat einen ~** there's a snag
Hakenkreuz n swastika
Hakennase f hooked nose
halb **A** adj **1** half; **ein ~er Meter** half a metre Br, half a meter US; **eine ~e Stunde** half an hour; **auf ~em Wege, auf ~er Strecke** wörtl halfway; fig halfway through; **zum ~en Preis** (at) half price **2** MUS **eine ~e Note** a minim Br, a half-note US; **ein ~er Ton** a semitone **3** **~ zehn** half past nine, half nine Br; **um fünf Minuten nach ~** at twenty-five to; **~ Deutschland/London** half of Germany/London **4** (≈ stückhaft) **~e Arbeit leisten** to do a bad job; **die ~e Wahrheit** part of the truth; **mit ~em Ohr** with half an ear; **keine ~en Sachen machen** not to do things by halves **5** umg (≈ großer Teil) **die ~e Stadt/Welt** half the town/world; **~ Deutschland** half of Germany **B** adv half; **~ links** SPORT (at) inside left; **~ rechts** SPORT (at) inside right; **~ voll** half-full; **~ verdaut** half-digested; **~ so gut** half as good; **das ist ~ so schlimm** it's not as bad as all that; Zukünftiges that won't be too bad; **~ fertig** half-finished; IND semi-finished; **~ nackt** half-naked; **~ tot** wörtl half dead; **~ lachend, ~ weinend** half laughing, half crying; **mit j-m ~e-halbe machen** umg to go 50/50 with sb
halbamtlich adj semi-official
halbautomatisch adj semi-automatic
halbbitter adj Schokolade semi-sweet
Halbblut n (≈ Mensch) half-caste; (≈ Tier) crossbreed
Halbblüter m crossbreed
Halbbruder m half-brother
Halbe bes südd f → Halber
Halbedelstein m semi-precious stone
Halbe(r) m half a litre (of beer) Br, half a liter (of beer) US
Halbfabrikat n semifinished product
halbfertig adj → halb
halbfest adj Zustand, Materie semi-solid
halbfett adj **1** TYPO secondary bold **2** Lebensmittel medium-fat
Halbfinale n semi-final
Halbgott m demigod
halbherzig **A** adj half-hearted **B** adv half-heartedly

halbieren v/t to halve; (≈ in zwei schneiden) to cut in half; **eine Zahl ~** to divide a number by two
Halbinsel f peninsula
Halbjahr n half-year, six months; **im ersten/zweiten ~** in the first/last six months of the year
Halbjahresbilanz f half-yearly figures pl
Halbjahreszeugnis n SCHULE half-yearly report
halbjährig adj Kind six-month-old; Lehrgang etc six-month
halbjährlich adj half-yearly, six-monthly
Halbkreis m semicircle
Halbkugel f hemisphere
halblang adj Kleid, Rock mid-calf length; **nun mach mal ~!** umg now wait a minute!
Halbleiter m PHYS semiconductor
halbmast adv at half-mast; **~ flaggen** to fly flags/a flag at half-mast
Halbmesser m radius
Halbmond m half-moon; (≈ Symbol) crescent; **bei ~** when there is a half-moon
halbnackt adj → halb
Halbpension f half-board
Halbschatten m half shadow
Halbschlaf m light sleep; **im ~ sein** to be half asleep
Halbschuh m shoe
Halbschwester f half-sister
halbseiden wörtl adj fifty per cent silk Br, fifty percent silk US; fig Dame fast; (≈ zweifelhaft) dubious; **~es Milieu, ~e Kreise** demimonde
halbseitig **A** adj Anzeige etc half-page; **~e Lähmung** one-sided paralysis **B** adv **~ gelähmt** paralyzed on one side
Halbstarke(r) m young hooligan
halbstündig adj half-hour attr, lasting half an hour
halbstündlich **A** adj half-hourly **B** adv every half an hour, half-hourly
halbtags adv (≈ morgens) in the mornings; (≈ nachmittags) in the afternoons; in Bezug auf Angestellte part-time
Halbtagsbeschäftigung f half-day job
Halbtagskraft f worker employed for half-days only
Halbton m MUS semitone
halbtrocken adj Wein medium-dry
halbvoll adj → halb
halbwegs adv partly; gut reasonably; annehmbar halfway
Halbwelt f demimonde
Halbwert(s)zeit f PHYS half-life
Halbwissen pej n superficial knowledge
Halbzeit f SPORT (≈ Hälfte) half; (≈ Pause) half-time; **ein Tor in der zweiten ~** a second-half goal
Halbzeitpause f half-time

Halbzeitstand m half-time score
Halde f (≈ Abbauhalde) slag heap; fig mountain; **etw auf ~ legen** Ware, Vorräte to stockpile sth; Pläne etc to shelve sth; **etw auf ~ produzieren** WIRTSCH to produce sth for stockpiling
Halfpipe f SPORT half-pipe
Hälfte f ❶ half; **die ~ der Kinder** half the children; **Rentner zahlen die ~** pensioners od seniors pay half price; **um die ~ mehr** half as much again; **um die ~ steigen** to increase by half; **um die ~ größer** half as big again; **es ist zur ~ fertig** it is half finished; **ein Tor in der zweiten ~** a second-half goal; **meine bessere ~** hum umg my better half hum umg ❷ (≈ Mitte) einer Fläche middle; **auf der ~ des Weges** halfway
Halfter¹ m/n für Tiere halter
Halfter² f (≈ Pistolenhalfter) holster
Hall m echo
Halle f hall; (≈ Hotelhalle) lobby; (≈ Sporthalle) (sports) hall, gym(nasium); (≈ Schwimmhalle) indoor swimming pool
halleluja int halleluja(h)
hallen v/i to echo
Hallenbad n indoor swimming pool
Hallenturnier n SPORT indoor tournament
hallo int hello, hi there
Halluzination f hallucination
halluzinieren v/i to hallucinate
Halm m stalk; (≈ Grashalm) blade of grass; (≈ Strohhalm) straw
Halogen n halogen
Halogen(glüh)lampe f halogen lamp
Halogenscheinwerfer m halogen headlamp
Hals m ❶ neck; **j-m um den ~ fallen** to fling one's arms (a)round sb's neck; **sich j-m an den ~ werfen** fig umg to throw oneself at sb; **sich** (dat) **den ~ brechen** umg to break one's neck; **~ über Kopf** in a rush; **~ über Kopf verliebt** head over heels in love; **j-n am ~ haben** umg to be saddled with sb umg ❷ (≈ Kehle) throat; **sie hat es am** od **im ~** umg she has a sore throat; **aus vollem ~(e)** at the top of one's voice; **aus vollem ~(e) lachen** to roar with laughter; **es hängt mir zum ~ heraus** umg I'm sick and tired of it; **sie hat es in den falschen ~ bekommen** umg (≈ falsch verstehen) she took it wrongly; **er kann den ~ nicht voll (genug) kriegen** fig umg he is never satisfied
Halsabschneider(in) pej m(f) shark umg
Halsband n (≈ Hundehalsband) collar; (≈ Schmuck) necklace
halsbrecherisch adj dangerous; Tempo breakneck
Halsentzündung f sore throat
Halskette f necklace

Hals-Nasen-Ohren-Arzt m, **Hals-Nasen--Ohren-Ärztin** f ear, nose and throat specialist
Halsschlagader f carotid (artery)
Halsschmerzen pl sore throat sg; **~ haben** to have a sore throat
halsstarrig adj obstinate
Halstuch n scarf
Hals- und Beinbruch int good luck
Halsweh n sore throat
halt¹ int stop
halt² dial adv → **eben** B 3
Halt m ❶ für Festigkeit hold; (≈ Stütze) support; **j-m/einer Sache ~ geben** to support sb/sth; **keinen ~ haben** to have no hold/support; **ohne inneren ~** insecure ❷ geh (≈ Anhalten) stop; **~ machen** → **haltmachen**
haltbar adj ❶ **~ sein** Lebensmittel to keep (well); **etw ~ machen** to preserve sth; **~ bis 6.11.** use by 6 Nov ❷ (≈ widerstandsfähig) durable; Stoff hard-wearing; Beziehung long-lasting ❸ Behauptung tenable; Zustand, Lage tolerable; **diese Position ist nicht mehr ~** this position can't be maintained any longer ❹ SPORT stoppable
Haltbarkeit f ❶ von Lebensmitteln **eine längere ~ haben** to keep longer ❷ (≈ Widerstandsfähigkeit) durability ❸ von Behauptung tenability
Haltbarkeitsdatum n best-before date, use--by date
Haltbarkeitsdauer f length of time for which food may be kept; **eine kurze/lange ~ haben** to be/not to be perishable
Haltebucht f Verkehr lay-by, rest stop US
Haltegriff m ❶ handle; in Bus strap; an Badewanne handrail ❷ SPORT hold
halten Ⓐ v/t ❶ (≈ festhalten, abhalten) to hold; **etw gegen das Licht ~** to hold sth up to the light ❷ (≈ tragen) **die drei Pfeiler ~ die Brücke** the three piers support the bridge ❸ (≈ aufhalten) to hold; SPORT to save; **die Wärme/Feuchtigkeit ~** to retain heat/moisture; **ich konnte es gerade noch ~** I just managed to grab hold of it; **haltet den Dieb!** stop thief!; **sie ist nicht zu ~** fig there's no holding her back; **es hält mich hier nichts mehr** there's nothing to keep me here any more ❹ (≈ innehaben) Rekord to hold; Position to hold (on to) ❺ (≈ besitzen) Haustier to keep; Auto to run; **sich** (dat) **eine Geliebte ~** to keep a mistress ❻ (≈ erfüllen) to keep; **ein Versprechen ~** to keep a promise ❼ (≈ aufrechterhalten) Niveau to keep up; Tempo, Temperatur to maintain; Kurs to keep to; **das Gleichgewicht ~** to keep one's balance; **etw am Leben ~** to keep sth alive; **(mit j-m) Verbindung ~** to keep in touch (with sb); **Abstand ~!** keep your distance!; **etw sauber ~** to keep sth clean; **viel**

Sport hält schlank doing a lot of sport keeps you slim; **etw kalt/warm/offen ~** to keep sth cold/warm/open **8** (≈ *handhaben*) **das kannst du (so) ~, wie du willst** that's entirely up to you; **wir ~ es mit den Abrechnungen anders** we deal with invoices in a different way **9** (≈ *veranstalten*) *Fest* to give; *Rede* to make; **Selbstgespräche ~** to talk to oneself; **Unterricht ~** to teach; **Mittagsschlaf ~** to have an afternoon nap **10** (≈ *einschätzen*) **j-n/etw für etw ~** to think sb/sth sth; (≈ *betrachten als*) to consider sb/sth sth; **etw für angebracht ~** to think sth appropriate; **wofür ~ Sie mich?** what do you take me for?; **das halte ich nicht für möglich** I don't think that is possible; **etw von j-m/etw ~** to think sth of sb/sth; **was hältst du von …?** what do you think about *od* of …?; **nicht viel von j-m/etw ~** not to think much of sb/sth; **ich halte nichts davon, das zu tun** I'm not in favour *Br od* favor *US* of (doing) that; **viel auf etw** (*akk*) **~** to consider sth very important **B** *v/i* **1** (≈ *festhalten*) to hold; (≈ *haften bleiben*) to stick; SPORT to make a save **2** (≈ *haltbar sein*) to last; *Konserven* to keep; *Frisur* to hold; *Stoff* to be hard-wearing; **Rosen ~ länger, wenn …** roses last longer if … **3** (≈ *anhalten*) to stop; **zum Halten bringen** to bring to a standstill; **auf sich** (*akk*) **~** (≈ *auf sein Äußeres achten*) to take a pride in oneself; (≈ *selbstbewusst sein*) to be self-confident; **an sich** (*akk*) **~** (≈ *sich beherrschen*) to control oneself; **zu j-m ~** (≈ *beistehen*) to stand by sb **C** *v/i* **1** (≈ *sich festhalten*) to hold on (**an** +*dat* to) **2 sich (nach) links ~** to keep (to the) left; **sich nach Westen ~** to keep going westwards; **sich an etw** (*akk*) **~** *an Regeln, Gesetz* to obey sth; **ich halte mich an die alte Methode** I'll stick to the old method; **sich an ein Versprechen ~** to keep a promise; **sich an die Tatsachen ~** to keep to the facts **3** (≈ *sich nicht verändern*) *Lebensmittel, Blumen* to keep; *Wetter* to last; *Geruch, Rauch* to linger; *Preise* to hold **4** (≈ *seine Position behaupten*) to hold on; *in Kampf* to hold out; **sich gut ~** *in Prüfung, Spiel etc* to do well **5 sich an j-n ~** (≈ *sich richten nach*) to follow sb; **ich halte mich lieber an den Wein** I'd rather stick to wine; **er hält sich für besonders klug** he thinks he's very clever

Halter *m* **1** (≈ *Halterung*) holder **2** (≈ *Sockenhalter*) garter; (≈ *Strumpfhalter, Hüfthalter*) suspender belt *Br*, garter belt *US*

Halter(in) *m(f)* JUR owner

Halterung *f* mounting; *für Regal etc* support

Halteschild *n* stop sign

Haltestelle *f* stop

Halteverbot *n* (≈ *Stelle*) no-stopping zone; **hier ist ~** there's no stopping here

Halteverbot(s)schild *n* no-stopping sign

haltlos *adj* (≈ *schwach*) insecure; (≈ *hemmungslos*) unrestrained; (≈ *unbegründet*) groundless

haltmachen *v/i* to stop; **vor nichts ~** *fig* to stop at nothing; **vor niemandem ~** *fig* to spare no-one

Haltung *f* **1** (≈ *Körperhaltung*) posture; (≈ *Stellung*) position; **~ annehmen** MIL to stand to attention **2** *fig* (≈ *Einstellung*) attitude (**gegenüber** to, towards) **3** (≈ *Beherrschtheit*) composure; **~ bewahren** to keep one's composure **4** *von Tieren, Fahrzeugen* keeping

Halunke *m* scoundrel; *hum* rascal

Hämatom *n* haematoma *Br*, hematoma *US*

Hamburg *n* Hamburg

Hamburger *m* GASTR hamburger

hamburgisch *adj* Hamburg *attr*

hämisch A *adj* malicious **B** *adv* maliciously

Hammel *m* **1** ZOOL wether **2** GASTR mutton

Hammelfleisch *n* mutton

Hammelkeule *f* GASTR leg of mutton

Hammer *m* hammer; **unter den ~ kommen** to come under the hammer

hämmern A *v/i* to hammer; *mit den Fäusten etc* to pound **B** *v/t* to hammer; *Blech etc* to beat

Hammerwerfen *n* SPORT hammer(-throwing)

Hammerwerfer(in) *m(f)* SPORT hammer-thrower

Hammondorgel *f* electric organ

Hämoglobin *n* haemoglobin *Br*, hemoglobin *US*

Hämophilie *f* haemophilia *Br*, hemophilia *US*

Hämorrhoiden *pl*, **Hämorriden** *pl* piles *pl*, haemorrhoids *pl Br*, hemorrhoids *pl US*

Hampelmann *m* jumping jack; **j-n zu einem ~ machen** *umg* to walk all over sb

Hamster *m* hamster

Hamsterkauf *m* panic buying *kein pl*; **Hamsterkäufe machen** to buy in order to hoard; *bei Knappheit* to panic-buy

hamstern *v/t & v/i* (≈ *ansammeln*) to hoard

Hand *f* **1** hand; **j-m die ~ geben** to give sb one's hand; **die ~ ausstrecken** to reach out; **Hände hoch!** (put your) hands up!; **Hände weg!** hands off!; **~ aufs Herz** hand on heart; **~ breit** → Handbreit **2** SPORT *umg* (≈ *Handspiel*) handball **3** *mit Adjektiv* **ein Auto aus erster ~** a car which has had one previous owner; **etw aus erster ~ wissen** to have first-hand knowledge of sth; **aus zweiter ~** (≈ *gebraucht*) second-hand; **in festen Händen sein** *fig* to be spoken for; **bei etw eine glückliche ~ haben** to be lucky with sth; **in guten Händen sein** to be in good hands; **mit leeren Händen** empty-handed; **letzte ~ an etw** (*akk*) **legen** to put the finishing touches to sth; **linker ~, zur lin-**

ken ~ on the left-hand side; **aus** *od* **von privater ~** privately; **das Geld mit vollen Händen ausgeben** to spend money hand over fist *umg* **4** *mit Präposition* **j-n an die** *od* **bei der ~ nehmen** to take sb by the hand; **an ~ von** *od* +*gen* → anhand; **das liegt auf der ~** *umg* that's obvious; **aus der ~** *zeichnen* freehand; **j-m etw aus der ~ nehmen** to take sth from sb; **etw aus der ~ geben** to let sth out of one's hands; **mit etw schnell bei der ~ sein** *umg* to be ready with sth; **~ in ~** hand in hand; **etw in der ~ haben** to have sth; **etw gegen j-n in der ~ haben** to have sth on sb; **etw in die ~ nehmen** to pick sth up; *fig* to take sth in hand; **(bei etw) mit ~ anlegen** to lend a hand (with sth); **sich mit Händen und Füßen gegen etw wehren** to fight sth tooth and nail; **um j-s ~ bitten** *od* **anhalten** to ask for sb's hand (in marriage); **unter der ~** *fig* on the quiet; **von ~ geschrieben** handwritten; **die Arbeit ging ihr leicht von der ~** she found the work easy; **etw lässt sich nicht von der ~ weisen** sth is undeniable; **von der ~ in den Mund leben** to live from hand to mouth; **zur ~ sein** to be at hand; **etw zur ~ haben** to have sth to hand; **j-m zur ~ gehen** to lend sb a (helping) hand; **zu Händen von j-m** for the attention of sb **5** *mit Verb* **darauf gaben sie sich die ~** they shook hands on it; **sich die ~ geben** *od* **schütteln** to shake hands; **eine ~ wäscht die andere** you scratch my back, I'll scratch yours; **die Hände überm Kopf zusammenschlagen** to throw up one's hands in horror; **alle Hände voll zu tun haben** to have one's hands full; **~ und Fuß haben** to make sense; **die ~ für j-n ins Feuer legen** to vouch for sb

Handarbeit *f* **1** work done by hand; *Gegenstand* handmade article; **etw in ~ herstellen** to produce sth by hand **2** (≈ *Nähen, Sticken etc*) needlework *kein pl*; **diese Tischdecke ist ~** this tablecloth is handmade **3** *kunsthandwerklich* handicraft *kein pl*; **eine ~** a piece of handicraft work
Handball *m* (≈ *Spiel*) handball
Handballer(in) *m(f)* handball player
Handbetrieb *m* hand operation; **mit ~** hand-operated
Handbewegung *f* sweep of the hand; (≈ *Geste, Zeichen*) gesture
Handbohrer *m* gimlet
Handbohrmaschine *f* (hand) drill
Handbreit *f* **eine ~** ≈ six inches
Handbremse *f* handbrake *Br*, parking brake *US*
Handbuch *n* handbook; *technisch* manual
Händchen *n* **~ halten** *umg* to hold hands; **für etw ein ~ haben** *umg* to be good at sth
Händedruck *m* handshake

Handel *m* **1** (≈ *das Handeln*) trade; *bes mit illegaler Ware* traffic; **~ mit etw** trade in sth **2** (≈ *Warenmarkt*) market; **im ~ sein** to be on the market; **etw aus dem ~ ziehen** to take sth off the market; **(mit j-m) ~ (be)treiben** to trade (with sb); **~ treibend** trading **3** (≈ *Abmachung*) deal
Handelfmeter *m* penalty for a handball
handeln **A** *v/i* **1** (≈ *Handel treiben*) to trade; **er handelt mit Gemüse** he's in the vegetable trade; **er handelt mit Drogen** he traffics in drugs **2** (≈ *feilschen*) to haggle (**um** over); **ich lasse schon mit mir ~** I'm open to persuasion; *in Bezug auf Preis* I'm open to offers **3** (≈ *tätig werden*) to act, to take action **4** (≈ *zum Thema haben*) **von etw ~, über etw** (*akk*) **~** to deal with sth, to be about sth **B** *v/r* **1 es handelt sich hier um ein Verbrechen** it's a crime we are dealing with here; **bei dem Festgenommenen handelt es sich um X** the person arrested is X **2** (≈ *betreffen*) **sich um etw ~** to be about sth **C** *v/t* (≈ *verkaufen*) to sell (**für at, for**); *an der Börse* to quote (**mit at**)
Handeln *n* **1** (≈ *Feilschen*) bargaining, haggling **2** (≈ *das Handeltreiben*) trading **3** behaviour *Br*, behavior *US* **4** (≈ *das Tätigwerden*) action
Handelsabkommen *n* trade agreement
Handelsbank *f* merchant bank
Handelsbeziehungen *pl* trade relations *pl*
Handelsbilanz *f* balance of trade; **aktive/passive ~** balance of trade surplus/deficit
Handelsdefizit *n* trade deficit
handelseinig *adj* **~ werden/sein** to agree terms
Handelsembargo *n* trade embargo
Handelsflotte *f* merchant fleet
Handelsgesellschaft *f* commercial company; **offene ~** general partnership
Handelsgesetz *n* commercial law
Handelsgut *n* commodity
Handelshafen *m* trading port
Handelskammer *f* chamber of commerce
Handelsklasse *f* grade; **Heringe der ~ 1** grade 1 herring
Handelsmarine *f* merchant navy
Handelsmarke *f* trade name
Handelsname *m* trade name
Handelsniederlassung *f* branch (of a trading organization)
Handelspartner(in) *m(f)* trading partner
Handelspolitik *f* trade policy
Handelsrecht *n* commercial law *kein best art, kein pl*
Handelsregister *n* register of companies
Handelsreisende(r) *m/f(m)* commercial traveller *Br*, commercial traveler *US*
Handelsschiff *n* trading ship

Handelsschifffahrt f merchant shipping *kein best art*
Handelsschranke f trade barrier
Handelsschule f commercial school *od* college
Handelsschüler(in) m(f) student at a commercial school *od* college
Handelsspanne f profit margin
handelsüblich *adj* usual (in the trade *od* in commerce); *Ware* standard
Handelsverkehr m trade
Handelsvertreter(in) m(f) commercial traveller *Br*, commercial traveler *US*
Handelsvertretung f trade mission
Handelsware f commodity; **~n** *pl* merchandise *sg*, commodities *pl*; „**keine ~**" *Post* "no commercial value"
Handelszentrum n trading centre *Br*, trading center *US*
Handelszweig m branch
handeltreibend *adj* trading
händeringend *adv* wringing one's hands; *fig* um etw bitten imploringly
Händetrockner m hand drier
Handfeger m hand brush
handfest *adj* **1** *Essen* substantial **2** *fig Schlägerei* violent; *Skandal* huge; *Argument* well-founded; *Beweis* solid; *Lüge* flagrant, blatant
Handfeuerwaffe f handgun
Handfläche f palm (of the/one's hand)
Handfunkgerät n walkie-talkie
handgearbeitet *adj* handmade
Handgelenk n wrist; **aus dem ~** *fig umg* (≈ *ohne Mühe*) effortlessly; (≈ *improvisiert*) off the cuff
Handgelenkschützer m wrist guard
handgemacht *adj* handmade
Handgemenge n scuffle
Handgepäck n hand luggage *kein pl od* baggage *kein pl*; FLUG cabin luggage, carry-on (baggage) *US*
handgeschrieben *adj* handwritten
handgestrickt *adj* hand-knitted; *fig* homespun
Handgranate f hand grenade
handgreiflich *adj Streit* violent; **~ werden** to become violent
Handgreiflichkeit f violence *kein pl*
Handgriff m **1** (≈ *Bewegung*) movement; **keinen ~ tun** not to lift a finger; **mit einem ~ öffnen** with one flick of the wrist; **mit ein paar ~en** in next to no time **2** (≈ *Gegenstand*) handle
Handhabe *fig* f **ich habe gegen ihn keine ~** I have no hold on him
handhaben *v/t* to handle; *Gesetz* to implement
Handhabung f handling; *von Gesetz* implementation
Handheld n **1** COMPUT handheld (computer) **2** FOTO handheld camera
Handheld-PC m handheld PC
Handicap, Handikap n handicap
Handkarren m handcart, trolley
Handkoffer m (small) suitcase
Handkuss m kiss on the hand; **mit ~** *fig umg* with pleasure
Handlanger(in) *fig* m(f) dogsbody *Br umg*, drudge *US; pej* (≈ *Gehilfe*) henchman
Händler(in) m(f) trader; (≈ *Autohändler*) dealer; (≈ *Ladenbesitzer*) shopkeeper *Br*, store owner *US*; (≈ *Einzelhändler*) retailer
Händlerrabatt m trade discount
handlich *adj Gerät, Format* handy; *Gepäckstück* manageable; *Auto* manoeuvrable *Br*, maneuverable *US*
Handlung f action; (≈ *Tat, Akt*) act; (≈ *Handlungsablauf*) plot; *einer Geschichte* storyline; **der Ort der ~** the scene of the action; **äußere/innere ~** LIT external/internal action; **fallende/steigende ~** LIT falling/rising action
Handlungsbedarf m need for action
Handlungsbevollmächtigte(r) m/f(m) authorized agent
handlungsfähig *adj Regierung* capable of acting; JUR authorized to act; **eine ~e Mehrheit** a working majority
Handlungsfähigkeit f *von Regierung* ability to act; JUR power to act
Handlungsspielraum m scope (of action)
handlungsunfähig *adj Regierung* incapable of acting; JUR without power to act
Handlungsvollmacht f proxy
Handlungsweise f conduct *kein pl*
Handlungszeit f LIT acting time
Handout, Hand-out n handout
Handpflege f care of one's hands
Handpuppe f glove puppet *Br*, hand puppet *US*
Handreichung f (≈ *Hilfe*) helping hand *kein pl*
Handrücken m back of the/one's hand
Handschelle f handcuff; **j-m ~n anlegen** to handcuff sb
Handschlag m **1** (≈ *Händedruck*) handshake; **per ~** with a handshake **2** **keinen ~ tun** not to do a stroke (of work)
Handschmeichler m worry stone, palm stone; *in Form einer Kette* worry beads *pl*
Handschrift f **1** handwriting; **etw trägt j-s ~** *fig* sth bears sb's (trade)mark **2** (≈ *Text*) manuscript
handschriftlich **A** *adj* handwritten **B** *adv korrigieren* by hand
Handschuh m glove; (≈ *Fausthandschuh*) mitten, mitt *umg*
Handschuhfach n AUTO glove compartment
Handspiel n SPORT handball
Handstand m SPORT handstand

Handstreich *m* **in** *od* **durch einen ~** in a surprise coup
Handtasche *f* handbag *Br*, purse *US*
Handtuch *n* towel; **das ~ werfen** to throw in the towel
Handtuchautomat *m* towel dispenser
Handtuchhalter *m* towel rail *Br*, towel rack *US*
Handumdrehen *fig n* **im ~** in the twinkling of an eye
handverlesen *adj Obst etc* hand-graded; *fig* hand-picked
Handwagen *m* handcart
Handwaschbecken *n* wash-hand basin
Handwäsche *f* washing by hand; (≈ *Wäschestücke*) hand wash
Handwerk *n* trade; (≈ *Kunsthandwerk*) craft; **sein ~ verstehen** *fig* to know one's job; **j-m ins ~ pfuschen** *fig* to tread on sb's toes; **j-m das ~ legen** *fig* to put a stop to sb's game *umg*, to put a stop to sb
Handwerker(in) *m(f)* tradesman/-woman, (skilled) manual worker; *für Reparaturen etc* workman; (≈ *Kunsthandwerker*) craftsman/-woman
handwerklich *adj Ausbildung* as a manual worker/craftsman/craftswoman; technical; **~er Beruf** skilled trade; **~es Können** craftsmanship; **~e Fähigkeiten** manual skills
Handwerksberuf *m* skilled trade
Handwerksbetrieb *m* workshop
Handwerkskammer *f* trade corporation
Handwerksmeister(in) *m(f)* master craftsman/-woman
Handwerkszeug *n* tools *pl*; *fig* tools *pl* of the trade, equipment
Handwurzel *f* ANAT carpus
Handy *n* TEL mobile (phone) *Br*, cell (phone) *US*
Handyhülle *f* mobile phone case *Br*, cell phone case *US*
Handynummer *f* TEL mobile (phone) number *Br*, cell phone number *US*
Handytasche *f* mobile phone case *Br*, cell phone case *US*
Handyverbot *n* mobile phone ban *Br*, cell phone ban *US*; **das ~ am Steuer wird ignoriert** people are ignoring the ban on using mobile phones *od* cell phones when driving
Handyvertrag *m* mobile phone contract *Br*, cell phone contract *US*
Handzeichen *n* signal; *bei Abstimmung* show of hands
Handzettel *m* handout, leaflet
hanebüchen *geh adj* outrageous
Hanf *m* hemp
Hang *m* ◨ (≈ *Abhang*) slope ◩ (≈ *Neigung*) tendency; **sie hat einen ~ zum Übertreiben** she has a tendency to exaggerate
Hängebauch *m* drooping belly *umg*
Hängebrücke *f* suspension bridge
Hängebrust *f*, **Hängebusen** *pej m* sagging breasts *pl*
Hängematte *f* hammock
hängen ◨ *v/i* ◨ to hang; **die Vorhänge ~ schief** the curtains don't hang straight; **ihre Haare ~ bis auf die Schultern** her hair comes down to her shoulders; **das Bild hängt an der Wand** the picture is hanging on the wall; **mit ~den Schultern** with drooping shoulders; **den Kopf ~ lassen** *fig* to be downcast; **eine Gefahr hängt über uns** danger is hanging over us ◩ (≈ *festhängen*) to be caught (**an** +*dat* on); (≈ *kleben*) to be stuck (**an** +*dat* to); **ihre Blicke hingen an dem Sänger** her eyes were fixed on the singer ◪ *umg* (≈ *sich aufhalten*) to hang around *umg*; **sie hängt ständig in Discos** she hangs around discos ◫ *gefühlsmäßig* **an j-m/etw ~** (≈ *lieben*) to be attached to sb/sth; **ich hänge am Leben** I love life; **es hängt an ihm, ob …** it depends on him whether … ◨ *v/t* (≈ *aufhängen*) to hang; **das Bild an die Wand ~** to hang the picture on the wall ◨ *v/r* **sich an etw** (*akk*) **~** (≈ *sich festhalten*) to hang on to sth; (≈ *sich festsetzen*) to stick to sth; *gefühlsmäßig* to be fixated on sth; **sich an j-n ~** (≈ *anschließen*) to tag on to sb *umg*; *gefühlsmäßig* to become attached to sb; (≈ *verfolgen*) to go after sb
Hängen *n* **mit ~ und Würgen** *umg* by the skin of one's teeth
hängen bleiben *v/i* (≈ *sich verfangen*) to get caught (**an** +*dat* on); (≈ *nicht durch-, weiterkommen*) not to get through; (≈ *sich aufhalten*) to stay on; (≈ *haften bleiben*) to get stuck (**in, an** +*dat* on); **der Verdacht ist an ihm hängen geblieben** suspicion rested on him
hängen lassen ◨ *v/t* ◨ (≈ *vergessen*) to leave behind ◩ *umg* (≈ *im Stich lassen*) to let down ◨ *v/r* to let oneself go; **lass dich nicht so hängen!** don't let yourself go like this!
Hängeschrank *m* wall cupboard
Hannover *n* Hanover
Hansaplast® *n* (sticking) plaster
Hanse *f* HIST Hanseatic League
hanseatisch *adj* Hanseatic
hänseln *v/t* to tease; *böswillig* to pick on
Hansestadt *f* Hansa *od* Hanseatic town
Hanswurst *m* clown
Hantel *f* SPORT dumbbell
hantieren *v/i* ◨ (≈ *arbeiten*) to be busy ◩ (≈ *umgehen mit*) **mit etw ~** to handle sth ◪ (≈ *herumhantieren*) to tinker about (**an** +*dat* with, on)
hapern *umg v/i* **es hapert an etw** (*dat*) (≈ *fehlt*) there is a shortage of sth; **es hapert bei j-m**

mit etw (≈ *fehlt*) sb is short of sth
Häppchen n morsel; (≈ *Appetithappen*) titbit *Br*, tidbit *US*
häppchenweise *umg adv* bit by bit
Happen *umg* m mouthful; (≈ *kleine Mahlzeit*) bite
happig *umg adj* steep *umg*
Happy End n, **Happyend** n happy ending
Happy Hour f happy hour
Harass m *schweiz* (≈ *Kasten, Kiste*) crate
Härchen n little hair
Hardcover n, **Hard Cover** n hardcover
Hardliner(in) m(f) POL hardliner
Hardware f COMPUT hardware
Harem m harem
Harfe f harp; **~ spielen** to play the harp
Harfenist(in) m(f) harpist
Harke f rake; **j-m zeigen, was eine ~ ist** *fig umg* to show sb what's what *umg*
harken v/t & v/i to rake
harmlos adj harmless; *Kurve* easy
Harmlosigkeit f harmlessness
Harmonie f harmony
harmonieren v/i to harmonize
Harmonika f harmonica; (≈ *Ziehharmonika*) accordion
harmonisch adj MUS harmonic; (≈ *wohlklingend*) harmonious; **~ verlaufen** to be harmonious; **sie leben ~ zusammen** they live together in harmony
harmonisieren v/t to harmonize
Harmonisierung f harmonization
Harn m urine; **~ lassen** to urinate
Harnblase f bladder
Harnleiter m ureter
Harnröhre f urethra
Harpune f harpoon
harsch adj (≈ *barsch*) harsh
hart **A** adj **1** hard; *Ei* hard-boiled **2** (≈ *scharf*) *Konturen, Formen* sharp; *Klang, Ton* harsh **3** (≈ *rau*) *Spiel* rough; *fig Getränke* strong; *Droge* hard; *Porno* hard-core **4** (≈ *streng, robust*) tough; *Strafe, Kritik* severe; **~ bleiben** to stand firm; **es geht ~ auf ~** it's a tough fight **B** adv hard; **~ gefroren** frozen solid *präd*; **~ gekocht** *Ei* hard-boiled; **~ klingen** *Sprache* to sound hard; *Bemerkung* to sound harsh; **etw trifft j-n ~** sth hits sb hard; **~ spielen** SPORT to play rough; **~ durchgreifen** to take tough action; **j-n ~ anfassen** to be hard on sb; **das ist ~ an der Grenze der Legalität** that's on the very limits of legality; **~ am Wind (segeln)** SCHIFF (to sail) close to the wind
Härte f hardness; *von Aufprall* violence; (≈ *Härtegrad*) degree (of hardness); *von Konturen, Formen* sharpness; *von Klang, Akzent* harshness; *von Spiel* roughness *kein pl*; *von Währung* stability; *von Strafe, Kritik* severity; **soziale ~n** social hardships; **das ist die ~** *sl* (≈ *Zumutung*) that's a bit much *umg*
Härtefall m case of hardship; *umg* (≈ *Mensch*) hardship case
härten v/t to harden; *Stahl* to temper
Härtetest m endurance test; *fig* acid test
Hartfaserplatte f hardboard, fiberboard *US*
Hartgummi m/n hard rubber
hartherzig adj hard-hearted
Hartherzigkeit f hard-heartedness
Hartholz n hardwood
hartnäckig **A** adj stubborn; *Lügner, Husten* persistent **B** adv (≈ *beharrlich*) persistently; (≈ *stur*) stubbornly
Hartnäckigkeit f stubbornness; (≈ *Beharrlichkeit*) doggedness
Hartweizengrieß m semolina
Hartwurst f dry sausage
Hartz-IV-Empfänger(in) m(f) person receiving long-term unemployment benefit; **die ~** the long-term unemployed
Harz[1] n resin; *Geigenharz* rosin
Harz[2] m GEOG Harz Mountains *pl*
harzig adj *Holz, Geschmack* resinous
Hasch n umg hash *umg*
Haschee n GASTR hash
Häschen n **1** young hare **2** *umg* (≈ *Kaninchen*) bunny *umg* **3** (≈ *Kosename*) sweetheart
haschen v/i *umg* (≈ *Haschisch rauchen*) to smoke pot *umg*
Hascherl n *österr umg* poor soul
Haschisch n/m hashish
Hase m hare; (≈ *Kaninchen*) rabbit; **falscher ~** GASTR meat loaf; **sehen, wie der ~ läuft** *fig umg* to see which way the wind blows; **alter ~** *fig umg* old hand; **da liegt der ~ im Pfeffer** *umg* that's the crux of the matter
Haselnuss f hazelnut
Hasenpfeffer m GASTR ≈ jugged hare
hasenrein adj **j-d/etw ist nicht (ganz) ~** *umg* sb/sth is not (quite) above board
Hasenscharte f MED harelip
Hashtag m IT hashtag
Häsin f female hare
Hass m hatred (**auf** +akk od **gegen** of); **Liebe und ~** love and hate; **einen ~ (auf j-n) haben** *umg* to be really sore (with sb) *umg*
hassen v/t & v/i to hate
hassenswert adj hateful
hässlich **A** adj **1** (≈ *scheußlich*) ugly **2** (≈ *gemein, unerfreulich*) nasty **B** adv **1** (≈ *gemein*) **sich ~ benehmen** to be nasty **2** (≈ *nicht schön*) hideously
Hässlichkeit f **1** (≈ *Scheußlichkeit*) ugliness **2** (≈ *Gemeinheit*) nastiness
Hassliebe f love-hate relationship (**für** with)
Hast f haste

hasten *geh v/i* to hasten *form*
hastig **A** *adj* hasty **B** *adv* hastily; **nicht so ~!** not so fast!
hätscheln *v/t* (≈ *zu weich behandeln*) to pamper
hatschen *v/i österr umg* (≈ *mühsam gehen*) to trudge along; (≈ *hinken*) to hobble
hatschi *int* atishoo *Br*, achoo
hätte(n) had; **~(n) gern** would like
Hattrick *m SPORT* hat-trick; *fig* masterstroke
Haube *f* ❶ (≈ *Kopfbedeckung*) bonnet; *von Krankenschwester etc* cap; **unter die ~ kommen** *hum* to get married ❷ *allgemein* (≈ *Bedeckung*) cover; (≈ *Trockenhaube*) (hair) dryer, drying hood *US*; (≈ *Motorhaube*) bonnet *Br*, hood *US*
Hauch *m* ❶ *geh* (≈ *Atem*) breath; (≈ *Luftzug*) breeze ❷ (≈ *Andeutung*) hint
hauchdünn *adj* extremely thin; *Scheiben* wafer-thin; *fig Mehrheit* extremely narrow; *Sieg* extremely close
hauchen *v/t & v/i* to breathe
Haue *f* ❶ *österr, südd* (≈ *Pickel*) pickaxe *Br*, pickax *US*; (≈ *Gartenhacke*) hoe ❷ *umg* (≈ *Prügel*) **~ kriegen** to get a good hiding *umg*
hauen **A** *v/t* ❶ *umg* (≈ *schlagen*) to hit ❷ (≈ *meißeln*) *Statue* to carve ❸ *dial* (≈ *zerhacken*) *Holz* to chop (up) **B** *v/i* (≈ *schlagen*) to hit; **j-m auf die Schulter ~** to slap sb on the shoulder **C** *v/r umg* (≈ *sich prügeln*) to scrap
Hauer *m ZOOL* tusk
Häufchen *n* small heap; **ein ~ Unglück** a picture of misery
Haufen *m* ❶ heap; (≈ *Stapel*) pile; **j-n/ein Tier über den ~ fahren** *etc umg* to knock sb/an animal down; **j-n über den ~ schießen** *umg* to shoot sb down; **etw** (*akk*) **über den ~ werfen** *umg* (≈ *verwerfen*) to throw sth out, to chuck sth out *umg*; (≈ *durchkreuzen*) to mess sth up *umg*; **der Hund hat da einen ~ gemacht** the dog has made a mess there *umg* ❷ *umg* (≈ *große Menge*) load *umg*; **ein ~ Unsinn** a load of (old) rubbish *umg*; **ein ~ Zeit** loads of time *umg*; **ich hab noch einen ~ zu tun** I still have loads to do *umg* ❸ (≈ *Schar*) crowd
häufen **A** *v/t* to pile up; (≈ *sammeln*) to accumulate; → **gehäuft B** *v/r* (≈ *sich ansammeln*) to mount up; (≈ *zahlreicher werden*) to occur increasingly often
haufenweise *adv* (≈ *in Haufen*) in heaps; **etw ~ haben** to have heaps of sth *umg*
Haufenwolke *f* cumulus (cloud)
häufig **A** *adj* frequent; **ein ~er Fehler** a common mistake **B** *adv* often, frequently
Häufigkeit *f* frequency
Häufung *f* ❶ *fig* (≈ *das Anhäufen*) accumulation ❷ (≈ *das Sichhäufen*) increasing number
Haupt *n* head; **eine Reform an ~ und Gliedern** a total reform
Haupt- *zssgn* main
Hauptaktionär(in) *m(f)* main shareholder, stakeholder *US*
Hauptakzent *m* ❶ *LING* primary accent *od* stress ❷ *fig* main emphasis
hauptamtlich **A** *adj* full-time; **~e Tätigkeit** full-time office **B** *adv* (on a) full-time (basis); **~ tätig sein** to work full-time
Hauptanschluss *m TEL* main extension
Hauptarbeit *f* main (part of the) work
Hauptattraktion *f* main attraction
Hauptaufgabe *f* main *od* chief task
Hauptaugenmerk *f* **sein ~ auf etw** (*akk*) **richten** to focus one's attention on sth
Hauptausgang *m* main exit
Hauptbahnhof *m* main station
hauptberuflich **A** *adj* full-time; **~e Tätigkeit** main occupation **B** *adv* full-time; **~ tätig sein** to be employed full-time
Hauptbeschäftigung *f* main occupation
Hauptbetrieb *m* ❶ (≈ *Zentralbetrieb*) headquarters *sg od pl* ❷ (≈ *geschäftigste Zeit*) peak period; (≈ *Hauptverkehrszeit*) rush hour
Hauptbuch *n HANDEL* ledger
Hauptdarsteller *m* leading man
Hauptdarstellerin *f* leading woman *od* lady
Haupteingang *m* main entrance
Häuptelsalat *m österr* lettuce
Hauptfach *n SCHULE, UNIV* main subject, major *US*; **etw im ~ studieren** to study sth as one's main subject, to major in sth *US*
Hauptfeld *n bei Rennen* (main) pack
Hauptfeldwebel(in) *m(f)* sergeant major
Hauptfigur *f* central figure
Hauptgang *m*, **Hauptgericht** *n* main course
Hauptgeschäftsstelle *f* head office, headquarters *sg od pl*
Hauptgeschäftszeit *f* peak (shopping) period
Hauptgewicht *fig n* main emphasis
Hauptgewinn *m* first prize
Hauptgrund *m* main *od* principal reason
Haupthahn *m* mains cock, mains tap *Br*
Hauptlast *f* main load, major part of the load; *fig* main burden
Hauptleitung *f* mains *pl*
Häuptling *m* chief(tain); *fig umg* (≈ *Boss*) chief *umg*
Hauptmahlzeit *f* main meal
Hauptmann *m MIL* captain; *FLUG* flight lieutenant *Br*, captain *US*
Hauptmenü *n IT* main menu
Hauptmieter(in) *m(f)* main tenant
Hauptnahrungsmittel *n* staple food
Hauptperson *f* central figure; *LIT* protagonist
Hauptpostamt *n* main post office

Hauptquartier n headquarters sg od pl
Hauptreisezeit f peak travelling Br od traveling US, time(s) (pl)
Hauptrolle f FILM, THEAT leading role, lead; **die ~ spielen** fig to be all-important; (≈ wichtigste Person sein) to play the main role
Hauptsache f main thing; **in der ~** in the main; **~, du bist glücklich** the main thing is that you're happy
hauptsächlich A adv mainly, mostly B adj main
Hauptsaison f peak season; **~ haben** to have its/their peak season
Hauptsatz m GRAM übergeordnet main clause
Hauptschlagader f aorta
Hauptschulabschluss m **den ~ haben** ≈ to have completed secondary school od junior high (school) US
Hauptschuldige(r) m/f(m) person mainly to blame od at fault; bes JUR main offender
Hauptschule f ≈ secondary school, ≈ junior high (school) US
Hauptschüler(in) m(f) ≈ secondary school pupil, junior high (school) pupil US
Hauptsendezeit f TV peak viewing time, prime time
Hauptsitz m headquarters pl
Hauptspeicher m COMPUT main memory
Hauptspeise f main dish
Hauptstadt f capital (city)
hauptstädtisch adj metropolitan
Hauptstraße f main road; im Stadtzentrum etc main street
Hauptstudium n UNIV main course (of studies)
Hauptteil m main part; einer Präsentation a. main body
Haupttreffer m top prize, jackpot umg
Haupttribüne f main stand
Hauptverkehrsstraße f in Stadt main street; (≈ Durchgangsstraße) main thoroughfare
Hauptverkehrszeit f peak traffic times pl; in Stadt rush hour
Hauptversammlung f general meeting
Hauptwäsche f, **Hauptwaschgang** m main wash
Hauptwohnsitz m main place of residence
Hauptwort n GRAM noun
Hauptzeuge m, **Hauptzeugin** f principal witness
hau ruck int heave-ho
Hauruckverfahren n **etw im ~ tun** to do sth in a great hurry
Haus n house; **mit j-m ~ an ~ wohnen** to live next door to sb; **~ und Hof verlieren** to lose the roof over one's head; **aus dem ~ sein** to be away from home; **außer ~ essen** to eat out; **im ~e meiner Schwester** at my sister's (house); **im ~ der Shaws, bei den Shaws zu ~e** at the Shaws' house; **im ~ lebend** live-in; **ins ~ stehen** fig to be on the way; **nach ~e** home; **j-n nach ~e bringen** to take sb home; **zu ~e** at home; **bei j-m zu ~e** in sb's house od home; **bei uns zu ~e** at home; **sich wie zu ~e fühlen** to feel at home; **fühl dich wie zu ~e!** make yourself at home!; **er ist nicht im ~e** (≈ in der Firma) he's not in; **ein Freund des ~es** a friend of the family; **aus gutem/bürgerlichem ~(e)** from a good/middle-class family; **von ~e aus** (≈ ursprünglich) originally; (≈ von Natur aus) naturally; **das ~ Windsor** the House of Windsor; **vor vollem ~ spielen** THEAT to play to a full house; **Hohes ~!** PARL ≈ honourable members (of the House)! Br, ≈ honorable members (of the House)! US
Hausapotheke f medicine cupboard Br, medicine chest US
Hausarbeit f 1 housework kein unbest art, kein pl 2 SCHULE homework kein unbest art, kein pl, piece of homework, assignment bes US
Hausarrest m in Internat detention; JUR house arrest; **~ haben** to be in detention/under house arrest; Kind to be grounded
Hausarzt m, **Hausärztin** f GP, family doctor; von Anstalt, Hotel resident doctor
Hausaufgabe f SCHULE homework sg, kein unbest art; **seine ~n machen** to do one's homework; **was haben wir als ~ auf?** what's for homework?
Hausaufgabenheft n homework diary
hausbacken fig adj homespun, homely US
Hausbau m (≈ das Bauen) building of a/the house
Hausbesetzer(in) m(f) squatter
Hausbesetzung f squatting
Hausbesitzer(in) m(f) house-owner; (≈ Hauswirt) landlord/landlady
Hausbesuch m home visit
Hausbewohner(in) m(f) (house) occupant
Hausboot n houseboat
Häuschen fig umg n **ganz aus dem ~ sein vor ...** to be out of one's mind with ... umg; **ganz aus dem ~ geraten** to go berserk umg
Hausdetektiv(in) m(f) house detective; von Kaufhaus store detective
Hauseigentümer(in) m(f) homeowner
Hauseingang m (house) entrance
Häusel n österr umg (≈ Toilette) smallest room Br hum umg, bathroom US
hausen v/i 1 (≈ wohnen) to live 2 (≈ wüten) (**übel** od **schlimm**) **~** to wreak havoc
Häuserblock m block (of houses)
Häuserflucht f row of houses

Häuserreihe f row of houses; *aneinandergebaut* terrace
Hausflur m (entrance) hall, hallway
Hausfrau f housewife
Hausfriedensbruch m JUR trespass (*in sb's house*)
hausgemacht adj home-made; *fig Problem etc* of one's own making
Hausgemeinschaft f household (community)
Haushalt m ① household; (≈ *Haushaltsführung*) housekeeping; **den ~ führen** to run the household; **j-m den ~ führen** to keep house for sb ② (≈ *Etat*) budget
haushalten v/i **mit etw ~** *mit Geld, Zeit* to be economical with sth
Haushälter(in) m(f) housekeeper
Haushalts- zssgn household
Haushaltsartikel m household item
Haushaltsdebatte f PARL budget debate
Haushaltsdefizit n POL budget deficit
Haushaltsdisziplin f budgetary discipline
Haushaltsentwurf m POL draft budget, budget proposals pl
Haushaltsführung f housekeeping
Haushaltsgeld n housekeeping money
Haushaltsgerät n appliance
Haushaltshilfe f domestic *od* home help
Haushaltsjahr n POL, WIRTSCH financial year
Haushaltskonsolidierung f budgetary consolidation
Haushaltsloch n budget deficit
Haushaltswaren pl household goods pl
Haushaltungsvorstand form m head of the household
Hausherr m head of the household; (≈ *Gastgeber*), *a.* SPORT host
Hausherrin f lady of the house; (≈ *Gastgeberin*) hostess
haushoch Ⓐ adj (as) high as a house/houses; *fig Sieg* crushing; **der haushohe Favorit** the hot favourite *Br umg*, the hot favorite *US umg* Ⓑ adv **~ gewinnen** to win hands down; **j-m ~ überlegen sein** to be head and shoulders above sb
hausieren v/i to hawk (**mit etw** sth); **mit etw ~ gehen** *fig mit Plänen etc* to hawk sth about
Hausierer(in) m(f) hawker, peddler
Hauskatze f domestic cat
Hauskauf m house-buying *ohne art*, house purchase
Häusl n → Häusel
häuslich Ⓐ adj domestic; *Pflege* home attr; (≈ *das Zuhause liebend*) home-loving; **~e Gewalt** domestic violence Ⓑ adv **sich ~ niederlassen** to make oneself at home; **sich ~ einrichten** to settle in

Häuslichkeit f domesticity
Hausmacherart f **Wurst** etc **nach ~** home--made-style sausage *etc*
Hausmacherkost f home cooking
Hausmann m househusband
Hausmannskost f plain cooking *od* fare; *fig* plain fare
Hausmeister(in) m(f) caretaker
Hausmittel n household remedy
Hausmüll m domestic refuse
Hausmusik f music at home, family music
Hausnummer f house number
Hausordnung f house rules pl *od* regulations pl
Hausputz m house cleaning
Hausrat m household equipment
Hausratversicherung f (household) contents insurance
Haussammlung f house-to-house *od* door-to--door collection
Hausschlüssel m front-door key
Hausschuh m slipper
Hausse f WIRTSCH boom (**an** +dat in)
Haussegen m **bei ihnen hängt der ~ schief** *hum* to be a bit short on domestic bliss *umg*
Hausstand m household; **einen ~ gründen** to set up house
Hausstauballergie f house dust allergy
Haussuchung f house search
Hausdurchsuchungsbefehl m search warrant
Haustier n pet
Haustierversicherung f pet insurance, animal health insurance
Haustür f front door
Hausverbot n **j-m ~ erteilen** to ban sb from the house
Hausverwalter(in) m(f) (house) supervisor
Hausverwaltung f property management
Hauswart(in) m(f) caretaker, janitor
Hauswirt m landlord
Hauswirtin f landlady
Hauswirtschaft f ① (≈ *Haushaltsführung*) housekeeping ② SCHULE home economics sg
Hauswurfsendung f (house-to-house) circular
Haut f skin; (≈ *Schale von Obst etc*) peel; **nass bis auf die ~** soaked to the skin; **nur ~ und Knochen sein** to be nothing but skin and bone(s); **mit ~ und Haar(en)** *umg* completely; **in seiner ~ möchte ich nicht stecken** I wouldn't like to be in his shoes; **ihm ist nicht wohl in seiner ~** *umg* he feels uneasy; **sich auf die faule ~ legen** *umg* to sit back and do nothing
Hautarzt m, **Hautärztin** f dermatologist
Hautausschlag m (skin) rash
Häutchen n *auf Flüssigkeit* skin; ANAT, BOT membrane; *an Fingernägeln* cuticle

Hautcreme f skin cream
häuten A v/t Tiere to skin B v/r Tier to shed its skin
hauteng adj skintight
Hautevolee f upper crust
Hautfarbe f skin colour Br, skin color US
hautfarben adj flesh-coloured Br, flesh-colored US
Hautkrankheit f skin disease
Hautkrebs m MED skin cancer
hautnah A adj 1 (≈ sehr eng), a. SPORT (very) close 2 fig umg Problem that affects us/him etc directly; Darstellung deeply affecting B adv **in Kontakt mit j-m/etw kommen** to come into (very) close contact with sb/sth; **etw ~ erleben** to experience sth at close quarters
Hautpflege f skin care
hautschonend adj kind to the skin
Hauttransplantation f skin graft
Havarie f (≈ Unfall) accident; (≈ Schaden) damage kein unbest art, kein pl
Hawaii n Hawaii
Hawaiianer(in) m(f) Hawaiian
hawaiianisch adj Hawaiian
hawaiisch adj Hawaiian
Haxe f → Hachse
Hbf. abk (= Hauptbahnhof) main station
H-Bombe f H-bomb
he int hey; fragend eh
Heavy Metal n heavy metal
Hebamme f midwife
Hebebühne f hydraulic ramp
Hebel m (≈ Griff) lever; fig leverage; **alle ~ in Bewegung setzen** umg to move heaven and earth; **am längeren ~ sitzen** umg to have the whip hand
heben A v/t 1 to lift, to raise; **er hebt gern einen** umg he likes a drink; → gehoben 2 (≈ verbessern) to heighten; Ertrag to increase; Stimmung to improve; **j-s Stimmung ~** to cheer sb up B v/r to rise; Nebel, Deckel to lift; **da hob sich seine Stimmung** that cheered him up C v/i SPORT to do weightlifting
Heber m TECH (hydraulic) jack
hebräisch adj Hebrew
Hebriden pl **die ~** the Hebrides pl; **die Äußeren/Inneren ~** the Outer/Inner Hebrides
Hebung f 1 von Schatz, Wrack etc recovery, raising 2 fig (≈ Verbesserung) improvement
hecheln v/i (≈ keuchen) to pant
Hecht m ZOOL pike; **er ist (wie) ein ~ im Karpfenteich** fig (≈ sorgt für Unruhe) he's a stirrer umg
hechten umg v/i to dive; beim Turnen to do a forward dive
Heck n SCHIFF stern; FLUG tail; AUTO rear
Heckantrieb m rear-wheel drive

Hecke f hedge
Heckenrose f dog rose
Heckenschere f hedge clippers pl
Heckenschütze m, **Heckenschützin** f sniper
Heckklappe f AUTO tailgate
hecklastig adj tail-heavy
Heckmotor m rear engine
Heckscheibe f AUTO rear windscreen Br, rear windshield US
Heckscheibenheizung f rear windscreen heater Br, rear windshield heater US
Heckscheibenwischer m rear windscreen wiper Br, rear windshield wiper US
Hecktür f AUTO tailgate
Hedgefonds m FIN hedge fund
Heer n army, armed forces pl; (≈ Bodenstreitkräfte) ground forces
Hefe f yeast
Hefegebäck n yeast-risen pastry
Hefeteig m yeast dough
Heft[1] n 1 (≈ Schreibheft) exercise book 2 (≈ Zeitschrift) magazine; (≈ Comicheft) comic; (≈ Nummer) issue
Heft[2] n von Messer handle; von Schwert hilt; **das ~ in der Hand haben** fig to hold the reins; **das ~ aus der Hand geben** fig to hand over control
Heftchen n 1 pej (≈ Comicheftchen) rag pej umg 2 (≈ Briefmarkenheftchen) book of stamps
heften A v/t 1 (≈ nähen) Saum, Naht to tack (up); Buch to sew; (≈ klammern) to clip (**an** +akk to); mit Heftmaschine to staple (**an** +akk to) 2 (≈ befestigen) to pin, to fix B v/r 1 Blick, Augen **sich auf j-n/etw ~** to fix onto sb/sth 2 **sich an j-n ~** to latch on to sb; **sich an j-s Fersen ~** fig (≈ j-n verfolgen) to dog sb's heels
Hefter m 1 (loose-leaf) file 2 (≈ Heftapparat) stapler
heftig A adj (≈ stark) violent; Fieber, Frost, Erkältung severe; Schmerz, Abneigung, Sehnsucht intense; Widerstand vehement; Regen heavy; Wind, Ton fierce; Worte violent; **~ werden** to fly into a passion B adv regnen, zuschlagen hard; kritisieren severely; schütteln vigorously; schimpfen vehemently; verliebt passionately; **sich ~ streiten** to have a violent argument
Heftigkeit f (≈ Stärke) violence; von Frost severity; von Schmerz, Abneigung intensity; von Widerstand vehemence; von Wind ferocity; von Regen heaviness
Heftklammer f staple
Heftmaschine f stapler
Heftpflaster n (sticking) plaster
Heftzwecke f drawing pin Br, thumb tack US
Hegemonie f hegemony
hegen v/t 1 (≈ pflegen) to care for; **j-n ~ und pflegen** to lavish care and attention on sb 2 Hass,

Verdacht to harbour *Br*, to harbor *US*; *Misstrauen* to feel; *Zweifel* to entertain; *Wunsch* to cherish; **ich hege den starken Verdacht, dass …** I have a strong suspicion that …

Hehl *n/m* **kein** *od* **keinen ~ aus etw machen** to make no secret of sth
Hehler(in) *m(f)* receiver (of stolen goods)
Hehlerei *f* receiving (stolen goods)
Heide[1] *f* moor; (≈ *Heideland*) moorland
Heide[2] *m*, **Heidin** *f* heathen
Heidekraut *n* heather
Heideland *n* moorland
Heidelbeere *f* bilberry, blueberry *bes US*
Heidenangst *f* **eine ~ vor etw** (*dat*) **haben** *umg* to be scared stiff of sth *umg*
Heidenlärm *umg m* unholy din *umg*
Heidenspaß *umg m* terrific fun
heidnisch *adj* heathen
heikel *adj* ◨ (≈ *schwierig*) tricky ◨ *dial in Bezug aufs Essen* fussy
heil Ⓐ *adj* ◨ (≈ *unverletzt*) *Mensch* unhurt; *Glieder* unbroken; *Haut* undamaged; **wieder ~ werden** (≈ *wieder gesund*) to get better again; *Wunde* to heal up; *Knochen* to mend; **mit ~er Haut davonkommen** to escape unscathed ◨ *umg* (≈ *ganz*) intact; **die ~e Welt** an ideal world Ⓑ *adv* (≈ *unverletzt*) all in one piece
Heil Ⓐ *n* ◨ (≈ *Wohlergehen*) wellbeing ◨ KIRCHE, *a. fig* salvation; **sein ~ in etw** (*dat*) **suchen** to seek one's salvation in sth Ⓑ *int* **Ski ~!** good skiing!
Heiland *m* Saviour *Br*, Savior *US*
Heilanstalt *obs, neg! f* nursing home; *für Suchtkranke oder psychisch Gestörte* home
heilbar *adj* curable
Heilbutt *m* halibut
heilen Ⓐ *v/i Wunde, Bruch* to heal (up); *Entzündung* to clear up Ⓑ *v/t Kranke* to cure; *Wunde* to heal; **j-n von etw ~** to cure sb of sth
heilfroh *umg adj* really glad
heilig *adj* ◨ holy; **j-m ~ sein** to be sacred to sb; **der ~e Augustinus** Saint Augustine; **Heiliger Abend** Christmas Eve; **der Heilige Geist** the Holy Spirit; **das Heilige Land** the Holy Land; **die Heilige Schrift** the Holy Scriptures *pl* ◨ *fig* (≈ *ernst*) *Eid, Pflicht* sacred; **~e Kuh** sacred cow
Heiligabend *m* Christmas Eve
Heiligenschein *m* halo; **wie von einem ~ umgeben** haloed
Heilige(r) *m/f(m)* saint
Heiligkeit *f* holiness
heiligsprechen *v/t* to canonize
Heiligtum *n* (≈ *Stätte*) shrine; (≈ *Gegenstand*) (holy) relic; **j-s ~ sein** *umg* to be sacrosanct to sb
Heilkraft *f* healing power
heilkräftig *adj Pflanze, Tee* medicinal
Heilkraut *n* medicinal herb

heillos *adj* unholy *umg*; *Schreck* terrible, frightful; **die Partei war ~ zerstritten** the party was hopelessly divided
Heilmethode *f* cure
Heilmittel *n* remedy; (≈ *Medikament*) medicine
Heilpflanze *f* medicinal plant
Heilpraktiker(in) *m(f)* non-medical practitioner
heilsam *adj fig* (≈ *förderlich*) salutary
Heilsarmee *f* Salvation Army
Heilung *f* healing; *von Kranken* curing; (≈ *das Gesundwerden*) cure
heim *adv* home
Heim *n* home; (≈ *Obdachlosenheim*) hostel, shelter; (≈ *Studentenwohnheim*) hall of residence, dormitory *US*
Heimarbeit *f* IND homework *kein pl, kein unbest art*, outwork *kein pl, kein unbest art*
Heimarbeiter(in) *m(f)* IND homeworker
Heimat *f* home
Heimatanschrift *f* home address
Heimatfilm *m sentimental film in idealized regional setting*
Heimathafen *m* home port
Heimatkunde *f* SCHULE local history
Heimatland *n* native country, home country; (≈ *Geburtsland*) homeland
heimatlich *adj* native; *Bräuche* local; *Gefühle* nostalgic; *Klänge* of home
heimatlos *adj* homeless
Heimatlose(r) *m/f(m)* homeless person; **die ~n** the homeless
Heimatmuseum *n* museum of local history
Heimatort *m Stadt* home town; *Dorf* home village
Heimatstadt *f* home town
Heimatvertriebene(r) *m/f(m)* displaced person, expellee
Heimbewohner(in) *m(f)* resident (of a/the home)
heimbringen *v/t* (≈ *nach Hause bringen*) to bring home; (≈ *heimbegleiten*) to take home
Heimchen *n* ZOOL house cricket; **~ (am Herd)** *pej* (≈ *Hausfrau*) housewife
heimelig *adj* cosy *Br*, cozy *US*
heimfahren *v/t & v/i* to drive home
Heimfahrt *f* journey home; SCHIFF voyage home
heimfinden *v/i* to find one's way home
heimgehen *v/i* ◨ (≈ *nach Hause gehen*) to go home; **jetzt gehts heim** it's time to go home ◨ *euph* (≈ *sterben*) to pass away
heimisch *adj* ◨ (≈ *einheimisch*) indigenous (**in** +*akk* to); (≈ *national*) domestic; (≈ *regional*) regional ◨ (≈ *vertraut*) familiar; **sich ~ fühlen** to feel at home; **~ werden** to settle in (**an, in** +*dat* to)

Heimkehr f homecoming
heimkehren v/i to return home (**aus** from)
Heimkino n home cinema Br, home theater US
heimkommen v/i to come home
Heimleiter(in) m(f) head of a/the home/hostel
heimlich **A** adj secret; *Bewegungen* furtive **B** adv secretly; *lachen* inwardly; **sich ~ entfernen** to steal away; **~, still und leise** *umg* quietly, on the quiet
Heimlichkeit f secrecy; (≈ *Geheimnis*) secret
Heimlichtuer(in) m(f) secretive person
Heimlichtuerei f secretiveness
Heimniederlage f SPORT home defeat
Heimreise f journey home; SCHIFF voyage home
heimreisen v/i to travel home
Heimservice m home delivery service
Heimsieg m SPORT home win od victory
Heimspiel n SPORT home match od game
heimsuchen v/t to strike; *für längere Zeit* to plague; *Krankheit* to afflict; *Schicksal* to overtake; *umg* (≈ *besuchen*) to descend on *umg*; **von Krieg heimgesucht** war-torn
Heimtrainer m exercise machine; (≈ *Fahrrad*) exercise bike
Heimtücke f insidiousness; (≈ *Bosheit*) maliciousness
heimtückisch **A** adj insidious; (≈ *boshaft*) malicious **B** adv *überfallen, verraten* treacherously
Heimvorteil m SPORT, a. fig home advantage
heimwärts adv (≈ *nach Hause zu*) home; **~ ziehen** to go homewards
Heimweg m way home; **sich auf den ~ machen** to set out for home
Heimweh n homesickness *ohne art*; **~ haben** to be *od* feel homesick (**nach** for)
Heimwerker(in) m(f) do-it-yourself od DIY enthusiast
Heimwerkermarkt m DIY store, home improvement center US
heimzahlen v/t **j-m etw ~** to pay sb back for sth
Heini *umg* m guy *umg*; (≈ *Dummkopf*) fool
Heirat f marriage
heiraten **A** v/t to marry **B** v/i to get married
Heiratsantrag m proposal (of marriage); **j-m einen ~ machen** to propose to sb
Heiratsanzeige f (≈ *Bekanntgabe*) announcement of a forthcoming marriage
Heiratsschwindler(in) m(f) person who makes a marriage proposal under false pretences
Heiratsurkunde f marriage certificate
heiser **A** adj hoarse **B** adv **sich ~ schreien/reden** to shout/talk oneself hoarse
Heiserkeit f hoarseness
heiß **A** adj **1** hot; **j-m ist/wird ~** sb is/is getting hot; **etw ~ machen** to heat sth up **2** (≈ *heftig*) heated; *Wunsch* burning **3** (≈ *aufreizend, gefährlich*) **j-n ~ machen** *umg* to turn sb on *umg*; **ein ~es Eisen** a hot potato **4** *umg* **~er Draht** hotline; **~e Spur** firm lead; **~ sein** (≈ *brünstig*) to be on heat **B** adv **1** **etw ~ trinken** to drink sth hot; **~ baden** to have a hot bath; **~ duschen** to take a hot shower; **~ laufen** *Motor* to overheat; *Telefonleitungen* to buzz **2** (≈ *heftig*) **~ ersehnt** much longed for; **~ geliebt** dearly beloved; **es ging ~ her** things got heated; **~ umkämpft** fiercely fought over; *Markt* fiercely contested; **~ umstritten** *Frage* hotly debated; *Künstler etc* highly controversial
heißen **A** v/t (≈ *nennen*) to call; **j-n willkommen ~** to bid sb welcome **B** v/i **1** to be called Br, to be named; **wie ~ Sie?** what are you called?, what's your name?; **ich heiße Müller** I'm called *od* my name is Müller; **er heißt Max** his name is Max, he's (called) Max; **wie heißt das?** what is that called? **2** (≈ *bestimmte Bedeutung haben*) to mean; **was heißt „gut" auf Englisch?** what is the English (word) for "gut"?; **ich weiß, was es heißt, allein zu sein** I know what it means to be alone **3** **das heißt** that is; (≈ *in anderen Worten*) that is to say **C** v/i **1** **es heißt, dass ...** (≈ *es geht die Rede*) they say that ... **2** (≈ *zu lesen sein*) **in der Bibel heißt es, dass ...** the Bible says that ...; **nun heißt es handeln** now it's time to act
heißgeliebt adj → heiß
Heißhunger m ravenous appetite; **etw mit ~ essen** to eat sth ravenously
heißlaufen v/i → heiß
Heißluft f hot air
Heißluftballon m hot-air balloon
Heißluftherd m fan-assisted oven
heißumkämpft adj → heiß
heiter adj (≈ *fröhlich*) cheerful; (≈ *amüsant*) amusing; (≈ *hell, klar*) bright; *Wetter* fine; METEO fair; **das kann ja ~ werden!** *iron* that sounds great *iron*; **aus ~em Himmel** *fig* out of the blue
Heiterkeit f (≈ *Fröhlichkeit*) cheerfulness; (≈ *heitere Stimmung*) merriment; **allgemeine ~ hervorrufen** to cause general amusement
heizen **A** v/i (≈ *die Heizung anhaben*) to have the/one's heating on; **mit Strom** *etc* **~** to use electricity *etc* for heating **B** v/t (≈ *warm machen*) to heat; (≈ *verbrennen*) to burn
Heizkessel m boiler
Heizkissen n electric heat pad
Heizkörper m (≈ *Gerät*) heater; *von Zentralheizung* radiator; (≈ *Element*) heating element
Heizkosten pl heating costs pl
Heizkraft f heating power
Heizlüfter m fan heater

Heizöl n fuel oil
Heizpilz m (outdoor) patio heater
Heizung f heating
Hektar n/m hectare
Hektik f (≈ Hast) hectic rush; *von Großstadt etc* hustle and bustle; *von Leben etc* hectic pace; **nur keine ~** take it easy
hektisch A adj hectic; *Arbeiten* frantic; *Tag* busy B adv hectically; **es geht ~ zu** things are hectic; **nur mal nicht so ~** take it easy
Hektoliter m/n hectolitre Br, hectoliter US
Held m hero
heldenhaft A adj heroic B adv heroically
Heldenmut m heroic courage
Heldentat f heroic deed
Heldentum n heroism
Heldin f heroine
helfen v/i to help (j-m sb); **j-m bei etw ~** to help sb with sth; **ihm ist nicht zu ~** he is beyond help; **dir ist nicht zu ~** you're hopeless; **ich kann mir nicht ~, ich muss es tun** I can't help doing it; **kann ich Ihnen ~?** can I help you?; **er weiß sich** (dat) **zu ~** he is very resourceful; **man muss sich** (dat) **nur zu ~ wissen** *sprichw* you just have to use your head; **er weiß sich** (dat) **nicht mehr zu ~** he is at his wits' end; **es hilft nichts** it's no use; **das hilft mir wenig** that's not much help to me; **was hilfts?** what's the use?; **diese Arznei hilft gegen Kopfweh** this medicine helps to relieve headaches
Helfer(in) m(f) helper; (≈ Mitarbeiter) assistant; *von Verbrecher* accomplice; **ein ~ in der Not** a friend in need
Helfershelfer(in) m(f) accomplice
Helgoland n Heligoland
Helikopter m helicopter
Helium n helium
hell A adj 1 optisch light; *Licht* bright; *Kleidungsstück* light-coloured Br, light-colored US; *Haar, Teint* fair; **es wird ~** it's getting light; **~es Bier** ≈ lager *bes Br* 2 akustisch: *Ton* high(-pitched) 3 *umg* (≈ klug) *Junge* bright 4 (≈ stark, groß) great; *Verzweiflung, Unsinn* sheer, utter; *Neid* pure; **seine ~e Freude an etw** (dat) **haben** to find great joy in sth B adv 1 (≈ licht) brightly 2 **von etw ~ begeistert sein** to be very enthusiastic about sth
hellauf adv completely; **~ begeistert sein** to be wildly enthusiastic
hellblau adj light blue
hellblond adj very fair, blonde
helle *umg* adj bright
Heller m HIST heller; **das ist keinen ~ wert** that isn't worth a brass farthing Br, that's worth nothing; **auf ~ und Pfennig** (down) to the penny *bes Br*

Helle(s) n (≈ Bier) ≈ lager *bes Br*
hellgrün adj light green
hellhörig adj ARCH poorly soundproofed; **~ werden** *fig Mensch* to prick one's ears
Helligkeit f lightness; *von Licht* brightness; *von Haar, Teint* fairness
Helligkeitsregler m brightness control
helllicht adj **am ~en Tage** in broad daylight
hellrot adj bright red
hellsehen v/i **~ können** to be clairvoyant
Hellseher(in) m(f) clairvoyant
hellwach *wörtl* adj wide-awake; *fig* alert
Helm m helmet
Hemd n (≈ Oberhemd) shirt; (≈ Unterhemd) vest Br, undershirt US; **j-n bis aufs ~ ausziehen** *fig umg* to fleece sb *umg*
Hemdsärmel m shirtsleeve; **in ~n** in one's shirtsleeves
hemdsärmelig adj shirt-sleeved; *fig umg* casual
Hemisphäre f hemisphere
hemmen v/t *Entwicklung* to hinder; (≈ verlangsamen) to slow down; *Wasserlauf* to stem; PSYCH to inhibit; → **gehemmt**
Hemmnis n hindrance, impediment (**für** to)
Hemmschuh m brake shoe; *fig* hindrance (**für** to)
Hemmschwelle f inhibition level; **eine ~ überwinden** to overcome one's inhibitions
Hemmung f 1 PSYCH inhibition; (≈ Bedenken) scruple; **keine ~en kennen** to have no inhibitions; **nur keine ~en** don't feel inhibited 2 *von Entwicklung* hindering
hemmungslos A adj (≈ rückhaltlos) unrestrained; (≈ skrupellos) unscrupulous B adv *jubeln, weinen* without restraint; *sich hingeben* wantonly
Hemmungslosigkeit f (≈ Rückhaltlosigkeit) lack *kein pl* of restraint; (≈ Skrupellosigkeit) unscrupulousness *kein pl*
Hendl n *österr, südd* chicken
Hengst m stallion
Henkel m handle
Henker m hangman; (≈ Scharfrichter) executioner
Henna f henna
Henne f hen
Hepatitis f hepatitis
her adv **von der Kirche her** from the church; **her zu mir!** come here (to me); **von weit her** from a long way off *od* away; **her mit dem Geld!** hand over your money!; **her damit!** give me that; **von der Idee her** as for the idea; **vom finanziellen Standpunkt her** from the financial point of view; **ich kenne ihn von früher her** I know him from before
herab adv down; **die Treppe ~** down the stairs

herabblicken v/i to look down (**auf** +akk on)
herablassen A v/t to let down B v/r to lower oneself; **sich zu etw ~** to deign to do sth
herablassend A adj condescending B adv condescendingly
herabmindern v/t (≈ schlechtmachen) to belittle
herabsehen v/i to look down (**auf** +akk on)
herabsetzen v/t to reduce; Niveau to lower; Fähigkeiten, j-n to belittle; **zu stark herabgesetzten Preisen** at greatly reduced prices
Herabsetzung f reduction; von Niveau lowering; von Fähigkeiten belittling; (≈ Kränkung) slight
herabsteigen v/i to descend
herabwürdigen A v/t to belittle B v/r to degrade oneself
Herabwürdigung f belittling, disparagement
Heraldik f heraldry
heran adv **bis an etw** (akk) **~** close to sth, right by sth; mit Bewegungsverb right up to sth
heranbilden v/t to train (up)
heranführen v/t j-n to lead up; **j-n an etw** (akk) **~** to lead sb up to sth
herangehen v/i **an j-n ~** wörtl to go up to sb; fig an Gegner to set about sb; **an etw ~** fig an Problem, Aufgabe to tackle od approach sth
herankommen v/i 1 räumlich, zeitlich to approach (**an etw** akk sth) 2 (≈ erreichen) **an den Chef kommt man nicht heran** you can't get hold of the boss 3 (≈ grenzen an) **an etw** (akk) **~** to verge on sth
heranmachen umg v/r **sich an etw** (akk) **~** to get down to sth; **sich an j-n ~** to approach sb; an Mädchen to chat sb up bes Br umg, to flirt with sb
herannahen geh v/i to approach
heranpirschen v/r **sich an j-n/etw ~** to stalk up on sb/sth
heranreichen v/i **an j-n/etw ~** wörtl Mensch to reach sb/sth; Weg, Gelände etc to reach (up to) sth; fig (≈ sich messen können mit) to come near sb/sth
heranreifen geh v/i Obst to ripen; fig Jugendliche to mature; Plan, Entschluss, Idee to mature, to ripen
heranrücken v/i (≈ sich nähern) to approach (**an etw** akk sth); (≈ dicht aufrücken) to move nearer (**an** +akk to)
heranschleichen v/i & v/r to creep up (**an etw** akk to sth od **an j-n** on sb)
herantragen v/t **etw an j-n ~** fig to take sth to sb, to go to sb with sth
herantreten wörtl v/i to move up (**an** +akk to); **näher ~** to move nearer; **an j-n ~** fig to confront sb; **mit etw an j-n ~** (≈ sich wenden an) to approach sb with sth
heranwachsen geh v/i to grow; Kind to grow up

Heranwachsende(r) m/f(m) JUR adolescent
heranwagen v/r **sich an etw** (akk) **~** wörtl to venture up to sth, to dare to go near sth; fig to venture to tackle sth
heranziehen v/t 1 (≈ zu Hilfe holen) to call in; Literatur to consult 2 (≈ einsetzen) Arbeitskräfte to bring in
herauf A adv up; **von unten ~** up from below B präp up; **den Berg/die Treppe ~** up the mountain/stairs
heraufbeschwören v/t 1 (≈ wachrufen) to evoke 2 (≈ herbeiführen) to cause
heraufbringen v/t to bring up
heraufkommen v/i to come up
heraufsetzen v/t Preise etc to increase
heraufsteigen v/i (≈ heraufklettern) to climb up
heraufziehen A v/t to pull up B v/i Gewitter, Unheil etc to approach
heraus adv out; **~ ... aus** out of ...; **~ da!** umg get out of there!; **~ mit ihm** umg get him out!; **~ damit!** umg (≈ gib her) hand it over!; (≈ heraus mit der Sprache!) out with it! umg; **zum Fenster ~** out of the window
herausarbeiten v/t aus Stein, Holz to carve (**aus** out of); fig to bring out; durch Nachdenken to work out
herausbekommen v/t 1 Fleck, Nagel etc to get out (**aus** of) 2 Ursache, Geheimnis to find out (**aus j-m** from sb) 3 Wechselgeld to get back
herausboxen umg v/t j-n to bail out umg
herausbringen v/t 1 → herausbekommen 2 auf den Markt bringen to bring out; CD, Film etc to release; **j-n/etw ganz groß ~** to launch sb/sth in a big way 3 (≈ hervorbringen) Worte to utter
herausfahren A v/i to come out (**aus** of); Zug to pull out B v/t SPORT **eine gute Zeit ~** to make good time
herausfallen v/i to fall out (**aus** of); fig aus Liste etc to drop out (**aus** of)
herausfinden A v/t to find out; (≈ entdecken) to discover; Lösung to work out; **etwas über etw** (akk) **~** to learn about sth B v/i & v/r to find one's way out (**aus** of)
Herausforderer m, **Herausforderin** f challenger
herausfordern A v/t to challenge (**zu** to); (≈ provozieren) to provoke (**zu etw** to do sth); Kritik, Protest to invite; Gefahr to court; **das Schicksal ~** to tempt fate B v/i **zu etw ~** (≈ provozieren) to invite sth
herausfordernd A adj provocative; Haltung, Blick challenging B adv (≈ aggressiv) provocatively; (≈ lockend) invitingly
Herausforderung f challenge; (≈ Provokation) provocation; **sich der ~ stellen** to meet the

challenge

Herausgabe f ◆1 (≈ *Rückgabe*) return ◆2 *von Buch etc* publication

herausgeben Ⓐ v/t ◆1 (≈ *zurückgeben*) to return, to hand back ◆2 (≈ *veröffentlichen, erlassen*) to issue; *Buch, Zeitung* to publish; (≈ *bearbeiten*) to edit ◆3 (≈ *Wechselgeld geben*) *Betrag* to give in *od* as change Ⓑ v/i (≈ *Wechselgeld geben*) to give change (**auf** +*akk* for); **können Sie (mir) ~?** can you give me change?

Herausgeber(in) m(f) (≈ *Verleger*) publisher; (≈ *Redakteur*) editor

herausgehen v/i to go out (**aus** of); *Fleck* to come out; **aus sich ~** *fig* to come out of one's shell *fig*

heraushaben v/t *umg* (≈ *begriffen haben*) to have got *umg*; (≈ *gelöst haben*) to have solved

heraushalten Ⓐ v/t (≈ *nicht verwickeln*) to keep out (**aus** of) Ⓑ v/r **sich aus etw ~** to keep out of sth

herausholen v/t ◆1 *wörtl* to get *od* take out (**aus** of) ◆2 *Vorteil* to gain; *Vorsprung, Sieg* to achieve; *Gewinn* to make; *Herstellungskosten* to recoup; **alles aus sich ~** to get the best from oneself ◆3 (≈ *herauspauken*) to get off the hook *umg*

heraushören v/t to hear; (≈ *fühlen*) to sense (**aus** in)

herauskommen v/i ◆1 to come out (**aus** of); **er kam aus dem Staunen nicht heraus** he couldn't get over his astonishment; **er kam aus dem Lachen nicht heraus** he couldn't stop laughing ◆2 *aus bestimmter Lage* to get out (**aus** of); **aus seinen Schwierigkeiten ~** to get over one's difficulties ◆3 (≈ *auf den Markt kommen*) to come out; *Gesetz* to come into force; **ganz groß ~** *umg* to make a big splash *umg* ◆4 (≈ *Resultat haben*) **bei etw ~** to come of sth; **und was soll dabei ~?** and what is that supposed to achieve?; **es kommt auf dasselbe heraus** it comes (down) to the same thing

herauskriegen *umg* v/t → herausbekommen

herauslassen v/t to let out (**aus** of)

herauslesen v/t (≈ *erkennen*) to gather (**aus** from)

herauslocken v/t to entice out (**aus** of); **etw aus j-m ~** to get sth out of sb; **j-n aus seiner Reserve ~** to draw sb out of his shell

herausnehmbar adj removable

herausnehmen v/t ◆1 (≈ *entfernen*) to take out (**aus** of); **sich** (*dat*) **die Mandeln ~ lassen** to have one's tonsils out ◆2 *umg* (≈ *sich erlauben*) **es sich** (*dat*) **~, etw zu tun** to have the nerve to do sth *umg*; **sich** (*dat*) **Freiheiten ~** to take liberties

herausputzen v/r to dress up

herausragen v/i → hervorragen

herausreden v/r to talk one's way out of it *umg*

herausreißen v/t ◆1 *wörtl* to tear out (**aus** of); **j-n aus etw ~** *aus Umgebung* to tear sb away from sth; *aus Schlaf* to startle sb out of sth ◆2 *umg aus Schwierigkeiten* **j-n ~** to get sb out of it *umg*

herausrücken Ⓐ v/t *umg* (≈ *hergeben*) *Geld* to cough up *umg*; *Beute, Gegenstand* to hand over Ⓑ v/i ◆1 (≈ *hergeben*) **mit etw ~** *mit Geld* to cough sth up *umg*; *mit Beute* to hand sth over ◆2 (≈ *aussprechen*) **mit etw ~** to come out with sth; **mit der Sprache ~** to come out with it

herausrutschen v/i to slip out (**aus** of); **das ist mir nur so herausgerutscht** it just slipped out somehow

herausschlagen v/t ◆1 *wörtl* to knock out (**aus** of) ◆2 *umg* (≈ *erreichen*) *Geld* to make; *Gewinn, Vorteil* to get; *Zeit* to gain

herausschneiden v/t to cut out (**aus** of)

herausschreien v/t to shout out

heraus sein *umg* v/i to be out; (≈ *bekannt sein*) to be known; **aus dem Schlimmsten ~** to have got past the worst (part); *bei Krise, Krankheit* to be over the worst

herausspringen v/i ◆1 *wörtl* to jump out (**aus** of) ◆2 (≈ *sich lösen*) to come out ◆3 *umg* **dabei springt nichts heraus** there's nothing to be got out of it

herausstehen v/i to stick out (**aus** of)

herausstellen Ⓐ v/t ◆1 *wörtl* to put outside ◆2 *fig* (≈ *hervorheben*) to emphasize; **j-n** to give prominence to Ⓑ v/r *Wahrheit* to come to light; **sich als falsch ~** to prove (to be) wrong; **es stellte sich heraus, dass …** it emerged *od* turned out that …

herausstrecken v/t *Zunge, Kopf* to stick out

heraussuchen v/t to pick out

herauswachsen v/i to grow out (**aus** of)

herauswagen v/r to dare to come out (**aus** of)

herauswinden *fig* v/r to wriggle out of it

herauswirtschaften v/t to make (**aus** out of)

herausziehen v/t to pull out (**aus** of)

herb adj ◆1 *Geruch, Geschmack* sharp; *Wein* dry ◆2 *Enttäuschung etc* bitter; *Wahrheit* cruel ◆3 (≈ *streng*) *Züge, Gesicht* severe, harsh; *Art, Charakter* dour ◆4 *Worte, Kritik* harsh

Herbarium n herbarium, herbary

herbei *geh adv* here

herbeieilen *geh* v/i to hurry *od* rush over

herbeiführen v/t (≈ *bewirken*) to bring about; (≈ *verursachen*) to cause

herbeischaffen v/t to bring; *Geld* to get; *Beweise* to produce

herbeisehnen v/t to long for

herbeiströmen *geh* v/i to come in (their) crowds

herbeiwünschen v/t (**sich** *dat*) **etw ~** to long for sth

herbekommen *umg v/t* to get
herbemühen *geh* **A** *v/t* **j-n ~** to trouble sb to come here **B** *v/r* to take the trouble to come here
Herberge *f* **1** (≈ *Unterkunft*) lodging *kein unbest art* **2** (≈ *Jugendherberge*) (youth) hostel
Herbergsmutter *f*, **Herbergsvater** *m* (youth hostel) warden
herbestellen *v/t* to ask to come
Herbheit *f* **1** *von Geruch, Geschmack* sharpness; *von Wein* dryness **2** *von Enttäuschung* bitterness **3** (≈ *Strenge von Gesicht, Zügen*) severity, harshness; *von Art, Charakter* dourness **4** *von Worten, Kritik* harshness
Herbizid *n* herbicide
herbringen *v/t* to bring (here); → **hergebracht**
Herbst *m* autumn, fall *US*; **im ~** in autumn, in the fall *US*
Herbstanfang *m* beginning of autumn *od* fall *US*
Herbstferien *pl* autumn holiday(s) (*pl*) *bes Br*, autumn vacation *US*
herbstlich **A** *adj* autumn *attr*, fall *US*; (≈ *wie im Herbst*) autumnal; **das Wetter wird schon ~** autumn is in the air, fall is in the air *US* **B** *adv* **~ kühles Wetter** cool autumn weather, cool fall weather *US*
Herbstzeitlose *f* meadow saffron
Herd *m* **1** (≈ *Küchenherd*) cooker, stove **2** MED focus; GEOL *von Erdbeben* epicentre *Br*, epicenter *US*
Herde *wörtl f* herd; *von Schafen, a. fig geh* (≈ *Gemeinde*) flock
Herdentier *n* gregarious animal
Herdentrieb *m* herd instinct
Herdplatte *f von Elektroherd* hotplate
herein *adv* in; **~!** come in!; **hier ~!** in here!; **von (dr)außen ~** from outside
hereinbekommen *umg v/t Waren* to get in; *Radiosender* to get; *Unkosten etc* to recover
hereinbitten *v/t* to ask (to come) in
hereinbrechen *v/i Wasser, Flut* to gush in; **über j-n/etw ~** to descend upon sb/sth
hereinbringen *v/t* **1** to bring in **2** *umg* (≈ *wettmachen*) to make good
hereinfahren *v/t & v/i* to drive in
hereinfallen *umg v/i* to fall for it *umg*; (≈ *betrogen werden*) to be had *umg*; **auf j-n/etw ~** to be taken in by sb/sth
hereinführen *v/t* to show in
hereinholen *v/t* to bring in (**in** +*akk* -to)
hereinkommen *v/i* to come in (**in** +*akk* -to)
hereinlassen *v/t* to let in (**in** +*akk* -to)
hereinlegen *umg v/t* **j-n ~** (≈ *betrügen*) to take sb for a ride *umg*; (≈ *anführen*) to take sb in
hereinplatzen *umg v/i* to burst in (**in** +*akk* -to)
hereinregnen *v/i* **es regnet herein** the rain is coming in
hereinschneien *umg v/i* to drop in *umg*
hereinströmen *v/i* to pour in (**in** +*akk* -to)
herfahren **A** *v/i* to come *od* get here; **hinter j-m ~** to drive (along) behind sb; *mit Rad* to ride (along) behind sb **B** *v/t* to drive here
Herfahrt *f* journey here; **auf der ~** on the way here
herfallen *v/i* **über j-n ~** to attack sb; (≈ *kritisieren*) to pull sb to pieces; **über etw** (*akk*) **~** *über Essbares etc* to pounce upon sth
herfinden *v/i* to find one's way here
herführen *v/t* **was führt Sie her?** what brings you here?
Hergang *m* course; **der ~ des Unfalls** the way the accident happened; **j-m den ~ schildern** to tell sb what happened
hergeben **A** *v/t* (≈ *weggeben*) to give away; (≈ *aushändigen*) to hand over; (≈ *zurückgeben*) to give back; **wenig ~** *umg* not to be much use; **seinen Namen für etw ~** to lend one's name to sth **B** *v/r* **sich zu** *od* **für etw ~** to be (a) party to sth
hergebracht *adj* (≈ *traditionell*) traditional; → **herbringen**
hergehen **A** *v/i* **neben j-m ~** to walk (along) beside sb **B** *v/i umg* (≈ *zugehen*) **es ging heiß her** things got heated *umg*; **hier geht es hoch her** there's plenty going on here
hergehören *v/i* to belong here
herhaben *umg v/t* **wo hat er das her?** where did he get that from?
herhalten *v/i* to suffer (for it); **für etw ~** to pay for sth; **als Entschuldigung für etw ~** to be used as an excuse for sth
herholen *umg v/t* to fetch; **weit hergeholt sein** *fig* to be far-fetched
herhören *umg v/i* to listen; **alle mal ~!** everybody listen (to me)
Hering *m* **1** herring **2** (≈ *Zeltpflock*) (tent) peg
herkommen *v/i* to come here; (≈ *sich nähern*) to come; (≈ *herstammen*) to come from; **komm her!** come here!; **von j-m/etw ~** (≈ *stammen*) to come from sb/sth
herkömmlich *adj* conventional; (≈ *gewöhnlich*) ordinary
Herkunft *f* origin; *soziale* background; (≈ *Abstammung*) descent; **er ist britischer ~** (*gen*) he is of British descent
Herkunftsbezeichnung *f* designation of origin
Herkunftsland *n* HANDEL country of origin
herlaufen *v/i* to come running; **hinter j-m ~** to run after sb
herleiten *v/t* (≈ *folgern*) to derive (**aus** from)
hermachen *umg* **A** *v/r* **sich über etw** (*akk*) **~**

über Arbeit, Essen to get stuck into sth umg; über Eigentum to pounce (up)on sth; **sich über j-n ~** to lay into sb umg **B** v/t **viel ~** to look impressive
Hermelin[1] n ZOOL ermine
Hermelin[2] m (≈ Pelz) ermine
hermetisch **A** adj hermetic **B** adv **~ abgeriegelt** completely sealed off
hernehmen v/t (≈ beschaffen) to get; **wo soll ich das ~?** where am I supposed to get that from?
Heroin n heroin
heroinabhängig, **heroinsüchtig** adj addicted to heroin
Heroinabhängige(r), **Heroinsüchtige(r)** m/f(m) heroin addict
heroisch geh **A** adj heroic **B** adv heroically
Herpes m MED herpes
Herr m **1** (≈ Gebieter) lord, master; (≈ Herrscher) ruler (**über** +akk of); **sein eigener ~ sein** to be one's own master; **~ einer Sache** (gen) **werden** to get sth under control; **~ der Lage sein** to be master of the situation **2** (≈ Gott) Lord **3** (≈ Mann) gentleman; **4x100-m-Staffel der ~en** men's 4 x 100m relay; **"Herren"** (≈ Toilette) "gents" Br, "men's room" US **4** vor Eigennamen Mr Br, Mr. US; **(mein) ~!** sir!; **~ Professor Schmidt** Professor Schmidt; **~ Doktor** doctor; **~ Präsident** Mr President; **sehr geehrter ~ Bell** in Brief Dear Mr Bell; **sehr geehrte ~en** in Brief Dear Sirs Br, to whom it may concern US
Herrchen n umg von Hund master
Herreise f journey here
Herrenausstatter(in) m(f) gents' outfitter
Herrenbekleidung f menswear
Herrendoppel n beim Tennis etc men's doubles sg
Herreneinzel n beim Tennis etc men's singles sg
Herrenfahrrad n man's bicycle od bike umg
Herrenfriseur(in) m(f) men's hairdresser, barber
herrenlos adj abandoned; Hund etc stray
Herrenmode f men's fashion
Herrenschneider(in) m(f) gentlemen's tailor
Herrentoilette f men's toilet od restroom US, gents sg Br
Herrgott m **der ~** God, the Lord (God); **~ noch mal!** umg damn it all! umg
Herrgottsfrühe f **in aller ~** umg at the crack of dawn
herrichten v/t **1** (≈ vorbereiten) to get ready (+dat od für for); Tisch to set **2** (≈ ausbessern) to do up umg
herrisch adj imperious
herrlich **A** adj marvellous Br, marvelous US, superb; Kleid gorgeous, lovely; **das ist ja ~** iron that's great **B** adv **wir haben uns ~ amüsiert** we had a marvel(l)ous time; **~ schmecken** to taste absolutely delicious
Herrlichkeit f (≈ Pracht) magnificence
Herrschaft f **1** (≈ Macht) power; (≈ Staatsgewalt) rule; **unter der ~** under the rule (+gen od **von** of) **2** (≈ Kontrolle) control **3** **die ~en** (≈ Damen und Herren) the ladies and gentlemen; **(meine) ~en!** ladies and gentlemen!
herrschaftlich adj (≈ vornehm) grand
herrschen **A** v/i **1** (≈ Macht haben) to rule; König to reign; fig Mensch to dominate **2** (≈ vorherrschen) to prevail; Betriebsamkeit to be prevalent; Nebel, Kälte to be predominant; Krankheit, Not to be rampant; Meinung to predominate; **überall herrschte Freude** there was joy everywhere; **hier herrscht Ordnung** things are orderly (a)round here **B** v/i **es herrschte Schweigen** silence reigned; **es herrscht Ungewissheit darüber, ob** ... there is uncertainty about whether ...
herrschend adj Partei, Klasse ruling; König reigning; Bedingungen prevailing; Mode current
Herrscher(in) m(f) ruler, monarch
Herrschsucht f domineeringness
herrschsüchtig adj domineering
herrühren v/i **von etw ~** to be due to sth
hersagen v/t to recite
hersehen v/i (≈ hierhersehen) to look here; **hinter j-m ~** to follow sb with one's eyes
her sein v/i **1** zeitlich **das ist schon 5 Jahre her** that was 5 years ago **2** **hinter j-m/etw ~** to be after sb/sth
herstellen v/t **1** (≈ erzeugen) to produce; bes industriell to manufacture; **in Deutschland hergestellt** made in Germany **2** (≈ zustande bringen) to establish; TEL Verbindung to make
Hersteller(in) m(f) (≈ Produzent) producer; bes industriell manufacturer
Herstellung f **1** (≈ Erzeugung) production; bes industriell manufacture **2** (≈ das Zustandebringen) establishment
Herstellungskosten pl manufacturing costs pl
Herstellungsland n country of manufacture
Hertz n PHYS, RADIO hertz
herüber adv over here; über Fluss, Grenze etc across; **da ~** over/across there
herüberbringen v/t to bring over/across (**über etw** akk sth)
herüberkommen v/i to come over/across (**über etw** akk sth); umg zu Nachbarn to pop round Br umg, to call round
herüberreichen v/t to pass
herübersehen v/i to look over (**über etw** akk sth); **zu j-m ~** to look over/across to sb
herum adv **1** **um ... ~** (a)round; **links/rechts ~** (a)round to the left/right; **oben/unten ~ fah-**

ren to take the top/lower road **2** (≈ *ungefähr*) **um ...** ~ *Mengenangabe* about, around; *Zeitangabe* (at) about *od* around; → **herum sein**
herumalbern *umg v/i* to fool *od* mess around
herumärgern *umg v/r* **sich mit j-m/etw** ~ to keep struggling with sb/sth
herumballern *v/i* to fire in all directions *od* all over the place
herumbekommen *umg v/t* j-n to talk round *bes Br*, to talk around *bes US*
herumbringen *umg v/t Zeit* to get through
herumdrehen **A** *v/t Schlüssel* to turn; (≈ *wenden*) to turn (over) **B** *v/r* to turn (a)round; *im Liegen* to turn over
herumerzählen *v/t* **etw** ~ to spread sth around; **er erzählte überall herum, dass ...** he went around telling everyone that ...; **erzähl das nicht herum** don't spread it around, don't tell anyone
herumfahren *v/i* **1** (≈ *umherfahren*) to go (a)round; *mit Auto* to drive (a)round; **in der Stadt** ~ to go/drive (a)round the town **2** (≈ *um etw herumfahren*) to go (a)round; *mit Auto* to drive (a)round
herumführen **A** *v/t* to lead (a)round (**um etw** sth); *bei Besichtigung* to show (a)round; **j-n in einer Stadt** ~ to show sb (a)round a town **B** *v/i* **um etw** ~ to go (a)round sth
herumfummeln *v/i* to fiddle (**an** +*dat* with)
herumgeben *v/t* to pass round
herumgehen *umg v/i* **1** (≈ *um etw herumgehen*) to walk (a)round (**um etw** sth) **2** (≈ *ziellos umhergehen*) to wander (a)round (**in etw** *dat* sth); **es ging ihm im Kopf herum** it went round and round in his head **3** (≈ *herumgereicht werden*) to be passed (a)round; (≈ *weitererzählt werden*) to go (a)round (**in etw** *dat* sth); **etw** ~ **lassen** to circulate sth **4** (≈ *zeitlich vorbeigehen*) to pass
herumgurken *umg v/i* to cruise *umg*; **in der Gegend** ~ to cruise the area
herumhacken *v/i* **auf j-m** ~ to pick on sb
herumhängen *umg v/i* **1** (≈ *sich lümmeln*) to loll around **2** (≈ *ständig zu finden sein*) to hang out *umg*
herumirren *v/i* to wander (a)round
herumkommandieren *umg v/t* to order about
herumkommen *umg v/i* **1** *um eine Ecke etc* to come (a)round (**um etw** sth) **2** (≈ *herumkönnen*) to get (a)round (**um etw** sth) **3** (≈ *vermeiden können*) **um etw** ~ to get out of sth; **wir kommen um die Tatsache nicht herum, dass ...** we cannot get away from the fact that ... **4** (≈ *reisen*) to get (a)round (**in etw** *dat* sth)
herumkriegen *umg v/t* → **herumbekommen**
herumlaufen *umg v/i* to run around (**um etw** sth); **so kannst du doch nicht** ~ *fig umg* you can't go (a)round (looking) like that
herumliegen *umg v/i* to lie (a)round (**um etw** sth)
herumlungern *umg v/i* to hang (a)round *umg*
herumreden *umg v/i* to talk away; **um etw** ~ *ausweichend* to talk around sth
herumreichen *v/t* (≈ *herumgeben*) to pass (a)round
herumreisen *v/i* to travel (a)round; *viel reisen* to go places
herumreiten *fig umg v/i* **auf etw** (*dat*) ~ to keep on about sth
herumrennen *v/i* to run around
herumschlagen *umg v/r* **sich mit j-m** ~ *wörtl* to fight with sb; *fig* to fight a running battle with sb; **sich mit etw** ~ *fig* to wrestle with sth
herumschreien *umg v/i* to shout out loud
herum sein *umg v/i* **1** (≈ *vorüber sein*) to be past **2** (≈ *in j-s Nähe sein*) **um j-n** ~ to be around sb
herumsitzen *v/i* to sit around; *untätig* to sit around doing nothing
herumsprechen *v/r* to get (a)round
herumspringen *v/i* to jump about *od* around
herumstehen *v/i* **1** *Sachen* to be lying around **2** *Menschen* to stand (a)round (**um j-n/etw** sb/sth)
herumstöbern *v/i umg* (≈ *suchen*) to rummage around
herumstreiten *v/r* to squabble
herumtreiben *umg v/r* to hang (a)round *od* out *umg* (**in** +*dat* in)
Herumtreiber(in) *pej m(f)* tramp; (≈ *Streuner*) vagabond
herumwerfen **A** *v/t* (≈ *achtlos werfen*) to throw around (**in etw** *dat* sth) **B** *v/i umg* **mit Geld** *etc* ~ to throw one's money *etc* around
herumzeigen *v/t* to show (a)round
herumziehen *v/i* (≈ *von Ort zu Ort ziehen*) to move around
herunter *adv* down; ~! get down!; **da/hier** ~ down there/here; **vom Berg** ~ down the mountain; **bis ins Tal** ~ down into the valley
herunterbekommen *v/t* → **herunterkriegen**
herunterdrehen *v/t* to turn down
herunterdrücken *v/t Hebel, Pedal* to press down
herunterfahren **A** *v/i* to go down **B** *v/t* to bring down; IT to shut down
herunterfallen *v/i* to fall down *od* off; **von etw** ~ to fall off sth
heruntergehen *v/i* to go down; **von etw** ~ *umg* to get off sth; **auf etw** (*akk*) ~ *Preise* to go down to sth; *Geschwindigkeit* to slow down to sth; **mit den Preisen** ~ to lower one's prices
heruntergekommen *adj Haus* dilapidated;

Stadt run-down; *Mensch* down-at-heel
herunterhandeln *umg v/t Preis* to beat down; **j-n (auf etw** *akk*) **~** to knock sb down (to sth)
herunterhauen *umg v/t* **j-m eine ~** to slap sb on the side of the head
herunterholen *v/t* to fetch down; *umg Flugzeug* to bring down
herunterklappen *v/t* to turn down; *Sitz* to fold down
herunterkommen *v/i* **1** to come down; *umg* (≈ *herunterkönnen*) to get down **2** *fig umg* (≈ *verfallen*) *Stadt, Firma* to go downhill; *Wirtschaft* to go to rack and ruin; *gesundheitlich* to become run-down **3** *fig umg* (≈ *wegkommen*) **vom Alkohol ~** to kick the habit *umg*
herunterkriegen *umg v/t* to get down; (≈ *abmachen können*) to get off
herunterladen *v/t* INTERNET to download (**auf** +*akk* onto)
Herunterladen *n* downloading
herunterleiern *umg v/t* to reel off
heruntermachen *umg v/t* **1** (≈ *schlechtmachen*) to run down **2** (≈ *zurechtweisen*) to tell off *umg*
herunterputzen *umg v/t* **j-n ~** to give sb an earful *umg*
herunterreichen **A** *v/t* to pass down **B** *v/i* to reach down
herunterschrauben *fig v/t Ansprüche* to lower
heruntersehen *v/i* to look down; **auf j-n ~** *fig* to look down on sb
herunter sein *umg v/i* to be down; **mit den Nerven ~** *umg* to be at the end of one's tether *Br*, to be at the end of one's rope *US*
herunterspielen *v/t umg* (≈ *verharmlosen*) to play down
herunterwirtschaften *umg v/t* to bring to the brink of ruin
herunterziehen *v/t* (≈ *nach unten ziehen*) to pull down
hervor *adv* **aus etw ~** out of sth; **hinter dem Tisch ~** out from behind the table
hervorbringen *v/t* (≈ *entstehen lassen*) to produce; (≈ *erzeugen*) to generate; *Worte* to utter
hervorgehen *v/i* **1** (≈ *sich ergeben*) to follow; **daraus geht hervor, dass ...** from this it follows that ... **2 als Sieger ~** to emerge victorious; **aus etw ~** to come out of sth
hervorheben *v/t* to emphasize
hervorholen *v/t* to bring out
hervorragen *v/i* **1** *Felsen, Stein etc* to jut out **2** *fig* (≈ *sich auszeichnen*) to stand out
hervorragend **A** *adj fig* (≈ *ausgezeichnet*) excellent **B** *adv* excellently; **etw ~ beschreiben** to give an excellent description of sth; **~ schmecken** to taste exquisite
hervorrufen *v/t* (≈ *bewirken*) to cause; *Bewunderung* to arouse; *Eindruck* to create; (≈ *wachrufen*) to evoke
hervorstechen *v/i* to stand out
hervortreten *v/i* **1** (≈ *heraustreten*) to step out, to emerge; *Backenknochen* to protrude; *Adern* to bulge **2** (≈ *sichtbar werden*) to stand out; *fig* to become evident
hervortun *v/r* to distinguish oneself; *umg* (≈ *sich wichtigtun*) to show off (**mit etw** sth)
herwagen *v/r* to dare to come
Herweg *m* way here; **auf dem ~** on the way here
Herz *n* heart; (≈ *Spielkartenfarbe*) hearts *pl*; *einzelne Karte* heart; **sein ~ schlug höher** his heart leapt; **im ~en der Stadt** in the heart of the city; **im Grund meines ~ens** in my heart of hearts; **ein ~ und eine Seele sein** to be the best of friends; **mit ganzem ~en** wholeheartedly; **j-m von ganzem ~en danken** to thank sb with all one's heart; **ein gutes ~ haben** *fig* to have a good heart; **schweren ~ens** with a heavy heart; **aus tiefstem ~en** from the bottom of one's heart; **es liegt mir am ~en** I am very concerned about it; **Recycling liegt mir am ~en** I care about recycling; **dieser Hund ist mir ans ~ gewachsen** I have become attached to this dog; **ich lege es dir ans ~, das zu tun** I would ask you particularly to do that; **etw auf dem ~en haben** to have sth on one's mind; **j-n auf ~ und Nieren prüfen** to examine sb very thoroughly; **er hat sie in sein ~ geschlossen** he has grown fond of her; **ohne ~** heartless; **es wurde ihr leichter ums ~** she felt relieved; **von ~en** with all one's heart; **etw von ~en gern tun** to love doing sth; **j-n von ~en gernhaben** to love sb dearly; **sich** (*dat*) **etw vom ~en reden** to get sth off one's chest; **sich** (*dat*) **etw zu ~en nehmen** to take sth to heart; **alles, was das ~ begehrt** everything one's heart desires; **j-s ~ brechen** to break sb's heart; **hast du denn (gar) kein ~?** how can you be so heartless?
Herzanfall *m* heart attack
Herzass *n* ace of hearts
Herzbeschwerden *pl* heart trouble *sg*
Herzchirurg(in) *m(f)* heart surgeon
herzeigen *v/t* to show; **zeig (mal) her!** let's see
Herzensbrecher(in) *fig umg m(f)* heartbreaker
herzensgut *adj* good-hearted
Herzenslust *f* **nach ~** to one's heart's content
Herzenswunsch *m* dearest wish
herzerfrischend *adj* refreshing
herzergreifend *adj* heart-rending
herzerweichend *adj* heart-rending
Herzfehler *m* heart defect
Herzflattern *n* palpitations *pl* (of the heart)

Herzflimmern n heart flutter
herzförmig adj heart-shaped
Herzgegend f cardiac region
herzhaft adj **1** (≈ kräftig) hearty; Geschmack strong **2** (≈ nahrhaft) Essen substantial
herziehen A v/t **j-n/etw hinter sich** (dat) **~** to pull sb/sth (along) behind one B v/i **1 vor j-m ~** to march along in front of sb **2 über j-n/etw ~** umg to knock sb/sth umg
herzig adj sweet
Herzinfarkt m heart attack
Herzkammer f ventricle
Herzklappe f cardiac valve
Herzklappenfehler m valvular heart defect
Herzklopfen n **ich hatte/bekam ~** my heart was/started pounding; **mit ~** with a pounding heart
herzkrank adj **~ sein/werden** to have/get a heart condition
Herzkranzgefäß n coronary (blood) vessel
Herz-Kreislauf-Erkrankung f cardiovascular disease od condition
herzlich A adj Empfang etc warm; Bitte sincere; **mit ~en Grüßen** kind regards, love; **~en Dank!** many thanks; **~es Beileid!** you have my sincere sympathy; **~en Glückwunsch zum Geburtstag** happy birthday B adv (≈ freundlich) warmly; sich bedanken sincerely; **j-m ~ gratulieren** to congratulate and wish sb all the best; **~ schlecht** pretty awful; **~ wenig** precious little; **~ gern!** with the greatest of pleasure!
Herzlichkeit f von Empfang warmth
herzlos adj heartless
Herzlosigkeit f heartlessness kein pl
Herz-Lungen-Maschine f heart-lung machine
Herzmassage f heart massage
Herzmittel n cardiac drug
Herzog m duke
Herzogin f duchess
Herzogtum n duchy
Herzoperation f heart operation
Herzrhythmus m heart rhythm
Herzrhythmusstörung f palpitations pl
Herzschlag m **1** einzelner heartbeat **2** (≈ Herzstillstand) heart failure kein unbest art, kein pl
Herzschrittmacher m pacemaker
Herzschwäche f a weak heart
Herzstillstand m cardiac arrest
Herzstück fig geh n heart
Herztransplantation f heart transplant
Herzversagen n heart failure
herzzerreißend A adj heartbreaking B adv **~ weinen** to weep distressingly
Hesse m, **Hessin** f Hessian
Hessen n Hesse

hessisch adj Hessian
Hete f sl (≈ Heterosexueller) hetero umg; **er ist eine ~** he's straight umg
hetero umg adj hetero umg, straight umg
heterogen geh adj heterogeneous
Heterosexualität f heterosexuality
heterosexuell adj heterosexual
Heterosexuelle(r) m/f(m) heterosexual
Hetz f österr umg laugh umg; **aus** od **zur ~** for a laugh
Hetze f **1** (≈ Hast) (mad) rush **2** pej (≈ Aufreizung) rabble-rousing propaganda
hetzen A v/t **1** (≈ jagen) to hound; **die Hunde auf j-n/etw ~** to set the dogs on(to) sb/sth **2** umg (≈ antreiben) to rush B v/i **1** (≈ sich beeilen) to rush, to hurry; **hetz nicht so** don't be in such a rush **2** pej (≈ Hass schüren) to agitate; **gegen j-n/etw ~** to stir up hatred against sb/sth; → gehetzt
Hetzjagd wörtl, fig f hounding (**auf** +akk of)
Hetzkampagne f malicious campaign
Heu n hay
Heuchelei f hypocrisy
heucheln A v/i to be a hypocrite B v/t Mitleid etc to feign
Heuchler(in) m(f) hypocrite
heuchlerisch adj hypocritical
heuer adv österr, schweiz, südd this year
Heuer f SCHIFF pay
heuern v/t to hire
heulen v/i **1** umg (≈ weinen) to bawl umg, to wail; vor Schmerz to scream; vor Wut to howl; **es ist einfach zum Heulen** it's enough to make you weep **2** Motor to whine; Tiere to howl; Sirene to wail
Heulsuse f crybaby umg
heurig adj österr, südd this year's
Heurige(r) m bes österr new wine
Heuschnupfen m hay fever
Heuschrecke f grasshopper; in heißen Ländern locust
heute adv today; **~ Morgen** this morning; **~ Abend** this evening, tonight; **~ Nacht** tonight; **bis ~** (≈ bisher) to this day; **~ in einer Woche** a week today, today week; **~ vor acht Tagen** a week ago today; **die Zeitung von ~** today's paper; **von ~ auf morgen** overnight; **die Frau von ~** today's women; **die Jugend von ~** the young people of today
heutig adj today's; (≈ gegenwärtig) contemporary, present-day; **am ~en Abend** this evening; **unser ~es Schreiben** HANDEL our letter of today('s date); **bis zum ~en Tage** to date, to this day
heutzutage adv nowadays, these days
Hexe f witch; umg (≈ altes Weib) old hag

hexen v/i to practise witchcraft Br, to practice witchcraft US; **ich kann doch nicht ~** umg I can't work miracles
Hexenjagd f witch-hunt
Hexenkessel fig m pandemonium ohne art
Hexenmeister m sorcerer
Hexenprozess m witch trial
Hexenschuss m MED lumbago
Hexenverfolgung f witch-hunt
Hexerei f witchcraft kein pl; von Zaubertricks magic kein pl
hey umg int **1** Aufmerksamkeit erregend, erstaunt, empört hey **2** Gruß hey, hi
hi int umg Gruß hi
Hibiskus m hibiscus
Hickhack m/n squabbling kein pl
Hieb m **1** blow; **auf einen ~** umg in one go **2** ~e pl obs (≈ Prügel) hiding **3** fig dig, cutting remark
hiebfest adj **hieb- und stichfest** fig watertight
hier adv räumlich here; **das Haus ~** this house; **dieser ~** this one (here); **~ entlang** along here; **~ in der Gegend** round here; **~ steht ..., ~ heißt es ...** it says here ...; **~ oben/unten** up/down here; **~ drinnen** in here; **~ spricht Dr. Müller** TEL this is Dr Müller (speaking); **~ bitte** here you are; **von ~ aus** from here; **~ und da** zeitlich (every) now and then; **das steht mir bis ~** umg I've had it up to here (with it) umg
hieran adv **wenn ich ~ denke** when I think of od about this; **~ erkenne ich es** I recognize it by this
Hierarchie f hierarchy
hierarchisch **A** adj hierarchic(al) **B** adv hierarchically
hierauf adv on this; (≈ daraufhin) hereupon
hieraus adv out of this, from here; **~ folgt, dass ...** from this it follows that ...
hierbehalten v/t **j-n/etw ~** to keep sb/sth here
hierbei adv **1** wörtl (≈ währenddessen) doing this **2** fig (≈ bei dieser Gelegenheit) on this occasion; (≈ in diesem Zusammenhang) in this connection
hierbleiben v/i to stay here
hierdurch adv **1** wörtl through here **2** fig through this
hierfür adv for this
hierher adv here; **(komm) ~!** come here; **bis ~** örtlich up to here; zeitlich up to now, so far
hierherbringen v/t to bring (over) here
hierher gehören v/i to belong here; fig (≈ relevant sein) to be relevant
hierhin adv here
hierin adv in this
hierlassen v/t to leave here
hiermit adv with this; **~ erkläre ich ...** form I hereby declare ... form; **~ wird bescheinigt, dass ...** this is to certify that ...
Hieroglyphe f hieroglyphic
Hiersein n **während meines ~s** during my stay
hierüber adv **1** wörtl over this od here **2** fig about this; **~ ärgere ich mich** this makes me angry
hierum adv **1** wörtl (a)round this od here **2** fig about this
hierunter adv **1** wörtl under this od here **2** fig by this od that; **~ fallen auch die Sonntage** this includes Sundays
hiervon adv from this; **~ abgesehen** apart from this; **~ habe ich nichts gewusst** I knew nothing about this
hierzu adv **1** (≈ dafür) for this **2** (≈ außerdem) in addition to this; (≈ zu diesem Punkt) about this
hierzulande adv in these parts
hiesig adj local; **meine ~en Verwandten** my relatives here
Hiesige(r) m/f(m) **ein ~r** one of the locals
hieven v/t to heave
Hi-Fi-Anlage f hi-fi system
high umg adj high umg
Highlife n, **High Life** n high life; **~ machen** umg to live it up umg
Highlight n highlight
highlighten v/t IT Textpassagen etc to highlight
Highschool f high school
High Society f high society
Hightech n high tech
Hightechindustrie f high-tech industry
Highway m highway US
Hilfe f help; (≈ Unterstützung) support; finanzielle aid, assistance; für Notleidende relief; **um ~ rufen** to call for help; **(zu) ~!** help!; **j-m zu ~ kommen** to come to sb's aid; **j-m ~ leisten** to help sb; **~ suchend** Mensch seeking help; Blick imploring; **ohne ~** (≈ selbstständig) unaided; **etw zu ~ nehmen** to use sth; **mit ~ →** mithilfe
Hilfefunktion f IT help function
Hilfeleistung f assistance
Hilferuf m call for help
Hilfestellung f support
Hilfetaste f COMPUT help key
hilflos **A** adj helpless **B** adv helplessly
Hilflosigkeit f helplessness
hilfreich adj helpful, useful
Hilfsaktion f relief action
Hilfsarbeiter(in) m(f) labourer Br, laborer US; in Fabrik unskilled worker
hilfsbedürftig adj in need of help; (≈ Not leidend) needy, in need präd
hilfsbereit adj helpful, ready to help präd
Hilfsbereitschaft f helpfulness, readiness to help
Hilfsdienst m emergency service; bei Katastrophenfall (emergency) relief service

Hilfsfonds *m* relief fund
Hilfskraft *f* assistant; (≈ *Aushilfe*) temporary worker; **wissenschaftliche ~** research assistant
Hilfsmittel *n* aid
Hilfsorganisation *f* relief organization
Hilfsprogramm *n* **1** *zur Hungerhilfe etc* relief programme *Br*, relief program *US* **2** *IT* utility program
Hilfssheriff *m* deputy sheriff
Hilfsverb *n* auxiliary verb, helping verb *US*
Hilfswerk *n* relief organization
Himalaja *m* **der ~** the Himalayas *pl*
Himbeere *f* raspberry
Himbeergeist *m* (white) raspberry brandy
Himbeersaft *m* raspberry juice
Himmel *m* **1** sky; **am ~** in the sky; **j-n/etw in den ~ loben** to praise sb/sth to the skies **2** REL (≈ *Himmelreich*) heaven; **im ~** in heaven; **in den ~ kommen** to go to heaven; **der ~ auf Erden** heaven on earth; **(das) weiß der ~!** *umg* God (only) knows; **das schreit zum ~** it's a scandal; **es stinkt zum ~** *umg* it stinks to high heaven *umg*; **(ach) du lieber ~!** *umg* good Heavens!; **um(s) ~s willen** *umg* for Heaven's sake *umg*
Himmelbett *n* four-poster (bed)
himmelblau *adj* sky-blue
Himmelfahrt *f* **1** REL **Christi ~** the Ascension of Christ; **Mariä ~** the Assumption of the Virgin Mary **2** *Feiertag* Ascension Day
Himmelfahrtskommando *n* MIL *umg* suicide squad; *Unternehmung* suicide mission
Himmelreich *n* REL Kingdom of Heaven
himmelschreiend *adj Unrecht* scandalous; *Verhältnisse* appalling
Himmelskörper *m* heavenly body
Himmelsrichtung *f* direction; **die vier ~en** the four points of the compass
himmelweit *fig umg* **A** *adj* **ein ~er Unterschied** a world of difference **B** *adv* **~ voneinander entfernt** *fig* poles apart
himmlisch **A** *adj* heavenly **B** *adv schmecken* heavenly; *bequem* wonderfully; **~ schön** just heavenly
hin *adv* **1** *räumlich* **bis zum Haus hin** up to the house; **geh doch hin zu ihr!** go over to her; **nach außen hin** *fig* outwardly; **bis zu diesem Punkt hin** up to this point **2** **hin und her** to and fro; (≈ *hin und zurück*) there and back; **etw hin und her überlegen** to weigh sth up; **nach langem Hin und Her** after a lot of to-ing and fro-ing; **hin und zurück** there and back; **einmal London hin und zurück** a return ticket to London, a round trip ticket to London *bes US*; **hin und wieder** (every) now and then **3** *zeitlich* **noch weit hin** a long way off; **über die Jahre hin** over the years **4** *fig* **auf meine Bitte hin** at my request; **auf meinen Anruf hin** on account of my phone call; **auf seinen Rat hin** on his advice; **etw auf etw** (*akk*) **hin prüfen** to check sth for sth; → hin sein
hinab *adv & präf* → hinunter
hinarbeiten *v/i* **auf etw** (*akk*) **~ auf ein Ziel** to work toward(s) sth
hinauf *adv* up; **auf ... ~** onto; **den Berg ~** up the mountain
hinaufarbeiten *v/r* to work one's way up
hinaufblicken *v/i* to look up
hinaufbringen *v/t* to take up
hinaufgehen *v/i* to go up; *zu Fuß* to walk up
hinaufklettern *v/i* to climb (**auf etw** *akk* sth)
hinaufkommen *v/i* **1** (≈ *nach oben gehen, fahren*) to come up; *die Treppe hoch* to come upstairs **2** *können* **ich komme nicht hinauf** I can't get up there
hinaufrennen *v/t & v/i* to run up; **die Treppe ~** to run upstairs
hinaufschauen *v/i* → hinaufblicken
hinaufsteigen *v/i* to climb up
hinaus *adv* **1** *räumlich* out; **~ (mit dir)!** (get) out!; **aus dem** *od* **zum Fenster ~** out of the window **2** *zeitlich* **auf Jahre ~** for years to come **3** *fig* **über** (+*akk*) **~** over and above; **darüber ~** over and above this; → hinaus sein
hinausbegleiten *v/t* to see out (**aus** of)
hinausbringen *v/t* to take out
hinausfliegen *v/i* **1** (≈ *fortfliegen*) to fly out (**aus** of) **2** (≈ *hinausgeworfen werden*) to get kicked out *umg* (**aus** of)
hinausgehen *v/i* **1** (≈ *nach draußen gehen*) to go out(side) **2** **auf etw** (*akk*) **~** *Tür, Zimmer* to open onto sth **3** *fig* (≈ *überschreiten*) **über etw** (*akk*) **~** to go beyond sth, to exceed sth; **über seine Befugnisse ~** to overstep one's authority
hinauslaufen *v/i* **1** *wörtl* to run out (**aus** of) **2** *fig* **auf etw** (*akk*) **~** to amount to sth; **es läuft auf dasselbe hinaus** it comes to the same thing
hinauslehnen *v/r* to lean out (**aus** of); **sich zum Fenster ~** to lean out of the window
hinausrennen *v/i* to run out
hinausschieben *v/t* (≈ *aufschieben*) to put off, to postpone
hinausschmeißen *umg v/t* to kick out *umg* (**aus** of)
hinaus sein *fig v/i* **über etw** (*akk*) **~** to be past sth
hinaussteigen *v/i* to climb out (**aus** of)
hinausstellen *v/t* to put out
hinausstürmen *v/i* to storm out (**aus** of)
hinausstürzen *v/i* (≈ *hinauseilen*) to rush out (**aus** of)
hinauswachsen *v/i* **über etw** (*akk*) **~** *fig* to out-

grow sth; **er wuchs über sich selbst hinaus** he surpassed himself

hinauswagen v/r to venture out (**aus** of)

hinauswerfen umg v/t (≈ *entfernen*) to chuck od throw out umg (**aus** of); **das ist hinausgeworfenes Geld** it's money down the drain

hinauswollen v/i to want to go od get out (**aus** of); **worauf willst du hinaus?** fig what are you getting at?; **hoch ~** to aim high

hinauszögern **A** v/t to delay **B** v/r to be delayed

hinbekommen umg v/t → hinkriegen

hinbiegen v/t fig umg (≈ *in Ordnung bringen*) to arrange; (≈ *deichseln*) to wangle umg; **das werden wir schon ~** we'll sort it out somehow

Hinblick m **im ~ auf** (+akk) (≈ *angesichts*) in view of; (≈ *mit Bezug auf*) with regard to

hinbringen v/t **1** j-n, etw to take there **2** → hinkriegen

hindenken v/i **wo denkst du hin?** whatever are you thinking of!

hinderlich adj **~ sein** to be in the way; **einer Sache** (dat) **~ sein** to be a hindrance to sth

hindern **A** v/t **1** Fortschritte to impede; j-n to hindern (**bei** in) **2** (≈ *abhalten von*) to prevent (**an** +dat from), to stop; **ich konnte ihn nicht daran ~, das zu tun** I couldn't prevent him from doing it **B** v/i (≈ *stören*) to be a hindrance (**bei** to)

Hindernis n **1** obstacle; (≈ *Behinderung*) hindrance; **eine Reise mit ~sen** a journey full of hitches **2** SPORT (≈ *Hürde*) hurdle

Hindernislauf m, **Hindernisrennen** n steeplechase

Hinderung f **1** (≈ *Behinderung*) hindrance **2** (≈ *Störung*) obstruction

Hinderungsgrund m obstacle

hindeuten v/i to point (**auf** +akk od **zu** at)

Hindi n Sprache Hindi

Hindu m Hindu

Hinduismus m Hinduism

hinduistisch adj Hindu

hindurch adv through; **dort ~** through there; **mitten ~** straight through; **das ganze Jahr ~** throughout the year, all year round; **den ganzen Oktober ~** throughout October; **den ganzen Tag ~** all day (long)

hinein adv in; **da ~** in there; **in etw** (akk) **~** into sth; **bis tief in die Nacht ~** far into the night

hineinbekommen umg v/t to get in (**in** +akk -to)

hineindenken v/r **sich in j-n ~** to put oneself in sb's position

hineingehen v/i (≈ *hineinpassen*) to go in (**in** +akk -to); (≈ *betreten*) to enter, to go in; **in den Bus gehen 50 Leute hinein** the bus holds 50 people

hineingeraten v/i **in etw** (akk) **~** to get into sth

hineingucken umg v/i to look in (**in** +akk -to)

hineinklettern v/i to climb in (**in** +akk -to)

hineinknien fig umg v/r **sich in etw** (akk) **~** to get into sth umg

hineinkommen v/i to get in

hineinkriegen umg v/t to get in (**in** +akk -to)

hineinlegen v/t to put in

hineinpassen v/i **in etw** (akk) **~** to fit into sth; fig to fit in with sth

hineinplatzen fig umg v/i to burst in (**in** +akk -to)

hineinreden v/i wörtl (≈ *unterbrechen*) to interrupt (j-m sb); **j-m in seine Angelegenheiten ~** to meddle in sb's affairs

hineinregnen v/i **es regnet (ins Zimmer) hinein** (the) rain is coming in(to) the room

hineinrennen v/i **in j-n/etw ~** to run into sb/sth

hineinsetzen v/t to put in

hineinspielen v/i (≈ *beeinflussen*) to have a part to play (**in** +akk in)

hineinstecken v/t to put in (**in** +akk -to); **Geld/Arbeit etc in etw** (akk) **~** to put money/some work etc into sth

hineinsteigern v/r to get worked up; **sich in seine Wut ~** to work oneself up into a rage

hineinstellen v/t to put in

hineinströmen v/i to flood in (**in** +akk -to)

hineinstürzen **A** v/i to plunge in (**in** +akk -to); (≈ *hineineilen*) to rush in (**in** +akk -to) **B** v/r **sich in die Arbeit ~** to throw oneself into one's work

hineinversetzen v/r **sich in j-n** od **in j-s Lage ~** to put oneself in sb's position

hineinziehen v/t to pull in (**in** +akk -to); **j-n in einen Streit ~** to drag sb into a quarrel

hinfahren **A** v/i to go there **B** v/t to drive there

Hinfahrt f journey there; BAHN outward journey

hinfallen v/i to fall (down); (≈ *umfallen*) to fall over

hinfällig adj **1** Mensch frail **2** fig (≈ *ungültig*) invalid

hinfinden umg v/i to find one's way there

hinfliegen v/i to fly there

Hinflug m outward flight

hinführen **A** v/t **j-n zu etw ~** fig to lead sb to sth **B** v/i to lead there; **wo soll das ~?** fig where is this leading to?

Hingabe f ig (≈ *Begeisterung*) dedication; (≈ *Selbstlosigkeit*) devotion; **mit ~ singen** to sing with abandon

hingeben **A** v/t to give up; Leben to sacrifice **B** v/r **sich einer Sache** (dat) **~** der Arbeit to devote oneself to sth; dem Laster, der Verzweiflung to abandon oneself to sth; **sich einer Illusion ~** to labour under an illusion Br, to labor under an illusion US

hingebungsvoll **A** *adj* (≈ *selbstlos*) devoted; (≈ *begeistert*) abandoned **B** *adv* (≈ *selbstlos*) devotedly; (≈ *begeistert*) with abandon; *lauschen* raptly

hingegen *geh konj* however

hingehen *v/i* **1** (≈ *dorthin gehen*) to go (there); **wo gehst du hin?** where are you going?; **wo geht es hier hin?** where does this go? **2** *Zeit* to pass **3** *fig* (≈ *tragbar sein*) **das geht gerade noch hin** that will just about do

hingehören *v/i* to belong; **wo gehört das hin?** where does this belong?

hingerissen **A** *adj* enraptured; **hin- und hergerissen sein** to be torn (**zwischen** +*dat* between) **B** *adv* with rapt attention; → **hinreißen**

Hinglisch *n* (≈ *Mischung aus Englisch und Hindi*) Hinglish

Hingucker *umg m* (≈ *Mensch*) looker *umg*; (≈ *Sache*) eye-catcher *umg*

hinhalten *v/t* **1** (≈ *entgegenstrecken*) to hold out (**j-m** to sb) **2** *fig j-n* to put off

Hinhaltetaktik *f* delaying tactics *pl*

hinhauen *umg* **A** *v/t* **1** (≈ *nachlässig machen*) to knock off *umg* **2** (≈ *hinwerfen*) to slam down **B** *v/i* **1** (≈ *zuschlagen*) to hit hard **2** (≈ *gut gehen*) **es hat hingehauen** I/we *etc* just managed it; **das wird schon ~** it will be OK *umg* **3** (≈ *klappen*) to work **C** *v/r umg* (≈ *sich schlafen legen*) to crash out *umg*

hinhören *v/i* to listen

hinken *v/i* **1** to limp **2** *fig Beispiel* to be inappropriate; *Vergleich* to be misleading

hinknien *v/i & v/r* to kneel (down)

hinkommen *v/i* **1** (≈ *an einen Ort hinkommen*) **(da) ~** to get there; **wie komme ich zu dir hin?** how do I get to your place? **2** (≈ *an bestimmten Platz gehören*) to go; **wo kämen wir denn hin, wenn …** *umg* where would we be if … **3** *umg* (≈ *auskommen*) to manage; **wir kommen (damit) hin** we will manage **4** *umg* (≈ *stimmen*) to be right

hinkriegen *v/t umg* (≈ *fertigbringen*) to manage; **das hast du gut hingekriegt** you've made a nice job of it

hinlangen *v/i umg* (≈ *zupacken*) to grab him/her/ it *etc*; (≈ *zuschlagen*) to take a (good) swipe *umg*; (≈ *sich bedienen*) to help oneself to a lot

hinlänglich **A** *adj* (≈ *ausreichend*) adequate **B** *adv* (≈ *ausreichend*) adequately; (≈ *zu Genüge*) sufficiently

hinlegen **A** *v/t* **1** (≈ *hintun*) to put down; *Zettel* to leave (**j-m** for sb); *umg* (≈ *bezahlen müssen*) to fork out *umg* **2** *umg* (≈ *glänzend darbieten*) to perform **B** *v/r* to lie down

hinnehmen *v/t* (≈ *ertragen*) to take, to accept; *Beleidigung* to swallow; **etw als selbstverständlich ~** to take sth for granted

hinreichend **A** *adj* (≈ *ausreichend*) adequate; (≈ *genug*) sufficient; (≈ *reichlich*) ample; **keine ~en Beweise** insufficient evidence **B** *adv* informieren adequately

Hinreise *f* outward journey

hinreißen *fig v/t* **1** (≈ *begeistern*) to thrill; → **hingerissen** **2** (≈ *überwältigen*) **j-n zu etw ~** to force sb into sth; **sich ~ lassen** to let oneself be carried away

hinreißend *adj* fantastic; *Anblick* enchanting; *Schönheit* captivating; (≈ *wundervoll*) gorgeous

hinrichten *v/t* to execute

Hinrichtung *f* execution

hinschauen *dial v/i* → **hinsehen**

hinschmeißen *umg v/t* (≈ *hinwerfen*) to fling down *umg*; *fig* (≈ *aufgeben*) *Arbeit etc* to chuck in *umg*

hinschreiben *v/t* to write; (≈ *flüchtig niederschreiben*) to scribble down *umg*

hinsehen *v/i* to look; **bei genauerem Hinsehen** on looking more carefully

hin sein *umg v/i* **1** (≈ *kaputt sein*) to have had it **2** (≈ *erschöpft sein*) to be exhausted **3** (≈ *verloren sein*) to be lost **4** (≈ *begeistert sein*) **(von etw) hin (und weg) sein** to be mad about sth *umg*

hinsetzen **A** *v/t* to put *od* set down; *Kind* to sit down **B** *v/r* to sit down

Hinsicht *f* **in dieser ~** in this respect; **in gewisser ~** in some respects; **in finanzieller ~** financially

hinsichtlich *präp* (≈ *bezüglich*) with regard to; (≈ *in Anbetracht*) in view of

Hinspiel *n* SPORT first leg

hinstellen **A** *v/t* **1** (≈ *niederstellen*) to put down; *an bestimmte Stelle* to put **2** (≈ *auslegen*) **j-n/etw als j-n/etw ~** (≈ *bezeichnen*) to make sb/sth out to be sb/sth **B** *v/r Fahrer* to park; **sich vor j-n** *od* **j-m ~** to stand in front of sb

hintanstellen *v/t* (≈ *zurückstellen*) to put last; (≈ *vernachlässigen*) to neglect

hinten *adv* **1** behind; **von ~** from the back; **~ im Buch** at the back of the book; **~ im Auto/ Bus** in the back of the car/bus; **~ im Zimmer** at the back of the room; **sich ~ anstellen** to join the end of the queue *Br*, to join the end of the line *US*; **von ~ anfangen** to begin from the end; **ein Blick nach ~** a look behind; **nach ~** to the back; *fallen, ziehen* backwards; **das Auto da ~** the car back there **2** *fig* **~ und vorn** *betrügen* left, right and centre *Br*, left, right and center *US*; **das stimmt ~ und vorn nicht** that is absolutely untrue; **das reicht ~ und vorn nicht** that's nowhere near enough

hintenherum *adv* (≈ *von der hinteren Seite*) from the back; (≈ *auf Umwegen*) in a roundabout way; (≈ *illegal*) under the counter

hinter *präp* **1** *räumlich* behind; **~ j-m/etw her**

behind sb/sth; **~ etw** (akk) **kommen** fig (≈ herausfinden) to get to the bottom of sth; **sich ~ j-n stellen** wörtl to stand behind sb; fig to support sb; **j-n weit ~ sich** (dat) **lassen** to leave sb far behind **2** (≈ nach) after; **vier Kilometer ~ der Grenze** four kilometres beyond the border Br, four kilometers beyond the border US **3 etw ~ sich** (dat) **haben** (≈ überstanden haben) to have got sth over (and done) with; Krankheit, Zeit to have been through sth; **sie hat viel ~ sich** she has been through a lot; **das Schlimmste haben wir ~ uns** we are over the worst; **etw ~ sich** (akk) **bringen** to get sth over (and done) with

Hinter- zssgn back; Eingang, Reifen rear
Hinterachse f rear axle
Hinterausgang m back exit
Hinterbänkler(in) m(f) POL pej backbencher
Hinterbein n hind leg; **sich auf die ~e stellen** od **setzen** fig umg (≈ sich anstrengen) to pull one's socks up umg
Hinterbliebene(r) m/f(m) surviving dependent; **die ~n** the bereaved family
hintereinander adv räumlich one behind the other; (≈ in Reihenfolge) one after the other; **~ hereinkommen** to come in one by one; **zwei Tage ~** two days running; **dreimal ~** three times in a row
Hintereingang m rear entrance
hintere(r, s) adj back; von Gebäude a. rear; **die Hinteren** those at the back; **am ~n Ende** at the far end; **im ~n Teil des Zimmers** at the back of the room
hinterfragen v/t to question
Hintergedanke m ulterior motive
hintergehen v/t to deceive
Hintergrund m background; **im ~** in the background; **im ~ bleiben/stehen** to stay/be in the background; **in den ~ treten** fig to be pushed into the background
hintergründig adj cryptic
Hintergrundinformation f background information kein pl (**über** +akk about, on)
Hintergrundprogramm n IT background program
Hinterhalt m ambush; **j-n aus dem ~ überfallen** to ambush sb; **im ~ lauern** od **liegen** to lie in wait; bes MIL to lie in ambush
hinterhältig **A** adj devious **B** adv in an underhand way, deviously
hinterher adv räumlich behind; zeitlich afterwards
hinterherfahren v/i to drive behind (j-m sb)
hinterhergehen v/i to follow
hinterherjagen v/i j-m **~** to chase sb
hinterherlaufen v/i to run behind (j-m sb); j-m

~ fig umg to run after sb
hinterher sein umg v/i wörtl (≈ verfolgen) to be after (j-m sb); **~, dass ...** to see to it that ...
Hinterhof m back yard
Hinterkopf m back of one's head; **etw im ~ haben** umg to have sth in the back of one's mind
Hinterland n hinterland; **~ Australiens** outback
hinterlassen v/t to leave
Hinterlassenschaft f estate; fig legacy
hinterlegen v/t **1** (≈ verwahren lassen) to deposit **2** (≈ als Pfand hinterlegen) to leave
Hinterlegung f deposit
Hinterlist f **1** (≈ Tücke) craftiness **2** (≈ Trick, List) ruse
hinterlistig **A** adj (≈ tückisch) crafty; (≈ betrügerisch) deceitful **B** adv (≈ tückisch) cunningly; (≈ betrügerisch) deceitfully
Hintermann m person behind; (≈ Auto) car behind; **die Hintermänner des Skandals** the men behind the scandal
Hintern umg m backside umg; **sich auf den ~ setzen** (≈ eifrig arbeiten) to buckle down to work; **j-m in den ~ kriechen** to suck up to sb
Hinterrad n rear wheel
Hinterradantrieb m rear wheel drive
hinterrücks adv from behind; fig (≈ heimtückisch) behind sb's back
Hinterseite f back
hinterste(r, s) adj very back; (≈ entlegenste) remotest; **die Hintersten** those at the very back; **das ~ Ende** the very end; von Saal the very back
Hinterteil umg n backside umg
Hintertreffen n **im ~ sein** to be at a disadvantage; **ins ~ geraten** to fall behind
hintertreiben fig v/t to foil; Gesetz to block
Hintertreppe f back stairs pl
Hintertür f back door; fig umg (≈ Ausweg) loophole; **durch die ~** fig through the back door
hinterziehen v/t to evade
Hinterziehung f von Steuern evasion
Hinterzimmer n back room
hintreten v/i **vor j-n ~** to go up to sb
hintun umg v/t to put; **ich weiß nicht, wo ich ihn ~ soll** fig I can't (quite) place him
hinüber adv over; über Grenze, Fluss a. across; **~ zu/nach** over to; **quer ~** right across; → hinüber sein
hinüberführen v/i (≈ verlaufen) Straße, Brücke to go across (**über etw** akk sth)
hinübergehen v/i zu jdm to go across; to go over (**über etw** akk sth)
hinüberrennen v/i to run over
hinüberretten v/t to bring to safety; fig Tradition to keep alive

hinüber sein v/i umg (≈ verdorben sein) to be off; (≈ kaputt, tot sein) to have had it umg; (≈ ruiniert sein) to be done for umg

hinüberwechseln v/i to change over (**zu, in** +akk to)

hin- und hergehen v/i to walk up and down od to and fro; aufgeregt to pace up and down; Sache to go back and forth; **im Zimmer ~** to walk/pace up and down the room

hin- und hergerissen adj torn

Hin- und Rückfahrkarte f return (ticket)

Hin- und Rückfahrt f return journey

Hin- und Rückflug m return flight

Hin- und Rückweg m round trip

hinunter adv down; **die Treppe ~** downstairs; **ins Tal ~** down into the valley

hinunterfließen v/i to flow down

hinuntergehen v/i to go down

hinunterschlucken v/t to swallow (down)

hinunterstürzen A v/i 1 (≈ hinunterfallen) to tumble down 2 (≈ eilig hinunterlaufen) to rush down B v/t j-n to throw down C v/r to throw oneself down

hinunterwerfen v/t to throw down

hinweg adv 1 **über j-n/etw ~** over sb od sb's head/sth 2 zeitlich **über eine Zeit ~** over a period of time

Hinweg m way there; **auf dem ~** on the way there

hinweggehen v/i **über etw** (akk) **~** to pass over sth

hinwegkommen fig v/i **über etw** (akk) **~** (≈ verwinden) to get over sth

hinwegsehen v/i **über j-n/etw ~** wörtl to see over sb od sb's head/sth; fig (≈ ignorieren) to ignore sb/sth; (≈ unbeachtet lassen) to overlook sb/sth

hinwegsetzen fig v/r **sich über etw** (akk) **~** (≈ nicht beachten) to disregard sth; (≈ überwinden) to overcome sth

hinwegtäuschen v/t **j-n über etw** (akk) **~** to mislead sb about sth; **darüber ~, dass ...** to hide the fact that ...

Hinweis m 1 (≈ Rat) piece of advice; (≈ Bemerkung) comment; amtlich notice; **~e für den Benutzer** notes for the user 2 (≈ Anhaltspunkt) indication; bes von Polizei clue

hinweisen A v/t **j-n auf etw** (akk) **~** to point sth out to sb B v/i **auf j-n/etw ~** to point to sb/sth; (≈ verweisen) to refer to sb/sth; **darauf ~, dass ...** to point out that ...

Hinweisschild n sign

hinwerfen v/t 1 to throw down; (≈ fallen lassen) to drop; **j-m etw ~** to throw sth to sb; **eine hingeworfene Bemerkung** a casual remark 2 umg (≈ aufgeben) Arbeit to give up

hinwirken v/i **auf etw** (akk) **~** to work toward(s) sth

hinwollen umg v/i to want to go

hinziehen A v/t 1 (≈ zu sich ziehen) to draw (**zu** towards) 2 fig (≈ in die Länge ziehen) to draw out B v/i to move (**über** +akk across od **zu** towards) C v/r 1 (≈ lange dauern) to drag on; (≈ sich verzögern) to be delayed 2 (≈ sich erstrecken) to stretch

hinzielen v/i **auf etw** (akk) **~** to aim at sth; Pläne etc to be aimed at sth

hinzu adv **~ kommt noch, dass ich ...** moreover I ...

hinzufügen v/t to add (+dat to); (≈ beilegen) to enclose

hinzukommen v/i **zu etw ~** to be added to sth; **es kommt noch hinzu, dass ...** there is also the fact that ...

hinzutun umg v/t to add

hinzuzählen v/t to add

hinzuziehen v/t to consult

Hiobsbotschaft f bad tidings pl

hip adj sl hip sl

Hip-Hop m MUS hip-hop

Hip-Hopper(in) m(f) hip hopper

Hippie m hippie

Hipsters pl (≈ Hüfthose) hipsters pl, hiphuggers pl US

Hirn n 1 ANAT brain 2 umg (≈ Kopf) head; (≈ Verstand) brains pl, mind; **sich** (dat) **das ~ zermartern** to rack one's brain(s) 3 GASTR brains pl

Hirngespinst n fantasy

Hirnhaut f ANAT meninges pl

Hirnhautentzündung f MED meningitis

hirnlos adj brainless

hirnrissig adj hare-brained

Hirntod m MED brain death

hirntot adj braindead

Hirntumor m brain tumour Br, brain tumor US

hirnverbrannt adj hare-brained

Hirsch m (≈ Rothirsch) red deer; männlich stag; GASTR venison

Hirschjagd f stag hunt

Hirschkalb n (male) fawn

Hirschkeule f haunch of venison

Hirschkuh f hind

Hirschleder n buckskin

Hirse f millet

Hirt m herdsman; (≈ Schafhirt) shepherd

Hirtin f herdswoman; (≈ Schafhirtin) shepherdess

hispanisch adj Hispanic

Hispano-Amerikaner(in) m(f) Hispanic

hissen v/t to hoist

Histamin n histamine

Historiker(in) m(f) historian

historisch A adj historical; Gestalt, Ereignis his-

toric **B** *adv* historically; **das ist ~ belegt** there is historical evidence for this
Hit *m* MUS, IT *fig umg* hit
Hitliste *f* charts *pl*
Hitparade *f* hit parade; **in der ~** MUS in the charts
Hitze *f* **1** heat **2** *fig* passion; **in der ~ des Gefecht(e)s** *fig* in the heat of the moment
hitzebeständig *adj* heat-resistant
hitzeempfindlich *adj* sensitive to heat
Hitzefrei *n* **~ haben** to have time off from school on account of excessively hot weather
Hitzeperiode *f* hot spell
Hitze(schutz)schild *m* heat shield
Hitzewelle *f* heat wave
hitzig *adj* (≈ *aufbrausend*) *Mensch* hot-headed; (≈ *leidenschaftlich*) passionate; **~ werden** *Debatte* to grow heated
Hitzschlag *m* MED heatstroke
HIV-infiziert *adj* HIV-infected *attr*, infected with HIV *präd*
HIV-negativ *adj* HIV-negative
HIV-positiv *adj* HIV-positive
HIV-Test *m* HIV test
HIV-Virus *n* HIV-virus
H-Milch *f* long-life milk
HNO-Arzt *m*, **HNO-Ärztin** *f* ENT specialist
Hobby *n* hobby
Hobbyfotograf(in) *m(f)* amateur photographer
Hobbyraum *m* workroom
Hobel *m* TECH plane
Hobelbank *f* carpenter's *od* joiner's bench
hobeln *v/t & v/i* TECH to plane; **wo gehobelt wird, da fallen Späne** *sprichw* you can't make an omelette without breaking eggs *sprichw*
Hobelspan *m* shaving
hoch **A** *adj* high; *Baum, Mast* tall; *Summe* large; *Strafe* heavy; *Schaden* extensive; **hohe Verluste** heavy losses; **in hohem Maße verdächtig** highly suspicious; **in hohem Maße gefährdet** in grave danger; **mit hoher Wahrscheinlichkeit** in all probability; **das hohe C** MUS top C; **das ist mir zu ~** *fig umg* that's (well) above my head *bes Br*, that's (well) over my head; **ein hohes Tier** *fig umg* a big fish *umg*; **das Hohe Haus** PARL the House **B** *adv* **1** (≈ *oben*) high; **~ oben** high up; **zwei Treppen ~ wohnen** to live two floors up; **der Schnee lag 60 cm ~** the snow was 60 cm deep; **er sah zu uns ~** *umg* he looked up to us; **3 ~ 3** to the power of 3 **2** (≈ *sehr angesehen, entwickelt*) highly; *zufrieden, erfreut* very; **~ beglückt** → hochbeglückt **3** **~ begabt** → hochbegabt; **~ empfindlich** → hochempfindlich; **~ qualifiziert** highly qualified; **das rechne ich ihm ~ an** (I think) that is very much to his credit; **~ gewinnen** to win handsomely; **~ hinauswollen** to be ambitious; **wenn es ~ kommt** *umg* at (the) most; **~ schätzen** (≈ *verehren*) to respect highly; **~ verlieren** to lose heavily; **die Polizei rückte an, 50 Mann ~** *umg* the police arrived, 50 strong; **~!** cheers!; **~ und heilig versprechen** to promise faithfully
Hoch *n* **1** (≈ *Ruf*) **ein (dreifaches) ~ für** *od* **auf j-n ausbringen** to give three cheers for sb **2** METEO, *a. fig* high
Hochachtung *f* deep respect; **bei aller ~ vor j-m/etw** with (the greatest) respect for sb/sth
hochachtungsvoll *adv* Briefschluss bei Anrede mit Sir/Madam yours faithfully Br, sincerely yours US; bei Anrede mit Namen yours sincerely Br, sincerely yours US
Hochadel *m* high nobility
hochaktuell *adj* highly topical
Hochaltar *m* high altar
hochanständig *adj* very decent
hocharbeiten *v/r* to work one's way up
hochauflösend *adj* IT, TV high-resolution
Hochbahn *f* elevated railway *Br*, elevated railroad *US*, el *US umg*
Hochbau *m* structural engineering
hochbegabt *adj* highly gifted *od* talented
Hochbegabte(r) *m/f(m)* gifted person *od* child
hochbeglückt *adj* highly delighted
hochbetagt *adj* aged *attr*, advanced in years
Hochbetrieb *m* in Geschäft etc peak period; (≈ *Hochsaison*) high season
hochbringen *umg v/t* **1** (≈ *nach oben bringen*) to bring *od* take up **2** *umg* (≈ *hochheben können*) to (manage to) get up
Hochburg *fig f* stronghold
hochdeutsch *adj* standard *od* High German
Hochdeutsch(e) *n* standard *od* High German
Hochdruck *m* METEO high pressure; MED high blood pressure; **mit ~ arbeiten** to work at full stretch
Hochdruckgebiet *n* METEO high-pressure area
Hochebene *f* plateau
hochempfindlich *adj* TECH highly sensitive; *Film* fast; *Stoff* very delicate
hochfahren **A** *v/i* **1** (≈ *nach oben fahren*) to go up; *in Auto* to drive *od* go up **2** *erschreckt* to start (up) **B** *v/t* to take up; TECH to start up; *Computer* to boot up; *fig Produktion* to increase
hochfahrend *adj* (≈ *überheblich*) arrogant
Hochfinanz *f* high finance
hochfliegen *v/i* to fly up; (≈ *in die Luft geschleudert werden*) to be thrown up
hochfliegend *adj* Pläne ambitious
Hochform *f* top form
Hochformat *n* vertical format

Hochfrequenz f ELEK high frequency
Hochgarage f multistorey car park Br, multistory parking garage US
Hochgebirge n high mountains pl
hochgehen v/i **1** (≈ hinaufgehen) to go up **2** umg (≈ explodieren) to blow up; Bombe to go off; etw ~ **lassen** to blow sth up **3** umg (≈ wütend werden) to go through the roof **4** umg (≈ gefasst werden) to get nabbed umg; **j-n ~ lassen** to bust sb umg
hochgeistig adj highly intellectual
Hochgenuss m special treat; (≈ großes Vergnügen) great pleasure
Hochgeschwindigkeitszug m high-speed train
hochgesteckt fig adj Ziele ambitious
hochgestellt adj Ziffer superscript, superior
hochgestochen pej umg adj highbrow; Stil pompous; (≈ eingebildet) stuck-up umg
hochgewachsen adj tall
hochgezüchtet mst pej adj Motor souped-up umg; Tiere, Pflanzen overbred
Hochglanz m high polish od shine; FOTO gloss
Hochglanzpapier n high gloss paper
hochgradig **A** adj extreme; umg Unsinn etc absolute, utter **B** adv extremely
hochhackig adj high-heeled
hochhalten v/t **1** (≈ in die Höhe halten) to hold up **2** (≈ in Ehren halten) to uphold
Hochhaus n high-rise building
hochheben v/t Hand, Arm to lift, to raise; Kind, Last to lift od pick up
hochinteressant adj very od most interesting
hochkant adv **1** wörtl on end; ~ **stellen** to put on end **2** fig umg ~ od ~**ig hinausfliegen** to be chucked out umg
hochkarätig adj **1** Gold high-carat **2** fig top-class
hochklappen v/t Tisch, Stuhl to fold up; Sitz to tip up; Deckel to lift (up)
hochkommen v/i to come up; (≈ aufstehen können) to (manage to) get up; umg beruflich to come up in the world
Hochkonjunktur f boom
hochkonzentriert adj Säure highly concentrated
hochkrempeln v/t to roll up
hochkriegen v/t umg to get up
hochladen v/t IT to upload
Hochland n highland
hochleben v/i **j-n ~ lassen** to give three cheers for sb; **er lebe hoch!** three cheers (for him)!
Hochleistung f first-class performance
Hochleistungssport m top-class sport
Hochleistungssportler(in) m(f) top athlete
hochmodern adj very modern
Hochmoor n moor

Hochmut m arrogance; (≈ Stolz) pride
hochmütig adj arrogant
hochnäsig umg adj snooty umg
hochnehmen v/t **1** (≈ heben) to lift; Kind, Hund to pick od lift up **2** umg (≈ necken) **j-n ~** to pull sb's leg **3** umg (≈ verhaften) to pick up umg
Hochofen m blast furnace
hochprozentig adj alkoholische Getränke high-proof
hochqualifiziert adj → hoch
hochrechnen **A** v/t to project **B** v/i to make a projection
Hochrechnung f projection
Hochruf m cheer
Hochsaison f high season
hochschlagen v/t Kragen to turn up
hochschnellen v/i to leap up
Hochschulabschluss m degree; **den ~ machen** to graduate
Hochschulabsolvent(in) m(f) graduate
Hochschul(aus)bildung f university education
Hochschule f college; academy; (≈ Universität) university; **Technische ~** technical college
Hochschüler(in) m(f) student
Hochschullehrer(in) m(f) college/university teacher, lecturer Br
Hochschulreife f university entrance qualification; **die allgemeine ~ erlangen** to get one's general university entrance qualification
hochschwanger adj well advanced in pregnancy
Hochsee f high sea
Hochseefischerei f deep-sea fishing
Hochseejacht f ocean yacht
Hochseeschifffahrt f deep-sea shipping
hochsehen v/i to look up
hochsensibel adj highly sensitive
Hochsicherheitstrakt m high-security wing
Hochsitz m JAGD (raised) hide
Hochsommer m midsummer ohne art
hochsommerlich adj very summery
Hochspannung f ELEK, a. fig high tension; „**Vorsicht ~**" "danger - high voltage"
Hochspannungsleitung f high-tension line
Hochspannungsmast m pylon
hochspielen fig v/t to play up; **etw (künstlich) ~** to blow sth (up) out of all proportion
Hochsprache f standard language
hochspringen v/i to jump up
Hochspringer(in) m(f) high jumper
Hochsprung m (≈ Disziplin) high jump
höchst adv (≈ überaus) extremely, most, highly
Höchstalter n maximum age
Hochstapelei f JUR fraud
Hochstapler(in) m(f) confidence trickster

Höchstbetrag m maximum amount

höchstenfalls adv at (the) most

höchstens adv not more than; (≈ *bestenfalls*) at the most, at best

höchste(r, s) **A** adj highest; *Baum, Mast* tallest; *Summe* largest; *Strafe* heaviest; *Not, Gefahr, Wichtigkeit* utmost, greatest; *Instanz* supreme; **im ~n Grade/Maße** extremely; **im ~n Fall(e)** at the most; **~ Zeit** *od* **Eisenbahn** *umg* high time; **aufs Höchste erfreut** *etc* highly *od* greatly pleased, tremendously pleased *etc*; **die ~ Instanz** the supreme court of appeal **B** adv **am ~n** highest; *verehren* most (of all); *begabt* most; *besteuert* (the) most heavily

Höchstfall m **im ~** (≈ *nicht mehr als*) not more than; (≈ *bestenfalls*) at the most, at best

Höchstform f SPORT top form

Höchstgebot n highest bid

Höchstgeschwindigkeit f top *od* maximum speed; **zulässige ~** speed limit

Höchstgrenze f upper limit

Höchstleistung f best performance; *bei Produktion* maximum output

Höchstmaß n maximum amount (**an** +*dat* of)

höchstpersönlich adv personally

Höchstpreis m top *od* maximum price

Höchststand m highest level

Höchststrafe f maximum penalty

Hochstuhl m highchair

höchstwahrscheinlich adv most probably *od* likely

Höchstwert m maximum value

höchstzulässig adj maximum (permissible)

Hochtechnologie f high technology

Hochtemperaturreaktor m high temperature reactor

Hochtour f **auf ~en arbeiten** *Maschinen* to run at full speed; *Fabrik etc* to work at full steam; **etw auf ~en bringen** *Motor* to rev sth up to full speed; *Produktion, Kampagne* to get sth into full swing

hochtourig **A** adj *Motor* high-revving **B** adv **~ fahren** to drive at high revs

hochtrabend *pej* adj pompous

hochtreiben v/t **1** (≈ *hinauftreiben*) to drive up **2** *fig Preise, Kosten* to force up

Hoch- und Tiefbau m structural and civil engineering

Hochverrat m high treason

hochverschuldet adj **~ sein** to be deeply in debt

Hochwasser n **1** (≈ *von Flut*) high tide **2** (≈ *in Flüssen, Seen*) high water; (≈ *Überschwemmung*) flood; **~ haben** *Fluss* to be in flood

Hochwasserschutz m flood protection *od* prevention

hochwerfen v/t to throw up

hochwertig adj high-quality; *Nahrungsmittel* highly nutritious

Hochwild n big game

Hochzahl f exponent

Hochzeit f wedding; (≈ *Trauung*) marriage; **etw zur ~ geschenkt bekommen** to get sth as a wedding present; **silberne ~** silver wedding (anniversary)

Hochzeitsfeier f, **Hochzeitsfest** n wedding celebration; (≈ *Empfang*) reception

Hochzeitskleid n wedding dress

Hochzeitsnacht f wedding night

Hochzeitsreise f honeymoon

Hochzeitstag m wedding day; (≈ *Jahrestag*) wedding anniversary

hochziehen **A** v/t **1** *Gegenstand* to pull up; *Vorhang* to raise **2** *umg* (≈ *bauen*) to throw up *umg* **B** v/r to pull oneself up

Hocke f squatting position; (≈ *Übung*) squat; **in die ~ gehen** to squat (down)

hocken v/i to squat, to crouch; *umg* (≈ *sitzen*) to sit

Hocker m (≈ *Stuhl*) stool; **j-n vom ~ hauen** *fig umg* to bowl sb over *umg*

Höcker m hump; *auf Schnabel* knob

Hockey n hockey *Br*, field hockey *US*

Hockeyfeld n, **Hockeyplatz** m hockey pitch

Hockeyschläger m hockey stick, filed hockey stick *US*

Hockeyschuhe pl hockey shoes pl

Hockeyspieler(in) m(f) hockey player, field hockey player *US*

Hoden m testicle

Hodensack m scrotum

Hof m **1** (≈ *Platz*) yard; (≈ *Innenhof*) courtyard; (≈ *Schulhof*) playground; **auf dem Hof** in the yard **2** (≈ *Bauernhof*) farm **3** (≈ *Fürstenhof*) court; **Hof halten** to hold court **4** *um Sonne, Mond* halo

hoffen **A** v/i to hope; **auf j-n ~** to set one's hopes on sb; **auf etw** (*akk*) **~** to hope for sth; **ich will nicht ~, dass er das macht** I hope he doesn't do that **B** v/t to hope for; **~ wir das Beste!** let's hope for the best!; **ich hoffe es** I hope so; **das will ich (doch wohl) ~** I should hope so

hoffentlich adv hopefully; **~!** I hope so; **~ nicht** I/we hope not

Hoffnung f hope; **sich** (*dat*) **~en machen** to have hopes; **sich** (*dat*) **keine ~en machen** not to hold out any hopes; **mach dir keine ~(en)!** I wouldn't even think about it; **j-m ~en machen** to raise sb's hopes; **j-n auf etw** (*akk*) **~en machen** to lead sb to expect sth; **die ~ aufgeben** to abandon hope

hoffnungslos A *adj* hopeless; (≈ *verzweifelt*) desperate B *adv* hopelessly
Hoffnungslosigkeit *f* hopelessness; (≈ *Verzweiflung*) despair
Hoffnungsschimmer *m* glimmer of hope
Hoffnungsträger(in) *m(f)* person on whom hopes are pinned
hoffnungsvoll A *adj* hopeful; (≈ *vielversprechend*) promising B *adv* full of hope
Hofhund *m* watchdog
hofieren *obs v/t* to court
höflich A *adj* polite; (≈ *zuvorkommend*) courteous B *adv* politely
Höflichkeit *f* **1** politeness; (≈ *Zuvorkommenheit*) courteousness **2** (≈ *höfliche Bemerkung*) compliment
Höflichkeitsbesuch *m* courtesy visit
hohe *adj* → hoch
Höhe *f* **1** height; **an ~ gewinnen** FLUG to gain height, to climb; **in einer ~ von** at a height of; **in die ~ gehen** *fig Preise etc* to go up **2** (≈ *Anhöhe*) hill; (≈ *Gipfel*) top, summit; **sich nicht auf der ~ fühlen** *gesundheitlich* to feel below par; *leistungsfähig* not to be up to scratch; **das ist doch die ~!** *fig umg* that's the limit! **3** (≈ *Ausmaß, Größe*) level; *von Summe, Gewinn, Verlust* size, amount; *von Schaden* extent; **ein Betrag in ~ von** an amount of; **bis zu einer ~ von** up to a maximum of; **in die ~ treiben** to run up **4** MUS *von Stimme* pitch; RADIO treble *kein pl*
Hoheit *f* **1** (≈ *Staatshoheit*) sovereignty (**über** +*akk* over) **2** *als Anrede* Highness
hoheitlich *adj* sovereign
Hoheitsgebiet *n* sovereign territory
Hoheitsgewalt *f* (national) jurisdiction
Hoheitsgewässer *pl* territorial waters *pl*
Hoheitsrecht *n* sovereign jurisdiction *od* rights *pl*
Hoheitszeichen *n* national emblem
Höhenangst *f* fear of heights
Höhenflug *m* high-altitude flight; **geistiger ~** intellectual flight (of fancy)
Höhenkrankheit *f* MED altitude sickness
Höhenlage *f* altitude
Höhenmesser *m* FLUG altimeter
Höhenregler *m* treble control
Höhensonne® *f* (≈ *Lampe*) sunray lamp
Höhenunterschied *m* difference in altitude
Höhenzug *m* mountain range
Höhepunkt *m* highest point; *von Tag, Leben* high spot; *von Veranstaltung* highlight; *von Karriere etc* height, peak; *eines Stücks* (≈ *Orgasmus*) climax; **den ~ erreichen** to reach a *od* its/one's climax; *Krankheit* to reach *od* come to a crisis
höher A *adj* higher; (≈ *ranghöher*) senior; **~e Schule** secondary school, high school *bes US*; **~e Gewalt** an act of God; **in ~em Maße** to a greater extent B *adv* higher; **ihre Herzen schlugen ~** their hearts beat faster
hohe(r, s) *adj* → hoch
höhergestellt *adj* higher, more senior
höherschrauben *fig v/t* to increase; *Preise* to force *od* push up
höherstellen *v/t* to turn up
höherstufen *v/t Person* to upgrade
hohl *adj* hollow; **in der ~en Hand** in the hollow of one's hand
Höhle *f* cave; *fig* (≈ *schlechte Wohnung*) hovel
Höhlenbewohner(in) *m(f)* cave dweller, troglodyte
Höhlenforscher(in) *m(f)* cave explorer
Höhlenforschung *f* speleology
Höhlenmensch *m* caveman
Hohlheit *f* hollowness
Hohlkörper *m* hollow body
Hohlkreuz *n* MED hollow back
Hohlmaß *n* measure of capacity
Hohlraum *m* hollow space; *Hoch- und Tiefbau* cavity
Höhlung *f* hollow
Hohn *m* scorn, derision; **nur ~ und Spott ernten** to get nothing but scorn and derision; **das ist der reine** *od* **reinste ~** it's an utter mockery
höhnen *v/i* to jeer, to sneer (**über** +*akk* at)
Hohngelächter *n* scornful *od* derisive laughter
höhnisch A *adj* scornful, sneering B *adv* scornfully; **~ grinsen** to sneer
Hokkaido *m*, **Hokkaidokürbis** *m* red kuri squash, uchiki kuri squash, onion squash *Br*
Hokuspokus *m* (≈ *Zauberformel*) hey presto; *fig* (≈ *Täuschung*) hocus-pocus *umg*
Holdinggesellschaft *f* HANDEL holding company
holen *v/t* **1** (≈ *holen gehen*) to fetch, to get; **j-n ~ lassen** to send for sb **2** (≈ *abholen*) to fetch, to pick up, to come for; *Gegenstand a.* to collect **3** (≈ *kaufen*) to get, to pick up *umg* **4** (≈ *sich zuziehen*) *Krankheit* to catch, to get; **sonst wirst du dir etwas ~** or you'll catch something; **sich** (*dat*) **eine Erkältung ~** to catch a cold **5** **sich** (*dat*) **etw ~** to get (oneself) sth; **bei ihm ist nichts zu ~** *umg* you *etc* won't get anything out of him
Holland *n* Holland, the Netherlands *pl*
Holländer *m* Dutchman, Dutch boy; **die ~** the Dutch (people)
Holländerin *f* Dutchwoman, Dutch girl
holländisch *adj* Dutch
Hölle *f* hell; **in der ~** in hell; **die ~ auf Erden** hell on earth; **zur ~ mit...** to hell with ... *umg*; **in die ~ kommen** to go to hell; **ich werde ihm**

die ~ heiß machen umg I'll give him hell umg; **er machte ihr das Leben zur ~** he made her life (a) hell umg; **das war die ~** it was hell; **dort ist die ~ los** all hell has broken loose

Höllenangst umg f terrible fear; **eine ~ haben** to be scared stiff umg

Höllenlärm m **ein ~** a hell of a noise

Holler m österr (≈ Holunderbeeren) elderberries pl

höllisch A adj 1 (≈ die Hölle betreffend) infernal, of hell 2 umg (≈ außerordentlich) dreadful, hellish umg; **eine ~e Angst haben** to be scared stiff umg B adv umg like hell umg, hellishly umg

Holm m von Barren bar

Holocaust m holocaust

Holografie f holography

Hologramm n hologram

holperig adj 1 Weg bumpy 2 Rede stumbling

holpern v/i to bump, to jolt

Holunder m elder; (≈ Früchte) elderberries pl

Holunderbeere f elderberry

Holz n wood; bes zum Bauen timber, lumber bes US; **aus ~** made of wood, wooden; **~ fällen** to fell trees; **~ verarbeitend** wood-processing; **aus hartem** od **härterem ~ geschnitzt sein** fig to be made of stern od sterner stuff; **aus demselben ~ geschnitzt sein** fig to be cast in the same mould Br, to be cast in the same mold US

Holz- zssgn wooden

Holzbearbeitung f woodworking; im Sägewerk timber processing

Holzbein n wooden leg

Holzbläser(in) m(f) woodwind player

Holzboden m (≈ Fußboden) wooden floor

hölzern A adj wooden B adv fig woodenly, stiffly

Holzfäller(in) m(f) woodcutter, lumberjack bes US

Holzfaserplatte f (wood) fibreboard Br, (wood) fiberboard US

holzfrei adj Papier wood-free

Holzhacker(in) m(f) bes österr woodcutter, lumberjack bes US

Holzhammer m mallet; **j-m etw mit dem ~ beibringen** to hammer sth into sb umg

Holzhaus n wooden od timber house

holzig adj woody

Holzklasse f FLUG umg third class

Holzklotz m block of wood, log

Holzkohle f charcoal

Holzkopf fig m blockhead umg

Holzpellet n wood pellet

Holzscheit n piece of (fire)wood

Holzschnitt m wood engraving

Holzschnitzer(in) m(f) wood carver

Holzschuh m wooden shoe, clog

Holzschutzmittel n wood preservative

Holzstapel m pile of wood

Holzstich m wood engraving

Holzstoß m pile of wood

Holztäfelung f wood(en) panelling Br, wood(en) paneling US

Holzweg m **auf dem ~ sein** fig umg to be on the wrong track umg

Holzwolle f wood-wool

Holzwurm m woodworm

Homebanking n home banking

Homepage f IT im Internet home page

Homeshopping n home shopping

Hometrainer m → Heimtrainer

Homo obs umg m homo obs umg, queer umg

Homoehe umg f gay marriage

homogen adj homogeneous

homogenisieren v/t to homogenize

Homöopath(in) m(f) homoeopath

Homöopathie f homoeopathy

homöopathisch adj homoeopathic

Homosexualität f homosexuality

homosexuell adj homosexual

Homosexuelle(r) m/f(m) homosexual

Honduras n Honduras

Hongkong n Hong Kong

Honig m honey

Honigbiene f honeybee

Honigkraut n BOT stevia, sweetleaf

Honigkuchen m honey cake

Honiglecken fig n **das ist kein ~** it's no picnic

Honigmelone f honeydew melon

honigsüß adj as sweet as honey; fig Worte, Ton honeyed; Lächeln sickly sweet

Honorar n fee; (≈ Autorenhonorar) royalties pl

Honoratioren pl dignitaries pl

honorieren v/t 1 (≈ bezahlen) to pay; FIN Wechsel, Scheck to honour Br, to honor US, to meet 2 (≈ belohnen) Bemühungen to reward

honoris causa adv **Dr. ~** honorary doctor

Hooligan m hooligan

Hopfen m BOT hop; beim Brauen hops pl; **bei** od **an ihm ist ~ und Malz verloren** umg he's a hopeless case

hopp int quick; **mach mal ein bisschen ~!** umg chop, chop! umg

hoppeln v/i Hase to lollop

Hopper(in) m(f) hip-hopper

hoppla int whoops, oops

hops umg adj **~ sein** (≈ verloren) to be lost; Geld to be down the drain umg

hopsen umg v/i (≈ hüpfen) to hop; (≈ springen) to jump

hopsgehen v/i umg (≈ verloren gehen) to get lost; umg (≈ sterben) to croak umg

hopsnehmen v/t **j-n ~** umg (≈ verhaften) to nab

sb *umg*

hörbar *adj* audible

hörbehindert *adj* partially deaf, with impaired hearing

Hörbuch *n* talking book

horchen *v|i* to listen (+*dat* od **auf** +*akk* to); *heimlich* to eavesdrop

Horcher(in) *m(f)* eavesdropper

Horde *f* horde

hören *v|t & v|i* **1** to hear; **ich höre dich nicht** I can't hear you; **schwer ~** to be hard of hearing; **du hörst wohl schwer!** *umg* you must be deaf!; **hört, hört!** *Zustimmung* hear! hear!; **das lässt sich ~** *fig* that doesn't sound bad; **na – Sie mal!** wait a minute!; **na hör mal** come on; **von etw/j-m ~** to hear of sth/from sb; **Sie werden noch von mir ~** *umg Drohung* you'll be hearing from me; **nie gehört!** *umg* never heard of him/it *etc*; **nichts von sich ~ lassen** not to get in touch; **ich lasse von mir ~** I'll be in touch **2** (≈ *sich nach etw richten*) to listen, to pay attention; (≈ *gehorchen*) to obey, to listen; (≈ *zuhören*) to listen; **Sie ~ gerade Radio Bristol** you're tuned to Radio Bristol; **auf j-n/etw ~** to listen to *od* heed sb/sth; **hör mal** listen

Hörensagen *n* **vom ~** from *od* by hearsay

Hörer *m* TEL receiver

Hörer(in) *m(f)* RADIO listener; UNIV student (attending lectures)

Hörerschaft *f* RADIO listeners *pl*, audience; UNIV number of students (attending a lecture)

Hörfehler *m* MED hearing defect; **das war ein ~** I/he *etc* misheard it

Hörgerät *n*, **Hörhilfe** *f* hearing aid

hörgeschädigt *adj* partially deaf, with impaired hearing

hörig *adj* dependent (+*dat* on); **j-m (sexuell) ~ sein** to be (sexually) dependent on sb

Hörigkeit *f* dependence; *sexuell* sexual dependence

Horizont *m* horizon; **am ~** on the horizon; **das geht über meinen ~** *fig* that is beyond me

horizontal **A** *adj* horizontal **B** *adv* horizontally

Horizontale *f* MATH horizontal (line)

Hormon *n* hormone

hormonal **A** *adj* hormone *attr*, hormonal **B** *adv behandeln* with hormones; *gesteuert* by hormones; **~ bedingt sein** to be caused by hormones

Hormonbehandlung *f* hormone treatment

Hormontherapie *f* hormone therapy *od* treatment

Hörmuschel *f* TEL earpiece

Horn *n* **1** horn; **~ spielen** to play the horn; **sich** (*dat*) **die Hörner abstoßen** *umg* to sow one's wild oats; **j-m Hörner aufsetzen** *umg* to cuckold sb **2** MUS horn; MIL bugle; **ins gleiche ~ blasen** to chime in

Hornbrille *f* horn-rimmed glasses *pl*

Hörnchen *n* **1** (≈ *Gebäck*) croissant **2** ZOOL squirrel

Hörnerv *m* auditory nerve

Hornhaut *f* callus; *des Auges* cornea

Hornhautverkrümmung *f* astigmatism

Hornisse *f* hornet

Hornist(in) *m(f)* horn player; MIL bugler

Horoskop *n* horoscope

Hörprobe *f* (audio) sample

horrend *adj* horrendous

Hörrohr *n* **1** ear trumpet **2** MED stethoscope

Horror *m* horror (**vor** +*dat* of)

Horrorfilm *m* horror film

Horrorszenario *n* horror scenario

Horrortrip *umg m* horror trip *umg*

Hörsaal *m* UNIV lecture theatre *Br*, lecture theater *US*

Hörspiel *n* RADIO radio play

Horst *m* (≈ *Nest*) nest; (≈ *Adlerhorst*) eyrie

Hörsturz *m* hearing loss

Hort *m* **1** *geh* (≈ *Zufluchtsstätte*) refuge, shelter; **ein ~ der Freiheit** a stronghold of liberty **2** (≈ *Kinderhort*) ≈ after-school club *Br*, ≈ after-school daycare *US*

horten *v|t* to hoard; *Rohstoffe etc* to stockpile

Hortensie *f* hydrangea

Hörweite *f* hearing range; **in/außer ~** within/out of hearing *od* earshot

Höschen *n* (≈ *Unterhose*) (pair of) panties *pl*

Hose *f* trousers *pl bes Br*, pants *pl bes US*; **eine ~** a pair of trousers *etc*; **kurze ~** shorts *pl*; **die ~n anhaben** *fig umg* to wear the trousers *Br umg*, to wear the pants *US umg*; **sich** (*dat*) **in die ~n machen** *wörtl* to dirty oneself; *fig umg* to shit oneself *sl*; **in die ~ gehen** *umg* to be a complete flop *umg*; **tote ~** *umg* nothing doing *umg*

Hosenanzug *m* trouser suit *Br*, pantsuit *US*

Hosenbein *n* trouser leg *bes Br*, pant leg *bes US*

Hosenboden *m* seat (of trousers) *bes Br*, seat (of pants) *bes US*; **sich auf den ~ setzen** *umg* (≈ *arbeiten*) to get stuck in *umg*

Hosenbund *m* waistband

Hosenschlitz *m* flies *pl*, fly

Hosentasche *f* trouser pocket *Br*, pant(s) *od* trousers pocket *US*

Hosenträger *pl* (pair of) braces *pl Br*, (pair of) suspenders *pl US*

Hospiz *n* hospice

Host *m* IT host

Hostess *f* hostess

Hostie *f* KIRCHE host, consecrated wafer

Hotdog *n/m*, **Hot Dog** *n/m* GASTR hot dog

Hotel *n* hotel
Hotelboy *m* bellboy *US*, bellhop *US*
Hotelbuchung *f* hotel reservation
Hotelfach *n* hotel management
Hotelfachschule *f* college of hotel management
Hotelführer *m* hotel guide
Hotelgewerbe *n* hotel industry
Hotelier *m* hotelier
Hotelportier *m* hotel porter
Hotelreservierung *f* hotel reservation
Hotelsuite *f* hotel suite
Hotelvermittlung *f* hotel reservation service, hotel booking agency
Hotelverzeichnis *n* list of hotels
Hotelzimmer *n* hotel room
Hotkey *m* COMPUT hot key
Hotline *f* helpline, hotline
Hotspot *m* IT *Einwahlpunkt* hotspot
Hub *m* ◼1 TECH (≈ *Kolbenhub*) (piston) stroke ◼2 TECH (≈ *Leistung*) lifting *od* hoisting capacity
Hubbel *umg m* bump
hüben *adv* ~ **und drüben** on both sides
Hubraum *m* AUTO cubic capacity
hübsch ◼A *adj* pretty, neat *US*; *Geschenk* lovely, delightful; *umg* (≈*nett*) lovely, nice; (≈*angenehm*) pleasant; **ein ~es Sümmchen** *umg* a tidy sum ◼B *adv* ◼1 (≈*nett*) einrichten, sich kleiden nicely; **~ aussehen** to look pretty ◼2 *umg* ~ **artig** nice and good; **das wirst du ~ bleiben lassen!** don't you dare
Hubschrauber *m* helicopter
Hubschrauberlandeplatz *m* heliport
Hucke *umg f* **j-m die ~ vollhauen** to give sb a good thrashing *umg*; **j-m die ~ volllügen** to tell sb a pack of lies
huckepack *adv* piggy-back
Huckepackverkehr *m* BAHN piggy-back transport *US*, motorail service
hudeln *v/i bes österr, südd umg* to work sloppily
Huf *m* hoof
Hufeisen *n* horseshoe
hufeisenförmig *adj* horseshoe-shaped
Hüferl *n* GASTR *österr von Rind* haunch
Huflattich *m* BOT coltsfoot
Hufschmied(in) *m(f)* blacksmith
Hüftbein *n* hipbone
Hüfte *f* hip; *von Tieren* haunch
Hüftgelenk *n* hip joint
Hüftgurt *m* hip belt
Hüfthalter *m* girdle
hüfthoch *adj Pflanzen etc* waist-high; *Wasser etc* waist-deep; **wir standen ~ im Schlamm** we stood up to the waist in mud
Hüfthose *f* hip huggers *pl US*, hipsters *pl Br*
Huftier *n* hoofed animal

Hüftknochen *m* hipbone
Hüftleiden *n* hip trouble
Hügel *m* hill; (≈ *Erdhaufen*) mound
hügelig *adj* hilly
Huhn *n* ◼1 chicken; (≈ *Henne*) hen; **da lachen ja die Hühner** *umg* what a joke ◼2 *fig umg* **ein verrücktes** ~ a strange *od* odd character; **ein dummes** ~ a silly goose
Hühnchen *n* (young) chicken, pullet; (≈ *Brathühnchen*) (roast) chicken; **mit j-m ein ~ zu rupfen haben** *umg* to have a bone to pick with sb *umg*
Hühnerauge *n* MED corn
Hühnerbrühe *f* chicken stock; (≈ *Suppe*) chicken broth
Hühnerbrust *f* GASTR chicken breast
Hühnerei *n* hen's egg
Hühnerfarm *f* chicken farm
Hühnerfrikassee *n* chicken fricassee
Hühnerfutter *n* chicken feed
Hühnerhof *m* chicken run
Hühnerklein *n* GASTR chicken trimmings *pl*
Hühnerleiter *f* chicken ladder
Hühnerstall *m* henhouse, chicken coop
Hühnerzucht *f* chicken breeding *od* farming
hui *int* whoosh
huldigen *liter v/i* ◼1 *einem Künstler, Lehrmeister etc* to pay homage to ◼2 *einer Ansicht* to subscribe to; *einem Glauben etc* to embrace; *einem Laster* to indulge in
Huldigung *f liter* (≈ *Verehrung, Beifall*) homage; **j-m seine ~ darbringen** to pay homage to sb
Hülle *f* ◼1 cover; *für Ausweiskarten etc* holder, case; (≈ *Atomhülle*) shell; **die sterbliche ~** the mortal remains *pl* ◼2 **in ~ und Fülle** in abundance; **Whisky/Frauen etc in ~ und Fülle** whisky/women *etc* galore
hüllen *geh v/t* to wrap; **in Dunkel gehüllt** shrouded in darkness; **sich in Schweigen ~** to remain silent
Hülse *f* ◼1 (≈ *Schale*) hull, husk; (≈ *Schote*) pod ◼2 (≈ *Etui, Kapsel*) case; *von Geschoss* case
Hülsenfrucht *f* pulse
human ◼A *adj* humane ◼B *adv* humanely
Humanismus *m* humanism
Humanist(in) *m(f)* humanist; (≈ *Altsprachler*) classicist
humanistisch *adj* humanist(ic); (≈ *altsprachlich*) classical; **~e Bildung** classical education
humanitär *adj* humanitarian
Humanität *f* humaneness, humanity
Humankapital *n* WIRTSCH human resources *pl*, human capital
Humanmedizin *f* (human) medicine
Humanressourcen *pl* WIRTSCH human resources *pl*

Humbug *umg m* humbug *umg*
Hummel *f* bumblebee
Hummer *m* lobster
Humor *m* humour *Br*, humor *US*; **er hat keinen (Sinn für) ~** he has no sense of humo(u)r; **sie nahm die Bemerkung mit ~ auf** she took the remark in good humo(u)r
Humorist(in) *m(f)* humorist; (≈ *Komiker*) comedian
humoristisch *adj* humorous
humorlos *adj* humourless *Br*, humorless *US*
Humorlosigkeit *f* humourlessness *Br*, humorlessness *US*
humorvoll **A** *adj* humorous, amusing **B** *adv* humorously, amusingly
humpeln *v/i* to hobble
Humpen *m* tankard, mug; *aus Ton* stein
Humus *m* humus
Humusboden *m*, **Humuserde** *f* humus soil
Hund *m* dog; *bes Jagdhund* hound; **junger ~** puppy, pup; **mit dem ~ spazieren gehen, den ~ ausführen** to walk the dog; **wie ~ und Katze leben** to live like cat and dog; **er ist bekannt wie ein bunter ~** everybody knows him; **da liegt der ~ begraben** *umg* (so) that's what is/was behind it all; *Haken, Problem etc* that's the problem; **er ist ein armer ~** he's a poor soul; **auf den ~ kommen** *umg* to go to the dogs *umg*; **vor die ~e gehen** *umg* to go to the dogs *umg*; (≈ *sterben*) to die; **du gemeiner ~** *umg* you rotten bastard *sl*; **du gerissener ~** *umg* you crafty devil *umg*; **kein ~** *umg* not a soul, not a damn soul *umg*; **schlafende ~e soll man nicht wecken** *sprichw* let sleeping dogs lie *sprichw*
hundeelend *umg adj* **mir ist ~** I feel lousy *umg*
Hundeführer(in) *m(f)* dog handler
Hundefutter *n* dog food
Hundehalsband *n* dog collar
Hundehalter(in) *form m(f)* dog owner
Hundehütte *f* (dog) kennel
hundekalt *umg adj* freezing cold
Hundekuchen *m* dog biscuit
Hundeleine *f* dog lead *Br*, dog leash *US*
Hundemarke *f* dog licence disc *Br*, dog license disc *US*, dog tag *US*
hundemüde *umg adj & adv* dog-tired
Hunderasse *f* breed (of dog)
hundert *num* a *od* one hundred
Hundert *n* hundred; **~e von Menschen** hundreds of people; **zu ~en** by the hundred
Hunderter *m* **1** *von Zahl* (the) hundred **2** (≈ *Geldschein*) hundred-euro/-pound/-dollar *etc* note *Br od* bill *US*
hundertfach **A** *adj* hundredfold **B** *adv* a hundred times
Hundertjahrfeier *f* centenary *Br*, centennial *US*
hundertjährig *adj* (one-)hundred-year-old
hundertmal *adv* a hundred times
Hundertmeterlauf *m* SPORT **der/ein ~** the/a 100 metres *Br od* meters *US sg*
hundertpro *umg adv* definitely; **bist du dir sicher? — ~** are you sure? — I'm positive
hundertprozentig **A** *adj* (a *od* one) hundred per cent *Br*, (a *od* one) hundred percent *US*; *Alkohol* pure **B** *adv* one hundred per cent *Br*, one hundred percent *US*; **Sie haben ~ recht** you're absolutely right; **das weiß ich ~** that's a fact
hundertstel *adj* hundredth; **eine ~ Sekunde** a hundredth of a second
Hundertstel *n* hundredth
Hundertstelsekunde *f* hundredth of a second
hundertste(r, s) *adj* hundredth
hunderttausend *num* a *od* one hundred thousand; **Hunderttausende** hundreds of thousands
Hundesalon *m* dog parlour *Br*, dog parlor *US*
Hundeschlitten *m* dog sled(ge) *od* sleigh
Hundeschnauze *f* nose, snout
Hundesitter(in) *m(f)* dog sitter, dog-sitter
Hundestaffel *f* dog branch
Hundesteuer *f* dog licence fee *Br*, dog license fee *US*
Hündin *f* bitch
hündisch *fig adj* sycophantic
hundsgemein *umg* **A** *adj* shabby; (≈ *schwierig*) fiendishly difficult **B** *adv* **es tut ~ weh** it hurts like hell *umg*
Hundstage *pl* dog days *pl*
Hüne *m* giant
Hunger *m* hunger (**nach** for); (≈ *Hungersnot*) famine; *nach Sonne etc* yearning; **~ bekommen/haben** to get/be hungry; **~ auf etw** (*akk*) **haben** to feel like (eating) sth; **~ leiden** *geh* to go hungry, to starve; **ich sterbe vor ~** *umg* I'm starving *umg*
Hungerkur *f* starvation diet
Hungerlohn *m* pittance
Hungermodel *umg n* size zero model, stick insect model *umg*
hungern **A** *v/i* **1** (≈ *Hunger leiden*) to go hungry, to starve **2** (≈ *fasten*) to go without food **B** *v/r* **sich zu Tode ~** to starve oneself to death
hungernd *adj* hungry, starving
Hungersnot *f* famine
Hungerstreik *m* hunger strike
Hungertod *m* death from starvation; **den ~ sterben** to die of hunger *od* starvation
Hungertuch *n* **am ~ nagen** *fig* to be starving
hungrig *adj* hungry (**nach** for); **~ nach etw** *od*

auf etw (*akk*) **sein** to feel like (eating) sth
Hupe *f* horn
hupen *v|i* to sound *od* hoot the horn
Hüpfburg *f* bouncy castle®
hüpfen *v|i* to hop; *Ball* to bounce
Hupton *m* sound of a horn
Hupverbot *n* ban on sounding one's horn; *Schild* no horn signals
Hupzeichen *n* AUTO hoot
Hürde *f* hurdle; (≈ *Barriere*) barrier; **eine ~ nehmen** to clear a hurdle
Hürdenlauf *m* (≈ *Sportart*) hurdling; (≈ *Wettkampf*) hurdles *pl od sg*
Hürdenläufer(in) *m(f)* hurdler
Hure *f* whore
Hurenbock *vulg m* whoremonger
Hurensohn *vulg m* bastard *sl*, son of a bitch *sl*
hurra *int* hurray, hurrah, hooray
Hurraruf *m* cheer
Hurrikan *m* hurricane
husch *int* **1** *aufscheuchend* shoo **2** (≈ *schnell*) quick; **er macht seine Arbeit immer ~ ~** *umg* he always whizzes through his work *umg*
huschen *v|i* to dart; *Lächeln* to flash, to flit; *Licht* to flash
hüsteln *v|i* to cough slightly
husten **A** *v|i* to cough; **auf etw** (*akk*) **~** *umg* not to give a damn for sth *umg* **B** *v|t* to cough; *Blut* to cough (up); **denen werde ich was ~** *umg* I'll tell them where they can get off *umg*
Husten *m* cough; **~ haben** to have a cough
Hustenanfall *m* coughing fit
Hustenbonbon *m/n* cough sweet *Br*, cough drop
Hustenmittel *n* cough medicine
Hustenreiz *m* tickle in one's throat
Hustensaft *m* cough syrup *od* mixture
hustenstillend *adj* cough-relieving
Hustentropfen *pl* cough drops *pl*
Hut[1] *m* hat; *von Pilz* cap; **den Hut aufsetzen/abnehmen** to put on/take off one's hat; **Hut ab!** I take my hat off to him/you *etc*; **das kannst du dir an den Hut stecken!** *umg* you can keep it *umg*; **unter einen Hut bringen** to reconcile; *Termine* to fit in; **den** *od* **seinen Hut nehmen (müssen)** *umg* to have (to) go; **das ist doch ein alter Hut!** *umg* that's old hat! *umg*; **eins auf den Hut kriegen** *umg* to get an earful *umg*; **damit habe ich nichts am Hut** *umg* I don't want to have anything to do with that
Hut[2] *f* **1** *geh* **in meiner Hut** in my keeping; *Kinder* in my care **2** **auf der Hut sein** to be on one's guard (**vor** +*dat* against)
hüten **A** *v|t* to look after, to mind; **das Bett ~** to stay in bed **B** *v|r* to (be on one's) guard (**vor** +*dat* against); **ich werde mich ~!** not likely!; **ich werde mich ~, ihm das zu erzählen** there's no chance of me telling him that
Hüter(in) *m(f)* guardian, custodian; (≈ *Viehhüter*) herdsman; **die ~ der Ordnung** *hum* the custodians of the law
Hutgeschäft *n* hat shop, hatter's (shop); *für Damen a.* milliner's (shop)
Hutmacher(in) *m(f)* hat maker
Hutschachtel *f* hatbox
Hütte *f* **1** hut; *hum* (≈ *Haus*) humble abode; (≈ *Holzhütte, Blockhütte*) cabin **2** TECH (≈ *Hüttenwerk*) iron and steel works *pl od sg*
Hüttenindustrie *f* iron and steel industry
Hüttenkäse *m* cottage cheese
Hüttenschuhe *pl* slipper socks *pl*
hutzelig *adj Mensch* wizened
Hutzelmännchen *n* gnome
Hyäne *f* hyena; *fig* wildcat
Hyazinthe *f* hyacinth
hybrid *adj* BIOL, LING hybrid
Hybridantrieb *m* hybrid powertrain, hybrid drive system
Hybride *f* BIOL hybrid
Hybridfahrzeug *n* hybrid vehicle
Hybridmotor *m* hybrid engine
Hydrant *m* hydrant
Hydrat *n* hydrate
Hydraulik *f* hydraulics *sg*; (≈ *Antrieb*) hydraulics *pl*
hydraulisch **A** *adj* hydraulic **B** *adv* hydraulically
Hydrokultur *f* BOT hydroponics *sg*
Hydrolyse *f* CHEM hydrolysis
Hydrotherapie *f* MED hydrotherapy
Hygiene *f* hygiene
hygienisch **A** *adj* hygienic **B** *adv* hygienically
Hymne *f* hymn; (≈ *Nationalhymne*) (national) anthem
Hype *m* (≈ *Werbung, Täuschung*) hype *kein pl*
hyperaktiv *adj* hyperactive
Hyperbel *f* MATH hyperbola; *rhetorisch* hyperbole
Hyperlink *m/n* IT hyperlink
hypermodern *umg adj* ultramodern
Hypertext *m* IT hypertext
Hypnose *f* hypnosis; **unter ~ stehen** to be under hypnosis
hypnotisch *adj* hypnotic
Hypnotiseur(in) *m(f)* hypnotist
hypnotisieren *v|t* to hypnotize
Hypochonder *m* hypochondriac
Hypotenuse *f* MATH hypotenuse
Hypothek *f* mortgage; **eine ~ aufnehmen** to raise a mortgage; **etw mit einer ~ belasten** to mortgage sth
Hypothekenbank *f* bank specializing in mort-

gages
Hypothekenbrief *m* mortgage deed *od* certificate
hypothekenfrei *adj* unmortgaged
Hypothekenschuld *f* mortgage debt
Hypothekenschuldner(in) *m(f)* mortgagor, mortgager
Hypothekenzinsen *pl* mortgage interest
Hypothese *f* hypothesis
hypothetisch **A** *adj* hypothetical **B** *adv* hypothetically
Hysterie *f* hysteria
hysterisch *adj* hysterical; **einen ~en Anfall bekommen** *fig* to go into *od* have hysterics

I, i *n* I, i
i *umg int* ugh *umg*
i. A. *abk* (= im Auftrag) p. p.
iberisch *adj* Iberian
IC® *m abk* (= Intercityzug) intercity train
ICE® *m abk* (= Intercityexpresszug) intercity express (train)
ich *pers pr* I; **ich hätte gern …, ich nehme …** I'll have …; **ich auch** me too; **immer ich!** (it's) always me!; **warum ich?** why me?; **das bin ich** that's me; **ich Idiot!** what an idiot I am!; **wer hat den Schlüssel? — ich nicht!** who's got the key? — not me!; **ich selbst** I myself; **wer hat gerufen? — ich!** who called? — (it was) me, I did!; **ich bins!** it's me!
Ich *n* self; PSYCH ego; **mein anderes** *od* **zweites Ich** (≈ selbst) my other self; (≈ andere Person) my alter ego
Icherzähler(in) *m(f)* first person narrator
Ichform *f* first person
Icon *n* IT icon
ideal *adj* ideal
Ideal *n* ideal
idealerweise *adv* ideally
Idealfall *m* ideal case; **im ~** ideally
idealisieren *v/t* to idealize
Idealismus *m* idealism
Idealist(in) *m(f)* idealist
idealistisch *adj* idealistic
Idealvorstellung *f* ideal
Idee *f* **1** idea; **wie kommst du denn auf DIE ~?** whatever gave you that idea?; **ich kam auf die ~, sie zu fragen** I hit on the idea of asking her **2** (≈ ein wenig) shade, trifle; **eine ~ Salz** a hint of salt
ideell *adj* Wert, Ziele non-material; *Unterstützung* spiritual
ideenlos *adj* lacking in ideas, unimaginative
ideenreich *adj* (≈ einfallsreich) full of ideas; (≈ fantasiereich) imaginative, full of imagination
Identifikation *f* identification
Identifikationsnummer *f* **persönliche ~** personal identification number
identifizieren **A** *v/t* to identify **B** *v/r* **sich ~ mit** to identify (oneself) with
Identifizierung *f* identification
identisch *adj* identical (**mit** with)
Identität *f* identity
Identitätsklau *umg m beim Betrug mit Kreditkarten* identity theft
Identitätskrise *f* identity crisis
Identitätsnachweis *m* proof of identity
Identitätsraub *m beim Betrug mit Kreditkarten* identity theft
Ideologe *m*, **Ideologin** *f* ideologist
Ideologie *f* ideology
ideologisch **A** *adj* ideological **B** *adv* ideologically
Idiom *n* idiom
idiomatisch **A** *adj* idiomatic **B** *adv* idiomatically
Idiot(in) *m(f)* idiot
Idiotenhügel *hum umg m* nursery *od* beginners' slope
idiotensicher *umg* **A** *adj* foolproof *kein adv* **B** *adv* **~ gestaltet sein** to be designed to be foolproof
Idiotie *f* idiocy; *umg* lunacy
idiotisch *adj* idiotic
Idol *n* idol
Idyll *n* idyll; (≈ Gegend) idyllic place *od* spot
Idylle *f* idyll
idyllisch **A** *adj* idyllic **B** *adv* idyllically
Igel *m* ZOOL hedgehog
igitt(igitt) *umg int* ugh! *umg*; *eklig* yuk *umg*
Iglu *m/n* igloo
ignorant *adj* ignorant
Ignoranz *f* ignorance
ignorieren *v/t* to ignore
IHK *f abk* (= Industrie- und Handelskammer) chamber of commerce
ihm *pers pr bei Personen* to him; *bei Tieren und Dingen* to it; *nach Präpositionen* him/it; **ich gab es ihm** I gave it (to) him; **ich gab ihm den Brief** I gave him the letter, I gave the letter to him; **ein Freund von ihm** a friend of his, one of his friends
ihn *pers pr* him; *bei Tieren und Dingen* it
ihnen *pers pr* to them; *nach Präpositionen* them; → ihm

Ihnen *pers pr* to you; *nach Präpositionen* you; → ihm

ihr **A** *pers pr* **1** you **2** *bei Personen* to her; *bei Tieren und Dingen* to it; *nach Präpositionen* her/it; **hilf ihr** help her; → ihm **B** *poss pr* **1** *einer Person* her; *eines Tiers, Dinges* its **2** *von mehreren* their

Ihr *poss pr* your; **Ihr Franz Müller** *Briefschluss* yours, Franz Müller

ihrerseits *adv bei einer Person* for her part; *bei mehreren* for their part

Ihrerseits *adv* for your part

ihresgleichen *pron von einer Person* people like her; *von mehreren* people like them

Ihresgleichen *pron* people like you

ihretwegen, ihretwillen *adv sg* because of her; *pl* because of them

Ihretwegen, Ihretwillen *adv* because of you

Ikone *a. fig f* icon

illegal **A** *adj* illegal **B** *adv* illegally; **sich ~ betätigen** to engage in illegal activities

Illegalität *f* illegality

illegitim *adj* illegitimate

Illusion *f* illusion; **sich** (*dat*) **~en machen** to delude oneself; **darüber macht er sich keine ~en** he doesn't have any illusions about it

illusorisch *adj* illusory

Illustration *f* illustration; **zur ~ von etw** as an illustration of sth

illustrativ **A** *adj* (≈ *anschaulich*) illustrative **B** *adv* (≈ *anschaulich*) vividly

illustrieren *v/t* to illustrate (**j-m etw** sth for sb)

Illustrierte *f* magazine

Iltis *m* polecat

im *präp* in the; **im Bett** in bed; **im Zug** on the train; **im Fernsehen** on TV; **im Radio** on the radio; **im Mai** in May; **im letzten/nächsten Jahr** last/next year; **etw im Liegen tun** to do sth lying down

Image *n* image

Imagekampagne *f* image-building campaign

Imagepflege *f* image building

imaginär *adj* imaginary

Imbiss *m* snack

Imbisshalle *f* snack bar

Imbissstube *f* snack bar

Imitation *f* imitation

imitieren *v/t* to imitate

Imker(in) *m(f)* beekeeper

Imkerei *f* beekeeping

immateriell *adj Vermögenswerte* immaterial

Immatrikulation *f* matriculation *form*

immatrikulieren **A** *v/r* to matriculate *form* **B** *v/t* to register (*at university*)

immens **A** *adj* immense, huge **B** *adv* immensely

immer *adv* **1** always; **schon ~** always; **für ~** ever, for always; **~ diese Probleme!** all these problems!; **~, wenn ...** whenever ..., every time (that) ...; **~ geradeaus gehen** to keep going straight on; **~ (schön) mit der Ruhe** *umg* take it easy; **noch ~** still; **~ noch nicht** still not (yet); **~ wieder** again and again, over and over again; **etw ~ wieder tun** to keep on doing sth; **wie ~** as usual **2** **~ besser** better and better; **~ häufiger** more and more often; **~ mehr** more and more **3** **wer (auch) ~** whoever; **wie (auch) ~** however; **wann (auch) ~** whenever; **wo (auch) ~** wherever; **was (auch) ~** whatever

immergrün *adj* evergreen

immerhin *adv* all the same, anyhow, at any rate; (≈ *wenigstens*) at least; (≈ *schließlich*) after all

Immigrant(in) *m(f)* immigrant

Immigration *f* immigration

immigrieren *v/i* to immigrate

Immission *f* (harmful effects *pl* of) noise, pollutants *pl etc*, immission

Immissionsschutz *m* protection from noise, pollutants *etc*

Immissionswert *m* pollution count

immobil *adj* immoveable

Immobilie *f* **1** **eine ~** a property **2** **~n** *pl* real estate *sg*; *in Zeitungsannoncen* property *sg*

Immobilienmakler(in) *m(f)* (real) estate agent *Br*, Realtor® *US*

Immobilienmarkt *m* property market

immun *adj* immune (**gegen** to)

immunisieren *form v/t* to immunize (**gegen** against)

Immunität *f* immunity

Immunologe *m*, **Immunologin** *f* immunologist

Immunschwäche *f* immunodeficiency

Immunschwächekrankheit *f* immune deficiency disease *od* syndrome

Immunsystem *n* immune system

Immuntherapie *f* MED immunotherapy

Imperativ *m* imperative

Imperator *m* emperor

Imperfekt *n* GRAM imperfect (tense)

Imperialismus *m* imperialism

imperialistisch *adj* imperialistic

Imperium *n* (≈ *Gebiet*) empire

impfen *v/t* to vaccinate

Impfpass *m* vaccination card

Impfschein *m* certificate of vaccination

Impfschutz *m* protection given by vaccination

Impfstoff *m* vaccine, serum

Impfung *f* vaccination

Implantat *n* implant

Implantation *f* MED implantation

implantieren *v/t* to implant

implementieren *geh v/t* to implement
Implikation *f* implication
implizieren *v/t* to imply
implizit *geh adv* by implication
implodieren *v/i* to implode
Implosion *f* implosion
imponieren *v/i* to impress (**j-m** sb)
imponierend *adj* impressive
Imponiergehabe *fig pej n* exhibitionism
Import *m* import
Importbeschränkung *f* import quota
Importeur(in) *m(f)* importer
importieren *v/t* to import
Importland *n* importing country
Importlizenz *f* import licence *Br*, import license *US*
Importzoll *m* import duty *od* tariff
imposant *adj* imposing; *Leistung etc* impressive
impotent *adj* impotent
Impotenz *f* impotence
imprägnieren *v/t* to impregnate; (≈ *wasserdicht machen*) to (water)proof
Impression *f* impression (**über** +*akk* of)
Impressionismus *m* impressionism
Impressionist(in) *m(f)* impressionist
impressionistisch *adj* impressionistic
Impressum *n* imprint
Improvisation *f* improvisation
improvisieren *v/t & v/i* to improvise, to freestyle
Impuls *m* impulse; **etw aus einem ~ heraus tun** to do sth on impulse
impulsiv **A** *adj* impulsive **B** *adv* impulsively
imstande *adj* **~ sein, etw zu tun** (≈ *fähig*) to be capable of doing sth
in **A** *präp* **1** *räumlich wo? mit Dativ* in; *wohin? mit Akkusativ* in, into; **in … hinein** into; **in Australien** in Australia; **in der Schweiz** in Switzerland; **in die Schweiz** to Switzerland; **in die Schule/Kirche gehen** to go to school/church; **in den Zug/Bus einsteigen** to get on the train/bus; **ins Bett gehen** to go to bed; **in der …straße** in … Street; **in der Hamiltonstraße 7** at 7 Hamilton Street; **er ist in der Schule/Kirche** he's at *od* in school/church; **er ging ins Konzert** he went to the concert **2** *zeitlich: wann? mit Dativ* in; **in diesem Jahr** *laufendes Jahr* this year; **heute in zwei Wochen** two weeks today; **in der Nacht** at night **3** **das ist in Englisch** it's in English; **ins Englische übersetzen** to translate into English; **sie hat es in sich** (*dat*) *umg* she's quite a girl; → **im B** *adj umg* **in sein** to be in *umg*
inaktiv *adj* inactive; *Mitglied* non-active
inakzeptabel *adj* unacceptable
Inanspruchnahme *form f* **1** (≈ *Beanspruchung*) demands *pl*, claims *pl* (+*gen* on) **2** *von Einrichtungen etc* utilization
Inbegriff *m* perfect example, embodiment; **sie war der ~ der Schönheit** she was beauty personified
inbegriffen *adj* included; **die Mehrwertsteuer ist im Preis ~** the price is inclusive of VAT
Inbetriebnahme *f* commissioning; *von Gebäude, U-Bahn etc* inauguration
Inbrunst *f* fervour *Br*, fervor *US*
inbrünstig **A** *adj* fervent, ardent **B** *adv* fervently, ardently
Inbusschlüssel® *m* TECH Allen key®
indem *konj* **1** (≈ *während*) while **2** (≈ *dadurch, dass*) **~ man etw macht** by doing sth
Independent *m Musikrichtung* independent
Inder(in) *m(f)* Indian; **zum ~ gehen** to go to a/the Indian restaurant
indessen *adv* **1** *zeitlich* meanwhile, (in the) meantime **2** *adversativ* however
Index *m* index
indexieren *v/t & v/i* to index
Indianer(in) *m(f)* American Indian, Native American; *in Western* (Red) Indian
Indianerzelt *n* tepee
indianisch *adj* American Indian, Native American; *in Western* (Red) Indian
Indie *m Musikrichtung* indie
Indien *n* India
Indikation *f* MED indication
Indikativ *m* GRAM indicative
Indikator *m* indicator
indirekt **A** *adj* indirect; **die ~e Rede** indirect *od* reported speech; **~e Frage** reported question **B** *adv* indirectly
indisch *adj* Indian; **der Indische Ozean** the Indian Ocean
indiskret *adj* indiscreet
Indiskretion *f* indiscretion
indiskutabel *adj* out of the question; *Leistung* hopeless, terrible
Individualismus *m* individualism
Individualist(in) *m(f)* individualist
Individualität *f* individuality
Individualtourismus *m* individual tourism
Individualverkehr *m* private transport
individuell **A** *adj* individual; (≈ *einzeln*) single **B** *adv* individually; **etw ~ gestalten** to give sth a personal note; **es ist ~ verschieden** it differs from person to person
Individuum *n* individual
Indiz *n* **1** JUR clue; *als Beweismittel* piece of circumstantial evidence **2** (≈ *Anzeichen*) sign (**für** of)
Indizienbeweis *m* circumstantial evidence *kein pl*

indizieren v/t MED to indicate; IT to index
Indochina n Indochina
Indonesien n Indonesia
Indonesier(in) m(f) Indonesian
indonesisch adj Indonesian
indossieren v/t HANDEL to endorse
Induktion f induction
Induktionskochfeld n induction hob, induction stove top Br, induction cooktop US
industrialisieren v/t to industrialize
Industrialisierung f industrialization
Industrie f industry; **in der ~ arbeiten** to work in industry
Industrie- zssgn industrial
Industrieabfälle pl industrial waste
Industrieanlage f industrial plant od works pl
Industriegebiet n industrial area; (≈ Gewerbegebiet) industrial estate
Industriegelände n industrial site
Industriegewerkschaft f industrial union
Industriekauffrau f, **Industriekaufmann** m industrial clerk
Industrieland n industrialized country
industriell A adj industrial B adv industrially
Industrielle(r) m/f(m) industrialist
Industriemüll m industrial waste
Industriespionage f industrial espionage
Industriestaat m industrial nation
Industriestadt f industrial town
Industrie- und Handelskammer f chamber of commerce
Industriezweig m branch of industry
ineffektiv adj ineffective, ineffectual
ineinander adv sein, liegen etc in(side) one another od each other; **übergehen** to merge (into one another od each other); **sich ~ verlieben** to fall in love (with each other)
ineinanderfließen v/i to merge
ineinandergreifen v/i to interlock; fig Ereignisse etc to overlap
ineinanderschieben v/t & v/r to telescope
infam adj infamous
Infanterie f infantry
infantil adj infantile
Infarkt m MED infarct fachspr; (≈ Herzinfarkt) coronary (thrombosis)
Infektion f infection
Infektionsgefahr f danger of infection
Infektionsherd m focus of infection
Infektionskrankheit f infectious disease
Infektionsrisiko n risk of infection
infektiös adj infectious
Inferno n inferno
Infinitiv m infinitive
infizieren A v/t to infect; **mit einem Virus infiziert** virus-infected B v/r to get infected (**bei** by)
in flagranti adv in the act
Inflation f inflation
inflationär adj inflationary; fig over-extensive
inflationsbereinigt adj inflation-adjusted; after-inflation
Inflationsrate f rate of inflation
inflexibel adj inflexible
Info f umg (≈ Information) info umg
Infoblatt n handout
Infobrief m info letter
Infokasten m fact box
infolge präp as a result of
infolgedessen adv consequently, as a result
Infomaterial umg n info umg
Informant(in) m(f) (≈ Denunziant) informer
Informatik f computer science, informatics sg, IT; (≈ Schulfach) computer studies pl
Informatiker(in) m(f) computer od information scientist
Information f 1 information kein pl (**über** +akk about, on); **eine ~** (a piece of) information; **~en weitergeben** to pass on information; **zu Ihrer ~** for your information 2 (≈ Stelle) information desk
informationell adj informational, information-related; **Recht** n **auf ~e Selbstbestimmung** right to informational self-determination
Informationsaustausch m exchange of information
Informationsblatt n handout
Informationsbroschüre f information booklet; größer information brochure
Informationsgesellschaft f information society
Informationsmaterial n information
Informationsquelle f source of information
Informationsschalter m information desk
Informationsstand m 1 information stand 2 (≈ Wissensstand) level of information
Informationstechnik f, **Informationstechnologie** f information technology
Informationstechnologie f information technology
Informationszeitalter n information age
Informationszentrum n information centre Br, information center US
informativ adj informative
informell A adj informal B adv informally
informieren A v/t to inform (**über** +akk od **von** about, of); **da bist du falsch informiert** you've been misinformed B v/r to find out, to check out (**über** +akk about)
Infostand umg m information stand
Infotainment n infotainment

Infotelefon n information line
infrage, in Frage adv ~ **kommen** to be possible; ~ **kommend** possible; *Bewerber* worth considering; **das kommt (überhaupt) nicht ~!** that's (quite) out of the question!; **etw ~ stellen** to question sth, to call sth into question
infrarot adj infrared
Infraschall m infrasonic waves pl
Infrastruktur f infrastructure
Infusion f infusion
Ingenieur(in) m(f) engineer
Ingwer m ginger
Inhaber(in) m(f) owner; *von Konto, Rekord* holder; *von Scheck, Pass* bearer
inhaftieren v/t to take into custody
Inhaftierung f (≈ *das Inhaftieren*) arrest; (≈ *Haft*) imprisonment
inhalieren v/t & v/i umg MED to inhale
Inhalt m **1** contents pl **2** MATH (≈ *Flächeninhalt*) area; (≈ *Rauminhalt*) volume
inhaltlich adj & adv as regards content
Inhaltsangabe f summary
inhaltslos adj empty; *Buch, Vortrag* lacking in content
Inhaltsverzeichnis n list od table of contents
inhuman adj inhuman; (≈ *unbarmherzig*) inhumane
Initiale geh f initial
initiativ adj ~ **werden** to take the initiative
Initiativbewerbung f unsolicited job application
Initiative f initiative; **aus eigener ~** on one's own initiative; **die ~ ergreifen** to take the initiative; **auf j-s ~** (akk) **hin** on sb's initiative
Initiativrecht n POL right of initiative, right to introduce legislation
Initiator(in) geh m(f) initiator
initiieren geh v/t to initiate
Injektion f injection
Injektionsspritze f hypodermic (syringe)
injizieren form v/t to inject (**j-m etw** sb with sth)
Inkasso n FIN collection
Inklusion f *Bildungswesen* inclusion
inklusive präp inclusive of, including; **alles ~** all inclusive
Inklusivpreis m all-inclusive price
inkognito adv incognito
inkompatibel adj incompatible
inkompetent adj incompetent
Inkompetenz f incompetence
inkonsequent adj inconsistent
Inkonsequenz f inconsistency
inkontinent adj MED incontinent
Inkontinenz f MED incontinence
inkorrekt **A** adj incorrect **B** adv incorrectly; *gekleidet* inappropriately

Inkrafttreten n coming into force, taking effect
Inkubationszeit f incubation period
Inland n **1** *als Staatsgebiet* home; **im In- und Ausland** at home and abroad **2** (≈ *Inneres eines Landes*) inland; **im ~** inland
Inlandflug m domestic od internal flight
inländisch adj domestic; GEOG inland
Inlandsflug m domestic od internal flight
Inlandsmarkt m home od domestic market
Inlandsporto n inland postage
Inliner pl → Inlineskates
inlinern, inlineskaten v/i to inline-skate
Inlineskater(in) m(f) in-line skater
Inlineskates pl in-line skates pl; **~ fahren** to skate
inmitten **A** präp in the middle od midst of **B** adv ~ **von** among
innehaben form v/t to hold
innehalten v/i to pause
innen adv inside; *im Gebäude* indoors; **nach ~** inwards; **von ~** from (the) inside
Innen- zssgn inside; SPORT indoor
Innenansicht f interior view
Innenarchitekt(in) m(f) interior designer
Innenarchitektur f interior design
Innenaufnahme f indoor photo(graph); FILM indoor shot od take
Innenausstattung f interior décor kein pl
Innenbahn f SPORT inside lane
Innendienst m office duty; **im ~ sein** to work in the office
Inneneinrichtung f (interior) furnishings pl
Innenfläche f (≈ *innere Fläche*) inside; *der Hand* palm
Innenhof m inner courtyard
Innenleben n umg *seelisch* inner life
Innenminister(in) m(f) minister of the interior; *in GB* Home Secretary; *in den USA* Secretary of the Interior
Innenministerium n ministry of the interior; *in GB* Home Office; *in den USA* Department of the Interior
Innenpolitik f domestic policy; (≈ *innere Angelegenheiten*) home od domestic affairs pl
innenpolitisch adj domestic, internal; *Sprecher* on domestic policy
Innenraum m **1** **Innenräume** inner rooms pl **2** room inside; *von Wagen* interior
Innenseite f inside
Innenspiegel m AUTO interior mirror
Innenstadt f town centre Br, city center US; *einer Großstadt* city centre Br, city center US; *im Gegensatz zu Außenbezirken* inner city
Innentasche f inside pocket
Innentemperatur f inside temperature; *in ei-*

nem Gebäude indoor temperature
Innenwinkel *m* interior angle
innerbetrieblich *adj* in-house
Innereien *pl* innards *pl*
innere(r, s) *adj* inner; (≈ *im Körper befindlich, inländisch*) internal; **die ~n Angelegenheiten eines Landes** the home *od* domestic affairs of a country; **im innersten Herzen** in one's heart of hearts; **vor meinem ~n Auge** in my mind's eye
Innere(s) *n* inside; *von Kirche, Wagen* interior; (≈ *Mitte*) middle, centre *Br*, center *US*; **im ~n** inside; **ins ~ des Landes** into the heart of the country
innerhalb **A** *präp* **1** *örtlich* inside, within **2** *zeitlich* within **B** *adv* inside; *eines Landes* inland
innerlich **A** *adj* **1** (≈ *körperlich*) internal **2** (≈ *geistig, seelisch*) inward, inner *kein adv* **B** *adv* **1** (≈ *im Körper*) internally **2** (≈ *gemütsmäßig*) inwardly, inside; **~ lachen** to laugh inwardly *od* to oneself
innerparteilich *adj* within the party
Innerschweiz *f* Central Switzerland
innerstaatlich *adj* domestic, internal
innerstädtisch *adj* urban, inner-city *attr*
innerste(r, s) *adj* innermost, inmost
Innerste(s) *wörtl n* innermost part, heart; *fig* heart; **bis ins ~ getroffen** deeply hurt
innert *präp schweiz* inside, within (of)
innewohnen *v/i* to be inherent in
innig **A** *adj Grüße, Beileid* heartfelt; *Freundschaft* intimate; **mein ~ster Wunsch** my dearest wish **B** *adv* deeply, profoundly; **j-n ~ lieben** to love sb dearly
Innovation *f* innovation
Innovationsschub *m* surge of innovations; innovative impetus
innovativ **A** *adj* innovative **B** *adv* innovatively
Innung *f* (trade) guild
inoffiziell **A** *adj* unofficial, non-official **B** *adv* unofficially
inopportun *adj* inopportune
in petto → petto
in puncto → puncto
Input *m/n* input
Inquisition *f* Inquisition
ins *präp* → in
Insasse *m*, **Insassin** *f von Fahrzeug* passenger; *von Anstalt* inmate
insbesondere *adv* particularly, in particular
Inschrift *f* inscription
Insekt *n* insect
Insektenbekämpfungsmittel *n* insecticide
Insektenschutzmittel *n* insect repellent
Insektenspray *n* insect spray *od* repellent
Insektenstich *m* insect bite; *von Bienen, Wespen* (insect) sting
Insektenvernichtungsmittel *n* pesticide
Insektizid *form n* insecticide
Insel *f* island; **die Britischen ~n** the British Isles
Inselbewohner(in) *m(f)* islander
Inselgruppe *f* group of islands
Inselstaat *m* island state
Inselvolk *n* island nation *od* race *od* people
Inselwelt *f* island world
Inserat *n* advertisement
Inserent(in) *m(f)* advertiser
inserieren *v/t & v/i* to advertise
insgeheim *adv* secretly, in private
insgesamt *adv* altogether; (≈ *im Großen und Ganzen*) all in all; **ein Verdienst von ~ 2.000 Euro** earnings totalling 2,000 euros *Br*, earnings totaling 2,000 euros *US*
Insider(in) *m(f)* insider
Insidergeschäft *n* WIRTSCH insider deal
Insiderhandel *m* insider trading
Insiderinformation *f* inside information
Insidertipp *m* insider tip
Insiderwissen *n* inside knowledge
insofern *adv* in this respect; **~ als** insofar as
insolvent *adj* HANDEL insolvent
Insolvenz *f* HANDEL insolvency
Insolvenzverfahren *n* insolvency proceedings *pl*
Insolvenzverwalter(in) *m(f)* official receiver
insoweit *adv & konj* → insofern
in spe *umg adj* to be
Inspekteur(in) *m(f)* MIL Chief of Staff
Inspektion *f* inspection; AUTO service
Inspektor(in) *m(f)* inspector
Inspiration *f* inspiration
inspirieren *v/t* to inspire; **sich von etw ~ lassen** to get one's inspiration from sth
inspizieren *v/t* to inspect
instabil *adj* unstable
Instabilität *f* instability
Installateur(in) *m(f)* plumber; (≈ *Elektroinstallateur*) electrician; (≈ *Gasinstallateur*) gas fitter
Installation *f* installation
Installationsassistent *m* IT installation wizard *od* assistant
installieren **A** *v/t* to install **B** *v/r* to install oneself
instand *adj* **etw ~ halten** to maintain sth; **etw ~ setzen** to get sth into working order
Instandhaltung *f* maintenance
Instandsetzung *f von Gerät* overhaul; *von Gebäude* restoration; (≈ *Reparatur*) repair
Instanz *f* **1** (≈ *Behörde*) authority **2** JUR court; **Verhandlung in erster/letzter ~** first/final court case; **er ging durch alle ~en** he went through all the courts

Instinkt m instinct; **aus ~** instinctively
instinktiv A adj instinctive B adv instinctively
instinktlos adj Bemerkung insensitive
Institut n institute; college
Institution f institution
institutionell adj institutional; **in der EU ~es Gleichgewicht** institutional balance
instruieren v/t to instruct; über Plan etc to brief
Instruktion f instruction
Instrument n instrument
instrumental adj MUS instrumental
Instrumentarium wörtl n equipment, instruments pl; MUS instruments pl; fig apparatus
Instrumentenbrett n instrument panel
Instrumententafel f control panel
Insuffizienz f insufficiency
Insulaner(in) mst hum m(f) islander
Insulin n insulin
inszenieren v/t **1** THEAT to direct; RADIO, TV to produce **2** fig to stage-manage; **einen Streit ~** to start an argument
Inszenierung f production
intakt adj intact
integer geh adj **~ sein** to be full of integrity
integral adj integral
Integral n integral
Integralrechnung f integral calculus
Integration f integration
Integrationsklasse f integrated class
Integrationskurs m German course for immigrants
Integrationsniveau n POL level of integration
Integrationspolitik f integration policy
integrationswillig adj **~ sein** to be willing to integrate
integrieren v/t to integrate; **integrierte Gesamtschule** ≈ comprehensive (school) Br, ≈ high school US
Integrität geh f integrity
Intellekt m intellect
intellektuell adj intellectual
Intellektuelle(r) m/f(m) intellectual
intelligent A adj intelligent B adv cleverly; sich verhalten intelligently
Intelligenz f intelligence; (≈ Personengruppe) intelligentsia pl; **künstliche ~** artificial intelligence
Intelligenzquotient m intelligence quotient, IQ
Intelligenztest m intelligence test
Intendant(in) m(f) director; THEAT theatre manager Br, theater manager US
Intensität f intensity
intensiv A adj intensive; Beziehungen deep, very close; Farbe, Geruch, Geschmack, Blick intense B adv **j-n ~ beobachten** to watch sb intently; **sich ~ bemühen** to try very hard; **~ nach etw schmecken** to taste strongly of sth
intensivieren v/t to intensify
Intensivierung f intensification
Intensivkurs m intensive course
Intensivstation f intensive care unit; **auf der ~ liegen** to be in intensive care
Intention f intention, intent
Interaktion f interaction
interaktiv A adj interactive B adv interactively; **~ gestaltet** designed for interactive use
Intercity(zug) m intercity (train)
Intercityexpresszug m intercity express (train)
interdental adj MED, LING interdental
Interdentalbürste f, **Interdentalzahnbürste** f zur Zahnpflege interdental (tooth)brush
interdisziplinär adj interdisciplinary
interessant A adj interesting; **zu diesem Preis ist das nicht ~ für uns** HANDEL we are not interested at that price B adv **~ klingen** to sound interesting; **~ erzählen** to tell interesting stories
interessanterweise adv interestingly enough
Interesse n interest; **~ an j-m/etw haben** to be interested in sb/sth; **kein ~ daran haben, etw zu tun** not to be interested in doing sth; **welche ~n hast du?** what are your interests?; **im ~** +gen in the interests of; **es liegt in Ihrem eigenen ~** it's in your own interest(s); **die ~n eines Staates wahrnehmen** to look after the interests of a state
interessehalber adv out of interest
interesselos adj indifferent
Interessengebiet n field of interest
Interessengemeinschaft f group of people sharing interests; WIRTSCH syndicate
Interessenkonflikt m conflict of interests
Interessent(in) m(f) interested person od party form; (≈ Bewerber) applicant
Interessenvertretung f representation of interests; (≈ Personen) group representing one's interests
interessieren A v/t to interest (**für, an** +dat in); **das interessiert mich (gar) nicht!** I'm not (the least od slightest bit) interested B v/r to be interested (**für** in)
interessiert A adj interested (**an** +dat in); **vielseitig ~ sein** to have a wide range of interests; **politisch ~** interested in politics; **an etw** (dat) **~ sein** a. to be into sth B adv with interest; **sich an etw** (dat) **~ zeigen** to show an interest in sth
Interface n COMPUT interface
Interimsregierung f caretaker od provisional government
Interjektion f interjection

interkontinental *adj* intercontinental
Interkontinentalrakete *f* intercontinental missile
interkulturell *adj* intercultural
Intermezzo *n* MUS intermezzo; *fig* interlude
intern **A** *adj* internal **B** *adv* internally
Internat *n* boarding school
international **A** *adj* international; **Internationales Olympisches Komitee** International Olympic Committee **B** *adv* internationally
Internationale *f* Internationale
internationalisieren *v/t* to internationalize
Internationalisierung *f* internationalization
Internatsschüler(in) *m(f)* boarder
Internet *n* IT Internet; **im ~** on the Internet; **etw ins ~ stellen** to post sth; **im ~ suchen** to search the Internet; **im ~ surfen** to surf the Internet; **Zugang zum ~ haben** to have access to the Internet, to have Internet access
Internetadresse *f* Internet address
Internetanschluss *m* Internet connection
Internetauftritt *m* website
Internetauktion *f* online auction
internetbasiert *adj* Internet-based; **~e Anwendung** Internet-based application
Internetcafé *n* Internet café
Internetdating *n* Internet dating
internetfähig *adj Handy, Computer* Internet-ready, web-enabled, Internet-enabled
Internetfirma *f* dot-com (company)
Internetforum *n* web forum, Internet forum
Internethandel *m* Internet trading, e-commerce
Internethändler(in) *m(f)* online trader *od* dealer
Internethandy *n* TEL Internet-compatible mobile (phone) *Br*, Internet-compatible cell (phone) *US*, web-compatible cell (phone) *US*
Internetkriminalität *f* cybercrime
Internetnutzer(in) *m(f)* Internet user
Internetplattform *f* Internet platform
Internetportal *n* web portal
Internetprovider *m* Internet provider
Internetseite *f* web page
Internetserver *m* Internet *od* web server
Internetsicherheit *f* Internet security
Internetstick *m* INTERNET USB modem (stick), wireless USB modem, USB dongle, (USB) WiFi dongle
internetsüchtig *adj* Internet-addicted; **~ sein** to be addicted to the Internet
Internetsurfer(in) *m(f)* Internet *od* web surfer
Internettagebuch *n* blog
Internettelefonie *f* Internet telephony
Internetvideo *n* Internet video, web video
Internetzugang *m*, **Internetzugriff** *m* Internet access
internieren *v/t* to intern
Internierung *f* internment
Internierungslager *n* internment camp
Internist(in) *m(f)* internist
Interpol *f* Interpol
Interpret(in) *m(f)* interpreter (*of music, art etc*); **Lieder verschiedener ~en** songs by various singers
Interpretation *f* interpretation
interpretieren *v/t* to interpret
Interpunktion *f* punctuation
Interrail-Karte *f* inter-rail ticket
Interrogativpronomen *n* interrogative pronoun
Intervall *n a.* MUS interval
Intervallschaltung *f* interval switch
intervenieren *v/i* to intervene
Intervention *f* intervention
Interview *n* interview
interviewen *v/t* to interview (**j-n zu etw** sb about sth)
Interviewer(in) *m(f)* interviewer
intim *adj* intimate; **ein ~er Kenner von etw sein** to have an intimate knowledge of sth
Intimbereich *m* **1** ANAT genital area **2** *fig* → Intimsphäre
Intimität *f* intimacy; **~en austauschen** to kiss and pet
Intimpartner(in) *form m(f)* sexual partner
Intimrasur *f* bikini-area hair removal
Intimsphäre *f* private life; **j-s ~ verletzen** to invade sb's privacy
Intimverkehr *m* intimacy; **~ mit j-m haben** to be intimate with sb
intolerant *adj* intolerant
Intoleranz *f* intolerance
Intonation *f* intonation
Intranet *n* IT Intranet
intransitiv *adj* intransitive
intravenös *adj* intravenous
Intrigant(in) *m(f)* schemer
Intrige *f* scheme
intrigieren *v/i* to intrigue, to scheme
introvertiert *adj* introverted
Intuition *f* intuition
intuitiv **A** *adj* intuitive **B** *adv* intuitively
intus *umg adj* **etw ~ haben** (≈ *wissen*) to get sth into one's head *umg*, to have got sth into one's head *Br umg*; *Essen, Alkohol* to have sth down one *umg*, to have sth inside one *umg*
Inuit *m/f* Inuit
Inuktitut *n Sprache der Inuit* Inuktitut
Invalide *m*, **Invalidin** *f Behinderte(r)* disabled person; *Langzeitkranke(r)* invalid
Invalidenrente *f* disability pension

Invalidität f disability
Invasion f invasion
Inventar n ① (≈ Verzeichnis) inventory; HANDEL assets and liabilities pl; **das ~ aufnehmen** to do the inventory ② (≈ Einrichtung) fittings pl Br, equipment; (≈ Maschinen) equipment kein pl, plant kein pl; **er gehört schon zum ~** fig he's part of the furniture
Inventur f stocktaking; **~ machen** to stocktake
Inversion f GRAM, LIT inversion
investieren v/t & v/i to invest
Investition f investment
Investitionsfonds m **Europäischer ~ (EIF)** European Investment Fund (EIF)
Investitionsgut n item of capital expenditure; **Investitionsgüter** capital goods pl
Investment n investment
Investmentbank f investment bank
Investmentfonds m investment fund
Investmentgesellschaft f investment trust
Investor(in) m(f) investor
In-vitro-Fertilisation f in vitro fertilization
involvieren geh v/t to involve
inwendig umg adj **j-n/etw in- und auswendig kennen** to know sb/sth inside out
inwiefern, inwieweit adv im Satz to what extent; alleinstehend in what way
Inzest m incest kein pl
inzestuös adj incestuous
Inzucht f inbreeding
inzwischen adv (in the) meantime, meanwhile; **er hat sich ~ verändert** he's changed since (then)
IOK abk (= Internationales Olympisches Komitee) IOC
Ion n ion
iPad® n IT iPad®
IP-Adresse f IT IP address
iPhone® n IT, TECH iPhone®
iPod® m iPod®
i-Punkt m dot on the i
IQ m abk (= Intelligenzquotient) IQ
Irak m **(der) ~** Iraq
Iraker(in) m(f) Iraqi
irakisch adj Iraqi
Iran m **(der) ~** Iran
Iraner(in) m(f) Iranian
iranisch adj Iranian
irdisch adj earthly kein adv
Ire m Irishman, Irish boy; **die Iren** the Irish
irgend adv at all; **wenn ~ möglich** if it's at all possible; **~ so ein Tier** some animal
irgendein indef pr some; fragend, verneinend any; **ich will nicht ~ Buch** I don't want just any book, I don't want just any old book umg; **haben Sie noch ~en Wunsch?** is there anything else you would like?
irgendeine(r, s) indef pr nominal bei Personen somebody, someone; bei Dingen something; fragend, verneinend anybody, anything
irgendetwas indef pr something; fragend, verneinend anything; **habt ihr ~ Besonderes gemacht?** did you do anything special?
irgendjemand indef pr somebody; fragend, verneinend anybody; **ich bin nicht ~** I'm not just anybody
irgendwann adv some time
irgendwas umg indef pr → irgendetwas
irgendwelche(r, s) indef pr some; fragend, verneinend any
irgendwer umg indef pr → irgendjemand
irgendwie adv somehow (or other); **ich mag ihn ~** I sort of like him; **~ unheimlich** kind of scary; **ist es ~ möglich?** is it at all possible?; **kannst du dir das ~ vorstellen?** can you possibly imagine it?
irgendwo adv somewhere (or other), someplace bes US umg; fragend, verneinend anywhere, any place bes US umg
irgendwoher adv from somewhere (or other), from someplace bes US umg; fragend, verneinend from anywhere od any place bes US umg
irgendwohin adv somewhere (or other), someplace bes US umg; fragend, verneinend anywhere, any place bes US umg
Irin f Irishwoman, Irish girl; **sie ist ~** she is Irish
Iris f iris
irisch adj Irish
Irland n Ireland; (≈ Republik Irland) Eire
irländisch adj Irish
Ironie f irony
ironisch Ⓐ adj ironic, ironical Ⓑ adv ironically
irrational Ⓐ adj irrational Ⓑ adv irrationally
Irrationalität f irrationality
irre Ⓐ adj ① (≈ geistesgestört) mad; **~s Zeug reden** fig to say crazy things ② (≈ verwirrt) confused ③ obs umg Party, Hut umg wild umg Ⓑ adv umg (≈ sehr) incredibly umg; **~ gut** brilliant umg
Irre f **j-n in die ~ führen** to lead sb astray
irreal adj unreal
irreführen v/t to mislead; **sich ~ lassen** to be misled
irreführend adj misleading
irrelevant adj irrelevant (**für** for, to)
irremachen v/t to confuse, to muddle
irren Ⓐ v/i ① (≈ sich täuschen) to be mistaken od wrong; **Irren ist menschlich** sprichw to err is human sprichw ② (≈ umherschweifen) to wander Ⓑ v/r to be mistaken od wrong; **sich in j-m ~** to be mistaken od wrong about sb; **wenn ich mich nicht irre ...** if I'm not mistaken ...
Irrenhaus n **hier geht es zu wie im ~** it's like a

madhouse here
irreparabel *adj* irreparable
Irre(r) *m/f(m)* lunatic
Irrfahrt *f* wandering
Irrgarten *m* maze, labyrinth
Irrglaube(n) *m* heresy; (≈ *irrige Ansicht*) mistaken belief
irrig *adj* incorrect
irrigerweise *adv* wrongly
Irritation *f* irritation
irritieren *v/t* (≈ *verwirren*) to confuse; (≈ *ärgern*) to irritate
irritierend *adj* exasperating, annoying
Irrsinn *m* madness
irrsinnig **A** *adj* umg (≈ *stark*) terrific; **wie ein Irrsinniger** like a madman **B** *adv* like crazy umg; **~ viel** a hell of a lot umg
Irrtum *m* mistake; **ein ~ von ihm** a mistake on his part; **im ~ sein** to be wrong; **~ vorbehalten!** HANDEL errors excepted
irrtümlich **A** *adj* erroneous **B** *adv* erroneously; (≈ *aus Versehen*) by mistake
irrtümlicherweise *adv* erroneously; (≈ *aus Versehen*) by mistake
Irrweg fig *m* **auf dem ~ sein** to be on the wrong track; **auf ~e geraten** to go astray
ISBN *f abk* (= *internationale Standardbuchnummer*) ISBN, international standard book number
Ischias *m/n* sciatica
Ischiasnerv *m* sciatic nerve
ISDN *abk* (= *integrated services digital network*) ISDN
ISDN-Anlage *f* TEL ISDN connection
ISDN-Anschluss *m* ISDN connection *od* access
ISDN-Netz *n* TEL ISDN network
Islam *m* Islam
islamfeindlich *adj* islamophobic
islamisch *adj* Islamic
Islamisierung *f* Islamization
Islamist(in) *m(f)* Islamist
islamistisch *adj* Islamist, Islamic fundamentalist
Islamophobie *f* islamophobia
Island *n* Iceland
Isländer(in) *m(f)* Icelander
isländisch *adj* Icelandic
Isolation *f* **1** isolation **2** ELEK *etc* insulation
Isolationshaft *f* solitary confinement
Isolierband *n* insulating tape, friction tape US
isolieren **A** *v/t* **1** to isolate; *Menschen von anderen* to segregate; **völlig isoliert leben** to live in complete isolation **2** *elektrische Leitungen, Fenster* to insulate **B** *v/r* to isolate oneself
Isolierkanne *f* Thermos® flask, vacuum flask
Isolierstation *f* isolation ward
Isoliertheit *f* isolatedness
Isolierung *f* → Isolation
Isomatte *f* foam mattress
Isotop *n* isotope
Israel *n* Israel
Israeli *m/f* Israeli
israelisch *adj* Israeli
Istbestand *m* (≈ *Geld*) cash in hand; (≈ *Waren*) actual stock
Istzustand *m* actual state *od* status
IT *f abk* (= *Informationstechnologie*) IT
Italien *n* Italy
Italiener(in) *m(f)* Italian; **zum ~ gehen** to go to an/the Italian restaurant
italienisch *adj* Italian
IT-Dienstleister *m* IT support company
i-Tüpfelchen *n* dot (on the/an i); **bis aufs ~** fig (right) down to the last (little) detail

J

J, j *n* J, j
ja *adv* yes; *bei Trauung* I do; **ich glaube ja** (yes,) I think so; **wenn ja** if so; **ich habe gekündigt — ja?** I've quit — really?; **ja, bitte?** yes?; **aber ja!** but of course; **ach ja!** oh yes; **sei ja vorsichtig!** be careful; **vergessen Sie es JA nicht!** don't forget, whatever you do!; **sie ist ja erst fünf** (after all) she's only five; **das ist ja richtig, aber …** that's (certainly) right, but …; **da kommt er ja** there he is; **das ist es ja** that's just it; **das sag ich ja!** that's just what I say; **Sie wissen ja, dass …** as you know …; **das ist ja fürchterlich** that's (just) terrible; **du rufst mich doch an, ja?** you'll give me a call, won't you?
Ja *n* yes; **mit Ja antworten/stimmen** to answer/vote yes
Jacht *f* yacht
Jacke *f* jacket, coat bes US; (≈ *Wolljacke*) cardigan; **das ist ~ wie Hose** umg it's six of one and half a dozen of the other umg
Jackentasche *f* pocket
Jacketkrone *f* jacket crown
Jackett *n* jacket, coat bes US
Jackpot *m* im Lotto etc rollover jackpot
Jade *m/f* jade
Jagd *f* hunt; (≈ *das Jagen*) hunting, fig chase (**nach** after); **auf die ~ (nach etw) gehen** to go hunting (for sth); **die ~ nach Geld** the pursuit of money
Jagdbomber *m* fighter bomber

Jagdflugzeug n fighter plane od aircraft
Jagdgebiet n hunting ground
Jagdgewehr n hunting rifle
Jagdhund m hunting dog, hound
Jagdhütte f hunting lodge
Jagdrevier n shoot
Jagdschein m hunting licence Br, hunting license US
Jagdschloss n hunting lodge
Jagdverbot n ban on hunting
Jagdwild n game
Jagdzeit f hunting od shooting season
jagen A v/t 1 to hunt 2 (≈ hetzen, verfolgen) to chase; **j-n in die Flucht ~** to put sb to flight; **j-n aus dem Haus ~** to drive sb out of the house; **mit diesem Essen kannst du mich ~** umg I wouldn't eat this if you paid me B v/i 1 to hunt 2 (≈ rasen) to race; **nach etw ~** to chase after sth
Jagen n hunting
Jäger m 1 hunter, huntsman 2 (≈ Jagdflugzeug) fighter (plane)
Jägerei f hunting
Jägerin f huntress, huntswoman
Jägerschnitzel n veal or pork cutlet with mushrooms and peppers
Jaguar m jaguar
jäh A adj 1 (≈ plötzlich) sudden 2 (≈ steil) sheer B adv 1 (≈ plötzlich) suddenly; **enden** abruptly 2 (≈ steil) steeply
Jahr n year; **ein halbes ~** six months sg od pl; **ein drei viertel ~** nine months sg od pl; **im ~(e) 1066** in (the year) 1066; **die sechziger ~e** the sixties sg od pl; **alle ~e** every year; **(ein) gutes neues ~!** Happy New Year!; **alle ~e wieder** year after year; **pro ~** a year; **noch nach ~en** years later; **nach ~ und Tag** after (many) years; **mit den ~en** over the years; **zwischen den ~en** umg between Christmas and New Year; **er ist zehn ~e (alt)** he is ten years old; **Personen über 18 ~e** people over (the age of) 18; **in die ~e kommen** umg to be getting on (in years); **in den besten ~en sein** to be in the prime of one's life; **mit den ~en** as one gets older
jahraus adv **~, jahrein** year in, year out
Jahrbuch n yearbook; (≈ Kalender) almanac
jahrelang A adj long-term attr, years of präd B adv for years
jähren v/r **heute jährt sich der Tag, an dem ...** it's a year ago today that ...
Jahresabonnement n annual od yearly subscription
Jahresabschluss m HANDEL annual accounts pl
Jahresanfang m, **Jahresbeginn** m beginning of the year
Jahresausgabe f yearbook
Jahresbeitrag m annual subscription
Jahresbericht m annual report
Jahresbilanz f WIRTSCH annual balance sheet
Jahresdurchschnitt m annual od yearly average
Jahreseinkommen n annual income
Jahresende n end of the year
Jahreshauptversammlung f HANDEL annual general meeting, AGM
Jahreskarte f annual season ticket
Jahresring m eines Baumes annual ring
Jahresrückblick m review of the year's events
Jahrestag m anniversary
Jahreswechsel m new year
Jahreszahl f date, year
Jahreszeit f season
Jahrgang m 1 year; **er ist ~ 1998** he was born in 1998; **er ist mein ~** we were born in the same year 2 von Wein vintage
Jahrgangselternbeirat m SCHULE council which represents parents of pupils in a particular year at a school
Jahrgangsstufe f year
Jahrhundert n century
jahrhundertealt adj centuries-old
jahrhundertelang A adj centuries of B adv for centuries
Jahrhundertwende f turn of the century
-jährig adj **ein dreijähriges Kind** a three-year-old child; **nach zweijähriger Abwesenheit** after a two-year absence
jährlich A adj annual, yearly B adv every year; HANDEL per annum, annually; **zweimal ~** twice a year
Jahrmarkt m (fun-)fair
Jahrtausend n millennium
Jahrtausendwende f millennium
Jahrzehnt n decade
jahrzehntelang A adj decades of; **eine ~e Entwicklung** a development lasting decades B adv for decades
Jähzorn m violent temper
jähzornig adj irascible; (≈ erregt) furious
Jakobsmuschel f scallop
Jalousie f venetian blind Br, jalousie US
Jalta n Yalta
Jamaika n Jamaica
Jamaikakoalition f, **Jamaika-Koalition** f POL Koalition von CDU|CSU, FDP und Grünen German government coalition comprising CDU/CSU, FDP and Green parties
Jammer m (≈ Elend) misery; **es wäre ein ~, wenn ...** umg it would be a crying shame if ... umg
Jammerlappen sl m wet umg, sissy umg
jämmerlich A adj pitiful; umg Entschuldigung etc

pathetic *umg*; Feigling terrible **B** *adv* sterben etc pitifully; versagen miserably

jammern *v/i* (≈ wehklagen) to wail (**über** +akk over); (≈ lamentieren) to moan; (≈ nörgeln) to whinge *Br*

jammerschade *adj* **es ist ~** *umg* it's a terrible pity

Jamsession *f* jam

Janker *m* bes österr Tyrolean jacket; (≈ Strickjacke) cardigan

Jänner *m* österr, schweiz January; → März

Januar *m* January; → März

Japan *n* Japan

Japaner(in) *m(f)* Japanese (man/woman)

japanisch *adj* Japanese

Japanisch *n* Japanese

japsen *umg v/i* to pant

Jargon *m* jargon

Jasager *m* yes man

Jasagerin *f* yes woman

Jasmin *m* jasmine

Jastimme *f* vote in favour (of) *Br*, vote in favor (of) *US*

jäten *v/t & v/i* to weed

Jauche *f* liquid manure

Jauchegrube *f* cesspool; AGR liquid manure pit

jauchzen *geh v/i* to rejoice *liter*

jaulen *v/i* to howl; *wörtl* to yowl

Jause *f* österr break (for a snack); (≈ Proviant) snack

jausnen *v/i* österr to stop for a snack; *auf Arbeit* to have a tea break *Br*, to have a coffee break *US*

Java *n* Java

javanisch *adj* Javanese

jawohl *adv* yes; MIL yes, sir; SCHIFF aye, aye, sir

Jawort *n* **j-m das ~ geben** to say yes to sb; *bei Trauung* to say "I do"

Jazz *m* jazz

Jazzband *f* jazz band

Jazzkeller *m* jazz club

Jazzsänger(in) *m(f)* jazz singer

je A *adv* **1** (≈ jemals) ever **2** (≈ jeweils) every, each; **für je drei Stück zahlst du einen Euro** you pay one euro for (every) three; **ich gebe euch je zwei Äpfel** I'll give you two apples each **B** *konj* **1** **je eher, desto besser** the sooner the better; **je länger, je lieber** the longer the better **2 je nach** according to, depending on; **je nachdem** it all depends

Jeans *pl* jeans *pl*

Jeansanzug *m* denim suit

Jeanshose *f* → Jeans

Jeansjacke *f* denim jacket

Jeansstoff *m* denim

jedenfalls *adv* in any case; (≈ sowieso) anyway; (≈ zumindest) at least

jede(r, s) *indef pr* **1** (≈ einzeln) each; *bes von zweien* either; (≈ jeder von allen) every; (≈ jeder beliebige) any; **~s Mal** every time; **~s Mal, wenn** whenever; **~n Tag** daily **2** (≈ einzeln) each (one); (≈ jeder von allen) everyone, everybody; (≈ jeder Beliebige) anyone; **~r von uns** each (one)/every one/any one of us; **~r Zweite** every other *od* second one; **~r für sich** everyone for himself; **das kann ~r** anyone can do that; **das kann nicht ~r** not everyone can do that

jedermann *indef pr* everyone, everybody; (≈ jeder Beliebige a.) anyone, anybody; **das ist nicht ~s Sache** it's not everyone's cup of tea *umg*

jederzeit *adv* at any time, anytime

jedoch *konj & adv* however

jegliche(r, s) *indef pr adjektivisch* any; *substantivisch* each (one)

jeher *adv* **von** *od* **seit ~** always

jein *hum adv* yes and no

jemals *adv* ever

jemand *indef pr* somebody, someone; *bei Fragen, Negation* anybody; **~ Neues** somebody new; **~ anders** somebody else

Jemen *m* **der ~** Yemen

jene(r, s) *geh dem pr* **1** *adjektivisch* that; *pl* those; **an ~m Tag** that day; **in ~r Zeit** at that time, in those times **2** *substantivisch* that one; *pl* those (ones)

jenseits A *präp* on the other side of; **2 km ~ der Grenze** 2 kms beyond the border **B** *adv* **~ von** on the other side of

Jenseits *n* hereafter, next world

Jesuit *m* Jesuit

Jesus *m* Jesus; **~ Christus** Jesus Christ

Jet *umg m* jet

Jetlag *m* jetlag

Jeton *m* chip

Jetset *umg m* jet set

jetten *umg v/i* to jet *umg*

jetzig *adj* present *attr*, current; **in der ~en Zeit** in present times

jetzt *adv* now; **bis ~** so far; **~ gleich** right now; **~ gerade, ~ sofort** right now; **~ noch?** (what,) now?; **~ oder nie!** (it's) now or never!

Jetzt *geh n* present

jeweilig *adj* respective; (≈ vorherrschend) prevailing; **die ~e Regierung** the government of the day

jeweils *adv* at a time, at any one time; (≈ jedes Mal) each time; **~ am Monatsletzten** on the last day of each month

JH *abk* (= Jugendherberge) Y.H.

jiddisch *adj* Yiddish

Job *umg m* job

jobben *umg v/i* to work

Jobbörse *f* job exchange

Jobcenter *n* job centre, employment office *US*
Jobkiller *umg m* job killer
Jobmaschine *f umg* job-creation machine
Jobsharing *n* job sharing
Jobsuche *f* job hunting; **auf ~ sein** to be looking for a job
Jobverlust *m* WIRTSCH redundancy, losing one's job; **~e** job losses
Joch *n* yoke
Jochbein *n* cheekbone
Jockey *m* jockey
Jod *n* iodine
jodeln *v/t & v/i* to yodel
jodiert *adj* **~es Speisesalz** iodized table salt
Jodsalz *n* iodized salt
Joga *m/n* yoga
joggen *v/i* to jog
Jogger(in) *m(f)* jogger
Jogging *n* jogging
Jogginganzug *m* jogging suit
Jogginghose *f* jogging pants *pl*, joggers *pl*, sweatpants *pl US*
Joggingschuh *m* jogging shoe
Jog(h)urt *m/n* yog(h)urt
Jog(h)urtbereiter *m* yog(h)urt maker
Jog(h)urtdrink *m*, **Jog(h)urtgetränk** *n* yog(h)urt drink
Johannisbeere *f* **Rote ~** redcurrant; **Schwarze ~** blackcurrant
Johanniskraut *n* St. John's wort
johlen *v/i* to howl
Joint *umg m* joint *umg*
Joint Venture *n* HANDEL joint venture
Jo-Jo *n* yo-yo
Jo-Jo-Effekt *m* yo-yo effect
Joker *m* KART joker; IT wild card; *fig* trump card
Jongleur(in) *m(f)* juggler
jonglieren *wörtl, fig v/i* to juggle
Jordanien *n* Jordan
Jordanier(in) *m(f)* Jordanian (man/woman)
jordanisch *adj* Jordanian
Joule *n* joule
Journal *n* HANDEL daybook
Journalismus *m* journalism
Journalist(in) *m(f)* journalist
journalistisch A *adj* journalistic B *adv* **~ arbeiten** to work as a journalist; **etw ~ aufbereiten** to edit sth for journalistic purposes
jovial A *adj* jovial B *adv* jovially
Jovialität *f* joviality
Joystick *m* COMPUT joystick
Jubel *m* jubilation; (≈ *Jubelrufe*) cheering; **~, Trubel, Heiterkeit** laughter and merriment
jubeln *v/i* to cheer
Jubeln *n* cheer
Jubilar(in) *m(f)* person celebrating an anniversary
Jubiläum *n* jubilee; (≈ *Jahrestag*) anniversary
Jubiläumsfeier *f* jubilee/anniversary celebrations *pl*
jucken A *v/t & v/i* to itch; **es juckt mich am Rücken** my back itches; **es juckt mich, das zu tun** *umg* I'm itching to do it *umg*; **das juckt mich doch nicht** *umg* I don't care B *v/r* (≈ *kratzen*) to scratch
Juckreiz *m* itching
Jude *m* Jew, Jewish man, Jewish boy; **er ist ~** he's Jewish; he is a Jew *pej*; **die ~n** the Jewish people; *historisch, politisch* the Jews *pej*
judenfeindlich *adj* anti-Semitic
Judentum *n* 1 (≈ *Judaismus*) Judaism 2 (≈ *Gesamtheit der Juden*) Jews *pl*
Judenverfolgung *f* persecution of (the) Jews
Jüdin *f* Jew, Jewish woman, Jewish girl; **sie ist ~** she's Jewish; she is a Jew *pej*
jüdisch *adj* Jewish
Judo *n* judo; **~ machen** to do judo
Jugend *f* youth; **von ~ an** *od* **auf** from one's youth; **die ~ von heute** young people *od* the youth of today
Jugend- *zssgn* SPORT junior
Jugendalter *n* adolescence
Jugendamt *n* youth welfare department
Jugendarbeit *f* (≈ *Jugendamt*) youth work
Jugendarbeitslosigkeit *f* youth unemployment
Jugendarrest *m* JUR detention
Jugendbande *f* gang of youths
Jugendbuch *n* book for young people
jugendfrei *adj* suitable for young people; *Film* U(-certificate) *Br*, G *US*
Jugendfreund(in) *m(f)* friend of one's youth
jugendgefährdend *adj* liable to corrupt the young
Jugendgericht *n* juvenile court
Jugendgruppe *f* youth group
Jugendherberge *f* youth hostel
Jugendherbergsausweis *m* youth hostelling card *Br*, youth hostel ID *US*
Jugendhilfe *f* ADMIN help for young people
Jugendjahre *pl* days *pl* of one's youth
Jugendklub *m* youth club
Jugendkriminalität *f* juvenile delinquency
jugendlich A *adj* (≈ *jung*) young; (≈ *jung wirkend*) youthful; *im Teenageralter* teenage; **ein ~er Täter** a young offender; **~er Leichtsinn** youthful frivolity B *adv* youthfully; **sich ~ geben** to appear youthful
Jugendliche(r) *m/f(m)* adolescent; *männlich a.* youth; teen(ager); *sehr jung* kid
Jugendlichkeit *f* youthfulness
Jugendliebe *f* 1 young love 2 (≈ *Geliebter*) love

of one's youth
Jugendmannschaft f youth team
Jugendmeisterschaft f junior od youth championships pl
Jugendpflege f youth welfare
Jugendrecht n law relating to young persons
Jugendrichter(in) m(f) JUR magistrate (in a juvenile court)
Jugendschutz m protection of children and young people
Jugendstil m KUNST Art Nouveau
Jugendstrafanstalt f young people's detention centre, US a. reformatory
Jugendstrafe f detention ohne art in a young offenders' institution, detention ohne art in a juvenile correction institution US
Jugendsünde f youthful misdeed
Jugendtraum m youthful dream
Jugendtreffen n rally
Jugendwahn m Gesellschaft obsession with youth
Jugendzeit f youth, younger days pl
Jugendzentrum n youth centre Br, youth center US
Jugoslawien n HIST Yugoslavia
jugoslawisch adj HIST Yugoslav(ian)
juhu int Jubel yippee, hooray; Zuruf yoo-hoo
Juli m July; → **März**
Jumbo(jet) m jumbo (jet)
jung adj young; **~er Hund** puppy; **Jung und Alt** (both) young and old; **von ~ auf** from one's youth; **~ aussehen** to look young; **~ sterben** to die young
Junge m boy; **~, ~!** umg boy oh boy umg; **alter ~** umg my old pal umg
jungenhaft adj boyish
Jungenschule f boys' school
Jungenstreich m boyish prank
Junge(r) umg m/f(m) **die ~n** the young ones
jünger adj 1 younger; **der Jüngere** im Geschäftsleben junior; **Holbein der Jüngere** Holbein the Younger; **sie sieht ~ aus, als sie ist** she looks younger than she is, she doesn't look her age 2 Geschichte etc recent
Jünger m BIBEL, a. fig disciple
Jüngerin f fig disciple
Junge(s) n ZOOL young one; von Hund pup(py); von Katze kitten; von Wolf, Löwe, Bär cub; von Vogel young bird; **die ~n** the young
Jungfer f **eine alte ~** an old maid
Jungfernfahrt f maiden voyage
Jungfernflug m maiden flight
Jungfernhäutchen n ANAT hymen
Jungfrau f 1 virgin 2 ASTROL Virgo; **(eine) ~ sein** to be (a) Virgo
jungfräulich adj virgin

Jungfräulichkeit f virginity
Junggeselle m bachelor
Junggesellenbude umg f bachelor pad umg
Junggesellendasein n bachelor's life
Junggesellenzeit f bachelor days pl
Junggesellin f single woman
Junglehrer(in) m(f) student teacher
Jüngling liter, hum m youth
jüngste(r, s) adj 1 youngest 2 Werk, Ereignis latest, (most) recent; Zeit, Vergangenheit recent; **in der ~n Zeit** recently; **das Jüngste Gericht** the Last Judgement; **der Jüngste Tag** Doomsday, the Day of Judgement; **sie ist auch nicht mehr die Jüngste** she's no (spring) chicken umg
Jungtier n young animal
Jungunternehmer(in) m(f) young entrepreneur, young businessman/-woman
Jungverheiratete(r) m/f(m) newly-wed
Jungwähler(in) m(f) young voter
Juni m June; → **März**
junior adj **Franz Schulz ~** Franz Schulz, Junior
Junior m 1 junior 2 (a. **~chef**) boss's son, son of the boss
Juniorchef m boss's son, son of the boss
Junioren- zssgn junior
Juniorin f SPORT junior
Juniorpartner(in) m(f) HANDEL junior partner
Juniorpass m BAHN ≈ young person's railcard Br, ≈ youth railroad pass US
Juniorprofessor(in) m(f) assistant professor
Juniorprofessur f assistant professorship
Junkfood umg n junk food
Junkie umg m junkie umg
Junkmail f junk mail
Junta f POL junta
Jupe m schweiz skirt
Jupiter m ASTRON Jupiter
Jura[1] ohne Artikel UNIV law
Jura[2] m **der Kanton ~** the canton of Jura
jurassisch adj GEOL Jurassic
Jurist(in) m(f) jurist; (≈ Student) law student; (≈ Anwalt) lawyer
Juristendeutsch n legalese pej, legal jargon
juristisch A adj legal; **die ~e Fakultät** the Faculty of Law B adv legally; **etw ~ betrachten** to consider the legal aspects of sth
Juror(in) m(f) member of the jury
Jury f jury sg od pl
Jus bes österr, schweiz n → **Jura**[1]
justieren v/t to adjust; TYPO, IT to justify
Justierung f adjustment; TYPO, IT justification
Justiz f als Prinzip justice; als Institution judiciary; (≈ die Gerichte) courts pl
Justizbeamte(r) m, **Justizbeamtin** f judicial officer
Justizbehörde f legal authority

Justizgebäude *n* law courts *pl*
justiziell *adj* judicial; **Europäisches Justizielles Netz für Strafsachen** European Judicial Network in Criminal Matters; **~e Zusammenarbeit** judicial cooperation
Justizirrtum *m* miscarriage of justice, judicial error *bes US*
Justizminister(in) *m(f)* minister of justice, justice minister
Justizministerium *n* ministry of justice, ≈ Department of Justice *US*
Jute *f* jute
Juwel *m/n* jewel; **~en** (≈ *Schmuck*) jewellery *Br*, jewelery *US*
Juwelier(in) *m(f)* jeweller *Br*, jeweler *US*; (≈ *Geschäft*) jewel(l)er's (shop)
Juweliergeschäft *n* jeweller's (shop) *Br*, jeweler's (shop) *US*
Jux *umg m* **etw aus Jux tun** to do sth as a joke; **sich** (*dat*) **einen Jux aus etw machen** to make a joke (out) of sth
juxen *umg v/i* to joke

K

K, k *n* K, k
Kabarett *n* cabaret; (≈ *Darbietung*) cabaret (show); **ein politisches ~** a satirical political revue
Kabarettist(in) *m(f)* cabaret artist
kabbeln *umg v/i & v/r* to bicker
Kabel *n* ELEK wire; (≈ *Telefonkabel*) cord; (≈ *Stromleitung*) cable
Kabelanschluss *m* TV cable connection
Kabelfernsehen *n* cable television
Kabeljau *m* cod
Kabelkanal *m* TV cable channel
kabellos *adj* TEL cordless; IT wireless
Kabine *f* (≈ *Umkleidekabine, Duschkabine*) cubicle; SCHIFF, FLUG cabin
Kabinenbahn *f* cable railway *Br*, aerial tramway *US*
Kabinentrolley *m* carry-on trolley case *Br*, carry-on roller *US*
Kabinett *n* POL cabinet
Kabinettsbeschluss *m* cabinet decision
Kabinettsumbildung *f* cabinet reshuffle
Kabis *schweiz m* → **Kohl**
Kabrio(lett) *n* AUTO convertible
Kachel *f* (glazed) tile; **etw mit ~n auslegen** to tile sth

kacheln *v/t* to tile
Kachelofen *m* tiled stove
Kacke *vulg f* crap *sl*, shit *sl*; **so 'ne ~** shit *sl*
kacken *vulg v/i* to crap *sl*
Kadaver *m* carcass
Kader *m* MIL, POL cadre; SPORT squad
Kadett(in) *m(f)* MIL cadet
Kadi *obs umg m* **j-n vor den ~ schleppen** to take sb to court
Kadmium *n* cadmium
Käfer *m* beetle; *allgemeiner* bug
Kaff *umg n* dump *umg*
Kaffee *m* coffee; **zwei ~, bitte!** two coffees, please; **~ zum Mitnehmen** coffee to go; **~ kochen** to make coffee; **das ist kalter ~** *umg* that's old hat *umg*; **~ und Kuchen** coffee and cakes, ≈ afternoon tea *Br*
Kaffeeautomat *m* coffee machine *od* dispenser
Kaffeebohne *f* coffee bean
Kaffeefahrt *f* cheap coach trip combined with a sales promotion
Kaffeefilter *m* coffee filter
Kaffeehaus *n* café
Kaffeekanne *f* coffeepot
Kaffeekapsel *f* coffee pod
Kaffeeklatsch *umg m* coffee klatsch *US*, ≈ coffee morning *Br*
Kaffeelöffel *m* coffee spoon
Kaffeemaschine *f* coffee machine
Kaffeemühle *f* coffee grinder
Kaffeepad *n* coffee pad
Kaffeepause *f* coffee break
Kaffeesahne *f* (coffee) cream
Kaffeesatz *m* coffee grounds *pl*
Kaffeeservice *n* coffee set
Kaffeetasse *f* coffee cup
Käfig *m* cage; *für Kaninchen* hutch
kahl *adj* bald; (≈ *kahl geschoren*) shaved; *Wand, Raum, Baum* bare; *Landschaft* barren; **eine ~e Stelle** a bald patch; **~ werden** *Mensch* to go bald; *Baum* to lose its leaves
Kahlheit *f* baldness; *von Wand, Raum, Baum* bareness; *von Landschaft* barrenness
Kahlkopf *m* bald head; (≈ *Mensch*) bald person; **ein ~ sein** to be bald
kahlköpfig *adj* baldheaded
Kahlschlag *m* **1** deforestation **2** *umg* (≈ *Abriss*) demolition
Kahn *m* **1** (small) boat; (≈ *Stechkahn*) punt; **~ fahren** to go boating/punting **2** (≈ *Lastschiff*) barge
Kahnfahrt *f* row; *in Stechkahn* punt
Kai *m* quay
Kaimauer *f* quay wall
Kairo *n* Cairo
Kaiser *m* emperor; **der deutsche ~** the Kaiser
Kaiserin *f* empress

Kaiserkrone f imperial crown
kaiserlich adj imperial
Kaiserreich n empire
Kaiserschmarren m, **Kaiserschmarrn** österr, südd m sugared, cut-up pancake with raisins
Kaiserschnitt m Caesarean (section)
Kajak m/n kayak; **~ fahren** to go kayaking
Kajakfahren n kayaking
Kajalstift m kohl eye pencil
Kajüte f cabin
Kakadu m cockatoo
Kakao m cocoa; **j-n durch den ~ ziehen** umg (≈ veralbern) to make fun of sb
Kakaobohne f cocoa bean
Kakaopulver n cocoa powder
Kakerlak m, **Kakerlake** f cockroach
kaki adj khaki
Kaktee f, **Kaktus** m cactus
Kalauer m corny joke; (≈ Wortspiel) corny pun
Kalb n calf
kalben v/i to calve
Kalbfleisch n veal
Kalbsbraten m roast veal
Kalbsfell n (≈ Fell) calfskin
Kalbshaxe f GASTR knuckle of veal
Kalbsleder n calfskin
Kalbsschnitzel n veal cutlet
Kaleidoskop n kaleidoscope
Kalender m calendar; (≈ Terminkalender) diary
Kalenderjahr n calendar year
Kali n potash
Kaliber n calibre Br, caliber US
Kalifornien n California
Kalium n potassium
Kalk m lime; zum Tünchen whitewash; ANAT calcium; **gebrannter ~** quicklime
Kalkboden m chalky soil
kalken v/t (≈ tünchen) to whitewash
Kalkgrube f lime pit
kalkhaltig adj Boden chalky; Wasser hard
Kalkmangel m MED calcium deficiency
Kalkstein m limestone
Kalkulation f calculation
kalkulierbar adj calculable
kalkulieren v/t to calculate
Kalorie f calorie
kalorienarm **A** adj low-calorie **B** adv **sich ~ ernähren** to have a low-calorie diet; **~ essen** to eat low-calorie food
Kalorienbombe umg f **das ist eine richtige ~** it's got loads of calories umg
kalorienreich adj high-calorie; **sich ~ ernähren** to have a high-calorie diet
kalt **A** adj cold; **mir ist/wird ~** I am/I'm getting cold; **j-m die ~e Schulter zeigen** to give sb the cold shoulder; **~es Grausen überkam mich** my blood ran cold; **der Kalte Krieg** the Cold War **B** adv **~ duschen** to take a cold shower; **etw ~ stellen** to put sth to chill; **~ gepresst** Öl cold-pressed; **da kann ich nur ~ lächeln** umg that makes me laugh; **j-n ~ erwischen** to shock sb
kaltbleiben fig v/i to remain unmoved
Kaltblüter m ZOOL cold-blooded animal
kaltblütig **A** adj fig cold-blooded; (≈ gelassen) cool **B** adv cold-bloodedly
Kaltblütigkeit fig f cold-bloodedness; (≈ Gelassenheit) cool(ness)
Kälte f **1** von Wetter etc cold; (≈ Kälteperiode) cold spell; **fünf Grad ~** five degrees below freezing **2** fig coldness, coolness
kältebeständig adj cold-resistant
Kälteeinbruch m (sudden) cold spell; **für kurze Zeit** cold snap
kälteempfindlich adj sensitive to cold
Kältegefühl n feeling of cold(ness)
Kälteperiode f cold spell
Kältetechnik f refrigeration technology
Kältetod m **den ~ sterben** to freeze to death
kälteunempfindlich adj insensitive to cold
Kältewelle f cold spell
Kaltfront f METEO cold front
kaltgepresst adj → kalt
kaltherzig adj cold-hearted
Kaltherzigkeit f cold-heartedness
kaltlassen fig v/t **j-n ~** to leave sb cold
Kaltluft f METEO cold air
kaltmachen sl v/t to do in umg
Kaltmiete f rent exclusive of heating
kaltschnäuzig umg **A** adj (≈ gefühllos) callous; (≈ unverschämt) insolent **B** adv (≈ gefühllos) callously; (≈ unverschämt) insolently
Kaltstart m AUTO, IT cold start
Kalzium n calcium
Kambodscha n Cambodia
Kambodschaner(in) m(f) Cambodian (man/woman)
kambodschanisch adj Cambodian
Kamel n camel; **ich ~!** umg silly me!
Kamelle umg f **das sind doch alte** od **olle ~n** that's old hat umg
Kamera f camera
Kamerad(in) m(f) MIL etc comrade; (≈ Gefährte) companion; (≈ Kumpel) buddy, mate
Kameradschaft f camaraderie
kameradschaftlich adj comradely
Kamerafrau f camerawoman
Kameraführung f camera work
Kameramann m cameraman
Kameraüberwachung f closed circuit television, CCTV
Kamerawinkel m angle
Kamerun n the Cameroons pl

Kamikaze *m* kamikaze
Kamikazeflieger(in) *m(f)* kamikaze pilot
Kamille *f* camomile
Kamillentee *m* camomile tea
Kamin *dial m/n* **1** (≈ *Schornstein*) chimney; (≈ *Abzugsschacht*) flue **2** (≈ *Feuerstelle*) fireplace; **wir saßen am ~** we sat by *od* in front of the fire
Kaminfeuer *n* fire
Kaminsims *m/n* mantelpiece
Kamm *m* **1** comb; **alle/alles über einen ~ scheren** *fig* to lump everyone/everything together **2** (≈ *Gebirgskamm*) crest
kämmen **A** *v/t* to comb **B** *v/r* to comb one's hair
Kammer *f* **1** PARL chamber; (≈ *Ärztekammer etc*) professional association **2** (≈ *Zimmer*) (small) room
Kammerdiener *m* valet
Kammerjäger(in) *m(f)* (≈ *Schädlingsbekämpfer*) pest controller *Br*, exterminator *US*
Kammermusik *f* chamber music
Kammerorchester *n* chamber orchestra
Kammerzofe *f* chambermaid
Kammgarn *n* worsted
Kammmuschel *f* scallop
Kampagne *f* campaign; **eine ~ starten** to launch a campaign
Kampf *m* fight (**um** for); MIL (≈ *Gefecht*) battle; (≈ *Boxkampf*) fight; **j-m/einer Sache den ~ ansagen** *fig* to declare war on sb/sth; **die Kämpfe einstellen** to stop fighting; **der ~ ums Dasein** the struggle for existence; **der ~ um die Macht** the battle for power; **ein ~ auf Leben und Tod** a fight to the death
Kampf- *zssgn* fighting
Kampfabstimmung *f* vote
Kampfansage *f* declaration of war
Kampfanzug *m* MIL *etc* battle dress *ohne art*, battle uniform
Kampfausbildung *f* MIL combat training
kampfbereit *adj* ready for battle
kämpfen **A** *v/i* to fight (**um, für** for); **im Wettkampf** to compete; (≈ *sich abmühen*) to struggle; **gegen etw ~** to fight (against) sth; **mit dem Tode ~** to fight for one's life; **mit den Tränen ~** to fight back one's tears; **ich hatte mit schweren Problemen zu ~** I had difficult problems to contend with; **ich habe lange mit mir ~ müssen, ehe …** I had a long battle with myself before … **B** *v/t mst fig Kampf* to fight
Kampfer *m* camphor
Kämpfer(in) *m(f)* fighter
kämpferisch **A** *adj* aggressive **B** *adv* aggressively; **sich ~ einsetzen** to fight hard
Kampfflugzeug *n* fighter (plane)
Kampfgeist *m* fighting spirit
Kampfgruppe *f* combat force
Kampfhandlung *f* clash *mst pl*
Kampfhubschrauber *m* helicopter gunship
Kampfhund *m* fighting dog
kampflos **A** *adj* peaceful; *Sieg* uncontested **B** *adv* peacefully, without a fight; **sich ~ ergeben** to surrender without a fight
kampflustig *adj* belligerent
Kampfrichter(in) *m(f)* SPORT referee, judge
Kampfsport *m* martial art
Kampfstoff *m* weapon
kampfunfähig *adj* MIL unfit for action; *Boxer* unfit to fight; **einen Panzer ~ machen** to put a tank out of action
kampieren *v/i* to camp (out)
Kanada *n* Canada
Kanadier *m* SPORT Canadian canoe
Kanadier(in) *m(f)* Canadian
kanadisch *adj* Canadian
Kanal *m* **1** (≈ *Schifffahrtsweg*) canal; (≈ *Wasserlauf*) channel; *für Abwässer* sewer **2** RADIO, TV, *a. fig* channel
Kanaldeckel *m* drain cover
Kanalinseln *pl* **die ~** *im Ärmelkanal* the Channel Islands *pl*
Kanalisation *f* **1** *für Abwässer* sewerage system **2** *von Flusslauf* canalization
kanalisieren *v/t Fluss* to canalize; *fig Energie* to channel; *Gebiet* to install sewers in
Kanaltunnel *m* Channel Tunnel
Kanarienvogel *m* canary
Kanarische Inseln *pl* Canary Islands *pl*
Kandare *f* (curb) bit; **j-n an die ~ nehmen** *fig* to take sb in hand
Kandidat(in) *m(f)* candidate
Kandidatur *f* candidacy
kandidieren *v/i* POL to stand, to run (**für** for); **für das Amt des Präsidenten ~** to run for president
kandiert *adj Frucht* candied; **~er Ingwer** stem ginger
Kandis(zucker) *m* rock candy
Känguru *n* kangaroo
Kaninchen *n* rabbit
Kaninchenstall *m* rabbit hutch
Kanister *m* can; (≈ *Blechkanister*) jerry can
Kännchen *n* *für Milch* jug; *für Kaffee* pot; **ein ~ Kaffee** a pot of coffee
Kanne *f* can; (≈ *Teekanne, Kaffeekanne*) pot; (≈ *Gießkanne*) watering can
Kannibale *m*, **Kannibalin** *f* cannibal
Kannibalismus *m* cannibalism
Kanon *m* canon
Kanone *f* **1** gun; HIST cannon; *sl* (≈ *Pistole*) piece *umg* **2** *fig umg* (≈ *Könner*) ace *umg* **3** *umg* **das ist unter aller ~** that defies description

Kantate f MUS cantata
Kante f edge; (≈ Rand) border; **Geld auf die hohe ~ legen** umg to put money away
kantig adj Holz edged; Gesicht angular
Kantine f canteen
Kantinenessen n canteen food
Kanton m canton
kantonal adj cantonal
Kantonalbank f Cantonal Bank
Kantonese m, **Kantonesin** f Cantonese
kantonesisch adj Cantonese
Kanu n canoe; **~ fahren** to canoe
Kanüle f MED cannula
Kanute m, **Kanutin** f canoeist
Kanzel f ▪ pulpit ▪ FLUG cockpit
Kanzlei f (≈ Dienststelle) office; (≈ Büro eines Rechtsanwalts, Notars etc) chambers pl
Kanzler(in) m(f) ▪ (≈ Regierungschef) chancellor ▪ UNIV vice chancellor
Kanzleramt n (≈ Gebäude) chancellery; (≈ Posten) chancellorship
Kanzlerkandidat(in) m(f) candidate for the position of chancellor
Kanzlerkandidatur f POL candidacy for the chancellorship
Kap n cape; **Kap der Guten Hoffnung** Cape of Good Hope; **Kap Hoorn** Cape Horn
Kapazität f capacity; fig (≈ Experte) expert
Kapazitätsauslastung f capacity utilization
Kapazitätserweiterung f increase in capacity
Kapelle f ▪ (≈ kleine Kirche etc) chapel ▪ MUS band
Kaper f BOT, GASTR caper
kapern v/t SCHIFF Schiff to seize; (≈ mit Beschlag belegen) to collar umg
kapieren umg ▪ v/t to get umg; **das kapier ich nicht** I don't get it ▪ v/i to get it umg; **kapiert?** got it? umg
kapital adj ▪ JAGD Hirsch royal ▪ (≈ grundlegend) Missverständnis etc major
Kapital n ▪ FIN capital kein pl; (≈ angelegtes Kapital) capital investments pl ▪ fig asset; **aus etw ~ schlagen** to capitalize on sth
Kapital- zssgn capital
Kapitalanlage f capital investment
Kapitalaufwand m capital expenditure
Kapitalertrag m capital yield
Kapitalertrag(s)steuer f capital gains tax
Kapitalflucht f flight of capital
Kapitalgesellschaft f joint-stock company, corporation US
Kapitalhilfe f financial aid
kapitalintensiv adj capital-intensive
kapitalisieren v/t to capitalize
Kapitalisierung f capitalization
Kapitalismus m capitalism
Kapitalist(in) m(f) capitalist
kapitalistisch adj capitalist
kapitalkräftig adj financially strong
Kapitalmarkt m capital market
Kapitalverbrechen n serious crime; mit Todesstrafe capital crime
Kapitän(in) m(f) captain
Kapitänleutnant m lieutenant commander
Kapitel n chapter; **das ist ein anderes ~** that's another story
Kapitell n capital
Kapitulation f capitulation (**vor** +dat to, in the face of)
kapitulieren v/i (≈ sich ergeben) to surrender; fig (≈ aufgeben) to give up (**vor** +dat in the face of)
Kaplan m in Pfarrei curate
Kappe f cap; **das geht auf meine ~** umg (≈ ich bezahle) that's on me; (≈ ich übernehme die Verantwortung) that's my responsibility
kappen v/t SCHIFF Leine to cut; fig umg Finanzmittel to cut (back)
Käppi n cap
Kapriole f capriole; fig caper
Kapsel f (≈ Etui) container; Pharmazie, a. BOT, RAUMF capsule
kaputt umg adj broken; (≈ erschöpft) Mensch shattered Br umg; Ehe broken; Gesundheit ruined; Nerven shattered; Firma bust präd umg; **mein ~es Bein** my bad leg; gebrochen my broken leg; **ein ~er Typ** a wreck umg
kaputt fahren umg v/t (≈ überfahren) to run over; Auto to run into the ground; durch Unfall to smash (up)
kaputtgehen umg v/i to break; Ehe to break up (**an** +dat because of); Gesundheit, Nerven to be ruined; Firma to go bust umg; Kleidung to come to pieces
kaputtkriegen umg v/t **das Auto ist nicht kaputtzukriegen** this car just goes on for ever
kaputtlachen umg v/r to die laughing umg
kaputt machen v/t umg to ruin; Zerbrechliches to break, to smash
kaputtmachen umg ▪ v/t (≈ erschöpfen) j-n to wear out; Gegenstand to break ▪ v/r **sich ~** fig to wear oneself out
Kapuze f hood; (≈ Mönchskapuze) cowl
Kapuzenjacke f hooded jacket
Kapuzenmantel m hooded coat
Kapuzenpulli f hooded jumper od sweater
Kapverden pl **die ~** the Cape Verde Islands pl
Karabiner m ▪ (≈ Gewehr) carbine ▪ (a. **~haken**) karabiner
Karacho n **mit ~** umg at full tilt
Karaffe f carafe; mit Stöpsel decanter
Karambolage f AUTO collision; beim Billard cannon
Karamell m caramel kein pl

Karamellbonbon *n od m* toffee, caramel
Karamelle *f* caramel (toffee)
Karaoke *n* karaoke
Karat *n* carat
Karate *n* karate
Karawane *f* caravan
Kardamom *n* cardamom
Kardanwelle *f* prop(eller) shaft
Kardinal *m* KIRCHE cardinal
Kardinalfehler *m* cardinal error
Kardinalfrage *geh f* cardinal *od* crucial question
Kardinalzahl *f* cardinal (number)
Kardiologe *m*, **Kardiologin** *f* cardiologist
kardiologisch *adj* cardiological
Karenztag *m* unpaid day of sick leave
Karenzzeit *f* waiting period
Karfiol *m österr* cauliflower
Karfreitag *m* Good Friday
karg **A** *adj* **1** (≈ *spärlich*) meagre *Br*, meager *US*; *Boden* barren **2** (≈ *geizig*) mean, sparing **B** *adv* (≈ *knapp*) **~ ausfallen/bemessen sein** to be meagre *Br*, to be meager *US*; **etw ~ bemessen** to be stingy with sth *umg*
Kargheit *f* meagreness *Br*, meagerness *US*; *von Boden* barrenness
kärglich *adj* meagre *Br*, meager *US*, sparse; *Mahl* frugal
Kargo *m* cargo
Karibik *f* **die ~** the Caribbean
karibisch *adj* Caribbean; **die Karibischen Inseln** the Caribbean Islands; **das Karibische Meer** the Caribbean Sea
kariert *adj Stoff, Muster* checked, checkered *bes US*; *Papier* squared
Karies *f* caries
Karikatur *f* caricature
Karikaturist(in) *m(f)* cartoonist
karikieren *v/t* to caricature
karitativ **A** *adj* charitable **B** *adv* **~ tätig sein** to do charitable work
Karma *n* karma
Karneval *m* carnival
Karnevalszug *m* carnival procession
Kärnten *n* Carinthia
Karo *n* **1** (≈ *Quadrat*) square; *Muster* check **2** (≈ *Spielkartenfarbe*) diamonds *pl*; *einzelne Karte* diamond
Karoass *n* ace of diamonds
Karomuster *n* checked pattern, checkered pattern *bes US*
Karosse *f fig* (≈ *großes Auto*) limousine
Karosserie *f* bodywork, body shell
Karotte *f* carrot
Karpaten *pl* Carpathians *pl*
Karpfen *m* carp
Karre *f* **1** → **Karren 2** *umg* (≈ *klappriges Auto*) jalopy *umg*
Karree *n* **1** (≈ *Viereck*) rectangle; (≈ *Quadrat*) square **2** (≈ *Häuserblock*) block; **einmal ums ~ gehen** to walk round the block
karren *v/t* to cart
Karren *m* **1** (≈ *Wagen*) cart; *bes für Baustelle* (wheel)barrow; **ein ~ voll Obst** a cartload of fruit **2** *fig umg* **den ~ in den Dreck fahren** to get things in a mess; **den ~ wieder flottmachen** to get things sorted out
Karriere *f* (≈ *Laufbahn*) career; **~ machen** to make a career for oneself
Karrierefrau *f* career woman
Karriereleiter *f* career ladder; **die ~ erklimmen** to rise up the ladder
Karrieremacher(in) *m(f)* careerist
Karsamstag *m* Easter Saturday
Karte *f* card; (≈ *Fahrkarte, Eintrittskarte*) ticket; (≈ *Landkarte*) map; (≈ *Speisekarte*) menu; (≈ *Weinkarte*) wine list; (≈ *Spielkarte*) (playing) card; **die Gelbe/Rote/Gelb-Rote ~** the yellow/red/second yellow and the red card; **alles auf eine ~ setzen** *fig* to put all one's eggs in one basket *sprichw*; **gute ~n haben** to have a good hand, *fig* to be in a strong position
Kartei *f* card index
Karteikarte *f* index card
Karteikasten *m* file-card box
Kartell *n* **1** HANDEL cartel **2** (≈ *Interessenvereinigung*) alliance; *pej* cartel
Kartellamt *n* antitrust commission; *in Deutschland* Federal Cartel Office; *in GB* ≈ Monopolies and Mergers Commission *Br*, anti-trust commission *bes US*
Kartellgesetz *n* antitrust law
Kartellregeln *pl* antitrust rules *pl*
Kartenhaus *n* house of cards
Karteninhaber(in) *m(f)* cardholder
Kartenlesegerät *n* card reader
Kartenspiel *n* **1** (≈ *das Spielen*) card-playing; (≈ *ein Spiel*) card game **2** (≈ *Karten*) pack (of cards)
Kartenständer *m* map stand
Kartentelefon *n* cardphone
Kartenverkauf *m* sale of tickets; (≈ *Stelle*) box office
Kartenvorverkauf *m* advance sale of tickets; (≈ *Stelle*) advance booking office
Kartenzahlung *f* card payment
Kartoffel *f* potato; **j-n fallen lassen wie eine heiße ~** *umg* to drop sb like a hot potato
Kartoffelbrei *m* mashed potatoes *pl*
Kartoffelchips *pl* potato crisps *pl Br*, potato chips *pl US*
Kartoffelgratin *n* GASTR gratiné(e) potatoes *pl*

Kartoffelkäfer *m* Colorado beetle
Kartoffelkloß *m*, **Kartoffelknödel** *bes österr, südd m* GASTR potato dumpling
Kartoffelpuffer *m* fried grated potato cakes
Kartoffelpüree *n* mashed potatoes *pl*
Kartoffelsalat *m* potato salad
Kartoffelschalen *pl abgeschält* potato peel *sg*; GASTR potato skins *pl*
Kartoffelschäler *m* potato peeler
Kartoffelstock *m schweiz* GASTR mashed potatoes *pl*
Kartoffelsuppe *f* potato soup
Kartografie *f* cartography
Karton *m* **1** (≈ *Pappe*) cardboard *kein pl*; **ein ~ a** piece of cardboard **2** (≈ *Schachtel*) cardboard box
kartonieren *v/t Bücher* to bind in board; **kartoniert** paperback
Karussell *n* merry-go-round, carousel; **~ fahren** to have a ride on the merry-go-round *etc*
Karwoche *f* KIRCHE Holy Week
karzinogen *adj* MED carcinogenic
Karzinom *n* MED carcinoma, malignant growth
Kasachstan *n* Kazakhstan
kaschieren *v/t fig* (≈ *überdecken*) to conceal
Kaschmir *m Textilien* cashmere
Käse *m* **1** cheese **2** *umg* (≈ *Unsinn*) twaddle *umg*
Käseauflauf *m* GASTR cheese soufflé
Käseblatt *umg n* local rag *umg*
Käsebrot *n* bread and cheese
Käsebrötchen *n* cheese roll
Käsegebäck *n* cheese savouries *pl Br*, cheese savories *pl US*
Käseglocke *f* cheese cover; *fig* dome
Käsekuchen *m* cheesecake
Kaserne *f* barracks *pl*
Käsestange *f* cheese straw *Br*, cheese stick *US*
käseweiß *umg adj* white (as a ghost)
käsig *fig umg adj Haut* pasty; *vor Schreck* pale
Kasino *n* **1** (≈ *Spielbank*) casino **2** (≈ *Offizierskasino*) (officers') mess
Kaskoversicherung *f* AUTO (≈ *Teilkaskoversicherung*) ≈ third party, fire and theft insurance; (≈ *Vollkaskoversicherung*) fully comprehensive insurance
Kasper *m* **1** *im Puppenspiel* Punch *bes Br* **2** *umg* clown *umg*
Kasperletheater *n* Punch and Judy (show) *bes Br*, puppet show
Kaspisches Meer *n* Caspian Sea
Kassa *österr f* → **Kasse**
Kassageschäft *n* HANDEL cash transaction; BÖRSE spot transaction
Kasse *f* **1** (≈ *Zahlstelle*) cash desk *Br*, cash point *US*, cash register; *für Eintrittskarten* ticket office; THEAT, FILM *etc* box office; *in Bank* bank counter; *in Supermarkt* checkout; **an der ~** *in Geschäft* at the desk *bes Br*, at the (checkout) counter *bes US* **2** (≈ *Geldkasten*) cash box; *in Läden* cash register; *bei Spielen* kitty; *in einer Spielbank* bank; **die ~n klingeln** the money is really rolling in **3** (≈ *Bargeld*) cash; **gegen ~** for cash; **bei ~ sein** *umg* to be in the money *umg*; **knapp bei ~ sein** *umg* to be short of cash; **j-n zur ~ bitten** to ask sb to pay up **4** *umg* (≈ *Sparkasse*) (savings) bank **5** → **Krankenkasse**
Kasseler *n* lightly smoked pork loin
Kassenarzt *m*, **Kassenärztin** *f* panel doctor, ≈ National Health general practitioner *Br*
Kassenbeleg *m* sales receipt *od* check *US*
Kassenbestand *m* cash balance, cash in hand
Kassenbon *m* sales slip
Kassenbrille *pej umg f* NHS specs *pl Br umg*, standard-issue glasses *pl*
Kassenpatient(in) *m(f)* ≈ National Health patient *Br*
Kassenprüfung *f* audit
Kassenschlager *umg m* THEAT *etc* box-office hit; *Ware* big seller
Kassensturz *m* **~ machen** to check one's finances; HANDEL to cash up *Br*, to count up the earnings *US*
Kassenwart(in) *m(f)* treasurer
Kassenzettel *m* sales slip
Kasserolle *f* saucepan; *mit Henkeln* casserole
Kassette *f* **1** (≈ *Kästchen*) case **2** *für Bücher* slipcase; (≈ *Tonbandkassette*) cassette
Kassettendeck *n* cassette deck
Kassettenrekorder *m* cassette recorder
kassieren **A** *v/t* **1** *Gelder etc* to collect (up); *umg Abfindung, Finderlohn* to pick up *umg* **2** *umg* (≈ *wegnehmen*) to take away **3** *umg* (≈ *verhaften*) to nab *umg* **B** *v/i* **bei j-m ~** to collect money from sb; **darf ich ~, bitte?** would you like to pay now?
Kassierer(in) *m(f)* cashier; (≈ *Bankkassierer*) clerk
Kastagnette *f* castanet
Kastanie *f* chestnut
Kastanienbaum *m* chestnut tree
kastanienbraun *adj* maroon; *Pferd, Haar* chestnut
Kästchen *n* **1** (≈ *kleiner Kasten*) small box; *für Schmuck* casket **2** *auf kariertem Papier* square
Kaste *f* caste
Kasten *m* **1** box; (≈ *Kiste*) crate; (≈ *Truhe*) chest; (≈ *Kästchen*) cabinet; *österr* (≈ *Schrank*) cupboard; (≈ *Briefkasten*) postbox *Br*, letter box *Br*, mailbox *US* **2** *umg* (≈ *alter Wagen*) crate *umg*; (≈ *Fernsehapparat etc*) box *umg* **3** *umg* **sie hat viel auf dem ~** she's brainy *umg*
Kastilien *n* Castille
Kastration *f* castration

kastrieren *wörtl, fig v/t* to castrate
Kasus *m* GRAM case
Kat *m abk* (= *Katalysator*) AUTO cat
Katalog *m* catalogue *Br*, catalog *US*
Katalogpreis *m* list price
Katalysator *m* catalyst; AUTO catalytic converter
Katalysatorauto *n* car fitted with a catalytic converter
Katamaran *m* catamaran
Katapult *n/m* catapult
katapultieren *v/t* to catapult
Katar *n* GEOG Qatar
Katarrh *m*, **Katarr** *m* catarrh
Katasteramt *n* land registry
katastrophal **A** *adj* disastrous **B** *adv* disastrously; **sich ~ auswirken** to have catastrophic effects
Katastrophe *f* disaster
Katastrophenabwehr *f* disaster prevention
Katastrophenalarm *m* emergency alert
Katastrophengebiet *n* disaster area
Katastrophenschutz *m* disaster control; *im Voraus* disaster prevention
Katechismus *m* catechism
Kategorie *f* category
kategorisch **A** *adj* categorical **B** *adv* categorically; **ich weigerte mich ~** I refused outright
kategorisieren *v/t* to categorize
Kater *m* **1** tom(cat) **2** *nach Alkoholgenuss* hangover
Katerstimmung *f* depression
Kathedrale *f* cathedral
Katheter *m* MED catheter
Kathode *f* PHYS cathode
Katholik(in) *m(f)* (Roman) Catholic
katholisch *adj* (Roman) Catholic
Katholizismus *m* (Roman) Catholicism
katzbuckeln *pej umg v/i* to grovel
Kätzchen *n* **1** kitten **2** BOT catkin
Katze *f* cat; **junge ~** kitten; **meine Arbeit war für die Katz** *fig* my work was a waste of time; **Katz und Maus mit j-m spielen** to play cat and mouse with sb; **wie die ~ um den heißen Brei herumschleichen** to beat about the bush; **die ~ im Sack kaufen** to buy a pig in a poke *sprichw*
Katzenjammer *umg m* **1** (≈ *Kater*) hangover **2** (≈ *jämmerliche Stimmung*) depression, the blues *pl umg*
Katzenklo *umg n* cat litter tray *Br*, cat litter box *US*
Katzensprung *umg m* stone's throw
Katzenstreu *f* cat litter
Katzentür *f* cat flap
Katz-und-Maus-Spiel *n* cat-and-mouse game
Kauderwelsch *pej n* (≈ *Fachsprache*) jargon; *unverständlich* gibberish
kauen **A** *v/t* to chew; *Nägel* to bite **B** *v/i* to chew; **an etw** (*dat*) **~** to chew (on) sth; **an den Nägeln ~** to bite one's nails
kauern *v/i* to crouch (down); *ängstlich* to cower
Kauf *m* (≈ *das Kaufen*) purchase; (≈ *das Gekaufte*) buy; **das war ein günstiger ~** that was a good buy; **etw zum ~ anbieten** to offer sth for sale; **etw in ~ nehmen** *fig* to accept sth
Kaufangebot *n* WIRTSCH bid
Kaufanreiz *m* incentive to buy
kaufen **A** *v/t* **1** **sich** (*dat*) **~** to buy; **dafür kann ich mir nichts ~** *iron* what use is that to me! **2** **sich** (*dat*) **j-n ~** *umg* to give sb a piece of one's mind *umg*; *tätlich* to fix sb *umg* **B** *v/i* to buy; (≈ *Einkäufe machen*) to shop
Käufer(in) *m(f)* buyer; (≈ *Kunde*) customer
Käuferverhalten *n* buying habits *pl*
Kauffrau *f* businesswoman
Kaufhaus *n* department store
Kaufhausdetektiv(in) *m(f)* store detective
Kaufkraft *f von Geld* purchasing power; *vom Käufer* spending power
kaufkräftig *adj* **~e Kunden** customers with money to spend
käuflich **A** *adj* **1** (≈ *zu kaufen*) for sale; **~e Liebe** *geh* prostitution; **Freundschaft ist nicht ~** friendship cannot be bought **2** *fig* (≈ *bestechlich*) venal; **ich bin nicht ~** you cannot buy me! **B** *adv* **etw ~ erwerben** *form* to purchase sth
Kaufmann *m* **1** (≈ *Geschäftsmann*) businessman; (≈ *Händler*) trader **2** (≈ *Einzelhandelskaufmann*) small shopkeeper, grocer; **zum ~ gehen** to go to the grocer's
kaufmännisch **A** *adj* commercial; **~er Angestellter** office worker **B** *adv* **sie ist ~ tätig** she is a businesswoman
Kaufpreis *m* purchase price
Kaufverhalten *n* consumer behaviour *Br*; consumer behavior *US*
Kaufvertrag *m* bill of sale
Kaufzwang *m* obligation to buy; **ohne ~** without obligation
Kaugummi *m/n* chewing gum *kein pl*; **zwei ~s** two pieces of chewing gum
Kaukasus *m* **der ~** (the) Caucasus
Kaulquappe *f* tadpole
kaum **A** *adv* **1** (≈ *noch nicht einmal*) hardly, scarcely; **~ jemand** hardly anyone; **es ist ~ zu glauben, wie ...** it's hard to believe how ...; **wohl ~, ich glaube ~** I hardly think so **2** (≈ *selten*) rarely **B** *konj* hardly, scarcely; **~ dass wir das Meer erreicht hatten ...** no sooner had we reached the sea than ...
kausal *adj* causal
Kausalität *f* causality

Kausalsatz *m* causal clause
Kausalzusammenhang *m* causal connection
Kaution *f* ⓵ JUR bail; **~ stellen** to stand bail; **gegen ~** on bail ⓶ HANDEL security ⓷ *für Miete* deposit; **zwei Monatsmieten ~** two months' deposit
Kautschuk *m* (India) rubber
Kauz *m* ⓵ screech owl ⓶ (≈ *Sonderling*) **ein komischer ~** an odd bird
kauzig *adj* odd
Kavalier *m* (≈ *galanter Mann*) gentleman
Kavaliersdelikt *n* trivial offence Br, trivial offense US
Kavallerie *f* MIL cavalry
Kaviar *m* caviar
KB *abk* (= *Kilobyte*) KB
Kebab *m* kebab
keck *adj* (≈ *frech*) cheeky Br, fresh US
Keckheit *f* (≈ *Frechheit*) cheekiness Br, impudence
Kefir *m* kefir (*milk product similar to yoghurt*)
Kegel *m* ⓵ (≈ *Spielfigur*) skittle; *bei Bowling* pin ⓶ *Geometrie* cone
Kegelbahn *f* skittle alley; *automatisch* bowling alley
kegelförmig Ⓐ *adj* conical Ⓑ *adv* conically
Kegelklub *m* skittles club; *für Bowling* bowling club
Kegelkugel *f* bowl
kegeln *v/i* to play skittles; *bei Bowling* to play bowls
Kegeln *n* skittles *sg*, ninepins *sg*; *Bowling* bowling
Kehle *f* (≈ *Gurgel*) throat; **er hat das in die falsche ~ bekommen** *fig* he took it the wrong way; **aus voller ~** at the top of one's voice
Kehlkopf *m* larynx
Kehlkopfentzündung *f* laryngitis
Kehlkopfkrebs *m* cancer of the throat
Kehllaut *m* guttural (sound)
Kehrbesen *m* broom
Kehrblech *n südd* shovel
Kehre *f* ⓵ (sharp) bend ⓶ (≈ *Turnübung*) rear vault ⓷ *beim Skifahren* turn
kehren[1] Ⓐ *v/t* ⓵ (≈ *drehen*) to turn; **in sich** (*akk*) **gekehrt** (≈ *versunken*) pensive, (≈ *verschlossen*) introspective ⓶ (≈ *kümmern*) to bother; **was kehrt mich das?** what do I care about that? Ⓑ *v/r* ⓵ (≈ *sich drehen*) to turn ⓶ (≈ *sich kümmern*) **er kehrt sich nicht daran, was die Leute sagen** he doesn't care what people say Ⓒ *v/i* to turn (round); *Wind* to turn
kehren[2] *v/t & v/i bes südd* (≈ *fegen*) to sweep
Kehricht *m/n* ⓵ *obs, form* sweepings *pl* ⓶ *schweiz, südd* (≈ *Müll*) rubbish Br, trash US
Kehrmaschine *f* ⓵ *für Straße* road sweeper ⓶ *für Teppich* carpet sweeper
Kehrreim *m* chorus
Kehrschaufel *f* shovel
Kehrseite *f von Münze* reverse, *fig* (≈ *Nachteil*) drawback; *fig* (≈ *Schattenseite*) other side; **die ~ der Medaille** the other side of the coin
kehrtmachen *v/i* to turn round; (≈ *zurückgehen*) to turn back; MIL to about-turn
Kehrtwende *f*, **Kehrtwendung** *f* about-turn
keifen *v/i* to bicker
Keil *m* wedge
Keile *umg pl* thrashing; **~ bekommen** to get *od* to be given a thrashing
keilen *v/r dial umg* (≈ *sich prügeln*) to fight
Keiler *m* wild boar
Keilerei *umg f* punch-up *umg*
keilförmig Ⓐ *adj* wedge-shaped Ⓑ *adv* **sich ~ zuspitzen** to form a wedge
Keilriemen *m* drive belt; AUTO fan belt
Keim *m* ⓵ (≈ *kleiner Trieb*) shoot ⓶ (≈ *Embryo*), *a. fig* embryo, germ; (≈ *Krankheitskeim*) germ; **etw im ~ ersticken** to nip sth in the bud ⓷ *fig* seed *mst pl*; **den ~ zu etw legen** to sow the seeds of sth
keimen *v/i* ⓵ *Saat* to germinate; *Pflanzen* to put out shoots ⓶ *Verdacht* to be aroused
keimfrei *adj* germ-free, free of germs *präd*; MED sterile; **~ machen** to sterilize
Keimling *m* ⓵ (≈ *Embryo*) embryo ⓶ (≈ *Keimpflanze*) shoot
keimtötend *adj* germicidal; **~es Mittel** germicide
Keimzelle *f* germ cell; *fig* nucleus
kein, keine, kein *indef pr* ⓵ no, not ... any, not a; **ich habe ~en Stuhl** I haven't got a chair; **ich sehe da ~en Unterschied** I don't see any difference; **sie hatte ~e Chance** she didn't have a *od* any chance; **~e schlechte Idee** not a bad idea; **~e Musik mehr** no more music; **ich mag ~(e) ...** I don't like ...; **überhaupt ~** no ... at all; **~ bisschen** not a bit; **~ einziges Mal** not a single time; **in ~ster Weise** not in the least ⓶ (≈ *nicht einmal*) less than; **~e Stunde/drei Monate** less than an hour/three months; **~e 5 Euro** under 5 euros
keine(r, s) *indef pr* (≈ *niemand*) nobody, no-one; *von Gegenstand* none; **es war ~r da** there was nobody there; *Gegenstand* there wasn't one there; **ich habe ~s** I haven't got one; **~r von uns** none of us; **~s der (beiden) Kinder** neither of the children; **~s von beidem** not either of them
keinerlei *adj* no ... what(so)ever *od* at all; **dafür gibt es ~ Beweise** there is no proof of it what(so)ever
keinesfalls *adv* under no circumstances; **das bedeutet jedoch ~, dass ...** however, in no way does this mean that ...

keineswegs *adv* not at all; *als Antwort* not in the least

keinmal *adv* never once, not once

Keks *m* biscuit *Br*, cookie *US*; **j-m auf den ~ gehen** *umg* to get on sb's nerves

Keksdose *f* cookie jar

Kelch *m* **1** (≈ *Trinkglas*) goblet; KIRCHE chalice, cup **2** BOT calyx

Kelchglas *n* goblet

Kelle *f* **1** (≈ *Suppenkelle etc*) ladle **2** (≈ *Maurerkelle*) trowel **3** (≈ *Signalstab*) signalling disc *Br*, signaling disc *US*

Keller *m* cellar; (≈ *Geschoss*) basement; **im ~ sein** *fig* to be at rock-bottom

Kellerassel *f* woodlouse

Kellerei *f* (≈ *Weinkellerei*) wine producer's; (≈ *Lagerraum*) cellar(s) (*pl*)

Kellergeschoss *n*, **Kellergeschoß** *österr n* basement

Kellerlokal *n* cellar bar

Kellermeister(in) *m(f)* vintner; *in Kloster* cellarer

Kellerwohnung *f* basement apartment *od* flat *Br*

Kellner *m* waiter

Kellnerin *f* waitress

kellnern *umg v/i* to work as a waiter/waitress, to wait on tables *US*

Kelte *m*, **Keltin** *f* Celt

Kelter *f* winepress; (≈ *Obstkelter*) press

keltern *v/t Trauben, Wein* to press

keltisch *adj* Celtic

Kenia *n* Kenya

kennen *v/t* to know; **er kennt keine Müdigkeit** he never gets tired; **so was ~ wir hier nicht!** we don't have that sort of thing here; **~ Sie sich schon?** do you know each other (already)?; **das ~ wir (schon)** *iron* we know all about that; **kennst du mich noch?** do you remember me?; **wie ich ihn kenne ...** if I know him (at all) ...; **da kennt er gar nichts** *umg* (≈ *hat keine Hemmungen*) he has no scruples whatsoever; (≈ *ihm ist alles egal*) he doesn't give a damn *umg*

kennenlernen *v/t*, **kennen lernen** *v/t* to get to know; (≈ *zum ersten Mal treffen*) to meet; (≈ *erleben*) to experience; **als ich ihn kennenlernte** when I first met him; **sich ~** to get to know each other, to meet each other; **ich freue mich, Sie kennenzulernen** *form* (I am) pleased to meet you; **der soll mich noch ~** *umg* he'll have me to reckon with *umg*

Kenner(in) *m(f)* **1** (≈ *Sachverständiger*) expert (**von** *od* +*gen* on, in), authority (**von** *od* +*gen* on) **2** (≈ *Weinkenner etc*) connoisseur

Kennerblick *m* expert's eye

kennerhaft *adj* like a connoisseur; **mit ~em Blick** with the eye of an expert

Kennermiene *f* **mit ~ betrachtete er ...** he looked at ... like a connoisseur

kenntlich *adj* (≈ *zu erkennen*) recognizable (**an** +*dat* by); (≈ *deutlich*) clear; **etw ~ machen** to identify sth (clearly)

Kenntnis *f* **1** (≈ *Wissen*) knowledge *kein pl*; **über ~se von etw verfügen** to know about sth; **ausreichende** *od* **brauchbare ~se** working knowledge **2** *form* **etw zur ~ nehmen** to note sth, to take note of sth; **j-n von etw in ~ setzen** to inform sb about sth; **das entzieht sich meiner ~** I have no knowledge of it

Kenntnisnahme *form f* **zur ~ an ...** for the attention of ...

Kennwort *n* (≈ *Chiffre*) codename; (≈ *Losungswort*) password, codeword

Kennzeichen *n* **1** AUTO number plate *Br*, license plate *US*; FLUG markings *pl*; **amtliches ~** registration number *Br*, license number *US* **2** (≈ *Markierung*) mark; **unveränderliche ~** distinguishing marks **3** (≈ *Eigenart*) (typical) characteristic (**für** *od* +*gen* of); **für Qualität** hallmark; (≈ *Erkennungszeichen*) mark, sign

kennzeichnen *v/t* **1** (≈ *markieren*) to mark; *durch Etikett* to label **2** (≈ *charakterisieren*) to characterize

kennzeichnend *adj* typical

Kennziffer *f* (code) number; HANDEL reference number; *bei Zeitungsinserat* box number

kentern *v/i Schiff* to capsize

Keramik *f* **1** KUNST ceramics *pl*; *als Gebrauchsgegenstände* pottery **2** (≈ *Kunstgegenstand*) ceramic; (≈ *Gebrauchsgegenstand*) piece of pottery

keramisch *adj* ceramic

Kerbe *f* notch; *kleiner* nick; **in dieselbe ~ hauen** *fig umg* to take the same line

Kerbel *m* chervil

kerben *v/t Inschrift, Namen* to carve

Kerbholz *fig umg n* **etwas auf dem ~ haben** to have done something wrong

Kerker *m* **1** HIST dungeon, prison; (≈ *Strafe*) imprisonment **2** *österr* → Zuchthaus

Kerl *umg m* guy *umg*, bloke *umg Br*; *pej* character; **du gemeiner ~!** you mean thing *umg*; **ein ganzer ~** a real man

Kern *m von Obst* pip; *von Steinobst* stone; *von Traube a.*, *von Birne* seed; (≈ *Nusskern*) kernel; PHYS, BIOL nucleus; *fig von Problem, Sache* heart; *von Gruppe* core; **in ihr steckt ein guter ~** there's some good in her somewhere; **der harte ~** *fig* the hard core

Kernarbeitszeit *f* core time

Kernbrennstab *m* nuclear fuel rod

Kernbrennstoff *m* nuclear fuel

Kernenergie *f* nuclear energy

Kerneuropa *n* core Europe
Kernexplosion *f* nuclear explosion
Kernfach *n* SCHULE core subject
Kernfamilie *f* SOZIOL nuclear family
Kernforscher(in) *m(f)* nuclear scientist
Kernforschung *f* nuclear research
Kernfrage *f* central issue
Kernfusion *f* nuclear fusion
Kerngedanke *m* central idea
Kerngehäuse *n* core
Kerngeschäft *n* WIRTSCH core (business) activity
kerngesund *adj* completely fit; *fig Firma, Land* very healthy
kernig *fig adj Ausspruch* pithy; (≈ *urwüchsig*) earthy; (≈ *kraftvoll*) robust
Kernkompetenz *f* WIRTSCH, SCHULE core competency
Kernkompetenzfach *n* core subject
Kernkraft *f* nuclear power
Kernkraftgegner(in) *m(f)* opponent of nuclear power
Kernkraftwerk *n* nuclear power station
kernlos *adj* seedless
Kernobst *n* pomes *pl fachspr*
Kernphysik *f* nuclear physics *sg*
Kernphysiker(in) *m(f)* nuclear physicist
Kernpunkt *m* central point
Kernreaktor *m* nuclear reactor
Kernschmelze *f* meltdown
Kernseife *f* washing soap
Kernspaltung *f* nuclear fission
Kernspintomograf *m* MRI scanner
Kernspintomografie *f* magnetic resonance imaging
Kernstück *fig n* centrepiece *Br*, centerpiece *US*; *von Theorie etc* crucial part
Kerntechnik *f* nuclear technology
Kernwaffe *f* nuclear weapon
kernwaffenfrei *adj* nuclear-free
Kernwaffenversuch *m* nuclear (weapons) test
Kernzeit *f* core time
Kerosin *n* kerosene
Kerze *f* **1** candle **2** AUTO plug **3** SPORT shoulder-stand
kerzengerade *adj* perfectly straight
Kerzenhalter *m* candlestick
Kerzenleuchter *m* candlestick
Kerzenlicht *n* candlelight
Kerzenständer *m* candlestick; *für mehrere Kerzen* candelabra
Kescher *m* fishing net; (≈ *Hamen*) landing net
kess *adj* (≈ *flott*) saucy; (≈ *vorwitzig*) cheeky *Br*, fresh *US*; (≈ *frech*) impudent
Kessel *m* **1** (≈ *Teekessel*) kettle; (≈ *Kochkessel*) pot; *für offenes Feuer* cauldron; (≈ *Dampfkessel*) boiler; *für Flüssigkeiten* tank **2** MIL encircled area
Kesselpauke *f* kettle drum
Kesselstein *m* scale
Kesseltreiben *fig n* witch-hunt
Ketchup *m/n*, **Ketschup** *m/n* ketchup
Kette *f* chain; (≈ *Halskette*) necklace; *fig* line; *von Unfällen etc* string; **eine ~ von Ereignissen** a chain of events
ketten *v/t* to chain (**an** +*akk* to); **sich an j-n/etw ~** *fig* to tie oneself to sb/sth
Kettenbrief *m* chain letter
Kettenfahrzeug *n* tracked vehicle
Kettenglied *n* (chain-)link
Kettenraucher(in) *m(f)* chain-smoker
Kettenreaktion *f* chain reaction
Ketzer(in) *m(f)* KIRCHE, *a. fig* heretic
Ketzerei *f* heresy
ketzerisch *adj* heretical
keuchen *v/i* (≈ *schwer atmen*) to pant; *Asthmatiker etc* to wheeze
Keuchhusten *m* whooping cough
Keule *f* club; SPORT (Indian) club; GASTR leg
keulen *v/t Tiere* cull
Keulung *f* cull(ing)
keusch *adj* chaste
Keuschheit *f* chastity
Keuschheitsgürtel *m* chastity belt
Keyboard *n* MUS keyboard
Keyboardspieler(in) *m(f)* MUS keyboards player
Kfz *form n abk* (= Kraftfahrzeug) motor vehicle
Kfz-Brief *m*, **Kfz-Schein** *m* vehicle registration document
Kfz-Kennzeichen *n* (vehicle) registration
Kfz-Steuer *f* motor vehicle tax, road tax *Br*
Kfz-Versicherung *f* car insurance
Kfz-Werkstatt *f* garage, car repair shop *US*
kg *abk* (= Kilogramm) kilogram(me)
khaki *adj* khaki
KI *abk* (= künstliche Intelligenz) AI
Kibbuz *m* kibbutz
Kiberer *m österr umg* (≈ *Polizist*) copper *umg*
Kichererbse *f* chickpea
kichern *v/i* to giggle
Kick *m fig umg* (≈ *Nervenkitzel*) kick *umg*
Kickboard® *n* micro-scooter
Kickboxen *n* kick boxing
kicken **A** *v/t* FUSSB *umg* to kick **B** *v/i* FUSSB *umg* to play football *Br*, to play soccer
Kicker(in) *m(f)* FUSSB *umg* player
Kid *n umg* (≈ *Jugendlicher*) kid *umg*
kidnappen *v/t* to kidnap
Kidnapper(in) *m(f)* kidnapper
Kidnapping *n* kidnapping
Kiebitz *m* ORN lapwing; KART *umg* kibitzer
Kiefer¹ *f* BOT pine (tree); (≈ *Holz*) pine(wood)
Kiefer² *m* jaw; (≈ *Kieferknochen*) jawbone

Kieferbruch m broken od fractured jaw
Kieferchirurg(in) m(f) oral surgeon
Kieferhöhle f ANAT maxillary sinus
Kiefernzapfen m pine cone
Kieferorthopäde m, **Kieferorthopädin** f orthodontist
Kieker m **j-n auf dem ~ haben** umg to have it in for sb umg
Kiel m (≈ Schiffskiel) keel
Kielwasser n wake; **in j-s ~** (dat) **segeln** fig to follow in sb's wake
Kieme f gill
Kies m gravel
Kiesel m pebble
Kieselerde f silica
Kieselsäure f CHEM silicic acid; (≈ Siliziumdioxyd) silica
Kieselstein m pebble
Kieselstrand m pebble beach
Kiesgrube f gravel pit
Kiez dial m ① (≈ Stadtgegend) district ② umg (≈ Bordellgegend) red-light district
kiffen umg v/i to smoke pot umg
Kiffer(in) umg m(f) pot-smoker umg
killen sl Ⓐ v/t to bump off umg Ⓑ v/i to kill
Killer(in) umg m(f) killer; gedungener hit man/woman
Killerspiel umg n killer game
Kilo n kilo
Kilobyte n kilobyte
Kilogramm n kilogram(me); **ein ~ Orangen** a kilogram of oranges; **ein 150 ~ schwerer Bär** a 150-kilogram bear
Kilohertz n kilohertz
Kilojoule n kilojoule
Kilokalorie f kilocalorie
Kilometer m kilometre Br, kilometer US; **eine Zehn-Kilometer-Wanderung** a ten-kilometre walk Br, a ten-kilometer walk US
Kilometerbegrenzung f bei Mietwagen mileage limit
Kilometergeld n mileage (allowance)
kilometerlang Ⓐ adj miles long Ⓑ adv for miles (and miles)
Kilometerpauschale f mileage allowance (against tax)
Kilometerstand m mileage
Kilometerzähler m mileage indicator
Kilowatt n kilowatt
Kilowattstunde f kilowatt hour
Kimme f von Gewehr back sight
Kimono m kimono
Kind n child, kid umg; (≈ Kleinkind) baby; **ein ~ erwarten** to be expecting a baby; **ein ~ bekommen** to have a baby; **von ~ an hat er** ... since he was a child he has ...; **sich freuen wie ein ~** to be as pleased as Punch; **das weiß doch jedes ~!** any five-year-old would tell you that!; **mit ~ und Kegel** hum umg with the whole family; **das ~ mit dem Bade ausschütten** sprichw to throw out the baby with the bathwater sprichw

Kinderarbeit f child labour Br, child labor US
Kinderarmut f child poverty
Kinderarzt m, **Kinderärztin** f paediatrician Br, pediatrician US
Kinderbeihilfe f österr benefit paid for having children
Kinderbekleidung f children's wear
Kinderbetreuung f childcare, childminding
Kinderbett n cot
Kinderbuch n children's book
Kinderchor m children's choir
Kinderdorf n children's village
Kinderei f childishness kein pl
Kinderermäßigung f reduction for children
Kindererziehung f bringing up of children; durch Schule education of children
Kinderfahrkarte f child's ticket
Kinderfahrrad n child's bicycle
kinderfeindlich adj anti-child; **eine ~e Gesellschaft** a society hostile to children
Kinderfernsehen n children's television
Kinderfest n children's party
Kinderfreibetrag m child allowance
kinderfreundlich adj Mensch fond of children; Gesellschaft child-orientated
Kindergarten m ≈ nursery school, ≈ kindergarten
Kindergärtner(in) m(f) ≈ nursery-school teacher
Kindergeld n child benefit
Kinderheilkunde f paediatrics sg Br, pediatrics sg US
Kinderheim n children's home
Kinderhort m day-nursery Br, daycare centre Br, daycare center US
Kinderkleidung f children's clothes pl
Kinderkram umg m kids' stuff umg
Kinderkrankheit f childhood illness; fig teething troubles pl
Kinderkrippe f → Kinderhort
Kinderlähmung f polio
kinderleicht Ⓐ adj dead easy umg Ⓑ adv easily
kinderlieb adj fond of children
Kinderlied n nursery rhyme
kinderlos adj childless
Kindermädchen n nanny
Kindermord m child murder; JUR infanticide
Kinderpfleger(in) m(f) paediatric nurse Br, pediatric nurse US
Kinderpornografie f child pornography

Kinderportion f children's portion
Kinderprostitution f child prostitution
kinderreich adj with many children; *Familie* large
Kinderreim m nursery rhyme
Kinderschänder(in) m(f) child molester
Kinderschar f swarm of children
Kinderschuh m child's shoe; **etw steckt noch in den ~en** *fig* sth is still in its infancy
Kinderschutz m protection of children
Kinderschutzbund m child protection agency, ≈ NSPCC *Br*
kindersicher A adj childproof B adv aufbewahren out of reach of children
Kindersicherung f AUTO child lock
Kindersitz m child's seat; *im Auto* child seat
Kindersoldat m child soldier
Kinderspiel n children's game; *fig* child's play ohne art
Kinderspielplatz m children's playground
Kinderspielzeug n (children's) toys pl
Kinderstation f children's ward
Kindersterblichkeit f infant mortality
Kinderstube *fig* f upbringing
Kindertagesstätte f day nursery *Br*, daycare centre *Br*, daycare center *US*
Kinderteller m *in Restaurant* children's portion
Kindervers m nursery rhyme
Kinderwagen m pram *Br*, baby carriage *US*; (≈ *Sportwagen*) pushchair *Br*, (baby-)stroller *bes US*
Kinderzimmer n child's/children's room
Kindesalter n childhood
Kindesbeine pl **von ~n an** from childhood
Kindesmissbrauch m, **Kindesmisshandlung** f child abuse
Kindesmisshandlung f child abuse
Kindesunterhalt m child support
kindgemäß A adj suitable for children/a child B adv appropriately for children/a child
kindgerecht adj suitable for children/a child
Kindheit f childhood; (≈ *früheste Kindheit*) infancy
Kindheitstraum m childhood dream
kindisch *pej* A adj childish B adv childishly; **sich ~ über etw** (*akk*) **freuen** to be as pleased as Punch about sth
Kindle® m E-Book-Reader Kindle®
kindlich A adj childlike B adv like a child
Kindskopf *umg* m big kid *umg*
Kindstod m **plötzlicher ~** cot death *Br*, crib death *US*
Kinetik f kinetics sg
kinetisch adj kinetic
Kinkerlitzchen *umg* pl knick-knacks pl *umg*
Kinn n chin
Kinnhaken m hook to the chin
Kinnlade f jaw(-bone)

Kino n cinema *Br*, movie theater *US*; **ins ~ gehen** to go to the cinema *Br*, to go to the movies *US*
Kinobesucher(in) m(f) cinemagoer *Br*, moviegoer *US*
Kinocenter n cinema complex *Br*, movie theater complex *US*
Kinofilm m cinema film *Br*, movie *US*
Kinogänger(in) m(f) cinemagoer *Br*, moviegoer *US*
Kinohit m blockbuster
Kinokasse f box office
Kinoprogramm n film programme *Br*, movie program *US*; (≈ *Vorschau*) cinema guide *Br*, movie guide *US*
Kinovorstellung f showing of a film; *US* showing of a movie
Kiosk m kiosk
Kipferl n *österr, südd* croissant
Kippe f 1 SPORT spring 2 **auf der ~ stehen** *Gegenstand* to be balanced precariously; **es steht auf der ~, ob …** *fig* it's touch and go whether … 3 *umg* (≈ *Zigarettenstummel*) cigarette stub; (≈ *Zigarette*) fag *Br umg*, butt *US umg* 4 (≈ *Müllkippe*) tip
kippen A v/t 1 *Behälter* to tilt; *fig* (≈ *umstoßen*) *Urteil* to overturn; *Regierung* to topple 2 (≈ *schütten*) to tip B v/i to tip over; *Fahrzeug* to overturn
Kippfenster n tilt window
Kippschalter m toggle switch
Kirche f church; **zur ~ gehen, in die ~ gehen** to go to church; **die ~ im Dorf lassen** *fig* not to get carried away
Kirchenbank f (church) pew
Kirchenchor m church choir
Kirchendiener(in) m(f) sexton
Kirchenglocke f church bell
Kirchenlied n hymn
Kirchenmaus f **arm wie eine ~** poor as a church mouse
Kirchensteuer f church tax
Kirchentag m Church congress
Kirchgänger(in) m(f) churchgoer
Kirchhof m churchyard; (≈ *Friedhof*) graveyard
kirchlich adj church *attr*; *Zustimmung* by the church; *Gebot* ecclesiastical; **sich ~ trauen lassen** to get married in church
Kirchturm m church steeple
Kirchturmspitze f church spire
Kirchweih f fair
Kirgisien n, **Kirgisische Republik** f, **Kirgisistan** n Kirghizia, Kirgysian Republic, Kirgyzstan
Kiribati n GEOG Kiribati
Kirmes *dial* f fair
Kirschbaum m cherry tree; (≈ *Holz*) cherry (wood)
Kirsche f cherry; **mit ihm ist nicht gut ~n essen**

fig it's best not to tangle with him
Kirschkern *m* cherry stone
Kirschkuchen *m* cherry cake
Kirschlikör *m* cherry brandy
kirschrot *adj* cherry(-red)
Kirschtomate *f* cherry tomato
Kirschtorte *f* cherry gateau *Br*, cherry cake *US*; **Schwarzwälder ~** Black Forest gateau *Br*, Black Forest cake *US*
Kirschwasser *n* kirsch
Kirtag *m* österr fair
Kissen *n* cushion; (≈ *Kopfkissen*) pillow
Kissenbezug *m* cushion cover; *von Kopfkissen* pillow case
Kissenschlacht *f* pillow fight
Kiste *f* **1** box; *für Wein etc* case; (≈ *Lattenkiste*) crate; (≈ *Truhe*) chest **2** *umg* (≈ *Auto*) crate *umg*; (≈ *Fernsehen*) box *umg*
Kita *f* → Kindertagesstätte
Kitaplatz *m* nursery place *Br*, daycare-center place *US*
Kitchenette *f* kitchenette
Kiteboard *n* kiteboard
Kitsch *m* kitsch
kitschig *adj* kitschy
Kitt *m* (≈ *Fensterkitt*) putty; *für Porzellan etc* cement
Kittchen *umg n* clink *umg*
Kittel *m* **1** (≈ *Arbeitskittel*) overall; *von Arzt etc* (white) coat **2** österr (≈ *Damenrock*) skirt
kitten *v/t* to cement; *Fenster* to putty; *fig* to patch up
Kitz *n* (≈ *Rehkitz*) fawn; (≈ *Ziegenkitz*) kid
Kitzel *m* tickle; *fig* thrill
kitzelig *adj* ticklish
kitzeln **A** *v/t & v/i* to tickle **B** *v/t* to tickle; **es kitzelt mich, das zu tun** I'm itching to do it
Kitzler *m* ANAT clitoris
Kiwi[1] *f* (≈ *Frucht*) kiwi, kiwifruit *US*
Kiwi[2] *m* ORN kiwi
KKW *n abk* (= Kernkraftwerk) nuclear power station
Klacks *umg m* **1** *von Kartoffelbrei, Sahne etc* dollop *umg* **2** *fig* **das ist ein ~** (≈ *einfach*) that's a piece of cake *umg*; **500 Euro sind für ihn ein ~** 500 euros is peanuts to him *umg*
klaffen *v/i* to gape; **zwischen uns beiden klafft ein Abgrund** *fig* we are poles apart
kläffen *v/i* to yap
Klage *f* **1** (≈ *Beschwerde*) complaint; **über j-n/etw ~ führen** to lodge a complaint about sb/sth; **~n (über j-n/etw) vorbringen** to make complaints (about sb/sth) **2** (≈ *Äußerung von Trauer*) lament(ation) (**um, über** +*akk* for) **3** JUR action; (≈ *Klageschrift*) charge; **eine ~ gegen j-n erheben** to institute proceedings against sb; **eine ~ auf etw** (*akk*) an action for sth

Klagelaut *m* plaintive cry
Klagelied *n* lament
Klagemauer *f* **die ~** the Wailing Wall
klagen **A** *v/i* **1** (≈ *jammern*) to moan **2** (≈ *trauern*) to lament (**um j-n/etw** sb/sth), to wail **3** (≈ *sich beklagen*) to complain; **über etw** (*akk*) **~** to complain about sth; **ich kann nicht ~** *umg* mustn't grumble *umg* **4** JUR to sue (**auf** +*akk* for) **B** *v/t* **j-m sein Leid ~** to pour out one's sorrow to sb
Kläger(in) *m(f)* JUR plaintiff
Klageschrift *f* JUR charge; *bei Scheidung* petition
kläglich **A** *adj* pitiful; *Niederlage* pathetic; *Rest* miserable **B** *adv scheitern* miserably; *betteln* pitifully; **~ versagen** to fail miserably
klaglos *adv* **etw ~ hinnehmen** to accept sth without complaint
Klamauk *umg m* (≈ *Alberei*) horseplay; **~ machen** (≈ *albern*) to fool about
klamm *adj* **1** (≈ *steif vor Kälte*) numb **2** (≈ *feucht*) damp **3** (≈ *knapp bei Kasse*) broke *umg*
Klamm *f* gorge
Klammer *f* **1** (≈ *Wäscheklammer*) peg, clothes pin *US*; (≈ *Hosenklammer*) clip; (≈ *Büroklammer*) paperclip; (≈ *Heftklammer*) staple **2** (≈ *Zahnklammer*) brace **3** *in Text* bracket, parenthesis *bes US*; **~ auf/zu** open/close brackets; **in ~n** in brackets; **runde/spitze ~n** round/pointed brackets; **eckige ~n** square brackets, brackets *US*; **geschweifte ~n** braces
Klammeraffe *m* TYPO *umg* at sign, "@"
klammern **A** *v/t Wäsche* to peg; *Papier etc* to staple; TECH to clamp **B** *v/r* **sich an j-n/etw ~** to cling to sb/sth
klammheimlich *umg* **A** *adj* clandestine **B** *adv* on the quiet
Klamotte *f* **1 ~n** *pl umg* (≈ *Kleider*) gear *sg umg* **2** *pej* (≈ *Theaterstück, Film*) rubbishy old play/film etc
Klang *m* sound; (≈ *Tonqualität*) tone; **Klänge** *pl* (≈ *Musik*) sounds
Klangfarbe *f* tone colour *Br*, tone color *US*
klanglos *adj* toneless
klangtreu *adj Wiedergabe* faithful; *Ton* true
Klangtreue *f* fidelity
klangvoll *adj Stimme* sonorous; *Melodie* tuneful; *fig Name* fine-sounding
Klappbett *n* folding bed
Klappe *f* **1** flap; *an Lastwagen* tailgate; *seitlich* side-gate; (≈ *Klappdeckel*) (hinged) lid; *von Ofen* shutter; FILM clapperboard **2** (≈ *Hosenklappe*) *an Tasche* flap; (≈ *Augenklappe*) patch **3** (≈ *Fliegenklappe*) (fly) swat **4** (≈ *Herzklappe*) valve **5** (≈ *Mund*) trap *umg*; **die ~ halten** to shut one's trap *umg*; **eine große ~ haben** to have a big mouth *umg*
klappen **A** *v/t* **etw nach oben/unten ~** *Sitz, Bett*

to fold sth up/down; *Kragen* to turn sth up/down; **etw nach vorn/hinten ~** *Sitz* to tip sth forward/back **B** *v/i fig umg* (≈ *gelingen*) to work; (≈ *gut gehen*) to work (out); **wenn das mal klappt** if that works out; **hat es mit dem Job geklappt?** did you get the job OK? *umg*; **mit dem Flug hat alles geklappt** the flight went all right

Klappentext *m* TYPO blurb
Klapper *f* rattle
klappern *v/i* to clatter; *Fenster* to rattle; **er klapperte vor Angst mit den Zähnen** his teeth were chattering with fear
Klapperschlange *f* ZOOL rattlesnake; *fig* rattletrap
Klappfahrrad *n* folding bicycle
Klapphandy *n* clamshell phone, flip phone *bes US*
Klappmesser *n* flick knife *Br*, switchblade *US*
Klapprad *n* folding bicycle *od* bike *umg*
klapprig *adj* rickety; *fig umg Mensch* shaky
Klappsitz *m* folding seat
Klappstuhl *m* folding chair
Klapptisch *m* folding table
Klaps *m* (≈ *Schlag*) smack
Klapsmühle *pej umg f* nut house *umg*
klar **A** *adj* clear; (≈ *fertig*) ready; **~ zum Einsatz** MIL ready for action; **ein ~er Fall von ...** *umg* a clear case of ...; **das ist doch ~!** *umg* of course!; **aber ~!** you bet!; **na ~!** sure!, of course!; **alles ~?** everything all right *od* OK? *umg*; **jetzt ist** *od* **wird mir alles ~!** now I understand; **bei ~em Verstand sein** to be in full possession of one's faculties; **sich** (*dat*) **über etw** (*akk*) **im Klaren sein** to be aware of sth; **sich** (*dat*) **darüber im Klaren sein, dass ...** to realize that ... **B** *adv* clearly; **~ denkend** clear-thinking; **j-m etw ~ und deutlich sagen** to tell sb sth straight *umg*; **~ auf der Hand liegen** to be perfectly obvious
Kläranlage *f* sewage plant; *von Fabrik* purification plant
klären **A** *v/t* to clear; *Wasser* to purify; *Abwasser* to treat; *Sachlage* to clarify; *Frage* to settle; *Problem* to sort out, to solve **B** *v/i* SPORT to clear (the ball) **C** *v/r Wasser* to clear; *Wetter* to clear up; *Sachlage* to become clear; *Frage* to be settled
Klare(r) *umg m* schnapps
klargehen *umg v/i* to be OK *umg*
Klärgrube *f* cesspit
Klarheit *f* clarity; **sich** (*dat*) **~ über etw** (*akk*) **verschaffen** to get clear about sth; *über Sachlage* to clarify sth
Klarinette *f* clarinet; **~ spielen** to play the clarinet
Klarinettist(in) *m(f)* clarinettist
klarkommen *umg v/i* to manage, to get on; **mit j-m/etw ~** to be able to cope with sb/sth
klarmachen *v/t* to make clear; *Schiff* to get ready; *Flugzeug* to clear; **j-m etw ~** to make sth clear to sb
Klärschlamm *m* sludge
Klarsichtfolie *f* clear film
Klarsichtpackung *f* see-through pack
klarspülen *v/t & v/i* to rinse
klarstellen *v/t* (≈ *klären*) to clear up; (≈ *klarmachen*) to make clear
Klarstellung *f* clarification
Klartext *m* **im ~** *fig umg* in plain English; **mit j-m ~ reden** *fig umg* to give sb a piece of one's mind
Klärung *f* purification; *fig* clarification
klar werden *v/i* **j-m wird etw klar** sth becomes clear to sb; **sich** (*dat*) (**über etw** *akk*) **~** to get (sth) clear in one's mind, to realise sth
Klärwerk *n* sewage treatment works *pl*
klasse *umg* **A** *adj* great *umg*, neat *US umg* **B** *adv* brilliantly
Klasse *f* class; (≈ *Schulklasse*) class, grade *US*; *mit Zahl* year, form, grade *US*; (≈ *Spielklasse*) league; (≈ *Güteklasse*) grade; **ein Fahrschein zweiter ~** a second-class ticket; **das ist große ~!** *umg* that's great! *umg*
Klassenarbeit *f* (written) class test
Klassenbeste(r) *m/f(m)* best pupil (in the class)
Klassenbuch *n* (class-)register
Klassenelternbeirat *m* council representing the parents of pupils in a particular class at school
Klassenfahrt *f* SCHULE class trip
Klassengemeinschaft *f* class; (≈ *Klassengeist*) class spirit
Klassenkamerad(in) *m(f)* classmate
Klassenkampf *m* class struggle
Klassenkonferenz *f* SCHULE meeting attended by members of school staff and pupil representatives from a particular class held to discuss matters of discipline etc
Klassenlehrer(in) *m(f)* class teacher, form teacher
klassenlos *adj Gesellschaft* classless
Klassenpflegschaft *f* council made up of representatives of the parents of pupils in a particular class, pupil representatives and the class teacher
Klassensprecher(in) *m(f)* SCHULE class representative, ≈ form captain *Br*
Klassenstufe *f* grade
Klassentreffen *n* SCHULE class reunion
Klassenunterschied *m* class difference
Klassenzimmer *n* classroom

klassifizieren v/t to classify
Klassifizierung f classification
Klassik f classical period; umg (≈ klassische Musik/Literatur) classical music/literature
Klassiker(in) m(f) classic; **ein ~ des Jazz** a jazz classic
klassisch **A** adj **1** (≈ die Klassik betreffend) classical **2** (≈ typisch, vorbildlich) classic **B** adv classically
Klassizismus m classicism
klassizistisch adj classical
Klasslehrer(in) österr, südd m(f) → Klassenlehrerin
-klässler(in) m(f) zssgn grader
Klatsch m **1** Geräusch splash **2** pej umg (≈ Tratsch) gossip
Klatschbase pej umg f gossip
klatschen **A** v/i **1** (≈ Geräusch machen) to clap; **in die Hände ~** to clap one's hands **2** (≈ aufschlagen) to go smack; Flüssigkeiten to splash **3** pej umg (≈ tratschen) to gossip **B** v/t **1** (≈ schlagen) to clap; **j-m Beifall ~** to applaud sb **2** (≈ knallen) to smack; (≈ werfen) to throw
Klatschmohn m (corn) poppy
klatschnass umg adj sopping wet umg
Klatschspalte f Presse umg gossip column
Klaue f claw; (≈ Hand) talons pl pej umg; (≈ Schrift) scrawl pej; **in den ~n der Verbrecher** etc in the clutches of the criminals etc
klauen umg **A** v/t to pinch umg (**j-m etw** sth from sb) **B** v/i to steal
Klausel f clause; (≈ Vorbehalt) proviso
Klaustrophobie f PSYCH claustrophobia
Klausur f UNIV a. **~arbeit** exam
Klaviatur f keyboard
Klavier n piano; **~ spielen** to play the piano
Klavierbegleitung f piano accompaniment
Klavierkonzert n (≈ Musik) piano concerto; (≈ Vorstellung) piano recital
Klavierlehrer(in) m(f) piano teacher
Klavierspieler(in) m(f) pianist
Klavierstimmer(in) m(f) piano tuner
Klavierstunde f piano lesson
Klavierunterricht m piano lessons pl
Klebeband n adhesive tape
Klebefolie f adhesive film; für Lebensmittel clingfilm
kleben **A** v/i (≈ festkleben) to stick; **an etw** (dat) **~** wörtl to stick to sth **B** v/t to stick, to glue; **j-m eine ~** umg to belt sb (one) umg
Kleber m umg (≈ Klebstoff) glue
Klebestift m glue stick
klebrig adj sticky; (≈ klebfähig) adhesive
Klebstoff m adhesive, glue
Klebstreifen m adhesive tape
kleckern **A** v/t to spill **B** v/i (≈ Klecks machen) to make a mess; (≈ tropfen) to spill; **nicht ~, sondern klotzen** umg to do things in a big way umg
kleckerweise adv in dribs and drabs
Klecks m (≈ Tintenklecks) (ink)blot; (≈ Farbklecks) blob; (≈ Fleck) stain
klecksen v/t/i to make blots/a blot
Klee m clover; **j-n über den grünen ~ loben** to praise sb to the skies
Kleeblatt n cloverleaf; **vierblättriges ~** four-leaf clover
Kleid n **1** (≈ Damenkleid) dress **2** **~er** pl (≈ Kleidung) clothes pl; bes HANDEL clothing sg; **~er machen Leute** sprichw fine feathers make fine birds sprichw
kleiden **A** v/r to dress; **gut gekleidet sein** to be well dressed **B** geh v/t **1** (≈ mit Kleidern versehen) to clothe, to dress; **etw in schöne Worte ~** to dress sth up in fancy words **2** (≈ j-m stehen) **j-n ~** to suit sb
Kleiderbügel m coat hanger
Kleiderbürste f clothes brush
Kleidergröße f size
Kleiderhaken m coat hook
Kleiderordnung f dress code
Kleidersack m suit bag
Kleiderschrank m wardrobe
Kleidung f clothes pl; bes HANDEL clothing
Kleidungsstück n garment
Kleie f bran
klein **A** adj small; Finger little; **die Kleinen Antillen** etc the lesser Antilles etc; **haben Sie es nicht ~er?** do you not have anything smaller?; **ein ~ bisschen** od **wenig** a little (bit); **ein ~es Bier** a small beer, ≈ half a pint Br; **~es Geld** small change; **mein ~er Bruder** my little brother; **als ich (noch) ~ war** when I was little; **ganz ~ werden** umg to look humiliated od deflated; **im Kleinen** in miniature; **bis ins Kleinste** right down to the smallest detail; **von ~ an** od **auf** (≈ von Kindheit an) from his childhood; **der ~e Mann** the man in the street; **ein ~er Ganove** a petty crook; **sein Vater war (ein) ~er Beamter** his father was a minor civil servant **B** adv small; **~ gedruckt** in small print; **~ gemustert** small-patterned; **~ kariert** Stoff finely checked; **~ anfangen** to start off in a small way; **~ beigeben** umg to give in; **etw ~ halten** Kosten to keep sth down
Kleinaktionär(in) m(f) small shareholder
Kleinanzeige f classified advertisement
Kleinarbeit f detailed work; **in mühseliger ~** with painstaking attention to detail
Kleinasien n Asia Minor
Kleinauto n small car
Kleinbetrieb m small business
Kleinbildkamera f 35mm camera

Kleinbuchstabe *m* small letter
Kleinbürger(in) *m(f)* petty bourgeois
kleinbürgerlich *adj* lower middle-class
Kleinbus *m* minibus
Kleine(r) *m/f(m)* little one *od* child; (≈ *Junge*) little boy; (≈ *Mädchen*) little girl; (≈ *Säugling*) baby; **unser ~r** (≈ *Jüngster*) our youngest (child); **die Katze mit ihren ~n** the cat with its kittens *od* babies *umg*
Kleinfamilie *f* SOZIOL nuclear family
Kleingedruckte(s) *n* small print
Kleingeist *pej m* small-minded person
Kleingeld *n* (small) change; **das nötige ~ haben** *fig* to have the necessary wherewithal *umg*
Kleingewerbe *n* small business
Kleinhirn *n* ANAT cerebellum
Kleinholz *n* firewood; **~ aus j-m machen** *umg* to make mincemeat out of sb *umg*
Kleinigkeit *f* little *od* small thing; (≈ *Bagatelle*) trifle; (≈ *Einzelheit*) minor detail; **eine ~ essen** to have a bite to eat; **j-m eine ~ schenken** to give sb a little something; **wegen jeder ~** for the slightest reason; **das wird eine ~ dauern** it will take a little while
kleinkariert *fig adj* small-time *umg*; **~ denken** to think small
Kleinkind *n* small child, toddler *umg*
Kleinkram *umg m* odds and ends *pl*; (≈ *Trivialitäten*) trivialities *pl*
kleinkriegen *umg v/t* (≈ *gefügig machen*) to bring into line *umg*; *körperlich* to tire out; **er ist einfach nicht kleinzukriegen** he just won't be beaten; **unser altes Auto ist einfach nicht kleinzukriegen** our old car just goes on for ever
Kleinkunst *f* cabaret
Kleinkunstbühne *f* cabaret
kleinlaut **A** *adj* subdued, meek **B** *adv fragen* meekly; **~ um Verzeihung bitten** to apologize rather sheepishly
kleinlich *adj* petty; (≈ *knauserig*) mean *bes Br*, stingy *umg*; (≈ *engstirnig*) narrow-minded
klein machen *v/t* (≈ *zerkleinern*) to chop up
kleinmachen **A** *v/t umg* (≈ *Geld wechseln*) to change **B** *v/r* (≈ *sich ducken*) to make oneself small
Kleinod *n* gem
klein schneiden *v/t* to cut up small
kleinschreiben *v/t* **ein Wort ~** to write a word without a capital
Kleinstaat *m* small state
Kleinstadt *f* small town
kleinstädtisch *adj* provincial *pej*
Kleinstbetrieb *m* micro-enterprise
kleinstmöglich *adj* smallest possible
Kleintier *n* small animal
Kleintierpraxis *f* small animal (veterinary) practice
Kleinunternehmen *n* small enterprise
Kleinvieh *n* **~ macht auch Mist** *sprichw* every little helps
Kleinwagen *m* small car
kleinwüchsig *adj* small
Kleister *m* (≈ *Klebstoff*) paste
kleistern *v/t* (≈ *kleben*) to paste
Klementine *f* clementine
Klemmbrett *n* clipboard
Klemme *f* **1** *für Papiere, Haar etc* clip; ELEK crocodile clip **2** *fig umg* **in der ~ sitzen** *od* **sein** to be in a jam *umg*; **j-m aus der ~ helfen** to help sb out of a jam *umg*
klemmen **A** *v/t Draht etc* to clamp; **sich** (*dat*) **den Finger in etw** (*dat*) **~** to catch one's finger in sth; **sich** (*dat*) **etw unter den Arm ~** to stick sth under one's arm **B** *v/r* to catch oneself (**in** *+dat* in); **sich hinter etw** (*akk*) **~** *umg* to get stuck into sth *umg* **C** *v/i Tür, Schloss etc* to stick
Klemmlampe *f* clamp-on lamp
Klempner(in) *m(f)* plumber
Klempnerarbeit *f* plumbing
Klempnerei *f* (≈ *Werkstatt*) plumber's workshop
Kleptomane *m*, **Kleptomanin** *f* kleptomaniac
Klerus *m* clergy
Klette *f* BOT burdock; (≈ *Blütenkopf*) bur(r); **sich wie eine ~ an j-n hängen** to cling to sb like a limpet
Kletterer *m*, **Kletterin** *f* climber
Klettergerüst *n* climbing frame
Kletterhalle *f* indoor climbing centre *Br*, indoor climbing center *US*
klettern *v/i* to climb; *mühsam* to clamber; **auf einen Baum ~** to climb a tree
Kletterpflanze *f* climbing plant
Kletterrose *f* climbing rose
Kletterschuh *m* climbing shoe
Kletterstange *f* climbing pole
Klettersteig *m* SPORT via ferrata
Kletterwand *f* climbing wall
Klettverschluss *m* Velcro® fastener
Klick *m* IT click
klicken *v/i* to click; **auf etw** (*akk*) **~** to click on sth
Klient(in) *m(f)* client
Klientel *f* clients *pl*
Kliff *n* cliff
Klima *n* climate
Klimaanlage *f* air conditioning (system); **mit ~** air-conditioned
Klimaforscher(in) *m(f)* climatologist
Klimaforschung *f* climatology
klimafreundlich *adj* climate-friendly
Klimagipfel *umg m* climate conference *od* sum-

mit
Klimakatastrophe f climatic disaster
Klimakiller umg m **ein ~ sein** to cause serious damage to the climate
klimaneutral adj carbon od climate neutral
Klimaschutz m climate protection
Klimaschutzabkommen n agreement on climate change
klimatisch adj climatic; **~ bedingt sein** Wachstum to be dependent on the climate; Krankheit to be caused by climatic conditions
klimatisieren v/t to air-condition
klimatisiert adj air-conditioned
Klimaveränderung f, **Klimawandel** m, **Klimawechsel** a. fig m climate change, change in the climate
Klimawandel m climate change, change in the climate
Klimax f LIT climax
Klimazone f climatic zone
Klimbim umg m odds and ends pl; (≈ Umstände) fuss (and bother)
Klimmzug m SPORT pull-up
klimpern v/i to tinkle; Schlüssel, Geld to jingle, to jangle; (≈ stümperhaft spielen) to plonk away umg
Klinge f blade
Klingel f bell
Klingelbeutel m collection bag
Klingelknopf m bell button od push
klingeln v/i to ring; Pager, Wecker go off; **es hat geklingelt** Telefon the phone just rang; an Tür somebody just rang the doorbell
Klingelton m TEL ringtone
klingen v/i to sound; Glocke to ring; Glas to clink; **nach etw ~** to sound like sth
Klinik f clinic
Klinikum n UNIV medical centre Br, medical center US
klinisch adj clinical; **~ tot** clinically dead
Klinke f (≈ Türklinke) (door) handle
Klinker m (≈ Ziegelstein) clinker brick
klipp adv **~ und klar** clearly, plainly; (≈ offen) frankly
Klippe f (≈ Felsklippe) cliff; im Meer rock; fig hurdle
Klippenküste f rocky coast
klippenreich adj rocky
klirren v/i to clink; Fensterscheiben to rattle; brechendes Glas to tinkle; Waffen to clash; Ketten, Schlüsselbund to jangle, to jingle; **~de Kälte** crisp cold
Klischee fig n a. LIT cliché; stereotype
klischeehaft **A** adj fig stereotyped **B** adv stereotypically
Klischeevorstellung f cliché, stereotype
Klitoris f clitoris
klitschnass umg adj drenched
klitzeklein umg adj tiny
Klo umg n loo Br umg, john US umg
Kloake f sewer; fig cesspool
klobig adj hefty umg, bulky; Schuhe clumpy; Benehmen boorish
Klobrille umg f toilet seat, loo seat Br umg
Klobürste umg f toilet brush
Klon m clone
klonen v/t & v/i to clone
klönen umg v/i to (have a) chat
Klonschaf n sheep clone, cloned sheep
Klopapier umg n toilet paper, loo paper Br
klopfen **A** v/t to knock; Fleisch, Teppich to beat **B** v/i to knock (an +akk on); Herz to beat; vor Aufregung to pound; Puls to throb; **fest ~ to bang; es hat geklopft** there's someone knocking at the door
Klopfen n knock
Klopfer m (≈ Türklopfer) (door) knocker; (≈ Fleischklopfer) (meat) mallet; (≈ Teppichklopfer) carpet beater
Klöppel m (≈ Glockenklöppel) clapper; (≈ Spitzenklöppel) bobbin
klöppeln v/i to make (pillow) lace
Klops m GASTR meatball
Kloschüssel umg f loo bowl Br umg, toilet bowl, lavatory pan Br
Klosett n toilet
Klosettbrille f toilet seat
Klosettpapier n toilet paper
Kloß m dumpling; (≈ Fleischkloß) meatball; (≈ Bulette) rissole; **einen ~ im Hals haben** fig to have a lump in one's throat
Kloster n (≈ Mönchskloster) monastery; (≈ Nonnenkloster) convent
Klotz m (≈ Holzklotz) block (of wood); pej (≈ Betonklotz) concrete block; **j-m ein ~ am Bein sein** to be a hindrance to sb
Klötzchen n (building) block
klotzen sl v/i (≈ hart arbeiten) to slog (away) umg
klotzig **A** adj huge **B** adv (≈ klobig) massively; **~ wirken** to seem bulky
Klub m club
Klubhaus n clubhouse
Klubjacke f blazer
Kluburlaub m club holiday Br, club vacation US
Kluft f **1** (≈ Erdspalte) cleft; (≈ Abgrund) chasm **2** fig gulf, gap **3** umg (≈ Kleidung) gear umg
klug adj clever, intelligent, smart; (≈ vernünftig) Rat wise, sound; Überlegung prudent; **ein ~er Kopf** a capable person; **ich werde daraus nicht ~** I cannot make head or tail of it Br, I cannot make heads or tails of it US; **aus ihm werde ich nicht ~** I can't make him out; **der Klügere gibt nach** sprichw discretion is the better part of valour Br sprichw, discretion

is the better part of valor *US sprichw*
klugerweise *adv* (very) wisely
Klugheit *f* cleverness; (≈ *Vernünftigkeit*) von Rat wisdom, soundness
Klugscheißer(in) *umg m(f)* smart aleck *umg*, smart-ass *bes US sl*
klumpen *v/i* Sauce to go lumpy
Klumpen *m* lump; (≈ *Erdklumpen*) clump; (≈ *Blutklumpen*) clot; **~ bilden** Mehl etc to go lumpy; Blut to clot
Klumpfuß *m* club foot
klumpig *adj* lumpy
Klüngel *m umg* (≈ *Clique*) clique
Klüngelwirtschaft *umg f* nepotism *kein pl*
Klunker *m umg* bling bling *umg*
km *abk* (= *Kilometer*) km
km/h, km/st *abk* (= *Kilometer je Stunde*) kilometres per hour *Br*, kilometers per hour *US*, km/h, km/h
KMU *pl abk* (= *kleine und mittlere Unternehmen*) SME
knabbern *v/t & v/i* to nibble; **daran wirst du noch zu ~ haben** *fig umg* it will really give you something to think about
Knabe *liter m* boy, lad *bes Br umg*
Knabenchor *m* boys' choir
knabenhaft *adj* boyish
Knackarsch *sl m* **1** pert bum *Br umg*, bubble butt *US sl* **2** Mann hottie *umg*; Frau hottie *umg*, babe *umg*
Knäckebrot *n* crispbread
knacken **A** *v/t* **1** Nüsse to crack **2** *umg* Auto to break into; Geldschrank, Rätsel, Code to crack; Tabu to break; **Software ~** to jailbreak software *umg* **B** *v/i* **1** (≈ *brechen*) to crack, to snap; Holz (≈ *knistern*) to crackle; brechendes Holz to snap; **an etw** (*dat*) **zu ~ haben** *umg* to have sth to think about **2** *umg* (≈ *schlafen*) to sleep
Knacker *m* **1** → Knackwurst **2** *pej umg* **alter ~** old fog(e)y *umg*
Knacki *m umg* (≈ *Knastbruder*) jailbird *umg*
knackig *adj* crisp; Salat, Gemüse crunchy; *umg* Mädchen tasty *umg Br*, hot *US*; Figur sexy
Knackpunkt *umg m* crunch *umg*
Knacks *m* **1** crack **2** *umg* **der Fernseher hat einen ~** there is something wrong with the television; **er hat einen ~ weg** he's a bit screwy *umg*
Knackwurst *f* type of frankfurter
Knall *m* bang; mit Peitsche crack; bei Tür slam; **~ auf Fall** *umg* all of a sudden; **einen ~ haben** *umg* to be crazy *umg*
Knallbonbon *n* (Christmas) cracker
knallbunt *umg adj* brightly coloured *Br*, brightly colored *US*
knallen **A** *v/i* **1** (≈ *krachen*) to bang; (≈ *explodieren*) to explode; Schuss to ring out; Peitsche to crack; Tür etc to slam; **die Korken ~ lassen** *fig* to pop a cork **2** *umg* Sonne to beat down **B** *v/t* to bang; Tür to slam; Peitsche to crack; **j-m eine ~** *umg* to belt sb (one) *umg*
knalleng *umg adj* skintight
Knaller *umg m* **1** (≈ *Knallkörper*) banger *Br*, firecracker *bes US* **2** *fig* (≈ *Sensation*) sensation
Knallerbse *f* toy torpedo
knallgelb *umg adj* bright yellow
knallhart *umg* **A** *adj* Film brutal; Job, Wettbewerb really tough; Schlag really hard **B** *adv* brutally
knallig *umg* **A** *adj* Farben loud **B** *adv* **~ gelb** gaudy yellow; **~ bunt** gaudy
Knallkopf *umg m* fathead *umg*
Knallkörper *m* firecracker
knallrot *umg adj* bright red
knallvoll *umg adj* **1** (≈ *total überfüllt*) jam-packed *umg* **2** (≈ *völlig betrunken*) completely plastered *umg*, paralytic *Br umg*
knapp **A** *adj* **1** Vorräte, Geld scarce; Gehalt low **2** Mehrheit, Sieg narrow; Kleidungsstück etc (≈ *eng*) tight; Bikini scanty **3** (≈ *nicht ganz*) almost; **ein ~es Pfund Mehl** just under a pound of flour; **seit einem ~en Jahr** for almost a year **4** (≈ *kurz und präzis*) Stil, Worte concise **5** (≈ *gerade so eben*) just; **mit ~er Not** only just; **das war ~** that was close **B** *adv* **mein Geld/meine Zeit ist ~ bemessen** I am short of money/time; **wir haben ~ verloren/gewonnen** we only just lost/won; **aber nicht zu ~** *umg* and how!; **~ zwei Wochen** not quite two weeks
Knappheit *f* shortage
knapsen *umg v/i* to scrimp (**mit, an** +*dat* on); **an etw** (*dat*) **zu ~ haben** to have a rough time getting over sth
Knarre *f sl* (≈ *Gewehr*) shooter *umg*
knarren *v/i* to creak
Knast *umg m* clink *umg*, can *US sl*
knatschig *umg adj* (≈ *verärgert*) miffed *umg*; (≈ *schlecht gelaunt*) grumpy *umg*
knattern *v/i* Motorrad to roar; Maschinengewehr to rattle
Knäuel *m/n* ball; wirres tangle; von Menschen group
Knauf *m* (≈ *Türknauf*) knob; von Schwert etc pommel
Knauser(in) *umg m(f)* scrooge *umg*
Knauserei *umg f* meanness *bes Br*
knauserig *umg adj* mean, stingy *umg*
knausern *umg v/i* to be mean *bes Br* (**mit** with)
knautschen *umg v/t & v/i* to crumple (up)
Knautschzone *f* AUTO crumple zone
Knebel *m* gag
knebeln *v/t* j-n, Presse to gag
Knebelvertrag *m* oppressive contract

Knecht *m* servant; *beim Bauern* farm worker
Knechtschaft *f* slavery
kneifen **A** *v/t* to pinch; **j-n in den Arm ~** to pinch sb's arm **B** *v/i* **1** (≈ *zwicken*) to pinch **2** *umg* (≈ *ausweichen*) to back out (**vor** +*dat* of)
Kneifzange *f* pliers *pl*; *kleine* pincers *pl*; **eine ~** (a pair of) pliers/pincers
Kneipe *f umg* (≈ *Lokal*) pub *Br*, bar
Kneipenbummel *m* pub crawl *Br*, bar hop *US*
Knete *f obs sl* (≈ *Geld*) dough *umg*
kneten *v/t Teig* to knead; *Ton* to work; (≈ *formen*) to form
Knetgummi *m/n* Plasticine®
Knetmasse *f* modelling clay *Br*, modeling clay *US*
Knick *m* **1** (≈ *Falte*) crease; (≈ *Biegung*) (sharp) bend; **einen ~ machen** to bend sharply **2** *fig in Karriere etc* downturn
knicken **A** *v/i* to snap **B** *v/t* to snap; *Papier* to fold; **„nicht ~!"** "do not bend *od* fold"; **das kannst du ~!** *umg* (≈ *das kannst du vergessen*) you can forget it!; → **geknickt**
knickerig *umg adj* stingy *umg*
Knickerigkeit *umg f* stinginess *umg*
Knicks *m* bob; *tiefer* curts(e)y; **einen ~ machen** to curts(e)y (**vor** +*dat* to)
knicksen *v/i* to curts(e)y (**vor** +*dat* to)
Knie *n* **1** knee; **auf ~n** on one's knees; **j-n auf ~n bitten** to go down on bended knees to sb (and beg); **in die ~ gehen** to kneel; *fig* to be brought to one's knees; **j-n in die ~ zwingen** to bring sb to his/her knees; **j-n übers ~ legen** *umg* to put sb across one's knee; **etw übers ~ brechen** *fig* to rush (at) sth **2** (≈ *Flussknie*) sharp bend; TECH elbow
Knieairbag *m* knee airbag
Kniebeuge *f* SPORT knee bend; **in die ~ gehen** to bend one's knees
kniefrei *adj Rock* above the knee
Kniegelenk *n* knee joint
Kniekehle *f* back of the knee
knielang *adj* knee-length
knien **A** *v/i* to kneel; **im Knien** on one's knees, kneeling **B** *v/r* to kneel (down); **sich in die Arbeit ~** *fig* to get down to one's work
Kniescheibe *f* kneecap
Knieschoner *m*, **Knieschützer** *m* kneeguard
Kniestrumpf *m* knee sock
knietief *adj* knee-deep
Kniff *umg m* trick
knifflig *adj umg* tricky
knipsen **A** *v/t* **1** *Fahrschein* to punch **2** FOTO *umg* to snap *umg* **B** *v/i* FOTO *umg* to take pictures
Knirps *m* (≈ *Junge*) whippersnapper; *pej* squirt
knirschen *v/i* to crunch; *Getriebe* to grind; **mit den Zähnen ~** to grind one's teeth
knistern *v/i Feuer* to crackle; *Papier, Seide* to rustle
Knitterfalte *f* crease, wrinkle *bes US*
knitterfrei *adj Stoff, Kleid* non-crease
knittern *v/t & v/i* to crease
Knobelbecher *m* dice cup
knobeln *v/i* **1** (≈ *würfeln*) to play dice **2** (≈ *nachdenken*) to puzzle (**an** +*dat* over)
Knoblauch *m* garlic
Knoblauchbrot *n* garlic bread
Knoblauchbutter *f* garlic butter
Knoblauchpresse *f* garlic press
Knoblauchzehe *f* clove of garlic
Knöchel *m* (≈ *Fußknöchel*) ankle; (≈ *Fingerknöchel*) knuckle
Knochen *m* bone; **er ist bis auf die ~ abgemagert** he is just (a bag of) skin and bones; **ihr steckt die Angst in den ~** *umg* she's scared stiff *umg*; **der Schreck fuhr ihr in die ~** she was paralyzed with shock; **nass bis auf die ~** *umg* soaked to the skin
Knochenarbeit *f* hard graft *umg*
Knochenbau *m* bone structure
Knochenbruch *m* fracture
Knochengerüst *n* skeleton
knochenhart *umg adj* rock-hard; *fig Job, Kerl* really tough
Knochenmark *n* bone marrow
Knochenmehl *n* bone meal
knochentrocken *umg adj* bone-dry *umg*; *fig Humor etc* very dry
knöchern *adj* bone *attr*, of bone
knochig *adj* bony
Knödel *m* dumpling
Knöllchen *n umg* (≈ *Strafzettel*) (parking) ticket
Knolle *f* BOT nodule, tubercule; *von Kartoffel* tuber
Knollen *m* (≈ *Klumpen*) lump
Knopf *m* button; *an Tür* knob
Knopfdruck *m* **auf ~** at the touch of a button; *fig* at the flick of a switch
Knopfloch *n* buttonhole
Knopfzelle *f* round cell battery
Knorpel *m* ANAT, ZOOL cartilage; GASTR gristle
knorpelig *adj* ANAT cartilaginous; *Fleisch* gristly
Knorren *m im Holz* knot
knorrig *adj Baum* gnarled; *Holz* knotty
Knospe *f* bud; **~n treiben** to bud
knoten *v/t Seil etc* to (tie into a) knot
Knoten *m* **1** knot; MED (≈ *Geschwulst*) lump; PHYS, BOT node; *fig* (≈ *Verwicklung*) plot **2** SCHIFF knot **3** (≈ *Haarknoten*) bun **4** → **Knotenpunkt**
Knotenpunkt *m Verkehr, a.* BAHN junction; *fig* centre *Br*, center *US*
Knöterich *m* knotgrass
knotig *adj* knotty, full of knots; *Äste, Hände* gnarled

Know-how n know-how
Knubbel umg m lump
knuddelig adj umg (≈ niedlich) cuddly
knuddeln v/t dial to kiss and cuddle
knülle adj umg (≈ betrunken) plastered umg
knüllen v/t to crumple
Knüller umg m sensation; Presse scoop
knüpfen A v/t Knoten to tie; Band to knot, to tie (up); Teppich to knot; Netz to mesh; Freundschaft to form; **etw an etw** (akk) **~** wörtl to tie sth to sth; fig Bedingungen to attach sth to sth; Hoffnungen to pin sth on sth; **Kontakte ~ (zu** od **mit)** to establish contact (with) B v/r **sich an etw** (akk) **~** to be linked to sth
Knüppel m 1 (≈ Stock) stick; (≈ Waffe) cudgel, club; (≈ Polizeiknüppel) truncheon; **j-m (einen) ~ zwischen die Beine werfen** fig to put a spoke in sb's wheel Br 2 FLUG joystick; AUTO gear stick Br, gearshift US
knüppeln A v/i to use one's truncheon B v/t to club
knurren v/i Hund etc to growl; wütend to snarl; Magen to rumble; fig (≈ sich beklagen) to groan (**über** +akk about)
knurrig adj grumpy
knuspern v/t & v/i to crunch; **etwas zum Knuspern** something to nibble
knusprig adj crisp; **~ braun** Hähnchen crispy brown
knutschen umg A v/t to smooch with umg B v/i & v/r to smooch umg
Knutschfleck umg m lovebite umg
k. o. adj SPORT knocked out; fig umg whacked umg; **j-n ~ schlagen** to knock sb out
K. O. m knockout, K.O.; **Sieg durch ~** victory by a knockout
Koala(bär) m koala (bear)
koalieren v/i bes POL to form a coalition (**mit** with)
Koalition f bes POL coalition
Koalitionsgespräch n coalition talks pl
Koalitionspartner(in) m(f) coalition partner
Koalitionsregierung f coalition government
Koalitionsvereinbarung f coalition agreement
Kobalt n cobalt
kobaltblau adj cobalt blue
Kobold m goblin
Kobra f cobra
Koch m, **Köchin** f cook; von Restaurant etc chef; **viele Köche verderben den Brei** sprichw too many cooks spoil the broth sprichw
Kochanleitung f cooking instructions pl
Kochbeutel m **Reis im ~** boil-in-the-bag rice
Kochbuch n cookery book, cookbook US
kochecht adj Stoff, Farbe fast at 100°; Wäsche etc suitable for boiling
köcheln v/i to simmer
kochen A v/i 1 Flüssigkeit to boil; **etw zum Kochen bringen** to bring sth to the boil; **er kochte vor Wut** umg he was boiling with rage 2 (≈ Speisen zubereiten) to cook; (≈ als Koch fungieren) to do the cooking; **er kocht gut** he's a good cook B v/t 1 Flüssigkeit, Wäsche to boil; **etw auf kleiner Flamme ~** to simmer sth over a low heat 2 (≈ zubereiten) Essen to cook; Kaffee, Tee to make C v/i fig to be boiling; **es kocht in ihr** she is boiling with rage
Kochen n cooking
kochend adj boiling; **~ heiß sein** to be boiling hot; Suppe etc to be piping hot
Kocher m (≈ Herd) cooker; (≈ Campingkocher) (Primus®) stove
Köcher m für Pfeile quiver
Kochfeld n ceramic hob
kochfest adj → kochecht
Kochgelegenheit f cooking facilities pl
Kochherd m cooker
Köchin f → Koch
Kochkunst f culinary art
Kochlöffel m cooking spoon
Kochnische f kitchenette
Kochplatte f (≈ Herdplatte) hotplate
Kochrezept n recipe
Kochsalz n CHEM sodium chloride; GASTR cooking salt
Kochtopf m (cooking) pot; **mit Stiel** saucepan
Kochwäsche f washing that can be boiled
Kode m code
Köder m bait
ködern v/t to lure; fig to tempt; **j-n für etw ~ to** rope sb into sth umg; **sich von j-m/etw nicht ~ lassen** not to be tempted by sb/sth
Kodex m codex; fig (moral) code
kodieren etc → codieren
Koeffizient m coefficient
Koexistenz f coexistence
Koffein n caffeine
koffeinfrei adj decaffeinated
koffeinhaltig adj caffeinated, containing caffeine
Koffer m 1 (suit)case; (≈ Schrankkoffer) trunk; **die ~ packen** to pack one's bags 2 österr umg (≈ Idiot) div Br umg, jerk US umg
Kofferanhänger m luggage label od tag, baggage label od tag
Kofferband n, **Koffergurt** m luggage strap
Kofferkuli m (luggage) trolley Br, cart US
Kofferradio n portable radio
Kofferraum m AUTO boot Br, trunk US; (≈ Volumen) luggage space
Kofferwaage f luggage scales pl

Kognak *m* brandy
Kohl *m* **1** cabbage; **das macht den ~ auch nicht fett** *umg* that's not much help **2** *umg* (≈ *Unsinn*) nonsense
Kohldampf *umg m* **~ haben** to be starving
Kohle *f* **1** coal; **glühende ~n** *wörtl* (glowing) embers; **(wie) auf (heißen) ~n sitzen** to be like a cat on a hot tin roof; **die ~n aus dem Feuer holen** *fig* to pull the chestnuts out of the fire **2** (≈ *Verkohltes, Holzkohle*) charcoal **3** TECH carbon **4** *umg* (≈ *Geld*) dough *umg*
Kohlefilter *m* charcoal filter
Kohlehydrat *n* carbohydrate
Kohlekraftwerk *n* coal-fired power station
Kohlenbergwerk *n* coal mine
Kohlendioxid *n* carbon dioxide
Kohlenherd *m* range
Kohlenmonoxid *n* carbon monoxide
Kohlenpott *m umg* (≈ *Ruhrgebiet*) Ruhr (basin *od* valley)
Kohlenrevier *n* coal-mining area
Kohlensäure *f* **1** CHEM carbonic acid **2** *in Getränken* fizz *umg*; **mit ~** sparkling
kohlensäurehaltig *adj Getränke* carbonated
Kohlenstoff *m* carbon
Kohlenwasserstoff *m* hydrocarbon
Kohlepapier *n* carbon paper
Kohlestift *m* KUNST piece of charcoal
Kohletablette *f* MED charcoal tablet
Kohlezeichnung *f* charcoal drawing
Kohlkopf *m* cabbage
Kohlmeise *f* great tit
kohlrabenschwarz *adj Haar* jet black; *Nacht* pitch-black
Kohlrabi *m* kohlrabi
Kohlroulade *f* GASTR stuffed cabbage leaves *pl*
Kohlrübe *f* BOT swede *Br*, rutabaga *US*
Kohlsprosse *f österr* (Brussels) sprout
Kohlweißling *m* cabbage white (butterfly)
Koitus *m* coitus; **~ interruptus** coitus interruptus
Koje *f bes* SCHIFF bunk, berth; **sich in die ~ hauen** *umg* to hit the sack *umg*
Kojote *m* coyote
Kokain *n* cocaine
kokainsüchtig *adj* addicted to cocaine
kokett *adj* coquettish
Koketterie *f* coquetry
kokettieren *v/i* to flirt
Kokon *m* ZOOL cocoon
Kokosfett *n* coconut oil
Kokosflocken *pl* desiccated coconut
Kokosmilch *f* coconut milk
Kokosnuss *f* coconut
Kokospalme *f* coconut palm *od* tree
Kokosraspeln *pl* desiccated coconut

Koks[1] *m* coke
Koks[2] *m/n umg* (≈ *Kokain*) coke *umg*
Kolben *m* **1** (≈ *Gewehrkolben*) butt; TECH (≈ *Pumpenkolben*) piston; CHEM (≈ *Destillierkolben*) retort **2** (≈ *Maiskolben*) cob
Kolbenfresser *umg m* piston seizure
Kolbenhub *m* AUTO piston stroke
Kolibakterien *pl* E.coli *pl*
Kolibri *m* humming bird
Kolik *f* colic
kollabieren *v/i* to collapse
Kollaborateur(in) *m(f)* POL collaborator
Kollaboration *f* collaboration
kollaborieren *v/i* to collaborate
Kollagen *n* MED collagen
Kollaps *m* collapse; **einen ~ erleiden** to collapse
Kollateralschaden *m* collateral damage *kein pl*
Kolleg *n* **1** UNIV (≈ *Vorlesung*) lecture **2** SCHULE college
Kollege *m*, **Kollegin** *f* colleague
kollegial **A** *adj* **das war nicht sehr ~ von ihm** that wasn't what you would expect from a colleague **B** *adv* loyally; **sich ~ verhalten** to be a good colleague
Kollegium *n* (≈ *Lehrerkollegium etc*) staff; (≈ *Ausschuss*) working party
Kollegmappe *f* document case
Kollegstufe *f* final two years of education at a 'gymnasium' in which pupils can select which subjects they wish to study
Kollegstufenbetreuer(in) *m(f)* teacher who looks after the needs of pupils throughout their time in the 'Kollegstufe'
Kollekte *f* KIRCHE collection
Kollektion *f* collection; *a. Mode* range
kollektiv **A** *adj* collective; **~e Verteidigung** *der EU* collective defence **B** *adv* collectively
Kollektiv *n* collective
Kollektivschuld *f* collective guilt
Kollektor *m* ELEK collector; (≈ *Sonnenkollektor*) solar collector
Koller *umg m* (≈ *Anfall*) funny mood; (≈ *Wutanfall*) rage; **einen ~ bekommen** to fly into a rage
kollidieren *v/i geh Fahrzeuge* to collide
Kollier *n* necklet
Kollision *geh f* (≈ *Zusammenstoß*) collision; (≈ *Streit*) conflict, clash
Kollisionskurs *m* SCHIFF, FLUG collision course; **auf ~ gehen** *fig* to be heading for trouble
Kollokation *f* LING collocation
Kolloquium *n* **1** colloqium **2** SCHULE oral exam (-ination)
Köln *n* Cologne
Kölner *adj* Cologne; **der ~ Dom** Cologne Cathedral

kölnisch *adj* Cologne *attr*; **er spricht Kölnisch** he speaks (the) Cologne dialect
Kölnischwasser *n* eau de Cologne
Kolonialherrschaft *f* colonial rule
Kolonialismus *m* colonialism
Kolonialmacht *f* colonial power
Kolonialzeit *f* colonial times *pl*
Kolonie *f* colony; (≈ *Ferienkolonie*) camp
Kolonisation *f von Land* colonization
kolonisieren *v/t Land* to colonize
Kolonist(in) *m(f)* colonist
Kolonne *f* column; *bes* MIL convoy; (≈ *Arbeitskolonne*) gang; **~ fahren** to drive in (a) convoy
Koloration *f Haarfärbemittel* hair dye
Koloratur *f* coloratura
kolorieren *v/t* to colour *Br*, to color *US*
Kolorit *n* KUNST colouring *Br*, coloring *US*; MUS (tone) colour *Br*, (tone) color *US*; LIT, *a. fig* atmosphere
Koloss *m* colossus
kolossal **A** *adj* colossal; *Glück* tremendous; *Dummheit* crass **B** *adv umg* tremendously, enormously
Kolossalgemälde *umg n* spectacular painting
Kolosseum *n* **das ~** the Colosseum
kölsch *adj* → kölnisch
Kölsch *n* **1** (≈ *Bier*) ≈ (strong) lager **2** (≈ *Dialekt*) **er spricht ~** he speaks (the) Cologne dialect
kolumbianisch *adj* Colombian
Kolumbien *n* Colombia
Kolumne *f Presse, a.* TYPO column
Koma *n* MED coma; **im ~ liegen** to be in a coma; **ins ~ fallen** to fall into a coma
Komasaufen *umg n* extreme binge drinking
Kombi *m* AUTO estate (car) *Br*, station wagon *bes US*
Kombination *f* **1** combination; SPORT (≈ *Zusammenspiel*) concerted move, (piece of) teamwork; **nordische ~** SKI Nordic combination **2** (≈ *Schlussfolgerung*) deduction **3** (≈ *Kleidung*) suit, ensemble
Kombinationsgabe *f* powers *pl* of deduction
kombinieren **A** *v/t* to combine **B** *v/i* (≈ *folgern*) to deduce; **ich kombiniere: ...** I conclude: ...
Kombiwagen *m* estate (car) *Br*, station wagon *bes US*
Kombizange *f* combination pliers *pl*
Kombüse *f* SCHIFF galley
Komet *m* comet
kometenhaft *fig adj Karriere* meteoric; *Aufschwung* rapid
Komfort *m von Hotel etc* luxury; *von Möbel etc* comfort; *von Wohnung* amenities *pl*, mod cons *pl Br umg*; **ein Auto mit allem ~** a luxury car
komfortabel **A** *adj* (≈ *mit Komfort ausgestattet*) luxurious, luxury *attr*; *Wohnung* well-appointed; (≈ *bequem*) *Sessel, Bett* comfortable; (≈ *praktisch*) *Bedienung* convenient **B** *adv* (≈ *bequem*) comfortably; (≈ *mit viel Komfort*) luxuriously
Komik *f* (≈ *das Komische*) comic; (≈ *komische Wirkung*) comic effect
Komiker(in) *m(f)* comedian; *fig a.* joker *umg*; **Sie ~** you must be joking
komisch **A** *adj* funny; THEAT *Rolle, Oper* comic; (≈ *eigenartig*) weird; **das Komische daran** the funny thing about it; **mir ist/wird so ~** *umg* I feel funny; **er war so ~ zu mir** he acted so strangely towards me *Br*, he acted so strangely toward me *US* **B** *adv* strangely; *riechen, schmecken, sich fühlen* strange; **j-m ~ vorkommen** to seem strange to sb
komischerweise *adv* funnily enough
Komitee *n* committee
Komma *n* comma; MATH decimal point; **fünf ~ drei** five point three
Kommafehler *m* punctuation mistake
Kommandant(in) *m(f)* MIL commanding officer; SCHIFF captain
Kommandeur(in) *m(f)* commander
kommandieren **A** *v/t* **1** (≈ *befehligen*) to command **2** (≈ *befehlen*) **j-n an einen Ort ~** to order sb to a place; **sich von j-m ~ lassen** to let oneself be ordered about by sb **B** *v/i* **1** (≈ *Befehlsgewalt haben*) to be in command; **~der General** commanding general **2** (≈ *Befehle geben*) to command; **er kommandiert gern** he likes ordering people about
Kommanditgesellschaft *f* HANDEL ≈ limited partnership
Kommando *n* command; **der Hund gehorcht auf ~** the dog obeys on command; **das ~ führen** to be in *od* have command (**über** +*akk* of)
Kommandobrücke *f* SCHIFF bridge
Kommandokapsel *f* RAUMF command module
Kommandoraum *m* control room
kommen *v/i* **1** to come; **ich komme (schon)** I'm (just) coming; **er wird gleich ~** he'll be here right away; **wann soll der Zug ~?** when's the train due?; **ich komme aus ...** I'm from ...; **wo kommst du her?** where are you from?; **komm!, kommt!, komm(t) jetzt!** come on!; **ach komm!** come on!; **na los, komm** come on; **da kann ja jeder ~ und sagen ...** anybody could come along and say ...; **das Baby kam zu früh** the baby arrived prematurely; **nach Hause ~** (≈ *ankommen*) to get home; (≈ *zurückkehren*) to come home; **von der Arbeit ~** to get home from work; **ins Gefängnis ~** to go to prison; **in die Schule ~** to start school; **zu spät ~** to be late **2** (≈ *hingehören*) to go; **das Buch kommt ins oberste Fach** the book goes on the top shelf; **das kommt unter "Sonsti-**

ges" that comes under "miscellaneous"; **das Lied kommt als Nächstes** that song is next; **ich komme zuerst an die Reihe** I'm first; **jetzt muss bald die Grenze ~** we should soon be at the border; **das Schlimmste kommt noch** the worst is yet to come **3** (≈ *gelangen*) to get; *mit Hand etc* to reach; **wie komme ich am besten dahin?** what's the best way to get there?; **durch den Zoll ~** to get through customs; **in das Alter ~, wo ...** to reach the age when ... **4** TV, RADIO, THEAT *etc* to be on; **was kommt im Fernsehen?** what's on TV? **5** (≈ *geschehen, sich zutragen*) to happen; **egal, was kommt** whatever happens; **komme, was da wolle** come what may; **das musste ja so ~** it had to happen; **das kommt davon, dass ...** that's because ...; **das kommt davon!** see what happens? **6** (≈ *geraten*) **in Bewegung ~** to start moving; **zum Stillstand ~** to come to a halt *od* standstill **7** *umg* (≈ *einen Orgasmus haben*) to come *sl* **8** *mit Dativ* **ihm kamen Zweifel** he started to have doubts; **j-m ~ die Tränen** tears come to sb's eyes; **mir kommt eine Idee** I've just had a thought; **du kommst mir gerade recht** *iron* you're just what I need; **das kommt mir gerade recht** that's just fine; **j-m frech ~** to be cheeky to sb *Br*, to be fresh to sb *US* **9** *mit Verb* **da kommt ein Vogel geflogen** there's a bird; **j-n besuchen ~** to come and see sb; **j-n ~ sehen** to see sb coming; **ich habe es ja ~ sehen** I saw it coming; **j-n ~ lassen** to send for sb; **etw ~ lassen** *Taxi* to order sth **10** *mit Präposition* **auf etw** (*akk*) **~** (≈ *sich erinnern*) to think of sth; **auf eine Idee ~** to get an idea; **wie kommst du darauf?** what makes you think that?; **darauf bin ich nicht gekommen** I didn't think of that; **auf ihn lasse ich nichts ~** *umg* I won't hear a word against him; **hinter etw** (*akk*) **~** (≈ *herausfinden*) to find sth out, to find out sth; **mit einer Frage ~** to have a question; **damit kann ich ihm nicht ~** *mit Entschuldigung* I can't give him that; *mit Bitte* I can't ask him that; **um etw ~** (≈ *verlieren*) to lose sth; *um Essen, Schlaf* to go without sth; **unter die Leute ~** to socialize; **~ wegen** to come for; **zu etw ~** (≈ *Zeit finden für*) to get round to sth; (≈ *erhalten*) to come by sth; (≈ *erben*) to come into sth; **zu einem Entschluss ~** to come to a conclusion; **zu nichts ~** *zeitlich* not to get (a)round to anything; (≈ *erreichen*) to achieve nothing; **zu sich ~** (≈ *Bewusstsein wiedererlangen*) to come round; (≈ *aufwachen*) to come to one's senses **B** *v/i* **so weit kommt es (noch)** that'll be the day *umg*; **ich wusste, dass es so ~ würde** I knew that would happen; **wie kommt es, dass du ...?** how come you ...? *umg*; **es kam zum Streit** there was a quarrel; **und so kam es, dass ...** and that is how it came about that ...

Kommen *n* coming; **etw ist im ~** sth is on the way in; **j-d ist im ~** sb is on his/her way up

kommend *adj* coming; *Ereignisse* future; **(am) ~en Montag** next Monday; **in den ~en Jahren** in the years to come; **er ist der ~e Mann in der Partei** he is the rising star in the party

Kommentar *m* comment; *Presse* commentary; **kein ~!** no comment; **einen ~ abgeben** to comment

kommentarlos *adv* without comment

Kommentator(in) *m(f)* commentator

kommentieren *v/t Presse etc* to comment on

Kommerz *pej m* commercialism; **nur auf ~ aus sein** to have purely commercial interests, to be out for profit

kommerzialisieren *v/t* to commercialize

Kommerzialisierung *f* commercialization

kommerziell **A** *adj* commercial **B** *adv* commercially

Kommilitone *m*, **Kommilitonin** *f* fellow student

Kommissar(in) *m(f)* ADMIN commissioner; (≈ *Polizeikommissar*) inspector

kommissarisch **A** *adj* temporary **B** *adv* temporarily

Kommission *f* **1** (≈ *Ausschuss*) committee; *zur Untersuchung* commission; **Europäische ~** European Commission **2** HANDEL commission; **etw in ~ nehmen** to take sth on commission

Kommode *f* chest of drawers

kommunal *adj* local; (≈ *städtisch*) municipal

Kommunalabgaben *pl* local rates and taxes *pl*

Kommunalpolitik *f* local government politics *sg od pl*

Kommunalpolitiker(in) *m(f)* local politician

Kommunalwahlen *pl* local (government) elections *pl*

Kommune *f* **1** local authority district **2** (≈ *Wohngemeinschaft*) commune

Kommunikation *f* communication

Kommunikationsfähigkeit *f* communication skills *pl*

Kommunikationsmittel *n* means *sg* of communication

Kommunikationsschwierigkeiten *pl* communication difficulties *pl*

Kommunikationssystem *n* communications system

Kommunikationswissenschaften *pl* communication studies *pl*

kommunikativ *adj* communicative

Kommunikee *n* communiqué

Kommunion *f* KIRCHE (Holy) Communion

Kommuniqué n communiqué
Kommunismus m communism
Kommunist(in) m(f) Communist
kommunistisch adj communist
kommunizieren v/i to communicate
Komödiant(in) m(f) **1** obs actor/actress **2** fig play-actor
Komödie f comedy; **~ spielen** fig to put on an act
Komoren pl **die ~** the Comoros
Kompagnon m HANDEL partner, associate; iron pal umg
kompakt adj compact
Kompaktkamera f compact camera
Kompanie f MIL company
Komparativ m GRAM comparative
Komparse m, **Komparsin** f FILM extra; THEAT supernumerary
Kompass m compass
Kompassnadel f compass needle
kompatibel adj compatible
Kompatibilität f compatibility
Kompensation f compensation
kompensieren v/t to compensate for
kompetent A adj competent **B** adv competently
Kompetenz f (area of) competence; **da hat er ganz eindeutig seine ~en überschritten** he has quite clearly exceeded his authority here; **soziale/emotionale ~** soft skills pl
Kompetenzbereich m area of competence
Kompetenzstreitigkeiten pl dispute over respective areas of responsibility
Kompetenzteam n team of experts
Kompetenzverteilung f distribution of powers
Kompetenzzentrum n centre Br, center US
komplementär adj complementary
Komplementärfarbe f complementary colour Br, complementary color US
komplett A adj complete **B** adv completely
komplettieren geh v/t to complete
komplex adj complex
Komplex m (≈ Gebäudekomplex), a. PSYCH complex; (≈ Themenkomplex) issues; **er hat ~e wegen seiner Figur** he has a complex about his figure
Komplexität f complexity
Komplikation f complication
Kompliment n compliment; **j-m ~e machen** to compliment sb (**wegen** on)
Komplize m, **Komplizin** f accomplice
komplizieren v/t to complicate
kompliziert adj complicated; (≈ schwierig a.) tricky; MED Bruch compound
Kompliziertheit f complexity
Komplott n plot, conspiracy; **ein ~ schmieden** to hatch a plot
Komponente f component
komponieren v/t & v/i to compose
Komponist(in) m(f) composer
Komposition f composition
Kompost m compost
kompostieren v/t to compost
Komposttonne f compost bin
Kompott n stewed fruit, compote
Kompresse f compress
Kompression f TECH compression
Kompressionsprogramm n IT compression program
Kompressionsstrumpf m compression sock
Kompressor m compressor
komprimieren v/t to compress; IT a. to pack, to zip; fig to condense
Kompromiss m compromise; **einen ~ schließen** to (make a) compromise
kompromissbereit adj willing to compromise
Kompromissbereitschaft f willingness to compromise
kompromissfähig adj able to compromise
kompromisslos adj uncompromising
Kompromissvorschlag m compromise proposal
kompromittieren A v/t to compromise **B** v/r to compromise oneself
Kondensat n condensate; fig distillation, condensation
Kondensation f condensation
Kondensator m AUTO, CHEM condenser; ELEK a. capacitor
kondensieren v/t & v/i to condense
Kondensmilch f evaporated milk
Kondensstreifen m FLUG vapour trail Br, vapor trail US
Kondenswasser n condensation
Kondition f condition; (≈ Durchhaltevermögen) stamina; **er hat überhaupt keine ~** he is completely unfit; fig he has absolutely no stamina
Konditionalsatz m conditional clause
konditionieren v/t to condition
Konditionsschwäche f lack kein pl of fitness
konditionsstark adj very fit
Konditionstraining n fitness training
Konditor(in) m(f) pastry cook Br, confectioner US
Konditorei f cake shop Br, confectioner's shop US; **mit Café** café
Kondolenzbuch n book of condolence
Kondolenzschreiben n (≈ Kondolenzbrief) letter of condolence
kondolieren v/i **(j-m) ~** to offer one's condolences (to sb)
Kondom m/n condom

Kondukteur *m schweiz* conductor
Kondukteurin *f schweiz* conductress
Konfekt *n* confectionery
Konfektion *f* (≈ *Bekleidung*) ready-to-wear clothes *pl od* clothing *Br*
Konfektionsgröße *f* (clothing) size
Konfektionsware *f* ready-to-wear clothing
Konferenz *f* conference; (≈ *Besprechung*) meeting
Konferenzdolmetscher(in) *m(f)* conference interpreter
Konferenzraum *m* conference room
Konferenzschaltung *f* RADIO, TV (television/radio) linkup
Konferenzteilnehmer(in) *m(f)* person attending a conference/meeting
konferieren *v/i* to confer (**über** +*akk* on, about), to have *od* hold a conference (**über** +*akk* on, about)
Konfession *f* (religious) denomination
konfessionell *adj* denominational
konfessionslos *adj* nondenominational
Konfessionsschule *f* denominational school
Konfetti *n* confetti
Konfiguration *f* configuration
konfigurieren *v/t* to configure
Konfirmand(in) *m(f)* KIRCHE confirmand
Konfirmation *f* KIRCHE confirmation
konfirmieren *v/t* KIRCHE to confirm
Konfiserie *f schweiz* (≈ *Konfekt*) confectionery
konfiszieren *v/t* to confiscate
Konfitüre *f* jam *Br*, jelly *US*
Konflikt *m* conflict; **mit etw in ~ geraten** to come into conflict with sth
konfliktgeladen *adj* conflict-ridden; *Situation* explosive
konfliktscheu *adj* **~ sein** to be afraid of conflict
Konfliktstoff *m* cause for conflict
konform **A** *adj Ansichten etc* concurring **B** *adv* **mit j-m/etw ~ gehen** to agree with sb/sth (**in** +*dat* about)
Konformismus *m* conformism
Konformist(in) *pej m(f)* conformist
konformistisch *adj* conformist, conforming
Konfrontation *f* confrontation
Konfrontationskurs *m* **auf ~ gehen** to be heading for a confrontation
konfrontieren *v/t* to confront (**mit** with); **konfrontiert werden mit** to face
konfus *adj* confused
Konfusion *f* confusion
Konglomerat *n* (≈ *Ansammlung*) conglomeration
Kongo *m* Congo
kongolesisch *adj* Congolese

Kongress *m* **1** POL congress; *fachlich* convention **2** *in USA* Congress
Kongresshalle *f* congress *od* conference hall
Kongressteilnehmer(in) *m(f)* person attending a congress *od* conference
Kongresszentrum *n* congress *od* conference centre *Br*, congress *od* conference center *US*
kongruent *adj* MATH congruent; *geh Ansichten* concurring
Kongruenz *f* MATH congruence; *geh von Ansichten* concurrence
Konifere *f* conifer
König *m* king
Königin *f a.* ZOOL queen
Königinmutter *f* queen mother
Königinpastete *f* vol-au-vent
königlich **A** *adj* royal; *Gehalt* princely; **Seine Königliche Hoheit** His Royal Highness **B** *adv* **1** *umg* **sich ~ amüsieren** to have the time of one's life *umg* **2** (≈ *fürstlich*) *bewirten* like royalty; *belohnen* richly
Königreich *n* kingdom; **Vereinigtes ~** United Kingdom, UK
Königshaus *n* royal dynasty
Königtum *n* **1** kingship **2** (≈ *Reich*) kingdom
Konjugation *f* conjugation
konjugieren *v/t* to conjugate
Konjunktion *f* conjunction
Konjunktiv *m* GRAM subjunctive
Konjunktivsatz *m* GRAM subjunctive clause
Konjunktur *f* economic situation, economy; (≈ *Hochkonjunktur*) boom
Konjunkturabschwächung *f*, **Konjunkturabschwung** *m* economic downturn
Konjunkturaufschwung *m* economic upturn
konjunkturbedingt *adj* influenced by *od* due to economic factors
Konjunkturbelebung *f* business revival; (≈ *aktives Beleben der Konjunktur*) stimulation of the economy
Konjunktureinbruch *m* (economic) slump
konjunkturell **A** *adj* economic **B** *adv* economically; **~ bedingt** caused by economic factors
Konjunkturflaute *f* economic slowdown
Konjunkturklima *n* economic *od* business climate
Konjunkturpolitik *f* economic (stabilization) policy
Konjunkturrückgang *m* slowdown in the economy
Konjunkturschwäche *f* weakness in the economy
konkav *adj* concave
konkret *adj* concrete; **ich kann dir nichts Konkretes sagen** I can't tell you anything con-

crete; **drück dich etwas ~er aus** would you put that in rather more concrete terms
konkretisieren v/t to put in concrete form od terms
Konkubine f concubine
Konkurrent(in) m(f) rival; HANDEL a. competitor
Konkurrenz f (≈ *Wettbewerb*) competition; (≈ *Konkurrenzbetrieb*) competitors pl; (≈ *Gesamtheit der Konkurrenten*) competition; **j-m ~ machen** to compete with sb; **zur ~ (über)gehen** to go over to the competition
konkurrenzfähig adj competitive
Konkurrenzkampf m competition
konkurrenzlos adj without competition
konkurrieren v/i to compete
Konkurs m bankruptcy; **in ~ gehen** to go bankrupt; **~ machen** umg to go bust umg
Konkursmasse f bankrupt's estate
Konkursverfahren n bankruptcy proceedings pl
Konkursverwalter(in) m(f) receiver; *von Gläubigern bevollmächtigt* trustee
können v/t & v/i & v/aux **1** (≈ *vermögen*) to be able to; **ich kann das machen** I can do it, I am able to do it; **ich kann das nicht machen** I cannot od can't do it, I am not able to do it; **morgen kann ich nicht** I can't (manage) tomorrow; **das hättest du gleich sagen ~** you could have said that straight away; **könnte(n)** could; might; **kann od könnte vielleicht** may; **ich kann nicht mehr** I can't go on; *ertragen* I can't take any more; *essen* I can't manage any more; **so schnell er konnte** as fast as he could od was able to **2** (≈ *beherrschen*) *Sprache* to (be able to) speak; *Schach* to be able to play; *lesen, schwimmen etc* to be able to, to know how to; **was du alles kannst!** the things you can do!; **er kann gut Englisch** he speaks English well; **er kann nicht schwimmen** he can't swim; → **gekonnt 3** (≈ *dürfen*) **kann ich jetzt gehen?** can I go now?; **könnte ich …?** could I …?; **er kann mich (mal)** umg he can go to hell umg **4 Sie könnten recht haben** you could od might od may be right; **er kann jeden Augenblick kommen** he could od might od may come any minute; **das kann nicht sein** that can't be true; **es kann sein, dass er dabei war** he could od might od may have been there; **kann sein** maybe, could be; **ich kann nichts dafür** it's not my fault
Können n ability, skill
Könner(in) m(f) expert
Konnotation f LIT connotation
Konrektor(in) m(f) deputy head
Konsekutivsatz m consecutive clause
Konsens m agreement

konsequent **A** adj consistent **B** adv *befolgen* strictly; *ablehnen* emphatically; *eintreten für* rigorously; *argumentieren* consistently; **~ handeln** to be consistent; **wir werden ~ durchgreifen** we will take rigorous action
konsequenterweise adv to be consistent
Konsequenz f consequence; **die ~en tragen** to take the consequences; **~en ziehen** to draw the conclusions; **(aus etw) die ~en ziehen** to take the necessary steps/measures
konservativ **A** adj conservative; *Br* POL Conservative, Tory **B** adv conservatively
Konservative(r) m/f(m) conservative; *Br* POL Conservative, Tory
Konservatorium n conservatory
Konserve f preserved food; *in Dosen* tinned food *Br*, canned food; (≈ *Konservendose*) tin *Br*, can; MED (≈ *Blutkonserve etc*) stored blood *etc*, blood bottle; (≈ *Tonkonserve*) recorded music
Konservenbüchse f, **Konservendose** f tin *Br*, can
konservieren v/t to preserve
Konservierung f preservation
Konservierungsmittel n preservative
Konservierungsstoff m preservative
konsistent **A** adj **1** *fest Masse* solid **2** *Politik* consistent **B** adv *behaupten* consistently
Konsistenz f consistency; *von Gewebe* texture
Konsole f (≈ *Spielekonsole*) console
konsolidieren v/t & v/i to consolidate
Konsolidierung f consolidation; *in der EU* **~ der Rechtsvorschriften** consolidation of legislation
Konsonant m consonant
Konsonanz f LIT consonance
Konsortium n HANDEL consortium
Konspiration f conspiracy, plot
konspirativ adj conspiratorial; **~e Wohnung** safe house
konstant **A** adj constant **B** adv *gut, hoch* consistently
Konstante f constant
Konstellation f constellation
konstituieren v/t to constitute, to set up; **~de Versammlung** constituent assembly
Konstituierung f (≈ *Gründung*) constitution
Konstitution f constitution
konstitutionell adj constitutional
konstruieren v/t to construct; **ein konstruierter Fall** a hypothetical case
Konstrukteur(in) m(f) designer
Konstruktion f construction
Konstruktionsbüro n drawing office
Konstruktionsfehler m *im Entwurf* design fault; *im Aufbau* structural defect
konstruktiv **A** adj constructive; POL **~e Enthal-**

tung constructive *od* positive abstention **B** *adv* constructively
Konsul(in) *m(f)* consul
Konsulat *n* consulate
Konsultation *form f* consultation
konsultieren *form v/t* to consult
Konsum *m* (≈ *Verbrauch*) consumption
Konsumartikel *m* consumer item
Konsument(in) *m(f)* consumer
konsumfreudig *adj* consumption-oriented, consumerist
Konsumgesellschaft *f* consumer society
Konsumgut *n* consumer item; **Konsumgüter** *pl* consumer goods *pl*
konsumieren *v/t* to consume
Konsumtempel *pej m* temple of consumerism
Konsumverhalten *n* consumer habits *pl*; **umweltfreundliches ~** green consumerism
Konsumverzicht *m* non-consumption
Kontakt *m* contact; **ich habe keinen ~ mehr zu ihr** I'm not in contact with her any more *od* anymore *US*; **~ halten, in ~ bleiben** to keep in touch; **mit j-m/etw in ~ kommen** to come into contact with sb/sth; **mit j-m ~ aufnehmen** *od* **in ~ treten** to get in contact *od* touch with sb; **den ~ wieder löschen** *im Internet* to unfriend
Kontaktadresse *f* **er hinterließ eine ~** he left behind an address where he could be contacted
Kontaktanzeige *f* personal ad
kontaktarm *adj* **er ist ~** he lacks contact with other people
Kontaktarmut *f* lack of human contact
Kontaktdaten *pl* contact details
Kontaktfrau *f* (≈ *Agentin*) contact
kontaktfreudig *adj* sociable, outgoing
kontaktieren *v/t* to contact
Kontaktlinse *f* contact lens
Kontaktlinsenmittel *n* contact lens solution
Kontaktmangel *m* lack of contact
Kontaktmann *m* (≈ *Agent*) contact
Kontaktperson *f* contact
kontaktscheu *adj* shy
Kontamination *f* contamination
kontaminieren *v/i* to contaminate
Konter *m Boxen* counter(punch); *Ballspiele* counterattack, break
Konterangriff *m* counterattack
Konterfei *obs, hum n* likeness, portrait
konterkarieren *v/t* to counteract; *Aussage* to contradict
kontern *v/t & v/i* to counter
Konterrevolution *f* counter-revolution
Kontext *m* context
Kontinent *m* continent

kontinental *adj* continental
Kontinentaleuropa *n* the Continent
Kontinentalklima *n* continental climate
Kontinentalplatte *f* GEOL continental plate
Kontingent *n* contingent; HANDEL quota, share
kontinuierlich **A** *adj* continuous **B** *adv* continuously
Kontinuität *f* continuity
Konto *n* account; **auf meinem ~** in my account; **das geht auf mein ~** *umg* (≈ *ich bin schuldig*) I am to blame for this
Kontoauszug *m* (bank) statement
Kontobewegung *f* transaction
kontoführend *adj Bank* where an account is held
Kontoführungsgebühr *f* bank charge
Kontoinhaber(in) *m(f)* account holder
Kontokorrent *n* current account, cheque account *Br*, checking account *US*
Kontonummer *f* account number
Kontostand *m* balance
kontra *präp* against; JUR versus
Kontra *n* KART double; **j-m ~ geben** *fig* to contradict sb
Kontrabass *m* double bass; **~ spielen** to play the double bass
Kontrahent(in) *m(f)* (≈ *Gegner*) adversary
Kontraindikation *f* MED contraindication
Kontraktion *f* MED contraction
kontraproduktiv *adj* counterproductive
Kontrapunkt *m* MUS counterpoint
konträr *geh adj Meinungen* contrary, opposite
Kontrast *m* contrast
kontrastarm *adj* **~ sein** to be lacking in contrast
Kontrastbrei *m* MED barium meal
kontrastieren *v/i* to contrast
Kontrastmittel *n* MED contrast medium
Kontrastprogramm *n* alternative programme *Br*, alternative program *US*
kontrastreich *adj* **~ sein** to be full of contrast
Kontrollabschnitt *m* HANDEL counterfoil, stub
Kontrolle *f* **1** control; **die ~ übernehmen** to take control; **über etw** (*akk*) **die ~ verlieren** to lose control of sth; **j-n unter ~ haben** to have sb under control; **der Brand geriet außer ~** the fire got out of control **2** (≈ *Nachprüfung*) check (+*gen* on); (≈ *Aufsicht*) supervision; **j-n/etw einer ~ unterziehen** to check sb/sth; **~n durchführen** to carry out checks **3** (≈ *Stelle*) checkpoint
Kontrolleur(in) *m(f)* inspector
Kontrollgang *m* (inspection) round
kontrollierbar *adj* controllable
kontrollieren *v/t* **1** to control **2** (≈ *nachprüfen*) to check; (≈ *Aufsicht haben über*) to supervise;

j-n/etw nach etw ~ to check sb/sth for sth; **Gemüse aus kontrolliert biologischem Anbau** organically grown vegetables; **staatlich kontrolliert** state-controlled

Kontrolllampe f pilot lamp; AUTO für Ölstand warning light

Kontrollliste f checklist

Kontrollpunkt m checkpoint

Kontrollturm m control tower

Kontrollzentrum n control centre Br, control center US

kontrovers A adj controversial B adv **(etw) ~ diskutieren** to have a controversial discussion (about sth)

Kontroverse f controversy

Kontur f outline, contour; **~en annehmen** to take shape

Konvent m 1 (≈ Versammlung) convention; **Europäischer ~** European Convention 2 (≈ Kloster) convent; (≈ Mönchskonvent) monastery

Konvention f convention

Konventionalstrafe f penalty (for breach of contract)

konventionell A adj conventional B adv conventionally

Konvergenz f convergence

Konvergenzkriterium n POL convergence criterion

Konvergenzprogramm n convergence programme

Konversation f conversation

Konversationslexikon n encyclopaedia Br, encyclopedia US

Konversion f conversion

konvertieren v/t to convert (**in** +akk to)

konvex A adj convex B adv convexly

Konvoi m convoy

Konzentrat n concentrate

Konzentration f concentration (**auf** +akk on)

Konzentrationsfähigkeit f powers pl of concentration

Konzentrationslager n HIST concentration camp

Konzentrationsschwäche f weak od poor concentration

konzentrieren v/t & v/r to concentrate (**auf** +akk on)

konzentriert A adj concentrated B adv **arbeiten** intently; **nachdenken** intensely

konzentrisch A adj concentric; POL **~e Kreise** concentric circles B adv concentrically

Konzept n (≈ Rohentwurf) draft; (≈ Plan, Programm Plan) plan; (≈ Vorstellung) concept; **j-n aus dem ~ bringen** to put sb off bes Br; umg aus dem Gleichgewicht to upset sb; **aus dem ~ geraten** to lose one's thread; **j-m das ~ verderben** to spoil sb's plans

Konzeption f 1 MED conception 2 geh (≈ Gedankengang) idea

Konzeptpapier n rough paper

Konzern m combine, concern US

Konzernchef(in) m(f) CEO, chief executive officer

Konzert n concert; **~ im Freien** open-air concert

Konzerthalle f concert hall

konzertiert adj **~e Aktion** FIN, POL concerted action

Konzertsaal m concert hall, auditorium

Konzession f 1 (≈ Gewerbeerlaubnis) concession, licence Br, license US 2 (≈ Zugeständnis) concession (**an** +akk to)

Konzessivsatz m GRAM concessive clause

Konzil n council

konziliant A adj (≈ versöhnlich) conciliatory; (≈ entgegenkommend) generous B adv **sich ~ geben** to be conciliatory

konzipieren v/t to conceive

Kooperation f cooperation

Kooperationspartner(in) m(f) cooperative partner, joint venture partner

kooperativ A adj cooperative B adv cooperatively

Kooperative f WIRTSCH cooperative

kooperieren v/i to cooperate

Koordinate f MATH coordinate

Koordinatenkreuz n, **Koordinatensystem** n coordinate system

Koordination f coordination

Koordinator(in) m(f) coordinator

koordinieren v/t to coordinate

Koordinierung f coordination

Koordinierungskreis m der EU coordination group od committee

Koordinierungsmethode f der EU **offene ~** open method of coordination

Kopf m 1 head; (≈ Sinn) head, mind; (≈ Denker) thinker; (≈ leitende Persönlichkeit) leader; (≈ Bandenführer) brains sg; **~ oder Zahl?** heads or tails?; **~ hoch!, lass den ~ nicht hängen!** chin up!, cheer up!; **von ~ bis Fuß** from head to foot; **ein kluger ~** an intelligent person; **die besten Köpfe** the best brains; **seinen eigenen ~ haben** umg to have a mind of one's own 2 mit Präposition **~ an ~** SPORT neck and neck; **j-m Beleidigungen an den ~ werfen** umg to hurl insults at sb; **sich (dat) an den ~ fassen** verständnislos to be left speechless; **auf dem ~ stehen** to stand on one's head; **sie ist nicht auf den ~ gefallen** she's no fool; **etw auf den ~ stellen** to turn sth upside down; **j-m etw auf den ~ zusagen** to tell sb sth to his/her face; **der Gedanke will mir nicht aus dem ~** I can't get the thought out of my head; **sich** (dat) **etw aus dem ~ schlagen** to put sth out of one's mind; **j-m durch den ~ gehen** to go through sb's mind; **sich** (dat) **etw durch den ~ gehen lassen** to think about sth; **etw im ~ haben** to have sth in one's head; **nichts als Fußball im ~ haben** to think of nothing but football; **andere Dinge im ~ haben** to have other things on one's mind; **er ist nicht ganz richtig im ~** umg he is not quite right in the head umg; **das hältst du ja im ~ nicht aus!** umg it's absolutely incredible! umg; **es will mir nicht in den ~** I can't figure it out; **sie hat es sich** (dat) **in den ~ gesetzt, das zu tun** she's dead set on doing it; **mit dem ~ durch die Wand wollen** umg to be hell-bent on getting one's own way(, regardless); **es muss ja nicht immer alles nach deinem ~ gehen** you can't have things your own way all the time; **5 Euro pro ~** 5 euros each; **das Einkommen pro ~** the per capita income; **j-m über den ~ wachsen** wörtl to outgrow sb; fig Sorgen etc to be more than sb can cope with; **ich war wie vor den ~ geschlagen** I was dumbfounded; **(j-m) zu ~(e) steigen** to go to sb's head **[3]** mit Verb **einen kühlen ~ behalten** to keep a cool head; **seinen ~ durchsetzen** to get one's own way; **den ~ hängen lassen** fig to be despondent; **den ~ für j-n/etw hinhalten** umg to take the rap for sb/sth; **für etw ~ und Kragen riskieren** to risk one's neck for sth; **ich weiß schon gar nicht mehr, wo mir der ~ steht** I don't know if I'm coming or going; **j-m den ~ verdrehen** to turn sb's head; **den ~ nicht verlieren** not to lose one's head; **j-m den ~ waschen** fig umg to give sb a telling-off; **sich** (dat) **über etw** (akk) **den ~ zerbrechen** to rack one's brains over sth

Kopf-an-Kopf-Rennen n neck-and-neck race
Kopfbahnhof m terminal (station)
Kopfball m FUSSB header
Kopfballtor n FUSSB headed goal
Kopfbedeckung f headgear
Köpfchen n **~ haben** to be brainy umg
köpfen v/t **[1]** j-n to behead; hum Flasche Wein to crack (open); **ein Ei ~** to cut the top off an egg **[2]** FUSSB to head
Kopfende n head
Kopfgeld n bounty (on sb's head)
Kopfgeldjäger m bounty hunter
kopfgesteuert adj Person, Handeln etc rational
Kopfhaut f scalp
Kopfhörer m headphone
Kopfjäger(in) m(f) head-hunter
Kopfkissen n pillow
Kopfkissenbezug m pillow case od slip
kopflastig adj top-heavy
Kopflaus f head louse
Köpfler m österr (≈ Kopfsprung, Kopfball) header
kopflos **A** adj fig in a panic; wörtl headless **B** adv **~ handeln/reagieren** to lose one's head
Kopfnote f SCHULE marks or grades which take into account a pupil's behaviour and participation in class
Kopfprämie f reward
Kopfrechnen n mental arithmetic
Kopfsalat m lettuce
kopfscheu adj timid, shy; **j-n ~ machen** to intimidate sb
Kopfschmerzen pl headache; **~ haben** to have a headache; **sich** (dat) **wegen etw ~ machen** fig to worry about sth
Kopfschmerztablette f headache tablet
Kopfschuss m shot in the head
Kopfschütteln n **mit einem ~** with a shake of one's head
kopfschüttelnd adj & adv shaking one's head
Kopfschutz m (≈ Kopfschützer) headguard
Kopfsprung m dive; **einen ~ machen** to dive (headfirst)
Kopfstand m headstand; **einen ~ machen** to stand on one's head
Kopfsteinpflaster n cobblestones pl
Kopfsteuer f poll tax
Kopfstütze f headrest; AUTO head restraint
Kopftuch n (head)scarf
kopfüber adv headfirst
Kopfverletzung f head injury
Kopfweh n headache; **~ haben** to have a headache
Kopfwunde f head wound
Kopfzerbrechen n **j-m ~ machen** to be a headache for sb umg
Kopie f copy; (≈ Ablichtung) photocopy; FOTO print; fig carbon copy
kopieren v/t to copy; (≈ nachahmen) to imitate; (≈ ablichten) to photocopy
Kopierer m copier
Kopiergerät n photocopier
Kopierschutz m IT copy protection; **mit ~** copy-protected
Kopierstift m indelible pencil
Kopilot(in) m(f) copilot
Koppel f **[1]** (≈ Weide) paddock **[2]** (≈ Pferdekoppel) string
koppeln v/t (≈ verbinden) to couple (**etw an etw** akk sth to sth); Raumschiffe to link up; Ziele to combine
Kopp(e)lung f (≈ Verbindung) coupling; von Raumschiffen linkup
Koproduktion f coproduction

Koproduzent(in) m(f) coproducer
Koralle f coral
Korallen- zssgn coral
Korallenriff n coral reef
korallenrot adj coral(-red)
Koran m Koran
Koranschule f Koranic school
Korb m **1** basket; **ein ~ Äpfel** a basket of apples **2** (≈ Korbgeflecht) wicker **3** umg **einen ~ bekommen** to be turned down; **j-m einen ~ geben** to turn sb down
Korbball m basketball
Korbblütler m BOT composite (flower)
Körbchen n **1** von Hund basket **2** von Büstenhalter cup
Korbflasche f demijohn
Korbmacher(in) m(f) basket maker
Korbsessel m wicker(work) od basket(work) chair
Kord etc m → Cord
Kordel f cord, string
Kordhose f corduroy trousers pl bes Br, corduroy pants pl bes US, cords pl umg
Kordjacke f cord(uroy) jacket
Kordjeans f/pl cord(uroy) jeans pl
Korea n Korea
Koreaner(in) m(f) Korean
koreanisch adj Korean
Korfu n Corfu
Koriander m coriander
Korinthe f currant
Kork m BOT cork
Korkeiche f cork oak od tree
Korken m cork; aus Plastik stopper
Korkenzieher m corkscrew
korkig adj corky
Kormoran m cormorant
Korn¹ n **1** (≈ Samenkorn) seed, grain; (≈ Pfefferkorn) corn; (≈ Salzkorn, Sandkorn), a. TECH grain; (≈ Hagelkorn) stone **2** (≈ Getreide) grain, cereals pl, corn Br
Korn² m (≈ Kornbranntwein) corn schnapps
Korn³ n am Gewehr front sight, bead; **j-n aufs ~ nehmen** fig to start keeping tabs on sb
Kornblume f cornflower
Körnchen n small grain, granule; **ein ~ Wahrheit** a grain of truth
Körnerfresser(in) umg m(f) health food freak umg
Körnerfutter n grain (for animal feeding), corn (for animal feeding) Br
Kornfeld n cornfield Br, grain field
körnig adj granular, grainy
kornisch adj Cornish
Kornkammer f granary
Körper m body; in der Geometrie solid; **~ und Geist** mind and body; **am ganzen ~ zittern** to tremble all over
Körperbau m physique, build
körperbehindert adj physically handicapped, disabled
Körperbehinderte(r) m/f(m) physically handicapped person
Körperbehinderung f (physical) disability od handicap
Körperfett n body fat
Körpergeruch m body odour Br, body odor US, BO umg
Körpergewicht n weight
Körpergröße f height
Körperhaltung f posture, bearing
Körperkontakt m physical od bodily contact
körperlich **A** adj physical; (≈ stofflich) material; **~e Arbeit** manual work **B** adv physically
Körperpflege f personal hygiene
Körperscanner m am Flughafen body scanner
Körperschaft f corporation, (corporate) body; **gesetzgebende ~** legislative body
Körperschaft(s)steuer f corporation tax
Körpersprache f body language
Körperteil m part of the body
Körpertemperatur f body temperature
Körperverletzung f JUR physical injury
Korporal(in) m(f) corporal
Korps n MIL corps
korpulent adj corpulent
Korpus n LING corpus
korrekt **A** adj correct; **politisch ~** politically correct **B** adv correctly; gekleidet appropriately; darstellen accurately
Korrektheit f correctness; **politische ~** political correctness
Korrektor(in) m(f) TYPO proofreader
Korrektur f correction; TYPO proofreading; **~ lesen** to proofread (**bei etw** sth)
Korrekturband n correction tape
Korrekturfahne f galley (proof)
Korrekturflüssigkeit f correction fluid, White-Out® US
Korrekturzeichen n proofreader's mark
Korrespondent(in) m(f) correspondent
Korrespondenz f correspondence
korrespondieren v/i to correspond
Korridor m corridor; (≈ Flur) hall(way)
korrigieren v/t to correct; Meinung to change
korrodieren v/t & v/i to corrode
Korrosion f corrosion
korrosionsbeständig adj corrosion-resistant
Korrosionsschutz m corrosion prevention
korrumpieren v/t to corrupt
korrupt adj corrupt
Korruptheit f corruptness

Korruption f corruption
Korse m, **Korsin** f Corsican
Korsett n corset
Korsika n Corsica
korsisch adj Corsican
Korso m (≈ Umzug) parade, procession
Kortison n MED cortisone
Koryphäe f genius; auf einem Gebiet eminent authority
koscher adj kosher
Kosename m pet name
Kosewort n term of endearment
K.-o.-Sieg m knockout victory
Kosinus m MATH cosine
Kosmetik f beauty culture; (≈ Kosmetika), a. fig cosmetics pl
Kosmetiker(in) m(f) beautician, cosmetician
Kosmetikkoffer m vanity case
Kosmetiksalon m beauty parlour Br, beauty parlor US
Kosmetiktasche f toiletry bag
Kosmetiktuch n paper tissue
kosmetisch **A** adj cosmetic **B** adv behandeln cosmetically
kosmisch adj cosmic
Kosmonaut(in) m(f) cosmonaut
kosmopolitisch adj cosmopolitan
Kosmos m cosmos
Kosovare m Kosovar
Kosovarin f Kosovar (woman/girl)
Kosovo m GEOG (**der**) od (**das**) ~ Kosovo
Kost f **1** (≈ Nahrung) fare; **vegetarische ~** vegetarian diet **2** **~ und Logis** board and lodging
kostbar adj (≈ wertvoll) valuable, precious; (≈ luxuriös) luxurious, sumptuous
Kostbarkeit f (≈ Gegenstand) precious object; (≈ Leckerbissen) delicacy
kosten¹ v/t **1** to cost; **er/sie/es kostet 1 Pfund** it's one pound; **sie ~ 35 Pence** they are 35 pence; **wie viel kostet/kosten …?** how much is/are …?; **was kostet das?** how much od what does it cost?; **koste es, was es wolle** whatever the cost; **j-n sein Leben/den Sieg ~** to cost sb his life/the victory **2** (≈ in Anspruch nehmen) Zeit, Geduld etc to take
kosten² v/t & v/i (≈ probieren) to taste; **von etw ~** to taste od try sth
Kosten pl cost(s) (pl); (≈ Unkosten) expenses pl; **die ~ tragen** to bear the cost(s) (pl); **auf ~ von** (od +gen) fig at the expense of; **auf seine ~ kommen** to cover one's expenses; fig to get one's money's worth; **die ~ senken** to cut costs
kostenbewusst adj cost-conscious
Kostenbewusstsein n cost-consciousness, cost-awareness
Kostendämpfung f curbing cost expansion

kostendeckend **A** adj **~e Preise** prices that cover one's costs **B** adv cost-effectively; **~ arbeiten** to cover one's costs
Kostendeckung f cost-effectiveness
Kostenerstattung f refund (of expenses)
Kostenexplosion f runaway costs pl
Kostenfaktor m cost factor
kostengünstig **A** adj economical **B** adv produzieren economically
kostenintensiv adj WIRTSCH cost-intensive
kostenlos adj & adv free (of charge)
Kosten-Nutzen-Analyse f cost-benefit analysis
kostenpflichtig adj liable to pay costs; **eine Klage ~ abweisen** to dismiss a case with costs
Kostenrechnung f calculation of costs
Kostensenkung f reduction in costs
kostensparend adj cost-saving
Kostensteigerung f increase in costs
Kostenstelle f cost centre Br, cost center US
Kostenträger(in) m(f) (**der**) **~ sein** to bear the cost
Kostentreiber m WIRTSCH, FIN cost driver
Kostenvoranschlag m (costs) estimate
köstlich **A** adj **1** Wein, Speise exquisite **2** (≈ amüsant) priceless **B** adv **1** (≈ gut) schmecken delicious **2** **sich ~ amüsieren** to have a great time
Köstlichkeit f (≈ köstliche Sache) treat; **eine kulinarische ~** a culinary delicacy
Kostprobe f von Wein, Käse etc taste; fig sample
kostspielig adj costly
Kostüm n **1** THEAT costume **2** (≈ Maskenkostüm) fancy dress **3** (≈ Damenkostüm) suit
Kostümball m fancy-dress ball
Kostümbildner(in) m(f) costume designer
kostümieren v/r to dress up
Kostümprobe f THEAT dress rehearsal
Kot form m excrement
Kotelett n chop
Kotelette f sideburn
Köter pej m damn dog umg
Kotflügel m wing, fender US
kotzen sl v/i to throw up umg, to puke sl; **das ist zum Kotzen** it makes you sick
kotzübel umg adj **mir ist ~** I feel like throwing up umg
Krabbe f crab; umg (≈ Garnele) shrimp; größer prawn
Krabbeldecke f baby od nursery rug
krabbeln v/i to crawl
Krabbencocktail m prawn cocktail
krach int crash
Krach m **1** (≈ Lärm) noise, din; **~ machen** to make a noise od din **2** umg (≈ Streit) row umg (**um** about); **mit j-m ~ haben** to have a row

with sb *umg*; **~ schlagen** to make a fuss

krachen **A** *v/i* **1** to crash; *Holz* to creak; *Schuss* to ring out; *Tür beim Zufallen* to bang, to slam; **gegen etw ~** to crash into sth; **gleich krachts** *umg* there's going to be trouble; **es hat gekracht** *umg Zusammenstoß* there's been a crash **2** *umg* (≈ *brechen*) to break; *Eis* to crack **B** *v/r umg* to have a row *umg*

Kracher *m* banger *Br*, firecracker *US*

Kracherl *n österr* (≈ *Limonade, Sprudel*) (fizzy) pop

Krachmacher(in) *umg*: *wörtl m(f)* noisy person; *fig* troublemaker

krächzen *v/i* to croak

Kräcker *m* (≈ *Keks*) cracker

kraft *form präp* **~ meines Amtes** by virtue of my office

Kraft *f* **1** *körperlich, sittlich* strength *kein pl*; *geistig* powers *pl*; *von Stimme* power; (≈ *Energie*) energy, energies *pl*; **die Kräfte (mit j-m) messen** to try one's strength (against sb); *fig* to pit oneself against sb; **mit letzter ~** with one's last ounce of strength; **das geht über meine Kräfte** it's too much for me; **ich bin am Ende meiner ~** I can't take any more; **mit aller ~** with all one's might; **aus eigener ~** by oneself; **nach (besten) Kräften** to the best of one's ability; **wieder zu Kräften kommen** to regain one's strength; **die treibende ~** *fig* the driving force; **volle ~ voraus!** SCHIFF full speed ahead **2** JUR (≈ *Geltung*) force; **in ~ sein/treten** to be in/come into force; **außer ~ sein** to be no longer in force **3** (≈ *Arbeitskraft*) employee, worker; (≈ *Haushaltskraft*) domestic help

Kraftakt *m* strongman act; *fig* show of strength

Kraftanstrengung *f* exertion

Kraftaufwand *m* effort

Kraftausdruck *m* swearword

Kraftbrühe *f* beef tea

Kräfteverhältnis *n* POL balance of power; *von Mannschaften etc* relative strength

Kraftfahrer(in) *form m(f)* driver

Kraftfahrzeug *n form* motor vehicle

Kraftfahrzeugbrief *m* (vehicle) registration document

Kraftfahrzeugkennzeichen *n* (vehicle) registration

Kraftfahrzeugmechaniker(in) *m(f)* motor mechanic

Kraftfahrzeugschein *m* (vehicle) registration document

Kraftfahrzeugsteuer *f* motor vehicle tax, road tax *Br*

Kraftfahrzeugversicherung *f* car insurance

Kraftfeld *n* PHYS force field

kräftig **A** *adj* strong; *Pflanze* healthy; *Schlag* hard; *Händedruck* firm; *Essen* nourishing; **eine ~e Tracht Prügel** a good beating **B** *adv gebaut* strongly, powerfully; *zuschlagen, drücken* hard; *lachen* heartily; *fluchen* violently; **etw ~ schütteln** to give sth a good shake; **j-n ~ verprügeln** to give sb a thorough beating; **die Preise sind ~ gestiegen** prices have really gone up

kräftigen *v/t* to strengthen

kraftlos *adj* (≈ *schwach*) weak; (≈ *machtlos*) powerless

Kraftlosigkeit *f* weakness

Kraftprobe *f* test of strength

Kraftprotz *umg m* muscle man *umg*

Kraftstoff *m* fuel; (≈ *Benzin*) petrol *Br*, gas *US*

Kraftstoffverbrauch *m* fuel consumption

kraftstrotzend *adj* vigorous

Krafttraining *n* power training

kraftvoll **A** *adj Stimme* powerful **B** *adv* powerfully

Kraftwagen *m* motor vehicle

Kraftwerk *n* power station

Kragen *m* collar; **j-n beim ~ packen** to grab sb by the collar; *fig umg* to collar sb; **mir platzte der ~** *umg* I blew my top *umg*; **jetzt gehts ihm an den ~** *umg* he's (in) for it now *umg*

Kragenweite *wörtl f* collar size; **das ist nicht meine ~** *fig umg* that's not my cup of tea *umg*

Krähe *f* crow

krähen *v/i* to crow

Krähenfüße *pl an den Augen* crow's feet *pl*

Krake *m* octopus; *Mythologie* Kraken

krakeelen *umg v/i* to make a racket *umg*

Krakel *umg m* scrawl, scribble

Krakelei *umg f* scrawl, scribble

krak(e)lig *adj* scrawly

krakeln *v/t & v/i* to scrawl, to scribble

Kralle *f* claw; (≈ *Parkkralle*) wheel clamp *Br*, Denver boot *US*; **j-n/etw in seinen ~n haben** *fig umg* to have sb/sth in one's clutches

krallen *v/r* **sich ~ an j-n/etw** to cling to sb/sth

Kram *umg m* (≈ *Gerümpel*) junk; (≈ *Zeug*) stuff *umg*; (≈ *Angelegenheit*) business; **das passt mir nicht in den ~** it's a confounded nuisance

kramen **A** *v/i* (≈ *wühlen*) to rummage about (**in** +*dat* in *od* **nach** for) **B** *v/t* **etw aus etw ~** to fish sth out of sth

Kramladen *pej umg m* junk shop

Krampf *m* **1** (≈ *Zustand*) cramp; (≈ *Zuckung*) spasm; *wiederholt* convulsion(s) (*pl*); (≈ *Anfall, Lachkrampf*) fit **2** *umg* (≈ *Getue*) palaver *umg*; (≈ *Unsinn*) nonsense

Krampfader *f* varicose vein

krampfartig **A** *adj* convulsive **B** *adv* convulsively

krampfhaft **A** *adj Zuckung* convulsive; *umg* (≈ *verzweifelt*) desperate; *Lachen* forced *kein adv* **B** *adv* **sich ~ bemühen** to try desperately hard;

sich ~ an etw (dat) **festhalten** to cling desperately to sth

krampflösend adj antispasmodic fachspr

Krampus m österr companion of St Nicholas

Kran m **1** crane **2** dial (≈ Hahn) tap bes Br, faucet US

Kranführer(in) m(f) crane driver od operator

Kranich m ORN crane

krank adj (≈ nicht gesund), a. fig ill mst präd, sick; (≈ leidend) invalid; Organ diseased; Zahn, Bein bad; **~ werden** to fall ill od sick; **schwer ~** seriously ill; **du machst mich ~!** umg you get on my nerves! umg

Kranke(r) m/f(m) sick person; **die ~n** the sick

kränkeln v/i to be ailing

kranken v/i to suffer (**an** +dat from)

kränken v/t **j-n ~** to hurt sb('s feelings), to offend sb; (≈ aus der Fassung bringen) to upset sb; **sie war sehr gekränkt** she was very hurt

Krankenbesuch m visit (to a sick person); von Arzt (sick) call

Krankenbett n sickbed

Krankengeld n sickness benefit; von Firma sick pay

Krankengymnast(in) m(f) physiotherapist

Krankengymnastik f physiotherapy, physical therapy US

Krankenhaus n hospital; **im ~ sein** to be in hospital

Krankenhausaufenthalt m stay in hospital

Krankenhausinfektion f hospital od nosocomial infection, hospital bug umg

krankenhausreif adj **j-n ~ schlagen** to beat the hell out of sb umg

Krankenkasse f, **Krankenkassa** österr f medical insurance company

Krankenpflege f nursing

Krankenpfleger m orderly; mit Schwesternausbildung male nurse

Krankenschein m medical insurance record card

Krankenschwester f nurse

krankenversichert adj **~ sein** to have medical insurance

Krankenversichertenkarte f health insurance card

Krankenversicherung f medical insurance; **private ~** private medical insurance

Krankenversicherungskarte f → Krankenversichertenkarte

Krankenwagen m ambulance

krankfeiern umg v/i to take a sickie umg

krankhaft adj **1** diseased; Aussehen sickly **2** seelisch pathological

Krankheit f illness; von Pflanzen disease; **wegen ~** due to illness; **nach langer ~** after a long illness; **während/seit meiner ~** during/since my illness

Krankheitsbild n symptoms pl

Krankheitserreger m pathogen

kranklachen umg v/r to kill oneself (laughing) umg

kränklich adj sickly, unhealthy

krankmelden v/r telefonisch to phone in sick Br, to call in sick US; bes MIL to report sick

Krankmeldung f notification of illness, sick note

krankschreiben v/t **j-n ~** to sign sb off sick; bes MIL to put sb on the sick list

Kränkung f insult

Kranz m **1** wreath **2** (≈ kreisförmig Angeordnetes) ring, circle

Kränzchen n fig (≈ Kaffeekränzchen) coffee circle

Krapfen m dial GASTR ≈ doughnut Br, ≈ donut US

krass **A** adj **1** (≈ auffallend) glaring; Unterschied, Fall extreme; Ungerechtigkeit, Lüge blatant; Außenseiter rank **2** sl (≈ toll) wicked sl; **voll ~** (≈ sehr gut) totally wicked sl; (≈ schlimm) totally kronik sl **B** adv sich ausdrücken crudely; schildern garishly; kontrastieren sharply; **~ gesagt** to put it bluntly

Krater m crater

Kraterlandschaft f crater(ed) landscape

Kratzbürste f wire brush; umg prickly character

kratzbürstig umg adj prickly

Krätze f MED scabies

kratzen **A** v/t **1** to scratch; (≈ abkratzen) to scrape (**von** off) **2** umg (≈ stören) to bother; **das kratzt mich nicht** umg I couldn't care less (about that) **B** v/i to scratch; **es kratzt (mir) im Hals** my throat feels rough; **an etw** (dat) **~** fig to scratch away at sth **C** v/r to scratch oneself

Kratzer m (≈ Schramme) scratch

kratzfest adj non-scratch attr, scratchproof

kratzig umg adj scratchy umg

Kratzwunde f scratch

Kraul n Schwimmen crawl

kraulen¹ **A** v/i SPORT to do the crawl **B** v/t SPORT **er hat** od **ist 100 m gekrault** he did a 100m crawl

kraulen² v/t to fondle

kraus adj crinkly; Haar frizzy; Stirn wrinkled; fig (≈ verworren) muddled, confused

Krause f **1** (≈ Halskrause) ruff; an Ärmeln etc ruffle, frill **2** umg (≈ Frisur) frizzy hair

kräuseln **A** v/t Haar to make frizzy, to curl; Handarbeiten to gather; Stoff to crimp; Stirn to knit; Nase to screw up; Wasseroberfläche to ruffle **B** v/r Haare to go frizzy, to curl; Stirn, Nase to wrinkle up

Krauskopf m (≈ Mensch) curly-head

krausziehen v/t **die Stirn ~** to knit one's brow;

missbilligend to frown

Kraut *n* **1** herb; **dagegen ist kein ~ gewachsen** *fig* there is no remedy for that; **wie ~ und Rüben durcheinanderliegen** *umg* to lie (around) all over the place *umg* **2** (≈ *Sauerkraut*) sauerkraut; *österr, südd* (≈ *Weißkohl*) cabbage

Kräuterbutter *f* herb butter
Kräuteressig *m* aromatic vinegar
Kräuterkäse *m* herb cheese
Kräuterlikör *m* herbal liqueur
Kräutertee *m* herb(al) tea
Krautkopf *m österr, südd* cabbage
Krautsalat *m* ≈ coleslaw
Krautwickel *m österr, südd* GASTR stuffed cabbage leaves *pl*

Krawall *m* (≈ *Aufruhr*) riot; *umg* (≈ *Lärm*) racket *umg*; **~ machen** *umg* to make a racket *umg*; **~ machen** *od* **schlagen** (≈ *sich beschweren*) to kick up a fuss

Krawallbruder *umg m* hooligan; (≈ *Krakeeler*) rowdy *umg*
Krawatte *f* tie, necktie *bes US*
kraxeln *v/i bes österr, südd* to clamber (up)
Kreatin *n* MED creatine
Kreation *f in der Mode etc* creation
kreativ A *adj* creative; (≈ *künstlerisch*) artistic **B** *adv* creatively; **~ begabt** creative
Kreativität *f* creativity
Kreatur *f* **1** creature **2** (≈ *alle Lebewesen*) **die ~** all creation

Krebs *m* **1** (≈ *Taschenkrebs*) crab; (≈ *Flusskrebs*) crayfish, crawfish *US*; **rot wie ein ~** red as a lobster **2** ASTROL Cancer; **(ein) ~ sein** to be (a) Cancer **3** MED cancer; **~ erregend** *od* **auslösend** carcinogenic

krebsen *v/i umg* (≈ *sich abmühen*) to struggle
krebserregend *adj* carcinogenic
krebsfördernd *adj* cancer-inducing; **~ wirken** to increase the risk of (getting) cancer
Krebsforschung *f* cancer research
Krebsgeschwür *n* MED cancerous ulcer; *fig* cancer
Krebsklinik *f* cancer clinic
krebskrank *adj* suffering from cancer; **~ sein** to have cancer
Krebskranke(r) *m/f(m)* cancer victim; (≈ *Patient*) cancer patient
krebsrot *adj* red as a lobster
Krebstiere *pl* crustaceans *pl*, crustacea *pl*
Krebsvorsorgeuntersuchung *f* cancer checkup

Kredit *m* credit *kein pl*, loan; **auf ~** on credit; **~ haben** *fig* to have standing
Kreditanstalt *f* credit institution
Kreditaufnahme *f* borrowing
Kreditbrief *m* letter of credit
kreditfähig *adj* creditworthy
Kreditgeber(in) *m(f)* creditor
Kreditgeschäft *n* credit transaction
Kredithai *umg m* loan shark *umg*
kreditieren *v/t* **j-m einen Betrag ~** to credit sb with an amount
Kreditinstitut *n* bank
Kreditkarte *f* credit card; **mit ~ zahlen** to pay by credit card
Kreditkartennummer *f* credit card number
Kreditkrise *f* WIRTSCH, FIN credit crunch, credit crisis
Kreditlimit *n* credit limit
Kreditnehmer(in) *m(f)* borrower
Kreditpolitik *f* lending policy
Kreditrahmen *m* credit range
Kreditwirtschaft *f* banking industry
kreditwürdig *adj* creditworthy
Kreditwürdigkeit *f* creditworthiness
Kreide *f* chalk; **bei j-m in der ~ stehen** to be in debt to sb
kreidebleich *adj* (as) white as a sheet
Kreidefelsen *m* chalk cliff
kreideweiß *adj* → kreidebleich
Kreidezeichnung *f* chalk drawing
kreieren *v/t* to create

Kreis *m* **1** circle; **(weite) ~e ziehen** *fig* to have (wide) repercussions; **sich im ~ bewegen** *fig* to go (a)round in circles; **der ~ schließt sich** *fig* we've *etc* come full circle; **weite ~e der Bevölkerung** wide sections of the population; **im ~e seiner Familie** with his family; **eine Feier im kleinen ~e** a celebration for a few close friends and relatives; **das kommt in den besten ~en vor** that happens even in the best of circles **2** ELEK (≈ *Stromkreis*) circuit **3** (≈ *Stadtkreis, Landkreis*) district

Kreisbahn *f* ASTRON, RAUMF orbit
Kreisbewegung *f* rotation, circular motion
kreischen *v/i* to screech, to scream
Kreisdiagramm *n* pie chart
Kreisel *m* (≈ *Spielzeug*) (spinning) top; *umg im Verkehr* roundabout *Br*, traffic circle *US*, rotary *US*
kreisen *v/i* to circle (**um** around *od* **über** +*dat* over); *Satellit, Planet* to orbit (**um etw** sth); *fig Gedanken* to revolve (**um** around); **die Arme ~ lassen** to swing one's arms around (in a circle)
kreisförmig A *adj* circular **B** *adv* **sich ~ bewegen** to move in a circle; **~ angelegt** arranged in a circle
Kreislauf *m* circulation; *der Natur* cycle
Kreislaufkollaps *m* circulatory collapse
Kreislaufstörungen *pl* circulatory trouble *sg*
Kreissäge *f* circular saw
Kreißsaal *m* delivery room
Kreisstadt *f* district town, ≈ county town *Br*

Kreisumfang *m* circumference (of a/the circle)
Kreisverkehr *m* roundabout *Br*, traffic circle *US*, rotary *US*
Kreiswehrersatzamt *n* district recruiting office
Krematorium *n* crematorium
Kreml *m* Kremlin
Krempe *f* (≈ *Hutkrempe*) brim
Krempel *umg m* (≈ *Sachen*) stuff *umg*; (≈ *wertloses Zeug*) junk
Kren *m österr* horseradish
krepieren *v/i* **1** (≈ *platzen*) to explode **2** *umg* (≈ *sterben*) to croak (it) *umg*
Krepp *m* crepe
Kreppapier *n* crepe paper
Kreppsohle *f* crepe sole
Kresse *f* cress
Kreta *n* Crete
kretisch *adj* Cretan
kreuz *adv* **~ und quer** all over; **~ und quer durch die Gegend** all over the place
Kreuz *n* **1** cross; *als Anhänger etc* crucifix; **es ist ein ~ mit ihm/damit** he's/it's an awful problem **2** ANAT small of the back; **ich habe Schmerzen im ~** I've got (a) backache **3** MUS sharp **4** (≈ *Autobahnkreuz*) intersection **5** *Spielkartenfarbe* clubs *pl*; *einzelne Karte* club
Kreuzband *n* ANAT cruciate ligament
Kreuzbein *n* ANAT sacrum; *von Tieren* rump-bone
kreuzen **A** *v/t* to cross **B** *v/r* to cross; *Interessen* to clash; **die Briefe haben sich gekreuzt** the letters crossed in the mail *od* post *Br*
Kreuzer *m* SCHIFF cruiser
Kreuzfahrt *f* SCHIFF cruise; **eine ~ machen** to go on a cruise
Kreuzfahrtschiff *n* cruise ship
Kreuzfeuer *n* crossfire; **ins ~ (der Kritik) geraten** *fig* to come under fire (from all sides)
Kreuzgang *m* cloister
kreuzigen *v/t* to crucify
Kreuzigung *f* crucifixion
Kreuzkümmel *m* cumin
Kreuzotter *f* ZOOL adder, viper
Kreuzschlitzschraubenzieher *m* Phillips® screwdriver
Kreuzschlüssel *m* wheel brace
Kreuzschmerzen *pl* backache *sg*
Kreuzung *f* **1** (≈ *Straßenkreuzung*) crossroads *sg* **2** (≈ *das Kreuzen*) crossing **3** (≈ *Rasse*) hybrid; (≈ *Tiere*) cross, crossbreed
Kreuzverhör *n* cross-examination; **j-n ins ~ nehmen** to cross-examine sb
Kreuzweg *m* crossroads *sg*
kreuzweise *adv* crosswise; **du kannst mich ~!** *umg* (you can) get stuffed! *Br umg*, you can kiss my ass! *US sl*
Kreuzworträtsel *n* crossword puzzle
Kreuzzug *m* crusade
Krevette *f* shrimp
kribbelig *umg adj* edgy *umg*
kribbeln **A** *v/t* (≈ *kitzeln*) to tickle; (≈ *jucken*) to make itch **B** *v/i* (≈ *jucken*) to itch; (≈ *prickeln*) to tingle; **es kribbelt mir in den Fingern, etw zu tun** *umg* I'm itching to do sth
Kricket *n* cricket
Kricketspieler(in) *m(f)* cricketer
kriechen *v/i* to creep, to crawl; *fig Zeit* to creep by; *fig* (≈ *unterwürfig sein*) to grovel (**vor** +*dat* before), to crawl (**vor** +*dat* to); **auf allen vieren ~** to crawl on all fours
Kriecher(in) *umg m(f)* groveller *Br*, groveler *US*, crawler *Br umg*
kriecherisch *umg adj* grovelling *Br*, groveling *US*
Kriechspur *f* crawler lane
Kriechtier *n* ZOOL reptile
Krieg *m* war; **einer Partei** *etc* **den ~ erklären** *fig* to declare war on a party *etc*; **~ führen (mit** *od* **gegen)** to wage war (on); **~ führend** warring; **sich im ~ befinden (mit)** to be at war (with)
kriegen *umg v/t* to get; *Zug a.* to catch; **sie kriegt ein Kind** she's going to have a baby; **dann kriege ich zu viel** then it gets too much for me
Krieger(in) *m(f)* warrior
Kriegerdenkmal *n* war memorial
kriegerisch *adj* warlike *kein adv*; *Haltung* belligerent; **~e Auseinandersetzung** military conflict; **sie haben sich jahrelang ~ bekämpft** they've been fighting each other for years
kriegführend *adj* warring
Kriegführung *f* warfare *ohne art*
Kriegsausbruch *m* outbreak of war; **es kam zum ~** war broke out
kriegsbedingt *adj* caused by (the) war
Kriegsbeginn *m* start of the war
Kriegsbeil *n* tomahawk; **das ~ begraben** *fig* to bury the hatchet
Kriegsbemalung *f* war paint
Kriegsberichterstatter(in) *m(f)* war correspondent
Kriegsbeschädigte(r) *m/f(m)* war-disabled person
Kriegsdienst *m* military service
Kriegsdienstverweigerer *m*, **Kriegsdienstverweigerin** *f* conscientious objector
Kriegsende *n* end of the war
Kriegserklärung *f* declaration of war
Kriegsfall *m* (eventuality of a) war; **dann träte der ~ ein** then war would break out
Kriegsfilm *m* war film
Kriegsfreiwillige(r) *m/f(m)* (wartime) volunteer

Kriegsfuß *umg m* **mit j-m auf ~ stehen** to be at odds with sb
Kriegsgebiet *n* war zone
Kriegsgefahr *f* danger of war
Kriegsgefangene(r) *m/f(m)* prisoner of war, P.O.W.
Kriegsgefangenschaft *f* captivity; **in ~ sein** to be a prisoner of war
Kriegsgegner(in) *m(f)* opponent of a/the war; (≈ *Pazifist*) pacifist
Kriegsgericht *n* (wartime) court martial; **j-n vor ein ~ stellen** to court-martial sb
Kriegsherr(in) *m(f)* warlord
Kriegskamerad(in) *m(f)* fellow soldier
Kriegsopfer *n* war victim
Kriegsrecht *n* conventions of war *pl*; MIL martial law
Kriegsschauplatz *m* theatre of war *Br*, theater of war *US*
Kriegsschiff *n* warship
Kriegsspiel *n* war game
Kriegsspielzeug *n* war toy
Kriegstreiber(in) *pej m(f)* warmonger
Kriegsverbrechen *n* war crime
Kriegsverbrecher(in) *m(f)* war criminal
Kriegsversehrte(r) *m/f(m)* war-disabled person
Kriegszeit *f* wartime; **in ~en** in times of war
Kriegszustand *m* state of war; **im ~** at war
Krim *f* **die ~** the Crimea
Krimi *umg m* (crime) thriller; *rätselhaft* whodunnit *umg*; *mit Detektiv* detective story
Kriminalbeamte(r) *m*, **Kriminalbeamtin** *f* detective
Kriminalfilm *m* crime film, crime movie *bes US*; *rätselhaft* murder mystery
kriminalisieren *v/t* to criminalize
Kriminalist(in) *m(f)* criminologist
Kriminalistik *f* criminology
kriminalistisch *adj* criminological
Kriminalität *f* crime; (≈ *Ziffer*) crime rate; **organisierte ~** organized crime
Kriminalitätsrate *f* crime rate
Kriminalkommissar(in) *m(f)* detective superintendent
Kriminalpolizei *f* criminal investigation department
Kriminalpolizist(in) *m(f)* detective
Kriminalroman *m* (crime) thriller
kriminell *adj* criminal; **~ werden** to become a criminal; **~e Energie** criminal resolve
Kriminelle(r) *m/f(m)* criminal
Krimskrams *umg m* odds and ends *pl*
Kringel *m der Schrift* squiggle
kringelig *adj* crinkly
Kripo *umg f* **die ~** the cops *pl umg*
Krippe *f* ▮ (≈ *Futterkrippe*) (hay)rack ▮ (≈ *Weihnachtskrippe*) crib; BIBEL crib, manger ▮ (≈ *Kinderhort*) crèche *Br*, daycare centre *Br*, daycare center *US*
Krippenspiel *n* nativity play
Krippentod *m* cot death *Br*, crib death *US*
Krise *f* crisis; **er hatte eine schwere ~** he was going through a difficult crisis; **die ~ kriegen** *umg* to go crazy *umg*
kriseln *umg v/i* **es kriselt** trouble is brewing
krisenanfällig *adj* crisis-prone
krisenfest *adj* stable
Krisengebiet *n* crisis area
Krisenherd *m* flash point, trouble spot
Krisenmanagement *n* crisis management
Krisenplan *m* contingency plan
Krisenreaktionszentrum *n* POL crisis centre *Br*, crisis center *US*
Krisenregion *f* trouble spot
krisensicher *adj* stable
Krisensituation *f* crisis (situation)
Krisensitzung *f* emergency session
Krisenstab *m* crisis committee
Krisenstimmung *f* crisis mood, mood of crisis
Kristall[1] *m* crystal
Kristall[2] *n* (≈ *Kristallglas*) crystal (glass); (≈ *Kristallwaren*) crystalware
kristall- *zssgn* crystal
Kristallglas *n* crystal glass
kristallisieren *v/i & v/r* to crystallize
kristallklar *adj* crystal-clear
Kristallleuchter *m* crystal chandelier
Kriterium *n* criterion
Kritik *f* ▮ criticism (**an** +*dat* of); **an j-m/etw ~ üben** to criticize sb/sth; **unter aller ~ sein** *umg* to be beneath contempt ▮ (≈ *Rezension*) review
Kritiker(in) *m(f)* critic
kritikfähig *adj* ▮ *fähig, Kritik zu ertragen* capable of taking criticism; **er ist nicht ~** he can't take criticism ▮ *fähig, Kritik zu üben* able to criticize
kritiklos *adj* uncritical; **etw ~ hinnehmen** to accept sth without criticism
Kritikpunkt *m* point of criticism
kritisch Ⓐ *adj* critical Ⓑ *adv sich äußern* critically; **die Lage ~ beurteilen** to make a critical appraisal of the situation; **j-m ~ gegenüberstehen** to be critical of sb
kritisieren *v/t & v/i* to criticize
kritteln *v/i* to find fault (**an** +*dat od* **über** +*akk* with)
Kritzelei *f* scribble
kritzeln *v/t & v/i* to scribble, to scrawl
Kroate *m*, **Kroatin** *f* Croat, Croatian
Kroatien *n* Croatia
kroatisch *adj* Croat, Croatian
Krokant *m* GASTR cracknel

Krokette f GASTR croquette
Krokodil n crocodile
Krokodilleder n crocodile skin
Krokodilstränen pl crocodile tears pl
Krokus m crocus
Krone f **1** crown; **die ~ der Schöpfung** the pride of creation; **das setzt doch allem die ~ auf** umg that beats everything; **einen in der ~ haben** umg to be tipsy **2** von Baum top **3** (≈ Währungseinheit) crown; in Dänemark, Norwegen krone; in Schweden, Island krona
krönen v/t to crown; **j-n zum König ~** to crown sb king; **von Erfolg gekrönt sein** to be crowned with success
Kronerbe m heir to the crown
Kronerbin f heiress to the crown
Kronjuwelen pl crown jewels pl
Kronkolonie f crown colony
Kronkorken m crown cap
Kronleuchter m chandelier
Kronprinz m crown prince; in Großbritannien a. Prince of Wales
Kronprinzessin f crown princess
Krönung f coronation; fig von Veranstaltung high point
Kronzeuge m, **Kronzeugin** f JUR **als ~ auftreten** to turn King's/Queen's evidence Br, to turn State's evidence US; (≈ Hauptzeuge sein) to appear as principal witness
Kropf m **1** von Vogel crop **2** MED goitre Br, goiter US
kross nordd **A** adj crisp **B** adv backen, braten until crisp
Kröte f ZOOL toad
Krücke f crutch; **an ~n** (dat) **gehen** to walk on crutches
Krug m (≈ Milchkrug etc) jug; (≈ Bierkrug) (beer) mug; **ein ~ Orangensaft** a jug of orange juice
Krümel m (≈ Brotkrümel etc) crumb
krümelig adj crumbly
krümeln v/t & v/i to crumble
krumm **A** adj **1** crooked; Beine bandy; Rücken hunched; **etw ~ biegen** to bend sth; **sich ~ und schief lachen** umg to fall about laughing umg **2** umg (≈ unehrlich) **ein ~es Ding drehen** sl to do something crooked; **etw auf die ~e Tour versuchen** to try to wangle sth umg **B** adv **~ stehen/sitzen** to slouch; **~ gehen** to walk with a stoop; **~ gewachsen** crooked; **keinen Finger ~ machen** umg not to lift a finger
krümmen **A** v/t to bend; **gekrümmte Oberfläche** curved surface **B** v/r to bend; Fluss to wind; Straße to curve; **sich vor Schmerzen** (dat) **~** to double up with pain
krummlachen umg v/r to double up with laughter

krummnehmen umg v/t **(j-m) etw ~** to take offence at sth Br, to take offense at sth US
Krümmung f von Weg, Fluss turn, bend; MATH, MED curvature; Optik curvature
Krüppel m cripple; **j-n zum ~ machen** to cripple sb
Kruste f crust; von Schweinebraten crackling; von Braten crisped outside
Krustentier n crustacean
krustig adj crusty
Krux f (≈ Schwierigkeit) trouble, problem; **die ~ bei der Sache ist, …** the trouble od problem (with that) is …
Kruzifix n crucifix
kryptisch adj Bemerkung cryptic
Kryptogramm n cryptogram
Kuba n Cuba
Kubaner(in) m(f) Cuban
kubanisch adj Cuban
Kübel m bucket; für Pflanzen tub; **es regnet wie aus ~n** it's bucketing down Br, it's coming down in buckets US
Kübelpflanze f container plant
Kubik n AUTO umg (≈ Hubraum) cc
Kubikmeter m/n cubic metre Br, cubic meter US
Kubikwurzel f cube root
Kubikzahl f cube number
Kubikzentimeter m/n cubic centimetre Br, cubic centimeter US
kubisch adj cubic(al)
Kubismus m KUNST cubism
Küche f **1** kitchen; klein kitchenette **2** (≈ Kochkunst) **die chinesische ~** Chinese cooking **3** (≈ Speisen) dishes pl, food; **warme/kalte ~** hot/cold food
Kuchen m cake; gedeckt pie; mit Obst gedeckt (fruit) flan
Küchenchef(in) m(f) chef
Kuchenform f cake tin Br, cake pan US
Kuchengabel f pastry fork
Küchengerät n kitchen utensil; elektrisch kitchen appliance
Küchenherd m cooker Br, range US
Küchenhilfe f kitchen help
Küchenmaschine f food processor
Küchenmesser n kitchen knife
Küchenpersonal n kitchen staff
Küchenschabe f ZOOL cockroach
Küchenschrank m (kitchen) cupboard
Kuchenteig m cake mixture; (≈ Hefeteig) dough
Kuchenteller m cake plate
Küchentisch m kitchen table
Küchentuch n kitchen towel
Kuckuck m **1** cuckoo **2** umg (≈ Siegel des Gerichtsvollziehers) bailiff's seal (for distraint of goods)

3 umg **zum ~ (noch mal)!** hell's bells! umg; **(das) weiß der ~** heaven (only) knows umg
Kuckucksuhr f cuckoo clock
Kuddelmuddel umg m/n muddle
Kufe f von Schlitten etc runner; von Flugzeug skid
Küfer(in) m(f) cellarman/-woman; schweiz, südd (≈ Böttcher) cooper
Kugel f ball; geometrische Figur sphere; (≈ Erdkugel) globe; (≈ Kegelkugel) bowl; (≈ Gewehrkugel) bullet; für Luftgewehr pellet; (≈ Kanonenkugel) (cannon)ball; SPORT (≈ Stoßkugel) shot; **eine ruhige ~ schieben** umg to have a cushy number umg
Kugelblitz m METEO ball lightning
kugelförmig adj spherical
Kugelhagel m hail of bullets
Kugelkopf m golf ball
Kugellager n ball bearing
kugeln A v/i (≈ rollen, fallen) to roll B v/r to roll (around); **sich (vor Lachen) ~** umg to double up (laughing)
kugelrund adj as round as a ball
Kugelschreiber m ballpoint (pen), Biro® Br; **mit ~ schreiben** to write in ballpoint pen
kugelsicher adj bullet-proof
Kugelstoßen n shot-putting
Kugelstoßer(in) m(f) shot-putter
Kuh f cow; **heilige Kuh** sacred cow
Kuhdorf pej umg n one-horse town umg
Kuhfladen m cowpat
Kuhglocke f cowbell
Kuhhandel pej umg m horse-trading kein pl umg
Kuhhaut f cowhide; **das geht auf keine ~** umg that is absolutely staggering
kühl A adj cool; **mir wird etwas ~** I'm getting rather chilly; **einen ~en Kopf bewahren** to keep a cool head B adv **etw ~ lagern** to store sth in a cool place; **„kühl servieren"** "serve chilled"
Kühlaggregat n refrigeration unit
Kühlanlage f refrigeration plant
Kühlbecken n für Brennelemente cooling pond
Kühlbox f cooler
Kuhle nordd f hollow; (≈ Grube) pit
Kühle f coolness
kühlen A v/t to cool; auf Eis to chill; → **gekühlt** B v/i to be cooling
Kühler m TECH cooler; AUTO radiator; umg (≈ Kühlerhaube) bonnet Br, hood US
Kühlerfigur f AUTO radiator mascot Br, hood ornament US
Kühlerhaube f AUTO bonnet Br, hood US
Kühlfach n freezer compartment Br, deep freeze
Kühlhaus n cold storage depot
Kühlmittel n TECH coolant
Kühlraum m cold storage room
Kühlschrank m fridge Br, refrigerator
Kühlschrankmagnet m fridge magnet Br
Kühltasche f cold bag
Kühltruhe f (chest) freezer
Kühlturm m TECH cooling tower
Kühlung f cooling; **zur ~ des Motors** to cool the engine
Kühlwasser n coolant; AUTO radiator water
Kuhmilch f cow's milk
Kuhmist m cow dung
kühn A adj bold B adv boldly
Kühnheit f boldness
Kuhstall m cowshed
k. u. k. abk (= **kaiserlich und königlich**) österr HIST imperial and royal
Küken n (≈ Huhn) chick; (≈ Entenküken) duckling; umg (≈ jüngste Person) baby
Kukuruz m österr maize, corn
kulant A adj accommodating; Bedingungen fair B adv accommodatingly
Kulanz f **aus ~** as a courtesy
Kuli m **1** (≈ Lastträger) coolie **2** umg (≈ Kugelschreiber) ballpoint (pen), Biro® Br; **mit ~ schreiben** to write in Biro
kulinarisch adj culinary
Kulisse f scenery kein pl; an den Seiten wing; (≈ Hintergrund) backdrop; **hinter den ~n** fig behind the scenes
kullern umg v/t & v/i to roll
Kult m cult; (≈ Verehrung) worship; **einen ~ mit j-m/etw treiben** to make a cult out of sb/sth
Kultfigur f cult figure
Kultfilm m cult film
kultig sl adj cult attr sl, culty
kultivieren v/t to cultivate
kultiviert A adj cultivated, refined B adv speisen, sich einrichten stylishly; sich ausdrücken in a refined manner
Kultstätte f place of worship
Kultstatus m cult status; **~ haben** od **genießen** to have* od to enjoy cult status
Kultur f **1** culture; **er hat keine ~** he is uncultured **2** (≈ Lebensform) civilization; **die abendländische ~** western civilization
Kulturangebot n programme of cultural events Br, program of cultural events US; **Münchens vielfältiges ~** Munich's rich and varied cultural life
Kulturaustausch m cultural exchange
Kulturbanause m, **Kulturbanausin** umg f philistine
Kulturbetrieb umg m culture industry
Kulturbeutel m sponge od toilet bag Br, washbag
kulturell A adj cultural B adv culturally
Kulturerbe n cultural heritage

Kulturgeschichte f history of civilization
kulturgeschichtlich adj historico-cultural
Kulturhauptstadt f cultural capital
Kulturhoheit f independence in matters of education and culture
Kulturkreis m culture group od area
Kulturkritik f critique of (our) culture
Kulturlandschaft f cultural landscape
kulturlos adj lacking culture
Kulturminister(in) m(f) minister of education and the arts
Kulturpflanze f cultivated plant
Kulturpolitik f cultural and educational policy
kulturpolitisch adj politico-cultural
Kulturprogramm n cultural programme Br, cultural program US
Kulturrevolution f cultural revolution
Kulturschock m culture shock
Kultursprache f language of the civilized world
Kulturstätte f place of cultural interest
Kulturtasche f sponge od toilet bag Br, washbag
Kulturvolk n civilized people sg
Kulturzentrum n **1** (≈ Stadt) cultural centre Br, cultural center US **2** (≈ Anlage) arts centre Br, arts center US
Kultusminister(in) m(f) minister of education and the arts
Kultusministerium n ministry of education and the arts
Kümmel m **1** (≈ Gewürz) caraway (seed) **2** umg (≈ Schnaps) kümmel
Kummer m (≈ Betrübtheit) sorrow; (≈ Ärger) problems pl; (≈ Problem) worry; **j-m ~ machen** to cause sb worry; **wir sind (an) ~ gewöhnt** umg it happens all the time
Kummerkastenonkel m, **Kummerkastentante** f agony uncle/aunt
kümmerlich **A** adj **1** (≈ armselig) miserable; Lohn, Mahlzeit paltry **2** (≈ schwächlich) puny; Vegetation stunted **B** adv sich entwickeln poorly; **sich ~ ernähren** to live on a meagre diet Br, to live on a meager diet US
kümmern **A** v/t to concern; **was kümmert mich das?** what's that to me? **B** v/r **sich um j-n/etw ~** to look after sb/sth; **sich um j-n ~** (≈ versorgen) to care for sb, to take care of sb; **sich darum ~, dass ...** to see to it that ...; **kümmere dich um deine eigenen Angelegenheiten** mind your own business; **er kümmert sich nicht darum, was die Leute denken** he doesn't care (about) what people think; **kümmer dich nicht drum** never mind
Kumpan(in) obs umg m(f) pal umg
Kumpel m **1** (≈ Bergmann) miner **2** umg (≈ Kamerad) pal umg, buddy umg, mate umg Br
kumpelhaft umg adj pally umg
kündbar adj Vertrag terminable; Anleihe redeemable; **Beamte sind nicht ohne Weiteres ~** civil servants cannot be dismissed just like that
Kunde m, **Kundin** f customer
Kundenberatung f customer advisory service
Kundenbewertung f customer rating
Kundendienst m, **Kundenservice** m customer service, after-sales service; (≈ Abteilung) service department
Kundenfang pej m **auf ~ sein** to be touting for customers
kundenfreundlich **A** adj customer-friendly **B** adv **~ einkaufen** to shop in a customer-friendly environment; **telefonieren Sie ~** use our customer-friendly telephone service
Kundenkarte f von Firma, Organisation charge card; von Kaufhaus etc store card, department store card US; von Bank bank card
Kundenkreis m customers pl, clientele
kundenorientiert adj customer-oriented
Kundenservice m customer service
Kundgebung f POL rally
kundig geh adj knowledgeable; (≈ sachkundig) expert
kündigen **A** v/t Abonnement, Mitgliedschaft to cancel; **j-m die Wohnung ~** to give sb notice to quit his/her flat Br, to give sb notice to vacate his/her apartment US; **die Stellung ~** to hand in one's notice; **j-m die Stellung ~** to give sb his/her notice; **j-m die Freundschaft ~** to break off a friendship with sb **B** v/i Arbeitnehmer to hand od give in one's notice; Mieter to give in one's notice; **j-m ~** Arbeitgeber to give sb his/her notice; Vermieter to give sb notice to quit Br, to give sb notice to vacate his/her apartment US
Kündigung f (≈ Mitteilung von Vermieter) notice to quit Br, notice to vacate one's apartment US; von Mieter, Stellung notice; von Vertrag termination; von Mitgliedschaft, Abonnement (letter of) cancellation; **ich drohte (dem Chef) mit der ~** I threatened to hand in my notice (to my boss); **Vertrag mit vierteljährlicher ~** contract with three months' notice on either side
Kündigungsfrist f period of notice
Kündigungsgrund m grounds pl for giving notice
Kündigungsschreiben n written notice; von Arbeitgeber letter of dismissal
Kündigungsschutz m protection against wrongful dismissal
Kundin f → Kunde
Kundschaft f customers pl
kundschaften v/i MIL to reconnoitre Br, to rec-

onnoiter *US*

Kundschafter(in) *m(f)* spy; MIL scout

kundtun *geh v/t* to make known

künftig **A** *adj* future; **meine ~e Frau** my wife-to-be **B** *adv* in future

Kungelei *umg f* scheming

Kunst *f* **1** art; **die schönen Künste** fine art *sg*, the fine arts **2** (≈ *Fertigkeit*) art, skill; **die ~ besteht darin, ...** the art is in ...; **ärztliche ~** medical skill; **das ist keine ~!** it's a piece of cake *umg*; **das ist die ganze ~** that's all there is to it **3** *umg* **das ist eine brotlose ~** there's no money in that; **was macht die ~?** how are things?

Kunstakademie *f* art college

Kunstausstellung *f* art exhibition

Kunstbanause *m*, **Kunstbanausin** *pej f* philistine

Kunstdruck *m* art print

Kunstdünger *m* chemical fertilizer

Kunstfaser *f* synthetic fibre *Br*, synthetic fiber *US*

Kunstfehler *m* professional error; *weniger ernst* slip

kunstfertig *geh* **A** *adj* skilful *Br*, skillful *US* **B** *adv* skilfully *Br*, skillfully *US*

Kunstflug *m* aerobatics *sg*, stunt flying

Kunstfreund(in) *m(f)* art lover

Kunstgalerie *f* art gallery

Kunstgegenstand *m* objet d'art; *Gemälde* work of art

kunstgemäß, **kunstgerecht** **A** *adj* (≈ *fachmännisch*) proficient **B** *adv* proficiently

Kunstgeschichte *f* history of art, art history

Kunstgewerbe *n* arts and crafts *pl*

kunstgewerblich *adj* **~e Gegenstände** craft objects

Kunstgriff *m* trick

Kunsthandel *m* art trade

Kunsthändler(in) *m(f)* art dealer

Kunsthandwerk *n* craft industry

Kunstherz *n* artificial heart

Kunsthistoriker(in) *m(f)* art historian

Kunsthochschule *f* art college

Kunstleder *n* imitation leather, pleather *umg US*

Künstler(in) *m(f)* **1** artist; (≈ *Unterhaltungskünstler*) artiste; **bildender ~** visual artist **2** (≈ *Könner*) genius (**in** +*dat* at)

künstlerisch **A** *adj* artistic **B** *adv* artistically

Künstlername *m* pseudonym

Künstlerpech *umg n* hard luck

Künstlerviertel *n* artists' quarter

künstlich **A** *adj* artificial; *Zähne, Fingernägel* false; *Faserstoffe* synthetic; **~e Intelligenz** artificial intelligence **B** *adv* **1** artificially **2** **j-n ~ ernähren** MED to feed sb artificially

Kunstliebhaber(in) *m(f)* art lover

Kunstmaler(in) *m(f)* artist, painter

Kunstpause *f als Spannungsmoment* dramatic pause, pause for effect; *iron beim Stocken* awkward pause

Kunstrasen *m* artificial turf

Kunstraub *m* art theft

Kunstsammlung *f* art collection

Kunstschätze *pl* art treasures *pl*

Kunstseide *f* artificial silk

Kunstspringen *n* diving

Kunststoff *m* man-made material; plastic

Kunststoff- *zssgn* plastic

Kunststoffflasche *f* plastic bottle

Kunststück *n* trick; **das ist kein ~** *fig* there's nothing to it; (≈ *keine große Leistung*) that's nothing to write home about

Kunstturnen *n* gymnastics *sg*

kunstvoll **A** *adj* artistic; (≈ *kompliziert*) elaborate **B** *adv* elaborately

Kunstwerk *n* work of art

kunterbunt *adj Sammlung etc* motley *attr*; *Programm* varied; *Leben* chequered *Br*, checkered *US*; **~ durcheinander** all jumbled up

Kupfer *n* copper

Kupferdraht *m* copper wire

Kupfergeld *n* coppers *pl*

kupferrot *adj* copper-red; *Haare* ginger

Kupferstich *m* copperplate (engraving)

Kupon *m* → **Coupon**

Kuppe *f* (≈ *Bergkuppe*) (rounded) hilltop; (≈ *Fingerkuppe*) tip

Kuppel *f* dome

Kuppelei *f* JUR procuring

kuppeln **A** *v/t* → **koppeln** **B** *v/i* **1** AUTO to operate the clutch **2** *umg Paare* (≈ *zusammenführen*) to match-make

Kuppler(in) *m(f)* matchmaker (+*gen* for); JUR procurer/procuress

Kupplung *f* **1** TECH coupling; AUTO *etc* clutch **2** (≈ *das Koppeln*) coupling

Kupplungspedal *n* clutch pedal

Kur *f in Badeort* (health) cure; (≈ *Haarkur etc*) treatment *kein pl*; (≈ *Schlankheitskur*) diet; **in Kur fahren** to go to a spa; **eine Kur machen** to take a cure; (≈ *Schlankheitskur*) to diet

Kür *f* SPORT free section

Kuraufenthalt *m* stay at a spa

Kurbad *n* spa

Kurbel *f* crank; *an Rollläden etc* winder

Kurbelwelle *f* crankshaft

Kürbis *m* pumpkin, squash

Kurde *m*, **Kurdin** *f* Kurd

kurdisch *adj* Kurdish

Kurdistan *n* Kurdistan

Kurfürst m Elector, electoral prince
Kurgast m *Patient* patient at a spa; *Tourist* visitor to a spa
Kurie f KIRCHE Curia
Kurier(in) m(f) courier; HIST messenger; **etw per ~ schicken** to send sth by courier
Kurierdienst m courier service
kurieren v/t to cure (**von** of)
kurios adj (≈ *merkwürdig*) strange, curious
Kuriosität f **1** *Gegenstand* curio(sity) **2** (≈ *Eigenart*) peculiarity
Kurort m spa
Kurpark m spa gardens pl
Kurpfuscher(in) pej umg m(f) quack (doctor)
Kurs m **1** course; (≈ *Unterricht*) class; POL (≈ *Richtung*) line; *von Kompass* bearing; **~ nehmen auf** (+akk) to set course for; **den ~ ändern** to change (one's) course **2** FIN (≈ *Wechselkurs*) exchange rate; (≈ *Aktienkurs*) price; **zum ~ von** at the rate of; **hoch im ~ stehen** *Aktien* to be high; *fig* to be popular (**bei** with) **3** (≈ *Lehrgang*) course (**in** +dat od **für** in)
Kursabfall m fall in share prices
Kursänderung f change of course
Kursangebot n SCHULE courses pl offered
Kursanstieg m BÖRSE rise in (market) prices
Kursbuch n BAHN (railway od railroad US) timetable
Kürschner(in) m(f) furrier
Kurseinbruch m FIN sudden fall in prices
Kurseinbuße f decrease in value
Kursentwicklung f FIN price trend
Kurserholung f FIN rally in prices
Kursgewinn m profit (on the stock exchange market)
kursieren v/i to circulate
Kursindex m BÖRSE stock exchange index
kursiv **A** adj italic **B** adv in italics
Kursivbuchstaben pl, **Kursivschrift** f italics pl
Kurskorrektur f course correction
Kursleiter(in) m(f) course tutor *bes Br*
Kursnotierung f quotation
Kursrückgang m fall in prices
Kursschwankung f fluctuation in exchange rates; BÖRSE fluctuation in market rates
Kurssystem n SCHULE *system employed in the final two years at school before university in which students select their own combination of courses*
Kursteilnehmer(in) m(f) (course) participant
Kursverlust m FIN loss (on the stock exchange)
Kurswagen m BAHN through coach
Kurswechsel m change of direction
Kurtaxe f visitors' tax (at spa)
Kurve f curve; (≈ *Straßenkurve*) bend; *an Kreuzung* corner; **die Straße macht eine ~** the road bends; **die ~ kratzen** umg (≈ *schnell weggehen*) to make tracks umg
kurven v/i to circle; **durch Italien ~** umg to drive around Italy
Kurvendiagramm n graph
kurvenreich adj *Strecke* winding; „**kurvenreiche Strecke**" "(series of) bends"
kurz **A** adj short; *Blick, Folge* quick; **~e Hose** shorts pl; **etw kürzer machen** to make sth shorter; **ich will es ~ machen** I'll make it brief; **den Kürzeren ziehen** fig umg to come off worst **B** adv **1** **eine Sache ~ abtun** to dismiss sth out of hand; **zu ~ kommen** to come off badly, to miss out; **~ entschlossen** without a moment's hesitation; **~ gesagt** in a nutshell; **sich ~ fassen** to be brief; **~ gefasst** concise; **~ und bündig** concisely, tersely *pej*; **~ und gut** in a word; **~ und schmerzlos** umg short and sweet; **etw ~ und klein hauen** to smash sth to pieces **2** (≈ *für eine kurze Zeit*) briefly; **ich bleibe nur ~** I'll only stay for a short while; **ich muss mal ~ weg** I'll just have to go for a moment; **~ bevor/nachdem** shortly before/after; **über ~ oder lang** sooner or later; **(bis) vor Kurzem** (until) recently
Kurzarbeit f short time
kurzarbeiten v/i to be on short time
Kurzarbeiter(in) m(f) short-time worker
kurzärmelig adj short-sleeved
kurzatmig adj MED short of breath
Kurzbericht m brief report; (≈ *Zusammenfassung*) summary
Kurzbesuch m brief od flying visit
Kürze f shortness; fig (≈ *Bündigkeit*) brevity, conciseness; **in ~** (≈ *bald*) shortly; **in aller ~** very briefly; **in der ~ liegt die Würze** sprichw brevity is the soul of wit
Kürzel n (≈ *stenografisches Zeichen*) shorthand symbol; (≈ *Abkürzung*) abbreviation
kürzen v/t to shorten; *Gehalt, Ausgaben* to cut (back)
Kurze(r) umg m **1** (≈ *Schnaps*) short **2** (≈ *Kurzschluss*) short (circuit)
kurzerhand adv without further ado; *entlassen* on the spot; **etw ~ ablehnen** to reject sth out of hand
kurzfassen v/r to be brief
Kurzfassung f abridged version
Kurzfilm m short (film)
kurzfristig **A** adj short-term; *Wettervorhersage* short-range **B** adv (≈ *auf kurze Sicht*) for the short term; (≈ *für kurze Zeit*) for a short time; **~ seine Pläne ändern** to change one's plans at short notice
Kurzgeschichte f short story

Kurzhaardackel m short-haired dachshund
kurzhaarig adj short-haired
kurzhalten v/t **j-n ~** to keep sb short
Kurzhantel f dumbbell
Kurzinformation f information summary kein pl; (≈ Blatt) information sheet
kurzlebig adj short-lived
kürzlich **A** adv recently; **erst ~** only od just recently **B** adj recent
Kurzmeldung f newsflash
Kurznachricht f **1** (≈ Information) **~en** pl the news headlines pl **2** (≈ SMS) text message
Kurzparker m „nur für ~" "short-stay parking only" Br, "short-term parking only"
Kurzparkzone f short-stay parking zone Br, short-term parking zone
kurzschließen **A** v/t to short-circuit **B** v/r (≈ in Verbindung treten) to get in contact (**mit** with)
Kurzschluss m **1** ELEK short circuit **2** a. **~handlung** rash action
Kurzschlussreaktion f knee-jerk reaction
kurzsichtig **A** adj short-sighted **B** adv short-sightedly
Kurzsichtigkeit f short-sightedness
Kurzstrecke f short distance; in Laufwettbewerb sprint distance
Kurzstreckenflugzeug n short-haul aircraft
Kurzstreckenrakete f short-range missile
Kurztrip umg m short trip
kurzum adv in short
Kürzung f shortening; von Gehältern etc cut (+gen in)
Kurzurlaub m short holiday bes Br, short vacation US; MIL short leave
Kurzwahl f TEL one-touch dialling Br, one-touch dialing US, speed dial
Kurzwahlspeicher m TEL speed-dial number memory
Kurzwahltaste f TEL speed- od quick-dial button
Kurzwaren pl haberdashery Br, notions pl US
kurzweilig adj entertaining
Kurzwelle f RADIO short wave
Kurzzeitgedächtnis n short-term memory
kurzzeitig **A** adj (≈ für kurze Zeit) short, brief **B** adv for a short time, briefly
Kurzzeitparkplatz m short-stay car park Br, short-term parking lot US
Kurzzeitspeicher m short-term memory
kuschelig umg adj cosy Br, cozy US
kuscheln **A** v/i to cuddle (**mit** with) **B** v/r **sich an j-n ~** to snuggle up to sb; **sich in etw** (akk) **~** to snuggle up in sth
Kuschelrock m MUS umg soft rock
Kuschelsex m loving sex
Kuscheltier n cuddly toy
kuschen v/i Hund etc to get down; fig to knuckle under
Kusine f cousin
Kuss m kiss
küssen **A** v/t & v/i to kiss **B** v/r to kiss (each other)
Kusshand f **j-m eine ~ zuwerfen** to blow sb a kiss
Küste f coast; (≈ Ufer) shore
Küstengebiet n coastal area
Küstengewässer pl coastal waters pl
Küstenlinie f coastline
Küstenschifffahrt f coastal shipping
Küstenwache f, **Küstenwacht** f coastguard
Küster(in) m(f) sacristan
Kutsche f coach; umg (≈ Auto) jalopy umg
Kutscher(in) m(f) driver
kutschieren **A** v/i to drive **B** v/t to drive; **j-n im Auto durch die Gegend ~** to drive sb around
Kutte f habit
Kuttel f österr, schweiz, südd entrails pl
Kutter m SCHIFF cutter
Kuvert n (≈ Briefkuvert) envelope
Kuwait n Kuwait
kuwaitisch adj Kuwaiti
Kybernetik f cybernetics sg
kybernetisch adj cybernetic
kyrillisch adj Cyrillic
KZ n abk (= Konzentrationslager) HIST concentration camp
KZ-Häftling m HIST concentration camp prisoner

L, l n L, l
l abk (= Liter) litre Br, liter US
Label n label
labern umg **A** v/i to prattle (**on** od **away**) umg **B** v/t to talk
labil adj unstable; Gesundheit delicate; Kreislauf poor
Labilität f instability
Labor n lab(oratory)
Laborant(in) m(f) lab(oratory) technician
Labrador m ZOOL labrador
Labyrinth n labyrinth
Lachanfall m laughing fit
Lache[1] f (≈ Pfütze) puddle
Lache[2] umg f laugh
lächeln v/i to smile; **freundlich ~** to give a

friendly smile
Lächeln *n* smile
lachen **A** *v/i* to laugh (**über** +*akk* at); **laut ~** to laugh out loud; **j-n zum Lachen bringen** to make sb laugh; **zum Lachen sein** (≈ *lustig*) to be hilarious; (≈ *lächerlich*) to be laughable; **mir ist nicht zum Lachen (zumute)** I'm in no laughing mood; **dass ich nicht lache!** *umg* don't make me laugh! *umg*; **du hast gut ~!** it's all right for you to laugh! *umg*; **wer zuletzt lacht, lacht am besten** *sprichw* he who laughs last, laughs longest *sprichw*; **ihm lachte das Glück** fortune smiled on him **B** *v/t* **da gibt es gar nichts zu ~** that's nothing to laugh about; **was gibt es denn da zu ~?** what's so funny about that?; **er hat bei seiner Frau nichts zu ~** *umg* he has a hard time of it with his wife; **das wäre doch gelacht** it would be ridiculous
Lachen *n* laughter; (≈ *Art des Lachens*) laugh
Lacher *m* **1** **die ~ auf seiner Seite haben** to have the last laugh **2** *umg* (≈ *Lache*) laugh
Lacherfolg *m* **ein ~ sein** to make everybody laugh
lächerlich *adj* **1** ridiculous; (≈ *komisch*) comical; **j-n/etw ~ machen** to make sb/sth look silly; (≈ *verhöhnen*) to ridicule sb/sth; **j-n/sich ~ machen** to make a fool of sb/oneself; **etw ins Lächerliche ziehen** to make fun of sth **2** (≈ *geringfügig*) *Anlass* trivial; *Preis* ridiculously low
Lächerlichkeit *f* **1** absurdity; **j-n der ~ preisgeben** to make a laughing stock of sb **2** (≈ *Geringfügigkeit*) triviality
Lachgas *n* laughing gas
lachhaft *adj* ridiculous
Lachkrampf *m* **einen ~ bekommen** to go (off) into fits of laughter
Lachs *m* salmon
lachsfarben *adj* salmon pink
Lachsforelle *f* salmon *od* sea trout
Lachsschinken *m* smoked, rolled fillet of ham
Lack *m* varnish; (≈ *Autolack*) paint; *für Lackarbeiten* lacquer
Lackarbeit *f* lacquerwork
Lackfarbe *f* gloss paint
lackieren *v/t & v/i Holz* to varnish; *Fingernägel a.* to paint; *Auto* to spray
Lackierer(in) *m(f)* varnisher, painter; *von Autos* sprayer
Lackiererei *f* (≈ *Autolackiererei*) paint shop
Lackierung *f von Auto* paintwork; (≈ *Holzlackierung*) varnish; *für Lackarbeiten* lacquer
Lackleder *n* patent leather
Lackmuspapier *n* litmus paper
ladbar *adj* IT loadable
Ladefläche *f* load area

Ladegerät *n* (battery) charger; *fürs Handy* (phone) charger
Ladehemmung *f* **das Gewehr hat ~** the gun is jammed
laden[1] **A** *v/t* to load; (≈ *wieder aufladen*) *Batterie, Akku* to recharge; PHYS to charge; **der Lkw hat zu viel geladen** the lorry is overloaded; **Verantwortung auf sich** (*akk*) **~** to saddle oneself with responsibility; → **geladen** **B** *v/i* **1** to load (up) **2** PHYS to charge
laden[2] *v/t* **1** *liter* (≈ *einladen*) to invite; **nur für geladene Gäste** by invitation only **2** *form vor Gericht* to summon
Laden[1] *m* (≈ *Geschäft*) shop *bes Br*, store *US*; **der ~ läuft** *umg* business is good; **den ~ schmeißen** *umg* to run the show; **den (ganzen) ~ hinschmeißen** *umg* to chuck the whole thing in *umg*
Laden[2] *m* (≈ *Fensterladen*) shutter
Ladendieb(in) *m(f)* shoplifter
Ladendiebstahl *m* shoplifting
Ladenhüter *m* non-seller
Ladeninhaber(in) *m(f)* shopkeeper; *bes US* storekeeper
Ladenkette *f* chain of shops *bes Br*, chain of stores
Ladenöffnungszeit *f* shop opening hours *pl bes Br*, store opening hours *pl US*
Ladenpreis *m* shop price *bes Br*, store price *US*
Ladenschluss *m* **um acht Uhr ist ~** the shops shut at eight o'clock *bes Br*, the stores close at eight o'clock *US*
Ladenschlussgesetz *n* law regulating shop closing times
Ladenschlusszeit *f* (shop) closing time *bes Br*, (store) closing time *US*
Ladentisch *m* counter; **über den/unter dem ~** over/under the counter
Ladeplatz *m* loading bay
Laderampe *f* loading ramp
Laderaum *m* load room; FLUG, SCHIFF hold
Ladestation *f für Elektroautos etc* charging station, charging point
lädieren *v/t* to damage; *Körperteil* to injure; **sein lädiertes Image** his tarnished image
Ladung *f* **1** load; *von Sprengstoff* charge; **eine geballte ~ von Schimpfwörtern** a whole torrent of abuse **2** (≈ *Vorladung*) summons *sg*
Lage *f* **1** (≈ *geografische Lage*) situation; (≈ *Standort*) location; **in günstiger ~** well-situated; **eine gute/ruhige ~ haben** to be in a good/quiet location **2** (≈ *Art des Liegens*) position **3** (≈ *Situation*) situation; **in der ~ sein, etw zu tun** *befähigt sein* to be able to do sth; **dazu bin ich nicht in der ~** I'm not in a position to do that; **nach ~ der Dinge** as things stand **4** (≈ *Schicht*) layer **5**

(≈ *Runde*) round

Lagebericht *m* report; MIL situation report

Lagenschwimmen *n* SPORT individual medley

Lagenstaffel *f* SPORT medley relay; (≈ *Mannschaft*) medley relay team

Lageplan *m* ground plan

Lager *n* **1** (≈ *Unterkunft*) camp; **sein ~ aufschlagen** to set up camp **2** *fig* (≈ *Partei*) camp; **ins andere ~ überwechseln** to change camps **3** (≈ *Vorratsraum*) store(room); *von Laden* stockroom; (≈ *Lagerhalle*) warehouse; **am ~ sein** to be in stock; **etw auf ~ haben** to have sth in stock; *fig Witz etc* to have sth on tap *umg* **4** TECH bearing

Lagerbestand *m* stock

Lagerfeuer *n* campfire

Lagergebühr *f*, **Lagergeld** *n* storage charge

Lagerhalle *f* warehouse

Lagerhaltung *f* stockkeeping

Lagerhaltungskosten *pl* storage charges *pl od* costs *pl*

Lagerhaus *n* warehouse

Lagerleben *n* camp life

Lagerleiter(in) *m(f)* camp commander; *in Ferienlager etc* camp leader

lagern **A** *v/t* **1** (≈ *aufbewahren*) to store; **kühl ~!** keep in a cool place **2** (≈ *hinlegen*) *j-n* to lay down; *Bein etc* to rest; **das Bein hoch ~** to put one's leg up; → **gelagert** **B** *v/i* **1** *Waren etc* to be stored **2** *Truppen etc* to camp, to be encamped

Lagerraum *m* storeroom; *in Geschäft* stockroom

Lagerstätte *f* GEOL deposit

Lagerung *f* storage

Lagerverkauf *m* warehouse sale

Lagune *f* lagoon

lahm *adj* **1** (≈ *gelähmt*) lame; **er ist auf dem linken Bein ~** he is lame in his left leg **2** *umg* (≈ *langweilig*) dreary; *Ausrede* lame; *Geschäftsgang* slow

Lahmarsch *umg m* slowcoach *Br umg*, slowpoke *US umg*

lahmarschig *umg adj* bloody slow *Br umg*, damn slow *umg*

lahmen *v/i* to be lame (**auf** +*dat* in)

lähmen *v/t* to paralyze; (≈ *betäuben*) to stun; *Verhandlungen, Verkehr* to hold up; → **gelähmt**

lahmlegen *v/t Verkehr* to bring to a standstill; *Stromversorgung* to paralyze

Lähmung *f* paralysis; *fig* immobilization

Laib *m bes südd* loaf

Laibchen *n*, **Laiberl** *n* österr (≈ *Teiggebäck*) round loaf; (≈ *Fleischspeise*) ≈ (ham)burger

Laich *m* spawn

laichen *v/i* to spawn

Laie *m* layman

Laiendarsteller(in) *m(f)* amateur actor/actress

laienhaft **A** *adj Arbeit* amateurish **B** *adv spielen* amateurishly

Lakai *m* lackey

Lake *f* brine

Laken *n* sheet

lakonisch **A** *adj* laconic **B** *adv* laconically

Lakritz *dial m*, **Lakritze** *f* liquorice *Br*, licorice *US*

Laktose *f* lactose

laktosefrei *adj* dairy-free, lactose-free

Laktoseintoleranz *f*, **Laktoseunverträglichkeit** *f* lactose intolerance

lallen *v/t* & *v/i* to babble

Lama[1] *n* ZOOL llama

Lama[2] *m* REL lama

Lamelle *f* **1** BIOL lamella **2** *von Jalousien* slat

lamentieren *v/i* to moan, to complain

Lametta *f* lametta

Laminat *n* laminate

Lamm *n* lamb

Lammbraten *m* roast lamb

Lammfell *n* lambskin

Lammfleisch *n* lamb

lammfromm *adj Miene* innocent

Lampe *f* light; (≈ *Stehlampe, Tischlampe*) lamp; (≈ *Glühlampe*) bulb

Lampenfieber *n* stage fright

Lampenschirm *m* lampshade

Lampion *m* Chinese lantern

lancieren *v/t Produkt* to launch; *Nachricht* to put out

Land *n* **1** (≈ *Gelände, Festland*) land; (≈ *Landschaft*) country, landscape; **an ~ gehen** to go ashore; **etw an ~ ziehen** to pull sth ashore; **einen Auftrag an ~ ziehen** *umg* to land an order; **~ in Sicht!** land ahoy!; **bei uns zu ~e** in our country **2** (≈ *ländliches Gebiet*) country; **auf dem ~(e)** in the country **3** (≈ *Staat*) country; (≈ *Bundesland in BRD*) Land, state; *in Österreich* province

Landammann *m schweiz* highest official in a Swiss canton

Landarbeiter(in) *m(f)* agricultural worker

Landarzt *m*, **Landärztin** *f* country doctor

Landbesitz *m* landholding

Landbesitzer(in) *m(f)* landowner

Landbevölkerung *f* rural population

Landeanflug *m* approach

Landebahn *f* runway

Landebrücke *f* jetty

Landeerlaubnis *f* permission to land

Landefähre *f* RAUMF landing module

landen **A** *v/i* to land; *umg* (≈ *enden*) to land *od* end up; **weich ~** to make a soft landing **B** *v/t* to land

Landenge *f* isthmus

Landepiste *f* landing strip

Landeplatz m *für Flugzeuge* landing strip; *für Schiffe* landing place
Landerecht n FLUG landing rights pl
Ländereien pl estates pl
Ländereinstellungen pl IT regional settings
Länderkampf m SPORT international contest; (≈ *Länderspiel*) international (match)
Länderspiel n international (match)
Ländervorwahl f country code
Landesebene f **auf ~** at state level
Landesgrenze f *von Staat* national boundary; *von Bundesland* state boundary; *österr* provincial boundary
Landeshauptfrau f, **Landeshauptmann** *österr* m *head of the government of a province*
Landesinnere(s) n interior
Landeskunde f knowledge of the/a country
Landesregierung f government of a Land; *österr* provincial government
Landessprache f national language
Landesteil m region
landesüblich adj customary
Landesverrat m treason
Landesverteidigung f national defence Br, national defense US
Landeswährung f national od local currency
landesweit adj national
Landeverbot n **~ erhalten** to be refused permission to land
Landflucht f migration from the land
Landfriedensbruch m JUR breach of the peace
Landgang m shore leave
Landgericht n district court
landgestützt adj *Raketen* land-based
Landgut n estate
Landhaus n country house, villa
Landkarte f map
Landklima n continental climate
Landkreis m administrative district
landläufig A adj popular; **entgegen der ~en Meinung** contrary to popular opinion B adv commonly
Landleben n country life
ländlich adj rural; *Tanz* country attr, folk attr
Landluft f country air
Landmine f land mine
Landplage f plague; *fig umg* pest
Landrat[1] m *schweiz* cantonal parliament
Landrat[2] m, **Landrätin** D f *head of the administration of a Landkreis*
Landratte *hum* f landlubber
Landregen m steady rain
Landschaft f scenery *kein pl*; (≈ *ländliche Gegend*) countryside *kein pl*; *Gemälde, a. fig* landscape; **die politische ~** the political scene

landschaftlich adj *Schönheiten etc* scenic; *Besonderheiten* regional
Landschaftsbild n view; *Gemälde* landscape (painting); *Fotografie* landscape (photograph)
Landschaftsgärtner(in) m(f) landscape gardener
Landschaftspflege f land management
Landschaftsschutz m protection of the countryside
Landschaftsschutzgebiet n nature reserve
Landsitz m country seat
Landsmann m, **Landsmännin** f compatriot
Landstraße f country road
Landstreicher(in) pej m(f) tramp
Landstreitkräfte pl land forces pl
Landstrich m area
Landtag m Landtag (*state parliament*)
Landtagswahlen pl German regional elections pl
Landung f landing
Landungsbrücke f jetty
Landungssteg m pier; *beweglich* landing stage
Landurlaub m shore leave
Landvermessung f land surveying
Landweg m **auf dem ~** by land
Landwein m homegrown wine
Landwirt(in) m(f) farmer
Landwirtschaft f agriculture; *Betrieb* farm; **~ betreiben** to farm
landwirtschaftlich adj agricultural
Landzunge f spit (of land), promontory
lang A adj 1 long; **vor ~er Zeit** a long time ago 2 *umg* (≈ *groß*) *Mensch* tall B adv **der ~ erwartete Regen** the long-awaited rain; **~ gehegt** *Wunsch* long-cherished; **~ gestreckt** long; **zwei Stunden ~** for two hours; **drei Tage ~** for three days; **einen Moment ~** for a moment; **mein ganzes Leben ~** all my life
langärmelig adj long-sleeved
langatmig A adj long-winded B adv in a long-winded way
Langbogen m long bow
lange adv 1 *zeitlich* a long time; **wie ~ bist du schon hier?** how long have you been here (for)?; **es ist noch gar nicht ~ her, dass ...** it's not long since ...; **~ aufbleiben** to stay up late; **je länger, je lieber** the more the better; *zeitlich* the longer the better 2 *umg* (≈ *längst*) **noch ~ nicht** not by any means
Länge f 1 length; *umg von Mensch* height; **eine ~ von 10 Metern haben** to be 10 metres long Br, to be 10 meters long US; **der ~ nach hinfallen** to fall flat; **in die ~ schießen** to shoot up; **etw in die ~ ziehen** to drag sth out *umg*; **sich in die ~ ziehen** to go on and on; **(j-m) um ~n voraus sein** *fig* to be streets ahead (of sb) 2 GEOG lon-

gitude **3** *in Buch* long-drawn-out passage; *in Film* long-drawn-out scene
langen *dial umg* **A** *v/i* **1** (≈ *sich erstrecken, greifen*) to reach (**nach** for *od* **in** +*akk* in, into) **2** (≈ *fassen*) to touch (**an etw** *akk* sth) **3** (≈ *ausreichen*) to be enough; **mir langt es** I've had enough; **das Geld langt nicht** there isn't enough money **B** *v/t* (≈ *reichen*) **j-m etw ~** to give sb sth; **j-m eine ~** to give sb a clip on the ear *umg*
Längengrad, (*a.* **Längenkreis**) *m* degree of longitude
Längenmaß *n* measure of length
längerfristig **A** *adj* longer-term **B** *adv* in the longer term
Langeweile *f* boredom; **~ haben** to be bored
langfristig **A** *adj* long-term **B** *adv* in the long term *od* run
langgehen **A** *v/i* **1** *Weg etc* **wo gehts hier lang?** where does this (road *etc*) go? **2** **sie weiß, wo es langgeht** she knows what's what **B** *v/t* to go along
langgestreckt *adj* long
langhaarig *adj* long-haired
Langhantel *f* barbell
langjährig *adj* Freundschaft, Gewohnheit long--standing; *Erfahrung* many years of; *Mitarbeiter* of many years' standing
Langlauf *m* SKI cross-country (skiing)
Langläufer(in) *m(f)* SKI cross-country skier
langlebig *adj* long-lasting; *Gerücht* persistent; *Mensch, Tier* long-lived; WIRTSCH durable; **~e Gebrauchsgüter** (consumer) durables
länglich *adj* long(ish)
Langmut *f* forbearance
langmütig *adj* forbearing
längs **A** *adv* lengthways, lengthwise *US*; **~ gestreift** *Stoff* with lengthways stripes **B** *präp* along; **~ des Flusses** along the river
Längsachse *f* longitudinal axis
langsam **A** *adj* slow; **~er werden** to slow down **B** *adv* slowly; **~, aber sicher** slowly but surely; **es wird ~ Zeit, dass ...** it's high time that ...; **ich muss jetzt ~ gehen** I must be getting on my way; **~ reicht es mir** I've just about had enough
Langsamkeit *f* slowness
Langschläfer(in) *m(f)* late-riser
längsgestreift *adj* → **längs**
Langspielplatte *f* long-playing record
längst *adv* (≈ *schon lange*) for a long time; (≈ *vor langer Zeit*) a long time ago; **als wir ankamen, war der Zug ~ weg** when we arrived the train had long since gone
längstens *adv* **1** (≈ *höchstens*) at the most **2** (≈ *spätestens*) at the latest
längste(r, s) → **lang**

Langstreckenflugzeug *n* long-range aircraft
Langstreckenlauf *m Disziplin* long-distance running; *Wettkampf* long-distance race
Langstreckenrakete *f* long-range missile
Languste *f* crayfish, crawfish *US*
langweilen **A** *v/t* to bore **B** *v/r* to be bored; **sich zu Tode ~** to be bored to death; → **gelangweilt**
Langweiler(in) *m(f)* bore; (≈ *langsamer Mensch*) slowcoach *Br umg*, slowpoke *US umg*
langweilig *adj* boring
Langwelle *f* long wave
langwierig **A** *adj* long **B** *adv* over a long period
langzeitarbeitslos *adj* long-term unemployed
Langzeitarbeitslose(r) *m/f(m)* **die ~n** the long-term unemployed
Langzeitarbeitslosigkeit *f* long-term unemployment
Langzeitgedächtnis *n* long-term memory
Langzeitparkplatz *m* long-stay car park *Br*, long-term parking lot *US*
Lanolin *n* lanolin
Lanze *f* (≈ *Waffe*) lance
La Ola *f*, **La-Ola-Welle** *f* SPORT Mexican wave
Laos *n* Laos
laotisch *adj* Laotian
lapidar **A** *adj* succinct **B** *adv* succinctly
Lappalie *f* trifle
Lappe *m*, **Lappin** *f* Lapp, Lapplander
Lappen *m* (≈ *Stück Stoff*) cloth; (≈ *Waschlappen*) face cloth *Br*, washcloth *US*; **j-m durch die ~ gehen** *umg* to slip through sb's fingers
läppern *umg v/r* **es läppert sich** it (all) mounts up
läppisch *adj* silly
Lappland *n* Lapland
Lapsus *m* mistake; *gesellschaftlich* faux pas
Laptop *m* COMPUT laptop
Laptoptasche *f* laptop case
Lärche *f* larch
Lärm *m* noise; (≈ *Aufsehen*) fuss; **~ schlagen** *fig* to kick up a fuss; **viel ~ um j-n/etw machen** to make a big fuss about sb/sth
Lärmbekämpfung *f* noise abatement
Lärmbelästigung *f* noise pollution
Lärmemission *f* noise emission; *stärker* noise pollution
lärmen *v/i* to make a noise; **~d** noisy
Lärmschutz *m* noise prevention
Lärmschutzwall *m*, **Lärmschutzwand** *f* sound barrier
Larve *f* (≈ *Tierlarve*) larva
Lasagne *f* lasagne *sg*
lasch *umg* **A** *adj Gesetz, Kontrolle, Eltern* lax; *Vorgehen* feeble **B** *adv* (≈ *nicht streng*) in a lax way; *vor-*

gehen feebly

Lasche *f* (≈ *Schlaufe*) loop; (≈ *Schuhlasche*) tongue; TECH splicing plate

Laser *m* laser

Laserchirurgie *f* laser surgery

Laserdrucker *m* TYPO laser (printer)

Lasermedizin *f* laser medicine

Laserpistole *f* laser gun; *bei Geschwindigkeitskontrollen* radar gun

Laserpointer *m für Präsentationen* laser pointer

Lasershow *f* laser show

Laserstrahl *m* laser beam

Lasertechnik *f* laser technology

Lasertherapie *f* laser therapy

Laserwaffe *f* laser weapon

lasieren *v/t Bild, Holz* to varnish; *Glas* to glaze

lassen A *v/aux* **1** (≈ *veranlassen*) **etw tun ~** to have sth done; **j-m etw mitteilen ~, dass ...** to let sb know that ...; **er lässt Ihnen mitteilen, dass ...** he wants you to know that ...; **j-n rufen** *od* **kommen ~** to send for sb **2** (≈ *zulassen*) to let; to leave; **j-n gehen ~** to let sb go; **warum hast du das Licht brennen ~?** why did you leave the light on?; **j-n warten ~** to keep sb waiting **3** (≈ *erlauben*) to let; **j-n etw sehen ~** to let sb see sth; **ich lasse mich nicht zwingen** I won't be coerced; **lass mich machen!** let me do it!; **lass das sein!** don't (do it)!; (≈ *hör auf*) stop it!; **das Fenster lässt sich leicht öffnen** the window opens easily; **das Wort lässt sich nicht übersetzen** the word can't be translated; **das lässt sich machen** that can be done; **daraus lässt sich schließen, dass ...** one can conclude from this that ... **4** *im Imperativ* **lass/lasst uns gehen!** let's go!; **lass es dir gut gehen!** take care of yourself!; **lass ihn nur kommen!** just let him come! **B** *v/t* **1** (≈ *unterlassen*) to stop; (≈ *momentan aufhören*) to leave; **lass das!** don't do it!; (≈ *hör auf*) stop that!; **~ wir das!** let's leave it!; (≈ *reden wir nicht mehr darüber*) enough of that; **er kann das Trinken/Lügen nicht ~** he can't stop drinking/lying; **ich kanns nicht ~** I can't help it **2** (≈ *belassen*) to leave; **j-n allein ~** to leave sb alone; **lass mich (los)!** let me go!; **lass mich (in Ruhe)!** leave me alone!; **das muss man ihr ~** (≈ *zugestehen*) you've got to give her that; **etw ~, wie es ist** to leave sth (just) as it is **3** (≈ *zulassen*) to let; *im Passiv oder unpersönlichen Konstruktionen* to be allowed to; **lass mich fahren** let me drive; **man ließ uns den Patienten nicht sehen** we weren't allowed to see the patient **4** (≈ *zurücklassen*) to leave; **etw zu Hause ~** to leave sth at home **5** (≈ *veranlassen*) to make; to have; **er lässt uns hart arbeiten** he makes us work hard; **ich werde es sie machen ~** I'll have her do it; **ich habe mir die Haare schneiden ~** I had my hair cut; **ich lasse das Auto waschen** I'll get the car washed **C** *v/i* **von j-m/etw ~** (≈ *ablassen*) to give sb/sth up; **lass mal, ich mach das schon** leave it, I'll do it

Lassi *n* (≈ *Joghurtgetränk*) lassi

lässig A *adj* (≈ *ungezwungen*) casual; (≈ *nachlässig*) careless; *umg* (≈ *gekonnt*) cool *umg* **B** *adv* (≈ *ungezwungen*) casually; *umg* (≈ *leicht*) easily

Lasso *m/n* lasso

Last *f* **1** load; (≈ *Gewicht*) weight **2** *fig* (≈ *Bürde*) burden; **j-m zur ~ fallen/werden** to be/become a burden on sb; **die ~ des Amtes** the weight of office; **j-m etw zur ~ legen** to accuse sb of sth; **das geht zu ~en der Sicherheit im Lande** that is detrimental to national security **3** **~en** *pl* (≈ *Kosten*) costs; *des Steuerzahlers* charges

Lastauto *n* → Lastwagen

lasten *v/i* to weigh heavily (**auf** +*dat* on); **auf ihm lastet die ganze Verantwortung** all the responsibility rests on him

Lastenaufzug *m* hoist

Laster[1] *m umg* (≈ *Lastwagen*) truck

Laster[2] *n* (≈ *Untugend*) vice

lasterhaft *adj* depraved

lästerlich *adj* malicious; (≈ *gotteslästerlich*) blasphemous

lästern *v/i* to bitch *umg*; **über j-n/etw ~** to bitch about sb/sth *umg*

lästig *adj* tiresome; *Husten etc* troublesome; **j-m ~ sein** to bother sb; **etw als ~ empfinden** to think sth is annoying

Lastkahn *m* barge

Lastkraftwagen *form m* heavy goods vehicle

Last-Minute-Angebot *n* last-minute offer

Last-Minute-Flug *m* last-minute flight, late-availability flight

Last-Minute-Reise *f* last-minute trip

Last-Minute-Urlaub *m* last-minute holiday *Br*, last-minute vacation *US*

Lastschiff *n* freighter

Lastschrift *f* debit; *Eintrag* debit entry

Lastschriftverfahren *n* direct debit

Lastwagen *m* truck *bes US*, lorry *Br*

Lastwagenfahrer(in) *m(f)* truck driver, trucker

Lastzug *m* truck-trailer *US*, juggernaut *Br umg*

Lasur *f auf Holz* varnish; *auf Glas* glaze

Latein *n* Latin; **mit seinem ~ am Ende sein** to be stumped *umg*

Lateinamerika *n* Latin America

Lateinamerikaner(in) *m(f)* Latin American

lateinamerikanisch *adj* Latin-American; *in USA* Hispanic

lateinisch *adj* Latin

latent *adj* latent

Laterne *f* lantern; (≈ *Straßenlaterne*) streetlight

Laternenpfahl m lamppost
Latino m Latin American, Latino bes US
Latinomusik f Latino
Latinum n **kleines/großes ~** basic/advanced Latin exam
latschen umg v/i to wander
Latschen umg m (≈ Hausschuh) slipper; pej (≈ Schuh) worn-out shoe; **aus den ~ kippen** to black out
Latte f **1** (≈ schmales Brett) slat **2** SPORT bar; FUSSB (cross)bar **3** (≈ Liste) **eine (ganze) ~ von Vorstrafen** a whole string of previous convictions
Latte (macchiato) m/f latte (macchiato)
Lattenrost m duckboards pl; in Bett slatted frame
Lattenschuss m FUSSB shot against the bar
Lattenzaun m wooden fence
Latz m (≈ Lätzchen) bib; (≈ Hosenlatz) (front) flap; **j-m eins vor den ~ knallen** umg to sock sb one umg
Lätzchen n bib
Latzhose f (pair of) dungarees pl Br, (pair of) overalls pl US
lau A adj **1** (≈ mild) Wind mild **2** (≈ lauwarm) tepid; fig lukewarm **B** adv (≈ mild wehen) gently
Laub n leaves pl
Laubbaum m deciduous tree
Laube f **1** (≈ Gartenhäuschen) summerhouse **2** (≈ Gang) arbour Br, arbor US, pergola
Laubfrosch m (European) tree frog
Laubsäge f fret saw
Laubsauger m leaf vacuum, garden vacuum
Laubwald m deciduous wood; größer deciduous forest
Lauch m bes südd (≈ Porree) leek
Lauchzwiebeln pl spring onions pl Br, scallions pl US
Laudatio f eulogy
Lauer f **auf der ~ sein** od **liegen** to lie in wait
lauern v/i to lurk, to lie in wait (**auf** +akk for)
Lauf m **1** (≈ schneller Schritt) run; SPORT race **2** (≈ Verlauf) course; **im ~e der Zeit** in the course of time, over time; **seiner Fantasie freien ~ lassen** to give free rein to one's imagination; **den Dingen ihren ~ lassen** to let things take their course; **das ist der ~ der Dinge** that's the way things go **3** (≈ Gang, Arbeit) running, operation **4** (≈ Flusslauf) course **5** (≈ Gewehrlauf) barrel
Laufbahn f **1** career **2** SPORT running track
Laufband n in Flughafen etc travelator Br, moving sidewalk US; (≈ Sportgerät) treadmill
laufen A v/i **1** (≈ rennen) to run; umg (≈ gehen) to go; (≈ zu Fuß gehen) to walk; **das Laufen lernen** to learn to walk; **~ gegen** to run into **2** (≈ flie-

ßen) to run **3** Wasserhahn to leak; Wunde to weep **4** (≈ in Betrieb sein) to run; Uhr to go; (≈ funktionieren) to work; **ein Programm ~ lassen** IT to run a program **5** (≈ gezeigt werden) Film, Stück to be on; **etw läuft gut/schlecht** sth is going well/badly; **die Sache ist gelaufen** umg it's in the bag umg **B** v/t **1** SPORT Rekordzeit to run; Rekord to set **2** (≈ zu Fuß gehen) to walk; schnell to run **C** v/r **sich warm ~** to warm up; **sich müde ~** to tire oneself out
Laufen n running
laufend A adj (≈ ständig) regular; (≈ regelmäßig) Monat, Jahr current; **~e Nummer** serial number; von Konto number; **j-n auf dem Laufenden halten** to keep sb up-to-date od informed; **mit etw auf dem Laufenden sein** to be up-to-date on sth **B** adv continually
laufen lassen umg v/t **j-n ~** to let sb go od off
Läufer m **1** Schach bishop **2** Teppich rug
Läufer(in) m(f) SPORT runner
Lauferei umg f running about kein pl
Lauffeuer n **sich wie ein ~ verbreiten** to spread like wildfire
läufig adj in heat
Laufkundschaft f occasional customers pl
Laufmasche f ladder Br, run
Laufpass m **j-m den ~ geben** umg to give sb his marching orders umg, to dump sb umg
Laufrad n für Kinder balance bike
Laufschritt m trot; **im ~** MIL at the double
Laufschuh umg m walking shoe; SPORT running shoe
Laufstall m playpen; für Tiere pen
Laufsteg m catwalk
Lauftechnik f SPORT running technique
Laufwerk n COMPUT drive
Laufzeit f **1** von Vertrag term; von Kredit period **2** von Maschine, DVD running time
Lauge f CHEM lye; (≈ Seifenlauge) soapy water
Laugenbrezel f salt pretzel
Lauheit f von Wind, Abend mildness
Laune f **1** (≈ Stimmung) mood; **(je) nach (Lust und) ~** just as the mood takes one; **gute/schlechte ~ haben** to be in a good/bad mood **2** (≈ Grille, Einfall) whim; **etw aus einer ~ heraus tun** to do sth on a whim
launenhaft, **launisch** adj moody; (≈ unberechenbar) capricious; Wetter changeable
Laus f louse; **ihm ist (wohl) eine ~ über die Leber gelaufen** umg something's eating at him umg
Lausbub m bes südd young od little rascal
Lauschangriff m bugging operation (**gegen** on)
lauschen v/i geh to listen (+dat od **auf** +akk to) **2** (≈ heimlich zuhören) to eavesdrop

lausen v/t to delouse; **ich glaub, mich laust der Affe!** umg well I'll be blowed! Br umg

lausig umg **A** adj lousy umg; Kälte freezing **B** adv awfully

laut[1] **A** adj loud; (≈ lärmend) noisy; **er wird immer gleich ~** he always gets obstreperous; **etw ~ werden lassen** (≈ bekannt) to make sth known **B** adv loudly; **~ (auf)lachen** to laugh out loud; **~ nachdenken** to think aloud; **~er sprechen** to speak up; **das kannst du aber ~ sagen** fig umg you can say that again

laut[2] geh präp according to

Laut m sound

lauten v/i to be; Rede to go; Schriftstück to read; **auf den Namen ... ~** Pass to be in the name of ...; **es lautete ...** it said ...

läuten v/t & v/i to ring; Wecker to go (off); **es hat geläutet** the bell rang; **er hat davon (etwas) ~ hören** umg he has heard something about it

lauter[1] adj (≈ nur) nothing but; **~ Unsinn** pure nonsense; **vor ~ Rauch kann man nichts sehen** you can't see anything for all the smoke

lauter[2] adj geh (≈ aufrichtig) honourable Br, honorable US; **~er Wettbewerb** fair competition

lauthals adv at the top of one's voice

lautlos **A** adj silent **B** adv silently

Lautmalerei f onomatopoeia

lautmalerisch adj onomatopoeic

Lautschrift f phonetics pl

Lautsprecher m (loud)speaker

Lautsprecheranlage f **öffentliche ~** PA system

lautstark **A** adj loud; Protest vociferous **B** adv loudly; protestieren a. vociferously

Lautstärke f [1] loudness [2] RADIO, TV etc volume

Lautstärkeregler m RADIO, TV volume control

lauwarm adj slightly warm; Flüssigkeit lukewarm; fig lukewarm

Lava f lava

Lavabo n schweiz washbasin

Lavendel m lavender

Lawine f avalanche

lawinenartig adj like an avalanche; **~ anwachsen** to snowball

Lawinengefahr f danger of avalanches

lawinensicher adv gebaut to withstand avalanches

Lawinenwarnung f avalanche warning

lax **A** adj lax **B** adv laxly

Laxheit f laxity

Layout n, **Lay-out** n layout

Layouter(in) m(f) designer

Lazarett n MIL (≈ Krankenhaus) hospital

LCD-Anzeige f LCD display

Leadsänger(in) m(f) lead singer

leasen v/t HANDEL to lease

Leasing n HANDEL leasing

Leasingrate f leasing payment

Leasingvertrag m lease

leben **A** v/i to live; (≈ am Leben sein) to be alive; **er lebt noch** he is still alive; **er lebt nicht mehr** he is no longer alive; **von etw ~** to live on sth; **wie geht es dir? — man lebt (so)** umg how are you? — surviving; **genug zu ~ haben** to have enough to live on; **~ und ~ lassen** to live and let live; **allein ~** to live alone **B** v/t to live

Leben n life; **das ~** life; **am ~ bleiben/sein** to stay/be alive; **am ~ erhalten** to keep alive; **solange ich am ~ bin** as long as I live; **j-m das ~ retten** to save sb's life; **es geht um ~ und Tod** it's a matter of life and death; **mit dem ~ davonkommen** to escape with one's life; **etw ins ~ rufen** to bring sth into being, to start sth; **ums ~ kommen** to die; **sich** (dat) **das ~ nehmen** to take one's (own) life; **etw für sein ~ gern tun** to love doing sth; **ein ~ lang** one's whole life (long); **nie im ~!** never!; **ein Film nach dem ~** a film from real life; **das ~ geht weiter** life goes on; **~ in etw** (akk) **bringen** to liven sth up

lebend adj live attr, alive präd; Sprache living

Lebendgewicht n live weight

lebendig **A** adj [1] (≈ nicht tot) live attr, alive präd; Wesen living; **bei ~em Leibe** alive [2] fig (≈ lebhaft) lively; **kein** adv; Darstellung vivid **B** adv (≈ lebend) alive; fig (≈ lebhaft) vividly

Lebendigkeit f liveliness

Lebens- zssgn vital

Lebensabend m old age

Lebensabschnitt m phase in od of one's life

Lebensalter n age

Lebensarbeitszeit f working life

Lebensart f [1] (≈ Lebensweise) way of life [2] (≈ Manieren) manners pl; (≈ Stil) (life)style

Lebensauffassung f attitude to life

Lebensaufgabe f life's work

Lebensbedingungen pl living conditions pl

lebensbedrohend, **lebensbedrohlich** adj life-threatening

Lebensberechtigung f right to exist

Lebensbereich m area of life

Lebensdauer f life(span); von Maschine life

Lebensende n end (of sb's/one's life); **bis an ihr ~** till the day she died

Lebenserfahrung f experience of life

lebenserhaltend adj life-preserving; Geräte life-support attr

Lebenserinnerungen pl memoirs pl

Lebenserwartung f life expectancy

lebensfähig adj viable

Lebensfähigkeit f viability

Lebensfreude f joie de vivre

lebensfroh *adj* merry

Lebensführung *f* lifestyle

Lebensgefahr *f* (mortal) danger; „**Lebensgefahr!**" "danger!"; **er schwebt in ~** his life is in danger; *Patient* he is in a critical condition; **außer ~ sein** to be out of danger

lebensgefährlich **A** *adj* highly dangerous; *Krankheit, Verletzung* critical **B** *adv verletzt* critically

Lebensgefährte *m*, **Lebensgefährtin** *f* partner

Lebensgefühl *n* awareness of life, feeling of being alive; **ein ganz neues ~ haben** to feel (like) a different person

Lebensgemeinschaft *f* long-term relationship; **eingetragene ~** registered partnership

Lebensgeschichte *f* life story, life history

lebensgroß *adj & adv* life-size

Lebensgröße *f* life-size; **etw in ~ malen** to paint sth life-size

Lebensgrundlage *f* (basis for one's) livelihood

Lebenshaltung *f* **1** (≈ *Unterhaltskosten*) cost of living **2** (≈ *Lebensführung*) lifestyle

Lebenshaltungsindex *m* cost-of-living index

Lebenshaltungskosten *pl* cost of living *sg*

Lebensjahr *n* year of (one's) life; **nach Vollendung des 18. ~es** on attaining the age of 18

Lebenskraft *f* vitality

Lebenslage *f* situation

lebenslang *adj Freundschaft* lifelong; *Haft* life *attr*, for life

lebenslänglich **A** *adj Rente, Strafe* for life; **sie hat ~ bekommen** she got life *umg* **B** *adv* for life

Lebenslauf *m* life; *bei Bewerbungen* curriculum vitae, CV *Br*, résumé *US*

Lebenslust *f* zest for life

lebenslustig *adj* in love with life

Lebensmittel *pl* food *sg*; **~** *pl* groceries *pl*

Lebensmittelabteilung *f* food department

Lebensmittelchemie *f* food chemistry

Lebensmittelgeschäft *n* grocer's (shop), grocery store *US*

Lebensmittelimitat *n* imitation food

Lebensmittelkette *f* food chain

Lebensmittelsicherheit *f* food safety

Lebensmittelskandal *m* food scandal

Lebensmittelvergiftung *f* food poisoning

lebensmüde *adj* weary of life; **ich bin doch nicht ~!** *umg* (≈ *verrückt*) I'm not completely mad! *umg*

lebensnotwendig *adj* essential

Lebenspartner(in) *m(f)* long-term partner, domestic partner *US*

Lebenspartnerschaft *f* long-term relationship; **eingetragene ~** civil partnership *Br*, civil union *US*

Lebensqualität *f* quality of life

Lebensraum *m* **1** *von Tieren, Pflanzen* habitat **2** *als Platzproblem* living space

Lebensretter(in) *m(f)* rescuer

Lebensstandard *m* standard of living

Lebensstellung *f* permanent position

Lebensstil *m* lifestyle

lebenstüchtig *adj* **er ist nicht sehr ~** he just can't cope with life

Lebensumstände *pl* circumstances *pl*

lebensunfähig *adj Lebewesen, System* nonviable

Lebensunterhalt *m* **seinen ~ verdienen** to earn one's living; **für j-s ~ sorgen** to support sb

lebensverlängernd *adj Maßnahme* life-prolonging

Lebensversicherung *f* life insurance; **eine ~ abschließen** to take out life insurance

Lebenswandel *m* way of life

Lebensweise *f* way of life

Lebensweisheit *f* maxim; (≈ *Lebenserfahrung*) wisdom

Lebenswerk *n* life's work

lebenswert *adj* worth living

lebenswichtig *adj* essential, vital; *Organ* vital

Lebenswille *m* will to live

Lebenszeichen *n* sign of life; MED vital signs *pl*

Lebenszeit *f* life(time); **auf ~** for life

Leber *f* liver; **frei** *od* **frisch von der ~ weg reden** *umg* to speak out

Leberfleck *m* mole

Leberkäse *m* ≈ meat loaf

Leberknödel *m* liver dumpling

Leberkrebs *m* cancer of the liver

Leberpastete *f* liver pâté

Lebertran *m* cod-liver oil

Leberwurst *f* liver sausage

Lebewesen *n* living thing, creature

Lebewohl *liter n* farewell *liter*; **j-m ~ sagen** to bid sb farewell

lebhaft **A** *adj* lively *kein adv*; *Gespräch* animated; HANDEL *Geschäfte, Nachfrage* brisk; *Erinnerung* vivid; *Farbe* bright **B** *adv reagieren* strongly; **~ diskutieren** to have a lively discussion; **das Geschäft geht ~** business is brisk; **ich kann mir ~ vorstellen, dass ...** I can (very) well imagine that ...

Lebhaftigkeit *f* liveliness; *von Erinnerung* vividness; *von Farbe* brightness

Lebkuchen *m* gingerbread

leblos *adj* lifeless; **~er Gegenstand** inanimate object

Lebzeiten *pl* **zu j-s ~** in sb's lifetime; (≈ *Zeit*) in sb's day

lechzen *v/i* to pant; **nach etw ~** to thirst for sth

leck *adj* leaky; **~ sein** to leak
Leck *n* leak
lecken¹ *v/i* (≈ *undicht sein*) to leak
lecken² *v/t & v/i* to lick; **an j-m/etw ~** to lick sb/sth
lecker **A** *adj Speisen* delicious, tasty, yummy *umg* **B** *adv zubereitet* deliciously; **~ schmecken** to taste delicious
Leckerbissen *m Speise* delicacy, titbit *Br*, tidbit *US*
Leckerei *f* **1** *Speise* delicacy, titbit *Br*, tidbit *US* **2** (≈ *Süßigkeit*) dainty
Leder *n* leather; **zäh wie ~** as tough as old boots *Br umg*, as tough as shoe leather *US*
Ledergarnitur *f* leather-upholstered suite
Lederhose *f* leather trousers *pl bes Br*, leather pants *pl bes US*; *kurz* lederhosen *pl*
Lederjacke *f* leather jacket
Ledermantel *m* leather coat
ledern *adj* **1** leather **2** (≈ *zäh*) leathery
Lederwaren *pl* leather goods *pl*
ledig *adj* (≈ *unverheiratet*) single
Ledige(r) *m/f(m)* single person
lediglich *adv* merely
leer **A** *adj* empty; *Blick* blank; **mit ~en Händen** *fig* empty-handed **B** *adv* **etw ~ machen** to empty sth; **(wie) ~ gefegt** *Straßen* deserted; **etw ~ trinken** to empty sth; **~ stehen** to stand empty; **~ stehend** empty
Leere *f* emptiness
leeren *v/t & v/r* to empty
Leergewicht *n* unladen weight; *von Behälter* empty weight
Leergut *n* empties *pl*
Leerlauf *m* AUTO neutral; *von Fahrrad* freewheel; **im ~ fahren** to coast
leerlaufen *v/i* **1** *Fass etc* to run dry **2** *Motor* to idle; *Maschine* to run idle
Leerstelle *f beim Tippen* space, blank
Leertaste *f* space-bar
Leerung *f* emptying; **nächste ~ 18 Uhr** *an Briefkasten* next collection 6 p.m. *Br*, next pickup 6 p.m. *US*
Leerzeichen *n* IT blank *od* space (character)
Leerzeile *f* TYPO blank line; **zwei ~n lassen** to leave two lines free *od* blank, to leave two empty lines
legal **A** *adj* legal **B** *adv* legally
legalisieren *v/t* to legalize
Legalisierung *f* legalization
Legalität *f* legality; **(etwas) außerhalb der ~** *euph* (slightly) outside the law
Legasthenie *f* dyslexia
Legastheniker(in) *m(f)* dyslexic
Legebatterie *f* hen battery
Legehenne *f* laying hen

legen **A** *v/t* **1** (≈ *hintun*) to put, to place **2** (≈ *lagern*) to lay down; *mit Adverb* to lay **3** (≈ *verlegen*) to lay; *Bomben* to plant; **Feuer ~** to start a fire **B** *v/t & v/i Huhn* to lay **C** *v/r* **1** (≈ *hinlegen*) to lie down (**auf** +*akk* on); **sich in die Sonne ~** to lie in the sun; **sich auf die Seite ~** to lie on one's side **2** (≈ *abnehmen*) *Lärm* to die down; *Rauch, Nebel* to clear; *Zorn, Nervosität* to wear off
legendär *adj* legendary
Legende *f* legend
leger **A** *adj Kleidung, Ausdruck, Typ* casual; *Atmosphäre* relaxed **B** *adv* casually; *sich ausdrücken* informally
Leggin(g)s *pl* leggings *pl*
legieren *v/t Metall* to alloy
Legierung *f* alloy; *Verfahren* alloying
Legion *f* legion
Legionär *m* legionary, legionnaire
Legislative *f* legislature
Legislaturperiode *f* parliamentary term *Br*, legislative period *US*
legitim *adj* legitimate
Legitimation *f* identification; (≈ *Berechtigung*) authorization
legitimieren **A** *v/t* to legitimize; (≈ *berechtigen*) to entitle; (≈ *Erlaubnis geben*) to authorize **B** *v/r* (≈ *sich ausweisen*) to identify oneself
Legitimierung *f* legitimization; (≈ *Berechtigung*) justification
Legitimität *f* legitimacy
Leguan *m* iguana
Lehm *m* loam; (≈ *Ton*) clay
Lehmboden *m* clay soil
lehmig *adj* loamy; (≈ *tonartig*) claylike
Lehne *f* (≈ *Armlehne*) arm(rest); (≈ *Rückenlehne*) back (rest)
lehnen **A** *v/t & v/r* to lean (**an** +*akk* against) **B** *v/i* to be leaning (**an** +*dat* against)
Lehns- *zssgn* feudal
Lehnstuhl *m* easy chair
Lehnwort *n* LING loan word
Lehramt *n* **das ~** the teaching profession; (≈ *Lehrerposten*) teaching post *bes Br*, teaching position
Lehranstalt *f* academy
Lehrauftrag *m* UNIV **einen ~ für etw haben** to give lectures on sth
Lehrbeauftragte(r) *m/f(m)* UNIV **~ für etw sein** to give lectures on sth
Lehrbuch *n* textbook
Lehre *f* **1** (≈ *das Lehren*) teaching **2** *von Christus etc* teachings *pl*; (≈ *Lehrmeinung*) doctrine **3** (≈ *negative Erfahrung*) lesson; *einer Fabel* moral; **j-m eine ~ erteilen** to teach sb a lesson; **lass dir das eine ~ sein** let that be a lesson to you! **4** (≈ *Berufslehre*) apprenticeship; *in nicht handwerklichem*

Beruf training; **eine ~ machen** to train; *in Handwerk* to do an apprenticeship

lehren v/t & v/i to teach; → gelehrt

Lehrer(in) m(f) teacher; (≈ *Fahrlehrer etc*) instructor/instructress

Lehrerausbildung f teacher training

Lehrerkollegium n (teaching) staff

Lehrerkonferenz f staff meeting *Br*, faculty meeting *US*

Lehrerrat m *committee made up of three to five teachers which advises and liaises with the head teacher*

Lehrerzimmer n staff room *bes Br*, teachers' room

Lehrfach n subject

Lehrgang m course (**für** in)

Lehrgeld n **~ für etw zahlen müssen** *fig* to pay dearly for sth

Lehrjahr n year as an apprentice

Lehrkörper *form* m teaching staff

Lehrkraft *form* f teacher

Lehrling m apprentice; *in nicht handwerklichem Beruf* trainee

Lehrmeister(in) m(f) master

Lehrmethode f teaching method

Lehrmittel n teaching aid

Lehrpfad m trail

Lehrplan m (teaching) curriculum; *für ein Schuljahr* syllabus

lehrreich adj (≈ *informativ*) instructive; *Erfahrung* educational

Lehrsatz m *Philosophie, a.* MATH theorem; KIRCHE dogma

Lehrstelle f position as an apprentice/a trainee

Lehrstoff m subject; *eines Jahres* syllabus

Lehrstuhl m UNIV chair (**für** of)

Lehrtochter f *schweiz* apprentice

Lehrveranstaltung f UNIV (≈ *Vorlesung*) lecture; (≈ *Seminar*) seminar

Lehrzeit f apprenticeship

Leib m (≈ *Körper*) body; **mit ~ und Seele** heart and soul; *wünschen* with all one's heart; **mit ~ und Seele dabei sein** to put one's heart and soul into it; **etw am eigenen ~(e) erfahren** to experience sth for oneself; **am ganzen ~(e) zittern** to be shaking all over; **halt ihn mir vom ~** keep him away from me

Leibchen *österr, schweiz* n, **Leiberl** *österr* n (≈ *Unterhemd*) vest *Br*, undershirt *US*; (≈ *T-Shirt*) T-shirt; (≈ *Trikot*) shirt, jersey

Leibeigene(r) m/f(m) serf

Leibeskraft f **aus Leibeskräften schreien** *etc* to shout *etc* with all one's might (and main)

Leibesübung *obs* f **~en** *Schulfach* physical education *kein pl*

Leibgericht n favourite meal *Br*, favorite meal *US*

leibhaftig A adj personified; **die ~e Güte** *etc* goodness *etc* personified B adv in person

leiblich adj 1 (≈ *körperlich*) physical, bodily; **für das ~e Wohl sorgen** to take care of our/their *etc* bodily needs 2 *Mutter, Vater* natural; *Kind* by birth; *Bruder, Schwester* full

Leibschmerzen pl *obs dial* stomach pains pl

Leibwache f bodyguard

Leibwächter(in) m(f) bodyguard

Leiche f corpse; **er geht über ~n** *umg* he'd stop at nothing; **nur über meine ~!** *umg* over my dead body!

Leichenbestatter(in) m(f) undertaker, mortician *US*

leichenblass adj deathly pale

Leichenhalle f, **Leichenhaus** n mortuary

Leichenschau f postmortem (examination)

Leichenschauhaus n mortuary *Br*, morgue *US*

Leichenstarre f rigor mortis *ohne art*

Leichenwagen m hearse

Leichnam *form* m body

leicht A adj (≈ *nicht schwer*) light; *Koffer* lightweight; (≈ *geringfügig*) slight; JUR *Vergehen etc* petty; (≈ *einfach*) easy; **mit ~er Hand** *fig* effortlessly; **mit dem werden wir (ein) ~es Spiel haben** he'll be no problem B adv 1 (≈ *einfach*) easily; **es sich** (dat) **(bei etw) ~ machen** not to make much of an effort (with sth); **man hats nicht ~** *umg* it's a hard life; **~ zu beantworten** easy to answer; **das ist ~er gesagt als getan** that's easier said than done; **du hast ~ reden** it's all very well for you; → leicht machen 2 (≈ *schnell*) easily; **er wird ~ böse** *etc* he is quick to get angry *etc*; **~ zerbrechlich** very fragile; **~ verderblich** highly perishable; **das ist ~ möglich** that's quite possible; **~ entzündlich** *Brennstoff etc* highly (in)flammable; **das passiert mir so ~ nicht wieder** I won't let that happen again in a hurry *umg* 3 (≈ *schwach regnen*) not hard; **~ bekleidet sein** to be scantily clad; **~ gekleidet sein** to be (dressed) in light clothes; **~ gewürzt/gesalzen** lightly seasoned/salted

Leichtathlet(in) m(f) (track and field) athlete

Leichtathletik f (track and field) athletics sg

leichtfallen v/i to be easy (j-m for sb)

leichtfertig A adj thoughtless B adv thoughtlessly; **~ handeln** to act without thinking

Leichtfertigkeit f thoughtlessness

Leichtgewicht n lightweight

leichtgläubig adj credulous; (≈ *leicht zu täuschen*) gullible

Leichtgläubigkeit f credulity; (≈ *Arglosigkeit*) gullibility

leichthin adv lightly

Leichtigkeit f 1 (≈ *Mühelosigkeit*) ease; **mit ~**

with no trouble (at all) **2** (≈ *Unbekümmertheit*) light-heartedness
leichtlebig *adj* happy-go-lucky
leicht machen *v/t*, **leichtmachen** *v/t* (**j-m**) **etw ~** to make sth easy (for sb); **sich** (*dat*) **etw ~** to make things easy for oneself with sth; (≈ *nicht gewissenhaft sein*) to take it easy with sth
Leichtmetall *n* light metal
leichtnehmen *v/t* **etw ~** (≈ *nicht ernsthaft behandeln*) to take sth lightly; (≈ *sich keine Sorgen machen*) not to worry about sth
Leichtsinn *m* (≈ *unvorsichtige Haltung*) foolishness; (≈ *Sorglosigkeit*) thoughtlessness; **sträflicher ~** criminal negligence
leichtsinnig **A** *adj* foolish; (≈ *unüberlegt*) thoughtless **B** *adv* **handeln** thoughtlessly; **~ mit etw umgehen** to be careless with sth
Leichtverletzte(r) *m/f(m)* **die ~n** the slightly injured
Leichtwasserreaktor *m* light water reactor
leid *adj* (≈ *überdrüssig*) **j-n/etw ~ sein** to be tired of sb/sth
Leid *n* **1** (≈ *Kummer*) sorrow, grief *kein unbest art*; (≈ *Schaden*) harm; **viel ~ erfahren** to suffer a great deal; **j-m sein ~ klagen** to tell sb one's troubles; **zu ~e** → **zuleide 2** *schweiz* (≈ *Begräbnis*) funeral **3** *schweiz* (≈ *Trauerkleidung*) mourning
leiden **A** *v/t* **1** (≈ *ertragen müssen*) to suffer **2** **j-n/etw ~ können** to like sb/sth **B** *v/i* to suffer (**an** +*dat* od **unter** +*dat* from)
Leiden *n* **1** suffering **2** (≈ *Krankheit*) illness
leidend *adj* (≈ *kränklich*) ailing; *umg Miene* long-suffering
Leidenschaft *f* passion; **ich koche mit großer ~** cooking is a great passion of mine
leidenschaftlich **A** *adj* passionate **B** *adv* passionately; **etw ~ gern tun** to be mad about doing sth *umg*
leidenschaftslos **A** *adj* dispassionate **B** *adv* dispassionately
Leidensgefährte *m*, **Leidensgefährtin** *f* fellow-sufferer
Leidensgeschichte *f* tale of woe; **die ~ (Christi)** BIBEL Christ's Passion
Leidensweg *m* life of suffering; **seinen ~ gehen** to bear one's cross
leider *adv* unfortunately, I'm afraid
leidgeprüft *adj* sorely afflicted
leidig *adj* tiresome
leidlich **A** *adj* reasonable **B** *adv* reasonably; **wie gehts? — danke, ~!** how are you? — not too bad, thanks
Leidtragende(r) *m/f(m)* **1** (≈ *Hinterbliebener*) **die ~n** the bereaved **2** (≈ *Benachteiligter*) **der/die ~** the one to suffer

leidtun *v/i* **etw tut j-m leid** sb is sorry about *od* for sth; **tut mir leid!** (I'm) sorry!; **es tut uns leid, Ihnen mitteilen zu müssen …** we regret to have to inform you …; **er/sie tut mir leid** I'm sorry for him/her, I pity him/her; **das wird dir noch ~** you'll be sorry
Leierkasten *m* barrel organ
Leierkastenfrau *f*, **Leierkastenmann** *m* organ-grinder
Leiharbeit *f* subcontracted work
Leiharbeiter(in) *m(f)* subcontracted worker
Leihbibliothek *f*, **Leihbücherei** *f* lending library
leihen *v/t* to lend, to loan; (≈ *entleihen*) to borrow; (≈ *mieten*) to hire; **sich** (*dat*) **etw ~** to borrow sth
Leihgabe *f* loan
Leihgebühr *f* hire *od* rental charge; *für Buch* lending charge
Leihhaus *n* pawnshop
Leihmutter *f* surrogate mother
Leihwagen *m* hire(d) car *Br*, rental (car) *US*
leihweise *adv* on loan
Leim *m* glue; **j-m auf den ~ gehen** *od* **kriechen** *umg* to be taken in by sb; **aus dem ~ gehen** *umg Sache* to fall apart
leimen *v/t* (≈ *kleben*) to glue (together); **j-n ~** *umg* to take sb for a ride *umg*; **der Geleimte** *umg* the mug *umg*
Lein *m* flax
Leine *f* cord; (≈ *Schnur*) string; (≈ *Angelleine, Wäscheleine*) line; (≈ *Hundeleine*) leash
leinen *adj* linen; *grob* canvas; *Bucheinband* cloth
Leinen *n* linen; *grob* canvas; *als Bucheinband* cloth
Leinsamen *m* linseed
Leinwand *f* canvas; *im Kino* screen
leise **A** *adj* **1** quiet; *Stimme* soft; (≈ *still*) silent; **~ sein** to keep quiet; **… sagte er mit ~r Stimme** … he said in a low voice **2** (≈ *gering*) slight; *Schlaf, Regen, Wind* light; **nicht die ~ste Ahnung haben** not to have the slightest idea **B** *adv* (≈ *nicht laut*) quietly; **das Radio (etwas) ~r stellen** to turn the radio down (slightly); **sprich doch ~r!** keep your voice down a bit
Leiste *f* (≈ *Holzleiste etc*) strip (of wood *etc*); (≈ *Zierleiste*) trim; (≈ *Umrandung*) border
leisten *v/t* **1** (≈ *erreichen*) to achieve; *Arbeit* to do; *Maschine* to manage; (≈ *ableisten*) *Wehrdienst etc* to complete; **etwas ~** *Mensch* (≈ *arbeiten*) to do something; (≈ *vollbringen*) to achieve something; *Maschine* to be quite good; *Auto, Motor etc* to be quite powerful; **gute Arbeit ~** to do a good job; **j-m Hilfe ~** to give sb some help; **j-m gute Dienste ~** *Gegenstand* to serve sb well; *Mensch* to be useful to sb **2** (≈ *sich erlauben*) **sich**

(dat) **etw ~** to allow oneself sth; (≈ sich gönnen) to treat oneself to sth; **sich** (dat) **etw ~ können** finanziell to be able to afford sth; **er hat sich tolle Sachen geleistet** he got up to the craziest things
Leistenbruch m MED hernia
Leistengegend f groin
Leistung f **1** (≈ Geleistetes) performance; großartige, gute achievement; (≈ Ergebnis) result(s); (≈ geleistete Arbeit) work kein pl; **eine große ~ vollbringen** to achieve a great success; **das ist keine besondere ~** that's nothing special; **seine schulischen ~en haben nachgelassen** his school work has deteriorated; **schwache ~!** that's not very good **2** (≈ Leistungsfähigkeit) capacity; von Motor power **3** (≈ Zahlung) payment **4** (≈ Dienstleistung) service
leistungsbezogen adj performance-oriented
Leistungsbilanz f WIRTSCH balance on current account
Leistungsdruck m pressure (to do well)
Leistungsfach n special od main subject, advanced level subject
leistungsfähig adj (≈ konkurrenzfähig) competitive; (≈ produktiv) efficient; Motor powerful; Maschine productive; FIN solvent
Leistungsfähigkeit f (≈ Konkurrenzfähigkeit) competitiveness; (≈ Produktivität) efficiency; von Motor power(fulness); von Maschine capacity; FIN ability to pay, solvency; **das übersteigt meine ~** that's beyond my capabilities
leistungsgerecht adj Bezahlung performance-related
Leistungsgesellschaft f meritocracy, achievement-orientated society pej
Leistungsgrenze f upper limit
Leistungskontrolle f SCHULE, UNIV assessment; in der Fabrik productivity check
Leistungskurs m advanced course in specialist subjects
leistungsorientiert adj Gesellschaft competitive; Lohn performance-related
Leistungsprämie f productivity bonus
Leistungsprinzip n achievement principle
leistungsschwach adj (≈ nicht konkurrenzfähig) uncompetitive; (≈ nicht produktiv) inefficient, unproductive; Motor low-powered; Maschine low-performance
Leistungssport m competitive sport
leistungsstark adj (≈ konkurrenzfähig) highly competitive; (≈ produktiv) highly efficient od productive; Motor very powerful; Maschine highly productive
Leistungssteigerung f increase in performance
Leistungstest m SCHULE achievement test; TECH performance test
Leistungsträger(in) m(f) **1** SPORT im Beruf, in der Politik key player **2** von Sozialleistungen etc service provider
Leistungsvermögen n capabilities pl
Leistungszuschlag m productivity bonus
Leitartikel m leader Br, editorial
Leitartikler(in) m(f) leader writer Br, editorial writer
Leitbild n model
leiten v/t **1** to lead; fig Leser, Schüler etc to guide; Verkehr to route; Gas, Wasser to conduct; (≈ umleiten) to divert **2** (≈ verantwortlich sein für) to be in charge of; Partei, Diskussion to lead; als Vorsitzender to chair; Gruppe to direct; Theater, Orchester to run **3** PHYS Wärme, Licht to conduct
leitend adj leading; Idee central; Position managerial; PHYS conductive; **~e(r) Angestellte(r)** executive
Leiter f ladder; (≈ Stehleiter) steps pl
Leiter(in) m(f) leader; von Hotel, Geschäft manager/manageress; (≈ Abteilungsleiter) in Firma head; von Schule head bes Br, principal bes US; von Orchester, Chor etc director; **~ der Personalabteilung** personnel manager
Leiterplatte f COMPUT circuit board
Leiterwagen m handcart
Leitfaden m Fachbuch introduction; (≈ Gebrauchsanleitung) manual
leitfähig adj PHYS conductive
Leitfigur f (≈ Vorbild) (role) model
Leitgedanke m central idea
Leitidee f central idea
Leitlinien pl POL orientations pl
Leitmotiv n LIT, a. fig leitmotif
Leitplanke f crash barrier
Leitsatz m basic principle
Leitspruch m motto
Leitstelle f headquarters pl; (≈ Funkleitstelle) control centre pl, control center US
Leitung f **1** von Menschen, Organisationen running; von Partei, Regierung leadership; von Betrieb management; von Schule headship bes Br, principalship bes US; **unter der ~ von j-m** MUS conducted by sb **2** (≈ die Leitenden) leaders pl; eines Betriebes etc management sg od pl **3** für Gas, Wasser bis zum Haus main; im Haus pipe; (≈ Draht) wire; dicker cable; TEL (≈ Verbindung) line; **eine lange ~ haben** hum umg to be slow on the uptake
Leitungsmast m ELEK (electricity) pylon
Leitungsrohr n pipe
Leitungswasser n tap water
Leitwährung f key currency
Leitwerk n FLUG tail unit
Leitzins m base rate Br, prime rate US

Lektion f lesson; *im Schulbuch* unit, theme; **j-m eine ~ erteilen** fig to teach sb a lesson
Lektor(in) m(f) UNIV foreign language assistant; (≈ *Verlagslektor*) editor
Lektüre f (≈ *das Lesen*) reading; (≈ *Lesestoff*) reading matter
Lemming m lemming
Lende f ANAT, GASTR loin
Lendengegend f lumbar region
Lendenschurz m loincloth
Lendenstück n piece of loin
Lendenwirbel m lumbar vertebra
lenkbar adj TECH steerable; *Rakete* guided
lenken **A** v/t **1** (≈ *leiten*) to direct; *Sprache, Presse etc* to influence **2** (≈ *steuern*) *Auto etc* to steer **3** fig *Schritte, Gedanken, Blick* to direct (**auf** +akk to); **j-s Aufmerksamkeit, Blicke** to draw (**auf** +akk to); *Gespräch* to steer **B** v/i (≈ *steuern*) to steer
Lenker m (≈ *Fahrradlenker etc*) handlebars pl
Lenkrad n (steering) wheel
Lenksäule f steering column
Lenkstange f *von Fahrrad etc* handlebars pl
Lenkung f TECH steering
Lenz m liter (≈ *Frühling*) spring(time)
Leopard m leopard
Lepra f leprosy
Lerche f lark
lernbar adj learnable
lernbehindert adj with learning difficulties
Lernbehinderte(r) m/f(m) child/person etc with learning difficulties
Lerneffekt m educational benefit
lernen **A** v/t to learn; **lesen/schwimmen** etc ~ to learn to read/swim etc; **j-n lieben/schätzen ~** to come to love/appreciate sb; **das will gelernt sein** it's a question of practice; → **gelernt** **B** v/i to learn; (≈ *arbeiten*) to study; **von ihm kannst du noch (was) ~!** he could teach you a thing or two
Lernen n studies pl
Lernende(r) m/f(m), **Lerner(in)** m/f learner
Lernerfolg m learning success
lernfähig adj capable of learning
Lernmittel pl schoolbooks and equipment pl
Lernprogramm n IT *für Software* tutorial program; *didaktisches Programm* learning program
Lernprozess m learning process
Lernsoftware f educational software
Lern- und Arbeitstechniken pl study skills pl
lernwillig adj willing to learn
Lernziel n learning goal
Lesart f version
lesbar **A** adj (≈ *leserlich*) legible; IT readable **B** adv (≈ *leserlich*) legibly
Lesbe f lesbian
Lesbierin f lesbian
lesbisch adj lesbian
Lese f (≈ *Ernte*) harvest
Lesebrille f reading glasses pl
Lesebuch n reader
Lesekopf m COMPUT read head
Leselampe f reading lamp od light
lesen[1] v/t & v/i **1** to read; **die Schrift ist kaum zu ~** the writing is scarcely legible; **etw in j-s Augen** (*dat*) **~** to see sth in sb's eyes **2** UNIV to lecture
lesen[2] v/t *Trauben, Beeren* to pick; *Ähren* to glean; *Erbsen etc* to sort
Lesen n reading
lesenswert adj worth reading
Leser(in) m/f(m) reader
Leseratte umg f bookworm umg
Leserbrief m (reader's) letter; „**Leserbriefe**" "letters to the editor"
Lese-Rechtschreib-Schwäche f dyslexia
leserlich **A** adj legible **B** adv legibly
Leserschaft f readership
Lesesaal m reading room
Lesespeicher m COMPUT read-only memory, ROM
Lesestoff m reading matter
Lesezeichen n bookmark(er)
Lesotho n GEOG Lesotho
Lesung f reading
Lethargie f lethargy
Lette m, **Lettin** f Lett, Latvian
lettisch adj Lettish, Latvian
Lettland n Latvia
Letzt f **zu guter ~** in the end
letztendlich adv at (long) last; (≈ *letzten Endes*) at the end of the day
letztens adv recently; **erst ~** just od only recently
Letzte(r) m/f(m) **der ~ des Monats** the last (day) of the month; **~(r) werden** to be last; **als ~(r) (an)kommen** to be the last to arrive; **er wäre der ~, dem ich …** he would be the last person I'd …
letzte(r, s) adj **1** last; *in der Reihenfolge a.* final; **auf dem ~n Platz liegen** to be (lying) last; **mein ~s Geld** the last of my money; **das ~ Mal** (the) last time; **zum ~n Mal** for the last time; **ein Schuss in der ~n Minute** a last-minute shot; **in ~r Zeit** recently, lately; **~n Endes** in the end; **der Letzte Wille** the last will and testament **2** (≈ *neueste Mode etc*) latest **3** (≈ *schlechtester*) **das ist der ~ Schund** od **Dreck** that's absolute trash; **j-n wie den ~n Dreck behandeln** to treat sb like dirt
Letzte(s) n last thing; **sein ~s (her)geben** to give one's all; **das ist ja das ~!** umg that really is the limit; **bis aufs ~** completely, totally; **bis ins ~**

(right) down to the last detail
letztgenannt *adj* last-named
letztlich *adv* in the end; **das ist ~ egal** it comes down to the same thing in the end
letztmals *adv* for the last time
Leuchtanzeige *f* illuminated display
Leuchtdiode *f* light-emitting diode
Leuchte *f* light, lamp; *umg Mensch* genius
leuchten *v/i Licht* to shine; *Feuer, Zifferblatt* to glow; (≈ *aufleuchten*) to flash; **mit einer Lampe in/auf etw** (*akk*) **~** to shine a lamp into/onto sth
leuchtend **A** *adj* shining; *Farbe* bright; **etw in den ~sten Farben schildern** to paint sth in glowing colours *Br*, to paint sth in glowing colors *US*; **ein ~es Vorbild** a shining example **B** *adv rot, gelb* bright
Leuchter *m* (≈ *Kerzenleuchter*) candlestick; (≈ *Kronleuchter*) chandelier
Leuchtfarbe *f* fluorescent colour *Br*, fluorescent color *US*; (≈ *Anstrichfarbe*) fluorescent paint
Leuchtfeuer *n* navigational light; *aus Leuchtpistole* flare
Leuchtmarker *m* highlighter
Leuchtpistole *f* flare pistol
Leuchtrakete *f* signal rocket
Leuchtreklame *f* neon sign
Leuchtstift *m* highlighter
Leuchtturm *m* lighthouse
leugnen **A** *v/t* to deny; **~, etw getan zu haben** to deny having done sth; **es ist nicht zu ~, dass ...** it cannot be denied that ... **B** *v/i* to deny everything
Leukämie *f* leukaemia *Br*, leukemia *US*
Leumund *m* reputation, name
Leumundszeugnis *n* character reference
Leute *pl* people *pl*; *Anrede* folks, guys; **alle ~** everybody; **vor allen ~n** in front of everybody; **was sollen denn die ~ davon denken?** what will people think?; **etw unter die ~ bringen** *umg Gerücht* to spread sth around; *Geld* to spend sth; **unter die ~ kommen** to socialize; **dafür brauchen wir mehr ~** we need more people for that
Leutnant *m* second lieutenant; *bei der Luftwaffe* pilot officer *Br*, second lieutenant *US*; **~ zur See** acting sublieutenant *Br*, ensign *US*
Level *m* **1** (≈ *Niveau*) level; **Gespräche auf hohem ~** high-level talks **2** (≈ *Schwierigkeitsgrad bei Computerspielen*) level
Leviten *pl* **j-m die ~ lesen** *umg* to haul sb over the coals
lexikalisch *adj* lexical
Lexikograf(in) *m(f)* lexicographer
Lexikon *n* encyclopedia; (≈ *Wörterbuch*) dictionary, lexicon

Libanese *m*, **Libanesin** *f* Lebanese
libanesisch *adj* Lebanese
Libanon *m* **der ~** (the) Lebanon
Libelle *f* ZOOL dragonfly
liberal *adj* liberal
Liberale(r) *m/f(m)* POL Liberal
liberalisieren *v/t* to liberalize
Liberalisierung *f* liberalization
Liberia *n* GEOG Liberia
Libero *m* FUSSB sweeper
Libido *f* PSYCH libido
Libretto *n* libretto
Libyen *n* Libya
Libyer(in) *m(f)* Libyan
libysch *adj* Libyan
licht *adj* **1** (≈ *hell*) light **2** *Wald, Haar* sparse
Licht *n* light; **~ machen** (≈ *anschalten*) to switch *od* put on a light; **etw gegen das ~ halten** to hold sth up to the light; **bei ~e besehen** *fig* in the cold light of day; **das ~ der Welt erblicken** *geh* to (first) see the light of day; **etw ans ~ bringen** to bring sth out into the open; **ans ~ kommen** to come to light; **j-n hinters ~ führen** to pull the wool over sb's eyes; **ein schiefes/schlechtes ~ auf j-n/etw werfen** to show sb/sth in the wrong/a bad light
Lichtbild *n* (≈ *Dia*) slide; *form* (≈ *Foto*) photograph
Lichtbildervortrag *m* illustrated lecture
Lichtblick *fig m* ray of hope
Lichtblitz *m* flash
lichtdurchlässig *adj* pervious to light; *Stoff* that lets the light through
lichtecht *adj* non-fade
lichtempfindlich *adj* sensitive to light
Lichtempfindlichkeit *f* sensitivity to light; FOTO film speed
lichten¹ **A** *v/t Wald* to thin (out) **B** *v/r* to thin (out); *Nebel, Wolken* to lift; *Bestände* to go down
lichten² *v/t Anker* to weigh
Lichterkette *f an Weihnachtsbaum* fairy lights *pl*
lichterloh *adv* **~ brennen** *wörtl* to be ablaze
Lichtgeschwindigkeit *f* the speed of light
Lichthupe *f* AUTO flash (of the headlights)
Lichtjahr *n* light year
Lichtmangel *m* lack of light
Lichtmaschine *f für Gleichstrom* dynamo; *für Drehstrom* alternator
Lichtquelle *f* source of light
Lichtschalter *m* light switch
Lichtschein *m* gleam of light; *plötzlich aufleuchtend* flare
lichtscheu *adj* averse to light; *fig Gesindel* shady
Lichtschranke *f* photoelectric barrier
Lichtschutzfaktor *m* protection factor
Lichtstrahl *m* ray of light; *fig* ray of sunshine
lichtundurchlässig *adj* opaque

Lichtung f clearing
Lichtverhältnisse pl lighting conditions pl
Lid n eyelid
Lidschatten m eye shadow
Lidstrich m eyeliner
lieb **A** adj **1** (≈ liebenswürdig, hilfsbereit) kind; (≈ nett, reizend) nice; (≈ niedlich) sweet; (≈ artig) Kind good; **~e Grüße an deine Eltern** give my best wishes to your parents; **würdest du (bitte) so ~ sein und das Fenster aufmachen?** would you do me a favour and open the window? Br, would you do me a favor and open the window? US; **sich bei j-m ~ Kind machen** pej to suck up to sb umg **2** (≈ angenehm) **es wäre mir ~, wenn ...** I'd like it if ...; **es wäre ihm ~er** he would prefer it; → **lieber** → **liebster**, s **3** (≈ geliebt) in Briefanrede dear; **~e Grüße** Briefschluss love; **der ~e Gott** the Good Lord; **~er Gott** Anrede dear God od Lord; **(mein) Liebes** (my) love; **alles Liebe** love; **er ist mir ~ und teuer** he's very dear to me; **~ geworden** well-loved; **den ~en langen Tag** umg the whole livelong day; **das ~e Geld!** the money, the money!; **(ach) du ~er Himmel!** umg good heavens od Lord! **4** **~ste(r, s)** favourite Br, favorite US; **sie ist mir die Liebste von allen** she is my favo(u)rite **B** adv **1** (≈ liebenswürdig) danken, grüßen sweetly, nicely; **j-m ~ schreiben** to write a sweet letter to sb; **sich ~ um j-n kümmern** to be very kind to sb **2** (≈ artig) nicely
liebäugeln v/i **mit etw ~** to have one's eye on sth
Liebe f **1** love (**zu j-m, für j-n** for sb od **zu etw** of sth); **aus ~ zu** for the love of; **etw mit viel ~ tun** to do sth with loving care; **bei aller ~** with the best will in the world; **~ macht blind** sprichw love is blind sprichw **2** (≈ Sex) sex; **eine Nacht der ~** a night of love **3** (≈ Geliebter) love, darling
Liebelei umg f flirtation, affair
lieben **A** v/t to love; als Liebesakt to make love (j-n to sb); **etw nicht ~** not to like sth; **sich ~** to love one another od each other; euph to make love; → **geliebt** **B** v/i to love
Liebende(r) m/f(m) lover
liebenswert adj lovable
liebenswürdig adj kind; (≈ liebenswert) charming
Liebenswürdigkeit f (≈ Höflichkeit) politeness; (≈ Freundlichkeit) kindness
lieber adv (≈ vorzugsweise) rather, sooner; **das tue ich ~** I would od I'd rather do that; **etw ~ mögen** to like sth better; **ich würde ~** I'd rather; **ich trinke ~ Wein als Bier** I prefer wine to beer; **bleibe ~ im Bett** you had od you'd better stay in bed; **sollen wir gehen? — ~ nicht!** should we go? — better not
Liebe(r) m/f(m) dear; **meine ~n** my dears
Liebesabenteuer n amorous adventure
Liebesbeziehung f (sexual) relationship
Liebesbrief m love letter
Liebeserklärung f declaration of love
Liebesfilm m romance
Liebesgeschichte f LIT love story
Liebesheirat f love match
Liebeskummer m lovesickness; **~ haben** to be lovesick
Liebesleben n love life
Liebeslied n love song
Liebespaar n lovers pl
Liebesroman m romantic novel
Liebesszene f love scene
liebevoll **A** adj loving; Umarmung affectionate **B** adv lovingly; umarmen affectionately
lieb gewinnen v/t to grow fond of
liebgeworden adj → lieb
lieb haben v/t, **liebhaben** to love; weniger stark to be (very) fond of
Liebhaber(in) m/f(m) **1** lover **2** (≈ Interessent) enthusiast; (≈ Sammler) collector; **ein ~ von etw** a lover of sth; **das ist ein Wein für ~** that is a wine for connoisseurs
Liebhaberei f fig (≈ Hobby) hobby
Liebhaberstück n collector's item
liebkosen liter v/t to caress, to fondle
Liebkosung liter f caress
lieblich adj lovely, delightful; Wein sweet
Liebling m darling; Anrede a. dear; (≈ bevorzugter Mensch) favourite Br, favorite US; **des Lehrers** pet
Lieblings- zssgn favourite Br, favorite US
Lieblingsschüler(in) m/f(m) teacher's pet
lieblos adj Eltern unloving; Behandlung unkind; Benehmen inconsiderate
Liebschaft f affair
Liebste(r) m/f(m) sweetheart
liebste(r, s) adv **am ~n** best; **am ~n hätte ich ...** what I'd like most would be (to have) ...; **am ~n gehe ich ins Kino** best of all I like going to the cinema; **das würde ich am ~n tun** that's what I'd like to do best
Liechtenstein n Liechtenstein
Lied n song; **es ist immer das alte ~** umg it's always the same old story umg; **davon kann ich ein ~ singen** I could tell you a thing or two about that umg
Liederbuch n songbook
liederlich **A** adj (≈ schlampig) slovenly attr, präd; (≈ unmoralisch) dissolute **B** adv (≈ schlampig) sloppily
Liedermacher(in) m/f(m) singer-songwriter
Liedtext m lyrics pl

Lieferant(in) m(f) supplier, provider; (≈ Auslieferer) deliveryman/-woman; **~(in) für Speisen und Getränke** caterer

lieferbar adj (≈ vorrätig) available; **die Ware ist sofort ~** the article can be supplied/delivered at once

Lieferbedingungen pl delivery terms pl

Lieferfirma f supplier; (≈ Zusteller) delivery firm

Lieferfrist f delivery period

liefern A v/t 1 Waren to supply; (≈ zustellen) to deliver (**an** +akk to); **j-m etw ~** to provide sb with sth 2 Beweise, Informationen to provide; Ergebnis to produce; **j-m einen Vorwand ~** to give sb an excuse; → **geliefert** B v/i to supply; (≈ zustellen) to deliver

Lieferschein m delivery note

Lieferservice m delivery service

Liefertermin m delivery date

Lieferung f (≈ Versand) delivery; (≈ Versorgung) supply; **bei ~ zu bezahlen** payable on delivery; **~ nach Hause** home delivery

Liefervertrag m contract of sale

Lieferwagen m delivery van od truck US; offen pick-up

Lieferzeit f delivery period; HANDEL lead time

Liege f couch; (≈ Campingliege) camp bed Br, cot US; für Garten lounger Br, lounge chair US

liegen v/i 1 to lie; (≈ ruhen) to rest; **im Bett/Krankenhaus ~** to be in bed/hospital; **die Stadt lag in dichtem Nebel** thick fog hung over the town; **der Schnee bleibt nicht ~** the snow isn't lying bes Br od sticking US; **etw ~ lassen** to leave sth (there) 2 (≈ sich befinden) to be; **die Preise ~ zwischen 60 und 80 Euro** the prices are between 60 and 80 euros; **so, wie die Dinge jetzt ~** as things stand at the moment; **damit liegst du (gold)richtig** umg you're right there, you're dead right there umg; **nach Süden ~** to face south; **in Führung ~** to be in the lead; **die Verantwortung/Schuld dafür liegt bei ihm** the responsibility/blame for that lies with him; **das liegt ganz bei dir** that is completely up to you 3 (≈ passen) **das liegt mir nicht** it doesn't suit me; Beruf it doesn't appeal to me 4 **es liegt mir viel daran** (≈ ist mir wichtig) that matters a lot to me; **es liegt mir wenig/nichts daran** that doesn't matter much/at all to me; **es liegt mir viel an ihm** he is very important to me; **woran liegt es?** why is that?; **das liegt daran, dass ...** that is because...; → **gelegen**

liegen bleiben v/i 1 (≈ nicht aufstehen) to remain lying (down); **(im Bett) ~** to stay in bed 2 (≈ vergessen werden) to get left behind 3 (≈ nicht ausgeführt werden) not to get done 4 Schnee to lie bes Br, to stick US

liegen lassen v/t (≈ nicht erledigen) to leave; (≈ vergessen) to leave (behind)

Liegerad n recumbent (bicycle)

Liegesitz m reclining seat; auf Boot couchette

Liegestuhl m mit Holzgestell deck chair; mit Metallgestell lounger Br, lounge chair US, sunbed

Liegestütz m SPORT press-up Br, push-up US

Liegewagen m BAHN couchette coach Br, couchette car bes US

Lift m (≈ Personenlift) lift Br, elevator bes US; (≈ Güterlift) lift Br, hoist

Liftboy m liftboy Br, elevator boy US

liften v/t to lift; **sich** (dat) **das Gesicht ~ lassen** to have a face-lift

Liga f league

light adj light; **Limo ~** diet lemonade, low-calorie lemonade

liken umg v/t IT to like

Likör m liqueur

lila adj purple

Lilie f lily

Liliputaner(in) m(f) midget

Limette f sweet lime

Limit n WIRTSCH limit

limitieren v/t to limit

limitierend adj limiting

Limo f umg fizzy drink Br, soda US

Limonade f lemonade

Limone f lime

Limousine f saloon Br, sedan US, limousine

Linde f (≈ Baum) linden od lime (tree); (≈ Holz) limewood

Lindenblütentee m lime blossom tea

lindern v/t to ease

Linderung f easing

lindgrün adj lime green

Lineal n ruler

linear adj linear

Linguist(in) m(f) linguist

Linguistik f linguistics sg

linguistisch adj linguistic

Linie f 1 line; **sich in einer ~ aufstellen** to line up; **auf der gleichen ~** along the same lines; **auf der ganzen ~** fig all along the line; **in erster ~** mainly; **auf die (schlanke) ~ achten** to watch one's figure 2 (≈ Verkehrsverbindung) route; **fahren Sie mit der ~ 2** take the (number) 2

Linienblatt n ruled od lined sheet (placed under writing paper)

Linienbus m public service bus

Liniendienst m regular service; FLUG scheduled service

Linienflug m scheduled flight

Linienmaschine f scheduled plane; **mit einer ~** on a scheduled flight

Linienrichter(in) m(f) linesman/-woman; Tennis

line judge; → Schiedsrichterassistentin
linientreu *adj* ~ **sein** to follow *od* toe the party line
linieren, liniieren *v/t* to rule *bes Br*, to draw lines on; *Papier* **lini(i)ert** lined
link *umg adj Typ* underhanded, double-crossing; *Masche, Tour* dirty; **ein ganz ~er Hund** *pej* a nasty piece of work *pej umg*
Link *m* INTERNET link
Linke *f* **1** *Hand* left hand; *Seite* left(-hand) side; *beim Boxen* left; **zur ~n (des Königs) saß ...** to the left (of the king) sat ... **2** POL **die ~** The Left
linken *v/t umg* (≈ *hereinlegen*) to con *umg*
Linke(r) *m/f(m)* POL left-winger
linke(r, s) *adj* left; *Rand, Spur etc* left(-hand); POL left-wing; **die ~ Seite** the left(-hand) side; *von Stoff* the wrong side; **auf der ~n Seite** on the left; **zwei ~ Hände haben** *umg* to have two left hands *umg*
linkisch **A** *adj* clumsy **B** *adv* clumsily
links **A** *adv* **1** on the left; *abbiegen* (to the) left; **nach ~** (to the) left; **von ~** from the left; **~ von etw** (to the *od* on the) left of sth; **~ von j-m** to *od* on sb's left; **weiter ~** further to the left; **j-n ~ liegen lassen** *fig umg* to ignore sb; **mit ~** *umg* just like that **2** (≈ *verkehrt tragen*) inside out; **~ stricken** to purl **B** *präp* on *od* to the left of
Linksabbieger *m* motorist/car *etc* turning left
Linksaußen *m* FUSSB outside left
linksbündig **A** *adj* TYPO ranged left **B** *adv* flush left
Linksextremismus *m* POL left-wing extremism
Linksextremist(in) *m(f)* left-wing extremist
Linkshänder(in) *m(f)* left-hander, left-handed person; **~ sein** to be left-handed
linkshändig *adj & adv* left-handed
Linkskurve *f* left-hand bend
linksradikal *adj* POL radically left-wing
linksrheinisch *adj & adv* to *od* on the left of the Rhine
Linkssteuerung *f* AUTO left-hand drive
Linksverkehr *m* driving on the left *kein best art*; **in Großbritannien ist ~** they drive on the left in Britain
Linoleum *n* linoleum, lino
Linolschnitt *m* KUNST linocut
Linse *f* **1** BOT, GASTR lentil **2** *Optik* lens
Lipgloss *m* lip gloss
Lippe *f* lip; **das bringe ich nicht über die ~n** I can't bring myself to say it; **er brachte kein Wort über die ~n** he couldn't say a word
Lippenbalsam *m* lip salve *od* balm
Lippenbekenntnis *n* lip service
Lippenpflegestift *m* lip balm
Lippenstift *m* lipstick

Liquidation *f* **1** liquidation **2** (≈ *Rechnung*) account
liquide *adj* WIRTSCH *Geld, Mittel* liquid; *Firma* solvent
liquidieren *v/t* **1** *Geschäft* to put into liquidation; *Betrag* to charge **2** *Firma* to liquidate; *j-n* to eliminate
Liquidität *f* liqidity
lispeln *v/t & v/i* to lisp; (≈ *flüstern*) to whisper
Lissabon *n* Lisbon
List *f* (≈ *Täuschung*) cunning; (≈ *trickreicher Plan*) ruse
Liste *f* list; (≈ *Wählerliste*) register; **auf der ~ stehen** to be on the list
Listenpreis *m* list price
listig **A** *adj* cunning **B** *adv* cunningly
Litauen *n* Lithuania
Litauer(in) *m(f)* Lithuanian
litauisch *adj* Lithuanian
Liter *m/n* litre *Br*, liter *US*
literarisch *adj* literary; **~ interessiert** interested in literature
Literatur *f* literature; **die moderne ~** modern literature
Literaturangabe *f* bibliographical reference; **~n** (≈ *Bibliografie*) bibliography
Literaturgeschichte *f* history of literature
Literaturkritik *f* literary criticism
Literaturkritiker(in) *m(f)* literary critic
Literaturverzeichnis *n* bibliography
Literaturwissenschaft *f* literary studies *pl*
Literaturwissenschaftler(in) *m(f)* literature specialist
Literflasche *f* litre bottle *Br*, liter bottle *US*
literweise *wörtl adv* by the litre *Br*, by the liter *US*
Litfaßsäule *f* advertisement pillar
Lithiumbatterie *f* lithium battery
Lithografie *f* **1** *Verfahren* lithography **2** *Druck* lithograph
Litschi *f* lychee, litchi
Liturgie *f* liturgy
Litze *f* braid; ELEK flex
live *adv & adj* RADIO, TV live
Livekonzert *n* live concert
Livemitschnitt *m* live recording
Livemusik *f* live music
Livesendung *f* live broadcast
Livestream *m* livestream
Liveübertragung *f* live transmission
Lizenz *f* licence *Br*, license *US*; **etw in ~ herstellen** to manufacture sth under licence *Br*, to manufacture sth under license *US*
Lizenzausgabe *f* licensed edition
Lizenzgeber(in) *m(f)* licenser; *Behörde* licensing authority
Lizenzgebühr *f* licence fee *Br*, license fee *US*; im

Verlagswesen royalty
Lizenzinhaber(in) *m(f)* licensee
Lizenznehmer(in) *m(f)* licensee
LK *abk* (= **Leistungskurs**) SCHULE *advanced course in specialist subjects*
Lkw *m*, **LKW** *m* → **Lastkraftwagen**
Lkw-Fahrer(in) *m(f)* lorry driver *Br*, truck driver *US*
Lkw-Maut *f* lorry toll *Br*, truck toll *US*
Lkw-Zug *m* road train
Lob *n* praise; **(viel) Lob für etw bekommen** to be (highly) praised for sth
Lobby *f* lobby
Lobbying *n* lobbying
Lobbyist(in) *m(f)* lobbyist
loben *v/t* to praise; **j-n/etw ~d erwähnen** to commend sb/sth; **das lob ich mir** that's what I like (to see/hear *etc*)
lobenswert *adj* laudable
löblich *adj* commendable
Loblied *n* song of praise; **ein ~ auf j-n/etw anstimmen** *od* **singen** *fig* to sing sb's praises/the praises of sth
Lobrede *f* eulogy; **eine ~ auf j-n halten** *wörtl* to make a speech in sb's honour *Br*, to make a speech in sb's honor *US*; *fig* to eulogize sb
Loch *n* hole; *in Reifen* puncture; *fig umg* (≈ *elende Wohnung*) dump *umg*; *umg* (≈ *Gefängnis*) clink *umg*; **j-m ein ~** *od* **Löcher in den Bauch fragen** *umg* to pester sb to death (with all one's questions) *umg*; **ein großes ~ in j-s (Geld)beutel** (*akk*) **reißen** *umg* to make a big hole in sb's pocket
lochen *v/t* to punch holes/a hole in; (≈ *perforieren*) to perforate; *Fahrkarte* to punch
Locher *m* (≈ *Gerät*) punch
löcherig *adj* full of holes
löchern *umg v/t* to pester (to death) with questions *umg*
Lochkarte *f* punch card
Lochstreifen *m* (punched) paper tape
Lochung *f* punching; (≈ *Perforation*) perforation
Locke *f Haar* curl; **~n haben** to have curly hair
locken[1] *v/t & v/r Haar* to curl; **gelockt** *Haar* curly; *Mensch* curly-haired
locken[2] *v/t* **1** *Tier* to lure **2** *j-n* to tempt; **das Angebot lockt mich sehr** I'm very tempted by the offer
lockend *adj* tempting
Lockenkopf *m* curly hairstyle; *Mensch* curly-head
Lockenstab *m* (electric) curling tongs *pl Br*, (electric) curling iron *US*
Lockenwickler *m* (hair) curler
locker **A** *adj* loose; *Kuchen* light; (≈ *nicht gespannt*) slack; *Haltung* relaxed; *umg* (≈ *unkompliziert*) laid-back *umg*; **eine ~e Hand haben** *fig* (≈ *schnell zuschlagen*) to be quick to hit out **B** *adv* (≈ *nicht stramm*) loosely; **bei ihm sitzt das Messer ~** he'd pull a knife at the slightest excuse; **etw ~ sehen** to be relaxed about sth; **das mache ich ganz ~** *umg* I can do it just like that *umg*
lockerlassen *umg v/i* **nicht ~** not to let up
lockermachen *umg v/t Geld* to shell out *umg*
lockern **A** *v/t* **1** (≈ *locker machen*) to loosen; *Boden* to break up; *Griff* to relax; *Seil* to slacken **2** (≈ *entspannen*) *Muskeln* to loosen up; *fig Vorschriften, Atmosphäre* to relax **B** *v/r* to work itself loose; *Verkrampfung* to ease off; *Atmosphäre* to become more relaxed
Lockerung *f* **1** loosening; *von Griff* relaxation, loosening; *von Seil* slackening **2** *von Muskeln* loosening up; *von Atmosphäre* relaxation
Lockerungsübung *f* loosening-up exercise
lockig *adj Haar* curly
Lockmittel *n* lure
Lockruf *m* call
Lockung *f* lure; (≈ *Versuchung*) temptation
Lockvogel *m* decoy (bird); *fig* decoy
Lockvogelangebot *n* inducement
Lodenmantel *m* loden (coat)
lodern *v/i* to blaze, to flare
Löffel *m* spoon; *als Maßangabe* spoonful; **den ~ abgeben** *umg* to kick the bucket *umg*; **ein paar hinter die ~ kriegen** *umg* to get a clip (a)round the ear
Löffelbagger *m* excavator
Löffelbiskuit *m/n* sponge finger, ladyfinger *US*
löffeln *v/t* to spoon
löffelweise *adv* by the spoonful
Logarithmentafel *f* log table
Logarithmus *m* logarithm, log
Logbuch *n* log(book)
Loge *f* **1** THEAT box **2** (≈ *Freimaurerloge*) lodge
Logik *f* logic
logisch **A** *adj* logical; **gehst du auch hin? — ~** are you going too? — of course **B** *adv* logically; **~ denken** to think logically
logischerweise *adv* logically
Logistik *f* logistics *sg*
Logistikzentrum *n* logistics centre
logistisch *adj* logistic
Logo *n* (≈ *Firmenlogo*) logo
Logopäde *m*, **Logopädin** *f* speech therapist
Logopädie *f* speech therapy
Lohn *m* **1** wage(s) (*pl*), pay *kein pl, kein unbest art*; **2% mehr ~ verlangen** to demand a 2% pay rise *Br od* pay raise *US* **2** *fig* (≈ *Belohnung*) reward; (≈ *Strafe*) punishment; **als** *od* **zum ~ für ...** as a reward/punishment for ...
Lohnabhängige(r) *m/f(m)* wage earner
Lohnabschluss *m* wage *od* pay agreement

Lohnarbeit f labour Br, labor US
Lohnausgleich m **bei vollem ~** with full pay
Lohnbuchhalter(in) m(f) wages clerk Br, pay clerk
Lohnbuchhaltung f wages accounting; (≈ Büro) wages office Br, pay(roll) office
Lohnbüro n wages office Br, pay(roll) office
Lohndumping n wage dumping
Lohnempfänger(in) m(f) wage earner
lohnen **A** v/i & v/r to be worth it od worthwhile; **es lohnt (sich), etw zu tun** it is worth(while) doing sth; **die Mühe lohnt sich** it is worth the effort; **das lohnt sich nicht für mich** it's not worth my while **B** v/t **1** (≈ es wert sein) to be worth **2** (≈ danken) **j-m etw ~** to reward sb for sth
löhnen umg v/t & v/i to shell out umg
lohnend adj rewarding; (≈ nutzbringend) worthwhile; (≈ einträglich) profitable
lohnenswert adj worthwhile
Lohnerhöhung f (wage od pay) rise Br, (wage od pay) raise US
Lohnforderung f wage demand od claim
Lohnfortzahlung f continued payment of wages
Lohngruppe f wage group
lohnintensiv adj wage-intensive
Lohnkosten pl wage costs pl Br, labor costs pl US
Lohnkürzung f wage od pay cut
Lohnliste f payroll
Lohnnebenkosten pl additional wage costs pl Br, additional labor costs pl US
Lohnniveau n wage level
Lohnpolitik f pay policy
Lohn-Preis-Spirale f wage-price spiral
Lohnrunde f pay round
Lohnsteuer f income tax (paid on earned income)
Lohnsteuerjahresausgleich m annual adjustment of income tax
Lohnsteuerkarte f (income) tax card
Lohnstopp m wage freeze
Lohnstreifen m pay slip
Lohntüte f pay packet
Lohnverzicht m **~ üben** to take a cut in wages od pay
Loipe f cross-country ski run
Lok f engine
lokal adj (≈ örtlich) local
Lokal n (≈ Gaststätte) pub bes Br, bar; (≈ Restaurant) restaurant
Lokalfernsehen n local television
lokalisieren v/t **1** (≈ Ort feststellen) to locate **2** MED to localize
Lokalkolorit n local colour Br, local color US

Lokalmatador(in) m(f) local hero/heroine
Lokalnachrichten pl local news sg
Lokalpatriotismus m local patriotism
Lokalsender m local radio/TV station
Lokalteil m local section
Lokaltermin m JUR visit to the scene of the crime
Lokalverbot n ban; **~ haben** to be barred from a bar od pub bes Br
Lokalzeitung f local (news)paper
Lokführer(in) m(f) engine driver
Lokomotive f locomotive, (railway) engine
Lokomotivführer(in) m(f) engine driver
Lolli umg m lollipop, lolly bes Br
Lombard m/n FIN loan on security
Lombardsatz m rate for loans on security
London n London
Londoner adj London
Lorbeer m **1** wörtl Gewächs laurel; als Gewürz bay leaf **2** fig **sich auf seinen ~en ausruhen** umg to rest on one's laurels; **damit kannst du keine ~en ernten** that's no great achievement
Lorbeerblatt n bay leaf
Lorbeerkranz m laurel wreath
Lore f BAHN truck; (≈ Kipplore) tipper
los **A** adj **1** (≈ nicht befestigt) loose **2** (≈ frei) **j-n/etw los sein** umg to be rid of sb/sth; **ich bin mein ganzes Geld los** umg I'm cleaned out umg **3** umg **es ist nichts los** (≈ geschieht) there's nothing going on; **mit j-m ist nichts (mehr) los** umg sb isn't up to much (any more od anymore US); **was ist denn hier/da los?** what's going on here/there (then)?; **was ist los?** what's up?; **was ist denn los?** what's wrong?; **wo ist denn hier was los?** where's the action here? umg **B** adv **1** Aufforderung **los!** come on!; **los gehts!** let's go!; **nichts wie los!** let's get going **2** (≈ weg) **wir wollen früh los** we want to leave early
Los n **1** für Entscheidung lot; in der Lotterie, auf Jahrmarkt etc ticket; **das große Los gewinnen** od **ziehen** wörtl, fig to hit the jackpot; **etw durch das Los entscheiden** to decide sth by drawing lots **2** (≈ Schicksal) lot
lösbar adj soluble
losbinden v/t to untie (**von** from)
losbrechen **A** v/t to break off **B** v/i Gelächter etc to break out; Sturm, Gewitter to break
Löschblatt n sheet of blotting paper
löschen **A** v/t **1** Feuer, Kerze to put out; Licht to turn out od off; Durst to quench; Tonband etc to erase; IT Speicher to clear; Festplatte to wipe; Daten, Information, Text to delete **2** SCHIFF Ladung to unload **B** v/i Feuerwehr etc to put out a/the fire
Löschfahrzeug n fire engine
Löschmannschaft f team of firefighters

Löschpapier n (piece of) blotting paper
Löschtaste f COMPUT delete key
Löschung f **1** IT von Daten deletion **2** SCHIFF von Ladung unloading
lose adj loose; Seil slack; **etw ~ verkaufen** to sell sth loose
Lösegeld n ransom (money)
loseisen umg **A** v/t to get od prise away (**bei** from) **B** v/r to get away (**bei** from); von Verpflichtung etc to get out (**von** of)
losen v/i to draw lots (**um** for)
lösen A v/t **1** (≈ abtrennen) to remove (**von** from); Knoten, Fesseln to undo; Handbremse to release; Husten, Krampf to ease; Muskeln to loosen up; (≈ lockern) to loosen **2** (≈ auflösen) to dissolve **3** (≈ klären) Aufgabe, Problem to solve; MATH to work out; Konflikt to resolve **4** (≈ annullieren) Vertrag to cancel; Verlobung to break off; Ehe to dissolve **5** (≈ kaufen) Karte to buy **B** v/r **1** (≈ sich losmachen) to detach oneself (**von** from); (≈ sich ablösen) to come off (**von etw** sth); Knoten to come undone; Schuss to go off; Husten, Krampf, Spannung to ease; Atmosphäre to relax; Muskeln to loosen up; (≈ sich lockern) to (be)come loose; **sich von j-m ~** a. SPORT to break away from sb **2** (≈ sich aufklären) to be solved **3** (≈ zergehen) to dissolve
Losentscheid m drawing (of) lots; **durch ~** by drawing lots
losfahren v/i (≈ abfahren) to set off; Auto to drive off
losgehen v/i **1** (≈ weggehen) to set off; Schuss, Bombe, Alarm etc to go off; (**mit dem Messer**) **auf j-n ~** to go for sb (with a knife) **2** umg (≈ anfangen) to start; **gleich gehts los** it's just about to start; **jetzt gehts los!** here we go!; Vorstellung it's starting!; Rennen they're off!
loshaben umg v/t **etwas/nichts ~** to be pretty clever/stupid umg
loskaufen v/t to buy out; Entführten to ransom
loskommen v/i to get away (**von** from); (≈ sich befreien) to free oneself; **von einer Sucht ~** to get free of an addiction
loslachen v/i to burst out laughing
loslassen v/t to let go of; **der Gedanke lässt mich nicht mehr los** I can't get the thought out of my mind; **die Hunde auf j-n ~** to put od set the dogs on(to) sb
loslegen umg v/i to get going
löslich adj soluble; **~er Kaffee** instant coffee
loslösen A v/t to remove (**von** from); (≈ lockern) to loosen **B** v/r to detach oneself (**von** from); **sich von j-m ~** to break away from sb
losmachen v/t (≈ befreien) to free; (≈ losbinden) to untie
losmüssen v/i umg **jetzt müssen wir aber los** we have to be off, we must be going
Losnummer f ticket number
losreißen v/r **sich (von etw) ~** Hund etc to break loose (from sth); fig to tear oneself away (from sth)
lossagen v/r **sich von etw ~** to renounce sth; **sich von j-m ~** to dissociate oneself from od break with sb
losschießen v/i (≈ zu schießen anfangen) to open fire; **schieß los!** fig umg fire away! umg
losschlagen A v/i to hit out; MIL to (launch one's) attack; **aufeinander ~** to go for one another od each other **B** v/t umg (≈ verkaufen) to get rid of
losschrauben v/t to unscrew
Losung f **1** (≈ Devise) motto **2** (≈ Kennwort) password
Lösung f solution; eines Konfliktes resolving; einer Verlobung breaking off; einer Verbindung severance; einer Ehe dissolving
Lösungsmittel n solvent
Lösungswort n answer
loswerden v/t to get rid of; Geld beim Spiel etc to lose; (≈ ausgeben) to spend
losziehen v/i **1** (≈ aufbrechen) to set out od off (**in** +akk od **nach** for) **2** **gegen j-n/etw ~** umg to lay into sb/sth umg
Lot n (≈ Senkblei) plumb line; SCHIFF sounding line; MATH perpendicular; **die Sache ist wieder im Lot** things have been straightened out
löten v/t & v/i to solder
Lothringen n Lorraine
lothringisch adj of Lorraine, Lorrainese
Lotion f lotion
Lötkolben m soldering iron
Lötlampe f blowlamp
Lötmetall n solder
lotrecht adj perpendicular
Lotse m, **Lotsin** f SCHIFF pilot; (≈ Fluglotse) air-traffic od flight controller; fig guide
lotsen v/t to guide; **j-n irgendwohin ~** umg to drag sb somewhere umg
Lotsendienst m AUTO driver-guide service
Lotterie f lottery; (≈ Tombola) raffle
Lotteriegewinn m lottery/raffle prize; Geld lottery/raffle winnings pl
Lotterielos n lottery/raffle ticket
Lotto n lottery, ≈ National Lottery Br; **(im) ~ spielen** to do the lottery Br, to play the lottery
Lottogewinn m lottery win; Geld lottery winnings pl
Lottoschein m lottery coupon
Lottozahlen pl winning lottery numbers pl
Lotus m lotus
Lotuseffekt m lotus effect
Löwe m **1** lion **2** ASTROL Leo; **(ein) ~ sein** to be

(a) Leo
Löwenanteil umg m lion's share
Löwenmähne fig f flowing mane
Löwenmaul n, **Löwenmäulchen** n snapdragon, antirrhinum
Löwenzahn m dandelion
Löwin f lioness
loyal A adj loyal B adv loyally; **sich j-m gegenüber ~ verhalten** to be loyal to(wards) sb
Loyalität f loyalty (j-m gegenüber to sb)
LP f abk (= Langspielplatte) LP
LRS abk (= Lese-Rechtschreib-Schwäche) dyslexia
Luchs m lynx; **Augen wie ein ~ haben** umg to have eyes like a hawk
Lücke f gap; auf Formularen etc space; **~n (im Wissen) haben** to have gaps in one's knowledge
Lückenbüßer(in) umg m(f) stopgap
lückenhaft A adj full of gaps; Versorgung deficient B adv sich erinnern vaguely; informieren sketchily
lückenlos A adj complete; Überwachung thorough; Kenntnisse perfect B adv completely
Lückentest m, **Lückentext** m SCHULE completion test Br, fill-in-the-gaps test
Luder umg n minx; **armes/dummes ~** poor/stupid creature
Luft f 1 air kein pl; **dicke ~** umg a bad atmosphere; **an** od **in die/der (frischen) ~** in the fresh air; **(frische) ~ schnappen** umg to get some fresh air; **die ~ ist rein** umg the coast is clear; **aus der ~** from the air; **durch die ~ schwebend** airborne; **die ~ ist raus** fig umg the fizz has gone; **j-n an die (frische) ~ setzen** umg to show sb the door; **etw in die ~ jagen** umg to blow sth up; **er geht gleich in die ~** fig he's about to blow his top; **es liegt etwas in der ~** there's something in the air; **in der ~ hängen** Sache to be (very much) up in the air; **die Behauptung ist aus der ~ gegriffen** this statement is (a) pure invention; **j-n wie ~ behandeln** to treat sb as though he/she just didn't exist; **er ist ~ für mich** I'm not speaking to him 2 (≈ Atem) breath; **nach ~ schnappen** to gasp for breath; **die ~ anhalten** wörtl to hold one's breath; **nun halt mal die ~ an!** umg (≈ rede nicht) hold your tongue!; (≈ übertreibe nicht) come on! umg; **keine ~ bekommen** to choke; **keine ~ mehr kriegen** not to be able to breathe; **tief ~ holen** to take a deep breath; **mir blieb vor Schreck/Schmerz die ~ weg** I was breathless with shock/pain; **seinem Herzen ~ machen** fig to get everything off one's chest; **seinem Zorn ~ machen** to give vent to one's anger 3 fig (≈ Spielraum, Platz) space, room

Luftabwehr f MIL anti-aircraft defence Br, anti-aircraft defense US
Luftabwehrrakete f anti-aircraft missile
Luftangriff m air raid (auf +akk on)
Luftaufnahme f aerial photo(graph)
Luftballon m balloon
Luftbild n aerial picture
Luftblase f air bubble
Luftbrücke f airlift
Lüftchen n breeze
luftdicht A adj airtight kein adv B adv **die Ware ist ~ verpackt** the article is in airtight packaging
Luftdruck m air pressure
lüften A v/t 1 to air; systematisch to ventilate 2 (≈ hochheben) to raise; **das Geheimnis war gelüftet** the secret was out B v/i (≈ Luft hereinlassen) to let some air in
Luftfahrt f aeronautics sg; mit Flugzeugen aviation ohne art
Luftfahrtgesellschaft f airline (company)
Luftfeuchtigkeit f (atmospheric) humidity
Luftfilter n/m air filter
Luftflotte f air fleet
Luftfracht f air freight
Luftfrachtbrief m air consignment note Br
luftgekühlt adj air-cooled
luftgestützt adj Flugkörper air-launched
luftgetrocknet adj air-dried
Luftgewehr n air rifle, air gun
Luftgitarre f air guitar
Lufthoheit f air sovereignty
luftig adj Zimmer airy; Kleidung light
Luftkampf m air battle
Luftkissenboot n, **Luftkissenfahrzeug** n hovercraft
Luftkrieg m aerial warfare
Luftkühlung f air-cooling
Luftkurort m (climatic) health resort
Luftlandetruppe f airborne troops pl
luftleer adj (völlig) **~ sein** to be a vacuum; **~er Raum** vacuum
Luftlinie f **200 km** etc **~** 200 km etc as the crow flies
Luftloch n air hole; FLUG air pocket
Luftmatratze f air bed Br, Lilo® Br, air mattress bes US
Luftpirat(in) m(f) (aircraft) hijacker, skyjacker bes US
Luftpolster n air cushion
Luftpost f airmail; **mit ~** by airmail
Luftpostbrief m airmail letter
Luftpumpe f pneumatic pump; für Fahrrad (bicycle) pump
Luftraum m airspace
Luftreinhaltung f air pollution control

Luftrettungsdienst *m* air rescue service
Luftröhre *f* ANAT windpipe, trachea
Luftschacht *m* ventilation shaft
Luftschiff *n* airship
Luftschlacht *f* air battle
Luftschlange *f* (paper) streamer
Luftschloss *fig n* castle in the air
Luftschutzbunker *m*, **Luftschutzkeller** *m* air-raid shelter
Luftspiegelung *f* mirage
Luftsprung *m* **vor Freude einen ~ machen** to jump for joy
Luftstreitkräfte *pl* air force *sg*
Luftstrom *m* stream of air
Luftstützpunkt *m* air base
Lufttemperatur *f* air temperature
luftübertragen *adj* airborne
Lüftung *f* airing; *systematisch* ventilation
Lüftungsschacht *m* ventilation shaft
Luftveränderung *f* change of air
Luftverkehr *m* air traffic
Luftverschmutzung *f* air pollution
Luftwaffe *f* MIL air force; **die (deutsche) ~** the Luftwaffe
Luftwaffenstützpunkt *m* air-force base
Luftweg *m* (≈ *Flugweg*) air route; (≈ *Atemweg*) respiratory tract; **etw auf dem ~ befördern** to transport sth by air
Luftzug *m* (mild) breeze; *in Gebäude* draught *Br*, draft *US*
Lüge *f* lie, falsehood; **das ist alles ~** that's all lies; **j-n/etw ~n strafen** to give the lie to sb/sth
lügen A *v/i* to lie; **wie gedruckt ~** *umg* to lie like mad *umg* B *v/t* **das ist gelogen!** that's a lie!
Lügendetektor *m* lie detector
Lügengeschichte *f* pack of lies
Lügenmärchen *n* tall story
Lügner(in) *m(f)* liar
lügnerisch *adj Mensch, Worte* untruthful
Luke *f* hatch; (≈ *Dachluke*) skylight
lukrativ *adj* lucrative
Lümmel *pej m* oaf; **du ~, du** you rogue you
lümmelhaft *pej adj* ill-mannered
lümmeln *umg v/r* to sprawl; (≈ *sich hinlümmeln*) to flop down
Lump *pej m* rogue
lumpen *umg v/t* **sich nicht ~ lassen** to splash out *umg*
Lumpen *m* rag
Lumpenpack *pej umg n* riffraff *pl pej*
Lumpensammler *m* (≈ *Lumpenhändler*) rag--and-bone man
lumpig *adj* 1 *Kleidung* ragged, tattered 2 *Gesinnung, Tat* shabby 3 *umg* (≈ *geringfügig*) measly *umg*
Lunchpaket *n* lunchbox, packed lunch

Lunge *f* lungs *pl*; (≈ *Lungenflügel*) lung; **sich** (*dat*) **die ~ aus dem Hals schreien** *umg* to yell till one is blue in the face *umg*
Lungenbraten *m österr* loin roast *Br*, porterhouse (steak)
Lungenentzündung *f* pneumonia
Lungenflügel *m* lung
lungenkrank *adj* **~ sein** to have a lung disease
Lungenkrebs *m* lung cancer
Lungenzug *m* deep drag *umg*
Lunte *f* **~ riechen** (≈ *Verdacht schöpfen*) to smell a rat *umg*
Lupe *f* magnifying glass; **j-n/etw unter die ~ nehmen** *umg* (≈ *prüfen*) to examine sb/sth closely
lupenrein *adj* flawless; *Englisch* perfect; **das Geschäft war nicht ganz ~** the deal wouldn't stand close scrutiny *od* wasn't quite all above board
Lupine *f* lupin
Lurch *m* amphibian
Lust *f* 1 (≈ *Freude*) pleasure, joy; **da kann einem die (ganze)** *od* **alle ~ vergehen, da vergeht einem die ganze ~** it puts you off; **die ~ an etw** (*dat*) **verlieren** to get tired of sth; **j-m die ~ an etw** (*dat*) **nehmen** to take all the fun out of sth for sb 2 (≈ *Neigung*) inclination; **zu etw ~ haben** to feel like sth; **ich habe ~, das zu tun** I'd like to do that; (≈ *bin dazu aufgelegt*) I feel like doing that; **ich habe jetzt keine ~** I'm not in the mood just now; **hast du ~?** how about it?; **auf etw** (*akk*) **~ haben** to feel like sth; **ganz** *od* **je nach ~ und Laune** *umg* just depending on how I/you *etc* feel 3 (≈ *sinnliche Begierde*) desire
lustbetont *adj* pleasure-orientated; *Beziehung, Mensch* sensual
Lüsterklemme *f* ELEK connector
lüstern *adj sexuell* lascivious; *pej* lecherous
Lustgewinn *m* pleasure
lustig *adj* (≈ *munter*) merry; (≈ *humorvoll*) funny, amusing; **~ sein** (≈ *Spaß machen*) to be fun; **das kann ja ~ werden!** *iron* that's going to be fun *iron*; **sich über j-n/etw ~ machen** to make fun of sb/sth
Lustigkeit *f* (≈ *Munterkeit*) merriness *obs*; *von Mensch* joviality; *von Geschichte* funniness
Lüstling *m* lecher
lustlos A *adj* unenthusiastic; FIN *Börse* slack B *adv* unenthusiastically
Lustmörder(in) *m(f)* sex killer
Lustobjekt *n* sex object
Lustprinzip *n* PSYCH pleasure principle
Lustspiel *n* comedy
lustvoll A *adj* full of relish B *adv* with relish
lutschen *v/t & v/i* to suck (**an etw** *dat* sth)

Lutscher *m* lollipop
Luxemburg *n* Luxembourg
Luxemburger(in) *m(f)* Luxembourger; **er ist ~** he's from Luxembourg; **sie ist ~in** she's from Luxembourg
luxemburgisch *adj* Luxembourgian, from Luxembourg
luxuriös **A** *adj* luxurious; **ein ~es Leben** a life of luxury **B** *adv* luxuriously
Luxus *m* luxury; *pej* (≈ *Überfluss*) extravagance; **den ~ lieben** to love luxury
Luxusartikel *m* luxury article; *pl* luxury goods *pl*
Luxusausführung *f* de luxe model
Luxusdampfer *m* luxury cruise ship
Luxushotel *n* luxury hotel
Luxusklasse *f* **der ~** de luxe *attr*, luxury *attr*
Luzern *n* Lucerne
Lychee *f* lychee, litchi
Lymphdrüse *f* lymph(atic) gland
Lymphe *f* lymph
Lymphknoten *m* lymph node
lynchen *wörtl v/t* to lynch, *fig* to kill
Lynchjustiz *f* lynch law
Lynchmord *m* lynching
Lyrik *f* lyric poetry *od* verse
Lyriker(in) *m(f)* lyric poet
lyrisch **A** *adj* lyrical; *Dichtung* lyric **B** *adv* lyrically

M

M, m *n* M, m
m *abk* (= **Meter**) metre *Br*, meter *US*
M.A. *abk* (= **Magister Artium**) UNIV MA, M.A. *US*
Machart *f* make; (≈ *Stil*) style
machbar *adj* feasible
Machbarkeitsstudie *f* feasibility study
Mache *f* *umg* **1** (≈ *Vortäuschung*) sham **2** **etw in der ~ haben** *umg* to be working on sth; **in der ~ sein** *umg* to be in the making
machen **A** *v/t* **1** (≈ *tun*) to do; **die Hausaufgaben ~** to do homework; **einen Ausflug/eine Reise ~** to go on a trip; **Judo ~** to do judo; **ich mache das schon** (≈ *bringe das in Ordnung*) I'll see to that; (≈ *erledige das*) I'll do that; **etw gerne ~** to be fond of doing sth; **er macht, was er will** he does what he likes; **das lässt sich ~** that can be done; **(da ist) nichts zu ~** (≈ *geht nicht*) (there's) nothing to be done; (≈ *kommt nicht infrage*) nothing doing; **das lässt er nicht mit sich ~** he won't stand for that; **was machst du da?** what are you doing (there)?; **was macht die Arbeit?** how's the work going?; **was macht dein Bruder (beruflich)?** what does your brother do (for a living)?; **was macht dein Bruder?** (≈ *wie geht es ihm?*) how's your brother doing?; **machs gut!** *umg* cheers! *Br*, see you *US*; *stärker* take care; → gemacht **2** (≈ *anfertigen*) to make; **aus Holz gemacht** made of wood; **sich/j-m etw ~ lassen** to have sth made for oneself/sb **3** (≈ *verursachen*) *Schwierigkeiten* to make (j-m for sb); *Mühe, Schmerzen* to cause (j-m for sb); **j-m Angst ~** to make sb afraid; **j-m Hoffnung ~** to give sb hope; **mach, dass er gesund wird!** make him better!; **etw leer ~** to empty sth; **etw kürzer ~** to shorten sth; **j-n alt/jung ~** (≈ *aussehen lassen*) to make sb look old/young; **er macht es sich** (*dat*) **nicht leicht** he doesn't make it easy for himself **4** *umg* (≈ *ergeben*) to make; *Summe, Preis* to be; **drei und fünf macht acht** three and five makes eight; **was macht das (alles zusammen)?** how much is that altogether? **5** (≈ *ordnen, säubern*) to do; **die Küche muss mal wieder gemacht werden** (≈ *gereinigt, gestrichen*) the kitchen needs doing again; **das Bett ~** to make the bed **6** **etwas aus sich ~** to make something of oneself; **j-n/etw zu etw ~** (≈ *verwandeln in*) to turn sb/sth into sth; **j-n zum Wortführer ~** to make sb spokesman; **macht nichts!** it doesn't matter!; **der Regen macht mir nichts** I don't mind the rain; **die Kälte macht dem Motor nichts** the cold doesn't hurt the engine; **sich** (*dat*) **etwas aus etw ~** to care about sth; **sich** (*dat*) **viel aus j-m/etw ~** to like sb/sth; **sich** (*dat*) **wenig aus j-m/etw ~** not to be very keen on sb/sth *bes Br*, not to be thrilled with sb/sth *bes US*; **mach dir nichts draus!** don't let it bother you! **B** *v/i* **1** **lass ihn nur ~** (≈ *hindre ihn nicht*) just let him do it; (≈ *verlass dich auf ihn*) just leave it to him; **lass mich mal ~** let me do it; (≈ *ich bringe das in Ordnung*) let me see to that; **das Kleid macht schlank** that dress makes you look slim **2** *umg* (≈ *sich beeilen*) to get a move on *umg*; **mach(t) schon!** come on!; **ich mach ja schon!** I'm being as quick as I can!; **mach, dass du hier verschwindest!** (you just) get out of here! **3** *umg* **jetzt macht sie auf große Dame** she's playing the grand lady now; **sie macht auf gebildet** she's doing her cultured bit *umg*; **er macht in Politik** he's in politics **C** *v/r* **1** (≈ *sich entwickeln*) to come on **2** **sich an etw** (*akk*) **~** to get down to sth; **sich zum Fürsprecher ~** to make oneself spokesman; **sich bei j-m beliebt ~** *umg* to make oneself popular with sb
Machenschaften *pl* wheelings and dealings *pl*, machinations *pl*

Macher(in) *umg* m(f) man/woman of action
Machete f machete
Macho m macho *umg*
Macht f power; **die ~ der Gewohnheit** the force of habit; **alles, was in unserer ~ steht** everything (with)in our power; **mit aller ~** with all one's might; **die ~ ergreifen/erringen** to seize/gain power; **an die ~ kommen** to come to power; **j-n an die ~ bringen** to bring sb to power; **etw in seine ~ bringen** to take sth over; **an der ~ sein/bleiben** to be/remain in power; **die ~ übernehmen** to assume power
Machtapparat m POL machinery of power
Machtbereich m sphere of control
machtbesessen adj power-crazed
Machtergreifung f seizure of power
Machterhalt m retention of power
Machthaber(in) m(f) ruler; *pej* dictator
mächtig A adj (≈ einflussreich) powerful; (≈ sehr groß) mighty; *umg* (≈ enorm) Hunger, Durst terrific *umg*; **~e Angst haben** *umg* to be scared stiff *umg* B adv *umg* (≈ sehr) terrifically *umg*; sich beeilen like mad *umg*; **sich ~ anstrengen** to make a terrific effort *umg*; **darüber hat sie sich ~ geärgert** she got really angry about it
Machtkampf m power struggle
machtlos adj powerless; (≈ hilflos) helpless
Machtlosigkeit f powerlessness; (≈ Hilflosigkeit) helplessness
Machtmissbrauch m abuse of power
Machtpolitik f power politics *pl*
Machtprobe f trial of strength
Machtübernahme f takeover (**durch** by)
Machtverhältnisse *pl* balance *sg* of power
Machtverlust m loss of power
machtvoll A adj powerful B adv powerfully; eingreifen decisively
Machtwechsel m changeover of power
Machtwort n **ein ~ sprechen** to exercise one's authority
Machwerk *pej* n sorry effort; **das ist ein ~ des Teufels** that is the work of the devil
Macke *umg* f (≈ Tick, Knall) quirk; **eine ~ haben** *umg* to be cracked *umg* (≈ Fehler, Schadstelle) fault
Macker *umg* m (≈ Freund, Typ) guy *umg*, bloke *Br umg* **er spielt den großen ~** he's acting the tough guy
Madagaskar n Madagascar
Mädchen n girl; **ein ~ für alles** *umg* a dogsbody *Br umg*, a gofer
mädchenhaft A adj girlish B adv aussehen like a (young) girl
Mädchenname m Vorname girl's name von verheirateter Frau maiden name
Made f maggot; **wie die ~ im Speck leben** *umg* to live in clover
Mädel n *dial* lass *dial*, girl
madig adj maggoty
madigmachen *umg* v/t **j-m etw madig machen** to put sb off sth
Madl n österr lass *dial*, girl; → **Mädchen**
Madonna f Madonna
Mafia f Mafia
Mafioso m mafioso
Magazin n (≈ Lager) storeroom; (≈ Bibliotheksmagazin) stockroom am Gewehr magazine (≈ Zeitschrift) magazine
Magd obs f (≈ Dienstmagd) maid; (≈ Landarbeiterin) farm girl
Magen m stomach; **auf nüchternen ~** on an empty stomach; **etw liegt j-m (schwer) im ~** *umg* sth lies heavily on sb's stomach; *fig* sth preys on sb's mind; **sich** (dat) **den ~ verderben** to get an upset stomach
Magenbeschwerden *pl* stomach trouble *sg*, tummy trouble *sg umg*
Magenbitter m bitters *pl*
Magen-Darm-Grippe f, **Magen-Darm-Katarr** m gastroenteritis, gastric flu
Magengegend f stomach region
Magengeschwür n stomach ulcer
Magengrube f pit of the stomach
Magenkrampf m stomach cramp
Magenkrebs m cancer of the stomach
Magenleiden n stomach disorder
Magensäure f PHYSIOL gastric *od* stomach acid
Magenschleimhaut f stomach lining
Magenschleimhautentzündung f gastritis
Magenschmerzen *pl* stomachache *sg*
Magensonde f stomach probe
Magenverstimmung f upset stomach, stomach upset
mager A adj (≈ fettarm) Fleisch lean; Kost low-fat (≈ dünn) thin, skinny *umg*; (≈ abgemagert) emaciated; TYPO Druck roman (≈ dürftig) meagre *Br*, meager *US*; Ergebnis poor B adv (≈ fettarm) **~ essen** to be on a low-fat diet; **~ kochen** to cook low-fat meals
Magermilch f skimmed milk *Br*, skim milk *US*
Magerquark m low-fat cottage cheese *US*, low-fat curd cheese
Magersucht f MED anorexia
magersüchtig adj MED anorexic
Magersüchtige(r) m/f(m) anorexic
Magie f magic
Magier(in) m(f) magician
magisch adj magic(al); **von j-m/etw ~ angezogen werden** to be attracted to sb/sth as if by magic
Magister m **~ (Artium)** UNIV M.A., Master of Arts

Magistrat *m* municipal authorities *pl*
Magnesium *n* magnesium
Magnet *m* magnet
Magnetbahn *f* magnetic railway
Magnetband *n* magnetic tape
magnetisch *adj* magnetic; **von etw ~ angezogen werden** *fig* to be drawn to sth like a magnet
Magnetismus *m* magnetism
Magnetkarte *f* magnetic card
Magnetnadel *f* magnetic needle
Magnetstreifen *m* magnetic strip
Magnolie *f* magnolia
Mahagoni *n* mahogany
Mähdrescher *m* combine (harvester)
mähen *v/t Gras* to cut; *Getreide* to reap; *Rasen* to mow
Mahl *liter n* meal, repast *form*; (≈ *Gastmahl*) banquet
mahlen *v/t & v/i* to grind
Mahlzeit *f* meal; **eine ~ zu sich nehmen** to have a meal; **(prost) ~!** *iron umg* that's just great *umg*
Mahnbescheid *m* JUR default summons
Mahnbrief *m* reminder
Mähne *f* mane
mahnen **A** *v/t* **1** (≈ *erinnern*) to remind (**wegen, an** +*akk* of); *warnend* to admonish (**wegen, an** +*akk* on account of) **2** (≈ *auffordern*) **j-n zur Eile/Geduld ~** to urge sb to hurry/be patient **B** *v/i* **1** *wegen Schulden etc* to send a reminder **2** **zur Eile/Geduld ~** to urge haste/patience
Mahngebühr *f* reminder fee
Mahnmal *n* memorial
Mahnschreiben *n* reminder
Mahnung *f* **1** (≈ *Ermahnung*) exhortation; *warnend* admonition **2** (≈ *warnende Erinnerung, Mahnbrief*) reminder
Mahnverfahren *n* collection proceedings *pl*
Mai *m* May; **der Erste Mai** May Day; → *März*
Maibaum *m* maypole
Maifeiertag *form m* May Day *ohne art*
Maiglöckchen *n* lily of the valley
Maikäfer *m* cockchafer
Mail *f*|*n* IT e-mail, email; **eine ~ an j-n schicken** to e-mail sb, to email sb
Mailbox *f* IT mailbox; **j-m auf die ~ sprechen** to leave sb a voicemail (message)
mailen *v/t & v/i* IT to e-mail, to email
Mailing *n* mailing
Mais *m* maize, (Indian) corn *bes US*
Maisflocken *pl* cornflakes *pl*
Maiskolben *m* corn cob; *Gericht* corn on the cob
Maismehl *n* maize meal, corn meal *bes US*
Maisonette(-Wohnung) *f* maisonette, duplex (apartment) *bes US*
Majestät *f Titel* Majesty; **Seine/Ihre ~** His/Her Majesty
majestätisch **A** *adj* majestic **B** *adv* majestically
Majo *f umg* (≈ *Mayonnaise*) mayo *umg*
Majonäse *f* mayonnaise
Major(in) *m(f)* MIL major
Majoran *m* marjoram
Majorität *f* majority
makaber *adj* macabre; *Witz, Geschichte* sick
Makel *m* **1** (≈ *Schandfleck*) stigma **2** (≈ *Fehler*) blemish; *von Charakter, bei Waren* flaw
makellos **A** *adj Reinheit* spotless; *Charakter* unimpeachable; *Figur* perfect; *Kleidung, Haare* immaculate; (≈ *tadellos*) pristine; *Alibi* watertight; *Englisch, Deutsch* flawless **B** *adv rein* spotlessly; **~ gekleidet sein** to be impeccably dressed; **~ weiß** spotless white
mäkeln *umg v/i* (≈ *nörgeln*) to carp (**an** +*dat* at)
Make-up *n* make-up
Make-up-Entferner *m* make-up remover
Makkaroni *pl* macaroni *sg*
Makler(in) *m(f)* broker; (≈ *Grundstücksmakler*) estate agent *Br*, real-estate agent *US*
Maklergebühr *f* broker's fee
Makrele *f* mackerel
Makro *n* IT macro
makrobiotisch *adj* macrobiotic
Makrokosmos *m* macrocosm
mal[1] *adv* MATH times; **zwei mal zwei** MATH two times two
mal[2] *umg adv* → *einmal*
Mal[1] *n* **1** (≈ *Fleck*) mark **2** SPORT base; (≈ *Malfeld*) touch
Mal[2] *n* time; **nur das eine Mal** just (the) once; **das eine oder andere Mal** now and then *od* again; **kein einziges Mal** not once; **ein für alle Mal(e)** once and for all; **das vorige Mal** the time before; **beim ersten Mal(e)** the first time; **zum ersten/letzten** *etc* **Mal** for the first/last *etc* time; **zu wiederholten Malen** time and again; **von Mal zu Mal** each *od* every time; **für dieses Mal** for now; **mit einem Mal(e)** all at once
Malaise *schweiz f*|*n* malaise
Malaria *f* malaria
Malawi *n* GEOG Malawi
Malaysia *n* GEOG Malaysia
malaysisch *adj* Malaysian
Malbuch *n* colouring book *Br*, coloring book *US*
Malediven *pl* Maldives *pl*, Maldive Islands *pl*
malen *v/t & v/i* to paint; (≈ *zeichnen*) to draw; **etw rosig/schwarz** *etc* **~** *fig* to paint a rosy/black *etc* picture of sth
Maler(in) *m(f)* painter; (≈ *Kunstmaler a.*) artist
Malerei *f* **1** (≈ *Malkunst*) art **2** (≈ *Bild*) painting
Malerfarbe *f* paint

malerisch *adj* **1** *Talent* as a painter **2** (≈ *pittoresk*) picturesque
Malheur *n* mishap
Mali *n* GEOG Mali
Malkasten *m* paintbox
Mallorca *n* Majorca, Mallorca
malnehmen *v/t & v/i* to multiply (**mit** by)
Maloche *umg f* hard work
malochen *umg v/i* to work hard
Malstift *m* crayon
Malta *n* Malta
malträtieren *v/t* to ill-treat, to maltreat
Malve *f* BOT mallow; (≈ *Stockrose*) hollyhock
Malz *n* malt
Malzbier *n* malt beer, ≈ stout *Br*
Malzbonbon *n/m* malt lozenge
Malzkaffee *m* coffee substitute made from barley malt
Mama *umg f* mum(my) *Br umg*, mom(my) *US umg*
Mammografie *f* mammography
Mammut *n* mammoth
Mammutbaum *m* sequoia, giant redwood
Mammutprogramm *n* huge programme *Br*, huge program *US*; *lange dauernd* marathon programme *Br*, marathon program *US*
Mammutprozess *m* marathon trial
mampfen *umg v/t & v/i* to munch
man *indef pr* **1** you, one; (≈ *ich*) one; (≈ *wir*) we; **man kann nie wissen** you *od* one can never tell; **das tut man nicht** that's not done **2** (≈ *jemand*) somebody, someone; **man hat mir erklärt, dass ...** it was explained to me that ... **3** (≈ *die Leute*) they *pl*, people *pl*; **man sagt, ...** they say ...; **früher glaubte man, dass ...** people used to believe that ...
Management *n* management
managen *umg v/t* to manage
Manager(in) *m(f)* manager
Managerkrankheit *f* stress-related illness
Managertyp *m* management *od* executive type
manch *indef pr* **1** many a; **~ eine(r)** many a person **2** **~e(r, s)** quite a few +*pl*, many a +*sg*; *im Plural* (≈ *einige*) some +*pl*; **~er, der ...** many a person who ... **3** **~e(r)** a good many people *pl*; *im Plural* (≈ *einige*) some (people); **~er lernts nie** some people never learn; **in ~em hat er recht** he's right about a lot of/some things
mancherlei *adj adjektivisch* various, a number of; *substantivisch* various things *pl*, a number of things
manchmal *adv* sometimes
Mandant(in) *m(f)* JUR client
Mandarine *f* mandarin (orange), tangerine
Mandat *n* mandate; *von Anwalt* brief; PARL (≈ *Abgeordnetensitz*) seat; **sein ~ niederlegen** PARL to resign one's seat
Mandatar(in) *m(f) österr* member of parliament, representative
Mandel *f* **1** almond **2** ANAT tonsil
Mandelbaum *m* almond tree
Mandelentzündung *f* tonsillitis
Mandoline *f* mandolin
Manege *f* ring, arena
Manga *m/n* (≈ *Comic*) manga
Mangan *n* manganese
Mangel¹ *f* mangle; (≈ *Heißmangel*) rotary iron; **durch die ~ drehen** *fig umg* to put through it *umg*; **j-n in die ~ nehmen** *fig umg* to give sb a going-over *umg*
Mangel² *m* **1** (≈ *Fehler*) fault; (≈ *Unzulänglichkeit*) shortcoming; (≈ *Charaktermangel*) flaw **2** (≈ *das Fehlen*) lack (**an** +*dat* of); (≈ *Knappheit*) shortage (**an** +*dat* of); MED deficiency (**an** +*dat* of); **wegen ~s an Beweisen** for lack of evidence; **~ an etw** (*dat*) **haben** to lack sth
Mangelberuf *m* understaffed occupation
Mangelerscheinung *f* MED deficiency symptom; **eine ~ sein** *fig* to be in short supply (**bei with**)
mangelhaft **A** *adj* (≈ *schlecht*) poor; *Informationen, Interesse* insufficient; (≈ *fehlerhaft*) *Sprachkenntnisse, Ware* faulty; *Schulnote* poor **B** *adv* poorly; **er spricht nur ~ Englisch** he doesn't speak English very well
Mängelhaftung *f* JUR liability for faults
mangeln¹ *v/t Wäsche* to (put through the) mangle; (≈ *heiß mangeln*) to iron
mangeln² **A** *v/i* **es mangelt an etw** (*dat*) there is a lack of sth; **es mangelt j-m an etw** (*dat*) sb lacks sth; **~des Selbstvertrauen** *etc* a lack of self-confidence *etc* **B** *v/i* **etw mangelt j-m/einer Sache** sb/sth lacks sth
Mängelrüge *f* JUR notice of defects
mangels *form präp* for lack of
Mangelware *f* scarce commodity; **~ sein** *fig* to be a rare thing; *Ärzte, gute Lehrer etc* not to grow on trees
Mango *f* mango
Manie *f* mania
Manier *f* **1** (≈ *Art und Weise*) manner; *eines Künstlers etc* style **2** **~en** *pl* (≈ *Umgangsformen*) manners; **was sind das für ~en?** *umg* that's no way to behave
manierlich *adj* **1** *Kind* well-mannered; *Benehmen* good **2** *umg* (≈ *einigermaßen gut*) reasonable
Manifest *n* manifesto
Maniküre *f* (≈ *Handpflege*) manicure
maniküren *v/t* to manicure
Maniküreset *n* manicure set
Manipulation *f* manipulation
manipulieren *v/t* to manipulate; *Spiel, Resultat*

to fix

manisch *adj* manic; **~-depressiv** manic-depressive

Manko *n* **1** HANDEL (≈ *Fehlbetrag*) deficit; **~ machen** *umg bei Verkauf* to make a loss **2** *fig* (≈ *Nachteil*) shortcoming

Mann *m* **1** man; **etw an den ~ bringen** *umg* to get rid of sth; **seinen ~ stehen** to hold one's own; **pro ~** per head; **ein Gespräch von ~ zu ~** a man-to-man talk; **freier ~** HIST freeman **2** (≈ *Ehemann*) husband; **~ und Frau werden** to become man and wife **3** *umg als Interjektion* (my) God *umg*, cor *umg*; **mach schnell, ~!** hurry up, man!; **~, oh ~!** oh boy! *umg*

Männchen *n* **1** little man; (≈ *Zwerg*) man(n)ikin; **~ malen** ≈ to doodle **2** BIOL male; (≈ *Vogelmännchen*) male, cock **3** **~ machen** *Hund* to (sit up and) beg

Manndeckung *f* SPORT man-to-man marking, one-on-one defense *US*

Mannequin *n* (fashion) model

Männerberuf *m* male profession

Männerchor *m* male-voice choir

Männerfang *m* **auf ~ ausgehen** to go looking for a man

Männerfreundschaft *f* friendship between men

Männersache *f Angelegenheit* man's business; *Arbeit* job for a man; **Fußball war früher ~** football used to be a male preserve

Mannesalter *n* manhood *ohne art*; **im besten ~ sein** to be in one's prime

mannigfach *adj* manifold

mannigfaltig *adj* diverse, various

männlich *adj* male; *Wort, Auftreten* masculine; **~ dominiert** male-dominated

Männlichkeit *fig f* manliness; *von Auftreten* masculinity

Mannloch *n* TECH manhole

Mannschaft *f* team; SCHIFF, FLUG crew

Mannschaftsaufstellung *f* lineup

Mannschaftsführer(in) *m(f)* captain

Mannschaftsgeist *m* team spirit

Mannschaftskapitän *m* SPORT (team) captain, skipper *umg*

Mannschaftsraum *m* SPORT team quarters *pl*; SCHIFF crew's quarters *pl*

Mannschaftsspiel *n* team game

mannshoch *adj* as high as a man; **der Schnee liegt ~** the snow is six feet deep

mannstoll *adj* man-mad *bes US umg*

Mannweib *n pej* mannish woman

Manometer *n* TECH pressure gauge; **~!** *umg* wow! *umg*

Manöver *n* manoeuvre *Br*, maneuver *US*

Manöverkritik *fig f* postmortem

manövrieren *v|t & v|i* to manoeuvre *Br*, to maneuver *US*

manövrierfähig *adj* manoeuvrable *Br*, maneuverable *US*; *fig* flexible

manövrierunfähig *adj* disabled

Mansarde *f* garret; *Boden* attic

Mansardenfenster *n* dormer window

Mansardenwohnung *f* attic flat *Br*, attic apartment *bes US*

Manschette *f* **1** (≈ *Ärmelaufschlag*) cuff **2** **~n haben** *umg* to be scared stupid *umg*

Manschettenknopf *m* cufflink

Mantarochen *m* manta ray

Mantel *m* coat; (≈ *Umhang*) cloak

Manteltarif *m* WIRTSCH terms *pl* of the framework agreement on pay and conditions

Manteltarifvertrag *m* IND framework agreement on pay and conditions

Mantra *n* mantra

manuell **A** *adj* manual **B** *adv* manually

Manuskript *n* manuscript; RADIO, FILM, TV script

Mäppchen *n* (≈ *Federmäppchen*) pencil case

Mappe *f* (≈ *Aktenhefter*) folder; (≈ *Aktenmappe*) portfolio; (≈ *Aktentasche*) briefcase; (≈ *Schultasche*) (school) bag; (≈ *Federmäppchen*) pencil case; *des Sprachenportfolios* dossier

Maracuja *f* passion fruit

Marathonlauf *m* marathon

Marathonläufer(in) *m(f)* marathon runner

Märchen *n* fairy tale; *umg* tall story

Märchenbuch *n* book of fairy tales

Märchenerzähler(in) *m(f)* teller of fairy tales; *fig* storyteller

märchenhaft **A** *adj* fairy-tale *attr*, fabulous; *fig* fabulous **B** *adv* reich fabulously; *singen* beautifully; **~ schön** incredibly beautiful

Märchenprinz *m* Prince Charming

Märchenprinzessin *f* fairy-tale princess

Marder *m* marten

Margarine *f* margarine

Marge *f* HANDEL margin

Mariä Himmelfahrt *f* Assumption

Marienkäfer *m* ladybird *Br*, ladybug *US*

Marihuana *n* marijuana

Marille *f österr* apricot

Marinade *f* GASTR marinade

Marine *f* navy

marineblau *adj* navy-blue

Marineoffizier *m* naval officer

marinieren *v|t Fisch, Fleisch* to marinate

Marionette *f* marionette; *fig* puppet

Marionettenregierung *f* puppet government

Marionettenspieler(in) *m(f)* puppeteer

Marionettentheater *n* puppet theatre *Br*, puppet theater *US*

maritim *adj* maritime

Mark¹ *n* (≈ *Knochenmark*) marrow; (≈ *Fruchtfleisch*) purée; **bis ins ~** *fig* to the core; **es geht mir durch ~ und Bein** *umg* it goes right through me

Mark² *f* HIST mark; **Deutsche ~** Deutschmark

markant *adj* (≈ *ausgeprägt*) clear-cut; *Schriftzüge* clearly defined; *Persönlichkeit* striking

Marke *f* **1** *bei Genussmitteln* brand; *bei Industriegütern* make **2** (≈ *Briefmarke*) stamp; (≈ *Essenmarke*) voucher; (≈ *Rabattmarke*) (trading) stamp; (≈ *Lebensmittelmarke*) coupon **3** (≈ *Markenzeichen*) trademark **4** (≈ *Rekordmarke*) record; (≈ *Wasserstandsmarke*) watermark; (≈ *Stand, Niveau*) level

Markenartikel *m* branded *od* proprietary product

markenbewusst *adj* brand conscious

Markenbewusstsein *n* brand awareness

Markenbutter *f* nonblended butter, best quality butter

Markenerzeugnis *n* branded *od* proprietary product

Markenimage *n* brand image

Markenname *m* brand *od* proprietary name

Markenpiraterie *f* brand name piracy

Markenschutz *m* protection of trademarks

Markentreue *f* brand loyalty

Markenware *f* branded *od* proprietary goods *pl*

Markenzeichen *n a. fig* trademark

Marker *m* (≈ *Markierstift*) marker pen

Marketing *n* marketing

Marketingstrategie *f* marketing strategy

markieren *v/t* to mark; *umg* (≈ *vortäuschen*) to play; **den starken Mann ~** to play the strong man

Markierstift *m* marker pen

Markierung *f* marking; (≈ *Zeichen*) mark

markig *adj Spruch, Worte* pithy

Markise *f* awning

Markklößchen *n* GASTR bone marrow dumpling

Markknochen *m* GASTR marrowbone

Markstein *m* landmark

Markt *m* **1** market; (≈ *Jahrmarkt*) fair; (≈ *Warenverkehr*) trade; **auf dem** *od* **am ~** on the market; **auf den ~ bringen** *CD, Film* to release; **auf den ~ kommen** to come on the market **2** (≈ *Marktplatz*) marketplace

Marktanalyse *f* market analysis

Marktanteil *m* market share

marktbeherrschend *adj* **~ sein** to control *od* dominate the market

Marktbude *f* market stall

Marktchance *f* sales opportunity

Markteinführung *f* launch

Marktforscher(in) *m(f)* market researcher

Marktforschung *f* market research

Marktfrau *f* (woman) stallholder

Marktführer(in) *m(f)* market leader

marktgerecht *adj* in line with *od* geared to market requirements

Markthalle *f* covered market

Marktlage *f* state of the market

Marktlücke *f* gap in the market; **in eine ~ stoßen** to fill a gap in the market

Marktnische *f* market niche; **eine ~ besetzen** to fill a gap in the market

Marktorganisation *f* **gemeinsame ~** Common Market Organization; **~ für Agrarerzeugnisse** organization of the market in agricultural products

marktorientiert *adj* market-oriented

Marktplatz *m* market square

Marktsegment *n* market segment *od* sector

Marktstudie *f* market survey

Markttag *m* market day

marktüblich *adj Preis* current; **zu ~en Konditionen** at usual market terms

Marktwert *m* market value

Marktwirtschaft *f* market economy

Marmelade *f* jam *Br*, jelly *US*; (≈ *Orangenmarmelade*) marmalade

Marmor *m* marble

marmorieren *v/t* to marble

Marmorkuchen *m* marble cake

marmorn *adj* marble

Marokkaner(in) *m(f)* Moroccan

marokkanisch *adj* Moroccan

Marokko *n* Morocco

Marone¹ *f*, **Maroni** *f* (sweet *od* Spanish) chestnut

Marone² *f* (≈ *Pilz*) chestnut boletus

Marotte *f* quirk

Mars *m* ASTRON Mars

marsch *int* **1** MIL march **2** **~ ins Bett!** *umg* off to bed with you at the double! *umg*

Marsch *m* march; (≈ *Wanderung*) hike; **einen ~ machen** to go on a march/hike; **j-m den ~ blasen** *umg* to give sb a rocket *umg*

Marschbefehl *m* MIL marching orders *pl*

marschbereit *adj* ready to move

Marschflugkörper *m* cruise missile

Marschgepäck *n* pack

marschieren *v/i* to march; *fig* to march off

Marschkolonne *f* column

Marschmusik *f* military marches *pl*

Marschrichtung *f*, **Marschroute** *wörtl f* route of march; *fig* line of approach

Marschverpflegung *f* rations *pl*; MIL field rations *pl*

Marsmensch *m* Martian

martern *liter v/t* to torture, to torment
Marterpfahl *m* stake
Martinshorn *n* siren
Märtyrer(in) *m(f)* martyr
Marxismus *m* Marxism
Marxist(in) *m(f)* Marxist
marxistisch *adj* Marxist
März *m* March; **im ~** in March; **im Monat ~** in the month of March; **heute ist der zweite ~** today is March the second *od* March second *US; geschrieben* today is 2nd March *od* March 2nd; **Berlin, den 4. ~ 2015** *in Brief* Berlin, March 4th, 2015, Berlin, 4th March 2015; **am Mittwoch, dem** *od* **den 4. ~** on Wednesday the 4th of March; **im Laufe des ~** during March; **Anfang/Ende ~** at the beginning/end of March
Marzipan *n* marzipan
Mascarpone *m* GASTR mascarpone
Masche *f* **1** (≈ *Strickmasche*) stitch; **die ~n eines Netzes** the mesh *sg* of a net; **durch die ~n des Gesetzes schlüpfen** to slip through a loophole in the law **2** *umg* (≈ *Trick*) trick; (≈ *Eigenart*) fad; **die ~ raushaben** to know how to do it; **das ist seine neueste ~** that's his latest (fad *od* craze)
Maschendraht *m* wire netting
Maschine *f* machine; (≈ *Motor*) engine; (≈ *Flugzeug*) plane; (≈ *Schreibmaschine*) typewriter; *umg* (≈ *Motorrad*) bike; **etw in der ~ waschen** to machine-wash sth; **etw auf** *od* **mit der ~ schreiben** to type sth; **~ schreiben** to type
maschinell **A** *adj Herstellung* mechanical, machine *attr; Anlage, Übersetzung* machine *attr* **B** *adv* mechanically
Maschinenbau *m* mechanical engineering
Maschinenbauer(in) *m(f)*, **Maschinenbauingenieur(in)** mechanical engineer
Maschinenfabrik *f* engineering works *sg od pl*
maschinengeschrieben *adj* typewritten
Maschinengewehr *n* machine gun
maschinenlesbar *adj* machine-readable
Maschinenöl *n* lubricating oil
Maschinenpark *m* plant
Maschinenpistole *f* submachine gun
Maschinenraum *m* plant room; SCHIFF engine room
Maschinenschaden *m* mechanical fault; FLUG *etc* engine fault
Maschinenschlosser(in) *m(f)* machine fitter
Maschinenstürmer *m* Luddite
Maser *f* vein
maserig *adj* grained
Masern *pl* measles *sg;* **die ~ haben** to have (the) measles
Maserung *f* grain
Maske *f* **1** mask; **die ~ fallen lassen** *fig* to throw off one's mask **2** THEAT (≈ *Aufmachung*) make-up
Maskenball *m* masked ball
Maskenbildner(in) *m(f)* make-up artist
Maskerade *f* costume
maskieren **A** *v/t* **1** (≈ *verkleiden*) to dress up **2** (≈ *verbergen*) to disguise **B** *v/r* to dress up; (≈ *sich unkenntlich machen*) to disguise oneself
maskiert *adj* masked
Maskierung *f* (≈ *Verkleidung*) fancy-dress costume; *von Spion etc* disguise
Maskottchen *n* (lucky) mascot
maskulin *adj* masculine
Maskulinum *n* masculine noun
Masochismus *m* masochism
Masochist(in) *m(f)* masochist
masochistisch *adj* masochistic
Maß[1] *n* **1** (≈ *Maßeinheit*) measure (**für** of); (≈ *Zollstock*) rule; (≈ *Bandmaß*) tape measure; **Maße und Gewichte** weights and measures; **das Maß aller Dinge** *fig* the measure of all things; **mit zweierlei Maß messen** *fig* to operate a double standard; **das Maß ist voll** *fig* enough's enough; **in reichem Maß(e)** abundantly **2** (≈ *Abmessung*) measurement; **sich** (*dat*) **etw nach Maß anfertigen lassen** to have sth made to measure; **bei j-m Maß nehmen** to take sb's measurements; **Hemden nach Maß** shirts made to measure, custom-made shirts **3** (≈ *Ausmaß*) extent; **ein gewisses Maß an …** a certain degree of …; **in hohem Maß(e)** to a high degree; **in vollem Maße** fully; **in höchstem Maße** extremely **4** (≈ *Mäßigung*) moderation; **Maß halten** → **maßhalten; in** *od* **mit Maßen** in moderation; **ohne Maß und Ziel** immoderately
Maß[2] *f österr, südd* litre (tankard) of beer *Br,* liter (tankard) of beer *US*
Massage *f* massage
Massageöl *n* massage oil
Massagesalon *euph m* massage parlour *Br,* massage parlor *US*
Massaker *n* massacre
massakrieren *obs umg v/t* to massacre
Maßangabe *f* measurement
Maßanzug *m* made-to-measure *od* custom-made suit
Maßarbeit *umg f* **das war ~** that was a neat bit of work
Maßband *n* tape measure
Masse *f* **1** (≈ *Stoff*) mass; GASTR mixture **2** (≈ *große Menge*) heaps *pl umg; von Besuchern etc* host; **die (breite) ~ der Bevölkerung** the bulk of the population; **eine ganze ~** *umg* a lot **3** (≈ *Menschenmenge*) crowd
Maßeinheit *f* unit of measurement
Massenabsatz *m* mass sale

Massenandrang *m* crush
Massenarbeitslosigkeit *f* mass unemployment
Massenartikel *m* mass-produced article
Massendemonstration *f* mass demonstration
Massenentlassung *f* mass redundancy
Massenfabrikation *f*, **Massenfertigung** *f* mass production
Massenflucht *f* mass exodus
Massengrab *n* mass grave
massenhaft *adv* on a huge scale; *kommen, austreten* in droves
Massenkarambolage *f* pile-up *umg*
Massenmedien *pl* mass media *pl*
Massenmord *m* mass murder
Massenmörder(in) *m(f)* mass murderer
Massenproduktion *f* mass production
Massentierhaltung *f* factory farming
Massenvernichtungswaffe *f* weapon of mass destruction
Massenware *f* mass-produced article
massenweise *adv* → massenhaft
Masseur *m* masseur
Masseurin *f* masseuse
Masseuse *f* masseuse
Maßgabe *form f* stipulation; **mit der ~, dass ...** with the proviso that ..., on (the) condition that ...; **nach ~** (+gen) according to
maßgebend *adj Einfluss* decisive; *Meinung* definitive; *Fachmann* authoritative; (≈ zuständig) competent
maßgeblich A *adj Einfluss* decisive; *Person* leading; **~en Anteil an etw** (dat) **haben** to make a major contribution to sth B *adv* decisively; **~ an etw** (dat) **beteiligt sein** to play a substantial role in sth
maßgeschneidert *adj Anzug* made-to-measure, custom-made; *fig Lösung, Produkte* tailor-made
Maßhalteappell *m* appeal for moderation
maßhalten *v/i* to be moderate
massieren[1] *v/t Körper, Haut* to massage; **j-n ~** to give sb a massage; **sich ~ lassen** to have a massage
massieren[2] *v/t Truppen* to mass
massig A *adj* massive, huge B *adv umg* **~ Arbeit/Geld** *etc* masses of work/money *etc umg*
mäßig A *adj* (≈ bescheiden) moderate; *Schulnote etc* mediocre B *adv* (≈ nicht viel) moderately; **~ essen** to eat with moderation
mäßigen A *v/t Anforderungen* to moderate; *Zorn* to curb; → **gemäßigt** B *v/r* to restrain oneself; **sich im Ton ~** to moderate one's tone
Mäßigung *f* restraint
massiv A *adj* 1 (≈ stabil) solid 2 (≈ heftig) *Beleidigung* gross; *Drohung, Kritik* serious; *Anschuldigung* severe; *Protest* strong B *adv gebaut* massively; *protestieren* strongly; *verstärken* greatly; *behindern* severely; **sich ~ verschlechtern** to deteriorate sharply
Massiv *n* GEOL massif
Maßkrug *m* litre beer mug *Br*, liter beer mug *US*; (≈ Steinkrug) stein
maßlos A *adj* extreme; *im Essen etc* immoderate B *adv* (≈ äußerst) extremely; *übertreiben* grossly; **er raucht/trinkt ~** he smokes/drinks to excess
Maßlosigkeit *f* extremeness; *im Essen etc* lack of moderation
Maßnahme *f* measure; **~n gegen j-n/etw treffen** *od* **ergreifen** to take measures against sb/sth
Maßnahmenkatalog *m* catalog(ue) of measures
maßregeln *v/t* (≈ zurechtweisen) to reprimand, to rebuke; (≈ bestrafen) to discipline
Maßregelung *f* (≈ Rüge) reprimand, rebuke; *von Beamten* disciplinary action
Maßschneider(in) *m(f)* bespoke tailor, custom tailor *US*
Maßstab *m* 1 (≈ Kartenmaßstab, Ausmaß) scale; **im ~ 1:1000** on a scale of 1:1000; **Klimaverschiebungen im großen ~** large-scale climate changes 2 *fig* (≈ Kriterium) standard; **für j-n als ~ dienen** to serve as a model for sb
maßstab(s)gerecht *adj & adv* (true) to scale
maßvoll A *adj* moderate B *adv* moderately
Mast[1] *m* mast; (≈ Stange) pole; (≈ Pfosten) post; ELEK pylon
Mast[2] *f* (≈ das Mästen) fattening; (≈ Futter) feed
mästen A *v/t* to fatten B *v/r umg* to stuff oneself *umg*
Master *m* master's (degree)
Masterabschluss *m* master's (degree)
Masterarbeit *f* master's thesis
Masterstudiengang *m* master's (degree)
Masturbation *f* masturbation
masturbieren *v/t & v/i* to masturbate
Match *schweiz n/m* match
Matchball *m* Tennis match point
Material *n* material; (≈ Baumaterial, Gerät) materials *pl*
Materialfehler *m* material defect
Materialismus *m* materialism
Materialist(in) *m(f)* materialist
materialistisch *adj* materialistic
Materialkosten *pl* cost of materials *sg*
Materie *f* matter *ohne art*; (≈ Stoff, Thema) subject matter *kein unbest art*
materiell A *adj* material; (≈ gewinnsüchtig) materialistic B *adv* (≈ finanziell) financially; **~ eingestellt sein** *pej* to be materialistic

Mathe f SCHULE umg maths sg Br umg, math US
Mathematik f mathematics sg, ohne art
Mathematiker(in) m(f) mathematician
mathematisch adj mathematical
Matinee f matinée
Matjeshering m matjes herring
Matratze f mattress
Matriarchat n matriarchy
Matrix f matrix
Matrose m, **Matrosin** f sailor; als Rang ordinary seaman
Matrosenanzug m sailor suit
Matsch umg m mush; (≈ Schlamm) mud; (≈ Schneematsch) slush
matschig umg adj Obst mushy; Weg muddy; Schnee slushy
matt **A** adj **1** (≈ schwach) Kranker weak; Glieder weary **2** (≈ glanzlos) Metall, Farbe dull; Foto mat(t); (≈ trübe) Licht dim; Glühbirne pearl **3** Schach (check)mate; **j-n ~ setzen** to checkmate sb **B** adv **1** (≈ schwach) weakly **2** **~ glänzend** dull
Matt n Schach (check)mate
Matte[1] f mat; **auf der ~ stehen** umg (≈ bereit sein) to be there and ready for action
Matte[2] f schweiz alpine meadow
Mattheit f (≈ Schwäche) weakness; von Gliedern weariness
Mattlack m dull od mat(t) lacquer
Mattscheibe f **1** umg (≈ Fernseher) telly Br umg, tube US umg **2** umg **eine ~ haben/kriegen** (≈ nicht klar denken können) to have/get a mental block
Matura österr, schweiz f → Abitur
Maturand(in) schweiz m(f) → Abiturientin
maturieren v/i österr (≈ Abitur machen) to take one's school-leaving exam Br, to graduate (from high school) US
Mätzchen umg n antic; **~ machen** to fool around umg
Mauer f wall
mauern **A** v/i **1** (≈ Maurerarbeit machen) to build, to lay bricks **2** KART to hold back; fig to stonewall **B** v/t to build
Mauerwerk n (≈ Steinmauer) stonework; (≈ Ziegelmauer) brickwork
Maul n mouth; umg von Menschen gob Br umg, trap bes US sl; **ein großes ~ haben** umg to be a bigmouth umg; **den Leuten aufs ~ schauen** umg to listen to what people really say; **halts ~!** vulg shut your face sl
maulen umg v/i to moan
Maulesel m mule
maulfaul umg adj uncommunicative
Maulheld(in) pej m(f) show-off
Maulkorb m muzzle; **j-m einen ~ umhängen** to muzzle sb

Maultier n mule
Maultierkarawane f mule train
Maul- und Klauenseuche f foot-and-mouth disease Br, hoof-and-mouth disease US
Maulwurf m mole
Maulwurfshaufen m molehill
Maurer(in) m(f) bricklayer
Mauretanien n Mauritania
Mauritius n Mauritius
Maus f a. COMPUT mouse; **eine graue ~** fig umg a mouse umg
Mauschelei f umg (≈ Korruption) swindle
mauscheln v/t & v/i (≈ manipulieren) to fiddle umg
mäuschenstill adj dead quiet
Mausefalle f mousetrap
Mauseloch n mousehole
mausen v/i to catch mice
Mauser f ORN moult Br, molt US; **in der ~ sein** to be moulting Br, to be molting US
mausern v/r ORN to moult Br, to molt US
mausetot umg adj stone-dead
Mausklick m IT mouse click; **per ~** by clicking the mouse
Mausmatte f, **Mauspad** n COMPUT mouse mat od pad
Mauspad n mouse mat, mouse pad
Maustaste f COMPUT mouse button
Mauszeiger m mouse pointer
Maut f toll
Mautschranke f toll barrier Br, turnpike US
Mautstelle f toll gate
Mautstraße f toll road, turnpike US
Mautsystem n toll system
maximal **A** adj maximum **B** adv (≈ höchstens) at most
Maxime f Philosophie, a. LIT maxim
maximieren v/t to maximize
Maximierung f maximization
Maximum n maximum (**an** +dat of)
Mayonnaise f mayonnaise
Mazedonien n Macedonia
Mäzen(in) m(f) patron
MB abk (= Megabyte) MB
Mechanik f PHYS mechanics sg
Mechaniker(in) m(f) mechanic
mechanisch **A** adj mechanical **B** adv mechanically
Mechanismus m mechanism
Mechatronik f mechatronics sg
Mechatroniker(in) m(f) mechatronic engineer; für Autos car technician
Meckerei umg f grumbling
Meckerer m, **Meckerin** umg f grumbler
meckern v/i Ziege to bleat; umg Mensch to moan; **über j-n/etw** (akk) **~** umg to moan about sb/sth
Mecklenburg-Vorpommern n Mecklen-

burg-West Pomerania
Medaille f medal
Medaillengewinner(in) m(f) medallist
Medaillon n **1** (≈ *Bildchen*) medallion; (≈ *Schmuckkapsel*) locket **2** GASTR médaillon
Mediathek f multimedia centre *Br*, multimedia center *US*
Mediation f (≈ *Sprachmittlung*) mediation
Mediator(in) m(f) mediator
Medien pl media pl
Medienberater(in) m(f) press adviser
Medienbericht m media report, report in the media; **~en zufolge** according to media reports, according to reports in the media
Medienereignis n media event
Medienerziehung f media education
Mediengesellschaft f media society
Medienindustrie f media industry, media business
Medienkauffrau f, **Medienkaufmann** m media manager
Medienkompetenz f media literacy
Medienlandschaft f media landscape
Medienpädagogik f media education
Medienpolitik f (mass) media policy
Medienrummel m media hype
Medienspektakel n media spectacle
medienübergreifend adj cross-media
medienwirksam **A** adj **eine ~e Kampagne** a campaign geared toward(s) the media **B** adv **etw ~ präsentieren** to gear sth toward(s) the media
Medienwissenschaften pl media studies sg
Medikament n medicine, drug
medikamentenabhängig adj **~ sein** to be addicted to medical drugs
Medikamentenmissbrauch m drug abuse
medikamentös adj & adv with drugs
Mediothek f multimedia centre *Br*, multimedia center *US*
Meditation f meditation
meditieren v/i to meditate
Medium n medium
Medizin f medicine
Medizinball m SPORT medicine ball
Mediziner(in) m(f) doctor; UNIV medic *umg*
medizinisch **A** adj **1** (≈ *ärztlich*) medical; **~e Fakultät** faculty of medicine; **~-technische Assistentin, ~-technischer Assistent** medical technician **2** *Kräuter, Bäder* medicinal; *Shampoo* medicated **B** adv medically; **j-n ~ behandeln** to treat sb (medically); **~ wirksame Kräuter** medicinal herbs
Medizinmann m medicine man
Meer n sea; (≈ *Weltmeer*) ocean; **am ~(e)** by the sea; **ans ~ fahren** to go to the sea(side)
Meerbusen m gulf, bay
Meerenge f straits pl, strait
Meeresboden m seabed
Meeresfisch m saltwater fish
Meeresfrüchte pl seafood sg
Meeresgrund m seabed, bottom of the sea
Meereshöhe f sea level; **10 Meter über ~** 10 metres above sea level *Br*, 10 meters above sea level *US*
Meeresklima n maritime climate
Meereskunde f oceanography
Meeresküste f seaside
Meeresschildkröte f turtle
Meeresspiegel m sea level; **über/unter dem ~** above/below sea level
Meeresufer n coast
Meerjungfrau f mermaid
Meerrettich m horseradish
Meersalz n sea salt
Meerschweinchen n guinea pig
Meerwasser n sea water
Meeting n meeting
Megabit n megabit
Megabyte n megabyte
Megafon n megaphone
Megahertz n megahertz
Megahit m huge hit, smash hit *umg*, megahit
Megaphon n → Megafon
Megatonne f megaton
Megawatt n megawatt
Mehl n flour; *gröber* meal; (≈ *Pulver*) powder
mehlig adj *Äpfel, Kartoffeln* mealy
Mehlschwitze f GASTR roux
Mehlspeise f **1** (≈ *Gericht*) flummery **2** *österr* (≈ *Nachspeise*) dessert; (≈ *Kuchen*) pastry
Mehltau m BOT mildew
mehr **A** indef pr more; **~ als** more than; **~ als genug** plenty; **~ als ich** more than me; **viel ~** lots more **B** adv **1** more; **immer ~** more and more; **~ oder weniger** more or less **2** **ich habe kein Geld ~** I haven't od I don't have any more money; **keine Musik ~** no more music; **du bist doch kein Kind ~!** you're no longer a child!; **es besteht keine Hoffnung ~** there's no hope left; **kein Wort ~!** not another word!; **es war niemand ~ da** there was no-one left; **nicht ~** not any longer, no longer, not any more od anymore *US*; **nicht ~ lange** not much longer; **nichts ~** nothing more; **nie ~** never again
mehr- zssgn multi
Mehrarbeit f extra work
Mehraufwand m additional expenditure
Mehrausgabe f additional expense(s) (pl)
mehrbändig adj in several volumes
Mehrbedarf m greater need (**an** +dat of, for); HANDEL increased demand (**an** +dat for)

Mehrbelastung f excess load; fig additional burden
Mehrbereichsöl n AUTO multigrade oil
Mehrbettzimmer n room with multiple beds
mehrdeutig **A** adj ambiguous **B** adv ambiguously
Mehrdeutigkeit f ambiguity
Mehreinnahme f additional revenue
mehrere indef pr several
mehrfach **A** adj multiple; (≈ wiederholt) repeated; **ein ~er Millionär** a multimillionaire **B** adv (≈ wiederholt) many times; (≈ wiederholt) repeatedly
Mehrfache(s) n **das ~** od **ein ~s des Kostenvoranschlags** several times the estimated cost
Mehrfachsteckdose f ELEK multiple socket
Mehrfachstecker m ELEK multiple adaptor
Mehrfahrtenkarte f multi-journey ticket
Mehrfamilienhaus n house for several families
mehrfarbig adj multicoloured Br, multicolored US
Mehrheit f majority; **die absolute ~** an absolute majority; **die ~ haben/gewinnen** to have/win od gain a majority; **mit zwei Stimmen ~** with a majority of two (votes)
Mehrheiten- zssgn majority
mehrheitlich adv **wir sind ~ der Ansicht, dass** ... the majority of us think(s) that ...
Mehrheitsbeschluss m majority decision
mehrheitsfähig adj capable of winning a majority
Mehrheitswahlrecht n majority voting system, first-past-the-post system
mehrjährig adj of several years
Mehrkosten pl additional costs pl
mehrmalig adj repeated
mehrmals adv several times
Mehrparteiensystem n multiparty system
Mehrplatzrechner m COMPUT multi-user system
mehrsilbig adj polysyllabic
mehrsprachig adj Person, Wörterbuch multilingual; **~ aufwachsen** to grow up multilingual
mehrstellig adj Zahl, Betrag multidigit
mehrstimmig adj MUS for several voices; **~ singen** to sing in harmony
mehrstöckig adj multistorey Br, multistory US
mehrstufig adj multistage
mehrstündig adj Verhandlungen lasting several hours
mehrtägig adj Konferenz lasting several days; **nach ~er Abwesenheit** after several days' absence
Mehrverbrauch m additional consumption
Mehrwegflasche f returnable bottle
Mehrwegverpackung f reusable packaging
Mehrwert m WIRTSCH added value
Mehrwertsteuer f value added tax
mehrwöchig adj lasting several weeks; Abwesenheit of several weeks
Mehrzahl f **1** GRAM plural **2** (≈ Mehrheit) majority
Mehrzweckhalle f multipurpose room
meiden v/t to avoid
Meile f mile
Meilenstein m milestone
meilenweit adv for miles; **~ entfernt** miles away
Meiler m (≈ Kohlenmeiler) charcoal kiln; (≈ Atommeiler) (atomic) pile
mein poss pr my; **~ Herr** sir
Meineid m perjury kein unbest art; **einen ~ leisten** to perjure oneself
meinen **A** v/i (≈ denken) to think; **wie Sie ~!** as you wish; **wenn du meinst!** if you like; **meinst du wirklich?** do you really think so? **B** v/t **1** (≈ der Ansicht sein) to think; **was ~ Sie dazu?** what do you think od say?; **~ Sie das im Ernst?** are you serious about that?; **das will ich ~!** I quite agree! **2** (≈ beabsichtigen, sagen wollen) to mean; umg (≈ sagen) to say; **wie ~ Sie das?** what do you mean?; drohend (just) what do you mean by that?; **so war es nicht gemeint** it wasn't meant like that; **sie meint es gut** she means well
meine(r, s) poss pr substantivisch mine; **das Meine** geh mine; (≈ Besitz) what is mine; **die Meinen** geh (≈ Familie) my people, my family
meinerseits adv as far as I'm concerned; **ganz ~!** the pleasure's (all) mine
meinesgleichen pron (≈ meiner Art) people like me od myself; (≈ gleichrangig) my own kind
meinetwegen adv **1** (≈ wegen mir) because of me; (≈ mir zuliebe) for my sake **2** (≈ von mir aus) as far as I'm concerned; **~!** if you like
meinetwillen adv **um ~** (≈ mir zuliebe) for my sake; (≈ wegen mir) on my account
meins poss pr mine
Meinung f opinion; **nach meiner ~, meiner ~ nach** in my opinion; **ich bin der ~, dass** ... I'm of the opinion that ...; **eine hohe ~ von j-m/etw haben** to think highly of sb/sth; **einer ~ sein** to share the same opinion, to agree; **anderer ~ sein (als)** to disagree (with); **ganz meine ~!** I completely agree!; **j-m die ~ sagen** umg to give sb a piece of one's mind umg
Meinungsaustausch m exchange of views (**über** +akk on, about)
Meinungsbildung f formation of opinion
Meinungsforscher(in) m(f) (opinion) pollster
Meinungsforschung f (public) opinion polling

Meinungsforschungsinstitut n polling institute
Meinungsfreiheit f freedom of speech
Meinungsumfrage f (public) opinion poll
Meinungsumschwung m swing of opinion
Meinungsverschiedenheit f difference of opinion
Meise f tit
Meisenknödel m für Vögel fat ball
Meißel m chisel
meißeln v/t & v/i to chisel
Meißener adj ~ **Porzellan** Dresden od Meissen china
meist adv → meistens
Meistbegünstigungsklausel f WIRTSCH, POL most-favo(u)red-nation clause
meistbietend adj highest bidding; ~ **versteigern** to sell to the highest bidder
Meistbietende(r) m/f(m) highest bidder
meisten am ~ adv the most; **am ~ bekannt** best known
meistens adv mostly, usually
Meister m (≈ Handwerksmeister) master (craftsman); in Fabrik foreman; SPORT champion; Mannschaft champions pl; **seinen ~ machen** to take one's master craftsman's diploma
meiste(r, s) indef pr **1** adjektivisch **die ~n Leute** most people **2** substantivisch **die ~n** most people; **die ~n (von ihnen)** most (of them); **die ~n wissen das** most people know that; **die ~n hier haben einen Computer** most of the people here have a computer; **das ~** most of it; **am ~n habe ich mich über die CD gefreut** I was most pleased about the CD
Meisterbrief m master craftsman's diploma
meisterhaft **A** adj masterly **B** adv brilliantly
Meisterin f (≈ Handwerksmeisterin) master craftswoman; in Fabrik forewoman; SPORT champion
Meisterleistung f masterly performance; iron brilliant achievement
meistern v/t to master; Schwierigkeiten to overcome
Meisterprüfung f examination for master craftsman's diploma
Meisterschaft f **1** SPORT championship; Veranstaltung championships pl **2** (≈ Können) mastery
Meisterstück n von Handwerker work done to qualify as master craftsman; fig masterpiece; (≈ geniale Tat) master stroke
Meisterwerk n masterpiece
Meistgebot n highest bid
meistgefragt adj most in demand
meistgekauft adj best-selling
Mekka n Mecca
Melancholie f melancholy
melancholisch adj melancholy

Melange f österr (≈ Milchkaffee) coffee with milk
Melanom n MED melanoma
Melanzani f österr aubergine
Melasse f molasses
Meldeamt n registration office
Meldebehörde f registration authorities pl
Meldefrist f registration period
melden **A** v/t **1** (≈ anzeigen, berichten) **eine Geburt (der Behörde** dat) ~ to notify the authorities of a birth; **etw bei der Polizei** ~ to report sth to the police; **wie soeben gemeldet wird** RADIO, TV according to reports just coming in; **(bei j-m) nichts zu ~ haben** umg to have no say **2** (≈ ankündigen) to announce; **wen darf ich ~?** who(m) shall I say (is here)? **B** v/r **1** (≈ antreten) to report **(zu** for); **sich zum Dienst** ~ to report for work; **sich zu** od **für etw** ~ bes MIL to volunteer for sth; **für Arbeitsplatz** to apply for sth; **sich freiwillig** ~ to volunteer; **sich auf eine Anzeige** ~ to answer an advertisement; **sich** ~ **bei** als Rückmeldung to get back to **2** durch Handaufheben to put one's hand up **3** bes TEL (≈ antworten) to answer; **es meldet sich niemand** there's no answer **4** (≈ von sich hören lassen) to get in touch **(bei** with); **melde dich wieder** keep in touch
Meldepflicht f **1** beim Ordnungsamt compulsory registration (when moving house); **polizeiliche** ~ **obligation** to register with the police **2** ~ **des Arztes** the doctor's obligation to notify the authorities (of people with certain contagious diseases)
meldepflichtig adj **1** subject to registration **2** Krankheit notifiable
Meldezettel m registration form
Meldung f **1** (≈ Mitteilung) announcement **2** Presse, a. RADIO, TV report **(über** +akk on, about); **eine** ~ **im Radio** an announcement on the radio; **~en vom Sport** sports news sg **3** dienstlich, bei Polizei report; **(eine)** ~ **machen** to make a report
meliert adj Haar greying Br, graying US
melken v/t **1** Kuh, Ziege etc to milk **2** fig umg to fleece umg
Melodie f melody, tune
melodiös geh adj melodious
melodisch adj melodic
melodramatisch adj a. fig melodramatic
Melone f **1** melon **2** Hut bowler Br, derby US
Membran(e) f **1** ANAT membrane **2** PHYS, TECH diaphragm
Memme umg f sissy umg
Memo n memo
Memoiren pl memoirs pl
Memorystick m COMPUT memory stick
Menagerie f menagerie

Menge f **1** (≈ *Quantum*) quantity, amount **2** *umg* **eine ~** a lot, lots *umg*; **eine ~ Zeit/Häuser** a lot of time/houses; **jede** *od* **eine ~** loads *pl umg*; **eine ganze ~** quite a lot **3** (≈ *Menschenmenge*) crowd; *pej* (≈ *Pöbel*) mob **4** MATH set
mengen **A** v/t *geh* to mix (**unter** +*akk* with) **B** v/r to mingle (**unter** +*akk* with)
Mengenangabe f quantity
Mengenlehre f MATH set theory
Mengenrabatt m bulk discount
Menora f REL menorah
Menorca f Minorca
Mensa f UNIV canteen, refectory *Br*
Mensch m **1** (≈ *Person*) person, man/woman; **es war kein ~ da** there was nobody there; **als ~** as a person; **das konnte kein ~ ahnen!** no-one (on earth) could have foreseen that!; (≈ *Leute*) **~en** people; **voller ~en** crowded **2** (*als Gattung*) **der ~** man; **die ~en** man *sg*, human beings *pl*; **~ bleiben** *umg* to stay human; **ich bin auch nur ein ~!** I'm only human **3** (≈ *die Menschheit*) **die ~en** mankind, man; **alle ~en** everyone **4** *umg als Interjektion* hey; **~, da habe ich mich aber getäuscht** boy, was I wrong! *umg*
Menschenaffe m ape
Menschenauflauf m crowd (of people)
menschenfeindlich *adj Mensch* misanthropic; *Landschaft etc* inhospitable; *Politik, Gesellschaft* inhumane
Menschenfresser(in) *umg* m(f) (≈ *Kannibale*) cannibal; (≈ *Raubtier*) man-eater
menschenfreundlich *adj Mensch* philanthropic, benevolent; *Gegend* hospitable; *Politik, Gesellschaft* humane
Menschenführung f leadership
Menschengedenken n **der kälteste Winter seit ~** the coldest winter in living memory
Menschenhand f human hand; **von ~ geschaffen** fashioned by the hand of man
Menschenhandel m slave trade; JUR trafficking (in human beings)
Menschenjagd f **eine ~** a manhunt
Menschenkenner(in) m(f) judge of character
Menschenkenntnis f knowledge of human nature
Menschenkette f human chain
Menschenleben n human life; **Verluste an ~** loss of human life
menschenleer *adj* deserted
Menschenmenge f crowd (of people)
menschenmöglich *adj* humanly possible; **das Menschenmögliche tun** to do all that is humanly possible
Menschenrechte *pl* human rights
Menschenrechtler(in) m(f) human rights activist
Menschenrechtskonvention f convention on human rights
Menschenrechtsverletzung f human rights violation, violation of human rights
menschenscheu *adj* afraid of people
Menschenseele f human soul; **keine ~** *fig* not a (living) soul
Menschenskind *int* heavens above
menschenunwürdig **A** *adj* beneath human dignity; *Behausung* unfit for human habitation **B** *adv behandeln* inhumanely; *hausen, unterbringen* under inhuman conditions
menschenverachtend *adj* inhuman
Menschenverstand m **gesunder ~** common sense
Menschenwürde f human dignity *ohne art*
menschenwürdig **A** *adj Behandlung* humane; *Lebensbedingungen* fit for human beings; *Unterkunft* fit for human habitation **B** *adv* **1** (≈ *human*) humanely; *wohnen* in decent conditions
Menschheit f **die ~** mankind, humanity
menschlich **A** *adj* **1** human; **~es Wesen** human **2** (≈ *human*) *Behandlung etc* humane **B** *adv* **1** (≈ *human*) humanely **2** *umg* (≈ *zivilisiert*) decently
Menschlichkeit f humanity *ohne art*; **aus reiner ~** on purely humanitarian grounds; **Verbrechen gegen die ~** crimes against humanity
Menstruation f menstruation
menstruieren v/i to menstruate
Mentalität f mentality
Menthol n menthol
Mentor(in) m(f) **1** *obs* mentor **2** SCHULE ≈ tutor
Menü n **1** (≈ *Tagesmenü*) set meal, table d'hôte form **2** IT menu
Menübefehl m IT menu command
Menüführung f IT menu assistance
menügesteuert *adj* menu-driven
MENUK, MeNuK *abk* (= *Mensch, Natur und Kultur*) SCHULE *school subject taught in some German states incorporating social studies, nature and the arts*
Menüleiste f menu bar
Menüzeile f menu line
MEP m/f (= *Mitglied des Europäischen Parlaments*) MEP
Meridian m ASTRON, GEOG meridian
merkbar **A** *adj* (≈ *wahrnehmbar*) noticeable **B** *adv* noticeably
Merkblatt n leaflet
merken v/t **1** (≈ *wahrnehmen*) to notice; (≈ *spüren*) to feel; (≈ *erkennen*) to realize; **davon habe ich nichts gemerkt** I didn't notice anything; **du merkst auch alles!** *iron* nothing escapes you, does it? **2** (≈ *im Gedächtnis behalten*) to remember; **sich** (*dat*) **j-n/etw ~** to remember sb/sth;

das werde ich mir ~! I won't forget that; **merk dir das!** mark my words!
merklich A *adj* noticeable B *adv* noticeably
Merkmal *n* characteristic; (≈ *Kennzeichen*) feature
Merkspruch *m* mnemonic *form*
Merkur *m* ASTRON Mercury
merkwürdig A *adj* strange B *adv* strangely; **~ riechen** to have a strange smell
merkwürdigerweise *adv* strangely enough
Merkwürdigkeit *f* 1 (≈ *Seltsamkeit*) strangeness 2 (≈ *Eigentümlichkeit*) peculiarity
Merkzettel *m* (reminder) note
messbar A *adj* measurable B *adv* measurably
Messbecher *m* GASTR measuring jug
Messdaten *pl* readings *pl*
Messe¹ *f* KIRCHE, MUS mass; **zur ~ gehen, die ~ besuchen** to go to mass
Messe² *f* (trade) fair
Messe³ *f* SCHIFF, MIL mess
Messeausweis *m* fair pass
Messebesucher(in) *m(f)* visitor to the fair
Messegelände *n* exhibition centre *Br*, exhibition center *US*
Messehalle *f* exhibition hall
messen A *v/t* to measure; **j-s Blutdruck ~** to take sb's blood pressure; **er misst 1,90 m** he is 1.90 m tall; **seine Kräfte mit j-m ~** to match one's strength against sb's B *v/i* to measure C *v/r* **sich mit j-m ~** *geh im Wettkampf* to compete with sb; **sich mit j-m/etw nicht ~ können** to be no match for sb/sth
Messeneuheit *f* new product (*launched at a trade fair*)
Messer *n* knife; **unters ~ kommen** MED *umg* to go under the knife; **j-m das ~ an die Kehle setzen** to hold a knife to sb's throat; **damit würden wir ihn ans ~ liefern** *fig* that would be putting his head on the block; **ein Kampf bis aufs ~** *fig* a fight to the finish; **auf des ~s Schneide stehen** *fig* to be on a razor's edge
Messerblock *m* knife block *od* holder
messerscharf *adj* razor-sharp; *Folgerung* clear--cut
Messerstecherei *f* stabbing, knife fight
Messerstich *m* *Wunde* stab wound
Messestadt *f* trade fair city; **die ~ Leipzig** Leipzig, the city famous for its trade fairs
Messestand *m* stand
Messfühler *m* probe; METEO gauge
Messgerät *n* für Öl, Druck etc measuring instrument
Messias *m* Messiah
Messie *m* messie
Messing *n* brass
Messingschild *n* brass plate
Messinstrument *n* gauge

Messlatte *f* measuring stick; *fig* (≈ *Maßstab*) threshold
Messstab *m* AUTO (≈ *Ölmessstab etc*) dipstick
Messtechnik *f* measurement technology
Messtischblatt *n* ordnance survey map
Messung *f* 1 (≈ *das Messen*) measuring 2 (≈ *Messergebnis*) measurement
Messwert *m* measurement
Metal *n* Musikrichtung metal
Metall *n* metal; **~ verarbeitend** metal-processing *attr*, metal-working *attr*
Metallarbeiter(in) *m(f)* metalworker
metallen A *adj* metal; *geh Klang, Stimme* metallic B *adv glänzen* metallically; **~ klingen** to sound tinny
metallhaltig *adj* metalliferous
metallic *adj* metallic
Metallindustrie *f* metal industry
Metallurgie *f* metallurgy
metallverarbeitend *adj* → Metall
Metallverarbeitung *f* metal processing
Metamorphose *f* metamorphosis
Metapher *f* LIT metaphor
Metaphorik *f* imagery
Metastase *f* metastasis
Meteor *m/n* meteor
Meteorit *m* meteorite
Meteorologe *m*, **Meteorologin** *f* meteorologist; *im Wetterdienst* weather forecaster
Meteorologie *f* meteorology
meteorologisch *adj* meteorological
Meter *m/n* metre *Br*, meter *US*
meterhoch *adj* metres high *Br*, meters high *US*
meterlang *adj* metres long *Br*, meters long *US*
Metermaß *n* (≈ *Bandmaß*) tape measure
Meterware *f* Stoffe piece goods
meterweise *adv* by the metre *Br*, by the meter *US*
Methadon *n* methadone
Methangas *n* methane
Methode *f* 1 method; (≈ *Technik*) technique 2 **~n** *pl* (≈ *Sitten*) behaviour *Br*, behavior *US*
methodisch A *adj* methodical B *adv* methodically
Methodist(in) *m(f)* Methodist
Methylalkohol *m* methyl alcohol
Metier *n* job, profession; **sich auf sein ~ verstehen** to be good at one's job
Metrik *f* Dichtung, *a.* MUS metrics *sg*
metrisch *adj* metric
Metronom *n* MUS metronome
Metropole *f* metropolis; (≈ *Zentrum*) centre *Br*, center *US*
metrosexuell *adj* metrosexual
Metrum *n* LIT metre *Br*, meter *US*
Mettwurst *f* (smoked) pork/beef sausage

Metzelei f butchery
metzeln v/t to slaughter
Metzger(in) m(f) butcher
Metzgerei f butcher's (shop)
Meute f pack (of hounds); *fig pej* mob
Meuterei f mutiny
meutern v/i to mutiny
Mexikaner(in) m(f) Mexican
mexikanisch *adj* Mexican
Mexiko n Mexico
MEZ *abk* (= *mitteleuropäische Zeit*) CET, Central European Time
MG n *abk* (= *Maschinengewehr*) machine gun
miau *int* miaow *Br*, meow
miauen v/i to miaow *Br*, to meow
mich **A** *pers pr* me **B** *refl pr* myself
mick(e)rig *umg adj* pathetic
Miederhöschen n panty girdle
Miederwaren pl corsetry *sg*
Mief *umg* m fug; *muffig* stale air; (≈ *Gestank*) stink
Miene f expression; **eine finstere ~ machen** to look grim
mies *umg* **A** *adj* rotten *umg*; *Qualität* poor **B** *adv* badly
Miesepeter *umg* m grouch *umg*
miesmachen *umg* v/t to run down
Miesmacher(in) *umg* m(f) killjoy
Miesmuschel f mussel
Miet- *zssgn* rental
Mietauto n hire(d) car
Miete f *für Wohnung* rent; *für Gegenstände* rental; **zur ~ wohnen** to live in rented accommodation
mieten v/t to rent; *Boot, Auto* to rent, to hire *bes Br*
Mieter(in) m(f) tenant; (≈ *Untermieter*) lodger
Mieterhöhung f rent increase
Mieterschaft f tenants *pl*
Mieterschutz m rent control
mietfrei *adj* & *adv* rent-free
Mietpreis m rent; *für Sachen* rental (fee), rental (rate) *US*
Mietrückstände pl rent arrears *pl*
Mietshaus n block of (rented) flats *Br*, apartment house *US*
Mietverhältnis n tenancy
Mietvertrag m lease; *von Auto* rental agreement
Mietwagen m hire(d) car *Br*, rental (car) *US*
Mietwohnung f rented flat *Br*, rented apartment
Mieze f *umg* (≈ *Katze*) pussy(-cat) *umg*
Migräne f migraine
Migrant(in) m(f) migrant; *Soziologie* immigrant
Migration f migration
Migrationshintergrund m immigrant background; **mit ~** from an immigrant background
Mikro *umg* n mike *umg*
Mikrobe f microbe
Mikrochip m microchip
Mikroelektronik f microelectronics *sg*
Mikrofaser f microfibre *Br*, microfiber *US*
Mikrofon n microphone
Mikrokosmos m microcosm
Mikrokredit m WIRTSCH microcredit
Mikroorganismus m microorganism
Mikrophon n → Mikrofon
Mikroprozessor m microprocessor
Mikroskop n microscope
mikroskopisch **A** *adj* microscopic **B** *adv etw ~ untersuchen* to examine sth under the microscope; **~ klein** *fig* microscopically small
Mikrowelle f microwave
Mikrowellenherd m microwave (oven)
Milbe f mite
Milch f milk
Milchaufschäumer m (milk) frother
Milchdrüse f mammary gland
Milchflasche f milk bottle
milchfrei *adj Lebensmittel* dairy-free
Milchgeschäft n dairy
Milchglas n frosted glass
milchig *adj* milky; **~ trüb** opaque
Milchkaffee m milky coffee
Milchkanne f milk can; *größer* (milk) churn
Milchkuh f milk cow
Milchladen m dairy
Milchmädchenrechnung *umg* f naïve fallacy
Milchmann m milkman
Milchmixgetränk n milk shake
Milchprodukt n milk product, dairy food
Milchpulver n powdered milk
Milchreis m round-grain rice; *als Gericht* rice pudding
Milchsee m milk lake
Milchshake m milkshake, milk shake
Milchstraße f Milky Way
Milchtüte f milk carton
Milchzahn m milk tooth
Milchzuckerunverträglichkeit f lactose intolerance
mild, milde **A** *adj Wetter, Käse, Zigarette* mild; (≈ *nachsichtig*) lenient **B** *adv* mildly; (≈ *nachsichtig*) leniently; **~e gesagt** to put it mildly; **~ schmecken** to taste mild
Milde f mildness; (≈ *Nachsichtigkeit*) leniency; **~ walten lassen** to be lenient
mildern **A** v/t *geh Schmerz* to soothe; *Kälte* to alleviate; *Angst* to calm; *Strafe, Urteil* to mitigate; *Konflikt, Problem* to reduce; *Ausdrucksweise* to moderate; **~de Umstände** JUR mitigating circumstances **B** v/r *Wetter* to become milder;

Schmerz to ease

Milderung *f von Schmerz* easing, soothing; *von Ausdruck, Strafe* moderation

Milieu *n* **1** (≈ *Umwelt*) environment; (≈ *Lokalkolorit*) atmosphere **2** *soziales Umfeld* social background

milieugeschädigt, **milieugestört** *adj* maladjusted (*due to adverse social factors*)

militant *adj* militant; **~er Umweltschützer** eco-warrior

Militanz *f* militancy

Militär *n* military *pl*; **beim ~ sein** *umg* to be in the forces; **zum ~ gehen** to join the army

Militärarzt *m*, **Militärärztin** *f* army doctor; (≈ *Offizier*) medical officer

Militärdienst *m* military service; **(seinen) ~ ableisten** to do national service

Militärdiktatur *f* military dictatorship

Militärgericht *n* military court

militärisch *adj* military

Militarismus *m* militarism

militaristisch *adj* militaristic

Militärregierung *f* military government

Military *f SPORT* three-day event

Militärzeit *f* army days *pl*

Miliz *f* militia

Milliardär(in) *m(f)* billionaire

Milliarde *f* billion; **fünf ~n** five billion

Milliardengrab *fig n* money burner, white elephant

Millibar *n* millibar

Milligramm *n* milligram(me)

Milliliter *m* millilitre *Br*, milliliter *US*

Millimeter *m/n* millimetre *Br*, millimeter *US*

Millimeterpapier *n* graph paper

Million *f* million; **zwei ~en Einwohner** two million inhabitants; **~en Mal** a million times

Millionär(in) *m(f)* millionaire

Millionärin *f* millionairess

millionenfach *adj* millionfold

Millionengeschäft *n* multi-million-pound/dollar *etc* industry

Millionenhöhe *f* **ein Schaden in ~** damage amounting to millions of euros *etc*

Millionenstadt *f* town with over a million inhabitants

Millionstel *n* millionth part

Millisievert *n NUKL Maßeinheit* millisievert

Milz *f* spleen

Milzbrand *m Tiermedizin, a. MED* anthrax

mimen *v/t* **er mimt den Kranken** *umg* he's pretending to be sick

Mimose *f* mimosa; **empfindlich wie eine ~ sein** to be oversensitive

mimosenhaft *fig adj* oversensitive

Minarett *n* minaret

minder *adv* less; **mehr oder ~** more or less

minderbegabt *adj* less gifted

Mindereinnahmen *pl* decrease *sg* in receipts

mindere(r, s) *adj* lesser; *Güte, Qualität* inferior

Minderheit *f* minority

Minderheitsregierung *f* minority government

minderjährig *adj* who is (still) a minor

Minderjährige(r) *m/f(m)* minor

Minderjährigkeit *f* minority

mindern **A** *v/t Ansehen* to diminish; *Rechte* to erode; *Vergnügen* to lessen; *Risiko, Chancen* to reduce **B** *v/r Ansehen, Wert* to diminish; *Vergnügen* to lessen

Minderung *f* (≈ *Herabsetzung*) diminishing *kein unbest art*; *von Wert* reduction (+*gen* in); *von Vergnügen* lessening

minderwertig *adj* inferior

Minderwertigkeit *f* inferiority

Minderwertigkeitskomplex *m* inferiority complex

Minderzahl *f* minority; **in der ~ sein** to be in the minority

Mindest- *zssgn Lohn etc* minimum

Mindestalter *n* minimum age

mindestens *adv* at least

mindeste(r, s) *adj* least, slightest; **nicht die ~ Angst** not the slightest trace of fear; **das Mindeste** the (very) least; **nicht im Mindesten** not in the least

Mindestgebot *n bei Auktionen* reserve price

Mindesthaltbarkeitsdatum *n* best-before *od* use-by date *Br*, expiration date *US*

Mindestkapital *n* minimum (subscribed) capital

Mindestlohn *m* minimum wage

Mindestmaß *n* minimum

Mindestumtausch *m* minimum currency exchange

Mindmap *f* mind map

Mine *f* **1** *MIL Bergbau* mine **2** (≈ *Bleistiftmine*) lead; (≈ *Kugelschreibermine*) refill

Minenfeld *n MIL* minefield

Minensuchboot *n* minesweeper

Mineral *n* **1** mineral **2** *österr, schweiz* mineral water

Mineral- *zssgn* mineral

Mineralbad *n* mineral bath; (≈ *Ort*) spa; (≈ *Schwimmbad*) swimming pool fed from a mineral spring

Mineralöl *n* (mineral) oil

Mineralölsteuer *f* mineral oil tax

Mineralquelle *f* mineral spring

Mineralstoff *m* mineral salt

Mineralwasser *n* mineral water

Minestrone *f* minestrone

Mini *m umg* (≈ *Minirock*) mini
Mini- *zssgn* mini
Miniatur *f* miniature
Minibar *f im Hotel etc* minibar
Minibus *m* minibus
Minidisc, **Minidisk** *f* (≈ *Tonträger*) Minidisc®; COMPUT minidisk
Minigolf *n* crazy golf *Br*, putt-putt golf *US*
Minijob *m* minijob
minimal **A** *adj* minimal; *Gewinn, Chance* very small; *Gehalt* very low; **mit ~er Anstrengung** with a minimum of effort **B** *adv* (≈ *wenigstens*) at least
minimieren *v/t* to minimize
Minimum *n* minimum (**an** +*dat* of)
Minirock *m* miniskirt
Minister(in) *m(f)* POL minister *Br* (**für** of), secretary (**für** for)
Ministerium *n* ministry *Br*, department
Ministerkonferenz *f* conference of ministers
Ministerpräsident(in) *m(f)* prime minister; *eines Bundeslandes* leader of a Federal German state
Ministerrat *m* council of ministers
Ministrant(in) *m(f)* KIRCHE server
Minnesang *m* minnesong
Minnesänger *m* minnesinger
minus **A** *präp* minus **B** *adv* minus; **~ 10 Grad** minus 10 degrees; **~ machen** *umg* to make a loss
Minus *n* (≈ *Fehlbetrag*) deficit; *auf Konto* overdraft; *fig* (≈ *Nachteil*) bad point
Minusbetrag *m* deficit
Minuspol *m* negative pole
Minuspunkt *m* minus point; **ein ~ für j-n sein** to count against sb
Minustemperatur *f* temperature below freezing
Minuszeichen *n* minus sign
Minute *f* minute; **auf die ~ (genau)** (right) on the dot; **in letzter ~** at the last minute
minutenlang **A** *adj* several minutes of **B** *adv* for several minutes
Minutenzeiger *m* minute hand
minütig *zssgn* **eine 30-minütige Fahrt** a 30-minute ride
minutiös, **minuziös** *geh* **A** *adj* meticulous; *Fragen* detailed **B** *adv* meticulously; *erklären* in great detail
Minze *f* BOT mint
Mio. *abk* (= Millionen) million
mir *pers pr* to me; *nach Präpositionen* me; *reflexiv* myself; **ein Freund von mir** a friend of mine; **von mir aus!** *umg* I don't mind; **du bist mir vielleicht einer!** *umg* you're a right one, you are! *umg*

Mirabelle *f* mirabelle
Mischbatterie *f* mixer tap
Mischehe *f* mixed marriage
mischen **A** *v/t* to mix; *Karten* to shuffle; → gemischt **B** *v/r* (≈ *sich vermengen*) to mix; **sich unter j-n/etw ~** to mix with sb/sth; **sich in etw** (*akk*) **~** to meddle in sth **C** *v/i* KART to shuffle
Mischgemüse *n* mixed vegetables *pl*
Mischling *m* **1** *Mensch* mixed race person **2** ZOOL half-breed
Mischmasch *umg m* mishmash (**aus** of)
Mischmaschine *f* cement-mixer
Mischpult *n* RADIO, TV mixing desk; *von Band* sound mixer
Mischung *f* **1** (≈ *das Mischen*) mixing **2** (≈ *Gemischtes*) mixture; *aus Flüssigkeiten* cocktail; *von Tee etc* blend
Mischungsverhältnis *n* ratio (of a mixture)
Mischwald *m* mixed (deciduous and coniferous) woodland
miserabel *umg* **A** *adj* lousy *umg*; *Gesundheit* miserable; *Gefühl* ghastly; *Benehmen* dreadful; *Qualität* poor **B** *adv* dreadfully; **~ schmecken** to taste lousy *umg*
Misere *f von Wirtschaft etc* plight; **j-n aus einer ~ herausholen** to get sb out of trouble
Miso *n* GASTR miso
Misosuppe *f* miso soup
Mispel *f* medlar (tree)
missachten *v/t* **1** (≈ *ignorieren*) *Warnung* to ignore; *Gesetz* to flout **2** (≈ *gering schätzen*) *j-n* to despise
Missachtung *f* **1** (≈ *Ignorieren*) disregard (+*gen* for); *von Gesetz* flouting (+*gen* of) **2** (≈ *Geringschätzung*) disrespect (+*gen* for)
Missbildung *f* deformity
missbilligen *v/t* to disapprove of
missbilligend **A** *adj* disapproving, critical **B** *adv* disapprovingly
Missbilligung *f* disapproval
Missbrauch *m* abuse; *von Notbremse, Kreditkarte* improper use
missbrauchen *v/t Vertrauen* to abuse; *geh* (≈ *vergewaltigen*) to assault; **j-n für** *od* **zu etw ~** to use sb for sth
missbräuchlich **A** *adj* incorrect **B** *adv* incorrectly
missdeuten *v/t* to misinterpret
missen *geh v/t* to do without; *Erfahrung* to miss
Misserfolg *m* failure
Missernte *f* crop failure
missfallen *v/i* to displease; **es missfällt mir, wie er …** I dislike the way he …
Missfallen *n* displeasure (**über** +*akk* at)
Missfallensäußerung *f* expression of disapproval

Missfallenskundgebung f demonstration of disapproval
missgebildet adj deformed
Missgeburt f deformed person/animal; fig umg failure
Missgeschick n mishap; (≈ Unglück) misfortune
missglücken v/i to fail; **das ist ihr missglückt** she failed; **der Kuchen ist (mir) missglückt** the cake didn't turn out
missgönnen v/t **j-m etw ~** to (be)grudge sb sth
Missgriff m mistake
Missgunst f enviousness (**gegenüber** of)
missgünstig A adj envious (**auf** +akk of) B adv enviously
misshandeln v/t to ill-treat
Misshandlung f ill-treatment
Mission f mission; (≈ Gruppe) delegation
Missionar(in) m(f) missionary
missionarisch adj missionary
Missklang m discord
Misskredit m discredit; **j-n/etw in ~ bringen** to discredit sb/sth
misslich geh adj Lage awkward
missliebig adj unpopular
misslingen v/i → missglücken
Missmanagement n mismanagement
missmutig A adj sullen, morose; (≈ unzufrieden) discontented; Äußerung disgruntled B adv sullenly, morosely; (≈ unzufrieden) discontentedly; sagen disgruntledly
missraten[1] v/i to go wrong; Kind to become wayward; **der Kuchen ist (mir) ~** the cake didn't turn out
missraten[2] adj Kind wayward
Missstand m disgrace kein pl, deplorable state of affairs kein pl; (≈ Ungerechtigkeit) abuse
Missstimmung f 1 (≈ Uneinigkeit) discord 2 (≈ Missmut) ill feeling kein unbest art
misstrauen v/i to mistrust; (≈ nicht glauben) to doubt
Misstrauen n mistrust, distrust (**gegenüber** of); **einer Sache ~ entgegenbringen** to mistrust sth
Misstrauensantrag m PARL motion of no confidence
Misstrauensvotum n PARL vote of no confidence
misstrauisch A adj mistrustful; (≈ argwöhnisch) suspicious B adv sceptically Br, skeptically US
Missverhältnis n discrepancy
missverständlich A adj unclear; **~e Ausdrücke** expressions which could be misunderstood B adv unclearly; **ich habe mich ~ ausgedrückt** I didn't express myself clearly
Missverständnis n misunderstanding
missverstehen v/t to misunderstand; **Sie dürfen mich nicht ~** please do not misunderstand me
Misswahl f beauty contest
Misswirtschaft f mismanagement
Mist m (≈ Kuhmist etc) dung; (≈ Dünger) manure; umg (≈ Unsinn) rubbish bes Br; (**so ein**) **~!** umg, what a bummer! umg; **da hat er ~ gebaut** he really messed that up umg; **mach keinen ~!** don't be a fool!
Mistel f mistletoe kein pl
Mistelzweig m (sprig of) mistletoe
Mistgabel f pitchfork (used for shifting manure)
Misthaufen m manure heap
Mistkäfer m dung beetle
Mistkerl umg m dirty od rotten pig umg
Mistkübel m österr rubbish bin Br, garbage can US
Miststück n, **Mistvieh** umg n (≈ Mann) bastard sl; (≈ Frau) bitch sl
Mistwetter umg n lousy weather umg
mit A präp with; **mit der Bahn/dem Bus** by train/bus; **mit Bleistift schreiben** to write in pencil; **mit dem nächsten Bus kommen** to come on the next bus; **mit achtzehn Jahren** at (the age of) eighteen; **mit wem hat sie geredet?** who did she talk to?; **mit 1 Sekunde Vorsprung gewinnen** to win by 1 second; **mit 80 km/h** at 80 km/h; **mit 4:2 gewinnen** to win 4-2; **du mit deinen dummen Ideen** umg you and your stupid ideas B adv **er war mit dabei** he went od came too; **er ist mit der Beste der Gruppe** he is one of the best in the group; **etw mit in Betracht ziehen** to consider sth as well
Mitarbeit f cooperation; **mündliche ~** SCHULE participation (**in, an** +dat in); **~ bei** od **an etw** (dat) work on sth; **unter ~ von** in collaboration with
mitarbeiten v/i to cooperate (**bei** on); bei Projekt etc to collaborate; **an** od **bei etw ~** to work on sth
Mitarbeiter(in) m(f) (≈ Betriebsangehöriger) employee; Teil des Personals member of staff Br, staff member US; (≈ Kollege) colleague; an Projekt etc collaborator; **freier ~** freelance; **~** pl staff sg
Mitarbeitermotivierung f staff od employee motivation
Mitarbeiterstab m staff
mitbekommen umg v/t (≈ verstehen) to get umg; (≈ bemerken) to realize; **hast du das noch nicht ~?** (≈ erfahren) you mean you didn't know that?
mitbenutzen v/t to share (the use of)
Mitbesitzer(in) m(f) co-owner
mitbestimmen v/i to have a say (**bei** in)
Mitbestimmung f co-determination, partici-

pation (**bei** in); **~ am Arbeitsplatz** worker participation

Mitbestimmungsrecht *n im Betrieb* right of worker participation

Mitbewerber(in) *m(f)* (fellow) competitor; *für Stelle* (fellow) applicant

Mitbewohner(in) *m(f)* (fellow) occupant; *in WG* flatmate *Br*, roommate *US*

mitbringen *v/t* **1** *Geschenk etc* to bring; *Freund, Begleiter* to bring along; **j-m etw ~** to bring sth for sb; **j-m etw von** *od* **aus der Stadt ~** to bring sb sth back from town; **was sollen wir der Gastgeberin ~?** what should we take our hostess?; **etw in die Ehe ~** to have sth when one gets married **2** *fig Befähigung etc* to have

Mitbringsel *n Geschenk* small present; *Andenken* souvenir

Mitbürger(in) *m(f)* fellow citizen

mitdenken *v/i* (≈ *mitkommen*) to follow the argument; (≈ *mit Überlegung vorgehen*) to think things through

mitdürfen *v/i* **wir durften nicht mit** we weren't allowed to go along

Miteigentümer(in) *m(f)* joint owner

miteinander *adv* with each other; (≈ *gemeinsam*) together; **alle ~!** all together

Miteinander *n* cooperation

mitentscheidend *adj* **~ sein** to be a decisive factor, to be one of the decisive factors

Mitentscheidungsverfahren *n POL* codecision procedure

miterleben *v/t* to experience; *im Fernsehen* to watch

Mitesser *m* blackhead

mitfahren *v/i* to go (with sb); **sie fährt mit** she is going too; (**mit j-m**) **~** to go with sb; **kann ich (mit Ihnen) ~?** can you give me a lift *od* a ride *bes US*, ?

Mitfahrer(in) *m(f)* fellow passenger

Mitfahrgelegenheit *f* lift, ride

Mitfahrzentrale *f* car pool(ing) service

mitfiebern *v/i umg* **ich habe mitgefiebert** I got worked up as well

mitfühlen *v/i* **mit j-m ~** to feel for sb

mitfühlend **A** *adj* sympathetic **B** *adv* sympathetically

mitführen *v/t Papiere, Waffen etc* to carry (with one)

mitgeben *v/t* **j-m etw ~** to give sb sth to take with them

Mitgefühl *n* sympathy

mitgehen *v/i* **1** (≈ *mit anderen gehen*) to go too; **mit j-m ~** to go with sb; **gehen Sie mit?** are you going (too)? **2** *fig Publikum etc* to respond favourably *Br od* favorably *US* (**mit** to) **3** *umg* **etw ~ lassen** to steal sth

mitgenommen *adj umg* worn out, exhausted; *seelisch* upset (**wegen** about); **~ aussehen** to look the worse for wear *umg*; → **mitnehmen**

mitgerechnet *adv* included

Mitgift *f* dowry

Mitgiftjäger *umg m* dowry-hunter *Br*, fortune-hunter

Mitglied *n* member (+*gen od* **bei, in** +*dat* of); **~ des Europäischen Parlaments** Member of the European Parliament; **~ werden** to join

Mitgliederversammlung *f* general meeting

Mitgliedsausweis *m* membership card

Mitgliedsbeitrag *m* membership fee, membership dues *pl*

Mitgliedschaft *f* membership

Mitgliedsland *n POL* member country

Mitgliedsstaat *m* member state

mithaben *v/t* **ich habe den Ausweis nicht mit** I haven't got my ID (card) with me *Br*, I don't have my ID (card) with me *US*

mithalten *v/i bei Tempo etc* to keep up (**mit** with); *bei Versteigerung* to stay in the bidding

mithelfen *v/i* to help

mithilfe, **mit Hilfe** *präp* with the help (+*gen* of)

Mithilfe *f* assistance, aid

mithören *v/t* to listen to (too); *Gespräch* to overhear; *heimlich* to listen in on; **ich habe alles mitgehört** I heard everything

Mitinhaber(in) *m(f)* joint owner

mitkommen *v/i* **1** to come along (**mit** with); **kommst du auch mit?** are you coming too?; **ich kann nicht ~** I can't come **2** *umg* (≈ *mithalten*) to keep up; (≈ *verstehen*) to follow; **da komme ich nicht mit** that's beyond me

mitkriegen *umg v/t* → **mitbekommen**

Mitläufer(in) *m(f) POL pej* fellow traveller *Br od* traveler *US*

Mitlaut *m* consonant

Mitleid *n* pity (**mit** for); (≈ *Mitgefühl*) sympathy (**mit** with, for); **~ mit j-m haben** to feel sorry for sb; **~ erregend** pitiful, pathetic

Mitleidenschaft *f* **j-n/etw in ~ ziehen** to affect sb/sth (detrimentally)

mitleiderregend *adj* pitiful

mitleidig *adj* pitying; (≈ *mitfühlend*) sympathetic

mitlesen *v/i* **ich spiele euch den Text vor, und ihr lest mit** I'll play the text to you, and you can read along with it

mitmachen *v/t & v/i* **1** (≈ *teilnehmen*) *Spiel* to join in; *Reise* to go on; *Kurs* to do; *Mode* to follow; *Wettbewerb* to take part in; (**bei**) **etw ~** to join in sth; **er macht alles mit** he always joins in (all the fun); **da mache ich nicht mit** (≈ *ohne mich*) count me out!; **das mache ich nicht mehr mit** *umg* I've had quite enough (of that) **2** (≈ *erleben*) to live through; (≈ *erleiden*) to go through; **sie hat viel mitgemacht** she has been through a lot in her time

Mitmensch *m* fellow man *od* creature

mitmischen *umg v/i* (≈ *sich beteiligen*) to be involved (**in** +*dat od* **bei** in)

mitnehmen *v/t* **1** to take (with one); (≈ *ausleihen*) to borrow; (≈ *kaufen*) to take; **j-n (im Auto) ~** to give sb a lift *od* ride *bes US*; **zum Mitnehmen** to go **2** (≈ *erschöpfen*) *j-n* to exhaust; **mitgenommen aussehen** to look the worse for wear **3** *umg Sehenswürdigkeit* to take in

mitreden **A** *v/i* (≈ *mitbestimmen*) to have a say (**bei** in); **da kann er nicht ~** he wouldn't know anything about that **B** *v/t* **Sie haben hier nichts mitzureden** this is none of your concern

Mitreisende(r) *m/f(m)* fellow passenger

mitreißen *v/t Fluss, Lawine* to sweep away; *Fahrzeug* to carry along; **sich ~ lassen** *fig* to allow oneself to be carried away

mitreißend *adj Rhythmus, Enthusiasmus* infectious; *Reden, Musik* rousing; *Film, Fußballspiel* thrilling

mitsamt *präp* together with

mitschicken *v/t in Brief etc* to enclose

mitschneiden *v/t* to record

Mitschnitt *m* recording

mitschreiben *v/t* to take notes

Mitschuld *f* **ihn trifft eine ~** a share of the blame falls on him; *an Verbrechen* he is implicated (**an** +*dat* in)

mitschuldig *adj an Verbrechen* implicated (**an** +*dat* in); *an Unfall* partly responsible (**an** +*dat* for)

Mitschuldige(r) *m/f(m)* accomplice; (≈ *Helfershelfer*) accessory

Mitschüler(in) *m(f)* school-friend; *in derselben Klasse* classmate, fellow student

mitsingen **A** *v/t* to join in (singing) **B** *v/i* to join in the singing, to sing along

mitspielen *v/i* **1** (≈ *a. spielen*) to play too; *in Mannschaft etc* to play (**bei** in); **in einem Film ~** to be in a film **2** *fig umg* (≈ *mitmachen*) to play along *umg*; (≈ *sich beteiligen*) to be involved in; **wenn das Wetter mitspielt** if the weather's OK *umg* **3** (≈ *Schaden zufügen*) **er hat ihr übel** *od* **hart mitgespielt** he has treated her badly

Mitspieler(in) *m(f) SPORT* player; *THEAT* member of the cast

Mitsprache *f* a say

Mitspracherecht *n* **j-m ein ~ einräumen** to allow *od* grant sb a say (**bei** in)

Mittag *m* **1** midday; (≈ *12 Uhr*) noon; **gestern/heute ~** at midday yesterday/today; **zu ~ essen** to have lunch *od* dinner **2** *umg Pause* lunch hour, lunch-break; **~ machen** to take one's lunch hour *od* lunch-break

Mittagessen *n* lunch, dinner; **zum ~** for lunch

mittags *adv* at lunchtime; **(um) 12 Uhr ~** at 12 noon, at 12 o'clock midday

Mittagsmenü *n* lunch menu

Mittagspause *f* lunch hour *od* break

Mittagsruhe *f* period of quiet (after lunch)

Mittagsschlaf *m* afternoon nap

Mittagszeit *f* lunchtime; **in der ~** at lunchtime

Mittäter(in) *m(f)* accomplice

Mittäterschaft *f* complicity

Mitte *f* **1** middle; *von Kreis, Stadt* centre *Br*, center *US*; **in der ~** in the middle (of); **~ August** in the middle of August; **er ist ~ vierzig** he's in his mid-forties **2** *POL* centre *Br*, center *US*; **rechts/links von der ~** right/left of centre *Br*, right/left of center *US* **3** *von Gruppe* **einer aus unserer ~** one of us; **in unserer ~** in our midst

mitteilen *v/t* **j-m etw ~** to tell sb sth; (≈ *bekannt geben*) to announce sth to sb

mitteilsam *adj* communicative

Mitteilung *f* (≈ *Bekanntgabe*) announcement; (≈ *Benachrichtigung*) notification; *an Mitarbeiter etc* memo; (≈ *Notiz*) note

Mitteilungsheft *n SCHULE notebook used for notifying parents about homework and other school-related issues*

Mittel *n* **1** (≈ *Durchschnitt*) average **2** (≈ *Mittel zum Zweck, Transportmittel etc*) means *sg*; (≈ *Methode*) way; **~ und Wege finden** to find ways and means; **ein ~ zum Zweck** a means to an end; **als letztes** *od* **äußerstes ~** as a last resort; **ihm ist jedes ~ recht** he will do anything (to achieve his ends); **etw mit allen ~n verhindern** to do one's utmost to prevent sth **3** (≈ *Geldmittel*) resources *pl*; **öffentliche ~** public funds *pl* **4** (≈ *Medizin*) medicine; (≈ *Putzmittel*) cleaning agent; **welches ~ nimmst du?** what do you use?; **das beste ~ gegen etw** the best cure for sth

mittel- *zssgn* medium

Mittel- *zssgn* middle, central

Mittelalter *n* Middle Ages *pl*

mittelalterlich *adj* medieval

Mittelamerika *n* Central America (and the Caribbean)

mittelamerikanisch *adj* Central American

mittelbar **A** *adj* indirect **B** *adv* indirectly

mitteldeutsch *adj GEOG, LING* Central German

Mittelding *n* (≈ *Mischung*) cross (**zwischen** +*dat od* **aus** between)

Mitteleuropa *n* Central Europe

Mitteleuropäer(in) *m(f)* Central European

mitteleuropäisch *adj* Central European; **~e Zeit** Central European Time

Mittelfeld *n SPORT* midfield

Mittelfeldspieler(in) m(f) midfielder
Mittelfinger m middle finger
mittelfristig **A** adj Finanzplanung, Kredite medium-term **B** adv in the medium term
Mittelgebirge n low mountain range
Mittelgewicht n middleweight
mittelgroß adj medium-sized
Mittelklasse f **1** HANDEL middle of the market; **ein Wagen der ~** a mid-range car **2** SOZIOL middle classes pl
Mittelklassewagen m mid-range car
Mittellinie f centre line Br, center line US
mittellos adj without means; (≈ arm) impoverished
Mittelmaß n mediocrity ohne art; **~ sein** to be average
mittelmäßig **A** adj mediocre **B** adv begabt, gebildet moderately; ausgestattet modestly
Mittelmäßigkeit f mediocrity
Mittelmeer n Mediterranean (Sea)
Mittelmeerländer pl Mediterranean countries pl
Mittelmeerraum m Mediterranean (region), Med umg
Mittelmeerunion f Union for the Mediterranean
Mittelohrentzündung f inflammation of the middle ear
Mittelpunkt m centre Br, center US; fig visuell focal point; **er muss immer im ~ stehen** he always has to be the centre of attention Br, he always has to be the center of attention US
mittels geh präp by means of
Mittelschicht f SOZIOL middle class
Mittelschule f schweiz (≈ Fachoberschule) ≈ College of Further Education
Mittelsmann m intermediary
Mittelstand m middle classes pl
mittelständisch adj middle-class; Betrieb medium-sized
Mittelstreckenrakete f intermediate-range od medium-range missile
Mittelstreifen m central reservation Br, median (strip) US
Mittelstufe f SCHULE middle school Br, junior high US
Mittelstürmer(in) m(f) SPORT centre-forward Br, center-forward US
Mittelweg m middle course; **der goldene ~** the happy medium; **einen ~ gehen** to steer a middle course
Mittelwelle f RADIO medium wave(band)
Mittelwert m mean (value)
Mittelwort n participle
mitten adv **~ an etw** (dat)/**in etw** (dat) (right) in the middle of sth; **~ am Tag** in the middle of the day; **~ in der Nacht** in the middle of the night; **~ in der Stadt** in the middle of the town; **~ durch etw** (right) through the middle of sth; **~ in der Luft** in mid-air; **~ im Leben** in the middle of life; **~ unter uns** (right) in our midst
mittendrin adv (right) in the middle of it
mittendurch adv (right) through the middle
Mitternacht f midnight ohne art
mitternächtlich adj midnight
mittlere(r, s) adj **1** middle; **der Mittlere Osten** the Middle East **2** (≈ den Mittelwert bildend) medium; (≈ durchschnittlich) average; MATH mean; (≈ von mittlerer Größe) Betrieb medium-sized; **~n Alters** middle-aged; **~ Reife** SCHULE first public examination in secondary school ≈ GCSEs pl Br
mittlerweile adv in the meantime, meanwhile
Mittsommer m midsummer
Mittsommernacht f Midsummer's Night
Mittwoch m Wednesday; → Dienstag
mittwochs adv (on) Wednesdays, on a Wednesday; → dienstags
Mittwochsziehung f beim Lotto Wednesday draw
mitunter adv from time to time
mitverantwortlich adj jointly responsible präd
Mitverantwortung f share of the responsibility
mitverdienen v/i to (go out to) work as well
mitwirken v/i to play a part (**an** +dat od **bei** in); (≈ beteiligt sein) to be involved (**an** +dat od **bei** in); Schauspieler, Diskussionsteilnehmer to take part (**an** +dat od **bei** in); in Film to appear (**an** +dat in)
Mitwirkende(r) m/f(m) participant (**an** +dat od **bei** in); (≈ Mitspieler) performer (**an** +dat od **bei** in); (≈ Schauspieler) actor (**an** +dat od **bei** in); **die ~n** THEAT the cast pl
Mitwirkung f (≈ Beteiligung) involvement (**an** +dat od **bei** in); an Buch, Film collaboration (**an** +dat od **bei** on); an Projekt participation (**an** +dat od **bei** in); von Schauspieler appearance (**an** +dat od **bei** in); **unter ~ von** with the assistance of
Mitwisser(in) m(f) JUR accessory (+gen to); **~ sein** to know about it
mitzählen v/t & v/i to count; Betrag to count in
Mix m mixture
Mixbecher m (cocktail) shaker
mixen v/t to mix
Mixer m (≈ Küchenmixer) blender; (≈ Rührmaschine) mixer
Mixer(in) m(f) **1** (≈ Barmixer) cocktail waiter/waitress **2** FILM, RADIO, TV mixer
Mixtur f mixture
mm abk (= Millimeter) mm
MMS m abk (= Multimedia Messaging Service)

MMS, picture messaging
MMS-Handy n TEL MMS-enabled mobile od cell phone US
Mob pej m mob
mobben v/t to bully
Mobbing n bullying; am Arbeitsplatz a. bullying in the workplace
Möbel n (≈ Möbelstück) piece of furniture; ~ pl furniture sg
Möbelgeschäft n furniture store od shop bes Br
Möbelpacker(in) m(f) furniture packer
Möbelschreiner(in) m(f) cabinet-maker
Möbelspedition f removal firm Br, moving company US
Möbelstück n piece of furniture
Möbelwagen m removal van Br, moving van US
mobil adj **1** mobile; (≈ mitnehmbar) portable; IT ~**es Internet** mobile Internet **2** umg (≈ munter) lively
Mobilfunk m mobile communications pl Br, cellular communications pl US
Mobilfunknetz n mobile network Br, cellular network US
Mobiliar n furnishings pl
mobilisieren v/t to mobilize; HANDEL Kapital to make liquid
Mobilität f mobility; **berufliche ~** occupational mobility
Mobilmachung f MIL mobilization
Mobilnetz n TEL mobile network, cellular network US
Mobiltelefon n mobile phone, cell phone US
möblieren v/t to furnish; **neu ~** to refurnish; **möbliert wohnen** to live in furnished accommodation
möchte(n) → mögen
Möchtegern- iron zssgn would-be
modal adj GRAM modal
Modalität f von Vertrag etc arrangement; von Verfahren procedure
Modalverb n modal verb
Mode f fashion; **~ sein** to be fashionable; **in ~/aus der ~ kommen** to come into/go out of fashion
modebewusst adj fashion-conscious
Modedesigner(in) m(f) fashion designer
Modekrankheit f fashionable complaint
Model n model
Modell n model; **zu ~ stehen** to be the model for sth; **j-m ~ stehen/sitzen** to sit for sb
Modelleisenbahn f model railway bes Br, model railroad US; als Spielzeug train set
Modellflugzeug n model aeroplane Br, model airplane US
modellieren v/t & v/i to model

modeln v/i bei Modeschau to model
Modem n modem
Modemarke f fashion label
Modenschau f fashion show
moderat **A** adj moderate, reasonable **B** adv moderately
Moderation f RADIO, TV presentation
Moderator(in) m(f) presenter
moderieren v/t & v/i RADIO, TV to present
moderig adj Geruch musty
modern[1] v/i to rot
modern[2] **A** adj modern kein adv; (≈ modisch) fashionable; **~ werden** to come into fashion **B** adv sich kleiden fashionably; denken open-mindedly; **~ wohnen** to live in modern housing
Moderne geh f modern age
modernisieren v/t to modernize
Modernisierung f modernization
Modesalon m fashion house
Modeschmuck m costume jewellery Br, costume jewelry US
Modeschöpfer(in) m(f) fashion designer
Modewort n in-word, buzz word
Modezeichner(in) m(f) fashion illustrator
Modezeitschrift f fashion magazine
Modifikation f modification
modifizieren v/t to modify
modisch **A** adj stylish, trendy **B** adv fashionably, stylishly
Modistin f milliner
Modul n COMPUT module
modular **A** adj modular **B** adv of modules
Modulation f modulation
Modus m **1** way; **~ Vivendi** geh modus vivendi **2** GRAM mood **3** IT mode
Mofa n small moped
mogeln v/i to cheat; **beim Kartenspielen ~** to cheat at card games
Mogelpackung f misleading packaging; fig sham
mögen **A** v/t to like; (≈ sehr mögen) to love; **etw ~** to be fond of sth; **sehr gern ~** to love; **am liebsten ~** to like best; **ich mag ...** I like ...; **ich mag ... nicht/kein(e) ...** I don't like ...; **sie mag das (gern)** she (really) likes that; **magst du ...?** do you like ...?; **ich mag Fußball lieber als Tennis** I prefer football to tennis; **möchtest du/möchten Sie ...?** would you like ...?; **was möchten Sie, bitte?** what would you like?; Verkäufer **was kann ich für Sie tun?** what can I do for you? **B** v/i (≈ etw tun mögen) to like to; **ich mag nicht mehr** I've had enough; (≈ bin am Ende) I can't take any more; **ich möchte lieber in die Stadt** I would prefer to go into town **C** v/aux **1** Wunsch to like to +inf; **ich möchte gern ... (haben)** I'd like;

möchten Sie etwas essen? would you like something to eat?; **möchten Sie schon bestellen?** are you ready to order?; **wir möchten (gern) etwas trinken** we would like something to drink; **ich möchte dazu nichts sagen** I don't want to say anything about that; **ich möchte gehen** I'd like to go; **ich möchte nicht gehen** I wouldn't like to go ❷ *einschränkend* **man möchte meinen, dass …** you would think that …; **ich möchte fast sagen …** I would almost say … ❸ *geh Einräumung* **es mag wohl sein, dass er recht hat, aber …** he may well be right, but …; **mag kommen was da will** come what may ❹ *Vermutung* **sie mag/mochte etwa zwanzig sein** she must be/have been about twenty

Mogler(in) *m(f)* cheat

möglich *adj* ❶ possible; **alle ~en …** all kinds of …; **alles Mögliche** everything you can think of; **er tat sein Möglichstes** he did his utmost; **so bald wie ~** as soon as possible; **das ist doch nicht ~!** that's impossible ❷ (≈ *eventuell*) Kunden potential, possible

möglicherweise *adv* possibly, maybe

Möglichkeit *f* ❶ possibility; **es besteht die ~, dass …** there is a possibility that …; **ist denn das die ~?** *umg* it's impossible! ❷ (≈ *Aussicht*) chance; (≈ *Gelegenheit*) opportunity; **das Land der unbegrenzten ~en** the land of unlimited opportunity ❸ (≈ *Alternative*) option; **unsere einzige ~ war wegzulaufen** our only option was to run

möglichst *adv* **~ genau/schnell/oft** as accurately/quickly/often as possible

Mohammedaner(in) *obs, neg! m(f)* Mohammedan *obs*

mohammedanisch *obs, neg! adj* Mohammedan *obs*

Mohn *m* poppy; (≈ *Mohnsamen*) poppy seed

Mohnblume *f* poppy

Möhre *f*, **Mohrrübe** *f* carrot

mokieren *v/r* to sneer (**über** +*akk* at)

Mokka *m* mocha

Molch *m* salamander; (≈ *Wassermolch*) newt

Moldau *f* Moldova

Mole *f* pier

Molekül *n* molecule

molekular *adj* molecular

Molke *f dial* whey

Molkerei *f* dairy

Molkereibutter *f* blended butter

Molkereiprodukt *n* dairy product

Moll *n* MUS minor (key); **a-Moll** A minor

mollig *umg adj* ❶ cosy *Br*, cozy *US*; (≈ *warm, behaglich*) snug ❷ (≈ *rundlich*) plump

Molltonleiter *f* minor scale

Molotowcocktail *m* Molotov cocktail

Moment¹ *m* moment; **jeden ~** any time *od* minute; **einen ~, bitte** one moment please; **~ mal!** just a minute!, hang on!; **im ~** at the moment; **genau in dem ~** just then

Moment² *n* ❶ (≈ *Bestandteil*) element ❷ (≈ *Umstand*) fact; (≈ *Faktor*) factor ❸ PHYS momentum

momentan ❹ *adj* ❶ (≈ *vorübergehend*) momentary ❷ (≈ *augenblicklich*) present *attr* ❸ *adv* ❶ (≈ *vorübergehend*) for a moment ❷ (≈ *augenblicklich*) at the moment

Monaco *n* Monaco

Monarch(in) *m(f)* monarch

Monarchie *f* monarchy

Monat *m* month; **der ~ Mai** the month of May; **sie ist im sechsten ~ (schwanger)** she's five months pregnant; **was verdient er im ~?** how much does he earn a month?; **am 12. dieses ~s** on the 12th (of this month); **auf ~e hinaus** months ahead

monatelang ❹ *adj Verhandlungen, Kämpfe* which go on for months; **nach ~em Warten** after waiting for months; **mit ~er Verspätung** months late ❸ *adv* for months

monatlich ❹ *adj* monthly ❸ *adv* every month

Monatsanfang *m* beginning of the month

Monatsblutung *f* menstrual *od* monthly period

Monatseinkommen *n* monthly income

Monatsende *n* end of the month

Monatsfahrkarte *f* monthly season ticket; *der Londoner Verkehrsbetriebe* Travelcard

Monatsgehalt *n* monthly salary; **ein ~** one month's salary

Monatskarte *f* monthly season ticket

Monatsrate *f* monthly instalment *Br*, monthly installment *US*

Mönch *m* monk

Mond *m* moon; **auf dem ~ leben** *umg* to be behind the times

mondän *adj* chic

Mondaufgang *m* moonrise

Mondfinsternis *f* eclipse of the moon, lunar eclipse

mondhell *adj* moonlit

Mondlandefähre *f* RAUMF lunar module

Mondlandschaft *f* lunar landscape

Mondlandung *f* moon landing

Mondlicht *n* moonlight

Mondschein *m* moonlight

Mondsichel *f* crescent moon

Mondsonde *f* RAUMF lunar probe

Mondumlaufbahn *f* RAUMF lunar orbit

Monduntergang *m* moonset

monetär *adj* monetary

Monetarismus *m* WIRTSCH monetarism

Mongole *m*, **Mongolin** *f* Mongolian
Mongolei *f* **die ~** Mongolia; **die Innere/Äußere ~** Inner/Outer Mongolia
mongolisch *adj* Mongolian
Mongolismus *neg! m* mongolism
mongoloid *neg! adj* Mongol, MED mongoloid
monieren *v/t* to complain about
Monitor *m* monitor
Monitoring *n* monitoring
monochrom *adj* monochrome
monogam A *adj* monogamous B *adv* leben monogamously
Monogamie *f* monogamy
Monografie *f* monograph
Monogramm *n* monogram
Monolog *m* monologue; (≈ *Selbstgespräch*) soliloquy; **innerer ~** LIT interior monologue
Monopol *n* monopoly (**auf** +*akk od* **für** on)
monopolisieren *wörtl, fig v/t* to monopolize
Monopolstellung *f* monopoly
monoton A *adj* monotonous B *adv* monotonously
Monotonie *f* monotony
Monoxid *n* monoxide
Monster, **Monstrum** *n* (≈ *Ungeheuer*) monster; *umg* (≈ *schweres Möbel*) hulking great piece of furniture *umg*
Monsterwelle *umg f* (≈ *Tsunami*) monster wave
Monsun *m* monsoon
Monsunzeit *f* monsoon season
Montag *m* Monday; → **Dienstag**
Montage *f* 1 TECH (≈ *Aufstellung*) installation; *von Gerüst* erection; (≈ *Zusammenbau*) assembly; **auf ~** (*dat*) **sein** to be away on a job 2 KUNST montage; FILM editing
Montageband *n* assembly line
Montagehalle *f* assembly shop
montags *adv* (on) Mondays, on a Monday; → **dienstags**
Montenegriner(in) *m(f)* Montenegrin
montenegrinisch *adj* Montenegrin
Montenegro *n* GEOG Montenegro
Monteur(in) *m(f)* TECH fitter
montieren *v/t* TECH to install; (≈ *zusammenbauen*) to assemble; (≈ *befestigen*) *Bauteil* to fit (**auf** +*akk od* **an** +*akk* to); *Dachantenne* to put up
Monument *n* monument
monumental *adj* monumental
Moor *n* bog; (≈ *Hochmoor*) moor
Moorbad *n* mud bath
Moorboden *m* marshy soil
Moorhuhn *n* grouse
moorig *adj* boggy
Moos *n* moss
Moped *n* moped
Mopp *m* mop

Mops *m* 1 *Hund* pug (dog) 2 **Möpse** *pl sl* (≈ *Busen*) tits *pl sl*
Moral *f* 1 (≈ *Sittlichkeit*) morals *pl*; **die ~ sinkt** moral standards are declining; **eine doppelte ~** double standards *pl*; **~ predigen** to moralize (**j-m** to sb) 2 (≈ *Lehre*) moral; **und die ~ von der Geschicht':** ... and the moral of this story is ... 3 (≈ *Ethik*) ethics *pl* 4 (≈ *Disziplin*) morale
moralisch A *adj* moral; (≈ *ethisch*) ethical B *adv* morally
Moralist(in) *m(f)* moralist
Moralpredigt *f* sermon; **j-m eine ~ halten** to give sb a sermon
Moräne *f* GEOL moraine
Morast *m* mire
Moratorium *n* moratorium
Morchel *f* BOT morel
Mord *m* murder, homicide US (**an** +*dat* of); *an Politiker etc* assassination (**an**)
Mordanschlag *m* assassination attempt (**auf** +*akk* on); **einen ~ auf j-n verüben** to try to assassinate sb; *erfolgreich* to assassinate sb
Morddrohung *f* murder *od* death threat
morden *liter v/t & v/i* to murder, to kill
Mörder(in) *m(f)* killer; *a.* JUR murderer; (≈ *Attentäter*) assassin
mörderisch A *adj wörtl Anschlag* murderous; *fig* (≈ *schrecklich*) dreadful; *Konkurrenzkampf* cutthroat B *adv umg* (≈ *entsetzlich*) dreadfully; *stinken* like hell *umg*; *wehtun* like crazy *umg*
Mordfall *m* murder case, homicide (case) US
Mordinstrument *n* murder weapon
Mordkommission *f* murder squad, homicide squad US
Mordopfer *umg n* murder victim
Mordsärger *umg m* **das gibt einen ~** there's going to be hell to pay *umg*; **du bekommst einen ~ mit ihnen** you're going to get into massive trouble with them *umg*; **einen ~ im Büro haben** to be having massive problems at work *umg*
Mordsgeld *umg n* fantastic amount of money
Mordshunger *umg m* **ich habe einen ~** I could eat a horse *umg*
Mordskerl *umg m* hell of a guy *umg*
mordsmäßig *umg adj* incredible; **ich habe einen ~en Hunger** I could eat a horse *umg*
Mordswut *umg f* **eine ~ im Bauch haben** to be in a hell of a temper *umg*
Mordverdacht *m* suspicion of murder; **unter ~** (*dat*) **stehen** to be suspected of murder
Mordversuch *m* attempted murder
Mordwaffe *f* murder weapon
morgen *adv* tomorrow; **~ früh/Abend** tomorrow morning/evening; **~ in einer Woche** a week (from) tomorrow; **~ um diese** *od* **dieselbe**

Zeit this time tomorrow; **bis ~!** see you tomorrow

Morgen¹ m morning; **am ~** in the morning; **am nächsten ~** the next morning; **gestern ~** yesterday morning; **heute ~** this morning; **guten ~!** good morning

Morgen² m Land ≈ acre

Morgenappell m assembly

Morgendämmerung f dawn, daybreak

morgendlich **A** adj morning attr; **die ~e Stille** the quiet of the early morning **B** adv **es war ~ kühl** it was cool as it often is in the morning

Morgenessen n schweiz (≈ Frühstück) breakfast

Morgengrauen n dawn

Morgenmantel m dressing gown

Morgenmuffel umg m **ich bin ein ~** I'm not a morning person

Morgenrock m dressing gown

Morgenrot n sunrise; fig dawn(ing)

morgens adv in the morning; hinter Uhrzeit am Br, a.m. US; **(um) drei Uhr ~** at three o'clock in the morning; **von ~ bis abends** from morning to night

Morgenstunde f morning hour; **bis in die frühen ~n** into the early hours

morgig adj tomorrow's; **der ~e Tag** tomorrow

Mormone m, **Mormonin** f Mormon

Morphium n morphine

morsch adj rotten; Knochen brittle

Morsealphabet n Morse (code); **im ~** in Morse (code)

morsen v/t & v/i to morse

Mörser m a. MIL mortar

Morsezeichen n Morse signal

Mörtel m zum Mauern mortar; (≈ Putz) stucco

Mosaik wörtl, fig n mosaic

Mosambik n GEOG Mozambique

Moschee f mosque

Moschus m musk

Mosel f GEOG Moselle

mosern umg v/i to gripe umg

Moskau n Moscow

Moskito m mosquito

Moskitonetz n mosquito net

Moslem(in) m(f) Moslem

Moslembruderschaft f, **Moslembrüder** pl POL, REL Muslim Brotherhood sg

moslemisch adj Moslem

Most m (unfermented) fruit juice; für Wein must

Motel n motel

Motiv n **1** motive; **aus welchem ~ heraus?** for what motive? **2** KUNST, LIT subject; (≈ Leitmotiv), a. MUS motif

Motivation f motivation

motivationsfördernd adj motivational; **~e Maßnahmen** incentives

motivieren v/t **1** Mitarbeiter to motivate; **politisch motiviert** politically motivated **2** (≈ begründen) **etw (j-m gegenüber) ~** to give (sb) reasons for sth

Motor m motor; von Fahrzeug engine

Motor- zssgn motor

Motorboot n motorboat

Motorenöl n engine oil

Motorhaube f bonnet Br, hood US

motorisieren v/t to motorize

Motoröl n engine oil

Motorrad n motorbike

Motorradfahrer(in) m(f) motorcyclist

Motorroller m (motor) scooter

Motorsäge f power saw

Motorschaden m engine trouble kein pl

Motorsport m motor sport

Motte f moth

Mottenkugel f mothball

Motto n (≈ Wahlspruch) motto

motzen umg v/i to beef umg

Mountainbike n mountain bike

mountainbiken v/i to go mountain biking

Mousepad n COMPUT mouse mat, mouse pad

Möwe f seagull

Mozzarella m Käse mozzarella

MP f abk (= Maschinenpistole) submachine gun

MP3 n abk COMPUT MP3

MP3-Player m, **MP3-Spieler** m MP3 player

MTA abk (= medizinisch-technischer Assistentin) medical technician

Mucke f umg für Musik sounds pl umg; **geile ~** wicked sounds

Mücke f (≈ Insekt) mosquito, midge Br; **aus einer ~ einen Elefanten machen** umg to make a mountain out of a molehill

Mucken umg pl moods pl; **(seine) ~ haben** to be moody; Sache to be temperamental

Mückenstich m mosquito bite, midge bite Br

Mucks umg m sound; **keinen ~ sagen** not to make a sound; **ohne einen ~** (≈ widerspruchslos) without a murmur

mucksmäuschenstill umg adj & adv (as) quiet as a mouse

müde **A** adj tired; **~ machen** to be tiring; **einer Sache** (gen) **~ sein** to be tired of sth **B** adv **1** (≈ erschöpft) **sich ~ reden** to tire oneself out talking **2** (≈ gelangweilt) **~ lächeln** to give a weary smile

Müdigkeit f (≈ Schlafbedürfnis) tiredness; (≈ Schläfrigkeit) sleepiness; **nur keine ~ vorschützen!** umg don't (you) tell me you're tired

Muffe f TECH sleeve

Muffel m umg (≈ Mensch) grouch umg, griper umg

muffelig umg adj grumpy

Muffensausen umg n **~ kriegen/haben** to get/

be scared stiff *umg*

muffig *adj* **1** *Geruch, Zimmer* musty **2** *umg Gesicht* grumpy

Mühe *f* trouble; (≈ *Anstrengung*) effort; **nur mit ~** only just; **mit Müh und Not** *umg* with great difficulty; **mit j-m/etw seine ~ haben** to have a great deal of trouble with sb/sth; **er hat sich** (*dat*) **große ~ gegeben** he took a lot of trouble; **gib dir keine ~!** (≈ *hör auf*) don't bother; **sich** (*dat*) **die ~ machen, etw zu tun** to take the trouble to do sth; **wenn es Ihnen keine ~ macht** if it isn't too much trouble; **verlorene ~** a waste of effort

mühelos **A** *adj* effortless **B** *adv* effortlessly

mühevoll **A** *adj* laborious; *Leben* arduous **B** *adv* with difficulty; **~ verdientes Geld** hard-earned money

Mühle *f* **1** mill **2** *fig* (≈ *Routine*) treadmill; **die ~n der Justiz** the wheels of justice **3** (≈ *Mühlespiel*) nine men's morris *bes Br*

Mühlrad *n* millwheel

Mühlstein *m* millstone

mühsam **A** *adj* arduous **B** *adv* with difficulty; **~ verdientes Geld** hard-earned money

mühselig *adj* arduous

Mulch *m* AGR mulch

Mulde *f* (≈ *Geländesenkung*) hollow

Mull *m* (≈ *Gewebe*) muslin; MED gauze

Müll *m* rubbish, garbage *bes US*, trash *US*; (≈ *Industriemüll*) waste; **den ~ hinausbringen** to take out the rubbish

Müllabfuhr *f* refuse collection, garbage collection *US*

Müllabladeplatz *m* dump

Müllbeutel *m* bin liner *Br*, garbage bag *US*

Mullbinde *f* gauze bandage

Müllcontainer *m* rubbish skip, dumpster® *US*

Mülldeponie *f* waste disposal site *form*, landfill *US form*

Mülleimer *m* rubbish bin *Br*, garbage can *US*

Müllentsorgung *f* waste disposal

Müller *m* miller

Müllhalde *f* dump

Müllhaufen *m* rubbish, *od US* garbage heap

Müllkippe *f* rubbish dump, garbage dump *US*

Müllmann *umg m* dustman *Br*, garbage man *US*

Müllschlucker *m* refuse chute *Br*, waste disposal (unit) *US*

Mülltonne *f* dustbin *Br*, trash can *US*

Mülltrennung *f* waste separation

Mülltüte *f* bin liner *Br*, trash-can liner *US*

Müllverbrennungsanlage *f* incinerating plant

Müllverwertung *f* refuse utilization

Müllwagen *m* dust-cart *Br*, garbage truck *US*

mulmig *adj umg* (≈ *bedenklich*) uncomfortable; **mir war ~ zumute** *wörtl* I felt queasy; *fig* I had butterflies (in my tummy) *umg*

Multi *umg m* multinational (organization)

multi-, Multi- *zssgn* multi-

multifunktional *adj* multifunctional

multikulturell *adj* multicultural

Multikultigesellschaft *umg f* multicultural society

multilateral **A** *adj* multilateral **B** *adv* multilaterally

Multimedia *pl* multimedia *pl*

multimediafähig *adj* PC capable of multimedia

multimedial *adj* multimedia *attr*

Multimillionär(in) *m(f)* multimillionaire

multinational *adj* multinational

multipel *adj* multiple; **multiple Sklerose** multiple sclerosis

Multiplex-Kino *n* multiplex (cinema)

Multiplikation *f* multiplication

Multiplikator *m* MATH multiplier

Multiplikator(in) *fig m(f)* disseminator

multiplizieren *v/t* to multiply (**mit** by)

Multivitaminsaft *m* multivitamin juice

Multivitamintablette *f* multivitamin tablet

Mumie *f* mummy

mumifizieren *v/t* to mummify

Mumm *umg m* **1** (≈ *Kraft*) strength **2** (≈ *Mut*) guts *pl umg*

Mumps *umg m/f* (the) mumps *sg*

München *n* Munich

Mund *m* mouth; **den ~ aufmachen** to open one's mouth; *fig* (≈ *seine Meinung sagen*) to speak up; **j-m den ~ verbieten** to order sb to be quiet; **halt den ~!** shut up! *umg*; **j-m den ~ stopfen** *umg* to shut sb up *umg*; **in aller ~e sein** to be on everyone's lips; **Sie nehmen mir das Wort aus dem ~(e)** you've taken the (very) words out of my mouth; **sie ist nicht auf den ~ gefallen** *umg* she's never at a loss for words; **den ~ (zu) voll nehmen** *umg* to talk (too) big *umg*

Mundart *f* dialect

mundartlich *adj* dialect(al)

Munddusche *f* dental water jet *bes US*, waterpick

Mündel *n* ward

mündelsicher **A** *adj* BÖRSE ≈ gilt-edged *kein adv* **B** *adv* BÖRSE *anlegen* in secure gilt-edged investments

münden *v/i Fluss* to flow (**in** +*akk* into); *Straße, Gang* to lead (**in** +*akk od* **auf** +*akk* into)

mundfaul *umg adj* too lazy to say much

Mundgeruch *m* bad breath

Mundharmonika *f* mouth organ; **~ spielen** to play the mouth organ

mündig *adj* of age; *fig* mature; **~ werden** to come of age
mündlich **A** *adj* verbal; *Prüfung, Leistung* oral; **~e Verhandlung** JUR hearing **B** *adv* testen orally; *besprechen* personally; **alles Weitere ~!** I'll tell you the rest when I see you
Mundpflege *f* oral hygiene *ohne art*
Mundpropaganda *f* verbal propaganda
Mundschutz *m* mask (over one's mouth)
Mundspülung *f* mouthwash
Mundstück *n* von Pfeife, Blasinstrument mouthpiece; *von Zigarette* tip
mundtot *umg adj* **j-n ~ machen** to silence sb
Mündung *f* von Fluss, Rohr mouth; (≈ *Trichtermündung*) estuary; (≈ *Gewehrmündung*) muzzle
Mundwasser *n* mouthwash
Mundwerk *umg n* **ein böses ~ haben** to have a vicious tongue (in one's head); **ein loses ~ haben** to have a big mouth *umg*; **ein großes ~ haben** to talk big *umg*
Mundwinkel *m* corner of one's mouth
Mund-zu-Mund-Beatmung *f* mouth-to--mouth (resuscitation)
Munition *f* ammunition
munkeln *v/t & v/i* **es wird gemunkelt, dass ...** it's rumoured that ... *Br*, it's rumored that ... *US*
Münster *n* minster, cathedral
munter **A** *adj* **1** (≈ *lebhaft*) lively *kein adv*; *Farben* bright; (≈ *fröhlich*) cheerful; **~ werden** to liven up **2** (≈ *wach*) awake **B** *adv* (≈ *unbekümmert*) blithely; **~ drauflosreden** to prattle away merrily
Munterkeit *f* (≈ *Lebhaftigkeit*) liveliness; (≈ *Fröhlichkeit*) cheerfulness
Muntermacher *m* MED *umg* pick-me-up *umg*
Münzanstalt *f* mint
Münzautomat *m* slot machine
Münze *f* **1** (≈ *Geldstück*) coin **2** (≈ *Münzanstalt*) mint
Münzeinwurf *m* Schlitz (coin) slot
münzen *v/t* to mint; **das war auf ihn gemünzt** *fig* that was aimed at him
Münzfernsprecher *form m* pay phone
Münzsammlung *f* coin collection
Münzspielautomat *m* slot machine
Münztankstelle *f* coin-operated petrol station *Br*, coin-operated gas station *US*
Münztelefon *n* pay phone
Münzwechsler *m* change machine
mürbe *adj* crumbly; (≈ *zerbröckelnd*) crumbling; *Holz* rotten; **j-n ~ machen** to wear sb down
Mürbeteig *m* short(-crust) pastry
Murks *umg m* **~ machen** to bungle things *umg*; **das ist ~!** that's a botch-up *umg*
Murmel *f* marble
murmeln *v/t & v/i* to murmur; *undeutlich* to mumble; (≈ *brummen*) to mutter
Murmeltier *n* marmot
murren *v/i* to grumble (**über** *+akk* about)
mürrisch *adj* (≈ *abweisend*) sullen; (≈ *schlecht gelaunt*) grumpy
Mus *n/m* mush; (≈ *Apfelmus*) puree
Muschel *f* **1** *a.* GASTR mussel; *Schale* shell **2** TEL (≈ *Sprechmuschel*) mouthpiece; (≈ *Hörmuschel*) ear piece
Muscleshirt *n* muscle shirt
Museum *n* museum
Musical *n* musical
Musik *f* music; **die ~ lieben** to love music
Musikalbum *n* album
musikalisch **A** *adj* musical **B** *adv* begabt musically
Musikanlage *f* stereo (system)
Musikant(in) *m(f)* musician
Musikautomat *m* (≈ *Musikbox*) jukebox
Musikbegleitung *f* musical accompaniment
Musikbox *f* jukebox
Musiker(in) *m(f)* musician
Musikgruppe *f* group
Musikhochschule *f* college of music
Musikinstrument *n* musical instrument
Musikkapelle *f* band
Musikkassette *f* music cassette
Musikliebhaber(in) *m(f)* music-lover
Musikrichtung *f* kind of music, musical genre
Musiksaal *m* music room
Musikschule *f* music school
Musiksendung *f* music programme *Br*, music program *US*
Musikstück *n* piece of music
Musikstunde *f* music lesson
Musikunterricht *m* music lessons *pl*; SCHULE music
musisch **A** *adj* Fächer (fine) arts *attr*; *Begabung* for the arts; *Veranlagung* artistic **B** *adv* **~ begabt/interessiert** gifted/interested in the (fine) arts; **~ veranlagt** artistically inclined
musizieren *v/i* to play a musical instrument
Muskat *m* nutmeg
Muskatnuss *f* nutmeg
Muskel *m* muscle; **seine ~n spielen lassen** to flex one's muscles
Muskelfaser *f* muscle fibre *Br*, muscle fiber *US*
Muskelkater *m* aching muscles *pl*; **~ haben** to be stiff
Muskelkraft *f* physical strength
Muskelkrampf *m* muscle cramp *kein unbest art*
Muskelprotz *umg m* muscleman
Muskelriss *m* torn muscle
Muskelschwund *m* muscular atrophy
Muskelzerrung *f* pulled muscle

Muskulatur f muscular system
muskulös adj muscular; **~ gebaut sein** to have a muscular build
Müsli n muesli
Muslim m Moslem
Muslimbruder m POL, REL Muslim Brother
Muslimbruderschaft f POL, REL Muslim Brotherhood
Muslime f Moslem
muslimisch adj Muslim
Muss n **es ist ein/kein ~** it's/it's not a must
Muße f leisure
Mussehe umg f shotgun wedding umg
müssen **A** v/aux **1** Zwang to have to; Notwendigkeit to need to; **muss er?** does he have to?; **ich muss jetzt gehen** I must be going now; **du musst nicht auf mich warten** you don't have to wait for me; **muss das (denn) sein?** is that (really) necessary?; **das musste (ja so) kommen** that had to happen **2** (≈ sollen) **das müsstest du eigentlich wissen** you ought to know that, you should know that **3** Vermutung **es muss geregnet haben** it must have rained; **er müsste schon da sein** he should be there by now; **so muss es gewesen sein** that's how it must have been **4** Wunsch **(viel) Geld müsste man haben!** if only I were rich! **B** v/i umg (≈ austreten müssen) **ich muss mal** I need to go to the loo Br umg od **the bathroom** bes US
Mußestunde f hour of leisure
müßig adj (≈ untätig) idle; Leben of leisure; (≈ unnütz) futile
Muster n **1** (≈ Vorlage) pattern; für Brief, Bewerbung etc specimen **2** (≈ Probestück) sample; **~ ohne Wert** sample of no commercial value **3** fig (≈ Vorbild) model (**an** +dat of)
Musterbeispiel n classic example
Musterexemplar n fine specimen
mustergültig adj exemplary; **sich ~ benehmen** to be a model of good behaviour Br, to be a model of good behavior US
musterhaft **A** adj exemplary **B** adv exemplarily
Musterhaus n showhouse
Musterkollektion f WIRTSCH sample collection
mustern v/t **1** (≈ betrachten) to scrutinize; **j-n von oben bis unten ~** to look sb up and down **2** MIL für Wehrdienst **j-n ~** to give sb his/her medical **3** Textilien → gemustert
Musterpackung f sample pack
Musterprozess m test case
Musterschüler(in) m(f) model pupil; fig star pupil
Mustertext m model (text)
Musterung f **1** (≈ Muster) pattern **2** MIL von Rekruten medical examination for military service

Mut m courage (**zu** for); (≈ Zuversicht) heart; **Mut fassen** to pluck up courage; **nur Mut!** cheer up!; **den Mut verlieren** to lose heart; **wieder Mut bekommen** to take heart; **wieder guten Mutes sein** to cheer up; **j-m Mut machen** to encourage sb; **mit dem Mut der Verzweiflung** with the courage born of desperation; **zu Mute** → zumute
Mutation f mutation
mutieren v/i to mutate
mutig **A** adj courageous, brave **B** adv courageously
mutlos adj (≈ niedergeschlagen) discouraged kein adv, disheartened kein adv; (≈ bedrückt) despondent, dejected; **er ging ~ nach Hause** he went home feeling disheartened
Mutlosigkeit f (≈ Niedergeschlagenheit) discouragement; (≈ Bedrücktheit) despondency, dejection
mutmaßen v/t & v/i to conjecture
mutmaßlich adj Vater presumed; Täter, Terrorist suspected
Mutmaßung f conjecture
Mutprobe f test of courage
Mutter¹ f mother; **sie ist ~ von drei Kindern** she's a mother of three
Mutter² f TECH nut
Muttererde f topsoil
Muttergesellschaft f HANDEL parent company
Muttergottes f Mother of God; Abbild Madonna
Mutterinstinkt m maternal instinct
Mutterkuchen m ANAT placenta
Mutterland n mother country
mütterlich **A** adj maternal; **die ~en Pflichten** one's duties as a mother **B** adv like a mother; **j-n ~ umsorgen** to mother sb
mütterlicherseits adv on his/her etc mother's side; **sein Großvater ~** his maternal grandfather
Mutterliebe f motherly love
Muttermal n birthmark
Muttermilch f mother's milk
Muttermund m ANAT cervix
Mutterschaft f motherhood; nach Entbindung maternity
Mutterschaftsgeld n maternity pay bes Br
Mutterschaftsurlaub m maternity leave
Mutterschiff n RAUMF mother ship
Mutterschutz m legal protection of expectant and nursing mothers
mutterseelenallein adj & adv all alone
Muttersöhnchen pej n mummy's boy Br, mommy's boy US
Muttersprache f native language, mother tongue, first language

Muttersprachler(in) *m(f)* native speaker
Muttertag *m* Mother's Day
Mutterwitz *m* natural wit
Mutti *umg f* mum(my) *Br umg*, mom(my) *US umg*
mutwillig **A** *adj* (≈ *böswillig*) malicious **B** *adv zerstören etc* wilfully
Mütze *f* cap; (≈ *Pudelmütze*) hat
MwSt. *abk* (= Mehrwertsteuer) VAT
Myanmar *n GEOG* Myanmar
Myrrhe *f*, **Myrre** *f* myrrh
mysteriös **A** *adj* mysterious **B** *adv* mysteriously
Mystik *f* mysticism *ohne art*
mystisch *adj* mystic(al); *fig* (≈ *geheimnisvoll*) mysterious
mythisch *adj* mythical
Mythologie *f* mythology
mythologisch *adj* mythologic(al)
Mythos *m* myth

N

N, n *n* N, n; **n-te** nth
na *umg int* **na, kommst du mit?** well, are you coming?; **na du?** hey, you!; **na gut** all right; **na ja, na gut** oh well; **na also!, na eben!** (well,) there you are (then)!; **na, endlich!** about time!; **na (na)!** now, now!; **na warte!** just you wait!; **na so was!** well, I never!; **na und?, na wennschon!** so what?
Nabe *f* hub
Nabel *m ANAT* navel; **der ~ der Welt** *fig* the hub of the universe
nabelfrei **A** *adj* **~es T-Shirt** crop top **B** *adv* **~ gehen** to wear a crop top
Nabelschnur *f ANAT* umbilical cord
nach **A** *präp* **1** *örtlich* to; **ich nahm den Zug ~ Mailand** (≈ *bis*) I took the train to Milan; (≈ *in Richtung*) I took the Milan train; **er ist schon ~ London abgefahren** he has already left for London; **~ Osten** eastward(s), east; **~ draußen** outside; **~ drinnen** inside; **~ links/rechts** (to the) left/right; **~ hinten/vorn** to the back/front; **~ oben** up; *im Haus* upstairs; **~ unten** down; *im Haus* downstairs; **~ Hause** home **2** *zeitlich, Reihenfolge* after; **fünf (Minuten) ~ drei** five (minutes) past three, five (minutes) after three *US*; **~ zehn Minuten war sie wieder da** she was back ten minutes later; **die dritte Straße ~ dem Rathaus** the third road after the town hall; **(bitte) ~ Ihnen!** after you! **3** (≈ *laut, entsprechend*) according to; (≈ *im Einklang mit*) in accordance with; **~ Artikel 142c** under article 142c; **etw ~ Gewicht kaufen** to buy sth by weight; **die Uhr ~ dem Radio stellen** to put a clock right by the radio; **ihrer Sprache ~ (zu urteilen)** judging by her language; **~ allem, was ich gehört habe** from what I've heard **B** *adv zeitlich* **~ und ~** little by little; **~ wie vor** still
nachäffen *v/t* **j-n ~** to ape sb
nachahmen *v/t* to imitate; (≈ *kopieren*) to copy
Nachahmung *f* imitation; (≈ *Kopie*) copy
Nachbar(in) *m(f)* neighbour *Br*, neighbor *US*
Nachbarhaus *n* house next door
Nachbarland *n* neighbouring country *Br*, neighboring country *US*
nachbarlich *adj* (≈ *freundlich*) neighbourly *kein adv Br*, neighborly *kein adv US*; (≈ *benachbart*) neighbo(u)ring *kein adv*; **sie kommen ~ gut miteinander aus** they get on well as neighbo(u)rs
Nachbarschaft *f* (≈ *Gegend*) neighbourhood *Br*, neighborhood *US*; (≈ *Nachbarn*) neighbo(u)rs *pl*; (≈ *Nähe*) vicinity
Nachbarschaftspolitik *f* neighbourhood policy *Br*, neighborhood policy *US*
nachbauen *v/t Gebäude, Gerät* to copy
Nachbeben *n* aftershock
nachbehandeln *v/t MED* **j-n ~** to give sb follow-up treatment
Nachbehandlung *f MED* follow-up treatment *kein unbest art*
nachbessern **A** *v/t Lackierung* to retouch; *Gesetz* to amend; *Angebot* to improve **B** *v/i* to make improvements
Nachbesserung *f von Gesetz* amendment; **~en vornehmen** to make improvements
nachbestellen *v/t* to order some more; *HANDEL* to reorder
Nachbestellung *f* repeat order (+*gen* for)
nachbeten *umg v/t* to repeat parrot-fashion
nachbezahlen *v/t* to pay; *später* to pay later; **Steuern ~** to pay back-tax
Nachbildung *f* copy; *exakt* reproduction
nachdatieren *v/t* to postdate
nachdem *konj* **1** *zeitlich* after **2** *südd* (≈ *da, weil*) since
nachdenken *v/i* to think (**über** +*akk* about); **denk mal scharf nach!** think carefully!
Nachdenken *n* thought; **nach langem ~** after (giving the matter) considerable thought
nachdenklich *adj Mensch, Miene* thoughtful; *Worte* thought-provoking; **j-n ~ stimmen** *od* **machen** to set sb thinking
Nachdruck *m* **1** (≈ *Betonung*) stress; **einer Sache** (*dat*) **~ verleihen** to lend weight to sth; **mit ~** vigorously; **etw mit ~ sagen** to say sth em-

nachdrucken – Nachkriegsdeutschland • **1181**

phatically **2** (≈ *das Nachgedruckte*) reprint
nachdrucken *v/t* to reprint
nachdrücklich **A** *adj* emphatic **B** *adv* firmly; **j-n ~ warnen** to give sb a firm warning
nacheifern *v/i* **j-m/einer Sache ~** to emulate sb/sth
nacheinander *adv* one after another; **zweimal ~** twice in a row; **kurz ~** shortly after each other
nachempfinden *v/t Stimmung* to feel; (≈ *nachvollziehen*) to understand; **das kann ich ihr ~** I can understand how she feels
nacherzählen *v/t* to retell
Nacherzählung *f* retelling; SCHULE (story) reproduction
Nachfahr(in) *liter m(f)* descendant
nachfahren *v/i* **j-m ~** to follow sb
nachfeiern *v/t & v/i* (≈ *später feiern*) to celebrate later
Nachfolge *f* succession; **j-s ~ antreten** to succeed sb
nachfolgen *v/i* **j-m ~** to follow sb; **j-m im Amt ~** to succeed sb in office
nachfolgend *adj* following
Nachfolgeorganisation *f* successor organization
Nachfolger(in) *m(f) im Amt etc* successor
nachforschen *v/i* to try to find out; *polizeilich etc* to investigate, to carry out an investigation (+*dat* into)
Nachforschung *f* enquiry; *polizeilich etc* investigation; **~en anstellen** to make inquiries
Nachfrage *f* **1** HANDEL demand (**nach, in** +*dat* for); **danach besteht keine ~** there is no demand for it **2** (≈ *Erkundigung*) inquiry; **danke der ~** *umg* nice of you to ask
nachfragen *v/i* to ask, to inquire
nachfühlen *v/t* → nachempfinden
nachfüllen *v/t leeres Glas etc* to refill; *halb leeres Glas* to top up *Br*, to top off *US*
Nachfüllpack *m* refill (pack)
Nachfüllpackung *f* refill (pack)
nachgeben *v/i* **1** *Boden* to give way (+*dat* to); (≈ *federn*) to give; *fig Mensch* to give in (+*dat* to) **2** HANDEL *Preise, Kurse* to drop
Nachgebühr *f* excess (postage)
nachgehen *v/i* **1** (≈ *hinterhergehen*) to follow; **j-m ~** to go after **2** *Uhr* to be slow **3** (≈ *ausüben*) *Beruf* to practise *Br*, to practice *US*; *Studium, Interesse etc* to pursue; *Geschäften* to go about; **seiner Arbeit ~** to do one's job **4** (≈ *erforschen*) to investigate
nachgemacht *adj Gold, Leder etc* imitation; *Geld* counterfeit; → nachmachen
Nachgeschmack *m* aftertaste
nachgiebig *adj Material* pliable; *Boden, Mensch,* *Haltung* soft; (≈ *entgegenkommend*) accommodating; **sie behandelt die Kinder zu ~** she's too soft with the children
Nachgiebigkeit *f von Material* pliability; *von Boden, Mensch, Haltung* softness; (≈ *Entgegenkommen*) compliance
nachgießen *v/i & v/t* to top up; **darf ich ~?** may I top up your glass?, may I fill up your glass?* US*, may I top you up?, may I fill you up? *US*
nachhaken *umg v/i* to dig deeper
nachhallen *v/i* to reverberate
nachhaltig **A** *adj* lasting; *Wachstum* sustained; **~e Nutzung** *von Energie, Rohstoffen etc* sustainable use **B** *adv* **1** (≈ *mit langer Wirkung*) with lasting effect; **etw ~ beeinflussen** to have a profound effect on sth **2** (≈ *ökologisch bewusst*) with a view to sustainability
Nachhaltigkeit *f* sustainability
nach Hause, nachhause *adv* → Haus
Nachhauseweg *m* way home
nachhelfen *v/i* to help; **j-m ~** to help sb; **sie hat ihrer Schönheit etwas nachgeholfen** she has given nature a helping hand; **j-s Gedächtnis** (*dat*) **~** to jog sb's memory
nachher *adv* (≈ *danach*) afterwards; (≈ *später*) later; **bis ~** see you later!
Nachhilfe *f* SCHULE private coaching *od* tuition *od* tutoring *US*
Nachhilfelehrer(in) *m(f)* private tutor
Nachhilfestunde *f* private lesson
Nachhilfeunterricht *m* private tuition *od* tutoring *US*
Nachhinein *adv* **im ~** afterwards; *rückblickend* in retrospect
Nachholbedarf *m* **einen ~ an etw** (*dat*) **haben** to have a lot to catch up on in the way of sth
nachholen *v/t* **1** (≈ *aufholen*) *Versäumtes* to make up; **den Schulabschluss ~** to sit one's school exams as an adult **2** **j-n ~** (≈ *nachkommen lassen*) to get sb to join one
nachjagen *v/i* to chase (after)
nachkaufen *v/t* to buy later; **kann man diese Knöpfe auch ~?** is it possible to buy replacements for these buttons?
nachklingen *v/i Ton, Echo* to go on sounding; *Worte, Erinnerung* to linger
Nachkomme *m* descendant
nachkommen *v/i* **1** (≈ *später kommen*) to come (on) later; **j-m ~** to follow sb; **wir kommen gleich nach** we'll follow in just a couple of minutes **2** (≈ *Schritt halten*) to keep up **3** (≈ *erfüllen*) *seiner Pflicht* to carry out; *einer Anordnung, einem Wunsch* to comply with
Nachkriegs- *zssgn Generation etc* postwar
Nachkriegsdeutschland *n* post-war Germany

nachladen v/t & v/i to reload
Nachlass m **1** (≈ *Preisnachlass*) discount (**auf** +*akk* on) **2** (≈ *Erbschaft*) estate
nachlassen **A** v/t *Preis, Summe* to reduce; **10% vom Preis ~** to give a 10% discount **B** v/i to decrease; *Regen, Hitze* to ease off; *Leistung, Geschäfte* to drop off; *Preise* to fall; **nicht ~!** keep it up!; **er hat in letzter Zeit sehr nachgelassen** he hasn't been nearly as good recently; **sobald die Kälte nachlässt** as soon as it gets a bit warmer
nachlässig **A** *adj* careless; (≈ *unachtsam*) thoughtless **B** *adv* carelessly; (≈ *unachtsam*) thoughtlessly
Nachlässigkeit f carelessness; (≈ *Unachtsamkeit*) thoughtlessness
Nachlassverwalter(in) m(f) JUR executor
nachlaufen v/i **j-m/einer Sache ~** to run after sb/sth
nachlesen v/t *in einem Buch* to read; (≈ *nachschlagen*) to look up; (≈ *nachprüfen*) to check up; **man kann das in der Bibel ~** it says so in the Bible
nachliefern v/t (≈ *später liefern*) to deliver at a later date; *fig Begründung etc* to give later; **könnten Sie noch 25 Stück ~?** could you deliver another 25?
nachlösen **A** v/i to pay on the train; *zur Weiterfahrt* to pay the extra **B** v/t *Fahrkarte* to buy on the train
nachmachen v/t **1** (≈ *nachahmen*) to copy, to imitate; (≈ *nachäffen*) to mimic; **sie macht mir alles nach** she copies everything I do; **das soll erst mal einer ~!** I'd like to see anyone else do that! **2** (≈ *fälschen*) to forge; (≈ *imitieren*) to copy; → **nachgemacht**
nachmessen **A** v/t to measure again; (≈ *prüfen*) to check **B** v/i to check
Nachmieter(in) m(f) next tenant; **wir müssen einen ~ finden** we have to find someone to take over the apartment *etc*
Nachmittag m afternoon; **am ~** in the afternoon; **gestern/heute ~** yesterday/this afternoon; **den ganzen ~ lang** all afternoon
nachmittags *adv* in the afternoon; *hinter Uhrzeit* pm *Br*, p.m. *US*; **dienstags ~** every Tuesday afternoon
Nachmittagstee m afternoon tea
Nachmittagsvorstellung f *im Kino etc* matinée (performance)
Nachnahme f cash on delivery, collect on delivery *US*, COD; **etw per ~ schicken** to send sth COD
Nachnahmesendung f COD letter *od* parcel
Nachname m surname, last name *US*; **wie heißt du mit ~n?** what is your surname?
Nachporto n excess (postage)

nachprüfbar *adj* verifiable
nachprüfen **A** v/t *Tatsachen* to verify **B** v/i to check
Nachprüfung f **1** *von Tatsachen* check (+*gen* on) **2** (≈ *nochmalige Prüfung*) re-examination; *Termin* resit
nachrechnen v/t & v/i to check
Nachrede f **üble ~** JUR defamation of character
nachreichen v/t to hand in later
nachreisen v/i **j-m ~** to follow sb
Nachricht f (≈ *Mitteilung*) message; (≈ *Meldung*) (piece of) news *sg*; **die ~en** the news *sg*; **neueste ~en** breaking news; **j-m eine ~ hinterlassen** to leave sb a message; **das sind aber schlechte ~en** that's bad news; **ich habe eine gute ~ für dich** I've got (some) good news for you; **~ erhalten, dass …** to receive (the) news that …; **wir geben Ihnen ~** we'll let you know
Nachrichtenagentur f news agency
Nachrichtendienst m **1** RADIO, TV news service **2** POL, MIL intelligence (service)
Nachrichtenmagazin n news magazine
Nachrichtensatellit m communications satellite
Nachrichtensender m news station; TV *a.* news channel
Nachrichtensendung f news *sg*
Nachrichtensperre f news blackout
Nachrichtensprecher(in) m(f) newsreader
Nachrichtentechnik f telecommunications *sg*
nachrücken v/i to move up; *auf Posten* to succeed (**auf** +*akk* to); MIL to advance
Nachrücker(in) m(f) successor
Nachruf m obituary
nachrufen v/t & v/i to shout after
nachrüsten **A** v/i MIL to deploy new arms; (≈ *modernisieren*) to modernize **B** v/t *Kraftwerk etc* to modernize
Nachrüstung f **1** MIL deployment of new arms **2** TECH modernization
nachsagen v/t **1** (≈ *wiederholen*) to repeat; **j-m alles ~** to repeat everything sb says **2** (≈ *behaupten*) **j-m etw ~** to attribute sth to sb; **man kann ihr nichts ~** you can't say anything against her; **ihm wird nachgesagt, dass …** it's said that he …
Nachsaison f off season
nachsalzen v/i to add more salt
Nachsatz m (≈ *Nachschrift*) postscript; (≈ *Nachtrag*) afterthought
nachschauen *bes dial* v/t & v/i → **nachsehen**
nachschenken v/t & v/i **j-m etw ~** to top sb up with sth *Br*, to top sb off with sth *US*
nachschicken v/t to forward
Nachschlag *umg* m second helping

nachschlagen **A** v/t *Zitat, Wort* to look up **B** v/i *in Lexikon* to look
Nachschlagewerk n reference book
Nachschlüssel m duplicate key; (≈ *Dietrich*) skeleton key
nachschreiben v/t **eine Arbeit (später) ~** to do od sit a test later
Nachschub m MIL supplies pl (**an** +dat of); *Material* reinforcements pl
Nachschulung f AUTO *bei bestimmten Verkehrsvergehen* driver awareness course
Nachschuss m *im Fußball* follow-up shot
nachsehen **A** v/i **1** **j-m ~** to follow sb with one's eyes; (≈ *hinterherschauen*) to gaze after sb/sth **2** (≈ *gucken*) to look and see; (≈ *nachschlagen*) to (have a) look **B** v/t **1** to (have a) look at; (≈ *prüfen*) to check; (≈ *nachschlagen*) to look up **2** (≈ *verzeihen*) **j-m etw ~** to forgive sb (for) sth
Nachsehen n **das ~ haben** to be left standing; (≈ *nichts bekommen*) to be left empty-handed
Nachsendeantrag m forwarding request, application to redirect mail
nachsenden v/t to forward
Nachsicht f (≈ *Milde*) leniency; (≈ *Geduld*) forbearance; **er kennt keine ~** he knows no mercy; **~ üben** to be lenient; **mit j-m keine ~ haben** to make no allowances for sb
nachsichtig, nachsichtsvoll **A** adj (≈ *milde*) lenient; (≈ *geduldig*) forbearing (**gegen, mit** with) **B** adv leniently; **j-n ~ behandeln** to be lenient with sb
Nachsilbe f suffix
nachsitzen v/i SCHULE **~ (müssen)** to be kept in; **j-n ~ lassen** to keep sb in
Nachsommer m Indian summer
Nachsorge f MED aftercare
Nachspann m credits pl
Nachspeise f dessert, pudding Br; **als ~** for dessert od pudding Br
Nachspiel n THEAT epilogue Br, epilog US; fig sequel; **das wird noch ein (unangenehmes) ~ haben** that will have (unpleasant) consequences; **ein gerichtliches ~ haben** to have legal repercussions
nachspielen **A** v/t to play, to act out **B** v/i SPORT to play stoppage time Br, to play overtime US; *wegen Verletzungen* to play injury time Br, to play injury overtime US; **der Schiedsrichter ließ ~** the referee allowed stoppage time/injury time Br, the referee allowed (injury) overtime US
Nachspielzeit f SPORT stoppage time; *wegen Verletzungen* injury time
nachspionieren umg v/i **j-m ~** to spy on sb
nachsprechen v/t to repeat; **j-m etw ~** to repeat sth after sb

nächstbeste(r, s) adj **der ~ Zug/Job** the first train/job that comes along
nachstehen v/i **keinem ~** to be second to none (**in** +dat in); **j-m in nichts ~** to be sb's equal in every way
nachstehend **A** adj following; **im Nachstehenden** below, in the following **B** adv (≈ *weiter unten*) below
nachstellen **A** v/t **1** TECH (≈ *neu einstellen*) to adjust **2** **eine Szene ~** to recreate a scene **B** v/i **j-m ~** to follow sb; (≈ *aufdringlich umwerben*) to pester sb
Nächstenliebe f brotherly love; (≈ *Barmherzigkeit*) compassion
nächstens adv (≈ *das nächste Mal*) (the) next time; (≈ *bald einmal*) some time soon
Nächste(r) m/f(m) **1** next one; **der ~, bitte** next please; **der ~ sein** to be next **2** fig (≈ *Mitmensch*) neighbour Br, neighbor US; **jeder ist sich selbst der ~** sprichw charity begins at home sprichw
nächste(r, s) adj **1** (≈ *nächstgelegen*) nearest; **in ~r Nähe** in the immediate vicinity; **aus ~r Nähe** from close by; *sehen, betrachten* at close quarters; *schießen* at close range **2** *zeitlich, räumlich in einer Reihe* next; **~s Mal** next time; **am ~n Morgen/Tag(e)** (the) next morning/day; **bei ~r Gelegenheit** at the earliest opportunity; **in den ~n Jahren** in the next few years; **in ~r Zeit** some time soon **3** *Angehörige* closest; **die ~n Verwandten** the immediate family; **der ~ Angehörige** the next of kin
Nächste(s) n **das ~** the next thing; (≈ *das Erste*) the first thing; **als ~s** next/first; **was haben wir als ~s?** what have we got next?
nächstgelegen adj nearest
nächstliegend wörtl adj nearest; fig most obvious; **das Nächstliegende** the most obvious thing (to do)
nachsuchen v/i form (≈ *beantragen*) **um etw ~** to request sth (**bei j-m** of sb)
Nacht f night; **heute ~** tonight; (≈ *letzte Nacht*) last night; **in der ~** at night; **in der ~ zum Dienstag** during Monday night; **über ~** overnight; **die ~ zum Tage machen** to stay up all night (working etc); **eines ~s** one night; **letzte ~** last night; **die ganze ~ (lang)** all night long; **gute ~!** good night!; **bei ~ und Nebel** umg at dead of night
Nachtarbeit f night-work
nachtblind adj nightblind
Nachtcreme f night cream
Nachtdienst m *von Person* night duty; *von Apotheke* all-night service
Nachteil m disadvantage; **im ~ sein** to be at a disadvantage (**j-m gegenüber** with sb); **er hat sich zu seinem ~ verändert** he has changed

for the worse; **das soll nicht Ihr ~ sein** you won't lose by it; **zu j-s ~** to sb's disadvantage
nachteilig **A** *adj* (≈ *ungünstig*) disadvantageous; (≈ *schädlich*) detrimental **B** *adv* **behandeln** unfavourably *Br*, unfavorably *US*; **sich ~ auf etw** (*akk*) **auswirken** to have a detrimental effect on sth
nächtelang *adv* for nights (on end)
Nachtessen *n schweiz, südd* supper
Nachteule *fig umg f* night owl
Nachtfahrverbot *n* ban on nighttime driving
Nachtfalter *m* moth
Nachtflug *m* night flight
Nachtflugverbot *n* ban on nighttime flying
Nachtfrost *m* night frost
Nachthemd *n für Damen* nightdress; *für Herren* nightshirt
Nachtigall *f* nightingale
Nachtisch *m* dessert, pudding *Br*
Nachtklub *m* night club
Nachtleben *n* night life
nächtlich *adj* (≈ *jede Nacht*) nightly; **zu ~er Stunde** at a late hour
Nachtlokal *n* night club
Nachtmahl *n österr, südd* supper, dinner
Nachtmensch *m* night person
Nachtportier *m* night porter
Nachtquartier *n* **ein ~** a place to sleep
Nachtrag *m* postscript; (≈ *Zusatz*) addition; *zu einem Buch* supplement
nachtragen *v/t* **1 j-m etw ~** *fig* to hold sth against sb **2** (≈ *hinzufügen*) to add
nachtragend *adj* unforgiving; **er war nicht ~** he didn't bear a grudge
nachträglich **A** *adj* (≈ *zusätzlich*) additional; (≈ *später*) later; (≈ *verspätet*) belated **B** *adv* (≈ *zusätzlich*) additionally; (≈ *später*) later; (≈ *verspätet*) belatedly
Nachtragshaushalt *m* POL supplementary budget
nachtrauern *v/i* to mourn
Nachtruhe *f* night's rest
nachts *adv* at night; **dienstags ~** (on) Tuesday nights
Nachtschicht *f* night shift
nachtschlafend *adj* **bei** *od* **zu ~er Zeit** in the middle of the night
Nachtschwärmer(in) *hum m(f)* night owl
Nachtschwester *f* night nurse
Nachtspeicherofen *m* storage heater
nachtsüber *adv* by night
Nachttisch *m* bedside table
Nachttischlampe *f* bedside lamp
Nachttopf *m* chamber pot
Nachttresor *m* night safe *Br*, night depository *US*
Nacht-und-Nebel-Aktion *f* cloak-and-dagger operation
Nachtvogel *m* nocturnal bird
Nachtwache *f* night watch; *im Krankenhaus* night duty
Nachtwächter(in) *m(f) in Betrieben etc* night watchman
Nachtzeit *f* night-time
Nachtzug *m* night train
Nachuntersuchung *f* follow-up check
nachvollziehen *v/t* to understand
nachwachsen *v/i* to grow again; **die neue Generation, die jetzt nachwächst** the young generation who are now taking their place in society
nachwachsend *adj* **1** *Rohstoffe* renewable **2** *Generation* up-and-coming, younger
Nachwahl *f* POL ≈ by-election
Nachwehen *pl* after-pains *pl*; *fig* painful aftermath *sg*
Nachweis *m* (≈ *Beweis*) proof (+*gen od* **für, über** +*akk* of); (≈ *Zeugnis*) certificate; **als** *od* **zum ~** as proof; **den ~ für etw erbringen** to furnish proof of sth
nachweisbar *adj* (≈ *beweisbar*) provable; *Fehler* demonstrable; TECH, CHEM detectable
nachweisen *v/t* (≈ *beweisen*) to prove; TECH, MED to detect; **die Polizei konnte ihm nichts ~** the police could not prove anything against him
nachweislich **A** *adj* provable; *Fehler* demonstrable **B** *adv falsch* demonstrably; **er war ~ in London** it can be proved that he was in London *Br*, it can be proven that he was in London
Nachwelt *f* **die ~** posterity
nachwirken *v/i* to continue to have an effect
Nachwirkung *f* aftereffect; *fig* consequence
Nachwort *n* epilogue *Br*, epilog *US*
Nachwuchs *m* **1** *fig* (≈ *junge Kräfte*) young people *pl*; **es mangelt an ~** there's a lack of young blood; **der wissenschaftliche ~** the new generation of academics **2** *hum* (≈ *Nachkommen*) offspring *pl*
Nachwuchstalent *n* promising young talent
nachzahlen *v/t & v/i* to pay extra; (≈ *später zahlen*) to pay later
nachzählen *v/t & v/i* to check
Nachzahlung *f* additional payment
nachzeichnen *v/t Linie, Umriss* to go over
nachziehen **A** *v/t* **1** *Linie, Umriss* to go over; *Lippen* to paint in; *Augenbrauen* to pencil in **2** *Schraube* to tighten (up) **B** *v/i* **1** (≈ *folgen*) to follow **2** *umg* (≈ *gleichtun*) to follow suit
Nachzügler(in) *m(f)* latecomer, late arrival *a. fig*
Nackedei *m umg* nudie *umg*
Nacken *m* (nape of the) neck; **j-n im ~ haben**

Nackenkissen – Nährboden • 1185

umg to have sb after one; **j-m im ~ sitzen** *umg* to breathe down sb's neck
Nackenkissen *n* neck pillow
Nackenrolle *f* bolster
Nackenstütze *f* headrest
nackt **A** *adj* naked; *bes* KUNST nude; *Haut, Wand, Tatsachen, Zahlen* bare **B** *adv* baden, schlafen in the nude
Nacktbaden *n* nude bathing
Nacktbadestrand *m* nudist beach
Nacktheit *f* nakedness; (≈ *Kahlheit*) bareness
Nacktkultur *f* nudism
Nacktscanner *m* umg an Flughäfen strip scanner umg
Nacktschnecke *f* slug
Nadel *f* needle; *von Plattenspieler* stylus; (≈ *Stecknadel, Haarnadel*) pin; **nach einer ~ im Heuhaufen suchen** *fig* to look for a needle in a haystack
Nadelbaum *m* conifer
Nadeldrucker *m* dot-matrix printer
nadeln *v/i Baum* to shed (its needles)
Nadelöhr *n* eye of a needle; *fig* narrow passage
Nadelstich *m* prick
Nadelstreifen *m* pinstripes *pl*
Nadelstreifenanzug *m* pinstripe(d) suit
Nadelwald *m* coniferous forest
Nagel *m* nail; **sich** (*dat*) **etw unter den ~ reißen** *umg* to swipe sth *umg*; **etw an den ~ hängen** *fig* to chuck sth in *umg*; **den ~ auf den Kopf treffen** *fig* to hit the nail on the head; **Nägel mit Köpfen machen** *umg* to do the job properly
Nagelbürste *f* nailbrush
Nagelfeile *f* nailfile
Nagelhaut *f* cuticle
Nagellack *m* nail varnish *kein pl*
Nagellackentferner *m* nail varnish remover
nageln *v/t* to nail (**an** +*akk od* **auf** +*akk* onto)
nagelneu *umg adj* brand new
Nagelprobe *fig f* acid test
Nagelschere *f* (pair of) nail scissors *pl*
Nagelstudio *n* nail salon, nail bar
nagen **A** *v/i* to gnaw (**an** +*dat* at); (≈ *knabbern*) to nibble (**an** +*dat* at) **B** *v/t* to gnaw
nagend *adj Hunger* gnawing; *Zweifel* nagging
Nager *m*, **Nagetier** *n* rodent
nah *adj & adv* → **nahe**
Nahaufnahme *f* FOTO close-up
Nahbereich *m* surrounding area; **der ~ von Ulm** the area around Ulm
nahe **A** *adj* **1** near *präd*, close *präd*, nearby; **in ~r Zukunft** in the near future; **der Nahe Osten** the Middle East; **von Nahem** at close quarters **2** (≈ *eng*) *Freund, Beziehung etc* close; **~ Verwandte** close relatives **B** *adv* **1** near, close; **~ an** near to; **~ bei** near; **~ beieinander** close together; **~ vor** right in front of; **von nah und**

fern from near and far; **j-m zu ~ treten** *fig* to offend sb; **~ bevorstehend** approaching **2** (≈ *eng*) closely; **~ verwandt** closely-related **3** *fig* → **naheliegend C** *präp* near (to), close to; **dem Wahnsinn ~ sein** to be on the verge of madness
Nähe *f* **1** *örtlich* nearness, closeness; (≈ *Umgebung*) vicinity, neighbourhood *Br*, neighborhood *US*; **in der ~** nearby; **in der ~ von** near; **in unmittelbarer ~** (+*gen*) right next to; **in der ~ des Parks** near the park; **aus der ~** from close to **2** *zeitlich, emotional etc* closeness
nahebringen *fig v/t* **j-m etw ~** to bring sth home to sb
nahegehen *fig v/i* to upset
nahekommen *fig v/i* **j-m/einer Sache ~** (≈ *fast gleichen*) to come close to sb/sth; **sich ~** to become close
nahelegen *fig v/t* **j-m etw ~** to suggest sth to sb; **j-m ~, etw zu tun** to advise sb to do sth
naheliegen *fig v/i* to suggest itself; **der Verdacht liegt nahe, dass …** it seems reasonable to suspect that …
naheliegend *adj Gedanke, Lösung* which suggests itself *präd*, obvious *attr; Vermutung* natural
nahen *liter v/i & v/r* to approach (**j-m/einer Sache** sb/sth)
nähen **A** *v/t* to sew; *Kleid* to make; *Wunde* to stitch (up) **B** *v/i* to sew
näher **A** *adj* **1** closer; **j-m/einer Sache ~** closer to sb/sth; **die ~e Umgebung** the immediate vicinity **2** (≈ *genauer*) *Einzelheiten* further *attr* **B** *adv* **1** closer; **bitte treten Sie ~** just step up! **2** (≈ *genauer*) more closely; *besprechen* in more detail; **j-n/etw ~ kennenlernen** to get to know sb/sth better; **ich kenne ihn nicht ~** I don't know him well
Nähere(s) *n* details *pl*; **~s erfahren Sie von …** further details from …
Naherholungsgebiet *n* recreational area (*close to a town*)
näherkommen *fig v/i* **j-m ~** to get closer to sb
nähern *v/r* **sich** (**j-m/einer Sache**) **~** to approach (sb/sth); *von hinten* to come up behind sb
nahestehen *fig v/i* to be close to; POL to sympathize with; **sich ~** to be close
nahezu *adv* nearly
Nähgarn *n* (sewing) thread
Nahkampf *m* MIL close combat
Nähkästchen *n* sewing box; **aus dem ~ plaudern** *umg* to give away private details
Nähmaschine *f* sewing machine
Nähnadel *f* needle
Nahost *m* **in/aus ~** in/from the Middle East
nahöstlich *adj* Middle East(ern)
Nährboden *wörtl m* fertile soil; *fig* breeding-

nähren geh **A** v/t to feed; fig (≈ haben) Hoffnungen, Zweifel to nurture; **er sieht gut genährt aus** he looks well-fed **B** v/r to feed oneself; Tiere to feed
nahrhaft adj Kost nourishing
Nährstoff m nutrient
Nahrung f food; (≈ Ernährung) diet; **geistige ~** intellectual stimulation; **einer Sache** (dat) **(neue) ~ geben** to help to nourish sth
Nahrungsaufnahme f eating, ingestion (of food) form; **die ~ verweigern** to refuse food od sustenance
Nahrungsergänzung f, **Nahrungsergänzungsmittel** n food supplement; nutritional supplement
Nahrungskette f BIOL food chain
Nahrungsmittel n food(stuff)
Nahrungsquelle f source of food
Nährwert m nutritional value
Nähseide f silk thread
Naht f seam; MED stitches pl; **aus allen Nähten platzen** to be bursting at the seams
nahtlos wörtl adj seamless; fig Übergang smooth; **sich ~ in etw** (akk) **einfügen** to fit right in with sth
Nahverkehr m local traffic; **der öffentliche ~** local public transport
Nahverkehrsmittel pl means pl of local transport
Nahverkehrszug m local train
Nähzeug n sewing kit
naiv A adj naive **B** adv naively
Naivität f naivety
Name m name; **dem ~n nach** by name; **auf j-s ~n** (akk) in sb's name; **er nannte seinen ~n** he gave his name; **einen ~n haben** fig to have a name; **sich** (dat) **(mit etw) einen ~n machen** to make a name for oneself (with sth); **die Sache beim ~n nennen** fig to call a spade a spade; **im ~n** (+gen) on behalf of; **im ~n des Volkes** in the name of the people
namens adv (≈ mit Namen) by the name of, called
Namensschild n nameplate
Namensschwester f namesake
Namenstag m Saint's day
Namensvetter m namesake
namentlich A adj by name; **~e Abstimmung** roll call vote **B** adv **1** (≈ insbesondere) (e)specially **2** (≈ mit Namen) by name
namhaft adj **1** (≈ bekannt) famous; **~ machen** form to identify **2** (≈ beträchtlich) considerable
Namibia n Namibia
Namibier(in) m(f) Namibian
namibisch adj Namibian

nämlich adv (≈ und zwar) namely; geschrieben viz; (≈ genauer gesagt) to be exact
Nanopartikel n nanoparticle
Nanotechnologie f nanotechnology
nanu int well I never; **~, wer ist das denn?** hello (hello), who's this?
Napf m bowl
Nappa(leder) n nappa leather
Narbe f scar
narbig adj scarred
Narkose f anaesthesia Br, anesthesia US; **unter ~** under an(a)esthetic
Narkosearzt m, **Narkoseärztin** f anaesthetist Br, anesthesiologist US
narkotisch adj narcotic
narkotisieren v/t to drug
Narr m, **Närrin** f fool; (≈ Teilnehmer am Karneval) carnival reveller Br, carnival reveler US; **j-n zum ~en halten** to make a fool of sb
Narrenfreiheit f **hier hat er ~** here he can do just as he pleases
Narrenhaus n madhouse
narrensicher adj & adv foolproof
Narrheit f **1** folly **2** (≈ dumme Tat) stupid thing to do
närrisch adj foolish; (≈ verrückt) mad; **die ~en Tage** Fasching and the period leading up to it; **ganz ~ auf j-n/etw sein** umg to be crazy about sb/sth umg
Narzisse f narcissus
Narzissmus m narcissism
narzisstisch adj narcissistic
nasal adj nasal
Nasallaut m nasal (sound)
naschen A v/i to eat sweet things; **an etw** (dat) **~** to pinch a bit of sth Br, to snitch a bit of sth bes US **B** v/t to nibble; **hast du was zum Naschen?** have you got something for my sweet tooth?
naschhaft adj fond of sweet things
Naschkatze umg f guzzler umg
Nase f nose; **sich** (dat) **die ~ putzen** (≈ sich schnäuzen) to blow one's nose; **(immer) der ~ nachgehen** umg to follow one's nose; **eine gute ~ für etw haben** umg to have a good nose for sth; **j-m etw unter die ~ reiben** umg to rub sb's nose in sth umg; **die ~ rümpfen** to turn up one's nose (**über** +akk at); **j-m auf der ~ herumtanzen** umg to act up with sb umg; **ich sah es ihm an der ~ an** umg I could see it written all over his face umg; **der Zug fuhr ihm vor der ~ weg** umg he missed the train by seconds; **die ~ vollhaben** umg to be fed up umg; **j-n an der ~ herumführen** umg to give sb the runaround umg; als Scherz to pull sb's leg; **j-m etw auf die ~ binden** umg to tell sb

all about sth
näseln v/i to speak through one's nose
näselnd adj Stimme, Ton nasal
Nasenbluten n **~ haben** to have a nosebleed
Nasenflügel m side of the nose
Nasenhöhle f nasal cavity
Nasenloch n nostril
Nasenring m nose ring
Nasenschleimhaut f mucous membrane (of the nose)
Nasenspitze f tip of the/sb's nose
Nasenspray m/n nasal spray
Nasentropfen pl nose drops pl
naseweis adj cheeky Br, fresh US; (≈ vorlaut) forward; (≈ neugierig) nosy umg
Nashi f, **Nashibirne** f nashi (pear), Asian pear
Nashorn n rhinoceros
nass adj wet; **etw ~ machen** to wet sth; **durch und durch ~** wet through
Nässe f wetness; **bei ~** in wet weather; **„vor ~ schützen"** "keep dry"; **vor ~ triefen** to be dripping wet
nässen v/i Wunde to weep
nasskalt adj cold and damp
Nassrasur f **eine ~** a wet shave
Nasszelle f wet cell
Nastuch n bes schweiz handkerchief
Natel® n schweiz mobile (phone)
Nation f nation
national adj national
National- zssgn national
Nationalelf f national (football) team
Nationalfeiertag m national holiday
Nationalflagge f national flag
Nationalgarde f National Guard
Nationalgericht n national dish
Nationalheld m national hero
Nationalheldin f national heroine
Nationalhymne f national anthem
Nationalismus m nationalism
Nationalist(in) m(f) nationalist
nationalistisch adj nationalist, nationalistic mst pej
Nationalität f nationality
Nationalitätskennzeichen n nationality sticker; aus Metall nationality plate
Nationalmannschaft f national team
Nationalpark m national park
Nationalrat[1] m Gremium schweiz National Council; österr National Assembly
Nationalrat[2] m, **Nationalrätin** f schweiz member of the National Council, ≈ MP; österr deputy of the National Assembly, ≈ MP
Nationalsozialismus m National Socialism
Nationalsozialist(in) m(f) National Socialist
nationalsozialistisch adj National Socialist
Nationalspieler(in) m(f) international (footballer etc)
NATO f, **Nato** f **die ~** NATO
Natrium n sodium
Natron n bicarbonate of soda
Natter f adder; fig snake
Natur f nature; **die ~ lieben** to love nature; **in der freien ~** in the open countryside, outdoors; **sie sind von ~ so gewachsen** they grew that way naturally; **ich bin von ~ (aus) schüchtern** I am shy by nature; **sein Haar ist von ~ aus blond** his hair is naturally blond; **nach der ~ zeichnen/malen** to draw/paint from nature; **die menschliche ~** human nature; **es liegt in der ~ der Sache** it is in the nature of things; **das geht gegen meine ~** it goes against the grain
Natur- zssgn natural
Naturalien pl natural produce; **in ~ bezahlen** to pay in kind
naturalisieren v/t JUR to naturalize
Naturalismus m naturalism
naturalistisch adj naturalistic
naturbelassen adj Lebensmittel, Material natural
Naturell n temperament
Naturereignis n (impressive) natural phenomenon
Naturfaser f natural fibre Br, natural fiber US
Naturforscher(in) m(f) natural scientist
Naturfreund(in) m(f) nature-lover
naturgegeben adj natural
naturgemäß adv naturally
Naturgesetz n law of nature
naturgetreu adj Darstellung lifelike; (≈ in Lebensgröße) life-size; **etw ~ wiedergeben** to reproduce sth true to life
Naturgewalt f element
Naturheilkunde f nature healing
Naturheilverfahren n natural cure
Naturkatastrophe f natural disaster
Naturkost f health food(s) (pl)
Naturkostladen m health-food shop
Naturkundemuseum n natural history museum
Naturlandschaft f natural landscape
Naturlehrpfad m nature trail
natürlich **A** adj natural; **eines ~en Todes sterben** to die of natural causes **B** adv of course, naturally; **~!** naturally!, of course!
Natürlichkeit f naturalness
Naturmedizin f natural medicine
Naturpark m nature reserve
Naturprodukt n natural product; **~e** pl natural produce sg
naturrein adj natural
Naturschutz m conservation; **unter (stren-**

gem) ~ stehen *Pflanze, Tier* to be a protected species
Naturschutzbund *m* Nature and Biodiversity Conservation Union (*German nature conservation society*)
Naturschützer(in) *m(f)* conservationist
Naturschutzgebiet *n* conservation area
Naturtalent *n* **sie ist ein ~** she is a natural
naturtrüb *adj Saft* (naturally) cloudy
naturverbunden *adj* nature-loving
Naturvolk *n* primitive people
Naturwissenschaft *f* natural sciences *pl*; *Zweig* natural science
Naturwissenschaftler(in) *m(f)* (natural) scientist
naturwissenschaftlich **A** *adj* scientific **B** *adv* scientifically
Naturwunder *n* miracle of nature
Naturzustand *m* natural state
Nauru *n* GEOG Nauru
nautisch *adj* navigational
Navelorange *f* navel orange
Navi *umg n* sat nav *Br*, GPS (navigator) *bes US*
Navigation *f* navigation
Navigationsgerät *n* navigation system
Navigationsleiste *f* IT, INTERNET navigation bar
Navigationssystem *n* navigation system
Navigator(in) *m(f)* FLUG navigator
navigieren *v/t & v/i* SCHIFF, INTERNET to navigate
Nazi *m* Nazi
Naziregime *n* Nazi regime
Nazismus *m pej* (≈ *Nationalsozialismus*) Nazism
nazistisch *pej adj* Nazi
Naziverbrechen *n* Nazi crime
n. Chr. *abk* (= nach Christus) AD
Neandertaler *m* Neanderthal man
Neapel *n* Naples
Nebel *m* mist; *dichter* fog; *fig* mist, haze
Nebelbank *f* fog bank
nebelhaft *fig adj* vague
Nebelhorn *n* SCHIFF foghorn
nebelig *adj* misty; *bei dichterem Nebel* foggy
Nebelleuchte *f* AUTO rear fog light
Nebelscheinwerfer *m* AUTO fog lamp
Nebelschlussleuchte *f* AUTO rear fog light
neben *präp* **1** *örtlich* beside, next to; **er ging ~ ihr** he walked beside her **2** (≈ *außer*) apart from, aside from *bes US*; **~ anderen Dingen** along with *od* amongst other things **3** (≈ *verglichen mit*) compared with
nebenamtlich **A** *adj Tätigkeit* secondary **B** *adv* as a second job
nebenan *adv* next door
Nebenanschluss *m* TEL extension
Nebenausgabe *f* incidental expense; **~n** incidentals *pl*

Nebenausgang *m* side exit
nebenbei *adv* **1** (≈ *außerdem*) in addition **2** (≈ *beiläufig*) incidentally; **~ bemerkt** by the way
Nebenbemerkung *f* aside
Nebenberuf *m* second job, sideline
nebenberuflich **A** *adj* extra **B** *adv* as a second job
Nebenbeschäftigung *f* (≈ *Zweitberuf*) second job, sideline
Nebenbuhler(in) *m(f)* rival
Nebendarsteller(in) *m(f)* supporting actor/actress
Nebeneffekt *m* side effect
nebeneinander *adv* **1** *räumlich* side by side **2** *zeitlich* simultaneously
nebeneinandersitzen *v/i* to sit side by side
nebeneinanderstellen *v/t* to place *od* put side by side; *fig* (≈ *vergleichen*) to compare
Nebeneingang *m* side entrance
Nebeneinkünfte *pl*, **Nebeneinnahmen** *pl* additional income
Nebenerscheinung *f* *von Medikament* side effect; *von Tourismus etc* knock-on effect
Nebenfach *n* SCHULE, UNIV subsidiary (subject), minor *US*
Nebenfigur *f* minor character
Nebenfluss *m* tributary
Nebengebäude *n* (≈ *Zusatzgebäude*) annex, outbuilding; (≈ *Nachbargebäude*) neighbouring building *Br*, neighboring building *US*
Nebengeräusch *n* RADIO, TEL interference
Nebenhaus *n* house next door
nebenher *adv* **1** (≈ *zusätzlich*) in addition **2** (≈ *gleichzeitig*) at the same time
Nebenjob *umg m* second job, sideline
Nebenkosten *pl* additional costs *pl*
Nebenprodukt *n* by-product, spin-off
Nebenraum *m benachbart* adjoining room
Nebenrolle *f* supporting role; *fig* minor role
Nebensache *f* minor matter; **das ist (für mich) ~** that's not the point (as far as I'm concerned)
nebensächlich *adj* minor, trivial
Nebensaison *f* low season
Nebensatz *m* GRAM subordinate clause
Nebenstelle *f* TEL extension; HANDEL branch
Nebenstraße *f in der Stadt* side street; (≈ *Landstraße*) minor road
Nebentisch *m* next table; **am ~** at the next table
Nebenverdienst *m* secondary income
Nebenwirkung *f* side effect
Nebenzimmer *n* next room
neblig *adj* → nebelig
nebulös *adj* vague
Necessaire *n* (≈ *Kulturbeutel*) toilet bag *Br*, washbag *US*; *zur Nagelpflege* manicure case

necken v/t to tease

Neckholder-BH m neckholder bra, halterneck bra

neckisch adj (≈ scherzhaft) teasing; *Einfall* amusing; *Spielchen* mischievous

nee umg adv no, nope umg

Neffe m nephew

Negation f negation

negativ **A** adj negative **B** adv (≈ ablehnend) antworten negatively; **ich beurteile seine Arbeit sehr ~** I have a very negative view of his work; **die Untersuchung verlief ~** the examination proved negative; **sich ~ auf etw** (akk) **auswirken** to be detrimental to sth

Negativ n FOTO negative

Negativbeispiel n negative example

Negativliste f **1** black list **2** *Pharmazie* drug exclusion list

Neger neg! m Negro pej

Negerin neg! f Negro woman pej

Negerkuss neg! m chocolate marshmallow with biscuit base

negieren v/t (≈ verneinen) *Satz* to negate; (≈ bestreiten) *Tatsache* to deny

Negligé n, **Negligee** n negligee

nehmen v/t & v/i to take; *Schmerz* to take away; (≈ versperren) *Blick, Sicht* to block; (≈ berechnen) to charge; (≈ auswählen) *Essen* to have; **ich nehme es** beim Einkaufen I'll take it; **etw aus etw ~** to take sth out of sth; **etw an sich** (akk) **~** (≈ aufbewahren) to take care od charge of sth; (≈ sich aneignen) to take sth (for oneself); **j-m etw ~** to take sth (away) from sb; **er ließ es sich** (dat) **nicht ~, mich persönlich hinauszubegleiten** he insisted on showing me out himself; **diesen Erfolg lasse ich mir nicht ~** I won't be robbed of this success; **sie ~ sich** (dat) **nichts** umg one's as good as the other; **~ Sie sich doch bitte!** please help yourself; **man nehme ...** GASTR take ...; **sich** (dat) **einen Anwalt ~** to get a lawyer; **wie viel ~ Sie dafür?** how much will you take for it?; **j-n zu sich ~** to take sb in; **j-n ~, wie er ist** to take sb as he is; **etw auf sich** (akk) **~** to take sth upon oneself; **etw zu sich ~** to take od have sth; **wie man's nimmt** umg depending on your point of view

Neid m envy (**auf** +akk of); **aus ~** out of envy; **nur kein ~!** don't be envious!; **grün (und gelb) vor ~** umg green with envy; **das muss ihm der ~ lassen** umg you have to say that much for him; **vor ~ platzen** umg to die of envy

neiden v/t **j-m etw ~** to envy sb (for) sth

neiderfüllt adj *Blick* filled with envy

Neidhammel umg m envious person

neidisch **A** adj jealous, envious; **auf j-n/etw ~ sein** to be jealous of sb/sth **B** adv enviously

neidlos **A** adj ungrudging, without envy **B** adv graciously

Neige f geh (≈ *Ende*) **zur ~ gehen** to draw to an end

neigen **A** v/t (≈ beugen) *Kopf, Körper* to bend; *zum Gruß* to bow; (≈ kippen) *Glas* to tip **B** v/r to bend; *Ebene* to slope; *Gebäude etc* to lean; *Schiff* to list **C** v/i **zu etw ~** to tend toward(s) sth; (≈ *für etw anfällig sein*) to be susceptible to sth; **zu der Ansicht ~, dass ...** to tend toward(s) the view that ...; → geneigt

Neigetechnik f BAHN tilting technology

Neigung f **1** (≈ *Gefälle*) incline; (≈ *Schräglage*) tilt; *von Schiff* list **2** (≈ *Tendenz*), a. MED (≈ *Anfälligkeit*) proneness, tendency; (≈ *Veranlagung*) leaning mst pl; (≈ *Hang, Lust*) inclination **3** (≈ *Zuneigung*) affection

Neigungsfach n SCHULE option(al course) Br, elective US

nein adv no; **da sage ich nicht Nein** I wouldn't say no to that; **~, so was!** well I never!

Nein n no; **bei seinem ~ bleiben** to stick to one's refusal

Neinstimme f no, nay US

Nektar m nectar

Nektarine f nectarine

Nelke f **1** pink; (≈ *Zuchtnelke*) carnation **2** *Gewürz* clove

nennen **A** v/t **1** (≈ bezeichnen) to call; **j-n nach j-m ~** to name sb after sb Br, to name sb for sb US; **das nennst du schön?** you call that beautiful?; **das nenne ich ...** that's what I call ... **2** (≈ angeben) to name; *Beispiel, Grund* to give; (≈ erwähnen) to mention **B** v/r to call oneself; **und so was nennt sich Liebe** umg and they call that love

nennenswert adj considerable, not inconsiderable; **nicht ~** not worth mentioning

Nenner m MATH denominator; **kleinster gemeinsamer ~** lowest common denominator; **etw auf einen (gemeinsamen) ~ bringen** to reduce sth to a common denominator

Nennung f (≈ *das Nennen*) naming

Nennwert m FIN nominal value; **zum ~** at par; **über/unter dem ~** above/below par

Neofaschismus m neo-fascism

Neon n neon

Neonazi m neo-Nazi

neonfarben adj neon

Neonleuchte f strip light

Neonlicht n neon light

Neonreklame f neon sign

Neonröhre f neon tube

Neopren® n neoprene®

Neoprenanzug m wetsuit

Nepal n Nepal

Nepp *m umg* daylight robbery *umg*; **das ist der reinste ~** it's a complete rip-off *umg*
neppen *umg v/t* to rip off *umg*
Nepplokal *umg n* clip joint *umg*
Neptun *m* ASTRON Neptune
Nerv *m* nerve; *(leicht)* **die ~en verlieren** to lose one's nerve easily; **er hat trotz allem die ~en behalten** in spite of everything he kept his cool *umg*; **die ~en sind (mit) ihm durchgegangen** he lost his cool *umg*; **der hat (vielleicht) ~en!** *umg* he's got a nerve! *umg*; **er hat ~en wie Drahtseile** he has nerves of steel; **es geht** *od* **fällt mir auf die ~en** *umg* it gets on my nerves; **das kostet ~en** it's a strain on the nerves
nerven *umg* **A** *v/t* **j-n (mit etw) ~** to get on sb's nerves (with sth); **genervt sein** (≈ *nervös sein*) to be worked up; (≈ *gereizt sein*) to be irritated **B** *v/i* **das nervt** it gets on your nerves; **du nervst!** *umg* you're bugging me! *umg*
Nervenarzt *m*, **Nervenärztin** *f* neurologist
nervenaufreibend *adj* nerve-racking
Nervenbelastung *f* strain on the nerves
Nervenbündel *fig n* bag of nerves *umg*
Nervengas *n* MIL nerve gas
Nervengift *n* neurotoxin
Nervenheilanstalt *f* psychiatric hospital
Nervenheilkunde *f* neurology
Nervenkitzel *fig m* thrill
Nervenklinik *f* psychiatric clinic
nervenkrank *adj geistig* mentally ill; *körperlich* suffering from a nervous disease
Nervenkrankheit *f geistig* mental illness; *körperlich* nervous disease
Nervenkrieg *fig m* war of nerves
Nervenprobe *f* trial
Nervensache *umg f* question of nerves
Nervensäge *umg f* pain (in the neck) *umg*
nervenstark *adj Mensch* with strong nerves; **er ist ~** he has strong nerves
Nervenstärke *f* strong nerves *pl*
Nervensystem *n* nervous system
Nervenzentrum *a. fig n* nerve centre *Br*, nerve center *US*
Nervenzusammenbruch *m* nervous breakdown
nervig *adj umg* (≈ *irritierend*) irritating
nervlich *adj Belastung* nervous; **~ bedingt** nervous
nervös *adj* nervous; **j-n ~ machen** to make sb nervous; (≈ *ärgern*) to get on sb's nerves
Nervosität *f* nervousness
nervtötend *umg adj* nerve-racking; *Arbeit* soul-destroying
Nerz *m* mink
Nerzmantel *m* mink coat

Nessel *f* BOT nettle; **sich in die ~n setzen** *umg* to put oneself in a spot *umg*
Nessessär *n* → Necessaire
Nest *n* **1** nest; **da hat er sich ins gemachte ~ gesetzt** *umg* he's got it made *umg* **2** *fig umg* (≈ *Bett*) bed **3** *pej umg* (≈ *Ort*) schäbig dump *umg*; *klein* little place
Nestbeschmutzer(in) *pej m(f)* denigrator of one's family/country
Nesthäkchen *n* baby of the family
Nestwärme *fig f* happy home life
Netbook *n* COMPUT netbook
Netiquette *f* INTERNET netiquette
nett **A** *adj* nice; (≈ *freundlich a.*) friendly; (≈ *liebenswürdig a.*) kind; **sei so ~ und räum auf!** would you mind clearing up?; **~, dass Sie gekommen sind!** nice of you to come **B** *adv* nicely, nice; **wir haben uns ~ unterhalten** we had a nice chat; **~ aussehen** to be nice-looking
netterweise *adv* kindly
Nettigkeit *f* **1** (≈ *nette Art*) kindness **2** **~en** *pl* (≈ *nette Worte*) kind words, nice things
netto *adv* HANDEL net
Nettoeinkommen *n* net income
Nettogehalt *n* net salary
Nettogewicht *n* net weight
Nettolohn *m* take-home pay
Nettopreis *m* net price
Nettoverdienst *m* net income *sg*
Nettozahler *m Land* net contributor
networken *v/i* to network
Networking *n* networking
Netz *n* **1** net; (≈ *Spinnennetz*) web; (≈ *Gepäcknetz*) (luggage) rack *Br*, (baggage) rack *US*; **ins ~ gehen** FUSSB to go into the (back of the) net; **j-m ins ~ gehen** *fig* to fall into sb's trap **2** (≈ *System*) network; (≈ *Stromnetz*) mains *sg od pl*; (≈ *Überlandnetz*) (national) grid; IT network; (≈ *Mobilfunknetz*) network; **ich habe kein ~ mit Handy** I can't get a signal; **das soziale ~** the social security net; **ans ~ gehen** *Kraftwerk* to be connected to the grid **3** (≈ *Internet*) **das ~** the Net, the web
Netzanschluss *m* ELEK mains connection
Netzball *m Tennis etc* net ball
Netzbetreiber *m* TEL network operator
Netzgemeinde *f* INTERNET Internet community
Netzhaut *f* retina
Netzhautentzündung *f* retinitis
Netzhemd *n* string vest *Br*, mesh undershirt *US*
Netzkarte *f für Verkehrsmittel* runaround ticket *Br*, (unlimited) pass *US*
Netzroller *f Tennis, Volleyball etc* net cord
Netzspannung *f* mains voltage
Netzstecker *m* mains plug
Netzstrümpfe *pl* fishnet stockings *pl*
Netzteil *n* mains adaptor

Netzwerk n network; **soziales ~** *im Internet* social networking site
netzwerken v/i to network
Netzwerkkarte f COMPUT network card
Netzwerktechniker(in) m(f) IT network technician
Netzzugang m IT, TEL network access
neu **A** adj new; (≈ *frisch gewaschen*) clean; **die neu(e)ste Mode** the latest fashion; **die neuesten Nachrichten** the latest news; **die neueren Sprachen** modern languages; **neueste(r, s)** recent; **auf dem neuesten Stand** state-of-the-art; **ein ganz neuer Wagen** a brand-new car; **das ist mir neu!** that's new(s) to me; **seit Neu(e)stem** recently; **aufs Neue** *geh* afresh, anew; **der/die Neue** the newcomer; **weißt du schon das Neu(e)ste?** have you heard the latest (news)?; **was gibts Neues?** *umg* what's new?; **von Neuem** (≈ *von vorn*) afresh; (≈ *wieder*) again **B** adv **neu anfangen** to start all over (again); **sich/j-n neu einkleiden** to buy oneself/sb a new set of clothes; **neu geschaffen** newly created; **Mitarbeiter neu einstellen** to hire new employees; **neu bearbeiten** to revise; **ein Zimmer neu einrichten** to refurnish a room; **neu ordnen** to reorganize; **die Rollen neu besetzen** to recast the roles; **neu starten** *Computer* to restart; **neu schreiben** to rewrite; **neu gewählt** newly elected; **neu eröffnet** newly-opened; **neu vermählt** newly married
Neuanfang m new beginning
Neuankömmling m newcomer
neuartig adj new; **ein ~es Wörterbuch** a new type of dictionary
Neuauflage f reprint; *mit Verbesserungen* new edition
Neubau m new house/building
Neubaugebiet n development area
Neubausiedlung f new housing estate
Neubauwohnung f newly-built apartment
Neubearbeitung f revised edition; (≈ *das Neubearbeiten*) revision
Neubeginn m new beginning(s) (pl)
Neuenburg n Neuchâtel
Neuentdeckung f rediscovery
Neuentwicklung f new development
neuerdings adv recently
Neuerscheinung f *Buch* new *od* recent publication; *CD* new release
Neuerung f innovation; (≈ *Reform*) reform
neuestens adv lately
Neufassung f new *od* revised edition; *EU* **~ der Rechtsvorschriften** recasting of legislation
Neufundland n Newfoundland
neugeboren adj newborn; **sich wie ~ fühlen** to feel (like) a new man/woman
Neugeborene(s) n newborn child
neugeschaffen adj → neu
Neugier(de) f curiosity (**auf** +akk about)
neugierig adj curious (**auf** +akk about); *pej* nosy *umg*; (≈ *gespannt*) curious to know; *Blick* inquisitive; **j-n ~ machen** to excite *od* arouse sb's curiosity; **ich bin ~, ob** I wonder if
Neugierige pl inquisitive people pl; (≈ *Gaffer bei Unfall*) rubberneckers pl
neugriechisch adj Modern Greek
Neuguinea n New Guinea
Neuheit f **1** (≈ *das Neusein*) novelty **2** (≈ *neue Sache*) innovation, new thing/idea
Neuigkeit f **1** (piece of) news; **gibt es irgendwelche ~en?** is there any news?; **ich habe eine ~ für dich** I have some news for you **2** (≈ *das Neusein*) novelty
Neujahr n New Year
Neujahrstag m New Year's Day
Neuland *fig* n new ground; **~ betreten** to break new ground
neulich adv the other day, recently; **~ abends** the other evening
Neuling m newcomer
neumodisch *pej* adj new-fangled *pej*; **sich ~ ausdrücken** to use new-fangled words
Neumond m new moon
neun num nine; **alle ~(e)!** *beim Kegeln* strike!; → **vier**
Neun f nine
neunfach **A** adj ninefold; **die ~e Menge** nine times the amount **B** adv ninefold, nine times
neunhundert num nine hundred
neunmal adv nine times
Neuntel n ninth; → Viertel¹
neuntens adv ninth(ly), in the ninth place
neunte(r, s) adj ninth; → vierter, s
neunzehn num nineteen
neunzehnte(r, s) adj nineteenth; → vierter, s
neunzig num ninety; → vierzig
Neunziger(in) m(f) *Mensch* ninety-year-old
Neuordnung f reorganization; (≈ *Reform*) reform
Neuphilologie f modern languages sg od pl
Neuralgie f neuralgia
neuralgisch adj neuralgic; **ein ~er Punkt** a trouble area
Neuregelung f revision
neureich adj nouveau riche
Neureiche(r) m/f(m) nouveau riche
Neurochirurgie f neurosurgery
Neurodermitis f neurodermatitis
Neurologe m, **Neurologin** f neurologist
Neurologie f neurology
neurologisch adj neurological
Neurose f neurosis

Neurotiker(in) m(f) neurotic
neurotisch adj neurotic
Neuschnee m fresh snow
Neuseeland n New Zealand
Neuseeländer(in) m(f) New Zealander
neuseeländisch adj New Zealand
neusprachlich adj modern language attr; **~es Gymnasium** ≈ grammar school Br, ≈ high school bes US, schott (stressing modern languages)
Neustart m IT restart, reboot
neutral adj neutral
neutralisieren v/t to neutralize
Neutralität f neutrality
Neutron n neutron
Neutronenbombe f neutron bomb
Neutrum n GRAM, a. fig neuter
Neuverfilmung f remake
neuvermählt adj newly married
Neuwagen m new car
Neuwahl f POL new election; **es gab vorgezogene ~en** the elections were brought forward
Neuwert m value when new
neuwertig adj as new
Neuzeit f modern era, modern times pl
neuzeitlich adj modern
NGO f abk (= Nichtregierungsorganisation) NGO, non-governmental organizaton
Nicaragua n Nicaragua
nicht adv not; **auch ~** not ... either; **~ leitend** non-conducting; **~ rostend** rustproof; Stahl stainless; **~ amtlich** unofficial; **~ öffentlich** not open to the public, private; **er raucht ~** augenblicklich he's not smoking; gewöhnlich he doesn't smoke; **~ (ein)mal** not even; **~ mehr** not any more Br, not anymore US; **noch ~** not ... yet; **~ berühren!** do not touch; **~ rauchen!** no smoking; **~!** don't!, no!; **~ doch!** stop it!, don't!; **bitte ~!** please don't; **er kommt, ~ (wahr)?** he's coming, isn't he od is he not bes Br, ?; **er kommt ~, ~ wahr?** he isn't coming, is he?; **du brauchst ein ..., ~ wahr?** you need a ..., right?; **was ich ~ alles durchmachen muss!** the things I have to go through!
nichtamtlich adj → nicht
Nichtangriffspakt m non-aggression pact
Nichtbeachtung f non-observance
Nichtbeteiligung f POL opting out
Nichte f niece
Nichteinhaltung f non-compliance (+gen with)
Nichteinmischung f POL non-intervention
Nichtgefallen n **bei ~ (zurück)** if not satisfied (return)
nichtig adj **1** JUR (≈ ungültig) invalid; **etw für ~ erklären** to declare sth invalid **2** (≈ unbedeutend) trifling; Versuch vain; Drohung empty

Nichtigerklärung f POL annulment
Nichtigkeit f JUR (≈ Ungültigkeit) invalidity
Nichtmitglied n non-member
nichtöffentlich adj → nicht
Nichtraucher(in) m(f) non-smoker; **ich bin ~** I don't smoke
Nichtraucher- zssgn non-smoking, no-smoking
Nichtraucherabteil n non-smoking compartment, non-smoker
Nichtrauchergesetz n Gesetz anti-smoking law; Gesetzgebung anti-smoking legislation
Nichtraucherschutz m protection against the dangers of passive smoking; **ein Gesetz zum ~** a law to protect against the dangers of passive smoking
Nichtraucherzone f no-smoking area
Nichtregierungsorganisation f non-governmental organisation
nichts indef pr nothing; **ich weiß ~** I know nothing, I don't know anything; **macht ~** never mind; **~ als** nothing but; **~ anderes als** not ... anything but od except; **~ ahnend** unsuspecting; **~ sagend** meaningless; **~ zu danken!** don't mention it, you're welcome; **~ wie ran!** go for it!; **das ist ~ für mich** that's not my thing umg; **~ zu machen** nothing doing umg; **ich weiß ~ Genaues** I don't know any details; **er ist zu ~ zu gebrauchen** he's useless
Nichts n Philosophie nothingness; (≈ Leere) emptiness; (≈ Kleinigkeit) trifle; **vor dem ~ stehen** to be left with nothing
nichtsahnend adj → nichts
Nichtschwimmer(in) m(f) non-swimmer
Nichtschwimmerbecken n pool for non-swimmers
nichtsdestotrotz adv nonetheless
nichtsdestoweniger adv nevertheless
Nichtsesshafte(r) form m/f(m) person of no fixed abode form
Nichtskönner(in) m(f) washout umg
Nichtsnutz m good-for-nothing
nichtsnutzig adj useless; (≈ unartig) good-for-nothing
nichtssagend adj meaningless
nichtstaatlich adj non-governmental
Nichtstuer(in) m(f) idler, loafer
Nichtstun n idleness; (≈ Muße) leisure
Nichtverbreitung f von Kernwaffen etc non-proliferation
Nichtvorhandensein n absence
Nichtwissen n ignorance (**um** about)
Nichtzutreffende(s) n **~s (bitte) streichen!** (please) delete as applicable
Nickel n nickel
Nickelbrille f metal-rimmed glasses pl

nicken v/i to nod; **mit dem Kopf ~** to nod one's head
Nickerchen umg n snooze umg
Nickituch n bandana (worn round the neck)
Nidel m/f schweiz (≈ Sahne) cream
Nidwalden n Nidwalden
nie adv never; **nie und nimmer** never ever; **nie wieder** never again
nieder **A** adj **1** Instinkt, Motiv low, base; Arbeit menial; Kulturstufe primitive **2** (≈ weniger bedeutend) lower; Geburt, Herkunft lowly **B** adv down; **auf und ~** up and down; **~ mit dem Kaiser!** down with the Kaiser!
niederbrennen v/t & v/i to burn down
niederbrüllen v/t Redner to shout down
niederdeutsch adj **1** GEOG North German **2** LING Low German
Niedergang m fig (≈ Verfall) decline, fall
niedergehen v/i to descend; Bomben, Regen to fall; Gewitter to break
niedergeschlagen adj dejected; **~ sein** to feel low; → niederschlagen
niederknien v/i to kneel down
Niederlage f defeat
Niederlande pl **die ~** the Netherlands sg od pl
Niederländer m Dutchman, Dutch boy; **die ~** the Dutch
Niederländerin f Dutchwoman, Dutch girl
niederländisch adj Dutch, Netherlands
niederlassen v/r **1** (≈ sich setzen) to sit down; (≈ sich niederlegen) to lie down; Vögel to land **2** (≈ Wohnsitz nehmen) to settle (down); **sich als Arzt/Rechtsanwalt ~** to set up (a practice) as a doctor/lawyer
Niederlassung f **1** (≈ das Niederlassen) settling, settlement; eines Arztes etc establishment **2** (≈ Siedlung) settlement **3** HANDEL registered office; (≈ Zweigstelle) branch
niederlegen **A** v/t **1** (≈ hinlegen) to lay od put down; Blumen to lay; Waffen to lay down **2** (≈ aufgeben) Amt to resign (from); **die Arbeit ~** (≈ streiken) to down tools **3** (≈ schriftlich festlegen) to write down **B** v/r to lie down
Niederlegung f **1** von Waffen laying down **2** von Amt resignation (from)
niedermachen v/t **1** (≈ töten) to massacre **2** fig (≈ heftig kritisieren) to run down
niedermetzeln v/t to slaughter
Niederösterreich n Lower Austria
niederreißen v/t to pull down; fig Schranken to tear down
Niederrhein m Lower Rhine
niederrheinisch adj lower Rhine
Niedersachsen n Lower Saxony
niedersächsisch adj of Lower Saxony
niederschießen v/t **jdn ~** to shoot sb down

Niederschlag m METEO precipitation form; CHEM precipitate; (≈ Bodensatz) sediment, dregs pl; **radioaktiver ~** (radioactive) fallout; **für morgen sind heftige Niederschläge gemeldet** tomorrow there will be heavy rain/hail/snow
niederschlagen **A** v/t j-n to knock down; Aufstand to suppress; Augen, Blick to lower; → niedergeschlagen **B** v/r Flüssigkeit to condense; CHEM to precipitate; **sich in etw** (dat) **~** Erfahrungen etc to find expression in sth
niederschlagsarm adj Wetter not very rainy/snowy; **eine ~e Region** a region with low levels of precipitation
niederschlagsreich adj Wetter very rainy/snowy; **eine ~e Region** a region with high levels of precipitation
niederschmettern v/t to smash down; fig to shatter
niederschmetternd adj shattering
niederschreiben v/t to write down
Niederschrift f notes pl; (≈ Protokoll) minutes pl; JUR record
Niederspannung f ELEK low voltage
niederstechen v/t to stab
Niedertracht f despicableness; als Rache malice; (≈ niederträchtige Tat) despicable act
niederträchtig adj despicable; (≈ rachsüchtig) malicious
Niederträchtigkeit f → Niedertracht
niederwerfen **A** v/t to throw down; Aufstand to suppress **B** v/r to throw oneself down
niedlich adj cute
niedrig **A** adj low; Herkunft, Geburt low(ly) **B** adv low; **etw ~er berechnen** to charge less for sth; **~er stellen** to turn down; **etw ~ einstufen** to give sth a low classification; **j-n ~ einschätzen** to have a low opinion of sb
Niedrigenergiehaus n low-energy house
Niedriglohn m low wages pl
Niedriglohnland n low-wage country
Niedriglohnsektor m low-wage sector
Niedrigwasser n SCHIFF low tide
niemals adv never
niemand indef pr nobody, no one, not anybody; **~ anders kam** nobody else came; **herein kam ~ anders als der Kanzler selbst** in came none other than the Chancellor himself; **er hat es ~(em) gesagt** he hasn't told anyone, he has told no-one
Niemand m **er ist ein ~** he's a nobody
Niemandsland n no-man's-land
Niere f kidney; **künstliche ~** kidney machine; **es geht mir an die ~n** umg it gets me down umg
Nierenbecken n pelvis of the kidney
Nierenentzündung f nephritis fachspr
nierenförmig adj kidney-shaped

nierenkrank *adj* **sie ist ~** she's got kidney trouble, she's got kidney disease
Nierenkrankheit *f*, **Nierenleiden** *n* kidney disease
Nierenschale *f* kidney dish
Nierenschützer *m* kidney belt
Nierenspender(in) *m(f)* kidney donor
Nierenstein *m* kidney stone
Nierentransplantation *f* kidney transplant
Niesanfall *m* sneezing fit
nieseln *v/i* to drizzle
Nieselregen *m* drizzle
niesen *v/i* to sneeze
Niespulver *n* sneezing powder
Niet *m*, **Niete** *f* rivet; *auf Kleidung* stud
Niete *f* (≈ *Los*) blank; *umg* (≈ *Mensch*) loser *umg*, dead loss *umg*
nieten *v/t* to rivet
Nietenhose *f* (pair of) studded jeans *pl*
niet- und nagelfest *umg adj* nailed *od* screwed down
nigelnagelneu *umg adj* brand spanking new *umg*
Niger *n* GEOG Niger
Nigeria *n* Nigeria
nigerianisch *adj* Nigerian
Nihilismus *m* nihilism
Nihilist(in) *m(f)* nihilist
nihilistisch *adj* nihilistic
Nikolaus *m* St Nicholas; (≈ *Nikolaustag*) St Nicholas' Day
Nikotin *n* nicotine
nikotinarm *adj* low-nicotine
nikotinfrei *adj* nicotine-free
Nikotinpflaster *n* nicotine patch
Nil *m* Nile
Nilpferd *n* hippopotamus
Nimbus *m* (≈ *Heiligenschein*) halo; *fig* aura
Nimmersatt *m* glutton; **ein ~ sein** to be insatiable
Nimmerwiedersehen *umg n* **auf ~!** I never want to see you again; **auf ~ verschwinden** to disappear never to be seen again
Nippel *m* ① TECH nipple ② *umg* (≈ *Brustwarze*) nipple
nippen *v/t & v/i* **am** *od* **vom Wein ~** to sip (at) the wine
Nippes *pl* ornaments *pl*, knick-knacks *pl*
nirgends, **nirgendwo** *adv* nowhere, not ... anywhere
nirgendwohin *adv* nowhere, not ... anywhere
Nische *f* niche; (≈ *Kochnische etc*) recess
Nischenmarkt *m* HANDEL niche market
nisten *v/i* to nest
Nistkasten *m* nest(ing) box
Nistplatz *m* nesting place

Nitrat *n* nitrate
Nitroglyzerin *n* nitroglycerine
Niveau *n* level; **diese Schule hat ein hohes ~** this school has high standards; **unter ~** below par; **unter meinem ~** beneath me; **~/kein ~ haben** to be of a high/low standard; *Mensch* to be cultured/not at all cultured; **ein Hotel mit ~** a hotel with class
niveaulos *adj Film etc* mediocre; *Unterhaltung* mindless
Nixe *f* water nymph
Nizza *n* Nice
N.N. *abk* (= *nomen nescio*) N.N., name unknown
nobel Ⓐ *adj* (≈ *edelmütig*) noble; *umg* (≈ *großzügig*) lavish; (≈ *elegant*) posh *umg* Ⓑ *adv* (≈ *edelmütig*) nobly; (≈ *großzügig*) generously; **~ wohnen** to live in posh surroundings
Nobelherberge *umg f* posh hotel *umg*
Nobelpreis *m* Nobel prize; **der ~ für ...** the Nobel prize for ...
Nobelpreisträger(in) *m(f)* Nobel laureate, Nobel prize winner
Nobelviertel *umg, mst iron n* posh area *umg*, upmarket area *US*
noch Ⓐ *adv* ① still; **~ nicht** not yet; **~ nicht einmal** not even; **immer ~**, **~ immer** still; **~ nie** never; **ich möchte gerne ~ bleiben** I'd like to stay on longer; **das kann ~ passieren** that might still happen; **er wird ~ kommen** he'll come (yet); **ich habe ihn ~ vor zwei Tagen gesehen** I saw him only two days ago; **er ist ~ am selben Tag gestorben** he died the very same day; **ich tue das ~ heute** *od* **heute ~** I'll do it today; **gerade ~** (only) just ② (≈ *außerdem, zusätzlich*) **wer war ~ da?** who else was there?; **(gibt es) ~ etwas?** (is there) anything else?; **~ etwas Fleisch** some more meat; **~ ein Bier** another beer; **~ einmal** *od* **mal** (once) again, once more ③ *bei Vergleichen* even, still; **das ist ~ viel wichtiger als ...** that is far more important still than ...; **und wenn du auch ~ so bittest ...** however much you ask ... Ⓑ *konj* **weder ... noch ...** nor
nochmalig *adj* renewed
nochmals *adv* again
Nockenwelle *f* camshaft
Nockerl *n österr* GASTR dumpling; **Salzburger ~n** *type of sweet whipped pudding eaten hot*
Nomade *m*, **Nomadin** *f* nomad
Nomadenvolk *n* nomadic tribe *od* people
nomadisch *adj* nomadic
Nomen *n* GRAM noun
Nominaleinkommen *n* nominal income
Nominallohn *m* nominal wages *pl*
Nominalwert *m* nominal *od* face value

Nominativ *m* nominative
nominell *adj & adv* in name only
nominieren *v/t* to nominate
Nominierung *f* nomination
No-Name-Produkt *n* WIRTSCH own-label product, house-brand product *US*
Nonne *f* nun
Nonnenkloster *n* convent
Non-Profit-Unternehmen *n* non-profit company
Nonsens *m* nonsense
nonstop *adv* non-stop
Nonstop-Flug *m*, **Nonstopflug** *m* non-stop flight
Noppe *f* (≈ *Gumminoppe*) nipple, knob
Nord- *zssgn* northern
Nordafrika *n* North Africa
Nordamerika *n* North America
nordamerikanisch *adj* North American
Nordatlantik *m* North Atlantic
Nordatlantikpakt *m* North Atlantic Treaty
norddeutsch *adj* North German
Norddeutsche(r) *m/f(m)* North(ern) German
Norddeutschland *n* North(ern) Germany
Norden *m* north; *von Land* North; **aus dem ~** from the north; **im ~ des Landes** in the north of the country; **nach ~** north; **Richtung ~** northbound
Nordeuropa *n* Northern Europe
Nordfriesische Inseln *pl* **die Nordfriesischen Inseln** the North Frisians *pl*
Nordic Walking *n* Nordic Walking
nordirisch *adj* Northern Irish
Nordirland *n* Northern Ireland
nordisch *adj Wälder* northern; *Völker, Sprache* Nordic; SKI nordic; **~e Kombination** SKI nordic combined
Nordkap *n* North Cape
Nordkorea *n* North Korea
nördlich **A** *adj* northern; *Wind, Richtung* northerly **B** *adv* to the north; **~ von Köln (gelegen)** north of Cologne **C** *präp* (to the) north of
Nordlicht *n* northern lights *pl*, aurora borealis; *fig hum* (≈ *Mensch*) Northerner
Nordost- *zssgn* north-east
Nordosten *m* north-east; *von Land* North East; **nach ~** north-east
nordöstlich **A** *adj Gegend* northeastern; *Wind* northeast(erly) **B** *adv* (to the) north-east
Nord-Ostsee-Kanal *m* Kiel Canal
Nordpol *m* North Pole
Nordpolarmeer *n* Arctic Ocean
Nordrhein-Westfalen *n* North Rhine-Westphalia
Nordsee *f* North Sea
Nordstaaten *pl der USA* Northern States *pl*
Nord-Süd-Gefälle *n* north-south divide
Nordwand *f von Berg* north face
nordwärts *adv* north(wards)
Nordwesten *m* north-west; *von Land* North West; **nach ~** north-west
nordwestlich **A** *adj Gegend* north-western; *Wind* north-west(erly) **B** *adv* (to the) north-west
Nordwind *m* north wind
Nörgelei *f* moaning; (≈ *Krittelei*) nit-picking *umg*
nörgeln *v/i* to moan, to grumble; (≈ *kritteln*) to niggle (**an** +*dat od* **über** +*akk* about)
Nörgler(in) *m(f)* grumbler, moaner; (≈ *Krittler*) niggler, nit-picker *umg*
Norm *f* norm; **die ~ sein** to be (considered) normal
normal **A** *adj* normal; *Format, Maß* standard; (≈ *üblich*) regular; **bist du noch ~?** *umg* have you gone mad? **B** *adv* normally; **er ist ~ groß** his height is normal; **benimm dich ganz ~** act naturally
Normalbenzin *n* regular petrol *Br od* gas *US*
Normalbürger(in) *m(f)* average citizen
normalerweise *adv* normally, usually
Normalfall *m* **im ~** normally, usually
Normalgewicht *n* normal weight; *genormt* standard weight
normalisieren **A** *v/t* to normalize **B** *v/r* to get back to normal
Normalisierung *f* normalization
Normalität *f* normality
Normalsterbliche(r) *m/f(m)* lesser mortal
Normalverbraucher(in) *m(f)* average consumer; **Otto ~** *umg* the man in the street
Normalzustand *m* normal state
normen *v/t* to standardize
Normung *f* standardization
Norwegen *n* Norway
Norweger(in) *m(f)* Norwegian
norwegisch *adj* Norwegian
Nostalgie *f* nostalgia
nostalgisch *adj* nostalgic
Not *f* **1** (≈ *Elend*) need(iness), poverty; **aus Not** out of poverty; **in Not** in need; **Not leiden** to suffer deprivation; **Not leidend** needy; *Bevölkerung, Land* impoverished; *Wirtschaft* ailing; **Not macht erfinderisch** *sprichw* necessity is the mother of invention *sprichw* **2** (≈ *Bedrängnis*) distress *kein pl*, affliction; (≈ *Problem*) problem; **in seiner Not** in his hour of need; **in Not sein** to be in distress; **wenn Not am Mann ist** in an emergency; **in höchster Not sein** to be in dire straits **3** (≈ *Sorge, Mühe*) difficulty; **er hat seine liebe Not mit ihr** he really has problems with her **4** (≈ *Notwendigkeit*) necessity; **ohne Not** without good cause; **zur Not** if necessary; (≈ *gerade noch*) just about; **aus der Not ei-**

ne Tugend machen to make a virtue (out) of necessity
Not- zssgn emergency
Notar(in) m(f) notary public
Notariat n notary's office
notariell **A** adj JUR notarial **B** adv JUR **~ beglaubigt** legally certified
Notarzt m, **Notärztin** f emergency doctor
Notarztwagen m emergency doctor's car
Notaufnahme f casualty (unit) Br, emergency room US
Notausgang m emergency exit
Notbehelf m stopgap (measure)
Notbremse f emergency brake; **die ~ ziehen** wörtl to pull the emergency brake; fig to put the brakes on
Notbremsung f emergency stop
Notdienst m **~ haben** Apotheke to be open 24 hours; Arzt etc to be on call
notdürftig **A** adj (≈ behelfsmäßig) makeshift kein adv; Kleidung scanty **B** adv bekleidet scantily; reparieren in a makeshift way; versorgen poorly
Note f **1** MUS, POL note; **~n lesen** to read music **2** SCHULE mark, grade US; SPORT mark **3** (≈ Banknote) (bank)note, bill US **4** (≈ Eigenart) note; in Bezug auf Atmosphäre tone, character; in Bezug auf Einrichtung, Kleidung touch
Notebook m/n notebook (computer)
Notebooktasche f notebook bag
Notenbank f issuing bank
Notenblatt n sheet of music
Notendurchschnitt m SCHULE average mark od grade bes US
Notenständer m music stand
Notepad n COMPUT notepad
Notfall m emergency; **im ~** if necessary; **bei einem ~** in case of emergency
Notfallbeleuchtung f emergency lighting
notfalls adv if necessary
notgedrungen adv of necessity; **ich muss mich ~ dazu bereit erklären** I'm forced to agree
notgeil adj sl pej besonders sexuell horny as hell sl
Notgroschen m nest egg
notieren **A** v/t & v/i **1** (≈ Notizen machen) to note down; **ich notiere (mir) den Namen** I'll make a note of the name **2** BÖRSE (≈ festlegen) to quote (mit at) **B** v/i BÖRSE (≈ wert sein) to be quoted (auf +akk at)
Notierung f BÖRSE quotation
nötig **A** adj necessary; **wenn ~** if necessary; **etw ~ haben** to need sth; **er hat das natürlich nicht ~** iron but, of course, he's different; **das habe ich nicht ~!** I don't need that; **das Nötigste** the (bare) necessities **B** adv (≈ dringend) **etwas ~ brauchen** to need something urgently
nötigen v/t (≈ zwingen) to force, to compel; JUR to coerce; (≈ auffordern) to urge; **sich ~ lassen** to need prompting
Nötigung f (≈ Zwang) compulsion; JUR coercion; AUTO zu dicht auffahren tailgating; **sexuelle ~** sexual assault
Notiz f **1** (≈ Vermerk) note; (≈ Zeitungsnotiz) item; **sich** (dat) **~en machen** to make od take notes **2** **~ nehmen von** to take notice of; **keine ~ nehmen von** to ignore
Notizblock m notepad, memo pad bes US
Notizbuch n notebook
Notlage f crisis; (≈ Notfall) emergency; (≈ Elend) plight
notlanden v/i to make an emergency landing
Notlandung f emergency landing
notleidend adj **1** → Not **2** Kredit unsecured; Wechsel, Wertpapier dishonoured Br, dishonored US
Notlösung f compromise solution; provisorisch temporary solution
Notlüge f white lie
Notoperation f emergency operation
notorisch adj **1** (≈ gewohnheitsmäßig) habitual **2** (≈ allbekannt) notorious
Notruf m TEL Nummer emergency number
Notrufnummer f emergency number
Notrufsäule f emergency telephone
Notrutsche f FLUG escape chute
notschlachten v/t to put down
Notsitz m foldaway od tip-up seat
Notstand m crisis; POL state of emergency; JUR emergency; **den ~ ausrufen** to declare a state of emergency
Notstandsgebiet n wirtschaftlich deprived area; bei Katastrophen disaster area
Notstandsgesetze pl POL emergency laws pl
Notstromaggregat n emergency power generator
Notunterkunft f emergency accommodation od shelter
Notwehr f self-defence Br, self-defense US; **in** od **aus ~** in self-defence Br, in self-defense US
notwendig adj necessary; **ich habe alles Notwendige erledigt** I've done everything (that's) necessary
notwendigerweise adv of necessity, necessarily
Notwendigkeit f necessity
Nougat m/n nougat
Novelle f **1** novella **2** POL amendment
November m November; → März
Novize m, **Novizin** f novice
Novum n novelty
NPD f abk (= Nationaldemokratische Partei

Deutschlands) National Democratic Party of Germany
Nr. *abk* (= *Nummer*) No., no.
NRW *abk* (= *Nordrhein-Westfalen*) North Rhine-Westphalia
NS-Verbrechen *n* Nazi crime
Nu *m* **im Nu** in no time
Nuance *f* (≈ *kleiner Unterschied*) nuance; (≈ *Kleinigkeit*) shade; **um eine ~ zu laut** a shade too loud
Nubuk *n*, **Nubukleder** *n* nubuk
nüchtern **A** *adj* **1** *ohne Essen* **mit ~em/auf ~en Magen** with/on an empty stomach **2** (≈ *nicht betrunken*) sober; **wieder ~ werden** to sober up **3** (≈ *sachlich, vernünftig*) down-to-earth *kein adv*, rational; *Tatsachen* bare, plain **B** *adv* (≈ *sachlich*) unemotionally
nuckeln *v/i* to suck (**an** +*dat* at); **er nuckelt immer am Daumen** he's always sucking his thumb
Nudel *f* **1** *als Beilage* pasta *kein pl*; *als Suppeneinlage* noodle; **~n** pasta **2** *umg* (≈ *dicker Mensch*) dumpling *umg*; *komisch* character
Nudelsalat *m* pasta salad
Nudelsuppe *f* noodle soup
Nudist(in) *m(f)* nudist
Nugat *m/n* nougat
nuklear *adj* nuclear
Nuklearwaffe *f* nuclear weapon
null *num* zero; *umg* (≈ *kein*) zero *umg*; TEL O *Br*, zero; SPORT nil, zero *US*; *Tennis* love; **~ eins** (nought) point one *Br*, zero point one *US*; **es steht ~ zu ~** there's no score; **das Spiel wurde ~ zu ~ beendet** the game was a goalless draw *Br*, the game was a no-score draw; **eins zu ~** one-nil; **~ und nichtig** JUR null and void; **Temperaturen unter ~** sub-zero temperatures; **in ~ Komma nichts** *umg* in less than no time
Null *f* **1** *Zahl* nought, naught *US*, zero **2** *umg* (≈ *Mensch*) loser *umg*, dead loss *umg*
nullachtfünfzehn *umg adj* run-of-the-mill *umg*
Nullchecker(in) *m(f) sl* dumbo *umg*, dumbass *US sl*
Nulldiät *f* starvation diet
Nullerjahr *umg n jedes Jahr des ersten Jahrzehnts eines Jahrtausends*, 00-09 noughtie *Br umg*, aught *US*
Nulllösung *f* POL zero option
Nullnummer *f* **1** *von Zeitung etc* pilot **2** *umg fig Fehlschlag, sinnlose Aktion* washout, waste of time; *Person* waste of space
Nullpunkt *m* zero; **auf den ~ sinken, den ~ erreichen** to hit rock-bottom
Nullrunde *f* **in diesem Jahr gab es eine ~ für Beamte** there has been no pay increase this year for civil servants
Nullsummenspiel *n* zero-sum game

Nulltarif *m für Verkehrsmittel* free travel; (≈ *freier Eintritt*) free admission; **zum ~** *hum* free of charge
Nullwachstum *n* POL zero growth
numerisch *adj* numeric(al)
Nummer *f* number; (≈ *Größe*) size; *umg* (≈ *Mensch*) character; *umg* (≈ *Koitus*) screw *sl*; **er hat** *od* **schiebt eine ruhige ~** *umg* he's onto a cushy number *umg*; **auf ~ sicher gehen** *umg* to play (it) safe; **dieses Geschäft ist eine ~ zu groß für ihn** this business is out of his league
nummerieren *v/t* to number
Nummerierung *f* numbering
Nummernblock *m auf Tastatur* numeric keypad
Nummerngirl *n* ring card girl
Nummernkonto *n* FIN numbered account
Nummernschild *n* AUTO number plate *Br*, license plate *US*
Nummernspeicher *m* TEL memory
nun *adv* **1** (≈ *jetzt*) now; **was nun?** what now?; **er will nun mal nicht** he simply doesn't want to; **das ist nun (ein)mal so** that's just the way things are; **nun ja** well yes; **nun gut** (well) all right; **nun erst recht!** just for that (I'll do it)! **2** *Aufforderung* come on **3** *bei Fragen* well; **nun?** well?
nur *adv* only; **alle, nur ich nicht** everyone except me; **nicht nur ..., sondern auch** not only ... but also; **alles, nur das nicht!** anything but that!; **ich hab das nur so gesagt** I was just talking; **nur zum Spaß** just for fun; **was hat er nur?** what on earth is the matter with him? *umg*; **wenn er nur (erst) käme** if only he would come; **geh nur!** just go on; **nur zu!** go on; **Sie brauchen es nur zu sagen** just say (the word)
Nürnberg *n* Nuremberg
nuscheln *umg v/t & v/i* to mutter
Nuss *f* **1** nut; **eine harte ~ zu knacken haben** *fig* to have a tough nut to crack **2** *umg* (≈ *Mensch*) **eine doofe ~** a stupid clown *umg*
Nussbaum *m Baum* walnut tree; *Holz* walnut
nussig *adj* nutty
Nussknacker *m* nutcracker
Nussschale *f* nutshell; *fig* (≈ *Boot*) cockleshell
Nüster *f* nostril
Nut *f*, **Nute** *f* groove
Nutte *umg f* tart *umg*
nutzbar *adj* us(e)able; *Boden* productive; *Bodenschätze* exploitable; **~ machen** to make us(e)able; *Sonnenenergie* to harness; *Bodenschätze* to exploit
nutzbringend **A** *adj* profitable **B** *adv* profitably; **etw ~ anwenden** to use sth profitably
nütze *adj* **zu etw ~ sein** to be useful for sth; **zu nichts ~ sein** to be no use for anything

nutzen A *v/i* to be of use, to be useful (**j-m zu etw** to sb for sth); (≈ *ausnutzen*) to take advantage of; **es nutzt nichts** it's no use; **da nutzt alles nichts** there's nothing to be done; **das nutzt (mir/dir) nichts** that won't help (me/you) B *v/t* to make use of, to use; *Gelegenheit* to take advantage of; *Bodenschätze, Energien* to use; **etw gemeinsam mit j-m ~** to share sth with sb

Nutzen *m* **1** use; (≈ *Nützlichkeit*) usefulness; **j-m von ~ sein** to be useful to sb **2** (≈ *Vorteil*) advantage, benefit; (≈ *Gewinn*) profit; **aus etw ~ ziehen** to reap the benefits of sth

nützen *v/t & v/i* → nutzen

Nutzer(in) *m(f)* user

nutzergeneriert *adj* IT user-generated; *von Webinhalten etc* **~er Inhalt, ~er Content** user-generated content

Nutzfahrzeug *n* farm/military *etc* vehicle; HANDEL commercial vehicle

Nutzfläche *f* us(e)able floor space; **(landwirtschaftliche) ~** AGR (agriculturally) productive land

Nutzholz *n* (utilizable) timber

Nutzlast *f* payload

nützlich *adj* useful; (≈ *hilfreich*) helpful; (≈ *praktisch*) handy; **sich ~ machen** to make oneself useful

Nützlichkeit *f* usefulness

nutzlos *adj* **1** useless; (≈ *vergeblich*) futile *attr*, in vain *präd* **2** (≈ *unnötig*) needless

Nutzlosigkeit *f* uselessness; (≈ *Vergeblichkeit*) futility

Nutznießer(in) *m(f)* beneficiary; JUR usufructuary

Nutzung *f* use; (≈ *das Ausnutzen*) exploitation; **j-m etw zur ~ überlassen** to give sb the use of sth

Nutzungsbedingungen *pl* terms and conditions of use *pl*

Nylon® *n* nylon

Nymphe *f* *Mythologie* nymph; *fig* sylph

Nymphomanin *f* nymphomaniac

O, o *n* O, o

o *int* oh

Oase *f* oasis; *fig* haven

ob *konj* **1** *indirekte Frage* if, whether; **ich habe ihn gefragt, ob er mitkommen will** I asked him if he wanted to come; **ich frage mich, ob ich das tun soll** I wonder whether I should do it; **ob reich, ob arm** whether rich or poor; **ob er (wohl) morgen kommt?** I wonder if he'll come tomorrow? **2** **und ob** *umg* you bet *umg*; **als ob** as if; **(so) tun, als ob** *umg* to pretend

OB *m abk* (= *Oberbürgermeister*) Lord Mayor

Obacht *f* **~ geben auf** (+*akk*) (≈ *aufmerken*) to pay attention to; (≈ *bewachen*) to keep an eye on

ÖBB *abk* (= *Österreichische Bundesbahnen*) Austrian Railways

Obdach *geh n* shelter

obdachlos *adj* homeless; **~ werden** to be made homeless

Obdachlosenasyl *n* hostel for the homeless

Obdachlose(r) *m/f(m)* homeless person; **die ~n** the homeless

Obdachlosigkeit *f* homelessness

Obduktion *f* postmortem (examination)

obduzieren *v/t* to carry out a postmortem on

O-Beine *umg pl* bow legs *pl*

o-beinig *adj* bow-legged

Obelisk *m* obelisk

oben *adv* **1** (≈ *am oberen Ende*) at the top; *im Haus* upstairs; (≈ *in der Höhe*) up; **rechts ~ (in der Ecke)** in the top right-hand corner; **der ist ~ nicht ganz richtig** *umg* he's not quite right up top *umg*; **~ ohne gehen** *umg* to be topless; **ganz ~** right at the top; **hier/dort ~** up here/there; **hoch ~** high (up) above; **~ auf dem Berg** on top of the mountain; **~ am Himmel** up in the sky; **~ im Norden** up (in the) north; **nach ~** up, upwards; *im Hause* upstairs; **der Weg nach ~** *fig* the road to the top; **von ~ bis unten** from top to bottom; *von Mensch* from top to toe; **j-n von ~ bis unten mustern** to look sb up and down; **j-n von ~ herab behandeln** to be condescending to sb; **weiter ~** further up; **der Befehl kommt von ~** it's orders from above **2** (≈ *vorher*) above; **siehe ~** see above; **~ erwähnt** *attr* above-mentioned

Oben-ohne- *zssgn* topless

Ober *m* (≈ *Kellner*) waiter; **Herr ~!** waiter!

Oberarm *m* upper arm

Oberarzt *m*, **Oberärztin** *f* senior physician;

(≈ *Vertreter des Chefarztes*) assistant medical director
Oberaufsicht *f* supervision; **die ~ führen** to be in *od* have overall control (**über** +*akk* of)
Oberbefehl *m* MIL supreme command
Oberbegriff *m* generic term; *sprachlich* group word
Oberbürgermeister *m* mayor, Lord Mayor
Oberbürgermeisterin *f* mayoress
obercool *umg adj* **1** (≈ *äußerst gelassen*) super cool *umg*; **~ sein** to be well cool **2** (≈ *äußerst toll*) totally cool *umg*
Oberdeck *n* upper deck
obere(r, s) *adj* upper; **~r Teil, ~s Ende** top; → oberster, s
Oberfläche *f* surface; TECH, MATH surface area; **an der ~ schwimmen** to float
oberflächlich **A** *adj* superficial; **~e Verletzung** surface wound; **bei ~er Betrachtung** at a quick glance; **nach ~er Schätzung** at a rough estimate **B** *adv* superficially; **etw (nur) ~ kennen** to have (only) a superficial knowledge of sth
Obergeschoss *n*, **Obergeschoß** *österr n* upper floor; *bei zwei Stockwerken* top floor
Obergrenze *f* upper limit
oberhalb **A** *präp* above **B** *adv* above; **~ von** over; **weiter ~** further up
Oberhand *fig f* upper hand; **die ~ über j-n/etw gewinnen** to gain the upper hand over sb/sth, to get the better of sb/sth
Oberhaupt *n* (≈ *Repräsentant*) head; (≈ *Anführer*) leader; (≈ *Stammesoberhaupt*) chief
Oberhaus *n* POL upper house; *in GB* House of Lords
Oberhemd *n* shirt
Oberin *f* **1** *im Krankenhaus* matron **2** KIRCHE Mother Superior
oberirdisch *adj & adv* above ground
Oberkellner(in) *m(f)* head waiter/waitress
Oberkiefer *m* upper jaw
Oberkommando *n* (≈ *Oberbefehl*) Supreme Command
Oberkörper *m* upper part of the body; **den ~ frei machen** to strip to the waist
Oberlauf *m* upper reaches *pl*
Oberleder *n* (leather) uppers *pl*
Oberleitung *f* **1** (≈ *Führung*) direction **2** ELEK overhead cable
Oberlippe *f* upper lip
Oberösterreich *n* Upper Austria
oberrheinisch *adj* upper Rhine
Obers *n österr* cream
Oberschenkel *m* thigh
Oberschenkelhalsbruch *m* femoral neck fracture
Oberschicht *f* top layer; SOZIOL upper strata (of society) *pl*
Oberschwester *f* senior nursing officer
Oberseite *f* top (side)
Oberst *m* **1** *Heer* colonel **2** *Luftwaffe* group captain *Br*, colonel *US*
Oberstaatsanwalt *m*, **Oberstaatsanwältin** *f* public prosecutor, procurator fiscal *schott*, district attorney *US*
oberste(r, s) *adj* **1** *Stockwerk, Schicht* uppermost, very top **2** *Gebot, Prinzip* supreme; *Dienstgrad* highest, most senior; **Oberster Gerichtshof** supreme court
Oberstufe *f* upper school; (≈ *oberste Klasse*) sixth form
Oberteil *n* top
Oberwasser *fig umg n* **~ haben** to feel better
Oberweite *f* bust measurement
obgleich *konj* although
Obhut *geh f* (≈ *Aufsicht*) care; (≈ *Verwahrung*) keeping; **j-n in ~ nehmen** to take care of sb; **unter j-s ~** (*dat*) **sein** to be in sb's care
obige(r, s) *adj* above
Objekt *n* object; HANDEL (≈ *Grundstück etc*) property; FOTO subject
objektiv **A** *adj* objective **B** *adv* objectively
Objektiv *n* (object) lens
Objektivität *f* objectivity
Objektschutz *m* protection of property
Objektträger *m* slide
Oblate *f* wafer; KIRCHE host
Obligation *f* obligation; FIN bond, debenture
obligatorisch *adj* obligatory; *Fächer* compulsory
Oboe *f* oboe; **~ spielen** to play the oboe
Oboist(in) *m(f)* oboist
Obrigkeit *f* authority; **die ~** the authorities *pl*
Observatorium *n* observatory
observieren *form v/t* to observe
obskur *adj* obscure; (≈ *verdächtig*) suspect
Obst *n* fruit; **~ pflücken** to pick fruit
Obstbau *m* fruit-growing
Obstbaum *m* fruit tree
Obstgarten *m* orchard
Obstkuchen *m* fruit flan; *gedeckt* fruit tart, pie
Obstler *m dial* fruit schnapps
Obstplantage *f* fruit plantation
Obstruktion *f* obstruction
Obstsaft *m* fruit juice
Obstsalat *m* fruit salad
Obsttorte *f* fruit flan; *gedeckt* fruit tart
Obst- und Gemüsehändler(in) *m* greengrocer; *US* vegetable seller
Obstwasser *n* fruit schnapps
obszön *adj* obscene
Obszönität *f* obscenity
Obwalden *n* Obwalden

obwohl *konj* although, even though
Occasion *f schweiz* (≈ *Gelegenheitskauf*) (second-hand) bargain; (≈ *Gebrauchtwagen*) second-hand car
Ochs *m*, **Ochse** *m* **1** ox **2** *umg* (≈ *Dummkopf*) dope *umg*
Ochsenschwanzsuppe *f* oxtail soup
Ocker *m/n* ochre *Br*, ocher *US*
Ode *f* ode
öde *adj* **1** (≈ *verlassen*) deserted; (≈ *unbewohnt*) desolate; (≈ *unbebaut*) waste **2** *fig* (≈ *fade*) dull; *Dasein* dreary; *umg* (≈ *langweilig*) grim *umg*
Ödem *n* oedema, edema
oder *konj* or; **~ so** *am Satzende* or something; **so wars doch, ~ (etwa) nicht?** that was what happened, wasn't it?; **lassen wir es so, ~?** let's leave it at that, OK?
Ödipuskomplex *m* Oedipus complex
OECD *f abk* (= Organization for Economic Co-operation and Development) Organisation für wirtschaftliche Zusammenarbeit und Entwicklung OECD
Ofen *m* **1** (≈ *Heizofen*) heater; (≈ *Kohleofen*) stove; **jetzt ist der ~ aus** *umg* that's it *umg* **2** (≈ *Herd, Backofen*) oven **3** TECH furnace; (≈ *Brennofen*) kiln
Ofenkartoffel *f* baked potato
Ofenrohr *n* stovepipe
offen **A** *adj* **1** open; *Flamme, Licht* naked; *Haare* loose; *Rechnung* outstanding; **~ haben** *Geschäft* to be open; **~er Wein** wine by the carafe/glass; **auf ~er Strecke** *Straße* on the open road; **Tag der ~en Tür** open day; **ein ~es Wort mit j-m reden** to have a frank talk with sb **2** (≈ *frei*) *Stelle* vacant; **~e Stellen** vacancies **B** *adv* openly; (≈ *freimütig*) candidly; (≈ *deutlich*) clearly; **~ gestanden** *od* **gesagt** quite honestly; **seine Meinung ~ sagen** to speak one's mind; **die Haare ~ tragen** to wear one's hair loose *od* down
offenbar **A** *adj* obvious; **~ werden** to become obvious **B** *adv* (≈ *vermutlich*) apparently; **da haben Sie sich ~ geirrt** you seem to have made a mistake
offenbaren **A** *v/t* to reveal **B** *v/r* (≈ *erweisen*) to show *od* reveal itself/oneself
Offenbarung *f* revelation
Offenbarungseid *m* JUR oath of disclosure; **den ~ leisten** *wörtl* to swear an oath of disclosure; *fig* to admit defeat
offen bleiben, **offenbleiben** *fig v/i* **alle offengebliebenen Probleme** all remaining problems
offen halten, **offenhalten** *fig v/t* to keep open
Offenheit *f* openness, candour *Br*, candor *US* (**gegenüber** about); **in aller** *od* **schöner ~** quite openly

offenkundig **A** *adj* obvious; *Beweise* clear **B** *adv* blatantly
offen lassen, **offenlassen** *v/t* to leave open
offenlegen *fig v/t* to disclose
offensichtlich **A** *adj* obvious **B** *adv* obviously
offensiv **A** *adj* offensive **B** *adv* offensively
Offensive *f* **1** offensive; **in die ~ gehen** to take the offensive **2** SPORT forward line; *beim Football* offense
offen stehen *v/i Tür, Fenster* to be open
offenstehen *fig v/i* **1** HANDEL *Rechnung* to be outstanding **2** **j-m ~** *fig* (≈ *zugänglich sein*) to be open to sb; **es steht ihr offen, sich uns anzuschließen** she's free to join us
öffentlich **A** *adj* public; **die ~e Meinung/Moral** public opinion/morality; **die ~e Ordnung** law and order; **~es Recht** JUR public law; **~e Schule** state school, public school *US*; **der ~e Dienst** the civil service; **~er Verkehr** public transport **B** *adv* publicly; **sich ~ äußern** to voice one's opinion in public; **etw ~ bekannt machen** to make sth public
Öffentlichkeit *f* (≈ *Allgemeinheit*) (general) public; **die ~ erfährt vieles nicht** the public don't *od* doesn't find out about a lot of things; **in der ~** in public; **in** *od* **vor aller ~** in public; **unter Ausschluss der ~** in secret *od* private; JUR in camera; **mit etw an die ~ treten** to bring sth to public attention; **im Licht der ~ stehen** to be in the public eye
Öffentlichkeitsarbeit *f* public relations work
Öffentlichkeitsdefizit *n* POL democratic deficit
öffentlich-rechtlich *adj* (under) public law; **~er Rundfunk** ≈ public-service broadcasting
Offerte *f* HANDEL offer
offiziell **A** *adj* official **B** *adv* officially
Offizier(in) *m(f)* officer
offiziös *adj* semiofficial
offline *adv* IT offline, off-line
Offlinebetrieb *m* IT off-line mode
öffnen **A** *v/t & v/i* to open **B** *v/r* to open; (≈ *weiter werden*) to open out; **sich j-m ~** to confide in sb
Öffner *m* opener
Öffnung *f* opening
Öffnungszeiten *pl* hours *pl* of business, opening times *pl*
Offsetdruck *m* offset (printing)
oft *adv* often; (≈ *in kurzen Abständen*) frequently; **des Öfteren** quite often
öfter(s) *adv* (every) once in a while; (≈ *wiederholt*) from time to time
OG *abk* (= *Obergeschoss*) upper floor
oh *int* oh
Ohm *n* ohm
ohne **A** *präp* without; **~ etw auskommen** to go

without sth; **~ mich!** count me out!; **er ist nicht ~** *umg* he's not bad *umg*; **~ Mehrwertsteuer** excluding VAT; **ich hätte das ~ Weiteres getan** I'd have done it without a second thought; **er hat den Brief ~ Weiteres unterschrieben** he signed the letter just like that; **das lässt sich ~ Weiteres arrangieren** that can easily be arranged **B** *konj* **~ zu zögern** without hesitating

ohnegleichen *adj* unparalleled; **seine Frechheit ist ~** I've never known anybody have such a nerve

ohnehin *adv* anyway; **es ist ~ schon spät** it's late enough as it is

Ohnmacht *f* **1** MED faint; **in ~ fallen** to faint **2** (≈ *Machtlosigkeit*) powerlessness

ohnmächtig **A** *adj* **1** (≈ *bewusstlos*) unconscious; **~ werden** to faint **2** (≈ *machtlos*) powerless; **~e Wut** impotent rage **B** *adv* (≈ *hilflos*) helplessly; **~ zusehen** to look on helplessly

Ohr *n* ear; **gute Ohren haben** to have good hearing; **auf taube/offene Ohren stoßen** to fall on deaf/sympathetic ears; **ein offenes Ohr für j-n haben** to be ready to listen to sb; **mir klingen die Ohren** my ears are burning; **j-m die Ohren volljammern** *umg* to keep (going) on at sb; **ganz Ohr sein** *hum* to be all ears; **sich aufs Ohr legen** *od* **hauen** *umg* to turn in; **j-m die Ohren lang ziehen** *umg* to tweak sb's ear(s); **ein paar hinter die Ohren kriegen** *umg* to get a smack on the ear; **schreib es dir hinter die Ohren** *umg* has that sunk in? *umg*; **j-m (mit etw) in den Ohren liegen** *umg* to badger sb (about sth); **j-n übers Ohr hauen** to take sb for a ride *umg*; **bis über beide Ohren verliebt sein** to be head over heels in love; **viel um die Ohren haben** *umg* to have a lot on (one's plate) *umg*; **es ist mir zu Ohren gekommen** it has come to my ears *form*

Öhr *n* eye

Ohrenarzt *m*, **Ohrenärztin** *f* ear specialist

ohrenbetäubend *fig adj* deafening

Ohrensausen *n* MED buzzing in one's ears

Ohrenschmalz *n* earwax

Ohrenschmerzen *pl* earache

Ohrenschützer *pl* earmuffs *pl*

Ohrenstöpsel *m* earplug

Ohrenzeuge *m*, **Ohrenzeugin** *f* earwitness

Ohrfeige *f* slap on the face, slap round the face *Br*; *als Strafe* smack on the ear; **eine ~ bekommen** to get a slap round the face *Br*, in the face *US*

ohrfeigen *v/t* **j-n ~** to slap *od* hit sb; *als Strafe* to give sb a smack on the ear

Ohrhörer *m* earphone

Ohrläppchen *n* (ear)lobe

Ohrlöffelchen *n*, **Ohrreiniger** *m* ear pick, ear scoop

Ohrmuschel *f* (outer) ear

Ohrring *m* earring

Ohrstecker *m* stud earring

Ohrstöpsel *m* earplug

Ohrwurm *m* ZOOL earwig; **der Schlager ist ein richtiger ~** *umg* that's a really catchy record *umg*

oje *int* oh dear

o. k., O. K. *int* OK

okay *int* OK

Okkupation *f* occupation

Öko- *zssgn* eco

Ökobauer *m*, **Ökobäuerin** *umg f* ecologically-minded farmer

Ökobewegung *f* ecological movement

Ökobilanz *f* life-cycle analysis

Ökoei *n* organic egg

Ökofonds *m* eco fund, green fund

Ökolabel *m* ecolabel

Ökoladen *m* wholefood shop

Ökologe *m*, **Ökologin** *f* ecologist

Ökologie *f* ecology

ökologisch **A** *adj* ecological, environmental; **Gemüse aus kontrolliert ~em Anbau** certified organic vegetables **B** *adv* ecologically; *anbauen* organically

Ökonom(in) *m(f)* economist

Ökonomie *f* **1** economy **2** (≈ *Wirtschaftswissenschaft*) economics *sg*

ökonomisch **A** *adj* **1** economic **2** (≈ *sparsam*) economic(al) **B** *adv* economically; **~ wirtschaften** to be economical

Ökopapier *n* recycled paper

Ökosiegel *n* eco-label

Ökosphäre *f* ecosphere

Ökosteuer *f* ecotax, green tax *umg*

Ökostrom *m* green electricity

Ökosystem *n* ecosystem

Ökotourismus *m* ecotourism

Ökotoxikologie *f* environmental toxicology, ecotoxicology

Oktaeder *n* octahedron

Oktanzahl *f* octane number

Oktave *f* octave

Oktober *m* October; → **März**

Oktoberfest *n* Munich beer festival

Oktopus *m* octopus

ökumenisch *adj* ecumenical

Öl *n* oil; **in Öl malen** to paint in oils; **Öl auf die Wogen gießen** *sprichw* to pour oil on troubled waters

Ölberg *m* Mount of Olives

Ölbild *n* oil painting

Oldie *m* *umg* (≈ *Schlager*) (golden) oldie *umg*

Oldtimer *m* (≈ *Auto*) veteran car, vintage car
Oleander *m* oleander
Ölembargo *n* oil embargo
ölen *v|t* to oil; **wie geölt** *umg* like clockwork *umg*
Ölexport *m* oil exports *pl*
Ölfarbe *f* oil-based paint; KUNST oil (paint), oil colour *Br od* color *US*
Ölfeld *n* oil field
Ölfilm *m* film of oil
Ölfilter *m od n* AUTO oil filter
Ölförderland *n* oil-producing country
Ölförderung *f* oil production
Ölgemälde *n* oil painting
Ölheizung *f* oil-fired central heating
ölig *adj* oily
oliv *adj* olive(-green)
Olive *f* olive
Olivenbaum *m* olive tree
Olivenhain *m* olive grove
Olivenöl *n* olive oil
olivgrün *adj* olive-green
Ölkanne *f*, **Ölkännchen** *n* oil can
Ölkrise *f* oil crisis
Öllampe *f* oil lamp
Ölleitung *f* oil pipeline
Öllieferant(in) *m(f)* oil producer
Ölmessstab *m* AUTO dipstick
Ölmühle *f* oil mill
Ölofen *m* oil heater
Ölpest *f* oil spill
Ölplattform *f* oil rig
Ölpreis *m* oil price
Ölquelle *f* oil well
Ölsardine *f* sardine
Ölschicht *f* layer of oil
Ölstand *m* oil level
Ölstandsanzeiger *m* oil pressure gauge
Öltanker *m* oil tanker
Ölteppich *m* oil slick
Ölverbrauch *m* oil consumption
Ölvorkommen *n* oil deposit
Ölwanne *f* AUTO sump *Br*, oil pan *US*
Ölwechsel *m* oil change
Olymp *m Berg* Mount Olympus
Olympiade *f* (≈ *Olympische Spiele*) Olympic Games *pl*
Olympiamannschaft *f* Olympic team
Olympiasieger(in) *m(f)* Olympic champion
Olympiastadion *n* Olympic stadium
Olympiateilnehmer(in) *m(f)* participant in the Olympic Games
olympisch *adj* **1** (≈ *den Olymp betreffend*) Olympian *a. fig* **2** (≈ *die Olympiade betreffend*) Olympic; **die Olympischen Spiele** the Olympic Games
Ölzeug *n* oilskins *pl*
Oma *umg f* grandma, granny *umg*

Oman *n* GEOG Oman
Ombudsfrau *f* ombudswoman
Ombudsmann *m* ombudsman
Omelett *n* omelette
Omen *n* omen
Omi *umg f* grandma
ominös *geh* **A** *adj* ominous, sinister **B** *adv* ominously
Omnibus *m* **1** bus **2** (≈ *Reisebus*) bus, coach *Br*
onanieren *v|i* to masturbate
Onkel *m* uncle
Onkologe *m*, **Onkologin** *f* oncologist
Onkologie *f* MED oncology
online **A** *adj* IT online **B** *adv* IT online; **~ gehen** to go online; **ich habe das ~ gekauft** I bought it online
Online- *zssgn* online
Onlineanbieter *m* online (service) provider
Onlineangebot *n Warenangebot* online products *pl*; *Dienste* online services *pl*
Onlinearbeitsamt *n* online job centre *Br*, online employment service *US*
Onlineauktion *f* Internet auction
Onlinebanking *n* online *od* Internet banking
Onlinebetrieb *m* online mode
Online-Check-in *m* FLUG online check-in
Onlinedatenbank *f* online database
Onlinedienst *m*, **Onlineservice** *m* online service
Onlinehilfe *f* IT online support
Onlinepublishing *n* online *od* web publishing
Online-Recherche *f* online research
Onlineshop *f* online shop *Br*, online store *US*
Onlineshopping *n* online *od* Internet shopping
Onlineticket *n* e-ticket
Onomatopöie *f* LIT onomatopeia
OP *abk* (= *Operationssaal*) operating theatre *Br*, operating room *US*
Opa *umg m* grandad, grandpa *umg*; *fig* old grandpa *umg*
Opal *m* opal
Open Air *n*, **Open-Air-Festival** *n* open-air festival
Open-Air-Konzert *n* open-air concert
Oper *f* opera
Operation *f* operation
Operationssaal *m* operating theatre *Br*, operating room *US*
Operationsschwester *f* theatre sister *Br*, operating room nurse *US*
operativ **A** *adj* MED operative, surgical; MIL, WIRTSCH strategic, operational **B** *adv* MED surgically
Operator(in) *m(f)* (computer) operator
Operette *f* operetta

operieren A v/t to operate on; **j-n am Magen ~** to operate on sb's stomach; **sie muss operiert werden** she needs to have an operation B v/i to operate; **sich ~ lassen** to have an operation

Opernball m opera ball

Opernführer m (≈ Buch) opera guide

Opernglas n opera glasses pl

Opernhaus n opera house

Opernsänger(in) m(f) opera singer

Opfer n 1 (≈ Opfergabe) sacrifice; **j-m etw als ~ darbringen** to offer sth as a sacrifice to sb; **ein ~ bringen** to make a sacrifice 2 (≈ Geschädigte) victim; **j-m/einer Sache zum ~ fallen** to be (the) victim of sb/sth; **das Erdbeben forderte viele ~** the earthquake claimed many victims

opferbereit adj ready od willing to make sacrifices

Opfergabe f offering

opfern A v/t 1 (≈ als Opfer darbringen) to sacrifice 2 fig (≈ aufgeben) to give up B v/i to make a sacrifice C v/r **sich** od **sein Leben für j-n/etw ~** to sacrifice oneself od one's life for sb/sth

Opferstock m offertory box

Opferung f (≈ das Opfern) sacrifice

Opi umg m grandpa

Opium n opium

Opiumhöhle f opium den

Opponent(in) m(f) opponent

opponieren v/i to oppose (**gegen j-n/etw** sb/sth)

opportun geh adj opportune

Opportunismus m opportunism

Opportunist(in) m(f) opportunist

opportunistisch adj opportunistic, opportunist

Opposition f opposition; **in die ~ gehen** POL to go into opposition

oppositionell adj oppositional

Oppositionsführer(in) m(f) POL opposition leader

Oppositionspartei f POL opposition, opposition party

optieren form v/i **~ für** to opt for

Optik f 1 PHYS optics 2 (≈ Linsensystem) lens system 3 (≈ Sehweise) point of view; **das ist eine Frage der ~** fig it depends on your point of view

Optiker(in) m(f) optician

optimal A adj optimal, optimum attr B adv perfectly; **etw ~ nutzen** to put sth to the best possible use; **etw ~ lösen** to solve sth in the best possible way

optimieren v/t to optimize

Optimismus m optimism

Optimist(in) m(f) optimist

optimistisch A adj optimistic; **da bin ich ~** I'm optimistic about it B adv optimistically; **etw ~ sehen** to be optimistic about sth

Optimum n optimum

Option f option

optional adj optional

Optionshandel m options trading

optisch A adj visual; **~e Täuschung** optical illusion B adv (≈ vom Eindruck her) optically, visually

opulent geh adj Kostüme, Geldsumme lavish; Mahl sumptuous

Opus n work; MUS opus; (≈ Gesamtwerk) (complete) works pl

Orakel n oracle

orakeln v/i über die Zukunft to prophesy

oral A adj oral B adv orally

Oralsex m oral sex

orange adj orange

Orange f Frucht orange

Orangeade f orangeade bes Br, orange juice

Orangeat n candied (orange) peel

Orangenhaut f MED orange-peel skin

Orangenmarmelade f marmalade

Orangennektar m orange nectar

Orangensaft m orange juice

Orang-Utan m orang-utan

Orchester n orchestra

Orchestergraben m orchestra pit

Orchidee f orchid

Orden m 1 Gemeinschaft (holy) order 2 (≈ Ehrenzeichen) decoration; MIL medal; **einen ~ bekommen** to be decorated

Ordensbruder m KIRCHE monk

Ordensschwester f nun; (≈ Krankenschwester) (nursing) sister

ordentlich A adj 1 Mensch, Zimmer tidy 2 (≈ ordnungsgemäß) **~es Gericht** court of law; **~es Mitglied** full member 3 (≈ anständig) respectable; **etwas Ordentliches lernen** to learn a proper trade 4 umg (≈ tüchtig) **ein ~es Frühstück** a proper breakfast, a decent breakfast; **eine ~e Tracht Prügel** a good thrashing, a proper hiding Br 5 (≈ annehmbar) Preis, Leistung reasonable B adv 1 (≈ geordnet) neatly 2 (≈ ordnungsgemäß) regeln correctly; (≈ anständig) sich benehmen appropriately; aufhängen properly 3 umg (≈ tüchtig) **~ essen** to eat (really) well; **j-n ~ verprügeln** to give sb a real beating; **es hat ~ geregnet** it really rained; **~ Geld verdienen** to make a pile of money umg

Order f order

ordern v/t HANDEL to order

Ordinalzahl f ordinal number

ordinär adj 1 (≈ gemein) vulgar 2 (≈ alltäglich) ordinary

Ordinariat n UNIV chair
Ordinarius m UNIV professor (**für** of)
Ordination f **1** KIRCHE ordination **2** österr (≈ *Arztpraxis*) (doctor's) practice; (≈ *Sprechstunde*) consultation (hour), surgery Br
ordnen v/t *Gedanken, Material* to organize; *Sammlung* to sort out; *Finanzen, Privatleben* to put in order; (≈ *sortieren*) to order; **etw alphabetisch ~** to put sth into alphabetical order; → **geordnet**
Ordner m (≈ *Aktenordner*), a. IT folder; **~ mit Informationen (über)** fact file (on)
Ordner(in) m(f) steward
Ordnung f order; **~ halten** to keep things tidy; **~ machen** to tidy up; **für ~ sorgen** to put things in order; **etw in ~ halten** to keep sth in order; **etw in ~ bringen** (≈ *reparieren*) to fix sth; (≈ *herrichten*) to put sth in order; (≈ *bereinigen*) to clear sth up; **(das ist) in ~!** umg (that's) OK od all right! umg, all right!; **in ~, aber ...** fair enough but ...; **geht in ~** umg sure umg; **der ist in ~** umg he's OK umg; **ist alles in ~?** are you all right?; **da ist etwas nicht in ~** there's something wrong there; **j-n zur ~ rufen** to call sb to order; **j-n zur ~ anhalten** to tell sb to be tidy; **~ muss sein!** we must have order!; **ich frage nur der ~ halber** I'm only asking as a matter of form; **das war ein Skandal erster ~** umg that was a scandal of first order
Ordnungsamt n ≈ town clerk's office
ordnungsgemäß **A** adj according to the regulations, proper **B** adv correctly
ordnungshalber adv as a matter of form
Ordnungshüter(in) hum m(f) custodian of the law hum
ordnungsliebend adj tidy, tidy-minded
Ordnungsstrafe f fine; **j-n mit einer ~ belegen** to fine sb
ordnungswidrig **A** adj irregular; *Parken* illegal **B** adv *parken* illegally
Ordnungswidrigkeit f infringement
Ordnungszahl f MATH ordinal number
Oregano m BOT oregano
Organ n **1** organ; umg (≈ *Stimme*) voice **2** **die ausführenden ~e** the executors
Organbank f MED organ bank
Organempfänger(in) m(f) MED organ recipient
Organentnahme f MED organ removal
Organhandel m trade in transplant organs
Organigramm n diagram of the company's organisational structure
Organisation f organization
Organisationstalent n talent for organization; **er ist ein ~** he has a talent for organization
Organisator(in) m(f) organizer

organisatorisch adj organizational; **er ist ein ~es Talent** he has a talent for organization
organisch **A** adj organic; *Leiden* physical **B** adv MED organically, physically
organisieren **A** v/t & v/i to organize; **etw neu ~** to reorganize sth **B** v/r to organize
organisiert adj organized; *gewerkschaftlich a.* unionized; **~e Kriminalität** organized crime
Organismus m organism
Organist(in) m(f) MUS organist
Organizer m COMPUT organizer
Organspende f organ donation
Organspender(in) m(f) donor (*of an organ*)
Organspenderausweis m donor card
Organverpflanzung f transplant(ation) (*of organs*)
Orgasmus m orgasm
Orgel f MUS organ; **~ spielen** to play the organ
Orgelkonzert n organ recital; (≈ *Werk*) organ concerto
Orgelmusik f organ music
Orgie f orgy
Orient m **1** liter (≈ *der Osten*) Orient **2** (≈ *arabische Welt*) ≈ Middle East; **der Vordere ~** the Near East
orientalisch adj Middle Eastern
orientieren **A** v/t **1** (≈ *unterrichten*) **j-n ~** to put sb in the picture (**über** +akk about) **2** (≈ *ausrichten*) to orientate (**nach, auf** +akk to, towards); **links orientiert sein** to tend to the left **B** v/r **1** (≈ *sich unterrichten*) to inform oneself (**über** +akk about, on) **2** (≈ *sich zurechtfinden*) to orientate oneself (**an** +dat od **nach** by) **3** (≈ *sich ausrichten*) to be orientated (**nach, an** +dat towards); **sich nach Norden ~** to bear north
Orientierung f **1** (≈ *Unterrichtung*) information; **zu Ihrer ~** for your information **2** (≈ *das Zurechtfinden, Ausrichtung*) orientation; **die ~ verlieren** to lose one's bearings; **sexuelle ~** PSYCH sexual orientation
orientierungslos adj disoriented; **~ herumirren** to wander around in a disoriented state; **~e Jugendliche** young people lacking in direction
Orientierungssinn m sense of direction
Orientierungsstufe f SCHULE *mixed ability class(es) intended to foster the particular talents of each pupil*
Orientteppich m Oriental carpet
Origano m BOT oregano
original adj original
Original n **1** original **2** *Mensch* character
Original- zssgn *Aufnahme etc* original
Originalfassung f original (version); **in der englischen ~** in the original English (version)

originalgetreu *adj* true to the original
Originalität *f* ◨ (≈ *Echtheit*) authenticity ◨ (≈ *Urtümlichkeit*) originality
Originalton *m* **(im) ~ Merkel** *fig* in Merkel's own words
Originalübertragung *f* RADIO, TV live broadcast
Originalverpackung *f* original packaging
originell *adj Idee* original; (≈ *geistreich*) witty
Orkan *m* ◨ hurricane ◨ *fig* storm
orkanartig *adj Wind* gale-force
Orkanstärke *f* hurricane force
Orkantief *n* hurricane-force depression *od* cyclone *od* low
Orkneyinseln *pl* **die ~** the Orkney Islands
Ornament *n* decoration, ornament
ornamental *adj* ornamental
Ornithologe *m*, **Ornithologin** *f* ornithologist
Ort¹ *m* ◨ (≈ *Stelle*) place; (≈ *Standort*) location; **an anderen Orten** in other places; **Ort der Handlung** THEAT scene of the action; **an Ort und Stelle** on the spot ◨ (≈ *Ortschaft*) place; (≈ *Dorf*) village; (≈ *Stadt*) town, city *bes US*; **er ist im ganzen Ort bekannt** the whole village/town *etc* knows him; **am/vom Ort** local; **das beste Hotel am Ort** the best hotel in town
Ort² *m Bergbau* coal face; **vor Ort** at the (coal) face; *fig* on the spot
Örtchen *n* (≈ *kleiner Ort*) small place; **das (stille) ~** *umg* the smallest room *umg*
orten *v/t* to locate
orthodox Ⓐ *adj* orthodox Ⓑ *adv* (≈ *starr*) denken conventionally
Orthografie *f* orthography
orthografisch Ⓐ *adj* orthographic(al) Ⓑ *adv* orthographically; **er schreibt nicht immer ~ richtig** his spelling is not always correct
Orthopäde *m*, **Orthopädin** *f* orthopaedic specialist *Br*, orthopedic specialist *US*
Orthopädie *f* ◨ (≈ *Wissenschaft*) orthopaedics *pl Br*, orthopedics *pl US* ◨ *umg* (≈ *Abteilung*) orthopaedic department *Br*, orthopedic department *US*
orthopädisch *adj* orthopaedic *Br*, orthopedic *US*
örtlich Ⓐ *adj* local Ⓑ *adv* locally; **das ist ~ verschieden** it varies from place to place; **j-n ~ betäuben** to give sb a local anaesthetic *Br*, to give sb a local anesthetic *US*
Örtlichkeit *f* locality; **sich mit den ~en vertraut machen** to get to know the place
Ortsansässige(r) *m/f(m)* resident
Ortsausgang *m* way out of the village/town
Ortschaft *f* village; *größer* town, city *bes US*; **geschlossene ~** built-up area
Ortseingang *m* way into the village/town

ortsfremd *adj* non-local; **ich bin hier ~** I'm a stranger here
ortsgebunden *adj* local; (≈ *stationär*) stationary; *Person* tied to the locality
Ortsgespräch *n* TEL local call
Ortskenntnis *f* **~ besitzen** know* a place
ortskundig *adj* **nehmen Sie sich einen ~en Führer** get a guide who knows his way around
Ortsname *m* place name
Ortsnetz *n* TEL local (telephone) exchange area
Ortsnetzkennzahl *f* TEL dialling code *Br*, area code *US*
Ortsschild *n* place name sign
ortsüblich *adj* local; **~e Mieten** standard local rents; **das ist hier ~** it is usual here
Ortsverkehr *m* local traffic
Ortszeit *f* local time
Ortung *f* locating
öS *abk* (= *österreichischer Schilling*) HIST Austrian schilling
O-Saft *umg m* orange juice, O-J *US umg*
Öse *f* loop; *an Kleidung* eye
Oschi *umg m etwas besonders großes* whopper *umg*
Ösi *umg m* (≈ *Österreicher*) Austrian
Osmose *f* osmosis
Ossi *umg m* East German
Ost- *zssgn* East
Ostalgie *umg f* nostalgia for the former GDR
Ostblock *m historisch neg!* Eastern bloc
ostdeutsch *adj* East German
Ostdeutsche(r) *m/f(m)* East German
Ostdeutschland *n* GEOG East(ern) Germany
Osten *m* east; *von Land* East; **der Ferne ~** the Far East; **der Nahe** *od* **Mittlere ~** the Middle East; **aus dem ~** from the east; **im ~ des Landes** in the east of the country; **nach ~** east; **Richtung ~** east-bound
Osteoporose *f* MED osteoporosis
Osterei *n* Easter egg
Osterferien *pl* Easter holidays *pl*
Osterfest *n* Easter
Osterglocke *f* daffodil
Osterhase *m* Easter bunny
österlich *adj* Easter
Ostermontag *m* Easter Monday
Ostern *n* Easter; **frohe** *od* **fröhliche ~!** Happy Easter!; **zu ~** at Easter
Österreich *n* Austria
Österreicher(in) *m(f)* Austrian
österreichisch *adj* Austrian; **Österreichische Volkspartei** Austrian People's Party
Ostersonntag *m* Easter Sunday
Osterweiterung *f von* NATO, EU eastward expansion
Osterwoche *f* Easter week
Osteuropa *n* East(ern) Europe

Osteuropäer(in) *m(f)* East(ern) European
osteuropäisch *adj* East(ern) European
Ostfriesische Inseln *pl* **die Ostfriesischen Inseln** the East Frisians *pl*
östlich **A** *adj Richtung, Winde* easterly; *Gebiete* eastern **B** *adv* ~ **von Hamburg** (to the) east of Hamburg **C** *präp* (to the) east of
Ostpreußen *n* East Prussia
Östrogen *n* oestrogen *Br*, estrogen *US*
Ostschweiz *f* Eastern Switzerland
Ostsee *f* **die ~** the Baltic (Sea)
ostwärts *adv* east(wards)
Ostwind *m* east wind
Oszillograf *m* oscillograph
Otter[1] *m* otter
Otter[2] *f* viper
Outback *n* outback
outen *umg* **A** *v/t als Homosexuellen* to out *umg*; *als Trinker, Spitzel etc* to expose **B** *v/r als Homosexueller* to come out *umg*; **sich als etwas ~** *fig* to come out as sth
Outfit *n* outfit
outsourcen *v/t & v/i* to outsource
Outsourcing *n* outsourcing
Ouvertüre *f* overture
oval *adj* oval
Oval *n* oval
Ovation *f* ovation (**für j-n/etw** for sb/sth); **stehende ~en** standing ovations
Overall *m* 1 *Kleidungsstück* jumpsuit 2 (≈ *Arbeitsanzug*) overalls *pl Br*, overall *US*
Overheadfolie *f* transparency
Overheadprojektor *m* overhead projector
ÖVP *f abk* (= *Österreichische Volkspartei*) Austrian People's Party
Ovulation *f* ovulation
Oxid *n*, **Oxyd** *n* oxide
Oxidation *f*, **Oxydation** *f* oxidation
oxidieren, **oxydieren** *v/t & v/i* to oxidize
Oxymeron *n LIT* oxymoron
Ozean *m* ocean
Ozeandampfer *m* ocean liner
ozeanisch *adj Klima* oceanic
Ozeanografie *f* oceanography
Ozelot *m* ocelot
Ozon *umg n/m* ozone
Ozonalarm *m* ozone warning
Ozonbelastung *f* ozone level; **eine hohe ~** high ozone levels *pl*
Ozongehalt *m* ozone content
ozonhaltig *adj* ozonic
Ozonhülle *f* ozone layer
Ozonkiller *m* ozone killer; **ein ~ sein** to be damaging to the ozone layer
Ozonkonzentration *f* ozone concentration
Ozonloch *n* hole in the ozone layer
Ozonschicht *f* ozone layer
Ozonschild *m* ozone shield
Ozonwert *m* ozone level

P

P, p *n* P, p
paar *adj* **ein ~** a few, some; (≈ *zwei oder drei a.*) a couple of *Br*, a couple (of) *US*; **ein ~ Mal(e)** a few times, a couple of times
Paar *n* pair; (≈ *Mann und Frau a.*) couple; **ein ~ Schuhe** a pair of shoes
Paarbeziehung *f* relationship, partnership
paaren *v/r Tiere* to mate; *fig* to be combined
Paarhufer *m* ZOOL cloven-hoofed animal
Paarlauf *m* pairs *pl*
paarmal *adv* **ein ~** a few times
Paartherapeut(in) *m(f)* couples therapist
Paartherapie *f* couples therapy
Paarung *f* (≈ *Kopulation*) mating
paarweise *adv* in pairs
Pacht *f* lease; *Entgelt* rent; **etw zur ~ haben** to have sth on lease
pachten *v/t* to lease; **du hast das Sofa doch nicht für dich gepachtet** *umg* don't hog the sofa *umg*
Pächter(in) *m(f)* tenant, leaseholder
Pachtvertrag *m* lease
Pack[1] *m von Zeitungen, Büchern* stack; *zusammengeschnürt* bundle
Pack[2] *pej n* rabble *pl pej*
Päckchen *n* package; (≈ *Geschenk*) parcel; *Postpäckchen* small parcel; (≈ *Packung*) packet, pack, package *US*; (≈ *Stapel*) pack; (≈ *Portionspackung, Tütchen*) sachet, packet *US*; **ein ~ Pfefferminzbonbons** a packet of mints
Packeis *n* pack ice
packen **A** *v/t* 1 *Koffer* to pack; *Paket* to make up; **Sachen in ein Paket ~** to make things up into a parcel 2 (≈ *fassen*) to grab (hold of); *Gefühle* to grip; **von der Leidenschaft gepackt** in the grip of passion 3 *umg* (≈ *schaffen*) to manage; **du packst das schon** you'll manage it OK **B** *v/i* 1 (≈ *den Koffer packen*) to pack 2 *fig* (≈ *mitreißen*) to thrill **C** *v/r umg* (≈ *abhauen*) to clear out *umg*
Packen *m* heap, stack; *zusammengeschnürt* bundle
packend **A** *adj* (≈ *mitreißend*) gripping, riveting **B** *adv* **der Roman ist ~ erzählt** the novel is *od* makes exciting reading

Packerl n österr (≈ Schachtel, Paket) packet; für flüssige Lebensmittel carton
Packesel m packmule; fig packhorse
Packmaterial n packaging
Packpapier n brown paper
Packstation f self-service parcel delivery and dispatch station
Packung f **1** (≈ Schachtel) packet; von Pralinen box; **eine ~ Zigaretten** a packet of cigarettes, a pack of cigarettes bes US **2** MED compress; Kosmetik face pack
Packungsbeilage f package insert; bei Medikamenten patient information leaflet
Pädagoge m, **Pädagogin** f educationalist
Pädagogik f educational theory, education
pädagogisch **A** adj educational; **~e Hochschule** college of education; **seine ~en Fähigkeiten** his teaching ability **B** adv educationally; **~ falsch** wrong from an educational point of view
Paddel n paddle
Paddelboot n canoe
paddeln v/i to paddle; als Sport to canoe
Pädiatrie f paediatrics sg Br, pediatrics sg US
Pädophile(r) m/f(m) paedophile Br, pedophile US
paffen umg **A** v/i **1** (≈ heftig rauchen) to puff away **2** (≈ nicht inhalieren) to puff **B** v/t to puff (away) at
Page m (≈ Hotelpage) bellboy, bellhop US
Pagenkopf m page-boy (hairstyle od haircut)
Pager m für Nachrichten pager
Paket n (≈ Bündel) pile; zusammengeschnürt bundle; (≈ Packung) packet; Postpaket parcel; fig von Angeboten package
Paketannahme f parcels office; (≈ Schalter) parcels counter
Paketbombe f parcel bomb
Paketkarte f dispatch form
Paketpost f parcel post
Paketschalter m parcels counter
Paketschnur f parcel string, twine
Paketzustellung f parcel delivery
Pakistan n Pakistan
Pakistaner(in) m(f), **Pakistani** m Pakistani
pakistanisch adj Pakistani
Pakt m pact
Palais n palace
Palast m palace
Palästina n Palestine
Palästinenser(in) m(f) Palestinian
palästinensisch adj Palestinian
Palatschinke f österr stuffed pancake
Palaver n palaver umg
palavern umg v/i to palaver umg
Palette f **1** KUNST palette; fig range **2** (≈ Stapelplatte) pallet
paletti umg adv **OK** umg
Palisade f palisade
Palliativmedizin f palliative medicine
Palliativpflege f palliative care
Palme f palm; **j-n auf die ~ bringen** umg to make sb see red umg; **die Goldene ~** Filmpreis the Palme d'Or
Palmsonntag m Palm Sunday
Palmtop m palmtop
Pampe f paste; pej mush umg
Pampelmuse f grapefruit
Pampers® pl (disposable) nappies pl Br, (disposable) diapers pl US
Pamphlet n lampoon
pampig umg adj **1** (≈ breiig) gooey umg; Kartoffeln soggy **2** (≈ frech) stroppy Br umg, bad-tempered; **j-m ~ kommen** to be stroppy with sb Br umg, to be bad-tempered with sb
Panama n Panama
Panamakanal m Panama Canal
Panda m, **Pandabär** m panda
Pandemie f MED pandemic
pandemisch adj pandemic
Paneel form n einzeln panel; (≈ Täfelung) panelling Br, paneling US
Panflöte f panpipes pl, Pan's pipes pl
Pangasius m Speisefisch pangasius
Pangasiusfilet n pangasius filet
panieren v/t to bread
Paniermehl n breadcrumbs pl
Panik f panic; **(eine) ~ brach aus** panic broke out od spread; **in ~ geraten** to panic; **j-n in ~ versetzen** to throw sb into a state of panic; **nur keine ~!** don't panic!
Panikanfall m, **Panikattacke** f panic attack
Panikkauf m HANDEL panic buying
Panikmache umg f panicmongering Br, inciting panic
Panikstimmung f state of panic
panisch **A** adj panic-stricken; **~e Angst** terror; **sie hat ~e Angst vor Schlangen** she's terrified of snakes **B** adv in panic, frantically; **~ reagieren** to panic
Panne f **1** (≈ technische Störung) hitch umg, breakdown; (≈ Reifenpanne) puncture, flat (tyre) Br, flat (tire) US; **mein Auto hatte eine ~** my car broke down **2** fig umg slip (**bei etw** with sth); **mit j-m/etw eine ~ erleben** to have (a bit of) trouble with sb/sth; **uns ist eine ~ passiert** we've slipped up
Pannendienst m, **Pannenhilfe** f breakdown service
Panorama n panorama
panschen v/t to adulterate; (≈ verdünnen) to water down

Panther *m*, **Panter** *m* panther
Pantoffel *m* slipper; **unterm ~ stehen** *umg* to be henpecked *umg*
Pantomime¹ *f* mime
Pantomime² *m*, **Pantomimin** *f* mime
pantomimisch *adj & adv* in mime; **~ darstellen** to mime
pantschen *v/t & v/i* → panschen
Panzer *m* **1** MIL tank **2** HIST (≈ *Rüstung*) armour *kein unbest art Br*, armor *kein unbest art US*, suit of armo(u)r **3** *von Schildkröte, Insekt* shell **4** *fig* shield
Panzerabwehr *f* anti-tank defence *Br*, anti-tank defense *US*; *Truppe* anti-tank unit
Panzerfaust *f* bazooka
Panzerglas *n* bulletproof glass
panzern *v/t* to armour-plate *Br*, to armor-plate *US*; **gepanzerte Fahrzeuge** armoured vehicles *Br*, armored vehicles *US*
Panzerschrank *m* safe
Papa *umg m* dad(dy) *umg*
Papagei *m* parrot
Papageienblume *f* bird of paradise (flower)
Papageientaucher *m* puffin
Papamobil *umg n* popemobile *umg*
Paparazzo *umg m* paparazzo
Papaya *f* papaya
Papier *n* **1** paper; **ein Blatt ~** a sheet of paper; **etw zu ~ bringen** to put sth down on paper **2** **~e** *pl* (identity) papers *pl*; (≈ *Urkunden*) documents *pl*; **er hatte keine ~e bei sich** he had no means of identification on him; **seine ~e bekommen** (≈ *entlassen werden*) to get one's cards **3** FIN (≈ *Wertpapier*) security
Papiereinzug *m* paper feed
Papierfabrik *f* paper mill
Papierflieger *m* paper plane
Papiergeld *n* paper money
Papierkorb *m* (waste)paper basket
Papierkram *m umg* (annoying) paperwork
Papierkrieg *umg m* **einen ~ (mit j-m) führen** to go through a lot of red tape (with sb)
Papierstau *m* paper jam
Papiertaschentuch *n* paper hankie *Br*, tissue
Papiertiger *fig m* paper tiger
Papiertonne *f* paper recycling bin
Papiertüte *f* paper bag
Papiervorschub *m* paper feed
Papierwaren *pl* stationery *kein pl*
Papierwarengeschäft *n* stationer's (shop)
Papierzufuhr *f von Drucker* paper tray
Pappbecher *m* paper cup
Pappdeckel *m* (thin) cardboard
Pappe *f* (≈ *Pappdeckel*) cardboard; **dieser linke Haken war nicht von ~** *umg* that was a mean left hook
Pappel *f* poplar
päppeln *v/t* to nourish
pappig *umg adj* sticky; *Brot* doughy
Pappkarton *m* (≈ *Schachtel*) cardboard box
Pappmaschee *n*, **Pappmaché** *n* papier-mâché
Pappnase *f* false nose
pappsatt *umg adj* stuffed *umg*; **ich bin ~!** I'm stuffed!
Pappschachtel *f* cardboard box
Pappteller *m* paper plate
Paprika¹ *m* (≈ *Gewürz*) paprika
Paprika² *m/f* (≈ *Paprikaschote*) pepper
Paprikaschote *f* pepper; **gefüllte ~n** stuffed peppers
Papst *m* pope; **~ Benedikt** Pope Benedict
päpstlich *adj* papal
Papua *m* Papuan
Papua-Neuguinea *n* Papua New Guinea
Parabel *f* **1** LIT parable **2** MATH parabola
Parabolantenne *f* satellite dish
Parabolspiegel *m* parabolic reflector
Parade *f* parade
Paradebeispiel *n* prime example
Paradeiser *m österr* tomato
Paradies *n* paradise; **das ~ auf Erden** heaven on earth
paradiesisch *fig adj* heavenly
Paradiesvogelblume *f* bird of paradise (flower)
Paradigma *n* paradigm
Paradigmenwechsel *m* POL paradigm shift
paradox *adj* paradoxical
Paradox *n* paradox
paradoxerweise *adv* paradoxically
Paradoxon *n* LIT paradox
Paraffin *n* (≈ *Paraffinöl*) (liquid) paraffin
Paragliding *n* paragliding
Paragraf *m* JUR section; (≈ *Abschnitt*) paragraph
Paraguay *n* Paraguay
parallel *adj* parallel; **~ schalten** ELEK to connect in parallel
Parallele *wörtl f* parallel (line); *fig* parallel; (≈ *Ähnlichkeit*) similarity; **eine ~ zu etw ziehen** *wörtl* to draw a line parallel to sth; *fig* to draw a parallel to sth
Parallelismus *m* LIT parallelism
Parallelklasse *f* parallel class
Parallelogramm *n* parallelogram
Paralympics *pl*, **Paralympische Spiele** *pl* Paralympics *pl*
Paralytiker(in) *m(f)* MED paralytic
paralytisch *adj* paralytic
Parameter *m* parameter
paramilitärisch *adj* paramilitary
paranoid *adj* paranoid

Paranuss f BOT Brazil nut
paraphieren v/t POL to initial
Parapsychologie f parapsychology
Parasit m BIOL, a. fig parasite
parasitär, parasitisch adj parasitic(al)
parat adj Antwort, Beispiel etc ready; Werkzeug etc handy; **halte dich ~** be ready; **er hatte immer eine Ausrede ~** he always had an excuse ready
Pärchen n (courting) couple
pärchenweise adv in pairs
Parcours m beim Reiten showjumping course; Sportart showjumping; (≈ Rennstrecke) course
pardon int sorry
Pardon m/n **1** pardon; **j-n um ~ bitten** to ask sb's pardon **2** umg **kein ~ kennen** to be ruthless
Parfüm n perfume
parfümieren v/t to perfume
parieren **A** v/t beim Fechten, a. fig to parry **B** v/i to obey; **aufs Wort ~** to jump to it
Pariser m **1** Parisian **2** umg (≈ Kondom) French letter umg
Pariserin f Parisienne
Parität f parity
paritätisch **A** adj equal; **~e Mitbestimmung** equal representation **B** adv equally
Park m park
Parka m parka
Parkanlage f park
Parkaufseher(in) m(f) (park) ranger
Parkausweis m parking permit
Parkbank f park bench
Parkbucht f parking bay
Parkdeck n parking level
parken v/t & v/i to park; **ein ~des Auto** a parked car; **„Parken verboten!"** "No Parking"
Parkett n **1** (≈ Fußboden) parquet (flooring); **ein Zimmer mit ~ auslegen** to lay parquet (flooring) in a room; **auf dem internationalen ~** in international circles **2** (≈ Tanzfläche) (dance) floor; **eine tolle Nummer aufs ~ legen** umg to put on a great show **3** THEAT stalls pl Br, orchestra US
Parkett(fuß)boden m parquet floor
Parketthandel m Börse floor trade
Parkgebühr f parking fee
Parkhaus n multi-storey car park Br, multi-story car park US
Parkhilfe f → Einparkhilfe
parkieren schweiz v/t & v/i → parken
parkinsonsche Krankheit f Parkinson's disease
Parkkralle f wheel clamp Br, Denver boot US
Parklicht n parking light
Parklücke f parking space

Parkmöglichkeit f place to park; **es besteht keine ~ mehr** there's nowhere to park anymore od any more US; **kostenlose ~** free parking
Parkplatz m car park, parking lot bes US; für Einzelwagen (parking) space Br, (parking) spot US
Parkscheibe f parking disc
Parkschein m car-parking ticket
Parkscheinautomat m ticket machine (for parking)
Parksünder(in) m(f) parking offender Br, illegal parker
Parkuhr f parking meter
Parkverbot n parking ban; **im ~ stehen** to be parked illegally
Parkwächter(in) m(f) auf Parkplatz car-park attendant; von Anlagen park keeper
Parlament n parliament
Parlamentarier(in) m(f) parliamentarian
parlamentarisch adj parliamentary; **~ vertreten sein** to be represented in parliament
Parlamentsausschuss m parliamentary committee
Parlamentsbeschluss m vote of parliament
Parlamentsferien pl recess
Parlamentsmitglied n member of parliament
Parlamentswahl f parliamentary election(s) (pl)
Parmaschinken m Parma ham
Parmesan(käse) m Parmesan (cheese)
Parodie f parody (**auf** +akk on od **zu** of)
parodieren v/t to parody
Parodontose f periodontosis fachspr
Parole f **1** MIL password **2** fig (≈ Wahlspruch) motto; POL slogan
Paroli n **j-m ~ bieten** geh to defy sb
Parsing n IT parsing
Partei f **1** POL, JUR party **2** fig **für j-n ~ ergreifen** to take sb's side; **gegen j-n ~ ergreifen** to take sides against sb **3** im Mietshaus tenant
Parteibasis f (party) rank and file, grassroots (members) pl
Parteibuch n party membership book
Parteichef(in) m(f) party leader
Parteiführer(in) m(f) party leader
Parteiführung f leadership of a party; Vorstand party leaders pl
Parteigenosse m, **Parteigenossin** f party member
parteiisch **A** adj biased **B** adv **~ urteilen** to be biased (in one's judgement od judgment US)
Parteilichkeit f partiality
Parteilinie f party line
parteilos adj Abgeordneter independent
Parteilose(r) m/f(m) independent
Parteimitglied n party member

Parteinahme f partisanship
parteipolitisch adj party political
Parteiprogramm n (party) manifesto, (party) program US
Parteitag m party conference od convention bes US
Parteivorsitzende(r) m/f(m) party leader
Parteivorstand m party executive
Parteizugehörigkeit f party membership
parterre adv on the ground floor bes Br, on the first floor US
Parterre n von Gebäude ground floor bes Br, first floor US
Partie f ▮ (≈ Teil), a. THEAT, MUS part ▮ SPORT game; **eine ~ Schach spielen** to play a game of chess; **eine gute/schlechte ~ liefern** to give a good/bad performance ▮ HANDEL lot ▮ umg **eine gute ~ (für j-n) sein** to be a good catch (for sb) umg; **eine gute ~ machen** to marry (into) money ▮ **mit von der ~ sein** to be in on it; **da bin ich mit von der ~** count me in
partiell adj partial
Partikel f GRAM, PHYS particle
Partisan(in) m(f) partisan
Partitur f MUS score
Partizip n GRAM participle; **~ Präsens** present participle; **~ Perfekt** past participle
Partner(in) m(f) partner
Partnerbörse f INTERNET dating site
Partnerlook m matching clothes pl
Partnerschaft f partnership
partnerschaftlich ▮ adj **~es Verhältnis** (relationship based on) partnership; **~e Zusammenarbeit** working together as partners ▮ adv **~ zusammenarbeiten** to work in partnership
Partnerstadt f twin town Br, sister city US
Partnersuche f finding the right partner; **auf ~ sein** to be looking for a partner
Partnervermittlung f dating agency
Party f party; **auf einer ~** at a party; **auf eine ~ gehen** to go to a party; **eine ~ machen** od **feiern** to have a party
Partyluder umg pej n party girl
Partyraum m party room
Partyservice m party catering service
Partyzelt n party tent, marquee
Parzelle f plot
Pascha m pasha
Pass m ▮ passport ▮ im Gebirge etc pass ▮ SPORT pass; **öffnender ~** through pass
passabel ▮ adj passable ▮ adv reasonably well; schmecken passable; **mir gehts ganz ~** I'm all right
Passage f passage; (≈ Ladenstraße) arcade
Passagier(in) m(f) passenger

Passagierdampfer m passenger steamer
Passagierflugzeug n passenger aircraft, airliner
Passagierliste f passenger list
Passamt n passport office
Passant(in) m(f) passer-by
Passat(wind) m trade wind
Passbild n passport photo(graph)
Passbildautomat m photo booth
passé, passee adj passé; **die Sache ist längst ~** that's all in the past
passen¹ v/i ▮ to fit ▮ (≈ harmonieren) **zu etw ~** to go with sth; im Ton to match sth; **zu j-m ~** Mensch to suit sb; **das Rot passt da nicht** the red is all wrong there; **ins Bild ~** to fit the picture ▮ (≈ genehm sein) to suit; **er passt mir (einfach) nicht** I (just) don't like him; **Sonntag passt uns nicht/gut** Sunday is no good for us/suits us fine; **das passt mir gar nicht** (≈ gefällt mir nicht) I don't like that at all; **das könnte dir so ~!** umg you'd like that, wouldn't you?
passen² v/i KART, a. fig to pass; **(ich) passe!** (I) pass!
passend adj ▮ in Größe, Form **gut/schlecht ~** well-/ill-fitting ▮ in Farbe, Stil matching ▮ (≈ genehm) Zeit, Termin convenient ▮ (≈ angemessen) Benehmen, Kleidung suitable, appropriate; Wort right, proper; **das nicht dazu ~e** the odd one out; **bei jeder ~en und unpassenden Gelegenheit** at every opportunity, whether appropriate or not ▮ Geld exact; **haben Sie es ~?** have you got the right money?
Passepartout m/n passe-partout
Passform f fit
Passfoto n passport photo(graph)
passierbar adj Brücke passable; Fluss negotiable
passieren ▮ v/i ▮ (≈ sich ereignen) to happen (mit to); **was ist denn passiert?** what's the matter?; **es wird dir schon nichts ~** nothing is going to happen to you; **es ist ein Unfall passiert** there has been an accident; **so was ist mir noch nie passiert!** that's never happened to me before!; empört I've never known anything like it! ▮ (≈ durchgehen) to pass; Gesetz to be passed ▮ v/t ▮ (≈ vorbeigehen an) to pass; **die Grenze ~** to cross (over) ▮ GASTR to strain
Passierschein m pass
Passion f passion; religiös Passion
passioniert adj enthusiastic
Passionsfrucht f passion fruit
Passionsspiel n Passion play
passiv adj passive; **~es Mitglied** non-active member; **~es Rauchen** passive smoking
Passiv n GRAM passive (voice)
Passiva pl, **Passiven** pl HANDEL liabilities pl
Passivität f passivity

Passivposten *m* HANDEL debit entry
Passivrauchen *n* passive smoking
Passkontrolle *f* passport control; **~!** (your) passports please!
Passstraße *f* (mountain) pass
Passus *m* passage
Passwort *n* IT password
Passwortschutz *m* password protection
Paste *f* paste
Pastell *n* pastel
Pastellfarbe *f* pastel (crayon); *Farbton* pastel (shade)
Pastellstift *m* pastel (crayon)
Pastellton *m* pastel shade
Pastetchen *n* vol-au-vent
Pastete *f* **1** (≈ *Schüsselpastete*) pie **2** (≈ *Leberpastete etc*) pâté
pasteurisieren *v/t* to pasteurize
Pastille *f* pastille
Pastor(in) *m(f)* → Pfarrerin
Pastrami *f/n* GASTR pastrami
Patchworkfamilie *f* patchwork family
Pate *m* (≈ *Taufzeuge*) godfather; (≈ *Mafiaboss*) godfather; **bei etw ~ gestanden haben** *fig* to be the force behind sth
Patenkind *n* godchild
Patenonkel *m* godfather
Patenschaft *f* godparenthood
Patensohn *m* godson
Patenstadt *f* twin(ned) town *Br*, sister city *US*
patent *adj* ingenious; **ein ~er Kerl** a great guy/girl *umg*
Patent *n* patent (**für etw** for sth *od* **auf etw** +*akk* on sth); **etw zum ~ anmelden** to apply for a patent on *od* for sth
Patentamt *n* Patent Office
Patentante *f* godmother
patentgeschützt *adj* patented
patentieren *v/t* to patent; **sich** (*dat*) **etw ~ lassen** to have sth patented
Patentlösung *fig f* easy answer
Patentochter *f* goddaughter
Patentrezept *fig n* → Patentlösung
Patentschutz *m* protection by (letters) patent
Pater *m* KIRCHE Father
pathetisch **A** *adj* emotional **B** *adv* dramatically
Pathologe *m*, **Pathologin** *f* pathologist
Pathologie *f* pathology
pathologisch *adj* MED, *a. fig* pathological
Pathos *n* emotiveness; **mit viel ~ in der Stimme** in a voice charged with emotion
Patience *f* patience *kein pl*; **~n legen** to play patience
Patient(in) *m(f)* patient
Patientientestament *n*, **Patientenverfügung** *f* advance health care directive, living will; *bezüglich Wiederbelebung* do not rescusitate *od* DNR order
Patin *f* godmother
Patina *f* patina
Patriarch *m* patriarch
patriarchalisch *adj* patriarchal
Patriarchat *n* patriarchy
Patriot(in) *m(f)* patriot
patriotisch **A** *adj* patriotic **B** *adv reden, denken* patriotically
Patriotismus *m* patriotism
Patron(in) *m(f)* patron
Patrone *f* von Füller, von Drucker, *a.* MIL cartridge
Patronenhülse *f* cartridge case
Patrouille *f* patrol; (**auf**) **~ gehen** to patrol
patrouillieren *v/i* to patrol
Patsche *f* **in der ~ sitzen** *od* **stecken** to be in a jam *umg*; **j-m aus der ~ helfen** to get sb out of a jam *umg*
patschen *v/i mit Flüssigkeit* to splash
patschnass *umg adj* soaking wet
Patt *n* stalemate
patzen *umg v/i* to slip up
Patzer *m umg* (≈ *Fehler*) slip
patzig *umg adj* snotty *umg*
Pauke *f* MUS kettledrum; **mit ~n und Trompeten durchfallen** *umg* to fail miserably; **auf die ~ hauen** *umg* (≈ *angeben*) to brag; (≈ *feiern*) to paint the town red
pauken **A** *v/i umg* (≈ *lernen*) to swot *Br umg*, to cram *umg* **B** *v/t* to study up on
Paukenschlag *m* drum beat; **wie ein ~** *fig* like a thunderbolt
Pauker(in) *m(f)* **1** (≈ *Paukenspieler*) timpanist **2** SCHULE *umg* (≈ *Lehrer*) teacher
Paukerei *f* SCHULE *umg* swotting *Br umg*, cramming *umg*
Paukist(in) *m(f)* timpanist
pausbäckig *adj* chubby-cheeked
pauschal **A** *adj* **1** (≈ *einheitlich*) flat-rate *nur attr* **2** *fig Urteil* sweeping **B** *adv* **1** (≈ *nicht spezifiziert*) at a flat rate; **die Gebühren werden ~ bezahlt** the charges are paid in a lump sum **2** (≈ *nicht differenziert*) *abwerten* categorically
Pauschalangebot *n* all-inclusive offer
Pauschalbetrag *m* lump sum; (≈ *Preis*) inclusive price
Pauschale *f* (≈ *Einheitspreis*) flat rate; (≈ *vorläufig geschätzter Betrag*) estimated amount; (≈ *Pauschalbetrag*) lump sum
Pauschalgebühr *f* (≈ *Einheitsgebühr*) flat rate (charge)
Pauschalreise *f* package holiday *bes Br*, package tour
Pauschalsumme *f* lump sum

Pauschaltarif *m* flat rate
Pauschalurlaub *m* package holiday *bes Br*, package tour
Pauschalurteil *n* sweeping statement
Pauschbetrag *m* flat rate
Pause *f* (≈ *Unterbrechung*) break; (≈ *Rast*) rest; (≈ *das Innehalten*) pause; THEAT interval; SCHULE break, recess *US*; **in der ~** SCHULE during break *Br*, during recess *US*; SPORT at half-time; **(eine) ~ machen** (≈ *sich entspannen*) to have a break; (≈ *rasten*) to rest; (≈ *innehalten*) to pause; **ohne ~ arbeiten** to work nonstop; **die große ~** SCHULE (the) break *Br*, recess *US*; in Grundschule playtime
Pausenbrot *n* something to eat at break
Pausenclown *umg m* **ich bin doch hier nicht der ~!** I'm not going to play the clown
Pausenfüller *m* stopgap
pausenlos 🅐 *adj* nonstop 🅑 *adv* continuously; **er arbeitet ~** he works nonstop
pausieren *v/i* to (take a) break
Pavian *m* baboon
Pavillon *m* pavilion
Paybackkarte *f* loyalty card
Pay-TV *n* pay TV
Paywall *f* Bezahlschranke im Web paywall
Pazifik *m* Pacific
pazifisch *adj* Pacific; **der Pazifische Ozean** the Pacific (Ocean)
Pazifismus *m* pacifism
Pazifist(in) *m(f)* pacifist
pazifistisch *adj* pacifist
PC *m* PC
PC-Arbeitsplatz *m* computer workplace
PC-Benutzer(in) *m(f)* PC user
PDF *n abk* (= Portable Document Format) PDF, pdf
PDF-Datei *f* IT PDF file, pdf file
PDS *f abk* (= Partei des Demokratischen Sozialismus) HIST Party of Democratic Socialism
Pech *n* 🔟 *Stoff* pitch; **die beiden halten zusammen wie ~ und Schwefel** *umg* the two are as thick as thieves *Br*, the two are inseparable 🔢 *umg* (≈ *Missgeschick*) bad luck; **bei etw ~ haben** to be unlucky in *od* with sth; **~ gehabt!** tough! *umg*; **sie ist vom ~ verfolgt** bad luck follows her around
pech(raben)schwarz *umg adj* pitch-black; *Haar* jet-black
Pechsträhne *umg f* run of bad luck
Pechvogel *umg m* unlucky person
Pedal *n* pedal
Pedant(in) *m(f)* pedant
Pedanterie *f* pedantry
pedantisch 🅐 *adj* pedantic 🅑 *adv* pedantically
Peddigrohr *n* cane
Pedelec *n* Elektrofahrrad pedelec, e-bike

Pediküre *f* 🔟 (≈ *Fußpflege*) pedicure 🔢 (≈ *Fußpflegerin*) chiropodist
Peeling *n* (≈ *Hautpflege*) exfoliation, peeling; (≈ *Mittel*) *für Gesicht* facial scrub, face scrub; *für Körper* body scrub
Peelingcreme *f* body scrub; *für Gesicht* face scrub
Peepshow *f* peep show
Pegel *m* in Flüssen, Meer water depth gauge; (≈ *Pegelstand*) level
Pegelstand *m* water level
peilen *v/t Wassertiefe* to sound; *U-Boot, Sender* to get a fix on; (≈ *entdecken*) to detect; **die Lage ~** *umg* to see how the land lies; **über den Daumen gepeilt** *umg* at a rough estimate
peinigen *v/t* to torture; *fig* to torment
peinlich 🅐 *adj* 🔟 (≈ *unangenehm*) (painfully) embarrassing; *Überraschung* nasty; **es war ihm ~(, dass …)** he was embarrassed (because …); **es ist mir sehr ~, aber ich muss es Ihnen einmal sagen** I don't know how to put it, but you really ought to know; **das ist mir ja so ~** I feel awful about it 🔢 (≈ *gewissenhaft*) meticulous; *Sparsamkeit* careful 🅑 *adv* 🔟 (≈ *unangenehm*) **~ berührt sein** *hum* to be profoundly shocked *iron*; **~ wirken** to be embarrassing 🔢 (≈ *gründlich*) painstakingly; *sauber* meticulously; **der Koffer wurde ~ genau untersucht** the case was gone through very thoroughly
Peinlichkeit *f* (≈ *Unangenehmheit*) awkwardness
Peitsche *f* whip
peitschen *v/t & v/i* to whip; *fig* to lash
Pekinese *m* pekinese
Peking *n* Peking
Pelargonie *f* BOT pelargonium
Pelikan *m* pelican
Pelle *umg f* skin; *abgeschält* peel; **er geht mir nicht von der ~** *umg* he won't stop pestering me
pellen *umg* 🅐 *v/t Kartoffeln, Wurst* to skin, to peel; *Ei* to take the shell off 🅑 *v/r Körperhaut* to peel
Pellkartoffeln *pl* potatoes *pl* boiled in their jackets
Pelz *m* fur
pelzig *adj* furry
Pelzmantel *m* fur coat
Pelzmütze *f* fur cap, fur hat
Pelztierzucht *f* fur farming
Pelzwaren *pl* furs *pl*
Penalty *m* SPORT penalty
Pence *pl* pence
Pendant *n* counterpart
Pendel *n* pendulum
Pendelbus *m* shuttle bus
pendeln *v/i* 🔟 (≈ *schwingen*) to swing (to and fro) 🔢 *Zug, Fähre etc* to shuttle; *Mensch* to commute

Pendeltür f swing door
Pendelverkehr m shuttle service; (≈ *Berufsverkehr*) commuter traffic
Pendler(in) m(f) commuter
penetrant adj **1** *Gestank* penetrating, overpowering; **das schmeckt ~ nach Knoblauch** you can't taste anything for garlic **2** *fig* (≈ *aufdringlich*) insistent; **ein ~er Kerl** a nuisance
Penetranz f *von Geruch* pungency; *fig* (≈ *Aufdringlichkeit*) pushiness
Penetration f penetration
penetrieren v/t to penetrate
penibel adj (≈ *gründlich, genau*) precise
Penis m penis
Penizillin n penicillin
Pennbruder umg m tramp
Penne f SCHULE umg school
pennen v/i umg (≈ *schlafen*) to sleep
Penner(in) m(f) **1** tramp, bum umg **2** (≈ *Blödmann*) plonker umg
Penny m penny, p
Pension f **1** *zum Übernachten* guesthouse, B&B **2** (≈ *Verpflegung*) board; **halbe/volle ~** half/full board **3** (≈ *Ruhegehalt*) pension **4** (≈ *Ruhestand*) retirement; **in ~ gehen** to retire; **in ~ sein** to be retired
Pensionär(in) m(f) *Pension beziehend* pensioner; *im Ruhestand befindlich* retired person, senior
pensionieren v/t to pension off; **sich ~ lassen** to retire; **pensioniert** in retirement, retired
Pensionierung f pensioning-off; (≈ *Ruhestand*) retirement
Pensionsalter n retirement age
Pensionsanspruch m right to a pension
pensionsberechtigt adj entitled to a pension
Pensionsgast m paying guest
Pensum n workload; **tägliches ~** daily quota
Pentium® m COMPUT Pentium® PC
Pep m (≈ *Schwung*) pep umg, oomph umg; **Pep haben** to be dynamic, to be full of zip umg; **ihm fehlt der Pep** he doesn't have any oomph umg
Peperoni pl chillies pl Br, chilies pl
peppig umg adj *Musik, Show* lively
per präp (≈ *mittels, durch*) by; **mit j-m per du sein** umg to be on first-name terms with sb
Percussion f MUS percussion
Perestroika f POL perestroika
perfekt **A** adj **1** (≈ *vollkommen*) perfect **2** (≈ *abgemacht*) settled; **etw ~ machen** to settle sth; **der Vertrag ist ~** the contract is all settled **B** adv (≈ *sehr gut*) perfectly; **~ Englisch sprechen** to speak perfect English
Perfekt n perfect (tense)
Perfektion f perfection; **etw (bis) zur ~ entwickeln** *Ausreden etc* to get sth down to a fine art
perfektionieren v/t to perfect

Perfektionist(in) m(f) perfectionist
perforieren v/t to perforate
Performance f WIRTSCH performance
Pergament n **1** parchment **2** (a. **~papier**) greaseproof paper
Pergola f arbour Br, arbor US
Periduralanästhesie f epidural od peridural anaesthesia Br, epidural od peridural anesthesia US
Periode f period; ELEK cycle; **0,33 ~** 0.33 recurring
periodisch **A** adj periodic(al); (≈ *regelmäßig*) regular **B** adv periodically
Peripherie f periphery; *von Stadt* outskirts pl
Peripheriegerät n peripheral
Periskop n periscope
Perle f pearl; (≈ *Glasperle, Wasserperle, Schweißperle*) bead
perlen v/i (≈ *sprudeln*) to bubble; *Champagner* to fizz; (≈ *fallen, rollen*) to trickle; **der Schweiß perlte ihm von der Stirn** beads of sweat were running down his forehead
Perlenkette f string of pearls
Perlenstickerei f beadwork
Perlentaucher(in) m(f) pearl diver
Perlhuhn n guinea fowl
Perlmutt n, **Perlmutter** f mother-of-pearl
Perlwein m sparkling wine
permanent **A** adj permanent **B** adv constantly
perplex adj dumbfounded
Perron m *schweiz* BAHN platform
Perser umg m (≈ *Teppich*) Persian carpet; (≈ *Brücke*) Persian rug
Perser(in) m(f) Persian
Persianer m Persian lamb
Persilschein hum umg m clean bill of health umg; **j-m einen ~ ausstellen** to absolve sb of all responsibility hum umg
persisch adj Persian; **Persischer Golf** Persian Gulf
Perso m umg (≈ *Personalausweis*) ID card
Person f person; LIT, THEAT character; **~en** people; **pro ~** per person; **ich für meine ~ ...** I for my part ...; **j-n zur ~ vernehmen** JUR to question sb concerning his identity; **Angaben zur ~ machen** to give one's personal details; **sie ist die Geduld in ~** she's patience personified; **das Verb steht in der ersten ~ Plural** the verb is in the first person plural
personal adj **~er Erzähler** LIT third-person narrator
Personal n personnel, staff
Personalabbau m staff cuts pl
Personalabteilung f personnel (department), human resources pl
Personalakte f personnel file

Personalausweis *m* identity card
Personalberater(in) *m(f)* personnel consultant
Personalbestand *m* number of staff
Personalchef(in) *m(f)* personnel manager
Personal Computer *m* personal computer
Personalentwicklung *f* human resource development
Personalien *pl* particulars *pl*, personal data *pl*
Personalkosten *pl* personnel costs *pl*
Personalleiter(in) *m(f)* personnel manager
Personalmangel *m* shortage of staff; **an ~ leiden** to be understaffed
Personalplanung *f* staff planning
Personalpronomen *n* personal pronoun
personell **A** *adj* staff *attr*, personnel *attr*; *Konsequenzen* for staff **B** *adv* **die Abteilung wird ~ aufgestockt** more staff will be taken on in the department
Personenaufzug *m* (passenger) lift *Br*, (passenger) elevator *US*
Personenbeschreibung *f* (personal) description
personenbezogen *adj Daten* personal
Personengesellschaft *f* partnership
Personenkraftwagen *m* motorcar; *US* auto(-mobile)
Personenkreis *m* group of people
Personenkult *m* personality cult
Personenschaden *m* injury to persons; **es gab keine Personenschäden** no-one was injured
Personenschutz *m* personal security
Personenverkehr *m* passenger services *pl*
Personenwaage *f* scales *pl*
Personenwagen *m* AUTO car, automobile *US*
Personenzug *m Gegensatz: Schnellzug* slow train; *Gegensatz: Güterzug* passenger train
Personifikation *f* LIT personification
personifizieren *v/t* to personify
Personifizierung *f* personification
persönlich **A** *adj* personal; *Atmosphäre* friendly; **~es Fürwort** personal pronoun **B** *adv* personally; *auf Briefen* private (and confidential); **etw ~ nehmen** to take sth personally
Persönlichkeit *f* personality; **berühmte ~** celebrity; **~en des öffentlichen Lebens** public figures
Perspektive *f Optik, a.* KUNST perspective; (≈ *Blickpunkt*) angle; (≈ *Gesichtspunkt*) point of view; *fig* (≈ *Zukunftsausblick*) prospects *pl*; **das eröffnet ganz neue ~n für uns** that opens new horizons for us
perspektivisch *adj* perspective *attr*; **die Zeichnung ist nicht ~** the drawing is not in perspective
perspektivlos *adj* without prospects

Peru *n* Peru
Peruaner(in) *m(f)* Peruvian
peruanisch *adj* Peruvian
Perücke *f* wig
pervers *adj* perverted
Perversion *f* perversion
Perversität *f* perversity
pervertieren *v/t* to pervert
Pessar *n* pessary; *zur Empfängnisverhütung* diaphragm
Pessimismus *m* pessimism
Pessimist(in) *m(f)* pessimist
pessimistisch *adj* pessimistic; **da bin ich ~** I'm pessimistic about it
Pest *f* plague; **j-n/etw wie die ~ hassen** *umg* to loathe (and detest) sb/sth; **j-n wie die ~ meiden** *umg* to avoid sb like the plague; **wie die ~ stinken** *umg* to stink to high heaven *umg*
Pestizid *n* pesticide
Pesto *n/m* GASTR pesto
Petersilie *f* parsley
Petition *f* petition
Petitionsausschuss *m* committee on petitions
Petitionsrecht *n* right of petition
Petrochemie *f* petrochemistry
petrochemisch *adj* petrochemical
Petrodollar *m* petrodollar
Petroleum *n* paraffin (oil) *Br*, kerosene *bes US*
Petroleumlampe *f* paraffin lamp *Br*, kerosene lamp *bes US*
Petting *n* petting
petto *adv* **etw in ~ haben** *umg* to have sth up one's sleeve *umg*
Petunie *f* petunia
Petze *umg f* sneak *umg*
petzen *umg* **A** *v/t* **der petzt alles** he always tells **B** *v/i* to tell (tales) (**bei** to)
Petzer(in) *m(f)* SCHULE *umg* snitch *umg*, sneak *umg*
Pfad *m a.* IT path; (≈ *Wanderweg*) trail
Pfadfinder *m* (Boy) Scout; **bei den ~n sein** to be in the Boy Scouts
Pfadfinderin *f* Girl Guide *Br*, Girl Scout *US*
Pfahl *m* post; (≈ *Brückenpfahl*) pile; (≈ *Marterpfahl*) stake
Pfahlbau *m Bauweise* building on stilts
Pfalz *f* **1** (≈ *Rheinpfalz*) Rhineland *od* Lower Palatinate **2** (≈ *Oberpfalz*) Upper Palatinate
pfälzisch *adj* Palatine
Pfand *n* security; *beim Pfänderspiel* forfeit; (≈ *Verpackungspfand*) deposit; **ich gebe mein Wort als ~** I pledge my word; **auf dem Glas ist ~** there's a deposit on the glass
pfändbar *adj* JUR distrainable *form*
Pfandbrief *m von Bank, Regierung* bond

pfänden v/t JUR to impound; *Konto, Gehalt* to seize; **j-n ~** to impound some of sb's possessions

Pfänderspiel n (game of) forfeits
Pfandflasche f returnable bottle
Pfandhaus n pawnshop, pawnbroker's (shop)
Pfandleihe f (≈ *Pfandhaus*) pawnshop
Pfandleiher(in) m(f) pawnbroker
Pfandschein m pawn ticket
Pfändung f seizure
Pfanne f GASTR pan; (≈ *Bratpfanne*) frying pan Br, skillet US; ANAT socket; **j-n in die ~ hauen** umg to do the dirty on sb umg; (≈ *vernichtend schlagen*) to wipe the floor with sb umg; **etwas auf der ~ haben** umg geistig to have it up there umg

Pfannengericht n GASTR fry-up
Pfannkuchen m (≈ *Eierpfannkuchen*) pancake; (≈ *Berliner*) (jam) doughnut Br, (jam) donut US
Pfarrei f (≈ *Gemeinde*) parish
Pfarrer(in) m(f) (parish) priest; *von Freikirchen* minister

Pfarrgemeinde f parish
Pfarrhaus n **1** *katholisch* presbytery **2** *bes evangelisch* rectory, vicarage **3** *in Schottland* manse **4** *andere Kirchen in USA* parsonage

Pfarrkirche f parish church
Pfau m peacock
Pfeffer m pepper
Pfeffergurke f gherkin
Pfefferkorn n peppercorn
Pfefferkuchen m gingerbread
Pfefferminz n, **Pfefferminzbonbon** n/m (pepper)mint
Pfefferminze f peppermint
Pfefferminztee m (pepper)mint tea
Pfeffermühle f pepper mill
pfeffern v/t **1** GASTR to season with pepper; *fig* to pepper; → **gepfeffert 2** umg **j-m eine ~** to clout sb one Br umg

Pfefferstreuer m pepper pot
Pfeife f **1** whistle; (≈ *Orgelpfeife*) pipe; **nach j-s ~ tanzen** to dance to sb's tune **2** *zum Rauchen* pipe **3** umg (≈ *Versager*) wash-out umg

pfeifen **A** v/i to whistle; **ich pfeife auf seine Meinung** umg I couldn't care less about what he thinks **B** v/t to whistle; MUS to pipe; SPORT umg *Spiel* to ref umg; *Abseits, Foul* to give

Pfeifenraucher(in) m(f) pipe smoker
Pfeifer(in) m(f) piper
Pfeifkessel m whistling kettle
Pfeifkonzert n barrage *od* hail of catcalls *od* whistles

Pfeil m arrow; (≈ *Wurfpfeil*) dart; **~ und Bogen** bow and arrow
Pfeiler m pillar; *von Hängebrücke* pylon; (≈ *Stützpfeiler*) buttress; **~ der Europäischen Union** pillars of the European Union

pfeilförmig adj V-shaped
pfeilgerade adj as straight as a die; **eine ~ Linie** a dead straight line
Pfeilspitze f arrowhead
Pfeiltaste f COMPUT arrow key
Pfennig m HIST pfennig (*one hundredth of a deutschmark*); **er hat keinen ~ (Geld)** he hasn't got a penny to his name; **es ist keinen ~ wert** *fig* it's not worth a thing *od* a red cent US; **mit dem** *od* **jedem ~ rechnen müssen** *fig* to have to watch every penny

Pfennigabsatz m stiletto heel
Pfennigfuchser(in) umg m(f) miser
Pferch m fold
pferchen v/t to cram
Pferd n horse; *Schach* knight; **zu ~(e)** on horseback; **aufs falsche ~ setzen** to back the wrong horse; **wie ein ~ arbeiten** *od* **schuften** umg to work like a Trojan; **keine zehn ~e brächten mich dahin** umg wild horses couldn't drag me there; **mit ihm kann man ~e stehlen** umg he's a great sport umg; **er ist unser bestes ~ im Stall** he's our best man

Pferdefliege f horsefly
Pferdefuhrwerk n horse and cart
Pferdegebiss n horsey teeth
Pferdekoppel f paddock
Pferderennbahn f race course
Pferderennen n *Sportart* (horse) racing; *einzelnes Rennen* (horse) race

Pferdeschwanz m horse's tail; *Frisur* ponytail
Pferdesport m equestrian sport
Pferdestall m stable
Pferdestärke f horse power *kein pl*, hp
Pferdezucht f horse breeding; (≈ *Gestüt*) stud farm

Pfiff m **1** whistle **2** (≈ *Reiz*) style; **der Soße fehlt noch der letzte ~** the sauce still needs that extra something; **eine Inneneinrichtung mit ~** a stylish interior

Pfifferling m chanterelle; **keinen ~ wert** umg not worth a thing
pfiffig **A** adj smart **B** adv cleverly
Pfingsten n Whitsun Br, Pentecost US
Pfingstferien pl Whit(sun) holiday *od* holidays pl Br, Pentecost holiday *od* holidays pl US
Pfingstmontag m Whit Monday Br, Pentecost Monday US
Pfingstrose f peony
Pfingstsonntag m Whit Sunday Br, Pentecost
Pfingstwoche f Whit week Br, the week of the Pentecost holiday US
Pfirsich m peach
Pfirsichblüte f peach blossom

Pflanz m österr umg (≈ Betrug) con umg
Pflanze f ① (≈ Gewächs) plant; **~n fressend** herbivorous ② umg (≈ Mensch) **sie ist eine seltsame ~** she is a strange fish umg
pflanzen v/t ① to plant ② österr umg (≈ auf den Arm nehmen) **j-n ~** to take the mickey out of sb umg
Pflanzenfaser f plant fibre Br, plant fiber US
Pflanzenfett n vegetable fat
pflanzenfressend adj herbivorous
Pflanzenfresser m herbivore
Pflanzenkunde f, **Pflanzenlehre** f botany
Pflanzenmargarine f vegetable margarine
Pflanzenöl n vegetable oil
Pflanzenschutzmittel n pesticide
pflanzlich Ⓐ adj Fette, Nahrung vegetable attr; Organismen plant attr Ⓑ adv **sich rein ~ ernähren** to eat no animal products; Tier to be a herbivore
Pflanzung f (≈ Plantage) plantation
Pflaster n ① (≈ Heftpflaster) (sticking) plaster Br, adhesive tape US ② (≈ Straßenpflaster) (road) surface; **ein gefährliches ~** umg a dangerous place
pflastern v/t Straße, Hof to surface; mit Steinplatten to pave; **eine Straße neu ~** to resurface a road
Pflasterstein m paving stone
Pflaume f ① plum; **getrocknete ~** prune ② umg (≈ Mensch) dope umg
Pflaumenbaum m plum tree
Pflaumenkuchen m plum tart
Pflaumenmus n plum jam
Pflege f care; von Beziehungen cultivation; von Maschinen, Gebäuden maintenance; **j-n/etw in ~ nehmen** to look after sb/sth; **j-n/etw in ~ geben** to have sb/sth looked after; **ein Kind in ~ nehmen** to foster a child; **ein Kind in ~ geben** to have a child fostered; **der Garten braucht viel ~** the garden needs a lot of care and attention
pflegebedürftig adj in need of care (and attention)
Pflegeberuf m caring profession
Pflegedienst m home nursing service
Pflegeeltern pl foster parents pl
Pflegefall m **sie ist ein ~** she needs constant care
Pflegegeld n für Pflegekinder boarding-out allowance; für Kranke attendance allowance
Pflegeheim n nursing home
Pflegekind n foster child
Pflegekosten pl nursing fees pl
Pflegekostenversicherung f private nursing insurance
pflegeleicht adj easy-care; **er ist ~** he's easy to get along with
Pflegemutter f foster mother
pflegen Ⓐ v/t to look after; Beziehungen to cultivate; Maschinen, Gebäude to maintain; → gepflegt Ⓑ v/i (≈ gewöhnlich tun) to be in the habit (zu of); **sie pflegte zu sagen** she used to say; **wie man zu sagen pflegt** as they say Ⓒ v/r (≈ sein Äußeres pflegen) to care about one's appearance
Pflegepersonal n MED nursing staff
Pfleger m im Krankenhaus orderly; voll qualifiziert (male) nurse
Pflegerin f nurse
Pflegesohn m foster son
Pflegestation f nursing ward
Pflegetochter f foster daughter
Pflegevater m foster father
Pflegeversicherung f nursing care insurance
pfleglich Ⓐ adj careful Ⓑ adv behandeln carefully, with care
Pflicht f ① (≈ Verpflichtung) duty (zu to); **Rechte und ~en** rights and responsibilities; **j-n in die ~ nehmen** to remind sb of his duty; **die ~ ruft** duty calls; **ich habe es mir zur ~ gemacht** I've taken it upon myself; **das ist ~** you have to do that, it's compulsory ② SPORT compulsory section
pflichtbewusst adj conscientious
Pflichtbewusstsein n sense of duty
Pflichterfüllung f fulfilment of one's duty Br, fulfillment of one's duty US
Pflichtfach n compulsory subject
Pflichtgefühl n sense of duty
pflichtgemäß Ⓐ adj dutiful Ⓑ adv dutifully
Pflichtübung f compulsory exercise
Pflichtumtausch m compulsory exchange of currency
pflichtversichert adj compulsorily insured
Pflichtversicherte(r) m/f(m) compulsorily insured person
Pflichtversicherung f compulsory insurance
Pflock m peg; für Tiere stake
pflücken v/t to pick
Pflücker(in) m(f) picker
Pflug m plough Br, plow US
pflügen v/t & v/i to plough Br, to plow US
Pforte f (≈ Tor) gate
Pförtner(in) m(f) porter; von Fabrik gateman/woman; von Behörde doorman/woman
Pfosten m post; (≈ Fensterpfosten) (window) jamb; (≈ Türpfosten) doorpost; FUSSB (goal)post
Pfote f paw; **sich** (dat) **die ~n verbrennen** umg to burn one's fingers
Pfropf m (≈ Stöpsel) stopper; (≈ Kork) cork; von Fass bung; MED (≈ Blutpfropf) (blood) clot; verstopfend blockage

pfropfen v/t **1** *Flasche* to bung, to stop up **2** *umg* (≈ *hineinzwängen*) to cram; **gepfropft voll** jam-packed *umg*
Pfropfen m → Pfropf
pfui *int Ekel* ugh; *zu Hunden* oy; *Buhruf* boo; **~ Teufel** *umg* ugh
Pfund n **1** (≈ *Gewicht*) pound; **drei ~ Äpfel** three pounds of apples; **ein halbes ~** half a pound **2** (≈ *Währungseinheit*) pound; **es kostet 1 ~** it's 1 pound; **in ~** in pounds
Pfundskerl *umg* m great guy *umg*
pfundweise *adv* by the pound
Pfusch m **1** *umg* = Pfuscherei **2** *österr* (≈ *Schwarzarbeit*) moonlighting *umg*
pfuschen v/i **1** (≈ *schlecht arbeiten*) to bungle; (≈ *einen Fehler machen*) to slip up **2** SCHULE to cheat **3** *österr* (≈ *schwarzarbeiten*) to moonlight *umg*
Pfuscher(in) *umg* m(f) bungler
Pfuscherei f (≈ *das Pfuschen*) bungling *kein pl*; (≈ *gepfuschte Arbeit*) botch-up *umg*
Pfütze f puddle
PH f *abk* (= *Pädagogische Hochschule*) college of education
Phallus m phallus
Phallussymbol n phallic symbol
Phänomen n phenomenon
phänomenal **A** *adj* phenomenal **B** *adv* phenomenally (well)
Phantasie f → Fantasie
phantastisch *adj & adv* → fantastisch
Phantom n (≈ *Trugbild*) phantom
Phantombild n Identikit® (picture), Photofit® (picture)
Pharao m Pharaoh
Pharmaindustrie f pharmaceuticals industry
Pharmakologe m, **Pharmakologin** f pharmacologist
Pharmakologie f pharmacology
pharmakologisch *adj* pharmacological
Pharmaunternehmen n pharmaceuticals company
Pharmazeut(in) m(f) pharmacist, druggist *US*
pharmazeutisch *adj* pharmaceutical
Pharmazie f pharmacy, pharmaceutics *sg*
Phase f phase
Philatelie f philately
Philatelist(in) m(f) philatelist
Philharmonie f (≈ *Orchester*) philharmonic (orchestra); (≈ *Konzertsaal*) philharmonic hall
Philharmoniker(in) m(f) (≈ *Musiker*) member of a philharmonic orchestra
Philippinen *pl* Philippines *pl*
philippinisch *adj* Filipino
Philologe m, **Philologin** f philologist
Philologie f philology

philologisch *adj* philological
Philosoph(in) m(f) philosopher
Philosophie f philosophy
philosophieren v/i to philosophize (**über** +*akk* about)
philosophisch **A** *adj* philosophical **B** *adv* philosophically
Phlegma n apathy
Phlegmatiker(in) m(f) apathetic person
phlegmatisch **A** *adj* apathetic **B** *adv* apathetically
pH-neutral *adj* pH-balanced
Phobie f phobia (**vor** +*dat* about)
Phon n phon
Phonetik f phonetics *sg*
phonetisch *adj* phonetic; **~e Schrift** phonetic transcription
Phonotypist(in) m(f) audiotypist
Phonstärke f decibel
Phosphat n phosphate
phosphatfrei *adj* phosphate-free
phosphathaltig *adj* containing phosphates
Phosphor m phosphorus
phosphoreszieren v/i to phosphoresce
Photo *etc* n → Foto
Phrase f phrase; *pej* empty phrase; **abgedroschene ~** cliché, hackneyed phrase *Br*; **~n dreschen** *umg* to churn out one cliché after another
Phrasendrescher(in) *pej* m(f) windbag *umg*
phrasenhaft *adj* empty, hollow
pH-Wert m pH value
Physik f physics *sg*
physikalisch **A** *adj* physical **B** *adv* physically
Physiker(in) m(f) physicist
Physiksaal m physics lab
Physikum n UNIV *preliminary examination in medicine*
physiologisch **A** *adj* physiological **B** *adv* physiologically
Physiotherapeut(in) m(f) physiotherapist
Physiotherapie f physiotherapy
physisch **A** *adj* physical **B** *adv* physically
Pi n MATH pi; **die Zahl Pi** the number represented by pi
Pianist(in) m(f) pianist
Piano n piano
Piccolo m **1** (*a.* **~flasche**) quarter bottle of champagne **2** (*a.* **~flöte**) piccolo; **~ spielen** to play the piccolo
picheln *umg* v/i to booze *umg*
Pichelsteiner m, **Pichelsteiner Topf** m GASTR meat and vegetable stew
Pick m *österr* (≈ *Klebstoff*) glue
Pickel[1] m (≈ *Spitzhacke*) pick(axe) *Br*, pick(ax) *US*; (≈ *Eispickel*) ice axe *Br*, ice ax *US*

Pickel[2] *m auf der Haut* spot
pick(e)lig *adj* spotty
picken *v/t & v/i* **1** to peck (**nach** at) **2** *österr* (≈ *kleben*) to stick
Pickerl *österr n* **1** (≈ *Aufkleber*) sticker **2** (≈ *Autobahnvignette*) motorway permit sticker *Br*, turnpike permit sticker *US*
Picknick *n* picnic; ~ **machen** to have a picnic
picknicken *v/i* to (have a) picnic
Picknickkorb *m* picnic basket; *größer* picnic hamper
picobello *umg adv* ~ **gekleidet** immaculately dressed; ~ **sauber** absolutely spotless
Piefke *m österr pej* (≈ *Deutscher*) Kraut *pej*
pieken *umg v/t & v/i* to prick
piekfein *umg adj* posh *umg*; ~ **eingerichtet sein** to have classy furnishings
piepen *v/i Vogel* to cheep; *Maus* to squeak; *Funkgerät etc* to bleep; **bei dir piepts wohl!** *umg* are you off your rocker? *umg*; **es war zum Piepen!** *umg* it was a scream! *umg*
piepsen *v/i Vogel* to cheep; *Funkgerät* to bleep
Piepser *m* TEL *umg* bleeper
Piepton *m* bleep
Pier *m* jetty, pier
piercen *v/t* to pierce; **sich** (*dat*) **die Zunge ~ lassen** to get one's tongue pierced; **gepierct sein** to have a piercing; *mehrfach* to have some piercings
Piercing *n* **1** (body) piercing **2** *Körperschmuck* piece of body jewellery *Br*, piece of body jewelry *US*
piesacken *v/t umg* (≈ *quälen*) to torment
Pietät *f* (≈ *Ehrfurcht*) reverence *kein pl*; (≈ *Achtung*) respect
pietätlos *adj* irreverent; (≈ *ohne Achtung*) lacking in respect
Pigment *n* pigment
Pik *n Spielkartenfarbe* spades *pl*; *einzelne Karte* spade
pikant *adj* piquant; ~ **gewürzt** well-seasoned, spicy
Pike *f* pike; **etw von der ~ auf lernen** *fig* to learn sth starting from the bottom
pikiert *umg adj* put out; **sie machte ein ~es Gesicht** she looked put out
Pikkolo *m* → Piccolo
Piktogramm *n* pictogram
Pilates *n* pilates
Pilger(in) *m(f)* pilgrim
Pilgerfahrt *f* pilgrimage
pilgern *v/i* to make a pilgrimage; *umg* (≈ *gehen*) to make one's way
Pilgerväter *pl* HIST Pilgrims *pl*
Pille *f* pill; **sie nimmt die ~** she's on the pill; **die ~ danach** the morning-after pill; **das war eine bittere ~ für ihn** *fig* that was a bitter pill for him (to swallow)
Pillendose *f* pill box
Pilot(in) *m(f)* pilot
Pilotfilm *m* pilot film
Pilotprojekt *n* pilot scheme
Pils *n*, **Pilsner** *n* Pils
Pilz *m* **1** fungus; *giftig* toadstool; *essbar* mushroom; **~e sammeln** to go mushroom-picking; **wie ~e aus dem Boden schießen** to spring up like mushrooms **2** (≈ *Hautpilz*) fungal skin infection
Pilzkrankheit *f* fungal disease
Pilzvergiftung *f* fungus poisoning
Piment *n/m* allspice, pimento
Pimmel *m umg* willy *Br umg*, weenie *US umg*
Pin *m von Stecker* pin
PIN *f abk* (= **persönliche Identifikationsnummer**), **PIN-Nummer** *f* PIN (number)
pingelig *umg adj* finicky *umg*
Pinguin *m* penguin
Pinie *f* pine
pink *adj* shocking pink
Pinkel *umg m* **ein feiner ~** a swell, His Highness *umg*
pinkeln *umg v/i* to pee *umg*
Pinnwand *f* (notice) board
Pinscher *m* pinscher
Pinsel *m* brush
pinseln *v/t & v/i umg* (≈ *streichen*), *a.* MED to paint; *pej* (≈ *malen*) to daub
Pinzette *f* (pair of) tweezers *pl*
Pionier(in) *m(f)* **1** MIL sapper **2** *fig* pioneer
Pionierarbeit *f* pioneering work
Pioniergeist *m* pioneering spirit
Pipeline *f* pipeline
Pipette *f* pipette
Pipi *kinderspr n/m* wee(-wee) *kinderspr*; ~ **machen** to do a wee(-wee)
Pipifax *umg m* (≈ *Unsinn*) nonsense, rubbish *Br*; (≈ *Lappalie*) trivial stuff
Pirat(in) *m(f)* pirate
Piratenpartei *f* POL pirate party
Piratenschiff *n* pirate ship
Piratensender *m* pirate radio station
Piraterie *wörtl, fig f* piracy
Pirsch *f* stalk; **auf (die) ~ gehen** to go stalking
PISA-Studie *f* SCHULE PISA study
pissen *vulg v/i* to (take a) piss *sl*; *sl* (≈ *regnen*) to pour down *umg*
Pistazie *f* pistachio
Piste *f* SKI piste; (≈ *Rennbahn*) track; FLUG runway; **auf die ~ gehen** *umg* to go on a pub crawl *umg*
Pistole *f* pistol; **j-m die ~ auf die Brust setzen** *fig* to hold a pistol to sb's head; **wie aus der ~ geschossen** *fig* like a shot *umg*

Pit-Bull-Terrier *m* pit bull terrier
Pitcher(in) *m(f)* SPORT pitcher
pittoresk *adj* picturesque
Pixel *n* IT pixel
Pizza *f* pizza
Pizzabäcker(in) *m(f)* pizza chef
Pizzagewürz *n* pizza spice
Pizzaservice *m* pizza delivery service
Pizzeria *f* pizzeria
Pjöngjang *n* Pyongyang
Pkw *m* car
PKW-Maut *f* toll charge for cars
Placebo *n* placebo
Plackerei *umg f* grind *umg*
plädieren *v/i* to plead (**für, auf** +*akk* for)
Plädoyer *n* JUR summation *US*, summing up; *fig* plea
Plafond *m bes schweiz, südd, a. fig* ceiling
Plage *f* 1 plague 2 *fig* (≈ *Mühe*) nuisance; **sie hat ihre ~ mit ihm** he's a trial for her
plagen A *v/t* to plague; **ein geplagter Mann** a harassed man B *v/r* 1 (≈ *leiden*) to be troubled (**mit** by) 2 (≈ *sich abrackern*) to slave away *umg*
Plagiat *n* 1 (≈ *geistiger Diebstahl*) plagiarism 2 *Buch, Film etc* book/film *etc* resulting from plagiarism; **dieses Buch ist ein ~** this book is plagiarism
plagiieren *v/t & v/i* to plagiarize
Plakat *n an Litfaßsäulen etc* poster; *aus Pappe* placard
plakatieren *v/t* to placard; *fig* to broadcast
Plakatwerbung *f* poster advertising
Plakette *f* (≈ *Abzeichen*) badge
Plan¹ *m* 1 plan; **wir haben den ~, ...** we're planning to ...; **Pläne schmieden** to make plans; **es verlief alles nach ~** everything went according to plan 2 (≈ *Stadtplan*) (street) map; (≈ *Bauplan*) plan; (≈ *Zeittafel, Fahrplan*) schedule
Plan² *m* **auf den ~ treten** *fig* to arrive *od* come on the scene; **j-n auf den ~ rufen** *fig* to bring sb into the arena
planbar *adj* plannable
Plane *f* tarpaulin; (≈ *Schutzdach*) canopy
planen *v/t & v/i* to plan
Planen *f* planning
Planer(in) *m(f)* planner
Planet *m* planet
planetarisch *adj* planetary
Planetarium *n* planetarium
Planfeststellungsverfahren *n Hoch- und Tiefbau* planning permission hearings *pl*
planieren *v/t Boden* to level (off); *Werkstück* to planish
Planierraupe *f* bulldozer
Planke *f* plank; (≈ *Leitplanke*) crash barrier
Plänkelei *fig f* squabble

plänkeln *fig v/i* to squabble
Plankton *n* plankton
planlos A *adj* unmethodical; (≈ *ziellos*) random B *adv umherirren* aimlessly; *vorgehen* without any clear direction
Planlosigkeit *f* lack of planning
planmäßig A *adj* (≈ *wie geplant*) as planned; (≈ *pünktlich*) on schedule; **~e Ankunft/Abfahrt** scheduled time of arrival/departure B *adv* 1 (≈ *systematisch*) systematically 2 (≈ *fahrplanmäßig*) on schedule
Planschbecken *n* paddling pool *Br*, wading pool *US*
planschen *v/i* to splash around
Planspiel *n* experimental game; MIL map exercise
Planstelle *f* post
Plantage *f* plantation
Planung *f* planning; **diese Straße ist noch in ~** this road is still being planned
Planungssicherheit *f* planning security
Planwirtschaft *f* planned economy
Plappermaul *umg n* (≈ *Mund*) big mouth *umg*; (≈ *Schwätzer*) windbag *umg*
plappern *v/i* to chatter; (≈ *Geheimnis verraten*) to blab *umg*
plärren *v/t & v/i umg* (≈ *weinen*) to howl; *Radio* to blare (out); (≈ *schreien*) to yell
Plasma *n* plasma
Plastik¹ *n* (≈ *Kunststoff*) plastic
Plastik² *f* (≈ *Skulptur*) sculpture
Plastik- *zssgn Besteck, Tüte etc* plastic
Plastikbeutel *m* plastic bag
Plastikflasche *f* plastic bottle
Plastikflaschencontainer *m* plastic bottle bank
Plastikfolie *f* plastic film
Plastikgeld *umg n* plastic money
Plastiksack *m* (large) plastic bag
Plastiksprengstoff *m* plastic explosive
Plastiktüte *f* plastic bag
plastisch A *adj* 1 (≈ *dreidimensional*) three-dimensional, 3-D; *fig* (≈ *anschaulich*) vivid 2 KUNST plastic; **die ~e Kunst** plastic art 3 MED *Chirurgie* plastic B *adv* 1 *räumlich* three-dimensionally 2 *fig* (≈ *anschaulich*) **etw ~ schildern** to give a graphic description of sth; **das kann ich mir ~ vorstellen** I can just imagine it
Platane *f* plane tree
Plateau *n* 1 plateau 2 *von Schuh* platform
Plateausohle *f* platform sole
Platin *n* platinum
Platine *f* COMPUT circuit board
platonisch *adj* Platonic; (≈ *nicht sexuell*) platonic
platschen *umg v/i* to splash
plätschern *v/i Bach* to babble; *Brunnen* to splash;

Regen to patter

platt **A** *adj* **1** (≈ *flach*) flat; **einen Platten haben** *umg* to have a flat tyre *Br*, to have a flat tire *US* **2** *umg* (≈ *verblüfft*) **~ sein** to be flabbergasted *umg* **B** *adv* walzen flat; **etw ~ drücken** to press sth flat

Platt *umg n* Low German, Plattdeutsch
plattdeutsch *adj* Low German
Platte *f* **1** (≈ *Holzplatte*) piece of wood, board; *zur Wandverkleidung* panel; (≈ *Glasplatte/Metallplatte/Plastikplatte*) piece of glass/metal/plastic; (≈ *Steinplatte*) slab; (≈ *Kachel, Fliese*) tile; (≈ *Grabplatte*) gravestone; (≈ *Herdplatte*) hotplate; (≈ *Tischplatte*) (table) top; FOTO plate; (≈ *Gedenktafel*) plaque; COMPUT disk **2** (≈ *Schallplatte*) record **3** GEOG **Eurasische ~** Eurasian Plate **4** *umg* (≈ *Glatze*) bald head
plätten *v/t dial* to iron
Plattenfirma *f*, **Plattenlabel** *n* record label
Plattenlaufwerk *n* COMPUT disk drive
Plattensammlung *f* record collection
Plattensee *m* **der ~** Lake Balaton
Plattenspieler *m* record player
Plattenteller *m* turntable
Plattfisch *m* flatfish
Plattform *f* platform; *fig* (≈ *Grundlage*) basis
Plattfuß *m* **1** MED **Plattfüße haben** to have flat feet **2** *umg Reifenpanne* flat foot *umg*
Plattheit *f* **1** (≈ *Flachheit*) flatness **2** (≈ *Redensart etc*) platitude, cliché
Plättli *n schweiz* (≈ *Fliese, Kachel*) tile
plattmachen *umg v/t* to level; (≈ *töten*) to do in *umg*

Platz *m* **1** (≈ *freier Raum*) room, space; (≈ *Leerraum*) space; **~ für j-n/etw schaffen** to make room for sb/sth; **~ einnehmen** to take up room; **~ raubend** → platzraubend; **~ sparend** → platzsparend; **j-m den (ganzen) ~ wegnehmen** to take up all the room; **j-m ~ machen** to make room for sb; (≈ *vorbeigehen lassen*) to make way for sb *a. fig*; **~ machen** to get out of the way *umg*; **mach mal ein bisschen ~** make a bit of room **2** (≈ *Sitzplatz*) seat; **~ nehmen** to take a seat; **ist hier noch ein ~ frei?** is it okay to sit here?; **dieser ~ ist belegt od besetzt** this seat's taken; **~!** *zum Hund* (lie) down! **3** (≈ *Stelle, Standort*) place; (≈ *Einsatzort*) location; **das Buch steht nicht an seinem ~** the book isn't in (its) place; **etw (wieder) an seinen ~ stellen** to put sth (back) in (its) place; **fehl od nicht am ~(e) sein** to be out of place; **auf die Plätze, fertig, los!** *beim Sport* on your marks, get set, go!; **den ersten ~ einnehmen** *fig* to take first place; **auf ~ zwei** in second place **4** (≈ *umbaute Fläche*) square; *rund* circle **5** (≈ *Sportplatz*) playing field; FUSSB pitch; (≈ *Tennisplatz*) court; (≈ *Golfplatz*) (golf) course; **einen Spieler vom ~ verweisen** to send a player off *Br*, to eject a player *US*; **auf gegnerischem ~** away; **auf eigenem ~** at home **6** (≈ *Ort*) town, place; **das erste Hotel am ~(e)** the best hotel in town

Platzangst *f umg* (≈ *Beklemmung*) claustrophobia
Platzanweiser *m* usher
Platzanweiserin *f* usher(ette)
Plätzchen *n Gebäck* biscuit *Br*, cookie *US*
platzen *v/i* **1** (≈ *aufreißen*) to burst; *Naht, Haut* to split; (≈ *explodieren*) to explode; (≈ *einen Riss bekommen*) to crack; **mir ist unterwegs ein Reifen geplatzt** I had a blowout on the way *umg*; **ins Zimmer ~** *umg* to burst into the room; **j-m ins Haus ~** *umg* to descend on sb; **(vor Wut/Ungeduld) ~** *umg* to be bursting (with rage/impatience) **2** *umg* (≈ *scheitern*) *Plan, Vertrag* to fall through; *Freundschaft, Koalition* to break up; *Wechsel* to bounce *umg*; **die Verlobung ist geplatzt** the engagement is (all) off; **etw ~ lassen** *Plan, Vertrag* to make sth fall through; *Verlobung* to break sth off; *Koalition* to break sth up
Platzhalter *m* place marker
Platzhirsch *m* dominant male
platzieren **A** *v/t* **1** to put, to place; *Tennis* to seed **2** (≈ *zielen*) *Ball* to place; *Schlag* to land **B** *v/r* **1** *umg* (≈ *sich setzen etc*) to plant oneself *umg* **2** SPORT to be placed; **der Läufer konnte sich gut ~** the runner was well-placed
Platzierung *f bei Rennen* order; *Tennis* seeding; (≈ *Platz*) place
Platzkarte *f* BAHN seat reservation (ticket)
Platzmangel *m* shortage of space
Platzpatrone *f* blank (cartridge)
platzraubend *adj* space-consuming
Platzregen *m* cloudburst
Platzreservierung *f* seat reservation
platzsparend *adj* space-saving *attr*; *bauen, unterbringen* (in order) to save space
Platzverweis *m* sending-off *Br*, ejection *US*
Platzwahl *f* seat selection; **freie ~** no set seating
Platzwart(in) *m(f)* SPORT groundsman
Platzwunde *f* cut
Plauderei *f* chat
Plauderer *m*, **Plauderin** *f* conversationalist
plaudern *v/i* to chat (**über** +*akk od* **von** about); (≈ *verraten*) to talk
plausibel **A** *adj Erklärung* plausible **B** *adv* plausibly; **j-m etw ~ machen** to explain sth to sb
Play-back *n*, **Playback** *n* (≈ *Band*) *bei Musikaufnahme* backing track; **~ singen** to mime
Playboy *m* playboy
Playgirl *n* playgirl
Plazenta *f* placenta
plazieren *v/t* → platzieren

Plebiszit n plebiscite
pleite umg adj & adv Mensch broke umg
Pleite umg f bankruptcy; fig flop umg; **~ machen** to go bankrupt
pleitegehen umg v|i to go bust
Plenarsaal m chamber
Plenarsitzung f plenary session
Plenum n plenum
Pleuelstange f connecting rod
Plissee n pleats pl
Plisseerock m pleated skirt
plissieren v|t to pleat
PLO f abk (= palästinensische Befreiungsorganisation) PLO, Palestine Liberation Organization
Plombe f 1 (≈ Siegel) lead seal 2 (≈ Zahnplombe) filling
plombieren v|t 1 (≈ versiegeln) to seal 2 Zahn to fill
Plot m (≈ Handlung) plot
Plotter m IT plotter
plötzlich A adj sudden B adv suddenly; **aber ein bisschen ~!** umg (and) make it snappy! umg
Plötzlichkeit f suddenness
plump A adj Figur ungainly kein adv; Ausdruck clumsy; Benehmen crass; Lüge, Trick obvious B adv sich bewegen awkwardly; sich ausdrücken clumsily; **in der Kleidung sieht sie ~ aus** she looks ungainly dressed like that
Plumpheit f von Figur ungainliness; von Ausdruck clumsiness; von Benehmen crassness; von Lüge, Trick obviousness
plumps int bang; lauter crash
Plumps umg m (≈ Fall) fall; Geräusch bump
plumpsen umg v|i (≈ fallen) to tumble
plumpvertraulich adj overly chummy
Plunder m junk
Plünderer m, **Plünderin** f looter, plunderer
Plundergebäck n Danish (pastry)
plündern v|t & v|i to loot; (≈ ausrauben) to raid
Plünderung f looting
Plural m plural; **im ~ stehen** to be (in the) plural
Pluralismus m pluralism
pluralistisch adj pluralistic form
plus A präp plus B adv plus; **bei ~ 5 Grad** at 5 degrees (above freezing); **~ minus 10** plus or minus 10
Plus n 1 (≈ Pluszeichen) plus (sign) 2 bes HANDEL (≈ Zuwachs) increase; (≈ Gewinn) profit; (≈ Überschuss) surplus 3 fig (≈ Vorteil) advantage; **das ist ein ~ für dich** that's a point in your favour Br, that's a point in your favor US
Plusbetrag m profit
Plüsch m plush
Plüschtier n ≈ soft toy
Pluspol m ELEK positive pole
Pluspunkt m SPORT point; fig advantage

Plusquamperfekt n pluperfect, past perfect
Pluszeichen n plus sign
Pluto m ASTRON Pluto
Plutonium n plutonium
PLZ abk (= Postleitzahl) post(al) code, Zip code US
Pneu m bes schweiz tyre Br, tire US
pneumatisch A adj pneumatic B adv pneumatically
Po umg m bottom
Pöbel m rabble
pöbelhaft adj uncouth, vulgar
pöbeln v|i to swear
pochen v|i to knock; Herz to pound; **auf etw** (akk) **~** fig to insist on sth
Pocke f 1 pock 2 **~n** pl smallpox
Pockenimpfung f smallpox vaccination
Pockennarbe f pockmark
Pocken(schutz)impfung f smallpox vaccination
Podcast m IT podcast
podcasten v|i to podcast
Podest n/m pedestal; (≈ Podium) platform
Podium n platform; des Dirigenten podium
Podiumsdiskussion f panel discussion
Poesie f poetry
Poesiealbum n autograph book
Poet(in) m(f) poet
Poetik f poetics sg
poetisch A adj poetic B adv poetically
Poetry-Slam m poetry slam; **Teilnehmer(in) an einem ~** slamster
pogen v|i Pogo tanzen to pogo (dance)
Pogo m Tanz pogo
Pogrom n/m pogrom
Pointe f eines Witzes punch line, punchline; einer Geschichte point
pointiert A adj pithy B adv pithily
Pokal m zum Trinken goblet; SPORT cup
Pokalfinale n cup final
Pokalrunde f round (of the cup)
Pokalsieger(in) m(f) cup winners pl
Pokalspiel n cup tie
Pökelfleisch n salt meat
pökeln v|t Fleisch to salt
Poker n poker
pokern v|i to play poker; fig to gamble; **hoch ~** fig to take a big risk
Pol m pole; **der ruhende Pol** fig the calming influence
polar adj polar
Polareis n polar ice
polarisieren v|t & v|r to polarize
Polarisierung f polarization
Polarkreis m **nördlicher/südlicher ~** Arctic/Antarctic circle
Polarmeer n **Nördliches/Südliches ~** Arctic/

Antarctic Ocean
Polaroidkamera® f Polaroid® camera
Polarstern m Pole Star
Pole m Pole
Polemik f polemics sg (**gegen** against)
Polemiker(in) m(f) controversialist, polemicist
polemisch adj polemic(al)
polemisieren v/i to polemicize; **~ gegen** to inveigh against
Polen n Poland
Polenta f GASTR polenta
Police f (insurance) policy
polieren v/t to polish
Poliklinik f clinic (for outpatients only)
Polin f Pole
Polio f polio
Politbüro n Politburo
Politesse f (woman) traffic warden
Politik f ◼ politics sg (≈ politischer Standpunkt) politics pl; **in die ~ gehen** to go into politics ◼ (≈ bestimmte Politik) policy; **eine ~ verfolgen** to pursue a policy
Politiker(in) m(f) politician
politisch ◼ adj political; **~e Linie** policy; **~e Bildung** Fach social studies pl ◼ adv politically; **sich ~ betätigen** to be involved in politics; **~ interessiert sein** to be interested in politics
politisieren ◼ v/i to politicize ◼ v/t to politicize; j-n to make politically aware
Politologe m, **Politologin** f political scientist
Politologie f political science
Politur f polish
Polizei f police pl; **die ~ war sofort da** the police were there immediately; **zur ~ gehen** to go to the police; **er ist bei der ~** he's in the police (force)
Polizeiaufgebot n police presence
Polizeiauto n police car
Polizeibeamte(r) m, **Polizeibeamtin** f police official; (≈ Polizist) police officer
Polizeidienststelle form f police station
Polizeieinsatz m police action od intervention
Polizeifunk m police radio
Polizeikette f police cordon
Polizeiknüppel m truncheon
Polizeikontrolle f police check; (≈ Kontrollpunkt) police checkpoint
polizeilich ◼ adj police attr; **~es Führungszeugnis** certificate issued by the police, stating that the holder has no criminal record ◼ adv ermittelt werden by the police; **~ überwacht werden** to be under police surveillance; **sie wird ~ gesucht** the police are looking for her; **sich ~ melden** to register with the police
Polizeirevier n ◼ (≈ Polizeiwache) police station ◼ Bezirk (police) district, precinct US

Polizeischutz m police protection
Polizeistaat m police state
Polizeistreife f police patrol
Polizeistunde f closing time
Polizeiwache f police station
Polizist m policeman, police officer
Polizistin f policewoman, police officer, cop umg
Pollen m pollen
Pollenflug m pollen count
Pollenwarnung f pollen warning
polnisch adj Polish
Polo n polo
Polohemd n, **Poloshirt** n sports shirt
Polster österr n/m ◼ cushion; (≈ Polsterung) upholstery kein pl ◼ fig (≈ Fettpolster) flab kein pl umg; (≈ Reserve) reserve
Polsterauflage f cushion
Polstergarnitur f three-piece suite
Polstermöbel pl upholstered furniture sg
polstern v/t to upholster; Kleidung to pad; **sie ist gut gepolstert** she's well-padded
Polstersessel m armchair, easy chair
Polsterung f (≈ Polster) upholstery
Polterabend m party on the eve of a wedding, at which old crockery is smashed to bring good luck
Poltergeist m poltergeist
poltern v/i ◼ (≈ Krach machen) to crash about; **es fiel ~d zu Boden** it crashed to the floor ◼ umg (≈ schimpfen) to rant (and rave) ◼ umg (≈ Polterabend feiern) to celebrate on the eve of a wedding
Polyacryl n ◼ CHEM polyacrylics sg ◼ Textilien acrylics sg
Polyamid® n polyamide
Polyester m polyester
polygam adj polygamous
Polygamie f polygamy
Polynesien n Polynesia
polynesisch adj Polynesian
Polyp m ◼ ZOOL polyp ◼ MED **~en** adenoids
Polytechnikum n polytechnic
Pomade f hair cream
Pomelo f Frucht pomelo
Pommern n Pomerania
Pommes umg pl chips pl Br, (French) fries pl
Pommesbude umg f fast food stand
Pommes frites pl chips pl Br, French fries pl
Pomp m pomp
Pompon m bunte Quaste der Cheerleader pompom
pompös ◼ adj grandiose ◼ adv grandiosely
Pontius m **von ~ zu Pilatus** from one place to another
Pony¹ n Pferd pony
Pony² m Frisur fringe Br, bangs pl US

Pool *m* ◨1 (≈ *Swimmingpool*) pool ◨2 WIRTSCH pool
Pool(billard) *n* pool
Pop *m* MUS pop; KUNST pop art
Popcorn *n* popcorn
Popcornmaschine *f* popcorn maker *od* machine, popcorn popper *US*
Popel *umg m* (≈ *Nasenpopel*) bogey *Br umg*, booger *US umg*
popelig *umg adj* ◨1 (≈ *knauserig*) stingy *umg*; **~e zwei Euro** a lousy two euros *umg* ◨2 (≈ *dürftig*) crummy *umg*
Popeline *f* poplin
popeln *umg v/i* (**in der Nase**) **~** to pick one's nose
Popgruppe *f* pop group
Popkonzert *n* pop concert
Popmusik *f* pop music
Popo *umg m* bottom
poppig *umg adj Kleidung* loud and trendy; *Farben* bright and cheerful
Popsänger(in) *m(f)* pop singer
Popsender *m* pop station
Popstar *m* pop star
Popszene *f* pop scene
populär *adj* popular (**bei** with)
Popularität *f* popularity
populistisch ◨A *adj* populist ◨B *adv* in a populist way
Pop-up-Fenster *n* pop-up window
Pop-up-Menü *n* pop-up menu
Pore *f* pore
Porno *umg m Pornofilm* porn movie *umg*; *Pornoroman* porn novel *umg*
Pornofilm *m* porn movie
Pornografie *f* pornography
pornografisch *adj* pornographic
Pornoheft *n* porn magazine
porös *adj* (≈ *durchlässig*) porous; (≈ *brüchig*) *Leder* perished
Porree *m* leek
Port *m* COMPUT port
Portal *n* portal
Portemonnaie *n* purse *Br*, wallet
Portfolio *n* ◨1 FIN portfolio ◨2 SCHULE portfolio
Portier *m* → Pförtnerin
Portion *f beim Essen* portion, helping; (≈ *Anteil*) share; **eine halbe ~** *fig umg* a half pint *umg*; **er besitzt eine gehörige ~ Mut** he's got a fair amount of courage
Portmonee *n* purse *Br*, wallet
Porto *n* postage *kein pl* (**für** on, for)
portofrei *adj & adv* postage paid
Portokasse *f* ≈ petty cash (*for postal expenses*)
Porträt *n* portrait
porträtieren *fig v/t* to portray; **j-n ~** to paint sb's portrait

Portugal *n* Portugal
Portugiese *m*, **Portugiesin** *f* Portuguese
portugiesisch *adj* Portuguese
Portwein *m* port
Porzellan *n* china
Posaune *f* trombone; *fig* trumpet; **~ spielen** to play the trombone
Posaunist(in) *m(f)* trombonist
Pose *f* pose
posieren *v/i* to pose
Position *f* position; HANDEL (≈ *Posten einer Liste*) item
positionieren *v/t* to position
Positionierung *f* positioning
positiv ◨A *adj* positive; **eine ~e Antwort** an affirmative (answer) ◨B *adv* positively; **~ denken** to think positively; **~ zu etw stehen** to be in favour of sth *Br*, to be in favor of sth *US*
Positur *f* posture; **sich in ~ setzen/stellen** to take up a posture
Posse *f* farce
possessiv *adj* possessive
Possessivpronomen *n* possessive pronoun
possierlich *adj* comical
Post *f* post *Br*, mail; **die ~®** the Post Office; **elektronische ~** electronic mail; **etw mit der ~ schicken** to send sth by mail; **mit gleicher ~** by the same post *Br*, in the same mail *US*; **mit getrennter ~** under separate cover
Post- *zssgn* postal
postalisch ◨A *adj* postal ◨B *adv* by mail *Br*
Postamt *n* post office
Postanschrift *f* postal address
Postanweisung *f* ≈ money order *Br*
Postausgang *m* outgoing mail; INTERNET outmail
Postbank *f* Post Office Savings Bank
Postbeamte(r) *m*, **Postbeamtin** *f* post office official
Postbote *m* postman, mailman *US*
Postbotin *f* postwoman, mailwoman *US*
Postdienst *m* postal service, the mail *US*
Posteingang *m* incoming mail
posten *v/t* IT *auf Blogs, im sozialen Netzwerk* to post; **ich habe das auf Facebook® gepostet** I posted this on Facebook®
Posten *m* ◨1 (≈ *Anstellung*) position ◨2 MIL (≈ *Wachmann*) guard; (≈ *Stelle*) post; **~ stehen** to stand guard ◨3 *fig* **auf dem ~ sein** (≈ *aufpassen*) to be awake; (≈ *gesund sein*) to be fit; **nicht ganz auf dem ~ sein** to be (a bit) under the weather ◨4 (≈ *Streikposten*) picket ◨5 HANDEL (≈ *Warenmenge*) quantity ◨6 HANDEL *im Etat* item
Poster *n* poster
Postfach *n* PO box
Postfachnummer *f* (PO *od* post office) box

number

postfrisch *adj Briefmarke* mint

Postgeheimnis *n* secrecy of the post *Br*, secrecy of the mail

Postgirokonto *n* Post Office Giro account *Br*, state-owned bank account *US*

Posthorn *n* post horn

posthum *adj & adv* → postum

postieren A *v/t* to post, to station B *v/r* to position oneself

Postkarte *f* postcard

postlagernd *adj & adv* poste restante *Br*, general delivery *US*

Postleitzahl *f* post(al) code, zip code *US*

Postler(in) *m(f)*, **Pöstler(in)** *schweiz umg m(f)* post office worker

postmodern *adj* postmodern

Postomat *m schweiz* cash machine, ATM

Postskript *n* postscript, PS

Postsparbuch *n* Post Office savings book

Poststempel *m* postmark; **Datum des ~s** date as postmark

posttraumatisch *adj* post-traumatic; **~e Belastungsstörung** post-traumatic stress disorder

Postulat *n* (≈ *Annahme*) postulate

postulieren *v/t* to postulate

postum A *adj* posthumous B *adv* posthumously

postwendend *adv* by return mail; *fig* straight away

Postwertzeichen *form n* postage stamp *form*

Postwurfsendung *f* bulk mail consignment; *pl a.* bulk mail *sg*

Postzustellung *f* mail delivery

potent *adj* 1 *sexuell* potent 2 (≈ *stark*) *Gegner, Waffe* powerful 3 (≈ *zahlungskräftig*) financially powerful

Potential *n* → Potenzial

potentiell *adj & adv* → potenziell

Potenz *f* 1 MED potency; *fig* ability 2 MATH power; **zweite ~** square; **dritte ~** cube

Potenzial *n* potential

potenziell A *adj* potential B *adv* potentially

Potenzschwäche *f* potency problems *pl*

potenzsteigernd *adj* potency enhancing

Potpourri *n* potpourri (**aus** of)

Pott *umg m* pot; (≈ *Schiff*) ship

potthässlich *umg adj* ugly as sin

Pottwal *m* sperm whale

Poulet *n schweiz* chicken

Power *f umg* power; **ihm fehlt die richtige ~** he's got no oomph *umg*; **sie hat ~** she's dynamic, she's got oomph *umg*

Powerfrau *umg f* high-powered career woman

powern *v/i umg* to go hard at it *umg*

Powidl *m österr* (≈ *Pflaumenmus*) plum jam

Powwow *n indianische Versammlung* powwow

PR *f abk* (= Public Relations) PR

Präambel *f* preamble (+*gen* to)

Pracht *f* splendour *Br*, splendor *US*; **es ist eine wahre ~** it's (really) fantastic

Prachtbau *m* magnificent building

Prachtexemplar *n* prime specimen; *fig* (≈ *Mensch*) fine specimen

prächtig A *adj* (≈ *prunkvoll*) splendid; (≈ *großartig*) marvellous *bes Br*, marvelous *US* B *adv* 1 (≈ *prunkvoll*) magnificently 2 (≈ *großartig*) marvellously *bes Br*, marvelously *US*

Prachtkerl *umg m* great guy *umg*

Prachtstraße *f* boulevard

Prachtstück *n* → Prachtexemplar

prachtvoll *adj & adv* → prächtig

prädestinieren *v/t* to predestine (**für** for)

Prädikat *n* 1 GRAM predicate 2 (≈ *Bewertung*) **Wein mit ~** special quality wine

Prädikatswein *m* top quality wine

Präfix *n* prefix

Prag *n* Prague

prägen *v/t* 1 *Münzen* to mint; *Leder, Papier, Metall* to emboss; (≈ *erfinden*) *Wörter* to coin 2 *fig* (≈ *formen*) *Charakter* to shape; *Erfahrungen: j-n* to leave its/their mark on; **ein vom Leid geprägtes Gesicht** a face marked by suffering 3 (≈ *kennzeichnen*) to characterize

PR-Agentur *f* PR agency

Pragmatiker(in) *m(f)* pragmatist

pragmatisch A *adj* pragmatic B *adv* pragmatically

prägnant A *adj* *Worte* succinct; *Beispiel* striking B *adv* succinctly

Prägnanz *f* succinctness

Prägung *f* 1 *auf Münzen* strike; *auf Leder, Metall, Papier* embossing 2 (≈ *Eigenart*) character; **Kommunismus sowjetischer ~** soviet-style communism

prähistorisch *adj* prehistoric

prahlen *v/i* to boast (**mit** about), to show off

Prahlerei *f* (≈ *Großsprecherei*) boasting *kein pl*; (≈ *das Zurschaustellen*) showing-off; **~en** boasts

prahlerisch A *adj* (≈ *großsprecherisch*) boastful, bragging *attr*; (≈ *großtuerisch*) flashy *umg* B *adv* boastfully; **~ reden** to brag

Präimplantationsdiagnose *f* MED preimplantation genetic diagnosis

Praktik *f* (≈ *Methode*) procedure; *mst pl* (≈ *Kniff*) practice

praktikabel *adj* practicable

Praktikant(in) *m(f)* *student doing a period of practical training*; trainee *Br*, intern *US*

Praktiker(in) *m(f)* practical man; *Frau* practical woman

Praktikum *n* (period of) practical training, work experience, internship *US*
Praktikumsplatz *m*, **Praktikumsstelle** *f* placement *Br*, internship *US*
praktisch **A** *adj* practical; (≈ *nützlich*) handy, useful; **~er Arzt** general practitioner; **~es Beispiel** concrete example **B** *adv* (≈ *in der Praxis*) in practice; (≈ *so gut wie*) practically, virtually
praktizieren *v/i* to practise *Br*, to practice *US*; **sie praktiziert als Ärztin** she is a practising doctor *Br*, she is a practicing doctor *US*
Praline *f* chocolate, chocolate candy *US*
prall **A** *adj* Sack, Brieftasche bulging; Segel full; Tomaten firm; Euter swollen; Brüste, Hintern well--rounded; Arme, Schenkel big strong attr; Sonne blazing **B** *adv* **~ gefüllt** Tasche, Kasse etc full to bursting
Prall *m* collision (**gegen** with)
prallen *v/i* **gegen etw ~** to collide with sth; Ball to bounce against sth; **die Sonne prallte auf die Fenster** the sun beat down on the windows
prallvoll *adj* full to bursting; Brieftasche bulging
Prämie *f* premium; (≈ *Belohnung*) bonus; (≈ *Preis*) prize
prämienbegünstigt *adj* carrying a premium
prämieren *v/t* (≈ *auszeichnen*) to give an award; (≈ *belohnen*) to give a bonus; **der prämierte Film** the award-winning film
Prämisse *f* premise
pränatal *adj* Diagnostik prenatal; Untersuchung antenatal, prenatal bes *US*
Pranger *m* stocks *pl*; **j-n/etw an den ~ stellen** *fig* to pillory sb/sth
Pranke *f* paw
Präparat *n* preparation; für Mikroskop slide preparation
präparieren *v/t* **1** (≈ *konservieren*) to preserve; Tier to prepare **2** MED (≈ *zerlegen*) to dissect **3** *geh* (≈ *vorbereiten*) to prepare
Präposition *f* preposition
Prärie *f* prairie
Präsens *n* present (tense)
präsent *adj* (≈ *anwesend*) present; (≈ *geistig rege*) alert; **etw ~ haben** to have sth at hand
präsentabel *adj* presentable
Präsentation *f* presentation
präsentieren *v/t* to present; **j-m etw ~** to present sb with sth
Präsentkorb *m* gift basket; mit Lebensmitteln (food) hamper
Präsenz *geh f* presence
Präsenzdiener(in) *m(f)* österr conscript *Br*, draftee *US*
Präsenzdienst *m* österr military service
Präservativ *n* condom

Präsident(in) *m(f)* president
Präsidentschaft *f* presidency
Präsidentschaftskandidat(in) *m(f)* presidential candidate
Präsidentschaftswahl *f* presidential election
Präsidium *n* (≈ *Vorsitz*) presidency; (≈ *Führungsgruppe*) committee; (≈ *Polizeipräsidium*) (police) headquarters *pl*
prasseln *v/i* **1** to clatter; Regen to drum; *fig* Vorwürfe to rain down **2** Feuer to crackle
prassen *v/i* (≈ *schlemmen*) to feast; (≈ *in Luxus leben*) to live the high life
Präteritum *n* preterite
Prävention *f* prevention (**gegen** of)
präventiv **A** *adj* prevent(at)ive **B** *adv* prevent(at)ively; **etw ~ bekämpfen** to use prevent(at)ive measures against sth
Präventivkrieg *m* prevent(at)ive war
Präventivmedizin *f* prevent(at)ive medicine
Präventivschlag *m* MIL pre-emptive strike
Praxis *f* **1** practice; (≈ *Erfahrung*) experience; **in der ~** in practice; **etw in die ~ umsetzen** to put sth into practice; **ein Beispiel aus der ~** an example from real life **2** eines Arztes, Rechtsanwalts practice; (≈ *Behandlungsräume*) surgery *Br*, doctor's office *US*; (≈ *Anwaltsbüro*) office **3** (≈ *Sprechstunde*) consultation (hour), surgery *Br*
Praxisgebühr *f* obs MED practice fee *Br*, office fee *US*
praxisorientiert *adj* Ausbildung practically orientated
Praxistest *m* AUTO test run
Präzedenzfall *m* precedent
präzis(e) **A** *adj* precise **B** *adv* precisely; **sie arbeitet sehr ~** her work is very precise
präzisieren *v/t* specify
Präzision *f* precision
predigen **A** *v/t* REL to preach **B** *v/i* to give a sermon
Prediger(in) *m(f)* preacher
Predigt *f* sermon
Preis *m* **1** price (**für** of); (≈ *Kosten*) cost; **etw unter ~ verkaufen** to sell sth off cheap; **zum halben ~** half-price; **um jeden ~** *fig* at all costs; **ich gehe um keinen ~ hier weg** *fig* I'm not leaving here at any price **2** bei Wettbewerben prize; (≈ *Auszeichnung*) award **3** (≈ *Belohnung*) reward; **einen ~ auf j-s Kopf aussetzen** to put a price on sb's head
Preisabsprache *f* price-fixing kein *pl*
Preisänderung *f* price change
Preisanstieg *m* rise in prices
Preisausschreiben *n* competition
preisbewusst *adj* price-conscious; **~ einkaufen** to shop around
Preisbindung *f* price fixing

Preiselbeere f cranberry
Preisempfehlung f recommended price; **unverbindliche ~** recommended retail price
preisen geh v/t to extol, to praise; **sich glücklich ~** to consider od count oneself lucky
Preisentwicklung f price trend
Preiserhöhung f price increase
Preisermäßigung f price reduction
Preisfrage f **1** question of price **2** beim Preisausschreiben prize question; umg (≈ schwierige Frage) big question
preisgeben geh v/t **1** (≈ ausliefern) to expose **2** (≈ aufgeben) to abandon **3** (≈ verraten) to betray
Preisgefälle n price gap
Preisgefüge n price structure
preisgekrönt adj award-winning
Preisgericht n jury
preisgünstig adj inexpensive; **etw ~ bekommen** to get sth at a low price
Preisklasse f price range
Preiskrieg m price war
Preislage f price range; **in der mittleren ~** in the medium-priced range
Preis-Leistungs-Verhältnis n cost-effectiveness
preislich adj price attr, in price; **~ vergleichbar** similarly priced
Preisliste f price list
Preisnachlass m price reduction
Preisrätsel n competition
Preisrichter(in) m(f) judge (in a competition)
Preisschild n price tag
Preissenkung f price cut
Preisstabilität f price stability
Preissturz m sudden drop in prices
Preisträger(in) m(f) prizewinner
Preistreiberei f forcing up of prices; (≈ Wucher) profiteering
Preisvergleich m price comparison; **einen ~ machen** to shop around
Preisverleihung f presentation (of prizes)
preiswert **A** adj good value präd, cheap; **ein (sehr) ~es Angebot** a (real) bargain; **ein ~es Kleid** a dress which is good value (for money) **B** adv inexpensively
prekär adj (≈ peinlich) awkward; (≈ schwierig) precarious
Prekariat n SOZIOL precariat
prellen **A** v/t **1** Körperteil to bruise; (≈ anschlagen) to hit **2** fig umg (≈ betrügen) to swindle **B** v/r to bruise oneself
Prellung f bruise
Premier m premier
Premiere f premiere
Premierminister(in) m(f) prime minister
Prepaidhandy n prepaid mobile (phone) Br, prepaid cell phone US
Prepaidkarte f im Handy prepaid card, pay-as-you-go card
preschen umg v/i to tear
Presse f **1** (≈ Druckmaschine) press; **frisch aus der ~** hot from the press **2** (≈ Zeitungen) press; **eine gute/schlechte ~ haben** to get a good/bad press; **von der ~ sein** to be (a member of the) press
Presseagentur f press agency
Presseausweis m press card
Pressebericht m press report
Presseerklärung f statement to the press; schriftlich press release
Pressefotograf(in) m(f) press photographer
Pressefreiheit f freedom of the press
Pressekonferenz f press conference
Pressemeldung f press report
Pressemitteilung f press release
pressen v/t to press; (≈ quetschen) to squash; Obst, Saft to squeeze; fig (≈ zwingen) to force (**in** +akk od **zu** into); **frisch gepresster Orangensaft** freshly squeezed orange juice
Pressesprecher(in) m(f) press officer
pressieren österr, schweiz, südd **A** v/i to be in a hurry **B** v/i **es pressiert** it's urgent
Pressluft f compressed air
Pressluftbohrer m pneumatic drill
Presslufthammer m pneumatic hammer
Prestige n prestige
Preuße m, **Preußin** f Prussian
Preußen n Prussia
preußisch adj Prussian
prickeln v/i (≈ kribbeln) to tingle; (≈ kitzeln) to tickle
prickelnd adj (≈ kribbelnd) tingling; (≈ kitzelnd) tickling; fig (≈ erregend) Gefühl tingling
Priester m priest
Priesterin f (woman) priest; HIST heidnisch priestess
Priesterschaft f priesthood
Priesterweihe f ordination (to the priesthood)
prima **A** adj **1** umg fantastic umg, great kein adv umg, brilliant **2** HANDEL first-class **B** adv umg (≈ sehr gut) fantastically
Primadonna f prima donna
Primar m, **Primarius** m, **Primaria** f österr (≈ Chefarzt) senior consultant
primär **A** adj primary **B** adv primarily
Primararzt m, **Primarärztin** österr f → Primar
Primärenergie f primary energy
Primarschule f schweiz primary od junior school
Primat m ZOOL primate
Primel f (≈ Waldprimel) (wild) primrose; (≈ farbige Gartenprimel) primula

primitiv A *adj* primitive B *adv* primitively
Primitivität *f* primitiveness
Primzahl *f* prime (number)
Printmedium *n* printed medium
Prinz *m* prince
Prinzessin *f* princess
Prinzgemahl *m* prince consort
Prinzip *n* principle; **aus ~** on principle; **im ~** in principle; **er ist ein Mann mit ~ien** he is a man of principle
prinzipiell A *adj* (≈ *im Prinzip*) in principle; (≈ *aus Prinzip*) on principle B *adv möglich* theoretically; *dafür/dagegen sein* basically; **~ bin ich einverstanden** I agree in principle; **das tue ich ~ nicht** I won't do that on principle
Prinzipienfrage *f* matter of principle
Prinzipienreiter(in) *pej m(f)* stickler for one's principles
Priorität *f* priority; **~en setzen** to establish one's priorities
Prioritätsaktie *f* BÖRSE preference share
Prise *f* 1 (≈ *kleine Menge*) pinch; **eine ~ Salz** a pinch of salt; **eine ~ Humor** a touch of humour *Br*, a touch of humor *US* 2 SCHIFF prize
Prisma *n* prism
privat A *adj* private; **aus ~er Hand** from private individuals B *adv* privately; **~ ist der Chef sehr freundlich** the boss is very friendly out(side) of work; **~ ist er ganz anders** he's quite different socially; **ich sagte es ihm ganz ~** I told him in private; **~ versichert sein** to be privately insured; **~ behandelt werden** to have private treatment
Privatadresse *f* private *od* home address
Privatangelegenheit *f* private matter
Privatbesitz *m* private property; **viele Gemälde sind in ~** many paintings are privately owned
Privatdetektiv(in) *m(f)* private investigator
Privateigentum *n* private property
Privatfernsehen *n* commercial television
Privatgespräch *n* private conversation *od* talk; *am Telefon* private call
privatisieren *v/t* to privatize
Privatisierung *f* privatization
Privatleben *n* private life
Privatpatient(in) *m(f)* private patient
Privatsache *f* private matter; **das ist meine ~** that's my own business
Privatschule *f* private school, public school *Br*
Privatsphäre *f* privacy
Privatunterricht *m* private tuition
Privatversicherung *f* private insurance
Privatvorsorge *f* **für das Alter** private pension scheme; **für die Gesundheit** private health insurance scheme

Privatwirtschaft *f* private industry
Privileg *n* privilege
privilegieren *v/t* to favour *Br*, to favor *US*; **steuerlich privilegiert sein** to enjoy tax privileges
privilegiert *adj* privileged; **~e Partnerschaft** *in der EU* privileged partnership
pro *präp* per; **pro Tag/Stunde** a *od* per day/hour; **einmal/zweimal pro Woche** once/twice a week; **pro Jahr** a *od* per year; **pro Person** per person; **pro Stück** each
Pro *n* **(das) Pro und (das) Kontra** the pros and cons *pl*
proaktiv *adj* proactive; **~ handeln** to be proactive
Probe *f* 1 (≈ *Prüfung*) test; **er ist auf ~ angestellt** he's employed for a probationary period; **ein Auto ~ fahren** to test-drive a car; **j-n/etw auf die ~ stellen** to put sb/sth to the test; **zur ~** to try out 2 THEAT, MUS rehearsal 3 (≈ *Teststück, Beispiel*) sample
Probebohrung *f* test drill, probe
Probeexemplar *n* specimen (copy)
Probefahrt *f* test drive
probehalber *adv* for a test
Probejahr *n* probationary year
proben *v/t & v/i* to rehearse; (≈ *üben*) practise
Probenummer *f* trial copy
Probestück *n* sample, specimen
probeweise *adv* on a trial basis
Probezeit *f* probationary *od* trial period
probieren A *v/t* to try; **lass (es) mich mal ~!** let me have a try! *Br* B *v/i* 1 (≈ *versuchen*) to try; **Probieren geht über Studieren** *sprichw* the proof of the pudding is in the eating *sprichw* 2 (≈ *kosten*) to have a taste; **probier mal** try some
Problem *n* problem; **kein ~!** no problem!; **mit ~en belastet** troubled
Problematik *f* 1 (≈ *Schwierigkeit*) problem (+*gen* with) 2 (≈ *Fragwürdigkeit*) problematic nature
problematisch *adj* problematic; (≈ *fragwürdig*) questionable
Problembewusstsein *n* appreciation of the difficulties
Problemkind *n* problem child
problemlos A *adj* trouble-free, problem-free B *adv* without any problems; **~ ablaufen** to go smoothly
Problemzone *f* problem area
Produkt *n* product; *landwirtschaftlich* produce; **landwirtschaftliche ~e** agricultural produce *kein pl*; **ein ~ seiner Fantasie** a figment of his imagination
Produktdesign *n* product design
Produktentwicklung *f* product development
Produktion *f* production

Produktionsanlagen pl production plant
Produktionsassistent(in) m(f) production assistant
Produktionsausfall m loss of production
Produktionskosten pl production costs pl
Produktionsmittel pl means of production pl
Produktionsrückgang m drop in production
Produktionsstätte f production centre, production center US
Produktionssteigerung f increase in production
produktiv adj productive; Künstler prolific
Produktivität f productivity
Produktmanager(in) m(f) product manager
Produktpalette f product spectrum
Produktvorstellung f HANDEL product presentation
Produzent(in) m(f) producer
produzieren **A** v/t **1** to produce; maschinell to manufacture **2** umg (≈ hervorbringen) Lärm to make; Entschuldigung to come up with umg **B** v/r pej to show off
profan adj (≈ weltlich) secular; (≈ gewöhnlich) mundane
Professionalität f professionalism
professionell **A** adj professional **B** adv professionally
Professor(in) m(f) **1** (≈ Hochschulprofessor) professor **2** österr, südd (≈ Gymnasiallehrer) teacher
Professur f chair (**für** in, of)
Profi umg m pro umg
Profil n **1** profile; fig (≈ Ansehen) image; **im ~** in profile; **~ haben** fig to have a (distinctive) image **2** von Reifen tread
Profilfach n SCHULE special od main subject, advanced level subject
Profilfoto n profile photo od picture
profilieren v/r (≈ sich ein Image geben) to create a distinctive image for oneself; (≈ Besonderes leisten) to distinguish oneself
profiliert adj fig (≈ scharf umrissen) clear-cut kein adv; fig (≈ hervorstechend) distinctive; **ein ~er Politiker** a politician who has made his mark
Profilneurose hum f image neurosis
Profilsohle f treaded sole
Profisport m professional sport Br, professional sports pl US
Profit m profit; **~ aus etw schlagen** wörtl to make a profit from sth; fig to profit from sth; **~ machen** to make a profit; **ohne/mit ~ arbeiten** to work unprofitably/profitably
profitabel adj profitable
profitieren v/t & v/i to profit (**von** from, by); **dabei kann ich nur ~** I only stand to gain from it
Profitmaximierung f maximization of profit(s)

pro forma adv as a matter of form
Pro-forma-Rechnung f pro forma invoice
profund adj geh profound, deep
Prognose f prognosis; (≈ Wetterprognose) forecast
prognostizieren v/t to predict, to prognosticate form
Programm n **1** programme Br, program US; (≈ Tagesordnung) agenda; TV (≈ Sender) channel; (≈ Sendefolge) program(me)s pl; (≈ gedrucktes TV--Programm) TV guide; (≈ Sortiment) range; **auf dem ~ stehen** to be on the program(me)/agenda; **ein volles ~ haben** to have a full schedule **2** IT program
programmatisch adj programmatic
Programmentwurf m POL draft programme Br, draft program US
Programmfehler m IT bug
programmgemäß adj & adv according to plan od programme Br, according to program US
Programmhinweis m RADIO, TV programme announcement Br, program announcement US
programmierbar adj programmable
programmieren v/t to programme Br, to program US; IT to program; fig **auf etw** (akk) **programmiert sein** fig to be conditioned to sth
Programmierer(in) m(f) programmer
Programmierfehler m bug
Programmiersprache f programming language
Programmierung f programming Br, programing US
Programmkino n arts cinema, repertory cinema US
Programmpunkt m item on the agenda
Programmzeitschrift f TV guide
Progression f progression
progressiv **A** adj progressive **B** adv (≈ fortschrittlich) progressively
Progymnasium n schweiz secondary school (for pupils up to 16)
Projekt n project (**über** akk **zu** on, about); **ein ~ machen** od **durchführen** to do a project
projektieren v/t (≈ entwerfen, planen) to project
Projektion f projection
Projektleiter(in) m(f) project manager
Projektmanagement n project management
Projektor m projector
Projektwoche f in der Schule week of project work
Projektziel n project goal, goal (of the project)
projizieren v/t to project
Proklamation f proclamation
proklamieren v/t to proclaim
Pro-Kopf-Einkommen n per capita income
Pro-Kopf-Verbrauch m per capita consump-

tion
Prokura *form f* procuration *form*
Prokurist(in) *m(f)* holder of a general power of attorney
Prolet(in) *pej m(f)* prole *bes Br pej umg*
Proletariat *n* proletariat
Proletarier(in) *m(f)* proletarian
proletarisch *adj* proletarian
proletenhaft *pej adj* plebeian *pej*
Prolog *m* prologue *Br*, prolog *US*
prolongieren *v/t* to prolong
Promenade *f* (≈ *Spazierweg*) promenade
Promenadenmischung *f* mongrel
Promi *umg m* celeb *umg*
Promille *n umg* (≈ *Alkoholspiegel*) alcohol level; **er hat zu viel ~ (im Blut)** he has too much alcohol in his blood
Promillegrenze *f* legal (alcohol) limit
prominent *adj* prominent
Prominente(r) *m/f(m)* prominent figure, VIP, celebrity
Prominenz *f* VIPs *pl*, prominent figures *pl*
promisk *adj* promiscuous
Promiskuität *f* promiscuity
Promotion *f UNIV* doctorate
promovieren *v/i* to do a doctorate (**über** +*akk* in)
prompt A *adj* prompt B *adv* promptly
Pronomen *n* pronoun
Propaganda *f* propaganda
Propagandafeldzug *m* propaganda campaign; (≈ *Werbefeldzug*) publicity campaign
propagandistisch *adj* propagandist(ic); **etw ~ ausnutzen** to use sth as propaganda
propagieren *v/t* to propagate
Propangas *n* propane gas
Propeller *m* propeller
Propellermaschine *f* propeller-driven plane
Prophet *m* prophet
Prophetin *f* prophetess
prophetisch *adj* prophetic
prophezeien *v/t* to prophesy
Prophezeiung *f* prophecy
prophylaktisch A *adj* preventative B *adv* as a preventative measure
Prophylaxe *f* prophylaxis
Proportion *f* proportion
proportional A *adj* proportional; **umgekehrt ~** *MATH* in inverse proportion B *adv* proportionally
Proportionalschrift *f* proportionally spaced font
proportioniert *adj* proportioned
Proporz *m* proportional representation *ohne art*
Prorektor(in) *m(f) UNIV* deputy vice chancellor
Prosa *f* prose

prosaisch A *adj* prosaic B *adv* (≈ *nüchtern*) prosaically
Prosaliteratur *f* fiction
prosit *int* your health; **~ Neujahr!** Happy New Year!
Prosit *n* toast; **auf j-n ein ~ ausbringen** to toast sb
Prospekt *m* (≈ *Reklameschrift*) brochure (+*gen* about); (≈ *Werbezettel*) leaflet; (≈ *Verzeichnis*) catalogue *Br*, catalog *US*
prost *int* cheers; **na denn ~!** *iron umg* that's just great *umg*; **~ Neujahr!** *umg* Happy New Year!
Prostata *f* prostate gland
prostituieren *v/r* to prostitute oneself
Prostituierte(r) *m/f(m)* prostitute
Prostitution *f* prostitution
Protagonist(in) *m(f)* protagonist
Protein *n* protein
Protektion *f* (≈ *Schutz*) protection; (≈ *Begünstigung*) patronage
Protektionismus *m WIRTSCH* protectionism
protektionistisch *adj* protectionist
Protektorat *n* (≈ *Schirmherrschaft*) patronage; (≈ *Schutzgebiet*) protectorate
Protest *m* protest; **(gegen etw) ~ einlegen** to register a protest (about sth); **unter ~** protesting; *gezwungen* under protest
Protestant(in) *m(f)* Protestant
protestantisch *adj* Protestant
protestieren *v/i* to protest (**gegen** against)
Protestierende(r) *m/f(m)* protester
Protestkundgebung *f* (protest) rally
Protestmarsch *m* protest march
Protestpartei *f POL* protest party
Protestwähler(in) *m(f)* protest voter
Prothese *f* artificial limb; *Gelenk* artificial joint; (≈ *Gebiss*) set of dentures
Protokoll *n* **1** (≈ *Niederschrift*) record; (≈ *Bericht*) report; *von Sitzung* minutes *pl*; *bei Polizei* statement; *bei Gericht* transcript; **(das) ~ führen** *bei Sitzung* to take the minutes; **etw zu ~ geben** to have sth put on record; *bei Polizei* to say sth in one's statement; **etw zu ~ nehmen** to take sth down **2** *diplomatisch* protocol **3** (≈ *Strafzettel*) ticket
protokollarisch *adj* **1** (≈ *protokolliert*) on record; *in Sitzung* minuted **2** (≈ *zeremoniell*) **~e Vorschriften** rules of protocol
Protokollführer(in) *m(f)* minute-taker; *JUR* clerk of the court
protokollieren A *v/i bei Sitzung* to take the minutes (down); *bei Polizei* to take a/the statement (down) B *v/t* to take down; *Sitzung* to minute; *Unfall, Verbrechen* to take (down) statements about; *Vorgang* to keep a record of
Proton *n* proton

Prototyp *m* prototype
protzen *umg v/i* to show off; **mit etw ~** to show sth off
protzig *umg adj* showy *umg*
Proviant *m* provisions *pl*; (≈ *Reiseproviant*) food for the journey
Provider *m* IT provider
Provinz *f* province; *im Gegensatz zur Stadt* provinces *pl a. pej*; **das ist finsterste ~** *pej* it's so provincial
provinziell *adj* provincial
Provinzler(in) *pej m(f)* provincial
Provinznest *pej umg n* provincial backwater, hick town *US umg*
Provision *f* commission; **auf ~** on commission
Provisionsbasis *f* commission basis
provisorisch **A** *adj* provisional; **~e Regierung** caretaker government; **Straßen mit ~em Belag** roads with a temporary surface **B** *adv* temporarily; **ich habe den Stuhl ~ repariert** I've fixed the chair up for the time being
Provisorium *n* stopgap; *für Zahn* temporary filling
provokant *adj* provocative
Provokateur(in) *m(f)* troublemaker; POL agent provocateur
Provokation *f* provocation
provokativ *adj* provocative
provozieren *v/t & v/i* to provoke
Prozedur *f* **1** (≈ *Vorgang*) procedure **2** *pej* carry-on *umg*; **die ~ beim Zahnarzt** the ordeal at the dentist's
Prozent *n nach Zahlenangaben* per cent *kein pl Br*, percent *kein pl US*; **wie viel ~?** what percentage?; **zu zehn ~** at ten per cent *Br*, at ten percent *US*; **zu hohen ~en** at a high percentage; **~e bekommen** (≈ *Rabatt*) to get a discount
Prozentpunkt *m* point
Prozentrechnung *f* percentage calculation
Prozentsatz *m* percentage
prozentual **A** *adj* percentage *attr*; **~er Anteil** percentage **B** *adv* **sich an einem Geschäft ~ beteiligen** to have a percentage (share) in a business; **~ gut abschneiden** to get a good percentage
Prozentzeichen *n* percent sign
Prozess *m* **1** (≈ *Strafprozess*) trial (**wegen** for *od* **um** in the matter of); **einen ~ gewinnen/verlieren** to win/lose a case; **gegen j-n einen ~ anstrengen** to institute legal proceedings against sb; **j-m den ~ machen** *umg* to take sb to court; **mit j-m/etw kurzen ~ machen** *fig umg* to make short work of sb/sth *umg* **2** (≈ *Vorgang, Verfahren*) process
prozessieren *v/i* to go to court; **gegen j-n ~** to bring an action against sb

Prozession *f* procession
Prozesskosten *pl* legal costs *pl*
Prozessor *m* COMPUT processor
prüde *adj* prudish
Prüderie *f* prudishness
prüfen *v/t* **1** SCHULE, UNIV to examine, to test; **j-n in etw** (*dat*) **~** to examine sb in sth; **schriftlich geprüft werden** to have a written examination; **ein staatlich geprüfter Dolmetscher** a state-certified interpreter **2** (≈ *überprüfen*) to check (**auf** +*akk* for); *Lebensmittel* to inspect; (≈ *testen*) to test; **wir werden die Beschwerde ~** we'll look into the complaint **3** (≈ *erwägen*) to consider; **etw nochmals ~** to reconsider sth **4** (≈ *mustern*) to scrutinize; **ein ~der Blick** a searching look
Prüfer(in) *m(f)* examiner; (≈ *Wirtschaftsprüfer*) inspector
Prüfexemplar *n* inspection copy
Prüfling *m* examinee
Prüfstand *m* test bed; **auf dem ~ stehen** to be being tested
Prüfstein *fig m* touchstone (**für** of, for)
Prüfung *f* **1** SCHULE, UNIV exam; (≈ *Test, Klassenarbeit*) test; **eine ~ machen** *od* **ablegen** to take *od* do an exam **2** (≈ *Überprüfung*) checking *kein unbest art*; (≈ *Untersuchung*) examination; *von Geschäftsbüchern* audit; *von Lebensmitteln, Wein* testing *kein unbest art*; **j-n/etw einer ~ unterziehen** to subject sb/sth to an examination; **nach ~ Ihrer Beschwerde** after looking into your complaint **3** (≈ *Erwägung*) consideration
Prüfungsangst *f* exam nerves *pl*
Prüfungsaufgabe *f* exam(ination) question
Prüfungsausschuss *m* board of examiners
Prüfungskommission *f* board of examiners
Prüfverfahren *n* test procedure
Prügel *m* **1** (≈ *Stock*) club **2** *umg* (≈ *Schläge*) beating; **~ bekommen** to get a beating
Prügelei *umg f* fight
Prügelknabe *fig m* whipping boy
prügeln **A** *v/t & v/i* to beat **B** *v/r* to fight; **sich mit j-m ~** to fight sb; **sich um etw** (*akk*) **~** to fight over sth
Prügelstrafe *f* corporal punishment
Prunk *m* (≈ *Pracht*) splendour *Br*, splendor *US*
Prunkbau *m* magnificent building
Prunksaal *m* sumptuous room
Prunkstück *n* showpiece
prunkvoll *adj* splendid
prusten *umg v/i* to snort; **vor Lachen ~** to snort with laughter
PS[1] *abk* (= *Pferdestärke*) hp, horsepower
PS[2] *abk* (= *Postskript*) PS
Psalm *m* psalm
pseudo- *zssgn* pseudo

Pseudonym n pseudonym
pst int psst; (≈ *Ruhe!*) sh
Psyche f psyche
Psychiater(in) m(f) psychiatrist
Psychiatrie f psychiatry
psychiatrisch adj psychiatric; **~ behandelt werden** to be under psychiatric treatment
psychisch A adj Belastung emotional; *Phänomen, Erscheinung* psychic; *Vorgänge* psychological; **~e Erkrankung** mental illness B adv abnorm psychologically; *gestört* mentally; **~ belastet sein** to be under psychological pressure
Psychoanalyse f psychoanalysis
Psychoanalytiker(in) m(f) psychoanalyst
Psychodrama n psychodrama
Psychogramm n a. fig profile
Psychologe m, **Psychologin** f psychologist
Psychologie f psychology
psychologisch A adj psychological B adv psychologically
Psychopath(in) m(f) psychopath
Psychopharmakon n psychiatric drug
Psychose f psychosis
psychosomatisch A adj psychosomatic B adv psychosomatically
Psychoterror m psychological terror
Psychotherapeut(in) m(f) psychotherapist
Psychotherapie f psychotherapy
Psychothriller m psychological thriller
psychotisch adj psychotic
pubertär adj adolescent
Pubertät f puberty
pubertieren v/i to reach puberty
Publicity f publicity
Public Viewing n big-screen broadcast
publik adj **~ werden** to become public knowledge; **etw ~ machen** to make sth public
Publikation f publication
Publikum n public; (≈ *Zuschauer, Zuhörer*) audience; (≈ *Leser*) readers pl; SPORT crowd
Publikumserfolg m success with the public
Publikumsliebling m darling of the public
Publikumsmagnet m crowd puller
publikumswirksam A adj **~ sein** to have public appeal B adv **ein Stück ~ inszenieren** to produce a play with a view to public appeal
publizieren v/t & v/i 1 (≈ *veröffentlichen*) to publish 2 (≈ *publik machen*) to publicize
Publizist(in) m(f) publicist; (≈ *Journalist*) journalist
Publizistik f journalism
Pudding m thick custard-based dessert often flavoured with vanilla, chocolate etc
Puddingpulver n custard powder
Pudel m poodle
Pudelmütze f bobble cap

pudelwohl umg adj **sich ~ fühlen** to feel completely contented
Puder umg m/n powder
Puderdose f für *Gesichtspuder* (powder) compact
pudern A v/t to powder B v/r (≈ *Puder auftragen*) to powder oneself
Puderzucker m icing sugar
Puerto Rico n Puerto Rico
Puff¹ m 1 (≈ *Stoß*) thump; *in die Seite* prod; *in die Rippen* poke 2 *Geräusch* phut umg
Puff² m/n umg *Bordell* brothel
Puffärmel m puff(ed) sleeve
puffen v/t to hit; *in die Seite* to prod
Puffer 1 BAHN, COMPUT buffer 2 *zeitlich* leeway 3 GASTR (≈ *Kartoffelpuffer*) potato fritter
Pufferstaat m buffer state
Pufferzone f buffer zone
Puffreis m puffed rice
Pull-down-Menü n pull-down menu
Pulle umg f bottle; **volle ~ fahren/arbeiten** umg to drive/work flat out bes Br
Pulli umg m, **Pullover** m jumper Br, sweater, pullover
Pullunder m tank top
Puls m pulse; **j-m den ~ fühlen** to feel sb's pulse; **j-m den ~ messen** to take sb's pulse
Pulsader f artery; **sich** (dat) **die ~(n) aufschneiden** to slash one's wrists
pulsieren v/i to pulsate
Pulsmessung f pulse taking
Pulsschlag m pulse beat; fig pulse; (≈ *das Pulsieren*) throbbing, pulsation
Pult n desk
Pulver n powder; **sein ~ verschossen haben** fig to have shot one's bolt
Pulverfass n powder keg; **(wie) auf einem ~ sitzen** fig to be sitting on (top of) a volcano
pulverig adj powdery kein adv
pulverisieren v/t to pulverize
Pulverkaffee m instant coffee
Pulverschnee m powder snow
Puma m puma, cougar
pummelig umg adj chubby
Pump umg m credit; **etw auf ~ kaufen** to buy sth on credit
Pumpe f 1 pump 2 umg (≈ *Herz*) ticker umg
pumpen v/t 1 *mit Pumpe* to pump 2 umg (≈ *entleihen*) to borrow; (≈ *verleihen*) to lend
Pumpernickel m pumpernickel
Pumps m court shoe, pump US
Pumpspeicher(kraft)werk n pumped storage power station
puncto präp **in ~** with regard to
Punjabi n *Sprache* Punjabi
Punk m punk
Punker(in) m(f) punk

Punkmusik f punk

Punkt m **1** point; ~ **12 Uhr** at 12 o'clock on the dot; **bis zu einem gewissen ~** up to a certain point; **nach ~en siegen/führen** to win/lead on points; **einen ~ machen** SPORT to score; **in diesem ~** on this point; **etw auf den ~ bringen** to get to the heart of sth **2** (≈ *Satzzeichen*) full stop *Br*, period *bes US*; *auf dem i, von Punktlinie, a.* IT dot; **~e pro Zoll** IT dots per inch; **nun mach aber mal einen ~!** *umg* come off it! *umg* **3** AUTO *bei Verkehrsvergehen* penalty point; **er hat drei ~e in Flensburg bekommen** he was given three (penalty) points on his licence

Pünktchen n little dot

punkten v/i SPORT to score (points); *fig* (≈ *Erfolg haben*) to score a hit; → **gepunktet**

Punktestand m score

Punktgewinn m SPORT point *od* points won

punktgleich **A** *adj* SPORT level (**mit** with) **B** *adv* **die beiden Mannschaften liegen ~** the two teams are even; **der Boxkampf ging ~ aus** the fight ended in a draw *od* was a draw

punktieren v/t **1** MED to aspirate **2** (≈ *mit Punkten versehen*) to dot; **punktierte Linie** dotted line

Punktlandung f precision landing

pünktlich **A** *adj* punctual **B** *adv* on time

Pünktlichkeit f punctuality

Punktniederlage f defeat on points

Punktrichter(in) m(f) judge

Punktsieg m win on points

Punktspiel n league game, game decided on points

Punktstrahler m spot, spotlight

punktuell **A** *adj Streik* selective; *Zusammenarbeit* on certain points; **~e Verkehrskontrollen** spot checks on traffic **B** *adv kritisieren* in a few points

Punktzahl f number of points; *im Sport, Wettbewerb* score

Punsch m (hot) punch

Pupille f pupil

Puppe f **1** doll; (≈ *Marionette*) puppet; (≈ *Schaufensterpuppe*) dummy; *umg* (≈ *Mädchen*) doll *umg*; **die ~n tanzen lassen** *umg* to live it up *umg*; **bis in die ~n schlafen** *umg* to sleep to all hours **2** ZOOL pupa

Puppenhaus n doll's house *Br*, dollhouse *US*

Puppenspiel n puppet show

Puppenspieler(in) m(f) puppeteer

Puppenstube f doll's house *Br*, dollhouse *US*

Puppentheater n puppet theatre *Br*, puppet theater *US*

Puppenwagen m doll's pram *Br*, toy baby carriage *US*

pur **A** *adj* (≈ *rein*) pure; (≈ *unverdünnt*) neat; (≈ *bloß, völlig*) sheer; **purer Unsinn** absolute nonsense; **purer Zufall** sheer coincidence; **Whisky pur** straight whisky **B** *adv anwenden* pure; *trinken* straight

Püree n puree

pürieren v/t to puree

Pürierstab m masher

Puritaner(in) m(f) Puritan

puritanisch *adj* HIST Puritan; *pej* puritanical

Purpur m crimson

purpurrot *adj* crimson (red)

Purzelbaum m somersault; **einen ~ schlagen** to turn a somersault

purzeln v/i to tumble

puschen, pushen *umg* v/t to push

Push-up-BH m push-up bra

Pusselarbeit *umg* f fiddly *od* finicky work

pusseln v/i *umg* (≈ *herumbasteln*) to fiddle around (**an etw** *dat* with sth)

Puste *umg* f puff *umg*; **außer ~ geraten** to get out of breath; **außer ~ sein** to be out of puff *umg*

Pusteblume *umg* f dandelion clock

Pustekuchen *umg* int fiddlesticks *obs umg*; **(ja) ~!** no chance! *umg*

Pustel f (≈ *Pickel*) spot; MED pustule

pusten *umg* v/i to puff, to blow

Pute f turkey (hen); **dumme ~** *umg* silly goose *umg*

Putenschnitzel n GASTR turkey breast in breadcrumbs

Puter m turkey (cock)

puterrot *adj* scarlet, bright red; **~ werden** to go bright red

Putsch m putsch

putschen v/i to rebel

Putschist(in) m(f) rebel

Putschversuch m attempted coup (d'état)

Putte f KUNST cherub

Putz m **1** *von Haus* plaster; (≈ *Rauputz*) roughcast **2** **auf den ~ hauen** *umg* (≈ *angeben*) to show off; (≈ *ausgelassen feiern*) to have a rave-up *umg*

Putzdienst m cleaning duty; (≈ *Dienstleistung*) cleaning service; **~ haben** to be on cleaning duty

putzen **A** v/t (≈ *säubern*) to clean; (≈ *polieren*) to polish; (≈ *wischen*) to wipe; **Fenster ~** to clean the windows; **sich** (*dat*) **die Nase ~** to blow one's nose; **die Zähne ~** to brush *od* clean one's teeth; **~ gehen** to work as a cleaner **B** v/r (≈ *sich säubern*) to wash oneself

Putzerstation f cleaning station

Putzfimmel *umg* m **einen ~ haben** to be a cleaning maniac

Putzfrau f cleaner

putzig *umg* *adj* (≈ *komisch*) funny; (≈ *niedlich*) cute *umg*

Putzkolonne f team of cleaners
Putzkraft f cleaner
Putzlappen m cloth
Putzmann m cleaner
Putzmittel n *zum Scheuern* cleanser; *zum Polieren* polish
putzmunter *umg adj* full of beans *Br umg*, lively
Putztuch n (≈ *Staubtuch*) duster; (≈ *Wischlappen*) cloth
Putzzeug n cleaning things *pl*
Puzzle n jigsaw (puzzle)
PVC n PVC
Pygmäe m, **Pygmäin** f Pygmy
Pyjama m pair of pyjamas *Br od* pajamas *US*
Pyramide f pyramid
pyramidenförmig *adj* pyramid-shaped *kein adv*; **etw ~ anordnen** to arrange sth in a pyramid
Pyrenäen *pl* **die ~** the Pyrenees *pl*
Pyrenäenhalbinsel f Iberian Peninsula
Pyromane m, **Pyromanin** f pyromaniac
Pyrotechnik f pyrotechnics *sg*
pyrotechnisch *adj* pyrotechnic
Python m python

Q, q n Q, q
Qigong n qigong
QR-Code® m IT QR code®
Quacksalber(in) *pej* m(f) quack (doctor)
Quacksalberei f quackery
Quad n *vierrädriges Motorrad* quad bike *Br*, four-wheeler *US*
Quadrat n ▪ *Fläche* square; **drei Meter im ~** three metres square *Br*, three meters square *US* ▪ *Potenz* square; **vier zum ~** four squared
Quadrat- *zssgn Meter, Wurzel* square
quadratisch *adj Form* square; MATH *Gleichung* quadratic
Quadratkilometer m square kilometre *Br*, square kilometer *US*
Quadratmeter m/n square metre *Br*, square meter *US*
Quadratmeterpreis m price per square metre; *od US* meter
Quadratur f quadrature; **die ~ des Kreises** the squaring of the circle
Quadratwurzel f square root
Quadratzahl f square number
quadrieren *v/t Zahl* to square

Quai m/n ▪ quay ▪ *schweiz an Fluss* riverside road; *an See* lakeside road
quaken *v/i Frosch* to croak; *Ente* to quack
quäken *umg v/t & v/i* to screech
Quäker(in) m(f) Quaker
Qual f (≈ *Pein*) agony; (≈ *qualvolles Erlebnis*) ordeal; (≈ *Quälerei*) struggle; **~en leiden** to suffer agonies; **unter großen ~en sterben** to die in agony; **die letzten Monate waren für mich eine (einzige) ~** the last few months have been sheer agony for me; **er machte ihr das Leben zur ~** he made her life a misery
quälen ▪ *v/t* to torment; *mit Bitten etc* to pester; **j-n zu Tode ~** to torture sb to death; → **gequält** ▪ *v/r* ▪ *seelisch* to torture oneself; (≈ *leiden*) to suffer ▪ (≈ *sich abmühen*) to struggle
quälend *adj* agonizing
Quälerei f (≈ *Grausamkeit*) torture *kein pl*; (≈ *seelische Belastung*) agony; **das ist doch eine ~ für das Tier** that is cruel to the animal
Quälgeist *umg* m pest *umg*
Quali¹ f *abk* (= **Qualifikation**) SPORT *umg* qualification; (≈ *Runde*) qualifying round
Quali² m *abk* (= **Qualifizierender Hauptschulabschluss**) SCHULE *voluntary advanced school-leaving qualification aimed at pupils planning on taking vocational courses or going straight into employment*
Qualifikation f qualification; (≈ *Ausscheidungswettkampf*) qualifying round
qualifizieren *v/r* to qualify
qualifiziert *adj* ▪ *Arbeiter* qualified; *Arbeit* expert; **voll ~** fully qualified ▪ POL *Mehrheit* requisite
Qualifizierung f ▪ qualification ▪ (≈ *Einordnung*) classification
Qualität f quality
qualitativ ▪ *adj* qualitative ▪ *adv* qualitatively; **~ hochwertige Produkte** high-quality products
Qualitätsarbeit f quality work
Qualitätserzeugnis n quality product
Qualitätskontrolle f quality control
Qualitätsmanagement n quality management
qualitätsorientiert *adj* quality-oriented
Qualitätssicherung f quality assurance
Qualitätsstandard m quality standard
Qualitätsware f quality goods *pl*
Qualitätswein m *wine of certified origin and quality*
Qualle f jellyfish
Quallenschutzanzug m stinger suit
Qualm m (thick *od* dense) smoke
qualmen *v/i* ▪ *Feuer* to give off smoke; (≈ *schwelen*) to smoulder; **es qualmt aus dem Schornstein** clouds of smoke are coming from

the chimney [2] *umg Mensch* to smoke
qualmig *adj* smoky
qualvoll [A] *adj* painful; *Gedanke* agonizing; *Anblick* harrowing [B] *adv* **~ sterben** to die an agonizing death
Quantenphysik *f* quantum physics *sg*
Quantensprung *m* quantum leap
Quantentheorie *f* quantum theory
quantifizieren *v/t* to quantify
Quantität *f* quantity
quantitativ [A] *adj* quantitative [B] *adv* quantitatively
Quantum *n* (≈ *Menge*) quantum; (≈ *Anteil*) quota (**an** +*dat* of)
Quarantäne *f* quarantine; **unter ~ stellen** to put in quarantine; **unter ~ stehen** to be in quarantine
Quark *m* [1] (≈ *Käse*) quark [2] *umg* (≈ *Unsinn*) rubbish *Br*, nonsense
Quartal *n* quarter
Quartal(s)säufer(in) *umg m(f)* periodic heavy drinker
quartal(s)weise [A] *adj* quarterly [B] *adv* quarterly
Quartett *n* [1] MUS quartet [2] KART (≈ *Spiel*) ≈ happy families; (≈ *Karten*) set of four cards
Quartier *n* [1] (≈ *Unterkunft*) accommodation *kein pl Br*, accommodations *pl US* [2] MIL quarters *pl*
Quarz *m* quartz
Quarzuhr *f* quartz clock; (≈ *Armbanduhr*) quartz watch
quasi [A] *adv* virtually [B] *präf* quasi
Quasselei *umg f* gabbing *umg*
quasseln *v/t & v/i umg* to blather *umg*
Quaste *f* (≈ *Troddel*) tassel; *von Pinsel* bristles *pl*
Quatsch *umg m* nonsense; **ohne ~!** (≈ *ehrlich*) no kidding! *umg*; **so ein ~!** what (a load of) nonsense *Br*; **lass den ~** cut it out! *umg*; **~ machen** to mess about *umg*; **mach damit keinen ~** don't do anything stupid with it
quatschen *umg* [A] *v/t & v/i* (≈ *dummes Zeug reden*) to gab (away) *umg*, to blather *umg* [B] *v/i* [1] (≈ *plaudern*) to blather *umg* [2] (≈ *etw ausplaudern*) to squeal *umg*
Quatschkopf *pej umg m* (≈ *Schwätzer*) windbag *umg*; (≈ *Dummkopf*) fool
Quecksilber *n* mercury
Quellcode *m* IT source code
Quelldatei *f* IT source file
Quelle *f* [1] spring; (≈ *Erdölquelle*) well [2] *fig* (≈ *Ursprung, Informant*) source; *für Waren* supplier; **die ~ allen Übels** the root of all evil; **eine ~ angeben** to give a source; **aus zuverlässiger ~** from a reliable source; **an der ~ sitzen** *fig* to be well-placed
quellen *v/i* [1] (≈ *herausfließen*) to pour (**aus** out of)

[2] *Erbsen* to swell; **lassen Sie die Bohnen über Nacht ~** leave the beans to soak overnight
Quellenangabe *f* reference
Quellensteuer *f* WIRTSCH tax at source
Quellwasser *n* spring water
Quengelei *umg f* whining
quengelig *adj* whining
quengeln *umg v/i* to whine
quer *adv* (≈ *schräg*) crossways, diagonally; (≈ *rechtwinklig*) at right angles; **~ gestreift** horizontally striped; **er legte sich ~ aufs Bett** he lay down across the bed; **~ durch** across; **~ über etw** (*akk*) **gehen** to cross sth
Querdenker(in) *m(f)* open-minded thinker
Quere *f* **j-m in die ~ kommen** (≈ *begegnen*) to cross sb's path; *a. fig* (≈ *in den Weg geraten*) to get in sb's way
Querele *f geh* dispute
querfeldein *adv* across country
Querfeldeinrennen *n* cross-country; *Motorradrennen* motocross
Querflöte *f* (transverse) flute; **~ spielen** to play the flute
Querformat *n* landscape format
quergestreift *adj* → quer
Querlatte *f* crossbar
querlegen *fig umg v/r* to be awkward
Querpass *m* cross
Querschläger *m* ricochet (shot)
Querschnitt *m* cross section
querschnitt(s)gelähmt *adj* paraplegic
Querschnitt(s)gelähmte(r) *m/f(m)* paraplegic
Querschnitt(s)lähmung *f* paraplegia
querstellen *fig umg v/r* to be awkward
Querstraße *f* (≈ *Nebenstraße*) side street; (≈ *Abzweigung*) turning
Querstreifen *m* horizontal stripe
Quersumme *f* MATH sum of digits (of a number)
Quertreiber(in) *umg m(f)* troublemaker
Querulant(in) *m(f)* grumbler; *stärker* troublemaker
Querverweis *m* cross-reference
quetschen [A] *v/t* (≈ *drücken*) to squash; *aus einer Tube* to squeeze; **etw in etw** (*akk*) **~** to squeeze sth into sth [B] *v/r* (≈ *sich zwängen*) to squeeze (oneself)
Quetschung *f*, **Quetschwunde** *f* MED bruise
Quiche *f* GASTR quiche
quicklebendig *umg adj* lively
quieken *v/i* to squeal
quietschen *v/i* to squeak; *Reifen, Mensch* to squeal; *Bremsen* to screech; *Holz* to creak
quietschvergnügt *umg adj* happy as a sandboy
Quintett *n* quintet

Quirl *m* GASTR whisk, beater
quirlig *adj Mensch, Stadt* lively, exuberant
quitt *adj* ~ **sein (mit j-m)** to be quits (with sb); **j-n/etw ~ sein** *dial* to be rid of sb/sth
Quitte *f* quince
quittieren **A** *v/t* **1** (≈ *bestätigen*) to give a receipt for; **lassen Sie sich** (*dat*) **die Rechnung ~** get a receipt for the bill *Br od* invoice **2** (≈ *beantworten*) to counter (**mit** with) **3** (≈ *verlassen*) *Dienst* to quit **B** *v/i* (≈ *bestätigen*) to sign
Quittung *f* **1** receipt; **gegen ~** on production of a receipt; **j-m eine ~ für etw ausstellen** to give sb a receipt for sth **2** *fig* **die ~ für etw bekommen** *od* **erhalten** to pay the penalty for sth
Quittungsblock *m* receipt book
Quiz *n* quiz
Quizfrage *f* quiz question
Quizmaster(in) *m(f)* quizmaster
Quizsendung *f* quiz show; *mit Spielen* game-show
Quote *f* (≈ *Anteilsziffer*) proportion; (≈ *Kontingent*) quota; (≈ *Rate*) rate; TV *etc* ratings *pl*
Quotenhit *m* TV ratings hit
Quotenregelung *f* quota system
Quotient *m* quotient

R

R, r *n* R, r
Rabatt *m* discount (**auf** +*akk* on)
Rabattaktion *f* discount promotion
Rabauke *umg m* hooligan; (≈ *Mobber*) bully
Rabbi *m* rabbi
Rabbiner(in) *m(f)* rabbi
Rabe *m* raven
Rabeneltern *umg pl* bad parents *pl*
Rabenmutter *umg f* bad mother
rabenschwarz *adj Nacht* pitch-black; *Haare* jet-black; *fig Humor* black
Rabenvater *umg m* bad father
rabiat **A** *adj Kerl* violent; *Umgangston* aggressive; *Methoden, Konkurrenz* ruthless **B** *adv* (≈ *rücksichtslos*) roughly; *vorgehen* ruthlessly; (≈ *aggressiv*) violently
Rache *f* revenge; **~ schwören** to swear vengeance; (**an j-m**) **~ nehmen** *od* **üben** to take revenge (on *od* upon sb); **etw aus ~ tun** to do sth in revenge; **~ ist süß** *sprichw* revenge is sweet *sprichw*
Racheakt *m* act of revenge *od* vengeance

Rachen *m* throat; *von großen Tieren* jaws *pl*; *fig* jaws *pl*, abyss; **j-m etw in den ~ werfen** *umg* to shove sth down sb's throat *umg*
rächen **A** *v/t j-n, Untat* to avenge (**etw an j-m** sth on sb) **B** *v/r Mensch* to get one's revenge (**an j-m für etw** on sb for sth); **deine Faulheit wird sich ~** you'll pay for being so lazy
Rachitis *f* rickets
rachitisch *adj Kind* with rickets
Rachsucht *f* vindictiveness
rachsüchtig *adj* vindictive
Racker *m umg* (≈ *Kind*) rascal *umg*
rackern *umg v/i & v/r* to slave (away) *umg*
Rad *n* **1** wheel; **ein Rad schlagen** SPORT to do a cartwheel; **nur ein Rad im Getriebe sein** *fig* to be only a cog in the works; **unter die Räder kommen** *umg* to get into bad ways; **das fünfte Rad am Wagen sein** *fig* to be in the way **2** (≈ *Fahrrad*) bicycle, bike *umg*; **Rad fahren** to cycle, to ride a bike; *pej umg* (≈ *kriechen*) to suck up *umg*, to brownnose *US sl pej*
Radar *m/n* radar
Radarfalle *f* speed trap
Radarkontrolle *f* speed trap
Radarschirm *m* radar screen, radarscope
Radarstation *f* radar station
Radarüberwachung *f* radar monitoring
Radau *umg m* racket *umg*; **~ machen** to kick up a row; (≈ *Unruhe stiften*) to cause trouble; (≈ *Lärm machen*) to make a racket
Raddampfer *m* paddle steamer
radebrechen *v/t* **Englisch/Deutsch ~** to speak broken English/German
radeln *umg v/i* to cycle
Radeln *n* cycling
Rädelsführer(in) *m(f)* ringleader
radfahren *v/i* → Rad
Radfahren *n* cycling; **~ mit dem Mountainbike** mountain biking
Radfahrer(in) *m(f)* **1** cyclist **2** *pej umg* crawler *Br umg*, brown-noser *bes US sl*
Radfahrt *f* bike ride
Radfahrweg *m* cycleway; *in der Stadt* cycle lane
Radgabel *f* fork
Radhelm *m* cycle helmet
Radi *m österr, südd* white radish
radial **A** *adj* radial **B** *adv* radially
Radiator *m* radiator
radieren *v/t & v/i* **1** *mit Radiergummi* to erase **2** KUNST to etch
Radiergummi *m* rubber *Br*, eraser *form bes US*
Radierung *f* KUNST etching
Radieschen *n* radish
radikal **A** *adj* radical **B** *adv* radically; *verneinen* categorically; **etw ~ ablehnen** to refuse sth flatly; **~ gegen etw vorgehen** to take radical

steps against sth
Radikale(r) *m/f(m)* radical
radikalisieren *v/t* to radicalize
Radikalisierung *f* radicalization
radikalislamisch *adj* radical Islamist
Radikalismus *m* POL radicalism
Radikalkur *umg f* drastic remedy
Radio *schweiz, südd n/m* radio; **~ hören** to listen to the radio; **im ~** on the radio
radioaktiv *adj* radioactive; **~er Niederschlag** (radioactive) fallout; **~ verseucht** contaminated with radioactivity
Radioaktivität *f* radioactivity
Radioapparat *m* radio (set)
Radiografie *f* radiography
Radiologe *m*, **Radiologin** *f* MED radiologist
Radiologie *f* MED radiology
radiologisch *adj* radiological
Radiorekorder *m* radio recorder
Radiosender *m* (≈ *Rundfunkanstalt*) radio station
Radiosendung *f* radio show
Radiotherapie *f* radiotherapy
Radiowecker *m* radio alarm (clock)
Radiowerbung *f* commercial
Radium *n* radium
Radius *m* radius
Radkappe *f* hubcap
Radkranz *m* rim
Radlager *n* wheel bearing
Radler(in) *umg m(f)* cyclist
Radlerhose *f* cycling shorts *pl*
Radprofi *m* professional (racing) cyclist
Radrennbahn *f* cycle (racing) track
Radrennen *n* cycle race
Radrennsport *m* cycle racing
Radsport *m* cycling
Radsportler(in) *m(f)* cyclist
Radtour *f* bike ride; *länger* cycling *od* bike tour; **eine ~ machen** to go on a cycling tour
Radwandern *n* cycling tours *pl*
Radwechsel *m* wheel change
Radweg *m* cycleway, cycle path
raffen *v/t* ① **er will immer nur (Geld) ~** he's always after money; **etw an sich** (*akk*) **~** to grab sth ② *Stoff* to gather ③ *zeitlich* to shorten ④ *sl* (≈ *verstehen*) to get *umg*
Raffgier *f* greed, avarice
Raffinade *f Zucker* refined sugar
Raffinerie *f* refinery
Raffinesse *f* ① (≈ *Feinheit*) refinement ② (≈ *Schlauheit*) cunning *kein pl*
raffinieren *v/t* to refine
raffiniert *adj* ① *Zucker, Öl* refined ② *Methoden* sophisticated; *umg Kleidung* stylish ③ (≈ *schlau*) clever; (≈ *durchtrieben*) crafty; (≈ *gewieft*) streetwise

Rafting *n* SPORT (white-water) rafting
Rage *f* (≈ *Wut*) rage; **j-n in ~ bringen** to infuriate sb
ragen *v/i* to rise, to loom
Ragout *n* ragout
Rahm *m österr, südd* cream
rahmen *v/t* to frame; *Dias* to mount
Rahmen *m* ① frame ② *fig* framework; (≈ *Atmosphäre*) setting; (≈ *Größe*) scale; **den ~ für etw bilden** to provide a backdrop for sth; **im ~** within the framework (*+gen* of); **im ~ des Möglichen** within the bounds of possibility; **sich im ~ halten** to keep within the limits; **aus dem ~ fallen** to be strikingly different; **musst du denn immer aus dem ~ fallen?** do you always have to show yourself up?; **den ~ von etw sprengen** to go beyond the scope of sth; **in größerem/kleinerem ~** on a large/small scale
Rahmenbedingung *f* basic condition *mst pl*
Rahmenvertrag *m* IND general agreement
rahmig *adj dial* creamy
Rahmspinat *m* creamed spinach (*with sour cream*)
räkeln *v/r* → **rekeln**
Rakete *f* rocket; MIL *a.* missile
Raketenabschussbasis *f* MIL missile base; RAUMF launch site *Br*
Raketenabwehr *f* antimissile defence *Br*, antimissile defense *US*
Raketenstützpunkt *m* missile base
Raketenwerfer *m* rocket launcher
Rallye *f* rally
Rallyefahrer(in) *m(f)* rally driver
RAM *n* COMPUT RAM
Ramadan *m* Ramadan
rammeln Ⓐ *v/t* → **gerammelt** Ⓑ *v/i* JAGD to mate; *sl* to do it *umg*
rammen *v/t* to ram
Rampe *f* ① ramp ② THEAT forestage
Rampenlicht *n* THEAT footlights *pl*; *fig* limelight
ramponieren *umg v/t* to ruin; *Möbel* to bash about *umg*
Ramsch *umg m* junk
ran *umg int* come on *umg*; **ran an die Arbeit!** down to work; → **heran**
Ranch *f* ranch
Rand *m* ① edge; *von Gefäß, Tasse* top, rim; *von Abgrund* brink; **voll bis zum ~** full to the brim; **am ~e** *erwähnen* in passing; *interessieren* marginally; *miterleben* from the sidelines; **am ~e des Wahnsinns** on the verge of madness; **am ~e eines Krieges** on the brink of war; **am ~e der Gesellschaft** on the fringes of society ② (≈ *Umrandung*) border; (≈ *Brillenrand*) rim; *von Hut* brim; (≈ *Buchrand*) margin; **etw an den ~ schreiben**

to write sth in the margin ③ (≈ *Schmutzrand*) ring; **um** *Augen* circle ④ *fig* **sie waren außer ~ und Band** they were going wild; **zu ~e → zurande**

Randale *f* rioting; **~ machen** to riot

randalieren *v/i* to rampage (about); **~de Studenten** rioting students

Randalierer(in) *m(f)* hooligan

R&B *m* R&B

Randbemerkung *f schriftlich: auf Seite* note in the margin; *mündlich, fig (passing)* comment

Randerscheinung *f* marginal matter

Randfigur *f* minor figure

Randgruppe *f* fringe group

randlos Ⓐ *adj Brille* rimless Ⓑ *adv IT drucken* without margins

Randstein *m* curb *US*, kerb *Br*

randvoll *adj Glas* full to the brim; *Behälter* full to the top; *fig Programm* packed

Rang *m* ① MIL rank; *in Firma, gesellschaftlich, in Wettbewerb* place; **alles, was ~ und Namen hat** everybody who is anybody; **j-m den ~ streitig machen** *fig* to challenge sb's position; **j-m den ~ ablaufen** *fig* to outstrip sb; **ein Künstler/Wissenschaftler von ~** an artist/scientist of standing; **von hohem ~** high-class ② THEAT circle; **erster/zweiter ~** dress/upper circle, first/second circle *US* ③ **Ränge** *pl* SPORT (≈ *Tribünenränge*) stands *pl*

rangehen *umg v/i* ① to get stuck in *umg*; **geh ran!** go on! ② *umg ans Telefon* to answer (the telephone)

Rangelei *umg f →* **Gerangel**

rangeln *umg v/i* to scrap; *um Posten* to wrangle (**um** for)

Ranger(in) *m* (park) ranger

Rangfolge *f* order of standing; *bes MIL* order of rank; *in Sport, Wettbewerb* order of placing; *von Prioritäten etc* order of importance

ranghoch *adj* senior; MIL high-ranking

ranghöher *adj* senior (**als j-d** to sb)

Rangierbahnhof *m* marshalling yard *Br*, marshaling yard *US*

rangieren Ⓐ *v/t* BAHN to shunt *Br*, to switch *US* Ⓑ *v/i umg* (≈ *Rang einnehmen*) to rank; **an erster/letzter Stelle ~** to come first/last

Rangliste *f* SPORT, *a. fig* (results) table

rangmäßig Ⓐ *adj* according to rank Ⓑ *adv* höher in rank

Rangordnung *f* hierarchy; MIL (order of) ranks

ranhalten *umg v/r* ① (≈ *sich beeilen*) to get a move on *umg* ② (≈ *schnell zugreifen*) to get stuck in *umg*

Ranke *f* tendril; *von Erdbeeren* stalk

ranken¹ *v/r* **sich um etw ~** to entwine itself around sth

ranken² *v/t bewerten* to rank

ranklotzen *v/i umg beim Arbeiten* to work like mad *umg*

rankommen *umg v/i* **an etw** *(akk)* **~** to get at sth; **→ herankommen**

ranlassen *umg v/t* **j-n ~ an** *Aufgabe etc* to let sb have a try

rannehmen *umg v/t* ① (≈ *fordern*) **j-n ~** to put sb through his/her paces ② (≈ *aufrufen*) *Schüler* to pick on

Ranzen *m* (≈ *Schulranzen*) satchel

ranzig *adj* rancid

Rap *m* MUS rap

rapid(e) Ⓐ *adj* rapid Ⓑ *adv* rapidly

Rappe *m* black horse

Rappel *m umg* (≈ *Fimmel*) craze; **einen ~ kriegen** to go completely crazy; (≈ *Wutanfall*) to throw a fit

rappelvoll *umg adj* jam-packed *umg*

rappen *v/i* MUS to rap

Rappen *m schweiz* centime

Rapper(in) *m(f)* MUS rapper

Rapport *m* report; **sich zum ~ melden** to report

Raps *m* BOT rape

Rapsöl *n* rape(seed) oil

rar *adj* rare; **sich rar machen →** **rarmachen**

Rarität *f* rarity

rarmachen *umg v/r* to make oneself scarce

rasant Ⓐ *adj Tempo* terrific, lightning *attr umg*; *Auto* fast; *Karriere* meteoric; *Wachstum* rapid Ⓑ *adv* ① (≈ *sehr schnell*) fast ② (≈ *stürmisch*) dramatically

rasch Ⓐ *adj* ① (≈ *schnell*) quick, rapid; *Tempo* great ② (≈ *übereilt*) rash Ⓑ *adv* ① quickly; **~ machen** to hurry (up)

rascheln *v/i* to rustle

rasen *v/i* ① (≈ *wüten*) to rave; *Sturm* to rage; **er raste vor Wut** he was mad with rage ② (≈ *sich schnell bewegen*) to race; (≈ *schnell fahren*) to speed; **ras doch nicht so!** *umg* don't go so fast!

Rasen *m* lawn, grass *kein unbest art, kein pl*; *von Sportplatz* turf; **den ~ mähen** to cut the grass

rasend Ⓐ *adj* ① (≈ *enorm*) terrific; *Beifall* rapturous; *Eifersucht* burning; **~e Kopfschmerzen** a splitting headache ② (≈ *wütend*) furious; **er macht mich noch ~** he'll drive me crazy *umg* Ⓑ *adv umg* terrifically; *schnell* incredibly; *wehtun* like mad *umg*; *verliebt sein* madly *umg*

Rasenmäher *m* lawn mower

Rasenplatz *m* FUSSB *etc* field; *Tennis* grass court

Rasensprenger *m* (lawn) sprinkler

Raser(in) *umg m(f)* speed maniac *bes Br umg*, speed demon *US umg*

Raserei *f* ① (≈ *Wut*) fury ② *umg* (≈ *schnelles Fahren, Gehen*) mad rush

Rasierapparat *m* razor; *elektrisch a.* shaver

Rasiercreme f shaving cream
rasieren **A** v/t Haare to shave; **sich ~ lassen** to get a shave; **sie rasiert sich** (dat) **die Beine** she shaves her legs **B** v/r to (have a) shave
Rasierer umg m (electric) razor od shaver
Rasierklinge f razor blade
Rasiermesser n (open) razor
Rasierpinsel m shaving brush
Rasierschaum m shaving foam
Rasierseife f shaving soap
Rasierwasser n aftershave (lotion)
Rasierzeug n shaving things pl
Räson f **j-n zur ~ bringen** to make sb listen to reason; **zur ~ kommen** to see reason
Raspel f GASTR grater
raspeln v/t to grate; Holz to rasp
Rasse f (≈ Menschenrasse) race; (≈ Tierrasse) breed
Rassehund m pedigree dog
Rassel f rattle
rasseln v/i **1** (≈ Geräusch erzeugen) to rattle **2** umg **durch eine Prüfung ~** to flunk an exam umg
Rassen- zssgn Konflikt etc racial
Rassendiskriminierung f racial discrimination
Rassenhass m race hatred
Rassenkonflikt m racial conflict
Rassenkrawall m race riot
Rassenpolitik f racial policy
Rassenschranke f racial barrier; Farbige betreffend colour bar Br, color bar US
Rassentrennung f racial segregation
Rassenunruhen pl racial disturbances pl, race riots pl
rassig adj Pferd, Auto sleek; Gesichtszüge striking; Südländer fiery
rassisch adj racial
Rassismus m racism
Rassist(in) m(f) racist
rassistisch adj racist
Rast f rest; **~ machen** to stop (for a rest)
Rastalocken pl dreadlocks pl
Raste f notch
rasten v/i to rest
Raster n FOTO (≈ Gitter) screen; TV raster; fig framework
Rasterfahndung f computer search
Rasthaus n (travellers') inn Br, (travelers') inn US; an Autobahn a. **Rasthof** service area (including motel)
rastlos **A** adj (≈ unruhig) restless; (≈ unermüdlich) tireless **B** adv tirelessly
Rastplatz m resting place; an Autostraßen picnic area, rest area
Raststätte f Verkehr service area
Rasur f shave; (≈ das Rasieren) shaving
Rat¹ m **1** (≈ Empfehlung) advice kein pl; **j-m einen Rat geben** to give sb a piece of advice; **j-m den Rat geben, etw zu tun** to advise sb to do sth; **j-n um Rat fragen** to ask sb's advice; **sich Rat suchend an j-n wenden** to turn to sb for advice; **auf j-s Rat** (akk) **(hin)** on od following sb's advice; **zu Rate** → zurate **2** (≈ Abhilfe) **Rat (für etw) wissen** to know what to do (about sth); **sie wusste sich** (dat) **keinen Rat mehr** she was at her wits' end **3** (≈ Körperschaft) council
Rat² m, **Rätin** f (≈ Titel) Councillor Br, Councilor US
Rate f **1** (≈ Geldbetrag) instalment Br, installment US; **auf ~n kaufen** to buy on hire purchase Br, to buy on the installment plan US; **in ~n zahlen** to pay in instal(l)ments **2** (≈ Verhältnis) rate
raten v/t & v/i **1** (≈ Ratschläge geben) to advise; **j-m ~** to advise sb; **(j-m) zu etw ~** to recommend sth (to sb); **das würde ich dir nicht ~** I wouldn't advise it; **was** od **wozu ~ Sie mir?** what do you advise? **2** (≈ erraten) to guess, to have a guess; Kreuzworträtsel etc to solve; **rate mal!** (have a) guess, guess what!; **dreimal darfst du ~** a. iron I'll give you three guesses
Ratenkauf m (≈ Kaufart) HP Br umg, the installment plan US
ratenweise adv in instalments Br, in installments US
Ratenzahlung f payment by instalments Br, payment by installments US
Ratespiel n guessing game; TV quiz
Ratgeber m Buch etc guide
Rathaus n town hall Br, city hall US; einer Großstadt city hall Br
ratifizieren v/t to ratify
Ratifizierung f ratification
Ratingagentur f FIN rating agency
Ration f ration
rational **A** adj rational **B** adv rationally
rationalisieren v/t & v/i to rationalize
Rationalisierung f rationalization
Rationalisierungsmaßnahme f rationalization measure
rationell **A** adj Methode etc efficient **B** adv efficiently
rationieren v/t to ration
ratlos **A** adj helpless; **ich bin völlig ~(, was ich tun soll)** I just don't know what to do **B** adv helplessly; **einer Sache** (dat) **~ gegenüberstehen** to be at a loss when faced with sth
Ratlosigkeit f helplessness
rätoromanisch adj Rhaetian; Sprache Rhaeto-Romanic
ratsam adj advisable
Ratschlag m piece of advice; **Ratschläge advice**; **drei Ratschläge** three pieces of advice
Rätsel n riddle; (≈ Kreuzworträtsel) crossword (puz-

zle); (≈ *Silbenrätsel, Bilderrätsel etc*) puzzle; **vor einem ~ stehen** to be baffled; **j-n vor ein ~ stellen** to puzzle sb; **es ist mir ein ~, wie ...** it's a mystery to me how ...

rätselhaft *adj* mysterious; **auf ~e Weise** mysteriously

Rätselheft *n* puzzle book

rätseln *v/i* to puzzle (over sth)

Rätselraten *n* guessing game; (≈ *Rätseln*) guessing

Ratspräsidentschaft *f EU* presidency

Ratsvorsitz *m EU* presidency (of the Council); **den ~ übernehmen** to take over presidency (of the Council)

Ratte *f* rat

Rattenfänger(in) *m(f)* rat-catcher; **der ~ von Hameln** the Pied Piper of Hamelin

Rattengift *n* rat poison

rattern *v/i* to rattle; *Maschinengewehr* to chatter

ratzfatz *adv umg* (≈ *sehr schnell*) in no time, in a flash

rau *adj* **1** rough; *Ton, Behandlung* harsh, tough; **er ist rau, aber herzlich** he's a rough diamond **2** *Hals, Kehle* sore; *Stimme* husky; (≈ *heiser*) hoarse **3** (≈ *streng*) *Wetter* inclement; *Wind, Luft* raw; *Meer, See* rough; *Klima, Winter* harsh; **(die) raue Wirklichkeit** harsh reality **4** *umg* **in rauen Mengen** galore *umg*

Raub *m* **1** (≈ *das Rauben*) robbery; (≈ *Diebstahl*) theft **2** (≈ *Entführung*) abduction **3** (≈ *Beute*) booty, spoils *pl*

Raubbau *m* overexploitation (of natural resources); **~ an etw** (*dat*) **treiben** to overexploit sth; **mit seiner Gesundheit ~ treiben** to ruin one's health

Raubdruck *m* pirate(d) copy

rauben *v/t* (≈ *wegnehmen*) to steal; (≈ *entführen*) to abduct; **j-m etw ~** to rob sb of sth; **j-m den Schlaf ~** to rob sb of his/her sleep; **j-m den Atem ~** to take sb's breath away

Räuber(in) *m(f)* robber; (≈ *Wegelagerer*) highwayman

räuberisch *adj* rapacious; **~e Erpressung** *JUR* armed robbery; **in ~er Absicht** with intent to rob

Raubfisch *m* predatory fish

Raubkatze *f* (predatory) big cat

Raubkopie *f* pirate(d) copy

Raubmord *m* robbery with murder *Br*, robbery homicide *US*

Raubmörder(in) *m(f)* robber and murderer

Raubtier *n* predator, beast of prey

Raubüberfall *m* robbery

Raubvogel *m* bird of prey

Raubzug *m* series *sg* of robberies; (≈ *Plünderung*) raid (**auf** +*akk* on)

Rauch *m* smoke; **sich in ~ auflösen** *fig* to go up in smoke; **wo ~ ist, ist auch Feuer** *sprichw* there's no smoke without a fire *sprichw*

Rauchbombe *f* smoke bomb

rauchen *v/t & v/i* to smoke; (≈ *schwelen*) to smoulder; **„Rauchen verboten"** "no smoking"; **sich** (*dat*) **das Rauchen abgewöhnen** to give up smoking; **viel** *od* **stark ~** to be a heavy smoker

Raucher(in) *m(f)* smoker

Raucherabteil *n* smoking compartment

Raucherecke *f* smokers' corner

Raucherhusten *m* smoker's cough

Räucherkerze *f* incense cone

Raucherkneipe *f umg* smoking pub *Br*, smoking bar *US*

Räucherlachs *m* smoked salmon

Raucherlokal *n* smoking pub *Br*, smoking bar *US*

Räuchermännchen *n* wooden figure containing an incense cone

räuchern *v/t* to smoke

Räucherschinken *m* smoked ham

Räucherstäbchen *n* joss stick

Raucherzone *f* smoking area

Rauchfahne *f* trail of smoke

Rauchfleisch *n* smoked meat

rauchfrei *adj Zone* smokeless

rauchig *adj* smoky

rauchlos *adj* smokeless

Rauchmelder *m* smoke alarm

Rauchschwaden *pl* drifts *pl* of smoke

Rauchsignal *n* smoke signal

Rauchverbot *n* smoking ban; **hier herrscht ~** smoking is not allowed here

Rauchvergiftung *f* fume poisoning

Rauchwaren[1] *pl* tobacco (products *pl*)

Rauchwaren[2] *pl* (≈ *Pelze*) furs *pl*

Rauchwolke *f* cloud of smoke

Rauchzeichen *n* smoke signal

Räude *f Tiermedizin* mange

räudig *adj* mangy

rauf *umg adv* → **herauf** → **hinauf**

Raufasertapete *f* woodchip paper

Raufbold *obs m* ruffian, roughneck

raufen **A** *v/t* **sich** (*dat*) **die Haare ~** to tear (at) one's hair **B** *v/i & v/r* to scrap; **sich um etw ~** to fight over sth

Rauferei *f* scrap

rauh *adj* → **rau**

Rauhaardackel *m* wire-haired dachshund

rauhaarig *adj* coarse-haired

Rauheit *f* roughness; *von Hals, Kehle* soreness; *von Stimme* huskiness; (≈ *Heiserkeit*) hoarseness; *von Wind, Luft* rawness; *von Klima, Winter* harshness

Raum *m* **1** (≈ *Platz*) room, space; **~ sparend**

space-saving *attr*; **bauen** to save space; **auf engstem ~ leben** to live in a very confined space **2** (≈ *Spielraum*) scope **3** (≈ *Zimmer*) room; (≈ *Kammer*) chamber **4** (≈ *Gebiet, Bereich*) area; *größer* region; *fig* sphere **5** PHYS, RAUMF space *ohne art*

Raumanzug *m* spacesuit

räumen *v/t* **1** (≈ *verlassen*) *Gebäude, Posten* to vacate; MIL *Truppen* to withdraw from **2** (≈ *leeren*) *Gebäude, Straße* to clear (**von** of) **3** (≈ *woanders hinbringen*) to shift; (≈ *entfernen*) *Schnee, Schutt* to clear (away); *Minen* to clear

Raumfähre *f* space shuttle

Raumfahrt *f* space travel *ohne art od* flight *ohne art*

Raumfahrttechnik *f* space technology

Raumfahrtzentrum *n* space centre *od* center *US*

Räumfahrzeug *n* bulldozer; *für Schnee* snow-clearer

Raumflug *m* space flight

Raumforschung *f* space research

Raumgestaltung *f* interior design

Rauminhalt *m* volume

Raumkapsel *f* space capsule

Raumklima *n* indoor climate, room temperature and air quality

Raumlabor *n* space lab

räumlich A *adj* **1** (≈ *den Raum betreffend*) spatial; **~e Verhältnisse** physical conditions; **~e Entfernung** physical distance **2** (≈ *dreidimensional*) three-dimensional **B** *adv* **1** (≈ *platzmäßig*) **~ beschränkt sein** to have very little room **2** (≈ *dreidimensional*) **~ sehen** to see in three dimensions

Räumlichkeit *f* (≈ *Zimmer*) room; **~en** *pl* premises *pl*

Raummaß *n* unit of volume

Raumpfleger(in) *m(f)* cleaner

Raumschiff *n* spaceship

Raumsonde *f* space probe

raumsparend *adj* → Raum

Raumstation *f* space station

Räumung *f* clearing; *von Gebäude, Posten* vacation; *von Lager* clearance

Räumungsklage *f* action for eviction

Räumungsverkauf *m* clearance sale

raunen *liter v/t & v/i* to whisper

raunzen *v/i österr* (≈ *nörgeln*) to moan

Raupe *f* caterpillar

Raupenfahrzeug *n* caterpillar® (vehicle)

Raupenkette *f* caterpillar® track

Rauputz *m* roughcast

Raureif *m* hoarfrost

raus *umg adv* **~ aus** off; **~!** (get) out!; → **heraus** → **hinaus**

Rausch *m* (≈ *Trunkenheit*) intoxication; (≈ *Drogenrausch*) high *umg*; **sich** (*dat*) **einen ~ antrinken** to get drunk; **seinen ~ ausschlafen** to sleep it off

rauschen *v/i Wasser* to roar; *sanft* to murmur; *Baum, Wald* to rustle; *Wind* to murmur; *Lautsprecher etc* to hiss

rauschend *adj Fest* grand; *Beifall, Erfolg* resounding

Rauschgift *n* drug, narcotic; (≈ *Drogen*) drugs *pl*; **~ nehmen** to take drugs

Rauschgiftdezernat *n* narcotics *od* drug squad

Rauschgifthandel *m* drug trafficking

Rauschgifthändler(in) *m(f)* drug trafficker

rauschgiftsüchtig *adj* drug-addicted; **er ist ~** he's addicted to drugs

Rauschgiftsüchtige(r) *m/f(m)* drug addict

rausfliegen *umg v/i* to be chucked out *umg*

räuspern *v/r* to clear one's throat

rausreißen *umg v/t* **j-n ~** to save sb

rausschmeißen *umg v/t* to chuck out *umg*, to fire; *Geld* to chuck away *umg*

Rausschmeißer(in) *umg m(f)* bouncer

Rausschmiss *umg m* booting out *umg*

Raute *f* MATH rhombus

rautenförmig *adj* rhomboid

Ravioli *pl* ravioli *sg*

Razzia *f* raid (**gegen** on)

Re *n* KART redouble

Reagenzglas *n* CHEM test tube

reagieren *v/i* to react (**auf** +*akk* to *od* **mit** with)

Reaktion *f* reaction (**auf** +*akk* to)

reaktionär *adj* POL *pej* reactionary

Reaktionsfähigkeit *f* ability to react; CHEM, PHYSIOL reactivity

reaktionsschnell *adj* with fast reactions; **~ sein** to have fast reactions

Reaktionszeit *f* reaction time

reaktivieren *v/t Naturwissenschaft* to reactivate; *fig* to revive

Reaktor *m* reactor

Reaktorblock *m* reactor block

Reaktorkern *m* reactor core

Reaktorsicherheit *f* reactor safety

Reaktorunglück *n* nuclear disaster

real A *adj* real; (≈ *wirklichkeitsbezogen*) realistic **B** *adv sinken, steigen* actually

Realeinkommen *n* real income

realisierbar *adj Idee, Projekt* feasible

realisieren *v/t* **1** *Pläne, Ideen* to carry out **2** (≈ *erkennen*) to realize

Realismus *m* realism

Realist(in) *m(f)* realist

realistisch A *adj* realistic **B** *adv* realistically

Realität *f* reality

Realitätssinn *m* sense of realism
Realityshow *f* reality show
Reality-TV *n* reality TV
Reallohn *m* real wages *pl*
Realpolitik *f* political realism, Realpolitik
realpolitisch *adj* pragmatic
Realsatire *f* real-life satire
Realschulabschluss *m* leaving certificate from a Realschule
Realschule *f* ≈ secondary school
Realschüler(in) *m(f)* secondary-school pupil
Realwirtschaft *f* real economy
reanimieren *v/t* MED to resuscitate
Rebe *f* (≈ *Ranke*) shoot; (≈ *Weinstock*) vine
Rebell(in) *m(f)* rebel
rebellieren *v/i* to rebel
Rebellion *f* rebellion
rebellisch *adj* rebellious
Rebhuhn *n* (common) partridge
Rebstock *m* vine
Rechaud *m/n* hotplate; *für Fondue* spirit burner *Br*, ethanol burner *US*
Rechen *m* (≈ *Harke*) rake
Rechenart *f* **die vier ~en** the four arithmetical operations
Rechenaufgabe *f* sum *bes Br*, (arithmetical) problem
Rechenfehler *m* miscalculation
Rechenmaschine *f* adding machine
Rechenschaft *f* account; **j-m über etw** (*akk*) **~ ablegen** to account to sb for sth; **j-m ~ schuldig sein** to have to account to sb; **j-n (für etw) zur ~ ziehen** to call sb to account (for *od* over sth)
Rechenschaftsbericht *m* report
Rechenschieber *m* slide rule
Rechenzentrum *n* computer centre *Br*, computer center *US*
Recherche *f* investigation; (≈ *Nachforschung*) research
Rechercheur(in) *m(f)* researcher
recherchieren *v/t* & *v/i* to investigate
rechnen **A** *v/t* **1** (≈ *addieren etc*) to work out; **rund gerechnet** in round figures **2** (≈ *einstufen*) to count; **j-n zu etw ~** to count sb among sth **3** (≈ *veranschlagen*) to estimate; **wir hatten nur drei Tage gerechnet** we were only reckoning on three days; **das ist zu hoch/niedrig gerechnet** that's too high/low (an estimate) **B** *v/i* **1** (≈ *addieren etc*) to do a calculation/calculations; *bes* SCHULE to do sums *bes Br*, to do adding; **falsch ~** to make a mistake (in one's calculations); **gut/schlecht ~ können** to be good/bad at arithmetic; *bes* SCHULE to be good/bad at sums *bes Br*, to be good/bad at adding; **mit Variablen/Zahlen ~** to do (the) calculations using variables/numbers **2** (≈ *sich verlassen*) **auf j-n/etw ~** to count on sb/sth **3** **mit j-m/etw ~** to reckon with sb/sth; **es wird damit gerechnet, dass ...** it is reckoned that ...; **damit hatte ich nicht gerechnet** I wasn't expecting that; **mit dem Schlimmsten ~** to be prepared for the worst **C** *v/r* to pay off; **etw rechnet sich nicht** sth is not economical
Rechnen *n* arithmetic
Rechner *m* (≈ *Elektronenrechner*) computer; (≈ *Taschenrechner*) calculator
rechnergesteuert *adj* computer-controlled
rechnergestützt *adj* computer-aided
rechnerisch *adj* arithmetical; POL *Mehrheit* numerical
Rechnung *f* **1** (≈ *Berechnung*) calculation; *als Aufgabe* sum; **die ~ geht nicht auf** *wörtl* the sum doesn't work out; *fig* it won't work (out) **2** (≈ *schriftliche Kostenforderung*) bill *Br*, check *US*; *bes von Firma* invoice; **das geht auf meine ~** this one's on me; **auf ~ kaufen** to buy on account; **auf eigene ~** on one's own account; **(j-m) etw in ~ stellen** to charge (sb) for sth; **die ~, bitte!** could we have the bill, please?; **aber er hatte die ~ ohne den Wirt gemacht** *umg* but there was one thing he hadn't reckoned with
Rechnungsbetrag *m* (total) amount of a bill/an invoice/account *Br*, (total) amount of a check/an invoice/account
Rechnungshof *m* Auditor General's office, audit division *US*; **Europäischer ~** European Court of Auditors
Rechnungsjahr *n* financial *od* fiscal year
Rechnungspreis *m* invoice price
Rechnungsprüfung *f* audit
recht **A** *adj* **1** (≈ *richtig*) right; **j-m ~ sein** to suit sb; **es soll mir ~ sein, mir solls ~ sein** *umg* it's OK by me *umg*; **ganz ~!** quite right; **alles, was ~ ist** *empört* there is a limit; **hier geht es nicht mit ~en Dingen zu** there's something not right here; **nach dem Rechten sehen** to see that everything's OK *umg* **2** **~ haben** to be right; **er hat ~ bekommen** he was right; **~ behalten** to be right; **j-m ~ geben** to agree with sb, to admit that sb is right **B** *adv* **1** (≈ *richtig*) properly; (≈ *wirklich*) really; **verstehen Sie mich ~** don't get me wrong *umg*; **wenn ich Sie ~ verstehe** if I understand you rightly; **das geschieht ihm ~** it serves him right; **jetzt mache ich es erst ~** now I'm definitely going to do it; **gehe ich ~ in der Annahme, dass ...?** am I right in assuming that ...?; **man kann ihm nichts ~ machen** you can't do anything right for him; **~ daran tun, zu ...** to be right to ... **2** (≈ *ziemlich, ganz*) quite; **~ viel** quite a lot
Recht *n* **1** (≈ *Rechtsordnung*) law; (≈ *Gerechtigkeit*)

justice; **~ sprechen** to administer justice; **nach geltendem ~** in law; **nach englischem ~** under *od* according to English law; **von ~s wegen** legally; *umg* (≈ *eigentlich*) by rights *umg* **2** (≈ *Anspruch*) right (**auf** +*akk* to *od* **zu** to); **zu seinem ~ kommen** *wörtl* to gain one's rights; *fig* to come into one's own; **gleiches ~ für alle!** equal rights for all!; **mit** *od* **zu ~** rightly; **im ~ sein** to be in the right; **das ist mein gutes ~** it's my right; **mit welchem ~?** by what right? **3** → recht A 2

Rechte *f* **1** *Hand* right hand; *Seite* right(-hand) side; *beim Boxen* right **2** POL **die ~** the Right

rechte(r, s) *adj* **1** right; **auf der ~n Seite** on the right-hand side **2 ein ~r Winkel** a right angle **3** (≈ *konservativ*) right-wing, rightist

Rechteck *n* rectangle

rechteckig *adj* rectangular

Rechteckschema *n* grid

rechtfertigen **A** *v/t* to justify **B** *v/r* to justify oneself; → gerechtfertigt

Rechtfertigung *f* justification; **etw zur ~ vorbringen** to say sth to justify oneself

rechthaberisch *adj* know-all *attr Br umg*, know-it-all *attr US umg*

rechtlich **A** *adj* (≈ *gesetzlich*) legal **B** *adv* (≈ *gesetzlich*) legally; **~ zulässig** permissible in law; **j-n ~ belangen** to take legal action against sb

rechtlos *adj* **1** without rights **2** *Zustand* lawless

rechtmäßig **A** *adj* (≈ *legitim*) legitimate; (≈ *dem Gesetz entsprechend*) legal **B** *adv* legally; **j-m ~ zustehen** to belong to sb legally

Rechtmäßigkeit *f* (≈ *Legitimität*) legitimacy; (≈ *Legalität*) legality

rechts **A** *adv* on the right; **~ abbiegen** to turn right; **nach ~** (to the) right; **von ~** from the right; **~ von etw** (on *od* to the) right of sth; **~ von j-m** to sb's right; **~ stricken** to knit (plain) **B** *präp* on the right of

Rechts- *zssgn* POL right-wing; JUR legal

Rechtsabbieger(in) *m(f)* motorist/car *etc* turning right

Rechtsanspruch *m* legal right (**auf etw** *akk* to sth)

Rechtsanwalt *m*, **Rechtsanwältin** *f* lawyer, attorney *US*

Rechtsaußen *m* FUSSB outside-right; POL *umg* extreme right-winger

Rechtsbehelf *m* legal remedy

Rechtsbeistand *m* legal advice; *Mensch* legal adviser

Rechtsberater(in) *m(f)* legal adviser

Rechtsberatung *f* **1** legal advice **2** (*a.* **~sstelle**) ≈ citizens' advice bureau, ≈ ACLU *US*

Rechtsbeugung *f* perversion of the course of justice

Rechtsbrecher(in) *m(f)* lawbreaker

Rechtsbruch *m* breach *od* infringement of the law

rechtsbündig **A** *adj* TYPO right-aligned **B** *adv* TYPO aligned right

rechtschaffen *adj* (≈ *ehrlich*) honest

Rechtschaffenheit *f* honesty, uprightness

rechtschreiben *v/i* to spell

Rechtschreibfehler *m* spelling mistake

Rechtschreibkontrolle *f*, **Rechtschreibprüfung** *f* IT spell check; (≈ *Programm*) spellchecker

Rechtschreibprogramm *n* IT spellchecker

Rechtschreibreform *f* spelling reform

Rechtschreibung *f* spelling; **die deutsche ~** German spelling; **die ~ prüfen** to check the spelling; IT to spellcheck

Rechtsextremismus *m* right-wing extremism

Rechtsextremist(in) *m(f)* right-wing extremist

rechtsextremistisch *adj* right-wing extremist *attr*

Rechtsgeschäft *n* legal transaction

rechtsgültig *adj* legally valid, legal

Rechtshänder(in) *m(f)* right-handed person, right-hander; **~ sein** to be right-handed

rechtshändig *adj & adv* right-handed

rechtskräftig **A** *adj* having the force of law; *Urteil* final; *Vertrag* legally valid **B** *adv* **~ verurteilt sein** to be issued with a final sentence

Rechtskurve *f* right-hand bend

Rechtslage *f* legal position

Rechtsmittel *n* means *sg* of legal redress; **~ einlegen** to lodge an appeal

Rechtsordnung *f* **die ~** the law

Rechtspersönlichkeit *f* legal personality; **~ der Union** legal personality of the Union

Rechtspflege *f* administration of justice

Rechtsprechung *f* (≈ *Rechtspflege*) administration of justice; (≈ *Gerichtsbarkeit*) jurisdiction

rechtsradikal *adj* radical right-wing

Rechtsradikale(r) *m/f(m)* right-wing extremist

rechtsrheinisch *adj* on the right of the Rhine

Rechtssache *f* legal matter; (≈ *Fall*) case

Rechtsschutz *m* legal protection

Rechtsschutzversicherung *f* legal costs insurance

Rechtssicherheit *f* legal certainty; **~ schaffen** to create legal certainty

Rechtsspruch *m* verdict

Rechtsstaat *m* constitutional state, state under the rule of law

rechtsstaatlich *adj* of a constitutional state *od* state under the rule of law

Rechtsstaatlichkeit *f* rule of law

Rechtssteuerung *f* AUTO right-hand drive

Rechtsstreit *m* lawsuit
Rechtssystem *n* judicial system
Rechtsunsicherheit *f* legal uncertainty
rechtsverbindlich *adj* legally binding
Rechtsverkehr *m* driving on the right *kein best art*; **in Deutschland ist ~** in Germany they drive on the right
Rechtsweg *m* legal action; **den ~ beschreiten** to take legal action; **der ~ ist ausgeschlossen** ≈ the judges' decision is final
rechtswidrig A *adj* illegal B *adv* illegally
Rechtswidrigkeit *f* 1 illegality 2 *Handlung* illegal act
rechtwinklig *adj* right-angled; **~ auf etw** (*akk*) perpendicular to sth
rechtzeitig A *adj* (≈ früh genug) timely; (≈ pünktlich) punctual B *adv* (≈ früh genug) in (good) time; (≈ pünktlich) on time; **gerade noch ~** just in time
Reck *n* SPORT horizontal bar
recken A *v/t* **den Kopf** *od* **Hals ~** to crane one's neck; **die Arme in die Höhe ~** to raise one's arms in the air B *v/r* to stretch (oneself)
Recorder *m* → Rekorder
recycelbar, **recyclebar** *adj* recyclable
recyceln *v/t* to recycle
Recycling *n* recycling
Recyclingaktion *f* recycling campaign
Recyclinghof *m* transfer facility for recyclable waste
Recyclingpapier *n* recycled paper
Redakteur(in) *m(f)* editor
Redaktion *f* 1 (≈ *das Redigieren*) editing 2 (≈ *Personal*) editorial staff 3 (≈ *Büro*) editorial office(s)
redaktionell A *adj* editorial B *adv* überarbeiten editorially; **etw ~ bearbeiten** to edit sth
Rede *f* 1 speech; (≈ *Vortrag*) talk; (≈ *Ansprache*) address; **eine ~ halten** to make *od* deliver a speech, to give a talk; **die direkte/indirekte ~** direct/indirect speech *od* discourse *US* 2 (≈ *Äußerungen*, *Worte*) words *pl*, language *kein pl*; **große ~n führen** to talk big *umg*; **das ist nicht der ~ wert** it's not worth mentioning 3 (≈ *Gespräch*) conversation; **aber davon war doch nie die ~** but no-one was ever talking about that; **davon kann keine ~ sein** it's out of the question 4 (≈ *Rechenschaft*) **(j-m) ~ (und Antwort) stehen** to justify oneself (to sb); **j-n zur ~ stellen** to take sb to task
Redefreiheit *f* freedom of speech
redegewandt *adj* eloquent
Redegewandtheit *f* eloquence
reden A *v/i* (≈ *sprechen*) to talk, to speak; **wir haben gerade über dich geredet** we were just talking about you; **ich werde mit deinen El-**tern **~** I'm going to speak to your parents; **so lasse ich nicht mit mir ~!** I won't be spoken to like that!; **mit j-m über j-n/etw ~** to talk to sb about sb/sth, to speak with sb about sb/sth *US*; **(viel) von sich ~ machen** to become (very much) a talking point; **du hast gut ~!** it's all very well for you (to talk); **ich habe mit Ihnen zu ~!** I would like a word with you; **darüber lässt sich ~** that's a possibility; **er lässt mit sich ~** (≈ *gesprächsbereit*) he's open to discussion; **schlecht von j-m ~** to speak ill of sb; **wovon redest du?** what are you talking about? B *v/t* (≈ *sagen*) to talk; *Worte* to say; **sich** (*dat*) **etw vom Herzen ~** to get sth off one's chest; **Schlechtes über j-n ~** to say bad things about sb C *v/r* **sich heiser ~** to talk oneself hoarse; **sich in Wut ~** to talk oneself into a fury
Redensart *f* (≈ *Phrase*) cliché; (≈ *Redewendung*) expression, idiom; (≈ *Sprichwort*) saying
Redeverbot *n* ban on speaking; **j-m ~ erteilen** to ban sb from speaking
Redewendung *f* idiom, phrase
redigieren *v/t* to edit
redlich A *adj* honest B *adv* (≈ *ehrlich*) honestly; **~ (mit j-m) teilen** to share (things) equally (with sb)
Redlichkeit *f* honesty
Redner(in) *m(f)* speaker; (≈ *Rhetoriker*) orator
Rednerpult *n* lectern
redselig *adj* talkative
reduzieren A *v/t* to reduce (**auf** +*akk* to), to cut down; **reduziert sein** *Ware* to be on sale B *v/r* to decrease
Reduzierung *f* reduction
Reede *f* SCHIFF roads *pl*
Reeder(in) *m(f)* shipowner
Reederei *f* shipping company
reell *adj* 1 (≈ *ehrlich*) honest, on the level *umg*; HANDEL *Geschäft*, *Firma* sound; *Preis* fair 2 (≈ *echt*) *Chance* real
Reetdach *n* thatched roof
Referat *n* 1 UNIV seminar paper; SCHULE project; (≈ *Vortrag*) paper, talk 2 ADMIN (≈ *Ressort*) department
Referendar(in) *m(f)* trainee (in civil service); (≈ *Studienreferendar*) student teacher; (≈ *Gerichtsreferendar*) articled clerk *Br*, legal intern *US*
Referendariat *n* probationary training period
Referendum *n* referendum
Referent(in) *m(f)* (≈ *Sachbearbeiter*) expert; (≈ *Redner*) speaker
Referenz *f* reference; **j-n als ~ angeben** to give sb as a referee
Referenzkurs *m* WIRTSCH reference rate
referieren *v/i* to (give a) report (**über** +*akk* on)
reflektieren A *v/t* 1 *widerspiegeln* to reflect 2

überdenken to reflect on **B** v/i **1** PHYS to reflect **2** (≈ *nachdenken*) to reflect (**über** +*akk* upon)
Reflektor *m* reflector
Reflex *m* **1** PHYS reflection **2** PHYSIOL reflex
Reflexbewegung *f* reflex action
reflexiv *adj* GRAM reflexive
Reflexivpronomen *n* reflexive pronoun
Reflexzonenmassage *f* reflexology
Reform *f* reform
reformbedürftig *adj* in need of reform
Reformhaus *n* health-food shop
reformieren v/t to reform
reformiert *adj* KIRCHE Reformed; *schweiz* Protestant; **Reformierte Oberstufe** SCHULE *final two years of education at a 'gymnasium' in which pupils can select which subjects they wish to study*
Reformkost *f* health food(s *pl*)
Reformkurs *m* policy of reform
Reformstau *m* POL reform bottleneck
Refrain *m* MUS chorus, refrain
Regal *n* (≈ *Bord*) shelves *pl*
Regalbrett *n* shelf
Regalwand *f* wall unit; (≈ *Regale*) wall-to-wall shelving
Regatta *f* regatta
rege *adj* **1** (≈ *betriebsam*) busy; *Handel* flourishing; **ein ~s Treiben** a hustle and bustle **2** (≈ *lebhaft*) lively; *Fantasie* vivid
Regel *f* **1** (≈ *Norm*) rule; (≈ *Verordnung*) regulation; **nach allen ~n der Kunst** *fig* thoroughly **2** (≈ *Gewohnheit*) habit; **sich** (*dat*) **etw zur ~ machen** to make a habit of sth; **zur ~ werden** to become a habit **3** (≈ *Monatsblutung*) period
Regelarbeitszeit *f* core working hours *pl*
regelbar *adj* (≈ *steuerbar*) adjustable
Regelblutung *f* (monthly) period
Regelfall *m* rule; **im ~** as a rule
Regelleistung *f bei Arbeitslosigkeit* standard benefit
regelmäßig **A** *adj* regular **B** *adv* regularly; **das Herz schlägt ~** the heartbeat is normal; **~ spazieren gehen** to take regular walks; **er kommt ~ zu spät** he's always late
Regelmäßigkeit *f* regularity
regeln **A** v/t **1** (≈ *regulieren*) *Prozess, Temperatur* to regulate; *Verkehr* to control; → **geregelt** **2** (≈ *erledigen*) to see to; *Problem etc* to sort out; *Nachlass* to settle; *Finanzen* to put in order; **das werde ich schon ~** I'll see to it; **gesetzlich geregelt sein** to be laid down by law **B** v/r to sort itself out
regelrecht **A** *adj* real; *Betrug etc* downright **B** *adv* really; *unverschämt* downright; (≈ *buchstäblich*) literally
Regelung *f* **1** (≈ *Regulierung*) regulation **2** (≈ *Erledigung*) settling **3** (≈ *Abmachung*) arrangement; (≈ *Bestimmung*) ruling; **gesetzliche ~en** legal *od* statutory regulations
Regelwerk *n* rules (and regulations) *pl*, set of rules
regelwidrig *adj* against the rules; **~es Verhalten im Verkehr** breaking the traffic regulations
Regelwidrigkeit *f* irregularity
regen **A** v/t (≈ *bewegen*) to move; **keinen Finger (mehr) ~** *fig* not to lift a finger (any more) **B** v/r to stir; **er kann sich kaum ~** he is hardly able to move
Regen *m* rain; *fig von Schimpfwörtern etc* shower; **ein warmer ~** *fig* a windfall; **j-n im ~ stehen lassen** *fig* to leave sb out in the cold; **vom ~ in die Traufe kommen** *sprichw* to jump out of the frying pan into the fire *sprichw*
regenarm *adj Jahreszeit, Gegend* dry
Regenbogen *m* rainbow
Regenbogenfarben *pl* colours *pl* of the rainbow *Br*, colors *pl* of the rainbow *US*
Regenbogenforelle *f* rainbow trout
Regenbogenpresse *f* trashy magazines *pl umg*
Regeneration *f* regeneration
regenerieren **A** v/r BIOL to regenerate; *fig* to revitalize oneself/itself **B** v/t to regenerate
Regenfall *m* (fall of) rain; **heftige Regenfälle** heavy rain
Regenguss *m* downpour; *schwächer* shower
Regenmantel *m* raincoat, mac *Br umg*
regenreich *adj Jahreszeit, Region* rainy, wet
Regenrinne *f* gutter
Regenschauer *m* shower (of rain)
Regenschirm *m* umbrella
Regent(in) *m(f)* sovereign; (≈ *Stellvertreter*) regent
Regentag *m* rainy day
Regentonne *f* rain barrel
Regentropfen *m* raindrop
Regenwald *m* GEOG rainforest
Regenwasser *n* rainwater
Regenwetter *n* rainy weather
Regenwolke *f* rain cloud
Regenwurm *m* earthworm
Regenzeit *f* rainy season
Reggae *m* reggae
Regie *f* **1** (≈ *künstlerische Leitung*) direction; THEAT, RADIO, TV production; **die ~ bei etw führen** to direct/produce sth; *fig* to be in charge of sth; **unter der ~ von** directed/produced by **2** (≈ *Verwaltung*) management; **unter j-s ~** (*dat*) under sb's control
Regieanweisung *f* (stage) direction
Regieassistent(in) *m(f)* assistant director; THEAT, RADIO, TV *a.* assistant producer
regieren **A** v/i (≈ *herrschen*) to rule; *fig* to reign **B**

v/t Staat to rule (over); GRAM to govern; **SPD-regierte Länder** states governed by the SPD
Regierung *f* government; *von Monarch* reign; **an die ~ kommen** to come to power; **j-n an die ~ bringen** to put sb into power
Regierungsbezirk *m* ≈ region *Br*, ≈ county *US*
Regierungschef(in) *m(f)* head of a/the government
Regierungserklärung *f* inaugural speech; *in GB* King's/Queen's Speech
regierungsfeindlich *adj* anti-government *kein adv*; **~ eingestellt sein** to be anti-government
Regierungsform *f* form of government
Regierungskrise *f* government(al) crisis
Regierungssitz *m* seat of government
Regierungssprecher(in) *m(f)* government spokesperson
Regierungsumbildung *f* cabinet reshuffle
Regierungswechsel *m* change of government
Regime *pej n* regime
Regimegegner(in) *m(f)* opponent of the regime
Regimekritiker(in) *m(f)* critic of the regime
Regiment *n* MIL regiment
Region *f* region
regional **A** *adj* regional **B** *adv* regionally; **~ verschieden sein** to vary from one region to another
Regionalbahn *f* BAHN local railway *Br*, local railroad *US*
Regionalverkehr *m* regional transport *od* transportation *bes US*
Regionalzug *m* local train
Regisseur(in) *m(f)* director; THEAT, TV producer
Register *n* **1** (≈ *amtliche Liste*) register **2** (≈ *Stichwortverzeichnis*) index **3** MUS register; *von Orgel* stop; **alle ~ ziehen** *fig* to pull out all the stops
Registertonne *f* SCHIFF register ton
registrieren **A** *v/t* **1** (≈ *erfassen*) to register **2** (≈ *feststellen*) to note **B** *v/r* to register
Registrierkasse *f* cash register
Registrierung *f* registration
reglementieren *v/t* to regulate; **staatlich reglementiert** state-regulated
Regler *m* regulator; *an Fernseher etc* control; *von Fernsteuerung* control(ler)
reglos *adj & adv* motionless
regnen *v/t & v/i* to rain; **es regnet Proteste** protests are pouring in; **es regnete Vorwürfe** reproaches hailed down
regnerisch *adj* rainy; **bei ~em Wetter** in rainy weather
Regress *m* JUR recourse; **~ anmelden** to seek recourse

Regressanspruch *m* claim of recourse
regresspflichtig *adj* liable to recourse, liable for compensation
regsam *adj* active; **geistig ~** mentally active
regulär *adj* (≈ *üblich*) normal; (≈ *vorschriftsmäßig*) proper, regular; *Arbeitszeit* normal, regular; **die ~e Spielzeit** SPORT normal time
regulierbar *adj* regul(at)able, adjustable
regulieren *v/t* (≈ *einstellen*) to regulate; (≈ *nachstellen*) to adjust
Regulierung *f* regulation; (≈ *Nachstellung*) adjustment
Regulierungsbehörde *f* regulatory body
Regung *f* (≈ *Bewegung*) movement; *des Gewissens etc* stirring; **ohne jede ~** without a flicker (of emotion)
regungslos *adj & adv* motionless
Reh *n* deer; *im Gegensatz zu Hirsch etc* roe deer
Reha *umg f* rehab; **auf ~ sein** to be in rehab; **auf ~ gehen** to go into rehab
Rehabilitation *f* rehabilitation; *von Ruf, Ehre* vindication
Rehabilitationsklinik *f* rehabilitation clinic
rehabilitieren **A** *v/t* to rehabilitate **B** *v/r* to rehabilitate oneself
Rehaklinik *f umg* rehab clinic
Rehbock *m* roebuck
Rehbraten *m* roast venison
Rehkeule *f* GASTR haunch of venison
Rehrücken *m* GASTR saddle of venison
Reibach *umg m* **einen ~ machen** to make a killing *umg*
Reibe *f* GASTR grater
Reibekuchen *m dial* GASTR ≈ potato fritter
reiben **A** *v/t* **1** (≈ *frottieren*) to rub; **sich** (*dat*) **die Augen ~** to rub one's eyes **2** (≈ *zerkleinern*) to grate **B** *v/i* **1** **an etw** (*dat*) **~** to rub sth **2** (≈ *zerkleinern*) to grate **C** *v/r* to rub oneself (**an** +*dat* on, against); (≈ *sich verletzen*) to scrape oneself (**an** +*dat* on)
Reiberei *umg f* friction *kein pl*; **(kleinere) ~en** (short) periods of friction
Reibung *f* **1** (≈ *das Reiben*) rubbing; PHYS friction **2** *fig* friction *kein pl*
reibungslos **A** *adj* frictionless; *fig umg* trouble-free **B** *adv* (≈ *problemlos*) smoothly; **~ verlaufen** to go off smoothly
reich **A** *adj* rich, (≈ *vielfältig*) copious; *Auswahl* wide; **in ~em Maße vorhanden sein** to abound **B** *adv* (≈ *vielfältig*) copiously; **~ heiraten** *umg* to marry (into) money; **j-n ~ belohnen** to reward sb well; **~ illustriert** richly illustrated
Reich *n* **1** (≈ *Imperium*) empire; (≈ *Königreich*) realm; **das Dritte ~** HIST the Third Reich **2** (≈ *Gebiet*) realm; **das ~ der Tiere** the animal kingdom; **das ist mein ~** *fig* that is my domain

Reiche(r) *m/f(m)* rich man; *Frau* rich woman; **die ~n** the rich *pl*
reichen **A** *v/i* **1** (≈ *sich erstrecken*) to reach (**bis zu etw** sth); **der Garten reicht bis ans Ufer** the garden stretches right down to the riverbank; **so weit ~ meine Fähigkeiten nicht** my skills are not that wide-ranging **2** (≈ *langen*) to be enough; *für bestimmte Zeit* to last; **der Zucker reicht nicht** there won't be enough sugar; **reicht das Licht zum Lesen?** is there enough light to read by?; **mir reichts** *umg* (≈ *habe die Nase voll*) I've had enough *umg*; **jetzt reichts (mir aber)!** that's the last straw! **B** *v/t* (≈ *entgegenhalten*) to hand; (≈ *weitergeben*) to pass; (≈ *anbieten*) to serve; **j-m die Hand ~** to hold out one's hand to sb
reichhaltig *adj* extensive; *Auswahl* wide, large; *Essen* rich; *Programm* varied
reichlich **A** *adj* ample, large, abundant; *Vorrat* plentiful; *Portion* generous; *Zeit, Geld, Platz* plenty of; *Belohnung* ample **B** *adv* **1** *belohnen* amply; *verdienen* richly; **j-n ~ beschenken** to give sb lots of presents; **~ Trinkgeld geben** to tip generously; **~ Zeit/Geld haben** to have plenty of *od* ample time/money; **~ vorhanden sein** to abound **2** *umg* (≈ *ziemlich*) pretty
Reichstag *m* Parliament
Reichtum *m* **1** wealth *kein pl*; (≈ *Vermögen*) fortune; (≈ *Besitz*) riches *pl*; **zu ~ kommen** to become rich **2** *fig* (≈ *Fülle*) wealth (**an** +*dat* of); **der ~ an Fischen** the abundance of fish
Reichweite *f* range; (≈ *greifbare Nähe*) reach; *fig* (≈ *Einflussbereich*) scope; **außer ~** out of range; *fig* out of reach
reif *adj* *Früchte* ripe; *Mensch* mature; **in ~(er)em Alter** in one's mature(r) years; **die Zeit ist ~** the time is ripe; **eine ~e Leistung** *umg* a brilliant achievement; **für etw ~ sein** *umg* to be ready for sth
Reif[1] *m* (≈ *Raureif*) hoarfrost
Reif[2] *m* (≈ *Stirnreif*) circlet; (≈ *Armreif*) bangle
Reife *f* (≈ *das Reifen*) ripening; (≈ *das Reifsein*) ripeness; *fig* maturity
reifen *v/i Obst* to ripen; *Mensch* to mature
Reifen *m* tyre *Br*, tire *US*; *von Fass* hoop
Reifendruck *m* tyre pressure *Br*, tire pressure *US*
Reifenpanne *f* puncture *Br*, flat *umg*; *geplatzt a.* blowout *umg*
Reifenwechsel *m* tyre change *Br*, tire change *US*
Reifeprüfung *f* SCHULE → Abitur
Reifezeugnis *n* SCHULE *Abitur certificate* ≈ A Level certificate *Br*, ≈ high school diploma *US*
Reifglätte *f Verkehr* slippery frost
reiflich **A** *adj* thorough; **nach ~er Überlegung** after careful consideration **B** *adv* **sich** (*dat*) **etw ~ überlegen** to consider sth carefully
Reigen *m* round dance; *fig geh* round; **den ~ eröffnen** *fig geh* to lead off; **ein bunter ~ von Melodien** a varied selection of melodies
Reihe *f* **1** row; *wartender Menschen* line *US*, queue *Br*; **sich in einer ~ aufstellen** to line up; **aus der ~ tanzen** *fig umg* to be different; (≈ *gegen Konventionen verstoßen*) to step out of line; **in den eigenen ~n** within our/their *etc* own ranks; **er ist an der ~** it's his turn; **der ~ nach** in order, in turn; **außer der ~** out of order; (≈ *zusätzlich*) out of the usual way of things **2** (≈ *Serie*) series *sg* **3** (≈ *unbestimmte Anzahl*) number; **eine ganze ~ (von)** a whole lot (of) **4** *umg* (≈ *Ordnung*) **aus der ~ kommen** (≈ *in Unordnung geraten*) to get out of order; **j-n aus der ~ bringen** to confuse sb; **in die ~ bringen** to put in order; **etw auf die ~ kriegen** *umg* to manage to do sth
reihen **A** *v/t* **Perlen auf eine Schnur ~** to string beads (on a thread) **B** *v/r* **etw reiht sich an etw** (*akk*) sth follows (after) sth
Reihenfolge *f* order; (≈ *notwendige Aufeinanderfolge*) sequence; **alphabetische ~** alphabetical order
Reihenhaus *n* terraced house *Br*, row house *bes US*
Reihenuntersuchung *f* mass screening
reihenweise *adv* **1** (≈ *in Reihen*) in rows **2** *fig* (≈ *in großer Anzahl*) by the dozen
Reiher *m* heron
reihum *adv* round; **etw ~ gehen lassen** to pass sth round
Reim *m* rhyme; **sich** (*dat*) **einen ~ auf etw** (*akk*) **machen** *umg* to make sense of sth
reimen **A** *v/t* to rhyme (**auf** +*akk od* **mit** with) **B** *v/i* to make up rhymes **C** *v/r* to rhyme (**auf** +*akk od* **mit** with)
rein[1] *umg adv* → herein → hinein
rein[2] **A** *adj* **1** pure; (≈ *makellos*) pristine; (≈ *völlig*) sheer; *Wahrheit* plain; *Gewissen* clear; **das ist die ~ste Freude/der ~ste Hohn** *etc* it's sheer joy/mockery *etc*; **er ist der ~ste Künstler** he's a real artist **2** (≈ *sauber*) clean; *Haut* clear; **etw ~ machen** to clean sth; **etw ins Reine schreiben** to write out a fair copy of sth; **etw ins Reine bringen** to clear sth up; **mit etw im Reinen sein** to have got sth straightened out **B** *adv* **1** (≈ *ausschließlich*) purely **2** *umg* (≈ *völlig*) absolutely; **~ gar nichts** absolutely nothing
Rein *f österr, südd* casserole (dish)
reinbeißen *umg v/t* to bite into (**in** +*akk*); **zum Reinbeißen aussehen** to look scrumptious
Reindl *f österr, südd* (small) casserole (dish)
Reineclaude *f* greengage

Reinemachefrau f cleaner
Reinerlös m net profit(s) (pl)
Reinfall umg m disaster
reinfeiern umg v/i **Vincent will in seinen Geburtstag ~** Vincent wants to see in his birthday with a party
Reingewicht n net(t) weight
Reingewinn m net profit
Reinhaltung f keeping clean
Reinheit f purity; (≈ Sauberkeit) cleanness; von Haut clearness
reinigen v/t to clean; **etw chemisch ~** to dry-clean sth; **ein ~des Gewitter** fig umg a row which clears the air
Reiniger m cleaner
Reinigung f **1** cleaning **2** (≈ chemische Reinigung, Anstalt) (dry) cleaner's
Reinigungsmilch f cleansing milk
Reinigungsmittel n cleansing agent
Reinkarnation f reincarnation
Reinkultur f BIOL pure culture; **Kitsch in ~** umg pure unadulterated kitsch
reinlegen umg v/t → hereinlegen
reinlich adj **1** cleanly **2** (≈ ordentlich) tidy
Reinlichkeit f cleanliness; (≈ Ordentlichkeit) tidiness
reinrassig adj pure-blooded; Tier thoroughbred
Reinschrift f Geschriebenes fair copy; **etw in ~ schreiben** to write out a fair copy of sth
reinseiden adj pure silk
reinziehen v/t sl **sich** dat **etw ~** Film, Musik etc to take* sth in
Reis m rice
Reise f journey, trip; (≈ Schiffsreise) RAUMF voyage; (≈ Geschäftsreise) trip; (≈ Forschungsreise) expedition; **eine ~ machen** to go on a journey od trip; **auf ~n sein** to be away (travelling) Br, to be traveling US; **er ist viel auf ~n** he does a lot of travelling Br od traveling US; **wohin geht die ~?** where are you off to?; **gute ~!** have a good journey!
Reiseandenken n souvenir
Reiseapotheke f first-aid kit
Reisebegleiter(in) m(f) travelling companion Br, traveling companion US; (≈ Reiseleiter) courier
Reisebekanntschaft f acquaintance made while travelling Br, acquaintance made while traveling US
Reisebericht m report od account of one's journey; Buch travel story; Film travelogue Br, travelog US
Reisebeschreibung f description of one's travels; FILM travelogue Br, travelog US
Reisebüro n travel agency
Reisebürokauffrau f, **Reisebürokaufmann** m travel agent

Reisebus m coach Br, bus US
reisefertig adj ready (to go od leave)
Reisefieber fig n travel nerves pl
Reiseführer m Buch guidebook
Reiseführer(in) m(f) tour guide
Reisegepäck n luggage kein pl Br, baggage kein pl
Reisegepäckversicherung f baggage insurance
Reisegeschwindigkeit f cruising speed
Reisegesellschaft f (tourist) party; umg (≈ Veranstalter) tour operator
Reisegruppe f party of tourists
Reisehinweis m travel information
Reisekosten pl travelling expenses pl Br, travel expenses pl US
Reisekrankheit f travel sickness
Reiseleiter(in) m(f) tour guide
Reiselektüre f reading matter (for a trip); **etw als ~ mitnehmen** to take* sth to read on the trip
Reiselust f wanderlust
reiselustig adj fond of travel od travelling Br, fond of traveling US
reisen v/i to travel; **in den Urlaub ~** to go away on holiday bes Br, to go away on vacation US
Reisen n travelling Br, traveling US, travel
Reisende(r) m/f(m) traveller Br, traveler US; (≈ Fahrgast) passenger
Reisepass m passport
Reiseprospekt m travel brochure
Reiseproviant m food for the journey
Reiseroute f route, itinerary
Reiserücktrittskostenversicherung f travel cancellation insurance
Reiserücktritt(s)versicherung f travel insurance
Reiseruf m personal message
Reisescheck m traveller's cheque Br, traveler's check US
Reisetasche f holdall
Reisethrombose f MED deep vein thrombosis; DVT; umg economy class syndrome
Reiseunterlagen pl travel documents pl
Reiseunternehmen n travel company
Reiseveranstalter(in) m(f) tour operator
Reiseverkehr m holiday traffic bes Br, vacation traffic US
Reiseversicherung f travel insurance
Reisewarnung f des Auswärtigen Amtes travel warning; **eine ~ herausgeben** to issue a travel warning
Reisewecker m travelling alarm clock Br, traveling alarm clock US
Reisewetterbericht m holiday weather forecast Br, travel weather forecast

Reisezeit f (≈ Saison) holiday season bes Br, vacation season US; (≈ Fahrzeit) travel time
Reiseziel n destination
Reisfeld n paddy field
Reisig n brushwood
Reiskocher m rice cooker od steamer
Reiskorn n grain of rice
Reispapier n KUNST, GASTR rice paper
Reißaus m ~ **nehmen** umg to clear off od out umg
Reißbrett n drawing board
reißen **A** v/t **1** to tear, to rip; (≈ mitreißen, zerren) to pull, to drag; **j-n zu Boden** ~ to pull or drag sb to the ground; **j-m etw aus der Hand** ~ to snatch sth out of sb's hand; **j-n aus dem Schlaf/seinen Träumen** ~ to wake sb from his sleep/dreams; **j-n in den Tod** ~ to claim sb's life; Flutwelle, Lawine to sweep sb to his/her death; **hin und her gerissen werden/sein** fig to be torn; **etw an sich** (akk) ~ to seize sth **2** SPORT Gewichtheben to snatch; Hochsprung to knock down **3** (≈ töten) to kill **4** → gerissen **B** v/i **1** to tear; (≈ Risse bekommen) to crack; **mir ist die Kette gerissen** my chain has broken; **da riss mir die Geduld** then my patience gave out; **wenn alle Stricke** ~ fig umg if all else fails **2** (≈ zerren) to pull, to tug (**an** +dat at) **3** Hochsprung to knock the bar off **C** v/r umg **sich um j-n/etw** ~ to scramble to get sb/sth
reißend adj Fluss raging; Schmerzen searing; Verkauf, Absatz massive
Reißer umg m Film, Buch, a. THEAT thriller; Ware big seller
reißerisch adj Bericht, Titel sensational
reißfest adj tear-proof
Reißleine f ripcord
Reißnagel m drawing pin Br, thumbtack US
Reißverschluss m zip (fastener) Br, zipper US; **den** ~ **an etw** (dat) **zumachen** to zip sth up; **den** ~ **an etw** (dat) **aufmachen** to unzip sth
Reißwolf m shredder
Reißzahn m fang
Reißzwecke f drawing pin Br, thumbtack US
Reiswaffel f GASTR rice wafer od cake
reiten **A** v/i to ride; ~ **gehen** to go riding; **auf etw** (dat) ~ to ride (on) sth **B** v/t to ride; **Schritt/Trab/Galopp** ~ to ride at a walk/trot/gallop
Reiten n (horseback) riding
Reiter(in) m(f) rider
Reiterhelm m riding hat
Reiterkappe f riding hat
Reithose f riding breeches pl; JAGD, SPORT jodhpurs pl
Reitkunst f horsemanship
Reitpeitsche f riding whip
Reitpferd n mount
Reitsattel m (riding) saddle
Reitschule f riding school
Reitsport m (horse-)riding
Reitstall m riding stable
Reitstiefel m riding boot
Reitturnier n horse show; Geländereiten point-to-point
Reitunterricht m riding lessons pl
Reitweg m bridle path
Reiz m **1** PHYSIOL stimulus; **ein** ~ **auf der Haut** irritation of the skin **2** (≈ Verlockung) attraction, appeal; (≈ Zauber) charm; **(auf j-n) einen** ~ **ausüben** to have great attraction (for sb); **diese Idee hat auch ihren** ~ this idea also has its attractions; **den** ~ **verlieren** to lose all one's/its charm; **weibliche** ~**e** feminine charms
reizbar adj (≈ empfindlich) touchy umg; (≈ erregbar) irritable
Reizbarkeit f (≈ Empfindlichkeit) touchiness umg; (≈ Erregbarkeit) irritability
reizen **A** v/t **1** PHYSIOL to irritate; (≈ stimulieren) to stimulate **2** (≈ verlocken) to appeal to; **es würde mich ja sehr** ~, … I'd love to …; **Ihr Angebot reizt mich sehr** I find your offer very tempting; **was reizt Sie daran?** what do you like about it? **3** (≈ ärgern) to annoy; Tier to tease; (≈ herausfordern) to provoke; **j-n bis aufs Blut** ~ to push sb to breaking point; → gereizt **B** v/i **1** MED to irritate; (≈ stimulieren) to stimulate **2** KART to bid; **hoch** ~ to make a high bid
reizend **A** adj charming; **das ist ja** ~ iron (that's) charming **B** adv einrichten attractively; ~ **aussehen** to look charming
Reizhusten m chesty cough Br, deep cough US; nervös nervous cough
Reizklima n bracing climate; fig charged atmosphere
reizlos adj dull, uninspiring
Reizschwelle f PHYSIOL stimulus od absolute threshold
Reizthema n controversial issue
Reizüberflutung f overstimulation
Reizung f MED stimulation; krankhaft irritation
reizvoll adj delightful; Aufgabe attractive
Reizwäsche umg f sexy underwear
Reizwort n emotive word
rekapitulieren v/t to recapitulate
rekeln umg v/r (≈ sich herumlümmeln) to loll around; (≈ sich strecken) to stretch
Reklamation f query; (≈ Beschwerde) complaint
Reklame f **1** advertising; ~ **für j-n/etw machen** to advertise sb/sth **2** (≈ Einzelwerbung) advertisement; bes TV, RADIO commercial
Reklameschild n advertising sign
reklamieren **A** v/i (≈ Einspruch erheben) to com-

plain; **bei j-m wegen etw ~** to complain to sb about sth **B** *v/t* **1** (≈ *bemängeln*) to complain about (**etw bei j-m** sth to sb) **2** (≈ *in Anspruch nehmen*) to claim; **j-n/etw für sich ~** to lay claim to sb/sth
rekonstruieren *v/t* to reconstruct
Rekonstruktion *f* reconstruction
Rekord *m* record; **einen ~ aufstellen** to set a record
Rekorder *m* (cassette) recorder
Rekordgewinn *m* HANDEL record profit
Rekordinhaber(in) *m(f)* record holder
Rekordverlust *m* HANDEL record losses *pl*
Rekordzeit *f* record time
Rekrut(in) *m(f)* MIL recruit
rekrutieren **A** *v/t* to recruit **B** *v/r* **sich ~ aus** to be recruited from
Rektor(in) *m(f)* SCHULE head teacher, principal *bes US*; UNIV vice chancellor *Br*, rector *US*; *von Fachhochschule* principal
Rektorat *n* SCHULE (≈ *Amt, Amtszeit*) headship, principalship *bes US*; (≈ *Zimmer*) head teacher's study, principal's room *bes US*; UNIV vice chancellorship *Br*, rectorship *US*; vice chancellor's office *Br*, rector's office *US*
Relais *n* ELEK relay
Relation *f* relation; **in einer/keiner ~ zu etw stehen** to bear some/no relation to sth
relational *adj* IT relational
relativ **A** *adj* relative **B** *adv* relatively
relativieren *geh v/t Behauptung etc* to qualify
Relativität *f* relativity
Relativitätstheorie *f* theory of relativity
Relativpronomen *n* relative pronoun
Relativsatz *m* relative clause
Relaunch *m od n* WIRTSCH relaunch
relaunchen *v/t* WIRTSCH to relaunch
relaxen *umg v/i* to take it easy *umg*
relaxt *umg adj* laid-back *umg*
relevant *adj* relevant
Relevanz *f* relevance
Relief *n* relief
Religion *f* religion; *Schulfach* religious instruction *od* education, RE *Br*
Religions- *zssgn* religious
Religionsfreiheit *f* freedom of worship *od* religion
Religionslehre *f* religious education
Religionsunterricht *m* religious education *od* instruction; SCHULE RE *od* RI lesson
Religionszugehörigkeit *f* religious affiliation, religion
religiös *adj* religious
Relikt *n* relic
Reling *f* SCHIFF (deck) rail
Reliquie *f* relic

Remake *n* remake
Reminiszenz *f geh* (≈ *Erinnerung*) memory (**an** +*akk* of)
remis *adj* drawn; **~ spielen** to draw
Remis *n Schach, a.* SPORT draw
Remittende *f* HANDEL return
Remmidemmi *umg n* (≈ *Krach*) rumpus *umg*; (≈ *Trubel*) to-do *umg*
Remoulade *f*, **Remouladensoße** *f* GASTR remoulade
rempeln *umg v/t* to barge (**j-n** into sb) *umg*; (≈ *foulen*) to push
Ren *n* reindeer
Renaissance *f* **1** HIST renaissance **2** *fig a.* revival
Rendezvous *n* rendezvous, date *umg*; RAUMF rendezvous
Rendite *f* FIN yield, return on capital
Reneklode *f* greengage
renitent *adj* defiant
Renitenz *f* defiance
Renn- *zssgn* racing
Rennbahn *f* (race)track
Rennboot *n* powerboat
rennen **A** *v/i* to run; **um die Wette ~** to have a race; **er rannte mit dem Kopf gegen …** he bumped his head against … **B** *v/t* SPORT to run; **j-n zu Boden ~** to knock sb over
Rennen *n* race; **totes ~** dead heat; **gut im ~ liegen** to be well-placed; **das ~ machen** to win (the race)
Renner *m umg* (≈ *Verkaufsschlager*) winner
Rennerei *umg f* running around; (≈ *Hetze*) mad chase *umg*
Rennfahrer(in) *m(f)* (≈ *Radrennfahrer*) racing cyclist; (≈ *Motorradrennfahrer*) racing motorcyclist; (≈ *Autorennfahrer*) racing driver
Rennpferd *n* racehorse
Rennrad *n* racing bicycle
Rennsport *m* racing
Rennstall *m Tiere, Zucht* stable
Rennstrecke *f* (≈ *Rennbahn*) (race)track; (≈ *zu laufende Strecke*) course, distance
Rennwagen *m* racing car
Renommee *n* reputation, name
renommiert *adj* famous (**wegen** for)
renovieren *v/t* to renovate; (≈ *tapezieren etc*) to redecorate
Renovierung *f* renovation
rentabel **A** *adj* profitable **B** *adv* profitably; **~ wirtschaften** to show a profit
Rentabilität *f* profitability
Rente *f* pension; *aus Versicherung* annuity; *aus Vermögen* income; **in ~ gehen** to retire, to go into retirement
Rentenalter *n* retirement age

Rentenanspruch *m* pension entitlement
Rentenbeitrag *m* pension contribution
Renteneintrittsalter *n* retirement age
Rentenempfänger(in) *m(f)* pensioner
Rentenfonds *m* fixed-income fund
Rentenmarkt *m* market in fixed-interest securities
Rentenreform *f* reform of pensions
Rentenversicherung *f* pension scheme *Br*, retirement plan *US*
Rentier *n* ZOOL reindeer
rentieren *v/r* to be worthwhile; **das rentiert sich nicht** it's not worth it
Rentner(in) *m(f)* pensioner; senior
Rentnerparadies *n* pensioners' paradise
Reorganisation *f* reorganization
reorganisieren *v/t* to reorganize
reparabel *adj* repairable
Reparatur *f* repair; **~en am Auto** car repairs; **in ~** being repaired; **etw in ~ geben** to have sth repaired
reparaturanfällig *adj* prone to break down
Reparaturarbeiten *pl* repairs *pl*, repair work *kein pl*
reparaturbedürftig *adj* in need of repair
Reparaturkosten *pl* repair costs *pl*
Reparaturwerkstatt *f* workshop; (≈ *Autowerkstatt*) garage *Br*, auto repair shop *US*
reparieren *v/t* to repair, to fix
repatriieren *v/t* to repatriate
Repertoire *n* repertoire
Report *m* report
Reportage *f* report (**über** *akk* on)
Reporter(in) *m(f)* reporter
Repräsentant(in) *m(f)* representative
Repräsentantenhaus *n* US POL House of Representatives
Repräsentation *f* (≈ *Vertretung*) representation
repräsentativ **A** *adj* **1** (≈ *typisch*) representative (**für** of) **2** *Haus, Auto* prestigious; *Erscheinung* presentable **B** *adv* **bauen** prestigiously
repräsentieren *v/t* to represent
Repressalie *f* reprisal
Repression *f* repression
reprivatisieren *v/t* WIRTSCH to denationalize
Reproduktion *f* reproduction
reproduzieren *v/t* to reproduce
Reptil *n* reptile
Republik *f* republic; **die ~ Österreich** the Republic of Austria; **die ~ Irland** the Republic of Ireland
Republikaner(in) *m(f)* republican; POL Republican; **die ~** POL The Republican Party
republikanisch *adj* republican
Reputation *f* (good) reputation
Requiem *n* requiem

Requisit *n* equipment *kein pl*; **~en** THEAT props
resch *adj* österr (≈ *knusprig*) *Brötchen etc* crispy; *fig* (≈ *lebhaft*) *Frau* dynamic
Reservat *n* **1** (≈ *Naturschutzgebiet*) reserve **2** *für Indianer, Ureinwohner etc* reservation
Reserve *f* **1** (≈ *Vorrat*) reserve(s) (*pl*) (**an** +*dat* of); (≈ *angespartes Geld*) savings *pl*; MIL, SPORT reserves *pl*; (**noch**) **etw/j-n in ~ haben** to have sth/sb (still) in reserve **2** (≈ *Zurückhaltung*) reserve; (≈ *Bedenken*) reservation; **j-n aus der ~ locken** to bring sb out of his/her shell
Reservebank *f* SPORT substitutes *od* reserves bench
Reservefonds *m* reserve fund
Reservekanister *m* spare can
Reserverad *n* spare (wheel)
Reservespieler(in) *m(f)* SPORT reserve
reservieren **A** *v/t* to reserve; *Platz, Tisch* to book **B** *v/i* to make a reservation
reserviert *adj Platz, Mensch* reserved
Reservierung *f* reservation
Reservierungsnummer *f* reservation number
Reservierungsschalter *m* reservation desk
Reservist(in) *m(f)* reservist
Reservoir *n* reservoir
Reset-Taste *f* COMPUT reset key
Residenz *f* (≈ *Wohnung*) residence
residieren *v/i* to reside
Resignation *geh f* resignation
resignieren *v/i* to give up; **resigniert** resigned
resistent *adj* resistant (**gegen** to)
Resistenz *f* resistance (**gegen** to)
Reskription *f* treasury bond
resolut **A** *adj* resolute **B** *adv* resolutely
Resolution *f* POL (≈ *Beschluss*) resolution; (≈ *Bittschrift*) petition
Resonanz *f* **1** resonance **2** *fig* response (**auf** +*akk* to), reaction; **große ~ finden** to get a good response
Resort *n Hotelanlage* complex
resozialisieren *v/t* to rehabilitate
Resozialisierung *f* rehabilitation
Respekt *m* (≈ *Achtung*) respect; **j-m ~ einflößen** to command respect from sb; **bei allem ~** with all due respect; **vor j-m/etw ~ haben** *Achtung* to have respect for sb/sth; *Angst* to be afraid of sb/sth; **sich** (*dat*) **~ verschaffen** to make oneself respected
respektabel *adj* respectable
respektieren *v/t* to respect
respektlos *adj* disrespectful
Respektlosigkeit *f* disrespect
Respektsperson *f* figure of authority
respektvoll **A** *adj* respectful **B** *adv* respectfully
Ressentiment *n* resentment *kein pl* (**gegen** to-

wards)
Ressort n department
Ressource f resource
Rest m **1** rest; **die ~e einer Kirche** the remains of a church; **der letzte ~** the last bit; **der ~ ist für Sie** *beim Bezahlen* keep the change; **j-m/einer Sache den ~ geben** *umg* to finish sb/sth off **2** **~e** *pl* (≈ *Essensreste*) leftovers *pl* **3** (≈ *Stoffrest*) remnant
Restalkohol m residual alcohol
Restaurant n restaurant; (≈ *Imbissstube, Café*) café; **~ mit Straßenverkauf** takeaway
restaurieren v/t to restore
Restaurierung f restoration
Restbestand m remaining stock; *fig* remnant
Restbetrag m balance
restlich *adj* remaining, rest of the ...; **die ~e Welt** the rest of the world
restlos **A** *adj* complete **B** *adv* completely; **ich war ~ begeistert** I was completely bowled over *umg*
Restmüll m non-recyclable waste
Restposten m HANDEL remaining stock
restriktiv *geh* **A** *adj* restrictive **B** *adv* restrictively
Restrisiko n residual risk
Resturlaub m unused holiday *od* vacation *bes US*
Resultat n result
resultieren *geh* v/i to result (**in** +*dat* in); **aus etw ~** to result from sth
Resümee *geh* n résumé
resümieren *geh* v/t & v/i to summarize
Retorte f CHEM retort; **aus der ~** *fig umg* synthetic
Retortenbaby n test-tube baby
Retourkutsche *umg* f *Worte* retort; *Handlung* retribution
retro *adj* retro
Retrospektive f retrospective
Retrovirus n/m retrovirus
retten **A** v/t to save; (≈ *befreien*) to rescue; **j-n vor** (*dat*) **etw ~** to save sb from sth; **j-m das Leben ~** to save sb's life; **ein ~der Gedanke** a bright idea that saved the situation; **bist du noch zu ~?** *umg* are you out of your mind? *umg* **B** v/r **sich vor j-m/etw ~** to escape (from) sb/sth; **sich vor etw nicht mehr ~ können** *fig* to be swamped with sth; **rette sich, wer kann!** (it's) every man for himself!
Retter(in) m(f) *aus Notlage* rescuer; **der ~ des Unternehmens** the saviour of the business *Br*, the savior of the business *US*
Rettich m radish
Rettung f **1** *aus Notlage* rescue; (≈ *Erhaltung*) saving; **das war meine ~** that saved me; **das war** **meine letzte ~** that was my last hope; (≈ *hat mich gerettet*) that was my salvation **2** *österr* (≈ *Rettungsdienst*) rescue service; (≈ *Krankenwagen*) ambulance
Rettungsaktion f rescue operation
Rettungsanker m sheet anchor; *fig* anchor
Rettungsboot n lifeboat
Rettungsdienst m rescue service
Rettungsfonds m rescue fund
Rettungshubschrauber m rescue helicopter
Rettungskraft f rescue worker
rettungslos **A** *adj* beyond saving; *Lage* irretrievable; *Verlust* irrecoverable **B** *adv* verloren irretrievably
Rettungsmannschaft f rescue party
Rettungspaket n POL *für Wirtschaft* rescue package, bail-out package
Rettungsring m life belt; *hum* (≈ *Bauch*) spare tyre *Br hum*, spare tire *US hum*
Rettungssanitäter(in) m(f) paramedic
Rettungsschirm m **1** POL rescue package **2** FLUG emergency parachute
Rettungsschwimmer(in) m(f) lifesaver; *an Strand, Pool* lifeguard
Rettungswagen m ambulance
Rettungsweste f life vest
Return-Taste f COMPUT return key
Retusche f retouching
retuschieren v/t FOTO to retouch
Retuschieren n retouching
Reue f *a.* REL remorse (**über** +*akk* at, about), repentance (**über** +*akk* of)
reuevoll, **reumütig** **A** *adj* (≈ *voller Reue*) remorseful, repentant; *Sünder* contrite, penitent **B** *adv* gestehen, bekennen full of remorse
reumütig *adj* repentant, remorseful
Reuse f fish trap
Revanche f revenge (**für** for); (≈ *Revanchepartie*) return match *Br*, rematch *US*
revanchieren v/r **1** (≈ *sich rächen*) to get one's revenge (**bei j-m für etw** on sb for sth) **2** (≈ *sich erkenntlich zeigen*) to reciprocate; **sich bei j-m für eine Einladung ~** to return sb's invitation
Revanchismus m revanchism
Revanchist(in) m(f) revanchist
revanchistisch *adj* revanchist
Revers *österr* n/m *an Kleidung* lapel
revidieren v/t to revise
Revier n **1** (≈ *Polizeidienststelle*) (police) station; (≈ *Dienstbereich*) district; *von Prostituierter* patch *umg* **2** ZOOL (≈ *Gebiet*) territory **3** JAGD (≈ *Jagdrevier*) hunting ground **4** (≈ *Kohlenrevier*) coalfields *pl*
Revision f **1** *von Meinung etc* revision **2** HANDEL (≈ *Prüfung*) audit **3** JUR (≈ *Urteilsanfechtung*) appeal (**an** +*akk* to); **~ einlegen** to lodge an ap-

peal
revisionistisch *adj* POL revisionist
Revisor(in) *m(f)* HANDEL auditor
Revolte *f* revolt
revoltieren *v/i* to revolt, to rebel (**gegen** against); *fig Magen* to rebel
Revolution *f* revolution
revolutionär *adj* revolutionary
Revolutionär(in) *m(f)* revolutionary
revolutionieren *v/t* to revolutionize
Revoluzzer(in) *pej m(f)* would-be revolutionary
Revolver *m* revolver
Revolverheld(in) *pej m(f)* gunslinger
Revue *f* THEAT revue; **etw ~ passieren lassen** *fig* to let sth parade before one
Rezensent(in) *m(f)* reviewer
rezensieren *v/t* to review
Rezension *f* review
Rezept *n* **1** MED prescription; **auf ~** on prescription **2** GASTR, *a. fig* (≈ *Anleitung*) recipe (**zu** for)
rezeptfrei **A** *adj* available without prescription **B** *adv* without a prescription
Rezeptgebühr *f* prescription charge
Rezeption *f von Hotel:* (≈ *Empfang*) reception
Rezeptpflicht *f* **der ~ unterliegen** to be available only on prescription
rezeptpflichtig *adj* available only on prescription
Rezession *f* WIRTSCH recession
reziprok *adj* reciprocal
rezitieren *v/t & v/i* to recite
R-Gespräch *n* reverse charge call *Br*, collect call *US*
Rhabarber *m* rhubarb
Rhein *m* Rhine; **am ~ liegen** to be on the river Rhine
rheinab(wärts) *adv* down the Rhine
rheinauf(wärts) *adv* up the Rhine
rheinisch *adj* Rhenish
Rheinländer(in) *m(f)* Rhinelander
rheinländisch *adj* Rhineland
Rheinland-Pfalz *n* Rhineland-Palatinate
Rheinwein *m* Rhine wine; *weißer a.* hock
Rhesusaffe *m* rhesus monkey
Rhesusfaktor *m* MED rhesus *od* Rh factor
Rhetorik *f* rhetoric
rhetorisch *adj* rhetorical; **~e Frage** rhetorical question
Rheuma *n* rheumatism
rheumatisch *adj* rheumatic; **~ bedingte Schmerzen** rheumatic pains
Rheumatismus *m* rheumatism
Rhinozeros *n* rhinoceros, rhino *umg*
Rhododendron *m/n* rhododendron
Rhodos *n* GEOG Rhodes
Rhombus *m* rhombus

rhythmisch *adj* rhythmic(al)
Rhythmus *m* rhythm
Ribisel *f österr* (≈ *Rote Johannisbeere*) redcurrant; (≈ *Schwarze Johannisbeere*) blackcurrant
Ribonukleinsäure *f* ribonucleic acid
richten **A** *v/t* **1** (≈ *lenken*) to direct (**auf** +*akk* towards) **2** (≈ *ausrichten*) **etw nach j-m/etw ~** to suit *od* fit sth to sb/sth; *Verhalten* to orientate sth to sb/sth **3** (≈ *adressieren*) to address (**an** +*akk* to); *Kritik, Vorwurf* to direct (**gegen** at, against) **4** (≈ *reparieren*) to fix; (≈ *einstellen*) to set **B** *v/r* **1** (≈ *sich hinwenden*) to be directed (**auf** +*akk* towards *od* **gegen** at) **2** (≈ *sich wenden*) to consult (**an** j-n sb); *Vorwurf etc* to be directed (**gegen** at) **3** (≈ *zielen auf*) to aim (**an** j-n at sb) **4** (≈ *sich anpassen*) to follow (**nach** j-m/etw sb/sth); **sich nach den Vorschriften ~** to go by the rules; **sich nach j-s Wünschen ~** to comply with sb's wishes; **ich richte mich nach dir** I'll fit in with you; **sich nach der Wettervorhersage ~** to go by the weather forecast **5** (≈ *abhängen von*) to depend (**nach** on) **6** *bes südd* (≈ *sich zurechtmachen*) to get ready **C** *v/i liter* (≈ *urteilen*) to pass judgement (**über** +*akk* on)
Richter(in) *m(f)* judge
richterlich *adj* judicial
Richterskala *f* GEOL Richter scale
Richterspruch *m* **1** JUR ≈ judgement **2** SPORT judges' decision
Richtfest *n* topping-out ceremony
Richtfunk *m* directional radio
Richtgeschwindigkeit *f* recommended speed
richtig **A** *adj* **1** right *kein komp*; (≈ *zutreffend*) correct, right; **nicht ganz ~ (im Kopf) sein** *umg* to be not quite right (in the head) *umg*; **bin ich hier ~ bei Müller?** *umg* is this right for the Müllers? **2** (≈ *wirklich, echt*) real; **der ~e Vater** the real father **B** *adv* (≈ *korrekt*) right; *passen, funktionieren* properly, correctly; **etw ~ machen** to get sth right; **~ gehend** *Uhr, Waage* accurate; **die Uhr geht ~** the clock is right *od* correct; **~ schreiben** to spell; **das ist doch Paul! — ach ja, ~** that's Paul — oh yes, so it is
Richtige(r) *m/f(m)* right person, right man/woman *etc*; **du bist mir der ~!** *iron* you're a fine one *umg*; **sechs ~ im Lotto** six right in the lottery
Richtige(s) *n* right thing; **das ist das ~** that's right; **ich habe nichts ~s gegessen** I haven't had a proper meal; **ich habe noch nicht das ~ gefunden** I haven't found anything suitable
richtiggehend *adj umg* (≈ *regelrecht*) real, proper; → **richtig**
Richtigkeit *f* correctness
richtigstellen *v/t* to correct

Richtigstellung f correction
Richtlinie f guideline
Richtpreis m (**unverbindlicher**) ~ recommended price
Richtung f **1** direction; **in diese ~** this way; **in ~ Hamburg** towards Hamburg Br, toward Hamburg US; **in ~ Süden** in a southerly direction, south-bound; **in die falsche ~** the wrong way; **in welche ~?** which way?; **der Zug ~ Hamburg** the Hamburg train; **eine neue ~ bekommen** to take a new turn; **ein Schritt in die richtige ~** a step in the right direction; **irgendetwas in dieser ~** something along those lines **2** (≈ Tendenz) trend; (≈ die Vertreter einer Richtung) movement; (≈ Denkrichtung) school of thought; **berufliche ~** line of work
Richtungskampf m POL factional dispute
richtungslos adj lacking a sense of direction
Richtungsstreit m POL factional dispute
Richtungswechsel m change of direction
richtung(s)weisend adj ~ **sein** to point the way (ahead)
riechen **A** v/t to smell; **ich kann das nicht ~** umg I can't stand the smell of it; fig (≈ nicht leiden) I can't stand it; **j-n nicht ~ können** umg not to be able to stand sb; **das konnte ich doch nicht ~!** umg how was I (supposed) to know? **B** v/i **1** (≈ Geruchssinn haben) **Hunde können gut ~** dogs have a good sense of smell **2** (≈ bestimmten Geruch haben) to smell; **gut/schlecht ~** to smell good/bad; **nach etw ~** to smell of sth; **aus dem Mund ~** to have bad breath; **das riecht nach Betrug/Verrat** fig umg that smacks of deceit/treachery **3** (≈ schnüffeln) to sniff; **an j-m/etw ~** to sniff (at) sb/sth **C** v/i to smell; **es riecht nach Gas** there's a smell of gas
Riecher umg m **einen ~ (für etw) haben** to have a nose (for sth)
Ried n (≈ Schilf) reeds pl
Riege f team
Riegel m **1** (≈ Verschluss) bolt; **einer Sache** (dat) **einen ~ vorschieben** fig to put a stop to sth **2** (≈ Schokoladenriegel, Seifenstück) bar
Riemen¹ m (≈ Treibriemen, Gürtel) belt; **an Gepäck** strap; **den ~ enger schnallen** fig to tighten one's belt; **sich am ~ reißen** fig umg to get a grip on oneself
Riemen² m SPORT oar; **sich in die ~ legen** to put one's back into it
Riese m giant; sl (≈ Geldschein) big one umg
rieseln v/i Wasser, Sand to trickle; Regen to drizzle; Schnee to flutter down; Staub to fall down; **der Kalk rieselt von der Wand** lime is crumbling off the wall
Riesen- zssgn giant

Riesenärger umg m **das gibt einen ~** there's going to be hell to pay umg; **du bekommst einen ~ mit ihnen** you're going to get into massive trouble with them umg; **einen ~ im Büro haben** to be having massive problems at work umg
Riesenerfolg m gigantic success; THEAT, FILM smash hit
Riesengarnele f king prawn
Riesengebirge n GEOG Sudeten Mountains pl
riesengroß, riesenhaft adj → riesig
Riesenhunger umg m enormous appetite
Riesenrad n big wheel, Ferris wheel
Riesenschlange f boa
Riesenschritt m giant step
Riesenslalom m giant slalom
riesig **A** adj **1** enormous, huge, giant; Spaß tremendous **2** umg (≈ toll) fantastic umg **B** adv umg (≈ sehr, überaus) incredibly
Riff¹ n (≈ Felsklippe) reef
Riff² m MUS riff
rigoros **A** adj rigorous **B** adv ablehnen rigorously; kürzen drastically
Rigorosum n UNIV (doctoral od PhD) viva Br, (doctoral od PhD) oral
Rikscha f rickshaw
Rille f groove; in Säule flute
Rind n **1** (≈ Tier) cow; (≈ Bulle) bull; **~er cattle** pl **2** umg (≈ Rindfleisch) beef
Rinde f (≈ Baumrinde) bark; (≈ Brotrinde) crust; (≈ Käserinde) rind
Rinder- zssgn cattle
Rinderbraten m roh joint of beef; gebraten roast beef **kein unbest art**
Rinderfarm f cattle station
Rinderfilet n fillet of beef
Rinderherde f herd of cattle
Rinderhirte m cowboy
Rinderlende f beef tenderloin
Rinderseuche f epidemic cattle disease; (≈ BSE) mad cow disease
Rindersteak n steak
Rinderwahn(sinn) m mad cow disease
Rinderzucht f cattle farming
Rindfleisch n beef
Rindsleder n cowhide
Rindsuppe f österr consommé
Rindvieh n **1** (≈ Rinder) cattle pl **2** umg (≈ Idiot) ass umg
Ring m ring; von Menschen circle; (≈ Ringstraße) ring road; **~e** Turnen rings
Ringbuch n ring binder
Ringbucheinlage f loose-leaf pad
Ringelblume f marigold
ringeln **A** v/t Pflanze to (en)twine **B** v/r to curl
Ringelnatter f grass snake

Ringelschwanz umg m curly tail
Ringelspiel n österr merry-go-round
ringen **A** v/t **die Hände ~** to wring one's hands **B** v/i **1** (≈ kämpfen) to wrestle (**mit** with); **mit den Tränen ~** to struggle to keep back one's tears **2** (≈ streben) **nach** od **um etw ~** to struggle for sth
Ringen n SPORT wrestling; fig struggle
Ringer(in) m(f) wrestler
Ringfahndung f dragnet
Ringfinger m ring finger
ringförmig **A** adj ring-like **B** adv in a ring od circle
Ringhefter m ring binder
Ringkampf m fight; SPORT wrestling match
Ringkämpfer(in) m(f) wrestler
Ringordner m ring binder
Ringrichter(in) m(f) SPORT referee
rings adv (all) around
ringsherum adv all (the way) around
Ringstraße f ring road
ringsum adv (all) around
ringsumher adv around
Rinne f (≈ Rille) groove; (≈ Furche, Abflussrinne) channel; (≈ Dachrinne, Rinnstein) gutter
rinnen v/i (≈ fließen) to run
Rinnsal n rivulet, trickle
Rinnstein m (≈ Gosse) gutter
Rippchen n GASTR slightly cured pork rib
Rippe f **1** rib; **er hat nichts auf den ~n** umg he's just skin and bone(s) **2** von Heizkörper etc fin
rippen v/t umg Daten, Musik to rip
Rippenbruch m broken od fractured rib
Rippenfell n pleura
Rippenfellentzündung f pleurisy
Rippenshirt n ribbed shirt
Rippenstück n GASTR joint of meat including ribs
Risiko n risk; **auf eigenes ~** at one's own risk; **die Sache ist ohne ~** there's no risk involved; **wir sollten kein ~ eingehen** we shouldn't take any risks
Risikoanalyse f analysis of risks
Risikobereitschaft f readiness to take risks
Risikofaktor m risk factor
risikofreudig adj prepared to take risks, adventurous
Risikogeburt f MED high-risk birth
Risikogruppe f (high-)risk group
Risikokapital n FIN risk od venture capital
Risikomanagement n risk management
risikoreich adj risky, high-risk attr
Risikoschwangerschaft f high-risk pregnancy
Risikostaat m state of concern
riskant adj risky

riskieren v/t to risk; (≈ sich trauen) to dare; **etwas/ nichts ~** to take risks/no risks; **sein Geld ~** to put one's money at risk
Risotto m/n risotto
Rispe f BOT panicle
Riss m in Stoff, Papier etc tear, rip; in Erde fissure; (≈ Sprung) in Wand, Behälter etc crack; (≈ Hautriss) chap; fig (≈ Kluft) rift, split
rissig adj Boden, Leder cracked; Haut, Hände, Lippen chapped
Risswunde f laceration
Ritt m ride
Ritter m im Mittelalter knight; fig hum (≈ Kämpfer) champion; **j-n zum ~ schlagen** to knight sb
ritterlich adj chivalrous; HIST knightly liter
Ritterorden m order of knights
Ritterrüstung f knight's armour Br, knight's armor US
Rittersporn m BOT larkspur, delphinium
Ritterstand m knighthood
rittlings adv astride (**auf etw** dat sth)
Ritual n ritual
rituell adj ritual
Ritus m rite; fig ritual
Ritze f crack; (≈ Fuge) gap
Ritzel n TECH pinion
ritzen v/t to scratch
Rivale m, **Rivalin** f rival
rivalisieren v/i **mit j-m (um etw) ~** to compete with sb (for sth)
rivalisierend adj rival
Rivalität f rivalry
Riviera f Riviera
Rizinus m, (a. **Rizinusöl**) castor oil
RNS abk (= **Ribonukleinsäure**) RNA
Roadmap f POL, TECH (≈ Strategie) roadmap
Roaming n TEL roaming
Roaminggebühren pl roaming charges pl
Robbe f seal
robben v/i MIL to crawl
Robbenjagd f sealing, seal hunting
Robe f **1** (≈ Abendkleid) evening gown **2** (≈ Amtstracht) robes pl
Roboter m robot
Robotertechnik f robotics sg od pl
robust adj robust; Material tough
Robustheit f robustness; von Material toughness
röcheln v/i to groan; Sterbender to give the death rattle
Rochen m ray
Rock¹ m (≈ Damenrock) skirt; schweiz (≈ Kleid) dress
Rock² m MUS rock
Rockband f rock band
rocken v/i MUS to rock
rockig adj Musik which sounds like (hard) rock
Rockkonzert n rock concert

Rockmusik f rock music
Rockpoet(in) m(f) rock poet
Rocksaum m hem of a/the skirt
Rockstar m rock star
Rodel m/f österr, südd toboggan
Rodelbahn f toboggan run
rodeln v/i to toboggan
Rodelschlitten m toboggan
roden v/t Wald, Land to clear
Rodeo n rodeo
Rodler(in) m(f) tobogganer; bes SPORT tobogganist
Rodung f clearing
Rogen m roe
Roggen m rye
Roggenbrot n rye bread
roh **A** adj **1** (≈ ungekocht) raw **2** (≈ unbearbeitet) Bretter, Stein etc rough; Diamant uncut; Metall crude **3** (≈ brutal) rough; **rohe Gewalt** brute force **B** adv **1** (≈ ungekocht) raw **2** (≈ grob) roughly **3** (≈ brutal) brutally
Rohbau m shell (of a/the building)
Rohdiamant m rough od uncut diamond
Roheisen n pig iron
Rohentwurf m rough draft
Rohgewinn m gross profit
Rohheit f **1** Eigenschaft roughness; (≈ Brutalität) brutality **2** Tat brutality
Rohkost f raw fruit and vegetables pl
Rohleder n untanned leather, rawhide US
Rohling m **1** (≈ Grobian) brute **2** TECH blank; **CD--Rohling** blank CD
Rohmaterial n raw material
Rohmilch f untreated od unpasteurized milk
Rohmilchkäse m unpasteurized cheese
Rohöl n crude oil
Rohr n **1** (≈ Schilfrohr) reed; für Stühle etc cane, wicker kein pl **2** TECH pipe; (≈ Geschützrohr) (gun) barrel; **aus allen ~en feuern** wörtl to fire with all its guns; fig to use all one's fire power; **volles ~** umg flat out Br, at full speed **3** österr, südd (≈ Backröhre) oven
Rohrbruch m burst pipe
Röhrchen n tube; umg zur Alkoholkontrolle Breathalyzer®; **ins ~ blasen** umg to be breathalyzed
Röhre f **1** (≈ Backröhre) oven; **in die ~ gucken** umg to be left out **2** (≈ Neonröhre) (neon) tube; (≈ Elektronenröhre) valve Br, tube US **3** (≈ Hohlkörper) tube
röhren v/i JAGD to bell; Motorrad to roar
röhrenförmig adj tubular
Röhrenjeans f drainpipes pl; unten ganz eng skinny jeans pl
Rohrgeflecht n wickerwork, basketwork
Rohrleitung f conduit, pipe; Gesamtheit der Rohre plumbing
Rohrmöbel pl cane furniture sg bes Br, wicker furniture sg
Rohrpost f pneumatic dispatch system
Rohrstock m cane
Rohrzange f pipe wrench
Rohrzucker m cane sugar
Rohseide f wild silk
Rohstoff m raw material
rohstoffarm adj Land lacking in raw materials
rohstoffreich adj Land rich in raw materials
Rohzustand m natural state od condition
Rollator m rolling walker
Rollbahn f FLUG taxiway; (≈ Start-, Landebahn) runway
Rolle f **1** (≈ Zusammengerolltes) roll; (≈ Garnrolle) reel; **eine ~ Toilettenpapier** a toilet roll **2** (≈ Walze) roller; an Möbeln caster, castor; **von der ~ sein** fig umg to have lost it umg **3** SPORT roll **4** THEAT, FILM, a. fig role, part; SOZIOL role; **bei** od **in etw** (dat) **eine ~ spielen** to play a part in sth; **es spielt keine ~, (ob)** … it doesn't matter (whether) …; **bei ihm spielt Geld keine ~** with him money is no object; **aus der ~ fallen** fig to do/say the wrong thing
rollen **A** v/i to roll; Flugzeug to taxi; **etw ins Rollen bringen** fig to set od start sth rolling **B** v/t to roll; Teig to roll out
Rollenbesetzung f THEAT, FILM casting
Rollenlager n roller bearings pl
Rollenspiel n role play
Rollentausch m exchange of roles
Roller m Motorroller, Roller für Kinder scooter
Rollfeld n runway
Rollgeld n freight charge
rollig umg adj Katze on heat Br, in heat
Rollkoffer m trolley case Br, rolling suitcase, roller US
Rollkommando n raiding party
Rollkragen m polo neck, turtleneck US
Rollkragenpullover m polo-neck sweater, turtleneck sweater US
Rollladen m an Fenster, Tür etc (roller) shutters pl
Rollmops m rollmops
Rollo n (roller) blind
Rollschuh m roller skate; **~ laufen** to roller--skate
Rollschuhlaufen n roller-skating
Rollschuhläufer(in) m(f) roller skater
Rollsplitt m loose chippings pl
Rollstuhl m wheelchair
Rollstuhlfahrer(in) m(f) wheelchair user
Rolltreppe f escalator
Rom n Rome
ROM n COMPUT ROM
Roma pl Romanies pl

Roman *m* novel
Romanheld *m* hero of a/the novel
Romanheldin *f* heroine of a/the novel
Romanik *f* ARCH, KUNST Romanesque period
romanisch *adj* Volk, Sprache Romance; KUNST, ARCH Romanesque
Romanist(in) *m(f)* UNIV student of Romance languages and literature; *Wissenschaftler* expert on Romance languages and literature
Romanistik *f* UNIV Romance languages and literature
Romantik *f* **1** LIT, KUNST, MUS Romanticism; *Epoche* Romantic period **2** *fig* romance
Romantiker(in) *m(f)* LIT, KUNST, MUS Romantic; *fig* romantic
romantisch **A** *adj* romantic; LIT *etc* Romantic **B** *adv* romantically
Romanze *f* romance
Römer(in) *m(f)* Roman
Römertopf® *m* GASTR earthenware casserole
römisch *adj* Roman
römisch-katholisch *adj* Roman Catholic
Rommé *n*, **Rommee** *n* rummy
röntgen *v/t* to X-ray
Röntgenaufnahme *f* X-ray
Röntgenbild *n* X-ray
Röntgenologe *m*, **Röntgenologin** *f* radiologist
Röntgenologie *f* radiology
Röntgenstrahlen *pl* X-rays *pl*
Röntgenuntersuchung *f* X-ray examination
rosa *adj* pink; **in ~(rotem) Licht** in a rosy light
Röschen *n* (little) rose; *von Brokkoli, Blumenkohl* floret; *von Rosenkohl* sprout
Rose *f* Blume rose
rosé *adj* pink
Rosé *m* rosé (wine)
Rosengarten *m* rose garden
Rosenholz *n* rosewood
Rosenkohl *m* Brussel(s) sprouts *pl*
Rosenkranz *m* KIRCHE rosary
Rosenmontag *m* Monday preceding Ash Wednesday
Rosenstrauch *m* rosebush
Rosette *f* rosette
Roséwein *m* rosé wine
rosig *adj* rosy
Rosine *f* raisin; **(große) ~n im Kopf haben** *umg* to have big ideas; **sich** (*dat*) **die ~n (aus dem Kuchen) herauspicken** *umg* to take the pick of the bunch
Rosmarin *m* rosemary
Ross *n* österr, schweiz, südd horse; **~ und Reiter nennen** *fig geh* to name names; **auf dem hohen ~ sitzen** *fig* to be on one's high horse
Rosshaar *n* horsehair

Rosskastanie *f* horse chestnut
Rosskur *hum f* kill-or-cure remedy
Rost¹ *m* rust; **~ ansetzen** to start to rust
Rost² *m* (≈ *Ofenrost*) grill; (≈ *Gitterrost*) grating, grille
Rostbraten *m* GASTR ≈ roast
Rostbratwurst *f* barbecue sausage
rostbraun *adj* russet; *Haar* auburn
rosten *v/i* to rust
rösten *v/t* to roast; *Brot* to toast
Rostfleck *m* patch of rust
rostfrei *adj* Stahl stainless
röstfrisch *adj* Kaffee freshly roasted
Rösti *pl* fried grated potatoes
rostig *adj* rusty
Röstkartoffeln *pl* sauté potatoes *pl*
Rostschutz *m* antirust protection
Rostschutzfarbe *f* antirust paint
Rostschutzmittel *n* rustproofer
rot **A** *adj* red; **Rote Karte** FUSSB red card; **das Rote Kreuz** the Red Cross; **der Rote Halbmond** the Red Crescent; **das Rote Meer** the Red Sea; **rote Zahlen schreiben** to be in the red; **rot werden** to blush, to go red **B** *adv* **1** *anmalen* red; *anstreichen* in red; **sich** (*dat*) **etw rot (im Kalender) anstreichen** *umg* to make sth a red-letter day **2** *glühen, leuchten* a bright red; **rot glühend** *Metall* red-hot
Rot *n* red; **bei Rot** at red; **die Ampel stand auf Rot** the lights were (at) red
Rotation *f* rotation
Rotbarsch *m* rosefish
rotblond *adj* Haar sandy; *Mann* sandy-haired; *Frau* strawberry blonde
rotbraun *adj* reddish brown; *Haare* auburn
Röte *f* redness, red
Röteln *pl* German measles *sg*
röten **A** *v/t* to make red; **gerötete Augen** red eyes **B** *v/r* to turn *od* become red
rotglühend *adj* → rot
rotgrün *adj* red-green; **die ~e Koalition** the Red-Green coalition
rothaarig *adj* red-haired
Rothaarige(r) *m/f(m)* redhead
rotieren *v/i* to rotate; **am Rotieren sein** *umg* to be in a flap *umg*
Rotkäppchen *n* LIT Little Red Riding Hood
Rotkehlchen *n* robin
Rotkohl *m*, **Rotkraut** österr, südd *n* red cabbage
rötlich *adj* reddish; *Haare* ginger
Rotlicht *n* red light
Rotlichtviertel *n* red-light district
rotsehen *umg v/i* to see red *umg*
Rotstift *m* red pencil; **den ~ ansetzen** *fig* to cut back (drastically)
Rottanne *f* Norway spruce

Rottweiler m Rottweiler
Rötung f reddening
Rotwein m red wine
Rotwild n red deer
Rotz m snot umg
rotzfrech umg adj cocky umg
Rotznase f **1** umg snotty nose umg **2** umg (≈ *Kind*) snotty-nosed brat umg
Rouge n blusher
Roulade f GASTR ≈ beef olive
Rouleau n (roller) blind
Roulette n, **Roulett** n roulette
Route f route
Routenplaner m route planner
Routine f (≈ *Erfahrung*) experience; (≈ *Gewohnheit*) routine
Routineangelegenheit f routine matter
Routinecheck m routine check
Routinekontrolle f routine check
routinemäßig adj routine; **das wird ~ überprüft** it's checked as a matter of routine
Routinesache f routine matter
routiniert **A** adj experienced **B** adv expertly
Rowdy m hooligan; *zerstörerisch* vandal; *lärmend* rowdy (type)
Ruanda n GEOG Rwanda
Rubbelkarte f, **Rubbellos** n scratch card
rubbeln v/t & v/i to rub; *Los* to scratch
Rübe f **1** turnip; **Gelbe ~** carrot; **Rote ~** beetroot Br, beet US **2** umg (≈ *Kopf*) nut umg
Rübensaft m, **Rübenkraut** n sugar beet syrup
Rübenzucker m beet sugar
rüber- umg zssgn → herüber → hinüber
rüberbringen v/t **1** umg **etw gut ~** to put* sth across well **2** *an bestimmten Ort* to bring round
Rubin m ruby
Rubrik f **1** (≈ *Kategorie*) category **2** (≈ *Zeitungsrubrik*) section
ruck, zuck adv in a flash; **das geht ~** it won't take a second
Ruck m jerk; POL swing; **auf einen** od **mit einem ~ in one go; sich** (dat) **einen ~ geben** umg to make an effort
Rückantwort f reply, answer
Rückantwortkarte f reply-paid postcard
ruckartig **A** adj jerky **B** adv jerkily; **er stand ~ auf** he shot to his feet
Rückbank f back seat
rückbestätigen v/t to reconfirm
Rückblende f flashback
Rückblick m look back (**auf** +akk at); **im ~ auf etw** (akk) looking back on sth
rückblickend adv in retrospect
rückdatieren v/t to backdate
rücken **A** v/i to move; (≈ *Platz machen*) to move up; *zur Seite a.* to move over; **näher ~** to move closer; **an j-s Stelle** (akk) **~** to take sb's place; **in weite Ferne ~** to recede into the distance **B** v/t to move
Rücken m back; (≈ *Nasenrücken*) ridge; (≈ *Bergrücken*) crest; (≈ *Buchrücken*) spine; **mit dem ~ zur Wand stehen** fig to have one's back to the wall; **hinter j-s ~** (dat) fig behind sb's back; **j-m/einer Sache den ~ kehren** to turn one's back on sb/sth; **j-m in den ~ fallen** fig to stab sb in the back; **j-m den ~ decken** fig umg to back sb up umg; **j-m den ~ stärken** fig umg to give sb encouragement
Rückendeckung f fig backing
Rückenflosse f dorsal fin
rückenfrei adj *Kleid* backless, low-backed
Rückenlage f supine position; **er schläft in ~** he sleeps on his back
Rückenlehne f back (rest)
Rückenmark n spinal cord
Rückenschmerzen pl backache, back pain
rückenschwimmen v/i to swim on one's back
Rückenschwimmen n backstroke
Rückenwind m tailwind
Rückenwirbel m dorsal vertebra
rückerstatten v/t to refund; *Ausgaben* to reimburse
Rückerstattung f refund; *von Ausgaben* reimbursement
Rückfahrkamera f reversing camera
Rückfahrkarte f return ticket Br, round-trip ticket US
Rückfahrscheinwerfer m AUTO reversing light, backup light US
Rückfahrt f return journey; **auf der ~** on the way back
Rückfall m relapse; JUR repetition of an/the offence Br, repetition of an/the offense US
rückfällig adj **~ werden** MED to have a relapse; fig to relapse; JUR to lapse back into crime
Rückflug m return flight
Rückfrage f question; **auf ~ wurde uns erklärt ...** when we queried this, we were told ...
rückfragen v/i to check
Rückführung f *von Menschen* repatriation, return
Rückgabe f return
Rückgang m fall, drop (+gen in)
rückgängig adj **~ machen** (≈ *widerrufen*) to undo; *Bestellung, Termin* to cancel; *Entscheidung* to go back on; *Verlobung* to call off; *Prozess* to reverse
Rückgewinnung f recovery; *von Land, Gebiet* reclamation
Rückgrat n spine, backbone
Rückgriff m LIT flashback
Rückhalt m **1** (≈ *Unterstützung*) support **2** (≈ *Ein-*

schränkung) **ohne ~** without reservation
rückhaltlos A *adj* complete B *adv* completely; **sich ~ zu etw bekennen** to proclaim one's total allegiance to sth
Rückhand *f* SPORT backhand
Rückkauf *m* repurchase
Rückkaufsrecht *n* right of repurchase
Rückkehr *f* return; **bei seiner ~** on his return
Rückkopplung *f a. fig* feedback
Rücklage *f* FIN (≈ *Reserve*) reserve, reserves *pl*
rückläufig *adj* declining; *Tendenz* downward
Rücklicht *n* tail-light, rear light
rücklings *adv* (≈ *rückwärts*) backwards; (≈ *von hinten*) from behind; (≈ *auf dem Rücken*) on one's back
Rückmeldung *f* UNIV re-registration; (≈ *Feedback*) feedback; *in E-Mail etc* **danke für die ~** thanks for getting back to me
Rücknahme *f* taking back
Rückporto *n* return postage
Rückreise *f* return journey
Rückreiseverkehr *m* homebound traffic
Rückreisewelle *f* surge of homebound traffic
Rückruf *m* 1 *am Telefon* **Herr X hat angerufen und bittet um ~** Mr X called and asked you to call (him) back 2 *von Botschafter, Waren* recall
Rucksack *m* rucksack
Rucksacktourismus *m* backpacking
Rucksacktourist(in) *m(f)* backpacker
Rückschau *f* **~ halten** to reminisce, to reflect
Rückschein *m* ≈ recorded delivery slip
Rückschlag *fig m* setback; *bei Patient* relapse
Rückschluss *m* conclusion; **Rückschlüsse ziehen** to draw one's own conclusions (**aus** from)
Rückschritt *fig m* step backwards
rückschrittlich *adj* reactionary; *Entwicklung* retrograde
Rückseite *f* back; *von Buchseite, Münze* reverse; *von Platte* flip side; *von Zeitung* back page; **siehe ~** see over(leaf)
Rücksendung *f* return
Rücksicht *f* (≈ *Nachsicht*) consideration; **aus** *od* **mit ~ auf j-n/etw** out of consideration for sb/sth; **ohne ~ auf j-n/etw** with no consideration for sb/sth; **ohne ~ auf Verluste** *umg* regardless; **auf j-n/etw ~ nehmen** to show consideration for sb/sth
Rücksichtnahme *f* consideration
rücksichtslos A *adj* 1 inconsiderate; *im Verkehr* reckless 2 (≈ *unbarmherzig*) ruthless B *adv* 1 (≈ *ohne Nachsicht*) inconsiderately 2 (≈ *schonungslos*) ruthlessly
Rücksichtslosigkeit *f* lack of consideration; (≈ *Unbarmherzigkeit*) ruthlessness
rücksichtsvoll A *adj* considerate, thoughtful (**gegenüber, gegen** towards) B *adv* considerately, thoughtfully
Rücksitz *m von Fahrrad, Motorrad* pillion; *von Auto* back seat
Rückspiegel *m* AUTO rear(-view) mirror; *außen* outside mirror
Rückspiel *n* SPORT return match *Br*, rematch *US*
Rücksprache *f* consultation; **nach ~ mit Herrn Müller ...** after consulting Mr Müller ...
Rückstand *m* 1 (≈ *Überrest*) remains *pl*; (≈ *Bodensatz*) residue 2 (≈ *Verzug*) delay; *bei Aufträgen* backlog; **im ~ sein** to be behind; **mit 0:2 (Toren) im ~ sein** to be 2-0 down; **seinen ~ aufholen** to catch up
rückständig *adj* 1 (≈ *überfällig*) *Betrag* overdue 2 (≈ *zurückgeblieben*) backward
Rückständigkeit *f* backwardness
Rückstau *m von Wasser* backwater; *von Autos* tailback
Rückstelltaste *f* backspace key
Rückstrahler *m* reflector
Rücktaste *f an Tastatur* backspace key
Rücktritt *m* 1 (≈ *Amtsniederlegung*) resignation; *von König* abdication 2 JUR *von Vertrag* withdrawal (**von** from)
Rücktrittbremse *f* backpedal brake
Rücktrittsangebot *n* offer of resignation
Rücktrittsdrohung *f* threat to resign; *von König* threat to abdicate
Rücktrittsrecht *n* right of withdrawal
rückübersetzen *v/t* to translate back into the original language
Rückumschlag *m* reply-paid envelope, business reply envelope *US*; **adressierter und frankierter ~** stamped addressed envelope
rückvergüten *v/t* to refund
Rückvergütung *f* refund
rückversichern A *v/t & v/i* to reinsure B *v/r* to check (up *od* back)
Rückversicherung *f* reinsurance
Rückwand *f* back wall; *von Möbelstück etc* back
rückwärtig *adj* back
rückwärts *adv* backwards; **Rolle ~** backward roll; **Salto ~** back somersault; **~ einparken** to reverse into a parking space
rückwärtsfahren *v/i* to reverse
Rückwärtsgang *m* AUTO reverse gear; **den ~ einlegen** to change into reverse *Br*, to shift into reverse *US*
Rückweg *m* way back; **den ~ antreten** to set off back
ruckweise *adv* jerkily
rückwirkend *adj* JUR retrospective; *Lohnerhöhung* backdated
Rückwirkung *f* repercussion
rückzahlbar *adj* repayable
Rückzahlung *f* repayment

Rückzieher umg m **einen ~ machen** to back down

Rückzug m MIL retreat; fig withdrawal

Rucola(salat) m rocket Br, arugula US

rüde **A** adj impolite; Antwort curt; Methoden crude **B** adv rudely

Rüde m (≈ Männchen) male

Rudel n von Hunden, Wölfen pack; von Hirschen herd

Ruder n von Ruderboot oar; SCHIFF, FLUG (≈ Steuerruder) rudder; fig (≈ Führung) helm; **das ~ fest in der Hand haben** fig to be in control of the situation; **am ~ sein** to be at the helm; **ans ~ kommen** to take over (at) the helm; **das ~ herumreißen** fig to change tack

Ruderboot n rowing boat Br, rowboat US

Ruderer m oarsman

Ruderin f oarswoman

rudern v/t & v/i to row

Rudern n rowing

Ruderregatta f rowing regatta

Rudersport m rowing kein best art

rudimentär adj rudimentary

Ruf m **1** (≈ nach) call (nach for); lauter shout; (≈ Schrei) cry **2** (≈ Ansehen) reputation; **einen guten Ruf haben** to have a good reputation; **eine Firma von Ruf** a firm with a good reputation; **j-n/etw in schlechten Ruf bringen** to give sb/sth a bad name **3** UNIV (≈ Berufung) offer of a chair **4** (≈ Fernruf) telephone number; „Ruf: 2785" "Tel 2785"

rufen **A** v/i to call; (≈ laut rufen) to shout; Eule to hoot; **um Hilfe ~** to call for help; **die Arbeit ruft** my/your etc work is waiting; **nach j-m/etw ~** to call for sb/sth **B** v/t **1** (≈ laut sagen) to call; (≈ ausrufen) to cry; (≈ laut rufen) to shout; **rhythmisch ~** to chant; **sich** (dat) **etw in Erinnerung ~** to recall sth **2** (≈ kommen lassen) to send for; Arzt, Polizei, Taxi to call; **j-n zu sich ~** to send for sb; **j-n zu Hilfe ~** to call on sb to help; **du kommst wie gerufen** you're just the man/woman I wanted

Rüffel umg m telling-off umg

Rufmord m character assassination

Rufmordkampagne f smear campaign

Rufname m forename (by which one is generally known)

Rufnummer f telephone number

Rufnummernanzeige f TEL caller ID display

Rufnummernspeicher m von Telefon memory

Rufumleitung f TEL call diversion

Rufweite f **in ~** within earshot; **außer ~** out of earshot

Rufzeichen n TEL call sign; von Telefon ringing tone

Rugby n rugby

Rugbyschuh m rugby boot

Rüge f (≈ Verweis) reprimand; **j-m eine ~ erteilen** to reprimand sb (**für, wegen** for)

rügen form v/t j-n to reprimand (**wegen, für** for); etw to reprehend

Ruhe f **1** (≈ Stille) quiet; **~!** quiet!, silence!; **sich** (dat) **~ verschaffen** to get quiet; **~ halten** to keep quiet; **~ und Frieden** peace and quiet; **die ~ vor dem Sturm** fig the calm before the storm **2** (≈ Frieden) peace; **in ~ und Frieden leben** to live a quiet life; **~ und Ordnung** law and order; **j-n in ~ lassen** to leave sb alone; **lass mich in ~!** leave me in peace; **j-m keine ~ lassen** od **gönnen** Mensch not to give sb any peace; **keine ~ geben** to keep on and on; **das lässt ihm keine ~** he can't stop thinking about it; **zur ~ kommen** to get some peace; (≈ solide werden) to settle down **3** (≈ Erholung) rest; **angenehme ~!** sleep well!; **sich zur ~ setzen** to retire **4** (≈ Gelassenheit) calm(ness); **die ~ weghaben** umg to be unflappable umg; **~ bewahren** to keep calm; **j-n aus der ~ bringen** to throw sb umg; **sich nicht aus der ~ bringen lassen** not to (let oneself) get worked up; **in aller ~** calmly; **immer mit der ~** umg don't panic

ruhelos adj restless

ruhen v/i **1** (≈ ausruhen) to rest; **nicht (eher) ~, bis ...** fig not to rest until ... **2** (≈ stillstehen) to stop; Maschinen to stand idle; Verkehr to be at a standstill; (≈ unterbrochen sein) Verfahren, Verhandlung to be suspended **3** (≈ tot und begraben sein) to be buried; **„hier ruht ..."** "here lies ..."; **„ruhe in Frieden!"** "Rest in Peace"

ruhend adj resting; Kapital dormant; Verkehr stationary

ruhen lassen v/t Vergangenheit, Angelegenheit to let rest

Ruhepause f break; **eine ~ einlegen** to take a break

Ruhestand m retirement; **im ~ sein** od **leben** to be retired; **in den ~ treten** to retire; **j-n in den ~ versetzen** to retire sb

Ruhestandsalter n retirement age

Ruhestätte f resting place

Ruhestörer(in) m(f) disturber of the peace

Ruhestörung f JUR disturbance of the peace

Ruhetag m day off; von Geschäft etc closing day; **„Mittwoch ~"** "closed (on) Wednesdays"

ruhig **A** adj (≈ still) quiet; Wetter, Meer calm; (≈ leise, geruhsam) quiet; (≈ ohne Störung) Verlauf smooth; (≈ gelassen) calm; (≈ sicher) Hand steady; **seid ~!** be quiet!; **nur ~ (Blut)!** keep calm **B** adv **1** (≈ still) sitzen, dastehen still **2** umg **du kannst ~ hier bleiben** feel free to stay here; **ihr könnt ~ gehen, ich passe schon auf** you just go and I'll look after things; **wir kön-**

nen ~ darüber sprechen we can talk about it if you want ▣ (≈ *beruhigt*) schlafen peacefully; **du kannst ~ ins Kino gehen** go ahead, go to the cinema

Ruhm *m* glory; (≈ *Berühmtheit*) fame; (≈ *Lob*) praise

rühmen Ⓐ *v/t* (≈ *preisen*) to praise Ⓑ *v/r* **sich einer Sache** (*gen*) ~ (≈ *prahlen*) to boast about sth; (≈ *stolz sein*) to pride oneself on sth

rühmlich *adj* praiseworthy; *Ausnahme* notable

Ruhr *f Krankheit* dysentery

Rührei *n* scrambled egg

rühren Ⓐ *v/i* ❶ (≈ *umrühren*) to stir; **in der Suppe ~** to stir the soup ❷ **von etw ~** to stem from sth; **das rührt daher, dass …** that is because … Ⓑ *v/t* ❶ (≈ *umrühren*) to stir ❷ (≈ *bewegen*) to move; **er rührte keinen Finger, um mir zu helfen** *umg* he didn't lift a finger to help me *umg*; **das kann mich nicht ~!** that leaves me cold; (≈ *stört mich nicht*) that doesn't bother me; **sie war äußerst gerührt** she was extremely moved Ⓒ *v/r* (≈ *sich bewegen*) to stir; *Körperteil* to move; **kein Lüftchen rührte sich** the air was still

rührend Ⓐ *adj* touching Ⓑ *adv* **sie kümmert sich ~ um das Kind** it's touching how she looks after the child

Ruhrgebiet *n* Ruhr (area)

rührig *adj* active

Rührkuchen *m* stirred cake

Ruhrpott *umg m* Ruhr (Basin *od* Valley)

rührselig *pej adj* tear-jerking *pej umg*; *Person* weepy; *Stimmung* sentimental

Rührseligkeit *f* sentimentality

Rührteig *m* sponge mixture

Rührung *f* emotion

Ruin *m* ruin; **j-n in den ~ treiben** to ruin sb

Ruine *f* ruin

ruinieren *v/t* to ruin

rülpsen *v/i* to belch; **das Rülpsen** belching

Rülpser *umg m* belch

Rum *m* rum

Rumäne *m*, **Rumänin** *f* Romanian

Rumänien *n* Romania

rumänisch *adj* Romanian

rumhängen *umg v/i* to hang around *od* out *umg* (**in** +*dat* in)

rumkriegen *v/t umg* **j-n ~** to talk sb round; *sexuell* to get sb into bed; **die Zeit ~** to manage to pass the time

rummachen *umg v/i* **an etw** (*dat*) **~** to mess around with sth *umg*; **mit j-m ~** to mess around with sb *umg*

Rummel *m* ❶ *umg* (≈ *Betrieb*) (hustle and) bustle; (≈ *Getöse*) racket *umg*; (≈ *Aufheben*) fuss *umg*; **großen ~ um j-n/etw machen** *od* **veranstalten** to make a great fuss about sb/sth *umg* ❷ (≈ *Rummelplatz*) fair

Rummelplatz *umg m* fairground

rumoren Ⓐ *v/i* to make a noise; *Magen* to rumble Ⓑ *v/i* **es rumort in meinem Magen** *od* **Bauch** my stomach's rumbling

Rumpelkammer *umg f* junk room *umg*

rumpeln *v/i* (≈ *Geräusch machen*) to rumble

Rumpf *m* trunk; *von Statue* torso; *von Schiff* hull; *von Flugzeug* fuselage

rümpfen *v/t* **die Nase ~** to turn up one's nose (**über** +*akk* at)

Rumpsteak *n* rump steak

Rumtopf *m* rumpot (*soft fruit in rum*)

Run *m* run

rund Ⓐ *adj* round; **~e 50 Jahre/500 Euro** a good 50 years/500 euros; **~er Tisch** round table; LIT **~e Figur** round character Ⓑ *adv* ❶ (≈ *herum*) (a)round; **~ um** right (a)round; **~ um die Uhr** right (a)round the clock ❷ (≈ *ungefähr*) (round) about; **~ gerechnet 200** call it 200

Rundblick *m* panorama

Rundbrief *m* circular

Runde *f* ❶ (≈ *Gesellschaft*) company; *von Teilnehmern* circle ❷ (≈ *Rundgang*) walk; *von Briefträger etc* round; **die/seine ~ machen** to do the/one's rounds; **das Gerücht machte die ~** the rumour went around *Br*, the rumor went around *US*; **eine ~ machen** to go for a walk ❸ SPORT round; *bei Rennen* lap; **über die ~n kommen** to pull through ❹ *von Getränken* round; **eine ~ spendieren** *od* **schmeißen** *umg* to buy a round *Br*

runden Ⓐ *v/t Lippen* to round; **nach oben/unten ~** MATH to round up/down Ⓑ *v/r wörtl* (≈ *rund werden*) to become round; *fig* (≈ *konkrete Formen annehmen*) to take shape

runderneuern *v/t* to remould *Br*, to remold *US*; **runderneuerte Reifen** remo(u)lds

Rundfahrt *f* tour; **eine ~ machen** to go on a tour

Rundfrage *f* survey (**an** +*akk od* **unter** +*dat* of)

Rundfunk *m* broadcasting; (≈ *Hörfunk*) radio; **im ~** on the radio

Rundfunkanstalt *form f* broadcasting corporation

Rundfunkgebühr *f* radio licence fee *Br*, radio license fee *US*

Rundfunkgerät *n* radio

Rundfunksender *m* ❶ (≈ *Sendeanlage*) radio transmitter ❷ (≈ *Sendeanstalt*) radio station

Rundfunksendung *f* radio programme *Br*, radio program *US*

Rundfunksprecher(in) *m(f)* radio announcer

Rundgang *m* (≈ *Spaziergang*) walk; *zur Besichtigung* tour (**durch** of)

rundgehen *umg v/i* **jetzt gehts rund** this is where the fun starts *umg*; **es geht rund im Bü-**

ro there's a lot (going) on at the office
rundheraus *adv* straight out; **~ gesagt** frankly
rundherum *adv* all around; *fig umg* (≈ *völlig*) totally
rundlich *adj Mensch* plump; *Form* roundish
Rundmail *f* circular (e-mail)
Rundreise *f* tour (**durch** of)
Rundschreiben *n* circular
rundum *adv* all around; *fig* completely
Rundung *f* curve
rundweg *adv* → rundheraus
Rune *f* rune
runter *umg adv* → herunter → hinunter
runterfahren *v/t Computer* to switch off
runterhauen *v/t umg* **j-m eine ~** to give sb a clip round the ear *Br*, to give sb a clip on the ear *US*
runterkommen *v/i* 1 *von oben nach unten kommen* to come down 2 *umg* **komm mal wieder runter** (≈ *beruhige dich*) just take it easy
runterladen *v/t* to download
runtermachen *v/t umg scharf kritisieren* to slag off *Br*, to bring down *US*; **j-n ~** to bring sb down
runterscrollen *v/t IT* to scroll down
Runzel *f* wrinkle; *auf Stirn a.* line
runzelig *adj* wrinkled
runzeln *v/t Stirn* to wrinkle; *Brauen* to knit
Rüpel *m* lout; (≈ *Mobber*) bully
rüpelhaft *adj* loutish
rupfen *v/t Geflügel* to pluck; *Unkraut* to pull up
ruppig A *adj* (≈ *grob*) rough; *Antwort* gruff B *adv behandeln* gruffly; **~ antworten** to give a gruff answer
Rüsche *f* ruche
Ruß *m* soot; *von Kerze* smoke
Russe *m* Russian
Rüssel *m* snout; *von Elefant* trunk
rußen *v/i Öllampe, Kerze* to smoke; *Ofen* to produce soot
Rußflocke *f* soot particle
rußig *adj* sooty
Russin *f* Russian
russisch *adj* Russian; **~es Roulette** Russian roulette; **~e Eier** GASTR egg(s) mayonnaise
Russland *n* Russia
Rußpartikelfilter *m* AUTO (diesel) particulate filter
rüsten A *v/i* MIL to arm; **zum Krieg/Kampf ~** to arm for war/battle; **gut/schlecht gerüstet sein** to be well/badly armed; *fig* to be well/badly prepared B *v/r* to prepare (**zu** for)
rüstig *adj* sprightly
rustikal *adj Möbel* rustic; *Speisen* country-style
Rüstung *f* 1 (≈ *das Rüsten*) armament; (≈ *Waffen*) arms *pl*, weapons *pl* 2 (≈ *Ritterrüstung*) (suit of) armour *Br*, armor *US*

Rüstungsausgaben *pl* defence spending *sg Br*, defense spending *sg US*
Rüstungsbegrenzung *f* arms limitation
Rüstungsindustrie *f* armaments industry
Rüstungskontrolle *f* arms control
Rüstzeug *n* 1 (≈ *Handwerkszeug*) tools *pl* 2 *fig* skills *pl*
Rute *f* 1 (≈ *Gerte*) switch; *zum Züchtigen* rod 2 (≈ *Wünschelrute*) divining rod; (≈ *Angelrute*) fishing rod
Rutsch *m* slip, fall; (≈ *Erdrutsch*) landslide; POL shift, swing; FIN slide, fall; **guten ~!** *umg* have a good New Year!; **in einem ~** in one go
Rutschbahn *f*, **Rutsche** *f* MECH chute; (≈ *Kinderrutschbahn*) slide
rutschen *v/i* 1 (≈ *gleiten*) to slide; (≈ *ausrutschen*) to slip; AUTO to skid; **ins Rutschen kommen** to start to slip 2 *umg* (≈ *rücken*) to move up *umg*
rutschfest *adj* nonslip
rutschig *adj* slippery
rütteln A *v/t* to shake; → gerüttelt B *v/i* to shake; *Fahrzeug* to jolt; **an etw** (*dat*) **~** *an Tür, Fenster etc* to rattle (at) sth; *fig an Grundsätzen etc* to call sth into question; **daran ist nicht zu ~** *umg* there's no doubt about that

S

S, s *n* S, s
SA *f abk* (≈ Sturmabteilung) HIST storm troops *pl*, storm troopers *pl*
Saal *m* hall
Saar *f* Saar
Saarland *n* Saarland
saarländisch *adj* (of the) Saarland
Saat *f* 1 (≈ *das Säen*) sowing 2 (≈ *Samen*) seed(s) (*pl*)
Saatgut *n* seed(s) (*pl*)
Saatkartoffel *f* seed potato
Saatkorn *n* seed
Saatzeit *f* sowing time
Sabbat *m* Sabbath
sabbern *umg v/i* to slobber
Säbel *m* sabre *Br*, saber *US*
Säbelrasseln *n* sabre-rattling *Br*, saber-rattling *US*
Sabotage *f* sabotage (**an** +*dat* of)
Sabotageakt *m* act of sabotage
Saboteur(in) *m(f)* saboteur
sabotieren *v/t* to sabotage
Sa(c)charin *n* saccharin

Sach- *zssgn Literatur* non-fiction
Sachbearbeiter(in) *m(f)* specialist; (≈ *Beamter*) official in charge (**für** of)
Sachbereich *m* (specialist) area
Sachbeschädigung *f* damage to property, vandalism
sachbezogen *adj Fragen, Angaben* relevant
Sachbuch *n* nonfiction book
sachdienlich *adj Hinweise* relevant, pertinent
Sache *f* **1** thing; (≈ *Gegenstand*) object **2** **~n** *pl umg* (≈ *Zeug*) things *pl*; JUR property; **seine ~n packen** to pack one's bags **3** (≈ *Angelegenheit*) matter; (≈ *Fall*) case; (≈ *Vorfall*) business; (≈ *Anliegen*) cause; (≈ *Aufgabe*) job; **es ist ~ der Polizei, das zu tun** it's up to the police to do that; **das ist eine ganz tolle ~** it's really fantastic; **ich habe mir die ~ anders vorgestellt** I had imagined things differently; **das ist meine/seine ~** that's my/his affair; **er macht seine ~ gut** he's doing very well; *beruflich* he's doing a good job; **das ist so eine ~** *umg* it's a bit tricky; **solche ~n liegen mir nicht** I don't like things like that; **mach keine ~n!** *umg* don't be silly!; **was machst du bloß für ~n!** *umg* the things you do!; **zur ~ kommen** to come to the point; **das tut nichts zur ~** that doesn't matter; **bei der ~ sein** to be on the ball *umg*; **sie war nicht bei der ~** her mind was elsewhere; **j-m sagen, was ~ ist** *umg* to tell sb what's what **4** (≈ *Tempo*) **mit 60/100 ~n** *umg* at 60/100
Sachgebiet *n* subject area
sachgemäß, sachgerecht **A** *adj* proper; **bei ~er Anwendung** if used properly **B** *adv* properly
Sachkenntnis *f in Bezug auf Wissensgebiet* knowledge of the/one's subject; *in Bezug auf Sachlage* knowledge of the facts
Sachkunde *f* expert knowledge; SCHULE general knowledge
sachkundig *adj* (well-)informed; *Beratung* expert
Sachlage *f* situation
sachlich **A** *adj* (≈ *faktisch*) factual; *Grund* practical; (≈ *sachbezogen*) *Frage, Wissen* relevant; (≈ *objektiv*) *Kritik* objective; (≈ *nüchtern*) matter-of-fact **B** *adv* (≈ *faktisch unzutreffend*) factually; (≈ *objektiv*) objectively
sächlich *adj* GRAM neuter
Sachliteratur *f* non-fiction
Sachregister *n* subject index
Sachschaden *m* damage (to property); **es entstand ~ in Höhe von …** there was damage amounting to …
Sachse *m*, **Sächsin** *f* Saxon
Sachsen *n* Saxony
Sachsen-Anhalt *n* Saxony-Anhalt
sächsisch *adj* Saxon
sacht(e) **A** *adj* (≈ *leise*) soft; (≈ *sanft*) gentle; (≈ *vorsichtig*) careful; (≈ *allmählich*) gentle **B** *adv* softly, gently; (≈ *vorsichtig*) carefully
Sachtext *m* factual text
Sachverhalt *m* facts *pl* (of the case)
Sachverstand *m* expertise
Sachverständige(r) *m/f(m)* expert; JUR expert witness
Sachwert *m* real *od* intrinsic value; **~e** *pl* material assets *pl*
Sachzwang *m* practical constraint
Sack *m* **1** sack; *aus Papier, Plastik* bag; **mit ~ und Pack** *umg* bag and baggage **2** *vulg* (≈ *Hoden*) balls *pl sl* **3** *umg* (≈ *Kerl, Bursche*) bastard *sl*
Sackbahnhof *m* terminus
sacken *v/i* to sink; (≈ *durchhängen*) to sag
Sackgasse *f* dead end, cul-de-sac *bes Br*; *fig* dead end; **in einer ~ stecken** *fig* to be (stuck) up a blind alley; *mit Bemühungen etc* to have come to a dead end
Sackhüpfen *n* sack race
Sackkarre *f* barrow
Sadismus *m* sadism
Sadist(in) *m(f)* sadist
sadistisch **A** *adj* sadistic **B** *adv* sadistically
Sadomaso *umg m* sadomasochism
säen *v/t & v/i* to sow; **dünn gesät** *fig* thin on the ground
Safari *f* safari
Safaripark *m* safari park
Safe *m/n* safe
Safer Sex *m* safe sex
Safran *m* saffron
Saft *m* juice; (≈ *Pflanzensaft*) sap; (≈ *Flüssigkeit*) liquid; **ohne ~ und Kraft** *fig* wishy-washy *umg*
saftig *adj* **1** *Obst, Fleisch* juicy; *Wiese, Grün* lush **2** *umg Rechnung, Strafe, Ohrfeige* hefty *umg*
Saftladen *pej umg m* dump *pej umg*
Saftsack *umg m* stupid bastard *sl*
Saftschorle *f* fruit juice mixed with sparkling mineral water
Saga *f* saga
Sage *f* legend
Säge *f* **1** *Werkzeug* saw **2** *österr* (≈ *Sägewerk*) sawmill
Sägeblatt *n* saw blade
Sägefisch *m* sawfish
Sägemehl *n* sawdust
Sägemesser *n* serrated knife
sagen *v/t* **1** to say; (≈ *erzählen, berichten, ausrichten*) to tell; **er hat mir gesagt, dass er ein neues Auto hat** he told me he had a new car; **~ Sie ihm, ich möchte ihn sprechen** tell him I want to talk to him; **sagt mir eure Namen** tell me

your names; **wie gesagt** as I say; **was ~ Sie dazu?** what do you think about it?; **was Sie nicht ~!** you don't say!; **das kann man wohl ~!** you can say that again!; **wie man so sagt** as the saying goes; **das ist nicht gesagt** that's by no means certain; **leichter gesagt als getan** easier said than done; **gesagt, getan** no sooner said than done; **j-m etw ~** to say sth to sb, to tell sb sth; **wem ~ Sie das!** you don't need to tell ME that! ❷ (≈ *bedeuten*) to mean; **das hat nichts zu ~** that doesn't mean anything; **sagt dir der Name etwas?** does the name mean anything to you?; **ich will damit nicht ~, dass …** I don't mean to imply that …; **sein Gesicht sagte alles** it was written all over his face ❸ (≈ *befehlen*) to tell; **j-m ~, er solle etw tun** to tell sb to do sth; **du hast hier (gar) nichts zu ~** you're not the boss; **hat er im Betrieb etwas zu ~?** does he have a say in the firm?; **das Sagen haben** to be the boss ❹ **ich habe mir ~ lassen, …** (≈ *ausrichten lassen*) I've been told …; **lass dir von mir gesagt sein, …** let me tell you …; **er lässt sich** (*dat*) **nichts ~** he won't be told; **im Vertrauen gesagt** in confidence; **unter uns gesagt** between you and me; **genauer gesagt** to put it more precisely; **sag das nicht!** *umg* don't you be so sure!; **sage und schreibe 800 Euro** 800 euros, would you believe it; **sag mal, willst du nicht endlich Schluss machen?** come on, isn't it time to stop?

sägen *v/t & v/i* to saw
sagenhaft *adj* legendary; *Summe* fabulous; *umg* (≈ *hervorragend*) fantastic *umg*
Sägespäne *pl* wood shavings *pl*
Sägewerk *n* sawmill
Sahara *f* Sahara (Desert)
Sahne *f* cream; **(aller)erste ~ sein** *umg* to be top-notch *umg*
Sahnebonbon *m/n* toffee
Sahnequark *m* creamy quark
Sahnetorte *f* cream gateau
sahnig *adj* creamy; **etw ~ schlagen** to beat sth until creamy
Saison *f* season
saisonabhängig *adj* seasonal
Saisonarbeit *f* seasonal work
Saisonarbeiter(in) *m(f)* seasonal worker
saisonbedingt *adj* seasonal
saisonbereinigt *adj Zahlen etc* seasonally adjusted
Saite *f MUS* string; **andere ~n aufziehen** *umg* to get tough
Saiteninstrument *n* string(ed) instrument
Sakko *m/n* sports jacket *bes Br*, sport coat *US*
sakral *adj* sacred

Sakrament *n* sacrament
Sakrileg *geh n* sacrilege
Sakristei *f* sacristy
säkular *adj* (≈ *weltlich*) secular
Salamander *m* salamander
Salami *f* salami
Salamitaktik *umg f* policy of small steps
Salär *n schweiz* salary
Salat *m* ❶ (≈ *Kopfsalat*) lettuce ❷ (≈ *Gericht*) salad; **da haben wir den ~!** *umg* now we're in a fine mess
Salatbesteck *n* salad servers *pl*
Salatgurke *f* cucumber
Salatkopf *m* (head of) lettuce
Salatöl *n* salad oil
Salatplatte *f* salad
Salatschüssel *f* salad bowl
Salatsoße *f* salad dressing
Salbe *f* ointment
Salbei *m* sage
salbungsvoll *adj Worte, Ton* unctuous *pej*
Saldo *m FIN* balance; **per saldo** on balance
Saldoübertrag *m* balance carried forward
Salmiak *m/n* sal ammoniac
Salmiakgeist *m* (liquid) ammonia
Salmonellen *pl* salmonellae *pl*
Salmonellenvergiftung *f* salmonella (poisoning)
Salon *m* ❶ (≈ *Gesellschaftszimmer*) drawing room; *SCHIFF* saloon ❷ (≈ *Friseursalon, Modesalon etc*) salon
salonfähig *iron adj* socially acceptable; *Aussehen* presentable
salopp Ⓐ *adj* ❶ (≈ *nachlässig*) sloppy, slovenly; *Manieren* slovenly; *Sprache* slangy ❷ (≈ *ungezwungen*) casual Ⓑ *adv sich kleiden, sich ausdrücken* casually
Salpeter *m* saltpetre *Br*, saltpeter *US*, nitre *Br*, niter *US*
Salpetersäure *f* nitric acid
Salsa *f Musik, Tanz* salsa
Salto *m* somersault
Salut *m MIL* salute; **~ schießen** to fire a salute
salutieren *v/t & v/i MIL* to salute
Salve *f* salvo, volley; (≈ *Ehrensalve*) salute
Salz *n* salt
salzarm Ⓐ *adj GASTR* low-salt; **~ sein** to be low in salt Ⓑ *adv* **~ essen** to eat low-salt food; **~ kochen** to use very little salt in one's cooking
Salzbergwerk *n* salt mine
Salzburg *n* Salzburg
salzen *v/t* to salt; → *gesalzen*
salzfrei *adj* salt-free
Salzgebäck *n* savoury biscuits *pl Br*, savory biscuits *pl US*
Salzgurke *f* pickled gherkin, pickle *US*

salzhaltig *adj Luft, Wasser* salty
Salzhering *m* salted herring
salzig *adj Speise, Wasser* salty
Salzkartoffeln *pl* boiled potatoes *pl*
Salzkorn *n* grain of salt
salzlos *adj* salt-free
Salzlösung *f* saline solution
Salzsäule *f* **zur ~ erstarren** *fig* to stand as though rooted to the spot
Salzsäure *f* hydrochloric acid
Salzsee *m* salt lake
Salzstange *f* pretzel stick
Salzstreuer *m* salt shaker, saltcellar *bes Br*
Salzwasser *n* salt water
Samariter *m* BIBEL Samaritan
Sambia *n* Zambia
sambisch *adj* Zambian
Samen *m* **1** BOT, *a. fig* seed **2** (≈ *Menschensamen, Tiersamen*) sperm
Samenbank *f* sperm bank
Samenerguss *m* ejaculation
Samenkorn *n* seed
Samenspender *m* sperm donor
sämig *adj Soße* thick
Sammelalbum *n* (collector's) album; *für Erinnerungen* scrapbook
Sammelband *m* anthology
Sammelbecken *n* collecting tank; *fig* melting pot (**von** for)
Sammelbestellung *f* joint order
Sammelbüchse *f* collecting tin
Sammelfahrschein *m*, **Sammelkarte** *f für mehrere Fahrten* multi-journey ticket; *für mehrere Personen* group ticket
Sammelmappe *f* folder
sammeln **A** *v/t* to collect; *Pilze etc* to pick; *Truppen* to assemble **B** *v/r* **1** (≈ *zusammenkommen*) to gather; (≈ *sich anhäufen*) *Wasser etc* to accumulate **2** (≈ *sich konzentrieren*) to collect oneself; → **gesammelt** **C** *v/i* to collect (**für** for)
Sammelplatz *m* meeting place
Sammelsurium *n* conglomeration
Sammler(in) *m(f)* collector
Sammlung *f* **1** collection **2** *fig* (≈ *Konzentration*) composure
Samoa *n* GEOG Samoa
Samstag *m* Saturday; → **Dienstag**
samstags *adv* (on) Saturdays, on a Saturday; → **dienstags**
Samstagsziehung *f beim Lotto* Saturday draw
samt **A** *präp* along *od* together with **B** *adv* **~ und sonders** the whole lot (of them/us/you), the whole bunch *umg*
Samt *m* velvet
samtartig *adj* velvety
Samthandschuh *m* velvet glove; **j-n mit ~en anfassen** *umg* to handle sb with kid gloves *umg*
sämtlich **A** *adj* (≈ *alle*) all; (≈ *vollständig*) complete; **Schillers ~e Werke** the complete works of Schiller; **~e Anwesenden** all those present **B** *adv* all
Sanatorium *n* sanatorium *Br*, sanitarium *US*
Sand *m* sand; **das/die gibts wie ~ am Meer** there are heaps of them *umg*; **j-m ~ in die Augen streuen** *fig* to throw dust in sb's eyes *Br*, to throw dirt in sb's eyes *US*; **im ~e verlaufen** *umg* to come to nothing; **etw in den ~ setzen** *umg Projekt* to blow sth *umg*; *Geld* to squander sth
Sandale *f* sandal
Sandbank *f* sandbank
Sanddorn *m* BOT sea buckthorn
Sandgrube *f* sandpit *bes Br*, sandbox *US*; *beim Golf* bunker
sandig *adj* sandy
Sandkasten *m* sandpit *bes Br*, sandbox *US*; MIL sand table
Sandkorn *n* grain of sand
Sandpapier *n* sandpaper
Sandplatz *m Tennis* clay court
Sandsack *m* sandbag; *Boxen* punchbag *Br*, punching bag *US*
Sandstein *m* sandstone
Sandstrahl *m* jet of sand
sandstrahlen *v/t & v/i* to sandblast
Sandstrahlgebläse *n* sandblasting equipment *kein unbest art, kein pl*
Sandstrand *m* sandy beach
Sandsturm *m* sandstorm
Sanduhr *f* hourglass; (≈ *Eieruhr*) egg timer
Sandwich *n* sandwich
sanft **A** *adj* gentle; *Haut* soft; *Tod* peaceful; **mit ~er Gewalt** gently but firmly; **mit ~er Hand** with a gentle hand **B** *adv* softly; *hinweisen* gently; **~ mit j-m umgehen** to be gentle with sb; **er ist ~ entschlafen** he passed away peacefully
Sanftheit *f* gentleness; *von Haut* softness
sanftmütig *adj* gentle
Sang *m* **mit ~ und Klang** *fig iron durchfallen* catastrophically
Sänger(in) *m(f)* singer
Sangria *f* sangria
sang- und klanglos *umg adv* without any ado; **sie ist ~ verschwunden** she just simply disappeared
sanieren **A** *v/t* **1** *Gebäude* to renovate; *Stadtteil* to redevelop; *Fluss* to clean up **2** WIRTSCH to put (back) on its feet, to rehabilitate; *Haushalt* to turn (a)round **B** *v/r Industrie* to turn itself (a)round
Sanierung *f* **1** *von Gebäude* renovation; *von Stadtteil* redevelopment; *von Fluss* cleaning-up **2** WIRTSCH rehabilitation

Sanierungsgebiet n redevelopment area
Sanierungskosten pl redevelopment costs pl
sanitär adj sanitary; **~e Anlagen** sanitation (facilities), sanitary facilities
Sanitärinstallateur(in) m(f) plumber
Sanitäter(in) m(f) first-aid attendant; MIL (medical) orderly; in Krankenwagen paramedic, ambulanceman/-woman
Sankt adj saint; REL St od Saint
Sankt Gallen n St Gall
Sanktion f sanction; **gegen einen Staat ~en verhängen** to impose sanctions on a state
sanktionieren v/t to sanction
San Marino n GEOG San Marino
Saphir m sapphire
Sardelle f anchovy
Sardine f sardine
Sardinenbüchse f sardine tin; **wie in einer ~** fig umg like sardines umg
Sardinien n Sardinia
Sarg m coffin, casket US
Sargdeckel m coffin lid, casket lid US
Sarin n CHEM sarin
Sarkasmus m sarcasm
sarkastisch A adj sarcastic B adv sarcastically
Sarkom n MED sarcoma
Sarkophag m sarcophagus
SARS n abk (= severe acute respiratory syndrome) SARS
Sashimi n GASTR sashimi
Satan m Satan
satanisch adj satanic
Satanismus m Satanism
Satellit m satellite
Satellitenantenne f TV satellite dish
Satellitenbild n TV satellite picture
Satellitenfernsehen n satellite television
Satellitenfoto n satellite picture
Satellitenfunk m satellite communications pl
satellitengestützt adj satellite-based
Satellitennavigationssystem n satellite radio navigation system
Satellitenschüssel f TV umg satellite dish
Satellitensender m satellite (TV) station
Satellitenstadt f satellite town
Satellitenübertragung f RADIO, TV satellite transmission
Satin m satin
Satire f satire (**auf** +akk on)
Satiriker(in) m(f) satirist
satirisch A adj satirical B adv satirically
Sat-Receiver m, **Satellitenreceiver** m TV satellite receiver
satt adj ◨ (≈ gesättigt) Mensch full (up); **~ sein** to have had enough (to eat), to be full (up) umg; **~ werden** to have enough to eat; **sich (an etw**

dat**) ~ essen** to eat one's fill (of sth) ◨ (≈ kräftig, voll) Farben, Klang rich; umg Mehrheit comfortable ◨ umg (≈ im Überfluss) **...~...** galore
Sattel m saddle; **fest im ~ sitzen** fig to be firmly in the saddle
Satteldach n saddle roof
sattelfest adj **~ sein** Reiter to have a good seat; **in etw** (dat) **~ sein** fig to have a firm grasp of sth
satteln v/t Pferd to saddle (up)
Sattelschlepper m articulated lorry Br, semitrailer US
Satteltasche f saddlebag
satthaben v/t **j-n/etw ~** to be fed up with sb/sth umg, to be tired of sb/sth
Sattheit f ◨ Gefühl full feeling ◨ von Farben, Klang richness
satthören v/r **sie konnte sich an der Musik nicht ~** she could not get enough of the music
sättigen A v/t ◨ Hunger, Neugier to satisfy; j-n to make replete; (≈ ernähren) to feed ◨ HANDEL, CHEM to saturate B v/i to be filling
sättigend adj Essen filling
Sättigung f ◨ geh (≈ Sattsein) repletion ◨ CHEM saturation
Sättigungsgrad m degree of saturation
Sättigungspunkt m saturation point
Sattler(in) m(f) saddler; (≈ Polsterer) upholsterer
sattsam adv amply; bekannt sufficiently
sattsehen v/r **er konnte sich an ihr nicht ~** he could not see enough of her
Saturn m ASTRON Saturn
Satz m ◨ sentence; (≈ Teilsatz) clause; (≈ Lehrsatz) proposition; MATH theorem; (≈ Wendung) phrase; **mitten im ~** in mid-sentence; **~ um ~** sentence for sentence ◨ TYPO (≈ das Setzen) setting; (≈ das Gesetzte) type kein pl; **in ~ gehen** to go for setting ◨ MUS (≈ Abschnitt) movement ◨ (≈ Bodensatz) dregs pl; (≈ Kaffeesatz) grounds pl; (≈ Teesatz) leaves pl ◨ (≈ Zusammengehöriges) set; (≈ Tarifsatz) charge; (≈ Zinssatz) rate ◨ (≈ Sprung) leap; **einen ~ machen** to leap
Satzball m SPORT set point
Satzbau m sentence construction
Satzgefüge n complex sentence
Satzgegenstand m object
Satzteil m part of a/the sentence
Satzung f constitution; von Verein rules pl; einer Gesellschaft charter
Satzzeichen n punctuation mark
Sau f ◨ sow; umg (≈ Schwein) pig ◨ umg **du Sau!** you dirty swine! umg; **dumme Sau** stupid cow umg; **die Sau rauslassen** to let it all hang out umg; **wie eine gesengte Sau** like a maniac umg; **j-n zur Sau machen** to bawl sb out umg; **unter aller Sau** bloody awful Br umg, goddamn awful

umg

sauber **A** *adj* **1** (≈ *clean*); ~ **sein** *Hund etc* to be house-trained; *Kind* to be (potty-)trained **2** (≈ *ordentlich*) neat, tidy **B** *adv* **1** (≈ *rein*) **etw ~ putzen** to clean sth **2** (≈ *sorgfältig*) very thoroughly

Sauberkeit *f* **1** (≈ *Hygiene, Ordentlichkeit*) cleanliness; (≈ *Reinheit*) *von Wasser, Luft etc* cleanness; *von Tönen* accuracy **2** (≈ *Anständigkeit*) honesty; *im Sport* fair play

säuberlich **A** *adj* neat and tidy **B** *adv* neatly; *trennen* clearly

sauber machen *v/t* to clean

Saubermann *m fig umg in Politik etc* squeaky--clean man *umg*; **die Saubermänner** the squeaky-clean brigade *umg*

säubern *v/t* **1** (≈ *reinigen*) to clean **2** *fig euph Partei* to purge (**von** of); MIL *Gegend* to clear (**von** of)

Säuberung *f* **1** (≈ *Reinigung*) cleaning **2** *fig von Partei* purging; *von Gegend* clearing; POL *Aktion* purge

saublöd *umg adj* bloody stupid *Br umg*, damn stupid *umg*

Saubohne *f* broad bean

Sauce *f* sauce; (≈ *Bratensoße*) gravy

Saudi *m* Saudi

Saudi-Arabien *n* Saudi Arabia

saudi-arabisch *adj* Saudi *attr*, Saudi Arabian

saudisch *adj* Saudi *attr*, Saudi Arabian

saudumm *umg adj* damn stupid *umg*

sauer **A** *adj* **1** (≈ *nicht süß*) sour; *Wein* acid(ic); *Gurke, Hering* pickled; *Sahne* soured **2** (≈ *verdorben*) off *präd Br*, bad; *Milch* sour; ~ **werden** to go off *Br*, to go sour **3** CHEM acid(ic); **saurer Regen** acid rain **4** *umg* (≈ *schlecht gelaunt*) mad *umg*, cross; **eine saure Miene machen** to look annoyed **B** *adv* **1** (≈ *mühselig*) **das habe ich mir ~ erworben** I got that the hard way; **mein ~ erspartes Geld** money I had painstakingly saved **2** *umg* (≈ *übel gelaunt*) **~ reagieren** to get annoyed

Sauerampfer *m* sorrel

Sauerbraten *m* braised beef (marinaded in vinegar), sauerbraten *US*

Sauerei *umg f* **1** (≈ *Gemeinheit*) **das ist eine ~!**, **so eine ~!** it's a downright disgrace **2** (≈ *Dreck, Unordnung*) mess

Sauerkirsche *f* sour cherry

Sauerkraut *n* sauerkraut

säuerlich *adj* sour

Sauermilch *f* sour milk

Sauerrahm *m* thick sour(ed) cream

Sauerstoff *m* oxygen

Sauerstoffflasche *f* oxygen cylinder; *kleiner* oxygen bottle

Sauerstoffgerät *n* breathing apparatus; MED *für künstliche Beatmung* respirator; *für Erste Hilfe* resuscitator

Sauerstoffmangel *m* lack of oxygen; *akut* oxygen deficiency

Sauerstoffmaske *f* oxygen mask

Sauerstoffzelt *n* oxygen tent

Sauerteig *m* sour dough

saufen *v/t & v/i* **1** *Tiere* to drink **2** *umg Mensch* to booze *umg*

Säufer(in) *umg m(f)* boozer *umg*

Sauferei *umg f* **1** (≈ *Trinkgelage*) booze-up *umg* **2** (≈ *Trunksucht*) boozing *umg*

Saufgelage *pej umg n* drinking bout *od* binge, booze-up *umg*

saugen *v/t & v/i* to suck; **an etw** (*dat*) **~** to suck sth

säugen *v/t* to suckle

Sauger *m auf Flasche* teat *Br*, nipple *US*

Säugetier *n* mammal

saugfähig *adj* absorbent

Säugling *m* baby, infant

Säuglingsalter *n* babyhood

Säuglingsnahrung *f* baby food(s) (*pl*)

Säuglingspflege *f* babycare

Säuglingsschwester *f* infant nurse

Säuglingsstation *f* neonatal care unit

Säuglingssterblichkeit *f* infant mortality

saugut *umg adj* damn good *umg*, bloody good *Br umg*

Sauhaufen *umg m* bunch of slobs *umg*

saukalt *umg adj* damn cold *umg*

Saukerl *umg m* bastard *sl*

Säule *f* column; *fig* (≈ *Stütze*) pillar

Säulendiagramm *n* bar chart, histogram

Säulengang *m* colonnade

Säulenhalle *f* columned hall

Saum *m* (≈ *Stoffumschlag*) hem; (≈ *Naht*) seam

saumäßig *umg adj* lousy *umg*; *zur Verstärkung* hell of a *umg*

säumen *v/t Handarbeiten* to hem; *fig geh* to line

säumig *geh adj Schuldner* defaulting

Sauna *f* sauna; **in die ~ gehen** to have a sauna

Säure *f* acid; (≈ *saurer Geschmack*) sourness; *von Wein, Bonbons* acidity

Saure-Gurken-Zeit *f* bad time; *in den Medien* silly season *Br*, off season *US*

säurehaltig *adj* acidic

Saurier *m* dinosaur

Saus *m* **in ~ und Braus leben** to live like a king

säuseln *v/i Wind* to murmur; *Mensch* to purr; **mit ~der Stimme** in a purring voice

sausen *v/i* **1** *Ohren* to buzz; *Wind* to whistle; *Sturm* to roar **2** *Geschoss* to whistle **3** *umg Mensch* to tear *umg*; *Fahrzeug* to roar; **durch eine Prüfung ~** to fail an exam, to flunk an exam *umg*

Saustall *umg m unordentlich* pigsty *bes Br umg*;

chaotisch mess

Sauwetter *umg n* damn awful weather *umg*

sauwohl *umg adj* **ich fühle mich ~** I feel really good

Savanne *f* savanna(h)

Saxofon *n* saxophone, sax *umg*; **~ spielen** to play the saxophone

Saxofonist(in) *m(f)* saxophonist

S-Bahn® *f abk* (= **Schnellbahn**) suburban railway *Br*, city railroad *US*

S-Bahnhof *m*, **S-Bahn-Station** *f* suburban train station

SBB *f abk* (= **Schweizerische Bundesbahnen**) *Swiss Railways*

Scampi *pl* scampi *pl*

scannen *v/t* to scan

Scanner *m* scanner

Schabe *f* cockroach

schaben *v/t* to scrape

Schaber *m* scraper

Schabernack *m* practical joke

schäbig **A** *adj* **1** (≈ *unansehnlich*) shabby **2** (≈ *niederträchtig*) mean; (≈ *geizig*) stingy *umg* **B** *adv* **1** **~ aussehen** to look shabby **2** (≈ *gemein*) **j-n ~ behandeln** to treat sb shabbily

Schablone *f* stencil; (≈ *Muster*) template; **in ~n denken** to think in a stereotyped way

Schach *n* chess; (≈ *Stellung im Spiel*) check; **~ (und) matt** checkmate; **im ~ stehen** *od* **sein** to be in check; **j-n in ~ halten** *fig* to keep sb in check; *mit Pistole etc* to cover sb

Schachbrett *n* chessboard

schachbrettartig *adj* chequered *Br*, checkered *US*

Schachcomputer *m* chess computer

schachern *pej v/i* **um etw ~** to haggle over sth

Schachfigur *f* chesspiece; *fig* pawn

schachmatt *wörtl adj* (check)mated; *fig* (≈ *erschöpft*) exhausted; **j-n ~ setzen** *wörtl* to (check)mate sb; *fig* to snooker sb *umg*

Schachspiel *n* (≈ *Spiel*) game of chess; (≈ *Brett und Figuren*) chess set

Schachspieler(in) *m(f)* chess player

Schacht *m* shaft; (≈ *Kanalisationsschacht*) drain

Schachtel *f* **1** box; (≈ *Zigarettenschachtel*) packet *Br*, package *US*; **eine ~ Pralinen** a box of chocolates **2** *umg* (≈ *Frau*) **alte ~** old bag *umg*

schächten *v/t* to slaughter according to religious rites

Schachzug *fig m* move

schade *adj* **(das ist aber) ~!** what a pity *od* shame; **es ist ~ um j-n/etw** it's a pity *od* shame about sb/sth; **zu ~** too bad; **sich** (*dat*) **für etw zu ~ sein** to consider oneself too good for sth

Schädel *m* skull; **j-m den ~ einschlagen** to beat sb's skull in

Schädelbruch *m* fractured skull

schaden *v/i* to damage; *einem Menschen* to harm, to hurt; *j-s Ruf* to damage; **das/Rauchen schadet Ihrer Gesundheit/Ihnen** that/smoking is bad for your health/you; **das schadet nichts** it does no harm; (≈ *macht nichts*) that doesn't matter; **das kann nicht(s) ~** that won't do any harm

Schaden *m* **1** (≈ *Beschädigung*) damage (**an** +*dat* to); (≈ *Personenschaden*) injury; (≈ *Verlust*) loss; (≈ *Unheil, Leid*) harm; **einen ~ verursachen** to cause damage; **zu ~ kommen** to suffer; *physisch* to be hurt *od* injured; **j-m ~ zufügen** to harm sb; **einer Sache** (*dat*) **~ zufügen** to damage sth **2** (≈ *Defekt*) fault; (≈ *körperlicher Mangel*) defect; **Schäden aufweisen** to be defective; *Organ* to be damaged

Schadenersatz *m* → Schadensersatz

Schadenfreiheitsrabatt *m* no-claims bonus

Schadenfreude *f* gloating

schadenfroh **A** *adj* gloating **B** *adv* with malicious delight; *sagen* gloatingly

Schadensbemessung *f* damage assessment

Schadensersatz *m* damages *pl*, compensation; **j-n auf ~ verklagen** to sue sb for damages *etc*; **~ leisten** to pay damages *etc*

schadensersatzpflichtig *adj* liable for damages *etc*

Schadensfall *m* **im ~** in the event of damage

Schadensfeststellung *f* damage assessment

Schadensregulierung *f* claims settlement

schadhaft *adj* faulty, defective; (≈ *beschädigt*) damaged

schädigen *v/t* to damage; *j-n* to hurt, to harm

Schädigung *f* damage; *von Menschen* hurt, harm

schädlich *adj* harmful; *Wirkung* damaging; **~ für etw sein** to be damaging to sth

Schädlichkeit *f* harmfulness

Schädling *m* pest

Schädlingsbekämpfung *f* pest control *ohne art*

Schädlingsbekämpfungsmittel *n* pesticide

schadlos *adj* **1** **sich an j-m/etw ~ halten** to take advantage of sb/sth **2** **etw ~ überstehen** to survive sth unharmed

Schadsoftware *f IT* malicious software

Schadstoff *m* harmful substance

schadstoffarm *adj* **~ sein** to contain a low level of harmful substances; **ein ~es Auto** a clean-air car

Schadstoffausstoß *m* noxious emission; *von Auto* exhaust emission

schadstoffbelastet *adj* polluted

Schadstoffbelastung *f von Umwelt* pollution

schadstofffrei *adj* **~ sein** to contain no harm-

ful substances
Schadstoffklasse f AUTO emissionsclass
Schadstoffplakette f AUTO emissions sticker
Schaf n sheep; umg (≈ *Dummkopf*) dope umg; **drei ~e** three sheep
Schafbock m ram
Schäfchen n lamb, little sheep; **sein ~ ins Trockene bringen** sprichw to look after number one umg
Schäfchenwolken pl cotton wool clouds pl
Schäfer m shepherd
Schäferhund m Alsatian (dog) Br, German shepherd (dog)
Schäferin f shepherdess
Schaffell n sheepskin
schaffen[1] v/t ▢ (≈ *hervorbringen*) to create; **dafür ist er wie geschaffen** he's just made for it ▢ (≈ *bewirken, bereiten*) cause; **Probleme ~** to create problems; **Klarheit ~** to provide clarification
schaffen[2] ▢ v/t ▢ (≈ *bewältigen*) Aufgabe, Hürde, Portion etc to manage; Prüfung to pass; **wir habens geschafft** we've managed it; (≈ *Arbeit erledigt*) we've done it; (≈ *gut angekommen*) we've made it; **es allein ~** to go it alone ▢ umg (≈ *überwältigen*) j-n to see off umg; **das hat mich geschafft** it took it out of me; nervlich it got on top of me; **geschafft sein** to be exhausted ▢ (≈ *bringen*) **etw in etw** (akk) **~** to put sth in sth; **wie sollen wir das in den Keller ~?** how will we manage to get that into the cellar Br od basement US ? ▢ v/i ▢ (≈ *tun*) to do; **sich** (dat) **an etw** (dat) **zu ~ machen** to fiddle around with sth ▢ (≈ *zusetzen*) **j-m (schwer) zu ~ machen** to cause sb (a lot of) trouble ▢ südd (≈ *arbeiten*) to work
Schaffen n **sein künstlerisches ~** his artistic creations pl
Schaffenskraft f creativity
Schaffhausen n Schaffhausen
Schaffleisch n mutton
Schaffner(in) m(f) im Bus conductor/conductress; im Zug guard Br, conductor US; (≈ *Fahrkartenkontrolleur*) ticket inspector
Schaffung f creation
Schafherde f flock of sheep
Schafott n scaffold
Schafskäse m sheep's milk cheese
Schafsmilch f sheep's milk
Schaft m shaft; von Stiefel leg
Schaftstiefel pl high boots pl; MIL jackboots pl
Schafwolle f sheep's wool
Schafzucht f sheep breeding ohne art
Schakal m jackal
schäkern v/i to flirt; (≈ *necken*) to play around
schal adj Getränk flat; Geschmack stale

Schal m scarf; (≈ *Umschlagtuch*) shawl
Schale[1] f bowl; flach, zum Servieren etc dish; von Waage pan; **eine ~ Cornflakes** a bowl of cornflakes
Schale[2] f von Obst skin; abgeschält peel kein pl; von Nuss, Ei, Muschel shell; von Getreide husk, hull; **sich in ~ werfen** umg to get dressed up
schälen ▢ v/t to peel; Tomate, Mandel to skin; Erbsen, Eier, Nüsse to shell; Getreide to husk ▢ v/r to peel
Schalk m joker; **ihm sitzt der ~ im Nacken** he's in a devilish mood
Schall m sound
Schalldämmung f soundproofing
schalldämpfend adj Wirkung sound-muffling; Material soundproofing
Schalldämpfer m sound absorber; von Auto silencer Br, muffler US; von Gewehr etc silencer
schalldicht ▢ adj soundproof ▢ adv **~ abgeschlossen** fully soundproofed
schallen v/i to sound; Stimme, Glocke to ring (out); (≈ *widerhallen*) to resound
schallend adj Beifall, Ohrfeige resounding; Gelächter ringing; **~ lachen** to roar with laughter
Schallgeschwindigkeit f speed of sound
Schallgrenze f sound barrier
Schallmauer f sound barrier
Schallplatte f record
Schallwelle f sound wave
Schalotte f shallot
Schaltbild n circuit od wiring diagram
schalten ▢ v/t ▢ Gerät to switch, to turn; **etw auf „2" ~** to turn od switch sth to "2" ▢ Anzeige to place ▢ v/i ▢ Gerät, Ampel to switch (**auf** +akk to); AUTO to change gear bes Br, to shift gear US; **in den 2. Gang ~** to change into 2nd gear bes Br, to shift into 2nd gear US ▢ fig (≈ *handeln*) **~ und walten** to bustle around; **j-n frei ~ und walten lassen** to give sb a free hand ▢ umg (≈ *begreifen*) to get it
Schalter m ▢ ELEK etc switch ▢ in Post, Bank, Amt counter, desk; im Bahnhof ticket window
Schalterdienst m counter duty
Schalterhalle f in Post hall; im Bahnhof ticket hall
Schalterschluss m closing time
Schalterstunden pl hours pl of business
Schaltfläche f IT button
Schaltgetriebe n manual transmission, stick shift US
Schalthebel m switch lever; AUTO gear lever Br, gear shift US; **an den ~n der Macht sitzen** to hold the reins of power
Schaltjahr n leap year
Schaltknüppel m AUTO gear lever Br, gear shift US; FLUG joystick
Schaltkreis m TECH (switching) circuit

Schaltplan m circuit od wiring diagram
Schaltpult n control desk
Schalttag m leap day
Schaltuhr f time switch
Schaltung f switching; ELEK wiring; AUTO gear change Br, gearshift US
Scham f shame; **aus falscher ~** from a false sense of shame; **ohne ~** unashamedly
schämen v/r to be ashamed; **du solltest dich ~!** you ought to be ashamed of yourself!; **sich einer Sache** (gen) od **für etw ~** to be ashamed of sth; **sich für j-n ~** to be ashamed for sb; **schäme dich!** shame on you!
Schamfrist f decent interval
Schamhaar n pubic hair
Schamlippen pl labia pl
schamlos adj shameless; Lüge brazen
Schamlosigkeit f shamelessness
Schamröte f flush of shame; **die ~ stieg ihr ins Gesicht** her face flushed with shame
Schande f disgrace; **das ist eine (wahre) ~!** this is a(n absolute) disgrace!; **j-m ~ machen** to be a disgrace to sb
schänden v/t to violate; Sabbat etc to desecrate; Ansehen to dishonour Br, to dishonor US
Schandfleck m blot (**in** +dat on)
schändlich A adj shameful B adv shamefully; behandeln disgracefully
Schandtat f scandalous deed; hum escapade; **zu jeder ~ bereit sein** umg to be always ready for mischief
Schändung f violation; von Sabbat desecration; von Ansehen dishonouring Br, dishonoring US
Schänke f inn
Schankkonzession f licence Br (of publican) excise license US
Schankstube f (public) bar bes Br, saloon US obs
Schanktisch m bar
Schanze f SPORT (ski) jump
Schar f crowd; von Vögeln flock; **die Fans verließen das Stadion in (hellen) ~en** the fans left the stadium in droves
scharen A v/t **Menschen um sich ~** to gather people around one B v/r **sich um j-n/etw ~** to gather round sb/sth
scharenweise adv in Bezug auf Menschen in droves
scharf A adj 1 sharp; Wind, Kälte biting; Luft, Frost keen; **ein Messer ~ machen** to sharpen a knife; **mit ~em Blick** fig with penetrating insight 2 (≈ stark gewürzt) hot, spicy; Geruch, Geschmack pungent; (≈ ätzend) Waschmittel, Lösung caustic 3 (≈ streng) Maßnahmen severe; umg Prüfung, Lehrer tough; Bewachung close; Hund fierce; Kritik harsh; Protest strong; Auseinandersetzung bitter 4 (≈ echt) Munition, Schuss live 5 umg (≈ geil) randy Br umg, horny umg; **auf jdn total ~ sein** umg to have the hots for sb umg, to fancy sb rotten Br umg B adv 1 (≈ intensiv) **~ nach etw riechen** to smell strongly of sth; **~ würzen** to season highly; **~ gewürzt** spicy 2 (≈ heftig) kritisieren sharply; ablehnen adamantly; protestieren emphatically 3 (≈ präzise) beobachten to be very observant; **~ aufpassen** to pay close attention; **~ nachdenken** to have a good think 4 (≈ genau) **etw ~ einstellen** Bild etc to bring sth into focus; Sender to tune sth in (properly); **~ sehen/hören** to have sharp eyes/ears 5 (≈ abrupt) bremsen hard 6 (≈ hart) **~ durchgreifen** to take decisive action; **etw ~ bekämpfen** to take strong measures against sth 7 MIL **~ schießen** to shoot with live ammunition
Scharfblick m fig keen insight
Schärfe f 1 sharpness; von Wind, Frost keenness 2 von Essen spiciness; von Geruch, Geschmack pungency 3 (≈ Strenge) severity; von Kritik harshness; von Protest strength; von Auseinandersetzung bitterness
schärfen v/t to sharpen
scharfmachen umg v/t (≈ aufstacheln) to stir up; (≈ aufreizen) to turn on umg
Scharfmacher(in) umg m(f) rabble-rouser
Scharfrichter m executioner
Scharfschütze m marksman
Scharfschützin f markswoman
Scharfsinn m astuteness
scharfsinnig A adj astute B adv astutely
Scharlach m 1 Farbe scarlet 2 (≈ Scharlachfieber) scarlet fever
scharlachrot adj scarlet (red)
Scharlatan m charlatan
Scharnier n hinge
Schärpe f sash
scharren v/t & v/i to scrape; Pferd, Hund to paw; Huhn to scratch; **mit den Füßen ~** to shuffle one's feet
Scharte f nick
Schaschlik n (shish) kebab
schassen umg v/t to chuck out umg
Schatten m shadow; (≈ schattige Stelle) shade; **40 Grad im ~** 40 degrees in the shade; **in j-s ~** (dat) **stehen** fig to be in sb's shadow; **j-n/etw in den ~ stellen** fig to put sb/sth in the shade; **nur noch ein ~ (seiner selbst) sein** to be (only) a shadow of one's former self
Schattenboxen n shadow-boxing
Schattendasein n shadowy existence
schattenhaft A adj shadowy B adv erkennen vaguely; sichtbar barely
Schattenkabinett n POL shadow cabinet
Schattenmorelle f morello cherry

schattenreich *adj* shady
Schattenriss *m* silhouette
Schattenseite *f* shady side; *fig* (≈ *Nachteil*) drawback
Schattenwirtschaft *f* black economy
schattieren *v/t* to shade
Schattierung *f* shading; (≈ *das Schattieren*) shading; **in allen ~en** *fig* of every shade
schattig *adj* shady
Schatulle *f* casket
Schatz *m* **1** treasure; **du bist ein ~!** *umg* you're a (real) treasure or gem! **2** *Anrede* darling, dear **3** (≈ *Liebling*) sweetheart
Schatzamt *n* Treasury
schätzbar *adj* assessable; **schwer ~** difficult to estimate
Schätzchen *n* darling
schätzen *v/t* **1** (≈ *veranschlagen*) to estimate; *Gemälde etc* to value, to appraise; (≈ *annehmen*) to reckon; (≈ *erraten*) to guess, to have a guess; **wie alt ~ Sie mich denn?** how old do you reckon I am then? **2** (≈ *würdigen*) to value; **j-n ~** to think highly of sb; **etw zu ~ wissen** to appreciate sth; **sich glücklich ~** to consider oneself lucky
Schatzsuche *f* treasure hunt; **auf ~ gehen** to go on a treasure hunt
Schätzung *f* estimate; *von Wertgegenstand* valuation
schätzungsweise *adv* (≈ *ungefähr*) approximately; (≈ *so schätze ich*) I reckon
Schätzwert *m* estimated value
Schau *f* **1** (≈ *Vorführung*) show; (≈ *Ausstellung*) display, exhibition; **etw zur ~ stellen** (≈ *ausstellen*) to put sth on show; *fig* to make a show of sth; (≈ *protzen mit*) to show off sth **2** *umg* **eine ~ abziehen** to put on a display; **das ist nur ~** it's only show; **j-m die ~ stehlen** to steal the show from sb
Schaubild *n* diagram; (≈ *Kurve*) graph
Schauder *m* shudder
schauderhaft *adj* terrible
schaudern *v/i* to shudder; **mit Schaudern** with a shudder
schauen *v/i* to look; **auf etw** (*akk*) **~** to look at sth; **um sich ~** to look around (one); **da schaust du aber!** there, see!; **da schau her!** *südd umg* well, well!; **schau, dass du …** see *od* mind (that) you …
Schauer *m* **1** (≈ *Regenschauer*) shower **2** → Schauder
Schauergeschichte *f* horror story
schauerlich *adj* horrible; (≈ *gruselig*) eerie
schauern *v/i* (≈ *schaudern*) to shudder
Schaufel *f* shovel; *kleiner: für Mehl, Zucker* scoop; *von Wasserrad, Turbine* vane
schaufeln *v/t & v/i* to shovel; *Grab, Grube* to dig
Schaufenster *n* shop window
Schaufensterauslage *f* window display
Schaufensterbummel *m* window-shopping expedition; **einen ~ machen** to go window-shopping
Schaufensterdekoration *f* window dressing
Schaufensterpuppe *f* display dummy
Schaugeschäft *n* show business
Schaukampf *m* exhibition fight
Schaukasten *m* showcase
Schaukel *f* swing
schaukeln **A** *v/i* **1** *mit Schaukel* to swing; *im Schaukelstuhl* to rock **2** (≈ *sich hin und her bewegen*) to sway (back and forth); *Schiff* to pitch and toss **B** *v/t* to push back and forth; **wir werden die Sache schon ~** *umg* we'll manage it
Schaukelpferd *n* rocking horse
Schaukelstuhl *m* rocking chair
Schaulaufen *n* exhibition skating; *Veranstaltung* skating display
schaulustig *adj* curious
Schaulustige *f* (curious) onlookers *pl*
Schaum *m* foam, froth; (≈ *Seifenschaum*) lather; *zum Feuerlöschen* foam; *von Bier* head, froth; **~ vor dem Mund haben** to foam at the mouth
Schaumbad *n* bubble *od* foam bath
schäumen *v/i* to foam, to froth; *Seife, Waschmittel* to lather (up); *Limonade, Wein* to bubble
Schaumfestiger *m* mousse
Schaumgummi *n/m* foam rubber
schaumig *adj* foamy, frothy; **ein Ei ~ schlagen** to beat an egg until frothy
Schaumkrone *f* whitecap
Schaumschläger(in) *fig umg m(f)* man/woman full of hot air *umg*
Schaumstoff *m* foam material
Schaumwein *m* sparkling wine
Schauplatz *m* scene; *von Film, Roman* setting; **am ~ sein** to be at the scene
Schauprozess *m* show trial
schaurig *adj* gruesome, spooky
Schauspiel *n* THEAT drama, play; *fig* spectacle
Schauspieler *m* actor; *fig* (play-)actor
Schauspielerei *f* acting, drama
Schauspielerin *f* actress; *fig* (play-)actress
schauspielerisch *adj* acting *attr*; *Talent* for acting
schauspielern *v/i* to act; *fig* to (play-)act
Schauspielhaus *n* playhouse
Schauspielkunst *f* acting
Schauspielschule *f* drama school
Schausteller(in) *m(f)* fairground worker, carny *US*
Scheck *m* cheque *Br*, check *US*; **mit (einem)** *od* **per ~ bezahlen** to pay by cheque *etc*

Scheckbetrug m cheque fraud Br, check fraud US

Scheckbetrüger(in) m(f) cheque fraudster Br, check fraudster US, cheque bouncer Br, check bouncer US

Scheckbuch n chequebook; US checkbook

Scheckheft n chequebook Br, checkbook US

scheckig adj spotted; Pferd dappled

Scheckkarte f cheque card Br, check card US

scheel A adj (≈ abschätzig) disparaging; **ein ~er Blick** a dirty look B adv **j-n ~ ansehen** to give sb a dirty look; (≈ abschätzig) to look askance at sb

Scheffel m **sein Licht unter den ~ stellen** umg to hide one's light under a bushel

scheffeln v/t Geld to rake in umg

Scheibe f 1 disc bes Br, disk; (≈ Schießscheibe) target; Eishockey puck; (≈ Wählscheibe) dial; (≈ Töpferscheibe) wheel 2 (≈ abgeschnittene Scheibe) slice; **etw in ~n schneiden** to slice sth (up) 3 (≈ Glasscheibe) (window)pane; (≈ Fenster) window

Scheibenbremse f disc brake bes Br, disk brake

Scheibenwaschanlage f windscreen washers pl Br, windshield washers pl US

Scheibenwischer m windscreen wiper Br, windshield wiper US

Scheich m sheik(h)

Scheichtum n sheik(h)dom

Scheide f sheath; (≈ Vagina) vagina

scheiden A v/t 1 (≈ auflösen) Ehe to dissolve; Eheleute to divorce; **sich ~ lassen** to get divorced; → **geschieden** 2 geh (≈ trennen) to separate B v/r Wege to divide; Meinungen to diverge

Scheideweg fig m **am ~ stehen** to be at a crossroads

Scheidung f 1 (≈ das Scheiden) separation 2 (≈ Ehescheidung) divorce; **in ~ leben** to be in the middle of divorce proceedings; **die ~ einreichen** to file (a petition) for divorce

Scheidungsgrund m grounds pl for divorce

Schein[1] m 1 (≈ Licht) light; matt glow 2 (≈ Anschein) appearances pl; **~ und Sein** appearance and reality; **der ~ trügt** appearances are deceptive; **den ~ wahren** to keep up appearances; **etw nur zum ~ tun** only to pretend to do sth

Schein[2] m (≈ Geldschein) note, bill US; (≈ Bescheinigung) certificate; (≈ Formular) form; (≈ Zettel) slip; **~e machen** UNIV to get credits

Scheinasylant(in) oft neg. m(f) bogus asylum-seeker

scheinbar A adj apparent, seeming attr B adv apparently, seemingly

Scheinehe f sham marriage

scheinen v/i 1 (≈ leuchten) to shine 2 (≈ den Anschein geben) to seem, to appear; **mir scheint, (dass) ...** it seems to me that ...

Scheinfirma f dummy company

Scheingefecht n sham fight

Scheingeschäft n fictitious od artificial transaction

scheinheilig adj hypocritical

Scheinheiligkeit f hypocrisy; (≈ vorgetäuschte Arglosigkeit) feigned innocence

scheintot adj seemingly dead; fig Mensch, Partei on one's/its last legs

Scheinwerfer m zum Beleuchten floodlight; im Theater spotlight; pl lights pl; (≈ Suchscheinwerfer) searchlight; AUTO (head)light

Scheinwerferlicht n floodlight(ing); im Theater spotlight; fig limelight

Scheiß sl m shit sl, crap sl; **~ machen** (≈ herumalbern) to mess around umg

Scheißdreck m vulg (≈ Kot) shit sl, crap sl; **wegen jedem ~** about every effing little thing sl, about every bloody little thing Br umg; **das geht dich einen ~ an** it's none of your effing business sl, it's none of your bloody business Br umg

Scheiße vulg f shit sl; **in der ~ sitzen** umg to be up shit creek sl; **~ bauen** umg to screw up sl

scheißegal umg adj **das ist mir doch ~!** I don't give a shit sl, I don't give a damn umg

scheißen vulg v/i to shit sl, to crap sl; **auf j-n/etw (akk) ~** fig sl not to give a shit about sb/sth sl

Scheißhaus sl n shithouse sl

Scheißkerl umg m bastard sl

Scheit m piece of wood

Scheitel m (≈ Haarscheitel) parting Br, part US; **vom ~ bis zur Sohle** fig through and through

scheiteln v/t to part

Scheitelpunkt m vertex

Scheiterhaufen m (funeral) pyre; HIST zur Hinrichtung stake

scheitern v/i to fail; Verhandlungen, Ehe to break down

Scheitern n failure; von Verhandlungen, Ehe breakdown; **zum ~ verurteilt** doomed to failure

Schelle f 1 bell 2 TECH clamp 3 (≈ Handschelle) handcuff

Schellfisch m haddock

schelmisch adj Blick, Lächeln mischievous

Schelte f scolding; (≈ Kritik) attack

schelten v/t to scold

Schema n scheme; (≈ Darstellung) diagram; (≈ Vorlage) plan; (≈ Muster) pattern; **nach ~ F** in the same (old) way

schematisch A adj schematic B adv **etw ~ darstellen** to show sth schematically; **~ vorgehen** to work methodically

Schemel m stool

schemenhaft *adj* shadowy; *Erinnerungen* hazy
Schengen-Abkommen, **Schengener Abkommen** *n* Schengen Agreement
Schenke *f* inn, tavern
Schenkel *m* **1** ANAT (≈ *Oberschenkel*) thigh; (≈ *Unterschenkel*) lower leg **2** MATH *von Winkel* side
Schenkelhalsbruch *m* fracture of the neck of the femur
schenken *v/t* **1** (≈ *Geschenk geben*) **j-m etw ~** to give sb sth *od* give sth to sb (as a present *od* gift); **etw geschenkt bekommen** to get sth as a present *od* gift; **das ist (fast) geschenkt!** *umg* (≈ *billig*) that's a giveaway *umg*; **j-m seine Aufmerksamkeit ~** to give sb one's attention **2** (≈ *erlassen*) **j-m etw ~** to let sb off sth; **deine Komplimente kannst du dir ~!** you can keep your compliments *umg*
Schenkung *f* JUR gift
Schenkungsurkunde *f* deed of gift
Scherbe *f* fragment; (≈ *Glasscherbe*) broken piece of glass; **in ~n gehen** to shatter; *fig* to go to pieces
Schere *f* **1** *Werkzeug: klein* scissors *pl*; *groß* shears *pl*; **eine ~** a pair of scissors/shears **2** ZOOL pincer
scheren¹ *v/t* to clip; *Schaf* to shear
scheren² *v/t & v/r* (≈ *kümmern*) **sich nicht um j-n/etw ~** not to care about sb/sth; **was schert mich das?** what do I care (about that)?
Scherenschnitt *m* silhouette
Schererei *umg f* trouble *kein pl*
Scherflein *n* **sein ~ (zu etw) beitragen** *Geld* to pay one's bit (towards sth); *fig* to do one's bit (for sth) *umg*
Schermaus *f schweiz* (≈ *Maulwurf*) mole
Scherz *m* joke; **aus** *od* **zum ~** as a joke; **im ~** in jest; **ohne ~?** no kidding?; **mach keine ~e!** *umg* you're joking!; **~ beiseite!** joking aside
Scherzartikel *m* joke (article)
scherzen *v/i* to joke, to jest; **mit j-m/etw ist nicht zu ~** one can't trifle with sb/sth
Scherzfrage *f* riddle
scherzhaft *adj* jocular; *Angelegenheit* joking; **etw ~ meinen** to mean sth as a joke
scheu *adj* (≈ *schüchtern*) shy; (≈ *zaghaft*) *Versuche* cautious
Scheu *f* fear (**vor** +*dat* of); (≈ *Schüchternheit*) shyness; *von Reh, Tier* timidity; (≈ *Hemmung*) inhibition
scheuchen *v/t* to shoo (away); (≈ *verscheuchen*) to scare off
scheuen **A** *v/t Kosten, Arbeit* to shy away from; *Menschen, Licht* to shun; **weder Mühe noch Kosten ~** to spare neither trouble nor expense **B** *v/r* **sich vor etw** (*dat*) **~** (≈ *Angst haben*) to be afraid of sth; (≈ *zurückschrecken*) to shy away from sth **C** *v/i Pferd etc* to shy (**vor** +*dat* at)
Scheuerlappen *m* floorcloth
Scheuermittel *n cremeförmig* scouring cream; *pulverförmig* scouring powder
scheuern **A** *v/t & v/i* **1** (≈ *putzen*) to scour; *mit Bürste* to scrub **2** (≈ *reiben*) to chafe **B** *v/t* **j-m eine ~** to smack sb (one) *umg*
Scheuklappe *f* blinker *Br*, blinder *US*
Scheune *f* barn
Scheusal *n* monster
scheußlich *adj* dreadful, horrible; (≈ *ekelhaft*) nasty; (≈ *abstoßend hässlich*) hideous; **~ schmecken** to taste terrible
Schi *m* → **Ski**
Schicht *f* **1** (≈ *Lage*) layer; (≈ *dünne Schicht*) film; (≈ *Farbschicht*) coat; **breite ~en der Bevölkerung** large sections of the population **2** (≈ *Arbeitsabschnitt*) shift; **er muss ~ arbeiten** he has to work shifts; **in einer/meiner ~** on a/my shift
Schichtarbeit *f* shiftwork
Schichtarbeiter(in) *m(f)* shiftworker
Schichtdienst *m* shift work
schichten *v/t* to layer; *Holz* to stack
Schichtwechsel *m* change of shifts
schick *adj & adv* → **chic**
Schick *m* style
schicken **A** *v/t & v/i* to send; **(j-m) etw ~** to send sth (to sb), to send (sb) sth **B** *v/r* (≈ *sich ziemen*) to be fitting
Schickeria *iron f* in-crowd *umg*
Schickimicki *m umg* trendy *umg*
Schicksal *n* fate; **(das ist) ~** *umg* that's life; **j-n seinem ~ überlassen** to abandon sb to his fate
schicksalhaft *adj* fateful
Schicksalsschlag *m* great misfortune
Schiebedach *n* sunroof
Schiebefenster *n* sliding window
schieben **A** *v/t* **1** (≈ *bewegen*) to push; **etw vor sich** (*dat*) **her ~** *fig* to put sth off; **die Schuld auf j-n ~** to put the blame on sb; **die Verantwortung auf j-n ~** to place the responsibility at sb's door **2** *umg* (≈ *handeln mit*) to traffic in; *Drogen* to push *umg* **B** *v/i* **1** (≈ *schubsen*) to push **2** *umg* **mit etw ~** to traffic in sth; **mit Drogen ~** to push drugs *umg*
Schiebetür *f* sliding door
Schiebung *f* (≈ *Begünstigung*) string-pulling *kein pl*; SPORT rigging; **das war doch ~** that was a fix
schiech *adj österr* (≈ *hässlich*) ugly
Schiedsgericht *n* court of arbitration
Schiedsrichter(in) *m(f)* arbitrator, arbiter; *Fußball, Rugby, Basketball, Hockey, Ringen, Boxen* referee; *Tennis, Baseball, Volleyball, Badminton, Cricket* umpire; (≈ *Preisrichter*) judge

Schiedsrichterassistent(in) m(f) referee's assistant

schiedsrichtern umg v/i to arbitrate/referee/umpire/judge

Schiedsspruch m (arbitral) award

Schiedsstelle f arbitration service

Schieds- und Linienrichter pl match officials

Schiedsverfahren n JUR arbitration proceedings pl

schief **A** adj crooked, not straight präd; Winkel oblique; Bild distorted; **~e Ebene** PHYS inclined plane **B** adv (≈ schräg) halten, wachsen crooked; **das Bild hängt ~** the picture is crooked od isn't straight; **j-n ~ ansehen** fig to look askance at sb

Schiefer m Gesteinsart slate

Schieferdach n slate roof

schiefergrau adj slate-grey Br, slate-gray US

Schiefertafel f slate

schiefgehen v/i to go wrong

schiefgewickelt umg adj on the wrong track; **da bist du ~** you're in for a surprise there umg

schieflachen umg v/r to kill oneself (laughing) umg

schiefliegen umg v/i to be wrong

schielen v/i to squint, to be cross-eyed; **auf einem Auge ~** to have a squint in one eye; **nach j-m/etw ~** umg to look at sb/sth out of the corner of one's eye; begehrlich to look sb/sth up and down; heimlich to sneak a look at sb/sth

Schienbein n shin; (≈ Schienbeinknochen) shinbone

Schiene f **1** rail; MED splint **2** **~n** pl BAHN track sg, rails pl; **aus den ~n springen** to leave the rails

schienen v/t to splint

Schienenersatzverkehr m BAHN replacement bus service

Schienenfahrzeug n track vehicle

Schienennetz n BAHN rail network

Schienenverkehr m rail traffic

schier adj (≈ rein) pure; fig sheer

Schießbefehl m order to fire od shoot

Schießbude f shooting gallery

schießen **A** v/t to shoot; Kugel, Rakete to fire; FUSSB etc to kick; Tor to score **B** v/i **1** mit Waffe, Ball to shoot; **auf j-n/etw ~** to shoot at sb/sth; **aufs Tor ~** to shoot at goal; **das ist zum Schießen** umg that's a scream umg **2** (≈ in die Höhe schießen) to shoot up; Flüssigkeit to shoot; (≈ spritzen) to spurt; **er ist od kam um die Ecke geschossen** he shot (a)round the corner

Schießerei f shoot-out; (≈ das Schießen) shooting

Schießplatz m (shooting od firing) range

Schießpulver n gunpowder

Schießscheibe f target

Schießspiel n IT shooting game

Schießstand m shooting range; (≈ Schießbude) shooting gallery

Schiff n **1** ship; boat; **auf dem ~** on board ship **2** ARCH (≈ Mittelschiff) nave; (≈ Seitenschiff) aisle

schiffbar adj Gewässer navigable

Schiffbau m shipbuilding

Schiffbruch m **~ erleiden** wörtl to be shipwrecked; fig to fail

schiffbrüchig adj shipwrecked

Schiffchen n **1** little boat **2** MIL forage cap

Schiffeversenken n (≈ Spiel) battleships sg

Schifffahrt f shipping; (≈ Schifffahrtskunde) navigation

Schifffahrtsgesellschaft f shipping company

Schifffahrtsstraße f, **Schifffahrtsweg** m (≈ Kanal) waterway; (≈ Schifffahrtslinie) shipping route

Schiffschaukel f swingboat

Schiffsjunge m ship's boy

Schiffsladung f shipload

Schiffsmannschaft f crew

Schiffsreise f voyage; Vergnügungsreise cruise

Schiffsrumpf m hull

Schiffsverkehr m shipping

Schiffswerft f shipyard

Schiit(in) m(f) Shiite

schiitisch adj Shiite

Schikane f **1** harassment kein pl; von Mitschülern bullying kein pl **2** **mit allen ~n** umg with all the trimmings

schikanieren v/t to harass; Mitschüler to bully

Schikanierung f harassment

Schikoree m chicory

Schild[1] m shield; von Schildkröte shell; **etwas im ~e führen** fig to be up to something

Schild[2] n sign; (≈ Wegweiser) signpost; (≈ Namensschild) nameplate; (≈ Preisschild) ticket; (≈ Etikett) label; (≈ Plakette) badge; (≈ Plakat) placard; an Haus plaque

Schildbürgerstreich m foolish act

Schilddrüse f thyroid gland

schildern v/t Ereignisse to describe; (≈ skizzieren) to outline

Schilderung f (≈ Beschreibung) description; (≈ Bericht) account

Schildkröte f (≈ Landschildkröte) tortoise; (≈ Wasserschildkröte) turtle

Schildkrötensuppe f turtle soup

Schildlaus f scale insect

Schilf n reed; (≈ mit Schilf bewachsene Fläche) reeds pl

schillern v/i to shimmer

schillernd adj Farben shimmering; fig Charakter enigmatic

Schilling m shilling; HIST österr schilling

Schimmel[1] *m* (≈ *Pferd*) grey *Br*, gray *US*
Schimmel[2] *m auf Nahrungsmitteln* mould *Br*, mold *US*; *auf Leder etc* mildew
schimmelig *adj Nahrungsmittel* mouldy *Br*, moldy *US*; *Leder etc* mildewy
Schimmelkäse *m* blue cheese
schimmeln *v/i Nahrungsmittel* to go mouldy *Br*, to go moldy *US*; *Leder etc* to go mildewy
Schimmelpilz *m* mould *Br*, mold *US*
Schimmer *m* glimmer; *von Metall* gleam; *im Haar* sheen; **keinen (blassen) ~ von etw haben** *umg* not to have the faintest idea about sth *umg*
schimmern *v/i* to glimmer; *Metall* to gleam
Schimpanse *m*, **Schimpansin** *f* chimpanzee, chimp *umg*
schimpfen *v/i* to get angry; (≈ *sich beklagen*) to moan; (≈ *fluchen*) to curse; **mit j-m ~** to tell sb off; **auf** *od* **über j-n/etw ~** to bitch (at *od* about) sb/sth
Schimpfwort *n* swearword; **Schimpfwörter** bad language; **Schimpfwörter benutzen** to use bad language; **j-m Schimpfwörter nachrufen** to call sb names
Schindel *f* shingle
schinden **A** *v/t* **1** (≈ *quälen*) to maltreat; (≈ *ausbeuten*) to overwork, to drive hard; **j-n zu Tode ~** to work sb to death **2** *umg* (≈ *herausschlagen*) *Arbeitsstunden* to pile up; **Zeit ~** to play for time; **(bei j-m) Eindruck ~** to make a good impression (on sb) **B** *v/r* (≈ *hart arbeiten*) to slave away; (≈ *sich quälen*) to strain
Schinderei *f* drudgery
Schindluder *umg n* **mit etw ~ treiben** to misuse sth; *mit Gesundheit* to abuse sth
Schinken *m* **1** ham **2** *pej umg* (≈ *großes Buch*) tome; (≈ *großes Bild*) great daub *pej umg*
Schinkenspeck *m* bacon
Schinkenwurst *f* ham sausage
Schippe *f* shovel; **j-n auf die ~ nehmen** *fig umg* to pull sb's leg *umg*
Schiri *m umg* ref *umg*
Schirm *m* **1** (≈ *Regenschirm*) umbrella; (≈ *Sonnenschirm*) sunshade; *von Pilz* cap **2** (≈ *Mützenschirm*) peak **3** (≈ *Lampenschirm*) shade **4** *Bildschirm, Radarschirm* screen; *umg* **etw auf dem ~ haben** to be on the case
Schirmherr(in) *m(f)* patron
Schirmherrschaft *f* patronage
Schirmmütze *f* peaked cap
Schirmständer *m* umbrella stand
Schiss *sl m* **(fürchterlichen) ~ haben** to be scared to death (**vor** +*dat* of) *umg*; **~ kriegen** to get scared
schizophren *adj MED* schizophrenic
Schizophrenie *f MED* schizophrenia
Schlacht *f* battle

schlachten *v/t* to slaughter
Schlachtenbummler(in) *m(f) SPORT umg* away supporter
Schlachter(in) *bes nordd m(f)*, **Schlächter(in)** *m(f) dial* butcher
Schlachterei *bes nordd f* butcher's (shop)
Schlachtfeld *n* battlefield
Schlachtfest *n* country feast to eat up meat from freshly slaughtered pigs
Schlachthaus *n*, **Schlachthof** *m* slaughterhouse
Schlachthof *m* slaughterhouse
Schlachtplan *m* battle plan; *für Feldzug* campaign plan; *fig* plan of action
Schlachtvieh *n* animals *pl* for slaughter
Schlacke *f* (≈ *Verbrennungsrückstand*) clinker *kein pl*
schlackern *umg v/i* to tremble; *Kleidung* to hang loosely
Schlaf *m* sleep; **einen leichten/tiefen ~ haben** to be a light/deep sleeper; **j-n um seinen ~ bringen** to keep sb awake; **im ~ reden** to talk in one's sleep; **es fällt mir nicht im ~(e) ein, das zu tun** I wouldn't dream of doing that; **das kann er (wie) im ~** *fig umg* he can do that in his sleep
Schlafanzug *m* pyjamas *pl Br*, pajamas *pl US*
Schlafcouch *f* sofa bed
Schlafdefizit *n* sleep deficit
Schläfe *f* temple
schlafen *v/i* to sleep; (≈ *nicht wach sein*) to be asleep; *umg* (≈ *nicht aufpassen*) to sleep; **~ gehen** to go to bed; **schläfst du schon?** are you asleep?; **schlaf gut** sleep well; **bei j-m ~** to stay overnight with sb, to sleep at sb's; **mit j-m ~** to sleep with sb
Schläfenlocke *f* sidelock
Schlafenszeit *f* bedtime
Schläfer(in) *m(f)* **1** sleeper; *fig* dozy person *umg* **2** (≈ *Terrorist in Wartestellung*) sleeper
schlaff *adj* limp; (≈ *locker*) *Seil* slack; *Haut, Muskeln* flabby; (≈ *energielos*) listless
Schlafgelegenheit *f* place to sleep
Schlaflied *n* lullaby
schlaflos *adj* sleepless; **~ liegen** to lie awake
Schlaflosigkeit *f* sleeplessness, insomnia
Schlafmaske *f* eye mask
Schlafmittel *n* sleeping pill; *fig iron* soporific; *beim Arzt* **ich habe ihr ein ~ gegeben** I gave her sth to help her sleep
Schlafmütze *f umg* sleepyhead *umg*; (≈ *träger Mensch*) dope *umg*; **he, du ~!** hey, dopey! *umg*
Schlafparty *f* sleepover
Schlafplatz *m im Schlafwagen* berth
Schlafraum *m* dormitory, dorm *umg*
schläfrig *adj* sleepy

Schläfrigkeit f sleepiness
Schlafsaal m dormitory
Schlafsack m sleeping bag
Schlafstadt f dormitory town
Schlafstörung f sleeplessness, insomnia
Schlaftablette f sleeping pill
schlaftrunken geh adj drowsy
Schlafwagen m sleeping car
schlafwandeln v/i to sleepwalk
Schlafwandler(in) m(f) sleepwalker
Schlafzimmer n bedroom
Schlag m **1** blow (**gegen** against); gegen etw knock; mit der Handfläche smack, slap; (≈ Handkantenschlag) chop umg; (≈ Ohrfeige) cuff; (≈ Glockenschlag) chime; (≈ Gehirnschlag, Schlaganfall) stroke; (≈ Herzschlag, Pulsschlag) beat; (≈ Donnerschlag) clap; (≈ Stromschlag) shock; (≈ Militärschlag) strike; **zum entscheidenden ~ ausholen** fig to strike the decisive blow; **~ auf ~** fig one after the other; **j-m einen schweren ~ versetzen** fig to deal a severe blow to sb; **ein ~ ins Gesicht** a slap in the face; **ein ~ ins Wasser** umg a letdown umg; **auf einen ~** umg all at once; **wie vom ~ gerührt** od **getroffen sein** to be flabbergasted umg **2** umg (≈ Wesensart) type (of person etc); **vom alten ~** of the old school **3** österr (≈ Schlagsahne) cream **4** (≈ Hosenschlag) flare; **eine Hose mit ~** flares pl umg
Schlagabtausch m Boxen exchange of blows; fig (verbal) exchange
Schlagader f artery
Schlaganfall m stroke
schlagartig **A** adj sudden **B** adv suddenly
Schlagbaum m barrier
Schlagbohrer m hammer drill
schlagen **A** v/t & v/i **1** to hit; (≈ hauen) to beat; heftig to bang; mit der flachen Hand to slap, to smack; mit der Faust to punch; mit Hammer, Pickel etc: Loch to knock; **j-n bewusstlos ~** to knock sb out; mit vielen Schlägen to beat sb unconscious; **j-m ins Gesicht ~** to hit/slap/punch sb in the face; **na ja, ehe ich mich ~ lasse!** hum umg I suppose you could twist my arm hum umg **2** (≈ läuten) to chime; Stunde to strike; **eine geschlagene Stunde** a full hour **B** v/t **1** (≈ besiegen) to beat; **sich geschlagen geben** to admit defeat **2** GASTR to beat; mit Schneebesen to whisk; Sahne to whip **C** v/i **1** Herz, Puls to beat; heftig to pound **2** (≈ auftreffen) **mit dem Kopf auf/gegen etw** (akk) **~** to hit one's head on/against sth **3** Regen to beat; Wellen to pound; Blitz to strike (**in etw** akk sth) **4** Flammen to shoot out (**aus** of); Rauch to pour out (**aus** of) **5** umg (≈ ähneln) **er schlägt sehr nach seinem Vater** he takes after his father a lot **D** v/r (≈ sich prügeln) to fight; **sich um etw ~** to fight over sth; **sich auf j-s Seite** (akk) **~** to side with sb; (≈ die Fronten wechseln) to go over to sb
Schlager m **1** MUS pop song; erfolgreich hit (song) **2** umg (≈ Erfolg) hit; (≈ Verkaufsschlager) bestseller
Schläger m (≈ Tennisschläger, Federballschläger) racquet Br, racket US; (≈ Hockeyschläger, Eishockeyschläger) stick; (≈ Golfschläger) club; (≈ Baseballschläger, Tischtennisschläger) bat
Schläger(in) m(f) (≈ Raufbold) thug
Schlägerei f brawl
Schlagermusik f pop music
Schlagersänger(in) m(f) pop singer
schlagfertig **A** adj Antwort quick and clever; **er ist ein ~er Mensch** he is always ready with a quick(-witted) reply **B** adv **~ antworten** to be quick with an answer
Schlagfertigkeit f von Mensch quick-wittedness; von Antwort cleverness
Schlagfrau f batter
Schlaghose f flares pl umg
Schlaginstrument n percussion instrument
schlagkräftig adj Boxer, Argumente powerful
Schlagloch n pothole
Schlagmann m Rudern stroke; Baseball batter
Schlagobers n österr (whipping) cream; **geschlagen** whipped cream
Schlagring m **1** knuckle-duster **2** MUS plectrum
Schlagsahne f (whipping) cream; **geschlagen** whipped cream
Schlagseite f SCHIFF list; **~ haben** SCHIFF to be listing; hum umg (≈ betrunken sein) to be three sheets to the wind umg
Schlagstock form m baton
Schlagwort n **1** (≈ Stichwort) headword **2** (≈ Parole) slogan
Schlagzeile f headline; **~n machen** umg to hit the headlines
Schlagzeug n drums pl; in Orchester percussion kein pl; **~ spielen** to play the drums/the percussion
Schlagzeuger(in) m(f) drummer; in Orchester percussionist
Schlamassel umg m/n (≈ Durcheinander) mix-up; (≈ missliche Lage) mess umg
Schlamm m mud
schlammig adj muddy
Schlammschlacht umg f mud bath
Schlampe pej umg f slut umg, tart sl
schlampen umg v/i to be sloppy (in one's work)
Schlamperei umg f sloppiness; (≈ schlechte Arbeit) sloppy work
schlampig **A** adj sloppy; (≈ unordentlich) untidy **B** adv (≈ nachlässig) carelessly; (≈ ungepflegt) slov-

enly

Schlange f **1** snake; **eine falsche ~** a snake in the grass **2** (≈ *Menschenschlange, Autoschlange*) queue *Br*, line *US*; **~ stehen** to queue (up) *Br*, to stand in line *US* **3** TECH coil

schlängeln v/r *Weg, Menschenmenge* to wind (its way); *Fluss a.* to meander; **eine geschlängelte Linie** a wavy line

Schlangenbiss m snakebite

Schlangengift n snake venom

Schlangenhaut f snake's skin; (≈ *Leder*) snakeskin

Schlangenleder n snakeskin

Schlangenlinie f wavy line; **(in) ~n fahren** to swerve about

schlank adj **1** slim; **~ werden** to slim; **ihr Kleid macht sie ~** her dress makes her look slim **2** *fig* (≈ *effektiv*) lean

Schlankheit f slimness

Schlankheitskur f diet; MED course of slimming treatment; **eine ~ machen** to be on a diet

schlapp umg adj (≈ *erschöpft*) worn-out; (≈ *energielos*) listless; *nach Krankheit etc* run-down

Schlappe umg f setback; *bes* SPORT defeat; **eine ~ einstecken (müssen)** to suffer a setback/defeat

schlappmachen umg v/i to wilt; (≈ *ohnmächtig werden*) to collapse

Schlappschwanz *pej* umg m wimp umg

schlau A adj smart, clever; (≈ *gerissen*) cunning; **ein ~er Bursche** a crafty devil umg; **ich werde nicht ~ aus ihm/dieser Sache** I can't figure him/it out **B** adv cleverly

Schlauch m hose; MED tube; (≈ *Fahrradschlauch, Autoschlauch*) (inner) tube; **auf dem ~ stehen** umg (≈ *nicht begreifen*) not to have a clue umg; (≈ *nicht weiterkommen*) to be stuck umg

Schlauchboot n rubber dinghy; raft; **mit einem ~ fahren** to raft

schlauchen umg **A** v/t j-n: *Reise, Arbeit etc* to wear out **B** v/i umg (≈ *Kraft kosten*) to take it out of you/one *etc* umg; **das schlaucht echt!** it really takes it out of you umg

Schlaufe f loop; (≈ *Aufhänger*) hanger

Schlauheit f **1** cleverness; *von Mensch, Idee a.* shrewdness; (≈ *Gerissenheit*) cunning **2** (≈ *Bemerkung*) clever remark

schlaumachen umg v/r **sich über etw** (akk) **~** to inform oneself about sth

Schlaumeier m smart aleck umg

schlecht A adj **1** bad; *Gesundheit, Qualität* poor; **~ in etw** (dat) **sein** to be bad at sth; **in Sport ist Julia ~er als ich** Julia is worse at sport than I am; **~este(r, s)** worst; **sich zum Schlechten wenden** to take a turn for the worse; **nur Schlechtes von j-m** od **über j-n sagen** not to have a good word to say for sb; **j-m ist (es) ~ sb** feels ill od sick; **~ aussehen** to look bad; **mit j-m/etw sieht es ~ aus** sb/sth looks in a bad way **2** (≈ *ungenießbar*) off *präd Br*, bad; **~ werden** to go off *Br*, to go bad **B** adv badly; *lernen* with difficulty; **~ über j-n sprechen/von j-m denken** to speak/think ill of sb; **sich ~ fühlen** to feel bad; **~ gelaunt** bad-tempered; **heute geht es ~** today is not very convenient; **er ist ~ zu verstehen** he is hard to understand; **ich kann sie ~ sehen** I can't see her very well; **ich kann jetzt ~ absagen** I can hardly cancel now; **auf j-n/etw ~ zu sprechen sein** not to have a good word to say for sb/sth

schlechterdings adv (≈ *völlig*) absolutely; (≈ *nahezu*) virtually

schlecht gehen v/i, **schlechtgehen** v/i **es geht j-m schlecht** sb is in a bad way; *finanziell* sb is doing badly

schlechthin adv (≈ *vollkommen*) quite; (≈ *als solches, in seiner Gesamtheit*) per se

Schlechtigkeit f **1** badness **2** (≈ *schlechte Tat*) misdeed

schlechtmachen v/t (≈ *herabsetzen*) to denigrate

Schlechtwettergeld n bad-weather pay

Schlechtwetterperiode f spell of bad weather

schlecken österr, südd v/t & v/i → lecken²

Schlehe f sloe

schleichen A v/i to creep; *Fahrzeug, Zeit* to crawl **B** v/r **1** (≈ *leise gehen*) to creep; **sich in j-s Vertrauen** (akk) **~** to worm one's way into sb's confidence **2** österr, südd (≈ *weggehen*) to go away; **schleich dich!** get lost! umg

schleichend adj creeping; *Krankheit, Gift* insidious

Schleichweg m secret path; **auf ~en** *fig* on the quiet

Schleichwerbung f plug umg; **für etw ~ machen** to plug sth

Schleie f ZOOL tench

Schleier m veil

Schleiereule f barn owl

schleierhaft umg adj baffling; **es ist mir völlig ~** it's a complete mystery to me

Schleife f **1** loop; (≈ *Straßenschleife*) twisty bend **2** *von Band* bow; (≈ *Fliege*) bow tie; (≈ *Kranzschleife*) ribbon

schleifen¹ A v/t to drag; **j-n vor Gericht ~** *fig* to drag sb into court **B** v/i **1** to trail, to drag **2** (≈ *reiben*) to rub; **die Kupplung ~ lassen** AUTO to slip the clutch; **die Zügel ~ lassen** to slacken the reins

schleifen² v/t *Messer* to sharpen; *Werkstück, Linse*

to grind; *Parkett* to sand; *Glas* to cut; → **geschliffen**

Schleifmaschine *f* grinding machine
Schleifpapier *n* abrasive paper
Schleifstein *m* grinding stone, grindstone
Schleim *m* **1** slime; MED mucus; *in Atemorganen* phlegm **2** GASTR gruel
Schleimer(in) *m(f)* crawler *umg*
Schleimhaut *f* mucous membrane
schleimig *adj* slimy; MED mucous
schleimlösend *adj* expectorant
schlemmen *v/i* (≈ *üppig essen*) to feast; (≈ *üppig leben*) to live it up
Schlemmer(in) *m(f)* bon vivant
schlendern *v/i* to stroll
Schlendrian *umg m* casualness; (≈ *Trott*) rut
schlenkern *v/t & v/i* to swing, to dangle; **mit den Armen ~** to swing *od* dangle one's arms
Schleppe *f von Kleid* train
schleppen **A** *v/t* (≈ *tragen*) *Gepäck* to lug; (≈ *zerren*) to drag; *Auto* to tow; *Flüchtlinge* to smuggle **B** *v/r* to drag oneself; *Verhandlungen etc* to drag on
schleppend *adj Gang* shuffling; *Bedienung, Geschäft* sluggish; **nur ~ vorankommen** to progress very slowly
Schlepper *m* AUTO tractor; SCHIFF tug(boat)
Schlepper(in) *m(f)* **1** *sl für Lokal* tout **2** (≈ *Fluchthelfer*) people smuggler
Schleppkahn *m* (canal) barge
Schlepplift *m* ski tow
Schleppnetz *n* trawl (net)
Schlepptau *n* SCHIFF tow rope; **j-n ins ~ nehmen** to take sb in tow
Schlesien *n* Silesia
Schlesier(in) *m(f)* Silesian
schlesisch *adj* Silesian
Schleswig-Holstein *n* Schleswig-Holstein
Schleuder *f* **1** *Waffe* sling; (≈ *Wurfmaschine*) catapult **2** (≈ *Zentrifuge*) centrifuge; *für Honig* extractor; (≈ *Wäscheschleuder*) spin-dryer
Schleudergefahr *f* risk of skidding; **„Achtung ~"** "slippery road ahead"
schleudern **A** *v/t & v/i* **1** (≈ *werfen*) to hurl **2** TECH to centrifuge; *Honig* to extract; *Wäsche* to spin-dry **B** *v/i* AUTO to skid; **ins Schleudern geraten** to go into a skid; *fig umg* to run into trouble
Schleuderpreis *m* giveaway price
Schleudersitz *m* FLUG ejector seat; *fig* hot seat
schleunigst *adv* straight away; **verschwinde, aber ~!** beat it, on the double!
Schleuse *f für Schiffe* lock; *zur Regulierung des Wasserlaufs* sluice; **die ~n öffnen** *fig* to open the floodgates
schleusen *v/t Schiffe* to pass through a lock; *Wasser* to channel; *langsam: Menschen* to filter; *Antrag* to channel; *fig heimlich, Flüchtlinge* to smuggle

Schleusung *f* **die ~ von Migranten** the smuggling of migrants
Schlich *m* ruse; **j-m auf die ~e kommen** to catch on to sb
schlicht **A** *adj* simple; **~ und einfach** plain and simple **B** *adv* **1** (≈ *einfach*) simply **2** (≈ *glattweg*) *erfunden* simply; *vergessen* completely
schlichten **A** *v/t Streit* (≈ *beilegen*) to settle **B** *v/i* to mediate; *bes* IND to arbitrate
Schlichter(in) *m(f)* mediator; IND arbitrator
Schlichtheit *f* simplicity
Schlichtung *f* (≈ *Vermittlung*) mediation; *bes* IND arbitration; (≈ *Beilegung*) settlement
schlichtweg *adv* → **schlechthin**
Schlick *m* silt, ooze; (≈ *Ölschlick*) slick
Schliere *f* streak
Schließe *f* fastening
schließen **A** *v/t* **1** (≈ *zumachen, beenden*) to close; *Betrieb* (≈ *einstellen*) to close down **2** (≈ *eingehen*) *Vertrag* to conclude; *Frieden* to make; *Bündnis* to enter into; *Freundschaft* to form **B** *v/r* (≈ *zugehen*) to close **C** *v/i* **1** (≈ *zugehen, enden*) to close; (≈ *Betrieb einstellen*) to close down; **„geschlossen"** "closed" **2** (≈ *schlussfolgern*) to infer; **auf etw** (*akk*) **~ lassen** to indicate sth; → **geschlossen**
Schließfach *n* locker; (≈ *Bankschließfach*) safe-deposit box
schließlich *adv* (≈ *endlich*) in the end, eventually, at last; (≈ *immerhin*) after all
Schließung *f* (≈ *das Schließen*) closing; (≈ *Betriebseinstellung*) closure
Schliff *m von Glas, Edelstein* cut; *fig* (≈ *Umgangsformen*) polish; **j-m den letzten ~ geben** *fig* to perfect sb
schlimm **A** *adj* bad; *Krankheit, Wunde* nasty; (≈ *entzündet*) sore; *Nachricht* awful, upsetting; **es gibt Schlimmere als ihn** there are worse than him; **das finde ich nicht ~** I don't find that so bad; **eine ~e Zeit** bad times *pl*; **das ist halb so ~!** that's not so bad!; **~er** worse; **wenn es nichts Schlimmeres ist!** if that's all it is!; **es gibt Schlimmeres** it could be worse; **~ste(r, s)** worst; **im ~sten Fall** if (the) worst comes to (the) worst **B** *adv zurichten* horribly; **wenn es ganz ~ kommt** if things get really bad; **es steht ~ (um ihn)** things aren't looking too good (for him)
schlimmstenfalls *adv* at (the) worst
Schlinge *f* loop; *an Galgen* noose; MED (≈ *Armbinde*) sling; (≈ *Falle*) snare
Schlingel *m* rascal
schlingen¹ *geh* **A** *v/t* (≈ *binden*) *Knoten* to tie; (≈ *umbinden*) *Schal etc* to wrap (**um** around) **B**

v/r **sich um etw ~** to coil (itself) around sth
schlingen² v/i beim Essen to gobble
schlingern v/i Schiff to roll; **ins Schlingern geraten** AUTO etc to go into a skid
Schlips m tie, necktie US
schlitteln v/i schweiz to toboggan
Schlitten m ◨ sledge, sled; (≈ Pferdeschlitten) sleigh; (≈ Rodelschlitten) toboggan; (≈ Rennschlitten) bobsleigh; **mit j-m ~ fahren** umg to bawl sb out umg ◪ umg (≈ Auto) big car
Schlittenfahrt f sledge ride; mit Rodelschlitten toboggan ride; mit Pferdeschlitten sleigh ride
schlittern v/i (≈ ausrutschen) to slip; Wagen to skid; fig to slide, to stumble; **in den Konkurs ~** to slide into bankruptcy
Schlittschuh m (ice) skate; **~ laufen** to (ice-)skate
Schlittschuhbahn f ice rink
Schlittschuhlaufen n (ice-)skating
Schlittschuhläufer(in) m(f) (ice-)skater
Schlitz m slit; (≈ Einwurfschlitz) slot; (≈ Hosenschlitz) fly, flies pl Br
Schlitzauge n slant eye
schlitzäugig adj slant-eyed
schlitzen v/t to slit
Schlitzohr fig n sly fox
Schlögel m GASTR österr, südd (≈ Keule) leg
Schloss¹ n (≈ Gebäude) castle; (≈ Palast) palace; (≈ großes Herrschaftshaus) mansion
Schloss² n (≈ Türschloss etc) lock; (≈ Vorhängeschloss) padlock; **hinter ~ und Riegel sitzen/bringen** to be/put behind bars
Schlosser(in) m(f) locksmith; (≈ Maschinenschlosser) fitter
Schlot m (≈ Schornstein) chimney (stack); **rauchen wie ein ~** umg to smoke like a chimney umg
schlottern v/i ◨ (≈ zittern) to shiver (**vor** +dat with); vor Angst to tremble (**vor** +dat with); **ihm schlotterten die Knie** his knees were knocking ◪ Kleider to hang loose
Schlucht f gorge, canyon
schluchzen v/t & v/i to sob
Schluck m drink; (≈ ein bisschen) drop; (≈ das Schlucken) swallow; großer gulp; kleiner sip; **einen ~ aus der Flasche nehmen** to take a drink from the bottle
Schluckauf m hiccups pl; **einen ~ haben** to have (the) hiccups
schlucken Ⓐ v/t ◨ to swallow; **Pillen ~** sl to pop pills umg ◪ HANDEL umg (≈ absorbieren) to swallow up; Benzin, Öl to guzzle Ⓑ v/i to swallow; **daran hatte er schwer zu ~** fig he found that difficult to swallow
Schlucker umg m **armer ~** poor devil
Schluckimpfung f oral vaccination
schlud(e)rig umg Ⓐ adj Arbeit sloppy Ⓑ adv sloppily
schludern umg Ⓐ v/t to skimp Ⓑ v/i to do sloppy work
Schludrigkeit umg f sloppiness
schlummern geh v/i to slumber liter
Schlund m ANAT pharynx; fig liter maw liter
schlüpfen v/i to slip; Küken to hatch (out)
Schlüpfer m panties pl Br, knickers pl
Schlupfloch n hole, gap; (≈ Versteck) hideout; fig loophole
schlüpfrig adj ◨ slippery ◪ fig Bemerkung suggestive; Geschichte juicy
schlurfen v/i to shuffle, to shamble
schlürfen v/t & v/i to slurp, to sip
Schluss m ◨ (≈ Ende) end; einer Geschichte, eines Films ending; **~ damit!** stop it!; **nun ist aber ~!** that's enough now!; **zum ~** in the end; **bis zum ~ bleiben** to stay to the end; **~ machen** umg (≈ aufhören) to finish; (≈ zumachen) to close; (≈ Selbstmord begehen) to end it all; (≈ Freundschaft beenden) to break it off; **mit j-m ~ machen** to chuck od dump sb; **ich muss ~ machen** am Telefon I'll have to go now ◪ (≈ Folgerung) conclusion; **zu dem ~ kommen, dass …** to come to the conclusion that …
Schlussabrechnung f final statement
Schlussakkord m final chord
Schlussakte f EU final act
Schlüssel m key (**zu** to); TECH spanner Br, wrench; (≈ Verteilungsschlüssel) ratio (of distribution); MUS clef
Schlüsselbein n collarbone
Schlüsselblume f cowslip
Schlüsselbund m/n bunch of keys
Schlüsseldienst m key cutting service
Schlüsselerlebnis n PSYCH crucial experience
Schlüsselfigur f key figure
Schlüsselkind umg n latchkey kid umg
Schlüsselloch n keyhole
Schlüsselposition f key position
Schlüsselring m key ring
Schlüsselwort n key word
schlussfolgern v/i to conclude
Schlussfolgerung f conclusion
Schlussformel f in Brief complimentary close
schlüssig Ⓐ adj Beweis conclusive; Konzept logical Ⓑ adv begründen conclusively
Schlusslicht n tail light; umg bei Rennen etc back marker; **~ der Tabelle sein** to be bottom of the table
Schlussnotierung f BÖRSE closing quotation
Schlusspfiff m final whistle
Schlussstrich fig m **einen ~ unter etw** (akk) **ziehen** to consider sth finished
Schlussverkauf m (end-of-season) sale Br, season close-out sale US

Schmach geh f disgrace
schmachten v/i geh (≈ leiden) to languish
schmächtig adj slight
schmackhaft adj (≈ wohlschmeckend) tasty; **j-m etw ~ machen** fig to make sth palatable to sb
schmähen geh v/t to abuse
schmählich geh **A** adj ignominious; (≈ demütigend) humiliating **B** adv shamefully; versagen miserably
schmal adj **1** narrow; (≈ schlank) slim; Hüfte, Taille slender, narrow; Lippen thin **2** fig (≈ karg) meagre Br, meager US
schmälern v/t to diminish
Schmalfilm m cine film Br, movie film US
Schmalspur f BAHN narrow gauge
Schmalspur- pej zssgn small-time
Schmalz¹ n **1** fat; (≈ Schweineschmalz) lard; (≈ Bratenschmalz) dripping Br, drippings pl US **2** (≈ Ohrenschmalz) earwax
Schmalz² pej umg m schmaltz umg
schmalzig pej umg adj schmaltzy umg
Schmankerl n österr, südd (≈ Speise) delicacy
schmarotzen v/i to sponge, to scrounge (**bei** off); BIOL to be parasitic (**bei** on)
Schmarotzer m BIOL auch fig parasite
Schmarotzer(in) fig m(f) sponger
Schmarr(e)n m **1** österr, südd GASTR pancake cut up into small pieces **2** umg (≈ Quatsch) rubbish Br
schmatzen v/i beim Essen to eat noisily, to smack US
schmecken **A** v/i to taste (**nach** of); (≈ gut schmecken) to be good, to taste good; **ihm schmeckt es** (≈ gut finden) he likes it; (≈ Appetit haben) he likes his food; **das schmeckt ihm nicht** he doesn't like it; **Pizza schmeckt besser** pizza is tastier; **nach etw ~** fig to smack of sth; **das schmeckt nach nichts** it's tasteless; **schmeckt es (Ihnen)?** do you like it?; **wie hat es geschmeckt?** what was it like?; **es sich** (dat) **~ lassen** to tuck in; **sich** (dat) **etw ~ lassen** to tuck into sth **B** v/t to taste
Schmeichelei f flattery
schmeichelhaft adj flattering
schmeicheln v/i **1** **j-m ~** to flatter sb **2** (≈ verschönen) to flatter; **das Bild ist aber geschmeichelt!** the picture is very flattering
Schmeichler(in) m(f) flatterer; (≈ Kriecher) sycophant
schmeichlerisch adj flattering
schmeißen umg **A** v/t **1** (≈ werfen) to sling umg, to chuck umg **2** umg **eine Party ~** to throw a party; **den Laden ~** to run the (whole) show **3** (≈ aufgeben) to chuck in umg **B** v/i (≈ werfen) to throw; **mit Steinen ~** to throw stones
Schmeißfliege f bluebottle

Schmelze f **1** Metallurgie, a. GEOL melt **2** (≈ Schmelzen) melting **3** (≈ Schmelzhütte) smelting plant
schmelzen **A** v/i to melt; Reaktorkern to melt down **B** v/t to melt; Erz to smelt
Schmelzkäse m cheese spread
Schmelzofen m melting furnace; für Erze smelting furnace
Schmelzpunkt m melting point
Schmelztiegel m melting pot
Schmelzwasser n melted snow and ice; GEOG, PHYS meltwater
Schmerz m pain pl selten; (≈ Kummer) grief kein pl; **~en haben** to be in pain; **wo haben Sie ~en?** where does it hurt?; **schreien vor ~en** to cry in pain; **j-m ~en bereiten** to cause sb pain; **unter ~en** while in pain; fig regretfully
schmerzempfindlich adj Mensch sensitive to pain
schmerzen v/t & v/i to hurt, to ache; **es schmerzt** it hurts; **eine ~de Stelle** a painful spot
Schmerzensgeld n JUR damages pl
schmerzfrei adj free of pain; Operation painless
Schmerzgrenze f pain barrier
schmerzhaft adj painful, sore
schmerzlindernd adj pain-relieving, analgesic fachspr
schmerzlos adj painless
Schmerzmittel n painkiller
schmerzstillend adj pain-killing, analgesic fachspr; **~es Mittel** painkiller
Schmerztablette f painkiller
schmerzverzerrt adj Gesicht distorted with pain
schmerzvoll adj painful
Schmetterball m smash
Schmetterling m butterfly
schmettern v/t **1** (≈ schleudern) to smash **2** Lied, Arie to bellow out
Schmied(in) m(f) (black)smith
Schmiede f forge
Schmiedeeisen n wrought iron
schmiedeeisern adj wrought-iron
schmieden v/t to forge (**zu** into); (≈ ersinnen) Plan, Komplott to hatch
schmiegen v/r **sich an j-n ~** to cuddle up to sb
schmiegsam adj supple; Stoff soft; fig (≈ anpassungsfähig) adaptable
Schmiere f **1** umg grease; (≈ Salbe) ointment **2** umg **~ stehen** to be the look-out
schmieren v/t **1** (≈ streichen) to smear; Butter, Aufstrich to spread; Brot mit Butter to butter; Salbe to rub in (**in** +akk -to); (≈ einfetten) to grease; TECH to lubricate; **sie schmierte sich ein Brot** she made herself a sandwich; **es geht** od **läuft**

wie geschmiert it's going like clockwork; **j-m eine ~** *umg* to smack sb one *umg* **2** *pej* (≈ *schreiben*) to scrawl; (≈ *malen*) to daub **3** *umg* (≈ *bestechen*) **j-n ~** to grease sb's palm *umg*

Schmiererei *pej umg f* (≈ *Geschriebenes*) scrawl; (≈ *Parolen etc*) graffiti *pl*; (≈ *Malerei*) daubing

Schmierfett *n* (lubricating) grease

Schmierfink *pej m* **1** (≈ *Autor, Journalist*) hack; (≈ *Skandaljournalist*) muckraker *umg* **2** (≈ *Schüler*) messy writer

Schmiergeld *n* bribe

Schmierheft *n* notebook

schmierig *adj* greasy; *fig* (≈ *unanständig*) filthy; (≈ *schleimig*) smarmy *Br umg*

Schmiermittel *n* lubricant

Schmieröl *n* lubricating oil

Schmierpapier *n* jotting paper *Br*, scratch paper *US*

Schmierseife *f* soft soap

Schmierzettel *m* piece of scrap paper

Schminke *f* make-up

schminken **A** *v/t* to make up; **sich** (*dat*) **die Lippen/Augen ~** to put on lipstick/eye make-up **B** *v/r* to put on make-up; **sie schminkt sich nie** she never wears make-up

schmirgeln *v/t & v/i* to sand

Schmirgelpapier *n* sandpaper

Schmöker *m* book (*of light literature*); *dick* tome

schmökern *umg v/i* to bury oneself in a book/magazine *etc*

schmollen *v/i* to pout; (≈ *gekränkt sein*) to sulk

Schmollmund *m* pout; **einen ~ machen** to pout

Schmorbraten *m* pot roast

schmoren **A** *v/t* to braise **B** *v/i* GASTR to braise; *umg* (≈ *schwitzen*) to roast; **j-n (im eigenen Saft) ~ lassen** to leave sb to stew (in his/her own juice)

Schmuck *m* **1** (≈ *Schmuckstücke*) jewellery *Br kein pl*, jewelry *US kein pl* **2** (≈ *Verzierung*) decoration; *fig* embellishment

schmücken **A** *v/t* to decorate; *Rede* to embellish **B** *v/r* **sich mit etw ~** to adorn oneself with sth

schmucklos *adj* plain; *Einrichtung, Stil* simple

Schmuckstück *n* (≈ *Ring etc*) piece of jewellery; *fig* (≈ *Prachtstück*) gem

schmuddelig *adj* messy; (≈ *schmierig*) filthy

Schmuggel *m* smuggling; **~ treiben** to smuggle

Schmuggelei *f* smuggling *kein pl*

schmuggeln *wörtl, fig v/t & v/i* to smuggle; **mit etw ~** to smuggle sth

Schmuggelware *f* smuggled goods *pl*

Schmuggler(in) *m(f)* smuggler

schmunzeln *v/i* to smile

Schmunzeln *n* smile

schmusen *umg v/i* (≈ *zärtlich sein*) to cuddle; **mit j-m ~** to cuddle sb

schmusig *umg adj* smoochy *umg*

Schmutz *m* **1** dirt **2** *fig* filth; **j-n/etw in den ~ ziehen** to drag sb/sth through the mud

schmutzen *v/i* to get dirty

Schmutzfink *umg m* (≈ *unsauberer Mensch*) dirty slob *umg*; (≈ *Kind*) mucky pup *Br umg*, messy thing *bes US umg*; *fig* (≈ *Mann*) dirty old man

Schmutzfleck *m* dirty mark

Schmutzfracht *f* dirty cargo

schmutzig *adj* dirty; **sich ~ machen** to get oneself dirty

Schnabel *m* **1** (≈ *Vogelschnabel*) beak, bill **2** *von Kanne* spout **3** *umg* (≈ *Mund*) mouth; **halt den ~!** shut your mouth! *umg*

Schnabeltier *n* duck-billed platypus

schnacken *nordd v/i* to chat

Schnake *f* **1** *umg* (≈ *Stechmücke*) gnat, midge *Br* **2** (≈ *Weberknecht*) daddy-longlegs

Schnalle *f* **1** (≈ *Schuhschnalle, Gürtelschnalle*) buckle **2** *an Handtasche* clasp

schnallen *v/t* **1** (≈ *befestigen*) to strap; *Gürtel* to fasten **2** *umg* (≈ *begreifen*) **etw ~** to catch on to sth

Schnäppchen *n* bargain; **ein ~ machen** to get a bargain

Schnäppchenpreis *umg m* bargain price

schnappen **A** *v/i* **nach j-m/etw ~** to snap at sb/sth; (≈ *greifen*) to snatch at sb/sth, to grab sb/sth; **die Tür schnappt ins Schloss** the door clicks shut **B** *umg v/t* **1** (≈ *ergreifen*) to grab; **sich** (*dat*) **j-n/etw ~** to grab sb/sth *umg* **2** (≈ *fangen*) to catch

Schnapperfisch *m* red snapper

Schnappschuss *m* (≈ *Foto*) snap(shot)

Schnaps *m* (≈ *klarer Schnaps*) schnapps; *umg* (≈ *Branntwein*) spirits *pl*

Schnapsbrennerei *f Gebäude* distillery

Schnapsglas *n* shot glass

Schnapsidee *umg f* crazy idea

schnarchen *v/i* to snore

schnattern *v/i Gans* to gabble; *Ente* to quack; *umg* (≈ *schwatzen*) to natter *umg*

schnauben *v/i* **1** *Tier* to snort **2** **vor Wut ~** to snort with rage

schnaufen *v/i* (≈ *schwer atmen*) to wheeze; (≈ *keuchen*) to puff

Schnaufer *n hum* (≈ *Oldtimer*) veteran car

Schnauz *schweiz m*, **Schnauzbart** *m* moustache *Br*, mustache *US*

Schnauze *f* **1** *von Tier* snout **2** *umg* (≈ *Mund*) gob *Br umg*, trap *umg*; **(halt die) ~!** shut your trap! *umg*; **j-m die ~ einschlagen** *od* **polieren** to smash sb's face in *sl*; **die ~ (gestrichen) vollhaben** to be fed up (to the back teeth) *umg*; **eine große ~ haben** to have a big mouth

schnäuzen *v|t & v|r* **sich ~, (sich) die Nase ~** to blow one's nose

Schnauzer *m* (≈ *Hundeart*) schnauzer

Schnecke *f* **1** ZOOL, *a. fig* snail; (≈ *Nacktschnecke*) slug; GASTR escargot; **j-n zur ~ machen** *umg* to bawl sb out *umg* **2** GASTR *Gebäck* ≈ Chelsea bun

Schneckenhaus *n* snail shell

Schneckenpost *umg f* snail mail *umg*

Schneckentempo *umg n* **im ~** at a snail's pace

Schnee *m* **1** snow; **das ist ~ von gestern** that's old hat **2** (≈ *Eischnee*) whisked egg white; **Eiweiß zu ~ schlagen** to whisk the egg white(s) till stiff **3** *umg* (≈ *Heroin, Kokain*) snow *sl*

Schneeball *m* snowball

Schneeballprinzip *n* snowball effect

Schneeballschlacht *f* snowball fight

Schneeballsystem *n* Ponzi scheme

schneebedeckt *adj* snow-covered

Schneebesen *m* GASTR whisk

schneeblind *adj* snow-blind

Schneebrille *f* snow goggles *pl*

Schneedecke *f* blanket *od* covering of snow

Schneefall *m* snowfall, fall of snow

Schneefallgrenze *f* snowline; **unter/über der ~** below/above the snowline

Schneeflocke *f* snowflake

Schneefräse *f* snowblower

schneefrei *adj Gebiet* free of snow

Schneegestöber *n leicht* snow flurry; *stark* snowstorm

Schneeglätte *f* hard-packed snow *kein pl*

Schneeglöckchen *n* snowdrop

Schneegrenze *f* snow line

Schneekette *f* AUTO snow chain

Schneemann *m* snowman

Schneematsch *m* slush

Schneepflug *m* TECH, SKI snowplough *Br*, snowplow *US*

Schneeregen *m* sleet

Schneeschaufel *f* snow shovel, snowpusher *US*

Schneeschmelze *f* thaw

Schneeschuh *m* snowshoe; *obs* SKI ski

schneesicher *adj* with snow guaranteed

Schneesturm *m* snowstorm; *stärker* blizzard

Schneetreiben *n* driving snow

Schneeverhältnisse *pl* snow conditions *pl*

Schneeverwehung *f* snowdrift

Schneewehe *f* snowdrift

schneeweiß *adj* snow-white; *Hände* lily-white

Schneewittchen *n* Snow White

Schneid *umg m* guts *pl umg*

Schneidbrenner *m* TECH cutting torch

Schneide *f* (sharp *od* cutting) edge; *von Messer* blade

schneiden **A** *v|i* to cut **B** *v|t* **1** to cut; (≈ *klein schneiden*) *Gemüse etc* to chop; SPORT *Ball* to slice; MATH to intersect with; *Weg* to cross; **j-n ~** *beim Überholen* to cut in on sb; (≈ *ignorieren*) to cut sb dead *Br*, to cut sb off **2** *Film, Tonband* to edit **3** *fig* (≈ *meiden*) to cut **C** *v|r* **1** *Mensch* to cut oneself; **sich in den Finger ~** to cut one's finger **2** *umg* (≈ *sich täuschen*) **da hat er sich aber geschnitten!** he's made a big mistake **3** *Linien, Straßen etc* to intersect

schneidend *adj* biting; *Ton* piercing

Schneider *m Gerät* cutter; **aus dem ~ sein** *fig* to be out of the woods

Schneider(in) *m(f)* tailor

Schneiderei *f* (≈ *Werkstatt*) tailor's

schneidern **A** *v|i beruflich* to be a tailor; *als Hobby* to do dressmaking **B** *v|t* to make

Schneidersitz *m* **im ~ sitzen** to sit cross-legged

Schneidezahn *m* incisor

schneidig *adj Mensch* dashing; *Musik, Rede* rousing; *Tempo* fast

schneien **A** *v|i* to snow **B** *v|t* **es schneite Konfetti** confetti rained down **C** *v|i fig* to rain down; **j-m ins Haus ~** *umg Besuch* to drop in on sb; *Rechnung, Brief* to arrive in the post

Schneise *f* break; (≈ *Waldschneise*) lane

schnell **A** *adj* quick; *Auto, Zug, Strecke* fast; *Hilfe* speedy **B** *adv* quickly; *arbeiten, handeln* fast; **nicht so ~!** not so fast!; **das geht ~** *grundsätzlich* it doesn't take long; **das ging ~** that was quick; **mach ~/schneller!** hurry up!; **das ging alles viel zu ~** it all happened much too quickly *od* fast; **das werden wir ~ erledigt haben** we'll soon have that finished; **sie wird ~ böse** she loses her temper quickly; **das werde ich so ~ nicht wieder tun** I won't do that again in a hurry

Schnellbahn *f* suburban railway *Br*; city railroad *US*

Schnellboot *n* speedboat

Schnelle *f* **1** (≈ *Schnelligkeit*) speed; **etw auf die ~ machen** to do sth quickly *od* in a rush **2** (≈ *Stromschnelle*) rapids *pl*

schnellen *v|i* to shoot; **in die Höhe ~** to shoot up

Schnellgaststätte *f* fast-food restaurant

Schnellgericht *n* GASTR quick meal; *Fertiggericht* ready meal; **~e** *ungesund* junk food

Schnellhefter *m* spring folder

Schnelligkeit *f* speed; *von Hilfe* speediness

Schnellimbiss *m* **1** *Essen* (quick) snack **2** *Raum* snack bar

Schnellkochtopf *m* (≈ *Dampfkochtopf*) pressure cooker

Schnellkurs *m* crash course
schnelllebig *adj Zeit* fast-moving
Schnellreinigung *f* express cleaning service
schnellstens *adv* as quickly as possible
Schnellstraße *f* expressway
Schnellzug *m* fast train
Schnepfe *f* snipe; *pej umg* silly cow *umg*
schneuzen *v/t & v/r* → schnäuzen
Schnickschnack *m umg* frills *pl*
Schnippchen *umg n* **j-m ein ~ schlagen** to play a trick on sb
schnippen *v/i* **mit den Fingern ~** to snap one's fingers
schnippisch **A** *adj* saucy **B** *adv* saucily
Schnipsel *umg m/n* scrap; (≈ *Papierschnipsel*) scrap of paper
Schnitt *m* **1** cut; *von Gesicht* shape; MED incision; (≈ *Schnittmuster*) pattern **2** FILM editing *kein pl* **3** MATH (≈ *Schnittpunkt*) (point of) intersection; (≈ *Schnittfläche*) section; *umg* (≈ *Durchschnitt*) average; **im ~** on average
Schnittblumen *pl* cut flowers *pl*
Schnitte *f* slice; *belegt* open sandwich; *zusammengeklappt* sandwich
schnittig *adj* smart
Schnittkäse *m* cheese slices *pl*
Schnittlauch *m* chives *pl*, chive *US*
Schnittmengendiagramm *n* Venn diagram
Schnittmuster *n Handarbeiten* (paper) pattern
Schnittpunkt *m* intersection
Schnittstelle *f* cut; IT, *a. fig* interface
Schnittwinkel *m* angle of intersection
Schnittwunde *f* cut; *tief* gash
Schnitzel[1] *n/m* (≈ *Papierschnitzel*) bit of paper; (≈ *Holzschnitzel*) shaving
Schnitzel[2] *n* GASTR veal/pork cutlet; **Wiener ~** schnitzel
Schnitzeljagd *f* paper chase
schnitzeln *v/t Gemüse* to shred
schnitzen *v/t & v/i* to carve
Schnitzer *umg m in Benehmen* blunder; (≈ *Fehler*) howler *Br umg*, blooper *US umg*
Schnitzer(in) *m(f)* woodcarver
Schnitzerei *f* (wood)carving
schnodd(e)rig *umg adj Mensch, Bemerkung* brash
schnöde *adj* (≈ *niederträchtig*) despicable; *Ton* contemptuous; **~s Geld** filthy lucre
Schnorchel *m* snorkel
schnorcheln *v/i* to go snorkelling *Br*, to go snorkeling *US*
Schnörkel *m* flourish; *an Möbeln, Säulen* scroll; *fig* (≈ *Unterschrift*) squiggle *hum*
schnorren *v/t & v/i umg* to scrounge *umg* (**bei** from)
Schnorrer(in) *umg m(f)* scrounger *umg*
Schnösel *umg m* snotty(-nosed) little upstart *umg*
schnöselig *umg adj Benehmen* snotty *umg*
schnuckelig *adj umg* (≈ *gemütlich*) snug, cosy; (≈ *niedlich*) cute
Schnüffelei *umg f* snooping *umg*
schnüffeln **A** *v/i* **1** to sniff; **an etw** (*dat*) **~** to sniff (at) sth **2** *fig umg* (≈ *spionieren*) to snoop around *umg* **B** *v/t* to sniff
Schnüffler(in) *fig umg m(f)* snooper *umg*; (≈ *Detektiv*) private eye *umg*
Schnuller *umg m* dummy *Br*, pacifier *US*
Schnulze *umg f* schmaltzy film/book/song *umg*
schnulzig *umg adj* slushy *umg*
Schnupfen *m* cold; **(einen) ~ bekommen** to catch a cold
Schnupftabak *m* snuff
schnuppe *umg adj* **j-m ~ sein** to be all the same to sb
Schnupperkurs *umg m* taster course
schnuppern **A** *v/i* to sniff; **an etw** (*dat*) **~** to sniff (at) sth **B** *v/t* to sniff; *fig Atmosphäre etc* to sample
Schnur *f* (≈ *Bindfaden*) string; (≈ *Kordel*) cord
Schnürchen *n* **es läuft alles wie am ~** everything's going like clockwork
schnüren *v/t Paket* to tie up; *Schuhe* to lace (up)
schnurgerade *adj* (dead) straight
Schnürl *n österr* (piece of) string
schnurlos *adj* cordless
Schnürlregen *m österr* pouring rain
Schnürlsamt *m österr* corduroy
Schnurrbart *m* moustache *Br*, mustache *US*
schnurren *v/i Katze* to purr; *Spinnrad etc* to hum
Schnürschuh *m* lace-up shoe
Schnürsenkel *m* shoelace
schnurstracks *adv* straight
Schnurtelefon *n* corded (tele)phone
schnurz(egal) *umg adj* **das ist ihm ~** he couldn't give a damn (about it) *umg*
Schock *m* shock; **unter ~ stehen** to be in (a state of) shock
schocken *umg v/t* to shock
schockieren *v/t & v/i* to shock; *stärker* to scandalize; **~d** shocking; **schockiert sein** to be shocked (**über** +*akk* at)
schofel, schofelig *umg adj Behandlung* rotten *kein adv umg*; *Geschenk* miserable; **j-n ~ behandeln** to treat sb shabbily
Schöffe *m*, **Schöffin** *f* ≈ juror
Schöffengericht *n* court (with jury)
Schokobrunnen *m umg* chocolate fountain
Schokokuss *m* chocolate marshmallow with biscuit base
Schokolade *f* chocolate
Schokoladenbrunnen *m* chocolate fountain
Schokoladenfondue *n* chocolate fondue

Schokoriegel *m* chocolate bar
Schokosoße *f umg* chocolate sauce, choccy sauce *Br umg*
Scholle¹ *f Fisch* plaice
Scholle² *f* (≈ *Eisscholle*) (ice) floe; (≈ *Erdscholle*) clod (of earth)
schon *adv* **1** already; **er ist ~ hier!** he's (already) here!; **es ist ~ 11 Uhr** it's (already) 11 o'clock; **das habe ich dir doch ~ hundertmal gesagt** I've told you that a hundred times; **~?** yet?; **~ damals** even then; **~ im 13. Jahrhundert** as early as the 13th century; **~ am nächsten Tag** the very next day; **ich bin ~ lange fertig** I've been ready for ages; **~ immer** always; **ich habe das ~ mal gehört** I've heard that before **2** (≈ *bereits*) ever; **warst du ~ dort?** have you been there (yet)?; (≈ *je*) have you (ever) been there?; **warst du ~ (ein)mal dort?** have you ever been there?; **ist er ~ hier?** is he here yet?; **musst du ~ gehen?** must you go so soon?; **wie lange wartest du ~?** how long have you been waiting? **3** (≈ *bloß*) just; **allein ~ der Gedanke, dass ...** just the thought that ...; **wenn ich das ~ sehe!** if I even see that! **4** (≈ *bestimmt*) all right; **du wirst ~ sehen** you'll see (all right); **das wirst du ~ noch lernen** you'll learn that one day **5 das ist ~ möglich** that's quite possible; **hör ~ auf damit!** will you stop that!; **nun sag ~!** come on, tell me/us *etc* !, tell me already! *US*; **mach ~!** get a move on! *umg*; **ja ~, aber ...** *umg* yes (well), but ...; **was macht das ~, wenn ...** what does it matter if ...; **~ gut!** okay! *umg*; **ich verstehe ~** I understand; **ich weiß ~** I know

schön A *adj* **1** beautiful; *Mann* handsome **2** (≈ *nett, angenehm*) good; *Gelegenheit* great; (≈ *hübsch, wunderbar*) lovely; *umg* (≈ *gut*) nice; **die ~en Künste** the fine arts; **eines ~en Tages** one fine day; **~e Ferien!** have a good holiday *bes Br*, have a good vacation *US*; **zu ~, um wahr zu sein** *umg* too good to be true; **na ~** fine, okay; **~ und gut, aber ...** that's all very well but ... **3** *iron Unordnung* fine; *Überraschung* lovely; **du bist mir ein ~er Freund** a fine friend you are; **das wäre ja noch ~er** *umg* that's (just) too much! **4** (≈ *beträchtlich*) *Erfolg, Gewinn* handsome; **eine ganz ~e Leistung** quite an achievement; **eine ganz ~e Menge** quite a lot **B** *adv* **1** (≈ *gut*) well; *schreiben* beautifully; **sich ~ anziehen** to get dressed up; **~ weich/warm/stark** nice and soft/warm/strong; **schlaf ~** sleep well; **erhole dich ~** have a good rest **2** *umg* (≈ *brav, lieb*) nicely; (≈ *sehr, ziemlich*) really; **sei ~ brav** be a good boy/girl; **~ ordentlich** neat and tidy; **ganz ~ teuer/kalt** pretty expensive/cold; **ganz ~ lange** quite a while

Schonbezug *m für Matratzen* mattress cover; *für Möbel* loose cover; *für Autositz* seat cover
Schöne *f liter, hum* (≈ *Mädchen*) beauty
schönen *v/t Zahlen* to dress up
schonen A *v/t Gesundheit* to look after; *Ressourcen* to conserve; *Umwelt* to protect; *j-s Nerven* to spare; *Gegner* to be easy on; *Bremsen, Batterie* to go easy on; **er muss den Arm noch ~** he still has to be careful with his arm **B** *v/r* to look after oneself; **er schont sich für das nächste Rennen** he's saving himself for the next race
schonend A *adj* gentle; (≈ *rücksichtsvoll*) considerate; *Waschmittel* mild **B** *adv* **j-m etw ~ beibringen** to break sth to sb gently; **etw ~ behandeln** to treat sth with care
Schönfärberei *fig f* glossing things over
Schöngeist *m* aesthete
schöngeistig *adj* aesthetic; **~e Literatur** belletristic literature
Schönheit *f* beauty
Schönheitschirurgie *f* cosmetic surgery
Schönheitsfarm *f* beauty farm
Schönheitsfehler *m* blemish; *von Gegenstand* flaw
Schönheitskönigin *f* beauty queen
Schönheitsoperation *f* cosmetic surgery
Schönheitspflege *f* beauty care
Schönheitswettbewerb *m* beauty contest
Schonkost *f* light diet; (≈ *Spezialdiät*) special diet
schön machen, schönmachen A *v/t Kind* to dress up; *Wohnung* to decorate **B** *v/r* to get dressed up; (≈ *sich schminken*) to make (oneself) up
Schönschrift *f* **in ~** in one's best (hand)writing
Schonung *f* **1** (≈ *Waldbestand*) (protected) forest plantation area **2** (≈ *das Schonen von Ressourcen*) saving; *von Umwelt* protection; **zur ~ meiner Gefühle** to spare my feelings **3** (≈ *Nachsicht*) mercy
schonungslos A *adj* ruthless; *Wahrheit* blunt; *Offenheit* brutal; *Kritik* savage **B** *adv* ruthlessly
Schönwetterperiode *f* period of fine weather
Schonzeit *f* close season; *fig* honeymoon period
Schopf *m* **1** (shock of) hair; **eine Gelegenheit beim ~ ergreifen** to seize an opportunity with both hands **2** *österr* (≈ *Schuppen*) shed
schöpfen *v/t* **1** *Wasser* to scoop (*aus* from); *Suppe* to ladle (*aus* from) **2** *Kraft* to summon up; *Hoffnung* to find; **Hoffnung** *etc* **aus etw ~** to draw hope *etc* from sth **3** (≈ *schaffen*) *Kunstwerk* to create; *neuen Ausdruck* to coin
Schöpfer(in) *m(f)* creator; (≈ *Gott*) Creator
schöpferisch A *adj* creative **B** *adv* creatively; **sie ist ~ veranlagt** she is creative; (≈ *künstlerisch*) she is artistic

Schöpfkelle f, **Schöpflöffel** m ladle
Schöpfung f creation
Schorf m crust; (≈ *Wundschorf*) scab
Schorle f|n *mit Wein* spritzer; *mit Saft* drink made from mineral water and fruit juice
Schornstein m chimney; *von Schiff, Lokomotive* funnel, (smoke)stack
Schornsteinfeger(in) m(f) chimney sweep
Schoß m **1** lap; **die Hände in den ~ legen** *fig* to sit back (and take it easy) **2** *liter* (≈ *Mutterleib*) womb; **im ~e der Familie** in the bosom of one's family
Schoßhund m lapdog
Schössling m BOT shoot
Schote f BOT pod
Schotte m Scot
Schottenmuster n tartan
Schottenrock m (≈ *Kilt*) kilt
Schotter m gravel; *im Straßenbau* (road) metal; BAHN ballast
Schottin f Scot
schottisch adj Scottish
Schottland n Scotland
schraffieren v/t to hatch
Schraffierung f hatching
schräg **A** adj **1** (≈ *schief, geneigt*) sloping; *Kante* bevelled Br, beveled US; (≈ *diagonal*) diagonal **2** *umg* (≈ *verdächtig*) fishy *umg* **B** adv (≈ *geneigt*) at an angle; (≈ *krumm*) slanting; *gestreift* diagonally; **~ gegenüber** diagonally opposite; **den Kopf ~ halten** to hold one's head at an angle; **j-n ~ ansehen** *fig* to look askance at sb
Schrägbank f SPORT incline bench
Schräge f (≈ *schräge Fläche*) slope; (≈ *schräge Kante*) bevel; *im Zimmer* sloping ceiling
Schrägkante f bevelled edge Br, beveled edge US
Schrägstrich m oblique, slash
Schramme f scratch
schrammen v/t to scratch
Schrank m cupboard; (≈ *Kleiderschrank*) wardrobe Br, closet; (≈ *Besenschrank*) cupboard Br, closet US; (≈ *Vitrine, Medizinschrank*) cabinet; (≈ *Spind*) locker
Schranke f barrier; *fig* (≈ *Grenze*) limit; **sich in ~n halten** to keep within reasonable limits
schrankenlos *fig* adj unbounded, boundless; *Forderungen* unrestrained
Schrankenwärter(in) m(f) attendant (*at level crossing*)
schrankfertig adj *Wäsche* washed and ironed
Schrankkoffer m clothes trunk
Schrankwand f wall unit
Schraubdeckel m screw(-on) lid
Schraube f screw; **bei ihr ist eine ~ locker** *umg* she's got a screw loose *umg*

schrauben v/t & v/i to screw; **etw in die Höhe ~** *fig Preise* to push sth up; *Ansprüche* to raise
Schraubendreher m screwdriver
Schraubenmutter f nut
Schraubenschlüssel m spanner Br, wrench US
Schraubenzieher m screwdriver
Schraubstock m vice Br, vise US
Schraubverschluss m screw top
Schrebergarten m allotment Br, garden plot
Schreck m fright; **vor ~** in fright; *zittern* with fright; **einen ~(en) bekommen** to get a fright; **mit dem ~(en) davonkommen** to get off with no more than a fright; **j-m einen ~en einjagen** to scare sb; **ach du ~!** *umg* blast! *umg*
schrecken **A** v/t (≈ *ängstigen*) to frighten; *stärker* to terrify; **j-n aus dem Schlaf ~** to startle sb out of his sleep **B** v/r *österr* to get a fright
Schrecken m **1** → Schreck **2** (≈ *Entsetzen*) terror; **j-n in Angst und ~ versetzen** to frighten and terrify sb
schreckensblass, schreckensbleich adj as white as a sheet
Schreckensnachricht f terrible news *kein pl*
Schreckgespenst n nightmare
schreckhaft adj easily startled
schrecklich **A** adj terrible, horrible; **~e Angst haben (vor)** to be terrified (of) **B** adv **1** (≈ *entsetzlich*) horribly; **~ schimpfen** to swear dreadfully **2** *umg* (≈ *sehr*) terribly; **~ viel** an awful lot (of); **~ wenig** very little
Schreckschuss m warning shot
Schrecksekunde f moment of shock
Schredder m shredder
Schrei m cry; *brüllender* yell; *gellender* scream; *kreischender* shriek; **ein ~ der Entrüstung** an (indignant) outcry; **der letzte ~** *umg* the latest thing
Schreibarbeit f desk work; *bes pej* paperwork
Schreibblock m (writing) pad
schreiben **A** v/t **1** to write; *Klassenarbeit* to do; **eine E-Mail ~** to e-mail, to email; **schwarze/rote Zahlen ~** HANDEL to be in the black/red; **wo steht das geschrieben?** where does it say that? **2** *orthografisch* to spell; **wie schreibt man das?** how do you spell that? **B** v/i to write; **j-m ~, an j-n ~** to write to sb, to write sb *US*; **an einem Roman** *etc* **~** to be working on *od* writing a novel *etc* **C** v/r **1** (≈ *korrespondieren*) to write (to each other) **2** (≈ *geschrieben werden*) to be spelt *bes Br*, to be spelled; **wie schreibt er sich?** how does he spell his name?
Schreiben n (≈ *Mitteilung*) communication *form*; (≈ *Brief*) letter
Schreiber m *umg* (≈ *Schreibgerät*) **keinen ~ haben** to have nothing to write with
Schreiber(in) m(f) writer; (≈ *Gerichtsschreiber*)

clerk/clerkess; *pej* (≈ *Schriftsteller*) scribbler
schreibfaul *adj* lazy (about letter writing)
Schreibfehler *m* (spelling) mistake; *aus Flüchtigkeit* slip of the pen
schreibgeschützt *adj* IT write-protected
Schreibheft *n* exercise book
Schreibkraft *f* typist
Schreibmaschine *f* typewriter; **mit der ~ geschrieben** typewritten
Schreibmaschinenpapier *n* typing paper
Schreibpapier *n* writing paper
Schreibschrift *f* cursive (hand)writing; *gedruckt* cursive script
Schreibschutz *m* IT write protection
Schreibtisch *m* desk
Schreibtischjob *m* desk job
Schreibtischlampe *f* desk lamp
Schreibtischtäter(in) *m(f)* mastermind behind the scenes (of a/the crime)
Schreibung *f* spelling; **falsche ~** misspelling
Schreibwaren *pl* stationery *sg*
Schreibwarengeschäft *n* stationer's, stationery shop
Schreibwarenhändler(in) *m(f)* stationer
Schreibwarenhandlung *f* stationer's (shop)
Schreibweise *f* (≈ *Stil*) style; (≈ *Rechtschreibung*) spelling
schreien A *v/i* to shout, to cry; *gellend* to scream; *kreischend* to shriek; (≈ *brüllen*) to yell; (≈ *weinen*) *Kind* to cry; *Eule* to hoot; **es war zum Schreien** *umg* it was a scream *umg* B *v/r* **sich heiser ~** to shout oneself hoarse
Schreihals *umg m* (≈ *Baby*) bawler *umg*; (≈ *Unruhestifter*) noisy troublemaker
Schrein *geh m* shrine
Schreiner(in) *m(f) bes südd* carpenter
schreiten *geh v/i* (≈ *schnell gehen*) to stride; (≈ *feierlich gehen*) to walk; (≈ *stolzieren*) to strut; **zu etw ~** *fig* to get down to sth; **zur Abstimmung ~** to proceed to a vote
Schrift *f* 1 writing *kein pl*; TYPO type; **sie hat eine schöne ~** she has beautiful handwriting 2 (≈ *Schriftstück*) document 3 (≈ *Broschüre*) leaflet; (≈ *kürzere Abhandlung*) paper; **die (Heilige) ~** the (Holy) Scriptures *pl*
Schriftart *f* TYPO typeface, font
Schriftbild *n* script
Schriftdeutsch *n* written German; *nicht Dialekt* standard German
Schriftführer(in) *m(f)* secretary
Schriftgrad *m* type size
schriftlich A *adj* written; **in ~er Form** in writing; **die ~e Prüfung** the written exam B *adv* in writing; **etw ~ festhalten** to put sth down in writing; **das kann ich Ihnen ~ geben** *fig umg* I can tell you that for free *umg*
Schriftsatz *m* 1 JUR legal document 2 TYPO form(e)
Schriftsetzer(in) *m(f)* typesetter
Schriftsprache *f* written language; (≈ *nicht Dialekt*) standard language
Schriftsteller(in) *m(f)* writer, author
schriftstellerisch A *adj Arbeit, Talent* literary B *adv* **~ tätig sein** to write; **er ist ~ begabt** he has talent as a writer
Schriftstück *n* paper; JUR document
Schriftverkehr *m*, **Schriftwechsel** *m* correspondence
Schriftzeichen *n* character, letter
schrill A *adj Ton, Stimme* shrill; *Farbe, Outfit* garish B *adv* shrilly; *gekleidet* loudly
schrillen *v/i* to shrill
Schritt *m* 1 step (**zu** towards); *weit ausholend* stride; *hörbar* footstep; (≈ *Gang*) walk; (≈ *Tempo*) pace; **einen ~ machen** to take a step; **den ersten ~ tun** *fig* to make the first move; **~e gegen j-n/etw unternehmen** to take steps against sb/sth; **auf ~ und Tritt** wherever one goes; **~ für ~** step by step; **etw ~ für ~ tun** to take sth a step at a time; **~ halten** to keep up 2 (≈ *Schrittgeschwindigkeit*) walking pace; **"Schritt fahren"** "dead slow" *Br*, "slow" 3 (≈ *Hosenschritt*) crotch
Schrittmacher *m* MED pacemaker
Schrittmacher(in) *m(f)* SPORT pacemaker *bes Br*, pacer
Schritttempo *n* walking speed
schrittweise A *adv* gradually; **~ einstellen** to phase out B *adj* gradual
schroff A *adj* (≈ *barsch*) curt, harsh; (≈ *krass*) abrupt; (≈ *steil, jäh*) precipitous B *adv* 1 (≈ *barsch*) curtly 2 (≈ *steil*) steeply
schröpfen *v/t* **j-n ~** *fig* to rip sb off *umg*
Schrot *m/n* 1 grain; (≈ *Weizenschrot*) ≈ wholemeal *Br*, ≈ whole-wheat *US*; **vom alten ~ und Korn** *fig* of the old school 2 JAGD shot
Schrotflinte *f* shotgun
Schrotkugel *f* pellet
Schrotladung *f* round of shot
Schrott *m* scrap metal; *fig* rubbish *Br*, garbage
schrotten *v/t umg* to wreck; **er hat ihr Auto geschrottet** he wrecked her car
Schrotthändler(in) *m(f)* scrap dealer *od* merchant
Schrotthaufen *wörtl m* scrap heap; *fig* (≈ *Auto*) pile of scrap
Schrottkiste *umg f* pile of junk *umg*
Schrottplatz *m* scrap yard
schrottreif *adj* ready for the scrap heap
Schrottwert *m* scrap value
schrubben *v/t & v/i* to scrub
Schrubber *m* (long-handled) scrubbing brush

Br, (long-handled) scrub brush *US*
Schrulle f quirk
schrullig *adj* odd
schrump(e)lig *umg adj* wrinkled
schrumpfen *v/i* to shrink; *Leber, Niere* to atrophy; *Muskeln* to waste, to atrophy; *Exporte, Interesse* to dwindle; *Industriezweig* to decline
Schrumpfung f shrinking; (≈ *Raumverlust*) shrinkage; MED atrophy(ing); *von Exporten* dwindling, diminution; *von Industriezweig etc* decline
Schub m **1** (≈ *Stoß*) push, shove **2** PHYS thrust; *fig* (≈ *Impuls*) impetus **3** (≈ *Anzahl*) batch
Schubfach n drawer
Schubkarre f wheelbarrow
Schubkraft f PHYS thrust
Schublade f drawer; *fig* pigeonhole, compartment
Schubs *umg* m shove *umg*, push
schubsen *umg v/t & v/i* to shove *umg*, to push
schubweise *adv* in batches
schüchtern **A** *adj* shy **B** *adv* shyly
Schüchternheit f shyness
Schuft m heel *umg*
schuften *umg v/i* to slave away
Schufterei *umg* f graft *umg*
Schuh m shoe; **j-m etw in die ~e schieben** *umg* to put the blame for sth on sb
Schuhbeutel m shoe bag
Schuhbürste f shoe brush
Schuhcreme f shoe polish
Schuhgeschäft n shoe shop
Schuhgröße f shoe size
Schuhkarton m shoebox
Schuhlöffel m shoehorn
Schuhmacher(in) m(f) shoemaker; (≈ *Flickschuster*) cobbler
Schuhnummer *umg* f shoe size
Schuhputzer(in) m(f) bootblack, shoeshine boy/girl *US*
Schuhsohle f sole (of a/one's shoe)
Schuhwerk n footwear
Schulabbrecher(in) (f) school dropout
Schulabgänger(in) m(f) school-leaver *Br*, graduate *US*
Schulabschluss m school-leaving qualification, ≈ high school diploma *US*; **ohne ~** with no qualifications; **den ~ machen** to graduate
Schul-AG f club
Schulalter n school age; **im ~** of school age
Schulanfang m **1** *in der Grundschule* first day at school **2** *nach den Ferien* beginning of term **3** *morgens* start of school; **~ ist um acht Uhr** school starts at eight o'clock
Schularbeit f **1** schoolwork; *a.* **Schulaufgaben** homework *kein pl* **2** *a.* **Schulaufgabe** *österr, südd* (≈ *Klassenarbeit*) (written) class test

Schulausbildung f schooling
Schulausflug m school trip, field trip *US*
Schulbank f school desk; **die ~ drücken** *umg* to go to school
Schulbeispiel *fig* n classic example (**für** of)
Schulbesuch m school attendance
Schulbildung f (school) education
Schulbuch n schoolbook, textbook
Schulbus m school bus
Schulchor m school choir
schuld *adj* **~ sein** to be to blame (**an** +*dat* for); **er war ~ an dem Streit** the argument was his fault; **du bist selbst ~** that's your own fault
Schuld f **1** (≈ *Verantwortlichkeit*) **~ haben** to be to blame (**an** +*dat* for); **du hast selbst ~** that's your own fault; **die ~ auf sich** (*akk*) **nehmen** to take the blame; **j-m die ~ geben** to blame sb; **das ist meine/deine ~** that is my/your fault; **durch meine/deine ~** because of me/you; **j-m ~ geben** to blame sb **2** (≈ *Schuldgefühl*) guilt; (≈ *Unrecht*) wrong; **ich bin mir keiner ~ bewusst** I'm not aware of having done anything wrong **3** (≈ *Zahlungsverpflichtung*) debt; **~en machen** to run up debts, to get into debt; **~en haben** to be in debt
schuldbewusst *adj Mensch* feeling guilty; *Gesicht* guilty
schulden *v/t* to owe; **das schulde ich ihm** I owe it to him; **j-m Dank ~** to owe sb a debt of gratitude
Schuldenberg m mountain of debts
Schuldenbremse f FIN debt ceiling
Schuldenfalle f debt trap
schuldenfrei *adj* free of debt(s); *Besitz* unmortgaged
Schuldenkrise f debt crisis
Schuldenlast f debts *pl*
schuldfähig *adj* JUR criminally responsible
Schuldfähigkeit f criminal responsibility
Schuldfrage f question of guilt
Schuldgefühl n sense *kein pl od* feeling of guilt
schuldhaft **A** *adj* JUR culpable **B** *adv* JUR culpably
Schuldienst m (school)teaching *ohne art*; **im ~** (**tätig**) **sein** to be a teacher
schuldig *adj* **1** guilty; (≈ *verantwortlich*) to blame *präd* (**an** +*dat* for); **einer Sache** (*gen*) **~ sein** to be guilty of sth; **j-n ~ sprechen** to find sb guilty; **sich ~ bekennen** to admit one's guilt; JUR to plead guilty **2** (≈ *verpflichtet*) **j-m etw** (*akk*) **~ sein** to owe sb sth; **was bin ich Ihnen ~?** how much do I owe you?
Schuldige(r) m/f(m) guilty person; *zivilrechtlich* guilty party
Schuldirektor(in) m(f) headteacher *Br*, principal

schuldlos *adj an Verbrechen* innocent (**an** +*dat* of); *an Unglück etc* blameless
Schuldner(in) *m(f)* debtor
Schuldschein *m* IOU
Schuldspruch *m* verdict of guilty
schuldunfähig *adj JUR* not criminally responsible
Schule *f* school; **in die** *od* **zur ~ gehen** to go to school; **in der ~** at school; **aus der ~** from school; **die ~ ist aus** school is over; **~, in der in einer Fremdsprache unterrichtet wird** immersion school; **~ machen** to become the accepted thing; **aus der ~ plaudern** to tell tales
Schulelternbeirat *m parents' council made up of the head of each Klassenelternbeirat and all members of the Jahrgangselternbeirat in a school which liaises with the headteacher*
schulen *v|t* to train
Schulenglisch *n* **mein ~** the English I learned at school
Schüler(in) *m(f)* schoolboy/-girl, student *US*; *einer bestimmten Schule* pupil; (≈ *Jünger*) follower; **~ bekommen Ermäßigung** there is a reduction for schoolchildren
Schüleraustausch *m* school exchange
Schülerausweis *m* (school) student card
Schülerheim *n* (school) boarding house
Schülerhort *m* day home for schoolchildren
Schülerlotse *m*, **Schülerlotsin** *f* lollipop man/lady *Br umg*, crossing guard *US*
Schülermitverwaltung *f* **1** (≈ *Schülerbeteiligung*) pupil participation in school administration **2** (≈ *Gremium*) school council, student council *US*
Schülerparlament *n parliament whose elected members are all pupils of a particular school or schools in a particular area*
Schülerrat *m* pupils' council *bes Br*, student council *US*
Schülerschaft *f* pupils *pl*
Schülersprecher(in) *m(f)* → Schulsprecherin
Schülerstreik *m* pupils' strike *od* walkout *Br*, students' strike *US*
Schülervertretung *f* **1** (≈ *Vertreten der Schüler*) pupils' representation *bes Br*; student representation *US* **2** (≈ *Gremium*) pupils' representative committee *bes Br*, student representative committee *US*
Schülerzahl *f* number of pupils *bes Br*, number of students *US*
Schülerzeitung *f* school magazine
Schulfach *n* school subject
Schulferien *pl* school holidays *pl Br* school vacation *US*
Schulfest *n* **1** (≈ *Schulfeier*) school function, school party **2** (≈ *offener Tag*) school open day
schulfrei *adj* **die Kinder haben morgen ~** the children don't have to go to school tomorrow
Schulfreund(in) *m(f)* schoolfriend
Schulgelände *n* school grounds *pl*
Schulgeld *n* school fees *pl*
Schulheft *n* exercise book, notebook *US*
Schulhof *m* school playground, schoolyard
schulisch *adj Leistungen* at school; *Bildung* school *attr*
Schuljahr *n* school year; (≈ *Klasse*) year
Schuljahresbeginn *m* beginning of the school year
Schuljahresende *n* end of the school year
Schuljunge *m* schoolboy
Schulkamerad(in) *m(f)* schoolfriend
Schulkenntnisse *pl* **~ in Französisch** school (-level) French
Schulkind *n* schoolchild
Schulklasse *f* (school) class
Schulkonferenz *f meeting held between the staff, parents and pupils of a school*
Schullandheim *n hostel in countryside used as accommodation and educational facility for school visits*
Schulleiter *m* headmaster *mst Br*, principal, head teacher
Schulleiterin *f* headmistress *mst Br*, principal, head teacher
Schulleitung *f* school management
Schulmädchen *n* schoolgirl
Schulmappe *f* schoolbag
Schulmedizin *f* orthodox medicine
Schulmeinung *f* received opinion
Schulnote *f* mark *Br*, grade *US*; **eine ~ nicht erreichen** to fail a grade
Schulorchester *n* school orchestra
Schulpartnerschaft *f* school twinning
Schulpflegschaft *f advisory committee with representatives of the parents, teachers and educational authority*
Schulpflicht *f* **es besteht ~** school attendance is compulsory
schulpflichtig *adj Kind* required to attend school; **im ~en Alter** of school age
Schulpolitik *f* education policy
Schulpraktikum *n im Rahmen der Lehrerausbildung* teaching practice
Schulpsychologe *m*, **Schulpsychologin** *f* educational psychologist
Schulranzen *m* (school) satchel, schoolbag
Schulrat *m*, **Schulrätin** *f* schools inspector *Br*, ≈ school board superintendent *US*
Schulsachen *pl* school things *pl*; **pack deine ~** get your things ready for school
Schulschiff *n* training ship

Schulschluss *m* end of school; *vor den Ferien* end of term; **kurz nach ~** just after school finishes

Schulschwänzer(in) *m(f)* truant

Schulspeisung *f* school meals *pl*

Schulsprecher(in) *m(f)* pupils' representative *bes Br*, student representative *US*

Schulstress *m* stress at school, pressures *pl* of school; **im ~ sein** to be under stress at school

Schulstunde *f* (school) period

Schulsystem *n* school system

Schultasche *f* schoolbag

Schulter *f* shoulder; **j-m auf die ~ klopfen** to give sb a slap on the back; *lobend* to pat sb on the back; **~ an ~** (≈ *dicht gedrängt*) shoulder to shoulder; (≈ *solidarisch*) side by side; **die** *od* **mit den ~n zucken** to shrug one's shoulders; **etw auf die leichte ~ nehmen** to take sth lightly

Schulterblatt *n* shoulder blade

Schultergelenk *n* shoulder joint

schulterlang *adj* shoulder-length

schultern *v/t* to shoulder

Schulterpolster *n beim American Football* pad

Schulterschluss *m* solidarity

Schulträger *m* authority responsible for the maintenance of a school; **~ ist der Staat** the school is supported *od* maintained by the State

Schultüte *f* cardboard cone filled with presents and sweets and given to children on their first day at school

Schultyp *m* type of school

Schultyrann *m* bully

Schulung *f* (≈ *Ausbildung*) training; POL political instruction

Schulungsprogramm *n* training programme *Br*, training program *US*

Schuluniform *f* school uniform

Schulunterricht *m* school lessons *pl*

Schulversager(in) *m(f)* failure at school

Schulweg *m* way to school

Schulwesen *n* school system

Schulzeit *f* (≈ *Schuljahre*) school days *pl*

Schulzeitung *f* school newspaper

Schulzentrum *n* school complex

Schulzeugnis *n* school report

schummeln *umg v/i* to cheat

schumm(e)rig *adj Beleuchtung* dim

Schund *pej m* trash, rubbish *Br*

schunkeln *v/i* to link arms and sway from side to side

Schuppe *f* 1 scale; **es fiel mir wie ~n von den Augen** the scales fell from my eyes 2 **~n** *pl* (≈ *Kopfschuppen*) dandruff *sg*

schuppen A *v/t Fische* to scale B *v/r* to flake

Schuppen *m* 1 shed 2 *umg* (≈ *übles Lokal*) dive *umg*

Schur *f* (≈ *das Scheren*) shearing

schüren *v/t* 1 *Feuer, Glut* to rake 2 *fig* to stir up; *Zorn, Hass* to fan the flames of

schürfen A *v/i Bergbau* to prospect (**nach** for); **tief ~** *fig* to dig deep B *v/t Bodenschätze* to mine C *v/r* to graze oneself; **sich am Knie ~** to graze one's knee

Schürfwunde *f* graze

Schürhaken *m* poker

Schurke *m*, **Schurkin** *obs f* villain

Schurkenstaat *m* POL rogue state *od* nation

Schurwolle *f* virgin wool

Schürze *f* apron; (≈ *Kittelschürze*) overall

Schürzenjäger *umg m* philanderer

Schuss *m* 1 (gun)shot; (≈ *Schuss Munition*) round; **einen ~ auf j-n/etw abgeben** to fire a shot at sb/sth; **weit (ab) vom ~ sein** *fig umg* to be miles from where the action is *umg*; **der ~ ging nach hinten los** it backfired 2 FUSSB kick; *bes zum Tor* shot 3 (≈ *Spritzer*) dash; *von Humor etc* touch 4 *umg mit Rauschgift* shot; **(sich** *dat*) **einen ~ setzen** to shoot up *umg* 5 *umg* **in ~ sein/kommen** to be in/get into (good) shape

Schussbereich *m* (firing) range

Schussel *umg m* dolt *umg*; *zerstreut* scatterbrain *umg*

Schüssel *f* bowl; (≈ *Satellitenschüssel*) dish; (≈ *Waschschüssel*) basin

schusselig *adj* (≈ *zerstreut*) scatterbrained *umg*

Schusslinie *f* firing line

Schussverletzung *f* bullet wound

Schusswaffe *f* firearm, gun

Schusswechsel *m* exchange of shots

Schussweite *f* range (of fire); **in/außer ~** within/out of range

Schusswunde *f* bullet wound

Schuster(in) *m(f)* shoemaker; (≈ *Flickschuster*) cobbler

Schutt *m* (≈ *Trümmer*) rubble; GEOL debris; **„Schutt abladen verboten"** "no tipping" *Br*, "no dumping" *US*; **in ~ und Asche liegen** to be in ruins

Schuttabladeplatz *m* dump

Schüttelfrost *m* MED shivering fit

schütteln A *v/t* to shake; (≈ *rütteln*) to shake about; **den Kopf ~** to shake one's head B *v/r vor Kälte* to shiver (**vor** +*dat* with); *vor Ekel* to shudder (**vor** +*dat* with, in)

schütten A *v/t* to tip; *Flüssigkeiten* to pour; (≈ *verschütten*) to spill B *v/i umg* **es schüttet** it's pouring (with rain)

schütter *adj Haar* thin

Schutthaufen *m* pile of rubble

Schüttstein *m schweiz* (≈ *Spülbecken*) sink

Schutz *m* protection (**vor** +*dat od* **gegen** against, from); *bes* MIL (≈ *Deckung*) cover; **im ~(e) der**

Nacht under cover of night; **j-n in ~ nehmen** fig to take sb's part
Schutz- zssgn protective
Schutzanzug m protective clothing kein unbest art, kein pl
schutzbedürftig adj in need of protection
Schutzblech n mudguard
Schutzbrief m AUTO travel insurance certificate
Schutzbrille f protective goggles pl
Schütze m **1** SPORT marksman; MIL rifleman; FUSSB (≈ Torschütze) scorer; (≈ Bewaffneter) gunman, shooter **2** ASTROL Sagittarius; **(ein) ~ sein** to be (a) Sagittarius
schützen **A** v/t to protect (**vor** +dat od **gegen** from, against; bes MIL (≈ Deckung geben) to cover; **vor Hitze/Sonnenlicht ~!** keep away from heat/sunlight; **vor Nässe ~!** keep dry; → geschützt **B** v/r to protect oneself (**vor** +dat od **gegen** from, against)
schützend **A** adj protective; **ein ~es Dach** gegen Wetter a shelter; **seine ~e Hand über j-n halten** to take sb under one's wing **B** adv protectively
Schutzengel m guardian angel
Schützenhilfe fig f support; **j-m ~ geben** to back sb up
Schützenverein m shooting club
Schützer m (≈ Knieschützer etc) pad
Schutzfilm m protective layer od coating
Schutzfolie f protective film
Schutzgebiet n POL protectorate
Schutzgebühr f (token) fee
Schutzgeld n protection money
Schutzgelderpressung f protection racket
Schutzhaft f JUR protective custody; POL preventive detention
Schutzheilige(r) m/f(m) patron saint
Schutzhelm m safety helmet Br, hard hat US
Schutzherr m patron
Schutzherrin f patron, patroness
Schutzhülle f protective cover; (≈ Buchumschlag) dust cover
Schutzimpfung f vaccination, inoculation
Schützin f markswoman; (≈ Schießsportlerin) riflewoman; (≈ Torschützin) scorer
Schutzkleidung f protective clothing
Schützling m protégé; bes Kind charge
schutzlos **A** adj (≈ wehrlos) defenceless Br, defenseless US **B** adv **j-m ~ ausgeliefert sein** to be at the mercy of sb
Schutzmacht f POL protecting power
Schutzmann m policeman
Schutzmaske f (protective) mask
Schutzmaßnahme f precaution; vorbeugend preventive measure
Schutzpatron(in) m/f(m) patron saint
Schutzraum m shelter
Schutzschicht f protective layer; (≈ Überzug) protective coating
Schutztruppe f protection force; HIST colonial army
Schutzumschlag m dust cover
Schutzwall m protective wall (**gegen** to keep out)
schwabbelig umg adj Körperteil flabby; Gelee wobbly
Schwabe m, **Schwäbin** f Swabian
Schwaben n Swabia
schwäbisch adj Swabian; **die Schwäbische Alb** the Swabian mountains pl
schwach **A** adj weak; Gesundheit, Gehör poor; Hoffnung faint; Licht dim; Wind light; HANDEL Nachfrage slack; **in Englisch ist er ~** he's quite poor at English; **das ist ein ~es Bild** od **eine ~e Leistung** umg that's a poor show umg; **ein ~er Trost** cold comfort; **auf ~en Beinen** od **Füßen stehen** fig to be on shaky ground; Theorie to be shaky; **~ werden** to go weak; **schwächer werden** to grow weaker; Stimme to grow fainter; Licht to (grow) dim; Ton to fade **B** adv weakly, (≈ spärlich) besucht poorly; **~ bevölkert** sparsely populated; **~ radioaktiv** with low-level radioactivity
Schwäche f weakness; von Stimme feebleness; von Licht dimness; von Wind lightness
Schwächeanfall m sudden feeling of weakness
schwächeln umg v/i to weaken slightly; **der Dollar schwächelt** the dollar is showing signs of weakness
schwächen v/t to weaken
Schwachkopf umg m dimwit umg
schwächlich adj weakly
Schwächling m weakling
schwachmachen umg v/t **j-n ~** to soften sb up; **mach mich nicht schwach!** don't say that!
Schwachpunkt m weak point
Schwachsinn m MED mental deficiency; fig umg (≈ unsinnige Tat) idiocy kein unbest art; (≈ Quatsch) rubbish Br umg, garbage
schwachsinnig adj MED mentally deficient; fig umg idiotic
Schwachstelle f weak point, down point
Schwachstrom m ELEK low-voltage current
Schwächung f weakening
Schwaden m (≈ Dunst) cloud
schwafeln pej umg **A** v/i to drivel (on) umg; **in einer Prüfung** to waffle umg **B** v/t **dummes Zeug ~** to talk drivel umg
Schwafler(in) pej umg m(f) windbag umg
Schwager m brother-in-law
Schwägerin f sister-in-law

Schwalbe f swallow; **eine ~ machen** FUSSB sl to take a dive; **eine ~ macht noch keinen Sommer** sprichw one swallow doesn't make a summer sprichw

Schwall m flood

Schwamm m **1** sponge; **~ drüber!** umg (let's) forget it! **2** dial (≈ Pilz) fungus; essbar mushroom; giftig toadstool **3** (≈ Hausschwamm) dry rot

Schwammerl n österr (≈ Pilz) fungus; essbar mushroom; giftig toadstool

schwammig **A** adj **1** wörtl spongy **2** fig Gesicht, Hände puffy; (≈ vage) Begriff woolly **B** adv (≈ vage) vaguely

Schwan m swan; (≈ junger Schwan) cygnet

schwanen v/i **ihm schwante etwas** he sensed something might happen; **mir schwant nichts Gutes** I don't like it

Schwanengesang fig m swan song

schwanger adj pregnant; **sie ist im sechsten Monat ~** she is five months pregnant

Schwangere f pregnant woman

schwängern v/t to make pregnant

Schwangerschaft f pregnancy

Schwangerschaftsabbruch m termination of pregnancy

Schwangerschaftstest m pregnancy test

Schwank m THEAT farce; **ein ~ aus der Jugendzeit** hum a tale of one's youthful exploits

schwanken v/i **1** (≈ wanken) to sway; Schiff auf und ab to pitch; seitwärts to roll; Angaben to vary; PHYS, MATH to fluctuate; **ins Schwanken kommen** Preise, Kurs, Temperatur etc to start to fluctuate; Überzeugung etc to begin to waver **2** (≈ wechseln) to alternate; (≈ zögern) to hesitate; **~, ob** to hesitate as to whether

schwankend adj **1** (≈ wankend) swaying; Gang rolling; Schritt unsteady **2** (≈ unschlüssig) uncertain; (≈ zögernd) hesitant; (≈ unbeständig) unsteady

Schwankung f von Preisen, Temperatur etc fluctuation (+gen in); **seelische ~en** mental ups and downs umg

Schwankungsbereich m range

Schwanz m **1** tail; umg von Zug (tail) end; **das Pferd** od **den Gaul beim** od **am ~ aufzäumen** to do things back to front **2** sl (≈ Penis) prick sl

schwänzen umg **A** v/t Stunde, Vorlesung to skip umg; Schule to play truant from bes Br, to play hooky from bes US umg **B** v/i to play truant bes Br, to play hooky bes US umg

Schwanzflosse f tail fin

schwappen v/i **1** Flüssigkeit to slosh around **2** (≈ überschwappen) to splash; fig to spill

Schwarm m **1** swarm **2** umg (≈ Angebeteter) idol; (≈ Vorliebe) passion

schwärmen[1] v/i (≈ begeistert reden) to enthuse (**von** about); **für j-n/etw ~** to be crazy about sb/sth umg; **sie schwärmt total für David** she's got a crush on David umg, she's crushing on David US umg; **ins Schwärmen geraten** to go into raptures

schwärmen[2] v/i Tiere, Menschen to swarm

Schwärmer(in) m(f) (≈ Begeisterter) enthusiast; (≈ Fantast) dreamer

Schwärmerei f (≈ Begeisterung) enthusiasm; (≈ Leidenschaft) passion; (≈ Verzückung) rapture

schwärmerisch adj (≈ begeistert) enthusiastic; (≈ verliebt) infatuated

Schwarte f **1** (≈ Speckschwarte) rind **2** umg (≈ Buch) tome hum; (≈ Gemälde) daub(ing) pej

schwarz **A** adj **1** black; **Schwarzes Brett** bulletin board; **~er Humor** black humour Br, black humor US; **~e Liste** blacklist; **~e Magie** black magic; **das Schwarze Meer** the Black Sea; **das ~e Schaf (in der Familie)** the black sheep (of the family); **~er Tee** black tea; **etw ~ auf weiß haben** to have sth in black and white; **in den ~en Zahlen sein, ~e Zahlen schreiben** HANDEL to be in the black; **da kannst du warten, bis du ~ wirst** umg you can wait till the cows come home umg **2** umg (≈ ungesetzlich) illicit; **der ~e Markt** the black market; **~es Konto** secret account **B** adv **1** black; einrichten, sich kleiden in black **2** (≈ illegal) erwerben illegally; **etw ~ verdienen** to earn sth on the side

Schwarz n black; **in ~ gehen** to wear black

Schwarzarbeit f illicit work; nach Feierabend moonlighting umg

schwarzarbeiten v/i to do illicit work; nach Feierabend to moonlight umg

Schwarzarbeiter(in) m(f) person doing illicit work; nach Feierabend moonlighter umg

schwarzärgern v/r to get extremely annoyed

schwarzbraun adj dark brown

Schwarzbrot n braun brown rye bread; schwarz, wie Pumpernickel black bread

Schwarze f black woman/girl

Schwärze f **1** (≈ Dunkelheit) blackness **2** (≈ Druckerschwärze) printer's ink

schwärzen v/t & v/r to blacken

Schwarze(r) m black

Schwarze(s) n black; auf Zielscheibe bull's-eye; **das kleine ~** umg one's/a little black dress; **ins ~ treffen** to score a bull's-eye

schwarzfahren v/i ohne zu zahlen to travel without paying

Schwarzfahrer(in) m(f) fare dodger umg

schwarz-gelb, schwarzgelb adj POL **die ~e** od **schwarzgelbe Koalition** German government coalition between the conservative CDU/CSU and the liberal FDP parties

Schwarzgeld *n* illegal earnings *pl*
schwarzhaarig *adj* black-haired
Schwarzhandel *m* black market; (≈ *Tätigkeit*) black marketeering; **im ~** on the black market
Schwarzhändler(in) *m(f)* black marketeer
schwärzlich *adj* blackish; *Haut* dusky
schwarzmalen *v/i* to be pessimistic
Schwarzmalerei *f* pessimism
Schwarzmarkt *m* black market
Schwarzmarktpreis *m* black-market price
Schwarzpulver *n* black (gun)powder
schwarzsehen *v/i* **1** TV to watch TV without a licence *Br*, to watch TV without a license *US* **2** (≈ *pessimistisch sein*) to be pessimistic; **da sehe ich schwarz** that's not going to work
Schwarztee *m* black tea
Schwarzwald *m* Black Forest
Schwarzwälder *adj* Black Forest; **~ Kirschtorte** Black Forest gateau *Br*, Black Forest cake *US*
schwarz-weiß, schwarzweiß *adj* black and white
Schwarz-Weiß-Foto *n* black-and-white (photo)
Schwarzwild *n* wild boars *pl*
Schwarzwurzel *f* GASTR salsify
Schwatz *umg m* chat
schwatzen **A** *v/i* to talk; *pej unaufhörlich* to chatter; (≈ *klatschen*) to gossip **B** *v/t* to talk; **dummes Zeug ~** to talk a lot of rubbish *bes Br umg*
schwätzen *österr, südd v/t & v/i* → schwatzen
Schwätzer(in) *pej m(f)* chatterbox *umg*; (≈ *Schwafler*) windbag *umg*; (≈ *Klatschmaul*) gossip
Schwätzerei *pej f* (≈ *Gerede*) chatter; (≈ *Klatsch*) gossip
schwatzhaft *adj* (≈ *geschwätzig*) talkative, garrulous; (≈ *klatschsüchtig*) gossipy
Schwebe *f* **in der ~ sein** *fig* to be in the balance; JUR to be pending
Schwebebahn *f* suspension railway, aerial monorail
Schwebebalken *m* SPORT beam
schweben *v/i* **1** *Nebel, Rauch* to hang; *Wolke* to float; **etw schwebt j-m vor Augen** *fig* sb has sth in mind; **in großer Gefahr ~** to be in great danger **2** (≈ *durch die Luft gleiten*) to float; (≈ *hochschweben*) to soar; (≈ *niederschweben*) to float down; (≈ *sich leichtfüßig bewegen*) to glide
schwebend *adj* TECH, CHEM suspended; *fig Fragen etc* unresolved; JUR *Verfahren* pending
Schwede *m*, **Schwedin** *f* Swede
Schweden *n* Sweden
schwedisch *adj* Swedish; **hinter ~en Gardinen** *umg* behind bars
Schwefel *m* sulphur *Br*, sulfur *US*
schwefelhaltig *adj* containing sulphur *Br*, containing sulfur *US*

Schwefelsäure *f* sulphuric acid *Br*, sulfuric acid *US*
schweflig *adj* sulphurous *Br*, sulfurous *US*
Schweif *m a.* ASTRON tail
schweifen *v/i* to roam; **seinen Blick ~ lassen** to let one's eyes wander (**über etw** *akk* over sth)
Schweigegeld *n* hush money
Schweigemarsch *m* silent march (of protest)
Schweigeminute *f* one minute('s) silence
schweigen *v/i* to be silent; **kannst du ~?** can you keep a secret?; **zu etw ~** to make no reply to sth; **ganz zu ~ von ...** to say nothing of ...
Schweigen *n* silence; **j-n zum ~ bringen** *a. euph* to silence sb
schweigend **A** *adj* silent **B** *adv* in silence; **~ über etw** (*akk*) **hinweggehen** to pass over sth in silence
Schweigepflicht *f* pledge of secrecy; **die ärztliche ~** medical confidentiality
schweigsam *adj* silent; *als Charaktereigenschaft* taciturn; (≈ *verschwiegen*) discreet
Schwein *n* **1** pig, hog *US*; *Fleisch* pork **2** *umg* (≈ *Mensch*) pig *umg*, swine; **ein armes/faules ~** a poor/lazy bastard *sl*; **kein ~** nobody **3** *umg* (≈ *Glück*) **~ haben** to be lucky
Schweinebauch *m* GASTR belly of pork
Schweinebraten *m* joint of pork; *gekocht* roast pork
Schweinefleisch *n* pork
Schweinegeld *umg n* **ein ~** a packet *Br umg*, a fistful *US umg*
Schweinegrippe *f* swine flu
Schweinehund *umg m* bastard *sl*
Schweinepest *f Tiermedizin* swine fever
Schweinerei *umg f* **1** mess **2** (≈ *Skandal*) scandal; (≈ *Gemeinheit*) dirty trick *umg*; (≈ *unzüchtige Handlung*) indecent act; **(so eine) ~!** what a dirty trick! *umg*; **~en machen** to do dirty things
Schweineschmalz *n* dripping
Schweinestall *m* pigsty, pigpen *bes US*
Schweinezucht *f* pig-breeding; *Hof* pig farm
schweinisch *umg adj Benehmen* piggish *umg*; *Witz* dirty
Schweinkram *umg m* dirt, filth
Schweinshaxe *f südd* GASTR knuckle of pork
Schweinsleder *n* pigskin
Schweiß *m* sweat
Schweißausbruch *m* sweating *kein unbest art, kein pl*
schweißbedeckt *adj* covered in sweat
Schweißbrenner *m* TECH welding torch
Schweißdrüse *f* ANAT sweat gland
schweißen *v/t & v/i* TECH to weld
Schweißer(in) *m(f)* TECH welder
Schweißfüße *pl* smelly feet *pl*
schweißgebadet *adj* bathed in sweat

Schweißgeruch m smell of sweat
schweißig adj sweaty
Schweißnaht f TECH weld
schweißnass adj sweaty
Schweißperle f bead of perspiration
Schweißstelle f weld
schweißtreibend adj Tätigkeit that makes one sweat
Schweißtropfen m drop of sweat
schweißüberströmt adj streaming with sweat
Schweiz f die ~ Switzerland; **die deutsche/französische/italienische** ~ German/French/Italian-speaking Switzerland
Schweizer adj Swiss; ~ **Franken** Swiss franc; ~ **Käse** Swiss cheese
Schweizer(in) m(f) Swiss
schweizerdeutsch adj Swiss-German
Schweizerdeutsch n Swiss German
schweizerisch adj Swiss
Schweizermesser n Swiss army knife
Schwelbrand m smouldering fire Br, smoldering fire US
schwelen v/i to smoulder Br, to smolder US
schwelgen v/i to indulge oneself (**in** +dat in); **in Erinnerungen** ~ to indulge in reminiscences
Schwelle f **1** threshold; **an der ~ des Todes** at death's door **2** BAHN sleeper Br, cross-tie US
schwellen **A** v/i to swell; → **geschwollen** **B** v/t geh Segel to swell (out)
Schwellenangst f PSYCH fear of entering a place; fig fear of embarking on something new
Schwellenland n newly industrialized country, emerging economy
Schwellung f swelling
Schwemme f **1** für Tiere watering place **2** (≈ Überfluss) glut (**an** +dat of) **3** (≈ Kneipe) bar
schwemmen v/t (≈ treiben) Sand etc to wash; **etw an(s) Land** ~ to wash sth ashore
Schwengel m (≈ Glockenschwengel) clapper; (≈ Pumpenschwengel) handle
Schwenk m (≈ Drehung) wheel; FILM pan; fig about-turn
Schwenkarm m swivel arm
schwenkbar adj swivelling Br, swiveling US
schwenken **A** v/t **1** (≈ schwingen) to wave; (≈ herumfuchteln mit) to brandish **2** Lampe etc to swivel; Kran to swing; Kamera to pan **3** GASTR Kartoffeln, Nudeln to toss **B** v/i to swing; Kolonne von Soldaten, Autos etc to wheel; Geschütz to traverse; Kamera to pan
Schwenkung f swing; MIL wheel; von Kran swing; von Kamera pan(ning)
schwer **A** adj **1** heavy; (≈ massiv) Fahrzeug, Maschine powerful; **ein 10 kg ~er Sack** a sack weighing 10 kgs **2** (≈ ernst) serious, grave; Zeit, Schicksal hard; Leiden, Strafe severe; **~e Verluste** heavy losses; **das war ein ~er Schlag für ihn** it was a hard blow for him **3** (≈ anstrengend, schwierig) hard; Geburt difficult **B** adv **1** beladen, bewaffnet heavily; ~ **auf j-m/etw liegen/lasten** to lie/weigh heavily on sb/sth **2** arbeiten hard; bestrafen severely; ~ **verdientes Geld** hard-earned money; **es mit j-m ~ haben** to have a hard time with sb **3** (≈ ernstlich) seriously; behindert severely; kränken deeply; ~ **beschädigt** severely disabled; ~ **erkältet sein** to have a bad cold; ~ **verunglücken** to have a serious accident **4** (≈ nicht einfach) ~ **zu sehen/sagen** hard to see/say; ~ **hören** to be hard of hearing; **ein ~ erziehbares Kind** a maladjusted child; ~ **verdaulich** indigestible; ~ **verständlich** difficult to understand **5** umg (≈ sehr) really; **da musste ich ~ aufpassen** I really had to watch out
Schwerarbeit f heavy labour Br, heavy labor US
Schwerarbeiter(in) m(f) labourer Br, laborer US
Schwerathletik f weightlifting sports, boxing, wrestling etc
schwerbehindert adj severely disabled
Schwerbehinderte(r) m/f(m) severely disabled person
schwerbeschädigt adj severely disabled
Schwere f **1** heaviness; (≈ Schwerkraft) gravity **2** (≈ Ernsthaftigkeit) von Krankheit seriousness **3** (≈ Schwierigkeit) difficulty
schwerelos adj weightless
Schwerelosigkeit f weightlessness
schwererziehbar adj → **schwer**
schwerfallen v/i to be difficult (**j-m** for sb); **Englisch fällt ihm schwer** he finds English difficult
schwerfällig **A** adj (≈ unbeholfen) Gang heavy (in one's movements); (≈ langsam) Verstand slow; Stil ponderous **B** adv heavily; sprechen ponderously; sich bewegen with difficulty
Schwergewicht n **1** SPORT, a. fig heavyweight **2** (≈ Nachdruck) stress
schwerhörig adj hard of hearing
Schwerhörigkeit f hardness of hearing
Schwerindustrie f heavy industry
Schwerkraft f gravity
schwerlich adv hardly
schwer machen v/t **1** **j-m das Leben** ~ to make life difficult for sb **2** **es j-m/sich** ~ to make it od things difficult for sb/oneself
Schwermetall n heavy metal
Schwermut f melancholy
schwermütig adj melancholy
schwernehmen v/t **etw** ~ to take sth hard
Schwerpunkt m PHYS centre of gravity Br, center of gravity US; fig (≈ Zentrum) centre Br, center US; (≈ Hauptgewicht) main emphasis od stress; ~e

setzen to set priorities
Schwerpunktstreik m WIRTSCH pinpoint strike
schwerreich umg adj stinking rich umg
Schwert n sword
Schwertfisch m swordfish
Schwertlilie f BOT iris
schwertun umg v/r **sich** (dat) **mit** od **bei etw ~** to have difficulties with sth
Schwerverbrecher(in) m(f) serious offender; bes JUR felon
schwerverdaulich adj → schwer
Schwerverkehr m heavy goods traffic
Schwerverletzte(r) m/f(m) serious casualty
schwerwiegend fig adj Fehler, Mängel, Folgen serious
Schwester f sister; (≈ Krankenschwester) nurse; (≈ Ordensschwester) nun
Schwesterfirma f sister company
schwesterlich adj sisterly
Schwesternheim n nurses' home
Schwesternhelfer(in) m(f) nursing auxiliary Br, nursing assistant US
Schwesterschiff n sister ship
Schwiegereltern pl parents-in-law pl
Schwiegermutter f mother-in-law
Schwiegersohn m son-in-law
Schwiegertochter f daughter-in-law
Schwiegervater m father-in-law
Schwiele f callus; (≈ Vernarbung) welt
schwielig adj Hände callused
schwierig A adj difficult B adv **~ zu übersetzen** difficult to translate
Schwierigkeit f difficulty; problem; **~en** trouble; **in ~en geraten** to get into difficulties; **j-m ~en machen** to make trouble for sb; **j-n in** (akk) **bringen** to create difficulties for sb; **in ~en sein, ~en haben** to be in trouble
Schwierigkeitsgrad m degree of difficulty
Schwimmbad n swimming pool; (≈ Hallenbad) swimming baths pl
Schwimmbecken n (swimming) pool
schwimmen A v/i 1 to swim; **~ gehen** to go swimming; **in Fett** (dat) **~** to be swimming in fat; **im Geld ~** to be rolling in it umg 2 fig (≈ unsicher sein) to be at sea B v/t SPORT to swim
Schwimmen n swimming; **ins ~ geraten** fig to begin to flounder
Schwimmer m Angeln, a. TECH float
Schwimmer(in) m(f) swimmer
Schwimmflosse f fin
Schwimmhaut f ORN web
Schwimmlehrer(in) m(f) swimming instructor
Schwimmnudel f aqua noodle, swim noodle, water noodle, water log
Schwimmreifen m rubber ring
Schwimmvogel m water bird

Schwimmweste f life jacket
Schwindel m 1 (≈ Gleichgewichtsstörung) dizziness; **~ erregend** → schwindelerregend 2 (≈ Lüge) lie; (≈ Betrug) swindle, fraud 3 umg (≈ Kram) **der ganze ~** the whole (kit and) caboodle umg
Schwindelanfall m dizzy turn
Schwindelei umg f (≈ leichte Lüge) fib umg; (≈ leichter Betrug) swindle
schwindelerregend adj Höhe dizzy; Tempo dizzying; umg Preise astronomical
schwindelfrei adj **Wendy ist nicht ~** Wendy can't stand heights; **sie ist völlig ~** she has a good head for heights
schwindelig adj dizzy; **mir ist** od **ich bin ~** I feel dizzy
schwindeln A v/i umg (≈ lügen) to fib umg B v/t umg **das ist alles geschwindelt** it's all lies
schwinden v/i (≈ abnehmen) to dwindle; Schönheit to fade; Ton to fade (away); Erinnerung to fade away; Kräfte to fail; TECH to shrink; **sein Mut schwand** his courage failed him
Schwindler(in) m(f) swindler; (≈ Hochstapler) con man; (≈ Lügner) liar, fraud
schwindlerisch adj fraudulent
schwindlig adj → schwindelig
schwingen A v/t Schläger to swing; drohend: Stock etc to brandish; Fahne to wave; → geschwungen B v/r **sich auf etw** (akk) **~** to leap onto sth; **sich über etw** (akk) **~** to vault across sth C v/i to swing; (≈ vibrieren) Saite to vibrate
Schwingtür f swing door
Schwingung f vibration
Schwips umg m **einen (kleinen) ~ haben** to be (slightly) tipsy
schwirren v/i to whizz Br, to whiz; Fliegen etc to buzz; **mir schwirrt der Kopf** my head is buzzing
Schwitze f GASTR roux
schwitzen A v/i to sweat B v/r **sich nass ~** to get drenched in sweat
Schwitzen n sweating; **ins ~ kommen** to break out in a sweat; fig to get into a sweat
schwofen umg v/i to dance
schwören A v/t to swear; **ich hätte geschworen, dass ...** I could have sworn that ...; **j-m/sich etw ~** to swear sth to sb/oneself B v/i to swear; **auf j-n/etw ~** fig to swear by sb/sth
schwul adj gay
schwül adj Wetter, Tag etc sultry, muggy
Schwüle f sultriness
Schwule(r) m/f(m) gay
Schwulenbar f gay bar
schwulenfreundlich adj gay-friendly
Schwulenszene f gay scene
schwulen- und lesbenfreundlich adj gay-

friendly

Schwulität *umg f* trouble *kein unbest art*, difficulty; **in ~en geraten** to get in a fix *umg*

Schwulst *pej m* bombast

schwülstig *pej adj* bombastic

Schwund *m* **1** (≈ *Abnahme*) decrease (+*gen* in) **2** *von Material* shrinkage **3** MED atrophy

Schwung *m* **1** swing; (≈ *Sprung*) leap **2** *wörtl* (≈ *Antrieb*) momentum; *fig* (≈ *Elan*) verve; **in ~ kommen** *wörtl* to gain momentum; *fig* to get going; **j-n/etw in ~ bringen** to get sb/sth going; **in ~ sein** *wörtl* to be going at full speed; *fig* to be in full swing **3** *umg* (≈ *Menge*) stack

schwunghaft **A** *adj Handel* flourishing **B** *adv* **sich ~ entwickeln** to grow hand over fist

schwungvoll **A** *adj* **1** *Linie, Handschrift* sweeping **2** (≈ *mitreißend*) *Rede* lively **B** *adv* (≈ *mit Schwung*) energetically; *werfen* powerfully

Schwur *m* (≈ *Eid*) oath; (≈ *Gelübde*) vow

Schwurgericht *n* court with a jury

Schwyz *n* Schwyz

Science-Fiction, **Sciencefiction** *f* science fiction, sci-fi *umg*

Screenshot *m* IT screen shot, screenshot, screen dump *umg*

scrollen *v/t & v/i* IT to scroll

SE *abk* (= Societas Europaea) Europäische Gesellschaft SE

sechs *num* six; → vier

Sechseck *n* hexagon

sechseckig *adj* hexagonal

Sechserpack *m* six-pack

sechsfach **A** *adj* sixfold; **die ~e Menge** six times the amount **B** *adv* sixfold, six times

sechshundert *num* six hundred

sechsmal *adv* six times

Sechstagerennen *n* six-day (bicycle) race

sechstägig *adj* six-day

sechstausend *num* six thousand

Sechstel *n* sixth; → Viertel¹

sechste(r, s) *adj* sixth; **den ~n Sinn haben** to have a sixth sense (for sth); → vierter, s

sechstens *adv* sixth(ly), in the sixth place

sechzehn *num* sixteen

sechzig *num* sixty; → vierzig

Sechziger *pl*, **60er-Jahre** *pl* sixties *pl*

Secondhandladen *m* second-hand shop

See¹ *f* sea; **an der See** by the sea; **an die See fahren** to go to the sea(side); **auf hoher See** on the high seas; **auf See** at sea; **in See stechen** to put to sea; **zur See fahren** to be a sailor

See² *m* lake; *in Schottland a.* loch

Seeaal *m* ZOOL conger (eel)

Seebad *n* (≈ *Kurort*) seaside resort

Seebär *hum umg m* seadog *umg*

Seebeben *n* seaquake

See-Elefant *m* sea elephant

Seefahrer(in) *m(f)* seafarer

Seefahrt *f* **1** (≈ *Fahrt*) (sea) voyage; (≈ *Vergnügungsseefahrt*) cruise **2** (≈ *Schifffahrt*) seafaring *ohne art*

Seefisch *m* saltwater fish

Seefischerei *f* sea fishing

Seefrachtbrief *m* HANDEL bill of lading

Seegang *m* swell; **starker** *od* **hoher ~** heavy *od* rough seas

seegestützt *adj* MIL sea-based

Seehafen *m* seaport

Seehund *m* seal

Seeigel *m* sea urchin

seekrank *adj* seasick; **Paul wird leicht ~** Paul is a bad sailor

Seekrankheit *f* seasickness

Seekrieg *m* naval war

Seelachs *m* GASTR pollack

Seele *f* soul; (≈ *Herzstück*) life and soul; **von ganzer ~** with all one's heart (and soul); **j-m aus der ~ sprechen** to express exactly what sb feels; **das liegt mir auf der ~** it weighs heavily on my mind; **sich** (*dat*) **etw von der ~ reden** to get sth off one's chest; **das tut mir in der ~ weh** I am deeply distressed; **eine ~ von Mensch** an absolute dear

Seelenheil *n* spiritual salvation; *fig* spiritual welfare

Seelenleben *n* inner life

seelenlos *adj* soulless

Seelenruhe *f* calmness; **in aller ~** calmly; (≈ *kaltblütig*) as cool as ice

seelenruhig **A** *adj* calm; (≈ *kaltblütig*) as cool as ice **B** *adv* calmly; (≈ *kaltblütig*) callously

seelenverwandt *adj* congenial *liter;* **sie waren ~** they were kindred spirits

Seelenzustand *m* psychological state

Seelilie *f* sea lily

seelisch **A** *adj* REL spiritual; (≈ *geistig*) *Gleichgewicht* mental; *Schaden* psychological; *Erschütterung* emotional **B** *adv* psychologically; **~ krank** mentally ill

Seelöwe *m* sea lion

Seelsorge *f* spiritual welfare

Seelsorger(in) *m(f)* pastor

Seeluft *f* sea air

Seemacht *f* naval *od* maritime power

Seemann *m* sailor

seemännisch *adj* nautical

Seemannsgarn *umg n* sailor's yarn

Seemeile *f* sea mile

Seemöwe *f* seagull

Seengebiet *n* lakeland district

Seenot *f* distress; **in ~ geraten** to get into dis-

tress
Seeotter *m* sea otter
Seepferd(chen) *n* sea horse
Seeräuber(in) *m(f)* pirate
Seeräuberei *f* piracy
Seereise *f* (sea) voyage; (≈ *Kreuzfahrt*) cruise
Seerose *f* water lily
Seeschifffahrt *f* maritime shipping
Seeschlacht *f* sea battle
Seestern *m* ZOOL starfish
Seestreitkräfte *pl* naval forces *pl*
Seetang *m* BOT, GASTR seaweed
Seeteufel *m* ZOOL monkfish
seetüchtig *adj* seaworthy
seeuntüchtig *adj* unseaworthy
Seeverkehr *m* maritime traffic
Seevogel *m* sea bird
Seeweg *m* sea route; **auf dem ~ reisen** to go by sea
Seewespe *f* sea wasp
Seezunge *f* sole
Segel *n* sail; **die ~ setzen** to set the sails
Segelboot *n* sailing boat *Br*, sailboat *US*
segelfliegen *v/i* to glide
Segelfliegen *n* gliding
Segelflieger(in) *m(f)* glider pilot
Segelflug *m* (≈ *Segelfliegerei*) gliding; (≈ *Flug*) glider flight
Segelflugzeug *n* glider
Segeljacht *f* (sailing) yacht, sailboat *US*
Segelklub *m* sailing club
segeln A *v/t & v/i* to sail; **~ gehen** to go for a sail B *v/i umg* **durch eine Prüfung ~** to fail an exam
Segeln *n* sailing
Segelregatta *f* sailing *od* yachting regatta
Segelschiff *n* sailing ship
Segelsport *m* sailing *ohne art*
Segeltuch *n* canvas
Segen *m* blessing; **es ist ein ~, dass ...** it is a blessing that ...; **er hat meinen ~** he has my blessing; **~ bringend** beneficent
Segler(in) *m(f)* (≈ *Segelsportler*) yachtsman/-woman, sailor
Segment *n* segment
segnen *v/t* REL to bless; → **gesegnet**
Segnung *f* REL blessing
sehbehindert *adj* partially sighted
sehen A *v/t* to see; (≈ *ansehen*) to look at; **gut zu ~ sein** to be clearly visible; **schlecht zu ~ sein** to be difficult to see; **da gibt es nichts zu ~** there is nothing to see; **darf ich das mal ~?** can I have a look at that?; **j-n/etw zu ~ bekommen** to get to see sb/sth; **etw in j-m ~** to see sb as sth; **ich kann den Mantel nicht mehr ~** (≈ *nicht mehr ertragen*) I can't stand the sight of that coat any more; **sich ~ lassen** to put in an appearance; **er lässt sich kaum noch bei uns ~** he hardly ever comes to see us now; **also, wir ~ uns morgen** right, I'll see you tomorrow; **da sieht man es mal wieder!** that's typical!; **du siehst das/ihn nicht richtig** you've got it/him wrong; **rein menschlich gesehen** from a purely personal point of view B *v/r* **sich getäuscht ~** to see oneself deceived; **sich gezwungen ~, zu ...** to find oneself obliged to ... C *v/i* to see; **er sieht gut/schlecht** he can/cannot see very well; **siehe oben/unten** see above/below; **siehst du (wohl)!, siehste!** *umg* you see!; **~ Sie mal!** look!; **lass mal ~** let me see, let me have a look; **Sie sind beschäftigt, wie ich sehe** I can see you're busy; **mal ~!** *umg* we'll see; **auf etw** (*akk*) **~** (≈ *hinsehen*) to look at sth; (≈ *achten*) to consider sth important; **darauf ~, dass ...** to make sure (that) ...; **nach j-m ~** (≈ *betreuen*) to look after sb; (≈ *besuchen*) to go to see sb; **nach der Post ~** to see if there are any letters
Sehen *n* seeing; (≈ *Sehkraft*) sight; **ich kenne ihn nur vom ~** I only know him by sight
sehenswert *adj* worth seeing
Sehenswürdigkeit *f* sight, attraction; **das Anschauen von ~en** sightseeing
Sehfehler *m* visual defect
Sehkraft *f* (eye)sight
Sehleistung *f* sight
Sehne *f* 1 ANAT tendon 2 (≈ *Bogensehne*) string
sehnen *v/r* **sich nach j-m/etw ~** to long for sb/sth
Sehnenzerrung *f* pulled tendon
Sehnerv *m* optic nerve
sehnlich A *adj Wunsch* ardent; *Erwartung* eager B *adv hoffen, wünschen* ardently
Sehnsucht *f* longing (**nach** for)
sehnsüchtig A *adj* longing; *Wunsch etc* ardent B *adv hoffen* ardently; **~ auf etw** (*akk*) **warten** to long for sth
sehr *adv* 1 *mit Adjektiv/Adverb* very; (≈ *äußerst*) highly; **er ist ~ dagegen** he is very much against it; **es geht ihm ~ viel besser** he is very much better 2 *mit Verb* very much, a lot; **er mag sie ~** he likes her a lot; **so ~ so** much; **wie ~** how much; **sich ~ anstrengen** to try very hard; **regnet es ~?** is it raining a lot?; **freust du dich darauf? — ja, ~** are you looking forward to it? — yes, very much; **danke ~!** thanks very much!; **zu ~** too much
Sehschwäche *f* poor eyesight
Sehstörung *f* visual defect
Sehtest *m* eye test
Sehvermögen *n* powers *pl* of vision
seicht *adj* shallow
Seide *f* silk

seiden adj (≈ aus Seide) silk
Seidenpapier n tissue paper
Seidenraupe f silkworm
seidenweich adj soft as silk
seidig adj (≈ wie Seide) silky
Seife f soap
Seifenblase f soap bubble; fig bubble
Seifenlauge f (soap)suds pl
Seifenoper umg f soap (opera)
Seifenpulver n soap powder
Seifenschale f soap dish
Seifenschaum m lather
seifig adj soapy
seihen v/t (≈ sieben) to sieve
Seil n rope; (≈ Hochseil) tightrope, high wire
Seilbahn f cable railway
seilspringen v/i to skip
Seilspringen n skipping Br, jumping rope US
Seiltanz m tightrope act
Seiltänzer(in) m(f) tightrope walker
sein¹ **A** v/i **1** to be; **sei/seid so nett und …** be so kind as to …; **das wäre gut** that would be a good thing; **es wäre schön gewesen** it would have been nice; **er ist Lehrer** he is a teacher; **wenn ich Ihr wäre** if I were od was you; **er war es nicht** it wasn't him; **das kann schon ~** that may well be; **ist da jemand?** is (there) anybody there?; **er ist aus Genf** he comes from Geneva; **wo warst du so lange?** where have you been all this time? **2 was ist?** what's the matter?, what's up umg; **das kann nicht ~** that can't be (true); **wie wäre es mit …?** how about …?; **mir ist kalt** I'm cold **B** v/aux to have; **er ist geschlagen worden** he has been beaten
sein² poss pr adjektivisch, bei Männern his; bei Dingen, Abstrakta its; bei Mädchen her; bei Tieren its, his/her; bei Ländern, Städten its, her; auf „man" bezüglich one's, his US, your; **jeder hat ~e Probleme** everybody has their problems
Sein n being ohne art; (≈ Existenz a.) existence ohne art; **~ und Schein** appearance and reality
seine(r, s) poss pr substantivisch his; **er hat das Seine getan** geh he did his bit; **jedem das Seine** each to his own Br, to each his own; **die Seinen** geh his family
seinerseits adv (≈ von ihm) on his part; (≈ er selbst) for his part
seinerzeit adv at that time
seinesgleichen pron gleichgestellt his equals pl; auf „man" bezüglich one's equals, his equals US; gleichartig his kind pl, of one's own kind; pej the likes of him pl
seinetwegen adv **1** (≈ wegen ihm) because of him; (≈ ihm zuliebe) for his sake; (≈ für ihn) on his behalf **2** (≈ von ihm aus) as far as he is concerned

seinetwillen adv **um ~** for his sake
sein lassen v/t **etw ~** (≈ aufhören) to stop sth/doing sth; (≈ nicht tun) to leave sth; **lass das sein!** stop that!
seismisch adj seismic
Seismograf m seismograph
Seismologe m AUTO, **Seismologin** f seismologist
seit **A** präp since; in Bezug auf Zeitdauer for, in bes US; **~ wann?** since when?; **~ September** since September; **~ Jahren** for years; **wir warten schon ~ zwei Stunden** we've been waiting (for) two hours; **~ etwa einer Woche** since about a week ago, for about a week **B** konj since
seitdem **A** adv since then **B** konj since
Seite f **1** side; **auf der linken/rechten ~** on the left/right; **~ an ~** side by side; **zur ~ gehen** od **treten** to step aside; **j-m zur ~ stehen** fig to stand by sb's side; **das Recht ist auf ihrer ~** she has right on her side; **etw auf die ~ legen** to put sth aside; **j-n zur ~ nehmen** to take sb aside; **auf der einen ~ …, auf der anderen (Seite) …** on the one hand …, on the other (hand) …; **sich von seiner besten ~ zeigen** to show oneself at one's best; **von allen ~n** from all sides; **auf ~n** +gen → aufseiten; **von ~n** +gen → vonseiten **2** (≈ Buchseite etc) page; **auf welcher ~ sind wir?** what page are we on?
Seitenairbag m AUTO side-impact airbag
Seitenansicht f **1** side view; TECH side elevation **2** IT print view
Seitenaufprallschutz m AUTO side impact protection system
Seitenausgang m side exit
Seitenblick m sidelong glance; **mit einem ~ auf** (+akk) fig with one eye on
Seiteneingang m side entrance
Seitenflügel m side wing; von Altar wing
Seitenhieb fig m sideswipe
seitenlang adj several pages long
Seitenlinie f **1** BAHN branch line **2** FUSSB etc touchline Br, sideline
seitens form präp on the part of
Seitenspiegel m AUTO wing mirror
Seitensprung m fig bit on the side kein pl umg
Seitenstechen n stitch; **~ haben/bekommen** to have/get a stitch
Seitenstraße f side street
Seitenstreifen m verge; der Autobahn hard shoulder Br, shoulder US
Seitentür f side door
seitenverkehrt adj & adv the wrong way round
Seitenwechsel m SPORT changeover; **vor dem ~** in the first half; **nach dem ~** in the second half
Seitenwind m crosswind

Seitenzahl f ◼1 page number ◼2 (≈ *Gesamtzahl*) number of pages
seither adv since then
seitlich ◼A adj side attr; bes TECH Naturwissenschaft lateral ◼B adv at the side; (≈ *von der Seite*) from the side; **~ von** at the side of
Sekret n PHYSIOL secretion
Sekretär m (≈ *Schreibschrank*) bureau Br, secretary desk US
Sekretär(in) m(f) secretary
Sekretariat n office
Sekt m sparkling wine
Sekte f sect
Sektglas n champagne glass
Sektierer(in) m(f) sectarian
sektiererisch adj sectarian
Sektion f section; (≈ *Abteilung*) department
Sektor m sector; (≈ *Sachgebiet*) field
Sektschale f champagne glass
sekundär adj secondary
Sekundärliteratur f secondary literature
Sekundarschule f schweiz secondary school
Sekundarstufe f secondary school level, high school level bes US
Sekunde f second; **auf die ~ genau** to the second
Sekundenkleber m superglue®, instant glue
sekundenschnell adj Reaktion, Entscheidung split-second attr; Antwort quick-fire attr
Sekundenzeiger m second hand
selber dem pr → selbst A
Selbermachen n **Möbel zum ~** do-it-yourself furniture
selbst ◼A dem pr ◼1 **ich ~** I myself; **er ~** he himself; **sie ist die Güte/Tugend ~** she's kindness/virtue itself ◼2 (≈ *ohne Hilfe*) by oneself/himself/yourself etc; **das regelt sich alles von ~** it'll sort itself out (by itself); **er kam ganz von ~** he came of his own accord ◼B adv ◼1 (≈ *eigen*) **~ ernannt** self-appointed; *in Bezug auf Titel* self--styled; **~ gebacken** home-baked, home-made; **~ gebaut** home-made; *Haus* self-built; **~ gemacht** home-made; **~ verdientes Geld** money one has earned oneself ◼2 (≈ *sogar*) even; **~ Gott** even God (himself); **~ wenn** even if od though
Selbstachtung f self-respect, self-worth
selbständig etc adj & adv → selbstständig
Selbstanzeige f ◼1 steuerlich voluntary declaration ◼2 **~ erstatten** to come forward oneself
Selbstauslöser m FOTO self-timer
Selbstbedienung f self-service
Selbstbedienungsladen m self-service shop od store US
Selbstbedienungsrestaurant n self-service restaurant; (≈ *Cafeteria*) cafeteria
Selbstbefriedigung f masturbation
Selbstbeherrschung f self-control; **die ~ wahren/verlieren** to keep/lose one's self-control
Selbstbestätigung f self-affirmation
Selbstbestimmungsrecht n right of self-determination
Selbstbeteiligung f Versicherungswesen (percentage) excess
Selbstbetrug m self-deception
selbstbewusst ◼A adj (≈ *selbstsicher*) self-assured, confident ◼B adv self-confidently
Selbstbewusstsein n self-confidence
selbstbezogen adj self-centred
Selbstbildnis n self-portrait
Selbstbräuner m fake tan
Selbstdisziplin f self-discipline
Selbsterhaltungstrieb m survival instinct
Selbsterkenntnis f self-knowledge
selbstgebacken adj → selbst
selbstgefällig ◼A adj self-satisfied ◼B adv smugly
Selbstgefälligkeit f smugness, complacency
selbstgemacht adj home-made
selbstgerecht ◼A adj self-righteous ◼B adv self--righteously
Selbstgerechtigkeit f self-righteousness
Selbstgespräch n **~e führen** to talk to oneself
selbstherrlich pej ◼A adj (≈ *eigenwillig*) high--handed; (≈ *selbstgefällig*) arrogant ◼B adv (≈ *eigenwillig*) high-handedly; (≈ *selbstgefällig*) arrogantly
Selbsthilfe f self-help; **zur ~ greifen** to take matters into one's own hands
Selbsthilfegruppe f self-help group
selbstklebend adj self-adhesive
Selbstkosten pl WIRTSCH prime costs pl
Selbstkostenpreis m cost price; **zum ~** at cost
Selbstkritik f self-criticism
selbstkritisch ◼A adj self-critical ◼B adv self-critically
Selbstläufer m umg (≈ *eigenständiger Erfolg*) sure--fire success umg
Selbstlaut m vowel
selbstlos ◼A adj selfless, unselfish ◼B adv selflessly
Selbstlosigkeit f selflessness
Selbstmanagement n self-management
Selbstmitleid n self-pity
Selbstmord m suicide
Selbstmordanschlag m suicide attack
Selbstmordattentäter(in) m(f) suicide attacker od bomber
Selbstmörder(in) m(f) suicide
selbstmörderisch adj suicidal; **in ~er Absicht** intending to commit suicide
selbstmordgefährdet adj suicidal
Selbstmordversuch m attempted suicide

Selbstporträt n self-portrait
Selbstschutz m self-protection
selbstsicher A adj self-assured, confident B adv self-confidently
Selbstsicherheit f self-assurance
selbstständig adj A adj independent; **~ sein** beruflich to be self-employed; **sich ~ machen** beruflich to set up on one's own; hum to go off on its own B adv independently; (≈ ohne Hilfe) on one's own; **das entscheidet er ~** he decides that on his own
Selbstständige(r) m/f(m) self-employed person
Selbstständigkeit f independence; beruflich self-employment
Selbststudium n self-study
Selbstsucht f egoism
selbstsüchtig adj egoistic, selfish
selbsttätig A adj 1 (≈ automatisch) automatic 2 (≈ eigenständig) independent B adv (≈ automatisch) automatically
Selbsttäuschung f self-deception
Selbsttest m von Maschine self-test
selbstverdient adj → selbst
selbstvergessen adj absent-minded; Blick faraway
Selbstverpfleger(in) m(f) self-caterer
Selbstverpflegung f self-catering
selbstverschuldet adj Unfälle, Notlagen for which one is oneself responsible; **der Unfall war ~** the accident was his/her own fault
Selbstversorger(in) m(f) 1 **~ sein** to be self-sufficient 2 im Urlaub etc sb who is self-catering Br; **Appartements für ~** self-catering apartments Br, condominiums US
selbstverständlich A adj Freundlichkeit natural; Wahrheit self-evident; **das ist doch ~!** that goes without saying; **das ist keineswegs ~** it cannot be taken for granted B adv of course
Selbstverständlichkeit f **das war doch eine ~, dass wir …** it was only natural that we …; **etw für eine ~ halten** to take sth as a matter of course
Selbstverteidigung f self-defence Br, self-defense US
Selbstvertrauen n self-confidence
Selbstverwaltung f self-administration
Selbstwahrnehmung f self-perception
Selbstwertgefühl n self-esteem, self-worth
selbstzufrieden A adj self-satisfied B adv complacently, smugly
Selbstzweck m end in itself
selchen v/t & v/i österr, südd Fleisch to smoke
Selektion f selection
selektiv A adj selective B adv selectively
selig adj 1 REL blessed 2 (≈ überglücklich) overjoyed; Lächeln blissful

Seligkeit f 1 REL salvation 2 (≈ Glück) (supreme) happiness, bliss
Sellerie m celeriac; (≈ Stangensellerie) celery
selten A adj rare B adv (≈ nicht oft) rarely, seldom
Seltenheit f rarity
Seltenheitswert m rarity value
Selter(s)wasser n soda (water)
seltsam adj strange
seltsamerweise adv strangely enough
Semantik f semantics sg
semantisch adj semantic
Semester n UNIV semester bes US, term (of a half-year's duration); **im 7./8. ~ sein** to be in one's 4th year
Semesterferien pl vacation sg
Semifinale n SPORT semifinal(s)
Semikolon n semicolon
Seminar n 1 UNIV department; (≈ Seminarübung) seminar 2 (≈ Priesterseminar) seminary 3 (≈ Lehrerseminar) teacher training college
Seminarraum m meeting room
Semit(in) m(f) Semite
semitisch adj Semitic
Semmel f dial roll
Semmelbrösel pl breadcrumbs pl
Semmelknödel m österr, südd bread dumpling
sempern v/i österr (≈ nörgeln) to moan
Senat m 1 POL, UNIV senate 2 JUR Supreme Court
Senator(in) m(f) senator
Sendebereich m transmission range
Sendefolge f 1 (≈ Sendung in Fortsetzungen) series sg 2 (≈ Programmfolge) programmes pl Br, programs pl US
Sendemast m radio od transmitter mast, broadcasting tower US
senden[1] A v/t to send (**an** +akk to) B v/i **nach j-m ~** to send for sb
senden[2] v/t & v/i RADIO, TV to broadcast; Signal etc to transmit
Sendepause f interval
Sender m transmitter; RADIO station; TV channel bes Br, station bes US
Senderaum m studio
Sendereihe f (radio/television) series
Sendernetz n RADIO, TV network
Sendersuchlauf m RADIO, TV channel search
Sendeschluss m RADIO, TV close-down
Sendezeit f broadcasting time; **in der besten ~** in prime time
Sendung f 1 (≈ das Senden) sending 2 (≈ Postsendung) letter; (≈ Paket) parcel; HANDEL consignment 3 TV programme Br, program US; show; RADIO broadcast; **auf ~ sein** to be on the air
Senegal n/m Senegal

Senegalese m, **Senegalesin** f Senegalese
Senf m mustard; **seinen ~ dazugeben** umg to have one's say
Senfgas n CHEM mustard gas
Senfgurke f gherkin pickled with mustard seeds
Senfkorn n mustard seed
sengen A v/t to singe B v/i to scorch
senil pej adj senile
Senilität f senility
Senior(in) m(f) **1** (a. **~chef(in)**) boss **2** SPORT senior player; **die ~en** the seniors **3** **~en** pl senior citizens pl
seniorengerecht adj (suitable) for the elderly; **~e Wohnungen** housing for the elderly
Seniorenheim n retirement home, old people's home Br
Seniorenpass m senior citizen's travel pass
Senioren(wohn)heim n old people's home
Senkblei n plumb line; (≈ Gewicht) plummet
senken A v/t to lower; Kopf to bow; **den Blick ~** to lower one's gaze B v/r to sink; Haus, Boden to subside; Stimme to drop
senkrecht A adj vertical; MATH perpendicular; in Kreuzworträtsel down; (≈ aufrecht) upright B adv vertically, perpendicularly; aufsteigen straight up
Senkrechte f vertical; MATH perpendicular
Senkrechtstarter m FLUG vertical takeoff aircraft
Senkrechtstarter(in) fig umg m(f) whiz(z) kid umg
Senkung f **1** lowering **2** (≈ Vertiefung) hollow **3** MED → Blutsenkung
Sennerei f österr, südd Alpine dairy
Sensation f sensation
sensationell adj sensational
Sensationsblatt n sensational paper
Sensationslust f desire for sensation
sensationslüstern adj sensation-seeking
Sensationsnachricht f sensational news sg
Sensationspresse f sensational papers pl
Sense f **1** scythe **2** umg **jetzt/dann ist ~!** that's the end!
sensibel A adj sensitive B adv sensitively
sensibilisieren v/t to sensitize
Sensibilität f sensitivity
Sensor m sensor
sentimental adj sentimental
Sentimentalität f sentimentality
separat A adj separate; Wohnung self-contained B adv separately
separieren v/t to separate
September m September; → März
Sequenz f sequence
Serbe m, **Serbin** f Serb, Serbian
Serbien n Serbia

serbisch adj Serb, Serbian
Serenade f serenade
Serie f series sg; (≈ Fernsehserie mit Fortsetzungen) serial; **13 Siege in ~** 13 wins in a row; **in ~ gehen** to go into production; **in ~ hergestellt werden** to be mass-produced
seriell adj Herstellung series attr; IT serial
Serienbrief m IT mail-merge letter
serienmäßig A adj Autos production attr; Ausstattung standard; Herstellung series attr B adv herstellen in series
Serienmörder(in) m(f) serial killer
Seriennummer f serial number
Serienwagen m AUTO standard-type car
serienweise adv produzieren in series; umg (≈ in Mengen) wholesale
seriös adj serious; (≈ anständig) respectable; Firma reputable; **~ auftreten** to appear respectable
Seriosität f seriousness; (≈ Anständigkeit) respectability; von Firma integrity
Serpentine f winding road, zigzag
Serum n serum
Server m INTERNET server
Service[1] n (≈ Essgeschirr) dinner service; (≈ Kaffee-/Teeservice) coffee/tea service; (≈ Gläserservice) set
Service[2] m HANDEL service; SPORT service, serve
Servicecenter n information centre Br, information center US, help desk
Serviceportal n IT online service portal
Servicewerkstatt f service centre Br, service center US
Servicewüste f service-free zone
servieren A v/t to serve; umg (≈ anbieten) to serve up umg (j-m for sb) B v/i to serve
Serviererin f waitress
Serviertochter f schweiz waitress
Serviette f napkin
Servobremse f power brake
Servolenkung f power steering
servus int österr, südd beim Treffen hello; beim Abschied cheerio Br umg, see ya bes US umg
Sesam m sesame
Sessel m easy chair; (≈ Polstersessel) armchair; österr (≈ Stuhl) chair
Sessellift m chairlift
sesshaft adj settled; (≈ ansässig) resident; **~ werden** to settle down
Set[1] m/n **1** SPORT (≈ Satz) set **2** (≈ Deckchen) place mat
Set[2] m TV, FILM set
Setter m setter
Setup n IT setup
Setupprogramm n IT setup program
setzen A v/t **1** (≈ hintun) to put, to set; (≈ sitzen lassen) to sit, to place, to put; **j-n an Land ~** to put sb ashore; **etw in die Zeitung ~** to

put sth in the paper; **sich** (dat) **etw in den Kopf ~** umg to take sth into one's head; **seine Hoffnung in j-n/etw ~** to put one's hopes in sb/sth **2** SCHIFF Segel to set **3** TYPO to set **4** Preis, Summe to put (**auf** +akk on); **Geld auf ein Pferd ~** to put money on a horse **5** (≈ schreiben) Komma, Punkt to put **6** (≈ bestimmen) Ziel, Preis etc to set; **j-m eine Frist ~** to set sb a deadline **7** (≈ einstufen) Sportler to place; Tennis to seed; **der an Nummer eins gesetzte Spieler** Tennis the top seed **8** → gesetzt **B** v/r **1** (≈ Platz nehmen) to sit down; **sich ins Auto ~** to get into the car; **sich zu j-m ~** to sit with sb; **bitte ~ Sie sich** please take a seat **2** Kaffee, Tee, Lösung to settle **C** v/i bei Wetten to bet; **auf ein Pferd ~** to bet on a horse

Setzer(in) m(f) TYPO typesetter

Setzerei f (≈ Firma) typesetter's

Seuche f epidemic; fig pej scourge, plague

Seuchenbekämpfung f epidemic control

Seuchengebiet n epidemic area

Seuchengefahr f danger of epidemic

seufzen v/t & v/i to sigh

Seufzer m sigh

Sex m sex

Sex-Appeal m sex appeal

Sexbombe umg f sex bomb umg

Sexfilm m sex film

Sexismus m sexism

Sexist(in) m(f) sexist

sexistisch adj sexist

Sexspielzeug n sex toy

Sextett n MUS sextet(te)

Sextourismus m sex tourism

Sexualerziehung f sex education

Sexualität f sexuality

Sexualkunde f SCHULE sex education

Sexualleben n sex life

Sexualpartner(in) m(f) sexual partner

Sexualstraftäter(in) m(f) sex offender

Sexualverbrechen n sex crime, sex(ual) offence Br, sex(ual) offense US

sexuell A adj sexual **B** adv sexually; **~ übertragbare Krankheit** sexually transmitted disease

sexy umg adj sexy umg

Seychellen pl GEOG Seychelles pl

sezieren wörtl, fig v/t & v/i to dissect

s-förmig, S-förmig adj S-shaped

sfr abk (= Schweizer Franken) sfr

Shampoo n shampoo

Shareware f IT shareware

Sherry m sherry

Shetlandinseln pl Shetland Islands pl

Shift-Taste f COMPUT shift key

Shitstorm umg m INTERNET starke Kritik in Form massenhafter Mails/Postings shitstorm

shoppen umg v/i to shop; **~ gehen** to go shopping

Shopping n shopping

Shoppingcenter n shopping centre Br, shopping center US

Shoppingmeile f Einkaufstraße shopping street

Shoppingtour f shopping expedition; **auf ~ gehen** to go on a shopping expedition

Shorts pl (pair of) shorts pl

Show f show; **eine ~ abziehen** umg to put on a show umg

Showeinlage f entertainment section

Showgeschäft n show business

Showmaster(in) m(f) compère, emcee US

Shuttlebus m shuttle bus

siamesisch adj **~e Zwillinge** Siamese twins

Sibirien n Siberia

sibirisch adj Siberian

sich refl pr **1** akk oneself; 3. Person sg himself, herself, itself; Höflichkeitsform sg yourself; Höflichkeitsform pl yourselves; 3. Person pl themselves; **nur an ~** (akk) **denken** to think only of oneself **2** dat to oneself; 3. Person sg to himself, to herself, to itself; Höflichkeitsform sg to yourself; Höflichkeitsform pl to yourselves; 3. Person pl to themselves; **~ die Haare waschen** to wash one's hair **3** (≈ einander) each other

Sichel f sickle; (≈ Mondsichel) crescent

sicher A adj **1** (≈ gewiss) certain; (**sich** dat) **einer Sache** (gen) **~ sein** to be sure of sth **2** (≈ gefahrlos) safe; (≈ geborgen) secure; **vor j-m/etw ~ sein** to be safe from sb/sth; **sich ~ fühlen** to feel safe; **~ ist ~** you can't be too sure **3** (≈ zuverlässig) reliable; (≈ fest) Gefühl, Zusage definite; Einkommen steady; Stellung secure **4** (≈ selbstbewusst) (self-)confident **B** adv **1** fahren, aufbewahren etc safely **2** (≈ selbstbewusst) **~ auftreten** to give an impression of (self-)confidence **3** (≈ natürlich) of course; **~!** sure bes US **4** (≈ bestimmt) **das wolltest du ~ nicht sagen** surely you didn't mean that; **du hast dich ~ verrechnet** you must have counted wrong; **das ist ganz ~ das Beste** it's quite certainly the best; **das hat er ~ vergessen** I'm sure he's forgotten it

sichergehen v/i to be od make sure

Sicherheit f **1** (≈ Gewissheit) certainty; **das ist mit ~ richtig** that is definitely right; **das lässt sich nicht mit ~ sagen** that cannot be said with any degree of certainty **2** (≈ Schutz) safety; als Aufgabe von Sicherheitsbeamten etc security; **die öffentliche ~** public safety; **die innere ~** internal security; **j-n/etw in ~ bringen** to get sb/sth to safety; **~ im Straßenverkehr** road safety; **in ~ sein** to be safe **3** (≈ Selbstsicherheit) (self-)confidence **4** HANDEL, FIN security; (≈ Pfand) surety; **~ leisten** HANDEL, FIN to offer

security; JUR to stand bail
Sicherheitsabstand m safe distance
Sicherheitsbeamte(r) m, **Sicherheitsbeamtin** f security officer
Sicherheitsbestimmungen pl safety regulations pl
Sicherheitsdienst m **1** *Dienstleistung* security **2** *Dienstleister* security company **3** *staatlich* security service
Sicherheitsglas n safety glass
Sicherheitsgurt m seat belt
sicherheitshalber adv to be on the safe side
Sicherheitshinweis m auf Produkt safety advice; auf Gefahren in bestimmten Ländern security advice
Sicherheitskontrolle f security check
Sicherheitskopie f IT backup copy
Sicherheitskräfte pl security forces pl
Sicherheitslücke f security gap
Sicherheitsmaßnahme f safety precaution; POL etc security measure
Sicherheitsnadel f safety pin
Sicherheitspolitik f security policy
Sicherheitsrat m security council
Sicherheitsrisiko n security risk
Sicherheitsschloss n safety od security lock
Sicherheitsstandard m standard of security
Sicherheitsstrategie f POL security strategy
sicherlich adv → sicher
sichern A v/t **1** to safeguard; (≈ absichern) to protect; (≈ sicher machen) Wagen, Unfallstelle to secure; IT Daten to save; **eine Feuerwaffe ~** to put the safety catch of a firearm on **2** **j-m/sich etw ~** to secure sth for sb/oneself **B** v/r to protect oneself
sicherstellen v/t **1** Waffen, Drogen to take possession of; Beweismittel to secure **2** (≈ garantieren) to guarantee, to assure
Sicherung f **1** (≈ das Sichern) safeguarding; (≈ Absicherung) protection **2** (≈ Schutz) safeguard **3** ELEK fuse; von Waffe safety catch
Sicherungsdiskette f back-up disk
Sicherungskasten m fuse box
Sicherungskopie f IT backup copy
Sicherungsverwahrung f JUR preventive detention
Sicht f **1** (≈ Sehweite) visibility; **in ~ sein/kommen** to be in/come into sight; **aus meiner ~** fig as I see it, from my point of view; **aus heutiger ~** from today's perspective; **auf lange/kurze ~** fig in the long/short term **2** (≈ Ausblick) view **3** HANDEL **auf** od **bei ~** at sight
sichtbar A adj visible; **~ werden** fig to become apparent **B** adv altern visibly; sich verändern noticeably
sichten v/t **1** (≈ erblicken) to sight **2** (≈ durchsehen) to look through
Sichtgerät n monitor; COMPUT VDU
sichtlich A adj obvious **B** adv obviously; beeindruckt visibly
Sichtverhältnisse pl visibility sg
Sichtvermerk m endorsement; im Pass visa stamp
Sichtweite f visibility ohne art; **außer ~** out of sight
sickern v/i to seep; fig to leak out
sie pers pr **1** sg, nom she; akk her; von Dingen it; **sie ist es** it's her; **sie selbst** herself; **wer hat das gemacht? — sie** who did that? — she did od her!; **frag sie** ask her **2** nom they; akk them; **sie sind es** it's them; **sie selbst** themselves; **frag sie** ask them
Sie A pers pr you; **Sie selbst** yourself; yourselves **B** n polite od "Sie" form of address; **j-n mit Sie anreden** to use the polite form of address to sb
Sieb n sieve; (≈ Teesieb) strainer; (≈ Gemüsesieb) colander; **ein Gedächtnis wie ein ~ haben** to have a memory like a sieve
sieben[1] v/t to pass through a sieve; GASTR to sieve
sieben[2] num seven; → vier
Sieben f seven
siebenfach A adj sevenfold; **die ~e Menge** seven times the amount **B** adv sevenfold, seven times
siebenhundert num seven hundred
siebenjährig adj seven-year-old
Siebensachen umg pl belongings pl, things pl
siebentausend num seven thousand
Siebtel n seventh
siebte(r, s) adj seventh; → vierter, s
siebtens adv seventh(ly), in the seventh place
siebzehn num seventeen; **Siebzehn und Vier** KART pontoon
siebzig num seventy; → vierzig
Siechtum liter n infirmity; fig von Wirtschaft etc ailing state
siedeln v/i to settle
sieden v/i to boil; **~d heiß** boiling hot
Siedepunkt m PHYS, a. fig boiling point
Siedler(in) m(f) settler
Siedlung f **1** (≈ Ansiedlung) settlement **2** (≈ Wohnsiedlung) housing estate Br, housing development US
Sieg m victory (**über** +akk over); SPORT a. win
Siegel n **1** seal; **unter dem ~ der Verschwiegenheit** under the seal of secrecy **2** (≈ Gütesiegel, Umweltsiegel) label
Siegellack m sealing wax
Siegelring m signet ring
siegen v/i to be victorious; in Wettkampf to win;

über j-n/etw ~ *fig* to triumph over sb/sth; *in Wettkampf* to beat sb/sth
Sieger(in) *m(f)* victor; *in Wettkampf* winner
Siegerehrung *f* SPORT presentation ceremony
Siegermacht *f* POL victorious power
Siegerpodest *n* SPORT winners' podium *od* rostrum
siegesbewusst *adj* confident of victory
Siegesrede *f nach Wahl* victory speech
siegessicher **A** *adj* certain of victory **B** *adv* confidently
Siegeszug *m* triumphal march
siegreich *adj* triumphant; *in Wettkampf* winning *attr*, successful
Siegtreffer *m* SPORT winning goal
siehe *int* see; **~ oben/unten** see above/below
Sierra Leone *n* GEOG Sierra Leone
Sievert *n* NUKL *Maßeinheit* sievert
siezen *v/t* **j-n/sich ~** to address sb/each other as "Sie"
Siff *sl m* (≈ *Dreck*) filth; (≈ *Zustand*) mess
Sightseeing *n* sightseeing
Signal *n* signal
Signalanlage *f* signals *pl*
signalisieren *v/t* to signal
Signatur *f* **1** signature; **elektronische ~** electronic signature; **digitale ~** digital signature **2** (≈ *Bibliothekssignatur*) shelf mark
signieren *v/t* to sign
Silbe *f* syllable; **er hat es mit keiner ~ erwähnt** he didn't say a word about it
Silbentrennung *f* syllabification; TYPO, IT hyphenation
Silber *n* silver
Silberbesteck *n* silver(ware)
Silberblick *umg m* squint
Silberfischchen *n* silverfish
Silbergeld *n* silver
Silberhochzeit *f* silver wedding (anniversary)
Silbermedaille *f* silver medal
Silbermedaillengewinner(in) *m(f)* silver medallist *Br*, silver medalist *US*
silbern *adj* silver; *liter Stimme, Haare* silvery *liter*; **~e Hochzeit** silver wedding (anniversary)
Silberstreifen *fig m* **es zeichnete sich ein Silberstreif(en) am Horizont ab** you/they *etc* could see light at the end of the tunnel
Silbertanne *f* noble fir
silbrig **A** *adj* silvery **B** *adv* **~ schimmern/glänzen** to shimmer/gleam like silver
Silhouette *f* silhouette
Silikon *n* silicone
Silizium *n* silicon
Silo *m* silo
Silvester *m/n* New Year's Eve, Hogmanay *bes schott*

Simbabwe *n* Zimbabwe
SIM-Karte *f* TEL SIM card
simpel *adj* simple; (≈ *vereinfacht*) simplistic
Sims *m/n* (≈ *Fenstersims*) (window)sill; (≈ *Gesims*) ledge; (≈ *Kaminsims*) mantlepiece
simsen *v/t* & *v/i* TEL *umg* to text
Simulant(in) *m(f)* malingerer
Simulation *f* simulation
Simulator *m Naturwissenschaft* simulator
simulieren **A** *v/i* (≈ *sich krank stellen*) to feign illness **B** *v/t* **1** *Naturwissenschaft, a.* TECH to simulate **2** (≈ *vorgeben*) *Krankheit* to feign
simultan **A** *adj* simultaneous **B** *adv* simultaneously
Simultandolmetscher(in) *m(f)* simultaneous translator
Sinfonie *f* symphony
Sinfonieorchester *n* symphony orchestra
sinfonisch *adj* symphonic
Singapur *n* Singapore
singen **A** *v/i* **1** *wörtl, fig* to sing **2** *umg* (≈ *gestehen*) to squeal *umg* **B** *v/t* to sing
Single[1] *f* (≈ *CD*) single
Single[2] *m* (≈ *Alleinlebender*) single
Singular *m* GRAM singular
Singvogel *m* songbird
sinken *v/i* **1** to sink; *beim Tauchen* to drop; **den Kopf ~ lassen** to let one's head drop **2** *Boden* to subside **3** *Wasserspiegel, Temperatur, Preise etc* to fall **4** (≈ *schwinden*) to diminish; *Einfluss* to decline; **den Mut ~ lassen** to lose courage; **in j-s Achtung** (*dat*) **~** to go down in sb's estimation
Sinkflug *m* FLUG descent
Sinn *m* **1** (≈ *Wahrnehmungsfähigkeit*) sense **2 ~e** *pl* (≈ *Bewusstsein*) senses *pl*; **er war von ~en** he was out of his mind; **wie von ~en** like one demented; **bist du noch bei ~en?** have you taken leave of your senses? **3** (≈ *Gedanken*) mind; **das will mir einfach nicht in den ~** I just can't understand it; **j-m durch den ~ gehen** to occur to sb; **etw im ~ haben** to have sth in mind; **mit etw nichts im ~ haben** to want nothing to do with sth **4** (≈ *Verständnis*) feeling; **~ für Gerechtigkeit** *etc* **haben** to have a sense of justice *etc*; **~ für Humor** (≈ *Geist*) spirit; **im ~e des Gesetzes** according to the spirit of the law; **das ist nicht in seinem ~e** that is not what he himself would have wished; **das wäre nicht im ~e unserer Kunden** it would not be in the interests of our customers **6** (≈ *Zweck*) point; **das ist nicht der ~ der Sache** that is not the point; **der ~ des Lebens** the meaning of life; **das hat keinen ~** there is no point in that **7** (≈ *Bedeutung*) meaning; **im übertragenen ~** in the figurative sense; **~ ergeben** to make sense; **das macht keinen/we-**

nig ~ that makes no/little sense
Sinnbild n symbol
sinnbildlich adj symbolic(al)
sinnen v|i (≈ planen) **auf etw** (akk) ~ to think of sth; **auf Abhilfe** ~ to think up a remedy; → gesonnen
sinnentstellend adj ~ **sein** to distort the meaning
Sinnesorgan n sense organ
Sinnestäuschung f hallucination
Sinneswandel m change of mind
sinnfällig adj Beispiel, Symbol manifest, obvious
sinngemäß adv **etw** ~ **wiedergeben** to give the gist of sth
sinnieren v|i to brood (**über** +akk over)
sinnlich adj **1** Empfindung, Eindrücke sensory **2** (≈ sinnenfroh) sensuous; (≈ erotisch) sensual
Sinnlichkeit f (≈ Erotik) sensuality
sinnlos A adj **1** (≈ unsinnig) meaningless; Verhalten, Töten senseless **2** (≈ zwecklos) futile, useless; **das ist völlig** ~ there's no sense in that **B** adv **1** zerstören, morden senselessly **2** (≈ äußerst) ~ **betrunken** blind drunk
Sinnlosigkeit f (≈ Unsinnigkeit) meaninglessness; von Verhalten senselessness; (≈ Zwecklosigkeit) futility
sinnvoll A adj **1** Satz meaningful **2** fig (≈ vernünftig) sensible; (≈ nützlich) useful; ~ **sein** to make sense **B** adv **sein Geld** ~ **anlegen** to invest one's money sensibly
Sintflut f BIBEL Flood
sintflutartig adj **~e Regenfälle** torrential rain
Sinto m Sinto (gypsy); **Sinti und Roma** Sinti and Romanies
Sinus m **1** MATH sine **2** ANAT sinus
Siphon m siphon
Sippe f (extended) family; umg (≈ Verwandtschaft) clan umg
Sippschaft pej umg f tribe umg
Sirene f siren
Sirup m syrup
Sitte f **1** (≈ Brauch) custom; (≈ Mode) practice; **~n und Gebräuche** customs and traditions **2** (≈ gutes Benehmen) manners pl; (≈ Sittlichkeit) morals pl
Sittenpolizei f vice squad
sittenwidrig form adj immoral
Sittich m parakeet
sittlich adj moral
Sittlichkeit f morality
Sittlichkeitsverbrechen obs n sex crime
Sittlichkeitsverbrecher(in) obs m(f) sex offender
Situation f situation
Situationskomik f situation comedy, sitcom umg
Situationskomödie f sitcom
situiert adj **gut** ~ well-off
Sitz m **1** seat; (≈ Wohnsitz) residence; von Firma headquarters pl **2** von Kleidungsstück sit; **einen guten** ~ **haben** to sit well
Sitzbank f bench
Sitzblockade f sit-in
Sitzecke f corner seating unit
sitzen v|i **1** to sit; **hier sitzt man sehr bequem** it's very comfortable sitting here; **etw im Sitzen tun** to do sth sitting down; **beim Frühstück** ~ to be having breakfast; **über einer Arbeit** ~ to sit over a piece of work; **locker** ~ to be loose; **deine Krawatte sitzt nicht richtig** your tie isn't straight; **in der Falle** ~ to be trapped **2** (≈ seinen Sitz haben) to sit; Firma to have its headquarters **3** umg (≈ im Gefängnis sitzen) to do time umg, to be inside umg **4** (≈ im Gedächtnis sitzen) to have sunk in **5** umg (≈ treffen) to hit home; **das saß!** that hit home
sitzen bleiben umg v|i **1** (≈ nicht aufstehen) to remain seated **2** SCHULE to have to repeat a year **3** **auf einer Ware** ~ to be left with a product
sitzen lassen umg v|t **j-n** ~ (≈ im Stich lassen) to leave sb in the lurch umg
Sitzgelegenheit f seats pl
Sitzheizung f AUTO seat heating
Sitzkissen n (floor) cushion
Sitzordnung f seating plan
Sitzplatz m seat
Sitzpolster n seat cushion
Sitzsack m beanbag
Sitzung f (≈ Konferenz) meeting; (≈ Gerichtsverhandlung) session; (≈ Parlamentssitzung) sitting; IT session; **eine** ~ **beenden** to end a session
Sitzungsperiode f PARL session
Sitzungsprotokoll n minutes pl
Sitzungssaal m conference hall
Sizilien n Sicily
Skala f scale
Skalpell n scalpel
skalpieren v|t to scalp
Skandal m scandal
skandalös adj scandalous
Skandinavien n Scandinavia
Skandinavier(in) m(f) Scandinavian
skandinavisch adj Scandinavian
Skateboard n skateboard; ~ **fahren** to go skateboarding, to skate
Skateboarden n skateboarding
Skateboarder(in) m(f) skateboarder
skaten v|i mit Inlineskates to skate; (≈ Skateboard fahren) to skateboard
Skatepark m skatepark
Skater(in) m(f) mit Inlineskates skater; mit Skate-

board skateboarder
Skate-Veranstaltung *f* skate
Skelett *n* skeleton
Skepsis *f* scepticism *Br*, skepticism *US*
Skeptiker(in) *m(f)* sceptic *Br*, skeptic *US*
skeptisch **A** *adj* sceptical *Br*, skeptical *US* **B** *adv* sceptically *Br*, skeptically *US*
Sketch *m* KUNST, THEAT sketch
Ski *m* ski; **Ski fahren** *od* **laufen** to ski
Skianzug *m* ski suit
Skiausrüstung *f* skiing gear
Skibrille *f* ski goggles *pl*
Skifahren *n* skiing
Skifahrer(in) *m(f)* skier
Skigebiet *n* ski(ing) area
Skigymnastik *f* skiing exercises *pl*
Skihose *f* (pair of) ski pants *pl*
Skikurs *m* skiing course
Skilauf *m* skiing
Skilaufen *n* skiing
Skiläufer(in) *m(f)* skier
Skilehrer(in) *m(f)* ski instructor
Skilift *m* ski lift
Skin(head) *m* skinhead
Skipass *m* ski pass
Skipiste *f* ski run, slope
Skischanze *f* ski jump
Skischuh *m* ski boot
Skischule *f* ski school
Skisport *m* skiing
Skispringen *n* ski jumping
Skistiefel *m* ski boot
Skistock *m* ski pole
Skitour *f* ski tour
Skiurlaub *m* skiing holiday *Br*, skiing vacation *US*
Skizze *f* sketch; *fig* (≈ *Grundriss*) outline
skizzieren *v/t* to sketch; *fig Plan etc* to outline
Sklave *m*, **Sklavin** *f* slave
Sklavenhandel *m* slave trade
Sklaventreiber(in) *m(f)* slave-driver
Sklaverei *f* slavery *ohne art*
sklavisch **A** *adj* slavish **B** *adv* slavishly
Sklerose *f* sclerosis
Skonto *n/m* cash discount
Skorpion *m* **1** ZOOL scorpion **2** ASTROL Scorpio; (ein) **~ sein** to be (a) Scorpio
Skript *n* script
Skrupel *m* scruple; **keine ~ kennen** to have no scruples
skrupellos **A** *adj* unscrupulous **B** *adv* unscrupulously
Skrupellosigkeit *f* unscrupulousness
Skulptur *f* sculpture
S-Kurve *f* S-bend
Skybeamer *m* skybeam, skytracker

skypen® *v/i* (≈ *den Internetdienst Skype® nutzen*) to skype®
Slalom *m* slalom
Slang *m* slang
Slawe *m*, **Slawin** *f* Slav
slawisch *adj* Slavonic, Slavic
Slip *m* (pair of) briefs *pl*
Slipeinlage *f* panty liner
Slipper *m* slip-on shoe *Br*, loafer *US*
Slogan *m* slogan
Slowake *m*, **Slowakin** *f* Slovak
Slowakei *f* **die ~** Slovakia
slowakisch *adj* Slovakian, Slovak
Slowene *m*, **Slowenin** *f* Slovene
Slowenien *n* Slovenia
slowenisch *adj* Slovenian, Slovene
Slum *m* slum
Slumbewohner(in) *m(f)* slum dweller
Small Talk *m* small talk; **~ machen** to make small talk
Smaragd *m* emerald
Smartphone *n* IT smartphone
Smartwatch *f* smartwatch
Smiley *m* IT smiley
Smog *m* smog
Smogalarm *m* smog alert
Smoking *m* dinner jacket *bes Br*, tuxedo *bes US*
Smoothie *m* (≈ *Mixgetränk*) smoothie
SMS *f abk* (= *Short Message Service*) text (message); **j-m eine SMS schicken** to send sb a text message, to text sb
SMS-Nachricht *f* text message
SMS-Roman *m* text message novel
SMV *abk* (= *Schülermitverwaltung*) school council
Snack *m* snack (meal)
Sneakersöckchen *pl*, **Sneakersocken** *pl* trainer socks *Br*, sneaker socks *US*
Snob *m* snob
Snobismus *m* snobbishness
snobistisch *adj* snobbish
Snowboard *n* snowboard; **~ fahren** to go snowboarding
Snowboarden *n* snowboarding
Snowboarder(in) *m(f)* snowboarder
so **A** *adv* **1** *mit Adjektiv/Adverb* so; *mit Verb* (≈ *so sehr*) so much; *mit Adjektiv/Substantiv* such; **so ... wie ...** as ... as ...; **so groß** *etc* so big *etc*; **nicht so schlimm** not that bad; **so groß** *etc* **wie ...** as big *etc* as ...; **so nette Leute** such nice people **2** (≈ *auf diese Weise*) like this/that, this/that way; **mach es nicht so, sondern so** don't do it like this but like that; **so ist sie nun einmal** that's the way she is; **sei doch nicht so** don't be like that; **so ist es nicht gewesen** that's not how it was; **so oder so** either

way; **das habe ich nur so gesagt** I didn't really mean it; **so genannt** → **sogenannt** ▮ *umg* (≈ *umsonst*) for nothing ▮ **so mancher** quite a few people *pl*; **so ein Idiot!** what an idiot!; **na so was!** well I never!; **so einer wie ich/er** somebody like me/him ▮ *konj* **so dass** so that ▮ *int* so; (≈ *wirklich*) oh, really; *abschließend* well, right; **so, so!** well, well

sobald *konj* as soon as; **ich komme, ~ ich kann** I'll come as soon as I can

Socke *f* sock; **sich auf die ~n machen** *umg* to get going *umg*

Sockel *m* base; *von Statue* plinth, pedestal; ELEK socket

Soda *f* soda

sodass *konj* so that

Sodawasser *n* soda water

Sodbrennen *n* heartburn

soeben *adv* just (this moment); **~ erschienen** just published

Sofa *n* sofa, settee

sofern *konj* provided (that); **~ ... nicht** if ... not

sofort *adv* immediately, at once; (≈ *auf der Stelle*) at once, straightaway; **(ich) komme ~!** (I'm) just coming!; *Kellner etc* I'll be right with you

Sofortbildkamera *f* Polaroid® camera

sofortig *adj* immediate

Sofortmaßnahme *f* immediate measure

Softeis *n* soft ice cream

Softie *umg m* caring type

Software *f* IT software

Softwareentwickler(in) *m(f)* software developer

Softwarepaket *n* software package

Sog *m* suction; *von Strudel* vortex

sogar *adv* even

sogenannt *adj* (≈ *angeblich*) so-called

sogleich *adv* at once, immediately

Sohle *f* ▮ (≈ *Fußsohle etc*) sole; (≈ *Einlage*) insole ▮ (≈ *Boden*) bottom

sohlen *v/t* to sole

Sohn *m* son

Soja *f* soya *bes Br*, soy

Soja- *zssgn* soy

Sojabohne *f* BOT, GASTR soya bean *bes Br*, soybean

Sojabohnenkeime *pl* bean sprouts *pl*

Sojasoße *f* soya sauce *bes Br*, soy sauce

Sojasprossen *pl* bean sprouts *pl*

solange *konj* as *od* so long as

solar *adj* solar

Solar- *zssgn* solar

Solaranlage *f* (≈ *Kraftwerk*) solar power plant

Solardach *n* solar roof

Solardusche *f* solar shower

Solarenergie *f* solar energy

Solarium *n* solarium

Solarstrom *m* solar electricity

Solarzelle *f* solar cell

solch *adj*, **solche(r, s)** *adj* such; **~es Glück** such luck; **wir haben ~e Angst** we're so afraid; **~ nette Leute** such nice people; **~e Sprache** language like that; **mein Vater hat auch ein ~es Auto** my dad has a car like that too; **ich habe ~en Hunger** I am so hungry; **der Mensch als ~er** man as such

Sold *m* MIL pay

Soldat(in) *m(f)* soldier

Söldner(in) *m(f)* mercenary

Solei *n* pickled egg

Solidargemeinschaft *f* (mutually) supportive society; (≈ *Beitragszahler*) contributors *pl*

solidarisch ▮ *adj* showing solidarity; **sich mit j-m ~ erklären** to declare one's solidarity with sb ▮ *adv* **mit j-m ~ handeln** to act in solidarity with sb

solidarisieren *v/r* **sich ~ mit** to show (one's) solidarity with

Solidarität *f* solidarity; **~ üben** to show solidarity

Solidaritätszuschlag *m* FIN solidarity surcharge on income tax (*for the reconstruction of eastern Germany*)

solide ▮ *adj* solid; *Arbeit, Wissen* sound; *Mensch, Leben* respectable; *Preise* reasonable ▮ *adv* ▮ (≈ *stabil*) **~ gebaut** solidly built ▮ (≈ *gründlich*) arbeiten thoroughly

Solist(in) *m(f)* MUS soloist

Soll *n* ▮ WIRTSCH (≈ *Schuld*) debit; **~ und Haben** debit and credit ▮ WIRTSCH (≈ *Ziel, Produktionsnorm*) target; **sein ~ erfüllen** to reach *od* meet one's target

sollen ▮ *v/aux* ▮ *Verpflichtung* **was soll ich/er tun?** what should I/he do?; **soll ich es ihm sagen?** shall I tell him?; **~ wir ...?** shall we ...?; **du weißt, dass du das nicht tun sollst** you know that you're not supposed to do that; **er weiß nicht, was er tun soll** he doesn't know what to do; **sie sagte ihm, er solle draußen warten** she told him (that he was) to wait outside; **es soll nicht wieder vorkommen** it won't happen again; **ich/er sollte ...** I/he should ...; **wir sollten einen Schirm kaufen** we ought to buy an umbrella; **er soll reinkommen** tell him to come in; **der soll nur kommen!** just let him come!; **niemand soll sagen, dass ...** let no-one say that ...; **ich soll Ihnen sagen, dass ...** I've been asked to tell you that ... ▮ *konjunktivisch* **das hättest du nicht tun ~** you shouldn't have done that; **du hättest fragen ~** you should have asked ▮ *konditional* **sollte das passieren, ...** if that should happen, ..., should that happen ... **4** *Vermutung* to be supposed *od* meant to; **sie soll krank sein** apparently she's ill **5** *mit bestimmtem Ziel, bestimmter Absicht* to be intended *od* meant to; **das soll das Lernen leichter machen** this is intended to make learning easier **6** (≈ *können*) **so etwas soll es geben** these things happen; **man sollte glauben, dass ...** you would think that ... **B** *v/i* **was soll das?** what's all this?; (≈ *warum denn das*) what's that for?; (≈ *welchen Sinn hat das*) what's the point?; **was solls!** *umg* what the hell! *umg*; **was soll ich dort?** what would I do there? **C** *v/t* **das sollst/solltest du nicht** you shouldn't do that

Sollseite *f* FIN debit side
sollte(n) should
Sollzinsen *pl* WIRTSCH debtor interest *sg*
solo *adv* MUS solo; *fig umg* on one's own
Solo *n* solo
Solo- *zssgn* solo
Solotänzer(in) *m(f)* solo dancer; *im Ballett* principal dancer
Solothurn *n* Solothurn
solvent *adj* FIN solvent
Solvenz *f* solvency
Somalia *n* Somalia
somalisch *adj* Somali
somit *adv* consequently, therefore
Sommer *m* summer; **im ~** in (the) summer; **im nächsten ~** next summer
Sommeranfang *m* beginning of summer
Sommerfahrplan *m* summer timetable *Br*, summer schedule *US*
Sommerferien *pl* summer holidays *pl Br*, summer vacation *US*; JUR, PARL summer recess
Sommerfest *n* summer party *od* fair
Sommerkleid *n* **1** *Kleidungsstück* summer dress **2** (≈ *Sommerfell*) summer coat
Sommerkleidung *f* summer clothing; *bes* HANDEL summerwear
sommerlich **A** *adj* summery **B** *adv* **es ist ~ warm** it's as warm as it is in summer; **~ gekleidet sein** to be in summer clothes
Sommerloch *umg n* silly season *Br*, off season *US*
Sommerolympiade *f* Summer Olympics *pl*
Sommerpause *f* summer break; JUR, PARL summer recess
Sommerreifen *m* normal tyre *Br*, normal tire *US*
Sommerschlussverkauf *m* summer sale
Sommersemester *n* UNIV summer semester, ≈ summer term *Br*
Sommersonnenwende *f* summer solstice
Sommerspiele *pl* **die Olympischen ~** the Summer Olympics, the Summer Olympic Games
Sommersprosse *f* freckle
sommersprossig *adj* freckled
Sommerzeit *f* **1** *Jahreszeit* summertime; **zur ~** in (the) summertime **2** *Uhrzeit* summer time *Br*, daylight saving time *US*; **wann fängt die ~ an?** when does summer time begin? *Br*, when does daylight saving time begin? *US*
Sonate *f* sonata
Sonde *f* RAUMF, MED probe; METEO sonde
Sonderangebot *n* special offer; **im ~ sein** to be on special offer
Sonderausgabe *f* **1** special edition **2** **~n** *pl* FIN additional *od* extra expenses *pl*
sonderbar *adj* strange
sonderbarerweise *adv* strangely enough
Sonderbeauftragte(r) *m/f(m)* POL special emissary
Sonderfall *m* special case; (≈ *Ausnahme*) exception
sondergleichen *adj* **eine Geschmacklosigkeit ~** the height of bad taste; **mit einer Arroganz ~** with unparalleled arrogance
Sonderheft *n* special
sonderlich **A** *adj* particular, especial **B** *adv* particularly, especially
Sondermarke *f* special issue stamp
Sondermüll *m* hazardous waste
sondern *konj* but; **nimm nicht den roten Ball, ~ den gelben** don't take the red ball. Take the yellow one; **nicht nur ..., ~ auch** not only ... but also
Sonderpreis *m* special price
Sonderschicht *f* special shift; *zusätzlich* extra shift
Sonderschule *obs f* special school
Sondersendung *f* special
Sonderwünsche *pl* special requests *pl*
Sonderzeichen *n* IT special character
Sonderzug *m* special train
sondieren **A** *v/t* to sound out; **die Lage ~** to find out how the land lies **B** *v/i* **~, ob ...** to try to sound out whether ...
Sondierungsgespräch *n* exploratory talk
Sonett *n* sonnet
Song *m* song
Songtext *m* lyrics *pl*
Sonnabend *m* Saturday; → *Dienstag*
sonnabends *adv* on Saturdays, on a Saturday; → *dienstags*
Sonne *f* sun; **an** *od* **in die ~ gehen** to go out in the sun(shine)
sonnen *v/r* to sun oneself; **sich in etw** (*dat*) **~** *fig* to bask in sth
Sonnen- *zssgn* solar
Sonnenanbeter(in) *m(f)* sun worshipper
Sonnenaufgang *m* sunrise

Sonnenbad *n* sunbathing *kein pl*; **ein ~ nehmen** to sunbathe
sonnenbaden *v/i* to sunbathe
Sonnenbank *f* sun bed
Sonnenblume *f* sunflower
Sonnenblumenöl *n* sunflower oil
Sonnenbrand *m* sunburn *ohne art*
Sonnenbräune *f* suntan
Sonnenbrille *f* (pair of) sunglasses *pl*
Sonnencreme *f* suntan cream *od* lotion, sunscreen
Sonnenenergie *f* solar energy
Sonnenfinsternis *f* solar eclipse
sonnengebräunt *adj* **~ sein** to have a suntan
Sonnenhut *m* sunhat
Sonnenkollektor *m* solar panel
Sonnenkraftwerk *n* solar power station
Sonnenlicht *n* sunlight
Sonnenmilch *f* suntan lotion
Sonnenöl *n* suntan oil
Sonnenrollo *n* sun blind
Sonnenschein *m* sunshine; **bei ~** in the sunshine
Sonnenschirm *m* sunshade
Sonnenschutz *m* sun protection
Sonnenschutzfaktor *m* protection factor
Sonnenschutzmittel *n* sunscreen
Sonnenspray *n* sun spray
Sonnenstich *m* sunstroke *ohne art*
Sonnenstrahl *m* ray of sunshine, sunbeam; *bes* ASTRON, PHYS sun ray
Sonnenstudio *n* tanning salon *bes US,* tanning studio
Sonnensystem *n* solar system
Sonnenuhr *f* sundial
Sonnenuntergang *m* sunset
Sonnenwende *f* solstice
sonnig *adj* sunny
Sonntag *m* Sunday; → Dienstag
sonntäglich *adj* Sunday *attr*
sonntags *adv* (on) Sundays, on a Sunday; → dienstags
Sonntagsarbeit *f* Sunday working
Sonntagsfahrer(in) *pej m(f)* Sunday driver
Sonntagszeitung *f* Sunday paper
sonn- und feiertags *adv* on Sundays and public holidays
sonst **A** *adv* **1** (≈ außerdem) else; **mit Substantiv** other; **~ noch Fragen?** any other questions?; **wer/wie** *etc* **(denn) ~?** who/how *etc* else?; **~ niemand** nobody else but; **er und ~ keiner** no-body else but he; **~ wann** *umg* some other time; **er denkt, er ist ~ wer** *umg* he thinks he's somebody special; **~ noch etwas?** is that all?, anything else?; **~ wie** *umg* (in) some other way; **~ wo** *umg* somewhere else; **~ wohin** *umg* somewhere else **2** (≈ andernfalls, im Übrigen) otherwise; **wie gehts ~?** how are things otherwise? **3** (≈ gewöhnlich) usually; **genau wie ~** the same as usual; **alles war wie ~** everything was as it always used to be **B** *konj* otherwise, or (else)
sonstig *adj* other
sooft *konj* whenever
Sopran *m* soprano
Sopranistin *f* soprano
Sorbet *m/n* GASTR sorbet
Sorge *f* worry; (≈ Ärger) trouble; (≈ Bedenken) concern; **keine ~!** *umg* don't (you) worry!; **~n haben** to have problems; **deine ~n möchte ich haben!** *umg* you think you've got problems!; **j-m ~n machen** *od* **bereiten** (≈ Kummer bereiten) to cause sb a lot of worry; (≈ beunruhigen) to worry sb; **es macht mir ~n, dass ...** it worries me that ...; **sich** (*dat*) **~n machen (wegen)** to worry (about), to be concerned (about); **mach dir keine ~n** don't worry; **lassen Sie das meine ~ sein** let me worry about that; **das ist nicht meine ~** that's not my problem
Sorgeberechtigte(r) *m/f(m)* person having custody
sorgen **A** *v/r* to worry; **sich ~ um** to be worried about **B** *v/i* **~ für** (≈ sich kümmern um) to take care of; (≈ vorsorgen für) to provide for; (≈ herbeischaffen) to provide; **für Aufsehen ~** to cause a sensation; **dafür ist gesorgt** that's taken care of
sorgenfrei *adj* carefree; **~ leben** to live a carefree life
Sorgenkind *umg n* problem child; *fig* biggest problem
Sorgerecht *n* JUR custody
Sorgfalt *f* care; **ohne ~ arbeiten** to work carelessly
sorgfältig **A** *adj* careful **B** *adv* carefully
sorglos **A** *adj* (≈ unbekümmert) carefree; (≈ unbeschwert) light-hearted; (≈ nachlässig) careless **B** *adv* in a carefree way, carelessly
Sorglosigkeit *f* (≈ Unbekümmertheit) carefreeness; (≈ Leichtfertigkeit) carelessness
sorgsam **A** *adj* careful **B** *adv* carefully
Sorte *f* **1** sort, type; (≈ Klasse) grade; (≈ Marke) brand; **diese ~ Äpfel** this sort of apple **2** FIN foreign currency
sortieren *v/t* to sort
Sortiment *n* **1** assortment; (≈ Sammlung) collection **2** (≈ Buchhandel) retail book trade
SOS *n* SOS; **SOS funken** to put out an SOS
sosehr *konj* however much
Soße *f* sauce; (≈ Bratensoße) gravy *kein pl*
Souffleur *m,* **Souffleuse** *f* THEAT prompter
soufflieren *v/t & v/i* THEAT to prompt

Soul *m*, **Soulmusik** *f* soul
Soundcheck *m* sound check
Soundkarte *f* COMPUT sound card
soundso *adv* ~ **lange** for such and such a time; ~ **groß** of such and such a size; ~ **viele** so and so many
Soundtrack *umg m* soundtrack
Souschef(in) *m(f)* GASTR sous chef, assistant chef
Souvenir *n* souvenir
souverän A *adj* sovereign *kein adv*; (≈ überlegen) (most) superior *kein adv*; *Sieg* commanding B *adv* (≈ überlegen) *handhaben* supremely well; *etw* ~ **meistern** to resolve sth masterfully
Souveränität *f* sovereignty; *fig* (≈ Überlegenheit) superiority
soviel A *adv* → *viel* B *konj* as *od* so far as; ~ **ich weiß, nicht!** not as *od* so far as I know
soweit A *adv* → *weit* B *konj* as *od* so far as; (≈ insofern) in so far as
sowenig *konj* however little; ~ **ich auch** ... however little I ...
sowie *konj* 1 (≈ sobald) as soon as 2 (≈ und auch) as well as
sowieso *adv* anyway, anyhow
sowjetisch *adj* HIST Soviet
Sowjetunion *f* HIST Soviet Union
sowohl *konj* ~ ... **als** *od* **wie (auch)** both ... and, ... as well as
sozial A *adj* social; **die ~en Berufe** the caring professions; ~**e und emotionale Kompetenz** soft skill; ~**er Wohnungsbau** ≈ council housing *Br*, public housing *US*; ~**e Marktwirtschaft** social market economy; ~**es Netzwerk** social network; ~**es Netzwerken** social networking B *adv* ~ **eingestellt sein** to be public-spirited; ~ **denken** to be socially minded
Sozialabbau *m* cuts *pl* in social services
Sozialabgaben *pl* social security contributions *pl Br*, social welfare contributions *pl US*
Sozialamt *n* social security office *Br*, social welfare office *US*
Sozialarbeit *f* social work
Sozialarbeiter(in) *m(f)* social worker
Sozialdemokrat(in) *m(f)* social democrat
sozialdemokratisch *adj* social democratic
Sozialeinrichtungen *pl* social facilities *pl*
Sozialexperte *m*, **Sozialexpertin** *f* social affairs expert
Sozialfall *m* hardship case
Sozialhilfe *f* income support *Br*, welfare (aid) *US*
Sozialhilfeempfänger(in) *m(f)* person receiving income support *Br*, person receiving welfare (aid) *US*
sozialisieren *v/t* to socialize; POL (≈ verstaatlichen) to nationalize
Sozialismus *m* socialism

Sozialist(in) *m(f)* socialist
sozialistisch *adj* socialist
Sozialkunde *f* SCHULE social studies *pl*
Sozialleistungen *pl* employers' contribution (*sometimes including pension scheme payments*)
Sozialpartner *pl* unions and management *pl*
Sozialplan *m* redundancy payments scheme
Sozialpolitik *f* social policy
sozialpolitisch *adj* socio-political
Sozialprodukt *n* (gross) national product
Sozialschutz *m* social protection
Sozialstaat *m* welfare state
Sozialsystem *n* 1 social system 2 *Sozialversicherung* social security system
sozialversichert *adj* covered by social security
Sozialversicherung *f* national insurance *Br*, social security *US*
Sozialversicherungsnummer *f* social security number
Sozialwohnung *f* state-subsidized apartment, ≈ council flat *Br*
Soziologe *m*, **Soziologin** *f* sociologist
Soziologie *f* sociology
soziologisch *adj* sociological
Soziussitz *m* pillion (seat)
sozusagen *adv* so to speak
SP *f abk* (= *Sozialdemokratische Partei der Schweiz*) Social Democratic Party of Switzerland
Spa *n/m Wellnessbad* spa
Spachtel *m Werkzeug* spatula
spachteln A *v/t Mauerfugen, Ritzen* to fill (in), to smooth over B *v/i umg* (≈ essen) to tuck in *umg*, to dig in *US umg*
Spacko *m pej sl dummer und unkontrollierter Mensch* retard *pej sl*, spacko *Br pej sl*
Spagat *wörtl m/n* splits *pl*; *fig* balancing act; ~ **machen** to do the splits
Spaghetti *pl*, **Spagetti** *pl* spaghetti *sg*
spähen *v/i* to peer; **nach j-m/etw** ~ to look out for sb/sth
Spähsoftware *f* spyware
Spalier *n* 1 trellis 2 *von Menschen* row; *zur Ehrenbezeigung* guard of honour *Br*, honor guard *US*; ~ **stehen** to form a guard of honour *Br*, to form a honor guard *US*
Spalt *m* 1 (≈ Öffnung) gap; (≈ Riss) crack 2 *fig* (≈ Kluft) split
spaltbar *adj* PHYS *Material* fissile
Spalte *f* 1 *bes* GEOL fissure; (≈ Felsspalte) crevice; (≈ Gletscherspalte) crevasse 2 *Presse, a.* TYPO column
spalten *v/t* to split; → *gespalten*
Spaltung *f* splitting; *in Partei etc* split; WIRTSCH demerger

Spam *m* IT spam
Spamfilter *m* spam filter
spammen *v/i* to spam
Spamming *n* spamming
Spamschutz *m* spam protection
Span *m* shaving; (≈ *Metallspan*) filing
Spanferkel *n* sucking pig
Spange *f* clasp; (≈ *Haarspange*) hair slide Br, barrette US; (≈ *Schuhspange*) strap; (≈ *Schnalle*) buckle; (≈ *Armspange*) bracelet
Spanglisch *n* (≈ *Mischung aus Spanisch und Englisch*) Spanglish
Spaniel *m* spaniel
Spanien *n* Spain
Spanier(in) *m(f)* Spaniard
spanisch *adj* Spanish; **~e Wand** (folding) screen; **das kommt mir ~ vor** *umg* that seems odd to me
Spanisch *n* Spanish
Spann *m* instep
Spannbetttuch *n* fitted sheet
Spanne *f geh* (≈ *Zeitspanne*) while; (≈ *Verdienstspanne*) margin; (≈ *Bandbreite*) range
spannen **A** *v/t* Saite, Seil to tighten; Bogen to draw; Muskeln to tense, to flex; Gewehr to cock; Werkstück to clamp; Wäscheleine to put up; Netz to stretch; → **gespannt** **B** *v/r* Haut to become taut; Muskeln to tense; **sich über etw** (akk) **~** Brücke to span sth **C** *v/i* Kleidung to be (too) tight; Haut to be taut
spannend *adj* exciting; *stärker* thrilling; **machs nicht so ~!** *umg* don't keep me/us in suspense
Spanner *m umg* (≈ *Voyeur*) Peeping Tom
Spannkraft *f von Muskel* tone; *fig* vigour Br, vigor US
Spannung *f* **1** *von Seil, Muskel etc* tautness; MECH stress **2** ELEK voltage; **unter ~ stehen** to be live **3** *fig* excitement; (≈ *Spannungsgeladenheit*) suspense; **etw mit ~ erwarten** to await sth full of suspense **4** *nervlich* tension **5** (≈ *Feindseligkeit*) tension *kein pl*
Spannungsgebiet *n* POL flash point
Spannungsmesser *m* ELEK voltmeter
Spannungsprüfer *m* voltage detector
Spannweite *f* MATH range; ARCH span; *von Vogelflügeln, a.* FLUG (wing)span
Spanplatte *f* chipboard
Sparbuch *n* savings book
Spardose *f* piggy bank
Spareinlage *f* savings deposit
sparen **A** *v/t* to save; **keine Kosten/Mühe ~** to spare no expense/effort; **spar dir deine guten Ratschläge!** *umg* you can keep your advice! **B** *v/i* to save; (≈ *sparsam sein*) to economize; **an etw** (dat) **~** to be sparing with sth; (≈ *mit etw Haus halten*) to economize on sth; **bei etw ~** to save on sth; **auf etw** (akk) **~** to save up for sth
Sparer(in) *m(f) bei Bank etc* saver
Sparflamme *f* **auf ~** *fig umg* just ticking over Br umg, just coming along US
Spargel *m* asparagus
Spargelcremesuppe *f* cream of asparagus soup
Sparguthaben *n* savings account
Sparkasse *f* savings bank
Sparkonto *n* savings account
Sparkurs *m* economy drive Br, budget US; **einen strikten ~ einhalten** to be on a strict economy drive Br, to be on a strict budget US
spärlich **A** *adj* sparse; Einkünfte, Kenntnisse sketchy; Beleuchtung poor; Kleidung scanty; Mahl meagre Br, meager US **B** *adv* bevölkert, eingerichtet sparsely; beleuchtet poorly; **~ bekleidet** scantily clad *od* dressed
Sparmaßnahme *f* economy measure Br, budgeting measure US
Sparpaket *n* savings package; POL package of austerity measures
Sparprämie *f* savings premium
Sparring *n* Boxen sparring
sparsam **A** *adj* Mensch thrifty; (≈ *wirtschaftlich*) Motor, Verbrauch economical **B** *adv* leben, essen economically; verwenden sparingly; **mit etw ~ umgehen** to be economical with sth
Sparsamkeit *f* thrift; (≈ *sparsames Haushalten*) economizing
Sparschwein *n* piggy bank
spartanisch *adj* spartan; **~ leben** to lead a spartan life
Sparte *f* (≈ *Branche*) line of business; (≈ *Teilgebiet*) area
Sparzins *m* WIRTSCH interest on savings
Spass *österr m* → **Spaß**
Spaß *m* (≈ *Vergnügen*) fun; (≈ *Scherz*) joke; (≈ *Streich*) prank; **beiseite** joking apart; **viel ~!** have fun! *a. iron*; **~ haben** to have fun; **an etw** (dat) **~ haben** to enjoy sth; **~ machen** to be fun; (≈ *Witze machen*) to be joking; **wenns dir ~ macht** if it turns you on *umg*; **~/keinen ~ machen** to be fun/no fun; **(nur so,) aus ~, nur zum ~** (just) for fun; **etw im ~ sagen** to say sth as a joke; **da hört der ~ auf** that's going beyond a joke; **~ verstehen** to be able to take a joke; **er versteht keinen ~** he has no sense of humour Br, he has no sense of humor US; **da verstehe ich keinen ~!** I won't stand for any nonsense; **das war ein teurer ~** *umg* that was an expensive business *umg*
Spaßbad *n* leisure pool
Spaßbremse *f umg* party pooper *umg*, spoilsport *umg*, killjoy *umg*; **voll die ~ sein** to be

a real party pooper *od* spoilsport; **du bist heute wieder voll die ~** you're being a real killjoy again today
spaßeshalber *adv* for fun
spaßhaft, **spaßig** *adj* funny
Spaßverderber(in) *m(f)* spoilsport
Spaßvogel *m* joker
Spastiker(in) *neg! m(f)* spastic
spastisch *adj* spastic; **~ gelähmt** suffering from spastic paralysis
spät **A** *adj* late; **am ~en Nachmittag** in the late afternoon **B** *adv* late; **~ in der Nacht** late at night; **wie ~ ist es?** what's the time?; **zu ~** too late; **sie kam fünf Minuten zu ~** she was five minutes late; **wir sind ~ dran** we're late
Spaten *m* spade
später **A** *adj* later; (≈ *zukünftig*) future **B** *adv* later (on); **~ als** later than; **an ~ denken** to think of the future; **bis ~!** see you later!
spätestens *adv* at the latest; **~ bis** by
Spätfolge *f* late effect
Spätherbst *m* late autumn, late fall *US*
Spätlese *f* late vintage
Spätschaden *m* long-term damage
Spätschicht *f* late shift
Spätsommer *m* late summer
Spätvorstellung *f* late-night performance
Spatz *m* sparrow
Spatzenhirn *pej n* birdbrain *umg*
spazieren *v/i* to stroll; **wir waren ~** we went for a stroll
spazieren fahren **A** *v/i* to go for a ride **B** *v/t* **j-n ~** to take sb for a drive
spazieren führen *v/t* to take for a walk
spazieren gehen *v/i* to go for a walk
Spazierfahrt *f* ride; **eine ~ machen** to go for a ride
Spaziergang *m* walk; **einen ~ machen** to go for a walk
Spaziergänger(in) *m(f)* stroller
Spazierstock *m* walking stick
SPD *f abk* (= *Sozialdemokratische Partei Deutschlands*) Social Democratic Party of Germany
Specht *m* woodpecker
Speck *m* bacon; *umg bei Mensch* flab *umg*; **mit ~ fängt man Mäuse** *sprichw* you have to use a sprat to catch a mackerel *sprichw*
speckig *adj Kleidung, Haar* greasy
Speckscheibe *f* (bacon) rasher
Speckschwarte *f* bacon rind
Spediteur(in) *m(f)* haulier *Br*, hauler *US*; (≈ *Umzugsfirma*) furniture remover
Spedition *f* (≈ *Firma*) haulier *Br*, hauler *US*; (≈ *Umzugsfirma*) furniture remover
Speeddating *n* speed dating

Speer *m* spear; SPORT javelin
Speerwerfen *n* SPORT **das ~** the javelin
Speiche *f* **1** spoke **2** ANAT radius
Speichel *m* saliva
Speicher *m* (≈ *Lagerhaus*) storehouse; *im Haus* loft, attic; (≈ *Wasserspeicher*) tank; COMPUT memory, store
Speicherchip *m* COMPUT memory chip
Speicherdichte *f* COMPUT storage density
Speicherkapazität *f* storage capacity; COMPUT memory capacity
Speicherkarte *f* COMPUT, TEL memory card
speichern *v/t* to store; (≈ *abspeichern*) to save
Speicherofen *m* storage heater
Speicherplatte *f* COMPUT storage disk
Speicherplatz *m* COMPUT storage space
Speicherung *f* storage
Speicherverwaltung *f* IT memory management
speien **A** *v/t* to spit; *Lava, Feuer* to spew (forth); *Wasser* to spout; (≈ *erbrechen*) to vomit **B** *v/i* (≈ *sich übergeben*) to vomit
Speise *f* (≈ *Gericht*) dish; **~n und Getränke** meals and beverages; **kalte und warme ~n** hot and cold meals
Speiseeis *n* ice cream
Speisekammer *f* pantry
Speisekarte *f* menu
speisen **A** *v/i geh* to eat **B** *v/t* **1** *geh* (≈ *essen*) to eat **2** TECH to feed
Speiseplan *m* menu plan; **auf dem ~ stehen** to be on the menu
Speiseröhre *f* ANAT gullet
Speisesaal *m* dining hall; *in Hotel etc* dining room
Speisewagen *m* BAHN *obs* dining *od* restaurant car
Spektakel *umg m* rumpus *umg*; (≈ *Aufregung*) palaver *umg*
spektakulär *adj* spectacular
Spektrum *n* spectrum
Spekulant(in) *m(f)* speculator
Spekulation *f* speculation; **~en anstellen** to speculate
Spekulationsgewinn *m* speculative profit
Spekulationsobjekt *n* object of speculation
Spekulatius *m* spiced biscuit *Br*, spiced cookie *US*
spekulativ *adj* speculative
spekulieren *v/i* to speculate; **auf etw** (*akk*) **~** *umg* to have hopes of sth
Spelunke *pej umg f* dive *umg*
spendabel *umg adj* generous
Spende *f* donation; (≈ *Beitrag*) contribution
spenden *v/t* to donate, to give; (≈ *beitragen*) *Geld* to contribute; *Schatten* to offer; *Trost* to give

Spendenaffäre f donations scandal
Spendenaufruf m appeal (for donations)
Spendenbeschaffung f fund-raising
Spendenbescheinigung f donation receipt
Spendenkonto n donations account
Spendensammeln n fund-raising
Spender m (≈ Seifenspender etc) dispenser
Spender(in) m(f) donator; (≈ Beitragsleistender) contributor; MED donor
Spenderausweis m donor card
Spenderherz n donor heart
spendieren v/t to buy (**j-m etw** sb sth, sth for sb)
Spengler(in) m(f) österr, südd (≈ Klempner) plumber
Sperling m sparrow
Sperma n sperm
sperrangelweit umg adv **~ offen** wide open
Sperre f [1] barrier; (≈ Polizeisperre) roadblock; TECH locking device [2] (≈ Verbot) ban; (≈ Blockierung) blockade; HANDEL embargo [3] PSYCH mental block
sperren [A] v/t [1] (≈ schließen) to close; TECH to lock [2] HANDEL Konto, Gelder to block; Scheck, Kreditkarte to stop; IT Daten, Zugriff to lock; **j-m den Strom/das Telefon ~** to disconnect sb's electricity/telephone [3] SPORT (≈ ausschließen) to ban [4] (≈ einschließen) **j-n in etw** (akk) **~** to shut sb in sth [5] TYPO to space out [B] v/r **sich (gegen etw) ~** to ba(u)lk (at sth)
Sperrfrist f a. JUR waiting period
Sperrgebiet n prohibited area od zone
Sperrholz n plywood
sperrig adj bulky; (≈ unhandlich) unwieldy
Sperrkonto n blocked account
Sperrmüll m bulky refuse Br, bulky garbage US
Sperrmüllabfuhr f removal of bulky refuse Br od garbage US
Sperrstunde f closing time
Sperrung f (≈ Schließung) closing; TECH locking; von Konto blocking
Spesen pl expenses pl; **auf ~ reisen** to travel on expenses
Spesenkonto n expense account
Spezi[1] österr, südd umg m pal umg
Spezi®[2] n Getränk cola and orangeade
Spezialausbildung f specialized training
Spezialeffekt m special effect
Spezialfall m special case
Spezialgebiet n special field
spezialisieren v/r **sich (auf etw** akk) **~** to specialize (in sth)
Spezialisierung f specialization
Spezialist(in) m(f) specialist (**für** in)
Spezialität f speciality Br, specialty US
speziell [A] adj special; (≈ spezifisch) specific [B] adv (e)specially
Spezies f species
Spezifikation f specification
spezifisch [A] adj specific [B] adv specifically
spezifizieren v/t to specify
Sphäre wörtl, fig f sphere
spicken [A] v/t GASTR Braten to baste; **mit Zitaten gespickt** peppered with quotations bes Br [B] v/i SCHULE umg to copy (**bei** off, from)
Spickzettel m crib Br, cheat sheet US
Spiegel m [1] mirror [2] (≈ Wasserspiegel etc) level
Spiegelbild wörtl, fig n reflection; (≈ seitenverkehrtes Bild) mirror image
Spiegelei n fried egg Br, fried egg, sunny side up US
spiegelfrei adj Brille, Bildschirm etc nonreflecting
spiegelglatt adj Weg slippery; umg **die Fahrbahn ist ~** the road's really icy, the road's as icy as hell umg
spiegeln [A] v/i (≈ reflektieren) to reflect (the light); (≈ glitzern) to shine [B] v/t to reflect [C] v/r to be reflected
Spiegelreflexkamera f reflex camera
Spiegelschrift f mirror writing
Spiegelung f reflection; (≈ Luftspiegelung) mirage
spiegelverkehrt adj back-to-front; **eine ~e Abbildung** a mirror image; **etw ~ abbilden** to reproduce sth as a mirror image
Spiel n [1] game; (≈ Wettkampfspiel) match; THEAT (≈ Stück) play; **ein ~ spielen** to play a game [2] KART deck, pack; Satz set [3] TECH (free) play; (≈ Spielraum) clearance [4] fig **leichtes ~ haben** to have an easy job of it; **das ~ ist aus** the game's up; **die Finger im ~ haben** to have a hand in it; **j-n/etw aus dem ~ lassen** to leave sb/sth out of it; **etw aufs ~ setzen** to put sth at stake; **auf dem ~(e) stehen** to be at stake; **sein ~ mit j-m treiben** to play games with sb
Spielautomat m gambling od gaming machine; zum Geldgewinnen fruit machine
Spielball m Tennis game point; Billard cue ball; fig plaything
Spielbank f casino
Spielbrett n board
Spieldecke f play blanket
Spielekonsole f game(s) od gaming console
spielen [A] v/t to play; THEAT to act; **Karten ~** to play cards; **Fußball/Tennis ~** to play football/tennis; **Klavier/Flöte ~** to play the piano/the flute; **den Beleidigten ~** to act all offended; **was wird hier gespielt?** umg what's going on here? [B] v/i to play; Schauspieler to act; beim Glücksspiel to gamble; **das Stück spielt in Venedig** the play is set in Venice; **seine Beziehungen ~ lassen** to bring one's connections into

play; → **gespielt**
spielend **A** *adj* playing **B** *adv* easily
Spieler(in) *m(f)* player; (≈ *Glücksspieler*) gambler
Spielerei *f* (≈ *das Spielen*) playing; *beim Glücksspiel* gambling; (≈ *das Herumspielen*) playing around; (≈ *Kinderspiel*) child's play *ohne art*
spielerisch *adj* **1** (≈ *verspielt*) playful **2** SPORT playing; THEAT acting; **~es Können** playing/acting ability
Spielfeld *n* field, pitch *Br*; *Tennis, Basketball* court
Spielfigur *f* piece
Spielfilm *m* feature film
Spielgeld *n* (≈ *unechtes Geld*) play money
Spielhalle *f* amusement arcade *Br*, arcade
Spielhölle *f* gambling den
Spielkamerad(in) *m(f)* playmate
Spielkarte *f* playing card
Spielkasino *n* (gambling) casino
Spielklasse *f* division
Spielkonsole *f* game(s) console
Spielleiter(in) *m(f)* (≈ *Regisseur*) director
Spielmacher(in) *m(f)* key player
Spielmarke *f* counter, chip
Spielplan *m* THEAT, FILM programme *Br*, program *US*
Spielplatz *m* *für Kinder* playground
Spielraum *m* room to move; *fig* scope; *zeitlich* time; *bei Planung etc* leeway; TECH (free) play
Spielregel *f* rule of the game
Spielsachen *pl* toys *pl*
Spielschuld *f* gambling debt
Spielshow *f* game show
Spielstand *m* score
Spielstein *m* *für Brettspiele* counter
Spieltisch *m* games table; *beim Glücksspiel* gaming *od* gambling table
Spieluhr *f* music box
Spielverderber(in) *m(f)* spoilsport
Spielverlängerung *f* SPORT extra time *Br*, overtime *US*
Spielverlauf *m* play
Spielwaren *pl* toys *pl*
Spielwarengeschäft *n*, **Spielwarenhandlung** *f* toy shop *bes Br*, toy store *bes US*
Spielzeit *f* **1** (≈ *Saison*) season **2** (≈ *Spieldauer*) playing time
Spielzeug *n* toys *pl*; *einzelnes* toy
Spielzeugeisenbahn *f* (toy) train set
Spieß *m* (≈ *Stich- und Wurfwaffe*) spear; (≈ *Bratspieß*) spit; *kleiner* skewer; **den ~ umdrehen** *fig* to turn the tables
Spießbürger(in) *pej m(f)* (petit) bourgeois
spießbürgerlich *pej adj* (petit) bourgeois
spießen *v/t* **etw auf etw** (*akk*) **~** *auf Pfahl etc* to impale sth on sth; *auf Gabel etc* to skewer sth on sth; *auf Nadel* to pin sth on sth

Spießer(in) *pej m(f)* → **Spießbürgerin**
spießig *pej adj & adv* → **spießbürgerlich**
Spießrute *f* **~n laufen** *fig* to run the gauntlet
Spikes *pl* spikes *pl*
Spinat *m* spinach
Spind *m/n* MIL, SPORT locker
Spindel *f* spindle
Spinne *f* spider
spinnen **A** *v/t* to spin **B** *v/i umg* (≈ *leicht verrückt sein*) to be crazy; (≈ *Unsinn reden*) to talk garbage *umg*; **spinnst du?** you must be crazy!
Spinnennetz *n* cobweb, spider's web
Spinner(in) *m(f)* **1** *Arbeiter* spinner **2** *umg* nutcase *umg*
Spinnerei *f* **1** (≈ *Spinnwerkstatt*) spinning mill **2** *umg* crazy behaviour *Br od* behavior *US kein pl*; (≈ *Unsinn*) garbage *umg*
Spinngewebe *n* cobweb, spider's web
Spinnrad *n* spinning wheel
Spinnwebe *f* cobweb
Spion *umg m* (≈ *Guckloch*) spyhole
Spion(in) *m(f)* spy
Spionage *f* spying, espionage
Spionageabwehr *f* counterintelligence *od* counterespionage (service)
Spionagesatellit *m* spy satellite
spionieren *v/i* to spy; *fig umg* (≈ *nachforschen*) to snoop around *umg*
Spirale *f* spiral; MED coil
Spiritismus *m* spiritualism
spiritistisch *adj* **~e Sitzung** seance
Spirituosen *pl* spirits *pl*
Spiritus *m* (≈ *Alkohol*) spirit
Spital *n* *österr, schweiz* (≈ *Krankenhaus*) hospital
spitz **A** *adj* **1** pointed; (≈ *nicht stumpf*) *Bleistift, Nadel etc* sharp; MATH *Winkel* acute; **~e Klammern** angle brackets **2** (≈ *gehässig*) barbed; *Zunge* sharp **B** *adv* (≈ *spitzzüngig*) kontern, antworten sharply
Spitz *m* *Hunderasse* spitz; (≈ *Zwergspitz*) pomeranian
Spitzbart *m* goatee
Spitze *f* **1** top; *von Kinn* point; *Schuhspitze* toe; (≈ *Fingerspitze, Nasenspitze*) tip; (≈ *Haarspitze*) end; **an der ~ (von)** at the top (of); **etw auf die ~ treiben** to carry sth to extremes **2** (≈ *vorderes Ende*) front; (≈ *Tabellenspitze*) top; **an der ~ stehen** to be at the head; *auf Tabelle* to be (at the) top (of the table); **an der ~ liegen** SPORT, *a. fig* to be in the lead **3** *fig* (≈ *Stichelei*) dig *bes Br*, cut *US* **4** *Gewebe* lace **5** *umg* (≈ *prima*) great *umg*; **das war einsame ~!** that was really great! *umg*
Spitzel *m* (≈ *Informant*) informer; (≈ *Spion*) spy; (≈ *Schnüffler*) snooper; (≈ *Polizeispitzel*) police informer
spitzen *v/t Bleistift* to sharpen; *Lippen* to purse;

zum Küssen to pucker (up); *Ohren* to prick up
Spitzen- *zssgn* top
Spitzengehalt *n* top salary
Spitzengeschwindigkeit *f* top speed
Spitzenhöschen *n* lace panties *pl*
Spitzenkandidat(in) *m(f)* top candidate
Spitzenklasse *f* top class; **ein Auto** *etc* **der ~ a** top-class car *etc*
Spitzenleistung *f* top performance; *fig* (≈ *ausgezeichnete Leistung*) top-class performance
Spitzenlohn *m* top wage(s) (*pl*)
Spitzenpolitiker(in) *m(f)* leading *od* top politician
Spitzenposition *f* leading *od* top position
Spitzenreiter *m* number one; *Ware* top seller; *Film, Stück etc* hit
Spitzensportler(in) *m(f)* top(-class) sportsman/-woman
Spitzenstellung *f* leading position
Spitzentechnologie *f* state-of-the-art technology
Spitzenverdiener(in) *m(f)* top earner
Spitzenverkehrszeit *f* peak period
Spitzer *umg m* (pencil) sharpener
spitzfindig *adj* over(ly)-subtle
Spitzfindigkeit *f* over-subtlety; (≈ *Haarspalterei*) nit-picking *kein pl umg*
Spitzhacke *f* pickaxe *Br*, pickax *US*
Spitzkehre *f* **1** (≈ *Kurve*) hairpin bend *od* turn *US* **2** *beim Skifahren* kick turn
spitzkriegen *v|t umg* **~, dass …** to get wise to the fact that … *umg*
Spitzname *m* nickname
spitzwinklig *adj* MATH *Dreieck* acute-angled
Spleen *umg m* (≈ *Idee*) crazy idea *umg*; (≈ *Fimmel*) obsession
Spliss *m* **1** *dial* (≈ *Splitter*) splinter **2** (≈ *gespaltene Haarspitzen*) split ends *pl*
Splitt *m* stone chippings *pl*; (≈ *Streumittel*) grit
Splitter *m* splinter
Splittergruppe *f* POL splinter group
splitternackt *adj*, **splitterfasernackt** *adj* stark naked, stark-naked
SPÖ *f abk* (= *Sozialdemokratische Partei Österreichs*) Social Democratic Party of Austria
Spoiler *m* spoiler
sponsern *v|t* to sponsor
Sponsor(in) *m(f)* sponsor; **als ~ finanzieren** to sponsor
spontan **A** *adj* spontaneous **B** *adv* spontaneously
Spontaneität *f* spontaneity
sporadisch **A** *adj* sporadic **B** *adv* sporadically
Sport *m* sport; *Schulfach* physical education, PE; **treiben Sie ~?** do you do any sport?; **~ machen** to exercise

Sportart *f* (kind of) sport
Sportarzt *m*, **Sportärztin** *f* sports physician
Sportausrüstung *f* sports gear
sportbegeistert *adj* keen on sport, sports-mad *Br umg*, crazy about sports *US umg*
Sportcenter *n* sports centre *Br od* center *US*
Sportfest *n* sports festival; *der Schule* sports day
Sportgeschäft *n* sports shop, sports store *US*
Sporthalle *f* sports hall, gym
Sportkleidung *f* sportswear
Sportlehrer(in) *m(f)* **1** *in der Schule* PE teacher **2** *im Verein* sports instructor
Sportler *m* sportsman, athlete
Sportlerin *f* sportswoman, athlete
sportlich **A** *adj* **1** sporting; *Mensch, Auto* sporty; (≈ *durchtrainiert*) athletic **2** *Kleidung* casual; (≈ *sportlich-schick*) smart but casual **B** *adv* **1** **sich ~ betätigen** to do sport **2** (≈ *leger*) casually; **~ gekleidet** casually dressed
Sportmedizin *f* sports medicine
Sportnachrichten *pl* sports news *sg*
Sportplatz *m* sports field; *in der Schule* playing field(s) (*pl*)
Sportreporter(in) *m(f)* sports reporter
Sportsachen *pl* sports gear *sg*
Sportschuh *m* casual shoe
Sportsendung *f* sports programme *Br*, sports program *US*
Sportsfreund(in) *fig umg m(f)* pal *umg*
Sportskanone *umg f* sporting ace *umg*
Sportswear *f* MODE sportswaer
Sporttasche *f* sports bag
Sportunfall *m* sporting accident
Sportunterricht *m* sports lesson *od* lessons *pl*; SCHULE physical education, PE
Sportveranstaltung *f* sporting event
Sportverein *m* sports club
Sportwagen *m* sports car; *für Kind* pushchair *Br*, (baby) stroller *US*
Sportzeug *umg n* PE kit, sports gear
Spott *m* mockery; **seinen ~ mit j-m treiben** to make fun of sb
spottbillig *umg adj* dirt-cheap *umg*
Spöttelei *f* (≈ *das Spotten*) mocking; (≈ *ironische Bemerkung*) mocking remark
spötteln *v|i* to mock (**über j-n/etw** sb/sth)
spotten *v|i* (≈ *sich lustig machen*) to mock; **über j-n/etw ~** to mock sb/sth; **das spottet jeder Beschreibung** that simply defies description
Spötter(in) *m(f)* mocker; (≈ *satirischer Mensch*) satirist
spöttisch **A** *adj* mocking **B** *adv* mockingly
Spottpreis *m* ridiculously low price
sprachbegabt *adj* linguistically talented
Sprache *f* language; (≈ *das Sprechen*) speech; (≈ *Fähigkeit, zu sprechen*) power of speech; **in**

französischer *etc* ~ in French *etc*; **mit der ~ herausrücken** to come out with it; **die ~ auf etw** (*akk*) **bringen** to bring the conversation (a)round to sth; **zur ~ kommen** to be brought up; **etw zur ~ bringen** to bring sth up; **mir blieb die ~ weg** I was speechless

Sprachebene *f* LIT register
Sprachenschule *f* language school
Spracherkennung *f* IT speech recognition
Sprachfehler *m* speech impediment
Sprachführer *m* phrase book
Sprachgebrauch *m* (linguistic) usage
Sprachgefühl *n* feeling for language
sprachgesteuert *adj* IT voice-activated
sprachgewandt *adj* articulate, fluent; (≈ *wortgewandt*) eloquent
Sprachkenntnisse *pl* knowledge *sg* of languages/the language/a language; **mit englischen ~n** with a knowledge of English
Sprachkompetenz *f* language skills *pl*
Sprachkurs *m* language course
Sprachlabor *n* language laboratory
Sprachlehre *f* grammar
sprachlich **A** *adj* linguistic; *Schwierigkeiten* language *attr*; *Fehler* grammatical **B** *adv* linguistically; **~ falsch/richtig** grammatically incorrect/correct
sprachlos *adj* speechless
Sprachlosigkeit *f* speechlessness
sprachmitteln *v/i* to mediate
Sprachmittlung *f* mediation
Sprachreise *f* language trip
Sprachrohr *fig n* mouthpiece
Sprachtelefondienst *m* voice telephony
Sprachunterricht *m* language teaching; *einzelne Stunde* language class; *einzelne Stunden* language classes
Sprachwissenschaft *f* linguistics *sg*; (≈ *Philologie*) philology; **vergleichende ~en** comparative linguistics/philology
Sprachwissenschaftler(in) *m(f)* linguist; (≈ *Philologe*) philologist
sprachwissenschaftlich **A** *adj* linguistic **B** *adv* linguistically
Spray *m/n* spray
Spraydose *f* aerosol (can)
sprayen *v/t & v/i* to spray
Sprayer(in) *m(f)* sprayer
Sprechanlage *f* intercom
Sprechblase *f* balloon, speech bubble
Sprechchor *m* **im ~ rufen** to chant
sprechen **A** *v/i* to speak; (≈ *reden, sich unterhalten*) to talk; **wir haben gerade von dir gesprochen** we were just talking about you; **kann ich dich mal ~?** can I have a word with you?; **viel ~** to talk a lot; **nicht gut auf j-n/etw zu ~ sein** not to have a good thing to say about sb/sth; **mit j-m ~** to speak *od* talk to sb; **mit wem spreche ich?** to whom am I speaking, please?; **hier spricht Isabel** *am Telefon* this is Isabel; **auf j-n/etw zu ~ kommen** to get to talking about sb/sth; **es spricht für j-n/etw(, dass …)** it says something for sb/sth (that …); **das spricht für sich (selbst)** that speaks for itself; **es spricht vieles dafür/dagegen** there's a lot to be said for/against it; **ganz allgemein gesprochen** generally speaking **B** *v/t* **1** *Sprache* to speak; (≈ *aufsagen*) *Gebet* to say; **~ Sie Japanisch?** do you speak Japanese? **2** *Urteil* to pronounce **3** **kann ich bitte Herrn Kurz ~?** may I speak to Mr Kurz, please?; **er ist nicht zu ~** he can't see anybody; **kann ich Sie kurz ~?** can I have a quick word?; **wir ~ uns noch!** you haven't heard the last of this!
Sprechen *n* speech
sprechend *adj Augen, Gebärde* eloquent; **~er Name** LIT telling name
Sprecher(in) *m(f)* speaker; (≈ *Nachrichtensprecher*) newscaster; (≈ *Ansager*) announcer; (≈ *Wortführer*) spokesperson; (≈ *Vertreter*) representative
Sprechfunk *m* radiotelephone system
Sprechfunkgerät *n* radiotelephone; *tragbar a.* walkie-talkie
Sprechgesang *m* chant; **einen ~ anstimmen** to chant
Sprechstunde *f* consultation (hour); *von Arzt* surgery *Br*, consultation *US*
Sprechstundenhilfe *neg! f* (doctor's) receptionist
Sprechtaste *f* "talk" button
Sprechweise *f* way of speaking
Sprechzimmer *n* consulting room
spreizen **A** *v/t* to spread; → **gespreizt** **B** *v/r* (≈ *sich sträuben*) to kick up *umg*
Spreizfuß *m* splayfoot
sprengen *v/t* **1** *mit Sprengstoff* to blow up; *Fels* to blast; **etw in die Luft ~** to blow sth up **2** *Tresor* to break open; *Fesseln* to burst; *Versammlung* to break up; *Spielbank* to break **3** (≈ *besprizten*) to sprinkle; *Beete, Rasen* to water
Sprengkopf *m* warhead
Sprengkörper *m* explosive device
Sprengkraft *f* explosive force
Sprengladung *f* explosive charge
Sprengsatz *m* explosive device
Sprengstoff *m* explosive; *fig* dynamite
Sprengstoffanschlag *m* bomb attack
Sprengung *f* blowing-up; *von Felsen* blasting
sprenkeln *v/t Farbe* to sprinkle spots of; → **gesprenkelt**
Spreu *f* chaff; **die ~ vom Weizen trennen** *od* **sondern** *fig* to separate the wheat from the

chaff

Sprichwort n proverb

sprichwörtlich wörtl, fig adj proverbial

sprießen v/i aus der Erde to come up; Knospen, Blätter to shoot

Springbrunnen m fountain

springen v/i **1** to jump; bes mit Schwung to leap; beim Stabhochsprung to vault **2 etw ~ lassen** umg to fork out for sth umg; Runde to stand sth; Geld to fork out sth **3** Glas, Porzellan to break; (≈ Risse bekommen) to crack

springend adj **der ~e Punkt** the crucial point

Springer m Schach knight

Springer(in) m(f) **1** jumper; (≈ Stabhochspringer) vaulter **2** IND stand-in

Springerstiefel pl Doc Martens® (boots) pl

Springflut f spring tide

Springreiten n show jumping

Springrollo n roller blind

Springseil n skipping-rope Br, jump rope US

Sprinkler m sprinkler

Sprinkleranlage f sprinkler system

Sprint m sprint

sprinten v/t & v/i to sprint

Sprit m umg (≈ Benzin) gas umg, fuel

Spritze f syringe; (≈ Injektion) injection; **eine ~ bekommen** to have an injection

spritzen **A** v/t **1** to spray; (≈ verspritzen) Wasser etc to splash **2** (≈ injizieren) to inject; (≈ eine Injektion geben) to give injections/an injection; **sich** (dat) **Heroin ~** to inject (oneself with) heroin **B** v/i to spray; heißes Fett to spit

Spritzer m splash

Spritzfahrt umg f spin umg; **eine ~ machen** to go for a spin umg

spritzig adj Wein tangy; Auto, Aufführung lively; (≈ witzig) witty

Spritzpistole f spray gun

Spritztour f umg spin umg, jaunt; **eine ~ machen** to go for a spin umg, to take a ride

spröde adj brittle; Haut rough; (≈ abweisend) Mensch aloof; Worte offhand; Charme austere

Sprosse f rung

Sprossenfenster n lattice window

Sprossenwand f SPORT wall bars pl

Sprössling m shoot; fig hum offspring pl

Sprotte f sprat

Spruch m **1** saying; (≈ Wahlspruch) motto; **Sprüche klopfen** umg to talk posh umg; (≈ angeben) to talk big **2** (≈ Richterspruch) judgement; (≈ Schiedsspruch) ruling

Spruchband n banner

spruchreif umg adj **die Sache ist noch nicht ~** it's not definite yet so we'd better not talk about it

Sprudel m mineral water; (≈ süßer Sprudel) fizzy drink

Sprudelbad n whirlpool (bath)

sprudeln v/i to bubble; Sekt, Limonade to fizz

sprudelnd wörtl adj Getränke fizzy; Quelle bubbling; fig Witz bubbly

Sprühdose f spray (can)

sprühen **A** v/i **1** to spray; Funken to fly **2** fig vor Witz, Ideen etc to bubble over (**vor** +dat with); Augen vor Freude etc to sparkle (**vor** +dat with); vor Zorn etc to flash (**vor** +dat with) **B** v/t to spray

Sprühregen m fine rain

Sprung m **1** jump; schwungvoll leap; (≈ Satz) bound; von Raubtier pounce; (≈ Stabhochsprung) vault; Wassersport dive; **einen ~ machen** to jump; **damit kann man keine großen Sprünge machen** you can't exactly live it up on that umg; **j-m auf die Sprünge helfen** to give sb a (helping) hand / (≈ kurze Strecke) stone's throw away; **auf einen ~ bei j-m vorbeikommen** to drop in to see sb umg **2** (≈ Riss) crack; **einen ~ haben** to be cracked

Sprungbrett wörtl, fig n springboard

Sprungfeder f spring

sprunghaft **A** adj **1** Mensch volatile **2** (≈ rapide) rapid **B** adv ansteigen by leaps and bounds

Sprungschanze f SKI ski jump

Sprungturm m diving platform

SPS, SP Schweiz f (= Sozialdemokratische Partei der Schweiz) Social Democratic Party of Switzerland

Spucke umg f spit; **da bleibt einem die ~ weg!** umg it's flabbergasting umg

spucken **A** v/t to spit; umg (≈ erbrechen) to throw up umg; Lava to spew (out) **B** v/i to spit; umg (≈ erbrechen) to be sick, to throw up umg; **in die Hände ~** wörtl to spit on one's hands; fig to roll up one's sleeves

spuken v/i to haunt; **hier spukt es** this place is haunted

Spülbecken n sink

Spule f spool; IND bobbin; ELEK coil

Spüle f sink

spulen v/t a. COMPUT to spool

spülen **A** v/t **1** (≈ ausspülen) Mund to rinse; Wunde to wash; Darm to irrigate; (≈ abwaschen) Geschirr to wash up **2** Wellen etc to wash; **etw an Land ~** to wash sth ashore **B** v/i Waschmaschine to rinse; (≈ Geschirr spülen) to wash up; auf der Toilette to flush; **du spülst und ich trockne ab** you wash and I'll dry

Spüllappen m dishcloth

Spülmaschine f (automatic) dishwasher; **die ~ einräumen** to load the dishwasher

spülmaschinenfest adj dishwasher-proof

Spülmittel n washing-up liquid

Spülschüssel f washing-up bowl

Spülung f rinsing; (≈ *Wasserspülung*) flush; (≈ *Haarspülung*) conditioner; MED (≈ *Darmspülung*) irrigation

Spund m stopper; *Holztechnik* tongue

Spur f **1** (≈ *Abdruck im Boden etc*) track; (≈ *hinterlassenes Zeichen*) trace; (≈ *Bremsspur*) skidmarks pl; (≈ *Blutspur etc, Fährte*) trail; **von den Tätern fehlt jede ~** there is no clue as to the whereabouts of the perpetrators; **auf der richtigen/falschen ~ sein** to be on the right/wrong track; **j-m auf die ~ kommen** to get on to sb; **~en hinterlassen** *fig* to leave one's/its mark **2** *fig* (≈ *kleine Menge*) trace; *von Talent etc* scrap; **von Anstand keine ~** *umg* no decency at all; **keine ~!** *umg* not at all **3** (≈ *Fahrbahn*) lane **4** COMPUT track

spürbar A *adj* noticeable, perceptible **B** *adv* noticeably, perceptibly

spuren *umg v/i* to obey; (≈ *sich fügen*) to toe the line

spüren *v/t* to feel; *emotional* to sense; **davon ist nichts zu ~** there is no sign of it; **etw zu ~ bekommen** *wörtl* to feel sth; *fig* to feel the (full) force of sth

Spurenelement n trace element

Spurensicherung f securing of evidence

Spürhund m tracker dog; *umg Mensch* sleuth

spurlos *adj & adv* without trace; **das ist nicht ~ an ihm vorübergegangen** it left its mark on him

Spurrille f *Verkehr* rut

Spürsinn m JAGD, *a. fig* nose; *fig* (≈ *Gefühl*) feel

Spurt m spurt; **zum ~ ansetzen** to make a final spurt

spurten *v/i* SPORT to spurt; *umg* (≈ *rennen*) to sprint, to dash

Spurwechsel m *Verkehr* lane change

Spurweite f BAHN gauge; AUTO track

Spyware f IT spyware

Square Dance m square dance

Squash n squash

Squashschläger m squash racket

Sri Lanka n Sri Lanka

Staat m **1** state; (≈ *Land*) country; **die ~en** *umg* the States *umg*; **von ~s wegen** on a governmental level **2** (≈ *Ameisenstaat etc*) colony **3** *fig* (≈ *Pracht*) pomp; (≈ *Kleidung, Schmuck*) finery; **~ machen (mit etw)** to make a show (of sth); **damit ist kein ~ zu machen** that's nothing to write home about *umg*

Staatenbund m confederation (of states)

Staatengemeinschaft f community of states

staatenlos *adj* stateless

Staatenlose(r) m/f(m) stateless person

staatlich A *adj* state *attr*; (≈ *staatlich geführt*) state-run; **~e Schule** public school US **B** *adv* by the state; **~ geprüft** state-certified

Staats- *zssgn* civil

Staatsakt m state occasion

Staatsaktion f major operation

Staatsangehörige(r) m/f(m) national; *einer Monarchie* subject

Staatsangehörigkeit f nationality; **doppelte ~** dual nationality; **welche ~ hat sie?** which nationality is she?

Staatsanleihe f government bond

Staatsanwalt m, **Staatsanwältin** f district attorney US, public prosecutor *bes Br*

Staatsausgaben pl public expenditure sg

Staatsbeamte(r) m, **Staatsbeamtin** f public servant

Staatsbegräbnis n state funeral

Staatsbesuch m state visit

Staatsbürger(in) m(f) citizen

staatsbürgerlich *adj Pflicht* civic; *Rechte* civil

Staatsbürgerschaft f nationality; **doppelte ~** dual nationality

Staatschef(in) m(f) head of state

Staatsdienst m civil service

staatseigen *adj* state-owned

Staatsempfang m state reception

Staatsexamen n *university degree required for e.g. the teaching profession*

Staatsfeind(in) m(f) enemy of the state

staatsfeindlich *adj* hostile to the state

Staatsform f type of state

Staatsgeheimnis n state secret

Staatsgrenze f state frontier *od* border

Staatshaushalt m national budget

Staatshoheit f sovereignty

Staatskosten pl public expenses pl; **auf ~** at the public expense

Staatsmann m statesman

staatsmännisch A *adj* statesmanlike **B** *adv* in a statesmanlike manner

Staatsoberhaupt n head of state

Staatspräsident(in) m(f) president

Staatsschuld f FIN national debt

Staatssekretär(in) m(f) (≈ *Beamter*) ≈ permanent secretary Br, ≈ undersecretary US

Staatsstreich m coup (d'état)

Staatstrauer f national mourning

Staatsverbrechen n political crime; *fig* major crime

Staatsverschuldung f national debt

Staatsvertrag m (international) treaty

Stab m **1** rod; (≈ *Gitterstab*) bar; *des Dirigenten, für Staffellauf etc* baton; *für Stabhochsprung* pole; (≈ *Zauberstab*) wand; **den ~ über j-n brechen** *fig* to condemn sb **2** (≈ *Mitarbeiterstab*), *a.* MIL staff; *von Experten* panel; MIL (≈ *Hauptquartier*) headquarters sg *od* pl

Stäbchen n (≈ Essstäbchen) chopstick
Stabhochspringer(in) m(f) pole-vaulter
Stabhochsprung m pole vault
stabil adj Möbel sturdy; Währung, Beziehung stable; Gesundheit sound
stabilisieren v/t & v/r to stabilize
Stabilisierungsprozess m POL stabilisation process
Stabilität f stability
Stabilitätspolitik f policy of stability
Stabilitätsprogramm n stability programme
Stablampe f (electric) torch Br, flashlight
Stachel m von Rosen etc thorn; von Kakteen, Igel spine; auf Stacheldraht barb; (≈ Giftstachel) von Bienen etc sting
Stachelbeere f gooseberry
Stacheldraht m barbed wire
Stacheldrahtzaun m barbed-wire fence
stachelig adj Rosen etc thorny; Kaktus etc spiny; (≈ sich stachelig anfühlend) prickly; Kinn, Bart bristly
Stachelschwein n porcupine
Stadel österr, schweiz, südd m barn
Stadion n stadium, arena
Stadium n stage
Stadt f **1** town; (≈ Großstadt) city; **die ~ Paris** the city of Paris; **in der ~** in town; **in die ~ gehen** to go into town **2** (≈ Stadtverwaltung) council
stadtauswärts adv out of town
Stadtautobahn f urban motorway Br, urban freeway US
Stadtbad n municipal swimming pool
Stadtbahn f suburban railway Br, city railroad US
Stadtbild n townscape, cityscape
Stadtbücherei f public library
Stadtbummel m stroll through town
Städtchen n small town
Städtebau m urban development
stadteinwärts adv into town
Städtepartnerschaft f town twinning Br, sister city agreement US
Städter(in) m(f) town resident Br; (≈ Großstädter) city resident Br, city resident US
Städtetour f city break; **deutsche ~** tour of German cities
Stadtführer m town guide Br; für Großstadt city guide Br, city guide US
städtisch adj municipal, town attr Br; (≈ einer Großstadt a.) city attr Br, city attr US; (≈ nach Art einer Stadt) urban
Stadtkern m town/city centre Br, town/city center US
Stadtmauer f city wall
Stadtmitte f town/city centre Br, town/city center US

Stadtplan m (street) map (of a/the town/city)
Stadtplaner(in) m(f) town planner
Stadtplanung f town planning
Stadtpolizei österr, schweiz f urban police (force)
Stadtpräsident(in) m(f) schweiz (≈ Bürgermeister) mayor/mayoress
Stadtrand m outskirts pl (of a/the town/city)
Stadtrat¹ m (town/city) council
Stadtrat² m, **Stadträtin** f (town/city) councillor Br, (city) councilor US
Stadtrundfahrt f **eine ~ machen** to go on a (sightseeing) tour of a/the town/city
Stadtstreicher(in) m(f) tramp
Stadtteil m district, borough
Stadtverwaltung f (town/city) council
Stadtviertel n district, part of town/city
Stadtzentrum n town/city centre Br, city center US, downtown US
Staffel f **1** (≈ Formation) echelon, FLUG (≈ Einheit) squadron **2** SPORT relay (race); (≈ Mannschaft) relay team; fig relay; **~ laufen** to run in a relay (race) **3** einer Fernsehserie season, series
Staffelei f easel
Staffellauf m relay (race)
staffeln v/t Gehälter, Tarife to grade; Anfangszeiten to stagger
Staffelung f von Gehältern, Tarifen grading; von Zeiten staggering
Stagflation f stagflation
Stagnation f stagnation
stagnieren v/i to stagnate
Stahl m steel; **Nerven wie ~** nerves of steel
Stahlbeton m reinforced concrete
stahlblau adj steel-blue
stählern adj steel; fig Wille of iron, iron attr; Nerven of steel; Blick steely
Stahlhelm m MIL steel helmet
Stahlrohr n tubular steel; Stück steel tube
Stahlträger m steel girder
Stahlwolle f steel wool
Stalagmit m stalagmite
Stalaktit m stalactite
stalinistisch adj Stalinist
Stalker(in) m(f) stalker
Stall m stable; (≈ Kuhstall) cowshed; (≈ Schweinestall) (pig)sty, (pig)pen US; für Kaninchen hutch
Stamm m **1** (≈ Baumstamm) trunk **2** LING stem **3** (≈ Volksstamm) tribe **4** (≈ Kunden) regular customers pl; von Mannschaft regular team members pl; (≈ Arbeiter) permanent workforce; (≈ Angestellte) permanent staff pl; **ein fester ~ von Kunden** regular customers
Stammaktie f BÖRSE ordinary share
Stammaktionär(in) m(f) ordinary shareholder, common stockholder US
Stammbaum m family tree; von Zuchttieren ped-

igree

Stammbuch *n* book recording family events with some legal documents
stammeln *v|t & v|i* to stammer
stammen *v|i* to come (**von, aus** from); *zeitlich* to date (**von, aus** from)
Stammes- *zssgn* tribal
Stammform *f* base form
Stammgast *m* regular
Stammhalter *m* son and heir
stämmig *adj* (≈ *gedrungen*) stocky; (≈ *kräftig*) sturdy, big-boned
Stammkapital *n* FIN ordinary share capital *Br*, common stock capital *US*
Stammkneipe *umg f* local *Br umg*, local bar
Stammkunde *m*, **Stammkundin** *f* regular (customer)
Stammkundschaft *f* regulars *pl*
Stammplatz *m* usual seat
Stammsitz *m von Firma* headquarters *sg od pl*; *von Geschlecht* ancestral seat; *im Theater etc* regular seat
Stammtisch *m* (≈ *Tisch in Gasthaus*) table reserved for the regulars; (≈ *Stammtischrunde*) group of regulars
Stammwähler(in) *m(f)* POL staunch supporter
Stammzelle *f* stem cell; **embryonale ~n** embryonic stem cells
Stammzellenforschung *f* stem-cell research
stampfen **A** *v|i* **1** (≈ *laut auftreten*) to stamp; **mit dem Fuß ~** to stamp one's foot **2** *Schiff* to pitch, to toss **B** *v|t* **1** (≈ *festtrampeln*) *Lehm, Sand* to stamp; *Trauben* to press **2** *mit Stampfer* to mash
Stand *m* **1** (≈ *das Stehen*) standing position; **aus dem ~** *im Stehen* from a standing position; *fig* off the cuff; **ein Sprung aus dem ~** a standing jump; **bei j-m einen schweren ~ haben** *fig* to have a hard time with sb **2** (≈ *Marktstand etc*) stand, stall; (≈ *Taxistand*) rank **3** (≈ *Lage*) state; (≈ *Zählerstand etc*) reading; (≈ *Kontostand*) balance; SPORT (≈ *Spielstand*) score; **beim jetzigen ~ der Dinge** the way things stand at the moment; **der neueste ~ der Forschung** the latest developments in research; **auf dem neuesten ~ der Technik sein** *Gerät* to be state-of-the-art technology; **außer ~e → außerstande**; **im ~e → imstande**; **in ~ → instand**; **zu ~e → zustande** **4** (≈ *soziale Stellung*) status; (≈ *Klasse*) class; (≈ *Beruf*) profession
Standard *m* standard
standardisieren *v|t* to standardize
Standardisierung *f* standardization
Standardwerk *n* standard textbook
Standbesitzer(in) *m(f)* stall holder
Standbild *n* statue

Standby *m* standby; **auf ~** standby
Stand-by-Betrieb *m* IT stand-by
Stand-by-Ticket *n* FLUG stand-by ticket
Ständer *m* stand; *umg* (≈ *Erektion*) hard-on *sl*
Ständerat *m schweiz* PARL upper chamber
Standesamt *n* registry office *Br*
standesamtlich **A** *adj* **~e Trauung** civil wedding **B** *adv* **sich ~ trauen lassen** to get married in a registry office *Br*, to have a civil wedding
Standesbeamte(r) *m*, **Standesbeamtin** *f* registrar
standesgemäß **A** *adj* befitting one's rank **B** *adv* in a manner befitting one's rank
Standesunterschied *m* class difference
standfest *adj* stable; *fig* steadfast
Standfoto *n* still (picture)
standhaft **A** *adj* steadfast **B** *adv* firmly; **er weigerte sich ~** he steadfastly refused
Standhaftigkeit *f* steadfastness
standhalten *v|i Mensch* to stand firm; *Brücke etc* to hold; **j-m ~** to stand up to sb; **einer Prüfung ~** to stand up to close examination
Standheizung *f* AUTO stationary heating, (engine-)independent heating
ständig **A** *adj* **1** (≈ *dauernd*) permanent **2** (≈ *unaufhörlich*) constant **B** *adv* (≈ *andauernd*) constantly; **etw ~ tun** to keep (on) doing sth; **sie beklagt sich ~** she's always complaining; **sie ist ~ krank** she's always ill
Standl *n* österr (≈ *Verkaufsstand*) stand
Standleitung *f* TEL direct line
Standlicht *n* sidelights *pl*; **mit ~ fahren** to drive on sidelights
Standort *m* location; *von Schiff etc* position; *von Industriebetrieb* site
Standpauke *f* **j-m eine ~ halten** to give sb a lecture
Standplatz *m* stand
Standpunkt *m* (≈ *Meinung*) point of view; **auf dem ~ stehen, dass ...** to take the view that ...; **von meinem ~ aus gesehen** from my point of view
Standspur *f* AUTO hard shoulder *Br*, shoulder *US*
Standuhr *f* grandfather clock
Stange *f* **1** pole; (≈ *Querstab*) bar; (≈ *Gardinenstange*) rod; (≈ *Vogelstange*) perch **2** **ein Anzug von der ~** a suit off the peg *Br*, a suit off the rack *US*; **j-n bei der ~ halten** *umg* to keep sb; **bei der ~ bleiben** *umg* to stick at it *umg*; **j-m die ~ halten** *umg* to stand up for sb; **eine (schöne) ~ Geld** *umg* a tidy sum *umg*
Stängel *m* stem
Stangenbohne *f* runner bean *Br*, pole bean *US*
Stangenbrot *n* French bread; (≈ *Laib*) French loaf
Stangensellerie *m/f* celery

stänkern v/i umg (≈ Unfrieden stiften) to stir things up umg
Stanniolpapier n silver paper
Stanze f für Prägestempel die; (≈ Lochstanze) punch
stanzen v/t to press; (≈ prägen) to stamp; Löcher to punch
Stapel m **1** (≈ Haufen) stack, pile **2** SCHIFF stocks pl; **vom ~ laufen** to be launched; **vom ~ lassen** to launch; fig to come out with umg
Stapelbox f stacking box
Stapellauf m SCHIFF launching
stapeln **A** v/t to stack; (≈ lagern) to store **B** v/r to pile up
Stapelverarbeitung f IT batch processing
stapelweise adv in piles
stapfen v/i to trudge
Star¹ m ORN starling
Star² m MED **grauer ~** cataract; **grüner ~** glaucoma
Star³ m FILM etc star
Starbesetzung f star cast
Starenkasten m AUTO umg (≈ Überwachungsanlage) police camera
Stargage f top fee
Stargast m star guest
stark **A** adj **1** strong; **sich für etw ~ machen** umg to stand up for sth; **das ist seine ~e Seite** that is his strong point; **das ist ~ od ein ~es Stück!** umg that's a bit much! **2** (≈ dick) thick **3** (≈ heftig) Schmerzen, Kälte intense; Frost severe; Regen, Verkehr, Raucher, Trinker heavy; Sturm violent; Erkältung bad; Wind, Eindruck strong; Beifall loud; Fieber high **4** (≈ leistungsfähig) Motor powerful **5** (≈ zahlreich) Nachfrage great; **zehn Mann ~** ten strong; **300 Seiten ~** 300 pages long **6** umg (≈ hervorragend) Leistung great umg **B** adv mit Verb a lot; mit Adjektiv/Partizip Perfekt very; applaudieren loudly; pressen hard; regnen heavily; vergrößert, verkleinert greatly; beschädigt, entzündet etc badly; bluten profusely; **~ wirkend** Medikament potent; **~ gewürzt** highly spiced
Starkbier n strong beer
Stärke¹ f **1** strength **2** (≈ Dicke) thickness **3** (≈ Heftigkeit) von Strömung, Wind strength; von Schmerzen intensity; von Regen, Verkehr heaviness; von Sturm violence **4** (≈ Leistungsfähigkeit) von Motor power **5** (≈ Anzahl) size; von Nachfrage level
Stärke² f CHEM starch
Stärkemehl n GASTR ≈ cornflour Br, ≈ cornstarch US
stärken **A** v/t **1** (≈ kräftigen) to strengthen; Gesundheit to improve **2** Wäsche to starch **B** v/i to be fortifying; **~des Mittel** tonic **C** v/r to fortify oneself
Starkoch m, **Starköchin** f celebrity chef
Starkstrom m ELEK heavy current
Stärkung f **1** strengthening **2** (≈ Erfrischung) refreshment
Stärkungsmittel n MED tonic
starr **A** adj **1** stiff; (≈ unbeweglich) rigid; **~ vor Frost** stiff with frost **2** (≈ unbewegt) Blick fixed **3** (≈ regungslos) paralyzed; **~ vor Schrecken** paralyzed with fear **4** (≈ nicht flexibel) inflexible **B** adv **j-n ~ ansehen** to stare at sb; **~ an etw** (dat) **festhalten** to cling to sth
Starre f stiffness
starren v/i **1** (≈ starr blicken) to stare (**auf** +akk at); **vor sich** (akk) **hin ~** to stare straight ahead **2** **vor Dreck ~** to be covered with dirt; Kleidung to be stiff with dirt
Starrheit f **1** von Gegenstand rigidity **2** (≈ Sturheit) inflexibility
starrköpfig **A** adj stubborn **B** adv stubbornly
Starrsinn m stubbornness
starrsinnig **A** adj stubborn **B** adv stubbornly
Start m **1** start **2** (≈ Startlinie) start(ing line); bei Autorennen (starting) grid **3** FLUG takeoff; (≈ Raketenstart) launch
Startbahn f FLUG runway
startbereit adj Flugzeug ready for takeoff; **ich bin ~** I'm ready to go
Startblock m SPORT starting block
starten **A** v/i **1** to start; FLUG to take off; (≈ zum Start antreten) to take part **B** v/t to start; Satelliten, Rakete to launch; **den Computer neu ~** to restart the computer
Starter m AUTO starter
Starterlaubnis f FLUG clearance for takeoff
Startformation f FUSSB starting eleven; **in der ~ stehen** to be in the starting eleven
Startguthaben n bei Prepaidhandy initial (free) credit
Starthilfe fig f initial aid; **j-m ~ geben** to help sb get off the ground
Starthilfekabel n jump leads pl Br, jumper cables pl US
Startkapital n starting capital
startklar adj FLUG clear(ed) for takeoff; SPORT, a. fig ready to start
Startlinie f starting line
Startpistole f starting pistol
Startschuss m SPORT starting signal; fig signal (**zu** for); **den ~ geben** to fire the (starting) pistol; fig to give the go-ahead
Startseite f im Internet start page
Start-up-Unternehmen n start-up
Startverbot n FLUG ban on takeoff; SPORT ban
Stasi f HIST (East German) secret police pl
Stasimitarbeiter(in) m(f) Stasi informer
Statik f **1** Naturwissenschaft statics sg **2** Hoch- und Tiefbau structural engineering

Statiker(in) *m(f)* TECH structural engineer
Station *f* **1** station; (≈ *Haltestelle*) stop; *fig von Leben* phase; **~ machen** to stop off **2** (≈ *Krankenstation*) ward
stationär **A** *adj* stationary; MED *Behandlung* inpatient *attr*; **~er Patient** inpatient **B** *adv* **j-n ~ behandeln** *Br*, to treat sb in hospital *od* as an inpatient *Br*, to treat sb in the hospital *od* as an inpatient *US*
stationieren *v/t Truppen* to station; *Atomwaffen etc* to deploy
Stationierung *f von Truppen* stationing; *von Atomwaffen etc* deployment
Stationsarzt *m*, **Stationsärztin** *f* ward doctor
Stationsschwester *f* senior nurse (*in a ward*)
statisch **A** *adj* static **B** *adv* **meine Haare haben sich ~ aufgeladen** my hair is full of static electricity
Statist(in) *m(f)* FILM extra; *fig* cipher
Statistik *f* statistics *sg*
Statistiker(in) *m(f)* statistician
statistisch *adj* statistical; **~ gesehen** statistically
Stativ *n* tripod
statt **A** *präp* instead of; **an Kindes ~ annehmen** JUR to adopt **B** *konj* instead of
stattdessen *adv* instead
Stätte *f* place
stattfinden *v/i* to take place
stattgeben *form v/i* to grant
statthaft *adj* permitted
stattlich *adj* **1** (≈ *ansehnlich*) *Gebäude*, *Anwesen* magnificent; *Bursche* strapping; *Erscheinung* imposing **2** (≈ *umfangreich*) *Sammlung* impressive; *Familie* large; (≈ *beträchtlich*) handsome
Statue *f* statue
Statur *f* build
Status *m* status; **~ quo** status quo
Statusleiste *f* IT status bar
Statussymbol *n* status symbol
Statuszeile *f* IT status bar
Stau *m* (≈ *Wasserstauung*) build-up; (≈ *Verkehrsstauung*) traffic jam; **ein ~ von 3 km** a 3km tailback *Br*, a 3km backup (of traffic) *US*; **im ~ stecken** to be stuck in a traffic jam
Stauabgabe *f* congestion charge
Staub *m* dust; BOT pollen; **~ saugen** to vacuum, to hoover® *Br*; **~ wischen** to dust; **sich aus dem ~(e) machen** *umg* to clear off *umg*
Staubecken *n* reservoir
staubig *adj* dusty
Staublappen *m* duster
staubsaugen *v/i* to vacuum, to hoover® *Br*
Staubsauger *m* vacuum cleaner, Hoover® *Br*
Staubschicht *f* layer of dust
Staubtuch *n* duster
Staubwolke *f* cloud of dust

Staudamm *m* dam
Staude *f Gartenbau* herbaceous perennial (plant); (≈ *Busch*) shrub
stauen **A** *v/t Wasser*, *Fluss* to dam (up); *Blut* to stop the flow of **B** *v/r* (≈ *sich anhäufen*) to pile up; *Verkehr*, *Wasser*, *a. fig* to build up; *Blut* to accumulate
Staugebühr *f* congestion charge
staunen *v/i* to be amazed (**über** +*akk* at); **ich habe gestaunt, wie gut er Deutsch kann** I was amazed at how well he speaks German; **da kann man nur noch ~** it's just amazing; **da staunst du, was?** *umg* you didn't expect that, did you!
Staunen *n* astonishment (**über** +*akk* at); **j-n in ~ versetzen** to amaze sb
staunenswert *adj* astonishing
Stausee *m* reservoir
Stauung *f* **1** (≈ *Stockung*) pile-up; *in Lieferungen*, *Post etc* hold-up; *von Menschen* jam; *von Verkehr* tailback *Br*, backup *US* **2** *von Wasser* build-up (of water)
Stauwarnung *f* warning of traffic congestion
Steak *n* steak
stechen **A** *v/i* **1** *Dorn*, *Stachel etc* to prick; *Wespe*, *Biene* to sting; *Mücken*, *Moskitos* to bite; *mit Messer etc* to (make a) stab (**nach** at); *Sonne* to beat down; *mit Stechkarte: bei Ankunft* to clock in; *bei Weggang* to clock out **2** KART to trump **B** *v/t* **1** *Dorn*, *Stachel etc* to prick; *Wespe*, *Biene* to sting; *Mücken*, *Moskitos* to bite; *mit Messer etc* to stab; *Löcher* to pierce **2** KART to trump **3** *Spargel*, *Torf*, *Rasen* to cut **4** (≈ *gravieren*) to engrave; → **gestochen** **C** *v/r* to prick oneself (**an** +*dat* on *od* **mit** with); **sich** (*akk od dat*) **in den Finger ~** to prick one's finger
Stechen *n* **1** SPORT play-off; *bei Springreiten* jump-off **2** (≈ *Schmerz*) sharp pain
stechend *adj* piercing; *Sonne* scorching; *Schmerz* sharp; *Geruch* pungent
Stechkarte *f* clocking-in card
Stechmücke *f* gnat, midge *Br*
Stechpalme *f* holly
Stechuhr *f* time clock
Steckbrief *m* "wanted" poster; *fig* personal description, profile; SCHULE fact file
steckbrieflich *adv* **~ gesucht werden** to be wanted
Steckdose *f* ELEK (wall) socket
stecken **A** *v/i* **1** (≈ *festsitzen*) to be stuck; *Nadel*, *Splitter etc* to be (sticking); **der Stecker steckt in der Dose** the plug is in the socket; **der Schlüssel steckt** the key is in the lock **2** (≈ *verborgen sein*) to be (hiding); **wo steckst du?** where are you?; **darin steckt viel Mühe** a lot of work has gone into that; **zeigen, was**

in einem steckt to show what one is made of **3** (≈ *strotzen vor*) **voll** *od* **voller Fehler/Nadeln ~** to be full of mistakes/pins **4** (≈ *verwickelt sein in*) **in Schwierigkeiten ~** to be in difficulties; **in einer Krise ~** to be in the throes of a crisis **B** *v/t* **1** (≈ *hineinstecken*) to put; **j-n ins Bett ~** *umg* to put sb to bed **2** *umg* Handarbeiten to pin **3** *umg* (≈ *investieren*) Geld, Mühe to put (**in** +*akk* into); Zeit to devote (**in** +*akk* to) **4** *sl* (≈ *aufgeben*) to jack in *Br umg*, to chuck *umg* **5** **j-m etw ~** *umg* to tell sb sth

Stecken *m* stick
stecken bleiben *v/i* to stick fast; Kugel to be lodged; *in der Rede* to falter
stecken lassen *v/t* to leave; **den Schlüssel ~ to** leave the key in the lock
Steckenpferd *n* hobbyhorse
Stecker *m* **1** ELEK plug **2** (≈ *Ohrstecker*) stud
Steckkarte *f* COMPUT expansion card
Stecknadel *f* pin; **etw mit ~n befestigen** to pin sth (**an** +*dat* to); **eine ~ im Heuhaufen suchen** *fig* to look for a needle in a haystack
Steckplatz *m* COMPUT (expansion) slot
Steckrübe *f* swede *Br*, rutabaga *US*
Steckschloss *n* bicycle lock
Steelband *f* steel band
Steeldrum *f* steel drum
Steg *m* **1** (≈ *Brücke*) footbridge; *für Fußgänger* walkway; (≈ *Landungssteg*) landing stage **2** (≈ *Brillensteg*) bridge
Stegreif *m* **aus dem ~ spielen** THEAT to improvise; **eine Rede aus dem ~ halten** to make an impromptu speech
Stehaufmännchen *n* Spielzeug tumbler; **er ist ein richtiges ~** he always bounces back
stehen **A** *v/i* **1** to stand; (≈ *warten*) to wait; **fest/sicher ~** to stand firm(ly)/securely; Mensch to have a firm/safe foothold; **vor der Tür stand ein Fremder** there was a stranger (standing) at the door; **im Weg ~** to get in the way; **ich kann nicht mehr ~** I can't stay on my feet any longer; **mit j-m/etw ~ und fallen** to depend on sb/sth; **sein Hemd steht vor Dreck** *umg* his shirt is stiff with dirt **2** (≈ *sich befinden*) to be; **die Vase steht auf dem Tisch** the vase is on the table; **meine alte Schule steht noch** my old school is still standing; **unter Schock ~** to be in a state of shock; **unter Drogen/Alkohol ~** to be under the influence of drugs/alcohol; **vor einer Entscheidung ~** to be faced with a decision; **ich tue, was in meinen Kräften steht** I'll do everything I can **3** (≈ *geschrieben, gedruckt sein*) to be; **hier steht ...** it says here; **was steht da/in dem Brief?** what does it/the letter say?; **es stand im „Kurier"** it was in the "Courier" **4** (≈ *angehalten haben*) to have stopped; **meine Uhr steht** my watch has stopped; **der ganze Verkehr steht** traffic is at a complete standstill **5** (≈ *bewertet werden*) Währung to be (**auf** +*dat* at); **wie steht das Pfund?** what's the exchange rate for the pound?; **das Pfund steht auf EUR 1,10** the pound stands at EUR 1.10 **6** (≈ *in bestimmter Position sein*) Rekord to stand (**auf** +*dat* at); **der Zeiger steht auf 4 Uhr** the clock says 4 (o'clock); **wie steht das Spiel?** what's the score?; **es steht 2:1 für München** the score is *od* it is 2-1 to Munich **7** (≈ *passen zu*) **j-m ~** to suit sb **8** *grammatikalisch* **nach „in" steht der Akkusativ oder der Dativ** "in" takes the accusative or the dative **9** → **gestanden 10 die Sache steht** *umg* the whole business is settled; **es steht mir bis hier** *umg* I've had it up to here with it *umg*; **für etw ~** to stand for sth; **auf j-n/etw ~** *umg* to be into sb/sth *umg*; **zu j-m ~** to stand by sb; **zu seinem Versprechen ~** to stand by one's promise; **wie ~ Sie dazu?** what are your views on that? **B** *v/t* Posten ~ to stand guard; **Wache ~** to mount watch **C** *v/r* **sich gut/schlecht ~** to be well/badly off; **sich mit j-m gut/schlecht ~** to get on well/badly with sb **D** *v/i* **wie stehts?** how are *od* how's things?; **wie steht es damit?** how about it?; **es steht schlecht/gut um j-n** gesundheitlich, finanziell sb is doing badly/well

Stehen *n* **1** standing; **etw im ~ tun** to do sth standing up **2** (≈ *Halt*) stop, standstill; **zum ~ kommen** to stop
stehen bleiben *v/i* **1** (≈ *anhalten*) to stop; (≈ *nicht weitergehen*) to stay; Zeit to stand still; (≈ *versagen*) to break down; **~! stop!**; MIL halt! **2** (≈ *unverändert bleiben*) to be left (in); **soll das so ~?** should that stay as it is?
stehend *adj* Fahrzeug stationary; Gewässer stagnant; **~e Redensart** stock phrase
stehen lassen *v/t* to leave; **alles stehen und liegen lassen** to drop everything, Flüchtlinge *etc* to leave everything behind; **j-n einfach ~** to leave sb standing (there); **sich** (*dat*) **einen Bart ~** to grow a beard
Stehimbiss *m* stand-up snack bar
Stehkneipe *f* stand-up bar
Stehlampe *f* standard lamp
stehlen **A** *v/t & v/i* to steal; (≈ *Ladendiebstahl begehen*) to shoplift; **j-m die Zeit ~** to waste sb's time **B** *v/r* to steal; **sich aus der Verantwortung ~** to evade one's responsibility; → **gestohlen**
Stehpaddeln *n* paddleboarding
Stehparty *f* buffet party
Stehplatz *m* **ich bekam nur noch einen ~** I had to stand; **Stehplätze** standing room *sg*

Stehvermögen n staying power
Steiermark f Styria
steif Ⓐ adj ❶ stiff; *Penis* hard; **sich ~ (wie ein Brett) machen** to go rigid ❷ (≈ *förmlich*) stiff; *Empfang, Begrüßung, Abend* formal Ⓑ adv **das Eiweiß ~ schlagen** to beat the egg white until stiff; **sie behauptete ~ und fest, dass …** she insisted that …; **etw ~ und fest glauben** to be convinced of sth
steifen v/t to stiffen; *Wäsche* to starch
Steifheit f stiffness
Steigbügel m stirrup
Steigeisen n climbing iron *mst pl*; *Bergsteigen* crampon
steigen Ⓐ v/i ❶ (≈ *klettern*) to climb; **auf einen Berg ~** to climb (up) a mountain; **aufs Pferd ~** to get on(to) the/one's horse; **aus dem Zug/Bus ~** to get off the train/bus ❷ (≈ *sich aufwärtsbewegen*) to rise; *Flugzeug, Straße* to climb; (≈ *sich erhöhen*) *Preis, Fieber* to go up; (≈ *zunehmen*) *Chancen etc* to increase; **Drachen ~ lassen** to fly kites; **in j-s Achtung** (dat) **~** to rise in sb's estimation (≈ *treten*) to step ❹ *umg* (≈ *stattfinden*) **steigt die Demo oder nicht?** is the demo on or not? Ⓑ v/t *Treppen, Stufen* to climb (up)
steigend adj increasing
steigern Ⓐ v/t ❶ (≈ *erhöhen*) to increase (**auf** +akk to od **um** by); *Übel, Zorn* to aggravate; *Leistung* to improve ❷ GRAM *Adjektiv* to compare Ⓑ v/i to bid (**um** for) Ⓒ v/r (≈ *sich erhöhen*) to increase; (≈ *sich verbessern*) to improve
Steigerung f ❶ (≈ *das Steigern*) increase (+gen in); (≈ *Verbesserung*) improvement ❷ GRAM comparative; (≈ *das Steigern*) comparison
steigerungsfähig adj improvable
Steigung f (≈ *Hang*) slope; *von Hang, Straße, a.* MATH gradient *Br*, grade *bes US*
steil Ⓐ adj ❶ *Abhang, Treppe, Anstieg* steep; **eine ~e Karriere** *fig* a rapid rise ❷ SPORT **~e Vorlage, ~er Pass** through ball Ⓑ adv steeply
Steilhang m steep slope
Steilheit f steepness
Steilküste f steep coast; (≈ *Klippen*) cliffs *pl*
Steilpass m SPORT through ball
Steilwand f steep face
Stein m stone; *großer* rock; *in Uhr* jewel; (≈ *Spielstein*) piece; (≈ *Ziegelstein*) brick; **mir fällt ein ~ vom Herzen!** *fig* that's a load off my mind!; **bei j-m einen ~ im Brett haben** *fig umg* to be well in with sb *umg*; **ein Herz aus ~** *fig* a heart of stone; **~ und Bein schwören** *fig umg* to swear to God *umg*
Steinadler m golden eagle
Steinbock m ❶ ZOOL ibex ❷ ASTROL Capricorn; **(ein) ~ sein** to be (a) Capricorn
Steinbruch m quarry
steinern adj stone; *fig* stony
Steinfrucht f stone fruit
Steingarten m rockery
Steingut n stoneware
steinhart adj (as) hard as a rock
steinig adj stony
steinigen v/t to stone
Steinkohle f hard coal
Steinkrug m (≈ *Kanne*) stoneware jug
Steinmetz(in) m(f) stonemason
Steinobst n stone fruit
Steinpilz m boletus edulis *fachspr*
steinreich *umg* adj stinking rich *Br umg*
Steinschlag m rockfall; „**Achtung ~**" "danger falling stones"
Steinwurf *fig* m stone's throw
Steinzeit f Stone Age
steinzeitlich adj Stone Age *attr*
Steiß m ANAT coccyx; *hum umg* tail *umg*
Steißbein n ANAT coccyx
Steißlage f MED breech presentation
Stellage f (≈ *Gestell*) rack, frame
Stelle f ❶ place; *kahl, brüchig etc* patch; *in Tabelle, Hierarchie* position; *in Text, Musikstück* passage; **an erster ~** in the first place; **eine schwache ~** a weak spot; **auf der ~ treten** *wörtl* to mark time; *fig* not to make any progress; **auf der ~** *fig* (≈ *sofort*) on the spot; *kommen, gehen* straight away; **nicht von der ~ kommen** not to make any progress; **sich nicht von der ~ rühren** od **bewegen** to refuse to budge *umg*; **zur ~ sein** to be on the spot; (≈ *am Ort*) to be on the scene; (≈ *bereit, etw zu tun*) to be at hand ❷ (≈ *Zeitpunkt*) point; **an passender ~** at an appropriate moment ❸ MATH figure; **hinter Komma** place ❹ **an ~ von** in place of; **ich möchte jetzt nicht an seiner ~ sein** I wouldn't like to be in his position now; **an deiner ~ würde ich …** if I were you I would …; → **anstelle** ❺ (≈ *Posten*) job; (≈ *Praktikumsstelle*) placement; **eine freie** od **offene ~** a vacancy ❻ (≈ *Dienststelle*) office; (≈ *Behörde*) authority; **da bist du bei mir/uns an der richtigen ~!** *umg* you've come to the right place
stellen Ⓐ v/t ❶ (≈ *hinstellen*) to put; (≈ *an bestimmten Platz legen*) to place; **auf sich** (akk) **selbst** od **allein gestellt sein** *fig* to have to fend for oneself ❷ (≈ *anordnen, arrangieren*) to arrange; **gestellt** *Bild, Foto* posed; **die Szene war gestellt** they posed for the scene; **eine gestellte Pose** a pose; **auf den Kopf gestellt** upside down ❸ (≈ *erstellen*) **(j-m) eine Diagnose ~** to make a diagnosis (for sb) ❹ (≈ *einstellen*) to set (**auf** +akk at); **das Radio lauter/leiser ~** to turn the radio up/down ❺ *finanziell* **gut/besser/schlecht ge-**

stellt sein to be well/better/badly off [6] (≈ *erwischen*) to catch [7] *Aufgabe, Thema* to set (**j-m** sb); *Frage* to put (**j-m, an j-n** to sb); *Antrag, Forderung* to make; **Fragen ~** to ask questions; **j-n vor ein Problem/eine Aufgabe** *etc* **~** to confront sb with a problem/task *etc* [B] *v/r* [1] (≈ *sich hinstellen*) to (go and) stand (**an** +*akk* at, **by**); (≈ *sich aufstellen, sich einordnen*) to position oneself; (≈ *sich aufrecht hinstellen*) to stand up; **sich auf den Standpunkt ~, ...** to take the view ...; **sich gegen j-n/etw ~** *fig* to oppose sb/sth; **sich hinter j-n/etw ~** *fig* to support *od* back sb/sth [2] *fig* (≈ *sich verhalten*) **sich positiv/anders zu etw ~** to have a positive/different attitude toward(s) sth; **wie stellst du dich zu ...?** what do you think of ...?; **sich gut mit j-m ~** to put oneself on good terms with sb [3] *umg finanziell* **sich gut/schlecht ~** to be well/badly off [4] (≈ *sich ausliefern*) to give oneself up (**j-m** to sb); **sich den Fragen der Journalisten ~** to be prepared to answer reporters' questions; **sich einer Herausforderung ~** to take up a challenge [5] (≈ *sich verstellen*) **sich krank/schlafend** *etc* **~** to pretend to be ill/asleep *etc* [6] *fig* (≈ *entstehen*) to arise (**für** for); **es stellt sich die Frage, ob ...** the question arises whether ...

Stellenabbau *m* job cuts *pl*; (≈ *Rationalisierung*) downsizing

Stellenangebot *n* job offer; **„Stellenangebote"** "vacancies"

Stellenanzeige *f*, **Stellenausschreibung** *f* job advertisement

Stellenbeschreibung *f* job description

Stelleneinsparung *f* job cut

Stellengesuch *n* advertisement seeking employment; **„Stellengesuche"** "situations wanted" *Br*, "employment wanted"

Stellenmarkt *m* job market; *in Zeitung* appointments section

Stellensuche *f* **auf ~ sein** to be looking for a job

Stellenvermittlung *f* employment bureau

stellenweise *adv* in places

Stellenwert *m* MATH place value; *fig* status; **einen hohen ~ haben** to play an important role

Stellplatz *m* *für Auto* parking space

Stellschraube *f* TECH adjusting screw

Stellung *f* position; **die ~ halten** MIL to hold one's position; *hum* to hold the fort; **~ beziehen** *fig* to declare one's position; **zu etw ~ nehmen** *od* **beziehen** to comment on sth; **gesellschaftliche ~** social status; **bei j-m in ~ sein** to be in sb's employment

Stellungnahme *f* statement (**zu** on); **eine ~ zu etw abgeben** to make a statement on sth

Stellungssuche *f* search for employment; **auf ~ sein** to be looking for employment

Stellungswechsel *m* change of job

stellvertretend [A] *adj von Amts wegen* deputy *attr*; (≈ *vorübergehend*) acting *attr* [B] *adv* **~ für j-n** for sb; *Rechtsanwalt* on behalf of sb; **~ für j-n handeln** to deputize for sb

Stellvertreter(in) *m(f)* (acting) representative; *von Amts wegen* deputy; *von Arzt* locum

Stellvertretung *f* (≈ *Stellvertreter*) representative; *von Amts wegen* deputy; *von Arzt* locum; **die ~ für j-n übernehmen** to represent sb; *von Amts wegen* to stand in for sb

Stellwerk *n* BAHN signal box *Br*, signal *od* switch tower *US*

Stelze *f* [1] stilt [2] ORN wagtail

Stemmbogen *m* SKI stem turn

Stemmeisen *n* crowbar

stemmen [A] *v/t* [1] (≈ *stützen*) to press [2] (≈ *hochstemmen*) to lift (above one's head) [B] *v/r* **sich gegen etw ~** to brace oneself against sth; *fig* to oppose sth

Stempel *m* [1] stamp; (≈ *Poststempel*) postmark; (≈ *Viehstempel*) brand; *auf Silber, Gold* hallmark; **einer Sache** (*dat*) **seinen ~ aufdrücken** *fig* to make one's mark on sth [2] TECH (≈ *Prägestempel*) die [3] BOT pistil

Stempelkarte *f* punch card

Stempelkissen *n* ink pad

stempeln [A] *v/t* to stamp; *Brief* to postmark; *Briefmarke* to frank; **j-n zum Lügner/Verbrecher ~** *fig* to brand sb (as) a liar/criminal [B] *umg v/i* [1] **~ gehen** (≈ *arbeitslos sein*) to be on the dole *Br umg*, to be on welfare *US* [2] (≈ *Stempeluhr betätigen*) *beim Hereinkommen* to clock in; *beim Hinausgehen* to clock out

Stempeluhr *f* time clock

Stengel *m* → **Stängel**

Steno *umg f* shorthand

Stenografie *f* shorthand

stenografieren [A] *v/t* to take down in shorthand [B] *v/i* to take shorthand; **können Sie ~?** can you take shorthand?

Stenogramm *n* text in shorthand; **ein ~ aufnehmen** to take shorthand

Stenotypist(in) *m(f)* shorthand typist

Stent *m* MED stent

Steppdecke *f* quilt

Steppe *f* steppe

steppen¹ *v/t & v/i* to (machine-)stitch; *wattierten Stoff* to quilt

steppen² *v/i* to tap-dance

Stepper *m* SPORT step machine

Steppjacke *f* quilted jacket

Stepptanz *m* tap dance

Sterbebett *n* deathbed; **auf dem ~ liegen** to be on one's deathbed

Sterbefall *m* death
Sterbehilfe *f* (≈ *Euthanasie*) euthanasia
sterben *v/t & v/i* to die; **eines natürlichen/gewaltsamen Todes ~** to die a natural/violent death; **an einer Krankheit/Verletzung ~** to die of an illness/from an injury; **daran wirst du nicht ~!** *hum* it won't kill you!; **vor Angst/Durst/Hunger ~** to die of fright/thirst/hunger; **gestorben sein** to be dead; *fig Projekt* to be over and done with; **er ist für mich gestorben** *fig umg* he doesn't exist as far as I'm concerned
Sterben *n* death; **im ~ liegen** to be dying
sterbenskrank *adj* **ich fühle mich ~** I feel like death warmed up *Br*, I feel like death warmed over *US*
Sterbeurkunde *f* death certificate
sterblich *adj* mortal; **j-s ~e Hülle** sb's mortal remains *pl*
Sterbliche(r) *m/f(m)* mortal
Sterblichkeit *f* mortality
Sterblichkeitsrate *f* mortality rate
stereo *adv* (in) stereo
Stereoanlage *f* stereo *umg*
Stereogerät *n* stereo unit
Stereoskop *n* stereoscope
Stereoturm *m* hi-fi stack
stereotyp *fig adj* stereotyped, stereotypical
Stereotyp *n* stereotype
steril *adj* sterile
Sterilisation *f* sterilization
sterilisieren *v/t* to sterilize
Stern *m* star; **in den ~en (geschrieben) stehen** *fig* to be (written) in the stars; **das steht (noch) in den ~en** *fig* it's in the lap of the gods; **unter einem guten** *od* **glücklichen ~ stehen** to be blessed with good fortune; **unter einem unglücklichen ~ stehen** to be ill-fated; **ein Hotel mit drei ~en** a three-star hotel
Sternbild *n* ASTRON constellation; ASTROL sign (of the zodiac)
Sternchen *n* **1** TYPO asterisk **2** FILM starlet
Sternenbanner *n* Stars and Stripes *sg*
sternenbedeckt *adj* starry
Sternenhimmel *m* starry sky
Sternfrucht *f* star fruit
sternhagelvoll *umg adj* roaring drunk *umg*
sternklar *adj Himmel, Nacht* starry *attr*, starlit
Sternkunde *f* astronomy
Sternmarsch *m* POL protest march with marchers converging on assembly point from different directions
Sternschnuppe *f* shooting star
Sternsinger *pl* carol singers *pl*
Sternstunde *f* great moment; **das war meine ~** that was a great moment in my life

Sternwarte *f* observatory
Sternzeichen *n* ASTROL sign of the zodiac; **im ~ der Jungfrau** under the sign of Virgo; **was hast du für ein ~?** what star sign are you?
Steroid *n* steroid
stet *adj* constant; **~er Tropfen höhlt den Stein** *sprichw* constant dripping wears away the stone
Stethoskop *n* stethoscope
stetig **A** *adj* steady; **~es Meckern** constant moaning **B** *adv* steadily
stets *adv* always
Steuer[1] *n* SCHIFF helm; AUTO (steering) wheel; FLUG controls *pl*; **am ~ sein** *fig* to be at the helm; **am ~ sitzen** *od* **sein** AUTO to be at the wheel, to drive; FLUG to be at the controls; **das ~ übernehmen** to take over; **das ~ fest in der Hand haben** *fig* to be firmly in control
Steuer[2] *f* (≈ *Abgabe*) tax; **an Gemeinde** council tax *Br*, local tax *US*; **von Firmen** rates *pl Br*, corporate property tax *US*; **~n** tax; **~n zahlen** to pay tax; **Gewinn vor/nach ~n** pre-/after-tax profit
Steueraufkommen *n* tax yield
steuerbar *adj* (≈ *versteuerbar*) taxable
Steuerbeamte(r) *m*, **Steuerbeamtin** *f* tax officer
Steuerbefreiung *f* tax exemption
steuerbegünstigt *adj* tax-deductible; *Waren* taxed at a lower rate
Steuerbelastung *f* tax burden
Steuerberater(in) *m(f)* tax consultant
Steuerbescheid *m* tax assessment
Steuerbord *n* SCHIFF starboard
Steuereinnahmen *pl* revenue from taxation
Steuerentlastung *f*, **Steuerermäßigung** *f* tax relief
Steuererhöhung *f* tax increase
Steuererklärung *f* tax return
Steuerflucht *f* tax evasion (*by leaving the country*)
Steuerflüchtling *m* tax exile
Steuerfrau *f* *Rudersport* cox(swain)
steuerfrei *adj* tax-free
Steuerfreibetrag *m* tax-exempt income
Steuergelder *pl* taxes *pl*
Steuergerät *n* tuner-amplifier
Steuerharmonisierung *f* tax harmonisation
Steuerhinterziehung *f* tax evasion
Steuerjahr *n* tax year
Steuerklasse *f* tax bracket
Steuerknüppel *m* joystick, control lever *od* column
steuerlich **A** *adj* tax *attr*; **~e Belastung** tax burden **B** *adv* **es ist ~ günstiger ...** for tax purposes it is better ...; **~ abzugsfähig** tax-deductible
Steuermann *m* helmsman; *als Rang* (first) mate;

Rudersport cox(swain); **Zweier mit/ohne ~** coxed/coxless pairs
Steuermarke *f* revenue stamp
steuermindernd **A** *adj* tax-reducing **B** *adv* **sich ~ auswirken** to have the effect of reducing tax
Steuermittel *pl* tax revenue(s) (*pl*)
steuern **A** *v/t* **1** to steer; *Flugzeug* to pilot; *fig Wirtschaft, Politik* to run; IT to control **2** (≈ *regulieren*) to control **B** *v/i* to head; AUTO to drive; SCHIFF to make for, to steer
Steueroase *f*, **Steuerparadies** *n* tax haven
Steuerpflicht *f* liability to tax; **der ~ unterliegen** to be liable to tax
steuerpflichtig *adj* taxable
Steuerpflichtige(r) *m/f(m)* taxpayer
Steuerpolitik *f* tax *od* taxation policy
Steuerprüfer(in) *m(f)* tax inspector, tax auditor *bes US*
Steuerrad *n* FLUG control wheel; AUTO (steering) wheel
Steuerreform *f* tax reform
Steuersatz *m* rate of taxation
Steuerschuld *f* tax(es *pl*) owing *kein unbest art*
Steuersenkung *f* tax cut
Steuersünder(in) *m(f)* tax evader
Steuerung *f* **1** (≈ *das Steuern*) steering; *von Flugzeug* piloting; *fig von Politik, Wirtschaft* running; IT control; (≈ *Regulierung*) regulation; (≈ *Bekämpfung*) control **2** (≈ *Steuervorrichtung*) FLUG controls *pl*; TECH steering apparatus; *elektronisch* control
Steuerungstaste *f* COMPUT control key
Steuerveranlagung *f* tax assessment
Steuervergünstigung *f* tax relief
Steuervorauszahlung *f* advance tax payment
Steuerzahler(in) *m(f)* taxpayer
Steuerzeichen *n* IT control character
Stevia *f* BOT stevia
Steward *m* SCHIFF, FLUG steward
Stewardess *f* stewardess
St. Gallen *n* St. Gall
stibitzen *v/t umg* to pinch *umg*
Stich *m* **1** (≈ *Insektenstich*) sting; (≈ *Mückenstich*) bite; (≈ *Nadelstich*) prick; (≈ *Messerstich*) stab **2** (≈ *Stichwunde*) *von Messer etc* stab wound **3** (≈ *stechender Schmerz*) stabbing pain; (≈ *Seitenstich*) stitch **4** *Handarbeiten* stitch **5** (≈ *Kupferstich, Stahlstich*) engraving **6** (≈ *Schattierung*) tinge (**in** +*akk* of); (≈ *Tendenz*) hint (**in** +*akk* of); **ein ~ ins Rote** a tinge of red **7** KART trick **8** **j-n im ~ lassen** to let sb down; (≈ *verlassen*) to abandon sb; **etw im ~ lassen** to abandon sth
Stichel *m* KUNST gouge
Stichelei *pej umg f* snide remark *umg*, sneering remark
sticheln *pej umg v/i* to make snide remarks *umg*; **gegen j-n ~** to make digs at sb *Br*, to make pokes at sb *US*
Stichflamme *f* tongue of flame
stichhaltig **A** *adj* valid; *Beweis* conclusive; **sein Alibi ist nicht ~** his alibi doesn't hold water **B** *adv* conclusively
Stichling *m* ZOOL stickleback
Stichprobe *f* spot check; SOZIOL (random) sample survey; **~n machen** to carry out spot checks; SOZIOL to carry out a (random) sample survey
Stichsäge *f* fret saw
Stichtag *m* qualifying date
Stichwaffe *f* stabbing weapon
Stichwahl *f* POL final ballot, runoff *US*
Stichwort *n* **1** *in Nachschlagewerken* headword **2** (≈ *Schlüsselwort*) key word **3** THEAT, *a. fig* cue
Stichwortkatalog *m* classified catalogue *Br*, classified catalog *US*
Stichwortverzeichnis *n* index
Stichwunde *f* stab wound
sticken *v/t* & *v/i* to embroider
Sticker *m umg* (≈ *Aufkleber*) sticker
Stickerei *f* embroidery
Stickgarn *n* embroidery thread
stickig *adj Luft, Zimmer* stuffy; *Klima* sticky; *fig Atmosphäre* oppressive
Sticknadel *f* embroidery needle
Stickoxid *n* nitrogen oxide
Stickstoff *m* nitrogen
Stiefbruder *m* stepbrother
Stiefel *m* boot
Stiefelette *f* (≈ *Frauenstiefelette*) bootee; (≈ *Männerstiefelette*) half-boot
Stiefelknecht *m* bootjack
Stiefeltern *pl* step-parents *pl*
Stiefkind *n* stepchild; *fig* poor cousin
Stiefmutter *f* stepmother
Stiefmütterchen *n* BOT pansy
stiefmütterlich *fig adv* **j-n/etw ~ behandeln** to pay little attention to sb/sth
Stiefschwester *f* stepsister
Stiefsohn *m* stepson
Stieftochter *f* stepdaughter
Stiefvater *m* stepfather
Stiege *f* (≈ *schmale Treppe*) (narrow) flight of stairs
Stieglitz *m* goldfinch
Stiel *m* (≈ *Griff*) handle; (≈ *Pfeifenstiel, Glasstiel, Blütenstiel*) stem; (≈ *Stängel*) stalk; (≈ *Blattstiel*) leafstalk
Stielaugen *fig umg pl* **~ machen** to gawp
Stielglas *n* stemmed glass
stier **A** *adj Blick* vacant **B** *adv starren* vacantly
Stier *m* **1** bull; (≈ *junger Stier*) bullock; **den ~ bei**

den Hörnern packen od **fassen** sprichw to take the bull by the horns sprichw ☐ ASTROL Taurus; **(ein) ~ sein** to be (a) Taurus

stieren v/i to stare (**auf** +akk at)

Stierkampf m bullfight

Stierkampfarena f bullring

Stierkämpfer(in) m(f) bullfighter

Stift¹ m ☐ (≈ Metallstift) pin; (≈ Holzstift) peg; (≈ Nagel) tack ☐ zum Schreiben pen; (≈ Bleistift) pencil; (≈ Buntstift) crayon; (≈ Filzstift) felt-tipped pen; (≈ Kugelschreiber) ballpoint (pen) ☐ umg (≈ Lehrling) apprentice (boy)

Stift² n (≈ Domstift) cathedral chapter; (≈ Theologiestift) seminary

stiften v/t ☐ (≈ gründen) to found; (≈ spenden, spendieren) to donate; Preis, Stipendium etc to endow ☐ Verwirrung, Unfrieden, Unheil to cause; Frieden to bring about

Stifter(in) m(f) (≈ Gründer) founder; (≈ Spender) donator

Stiftung f foundation; (≈ Schenkung) donation; Stipendium etc endowment

Stiftzahn m post crown

Stigma n stigma

Stil m style; (≈ Eigenart) way; **im großen ~** in a big way; **... alten ~s** old-style ...; **das ist schlechter ~** fig that is bad form

Stilblüte hum f stylistic howler Br umg, stylistic blooper US umg

Stilbruch m stylistic incongruity; in Roman etc abrupt change in style

Stilebene f style level

stilisieren v/t to stylize

Stilistik f LIT stylistics sg; (≈ Handbuch) guide to good style

stilistisch adj stylistic; **etw ~ ändern/verbessern** to change/improve the style of sth

still ☐ adj ☐ (≈ ruhig) quiet; Gebet, Vorwurf, Beobachter silent; **~ sein** to keep quiet; **~ werden** to go quiet; **um ihn/darum ist es ~ geworden** you don't hear anything about him/it any more; **in ~em Gedenken** in silent tribute; **im Stillen** without saying anything, secretly; **ich dachte mir im Stillen** I thought to myself; **sei doch ~!** be quiet ☐ (≈ unbewegt) Luft still; See calm; (≈ ohne Kohlensäure) Mineralwasser still; **der Stille Ozean** the Pacific (Ocean); **~e Wasser sind tief** sprichw still waters run deep sprichw ☐ (≈ heimlich) secret; **im Stillen** in secret ☐ HANDEL Teilhaber sleeping Br, silent US; Reserven, Rücklagen secret ☐ adv ☐ (≈ leise) quietly; leiden in silence; auseinandergehen, weggehen silently; **~ lächeln** to give a quiet smile; **ganz ~ und leise** erledigen discreetly ☐ (≈ unbewegt) still; **~ halten** to keep still; **~ sitzen** to sit still

Stille f ☐ (≈ Ruhe) quiet(ness); (≈ Schweigen) silence; **in aller ~** quietly ☐ (≈ Unbewegtheit) calm(ness); der Luft stillness ☐ (≈ Heimlichkeit) secrecy; **in aller ~** secretly

stillen ☐ v/t ☐ (≈ zum Stillstand bringen) Tränen to stop; Schmerzen to ease; Blutung to staunch ☐ (≈ befriedigen) to satisfy; Durst to quench ☐ Säugling to breast-feed ☐ v/i to breast-feed

Stillhalteabkommen n FIN, a. fig moratorium

stillhalten fig v/i to keep quiet

Stillleben n still life

stilllegen v/t to close down

Stilllegung f closure

stillos adj lacking in style; (≈ fehl am Platze) incongruous

Stillosigkeit f lack of style kein pl

stillschweigen v/i to remain silent

Stillschweigen n silence; **j-m ~ auferlegen** to swear sb to silence; **beide Seiten haben ~ vereinbart** both sides have agreed not to say anything

stillschweigend ☐ adj silent; Einverständnis tacit ☐ adv tacitly; **über etw (akk) ~ hinweggehen** to pass over sth in silence; **etw ~ hinnehmen** to accept sth silently

stillsitzen v/i to sit still

Stillstand m standstill; vorübergehend interruption; in Entwicklung halt; **zum ~ kommen** to come to a standstill; Maschine, Motor, Herz, Blutung to stop; Entwicklung to come to a halt; **etw zum ~ bringen** to bring sth to a standstill; Maschine, Motor, Blutung to stop sth; Entwicklung to bring sth to a halt

stillstehen v/i ☐ to be at a standstill; Fabrik, Maschine to be idle; Herz to have stopped ☐ (≈ stehen bleiben) to stop; Maschine to stop working

Stilmittel n stylistic device

Stilmöbel pl period furniture sg

Stilrichtung f style

stilvoll ☐ adj stylish ☐ adv stylishly

Stilwörterbuch n dictionary of correct usage

Stimmabgabe f voting

Stimmband n vocal chord

stimmberechtigt adj entitled to vote

Stimmbruch m → Stimmwechsel

Stimmbürger(in) m(f) schweiz voter

Stimme f ☐ wörtl, fig voice; MUS (≈ Part) part; **mit leiser/lauter ~** in a soft/loud voice; **die ~n mehren sich, die ...** there is a growing number of people calling for ...; **der ~ des Gewissens folgen** to act according to one's conscience ☐ (≈ Wahlstimme) vote; **eine ~ haben** to have the vote; (≈ Mitspracherecht) to have a say; **keine ~ haben** not to be entitled to vote; (≈ Mitspracherecht) to have no say; **seine ~ abgeben** to cast one's vote

stimmen ☐ v/i ☐ (≈ richtig sein) to be right;

stimmt es, dass ...? is it true that ...?; **das stimmt** that's right; **du brauchst ein Lineal, stimmts?** you need a ruler, right?; **das stimmt nicht** that's not right, that's wrong; **hier stimmt was nicht!** there's something wrong here; **stimmt so!** keep the change [2] (≈ *zusammenpassen*) to go (together) [3] (≈ *wählen*) to vote; **für/gegen j-n/etw ~** to vote for/against sb/sth [B] *v/t Instrument* to tune; **j-n froh/traurig ~** to make sb (feel) cheerful/sad; → **gestimmt**

Stimmenanteil *m* share of the vote; **ein ~ von 3%** three per cent of the votes

Stimmenfang *umg m* canvassing; **auf ~ sein/gehen** to be/go canvassing

Stimmengewichtung *f* weighting of votes

Stimmengleichheit *f* tie

Stimmenmehrheit *f* majority (of votes)

Stimmenthaltung *f* abstention

Stimmgabel *f* tuning fork

stimmhaft [A] *adj* LING voiced [B] *adv* LING **~ ausgesprochen werden** to be voiced

stimmig *adj Argumente* coherent

Stimmlage *f* MUS voice, register

stimmlos [A] *adj* LING voiceless [B] *adv* LING **~ ausgesprochen werden** not to be voiced

Stimmrecht *n* right to vote

Stimmung *f* [1] mood; (≈ *Atmosphäre*) atmosphere; *unter den Arbeitern* morale; **in (guter) ~** in a good mood; **in schlechter ~** in a bad mood; **in ~ kommen** to liven up; **für ~ sorgen** to make sure there is a good atmosphere [2] (≈ *Meinung*) opinion; **~ gegen/für j-n/etw machen** to stir up (public) opinion against/in favour of sb/sth *Br*, to stir up (public) opinion against/in favor of sb/sth *US*

Stimmungskanone *f* **sie ist eine richtige ~** she's always the life and soul of the party

Stimmungsmache *pej f* cheap propaganda

stimmungsvoll *adj Bild* idyllic; *Atmosphäre* tremendous; *Beschreibung* atmospheric

Stimmungswandel *m* change of atmosphere; POL change in (public) opinion

Stimmwechsel *m* **er ist im ~** his voice is breaking

Stimmzettel *m* ballot paper

Stimulation *f* stimulation

stimulieren *v/t* to stimulate

stinkbesoffen *adj umg* plastered *umg*

Stinkbombe *f* stink bomb

Stinkefinger *umg m* **j-m den ~ zeigen** to give sb the finger *umg*, to give sb the bird *US umg*

stinken *v/i* [1] to stink, to smell (**nach** of); **wie die Pest ~** *umg* to stink to high heaven *umg* [2] *fig umg* **er stinkt nach Geld** he's stinking rich *umg*; **das stinkt zum Himmel** it's an absolute scandal; **an der Sache stinkt etwas** there's something fishy about it *umg*; **mir stinkts (gewaltig)!** *umg* I'm fed up to the back teeth (with it) *Br umg*, I'm fed up to the back of my throat (with it) *US umg*

stinkend *adj* stinking

stinkfaul *umg adj* bone idle *Br umg*

stinkig *umg adj* stinking; (≈ *verärgert*) pissed off *sl*

stinklangweilig *umg adj* deadly boring

stinknormal *umg adj* boringly normal

stinkreich *umg adj* stinking rich *Br umg*, rolling in it *umg*

stinksauer *sl adj* pissed off *sl*

Stinktier *n* skunk

stinkvornehm *adj umg* dead posh *umg*

Stinkwut *umg f* **eine ~ (auf j-n) haben** to be livid (with sb)

Stipendiat(in) *m(f)* scholarship holder

Stipendium *n als Auszeichnung etc erhalten* scholarship; *zur allgemeinen Unterstützung des Studiums* grant

Stippvisite *umg f* flying visit

Stirn *f* forehead; **die ~ runzeln** to wrinkle one's brow, to frown; **es steht ihm auf der ~ geschrieben** it is written all over his face; **die ~ haben, zu ...** to have the effrontery to ...; **j-m/einer Sache die ~ bieten** *geh* to defy sb/sth

Stirnband *n* headband

Stirnhöhle *f* frontal sinus

Stirnhöhlenkatarrh *m* sinusitis

Stirnrunzeln *n* frown

stöbern *v/i* to rummage (**in** +*dat* in *od* **durch** through); *nach Informationen* to trawl

stochern *v/i* to poke (**in** +*dat* at); *im Essen* to pick (**in** +*dat* at); **sich** (*dat*) **in den Zähnen ~** to pick one's teeth

Stock *m* [1] stick; (≈ *Rohrstock*) cane; (≈ *Taktstock*) baton; (≈ *Zeigestock*) pointer; (≈ *Billardstock*) cue; **am ~ gehen** to walk with (the aid of) a stick; *fig umg* to be in a bad way [2] *Pflanze* (≈ *Rebstock*) vine; (≈ *Blumenstock*) pot plant [3] (≈ *Stockwerk*) floor; **im ersten ~** on the first floor *Br*, on the second floor *US*; **im oberen ~** upstairs; **im unteren ~** downstairs

stockbesoffen *umg adj* dead drunk *umg*

Stockbett *n* bunk bed

stockdunkel *umg adj* pitch-dark

Stöckelschuh *m* high-heeled shoe

stocken *v/i Herz, Puls* to skip a beat; *Worte* to falter; (≈ *nicht vorangehen*) *Arbeit, Entwicklung* to make no progress; *Unterhaltung* to flag; *Verhandlungen* to grind to a halt; *Geschäfte* to stagnate; *Verkehr* to be held up; **ihm stockte der Atem** he caught his breath; **ihre Stimme stockte** she *od* her voice faltered

stockend adj faltering; Verkehr stop-go Br, stop-and-go US; **der Verkehr kam nur ~ voran** traffic was stop and go

Stockente f mallard

Stockerl n österr (≈ Hocker) stool

Stockfisch m dried cod; pej Mensch stick-in-the-mud pej umg

Stockholm n Stockholm

stockkonservativ umg adj archconservative

stocknüchtern umg adj stone-cold sober umg

stocksauer umg adj pissed off sl

Stockschirm m stick umbrella

stocktaub umg adj as deaf as a post

Stockung f 1 (≈ vorübergehender Stillstand) interruption (+gen od **in** +dat in); (≈ Verkehrsstockung) congestion 2 von Verhandlungen breakdown (+gen of, in); von Geschäften slackening off (+gen in)

Stockwerk n floor; **im 5. ~** on the 5th floor Br, on the 6th floor US

Stockzahn m österr molar (tooth)

Stoff m 1 material; als Materialart cloth 2 (≈ Materie) matter 3 (≈ Substanz), a. CHEM substance; **tierische ~e** animal substance; **pflanzliche ~e** vegetable matter 4 (≈ Thema) subject (matter); (≈ Diskussionsstoff) topic; **~ für ein** od **zu einem Buch sammeln** to collect material for a book 5 umg (≈ Rauschgift) dope umg

Stoffbeutel m cloth bag

Stoffel pej umg m lout umg

stofflich adj 1 Philosophie, a. CHEM material 2 (≈ den Inhalt betreffend) as regards subject matter

Stoffpuppe f rag doll

Stoffrest m remnant

Stofftier n soft toy

Stoffwechsel m metabolism

Stoffwechselkrankheit f metabolic disease

stöhnen v/i to groan; (≈ klagen) to moan; **~d** with a groan

stoisch adj Philosophie Stoic; fig stoic(al)

Stollen m 1 Bergbau, a. MIL gallery 2 GASTR stollen 3 (≈ Schuhstollen) stud

Stollenschuh m studded shoe; für Rugby rugby boot

stolpern v/i to stumble (**über** +akk over); fig (≈ zu Fall kommen) to come unstuck bes Br umg; **j-n zum Stolpern bringen** wörtl to trip sb up; fig to be sb's downfall

Stolperstein fig m stumbling block

stolz A adj 1 proud (**auf** +akk of); **darauf kannst du ~ sein** that's something to be proud of 2 (≈ imposant) Bauwerk, Schiff majestic; iron (≈ stattlich) Preis princely B adv proudly

Stolz m pride; **sein Garten ist sein ganzer ~** his garden is his pride and joy

stolzieren v/i to strut; hochmütig to stalk

stopfen A v/t 1 (≈ ausstopfen, füllen) to stuff; Pfeife, Loch to fill; **j-m den Mund ~** umg to silence sb 2 (≈ ausbessern) to mend; fig Haushaltslöcher etc to plug B v/i 1 Speisen (≈ verstopfen) to cause constipation; (≈ sättigen) to be filling 2 (≈ flicken) to darn

Stopfgarn n darning cotton od thread

stopp int stop

Stopp m stop; (≈ Lohnstopp) freeze

Stoppel f stubble

Stoppelbart m stubbly beard

Stoppelfeld n stubble field

stopp(e)lig adj stubbly

stoppen A v/t 1 (≈ anhalten) to stop 2 (≈ Zeit abnehmen) to time B v/i (≈ anhalten) to stop

Stopper m am Rollschuh etc stopper

Stopplicht n AUTO brake light

Stoppschild n stop sign

Stoppstraße f road with stop signs stop street US

Stopptaste f stop button

Stoppuhr f stopwatch

Stöpsel m plug; (≈ Pfropfen) stopper; (≈ Korken) cork

Stör m ZOOL sturgeon

Störaktion f disruptive action kein pl

störanfällig adj Technik, Kraftwerk susceptible to faults; Gerät, Verkehrsmittel liable to break down; fig Verhältnis shaky

Storch m stork

stören A v/t 1 (≈ beeinträchtigen) to disturb; Verhältnis, Harmonie to spoil; Rundfunkempfang to interfere with; absichtlich to jam; **j-s Pläne ~** to interfere with sb's plans; → **gestört** 2 Prozess, Feier to disrupt 3 (≈ unangenehm berühren) to disturb; **was mich an ihm/daran stört** what I don't like about him/it; **entschuldigen Sie, wenn ich Sie störe** I'm sorry if I'm disturbing you; **stört es Sie, wenn ich rauche?** do you mind if I smoke?; **das stört mich nicht** that doesn't bother me, I don't mind; **sie lässt sich durch nichts ~** she doesn't let anything bother her B v/r **sich an etw** (dat) **~** to be bothered about sth C v/i (≈ lästig sein) to get in the way; (≈ unterbrechen) to interrupt; (≈ Belästigung darstellen) to be disturbing; **bitte nicht ~!** please do not disturb!; **störe ich?** am I disturbing you?; **etw als ~d empfinden** to find sth bothersome; **eine ~de Begleiterscheinung** a troublesome side effect

Störenfried m, **Störer(in)** m(f) troublemaker

Störfaktor m source of friction, disruptive factor

Störfall m in Kernkraftwerk etc malfunction, accident

Störmanöver n disruptive action

stornieren v/t & v/i HANDEL *Auftrag, Flug* to cancel; *Buchungsfehler* to reverse

Stornierung f HANDEL *von Auftrag* cancellation; *von Buchung* reversal

Stornierungsgebühr f cancellation fee

Storno m/n HANDEL *von Buchungsfehler* reversal; *von Auftrag* cancellation

störrisch adj obstinate; *Kind, Haare* unmanageable; *Pferd* refractory; **sich ~ verhalten** to act stubborn

Störsender m RADIO jamming transmitter

Störung f **1** disturbance **2** *von Ablauf, Verhandlungen etc* disruption **3** (≈ *Verkehrsstörung*) hold-up **4** TECH fault **5** RADIO interference; *absichtlich* jamming; **atmosphärische ~en** atmospherics pl **6** MED disorder

störungsfrei adj trouble-free; RADIO free from interference

Störungsstelle f TEL faults service

Story f story; (≈ *Handlungsverlauf*) storyline

Storyboard n *gezeichnete Version eines Drehbuchs* storyboard

Stoß m **1** push; *leicht* poke; *mit Faust* punch; *mit Fuß* kick; *mit Ellbogen* nudge; (≈ *Dolchstoß etc*) stab; *Fechten* thrust; (≈ *Schwimmstoß*) stroke; (≈ *Atemstoß*) gasp; **sich** (dat) **einen ~ geben** to pluck up courage **2** (≈ *Anprall*) impact; (≈ *Erdstoß*) tremor **3** (≈ *Stapel*) pile, stack

Stoßdämpfer m AUTO shock absorber

stoßen **A** v/t **1** (≈ *einen Stoß versetzen*) to push; *leicht* to poke; *mit Faust* to punch; *mit Fuß* to kick; *mit Ellbogen* to nudge; (≈ *stechen*) *Dolch* to thrust; **j-n von sich ~** to push sb away; *fig* to cast sb aside **2** (≈ *werfen*) to push; SPORT *Kugel* to put **3** (≈ *zerkleinern*) *Zimt, Pfeffer* to pound **B** v/r to bump *od* bang oneself; **sich an etw** (dat) **~** *wörtl* to bump *etc* oneself on sth; *fig* to take exception to sth **C** v/i **1** (≈ *treffen, prallen*) to run into *a. fig*; **gegen etw ~** to run into sth, to hit sth; **zu j-m ~** to meet up with sb; **auf j-n ~** to bump into sb; **auf etw** (akk) **~** *Straße* to lead into *od* onto sth; *Schiff* to hit sth; *fig* (≈ *entdecken*) to come upon sth; **auf Erdöl ~** to strike oil; **auf Widerstand ~** to meet with resistance **2** *Gewichtheben* to jerk

stoßfest adj shockproof

Stoßseufzer m deep sigh

Stoßstange f AUTO bumper

Stoßverkehr m rush-hour traffic

Stoßzahn m tusk

Stoßzeit f *im Verkehr* rush hour; *in Geschäft etc* peak period

Stotterer m, **Stotterin** f stutterer

stottern v/t & v/i to stutter; *Motor* to splutter; **ins Stottern kommen** to start stuttering

Stövchen n (*teapot etc*) warmer

Str. abk (= **Straße**) St.; Rd

Strafanstalt f prison

Strafantrag m action, legal proceedings pl; **~ stellen** to institute legal proceedings

Strafanzeige f **~ gegen j-n erstatten** to bring a charge against sb

Strafarbeit f SCHULE extra work *kein pl; schriftlich* lines pl

Strafbank f SPORT penalty bench

strafbar adj *Vergehen* punishable; **~e Handlung** punishable offence Br, punishable offense US; **sich ~ machen** to commit an offence Br, to commit an offense US

Strafbefehl m JUR order of summary punishment

Strafe f punishment; JUR, SPORT penalty; (≈ *Geldstrafe*) fine; (≈ *Gefängnisstrafe*) sentence; **es ist bei ~ verboten, ...** it is a punishable offence ... Br, it is a punishable offense ... US; **unter ~ stehen** to be a punishable offence Br, to be a punishable offense US; **eine ~ von drei Jahren Gefängnis** a three-year prison sentence; **100 Dollar ~ zahlen** to pay a 100 dollar fine; **zur ~ as a punishment; seine gerechte ~ bekommen** to get one's just deserts

strafen v/t to punish; **mit etw gestraft sein** to be cursed with sth

strafend adj punitive; *Blick, Worte* reproachful; **j-n ~ ansehen** to give sb a reproachful look

Straferlass m remission (of sentence); **allgemeiner ~** amnesty

straff **A** adj *Seil* taut; *Haut* smooth; *Busen* firm; (≈ *straff sitzend*) *Hose etc* tight; *fig* (≈ *streng*) *Disziplin, Politik* strict **B** adv (≈ *stramm*) tightly; (≈ *streng*) reglementieren strictly; **~ sitzen** to fit tightly

straffällig adj **~ werden** to commit a criminal offence Br, to commit a criminal offense US

Straffällige(r) m/f(m) offender

straffen **A** v/t to tighten; (≈ *raffen*) *Handlung, Darstellung* to tighten up; **die Zügel ~** *fig* to tighten the reins **B** v/r to tighten; *Haut* to become smooth

strafrei adj & adv not subject to prosecution; **~ bleiben** *od* **ausgehen** to go unpunished

Straffreiheit f immunity from prosecution

Strafgebühr f surcharge

Strafgefangene(r) m/f(m) detainee, prisoner

Strafgericht n criminal court; **ein ~ abhalten** to hold a trial

Strafgesetz n criminal law

Strafgesetzbuch n Penal Code

Strafkammer f division for criminal matters (of a court)

sträflich **A** adj criminal **B** adv *vernachlässigen etc* criminally

Sträfling *obs* m prisoner, convict

Strafmandat *n* ticket
Strafmaß *n* sentence
strafmildernd *adj* extenuating
Strafminute *f* SPORT **er erhielt zwei ~n** he was sent off for two minutes
Strafpredigt *f* **j-m eine ~ halten** to give sb a lecture
Strafprozess *m* criminal proceedings *pl*
Strafprozessordnung *f* code of criminal procedure
Strafpunkt *m* SPORT penalty point
Strafraum *m* SPORT penalty area; FUSSB *a.* penalty box
Strafrecht *n* criminal law
strafrechtlich A *adj* criminal B *adv* **j-n/etw ~ verfolgen** to prosecute sb/sth
Strafregister *n* police records *pl*; *hum umg* record; **er hat ein langes ~** he has a long (criminal) record
Strafsache *f* JUR criminal matter
Strafschuss *m* SPORT penalty (shot)
Strafstoß *m* FUSSB *etc* penalty (kick)
Straftat *f* criminal offence *Br*, criminal offense *US*
Straftäter(in) *m(f)* offender
Strafverfahren *n* criminal proceedings *pl*
strafversetzen *v/t Beamte* to transfer for disciplinary reasons
Strafverteidiger(in) *m(f)* defence counsel *od* lawyer *Br*, defense counsel *od* lawyer *US*
Strafvollzug *m* penal system; **offener ~** non--confinement
Strafvollzugsanstalt *form f* penal institution
Strafzettel *m* JUR ticket
Strahl *m* **1** (≈ *Sonnenstrahl*) shaft of light; (≈ *Radiostrahl, Laserstrahl etc*) beam **2** (≈ *Wasserstrahl*) jet
Strahlemann *m umg* smiley
strahlen *v/i* **1** *Sonne, Licht etc* to shine; *Sender* to beam; (≈ *glühen*) to glow (**vor** +*dat* with); *radioaktiv* to give off radioactivity **2** (≈ *leuchten*) to gleam; *fig Gesicht* to beam; *Augen* to shine; **das ganze Haus strahlte vor Sauberkeit** the whole house was sparkling clean; **er strahlte vor Freude** he was beaming with happiness
Strahlenbehandlung *f* MED ray treatment
Strahlenbelastung *f* radiation
strahlend *adj* radiant; *Wetter, Tag* glorious; *Sonnenschein* bright; *Farben* brilliant; **mit ~em Gesicht** with a beaming face; **es war ein ~ schöner Tag** it was a glorious day
Strahlendosis *f* dose of radiation; **maximal zulässige ~** NUKL maximum permissible dose of radiation, maximum permissible exposure to radiation
strahlenförmig *adj* radial; **sich ~ ausbreiten** to radiate out
strahlengeschädigt *adj* suffering from radiation damage
Strahlenkrankheit *f* radiation sickness
Strahlenschäden *pl* radiation injuries *pl*
Strahlenschutz *m* radiation protection
Strahlentherapie *f* radiotherapy
Strahlentod *m* death through radiation
strahlenverseucht *adj* contaminated (with radiation)
Strahler *m Lampe* spotlight
Strahlung *f* radiation
strahlungsarm *adj Monitor* low-radiation
Strähnchen *pl* highlights *pl*
Strähne *f* (≈ *Haarsträhne*) strand
strähnig *adj Haar* straggly
stramm A *adj* (≈ *straff*) tight; *Haltung* erect; *Mädchen, Junge* strapping; *Beine* sturdy; *Brust* firm; *umg Tempo* brisk; (≈ *überzeugt*) staunch; **~e Haltung annehmen** to stand to attention B *adv binden* tightly; **~ sitzen** to be tight; **~ arbeiten** *umg* to work hard; **~ marschieren** *umg* to march hard; **~ konservativ** *umg* staunchly conservative
strammstehen *v/i* MIL *umg* to stand to attention
Strampelhöschen *n* rompers *pl*
strampeln *v/i* **1** *mit Beinen* to flail about; *Baby* to thrash about **2** *umg* (≈ *Rad fahren*) to pedal **3** *umg* (≈ *sich abrackern*) to (sweat and) slave
Strand *m* (≈ *Meeresstrand*) beach; (≈ *Seeufer*) shore; **am ~** (≈ *am Meer*) on the beach; (≈ *am Seeufer*) on the shore
Strandbad *n* (seawater) swimming pool; (≈ *Badeort*) bathing resort
stranden *v/i* to be stranded; *fig* to fail
Strandgut *wörtl, fig n* flotsam and jetsam
Strandkorb *m* wicker beach chair with a hood
Strandlaken *n* beach towel
Strandläufer *m* ORN sandpiper
Strandmuschel *f* beach shelter
Strandnähe *f* **in ~** near the beach
Strandpromenade *f* promenade
Strandurlaub *m* beach holiday *Br*, beach vacation *US*
Strang *m* (≈ *Nervenstrang, Muskelstrang*) cord; (≈ *DNA-Strang*) strand; (≈ *Wollstrang*) hank; **der Tod durch den ~** death by hanging; **am gleichen ~ ziehen** *fig* to pull together; **über die Stränge schlagen** *umg* to run wild *umg*
strangulieren *v/t* to strangle
Strapaze *f* strain
strapazieren A *v/t* to be a strain on; *Schuhe, Kleidung* to be hard on; *Nerven* to strain; *Geduld* to try B *v/r* to tax oneself
strapazierfähig *adj Schuhe, Kleidung, Material*

hard-wearing; *fig umg Nerven* strong
strapaziös *adj* exhausting
Straps *m* suspender belt *Br*, garter belt *US*
Straßburg *n* Strasbourg
Straße *f* **1** road; *in Stadt, Dorf* street; (≈ *kleine Landstraße*) lane; **auf der ~** in the street; **an der ~** by the roadside; **in seiner ~** in *od* on his street; **auf die ~ gehen** *wörtl* to go out on the street; *als Demonstrant* to take to the streets; *als Prostituierte* to go on the streets; **auf die ~ gesetzt werden** *umg* to be turned out (onto the streets); *als Arbeiter* to be sacked *Br umg*; **auf der ~ leben** to sleep rough; **über die ~ gehen** to cross (the road/street); **etw über die ~ verkaufen** to sell sth to take away *Br od* to take out *US*; **das Geld liegt nicht auf der ~** money doesn't grow on trees; **der Mann auf der ~** *fig* the man in the street **2** (≈ *Meerenge*) strait(s) (*pl*); **die ~ von Dover** *etc* the Straits of Dover *etc* **3** TECH (≈ *Fertigungsstraße*) (production) line
Straßenarbeiten *pl* roadworks *pl Br*, roadwork *sg US*
Straßenarbeiter(in) *m(f)* roadworker
Straßenbahn *f* (≈ *Wagen*) tram *bes Br*, streetcar *US*; (≈ *Netz*) tramway(s) *bes Br*, streetcar system *US*; **mit der ~** by tram *bes Br*, by streetcar *US*
Straßenbahnhaltestelle *f* tram stop *bes Br*, streetcar stop *US*
Straßenbahnlinie *f* tramline *bes Br*, streetcar line *US*
Straßenbahnwagen *m* tram *bes Br*, streetcar *US*
Straßenbau *m* road construction
Straßenbauarbeiten *pl* roadworks *pl*
Straßenbelag *m* road surface
Straßenbeleuchtung *f* street lighting
Straßenbenutzungsgebühr *f* (road) toll
Straßencafé *n* pavement café *Br*, sidewalk café *US*
Straßenfeger(in) *m(f)* road sweeper
Straßenfest *n* street party
Straßenführung *f* route
Straßenglätte *f* slippery road surface
Straßengraben *m* ditch
Straßenjunge *pej m* street urchin
Straßenkampf *m* street fighting *kein pl*; **ein ~** a street fight *od* battle
Straßenkarte *f* road map
Straßenkehrer(in) *m(f)* road sweeper
Straßenkreuzer *umg m* limo *umg*
Straßenkreuzung *f* crossroads *sg od pl*, intersection *US*
Straßenkünstler(in) *m(f)* street performer
Straßenlage *f* AUTO road holding
Straßenlaterne *f* streetlamp
Straßenmädchen *n* prostitute
Straßenmusikant(in) *m(f)* street musician, busker
Straßennetz *n* road network
Straßenrand *m* roadside
Straßenreinigung *f* street cleaning
Straßenschild *n* street sign
Straßenschlacht *f* street battle
Straßensperre *f* roadblock
Straßenstrich *umg m* walking the streets; *Gegend* red-light district
Straßentransport *m* road transport *od* haulage; **im ~** by road
Straßenverhältnisse *pl* road conditions *pl*
Straßenverkauf *m* street trading; (≈ *Außerhausverkauf*) takeaway sales *pl Br*, takeout sales *pl US*
Straßenverkehr *m* traffic
Straßenverkehrsordnung *f* ≈ Highway Code *Br*, traffic rules and regulations *pl*
Straßenverzeichnis *n* street directory
Straßenzustand *m* road conditions *pl*
Straßenzustandsbericht *m* road report
Stratege *m*, **Strategin** *f* strategist
Strategie *f* strategy
Strategiespiel *n* IT strategy game
strategisch **A** *adj* strategic **B** *adv* strategically
Stratosphäre *f* stratosphere
sträuben **A** *v/r* **1** *Haare, Fell* to stand on end; *Gefieder* to become ruffled; **da ~ sich einem die Haare** it's enough to make your hair stand on end **2** *fig* to resist (**gegen etw** sth) **B** *v/t Gefieder* to ruffle
Strauch *m* bush
Strauchtomate *f* vine-ripened tomato
Strauchwerk *n* (≈ *Gebüsch*) bushes *pl*; (≈ *Gestrüpp*) undergrowth
Strauß¹ *m* ostrich; **wie der Vogel ~** like an ostrich
Strauß² *m* bunch; (≈ *Blumenstrauß*) bunch of flowers
strawanzen *v/i österr* (≈ *sich herumtreiben*) to hang around *umg*
Streamer *m* COMPUT streamer
Strebe *f* brace; (≈ *Deckenstrebe*) joist
streben *geh v/i* **1** (≈ *sich bemühen*) to strive (**nach, an** +*akk od* **zu** for); SCHULE *pej* to swot *umg*; **danach ~, etw zu tun** to strive to do sth; **in die Ferne ~** to be drawn to distant parts **2** (≈ *sich bewegen*) **nach** *od* **zu etw ~** to make one's way to sth
Streben *n* (≈ *Drängen*) striving (**nach** for); *nach Ruhm, Geld* aspiration (**nach** to); (≈ *Bemühen*) efforts *pl*
Strebepfeiler *m* buttress
Streber(in) *pej umg m(f)* eager beaver *umg*; SCHULE swot *Br umg*, grind *US umg*
strebsam *adj* assiduous

Strecke f **1** (≈ *Entfernung zwischen zwei Punkten*), a. SPORT distance; MATH line (*between two points*); **eine ~ zurücklegen** to cover a distance **2** (≈ *Abschnitt von Straße, Fluss*) stretch; *von Bahnlinie* section **3** (≈ *Weg, Route, Flugstrecke*) route; (≈ *Straße*) road; (≈ *Bahnlinie*) track; *fig* (≈ *Passage*) passage; **auf** *od* **an der ~ Paris-Brüssel** on the way from Paris to Brussels; **auf freier** *od* **offener ~** *bes* BAHN on the open line; **auf weite ~n (hin)** for long stretches; **auf der ~ bleiben** *bei Rennen* to drop out of the running; *in Konkurrenzkampf* to fall by the wayside **4** JAGD (≈ *Jagdbeute*) kill; **zur ~ bringen** to kill; *fig Verbrecher* to hunt down

strecken **A** v/t **1** *Arme, Beine* to stretch; *Hals* to crane **2** *umg Vorräte, Geld* to eke out; *Arbeit* to drag out *umg*; *Essen, Suppe* to make go further, to eke out; (≈ *verdünnen*) to thin down, to dilute **B** v/r **1** (≈ *sich recken*) to stretch **2** (≈ *sich hinziehen*) to drag on

Streckenabschnitt m BAHN track section
Streckenführung f BAHN route
Streckennetz n rail network
streckenweise *adv* in parts
Streckverband m MED *bandage used in traction*
Streetball m streetball
Streetworker(in) m(f) outreach worker
Streich m (≈ *Schabernack*) prank, trick; **j-m einen ~ spielen** *wörtl* to play a trick on sb; *fig Gedächtnis etc* to play tricks on sb
Streicheleinheiten pl (≈ *Zärtlichkeit*) tender loving care *sg*
streicheln v/t & v/i to stroke; (≈ *liebkosen*) to caress
Streichelzoo m petting zoo
streichen **A** v/t **1** *mit der Hand* to stroke; **etw glatt ~** to smooth sth (out) **2** (≈ *auftragen*) *Butter, Marmelade etc* to spread; *Salbe, Farbe etc* to apply **3** (≈ *anstreichen*) *mit Farbe* to paint; **frisch gestrichen!** wet paint *Br*, fresh paint *US* **4** (≈ *tilgen*) *Zeile, Satz* to delete; *Auftrag, Plan etc* to cancel; *Schulden* to write off; *Zuschuss, Gelder, Arbeitsplätze etc* to cut; **j-n/etw von** *od* **aus der Liste ~** to take sb/sth off the list **5** SCHIFF *Segel, Flagge, Ruder* to strike **6** → **gestrichen B** v/i **1** (≈ *über etw hinfahren*) to stroke; **mit der Hand über etw** (*akk*) **~** to stroke sth (with one's hand); **mit dem Finger über etw** (*akk*) **~** to run a finger over sth **2** (≈ *streifen*) to brush past (**an** +*dat* sth); *Wind* to waft; **um/durch etw ~** (≈ *herumstreichen*) to prowl around/through sth **3** (≈ *malen*) to paint
Streicher pl MUS strings pl
Streichholz n match
Streichholzschachtel f matchbox

Streichinstrument n string(ed) instrument; **die ~e** the strings
Streichkäse m cheese spread
Streichorchester n string orchestra
Streichquartett n string quartet
Streichquintett n string quintet
Streichung f *von Zeile, Satz* deletion; (≈ *Kürzung*) cut; *von Auftrag, Plan etc* cancellation; *von Schulden* writing off; *von Zuschüssen, Arbeitsplätzen etc* cutting
Streichwurst f ≈ meat paste
Streife f (≈ *Patrouille*) patrol; **auf ~ gehen/sein** to go/be on patrol
streifen **A** v/t **1** (≈ *flüchtig berühren*) to touch, to brush (against); *Kugel* to graze; *Auto* to scrape; **j-n mit einem Blick ~** to glance fleetingly at sb **2** *fig* (≈ *flüchtig erwähnen*) to touch (up)on **3** **die Butter vom Messer ~** to scrape the butter off the knife; **den Ring vom Finger ~** to slip the ring off one's finger; **sich** (*dat*) **die Handschuhe über die Finger ~** to pull on one's gloves **B** geh v/i **1** (≈ *wandern*) to roam **2** **sie ließ ihren Blick über die Menge ~** she scanned the crowd
Streifen m **1** strip; (≈ *Speckstreifen*) rasher **2** (≈ *Strich*) stripe; (≈ *Farbstreifen*) streak; (≈ *Klebestreifen etc*) tape **3** FILM film
Streifendienst m patrol duty
Streifenpolizist(in) m(f) policeman *od* policewoman on patrol, patrolman *od* patrolwoman *US*
Streifenwagen m patrol car
Streifschuss m graze
Streifzug m raid; (≈ *Bummel*) expedition
Streik m strike; **zum ~ aufrufen** to call a strike; **in (den) ~ treten** to go on strike
Streikaufruf m strike call
Streikbrecher(in) m(f) strikebreaker, scab *pej*
streiken v/i to strike; (≈ *sich im Streik befinden a.*) to be on strike; (≈ *in den Streik treten a.*) to go on strike; *hum umg* (≈ *nicht funktionieren*) to pack up *umg*; *Magen* to protest; *Gedächtnis* to fail; **da streike ich** *umg* I refuse!
Streikende(r) m/f(m) striker
Streikgeld n strike pay
Streikkasse f strike fund
Streikposten m picket
Streikrecht n right to strike
Streit m argument (**um**, **über** +*akk* about, over); *leichter* quarrel, squabble; (≈ *Auseinandersetzung*) dispute; **~ haben** to be arguing; **wegen einer Sache ~ bekommen** to get into an argument over sth
streitbar *adj* (≈ *streitlustig*) pugnacious
streiten **A** v/i (≈ *eine Auseinandersetzung haben*) to argue (**um**, **über** +*akk* about, over); *leichter* to

quarrel, to fight; **darüber lässt sich ~** that's a debatable point **B** v/r to argue, to have an argument; *leichter* to quarrel; **wir wollen uns deswegen nicht ~!** don't let's fall out over that!
Streiterei *umg* f arguing *kein pl*; **eine ~** an argument
Streitfall m dispute, conflict; JUR case
Streitfrage f dispute; (≈ *Angelegenheit*) issue
Streitgespräch n debate
streitig *adj* **j-m das Recht auf etw** (*akk*) **~ machen** to dispute sb's right to sth
Streitigkeiten *pl* quarrels *pl*
Streitkräfte *pl* (armed) forces *pl*
Streitmacht f armed forces *pl*
Streitpunkt m contentious issue
streitsüchtig *adj* quarrelsome
Streitwert m JUR amount in dispute
Strelitzie f BOT bird of paradise (flower), strelizia
streng A *adj* **1** strict; *Maßnahmen* stringent; *Bestrafung, Richter* severe; *Anforderungen* rigorous; *Ausdruck, Blick, Gesicht* stern; *Stillschweigen* absolute; *Kritik, Urteil* harsh **2** *Geruch, Geschmack* pungent; *Frost, Winter* severe **3** *Katholik, Moslem etc* strict **B** *adv* **1** (≈ *unnachgiebig*) befolgen, bestrafen severely; *vertraulich* strictly; **~ genommen** strictly speaking; (≈ *eigentlich*) actually; **~ gegen j-n/etw vorgehen** to deal severely with sb/sth; **~ geheim** top secret; **~(stens) verboten!** strictly prohibited **2** (≈ *intensiv*) **~ riechen/schmecken** to have a pungent smell/taste
Strenge f **1** strictness; *von Regel, Maßnahmen* stringency; *von Bestrafung, Richter* severity; *von Ausdruck, Blick* sternness; *von Kritik, Urteil* harshness **2** *von Geruch, Geschmack* pungency; *von Frost, Winter* severity
strenggenommen *adv* → streng
strenggläubig *adj* strict
Stress m stress; **(voll) im ~ sein** to be under (a lot of) stress
Stressball m stress ball
stressen v/t to put under stress; **gestresst sein** to be under stress, to be stressed
stressfrei *adj* stress-free
stressgeplagt *adj* under stress; **~e Manager** highly stressed executives
stressig *umg adj* stressful
Stresstest m stress test
Stretchhose f stretch trousers *pl*
Stretchlimousine f stretch limousine
Streu f straw; *aus Sägespänen* sawdust
streuen A v/t to scatter; *Dünger, Sand* to spread; *Gewürze, Zucker etc* to sprinkle; *Straße etc mit Sand* to grit; *mit Salz* to salt **B** v/i (≈ *Streumittel anwenden*) to grit, to put down salt
Streuer m shaker; (≈ *Salzstreuer*) cellar; (≈ *Pfefferstreuer*) pot
Streufahrzeug n gritter
streunen v/i to roam about; *Hund, Katze* to stray; **durch etw/in etw** (*dat*) **~** to roam through/around sth
Streusalz n salt (*for icy roads*)
Streusand m sand; *für Straße* grit
Streuselkuchen m *thin sponge cake with crumble topping*
Strich m **1** line; (≈ *Querstrich*) dash; (≈ *Schrägstrich*) oblique; (≈ *Pinselstrich*) stroke; *von Land* stretch; **j-m einen ~ durch die Rechnung machen** to thwart sb's plans; **einen ~ (unter etw** *akk*) **ziehen** *fig* to forget sth; **unterm ~** at the final count **2** *von Teppich, Samt* pile; *von Gewebe* nap; *von Fell, Haar* direction of growth; **es geht (mir) gegen den ~** *umg* it goes against the grain; **nach ~ und Faden** *umg* thoroughly **3** MUS (≈ *Bogenstrich*) stroke **4** (≈ *Prostitution*) prostitution *ohne art*; (≈ *Bordellgegend*) red-light district; **auf den ~ gehen** to be on the game *Br umg*, to turn tricks *US umg*, to be a prostitute
Strichcode m bar code, barcode
stricheln v/t to sketch in; (≈ *schraffieren*) to hatch; **eine gestrichelte Linie** a broken line
Strichjunge *umg* m rent boy *Br*, boy prostitute
Strichkode m → Strichcode
Strichliste f check list
Strichmädchen *umg* n hooker *bes US umg*
Strichmännchen n stick figure
Strichpunkt m semicolon
strichweise *adv a.* METEO here and there; **~ Regen** rain in places
Strick m rope; **j-m aus etw einen ~ drehen** to use sth against sb; **am gleichen** *od* **an einem ~ ziehen** *fig* to pull together
stricken v/t & v/i to knit; *fig* to construct; **an etw** (*dat*) **~** to work on sth
Strickjacke f cardigan
Strickkleid n knitted dress
Strickleiter f rope ladder
Strickmaschine f knitting machine
Strickmuster *wörtl* n knitting pattern; *fig* pattern
Stricknadel f knitting needle
Strickwaren *pl* knitwear *sg*
Strickzeug n knitting
striegeln v/t *Tier* to curry(comb)
Strieme f, **Striemen** m weal
strikt A *adj* strict; *Ablehnung* categorical **B** *adv* strictly; *ablehnen* categorically; **~ gegen etw sein** to be totally opposed to sth
String m, **Stringtanga** m G-string, thong
Strip *umg* m strip(tease)
Strippe *umg* f **1** (≈ *Bindfaden*) string; **die ~n ziehen** *fig* to pull the strings **2** (≈ *Telefonleitung*)

phone; **an der ~ hängen** to be on the phone; **j-n an der ~ haben** to have sb on the line
strippen v/i to strip
Strippenzieher(in) umg m(f) **er war der ~** he was the one pulling the strings
Stripper(in) umg m(f) stripper
Striptease m/n striptease
Stripteasetänzer(in) m(f) stripper
strittig adj contentious; **noch ~** still in dispute
Stroboskoplampe f strobe light
Stroh n straw; (≈ Dachstroh) thatch
Strohballen m bale of straw
strohblond adj Mensch flaxen-haired; Haare flaxen
Strohblume f strawflower
Strohdach n thatched roof
strohdumm adj thick umg
Strohfeuer n **ein ~ sein** fig to be a passing fancy
Strohfrau fig f front woman
Strohhalm m straw; **sich an einen ~ klammern** to clutch at straws
Strohhut m straw hat
Strohmann fig m front man
Strohwitwe f grass widow
Strohwitwer m grass widower
Strolch obs m rascal
Strolchenfahrt f schweiz joyride
Strom m **1** (large) river; (≈ Strömung) current; von Schweiß, Blut river; von Besuchern, Flüchen etc stream; **ein reißender ~** a raging torrent; **es regnet in Strömen** it's pouring (with rain); **der Wein floss in Strömen** the wine flowed like water; **mit dem/gegen den ~ schwimmen** fig to swim od go with/against the tide **2** ELEK current; (≈ Elektrizität) electricity; **unter ~ stehen** wörtl to be live; fig to be high umg
stromabwärts adv downstream
Stromanschluss m **~ haben** to be connected to the electricity mains
stromauf(wärts) adv upstream
Stromausfall m power failure, power outage US
strömen v/i to stream; Gas to flow; Menschen to pour (**in** +akk into od **aus** out of); **bei ~dem Regen** in (the) pouring rain
Stromfresser m umg power guzzler umg, energy guzzler umg
Stromkabel n electric cable
Stromkreis m (electrical) circuit
Stromleitung f electric cables pl
stromlinienförmig adj streamlined
Strommix m power source mix
Stromnetz n electricity supply system
Strompreis m electricity price
Stromschnelle f rapids pl

Stromsperre f power cut
Stromstärke f strength of the/an electric current
Strömung f current; **gegen die ~** up current
Stromverbrauch m electricity consumption
Stromversorger(in) m(f) electricity supplier
Stromversorgung f electricity supply
Stromzähler m electricity meter
Strontium n strontium
Strophe f verse
strotzen v/i to be full (**von, vor** +dat of); von Kraft, Gesundheit to be bursting (**von** with); **von Schmutz ~** to be covered with dirt
Strudel m **1** whirlpool **2** GASTR strudel
Struktur f structure; von Stoff etc texture; (≈ Webart) weave
Strukturanalyse f structural analysis
strukturell **A** adj structural **B** adv **~ bedingt** structurally
Strukturfonds m POL structural fund
strukturieren v/t to structure
Strukturierung f structuring
Strukturkrise f structural crisis
strukturschwach adj lacking in infrastructure
Strukturschwäche f lack of infrastructure
Strukturwandel m structural change (+gen in)
Strumpf m sock; (≈ Damenstrumpf) stocking; **ein Paar Strümpfe** a pair of socks/stockings
Strumpfband n garter
Strumpfhalter m suspender Br, garter US
Strumpfhose f tights pl Br, pantyhose US; **eine ~** a pair of tights Br, a pantyhose US
Strumpfmaske f stocking mask
Strumpfwaren pl hosiery sg
Strunk m stalk
struppig adj unkempt; Tier shaggy
Stube obs f room; dial (≈ Wohnzimmer) lounge; in Kaserne barrack room Br, quarters
Stubenfliege f (common) housefly
Stubenhocker(in) pej umg m(f) stay-at-home, couch potato
stubenrein adj Katze, Hund house-trained; hum Witz clean
Stuck m stucco; zur Zimmerverzierung moulding Br, molding US
Stück n **1** piece; von Vieh, Wild head; von Zucker lump; (≈ Seifenstück) bar; (≈ abgegrenztes Land) plot; von Rasen patch; **ich nehme fünf ~** I'll take five; **drei Euro das ~** three euros each; **ein ~ Papier** a piece of paper; **im** od **am ~** in one piece; **aus einem ~** in one piece **2** von Buch, Rede, Reise etc part; von Straße etc stretch; **~ für ~** (≈ einen Teil um den andern) bit by bit; **etw in ~e schlagen** to smash sth to pieces; **ich komme ein ~ (des Weges) mit** I'll come part of the way with you **3** **ein gutes ~ wei-**

terkommen to make considerable progress; **das ist (doch) ein starkes ~!** *umg* that's a bit much *umg*; **große ~e auf etw** (*akk*) **halten to** be very proud of sth; **aus freien ~en** of one's own free will ❹ (≈ *Bühnenstück*) play; (≈ *Musikstück*) piece; **auf einer CD** track

Stückarbeit *f* piecework

Stückchen *n* bit

Stuckdecke *f* stucco(ed) ceiling

stückeln *v/t* to patch

Stückelung *f* (≈ *Aufteilung*) splitting up; *von Geld, Aktien* denomination

Stückgut *n* **etw als ~ schicken** to send sth as a parcel *Br*, to send sth as a package

Stücklohn *m* piece(work) rate

Stückpreis *m* unit price

Stückwerk *n* unfinished work; **~ sein/bleiben** to be/remain unfinished

Stückzahl *f* number of pieces

Student *m* student; *österr* (≈ *Schüler*) schoolboy; *einer bestimmten Schule* pupil, student

Studentenausschuss *m* **Allgemeiner ~** students' committee

Studentenausweis *m* student (ID) card

Studentenfutter *n* nuts and raisins *pl*

Studentenheim *n* hall of residence *Br*, dormitory *US*

Studentenschaft *f* students *pl*

Studentenwerk *n* student administration

Studentenwohnheim *n* hall of residence *Br*, dormitory *US*

Studentin *f* student; *österr* (≈ *Schülerin*) schoolgirl; *einer bestimmten Schule* pupil, student

studentisch *adj* student *attr*; **~e Hilfskraft** student assistant

Studie *f* study (**über** +*akk* of); (≈ *Abhandlung*) essay (**über** +*akk* on)

Studienabbrecher(in) *m(f)* dropout

Studienabschluss *m* degree, graduation

Studienanfänger(in) *m(f)* first year (student), freshman *US*, fresher *Br*

Studienaufenthalt *m* study visit (**in** *dat* to)

Studienberatung *f* course guidance service

Studiendarlehen *n* student loan

Studienfach *n* subject

Studienfahrt *f* study trip; SCHULE educational trip

Studiengang *m* course of studies

Studiengebühren *pl* tuition fees *pl*

Studienjahr *n* academic year

Studienkredit *m* student loan

Studienplatz *m* university/college place

Studienrat *m*, **Studienrätin** *f* teacher at a secondary school

Studienreferendar(in) *m(f)* student teacher

Studienreise *f* study trip; SCHULE educational trip

Studienzeit *f* ❶ student days *pl* ❷ (≈ *Dauer*) duration of a/one's course of studies

studieren Ⓐ *v/i* to study; (≈ *Student sein*) to be a student; **er studiert in München** he goes to university/college in Munich; **ich studiere an der Universität Bonn** I am (a student) at Bonn University; **wo haben Sie studiert?** what university/college did you go to? Ⓑ *v/t* to study; (≈ *genau betrachten*) to scrutinize

Studieren *n* study

Studierende(r) *m/f(m)* student

Studio *n* studio

Studium *n* study; (≈ *Hochschulstudium*) studies *pl*; **das ~ hat fünf Jahre gedauert** the course (of study) lasted five years; **während seines ~s** while he is/was *etc* a student; **er ist noch im ~** he is still a student; **seine Studien zu etw machen** to study sth

Stufe *f* ❶ step; *im Haar* layer; *von Rakete* stage ❷ *fig* (≈ *Phase*) stage; (≈ *Niveau*) level; (≈ *Rang*) grade; GRAM (≈ *Steigerungsstufe*) degree; **eine ~ höher als ...** a step up from ...; **mit j-m auf gleicher ~ stehen** to be on a level with sb

stufen *v/t Schüler, Preise, Gehälter* to grade; *Haare* to layer; *Land etc* to terrace; → **gestuft**

Stufenbarren *m* asymmetric bar

stufenförmig Ⓐ *adj wörtl* stepped; *Landschaft* terraced; *fig* gradual Ⓑ *adv wörtl* in steps; *angelegt* in terraces; *fig* in stages

Stufenheck *n* **ein Auto mit ~** a saloon car

Stufenlehrer(in) *m(f)* teacher who teaches pupils in a particular year

Stufenleiter *fig f* ladder (+*gen* to)

stufenlos *adj Schaltung, Regelung* infinitely variable; *fig* (≈ *gleitend*) smooth

stufenweise Ⓐ *adv* step by step Ⓑ *adj* gradual

Stuhl *m* ❶ chair; **zwischen zwei Stühlen sitzen** *fig* to fall between two stools; **ich wäre fast vom ~ gefallen** *umg* I nearly fell off my chair *umg*; **der Heilige** *od* **Päpstliche ~** the Holy *od* Papal See ❷ (≈ *Stuhlgang*) bowel movement; (≈ *Kot*) stool

Stuhlgang *m* bowel movement; **regelmäßig ~ haben** to have regular bowels

Stuhlkreis *m* circle (of chairs); **alle sitzen im ~** everyone sits in a circle

Stuhllehne *f* back of a chair

Stulle *nordd f* slice of bread and butter; (≈ *Doppelstulle*) sandwich

stülpen *v/t* **etw auf/über etw** (*akk*) **~** to put sth on/over sth; **etw nach innen/außen ~** to turn sth to the inside/outside; **sich** (*dat*) **den Hut auf den Kopf ~** to put on one's hat

stumm Ⓐ *adj* ❶ dumb ❷ (≈ *schweigend*) mute; *Anklage, Blick, Gebet* silent ❸ GRAM mute; *Buchsta-*

be silent **B** *adv* (≈ *schweigend*) silently
Stummel *m* (≈ *Zigarettenstummel*) end; (≈ *Kerzenstummel*) stub; *von Gliedmaßen, Zahn* stump
Stummfilm *m* silent film *od* movie
Stümper(in) *pej m(f)* **1** amateur **2** (≈ *Pfuscher*) bungler
Stümperei *pej f* **1** amateur work **2** (≈ *Pfuscherei*) bungling; (≈ *stümperhafte Arbeit*) botched job *umg*
stümperhaft *pej* **A** *adj* (≈ *nicht fachmännisch*) amateurish **B** *adv* ausführen, malen crudely; arbeiten poorly
stumpf **A** *adj* **1** *Messer* blunt **2** *fig Haar, Farbe, Mensch* dull; *Blick, Sinne* dulled **3** MATH *Winkel* obtuse; *Kegel etc* truncated **B** *adv* ansehen dully
Stumpf *m* stump; (≈ *Bleistiftstumpf*) stub; **etw mit ~ und Stiel ausrotten** to eradicate sth root and branch
Stumpfheit *f* bluntness; *fig* dullness
Stumpfsinn *m* mindlessness; (≈ *Langweiligkeit*) monotony
stumpfsinnig *adj* mindless; (≈ *langweilig*) monotonous
stumpfwinklig *adj* MATH obtuse(-angled)
Stunde *f* **1** hour; **eine halbe ~** half an hour; **eine ~ lang** for an hour; **von ~ zu ~** hourly; **130 Kilometer in der ~** 130 kilometres per *od* an hour *Br*, 130 kilometers per *od* an hour *US*; **ein Supermarkt, der 24 ~n geöffnet hat** a 24--hour supermarket **2** (≈ *Augenblick, Zeitpunkt*) time; **zu später ~** at a late hour; **zur ~** at present; **bis zur ~** as yet; **seine ~ hat geschlagen** *fig* his hour has come; **die ~ der Entscheidung/Wahrheit** the moment of decision/truth **3** (≈ *Unterricht*) lesson; (≈ *Sitzung*) session; **~n geben/nehmen** to give/have *od* take lessons
stunden *v/t* **j-m etw ~** to give sb time to pay sth
Stundengeschwindigkeit *f* speed per hour
Stundenkilometer *pl* kilometres *pl* per *od* an hour *Br*, kilometers *pl* per *od* an hour *US*
stundenlang **A** *adj* lasting several hours; **nach ~em Warten** after hours of waiting **B** *adv* for hours
Stundenlohn *m* hourly wage
Stundenplan *m* SCHULE timetable, curriculum, schedule *US*
stundenweise *adv* (≈ *pro Stunde*) by the hour; (≈ *stündlich*) every hour
Stundenzeiger *m* hour hand
-stündig *zssgn* **eine zweistündige Operation** a two-hour operation
stündlich **A** *adj* hourly **B** *adv* every hour
Stundung *f* deferment of payment
Stunk *umg m* stink *umg*; **~ machen** to kick up a stink *umg*
Stunt *m* stunt

Stuntgirl *n* stunt performer
Stuntman *m* stunt man, stunt performer
Stuntwoman *f* stunt woman, stunt performer
stupid, stupide *geh adj* mindless
Stups *m* nudge
stupsen *v/t* to nudge
Stupsnase *f* snub nose
stur **A** *adj* pig-headed, stubborn; **sich ~ stellen** *umg* to dig one's heels in **B** *adv* beharren, bestehen stubbornly; **er fuhr ~ geradeaus** he just carried straight on
Sturheit *f* pig-headedness
Sturm *m* **1** storm; **ein ~ im Wasserglas** *fig* a storm in a teacup *Br*, a tempest in a teapot *US*; **~ läuten** to keep one's finger on the doorbell; (≈ *Alarm schlagen*) to ring the alarm bell; **ein ~ der Begeisterung/Entrüstung** a wave of enthusiasm/indignation **2** (≈ *Angriff*) attack (**auf** +*akk* on); SPORT (≈ *Stürmerreihe*) forward line; **etw im ~ nehmen** to take sth by storm; **gegen etw ~ laufen** *fig* to be up in arms against sth
stürmen **A** *v/i* **1** *Meer* to rage; *Wind a.* to blow; MIL to attack (**gegen etw** sth) **2** SPORT (≈ *als Stürmer spielen*) to play forward; (≈ *angreifen*) to attack **3** (≈ *rennen*) to storm, to charge **B** *v/i* to be blowing a gale **C** *v/t* to storm; *Bank etc* to make a run on
Stürmer(in) *m(f)* SPORT forward; FUSSB *a*. striker
Sturmflut *f* storm tide
sturmfrei *adj* **heute Abend habe ich ~e Bude** I've got the place to myself tonight
stürmisch *adj* **1** *Meer, Überfahrt* rough; *Wetter, Tag* blustery; *mit Regen* stormy **2** *fig* tempestuous; (≈ *aufregend*) *Zeit* stormy; *Entwicklung* rapid; *Liebhaber* passionate; *Jubel, Beifall* tumultuous; **nicht so ~** take it easy
Sturmschaden *m* storm damage *kein pl*
Sturmtief *n* METEO deep depression
Sturmwarnung *f* gale warning, severe weather alerts *pl US*
Sturz *m* **1** fall **2** *in Temperatur, Preis* drop; *von Börsenkurs* slump **3** *von Regierung, Minister* fall; *durch Coup, von König* overthrow **4** ARCH lintel
stürzen **A** *v/i* **1** (≈ *fallen, abgesetzt werden*) to fall; **ins Wasser ~** to plunge into the water; **er ist schwer gestürzt** he had a heavy fall; **zu Tode ~** to fall to one's death **2** (≈ *rennen*) to rush; **sie kam ins Zimmer gestürzt** she burst into the room **B** *v/t* **1** (≈ *werfen*) to fling; **j-n ins Unglück ~** to bring disaster to sb; **j-n/etw in eine Krise ~** to plunge sb/sth into a crisis **2** (≈ *kippen*) to turn upside down; *Pudding* to turn out; **"nicht ~!"** "this side up" **3** (≈ *absetzen*) *Regierung, Minister* to bring down; *durch Coup* to overthrow; *König* to depose **C** *v/r* **sich auf j-n/etw ~** to pounce on sb/sth; *auf Essen* to fall on sth; *auf*

den Feind to attack sb/sth; **sich ins Wasser ~** to fling oneself into the water; **sich in Schulden ~** to plunge into debt; **sich ins Unglück ~** to plunge headlong into disaster; **sich ins Vergnügen ~** to fling oneself into a round of pleasure; **sich in Unkosten ~** to go to great expense

Sturzflug *m* (nose) dive
Sturzhelm *m* crash helmet
Stuss *umg m* nonsense
Stute *f* mare
Stutz *schweiz m* **1** *umg* (≈ *Franken*) (Swiss) franc **2** (≈ *Abhang*) slope
Stützbalken *m* beam; *in Decke* joist; *quer* crossbeam
Stütze *f* **1** support; (≈ *Pfeiler*) pillar **2** *fig* (≈ *Hilfe*) help (**für** for); **die ~n der Gesellschaft** the pillars of society **3** *umg* (≈ *Arbeitslosengeld*) dole *Br umg*, welfare *US*; **~ bekommen** to be on the dole *Br umg*, to be on welfare *US*
stutzen¹ *v/i* (≈ *zögern*) to hesitate
stutzen² *v/t* to trim; *Flügel, Ohren, Hecke* to clip; *Schwanz* to dock
Stutzen *m* (≈ *Rohrstück*) connecting piece; (≈ *Endstück*) nozzle
stützen **A** *v/t* to support; *Gebäude, Mauer* to shore up; **einen Verdacht auf etw** (*akk*) **~** to found a suspicion on sth; **die Ellbogen auf den Tisch ~** to prop one's elbows on the table; **den Kopf in die Hände ~** to hold one's head in one's hands **B** *v/r* **sich auf j-n/etw ~** *wörtl* to lean on sb/sth; *fig* to count on sb/sth; *Beweise, Theorie etc* to be based on sb/sth
stutzig *adj* **~ werden** (≈ *argwöhnisch*) to become suspicious; (≈ *verwundert*) to begin to wonder; **j-n ~ machen** to make sb suspicious
Stützpunkt *m* base
stylen *v/t Wagen, Wohnung* to design; *Frisur* to style
Styling *n* styling
Styropor® *n* polystyrene
Subjekt *n* **1** subject **2** *pej* (≈ *Mensch*) customer *umg*
subjektiv **A** *adj* subjective **B** *adv* subjectively
Subjektivität *f* subjectivity
Subkontinent *m* subcontinent
Subkultur *f* subculture
suboptimal *umg adj* less than ideal; **das ist ~** it leaves something to be desired
subsidiär *adj* subsidiary; **~er Schutz** *von Flüchtlingen* sunsidiary protection; **~e Zuständigkeit** subsidiary powers
Subsidiarität *f POL* subsidiarity
Subsidiaritätsprinzip *n POL* subsidiarity principle
Subskription *f* subscription (+*gen od* **auf** +*akk* to)

Substantiv *n* noun
substantivieren *v/t* to nominalize
substantivisch **A** *adj* nominal **B** *adv verwenden* nominally
Substanz *f* **1** substance; (≈ *Wesen*) essence; **etw in seiner ~ treffen** to affect the substance of sth **2** *FIN* capital assets *pl*; **von der ~ zehren** to live on one's capital
substanziell **A** *adj* **1** (≈ *bedeutsam*) fundamental **2** (≈ *nahrhaft*) substantial, solid **B** *adv* (≈ *wesentlich*) substantially
subtil *geh* **A** *adj* subtle **B** *adv* subtly
subtrahieren *v/t & v/i* to subtract
Subtraktion *f* subtraction
Subtraktionszeichen *n* subtraction sign
Subtropen *pl* subtropics *pl*
subtropisch *adj* subtropical
Subunternehmer(in) *m(f)* subcontractor
Subvention *f* subsidy
subventionieren *v/t* to subsidize
subversiv **A** *adj* subversive **B** *adv* **sich ~ betätigen** to engage in subversive activities
Suchaktion *f* search operation
Suchanfrage *f IT* search enquiry
Suchbefehl *m IT* search command
Suchdauer *f IT* search time
Suche *f* search (**nach** for); **sich auf die ~ nach j-m/etw machen** to go in search of sb/sth; **auf der ~ nach etw sein** to be looking for sth
suchen **A** *v/t* **1** *um zu finden* to look for; *stärker, intensiv, a. COMPUT* to search for; **Verkäufer(in) gesucht** sales person wanted; **Streit/Ärger (mit j-m) ~** to be looking for trouble/a quarrel (with sb); **Schutz vor etw** (*dat*) **~** to seek shelter from sth; **Zuflucht ~ bei j-m** to seek refuge with sb; **du hast hier nichts zu ~** you have no business being here; → **gesucht** **2** (≈ *streben nach*) to seek; (≈ *versuchen*) to strive; **ein Gespräch ~** to try to have a talk **B** *v/i* to search; **nach etw ~** to look for sth; *stärker* to search for sth; **nach Worten ~** to search for words; (≈ *sprachlos sein*) to be at a loss for words; **Suchen und Ersetzen** *IT* search and replace
Sucher *m FOTO* viewfinder
Suchergebnis *n IT* search result
Suchfunktion *f IT* search function
Suchlauf *m bei Hi-Fi-Geräten* search
Suchmannschaft *f* search party
Suchmaschine *f IT* search engine
Suchrichtung *f* direction (of the search); **~ aufwärts/abwärts** search up/down
Suchscheinwerfer *m* searchlight
Suchstrategie *f IT* search strategy
Sucht *f* addiction (**nach** to); *fig* obsession (**nach** with); **~ erzeugend** addictive; **an einer ~ leiden** to be an addict

Suchtdroge f addictive drug
Suchtgefahr f danger of addiction
süchtig adj addicted (**nach** to), hooked umg (**nach** on); **von** od **nach etw ~ werden/sein** to get/be addicted to sth; **~ machen** Droge to be addictive
Süchtige(r) m/f(m) addict
Suchtkranke(r) m/f(m) addict
Suchtkrankheit f addictive illness
Suchtmittel n addictive drug
Suchtrupp m search party
Suchwort n search word
Süd- zssgn southern, south
Südafrika n South Africa
Südafrikaner(in) m(f) South African
südafrikanisch adj South African
Südamerika n South America
Südamerikaner(in) m(f) South American
südamerikanisch adj South American
Sudan m **der ~** the Sudan
Sudanese m, **Sudanesin** f Sudanese
sudanesisch adj Sudanese
süddeutsch adj South German
Süddeutsche(r) m/f(m) South German
Süddeutschland n South(ern) Germany
Süden m south; von Land South; **aus dem ~** from the south; **im ~ des Landes** in the south of the country; **nach ~** south; **Richtung ~** south-bound
Südfrüchte pl citrus and tropical fruit(s) (pl)
Südkorea n South Korea
Südländer(in) m(f) southerner; (≈ Italiener, Spanier etc) Mediterranean type
südländisch adj southern; (≈ italienisch, spanisch etc) Mediterranean; Temperament Latin
südlich A adj 1 southern; Kurs, Wind, Richtung southerly 2 (≈ mediterran) Mediterranean; Temperament Latin B adv (to the) south; **~ von Wien (gelegen)** (to the) south of Vienna C präp (to the) south of
Südlicht n southern lights pl; fig hum (≈ Mensch) Southerner
Sudoku n sudoku
Südosten m southeast; von Land South East; **nach ~** southeast
südöstlich A adj Gegend southeastern; Wind southeast(erly) B adv (to the) southeast (**von** of)
Südpol m South Pole
Südpolarmeer n Antarctic Ocean
Südsee f South Pacific
Südstaaten pl der USA Southern States pl
Südtirol n South(ern) Tyrol
Südwand f von Berg south face
südwärts adv south(wards)
Südwesten m southwest; von Land South West; **nach ~** southwest

südwestlich A adj Gegend southwestern; Wind southwest(erly) B adv (to the) southwest (**von** of)
Südwind m south wind
Sueskanal m Suez Canal
Suff umg m **dem ~ verfallen sein** to be on the bottle umg; **im ~** while under the influence
süffig adj Wein drinkable
süffisant A adj smug B adv smugly
Suffix n suffix
suggerieren v/t to suggest; **j-m ~, dass** ... to get sb to believe that ...
Suggestion f suggestion
suggestiv A adj suggestive B adv suggestively
Suggestivfrage f leading question
suhlen v/r to wallow
Sühne f atonement
sühnen v/t Unrecht to atone for
Suite f suite; (≈ Gefolge) retinue
Suizid form m/n suicide
Sulfat n sulphate Br, sulfate US
Sultan m sultan
Sultanine f (≈ Rosine) sultana
Sülze f brawn
summarisch adj a. JUR summary
Summe f sum; (≈ Betrag) amount; fig sum total
summen A v/t Melodie etc to hum B v/i to buzz; Mensch, Motor to hum
Summer m buzzer
summieren A v/t to sum up B v/r to mount up; **das summiert sich** it (all) adds up
Sumpf m marsh; (≈ Morast) mud; in tropischen Ländern swamp; fig morass
sumpfig adj marshy
Sumpfpflanze f marsh plant
Sünde f sin
Sündenbock umg m scapegoat
Sündenregister fig n list of sins
Sünder(in) m(f) sinner
sündhaft A adj wörtl sinful; fig umg Preise wicked B adv umg **~ teuer** wickedly expensive
sündigen v/i to sin (**an** +dat against); hum to indulge
super umg adj super umg, great umg
Super n (≈ Benzin) ≈ four-star (petrol) Br, ≈ premium US
Superfrau f superwoman
Superlativ m superlative
Supermacht f superpower
Supermann m superman
Supermarkt m supermarket
Supermodel n supermodel
Superstar umg m superstar
Superzahl f Lotto additional number
Suppe f soup; **klare ~** consommé; **j-m ein schöne ~ einbrocken** fig umg to get sb into a pickle

umg; **du musst die ~ auslöffeln, die du dir eingebrockt hast** *umg* you've made your bed, now you must lie on it *sprichw*
Suppengrün *n* herbs and vegetables *pl* for making soup
Suppenhuhn *n* boiling fowl
Suppenkelle *f* soup ladle
Suppenlöffel *m* soup spoon
Suppenschüssel *f* tureen
Suppenteller *m* soup plate
Suppenwürfel *m* stock cube
Surfbrett *n* surfboard
surfen *v/i* to surf; **~ gehen** to go surfing; **im Internet ~** to surf the Internet
Surfen *n* surfing
Surfer(in) *m(f)* surfer
Surfing *n* SPORT surfing
Surfstick *m* INTERNET USB modem (stick), wireless USB modem, USB dongle, (USB) WiFi dongle
Surimi *n* surimi
Suriname *n* GEOG Suriname
Surrealismus *m* surrealism
surrealistisch *adj* surrealist(ic)
surren *v/i* Projektor, Computer to hum; Ventilator, Kamera to whir(r); Insekt to buzz
Sushi *n* sushi
suspekt *adj* suspicious
suspendieren *v/t* to suspend
süß **A** *adj* sweet; (≈ niedlich) cute; **das süße Leben** the good life; **süßes, kohlesäurehaltiges Getränk** fizzy drink **B** *adv sagen* sweetly; **gern süß essen** to have a sweet tooth; **süß aussehen** to look sweet
Süße *f* sweetness
süßen *v/t* to sweeten; *mit Zucker* to sugar
Süßigkeit *f* **1** sweetness **2** **~en** *pl* sweets *pl Br*, candy *US*
Süßkartoffel *f* sweet potato
süßlich *adj* **1** (≈ leicht süß) slightly sweet; (≈ unangenehm süß) sickly (sweet) **2** *fig Worte* sweet; *Lächeln* sugary; (≈ kitschig) mawkish, tacky
süßsauer *adj* sweet-and-sour; *Gurken etc* pickled; *fig Lächeln* forced
Süßspeise *f* Nachtisch dessert, pudding *Br*
Süßstoff *m* sweetener
Süßwasser *n* fresh water
Süßwasser- *zssgn* freshwater
Süßwasserfisch *m* freshwater fish
SV *f abk* → Schülervertretung
SV-Lehrer(in) *m(f)* liaison teacher *between pupils and staff*
SVP¹ *f abk* (= Schweizerische Volkspartei) Swiss People's Party
SVP² *abk* (= Südtiroler Volkspartei) South Tyrolean People's Party
SV-Wahl *f* pupils' representative committee election *bes Br*, student representative committee election *US*
Swasiland *n* Swaziland
Sweatshirt *n* sweatshirt
Swimmingpool *m* swimming pool
Swing *m* MUS, FIN swing
Symbiose *f* symbiosis
Symbol *n* symbol
Symbolfigur *f* symbolic figure
Symbolik *f* symbolism
symbolisch **A** *adj* symbolic(al) (**für** of) **B** *adv* symbolically
symbolisieren *v/t* to symbolize
Symbolleiste *f* IT toolbar
symbolträchtig *adj* heavily symbolic
Symmetrie *f* symmetry
Symmetrieachse *f* axis of symmetry
symmetrisch **A** *adj* symmetric(al) **B** *adv* symmetrically
Sympathie *f* (≈ Zuneigung) liking; (≈ Mitgefühl) sympathy; **diese Maßnahmen haben meine volle ~** I sympathize completely with these measures; **~n gewinnen** to win favour *Br*, to win favor *US*
Sympathisant(in) *m(f)* sympathizer
sympathisch *adj* **1** nice; **er/es ist mir ~** I like him/it **2** ANAT, PHYSIOL sympathetic
sympathisieren *v/i* to sympathize
symphonisch *adj* → sinfonisch
Symptom *n* symptom
symptomatisch *adj* symptomatic (**für** of)
Synagoge *f* synagogue
synchron *adj* synchronous
Synchrongetriebe *n* AUTO synchromesh gearbox
Synchronisation *f* synchronization; (≈ Übersetzung) dubbing
synchronisieren *v/t* to synchronize; (≈ übersetzen) Film to dub
Synchronsprecher(in) *m(f)* dubber
Synchronstimme *f* dubbing voice
Syndrom *n* syndrome
Synergie *f* synergy
Synergieeffekt *m* CHEM, PHYS synergistic effect; *fig* synergy effect
Synode *f* KIRCHE synod
synonym *adj* synonymous
Synonym *n* synonym
syntaktisch **A** *adj* syntactic(al) **B** *adv* **das ist ~ falsch** the syntax (of this) is wrong
Syntax *f* syntax
Synthese *f* synthesis
Synthesizer *m* synthesizer
Synthetik *f* synthetic (fibre) *Br*, synthetic (fiber) *US*
synthetisch **A** *adj* synthetic **B** *adv* **etw ~ her-**

stellen to make sth synthetically
Syphilis f syphilis
Syrer(in) m(f) Syrian
Syrien n Syria
Syrier(in) m(f) Syrian
syrisch adj Syrian
System n system; **etw mit ~ machen** to do sth systematically; **hinter dieser Sache steckt ~** there's method behind it
Systemabsturz m IT system crash
Systemanalyse f systems analysis
Systemanalytiker(in) m(f) systems analyst
Systematik f system
systematisch A adj systematic B adv systematically
systembedingt adj determined by the system
Systemdiskette f systems disk
Systemfehler m IT system error
Systemkritiker(in) m(f) critic of the system
systemkritisch adj critical of the system
Systemsoftware f systems software
Systemsteuerung f IT control panel
Systemtechniker(in) m(f) IT systems engineer
Systemvoraussetzung f IT system requirement, systems requirement
Systemzwang m obligation to conform to the system
Szenario n scenario
Szene f scene; (≈ Bühnenausstattung) set; **etw in ~ setzen** to stage sth; **sich in ~ setzen** fig to play to the gallery; **j-m eine ~ machen** to make a scene in front of sb
Szenekneipe umg f hip bar umg
Szenenwechsel m scene change; fig change of scene
Szenerie f scenery
szenisch adj scenic; LIT **~e Erzählung** scenic presentation; **~es Erzählen** LIT showing
Szintigramm n scintigram

T

T, t n T, t
Tabak m tobacco
Tabakladen m tobacconist's
Tabaksteuer f duty on tobacco
Tabasco® m, **Tabascosoße** f tabasco®
tabellarisch A adj tabular B adv in tabular form
Tabelle f table; (≈ Diagramm) chart; gitterförmig grid; SPORT (league) table
Tabellenführer(in) m(f) SPORT league leaders pl; **~ sein** to be at the top of the (league) table
Tabellenkalkulation f IT spreadsheet
Tabellenletzte(r) m/f(m) **~r sein** to be bottom of the league
Tabellenplatz m SPORT position in the league
Tabellenstand m SPORT league situation
Tablet m IT **~-PC/Tablet-Computer** tablet (PC), tablet computer
Tablett n tray
Tablette f tablet
Tablettenmissbrauch m pill abuse
tablettensüchtig adj addicted to pills
tabu adj taboo
Tabu n taboo
tabuisieren v/t to make taboo
Tabulator m tabulator
Tabulatortaste f tab key
Tacho umg m speedo Br umg
Tachometer m/n speedometer
Tacker umg m stapler
Tadel m (≈ Verweis) reprimand; (≈ Vorwurf) reproach; (≈ Kritik) criticism
tadellos A adj perfect; umg splendid B adv perfectly; gekleidet immaculately
tadeln v/t j-n to rebuke; j-s Benehmen to criticize
Tadschikistan n Tajikistan
Tafel f 1 (≈ Platte) slab; (≈ Holztafel) panel; (≈ Tafel Schokolade etc) bar; (≈ Gedenktafel) plaque; (≈ Wandtafel) (black)board; (≈ Schiefertafel) slate; ELEK (≈ Schalttafel) control panel; (≈ Anzeigetafel) board; **eine ~ Schokolade** a bar of chocolate; **an der/die ~** on the board 2 (≈ Speisetisch) table; (≈ Festmahl) meal
Tafelgeschirr n tableware
Tafelland n plateau
täfeln v/t Wand to wainscot; Decke, Raum to panel
Tafelobst n (dessert) fruit
Tafelsalz n table salt
Tafelsilber n silver
Täfelung f von Wand wainscoting; von Decke

(wooden) panelling *Br*, (wooden) paneling *US*
Tafelwasser *n* mineral water
Tafelwein *m* table wine
Taft *m* taffeta
Tag *m* **1** day; **am Tag** during the day; **auf den Tag (genau)** to the day; **auf ein paar Tage** for a few days; **bei Tag und Nacht** night and day; **bis die Tage!** *umg* so long *umg*; **den ganzen Tag (lang)** all day long; **drei Tage (lang)** for three days; **eines Tages** one day; **jeden Tag** any day; **einen schönen Tag (noch)** have a nice day; **eines schönen Tages** one fine day; **Tag für Tag** day by day; **von Tag zu Tag** from day to day; **guten Tag!** hello *umg*; *nachmittags* good afternoon; *bes bei Vorstellung* how do you do *Br*; **Tag!** *umg* hi *umg*; **zweimal pro Tag** twice a day; **von einem Tag auf den anderen** overnight; **in den Tag hinein leben** to live from day to day; **bei Tag(e)** *ankommen* while it's light; *arbeiten, reisen* during the day; **es wird schon Tag** it's getting light already; **an den Tag kommen** *fig* to come to light; **etw an den Tag bringen** to bring sth to light; **zu Tage** → **zutage 2** *umg* (≈ *Menstruation*) **meine/ihre Tage** my/her period **3** *Bergbau* **über Tage arbeiten** to work above ground; **unter Tage arbeiten** to work underground
Tagebau *m Bergbau* opencast mining
Tagebuch *n* diary; **(über etw** *akk***) ~ führen** to keep a diary (of sth)
Tagegeld *n* daily allowance
tagein *adv* **~, tagaus** day in, day out
tagelang **A** *adj* lasting for days **B** *adv* for days
tagen *v/i Parlament, Gericht* to sit
Tagesablauf *m* day
Tagesanbruch *m* daybreak, dawn
Tagesausflug *m* day trip
Tagescreme *f* day cream
Tagesdecke *f* bedspread
Tagesfahrkarte *f* day travel card; **der Londoner Verkehrsbetriebe** Travelcard
Tagesfahrt *f* day trip
Tagesgeld *n* FIN instant access savings *pl*
Tagesgeldkonto *n* FIN instant access savings account
Tagesgericht *n* special
Tagesgeschehen *n* events *pl* of the day
Tageskarte *f* **1** (≈ *Speisekarte*) menu of the day *Br*, specialties *pl* of the day *US* **2** (≈ *Fahr-, Eintrittskarte*) day ticket
Tageskurs *m* BÖRSE current price; *von Devisen* current rate
Tageslicht *n* daylight; **ans ~ kommen** *fig* to come to light
Tageslichtprojektor *m* overhead projector
Tagesmutter *f* child minder *Br*, nanny

Tagesordnung *f* agenda; **auf der ~ stehen** to be on the agenda; **zur ~ übergehen** (≈ *wie üblich weitermachen*) to carry on as usual; **an der ~ sein** *fig* to be the order of the day
Tagesordnungspunkt *m* item on the agenda
Tagesrückfahrkarte *f* day return (ticket), one--day round-trip ticket *US*
Tagessatz *m* daily rate
Tagesschau *f* (television) news
Tageszeit *f* time (of day); **zu jeder Tages- und Nachtzeit** at all hours of the day and night
Tageszeitung *f* daily (paper)
tageweise *adv* for a few days at a time
taggen *v/t* IT to tag
taghell **A** *adj* (as) bright as day **B** *adv* **etw ~ erleuchten** to light sth up very brightly
täglich **A** *adj* daily; *attr* (≈ *gewöhnlich*) everyday **B** *adv* every day; **einmal ~** once a day
tags *adv* **~ zuvor** the day before; **~ darauf** the next day
Tagschicht *f* day shift; **~ haben** to be on day shift
tagsüber *adv* during the day
tagtäglich **A** *adj* daily **B** *adv* every (single) day
Tagtraum *m* daydream
tagträumen *v/i* to daydream
Tagung *f* conference, congress; *von Ausschuss* sitting
Tagungsausstattung *f* *von Hotel* conference equipment
Tagungsort *m* conference venue
Tai-Chi *n* t'ai chi
Taifun *m* typhoon
Taille *f* waist; **auf seine ~ achten** to watch one's waistline
Taillenweite *f* waist measurement
tailliert *adj* waisted, fitted
Taiwan *n* Taiwan
taiwanesisch *adj* Taiwan(ese)
Takelage *f* SCHIFF rigging
Takt *m* **1** MUS bar; (≈ *Rhythmus*) time; rhythm; **im ~ singen/tanzen** to sing/dance in time (with the music); **den ~ angeben** *wörtl* to give the beat; *fig* to call the tune **2** AUTO stroke **3** IND phase **4** (≈ *Taktgefühl*) tact **5** (≈ *Taktverkehr*) **im ~ fahren** to go at regular intervals
takten *v/t* IT to clock
Taktgefühl *n* sense of tact
taktieren *v/i* (≈ *Taktiken anwenden*) to manoeuvre *Br*, to maneuver *US*
Taktik *f* tactics *pl*; **man muss mit ~ vorgehen** you have to use tactics
Taktiker(in) *m(f)* tactician
taktisch **A** *adj* tactical **B** *adv* tactically; **~ vorgehen** to take a tactical approach; **~ klug** good tactics

taktlos **A** *adj* tactless **B** *adv* tactlessly
Taktlosigkeit *f* tactlessness
Taktstock *m* baton
taktvoll **A** *adj* tactful **B** *adv* tactfully
Tal *n* valley
talab(wärts) *adv* down into the valley
talauf(wärts) *adv* up the valley
Talboden *m* valley floor
Talent *n* 1 (≈ *Begabung*) talent (**zu** for); **ein großes ~ haben** to be very talented 2 (≈ *begabter Mensch*) talented person; **junge ~e** young talent
talentiert *adj* talented
talentlos *adj* untalented
Talentsuche *f* search for talent
Talentsucher(in) *m(f)* scout
Talfahrt *f* descent
Talg *m* tallow; GASTR suet; (≈ *Hautabsonderung*) sebum
Talgdrüse *f* PHYSIOL sebaceous gland
Talisman *m* talisman; (≈ *Maskottchen*) mascot
talken *umg v/i* to talk
Talkgast *m* talk-show guest, guest on a talk show
Talkmaster(in) *m(f)* talk show host
Talkshow *f* TV talk show, chat show
Talsohle *f* bottom of a/the valley; *fig* rock bottom
Talsperre *f* dam
Tamburin *n* tambourine; **~ spielen** to play the tamourine
Tampon *m* tampon
tamponieren *v/t* to plug
Tamtam *umg n* (≈ *Wirbel*) fuss; (≈ *Lärm*) row
TAN *abk* (= *Transaktionsnummer*) TAN
Tandem *n* tandem
Tandler(in) *österr m(f)* 1 (≈ *Trödler*) second-hand dealer 2 (≈ *langsamer Mensch*) slowcoach *Br umg*, slowpoke *US umg*
Tang *m* seaweed
Tanga *m* thong
Tangente *f* MATH tangent; (≈ *Straße*) ring road *Br*, expressway
tangieren *v/t* 1 MATH to be tangent to 2 (≈ *berühren*) *Problem* to touch on 3 (≈ *betreffen*) to affect
Tango *m* tango
Tank *m* tank
Tankdeckel *m* filler cap *Br*, gas cap *US*
Tanke *f umg* petrol staion *Br*, gas staion *US*
tanken **A** *v/i Autofahrer* to get petrol *Br*, to get gas *US*; *Rennfahrer, Flugzeug* to refuel; **hier kann man billig ~** you can get cheap petrol here *Br*, you can get cheap gas here *US* **B** *v/t Super, Diesel* to get; **ich tanke bleifrei** I use unleaded; **er hat einiges getankt** *umg* he's had a few

Tanker *m* SCHIFF tanker
Tankfahrzeug *n* AUTO tanker
Tankini *m Badeanzug* tankini
Tanklaster *m*, **Tanklastzug** *m* tanker
Tanksäule *f* petrol pump *Br*, gas(oline) pump *US*
Tankschiff *n* tanker
Tankstelle *f* petrol station *Br*, gas station *US*
Tankuhr *f* fuel gauge
Tankverschluss *m* petrol cap *Br*, gas cap *US*
Tankwagen *m* tanker; BAHN tank wagon
Tankwart(in) *m(f)* petrol pump attendant *Br*, gas station attendant *US*
Tanne *f* fir; *Holz* pine
Tannenbaum *m* 1 fir tree 2 (≈ *Weihnachtsbaum*) Christmas tree
Tannennadel *f* fir needle
Tannenzapfen *m* fir cone
Tansania *n* Tanzania
Tante *f* 1 *Verwandte* aunt 2 *kinderspr* **~ Monika** aunty Monika
Tante-Emma-Laden *umg m* corner shop
Tantieme *f* percentage (of the profits); *für Künstler* royalty
Tanz *m* dance
Tanzabend *m* dance
tanzen **A** *v/i* to dance; **~ gehen** to go dancing **B** *v/t* to dance; **kannst du Walzer ~?** can you do the waltz?; **Breakdance ~** to break-dance
Tanzen *n* dancing
Tänzer(in) *m(f)* dancer
Tanzfläche *f* dance floor
Tanzkapelle *f* dance band
Tanzkurs *m* dancing course
Tanzlokal *n* café with dancing
Tanzmusik *f* dance music
Tanzorchester *n* dance orchestra
Tanzpartner(in) *m(f)* dancing partner
Tanzschule *f* dancing school
Tanzsport *m* competitive dancing
Tanzstunde *f* dancing lesson
Tanztheater *n* dance theatre *Br*, dance theater *US*
Tanztherapie *f* dance (movement) therapy
Tanzturnier *n* dancing *od* dance contest
Tanzunterricht *m* dancing lessons *pl*
Tapet *umg n* **etw aufs ~ bringen** to bring sth up
Tapete *f* wallpaper
Tapetenbordüre *f*, **Tapetenborte** *f* wallpaper border
Tapetenwechsel *umg m* change of scenery
tapezieren *v/t* to (wall)paper; **neu ~** to repaper
Tapezierer(in) *m(f)* paperhanger, decorator *Br*
Tapeziertisch *m* trestle table
tapfer **A** *adj* brave **B** *adv* bravely; **sich ~ schlagen** *umg* to put on a brave show
Tapferkeit *f* bravery

tappen v/i ■ (≈ unsicher gehen) to go hesitantly od falteringly; **durchs Zimmer ~** to feel one's way through the room; **in eine Falle ~** to walk (right) into a trap; → dunkel ☑ Füße to pad

tapsen umg v/i Kind to toddle; Kleintier to waddle

tapsig umg adj awkward

Tara f WIRTSCH tare

Tarantel f tarantula; **wie von der ~ gestochen** as if stung by a bee

Tarif m rate; (≈ Fahrpreis) fare; **über/unter ~ bezahlen** to pay above/below the (union) rate(s)

Tarifabschluss m wage settlement

Tarifautonomie f (right to) free collective bargaining

Tarifgehalt n union rates pl

Tarifgruppe f grade

Tarifkonflikt m pay dispute

tariflich ☒ adj Arbeitszeit agreed ☑ adv **die Gehälter sind ~ festgelegt** there are fixed rates for salaries

Tariflohn m standard wage

Tarifpartner(in) m(f) party to the wage agreement; für Gehälter party to the salary agreement; **die ~** union and management

Tarifrunde f pay round

Tarifverhandlungen pl negotiations pl on pay

Tarifvertrag m pay agreement

tarnen ☒ v/t to camouflage; fig Absichten etc to disguise; **als Polizist getarnt** disguised as a policeman ☑ v/r Tier to camouflage itself; Mensch to disguise oneself

Tarnfarbe f camouflage colour Br, camouflage color US

Tarnkappe f magic hat

Tarnkappenbomber m stealth bomber

Tarnung f camouflage; von Agent etc disguise

Tasche f ■ (≈ Handtasche, Einkaufstasche) bag Br, purse US; (≈ Reisetasche etc) bag; (≈ Aktentasche) case ☑ bei Kleidungsstücken pocket; **etw in der ~ haben** umg to have sth in the bag umg; **j-m das Geld aus der ~ ziehen** to get sb to part with his money; **etw aus der eigenen ~ bezahlen** to pay for sth out of one's own pocket; **j-m auf der ~ liegen** umg to live off sb; **j-n in die ~ stecken** umg to put sb in the shade umg

Taschenausgabe f pocket edition

Taschenbuch n paperback (book)

Taschendieb(in) m(f) pickpocket

Taschendiebstahl m pickpocketing; **~ begehen** to pick pockets

Taschenformat n pocket size

Taschengeld n pocket money

Taschenlampe f torch Br, flashlight bes US

Taschenmesser n penknife, pocketknife

Taschenrechner m pocket calculator

Taschentuch n handkerchief, hanky umg

Taschenuhr f pocket watch

Tasmanien n GEOG Tasmania

Tasse f cup; (≈ Henkeltasse) mug; **eine ~ Kaffee** a cup of coffee

Tastatur f keyboard

Taste f key; (≈ Knopf) button; **„Taste drücken"** "push button"

tasten ☒ v/i to feel; **nach etw ~** to feel for sth; **~de Schritte** tentative steps ☑ v/r to feel one's way

Tastenfeld n COMPUT keypad

Tasteninstrument n MUS keyboard instrument

Tastenkombination f COMPUT hot key

Tastentelefon n push-button telephone

Tastsinn m sense of touch

Tat f action; (≈ Einzeltat a.) act; (≈ Leistung) feat; (≈ Verbrechen) crime; **ein Mann der Tat** a man of action; **eine gute/böse Tat** a good/wicked deed; **etw in die Tat umsetzen** to put sth into action; **in der Tat** indeed

Tatar(beefsteak) n steak tartare

Tatbestand m JUR facts pl (of the case); (≈ Sachlage) facts pl (of the matter)

Tatendrang m thirst for action

tatenlos ☒ adj idle ☑ adv **wir mussten ~ zusehen** we could only stand and watch

Tatenlosigkeit f inaction

Täter(in) m(f) culprit; JUR perpetrator form; **jugendliche ~** young offenders

Täterschaft f guilt; **die ~ leugnen** to deny one's guilt

tätig adj ■ active; **in einer Sache ~ werden** form to take action in a matter ☑ (≈ arbeitend) **als was sind Sie ~?** what do you do?; **er ist im Bankwesen ~** he's in banking

tätigen v/t HANDEL to conclude; geh Einkäufe to carry out

Tätigkeit f activity; (≈ Beschäftigung) occupation; (≈ Arbeit) work; (≈ Beruf) job

Tätigkeitsbereich m field of activity

Tatkraft f energy, drive

tatkräftig ☒ adj energetic; Hilfe active ☑ adv actively; **etw/j-n ~ unterstützen** to actively support sth/sb

tätlich ☒ adj violent; **gegen j-n ~ werden** to assault sb ☑ adv **j-n ~ angreifen** to attack sb physically

Tätlichkeit f act of violence; **~en** violence sg; **es kam zu ~en** there was violence

Tatmotiv n motive (for the crime)

Tatort m scene of the crime

tätowieren v/t to tattoo; **sich ~ lassen** to have oneself tattooed

Tätowierung f tattoo

Tatsache f fact; **das ist ~** umg that's a fact; **j-n**

vor vollendete ~n stellen to present sb with a fait accompli

tatsächlich A *adj* real B *adv* actually, in fact; **~?** really?

tätscheln *v/t* to pat

Tattoo *m/n* (≈ *Tätowierung*) tattoo

Tatverdacht *m* suspicion (*of having committed a crime*); **unter ~ stehen** to be under suspicion

Tatverdächtige(r) *m/f(m)* suspect

Tatwaffe *f* weapon (used in the crime); (≈ *bei Mord*) murder weapon

Tatze *f* paw

Tau¹ *m* *Wasser* dew

Tau² *n* (≈ *Seil*) rope

taub *adj* deaf; *Glieder* numb; *Nuss* empty; **~ werden** to go deaf; **für etw ~ sein** *fig* to be deaf to sth

Taube *f* ZOOL pigeon; *fig* dove

Taubenschlag *fig m* **hier geht es zu wie im ~** it's mobbed here *umg*

Taube(r) *m/f(m)* deaf person *od* man/woman *etc*; **die ~n** the deaf

Taubheit *f* 1 deafness 2 *von Körperteil* numbness

taubstumm *neg!* *adj* deaf-mute

Taubstumme(r) *neg!* *m/f(m)* deaf-mute

Tauch- *zssgn* dive, diving

Tauchbegleiter(in) *m(f)* buddy *umg*

Tauchboot *n* submersible

tauchen A *v/i* to dive (**nach** for); (≈ *kurz tauchen*) to duck under; *U-Boot* to dive B *v/t* (≈ *kurz tauchen*) to dip; *Menschen, Kopf* to duck; (≈ *eintauchen*) to immerse

Tauchen *n* diving

Taucher(in) *m(f)* diver

Taucheranzug *m* diving suit *Br*, dive suit *US*, wetsuit

Taucherbrille *f* diving goggles *pl Br*, dive goggles *pl US*

Taucherflosse *f* (diving) flipper *Br*, (dive) flipper *US*

Taucherglocke *f* diving bell *Br*, dive bell *US*

Tauchgang *m* dive

Tauchsieder *m* immersion coil (*for boiling water*)

Tauchsport *m* (skin) diving

Tauchstation *f* **auf ~ gehen** *U-Boot* to dive; *fig* (≈ *sich verstecken*) to make oneself scarce

Tauchzentrum *n* dive centre *Br od* center *US*

tauen *v/t & v/i v/i* to melt, to thaw; **es taut** it is thawing

Taufbecken *n* font

Taufe *f* baptism; *bes von Kindern* christening; **etw aus der ~ heben** *Firma* to start sth up; *Projekt* to launch sth

taufen *v/t* to baptize; (≈ *nennen*) *Kind, Schiff* to christen; **sich ~ lassen** to be baptized

Täufling *m* child/person to be baptized

Taufpate *m* godfather

Taufpatin *f* godmother

taufrisch *fig adj* fresh

taugen *v/i* 1 (≈ *geeignet sein*) to be suitable (**zu**, **für** for); **er taugt zu gar nichts** he is useless 2 (≈ *wert sein*) **etwas ~** to be good *od* all right; **nicht viel ~** to be not much good *od* no good 3 *österr* (≈ *gefallen*) **das taugt mir** I like it

Taugenichts *m* good-for-nothing

tauglich *adj* suitable (**zu** for); MIL fit (**zu** for)

Tauglichkeit *f* suitability; MIL fitness (for service)

taumeln *v/i* to stagger; *zur Seite* to sway

Tausch *m* exchange, swap; **im ~ gegen** *od* **für etw** in exchange for sth; **einen guten/schlechten ~ machen** to get a good/bad deal

Tauschbörse *f* barter exchange

tauschen A *v/t* to exchange; *Güter* to barter; *Münzen etc* to swap; *Geld* to change (**in** +*akk* into); *umg* (≈ *umtauschen*) *Gekauftes* to change; **die Rollen ~** to swap roles B *v/i* to swap; *in Handel* to barter; **wollen wir ~?** shall we swap?; **ich möchte nicht mit ihm ~** I wouldn't like to change places with him

täuschen A *v/t* to deceive; **wenn mich nicht alles täuscht** unless I'm completely mistaken; **sie lässt sich leicht ~** she is easily fooled (**durch** by) B *v/r* to be wrong (**in** +*dat od* **über** +*akk* about); **dann hast du dich getäuscht!** then you are mistaken C *v/i* (≈ *irreführen*) *Aussehen etc* to be deceptive; **der Eindruck täuscht** things are not what they seem

täuschend A *adj* *Ähnlichkeit* remarkable B *adv* **j-m ~ ähnlich sehen** to look remarkably like sb; **eine ~ echte Fälschung** a remarkably convincing fake

Tauschgeschäft *n* exchange; (≈ *Handel*) barter (deal)

Tauschhandel *m* barter

Täuschung *f* 1 (≈ *das Täuschen*) deception 2 (≈ *Irrtum*) mistake; (≈ *Irreführung*) deceit; (≈ *falsche Wahrnehmung*) illusion; (≈ *Selbsttäuschung*) delusion

tausend *num* a thousand; **~ Dank** a thousand thanks

Tausend *f* thousand; **~e von** thousands of; **zu ~en** by the thousand

Tausender *m* (≈ *Geldschein*) thousand (euro/dollar *etc* note *od* bill)

Tausendfüßler *m* centipede

tausendjährig *adj* thousand-year-old; (≈ *tausend Jahre lang*) thousand-year(-long)

tausendmal *adv* a thousand times

Tausendstel *n* thousandth

tausendste(r, s) *adj* thousandth
Tautropfen *m* dewdrop
Tauwetter *n* thaw
Tauziehen *n* tug-of-war
Taxameter *m/n* taximeter
Taxcard *f schweiz* (≈ *Telefonkarte*) phonecard
Taxe *f* **1** (≈ *Gebühr*) charge; (≈ *Kurtaxe etc*) tax **2** *dial* → Taxi
Taxi *n* taxi
taxieren *v/t* **1** *Preis, Wert* to estimate (**auf** +*akk* at); *Haus etc* to value (**auf** +*akk* at) **2** *geh* (≈ *einschätzen*) *Situation* to assess
Taxifahrer(in) *m(f)* taxi *od* cab driver
Taxistand *m* taxi rank *Br*, taxi stand
TB *abk* (= Tuberkulose) TB, tuberculosis
Teakholz *n* teak
Team *n* team
Teamarbeit *f* teamwork
Teamfähigkeit *f* ability to work in a team
Teamgeist *m* team spirit
Teamkollege *m*, **Teamkollegin** *f*, **Teammitglied** *n* teammate
Technik *f* **1** (≈ *Technologie*) technology; *bes als Studienfach* engineering **2** (≈ *Verfahren*) technique **3** *von Auto, Motor etc* mechanics *pl*
Techniker(in) *m(f)* engineer; (≈ *Labortechniker*) technician
technisch **A** *adj* technical; (≈ *technologisch*) technological; (≈ *mechanisch*) mechanical; **~e Hochschule** *od* **Universität** technological university; **~er Leiter** technical director; **~e Daten** specifications **B** *adv* technically; **er ist ~ begabt** he is technically minded
technisieren *v/t* to mechanize
Techno *n* MUS techno
Technokrat(in) *m(f)* technocrat
technokratisch *adj* technocratic
Technologie *f* technology
Technologiepark *m* technology *od* science park
Technologietransfer *m* technology transfer
technologisch **A** *adj* technological **B** *adv* technologically
Teddybär *m* teddy bear
Tee *m* tea; **Tee trinken** to have tea
Teebeutel *m* tea bag
Teeblatt *n* tea leaf
Tee-Ei *n* (tea) infuser *bes Br*, tea ball *bes US*
Teefilter *m* tea filter
Teeglas *n* tea glass
Teekanne *f* teapot
Teekessel *m* kettle
Teeküche *f* kitchenette
Teelicht *n* night-light
Teelöffel *m* teaspoon; *Menge* teaspoonful
Teenager *m* teen(ager)

Teenager- *zssgn* teen
Teenie *m umg* teeny (bopper), teenie *umg*
Teer *m* tar
teeren *v/t* to tar
Teeservice *n* tea set
Teesieb *n* tea strainer
Teestube *f* tearoom
Teetasse *f* teacup
Teewagen *m* tea trolley
Teflon® *n* Teflon®
Teheran *n* Teh(e)ran
Teich *m* pond
Teig *m* dough; (≈ *Pfannkuchenteig*) batter
Teigschaber *m* dough scraper; *mit Handgriff* spatula
Teigwaren *pl* (≈ *Nudeln*) pasta *sg*
Teil¹ *m* **1** part; *eines Textes* section; **im unteren ~** at the bottom; **im vorderen ~** at the front; **ein ~ davon** part of it; **zum größten ~** for the most part; **der dritte/vierte/fünfte** *etc* **~** a third/quarter/fifth *etc* (**von** +*dat*) **2** (≈ *Anteil*) share; **er hat sein(en) ~ dazu beigetragen** he did his bit; **sich** (*dat*) **sein(en) ~ denken** *umg* to draw one's own conclusions
Teil² *n* part; (≈ *Bestandteil*) component; **etw in seine ~e zerlegen** *Motor, Möbel etc* to take sth apart
teilbar *adj* divisible (**durch** by)
Teilbereich *m* part; *in Abteilung* section
Teilbetrag *m* part (of an amount); *auf Rechnung* item
Teilchen *n* particle; *dial* (≈ *Gebäckstück*) cake
teilen **A** *v/t* **1** (≈ *zerlegen*) to divide; **27 geteilt durch 9** 27 divided by 9; **darüber sind die Meinungen geteilt** opinions differ on that **2** (≈ *aufteilen*) to share (out); **etw mit j-m ~** to share sth with sb; **sich** (*dat*) **etw ~** to share sth; **sie teilten das Zimmer mit ihm** they shared the room with him **B** *v/r* **1** *in Gruppen* to split up **2** *Straße, Fluss* to fork; *Vorhang* to part; **in diesem Punkt ~ sich die Meinungen** opinion is divided on this
Teiler *m* MATH factor
Teilerfolg *m* partial success
Teilgebiet *n* area
teilhaben *v/i geh* (≈ *mitwirken*) to participate (**an** +*dat* in)
Teilhaber(in) *m(f)* HANDEL partner; *finanziell* shareholder
Teilkaskoversicherung *f* third party, fire and theft (insurance)
Teillieferung *f* partial delivery
Teilnahme *f* **1** (≈ *Anwesenheit*) attendance (**an** +*dat* at); (≈ *Beteiligung*) participation (**an** +*dat* in); **seine ~ absagen** to withdraw **2** (≈ *Interesse*) interest (**an** +*dat* in); (≈ *Mitgefühl*) sympathy

Teilnahmekarte *f* slip, voucher (*for use in a competition*)
teilnahmslos A *adj* (≈ *gleichgültig*) indifferent B *adv* indifferently; (≈ *stumm leidend*) listlessly
Teilnahmslosigkeit *f* indifference
teilnahmsvoll *adj* compassionate
teilnehmen *v|i* **an etw** (*dat*) ~ to take part in sth; (≈ *anwesend sein*) to attend sth; (≈ *sich beteiligen*) to participate in sth; *an Wettkampf* to compete in sth; **am Unterricht** ~ to attend classes; **an einem Kurs** ~ to do a course
Teilnehmer(in) *m(f)* **1** participant; *bei Wettbewerb etc* competitor, contestant; (≈ *Kursteilnehmer*) student; **alle** ~ **an dem Ausflug** all those going on the outing **2** TEL subscriber
teils *adv* partly; ~ ... ~ ... partly ... partly ...; *umg* (≈ *sowohl ... als auch*) both ... and ...; ~ **heiter,** ~ **wolkig** cloudy with sunny periods
Teilsatz *m* clause
Teilung *f* division
teilweise A *adv* partly; **der Film war** ~ **gut** the film was good in parts; ~ **bewölkt** cloudy in parts B *adj* partial
Teilzahlung *f* hire-purchase *Br*, installment plan *US*; **auf** ~ on hire-purchase *Br*, on (an) installment plan *US*
Teilzeit *f* part-time; ~ **arbeiten** to work part-time, to do part-time work
Teilzeit- *zssgn* part-time
Teilzeitarbeit *f* part-time work
Teilzeitarbeitsplatz *m* part-time job
Teilzeitbasis *f* **auf** ~ **arbeiten** to work part-time
teilzeitbeschäftigt *adj* employed part time
Teilzeitbeschäftigte(r) *m|f(m)* part-time employee
Teilzeitbeschäftigung *f* part-time work
Teilzeitjob *umg m* part-time job
Teilzeitkraft *f* part-time worker
Teint *m* complexion
Tel. *abk* (= *Telefon*) tel., telephone
Telearbeit *f* telecommuting
Telearbeiter(in) *m(f)* telecommuter
Telearbeitsplatz *m* job for telecommuters
Telebanking *n* telebanking
Telefax *n* (≈ *Kopie, Gerät*) fax
telefaxen *v|i & v|t* to fax
Telefon *n* (tele)phone; ~ **haben** to be on the phone; **am** ~ on the phone; **ans** ~ **gehen** to answer the phone
Telefonanbieter *m* (tele)phone company
Telefonanruf *m* (tele)phone call
Telefonanschluss *m* (tele)phone connection
Telefonat *n* (tele)phone call
Telefonbanking *n* telephone banking
Telefonbuch *n* (tele)phone book
Telefongebühr *f* call charge; (≈ *Grundgebühr*) (tele)phone rental
Telefongesellschaft *f* (tele)phone company
Telefongespräch *n* (tele)phone call; (≈ *Unterhaltung*) (tele)phone conversation; **ein** ~ **führen** to make a call
Telefonhörer *m* (telephone) receiver
telefonieren *v|i* to make a (tele)phone call, to phone; **mit j-m** ~ to speak to sb on the phone; **bei j-m** ~ to use sb's phone; **ins Ausland** ~ to make an international call; **er telefoniert den ganzen Tag** he is on the phone all day long
telefonisch A *adj* telephonic; **eine** ~**e Mitteilung** a (tele)phone message B *adv Auskunft geben* over the phone; **j-m etw** ~ **mitteilen** to tell sb sth over the phone; **ich bin** ~ **erreichbar** I can be contacted by phone
Telefonist(in) *m(f)* (switchboard) operator; *Br a.* telephonist
Telefonkabine *schweiz f* (tele)phone box *Br*, (tele)phone booth
Telefonkarte *f* phonecard, phone card
Telefonkonferenz *f* telephone conference
Telefonleitung *f* (tele)phone line
Telefonnetz *n* (tele)phone network
Telefonnummer *f* (tele)phone number
Telefonrechnung *f* (tele)phone bill
Telefonseelsorge *f* ≈ Samaritans *pl Br*, ≈ advice hotline *US*
Telefonsex *m* telephone sex
Telefonterror *m umg* malicious phone calls *pl*
Telefonverbindung *f* (tele)phone line; *zwischen Orten* (tele)phone link
Telefonwertkarte *österr f* phonecard
Telefonzelle *f* (tele)phone box *Br*, (tele)phone booth
Telefonzentrale *f* (telephone) switchboard
telegen *adj* telegenic
Telegramm *n* telegram
Telekom *f* **die** ~ German telecommunications service
Telekommunikation *f* telecommunications *pl od* (*als Fachgebiet*) *sg*
Telekopie *f* fax
Telekopierer *m* fax machine
telemedizinisch *adj* telemedical
Telenovela *f* telenovela
Teleobjektiv *n* FOTO telephoto lens
Telepathie *f* telepathy
telepathisch *adj* telepathic
Teleshopping *n* teleshopping
Teleskop *n* telescope
Telex *n* telex
Teller *m* plate; **ein** ~ **Suppe** a plate of soup
Tellerwäscher(in) *m(f)* dishwasher
Tempel *m* temple

Temperament n ▯ (≈ *Wesensart*) temperament; **ein hitziges ~ haben** to be hot-tempered ▮ (≈ *Lebhaftigkeit*) vitality; **sein ~ ist mit ihm durchgegangen** he lost his temper
temperamentlos *adj* lifeless
Temperamentlosigkeit f lifelessness
temperamentvoll A *adj* lively, vivacious B *adv* exuberantly
Temperatur f temperature; **erhöhte ~ haben** to have a temperature; **bei ~en von bis zu 42 Grad Celsius** in temperatures of up to 42°C
Temperaturanstieg m rise in temperature
Temperaturregler m thermostat
Temperaturrückgang m fall in temperature
Temperaturschwankung f variation in temperature
Temperatursturz m sudden drop in temperature
Tempo n ▯ speed; **~!** *umg* hurry up!; **bei j-m ~ machen** *umg* to make sb get a move on *umg*; **~ 100** speed limit (of) 100 km/h; **aufs ~ drücken** *umg* to step on the gas *umg* ▮ MUS tempo; **das ~ angeben** to set the tempo; *fig* to set the pace
Tempolimit n speed limit
temporär *geh adj* temporary
Temposünder(in) m(f) person caught for speeding
Tempus n GRAM tense
Tendenz f trend; (≈ *Neigung*) tendency; (≈ *Absicht*) intention; **die ~ haben, zu …** to have a tendency to …
tendenziös *adj* tendentious
tendieren v/i ▯ **dazu ~, etw zu tun** (≈ *neigen*) to tend to do sth; (≈ *beabsichtigen*) to be moving toward(s) doing sth ▮ FIN, BÖRSE to tend; **fester/schwächer ~** to show a stronger/weaker tendency
Teneriffa n Tenerife
Tennis n tennis
Tennisball m tennis ball
Tennisplatz m tennis court
Tennisschläger m tennis racket
Tennisspieler(in) m(f) tennis player
Tenor¹ m tenor
Tenor² m MUS tenor
Teppich m carpet; **etw unter den ~ kehren** to sweep sth under the carpet; **bleib auf dem ~!** *umg* be reasonable!
Teppichboden m carpet(ing); **das Zimmer ist mit ~ ausgelegt** the room has a fitted carpet
Teppichklopfer m carpet-beater
Termin m date; für *Fertigstellung* deadline; *bei Arzt, Besprechung etc* appointment; SPORT fixture; JUR (≈ *Verhandlung*) hearing; **sich** (*dat*) **einen ~ geben lassen, einen ~ vereinbaren** to make an appointment
Terminabsprache f scheduling of a meeting
Terminal n/m terminal
Terminbestätigung f confirmation of a meeting
Terminbörse f futures market
Termingeld n fixed-term deposit
termingemäß, termingerecht *adj & adv* on schedule
Terminhandel m BÖRSE forward *od* futures trading
Terminkalender m (appointments) diary; **einen ~ führen** to keep a diary
terminlich *adj* **aus ~en Gründen absagen** to cancel because of problems with one's schedule
Terminmarkt m BÖRSE futures market
Terminologie f terminology
terminologisch A *adj* terminological B *adv* terminologically
Terminplan m (≈ *Kalender*) appointments list; (≈ *Programm*) agenda
Terminplaner m appointments calendar
Terminus m term; **~ technicus** technical term
Termite f termite
Terpentin *österr* n/m turpentine; *umg* (≈ *Terpentinöl*) turps *umg*
Terrain n terrain; *fig* territory; **das ~ sondieren** *fig* to see how the land lies
Terrarium n terrarium
Terrasse f ▯ GEOG terrace ▮ (≈ *Veranda*) patio; (≈ *Dachterrasse*) roof garden
terrassenartig, terrassenförmig A *adj* terraced B *adv* in terraces
terrestrisch *adj* terrestrial
Terrier m terrier
Territorium n territory
Terror m terror; (≈ *Terrorismus*) terrorism; (≈ *Terrorherrschaft*) reign of terror; **~ machen** *umg* to raise hell *umg*
Terrorakt m act of terrorism
Terrorangriff m terrorist raid
Terroranschlag m terrorist attack
terrorisieren v/t to terrorize
Terrorismus m terrorism
Terrorismusbekämpfung f counterterrorism
Terrorismusexperte m, **Terrorismusexpertin** f expert on terrorism
Terrorist(in) m(f) terrorist
terroristisch *adj* terrorist *attr*
Terrornetz n, **Terrornetzwerk** n terror network, terrorist network
Terrorzelle f terrorist cell
tertiär *adj* tertiary
Terz f MUS third; *Fechten* tierce

Tesafilm® *m* adhesive tape, sticky tape *Br*
Tessin *n* **das** ~ Ticino
Test *m* test
Testament *n* **1** JUR will; *fig* legacy; **das ~ eröffnen** to read the will; **sein ~ machen** to make one's will **2** BIBEL **Altes/Neues ~** Old/New Testament
testamentarisch A *adj* testamentary; **eine ~e Verfügung** an instruction in the will **B** *adv* in one's will; **etw ~ festlegen** to write sth in one's will
Testamentseröffnung *f* reading of the will
Testamentsvollstrecker(in) *m(f)* executor; *Frau a.* executrix
Testbesucher(in) *m(f)* mystery visitor
Testbild *n* TV test card
testen *v/t* to test (**auf** +*akk* for)
Tester(in) *m(f)* tester
Testlauf *m* TECH trial run
Testperson *f* subject (of a test)
Testpilot(in) *m(f)* test pilot
Testreihe *f*, **Testserie** *f* series of tests
Testsieger *m* HANDEL top performer, best buy
Teststopp *m* test ban
Teststoppabkommen *n* test ban treaty
Tetanus *m* tetanus
teuer A *adj* expensive; *fig* dear; **teurer werden** to go up (in price) **B** *adv* expensively; **etw ~ kaufen/verkaufen** to buy/sell sth for a high price; **das wird ihn ~ zu stehen kommen** *fig* that will cost him dear; **etw ~ bezahlen** *fig* to pay a high price for sth
Teuerung *f* rise in prices
Teuerungsrate *f* rate of price increases
Teuerungszulage *f* cost of living bonus
Teufel *m* **1** devil **2** *umg* **scher dich zum ~** go to hell! *umg*; **der ~ soll ihn holen!** to hell with him *umg*; **j-n zum ~ jagen** to send sb packing *umg*; **wer zum ~?** who the devil? *umg*; **zum ~ mit dem Ding!** to hell with the thing! *umg*; **den ~ an die Wand malen** to tempt fate; **wenn man vom ~ spricht** *sprichw* talk of the devil *Br*, speak of the devil; **dann kommst du in ~s Küche** then you'll be in a hell of a mess *umg*; **wie der ~** like hell; **auf ~ komm raus** like crazy *umg*; **da ist der ~ los** all hell's been let loose *umg*; **der ~ steckt im Detail** the devil is in the detail
Teufelsaustreibung *f* exorcism
Teufelskreis *m* vicious circle
teuflisch *adj* fiendish
Text *m* text; *eines Gesetzes* wording; *von Lied* words *pl*; *von Schlager* lyrics *pl*; *von Film* script; *unter Bild* caption; **weiter im ~** *umg* (let's) get on with it
Textauszug *m* excerpt
Textbaustein *m* IT template

texten *v/t* & *v/i* to write; *mit Handy* to text
Texter(in) *m(f)* *für Schlager* songwriter; *für Werbesprüche* copywriter
Texterfasser(in) *m(f)* keyboarder
textil *adj* textile
Textil- *zssgn* textile
Textilarbeiter(in) *m(f)* textile worker
Textilfabrik *f* textile factory
Textilien *pl* textiles *pl*
Textilindustrie *f* textile industry
Textmarker *m* highlighter
Textnachricht *f* TEL text message; **eine ~ schicken** to text
Textspeicher *m* COMPUT memory
Textstelle *f* passage
Textverarbeitung *f* word processing
Textverarbeitungsprogramm *n* word processor, word processing program
Textverarbeitungssystem *n* word processor
TH *abk* (= *technische Hochschule*) technological university
Thai[1] *m/f(m)* Thai
Thai[2] *n Sprache* Thai
Thailand *n* Thailand
Thailänder(in) *m(f)* Thai
thailändisch *adj* Thai
Theater *n* **1** theatre *Br*, theater *bes US*; **zum ~ gehen** to go on the stage; **ins ~ gehen** to go to the theatre *Br*, to go to the theater *bes US*; **~ spielen** *wörtl* to act; *fig* to put on an act; **das ist doch alles nur ~** *fig* it's all just play-acting **2** *fig* to-do *umg*, fuss; **(ein) ~ machen** to make a (big) fuss
Theaterbesuch *m* visit to the theatre
Theaterbesucher(in) *m(f)* theatregoer *Br*, theatergoer *US*
Theaterfestival *n* drama festival
Theaterkarte *f* theatre ticket *Br*, theater ticket *bes US*
Theaterkasse *f* theatre box office *Br*, theater box office *bes US*
Theaterstück *n* (stage) play
theatralisch A *adj* theatrical **B** *adv* theatrically
Theke *f* (≈ *Schanktisch*) bar; (≈ *Ladentisch*) counter
Thema *n* (≈ *Gegenstand*) subject, topic; (≈ *Leitgedanke*), *a.* MUS theme; (≈ *Frage*) issue; **beim ~ bleiben** to stick to the subject; **das ~ wechseln** to change the subject; **kein ~ sein** not to be an issue; **j-n vom ~ abbringen** to get sb off the subject
Thematik *f* topic
thematisch *adj* thematic; **~ geordnet** arranged according to subject
Themenabend *m* TV *etc* theme evening
Themenbereich *m*, **Themenkreis** *m* topic
Themenpark *m* theme park

Themse f **die ~** the Thames; **an der ~ liegen** to be on the river Thames
Theologe m, **Theologin** f theologian
Theologie f theology
theologisch adj theological
Theoretiker(in) m(f) theoretician
theoretisch A adj theoretical B adv theoretically; **~ gesehen** theoretically
Theorie f theory
Therapeut(in) m(f) therapist
therapeutisch adj therapeutic(al)
Therapie f therapy; (≈ Behandlungsmethode) (method of) treatment (**gegen** for)
therapieren v/t to give therapy to
Thermalbad n thermal bath; Gebäude thermal baths pl; (≈ Badeort) spa
Thermalquelle f thermal spring
thermisch adj PHYS thermal
Thermodrucker m thermal printer
Thermodynamik f thermodynamics sg
thermodynamisch adj thermodynamic
Thermometer n thermometer
Thermopapier n thermal paper
Thermosflasche® f vacuum flask
Thermoskanne® f vacuum jug
Thermostat m thermostat
These f hypothesis; umg (≈ Theorie) theory
Thon m schweiz tuna
Thriller m thriller
Thrombose f thrombosis
Thron m throne
thronen wörtl v/i to sit enthroned; fig to sit in state
Thronfolge f line of succession; **die ~ antreten** to succeed to the throne
Thronfolger(in) m(f) heir to the throne
Thunfisch m tuna (fish)
Thurgau m Thurgau
Thüringen n Thuringia
Thymian m thyme
Tibet n Tibet
tibetanisch, tibetisch adj Tibetan
Tick m umg (≈ Schrulle) quirk umg; **einen ~ haben** umg to be crazy
ticken v/i to tick (away); **du tickst ja nicht richtig** umg you're off your rocker! umg
Ticket n ticket
Tiebreak m, **Tie-Break** m Tennis tie-break bes Br, tie-breaker
tief A adj deep; Ton, Temperatur low; **~er Teller** soup plate; **aus ~stem Herzen** from the bottom of one's heart; **im ~en Wald** deep in the forest; **im ~en Winter** in the depths of winter; **in der ~en Nacht** at dead of night; **im ~sten Innern** in one's heart of hearts B adv 1 deep; sich bücken low; untersuchen in depth; **3 m ~ fallen** to fall 3 metres Br, to fall 3 meters US; **~ sinken** fig to sink low; **bis ~ in etw** (akk) **hinein** örtlich a long way down/deep into sth; **~ ausgeschnitten** low-cut; **~ verschneit** deep with snow; **~ in Gedanken (versunken)** deep in thought; **j-m ~ in die Augen sehen** to look deep into sb's eyes 2 (≈ sehr stark) deeply; **~ greifend** Veränderung far-reaching; sich verändern significantly; reformieren thoroughly; **~ schürfend** profound 3 (≈ niedrig) low; **ein Stockwerk ~er** on the floor below; **~ liegend** Gegend, Häuser low-lying
Tief n METEO depression; fig low
Tiefbau m civil engineering
tiefblau adj deep blue
Tiefdruck m METEO low pressure
Tiefdruckgebiet n METEO area of low pressure, depression
Tiefe f 1 depth; **unten in der ~** far below 2 (≈ Intensität) deepness 3 (≈ Tiefgründigkeit) profundity 4 von Ton lowness
Tiefebene f lowland plain
Tiefenpsychologie f depth psychology
Tiefenschärfe f FOTO depth of field
Tiefflieger m low-flying aircraft
Tiefflug m low-altitude flight
Tiefgang m SCHIFF draught Br, draft US; fig umg depth
Tiefgarage f underground car park Br, underground parking garage bes US
tiefgefrieren v/t to (deep-)freeze
tiefgekühlt adj (≈ gefroren) frozen; (≈ sehr kalt) chilled
Tiefgeschoss n, **Tiefgeschoß** österr basement
tiefgreifend adj → tief
tiefgründig adj profound; (≈ durchdacht) well-grounded
Tiefkühlfach n freezer compartment
Tiefkühlkost f frozen food
Tiefkühlschrank m upright freezer
Tiefkühltruhe f (chest) freezer
Tiefland n lowlands pl
tiefliegend adj → tief
Tiefpunkt m low
tiefrot adj deep red
Tiefschlag m Boxen, a. fig hit below the belt
Tiefschnee m deep (powder) snow
Tiefschneefahren n deep powder skiing, off-piste skiing
Tiefsee f deep sea
Tiefstand m low
Tiefstpreis m lowest price
Tiefsttemperatur f lowest temperature (**um** around)
tieftraurig adj very sad
Tiegel m zum Kochen (sauce)pan; in der Chemie cru-

cible

Tier n animal; (≈ *Haustier*) pet; *umg* (≈ *Mensch*) brute; **hohes ~** *umg* big shot *umg*; **frei lebende ~e** wildlife
Tierarzt m, **Tierärztin** f vet
Tierfreund(in) m(f) animal lover
Tierfutter n animal food; *für Haustiere* pet food
Tiergarten m zoo
Tierhandlung f pet shop
Tierheim n animal shelter, animal rescue centre *Br*; animal home, rescue centre *Br*
tierisch **A** *adj* animal *attr*; *fig Grausamkeit* bestial; **~er Ernst** *umg* deadly seriousness **B** *adv umg* (≈ *ungeheuer*) horribly *umg*; *wehtun* like hell *umg*; *ernst* deadly
Tierklinik f veterinary clinic
Tierkreis m zodiac
Tierkreiszeichen n sign of the zodiac
Tierkunde f zoology
tierlieb *adj* (very) fond of animals
Tiermedizin f veterinary medicine
Tierpark m zoo
Tierpfleger(in) m(f) zoo keeper
Tierquälerei f cruelty to animals
Tierschutz m protection of animals
Tierschützer(in) m(f) animal conservationist
Tierschutzverein m society for the prevention of cruelty to animals
Tierversicherung f animal health insurance; *für Haustier* pet insurance
Tierversuch m animal experiment
Tierwelt f wildlife; **Tier- und Pflanzenwelt** wildlife
Tiger m tiger
Tigerin f tigress
Tigerstaat m WIRTSCH tiger economy
Tilde f tilde
tilgen *geh v/t* **1** *Schulden* to pay off **2** (≈ *beseitigen*) *Unrecht, Spuren* to wipe out; *Erinnerung* to erase; *Strafe* to remove
Tilgung f *von Schulden* repayment
timen *v/t* to time
Timing n timing; **schlechtes ~** bad timing
Tinktur f tincture
Tinnitus m MED tinnitus
Tinte f ink; **mit roter ~ schreiben** to write in red ink; **in der ~ sitzen** *umg* to be in the soup *umg*
Tintenfisch m cuttlefish; (≈ *Kalmar*) squid; *achtarmig* octopus
Tintenkiller m correction pen
Tintenklecks m ink blot
Tintenpatrone f *von Füller, Drucker* ink cartridge
Tintenroller m rollerball pen
Tintenstrahldrucker m ink-jet (printer)
Tipp m tip; *an Polizei* tip-off
tippen **A** *v/t umg* (≈ *schreiben*) to type **B** *v/i* **1** (≈ *klopfen*) **an/auf etw** (*akk*) **~** to tap sth **2** *umg am Computer* to type **3** (≈ *wetten*) to fill in one's coupon; **im Lotto ~** to play the lottery **4** *umg* (≈ *raten*) to guess; **ich tippe darauf, dass …** I bet (that) …
Tippfehler m typing mistake
tipptopp *umg* **A** *adj* immaculate; (≈ *prima*) first-class **B** *adv* immaculately; (≈ *prima*) really well; **~ sauber** spotless
Tippzettel m *im Lotto* lottery coupon
Tipse f *umg* typist
Tirol n Tyrol
Tiroler(in) m(f) Tyrolese, Tyrolean
Tisch m table; (≈ *Schreibtisch*) desk; **bei ~** at (the) table; **den ~ decken** to set *od* lay *Br* the table; **etw auf den ~ bringen** *umg* to serve sth (up); **vom ~ sein** *fig* to be cleared out of the way; **j-n über den ~ ziehen** *fig umg* to take sb to the cleaners *umg*
Tischdecke f tablecloth
Tischfußball m table football *Br*, foosball *US*
Tischgebet n grace
Tischlampe f table lamp
Tischler(in) m(f) joiner *bes Br*, carpenter; (≈ *Möbeltischler*) cabinet-maker
Tischlerei f **1** *Werkstatt* carpenter's workshop; (≈ *Möbeltischlerei*) cabinet-maker's workshop **2** *umg* (≈ *Handwerk*) carpentry; *von Möbeltischler* cabinet-making
tischlern *umg v/i* to do woodwork
Tischplatte f tabletop
Tischrechner m desk calculator
Tischrede f after-dinner speech
Tischtennis n table tennis
Tischtennisschläger m table tennis bat *Br*, table tennis paddle *US*
Tischtuch n tablecloth
Titel m title; *auf einer CD* track
Titelbild n cover (picture)
Titelmelodie f *von Film* theme tune
Titelmusik f theme music
Titelrolle f title role
Titelseite f cover, front page
Titelsong m title song, title track
Titelstory f cover story
Titelverteidiger(in) m(f) title holder
Titte *sl* f tit *sl*
tja *int* well
Toast m **1** (≈ *Brot*) toast; **ein ~** a slice of toast **2** (≈ *Trinkspruch*) toast; **einen ~ auf j-n ausbringen** to propose a toast to sb
Toastbrot n *sliced white bread for toasting*
toasten *v/t Brot* to toast
Toaster m toaster
Tobel f *schweiz* (≈ *Schlucht*) gorge, ravine
toben *v/i* **1** (≈ *wüten*) to rage; *Mensch* to throw a

fit 2 (≈ ausgelassen spielen) to rollick (about)
Tobsucht f bei Tieren madness; bei Menschen maniacal rage
tobsüchtig adj mad
Tobsuchtsanfall umg m fit of rage; **einen ~ bekommen** to blow one's top umg
Tochter f daughter; (≈ Tochterfirma) subsidiary
Tochterfirma f subsidiary (firm)
Tod m death; **eines natürlichen/gewaltsamen Todes sterben** to die of natural causes/a violent death; **sich** (dat) **den Tod holen** to catch one's death (of cold); **zu Tode kommen** to die; **j-n/etw auf den Tod nicht leiden können** umg to be unable to stand sb/sth; **sich zu Tod(e) langweilen** to be bored to death; **zu Tode betrübt sein** to be in the depths of despair; **zu Tode geängstigt** terrified
tod- zssgn umg deadly
todernst umg adj deadly serious
Todes- zssgn JUR capital
Todesangst f mortal agony; **Todesängste ausstehen** umg to be scared to death umg
Todesanzeige f als Brief letter announcing sb's death; (≈ Annonce) obituary (notice)
Todesfall m death
Todesgefahr f mortal danger
Todeskampf m death throes pl
Todesopfer n death, casualty
Todesstrafe f death penalty
Todestag m **j-s ~** the anniversary of sb's death
Todestrakt m death row
Todesursache f cause of death
Todesurteil n death sentence
Todeszelle f death watch cell
Todfeind(in) m(f) deadly enemy
todgeweiht adj Mensch, Patient doomed
todkrank adj (≈ sterbenskrank) critically ill; (≈ unheilbar krank) terminally ill
todlangweilig adj umg deadly boring
tödlich A adj fatal; Gefahr mortal; Waffe, Dosis lethal; umg Langeweile deadly B adv 1 **mit Todesfolge ~ verunglücken** to be killed in an accident 2 umg (≈ äußerst) horribly umg; langweilen to death
todmüde adj umg dead tired umg
To-do-Liste f to-do list
todschick umg A adj dead smart umg B adv gekleidet ravishingly; eingerichtet exquisitely
todsicher umg adj dead certain umg; Tipp sure-fire umg
Todsünde f mortal sin
todunglücklich umg adj desperately unhappy
Töff m schweiz (≈ Motorrad) motorbike
Tofu n tofu
Togo n GEOG Togo
Toilette f toilet, lavatory bes Br, bathroom bes US, washroom US; öffentliche restroom US; **wo ist die ~?** where is the toilet etc ?; **auf die ~ gehen** to go to the toilet
Toilettenartikel m toiletry
Toilettenpapier n toilet paper
toi, toi, toi umg int vor Prüfung etc good luck; unberufen touch wood Br, knock on wood US
Tokio n Tokyo
tolerant adj tolerant (**gegen** of)
Toleranz f tolerance (**gegen** of)
tolerieren v/t to tolerate
toll A adj 1 **die (drei) ~en Tage** (the last three days of) Fasching 2 umg (≈ großartig) fantastic umg, great, brilliant Br umg; (≈ erstaunlich) amazing B adv umg (≈ großartig) fantastically; schmecken fantastic
Tollkirsche f deadly nightshade
tollkühn adj Person, Fahrt daredevil attr, daring
Tollpatsch umg m clumsy creature, klutz US
tollpatschig adj clumsy
Tollwut f rabies sg
tollwütig adj rabid
Tölpel umg m fool
Tomate f tomato
Tomatenmark n, **Tomatenpüree** n tomato puree
Tomatensaft m tomato juice
Tombola f tombola Br, raffle US
Tomograf m MED tomograph
Tomografie f tomography
Tomogramm n MED tomogram
Ton¹ m (≈ Erdart) clay
Ton² m 1 sound; MUS, LIT tone; (≈ Note) note; **formeller/informeller/witziger Ton** LIT formal/informal/jocular tone; **sachlich-nüchterner Ton** LIT matter-of-fact tone; **keinen Ton sagen** not to make a sound; **große Töne spucken** umg to talk big; **j-n in (den) höchsten Tönen loben** umg to praise sb to the skies 2 (≈ Betonung) stress; (≈ Tonfall) intonation 3 (≈ Redeweise) tone; **ich verbitte mir diesen Ton** I will not be spoken to like that; **der gute Ton** good form 4 (≈ Farbton) tone; (≈ Nuance) shade
Tonabnehmer m pick-up
tonangebend adj **~ sein** to set the tone
Tonarm m pick-up arm
Tonart f MUS key; fig (≈ Tonfall) tone
Tonband n tape
Tonbandgerät n tape recorder
Tondatei f sound file
tönen¹ v/i (≈ klingen) to sound; (≈ großspurig reden) to boast; → getönt
tönen² v/t to tint; **sich** (dat) **die Haare ~** to tint one's hair
Toner m toner
Tonerkassette f toner cartridge

tönern *adj* clay
Tonfall *m* tone of voice; (≈ *Intonation*) intonation
Tonfilm *m* sound film, talkie
tonhaltig *adj* clayey
Tonhöhe *f* pitch
Toningenieur(in) *m(f)* sound engineer
Tonlage *f* pitch (level); (≈ *Tonumfang*) register
Tonleiter *f* scale
tonlos *adj* toneless
Tonnage *f* SCHIFF tonnage
Tonne *f* **1** (≈ *Behälter*) barrel; *aus Metall* drum; (≈ *Mülltonne*) bin *Br*, trash can *US* **2** (≈ *Gewicht*) metric ton(ne) **3** (≈ *Registertonne*) (register) ton
Tonprobe *f* sound check
Tonspur *f* soundtrack
Tonstörung *f* sound interference
Tonstudio *n* recording studio
Tontaube *f* clay pigeon
Tontaubenschießen *n* clay pigeon shooting
Tontechniker(in) *m(f)* sound technician
Tönung *f* (≈ *Haartönung*) hair colour *Br*, hair color *US*; (≈ *Farbton*) shade, tone
Top *n Kleidungsstück* top
topaktuell *adj* up-to-the-minute
Topas *m* topaz
Topf *m* pot; (≈ *Kochtopf*) (sauce)pan; **alles in einen ~ werfen** *fig* to lump everything together
Topfen *m österr, südd* quark
Töpfer(in) *m(f)* potter
Töpferei *f* pottery
töpfern *v/i* to do pottery
Töpferscheibe *f* potter's wheel
topfit *adj* in top form; *gesundheitlich* as fit as a fiddle
Topflappen *m* oven cloth
Topfpflanze *f* potted plant
Topmodel *n* top model
Topografie *f* topography
topografisch *adj* topographic(al)
toppen *v/t* to top, to beat; **schwer zu ~** hard to top *od* beat
topsecret *adj* top secret
Tor *n* **1** gate; *fig* gateway; (≈ *Torbogen*) archway; *von Garage* door **2** SPORT goal; **ein Tor schießen** to score (a goal); **im Tor stehen** to be in goal
Torabstoß *m* FUSSB goal kick
Torbogen *m* arch
Torchance *f* chance to score
Toresschluss *m* → Torschluss
Torf *m* peat
torfig *adj* peaty
Torfmoor *n* peat bog; *trocken* peat moor
Torfmull *m* peat dust
Torfrau *f* goalkeeper
Torhüter(in) *m(f)* goalkeeper
töricht *adj geh* foolish; *Hoffnung* idle

Torjäger(in) *m(f)* (goal)scorer
torkeln *v/i* to stagger, to reel
Torlatte *f* crossbar
Torlinie *f* goal line
torlos *adj* **das Spiel endete ~** the game ended in a goalless draw
Tormann *m* goalkeeper
Tornado *m* tornado, twister
torpedieren *v/t* to torpedo
Torpedo *m* torpedo
Torpfosten *m* gatepost; SPORT goalpost
Torraum *m* box, goal area
Torschluss *fig m* **kurz vor ~** at the last minute
Torschlusspanik *umg f* last minute panic
Torschuss *m* shot (at goal)
Torschütze *m*, **Torschützin** *f* (goal)scorer
Torte *f* cake; (≈ *Sahnetorte*) gâteau; (≈ *Obsttorte*) flan
Tortenboden *m* flan case; *ohne Seiten* flan base
Tortendiagramm *n* pie chart
Tortengrafik *f* pie chart
Tortenguss *m* glaze
Tortenheber *m* cake slice
Tortilla *f* GASTR tortilla
Tortillachips *pl* tortilla chips
Tortur *f* torture; *fig* ordeal
Torverhältnis *n* score
Torwart(in) *m(f)* goalkeeper
tosen *v/i Wellen* to thunder; *Sturm* to rage; **~der Beifall** thunderous applause
Toskana *f* GEOG **die ~** Tuscany
tot *adj* dead; *umg* (≈ *erschöpft*) beat *umg*; *Stadt* deserted; **tot geboren** stillborn; **tot umfallen** to drop dead; **er war auf der Stelle tot** he died instantly; **ein toter Mann sein** *fig umg* to be a goner *umg*; **toter Winkel** blind spot; MIL dead angle; **das Tote Meer** the Dead Sea; **toter Punkt** (≈ *Stillstand*) standstill, halt; *in Verhandlungen* deadlock; (≈ *körperliche Ermüdung*) low point
total **A** *adj* total **B** *adv* totally
Totalausverkauf *m* clearance sale; *wegen Geschäftsaufgabe a.* closing-down sale
Totalisator *m* totalizator
totalitär **A** *adj* totalitarian **B** *adv* in a totalitarian way
Totaloperation *f von Gebärmutter* hysterectomy
Totalschaden *m* write-off *Br*; **er hatte einen ~** *US* he totaled the car
totarbeiten *umg v/r* to work oneself to death
totärgern *v/r umg* to be* totally hacked off *umg*
Totempfahl *m* totem pole
töten *v/t & v/i* to kill
Töten *n* killing
Totenbett *n* deathbed
totenblass *adj* deathly pale
Totengräber(in) *m(f)* gravedigger

Totenkopf m skull; *auf Piratenfahne etc* skull and crossbones
Totenschein m death certificate
Totenstarre f rigor mortis
Totenstille f deathly silence
Tote(r) m/f(m) dead person; *bei Unfall, a.* MIL casualty; **die ~n** the dead; **es gab 3 ~** 3 people died *od* were killed
totgeboren *adj* → tot
Totgeburt f stillbirth
totkriegen *umg v/t* **nicht totzukriegen sein** to go on for ever
totlachen *umg v/r* to kill oneself (laughing) *Br umg*; **es ist zum Totlachen** it is hilarious
Toto *österr, schweiz* n/m/n (football) pools *pl Br*; **(im) ~ spielen** to do the pools *Br*
Totoschein m pools coupon *Br*
totschießen *v/t* to shoot* dead
Totschlag m JUR manslaughter
totschlagen *v/t* to kill; **du kannst mich ~, ich weiß es nicht** *umg* for the life of me I don't know
totschweigen *v/t* to hush up *umg*
tot stellen *v/r* to pretend to be dead
Tötung f killing
Touchpad n COMPUT touchpad
Touchscreen f touchscreen
tough *adj umg* tough
Toupet n toupée
toupieren *v/t* to backcomb
Tour f **1** (≈ *Fahrt*) trip; (≈ *Tournee, Fahrradtour*) tour; (≈ *Wanderung*) walk; (≈ *Bergtour*) climb **2** (≈ *Umdrehung*) revolution; **~ durch das Haus** tour of the house; **auf ~en kommen** *Auto* to reach top speed; *fig umg* to get into top gear; **j-n/etw auf ~en bringen** *fig* to get sb/sth going; **in einer ~** *umg* incessantly **3** *umg* **auf die krumme ~** by dishonest means; **j-m die ~ vermasseln** *umg* to put paid to sb's plans
Tourenrad n tourer
Tourenwagen m touring car
Tourismus m tourism
Tourismusindustrie f tourist industry
Tourist(in) m(f) tourist
Touristeninformation f tourist (information) office
Touristenklasse f tourist class
Touristik f tourism
touristisch *adj* tourist *attr*
Tournee f tour; **auf ~ sein** to be on tour
Tower m FLUG (control) tower
Toxikologe m, **Toxikologin** f toxicologist
toxikologisch *adj* toxicological
toxisch *adj* toxic
Trab m trot; **im ~** at a trot; **auf ~ sein** *umg* to be on the go *umg*; **j-n in ~ halten** *umg* to keep sb on the go *umg*
Trabant m satellite
Trabantenstadt f satellite town, satellite *US*
traben *v/i* to trot
Trabrennbahn f trotting course
Trabrennen n trotting race
Tracht f **1** (≈ *Kleidung*) dress; (≈ *Volkstracht etc*) costume; (≈ *Schwesterntracht*) uniform **2** **j-m eine ~ Prügel verabreichen** *umg* to give sb a beating
trachten *geh v/i* to strive (**nach** for, after); **j-m nach dem Leben ~** to be after sb's blood
trächtig *adj Tier* pregnant
Track m *auf einer CD* track
Trackball m COMPUT trackball
Tradition f tradition; **(bei j-m) ~ haben** to be a tradition (for sb)
traditionell **A** *adj* traditional **B** *adv* traditionally
traditionsbewusst *adj* tradition-conscious
traditionsgemäß *adv* traditionally
Trafik *österr* f tobacconist's (shop)
Trafikant(in) *österr* m(f) tobacconist
Trafo *umg* m transformer
Tragbahre f stretcher
tragbar *adj* **1** *Gerät* portable **2** (≈ *annehmbar*) acceptable (**für** to); (≈ *erträglich*) bearable
Trage f (≈ *Bahre*) stretcher
träge *adj* **1** sluggish; *Mensch* lethargic; (≈ *faul*) lazy **2** PHYS *Masse* inert
tragen **A** *v/t* **1** (≈ *befördern*) to carry; **den Brief zur Post ~** to take the letter to the post office **2** (≈ *am Körper tragen*) to wear; **getragene Kleider** second-hand clothes **3** (≈ *stützen*) to support **4** (≈ *hervorbringen*) *Zinsen, Ernte* to yield; *Früchte* to bear **5** (≈ *trächtig sein*) to be carrying **6** (≈ *ertragen*) *Schicksal* to bear **7** (≈ *übernehmen*) *Verluste* to defray; *Kosten* to bear, to carry; *Risiko* to take **8** (≈ *haben*) *Titel, Namen* to bear **B** *v/i* **1** *Eis* to take one's weight **2** **schwer an etw** (*dat*) **~** to have a job carrying sth; *fig* to find sth hard to bear; **zum Tragen kommen** to come to fruition; (≈ *nützlich werden*) to come in useful **C** *v/r Kleid, Stoff* to wear
tragend *adj* **1** (≈ *stützend*) *Säule, Bauteil* load-bearing **2** THEAT *Rolle* major
Träger m **1** *an Kleidung* strap; (≈ *Hosenträger*) braces *pl Br*, suspenders *pl US* **2** *Hoch- und Tiefbau* (supporting) beam; (≈ *Stahlträger, Eisenträger*) girder **3** (≈ *Kostenträger*) funding provider
Träger(in) m(f) *von Lasten, Namen, Titel* bearer; *von Kleidung* wearer; *eines Preises* winner; *von Krankheit* carrier
Trägerrakete f carrier rocket
Tragetasche f carrier bag
tragfähig *adj* able to take a weight; *fig Konzept, Lösung* workable

Tragfläche f wing
Tragflächenboot n, **Tragflügelboot** n hydrofoil
Trägheit f sluggishness; *von Mensch* lethargy; (≈ *Faulheit*) laziness; PHYS inertia
Tragik f tragedy
Tragikomik f tragicomedy
tragikomisch *adj* tragicomical
Tragikomödie f tragicomedy
tragisch **A** *adj* tragic; **das ist nicht so ~** *umg* it's not the end of the world **B** *adv* tragically
Tragödie f LIT, *a. fig* tragedy
Tragweite f *von Geschütz etc* range; **von großer ~ sein** to have far-reaching consequences
Trainee m trainee
Trainer(in) m(f) trainer; *von Tennisspieler* coach; *bei Fußball* manager
trainieren **A** *v/t* to train; *Übung, Sportart* to practise *Br*, to practice *US*; *Muskel* to exercise **B** *v/i Sportler* to train; (≈ *Übungen machen*) to exercise; (≈ *üben*) to practise *Br*, to practice *US*
Training n training *kein pl*; (≈ *Fitnesstraining*) workout; *von Spielern* coaching; *fig* (≈ *Übung*) practice; **das ~ ist heute ausgefallen** training was cancelled today
Trainings- *zssgn* exercising
Trainingsanzug m tracksuit
Trainingseinheit f training session
Trainingshose f tracksuit trousers *pl bes Br*, tracksuit pants *pl bes US*
Trainingsjacke f tracksuit top *Br*, sweat-jacket *US*
Trainingsschuh m training shoe
Trainingsstunde f training session
Trakt m (≈ *Gebäudeteil*) section; (≈ *Flügel*) wing
traktieren *umg v/t* (≈ *schlecht behandeln*) to maltreat; (≈ *quälen*) to torment
Traktor m tractor
trällern *v/t & v/i* to warble
Tram f|n *südd, schweiz*, **Trambahn** f *südd* → Straßenbahn
Trampel m/n clumsy clot *umg*
trampeln **A** *v/i* (≈ *mit den Füßen stampfen*) to stamp **B** *v/t* **j-n zu Tode ~** to trample sb to death
Trampelpfad m track
trampen *v/i* to hitchhike
Tramper(in) m(f) hitchhiker
Trampolin n trampoline
Tran m **1** *von Fischen* train oil **2** *umg* **im ~** dop(e)y *umg*; (≈ *leicht betrunken*) tipsy
Trance f trance
tranchieren *v/t* to carve
Träne f tear; **ihm kamen die ~n** tears welled (up) in his eyes; **~n lachen** to laugh till one cries; **bittere ~n weinen** to shed bitter tears
tränen *v/i* to water
Tränendrüse f lachrymal gland
Tränengas n tear gas
Tränke f drinking trough
tränken *v/t* **1** *Tiere* to water **2** (≈ *durchnässen*) to soak
Transaktion f WIRTSCH transaction
Transaktionsnummer f FIN transaction number
transatlantisch *adj* transatlantic
transeuropäisch *adj* trans-European; **~e Netze** TEL trans-European networks
Transfer m transfer
transferieren *v/t* to transfer
Transformation f transformation
Transformator m transformer
Transfusion f transfusion
transgen *adj* transgenic
Transistor m transistor
Transistorradio n transistor (radio)
Transit m transit
Transitabkommen n transit agreement
Transithalle f FLUG transit lounge
transitiv *adj* GRAM transitive
Transitpassagier(in) m(f), **Transitreisende(r)** m/f(m) transit passenger
Transitverkehr m transit traffic
Transitvisum n transit visa
transparent *adj* transparent
Transparent n banner; (≈ *Reklameschild etc*) neon sign; (≈ *Durchscheinbild*) transparency
Transparenz f transparency
Transplantat n *Haut* graft; *Organ* transplant
Transplantation f MED transplant; *von Haut* graft; *Vorgang* transplantation; *von Haut* grafting
transplantieren *v/t & v/i* MED *Organ* to transplant; *Haut* to graft
Transport m transport
transportabel *adj Computer etc* portable
Transportband n conveyor belt
Transporter m *Schiff* cargo ship; *Flugzeug* transport plane; *Auto* van
transportfähig *adj Patient* moveable
Transportflugzeug n transport plane
transportieren *v/t* to transport
Transportkosten *pl* carriage *sg*
Transportmittel n means *sg* of transport
Transportunternehmen n haulier *Br*, hauler *US*
Transportwesen n transport(ation)
Transsexuelle(r) m/f(m) transsexual
Transvestit m transvestite
Trapez n **1** MATH trapezium **2** *von Artisten* trapeze
Trapezakt m trapeze act

Trapezkünstler(in) *m(f)* trapeze artist
trappeln *v/i* to clatter; *Pony* to clip-clop
Trara *n fig umg* hullabaloo *umg* (**um** about)
Trasse *f Landvermessung* marked-out route
Tratsch *umg m* gossip
tratschen *umg v/i* to gossip
Tratte *f FIN* draft
Traualtar *m* altar
Traube *f einzelne Beere* grape; *ganze Frucht* bunch of grapes; (≈ *Menschentraube*) bunch
Traubensaft *m* grape juice
Traubenzucker *m* dextrose
trauen[1] **A** *v/i* to trust; **einer Sache** (*dat*) **nicht ~** to be wary of sth; **ich traute meinen Augen/Ohren nicht** I couldn't believe my eyes/ears **B** *v/r* to dare; **sich ~, etw zu tun** to dare (to) do sth; **ich trau mich nicht** I daren't; **sich auf die Straße ~** to dare to go out **C** *v/t* to marry
trauen[2] *v/t* to marry; **sich ~ lassen** to get married
Trauer *f* mourning; (≈ *Leid*) sorrow, grief
Trauerfall *m* bereavement
Trauerfeier *f* funeral service
trauern *v/i* to mourn (**um j-n** for sb *od* **um etw** sth)
Trauernde(r) *m/f(m)* mourner
Trauerspiel *n* tragedy; *fig umg* fiasco
Trauerweide *f* weeping willow
Traufe *f* eaves *pl*
träufeln *v/t* to dribble
Traum *wörtl, fig m* dream; **aus der ~!** it's all over
Trauma *n* trauma; *fig a.* nightmare
traumatisch *adj* traumatic
Traumberuf *m* dream job
träumen **A** *v/i* to dream; **von j-m/etw ~** to dream about sb/sth; (≈ *sich ausmalen*) to dream of sb/sth; **das hätte ich mir nicht ~ lassen** I'd never have thought it possible **B** *v/t* to dream; *Traum* to have; **etwas Schönes ~** to have a pleasant dream
Träumer(in) *m(f)* dreamer
Träumerei *f* **1** (≈ *das Träumen*) dreaming **2** (≈ *Vorstellung*) daydream
träumerisch *adj* dreamy; (≈ *schwärmerisch*) wistful
Traumfabrik *pej f* dream factory
Traumfrau *umg f* dream woman
traumhaft **A** *adj* (≈ *fantastisch*) fantastic; (≈ *wie im Traum*) dreamlike **B** *adv* (≈ *fantastisch*) fantastically; **~ schönes Wetter** fantastic weather
Traumhaus *n* dream house
Traummann *umg m* dream man
Traumpaar *n* perfect couple
Traumtänzer(in) *m(f)* dreamer
Traumwelt *f* dream world
traurig **A** *adj* sad; *Leistung, Rekord* pathetic; *Wetter* miserable; **die ~e Bilanz** the tragic toll **B** *adv* sadly; **um meine Zukunft sieht es ~ aus** my future doesn't look too bright
Traurigkeit *f* sadness
Trauring *m* wedding ring
Trauschein *m* marriage certificate
Trauung *f* wedding
Trauzeuge *m*, **Trauzeugin** *f* witness (*at marriage ceremony*)
Travellerscheck *m* → *Reisescheck*
Treck *m* trek; (≈ *Leute*) train; (≈ *Wagen etc*) wagon train
Trecking *n* trekking
Treff *umg m* (≈ *Treffen*) meeting; (≈ *Treffpunkt*) haunt, meeting place
treffen **A** *v/t* **1** *durch Schlag, Schuss etc* to hit (**an, in** +*dat* on); *Unglück* to strike; **tödlich getroffen** *von Schuss etc* fatally wounded; **auf dem Foto bist du gut getroffen** *umg* that's a good photo of you **2** *fig* (≈ *kränken*) to hurt **3** (≈ *betreffen*) **es trifft immer die Falschen** it's always the wrong people who are affected; **ihn trifft keine Schuld** he's not to blame **4** (≈ *j-m begegnen*) to meet **5** **es gut/schlecht ~** to be fortunate/unlucky (**mit** with) **6** *Vorbereitungen* to make; *Vereinbarung* to reach; *Entscheidung, Maßnahmen* to take **B** *v/i* **1** *Schlag, Schuss etc* to hit; **nicht ~** to miss **2** (≈ *stoßen*) **auf j-n/etw ~** to meet sb/sth **C** *v/r* (≈ *zusammentreffen*) to meet (up); **~ wir uns morgen?** *als Vorschlag* shall we meet (up) tomorrow?; *wenn man es nicht mehr weiß* are we meeting (up) tomorrow? **D** *v/r* **es trifft sich, dass …** it (just) happens that …; **das trifft sich gut/schlecht, dass …** it is convenient/inconvenient that …
Treffen *n* meeting; SPORT encounter
treffend *adj Beispiel* apt; **etw ~ darstellen** to describe sth perfectly
Treffer *m* hit; (≈ *Tor*) goal; **einen ~ landen** *od* **erzielen** *umg* to score a hit; FUSSB to score a goal
Treffpunkt *m* meeting place
treffsicher *adj Stürmer etc* accurate; *fig Bemerkung* apt
Treibeis *n* drift ice
treiben **A** *v/t* **1** to drive; (≈ *antreiben*) to push; **j-n in den Wahnsinn ~** to drive sb mad; **j-n zum Äußersten ~** to push sb too far; **die Preise (in die Höhe) ~** to push prices up; **die ~de Kraft bei etw sein** to be the driving force behind sth **2** *Handel, Sport* to do; *Studien* to pursue; *Gewerbe* to carry on; *Unfug* to be up to; **was treibst du?** what are you up to?; **es toll ~** to have a wild time; **es zu toll ~** to overdo it; **es zu weit ~** to go too far; **es mit j-m ~** *umg* to have sex with sb **3** *Blüten, Knospen* to sprout **B** *v/i* (≈ *sich fortbewegen*) to drift; **sich ~ lassen** to drift; **die Din-**

ge ~ lassen to let things go
Treiben n (≈ *Getriebe*) hustle and bustle
Treiber m COMPUT driver
Treiber(in) m(f) (≈ *Viehtreiber*) drover; JAGD beater
Treibgas n *bei Sprühdosen* propellant
Treibhaus n hothouse
Treibhauseffekt m METEO greenhouse effect
Treibhausgas n greenhouse gas
Treibjagd f battue *fachspr*
Treibsand m quicksand
Treibstoff m fuel
Trekking n trekking
Trekkingbike n trekking bike
Trekkingrad n trekking bike
Trekkingschuh m trekking boot *od* shoe
Trend m trend; **voll im ~ liegen** to follow the trend
Trendfarbe f *Mode* in colour *Br*, in color *US*
Trendforscher(in) m(f) trend spotter
Trendscout m trend scout *od* spotter
Trendwende f reversal of the trend
trendy *umg adj* trendy
trennbar *adj* separable
trennen **A** *v/t* **1** to separate (**von** from); (≈ *abmachen*) to detach (**von** from); *nach Rasse etc* to segregate; **voneinander getrennt werden** to be separated; → **getrennt** **2** LING *Wort* to divide **B** *v/r* **1** (≈ *auseinandergehen*) to separate; *Paar* to split *od* break up; (≈ *Abschied nehmen*) to part; **sich von etw ~** to part with sth **2** (≈ *sich teilen*) *Wege* to divide **C** *v/i zwischen Begriffen* to draw a distinction
Trennschärfe f selectivity
Trennstrich m hyphen
Trennung f **1** (≈ *Abschied*) parting **2** (≈ *Getrenntsein*) separation; *von Wort* division; *von Begriffen* distinction; (≈ *Rassentrennung etc*) segregation; **in ~ leben** to be separated
Trennungszeichen n hyphen
Trennwand f partition (wall)
Treppe f (≈ *Aufgang*) (flight of) stairs *pl*; *im Freien* (flight of) steps *pl*; **eine ~** a staircase; **die ~ hinaufrennen** to run upstairs; **~n steigen** to climb stairs
Treppenabsatz m half landing
Treppengeländer n banister
Treppenhaus n stairwell; **im ~** on the stairs
Treppenstufen *pl* stairs *pl*
Tresen m (≈ *Theke*) bar; (≈ *Ladentisch*) counter
Tresor m (≈ *Raum*) strongroom; (≈ *Schrank*) safe
Tretboot n pedal boat, pedalo *Br*
Treteimer m pedal bin
treten **A** *v/i* **1** *mit Fuß* to kick (**gegen etw** sth *od* **nach** out at) **2** *mit Raumangabe* to step (**auf** *akk* on); **in den Hintergrund ~** *fig* to recede into the background; **an j-s Stelle** (*akk*) **~** to take sb's place **3** (≈ *betätigen*) **in die Pedale ~** to pedal hard; **aufs Gas(pedal) ~** (≈ *Pedal betätigen*) to press the accelerator; (≈ *schnell fahren*) to put one's foot down *umg*; **auf die Bremse ~** to brake **4** **der Schweiß trat ihm auf die Stirn** sweat appeared on his forehead; **Tränen traten ihr in die Augen** tears came to her eyes **B** *v/t* **1** (≈ *Fußtritt geben*) to kick; SPORT *Ecke, Freistoß* to take; **j-n mit dem Fuß ~** to kick sb **2** (≈ *trampeln*) *Pfad, Weg* to tread **3** *fig* **j-n ~** *umg* (≈ *antreiben*) to get at sb
Tretmine f MIL (antipersonnel) mine
Tretroller m scooter
treu **A** *adj Freund, Kunde etc* loyal; *Hund, Gatte etc* faithful; **j-m ~ sein/bleiben** to be/remain faithful to sb; **sich** (*dat*) **selbst ~ bleiben** to be true to oneself; **seinen Grundsätzen ~ bleiben** to stick to one's principles **B** *adv* faithfully; (≈ *treuherzig*) trustingly; *ansehen* innocently; **j-m ~ ergeben sein** to be loyally devoted to sb; **~ sorgend** devoted
Treue f *von Freund, Kunde etc* loyalty; *von Hund* faithfulness; (≈ *eheliche Treue*) fidelity; (≈ *Bündnistreue*) allegiance; **j-m die ~ halten** to keep faith with sb; *Ehegatten etc* to remain faithful to sb
treuergeben *adj* → **treu**
Treuhand f trust
Treuhänder(in) m(f) trustee
Treuhandgesellschaft f trust company
treuherzig **A** *adj* innocent, trusting **B** *adv* innocently, trustingly
treulos *adj* disloyal
Treulosigkeit f disloyalty
treusorgend *adj* devoted
Triangel *österr* m/n triangle
Triathlon m triathlon
Tribunal n tribunal
Tribüne f (≈ *Rednertribüne*) platform; (≈ *Zuschauertribüne*) stand; (≈ *Haupttribüne*) grandstand
Tribünenplatz m seat in the stand, stand seat
Trichine f trichina
Trichter m funnel; (≈ *Bombentrichter*) crater
trichterförmig *adj* funnel-shaped
Trick m trick; *raffiniert* ploy
Trickbetrüger(in) m(f), **Trickdieb(in)** m(f) confidence trickster
Trickfilm m trick film; (≈ *Zeichentrickfilm*) cartoon (film)
Trickfilmzeichner(in) m(f) cartoonist
Trickkiste f box of tricks
trickreich *umg* **A** *adj* tricky; (≈ *raffiniert*) clever **B** *adv erschwindeln* through various tricks
tricksen **A** *v/i* SPORT swerve **B** *v/t umg* **das werden wir schon ~** we'll fix it somehow; *durch Mogeln* we'll wangle it somehow *umg*
Trickskilauf m freestyle skiing, hotdogging

Trieb *m* **1** (≈ *Naturtrieb*) drive; (≈ *Drang*) urge; (≈ *Verlangen*) desire; (≈ *Neigung*) inclination; (≈ *Selbsterhaltungstrieb, Fortpflanzungstrieb*) instinct **2** BOT shoot
Triebfeder *fig f* motivating force (+*gen* behind)
Triebkraft *f* MECH motive power; *fig* driving force
Triebrad *n* driving wheel *Br*, gear wheel
Triebtäter(in) *m(f)* sexual offender
Triebwagen *m* BAHN railcar
Triebwerk *n Flugzeug* engine; *in Uhr* mechanism
triefen *v/i* to be dripping wet; *Nase* to run; *Auge* to water; **~d nass** dripping wet
triftig *adj* convincing
Trigonometrie *f* trigonometry
trigonometrisch *adj* trigonometric(al)
Trikot *n* (≈ *Hemd*) shirt; **das Gelbe ~ bei Tour de France** the yellow jersey
trillern *v/t & v/i* to warble
Trillerpfeife *f* (pea) whistle
Trillion *f* trillion *Br*, quintillion *US*
Trimester *n* term
Trimm-dich-Pfad *m* fitness trail
trimmen **A** *v/t* to trim; *umg Mensch, Tier* to teach, to train; **auf alt getrimmt** done up to look old **B** *v/r* to do keep-fit (exercises)
trinkbar *adj* drinkable
trinken **A** *v/t* to drink; **schluckweise ~** to sip; **Milch zum Frühstück ~** to have milk for breakfast; **etwas ~** to have a drink; **(schnell) einen ~ gehen** *umg* to go for a (quick) drink **B** *v/i* to drink; **j-m zu ~ geben** to give sb something to drink; **auf j-s Wohl ~** to drink sb's health; **er trinkt** (≈ *ist Alkoholiker*) he's a drinker
Trinker(in) *m(f)* drinker; (≈ *Alkoholiker*) alcoholic
trinkfest *adj* **so ~ bin ich nicht** I can't hold my drink very well *Br*, I can't hold my liquor very well *US*
Trinkflasche *f* water bottle
Trinkgeld *n* tip; **j-m ~ geben** to tip sb
Trinkjog(h)urt *m* drinking yoghurt
Trinkwasser *n* drinking water
Trio *n* trio
Trip *umg m* trip
trippeln *v/i* to trip *bes Br*, to skip; *Boxer* to dance around; *Pferd* to prance
Tripper *m* gonorrhoea *ohne art Br*, gonorrhea *ohne art US*
trist *adj* dismal; *Farbe* dull
Tritt *m* **1** (≈ *Schritt*) step **2** (≈ *Fußtritt*) kick; **j-m einen ~ geben** to give sb a kick; *umg* (≈ *antreiben*) to give sb a kick in the pants *umg*
Trittbrett *n* step
Trittbrettfahrer(in) *umg m(f) fig* copycat *umg*
Trittleiter *f* stepladder
Triumph *m* triumph; **~e feiern** to be very successful
Triumphbogen *m* triumphal arch
triumphieren *v/i* (≈ *frohlocken*) to rejoice
triumphierend **A** *adj* triumphant **B** *adv* triumphantly
trivial *adj* trivial
Trivialliteratur *pej f* light fiction
Trizeps *m* triceps
trocken **A** *adj* dry; **~ werden** to dry; *Brot* to go *od* get dry; **auf dem Trockenen sitzen** *umg* to be in a tight spot *umg* **B** *adv* **aufbewahren** in a dry place
Trockenblume *f* dried flower
Trockendock *n* dry dock
Trockenfutter *n* dried food
Trockengebiet *n* arid region
Trockenhaube *f* (salon) hairdryer
Trockenheit *f* dryness; (≈ *Trockenperiode*) drought
trockenlegen *v/t* **1** *Sumpf* to drain **2** *Baby* to change
Trockenmilch *f* dried milk
Trockenobst *n* dried fruit
Trockenrasierer *m* electric razor
Trockenzeit *f* (≈ *Jahreszeit*) dry season
trocknen *v/t & v/i* to dry
Trockner *m* (≈ *Wäschetrockner*) drier
Trödel *umg m* junk
Trödelei *umg f* dawdling
Trödelmarkt *m* flea market
trödeln *v/i* to dawdle
Trödelstand *m* white elephant stall
Trödler(in) *m(f)* **1** (≈ *Händler*) junk dealer **2** *umg* (≈ *langsamer Mensch*) slowcoach *Br umg*, slowpoke *US umg*
Trog *m* trough
Troika *f* POL troika
Trojaner *umg m*, **trojanisches Pferd** *n* IT Trojan (horse)
trollen *v/r* to push off *umg*
Trolley *m Rollenkoffer* trolley case *Br*, rolling *od* roller suitcase, roller *US*
Trommel *f* MUS, TECH drum; **~ spielen** to play the drum
Trommelbremse *f* drum brake
Trommelfell *n* eardrum
trommeln **A** *v/i* to drum; **gegen die Tür ~** to bang on the door **B** *v/t Rhythmus* to beat out
Trommelstock *m* drumstick
Trommler(in) *m(f)* drummer
Trompete *f* trumpet; **~ spielen** to play the trumpet
trompeten *v/i* to trumpet
Trompeter(in) *m(f)* trumpeter
Tropen[1] *pl* tropics *pl*
Tropen[2] *pl* LIT figurative images

Tropenanzug m tropical suit
Tropenhelm m pith helmet
Tropenkoller m tropical madness
Tropenkrankheit f tropical disease
Tropensturm m tropical storm
Tropf m (≈ Infusion) drip umg; **am ~ hängen** to be on a drip
tröpfchenweise adv in dribs and drabs
tröpfeln v/t & v/i to drip
tropfen v/i to drip
Tropfen m 1 drop; (≈ einzelner Tropfen) an Kanne etc drip; von Farbe blob; **ein edler ~** umg a good wine; **bis auf den letzten ~** to the last drop; **ein ~ auf den heißen Stein** fig umg a drop in the ocean 2 **~** pl (≈ Medizin) drops pl
tropfenweise adv drop by drop
tropfnass adj dripping wet
Tropfstein m dripstone; an der Decke stalactite; am Boden stalagmite
Tropfsteinhöhle f dripstone cave
Trophäe f trophy
tropisch adj tropical
Trost m consolation; **das ist ein schwacher ~** that's pretty cold comfort; **du bist wohl nicht ganz bei ~!** umg you must be out of your mind!
trösten v/t to comfort; **j-n/sich mit etw ~** to console sb/oneself with sth; **~ Sie sich!** never mind
tröstlich adj comforting
trostlos adj hopeless; Verhältnisse miserable; (≈ verzweifelt) inconsolable; (≈ öde, trist) dreary; (≈ düster) gloomy
Trostlosigkeit f misery; von Gegend desolation
Trostpflaster n consolation
Trostpreis m consolation prize
Trott m (slow) trot; fig routine
Trottel umg m idiot, jerk umg
trottelig umg adj stupid
trotten v/i to trot along, to shamble
Trottinett n schweiz scooter
Trottoir n schweiz, südd pavement
trotz präp in spite of, despite; **~ allem** in spite of everything, after all
Trotz m defiance; (≈ trotziges Verhalten) contrariness; **j-m/einer Sache zum ~** in defiance of sb/sth
trotzdem A adv nevertheless; **er ist ~ gegangen** he went there anyway; **ich denke ~ ...** I still think; **(und) ich mache das ~!** I'll do it all the same B konj even though
trotzen v/i 1 to defy; der Kälte, dem Klima etc to withstand 2 (≈ trotzig sein) to be awkward
trotzig A adj defiant; Kind etc difficult; (≈ widerspenstig) contrary B adv defiantly
trotzköpfig adj Kind contrary

Trotzreaktion f act of defiance
trüb adj 1 Flüssigkeit cloudy; Augen, Tag dull; Licht dim; **im Trüben fischen** umg to fish in troubled waters 2 fig (≈ bedrückend) cheerless; Zukunft bleak; Stimmung, Aussichten, Miene gloomy
Trubel m hustle and bustle
trüben A v/t 1 Flüssigkeit to make cloudy; Augen, Blick to dull 2 fig Glück to spoil; Beziehungen to strain; Laune to dampen; Bewusstsein to dull; Urteilsvermögen to dim B v/r Flüssigkeit to go cloudy; Augen to dim; Himmel to cloud over; fig Stimmung to be dampened; Verhältnis to become strained; Glück, Freude to be marred; → getrübt
Trübsal f (≈ Stimmung) sorrow; **~ blasen** umg to mope
trübselig adj gloomy; Gegend bleak
Trübsinn m gloom
trübsinnig adj gloomy
Truck m truck US
Trucker(in) m(f) trucker US, truckie Aus
trudeln v/i FLUG to spin
Trüffel f (≈ Pilz, Praline) truffle
trügen A v/t to deceive; **wenn mich nicht alles trügt** unless I am very much mistaken B v/i to be deceptive
trügerisch adj deceptive
Trugschluss m fallacy, misapprehension
Truhe f chest
Trümmer pl rubble sg; (≈ Ruinen) ruins pl; (≈ Schutt) debris; von Schiff, Flugzeug etc wreckage sg; **in ~n liegen** to be in ruins
Trumpf m KART (≈ Trumpfkarte) trump (card); (≈ Farbe) trumps pl; fig trump card; **noch einen ~ in der Hand haben** fig to have an ace up one's sleeve
Trunkenheit f intoxication; **~ am Steuer** drunk driving, DUI US (= driving under the influence)
Trunksucht f alcoholism
trunksüchtig adj alcoholic
Trupp m (≈ Einheit) group; MIL squad
Truppe f 1 MIL army; (≈ Panzertruppe etc) corps sg 2 **~n** pl troops 3 (≈ Künstlertruppe) troupe
Truppenabzug m withdrawal of troops
Truppengattung f corps sg
Truppenübungsplatz m military training area
Trust m trust
Truthahn m turkey (cock)
Truthenne f turkey (hen)
Tschad m **der ~** Chad
Tscheche m, **Tschechin** f Czech
Tschechien n the Czech Republic
tschechisch adj Czech; **die Tschechische Republik** the Czech Republic
Tschetschenien n Chechnya

tschüs(s) *umg int* bye *umg*, see you *umg*
T-Shirt *n* T-shirt
T-Shirt-BH *m* T-shirt bra
Tsunami *m* tsunami
Tube *f* tube
Tuberkulose *f* tuberculosis
Tuch *n* (≈ *Stück Stoff*) cloth; (≈ *Halstuch, Kopftuch*) scarf; (≈ *Schultertuch*) shawl; (≈ *Handtuch, Geschirrtuch*) towel
tüchtig **A** *adj* **1** (≈ *fähig*) capable (**in** +*dat* at); (≈ *fleißig*) efficient; *Arbeiter* good **2** *umg* (≈ *groß*) *Portion* big **B** *adv* **1** (≈ *fleißig, fest*) hard; *essen* heartily **2** *umg* (≈ *sehr*) **j-m ~ die Meinung sagen** to give sb a piece of one's mind; **~ zulangen** to tuck in *umg*
Tüchtigkeit *f* (≈ *Fähigkeit*) competence; *von Arbeiter etc* efficiency
Tücke *f* **1** (≈ *Bosheit*) malice **2** (≈ *Gefahr*) danger; **voller ~n stecken** to be difficult; (≈ *gefährlich*) to be dangerous; **seine ~n haben** *Maschine etc* to be temperamental
tückisch *adj* malicious; *Strom etc* treacherous; *Krankheit* pernicious
tüfteln *umg v/i* to puzzle; (≈ *basteln*) to fiddle about *umg*; **an etw** (*dat*) **~** to fiddle about with sth; *geistig* to puzzle over sth
Tugend *f* virtue
tugendhaft *adj* virtuous
Tugendhaftigkeit *f* virtuousness
Tüll *m* tulle; *für Gardinen* net
Tulpe *f* BOT tulip
Tulpenzwiebel *f* tulip bulb
tummeln *v/r Hunde, Kinder etc* to romp (about)
Tummelplatz *m* play area; *fig* hotbed
Tümmler *m* (bottlenose) dolphin
Tumor *m* tumour *Br*, tumor *US*
Tümpel *m* pond
Tumult *m* commotion; *der Gefühle* tumult
tun **A** *v/t* (≈ *machen*) to do; **tue, was ich tue** do what I do; **etw tun müssen** to have to do sth; **etw tun können** to be able to do sth; **etw tun wollen** to want to do sth; **so etwas tut man nicht!** that is just not done!; **was tun?** what can be done?; **was kann ich für Sie tun?** what can I do for you?; **etw aus Liebe/Bosheit** *etc* **tun** to do sth out of love/malice *etc*; **tu, was du nicht lassen kannst** well, if you have to; **j-m etwas tun** to do something to sb; *stärker* to hurt sb; **der Hund tut dir schon nichts** the dog won't hurt you; **das hat nichts damit zu tun** that's nothing to do with it; **mit ihm will ich nichts zu tun haben** I want nothing to do with him; **es mit j-m zu tun bekommen** to get into trouble with sb; → **getan** **B** *v/r* **es tut sich etwas/nichts** there is something/nothing happening; **hier hat sich einiges getan** there have been some changes here; **sich mit etw schwer tun** to have problems with sth **C** *v/i* (≈ *vorgeben*) **so tun, als ob ...** to pretend that ...; **tu doch nicht so** stop pretending; **sie tut nur so** she's only pretending; **zu tun haben** (≈ *beschäftigt sein*) to have things to do; **mit j-m zu tun haben** to have dealings with sb
Tünche *f* whitewash; *fig* veneer
tünchen *v/t* to whitewash
Tundra *f* tundra
Tuner *m* tuner
Tunesien *n* Tunisia
Tunesier(in) *m(f)* Tunisian
tunesisch *adj* Tunisian
Tunfisch *m* tuna (fish)
Tunika *f* MODE tunic
Tunke *f* sauce
tunken *v/t* to dip
tunlichst *adv* (≈ *möglichst*) if possible; **~ bald** as soon as possible
Tunnel *m* tunnel
Tunte *pej umg f* fairy *pej umg*
Tüpfelchen *n* dot
tupfen *v/t* to dab; **getupft** spotted
Tupfen *m* spot; *klein* dot
Tupfer *m* swab
Tür *f* door; **Tür an Tür mit j-m wohnen** to live next door to sb; **Weihnachten steht vor der Tür** Christmas is just (a)round the corner; **j-n vor die Tür setzen** *umg* to throw sb out; **mit der Tür ins Haus fallen** *umg* to blurt it out; **zwischen Tür und Angel** in passing; **einer Sache** (*dat*) **Tür und Tor öffnen** *fig* to open the way to sth
Turban *m* turban
Turbine *f* turbine
Turbolader *m* AUTO turbocharger
Turbomotor *m* turbo-engine
turbulent *adj* turbulent
Turbulenz *f* turbulence
Türfalle *f schweiz* (≈ *Klinke*) door handle
Türgriff *m* door handle
Türke *m* Turk, Turkish man/boy
Türkei *f* **die ~** Turkey
türken *umg v/t* **etw ~** to fiddle *umg*; **die Statistik ~** to massage the figures
Türkin *f* Turk, Turkish woman/girl
türkis *adj* turquoise
türkisch *adj* Turkish
Türklingel *f* doorbell
Türklinke *f* door handle
Turkmenistan *n* Turkmenistan
Turm *m* **1** tower; (≈ *spitzer Kirchturm*) spire; *im Schwimmbad* diving tower *Br*, dive tower *US* **2** *Schach* rook, castle
türmen **A** *v/t* to pile (up) **B** *v/r* to pile up; *Wellen*

to tower up **C** v/i umg (≈ davonlaufen) to run off
Turmfalke m kestrel
turmhoch adj towering
Turmspringen n high diving
Turmuhr f von Kirche church clock
Turnanzug m leotard
Turnbeutel m gym od PE bag
turnen v/i an Geräten to do gymnastics; **sie kann gut ~** she is good at gym
Turnen n gymnastics sg; umg (≈ Leibeserziehung) gym, PE umg
Turner(in) m(f) gymnast
Turngerät n (≈ Reck, Barren etc) (piece of) gymnastic apparatus
Turnhalle f gym(nasium)
Turnhemd n gym shirt
Turnhose f gym shorts pl
Turnier n tournament; (≈ Tanzturnier) competition; (≈ Reitturnier) show
Turnlehrer(in) m(f) gym teacher
Turnschuh m **1** aus Leder trainer Br, sneaker, tennis shoe US **2** aus Segeltuch pump Br, sneaker, tennis shoe US
Turnstunde f gym lesson; im Verein gymnastics lesson
Turnübung f gymnastic exercise
Turnus m rota Br, roster
Turnverein m gymnastics club
Turnzeug n gym kit Br, gym gear US
Türöffner m **elektrischer ~** buzzer (for opening the door)
Türrahmen m doorframe
Türschild n doorplate
Türschloss n door lock
Türschnalle f österr (≈ Klinke) door handle
Türsprechanlage f entryphone
Türsteher(in) m(f) bouncer
Türstopper m door stopper
Türstufe f doorstep
turteln v/i to bill and coo
Tusche f (≈ Ausziehtusche) Indian ink; (≈ Tuschfarbe) watercolour Br, watercolor US; (≈ Wimperntusche) mascara
tuscheln v/t & v/i to whisper
Tuschkasten m paintbox
Tussi umg f, **Tuss** sl f female umg
Tüte f bag; (≈ Eistüte) cone; von Suppenpulver etc packet
tuten v/i to toot
Tütensuppe f instant soup
Tutor(in) m(f) tutor
TÜV abk (= Technischer Überwachungs-Verein) Br etwa MOT (test); US vehicle inspection; **durch/nicht durch den TÜV kommen** Auto to pass/to fail its MOT; US to pass/to fail its inspection

TÜV-Plakette f ≈ MOT certificate Br, ≈ inspection certificate US
TV-Handy n TV phone
TV-Programm n TV programmes pl Br, TV programs pl US
TVT abk (= tiefe Venenthrombose) DVT
Twen m person in his/her twenties
Twitter® m INTERNET Internetdienst zum Versand von Textnachrichten Twitter®
twittern v/t & v/i INTERNET to tweet
Typ m **1** (≈ Modell) model **2** (≈ Menschenart) type **3** umg (≈ Mensch) person, character; sl (≈ Mann, Freund) guy umg
Typhus m typhoid (fever)
typisch **A** adj typical (**für** of) **B** adv **~ deutsch/Mann/Frau** typically German/male/female
typisiert adj **~e Figur** LIT flat character
Typografie f typography
typografisch adj typographic(al)
Tyrann(in) m(f) tyrant; (≈ Mobber) bully
Tyrannei f tyranny
tyrannisch adj tyrannical
tyrannisieren v/t to tyrannize; Mitschüler to bully

U, u n U, u
u. a.¹ abk (= unter anderem) among other things
u. a.² abk (= und andere) and others
U-Bahn f underground, subway US, schott; **die Londoner ~** the tube; **mit der ~ fahren** to go on the underground od subway US, schott
U-Bahnhof m underground station subway station US, schott; in London tube station
U-Bahn-Linie f line
U-Bahn-Netz n underground system, subway system US, schott; Londoner Tube system
übel **A** adj **1** (≈ schlimm) bad; **das ist gar nicht so ~** that's not so bad at all **2** (≈ moralisch, charakterlich schlecht) wicked; Tat evil **3** (≈ eklig) Geschmack, Geruch nasty; **j-m ist ~** sb feels sick; **mir wird ~** I feel ill od queasy **B** adv badly; **~ dran sein** to be in a bad way; **~ gelaunt** ill-humoured Br, ill-humored US; **~ riechend** foul-smelling; **das schmeckt gar nicht so ~** it doesn't taste so bad; **~ beleumdet** disreputable
Übel n geh (≈ Krankheit) illness; (≈ Missstand) evil; **ein notwendiges/das kleinere ~** a necessary/the lesser evil; **zu allem ~** ... to make

matters worse ...

Übelkeit f nausea; **~ erregen** to cause nausea; **~ verspüren** to feel sick

übel nehmen v/t to take badly; **j-m etw ~** to hold sth against sb

Übeltäter(in) geh m(f) wrongdoer

üben **A** v/t **1** (≈ erlernen) to practise Br, to practice US; MIL to drill; **Klavier ~** to practise the piano Br, to practice the piano US **2** (≈ trainieren) to exercise; → **geübt** **3** **Kritik an etw** (dat) **~** to criticize sth; **Geduld ~** to be patient **B** v/i to practise Br, to practice US

über **A** präp **1** räumlich over; (≈ quer über) across **2** räumlich over, above; **zwei Grad ~ null** two degrees (above zero); **~ j-m stehen** od **sein** fig to be over sb **3** zeitlich over; **etw ~ einem Glas Wein besprechen** to discuss sth over a glass of wine; **~ Mittag geht er meist nach Hause** he usually goes home at lunch **4** (≈ mehr als) over **5** Thema about; **~ dich selbst** about yourself; **was wissen Sie ~ ihn?** what do you know about him?; **~ j-n/etw lachen** to laugh about od at sb/sth; **sich ~ etw freuen** to be pleased about sth **6** **es kam plötzlich ~ ihn** it suddenly came over him; **wir sind ~ die Autobahn gekommen** we came by the autobahn; **~ Weihnachten** over Christmas, over the holidays US; **den ganzen Sommer ~** all summer long; **die ganze Zeit ~** all the time; **das ganze Jahr ~** all through the year; **Kinder ~ 14 Jahre** children over 14 years **7** mittels **~ Funk** over the radio **B** adv **~ und ~** all over; **ich stecke ~ und ~ in Schulden** I am up to my ears in debt

überaktiv adj hyperactive, overactive

überall adv everywhere; **~ herumliegen** to be lying all over the place; **~ in/auf** all over; **~ in/im** throughout; **~ wo** wherever; **es ist ~ dasselbe** it's the same wherever you go

überallher adv from all over

überallhin adv everywhere

Überalterung f **das Problem der ~ der Bevölkerung** the problem of an ageing population

Überangebot n surplus (**an** +dat of)

überängstlich adj overanxious

überanstrengen **A** v/t to overstrain, to overexert; **Augen** to strain **B** v/r to overstrain oneself

Überanstrengung f overexertion

überarbeiten **A** v/t to rework; **Text** to revise **B** v/r to overwork

Überarbeitung f Vorgang reworking; Ergebnis revision

überaus adv extremely

überbacken v/t im Backofen to put in the oven; im Grill to put under the grill; **mit Käse ~** au gratin

überbelegen v/t to overcrowd; Kursus, Fach etc to oversubscribe

überbelichten v/t FOTO to overexpose

überbesetzt adj Behörde overstaffed

überbewerten v/t to overvalue

überbieten **A** v/t bei Auktion to outbid (**um** by); fig to outdo; Leistung, Rekord to beat **B** v/r **sich in etw** (dat) **(gegenseitig) ~** to vie with one another in sth

Überbleibsel n remnant; (≈ Speiserest) leftover mst pl

Überblick m **1** (≈ freie Sicht) view **2** (≈ Einblick) perspective, overview; **ihm fehlt der ~** he doesn't see od get the big picture; **den ~ verlieren** to lose track (of things)

überblicken v/t **1** Stadt to overlook **2** fig to see

überbringen v/t **j-m etw ~** to bring sb sth

Überbringer(in) m(f) bringer; von Scheck etc bearer

überbrücken fig v/t to bridge; Gegensätze to reconcile

Überbrückungskredit m bridging loan

überbuchen v/t to overbook

überdachen v/t to cover over; **überdachte Bushaltestelle** covered bus shelter

überdauern v/t to survive

überdenken v/t to think over; **etw noch einmal ~** to reconsider sth

überdeutlich adj all too obvious

überdies adv geh (≈ außerdem) moreover

Überdosis f overdose; **sich** (dat) **eine ~ Heroin spritzen** to overdose on heroin

Überdruck m TECH excess pressure kein pl

Überdruckventil n pressure relief valve

Überdruss m (≈ Übersättigung) surfeit (**an** +dat of); (≈ Widerwille) aversion (**an** +dat to); **bis zum ~** ad nauseam

überdrüssig adj **j-s/einer Sache ~ sein** to be weary of sb/sth; **einer Sache ~ werden** to get tired of sth

überdurchschnittlich **A** adj above-average **B** adv exceptionally; **sie verdient ~ gut** she earns more than the average

Übereifer m overzealousness; pej (≈ Wichtigtuerei) officiousness

übereifrig adj overzealous; pej (≈ wichtigtuerisch) officious

übereilen v/t to rush

übereilt adj overhasty

übereinander adv **1** räumlich on top of each other, one on top of the other **2** reden etc about each other

übereinanderlegen v/t to put one on top of the other

übereinanderschlagen v/t **die Beine ~** to cross one's legs

übereinkommen v/i to agree
Übereinkommen n agreement; (≈ *Abmachung*) deal
Übereinkunft f agreement; (≈ *Abmachung*) deal
übereinstimmen v/i to agree; *Meinungen* to tally; **mit j-m in etw** (dat) **~** to agree with sb on sth; **nicht ~ (mit)** to disagree (with)
übereinstimmend adj corresponding; *Meinungen* concurring; **nach ~en Angaben** according to all accounts; **wir sind ~ der Meinung, dass …** we unanimously agree that …; **~ mit** in agreement with
Übereinstimmung f **1** (≈ *Einklang*) correspondence; **zwei Dinge in ~ bringen** to bring two things into line **2** *von Meinung* agreement; **in ~ mit j-m** in agreement with sb; **in ~ mit etw** in accordance with sth
überempfindlich adj a. MED oversensitive, hypersensitive (**gegen** to)
Überempfindlichkeit f a. MED oversensitivity, hypersensitivity (**gegen** to)
übererfüllen v/t *Norm, Soll* to exceed (**um** by)
überessen v/r to overeat
überfahren v/t **1** *j-n, Tier* to run over **2** (≈ *übersehen*) *Ampel etc* to go through **3** *umg* (≈ *übertölpeln*) **j-n ~** to railroad sb into it
Überfahrt f crossing
Überfall m (≈ *Angriff*) attack (**auf** +akk on); *bes auf offener Straße* mugging (**auf** +akk of); *auf Bank etc* raid (**auf** +akk on); *auf Land* invasion (**auf** +akk of)
überfallartig adj sudden; *Angriff, Besuch a.* surprise; **etw ~ stürmen** to make a sudden attack on sth; **die Symptome kommen ~** the symptoms develop suddenly
überfallen v/t **1** (≈ *angreifen*) to attack; *bes auf offener Straße* to mug; *Bank etc* to raid, to hold up; *Land* to invade **2** *fig umg* (≈ *überraschend besuchen*) to descend (up)on; **j-n mit Fragen ~** to bombard sb with questions
überfällig adj overdue *mst präd*
überfliegen *wörtl* v/t to fly over; (≈ *flüchtig ansehen*) *Buch etc* to glance through; **einen Text ~** to skim (through) *od* to scan a text
Überflieger(in) m(f) high-flier, high flyer
überflügeln v/t to outdistance; *in Leistung* to outdo
Überfluss m **1** (super)abundance (**an** +dat of); (≈ *Luxus*) affluence; **im ~ leben** to live in luxury; **im ~ vorhanden sein** to be in plentiful supply **2** **zu allem ~** (≈ *obendrein*) into the bargain
Überflussgesellschaft f affluent society
überflüssig adj superfluous; (≈ *unnötig*) unnecessary; (≈ *zwecklos*) useless
überfluten v/i (≈ *überschwemmen*) to overflow; *Gegend* to flood; **überflutet** flooded
Überflutung *wörtl* f flood; (≈ *das Überfluten*), a. fig flooding *kein pl*
überfordern v/t to overtax; **damit ist er überfordert** that's asking too much of him
überfragt adj stumped (for an answer); **da bin ich ~** there you've got me
Überfremdung *neg!* f foreign infiltration
überfressen v/r *umg* to eat too much, to overeat; **überfriss dich nicht!** don't stuff yourself *umg*
überfrieren v/i to freeze over
überführen v/t **1** to transfer; *Wagen* to drive **2** *Täter* to convict (+*gen* of)
Überführung f **1** transportation **2** JUR conviction **3** (≈ *Brücke*) bridge; (≈ *Fußgängerüberführung*) footbridge
überfüllt adj overcrowded; *Lager* overstocked
Überfunktion f hyperactivity
Übergabe f handing over *kein pl*; MIL surrender
Übergang m **1** crossing; (≈ *Bahnübergang*) level crossing *Br*, grade crossing *US* **2** (≈ *Grenzübergangsstelle*) checkpoint **3** *fig* (≈ *Wechsel*) transition
Übergangsfrist f transition period
übergangslos adj & adv without a transition
Übergangslösung f interim solution
Übergangsphase f transitional phase
Übergangsregierung f caretaker government
Übergangszeit f transitional period
übergeben **A** v/t (≈ *überreichen*) to hand over; *Dokument* to hand (**j-m** sb) **B** v/r (≈ *sich erbrechen*) to vomit, to throw up; **ich muss mich ~** I'm going to be sick
übergehen¹ v/i **1** **in etw** (akk) **~** *in einen anderen Zustand* to turn into sth; **in j-s Besitz** (akk) **~** to become sb's property; **in andere Hände ~** to pass into other hands **2** **auf j-n ~** (≈ *übernommen werden*) to pass to sb **3** **zu etw ~** to go over to sth
übergehen² v/t to pass over; **sich übergangen fühlen** to feel left out, to feel ignored
übergenau adj over-meticulous, pernickety *umg*
übergeordnet adj **1** *Behörde* higher **2** GRAM *Satz* superordinate **3** *fig* **von ~er Bedeutung sein** to be of overriding importance
Übergepäck n FLUG excess baggage
übergeschnappt *umg* adj crazy; → **überschnappen**
Übergewicht n overweight; **~ haben** *Paket, Mensch* to be overweight
übergewichtig adj overweight
überglücklich adj overjoyed
übergreifen v/i *Feuer, Streik etc* to spread (**auf** +akk to)
Übergriff m (≈ *Einmischung*) infringement (**auf**

+*akk* of); MIL attack (**auf** +*akk* upon)

übergroß *adj* oversize(d)

Übergröße *f bei Kleidung etc* outsize

überhaben *umg v/t* **1** (≈ *satthaben*) to be sick (and tired) of *umg* **2** (≈ *übrig haben*) to have left (over)

überhandnehmen *v/i* to get out of hand

Überhang *m* **1** (≈ *Felsüberhang*) overhang **2** (≈ *Überschuss*) surplus (**an** +*dat* of)

überhängen *v/t* **sich** (*dat*) **einen Mantel ~** to put a coat round one's shoulders

überhäufen *v/t j-n* to overwhelm; **j-n mit Geschenken ~** to heap presents (up)on sb; **ich bin völlig mit Arbeit überhäuft** I'm completely snowed under (with work)

überhaupt *adv* **1** (≈ *im Allgemeinen*) in general; (≈ *überdies*) anyway; **und ~, warum nicht?** and after all, why not? **2** *in Fragen, Verneinungen* at all; **~ nicht** not at all; **~ keine Menschen** no people at all; **~ nichts** nothing at all; **~ nie** never (ever); **~ kein Grund** no reason whatsoever **3** (≈ *eigentlich*) **wie ist das ~ möglich?** how is that possible?; **was wollen Sie ~ von mir?** *herausfordernd* what do you want from me?; **wer sind Sie ~?** who do you think you are?

überheblich *adj* arrogant

Überheblichkeit *f* arrogance

überheizen *v/t* to overheat

überhitzt *fig adj Konjunktur* overheated; *Gemüter* very heated *präd*

überhöht *adj Preise, Geschwindigkeit* excessive

überholen **A** *v/t* **1** *Fahrzeug* to overtake *bes Br*, to pass **2** TECH *Maschine etc* to overhaul **B** *v/i* to overtake

Überholmanöver *n* AUTO overtaking manoeuvre *Br*, passing maneuver *US*

Überholspur *f* AUTO overtaking lane *bes Br*, fast lane

überholt *adj* out-dated, out of date

Überholverbot *n* restriction on overtaking *bes Br*; *als Schild etc* no overtaking *bes Br*

überhören *v/t* not to hear; (≈ *nicht hören wollen*) to ignore; **das will ich überhört haben!** I didn't hear that!

überirdisch *adj* above ground

überkandidelt *adj* over the top, over-the-top *attr*

Überkapazität *f* overcapacity

überkleben *v/t* **etw mit Papier ~** to stick paper over sth

überkochen *v/i* to boil over

überkommen *v/t* (≈ *überfallen*) to come over; **Furcht** *etc* **überkam ihn** he was overcome with fear *etc*

überkreuzen **A** *v/t* **1** (≈ *überqueren*) to cross **2** **die Beine ~** to cross one's legs **B** *v/r Linien* to intersect, to cross

überladen¹ *v/t* to overload

überladen² *adj Wagen* overloaded; *fig Stil* over-ornate

überlagern **A** *v/t Thema, Problem etc* to eclipse **B** *v/r* (≈ *sich überschneiden*) to overlap

überlang *adj Oper etc* overlength

Überlänge *f* excessive length

überlappen *v/i & v/r* to overlap

überlappend *adj* IT *Fenster* cascading; **~ anordnen** to cascade

überlassen *v/t* **1** (≈ *haben lassen*) **j-m etw ~** to let sb have sth **2** (≈ *anheimstellen*) **es j-m ~, etw zu tun** to leave it (up) to sb to do sth; **das bleibt (ganz) Ihnen ~** that's (entirely) up to you **3** (≈ *in Obhut geben*) **j-m etw ~** to leave sth with sb; **sich** (*dat*) **selbst ~ sein** to be left to one's own devices; **j-n seinem Schicksal ~** to leave sb to his fate

überlasten *v/t j-n* to overtax; *Telefonnetz, Brücke* to overload; **überlastet sein** to be under too great a strain; (≈ *überfordert sein*) to be overtaxed; ELEK *etc* to be overloaded

Überlastung *f von Mensch* overtaxing; (≈ *Überlastetsein*) strain; *durch Gewicht, a.* ELEK overloading

überlaufen¹ *v/i* **1** *Gefäß* to overflow **2** MIL, *a. fig* (≈ *überwechseln*) to desert; **zum Feind ~** to go over to the enemy

überlaufen² *adj* overcrowded; *mit Touristen* overrun

Überläufer(in) *m(f)* turncoat

überleben *v/t & v/i* to survive

Überleben *n* survival

Überlebende(r) *m/f(m)* survivor

Überlebenschance *f* chance of survival

überlebensgroß *adj* larger-than-life

Überlebenstraining *n* survival training

überlegen¹ **A** *v/i* (≈ *nachdenken*) to think; **ohne zu ~** without thinking; (≈ *ohne zu zögern*) without thinking twice **B** *v/t* (≈ *durchdenken*) to think about, to consider; **das werde ich mir ~** I'll think about it; **ich habe es mir anders überlegt** I've changed my mind (about it); **das hätten Sie sich** (*dat*) **vorher ~ müssen** you should have thought about that before *od* sooner

überlegen² **A** *adj* superior; **j-m ~ sein** to be superior to sb **B** *adv* in a superior manner

Überlegenheit *f* superiority

überlegt *adj* (well-)considered

Überlegung *f* (≈ *Nachdenken*) consideration, thought; **bei näherer ~** on closer examination

überleiten *v/i* **zu etw ~** to lead up to sth

überlesen *v/t* (≈ *übersehen*) to miss

überliefern *v/t Tradition* to hand down; **etw der Nachwelt ~** to preserve sth for posterity

Überlieferung *f* tradition

überlisten v/t to outwit

Übermacht f superiority *kein pl*, superior strength; **in der ~ sein** to be superior, to have the greater strength

übermächtig adj *Stärke* superior; *Feind* (overwhelmingly) powerful; *fig Institution* all-powerful

Übermaß n excessive amount (**an** +akk of); **im ~** to *od* in excess

übermäßig **A** adj excessive **B** adv excessively

übermenschlich adj superhuman

übermitteln v/t to convey (**j-m** to sb); *Daten, Meldung* to transmit

Übermittlung f conveyance; *von Meldung* transmission

übermorgen adv the day after tomorrow

übermüden v/t to overtire

übermüdet adj overtired

Übermüdung f overtiredness; *Erschöpfung a.* fatigue

Übermut m high spirits pl

übermütig **A** adj (≈ *ausgelassen*) boisterous **B** adv (≈ *ausgelassen*) boisterously

übernächste(r, s) adj next ... but one; **die ~ Woche** the week after next

übernachten v/i to sleep; *eine Nacht* to spend the night; (≈ *über Nacht bleiben*) to stay

übernächtigt, **übernächtig** *bes österr* adj bleary-eyed

Übernachtung f overnight stay; **~ und** *od* **mit Frühstück** bed and breakfast; **~ bei Freunden** sleepover

Übernachtungsmöglichkeit f overnight accommodation *kein pl*

Übernahme f **1** (≈ *das Übernehmen*) taking over; *von Ansicht* adoption; **freundliche/feindliche ~** HANDEL friendly/hostile takeover **2** *von Amt* assumption

Übernahmeangebot n takeover bid

übernatürlich adj supernatural

übernehmen **A** v/t **1** (≈ *annehmen*) to take; *Aufgabe, Verantwortung, Funktion* to take on; *Kosten* to agree to pay; **es ~, etw zu tun** to undertake to do sth **2** *ablösend* to take over (**von** from); *Ansicht* to adopt **B** v/r to take on too much; (≈ *sich überanstrengen*) to overdo it; **~ Sie sich nur nicht!** *iron* don't strain yourself! *iron*

überparteilich adj nonparty *attr*; (≈ *unvoreingenommen*) nonpartisan; PARL *Problem* all-party *attr*

Überproduktion f overproduction

überprüfbar adj checkable

überprüfen v/t to check; *Maschine, a.* FIN *Bücher* to inspect, to examine; *Lage, Frage* to review; *Ergebnisse etc* to scrutinize; POL *j-n* to screen

Überprüfung f **1** checking, check; *von Maschinen, a.* FIN *von Büchern* inspection, examination; POL screening **2** (≈ *Kontrolle*) inspection

überqualifiziert adj overqualified

überqueren v/t to cross

überragend *fig* adj outstanding

überraschen v/t to surprise; **j-n bei etw ~** to catch sb doing sth; **von einem Gewitter überrascht werden** to be caught in a storm

überraschend **A** adj surprising; *Besuch* surprise *attr*; *Tod* unexpected **B** adv unexpectedly

überrascht adj surprised (**über** +akk at)

Überraschung f surprise; **für eine ~ sorgen** to have a surprise in store

überreagieren v/i to overreact

Überreaktion f overreaction

überreden v/t to persuade; **j-n zu etw ~** to talk sb into sth

Überredungskunst f persuasiveness

überregional adj (≈ *national*) national

überreichen v/t (**j-m**) **etw ~** to hand sth over (to sb); *feierlich* to present sth (to sb)

Überreichung f presentation

Überrest m remains pl

überrumpeln *umg* v/t to take by surprise; (≈ *überwältigen*) to overpower

überrunden v/t SPORT to lap; *fig* to outstrip

übersättigen v/t to satiate; *Markt* to oversaturate

übersättigt adj *Markt* glutted; *Person* sated

Übersättigung f satiety; *des Marktes* oversaturation

Überschallflugzeug n supersonic aircraft, SST *bes US*

Überschallgeschwindigkeit f supersonic speed; **mit ~ fliegen** to fly supersonic

Überschallknall m sonic boom

überschatten v/t to overshadow

überschätzen **A** v/t to overestimate **B** v/r to overestimate oneself

Überschätzung f overestimation

überschaubar adj *Plan etc* easily understandable; *Zeitraum* reasonable; **die Folgen sind noch nicht ~** the consequences cannot yet be clearly seen

überschauen v/t → überblicken

überschäumen v/i to froth over; *fig* to bubble (over) (**vor** +dat with); *vor Wut* to seethe

überschlafen v/t *Problem etc* to sleep on

Überschlag m **1** (≈ *Berechnung*) (rough) estimate **2** (≈ *Drehung*), *a.* SPORT somersault

überschlagen¹ **A** v/t **1** (≈ *auslassen*) to skip **2** (≈ *berechnen*) *Kosten etc* to estimate (roughly) **B** v/r *Auto* to turn over; *fig Ereignisse* to come thick and fast; **sich vor Hilfsbereitschaft** (*dat*) **~** to fall over oneself to be helpful

überschlagen² v/i *Stimmung etc* **in etw** (*akk*) **~** to turn into sth

überschnappen v/i Stimme to crack; umg Mensch to crack up umg; → übergeschnappt

überschneiden v/r Linien to intersect; fig Interessen, Ereignisse etc to overlap; völlig to coincide; unerwünscht to clash

Überschreibemodus m IT overwrite od overstrike mode

überschreiben v/t **1** (≈ betiteln) to head **2** (≈ übertragen) **etw auf j-n ~** to sign sth over to sb **3** IT Daten to overwrite; Text to type over

überschreiten v/t to cross; fig to exceed

Überschrift f heading; title; (≈ Schlagzeile) headline

Überschuss m surplus (**an** +dat of)

überschüssig adj surplus

überschütten v/t **1** (≈ bedecken) **j-n/etw mit etw ~** to cover sb/sth with sth; mit Flüssigkeit to pour sth onto sb/sth **2** (≈ überhäufen) **j-n mit etw ~** to heap sth on sb

überschwänglich **A** adj effusive **B** adv effusively

überschwappen v/i to splash over

überschwemmen v/t to flood

Überschwemmung f flood; fig inundation; **flutartige ~** flash flood

Überschwemmungsgefahr f danger of flooding

überschwenglich adj & adv → überschwänglich

Übersee ohne Artikel **in/nach ~** overseas; **aus/von ~** from overseas

übersehbar adj **1** wörtl Gegend etc visible **2** fig (≈ erkennbar) clear; (≈ abschätzbar) Kosten etc assessable; **der Schaden ist noch gar nicht ~** the damage cannot be assessed yet

übersehen v/t **1** wörtl Gegend etc to have a view of **2** (≈ erkennen) Folgen, Sachlage to see clearly; (≈ abschätzen) Kosten to assess **3** (≈ nicht erkennen) to overlook; (≈ nicht bemerken) to miss; **~, dass ...** to overlook the fact that ...

übersenden v/t to send

übersetzen¹ v/t in andere Sprachen to translate (**aus ... in** akk from ... into); **etw falsch ~** to mistranslate sth; **sich schwer ~ lassen** to be hard to translate

übersetzen² **A** v/t mit Fähre to ferry across **B** v/i to cross (over)

Übersetzer(in) m(f) translator

Übersetzung f **1** translation **2** TECH (≈ Übertragung) transmission

Übersetzungsbüro n, **Übersetzungsdienst** m translation agency

Übersetzungsprogramm n IT translation program

Übersetzungssoftware f IT translation software

Übersicht f **1** (≈ Überblick) overview, overall view; **die ~ verlieren** to lose track of things **2** (≈ Tabelle) table

übersichtlich **A** adj Gelände etc open; Darstellung etc clear **B** adv clearly; **~ angelegt** clearly laid out

Übersichtlichkeit f von Gelände etc openness; von Darstellung etc clarity

Übersichtskarte f general map

übersiedeln v/i to move (**von** from od **nach, in** +akk to)

überspannt adj Ideen extravagant; (≈ exaltiert) eccentric

überspielen v/t **1** (≈ verbergen) to cover (up) **2** (≈ übertragen) Aufnahme to transfer

überspitzt adj (≈ zu spitzfindig) over(ly) subtle, fiddly Br umg; (≈ übertrieben) exaggerated

überspringen¹ v/t **1** Hindernis to clear **2** (≈ auslassen) Klasse, Kapitel, Lektion to skip

überspringen² v/i (≈ sich übertragen) to jump (**auf** +akk to); Begeisterung to spread quickly (**auf** +akk to)

überstehen¹ v/t (≈ durchstehen) to get through; (≈ überleben) to survive; Krankheit to get over; **das Schlimmste ist jetzt überstanden** the worst is over now

überstehen² v/i (≈ hervorstehen) to jut od stick out

übersteigen v/t **1** (≈ klettern über) to climb over **2** (≈ hinausgehen über) to exceed

übersteigert adj excessive

überstimmen v/t to outvote

überstrapazieren v/r to wear oneself out

überstreichen v/t **eine Wand ~** to paint over a wall

Überstunde f hour of overtime; **~n** overtime sg; **zwei ~n machen** to do two hours overtime

Überstundenvergütung f overtime pay

Überstundenzuschlag m overtime premium

überstürzen **A** v/t to rush into **B** v/r Ereignisse etc to happen in a rush

überstürzt **A** adj overhasty **B** adv rashly

übertariflich adj & adv above the agreed rate

überteuert adj overexpensive; Preise inflated

übertönen v/t to drown (out)

Übertrag m amount carried forward bes Br, amount carried over bes US

übertragbar adj transferable; Krankheit communicable form (**auf** +akk to), infectious; durch Berührung contagious

übertragen¹ **A** v/t **1** (≈ übergeben) to transfer; Krankheit to pass on (**auf** +akk to); TECH Kraft to transmit **2** (≈ kopieren) to copy (out); (≈ transkribieren) to transcribe **3** TV, RADIO to transmit; **etw im Fernsehen ~** to televise sth **4** (≈ übersetzen) Text to render (**in** +akk into) **5** Methode to apply (**auf** +*akk* to); 6 (≈ *verleihen*) *Würde* to confer (**j-m** on sb); *Vollmacht, Amt* to give (**j-m** sb); 7 (≈ *auftragen*) *Aufgabe* to assign (**j-m** to sb) **B** *v/r Krankheit etc* to be passed on (**auf** +*akk* to); TECH to be transmitted (**auf** +*akk* to); *Heiterkeit etc* to spread (**auf** +*akk* to)

übertragen² **A** *adj Bedeutung etc* figurative **B** *adv* (≈ *figurativ*) figuratively

Übertragung *f* 1 (≈ *Transport*) transfer; *von Krankheit* passing on 2 TV, RADIO transmission 3 (≈ *Übersetzung*) rendering 4 (≈ *Anwendung*) application

Übertragungsgeschwindigkeit *f* IT transfer rate

Übertragungsrate *f* IT transmission rate

übertreffen **A** *v/t* to surpass (**an** +*dat* in); *Rekord* to break; **er ist nicht zu ~** he is unsurpassable **B** *v/r* **sich selbst ~** to excel oneself

übertreiben *v/t* 1 (≈ *aufbauschen*) to exaggerate 2 (≈ *zu weit treiben*) to overdo; → übertrieben

Übertreibung *f a.* LIT exaggeration

übertreten¹ *v/t Grenze etc* to cross; *fig Gesetz, Verbot* to break

übertreten² *v/i* SPORT to overstep; *Fluss* to overflow; **~ zu** to go over to, to defect to; REL to convert to

Übertretung *f von Gesetz etc* violation

übertrieben **A** *adj* exaggerated; *Vorsicht* excessive **B** *adv* (≈ *übermäßig*) excessively; → übertreiben

Übertritt *m* ~ *über Grenze* crossing (**über** +*akk* of); *zu anderem Glauben* conversion; *zu anderer Partei* defection

übervölkern *v/t* to overpopulate

Übervölkerung *f* overpopulation

übervoll *adj* too full; *Glas* full to the brim

übervorsichtig *adj* overcautious

übervorteilen *v/t* to cheat, to do down *umg*

überwachen *v/t* (≈ *kontrollieren*) to supervise; (≈ *beobachten*) to observe; *Verdächtigen* to keep under surveillance; *mit Radar, a. fig* to monitor

Überwachung *f* supervision; (≈ *Beobachtung*) observation; *von Verdächtigen* surveillance; *mit Radar, a. fig* monitoring

Überwachungsanlage *f* closed-circuit television, CCTV

Überwachungskamera *f* surveillance *od* security camera

Überwachungsstaat *m* Big Brother state

überwältigen *v/t* to overpower; *zahlenmäßig* to overwhelm; (≈ *bezwingen*) to overcome

überwältigend *adj* overwhelming; *Schönheit* stunning; *Erfolg* phenomenal

überwechseln *v/i* to move (**in** +*akk* to); *zu Partei etc* to go over (**zu** to)

Überweg *m* **~ für Fußgänger** pedestrian crossing

überweisen *v/t Geld* to transfer (**an** +*akk od* **auf** +*akk* to); *Patienten* to refer (**an** +*akk* to)

Überweisung *f* (≈ *Geldüberweisung*) (credit) transfer; *von Patient* referral

Überweisungsformular *n* transfer form

Überweisungsschein *m* referral slip

überwerfen *v/r* (≈ *zerstreiten*) **sich (mit j-m) ~** to fall out (with sb)

überwiegen *v/i* to be predominant

überwiegend **A** *adj* predominant; *Mehrheit* vast; **der ~e Teil** (+*gen*) the majority (of) **B** *adv* predominantly, mostly

überwinden **A** *v/t* to overcome **B** *v/r* **sich ~, etw zu tun** to force oneself to do sth; **ich konnte mich nicht dazu ~** I couldn't bring myself to do it

Überwindung *f* overcoming; (≈ *Selbstüberwindung*) will power; **das hat mich viel ~ gekostet** that took me a lot of will power

überwintern *v/i* 1 to spend the winter (**in** +*dat* in, at) 2 *Tier* to hibernate

Überzahl *f* **in der ~ sein** to be in the majority

überzählig *adj* (≈ *überschüssig*) surplus; (≈ *überflüssig*) superfluous

überzeugen **A** *v/t* to convince; **überzeugt** convinced; (≈ *zuversichtlich*) confident; **ich bin davon überzeugt, dass …** I am convinced that … **B** *v/i* to be convincing **C** *v/r* **sich (selbst) ~ mit eigenen Augen** to see for oneself; **~ Sie sich selbst!** see for yourself!

überzeugend **A** *adj* convincing **B** *adv* convincingly

Überzeugung *f* conviction; (≈ *Prinzipien*) convictions *pl*, beliefs *pl*; **aus ~** out of principle; **ich bin der festen ~, dass …** I am firmly convinced that …; **zu der ~ gelangen, dass …** to become convinced that …

Überzeugungskraft *f* persuasiveness

überziehen¹ **A** *v/t* 1 (≈ *bedecken*) to cover; *mit Schicht* to coat; **die Betten frisch ~** to change the beds 2 *Konto* to overdraw 3 *Redezeit etc* to overrun 4 (≈ *übertreiben*) to overdo; → überzogen **B** *v/i Redner* to overrun

überziehen² *v/t* (≈ *anziehen*) (**sich** *dat*) **etw ~** to put sth on

Überziehungskredit *m* overdraft provision

überzogen *adj* (≈ *übertrieben*) excessive; → überziehen¹

Überzug *m* cover

üblich *adj* usual; (≈ *herkömmlich*) customary; (≈ *normal*) normal; (≈ *gewöhnlich, weit verbreitet*) common; **wie ~** as usual; **das ist bei ihm so ~** that's usual for him; **allgemein ~ sein** to be common practice

üblicherweise *adv* normally

U-Boot n submarine, sub umg
übrig adj **1** (≈ verbleibend) (the) rest of, remaining; (≈ andere) other; **alle ~en Bücher** all the remaining od all the rest of the books **2** left (over); (≈ zu entbehren) spare; **~ sein** to be left; **etw ~ haben** to have sth left (over)/to spare; → **übrighaben 3 das Übrige** the rest, the remainder; **im Übrigen** incidentally, by the way
übrig bleiben v/i to be left (over); **da wird ihm gar nichts anderes ~** he won't have any choice
übrigens adv incidentally, by the way, as a matter of fact
übrighaben v/i (≈ mögen) **für j-n/etw nichts ~** to have no time for sb/sth; **für j-n/etw viel ~** to be very fond of sb/sth
Übung f **1** practice; **aus der ~ kommen** to get out of practice; **in ~ bleiben** to keep in practice; **zur ~** as practice; **~ macht den Meister** sprichw practice makes perfect sprichw **2** MIL, SPORT, SCHULE exercise; **eine ~ machen** to do an exercise
Übungsbuch n book of exercises
Übungsheft n exercise book
Übungssache f **das ist reine ~** it's all a matter of practice
Ü-30-Fete f party for people over thirty
Ufer n (≈ Flussufer) bank; (≈ Seeufer) shore; **etw ans ~ spülen** to wash sth ashore; **der Fluss trat über die ~** the river burst its banks
uferlos adj (≈ endlos) endless; (≈ grenzenlos) boundless; **ins Uferlose gehen** Debatte etc to go on forever; Kosten to go up and up
UFO, Ufo n UFO, Ufo
UG abk (= Untergeschoss) basement
Uganda n Uganda
ugandisch adj Ugandan
U-Haft umg f custody
Uhr f **1** clock; (≈ Armbanduhr, Taschenuhr) watch; (≈ Wasseruhr, Gasuhr) meter; **nach meiner Uhr** by my watch; **rund um die Uhr** round the clock; **ein Rennen gegen die Uhr** a race against the clock **2** bei Zeitangaben **um drei Uhr** at three (o'clock); **um 15 Uhr** at 3 o'clock, at 3pm; **um 8 Uhr 45** at 8.45; **wie viel Uhr ist es?** what time is it?, what's the time?; **um wie viel Uhr?** (at) what time?
Uhr(arm)band n watch strap; **aus Metall** watch bracelet
Uhrmacher(in) m(f) clockmaker, watchmaker
Uhrwerk n clockwork mechanism; **wie ein ~** like clockwork
Uhrzeiger m (clock/watch) hand
Uhrzeigersinn m **im ~** clockwise; **entgegen dem ~** anticlockwise Br, counterclockwise US
Uhrzeit f time (of day)

Uhu m eagle owl
Ukraine f **die ~** the Ukraine
ukrainisch adj Ukrainian
UKW abk (= Ultrakurzwelle) RADIO ≈ FM
Ulk umg m lark Br umg, hoax US umg; (≈ Streich) trick; **Ulk machen** to clown od play around
ulkig umg adj funny
Ulme f elm
ultimativ adj **1** Forderung etc given as an ultimatum **2** umg (≈ beste) Film, Buch ultimate umg
Ultimatum n ultimatum; **j-m ein ~ stellen** to give sb an ultimatum
ultra- zssgn ultra
ultrahocherhitzt adj Milch long-life attr, UHT
ultramodern adj ultramodern
Ultraschall m PHYS ultrasound; **einen ~ machen** to do an ultrasound
Ultraschallgerät n ultrasound scanner
Ultraschalluntersuchung f scan Br, ultrasound
ultraviolett adj ultraviolet
um **A** präp **1 um ... (herum)** around; **um sich schauen** to look around one **2** zur Zeitangabe at; **(genau) um acht** at eight (sharp); **um Weihnachten** around Christmas **3** (≈ betreffend) about; **es geht um Mr Green** this is about Mr Green; **es geht um das Prinzip** it's a question of principles **4** (≈ für) **der Kampf um die Stadt** the battle for the town; **um Geld spielen** to play for money; **sich um etw sorgen** to worry about sth **5** bei Differenzangaben by; **um 10% teurer** 10% more expensive; **um vieles besser** far better; **um nichts besser** no better; **etw um 4 cm verkürzen** to shorten sth by 4 cm **B** präp **um ... willen** for the sake of **C** konj **um ... zu** (in order) to **D** adv (≈ ungefähr) **um (die) 30 Schüler** etc about od (a)round about 30 pupils etc
umändern v/t to alter
umarbeiten v/t to alter; Buch etc to rewrite, to rework
umarmen v/t to embrace, to hug
Umarmung f embrace a. euph, hug
Umbau m rebuilding, renovation; zu etwas anderem conversion (**zu** into); (≈ Umänderung) alterations pl; **das Gebäude befindet sich im ~** the building is being renovated
umbauen v/t to rebuild, to renovate; zu etwas anderem to convert (**zu** into); (≈ umändern) to alter
umbenennen v/t to rename (**in** +akk sth)
umbesetzen v/t THEAT to recast; Mannschaft to reorganize
umbiegen **A** v/t to bend **B** v/i im Auto to turn round
umbilden fig v/t to reorganize; POL Kabinett to

reshuffle *Br*, to shake up *US*
Umbildung *f* reorganization; POL reshuffle *Br*, shake up *US*
umbinden *v/t* to put on; **sich** (*dat*) **einen Schal ~** to put a scarf on
umblättern *v/t & v/i* to turn over
umbringen **A** *v/t* to kill **B** *v/r* to kill oneself; **er bringt sich fast um vor Höflichkeit** *umg* he falls over himself to be polite
Umbruch *m* **1** radical change **2** TYPO make-up
umbuchen *v/t* **1** *Flug, Termin* to alter one's booking for **2** FIN *Betrag* to transfer
Umbuchung *f* change in booking
umdenken *v/i* to change one's ideas; **darin müssen wir ~** we'll have to rethink that
umdisponieren *v/i* to change one's plans
umdrehen **A** *v/t* to turn over; *um die Achse* to turn (a)round; *Schlüssel* to turn **B** *v/r* to turn (a)round (**nach** to look at); *im Bett etc* to turn over
Umdrehung *f* turn; PHYS revolution, rotation; AUTO revolution, rev
umeinander *adv* about each other *od* one another; *räumlich* (a)round each other
umfahren[1] *v/t* (≈ *überfahren*) to run over
umfahren[2] *v/t* (≈ *fahren um*) to go (a)round; *mit dem Auto* to drive (a)round; *auf Umgehungsstraße* to bypass
Umfahrung *österr f* bypass, beltway *US*
umfallen *v/i* to fall over; *Gegenstand* to fall (down); *umg* (≈ *ohnmächtig werden*) to pass out; *fig umg* (≈ *nachgeben*) to give in; **zum Umfallen müde sein** to be ready to drop; **wir arbeiteten bis zum Umfallen** we worked until we were ready to drop
Umfang *m* **1** *von Kreis etc* circumference; (≈ *Bauchumfang*) girth **2** *fig* (≈ *Ausmaß*) extent; (≈ *Reichweite*) range; *von Untersuchung etc* scope; *von Verkauf etc* volume; **in großem ~** on a large scale; **in vollem ~** fully, entirely
umfangreich *adj* extensive; (≈ *geräumig*) spacious
umfassen *v/t* **1** to grasp; (≈ *umarmen*) to embrace **2** *fig* (≈ *einschließen*) *Zeitperiode* to cover; (≈ *enthalten*) to contain
umfassend **A** *adj* extensive; (≈ *vieles enthaltend*) comprehensive; *Geständnis* full, complete **B** *adv* comprehensively
Umfeld *n* surroundings *pl*; *fig* sphere
umfliegen *v/t* (≈ *fliegen um*) to fly (a)round
umformatieren *v/t* IT to reformat
umformen *v/t* **1** to reshape (**in** +*akk* into) **2** ELEK to convert
umformulieren *v/t* to reword, to rephrase
Umfrage *f* SOZIOL survey; *bes* POL (opinion) poll
Umfrageergebnis *n* survey/poll result(s) (*pl*)

umfüllen *v/t* to transfer into another bottle/container *etc*
umfunktionieren *v/t* to change the function of; **etw zu etw ~** to turn sth into sth
Umgang *m* **1** (≈ *gesellschaftlicher Verkehr*) dealings *pl*; (≈ *Bekanntenkreis*) acquaintances *pl*; **schlechten ~ haben** to keep bad company; **~ mit j-m pflegen** to associate with sb; **er ist kein ~ für dich** he's not fit company for you **2** **im ~ mit Tieren muss man ...** in dealing with animals one must ...; **der ~ mit Kindern muss gelernt sein** you have to learn how to handle children
umgänglich *adj* affable
Umgangsformen *pl* manners *pl*
Umgangssprache *f* colloquial language
umgangssprachlich *adj* colloquial
umgeben **A** *v/t* to surround; **~ sein von** to be surrounded by **B** *v/r* **sich mit j-m/etw ~** to surround oneself with sb/sth
Umgebung *f* (≈ *Umwelt*) surroundings *pl*; (≈ *Nachbarschaft*) neighbourhood *Br*, neighborhood *US*; (≈ *gesellschaftlicher Hintergrund*) background; (≈ *Milieu*) environment
umgedreht *adv* upside down; → **umdrehen**
umgehen[1] *v/i* **1** *Gerücht etc* to go (a)round; *Grippe* to be going round **2** **mit j-m/etw ~** to deal with sb/sth; **mit j-m/etw ~ können** to know how to handle sb/sth; **mit j-m grob/behutsam ~** to treat sb roughly/gently; **sorgsam mit etw ~** to be careful with sth
umgehen[2] *fig v/t* to avoid; *Gesetz* to get (a)round
umgehend **A** *adj* immediate **B** *adv* immediately
Umgehung *f* (≈ *Vermeidung*) avoidance; *von Gesetz* circumvention; *von Frage* evasion
Umgehungsstraße *f* bypass, beltway *US*
umgekehrt **A** *adj* *Reihenfolge* reverse; (≈ *gegenteilig*) opposite, contrary; (≈ *andersherum*) the other way (a)round; **in die ~e Richtung fahren** to go in the opposite direction; **in ~er Form** in reverse; **genau ~!** quite the contrary!; → **umkehren** **B** *adv* (≈ *andersherum*) the other way (a)round; **... und/oder ~** ... and/or vice versa
umgestalten *v/t* to alter; (≈ *reorganisieren*) to reorganize; (≈ *umordnen*) to rearrange
Umgestaltung *f* alteration; (≈ *Reorganisation*) reorganization; (≈ *Umordnung*) rearrangement
umgewöhnen *v/r* to readapt
umgraben *v/t* to dig over; *Erde* to turn (over)
umgucken *v/r umg* → **umsehen**
umhaben *umg v/t* to have on
Umhang *m* cape; *länger* cloak; (≈ *Umhängetuch*) shawl
umhängen *v/t* **1** *Rucksack etc* to put on; *Jacke, Schal etc* to drape (a)round; *Gewehr* to sling

on; **sich** (dat) **etw ~** to put sth on, to drape sth (a)round one ◪ *Bild* to rehang
Umhängetasche f shoulder bag
umhauen v/t ◪ *Baum* to chop od cut down ◪ umg (≈ *umwerfen*) to knock over ◪ umg (≈ *erstaunen*) to bowl over umg
umher adv around, about *Br;* **in ... ~** round
umhergehen v/i to walk around
umherlaufen v/i to walk around; (≈ *rennen*) to run around
umherrennen v/i to run around
umherspringen v/i to jump around
umherziehen v/i to move around (**in etw** dat sth)
umhinkönnen v/i **ich kann nicht umhin, das zu tun** I can't avoid doing it; *einem Zwang folgend* I can't help doing it
umhören v/r to ask around
umhüllen v/t to wrap (up) (**mit** in)
umjubeln v/t to cheer
umkämpfen v/t *Stadt* to fight over; *Wahlkreis* to contest
Umkehr f ◪ *wörtl* turning back; **j-n zur ~ zwingen** to force sb to turn back ◪ *fig geh* (≈ *Änderung*) change
umkehrbar adj reversible
umkehren Ⓐ v/i to turn back Ⓑ v/t *Reihenfolge, Trend* to reverse; *Verhältnisse* to overturn; GRAM, MATH to invert; → **umgekehrt** Ⓒ v/r *Verhältnisse* to become reversed
umkippen Ⓐ v/t to tip over; *Auto* to overturn; *Vase* to knock over Ⓑ v/i ◪ to tip over; *Auto* to overturn ◪ umg (≈ *ohnmächtig werden*) to pass out ◪ umg (≈ *aufgeben*) to back down ◪ *Fluss, See* to become ecologically dead
umklappen v/t to fold down
Umkleide umg f fitting room
Umkleidekabine f changing cubicle od room
Umkleideraum m changing room
umknicken Ⓐ v/t *Ast, Mast* to snap; *Baum* to break; *Strohhalm* to bend over Ⓑ v/i *Ast* to snap; *Strohhalm* to get bent over; **mit dem Fuß ~** to twist one's ankle
umkommen v/i (≈ *sterben*) to be killed; **vor Langeweile ~** to be bored to death umg
Umkreis m (≈ *Umgebung*) surroundings pl; (≈ *Gebiet*) area; (≈ *Nähe*) vicinity; **im näheren ~** in the vicinity
umkreisen v/t to circle (around); RAUMF to orbit
umkrempeln v/t ◪ *Ärmel, Hosenbein* to turn up; *mehrmals* to roll up ◪ (≈ *umwenden*) to turn inside out; umg *Betrieb, System* to shake up umg
umlackieren v/t *Auto* to respray
umladen v/t to transfer
Umlage f **eine ~ machen** to split the cost
umlagern v/t (≈ *einkreisen*) to surround

Umland n surrounding area
Umlauf m (≈ *das Kursieren*) circulation a. fig; **im ~ sein** to be in circulation
Umlaufbahn f orbit
Umlaut m ◪ umlaut ◪ *Laut* vowel with umlaut
umlegen v/t ◪ (≈ *umhängen*) to put round ◪ (≈ *umklappen*) *Hebel* to turn ◪ (≈ *verlegen*) *Kranke* to move; *Termin* to change (**auf** +akk to) ◪ (≈ *verteilen*) **die 200 Euro wurden auf uns fünf umgelegt** we divided up the 200 euros costs among the five of us ◪ umg (≈ *ermorden*) to bump off umg
umleiten v/t to divert
Umleitung f diversion; *Strecke a.* detour
umlernen v/i to retrain; *fig* to change one's ideas
umliegend adj surrounding
Umluftherd m fan-assisted oven
ummelden v/r to register one's change of address
Umnachtung f **geistige ~** mental derangement
umordnen v/t to rearrange
umorganisieren v/t to reorganize
umpflanzen v/t (≈ *woanders pflanzen*) to transplant; *Topfpflanze* to repot
umpflügen v/t to plough up *Br,* to plow up *US*
umquartieren v/t to move
umrahmen v/t to frame
umranden v/t to edge
umräumen Ⓐ v/t to rearrange; (≈ *an anderen Platz bringen*) to shift Ⓑ v/i to rearrange the furniture
umrechnen v/t to convert (**in** +akk into)
Umrechnung f conversion
Umrechnungskurs m exchange rate
Umrechnungstabelle f conversion table
umreißen[1] v/t (≈ *skizzieren*) to outline
umreißen[2] v/t (≈ *niederreißen*) to tear down; (≈ *umstoßen*) to knock down
umrennen v/t to (run into and) knock down
umringen v/t to surround
Umriss m outline; (≈ *Kontur*) contour(s) (pl); **etw in ~en zeichnen/erzählen** to outline sth
umrühren v/t to stir
umrüsten v/t TECH to adapt; **etw auf etw** (akk) **~** to convert sth to sth
umsatteln umg v/i *beruflich* to change jobs; **von etw auf etw** (akk) **~** to switch from sth to sth
Umsatz m HANDEL turnover
Umsatzbeteiligung f share of the turnover; (≈ *Provision*) sales commission
Umsatzplus n HANDEL increase in turnover
Umsatzrückgang m drop in turnover
Umsatzsteigerung f increase in turnover
Umsatzsteuer f VAT *Br,* sales tax *US*

umschalten v/i to flick the/a switch; RADIO to change stations; *auf anderen Sender* to turn over (**auf** +*akk* to); *Ampel* to change

Umschalttaste f COMPUT shift key

Umschau f ~ **halten** to look around (**nach** for)

umschauen *bes dial* v/r → umsehen

umschiffen v/t to sail (a)round

Umschlag m **1** (≈ *Hülle*) cover; (≈ *Briefumschlag*) envelope; (≈ *Buchumschlag*) jacket **2** MED compress **3** (≈ *Ärmelumschlag*) cuff; (≈ *Hosenumschlag*) turn-up *Br*, cuff *US*

umschlagen A v/t **1** *Ärmel, Hosenbein* to turn up; *Kragen* to turn down **2** (≈ *umladen*) *Güter* to transship **B** v/i (≈ *sich ändern*) to change (suddenly); *Wind* to veer; **ins Gegenteil ~** to become the opposite

Umschlaghafen m port of transshipment

Umschlagplatz m trade centre *Br*, trade center *US*

umschließen v/t to surround

umschlungen adj **eng ~** with their *etc* arms tightly (a)round each other

umschmeißen v/t (≈ *umwerfen*) to knock over

umschreiben[1] v/t **1** *Text etc* to rewrite **2** *Hypothek etc* to transfer

umschreiben[2] v/t (≈ *mit anderen Worten ausdrücken*) to paraphrase; (≈ *darlegen*) to describe

Umschreibung f (≈ *das Umschriebene*) paraphrase; (≈ *Darlegung*) description

umschulden v/t HANDEL *Kredit* to convert, to fund

umschulen v/t **1** *beruflich* to retrain **2** *auf andere Schule* to transfer (to another school)

Umschulung f retraining; *auf andere Schule* transfer

umschwärmen v/t to swarm (a)round; (≈ *verehren*) to idolize

Umschweife pl **ohne ~** straight out

umschwenken v/i **1** *Anhänger, Kran* to swing out; *fig* to do an about-turn *Br*, to do an about-face *US* **2** *Wind* to veer

Umschwung *fig* m (≈ *Veränderung*) drastic change; **ins Gegenteil** about-turn *Br*, about-face *US*

umsegeln v/t to sail (a)round

umsehen v/r to look around (**nach** for); *rückwärts* to look back; **sich in der Stadt ~** to have a look (a)round the town; **ich möchte mich nur mal ~** *in Geschäft* I'm just looking

um sein v/i *Frist, Zeit* to be up

umseitig adj & adv overleaf

umsetzen v/t **1** *Waren, Geld* to turn over **2** *etw* **in die Tat ~** to translate sth into action

Umsetzung f *Realisierung* realization; *eines Plans* implementation; *eines Gesetzes* transposition; *Umwandlung* conversion (**in** *akk* into)

Umsicht f circumspection, prudence

umsichtig A adj circumspect, prudent **B** adv circumspectly, prudently

umsiedeln v/t & v/i to resettle

Umsiedlung f resettlement

umso konj (≈ *desto*) **~ besser/schlimmer!** so much the better/worse!; **~ mehr, als ...** all the more considering *od* as

umsonst adv **1** (≈ *unentgeltlich*) free; *bes* HANDEL free of charge **2** (≈ *vergebens*) in vain; (≈ *erfolglos*) without success

umsorgen v/t to look after

umspringen v/i **mit j-m grob** *etc* **~** *umg* to treat sb roughly *etc*

Umstand m **1** circumstance; (≈ *Tatsache*) fact; **den Umständen entsprechend** much as one would expect (under the circumstances); **nähere Umstände** further details; **in anderen Umständen sein** to be expecting; **unter keinen Umständen** under no circumstances; **unter Umständen** possibly **2 Umstände** pl (≈ *Mühe*) bother *sg*; (≈ *Förmlichkeit*) fuss *sg*; **machen Sie bloß keine Umstände!** please don't go to any bother

umständehalber adv owing to circumstances

umständlich A adj *Methode* (awkward and) involved; *Vorbereitung* elaborate, *Erklärung* long-winded; *Abfertigung* laborious; **sei doch nicht so ~!** don't make everything twice as hard as it really is!; **das ist mir zu ~** that's too much bother **B** adv *erklären* in a roundabout way; *vorgehen* awkwardly

Umständlichkeit f *von Methode* involvedness; *von Erklärung* long-windedness

Umstandskleid n maternity dress

Umstandskleidung f maternity wear

Umstandskrämer(in) *umg* m(f) fusspot *Br umg*, fussbudget *US*

Umstandswort n adverb

umstehend A adj **1** (≈ *in der Nähe stehend*) standing nearby **2** (≈ *umseitig*) overleaf **B** adv overleaf

umsteigen v/i **1** *in Bus, Zug etc* to change (buses/trains *etc*) **2** *fig umg* to switch (over) (**auf** +*akk* to)

umstellen[1] **A** v/t to change (a)round; *Hebel, Betrieb* to switch over; *Uhr* to change; *Währung* to change over **B** v/i **auf etw** (*akk*) **~** *Betrieb* to switch over to sth **C** v/r **sich auf etw** (*akk*) **~** to adjust to sth

umstellen[2] v/t (≈ *einkreisen*) to surround

Umstellung f **1** changing (a)round **2** *von Hebel, Betrieb* switch-over; *von Währung* changeover; **~ auf Erdgas** conversion to natural gas **3** *fig* (≈ *das Sichumstellen*) adjustment (**auf** +*akk* to); **das wird eine große ~ für ihn sein** it will

be a big change for him
umstimmen v/t **j-n ~** to change sb's mind; **er ließ sich nicht ~** he was not to be persuaded
umstoßen v/t *Gegenstand* to knock over; *fig* to change; *Umstände etc: Plan, Berechnung* to upset
umstritten adj controversial
umstrukturieren v/t to restructure
Umstrukturierung f restructuring
Umsturz m coup (d'état)
umstürzen A v/t to overturn; *fig Regierung* to overthrow B v/i to fall
umtaufen v/t to rebaptize; (≈ umbenennen) to rechristen
Umtausch m exchange; **diese Waren sind vom ~ ausgeschlossen** these goods cannot be exchanged
umtauschen v/t to (ex)change; *Geld* to change (**in** +akk into)
Umtauschkurs m exchange rate
umtopfen v/t *Blumen etc* to repot
Umtriebe pl machinations pl; **umstürzlerische ~** subversive activities
Umtrunk m drink
umtun umg v/r to look around (**nach** for)
umverteilen v/t to redistribute
Umverteilung f redistribution
umwandeln v/t to change (**in** +akk into); *Naturwissenschaft, a.* HANDEL to convert (**in** +akk to); JUR *Strafe* to commute (**in** +akk to); *fig* to transform (**in** +akk into)
Umwandlung f change; *Naturwissenschaft, a.* HANDEL conversion; *fig* transformation
umwechseln v/t *Geld* to exchange (**in** +akk for), to change (**in** +akk into)
Umweg m detour; *fig* roundabout way; **wenn das für Sie kein ~ ist** if it doesn't take you out of your way; **etw auf ~en erfahren** *fig* to find sth out indirectly
Umwelt f environment; **die ~ betreffend** environmental
Umwelt- zssgn eco, environmental
umweltbedingt adj determined by the environment, environmental
Umweltbedingungen pl environmental conditions pl
Umweltbehörde f environmental authority
umweltbelastend adj causing environmental pollution
Umweltbelastung f (environmental) pollution
umweltbewusst adj *Person* environmentally aware; **~ werden** to go green
Umweltbewusstsein n environmental awareness
Umweltexperte m, **Umweltexpertin** f environmental expert
Umweltforschung f ecology
umweltfreundlich adj environmentally friendly, eco-friendly
Umweltfreundlichkeit f environmental friendliness
umweltgefährdend adj harmful to the environment
Umweltgift n environmental pollutant
Umwelthaftung f environmental liability
Umweltkatastrophe f ecological disaster
Umweltkriminalität f environmental crimes pl
Umweltmanagement n environmental management
Umweltminister(in) m(f) environment minister, minister for the environment
Umweltpapier n recycled paper
Umweltpolitik f environmental policy
Umweltprämie f environmental premium; (≈ Abwrackprämie) scrappage allowance *Br*, car allowance rebate scheme *od* CARS voucher *US*, cash for clunkers voucher *umg*
Umweltschaden m damage to the environment
umweltschädlich adj harmful to the environment
umweltschonend adj environmentally friendly
Umweltschutz m conservation
Umweltschutzbeauftragte(r) m/f(m) environmental protection officer
Umweltschützer(in) m(f) conservationist, environmentalist
Umweltschutzorganisation f environmentalist group
Umweltsteuer f ecology tax
Umweltsünder(in) umg m(f) polluter
Umwelttoxikologie f environmental toxicology, ecotoxicology
Umweltverschmutzung f pollution (of the environment)
umweltverträglich adj *Produkte, Stoffe* not harmful to the environment
Umweltverträglichkeit f environmental friendliness
Umweltzerstörung f destruction of the environment
Umweltzone f low-emission zone
umwenden A v/t to turn over B v/r to turn ((a)round) (**nach** to)
umwerben v/t to court
umwerfen v/t 1 *Gegenstand* to knock over; *Möbelstück etc* to overturn 2 *fig* (≈ ändern) to upset; *Vorstellungen* to throw over 3 *fig umg* to stun
umwerfend adj fantastic
umwickeln v/t to wrap (a)round
umzäunen v/t to fence (a)round

umziehen A v/i to move; **nach Köln ~** to move to Cologne B v/r to change, to get changed
umzingeln v/t to surround, to encircle
Umzug m ❶ (≈ *Wohnungsumzug*) move, removal *bes Br* ❷ (≈ *Festzug*) procession; (≈ *Demonstrationszug*) parade
Umzugskarton m, **Umzugskiste** f (cardboard) removal box
UN f abk (= United Nations) UN
unabänderlich adj (≈ *unwiderruflich*) unalterable; *Entschluss* irrevocable; **~ feststehen** to be absolutely certain
unabdingbar adj indispensable; *Notwendigkeit* absolute
unabhängig adj independent (**von** of); **~ davon, was Sie meinen** irrespective of what you think
Unabhängigkeit f independence; (≈ *Freiheit*) freedom
Unabhängigkeitserklärung f declaration of independence
Unabhängigkeitstag m *in USA* Independence Day, Fourth of July
unabkömmlich *geh* adj busy; (≈ *unverzichtbar*) indispensable
unablässig A adj continual B adv continually
unabsehbar *fig* adj *Folgen etc* unforeseeable; *Schaden* immeasurable; **auf ~e Zeit** for an indefinite period
unabsichtlich A adj unintentional B adv unintentionally
unabwendbar adj inevitable
unachtsam adj (≈ *unaufmerksam*) inattentive; (≈ *nicht sorgsam*) careless; (≈ *unbedacht*) thoughtless
Unachtsamkeit f carelessness
unähnlich adj dissimilar
unanfechtbar adj incontestable; *Beweis* irrefutable
unangebracht adj uncalled-for; *für Kinder etc* unsuitable; (≈ *unzweckmäßig*) *Maßnahmen* inappropriate
unangefochten adj unchallenged; *Urteil, Testament* uncontested
unangemeldet A adj unannounced *kein adv*; *Besucher* unexpected B adv unannounced; *besuchen* without letting sb know
unangemessen A adj (≈ *zu hoch*) unreasonable; (≈ *unzulänglich*) inadequate; **einer Sache** (*dat*) **~ sein** to be inappropriate to sth B adv *hoch, teuer* unreasonably; *sich verhalten* inappropriately
unangenehm adj unpleasant; *Frage* awkward; **er kann ~ werden** he can get quite nasty
unannehmbar adj unacceptable
Unannehmlichkeit f trouble *kein pl*; **~en bekommen** to get into trouble
unansehnlich adj unsightly; *Tapete, Möbel* shabby
unanständig adj ❶ (≈ *unerzogen*) bad-mannered ❷ (≈ *anstößig*) dirty; *Wörter* rude; *Kleidung* indecent
Unanständigkeit f ❶ (≈ *Unerzogenheit*) bad manners pl ❷ (≈ *Obszönität*) obscenity
unantastbar adj sacrosanct; *Rechte* inviolable
unappetitlich adj unappetizing
Unart f bad habit
unartig adj naughty
unattraktiv adj unattractive; (≈ *altmodisch*) frumpy
unaufdringlich adj unobtrusive
unauffällig adj inconspicuous; (≈ *schlicht*) unobtrusive
unauffindbar adj nowhere to be found; *vermisste Person* untraceable
unaufgefordert A adj *bes* HANDEL unsolicited B adv without being asked
unaufgeklärt adj unexplained; *Verbrechen* unsolved
unaufhaltsam adj unstoppable
unaufhörlich A adj incessant B adv incessantly
unaufmerksam adj inattentive
Unaufmerksamkeit f inattentiveness
unaufrichtig adj insincere
unausbleiblich adj inevitable
unausgefüllt adj *Leben, Mensch* unfulfilled
unausgeglichen adj unbalanced
Unausgeglichenheit f imbalance
unausgegoren adj immature
unausgesprochen adj unspoken
unausgewogen adj unbalanced
Unausgewogenheit f imbalance
unaussprechlich adj ❶ *Wort* unpronounceable ❷ *Leid etc* inexpressible
unausstehlich adj intolerable
unausweichlich adj unavoidable
unbändig adj ❶ *Kind* boisterous ❷ *Freude, Hass, Zorn* unrestrained *kein adv*; *Ehrgeiz* boundless; **sich ~ freuen** to be absolutely thrilled
unbarmherzig A adj merciless B adv mercilessly
unbeabsichtigt A adj unintentional B adv unintentionally
unbeachtet adj unnoticed; *Warnung* unheeded; **~ bleiben** to go unnoticed/unheeded; **j-n/etw ~ lassen** not to take any notice of sb/sth
unbeantwortet adj & adv unanswered
unbebaut adj *Land* undeveloped; *Grundstück* vacant; *Feld* uncultivated
unbedacht A adj (≈ *hastig*) rash; (≈ *unüberlegt*) thoughtless B adv rashly

unbedarft *umg adj* simple-minded
unbedenklich **A** *adj* (≈ *ungefährlich*) quite safe **B** *adv* (≈ *ungefährlich*) quite safely; (≈ *ohne zu zögern*) without thinking, without thinking twice *umg*
unbedeutend *adj* insignificant, unimportant; (≈ *geringfügig*) Änderung etc minor
unbedingt **A** *adj* **1** absolute **2** *österr, schweiz Gefängnisstrafe* unconditional **B** *adv* (≈ *auf jeden Fall*) really; *nötig* absolutely; **ich musste sie ~ sprechen** I really had to speak to her; **nicht ~ not** necessarily
unbeeindruckt *adj & adv* unimpressed (**von** by)
unbefahrbar *adj Straße, Weg* impassable
unbefangen **A** *adj* **1** (≈ *unvoreingenommen*) impartial **2** (≈ *ungehemmt*) uninhibited **B** *adv* **1** (≈ *unvoreingenommen*) impartially **2** (≈ *ungehemmt*) without inhibition
Unbefangenheit *f* **1** (≈ *unparteiische Haltung*) impartiality **2** (≈ *Ungehemmtheit*) uninhibitedness
unbefriedigend *adj* unsatisfactory
unbefriedigt *adj* unsatisfied; (≈ *unzufrieden*) dissatisfied
unbefristet **A** *adj Arbeitsverhältnis* permanent; *Visum* permanent **B** *adv* for an indefinite period; **etw ~ verlängern** to extend sth indefinitely
unbefugt *adj* unauthorized; **Eintritt für Unbefugte verboten** no admittance to unauthorized persons
unbegabt *adj* untalented
unbegreiflich *adj* (≈ *unverständlich*) incomprehensible; *Dummheit* inconceivable
unbegrenzt **A** *adj* unlimited; *Frist* indefinite; **auf ~e Zeit** indefinitely; **in ~er Höhe** of an unlimited amount **B** *adv* indefinitely
unbegründet *adj* unfounded; **eine Klage als ~ abweisen** to dismiss a case
Unbehagen *n* uneasy feeling; (≈ *Unzufriedenheit*) discontent (**an** +*dat* with); *körperlich* discomfort
unbehaglich *adj* uncomfortable
unbehandelt *adj Wunde, Obst* untreated
unbehelligt **A** *adj* (≈ *unbelästigt*) unmolested; (≈ *unkontrolliert*) unchecked **B** *adv* (≈ *unkontrolliert*) unchecked; (≈ *ungestört*) in peace, without interruption
unbeherrscht *adj Reaktion* uncontrolled; *Mensch* lacking self-control
Unbeherrschtheit *f von Mensch* lack of self-control
unbeholfen **A** *adj* clumsy; (≈ *hilflos*) helpless **B** *adv* clumsily
Unbeholfenheit *f* clumsiness; (≈ *Hilflosigkeit*) helplessness
unbeirrbar, unbeirrt **A** *adj* unwavering **B** *adv festhalten* unwaveringly; *weitermachen* undeterred
unbekannt *adj* unknown; **das war mir ~** I didn't know that; **~e Größe** MATH, *a. fig* unknown quantity; **Strafanzeige gegen ~** charge against person or persons unknown
Unbekannte *f* MATH unknown
Unbekannte(r) *m/f(m)* stranger
unbekannterweise *adv* **grüß ihn von mir ~** say hello to him from me, even though we haven't met
unbekleidet *adj* bare; **sie war ~** she had nothing on
unbekümmert **A** *adj* **1** (≈ *unbesorgt*) unconcerned **2** (≈ *sorgenfrei*) carefree **B** *adv* (≈ *unbesorgt*) without worrying; (≈ *sorglos*) without a care in the world
unbelastet *adj* **1** (≈ *ohne Last*) unladen **2** (≈ *ohne Schulden*) unencumbered **3** (≈ *ohne Sorgen*) free from worries **4** (≈ *schadstofffrei*) unpolluted
unbelehrbar *adj* fixed in one's views; *Rassist etc* dyed-in-the-wool *attr*; **er ist ~** you can't tell him anything
unbeleuchtet *adj Straße, Weg* unlit
unbeliebt *adj* unpopular (**bei** with); **sich ~ machen** to make oneself unpopular
unbemannt *adj* unmanned
unbemerkt *adj & adv* unnoticed; **~ bleiben** to go unnoticed
unbenommen *form adj* **es bleibt Ihnen ~, zu ...** you are (quite) at liberty to ...
unbenutzt *adj & adv* unused
unbeobachtet *adj* unnoticed
unbequem *adj* (≈ *ungemütlich*) uncomfortable; (≈ *lästig*) Frage, Situation awkward; (≈ *mühevoll*) difficult; **diese Schuhe sind mir zu ~** these shoes are too uncomfortable; **der Regierung ~ sein** to be an embarrassment to the government
Unbequemlichkeit *f* **1** (≈ *Ungemütlichkeit*) lack of comfort; *von Situation* awkwardness **2** inconvenience
unberechenbar *adj* unpredictable
unberechtigt *adj Sorge etc* unfounded; *Kritik* unjustified; (≈ *unbefugt*) unauthorized
unberührt *adj* **1** untouched; *fig Natur* unspoiled; **~ sein** *Mädchen* to be a virgin **2** (≈ *unbetroffen*) unaffected
unbeschädigt *adj & adv* undamaged; (≈ *unverletzt*) unharmed; *Siegel* unbroken
unbescheiden *adj Mensch, Plan* presumptuous
unbeschnitten *adj Mann* uncircumcised, uncut
unbescholten *geh adj* respectable; *Ruf* spotless; JUR with no previous convictions
unbeschrankt *adj* unguarded
unbeschränkt *adj* unrestricted; *Macht* abso-

lute; *Geldmittel, Zeit* unlimited
unbeschreiblich **A** *adj* indescribable; *Frechheit* enormous **B** *adv schön, gut etc* indescribably
unbeschwert **A** *adj* (≈ *sorgenfrei*) carefree; *Unterhaltung* light-hearted **B** *adv* (≈ *sorgenfrei*) carefree
unbesehen *adv* indiscriminately; (≈ *ohne es anzusehen*) without looking at it/them; **das glaube ich dir ~** I believe it if you say so
unbesetzt *adj* vacant; *Schalter* closed
unbesiegbar *adj* invincible
unbesiegt *adj* undefeated
unbesonnen **A** *adj* rash; (≈ *leichtsinnig*) reckless **B** *adv* rashly
Unbesonnenheit *f* rashness
unbesorgt **A** *adj* unconcerned; **Sie können ganz ~ sein** you can set your mind at rest **B** *adv* without worrying
unbeständig *adj Wetter* changeable; *Mensch* unsteady; *in Leistungen* erratic
Unbeständigkeit *f von Wetter* changeability; *von Mensch* unsteadiness; *in Leistungen* erratic behaviour *Br*, erratic behavior *US*
unbestechlich *adj* 1 *Mensch* incorruptible 2 *Urteil* unerring
unbestellt *adj* **~e Ware** unsolicited goods *pl*
unbestimmt *adj* 1 (≈ *ungewiss*) uncertain 2 (≈ *undeutlich*) *Gefühl etc* vague; **auf ~e Zeit** for an indefinite period 3 GRAM indefinite
unbestreitbar *adj Tatsache* indisputable; *Verdienste* unquestionable
unbestritten *adj* indisputable
unbeteiligt *adj* 1 (≈ *uninteressiert*) indifferent 2 (≈ *nicht teilnehmend*) uninvolved *kein adv* (**bei, an** +*dat* in)
unbetont *adj* unstressed
unbewacht *adj & adv* unguarded; *Parkplatz* unattended
unbewaffnet *adj* unarmed
unbeweglich **A** *adj* 1 (≈ *nicht zu bewegen*) immovable; (≈ *steif*) stiff; *geistig* rigid 2 (≈ *bewegungslos*) motionless **B** *adv dastehen* motionless
unbewegt *adj* still
unbewohnbar *adj* uninhabitable
unbewohnt *adj* uninhabited; *Haus* unoccupied
unbewusst **A** *adj* unconscious **B** *adv* unconsciously
unbezahlbar *adj* 1 (≈ *zu teuer*) prohibitively expensive 2 *fig* (≈ *nützlich*) invaluable; (≈ *komisch*) priceless
unbezahlt *adj* unpaid
unblutig *adj Sieg, Umsturz etc* bloodless
unbrauchbar *adj* (≈ *nutzlos*) useless; (≈ *nicht zu verwenden*) unusable
unbürokratisch *adj* unbureaucratic

unchristlich *adj* unchristian
uncool *umg adj* uncool *umg*; **das ist ja völlig ~** that's totally uncool
und *konj* and; **und auch nicht** nor; **und doch** *od* **trotzdem** yet; **und?** well?; **(na) und?** so (what)?; **..., und wenn ich selbst bezahlen muss ...** even if I have to pay myself
Undank *m* ingratitude; **~ ernten** to get little thanks
undankbar *adj Mensch* ungrateful
undatiert *adj* undated
undefinierbar *adj* indefinable
undemokratisch *adj* undemocratic
undenkbar *adj* inconceivable
undeutlich **A** *adj* indistinct; *Schrift* illegible; *Bild* blurred; *Erklärung* unclear **B** *adv* **~ sprechen** to speak indistinctly; **ich konnte es nur ~ verstehen** I couldn't understand it very clearly
undicht *adj* (≈ *luftdurchlässig*) not airtight; (≈ *wasserdurchlässig*) not watertight; *Dach* leaky, leaking; **das Rohr ist ~** the pipe leaks; **das Fenster ist ~** the window lets in a draught *Br*, the window lets in a draft *US*
Unding *n* absurdity; **es ist ein ~, zu ...** it is preposterous *od* absurd to ...
undiplomatisch *adj* undiplomatic
undiszipliniert **A** *adj* undisciplined **B** *adv* in an undisciplined way
undurchlässig *adj* impervious (**gegen** to); *Grenze* closed
undurchschaubar *adj* unfathomable
undurchsichtig *adj* 1 *Fenster, Stoff* opaque 2 *fig pej Mensch, Methoden* devious; *Motive* obscure
uneben *adj* uneven; *Gelände* rough
Unebenheit *f* unevenness; *von Gelände* roughness
unecht *adj* false; (≈ *vorgetäuscht*) fake; *Schmuck, Edelstein, Blumen etc* artificial
unehelich *adj* illegitimate; **~ geboren sein** to be illegitimate
unehrlich **A** *adj* dishonest **B** *adv* dishonestly
Unehrlichkeit *f* dishonesty
uneigennützig **A** *adj* unselfish **B** *adv* unselfishly
Uneigennützigkeit *f* unselfishness
uneingeschränkt **A** *adj* absolute, total; *Freiheit* unlimited; *Zustimmung* unqualified; *Vertrauen* absolute; *Lob* unreserved **B** *adv* absolutely, totally; *zustimmen* without qualification; *loben, vertrauen* unreservedly
uneingeweiht *adj* uninitiated
uneinheitlich *adj* nonuniform; *Arbeitszeiten* varied; *Qualität* inconsistent
uneinig *adj* 1 (≈ *verschiedener Meinung*) **über etw** (*akk*) **~ sein** to disagree about sth 2 (≈ *zerstritten*) divided

Uneinigkeit f disagreement (+gen between)
uneinnehmbar adj impregnable
uneins adj (≈ zerstritten) divided; **(mit j-m) ~ sein/werden** to disagree with sb
unempfänglich adj unsusceptible **(für** to); für Atmosphäre insensitive
unempfindlich adj insensitive **(gegen** to); gegen Krankheiten etc immune; Teppich hard-wearing and stain-resistant
Unempfindlichkeit f insensitivity **(gegen** to); gegen Krankheiten etc immunity
unendlich A adj infinite; zeitlich endless; **(bis) ins Unendliche** to infinity B adv infinitely; fig (≈ sehr) terribly; **~ lange diskutieren** to argue endlessly
Unendlichkeit f infinity; zeitlich endlessness; von Universum boundlessness
unentbehrlich adj indispensable
unentdeckt adj undiscovered
unentgeltlich adj & adv free of charge
unentschieden A adj undecided; (≈ entschlusslos) indecisive; SPORT drawn; **2:2 ~ 2** all; **ein ~es Rennen** a dead heat B adv **~ enden** to end in a draw od tie; **sich ~ trennen** to draw, to tie
Unentschieden n SPORT draw
unentschlossen adj (≈ nicht entschieden) undecided; Mensch indecisive
unentschuldigt A adj unexcused; **~es Fehlen** absenteeism; SCHULE truancy B adv without an excuse
unentwegt A adj mit Ausdauer constant B adv constantly; **~ weitermachen** to continue unceasingly
unerbittlich A adj Kampf relentless; Härte unyielding; Mensch pitiless B adv (≈ hartnäckig) stubbornly; (≈ gnadenlos) ruthlessly
unerfahren adj inexperienced
Unerfahrenheit f inexperience
unerfindlich adj incomprehensible; **aus ~en Gründen** for some more obscure reason
unerfreulich adj unpleasant
unerfüllbar adj unrealizable
unerfüllt adj unfulfilled
unergiebig adj Quelle, Thema unproductive; Ernte poor
unergründlich adj unfathomable
unerheblich adj insignificant
unerhört[1] adj (≈ ungeheuer) enormous; (≈ empörend) outrageous; Frechheit incredible
unerhört[2] adj Bitte, Gebet unanswered
unerkannt A adj unrecognized B adv without being recognized
unerklärbar adj inexplicable; **das ist mir ~** I can't understand it
unerklärlich adj inexplicable; **es ist mir ~** it's a mystery to me

unerlässlich adj essential, vital
unerlaubt A adj forbidden; Parken unauthorized; (≈ ungesetzlich) illegal B adv betreten, verlassen without permission
unerlaubterweise adv without permission
unerledigt adj unfinished; Post unanswered; Rechnung outstanding; **etw ~ lassen** not to deal with sth
unermesslich A adj Reichtum, Leid immense; Weite, Ozean vast B adv reich, groß immensely
unermüdlich A adj tireless B adv tirelessly
unerreichbar adj unreachable; Ziel unattainable; Ort inaccessible
unerreicht adj unequalled, unequaled US
unersättlich adj insatiable
unerschöpflich adj inexhaustible
unerschrocken A adj courageous, brave B adv courageously
unerschütterlich adj unshakeable; Ruhe imperturbable
unerschwinglich adj prohibitive; **für j-n ~ sein** to be beyond sb's means
unersetzlich adj irreplaceable
unerträglich A adj unbearable B adv heiß, laut unbearably
unerwähnt adj unmentioned; **~ bleiben** not to be mentioned
unerwartet A adj unexpected B adv unexpectedly
unerwünscht adj Kind unwanted; Besuch, Effekt unwelcome; Eigenschaften undesirable; **du bist hier ~** you're not welcome here
unerzogen adj ill-mannered
unfachgemäß A adj unprofessional B adv unprofessionally
unfähig adj 1 incompetent, useless 2 **~ sein, etw zu tun** to be incapable of doing sth; vorübergehend to be unable to do sth
Unfähigkeit f 1 (≈ Untüchtigkeit) incompetence 2 (≈ Nichtkönnen) inability
unfair A adj unfair **(gegenüber** to) B adv unfairly
Unfall m accident; (≈ Zusammenstoß) crash
Unfallflucht f failure to stop after an accident; **~ begehen** to fail to stop after causing an accident
Unfallfolge f result of an/the accident
unfallfrei adj accident-free
Unfallopfer n casualty
Unfallort m scene of an/the accident
Unfallrisiko n accident risk
Unfallschaden m damages pl
Unfallstation f casualty (ward) Br, emergency room US, ER US
Unfallstelle f scene of an/the accident
Unfalltod m accidental death

Unfallursache f cause of an/the accident
Unfallverhütung f accident prevention
Unfallversicherung f accident insurance
Unfallwagen m car involved in an/the accident
Unfallzeuge m, **Unfallzeugin** f witness to an/the accident
unfassbar adj incomprehensible
unfehlbar A adj infallible B adv without fail
Unfehlbarkeit f infallibility
unfein A adj unrefined kein adv; **das ist ~** that's bad manners B adv **sich ausdrücken** in an unrefined way; **sich benehmen** in an ill-mannered way
unflätig adj offensive
unfolgsam adj disobedient
unformatiert adj IT unformatted
unförmig adj (≈ formlos) shapeless; (≈ groß) cumbersome; Füße, Gesicht unshapely
unfrankiert adj & adv unfranked
unfreiwillig adj 1 (≈ gezwungen) compulsory; **ich war ~er Zeuge** I was an unwilling witness 2 (≈ unbeabsichtigt) Witz, Fehler unintentional
unfreundlich A adj unfriendly (**zu, gegen** to); Wetter inclement; Landschaft cheerless B adv in an unfriendly way; **~ reagieren** to react in an unfriendly way
Unfreundlichkeit f unfriendliness; von Wetter inclemency
unfruchtbar adj infertile; fig sterile; **~ machen** to sterilize
Unfruchtbarkeit f infertility; fig sterility
Unfug m nonsense; (≈ Alberei) horseplay; **~ treiben** to get up to mischief; **grober ~** JUR public nuisance
Ungar(in) m(f) Hungarian
ungarisch adj Hungarian
Ungarn n Hungary
ungastlich adj inhospitable
ungeachtet präp in spite of, despite; **~ aller Ermahnungen** despite all warnings
ungeahnt adj undreamt-of
ungebeten adj uninvited
ungebildet adj uncultured; (≈ ohne Bildung) uneducated; (≈ unwissend) ignorant
ungeboren adj unborn
ungebräuchlich adj uncommon
ungebraucht adj & adv unused
ungebrochen fig adj Rekord, Wille unbroken
ungebunden adj (≈ unabhängig) Leben (fancy-)free; (≈ unverheiratet) unattached; **parteipolitisch ~** (politically) independent
ungedeckt adj 1 SPORT Tor undefended; Spieler unmarked; Scheck, Kredit uncovered 2 Tisch unlaid Br
Ungeduld f impatience; **vor ~** with impatience; **voller ~** impatiently
ungeduldig A adj impatient B adv impatiently
ungeeignet adj unsuitable
ungefähr A adj approximate, rough B adv roughly; bei Zahlenangaben about, around; **~ acht (Jahre/Uhr)** eightish; **das kommt nicht von ~** it's no accident; **so ~!** more or less; **~ (so) wie** a bit like; **dann weiß ich ~ Bescheid** then I've got a rough idea; **das hat sich ~ so abgespielt** it happened something like this
ungefährlich adj safe; Tier, Krankheit harmless
Ungefährlichkeit f safeness; von Tier, Krankheit harmlessness
ungefragt adv **sie tat es ~** she did it without being asked
ungehalten A adj indignant (**über** +akk about) B adv indignantly
ungeheizt adj unheated
ungehemmt adj unrestrained
ungeheuer A adj 1 → ungeheuerlich 2 (≈ riesig) enormous; in Bezug auf Länge, Weite vast 3 (≈ genial, kühn) tremendous B adv (≈ sehr) enormously; negativ terribly, awfully
Ungeheuer n monster
ungeheuerlich adj monstrous; Leichtsinn outrageous; Verdacht, Dummheit dreadful
Ungeheuerlichkeit f von Tat atrociousness; von Verleumdung outrageousness
ungehindert A adj unhindered B adv without hindrance
ungehobelt adj Benehmen boorish
ungehörig adj impertinent
ungehorsam adj disobedient
Ungehorsam m disobedience; MIL insubordination; **ziviler ~** civil disobedience
ungeklärt adj Frage, Verbrechen unsolved; Ursache unknown; **unter ~en Umständen** in mysterious circumstances
ungekündigt adj **in ~er Stellung** not under notice
ungekürzt A adj not shortened; Buch unabridged; Film uncut B adv veröffentlichen unabridged; Film uncut; **der Artikel wurde ~ abgedruckt** the article was printed in full
ungeladen adj Gäste etc uninvited
ungelegen A adj inconvenient B adv **komme ich (Ihnen) ~?** is this an inconvenient time for you?; **etw kommt j-m ~** sth is inconvenient for sb
Ungelegenheiten pl inconvenience sg; **j-m ~ bereiten** od **machen** to inconvenience sb
ungelernt adj unskilled
ungelogen adv honestly
ungemein adj tremendous; **das freut mich ~** I'm really really pleased
ungemütlich adj uncomfortable; Wohnung not

very cosy; *Mensch* awkward; *Wetter* unpleasant; **mir wird es hier ~** I'm getting a bit uncomfortable; **er kann ~ werden** he can get nasty

ungenannt *adj* **1** *Mensch* anonymous **2** *Summe* unspecified

ungenau **A** *adj* inaccurate; (≈ *nicht wahrheitsgetreu*) inexact; (≈ *vage*) vague **B** *adv* inaccurately

Ungenauigkeit *f* inaccuracy

ungeniert **A** *adj* (≈ *ungehemmt*) unembarrassed; (≈ *taktlos*) uninhibited **B** *adv* openly; (≈ *taktlos*) without any inhibition

ungenießbar *adj* (≈ *nicht zu essen*) inedible; (≈ *nicht zu trinken*) undrinkable; *umg Mensch* unbearable

ungenügend **A** *adj* inadequate, insufficient; SCHULE unsatisfactory, failure **B** *adv* inadequately, insufficiently

ungenutzt *adj* unused; *Energien* unexploited; **eine Chance ~ lassen** to miss an opportunity

ungepflegt *adj Mensch* unkempt; *Rasen, Hände* neglected

ungeprüft **A** *adj* untested; *Vorwürfe* unchecked **B** *adv* without testing, without checking

ungerade *adj* odd

ungerecht **A** *adj* unjust, unfair **B** *adv* unjustly, unfairly

ungerechtfertigt *adj* unjustified

Ungerechtigkeit *f* injustice

ungeregelt *adj Zeiten* irregular; *Leben* disordered

Ungereimtheit *f* inconsistency

ungern *adv* reluctantly

ungerührt *adj & adv* unmoved

ungesagt *adj* unsaid

ungesalzen *adj* unsalted

ungeschehen *adj* **etw ~ machen** to undo sth

Ungeschicklichkeit *f* clumsiness

ungeschickt **A** *adj* clumsy; (≈ *unbedacht*) careless **B** *adv* clumsily

ungeschminkt *adj* without make-up; *fig Wahrheit* unvarnished

ungeschoren *adj* unshorn; **j-n ~ lassen** *umg* to spare sb; **~ davonkommen** *umg* to escape unscathed; *Verbrecher* to get off (scot-free)

ungeschrieben *adj* unwritten

ungeschützt *adj* unprotected

ungesellig *adj* unsociable

ungesetzlich *adj* unlawful, illegal

ungestört **A** *adj* undisturbed; **hier sind wir ~** we won't be disturbed here **B** *adv* arbeiten, sprechen without being interrupted

ungestraft *adv* with impunity

ungestüm **A** *adj* impetuous **B** *adv* impetuously

Ungestüm *n* impetuousness

ungesund *adj* unhealthy; (≈ *schädlich*) harmful;

~es Essen junk food

ungesüßt *adj* unsweetened

ungeteilt *adj* undivided; *Beifall* universal

ungetrübt *adj* clear; *Glück* perfect

Ungetüm *n* monster

ungewachst *adj Zahnseide* unwaxed

ungewiss *adj* uncertain; (≈ *vage*) vague; **eine Reise ins Ungewisse** *fig* a journey into the unknown; **j-n (über etw** *akk***) im Ungewissen lassen** to leave sb in the dark (about sth)

Ungewissheit *f* uncertainty

ungewöhnlich *adj* unusual

ungewohnt *adj* (≈ *fremdartig*) unfamiliar; (≈ *unüblich*) unusual

ungewollt **A** *adj* unintentional **B** *adv* unintentionally

Ungeziefer *n* pests *pl*

ungezogen *adj* ill-mannered

ungezwungen **A** *adj* casual; *Benehmen* natural **B** *adv* casually; *sich benehmen* naturally

ungläubig *adj* unbelieving; *Blick, Frage* incredulous; REL infidel; (≈ *zweifelnd*) doubting

Ungläubige(r) *m/f(m)* unbeliever

unglaublich *adj* unbelievable, incredible; (≈ *erstaunlich*) amazing

unglaubwürdig *adj* implausible; *Dokument* dubious; *Mensch* unreliable; **~er Erzähler** LIT unreliable narrator

ungleich **A** *adj* dissimilar, unalike *präd*; *Größe, Farbe* different; *Mittel, Kampf* unequal; MATH not equal **B** *adv* **1** *unterschiedlich* unequally **2** *vor Komparativ* much

Ungleichgewicht *fig n* imbalance

Ungleichheit *f* dissimilarity; *von Größe, Farbe* difference; *von Mitteln, Kampf* inequality

ungleichmäßig **A** *adj* uneven; *Gesichtszüge, Puls* irregular **B** *adv* unevenly

Unglück *n* (≈ *Unfall*) accident; (≈ *Schicksalsschlag*) disaster; (≈ *Unheil*) misfortune; (≈ *Pech*) bad luck; **in ~ sein** to head for disaster; **das bringt ~** that brings bad luck; **zu allem ~** to make matters worse; **ein ~ kommt selten allein** *sprichw* it never rains but it pours *Br sprichw*, when it rains, it pours *US sprichw*

unglücklich **A** *adj* (≈ *traurig*) unhappy; (≈ *elend*) miserable; *Liebe* unrequited **B** *adv* **1** *traurig* unhappily; **~ verliebt sein** to be crossed in love **2** *ungünstig* unfortunately; **~ enden** to turn out badly **3** *stürzen, fallen* awkwardly

unglücklicherweise *adv* unfortunately

Unglücksfall *m* accident

Ungnade *f* disgrace; **bei j-m in ~ fallen** to fall out of favour with sb *Br*, to fall out of favor with sb *US*

ungnädig *adj* ungracious; *hum* unkind

ungrammatisch *adj* ungrammatical
ungültig *adj* invalid; (≈ *nichtig*) void; *Stimmzettel* spoiled; SPORT *Tor* disallowed
ungünstig *adj* unfavourable *Br*, unfavorable *US*; *Entwicklung* undesirable; *Termin* inconvenient; *Augenblick, Wetter* bad
ungut *adj* bad; **nichts für ~!** no offence *Br od* offense *US* !
unhaltbar *adj Zustand* intolerable; *Vorwurf etc* untenable; *Torschuss* unstoppable
unhandlich *adj* unwieldy
Unheil *n* disaster; **~ stiften** to do damage; **~ bringend** fateful
unheilbar *adj* incurable; **~ krank sein** to be terminally ill
unheimlich A *adj* 1 (≈ *angsterregend*) frightening; (≈ *gruselig*) scary, spooky, eerie; **das/er ist mir ~** it/he gives me the creeps *umg* 2 *umg* tremendous *umg* B *adv umg* (≈ *sehr*) incredibly *umg*; **~ viel Geld** a tremendous amount of money *umg*
unhöflich A *adj* impolite, rude B *adv* impolitely
Unhöflichkeit *f* impoliteness
unhygienisch *adj* unhygienic
uni *adj* self-coloured *Br*, self-colored *US*, plain
Uni *umg f* uni *umg*, U *US umg*
Uniform *f* uniform
uniformiert *adj* uniformed
Uniformierte(r) *m/f(m)* person/man/woman in uniform
Unikum *n* 1 unique thing *etc* 2 *umg* real character
unilateral A *adj* unilateral B *adv* unilaterally
unintelligent *adj* unintelligent
uninteressant *adj* uninteresting; **das ist doch völlig ~** that's of absolutely no interest
uninteressiert *adj* uninterested (**an** +*dat* in)
Union *f* union; **die ~** POL the CDU and CSU; **die Europäische ~** the European Union
universal A *adj* universal B *adv* universally
Universalgenie *n* universal genius
Universalsprache *f* lingua franca
universell A *adj* universal B *adv* universally
Universität *f* university; **auf die ~ gehen** to go to university
Universitätsbibliothek *f* university library
Universitätsgelände *n* university campus
Universitätsklinik *f* university clinic
Universitätsstadt *f* university town
Universitätsstudium *n Ausbildung* university training
Universum *n* universe
unken *umg v/i* to foretell gloom
unkenntlich *adj* unrecognizable; *Inschrift etc* indecipherable

Unkenntlichkeit *f* **bis zur ~** beyond recognition
Unkenntnis *f* ignorance; **aus ~** out of ignorance
unklar A *adj* unclear; (≈ *undeutlich*) blurred; **es ist mir völlig ~, wie das geschehen konnte** I (just) can't understand how that could happen; **über etw** (*akk*) **völlig im Unklaren sein** to be completely in the dark about sth B *adv* unclearly
Unklarheit *f* lack of clarity; *über Tatsachen* uncertainty; **darüber herrscht noch ~** this is still uncertain *od* unclear
unklug A *adj* unwise B *adv* unwisely
unkompliziert *adj* uncomplicated
unkontrollierbar *adj* uncontrollable
unkontrolliert *adj & adv* unchecked
unkonventionell A *adj* unconventional B *adv* unconventionally
unkonzentriert *adj* **er ist ~** he lacks concentration
Unkosten *pl* costs *pl*; (≈ *Ausgaben*) expenses *pl*; **sich in ~ stürzen** *umg* to go to a lot of expense
Unkostenbeitrag *m* contribution toward(s) costs/expenses
Unkraut *n* weed; **Unkräuter** weeds; **~ vergeht nicht** *sprichw* it would take more than that to finish me/him *etc* off! *hum*
Unkrautbekämpfung *f* weed control
Unkrautbekämpfungsmittel *n* weed killer
unkritisch A *adj* uncritical B *adv* uncritically
unkündbar *adj Anstellung* permanent; *Vertrag* binding; **in ~er Stellung** in a permanent position
unkundig *adj* ignorant (+*gen* of)
unlauter *adj* dishonest; *Wettbewerb* unfair
unleserlich *adj* illegible
unliebsam *adj* unpleasant; *Konkurrent* irksome
unlogisch *adj* illogical
unlösbar *fig adj Problem etc* insoluble; *Widerspruch* irreconcilable
unlöslich *adj* CHEM insoluble
Unlust *f* 1 (≈ *Widerwille*) reluctance 2 (≈ *Lustlosigkeit*) listlessness
Unmasse *umg f* load *umg*; **~n von Büchern** loads *od* masses of books *umg*
unmaßgeblich A *adj* (≈ *nicht entscheidend*) *Urteil* not authoritative; (≈ *unwichtig*) *Äußerung* inconsequential; **nach meiner ~en Meinung** *hum* in my humble opinion *hum* B *adv* insignificantly
unmäßig A *adj* excessive B *adv essen, trinken* to excess; *rauchen* excessively
Unmenge *f* vast number; *bei unzählbaren Mengenbegriffen* vast amount; **~n essen** to eat an enormous amount
Unmensch *m* monster; **ich bin ja kein ~** I'm

not an ogre

unmenschlich **A** *adj* **1** inhuman **2** *umg* (≈ *unerträglich*) terrible **B** *adv behandeln* in an inhuman way

Unmenschlichkeit *f* inhumanity; **~en** inhumanity

unmerklich **A** *adj* imperceptible **B** *adv* imperceptibly

unmissverständlich **A** *adj* unequivocal **B** *adv* unequivocally; **j-m etw ~ zu verstehen geben** to tell sb sth in no uncertain terms

unmittelbar **A** *adj Nähe* immediate; (≈ *direkt*) direct; **aus ~er Nähe schießen** to fire at close range **B** *adv* immediately; (≈ *ohne Umweg*) directly; **~ vor** (+*dat*) *zeitlich* immediately before; *räumlich* right in front of

unmöbliert *adj Zimmer* unfurnished; **~ wohnen** to live in unfurnished accommodation

unmodern **A** *adj* old-fashioned **B** *adv gekleidet* in an old-fashioned way

unmöglich **A** *adj* impossible; **sich ~ machen** to make oneself look ridiculous **B** *adv* (≈ *keinesfalls*) not possibly; **ich kann es ~ tun** I cannot possibly do it; **~ aussehen** *umg* to look ridiculous

Unmöglichkeit *f* impossibility; **das ist ein Ding der ~!** that's quite impossible!

unmoralisch *adj* immoral

unmündig *adj* underage

Unmündigkeit *f* minority

unmusikalisch *adj* unmusical

unnachgiebig *adj* inflexible

unnachsichtig **A** *adj* severe; *stärker* merciless **B** *adv verfolgen* mercilessly; *bestrafen* severely

unnahbar *adj Mensch* unapproachable

unnatürlich *adj* unnatural; *Tod* violent

unnötig **A** *adj* unnecessary **B** *adv* unnecessarily

unnötigerweise *adv* unnecessarily

unnütz *adj* useless; (≈ *umsonst*) pointless

unökonomisch *adj* uneconomic; *Fahrweise* uneconomical

unordentlich *adj* untidy, messy; *Lebenswandel* disorderly

Unordnung *f* disorder *kein unbest art*; (≈ *Durcheinander*) mess; **etw in ~ bringen** to mess sth up; **alles in ~ bringen** to make a mess

unorganisch *adj* inorganic

unorthodox *adj* unorthodox

unparteiisch **A** *adj* impartial **B** *adv* impartially

Unparteiische(r) *m*|*f(m)* **der ~** SPORT the referee

unpassend *adj* inappropriate; *Augenblick* inconvenient

unpassierbar *adj* impassable

unpässlich *adj* **~ sein, sich ~ fühlen** to be* indisposed, to feel* unwell; **sie ist ~** *euph* it's that time of the month

unpersönlich *adj* impersonal

unpolitisch *adj* unpolitical

unpopulär *adj* unpopular

unpraktisch *adj Mensch* unpractical; *Lösung* impractical

unproblematisch *adj* unproblematic

unproduktiv *adj* unproductive

unpünktlich *adj Mensch* unpunctual; *Zug* not on time

Unpünktlichkeit *f* unpunctuality

unqualifiziert *adj Arbeitskraft* unqualified; *Arbeiten, Jobs* unskilled; *Äußerung* incompetent

unrasiert *adj* unshaven

unrealistisch *adj* unrealistic

unrecht *adj* wrong; **das ist mir gar nicht so ~** I don't really mind; **~ haben** to be wrong; **~ tun** to do wrong

Unrecht *n* wrong, injustice; **zu ~ verdächtigt** unjustly; **im ~ sein** to be wrong; **j-m ein ~ tun** to do sb an injustice

unrechtmäßig *adj* unlawful, illegal

Unrechtsregime *n* POL tyrannical regime

unregelmäßig **A** *adj* irregular **B** *adv* irregularly

Unregelmäßigkeit *f* irregularity

unreif *adj Obst* unripe; *Mensch, Verhalten* immature

unrein *adj* unclean

unrentabel *adj* unprofitable

unrichtig *adj* incorrect; *Vorwurf, Angaben etc* false

Unruhe *f* **1** restlessness; (≈ *Nervosität*) agitation; **in ~ sein** to be restless; (≈ *besorgt*) to be agitated **2** (≈ *Unfrieden*) unrest *kein pl*; **~ stiften** to create unrest **3** **(politische) ~n** (political) disturbances; (≈ *Ausschreitungen*) riots

Unruheherd *m* troublespot

Unruhestifter(in) *m(f)* troublemaker

unruhig *adj* restless; (≈ *laut*) noisy; *Schlaf, Meer* troubled

unrühmlich *adj* inglorious

uns **A** *pers pr* us; *dat a.* to us; **bei uns** (≈ *zu Hause, im Betrieb etc*) at our place; (≈ *in unserem Land*) in our country; **bei uns zu Hause** at our house; **ein Freund von uns** a friend of ours; **das gehört uns** that is ours **B** *refl pr* ourselves; (≈ *einander*) each other; **uns selbst** ourselves

unsachgemäß **A** *adj* improper **B** *adv* improperly

unsachlich *adj* unobjective; **~ werden** to lose one's objectivity

unsanft *adj* rough; (≈ *unhöflich*) rude

unsauber *adj* **1** (≈ *schmutzig*) dirty **2** *Handschrift* untidy; *Schuss, Schnitt* inaccurate; *Ton* impure

unschädlich adj harmless; **eine Bombe ~ machen** (≈ entschärfen) to defuse a bomb; **j-n ~ machen** umg to take care of sb umg

unscharf adj Erinnerung hazy; **der Sender ist ~ eingestellt** the station is not tuned clearly

unschätzbar adj Wert, Verlust incalculable; **von ~em Wert** invaluable

unscheinbar adj inconspicuous; (≈ unattraktiv) Aussehen unprepossessing

unschlagbar adj unbeatable

unschlüssig adj undecided; (≈ zögernd) irresolute

unschön adj (≈ hässlich) unsightly; stärker ugly; (≈ unangenehm) unpleasant; Szenen ugly

Unschuld f **1** innocence **2** (≈ Jungfräulichkeit) virginity

unschuldig **A** adj **1** innocent; **an etw** (dat) **~ sein** not to be guilty of sth; **er war völlig ~ an dem Unfall** he was in no way responsible for the accident **2** (≈ jungfräulich) virginal **B** adv **1** JUR **j-n ~ verurteilen** to convict sb when he is innocent **2** (≈ arglos) fragen innocently

unselbstständig **A** adj lacking in independence; **eine ~e Tätigkeit ausüben** to work as an employee **B** adv (≈ mit fremder Hilfe) not independently

Unselbstständigkeit f lack of independence

unser poss pr our

unsereiner, unsereins umg indef pr the likes of us umg

unsere(r, s) poss pr substantivisch ours; **der/die/das Unsere** geh ours; **wir tun das Unsere** geh we are doing our bit; **die Unseren** geh our family

unsererseits adv (≈ auf unserer Seite) for our part; (≈ von unserer Seite) on our part

unseresgleichen indef pr people like us

unseriös adj Mensch slippery; Auftreten, Bemerkung frivolous; Methoden, Firma shady; Angebot not serious

unsertwegen adv (≈ wegen uns) because of us; (≈ um uns) about us; (≈ für uns) on our behalf

unsicher **A** adj **1** (≈ gefährlich) dangerous; **die Gegend ~ machen** fig umg to raise hell umg **2** (≈ verunsichert) insecure, unsure (of oneself) **3** (≈ ungewiss) unsure; (≈ unstabil) uncertain, unstable; Kenntnisse shaky **B** adv (≈ schwankend) unsteadily; (≈ nicht selbstsicher) uncertainly

Unsicherheit f (≈ Gefahr) danger; (≈ mangelndes Selbstbewusstsein) insecurity; (≈ Ungewissheit) uncertainty

UN-Sicherheitsrat m UN Security Council

unsichtbar adj invisible

Unsinn m nonsense kein unbest art, rubbish; **~ machen** to do silly things; **lass den ~!** stop fooling about!

unsinnig adj (≈ sinnlos) foolish; (≈ ungerechtfertigt) unreasonable; stärker absurd

Unsitte f bad habit

unsittlich **A** adj immoral; in sexueller Hinsicht indecent **B** adv indecently; **er hat sich ihr ~ genähert** he made indecent advances to her

unsolide adj Mensch free-living; (≈ unredlich) Firma, Angebot unreliable; **ein ~s Leben führen** to be free-living

unsozial adj antisocial

unsportlich adj **1** (≈ ungelenkig) unsporty **2** (≈ unfair) unsporting

unsterblich **A** adj immortal; Liebe undying; **j-n ~ machen** to immortalize sb **B** adv umg **sich ~ blamieren** to make a complete idiot of oneself; **~ verliebt sein** to be madly in love umg

unstimmig adj Aussagen etc at variance, differing attr

Unstimmigkeit f (≈ Ungenauigkeit) discrepancy; (≈ Streit) difference

Unsumme f vast sum

unsympathisch adj unpleasant; **er ist mir ~** I don't like him

unsystematisch **A** adj unsystematic **B** adv unsystematically

Untat f atrocity

untätig **A** adj (≈ müßig) idle; (≈ nicht handelnd) passive **B** adv idly; **sie sah ~ zu, wie er verblutete** she stood idly by as he bled to death

Untätigkeit f (≈ Müßiggang) idleness; (≈ Passivität) passivity

untauglich adj unsuitable (**zu, für** for); **für Wehrdienst** unfit

unteilbar adj indivisible

unten adv (≈ am unteren Ende) at the bottom; (≈ tiefer, drunten) (down) below; (≈ an der Unterseite) underneath; in Gebäude downstairs; **von ~** from below; **nach ~** down; im Haus downstairs; **dort ~** down there; **~ am Berg** at the bottom of the hill; **~ im Glas** at the bottom of the glass; **weiter ~** further down; **~ erwähnt, ~ genannt** mentioned below; **er ist bei mir ~ durch** umg I'm through with him umg; **~ stehend** following; wörtl standing below; **~ wohnen** to live downstairs

unter präp under; (≈ drunter) underneath, below; (≈ zwischen, innerhalb) among(st); **~ 18 Jahren** under 18 years (of age); **Temperaturen ~ 25 Grad** temperatures below 25 degrees; **~ $ 50** under od less than $50; **der Boden ~ ihren Füßen** the ground beneath her feet; **~ sich** (dat) **sein** to be by themselves; **~ etw leiden** to suffer from sth; **~ anderem** among other things

Unterabteilung f subdivision

Unterarm m forearm

unterbelichtet adj FOTO underexposed
unterbesetzt adj understaffed
unterbewusst **A** adj subconscious; **das Unterbewusste** the subconscious **B** adv subconsciously
Unterbewusstsein n subconscious; **im ~** subconsciously
unterbezahlt adj underpaid
unterbieten v/t Konkurrenten, Preis to undercut; fig to surpass
unterbinden v/t to stop; MED Blutung to ligature
unterbleiben v/i **1** (≈ aufhören) to cease **2** (≈ nicht geschehen) not to happen
Unterbodenschutz m AUTO protective undercoating
unterbrechen v/t to interrupt; Stille to break; Telefonverbindung to disconnect; Spiel to suspend; Schwangerschaft to terminate; **entschuldigen Sie bitte, wenn ich Sie unterbreche** forgive me for interrupting
Unterbrechung f interruption; von Stille break (+gen in); von Spiel stoppage; **ohne ~** without a break, non-stop
unterbreiten v/t Plan to present; **(j-m) ein Angebot ~** to make an offer (to sb)
unterbringen v/t **1** (≈ verstauen) to put; in Heim etc to put; **etw bei j-m ~** to leave sth with sb **2** (≈ Unterkunft geben) Menschen to accommodate; Sammlung to house; **untergebracht sein** to stay; **gut/schlecht untergebracht sein** to have good/bad accommodation; (≈ versorgt werden) to be well/badly looked after
Unterbringung f accommodation Br, accommodations pl US
unterbuttern v/t umg (≈ unterdrücken) to ride roughshod over; **lass dich nicht ~!** don't let them push you around
Unterdeck n SCHIFF lower deck
unterdessen adv meanwhile, in the meantime
unterdrücken v/t **1** (≈ beherrschen) Volk to oppress; Freiheit, Meinung to suppress **2** (≈ zurückhalten) Neugier, Gähnen, Gefühle to suppress; Tränen, Bemerkung to hold back
Unterdrücker(in) m(f) oppressor
Unterdrückung f **1** von Volk oppression; von Freiheit suppression **2** von Neugier, Gähnen, Gefühlen suppression; von Wünschen repression; von Tränen, Bemerkung holding back
unterdurchschnittlich adj below average
untereinander adv **1** (≈ gegenseitig) each other; (≈ miteinander) among ourselves/themselves etc **2** räumlich one below the other
unterentwickelt adj underdeveloped
untere(r, s) adj lower; **am ~n Ende (von)** at the bottom (of)
unterernährt adj undernourished
Unterernährung f malnutrition
Unterfangen geh n venture, undertaking
unterfordert adj **ich fühle mich ~** I'm not being challenged (enough)
Unterführung f underpass; tunnel
Untergang m **1** von Schiff sinking **2** von Gestirn setting **3** (≈ das Zugrundegehen) decline; von Individuum downfall; **dem ~ geweiht sein** to be doomed
untergeben adj subordinate
Untergebene(r) m/f(m) subordinate
untergehen v/i **1** (≈ versinken) to go down; Schiff to sink; fig im Lärm etc to be submerged od drowned **2** Gestirn to set **3** (≈ zugrunde gehen) to decline; Individuum to perish
untergeordnet adj subordinate; Bedeutung secondary; **j-m ~** senior to sb; → unterordnen
Untergeschoss n, **Untergeschoß** österr = basement
Untergewicht n underweight; **~ haben** to be underweight
untergliedern v/t to subdivide
untergraben v/t (≈ zerstören) to undermine
Untergrund m **1** GEOL subsoil **2** (≈ Farbschicht) undercoat; (≈ Hintergrund) background **3** POL etc underground
Untergrundbahn f underground Br, subway US, schott
unterhalb adv & präp below; **~ von** below
Unterhalt m **1** (≈ Lebensunterhalt) alimony; bes Br JUR maintenance; **seinen ~ verdienen** to earn one's living **2** (≈ Instandhaltung) upkeep
unterhalten **A** v/t **1** (≈ versorgen) to support **2** (≈ betreiben) Geschäft, Kfz to run **3** (instand halten) Gebäude, Kontakte, Beziehungen to maintain **4** Gäste, Publikum to entertain **B** v/r **1** (≈ sprechen) to talk (**mit** to, with, **über** akk about); (≈ plaudern) to chat; **sich mit j-m (über etw** akk**) ~** to have (a) talk od chat with sb (about sth) **2** (≈ sich vergnügen) to have a good time
Unterhalter(in) m(f) entertainer
unterhaltsam adj entertaining
Unterhaltsanspruch m maintenance claim, claim for maintenance, claim for alimony US
Unterhaltsbeihilfe f maintenance grant
unterhaltsberechtigt adj entitled to maintenance Br, entitled to alimony
Unterhaltsgeld n maintenance Br, alimony
Unterhaltskosten pl von Gebäude maintenance (costs) Br; Kinder alimony (costs); von Kfz running costs pl
Unterhaltspflicht f obligation to pay maintenance Br, obligation to pay alimony
unterhaltspflichtig adj under obligation to pay maintenance Br, under obligation to pay alimony

Unterhaltszahlung f maintenance payment, alimony US
Unterhaltung f **1** (≈ Gespräch) talk, conversation; (≈ Plauderei) chat **2** (≈ Amüsement) entertainment; **wir wünschen gute ~** we hope you enjoy the programme Br, we hope you enjoy the program US
Unterhaltungselektronik f (≈ Industrie) consumer electronics sg; (≈ Geräte) audio systems pl
Unterhaltungsmusik f light music
Unterhändler(in) m(f) negotiator
Unterhaus n Lower House, House of Commons Br
unterheben v/t GASTR to stir in (lightly)
Unterhemd n vest Br, undershirt US
Unterholz n undergrowth
Unterhose f (≈ Herrenunterhose) (pair of) underpants pl, briefs pl; (≈ Damenunterhose) (pair of) pants Br, (pair of) panties pl US
unterirdisch adj & adv underground
unterjochen v/t to subjugate
unterjubeln v/t umg (≈ andrehen) **j-m etw ~** to palm sth off on sb umg
Unterkiefer m lower jaw
unterkommen v/i (≈ Unterkunft finden) to find accommodation; umg (≈ Stelle finden) to find a job (**als** as od **bei** with, at); **bei j-m ~** to stay at sb's (place)
Unterkörper m lower part of the body
unterkriegen umg v/t to bring down; (≈ deprimieren) to get down; **lass dich von ihnen nicht ~** don't let them get you down
unterkühlt adj Körper affected by hypothermia; fig Atmosphäre chilly
Unterkühlung f MED hypothermia
Unterkunft f accommodation kein pl Br, accommodations pl US, lodging; MIL quarters pl; **~ und Verpflegung** board and lodging
Unterlage f **1** für Teppich underlay; im Bett draw sheet **2** (≈ Beleg) document
unterlassen v/t (≈ nicht tun) to refrain from; (≈ nicht durchführen) not to carry out; **~ Sie das!** don't do that!; **er hat es ~, mich zu benachrichtigen** he failed to notify me; **~e Hilfeleistung** JUR failure to give assistance
Unterlauf m lower reaches pl (of a river)
unterlaufen **A** v/i Irrtum to occur; **mir ist ein Fehler ~** I made a mistake **B** v/t Bestimmungen to get (a)round; (≈ umgehen) to circumvent
unterlegen adj inferior; (≈ besiegt) defeated; **j-m ~ sein** to be inferior to sb
Unterlegenheit f inferiority
Unterlegscheibe f TECH washer
Unterleib m abdomen
Unterleibchen n österr (≈ Unterhemd) vest Br, undershirt US

Unterleibskrebs m cancer of the abdomen; bei Frau cancer of the womb
Unterleibsschmerzen pl abdominal pains pl
unterliegen v/i **1** (≈ besiegt werden) to be defeated (+dat by) **2** (≈ unterworfen sein) to be subject to; einer Steuer to be liable to; **es unterliegt keinem Zweifel, dass ...** it is not open to any doubt that ...
Unterlippe f bottom lip
untermauern v/t to underpin
Untermenü n IT submenu
Untermiete f subtenancy; **bei j-m zur ~ wohnen** to be sb's tenant
Untermieter(in) m(f) lodger bes Br, roomer US
unterminieren v/t to undermine
unternehmen v/t to do; Versuch, Reise to make; **Schritte ~** to take steps; **etwas ~** to take action
Unternehmen n **1** (≈ Firma) business, concern, enterprise; großes corporation; **kleine und mittlere ~** small and medium-sized enterprises **2** (≈ Aktion) undertaking, enterprise, venture; MIL operation
Unternehmensberater(in) m(f) management consultant
Unternehmensbereich m sector
Unternehmensgründung f founding of a od the company
Unternehmenspolitik f der EU enterprise policy
Unternehmensstrategie f business od corporate strategy
Unternehmenszusammenschluss m concentration
Unternehmer(in) m(f) Arbeitgeber employer; Selbstständiger entrepreneur; (≈ Industrieller) industrialist; **die ~** the employers
unternehmerisch adj entrepreneurial
Unternehmung f **1** → Unternehmen **2** (≈ Transaktion) undertaking **3** (≈ Aktivität) activity
unternehmungslustig adj enterprising
Unteroffizier(in) m(f) **1** (≈ Rang) noncommissioned officer **2** (≈ Dienstgrad bei der Armee) sergeant Br, corporal US; bei der Luftwaffe corporal Br, airman first class US
unterordnen **A** v/t to subordinate (+dat to); → untergeordnet **B** v/r to subordinate oneself (+dat to)
unterprivilegiert adj underprivileged
Unterredung f discussion
Unterricht m classes pl, lessons pl; **während des ~s** during class; **~ in Fremdsprachen** foreign language teaching; **(j-m) ~ geben** od **erteilen** to teach (sb) (**in etw** dat sth); **am ~ teilnehmen** to attend classes
unterrichten **A** v/t **1** (≈ Unterricht geben) Schüler, Fach to teach; **j-n in etw** (dat) **~** to teach sb sth

2 (≈ *informieren*) to inform (**von, über** +*akk* about); **B** *v/i* to teach **C** *v/r* **sich über etw** (*akk*) ~ to inform oneself about sth

unterrichtet *adj* informed; **gut ~e Kreise** well-informed circles

Unterrichtsfach *n* subject

unterrichtsfrei *adj* **~e Stunde** free period; **morgen haben wir ~** there are no lessons tomorrow

Unterrichtsstoff *m* subject matter

Unterrichtsstunde *f* lesson, period

Unterrichtszeit *f* teaching time

Unterrichtung *f* (≈ *Belehrung*) instruction; (≈ *Informierung*) information

Unterrock *m* underskirt

untersagen *v/t* to forbid; **(das) Rauchen (ist hier) strengstens untersagt** smoking (is) strictly prohibited (here)

Untersatz *m* mat; *für Gläser etc* coaster *bes Br*; *für Blumentöpfe etc* saucer

unterschätzen *v/t* to underestimate

unterscheiden **A** *v/t* to distinguish; **A nicht von B ~ können** to be unable to tell the difference between A and B; **zwei Personen (voneinander) ~** to tell two people apart **B** *v/i* to differentiate **C** *v/r* **sich von etw/j-m ~** to differ from sth/sb

Unterscheidung *f* differentiation; (≈ *Diskriminierung*) discrimination; (≈ *Unterschied*) difference

Unterschenkel *m* lower leg

Unterschicht *f* lower class, lower classes *pl*

unterschieben *fig v/t* **j-m etw ~** (≈ *anlasten*) to palm sth off on sb

Unterschied *m* difference; **es ist ein (großer) ~, ob …** it makes a (big) difference whether …; **einen ~ machen** to make a difference; **im ~ zu (j-m/etw)** in contrast to (sb/sth)

unterschiedlich **A** *adj* different; (≈ *veränderlich*) variable; (≈ *gemischt*) varied **B** *adv* differently; **~ gut/lang** of varying quality/length

unterschiedslos **A** *adj* indiscriminate **B** *adv* (≈ *undifferenziert*) indiscriminately; (≈ *gleichberechtigt*) equally

unterschlagen *v/t* Geld to embezzle; *Beweise etc* to withhold; *umg Neuigkeit etc* to keep quiet about

Unterschlagung *f von Geld* embezzlement; *von Beweisen etc* withholding

Unterschlupf *m* (≈ *Obdach, Schutz*) shelter; (≈ *Versteck*) hiding place

unterschlüpfen *umg v/i* (≈ *Obdach finden*) to take shelter; (≈ *Versteck finden*) to hide out *umg* (**bei j-m** at sb's)

unterschreiben *v/t* to sign

Unterschrift *f* **1** signature; **seine ~ unter etw** (*akk*) **setzen** to sign sth **2** (≈ *Bildunterschrift*) caption

Unterschriftenmappe *f* signature folder

Unterschriftensammlung *f* petition

unterschriftsberechtigt *adj* authorized to sign

Unterschriftsberechtigte(r) *m/f(m)* authorized signatory

unterschriftsreif *adj Vertrag* ready to be signed

unterschwellig **A** *adj* subliminal **B** *adv* subliminally

Unterseeboot *n* submarine

Unterseite *f* underside, bottom

Untersetzer *m* → Untersatz

untersetzt *adj* stocky

unterstehen **A** *v/i* (≈ *unterstellt sein*) to be under (the control of); *j-m* to be subordinate to; *in Firma* to report to **B** *v/r* (≈ *wagen*) to dare; **untersteh dich (ja nicht)!** (don't) you dare!

unterstellen[1] *v/t* **1** (≈ *unterordnen*) to (make) subordinate (+*dat* to); **j-m unterstellt sein** to be under sb; *in Firma* to report to sb **2** (≈ *annehmen*) to assume, to suppose **3** (≈ *unterschieben*) **j-m etw ~** to insinuate that sb has done/said sth

unterstellen[2] **A** *v/t* (≈ *unterbringen*) to keep; *Möbel* to store **B** *v/r* to take shelter

Unterstellung *f* (≈ *falsche Behauptung*) misrepresentation; (≈ *Andeutung*) insinuation

unterste(r, s) *adj* lowest; (≈ *letzte*) last

unterstreichen *v/t* to underline

Unterstufe *f* SCHULE lower school, lower grade *US*

unterstützen *v/t* to support; *Bitte, Antrag* to back up; (≈ *helfen*) to assist

unterstützend *adj* supportive

Unterstützung *f* **1** support **2** (≈ *Zuschuss*) assistance; **staatliche ~** state aid

untersuchen *v/t* **1** (≈ *prüfen*) to examine (**auf** +*akk* for), to check; (≈ *erforschen*) to look into, to explore; *chemisch, technisch etc* to test (**auf** +*akk* for); **sich ärztlich ~ lassen** to have a medical (examination) **2** (≈ *nachprüfen*) to check

Untersuchung *f* **1** (≈ *das Untersuchen*) examination (**auf** +*akk* for); (≈ *Erforschung*) investigation (+*gen* od **über** +*akk* into); (≈ *Umfrage*) survey (**über** *akk* on); (≈ *Studie*) study; *chemisch, technisch etc* (**auf** +*akk* for); *ärztlich* examination **2** (≈ *Nachprüfung*) check

Untersuchungsausschuss *m* investigating committee; *nach Unfall etc* committee of inquiry

Untersuchungsergebnis *n* JUR findings *pl*; MED result of an/the examination; *Naturwissenschaft* test result

Untersuchungsgefangene(r) *m/f(m)* prisoner on remand

Untersuchungsgefängnis n prison (*for people awaiting trial*)
Untersuchungshaft f **in ~ sitzen** *umg* to be in prison awaiting trial
Untersuchungskommission f investigating committee; *nach schwerem Unfall etc* board of inquiry
Untersuchungsrichter(in) m(f) examining magistrate
untertags *adv* during the day
Untertan(in) m(f) *obs* (≈ *Staatsbürger*) subject; *pej* underling *pej*
Untertasse f saucer; **fliegende ~** flying saucer
untertauchen v/i to dive (under); *fig* to disappear
Unterteil n bottom part
unterteilen v/t to subdivide (**in** +*akk* into)
Unterteilung f subdivision (**in** +*akk* into)
Unterteller m saucer
Untertitel m subtitle; (≈ *untergeordneter Titel*) subhead; *für Bild* caption
untertitelt *adj* subtitled; *Fernsehprogramm für Hörgeschädigte* closed-captioned
Unterton m undertone
untertourig *adv* **~ fahren** to drive with low revs
untertreiben A v/t to understate B v/i to play things down
Untertreibung f understatement
untertunneln v/t to tunnel under
untervermieten v/t & v/i to sublet
Unterversorgung f inadequate provision
unterwandern v/t to infiltrate
Unterwäsche f underwear *kein pl*
Unterwasser- *zssgn* underwater
Unterwasserkamera f underwater camera
unterwegs *adv* on the *od* one's/its way (**nach, zu** to); (≈ *auf Reisen*) away *Br*, on the road *US*; **ich bin schon ~ (nach)** I'm on my way (to)
unterweisen v/t to instruct (**in** +*dat* in)
Unterweisung f instruction
Unterwelt f underworld
unterwerfen A v/t 1 *Volk, Land* to conquer 2 (≈ *unterziehen*) to subject (+*dat* to) B v/r **sich j-m/einer Sache ~** to submit to sb/sth
unterwürfig *pej adj* obsequious
unterzeichnen *form* v/t to sign
Unterzeichner(in) m(f) signatory
Unterzeichnete(r) *form* m/f(m) **der/die ~** the undersigned
unterziehen A v/r (≈ *unterwerfen*) **sich einer Sache** (*dat*) **~ (müssen)** to (have to) undergo sth; **sich einer Prüfung** (*dat*) **~** to take an examination B v/t to subject (+*dat* to)
Unterzucker m *umg* hypoglycaemia *Br*, hypoglycemia *US*, low blood sugar *od* glucose; **~ haben** to be hypoglyc(a)emic, to have low blood sugar *od* glucose (levels)
Untiefe f shallow
Untier n monster
untragbar *adj Zustände* intolerable; *Risiko* unacceptable
untrennbar A *adj* inseparable B *adv* **mit etw ~ verbunden sein** *fig* to be inextricably linked with sth
untreu *adj Liebhaber etc* unfaithful
Untreue f *von Liebhaber etc* unfaithfulness
untröstlich *adj* inconsolable
untrüglich *adj Gedächtnis, Gespür* infallible; *Zeichen* unmistakable
Untugend f (≈ *Laster*) vice; (≈ *schlechte Angewohnheit*) bad habit
untypisch *adj* untypical (**für** of); **das ist ~ für sie** that's not like her
unübel *adj* (**gar**) **nicht** (**so**) **~** not bad (at all)
unüberbietbar *adj Preis, Rekord etc* unbeatable; *Leistung* unsurpassable; *Frechheit* unparalleled
unüberlegt A *adj* rash B *adv* rashly
unübersehbar *adj Schaden, Folgen* incalculable; *Menge* vast
unübersetzbar *adj* untranslatable
unübersichtlich *adj* 1 *Gelände* broken; *Kurve, Stelle* blind 2 (≈ *durcheinander*) *System* confused
unübertrefflich *adj* unsurpassable
unübertroffen *adj* unsurpassed
unüblich *adj* not usual
unumgänglich *adj* essential; (≈ *unvermeidlich*) inevitable
unumschränkt *adj* unlimited; *Herrscher* absolute
unumstößlich A *adj Tatsache* irrefutable; *Entschluss* irrevocable B *adv* **~ feststehen** to be absolutely definite
unumstritten A *adj* indisputable B *adv* indisputably
unumwunden *adv* frankly
ununterbrochen *adj* uninterrupted; (≈ *ständig*) continuous; **es regnete ~** it wouldn't stop raining; **er redet ~** he never stops talking
unveränderlich *adj* (≈ *gleichbleibend*) unchanging; (≈ *unwandelbar*) unchangeable; **eine ~e Größe** MATH an invariable
unverändert A *adj* unchanged B *adv* always
unverantwortlich *adj* irresponsible
unveräußerlich *adj Rechte* inalienable
unverbesserlich *adj* incorrigible
unverbindlich *adj* 1 (≈ *nicht bindend*) *Angebot, Richtlinie* not binding 2 (≈ *vage*) noncommittal; **sich** (*dat*) **etw ~ schicken lassen** to have sth sent without obligation
unverdächtig *adj* unsuspicious; **sich möglichst ~ benehmen** to arouse as little suspi-

cion as possible
unverdaulich adj indigestible
unverdorben adj unspoilt
unverdrossen A adj (≈ nicht entmutigt) undeterred; (≈ unermüdlich) indefatigable; (≈ unverzagt) undaunted B adv (≈ unverzagt) undauntedly
unverdünnt adj undiluted
unvereinbar adj incompatible
unverfänglich adj harmless
unverfroren adj brazen
unvergessen adj unforgotten
unvergesslich adj unforgettable; (≈ denkwürdig) memorable
unvergleichlich adj unique, incomparable
unverhältnismäßig adv disproportionately; (≈ übermäßig) excessively
unverheiratet adj unmarried
unverhofft A adj unexpected B adv unexpectedly; **~ Besuch bekommen** to get an unexpected visit
unverkäuflich adj unsaleable, unsellable US; **~es Muster** free sample
unverkennbar adj unmistak(e)able
unverletzlich fig adj Rechte, Grenze inviolable
unverletzt adj uninjured, unhurt, unharmed
unvermeidlich adj inevitable; (≈ nicht zu umgehen) unavoidable
unvermindert adj & adv undiminished
unvermittelt A adj (≈ plötzlich) sudden B adv suddenly
unvermutet A adj unexpected B adv unexpectedly
Unvernunft f (≈ Uneinsichtigkeit) unreasonableness
unvernünftig adj (≈ uneinsichtig) unreasonable
unveröffentlicht adj unpublished
unverrichtet adj **~er Dinge** without having achieved anything
unverschämt A adj outrageous; Frage, Benehmen etc impudent; (≈ ungehörig) rude; **~es Glück** unbelievable luck B adv 1 (≈ dreist) grinsen impudently; lügen blatantly 2 umg (≈ unerhört) teuer outrageously
Unverschämtheit f 1 outrageousness; von Frage, Benehmen etc impudence; **die ~ besitzen, etw zu tun** to have the impudence to do sth 2 Bemerkung impertinence; Tat outrageous thing
unverschuldet A adj **ein ~er Unfall** an accident which was not his/her etc fault B adv **~ in eine Notlage geraten** to get into difficulties through no fault of one's own
unversehens adv all of a sudden; (≈ überraschend) unexpectedly
unversehrt adj Mensch unscathed; (≈ unbeschädigt) intact präd
unversöhnlich adj Standpunkte etc irreconcilable
Unverstand m lack of judgement
unverständlich adj (≈ nicht zu hören) inaudible; (≈ unbegreifbar) incomprehensible
Unverständnis n lack of understanding
unversucht adj **nichts ~ lassen** to try everything
unverträglich adj (≈ unverdaulich) indigestible; mit anderer Substanz etc incompatible
unverwechselbar adj unmistak(e)able
unverwundbar adj invulnerable
unverwüstlich adj indestructible; Humor, Mensch irrepressible
unverzeihlich adj unforgivable
unverzichtbar adj Recht inalienable; Bedingung, Bestandteil indispensable
unverzinslich adj interest-free
unverzüglich A adj immediate B adv immediately
unvollendet adj unfinished
unvollkommen adj (≈ unvollständig) incomplete; (≈ fehlerhaft) imperfect
Unvollkommenheit f imperfection; Unvollständigkeit incompleteness
unvollständig adj incomplete
unvorbereitet adj & adv unprepared
unvoreingenommen A adj impartial; (≈ offen) open-minded B adv impartially
Unvoreingenommenheit f impartiality
unvorhergesehen adj unforeseen; Besuch unexpected
unvorhersehbar adj unforeseeable
unvorsichtig A adj careless; (≈ voreilig) rash B adv carelessly; (≈ unbedacht) rashly
unvorstellbar adj inconceivable
unvorteilhaft adj unfavourable Br, unfavorable US; Kleid, Frisur etc unbecoming
unwahr adj untrue
Unwahrheit f von Äußerung untruthfulness; **die ~ sagen** not to tell the truth
unwahrscheinlich A adj unlikely; (≈ unglaubhaft) implausible; umg (≈ groß) incredible umg B adv umg incredibly umg
Unwahrscheinlichkeit f unlikeliness
unwegsam adj Gelände etc rough
unweigerlich A adj Folge inevitable B adv inevitably
unweit adv & präp not far from
Unwesen n **sein ~ treiben** to be up to mischief; Landstreicher etc to make trouble
unwesentlich A adj irrelevant; (≈ unwichtig) unimportant B adv erhöhen insignificantly; verändern only slightly; jünger, besser just slightly
Unwetter n (thunder)storm

unwichtig *adj* unimportant; (≈ *belanglos*) irrelevant

unwiderruflich **A** *adj* irrevocable **B** *adv* definitely

unwiderstehlich *adj* irresistible

Unwille(n) *m* displeasure (**über** +akk at)

unwillkürlich **A** *adj* spontaneous; (≈ *instinktiv*) instinctive **B** *adv zusammenzucken* instinctively; **ich musste ~ lachen** I couldn't help laughing

unwirklich *adj* unreal

unwirksam *adj* ineffective; (≈ *nichtig*) null, void

unwirsch *adj Mensch, Benehmen* surly, gruff; *Bewegung* brusque

unwirtlich *adj* inhospitable

unwirtschaftlich *adj* uneconomic

Unwissen *n* ignorance

unwissend *adj* ignorant

Unwissenheit *f* ignorance

unwissentlich *adv* unwittingly

unwohl *adj* (≈ *unpässlich*) unwell; (≈ *unbehaglich*) uneasy; **ich fühle mich ~** I don't feel well

Unwohlsein *n* indisposition; (≈ *unangenehmes Gefühl*) unease

Unwort *n* taboo word, non-word

unwürdig *adj* unworthy (+gen of); (≈ *schmachvoll*) degrading

Unzahl *f* **eine ~ von** a host of

unzählbar *adj* **1** *sehr viele* countless **2** GRAM uncountable

unzählig *adj* innumerable; **~e Mal(e)** countless times; **~ viele Bücher** innumerable books

Unze *f* ounce

unzeitgemäß *adj* (≈ *altmodisch*) old-fashioned

unzerbrechlich *adj* unbreakable

unzertrennlich *adj* inseparable

Unzertrennliche(r) *m Vogel* lovebird

unzivilisiert *wörtl, fig adj* uncivilized

Unzucht *f bes* JUR sexual offence *Br*, sexual offense *US*; **~ treiben** to fornicate

unzüchtig *adj bes* JUR indecent; *Schriften* obscene

unzufrieden *adj* dissatisfied; (≈ *missmutig*) unhappy

Unzufriedenheit *f* dissatisfaction, discontent; (≈ *Missmut*) unhappiness

unzulänglich **A** *adj* (≈ *nicht ausreichend*) insufficient; (≈ *mangelhaft*) inadequate **B** *adv* inadequately

unzulässig *adj* inadmissible; *Gebrauch* improper

unzumutbar *adj Bedingungen* unreasonable

unzurechnungsfähig *adj* of unsound mind

Unzurechnungsfähigkeit *f* unsoundness of mind

unzureichend **A** *adj* insufficient **B** *adv ausgerüstet, geschützt etc* insufficiently

unzusammenhängend *adj* incoherent

unzustellbar *adj* **falls ~ bitte zurück an Absender** if undelivered please return to sender

unzutreffend *adj* inappropriate, inapplicable; (≈ *unwahr*) incorrect; **Unzutreffendes bitte streichen** delete as applicable

unzuverlässig *adj* unreliable

unzweckmäßig *adj* (≈ *nicht ratsam*) inexpedient; (≈ *ungeeignet*) unsuitable

unzweideutig *adj* unambiguous

unzweifelhaft **A** *adj* undoubted, unquestionable **B** *adv* without doubt, undoubtedly

Update *n* IT update

updaten *v/t & v/i* IT to update

Upgrade *n* IT, FLUG upgrade

upgraden *v/t* IT, FLUG to upgrade

üppig *adj Wachstum* luxuriant; *Haar* thick; *Mahl, Ausstattung* sumptuous; *Figur* voluptuous; *Fantasie* rich; **~ leben** to live in style

Urabstimmung *f* ballot

Ural *m Gebirge* **der ~** the Urals *pl*

uralt *adj* ancient

Uran *n* uranium

Uranus *m* ASTRON Uranus

uraufführen *v/t* to give the first performance (of), to play for the first time; *Film* to premiere *mst passiv*

Uraufführung *f* premiere

urbar *adj* **die Wüste ~ machen** to reclaim the desert; **Land ~ machen** to cultivate land

Urbevölkerung *f* natives *pl*; *in Australien* Aborigines *pl*

urchig *schweiz adj* → *urwüchsig*

Urdu *n Sprache* Urdu

ureigen *adj* very own; **es liegt in seinem ~sten Interesse** it's in his own best interests

Ureinwohner(in) *m(f)* native; *in Australien* Aborigine; **~ Amerikas** Native Americans; **~ Australiens** Aborigines

Urenkel *m* great-grandchild, great-grandson

Urenkelin *f* great-granddaughter

urgemütlich *umg adj* really cosy *Br*, really cozy *US*

Urgeschichte *f* prehistory

Urgewalt *f* elemental force

Urgroßeltern *pl* great-grandparents *pl*

Urgroßmutter *f* great-grandmother

Urgroßvater *m* great-grandfather

Urheber(in) *m(f)* originator; JUR (≈ *Verfasser*) author

Urheberrecht *n* copyright (**an** +dat on)

urheberrechtlich *adj & adv* on copyright *attr*; **~ geschützt** copyright(ed)

Urheberschaft *f* authorship

Urheberschutz *m* copyright protection

Uri *n* Uri

urig *umg adj Mensch* earthy; *Lokal etc* ethnic

Urin *m* urine
urinieren *v/i* to urinate
Urinprobe *f* urine sample
Urknall *m* ASTRON big bang
urkomisch *umg adj* screamingly funny *umg*
Urkunde *f* document; (≈ *Siegerurkunde, Bescheinigung etc*) certificate; (≈ *Gründungsurkunde*) charter
Urkundenfälschung *f* falsification of documents
URL-Adresse *f* IT URL address
Urlaub *m* (≈ *Ferien*) holiday(s) (*pl*) *bes Br*, vacation *US*; *bes* MIL leave (of absence), furlough *US*; **im ~ sein**, **~ haben** to be on holiday *bes Br od* vacation *US*; to be on leave; **in ~ fahren** to go on holiday *bes Br od* vacation *US*; to go on leave; (**sich** *dat*) **einen Tag ~ nehmen** to take a day off; **bezahlter/unbezahlter ~** paid/unpaid leave; **~ auf dem Bauernhof** farmstay, farmhouse holiday *bes Br*, farmhouse vacation *US*; **~ zu Hause** staycation; **schönen ~!** have a nice holiday! *bes Br od* vacation! *US*
Urlauber(in) *m(f)* holiday-maker *bes Br*, vacationist *US*
Urlaubsanschrift *f* holiday address, vacation address *US*
Urlaubsfoto *n* holiday photo *bes Br*, vacation photo *US*
Urlaubsgeld *n* holiday pay *od* money *bes Br*, vacation pay *od* money *US*
Urlaubsort *m* holiday resort *bes Br*, vacation resort *US*
Urlaubspläne *pl* holiday plans *pl bes Br*, vacation plans *pl US*
urlaubsreif *umg adj* ready for a holiday *bes Br*, ready for a vacation *US*
Urlaubsreise *f* holiday trip *bes Br*, vacation trip *US*
Urlaubsresort *n* holiday resort *od* complex *Br*, vacation resort *od* complex *US*
Urlaubsstimmung *f* holiday mood
Urlaubstag *m* (one day of) holiday *bes Br*, (one day of) vacation *US*
Urlaubsvertretung *f von extern* temporary replacement; *intern* **ich mache ~ für …** I'm filling in for … while they're/ he's/she's on holiday *Br od* vacation *US*
Urlaubszeit *f* holiday period *od* season *bes Br*, vacation period *od* season *US*
Urne *f* urn; (≈ *Losurne*) box; (≈ *Wahlurne*) ballot box
Urologe *m*, **Urologin** *f* urologist
Urologie *f* urology
urologisch *adj* urological
urplötzlich *umg* **A** *adj* very sudden **B** *adv* all of a sudden
Ursache *f* cause; (≈ *Grund*) reason; (≈ *Anlass*) occasion; **~ und Wirkung** cause and effect; **keine ~!** *auf Dank* don't mention it!; *auf Entschuldigung* that's all right; **aus ungeklärter ~** for reasons unknown
Ursprung *m* origin; (≈ *Abstammung*) extraction; **seinen ~ in etw** (*dat*) **haben** to originate in sth
ursprünglich **A** *adj* original; (≈ *anfänglich*) initial **B** *adv* originally; (≈ *anfänglich*) initially
Ursprungsland *n* HANDEL country of origin
Ursprungszeugnis *n* certificate of origin
Urteil *n* **1** judg(e)ment; (≈ *Entscheidung*) decision; (≈ *Meinung*) opinion; **ein ~ über j-n/etw fällen** to pass judg(e)ment on sb/sth; **sich** (*dat*) **kein ~ über etw** (*akk*) **erlauben können** to be in no position to judge sth; **sich** (*dat*) **ein ~ über j-n/etw bilden** to form an opinion about sb/sth **2** JUR (≈ *Gerichtsurteil*) verdict; (≈ *Strafmaß*) sentence; **das ~ über j-n sprechen** JUR to pass judg(e)ment on sb
urteilen *v/i* to judge (**nach** by); **über etw** (*akk*) **~** to judge sth; (≈ *seine Meinung äußern*) to give one's opinion on sth; **nach seinem Aussehen zu ~** judging by his appearance
Urteilsbegründung *f* JUR opinion
Urteilskraft *f* power of judgement; (≈ *Umsichtigkeit*) discernment
Urteilsspruch *m* JUR judgement; *von Geschworenen* verdict; *von Strafgericht* sentence
Urteilsverkündung *f* JUR pronouncement of judgement
Urteilsvermögen *n* faculty of judgement
Uruguay *n* Uruguay
Urur- *zssgn* great-great-
Urvater *m* forefather
Urwald *m* primeval forest; *in den Tropen* jungle
urwüchsig *adj* (≈ *naturhaft*) natural; *Natur* unspoilt; (≈ *derb, kräftig*) sturdy; *Mensch* rugged; *Humor* earthy
Urzeit *f* primeval times *pl*; **seit ~en** since primeval times; *für* aeons *Br umg*, for eons *US umg*; **vor ~en** in primeval times; *umg* ages ago
urzeitlich *adj* primeval
Urzustand *m* original state
USA *pl* **die USA** the USA *sg*
US-Amerikaner(in) *m(f)* American
US-amerikanisch *adj* US
USB *m abk* (= universal serial bus) IT USB
USB-Anschluss *m* COMPUT *am Kabel* USB connector; *am Computer* USB port; *Verbindung* USB connection
Usbekistan *n* Uzbekistan
USB-Kabel *n* COMPUT USB cable
USB-Stick *m* COMPUT pen drive, USB stick
User(in) *m(f)* IT user
User Account *m* IT user account
usw. *abk* (= und so weiter) etc., and so on

Utensil *n* utensil
Uterus *m* uterus
Utopie *f* utopia; (≈ *Wunschtraum*) utopian dream
utopisch *adj* utopian
utopistisch *pej adj* utopian
UV-Filter *m* UV filter
UV-Schutz *m* UV protection
UV-Strahlen *pl* ultraviolet rays *pl*

V

V, v *n* V, v
Vagabund(in) *m(f)* vagabond
vage **A** *adj* vague **B** *adv* vaguely; **etw ~ andeuten** to give a vague indication of sth
Vagina *f* vagina
Vakuum *n* vacuum
vakuumverpackt *adj* vacuum-packed
Valentinstag *m* (St) Valentine's Day
Valenz *f* valency
Valuta *f* (≈ *Währung*) foreign currency
Vamp *m* vamp
Vampir *m* vampire
Van *m* minibus, people carrier
Vandale *m*, **Vandalin** *f* vandal
Vandalismus *m* vandalism
Vanille *f* vanilla
Vanilleeis *n* vanilla ice cream
Vanilleextrakt *m/n* vanilla extract; *künstlich* vanilla essence
Vanillegeschmack *m* vanilla flavour *Br*, vanilla flavor *US*
Vanillesoße *f* custard
Vanillinzucker *m* vanilla sugar
variabel *adj* variable
Variable *f* variable
Variante *f* variant (**zu** on)
Variation *f* variation
Varieté *n*, **Varietee** *n* **1** variety (entertainment), vaudeville *bes US* **2** (≈ *Theater*) music hall *Br*, vaudeville theater *US*
variieren *v/t & v/i* to vary
Vase *f* vase
Vaseline *f* Vaseline®
Vater *m* father; **~ von zwei Kindern sein** to be the father of two children; **er ist ganz der ~** he's very like his father; **~ Staat** *hum* the State
Vaterfigur *f* father figure
Vaterland *n* native country; *bes Deutschland* Fatherland
vaterländisch *adj* (≈ *national*) national; (≈ *patriotisch*) patriotic
Vaterlandsliebe *f* patriotism
väterlich **A** *adj* paternal **B** *adv* like a father
väterlicherseits *adv* on one's father's side; **meine Großeltern ~** my paternal grandparents
Vaterliebe *f* paternal love
Vätermonat *m* paternity leave (lasting one month)
Vaterschaft *f* fatherhood *ohne art*; *bes* JUR paternity
Vaterschaftsklage *f* paternity suit
Vaterschaftsnachweis *m* proof of paternity
Vaterschaftstest *m* paternity test
Vaterschaftsurlaub *m* paternity leave
Vatertag *m* Father's Day
Vaterunser *n* Lord's Prayer
Vati *umg m* dad(dy) *umg*
Vatikan *m* Vatican
Vatikanstadt *f* Vatican City
V-Ausschnitt *m* V-neck; **ein Pullover mit ~** a V-neck pullover
v. Chr. *abk* (= vor Christus) BC, before Christ
vegan *adj* vegan
Veganer(in) *m(f)* vegan
Veganismus *m* veganism
Vegetarier(in) *m(f)* vegetarian; **~ werden** to go vegetarian
vegetarisch **A** *adj* vegetarian **B** *adv* **~ leben** to be a vegetarian; **sich ~ ernähren** to live on a vegetarian diet
Vegetarismus *m* vegetarianism
Vegetation *f* vegetation
vegetativ *adj* vegetative; *Nervensystem* autonomic
vegetieren *v/i* to vegetate; (≈ *kärglich leben*) to eke out a bare existence
Vehikel *n* vehicle
Veilchen *n* violet
veilchenblau *adj* violet
Vektor *m* vector
Velo *n schweiz* bike *umg*
Velours *n*, (*a.* **Veloursleder**) suede
Vene *f* vein
Venedig *n* Venice
Venenentzündung *f* phlebitis
Venenthrombose *f* venous thrombosis; **tiefe ~** deep vein thrombosis
Venezianer(in) *m(f)* Venetian
venezianisch *adj* Venetian
Venezolaner(in) *m(f)* Venezuelan
venezolanisch *adj* Venezuelan
Venezuela *n* Venezuela
Ventil *n* valve; *fig* outlet
Ventilation *f* ventilation; *Anlage* ventilation system

Ventilator *m* ventilator
Venus *f* ASTRON Venus
verabreden **A** *v/t* to arrange; **zum verabredeten Zeitpunkt** at the agreed time; **schon verabredet sein** to have something else on *umg*; **mit j-m verabredet sein** to have arranged to meet sb; *geschäftlich* to have an appointment with sb; *bes mit Freund/Freundin* to have a date with sb **B** *v/r* **sich mit j-m ~** to arrange to meet sb; *geschäftlich* to arrange an appointment with sb; *bes mit Freund/Freundin* to make a date with sb, to ask sb out
Verabredung *f* (≈ *Vereinbarung*) arrangement; (≈ *Treffen*) engagement *form*; *geschäftlich* appointment; *bes mit Freund/Freundin* date
verabreichen *v/t* to give; *Arznei a.* to administer *form* (**j-m** to sb)
verabscheuen *v/t* to detest
verabscheuenswert *adj* detestable
verabschieden **A** *v/t* to say goodbye to; (≈ *entlassen*) *Beamte* to discharge; POL *Haushaltsplan* to adopt; *Gesetz* to pass **B** *v/r* **sich (von j-m) ~** to say goodbye (to sb)
Verabschiedung *f von Beamten etc* discharge; POL *von Gesetz* passing; *von Haushaltsplan* adoption
verachten *v/t* to despise; **nicht zu ~** *umg* not to be sneezed at *umg*
verachtenswert *adj* despicable
verächtlich **A** *adj* contemptuous; (≈ *verachtenswert*) despicable **B** *adv* contemptuously
Verachtung *f* contempt (**von** for); (≈ *mangelde Achtung*) disrespect; **j-n mit ~ strafen** to treat sb with contempt
veralbern *umg v/t* to make fun of
verallgemeinern *v/t & v/i* to generalize
Verallgemeinerung *f* generalization
veralten *v/i* to become obsolete; *Ansichten, Methoden* to become antiquated
veraltet *adj* obsolete; *Ansichten* antiquated
Veranda *f* veranda
veränderbar *adj* changeable
veränderlich *adj* variable; *Wetter* changeable
Veränderlichkeit *f* variability
verändern **A** *v/t* to change **B** *v/r* to change; (≈ *Stellung wechseln*) to change one's job; **sich zu seinem Vorteil/Nachteil ~** *im Aussehen* to look better/worse; *charakterlich* to change for the better/worse
Veränderung *f* change
verängstigen *v/t* (≈ *erschrecken*) to frighten; (≈ *einschüchtern*) to intimidate
verängstigt *adj* frightened, scared
veranlagen *v/t* to assess (**mit** at)
veranlagt *adj* **melancholisch ~ sein** to have a melancholy disposition; **praktisch ~ sein** to be practically minded; **künstlerisch ~ sein** to have an artistic bent
Veranlagung *f* **1** *körperlich* predisposition; *charakterlich* nature; (≈ *Hang*) tendency; (≈ *Talent*) bent **2** *von Steuern* assessment
veranlassen *v/t etw* ~ (≈ *in die Wege leiten*) to arrange for sth; (≈ *befehlen*) to order sth; **wir werden alles Weitere ~** we will take care of everything else; **j-n ~, etw zu tun** to make sb do sth
Veranlassung *f* cause; **auf ~ von** *od +gen* at the instigation of; **~ zu etw geben** to give cause for sth
veranschaulichen *v/t* to illustrate
Veranschaulichung *f* illustration
veranschlagen *v/t* to estimate (**auf** +akk at); **etw zu hoch ~** to overestimate sth; **etw zu niedrig ~** to underestimate sth
veranstalten *v/t* to organize (*Wahlen, Wettbewerb* to hold; *Umfrage* to do; *Party etc* to hold
Veranstalter(in) *m(f)* organizer; *von Konzerten etc* promoter
Veranstaltung *f* **1** event (**von** organized by); *feierlich* function **2** (≈ *das Veranstalten*) organization
Veranstaltungskalender *m* calendar of events
Veranstaltungsort *m* venue
verantworten **A** *v/t* to accept (the) responsibility for; **wie könnte ich es denn ~, …?** it would be most irresponsible of me …; **ein weiterer Streik wäre nicht zu ~** another strike would be irresponsible **B** *v/r* **sich für** *od* **wegen etw ~** to justify sth (**vor** +dat to); *für Missetaten etc* to answer for sth (**vor** +dat before)
verantwortlich *adj* responsible (**für** for); (≈ *haftbar*) liable; **j-n für etw ~ machen** to hold sb responsible for sth; (≈ *vorwerfen*) to blame sb for sth
Verantwortliche(r) *m/f(m)* person responsible
Verantwortlichkeit *f* responsibility
Verantwortung *f* responsibility; **auf eigene ~** on one's own responsibility; **auf deine ~!** on your own head be it! *Br*, it's your ass! *US umg*; **die ~ (für etw) tragen** to take responsibility (for sth)
verantwortungsbewusst **A** *adj* responsible **B** *adv* responsibly
Verantwortungsbewusstsein *n* sense of responsibility
verantwortungslos **A** *adj* irresponsible **B** *adv* irresponsibly
verantwortungsvoll *adj* responsible
veräppeln *v/t umg* **j-n ~** to pull sb's leg; (≈ *verspotten*) to make fun of sb
verarbeiten *v/t* to use (**zu etw** to make sth); TECH, BIOL *etc* to process; *Daten* to process;

(≈ *bewältigen*) to overcome; **~de Industrie** processing industries *pl*
Verarbeitung *f* **1** use, using; TECH, BIOL, IT processing; (≈ *Bewältigung*) overcoming **2** (≈ *Aussehen*) finish
verärgern *v/t* **j-n ~** to annoy sb; *stärker* to anger sb
verärgert **A** *adj* annoyed; *stärker* angry **B** *adv reagieren* angrily
verarmen *v/i* to become impoverished
verarschen *umg v/t* to take the piss out of *Br sl*, to make fun of; (≈ *für dumm verkaufen*) to mess around *umg*
verarzten *umg v/t* to fix up *umg*; *mit Verband* to patch up *umg*
verausgaben *v/r* to overexert oneself
veräußern *v/t form* (≈ *verkaufen*) to dispose of; *Rechte, Land* to alienate *form*
Verb *n* verb
verbal **A** *adj* verbal **B** *adv* verbally
Verband *m* **1** MED dressing; *mit Binden* bandage **2** (≈ *Bund*) association
Verband(s)kasten *m* first-aid box
Verband(s)material *n* dressing material
Verband(s)zeug *n* dressing material
verbannen *v/t* to banish *a. fig*, to exile (**aus** from *od* **auf** +*akk* to), to ban
Verbannung *f* banishment
verbarrikadieren *v/r* to barricade oneself in (**in etw** *dat* sth)
verbauen *v/t* (≈ *versperren*) to obstruct
verbeißen **A** *v/t fig umg* **sich** (*dat*) **etw ~** *Bemerkung* to bite back sth; *Schmerz* to hide sth; **sich** (*dat*) **das Lachen ~** to keep a straight face **B** *v/r* **sich in etw** (*akk*) **~** *fig* to become fixed on sth; → verbissen
verbergen **A** *v/t* to hide; **j-m etw ~** (≈ *verheimlichen*) to keep sth from sb **B** *v/r* to hide (oneself); → verborgen
verbessern **A** *v/t* **1** (≈ *besser machen*) to improve; *Leistung, Bestzeit* to improve (up)on **2** (≈ *korrigieren*) to correct **B** *v/r* **1** to improve; *beruflich* to better oneself **2** (≈ *sich korrigieren*) to correct oneself
Verbesserung *f* **1** improvement (**von** in); (≈ *berufliche Verbesserung*) betterment **2** (≈ *Berichtigung*) correction
Verbesserungsvorschlag *m* suggestion for improvement
verbeugen *v/r* to bow (**vor** +*dat* to)
Verbeugung *f* bow
verbeulen *v/t* to dent
verbiegen **A** *v/t* to bend (out of shape); **verbogen** bent **B** *v/r* to bend; *Holz* to warp
verbieten *v/t* to forbid; *Zeitung, Partei etc* to ban; **j-m ~, etw zu tun** to forbid sb to do sth; → verboten
verbilligen *v/t* to reduce the cost of; *Preis* to reduce; **verbilligte Waren** reduced goods
verbinden **A** *v/t* **1** MED to dress; *mit Binden* to bandage; **j-m die Augen ~** to blindfold sb; **mit verbundenen Augen** blindfolded **2** (≈ *verknüpfen*) to connect, to link; *zwei Teile, Punkte* to join; **verbunden sein mit** to be connected with **3** TEL (**Sie sind hier leider**) **falsch verbunden!** (I'm sorry, you've got the) wrong number!; **mit wem bin ich verbunden?** who am I speaking to? **4** (≈ *gleichzeitig tun*) to combine **5** (≈ *assoziieren*) to associate **6** (≈ *mit sich bringen*) **mit etw verbunden sein** to involve sth **B** *v/r* (≈ *zusammenkommen*) to combine; (≈ *sich zusammentun*) to join forces
verbindlich **A** *adj* **1** obliging **2** (≈ *verpflichtend*) obligatory; *Zusage* binding **B** *adv* **1** (≈ *bindend*) **etw ~ vereinbart haben** to have a binding agreement (regarding sth); **~ zusagen** to accept definitely **2** (≈ *freundlich*) **~ lächeln** to give a friendly smile
Verbindlichkeit *f* **1** (≈ *Entgegenkommen*) obliging ways *pl* **2** *von Zusage* binding nature **3** **~en** *pl* HANDEL, JUR obligations *pl*
Verbindung *f* **1** connection, link; (≈ *Kontakt*) contact (**zu, mit** with); **in ~ mit** (≈ *zusammen mit*) in conjunction with; (≈ *im Zusammenhang mit*) in connection with; **j-n mit etw in ~ bringen** to connect sb with sth; (≈ *assoziieren*) to associate sb with sth; **~ mit j-m aufnehmen, sich mit j-m in ~ setzen** to contact sb; **mit j-m in ~ bleiben** to stay in touch with sb; **sich (mit j-m) in ~ setzen** to get in touch (with sb), to contact (sb); **in ~ stehen mit** to be connected with **2** TEL (≈ *Anschluss*) line **3** (≈ *Kombination*) combination **4** (≈ *Bündnis*) association; UNIV society
Verbindungsaufbau *m* TEL, INTERNET call set-up
verbissen **A** *adj Arbeiter* determined; *Kampf* dogged; *Miene* determined, grim **B** *adv* determinedly; *kämpfen* doggedly; → verbeißen
Verbissenheit *f von Kampf* doggedness; *von Miene* determination
verbitten *v/t* **sich** (*dat*) **etw ~** to refuse to tolerate sth; **das verbitte ich mir!** I won't have it!
verbittern *v/t* to embitter
verbittert *adj* embittered, bitter
verblassen *v/i* to fade
Verbleib *form m* whereabouts *pl*
verbleiben *v/i* to remain; **... verbleibe ich Ihr ...** *form* ... I remain, Yours sincerely ... *Br*, ... I remain, Sincerely (yours) ... *US*; **wir sind so verblieben, dass wir ...** we agreed to ...
verbleit *adj Benzin* leaded
verblöden *umg v/i* to become a zombi(e) *umg*
verblüffen *v/t* (≈ *erstaunen*) to stun; (≈ *verwirren*)

to baffle

verblüffend *adj* amazing; **sie sind sich ~ ähnlich** they're amazingly alike

verblüfft A *adj* amazed; (≈ *überrascht*) startled B *adv aufsehen* perplexed; *sich umdrehen* in surprise

Verblüffung *f* (≈ *Erstaunen*) amazement; (≈ *Verwirrung*) bafflement

verblühen *v/i a. fig* fade

verbluten *v/i* to bleed to death

verbohrt *adj* stubborn; *Meinung* inflexible

verborgen *adj* hidden; **etw ~ halten** to hide sth; **sich ~ halten** to hide; → verbergen

Verbot *n* ban (+*gen* on); **trotz des ärztlichen ~es** against doctor's orders

verboten *adj* forbidden; *amtlich* prohibited; (≈ *gesetzeswidrig*) *Handel* illegal; *Zeitung, Partei etc* banned; **Rauchen/Parken ~** no smoking/parking; **er sah ~ aus** *umg* he was a sight *umg*; → verbieten

Verbotsschild *n* notice (*prohibiting something*); *im Verkehr* prohibition sign

Verbrauch *m* consumption (**von, an** +*dat* of); *von Geld* expenditure (+*gen*); **zum baldigen ~ bestimmt** to be used immediately

verbrauchen A *v/t* 1 to use; *Energie etc* to consume; *Vorräte* to use up 2 (≈ *abnützen*) *Kräfte etc* to exhaust B *v/r* to wear oneself out

Verbraucher(in) *m(f)* consumer

Verbraucherberatung *f* consumer advice centre *Br*, consumer advice center *US*

Verbraucherkredit *m* consumer credit

Verbrauchermarkt *m* large supermarket

Verbraucherschutz *m* consumer protection

Verbraucherzentrale *f* consumer advice centre *Br*, consumer advice center *US*

Verbrauchsgüter *pl* consumer goods *pl*

verbrechen *v/t* 1 *Straftat* to commit 2 *umg* (≈ *anstellen*) **was habe ich denn jetzt schon wieder verbrochen?** what on earth have I done now?

Verbrechen *n* crime; **ein ~ begehen** to commit a crime

Verbrechensbekämpfung *f* combating crime *ohne art*

Verbrecher(in) *m(f)* criminal; gangster

verbrecherisch *adj* criminal; **in ~er Absicht** with criminal intent

Verbrechertum *n* criminality

verbreiten A *v/t* to spread; (≈ *ausstrahlen*) *Wärme, Ruhe* to radiate; **verbreitet** common, widespread; **eine (weit) verbreitete Ansicht** a widely held opinion B *v/r* (≈ *sich ausbreiten*) to spread

verbreitern A *v/t* to widen B *v/r* to get wider

Verbreitung *f* spreading

verbrennen A *v/t* to burn; (≈ *einäschern*) *Tote* to cremate; (≈ *versengen*) to scorch; *Haar* to singe; **sich** (*dat*) **die Zunge ~** to burn one's tongue; **sich** (*dat*) **den Mund ~** *fig* to open one's big mouth *umg* B *v/r* to burn oneself C *v/i* to burn; *Haus etc* to burn down; *durch Sonne, Hitze* to be scorched

Verbrennung *f* 1 (≈ *das Verbrennen*) burning; *von Leiche* cremation 2 (≈ *Brandwunde*) burn

Verbrennungsanlage *f* incinerator

Verbrennungsmotor *m* internal combustion engine

Verbrennungsofen *m* furnace; *für Müll* incinerator

Verbrennungsrückstände *pl* ashes *pl*

verbringen *v/t Zeit etc* to spend

verbrühen A *v/t* to scald B *v/r* to scald oneself

Verbrühung *f* scalding; (≈ *Wunde*) scald

verbuchen *v/t* to enter (up) (in a/the book); **einen Betrag auf ein Konto ~** to credit a sum to an account; **einen Erfolg (für sich) ~** to notch up a success *umg*

verbummeln *v/t umg* (≈ *verlieren*) to lose; (≈ *vertrödeln*) *Nachmittag* to waste

Verbund *m* WIRTSCH combine; **im ~ arbeiten** to cooperate

verbünden *v/r* to ally oneself (**mit** to); *Staaten* to form an alliance; **verbündet sein** to be allies

Verbundenheit *f mit Menschen, Natur* closeness (**mit** to); *mit Land, Tradition* attachment (**mit** to)

Verbündete(r) *m/f(m)* ally

Verbundglas *n* laminated glass

Verbundstoff *m* composite (material)

verbürgen A *v/r* **sich für j-n/etw ~** to vouch for sb/sth B *v/t* 1 (≈ *gewährleisten*) *Recht* to guarantee 2 FIN *Kredit* to guarantee 3 (≈ *dokumentieren*) **historisch verbürgt sein** to be historically documented

verbüßen *v/t* to serve

verchromen *v/t* to chromium-plate

Verdacht *m* suspicion; **j-n in ~ haben** to suspect sb; **im ~ stehen, etw getan zu haben** to be suspected of having done sth; **(gegen j-n) ~ schöpfen** to become suspicious (of sb); **~ erregen** to arouse suspicion; **etw auf ~ tun** *umg* to do sth on spec *umg*

verdächtig *adj* suspicious; **sich ~ machen** to arouse suspicion; **die drei ~en Personen** the three suspects

verdächtigen *v/t* to suspect (+*gen* of); **er wird des Diebstahls verdächtigt** he is suspected of theft

Verdächtige(r) *m/f(m)* suspect

verdammen *v/t* (≈ *verfluchen*) to damn; (≈ *verurteilen*) to condemn

verdammt *umg* A *adj* damned *umg* B *adv* damn *umg*; **das tut ~ weh** that hurts like hell

verdampfen – Verdunkelung

umg; **~ viel Geld** a hell of a lot of money *umg* **C** *int* **~!** damn (it) *umg*; **~ noch mal!** damn it all *umg*

verdampfen *v/t & v/i* to vaporize, to evaporate

verdanken *v/t* **j-m etw ~** to owe sth to sb; **das verdanke ich dir** *iron* I've got you to thank for that

verdattert *adj & adv umg* (≈ *verwirrt*) flabbergasted *umg*

verdauen *v/t* to digest

verdaulich *adj* digestible

Verdauung *f* digestion

Verdauungsbeschwerden *pl* digestive trouble *sg*

Verdauungsspaziergang *m* constitutional

Verdauungsstörung *f* indigestion *kein pl*

Verdeck *n von Kinderwagen* hood *Br*, canopy; *von Auto* soft top

verdecken *v/t* to hide; (≈ *zudecken*) to cover (up); *Sicht* to block; *fig* to conceal

verdeckt *adj* concealed; *Ermittler, Einsatz* undercover

verdenken *v/t* **j-m etw ~** to hold sth against sb; **ich kann es ihm nicht ~** I can't blame him

verderben **A** *v/t* to spoil; *stärker* to ruin; *moralisch* to corrupt; (≈ *verwöhnen*) to spoil; **j-m etw ~** to spoil sth for sb; **es (sich** *dat*) **mit j-m ~** to fall foul of sb **B** *v/i Material* to become spoiled/ ruined; *Nahrungsmittel* to go off *Br*, to go bad; → **verdorben**

Verderben *n* (≈ *Unglück*) undoing; **in sein ~ rennen** to be heading for disaster

verderblich *adj* pernicious; *Lebensmittel* perishable

verdeutlichen *v/t* to show clearly; (≈ *deutlicher machen*) to clarify; (≈ *erklären*) to explain

ver.di *abk* (= Vereinigte Dienstleistungsgewerkschaft) *German service sector union*

verdichten **A** *v/t* PHYS to compress; *fig* (≈ *komprimieren*) to condense **B** *v/r* to thicken; *Schneetreiben* to worsen; *fig* (≈ *häufen*) to increase; *Verdacht* to deepen; **es ~ sich die Hinweise, dass …** there is growing evidence that …

verdienen **A** *v/t* **1** (≈ *einnehmen*) to earn; (≈ *Gewinn machen*) to make; **sich** (*dat*) **etw ~** to earn the money for sth **2** *fig Lob, Strafe* to deserve; **er verdient es nicht anders/besser** he doesn't deserve anything else/any better; → **verdient** **B** *v/i* (≈ *Gewinn machen*) to make (a profit) (**an** +*dat* on); **er verdient gut** he earns a lot; **er verdient schlecht** he doesn't earn much; **am Krieg ~** to profit from war

Verdiener(in) *m(f)* wage earner

Verdienst[1] *m* (≈ *Einkommen*) income; (≈ *Profit*) profit

Verdienst[2] *n* **1** merit; (≈ *Dank*) credit; **es ist sein ~(, dass …)** it is thanks to him (that …) **2** (≈ *Leistung*) contribution; **ihre ~e um die Wissenschaft** her services to science

Verdienstausfall *m* loss of earnings

Verdienstorden *m* order of merit

verdienstvoll *adj* commendable

verdient **A** *adj* **1** *Lohn, Strafe* rightful; *Lob* well--deserved **2** *Künstler, Politiker* of outstanding merit **B** *adv gewinnen* deservedly; → **verdienen**

verdientermaßen *adv* deservedly

verdonnern *v/t umg zu Haft etc* to sentence (**zu** to); **j-n zu etw ~** to order sb to do sth as a punishment

verdoppeln **A** *v/t* to double; *fig Anstrengung etc* to redouble **B** *v/r* to double

Verdopp(e)lung *f* doubling; *von Anstrengung* redoubling

verdorben *adj* **1** *Lebensmittel* bad; *Magen* upset **2** *Stimmung* spoiled **3** *moralisch* corrupt; (≈ *verzogen*) *Kind* spoiled; → **verderben**

verdorren *v/i* to wither

verdrahten *v/t* **fest ~** COMPUT to hardwire

verdrängen *v/t j-n* to drive out; (≈ *ersetzen*) to replace; PHYS *Wasser, Luft* to displace; *fig Sorgen* to dispel; PSYCH to repress; **j-n aus dem Amt ~** to oust sb (from office)

Verdrängung *f* driving out; (≈ *Ersetzung*) replacing; PHYS displacement; *von Sorgen* dispelling; PSYCH repression

verdrecken *umg v/t & v/i* to get dirty; **verdreckt** filthy (dirty)

verdrehen *v/t* to twist; (≈ *verknacksen*) to sprain; *Hals* to crick; *Augen* to roll; *Tatsachen* to distort

verdreifachen *v/t & v/r* to triple

verdreschen *umg v/t* to beat up

verdrießlich *adj* morose

verdrossen *adj* (≈ *schlecht gelaunt*) morose; (≈ *unlustig*) *Gesicht* unwilling

Verdrossenheit *f* (≈ *schlechte Laune*) moroseness; (≈ *Lustlosigkeit*) unwillingness; *über Politik etc* dissatisfaction (**über** +*akk* with)

verdrücken **A** *v/t umg Essen* to polish off *umg* **B** *v/r umg* to beat it *umg*

Verdruss *m* frustration; **zu j-s ~** to sb's annoyance

verduften *v/i* **1** (≈ *seinen Duft verlieren*) to lose its smell; *Tee, Kaffee* to lose its aroma **2** *umg* (≈ *verschwinden*) to beat it *umg*

verdummen **A** *v/t* **j-n ~** (≈ *dumm machen*) to dull sb's mind **B** *v/i* to stultify

verdunkeln **A** *v/t* to darken; *im Krieg* to black out; *fig Motive etc* to obscure **B** *v/r* to darken

Verdunkelung *f* **1** darkening; *im Krieg* blacking out; *fig* obscuring **2** JUR suppression of evidence

Verdunkelungsgefahr f JUR danger of suppression of evidence

verdünnen v/t to thin (down); *mit Wasser* to water down; *Lösung* to dilute

Verdünner m thinner

Verdünnung f thinning; *von Lösung* dilution; *mit Wasser* watering down

verdunsten v/i to evaporate

Verdunstung f evaporation

verdursten v/i to die of thirst

verdüstern v/t & v/r to darken

verdutzt umg adj & adv taken aback; (≈ *verwirrt*) baffled

veredeln v/t *Metalle, Erdöl* to refine; BOT to graft; *Geschmack* to improve

verehren v/t **1** (≈ *hoch achten*) to admire; *Gott, Heiligen* to honour Br, to honor US; (≈ *ehrerbietig lieben*) to worship, to adore **2** (≈ *schenken*) **j-m etw ~** to give sb sth

Verehrer(in) m(f) admirer

verehrt adj *in Anrede* **(sehr) ~e Anwesende/verehrtes Publikum** Ladies and Gentlemen

vereidigen v/t to swear in; **j-n ~** to swear sb in

Vereidigung f swearing in

Verein m organization; (≈ *Sportverein*) club; **ein wohltätiger ~** a charity

vereinbar adj compatible; *Aussagen* consistent; **nicht (miteinander) ~** incompatible; *Aussagen* inconsistent

vereinbaren v/t **1** to agree; *Zeit, Treffen, Tag* to arrange **2 mit etw zu ~ sein** to be compatible with sth; *Aussagen* to be consistent with sth; *Ziele, Ideale* to be reconcilable with sth

Vereinbarung f (≈ *Abmachung*) agreement; **laut ~** as agreed; **nach ~** by arrangement

vereinbarungsgemäß adv as agreed

vereinen A v/t to unite; → **vereint** B v/r to join together

vereinfachen v/t to simplify

vereinheitlichen v/t to standardize

Vereinheitlichung f standardization

vereinigen A v/t to unite; *Eigenschaften* to bring together; HANDEL *Firmen* to merge (**zu** into); **alle Stimmen auf sich** (akk) **~** to collect all the votes B v/r to unite; *Firmen* to merge

vereinigt adj united; **Vereinigtes Königreich** United Kingdom, UK; **Vereinigte Staaten (von Amerika)** United States (of America); **Vereinigte Arabische Emirate** United Arab Emirates

Vereinigung f **1** (≈ *das Vereinigen*) uniting; *von Eigenschaften* bringing together; *von Firmen* merging **2** (≈ *Organisation*) organization; (≈ *Union*) union

vereinsamen v/i to become lonely *od* isolated

Vereinsamung f loneliness

Vereinshaus n clubhouse

Vereinsmitglied n club member

vereint A adj united; **Vereinte Nationen** United Nations sg B adv together, in unison; → **vereinen**

vereinzelt A adj occasional B adv occasionally; **... ~ bewölkt ...** with cloudy patches

vereisen v/i to freeze; *Straße* to freeze over; *Fensterscheibe* to ice over

vereist adj *Straßen, Fenster* icy; *Bäche* frozen; *Piste* iced-up

vereiteln v/t to foil

vereitern v/i to go septic

verenden v/i to perish

verengen A v/r to narrow; *Gefäße, Pupille* to contract B v/t to make narrower

Verengung f **1** narrowing; *von Pupille, Gefäß* contraction **2** (≈ *verengte Stelle*) narrow part (**in** +dat of)

vererben A v/t **1** *Besitz* to leave, to bequeath (+dat od **an** +akk to); *hum* to hand on (**j-m** to sb) **2** *Eigenschaften* to pass on (+dat od **auf** +akk to); *Krankheit* to transmit B v/r to be passed on/transmitted (**auf** +akk to)

vererblich adj *Krankheit* hereditary

Vererbungslehre f genetics sg

verewigen A v/t to immortalize B v/r to immortalize oneself

Verfahren n (≈ *Vorgehen*) actions pl; (≈ *Verfahrensweise*) procedure; TECH process; (≈ *Methode*) method; JUR proceedings pl; **ein ~ gegen j-n einleiten** to take *od* initiate legal proceedings against sb

verfahren[1] v/i (≈ *vorgehen*) to act; **mit j-m streng ~** to deal strictly with sb

verfahren[2] A v/t (≈ *verbrauchen*) *Geld, Zeit* to spend in travelling Br, to spend in traveling US; *Benzin* to use up B v/r (≈ *sich verirren*) to lose one's way

verfahren[3] adj *Situation* muddled, tricky

Verfahrenstechnik f process engineering

Verfahrensweise f procedure

Verfall m (≈ *Zerfall*) decay; *von Gebäude* dilapidation; *gesundheitlich, von Kultur etc* decline; *von Scheck, Karte* expiry

verfallen[1] v/i **1** (≈ *zerfallen*) to decay; *Bauwerk* to fall into disrepair; *körperlich* to deteriorate; *Kultur etc* to decline **2** (≈ *ungültig werden*) to become invalid; *Fahrkarte* to expire; *Termin, Anspruch* to lapse **3** (≈ *abhängig werden*) **einer Sache ~ sein** to be a slave to sth; **dem Alkohol etc ~ sein** to be addicted to sth; **j-m völlig ~ sein** to be completely under sb's spell **4 auf etw** (akk) **~** to think of sth; **in etw** (akk) **~** to sink into sth; **in einen tiefen Schlaf ~** to fall into a deep sleep

verfallen[2] *adj Gebäude* dilapidated; (≈ *abgelaufen*) invalid; *Strafe* lapsed
Verfallsdatum *n* expiry date; *der Haltbarkeit* best-before date
verfälschen *v/t* to distort; *Daten* to falsify; *Geschmack* to adulterate
verfänglich *adj Situation* awkward; *Beweismaterial* incriminating; (≈ *gefährlich*) dangerous; *Frage* tricky
verfärben **A** *v/t* to discolour *Br*, to discolor *US* **B** *v/r* to change colour *Br*, to change color *US*; *Metall, Stoff* to discolour *Br*, to discolor *US*; **sich grün/rot ~** to turn green/red
verfassen *v/t* to write; *Urkunde* to draw up
Verfasser(in) *m(f)* writer; *von Buch etc a.* author
Verfassung *f* **1** POL constitution **2** (≈ *Zustand*) state; *seelisch* state of mind; **sie ist in guter/schlechter ~** she is in good/bad shape
Verfassungsänderung *f* constitutional amendment
verfassungsfeindlich *adj* anticonstitutional
verfassungsmäßig *adj* constitutional
Verfassungsschutz *m Aufgabe* defence of the constitution *Br*, defense of the constitution *US*; *Organ, Amt* office responsible for defending the constitution
verfassungswidrig *adj* unconstitutional
verfaulen *v/i* to decay; *Körper, organische Stoffe* to decompose
verfault *adj* decayed; *Fleisch, Obst etc* rotten
verfechten *v/t* to defend; *Lehre* to advocate
Verfechter(in) *m(f)* advocate
verfehlen *v/t* (≈ *verpassen*) to miss; **den Zweck ~** not to achieve its purpose; **das Thema ~** to be completely off the subject
verfehlt *adj* (≈ *unangebracht*) inappropriate; (≈ *misslungen*) unsuccessful
Verfehlung *f* (≈ *Vergehen*) misdemeanour *Br*, misdemeanor *US*; (≈ *Sünde*) transgression
verfeindet *adj* hostile; **sie sind (miteinander) ~** they're enemies
verfeinern *v/t & v/r* to improve
verfeinert *adj* sophisticated
Verfeinerung *f* improvement
verfestigen *v/t* to harden; (≈ *verstärken*) to strengthen
Verfettung *f* MED *von Körper* obesity
verfilmen *v/t Buch* to make a film of
Verfilmung *f* filming; (≈ *Film*) film (version)
verfilzt *adj* felted; *Haare* matted
verfinstern **A** *v/t* to darken; *Sonne, Mond* to eclipse **B** *v/r* to darken
Verfinsterung *f* darkening; *von Sonne etc* eclipse
verflachen *v/i* to flatten out; *fig Diskussion* to become superficial

verflechten *v/t* to interweave; *Methoden* to combine
Verflechtung *f* interconnection (+*gen* between); POL, WIRTSCH integration
verfliegen *v/i Stimmung, Zorn etc* to blow over *umg*, to pass; *Kummer etc* to vanish; *Alkohol* to evaporate; *Zeit* to fly
verflixt *umg* **A** *adj* blessed *umg*, darned *umg*; (≈ *kompliziert*) tricky **B** *int* ~! blow! *Br umg*, darn! *US umg*
verflossen *adj* **1** *Jahre, Tage* bygone **2** *umg* (≈ *ehemalig*) one-time *attr umg*; **ihr Verflossener** her ex *umg*
verfluchen *v/t* to curse
verflucht *umg adj* damn *umg*
verflüchtigen *v/r Alkohol etc* to evaporate; *fig Ärger* to be dispelled
verflüssigen *v/t & v/r* to liquefy
Verflüssigung *f* liquefaction
verfolgen *v/t* to pursue; (≈ *j-s Spuren folgen*) *j-n* to trail; *Tier* to track; (≈ *jagen*) to chase; *Entwicklung, Spur* to follow; *politisch, religiös* to persecute; *Gedanke etc: j-n* to haunt; **vom Unglück verfolgt werden** to be dogged by ill fortune; **j-n gerichtlich ~** to prosecute sb
Verfolger(in) *m(f)* **1** pursuer **2** *politisch etc* persecutor
Verfolgung *f* pursuit; (≈ *politische Verfolgung*) persecution *kein pl*; *strafrechtlich* prosecution; **die ~ aufnehmen** to take up the chase
Verfolgungsjagd *f* wild chase; *im Auto* car chase
Verfolgungswahn *m* persecution complex
verformen *v/r* to go out of shape
verfrachten *v/t* HANDEL to transport; *umg j-n* to bundle off *umg*
verfremden *v/t Thema, Stoff* to make unfamiliar
Verfremdung *f* defamiliarization; THEAT, LIT alienation
verfressen *umg adj* greedy
verfroren *adj* (≈ *durchgefroren*) frozen
verfrüht *adj* (≈ *zu früh*) premature; (≈ *früh*) early
verfügbar *adj* available; *Einkommen* disposable
Verfügbarkeit *f* availability
verfügen **A** *v/i* **über etw ~** to have sth at one's disposal; (≈ *besitzen*) to have sth; **über etw** (*akk*) **frei ~ können** to be able to do as one wants with sth **B** *v/t* to order; *gesetzlich* to decree
Verfügung *f* **1** **etw zur ~ stellen** (≈ *bereitstellen*) to provide sth; **j-m etw zur ~ stellen** to put sth at sb's disposal; (≈ *leihen*) to lend sb sth; **(j-m) zur ~ stehen** (≈ *verfügbar sein*) to be available (to sb); **etw zur ~ haben** to have sth at one's disposal **2** *behördlich* order; *von Gesetzgeber* decree; (≈ *Anweisung*) instruction

verführen v/t to tempt; *bes sexuell* to seduce; *das Volk etc* to lead astray; **j-n zu etw ~** to encourage sb to do sth
Verführer m seducer
Verführerin f seductress
verführerisch adj seductive; (≈ *verlockend*) tempting
Verführung f seduction; (≈ *Verlockung*) enticement
Verführungskunst f seductive manner; **Verführungskünste** seductive charms
verfüttern v/t to feed (**an** +*akk* to); **etw an die Vögel ~** to feed sth to the birds
Vergabe f *von Arbeiten* allocation; *von Auftrag etc* award
vergammeln *umg* v/i **1** (≈ *verderben*) to get spoiled; *Speisen* to go bad **2** (≈ *verlottern*) to go to the dogs *umg*; *Gebäude* to become run down; **vergammelt aussehen** to look scruffy *umg*
vergangen adj **1** (≈ *letzte*) last **2** *Jahre* past; *Zeiten* bygone; → **vergehen**
Vergangenheit f past; GRAM past (tense); **einfache ~** simple past; **der ~ angehören** to be a thing of the past
Vergangenheitsbewältigung f process of coming to terms with the past
Vergangenheitsform f past tense
vergänglich adj transitory
Vergänglichkeit f transitoriness
vergasen v/t TECH *in Motor* to carburet; *Kohle* to gasify; (≈ *durch Gas töten*) to gas
Vergaser m AUTO carburettor *Br*, carburetor *US*
Vergasung f TECH carburation; *von Kohle* gasification; (≈ *Tötung*) gassing
vergeben Ⓐ v/t **1** (≈ *weggeben*) *Auftrag, Preis* to award (**an** +*akk* to); *Stellen* to allocate; *Kredit* to give out; *Arbeit* to assign; *fig Chance* to throw away; **er/sie ist schon ~** *umg* he/she is already spoken for *umg* **2** (≈ *verzeihen*) to forgive; **j-m etw ~** to forgive sb (for) sth Ⓑ v/r KART to misdeal
vergebens adv & adj in vain
vergeblich Ⓐ adj futile; **alle Versuche waren ~** all attempts were in vain Ⓑ adv in vain
Vergeblichkeit f futility
Vergebung f forgiveness
vergehen Ⓐ v/i **1** to pass; *Liebe* to die; *Schönheit* to fade; **wie doch die Zeit vergeht** how time flies; **mir ist die Lust dazu vergangen** I don't feel like it any more *Br od* anymore *US*; **mir ist der Appetit vergangen** I have lost my appetite; **es werden noch Monate ~, ehe …** it will be months before …; → **vergangen** **2 vor etw** (*dat*) **~** to be dying of sth; **vor Angst ~** to be scared to death Ⓑ v/r **sich an j-m ~** to do sb wrong; *unsittlich* to assault sb indecently
Vergehen n (≈ *Verstoß*) offence *Br*, offense *US*
vergeigen v/t **etw ~** *umg* to mess sth up
vergelten v/t **j-m etw ~** to repay sb for sth
Vergeltung f (≈ *Rache*) retaliation; **~ üben** to take revenge (**an** *j-m* on sb)
Vergeltungsmaßnahme f reprisal
Vergeltungsschlag m act of reprisal
vergessen Ⓐ v/t to forget; (≈ *liegen lassen*) to leave (behind); **das werde ich dir nie ~** I will never forget that; **das kannst du (voll) ~!** *umg* forget it! Ⓑ v/r *Mensch* to forget oneself
Vergessenheit f oblivion; **in ~ geraten** to vanish into oblivion
vergesslich adj forgetful
Vergesslichkeit f forgetfulness
vergeuden v/t to waste
Vergeudung f wasting
vergewaltigen v/t to rape; *fig Sprache etc* to murder
Vergewaltiger m rapist
Vergewaltigung f rape
vergewissern v/r **sich einer Sache** (*gen*) **~** to make sure of sth
vergießen v/t *Kaffee, Wasser* to spill; *Tränen* to shed
vergiften Ⓐ v/t to poison Ⓑ v/r to poison oneself
Vergiftung f poisoning *kein pl; der Luft* pollution
Vergissmeinnicht n forget-me-not
verglasen v/t to glaze; **doppelt verglast** double-glazed
Vergleich m **1** comparison; **im ~ zu** in comparison with, compared with *od* to; **in keinem ~ zu etw stehen** to be out of all proportion to sth; *Leistungen* not to compare with sth **2** JUR settlement; **einen gütlichen ~ schließen** to reach an amicable settlement; **einen ~ anstellen** to make a comparison **3** *sprachlich* simile
vergleichbar adj comparable
vergleichen Ⓐ v/t to compare; **verglichen mit** compared with; **sie sind nicht (miteinander) zu ~** they cannot be compared (to one another) Ⓑ v/r **1 sich mit j-m ~** to compare oneself with sb **2** JUR to reach a settlement (**mit** with)
vergleichend adj comparative
vergleichsweise adv comparatively
verglühen v/i *Feuer* to die away; *Raumkapsel, Meteor etc* to burn up
vergnügen Ⓐ v/t to amuse Ⓑ v/r to enjoy oneself; **sich mit j-m/etw ~** to amuse oneself with sb/sth
Vergnügen n pleasure; (≈ *Spaß*) fun *kein unbest art*; (≈ *Erheiterung*) amusement; **sich** (*dat*) **ein ~ aus etw machen** to get pleasure from (doing) sth; **das war ein teures ~** *umg* that was an ex-

pensive bit of fun; **mit ~** with pleasure; **mit wem habe ich das ~?** *form* with whom do I have the pleasure of speaking? *form*

vergnügt **A** *adj Abend, Stunden* enjoyable; *Mensch, Stimmung* cheerful; **über etw** (*akk*) **~ sein** to be pleased about sth; **~(er) werden** to cheer up **B** *adv* happily

Vergnügung *f* pleasure; (≈ *Veranstaltung*) entertainment

Vergnügungsindustrie *f* entertainment industry

Vergnügungspark *m* amusement park

vergnügungssüchtig *adj* pleasure-loving

Vergnügungsviertel *n* entertainments district; *mit Bordellen* red-light district

vergolden *v/t Statue, Buchkante* to gild; *Schmuck* to gold-plate

vergoldet *adj Buchseiten* gilt; *Schmuck* gold-plated

vergöttern *v/t* to idolize

Vergötterung *f* adulation

vergraben **A** *v/t* to bury **B** *v/r* to bury oneself

vergraulen *umg v/t* to put off; (≈ *vertreiben*) to scare off

vergreifen *v/r* **1** (≈ *danebengreifen*) to make a mistake; **sich im Ton ~** *fig* to adopt the wrong tone; **sich im Ausdruck ~** *fig* to use the wrong expression; → vergriffen **2 sich an etw** (*dat*) **~** *an fremdem Eigentum* to misappropriate sth; *euph* (≈ *stehlen*) to help oneself to sth *euph*; **sich an j-m ~** (≈ *missbrauchen*) to assault sb (sexually)

vergreisen *v/i Bevölkerung* to age; *Mensch* to become senile; **vergreist** aged, senile

Vergreisung *f von Bevölkerung* ageing; *von Mensch* senility

vergriffen *adj* unavailable; *Buch* out of print, sold out; → vergreifen

vergrößern **A** *v/t räumlich: Fläche, Gebiet* to extend; *Vorsprung, Produktion* to increase; *Maßstab, Foto* to enlarge; *Absatzmarkt* to expand; *Lupe, Brille* to magnify **B** *v/r* to increase; *räumlich* to be extended; *Absatzmarkt* to expand; *Pupille, Gefäße* to dilate; *Organ* to become enlarged; **wir wollen uns ~** *umg* we want to move to a bigger place

Vergrößerung *f* **1** *räumlich* extension; *umfangmäßig, zahlenmäßig* increase; *von Maßstab, Fotografie* enlargement; *von Absatzmarkt* expansion; *mit Lupe, Brille* magnification **2** (≈ *vergrößertes Bild*) enlargement

Vergrößerungsglas *n* magnifying glass

Vergünstigung *f* (≈ *Vorteil*) privilege

vergüten *v/t* **j-m etw ~** *Unkosten* to reimburse sb for sth; *Preis* to refund sb sth; *Arbeit* to pay sb for sth

Vergütung *f von Unkosten* reimbursement; *von Preis* refunding; *für Arbeit* payment

verhaften *v/t* to arrest; **Sie sind verhaftet!** you are under arrest!

Verhaftung *f* arrest

Verhalten *n* (≈ *Benehmen*) behaviour *Br*, behavior *US*; (≈ *Vorgehen*) conduct

verhalten[1] *v/r* (≈ *sich benehmen*) to behave; (≈ *handeln*) to act; **sich ruhig ~** to keep quiet; (≈ *sich nicht bewegen*) to keep still; **wie verhält sich die Sache?** how do things stand?; **wenn sich das so verhält, ...** if that is the case ...

verhalten[2] **A** *adj* restrained; *Stimme* muted; *Atem* bated; *Optimismus* guarded; *Tempo* measured **B** *adv sprechen* in a restrained manner; *sich äußern* with restraint

verhaltensauffällig *adj* PSYCH displaying behavioural problems *Br*, displaying behavioral problems *US*

Verhaltensforscher(in) *m(f)* behavioural scientist *Br*, behavioral scientist *US*

Verhaltensforschung *f* behavioural research *Br*, behavioral research *US*

verhaltensgestört *adj* disturbed

Verhaltensstörung *f* behavioural disturbance *Br*, behavioral disturbance *US*

Verhaltensweise *f* behaviour *Br*, behavior *US*

Verhältnis *n* **1** (≈ *Proportion*) proportion; MATH ratio; **im ~ zu** in relation to; **im ~ zu früher** (≈ *verglichen mit*) in comparison with earlier times; **in keinem ~ zu etw stehen** to be out of all proportion to sth **2** (≈ *Beziehung*) relationship; (≈ *Liebesverhältnis*) affair **3 ~se** *pl* (≈ *Umstände*) conditions *pl*; *finanzielle* circumstances *pl*; (≈ *Herkunft*) background; **unter** *od* **bei normalen ~sen** under normal circumstances; **über seine ~se leben** to live beyond one's means; **klare ~se schaffen** to get things straight

verhältnismäßig **A** *adj* **1** (≈ *proportional*) proportional; *bes* JUR (≈ *angemessen*) commensurate **2** (≈ *relativ*) comparative **B** *adv* **1** (≈ *proportional*) proportionally **2** (≈ *relativ*), *a. umg* (≈ *ziemlich*) relatively

Verhältnismäßigkeit *f* proportionality

Verhältniswahlrecht *n* (system of) proportional representation

verhandeln **A** *v/t* **1** (≈ *aushandeln*) to negotiate **2** JUR *Fall* to hear **B** *v/i* **1** to negotiate (**über** +*akk* about); *umg* (≈ *diskutieren*) to argue **2** JUR **in einem Fall ~** to hear a case

Verhandlung *f* **1** negotiations *pl*; (≈ *das Verhandeln*) negotiation; **(mit j-m) in ~(en) treten** to enter into negotiations (with sb) **2** JUR hearing; (≈ *Strafverhandlung*) trial

Verhandlungsbasis *f* basis for negotiation(s); **~ EUR 2.500** (price) EUR 2,500 or near(est) offer

Verhandlungspartner(in) m(f) negotiating party

verhandlungssicher adj Sprachkenntnis business fluent; **sein Englisch ist ~** his English is business fluent

verhängen v/t **1** Strafe etc to impose (**über** +akk on); Notstand to declare (**über** +akk in); Sport: Elfmeter etc to award **2** (≈ zuhängen) to cover (**mit** with)

Verhängnis n (≈ Katastrophe) disaster; **j-m zum ~ werden** to be sb's undoing

verhängnisvoll adj disastrous; Tag fateful

verharmlosen v/t to play down

verharren v/i to pause; in einer bestimmten Stellung to remain

verhärten v/t & v/r to harden

verhasst adj hated; **das ist ihm ~** he hates that

verhätscheln v/t to pamper

Verhau m (≈ Käfig) coop

verhauen umg **A** v/t **1** (≈ verprügeln) to beat up; zur Strafe to beat **2** Prüfung etc to make a mess of umg **B** v/r **1** (≈ sich verprügeln) to have a fight **2** (≈ sich irren) to slip up umg

verheddern umg v/r to get tangled up; beim Sprechen to get in a muddle

verheerend adj **1** Sturm, Katastrophe devastating; Anblick ghastly **2** umg (≈ schrecklich) ghastly umg

Verheerung f devastation kein pl

verhehlen v/t **j-m etw ~** to conceal sth from sb

verheilen v/i to heal

verheimlichen v/t to keep secret (**j-m** from sb); **ich habe nichts zu ~** I have nothing to hide

verheiraten **A** v/t to marry (**mit, an** +akk to) **B** v/r to get married

verheiratet adj married (**mit** to); **glücklich ~ sein** to be happily married

verheizen v/t to burn, to use as fuel; fig umg Sportler to burn out; Minister, Untergebene to crucify; **Soldaten im Kriege ~** umg to send soldiers to the slaughter

verhelfen v/i **j-m zu etw ~** to help sb to get sth

verherrlichen v/t to glorify; Gott to praise

Verherrlichung f glorification; von Gott praising

verheult adj Augen puffy, swollen from crying

verhexen v/t to bewitch; umg Maschine etc to put a jinx on umg; **heute ist alles wie verhext** umg there's a jinx on everything today umg

verhindern v/t to prevent; Plan to foil; **das lässt sich nicht ~** it can't be helped; **er war an diesem Abend verhindert** he was unable to come that evening

Verhinderung f prevention; von Plan foiling, stopping

verhöhnen v/t to mock, to deride

verhökern v/t umg to flog (off) umg

Verhör n questioning; bei Gericht examination

verhören **A** v/t to question, to interrogate; bei Gericht to examine; umg to quiz umg **B** v/r to mishear

verhüllen v/t to veil; Körperteil to cover; fig to mask

verhungern v/i to starve, to die of starvation; **ich bin am Verhungern** umg I'm starving umg

verhunzen umg v/t to ruin

verhüten v/t to prevent; **~de Maßnahmen** preventive measures

Verhütung f prevention; (≈ Empfängnisverhütung) contraception

Verhütungsmittel n contraceptive

verinnerlichen v/t to internalize

verirren v/r to get lost, to lose one's way; fig to go astray; Tier, Kugel to stray; **sich verirrt haben** to be lost

Verirrung f losing one's way ohne art; fig aberration

verjagen v/t to chase away

verjähren v/i to come under the statute of limitations; Anspruch to be in lapse; **verjährtes Verbrechen** statute-barred crime; **das ist schon längst verjährt** umg that's all over and done with

Verjährung f limitation; von Anspruch lapse

Verjährungsfrist f limitation period

verjüngen **A** v/t to rejuvenate; (≈ jünger aussehen lassen) to make look younger; **das Personal ~** to build up a younger staff **B** v/r **1** (≈ jünger werden) to become younger; Haut to become rejuvenated **2** (≈ dünner werden) to taper; Rohr to narrow

verkabeln v/t TEL to link up to the cable network

verkabelt adj **~ sein** TV to have cable TV

Verkabelung f TEL linking up to the cable network

verkacken sl v/t to fuck up vulg; **er hat die Englischprüfung total verkackt** he totally fucked up (on) the English test

verkalken v/i Arterien to harden; Kessel etc to fur up; umg Mensch to become senile

verkalkt umg adj senile

verkalkulieren v/r to miscalculate

Verkalkung f von Arterien hardening; umg senility

verkannt adj unrecognized; → verkennen

verkappt adj hidden

Verkauf m **1** sale; (≈ das Verkaufen) selling; **beim ~ des Hauses** when selling the house **2** (≈ Abteilung) sales sg, ohne art

verkaufen **A** v/t & v/i to sell (**für, um** for); **„zu ~"** "for sale"; **etw an j-n ~** to sell sb sth, to sell sth

to sb **B** *v/r Ware* to sell; *Mensch* to sell oneself
Verkäufer(in) *m(f)* seller; *in Geschäft* sales *od* shop assistant; *im Außendienst* salesman/saleswoman/salesperson; JUR *von Grundbesitz etc* vendor
verkäuflich *adj* sal(e)able; (≈ *zu verkaufen*) for sale; **leicht/schwer ~** easy/hard to sell
Verkaufsabteilung *f* sales department
Verkaufsförderung *f* sales promotion
Verkaufsgespräch *n* sales talk
verkaufsoffen *adj* open for business; **~er Sonntag** Sunday on which the shops/stores are open
Verkaufspreis *m* retail price
Verkaufsraum *m* salesroom
Verkaufsschlager *m* big seller
Verkaufsstand *m* stall
Verkaufswert *m* market value *od* price
Verkaufszahlen *pl* sales figures *pl*
Verkehr *m* **1** traffic; **dem ~ übergeben** *Straße etc* to open to traffic; **öffentlicher ~** public transport **2** (≈ *Verbindung*) contact; (≈ *Umgang*) company; (≈ *Geschlechtsverkehr*) intercourse **3** (≈ *Handelsverkehr*) trade; (≈ *Zahlungsverkehr*) business; (≈ *Umlauf*) circulation; **etw aus dem ~ ziehen** *Banknoten* to take sth out of circulation; *Produkte* to withdraw sth
verkehren A *v/i* **1** (≈ *fahren*) to run; *Flugzeug* to fly **2** (≈ *Kontakt pflegen*) **bei j-m ~** to frequent sb's house; **mit j-m ~** to associate with sb; **in einem Lokal ~** to frequent a pub; **in Künstlerkreisen ~** to move in artistic circles **B** *v/r* to turn (**in** +*akk* into); **sich ins Gegenteil ~** to become reversed
Verkehrsampel *f* traffic lights *pl Br*, traffic light *US*
Verkehrsanbindung *f* transport links *pl*
verkehrsarm *adj Zeit, Straße* quiet
Verkehrsaufkommen *n* volume of traffic
Verkehrsbehinderung *f* JUR obstruction (of traffic)
verkehrsberuhigt *adj* traffic-calmed
Verkehrsberuhigung *f* traffic calming
Verkehrsbetriebe *pl* transport services *pl*
Verkehrsbüro *n* tourist information office
Verkehrschaos *n* chaos on the roads
Verkehrsdelikt *n* traffic offence *Br*, traffic offense *US*

Verkehrsführung *f* traffic management system
Verkehrsfunk *m* radio traffic service
verkehrsgünstig *adj Lage* convenient
Verkehrshinweis *m* traffic announcement
Verkehrsinsel *f* traffic island
Verkehrskontrolle *f* vehicle spot-check
Verkehrslärm *m* traffic noise
Verkehrsleitsystem *n* traffic guidance system, active traffic management system
Verkehrsmanagementsysteme *pl* transport management systems *pl*
Verkehrsmeldung *f* traffic report
Verkehrsmittel *n* means *sg* of transport; **öffentliche ~** public transport *Br*, public transportation *US*
Verkehrsnetz *n* traffic network
Verkehrsopfer *n* road casualty
Verkehrsordnung *f* ≈ Highway Code *Br*, traffic rules and regulations *pl*
Verkehrspolizei *f* traffic police *pl*
Verkehrspolizist(in) *m(f)* traffic policeman/-woman
Verkehrsregel *f* traffic regulation
Verkehrsregelung *f* traffic control
verkehrsreich *adj Gegend* busy; **~e Zeit** peak (traffic) time
Verkehrsrowdy *m umg* road hog
Verkehrsschild *n* road sign
verkehrssicher *adj Fahrzeug* roadworthy
Verkehrssicherheit *f* road safety; *von Fahrzeug* roadworthiness
Verkehrssprache *f* lingua franca; *der EU* working language
Verkehrsstau *m*, **Verkehrsstauung** *f* traffic jam
Verkehrssünder(in) *umg m(f)* traffic offender *Br*, traffic violator *US*
Verkehrsteilnehmer(in) *m(f)* road user
Verkehrstote(r) *m/f(m)* road casualty
verkehrstüchtig *adj Fahrzeug* roadworthy; *Mensch* fit to drive
Verkehrsunfall *m* road accident
Verkehrsunterricht *m* traffic instruction
Verkehrsverbindung *f* link; (≈ *Anschluss*) connection
Verkehrsverbund *m* integrated transport system
Verkehrsverein *m* local organization concerned with upkeep of tourist attractions, facilities etc
Verkehrsverhältnisse *pl* traffic situation *sg*
Verkehrswacht *f* traffic patrol
Verkehrsweg *m* highway
verkehrswidrig *adj* contrary to road traffic regulations
Verkehrszeichen *n* road sign
verkehrt A *adj* wrong; **das Verkehrte** the wrong thing; **der/die Verkehrte** the wrong person **B** *adv* wrongly; **~ herum** upside down; **etw ~ (herum) anhaben** (≈ *linke Seite nach außen*) to have sth on inside out; (≈ *vorne nach hinten*) to have sth on back to front
verkennen *v/t* to misjudge; **es ist nicht zu ~,**

Verkettung – Verlagerung • 1399

dass ... it is undeniable that ...; → verkannt
Verkettung fig f interconnection
verklagen v/t to sue (**wegen** for); **j-n auf etw** (akk) **~** to take sb to court for sth
verklappen v/t Abfallstoffe to dump
Verklappung f dumping
verkleben v/i Wunde to close; Augen to get gummed up; **mit etw ~** to stick to sth
verkleiden **A** v/t **1** j-n to disguise; (≈ kostümieren) to dress up; **alle waren verkleidet** everyone was in fancy dress **2** Wand to line; (≈ vertäfeln) to panel; (≈ bedecken) to cover **B** v/r to disguise oneself; (≈ sich kostümieren) to dress (oneself) up
Verkleidung f (≈ Kostümierung) dressing up; (≈ Kleidung) disguise; (≈ Kostüm) fancy dress, costume
verkleinern **A** v/t to reduce; Raum, Firma to make smaller; Maßstab to scale down; Abstand to decrease **B** v/r to be reduced; Raum, Firma to become smaller; Abstand to decrease; Not to become less
Verkleinerung f reduction; von Firma making smaller; von Maßstab scaling down
Verkleinerungsform f diminutive form
verklemmt umg adj Mensch inhibited
Verklemmtheit umg f, **Verklemmung** f inhibitions pl
verklickern v/t umg **jdm etw ~** to put sb straight on sth
verklingen v/i to fade away; fig to fade
verknacksen v/t (**sich** dat) **den Knöchel** od **Fuß ~** to twist one's ankle
verknallen umg v/r **sich (in j-n) ~** to fall for sb umg, to go soft on sb; **sie ist in ihn verknallt** she's got a crush on him umg
verknappen v/t to cut back; Rationen to cut down (on)
verkneifen umg v/t **sich** (dat) **etw ~** Lächeln to keep back sth; Bemerkung to bite back sth; **ich konnte mir das Lachen nicht ~** I couldn't help laughing
verkniffen adj Miene strained; (≈ verbittert) pinched
verknoten v/t to tie, to knot
verknüpfen v/t **1** (≈ verknoten) to knot (together); IT to integrate **2** fig to combine; (≈ in Zusammenhang bringen) to link; **etw mit Bedingungen ~** to attach conditions to sth
Verknüpfung f link
verkochen v/i Flüssigkeit to boil away; Kartoffeln to overcook
verkohlen **A** v/i to become charred **B** v/t **1** Holz to char **2** umg j-n **~** to pull sb's leg umg
verkohlt adj charred
verkommen[1] v/i **1** Mensch to go to pieces; moralisch to become dissolute **2** Gebäude to fall to pieces; Stadt to become run-down **3** (≈ nicht genutzt werden) Lebensmittel, Fähigkeiten etc to go to waste
verkommen[2] adj Mensch depraved; Gebäude dilapidated; Garten wild
verkomplizieren v/t **das verkompliziert die Sache nur** that just makes things more complicated
verkorksen umg v/t to screw up umg; **sich** (dat) **den Magen ~** to upset one's stomach
verkorkst umg adj Mensch screwed up umg
verkörpern v/t to embody; THEAT to play (the part of)
verköstigen v/t to feed
verkrachen umg v/r **sich (mit j-m) ~** to fall out (with sb)
verkraften v/t to cope with; finanziell to afford
verkrampfen v/r to become cramped; Hände to clench up; **verkrampft** fig tense
verkriechen v/r to creep away; fig to hide (oneself away)
verkühlen umg v/r to disappear
verkrümmen **A** v/t to bend **B** v/r to bend; Rückgrat to become curved; Holz to warp
verkrümmt adj bent; Wirbelsäule curved
Verkrümmung f bend (+gen in); bes TECH distortion; von Holz warp; **~ der Wirbelsäule** curvature of the spine
verkrüppeln **A** v/t to cripple **B** v/i to become crippled; Baum etc to grow stunted
verkrusten v/i & v/r to become encrusted
verkrustet adj Wunde scabby; Ansichten decrepit
verkühlen v/r umg to get a chill
verkümmern v/i Organ to atrophy; (≈ eingehen) Pflanze to die; Talent to go to waste; Mensch to waste away; **geistig ~** to become intellectually stunted
verkünden v/t to announce; (≈ erklären) to declare; Urteil to pronounce; neue Zeit to herald
verkupfern v/t to copper(-plate)
verkuppeln pej v/t to pair off; **j-n an j-n ~** Zuhälter to procure sb for sb
verkürzen v/t to shorten; Abstand to narrow; Aufenthalt to cut short; **sich** (dat) **die Zeit ~** to pass the time; **verkürzte Arbeitszeit** shorter working hours; **auf 3:2 ~** FUSSB to pull back to 3-2
Verkürzung f shortening; von Abstand narrowing
verladen v/t **1** Güter, Menschen to load **2** fig umg to con umg
Verlag m publishing house; **einen ~ finden** to find a publisher
verlagern v/t & v/r to shift
Verlagerung f shift

Verlagskauffrau f, **Verlagskaufmann** m publishing manager
Verlagsleiter(in) m(f) publishing director
Verlagsprogramm n list
verlangen **A** v/t **1** (≈ fordern) to demand; Preis to ask; Erfahrung to require; **das ist nicht zu viel verlangt** it's not asking too much **2** (≈ fragen nach) to ask for; **Sie werden am Telefon verlangt** you are wanted on the phone **B** v/i ~ **nach** to ask for; (≈ sich sehnen nach) to long for
Verlangen n desire (**nach** for); (≈ Sehnsucht) yearning; (≈ Begierde) craving; **auf** ~ on demand; **auf** ~ **der Eltern** at the request of the parents
verlängern **A** v/t to extend; Leben, Schmerzen to prolong; Ärmel etc to lengthen; Pass etc to renew; **ein verlängertes Wochenende** a long weekend **B** v/r to be extended; Leiden etc to be prolonged
Verlängerung f **1** extension; von Pass etc renewal **2** SPORT von Spielzeit extra time Br, overtime US; (≈ nachgespielte Zeit) injury time Br, overtime US; **das Spiel geht in die** ~ they're going to play extra time etc
Verlängerungskabel n, **Verlängerungsschnur** f ELEK extension lead, extension cord US
verlangsamen v/t & v/r to slow down
Verlass m **auf j-n/etw ist kein** ~ there is no relying on sb/sth
verlassen¹ **A** v/t to leave; fig Mut, Hoffnung, j-n to desert; IT Programm to exit **B** v/r **sich auf j-n/etw** ~ to rely on sb/sth; **darauf können Sie sich** ~ you can be sure of that
verlassen² adj deserted; (≈ einsam) lonely; Auto abandoned
verlässlich adj reliable
Verlässlichkeit f reliability
Verlauf m course; (≈ Ausgang) end; **im** ~ **der Jahre** over the (course of the) years; **einen guten/ schlechten** ~ **nehmen** to go well/badly
verlaufen **A** v/i (≈ ablaufen) to go; Feier to go off; Untersuchung to proceed; (≈ sich erstrecken) to run; **die Spur verlief im Sand** the track disappeared in the sand **B** v/r (≈ sich verirren) to get lost; (≈ verschwinden) Menschenmenge to disperse
Verlaufsform f GRAM progressive form

verlautbaren v/t & v/i form to announce; **etw** ~ **lassen** to let sth be announced
Verlautbarung f announcement
verlauten **A** v/i **er hat** ~ **lassen, dass ...** he indicated that ... **B** v/i **es verlautet, dass ...** it is reported that ...
verleben v/t to spend; **eine schöne Zeit** ~ to have a nice time
verlegen¹ **A** v/t **1** an anderen Ort to move, to transfer **2** (≈ verschieben) to postpone (**auf** +akk until); (≈ vorverlegen) to bring forward (**auf** +akk to) **3** (≈ an falschen Platz legen) to mislay **4** (≈ anbringen) Kabel, Fliesen etc to lay **5** (≈ drucken lassen) to publish **B** v/r **sich auf etw** (akk) ~ to resort to sth; **er hat sich neuerdings auf Golf verlegt** he has taken to golf recently
verlegen² **A** adj **1** embarrassed kein adv, confused **2** **um eine Antwort** ~ **sein** to be lost for an answer **B** adv in embarrassment
Verlegenheit f **1** (≈ Betretenheit) embarrassment; **j-n in** ~ **bringen** to embarrass sb **2** (≈ unangenehme Lage) embarrassing situation; **wenn er in finanzieller** ~ **ist** when he's in financial difficulties
Verlegenheitslösung f stopgap
Verleger(in) m(f) publisher; (≈ Händler) distributor
Verlegung f **1** räumlich transfer **2** zeitlich postponement (**auf** +akk until); (≈ Vorverlegung) bringing forward (**auf** +akk to) **3** von Kabeln etc laying
Verleih m **1** (≈ Unternehmen) rental company; (≈ Filmverleih) distributor(s) (pl) **2** (≈ das Verleihen) renting (out), hiring (out) Br; (≈ Filmverleih) distribution
Verleih- zssgn rental
verleihen v/t **1** (≈ ausleihen) to lend, to loan (**an j-n** to sb); gegen Gebühr to rent (out), to hire (out) Br **2** (≈ zuerkennen) to award (**j-m** to sb); Titel to confer (**j-m** on sb) **3** (≈ geben, verschaffen) to give
Verleihung f **1** (≈ das Ausleihen) lending; gegen Gebühr renting, rental **2** von Preis etc award(ing); von Titel conferment
verleiten v/t (≈ verlocken) to tempt; (≈ verführen) to lead astray; **j-n zum Stehlen** ~ to lead sb to steal
verlernen v/t to forget; **das Tanzen** ~ to forget how to dance
verlesen **A** v/t **1** (≈ vorlesen) to read (out) **2** Gemüse etc to sort **B** v/r **ich habe mich wohl** ~ I must have misread it
verletzbar adj vulnerable
verletzen **A** v/t **1** to injure; in Kampf etc to wound; fig j-n, j-s Gefühle to hurt **2** Gesetz to break; Rechte to violate **B** v/r to injure oneself
verletzend adj Bemerkung hurtful
verletzlich adj vulnerable
verletzt adj hurt; (≈ verwundet) injured
Verletzte(r) m/f(m) injured person; bei Kampf wounded man; **es gab drei** ~ three people were injured
Verletzung f **1** (≈ Wunde) injury **2** (≈ Verstoß) violation

verleugnen v/t to deny; **es lässt sich nicht ~, dass ...** there is no denying that ...
verleumden v/t to slander; *schriftlich* to libel
Verleumder(in) m(f) slanderer; *durch Geschriebenes* libeller *bes Br*, libeler *US*
verleumderisch *adj* slanderous; *in Schriftform* libellous *bes Br*, libelous *US*
Verleumdung f slandering; *schriftlich* libelling *bes Br*, libeling *US*; (≈ *Bemerkung*) slander; (≈ *Bericht*) libel
Verleumdungskampagne f smear campaign
verlieben v/r to fall in love (**in** +*akk* with)
verliebt A *adj Blicke, Worte* amorous; (**in j-n/etw**) **~ sein** to be in love (with sb/sth) B *adv ansehen* lovingly
verlieren A v/t to lose; **er hat hier nichts verloren** *umg* he has no business to be here; **die Lust an etw** (*dat*) **~** to get tired of sth B v/i to lose; **sie hat an Schönheit verloren** she has lost some of her beauty C v/r (≈ *verschwinden*) to disappear; → **verloren**
Verlierer(in) m(f) loser
Verlies n dungeon
verlinken v/t to hyperlink; **auf etwas ~** to hyperlink to sth
verloben v/r to get engaged (**mit** to)
Verlobte(r) m/f(m) **mein ~r** my fiancé; **meine ~** my fiancée
Verlobung f engagement
verlocken v/t & v/i to entice
verlockend *adj* tempting, attractive
Verlockung f enticement; (≈ *Reiz*) allure
verlogen *adj Mensch* lying; *Versprechungen* false; *Moral* hypocritical
Verlogenheit f *von Mensch* mendacity *form*; *von Versprechungen* falseness; *von Moral* hypocrisy
verloren *adj* lost; GASTR *Eier* poached; **j-n/etw ~ geben** to give sb/sth up for lost; **auf ~em Posten stehen** to be fighting a losing battle; → **verlieren**
verloren gehen v/i to get lost
verlosen v/t to raffle (off)
Verlosung f (≈ *Lotterie*) raffle; (≈ *Ziehung*) draw
Verlust m 1 loss; **~ bringend** lossmaking; **mit ~ verkaufen** to sell at a loss 2 **~e** losses *pl*; **schwere ~e haben** to sustain heavy losses
Verlustgeschäft n (≈ *Firma*) lossmaking business *Br*, business operating in the red
verlustreich *adj* 1 HANDEL *Firma* heavily lossmaking 2 MIL *Schlacht* involving heavy losses
vermachen v/t **j-m etw ~** to bequeath sth to sb
Vermächtnis n bequest; *fig* legacy
vermählen *form* A v/t to marry B v/r **sich (mit j-m) ~** to marry (sb)
Vermählung *form* f marriage

vermarkten v/t to market; *fig* to commercialize
Vermarktung f marketing; *fig* commercialization
vermasseln *umg* v/t to mess up *umg*; *Prüfung* to make a mess of
vermehren A v/t to increase B v/r to increase; (≈ *sich fortpflanzen*) to reproduce; *Bakterien* to multiply
Vermehrung f increase; (≈ *Fortpflanzung*) reproduction; *von Bakterien* multiplying
vermeidbar *adj* avoidable
vermeiden v/t to avoid; **es lässt sich nicht ~** it is inevitable *od* unavoidable
vermeidlich *adj* avoidable
vermeintlich *adj* supposed
vermengen v/t to mix; *fig umg Begriffe etc* to mix up
Vermerk m remark; (≈ *Stempel*) stamp
vermerken v/t (≈ *aufschreiben*) to note (down)
vermessen[1] v/t to measure; *Gelände* to survey
vermessen[2] *adj* (≈ *anmaßend*) presumptuous
Vermessenheit f (≈ *Anmaßung*) presumption
Vermessung f measurement; *von Gelände* survey
vermiesen *umg* v/t **j-m etw ~** to spoil sth for sb
vermieten v/t to rent (out), to lease; JUR to lease; **Zimmer zu ~** room for rent
Vermieter m lessor; *von Wohnung etc* landlord
Vermieterin f lessor; *von Wohnung etc* landlady
Vermietung f renting (out); *von Auto* rental, hiring (out) *Br*
vermindern A v/t to reduce; *Zorn* to lessen; **verminderte Zurechnungsfähigkeit** JUR diminished responsibility B v/r to decrease; *Zorn* to lessen; *Reaktionsfähigkeit* to diminish
Verminderung f reduction (+*gen* of); *von Reaktionsfähigkeit* diminishing
verminen v/t to mine
vermischen A v/t to mix; **„Vermischtes"** "miscellaneous" B v/r to mix
vermissen v/t to miss; **vermisst werden** to be missing; **etw an j-m/etw ~** to find sb/sth lacking in sth; **wir haben dich bei der Party vermisst** we didn't see you at the party; **etw ~ lassen** to be lacking in sth
vermisst *adj* missing; **j-n als ~ melden** to report sb missing
Vermisste(r) m/f(m) missing person
vermitteln A v/t to arrange (**j-m** for sb); *Stelle, Partner* to find (**j-m** for sb); *Gefühl, Einblick* to convey, to give (**j-m** to sb); *Wissen* to impart (**j-m** to sb); **wir ~ Geschäftsräume** we are agents for business premises B v/i to mediate; **~d eingreifen** to intervene
Vermittler(in) m(f) 1 mediator 2 HANDEL agent
Vermittlung f 1 arranging; *von Stelle, Partner*

finding; *in Streitigkeiten* mediation; *von Gefühl, Einblick* conveying; *von Wissen* imparting **2** (≈ *Stelle, Agentur*) agency **3** TEL (≈ *Amt*) exchange; *in Firma etc* switchboard **4** (≈ *Sprachmittlung*) mediation

Vermittlungsausschuss *m* POL conciliation committee

Vermittlungsgebühr *f* commission

Vermittlungsversuch *m* attempt at mediation

vermöbeln *umg v/t* to beat up

vermodern *v/i* to moulder *Br*, to molder *US*

Vermögen *n* **1** (≈ *Reichtum*) fortune **2** (≈ *Besitz*) property

vermögend *adj* (≈ *reich*) wealthy

Vermögensberater(in) *m(f)* investment analyst

Vermögensberatung *f* investment consultancy

Vermögensbildung *f* creation of wealth

Vermögenssteuer *f* wealth tax

Vermögensverhältnisse *pl* financial circumstances *pl*

Vermögensverwaltung *f* asset management

vermögenswirksam *adj* ~e Leistungen employer's contributions to tax-deductible savings scheme

vermummen *v/r* (≈ *sich verkleiden*) to disguise oneself; **vermummte Demonstranten** masked demonstrators

Vermummungsverbot *n* ban on wearing masks (at demonstrations)

vermuten *v/t* to suspect; (≈ *annehmen*) to suppose, to guess; **ich vermute es nur** that's only an assumption; **wir haben ihn dort nicht vermutet** we did not expect him to be there; **ich vermute … I** guess …

vermutlich **A** *adj* presumable; *Täter* suspected **B** *adv* presumably

Vermutung *f* (≈ *Annahme*) assumption; (≈ *Mutmaßung*) conjecture; (≈ *Verdacht*) hunch; **die ~ liegt nahe, dass …** there are grounds for the assumption that …

vernachlässigen *v/t* to neglect

vernarren *umg v/r* **sich in etw ~** to fall for sth; **in j-n vernarrt sein** to be crazy about sb *umg*

vernaschen *umg v/t* **1** *für Süßigkeiten ausgeben* **er vernascht sein ganzes Taschengeld** he spends all his pocket money on sweets *Br*, he spends all his allowance on candy *US* **2** *Mädchen* to lay *umg*

vernehmbar **A** *adj* (≈ *hörbar*) audible **B** *adv* audibly

vernehmen *v/t* **1** (≈ *hören, erfahren*) to hear **2** JUR *Zeugen* to examine; *Polizei* to question

vernehmlich **A** *adj* clear **B** *adv* audibly

Vernehmung *f* JUR *von Zeugen* examination; *durch Polizei* questioning

verneigen *v/r* to bow; **sich vor j-m/etw ~** *wörtl* to bow to sb/sth; *fig* to bow down before sb/sth

Verneigung *f* bow (**vor** +*dat* before)

verneinen *v/t & v/i Frage* to answer in the negative; (≈ *leugnen*) *Tatsache* to deny; *These* to dispute; GRAM to negate; **die verneinte Form** the negative (form)

verneinend *adj* negative

Verneinung *f* (≈ *Leugnung*) denial; *von These etc* disputing; GRAM negation; (≈ *verneinte Form*) negative

vernetzen *v/t* to link up; IT to network; **gut vernetzt sein** *fig* to have a lot of contacts

Vernetzung *f* linking-up; IT networking

vernichten *v/t* to destroy

vernichtend **A** *adj* devastating; *Niederlage* crushing **B** *adv* **j-n ~ schlagen** MIL, SPORT to annihilate sb

Vernichtung *f* destruction

Vernichtungsschlag *m* devastating blow; **zum ~ ausholen** to prepare to deliver the final blow

verniedlichen *v/t* to trivialize

vernieten *v/t* to rivet

Vernissage *f* opening (*at art gallery*)

Vernunft *f* reason; **zur ~ kommen** to come to one's senses; **~ annehmen** to see reason; **j-n zur ~ bringen** to make sb see sense

vernünftig **A** *adj* sensible; (≈ *logisch denkend*) rational; *umg* (≈ *anständig*) decent; (≈ *annehmbar*) reasonable **B** *adv* sensibly; (≈ *logisch*) rationally; *umg* (≈ *anständig*) decently; (≈ *annehmbar*) reasonably

veröden *v/i* to become desolate

veröffentlichen *v/t & v/i* to publish

Veröffentlichung *f* publication

verordnen *v/t* to prescribe (**j-m etw** sth for sb)

Verordnung *f* **1** MED prescription **2** *form* (≈ *Verfügung*) decree

verpachten *v/t* to lease (**an** +*akk* to)

verpacken *v/t* to pack; (≈ *einwickeln*) to wrap

Verpackung *f* **1** (≈ *Material*) packaging *kein pl* **2** (≈ *das Verpacken*) packing; (≈ *das Einwickeln*) wrapping

Verpackungskosten *pl* packing *od* packaging costs *pl*

Verpackungsmaterial *n* packaging (material)

Verpackungsmüll *m* packaging waste

verpassen *v/t* **1** (≈ *versäumen*) to miss **2** *umg* (≈ *zuteilen*) **j-m etw ~** to give sb sth; (≈ *aufzwingen*) to make sb have sth; **j-m eins** *od* **eine Ohrfeige ~** to smack sb one *umg*

verpatzen *umg v/t* to spoil

verpennen umg **A** v/t (≈ verschlafen) Termin, Zeit to miss by oversleeping; (≈ verpassen) Einsatz to miss **B** v/i & v/r to oversleep
verpesten v/t to pollute
verpetzen umg v/t to tell od sneak on umg (**bei** to)
verpfänden v/t to pawn
verpfeifen umg v/t to grass on (**bei** to) umg, to shop
verpflanzen v/t to transplant; Haut to graft
Verpflanzung f transplant; von Haut grafting
verpflegen **A** v/t to feed **B** v/r **sich (selbst) ~** to feed oneself; (≈ selbst kochen) to cater for oneself
Verpflegung f **1** (≈ das Verpflegen) catering; MIL rationing **2** (≈ Essen) food; MIL provisions pl; **mit voller ~** (≈ mit Vollpension) with full board
verpflichten **A** v/t **1** to oblige; **sich verpflichtet fühlen, etw zu tun** to feel obliged to do sth; **j-m verpflichtet sein** to be under an obligation to sb **2** (≈ binden) to commit; vertraglich etc to bind; durch Gesetz to oblige; **~d** binding **3** (≈ einstellen) to engage; Sportler to sign on; MIL to enlist **B** v/i (≈ bindend sein) to be binding; **das verpflichtet zu nichts** there is no obligation involved **C** v/r **sich zu etw ~** to undertake to do sth; vertraglich to commit oneself to doing sth
Verpflichtung f **1** obligation (**zu etw** to do sth); finanziell commitment (**zu etw** to do sth); (≈ Aufgabe) duty **2** (≈ Einstellung) engaging; von Sportlern signing (on); MIL enlistment
verpfuschen umg v/t Arbeit etc to bungle; Leben, Erziehung to screw up sl, to ruin; (≈ vermasseln) to mess up
verpissen sl v/r to clear out umg
verplanen v/t Zeit to book up; Geld to budget
verplappern umg v/r to open one's mouth too wide umg
verplempern umg v/t to waste
verpönt adj frowned (up)on (**bei** by)
verprügeln v/t to beat up
verpulvern umg v/t to fritter away
Verputz m plaster; (≈ Rauputz) roughcast
verputzen v/t **1** Wand to plaster; mit Rauputz to roughcast **2** umg (≈ aufessen) to polish off umg
verrammeln v/t to barricade
verramschen v/t HANDEL to sell off cheap; umg a. to flog Br umg
Verrat m betrayal (**an** +dat of); JUR treason (**an** +dat against)
verraten **A** v/t Geheimnis, j-n to betray; (≈ verpfeifen) to shop; (≈ ausplaudern) to tell; fig (≈ erkennen lassen) to reveal; **nichts ~!** don't say a word! **B** v/r to give oneself away
Verräter(in) m(f) traitor (+gen to)
verräterisch adj treacherous; JUR treasonable; (≈ verdächtig) Blick, Lächeln etc telltale attr
verrauchen v/i fig Zorn, Enttäuschung to subside
verräuchern v/t to fill with smoke
verrechnen **A** v/t (≈ begleichen) to settle; Scheck to clear; Gutschein to redeem; **etw mit etw ~** (≈ gegeneinander aufrechnen) to balance sth with sth **B** v/r to miscalculate; **sich um zwei Euro ~** to be out by two euros
Verrechnung f settlement; von Scheck clearing; „**nur zur ~**" "A/C payee only"
Verrechnungsscheck m crossed cheque Br, voucher check US
verrecken vulg v/i to croak umg; sl (≈ kaputtgehen) to give up the ghost umg
verregnet adj rainy
verreisen v/i to go away (on a trip od journey); **er ist geschäftlich verreist** he's away on business Br, he's traveling on business US; **mit der Bahn ~** to go on a train journey
verreißen v/t (≈ kritisieren) to tear to pieces
verrenken v/t to dislocate; Hals to crick
Verrenkung f contortion; MED dislocation
verrichten v/t Arbeit to perform; Andacht to perform; Gebet to say
verriegeln v/t to bolt
verringern **A** v/t to reduce **B** v/r to decrease
Verringerung f (≈ das Verringern) reduction; (≈ Abnahme) decrease; von Abstand lessening
verrinnen v/i Wasser to trickle away (**in** +dat into); Zeit to elapse
Verriss m slating review
verrohen **A** v/t to brutalize **B** v/i to become brutalized; Sitten to coarsen
Verrohung f brutalization
verrosten v/i to rust; **verrostet** rusty
verrotten v/i to rot; (≈ sich organisch zersetzen) to decompose
verrücken v/t to move
verrückt adj **1** (≈ geisteskrank) mad **2** umg crazy; **~ auf** (+akk) od **nach** crazy about umg, nuts about umg; **wie ~** like crazy umg; **j-n ~ machen** to drive sb crazy od wild umg; **~ werden** to go crazy; **du bist wohl ~!** you must be crazy!
Verrückte(r) umg m/f(m) lunatic
Verrücktheit f umg madness, craziness; Handlung crazy thing
verrücktspielen umg v/i to play up
Verrücktwerden n **zum ~** enough to drive one mad od crazy
Verruf m **in ~ geraten** to fall into disrepute; **j-n/etw in ~ bringen** to bring sb/sth into disrepute
verrufen adj disreputable
verrühren v/t to mix
verrutschen v/i to slip

Vers *m* verse; (≈ *Zeile*) line

versagen **A** *v/t* **j-m/sich etw** ~ to deny sb/oneself sth; **etw bleibt** *od* **ist j-m versagt** sb is denied sth **B** *v/i* to fail; *Maschine* to break down; **die Beine/Nerven versagten ihm** his legs gave way/he lost his nerve

Versagen *n* failure; *von Maschine* breakdown; **menschliches** ~ human error

Versager(in) *m(f)* failure

versalzen *v/t* to put too much salt in/on; *umg* (≈ *verderben*) to spoil; **~es Essen** oversalty food

versammeln **A** *v/t* to assemble; **Leute um sich** ~ to gather people around one **B** *v/r* to assemble, to gather; *Ausschuss* to meet

Versammlung *f* (≈ *Veranstaltung*) meeting; (≈ *versammelte Menschen*) assembly

Versammlungsfreiheit *f* freedom of assembly

Versand *m* (≈ *das Versenden*) dispatch *bes Br*, shipment

Versandabteilung *f* shipping department

versandfertig *adj* ready for dispatch

Versandgeschäft *n* (≈ *Firma*) mail-order firm

Versandhandel *m* mail-order business

Versandhaus *n* mail-order firm

Versandhauskatalog *m* mail-order catalogue *Br*, mail-order catalog *US*

Versandkosten *pl* shipping costs *pl*

versauen *umg v/t* 1 (≈ *verschmutzen*) to make a mess of 2 (≈ *ruinieren*) to ruin

versaufen *umg v/t Geld* to spend on booze *umg*; → **versoffen**

versäumen *v/t* to miss; *Zeit* to lose; *Pflicht* to neglect; **(es)** ~, **etw zu tun** to fail to do sth

Versäumnis *n* (≈ *Nachlässigkeit*) failing; (≈ *Unterlassung*) omission

verschachtelt *adj Satz* complex; **ineinander** ~ interlocking

verschaffen *v/t* 1 **j-m etw** ~ *Geld, Alibi* to provide sb with sth 2 **sich** (*dat*) **etw** ~ to obtain sth; *Kenntnisse* to acquire sth; *Ansehen, Vorteil* to gain sth; *Respekt* to get sth

verschandeln *v/t* to ruin

verschanzen *v/r* to entrench oneself (**hinter** +*dat* behind); (≈ *sich verbarrikadieren*) **in etw** to barricade oneself in (**in etw** *dat* sth)

verschärfen **A** *v/t Tempo* to increase; *Gegensätze* to intensify; *Lage* to aggravate; *Spannungen* to heighten; (≈ *strenger machen*) to tighten **B** *v/r Tempo* to increase; *Wettbewerb, Gegensätze* to intensify; *Lage* to become aggravated; *Spannungen* to heighten

verschärft **A** *adj Tempo, Wettbewerb* increased; *Lage* aggravated; *Spannungen* heightened; *Kontrollen* tightened **B** *adv* ~ **aufpassen** to keep a closer watch; ~ **kontrollieren** to keep a tighter control

verscharren *v/t* to bury

verschätzen *v/r* to misjudge, to miscalculate (**in etw** *dat* sth); **sich um zwei Monate** ~ to be out by two months

verschenken *v/t* to give away

verscherzen *v/t* **sich** (*dat*) **etw** ~ to lose sth; **es sich** (*dat*) **mit j-m** ~ to spoil things (for oneself) with sb

verscheuchen *v/t* to scare away

verscheuern *umg v/t* to sell off

verschicken *v/t* 1 (≈ *versenden*) to send off 2 *zur Kur etc* to send away 3 (≈ *deportieren*) to deport

verschieben **A** *v/t* 1 (≈ *verrücken*) to move 2 (≈ *aufschieben*) to change; *auf später* to postpone (**um** for) 3 *umg Waren* to traffic in **B** *v/r* 1 (≈ *verrutschen*) to move out of place; *fig Schwerpunkt* to shift 2 *zeitlich* to be postponed

Verschiebung *f* 1 (≈ *das Verschieben*) moving 2 *von Termin* postponement

verschieden **A** *adj* 1 (≈ *unterschiedlich*) different; **das ist ganz** ~ (≈ *wird verschieden gehandhabt*) that varies 2 (≈ *mehrere, einige*) several 3 **Verschiedenes** different things; *in Zeitungen, Listen* miscellaneous **B** *adv* differently; **die Häuser sind** ~ **hoch** the houses vary in height

verschiedenartig *adj* different; (≈ *mannigfaltig*) diverse

Verschiedenartigkeit *f* variation

Verschiedenheit *f* difference (+*gen* of, in); (≈ *Vielfalt*) variety

verschiedentlich *adv* (≈ *mehrmals*) several times; (≈ *vereinzelt*) occasionally

verschießen **A** *v/t* 1 *Munition* to use up 2 *Sport* to miss **B** *v/r umg* **in j-n verschossen sein** to be crazy about sb *umg*

Verschiffung *f* shipment, shipping

verschimmeln *v/i* to go mouldy *Br*, to go moldy *US*; **verschimmelt** *wörtl* mouldy *Br*, moldy *US*

verschlafen[1] **A** *v/i & v/r* to oversleep **B** *v/t Termin* to miss by oversleeping; (≈ *schlafend verbringen*) *Tag, Morgen* to sleep through; (≈ *verpassen*) *Einsatz* to miss

verschlafen[2] *adj* sleepy

Verschlag *m* (≈ *abgetrennter Raum*) partitioned area; (≈ *Schuppen*) shed

verschlagen *v/t* 1 **etw mit Brettern** ~ to board sth up 2 (≈ *nehmen*) *Atem* to take away; **das hat mir die Sprache** ~ it left me speechless 3 (≈ *geraten lassen*) to bring; **an einen Ort** ~ **werden** to end up somewhere

verschlampen *v/t umg* (≈ *verlieren*) to go and lose *umg*

verschlechtern **A** *v/t* to make worse; *Qualität* to impair **B** *v/r* to get worse; **sich finanziell** ~

to be worse off financially; **sich beruflich ~** to take a worse job

Verschlechterung f worsening; *von Leistung* decline; **eine finanzielle ~** a financial setback

verschleiern A v/t to veil; *Blick* to blur B v/r *Frau* to veil oneself

Verschleiß m wear and tear; (≈ *Verluste*) loss

verschleißen A v/t (≈ *kaputt machen*) to wear out; (≈ *verbrauchen*) to use up B v/i to wear out; → verschlissen C v/r *Menschen* to wear oneself out

Verschleißteil n wearing part

verschleppen v/t ① (≈ *entführen*) j-n to abduct; *Gefangene, Kriegsopfer* to displace ② (≈ *hinauszögern*) *Prozess* to draw out; POL to delay; *Krankheit* to protract

Verschleppte(r) m/f(m) displaced person

Verschleppung f ① *von Menschen* abduction ② (≈ *Verzögerung*) *von Krankheit* protraction; *von Gesetzesänderung* delay

Verschleppungstaktik f delaying tactics pl

verschleudern v/t HANDEL to dump; (≈ *vergeuden*) *Vermögen, Ressourcen* to squander

verschließbar adj *Dosen, Gläser etc* sealable; *Tür, Schublade* lockable

verschließen A v/t ① (≈ *abschließen*) to lock (up); *fig* to close; (≈ *versperren*) to bar; *mit Riegel* to bolt; → verschlossen ② (≈ *zumachen*) to close; *Brief* to seal; *mit Pfropfen: Flasche* to cork; **die Augen/Ohren (vor etw** dat**) ~** to shut one's eyes/ears (to sth) B v/r *Mensch* (≈ *reserviert sein*) to shut oneself off (+dat from); **ich kann mich der Tatsache nicht ~, dass ...** I can't close my eyes to the fact that ...

verschlimmbessern hum v/t to make worse

verschlimmern A v/t to make worse B v/r to get worse

Verschlimmerung f worsening

verschlingen A v/t (≈ *gierig essen*) to devour; *fig Welle, Dunkelheit* to engulf; (≈ *verbrauchen*) *Geld, Strom etc* to eat up; **j-n mit Blicken ~** to devour sb with one's eyes B v/r to become intertwined

verschlissen adj worn (out); *fig Politiker etc* burned-out umg; → verschleißen

verschlossen adj closed; *mit Schlüssel* locked; *mit Riegel* bolted; *Briefumschlag* sealed; **hinter ~en Türen** behind closed doors; → verschließen

Verschlossenheit f *von Mensch* reserve

verschlucken A v/t to swallow B v/r to swallow the wrong way

Verschluss m ① (≈ *Schloss*) lock; (≈ *Pfropfen*) stopper; *an Kleidung* fastener; *an Schmuck* catch; *an Tasche, Buch, Schuh* clasp; **etw unter ~ halten** to keep sth under lock and key ② FOTO shutter

verschlüsseln v/t to (put into) code

Verschlüsselung f coding; code

verschmähen v/t to spurn

verschmelzen v/i to melt together; *Metalle* to fuse; *Farben* to blend; *fig* to blend (**zu** into)

Verschmelzung f ① (≈ *Verbindung*) fusion; *von Farben* blending ② HANDEL merger

verschmerzen v/t to get over

verschmieren A v/t ① (≈ *verstreichen*) to spread (**in** +dat over) ② *Gesicht* to smear; *Geschriebenes* to smudge B v/i to smudge

verschmiert adj *Gesicht* smeary

verschmitzt adj mischievous

verschmort adj charred

verschmutzen A v/t to dirty; *Luft, Umwelt* to pollute; *mit Abfällen* to litter B v/i to get dirty; *Luft, Wasser, Umwelt* to become polluted

verschmutzt adj dirty, soiled; *Luft etc* polluted

Verschmutzung f ① (≈ *das Verschmutzen*) dirtying; *von Luft, Umwelt* pollution; *von Fahrbahn* muddying ② (≈ *das Verschmutztsein*) dirtiness kein pl; *von Luft etc* pollution

verschnaufen umg v/i & v/r to take a breather umg

Verschnaufpause f breather

verschneiden v/t *Wein, Rum* to blend

verschneit adj snow-covered, snowy

verschnupft umg adj ① (≈ *erkältet*) *Mensch* with a cold ② (≈ *beleidigt*) peeved umg

verschnüren v/t to tie up

verschollen adj *Flugzeug, Mensch etc* missing; **ein lange ~er Freund** a long-lost friend; **er ist ~ im Krieg** he is missing, presumed dead

verschonen v/t to spare (**j-n von etw** sb sth); **verschone mich damit!** spare me that!; **von etw verschont bleiben** to escape sth

verschönern v/t to improve (the appearance of); *Wohnung* to brighten (up)

Verschönerung f improvement; *von Wohnung, Zimmer* brightening up

verschränken v/t to cross over; *Arme* to fold

verschrecken v/t to frighten off

verschreiben A v/t (≈ *verordnen*) to prescribe B v/r ① (≈ *falsch schreiben*) to make a slip (of the pen) ② **sich einer Sache** (dat) **~** to devote oneself to sth

verschreibungspflichtig adj only available on prescription

verschrie(e)n adj **als etw verschrieen** notorious for being sth

verschroben adj strange

verschrotten v/t to scrap

Verschrottungsprämie f scrapping premium

verschrumpeln v/i to shrivel

verschüchtern v/t to intimidate

verschulden A v/t to be to blame for; *Unfall* to

cause **B** v/r to get into debt
Verschulden n fault; **ohne sein/mein ~** through no fault of his (own)/of my own od of mine
verschuldet adj **~ sein** to be* in debt
Verschuldung f debts pl
verschütten v/t **1** Flüssigkeit to spill **2** (≈ begraben) **verschüttet werden** Mensch to be buried (alive)
verschüttet adj buried (alive)
verschüttgehen umg v/i to get lost
verschweigen v/t to withhold (j-m etw sth from sb); → verschwiegen
verschwenden v/t to waste (auf +akk on)
Verschwender(in) m(f) spendthrift
verschwenderisch **A** adj wasteful; Leben extravagant; (≈ üppig) lavish; Fülle lavish **B** adv wastefully; **mit etw ~ umgehen** to be lavish with sth
Verschwendung f **~ von Geld/Zeit** waste of money/time
verschwiegen adj Mensch discreet; Ort secluded; → verschweigen
Verschwiegenheit f von Mensch discretion; **zur ~ verpflichtet** bound to secrecy
verschwimmen v/i to become blurred od indistinct; **ineinander ~** to melt od merge into one another; → verschwommen
verschwinden v/i to disappear, to vanish; **verschwinde!** clear out! umg; **(mal) ~ müssen** euph umg to have to go to the bathroom; → verschwunden
Verschwinden n disappearance
verschwindend adv **~ wenig** very, very few; **~ klein** od **gering** minute
verschwitzen v/t umg (≈ vergessen) to forget; **ich habs total verschwitzt** I clean forgot
verschwitzt adj Kleidungsstück sweat-stained; (≈ feucht) sweaty
verschwommen **A** adj Foto fuzzy; Erinnerung vague **B** adv sehen blurred; sich erinnern vaguely; → verschwimmen
verschwören v/r **1** (≈ ein Komplott schmieden) to plot (**mit** with od **gegen** against) **2** (≈ sich verschreiben) **sich einer Sache** (dat) **~** to give oneself over to sth
Verschwörer(in) m(f) conspirator
Verschwörung f conspiracy, plot
verschwunden adj missing; → verschwinden
versehen **A** v/t **1** (≈ ausüben) Amt etc to occupy; Pflichten to perform; Dienst to provide **2** (≈ ausstatten) **j-n mit etw ~** to provide sb with sth; **mit etw ~ sein** to have sth **3** (≈ geben) to give **B** v/r **1** (≈ sich irren) to be mistaken **2** **sich mit etw ~** (≈ sich ausstatten) to equip oneself with sth **3** **ehe man sichs versieht** before you could turn (a)round
Versehen n (≈ Irrtum) mistake; (≈ Unachtsamkeit) oversight; **aus ~** by mistake
versehentlich **A** adj inadvertent; (≈ irrtümlich) erroneous **B** adv inadvertently, by mistake
Versehrte(r) m/f(m) disabled person/man/woman etc
versenden v/t to send
Versendung f sending
versengen v/t Sonne, mit Bügeleisen to scorch; Feuer to singe
versenken **A** v/t to sink; das eigene Schiff to scuttle **B** v/r **sich in etw** (akk) **~** to become immersed in sth
Versenkung f **1** (≈ das Versenken) sinking; von eigenem Schiff scuttling **2** umg **in der ~ verschwinden** to vanish; **aus der ~ auftauchen** to reappear
versessen fig adj **auf etw** (akk) **~ sein** to be very keen on sth
Versessenheit f keenness (**auf** +akk on)
versetzen **A** v/t **1** to move; SCHULE in höhere Klasse to move up **2** (≈ verkaufen) to sell; (≈ verpfänden) to pawn **3** umg (≈ nicht erscheinen) **j-n ~** to stand sb up umg **4** **j-n in fröhliche Stimmung ~** to put sb in a cheerful mood; **j-n in die Lage ~, etw zu tun** to put sb in a position to do sth **5** (≈ geben) Stoß, Tritt etc to give **B** v/r **1** **sich in j-s Lage ~** to put oneself in sb's place od position
Versetzung f beruflich transfer; SCHULE moving up
verseuchen v/t mit Bakterien, Viren to infect; mit Giftstoffen, a. fig to contaminate
verseucht adj mit Bakterien, Viren infected; mit Gas, Giftstoffen contaminated; **radioaktiv ~** contaminated by radiation od radioactivity
Verseuchung f mit Bakterien, Viren infection; mit Giftstoffen, a. fig contamination kein pl
Versicherer m insurer; bei Schiffen underwriter
versichern **A** v/t **1** (≈ bestätigen) to assure; (≈ beteuern) to protest; **j-m ~, dass ...** to assure sb that ... **2** Versicherungswesen to insure; **gegen etw versichert sein** to be insured against sth **B** v/r **1** (≈ Versicherung abschließen) to insure oneself; **sich gegen Unfall ~** to take out accident insurance **2** (≈ sich vergewissern) to make sure od certain
Versicherte(r) m/f(m) insured (party)
Versicherung f **1** (≈ Bestätigung) assurance **2** (≈ Feuerversicherung etc) insurance **3** (≈ Gesellschaft) insurance company
Versicherungsbeitrag m bei Haftpflichtversicherung etc insurance premium
Versicherungsbetrug m insurance fraud
Versicherungsfall m **im ~** in the event of

making a claim
Versicherungskarte f insurance card; **die grüne ~** AUTO the green card Br (*insurance document for driving abroad*)
Versicherungsmakler(in) m(f) insurance broker
Versicherungsnehmer(in) form m(f) policy holder
Versicherungspolice f insurance policy
Versicherungsschein m insurance policy
Versicherungsschutz m insurance cover
Versicherungssumme f sum insured
Versicherungsvertrag m insurance contract
versickern v/i to seep away; fig Interesse to peter out; Geld to trickle away
versiegeln v/t to seal
versiegen v/i Fluss to dry up; Interesse to peter out; Kräfte to fail
versiert adj **in etw** (dat) **~ sein** to be experienced in sth; in Bezug auf Wissen to be (well) versed in sth
versifft sl adj yucky umg
versilbern v/t (≈ mit Silber überziehen) to silver (-plate); fig umg (≈ verkaufen) to sell
versinken v/i to sink; **in etw** (akk) **~** fig in Trauer, Chaos to sink into sth; in Anblick, Gedanken to lose oneself in sth; → **versunken**
Version f version
versklaven v/t to enslave
Versmaß n metre Br, meter US
versnobt adj snobby
versoffen umg adj boozy umg; → **versaufen**
versohlen umg v/t to belt umg
versöhnen A v/t to reconcile; **~de Worte** conciliatory words B v/r to be(come) reconciled; Streitende to make it up; **sich mit etw ~** to reconcile oneself to sth
versöhnlich adj conciliatory; (≈ nicht nachtragend) forgiving
Versöhnung f reconciliation
versonnen adj Gesichtsausdruck pensive; (≈ träumerisch) Blick dreamy
versorgen v/t (≈ sich kümmern um) to look after, to take care of; (≈ beliefern) to supply; (≈ unterhalten) Familie to provide for
Versorgung f (≈ Pflege) care; (≈ Belieferung) supply; **die ~ mit Strom** the supply of electricity; **die ~ im Alter** providing for one's old age
Versorgungsschwierigkeiten pl supply problems pl
Versorgungsstaat m all-providing state
verspannt adj Muskeln tense
verspäten v/r to be late
verspätet A adj late; Zug, Flugzeug delayed B adv late; gratulieren belatedly
Verspätung f delay; **(10 Minuten) ~ haben** to be (10 minutes) late; **mit ~ ankommen** to arrive late
verspekulieren A v/t to lose on the stock market B v/r to make a bad speculation; **wenn du Gnade erwartest, hast du dich verspekuliert** if you're expecting mercy, you're sorely mistaken
versperren v/t Weg etc to block
verspielen A v/t Geld, Zukunft to gamble away; Vertrauen to lose B v/i fig **er hatte bei ihr verspielt** he had had it as far as she was concerned umg
verspielt adj playful; Verzierung dainty
verspotten v/t to mock
versprechen v/t to promise (j-m etw sb sth); **das verspricht interessant zu werden** it promises to be interesting; **sich** (dat) **viel/wenig von etw ~** to have high hopes/no great hopes of sth; **was versprichst du dir davon?** what do you expect to achieve (by that)?
Versprechen n promise
Versprecher umg m slip (of the tongue)
Versprechung f promise
versprühen v/t to spray; Charme to exude
verspüren v/t to feel
verstaatlichen v/t to nationalize
Verstaatlichung f nationalization
Verstand m (≈ Fähigkeit zu denken) reason; (≈ Intellekt) mind; (≈ Vernunft) (common) sense; (≈ Urteilskraft) (powers pl of) judgement; **den ~ verlieren** to lose one's mind; **hast du denn den ~ verloren?** are you out of your mind? umg; **j-n um den ~ bringen** to drive sb out of his/her mind umg; **nicht ganz bei ~ sein** not to be in one's right mind; **das geht über meinen ~** it's beyond me
verständigen A v/t to notify (von of, about) B v/r to communicate (with each other); (≈ sich einigen) to come to an understanding
Verständigung f ▯ (≈ Benachrichtigung) notification ▮ (≈ das Sichverständigen) communication kein unbest art ▰ (≈ Einigung) understanding
Verständigungsschwierigkeiten pl difficulty communicating
verständlich A adj (≈ begreiflich) understandable; (≈ intellektuell erfassbar) comprehensible; (≈ hörbar) audible; (≈ klar) Erklärung intelligible; **j-m etw ~ machen** to get od to put sth across to sb; **sich ~ machen** to make oneself understood B adv clearly
verständlicherweise adv understandably (enough)
Verständnis n ▯ (≈ das Begreifen) understanding (für of); (≈ Mitgefühl) sympathy (für for); **für so was habe ich kein ~** I have no time for that kind of thing; **dafür hast du mein vollstes ~**

you have my fullest sympathy **2** (≈ *Kunstverständnis etc*) appreciation (**für** of)

verständnislos A *adj* uncomprehending; (≈ *ohne Mitgefühl*) unsympathetic; *für Kunst* unappreciative **B** *adv* uncomprehendingly; (≈ *ohne Mitgefühl*) unsympathetically; *gegenüber Kunst* unappreciatively

verständnisvoll *adj* understanding; *Blick* knowing *nur attr*

verstärken A *v/t* to reinforce; *Spannung* to intensify; *Signal, Musik* to amplify **B** *v/r fig* to intensify

Verstärker *m* RADIO, ELEK amplifier

Verstärkung *f* reinforcement; *von Spannung* intensification; ELEK, MUS amplification

verstauben *v/i* to get dusty; *fig* to gather dust; **verstaubt** covered in dust; *fig Ideen* fuddy-duddy *umg*

verstauchen *v/t* to sprain; **sich** (*dat*) **den Fuß** *etc* ~ to sprain one's foot *etc*

verstauen *v/t Gepäck* to load; SCHIFF to stow; *hum Menschen* to pile

Versteck *n* hiding place; *von Verbrechern* hide-out; **~ spielen** to play hide-and-seek *Br*, to play hide-and-go-seek *US*

verstecken A *v/t* to hide (**vor** +*dat* from) **B** *v/r* to hide; **sich vor j-m ~** to hide from sb; **sich hinter etw** (*dat*) **~** to hide behind sth; **Verstecken spielen** to play hide-and-seek *Br*, to play hide-and-go-seek *US*

Versteckspiel *n* hide-and-seek *Br*, hide-and-go-seek *US*

versteckt *adj* hidden; *Eingang* concealed; *Andeutung* veiled

verstehen A *v/t & v/i* to understand; **j-n falsch ~** to misunderstand sb; **das verstehe ich nicht** I don't get it; **ich verstehe** I see; **versteh mich recht** don't get me wrong; **wenn ich recht verstehe ...** if I understand correctly ...; **j-m zu ~ geben, dass ...** to give sb to understand that ... **B** *v/t* **1** (≈ *können*) to know; **es ~, etw zu tun** to know how to do sth; **etwas/nichts von etw ~** to know something/nothing about sth **2** (≈ *auslegen*) to understand, to see; **etw unter etw** (*dat*) **~** to understand sth by sth **C** *v/r* **1** (≈ *kommunizieren können*) to understand each other **2** (≈ *miteinander auskommen*) **sich mit j-m ~** to get on with sb *Br*, to get along with sb **3** (≈ *klar sein*) to go without saying; **versteht sich!** *umg* of course! **4 sich auf etw** (*akk*) **~** to be (an) expert at sth; **die Preise ~ sich einschließlich Lieferung** prices are inclusive of delivery

versteigern *v/t* to auction (off)

Versteigerung *f* (sale by) auction

versteinern A *v/i* GEOL to fossilize; *Holz* to petrify **B** *v/r fig Miene, Gesicht* to harden

versteinert *adj* fossil

Versteinerung *f Vorgang* fossilization; *von Holz* petrification; (≈ *versteinertes Tier etc*) fossil

verstellbar *adj* adjustable

verstellen A *v/t* **1** (≈ *anders einstellen*) to adjust; *Möbel* to move (out of position); (≈ *falsch einstellen*) to adjust wrongly; *Uhr* to set wrong **2** *Stimme* to disguise **3** (≈ *versperren*) to block **B** *v/r* **er kann sich gut ~** he's good at playing a part

versteuern *v/t* to pay tax on; **versteuerte Waren** taxed goods; **das zu ~de Einkommen** taxable income

verstimmen *v/t wörtl* to put out of tune; *fig* to put out

verstimmt *adj Klavier etc* out of tune; *fig* (≈ *verdorben*) *Magen* upset; (≈ *verärgert*) put out

Verstimmung *f* disgruntlement; *zwischen Parteien* ill will

verstohlen A *adj* furtive **B** *adv* furtively

verstopfen *v/t* to stop up; *Straße, Blutgefäß* to block

verstopft *adj* blocked; *Nase* stuffed up, blocked (up); *Mensch* constipated

Verstopfung *f* blockage; MED constipation

verstorben *adj* deceased; **mein ~er Mann** my late husband

Verstorbene(r) *m/f(m)* deceased

verstört *adj* disturbed; *vor Angst* distraught

Verstoß *m* violation (**gegen** of)

verstoßen A *v/t j-n* to disown; *aus einer Gemeinschaft ausschließen* to cast out, to cast away **B** *v/i* **gegen etw ~** to offend against sth; **gegen eine Regel ~** to break a rule

verstrahlt *adj* contaminated (by radiation)

Verstrahlung *f* radiation

verstreichen A *v/t Salbe, Farbe* to apply (**auf** +*dat* to) **B** *v/i Zeit* to elapse; *Frist* to expire

verstreuen *v/t* to scatter; *versehentlich* to spill

verstricken *fig* **A** *v/t* to involve, to embroil **B** *v/r* to become entangled, to get tangled up

verströmen *v/t* to exude

verstümmeln *v/t* to mutilate; *Nachricht* to garble

Verstümmelung *f* mutilation; *von Nachricht* garbling *kein pl*

verstummen *v/i Mensch* to go *od* fall silent; *Gespräch, Musik* to stop; (≈ *langsam verklingen*) to die away

Versuch *m* attempt (**zu tun** at doing, to do); *wissenschaftlich* experiment; (≈ *Test*) trial, test; **einen ~ machen** to make an attempt, to carry out an experiment/a trial; **das käme auf einen ~ an** we'll have to (have a) try

versuchen *v/t* **1** to try; **~, etw zu tun** to try to *od* and do sth; **es mit etw ~** to try sth; **es mit**

Versuchsballon – vertrauen • **1409**

j-m ~ to give sb a try; **versuchter Diebstahl** attempted theft [2] (≈ *in Versuchung führen*) to tempt

Versuchsballon *m* **einen ~ steigen lassen** *fig* to fly a kite

Versuchskaninchen *fig n* guinea pig

Versuchsobjekt *n* test object; *fig Mensch* guinea pig

Versuchsperson *f* test *od* experimental subject

Versuchsstadium *n* experimental stage; **es ist noch im ~** it's still at the experimental stage

versuchsweise *adv* on a trial basis; *einstellen* on trial

Versuchung *f* temptation; **j-n in ~ führen** to lead sb into temptation; **in ~ kommen** to be tempted

versumpfen *v/i* [1] *Gebiet* to become marshy *od* boggy [2] *fig umg* (≈ *lange zechen*) to get involved in a booze-up *umg*

versunken *adj* sunken; *fig* engrossed; **in Gedanken ~** immersed in thought; → versinken

versüßen *fig v/t* to sweeten

vertagen *v/t & v/i* to adjourn; (≈ *verschieben*) to postpone (**auf** +*akk* until, till)

Vertagung *f* adjournment; (≈ *Verschiebung*) postponement

vertauschen *v/t* [1] (≈ *austauschen*) to exchange (**gegen, mit** for); **vertauschte Rollen** reversed roles [2] (≈ *verwechseln*) to mix up

verteidigen [A] *v/t* to defend [B] *v/r* to defend oneself

Verteidiger(in) *m(f)* defender; (≈ *Anwalt*) defence lawyer *Br*, defense lawyer *US*

Verteidigung *f* defence *Br*, defense *US*

Verteidigungsfall *m* **wenn der ~ eintritt** if defence should be necessary

Verteidigungsminister(in) *m(f)* Minister of Defence *Br*, Secretary of Defense *US*

Verteidigungsministerium *n* Ministry of Defence *Br*, Department of Defense *US*

verteilen [A] *v/t* (≈ *austeilen*) to distribute; *Süßigkeiten etc* to share out; *Essen* to dish out; THEAT *Rollen* to allocate; *Farbe* to spread; (≈ *verstreuen*) to spread out, to scatter [B] *v/r Bevölkerung, Farbe* to spread (itself) out; *Reichtum etc* to be distributed; *zeitlich* to be spread (**über** +*akk* over)

Verteiler *m* [1] TECH distributor [2] (≈ *Verteilerschlüssel*) distribution list [3] *für Post* mailing list; **j-n in den ~ aufnehmen** *od* **zum ~ hinzufügen** to add sb to the mailing list; „**Verteiler:**" cc:, carbon copy for:

Verteilerliste *f* distribution list; *für Mails, Briefe* mailing list

Verteilernetz *n* ELEK distribution system; HANDEL distribution network

Verteilerschlüssel *m* distribution list

Verteilung *f* distribution; (≈ *Zuteilung*) allocation

vertelefonieren *umg v/t Geld, Zeit* to spend on the phone

verteuern [A] *v/t* to make more expensive [B] *v/r* to become more expensive

Verteuerung *f* increase in price

verteufeln *v/t* to condemn

vertiefen [A] *v/t* to deepen; *Kontakte* to strengthen [B] *v/r* to deepen; **in etw** (*akk*) **vertieft sein** *fig* to be engrossed in sth

Vertiefung *f* [1] (≈ *das Vertiefen*) deepening [2] *in Oberfläche* depression

vertikal [A] *adj* vertical [B] *adv* vertically

Vertikale *f* vertical line

vertilgen *v/t* [1] *Unkraut etc* to destroy [2] *umg* (≈ *aufessen*) to demolish *umg*

vertippen *v/r umg beim Schreiben* to make a typing error

vertonen *v/t* to set to music

vertrackt *umg adj* awkward, tricky; (≈ *verwickelt*) complicated, complex

Vertrag *m* contract; (≈ *Abkommen*) agreement; POL treaty

vertragen [A] *v/t* to take; (≈ *aushalten*) to stand; **Eier kann ich nicht ~** eggs don't agree with me; **Patienten, die kein Penizillin ~** patients who are allergic to penicillin; **so etwas kann ich nicht ~** I can't stand that kind of thing; **viel ~ können** *umg Alkohol* to be able to hold one's drink *Br*, to be able to hold one's liquor *US*; **j-d könnte etw ~** *umg* sb could do with sth [B] *v/r* **sich (mit j-m) ~** to get on (with sb) *Br*, to get along (with sb); **sich wieder mit j-m ~** to make it up with sb; **sich wieder ~** to be friends again; **sich mit etw ~** *Farbe* to go with sth; *Verhalten* to be consistent with sth

vertraglich [A] *adj* contractual [B] *adv* by contract; *festgelegt* in the/a contract

verträglich *adj* (≈ *umgänglich*) good-natured; *Speise* digestible; (≈ *bekömmlich*) wholesome; **ökologisch/sozial ~** ecologically/socially acceptable

Vertragsabschluss *m* conclusion of a/the contract

Vertragsbruch *m* breach of contract

vertragsbrüchig *adj* **~ werden** to be in breach of contract

Vertragsentwurf *m* draft contract

vertragsgemäß *adj & adv* as stipulated in the contract

vertragsschließend *adj* contracting

Vertragsspieler(in) *m(f)* player under contract

Vertragsstrafe *f* penalty for breach of contract

Vertragswerkstatt *f* authorized repairers *pl*

vertrauen *v/i* **j-m/einer Sache ~** to trust sb/sth;

auf j-n/etw ~ to trust in sb/sth; → **vertraut**
Vertrauen n trust, confidence (**zu, in** +akk od **auf** +akk in); **im ~ (gesagt)** strictly in confidence; **im ~ auf etw** (akk) trusting in sth; **j-n ins ~ ziehen** to take sb into one's confidence; **j-m das ~ aussprechen** PARL to pass a vote of confidence in sb
vertrauenerweckend adj **einen ~en Eindruck machen** to inspire confidence
vertrauensbildend adj confidence-building
Vertrauensfrage f question od matter of trust; **die ~ stellen** PARL to ask for a vote of confidence
Vertrauensfrau f intermediary agent; in Gewerkschaft (union) negotiator od representative
Vertrauenslehrer(in) m(f) liaison teacher (between pupils and staff) guidance teacher US
Vertrauensmann m intermediary agent; in Gewerkschaft (union) negotiator od representative
Vertrauenssache f confidential matter; (≈ Frage des Vertrauens) question od matter of trust
vertrauensvoll **A** adj trusting **B** adv trustingly
Vertrauensvotum n PARL vote of confidence
vertrauenswürdig adj trustworthy, reliable
vertraulich **A** adj **1** (≈ geheim) confidential; (≈ privat) private **2** (≈ freundschaftlich) friendly; (≈ plumpvertraulich) familiar **B** adv confidentially, in confidence
Vertraulichkeit f confidentiality; (≈ Aufdringlichkeit) familiarity
verträumt adj dreamy
vertraut adj intimate; Umgebung familiar; **sich mit etw ~ machen** to familiarize oneself with sth; **mit etw ~ sein** to be familiar with sth; → **vertrauen**
Vertraute(r) m/f(m) close friend
Vertrautheit f intimacy; von Umgebung familiarity
vertreiben v/t to drive away; aus Land to expel (**aus** from); aus Amt to oust; Feind to repulse; fig Sorgen to banish; HANDEL Waren to sell, to market; **sich** (dat) **die Zeit mit etw ~** to pass (away) the time with sth
Vertreibung f expulsion (**aus** from); aus Amt etc ousting
vertretbar adj justifiable; Argument tenable
vertreten v/t **1** (≈ j-s Stelle übernehmen) to replace, to stand in for **2** j-s Interessen, Wahlkreis to represent; **~ sein** to be represented **3** (≈ verfechten) Standpunkt, Theorie to support; Meinung to hold; (≈ rechtfertigen) to justify (**vor** +dat to) **4** **sich** (dat) **die Beine** od **Füße ~** umg to stretch one's legs
Vertreter(in) m(f) **1** representative; HANDEL agent **2** (≈ Ersatz) replacement; im Amt deputy **3** von Doktrin supporter; von Meinung holder

Vertretung f **1** von Menschen stand-in; **die ~ (für j-n) übernehmen** to stand in for sb; **in ~** in Briefen on behalf of **2** von Interessen, Wahlkreis representation; **die ~ meiner Interessen** representing my interests **3** (≈ das Verfechten) supporting; von Meinung holding **4** HANDEL (≈ Firma) agency **5** (≈ Botschaft) **diplomatische ~** embassy
Vertretungsstunde f lesson in which a teacher stands in for a colleague; **eine ~ haben** to be covering a lesson
Vertrieb m **1** sales pl; marketing **2** (≈ Abteilung) sales department
Vertriebene(r) m/f(m) exile
Vertriebsabteilung f sales department
Vertriebskosten pl marketing costs pl
Vertriebsleiter(in) m(f) sales manager
Vertriebssystem n distribution system
Vertriebsweg m channel of distribution
vertrocknen v/i to dry out; Esswaren to go dry; Pflanzen to wither, to shrivel; Quelle to dry up
vertrödeln umg v/t to fritter away, to squander
vertrösten v/t to put off; **j-n auf später ~** to put sb off
vertun **A** v/t to waste **B** v/r umg to slip up umg
vertuschen v/t to hush up
verübeln v/t **j-m etw ~** to take sth amiss; **das kann ich dir nicht ~** I can't blame you for that
verüben v/t to commit
verulken umg v/t to make fun of
verunglimpfen v/t to disparage
verunglücken v/i to have an accident; fig umg (≈ misslingen) to go wrong; **mit dem Auto ~** to be in a car crash
Verunglückte(r) m/f(m) casualty
verunreinigen v/t Luft, Wasser to pollute; (≈ beschmutzen) to dirty
Verunreinigung f von Fluss, Wasser pollution; (≈ Beschmutzung) dirtying
verunsichern v/t to make unsure (**in** +dat of); **verunsichert sein** to be uncertain
veruntreuen v/t to embezzle
Veruntreuung f embezzlement
verursachen v/t to cause
Verursacher(in) m(f) **der ~ kommt für den Schaden auf** the party responsible is liable for the damage
Verursacherprinzip n originator principle; bei Umweltschäden a. polluter pays principle
Verursachung f causing
verurteilen v/t to condemn; JUR to convict (**für** of); zu Strafe to sentence; **j-n zu einer Gefängnisstrafe ~** to give sb a prison sentence
Verurteilte(r) m/f(m) convicted man/woman; JUR convict
Verurteilung f condemnation; (≈ das Schuldig-

sprechen) conviction; *zu einer Strafe* sentencing; (≈ *Urteil*) sentence
vervielfachen v/t & v/r to multiply
vervielfältigen v/t to copy; (≈ *fotokopieren*) to photocopy
Vervielfältigung f **1** (≈ *das Vervielfältigen*) duplication **2** (≈ *Abzug*) copy
vervierfachen v/t & v/r to quadruple
vervollständigen v/t to complete
Vervollständigung f completion
verwackeln v/t to blur
verwählen v/r to misdial
verwahren **A** v/t (≈ *aufbewahren*) to keep (safe) **B** v/r **sich gegen etw ~** to protest against sth
verwahrlosen v/i to go to seed; *Park* to become neglected
verwahrlost adj neglected
Verwahrlosung f neglect
Verwahrung f *von Geld etc* keeping; *von Täter* detention; **j-m etw in ~ geben** to give sth to sb for safekeeping; **j-n in ~ nehmen** to take sb into custody
verwalten v/t to manage; *Amt* to hold; POL *Provinz etc* to govern
Verwalter(in) m(f) administrator
Verwaltung f **1** (≈ *das Verwalten*) management; *von Amt* holding; *von Provinz* government **2** (≈ *Behörde*) administration; **städtische ~** municipal authorities pl
Verwaltungsbehörde f administration
Verwaltungsbezirk m administrative district, borough
Verwaltungsgebühr f administrative charge
Verwaltungskosten pl administrative costs pl
verwandeln **A** v/t (≈ *umformen*) to change, to transform; JUR *Strafe* to commute; **j-n/etw in etw** (akk) **~** to turn sb/sth into sth; **einen Strafstoß ~** to score (from) a penalty; **er ist wie verwandelt** he's a changed man **B** v/i SPORT *sl* **zum 1:0 ~** to make it 1-0 **C** v/r **sich in etw** (akk) **~** to change *od* turn into sth
Verwandlung f change, transformation
verwandt adj related (**mit** to); *Denker, Geister* kindred attr; **~e Seelen** *fig* kindred spirits
Verwandte(r) m/f(m) relation, relative
Verwandtschaft f relationship; (≈ *die Verwandten*) relations pl, relatives pl; *fig* affinity
verwandtschaftlich adj family attr
Verwandtschaftsgrad m degree of relationship
verwanzt adj *Kleider* bug-infested; *umg mit Abhörgeräten* bugged
verwarnen v/t to caution
Verwarnung f caution
Verwarnungsgeld n exemplary fine
verwaschen adj faded (*in the wash*); (≈ *verwässert*) *Farbe* watery; *fig* wishy-washy *umg*
verwässern v/t to water down
verwechseln v/t to mix up; **j-n (mit j-m) ~** to confuse sb with sb; **zum Verwechseln ähnlich sein** to be the spitting image of each other
Verwechslung f confusion; (≈ *Irrtum*) mistake
verwegen adj daring, bold; (≈ *tollkühn*) foolhardy, rash; (≈ *keck*) cheeky Br, saucy
Verwehung f (≈ *Schneeverwehung*) (snow)drift; (≈ *Sandverwehung*) (sand)drift
verweichlichen v/t **j-n ~** to make sb soft; **ein verweichlichter Mensch** a weakling
Verweichlichung f softness
Verweigerer m, **Verweigerin** f refusenik *umg*; (≈ *Kriegsdienstverweigerer*) conscientious objector
verweigern v/t to refuse; *Befehl* to refuse to obey; *Kriegsdienst* to refuse to do; **j-m etw ~** to refuse *od* deny sb sth
Verweigerung f refusal
verweint adj *Augen* tear-swollen; *Gesicht* tear-stained
Verweis m **1** (≈ *Rüge*) reprimand, admonishment; **j-m einen ~ erteilen** to reprimand *od* admonish sb **2** (≈ *Hinweis*) reference (**auf** +akk to)
verweisen v/t **1** (≈ *hinweisen*) **j-n auf etw** (akk)/**an j-n ~** to refer sb to sth/sb **2** *von der Schule* to expel; **j-n vom Platz** *od* **des Spielfeldes ~** to send sb off **3** JUR to refer (**an** +akk to)
verwelken v/i *Blumen* to wilt; *fig* to fade
verwenden **A** v/t to use; **Mühe auf etw** (akk) **~** to put effort into sth; **Zeit auf etw** (akk) **~** to spend time on sth **B** v/r **sich (bei j-m) für j-n ~** to intercede with sb on sb's behalf
Verwendung f use; *von Zeit, Geld* expenditure (**auf** +akk on); **keine ~ für etw haben** to have no use for sth; **für j-n/etw ~ finden** to find a use for sb/sth
verwerfen v/t (≈ *ablehnen*) to reject; *Ansicht* to discard; JUR *Klage, Antrag* to dismiss; *Urteil* to quash
verwerflich adj reprehensible
Verwerfung f **1** (≈ *Ablehnung*) rejection; JUR dismissal; *von Urteil* quashing **2** GEOL fault
verwertbar adj usable
verwerten v/t (≈ *verwenden*) to make use of; *Reste* to use; *Kenntnisse* to utilize, to put to good use; *kommerziell* to exploit; *Körper: Nahrung* to process
Verwertung f utilization; *von Resten* using; *kommerziell* exploitation
verwesen v/i to decay; *Fleisch* to rot
Verwesung f decay
verwetten v/t to gamble away
verwickeln **A** v/t *Fäden etc* to tangle (up); **j-n in etw** (akk) **~** to involve sb in sth; **in etw** (akk)

verwickelt sein to be involved in sth **B** v/r *Fäden etc* to become tangled; **sich in etw** (akk) ~ *fig in Widersprüche* to get oneself tangled up in sth; *in Skandal* to get mixed up in sth
verwickelt *fig umg adj* (≈ schwierig) complicated
Verwick(e)lung *f* involvement (**in** +akk in); (≈ Komplikation) complication
verwildern v/i *Garten* to become overgrown; *Haustier* to become wild
verwildert *adj* wild; *Garten* overgrown; *Aussehen* unkempt
verwinkelt *adj Straße, Gasse* winding
verwirklichen A v/t to realize **B** v/r to be realized
Verwirklichung *f* realization
verwirren A v/t **1** *Fäden etc* to tangle (up) **2** (≈ durcheinanderbringen) to confuse **B** v/r *Fäden etc* to become tangled (up); *fig* to become confused
verwirrend *adj* confusing
verwirrt *adj fig* confused; (≈ perplex) puzzled
Verwirrung *f* confusion
verwischen v/t to blur; *Spuren* to cover over
verwittern v/i to weather
verwitwet *adj* widowed
verwöhnen A v/t to spoil **B** v/r to spoil oneself
verwöhnt *adj* spoiled; *Geschmack* discriminating
verworren *adj* confused; (≈ verwickelt) intricate
verwundbar *adj* vulnerable
Verwundbarkeit *f* vulnerability
verwunden v/t to wound
verwunderlich *adj* surprising; *stärker* astonishing, amazing; (≈ sonderbar) strange, odd
verwundern v/t to astonish, to amaze
verwundert A *adj* astonished, amazed **B** *adv* in astonishment, in amazement
Verwunderung *f* astonishment, amazement
verwundet *adj* hurt, injured
Verwundete(r) *m/f(m)* casualty
Verwundung *f* wound
verwunschen *adj* enchanted
verwünschen v/t **1** (≈ verfluchen) to curse **2** *in Märchen* (≈ verhexen) to bewitch
Verwünschung *f* (≈ Fluch) curse
verwurzelt *adj* rooted
verwüsten v/t to devastate
Verwüstung *f* devastation *kein pl*; **~en anrichten** to inflict devastation

verzagen *geh* v/i to become disheartened; **nicht ~!** don't despair
verzagt A *adj* despondent **B** *adv* despondently
verzählen v/r to miscount
verzahnen v/t *Zahnräder* to cut teeth *od* cogs in, to gear *Br; fig* to (inter)link
verzapfen *umg* v/t *Unsinn* to come out with; *pej Artikel* to concoct
verzaubern v/t to put a spell on
verzehnfachen v/t & v/r to increase tenfold
Verzehr *m* consumption
verzehren v/t to consume
verzeichnen v/t (≈ notieren) to record; *bes in Liste* to enter; **Todesfälle waren nicht zu ~** there were no fatalities; **einen Erfolg zu ~ haben** to have scored a success
verzeichnet *adj* on record
Verzeichnis *n* index; (≈ Tabelle) table; *amtlich* register; IT directory
verzeihen A v/t & v/i (≈ vergeben) to forgive; (≈ entschuldigen) to excuse; **j-m (etw) ~** to forgive sb (for sth); **das ist nicht zu ~** that's unforgivable; **~ Sie!** excuse me!; **~ Sie die Störung** excuse me for disturbing you
verzeihlich *adj* forgivable
Verzeihung *f* forgiveness; (≈ Entschuldigung) pardon; **~!** excuse me!; (≈ tut mir leid) sorry!; **(j-n) um ~ bitten** to apologize (to sb)
verzerren v/t to distort; *Gesicht etc* to contort
verzetteln A v/r to waste a lot of time; *bei Diskussion* to get bogged down **B** v/t (≈ verschwenden) to waste
Verzicht *m* renunciation (**auf** +akk of); *auf Anspruch* abandonment (**auf** +akk of); (≈ Opfer) sacrifice; *auf Recht, Amt* relinquishment (**auf** +akk of)
verzichten v/i to do without *Br*, to go without; **auf j-n/etw ~** (≈ ohne auskommen müssen) to do without sb/sth *Br*, to go without sb/sth; (≈ aufgeben) to give up sb/sth; *auf Erbschaft* to renounce sth; *auf Anspruch* to waive sth; *auf Recht* to relinquish sth; *von etw absehen: auf Kommentar* to abstain from sth; **auf j-n/etw ~ können** to be able to do without sb/sth *Br*, to go without sb/sth
verziehen A v/t **1** *Mund etc* to twist (**zu** into); **das Gesicht ~** to pull a face *Br*, to make a face **2** *Kinder* (≈ verwöhnen) to spoil; → verzogen **B** v/r **1** *Stoff* to go out of shape; *Holz* to warp **2** *Mund, Gesicht etc* to contort **3** (≈ verschwinden) to disappear; *Wolken* to disperse **C** v/i to move (**nach** to)
verzieren v/t to decorate
Verzierung *f* decoration
verzinsen v/t to pay interest on
verzinslich *adj* **nicht ~** free of interest
Verzinsung *f* payment of interest; *Zinssatz* interest rate
verzocken *umg* v/t to gamble away
verzogen *adj Kind* (≈ verwöhnt) spoiled; → verziehen
verzögern A v/t to delay; (≈ verlangsamen) to slow down **B** v/r to be delayed
verzögert *adj* delayed
Verzögerung *f* delay, hold-up
Verzögerungstaktik *f* delaying tactics *pl*

verzollen v/t to pay duty on; **haben Sie etwas zu ~?** have you anything to declare?

verzückt **A** adj enraptured, ecstatic **B** adv ansehen adoringly

Verzückung f rapture, ecstasy; **in ~ geraten** to go into raptures od ecstasies (**wegen** over)

Verzug m **1** delay; **mit etw in ~ geraten** to fall behind with sth; mit Zahlungen to fall into arrears with sth bes Br, to fall behind with sth **2** **es ist Gefahr im ~** there's danger ahead

Verzugszinsen pl interest sg payable, interest payable on arrears bes Br

verzweifeln v/i to despair (**an** +dat of); **es ist zum Verzweifeln!** it drives you to despair!

verzweifelt **A** adj Stimme etc despairing attr, full of despair; Lage, Versuch desperate; **ich bin (völlig) ~** I'm in (the depths of) despair; (≈ ratlos) I'm at my wits' end **B** adv desperately

Verzweiflung f despair; (≈ Ratlosigkeit) desperation; **etw aus ~ tun** to do sth in desperation

verzweigt adj Baum, Familie branched

verzwickt umg adj tricky

Veteran(in) m(f) veteran

Veterinärmedizin f veterinary medicine

Veto n veto

Vetorecht n power of veto

Vetter m cousin

Vetternwirtschaft f nepotism

V-förmig adj V-shaped

vgl. abk (≈ vergleiche) cf., compare

VHS abk (≈ Volkshochschule) adult education centre Br, adult education center US

via adv via

Viadukt m viaduct

Vibration f vibration

Vibrator m a. TEL vibrator

vibrieren v/i to vibrate; Stimme to quiver; Ton to vary

Video n video

Videoaufzeichnung f video recording

Videoblog m video blog

Videobotschaft f video message

Videoclip m video clip

Videofilm m video (film)

Videogalerie f video gallery

Videogerät n video (recorder)

Videointerview n video interview

Videokamera f video camera

Videokassette f video cassette

Videokonferenz f video conference

Videorekorder m video recorder

Videospiel n video game

Videotelefonie f video conferencing

Videotext m Teletext®

Videothek f video (tape) library

videoüberwacht adj **~ sein** to have CCTV

Videoüberwachung f video surveillance; Anlage closed circuit TV, CCTV

Vieh n (≈ Nutztiere) livestock; (≈ bes Rinder) cattle pl

Viehbestand m livestock

Viehfutter n (animal) fodder od feed

viehisch adj brutish; Benehmen swinish; **~ wehtun** to be unbearably painful

Viehtrieb m cattle drive

Viehzucht f (live)stock breeding; (≈ Rinderzucht a.) cattle breeding

viel indef pr & adj **1** adjektivisch a lot of, a great deal of; substantivisch a lot, a great deal; bes fragend, verneint much; **~es** a lot of things; **um ~es besser** etc a lot od much od a great deal better etc; **so ~** so much; **halb/doppelt so ~** half/twice as much; **so ~ (Arbeit** etc) so much od such a lot (of work etc); **~ Spaß!** have fun!; **~en Dank!** thanks a lot!; **~ Glück!** good luck!; **wie ~** how much; bei Mehrzahl how many; **zu ~** too much; **einer/zwei** etc **zu ~** one/two etc too many; **was zu ~ ist, ist zu ~** that's just too much; **ein bisschen ~ (Regen** etc) a bit too much (rain etc); **~ zu tun haben** to have a lot to do **2** **~e** pl adjektivisch many, a lot of; substantivisch many, a lot; **wie ~e?** how many?; **seine ~en Fehler** his many mistakes; **~e glauben, ...** many (people) od a lot of people believe ... **3** adverbial a lot, a great deal; bes fragend, verneint much; **er arbeitet ~** he works a lot; **er arbeitet nicht ~** he doesn't work much; **sich ~ einbilden** to think a lot of oneself; **~ größer** etc much od a lot bigger etc; **~ mehr** lots more; **~ beschäftigt** very busy; **~ diskutiert** much discussed; **~ geliebt** much-loved; **~ zu ~** much od far too much; **~ zu ~e** far too many

viel- zssgn multi-

vieldeutig adj ambiguous

Vieldeutigkeit f ambiguity

Vieleck n polygon

vielerlei adj **1** various, all sorts of **2** substantivisch all kinds od sorts of things

vielfach **A** adj multiple attr, manifold; **auf ~e Weise** in many ways; **auf ~en Wunsch** at the request of many people **B** adv many times; (≈ in vielen Fällen) in many cases

Vielfache(s) n MATH multiple; **um ein ~s besser** etc many times better etc

Vielfalt f (great) variety; **biologische ~** biodiversity

vielfältig adj varied, diverse

vielfarbig adj multicoloured Br, multicolored US

Vielflieger(in) m(f) frequent flier

Vielfraß fig m glutton

vielköpfig umg adj Familie large

vielleicht adv **1** perhaps; **hat er sich ~ verirrt?**

maybe he has got lost; **du könntest ~ Hilfe brauchen** you might need help ☑ (≈ *wirklich*) really; **willst du mir ~ erzählen, dass …?!** do you really mean to tell me that …?; **du bist ~ ein Idiot!** you really are an idiot!; **ich war ~ nervös!** was I nervous! ☒ (≈ *ungefähr*) perhaps, about

vielmals *adv* **danke ~!** thank you very much!, many thanks!; **er lässt ~ grüßen** he sends his best regards

vielmehr *adv* rather; (≈ *sondern, nur*) just

vielsagend Ⓐ *adj* meaningful Ⓑ *adv* meaningfully

vielschichtig *fig adj* complex

vielseitig Ⓐ *adj Mensch, Gerät* versatile; *Interessen* varied; **auf ~en Wunsch** by popular request Ⓑ *adv* **~ interessiert sein** to have varied interests

Vielseitigkeit *f von Mensch, Gerät* versatility; *von Interessen* multiplicity

vielsprachig *adj* multilingual

vielverheißend *adj* promising

vielversprechend *adj* promising

Vielvölkerstaat *m* multinational *od* multiracial state

Vielzahl *f* multitude

Vielzweck- *zssgn* multipurpose

vier *num* ☑ four; **sie ist ~ (Jahre)** she's four (years old); **mit ~ (Jahren)** at the age of four; **~ Millionen** four million; **es ist ~ (Uhr)** it's four (o'clock); **um/gegen ~ (Uhr)** *od* **~e** *umg* at/around four (o'clock); **halb ~** half past three; **zu ~t sein** to be a party of four; **wir waren ~** *od* **zu ~t** there were four of us; **sie kamen zu ~t** four of them came ☒ *j-n* **unter ~ Augen sprechen** to speak to sb in private; **ein Gespräch unter ~ Augen** a private conversation; **auf allen ~en** *umg* on all fours

Vier *f* four

Vierbeiner *hum m* four-legged friend *hum*

vierbeinig *adj* four-legged

vierblätt(e)rig *adj* four-leaved

vierdimensional *adj* four-dimensional

Viereck *n* (≈ *Rechteck*) rectangle

viereckig *adj* square; (≈ *rechteckig*) rectangular

Vierer *m Rudern etc* four; *österr, südd Ziffer* four

Viererbob *m* four-man bob *Br*, four-man bobsled *US*

vierfach *adj* fourfold; *bes* MATH quadruple; **die ~e Menge** four times the amount

vierfüßig *adj* four-legged

vierhändig *adj* MUS four-handed; **~ spielen** to play something for four hands

vierhundert *num* four hundred

vierjährig *adj* (≈ *4 Jahre alt*) four-year-old *attr*; (≈ *4 Jahre dauernd*) four-year *attr*; **ein ~es Kind** a four-year-old child

Vierjährige(r) *m|f(m)* four-year-old

vierköpfig *adj* **eine ~e Familie** a family of four

Vierling *m* quadruplet, quad *umg*

viermal *adv* four times

viermalig *adj Weltmeister etc* four-times *attr*

Vierradantrieb *m* four-wheel drive

vierräd(e)rig *adj* four-wheeled

vierseitig *adj* four-sided; *Brief, Broschüre* four-page *attr*

Viersitzer *m* four-seater

vierspurig *adj* four-lane *attr*

vierstellig *adj* four-figure *attr*

vierstimmig Ⓐ *adj* four-part *attr*, for four voices Ⓑ *adv* **~ singen** to sing a song for four voices

vierstöckig *adj Haus* four-storeyed *Br*, four-storied *US*

vierstufig *adj* four-stage *attr*

vierstündig *adj Reise, Vortrag* four-hour

viert *adj* **zu ~** → **vier**

viertägig *adj* (≈ *4 Tage dauernd*) four-day

viertäglich *adj & adv* every four days

Viertakter *umg m*, **Viertaktmotor** *m* four-stroke (engine)

viertausend *num* four thousand

vierte *adj* → **vierter, s**

vierteilig *adj* four-piece *attr*; *Roman* four-part *attr*, in four parts

viertel *adj* quarter; **eine ~ Stunde** a quarter of an hour; **ein ~ Liter** a quarter (of a) litre *Br*, a quarter (of a) liter *US*; **drei ~ voll** three-quarters full

Viertel[1] *schweiz a. n|m* ☑ *Bruchteil* quarter; *umg* (≈ *Viertelpfund*) ≈ quarter; (≈ *Viertelliter*) quarter litre *Br*, quarter liter *US*; **drei ~ der Bevölkerung** three quarters of the population ☒ *Uhrzeit* **(ein) ~ nach/vor sechs** (a) quarter past/to six

Viertel[2] *n* (≈ *Stadtbezirk*) quarter, district

Vierteldollar *m* quarter

Viertelfinale *n* quarterfinals *pl*

Vierteljahr *n* three months *pl*; HANDEL, FIN quarter

vierteljährig *adj Frist* three months'

vierteljährlich Ⓐ *adj* quarterly; *Kündigungsfrist* three months' *attr* Ⓑ *adv* quarterly

Viertelliter *m|n* quarter of a litre *Br*, quarter of a liter *US*

vierteln *v|t* (≈ *in vier Teile teilen*) to divide into four

Viertelnote *f* crotchet *Br*, quarter note *US*

Viertelpfund *n* ≈ quarter (of a pound)

Viertelstunde *f* quarter of an hour

viertelstündig *adj Vortrag* lasting quarter of an hour

viertelstündlich Ⓐ *adj Abstand* quarter-hour Ⓑ *adv* every quarter of an hour

Viertelton *m* quarter tone

viertens *adv* fourth(ly), in the fourth place

Vierte(r) *m*/*f*(*m*); **~r werden** to be *od* come fourth; **am ~n (des Monats)** on the fourth (of the month)

vierte(r, s) *adj* fourth; **der ~ Oktober** the fourth of October; **den 4. Oktober** October 4th, October the fourth; **am ~n Oktober** on the fourth of October; **der ~ Stock** the fourth floor *Br*, the fifth floor *US*; **im ~n Kapitel/Akt** in chapter/act four

viertürig *adj* four-door *attr*

Vierwaldstättersee *m* **der ~** Lake Lucerne

vierwöchig *adj* four-week *attr*, four weeks long

vierzehn *num* fourteen; **~ Tage** two weeks, a fortnight *sg Br*

vierzehntägig *adj* two-week *attr*, lasting a fortnight *Br*, lasting two weeks

vierzehnte(r, s) *adj* fourteenth

vierzig *num* forty; **(mit) ~ (km/h) fahren** to drive at forty (km/h); **etwa ~ (Jahre alt)** about forty (years old); *Mensch a*. fortyish *umg*; **mit ~ (Jahren)** at forty (years of age); **Mitte ~** in one's mid-forties; **über ~** over forty

Vierzig *f* forty

vierziger *adj* → Vierzigerjahre

Vierziger *m* **die ~** *f* (≈ *Vierzigerjahre*) one's forties; **er ist in den ~n** he is in his forties; **er ist Mitte der ~** he is in his mid-forties

Vierziger(in) *m*(*f*) forty-year-old; **die ~** *pl* people in their forties

Vierzigerjahre *pl* **die ~** one's forties; (≈ *Jahrzehnt*) the forties *sg od pl*

vierzigjährig *adj* (≈ 40 *Jahre alt*) forty-year-old; (≈ 40 *Jahre dauernd*) forty-year

Vierzigstundenwoche *f* forty-hour week

Vierzimmerwohnung *f* four-room apartment *od* flat *Br*

Vierzylindermotor *m* four-cylinder engine

Vietnam *n* Vietnam

Vietnamese *m*, **Vietnamesin** *f* Vietnamese

vietnamesisch *adj* Vietnamese

Vignette *f* vignette; AUTO motorway permit sticker *Br*, turnpike permit sticker *US*

Villa *f* villa

Villenviertel *n* exclusive residential area

Viola *f* MUS viola

violett *adj* purple; *heller* violet

Violine *f* violin; **~ spielen** to play the violin

Violoncello *n* violoncello; **~ spielen** to play the violoncello

VIP *m abk* (= very important person) VIP

Virenschutzprogramm *n* IT anti-virus program

virensicher *adj* virus-protected

Virensuchprogramm *n* IT virus checker *Br*, virus scanner

virtuell *adj* *Realität etc* virtual

virtuos A *adj* virtuoso *attr* B *adv beherrschen* like a virtuoso

Virtuose *m*, **Virtuosin** *f* virtuoso

Virus *n*/*m* virus

Virusinfektion *f* viral *od* virus infection

Virusprogramm *n* IT virus (program)

Visage *umg f* face

Visagist(in) *m*(*f*) make-up artist

vis-à-vis, vis-a-vis A *adv* opposite (**von** to) B *präp* opposite

Visier *n* 1 *am Helm* visor 2 *an Gewehren* sight; **j-n/etw im ~ haben** *fig* to have sb/sth in one's sights

visieren *schweiz v*/*t* (≈ *beglaubigen*) to certify; (≈ *abzeichnen*) to sign

Vision *f* vision

Visite *f* MED *im Krankenhaus* round

Visitenkarte *f* visiting card, calling card *US*, business card

visualisieren *v*/*t* to visualize

visuell *adj* visual

Visum *n* 1 visa 2 *schweiz* (≈ *Unterschrift*) signature

vital *adj* vigorous; (≈ *lebenswichtig*) vital

Vitalität *f* vitality

Vitamin *n* vitamin

vitaminarm *adj* poor in vitamins

Vitaminbombe *umg f* **eine richtige ~ sein** to be chock-full of vitamins *umg*

vitaminhaltig *adj* containing vitamins

Vitaminmangel *m* vitamin deficiency

vitaminreich *adj* rich in vitamins

Vitamintablette *f* vitamin pill

Vitrine *f* (≈ *Schrank*) glass cabinet; (≈ *Schaukasten*) display case

Vize *umg m* number two *umg*

Vize- *zssgn Präsident etc* vice-

Vizemeister(in) *m*(*f*) runner-up

Vizepräsident(in) *m*(*f*) vice president

Vizeweltmeister(in) *m*(*f*) runner-up in the world championship

Vogel *m* bird; **ein seltsamer ~** *umg* a strange bird *umg*; **den ~ abschießen** *umg* to surpass everyone *iron*; **einen ~ haben** *umg* to be crazy *umg*

Vogelbauer *n* birdcage

Vogelbeere *f*, (*a.* **Vogelbeerbaum**) rowan (tree); (≈ *Frucht*) rowan(berry)

Vogelbeobachter(in) *m*(*f*) bird-watcher

Vogelfutter *n* bird food; (≈ *Samen*) birdseed

Vogelgrippe *f* bird flu

Vogelhäuschen *n* (≈ *Futterhäuschen*) birdhouse

Vogelkäfig *m* birdcage

Vogelkunde *f* ornithology

vögeln *umg v*/*t* & *v*/*i* to screw *sl*

Vogelnest *n* bird's nest

Vogelperspektive f bird's-eye view
Vogelscheuche f scarecrow
Vogel-Strauß-Politik f head-in-the-sand policy
Vogerlsalat österr m corn salad
Vogesen pl Vosges pl
Voicemail f TEL voice mail
Vokabel f word; **~n** pl SCHULE vocabulary sg, vocab sg umg
Vokabelheft n vocabulary book
Vokabeltest m vocabulary test
Vokabelverzeichnis n vocabulary
Vokabular n vocabulary
Vokal m vowel
Vokallaut m vowel sound
Vokalmusik f vocal music
Volk n ❶ people pl; (≈ Nation) nation; pej (≈ Pack) rabble pl; **etw unters ~ bringen** Nachricht to spread sth; Geld to spend sth ❷ (≈ ethnische Gemeinschaft) people sg; **die Völker Afrikas** the peoples of Africa ❸ ZOOL colony
Völkerkunde f ethnology
völkerkundlich adj ethnological
Völkermord m genocide
Völkerrecht n international law
völkerrechtlich 🅐 adj under international law; Thema, Frage of international law; Anspruch, Haftung international; **~er Vertrag** international treaty 🅑 adv regeln, entscheiden by international law; klären according to international law; bindend sein under international law
Völkerverständigung f international understanding
Völkerwanderung f HIST migration of the peoples; hum mass exodus
Volksabstimmung f plebiscite
Volksaufstand m national uprising
Volksbefragung f public opinion poll
Volksbegehren n petition for a referendum
Volksentscheid m referendum
Volksfest n public festival; (≈ Jahrmarkt) funfair Br, carnival US
Volksgruppe f ethnic group
Volksheld(in) m(f) popular hero/heroine
Volkshochschule f adult education centre Br, adult education center US
Volkslauf m SPORT open cross-country race

Volksleiden n common disease, endemic disease
Volkslied n folk song
Volksmund m vernacular
Volksmusik f folk music
volksnah adj popular, in touch with the people; POL grass-roots attr
Volksrepublik f people's republic
Volksschule österr f primary school Br, elementary school US
Volksstamm m tribe
Volkstanz m folk dance
Volkstrauertag m national day of mourning, ≈ Remembrance Day Br, ≈ Veterans' Day US
volkstümlich adj folk attr, folksy; (≈ traditionell) traditional; (≈ beliebt) popular
Volksversammlung f people's assembly; (≈ Kundgebung) public gathering
Volksvertreter(in) m(f) representative of the people
Volksvertretung f representative body (of the people)
Volkswirt(in) m(f) economist
Volkswirtschaft f national economy; Fach economics sg, political economy
volkswirtschaftlich adj Schaden, Nutzen economic
Volkswirtschaftslehre f economics sg, political economy
Volkszählung f (national) census
voll 🅐 adj ❶ full; Erfolg complete; Jahr, Wahrheit whole; Haar thick; **~er ... full of ...**; **~er Menschen** crowded; **~ (von** od **mit) etw** full of sth; **j-n nicht für ~ nehmen** not to take sb seriously ❷ **~ sein** umg (≈ satt) to be full, to be full up Br; (≈ betrunken) to be tight Br umg, to be wasted US umg 🅑 adv fully; (≈ vollkommen a.) completely; sl (≈ total) dead Br umg, real US umg; **~ süß** sl really cute Br, real cute US; **das war ~ die süße Karte** sl it was just the cutest card; **~ und ganz** completely, wholly; **~ hinter j-m/etw stehen** to be fully behind sb/sth; **~ zuschlagen** umg to hit out; **~ dabei sein** umg to be totally involved; **~ ausgebildet** od **qualifiziert** fully qualified
vollauf adv fully, completely; **das genügt ~** that's quite enough
vollautomatisch adj fully automatic
Vollbart m (full) beard
Vollbeschäftigung f full employment
Vollbesitz m **im ~** +gen in full possession of
Vollblut n thoroughbred
Vollbremsung f emergency stop
vollbringen v/t (≈ ausführen) to achieve; Wunder to work
vollbusig adj full-bosomed
Volldampf m SCHIFF full steam; **mit ~** at full steam; umg flat out bes Br
vollenden v/t (≈ abschließen) to complete; (≈ vervollkommnen) to make complete
vollendet 🅐 adj completed; Schönheit perfect 🅑 adv perfectly
vollends adv (≈ völlig) completely
Vollendung f completion; (≈ Vollkommenheit) perfection
voller adj → voll

vollessen umg v/r to gorge oneself
Volleyball m volleyball
Vollgas n full throttle; **~ geben** to open it right up; **mit ~** fig umg full tilt
vollgießen v/t (≈ auffüllen) to fill (up)
Vollidiot(in) umg m(f) complete idiot
völlig [A] adj complete; **das ist mein ~er Ernst** I'm completely od absolutely serious [B] adv completely; **er hat ~ recht** he's absolutely od quite right
volljährig adj of age; **~ werden/sein** to come/be of age
Volljährigkeit f majority ohne art
Vollkaskoversicherung f fully comprehensive insurance
Vollkoffer österr umg m (≈ Vollidiot) complete idiot, total div Br umg, total jerk US umg
vollkommen [A] adj perfect; (≈ völlig) complete, absolute [B] adv perfectly
Vollkommenheit f perfection; (≈ Vollständigkeit) completeness, absoluteness
Vollkornbrot n coarse wholemeal bread Br, wholegrain bread
vollkotzen v/t umg **etw ~** to spew all over sth umg
volllabern v/t umg **j-n ~** to bend sb's ear umg
volllaufen v/i to fill up; **etw ~ lassen** to fill sth (up); **sich ~ lassen** umg to get tanked up umg
vollmachen v/t [1] Gefäß to fill (up); Dutzend to make up; Sammlung, Set to complete [2] umg Windeln to fill Br, to dirty US
Vollmacht f (legal) power od authority kein pl, kein unbest art; Urkunde power of attorney; **j-m eine ~ erteilen** to grant sb power of attorney
Vollmilch f full-cream milk
Vollmilchschokolade f full-cream milk chocolate
Vollmond m full moon; **heute ist ~** there's a full moon today
vollmundig adj Wein full-bodied
Vollnarkose f general anaesthetic Br, general anesthetic US
Vollpension f full board
Vollpfosten umg m (≈ Vollidiot) complete idiot, total div Br umg, total jerk US umg
vollquatschen umg v/t **j-n ~** to bend sb's ear umg
vollschlagen umg v/t **sich** (dat) **den Bauch ~** to stuff oneself (with food) umg
vollschlank adj plump, stout; **Mode für ~e Damen** fashion for ladies with a fuller figure
vollschreiben v/t Heft, Seite to fill (with writing)
vollständig [A] adj complete; Adresse full attr; **nicht ~** incomplete [B] adv completely
Vollständigkeit f completeness
vollstopfen v/t to cram full

vollstrecken v/t to execute; Urteil to carry out
Vollstreckung f execution; von Todesurteil carrying out; **~ einer Forderung** enforcement of a claim
Vollstreckungsbescheid m writ of execution; **Vollstreckung einer Forderung** enforcement of a claim, writ of execution
volltanken v/t & v/i to fill up
Volltext m IT full text
Volltextsuche f full text search
Volltreffer m bull's eye
volltrunken adj completely drunk
Vollversammlung f general assembly; von Stadtrat etc full meeting
Vollwaschmittel n detergent
vollwertig adj Mitglied full attr; Ersatz (fully) adequate
Vollwertkost f wholefoods pl
vollzählig [A] adj Anzahl complete; **um ~es Erscheinen wird gebeten** everyone is requested to attend [B] adv **sie sind ~ erschienen** everyone came
Vollzeit f full-time work od employment; **auf ~ gehen** to go full-time
Vollzeit- zssgn full-time
vollzeitbeschäftigt adj full-time
Vollzeitstelle f full-time position
vollziehen [A] v/t to carry out; Trauung to perform [B] v/r to take place
Vollzug m (≈ Strafvollzug) penal system
Vollzugsanstalt form f penal institution
Vollzugsbeamte(r) m, **Vollzugsbeamtin** form f warder
Volontär(in) m(f) trainee
Volontariat n Zeit practical training
volontieren v/i to be training (**bei** with)
Volt n volt
Voltmeter n voltmeter
Voltzahl f voltage
Volumen n wörtl, fig (≈ Inhalt) volume
vom präp **vom 1. bis zum 5. Mai** from 1st to 5th May; **das kommt vom vielen Arbeiten** that comes from working too much; **sie hat keine Ahnung vom Tanzen** she doesn't know the first thing about dancing; → von
von präp [1] from; **nördlich von** to the north of; **von heute ab** od **an** from today; **von dort aus** from there; **von weit her** far; **von … bis** from … to; **von morgens bis abends** from morning till night [2] Urheberschaft ausdrückend by; **das Gedicht ist von Schiller** the poem is by Schiller; **das Kind ist von ihm** the child is his; **von etw begeistert** enthusiastic about sth [3] **ein Riese von einem Mann** umg a giant of a man; **dieser Dummkopf von Gärtner!** umg that idiot of a gardener!; **im Alter von 50 Jahren** at the

age of 50

voneinander *adv* of each other, of one another; **sich ~ trennen** to part *od* separate (from each other *od* one another); **~ getrennt** apart

vonseiten *präp* on the part of

vor **A** *präp* **1** *räumlich* in front of; (≈ *außerhalb von*) outside; *bei Reihenfolge* before; **die Stadt lag vor uns** the town lay before us; **vor allen Dingen, vor allem** above all; **vor dem Fernseher sitzen** to sit in front of the TV **2** *Richtung angebend* in front of **3** *zeitlich* before; *vor einem bestimmten Datum* prior to; **vor dem Abendessen** before dinner; **zwanzig (Minuten) vor drei** twenty (minutes) to three; **heute vor acht Tagen** a week ago today; **vor einer Minute** a minute ago; **vor einigen Tagen** a few days ago; **vor Hunger sterben** to die of hunger; **vor Kälte zittern** to tremble with cold **4** *vor j-m/etw sicher sein* to be safe from sb/sth; **Achtung vor j-m/etw haben** to have respect for sb/sth **B** *adv* **vor und zurück** backwards and forwards

vorab *adv* to begin *od* start with

Vorabend *m* evening before; **das war am ~** that was the evening before

Vorahnung *f* presentiment, premonition; LIT foreshadowing

voran *adv* **1** (≈ *vorn*) first **2** (≈ *vorwärts*) forwards

voranbringen *v/t* to make progress with; *Entwicklung* to further

vorangehen *v/i* **1** (≈ *an der Spitze gehen*) to go first *od* in front; (≈ *anführen*) to lead the way **2** *zeitlich* **einer Sache** (*dat*) **~** to precede sth **3** (≈ *Fortschritte machen*) to come along

vorankommen *v/i* to make progress; **beruflich ~** to get on in one's job; **wie komme ich voran?** how am I doing?

Voranmeldung *f* appointment; (≈ *Reservierung*) booking, reservation

Voranschlag *m* estimate

Vorarbeit *f* groundwork

vorarbeiten *v/t & v/i* to work in advance

Vorarbeiter *m* foreman

Vorarbeiterin *f* forewoman

Vorarlberg *n* Vorarlberg

voraus *adv* (≈ *voran*) in front (+*dat* of); *fig* ahead (+*dat* of); **im Voraus** in advance

vorausahnen *v/t* to anticipate

vorausbezahlt *adj* prepaid

vorausfahren *v/i* to go in front (+*dat* of); *Fahrer* to drive in front (+*dat* of)

vorausgehen *v/i* → vorangehen

vorausgesetzt *adj* **~, (dass) ...** provided (that) ...

voraushaben *v/t* **j-m etw ~** to have the advantage of sth over sb

Vorauskasse *f* WIRTSCH cash in advance

vorausplanen *v/t & v/i* to plan ahead

Voraussage *f* prediction; (≈ *Wettervoraussage*) forecast

voraussagen *v/t* to predict (**j-m** for sb); *Wetter* to forecast

vorausschicken *v/t* to send on ahead *od* in advance (+*dat* of); *fig* (≈ *vorher sagen*) to say in advance (+*dat* of)

voraussehen *v/t* to foresee; **das war vorauszusehen!** that was (only) to be expected!

voraussetzen *v/t* to presuppose; *Zustimmung, Verständnis* to take for granted; (≈ *erfordern*) to require; **wenn wir einmal ~, dass ...** let us assume that ...

Voraussetzung *f* prerequisite, precondition; (≈ *Erfordernis*) requirement; (≈ *Annahme*) assumption; **unter der ~, dass ...** on condition that ...

Voraussicht *f* foresight; **aller ~ nach** in all probability

voraussichtlich **A** *adj* expected **B** *adv* probably

Vorauszahlung *f* advance payment

Vorbehalt *m* reservation; **unter dem ~, dass ...** with the reservation that ...

vorbehalten *v/t* **sich** (*dat*) **etw ~** to reserve sth (for oneself); *Recht* to reserve sth; **alle Rechte ~** all rights reserved; **Änderungen (sind) ~** subject to alterations

vorbehaltlos **A** *adj* unconditional **B** *adv* without reservations

vorbei *adv* **1** *räumlich* past, by; **~ an** (+*dat*) past **2** *zeitlich* **~ sein** to be past; (≈ *beendet*) to be over; **es ist schon 8 Uhr ~** it's already past *od* after 8 o'clock; **damit ist es nun ~** that's all over now; **aus und ~** over and done

vorbeibringen *umg v/t* to drop by *od* in, to bring round

vorbeifahren *v/i* to go/drive past (**an j-m** sb); **an etw** (*dat*) **~** to pass sth; **bei j-m ~** *umg* to drop in on sb

vorbeigehen *v/i* **1** to pass, to go past *od* by (**an j-m/etw** sb/sth); **bei j-m ~** *umg* to drop in on sb; **im Vorbeigehen** in passing **2** (≈ *vergehen*) to pass

vorbeikommen *v/i* to pass, to go past (**an j-m/etw** sb/sth); *an einem Hindernis* to get past; **an einer Aufgabe nicht ~** to be unable to avoid a task

vorbeilassen *v/t* to let past (**an j-m/etw** sb/sth)

vorbeireden *v/i* **an etw** (*dat*) **~** to talk round sth; **aneinander ~** to talk at cross purposes

vorbelastet *adj* handicapped

Vorbemerkung *f* introductory *od* preliminary remark

vorbereiten **A** *v/t* to prepare; **Dinge ~** to get things ready **B** *v/r* to prepare (oneself) (**auf** +*akk*

for), to get ready (**auf** +akk for)
Vorbereitung f preparation; **~en treffen** to make preparations
vorbestellen v/t to order in advance
Vorbestellung f advance order; von Zimmer (advance) booking
vorbestraft adj previously convicted
vorbeugen **A** v/i to prevent (**einer Sache** dat sth) **B** v/r to bend forward od over
vorbeugend adj preventive
Vorbeugung f prevention (**gegen, von** of)
Vorbild n model; Mensch role model; (≈ Beispiel) example; **nach amerikanischem ~** following the American example; **sich** (dat) **j-n zum ~ nehmen** to model oneself on sb
vorbildlich **A** adj exemplary; ideal **B** adv exemplarily
Vorbote m, **Vorbotin** fig f harbinger, herald
vorbringen v/t **1** umg (≈ nach vorn bringen) to take up or forward **2** (≈ äußern) to say; Wunsch, Forderung to state; Klage to lodge; Kritik to make; Bedenken to express; Argument to produce
Vordach n canopy
vordatieren v/t to postdate; Ereignis to predate
Vordenker(in) m(f) mentor
Vorder- zssgn Ansicht, Rad, Tür, Zahn front
Vorderachse f front axle
Vorderansicht f front view
Vorderbein n foreleg
vordere(r, s) adj front; **im ~n Teil** at the front
Vordergrund m foreground; **im ~ stehen** fig to be to the fore; **etw in den ~ rücken** od **stellen** fig to give priority to sth; **in den ~ treten** fig to come to the fore
vordergründig fig adj (≈ oberflächlich) superficial
Vordermann m person in front; **sein ~** the person in front of him; **etw auf ~ bringen** fig umg Kenntnisse to brush sth up; (≈ auf neuesten Stand bringen) to bring sth up-to-date
Vorderrad n front wheel
Vorderradantrieb m front-wheel drive
Vorderseite f front
Vordersitz m front seat
vorderste(r, s) adj front(most)
Vorderteil n front part
Vordertür f front door
vordrängeln v/r **1** nach vorn to push (forward) **2** in einer Schlange to push in, to cut in line US
vordrängen v/r to push to the front
vordringen v/i to advance; **bis zu etw ~** to get as far as sth
vordringlich adj urgent
Vordruck m form
vorehelich adj premarital
voreilig adj rash; **~e Schlüsse ziehen** to jump to conclusions
voreinander adv räumlich in front of one another; **wir haben keine Geheimnisse ~** we have no secrets from each other
voreingenommen adj prejudiced, biased
Voreingenommenheit f prejudice, bias
voreingestellt adj bes IT preset
Voreinstellung f bes IT presetting
vorenthalten v/t **j-m etw ~** to withhold sth from sb
Vorentscheidung f preliminary decision; SPORT preliminary round od heat; SPORT **das war die ~** that more or less settles it
vorerst adv for the time being
Vorfahr m, **Vorfahre** m, **Vorfahrin** f ancestor
vorfahren v/i **1** (≈ nach vorn fahren) to drive od move forward **2** (≈ ankommen) to drive up **3** (≈ früher fahren) **wir fahren schon mal vor** we'll go on ahead
Vorfahrt f right of way; „**Vorfahrt (be)achten**" "give way" Br, "yield" US; **j-m die ~ nehmen** to ignore sb's right of way
Vorfahrtsschild n give way sign Br, yield sign US
Vorfahrtsstraße f major road
Vorfall m incident
vorfallen v/i (≈ sich ereignen) to happen
vorfeiern v/t & v/i to celebrate early
Vorfeld n fig run-up (+gen to); **im ~ der Wahlen** in the run-up to the elections
vorfinden v/t to find, to discover
Vorfreude f anticipation
vorfühlen fig v/i **bei j-m ~** to sound sb out, to feel sb out US
vorführen v/t **1 den Gefangenen dem Haftrichter ~** to bring the prisoner up before the magistrate **2** (≈ zeigen) to present; Kunststücke to perform (+dat to); Film to show; Gerät to demonstrate (+dat to)
Vorführung f presentation; von Filmen showing; von Geräten demonstration; von Kunststücken performance
Vorgang m **1** (≈ Ereignis) event **2** TECH etc process
Vorgänger(in) m(f) predecessor
Vorgarten m front garden
vorgeben v/t **1** (≈ vortäuschen) to pretend; (≈ fälschlich beteuern) to profess **2** SPORT to give (a start of)
vorgefasst adj Meinung preconceived
vorgefertigt adj prefabricated; Meinung preconceived
Vorgefühl n anticipation; (≈ böse Ahnung) presentiment, foreboding
vorgehen v/i **1** (≈ handeln) to act; **gerichtlich gegen j-n ~** to take legal action against sb **2**

(≈ *geschehen*) to go on **3** *Uhr* to be fast **4** (≈ *nach vorn gehen*) to go forward; (≈ *früher gehen*) to go on ahead **5** (≈ *den Vorrang haben*) to come first
Vorgehen *n* action
Vorgeschichte *f* **1** *eines Falles* past history **2** (≈ *Urgeschichte*) prehistoric times *pl*
vorgeschichtlich *adj* prehistoric
Vorgeschmack *m* foretaste
Vorgesetzte(r) *m/f(m)* superior; (≈ *Aufseher*) supervisor
vorgestern *adv* the day before yesterday; **von ~** *fig* antiquated
vorglühen *v/i umg Alkohol konsumieren* to pre-game *US*; **bevor sie in die Disko gehen, glühen die Jugendlichen ordentlich vor** the young people have plenty to drink before they go to the disco; **er kam schon gut vorgeglüht zur Party** he'd already had plenty to drink before he got to the party
vorgreifen *v/i* **j-m ~** to forestall sb; **einer Sache** (*dat*) **~** to anticipate sth
Vorgriff *m* anticipation (**auf** +*akk* of); **im ~ auf** (+*akk*) in anticipation of
vorhaben *v/t* to intend; (≈ *geplant haben*) to have planned; (≈ *im Schilde führen*) to be up to; **was haben Sie heute vor?** what are your plans for today?; **hast du heute Abend schon etwas vor?** have you already got something planned this evening?
Vorhaben *n* plan
vorhalten **A** *v/t* **1** → **vorwerfen 2** *als Beispiel* **j-m j-n/etw ~** to hold sb/sth up to sb **3** (≈ *vor den Körper halten*) to hold up **B** *v/i* (≈ *anhalten*) to last
Vorhaltung *f* reproach; **j-m (wegen etw) ~en machen** to reproach sb (with *od* for sth)
Vorhand *f* SPORT forehand
vorhanden *adj* (≈ *verfügbar*) available; (≈ *existierend*) in existence; **davon ist genügend ~** there's plenty of that
Vorhandensein *adj* existence
Vorhang *m* curtain
Vorhängeschloss *n* padlock
Vorhaut *f* foreskin
vorher *adv* before; (≈ *im Voraus*) beforehand
vorherbestimmen *v/t Schicksal* to predetermine; *Gott* to preordain
vorhergehend *adj Tag, Ereignisse* preceding
vorherig *adj* previous; *Vereinbarung* prior
Vorherrschaft *f* predominance, supremacy; (≈ *Hegemonie*) hegemony
vorherrschen *v/i* to predominate
vorherrschend *adj* predominant; (≈ *weitverbreitet*) prevalent
Vorhersage *f* forecast
vorhersagen *v/t* → **voraussagen**

vorhersehbar *adj* foreseeable
vorhersehen *v/t* to foresee
vorhin *adv* just now
Vorhinein *adv* **im ~** in advance
Vorhut *f* MIL vanguard, advance guard
vorig *adj* (≈ *früher*) previous; (≈ *vergangen*) *Jahr etc* last
vorinstalliert *adj* pre-installed
Vorjahr *n* previous year
Vorkämpfer(in) *m/f(m)* pioneer (**für** of)
Vorkasse *f* **„Zahlung nur gegen ~"** "advance payment only"
vorkauen *v/t Nahrung* to chew; **j-m etw** (*akk*) **~** *fig umg* to spoon-feed sth to sb *umg*
Vorkaufsrecht *n* right of first refusal
Vorkehrung *f* precaution; **~en treffen** to take precautions
Vorkenntnis *f* previous knowledge *kein pl*
vorknöpfen *fig umg v/t* **sich** (*dat*) **j-n ~** to take sb to task
vorkommen *v/i* **1** (≈ *sich ereignen*) to happen; **so etwas ist mir noch nie vorgekommen** such a thing has never happened to me before **2** (≈ *vorhanden sein*) to occur; *Pflanzen, Tiere* to be found **3** (≈ *erscheinen*) to seem; **das kommt mir merkwürdig vor** that seems strange to me; **sich** (*dat*) **überflüssig ~** to feel superfluous **4** (≈ *nach vorn kommen*) to come forward
Vorkommnis *n* incident
Vorkriegs- *zssgn* prewar
Vorkriegszeit *f* prewar period
vorladen *v/t* JUR to summons
Vorladung *f* summons
Vorlage *f* **1** (≈ *das Vorlegen*) presentation; *von Beweismaterial* submission; **gegen ~ einer Sache** (*gen*) (up)on production *od* presentation of sth **2** (≈ *Muster*) pattern; (≈ *Entwurf*) draft
vorlassen *v/t* **1** *umg* **j-n ~** (≈ *vorbeigehen lassen*) to let sb pass; **ein Auto ~** (≈ *überholen lassen*) to let a car pass **2** (≈ *Empfang gewähren*) to allow in
Vorlauf *m* SPORT qualifying *od* preliminary heat
Vorläufer(in) *m/f(m)* forerunner
vorläufig **A** *adj* temporary; *Urteil* preliminary **B** *adv* (≈ *fürs Erste*) for the time being
vorlaut *adj* cheeky *Br*, impertinent
Vorleben *n* past (life)
vorlegen *v/t* **1** (≈ *präsentieren*) to present; *Pass* to show; *Beweismaterial* to submit **2** *Riegel* to put across; *Schloss* to put on **3** (≈ *vorstrecken*) *Geld* to advance
Vorleger *m* mat
vorlehnen *v/r* to lean forward
Vorleistung *f* WIRTSCH (≈ *Vorausbezahlung*) advance (payment)
vorlesen *v/t & v/i* **j-m (etw) ~** to read (sth) to sb; **laut ~** to read out

Vorlesung f UNIV lecture; **über etw** (akk) **~en halten** to give (a course of) lectures on sth
Vorlesungsverzeichnis n lecture timetable
vorletzte(r, s) adj next to last, penultimate; **im ~n Jahr** the year before last
Vorliebe f preference; **~n** likes
vorliebnehmen v/i **mit j-m/etw ~** to make do with sb/sth
vorliegen A v/i (≈ zur Verfügung stehen) to be available; (≈ vorhanden sein) Irrtum, Schuld etc to be; Gründe, Voraussetzungen to exist; **j-m ~** Unterlagen etc to be with sb; **etw liegt gegen j-n vor** sth is against sb; **gegen Angeklagten** sb is charged with sth B v/i to be; **es muss ein Irrtum ~** there must be some mistake
vorlügen v/t **j-m etwas ~** to lie to sb
vormachen v/t **j-m etw ~** (≈ zeigen) to show sb how to do sth; fig (≈ täuschen) to fool sb; **ich lasse mir so leicht nichts ~** you/he etc can't fool me so easily; **sich** (dat) **(selbst) etwas ~** to fool oneself
Vormacht(stellung) f supremacy (**gegenüber** over)
Vormarsch m MIL advance; **im ~ sein** fig to be gaining ground
vormerken v/t to note down; Plätze to reserve; **ich werde Sie für Mittwoch ~** I'll put you down for Wednesday
Vormieter(in) m(f) previous tenant
Vormittag m morning; **am ~** in the morning; **heute ~** this morning
vormittags adv in the morning; (≈ jeden Morgen) in the morning(s); hinter Uhrzeit am Br, a.m. US
Vormund m guardian
Vormundschaft f guardianship
vorn adv 1 in front, at the front; **nach ~** (≈ ganz nach vorn) to the front; (≈ weiter nach vorn) forwards; **~ im Bild** in the front of the picture; **sie waren ziemlich weit ~** they were quite far ahead 2 (≈ am Anfang) **von ~** from the beginning; **von ~ anfangen** to begin at the beginning; neues Leben to start afresh 3 (≈ am vorderen Ende) at the front; **~ im Auto** in the front of the car; **er betrügt sie von ~ bis hinten** he deceives her right, left and centre Br, he deceives her right, left and center US
Vorname m first name
vornehm A adj 1 kultiviert distinguished; Benehmen genteel; **die ~e Gesellschaft** high society 2 (≈ elegant) Wohngegend, Haus posh umg; Geschäft exclusive; Kleid elegant; Auto smart; Geschmack refined B adv wohnen grandly; **~ tun** pej umg to act posh umg
vornehmen v/t (≈ ausführen) to carry out; Änderungen to do; Messungen to take; **(sich** dat**) etw ~** (≈ in Angriff nehmen) to get to work on sth; (≈ planen) to intend to do sth; **ich habe mir zu viel vorgenommen** I've taken on too much; **sich** (dat) **j-n ~** umg to have a word with sb
vornherein adv **von ~** from the start
vornüber adv forwards
Vorort m (≈ Vorstadt) suburb
Vorortzug m suburban train
Vorplatz m forecourt
Vorposten m MIL outpost
Vorprogramm n supporting bill, warm-up act US
vorprogrammieren v/t to preprogram
vorprogrammiert adj Erfolg etc inevitable; Verhaltensweise preprogrammed
Vorrang m 1 **~ haben** to have priority; **j-m den ~ geben** to give sb priority 2 österr (≈ Vorfahrt) right of way
vorrangig adj priority attr; **~ sein** to have (top) priority; **eine Angelegenheit ~ behandeln** to give a matter priority treatment
Vorrat m stock, supply; bes HANDEL stocks pl; (≈ Geldvorrat) reserves pl; an Atomwaffen stockpile; **solange der ~ reicht** HANDEL while stocks last
vorrätig adj in stock; (≈ verfügbar) available
Vorratsdatenspeicherung f POL BRD data retention
Vorratskammer f pantry
vorrechnen v/t **j-m etw ~** to calculate sth for sb; **j-m seine Fehler ~** fig to enumerate sb's mistakes
Vorrecht n prerogative; (≈ Vergünstigung) privilege
Vorredner(in) m(f) (≈ vorheriger Redner) previous speaker
Vorrichtung f device
vorrücken A v/t to move forward; Schachfigur to advance B v/i to move forward; MIL to advance; im Beruf etc to move up; **in vorgerücktem Alter** in later life; **zu vorgerückter Stunde** at a late hour
Vorruhestand m early retirement; **in den ~ gehen** od **treten** to take early retirement
Vorrunde f SPORT preliminary od qualifying round
vorsagen A v/t **j-m etw ~** Antwort, Lösung to tell sb sth B v/i SCHULE **j-m ~** to tell sb the answer
Vorsaison f low season
Vorsatz m (firm) intention; **mit ~** JUR with intent
vorsätzlich A adj deliberate; JUR Mord premeditated B adv deliberately
Vorschau f preview; für Film trailer
Vorschein m **zum ~ bringen** wörtl (≈ zeigen) to produce; fig (≈ deutlich machen) to bring to light; **zum ~ kommen** wörtl (≈ sichtbar werden) to appear; fig (≈ entdeckt werden) to come to light

vorschieben v/t **1** (≈ *davorschieben*) to push in front; *Riegel* to put across **2** *fig* (≈ *vorschützen*) to put forward as an excuse

vorschießen v/t **j-m Geld ~** to advance sb money

Vorschlag m suggestion; (≈ *Rat*) advice; (≈ *Angebot*) proposition; **auf ~ von** *od +gen* at *od* on the suggestion of

vorschlagen v/t to suggest; **j-n für ein Amt ~** to propose sb for a position

vorschnell adj & adv → voreilig

vorschreiben v/t (≈ *befehlen*) to stipulate; MED *Dosis* to prescribe; **j-m ~, wie/was ...** to dictate to sb how/what ...; **gesetzlich vorgeschrieben** stipulated by law

Vorschrift f (≈ *Bestimmung*) regulation, rule; (≈ *Anweisung*) instruction; **j-m ~en machen** to give sb orders; **sich an die ~en halten** to observe the regulations; **Arbeit nach ~** to work to rule

vorschriftsmäßig **A** adj regulation *attr*; *Verhalten* correct, proper *attr* **B** adv (≈ *laut Anordnung*) according to (the) regulations

vorschriftswidrig adj & adv contrary to *od* against regulations

Vorschub m **j-m/einer Sache ~ leisten** to encourage sb/sth

Vorschule f nursery school; *für 5- bis 6-Jährige in den USA* kindergarten

Vorschuss m advance

Vorschusslorbeeren pl premature praise sg

vorschützen v/t to plead as an excuse; *Unwissenheit* to plead

vorschwärmen v/i **j-m von etw ~** to rave (on) about sth to sb

vorschweben v/i **j-m schwebt etw vor** sb has sth in mind

vorsehen **A** v/t (≈ *planen*) to plan; (≈ *einplanen*) *Kosten* to allow for; *Zeit* to allow; *im Gesetz* to provide for; **j-n für etw ~** (≈ *beabsichtigen*) to have sb in mind for sth **B** v/r (≈ *sich in Acht nehmen*) to watch out; **sich vor j-m/etw ~** to beware of sb/sth

Vorsehung f **die (göttliche) ~** (divine) Providence

vorsetzen v/t **1** *Fuß* to put forward **2** **j-m etw ~** (≈ *geben*) to give sb sth; (≈ *anbieten*) to offer sb sth

Vorsicht f care; *bei Gefahr* caution; **~ walten lassen** to be careful; *bei Gefahr* to exercise caution; (≈ *behutsam vorgehen*) to be wary; **zur ~ mahnen** to advise caution; **~!** watch out!; **„Vorsicht feuergefährlich"** "danger - inflammable"; **„Vorsicht Stufe"** "mind the step"; **mit ~** carefully; *bei Gefahr* cautiously; **was er sagt ist mit ~ zu genießen** *hum umg* you have to take what he says with a pinch of salt *umg*; **~ ist besser als Nachsicht** *sprichw* better safe than sorry

vorsichtig **A** adj careful; (≈ *besonnen*) cautious; (≈ *misstrauisch*) wary; *Schätzung* cautious; **sei ~, dass du nicht fällst** be careful you don't fall **B** adv **1** *umsichtig* carefully **2** *zurückhaltend* **sich ~ äußern** to be very careful what one says

vorsichtshalber adv as a precaution

Vorsichtsmaßnahme f precaution

Vorsilbe f prefix

vorsingen v/t & v/i *vor Zuhörern* **j-m (etw) ~** to sing (sth) to sb

Vorsingen n audition

vorsintflutlich *umg* adj antiquated

Vorsitz m chairmanship; **den ~ haben** to be chairman; **den ~ übernehmen** to take the chair

Vorsitzende(r) m/f(m) chairman; *Frau a.* chairwoman; *von Verein* president

Vorsorge f (≈ *Vorsichtsmaßnahme*) precaution; (≈ *Vorbeugung*) prevention; **~ treffen** to take precautions; *fürs Alter* to make provision

vorsorgen v/i to make provision; **für etw ~** to provide for sth

Vorsorgeprinzip n precautionary principle

Vorsorgeuntersuchung f MED medical check-up

vorsorglich adj precautionary

Vorspann m FILM, TV *Titel und Namen* opening credits pl

Vorspeise f hors d'œuvre, starter *Br*

Vorspiegelung f pretence *Br*, pretense *US*; **das ist nur (eine) ~ falscher Tatsachen** *hum* it's all sham

Vorspiel n (≈ *Einleitung*) prelude; THEAT prologue *Br*, prolog *US*; *bei Geschlechtsverkehr* foreplay

vorspielen **A** v/t **j-m etw ~** MUS to play sth to sb; *pantomimisch darstellen* to mime sth; *fig* to act out a sham of sth in front of sb; **spiel mir doch nichts vor** don't try and pretend to me **B** v/i *vor Zuhörern* to play; **j-n ~ lassen** *bei Einstellung* to audition sb

vorsprechen **A** v/t (≈ *vortragen*) to recite **B** v/i **1** *form* (≈ *j-n aufsuchen*) to call (**bei j-m** on sb) **2** THEAT to audition

Vorsprechen n audition

vorspringen v/i to jump *od* leap forward; (≈ *herausragen*) to jut out, to project; *Nase, Kinn* to be prominent

Vorsprung m **1** ARCH projection; *von Küste* promontory **2** SPORT, *a. fig* (≈ *Abstand*) lead (**vor** +*dat* over); (≈ *Vorgabe*) start; **j-m 10 Minuten ~ geben** to give sb a 10-minute start; **einen ~ vor j-m haben** to be ahead of sb

vorspulen v/t to wind forward

Vorstadt f suburb

Vorstand m (≈ *leitendes Gremium*) board; *von Verein* committee; *von Partei* executive
Vorstandsetage f executive floor
Vorstandsvorsitzende(r) m/f(m) chairperson of the board of directors
vorstehen v/i **1** (≈ *hervorragen*) to jut out; *Zähne* to protrude; *Kinn, Nase* to be prominent **2** *einer Sache* ~ *einer Firma, einer Partei* to be the chairperson of sth; *der Regierung* to be the head of sth; *einer Abteilung, einer Behörde* to be in charge of sth
Vorsteherdrüse f prostate (gland)
vorstellbar adj conceivable
vorstellen **A** v/t **1** *nach vorn* to move forward; *Uhr* to put forward (**um** by) **2** (≈ *darstellen*) to represent; (≈ *bedeuten*) to mean; **etwas ~** fig (≈ *Ansehen haben*) to count for something **3** (≈ *vorführen*) to present (**j-m** to sb); **j-n j-m ~** to introduce sb to sb **4** **sich** (dat) **etw ~** to imagine sth; **das kann ich mir gut ~** I can imagine that (well); **sich** (dat) **etw unter etw** (dat) **~** *Begriff, Wort* to understand sth by sth; **darunter kann ich mir nichts ~** it doesn't mean anything to me; **was haben Sie sich (als Gehalt) vorgestellt?** what (salary) did you have in mind?; **stell dir das nicht so einfach vor** don't think it's so easy; **stell dir vor!, stellt euch vor!** guess what! **B** v/r (≈ *sich bekannt machen*) to introduce oneself (**j-m** to sb)
vorstellig adj **bei j-m ~ werden** to go to sb; *wegen Beschwerde* to complain to sb
Vorstellung f **1** (≈ *Gedanke*) idea; *bildlich* picture; (≈ *Einbildung*) illusion; (≈ *Vorstellungskraft*) imagination; **du hast falsche ~en** you are wrong (in your ideas); **das entspricht ganz meiner ~** that is just how I imagined it; **sich** (dat) **eine ~ von etw machen** to form an idea of sth; *Bild* to form a picture of sth **2** THEAT etc performance; (≈ *Show*) show **3** (≈ *Präsentation*) presentation **4** (≈ *Einführung*) introduction
Vorstellungsgespräch n (job) interview
Vorstellungskraft f imagination
Vorstellungsvermögen n powers pl of imagination
Vorsteuer f (≈ *Mehrwertsteuer*) input tax
Vorsteuerabzug m input tax deduction
Vorstopper(in) m/(f) central defender
Vorstoß m (≈ *Vordringen*) venture; MIL advance; fig (≈ *Versuch*) attempt
vorstoßen **A** v/t to push forward **B** v/i to venture; SPORT to attack; MIL to advance; **ins Viertelfinale ~** to advance into the quarterfinal
Vorstrafe f previous conviction
Vorstrafenregister n criminal record
vorstrecken v/t to stretch forward; *Arme, Hand* to stretch out; *Geld* to advance (**j-m** sb)

Vorstufe f preliminary stage
Vortag m day before, eve; **am ~ der Konferenz** (on) the day before the conference
Vortanzen n audition
vortäuschen v/t *Krankheit* to feign; *Straftat, Orgasmus* to fake
Vorteil m advantage; (≈ *Vorzug*) asset; **die Vor- und Nachteile** the pros and cons; (**j-m gegenüber**) **im ~ sein** to have an advantage (over sb); **von ~ sein** to be advantageous; **„Vorteil Federer"** *Tennis* "advantage Federer"
vorteilhaft adj advantageous; *Kleid, Frisur* flattering; *Geschäft* lucrative; **~ aussehen** to look one's best
Vortrag m **1** (≈ *Vorlesung*) lecture; (≈ *Bericht*) talk; (≈ *Präsentation*) presentation; **einen ~ halten** to give a lecture/talk **2** (≈ *Art des Vortragens*) performance **3** FIN balance carried forward
vortragen v/t **1** (≈ *berichten*) to report; *Fall, Forderungen* to present; *Bedenken, Wunsch* to express **2** (≈ *vorsprechen*) *Gedicht* to recite; *Rede* to give; MUS to perform; *Lied* to sing **3** FIN to carry forward
vortrefflich adj excellent
vortreten v/i **1** *wörtl* to step forward **2** (≈ *hervorragen*) to project; *Augen* to protrude
Vortritt m precedence; *schweiz* (≈ *Vorfahrt*) right of way; **j-m den ~ lassen** to let sb go first
vorüber adv **1** **~ sein** to be past; *Gewitter, Winter* to be over; *Schmerz* to have gone **2** **~ an** (+dat) past
vorübergehen v/i **1** *räumlich* to go past (**an etw** dat sth); **an j-m/etw ~** fig (≈ *ignorieren*) to ignore sb/sth **2** *zeitlich* to pass; *Gewitter* to blow over
vorübergehend **A** adj (≈ *flüchtig*) passing attr; (≈ *zeitweilig*) temporary **B** adv temporarily
Vorurteil n prejudice (**gegenüber** against); **~e haben** to be prejudiced
vorurteilsfrei, vorurteilslos **A** adj unprejudiced **B** adv without prejudice
Vorvergangenheit f GRAM pluperfect, past perfect
Vorverkauf m THEAT, SPORT advance booking
Vorverkaufsstelle f advance booking office
vorverlegen v/t *Termin* to bring forward
Vorverurteilung f prejudgement
vorvorgestern umg adv three days ago
vorvorletzte(r, s) adj last but two
vorwagen v/r to venture forward
Vorwahl f **1** preliminary election; *US* primary **2** TEL dialling code *Br*, area code *US*
vorwählen v/t TEL to dial first
Vorwahlnummer f dialling code *Br*, area code *US*
Vorwand m pretext; **unter dem ~, dass ...** under the pretext that ...

vorwarnen v/t **j-n ~** to warn sb (in advance)
Vorwarnung f (prior od advance) warning
vorwärts adv forwards, forward; **~!** umg let's go umg; **~ und rückwärts** backwards and forwards
vorwärtskommen v/i to make progress (**in** +dat **mit** with); beruflich to get on; **wir kamen nur langsam ~** we made slow progress
Vorwäsche f prewash
vorweg adv (≈ an der Spitze) at the front; (≈ vorher) before(hand); (≈ von vornherein) at the outset
Vorwegnahme f anticipation
vorwegnehmen v/t to anticipate
Vorweihnachtszeit f pre-Christmas period
vorweisen v/t to produce
vorwerfen fig v/t **j-m etw ~** (≈ anklagen) to reproach sb for sth; (≈ beschuldigen) to accuse sb of sth; **das wirft er mir heute noch vor** he still holds it against me; **ich habe mir nichts vorzuwerfen** my conscience is clear
vorwiegend **A** adj predominant **B** adv predominantly
vorwitzig adj cheeky
Vorwort n foreword; bes von Autor preface
Vorwurf m reproach; (≈ Beschuldigung) accusation; **j-m (wegen etw) Vorwürfe machen** to reproach sb (for sth), to blame sb (for sth)
vorwurfsvoll **A** adj reproachful **B** adv reproachfully
Vorzeichen n (≈ Omen) omen; MED early symptom; MATH sign; **unter umgekehrtem ~** fig under different circumstances
vorzeigbar adj presentable
vorzeigen v/t to show; Zeugnisse to produce
Vorzeit f **in der ~** in prehistoric times
vorzeitig **A** adj early; Altern etc premature **B** adv early, prematurely
vorziehen v/t **1** (≈ hervorziehen) to pull out; (≈ zuziehen) Vorhänge to draw **2** fig (≈ lieber mögen) to prefer; (≈ bevorzugen) j-n to favour Br, to favor US; **es ~, etw zu tun** to prefer to do sth **3** Wahlen, Termin to bring forward
Vorzimmer n anteroom; (≈ Büro) outer office; österr (≈ Diele) hall
Vorzug m preference; (≈ gute Eigenschaft) merit; (≈ Vorteil) asset, advantage; **einer Sache** (dat) **den ~ geben** form to give sth preference
vorzüglich adj excellent
Vorzugsaktie f BÖRSE preference share
Vorzugspreis m special discount price
vorzugsweise adv preferably; (≈ hauptsächlich) mainly
Votum geh n vote
Voucher m Touristik voucher
Voyeur(in) m(f) voyeur
vulgär adj vulgar; **drück dich nicht so ~ aus** don't be so vulgar
Vulgarität f vulgarity
Vulkan m volcano
Vulkanausbruch m volcanic eruption
vulkanisch adj volcanic
Vulkanwolke f nach Vulkanausbruch volcanic ash cloud, volcano cloud

W

W, w n W, w
Waadt f Vaud
Waage f **1** Gerät scales pl; **eine ~** a pair of scales; **sich** (dat) **die ~ halten** fig to balance one another **2** ASTROL Libra; **(eine) ~ sein** to be (a) Libra
waagerecht **A** adj horizontal; im Kreuzworträtsel across **B** adv levelly
Waagschale f scale; **jedes Wort auf die ~ legen** to weigh every word (carefully); **seinen Einfluss in die ~ werfen** fig to bring one's influence to bear
wabbelig adj Pudding wobbly
Wabe f honeycomb
wach adj awake präd; **in ~em Zustand** in the waking state; **sich ~ halten** to stay awake; **~ bleiben** (≈ nicht schlafen gehen) to stay up; **~ werden** to wake up; **~ liegen** to lie awake
Wache f **1** (≈ Wachdienst) guard (duty); **(bei j-m) ~ halten** to keep guard (over sb); **~ stehen** to be on guard (duty) **2** MIL (≈ Wachposten) guard **3** (≈ Polizeiwache) (police) station
wachen v/i (≈ Wache halten) to keep watch; **bei j-m ~** to sit up with sb; **über etw** (akk) **~** to (keep) watch over sth
wach halten fig v/t Erinnerung to keep alive; Interesse to keep up
Wachhund m watchdog
Wachmann m watchman; österr policeman
Wacholder m **1** BOT juniper (tree) **2** → Wacholderschnaps
Wacholderbeere f juniper berry
Wacholderschnaps m alcohol made from juniper berries, ≈ gin
Wachposten m sentry, guard
wachrufen fig v/t Erinnerung etc to call to mind, to evoke
Wachs n wax
wachsam adj vigilant; (≈ vorsichtig) on one's guard
Wachsamkeit f vigilance

wachsen¹ v/i to grow; **sich** (dat) **einen Bart ~ lassen** to grow a beard; → **gewachsen**
wachsen² v/t mit Wachs to wax
wachsend adj increasing
Wachsfigur f wax figure
Wachsfigurenkabinett n waxworks pl
Wachsmalstift m wax crayon
Wachstuch n oilcloth
Wachstum n growth
Wachstumsbranche f growth industry
wachstumsfördernd adj growth-promoting
wachstumshemmend adj growth-inhibiting
Wachstumshormon n growth hormone
Wachstumsmarkt m growth market
Wachstumsrate f growth rate
wachsweich adj (as) soft as butter
Wachtel f quail
Wächter(in) m(f) guardian; (≈ Wache) guard; (≈ Nachtwächter) watchman; (≈ Museumswächter) attendant
Wach(t)turm m watchtower
Wachzimmer n österr von Polizei duty room
wack(e)lig adj wobbly; fig Firma, Kompromiss shaky; **auf wackeligen Füßen stehen** fig to have no sound basis
Wackelkontakt m loose connection
wackeln v/i to wobble; (≈ zittern) to shake; Schraube to be loose; fig Position to be shaky
Wackelpeter umg m jelly Br, Jell-O® US
wacker **A** adj (≈ tapfer) brave **B** adv (≈ tapfer) bravely; **sich ~ schlagen** umg to put up a brave fight
Wade f calf
Wadenbein n fibula
Waffe f weapon; (≈ Schusswaffe) gun; **eine ~ auf j-n richten** to point a gun at sb; **~n** MIL arms; **die ~n strecken** to surrender
Waffel f waffle; (≈ Keks, Eiswaffel) wafer
Waffeleisen n waffle iron
waffenfähig adj Uran weapons-grade
Waffengewalt f **mit ~** by force of arms
Waffenhandel m arms trade
Waffenhändler(in) m(f) arms dealer
Waffenlager n von Armee ordnance depot
Waffenruhe f ceasefire
Waffenschein m firearms licence Br, firearms license US
Waffenstillstand m armistice
wagemutig adj daring, bold
wagen **A** v/t to risk; (≈ sich getrauen) to dare; **ich wags** I'll risk it; **wer nicht wagt, der nicht gewinnt** sprichw nothing ventured, nothing gained sprichw **B** v/r to dare; **sich ~, etw zu tun** to dare (to) do sth; **ich wage mich nicht daran** I dare not do it; → **gewagt**
Wagen m **1** (≈ Personenwagen) car; (≈ Lieferwagen) van; (≈ Planwagen) wagon; (≈ Handwagen) (hand)cart; (≈ schwerer Pferdewagen) cart **2** ASTRON **der Große ~** the Big Dipper
Wagenheber m jack
Wagenladung f von Lastwagen truckload; von Eisenbahn wagonload
Wagenpark m fleet of cars
Waggon m (goods) wagon
waghalsig adj daredevil attr, daring präd
Wagnis n hazardous business; (≈ Risiko) risk
Wagniskapital n venture capital
Wagon m → **Waggon**
Wähe schweiz f GASTR flan
Wahl f **1** (≈ Auswahl) choice; **die ~ fiel auf ihn** he was chosen; **wir hatten keine (andere) ~(, als)** we had no alternative (but); **drei Kandidaten stehen zur ~** there is a choice of three candidates; **seine ~ treffen** to make one's choice of selection; **du hast die ~** take your pick; **wer die ~ hat, hat die Qual** sprichw he is/you are etc spoiled for choice **2** POL etc election; (≈ Abstimmung) vote; geheim ballot; **landesweite ~** general election; **(die) ~en** (the) elections; **die ~ gewinnen** to win the election; **zur ~ gehen** to go to the polls; **sich zur ~ stellen** to stand (as a candidate) **3** (≈ Qualität) quality; **erste ~** top quality
Wahlalter n voting age
wählbar adj eligible (for office)
Wahlbeobachter(in) m(f) election observer
wahlberechtigt adj entitled to vote
Wahlberechtigte(r) m/f(m) person entitled to vote
Wahlbeteiligung f turnout; **eine hohe ~** a high turnout, a heavy poll Br; **eine niedrige/geringe ~** a low turnout
Wahlbezirk m ward
Wahlcomputer m electronic voting machine
wählen **A** v/t **1** to choose (**von** from, out of); (≈ auswählen) to select (**von** from, out of) **2** TEL Nummer to dial **3** (≈ durch Wahl ermitteln) Regierung etc to elect; (≈ sich entscheiden für) Partei, Kandidaten to vote for; **j-n zum Präsidenten ~** to elect sb president **4** → **gewählt** **B** v/i **1** (≈ auswählen) to choose **2** TEL to dial **3** (≈ Wahlen abhalten) to hold elections; (≈ Stimme abgeben) to vote; **~ gehen** to go to the polls
Wahlentscheidung f decision who/what to vote for
Wähler(in) m(f) POL voter; **die ~** the electorate sg od pl
Wahlergebnis n election result
wählerisch adj particular; **sei nicht so ~!** don't be so choosy
Wählerschaft f electorate sg od pl
Wählerstimme f vote

wählerwirksam adj Politik, Parole vote-winning
Wahlfach n SCHULE option, elective US
wahlfrei adj SCHULE optional; **~er Zugriff** IT random access
Wahlgang m ballot
Wahlheimat f adopted country
Wahlhelfer(in) m(f) im Wahlkampf electoral assistant; bei der Wahl polling officer
Wahlkabine f polling booth
Wahlkampf m election campaign
Wahlkreis m constituency
Wahlkurs m SCHULE elective US
Wahlleiter(in) m(f) returning officer Br, chief election official US
Wahllokal n polling station
wahllos **A** adj indiscriminate **B** adv at random
Wahlmöglichkeit f choice
Wahlniederlage f election defeat
Wahlplakat n election poster
Wahlrecht n (right to) vote; **allgemeines ~** universal suffrage; **das aktive ~** the right to vote; **das passive ~** eligibility (for political office)
Wahlrede f election speech
Wählscheibe f TEL dial
Wahlsieg m election victory
Wahlspruch m (≈ Motto) motto
Wahlsystem n electoral system
Wahltag m election day
Wahlurne f ballot box
Wahlversprechungen pl election promises pl
Wahlvolk n **das ~** the electorate
wahlweise adv alternatively; **~ Kartoffeln oder Reis** (a) choice of potatoes or rice
Wahlwiederholung f TEL **(automatische) ~** (automatic) redial
Wahlzelle f polling booth
Wahn m **1** illusion, delusion **2** (≈ Manie) mania
wähnen geh v/r **sich sicher ~** to imagine oneself (to be) safe
Wahnidee f delusion
Wahnsinn m madness; **j-n in den ~ treiben** to drive sb mad; **einfach ~!** umg (≈ prima) way out umg, wicked! Br sl
wahnsinnig **A** adj mad, crazy; (≈ toll, super) brilliant umg; attr (≈ sehr groß, viel) terrible; **wie ~** umg like mad; **das macht mich ~** umg it's driving me crazy umg; **~ werden** to go crazy umg **B** adv umg incredibly umg; **~ viel** an incredible amount umg
Wahnsinnige(r) m/f(m) madman/-woman
Wahnsinnsidee f umg crazy idea umg
Wahnvorstellung f delusion
wahr adj true; attr (≈ wirklich) real; **im ~sten Sinne des Wortes** in the true sense of the word; **etw ~ machen** Pläne to make sth a reality; Drohung to carry sth out; **~ werden** to come true; **so ~ mir Gott helfe!** so help me God!; **so ~ ich hier stehe** as sure as I'm standing here; **das darf doch nicht ~ sein!** umg it can't be true!; **das ist nicht das Wahre** umg it's no great shakes umg
wahren v/t **1** (≈ wahrnehmen) Interessen to look after **2** (≈ erhalten) Ruf to preserve; Geheimnis to keep
während **A** präp during; **~ der ganzen Nacht** all night long **B** konj while, as; (≈ wohingegen) whereas
währenddessen adv meanwhile
wahrhaben v/t **etw nicht ~ wollen** not to want to admit sth, not to want to accept sth
wahrhaft **A** adj (≈ ehrlich) truthful; (≈ echt) Freund true; attr (≈ wirklich) real **B** adv really
wahrhaftig **A** adj geh (≈ aufrichtig) truthful **B** adv really
Wahrheit f truth; **in ~** in reality; **die ~ sagen** to tell the truth
wahrheitsgemäß, wahrheitsgetreu **A** adj Bericht truthful; Darstellung faithful **B** adv truthfully
Wahrheitsliebe f love of truth
wahrlich adv really, indeed
wahrnehmbar adj perceptible; **nicht ~** imperceptible
wahrnehmen v/t **1** to perceive; Veränderungen etc to be aware of; Geräusch to hear; Licht to see **2** Frist, Termin to observe; Gelegenheit to take; Interessen to look after
Wahrnehmung f **1** mit den Sinnen perception **2** von Interessen looking after
Wahrnehmungsvermögen n perceptive faculty
wahrsagen v/i to tell fortunes; **j-m ~** to tell sb's fortune
Wahrsager(in) m(f) fortune-teller
Wahrsagung f prediction
währschaft adj schweiz (≈ gediegen) Ware, Arbeit reliable; (≈ reichhaltig) Essen wholesome
wahrscheinlich **A** adj probable, likely **B** adv probably; **~ etw tun** to be likely to do sth
Wahrscheinlichkeit f probability; **mit großer ~, aller ~ nach** in all probability
Wahrung f **1** (≈ Wahrnehmung) safeguarding **2** (≈ Erhaltung) preservation; von Geheimnis keeping
Währung f currency
Währungsblock m monetary bloc
Währungseinheit f monetary unit
Währungsfonds m Monetary Fund
Währungspolitik f monetary policy
Währungsraum m currency area
Währungsreform f currency reform
Währungsreserve f currency reserve

Währungssystem n monetary system
Währungsumstellung f currency changeover od conversion
Währungsunion f monetary union; **Europäische ~** European Monetary Union
Wahrzeichen n emblem; *Gebäude* landmark
Waise f orphan
Waisenhaus n orphanage
Waisenkind n orphan
Waisenknabe *liter* m orphan (boy); **gegen dich ist er ein ~** *umg* he's no match for you, you would run rings round him *umg*
Wal m whale
Wald m wood(s) (*pl*); *großer* forest
Waldbestand m forest land
Waldbrand m forest fire, wildfire
Waldhorn n MUS French horn; **~ spielen** to play the French horn
waldig *adj* wooded
Waldland n woodland(s) (*pl*)
Waldgebiet n wooded area, woodland
Waldlehrpfad m nature trail
Waldmeister m BOT woodruff
Waldorfschule f ≈ Rudolf Steiner School
Waldrand m **am ~** at od on the edge of the forest
waldreich *adj* densely wooded
Waldschäden *pl* forest damage
Waldsterben n forest dieback (*due to pollution*)
Wald-und-Wiesen- *umg zssgn* common-or--garden *Br umg*, garden-variety *US umg*
Wales n Wales
Walfang m whaling
Walfisch *umg* m whale
Waliser m Welshman
Waliserin f Welshwoman
walisisch *adj* Welsh
Walisisch n Welsh
Walking n power walking
Walkman® m RADIO Walkman®
Wall m embankment; *fig* bulwark
Wallfahrer(in) m(f) pilgrim
Wallfahrt f pilgrimage
Wallfahrtsort m place of pilgrimage
Wallis n **das ~** Valais
Wallone m, **Wallonin** f Walloon
Wallung f **1** *geh* **in ~ geraten** *See, Meer* to begin to surge; *Mensch vor Leidenschaft* to be in a turmoil; *vor Wut* to fly into a rage **2** MED (hot) flush *Br od* flash *US mst pl*
Walnuss f walnut
Walross n walrus
walten *geh* v/i to prevail (**in** +*dat* over); (≈ *wirken*) to be at work; **Vorsicht/Milde ~ lassen** to exercise caution/leniency; **Gnade ~ lassen** to show mercy
Walze f roller
walzen v/t to roll
wälzen **A** v/t **1** (≈ *rollen*) to roll **2** *umg Akten, Bücher* to pore over; *Probleme* to turn over in one's mind; **die Schuld auf j-n ~** to shift the blame onto sb **B** v/r to roll; *schlaflos im Bett* to toss and turn
Walzer m waltz; **Wiener ~** Viennese waltz
Wälzer *umg* m heavy tome *hum*
Walzstraße f rolling train
Walzwerk n rolling mill
Wampe f *umg* paunch
Wand f wall; *von Behälter* side; (≈ *Felswand*) (rock) face; *fig* barrier; **in seinen vier Wänden** *fig* within one's own four walls; **mit dem Kopf gegen die ~ rennen** *fig* to bang one's head against a brick wall; **j-n an die ~ spielen** *THEAT* to steal the show from sb; **die ~** od **Wände hochgehen** *umg* to go up the wall *umg*
Wandale m, **Wandalin** f → Vandale
Wandbrett n (wall) shelf
Wandel m change; **im ~ der Zeiten** throughout the ages
wandeln v/t & v/r (≈ *ändern*) to change, to alter; (≈ *umwandeln*) to convert
Wander- *zssgn* hiking
Wanderarbeiter(in) m(f) migrant worker
Wanderausstellung f touring exhibition
Wanderer m, **Wanderin** f hiker
Wanderkarte f map of walks
Wanderlust f wanderlust
wandern v/i **1** (≈ *gehen*) to wander **2** (≈ *sich bewegen*) to move; *Blick, Gedanken* to wander **3** *Vögel, Völker* to migrate **4** *zur Freizeitgestaltung* to hike **5** *umg ins Bett, in den Papierkorb* to go
Wandern n hiking
Wanderpokal m challenge cup
Wanderschaft f travels *pl*; **auf ~ gehen** to go off on one's travels
Wanderschuhe *pl* walking shoes *pl*
Wanderung f **1** (≈ *Ausflug*) walk; **eine ~ machen** to go on a walk od hike **2** *von Vögeln, Völkern* migration
Wanderurlaub m walking holiday *Br*, walking vacation *US*
Wanderverein m hiking club
Wanderweg m walk, (foot)path
Wandgemälde n mural
Wandkalender m wall calendar
Wandkarte f wall map
Wandlampe f wall lamp
Wandlung f change; (≈ *völlige Umwandlung*) transformation
wandlungsfähig *adj* adaptable; *Schauspieler etc*

versatile
Wandmalerei *f Bild* mural, wall painting
Wandschirm *m* screen
Wandschrank *m* wall cupboard
Wandtafel *f* (black)board
Wandteppich *m* tapestry
Wanduhr *f* wall clock
Wange *geh f* cheek
wanken *v/i* (≈ *schwanken*) to sway; *fig Regierung* to totter; (≈ *unsicher sein*) to waver; **ins Wanken geraten** *fig* to begin to totter/waver
wann *adv* when; **~ auch immer** whenever; **bis ~ ist das fertig?** when will that be ready (by)?; **bis ~ gilt der Ausweis?** until when is the pass valid?
Wanne *f* bath; (≈ *Badewanne a.*) (bath)tub
Wanze *f* bug
WAP *n abk* (= *Wireless Application Protocol*) IT WAP
WAP-Handy *n* WAP phone
Wappen *n* coat of arms
Wappenkunde *f* heraldry
wappnen *fig v/r* **sich (gegen etw) ~** to prepare (oneself) (for sth)
Ware *f* **1** product; *einzelne Ware* article **2** **~n** *pl* goods *pl*
Warenangebot *n* range of goods for sale
Warenaufzug *m* goods hoist
Warenautomat *m* vending machine
Warenbestand *m* stocks *pl* of goods
Warenhaus *n* (department) store
Warenlager *n* warehouse; (≈ *Bestand*) stocks *pl*
Warenprobe *f* trade sample
Warensendung *f* consignment of goods; *Post* trade sample
Warentest *m* product test
Warenwert *m* goods *od* commodity value
Warenzeichen *obs n* trademark
warm **A** *adj* warm; *Getränk, Speise* hot; **mir ist ~** I'm warm; **das hält ~** it keeps you warm; **das Essen ~ stellen** to keep the food hot; **~ werden** to warm up; *fig umg* to thaw out *umg*; **mit j-m ~ werden** *umg* to get close to sb **B** *adv sitzen* in a warm place; *schlafen* in a warm room; **sich ~ anziehen** to dress up warmly; **j-n wärmstens empfehlen** to recommend sb warmly
Warmblüter *m* ZOOL warm-blooded animal
warmblütig *adj* warm-blooded
Warmduscher *m sl* (≈ *Weichling*) wimp *umg*
Wärme *f* warmth; *von Wetter etc, a.* PHYS heat
wärmebeständig *adj* heat-resistant
Wärmebildkamera *f* FOTO thermal imaging camera
Wärmedämmung *f* (heat) insulation
Wärmeenergie *f* thermal energy
Wärmekraftwerk *n* thermal power station
wärmen **A** *v/t* to warm; *Essen* to warm up **B** *v/r* to warm oneself (up), to warm up
Wärmepumpe *f* heat pump
Wärmeschutz *m* heat shield
Wärmestube *f* heated room set aside by local authorities for homeless people
Wärmetechnik *f* heat technology
Wärmflasche *f* hot-water bottle
Warmhalteplatte *f* hot plate
warmherzig *adj* warm-hearted
warm laufen *v/i & v/r* to warm up
Warmluft *f* warm air
Warmmiete *f* rent including heating
Warmstart *m* AUTO, IT warm start
Warmwasserbereiter *m* water heater
Warmwasserheizung *f* hot-water central heating
Warmwasserspeicher *m* hot-water tank
Warmwasserversorgung *f* hot-water supply
Warn- *zssgn* warning
Warnanlage *f* warning system
Warnblinkanlage *f* AUTO hazard warning lights *pl*
Warnblinklicht *n* flashing warning light; *an Auto* hazard warning light
Warndreieck *n* warning triangle
warnen *v/t & v/i* to warn (**vor** +*dat* of); **j-n (davor) ~, etw zu tun** to warn sb against doing sth
Warnhinweis *m* (≈ *Aufdruck*) warning
Warnschild *n* warning sign
Warnschuss *m* warning shot
Warnsignal *n* warning signal
Warnstreik *m* token strike
Warnung *f* warning
Warnweste *f* high-visibility vest
Warschau *n* Warsaw
Wartehalle *f* waiting room
Wartehäuschen *n* shelter; *für Bus* bus shelter
Warteliste *f* waiting list
warten[1] *v/i* to wait (**auf** +*akk* for); **warte mal!** hold on, hang on, wait a minute; **na warte!** *umg* just you wait!; **da(rauf) kannst du lange ~** *iron* you can wait till the cows come home; **mit dem Essen auf j-n ~** to wait for sb (to come) before eating; **lange auf sich ~ lassen** *Sache* to be a long time (in) coming; *Mensch* to take one's time
warten[2] *v/t Auto* to service
Wärter(in) *m(f)* attendant; (≈ *Tierwärter*) keeper; (≈ *Gefängniswärter*) warder *Br*, guard
Wartesaal *m* waiting room
Warteschlange *f* queue *Br*, line *US*; IT queue
Warteschleife *f* FLUG holding pattern
Wartezeit *f* waiting period; *an Grenze etc* wait
Wartezimmer *n* waiting room

Wartung f von Auto servicing
wartungsfrei adj maintenance-free
warum adv why; **~ nicht?** why not?; **~ ich?** why me?
Warze f wart; (≈ Brustwarze) nipple
was A int pr what; (≈ wie viel) how much; **was kostet/kosten ...?** how much is/are ...?; **was ist (los)?** what is it?, what's up?; **was ist denn?** what's the matter?; **was ist, kommst du mit?** well, are you coming?; **was ist mit ...?** what about ...?; **was dann?** what then?; **was denn?** ungehalten what (is it)?; um Vorschlag bittend but what?; **was gibts?, was läuft?** what's on?; **das ist gut, was?** umg that's good, isn't it?; **was für ...** what sort od kind of ...; **was für ein schönes Haus!** what a lovely house! B rel pr auf ganzen Satz bezogen which; **das, was ...** that which ..., what ...; **was auch (immer)** whatever; **alles, was ...** everything (that) ...; **alles, was wir jetzt (noch) tun müssen** all we have to do now; **was man tun und was man nicht tun sollte** dos and don'ts C indef pr umg something; verneint anything; unbestimmter Teil einer Menge some, any; **(na,) so was!** well I never!; **ist (mit dir) was?** is something the matter (with you)?; → **etwas**
Wasabi n GASTR wasabi
Waschanlage f für Autos car wash
waschbar adj washable
Waschbär m raccoon
Waschbecken n washbasin, sink US
Waschbrett n washboard
Waschbrettbauch umg m washboard abs pl umg, sixpack umg
Wäsche f 1 washing; (≈ Schmutzwäsche) bei Wäscherei laundry; **in der ~ sein** to be in the wash 2 (≈ Bettwäsche, Tischwäsche) linen; (≈ Unterwäsche) underwear; **dumm aus der ~ gucken** umg to look stupid
waschecht adj fast; fig genuine
Wäschedienst m im Hotel laundry service
Wäscheklammer f clothes peg Br, clothes pin US
Wäschekorb m dirty clothes basket
Wäscheleine f (clothes)line
waschen A v/t to wash; fig umg Geld to launder; **(Wäsche) ~** to do the washing; **sich** (dat) **die Hände ~** to wash one's hands; **Waschen und Legen** beim Friseur shampoo and set B v/r to wash; **eine Geldbuße, die sich gewaschen hat** umg a really heavy fine
Wäschenetz n für die Waschmaschine net washing bag
Wäscherei f laundry
Wäscheschleuder f spin-drier
Wäscheständer m clotheshorse
Wäschetrockner m (≈ Trockenautomat) (tumble) drier
Waschgang m stage of the washing programme Br, stage of the washing program US
Waschgelegenheit f washing facilities pl
Waschküche f washroom, laundry
Waschlappen m flannel; umg (≈ Feigling) sissy umg
Waschmaschine f washing machine
waschmaschinenfest adj machine-washable
Waschmittel n detergent
Waschpulver n washing powder
Waschraum m washroom
Waschsalon m laundrette Br, Laundromat® US
Waschstraße f zur Autowäsche car wash
Waschzettel m TYPO blurb
Waschzeug n toilet things pl
Wasser n water; **~ abstoßend** water-repellent; **das ist ~ auf seine Mühle** fig this is all grist for his mill; **dort wird auch nur mit ~ gekocht** fig they're no different from anybody else (there); **ihr kann er nicht das ~ reichen** fig he's not a patch on her Br; **~ lassen** MED to pass water; **unter ~ stehen** to be flooded; **ein Boot zu ~ lassen** to launch a boat; **ins ~ fallen** fig to fall through; **sich über ~ halten** fig to keep one's head above water; **er ist mit allen ~n gewaschen** he knows all the tricks; **dabei läuft mir das ~ im Mund(e) zusammen** it makes my mouth water
wasserabstoßend adj → Wasser
Wasseranschluss m mains water supply
wasserarm adj Gegend arid
Wasseraufbereitungsanlage f water treatment plant
Wasserball m Spiel water polo
Wasserbett n water bed
Wässerchen n **er sieht aus, als ob er kein ~ trüben könnte** he looks as if butter wouldn't melt in his mouth
Wasserdampf m steam
wasserdicht adj watertight; Uhr, Stoff etc waterproof
Wassereis n water ice
Wasserenthärter m water softener
Wasserfahrzeug n watercraft
Wasserfall m waterfall; **wie ein ~ reden** umg to talk nineteen to the dozen Br umg, to talk a blue streak US umg
Wasserfarbe f watercolour Br, watercolor US
wassergekühlt adj water-cooled
Wasserglas n (≈ Trinkglas) water glass, tumbler
Wassergraben m SPORT water jump; um Burg moat
Wasserhahn m water tap bes Br, faucet US
wässerig adj watery; CHEM aqueous; **j-m den**

Mund ~ machen *umg* to make sb's mouth water
Wasserkessel *m* kettle; TECH boiler
Wasserkocher *m* electric kettle
Wasserkraft *f* water power
Wasserkraftwerk *n* hydroelectric power station
Wasserkühlung *f* AUTO water-cooling
Wasserlassen *n* MED passing water, urination
Wasserleitung *f* (≈ *Rohr*) water pipe
wasserlöslich *adj* water-soluble
Wassermangel *m* water shortage
Wassermann *m* ASTROL Aquarius; (ein) ~ sein to be (an) Aquarius
Wassermelone *f* watermelon
wassern *v/i* FLUG to land on water
wässern *v/t Erbsen etc* to soak; *Felder, Rasen* to water
Wassernudel *f* aqua noodle, swim noodle, water noodle, water log
Wasserpflanze *f* aquatic plant
Wasserpistole *f* water pistol
Wasserratte *f* water rat; *umg Kind* water baby
Wasserrohr *n* water pipe
Wasserrutschbahn *f*, **Wasserrutsche** *f* water slide
Wasserschaden *m* water damage
wasserscheu *adj* scared of water
Wasserschildkröte *f* turtle
Wasserski A *m* water-ski B *n* water-skiing
Wasserspender *m* water cooler *od* dispenser
Wasserspiegel *m* (≈ *Wasserstand*) water level
Wassersport *m* der ~ water sports *pl*
Wasserspülung *f* flush
Wasserstand *m* water level
Wasserstoff *m* hydrogen
Wasserstoffbombe *f* hydrogen bomb
Wasserstrahl *m* jet of water
Wasserstraße *f* waterway
Wassertank *m* tank
Wassertier *n* aquatic animal
Wasserturm *m* water tower
Wasseruhr *f* (≈ *Wasserzähler*) water meter
Wasserung *f* water landing; RAUMF splashdown
Wasserversorgung *f* water supply
Wasserverunreinigung *f* water pollution
Wasservogel *m* waterfowl
Wasserwaage *f* spirit level *Br*, (water) level *US*
Wasserweg *m* waterway; auf dem ~ by water
Wasserwerfer *m* water cannon
Wasserwerk *n* waterworks *sg od pl*
Wasserzähler *m* water meter
Wasserzeichen *n* watermark
waten *v/i* to wade
Watsche *f* österr, südd *umg* → *Ohrfeige*
watscheln *v/i* to waddle
watschen *v/t* österr, südd *umg* → *ohrfeigen*
Watschen *f* österr, südd *umg* → *Ohrfeige*
Watt[1] *n* ELEK watt
Watt[2] *n* GEOG mud flats *pl*
Watte *f* cotton wool *Br*, cotton *US*
Wattebausch *m* cotton-wool ball *Br*, cotton ball *US*
Wattenmeer *n* mud flats *pl*
Wattestäbchen *n* cotton bud
wattieren *v/t* to pad; (≈ *füttern*) to line with padding; **wattierte Umschläge** padded envelopes
Wattierung *f* padding
Wattmeter *n* wattmeter
Wattzahl *f* wattage
WC *n* toilet, bathroom *US*, restroom *US*
Web *n* Web; im Web on the Web
Webadresse *f* website address
webbasiert *adj* web-based
Webcam *f* webcam
Webdesigner(in) *m(f)* web designer
weben *v/t & v/i* to weave; *Spinnnetz* to spin
Weber(in) *m(f)* weaver
Weberei *f* (≈ *Betrieb*) weaving mill
Weberknecht *m* ZOOL harvestman
Webinar *n* IT webinar
Webkamera *f* web camera
Weblog *n/m* weblog, blog
Webmaster *m* webmaster
Webportal *n* web portal
Webseite *f* web page
Webserver *m* Internet server
Webshop *m* online *od* Web shop *Br*, online *od* Web store *US*
Website *f* website
Webstuhl *m* loom
Websurfer(in) *m(f)* web surfer
Wechsel *m* **1** (≈ *Änderung*) change; *abwechselnd* alternation; **im ~** (≈ *abwechselnd*) in turn **2** (≈ *Geldwechsel*) exchange **3** SPORT (≈ *Staffelwechsel*) (baton) change **4** FIN bill (of exchange)
Wechselbeziehung *f* correlation
Wechselgeld *n* change
wechselhaft *adj* changeable
Wechseljahre *pl* menopause *sg*; in den ~n sein to be suffering from the menopause
Wechselkurs *m* rate of exchange
wechseln A *v/t* to change (in +*akk* into); *Geld* to exchange; (≈ *austauschen*) to exchange; *Seiten* to switch; **den Platz mit j-m** ~ to exchange one's seat with sb; **die Wohnung** ~ to move B *v/i* to change; SPORT to change (over)
wechselnd *adj* changing; (≈ *abwechselnd*) alternating; *Launen* changeable; mit ~em Erfolg with varying (degrees of) success; ~ bewölkt cloudy with sunny intervals
wechselseitig *adj* reciprocal

Wechselstrom *m* alternating current
Wechselstube *f* bureau de change *Br*, exchange
Wechselwähler(in) *m(f)* floating voter
wechselweise *adv* in turn, alternately
Wechselwirkung *f* interaction
Weckdienst *m* wake-up call service
wecken *v/t* to wake (up); *fig* to arouse; *Bedarf* to create; *Erinnerungen* to bring back
Wecken *dial m* (bread) roll
Wecker *m* alarm clock; **den ~ auf 7 Uhr stellen** to set the alarm clock for 7 o'clock; **j-m auf den ~ fallen** *umg* to get on sb's nerves
Weckglas® *n* preserving jar
Weckring® *m* rubber ring (*for preserving jars*)
Weckruf *m im Hotel etc* wake-up call; MIL reveille
Wedel *m* (≈ *Fächer*) fan; (≈ *Staubwedel*) feather duster
wedeln A *v/i* 1 (**mit dem Schwanz**) **~** *Hund* to wag its tail 2 SKI to wedel B *v/t* to waft
weder *konj* **~ ... noch ...** neither ... nor ...
weg *adv* **weg sein** (≈ *fortgegangen etc*) to have gone; (≈ *nicht hier*) to be away; (≈ *nicht zu Hause*) to be out; *umg* (≈ *geistesabwesend*) to be not quite with it *umg*; (≈ *begeistert*) to be bowled over (**von** by); **weg von** off; **weit weg von hier** far (away) from here; **weg mit euch!** away with you!; **nichts wie weg von hier!** let's scram *umg*; **weg da!** (get) out of the way!; **Hände weg!** hands off!
Weg *m* 1 (≈ *Pfad*), *a. fig* path; (≈ *Wanderweg*) trail; (≈ *Straße*) road; **j-m in den Weg treten** to block sb's way; **j-m/einer Sache im Weg stehen** *fig* to stand in the way of sb/sth 2 (≈ *Route*) way; (≈ *Entfernung*) distance; (≈ *Reise*) journey; **zu Fuß** walk; **j-n nach dem Weg fragen** to ask sb the way *od* for directions; **den Weg beschreiben** to give directions; **auf dem Weg nach London** on the way to London; **sich auf den Weg machen** to set off; **j-m aus dem Weg gehen** *wörtl* to get out of sb's way; *fig* to avoid sb; **j-m über den Weg laufen** *fig* to run into sb; **etw in die Wege leiten** to arrange sth; **auf dem besten Weg sein, etw zu tun** to be well on the way to doing sth; **auf diesem Wege** this way; **auf diplomatischem Wege** through diplomatic channels; **zu Wege → zuwege** 3 (≈ *Mittel*) means *pl*
wegbekommen *v/t* (≈ *loswerden*) to get rid of (**von** from); *Fleck etc* to remove (**von** from); *von bestimmtem Ort* to get away (**von** from)
Wegbereiter(in) *m(f)* pioneer
Wegbeschreibung *f* (written) directions *pl*
wegbleiben *v/i* to stay *od* keep away; *nicht nach Hause kommen* to stay out; (≈ *nicht mehr kommen*) to stop coming

wegbringen *v/t* to take away *od* off
wegen *präp* because of; (≈ *aufgrund von*) due to; **j-n ~ einer Sache bestrafen** *etc* to punish *etc* sb for sth; **von ~!** *umg* you've got to be kidding! *umg*
wegfahren *v/i* (≈ *abfahren*) to leave; *Fahrer* to drive off; (≈ *verreisen*) to go away
Wegfahrsperre *f* AUTO (**elektronische**) **~** (electronic) immobilizer
wegfallen *v/i* to be discontinued; *Bestimmung* to cease to apply; **~ lassen** to discontinue; (≈ *auslassen*) to be omitted
wegfliegen *v/i* to fly away; **mit Flugzeug** to fly out
Weggang *m* departure
weggeben *v/t* (≈ *verschenken*) to give away
weggehen *v/i* to go, to leave; (≈ *umziehen etc*) to go away; (≈ *ausgehen*) to go out; *umg Ware* to sell; **über etw** (*akk*) **~** *umg* to ignore sth; **von zu Hause ~** to leave home
weghaben *umg v/t* **j-n/etw ~ wollen** *umg* to want to get rid of sb/sth; **du hast deine Strafe weg** you have had your punishment
weghören *v/i* not to listen
wegjagen *v/t* to chase away
wegklicken *v/t* IT to click to close
wegkommen *umg v/i* (≈ *abhandenkommen*) to disappear; (≈ *weggehen können*) to get away; **mach, dass du wegkommst!** hop it! *umg*; **ich komme nicht darüber weg, dass ...** *umg* I can't get over the fact that ...
weglasern *v/t* MED to remove by laser
weglassen *v/t* (≈ *auslassen*) to leave out; *umg* (≈ *gehen lassen*) to let go
weglaufen *v/i* to run away (**vor** +*dat* from)
weglegen *v/t in Schublade etc* to put away; **zur Seite** to put aside
wegmüssen *v/i* to have to go
wegnehmen *v/t* to take; (≈ *entfernen*) to take away; (≈ *verdecken*) *Sonne* to block out; *Sicht* to block; (≈ *beanspruchen*) *Zeit, Platz* to take up
Wegrand *m* wayside
wegräumen *v/t* to clear away; *in Schrank* to put away; **etw von etw ~** to get sth off sth
wegrennen *umg v/i* to run away
wegschaffen *v/t* (≈ *beseitigen*) to get rid of; (≈ *wegräumen*) to clear away
wegschicken *v/t* **j-n** to send away
wegschließen *v/t* to lock away
wegschmeißen *umg v/t* to chuck away *umg*
wegschnappen *umg v/t* **j-m etw ~** to snatch sth (away) from sb
wegsehen *v/i* to look away
wegstecken *wörtl v/t* to put away; *umg Niederlage, Kritik* to take
wegtreten *v/i* **~!** MIL dismiss!, dismissed!; **er ist**

(geistig) **weggetreten** *umg* (≈ *geistig verwirrt*) he's not all there *umg*
wegtun *v/t* to put away; (≈ *wegwerfen*) to throw away
wegweisend *adj* pioneering *attr*, revolutionary
Wegweiser *m* sign; *fig Buch etc* guide
Wegwerf- *zssgn Geschirr, Rasierer* disposable; *Flasche* non-returnable
wegwerfen *v/t* to throw away
wegwerfend *adj* dismissive
Wegwerfflasche *f* non-returnable bottle
Wegwerfgesellschaft *f* throwaway society
Wegwerfkamera *f* disposable camera, single use camera
Wegwerfverpackung *f* disposable packaging
wegwischen *v/t* to wipe off
wegwollen *v/i* (≈ *verreisen*) to want to go away
wegziehen **A** *v/t* to pull away (**j-m** from sb) **B** *v/i* to move away
weh **A** *adj* (≈ *wund*) sore **B** *int* **o weh!** oh dear!
wehe *int* ~ **(dir), wenn du das tust** you'll be sorry if you do that
Wehe *f* **1** (≈ *Schneewehe etc*) drift **2** **~n** *pl* (≈ *Geburtswehen*) (labour) pains *Br*, (labor) pains *US*; **in den ~n liegen** to be in labo(u)r; **die ~n setzten ein** the contractions started, she went into labour *Br od* labor *US*
wehen *v/i* **1** *Wind* to blow; *Fahne* to wave **2** *Duft* to waft
Wehklage *liter f* lament(ation)
wehleidig *adj* (≈ *jammernd*) whining *attr*; **~ sein** to be a whinger
Wehmut *f* melancholy; (≈ *Sehnsucht*) wistfulness; *nach Vergangenem* nostalgia
wehmütig *adj* melancholy; (≈ *sehnsuchtsvoll*) wistful; (≈ *nostalgisch*) nostalgic
Wehr[1] *f* **sich zur ~ setzen** to defend oneself
Wehr[2] *n Stauanlage* weir
Wehrbeauftragte(r) *m/f(m)* commissioner for the armed forces
Wehrdienst *m* military service; **seinen ~ (ab)leisten** to do one's military service
Wehrdienstverweigerer *m*, **Wehrdienstverweigerin** *f* conscientious objector
wehren *v/r* to defend oneself; (≈ *sich aktiv widersetzen*) to (put up a) fight; **sich gegen einen Plan** *etc* **~** to fight (against) a plan *etc*
Wehrersatzdienst *m* alternative national service
wehrlos *adj* defenceless *Br*, defenseless *US*; *fig* helpless; **j-m ~ ausgeliefert sein** to be at sb's mercy
Wehrlosigkeit *f* defencelessness *Br*, defenselessness *US*; *fig* helplessness
Wehrpflicht *f* (**allgemeine**) **~** (universal) conscription
wehrpflichtig *adj* liable for military service
Wehrpflichtige(r) *m/f(m)* person liable for military service; *Eingezogener* conscript *Br*, draftee *US*
Wehrsold *m* (military) pay
wehtun *v/t* to hurt; **mir tut der Rücken weh** my back hurts; **sich/j-m ~** to hurt oneself/sb
Weib *n* woman
Weibchen *n* ZOOL female
Weiberheld *pej m* lady-killer
weibisch *adj* effeminate
weiblich *adj* female; (≈ *fraulich*), *a*. GRAM feminine
Weib(s)stück *pej n* bitch *umg*
weich **A** *adj* soft; *Ei* soft-boiled; *Fleisch* tender; (≈ *geschmeidig*) smooth; (≈ *mitleidig*) soft-hearted; **~e Drogen** soft drugs; **~ werden** to soften; **~e Währung** soft currency **B** *adv* softly; **~ gekocht** *Ei* soft-boiled; **~ landen** to land softly
Weiche *f* BAHN points *pl Br*, switch *US*; **die ~n stellen** *fig* to set the course
Weichei *pej sl n* wimp *umg*, softy *umg*
weichen[1] *v/t & v/i* to soak
weichen[2] *v/i* (≈ *weggehen*) to move; (≈ *zurückweichen*) to retreat (+*dat* od **vor** +*dat* from); *fig* (≈ *nachgeben*) to give way (+*dat* to); **nicht von j-s Seite ~** not to leave sb's side
Weichheit *f* softness; *von Fleisch* tenderness
weichherzig *adj* soft-hearted
Weichkäse *m* soft cheese
weichlich *fig adj* weak; (≈ *verhätschelt*) soft
Weichling *pej m* weakling
weichmachen *fig v/t* to soften up
Weichmacher *m* CHEM softener
Weichselkirsche *schweiz, süddt f* sour cherry
weich spülen, **weichspülen** *v/t* to condition; *Wäsche* to use (fabric) conditioner on
Weichspüler *m* conditioner
Weichteile *pl* soft parts *pl*; *umg* (≈ *Geschlechtsteile*) private parts *pl*
Weichtier *n* mollusc
Weide[1] *f* BOT willow
Weide[2] *f* AGR pasture; (≈ *Wiese*) meadow
Weideland *n* AGR pasture(land)
weiden **A** *v/i* to graze **B** *v/t* (to put out to) graze **C** *v/r sich an etw* (*dat*) **~** *fig* to revel in sth
Weidenkätzchen *n* pussy willow
Weidenkorb *m* wicker basket
weidmännisch **A** *adj* huntsman's *attr* **B** *adv* in a huntsman's manner
weigern *v/r* to refuse
Weigerung *f* refusal
Weihe *f* KIRCHE consecration; (≈ *Priesterweihe*) ordination; **höhere ~n** *fig* greater glory
weihen *v/t* **1** KIRCHE to consecrate; *Priester* to ordain **2** (≈ *widmen*) **dem Tod(e)/Untergang ge-**

weiht doomed (to die/fall)
Weiher m pond
Weihnachten n Christmas; **fröhliche** od **frohe** ~! happy Christmas! bes Br, merry Christmas!; (**zu** od **an**) ~ at Christmas; **etw zu ~ bekommen** to get sth for Christmas
weihnachtlich A adj Christmassy umg, festive **B** adv geschmückt festively
Weihnachtsabend m Christmas Eve
Weihnachtsbaum m Christmas tree
Weihnachtsfeiertag m erster Christmas Day; zweiter Boxing Day
Weihnachtsferien pl Christmas holidays pl Br, holidays pl US
Weihnachtsfest n Christmas
Weihnachtsgans f Christmas goose; **j-n ausnehmen wie eine ~** umg to fleece sb umg
Weihnachtsgeld n Christmas bonus
Weihnachtsgeschenk n Christmas present
Weihnachtskarte f Christmas card
Weihnachtslied n (Christmas) carol
Weihnachtsmann m Father Christmas Br, Santa Claus
Weihnachtsmarkt m Christmas fair
Weihnachtstag m → Weihnachtsfeiertag
Weihnachtstisch m table for Christmas presents
Weihnachtszeit f Christmas (time)
Weihrauch m incense
Weihwasser n holy water
weil konj because
Weilchen n **ein ~** a (little) while
Weile f while; **eine ~** (for) a while; **vor einer (ganzen) ~** quite a while ago
Wein m wine; (≈ Weinstöcke) vines pl; (≈ Weintrauben) grapes pl; **j-m reinen ~ einschenken** to tell sb the truth
Weinbau m wine growing
Weinbauer m, **Weinbäuerin** f wine grower
Weinbeere f grape
Weinberg m vineyard
Weinbergpfirsich m vineyard peach
Weinbergschnecke f snail; auf Speisekarte escargot
Weinbrand m brandy
weinen v/t & v/i to cry; **es ist zum Weinen!** it's enough to make you weep! bes Br
Weinen n cry
weinerlich adj whining; **~ reden** to whine
Weinernte f grape harvest
Weinessig m wine vinegar
Weinflasche f wine bottle
Weingegend f wine-growing area
Weinglas n wine glass
Weingummi n/m wine gum
Weingut n wine-growing estate
Weinhändler(in) m(f) wine dealer
Weinhandlung f wine shop bes Br, wine store
Weinhauer(in) bes österr m(f) wine grower
Weinherstellung f winemaking
Weinkarte f wine list
Weinkeller m wine cellar, winery US; (≈ Lokal) wine bar
Weinkenner(in) m(f) connoisseur of wine
Weinkrampf m crying fit; MED uncontrollable fit of crying
Weinkraut n sauerkraut
Weinlese f grape harvest
Weinlokal n wine bar
Weinprobe f wine tasting
Weinrebe f (grape)vine
weinrot adj claret
Weinstein m tartar
Weinstock m vine
Weinstraße f wine trail, wine route
Weinstube f wine tavern
Weintraube f grape
weise adj wise
Weise f (≈ Verfahren etc) way; **auf diese ~** in this way; **in keiner ~** in no way
weisen geh **A** v/t **j-m etw ~** to show sb sth; **j-n vom Feld ~** SPORT to order sb off (the field); **etw von sich ~** fig to reject sth **B** v/i to point (**nach** towards od **auf** +akk to)
Weise(r) m/f(m) wise man/woman
Weisheit f **1** wisdom **2** (≈ weiser Spruch) wise saying, pearl of wisdom mst iron
Weisheitszahn m wisdom tooth
weismachen v/t **j-m etw ~** to make sb believe sth; **das kannst du mir nicht ~!** you can't expect me to believe that
weiß A adj white; **das Weiße Haus** the White House; **das Weiße vom Ei** egg white; **~er Tee** white tea **B** adv anstreichen white; sich kleiden in white; **~ glühend** white-hot
weissagen v/t to prophesy
Weissagung f prophecy
Weißbier n ≈ wheat beer (light, fizzy beer made using top-fermentation yeast)
Weißblech n tinplate
Weißbrot n white bread kein pl; (≈ Laib) loaf of white bread
Weißbuch n POL White Paper
weißen v/t to whiten; (≈ weiß tünchen) to whitewash
Weiße(r) m/f(m) white, white man/woman
Weißglut f white heat; **j-n zur ~ bringen** to make sb livid (with rage)
Weißgold n white gold
weißhaarig adj white-haired
Weißherbst m ≈ rosé
Weißkohl m, **Weißkraut** österr, südd n white

cabbage
weißlich adj whitish
Weißmacher m in Waschmittel brightening agent; in Papier whitener
Weißrusse m, **Weißrussin** f White Russian
Weißrussland n White Russia
Weißwandtafel f whiteboard
Weißwein m white wine
Weißwurst f veal sausage
Weisung f directive; **auf ~** on instructions
weisungsberechtigt adj JUR authorized to issue directives
weit **A** adj **1** (≈ breit) wide; Meer open; Begriff broad; Unterschied big; **~e Kreise der Bevölkerung** large sections of the population **2** (≈ lang) Weg, Reise long; **in ~er Ferne** a long way away; **so ~ sein** (≈ bereit) to be ready; **es ist bald so ~** the time has nearly come **B** adv **1** Entfernung far; **~er** farther, further; **am ~esten** farthest, (the) furthest; **es ist noch ~ bis Bremen** it's still a long way to Bremen; **~ gereist** widely travelled Br, widely traveled US; **~ hergeholt** far-fetched; **~ und breit** for miles around; **~ ab** od **weg (von)** far away (from); **ziemlich ~ am Ende** fairly near the end; **von Weitem** from a long way away; **von ~ her** from a long way away; **~ blickend** far-sighted; **~ entfernt** a long way away; **~ entfernt** od **gefehlt!** far from it! **2** (≈ breit offen) wide; **10 cm ~** 10cm wide; **~ verbreitet** → weitverbreitet **3** in Entwicklung **~ fortgeschritten** far advanced; **wie ~ bist du?** how far have you got?; **so ~, so gut** so far so good; **sie sind nicht ~ gekommen** they didn't get far; **j-n so ~ bringen, dass ...** to bring sb to the point where ...; **er wird es ~ bringen, er wird ~ kommen** he will go far; **es so ~ bringen, dass ...** to bring it about that ... **4** zeitlich **(bis) ~ in die Nacht** (till) far into the night; **~ nach Mitternacht** well after midnight **5** (≈ erheblich) far; **~ über 60** well over 60 **6** adj **zu ~ gehen** to go too far; **das geht zu ~!** that's going too far!; **so ~** (≈ im Großen und Ganzen) by and large; (≈ bis jetzt) up to now; (≈ bis zu diesem Punkt) thus far; **so ~ wie möglich** as far as possible; **bei Weitem besser** etc **als far** better etc than; **bei Weitem der Beste** by far the best; **bei Weitem nicht so gut** etc **(wie ...)** not nearly as good etc (as ...)
weitab adv **~ von** far (away) from
weitaus adv far
Weitblick fig m vision
weitblickend adj far-sighted
Weite¹ f (≈ Ferne) distance; (≈ Länge) length; (≈ Größe) expanse; (≈ Durchmesser, Breite) width
Weite² n distance; **das ~ suchen** to take to one's heels

weiten **A** v/t to widen **B** v/r to broaden
weiter **A** adj fig further; (≈ andere) other; **~e Auskünfte** further information; **ein ~er, eine ~e, ein ~es ...** one more ...; **~e 70 Meter** another 70 metres **B** adv (≈ noch hinzu) further; (≈ sonst) otherwise; **etw ~ tun** to keep doing sth; **nichts ~ als ...** nothing more than ..., nothing but ...; **ich brauche nichts ~ als ...** all I need is ...; **wenn es ~ nichts ist, ...** well, if that's all (it is), ...; **das hat ~ nichts zu sagen** that doesn't really matter; **immer ~** on and on; **und ~?** and then?; **und so ~** and so on; → Weiteres
weiter- zssgn mit Verben to ...
weiterarbeiten v/i to carry on working
weiter bestehen v/i to continue to exist
weiterbilden v/r to continue one's education
Weiterbildung f continuation of one's education; an Hochschule further education
Weiterbildungskolleg n college of continuing education
weiterbringen v/t **das bringt uns auch nicht weiter** that doesn't get us any further
weiterempfehlen v/t to recommend (to one's friends etc)
weiterentwickeln v/t & v/r to develop
weitererzählen v/t Geheimnis etc to repeat, to pass on
Weitere(s) n further details pl; **das ~** the rest; **alles ~** everything else; **bis auf ~s** for the time being; auf Schildern etc until further notice; **ohne ~s** easily
weiterfahren v/i (≈ Fahrt fortsetzen) to go on; (≈ durchfahren) to drive on
Weiterfahrt f continuation of the/one's journey
Weiterflug m continuation of the/one's flight; **Passagiere zum ~ nach ...** passengers continuing their flight to ...
weiterführen v/t & v/i to continue; **das führt nicht weiter** fig that doesn't get us anywhere
weiterführend adj Schule secondary; Qualifikation higher
weitergeben v/t to pass on
weitergehen v/i **1** to go on, to continue; **so kann es nicht ~** fig things can't go on like this **2** zu Fuß to walk on
weiterhelfen v/i to help (along) (j-m sb)
weiterhin adv **etw ~ tun** to carry od keep on doing sth
weiterklicken v/i IT to click to move on
weiterkommen v/i to get further od on; fig a. to make progress; **nicht ~** fig to be stuck
weiterlaufen v/i to walk on
weiterleiten v/t to pass on (an +akk to); (≈ weitersenden) to forward
weiterlesen v/i to carry on reading; **lies weiter!**

go on!
weitermachen v/t & v/i to carry od go on (**etw** with sth), to continue; **mit etw ~** to keep sth up; **~!** carry on!
weiterreden v/i to continue
Weiterreise f continuation of the/one's journey; **auf der ~ nach …** when I etc was travelling on to … Br, when I etc was traveling on to … US
weiters österr adv furthermore
weitersagen v/t to repeat; **nicht ~!** don't tell anyone!
weiterschlafen v/i **1** den Schlaf fortsetzen to carry on sleeping; nach Störung to get back to sleep **2** **schlaf weiter!** fig du bist naiv dream on!
weiterträumen v/i to dream on
weiterverarbeiten v/t to process
Weiterverarbeitung f reprocessing
Weiterverkauf m resale
weitervermieten v/t to sublet
weitgehend, weit gehend **A** adj Vollmachten etc far-reaching; Übereinstimmung etc a large degree of **B** adv **~** to a great extent
weitgereist adj → weit
weither adv, (a. **von weit her**) from a long way away
weithin adv for a long way; fig bekannt widely
weitläufig **A** adj **1** Park, Gebäude spacious; (≈ verzweigt) rambling **2** Verwandte distant **B** adv **sie sind ~ verwandt** they are distant relatives
weiträumig **A** adj wide-ranging **B** adv **die Unfallstelle ~ umfahren** to keep well away from the scene of the accident
weitreichend, weit reichend fig adj far--reaching
weitschweifig adj long-winded
Weitsicht fig f far-sightedness
weitsichtig adj MED long-sighted Br, far-sighted bes US; fig far-sighted
Weitsichtigkeit f MED long-sightedness Br, far--sightedness bes US
Weitspringen n SPORT long jump
Weitspringer(in) m(f) SPORT long jumper
Weitsprung m SPORT long jump
weitverbreitet, weit verbreitet adj widespread
Weitwinkelobjektiv n wide-angle lens
Weizen m wheat
Weizenbier n ≈ wheat beer (light, fizzy beer made using top-fermentation yeast)
Weizenmehl n wheat flour
welch int pr **1** (**ein**) what
welche(r, s) **A** int pr **1** adjektivisch what; bei Wahl aus einer begrenzten Menge which; **auf ~r Seite sind wir?** what page are we on?; **~ Farbe hat …?** what colour is …? **2** substantivisch which (one) **3** in Ausrufen – **Freude!** what joy! **B** indef pr some; verneint any; **ich habe keine Äpfel, haben Sie ~?** I don't have any apples, do you have any?

welk adj Blume wilted; Blatt dead; fig Schönheit fading; Haut tired-looking; (≈ schlaff) flaccid
welken v/i to wilt; Haut to grow tired-looking
Wellblech n corrugated iron
Welle f **1** wave; RADIO (≈ Frequenz) wavelength; (**hohe**) **~n schlagen** fig to create (quite) a stir **2** fig (≈ Mode) craze **3** TECH shaft
wellen **A** v/t Haar to wave; Blech etc to corrugate **B** v/r to become wavy; **gewelltes Haar** wavy hair
Wellenbad n swimming pool with wave machine
Wellenbereich m PHYS, TEL frequency range; RADIO waveband
wellenförmig adj wave-like; Linie wavy
Wellengang m waves pl, swell
Wellenlänge f PHYS, TEL wavelength; fig **auf der gleichen ~ sein** od **liegen** umg to be on the same wavelength
Wellenlinie f wavy line
wellenreiten v/i to surf; **~ gehen** to go surfing
Wellenreiten n surfing
Wellensittich m budgerigar, budgie umg
wellig adj Haar etc wavy
Wellness f wellness
Wellnessbereich m wellness centre Br, wellness center US
Wellnesscenter n health spa, wellness centre Br, wellness center US
Wellnesshotel n spa od wellness hotel
Wellnessurlaub m spa holiday Br, spa vacation US; kurz spa break
Wellpappe f corrugated cardboard
Welpe m pup; von Wolf, Fuchs cub
Wels m catfish
welsch adj **1** (≈ welschsprachig) Romance-speaking **2** schweiz (Swiss-)French; **die ~e Schweiz** French Switzerland
Welt f world; **die Dritte ~** the Third World; **alle ~** everybody; **deswegen geht die ~ nicht unter** umg it isn't the end of the world; **das kostet doch nicht die ~** it won't cost a fortune; **uns/sie trennen ~en** fig we/they are worlds apart; **auf der ~** in the world; **auf der ganzen ~** all over the world; **aus aller ~, aus der ganzen ~** from all over the world; **aus der ~ schaffen** to eliminate; **in aller ~** all over the world; **warum in aller ~ …?** why on earth …?; **um nichts in der ~, nicht um alles in der ~** not for all the tea in China umg; **ein Mann/eine Frau von ~** a man/woman of the world; **vor aller ~** in front

of everybody; **zur ~ kommen** to come into the world

Weltall n universe, outer space

Weltanschauung f philosophy of life; *Philosophie, a.* POL world view

Weltbank f World Bank

weltbekannt, weltberühmt adj world-famous

weltberühmt adj world-famous

weltbeste(r, s) adj world's best

Weltbevölkerung f world population

weltbewegend adj world-shattering

Weltbild n conception of the world

Weltenbummler(in) m(f) globetrotter

Welterfolg m global *od* worldwide success

Weltergewicht n *Boxen* welterweight

welterschütternd adj world-shattering

weltfremd adj unworldly

Weltgeltung f international standing, worldwide recognition

Weltgeschichte f world history

Weltgesundheitsorganisation f World Health Organization

weltgewandt adj sophisticated

Welthandel m world trade

Welthandelsorganisation f World Trade Organisation

Weltherrschaft f world domination

Weltkarte f map of the world

Weltklasse f **~ sein** to be world class; *umg* to be fantastic *umg*

Weltkrieg m world war; **der Erste/Zweite ~** the First/Second World War

Weltkulturerbe n world cultural heritage; (*≈ einzelnes Kulturgut*) World Heritage Site

weltläufig adj cosmopolitan

weltlich adj worldly; (*≈ nicht kirchlich*) secular

Weltliteratur f world literature

Weltmacht f world power

Weltmarkt m world market

Weltmeer n ocean; **die sieben ~e** the seven seas

Weltmeister(in) m(f) world champion

Weltmeisterschaft f world championship; FUSSB World Cup

Weltmusik f world music

Weltnaturerbe n World (Natural) Heritage Site

weltoffen adj cosmopolitan

Weltöffentlichkeit f general public

Weltpolitik f world politics *pl*

Weltrang m **von ~** world-famous

Weltrangliste f world rankings *pl*

Weltraum m (outer) space

Weltraumforschung f space research

weltraumgestützt adj space-based

Weltraumstation f space station

Weltreich n empire

Weltreise f world tour

Weltrekord m world record

Weltrekordinhaber(in) m(f) world record holder, world's record holder *US*

Weltreligion f world religion

Weltschmerz m world-weariness

Weltsicherheitsrat m POL (United Nations) Security Council

Weltsprache f universal language

Weltstadt f cosmopolitan city

Weltuntergang m end of the world

Weltuntergangsstimmung f apocalyptic mood

weltweit adj & adv worldwide, global

Weltwirtschaft f world economy

Weltwirtschaftsforum n world economic forum

Weltwirtschaftskrise f world economic crisis

Weltwunder n **die sieben ~** the Seven Wonders of the World

wem **A** int pr who ... to, to whom; **mit wem hat sie geredet?** who did she talk to?; **wem gehören diese?** whose are these? **B** rel pr (*≈ derjenige, dem*) the person (who ...) to **C** indef pr umg (*≈ jemandem*) to somebody

wen **A** int pr who, whom **B** rel pr (*≈ derjenige, den*) the person (who) **C** indef pr umg (*≈ jemanden*) somebody

Wende f turn; (*≈ Veränderung*) change; (*≈ Wendepunkt*) turning point; POL (political) watershed

Wendehals m ORN wryneck; *fig umg* turncoat *pej*

Wendekreis m **1** tropic; **der nördliche ~** the Tropic of Cancer; **der südliche ~** the Tropic of Capricorn **2** AUTO turning circle

Wendeltreppe f spiral staircase

wenden **A** v/t (*≈ umdrehen*), *a. Schneiderhandwerk* to turn; GASTR *Eierpfannkuchen* to toss; *Schnitzel etc* to turn (over); **bitte ~!** please turn over **B** v/r **1** (*≈ sich umdrehen*) to turn (around); *Wetter, Glück* to change; **sich zu j-m/etw ~** to turn toward(s) sb/sth; **sich zum Guten ~** to take a turn for the better **2** **sich an j-n ~** *um Auskunft* to consult sb; *um Hilfe* to turn to sb; *Buch etc* to be directed at sb **C** v/i to turn; (*≈ umkehren*) to turn (a)round; **„wenden verboten"** "no U-turns"

Wendepunkt m turning point

wendig adj agile; *Auto* manoeuvrable *Br*, maneuverable *US*; *fig Politiker etc* agile

Wendigkeit f agility; *von Auto etc* manoeuvrability *Br*, maneuverability *US*; *fig von Politiker etc* agility

Wendung f **1** turn; **eine unerwartete ~ nehmen** *fig* to take an unexpected turn; **eine ~**

zum Guten nehmen to change for the better ② (≈ *Redewendung*) expression, phrase

wenig Ⓐ *adj & indef pr* ❶ little; **das ist ~** that isn't much; **ich habe ~ Zeit** I don't have much time; **so ~ wie** *od* **als möglich** as little as possible; **mein ~es Geld** what little money I have; **sie hat zu ~ Geld** *etc* she doesn't have enough money *etc* ❷ **~e** *pl* (≈ *ein paar*) a few; **in ~en Tagen** in (just) a few days; **einige ~e Leute** a few people ❸ *a. adv* **ein ~** a little, a bit; **ein ~ Salz** a little salt Ⓑ *adv* little; **~ besser** little better; **~ bekannt** little-known *attr*, little known *präd*; **~ erfreulich** not very pleasant; **zu ~** not enough; **einer/zwei** *etc* **zu ~** one/two *etc* too few

weniger Ⓐ *adj & indef pr* less; *mit Plural* fewer; **~ werden** to get less and less; **~ Geld** less money; **~ Unfälle** fewer accidents Ⓑ *adv* less; **das finde ich ~ schön!** that's not so nice! Ⓒ *konj & präp* less; **sieben ~ drei ist vier** seven less three is four

wenigstens *adv* at least

wenigste(r, s) *adj & indef pr & adv* **er hat die ~n Fehler gemacht** he made the fewest mistakes; **sie hat das ~ Geld** she has the least money; **am ~n** least; *pl* fewest; **das ist noch das ~!** *umg* that's the least of it!; **das am ~n!** that least of all!

wenn *konj* ❶ *konditional* if; **passt es dir, ~ ich morgen komme?** would it suit you if I came tomorrow?; **~ er nicht gewesen wäre, ...** if it had not been for him, ...; **selbst** *od* **und ~** even if; **~ ... auch ...** even though *od* if ...; **~ nicht** unless; **~ man bedenkt, dass ...** when you consider that ...; **~ ich doch** *od* **nur** *od* **bloß ...** if only I ...; **~ er nur da wäre!** if only he were here!; **außer ~** except if ❷ *zeitlich* when; **jedes Mal** *od* **immer ~** whenever; **außer ~** except when

Wenn *n* **ohne ~ und Aber** without any ifs and buts

wennschon *umg adv* **(na** *od* **und) ~!** so what? *umg*; **~, dennschon!** in for a penny, in for a pound! *bes Br sprichw*

wer Ⓐ *int pr* who; **wer von ...** which (one) of ... Ⓑ *rel pr* (≈ *derjenige, der*) the person who Ⓒ *indef pr umg* (≈ *jemand*) somebody

Werbe- *zssgn* advertising

Werbeabteilung *f* publicity department

Werbeagentur *f* advertising agency

Werbebanner *n* banner; INTERNET banner ad

Werbeblock *m* TV commercial break

Werbeclip *m* TV advert

Werbefachfrau *f* advertising woman

Werbefachmann *m* advertising man

Werbefernsehen *n* commercial television; *Sendung* TV advertisements *pl*

Werbefilm *m* advertising *od* promotional film

Werbegag *m* publicity stunt

Werbegeschenk *n* (promotional) giveaway

Werbegrafiker(in) *m(f)* commercial artist

Werbekampagne *f* publicity campaign; *für Verbrauchsgüter* advertising campaign

Werbekosten *pl* advertising *od* promotional costs *pl*

Werbeleiter(in) *m(f)* advertising manager

werben Ⓐ *v/t Mitglieder, Mitarbeiter* to recruit; *Kunden* to attract Ⓑ *v/i* to advertise; **für etw ~** to advertise sth, to promote sth; **für j-n ~** POL to campain for sb; **um etw ~** to solicit sth; **um Verständnis ~** to try to enlist understanding; **um ein Mädchen ~** to court a girl

Werbeslogan *m* publicity slogan; *für Verbrauchsgüter* advertising slogan

Werbespot *m* commercial, ad(vert)

Werbespruch *m* slogan

Werbetext *m* advertising copy *kein pl*

Werbetexter(in) *m(f)* (advertising) copywriter

Werbetrommel *f* **die ~ (für etw) rühren** *umg* to push sth *umg*

werbewirksam *adj* effective (for advertising purposes)

Werbung *f bes* HANDEL advertising; (≈ *Werbeaktionen*) promotion; POL (≈ *Propaganda*) pre-election publicity; *von Kunden, Stimmen* winning; *von Mitgliedern* recruitment; (≈ *Reklame*) advert; **~ für etw machen** to advertise sth

Werbungskosten *pl von Mensch* professional outlay *sg*; *von Firma* business expenses *pl*

Werdegang *m* development; *beruflich* career

werden Ⓐ *v/aux* ❶ *zur Bildung des Futurs* **ich werde es tun** I'll do it; **ich werde das nicht tun** I won't do that; **es wird gleich regnen** it's going to rain ❷ *zur Bildung des Konjunktivs* **das würde ich gerne tun** I'd like to do that; **das würde ich nicht gerne tun** I wouldn't like to do that; **er würde kommen, wenn ...** he would come if ...; **würden Sie mir bitte das Buch geben?** would you give me the book, please? ❸ *zur Bildung des Passivs* **geschlagen ~** to be beaten; **geboren ~** to be born; **mir wurde gesagt, dass ...** I was told that ... ❹ *bei Vermutung* **sie wird wohl in der Küche sein** she'll probably be in the kitchen; **das wird etwa 20 Euro kosten** it will cost roughly 20 euros Ⓑ *v/i* ❶ *mit Adjektiv* to get; **mir wird kalt/warm** I'm getting cold/warm; **blass/kalt ~** to go pale/cold; **wütend/heiß ~** to get angry/hot; **mir wird schlecht/besser** I feel bad/better; **die Fotos sind gut geworden** the photos have come out well ❷ *mit Substantiv/Pronomen* to become; **Lehrer ~** to become a teacher; **was willst du einmal ~?** what do you want to be when you grow up?; **Prä-**

sident ~ to become president; **Erster ~** to come first; **das ist nichts geworden** it came to nothing **3** *bei Altersangaben* **er ist gerade 40 geworden** he has just turned 40 **4** **es wird Zeit, dass er kommt** it's time (that) he came; **es wird kalt/spät** it's getting cold/late; **es wird Winter** winter is coming; **was ist aus ihm geworden?** what has become of him?; **aus ihm wird noch einmal was!** he'll make something of himself yet!; **daraus wird nichts** nothing will come of that; (≈ *das kommt nicht infrage*) that's out of the question; **zu etw ~** to turn into sth; **was soll nun ~?** so what's going to happen now?

werdend *adj* nascent; **~e Mutter** expectant mother

werfen **A** *v/t* to throw (**nach** at); **Bomben ~** *von Flugzeug* to drop bombs; **eine Münze ~** to toss a coin; **„nicht ~"** "handle with care"; **etw auf den Boden ~** to throw sth to the ground; **j-n aus dem Haus** *etc* **~** to throw sb out (of the house *etc*) **B** *v/i* (≈ *schleudern*) to throw; **mit etw** (**auf j-n/etw**) **~** to throw sth (at sb/sth) **C** *v/r* to throw oneself (**auf** +*akk* upon, at)

Werfer(in) *m(f)* thrower; *beim Baseball* pitcher

Werft *f* shipyard; *für Flugzeuge* hangar

Werftarbeiter(in) *m(f)* shipyard worker

Werk *n* **1** (≈ *Arbeit, Buch etc*) work; *geh* (≈ *Tat*) deed; (≈ *Gesamtwerk*) works *pl*; **das ist sein ~** this is his doing; **ans ~ gehen** to set to work; **am ~ sein** to be at work **2** (≈ *Betrieb*) works *sg od pl Br*, factory; **ab ~** HANDEL ex works *Br*, ex factory **3** (≈ *Triebwerk*) mechanism

Werkbank *f* workbench

werken *v/i* to work; *handwerklich* to do handicrafts; **Werken** SCHULE handicrafts

Werkschutz *m* factory security service

werkseigen *adj* company *attr*

Werksgelände *n* factory premises *pl*

Werksleitung *f* factory management

Werkstatt *f*, **Werkstätte** *f* workshop; *für Autoreparaturen* garage *Br*, repair shop *US*

Werkstoff *m* material

Werkstück *n* TECH workpiece

Werktag *m* working day

werktags *adv* on working days

Werkzeug *n* tool; *Gesamtheit* tools *pl*

Werkzeugkasten *m* toolbox

Wermut *m* (≈ *Wermutwein*) vermouth

Wermutstropfen *fig geh m* drop of bitterness

wert *adj* **1** **etw ~ sein** to be worth sth; **nichts ~ sein** to be worthless; (≈ *untauglich*) to be no good; **es ~ sein zu** to be worth + *Gerundium*; **Glasgow ist eine Reise ~** Glasgow is worth a visit; **einer Sache** (*gen*) **~ sein** *geh* to be worthy of sth **2** (≈ *nützlich*) useful

Wert *m* **1** value; *bes menschlicher* worth; **einen ~ von fünf Euro haben** to be worth five euros; **im ~(e) von** to the value of; **sie hat innere ~e** she has certain inner qualities; **~ auf etw** (*akk*) **legen** *fig* to set great store by sth *bes Br*; **das hat keinen ~** *umg* there's no point **2** *von Test, Analyse* result

Wertarbeit *f* craftsmanship

werten *v/t & v/i* (≈ *einstufen*) to rate (**als** as); *Klassenarbeit etc* to grade; (≈ *beurteilen*) to judge (**als** to be); **ein Tor nicht ~** FUSSB *etc* to disallow a goal

Wertesystem *n* system of values

wertfrei **A** *adj* neutral **B** *adv* in a neutral way

Wertgegenstand *m* object of value; **Wertgegenstände** *pl* valuables *pl*

Wertigkeit *f* **1** CHEM valency **2** (≈ *Wert*) importance

wertlos *adj* worthless

Wertlosigkeit *f* worthlessness

Wertminderung *f* reduction in value

Wertpapier *n* security; **~e** *pl* stocks and shares *pl*

Wertsache *f* object of value; **~n** valuables

Wertschätzung *liter f* esteem, high regard

Wertsteigerung *f* increase in value

Wertstoff *m* reusable material

Wertstoffhof *m* recycling centre *Br*, recycling center *US*

Wertung *f* **1** (≈ *Bewertung*) evaluation; (≈ *Punkte*) score **2** (≈ *das Werten*) rating; *von Klassenarbeit* grading; (≈ *das Beurteilen*) judging

Werturteil *n* value judgement

wertvoll *adj* valuable

Werwolf *m* werewolf

Wesen *n* **1** nature; (≈ *Wesentliches*) essence; **es liegt im ~ einer Sache …** it's in the nature of a thing … **2** (≈ *Geschöpf*) being; (≈ *tierisches Wesen*) creature; (≈ *Mensch*) person; **ein menschliches ~** a human being

Wesensart *f* nature, character

wesentlich **A** *adj* essential; (≈ *erheblich*) substantial; (≈ *wichtig*) important; **das Wesentliche** the essential part; *von dem, was gesagt wurde* the gist; **im Wesentlichen** basically; (≈ *im Großen und Ganzen*) in the main **B** *adv* (≈ *grundlegend*) fundamentally; (≈ *erheblich*) considerably; **es ist mir ~ lieber, wenn wir …** I would much rather we …

weshalb **A** *adv interrogativ* why **B** *adv relativ* which is why; **der Grund, ~ …** the reason why …

Wespe *f* wasp

Wespennest *n* wasp's nest; **in ein ~ stechen** *fig* to stir up a hornets' nest

Wespenstich *m* wasp sting

wessen *pron* whose; *form* ~ **hat man dich angeklagt?** *form* of what have you been accused?
Wessi *umg m* Westerner, West German
West- *zssgn* western, west
Westasiate *m*, **Westasiatin** *f* West Asian
westasiatisch *adj* West Asian
westdeutsch *adj* GEOG Western German; HIST West German
Westdeutsche(r) *m/f(m)* West German
Weste *f* waistcoat *Br*, vest *US*; **eine reine ~ haben** *fig* to have a clean slate
Westen *m* west; *von Land* West; **der ~** POL the West; **aus dem ~, von ~ (her)** from the west; **nach ~ (hin)** to the west; **im ~ der Stadt/des Landes** in the west of the town/country; **weiter im ~** further west; **im ~ Frankreichs** in the west of France; **nach ~** west; **Richtung ~** westbound
Westentasche *f* waistcoat pocket *Br*, vest pocket *US*; **etw wie seine ~ kennen** *umg* to know sth like the back of one's hand *umg*
Western *m* western
Westeuropa *n* Western Europe
westeuropäisch *adj* West(ern) European; **Westeuropäische Union** Western European Union
Westfale *m*, **Westfälin** *f* Westphalian
Westfalen *n* Westphalia
westfälisch *adj* Westphalian
westindisch *adj* **die Westindischen Inseln** the West Indies
Westjordanland *n* **das ~** the West Bank
Westküste *f* west coast
westlich **A** *adj* western; *Kurs, Wind, Richtung* westerly; POL Western **B** *adv* (to the) west; **~ von ...** (to the) west of ... **C** *präp* (to the) west of
Westmächte *pl* POL **die ~** the western powers *pl*
westöstlich *adj* west-to-east; **in ~er Richtung** from west to east
westwärts *adv* westward(s), west
Westwind *m* west wind
weswegen *adv* why
wett *adj* **~ sein** to be quits
Wettbewerb *m* competition; (≈ *Wettkampf, Schönheitswettbewerb*) contest; **einen ~ veranstalten** to hold a competition
Wettbewerber(in) *m/f(m)* competitor
Wettbewerbsbehörde *f* competition authority
wettbewerbsfähig *adj* competitive
Wettbewerbsnachteil *m* competitive disadvantage
wettbewerbswidrig *adj* anticompetitive; **~e Vereinbarungen** anticompetitive *od* concerted agreements; **~ handeln** to violate fair trade practices; **ungesetzlich** to violate competition lae *od* antitrust law *US*
Wettbüro *n* betting office
Wette *f* bet; **darauf gehe ich jede ~ ein** I'll bet you anything you like; **die ~ gilt!** done!; **mit j-m um die ~ laufen** *od* **rennen** to race sb
wetteifern *v/i* **mit j-m um etw ~** to compete with sb for sth
wetten *v/t & v/i* to bet; **auf etw** (*akk*) **~** to bet on sth; **mit j-m ~** to bet with sb; **ich wette 100 gegen 1(, dass ...)** I'll bet (you) 100 to 1 (that ...)
Wetter *n* ⓘ weather *kein unbest art*; **bei so einem ~** in such weather; **was haben wir heute für ~?** what's the weather like today? ⓘ (≈ *Unwetter*) storm ⓘ *Bergbau* air; **schlagende ~** *pl* firedamp *sg*
Wetter(in) *m(f)* better
Wetteraussichten *pl* weather outlook *sg*
Wetterbericht *m* weather report
wetterbeständig *adj* weatherproof
wetterempfindlich *adj* sensitive to (changes in) the weather
wetterfest *adj* weatherproof
Wetterfrosch *hum umg m* weatherman *umg*
wetterfühlig *adj* sensitive to (changes in) the weather
Wetterhahn *m* weathercock *bes Br*, weather vane
Wetterkarte *f* weather map
Wetterkunde *f* meteorology
Wetterlage *f* weather situation
Wetterleuchten *n* sheet lightning; *fig* storm clouds *pl*
wettern *v/i* to curse and swear; **gegen** *od* **auf etw** (*akk*) **~** to rail against sth
Wetterstation *f* weather station
Wettersturz *m* sudden fall in temperature and atmospheric pressure
Wetterumschwung *m* sudden change in the weather
Wettervorhersage *f* weather forecast
Wetterwarte *f* weather station
wetterwendisch *fig adj* changeable
Wettfahrt *f* race
Wettkampf *m* competition; match
Wettkämpfer(in) *m/f(m)* competitor
Wettlauf *m* race; **einen ~ machen** to run a race; **ein ~ gegen die Zeit** a race against time
wettmachen *v/t* to make up for; *Verlust etc* to make good; *Rückstand* to make up
Wettrennen *n* race
Wettrüsten *n* arms race
Wettschein *m* betting slip
Wettstreit *m* competition; **mit j-m im ~ liegen**

to compete with sb
wetzen v/t to whet
Wetzstein m whetstone
WG f abk → Wohngemeinschaft
Whirlpool® m whirlpool bathtub
Whisky m whisky, whiskey US; irischer whiskey
Whistleblower(in) m(f) whistleblower
Whiteboard n whiteboard; **interaktives ~** interactive whiteboard
wichsen v/i sl (≈ onanieren) to jerk off sl
Wichser sl m wanker Br sl, jerk-off US sl
Wicht m (≈ Kobold) goblin, fig (≈ verachtenswerter Mensch) scoundrel
wichtig **A** adj important; **das ist nicht ~** it doesn't matter; **alles Wichtige** everything of importance; **Wichtigeres zu tun haben** to have more important things to do; **das Wichtigste** the most important thing **B** adv **sich selbst/etw (zu) ~ nehmen** to take oneself/sth (too) seriously
Wichtigkeit f importance
wichtigmachen umg v/r to be full of one's own importance
Wichtigtuer(in) pej m(f) pompous idiot
wichtigtun v/r umg (≈ sich aufspielen) to be full of one's own importance
Wicke f BOT vetch; (≈ Gartenwicke) sweet pea
Wickel m MED compress
wickeln **A** v/t **1** (≈ schlingen) to wind (**um** round); Verband etc to bind **2** (≈ einwickeln) to wrap (**in** +akk in); **einen Säugling ~** to change a baby's nappy Br, to change a baby's diaper US **B** v/r to wrap oneself (**in** +akk in)
Wickelraum m in Kaufhaus etc baby changing room
Wickelrock m wraparound skirt
Wickeltisch m baby's changing table
Widder m **1** ZOOL ram **2** ASTROL Aries; **(ein) ~ sein** to be (an) Aries
wider geh präp against; **~ Erwarten** contrary to expectations
widerfahren geh v/i to happen (**j-m** to sb)
Widerhaken m barb
Widerhall m echo; **keinen ~ finden** Interesse to meet with no response
widerhallen v/i to echo
widerlegen v/t Behauptung etc to refute; j-n to prove wrong
Widerlegung f refutation, disproving
widerlich **A** adj disgusting; Mensch repulsive **B** adv sich benehmen disgustingly; **~ riechen/schmecken** to smell/taste disgusting
Widerling umg m creep umg
widernatürlich adj unnatural
widerrechtlich **A** adj illegal **B** adv illegally; **sich** (dat) **etw ~ aneignen** to misappropriate sth

Widerrede f (≈ Widerspruch) contradiction; **keine ~!** don't argue!; **ohne ~** without protest
Widerruf m revocation; von Aussage retraction
widerrufen v/t Erlaubnis, Anordnung etc to revoke, to withdraw; Aussage to retract
Widersacher(in) m(f) adversary
widersetzen v/r **sich j-m/einer Sache ~** to oppose sb/sth; der Festnahme to resist sth; einem Befehl to refuse to comply with sth
widersinnig adj absurd
widerspenstig adj stubborn; Kind, Haar unruly
widerspiegeln **A** v/t to reflect **B** v/r to be reflected
widersprechen **A** v/i **j-m/einer Sache ~** to contradict sb/sth **B** v/r einander to contradict each other
Widerspruch m **1** contradiction; **ein ~ in sich selbst** a contradiction in terms; **in** od **im ~ zu** contrary to; **in** od **im ~ zu etw stehen** to be contrary to sth **2** (≈ Protest) protest; (≈ Ablehnung) opposition; JUR appeal; **kein ~!** don't argue!; **~ erheben** to protest; **~ einlegen** JUR to appeal
widersprüchlich adj contradictory; Verhalten inconsistent
Widerspruchsgeist m spirit of opposition
widerspruchslos **A** adj (≈ unangefochten) unopposed; (≈ ohne Einwände) without contradiction **B** adv (≈ unangefochten) without opposition; (≈ ohne Einwände) without contradiction
Widerstand m resistance; (≈ Ablehnung) opposition; ELEK Bauelement resistor; **gegen j-n/etw ~ leisten** to resist sb/sth
Widerstandsbewegung f resistance movement
widerstandsfähig adj robust; Pflanze hardy; MED, TECH etc resistant (**gegen** to)
Widerstandsfähigkeit f robustness; von Pflanze hardiness; MED, TECH etc resistance (**gegen** to)
Widerstandskämpfer(in) m(f) member of the resistance
widerstandslos adj & adv without resistance
widerstehen v/i (≈ nicht nachgeben) to resist; (≈ standhalten) to withstand
widerstreben v/i **es widerstrebt mir, so etwas zu tun** it goes against the grain to do anything like that Br, it goes against my grain to do anything like that US
widerstrebend **A** adj (≈ widerwillig) reluctant **B** adv widerwillig unwillingly
widerwärtig **A** adj objectionable; (≈ ekelhaft) disgusting **B** adv **~ schmecken/stinken** to taste/smell disgusting
Widerwille m (≈ Ekel) disgust (**gegen** for); (≈ Abneigung) distaste (**gegen** for); (≈ Widerstre-

ben) reluctance

widerwillig A adj reluctant B adv reluctantly
Widerworte pl ~ **geben** to answer back; **ohne** ~ without protest
Widescreen m widescreen
Widget n IT grafisches Fenstersystem widget
widmen A v/t **j-m etw** ~ to dedicate sth to sb B v/r to devote oneself to; den Gästen etc to attend to; einer Aufgabe to apply oneself to
Widmung f in Buch etc dedication (an +akk to)
widrig adj adverse
wie A adv 1 interrogativ how; **wie viele?** how many?; **wie viel kostet …?** how much are …?; **wie wärs mit einem Whisky?** umg how about a whisky?; **wie alt bist du?** how old are you?; **wie geht es dir/Ihnen/euch?** how are you?; **wie gehts** how are things? 2 (≈ welcher Art) **wie wars auf der Party?** what was the party like?; **wie war …?** how was …?; **wie ist er (denn)?** what's he like?; **wie spät ist es?** what's the time? 3 (≈ was) **wie heißt er/das?** what's he/it called?; **wie?** what?; **wie bitte?** sorry? Br, excuse me? US; entrüstet I beg your pardon! 4 in Ausrufen how; **und wie!, aber wie!** and how! umg; **wie groß er ist!** how big he is!; **das macht dir Spaß, wie?** you like that, don't you? B adv relativ **die Art, wie sie geht** the way (in which) she walks; **wie stark du auch sein magst** however strong you may be; **wie dem auch sei** whatever; **wie sehr … auch** however much C konj 1 vergleichend bezüglich Adjektiv oder Adverb as; vergleichend bezüglich Substantiv like; **so … wie** as … as; **so lang wie breit** as long as it etc is wide; **weiß wie Schnee** (as) white as snow; **eine Nase wie eine Kartoffel** a nose like a potato; **wie gewöhnlich/immer** as usual/always od ever; **wie du weißt** as you know 2 (≈ als) **größer wie** bigger than; **nichts wie Ärger** etc nothing but trouble etc 3 umg **wie wenn** as if 4 **er sah, wie es geschah** he saw it happen; **sie spürte, wie es kalt wurde** she felt it getting cold
Wiedehopf m hoopoe
wieder adv again; **immer** ~ again and again; ~ **mal** (once) again; ~ **ist ein Jahr vorbei** another year has passed; **wie, schon ~?** what, again?; ~ **da** back (again)
Wiederaufbau m reconstruction
wiederaufbauen v/t & v/i to reconstruct, to rebuild
wiederaufbereiten v/t to recycle; Atommüll, Abwasser to reprocess
Wiederaufbereitung f recycling; von Atommüll reprocessing
Wiederaufbereitungsanlage f recycling plant; für Atommüll reprocessing plant

wieder aufleben v/i to revive
Wiederaufnahme f 1 von Tätigkeit, Gespräch etc resumption 2 im Verein etc readmittance
wiederaufnehmen v/t 1 (≈ wieder beginnen) to resume 2 Vereinsmitglied to readmit
Wiederbeginn m recommencement; von Schule reopening
wiederbekommen v/t to get back
wiederbeleben v/t to revive
Wiederbelebung f revival
Wiederbelebungsversuch m attempt at resuscitation; fig attempt at revival
wiederbringen v/t to bring back
wiedereinführen v/t to reintroduce; HANDEL Waren to reimport
Wiedereingliederung f reintegration
wiedereinstellen v/t to re-employ
Wiedereintritt m reentry (**in** +akk into)
wiederentdecken v/t to rediscover
Wiederentdeckung f rediscovery
wiedererkennen v/t to recognize; **das/er war nicht wiederzuerkennen** it/he was unrecognizable
wiedererlangen v/t to regain; Eigentum to recover
wiedereröffnen v/t & v/i to reopen
Wiedereröffnung f reopening
wiedererstatten v/t Unkosten etc to refund (**j-m etw** sb for sth)
Wiedererstattung f refund(ing)
wiederfinden v/t to find again; fig Mut etc to regain
Wiedergabe f 1 von Rede, Ereignis account 2 (≈ Darbietung) von Stück etc rendition 3 (≈ Übersetzung) translation 4 (≈ Reproduktion) reproduction 5 (≈ Rückgabe) return
wiedergeben v/t 1 to give back 2 (≈ erzählen) to give an account of 3 (≈ übersetzen) to translate 4 (≈ reproduzieren) to reproduce
wiedergeboren adj reborn
Wiedergeburt f rebirth
wiedergewinnen v/t to regain; j-n to win back; Land to reclaim; Selbstvertrauen to recover
wiedergutmachen v/t Schaden to compensate for; Fehler to rectify; POL to make reparations for; **das ist nie wiedergutzumachen** that can never be put right
Wiedergutmachung f compensation; POL reparations pl
wiederhaben umg v/t **etw** ~ **wollen** to want sth back
wiederherstellen v/t Gebäude, Ordnung, Gesundheit to restore; Beziehungen to re-establish
Wiederherstellung f restoration
wiederholen[1] A v/t & v/i to repeat; (≈ noch einmal abspielen) to replay; zusammenfassend to re-

wiederholen — Wildwestfilm

capitulate; *Lernstoff* to revise, to review *US*; *Prüfung, Elfmeter* to retake **B** *v/r Mensch* to repeat oneself; *Thema, Ereignis* to recur
wiederholen² *v/t* (≈ *zurückholen*) to get back
wiederholt A *adj* repeated; **zum ~en Male** once again **B** *adv* repeatedly; **etw ~ tun** to keep doing sth
Wiederholung *f a.* LIT repetition; *von Prüfung, Elfmeter* retaking; *von Sendung* repeat; *von Lernstoff* revision
Wiederholungsspiel *n* SPORT replay
Wiederhören *n* (**auf**) **~!** goodbye!
wiederkäuen A *v/t* to ruminate; *fig umg* to go over again and again **B** *v/i* to ruminate
Wiederkäuer *m* ruminant
Wiederkehr *f* (≈ *Rückkehr*) return; (≈ *ständiges Vorkommen*) recurrence
wiederkehren *v/i* (≈ *zurückkehren*) to return; (≈ *sich wiederholen*) to recur
wiederkehrend *adj* recurring
wiederkommen *v/i* to come back
wiedersehen *v/t* to see again; **wann sehen wir uns wieder?** when will we see each other again?
Wiedersehen *n nach längerer Zeit* reunion; (**auf**) **~!** goodbye!
wiederum *adv* **1** (≈ *andererseits*) on the other hand; (≈ *allerdings*) though **2** *geh* (≈ *nochmals*) again
wiedervereinigen A *v/t* to reunite; *Land* to reunify **B** *v/r* to reunite
Wiedervereinigung *f* reunification
Wiederverkaufswert *m* resale value
wiederverschließbar *adj* resealable
wiederverwendbar *adj* reusable
wiederverwenden *v/t* to reuse
wiederverwertbar *adj* recyclable
wiederverwerten *v/t* to recycle
Wiederverwertung *f* recycling
Wiege *f* cradle
wiegen¹ A *v/t* **1** (≈ *hin und her bewegen*) to rock; *Hüften* to sway **2** (≈ *zerkleinern*) to chop up **B** *v/r Boot etc* to rock (gently); *Mensch, Äste etc* to sway
wiegen² *v/t & v/i* (≈ *abwiegen*) to weigh; **wie viel wiegst du?** how heavy are you?; **schwer ~** *fig* to carry a lot of weight; → **gewogen**
Wiegenlied *n* lullaby
wiehern *v/i* to neigh
Wien *n* Vienna
Wiener *adj* Viennese; **~ Würstchen** frankfurter; **~ Schnitzel** Wiener schnitzel
wienerisch *adj* Viennese
wienern *v/t* to polish
Wiese *f* meadow; *umg* (≈ *Rasen*) grass
Wiesel *n* weasel
wieso *adv* why; **~ nicht** why not; **~ weißt du das?** how do you know that?
wie viel *adv* → **viel**
wievielmal *adv* how many times
Wievielte(r) *m bei Datum* **der ~ ist heute?** what's the date today?
wievielte(r, s) *adj* **das ~ Kind ist das jetzt?** how many children is that now?; **zum ~n Mal bist du schon in England?** how often have you been to England?; **am ~n September hast du Geburtstag?** what date in September is your birthday?
wieweit *konj* to what extent
Wikinger(in) *m(f)* Viking
wild A *adj* wild; *Stamm* savage; (≈ *laut, ausgelassen*) boisterous; (≈ *ungesetzlich*) *Parken, Zelten etc* illegal; *Streik* wildcat *attr*, unofficial; **seid nicht so ~!** calm down a bit!; **j-n ~ machen** to make sb furious, to drive sb crazy; **~ auf j-n/etw sein** *umg* to be mad about sb/sth *umg*; **das ist halb so ~** *umg* never mind **B** *adv* **1** (≈ *unordentlich*) **~ durcheinanderliegen** to be strewn all over the place **2** (≈ *hemmungslos*) like crazy; *um sich schlagen* wildly; **wie ~ arbeiten** *etc* to work *etc* like mad **3** (≈ *in der freien Natur*) **~ leben** to live in the wild; **~ lebende Tiere** wildlife; **~ wachsen** to grow wild
Wild *n* (≈ *Tiere, Fleisch*) game; (≈ *Rotwild*) deer; (≈ *Fleisch von Rotwild*) venison
Wildbach *m* torrent
Wildbahn *f* **auf** *od* **in freier ~** in the wild
Wildcard *f* IT wild card
Wilddieb(in) *m(f)* poacher
Wilde(r) *m/f(m)* savage; *fig* madman
Wilderei *f* poaching
Wilderer *m*, **Wilderin** *f* poacher
wildern *v/i* to poach
Wildfleisch *n* game; *von Rotwild* venison
wildfremd *umg adj* completely strange; **~e Leute** complete strangers
Wildgans *f* wild goose
Wildheit *f* wildness
Wildhüter(in) *m(f)* gamekeeper; *in Nationalpark* ranger
Wildkatze *f* wildcat
Wildleder *n* suede
wildledern *adj* suede
Wildnis *f* wilderness; **in der ~ leben** to live in the wild
Wildpark *m* game park; *für Rotwild* deer park
Wildsau *f* wild sow; *fig sl* pig *umg*
Wildschwein *n* wild boar
Wildwasser *n* whitewater
Wildwasserfahren *n* whitewater rafting
Wildwechsel *m bei Rotwild* deer path; „**Wildwechsel**" "wild animals"
Wildwestfilm *m* western

Wille *m* will; (≈ *Absicht*) intention; **wenn es nach ihrem ~n ginge** if she had her way; **er musste wider ~n** *od* **gegen seinen ~n lachen** he couldn't help laughing; **seinen ~n durchsetzen** to get one's (own) way; **j-m seinen ~n lassen** to let sb have his own way; **beim besten ~n nicht** not with the best will in the world; **wo ein ~ ist, ist auch ein Weg** *sprichw* where there's a will there's a way *sprichw*

willen *präp* **um j-s/einer Sache ~** for the sake of sb/sth, for sb's/sth's sake

willenlos A *adj* weak-willed B *adv* **j-m ~ ergeben sein** to be totally submissive to sb

willens *geh adj* **~ sein** to be willing

Willenskraft *f* willpower

willensschwach *adj* weak-willed

Willensschwäche *f* weak will

willensstark *adj* strong-willed

Willensstärke *f* willpower

willentlich A *adj* wilful B *adv* deliberately

willig A *adj* willing B *adv* willingly

willkommen *adj* welcome; **du bist (mir) immer ~** you are always welcome; **j-n ~ heißen** to welcome sb; **es ist mir ganz ~, dass ...** I quite welcome the fact that ...; **~ in ...** welcome to ...

Willkommensgruß *m* greeting

Willkür *f politisch* despotism; *bei Handlungen* arbitrariness; **ein Akt der ~** a despotic/an arbitrary act

willkürlich A *adj* arbitrary; *Herrscher* autocratic B *adv handeln* arbitrarily

wimmeln *v/i* **der See wimmelt von Fischen** the lake is teeming with fish; **hier wimmelt es von Fliegen** this place is swarming with flies; **dieses Buch wimmelt von Fehlern** this book is riddled with mistakes

Wimmerl *n österr* (≈ *Pickel*) spot

wimmern *v/i* to whimper

Wimpelfisch *m* bannerfish

Wimper *f* (eye)lash; **ohne mit der ~ zu zucken** *fig* without batting an eyelid *Br*, without batting an eyelash *US*

Wimperntusche *f* mascara

Wimpernzange *f* eyelash curlers *od* tongs *pl*

Wind *m* wind; **bei ~ und Wetter** in all weathers; **~ und Wetter ausgesetzt sein** to be exposed to the elements; **daher weht der ~!** *fig* so that's the way the wind is blowing; **viel ~ um etw machen** *umg* to make a lot of fuss about sth; **gegen den ~ segeln** *wörtl* to sail into the wind; *fig* to swim against the stream, to run against the wind *US*; **j-m den ~ aus den Segeln nehmen** *fig* to take the wind out of sb's sails; **etw in den ~ schlagen** *Warnungen, Rat* to turn a deaf ear to sth; *Vorsicht, Vernunft* to throw sth to the winds; **in alle (vier) ~e zerstreut sein** *fig* to be scattered to the four corners of the earth; **von etw ~ bekommen** *fig umg* to get wind of sth

Windbeutel *m* cream puff

Windbluse *f* windcheater

Windbö(e) *f* gust of wind

Winde[1] *f* TECH winch

Winde[2] *f* BOT bindweed

Windel *f* nappy *Br*, diaper *US*

Windeleinlage *f* nappy liner *Br*, diaper liner *US*

windelweich *adv* **j-n ~ schlagen** *od* **hauen** *umg* to beat sb black and blue

winden A *v/t* to wind; *Kranz* to bind; (≈ *hochwinden*) *Last* to winch B *v/r* to wind; *vor Schmerzen* to writhe (**vor** +*dat* with, in); *vor Verlegenheit* to squirm (**vor** +*dat* with, in); *fig* (≈ *ausweichen*) to try to wriggle out; → gewunden

Windenergie *f* wind energy

Windeseile *f* **etw in** *od* **mit ~ tun** to do sth in no time (at all); **sich in** *od* **mit ~ verbreiten** to spread like wildfire

Windfarm *f* wind farm

windgeschützt *adj* sheltered (from the wind)

Windhund *m* **1** greyhound; **australischer ~** dingo **2** *fig pej* rake

windig *adj* windy; *fig* dubious

Windjacke *f* windcheater *Br*, windproof jacket, anorak

Windkraft *f* wind power

Windkraftanlage *f* wind power station

Windlicht *n* lantern

Windmühle *f* windmill

Windpocken *pl* chickenpox *sg*

Windrad *n* *Maschine* wind turbine; *Spielzeug* windmill

Windrichtung *f* wind direction

Windrose *f* SCHIFF compass card; METEO wind rose

Windschatten *m* lee; *von Fahrzeugen* slipstream

windschief *adj* crooked

Windschutzscheibe *f* windscreen *Br*, windshield *US*

Windstärke *f* strength of the wind

windstill *adj* still; *Platz, Ecke etc* sheltered

Windstille *f* calm

Windstoß *m* gust of wind

Windsurfbrett *n* windsurfer

windsurfen *v/i* to windsurf; **~ gehen** to go windsurfing

Windsurfen *n* windsurfing

Windsurfer(in) *m(f)* windsurfer

Windturbine *f* wind turbine

Windung *f* *von Weg, Fluss etc* meander; TECH *von Schraube* thread; ELEK *von Spule* coil

Wink m (≈ *Zeichen*) sign; (≈ *Hinweis, Tipp*) hint
Winkel m **1** MATH angle **2** TECH square **3** *fig* (≈ *Stelle, Ecke*) corner; (≈ *Plätzchen*) spot
Winkeleisen n angle iron
winkelförmig **A** *adj* angled **B** *adv* **~ gebogen** bent at an angle
winkelig *adj* → winklig
Winkelmesser m protractor
winken **A** *v/i* to wave (j-m to sb); **dem Kellner ~** to signal to the waiter; **j-m winkt etw** *fig* (≈ *steht in Aussicht*) sb can expect sth; **dem Sieger winkt eine Reise nach Italien** the winner will receive a trip to Italy **B** *v/t* to wave; **j-n zu sich ~** to beckon sb over to one
winklig *adj Haus, Altstadt* full of nooks and crannies; *Gasse* twisty
winseln *v/i* to whine
Winter m winter; **im ~** in (the) winter
Winteranfang m beginning of winter
Winterdienst m *Verkehr* winter road treatment
Winterfahrplan m winter timetable *Br*, winter schedule *bes US*
Wintergarten m winter garden
Winterlandschaft f winter landscape
winterlich **A** *adj* wintry, winter *attr* **B** *adv* **es ist ~ kalt** it's as cold as it is in winter; **~ gekleidet** dressed for winter
Winterolympiade f Winter Olympics *pl*
Winterreifen m winter tyre *Br*, winter tire *US*
Winterschlaf m ZOOL hibernation; **(den) ~ halten** to hibernate
Winterschlussverkauf m winter (clearance) sale
Wintersemester n winter semester
Winterspiele *pl* **(Olympische) ~** Winter Olympics *pl*
Wintersport m winter sports *pl*; (≈ *Wintersportart*) winter sport
Winterurlaub m winter holidays *pl*, winter vacation *sg US*
Winterzeit f **1** *Jahreszeit* wintertime; **zur ~** in (the) wintertime **2** *Uhrzeit* winter time, standard time *US*; **wann fängt die ~ an?** when does winter time begin? *Br*, when does standard time begin? *US*
Winzer(in) m(f) wine grower, winemaker
winzig *adj* tiny; **~ klein** minute, tiny little *attr*
Winzling *umg* m mite
Wipfel m treetop
Wippe f *zum Schaukeln* seesaw
wippen *v/i* (≈ *mit Wippe schaukeln*) to seesaw; **mit dem Fuß ~** to jiggle one's foot
wir *pers pr* we; **wir alle** all of us; **wir beide** both of us; **wir drei** the three of us; **wir selbst** ourselves; **wer war das? — wir nicht** who was that? — it wasn't us

Wirbel m **1** whirl; *in Fluss etc* whirlpool; (≈ *Aufsehen*) to-do, fuss; **(viel/großen) ~ machen/verursachen** to make/cause (a lot of/a big) commotion **2** (≈ *Haarwirbel*) crown **3** (≈ *Trommelwirbel*) (drum) roll **4** ANAT vertebra
wirbellos *adj* ZOOL invertebrate
wirbeln *v/i* to whirl; *Laub, Rauch* to swirl
Wirbelsäule f ANAT spinal column, spine
Wirbelsturm m whirlwind, cyclone
Wirbeltier n vertebrate
Wirbelwind m whirlwind
wirken *v/i* **1** (≈ *tätig sein*) *Mensch* to work; *Kräfte etc* to be at work; (≈ *Wirkung haben*) to have an effect; (≈ *erfolgreich sein*) to work; **als Katalysator ~** to act as a catalyst; **abführend ~** to have a laxative effect; **etw auf sich** (*akk*) **~ lassen** to take sth in **2** (≈ *erscheinen*) to seem
wirklich **A** *adj* real; (≈ *ehrlich*) truly; **im ~en Leben** in real life **B** *adv* really; **nicht ~** not really; **ich war das ~ nicht** it really was not me; **~?** *als Antwort* really?
Wirklichkeit f reality; **~ werden** to come true; **in ~** in reality
wirklichkeitsfremd *adj* unrealistic
wirklichkeitsgetreu **A** *adj* realistic **B** *adv* realistically
wirklichkeitsnah *adj* realistic
wirksam **A** *adj* effective; **am 1. Januar ~ werden** *form Gesetz* to take effect on January 1st **B** *adv* effectively; *verbessern* significantly
Wirksamkeit f effectiveness
Wirkstoff m *bes* PHYSIOL active substance
Wirkung f effect (**bei** on); **zur ~ kommen** to take effect; **mit ~ vom 1. Januar** *form* with effect from January 1st
Wirkungsgrad m (degree of) effectiveness
wirkungslos *adj* ineffective
wirkungsvoll **A** *adj* effective **B** *adv* effectively
Wirkungsweise f *von Medikament* action
wirr *adj* confused; *Blick* crazed; *Haare, Fäden* tangled; *Gedanken* weird; (≈ *unrealistisch*) wild; **~es Zeug reden** to talk gibberish
Wirren *pl* confusion *sg*
Wirrwarr m confusion; *von Verkehr* chaos *kein unbest art*
Wirsing m savoy cabbage
Wirt m landlord; *selten* (≈ *Gastgeber*), *a.* BIOL host
Wirtin f landlady; (≈ *Gastgeberin*) hostess
Wirtschaft f **1** (≈ *Volkswirtschaft*) economy; (≈ *Handel*) industry and commerce **2** (≈ *Gastwirtschaft*) ≈ pub *Br*, ≈ bar *US* **3** *umg* (≈ *Zustände*) **eine schöne** *od* **saubere ~** *iron* a fine state of affairs
wirtschaften *v/i* **1** **(sparsam) ~** to economize; **gut ~ können** to be economical **2** (≈ *den Haushalt führen*) to keep house
wirtschaftlich **A** *adj* **1** economic **2** (≈ *sparsam*)

economical B adv (≈ finanziell) financially
Wirtschaftlichkeit f **1** (≈ Rentabilität) profitability **2** (≈ ökonomischer Betrieb) economy
Wirtschaftsasylant(in) m(f) economic migrant
Wirtschaftsaufschwung m economic upturn
Wirtschaftsbeziehungen pl economic od trade relations pl
Wirtschaftsflüchtling oft neg! m economic refugee
Wirtschaftsführer(in) m(f) leading industrialist
Wirtschaftsgeld n housekeeping (money) Br, household allowance US
Wirtschaftsgemeinschaft f economic community
Wirtschaftsgipfel m economic summit
Wirtschaftsgüter pl economic goods pl
Wirtschaftsjahr n financial year, fiscal year
Wirtschaftskriminalität f white collar crime
Wirtschaftskrise f economic crisis
Wirtschaftslage f economic situation
Wirtschaftsminister(in) m(f) minister of trade and industry Br, secretary of commerce US
Wirtschaftsministerium n ministry of trade and industry Br, department of commerce US
Wirtschaftsplan m economic plan
Wirtschaftspolitik f economic policy
wirtschaftspolitisch adj Maßnahmen etc economic policy attr; **~er Sprecher** spokesman on economic policy
Wirtschaftsprüfer(in) m(f) accountant; zum Überprüfen der Bücher auditor
Wirtschaftsraum m WIRTSCH economic area
Wirtschaftsstandort m business location
Wirtschaftsteil m einer Zeitung business section
Wirtschafts- und Währungsunion f der EU Economic and Monetary Union
Wirtschaftsunion f economic union
Wirtschaftswachstum n economic growth
Wirtschaftsweise(r) m/f(m) **die fünf ~n** familiar name for The German Council of Economic Experts which advises the German government
Wirtschaftswissenschaft f economics sg
Wirtschaftswissenschaftler(in) m(f) economist
Wirtschaftswunder n economic miracle
Wirtshaus n ≈ pub Br, ≈ bar; bes auf dem Land inn
Wirtsleute pl landlord and landlady
Wirtsstube f lounge
Wisch pej umg m piece of paper
wischen A v/t & v/i to wipe; schweiz (≈ fegen) to sweep; **Einwände (einfach) vom Tisch ~** fig to sweep aside objections B v/t umg **j-m eine ~ to** clout sb one Br umg, to clobber sb umg; **einen gewischt bekommen** ELEK to get a shock

Wischer m AUTO (windscreen) wiper Br, (windshield) wiper US
Wischerblatt n AUTO wiper blade
Wischtuch n cloth
Wisent m bison
wispern v/t & v/i to whisper
Wissbegier(de) f thirst for knowledge
wissbegierig adj Kind eager to learn
wissen v/t & v/i to know (**über** +akk od **von** about); **ich weiß (es) (schon)** I know; **ich weiß (es) nicht** I don't know; **… ~ Sie/weißt du …** you know; **weißt du schon das Neueste?** have you heard the latest?; **weißt du was, Sophie?** you know what, Sophie?; **von j-m/etw nichts ~ wollen** not to be interested in sb/sth; **das musst du (selbst) ~** it's your decision; **das hättest du ja ~ müssen!** you ought to have realized that; **man kann nie ~** you never know; **weiß Gott** umg God knows umg; **(ja) wenn ich das wüsste!** goodness knows!; **nicht, dass ich wüsste** not as far as I know; **dass du es (nur) (gleich) weißt** just so you know; **weißt du noch, wie schön es damals war?** do you remember how great things were then?; **woher weißt du …?** how do you know …?; **j-n etw ~ lassen** to let sb know sth; **von etw ~** to know of od about sth; **~ wollen** (≈ sich fragen) to wonder; **er weiß von nichts** he doesn't know anything about it
Wissen n knowledge; **meines ~s** to my knowledge; **nach bestem ~ und Gewissen** to the best of one's knowledge and belief
wissend adj Blick etc knowing
Wissenschaft f science
Wissenschaftler(in) m(f) scientist; (≈ Geisteswissenschaftler) academic
wissenschaftlich A adj scientific; (≈ geisteswissenschaftlich) academic B adv scientifically
Wissensdrang m, **Wissensdurst** geh m thirst for knowledge
Wissensgebiet n field (of knowledge)
Wissenslücke f gap in one's knowledge
Wissensstand m state of knowledge
wissenswert adj worth knowing
wissentlich A adj deliberate B adv deliberately
Witterung f (≈ Wetter) weather; **bei guter ~** if the weather is good
Witterungsverhältnisse pl weather conditions pl
Witwe f widow
Witwer m widower
Witz m **1** (≈ Geist) wit **2** Äußerung joke (**über** +akk about); **einen ~ machen** to make a joke; **~e machen** to joke; **mach keine ~e!** don't be funny; **du machst ~e** you're kidding; **das ist doch**

wohl ein ~ he/you etc must be joking **3 der ~ an der Sache ist, dass ...** the great thing about it is that ...

Witzbold m joker

witzeln v/i to joke (**über** +akk about)

witzig adj funny

witzlos adj umg (≈ unsinnig) pointless

WLAN n abk (= wireless local area network) IT WiFi, wireless network, wireless LAN

WLAN-Hotspot m IT WiFi hotspot, wireless hotspot

WM f abk → Weltmeisterschaft

wo A adv where; **wo kommst du her?** where are you from?; **überall, wo** wherever; **wo immer ...** wherever ...; **ach** od **i wo!** umg nonsense! B konj **wo möglich** where possible

woanders adv somewhere else

wobei adv **~ ist das passiert?** how did that happen?; **~ hast du ihn erwischt?** what did you catch him doing?; **~ mir gerade einfällt** which reminds me

Woche f week; **zweimal in der** od **pro ~** twice a week; **in dieser ~** this week

Wochenarbeitszeit f working week

Wochenend- zssgn weekend

Wochenendbeilage f weekend supplement

Wochenendbeziehung f long-distance relationship

Wochenende n weekend; **was machst du am ~?** what are you doing at the weekend?; **schönes ~!** have a nice weekend

Wochenendtrip m weekend trip

Wochenendurlaub m weekend holiday

Wochenfahrkarte f weekly season ticket; der Londoner Verkehrsbetriebe Travelcard

Wochenkarte f weekly season ticket

wochenlang adj & adv for weeks; **nach ~em Warten** after weeks of waiting

Wochenlohn m weekly wage

Wochenmarkt m weekly market

Wochentag m weekday (including Saturday); **die ~e** the days of the week

wochentags adv on weekdays

wöchentlich adj weekly

-wöchig zssgn **ein dreiwöchiger Urlaub** a three-week holiday

Wodka m vodka

wodurch adv **1** how; **~ unterscheiden sie sich?** what's the difference between them?; **~ hast du es gemerkt?** how did you notice? **2** relativ which

wofür adv **1** for what, what ... for; (≈ warum) why **2** for which, which ... for

Woge f wave; **wenn sich die ~n geglättet haben** fig when things have calmed down

wogegen adv **1** in Fragen against what, what ... against **2** relativ against which, which ... against

woher adv where ... from; **~ kommst du?** where are you from?; **~ weißt du das?** how do you (come to) know that?

wohin adv where; (≈ in welche Richtung) which way; **~ damit?** where shall I/we put it?; **~ man auch schaut** wherever you look; **~ auch immer** wherever

wohingegen konj whereas

wohl A adv **1** well; **sich ~ fühlen** → wohlfühlen; **bei dem Gedanken ist mir nicht ~** I'm not very happy at the thought; **~ oder übel** whether one likes it or not **2** (≈ wahrscheinlich) probably; iron (≈ bestimmt) surely; **es ist ~ anzunehmen, dass ...** it is to be expected that ...; **du bist ~ verrückt** you must be crazy!; **das ist doch ~ nicht dein Ernst!** you can't be serious! **3** (≈ vielleicht) perhaps; (≈ etwa) about; **ob ~ noch jemand kommt?** I wonder if anybody else is coming?; **das mag ~ sein** that may well be B konj (≈ zwar) **~, aber ...** that may well be, but ...

Wohl n welfare; **zum ~!** cheers!; **auf dein ~!** your health!; **auf j-s ~ trinken** to drink sb's health

wohlauf adj well, in good health

Wohlbefinden n wellbeing

Wohlbehagen n feeling of wellbeing

wohlbehalten adv ankommen safe and sound

wohlbekannt adj well-known

Wohlergehen n welfare

wohlerzogen geh adj well-bred; Kind well-mannered

Wohlfahrt f (≈ Fürsorge) welfare

Wohlfahrtsorganisation f charitable organization

Wohlfahrtsstaat m welfare state

wohlfühlen v/r to feel happy; wie zu Hause to feel at home; bequem to feel comfortable; gesundheitlich to feel well

Wohlfühlfaktor m feel-good factor

Wohlfühlgewicht n comfortable weight

wohlgeformt adj well-shaped; Körperteil shapely

Wohlgefühl n feeling of wellbeing

wohlgemerkt adv mind (you)

wohlgenährt adj well-fed

wohlgesinnt geh adj well-disposed (+dat towards)

wohlhabend adj well-to-do, prosperous

wohlig adj pleasant

Wohlklang geh m melodious sound

wohlmeinend adj well-meaning

wohlriechend geh adj fragrant

wohlschmeckend geh adj palatable

Wohlsein n zum ~!, auf Ihr ~! your health!
Wohlstand m affluence, wealth
Wohlstandsgesellschaft f affluent society
Wohltat f 1 (≈ Genuss) relief 2 (≈ gute Tat) good deed
Wohltäter m benefactor
Wohltäterin f benefactress
wohltätig adj charitable; ~e Zwecke charity
Wohltätigkeit f charity
Wohltätigkeits- zssgn Konzert etc charity; zum Spendensammeln fundraising
Wohltätigkeitsbasar m charity bazaar, jumble sale
Wohltätigkeitslauf m sponsored walk
Wohltätigkeitsorganisation f charity
Wohltätigkeitsveranstaltung f charity
Wohltätigkeitsverein m charity
wohltuend adj (most) agreeable
wohltun v/i (≈ angenehm sein) to do good (j-m sb); **das tut wohl** that's good
wohlüberlegt adj well-thought-out; **etw ~ machen** to do sth after careful consideration
wohlverdient adj well-deserved
wohlweislich adv very wisely
Wohlwollen n goodwill
wohlwollend A adj benevolent B adv favourably Br, favorably US; **einer Sache** (dat) **~ gegenüberstehen** to approve of sth
Wohn- zssgn residential
Wohnblock m block of flats Br, apartment house US
wohnen v/i to live; vorübergehend to stay (**bei** with); **wo ~ Sie?** where do you live/are you staying?
Wohnfläche f living space
Wohngebäude n residential building
Wohngebiet n, **Wohngegend** f residential area
Wohngeld n housing benefit Br, housing subsidy US
Wohngemeinschaft f Menschen people sharing a house/an apartment od a flat Br; **in einer ~ leben** to share a flat etc
wohnhaft form adj resident
Wohnhaus n residential building
Wohnheim n bes für Arbeiter hostel; für Studenten hall (of residence), dormitory US; für alte Menschen home
Wohnküche f kitchen-cum-living room Br, combined kitchen and living room US
wohnlich adj homely
Wohnmobil n camper, RV US
Wohnort m place of residence
Wohnraum m living room; (≈ Wohnfläche) living space
Wohnsitz m domicile; **ohne festen ~** of no fixed abode
Wohnung f flat Br, apartment; (≈ Unterkunft) lodging
Wohnungsbau m house building kein best art
Wohnungsinhaber(in) m(f) householder; (≈ Eigentümer a.) owner-occupier
wohnungslos adj homeless
Wohnungslose(r) m/f(m) homeless person
Wohnungsmakler(in) m(f) estate agent bes Br, real estate agent US
Wohnungsmarkt m housing market
Wohnungsnot f (serious) housing shortage
Wohnungsschlüssel m key (to the apartment od flat Br)
Wohnungssuche f **auf ~ sein** to be flat-hunting Br, to be apartment-hunting bes US
Wohnungstür f door (to the flat) Br, door (to the apartment) US, front door
Wohnungswechsel m change of address
Wohnviertel n residential area
Wohnwagen m caravan Br, trailer US
Wohnzimmer n living room
Wok m GASTR wok
wölben A v/t to curve; Blech etc to bend B v/r to curve; Asphalt to bend; Tapete to bulge out; Decke, Brücke to arch; → gewölbt
Wölbung f curvature; bogenförmig arch
Wolf m 1 wolf; **ein ~ im Schafspelz** a wolf in sheep's clothing 2 TECH shredder; (≈ Fleischwolf) mincer Br, grinder US
Wölfin f she-wolf
Wolfram n tungsten
Wolfsmilch f BOT spurge
Wolga f GEOG Volga
Wolke f cloud; **aus allen ~n fallen** fig to be flabbergasted umg
Wolkenbruch m cloudburst
Wolkenkratzer m skyscraper
wolkenlos adj cloudless
wolkig adj cloudy; fig obscure
Wolldecke f (woollen) blanket Br, (woolen) blanket US
Wolle f wool; **sich mit j-m in der ~ haben** fig umg to be at loggerheads with sb
wollen[1] adj woollen Br, woolen US
wollen[2] A v/aux to want; **ich will gehen** I want to go; **etw haben ~** to want (to have) sth; **etw gerade tun ~** to be going to do sth; **keiner wollte etwas gehört haben** nobody would admit to hearing anything; **~ wir uns nicht setzen?** why don't we sit down?; **na, ~ wir gehen?** well, shall we go?; **komme, was da wolle** come what may B v/t to want; **was ~ sie?** what do they want?; **ohne es zu ~** without wanting to; **das wollte ich nicht** (≈ war unbeabsichtigt) I didn't mean to (do that); **was willst du (noch)**

mehr! what more do you want!; **er hat gar nichts zu ~** he has no say at all; → **gewollt** C v/i **man muss nur ~** you just have to want to; **da ist nichts zu ~** there is nothing we/you can do (about it); **so Gott will** God willing; **~, dass j-d etw tut** to want sb to do sth; **ich wollte, ich wäre ...** I wish I were ...; **ob du willst oder nicht** whether you like it or not; **wenn du willst** if you like; **ich will nach Hause** I want to go home; **zu wem ~ Sie?** whom do you want to see?

Wolljacke f cardigan

Wollmütze f woolly hat Br, knit cap US

Wollsachen pl woollens pl Br, woolens pl US

wollüstig adj geh (≈ lüstern) sensual; lascivious; (≈ verzückt, ekstatisch) ecstatic

Wollwaren pl woollens pl Br, woolens pl US

womit adv 1 in Fragen with what, what ... with 2 relativ with which

womöglich adv possibly

wonach adv 1 in Fragen after what, what ... after; **~ riecht das?** what does it smell of? 2 relativ **das Land, ~ du dich sehnst** the land (which) you are longing for

Wonne geh f (≈ Glückseligkeit) bliss kein pl; (≈ Vergnügen) joy; **es ist eine wahre ~** it's a sheer delight

wonnig adj delightful; Gefühl blissful

Woofer m Lautsprecher woofer

woran adv 1 in Fragen **~ denkst du?** what are you thinking about?; **~ liegt das?** what's the reason for it?; **~ ist er gestorben?** what did he die of? 2 relativ **das, ~ ich mich gerne erinnere** what I like to recall; **..., ~ ich schon gedacht hatte ...** which I'd already thought of; **~ er auch immer gestorben ist ...** whatever he died of ...

worauf adv 1 in Fragen, räumlich on what, what ... on; **~ wartest du?** what are you waiting for? 2 relativ, zeitlich whereupon; **das ist etwas, ~ ich mich freue** that's something I'm looking forward to

woraufhin adv whereupon

woraus adv 1 in Fragen out of what, what ... out of 2 relativ out of which, which ... out of; **das Buch, ~ ich gestern vorgelesen habe** the book I was reading from yesterday

worin adv 1 in Fragen in what, what ... in 2 relativ in which, which ... in

Workshop m workshop

Workstation f COMPUT work station

Wort n 1 (≈ Vokabel) word; **~ für ~** word for word 2 (≈ Äußerung) word; **genug der ~e!** enough talk!; **das ist ein ~!** wonderful!; **mit einem ~** in a word; **mit anderen ~en** in other words; **kein ~ mehr** not another word; **keine ~e für etw finden** to find no words for sth; **ich verstehe kein ~!** I don't understand a word (of it); (≈ kann nichts hören) I can't hear a word (that's being said); **ein ernstes ~ mit j-m reden** to have a serious talk with sb; **ein ~ gab das andere** one thing led to another; **j-m aufs ~ glauben** to believe sb implicitly 3 (≈ Rede) **das ~ nehmen** to speak; **einer Sache** (dat) **das ~ reden** to put the case for sth; **j-m ins ~ fallen** to interrupt sb; **zu ~ kommen** to get a chance to speak; **sich zu ~ melden** to ask to speak; **j-m das ~ erteilen** to allow sb to speak 4 (≈ Ausspruch) saying; (≈ Zitat) quotation; (≈ Text, Sprache) words pl; **in ~en** in words; **das geschriebene/gesprochene ~** the written/spoken word; **j-m aufs ~ gehorchen** to obey sb's every word; **das letzte ~ haben** to have the last word 5 (≈ Versprechen) word; **auf mein ~** I give (you) my word; **j-n beim ~ nehmen** to take sb at his word; **sein ~ halten** to keep one's word

Wortart f GRAM part of speech

Wortbildung f word building

wortbrüchig adj **~ werden** to break one's word

Wörtchen n **mit ihm habe ich noch ein ~ zu reden** umg I want a word with him

Wörterbuch n dictionary

Wörterverzeichnis n vocabulary; alphabetisch dictionary

Wortfeld n word field, wordbank

Wortführer m spokesman

Wortführerin f spokeswoman

wortgetreu adj & adv verbatim

wortgewandt adj eloquent

wortkarg adj taciturn

Wortlaut m wording; **im ~** verbatim

wörtlich A adj literal; Rede direct B adv wiedergeben, zitieren, abschreiben verbatim; übersetzen literally; **das darf man nicht so ~ nehmen** you mustn't take it literally

wortlos A adj silent B adv without saying a word

Wortmeldung f request to speak

Wortnetz n mindmap, word web

Wortschatz m vocabulary

Wortschöpfung f neologism

Wortschwall m torrent of words

Wortspiel n pun

Wortwahl f choice of words

Wortwechsel m exchange (of words); (≈ Streit) argument

wortwörtlich A adj word-for-word B adv word for word

worüber adv 1 in Fragen about what, what ... about; örtlich over what, what ... over 2 relativ about which, which ... about; *örtlich* over which, which ... over

worum *adv* **1** *in Fragen* about what, what ... about; **~ handelt es sich?** what's it about? **2** *relativ* about which, which ... about

worunter *adv* **1** *in Fragen* under what **2** *relativ* under which

wovon *adv* **1** *in Fragen* from what, what ... from; **~ redest du?** what are you talking about? **2** *relativ* from which, which ... from; **das ist ein Gebiet, ~ er viel versteht** that is a subject he knows a lot about

wovor *adv* **1** *in Fragen, örtlich* before what, what ... before; **~ fürchtest du dich?** what are you afraid of? **2** *relativ* before which, which ... before; **~ du dich auch fürchtest, ...** whatever you're afraid of ...

wozu *adv* **1** *in Fragen* to what, what ... to; (≈ *warum*) why; **~ soll das gut sein?** what's the point of that? **2** *relativ* to which, which ... to; **~ du dich auch entschließt, ...** whatever you decide (on) ...

Wrack *n* wreck

Wrap *m, n* wrap

wringen *v/t & v/i* to wring

Wucher *m* profiteering; *bei Geldverleih* usury

Wucherer *m*, **Wucherin** *f* profiteer; (≈ *Geldverleiher*) usurer

wuchern *v/i* **1** *Pflanzen* to grow rampant; *Geschwür* to grow rapidly **2** *Kaufmann etc* to profiteer; *Geldverleiher* to practise usury *Br*, to practice usury *US*

Wucherpreis *m* exorbitant price

Wucherung *f MED* growth

Wucherzins *m* exorbitant interest

Wuchs *m* (≈ *Wachstum*) growth; (≈ *Gestalt, Form*) stature; *von Mensch* build

Wucht *f* **1** force; **mit voller ~** with full force **2** *umg* **das ist eine ~!** that's smashing! *Br umg*, that's a hit *US umg*

wuchten *v/t Paket* to heave, to drag; *Gewicht* to heave

wühlen **A** *v/i* **1** to dig (**nach** for); *Maulwurf etc* to burrow (**nach** for); *Schwein* to root (**nach** for); **in Schmutz** *od* **Dreck** ~ *fig* to wallow in the mire *od* mud **2** (≈ *suchen*) to rummage (**nach etw** for sth) **B** *v/r* **sich durch die Menge/die Akten ~** to burrow one's way through the crowd/the files

Wühlmaus *f* vole

Wühltisch *m umg* bargain counter

Wulst *m* bulge; *an Reifen* bead; **ein ~ von Fett** a roll of fat

wulstig *adj* bulging; *Rand, Lippen* thick

wund **A** *adj* sore; **ein ~er Punkt** a sore point **B** *adv* **etw ~ kratzen/scheuern** to scratch/chafe sth until it's raw; **sich** (*dat*) **die Füße ~ laufen**

wörtl to walk until one's feet are raw; *fig* to walk one's legs off; **sich** (*dat*) **die Finger ~ schreiben** *fig* to write one's fingers to the bone; **eine ~ gelegene Stelle** a bedsore

Wundbrand *m* gangrene

Wunde *f* wound; **alte ~n wieder aufreißen** *fig* to open up old wounds

Wunder *n* miracle; **wie durch ein ~** as if by a miracle; **er glaubt, ~ wer zu sein** he thinks he's marvellous *Br*, he thinks he's marvelous *US*; **~ tun** *od* **wirken** to do wonders; **diese Medizin wirkt ~** this medicine works wonders; **kein ~** no wonder

wunderbar **A** *adj* **1** (≈ *schön*) wonderful **2** (≈ *übernatürlich*) miraculous **B** *adv* (≈ *herrlich*) wonderfully

Wunderkerze *f* sparkler

Wunderkind *n* child prodigy

wunderlich *adj* (≈ *merkwürdig*) strange

Wundermittel *n* miracle cure

wundern **A** *v/t* to surprise; **das wundert mich nicht** I'm not surprised **B** *v/r* to be surprised (**über** +*akk* at); **ich wundere mich immer wieder, wie viel er weiß** I'm always surprised at how much he knows; **du wirst dich ~!** you'll be amazed!; **da wirst du dich aber ~!** you're in for a surprise

wunderschön *adj* beautiful

wundervoll **A** *adj* wonderful **B** *adv* wonderfully

Wunderwerk *n* miracle

Wundheit *f* soreness

Wundpflaster *n* adhesive plaster

Wundsalbe *f* ointment

Wundstarrkrampf *m* tetanus

Wunsch *m* wish; (≈ *sehnliches Verlangen*) desire; (≈ *Bitte*) request; **nach ~** just as he/she *etc* wants/wanted; (≈ *wie geplant*) according to plan; (≈ *nach Bedarf*) as required; **alles geht nach ~** everything is going smoothly; **haben Sie (sonst) noch einen ~?** *beim Einkauf etc* is there anything else you would like?; **auf j-s ~ hin** at sb's request; **auf allgemeinen ~ hin** by popular request

Wunschdenken *n* wishful thinking

Wünschelrute *f* divining rod

wünschen **A** *v/t* **1** **sich** (*dat*) **etw ~** to want sth; (≈ *den Wunsch äußern*) to ask for sth; (≈ *bitten um*) to request sth; **ich wünsche mir, dass du ...** I would like you to ...; **was wünschst du dir?** what do you want?; **du darfst dir etwas ~** you can make a wish; **j-m etw ~** to wish sb sth; **wir ~ dir gute Besserung/eine gute Reise** we hope you get well soon/have a pleasant journey **2** (≈ *ersehnen, hoffen*) to wish; **ich wünschte, ich hätte dich nie gesehen** I wish

I'd never seen you; **ich wünschte, du wärst hier** wish you were here [3] (≈ *verlangen*) to want; **was ~ Sie?** *in Geschäft* can I help you?; *in Restaurant* what would you like? [B] *v/i* (≈ *begehren*) to wish; **ganz wie Sie ~** (just) as you wish; **zu ~/viel zu ~ übrig lassen** to leave something/a great deal to be desired

wünschenswert *adj* desirable

wunschgemäß *adv* as desired; (≈ *wie erbeten*) as requested; (≈ *wie geplant*) as planned

Wunschkind *n* planned child

Wunschkonzert *n* RADIO musical request programme *Br*, musical request program *US*

Wunschliste *f* wish list

wunschlos *adv* **~ glücklich** perfectly happy

Wunschtraum *m* dream; (≈ *Illusion*) illusion

Wunschzettel *m* wish list

Würde *f* [1] dignity; **unter j-s ~ sein** to be beneath sb [2] (≈ *Auszeichnung*) honour *Br*, honor *US*; (≈ *Titel*) title; (≈ *Amt*) rank

würde(n) would

würdelos *adj* undignified

Würdenträger(in) *m(f)* dignitary

würdevoll *adj* dignified

würdig [A] *adj* [1] (≈ *würdevoll*) dignified [2] (≈ *wert*) worthy; **j-s/einer Sache ~/nicht ~ sein** to be worthy/unworthy of sb/sth [B] *adv* **sich verhalten** with dignity; **j-n behandeln** with respect; **vertreten** worthily

würdigen *v/t* (≈ *anerkennen*) to appreciate; (≈ *lobend erwähnen*) to acknowledge; (≈ *respektieren*) to respect; (≈ *ehren*) to pay tribute to; **etw zu ~ wissen** to appreciate sth

Wurf *m* [1] throw; *beim Kegeln etc* bowl; **mit dem Film ist ihm ein großer ~ gelungen** this film is a great success for him [2] ZOOL litter

Würfel *m* [1] cube; **etw in ~ schneiden** to dice sth [2] (≈ *Spielwürfel*) dice; **die ~ sind gefallen** *fig* the die is cast

Würfelbecher *m* shaker

würfeln [A] *v/i* to throw; (≈ *Würfel spielen*) to play at dice; **um etw ~** to throw dice for sth; **würfle noch einmal** take another turn [B] *v/t* [1] *Zahl* to throw [2] (≈ *in Würfel schneiden*) to dice

Würfelzucker *m* cube sugar

Wurfgeschoss *n*, **Wurfgeschoß** *österr n* projectile

Wurfpfeil *m* dart

Wurfsendung *f* circular

würgen [A] *v/t* **j-n ~** to strangle [B] *v/i* (≈ *mühsam schlucken*) to choke; **an etw** (*dat*) **~** *wörtl* to choke on sth

Wurm *m* worm; **da ist der ~ drin** *fig umg* there's something wrong somewhere; (≈ *verdächtig*) there's something fishy about it *umg*

wurmen *umg v/t* to rankle with

Wurmfortsatz *m* ANAT vermiform appendix

Wurmkur *f* worming treatment

wurmstichig *adj Holz* full of wormholes

Wurst *f* sausage; **jetzt geht es um die ~** *fig umg* the moment of truth has come *umg*; **das ist mir (vollkommen) ~** *umg* it's all the same to me

Würstchen *n* [1] sausage; **heiße** *od* **warme ~** hot sausages; **Frankfurter/Wiener ~** frankfurters/wienies [2] *pej Mensch* squirt *umg*; **ein armes ~** *fig* a poor soul

Würstchenbude *f* ≈ hot-dog stand

wursteln *umg v/i* to muddle along; **sich durchs Leben ~** to muddle (one's way) through life

Wurstfinger *pej umg pl* pudgy fingers *pl*

Wurstsalat *m* sausage salad

Wurstwaren *pl* sausages *pl*

Würze *f* (≈ *Gewürz*) seasoning, spice; (≈ *Aroma*) aroma; *fig* (≈ *Reiz*) spice; *von Bier* wort

Wurzel *f* [1] root; **~n schlagen** *wörtl* to root; *fig* to put down roots [2] MATH root; **die ~ aus einer Zahl ziehen** to find the root of a number; **(die) ~ aus 4 ist 2** the square root of 4 is 2

Wurzelbehandlung *f von Zahn* root treatment

Wurzelzeichen *n* MATH radical sign

Wurzelziehen *n* MATH root extraction

würzen *v/t* to season; *fig* to add spice to

würzig [A] *adj Speise* tasty; (≈ *scharf*) spicy; *Geruch etc* aromatic; *Luft* fragrant [B] *adv* **~ schmecken** to be spicy; *Käse* to have a sharp taste; **~ riechen** to smell spicy

Wuschelkopf *m* (≈ *Haare*) mop of curly hair

Wust *umg m* (≈ *Durcheinander*) jumble; (≈ *Menge*) pile; (≈ *Kram, Gerümpel*) junk *umg*

wüst [A] *adj* [1] (≈ *öde*) desolate [2] (≈ *unordentlich*) chaotic; (≈ *ausschweifend*) wild [3] (≈ *rüde*) *Beschimpfung etc* vile; (≈ *arg*) terrible [B] *adv* **~ aussehen** to look a real mess; **j-n ~ beschimpfen** to use vile language to sb

Wüste *f* GEOG desert; *fig* waste(land); **j-n in die ~ schicken** *fig* to send sb packing *umg*

Wüstenklima *n* desert climate

Wüstensand *m* desert sand

Wut *f* [1] (≈ *Zorn, Raserei*) rage; **(auf j-n/etw) eine Wut haben** to be furious (with sb/sth); **j-n in Wut bringen** to infuriate sb [2] (≈ *Verbissenheit*) frenzy

Wutanfall *m* fit of rage; *bes von Kind* tantrum

wüten *v/i* (≈ *toben*) to rage; (≈ *zerstörerisch hausen*) to cause havoc; *verbal* to storm (**gegen** at); *Menge* to riot

wütend *adj* furious; *Proteste* angry; *Kampf* raging; **auf j-n/etw** (*akk*) **~ sein** to be mad at sb/sth

wutentbrannt *adj* furious

wutverzerrt *adj* distorted with rage

WWW *n abk* (= World Wide Web) IT WWW

X

X, x n X, x; **Herr X** Mr X; **er lässt sich kein X für ein U vormachen** he's not easily fooled
x-Achse f x-axis
X-Beine pl knock-knees pl; **~ haben** to be knock-kneed
x-beinig adj knock-kneed
x-beliebig adj any old umg; **wir können uns an einem ~en Ort treffen** we can meet anywhere you like
X-Chromosom n X-chromosome
Xenonscheinwerfer m xenon headlight
x-fach A adj **die ~e Menge** MATH n times the amount B adv so many times
x-förmig, X-förmig adj X-shaped
x-mal umg adv umpteen times umg
x-te(r, s) adj MATH nth; umg nth umg, umpteenth umg; **zum ~n Mal(e)** for the umpteenth time umg
Xylofon n xylophone; **~ spielen** to play the xylophone

Y

Y, y n Y, y
y-Achse f y-axis
Yacht f yacht
Yard n Längenmaß yard (0,91 m)
Y-Chromosom n Y-chromosome
Yen m yen
Yeti m yeti
Yoga m/n yoga
Yogi m yogi
Ypsilon n the letter Y
Yucca f yucca
Yuppie m yuppie

Z

Z, z n Z, z
zack umg int pow
Zack umg m **auf ~ bringen** to knock into shape umg; **auf ~ sein** to be on the ball umg
Zacke f, **Zacken** m point; von Gabel prong; von Kamm tooth
zacken v/t to serrate; Saum, Papier to pink; → gezackt
zackig adj 1 (≈ gezackt) jagged 2 umg Soldat smart; Tempo, Musik brisk
zaghaft A adj timid B adv timidly
Zaghaftigkeit f timidity
zäh A adj tough; (≈ dickflüssig) glutinous; (≈ schleppend) Verkehr etc slow-moving; (≈ ausdauernd) dogged B adv verhandeln tenaciously; sich widersetzen doggedly
zähflüssig adj thick; Verkehr slow-moving
Zähigkeit f toughness; (≈ Ausdauer) doggedness
Zahl f number; (≈ Ziffer) bei Geldmengen etc. figure; **~en nennen** to give figures; **eine fünfstellige ~** a five-figure number; **in großer ~** in large numbers
zahlbar adj payable (**an** +akk to)
zählebig adj hardy; fig Gerücht persistent
zahlen v/t & v/i to pay; **Herr Ober, (bitte) ~!** waiter, the bill please bes Br, waiter, the check please US; **wir möchten bitte ~** could we have the bill, please; **was habe ich (Ihnen) zu ~?** what do I owe you?
zählen A v/i 1 to count; **auf j-n/etw ~** to count on sb/sth 2 (≈ gehören) **er zählt zu den besten Schriftstellern unserer Zeit** he ranks as one of the best authors of our time 3 (≈ wichtig sein) to matter B v/t to count; **seine Tage sind gezählt** his days are numbered
Zahlenangabe f figure
zahlenmäßig A adj numerical B adv 1 **~ überlegen sein** to be greater in number; **~ stark** large in number 2 (≈ in Zahlen) in figures
Zahlenmaterial n figures pl
Zahlenschloss n combination lock
Zahlenverhältnis n (numerical) ratio
Zahler(in) m(f) payer
Zähler m 1 MATH numerator 2 (≈ Messgerät) meter
Zählerstand m meter reading
Zahlkarte f paying-in slip, deposit slip US
zahllos adj countless
zahlreich adj numerous
Zahltag m payday
Zahlung f payment; **in ~ nehmen** to take in part exchange; **in ~ geben** to trade in
Zählung f count; (≈ Volkszählung) census
Zahlungsanweisung f giro transfer order Br, money transfer order US
Zahlungsart f payment method, method od mode of payment
Zahlungsaufforderung f request for pay-

ment
Zahlungsaufschub *m* extension (of credit)
Zahlungsbedingungen *pl* terms *pl* (of payment)
Zahlungsbefehl *m* default summons
Zahlungsempfänger(in) *m(f)* payee
zahlungsfähig *adj* able to pay; *Firma* solvent
Zahlungsfähigkeit *f* ability to pay; *von Firma* solvency
Zahlungsfrist *f* time allowed for payment
zahlungskräftig *adj* wealthy
Zahlungsmittel *n* means *sg* of payment; (≈ *Münzen, Banknoten*) currency; **gesetzliches ~** legal tender
Zahlungsschwierigkeiten *pl* financial difficulties *pl*
zahlungsunfähig *adj* unable to pay; *Firma* insolvent
Zahlungsunfähigkeit *f* inability to pay; *von Firma* insolvency
Zahlungsverkehr *m* payments *pl*; **elektronischer ~** electronic funds transfer, EFT
Zahlungsweise *f* method of payment
Zählwerk *n* counter
Zahlwort *n* numeral
zahm *adj* tame
zähmen *v/t* to tame; *fig* to control
Zähmung *f* taming
Zahn *m* **1** tooth; *von Briefmarke* perforation; (≈ *Radzahn*) cog; **ich putze mir die Zähne** I clean *od* brush my teeth; **Zähne bekommen** *od* **kriegen** *umg* to cut one's teeth; **der ~ der Zeit** the ravages *pl* of time; **ich muss mir einen ~ ziehen lassen** I've got to have a tooth out; **j-m auf den ~ fühlen** to sound sb out **2** *umg* (≈ *Geschwindigkeit*) **einen ~ draufhaben** to be going like the clappers *umg*
Zahnarzt *m*, **Zahnärztin** *f* dentist
Zahnarzthelfer(in) *m(f)* dental nurse
zahnärztlich *adj* dental; **sich ~ behandeln lassen** to go to the dentist
Zahnbehandlung *f* dental treatment
Zahnbelag *m* plaque
Zahnbürste *f* toothbrush
Zahncreme *f* toothpaste
zähneknirschend *fig adj & adv* gnashing one's teeth
zahnen *v/i* to teethe; → *gezahnt*
Zahnersatz *m* dentures *pl*
Zahnfäule *f* tooth decay
Zahnfleisch *n* gum(s) (*pl*)
Zahnfleischbluten *n* bleeding of the gums
Zahnfüllung *f* filling
Zahnklammer *f* brace
Zahnkranz *m* TECH gear rim
zahnlos *adj* toothless

Zahnlücke *f* gap between one's teeth
Zahnmedizin *f* dentistry
Zahnpasta *f* toothpaste
Zahnpflege *f* dental hygiene
Zahnprothese *f* false teeth
Zahnrad *n* cogwheel
Zahnradbahn *f* rack railway *Br*, rack railroad *US*
Zahnschmelz *m* (tooth) enamel
Zahnschmerzen *pl* toothache *kein pl*
Zahnseide *f* dental floss
Zahnseidestick *m* dental floss pick, dental flosser
Zahnspange *f* brace *Br*, braces *pl US*
Zahnstein *m* tartar
Zahnstocher *m* toothpick
Zahntechniker(in) *m(f)* dental technician
Zahnweh *n* toothache
Zander *m* ZOOL pikeperch
Zange *f* (pair of) pliers *pl*; (≈ *Beißzange*) (pair of) pincers *pl*; (≈ *Greifzange, Zuckerzange*) (pair of) tongs *pl*; MED forceps *pl*; **ihn/das möchte ich nicht mit der ~ anfassen** *umg* I wouldn't touch him/it with a bargepole *Br umg*, I wouldn't touch him/it with a ten foot pole *US umg*
Zangengeburt *f* forceps delivery
Zankapfel *m* bone of contention
zanken *v/i & v/r* to quarrel, to argue; **(sich) um etw ~** to quarrel over sth
Zankerei *f* quarrelling *Br*, quarreling *US*
zänkisch *adj* quarrelsome
Zäpfchen *n* (≈ *Gaumenzäpfchen*) uvula; (≈ *Suppositorium*) suppository
zapfen *v/t* to tap
Zapfen *m* (≈ *Spund*) bung, spigot; (≈ *Pfropfen*) stopper; (≈ *Tannenzapfen etc*) cone; (≈ *Holzverbindung*) tenon
Zapfenstreich *m* MIL tattoo, last post *Br*, taps *sg US*
Zapfhahn *m* tap
Zapfpistole *f* AUTO nozzle
Zapfsäule *f* petrol pump *Br*, gas pump *US*
zappelig *adj* wriggly; (≈ *unruhig*) fidgety
zappeln *v/i* to wriggle; (≈ *unruhig sein*) to fidget; **j-n ~ lassen** *fig umg* to keep sb in suspense
Zappelphilipp *m* fidget(er)
zappen *v/i* TV *umg* to zap *umg*
zappenduster *umg adj* pitch-black
Zar *m* tsar
Zarin *f* tsarina
zart **A** *adj* (≈ *sanft*) soft; *Braten* tender; (≈ *fein*) delicate; **im ~en Alter von …** at the tender age of …; **das ~e Geschlecht** the gentle sex **B** *adv umgehen, berühren* gently
zartbesaitet *adj* highly sensitive
zartbitter *adj Schokolade* plain
Zartbitterschokolade *f* dark chocolate, plein

chocolate Br
zartfühlend adj sensitive
Zartgefühl n sensitivity
zartgrün adj pale green
Zartheit f von Haut softness; von Braten tenderness; von Farben, Teint delicateness
zärtlich **A** adj tender, affectionate **B** adv tenderly
Zärtlichkeit f **1** affection **2** (≈ Liebkosung) caress; **~en** (≈ Worte) tender words
Zäsium n → Cäsium
Zauber m (≈ Magie) magic; (≈ Zauberbann) (magic) spell; fig (≈ Reiz) magic; **der ganze ~** umg the whole lot umg
Zauberei f (≈ das Zaubern) magic
Zauberer m magician; in Märchen etc a. sorcerer; wohlwollender a. wizard
zauberhaft adj enchanting
Zauberin f (female) magician; in Märchen etc a. sorceress
Zauberkünstler(in) m(f) conjurer
Zauberkunststück n conjuring trick; **~e machen** to do tricks
zaubern **A** v/i to do magic; (≈ Kunststücke vorführen) to do conjuring tricks **B** v/t **etw aus etw ~** to conjure sth out of sth
Zauberspruch m (magic) spell
Zauberstab m (magic) wand
Zaubertrank m magic potion
Zaubertrick m conjuring od magic trick
Zauberwort n magic word
zaudern v/i to hesitate
Zaum m bridle; **j-n/etw im ~(e) halten** fig to keep a tight rein on sb/sth
zäumen v/t to bridle
Zaumzeug n bridle
Zaun m fence
zaundürr adj österr thin as a rake
Zaunkönig m ORN wren
Zaunpfahl m (fencing) post; **j-m einen Wink mit dem ~ geben** to give sb a broad hint
z. B. abk (= zum Beispiel) eg Br, e. g. US
Zebra n zebra
Zebrastreifen m zebra crossing Br, crosswalk US
Zeche f **1** (≈ Rechnung) bill bes Br, check US; **die ~ zahlen** to foot the bill etc **2** (≈ Bergwerk) (coal) mine
zechen v/i to booze umg
Zechprellerei f leaving without paying the bill at a restaurant etc
Zecke f tick
Zeckenbiss m, **Zeckenstich** m tick bite
Zeder f cedar
Zeh m, **Zehe** f toe; (≈ Knoblauchzehe) clove; **auf (den) Zehen gehen** to tiptoe; **j-m auf die Zehen treten** fig umg to tread on sb's toes
Zehennagel m toenail
Zehenspitze f tip of the toe
zehn num ten; → vier
Zehn f ten
Zehncentstück n ten-cent piece; amerikanisch dime
Zehner m **1** MATH ten **2** umg (≈ Münze) ten; (≈ Geldschein) tenner umg
Zehnerkarte f für Bus etc 10-journey ticket; für Schwimmbad etc 10-visit ticket
Zehnerpackung f packet of ten
Zehneuroschein m ten-euro note Br, ten-euro bill US
zehnfach **A** adj tenfold; **die ~e Menge** ten times the amount **B** adv tenfold, ten times
Zehnfingersystem n touch-typing method
Zehnkampf m SPORT decathlon
Zehnkämpfer m decathlete
zehnmal adv ten times
zehntausend num ten thousand; **Zehntausende von Menschen** tens of thousands of people
Zehntel n tenth
zehntens adv tenth(ly), in the tenth place
zehnte(r, s) adj tenth; → vierter, s
zehren v/i **1** **von etw ~** wörtl to live off sth; fig to feed on sth **2** **an j-m/etw ~** to wear sb/sth out; an Nerven to ruin sth; an Gesundheit to undermine sth
Zeichen n sign; Naturwissenschaft, auf Landkarte symbol; IT icon; IT (≈ Schriftzeichen) character; (≈ Hinweis, Signal) signal; (≈ Vermerk) mark; auf Briefköpfen reference; **ein ~ setzen** to set an example; **als od zum ~** as a sign; **j-m ein ~ geben** to give sb a signal od sign; **unser/Ihr ~** form our/your reference; **er ist im ~ od unter dem ~ des Widders geboren** he was born under the sign of Aries
Zeichenblock m sketch pad
Zeichenbrett n drawing board
Zeichendreieck n set square
Zeichenerklärung f auf Fahrplänen etc key (to the symbols); auf Landkarte legend
Zeichensetzung f punctuation
Zeichensprache f sign language
Zeichentrickfilm m (animated) cartoon
zeichnen **A** v/i to draw; form (≈ unterzeichnen) to sign **B** v/t **1** (≈ abzeichnen) to draw; (≈ entwerfen) Plan, Grundriss to draw up; to design; fig (≈ porträtieren) to portray **2** (≈ kennzeichnen) to mark; → **gezeichnet 3** FIN Aktien to subscribe (for); **gezeichnet** Kapital subscribed
Zeichner(in) m(f) **1** artist **2** FIN subscriber (**von** to)
zeichnerisch **A** adj graphic; **sein ~es Können** his drawing ability **B** adv **~ begabt sein** to

have a talent for drawing; **etw ~ darstellen** to represent sth in a drawing

Zeichnung f **1** drawing; (≈ *Entwurf*) draft; *fig* (≈ *Schilderung*) portrayal **2** (≈ *Muster*) patterning; *von Gefieder, Fell* markings *pl* **3** FIN subscription

zeichnungsberechtigt *adj* authorized to sign

Zeigefinger *m* index finger

zeigen A *v/i* to point; **auf j-n/etw ~** to point at sb/sth **B** *v/t* to show; **j-m etw ~** to show sb sth; **dem werd ichs (aber) ~!** *umg* I'll show him! **C** *v/r* to appear; *Gefühle* to show; **das wird sich ~** we'll see; **es zeigt sich, dass …** it turns out that …; **es wird sich ~, wer recht hat** we shall see who's right

Zeiger *m* indicator; (≈ *Uhrzeiger*) hand; **der große/kleine ~** the big/little hand

Zeigestock *m* pointer

Zeile f line; **zwischen den ~n lesen** to read between the lines

Zeilenabstand *m* line spacing

Zeilenumbruch f **(automatischer) ~** IT wordwrap

Zeilenvorschub *m* IT line feed

zeilenweise *adv* in lines; (≈ *nach Zeilen*) by the line

Zeisig *m* ORN siskin

zeit *präp* **~ meines/seines Lebens** in my/his lifetime

Zeit f time; (≈ *Epoche*) age; GRAM tense; **die gute alte ~** the good old days; **das waren noch ~en!** those were the days; **die ~en haben sich geändert** times have changed; **die ~ Goethes** the age of Goethe; **für alle ~en** for ever; **mit der ~ gehen** to move with the times; **~ haben** *für etw/j-n* to be free; **eine Stunde ~ haben** to have an hour (to spare); **sich** (*dat*) **für j-n/etw ~ nehmen** to devote time to sb/sth; **du hast dir aber reichlich ~ gelassen** you certainly took your time; **~ verbringen (mit)** to spend time (on); **keine ~ verlieren** to lose no time; **damit hat es noch ~** there's plenty of time; **das hat ~ bis morgen** that can wait until tomorrow; **lass dir ~** take your time; **es wird höchste ~, dass er anruft** it's high time he rang; **du liebe ~!** good grief!; **in letzter ~** recently; **die ganze ~** all the time; **die ganze ~ über** the whole time; **eine ~ lang** (for) a while; **vor langer ~** a long time ago; **zur gleichen ~** at the same time; **zu jener ~** at the time; **mit der ~** gradually; **es wird langsam ~, dass …** it's about time that …; **in der ~ von 10 bis 12** between 10 and 12 (o'clock); **seit dieser ~** since then; **zu der ~, als …** (at the time) when …; **alles zu seiner ~** *sprichw* all in good time; **von ~ zu ~** from time to time; → **zurzeit**

Zeitabschnitt *m* period (of time)

Zeitalter *n* age, era; **in unserem ~** in this day and age

Zeitangabe f (≈ *Datum*) date; (≈ *Uhrzeit*) time (of day)

Zeitarbeit f temporary work

Zeitarbeiter(in) *m(f)* temporary worker

Zeitarbeitsfirma f temping agency

Zeitarbeitskraft f temp

Zeitaufwand *m* **mit großem ~ verbunden sein** to be extremely time-consuming

Zeitbombe f time bomb

Zeitdauer f period of time

Zeitdruck *m* pressure of time; **unter ~** under pressure

Zeiteinheit f time unit

Zeitenfolge f GRAM sequence of tenses

Zeitersparnis f saving of time

Zeitfenster *n* time slot

Zeitform f tense

Zeitfrage f question of time

Zeitgeist *m* Zeitgeist

zeitgemäß *adj* up-to-date

Zeitgenosse *m*, **Zeitgenossin** f contemporary

zeitgenössisch *adj* contemporary

Zeitgewinn *m* gain in time

zeitgleich *adv* at the same time (**mit** as)

zeitig *adj & adv* early

Zeitkarte f season ticket

Zeitlang f → **Zeit**

zeitlebens *adv* all one's life

Zeitleiste f timeline

zeitlich A *adj* temporal; *Verzögerungen* time-related; *Reihenfolge* chronological; **aus ~en Gründen** for reasons of time; **einen hohen ~en Aufwand erfordern** to require a great deal of time **B** *adv* timewise *umg*; **~ befristet sein** to have a time limit

zeitlos *adj* timeless

Zeitlupe f slow motion *ohne art*

Zeitlupentempo *n* **im ~** *wörtl* in slow motion; *fig* at a snail's pace

Zeitmanagement *n* time management

Zeitmangel *m* lack of time; **aus ~** for lack of time

Zeitmessung f timekeeping

zeitnah A *adj* **1** (≈ *baldig*) immediate, prompt, within a short period **2** (≈ *zeitgenössisch*) contemporary **B** *adv* (≈ *bald*) immediately, instantly; **~ reagieren** to react promptly *od* immediately; **die Ware wird ~ zum Versand bereitstehen** the goods will be ready for shipment when needed

Zeitnot f shortage of time; **in ~ sein** to be pressed for time

Zeitplan *m* schedule

Zeitpunkt *m* time; (≈ *Augenblick*) moment; **zu diesem ~** at that time
Zeitraffer *m* **einen Film im ~ zeigen** to show a time-lapse film
zeitraubend *adj* time-consuming
Zeitraum *m* period of time; **in einem ~ von …** over a period of …
Zeitrechnung *f* calendar; **nach christlicher ~** according to the Christian calendar
Zeitschaltuhr *f* timer
Zeitschrift *f* (≈ *Illustrierte*) magazine; *wissenschaftlich* periodical
Zeitschriftengeschäft *n* newsagent
Zeitschriftenhändler(in) *m(f)* newsagent
Zeitspanne *f* period of time
zeitsparend **A** *adj* time-saving **B** *adv* expeditiously; **möglichst ~ vorgehen** to save as much time as possible
Zeitstrahl *m* timeline
Zeittafel *f* chronological table
Zeitumstellung *f* (≈ *Zeitänderung*) changing the clocks
Zeitung *f* (news)paper; **seriöse** *od* **angesehene ~** quality paper
Zeitungsabonnement *n* subscription to a newspaper
Zeitungsanzeige *f* newspaper advertisement
Zeitungsartikel *m* newspaper article
Zeitungsausschnitt *m* newspaper cutting
Zeitungsbericht *m* newspaper report
Zeitungshändler(in) *m(f)* newsagent, newsdealer *US*
Zeitungskiosk *m* newsstand
Zeitungsleser(in) *m(f)* newspaper reader
Zeitungspapier *n* newsprint; *als Altpapier* newspaper
Zeitungsredakteur(in) *m(f)* newspaper editor
Zeitunterschied *m* time difference
Zeitverschiebung *f* **1** time shift; (≈ *Zeitunterschied*) time difference; **unter der ~ leiden** to be jetlagged **2** *von Termin* rescheduling
Zeitverschwendung *f* waste of time
Zeitvertrag *m* temporary contract
Zeitvertreib *m* way of passing the time; (≈ *Hobby*) pastime; **zum ~** to pass the time
zeitweilig **A** *adj* temporary **B** *adv* for a while; (≈ *kurzzeitig*) temporarily
zeitweise *adv* at times
Zeitwert *m* WIRTSCH current value
Zeitwort *n* verb
Zeitzeichen *n* time signal
Zeitzeuge *m*, **Zeitzeugin** *f* contemporary witness
Zeitzone *f* time zone
Zeitzünder *m* time fuse
Zelle *f* cell; (≈ *Kabine*) cabin; (≈ *Telefonzelle*) (phone) booth
Zellgewebe *n* cell tissue
Zellkern *m* nucleus (of a/the cell)
Zellstoff *m* cellulose
Zellteilung *f* cell division
Zellulose *f* cellulose
Zelt *n* tent; (≈ *Zirkuszelt*) big top
Zeltbahn *f* strip of canvas
zelten *v/i* to camp; **Zelten verboten** no camping
Zelter(in) *m(f)* camper
Zelthering *m* tent peg
Zeltlager *n* camp
Zeltpflock *m* tent peg
Zeltplane *f* tarpaulin
Zeltplatz *m* campsite *Br*, campground *US*
Zement *m* cement
zementieren *v/t* to cement; (≈ *verputzen*) to cement over; *fig* to reinforce
Zement(misch)maschine *f* cement mixer
Zenit *m* zenith
zensieren *v/t* **1** (≈ *benoten*) to mark **2** *Bücher etc* to censor
Zensur *f* **1** (≈ *Kontrolle*) censorship *kein unbest art*; (≈ *Prüfstelle*) censors *pl* **2** (≈ *Note*) mark *Br*, grade *US*
Zentiliter *m/n* centilitre *Br*, centiliter *US*
Zentimeter *m/n* centimetre *Br*, centimeter *US*
Zentimetermaß *n* (metric) tape measure
Zentner *m* (metric) hundredweight, 50 kg; *österr, schweiz* 100 kg
zentral **A** *adj* central **B** *adv* centrally
Zentral- *zssgn* central
Zentralabitur *n* school-leaving qualification based on a centralized system within a federal state
Zentralafrikanische Republik *f* Central African Republic
Zentralbank *f* central bank; **Europäische ~** European Central Bank
Zentralbankpräsident(in) *m(f)* President of the Central Bank
Zentrale *f* *von Firma etc* head office; *für Taxis, a.* MIL headquarters *sg od pl*; (≈ *Schaltzentrale*) central control (office); (≈ *Telefonzentrale*) exchange; *von Firma etc* switchboard
Zentraleinheit *f* COMPUT central processing unit
Zentralheizung *f* central heating
zentralisieren *v/t* to centralize
Zentralismus *m* centralism
zentralistisch *adj* centralist
Zentralnervensystem *n* central nervous system
Zentralrechner *m* COMPUT mainframe
Zentralschweiz *f* Central Switzerland

Zentralverriegelung f AUTO central (door) locking
zentrieren v/t to centre Br, to center US
Zentrifugalkraft f centrifugal force
Zentrifuge f centrifuge
Zentrum n centre Br, center US
Zeppelin m zeppelin
Zepter n sceptre Br, scepter US
zerbeißen v/t to chew; Knochen, Keks etc to crunch
zerbeulen v/t to dent; **zerbeult** battered
zerbomben v/t to flatten with bombs; **zerbombt** Stadt, Gebäude bombed out
zerbrechen A v/t to break into pieces B v/i to break into pieces; Glas, Porzellan etc to smash; fig to be destroyed (**an** +dat by); Ehe to fall apart
zerbrechlich adj fragile; alter Mensch frail
Zerbrechlichkeit f fragility; von altem Menschen frailness
zerbrochen adj broken; → zerbrechen
zerbröckeln v/t & v/i to crumble
zerbröseln v/i to flake
zerdrücken v/t to squash; (≈ platt machen) to flatten; Gemüse to mash; (≈ zerknittern) to crush, to crease
Zeremonie f ceremony
Zerfall m disintegration; von Atom decay; von Land, Kultur decline; von Gesundheit decline
zerfallen¹ v/i (≈ sich auflösen) to disintegrate; Gebäude to fall into ruin; Atomkern to decay; (≈ auseinanderfallen) to fall apart; Kultur to decline
zerfallen² adj Haus tumbledown; Gemäuer crumbling
Zerfallserscheinung f sign of decay
zerfetzen v/t to tear to pieces; Brief etc to rip up
zerfleischen v/t to tear to pieces; **einander ~** fig to tear each other apart
zerfließen v/i Tinte, Make-up etc to run; Eis etc, a. fig Reichtum etc to melt away; **in Tränen ~** to dissolve into tears; **vor Mitleid ~** to be overcome with pity
zergehen v/i to dissolve; (≈ schmelzen) to melt; **auf der Zunge ~** Gebäck etc to melt in the mouth
zerhacken v/t to chop up
zerkauen v/t to chew
zerkleinern v/t to cut up; (≈ zerhacken) to chop (up); (≈ zermahlen) to crush
zerklüftet adj Tal etc rugged; Ufer indented
zerknautschen umg v/t to crease
zerknirscht adj remorseful
Zerknirschung f remorse
zerknittern v/t to crease
zerknüllen v/t to crumple up
zerkochen v/t & v/i to cook to a pulp

zerkratzen v/t to scratch
zerlassen v/t to melt
zerlaufen v/i to melt
zerlegbar adj **die Möbel waren leicht ~** the furniture could easily be taken apart
zerlegen v/t (≈ auseinandernehmen) to take apart; Argumente to break down; (≈ zerschneiden) to cut up; BIOL to dissect; CHEM to break down
Zerlegung f taking apart; MATH reduction; BIOL dissection
zerlesen adj Buch well-thumbed
zerlumpt adj ragged
zermahlen v/t to grind
zermalmen v/t to crush
zermartern v/t **sich** (dat) **den Kopf** od **das Hirn ~** to rack one's brains
zermürben fig v/t **j-n ~** to wear sb down
zermürbend adj wearing
zerpflücken v/t to pick to pieces
zerquetschen v/t to squash
Zerquetschte umg pl **zehn Euro und ein paar ~** ten euros something (or other)
Zerrbild n distorted picture
zerreden v/t to beat to death umg
zerreiben v/t to crumble; fig to crush
zerreißen A v/t ① to tear; in Stücke to tear to pieces; Brief etc to tear up; Land to tear apart; → zerrissen ② (≈ kritisieren) Stück, Film to tear apart B v/i Stoff to tear
Zerreißprobe wörtl f pull test; fig real test
zerren A v/t to drag B v/r **sich einen Muskel/ eine Sehne ~** to pull a muscle/ a tendon C v/i **an etw** (dat) **~** to tug at sth; **an den Nerven ~** to be nerve-racking
zerrinnen v/i to melt (away); fig Träume, Pläne to fade away; Geld to disappear
zerrissen fig adj Volk, Partei strife-torn; Mensch (inwardly) torn; → zerreißen
Zerrissenheit f fig von Volk, Partei disunity kein pl; von Mensch (inner) conflict
Zerrung f von Sehne pulled ligament; von Muskel pulled muscle
zerrütten v/t to destroy; Nerven to shatter; **eine zerrüttete Ehe/Familie** a broken marriage/ home
Zerrüttung f destruction; von Ehe breakdown; von Nerven shattering
zersägen v/t to saw up
zerschlagen¹ A v/t ① to smash (to pieces); Glas etc to shatter ② fig Widerstand to crush; Hoffnungen, Pläne to shatter; Verbrecherring etc to break; Staat to smash B v/r (≈ nicht zustande kommen) to fall through; Hoffnung to be shattered
zerschlagen² adj washed out umg
zerschmettern v/t to shatter; Feind to crush
zerschneiden v/t to cut; in Stücke to cut up

zersetzen **A** v/t to decompose; *Säure* to corrode; *fig* to undermine **B** v/r to decompose; *durch Säure* to corrode; *fig* to become undermined *od* subverted

Zersetzung f CHEM decomposition; *durch Säure* corrosion; *fig* (≈ *Untergrabung*) undermining

Zersiedelung f overdevelopment

zersplittern **A** v/t to shatter; *Holz* to splinter; *Gruppe, Partei* to fragment **B** v/i to shatter; *Holz, Knochen* to splinter; *fig* to split up

zerspringen v/i to shatter; (≈ *einen Sprung bekommen*) to crack

zerstampfen v/t (≈ *zertreten*) to stamp on; (≈ *zerkleinern*) to crush; *Kartoffeln etc* to mash

zerstäuben v/t to spray

Zerstäuber m spray

zerstechen v/t **1** *Mücken etc* to bite (all over); *Bienen etc* to sting (all over) **2** *Haut, Reifen* to puncture

zerstörbar adj destructible; **nicht ~** indestructible

zerstören **A** v/t to destroy; *Rowdys* to vandalize; *Gesundheit* to wreck **B** v/i to destroy

zerstörerisch **A** adj destructive **B** adv destructively

Zerstörung f destruction; *durch Rowdys* vandalizing

Zerstörungstrieb m destructive urge

Zerstörungswut f destructive mania

zerstreiten v/r to fall out

zerstreuen **A** v/t **1** (≈ *verstreuen*) to scatter (**in** +*dat* over); *Volksmenge etc* to disperse; *fig* to dispel **2** (≈ *ablenken*) **j-n ~** to take sb's mind off things **B** v/r **1** (≈ *sich verteilen*) to scatter; *Menge* to disperse; *fig* to be dispelled **2** (≈ *sich ablenken*) to take one's mind off things; (≈ *sich amüsieren*) to amuse oneself

zerstreut *fig* adj *Mensch* absent-minded

Zerstreutheit f absent-mindedness

Zerstreuung f **1** (≈ *Ablenkung*) diversion; **zur ~** as a diversion **2** (≈ *Zerstreutheit*) absent-mindedness

zerstritten adj **~ sein** *Paar, Geschäftspartner* to have fallen out; *Partei* to be disunited

zerstückeln v/t to cut up; *Leiche* to dismember

Zertifikat n certificate

Zertifizierung f certification

zertrampeln v/t to trample on

zertreten v/t to crush (underfoot); *Rasen* to ruin

zertrümmern v/t to smash; *Einrichtung* to smash up; *Hoffnungen* to destroy

Zervelatwurst f cervelat

Zerwürfnis n row

zerzausen v/t to ruffle; *Haar* to tousle

zerzaust adj windswept

Zettel m piece of paper; (≈ *Notizzettel*) note; (≈ *Anhängezettel*) label; (≈ *Handzettel*) leaflet; *handbill bes* US, flyer; (≈ *Formular*) form

Zeug n **1** *umg* stuff *kein unbest art, kein pl*; (≈ *Ausrüstung*) gear *umg*; (≈ *Kleidung*) things *pl umg* **2** *umg* (≈ *Unsinn*) nonsense; **dummes ~ reden** to talk a lot of nonsense **3** (≈ *Fähigkeit*) **das ~ zu etw haben** to have (got) what it takes to be sth *umg* **4** **was das ~ hält** *umg* for all one is worth; *laufen, fahren* like mad; **sich für j-n ins ~ legen** *umg* to stand up for sb; **sich ins ~ legen** to go flat out *bes Br*, to go all out *US*

Zeuge m, **Zeugin** f JUR, *a. fig* witness (+*gen* to); **vor** *od* **unter ~n** in front of witnesses

zeugen¹ v/t *Kind* to father

zeugen² v/i **1** (≈ *aussagen*) to testify; *bes vor Gericht* to give evidence **2 von etw ~** to show sth

Zeugenaussage f testimony

Zeugenbank f witness box *Br*, witness stand *US*

Zeugenstand m witness box *Br*, witness stand *US*

Zeugin f witness

Zeugnis n **1** (≈ *Zeugenaussage, Beweis*) evidence; **für/gegen j-n ~ ablegen** to testify for/against sb **2** (≈ *Schulzeugnis*) report **3** (≈ *Bescheinigung*) certificate; *von Arbeitgeber* reference

Zeugnisheft n SCHULE report card

Zeugnisverweigerungsrecht n right of a witness to refuse to give evidence

Zeugung f fathering

zeugungsfähig adj fertile

Zeugungsfähigkeit f fertility

zeugungsunfähig adj sterile

Zeugungsunfähigkeit f sterility

Zicke f **1** nanny goat **2** *pej umg* (≈ *Frau*) silly cow *umg*

Zicken *umg pl* **mach bloß keine ~!** no nonsense now!; **~ machen** to make trouble

Zickenalarm *umg* m bitch alert *umg*; **Vorsicht, ~!** warning! bitch approaching

Zickenkrieg *umg* m battle of the bitches *umg*; **da herrscht ~** it's handbags at dawn (time) *Br umg*

zickig *umg* adj **1** uptight; (≈ *aggressiv*) bitchy *umg* **2** (≈ *prüde*) prudish

Zickzack m zigzag; **im ~ laufen** to zigzag

Ziege f **1** goat; *weiblich* (nanny) goat **2** *pej umg* (≈ *Frau*) cow *umg*

Ziegel m (≈ *Backstein*) brick; (≈ *Dachziegel*) tile

Ziegelstein m brick

Ziegenbock m billy goat

Ziegenkäse m goat's milk cheese

Ziegenleder n kid (leather)

Ziegenmilch f goat's milk

Ziegenpeter m mumps *sg*

ziehen **A** v/t **1** to pull; (≈ *schleifen*) to drag; **etw durch etw ~** to pull sth through sth; **es zog ihn in die weite Welt** he felt drawn toward(s) the

big wide world; **unangenehme Folgen nach sich ~** to have unpleasant consequences **2** (≈ *herausziehen*) to pull out (**aus** of); *Zahn, Fäden* to take out; *Los* to draw; **Zigaretten (aus dem Automaten) ~** to get cigarettes from the machine **3** (≈ *zeichnen*) *Kreis, Linie* to draw **4** (≈ *verlegen*) *Graben* to dig; *Mauer* to build; *Zaun* to put up; *Grenze* to draw **5** (≈ *züchten*) *Blumen* to grow; *Tiere* to breed **B** *v/i* **1** (≈ *zerren*) to pull; **an etw** (*dat*) **~** to pull (on *od* at) sth **2** (≈ *umziehen*) to move; **nach Bayern ~** to move to Bavaria **3** *Soldaten, Volksmassen* to march; (≈ *durchstreifen*) to wander; *Wolken* to drift; *Vögel* to fly; **durch die Stadt ~** to wander about the town; **in den Krieg ~** to go to war **4** (≈ *Zug haben*) *Ofen* to draw; **an der Pfeife/Zigarette ~** to take a drag on one's pipe/cigarette **5** *umg* (≈ *Eindruck machen*) **so was zieht beim Publikum/bei mir nicht** the public/I don't like that sort of thing; **so was zieht immer** that sort of thing always goes down well **6** (≈ *sieden*) *Tee* to draw **C** *v/i* **es zieht** there's a draught *Br od* draft *US* **D** *v/r* **1 sich ~** (≈ *sich erstrecken*) to extend; **dieses Treffen zieht sich!** this meeting is dragging on! **2** (≈ *sich dehnen*) to stretch; *Holz* to warp
Ziehen *n an Gegenstand* tug
Ziehharmonika *f* concertina; *mit Tastatur* accordion
Ziehung *f* draw
Ziel *n* **1** (≈ *Reiseziel*) destination; (≈ *Absicht*) goal; (≈ *Zweck*) purpose; **mit dem ~ ...** with the aim ...; **etw zum ~ haben** to have sth as one's goal; **sich** (*dat*) **ein ~ setzen** to set oneself a goal; **ein ~ erreichen** to achieve an end; **am ~ sein** to be at one's destination; *fig* to have reached *od* achieved one's goal **2** SPORT finish; **durchs ~ gehen** to cross the finishing line **3** MIL, *a. fig* target; **über das ~ hinausschießen** *fig* to overshoot the mark
zielen *v/i Mensch* to aim (**auf** +*akk od* **nach** at); *fig Kritik etc* to be aimed (**auf** +*akk* at); → **gezielt**
Zielfernrohr *n* telescopic sight
Zielflughafen *m* destination airport
zielführend *adj Maßnahme* carefully targeted; (≈ *Erfolg versprechend*) productive; (≈ *sinnvoll*) useful; **die Diskussion ist nicht ~** the discussion is getting (us) nowhere
Zielgerade *f* home straight
Zielgruppe *f* target group
Ziellinie *f* SPORT finishing line
ziellos **A** *adj* aimless **B** *adv* aimlessly
Zielscheibe *f* target
Zielsetzung *f* target
zielsicher **A** *adj* unerring; *Handeln* purposeful **B** *adv* unerringly
zielstrebig *adj* determined
Zielstrebigkeit *f* determination
Zielvorgaben *pl* WIRTSCH objectives *pl*
ziemlich **A** *adj Strecke* considerable; *Vermögen* sizable; **das ist eine ~e Frechheit** that's a real cheek *Br*, that's real fresh *US*; **eine ~e Anstrengung** quite an effort; **mit ~er Sicherheit** fairly certainly **B** *adv* **1** quite, pretty, rather; (≈ *genau*) reasonably; (≈ *recht*) fairly; **wir haben uns ~ beeilt** we hurried quite a bit; **~ lange** quite a long time; **~ viel** quite a lot; **~ gut/cool** pretty good/cool **2** *umg* (≈ *beinahe*) almost; **so ~ alles** just about everything; **so ~ dasselbe** pretty much the same
Zierde *f* ornament; (≈ *Schmuckstück*) adornment; **zur ~** for decoration
zieren **A** *v/t* to adorn; *Speisen* to garnish; *Kuchen* to decorate; *fig* (≈ *auszeichnen*) to grace **B** *v/r* (≈ *sich bitten lassen*) to make a fuss; **ohne sich zu ~** without having to be pressed; **zier dich nicht!** don't be shy; → **geziert**
Zierfisch *m* ornamental fish
Ziergarten *m* ornamental garden
Zierleiste *f* border; *an Auto* trim
zierlich *adj* dainty; *Porzellanfigur etc* delicate
Ziffer *f* **1** (≈ *Zahlzeichen*) digit; (≈ *Zahl*) figure, number; **römische/arabische ~n** roman/arabic numerals; **eine Zahl mit drei ~n** a three-figure number **2** *eines Paragrafen* clause
Zifferblatt *n an Uhr* dial; *von Armbanduhr* (watch) face
zig *umg adj* umpteen *umg*
Zigarette *f* cigarette
Zigarettenanzünder *m in Auto* cigar lighter
Zigarettenautomat *m* cigarette machine
Zigarettenpapier *n* cigarette paper
Zigarettenpause *f* cigarette break
Zigarettenschachtel *f* cigarette packet *od* pack *bes US*
Zigarillo *m/n* cigarillo
Zigarre *f* **1** cigar **2** *umg* **j-m eine ~ verpassen** to give sb a dressing-down
Zigeuner(in) *neg! m(f)* gypsy
zigmal *umg adv* umpteen times *umg*
Zimbabwe *n* Zimbabwe
Zimmer *n* room; **sie ist auf ihrem ~** she's in her room; „**Zimmer frei**" "vacancies"; **freies ~** vacancy; **haben Sie ein ~ für zwei Personen?** do you have a room for two?
Zimmerantenne *f* indoor aerial *Br*, indoor antenna *US*
Zimmerdecke *f* ceiling
Zimmerhandwerk *n* carpentry
Zimmerkellner *m* room waiter
Zimmerkellnerin *f* room waitress
Zimmerlautstärke *f* low volume
Zimmermädchen *n* chambermaid

Zimmermann m carpenter
zimmern Ⓐ v/t to make from wood Ⓑ v/i **an etw** (dat) **~ wörtl** to make sth from wood; fig to work on sth
Zimmernachweis m hotel reservation service, hotel booking agency
Zimmernummer f room number
Zimmerpflanze f house plant
Zimmerservice m room service
Zimmersuche f **auf ~ sein** to be looking for rooms/a room
Zimmervermittlung f accommodation service Br, accommodations service US
zimperlich adj (≈ überempfindlich) soft (**gegen** about); beim Anblick von Blut etc squeamish; (≈ prüde) prissy; (≈ wehleidig) soft; **da darf man nicht so ~ sein** you can't afford to be soft; **sei nicht so ~** don't be such a sissie, don't be such a wuss
Zimt m cinnamon
Zink n zinc
Zinke f von Gabel prong; von Kamm, Rechen tooth
zinken v/t Karten to mark
Zinn n ❶ tin ❷ (≈ Legierung, Zinnprodukte) pewter
Zinnbecher m pewter tankard
zinnen adj pewter
Zinnfigur f pewter figure
zinnoberrot adj vermilion
Zinnsoldat m tin soldier
Zins¹ m österr, schweiz, südd (≈ Mietzins) rent
Zins² m (≈ Geldzins) interest kein pl; **~en bringen** to earn interest; **~en tragen wörtl** to earn interest; fig to pay dividends; **mit ~en** with interest
Zinsabschlagsteuer f tax on interest payments
Zinseinkünfte pl interest income kein pl
Zinseszins m compound interest
zinsfrei Ⓐ adj ❶ (≈ frei von Abgaben) tax-free; österr, schweiz, südd (≈ mietfrei) rent-free ❷ Darlehen interest-free Ⓑ adv Geld leihen interest-free
Zinsfuß m interest rate
zinslos adj & adv interest-free
Zinsniveau n level of interest rates
Zinssatz m interest rate; bei Darlehen lending rate
Zinssenkung f reduction in the interest rate
Zinssteuer f tax on interest
Zionismus m Zionism
zionistisch adj Zionist
Zipfel m von Tuch, Decke corner; von Mütze point; von Hemd, Jacke tail; von Wurst end; von Land tip
Zipfelmütze f pointed cap
Zipp® m österr zip
zippen v/t & v/i IT to zip
Zippverschluss® m österr zip Br, zipper US

Zirbeldrüse f pineal body
Zirbelkiefer f Swiss od stone pine
zirka adv about, around
Zirkel m ❶ (≈ Gerät) pair of compasses; (≈ Stechzirkel) pair of dividers ❷ (≈ Kreis) circle
Zirkelschluss m circular argument
Zirkulation f circulation
zirkulieren v/i to circulate
Zirkumflex m LING circumflex
Zirkus m circus; (≈ Getue) fuss
Zirkuszelt n big top
Zirrhose f cirrhosis
Zirruswolke f cirrus (cloud)
zischeln v/i to whisper
zischen Ⓐ v/i to hiss; Limonade to fizz; Fett, Wasser to sizzle Ⓑ v/t (≈ zischend sagen) to hiss
Zisterne f well
Zitat n quotation
Zither f zither
zitieren v/t ❶ Textstelle to quote; Beispiel to cite ❷ (≈ vorladen, rufen) to summon (**vor** +akk before od **an** +akk od **zu** to)
Zitronat n candied lemon peel
Zitrone f lemon; **j-n wie eine ~ auspressen** to squeeze sb dry
Zitronen- zssgn lemon
zitronengelb adj lemon yellow
Zitronengras n lemon grass
Zitronenlimonade f lemonade
Zitronenpresse f lemon squeezer
Zitronensaft m lemon juice
Zitronensäure f citric acid
Zitronenschale f lemon peel
Zitrusfrucht f citrus fruit
zitt(e)rig adj shaky
zittern v/i to tremble; vor Kälte to shiver; (≈ erschüttert werden) to shake; **mir ~ die Knie** my knees are shaking; **vor Kälte ~** to shiver with cold; **vor j-m ~** to be terrified of sb
Zittern n ❶ (≈ Beben) shaking; vor Kälte shivering; von Stimme quavering ❷ (≈ Erschütterung) shaking
Zitterpappel f aspen (tree)
Zitterpartie fig f nail-biter umg
Zitze f teat
Zivi m umg (≈ Zivildienstleistender) person doing community service (instead of military service)
zivil adj ❶ (≈ nicht militärisch) civilian; Schaden non-military; **im ~en Leben** in civilian life; **~er Ersatzdienst** community service (as alternative to military service) ❷ umg (≈ anständig) civil; Preise reasonable
Zivil n nicht Uniform civilian clothes pl; **Polizist in ~** plain-clothes policeman
Zivilbevölkerung f civilian population
Zivilcourage f courage (to stand up for one's

beliefs)
Zivildienst *m* community service (*as alternative to military service*); **~ leisten** to do civilian service
Zivildienstleistende(r) *m/f(m)* person doing community service (*instead of military service*)
Zivilfahnder(in) *m(f)* plain-clothes policeman/-woman
Zivilisation *f* civilization
Zivilisationskrankheit *f* illness caused by today's lifestyle
zivilisieren *v/t* to civilize
zivilisiert **A** *adj* civilized **B** *adv* **sich ~ benehmen** to behave in a civilized manner
Zivilist(in) *m(f)* civilian
Zivilkammer *f* civil division
Zivilperson *f* civilian
Zivilprozess *m* civil action
Zivilprozessordnung *f* JUR code of civil procedure
Zivilrecht *n* civil law
zivilrechtlich *adj* civil law *attr*, of civil law; *Prozess* civil *attr*; **j-n ~ verfolgen** to bring a civil action against sb
Zivilschutz *m* civil defence *Br*, civil defense *US*
Zivilstreife *f* unmarked police car
Znüni *m schweiz* morning break
zocken *umg v/i* to gamble; (≈ *Computerspiele spielen*) *umg* to play (computer games)
Zocker(in) *umg m(f)* gambler
Zoff *m umg* (≈ *Ärger*) trouble
zögerlich *adj* hesitant
zögern *v/i* to hesitate; **er zögerte lange mit der Antwort** he hesitated (for) a long time before replying
Zögern *n* hesitation
zögernd **A** *adj* hesitant **B** *adv* hesitantly
Zölibat *n/m* celibacy
Zoll[1] *m* (≈ *Längenmaß*) inch
Zoll[2] *m* **1** (≈ *Warenzoll*) customs duty; (≈ *Straßenzoll*) toll; **einem ~ unterliegen** to carry duty **2** (≈ *Stelle*) **der ~** customs *pl*; **durch den ~ kommen** to get through customs
Zollabfertigung *f* (≈ *Vorgang*) customs clearance
Zollamt *n* customs house
Zollbeamte(r) *m*, **Zollbeamtin** *f* customs officer
zollen *v/t* **j-m Anerkennung/Achtung/Beifall ~** to acknowledge/respect/applaud sb
Zollerklärung *f* customs declaration
Zollfahnder(in) *m(f)* customs investigator
Zollfahndung *f* customs investigation department
zollfrei *adj & adv* duty-free
Zollgebühr *f* (customs) duty
Zollkontrolle *f* customs check
Zolllager *n* bonded warehouse
Zöllner(in) *m(f) umg* (≈ *Zollbeamter*) customs officer
Zollpapiere *pl* customs documents *pl*
zollpflichtig *adj* dutiable
Zollschranke *f* customs barrier
Zollstock *m* ruler
Zolltarif *m* customs tariff
Zollunion *f* customs union
Zombie *m* zombie
Zone *f* zone; *von Fahrkarte* fare stage
Zoo *m* zoo
Zoohandlung *f* pet shop *Br*, pet store *US*
Zoologe *m*, **Zoologin** *f* zoologist
Zoologie *f* zoology
zoologisch *adj* zoological
Zoom *n* zoom shot; (≈ *Objektiv*) zoom lens
Zoomobjektiv *n* zoom lens
Zopf *m* **1** (≈ *Haartracht*) pigtail, plait; **Zöpfe tragen** to wear one's hair in pigtails; **ein alter ~** *fig* an antiquated custom **2** (≈ *Gebäck*) plaited loaf
Zorn *m* anger; **in ~ geraten** to fly into a rage; **im ~** in a rage; **einen ~ auf j-n haben** to be furious with sb
Zornausbruch *m* fit of anger
zornig **A** *adj* angry; **~ werden** to lose one's temper; **auf j-n ~ sein** to be angry with sb **B** *adv* angrily
Zote *f* dirty joke
zottelig *umg adj Haar, Fell* shaggy
zottig *adj Fell, Tier* shaggy
zu **A** *präp* **1** *örtlich* to; **zum Bahnhof** to the station; **bis zu** as far as; **zum Meer hin** toward(s) the sea; **sie sah zu ihm hin** she looked toward(s) him; **die Tür zum Keller** the door to the cellar; **zu Jenny** to Jenny's; **sich zu j-m setzen** to sit down next to sb; **setz dich doch zu uns** come and sit with us **2** *zeitlich* at; **zu Mittag** (≈ *am Mittag*) at midday; **die Zahlung ist zum 15. April fällig** the payment is due on 15th April; **zum 31. Mai kündigen** to give in *Br od* turn in *US* one's notice for 31st May **3** *Zusatz* **Wein zum Essen trinken** to drink wine with one's meal; **nehmen Sie Milch zum Kaffee?** do you take milk in your coffee?; **etw zu etw tragen** *Kleidung* to wear sth with sth **4** *Zweck* for; **Wasser zum Waschen** water for washing; **Papier zum Schreiben** paper to write on; **das Zeichen zum Aufbruch** the signal to leave; **zur Erklärung** by way of explanation **5** *Anlass* **etw zum Geburtstag bekommen** to get sth for one's birthday; **zu Ihrem 60. Geburtstag** on your 60th birthday; **j-m zu etw gratulieren** to congratulate sb on sth; **zum Frühstück/Mit-**

tagessen/Abendbrot for breakfast/lunch/dinner; **j-n zum Essen einladen** to invite sb for a meal; **j-n zu etw vernehmen** to question sb about sth ▣ *Veränderung* into; **zu etw werden** to turn into sth; **j-n/etw zu etw machen** to make sb/sth (into) sth; **j-n zum König wählen** to choose sb as king; **j-n zu etw ernennen** to nominate sb sth ▣ *Verhältnis* **Liebe zu j-m** love for sb; **meine Beziehung zu ihm** my relationship with him; **im Vergleich zu** in comparison with; **im Verhältnis drei zu zwei** MATH in the ratio (of) three to two; **das Spiel steht 3:2** the score is 3-2 ▣ *bei Zahlenangaben* **zu zwei Prozent** at two per cent Br od percent US; **fünf (Stück) zu 80 Cent** five for 80 cents; **zum halben Preis** at half price ▣ *adv* ▣ (≈ *allzu*) too; **zu viel** too much; **zu sehr** too much ▣ (≈ *geschlossen*) shut; **auf/zu** *an Hähnen etc* on/off; **die Geschäfte haben jetzt zu** the shops are shut now ▣ *umg* (≈ *los, weiter*) **immer** *od* **nur zu!** just keep on!; **mach zu!** get a move on! ▣ *örtlich* toward(s); **nach hinten zu** toward(s) the back; **auf den Wald zu** toward(s) the forest ▣ *adj* ▣ *umg* (≈ *geschlossen*) shut, closed ▣ → **zu sein** ▣ *konj* to; **etw zu essen** sth to eat; **er hat zu gehorchen** he has to do as he's told; **nicht mehr zu gebrauchen** no longer usable; **ich habe noch zu arbeiten** I still have some work to do; **ohne es zu wissen** without knowing it; **versuchen, etw zu tun** to try to *od* and do sth; **um zu** to; **um besser sehen zu können** in order to see better; **der zu prüfende Kandidat** the candidate to be examined

zuallererst *adv* first of all

zuallerletzt *adv* last of all

zubauen *v/t Lücke* to fill in; *Platz, Gelände* to build up; *Blick* to block with buildings/a building

Zubehör *n/m* equipment *kein pl*; (≈ *Kleidung*) accessories *pl*; **Küche mit allem ~** fully equipped kitchen

zubeißen *v/i* to bite

zubekommen *umg v/t Kleidung* to get done up; *Tür, Fenster* to get shut

zubereiten *v/t* to prepare; (≈ *kochen*) to cook

Zubereitung *f* preparation

zubilligen *v/t* **j-m etw ~** to grant sb sth

zubinden *v/t* to tie up; **j-m die Augen ~** to blindfold sb

zubleiben *umg v/i* to stay shut

zubringen *v/t* (≈ *verbringen*) to spend

Zubringer *m* ▣ TECH conveyor ▣ (≈ *Straße*) feeder road ▣ (*a.* **~bus**) shuttle (bus)

Zubringerbus *m* shuttle (bus)

Zubringerdienst *m* shuttle service

Zubringerstraße *f* feeder road

Zubrot *n* extra income

Zucchini *f* courgette *Br*, zucchini *US*

Zucht *f* ▣ (≈ *Disziplin*) **~ (und Ordnung)** discipline ▣ *von Tieren* breeding; *von Pflanzen* growing; *von Bakterien, Perlen* culture; **die ~ von Pferden** horse breeding; **die ~ von Bienen** beekeeping

züchten *v/t* to breed; *Bienen* to keep; *Pflanzen* to grow; *Perlen, Bakterien* to cultivate

Züchter(in) *m(f) von Tieren* breeder; *von Pflanzen* grower; *von Bienen* keeper

Zuchthaus *n Strafanstalt* prison (*for serious offenders*) penitentiary *US*

Züchtigung *f* beating; **körperliche ~** corporal punishment

Zuchtperle *f* cultured pearl

Zuchttier *n* breeding animal

Züchtung *f von Tieren* breeding; *von Bienen* keeping; *von Pflanzen* growing

Zuchtvieh *n* breeding cattle

zuckeln *umg v/i* to jog

zucken *v/i* ▣ *nervös* to twitch; *vor Schreck* to start; *vor Schmerzen* to flinch; **mit den Achseln ~** to shrug (one's shoulders) ▣ *Blitz* to flash; *Flammen* to flare up

zücken *v/t Messer, Pistole* to pull out; *umg Notizbuch, Brieftasche* to pull out

Zucker *m* ▣ sugar; **ein Stück ~** a lump of sugar ▣ MED (≈ *Zuckergehalt*) sugar; (≈ *Krankheit*) diabetes *sg*; **~ haben** *umg* to be a diabetic

Zuckerdose *f* sugar bowl

Zuckererbse *f* mangetout (pea) *Br*, sweet pea *US*, snow pea *US*, sugar pea *US*

zuckerfrei *adj* sugar-free

Zuckergehalt *m* sugar content

Zuckerguss *m* icing, frosting *bes US*

zuckerkrank *adj* diabetic

Zuckerkranke(r) *m/f(m)* diabetic

Zuckerkrankheit *f* diabetes *sg*

Zuckerl *n österr, südd* sweet *Br*, candy *US*

Zuckerlecken *n* **das ist kein ~** *umg* it's no picnic *umg*

Zuckermais *m* sweet corn

zuckern *v/t* to put sugar in

Zuckerrohr *n* sugar cane

Zuckerrübe *f* sugar beet

Zuckerspiegel *m* MED (blood) sugar level

zuckersüß *adj* as sweet as sugar

Zuckerwatte *f* candy floss

Zuckerzange *f* sugar tongs *pl*

Zuckung *f* twitch; *stärker:* krampfhaft convulsion

zudecken *v/t* to cover; **im Bett** to tuck up *od* in

zudem *geh adv* moreover

zudrehen *v/t Wasserhahn etc* to turn off; (≈ *zuwenden*) to turn (+*dat* to)

zudringlich *adj Art* pushy *umg*; *Nachbarn* intrusive; **~ werden zu j-m** to make advances (**zu** to)

zueinander *adv* (≈ *gegenseitig*) to each other; *Vertrauen haben* in each other

zueinanderpassen *v/i* to go together; *Menschen* to suit each other

zuerkennen *v/t* to award (j-m sb); *Recht* to grant (j-m etw sb sth)

zuerst *adv* **1** first; **ich kam ~ an** I was (the) first to arrive; **das muss ich morgen früh ~ machen** I must do that first thing tomorrow (morning) **2** (≈ *anfangs*) at first; **~ muss man …** first (of all) you have to …

zufahren *v/i* **auf j-n ~** *mit Kfz* to drive toward(s) sb; *mit Fahrrad* to ride toward(s) sb

Zufahrt *f* approach (road); (≈ *Einfahrt*) entrance; *zu einem Haus* drive(way)

Zufahrtsstraße *f* access road; *zur Autobahn* approach road

Zufall *m* chance, accident; (≈ *Zusammentreffen*) coincidence; **das ist ~** it's pure chance; **durch ~** (quite) by chance; **es ist kein ~, dass …** it's no accident that …; **es war ein glücklicher ~, dass …** it was lucky that …; **wie es der ~ so will** as chance would have it; **etw dem ~ überlassen** to leave sth to chance

zufallen *v/i* **1** (≈ *sich schließen*) *Fenster etc* to close; **ihm fielen beinahe die Augen zu** he could hardly keep his eyes open **2** **j-m ~** *Erbe* to pass to sb; *Preis etc* to go to sb; *Aufgabe* to fall to sb

zufällig **A** *adj* chance *attr*; **das war rein ~** it was pure chance; **es ist nicht ~, dass er …** it's no accident that he … **B** *adv* by chance, by accident; *bes bei Zusammentreffen von Ereignissen* coincidentally; **er ging ~ vorüber** he happened to be passing

Zufallsgenerator *m* random generator; *für Zahlen* random-number generator

Zufallstreffer *m* fluke

zufassen *v/i* (≈ *zugreifen*) to take hold of it/them; *Hund* to make a grab; *fig* (≈ *schnell handeln*) to seize sth/the opportunity

zufaxen *v/t* **j-m etw ~** to fax sb sth, to fax sth to sb

zufliegen *v/i* **1** **auf etw** (*akk*) **~** to fly toward(s) sth; *direkt* to fly into sth **2** to fly to; **der Vogel ist uns zugeflogen** the bird flew into our house; **ihm fliegt alles nur so zu** *fig* everything comes so easily to him

Zuflucht *f a. fig* refuge; shelter (**vor** +*dat* from); **~ suchen** to seek refuge; **zu etw ~ nehmen** *fig* to resort to sth; **du bist meine letzte ~** *fig* you are my last hope

Zufluss *m* influx, inflow; MECH (≈ *Zufuhr*) supply

zuflüstern *v/t* to whisper

zufolge *form präp* (≈ *gemäß*) according to

zufrieden **A** *adj* contented, content *präd*; **ein ~es Gesicht machen** to look pleased; **mit j-m/etw ~ sein** to be satisfied *od* pleased *od* happy with sb/sth; **er ist nie ~** he's never satisfied **B** *adv* contentedly; **~ lächeln** to smile contentedly

zufriedengeben *v/r* **sich mit etw ~** to be content with sth

Zufriedenheit *f* contentedness; (≈ *Befriedigtsein*) satisfaction

zufriedenlassen *v/t* to leave alone

zufriedenstellen *v/t* to satisfy, to please; **eine wenig ~de Antwort** a less than satisfactory answer

zufrieren *v/i* to freeze (over)

zufügen *v/t* **1** *Leid, Schmerz* to cause; *Niederlage* to inflict; **j-m Schaden ~** to harm sb **2** (≈ *hinzufügen*) to add

Zufuhr *f* (≈ *Versorgung*) supply (**in** +*akk od* **nach** to); METEO *von Luftstrom* influx

zuführen **A** *v/t* **1** (≈ *versorgen mit*) to supply; IT *Papier* to feed (+*dat* to) **2** (≈ *bringen*) to bring; **einem Geschäft Kunden ~** to bring customers to a business **B** *v/i* **auf etw** (*akk*) **~** to lead to sth

Zug¹ *m* **1** (≈ *Ziehen*) pull (**an** +*dat* on, at); (≈ *Zugkraft, Spannung*) tension **2** (≈ *Luftzug*) draught *Br*, draft *US*; (≈ *Atemzug*) breath; *an Zigarette* puff; (≈ *Schluck*) gulp; **das Glas in einem Zug leeren** to empty the glass with one gulp; **etw in vollen Zügen genießen** to enjoy sth to the full; **in den letzten Zügen liegen** *umg* to be on one's last legs *umg* **3** *beim Schwimmen* stroke; *beim Rudern* pull (**mit** at); *bei Brettspiel* move; **Zug um Zug** *fig* step by step; **nicht zum Zuge kommen** *umg* not to get a look-in *umg*; **du bist am Zug** it's your move; **etw in großen Zügen darstellen** to outline sth

Zug² *m* (≈ *Eisenbahnzug*) train; **im Zug** on the train; **mit dem Zug fahren** to go by train

Zug³ *m* (≈ *Gesichtszug*) feature; (≈ *Charakterzug*) characteristic; (≈ *Anflug*) touch; **das ist kein schöner Zug von ihm** that's not one of his nicer characteristics

Zug⁴ *n Kanton und Stadt* Zug

Zugabe *f extra*; MUS, THEAT encore

Zugabteil *n* train compartment

Zugang *m* **1** (≈ *Eingang*) entrance; (≈ *Zutritt*) admittance; *fig* access; „**kein ~**" "no entry" **2** *von Patienten* admission; *von Waren* receipt

zugänglich *adj* accessible; *Mensch* approachable; **der Öffentlichkeit ~** open to the public; **für etw nicht ~ sein** not to respond to sth

Zugangsberechtigung *f* IT access (authorization)

Zugangscode *m* IT access code

Zugangsdaten *pl* IT access data

Zuganschluss *m* connecting train, connection

Zugbegleiter(in) *m(f)* BAHN guard *Br*, conductor *US*

Zugbrücke *f* drawbridge

zugeben *v/t* **1** (≈ *zusätzlich geben*) **j-m etw ~** to give sb sth extra **2** GASTR to add **3** (≈ *zugestehen*) to admit; **j-m gegenüber etw ~** to confess sth to sb; **zugegeben** admittedly; **gibs zu!** admit it!

zugegebenermaßen *adv* admittedly

zugehen **A** *v/i* **1** *Tür, Deckel* to shut **2** **auf j-n/etw ~** to approach sb/sth, to walk up to sb/sth; **aufeinander ~** to approach one another; *fig a.* to compromise; **es geht nun auf den Winter zu** winter is drawing in; **er geht schon auf die siebzig zu** he's getting on for seventy; **dem Ende ~** to near its end **3** *Nachricht, Brief etc* to reach **B** *v/i* **1** **dort geht es ... zu** things are ... there; **es ging sehr lustig zu** *umg* we/they *etc* had a great time *umg* **2** (≈ *geschehen*) to happen

Zugehörigkeit *f zu Land, Glauben* affiliation; (≈ *Mitgliedschaft*) membership (**zu** of)

zugeknöpft *fig umg adj Mensch* reserved; → **zuknöpfen**

Zügel *m* rein; **die ~ fest in der Hand haben** *fig* to have things firmly in hand; **die ~ locker lassen** *fig* to give free rein (**bei** to)

zügeln **A** *v/t Pferd* to rein in; *fig* to curb **B** *v/r* to restrain oneself **C** *v/i schweiz* (≈ *umziehen*) to move (house)

Zugeständnis *n* concession (+*dat od* **an** +*akk* to)

zugestehen *v/t* (≈ *einräumen*) to concede; (≈ *zugeben*) to admit; **j-m etw ~** (≈ *einräumen*) to grant sb sth

zugetan *adj* **j-m/einer Sache ~ sein** to be fond of sb/sth

Zugezogene(r) *m/f(m)* newcomer

Zugfahrt *f* train ride

Zugführer(in) *m(f)* BAHN chief guard *Br*, chief conductor *US*

zugießen *v/t* **1** (≈ *hinzugießen*) to add **2** *mit Beton etc* to fill (in)

zugig *adj* draughty *Br*, drafty *US*

zügig **A** *adj* swift **B** *adv* quickly

zugleich *adv* at the same time

Zugluft *f* draught *Br*, draft *US*

Zugpersonal *n* BAHN train staff *pl*

Zugpferd *n* carthorse; *fig* crowd puller

zugreifen *v/i* **1** (≈ *schnell nehmen*) to grab it/them; *fig* to get in quickly *umg*; *bei Tisch* to help oneself; **greifen Sie bitte zu!** please help yourself! **2** IT **auf etw** (*akk*) **~** to access sth

Zugriff *m* **1** **durch raschen ~** by stepping in quickly; **sich dem ~ der Polizei/Gerichte entziehen** to evade justice **2** IT access (**auf** +*akk* to)

Zugriffsrechte *pl* IT access rights

Zugriffszeit *f* access time

zugrunde *adv* **1** **~ gehen** to perish; **j-n/etw ~ richten** to destroy sb/sth; *finanziell* to ruin sb/sth **2** **einer Sache** (*dat*) **~ liegen** to underlie sth; **~ liegend** underlying

Zugtelefon *n* train telephone

Zugtier *n* draught animal *Br*, draft animal *US*

zugucken *v/i* → **zusehen** 1

Zugunglück *n* train accident

zugunsten *präp* **~ (von)** in favour of *Br*, in favor of *US*

zugutehalten *v/t* **j-m etw ~** to grant sb sth

zugutekommen *v/i* **j-m ~** to be of benefit to sb; *Geld, Erlös* to benefit sb; **j-m etw ~ lassen** to let sb have sth

Zugverbindung *f* train connection

Zugvogel *m* migratory bird

Zugzwang *m Schach* zugzwang; *fig* tight spot; **die Gegenseite steht jetzt unter ~** the other side is now forced to move

zuhaben *v/i umg Geschäft etc* to be closed

zuhalten **A** *v/t* to hold shut; **sich** (*dat*) **die Nase ~** to hold one's nose; **sich** (*dat*) **die Augen/Ohren ~** to hold one's hands over one's eyes/ears **B** *v/i* **auf etw** (*akk*) **~** to head straight for sth

Zuhälter(in) *m(f)* pimp

zu Hause, zuhause *adv* → **Haus**

Zuhause *n* home

zuheilen *v/i* to heal up

Zuhilfenahme *f* **unter ~ von** *od* +*gen* with the aid of

zuhören *v/i* to listen (+*dat* to); **hör mal zu!** *drohend* now (just) listen (to me)!

Zuhörer(in) *m(f)* listener; **die ~** (≈ *das Publikum*) the audience *sg*

zujubeln *v/i* **j-m ~** to cheer sb

zukleben *v/t Briefumschlag* to seal; *mit Klebstoff* to stick up

zuknallen *umg v/t & v/i* to slam

zuknöpfen *v/t* to button (up); → **zugeknöpft**

zukommen *v/i* **1** **auf j-n/etw ~** to come toward(s) sb/sth; *direkt* to come up to sb/sth; **die Aufgabe, die nun auf uns zukommt** the task which is now in store for us; **die Dinge auf sich** (*akk*) **~ lassen** to take things as they come **2** **j-m etw ~ lassen** *Brief etc* to send sb sth

Zukunft *f* **1** **die ~** the future; **in ~** in future; **ein Beruf mit ~** a career with prospects; **das hat keine ~** there's no future in it **2** GRAM future (tense)

zukünftig **A** *adj* future; **der ~e Präsident** the president elect **B** *adv* in future

Zukunftsangst *f vor der Zukunft* fear of the future; *um die Zukunft* fear for the future

Zukunftsaussichten *pl* future prospects *pl*

zukunftsfähig *adj* sustainable; PC, *Haushaltsge-*

rät etc future-proof

Zukunftsforscher(in) *m(f)* futurologist
Zukunftsforschung *f* futurology
Zukunftsindustrie *f* sunrise industry
Zukunftskonzept *n* plans *pl* for the future
Zukunftsmusik *fig umg f* pie in the sky *umg*
zukunftsorientiert *adj* forward-looking; **~ wirtschaften** to manage one's finances for the future
Zukunftspläne *pl* plans *pl* for the future
Zukunftsroman *m* science fiction novel
zukunftssicher *adj* futureproof
zukunftsträchtig *adj* with a promising future
zulächeln *v/i* **j-m ~** to smile at sb
Zulage *f* **1** (≈ *Geldzulage*) extra pay *kein unbest art*; (≈ *Sonderzulage*) bonus (payment) **2** (≈ *Gehaltserhöhung*) rise *Br*, raise *US*
zulangen *umg v/i* to help oneself; **kräftig ~ beim Essen** to tuck in *umg*
zulassen *v/t* **1** (≈ *Zugang gewähren*) to admit **2** *amtlich* to authorize; *Arzt* to register; *Arzneimittel* to approve; *Kraftfahrzeug* to license; *Prüfling* to admit; **amtlich zugelassen sein** to be authorized; **staatlich zugelassen sein** to be state-registered; **eine nicht zugelassene Partei** an illegal party **3** (≈ *gestatten*) to allow; **~, dass j-d etw tut** to let sb do sth **4** (≈ *geschlossen lassen*) to keep shut
zulässig *adj* permissible; *Beweis, Klage* admissible; (≈ *gültig*) valid; **~e Höchstgeschwindigkeit** (upper) speed limit
Zulassung *f* **1** (≈ *Gewährung von Zugang*) admittance, admission; *amtlich* authorization; *von Kfz* licensing; *als praktizierender Arzt* registration **2** *Dokument* papers *pl; bes von Kfz* vehicle registration document; (≈ *Lizenz*) licence *Br*, license *US*
Zulassungsausschuss *m* POL accreditation board
Zulassungsbehörde *f* accreditation office *od* board
Zulassungsbeschränkung *f bes* UNIV restriction on admissions
Zulassungsstelle *f* registration office
zulasten *adv* → Last
Zulauf *m* **großen ~ haben** to be very popular
zulaufen *v/i* **1 auf j-n/etw ~** to run toward(s) sb/sth **2** *Wasser etc* to add; **lass noch etwas kaltes Wasser ~** add some more cold water **3** *Hund etc* to stray into sb's house; **eine zugelaufene Katze** a stray (cat)
zulegen **A** *v/t* **1** (≈ *dazulegen*) to put on; *Geld* to add; *bei Verlustgeschäft* to lose; **etwas Tempo ~** *umg* to get a move on *umg* **2** *umg an Gewicht* to put on; **die SPD konnte 5 % ~** the SPD managed to gain 5% **3** (≈ *anschaffen*) **sich** (*dat*) **etw ~** *umg* to get oneself sth **B** *v/i umg an Gewicht* to put on weight; *Umsatz* to increase
zuleide *adv* **j-m etwas ~ tun** to do sb harm
zuletzt *adv* **1** (≈ *schließlich*) in the end; **~ kam sie doch** she came in the end; **ganz ~** right at the last moment **2** (≈ *an letzter Stelle*) last; **ich kam ~** I came last; **wann haben Sie ihn ~ gesehen?** when did you last see him?; **nicht ~** last but not least; **nicht ~ wegen** not least because of
zuliebe *adv* **etw j-m ~ tun** to do sth for sb's sake *od* for sb; **das geschah nur ihr ~** it was done just for her
Zulieferer *m*, **Zulieferin** *f* WIRTSCH supplier
Zulu *m/f* Zulu
zum **geht es hier zum Bahnhof?** is this the way to the station?; **zum Essen gehen** to go and eat; **es ist zum Weinen** it's enough to make you cry; → zu
zumachen **A** *v/t* (≈ *schließen*) to shut; *Flasche* to close; **die Augen ~** to close one's eyes **B** *umg v/i* **1** (≈ *den Laden zumachen*) to close (down) **2** *umg* (≈ *sich beeilen*) to get a move on *umg*
zumailen *v/t* to e-mail
zumal *konj* **~ (da)** particularly as *od* since
zumauern *v/t* to brick up
Zumba® *n* SPORT *Tanzfitnessprogramm* zumba®
zumeist *adv* mostly
zumindest *adv* at least
zumüllen *v/t* **1** *umg mit Junkmail, Spam* to bombard *umg* **2 j-n mit etw ~** *umg j-n mit etwas volllabern* to bend sb's ear about sth *umg*
zumutbar *adj* reasonable; **j-m** *od* **für j-n ~ sein** to be reasonable for sb; **nicht ~ sein** to be unreasonable
Zumutbarkeit *f* reasonableness
zumute *adv* **wie ist Ihnen ~?** how do you feel?; **mir ist traurig ~** I feel sad; **mir war dabei gar nicht wohl ~** I felt uneasy about it
zumuten *v/t* **j-m etw ~** to expect sth of sb; **das können Sie niemandem ~** you can't expect that of anyone; **sich** (*dat*) **zu viel ~** to take on too much
Zumutung *f* unreasonable demand; (≈ *Unverschämtheit*) nerve *umg*; **das ist eine ~!** that's a bit much!
zunächst *adv* **1** (≈ *zuerst*) first (of all); (≈ *am Anfang*) at first; **~ einmal** first of all **2** (≈ *vorläufig*) for the time being
zunageln *v/t Fenster etc* to nail up; **mit Brettern** to board up; *Kiste etc* to nail down
zunähen *v/t* to sew up
Zunahme *f* increase (+*gen od* **an** +*dat* in)
Zuname *m* surname
zündeln *v/i* to play (about) with fire
zünden **A** *v/i* to catch fire; *Streichholz* to light; *Motor* to fire; *Sprengkörper* to go off; *fig* to kindle enthusiasm **B** *v/t* to ignite; *Sprengkörper* to set

off; *Feuerwerkskörper* to let off
zündend *fig adj* stirring; *Vorschlag* exciting
Zünder *m* **1** *für Sprengstoff* fuse; *für Mine* detonator **2** ~ *pl österr* (≈ *Streichhölzer*) matches *pl*
Zündflamme *f* pilot light
Zündholz *n* match(stick)
Zündkerze *f* AUTO spark(ing) plug
Zündschlüssel *m* AUTO ignition key
Zündschnur *f* fuse
Zündstoff *m* (≈ *Sprengstoff*) explosives *pl*; *fig* explosive stuff
Zündung *f* ignition; **die ~ einstellen** AUTO to adjust the timing
zunehmen **A** *v/i* to increase; *an Erfahrung etc* to gain (**an** +*dat* in); *Mensch: an Gewicht* to put on weight, to gain weight; *Mond* to wax **B** *v/t Mensch: an Gewicht* to gain
zunehmend **A** *adj* increasing; *Mond* crescent; **bei** *od* **mit ~em Alter** with advancing age; **in ~em Maße** to an increasing degree **B** *adv* increasingly
Zuneigung *f* affection
zünftig *adj* (≈ *regelrecht*) proper; (≈ *gut, prima*) great
Zunge *f* tongue; *von Waage* pointer; **eine böse/spitze ~ haben** to have an evil/a sharp tongue; **böse ~n behaupten, …** malicious gossip has it …; **das Wort liegt mir auf der ~** the word is on the tip of my tongue
züngeln *v/i Flamme, Feuer* to lick
Zungenbrecher *m* tongue twister
Zungenkuss *m* French kiss
Zungenreiniger *m* tongue cleaner, tongue scraper
Zungenspitze *f* tip of the tongue
Zünglein *n* **das ~ an der Waage sein** *fig* to tip the scales
zunichtemachen *v/t* to ruin
zunicken *v/i* **j-m ~** to nod to sb
zunutze *adv* **sich** (*dat*) **etw ~ machen** (≈ *ausnutzen*) to capitalize on sth
zuoberst *adv* on *od* at the (very) top
zuordnen *v/t* to assign to; *zwei Dinge* to match; **j-n/etw j-m ~** to assign sb/sth to sb
zupacken *umg v/i* **1** (≈ *zugreifen*) to make a grab for it *etc* **2** (≈ *helfen*) **mit ~** to give me/them *etc* a hand
Zupfinstrument *n* MUS plucked string instrument
zuprosten *v/i* **j-m ~** to drink sb's health
zur **zur Schule gehen** to go to school; **zur Orientierung** for orientation; **zur Abschreckung** as a deterrent; → **zu**
zurande *adv* **mit etw/j-m ~ kommen** (to be able) to cope with sth/sb
zurate *adv* **j-n/etw ~ ziehen** to consult sb/sth

zuraten *v/i* **j-m ~, etw zu tun** to advise sb to do sth; **auf sein Zuraten** (**hin**) on his advice
zurechnungsfähig *adj* of sound mind
Zurechnungsfähigkeit *f* soundness of mind; **verminderte ~** diminished responsibility
zurechtbiegen *v/t* to bend into shape; *fig* to twist
zurechtfinden *v/r* to find one's way (**in** +*dat* around); **sich mit etw ~** to get the hang of sth *umg*; *durch Gewöhnung* to get used to sth
zurechtkommen *v/i* **1** *fig* to get on; (≈ *bewältigen*) to cope; (≈ *genug haben*) to have enough; **mit etw ~** (≈ *sich abfinden mit*) to come to terms with sth; **kommen Sie ohne das zurecht?** *umg* can you manage without it? **2** *finanziell* to manage
zurechtlegen *v/t* **sich** (*dat*) **etw ~** to lay sth out ready; *fig* to work sth out
zurechtmachen *umg* **A** *v/t Zimmer, Essen etc* to prepare; *Bett* to make up **B** *v/r* to get dressed; (≈ *sich schminken*) to put on one's make-up
zurechtweisen *v/t* to rebuke; *Schüler etc* to reprimand
Zurechtweisung *f* rebuke; *von Schüler* reprimand
zureden *v/i* **j-m ~** (≈ *ermutigen*) to encourage sb; (≈ *überreden*) to persuade sb; **auf mein Zureden** (**hin**) with my encouragement; *Überreden* with my persuasion
zureiten **A** *v/t Pferd* to break in **B** *v/i* **auf j-n/etw ~** to ride toward(s) sb/sth
Zürich *n* Zurich
Zürichsee *m* **der ~** Lake Zurich
zurichten *v/t* (≈ *beschädigen*) to make a mess of; (≈ *verletzen*) to injure; **j-n übel ~** to beat sb up
zurück *adv* back (**nach** to); *mit Zahlungen* behind; *fig* (≈ *zurückgeblieben*) *von Kind* backward; **fünf Punkte ~** SPORT five points behind; **~!** get back!; **einmal München und ~** a return ticket to Munich *bes Br*, a round-trip ticket to Munich *US*; **ich bin in zehn Minuten wieder ~** I will be back (again) in 10 minutes
zurückbehalten *v/t* to keep (back); **er hat Schäden ~** he suffered lasting damage
zurückbekommen *v/t* (≈ *zurückerhalten*) to get back
zurückbilden *v/r Geschwür* to recede; BIOL to regress
zurückbleiben *v/i* **1** *an einem Ort* to stay behind **2** (≈ *übrig bleiben*) to be left; *Schaden, Behinderung* to remain **3** (≈ *nicht Schritt halten*) to fall behind; *in Entwicklung* to be retarded; → **zurückgeblieben**
zurückblicken *v/i* to look back (**auf** +*dat* at); *fig* to look back (**auf** +*akk* on)
zurückbringen *v/t* (≈ *wieder herbringen*) to bring

back; (≈ *wieder wegbringen*) to take back
zurückdatieren *v/t* to backdate
zurückdenken *v/i* to think back (**an** +*akk* to); (≈ *in Erinnerungen schwelgen*) to reminisce
zurückdrehen *v/t* to turn back; **die Zeit ~** to put back the clock *Br*, to turn back the clock *US*
zurückerstatten *v/t* to refund; *Ausgaben* to reimburse
zurückerwarten *v/t* **j-n ~** to expect sb back
zurückfahren **A** *v/i an einen Ort* to go back; *bes als Fahrer* to drive back **B** *v/t* **1** *mit Fahrzeug* to drive back **2** (≈ *drosseln*) *Produktion* to cut back
zurückfallen *v/i* to fall back; *SPORT* to drop back; *fig Umsätze etc* to fall; *in Leistungen* to fall behind; **in alte Gewohnheiten ~** to fall back into old habits
zurückfinden *v/i* to find the way back
zurückfliegen *v/t & v/i* to fly back
zurückfordern *v/t etw* to demand sth back
zurückführen *v/t* **1** (≈ *zurückbringen*) to lead back **2** (≈ *ableiten aus*) to put down to; **das ist darauf zurückzuführen, dass …** that can be put down to the fact that …
zurückgeben *v/t* to give back; *Ball, Kompliment, Beleidigung* to return; (≈ *erwidern*) to retort
zurückgeblieben *adj* **geistig/körperlich ~** mentally/physically retarded; → zurückbleiben
zurückgehen *v/i* **1** to go back (**nach, in** +*akk* to); (≈ *umkehren*) to turn back; **Waren/Essen** *etc* **~ lassen** to send back goods/food *etc* **2** *fig* (≈ *abnehmen*) to go down; (≈ *sinken*) to decline; *Geschäft, Produktion* to fall off; *Schmerz, Sturm* to die down
zurückgezogen **A** *adj Mensch* withdrawn, retiring; *Lebensweise* secluded **B** *adv* in seclusion; **er lebt sehr ~** he lives a very secluded life; → zurückziehen
zurückgreifen *fig v/i* to fall back (**auf** +*akk* upon)
zurückhalten **A** *v/t* to hold back; (≈ *aufhalten*) *j-n* to hold up; (≈ *nicht freigeben*) *Informationen* to withhold; *Ärger etc* to restrain; **j-n von etw** (*dat*) **~** to keep sb from sth **B** *v/r* (≈ *sich beherrschen*) to control oneself; (≈ *reserviert sein*) to be retiring; (≈ *im Hintergrund bleiben*) to keep in the background; **sich mit seiner Kritik ~** to be restrained in one's criticism; **ich musste mich schwer ~** I had to take a firm grip on myself **C** *v/i* **mit etw ~** (≈ *verheimlichen*) to hold sth back
zurückhaltend **A** *adj* (≈ *beherrscht*) restrained; (≈ *reserviert*) reserved; (≈ *vorsichtig*) cautious; **mit Kritik nicht ~ sein** to be unsparing in one's criticism **B** *adv* with restraint
zurückkaufen *v/t* to buy back
zurückkehren *v/i* to return
zurückkommen *v/i* to come *od* get back; (≈ *Bezug nehmen*) to refer (**auf** +*akk* to)
zurückkönnen *umg v/i* to be able to go back; **ich kann nicht mehr zurück** *fig* there's no going back!
zurücklassen *v/t* (≈ *hinterlassen*) to leave; (≈ *liegen lassen*) to leave behind
zurücklegen **A** *v/t* **1** *an seinen Platz* to put back **2** (≈ *reservieren*) to put aside; (≈ *sparen*) to put away **3** *Strecke* to cover **B** *v/r* to lie back
zurücklehnen *v/t & v/r* to lean *od* sit back
zurückliegen *v/i örtlich* to be behind; **der Unfall liegt etwa eine Woche zurück** the accident was about a week ago
zurückmelden *v/r* to report back (**bei** to)
zurückmüssen *umg v/i* to have to go back
zurücknehmen *v/t* to take back; *Entscheidung* to reverse; *Angebot* to withdraw; **sein Wort ~** to break one's word
zurückreichen *v/i Tradition etc* to go back (**in** +*akk* to)
zurückreisen *v/i* to travel back
zurückrufen **A** *v/t* to call back; *Botschafter, Produkte* to recall; **j-m etw ins Gedächtnis ~** to conjure sth up for sb **B** *v/i* to call back
zurückscheuen *v/i* to shy away (**vor** +*dat* from)
zurückschicken *v/t* to send back
zurückschlagen **A** *v/t Ball* to return; *Angriff etc* to beat back **B** *v/i* to hit back; *MIL* to retaliate
zurückschrauben *fig umg v/t Erwartungen* to lower; *Subventionen* to cut back
zurückschrecken *v/i* to start back; *fig* to shy away (**vor** +*dat* from); **vor nichts ~** to stop at nothing
zurücksehen *v/i* to look back
zurücksehnen *v/r* to long to return (**nach** to)
zurücksenden *v/t* to send back
zurücksetzen **A** *v/t* **1** *nach hinten* to move back; *Auto* to reverse **2** *an früheren Platz* to put back **B** *v/r* to sit back **C** *v/i mit Fahrzeug* to reverse
zurückspringen *v/i* to leap *od* jump back
zurückspulen *v/t* to rewind
zurückstecken *v/i* **1** (≈ *weniger Ansprüche stellen*) to lower one's expectations **2** (≈ *nachgeben*) to backtrack
zurückstehen *v/i* **hinter etw** (*dat*) **~** to take second place to sth
zurückstellen *v/t* **1** to put back; *nach hinten* to move back **2** *fig* (≈ *verschieben*) to defer; *Pläne* to postpone; *Bedenken etc* to put aside
zurückstufen *v/t* to downgrade
zurücktreten *v/i* **1** (≈ *zurückgehen*) to step back; **bitte ~!** stand back, please!; **einen Schritt ~** to take a step back **2** *von Amt* to resign **3** *von Vertrag etc* to withdraw (**von** from) **4** *fig* (≈ *im Hintergrund bleiben*) to come second (**hinter**

zurücktun *umg v/t* to put back

zurückverfolgen *fig v/t* to trace back

zurückversetzen **A** *v/t in seinen alten Zustand* to restore (**in** +*akk* to); *in eine andere Zeit* to take back (**in** +*akk* to) **B** *v/r* to think oneself back (**in** +*akk* to)

zurückweichen *v/i erschrocken* to shrink back; *ehrfürchtig* to stand back; MIL to withdraw; *Hochwasser* to subside

zurückweisen *v/t* to reject; *Bittsteller* to turn away; *Vorwurf, Klage* to dismiss; *Angriff* to repel; *an der Grenze* to turn back

zurückwollen *umg v/i* to want to go back

zurückzahlen *v/t* to repay

zurückziehen **A** *v/t* to pull back; *Antrag, Klage etc* to withdraw **B** *v/r* to retire; MIL to withdraw; → **zurückgezogen** **C** *v/i* to move back

zurückzucken *v/i* to recoil

Zuruf *m* shout; *aufmunternd* cheer

zurufen *v/t & v/i* **j-m etw ~** to shout sth to sb

zurzeit *adv* at present, at the moment

Zusage *f* **1** (≈ *Zustimmung*) consent **2** (≈ *Annahme*) acceptance **3** (≈ *Versprechen*) promise

zusagen **A** *v/t* (≈ *versprechen*) to promise **B** *v/i* **1** (≈ *annehmen*) (**j-m**) **~** to accept **2** (≈ *gefallen*) **j-m ~** to appeal to sb

zusammen *adv* together; **~ mit** along with; **alle/alles ~** all together

Zusammenarbeit *f* co-operation; **mit dem Feind** collaboration; **in ~ mit** in co-operation with

zusammenarbeiten *v/i* to co-operate; *mit dem Feind* to collaborate

zusammenbauen *v/t* to assemble

zusammenbeißen *v/t* **die Zähne ~** *wörtl* to clench one's teeth; *fig* to grit one's teeth

zusammenbekommen *v/t* to get together; *Geld* to collect

zusammenbinden *v/t* to tie together

zusammenbleiben *v/i* to stay together

zusammenbrechen *v/i* to break down; *Gebäude* to cave in; *Wirtschaft* to collapse; *Verkehr etc* to come to a standstill

zusammenbringen *v/t* **1** to bring together; *Geld* to raise **2** *umg* (≈ *zustande bringen*) to manage; *Worte* to put together

Zusammenbruch *m* breakdown; *fig* collapse

zusammenfahren *v/i* **1** (≈ *zusammenstoßen*) to collide **2** (≈ *erschrecken*) to start

zusammenfallen *v/i* **1** (≈ *einstürzen*) to collapse **2** *durch Krankheit etc* to waste away **3** *Ereignisse* to coincide

zusammenfalten *v/t* to fold up

zusammenfassen **A** *v/t* **1** (≈ *verbinden*) to combine (**zu** in) **2** *Bericht etc* to summarize; **etw in einem Satz ~** to sum sth up in one sentence **B** *v/i* (≈ *das Fazit ziehen*) to summarize; **wenn ich kurz ~ darf** just to sum up

Zusammenfassung *f* **1** combination **2** (≈ *Überblick*) summary

zusammenfließen *v/i* to flow together

Zusammenfluss *m* confluence

zusammenfügen *v/t* to join together; *Gleiches verbinden* to match; TECH to fit together

zusammengehören *v/i* to belong together; *als Paar* to form a pair

zusammengehörig *adj Kleidungsstücke etc* matching; (≈ *verwandt*) related

Zusammengehörigkeit *f* common bond

Zusammengehörigkeitsgefühl *n in Gemeinschaft* communal spirit; *bes* POL feeling of solidarity

zusammengesetzt *adj* **aus etw ~ sein** to consist of sth; **~es Wort/Verb** compound (word)/verb

zusammengewürfelt *adj* motley; *Mannschaft* scratch *attr*

Zusammenhalt *m fig in einer Gruppe* cohesion; *bes* POL solidarity; *einer Mannschaft* team spirit; **wirtschaftlicher, sozialer und territorialer ~ in der EU** economical, social and territorial cohesion

zusammenhalten **A** *v/t* (≈ *verbinden*) to hold together; *umg Geld etc* to hold on to **B** *v/i* to hold together; *fig Gruppe etc* to stick together

Zusammenhang *m* (≈ *Beziehung*) connection (**von, zwischen** +*dat* between); (≈ *Wechselbeziehung*) correlation (**von, zwischen** +*dat* between); *im Text* context; **j-n mit etw in ~ bringen** to connect sb with sth; **im** *od* **in ~ mit etw stehen** to be connected with sth; **in diesem ~** in this context

zusammenhängen *v/i* to be joined (together); *fig* to be connected; **~d** *Rede, Erzählung* coherent; **das hängt damit zusammen, dass ...** that is connected with the fact that ...

zusammenhang(s)los *adj* incoherent

zusammenklappen *v/t Messer, Tisch etc* to fold up; *Schirm* to shut

zusammenkleben *v/t & v/i* to stick together

zusammenkneifen *v/t Lippen etc* to press together; *Augen* to screw up

zusammenknüllen *v/t* to crumple up

zusammenkommen *v/i* to meet (together), to come *od* get together; *Umstände* to combine; *fig Schulden etc* to mount up; *Geld bei einer Sammlung* to be collected; **er kommt viel mit Menschen zusammen** he meets a lot of people

Zusammenkunft *f* meeting; *zwanglos* get-together

zusammenläppern *umg v/r* to add up

zusammenlaufen v/i ▌1▐ (≈ an eine Stelle laufen) to gather; *Flüssigkeit* to collect ▌2▐ *Straßen* to converge

zusammenleben v/i to live together

Zusammenleben n living together *ohne art*

zusammenlegen ▌A▐ v/t ▌1▐ (≈ falten) to fold (up) ▌2▐ (≈ vereinigen) to combine; *Patienten* to put together; (≈ zentralisieren) to centralize ▌B▐ v/i (≈ Geld gemeinsam aufbringen) to club together *Br*, to pitch in together *US*

zusammennehmen ▌A▐ v/t to gather up; *Mut* to summon up ▌B▐ v/r (≈ sich zusammenreißen) to pull oneself together; (≈ sich beherrschen) to control oneself

zusammenpassen v/i *Menschen* to suit each other; *Farben, Stile* to go together, to match; **gut ~** to go well together

zusammenpferchen v/t to herd together; *fig* to pack together

zusammenprallen v/i to collide; *fig* to clash

zusammenraufen v/r to achieve a viable working relationship

zusammenrechnen v/t to add up

zusammenreimen ▌A▐ v/t *umg* **sich** (*dat*) **etw ~** to figure sth out (for oneself) ▌B▐ v/r to make sense

zusammenreißen v/r to pull oneself together

zusammenrollen ▌A▐ v/t to roll up ▌B▐ v/r to curl up

zusammenrücken v/t *Möbel etc* to move closer together

zusammenscheißen v/t *vulg* **j-n ~** to give sb a rocket *Br umg*, to chew sb's ass out *US vulg*

zusammenschlagen v/t ▌1▐ *Hände* to clap ▌2▐ (≈ verprügeln) to beat up

zusammenschließen v/r to join together; HANDEL to merge

Zusammenschluss m joining together; HANDEL merger; *von politischen Gruppen* amalgamation

zusammenschreiben v/t *Wörter* to write in one word

zusammenschrumpfen v/i to shrivel up; *fig* to dwindle (**auf** *+akk* to)

zusammen sein v/i **mit j-m ~** to be with sb; *umg* (≈ befreundet) to be going out with sb

Zusammensein n being together *ohne art*; *von Gruppe* get-together

zusammensetzen ▌A▐ v/t ▌1▐ *Gäste etc* to put together ▌2▐ *Gerät* to assemble (**zu to make**) ▌B▐ v/r ▌1▐ to sit together; **sich auf ein Glas Wein ~** to get together over a glass of wine ▌2▐ **sich ~ aus** to consist of

Zusammensetzung f (≈ Struktur) composition; (≈ Mischung) mixture (**aus** of)

zusammenstauchen *umg* v/t to give a dressing-down *umg*, to chew out *US umg*

zusammenstecken ▌A▐ v/t *Einzelteile* to fit together ▌B▐ v/i *umg* to be together

zusammenstellen v/t to put together; *nach einem Muster* to arrange; *Daten* to compile; *Liste, Fahrplan* to draw up; SPORT *Mannschaft* to pick

Zusammenstellung f (≈ Kombination nach Muster) arrangement; *von Daten* compilation; (≈ Liste) list; (≈ Zusammensetzung) composition; (≈ Übersicht) survey

Zusammenstoß m collision; *fig* (≈ Streit) clash

zusammenstoßen v/i (≈ zusammenprallen) to collide; *fig* (≈ sich streiten) to clash; **mit j-m ~** to collide with sb; *fig* to clash with sb

zusammenstreichen v/t to cut (down) (**auf** *+akk* to)

zusammensuchen v/t to collect (together)

zusammentragen v/t to collect

zusammentreffen v/i *Menschen* to meet; *Ereignisse* to coincide

Zusammentreffen n meeting; *bes zufällig* encounter; *zeitlich* coincidence

zusammentrommeln *umg* v/t to round up *umg*

zusammentun ▌A▐ v/t *umg* to put together ▌B▐ v/r to get together

zusammenwachsen v/i to grow together; *fig* to grow close

zusammenzählen v/t to add up

zusammenziehen ▌A▐ v/t ▌1▐ *Muskel* to draw together; (≈ verengen) to narrow; *Schlinge* to tighten ▌2▐ *fig Truppen, Polizei* to assemble ▌B▐ v/r to contract; (≈ enger werden) to narrow; *Gewitter, Unheil* to be brewing ▌C▐ v/i to move in together; **mit j-m ~** to move in with sb

zusammenzucken v/i to start

Zusatz m addition; extra

Zusatzgerät n attachment; COMPUT add-on

Zusatzkosten pl additional costs pl

zusätzlich ▌A▐ adj additional, extra ▌B▐ adv in addition

Zusatzstoff m additive

Zusatzzahl f *Lotto* additional number, bonus number *Br*

zuschauen *bes dial* v/i → zusehen

Zuschauer(in) m(f) *a.* SPORT spectator; TV viewer; THEAT member of the audience; (≈ Beistehender) onlooker

Zuschauermenge f crowd

Zuschauerraum m auditorium

zuschicken v/t **j-m etw ~** to send sth to sb

zuschieben v/t **j-m etw ~** to push sth over to sb; *heimlich* to slip sb sth; **j-m die Verantwortung/Schuld ~** to put the responsibility/blame on sb

Zuschlag m ▌1▐ (≈ Erhöhung) extra charge; *bes*

HANDEL, WIRTSCH surcharge; *auf Fahrpreis* supplement **2** *bei Versteigerung* acceptance of a bid; (≈ *Auftragserteilung*) acceptance of a/the tender; **er erhielt den ~** the lot went to him; *nach Ausschreibung* he was awarded the contract

zuschlagen A *v/t* **1** *Tür, Fenster* to slam (shut), to bang shut **2** *bei Versteigerung* **j-m etw ~** to knock sth down to sb **B** *v/i* **1** (≈ *kräftig schlagen*), *a. fig* to strike; (≈ *losschlagen*) to hit out **2** *Tür* to slam (shut) **3** *fig umg* (≈ *zugreifen*) *bei Angebot* to go for it; *beim Essen* to get stuck in *umg*; *Polizei* to pounce

zuschlag(s)pflichtig *adj Zug, Service* subject to a supplement

zuschließen *v/t* to lock; *Laden* to lock up

zuschnappen *v/i* **1** (≈ *zubeißen*) **der Hund schnappte zu** the dog snapped at me/him *etc* **2** *fig Polizei* to pounce **3** *Schloss* to snap shut

zuschneiden *v/t* to cut to size; *Handarbeiten* to cut out; **auf j-n/etw genau zugeschnitten sein** to be tailor-made for sb/sth

Zuschnitt *m* **1** (≈ *Zuschneiden*) cutting **2** (≈ *Form*) cut

zuschrauben *v/t Deckel* to screw on; *Glas, Flasche* to screw the top on

zuschreiben *fig v/t* to attribute (+*dat* to); **das hast du dir selbst zuzuschreiben** you've only got yourself to blame

Zuschrift *f* letter; *auf Anzeige* reply

zuschulden *adv* **sich** (*dat*) **etwas ~ kommen lassen** to do something wrong

Zuschuss *m* subsidy; *nicht amtlich* contribution

Zuschussbetrieb *m* loss-making business *Br*, losing concern *US*

zuschütten *v/t* to fill in

zusehen *v/i* **1** to watch; (≈ *unbeteiligter Zuschauer sein*) to look on; (≈ *etw dulden*) to sit back by (and watch); **j-m ~** to watch sb; **j-m bei der Arbeit ~** to watch sb working **2** (≈ *dafür sorgen*) **~, dass ...** to see to it that ..., to make sure (that) ...

zusehends *adv* visibly; (≈ *rasch*) rapidly

zu sein *v/i* to be shut; *umg* (≈ *betrunken, high sein*) to be stoned *umg*

zusenden *v/t* to send

zusetzen *v/i* **j-m ~** (≈ *unter Druck setzen*) to lean on sb *umg*; (≈ *drängen*) to pester sb; (≈ *schwer treffen*) to hit sb hard

zusichern *v/t* **j-m etw ~** to assure sb of sth

Zusicherung *f* assurance

zusperren *v/t österr, schweiz, südd* to lock

zuspielen *v/t* **j-m etw ~** *fig* to pass sth on to sb; *der Presse* to leak sth to sb

zuspitzen *v/r* to be pointed; *fig Lage, Konflikt* to intensify

zusprechen A *v/t Gewinn etc* to award; **das Kind wurde dem Vater zugesprochen** the father was granted custody (of the child); **j-m Mut ~** *fig* to encourage sb **B** *v/i* **j-m (gut) ~** to talk *od* speak (nicely) to sb

Zuspruch *m* (≈ *Anklang*) **(großen) ~ finden** to be (very) popular; *Stück, Film* to meet with general acclaim

Zustand *m* state; *von Haus, Auto, a.* MED condition; (≈ *Lage*) state of affairs; **in gutem/schlechtem ~** in good/poor condition; **in angetrunkenem ~** under the influence of alcohol; **Zustände kriegen** *umg* to have a fit *umg*; **das sind ja schöne Zustände!** *iron* that's a fine state of affairs! *iron*

zustande *adv* **1** **~ bringen** to manage; *Arbeit* to get done; (≈ *erreichen*) to achieve **2** **~ kommen** (≈ *erreicht werden*) to be achieved; (≈ *geschehen*) to come about; (≈ *stattfinden*) to take place

zuständig *adj* (≈ *verantwortlich*) responsible; *Amt etc* appropriate; **dafür ist er ~** that's his responsibility; **~ sein** JUR to have jurisdiction

Zuständigkeit *f* (≈ *Kompetenz*) competence; JUR jurisdiction; (≈ *Verantwortlichkeit*) responsibility

Zuständigkeitsbereich *m* area of responsibility; JUR jurisdiction

zustecken *v/t* **j-m etw ~** to slip sb sth

zustehen *v/i* **etw steht j-m zu** sb is entitled to sth; **es steht ihr nicht zu, das zu tun** it's not for her to do that

zusteigen *v/i* to get* on

Zustellbett *n* extra bed

zustellen *v/t* **1** *Brief, Paket etc* to deliver; JUR to serve (**j-m etw** sb with sth) **2** *Tür etc* to block

Zusteller(in) *m(f)* deliverer; (≈ *Briefträger*) postman/woman *Br*, mailman/-woman *US*

Zustellgebühr *f* delivery charge

Zustellung *f* delivery; JUR service (of a writ)

zustimmen *v/i* (**einer Sache** *dat*) **~** to agree (to sth); (≈ *einwilligen*) to consent (to sth); **j-m ~** to agree with sb; **eine ~de Antwort** an affirmative answer

Zustimmung *f* (≈ *Einverständnis*) agreement; (≈ *Einwilligung*) consent; (≈ *Beifall*) approval; **allgemeine ~ finden** to meet with general approval; **mit ~** (+*gen*) with the agreement of

zustoßen A *v/t Tür etc* to push shut **B** *v/i* **1** *mit Messer etc* to plunge a/the knife *etc* in **2** (≈ *passieren*) **j-m ~** to happen to sb

zustürzen *v/i* **auf j-n/etw ~** to rush up to sb/sth

zutage *adv* **etw ~ bringen** *fig* to bring sth to light; **~ kommen** to come to light

Zutaten *pl* GASTR ingredients *pl*

zuteilen *v/t* to allocate (**j-m** to sb); *Arbeitskraft* to assign

zutexten *v/t* **j-n ~** *umg* (≈ *vollabern*) to chatter away to sb; *um mit j-m anzubandeln oder j-m etwas zu verkaufen* to chat sb up *umg*

zutiefst *adv* deeply

zutrauen *v/t* **j-m etw ~** to think sb (is) capable of (doing) sth; **sich** (*dat*) **zu viel ~** to overrate one's own abilities; (≈ *sich übernehmen*) to take on too much; **ich traue ihnen alles zu** *Negatives* I wouldn't put anything past them; **das ist ihm zuzutrauen!** *iron* I wouldn't put it past him!

zutraulich *adj Kind* trusting; *Tier* friendly

zutreffen *v/i* (≈ *gelten*) to apply (**auf** +*akk od* **für** to); (≈ *richtig sein*) to be accurate; (≈ *wahr sein*) to be true; **seine Beschreibung traf überhaupt nicht zu** his description was completely inaccurate

zutreffend A *adj* (≈ *richtig*) accurate; (≈ *auf etw zutreffend*) applicable; **Zutreffendes bitte unterstreichen** underline where applicable B *adv* accurately

Zutritt *m* (≈ *Einlass*) entry; (≈ *Zugang*) access; **kein ~, ~ verboten** no entry

Zutun *n* assistance; **es geschah ohne mein ~** I did not have a hand in the matter

zuunterst *adv* right at the bottom

zuverlässig *adj* reliable; *Mensch a*. dependable; **aus ~er Quelle** from a reliable source

Zuverlässigkeit *f* reliability

Zuversicht *f* confidence; **in der festen ~, dass …** confident that …

zuversichtlich *adj* confident, optimistic

zuviel *adj & adv* → viel

zuvor *adv* before; (≈ *zuerst*) beforehand; **am Tage ~** the day before

zuvorkommen *v/i* to anticipate; **j-m ~** to beat sb to it

zuvorkommend A *adj* obliging (**zu** towards) B *adv* obligingly

Zuwachs *m* 1 (≈ *Wachstum*) growth (**an** +*dat* of) 2 (≈ *Höhe des Wachstums*) increase (**an** +*dat* in)

zuwachsen *v/i* 1 *Loch* to grow over; *Garten etc* to become overgrown; *Wunde* to heal

Zuwanderer *m*, **Zuwanderin** *f aus dem Ausland* immigrant; *aus anderer Gegend* incomer *Br*, in-migrant *US*

Zuwanderung *f* immigration

zuwege *adv* **etw ~ bringen** to manage sth; (≈ *erreichen*) to achieve sth; **gut/schlecht ~ sein** *umg* to be in good/poor health

zuweisen *v/t* 1 to assign (**j-m etw** sth to sb) 2 IT *Tastenkombination, Speicheradresse* to assign

zuwenden A *v/t* 1 to turn (+*dat* to, towards); **j-m das Gesicht ~** to turn to face sb 2 **j-m Geld** *etc* **~** to give sb money *etc* B *v/r* **sich j-m/einer Sache ~** to turn to sb/sth; (≈ *sich widmen*) to devote oneself to sb/sth

Zuwendung *f* 1 (≈ *Liebe*) care 2 (≈ *Geldsumme*) sum (of money); (≈ *Schenkung*) donation

zuwenig *adj & adv* → wenig

zuwerfen *v/t* 1 (≈ *schließen*) *Tür* to slam (shut) 2 **j-m etw ~** to throw sth to sb; **j-m einen Blick ~** to cast a glance at sb

zuwider *adv* **er/das ist mir ~** I detest *od* loathe him/that

zuwinken *v/i* **j-m ~** to wave to sb

zuzahlen A *v/t* **zehn Euro ~** to pay an additional ten euros B *v/i* to pay extra

zuzeln *v/i österr* (≈ *lutschen*) to suck; (≈ *langsam trinken*) to sip away (**an** +*dat* at)

zuziehen *v/t* 1 *Vorhang* to draw; *Tür* to pull shut; *Schlinge* to pull tight 2 **sich** (*dat*) **eine Verletzung ~** *form* to sustain an injury

Zuzug *m* (≈ *Zustrom*) influx; *von Familie etc* arrival (**nach** in), move (**nach** to)

Zuzüger(in) *m(f) schweiz* (≈ *Neuling*) newcomer; (≈ *Zuwanderer*) immigrant

zuzüglich *präp* plus

zuzwinkern *v/i* **j-m ~** to wink at sb

Zvieri *m|n schweiz* afternoon snack

Zwang *m* (≈ *Notwendigkeit*) compulsion; (≈ *Gewalt*) force; (≈ *Verpflichtung*) obligation; **gesellschaftliche Zwänge** social constraints; **tu dir keinen ~ an** *iron* don't force yourself

zwängen *v/t* to force; **sich in/durch etw** (*akk*) **~** to squeeze into/through sth

zwanghaft *adj* PSYCH compulsive

zwanglos A *adj* (≈ *ohne Förmlichkeit*) informal; (≈ *locker*) casual B *adv* informally; **da geht es recht ~ zu** things are very informal there

Zwanglosigkeit *f* informality; (≈ *Lockerheit*) casualness

Zwangsabgabe *f* WIRTSCH compulsory levy

Zwangsarbeit *f* hard labour *Br*, hard labor *US*; *von Kriegsgefangenen* forced labo(u)r

Zwangsarbeiter(in) *m(f)* forced labourer *Br*, forced laborer *US*

Zwangsehe *f* forced marriage

zwangsernähren *v/t* to force-feed

Zwangsernährung *f* force-feeding

Zwangsheirat *m* forced marriage

Zwangsjacke *f* straitjacket

Zwangslage *f* predicament

zwangsläufig A *adj* inevitable B *adv* inevitably

Zwangspause *f beruflich* **eine ~ machen müssen** to have to stop work temporarily

Zwangsverheiratung *f* forced marriage

Zwangsversteigerung *f* compulsory auction

Zwangsvollstreckung *f* compulsory execution

Zwangsvorstellung *f* PSYCH obsession

zwangsweise A *adv* compulsorily B *adj* compulsory

zwanzig *num* twenty; → vierzig

Zwanzig f twenty
Zwanziger m umg (≈ Geldschein) twenty-euro etc note Br, twenty-euro etc bill US
Zwanzigeuroschein m twenty-euro note Br, twenty-euro bill US
zwanzigste(r, s) adj twentieth
zwar adv **1** (≈ wohl) **sie ist ~ sehr schön, aber ...** it's true she's very beautiful but ...; **ich weiß ~, dass es schädlich ist, aber ...** I do know it's harmful but ... **2** erklärend **und ~** in fact, actually; **ich werde ihm schreiben, und ~ noch heute** I'll write to him and I'll do it today
Zweck m **1** (≈ Ziel) purpose; **einem guten ~ dienen** to be for a good cause; **seinen ~ erfüllen** to serve its/one's purpose **2** (≈ Sinn) point; **das hat keinen ~** it's pointless **3** (≈ Absicht) aim; **zu diesem ~** to this end
Zweckbau m functional building
zweckdienlich adj appropriate; **~e Hinweise** (any) relevant information
Zwecke f tack; (≈ Reißzwecke) drawing pin Br, thumbtack US
zweckgebunden adj Steuern etc for a specific purpose
zwecklos adj pointless, useless; Versuch futile
Zwecklosigkeit f pointlessness; von Versuch futility
zweckmäßig adj (≈ nützlich) useful; Kleidung etc suitable
Zweckmäßigkeit f (≈ Nützlichkeit) usefulness; von Kleidung etc suitability
Zweckoptimismus m calculated optimism
zwecks form präp for the purpose of
zwei num two; **wir ~** the two of us; → **vier**
Zwei f two
Zweibeiner(in) hum umg m(f) human being
zweibeinig adj two-legged
Zweibettzimmer n twin room
zweideutig **A** adj ambiguous; (≈ schlüpfrig) suggestive **B** adv ambiguously
Zweideutigkeit f **1** ambiguity; (≈ Schlüpfrigkeit) suggestiveness **2** (≈ Bemerkung) ambiguous remark; (≈ Witz) risqué joke
zweidimensional adj two-dimensional
Zweidrittelmehrheit f PARL two-thirds majority
zweieiig adj Zwillinge nonidentical
Zweierbeziehung f relationship
Zweierkabine f auf Schiff double cabin
zweierlei adj two kinds of; **auf ~ Art** in two different ways; **~ Meinung sein** to be of (two) different opinions
zweifach adj double; (≈ zweimal) twice; **in ~er Ausfertigung** in duplicate
Zweifamilienhaus n two-family house
zweifarbig adj two-colour Br, two-color US

Zweifel m doubt; **im ~** in doubt; **ohne ~** without doubt; **außer ~ stehen** to be beyond doubt; **es besteht kein ~, dass ...** there is no doubt that ...; **etw in ~ ziehen** to call sth into question
zweifelhaft adj doubtful
zweifellos adv undoubtedly, certainly
zweifeln v/i to doubt; **an etw/j-m ~** to doubt sth/sb; **daran ist nicht zu ~** there's no doubt about it
Zweifelsfall m borderline case; **im ~** when in doubt
zweifelsfrei **A** adj unequivocal **B** adv beyond (all) doubt
zweifelsohne adv undoubtedly
Zweig m branch; dünner, kleiner twig
Zweiggeschäft n branch
zweigleisig adj double-tracked, double-track attr; **~ argumentieren** to argue along two different lines
Zweigniederlassung f subsidiary
Zweigstelle f branch (office)
zweihändig **A** adj with two hands, two-handed **B** adv MUS spielen two-handed
zweihundert num two hundred
zweijährig adj **1** Kind etc two-year-old attr, two years old; Dauer two-year attr, of two years; **mit ~er Verspätung** two years late **2** BOT Pflanze biennial
Zweikampf m (≈ Duell) duel
zweimal adv twice; **~ täglich** twice daily od a day; **sich** (dat) **etw ~ überlegen** to think twice about sth; **das lasse ich mir nicht ~ sagen** I don't have to be told twice
zweimalig adj twice repeated; Weltmeister etc two-times attr
zweimonatig adj **1** Dauer two-month attr, of two months **2** Säugling etc two-month-old attr
zweimonatlich adj & adv bes HANDEL, ADMIN bimonthly
zweimotorig adj twin-engined
Zweiparteiensystem n two-party system
zweiräd(e)rig adj two-wheeled
Zweireiher m double-breasted suit etc
zweireihig adj double-row attr, in two rows; Anzug double-breasted
zweischneidig adj double-edged; **das ist ein ~es Schwert** fig it cuts both ways
zweiseitig adj Brief, Erklärung etc two-page attr; Vertrag etc bilateral
Zweisitzer m AUTO, FLUG two-seater
zweispaltig adj double-columned
zweisprachig **A** adj bilingual; Dokument in two languages **B** adv in two languages; **~ aufwachsen** to grow up bilingual
Zweisprachigkeit f bilingualism

zweispurig *adj* double-tracked, double-track *attr*; *Autobahn* two-laned, two-lane *attr*

zweistellig *adj Zahl* two-digit *attr*, with two digits

zweistöckig **A** *adj* two-storey *attr Br*, two-story *attr US* **B** *adv* ~ **bauen** to build buildings with two storeys *Br*, to build buildings with two stories *US*

zweistündig *adj* two-hour *attr*, of two hours

zweistündlich *adj & adv* every two hours

zweit *adv* **zu ~** (≈ *in Paaren*) in twos; **wir gingen zu ~ spazieren** the two of us went for a walk; **das Leben zu ~** living with someone; → **vier**

zweitägig *adj* two-day *attr*, of two days

Zweitaktmotor *m* two-stroke engine

zweitälteste(r, s) *adj* second oldest

zweitausend *num* two thousand

Zweitauto *n* second car

zweitbeste(r, s) *adj* second best

Zweiteiler *m* **1** *TV* two-part film, film in two parts, two-parter *umg* **2** *Kostüm, Hosenanzug* two-piece suit; *Badeanzug, Kleid* two-piece

zweiteilig *adj Roman, Fernsehfilm* two-part *attr*, in two parts; *Kleidungsstück* two-piece

zweitens *adv* second(ly), in the second place

Zweite(r) *m/f(m)* second; *SPORT etc* runner-up; **wie kein ~r** like nobody else

zweite(r, s) *adj* second; **ein(e) ~(r, s)** another; **aus ~r Hand** second-hand; **~r Klasse fahren** to travel second (class); **jeden ~n Tag** every other day; **in ~r Linie** secondly; → **vierter, s**

zweitgrößte(r, s) *adj* second largest

zweithöchste(r, s) *adj* second highest

zweitklassig *fig adj* second-class

zweitletzte(r, s) *adj* last but one *attr, präd*

zweitrangig *adj* → **zweitklassig**

Zweitschlüssel *m* duplicate key

Zweitstimme *f* second vote

Zweitstudium *n* second course of studies

zweitürig *adj AUTO* two-door

zweiwöchig *adj* two-week *attr*, of two weeks

zweizeilig *adj* two-line *attr*; *TYPO Abstand* double-spaced

Zweizimmerwohnung *f* two-room(ed) apartment

Zweizylindermotor *m* two-cylinder engine

Zwerchfell *n ANAT* diaphragm

Zwerg(in) *m(f)* dwarf; (≈ *Gartenzwerg*) gnome; *fig* (≈ *Knirps*) midget

Zwergpudel *m* toy poodle

Zwergstaat *m* miniature state

Zwergwuchs *m* dwarfism

Zwetschge *f*, **Zwetschke** *österr f* plum

zwicken *v/i* **1** *österr, a. umg* (≈ *kneifen*) to pinch **2** *österr* (≈ *Fahrschein entwerten*) to punch

Zwickmühle *f* **in der ~ sitzen** *fig* to be in a catch-22 situation *umg*

Zwieback *m* rusk

Zwiebel *f* onion; (≈ *Blumenzwiebel*) bulb

zwiebelförmig *adj* onion-shaped

Zwiebelkuchen *m* onion tart

Zwiebelring *m* onion ring

Zwiebelschale *f* onion skin

Zwiebelsuppe *f* onion soup

Zwiebelturm *m* onion dome

Zwielicht *n* twilight; **ins ~ geraten sein** *fig* to appear in an unfavourable light *Br*, to appear in an unfavorable light *US*

zwielichtig *fig adj* shady

zwiespältig *adj Gefühle* mixed

Zwietracht *f* discord

Zwilling *m* **1** twin **2** *ASTROL* **~e** *pl* Gemini; **(ein) ~ sein** to be (a) Gemini

Zwillings- *zssgn* twin

Zwillingsbruder *m* twin brother

Zwillingspaar *n* twins *pl*

Zwillingsschwester *f* twin sister

Zwinge *f TECH* (screw) clamp

zwingen **A** *v/t* to force; **j-n zu etw ~** to force sb to do sth; **ich lasse mich nicht (dazu) ~** I won't be forced (to do it *od* into it); **j-n zum Handeln ~** to force sb into action; → **gezwungen** **B** *v/r* to force oneself

zwingend **A** *adj Notwendigkeit* urgent; *Beweis* conclusive; *Argument* cogent; *Gründe* compelling; (≈ *obligatorisch*) compulsory **B** *adv* **etw ist ~ vorgeschrieben** sth is mandatory

Zwinger *m* (≈ *Käfig*) cage; (≈ *Hundezwinger*) kennels *pl*; *von Burg* (outer) ward

zwinkern *v/i* to blink; **um j-m etw zu bedeuten** to wink

Zwirn *m* (strong) thread

zwischen *präp* between; *in Bezug auf mehrere a.* among; **mitten ~** right in the middle of

Zwischenablage *f IT* clipboard

Zwischenaufenthalt *m* stopover

Zwischenbemerkung *f* interjection

Zwischenbericht *m* interim report

Zwischenbilanz *f HANDEL* interim balance; *fig* provisional appraisal

Zwischending *n* cross (between the two)

zwischendurch *adv zeitlich* in between times; (≈ *inzwischen*) (in the) meantime; **das mache ich so ~** I'll do that on the side; **Schokolade für ~** chocolate for between meals

Zwischenergebnis *n* interim result; *SPORT* latest score

Zwischenfall *m* incident; **ohne ~** without incident

Zwischenfrage *f* question

Zwischenhandel *m* intermediate trade

Zwischenhändler(in) *m(f)* middleman

Zwischenlager n temporary store
zwischenlagern v/t to store (temporarily)
Zwischenlagerung f temporary storage
zwischenlanden v/i FLUG to stop over
Zwischenlandung f FLUG stopover
Zwischenmahlzeit f snack (between meals)
zwischenmenschlich adj interpersonal; **~e Beziehungen** interpersonal relations
Zwischenprüfung f intermediate examination
Zwischenraum m gap; (≈ Zeilenabstand) space; zeitlich interval
Zwischenruf m interruption; **~e** heckling
Zwischenspeicher m IT cache (memory)
zwischenstaatlich adj international; zwischen Bundesstaaten interstate
Zwischenstadium n intermediate stage
Zwischenstation f (intermediate) stop; **in London machten wir ~** we stopped off in London
Zwischenstecker m ELEK adapter
Zwischenstufe fig f intermediate stage
Zwischenüberschrift f sub-heading
Zwischenwand f dividing wall; (≈ Stellwand) partition
Zwischenzeit f (≈ Zeitraum) interval; **in der ~** (in the) meantime, meanwhile
Zwischenzeugnis n SCHULE end of term report
Zwist geh m discord; (≈ Fehde, Streit) dispute

zwitschern v/t & v/i to twitter; Lerche to warble; **einen ~** umg to have a drink
Zwitter m hermaphrodite; fig cross (**aus** between)
zwölf num twelve; **~ Uhr mittags/nachts** (12 o'clock) midday/midnight; **fünf Minuten vor ~** fig at the eleventh hour; → vier
Zwölffingerdarm m duodenum
zwölfte(r, s) adj twelfth; → vierter, s
Zyankali n CHEM potassium cyanide
zyklisch A adj cyclic(al) B adv cyclically
Zyklon m cyclone
Zyklus m cycle
Zylinder m 1 MATH, TECH cylinder 2 (≈ Hut) top hat
zylinderförmig adj → zylindrisch
Zylinderkopf m AUTO cylinder head
Zylinderkopfdichtung f cylinder head gasket
zylindrisch adj cylindrical
Zyniker(in) m(f) cynic
zynisch A adj cynical B adv cynically
Zynismus m cynicism
Zypern n Cyprus
Zypresse f BOT cypress
Zypriot(in) m(f) Cypriot
zyprisch adj Cypriot
Zyste f cyst

Extras

Unregelmäßige englische Verben — 1476
Abkürzungen und Symbole — 1483

Unregelmäßige englische Verben

infinitive	simple past	past participle	Deutsch
arise	arose	arisen	sich ergeben; aufkommen
awake	awoke	awoken, awaked	erwachen; wecken
baby-sit	baby-sat	baby-sat	babysitten
be	was, were	been	sein
bear	bore	born(e)	(er)tragen; gebären
beat	beat	beaten	schlagen
become	became	become	werden
begin	began	begun	beginnen, anfangen
behold	beheld	beheld	erblicken
bend	bent	bent	(sich) biegen; (sich) beugen
beset	beset	beset	heimsuchen
bet	bet, betted	bet, betted	wetten
bid	bad(e)	bidden	bitten, sagen
bid	bid	bid	bieten (*Auktion*); reizen (*Karten*)
bind	bound	bound	binden; verbinden
bite	bit	bitten	beißen; stechen (*Insekt*)
bleed	bled	bled	bluten
blow	blew	blown	blasen; wehen (*Wind*)
break	broke	broken	(zer)brechen; kaputt machen
breed	bred	bred	brüten; züchten
bring	brought	brought	bringen
broadcast	broadcast, broadcasted	broadcast, broadcasted	senden (*Radio, TV*); übertragen; verbreiten
browbeat	browbeat	browbeaten	unter (moralischen) Druck setzen
build	built	built	bauen
burn	burnt, burned	burnt, burned	brennen; verbrennen; anbrennen
burst	burst	burst	platzen; sprengen (*Rohr*)
bust	bust	bust	kaputt machen; kaputtgehen
buy	bought	bought	kaufen
can	could	(been able)	können
cast	cast	cast	werfen
catch	caught	caught	fangen; erwischen
choose	chose	chosen	(aus)wählen
cling	clung	clung	sich festklammern; sich anschmiegen (*Kleidung*)

infinitive	simple past	past participle	Deutsch
clothe	clothed, clad	clothed, clad	bekleiden
come	came	come	kommen
cost	cost	cost	kosten
cost	costed	costed	veranschlagen
creep	crept	crept	kriechen, schleichen
cut	cut	cut	schneiden
deal	dealt	dealt	geben (*Karten*); dealen
dig	dug	dug	graben; bohren
dive	dived, *US* dove	dived	tauchen
do	did	done	machen, tun
draw	drew	drawn	zeichnen; ziehen
dream	dreamed, dreamt *Br*	dreamed, dreamt *Br*	träumen
drink	drank	drunk	trinken
drive	drove	driven	fahren; treiben
dwell	dwelt	dwelt	weilen
eat	ate	eaten	essen
fall	fell	fallen	fallen
feed	fed	fed	füttern; ernähren
feel	felt	felt	(sich) fühlen
fight	fought	fought	kämpfen
find	found	found	finden
flee	fled	fled	fliehen
fling	flung	flung	schleudern; werfen
fly	flew	flown	fliegen
forbid	forbad(e)	forbidden	verbieten
forego	forewent	foregone	verzichten auf
foresee	foresaw	foreseen	vorhersehen
foretell	foretold	foretold	vorhersagen
forget	forgot	forgotten	vergessen
forgive	forgave	forgiven	verzeihen
forgo	forwent	forgone	verzichten auf
forsake	forsook	forsaken	verlassen
forswear	forswore	forsworn	abschwören
freeze	froze	frozen	(ge)frieren; erstarren
get	got	got, gotten *US*	bekommen
give	gave	given	geben
go	went	gone	gehen, fahren
grind	ground	ground	mahlen; schleifen (*Messer*)

infinitive	simple past	past participle	Deutsch
grow	grew	grown	wachsen
hang	hung	hung	hängen
hang	hanged	hanged	(er)hängen
have	had	had	haben
hear	heard	heard	hören
hew	hewed	hewn, hewed	hauen
hide	hid	hid, hidden	verbergen, verstecken
hit	hit	hit	schlagen; treffen
hold	held	held	halten
hurt	hurt	hurt	verletzen, wehtun
keep	kept	kept	(be)halten
kneel	knelt, kneeled	knelt, kneeled	knien
knit	knitted, knit	knitted, knit	stricken
know	knew	known	wissen; kennen
lay	laid	laid	legen
lead	led	led	(an)führen
lean	leant *Br*, leaned	leant *Br*, leaned	lehnen; sich neigen
leap	leapt *Br*, leaped	leapt *Br*, leaped	springen
learn	learnt *Br*, learned	learnt *Br*, learned	lernen; erfahren
leave	left	left	(ver)lassen
lend	lent	lent	(ver)leihen
let	let	let	(zu)lassen
lie	lay	lain	liegen
light	lit, lighted	lit, lighted	(be)leuchten; anzünden
lose	lost	lost	verlieren
make	made	made	machen
mean	meant	meant	bedeuten, meinen
meet	met	met	treffen; kennenlernen
mishear	misheard	misheard	sich verhören
mislay	mislaid	mislaid	verlegen
mislead	misled	misled	irreführen
misread	misread	misread	falsch lesen / verstehen
misspell	misspelt, misspelled	misspelt, misspelled	falsch schreiben
mistake	mistook	mistaken	falsch verstehen; sich irren
misunderstand	misunderstood	misunderstood	missverstehen

infinitive	simple past	past participle	Deutsch
mow	mowed	mown, mowed	mähen
offset	offset	offset	ausgleichen
outbid	outbid	outbid	überbieten
outdo	outdid	outdone	übertreffen
outgrow	outgrew	outgrown	herauswachsen; entwachsen
outrun	outran	outrun	davonlaufen
outshine	outshone	outshone	in den Schatten stellen
overcome	overcame	overcome	überwinden; überwältigen
overdo	overdid	overdone	übertreiben
overdraw	overdrew	overdrawn	überziehen (*Konto*)
overeat	overate	overeaten	sich überessen
overfeed	overfed	overfed	überfüttern
overhang	overhung	overhung	hängen über; hinausragen über
overhear	overheard	overheard	zufällig mit anhören
overlay	overlaid	overlaid	überziehen
overpay	overpaid	overpaid	überbezahlen
override	overrode	overridden	aufheben
overrun	overran	overrun	einfallen in (*Truppen*); überziehen (*Zeit*)
oversee	oversaw	overseen	beaufsichtigen
overshoot	overshot	overshot	hinausschießen über
oversleep	overslept	overslept	verschlafen
overspend	overspent	overspent	zu viel ausgeben
overtake	overtook	overtaken	einholen; überholen
overthrow	overthrew	overthrown	stürzen (*Diktator*)
overwrite	overwrote	overwritten	IT überschreiben
pay	paid	paid	(be)zahlen
plead	pleaded, *schott* / *US* pled	pleaded, *schott* / *US* pled	bitten; sich berufen auf
prove	proved	proved, proven	beweisen
put	put	put	setzen, stellen, legen
quit	quit, quitted	quit, quitted	aufgeben; aufhören mit; verlassen
read	read	read	lesen
remake	remade	remade	neu machen
repay	repaid	repaid	zurückzahlen
reread	reread	reread	nochmals lesen
rerun	reran	rerun	wiederholen (*Programm*)
reset	reset	reset	rücksetzen; neu stellen

infinitive	simple past	past participle	Deutsch
resit	resat	resat	wiederholen (*Prüfung*)
retake	retook	retaken	wiederholen (*Prüfung*)
retell	retold	retold	wiederholen
rethink	rethought	rethought	überdenken
rewind	rewound	rewound	zurückspulen
rewrite	rewrote	rewritten	neu schreiben; umschreiben
rid	rid, ridded	rid, ridded	befreien; loswerden
ride	rode	ridden	reiten; fahren (*Fahrrad*)
ring	rang	rung	klingeln; läuten
rise	rose	risen	steigen; aufstehen
run	ran	run	laufen, rennen; führen (*Geschäft*)
saw	sawed	sawed, sawn	sägen
say	said	said	sagen
see	saw	seen	sehen
seek	sought	sought	suchen; streben nach
sell	sold	sold	verkaufen
send	sent	sent	schicken; senden
set	set	set	setzen, stellen, legen
sew	sewed	sewn	nähen
shake	shook	shaken	schütteln; wackeln; zittern
shave	shaved	shaved, shaven	rasieren
shear	sheared	shorn, sheared	scheren
shed	shed	shed	verlieren (*Haare*); vergießen (*Tränen*); verbreiten (*Licht*)
shine	shone, shined	shone, shined	leuchten; scheinen
shit	shit, shat	shit, shat	scheißen
shoe	shoed, shod	shoed, shod	beschlagen (*Pferd*)
shoot	shot	shot	schießen
show	showed	shown	zeigen
shrink	shrank	shrunk	schrumpfen; einlaufen (*Kleidung*)
shut	shut	shut	schließen
sing	sang	sung	singen
sink	sank	sunk	(ver)senken; (ver)sinken (*Sonne*)
sit	sat	sat	sitzen
slay	slew	slain	erschlagen
sleep	slept	slept	schlafen

infinitive	simple past	past participle	Deutsch
slide	slid	slid	rutschen
sling	slung	slung	schleudern
slink	slunk	slunk	schleichen
slit	slit	slit	(auf)schlitzen
smell	smelt, *bes Br* smelled	smelt, *bes Br* smelled	riechen
sow	sowed	sown, sowed	säen
speak	spoke	spoken	sprechen
speed	sped	sped	flitzen
speed	speeded	speeded	die Geschwindigkeitsbegrenzung überschreiten
spell	spelt, *bes Br* spelled	spelt, *bes Br* spelled	schreiben; buchstabieren
spend	spent	spent	ausgeben (*Geld*); verbringen (*Zeit*)
spill	spilt, *bes Br* spilled	spilt, *bes Br* spilled	verschütten
spin	spun; *obs* span	spun	spinnen; drehen, wirbeln
spit	spat	spat	spucken
split	split	split	(zer)teilen
spoil	spoilt, *Br* spoiled	spoilt, *Br* spoiled	verderben
spread	spread	spread	ausbreiten; verteilen
spring	sprang, *US* sprung	sprung	springen; entstehen
stand	stood	stood	stehen
steal	stole	stolen	stehlen
stick	stuck	stuck	kleben; stecken
sting	stung	stung	stechen; brennen
stink	stank	stunk	stinken
strew	strewed	strewed, strewn	verstreuen; bestreuen
stride	strode	stridden	schreiten
strike	struck	struck	schlagen; stoßen; treffen
string	strung	strung	bespannen (*Geige*)
strive	strove	striven	bemüht sein; nach etw streben
sublet	sublet	sublet	untervermieten
swear	swore	sworn	schwören; fluchen
sweep	swept	swept	fegen; kehren
swell	swelled	swollen, swelled	blähen; (an)schwellen
swim	swam	swum	schwimmen
swing	swung	swung	schwingen; schaukeln
take	took	taken	nehmen
teach	taught	taught	lehren, unterrichten
tear	tore	torn	(zer)reißen

infinitive	simple past	past participle	Deutsch
tell	told	told	erzählen, sagen
think	thought	thought	denken; glauben; meinen
throw	threw	thrown	werfen
thrust	thrust	thrust	stoßen
tread	trod	trodden	treten, gehen
typecast	typecast	typecast	auf eine Rolle festlegen
undercut	undercut	undercut	unterbieten (*Preis*)
undergo	underwent	undergone	durchmachen (*Entwicklung*)
underlie	underlay	underlain	zugrunde liegen
underpay	underpaid	underpaid	unterbezahlen
understand	understood	understood	verstehen
undertake	undertook	undertaken	übernehmen (*Aufgabe*)
underwrite	underwrote	underwritten	bürgen für; versichern
undo	undid	undone	öffnen; rückgängig machen
unwind	unwound	unwound	abwickeln; abschalten
uphold	upheld	upheld	wahren (*Tradition*); hüten (*Gesetz*)
upset	upset	upset	umstoßen; ärgern
wake	woke, waked	woken, waked	(auf)wecken; aufwachen
waylay	waylaid	waylaid	abfangen
wear	wore	worn	tragen (*Kleidung*)
weave	wove	woven	weben
wed	wedded, wed	wedded, wed	heiraten
weep	wept	wept	weinen
wet	wetted, wet	wetted, wet	nass machen; befeuchten
win	won	won	gewinnen
wind	wound	wound	wickeln; kurbeln
withdraw	withdrew	withdrawn	zurückziehen; abheben (*Geld*)
withhold	withheld	withheld	verweigern, vorenthalten
withstand	withstood	withstood	standhalten
wring	wrung	wrung	auswringen
write	wrote	written	schreiben

Abkürzungen und Symbole

a.	auch
abk	Abkürzung
adj	Adjektiv, Eigenschaftswort
ADMIN	Administration, Verwaltung
adv	Adverb, Umstandswort
AGR	Agrarwirtschaft, Landwirtschaft
akk	Akkusativ, 4. Fall
ANAT	Anatomie
ARCH	Architektur
art	Artikel, Geschlechtswort
ASTROL	Astrologie
ASTRON	Astronomie
attr	attributiv, beifügend
Aus	Australien, australisches Englisch
AUTO	Auto, Verkehr
BAHN	Eisenbahn
BAU	Bauwesen
BERGB	Bergbau
bes	besonders
best art	bestimmter Artikel
BIBEL	Bibel, biblisch
BIOL	Biologie
BÖRSE	Börse
BOT	Botanik, Pflanzenkunde
Br	(nur) britisches Englisch
Can	Canada/Kanada, kanadisches Englisch
CHEM	Chemie
COMPUT	Computer
D	Deutschland
dat	Dativ, 3. Fall
dat obj	Dativobjekt, Satzergänzung im 3. Fall
dem adj	demonstratives Adjektiv
dem adv	demonstratives Adverb
dem pr	Demonstrativpronomen
dial	Dialekt, dialektal

ELEK	Elektrotechnik und Elektrizität
emph	emphatisch, betont
etc	etc., und so weiter
etw	etwas
euph	euphemistisch, beschönigend
f	Femininum, weiblich
fachspr	fachsprachlich, Fachwortschatz
fig	figurativ, in übertragenem Sinn
FILM	Film, Kino
FIN	Finanzen, Bankwesen
FISCH	Fischerei, Fischkunde
FLUG	Luftfahrt
form	formell, förmlich
FOTO	Fotografie
FUSSB	Fußball
GARTEN	Gartenbau, Hortikultur
GASTR	Kochkunst und Gastronomie
geh	gehobener Sprachgebrauch, Schriftsprache
gen	Genitiv, 2. Fall
GEOG	Geografie
GEOL	Geologie
GRAM	Grammatik
HANDEL	Handel
HIST	historisch, Geschichte
hum	humorvoll, scherzhaft
indef pr	Indefinitpronomen, unbestimmtes Fürwort
IND	Industrie
inf	Infinitiv, Nennform
int	Interjektion, Ausruf
INTERNET	Internet
interrog adj	interrogatives Adjektiv, Frageadjektiv
interrog adv	interrogatives Adverb, Frageadverb
int pr	Interrogativpronomen, Fragefürwort
inv	invariabel, unveränderlich
Ir	Irland, irisches Englisch
iron	ironisch
irr	irregulär, unregelmäßig

IT	Informatik, Computer und Informationstechnologie
JAGD	Jagd
j-d	jemand
j-m	jemandem
j-n	jemanden
j-s	jemandes
JUR	Rechtswesen
KART	Kartenspiel
kinderspr	Kindersprache, kindersprachlicher Gebrauch
KIRCHE	Kirche, kirchlich
komp	Komparativ, Höherstufe, erste Steigerungsstufe
konj	Konjunktion, Bindewort
KUNST	Kunst, Kunstgeschichte
LING	Linguistik, Sprachwissenschaft
LIT	Literatur
liter	literarisch
m	Maskulinum, männlich
MATH	Mathematik
MECH	Mechanik
MED	Medizin
METALL	Metallurgie
METEO	Meteorologie
m/f	Maskulinum und Femininum
m(f)	Maskulinum mit Femininendung in Klammern
m/f(m)	Maskulinum und Femininum mit zusätzlicher Maskulinendung in Klammern
MIL	Militär, militärisch
MODE	Mode
mst	meist, gewöhnlich
MUS	Musik
MYTH	Mythologie
n	Neutrum, sächlich
NAT	Naturwissenschaften
neg!	wird oft als beleidigend empfunden
nordd	norddeutsch
NUKL	Kernphysik, Nuklearphysik, Nukleartechnik
num	Numerale, Zahlwort

obj	Objekt, Satzergänzung
obs	obsolet, begrifflich veraltet
od	oder
ÖKOL	Ökologie, Umweltschutz
OPT	Optik
ORN	Ornithologie, Vogelkunde
österr	Österreich, österreichisch, österreichische Variante
PARL	Parlament, parlamentarischer Ausdruck
pej	pejorativ, abwertend
pers pr	Personalpronomen, persönliches Fürwort
PHARM	Pharmazie
PHIL	Philosophie
PHON	Phonetik
PHYS	Physik
PHYSIOL	Physiologie
pl	Plural
poet	poetisch, dichterisch
POL	Politik
poss adj	possessives Adjektiv, attributives Possessivpronomen
poss pr	Possessivpronomen, besitzanzeigendes Fürwort
pperf	Partizip Perfekt
ppr	Partizip Präsens
präd	prädikativ, aussagend
präf	Präfix, Vorsilbe
präp	Präposition, Verhältniswort
präs	Präsens, Gegenwart
prät	Präteritum, Vergangenheit
pron	Pronomen, Fürwort
PSYCH	Psychologie
®	eingetragene Marke
RADIO	Radio, Rundfunk
RAUMF	Raumfahrt
refl pr	Reflexivpronomen, rückbezügliches Fürwort
REL	Religion
rel adv	Relativadverb, bezügliches Adverb
rel pr	Relativpronomen, bezügliches Fürwort
s	Substantiv, Hauptwort

sb	somebody – jemand, jemandem, jemanden
SCHIFF	Nautik, Schifffahrt, Seefahrt
schott	Schottland, schottisches Englisch
SCHULE	Schulwesen
schweiz	Schweiz, schweizerisch, schweizerische Variante
sg	Singular, Einzahl
SKI	Skisport
sl	Slang, saloppe Umgangssprache, Jargon
SOZIOL	Soziologie
SPORT	Sport
sprichw	Sprichwort, sprichwörtlich
sth	something – etwas
südd	süddeutsch
suf	Suffix, Nachsilbe
sup	Superlativ, Höchststufe, zweite Steigerungsstufe
TECH	Technik
TEL	Telefon, Nachrichtentechnik, Telekommunikation
TEX	Textilindustrie
THEAT	Theater
trennb	trennbar, veränderbare Folge
TV	Fernsehen
TYPO	Typografie, Buchdruck
u.	und
umg	umgangssprachlich
unbest art	unbestimmter Artikel
unbest pron	unbestimmtes Pronomen
UNIV	Universität, Hochschulwesen
unpers	unpersönlich
untrennb	untrennbar
US	amerikanisches Englisch, (nord)amerikanisch
v	Verb, Zeitwort
v/aux	Hilfsverb, Hilfszeitwort
v/i	intransitives Verb/Zeitwort
v/r	reflexives Verb, rückbezügliches Zeitwort
v/t	transitives Verb/Zeitwort
v/t & vi	transitives und intransitives Verb/Zeitwort
v/t, v/i, v/r	transitives, intransitives und reflexives Verb/Zeitwort

v/t & v/r	transitives und reflexives Verb/Zeitwort
vulg	vulgär
WIRTSCH	Wirtschaft
wörtl	wörtlich
ZOOL	Zoologie
zssgn	in Zusammensetzungen
~	Tilde, Platzhalter für vorausgehendes Stichwort
≈	etwa, ist in etwa gleich
=	(ist) gleich
→	siehe
+	plus, und, mit

Tipps für die Benutzung

Jedes Stichwort in **Blau** auf einer neuen Zeile	**Handy** n TEL mobile (phone) Br, cell (phone) US **Handyhülle** f mobile phone case Br, cell phone case US
Aussprache in internationaler Lautschrift: [θæŋks]	**thanks** [θæŋks] **A** pl Dank m; **to accept sth with ~** etw dankend od mit Dank annehmen; **and**
Wendungen und mehrgliedrige Ausdrücke in **fetter** Schrift: **a piece of cake, to sell like hot cakes, you can't have your cake and eat it**	**cake** [keɪk] **A** s Kuchen m, Torte f, Gebäckstück n; **a piece of ~** fig umg ein Kinderspiel n; **to sell like hot ~s** weggehen wie warme Semmeln umg; **you can't have your ~ and eat it** sprichw beides auf einmal geht nicht **B** v/t **my shoes**
Die Tilde ~ ersetzt das vorausgehende Stichwort, hier text: **to send sb a text, to text sb**	**text** [tekst] **A** s **1** Text m **2** Textnachricht f, SMS f; **to send sb a ~** j-m eine Textnachricht od eine SMS schicken **B** v/t **to ~ sb** j-m eine Textnachricht od eine SMS schicken
Übersetzungen in Normalschrift: as desired, as requested, as planned	**wunschgemäß** adv as desired; (≈ wie erbeten) as requested; (≈ wie geplant) as planned
Wortartangaben bei Stichwörtern: s (= Substantiv), adj (= Adjektiv)	**cinnamon** ['sɪnəmən] **A** s Zimt m **B** adj ⟨attr⟩ Zimt-
Genus- und Pluralangaben bei Übersetzungen: m (= Maskulinum), n (= Neutrum), f (= Femininum), kein pl (= kein Plural)	**wi-fi hotspot** s (WLAN-)Hotspot m, (Wi-Fi-)Hotspot m **mountaineering** [ˌmaʊntɪ'nɪərɪŋ] s Bergsteigen n **mountain hike** s Bergtour f, Bergwanderung f **Information** f **1** information kein pl (**über** +akk about, on); **eine ~** (a piece of) information;
Der graue Kasten markiert englische phrasal verbs, die direkt hinter dem Grundverb stehen: **crush on, feel for, feel up to**	phrasal verbs mit crush: **crush on** US umg v/t **to crush on sb** für j-n schwärmen, in j-n verliebt/verknallt sein; **she's crushing on Steve** sie schwärmt total für Steve, sie ist in Steve verliebt/verknallt phrasal verbs mit feel: **feel for** v/i ⟨+obj⟩ **1** Mitgefühl haben mit; **I feel for you** Sie tun mir leid **2** (≈ suchend) tasten nach; in Tasche etc kramen nach **feel up to** v/i ⟨+obj⟩ sich gewachsen fühlen (+dat); **I don't feel up to it** mir ist nicht so wohl, ich gehe da nicht hin